Radtke/Hohmann
Strafprozessordnung

Strafprozessordnung

Kommentar

Herausgegeben von

Dr. Henning Radtke
Richter am Oberlandesgericht
Professor an der Universität Hannover

und

Dr. Olaf Hohmann
Rechtsanwalt in Stuttgart
Lehrbeauftragter an der Universität Greifswald

Verlag Franz Vahlen München 2011

Zitiervorschlag: Radtke/Hohmann/*Bearbeiter* § … StPO Rn. …

Verlag Franz Vahlen im Internet:
beck.de

ISBN 978 3 8006 3602 0

© 2011 Verlag Franz Vahlen GmbH
Wilhelmstraße 9, 80801 München
Satz, Druck und Bindung: Druckerei C. H. Beck, Nördlingen
(Adresse wie Verlag)

Gedruckt auf säurefreiem, alterungsbeständigem Papier
(hergestellt aus chlorfrei gebleichtem Zellstoff)

Vorwort

Die dem Interessierten bislang zur StPO zur Verfügung stehenden Kommentare sind überwiegend durch eine „justizlastige" Autorenschaft charakterisiert. Dementsprechend erfolgen dort die Erläuterungen meist aus der Perspektive des Richters. Die Bedürfnisse der anwaltlichen Praxis werden häufig nicht berücksichtigt. Diese Lücke füllen zu helfen, bemüht sich der vorliegende Kommentar. Er ist bewusst zwischen Kurz- und Großkommentar angesiedelt, um den Anforderungen der anwaltlichen Praxis gerecht werden zu können, ohne die notwendige wissenschaftliche Fundierung der einzelnen Kommentierungen vernachlässigen zu müssen.

Der Kommentar wendet sich in erster Linie an den Strafverteidiger, dem er bei seiner Arbeit eine Hilfe sein will. Ebenfalls spricht er Richter, Staats- und Amtsanwälte sowie alle übrigen strafrechtlichen Praktiker an. Bei diesen will der Kommentar auch ein Bewusstsein für die Probleme der anwaltlichen Praxis schaffen.

Entsprechend dieser Ausrichtung steht das Bestreben im Vordergrund, auf der Basis der präzise zusammengefassten neuesten Rechtsprechung und zuverlässigen Wiedergabe der wesentlichen Literatur stets klare und praxisnahe Lösungsvorschläge und Entscheidungshilfen anzubieten. Im Hinblick auf die vorrangig angesprochene Zielgruppe ist die Gewichtung an den Bedürfnissen der anwaltlichen Praxis orientiert; auf eine möglichst umfassende und zugleich gut zugängliche Darstellung der Rechtsschutzmöglichkeiten im Zusammenhang mit den jeweils erläuterten Vorschriften ist daher besonderer Wert gelegt worden.

Der Aufbau der Darstellung folgt einer einheitlichen Struktur, um die Nutzung des Kommentars zu erleichtern. Die Erläuterungen beginnen regelmäßig mit der Erörterung des Zwecks der Norm. Auf deren Entstehungsgeschichte wird nur dort vertieft eingegangen, wo sie für die Auslegung und das Verständnis der Vorschrift bedeutsam ist. Bei Normen, bei denen durch internationale Abkommen oder europarechtliche Vorgaben die Gestaltungsspielräume des deutschen Gesetzgebers, aber auch die Auslegungsspielräume des Rechtsanwenders (Stichwort: „europarechtskonforme Auslegung") eingeschränkt sind, wird auf die Aspekte des internationalen, insbesondere europäischen Rechts eingegangen.

Wegen seiner auf die Praxis bezogenen Ausrichtung auf wissenschaftlichem Fundament haben die Herausgeber – der Zielsetzung des Kommentars entsprechend ein Hochschullehrer und ein Rechtsanwalt – und der Verlag besonderen Wert darauf gelegt, berufserfahrene Praktiker und anerkannte Hochschullehrer als Autoren zu gewinnen, die in ihren Beiträgen praktische Notwendigkeiten und theoretische Gedanken harmonisch miteinander verknüpfen.

Dem Kommentar liegt grundsätzlich ein Rechts- und Literaturstand vom 1. September 2010 zugrunde, wobei noch an zahlreichen Stellen neuere Rechtsprechung und Literatur berücksichtigt werden konnte.

Hannover und Stuttgart, im November 2010 *Henning Radtke und Olaf Hohmann*

DIE BEARBEITER DES KOMMENTARS

Dr. Thorsten Alexander
Rechtsanwalt in Stuttgart

Dr. Kai Ambos
Richter am Landgericht, Professor an der Universität Göttingen

Dr. Helmut Baier
Privatdozent an der Universität Würzburg

Dr. Sabine Benthin
Rechtsanwältin in Stuttgart

Dr. Stephan Beukelmann
Rechtsanwalt in München

Dr. René Börner
Rechtsanwalt in Potsdam

Dr. Guido Britz
Rechtsanwalt in Homburg/Saar

Dr. Mirja Feldmann
Staatsanwältin in Stuttgart

Dr. Sandra Forkert-Hosser
Rechtsanwältin in Karlsruhe

Dr. Hubert Gorka
Rechtsanwalt in Karlsruhe

Dr. Andrea Hagemeier
Habilitandin an der Universität Heidelberg

Dr. Olaf Hohmann
Rechtsanwalt in Stuttgart
Lehrbeauftragter an der Universität Greifswald

Dr. Wolfgang Joecks
Professor an der Universität Greifswald

Dr. Evelyn Kelnhofer
Rechtsanwältin in Heidelberg

Dr. Kurt Kiethe
Rechtsanwalt in München

Dr. Joachim Kretschmer
Privatdozent an der Freien Universität Berlin

Wolfgang Kronthaler
Richter, Amtsgericht Lörrach

Dr. Manuel Ladiges
LL. M., wissenschaftlicher Mitarbeiter an der Universität Göttingen

Dr. Christian Merz
Rechtsanwalt in Osnabrück

Bearbeiter

Dr. Michael Nagel
Rechtsanwalt in Hannover

Dr. Lars Otte
Staatsanwalt beim Bundesgerichtshof in Karlsruhe

Jürgen Pauly
Rechtsanwalt in Frankfurt am Main

Christian Pegel
Rechtsanwalt in Greifswald, wissenschaftlicher Mitarbeiter an der Universität Greifswald

Dr. Henning Radtke
Richter am Oberlandesgericht, Professor an der Universität Hannover

Dr. Klaus Rappert
Richter am Landgericht Regensburg

Michael Reinhart
Rechtsanwalt in München

Dr. Bettina Röwer
Rechtsanwältin in Rostock

Dr. Michael Tsambikakis
Rechtsanwalt in Köln

Thomas Ullenbruch
Richter am Amtsgericht Emmendingen

Pamela Ziehn
Staatsanwältin in Hannover

IM EINZELNEN HABEN BEARBEITET:

Einleitung	Dr. Henning Radtke
StPO	
§§ 1–6 a	Thomas Ullenbruch
§§ 7–21	Wolfgang Kronthaler
§§ 22–32	Dr. Thorsten Alexander
§§ 33–47	Dr. Klaus Rappert
§§ 48–71	Dr. Lars Otte
§§ 72–93	Dr. Stephan Beukelmann
§§ 94–100	Dr. Wolfgang Joecks
§§ 100 a–101	Dr. Bettina Röwer
§§ 102–110	Dr. Manuel Ladiges
§§ 110 a–111 b	Christian Pegel
§§ 111 c–111 p	Dr. Kurt Kiethe
§§ 112–130	Dr. Michael Tsambikakis
§§ 131–136 a	Dr. Joachim Kretschmer
§§ 137–146 a	Michael Reinhart
§ 147	Dr. Olaf Hohmann
§§ 148–150	Michael Reinhart
§§ 151–157	Dr. Henning Radtke
§§ 158–197	Dr. Joachim Kretschmer
§§ 198–212 b	Michael Reinhart
§§ 212–242	Dr. Guido Britz
§§ 243–248	Dr. Evelyn Kelnhofer
§§ 249–256	Jürgen Pauly
§§ 257, 257 a	Dr. Sandra Forkert-Hosser
§§ 257 b, 257 c	Dr. Kai Ambos/Pamela Ziehn
§ 258	Dr. Sandra Forkert-Hosser
§§ 259, 260	Dr. Hubert Gorka
§ 261	Christian Pegel
§§ 262, 263	Dr. Guido Britz
§§ 264–266	Dr. Henning Radtke
§§ 267–270	Dr. Andrea Hagemeier
§§ 271–275	Jürgen Pauly
§§ 275 a–295	Thomas Ullenbruch
§§ 296–303	Dr. Henning Radtke
§§ 304–311 a	Dr. Christian Merz
§§ 312–332	Dr. Stephan Beukelmann
§§ 333–358	Dr. Michael Nagel
§§ 359–373 a	Dr. Olaf Hohmann
§§ 374–406 c	Dr. Christian Merz
§§ 406 d–406 h	Dr. Olaf Hohmann
§§ 407–412	Dr. Thorsten Alexander
§§ 413–416	Dr. René Börner
§§ 417–429	Dr. Lars Otte
§§ 430–443	Dr. Kurt Kiethe
§§ 444–448	Dr. Guido Britz
§§ 449–463 d	Dr. Helmut Baier
§§ 464–473 a	Dr. Sabine Benthin
§§ 474–482	Dr. Olaf Hohmann
§§ 483–495	Dr. Lars Otte
GVG	
§§ 1–140	Dr. Klaus Rappert
§ 140 a	Dr. Olaf Hohmann
§§ 141–152	Dr. Joachim Kretschmer

Bearbeiter

§§ 153–168   Dr. Klaus Rappert
§§ 169–175   Dr. Mirja Feldmann
§§ 176–202   Dr. Lars Otte

EGGVG
§§ 23–30a   Dr. Andrea Hagemeier
§§ 31–38a   Dr. Thorsten Alexander

EMRK
Art. 5, 6, 8, 10   Dr. Kai Ambos

Sachregister   Susan Vogel

INHALTSÜBERSICHT

	Seite
Inhaltsverzeichnis	XV
Abkürzungsverzeichnis	XXXIII
Literaturverzeichnis	XLI

Strafprozessordnung

Erstes Buch. Allgemeine Vorschriften

Erster Abschnitt. Sachliche Zuständigkeit der Gerichte (§§ 1–6 a)	31
Zweiter Abschnitt. Gerichtsstand (§§ 7–21)	44
Dritter Abschnitt. Ausschließung und Ablehnung der Gerichtspersonen (§§ 22–32)	64
Vierter Abschnitt. Gerichtliche Entscheidungen und Kommunikation zwischen den Beteiligten (§§ 33–41 a)	113
Fünfter Abschnitt. Fristen und Wiedereinsetzung in den vorigen Stand (§§ 42–47)	144
Sechster Abschnitt. Zeugen (§§ 48–71)	164
Siebenter Abschnitt. Sachverständige und Augenschein (§§ 72–93)	268
Achter Abschnitt. Beschlagnahme, Überwachung des Fernmeldeverkehrs, Rasterfahndung, Einsatz technischer Mittel, Einsatz Verdeckter Ermittler und Durchsuchung (§§ 94–111 p)	324
Neunter Abschnitt. Verhaftung und vorläufige Festnahme (§§ 112–130)	476
9 a. Abschnitt. Weitere Maßnahmen zur Sicherstellung der Strafverfolgung und Strafvollstreckung (§§ 131–132)	567
9 b. Abschnitt. Vorläufiges Berufsverbot (§ 132 a)	574
Zehnter Abschnitt. Vernehmung des Beschuldigten (§§ 133–136 a)	576
Elfter Abschnitt. Verteidigung (§§ 137–150)	607

Zweites Buch. Verfahren im ersten Rechtszug

Erster Abschnitt. Öffentliche Klage (§§ 151–157)	699
Zweiter Abschnitt. Vorbereitung der öffentlichen Klage (§§ 158–177)	900
Dritter Abschnitt (§§ 178–198)	984
Vierter Abschnitt. Entscheidung über die Eröffnung des Hauptverfahrens (§§ 198–212 b)	984
Fünfter Abschnitt. Vorbereitung der Hauptverhandlung (§§ 212–225 a)	1023
Sechster Abschnitt. Hauptverhandlung (§§ 226–275)	1069
Siebenter Abschnitt. Entscheidung über die im Urteil vorbehaltene oder die nachträgliche Anordnung der Sicherungsverwahrung (§ 275 a)	1543
Achter Abschnitt. Verfahren gegen Abwesende (§§ 276–295)	1593

Drittes Buch. Rechtsmittel

Erster Abschnitt. Allgemeine Vorschriften (§§ 296–303)	1611
Zweiter Abschnitt. Beschwerde (§§ 304–311 a)	1670
Dritter Abschnitt. Berufung (§§ 312–332)	1692
Vierter Abschnitt. Revision (§§ 333–358)	1721

Viertes Buch. Wiederaufnahme eines durch rechtskräftiges Urteil abgeschlossenen Verfahrens (§§ 359–373 a)

	1827

Fünftes Buch. Beteiligung des Verletzten am Verfahren

Erster Abschnitt. Privatklage (§§ 374–394)	1871
Zweiter Abschnitt. Nebenklage (§§ 395–402)	1903
Dritter Abschnitt. Entschädigung des Verletzten (§§ 403–406 c)	1922
Vierter Abschnitt. Sonstige Befugnisse des Verletzten (§§ 406 d–406 h)	1935

Übersicht

Sechstes Buch. Besondere Arten des Verfahrens

	Seite
Erster Abschnitt. Verfahren bei Strafbefehlen (§§ 407–412)	1953
Zweiter Abschnitt. Sicherungsverfahren (§§ 413–416)	1994
2a. Abschnitt. Beschleunigtes Verfahren (§§ 417–429)	2002
Dritter Abschnitt. Verfahren bei Einziehungen und Vermögensbeschlagnahmen (§§ 430–443)	2019
Vierter Abschnitt. Verfahren bei Festsetzung von Geldbuße gegen juristische Personen und Personenvereinigungen (§§ 444–448)	2046

Siebentes Buch. Strafvollstreckung und Kosten des Verfahrens

Erster Abschnitt. Strafvollstreckung (§§ 449–463d)	2053
Zweiter Abschnitt. Kosten des Verfahrens (§§ 464–473a)	2161

Achtes Buch. Erteilung von Auskünften und Akteneinsicht, sonstige Verwendung von Daten für verfahrensübergreifende Zwecke, Dateiregelungen, länderübergreifendes staatsanwaltschaftliches Verfahrensregister

Erster Abschnitt. Erteilung von Auskünften und Akteneinsicht, sonstige Verwendung von Daten für verfahrensübergreifende Zwecke (§§ 474–482)	2227
Zweiter Abschnitt. Dateiregelungen (§§ 483–491)	2243
Dritter Abschnitt. Länderübergreifendes staatsanwaltschaftliches Verfahrensregister (§§ 492–495)	2255

Gerichtsverfassungsgesetz

Erster Titel. Gerichtsbarkeit (§§ 1–21)	2263
Zweiter Titel. Allgemeine Vorschriften über das Präsidium und die Geschäftsverteilung (§§ 21a–21j)	2287
Dritter Titel. Amtsgerichte (§§ 22–27)	2307
Vierter Titel. Schöffengerichte (§§ 28–58)	2316
Fünfter Titel. Landgerichte (§§ 59–78)	2346
5a. Titel. Strafvollstreckungskammern (§§ 78a, 78b)	2363
Sechster Titel. Schwurgerichte (§§ 79–92)	2366
Siebenter Titel Kammern für Handelssachen (§§ 93–114) (nicht abgedruckt)	2366
Achter Titel. Oberlandesgerichte (§§ 115–122)	2366
Neunter Titel. Bundesgerichtshof (§§ 123–140)	2376
9a. Titel. Zuständigkeit für Wiederaufnahmeverfahren in Strafsachen (§ 140a)	2383
Zehnter Titel. Staatsanwaltschaft (§§ 141–152)	2387
Elfter Titel. Geschäftsstelle (§ 153)	2394
Zwölfter Titel. Zustellungs- und Vollstreckungsbeamte (§§ 154, 155)	2395
Dreizehnter Titel. Rechtshilfe (§§ 156–168)	2396
Vierzehnter Titel. Öffentlichkeit und Sitzungspolizei (§§ 169–183)	2402
Fünfzehnter Titel. Gerichtssprache (§§ 184–191a)	2448
Sechzehnter Titel. Beratung und Abstimmung (§§ 192–198)	2456
Siebzehnter Titel. Gerichtsferien (§§ 199–202)	2461

Einführungsgesetz zum Gerichtsverfassungsgesetz

(Auszug)

Dritter Abschnitt. Anfechtung von Justizverwaltungsakten (§§ 23–30a)	2462
Vierter Abschnitt. Kontaktsperre (§§ 31–38a)	2486

Übersicht

Konvention zum Schutz der Menschenrechte und Grundfreiheiten
(Auszug)

	Seite
Abschnitt I. Rechte und Freiheiten	2508
Art. 5 Recht auf Freiheit und Sicherheit	2508
Art. 6 Recht auf ein faires Verfahren	2518
Art. 8 Recht auf Achtung des Privat- und Familienlebens	2535
Art. 10 Freiheit der Meinungsäußerung	2541
Sachregister	2547

INHALTSVERZEICHNIS

	Seite
Abkürzungsverzeichnis	XXXIII
Literaturverzeichnis	XLI

Strafprozessordnung

Erstes Buch. Allgemeine Vorschriften

Erster Abschnitt. Sachliche Zuständigkeit der Gerichte

§ 1	[Sachliche Zuständigkeit]	31
§ 2	[Verbindung und Trennung]	32
§ 3	[Begriff des Zusammenhangs]	35
§ 4	[Verbindung und Trennung rechtshängiger Sachen]	37
§ 5	[Maßgebendes Verfahren]	39
§ 6	[Prüfung von Amts wegen]	40
§ 6 a	[Zuständigkeit besonderer Strafkammern]	42

Zweiter Abschnitt. Gerichtsstand

§ 7	[Gerichtsstand des Tatortes]	44
§ 8	[Gerichtsstand des Wohnsitzes oder Aufenthaltsortes]	46
§ 9	[Gerichtsstand des Ergreifungsortes]	47
§ 10	[Gerichtsstand bei Straftaten auf Schiffen oder Luftfahrzeugen]	48
§ 10 a	[Gerichtsstand bei Straftaten auf dem Meer]	49
§ 11	[Gerichtsstand für deutsche Beamte im Ausland]	49
§ 12	[Zusammentreffen mehrerer Gerichtsstände]	50
§ 13	[Gerichtsstand des Zusammenhangs]	53
§ 13 a	[Zuständigkeitsbestimmung durch den BGH]	54
§ 14	[Bestimmung bei Zuständigkeitsstreit]	56
§ 15	[Verhinderung des zuständigen Gerichts]	58
§ 16	[Einwand der Unzuständigkeit]	60
§§ 17, 18 (weggefallen)		61
§ 19	[Bestimmung bei negativem Zuständigkeitsstreit]	61
§ 20	[Handlungen eines unzuständigen Gerichts]	62
§ 21	[Befugnisse bei Gefahr im Verzug]	63

Dritter Abschnitt. Ausschließung und Ablehnung der Gerichtspersonen

§ 22	[Ausschließung eines Richters]	64
§ 23	[Ausschließung bei Mitwirkung in früheren Verfahren]	73
§ 24	[Ablehnung eines Richters]	76
§ 25	[Letzter Ablehnungszeitpunkt]	89
§ 26	[Ablehnungsverfahren]	92
§ 26 a	[Unzulässige Ablehnung]	95
§ 27	[Entscheidung über die Ablehnung]	98
§ 28	[Rechtsmittel]	102
§ 29	[Unaufschiebbare Amtshandlungen]	105
§ 30	[Selbstablehnung; Ablehnung von Amts wegen]	108
§ 31	[Schöffen; Urkundsbeamte]	110
§ 32	(weggefallen)	112

Vierter Abschnitt. Gerichtliche Entscheidungen und Kommunikation zwischen den Beteiligten

| § 33 | [Anhörung der Beteiligten] | 113 |
| § 33 a | [Nachholung des rechtlichen Gehörs] | 118 |

Inhalt

		Seite
§ 34	[Begründung]	120
§ 34 a	[Rechtskraft durch Beschluss]	122
§ 35	[Bekanntmachung]	123
§ 35 a	[Rechtsmittelbelehrung]	125
§ 36	[Zustellung und Vollstreckung]	128
§ 37	[Zustellungsverfahren]	130
§ 38	[Unmittelbare Ladung]	137
§ 39	(weggefallen)	138
§ 40	[Öffentliche Zustellung]	138
§ 41	[Zustellung an die StA]	141
§ 41 a	[Elektronisches Dokument]	142

Fünfter Abschnitt. Fristen und Wiedereinsetzung in den vorigen Stand

§ 42	[Tagesfristen]	144
§ 43	[Wochen- und Monatsfristen]	146
§ 44	[Wiedereinsetzung in den vorigen Stand]	147
§ 45	[Wiedereinsetzungsantrag]	157
§ 46	[Entscheidung und Rechtsmittel]	160
§ 47	[Keine Hemmung der Vollstreckung; Aufschub]	162

Sechster Abschnitt. Zeugen

§ 48	[Zeugenpflichten]	164
§ 49	[Vernehmung des Bundespräsidenten]	172
§ 50	[Vernehmung von Abgeordneten und Ministern]	172
§ 51	[Folgen des Ausbleibens]	174
§ 52	[Zeugnisverweigerungsrecht aus persönlichen Gründen]	180
§ 53	[Zeugnisverweigerungsrecht aus beruflichen Gründen]	193
§ 53 a	[Zeugnisverweigerungsrecht der Berufshelfer]	204
§ 54	[Aussagegenehmigung für Richter und Beamte]	205
§ 55	[Auskunftsverweigerungsrecht]	213
§ 56	[Glaubhaftmachung des Verweigerungsgrundes]	220
§ 57	[Zeugenbelehrung]	221
§ 58	[Vernehmung; Gegenüberstellung]	223
§ 58 a	[Aufzeichnung der Vernehmung]	227
§ 59	[Vereidigung]	232
§ 60	[Verbot der Vereidigung]	235
§ 61	[Eidesverweigerungsrecht]	242
§ 62	[Vereidigung im vorbereitenden Verfahren]	244
§ 63	[Vereidigung bei kommissarischer Vernehmung]	244
§ 64	[Eidesformel]	245
§ 65	[Eidesgleiche Bekräftigung]	246
§ 66	[Eidesleistung hör- oder sprachbehinderter Personen]	247
§§ 66 a–66 e	*(aufgehoben)*	248
§ 67	[Berufung auf den früheren Eid]	248
§ 68	[Vernehmung zur Person; Beschränkung der Angaben]	250
§ 68 a	[Fragen nach entehrenden Tatsachen und Vorstrafen]	254
§ 68 b	[Zeugenbeistand]	256
§ 69	[Vernehmung zur Sache]	260
§ 70	[Grundlose Zeugnis- und Eidesverweigerung]	262
§ 71	[Zeugenentschädigung]	267

Siebenter Abschnitt. Sachverständige und Augenschein

§ 72	[Anwendung der Vorschriften für Zeugen]	268
§ 73	[Auswahl]	268
§ 74	[Ablehnung]	272
§ 75	[Pflicht zur Erstattung des Gutachtens]	277
§ 76	[Gutachtenverweigerungsrecht]	278
§ 77	[Folgen des Ausbleibens oder der Weigerung]	279
§ 78	[Richterliche Leitung]	280

Inhalt

		Seite
§ 79	[Sachverständigeneid]	280
§ 80	[Vorbereitung des Gutachtens]	281
§ 80 a	[Zuziehung im Vorverfahren]	282
§ 81	[Unterbringung zur Beobachtung des [Beschuldigten]	283
§ 81 a	[Körperliche Untersuchung; Blutprobe]	288
§ 81 b	[Lichtbilder und Fingerabdrücke]	296
§ 81 c	[Untersuchung anderer Personen]	299
§ 81 d	[Verletzung des Schamgefühls]	304
§ 81 e	[Molekulargenetische Untersuchung]	305
§ 81 f	[Richterliche Anordnung; Durchführung der Untersuchung]	307
§ 81 g	[DNA-Identitätsfeststellung]	308
§ 81 h	[DNA-Reihenuntersuchung]	312
§ 82	[Gutachten im Vorverfahren]	313
§ 83	[Neues Gutachten]	314
§ 84	[Sachverständigenvergütung]	315
§ 85	[Sachverständige Zeugen]	315
§ 86	[Richterlicher Augenschein]	316
§ 87	[Leichenschau, Leichenöffnung]	318
§ 88	[Identifizierung]	321
§ 89	[Umfang der Leichenöffnung]	321
§ 90	[Neugeborenes Kind]	321
§ 91	[Verdacht einer Vergiftung]	321
§ 92	[Gutachten bei Geld- oder Wertzeichenfälschung]	322
§ 93	[Schriftgutachten]	322

Achter Abschnitt. Beschlagnahme, Überwachung des Fernmeldeverkehrs, Rasterfahndung, Einsatz technischer Mittel, Einsatz Verdeckter Ermittler und Durchsuchung

§ 94	[Gegenstand der Beschlagnahme]	324
§ 95	[Herausgabepflicht]	328
§ 96	[Amtliche Schriftstücke]	331
§ 97	[Beschlagnahmefreie Gegenstände]	335
§ 98	[Anordnung der Beschlagnahme]	342
§ 98 a	[Maschineller Abgleich und Übermittlung personenbezogener Daten]	346
§ 98 b	[Zuständigkeit; Rückgabe und Löschung von Daten]	349
§ 98 c	[Datenabgleich zur Aufklärung einer Straftat]	351
§ 99	[Postbeschlagnahme]	352
§ 100	[Zuständigkeit]	355
§ 100 a	[Überwachung und Aufzeichnung der Telekommunikation]	357
§ 100 b	[Zuständigkeit für Anordnung der Überwachung nach § 100 a]	365
§ 100 c	[Abhörmaßnahmen in Wohnungen]	368
§ 100 d	[Zuständigkeit]	372
§ 100 e	[Berichtspflicht]	374
§ 100 f	[Akustische Überwachungen außerhalb von Wohnräumen]	375
§ 100 g	[Erhebung von Verkehrsdaten]	376
§ 100 h	[Weitere Maßnahmen außerhalb von Wohnungen]	380
§ 100 i	[Maßnahmen bei Mobilfunkendgeräten]	382
§ 101	[Benachrichtigung von Maßnahmen, Personenbezogene Daten]	383
§ 102	[Durchsuchung beim Verdächtigen]	387
§ 103	[Durchsuchung bei anderen Personen]	392
§ 104	[Nächtliche Hausdurchsuchung]	395
§ 105	[Anordnung; Ausführung]	397
§ 106	[Zuziehung des Inhabers]	406
§ 107	[Mitteilung, Verzeichnis]	408
§ 108	[Beschlagnahme anderer Gegenstände]	410
§ 109	[Kennzeichnung beschlagnahmter Gegenstände]	414
§ 110	[Durchsicht von Papieren und elektronischen Speichermedien]	414
§ 110 a	[Verdeckter Ermittler]	419
§ 110 b	[Zustimmung der Staatsanwaltschaft, des Richters; Geheimhaltung der Identität]	425
§ 110 c	[Betreten einer Wohnung]	432
§§ 110 d, 110 e *(aufgehoben)*		436

XVII

Inhalt

		Seite
§ 111	[Kontrollstellen auf Straßen und Plätzen]	436
§ 111 a	[Vorläufge Entziehung der Fahrerlaubnis]	441
§ 111 b	[Sicherstellung für Verfall, Einziehung und Gewinnabschöpfung]	447
§ 111 c	[Sicherstellung durch Beschlagnahme]	451
§ 111 d	[Sicherstellung durch dinglichen Arrest]	454
§ 111 e	[Anordnung der Beschlagnahme oder des Arrestes]	458
§ 111 f	[Zuständigkeit für Durchführung der Beschlagnahme und Vollziehung des Arrestes]	460
§ 111 g	[Vorrangige Befriedigung von Ansprüchen des Verletzten bei Beschlagnahme]	462
§ 111 h	[Vorrangige Befriedigung von Ansprüchen des Verletzten bei Arrest]	464
§ 111 i	[Aufrechterhaltung der Beschlagnahme für befristeten Zeitraum]	465
§ 111 k	[Rückgabe beweglicher Sachen an den Verletzten]	468
§ 111 l	[Notveräußerung beschlagnahmter oder gepfändeter Gegenstände]	470
§ 111 m	[Beschlagnahme eines Druckwerkes oder einer sonstigen Schrift]	472
§ 111 n	[Anordnung und Aufhebung der Beschlagnahme eines Druckwerks]	473
§ 111 o	[Dinglicher Arrest wegen Vermögensstrafe]	475
§ 111 p	[Vermögensbeschlagnahme]	475

Neunter Abschnitt. Verhaftung und vorläufige Festnahme

§ 112	[Untersuchungshaft; Haftgründe]	476
§ 112 a	[Weitere Haftgründe]	492
§ 113	[Untersuchungshaft bei leichteren Taten]	496
§ 114	[Haftbefehl]	497
§ 114 a	[Aushändigung einer Abschrift des Haftbefehls]	501
§ 114 b	[Belehrung]	502
§ 114 c	[Benachrichtigung der Angehörigen]	505
§ 114 d	[Datenübermittlung an die Vollzugsanstalt]	508
§ 114 e	[Datenübermittlung an Gericht und Staatsanwaltschaft]	508
§ 115	[Vorführung vor den zuständigen Richter]	509
§ 115 a	[Vorführung vor den Richter des nächsten Amtsgerichts]	514
§ 116	[Aussetzung des Vollzugs des Haftbefehls]	517
§ 116 a	[Sicherheitsleistung]	526
§ 116 b	[Vorrang der Vollstreckung anderer freiheitsentziehender Maßnahmen]	530
§ 117	[Haftprüfung]	531
§ 118	[Verfahren]	534
§ 118 a	[Mündliche Verhandlung]	535
§ 118 b	[Anwendung von Rechtsmittelvorschriften]	536
§ 119	[Vollzug der Untersuchungshaft]	536
§ 119 a	[Rechtsschutz im Untersuchungshaftvollzug]	541
§ 120	[Aufhebung des Haftbefehls]	542
§ 121	[Fortdauer der Untersuchungshaft über sechs Monate]	546
§ 122	[Haftprüfung durch das OLG]	551
§ 122 a	[Höchstdauer der Untersuchungshaft]	554
§ 123	[Aufhebung von Maßnahmen]	554
§ 124	[Verfall der Sicherheit]	555
§ 125	[Zuständigkeit für Erlaß des Haftbefehls]	556
§ 126	[Zuständigkeit für Haftvollzug]	557
§ 126 a	[Einstweilige Unterbringung]	558
§ 127	[Vorläufige Festnahme]	559
§ 127 a	[Absehen von Festnahme]	561
§ 127 b	[Festnahme zur Durchführung der Hauptverhandlung]	562
§ 128	[Vorführung vor den Richter]	563
§ 129	[Vorführung nach Anklageerhebung]	564
§ 130	[Antragsstraftaten]	565

9 a. Abschnitt. Weitere Maßnahmen zur Sicherstellung der Strafverfolgung und Strafvollstreckung

§ 131	[Ausschreibung zur Festnahme]	567
§ 131 a	[Ausschreibung zur Aufenthaltsermittlung]	569

Inhalt

		Seite
§ 131 b	[Veröffentlichung von Abbildungen]	571
§ 131 c	[Anordnung und Bestätigung von Fahndungsmaßnahmen]	571
§ 132	[Sicherheitsleistung und Zustellungsbevollmächtigung]	572

9 b. Abschnitt. Vorläufiges Berufsverbot

§ 132 a	[Vorläufiges Berufsverbot]	574

Zehnter Abschnitt. Vernehmung des Beschuldigten

§ 133	[Ladung]	576
§ 134	[Vorführung]	577
§ 135	[Unverzügliche Vorführung und Vernehmung]	577
§ 136	[Erste richterliche Vernehmung]	578
§ 136 a	[Verbotene Vernehmungsmethoden]	590

Elfter Abschnitt. Verteidigung

§ 137	[Wahl eines Verteidigers]	607
§ 138	[Wahlverteidiger]	616
§ 138 a	[Ausschließung des Verteidigers]	621
§ 138 b	[Ausschließung bei Gefahr für die Sicherheit der Bundesrepublik Deutschland]	627
§ 138 c	[Verfahren bei Verteidigerausschließung]	628
§ 138 d	[Mündliche Verhandlung, Rechtsmittel bei Ausschließung]	633
§ 139	[Wahlverteidigung durch Referendare]	635
§ 140	[Notwendige Verteidigung]	637
§ 141	[Verteidigerbestellung]	649
§ 142	[Auswahl des zu bestellenden Verteidigers]	654
§ 143	[Rücknahme der Bestellung]	659
§ 144	(weggefallen)	662
§ 145	[Ausbleiben des Verteidigers]	662
§ 145 a	[Zustellung an den Verteidiger]	666
§ 146	[Verbot der Mehrfachverteidigung]	669
§ 146 a	[Zurückweisung des Wahlverteidigers]	673
§ 147	[Akteneinsicht des Verteidigers]	675
§ 148	[Verkehr mit dem Verteidiger]	685
§ 148 a	[Durchführung von Überwachungsmaßnahmen]	692
§ 149	[Beistände]	695
§ 150	(weggefallen)	697

Zweites Buch. Verfahren im ersten Rechtszug

Erster Abschnitt. Öffentliche Klage

§ 151	[Anklagegrundsatz]	699
§ 152	[Offizial- und Legalitätsprinzip]	702
§ 152 a	[Strafverfolgung von Abgeordneten]	714
§ 153	[Einstellung wegen Geringfügigkeit]	722
§ 153 a	[Einstellung nach Erfüllung von Auflagen und Weisungen]	744
§ 153 b	[Einstellung bei Absehen von Strafe]	768
§ 153 c	[Nichtverfolgung von Auslandstaten]	777
§ 153 d	[Absehen von Strafverfolgung bei politischen Straftaten]	786
§ 153 e	[Absehen von der Strafverfolgung bei tätiger Reue]	791
§ 153 f	[Absehen von der Verfolgung einer nach VStGB strafbaren Tat]	800
§ 154	[Mehrfachtäter]	811
§ 154 a	[Beschränkung der Strafverfolgung]	835
§ 154 b	[Auslieferung und Ausweisung]	852
§ 154 c	[Nötigung oder Erpressung]	859
§ 154 d	[Entscheidung einer Vorfrage]	865
§ 154 e	[Falsche Verdächtigung; Beleidigung]	872
§ 154 f	[In der Person des Beschuldigten liegendes Hindernis]	880
§ 155	[Umfang der Untersuchung]	883

Inhalt

		Seite
§ 155 a	[Täter-Opfer-Ausgleich]	887
§ 155 b	[Datenübermittlung bei Täter-Opfer-Ausgleich]	891
§ 156	[Klagerücknahme]	894
§ 157	[Angeschuldigter, Angeklagter]	898

Zweiter Abschnitt. Vorbereitung der öffentlichen Klage

§ 158	[Strafanzeige und -antrag]	900
§ 159	[Unnatürlicher Tod]	905
§ 160	[Ermittlungsverfahren]	906
§ 160 a	[Schutz zeugnisverweigerungsberechtigter Berufsgeheimnisträger]	909
§ 160 b	[Erörterung des Verfahrensstandes]	914
§ 161	[Ermittlungen]	914
§ 161 a	[Zeugen- und Sachverständigenvernehmung durch die Staatsanwaltschaft]	919
§ 162	[Ermittlungsrichter]	923
§ 163	[Erster Zugriff der Polizei]	927
§ 163 a	[Vernehmungen im Ermittlungsverfahren]	933
§ 163 b	[Identitätsfeststellung]	938
§ 163 c	[Festhalten zur Identitätsfeststellung]	941
§ 163 d	[Netzfahndung]	942
§ 163 e	[Polizeiliche Beobachtung]	945
§ 163 f	[Längerfristige Observation]	947
§ 164	[Festhalten von Störern]	949
§ 165	[Notstaatsanwalt]	951
§ 166	[Beweisanträge]	951
§ 167	[Weitere Verfügung]	953
§ 168	[Protokoll]	953
§ 168 a	[Art der Protokollierung]	954
§ 168 b	[Niederschriften der Staatsanwaltschaft]	956
§ 168 c	[Anwesenheitsrechte]	957
§ 168 d	[Teilnahme am richterlichen Augenschein]	963
§ 168 e	[Getrennte Durchführung der Zeugenvernehmung]	963
§ 169	[Ermittlungsrichter des OLG und des BGH]	965
§ 169 a	[Abschluß der Ermittlungen]	966
§ 170	[Abschluß des Ermittlungsverfahrens]	967
§ 171	[Einstellungsbescheid]	970
§ 172	[Klageerzwingungsverfahren]	971
§ 173	[Verfahren des Gerichts]	980
§ 174	[Verwerfungsbeschluß]	980
§ 175	[Beschluß auf Anklageerhebung]	981
§ 176	[Sicherheitsleistung]	982
§ 177	[Kosten]	982

Dritter Abschnitt

§§ 178–197 (weggefallen)	984

Vierter Abschnitt. Entscheidung über die Eröffnung des Hauptverfahrens

§ 198	(weggefallen)	984
§ 199	[Entscheidung über Eröffnung des Hauptverfahrens]	984
§ 200	[Inhalt der Anklageschrift]	986
§ 201	[Mitteilung der Anklageschrift]	992
§ 202	[Anordnung einzelner Beweiserhebungen]	995
§ 202 a	[Erörterung des Verfahrensstandes]	996
§ 203	[Eröffnungsvoraussetzung]	998
§ 204	[Ablehnung der Eröffnung]	1000
§ 205	[Vorläufige Einstellung]	1001
§ 206	[Keine Bindung des Gerichts]	1004
§ 206 a	[Einstellung bei Verfahrenshindernis]	1004
§ 206 b	[Einstellung wegen Gesetzesänderung]	1007
§ 207	[Eröffnungsbeschluß]	1009

Inhalt

		Seite
§ 208	(weggefallen)	1014
§ 209	[Eröffnungszuständigkeit]	1014
§ 209 a	[Besondere funktionelle Zuständigkeiten]	1016
§ 210	[Rechtsmittel]	1017
§ 211	[Wiederaufnahme nach Ablehnungsbeschluß]	1020
§§ 212 a–212 b	(aufgehoben)	1022

Fünfter Abschnitt. Vorbereitung der Hauptverhandlung

§ 212	[Erörterung nach der Eröffnung des Hauptverfahrens]	1023
§ 213	[Terminsbestimmung]	1024
§ 214	[Ladungen durch den Vorsitzenden]	1028
§ 215	[Zustellung des Eröffnungsbeschlusses]	1031
§ 216	[Ladung des Angeklagten]	1032
§ 217	[Ladungsfrist]	1034
§ 218	[Ladung des Verteidigers]	1036
§ 219	[Beweisanträge des Angeklagten]	1039
§ 220	[Ladung durch den Angeklagten]	1042
§ 221	[Herbeischaffung von Beweisgegenständen]	1044
§ 222	[Namhaftmachung von Zeugen und Sachverständigen]	1045
§ 222 a	[Mitteilung der Gerichtsbesetzung]	1046
§ 222 b	[Einwand der verbotswidrigen Besetzung]	1049
§ 223	[Kommissarische Vernehmung]	1052
§ 224	[Benachrichtigung der Beteiligten]	1056
§ 225	[Augenschein durch beauftragten oder ersuchten Richter]	1060
§ 225 a	[Zuständigkeitsänderung vor der Hauptverhandlung]	1061

Sechster Abschnitt. Hauptverhandlung

§ 226	[Ununterbrochene Gegenwart]	1069
§ 227	[Mehrere Staatsanwälte und Verteidiger]	1073
§ 228	[Aussetzung und Unterbrechung]	1074
§ 229	[Höchstdauer der Unterbrechung]	1080
§ 230	[Ausbleiben des Angeklagten]	1085
§ 231	[Anwesenheitspflicht des Angeklagten]	1093
§ 231 a	[Hauptverhandlung bei vorsätzlich herbeigeführter Verhandlungsunfähigkeit]	1098
§ 231 b	[Hauptverhandlung nach Entfernung des Angeklagten aus dem Sitzungszimmer]	1103
§ 231 c	[Beurlaubung von Angeklagten]	1106
§ 232	[Hauptverhandlung trotz Ausbleibens]	1111
§ 233	[Entbindung des Angeklagten von der Pflicht zum Erscheinen]	1116
§ 234	[Vertretung des abwesenden Angeklagten]	1122
§ 234 a	[Informations- und Zustimmungsbefugnisse des Verteidigers]	1125
§ 235	[Wiedereinsetzung in den vorherigen Stand]	1127
§ 236	[Anordnung des persönlichen Erscheinens]	1129
§ 237	[Verbindung mehrerer Strafsachen]	1131
§ 238	[Verhandlungsleitung]	1135
§ 239	[Kreuzverhör]	1144
§ 240	[Fragerecht]	1147
§ 241	[Zurückweisung von Fragen]	1151
§ 241 a	[Vernehmung von Zeugen]	1158
§ 242	[Zweifel über die Zulässigkeit von Fragen]	1161
§ 243	[Gang der Hauptverhandlung]	1162
§ 244	[Beweisaufnahme]	1173
§ 245	[Präsente Beweismittel]	1231
§ 246	[Verspätete Beweisanträge]	1237
§ 246 a	[Ärztlicher Sachverständiger]	1240
§ 247	[Vorübergehende Entfernung des Angeklagten]	1242
§ 247 a	[Audiovisuelle Zeugenvernehmung]	1249
§ 248	[Entlassung der Zeugen und Sachverständigen]	1256
§ 249	[Verlesung von Schriftstücken]	1258
§ 250	[Grundsatz der persönlichen Vernehmung]	1265

Inhalt

		Seite
§ 251	[Verlesung von Protokollen]	1271
§ 252	[Unstatthafte Protokollverlesung]	1283
§ 253	[Protokollverlesung zur Gedächtnisunterstützung]	1290
§ 254	[Verlesung von Geständnissen und bei Widersprüchen]	1292
§ 255	[Protokollierung der Verlesung]	1294
§ 255 a	[Vorführung der Aufzeichnung einer Zeugenvernehmung]	1295
§ 256	[Verlesung von Behörden- und Ärzteerklärungen]	1300
§ 257	[Befragung des Angeklagten, Erklärungsrecht des Staatsanwalts und des Verteidigers]	1305
§ 257 a	[Schriftliche Anträge und Anregungen zu Verfahrensfragen]	1311
§ 257 b	[Erörterung des Verfahrensstands mit den Verfahrensbeteiligten]	1315
§ 257 c	[Verständigung über Verfahrensfortgang- und -ergebnis mit Verfahrensbeteiligung]	1315
§ 258	[Schlußvorträge]	1328
§ 259	[Dolmetscher]	1337
§ 260	[Urteil]	1339
§ 261	[Freie Beweiswürdigung]	1352
§ 262	[Vorfragen aus anderen Rechtsgebieten]	1381
§ 263	[Abstimmung über Schuldfrage und Rechtsfolgen]	1385
§ 264	[Gegenstand des Urteils]	1387
§ 265	[Veränderungen des rechtlichen Gesichtspunktes]	1424
§ 265 a	[Auflagen oder Weisungen]	1469
§ 266	[Nachtragsanklage]	1473
§ 267	[Urteilsgründe]	1487
§ 268	[Urteilsverkündung]	1502
§ 268 a	[Strafaussetzung oder Aussetzung von Maßregeln zur Bewährung]	1506
§ 268 b	[Fortdauer der Untersuchungshaft]	1508
§ 268 c	[Belehrung über Beginn des Fahrverbots]	1510
§ 268 d	[Belehrung bei Vorbehalt der Entscheidung über Sicherungsverwahrung]	1511
§ 269	[Sachliche Unzuständigkeit]	1512
§ 270	[Verweisung an höheres zuständiges Gericht]	1514
§ 271	[Sitzungsprotokoll]	1519
§ 272	[Inhalt des Protokolls]	1524
§ 273	[Beurkundung der Hauptverhandlung]	1525
§ 274	[Beweiskraft des Protokolls]	1534
§ 275	[Frist und Form der Urteilsniederschrift; Ausfertigungen]	1538

Siebenter Abschnitt. Entscheidung über die im Urteil vorbehaltene oder die nachträgliche Anordnung der Sicherungsverwahrung

§ 275 a	[Vorbehaltene oder nachträgliche Anordnung der Sicherungsverwahrung]	1543

Achter Abschnitt. Verfahren gegen Abwesende

§ 276	[Abwesender Beschuldigter]	1593
§§ 277–284 (weggefallen)		1594
§ 285	[Beweissicherung]	1594
§ 286	[Beistand]	1595
§ 287	[Benachrichtigung]	1596
§ 288	[Aufforderung zum Erscheinen]	1596
§ 289	[Beweisaufnahme]	1597
§ 290	[Vermögensbeschlagnahme]	1598
§ 291	[Bekanntmachung des Beschlagnahmebeschlusses]	1600
§ 292	[Wirkung der Bekanntmachung]	1601
§ 293	[Aufhebung der Beschlagnahme]	1603
§ 294	[Verfahren nach Anklageerhebung]	1605
§ 295	[Sicheres Geleit]	1605

Inhalt

Drittes Buch. Rechtsmittel

Erster Abschnitt. Allgemeine Vorschriften Seite

§ 296 [Rechtsmittelberechtigte] 1611
§ 297 [Rechtsmittel des Verteidigers] 1626
§ 298 [Rechtsmittel des gesetzlichen Vertreters] 1629
§ 299 [Im Freiheitsentzug befindlicher Beschuldigter] 1633
§ 300 [Irrtümliche Bezeichnung eines Rechtsmittels] 1637
§ 301 [Wirkung des Rechtsmittels der Staatsanwaltschaft] 1641
§ 302 [Erklärung von Rechtsmittelrücknahme und -verzicht] 1643
§ 303 [Rücknahme des Rechtsmittels] 1665

Zweiter Abschnitt. Beschwerde

§ 304 [Zulässigkeit der Beschwerde] 1670
§ 305 [Entscheidungen vor Urteilsfällung] 1674
§ 305a [Beschwerde gegen den Beschluß nach § 268a Abs. 1, 2] 1676
§ 306 [Beschwerdeverfahren] 1678
§ 307 [Keine vollzugshemmende Wirkung] 1680
§ 308 [Befugnisse des Beschwerdegerichts] 1681
§ 309 [Entscheidung ohne mündliche Verhandlung] 1684
§ 310 [Anfechtung durch weitere Beschwerde] 1686
§ 311 [Sofortige Beschwerde] 1688
§ 311a [Nachträgliche Anhörung des Gegners] 1690

Dritter Abschnitt. Berufung

§ 312 [Zulässigkeit] 1692
§ 313 [Annahme der Berufung] 1692
§ 314 [Form und Frist] 1694
§ 315 [Berufung und Wiedereinsetzungsantrag] 1695
§ 316 [Hemmung der Rechtskraft] 1696
§ 317 [Berufungsbegründung] 1696
§ 318 [Beschränkung der Berufung] 1697
§ 319 [Verspätete Einlegung] 1699
§ 320 [Aktenvorlage an Staatsanwaltschaft] 1700
§ 321 [Aktenweitergabe an das Berufungsgericht] 1700
§ 322 [Verwerfung ohne Hauptverhandlung] 1700
§ 322a [Entscheidung über Annahme der Berufung] 1701
§ 323 [Vorbereitung der Hauptverhandlung] 1702
§ 324 [Gang der Hauptverhandlung] 1702
§ 325 [Verlesung von Schriftstücken] 1703
§ 326 [Schlussvorträge] 1705
§ 327 [Umfang der Urteilsprüfung] 1705
§ 328 [Inhalt des Berufungsurteils] 1706
§ 329 [Ausbleiben des Angeklagten] 1708
§ 330 [Maßnahmen bei Berufung durch gesetzlichen Vertreter] 1716
§ 331 [Verbot der reformatio in peius] 1717
§ 332 [Verfahrensvorschriften] 1720

Vierter Abschnitt. Revision

§ 333 [Zulässigkeit] 1721
§ 334 (weggefallen) 1724
§ 335 [Sprungrevision] 1724
§ 336 [Vorausgegangene Entscheidungen] 1727
§ 337 [Revisionsgründe] 1729
§ 338 [Absolute Revisionsgründe] 1740
§ 339 [Rechtsnormen zu Gunsten des Angeklagten] 1756
§ 340 (weggefallen) 1757
§ 341 [Form und Frist] 1757
§ 342 [Wiedereinsetzung und Revision] 1760

XXIII

Inhalt

		Seite
§ 343	[Hemmung der Rechtskraft]	1762
§ 344	[Revisionsbegründung]	1763
§ 345	[Revisionsbegründungsfrist]	1769
§ 346	[Verwerfung durch das Tatgericht]	1774
§ 347	[Weiteres Verfahren]	1777
§ 348	[Unzuständigkeit des Gerichts]	1780
§ 349	[Entscheidung durch Beschluss]	1780
§ 350	[Terminmitteilung]	1787
§ 351	[Hauptverhandlung]	1791
§ 352	[Umfang der Prüfung]	1793
§ 353	[Revisionsurteil]	1796
§ 354	[Eigene Sachentscheidung; Zurückverweisung]	1801
§ 354a	[Entscheidung bei Gesetzesänderung]	1810
§ 355	[Verweisung an das zuständige Gericht]	1812
§ 356	[Urteilsverkündung]	1814
§ 356a	[Verletzung des Anspruches auf rechtliches Gehör]	1815
§ 357	[Revisionserstreckung auf Mitverurteilte]	1817
§ 358	[Bindung des Untergerichts; Verbot der reformatio in peius]	1821

Viertes Buch. Wiederaufnahme eines durch rechtskräftiges Urteil abgeschlossenen Verfahrens

§ 359	[Wiederaufnahme zugunsten des Verurteilten]	1827
§ 360	[Keine Hemmung der Vollstreckung]	1837
§ 361	[Vollstreckung und Tod keine Ausschlussgründe]	1839
§ 362	[Wiederaufnahme zuungunsten des Angeklagten]	1841
§ 363	[Unzulässigkeit]	1843
§ 364	[Behauptung einer Straftat]	1845
§ 364a	[Verteidiger für Wiederaufnahmeverfahren]	1846
§ 364b	[Verteidiger für Vorbereitung des Wiederaufnahmeverfahrens]	1848
§ 365	[Allgemeine Vorschriften für den Antrag]	1850
§ 366	[Inhalt und Form des Antrages]	1851
§ 367	[Entscheidung über die Zulassung und Anträge nach §§ 364a und 364b]	1853
§ 368	[Verwerfung wegen Unzulässigkeit]	1854
§ 369	[Beweisaufnahme über das Begründetsein]	1857
§ 370	[Entscheidung über das Begründetsein]	1860
§ 371	[Freisprechung ohne Hauptverhandlung]	1862
§ 372	[Sofortige Beschwerde]	1865
§ 373	[Urteil nach erneuter Hauptverhandlung; Verbot der reformatio in peius]	1866
§ 373a	[Verfahren bei Strafbefehl]	1869

Fünftes Buch. Beteiligung des Verletzten am Verfahren

Erster Abschnitt. Privatklage

§ 374	[Zulässigkeit und klageberechtigter Personenkreis]	1871
§ 375	[Mehrere klageberechtigte Personen]	1874
§ 376	[Öffentliche Klage]	1875
§ 377	[Mitwirkung des Staatsanwalts]	1877
§ 378	[Beistand und Vertretung des Privatklägers]	1879
§ 379	[Sicherheitsleistung]	1880
§ 379a	[Zahlung des Gebührenvorschusses]	1881
§ 380	[Erfolgloser Sühneversuch]	1883
§ 381	[Erhebung der Klage]	1885
§ 382	[Klagemitteilung an Beschuldigten]	1886
§ 383	[Eröffnung, Zurückweisung oder Einstellung]	1886
§ 384	[Weiteres Verfahren]	1888
§ 385	[Stellung des Privatklägers]	1890
§ 386	[Recht zur Ladung]	1891

Inhalt

		Seite
§ 387	[Beistand und Vertretung des Angeklagten]	1892
§ 388	[Klage und Widerklage]	1893
§ 389	[Einstellung durch Urteil]	1895
§ 390	[Rechtsmittel des Privatklägers]	1896
§ 391	[Zurücknahme der Privatklage]	1897
§ 392	[Folgen der Zurücknahme]	1899
§ 393	[Tod des Privatklägers]	1900
§ 394	[Bekanntmachungen an den Beschuldigten]	1901

Zweiter Abschnitt. Nebenklage

§ 395	[Befugnis zum Anschluss als Nebenkläger]	1903
§ 396	[Anschlusserklärung]	1906
§ 397	[Rechte des Nebenklägers]	1909
§ 397 a	[Bestellung eines Beistands; Prozesskostenhilfe]	1911
§ 398	[Fortgang des Verfahrens]	1914
§ 399	[Bekanntmachung früherer Entscheidungen]	1915
§ 400	[Beschränktes Anfechtungsrecht]	1916
§ 401	[Rechtsmittel des Nebenklägers]	1918
§ 402	[Wegfall der Nebenklage]	1920

Dritter Abschnitt. Entschädigung des Verletzten

§ 403	[Voraussetzungen]	1922
§ 404	[Antragstellung]	1925
§ 405	[Vergleich]	1928
§ 406	[Entscheidung]	1929
§ 406 a	[Rechtsmittel]	1931
§ 406 b	[Vollstreckung]	1933
§ 406 c	[Wiederaufnahme des Verfahrens]	1933

Vierter Abschnitt. Sonstige Befugnisse des Verletzten

§ 406 d	[Mitteilungen an den Verletzten]	1935
§ 406 e	[Akteneinsicht]	1937
§ 406 f	[Beistand und Vertreter des Verletzten]	1943
§ 406 g	[Beistand des nebenklageberechtigten Verletzten]	1945
§ 406 h	[Hinweis auf Befugnisse]	1949

Sechstes Buch. Besondere Arten des Verfahrens

Erster Abschnitt. Verfahren bei Strafbefehlen

§ 407	[Voraussetzungen]	1953
§ 408	[Entscheidung über den Antrag]	1960
§ 408 a	[Strafbefehl nach Eröffnung des Hauptverfahrens]	1964
§ 408 b	[Bestellung eines Verteidigers]	1967
§ 409	[Inhalt des Strafbefehls]	1970
§ 410	[Einspruch gegen den Strafbefehl]	1975
§ 411	[Entscheidung über den Einspruch]	1980
§ 412	[Ausbleiben des Angeklagten]	1988

Zweiter Abschnitt. Sicherungsverfahren

§ 413	[Voraussetzungen des Antrags]	1994
§ 414	[Verfahren]	1997
§ 415	[Hauptverhandlung ohne den Beschuldigten]	1999
§ 416	[Überleitung in das Strafverfahren]	2000

2 a. Abschnitt. Beschleunigtes Verfahren

§ 417	[Antrag der Staatsanwaltschaft]	2002
§ 418	[Ladung; Anklage; Verteidigung]	2007

Inhalt

		Seite
§ 419	[Entscheidung über den Antrag]	2010
§ 420	[Beweisaufnahme]	2015
§§ 421–429	(weggefallen)	2018

Dritter Abschnitt. Verfahren bei Einziehungen und Vermögensbeschlagnahmen

§ 430	[Absehen von der Einziehung]	2019
§ 431	[Anordnung der Einziehungsbeteiligung]	2020
§ 432	[Anhörung im vorbereitenden Verfahren]	2026
§ 433	[Befugnisse der Einziehungsbeteiligten]	2027
§ 434	[Vertretung]	2029
§ 435	[Terminsbenachrichtigung]	2030
§ 436	[Verhandlung in Abwesenheit des Beteiligten]	2031
§ 437	[Rechtsmittelverfahren]	2032
§ 438	[Einziehung durch Strafbefehl]	2033
§ 439	[Nachverfahren]	2034
§ 440	[Selbständiges Einziehungsverfahren]	2037
§ 441	[Verfahren bei nachträglicher und selbständiger Einziehung]	2041
§ 442	[Verfall, Vernichtung, Unbrauchbarmachung, Beseitigung]	2043
§ 443	[Vermögensbeschlagnahme]	2043

Vierter Abschnitt. Verfahren bei Festsetzung von Geldbuße gegen juristische Personen und Personenvereinigungen

§ 444	[Verfahren bei Festsetzung einer Verbandsgeldbuße]	2046
§§ 445–448	(weggefallen)	2052

Siebentes Buch. Strafvollstreckung und Kosten des Verfahrens

Erster Abschnitt. Strafvollstreckung

§ 449	[Vollstreckbarkeit]	2053
§ 450	[Anrechnung von Untersuchungshaft und Führerscheinentziehung]	2057
§ 450 a	[Anrechnung einer im Ausland erlittenen Freiheitsentziehung]	2061
§ 451	[Vollstreckungsbehörden]	2063
§ 452	[Begnadigungsrecht]	2066
§ 453	[Nachträgliche Entscheidung über Strafaussetzung zur Bewährung oder Verwarnung mit Strafvorbehalt]	2067
§ 453 a	[Belehrung bei Strafaussetzung oder Verwarnung mit Strafvorbehalt]	2072
§ 453 b	[Überwachung des Verurteilten]	2073
§ 453 c	[Vorläufige Maßnahmen vor Widerruf der Aussetzung]	2074
§ 454	[Aussetzung des Strafrestes]	2077
§ 454 a	[Beginn der Bewährungszeit; Aufhebung der Aussetzung des Strafrestes]	2092
§ 454 b	[Vollstreckung von Freiheitsstrafen und Ersatzfreiheitsstrafen]	2094
§ 455	[Aufschub der Vollstreckung einer Freiheitsstrafe]	2098
§ 455 a	[Aufschub oder Unterbrechung aus Gründen der Vollzugsorganisation]	2101
§ 456	[Vorübergehender Aufschub]	2103
§ 456 a	[Absehen von Vollstreckung bei Auslieferung oder Landesverweisung]	2105
§ 456 b	(weggefallen)	2108
§ 456 c	[Aufschub und Aussetzung des Berufsverbotes]	2108
§ 457	[Haftbefehl; Steckbrief]	2109
§ 458	[Gerichtliche Entscheidungen bei Strafvollstreckung]	2112
§ 459	[Vollstreckung der Geldstrafe]	2115
§ 459 a	[Zahlungserleichterungen]	2116
§ 459 b	[Verrechnung von Teilbeträgen]	2118
§ 459 c	[Beitreibung der Geldstrafe]	2119
§ 459 d	[Absehen von der Vollstreckung der Geldstrafe]	2120
§ 459 e	[Vollstreckung der Ersatzfreiheitsstrafe]	2122
§ 459 f	[Absehen von der Vollstreckung der Ersatzfreiheitsstrafe]	2124
§ 459 g	[Vollstreckung von Nebenfolgen]	2124
§ 459 h	[Zuständigkeit des Gerichts bei Einwendungen]	2125

Inhalt

		Seite
§ 459 i	[Vollstreckung der Vermögensstrafe]	2126
§ 460	[Nachträgliche Gesamtstrafenbildung]	2126
§ 461	[Anrechnung von Krankenhausaufenthalt]	2133
§ 462	[Verfahren bei gerichtlichen Entscheidungen; sofortige Beschwerde]	2134
§ 462 a	[Zuständigkeit der Strafvollstreckungskammer und des Gerichts des ersten Rechtszuges]	2136
§ 463	[Vollstreckung von Maßregeln der Besserung und Sicherung]	2149
§ 463 a	[Befugnisse und Zuständigkeit der Aufsichtsstellen]	2155
§ 463 b	[Beschlagnahme von Führerscheinen]	2157
§ 463 c	[Öffentliche Bekanntmachung der Verurteilung]	2158
§ 463 d	[Gerichtshilfe]	2159

Zweiter Abschnitt. Kosten des Verfahrens

§ 464	[Kostenentscheidung]	2161
§ 464 a	[Kosten des Verfahrens; notwendige Auslagen]	2177
§ 464 b	[Kostenfestsetzung]	2185
§ 464 c	[Kosten bei Bestellung eines Dolmetschers oder Übersetzers]	2189
§ 464 d	[Auslagenverteilung nach Bruchteilen]	2191
§ 465	[Kostenpflicht des Verurteilten]	2192
§ 466	[Haftung Mitverurteilter]	2196
§ 467	[Kosten und notwendige Auslagen bei Freispruch]	2198
§ 467 a	[Kosten der Staatskasse bei Klagerücknahme und Einstellung]	2204
§ 468	[Straffreierklärung]	2206
§ 469	[Kostenpflicht des Anzeigenden]	2206
§ 470	[Kosten bei Zurücknahme des Strafantrags]	2207
§ 471	[Privatklagekosten]	2209
§ 472	[Nebenklagekosten]	2211
§ 472 a	[Adhäsionsverfahren]	2215
§ 472 b	[Kosten bei Nebenfolgen]	2217
§ 473	[Kosten bei zurückgenommenen oder erfolglosen Rechtsmitteln]	2218
§ 473 a	[Kosten bei gesonderter Entscheidung über die Rechtmäßigkeit einer Ermittlungsmaßnahme]	2225

Achtes Buch. Erteilung von Auskünften und Akteneinsicht, sonstige Verwendung von Daten für verfahrensübergreifende Zwecke, Dateiregelungen, länderübergreifendes staatsanwaltschaftliches Verfahrensregister

Erster Abschnitt. Erteilung von Auskünften und Akteneinsicht, sonstige Verwendung von Daten für verfahrensübergreifende Zwecke

§ 474	[Auskünfte und Akteneinsicht für Justizbehörden und andere öffentliche Stellen]	2227
§ 475	[Auskünfte und Akteneinsicht für Privatpersonen]	2229
§ 476	[Übermittlung personenbezogener Daten zu Forschungszwecken]	2232
§ 477	[Zulässigkeit der Datenübermittlung]	2234
§ 478	[Entscheidung über Auskunftserteilung und Akteneinsicht; beigezogene Akten]	2237
§ 479	[Datenübermittlung von Amts wegen]	2240
§ 480	[Unberührt bleibende Vorschriften]	2240
§ 481	[Verwendung personenbezogener Daten durch die Polizeibehörden]	2241
§ 482	[Information der befassten Polizeibehörde durch die Staatsanwaltschaft]	2241

Zweiter Abschnitt. Dateiregelungen

§ 483	[Datenverarbeitung für Zwecke des Strafverfahrens]	2243
§ 484	[Datenverarbeitung für Zwecke künftiger Strafverfolgung]	2244
§ 485	[Datenverarbeitung für Zwecke der Vorgangsverwaltung]	2246
§ 486	[Gemeinsame Dateien]	2247
§ 487	[Übermittlung gespeicherter Daten]	2249
§ 488	[Automatisierte Datenübermittlung]	2249
§ 489	[Berichtigung, Löschung und Sperrung gespeicherter Daten]	2250
§ 490	[Errichtungsanordnung für automatisierte Dateien]	2252
§ 491	[Auskunft an Betroffene]	2253

Inhalt

Seite

Dritter Abschnitt. Länderübergreifendes staatsanwaltschaftliches Verfahrensregister

§ 492	[Zentrales staatsanwaltschaftliches Verfahrensregister]	2255
§ 493	[Automatisiertes Abrufverfahren]	2257
§ 494	[Berichtigung, Löschung oder Sperrung; Errichtungsanordnung]	2258
	Anhang zu § 494	2260
§ 495	[Auskunft an den Betroffenen]	2261

Gerichtsverfassungsgesetz (GVG)

Erster Titel. Gerichtsbarkeit

§ 1	[Richterliche Unabhängigkeit]	2263
§§ 2–9	(weggefallen)	2263
§ 10	[Referendare]	2264
§ 11	(weggefallen)	2265
§ 12	[Ordentliche Gerichtsbarkeit]	2265
§ 13	[Zuständigkeit der ordentlichen Gerichte]	2266
§ 13 a	[Konzentrationsermächtigung]	2266
§ 14	[Schifffahrtsgerichte]	2266
§ 15	(weggefallen)	2267
§ 16	[Verbot von Ausnahmegerichten]	2267
§ 17	[Folgen der Zulässigkeit des beschrittenen Rechtswegs]	2268
§ 17 a	[Entscheidung über den Rechtsweg]	2269
§ 17 b	[Anhängigkeit nach Verweisung; Kosten]	2270
§ 18	[Befreiungen im diplomatischen Dienst]	2270
	Anhang zu § 18	2271
§ 19	[Befreiungen im konsularischen Bereich]	2284
§ 20	[Andere Exterritoriale]	2285
§ 21	[Ersuchen eines internationalen Strafgerichtshofes]	2286

Zweiter Titel. Allgemeine Vorschriften über das Präsidium und die Geschäftsverteilung

§ 21 a	[Präsidium; Zusammensetzung]	2287
§ 21 b	[Wahl des Präsidiums]	2288
§ 21 c	[Vertretung im Präsidium; Nachrücken von Mitgliedern]	2289
§ 21 d	[Größe des Präsidiums]	2290
§ 21 e	[Aufgaben des Präsidiums; Geschäftsverteilungsplan]	2291
§ 21 f	[Vorsitz in den Spruchkörpern]	2300
§ 21 g	[Geschäftsverteilung innerhalb des Spruchkörpers]	2303
§ 21 h	[Vertretung des Präsidenten oder des aufsichtführenden Richters]	2305
§ 21 i	[Beschlussfähigkeit des Präsidiums; Notkompetenz]	2306
§ 21 j	[Neu errichtete Gerichte]	2306

Dritter Titel. Amtsgerichte

§ 22	[Richter beim Amtsgericht]	2307
§ 22 a	[Präsidium bei den Amtsgerichten]	2308
§ 22 b	[Amtsgericht mit nur einem Richter]	2308
§ 22 c	[Gemeinsamer Bereitschaftsdienst]	2309
§ 22 d	[Abweichen von der Geschäftsverteilung]	2310
§§ 23–23 e	(nicht abgedruckt)	2310
§ 24	[Zuständigkeit des Amtsgerichts]	2310
§ 25	[Zuständigkeit des Strafrichters]	2314
§ 26	[Zuständigkeit der Jugendschutzgerichte]	2315
§ 26 a	(weggefallen)	2316
§ 27	[Sonstige Zuständigkeit und Geschäftskreis]	2316

Inhalt

Vierter Titel. Schöffengerichte

		Seite
§ 28	[Zuständigkeit]	2316
§ 29	[Zusammensetzung]	2316
§ 30	[Befugnisse der Schöffen]	2318
§ 31	[Ehrenamt]	2319
§ 32	[Unfähigkeit zum Schöffenamt]	2320
§ 33	[Ungeeignete Schöffen]	2321
§ 34	[Weitere ungeeignete Schöffen]	2322
§ 35	[Ablehnung des Schöffenamts]	2323
§ 36	[Vorschlagsliste]	2324
§ 37	[Einspruch gegen die Vorschlagsliste]	2326
§ 38	[Übersendung der Vorschlagsliste]	2326
§ 39	[Vorbereitung der Schöffenwahl]	2326
§ 40	[Schöffenwahlausschuss]	2327
§ 41	[Prüfung der Einsprüche]	2328
§ 42	[Schöffenwahl; Haupt- und Hilfsschöffen]	2329
§ 43	[Zahl der Schöffen]	2330
§ 44	[Schöffenliste]	2331
§ 45	[Feststellung der Sitzungstage; Schöffenauslosung]	2331
§ 46	[Zusätzliches Schöffengericht]	2334
§ 47	[Außerordentliche Sitzungen]	2334
§ 48	[Ergänzungsschöffen]	2335
§ 49	[Zuweisung aus der Hilfsschöffenliste]	2335
§ 50	[Sitzungsdauer über die Wahlperiode hinaus]	2337
§ 51	(weggefallen)	2337
§ 52	[Streichung von der Schöffenliste]	2337
§ 53	[Verfahren beim Vorliegen von Ablehnungsgründen]	2340
§ 54	[Entbindung an bestimmten Sitzungstagen; Unerreichbarkeit]	2340
§ 55	[Entschädigung]	2343
§ 56	[Unentschuldigtes Ausbleiben]	2343
§ 57	[Bestimmung der Fristen]	2344
§ 58	[Gemeinsames Amtsgericht]	2345

Fünfter Titel. Landgerichte

§ 59	[Besetzung]	2346
§ 60	[Kammern]	2346
§§ 61–69	(weggefallen)	2347
§ 70	[Notvertretung]	2347
§§ 71 und 72	(nicht abgedruckt)	2347
§ 73	[Beschluss- und Beschwerdezuständigkeit]	2347
§ 73 a	(weggefallen)	2348
§ 74	[Zuständigkeiten]	2348
§ 74 a	[Zuständigkeit der Staatsschutzkammer]	2351
§ 74 b	[Zuständigkeit in Jugendschutzsachen]	2352
§ 74 c	[Zuständigkeit der Wirtschaftsstrafkammer]	2353
§ 74 d	[Gemeinsames Schwurgericht]	2355
§ 74 e	[Vorrang]	2355
§ 74 f	[Zuständigkeit bei vorbehaltener oder nachträglicher Sicherungsverwahrung]	2356
§ 75	(nicht abgedruckt)	2357
§ 76	[Besetzung der Strafkammern]	2357
§ 77	[Schöffen beim LG]	2360
§ 78	[Auswärtige Strafkammer]	2362

5 a. Titel. Strafvollstreckungskammern

§ 78 a	[Errichtung und Zuständigkeit]	2363
§ 78 b	[Besetzung]	2364

Inhalt

Sechster Titel. Schwurgerichte

§§ 79–92 (weggefallen) 2366

Siebenter Titel. Kammern für Handelssachen

§§ 93–114 (nicht abgedruckt) 2366

Achter Titel. Oberlandesgerichte

§ 115 [Besetzung] 2366
§ 115a (weggefallen) 2367
§ 116 [Senate] 2367
§ 117 [Notvertretung] 2367
§§ 118, 119 (nicht abgedruckt) 2367
§ 120 [Erstinstanzliche Zuständigkeit] 2367
§ 120a [Zuständigkeit bei vorbehaltener oder nachträglicher Sicherungsverwahrung] 2371
§ 121 [Zuständigkeit in der Rechtsmittelinstanz] 2371
§ 122 [Besetzung der Senate] 2375

Neunter Titel. Bundesgerichtshof

§ 123 [Sitz] 2376
§ 124 [Besetzung] 2377
§ 125 [Ernennung der Mitglieder] 2377
§§ 126–129 (weggefallen) 2377
§ 130 [Senate; Ermittlungsrichter] 2377
§§ 131, 131a (weggefallen) 2378
§ 132 [Große Senate; Vereinigte Große Senate] 2378
§ 133 (nicht abgedruckt) 2381
§§ 134 und 134a (weggefallen) 2381
§ 135 [Zuständigkeit in Strafsachen] 2381
§§ 136, 137 *(aufgehoben)* 2382
§ 138 [Verfahren vor den Großen Senaten] 2382
§ 139 [Besetzung der Senate] 2383
§ 140 [Geschäftsordnung] 2383

9a. Titel. Zuständigkeit für Wiederaufnahme in Strafsachen

§ 140a [Zuständigkeit für Wiederaufnahmeverfahren in Strafsachen] 2383

Zehnter Titel. Staatsanwaltschaft

§ 141 [Sitz] 2387
§ 142 [Zuständigkeit der Staatsanwaltschaft] 2387
§ 142a [Zuständigkeit des Generalbundesanwalts] 2388
§ 143 [Örtliche Zuständigkeit] 2389
§ 144 [Organisation] 2390
§ 145 [Ersetzungsbefugnisse] 2390
§ 145a (weggefallen) 2391
§ 146 [Weisungen] 2391
§ 147 [Dienstaufsicht] 2392
§ 148 [Befähigung] 2392
§ 149 [Ernennung der Bundesanwälte] 2392
§ 150 [Unabhängigkeit von den Gerichten] 2392
§ 151 [Ausschluss von richterlichen Geschäften] 2393
§ 152 [Ermittlungspersonen der Staatsanwaltschaft] 2393

Inhalt

Elfter Titel. Geschäftsstelle

Seite

§ 153 [Geschäftsstelle] 2394

Zwölfter Titel. Zustellungs- und Vollstreckungsbeamte

§ 154 [Gerichtsvollzieher] 2395
§ 155 [Ausschließung des Gerichtsvollziehers] 2396

Dreizehnter Titel. Rechtshilfe

§ 156 [Rechtshilfepflicht] 2396
§ 157 [Rechtshilfegericht] 2397
§ 158 [Ablehnung der Rechtshilfe; Verweisung bei Unzuständigkeit] 2397
§ 159 [Entscheidung des Oberlandesgerichts] 2398
§ 160 [Einheitlichkeit des Rechtspflegegebiets] 2399
§ 161 [Beauftragung des Gerichtsvollziehers durch Vermittlung der Geschäftsstelle] ... 2400
§ 162 [Vollstreckung von Freiheitsstrafen] 2400
§ 163 [Vollstreckungshilfe] 2400
§ 164 [Kostenersatz] 2400
§ 165 (weggefallen) 2401
§ 166 [Amtshandlungen außerhalb des Gerichtsbezirks] 2401
§ 167 [Nacheile] 2401
§ 168 [Mitteilung von Akten] 2402

Vierzehnter Titel. Öffentlichkeit und Sitzungspolizei

§ 169 [Öffentlichkeit] 2402
§ 170 (nicht abgedruckt) 2417
§ 171 *(aufgehoben)* 2417
§ 171 a [Ausschluss der Öffentlichkeit] 2417
§ 171 b [Ausschluss der Öffentlichkeit zum Schutz von Persönlichkeitsrechten] ... 2418
§ 172 [Weitere Gründe für Ausschluss der Öffentlichkeit] 2422
§ 173 [Öffentliche Urteilsverkündung] 2428
§ 174 [Ausschließungsverhandlung, Schweigegebot] 2429
§ 175 [Versagung des Zutritts] 2435
§ 176 [Sitzungspolizei] 2438
§ 177 [Ungehorsamsfolgen] 2441
§ 178 [Ordnungsmittel wegen Ungebühr] 2443
§ 179 [Vollstreckung] 2445
§ 180 [Einzelrichter außerhalb der Sitzung] 2445
§ 181 [Beschwerde] 2446
§ 182 [Protokollierung] 2447
§ 183 [Straftaten in der Sitzung] 2448

Fünfzehnter Titel. Gerichtssprache

§ 184 [Deutsche Sprache] 2448
§ 185 [Dolmetscher] 2449
§ 186 [Hör- und Sprachbehinderte] 2452
§ 187 [Heranziehung eines Dolmetschers oder Übersetzers] 2453
§ 188 [Eid in fremder Sprache] 2453
§ 189 [Dolmetschereid] 2454
§ 190 [Urkundsbeamter als Dolmetscher] 2455
§ 191 [Ausschließung und Ablehnung] 2455
§ 191 a [Blinde und Sehbehinderte] 2455

Inhalt

Sechzehnter Titel. Beratung und Abstimmung

Seite

§ 192 [Quorum; Ergänzungsrichter] 2456
§ 193 [Anwesende Personen] 2457
§ 194 [Beratungshergang] 2459
§ 195 [Keine Verweigerung der Abstimmung] 2460
§ 196 [Stimmenverhältnis] 2460
§ 197 [Reihenfolge der Stimmabgabe] 2461
§ 198 (weggefallen) 2461

Siebzehnter Titel. Gerichtsferien

§§ 199–202 *(aufgehoben)* 2461

Einführungsgesetz zum Gerichtsverfassungsgesetz

(Auszug)

Dritter Abschnitt. Anfechtung von Justizverwaltungsakten

§ 23 [Rechtsweg bei Justizverwaltungsakten] 2462
§ 24 [Zulässigkeit des Antrages] 2468
§ 25 [Zuständigkeit des OLG oder des Obersten Landesgerichts] 2470
§ 26 [Antragsfrist] 2471
§ 27 [Antragstellung bei Untätigkeit der Behörde] 2474
§ 28 [Entscheidung über den Antrag] 2475
§ 29 [Rechtsbeschwerde] 2480
§ 30 [Kosten] 2482
§ 30 a [Verwaltungsakt im Bereich von Kostenvorschriften] 2484

Vierter Abschnitt. Kontaktsperre

§ 31 [Feststellung der Voraussetzungen für Kontaktsperre] 2486
§ 32 [Zuständigkeit für die Feststellung] 2491
§ 33 [Maßnahmen zur Kontaktsperre] 2492
§ 34 [Rechtswirkungen der Kontaktsperre] 2493
§ 34 a [Beiordnung eines Rechtsanwalts als Kontaktperson] 2498
§ 35 [Gerichtliche Bestätigung der Kontaktsperre] 2501
§ 36 [Beendigung der Kontaktsperre; Wiederholung] 2502
§ 37 [Anfechtung von Einzelmaßnahmen] 2503
§ 38 [Kontaktsperre bei Maßregeln der Besserung und Sicherung oder einstweiliger Unterbringung] 2505
§ 38 a [Kontaktsperre bei Verdacht der Bildung einer kriminellen Vereinigung] 2506

Konvention zum Schutz der Menschenrechte und Grundfreiheiten (Europäische Menschenrechtskonvention – EMRK)

(Auszug)

Abschnitt I. Rechte und Freiheiten

Seite

Art. 5 Recht auf Freiheit und Sicherheit 2508
Art. 6 Recht auf ein faires Verfahren 2518
Art. 8 Recht auf Achtung des Privat- und Familienlebens 2535
Art. 10 Freiheit der Meinungsäußerung 2541

Sachregister 2547

ABKÜRZUNGSVERZEICHNIS

aA	anderer Ansicht
aaO	am angegebenen Ort
abgedr.	angedruckt
abl.	ablehnend
ABl. EG (Nr.)	Amtsblatt der Europäischen Gemeinschaft
Abs.	Absatz
Abschn.	Abschnitt
AcP	Archiv für die civilistische Praxis (zitiert nach Band und Seite)
aE	am Ende
AEUV	Vereinbarung über die Arbeitsweise der Europäischen Union (ABl. 2008 Nr. C 115)
aF	alte Fassung
AfP	Archiv für Presserecht (zitiert nach Jahr und Seite)
AG	Amtsgericht, Ausführungsgesetz
allgM	allgemeine Meinung
Alt.	Alternative
aM	anderer Meinung
ÄndG	Änderungsgesetz
Angekl.	Angeklagter
Anh.	Anhang
Anl.	Anlage
Anm.	Anmerkung
AnwBl.	Anwaltsblatt (zitiert nach Jahr und Seite)
AO	Abgabenordnung in der Fassung der Bekanntmachung vom 1. 10. 2002, BGBl. I S. 3866, ber. 2003 S. 61 (FNA 610-1-3)
Arch. Krim.	Archiv für Kriminologie (zitiert nach Band und Seite)
Art.	Artikel
ASOG	Allgemeines Gesetz zum Schutz der Sicherheit und Ordnung (Berliner Polizeigesetz)
Aufl.	Auflage
AV	Allgemeine Verfügung
BA	Blutalkohol, Wissenschaftliche Zeitschrift für die medizinische und juristische Praxis (zitiert nach Jahr und Seite)
BAnz	Bundesanzeiger
Bay.	Bayern
BayObLG	Bayerisches Oberstes Landesgericht
BayObLGSt	Bayerisches Oberstes Landesgericht. Sammlung von Entscheidungen in Strafsachen (alte Folge zitiert nach Band und Seite, neue Folge nach Jahr und Seite)
BayVerfGH	Bayerischer Verfassungsgerichtshof
BB	Betriebs-Berater (zitiert nach Jahr und Seite)
Bd.	Band
BDSG	Bundesdatenschutzgesetz in der Fassung der Bekanntmachung vom 14. 1. 2003, BGBl. I S. 66 (FNA 204-3)
Begr.	Begründung
Bek.	Bekanntmachung
Beschl.	Beschluss
Bespr.	Besprechung
bestr.	bestritten
betr.	betreffend
BewHi	Bewährungshilfe, Fachzeitschrift für Bewährungs-, Gerichts- und Straffälligenhilfe (zitiert nach Jahr und Seite)
BezG	Bezirksgericht
BFH	Bundesfinanzhof

Abkürzungen

BFHE	Sammlung der Entscheidungen des Bundesfinanzhofes (zitiert nach Jahr und Seite)
BfV	Bundesamt für Verfassungsschutz
BGB	Bürgerliches Gesetzbuch vom 2. 1. 2002, BGBl. I S. 42, ber. S. 2909, 2003 S. 738 (FNA 400-2)
BGBl. I, II	Bundesgesetzblatt Teil I, Teil II
BGH	Bundesgerichtshof
BGH GrS	Großer Senat beim Bundesgerichtshof in Strafsachen
BGHR	BGH-Rechtsprechung in Strafsachen (zitiert nach Paragraph und Stichwort; ist kein Paragraph angegeben, so handelt es sich um eine Entscheidung zu dem kommentierten Paragraphen, ggf zu demselben Absatz und Satz des Paragraphen; ist kein Gesetz angegeben, handelt es sich um das kommentierte Gesetz)
BGHSt	Entscheidungen des Bundesgerichtshofs in Strafsachen (zitiert nach Band und Seite)
BGHZ	Entscheidungen des Bundesgerichtshofs in Zivilsachen (zitiert nach Band und Seite)
BKA	Bundeskriminalamt
BKatV	Verordnung über die Erteilung einer Verwarnung, Regelsätze für Geldbußen und die Anordnung eines Fahrverbots wegen Ordnungswidrigkeiten im Straßenverkehr (Bußgeldkatalog-Verordnung – BKatV) vom 13. 11. 2001, BGBl. I S. 3033 (FNA 9231-1-12)
BKAG	Gesetz über das Bundeskriminalamt und die Zusammenarbeit des Bundes und der Länder in kriminalpolizeilichen Angelegenheiten vom 7. 7. 1997, BGBl. I S. 1650 (FNA 2190-2)
Bln.	Berlin
BMI	Bundesminister des Innern
BMJ	Bundesminister der Justiz
BND	Bundesnachrichtendienst
BNDG	Gesetz über den Bundesnachrichtendienst (Bundesnachrichtendienstgesetz – BNDG) vom 20. 12. 1990, BGBl. I S. 2954 (FNA 12-6)
BPolG	Gesetz über die Bundespolizei (Bundespolizeigesetz – BPolG) vom 19. 10. 1994 (FNA 13-7-2)
BRAO	Bundesrechtsanwaltordnung vom 1. 8. 1959 (FNA 303-8)
BR	Bundesrat
BR-Drucks.	Drucksache des Bundesrates
Brandenbg.	Brandenburg
BReg.	Bundesregierung
Brem.	Bremen
BSG	Bundessozialgericht
Bsp.	Beispiel
bspw.	beispielsweise
BStBl.	Bundessteuerblatt (zitiert nach Jahr und Seite)
BT	Bundestag
BT-Drucks.	Drucksache des Bundestages
BtMG	Betäubungsmittelgesetz idF der Bek. vom 1. 3. 1994, BGBl. I S. 358 (FNA 2121-6-24)
Buchst.	Buchstabe
BVerfG	Bundesverfassungsgericht
BVerfGE	Entscheidungen des Bundesverfassungsgerichts (zitiert nach Band und Seite)
BVerfSchG	Gesetz über die Zusammenarbeit des Bundes und der Länder über Angelegenheiten des Verfassungsschutzes und über das Bundesamt für Verfassungsschutz (Bundesverfassungsschutzgesetz – BVerfSchG) vom 20. 12. 1990, BGBl. I S. 2954 (FNA 12-4)
BVerwG	Bundesverwaltungsgericht
BVerwGE	Entscheidungen des Bundesverwaltungsgerichts (zitiert nach Band und Seite)
BW	Baden-Württemberg
bzgl.	bezüglich
BZR	Bundeszentralregister

Abkürzungen

bzw.	beziehungsweise
CR	Computer und Recht (zitiert nach Jahr und Seite)
DAR	Deutsches Autorecht (zitiert nach Jahr und Seite)
DB	Der Betrieb (zitiert nach Jahr und Seite)
ders./dies.	derselbe/dieselbe(n)
dh.	das heißt
diff.	differenzierend
Diss.	Dissertation
DJ	Deutsche Justiz (zitiert nach Jahr und Seite)
DJT	Deutscher Juristentag
DJZ	Deutsche Juristenzeitung (zitiert nach Jahr und Spalte)
DNotZ	Deutsche Notar-Zeitschrift (zitiert nach Jahr und Seite)
DR	Deutsches Recht (zitiert nach Jahr und Seite)
DRiZ	Deutsche Richterzeitung (zitiert nach Jahr und Nummer, ab 1950 nach Jahr und Seite)
DRZ	Deutsche Rechtszeitschrift (zitiert nach Jahr und Seite)
DStR	Deutsches Steuerrecht (zitiert nach Jahr und Seite)
DStZ	Deutsche Steuerzeitung (zitiert nach Jahr und Seite)
DtZ	Deutsch-Deutsche Rechtszeitschrift (zitiert nach Jahr und Seite)
ebd.	ebenda
EG	Europäische Gemeinschaften
EGH	Ehrengerichtshof
EGMR	Europäischer Gerichtshof für Menschenrechte
EGStPO	Einführungsgesetz zur Strafprozeßordnung vom 1. 2. 1877, RGBl. S. 346 (FNA 312-1)
EGWStG	Einführungsgesetz zum Wehrstrafgesetz vom 30. 3. 1957, BGBl. I S. 306 (FNA 452-1)
EGV	Vertrag zur Gründung der Europäischen Gemeinschaft vom 25. 3. 1957 (BGBl. II S. 766) idF des Vertrags über die Europäische Union vom 7. 2. 1992 (BGBl. II S. 1253/1256)
Einl.	Einleitung
EKMR	Europäische Kommission für Menschenrechte
EMRK	Konvention zum Schutz der Menschenrechte und Grundfreiheiten (Europäische Menschenrechtskonvention) vom 17. 5. 2002, BGBl. II S. 1055
entspr.	entspricht/entsprechend(e)(en)(er)
erg.	ergänzend
Erl.	Erlass
ESVGH	Entscheidungssammlung des Hessischen VGH und des VGH Baden-Württemberg
EU	Europäische Union
EuGH	Europäischer Gerichtshof (Gerichtshof der Europäischen Gemeinschaften)
EuGRZ	Europäische Grundrechte (Zeitschrift zitiert nach Jahr und Seite)
EuRhÜbk	Europäisches Übereinkommen über die Rechtshilfe in Strafsachen vom 20. 4. 1959 (BGBl. 1964 II S. 1369, 1386; 1976 II S. 1799)
EV	Einigungsvertrag (Vertrag zwischen der Bundesrepublik Deutschland und der Deutschen Demokratischen Republik über die Herstellung der Einheit Deutschlands) vom 31. 8. 1990 (BGBl. II S. 889)
EzSt	Entscheidungssammlung zum Straf- und Ordnungswidrigkeitenrecht (Loseblattsammlung)
FamFG	Gesetz über das Verfahren in Familiensachen und in den Angelegenheiten der freiwilligen Gerichtsbarkeit (FamFG) vom 17. 12. 2008, BGBl. I S. 2586 (FNA 315-24)
FamRZ	Ehe und Familie im privaten und öffentlichen Recht (zitiert nach Jahr und Seite)
FEVG	Gesetz über das gerichtliche Verfahren bei Freiheitsentziehungen vom 29. 6. 1956, BGBl. I S. 599 (FNA 316-1)
f./ff.	folgende
FG	Finanzgericht

Abkürzungen

FinB	Finanzbehörde
Fn.	Fußnote
FNA	Fundstellennachweis A des Bundesgesetzblattes (früher BGBl. III)
FS	Festschrift
G	Gesetz
G 10	Gesetz zur Beschränkung des Brief-, Post- und Fernmeldegeheimnisses (Artikel 10-Gesetz – G 10) vom 26. 6. 2001, BGBl. I S. 1254 (FNA 190-4)
GA	Goltdammer's Archiv für Strafrecht (bis 1933 zitiert nach Band und Seite, ab 1953 nach Jahr und Seite)
GBA	Generalbundesanwalt
GBl.	Gesetzblatt
GedS	Gedächtnisschrift
gem.	gemäß
GesE	Gesetzentwurf
GG	Grundgesetz für die Bundesrepublik Deutschland vom 23. 5. 1949, BGBl. I S. 1 (FNA 100-1)
ggf.	gegebenenfalls
GKG	Gerichtskostengesetz idF der Bek. vom 5. 5. 2004, BGBl. I S. 718 (FNA 360-6)
GmbH	Gesellschaft mit beschränkter Haftung
GMBl.	Gemeinsames Ministerialblatt
GmS-OGB	Gemeinsamer Senat der obersten Gerichtshöfe des Bundes
grds.	grundsätzlich
GrS	Großer Senat
GrStrK	Große Strafkammer
GStA	Generalstaatsanwalt
GSSt	Großer Senat für Strafsachen
GVBl., GVOBl.	Gesetz- und Verordnungsblatt
GVG	Gerichtsverfassungsgesetz vom 9. 5. 1975, BGBl. I S. 1077 (FNA 300-2)
Hbg.	Hamburg
Hdb.	Handbuch
Hess.	Hessen
HESt	Höchstrichterliche Entscheidungen. Sammlung von Entscheidungen der Oberlandesgerichte und der Obersten Gerichte in Strafsachen (1948–49; zitiert nach Band und Seite)
hL	herrschende Lehre
hM	herrschende Meinung
HRRS	Online-Zeitschrift für Höchstrichterliche Rechtsprechung im Strafrecht, www.hrr-strafrecht.de (zitiert nach Jahr, Seite)
Hs.	Halbsatz
idF	in der Fassung (der Bekanntmachung)
idR	in der Regel
ieS	im engeren Sinn
insb./insbes.	insbesondere
insg.	insgesamt
InsO	Insolvenzordnung (InsO) vom 5. 10. 1994, BGBl. I S. 2866 (FNA 311-13)
iRd.	im Rahmen des/der
IRG	Gesetz über die internationale Rechtshilfe in Strafsachen idF der Bek. vom 27. 6. 1994, BGBl. I S. 1537 (FNA 319-87)
iS	im Sinne
IStGHG	Gesetz über die Zusammenarbeit mit dem Internationalen Strafgerichtshof (IStGH-Gesetz – IStGHG) vom 21. 6. 2002, BGBl. I S. 2144 (FNA 319-103)
iVm.	in Verbindung mit
iwS	im weiteren Sinn
JA	Juristische Arbeitsblätter (zitiert nach Jahr und Seite)
JBl	Justizblatt

Abkürzungen

JGG	Jugendgerichtsgesetz vom 11. 12. 1974, BGBl. I S. 3472 (FNA 451-1)
JK	Jura-Kartei
JMBl	Justizministerialblatt
JR	Juristische Rundschau (zitiert nach Jahr und Seite)
JugG	Jugendgericht
JugK	Jugendkammer
JugSchG	Jugendschöffengericht
Jura	Juristische Ausbildung (zitiert nach Jahr und Seite)
JurBüro	Das Juristische Büro (zitiert nach Jahr und Seite)
JuS	Juristische Schulung (zitiert nach Jahr und Seite)
JV	Justizverwaltung
JVA	Justizvollzugsanstalt
JVBl.	Justizverwaltungsblatt (zitiert nach Jahr und Seite)
JVEG	Gesetz über die Vergütung von Sachverständigen, Dolmetscherinnen, Dolmetschern, Übersetzerinnen und Übersetzern sowie die Entschädigung von ehrenamtlichen Richterinnen, ehrenamtlichen Richtern, Zeuginnen, Zeugen und Dritten (Justizvergütungs- und -entschädigungsgesetz – JVEG) vom 5. 5. 2004, BGBl. I S. 718 (FNA 367-3)
JVerwA	Justizverwaltungsakt
JVerwB	Justizverwaltungsbehörde
JW	Juristische Wochenschrift (zitiert nach Jahr und Seite)
JZ	Juristenzeitung (zitiert nach Jahr und Seite)
Kap.	Kapitel
KG	Kammergericht Berlin
Kriminalist	Der Kriminalist (zitiert nach Jahr und Seite)
Kriminalistik	Kriminalistik (zitiert nach Jahr und Seite)
KrimJ	Kriminologisches Journal
krit.	kritisch
KritJ	Kritische Justiz
KUP	Kriminologie und Praxis (herausgegeben von der Kriminologischen Zentralstelle Wiesbaden e. V.)
LG	Landgericht
Lit.	Literatur
LKA	Landeskriminalamt
Losebl.	Loseblattsammlung
LS	Leitsatz
mAnm	mit Anmerkung
MBl.	Ministerialblatt
MDR	Monatsschrift für Deutsches Recht (zitiert nach Jahr und Seite)
Meck-Vorp.	Mecklenburg-Vorpommern
MedR	Medizinrecht (zitiert nach Jahr und Seite)
MiStra	Mitteilungen in Strafsachen idF vom 29. 4. 1998 (BAnz. Nr. 99a, ber. Nr. 128)
MschrKrim	Monatsschrift für Kriminologie und Strafrechtsreform (zitiert nach Jahr und Seite)
mwN	mit weiteren Nachweisen
mWv	mit Wirkung vom
Nds.	Niedersachsen
NdsRpfl	Niedersächsische Rechtspflege
nF	neue Fassung
NJ	Neue Justiz (zitiert nach Jahr und Seite)
NJW	Neue Juristische Wochenschrift (zitiert nach Jahr und Seite)
Nr.	Nummer
NRW	Nordrhein-Westfalen
NStE	Neue Entscheidungssammlung für Strafrecht (zitiert nach Paragraph und Nummer; ist kein Paragraph angegeben, so handelt es sich um eine Entscheidung zu dem kommentierten Paragraphen)

Abkürzungen

NStZ	Neue Zeitschrift für Strafrecht (zitiert nach Jahr und Seite)
NStZ-RR	NStZ-Rechtsprechungs-Report (zitiert nach Jahr und Seite)
nSV	nachträgliche Sicherungsverwahrung
NZV	Neue Zeitschrift für Verkehrsrecht (zitiert nach Jahr und Seite)
OEG	Gesetz über die Entschädigung für Opfer von Gewalttaten idF der Bek. vom 7. 1. 1985, BGBl. I S. 1 (FNA 86-8)
OLG	Oberlandesgericht
OLG-NL	OLG-Rechtsprechung Neue Länder (zitiert nach Jahr und Seite)
OLGSt	Entscheidungen der Oberlandesgerichte zum Straf- und Strafverfahrensrecht (zitiert nach Paragraph und Seite, ab 1983 nach Paragraph und Nummer, ist kein Paragraph angegeben, so handelt es sich um eine Entscheidung zu dem kommentierten Paragraphen)
OrgKG	Gesetz zur Bekämpfung des illegalen Rauschgifthandels und anderer Erscheinungsformen der Organisierten Kriminalität vom 15. 7. 1992, BGBl. I S. 1302 (FNA 450-23)
OStA	Oberstaatsanwalt
OVG	Oberverwaltungsgericht
OWi	Ordnungswidrigkeit
OWiG	Gesetz über Ordnungswidrigkeiten idF der Bek. vom 19. 2. 1987, BGBl. I S. 602, ber. 1999 S. 1237 (FNA 454-1)
pass.	passim; im angegebenen Werk da und dort verstreut
PflVersG	Gesetz über die Pflichtversicherung für Kraftfahrzeughalter idF der Bek. vom 5. 4. 1965, BGBl. I S. 213 (FNA 925-1)
PKS	Polizeiliche Kriminalstatistik des BKA
Polizei	Die Polizei (zitiert nach Jahr und Seite)
Präs.	Präsident
RA	Rechtsanwalt
RAK	Rechtsanwaltskammer
RdErl.	Runderlass
Rdschr.	Rundschreiben
Recht	Das Recht (zitiert nach Jahr und Nummer)
RefE	Referentenentwurf
RegBl.	Regierungsblatt
RegE	Regierungsentwurf (des jeweiligen Änderungsgesetzes)
RG	Reichsgericht
RGSt	Entscheidungen des Reichsgerichts in Strafsachen (zitiert nach Band und Seite)
RGBl. I, II	Reichsgesetzblatt Teil I, Teil II
RhPf.	Rheinland-Pfalz
RiStBV	Richtlinien für das Strafverfahren und das Bußgeldverfahren vom 21. 12. 1976, BAnz. S. 2)
RiVASt	Richtlinien für den Verkehr mit dem Ausland in strafrechtlichen Angelegenheiten vom 18. 9. 1984, geänd. mWv 1. 3. 1993, Anh. I Stand 1. 11. 1998, Anh. II Stand 31. 12. 2001 (BAnz. Nr. 176 v. 18. 9. 1984 iVm. Beilage Nr. 47/84, BAnz. Nr. 40 a v. 27. 2. 1993)
Rn.	Randnummer/-n
Rpfleger	Der Deutsche Rechtspfleger (zitiert nach Jahr und Seite)
Rspr.	Rechtsprechung
RVG	Gesetz über die Vergütung der Rechtsanwältinnen und Rechtsanwälte (Rechtsanwaltsvergütungsgesetz – RVG) vom 5. 5. 2004, BGBl. I S. 718 (FNA 368-3)
s.	siehe
S.	Satz/Seite
Saarl.	Saarland
Sachs.	Sachsen
SachsA	Sachsen-Anhalt
SchG	Schöffengericht

Abkürzungen

SchlH	Schleswig-Holstein
SchlHA	Schleswig-Holsteinische Anzeigen
SchwurG	Schwurgericht
SDÜ	Übereinkommen zur Durchführung des Übereinkommens von Schengen vom 14. 6. 1985 zwischen den Regierungen der Staaten der Benelux-Wirtschaftsunion, der Bundesrepublik Deutschland und der Französischen Republik betreffend den schrittweisen Abbau der Kontrollen an den gemeinsamen Grenzen (Schengener Durchführungsübereinkommen) vom 19. 6. 1990, ABl. EG L S. 19
s. o.	siehe oben
sog.	sogenannte(r)
StA	Staatsanwaltschaft/Staatsanwalt
StGB	Strafgesetzbuch idF der Bek. vom 13. 11. 1998, BGBl. I S. 3322 (FNA (450-2)
StP	Strafprozessrecht
StPO	Strafprozeßordnung idF der Bek. vom 7. 4. 1987, BGBl. I S. 1074, ber. S. 1319 (FNA 312-2)
str.	streitig
StraFo	Strafverteidiger Forum (zitiert nach Jahr und Seite)
StrÄndG	Strafrechtsänderungsgesetz
StrEG	Gesetz über die Entschädigung für Strafverfolgungsmaßnahmen (StrEG) vom 8. 3. 1971, BGBl. I S. 157 (FNA 313-4)
StrK	Strafkammer
StrRG	Gesetz zur Reform des Strafrechts
StS	Strafsenat
StV	Strafverteidiger (zitiert nach Jahr und Seite)
StVÄG 1979	Strafverfahrensänderungsgesetz 1979 vom 5. 10. 1978, BGBl. I S. 1645
StVÄG 1987	Strafverfahrensänderungsgesetz 1987 vom 27. 1. 1987, BGBl. I S. 475
StVerf	Strafverfahrensrecht
StVG	Straßenverkehrsgesetz idF der Bek. vom 5. 3. 2003, BGBl. I S. 310 (FNA 9231-1)
StVO	Straßenverkehrs-Ordnung (StVO) vom 16. 11. 1970, BGBl. I S. 1565 (FNA 9233-1)
StVollstrK	Strafvollstreckungskammer
StVollstrO	Strafvollstreckungsordnung (StrVollstrO) vom 12. 3. 2001 (BAnz. S. 9157)
StVollzG	Gesetz über den Vollzug der Freiheitsstrafe und der freiheitsentziehenden Maßregeln der Besserung und Sicherung – Strafvollzugsgesetz (StVollzG) vom 16. 3. 1976, BGBl. I S. 581 (FNA 313-9-1)
StVZO	Straßenverkehrs-Zulassungs-Ordnung idF der Bek. vom 28. 9. 1988, BGBl. I S. 1793 (FNA 9232-1)
s. u.	siehe unten
teilw.	teilweise
Thür.	Thüringen
TOA	Täter-Opfer-Ausgleich
u. a.	unter anderem
üÄ	überwiegende Ansicht
UB	Unterbringungsbefehl
Übers.	Übersicht
Übk.	Übereinkommen
U-Haft	Untersuchungshaft
unzutr.	unzutreffend(e)(en)(er)
umstr.	umstritten
unstr.	unstreitig
unveröff.	unveröffentlicht
UrkB	Urkundsbeamter der Geschäftsstelle
urspr.	ursprünglich
usw.	und so weiter
uU	unter Umständen

Abkürzungen

UZwG	Gesetz über den unmittelbaren Zwang bei Ausübung öffentlicher Gewalt durch Vollzugsbeamte des Bundes vom 10. 3. 1961, BGBl. I S. 165 (FNA 201-5)
UZwGBw	Gesetz über die Anwendung unmittelbaren Zwanges und die Ausübung besonderer Befugnisse durch Soldaten der Bundeswehr und zivile Wachpersonen vom 12. 8. 1965, BGBl. I S. 2433 (FNA 55-6)
v.	von/vom
VA	Vermittlungsausschuss/Verwaltungsakt
Verf	Verfassung
VerfGH	Verfassungsgerichtshof
VGH	Verwaltungsgerichtshof
vgl.	vergleiche
VGrS	Vereinigte Große Senate
VO	Verordnung
VOBl.	Verordnungsblatt
VollstrB	Vollstreckungsbehörde
VOR	Zeitschrift für Verkehrs und Ordnungswidrigkeitenrecht (zitiert nach Jahr und Seite)
Vor §§	Vorbemerkung zu den §§
VRS	Verkehrsrechts-Sammlung (zitiert nach Band und Seite)
VstSen.	Vereinigte Strafsenate
WiB	Wirtschaftliche Beratung. Zeitschrift für Wirtschaftsanwälte und Unternehmensjuristen (zitiert nach Jahr und Seite)
wistra	Zeitschrift für Wirtschafts- und Steuerstrafrecht (zitiert nach Jahr und Seite)
WStG	Wehrstrafgesetz (WStG) vom 24. 5. 1974, BGBl. I S. 1213 (FNA 452-2)
wN	weitere Nachweise
ZAP	Zeitschrift für Anwaltspraxis
zB	zum Beispiel
ZfS	Zeitschrift für Schadensrecht (zitiert nach Jahr und Seite)
ZfStrVo	Zeitschrift für Strafvollzug (zitiert nach Jahr und Seite)
ZJJ	Zeitschrift für Jugendkriminalität und Jugendhilfe (zitiert nach Jahr und Seite)
ZPO	Zivilprozessordnung
ZRP	Zeitschrift für Rechtspolitik (zitiert nach Jahr und Seite)
ZS	Zivilsenat
ZStW	Zeitschrift für die gesamte Strafrechtswissenschaft (zitiert nach Band und Seite)
ZSW	Zeitschrift für das gesamte Sachverständigenwesen (zitiert nach Jahr und Seite)
zT	zum Teil
zust.	zustimmend
zutr.	zutreffend(e)(en)(er),
zw.	zweifelhaft, zweifelnd
zZ	zur Zeit

LITERATURVERZEICHNIS

AK/*Bearbeiter*	Kommentar zur Strafprozeßordnung in der Reihe Alternativkommentare (Hrsg. *Wassermann*). Band 1 (Einl–§ 93) 1988, Band 2 Teilband 1 (§§ 94–212 b) 1992, Teilband 2 (§§ 213–275) 1993, Band 3 (§§ 276–477) 1996
AnwFormulare/ *Bearbeiter*	*Breyer/Endler/Thurn*, AnwaltFormulare Strafrecht, 2. Aufl. 2009
Anw-StPO/ *Bearbeiter*	*Krekeler/Löffelmann* (Hrsg.), AnwaltKommentar StPO, 2. Aufl. 2010
Artkämper	*Artkämper/Herrmann/Jakobs/Kruse*, Aufgabenfelder der Staatsanwaltschaft, 2008
Beulke	*Beulke*, Strafprozessrecht, 11. Aufl. 2010
BeckOK-StGB/ *Bearbeiter*	Beck'scher Online-Kommentar zum StGB, hrsg. von *von Heintschel-Heinegg*, ab 2007
BeckOK-StPO/ *Bearbeiter*	Beck'scher Online-Kommentar zur StPO, hrsg. von *Graf*, ab 2008
BeckOK-GG/ *Bearbeiter*	Beck'scher Online-Kommentar zum GG, hrsg. von *Eppinger/Hillgruber*, ab 2008
Birkenstock	*Birkenstock*, Verfahrensrügen im Strafprozess, 2004
Bouska/Laeverenz	*Bouska/Laeverenz*, Fahrerlaubnisrecht, 3. Aufl. 2004
Bringewat	*Bringewat*, Strafvollstreckung: Kommentar zu den §§ 449–463 d StPO, 1993
Brunner/Dölling	*Brunner/Dölling*, Jugendgerichtsgesetz, 11. Aufl. 2002
Buddendiek/ *Ruthkowski*	*Buddendiek/Ruthkowski*, Lexikon des Nebenstrafrechts (Loseblattausgabe) = Registerband zu *Erbs/Kohlhaas*, Strafrechtliche Nebengesetze
Burhoff EV	*Burhoff*, Handbuch für das strafrechtlichen Ermittlungsverfahren, 5. Aufl. 2010
Burhoff HV	*Burhoff*, Handbuch für die strafrechtliche Hauptverhandlung, 6. Aufl. 2010
Calliess/Müller-Dietz	*Calliess/Müller-Dietz*, Strafvollzugsgesetz, 11. Aufl. 2008
Cramer/Bürgle	*Cramer/Bürgle*, Die strafprozessualen Beweisverwertungsverbote, 2. Aufl. 2004
Dahs	*Dahs*, Handbuch des Strafverteidigers, 7. Aufl. 2005
Dahs Revision	*Dahs*, Die Revision im Strafprozeß, 7. Aufl. 2008
Deckers	*Deckers*, Der strafprozessuale Beweisantrag, 2. Aufl. 2007
Diemer/Schoreit/ Sonnen	*Diemer/Schoreit/Sonnen*, Jugendgerichtsgesetz, 5. Aufl. 2008
Dreier/*Bearbeiter*	*Dreier* (Hrsg.), Grundgesetz, 2. Aufl. 2008
Eisenberg Beweisrecht	*Eisenberg*, Beweisrecht der StPO, 6. Aufl. 2008
Eisenberg JGG	*Eisenberg*, Jugendgerichtsgesetz mit Erläuterungen, 14. Aufl. 2010
Erbs/Kohlhaas	*Erbs/Kohlhaas*, Strafrechtliche Nebengesetze, Loseblattkommentar
Eyermann/*Bearbeiter*	*Eyermann*, VwGO, 12. Aufl. 2006
Fischer	*Fischer*, Strafgesetzbuch und Nebengesetze, 57. Aufl. 2010
Feuerich/Weyland	*Feuerich/Weyland*, Bundesrechtsanwaltsordnung, 7. Aufl. 2008
Franzen/Gast/Joecks/ Bearbeiter	*Franzen/Gast/Joecks*, Steuerstrafrecht, 7. Aufl. 2009
Frowein/Peukert	*Frowein/Peukert*, Europäische Menschenrechtskonvention, 3. Aufl. 2009
Göbel	*Göbel*, Strafprozess, 7. Aufl. 2009
Göhler/*Bearbeiter*	*Göhler*, Gesetz über Ordnungswidrigkeiten, begründet von *Göhler*, fortgeführt von *König/Seitz*, 15. Aufl. 2009
Graf/*Bearbeiter*	*Graf* (Hrsg.), Strafprozessordnung, 2010
Grote/Marauhn	*Grote/Marauhn* (Hrsg.), Konkordanzkommentar zum europäischen und deutschen Grundrechtsschutz: EMRK/GG, 2006
Hartmann	*Hartmann*, Kostengesetze, 40. Aufl. 2010

Literatur

HBStrVf/*Bearbeiter* ...	*Heghmann/Scheffler* (Hrsg.), Handbuch zum Strafverfahren, 2008
HdbStA/*Bearbeiter* ...	*Vordermayer/von Heintschel-Heinegg* (Hrsg.), Handbuch für den Staatsanwalt, 3. Aufl. 2008
Heghmanns	*Heghmanns*, Das Arbeitsgebiet des Staatsanwalts, 4. Aufl. 2010
Heghmanns Verteidigung	*Heghmanns*, Verteidigung in Strafvollstreckung und Strafvollzug, 2001
Henssler/Prütting/ *Bearbeiter*	*Henssler/Prütting* (Hrsg.), Bundesrechtsanwaltsordnung, 3. Aufl. 2010
Hentschel/*Bearbeiter*	*Hentschel*, Straßenverkehrsrecht, von *König/Dauer*, 40. Aufl. 2009
HK-StPO/*Bearbeiter*	Heidelberger Kommentar zur Strafprozessordnung, hrsg. von *Lemke/ Julius/Krehl/Kurth/Rautenberg/Temming*, 4. Aufl. 2009
HK-GS/*Bearbeiter*	Gesamtes Strafrecht, Handkommentar, hrsg. von *Dölling/Duttge/Rössner*, 2008
IntKommEMRK/ *Bearbeiter*	Internationaler Kommentar zur Europäischen Menschenrechtskonvention, hrsg. von *Golsong/Miehsler/*u. a., Loseblattkommentar
Isak/Wagner	nun: *Röttle/Wagner*, siehe dort
Jarass/Pieroth	*Jarass/Pieroth*, Grundgesetz, 10. Aufl. 2009
Jessnitzer	*Jessnitzer*, Bundesrechtsanwaltsordnung, 9. Aufl. 2000
Joecks	*Joecks*, Studienkommentar StPO, 2. Aufl. 2008
Kazele	*Kazele*, Untersuchungshaft: ein verfassungsrechtlicher Leitfaden für die Praxis, 2008
Kindhäuser	*Kindhäuser*, Strafprozessrecht, 2006
Kissel/Mayer	*Kissel/Mayer*, Gerichtsverfassungsgesetz, 6. Aufl. 2010
KK-StPO/*Bearbeiter* ..	Karlsruher Kommentar zur Strafprozessordnung, hrsg. von *Hannich*, 6. Aufl. 2008
KK-OWiG/*Bearbeiter*	Karlsruher Kommentar zum Gesetz über Ordnungswidrigkeiten, hrsg. von *Senge*, 3. Aufl. 2006
KMR/*Bearbeiter*	KMR – Kommentar zur Strafprozessordnung, hrsg. von *von Heintschel-Heinegg/Stöckel*, Loseblattkommentar
Kleine-Cosack	*Kleine-Cosack*, Bundesrechtsanwaltsordnung, 6. Aufl. 2009
Krekeler/Löffelmann	siehe Anw-StPO/*Bearbeiter*
Körner	*Körner*, Betäubungsmittelgesetz, Arzneimittelgesetz, 6. Aufl. 2007
Kühne	*Kühne*, Strafprozessrecht, 8. Aufl. 2010
Lackner/Kühl	*Lackner/Kühl*, Strafgesetzbuch mit Erläuterungen, 26. Aufl. 2007
Leitner/Michalke	*Leitner/Michalke*, Strafprozessuale Zwangsmaßnahmen, 2007
LK-StGB/*Bearbeiter* ..	Strafgesetzbuch – Leipziger Kommentar, hrsg. von *Laufhütte/Rissing-van Saan/Tiedemann*, 12. Aufl. 2007 ff.
Löwe/Rosenberg/ *Bearbeiter*	*Löwe/Rosenberg*, Die Strafprozeßordnung und das Gerichtsverfassungsgesetz, hrsg. von *Erb/Esser/Franke*, 26. Aufl. 2006 ff.
Löwe/Rosenberg/ *Bearbeiter*, 25. Aufl.	*Löwe/Rosenberg*, Die Strafprozessordnung und das Gerichtsverfassungsgesetz, hrsg. von *Rieß*, 25. Aufl. 1997 ff.
von Mangoldt/Klein/ Starck/*Bearbeiter* ...	*von Mangoldt/Klein/Starck* (Hrsg.), Grundgesetz, 5. Aufl. 2005, Bd. 1 6. Aufl. 2010
Matt/Renzikowski/ *Bearbeiter*	*Matt/Renzikowski*, StGB, 2011 (bei Drucklegung noch nicht erschienen)
Meyer-Goßner/ *Bearbeiter*	*Meyer-Goßner*, Strafprozessordnung, 53. Aufl. 2010
Meyer-Ladewig	*Meyer-Ladewig*, Europäische Menschenrechtskonvention, 2. Aufl. 2006
Münchhalffen/ Gatzweiler	*Münchhalffen/Gatzweiler*, Das Recht der Untersuchungshaft, 3. Aufl. 2009
MünchKommStGB/ *Bearbeiter*	Münchener Kommentar zum StGB, Bände 1–6, hrsg. von *Joecks/Miebach*, 2003–2009
MünchKommZPO/ *Bearbeiter*	Münchener Kommentar zur ZPO, Bände 1–4, hrsg. von *Wax/Wenzel/ Rauscher*, 3. Aufl. 2007–2010

Literatur

Niemöller/Schlothauer/Weider/ Bearbeiter	*Niemöller/Schlothauer/Weider,* Gesetz zur Verständigung im Strafverfahren, 2010
Ostendorf	*Ostendorf* (Hrsg.), Jugendgerichtsgesetz, 8. Aufl. 2009
Pfeiffer	*Pfeiffer,* Strafprozessordnung, 5. Aufl. 2005
Pohlmann/Jabel/Wolf	*Pohlmann/Jabel/Wolf,* Strafvollstreckungsordnung, 8. Aufl. 2001
Putzke/Scheinfeld	*Putzke/Scheinfeld,* Strafprozessrecht, 2. Aufl. 2009
Ranft	*Ranft,* Strafprozeßrecht, 3. Aufl. 2005
Rebmann/Roth/Herrmann/Bearbeiter	*Rebmann/Roth/Herrmann,* Gesetz über Ordnungswidrigkeiten. Loseblattkommentar
Röttle/Wagner	*Röttle/Wagner,* Strafvollstreckung, 8. Aufl. 2009
Roxin	*Roxin,* Strafverfahrensrecht, 25. Aufl. 1998 (26. Aufl. 2009 siehe *Roxin/Schünemann*)
Roxin/Schünemann ...	*Roxin/Schünemann,* Strafverfahrensrecht, 26. Aufl. 2009
Roxin/Achenbach	*Roxin/Achenbach,* Strafprozessrecht, 16. Aufl. 2006
Sachs/Bearbeiter	*Sachs* (Hrsg.), Grundgesetz, 5. Aufl. 2009
Sarstedt/Hamm	*Sarstedt/Hamm,* Die Revision in Strafsachen, 6. Aufl. 1998
Satzger/Schmidt/ Widmaier/ Bearbeiter	*Satzger/Schmitt/Widmaier* (Hrsg.), StGB, 2009
Schaefer/Schroers	*Schaefer/Schroers,* Mustertexte zum Strafprozess, 7. Aufl. 2003
Schäfer/Sander/ Gemmeren	*Schäfer/Sander/Gemmeren,* Praxis der Strafzumessung, 4. Aufl. 2008
Schaffstein/Beulke	*Schaffstein/Beulke,* Jugendstrafrecht, 14. Aufl. 2002
Schlothauer/Weider ..	*Schlothauer/Weider,* Untersuchungshaft, 3. Aufl. 2001
Schomburg/Lagodny/ Gleß/Hackner	*Schomburg/Lagodny/Gleß/Hackner,* Internationale Rechtshilfe in Strafsachen, 4. Aufl. 2006
Schönke/Schröder/ Bearbeiter	*Schönke/Schröder,* Strafgesetzbuch, 28. Aufl. 2010
Schroeder	*Schroeder,* Strafprozessrecht, 4. Aufl. 2006
SK-StPO/*Bearbeiter* ..	Systematischer Kommentar zur Strafprozeßordnung und zum Gerichtsverfassungsgesetz, hrsg. von *Rudolphi/Frisch/Rogall,* Loseblattkommentar. Band 2 (§§ 94–136a StPO) in 4. Aufl. 2010, wo ausdrücklich vermerkt.
SK-StGB/*Bearbeiter* ..	Systematischer Kommentar zum Strafgesetzbuch, hrsg. von *Rudolphi/Horn/Samson,* Loseblattkommentar
Sodan/*Bearbeiter*	*Sodan* (Hrsg.), Grundgesetz, 2009
Thomas/Putzo/ Bearbeiter	*Thomas/Putzo,* Zivilprozessordnung mit Gerichtsverfassungsgesetz und den Einführungsgesetzen, 31. Aufl. 2010
Volk	*Volk,* Grundkurs StPO, 6. Aufl. 2008
Widmaier/*Bearbeiter* MAH Strafverteidigung	Münchener Anwaltshandbuch Strafverteidigung, hrsg. von *Widmaier,* 2006

STRAFPROZESSORDNUNG

In der Fassung der Bekanntmachung vom 7. April 1987 (BGBl. I S. 1074, ber. S. 1319)

(FNA 312-2)

Zuletzt geändert durch BVerfG, Urteil vom 2. März 2010 (BGBl. I S. 272)

Einleitung

Übersicht

	Rn.
A. Ziel und Aufgaben des Strafverfahrens	1–9
I. Allgemeines	2, 3
II. Ziel des Strafverfahrens	4, 5
III. Aufgaben des Strafverfahrens	6–9
B. Rechtsgrundlagen des deutschen Strafverfahrens	10–18
I. Allgemeines	10, 11
II. Nationales Verfassungsrecht	12
III. Einfachgesetzliches Strafverfahrensrecht	13–15
IV. Völker- und europarechtliche Vorgaben für das nationale Strafverfahrensrecht	16, 17
1. MRK	16
2. Recht der EU	17
C. Formen des Strafverfahrens	18–37
I. Allgemeines	18
1. Regelverfahren	18–21
2. Besondere Verfahrensarten	19–21
II. Stadien des Regelverfahrens und deren Funktionen	22–37
1. Ermittlungsverfahren	22–25
2. Zwischenverfahren	26–29
3. Hauptverfahren	30–34
4. Vollstreckungsverfahren	35–37
D. Beteiligte des Strafverfahrens und ihre Rechtsstellung	38–43
I. Allgemeines und Begriffliches	38
II. Systematisierung	39–43
1. Hauptbeteiligte	39
2. Nebenbeteiligte	40, 41
3. Rechtsstellung der Verfahrensbeteiligten	42, 43
E. Mittel zur Erfüllung der Aufgaben und Erreichung des Ziels des Strafverfahrens	44–93
I. Aufklärung des wahren Sachverhalts von Amts wegen	44, 45
II. Grenzen der Pflicht und Befugnis zur Sachverhaltsaufklärung	46–67
1. Allgemeines	46
2. Verfahrensvoraussetzungen/Verfahrenshindernisse	47–67
3. Beweisverbote	68–85
III. Mitwirkung der Verfahrensbeteiligten an der Aufgabenerfüllung (Prozesshandlungen)	86–93
1. Allgemeines und Begriffliches	86
2. Wirksamkeit von Prozesshandlungen	87–91
3. Wirksamkeit gerichtlicher Entscheidungen	92
4. Verlust von Mitwirkungsbefugnissen (Rechtsmissbrauch)	93
F. Abschluss des Strafverfahrens	94–103
I. Arten des Verfahrensabschluss	95, 96
II. Wirkungen des Verfahrensabschlusses	97–103
1. Allgemeines	97, 98
2. Formelle Rechtskraft	99
3. Materielle Rechtskraft	100–102
4. Teilrechtskraft	103

A. Ziel und Aufgaben des Strafverfahrens

I. Allgemeines

Das Strafverfahren ist ein rechtlich geordneter, sich situativ entwickelnder und durch Handlungen der Prozesssubjekte gesteuerter Vorgang zwecks Gewinnung einer richterlichen Entscheidung über ein materielles Rechtsverhältnis.[1] **Ziel und Aufgaben** eines Strafverfahrens lassen sich **nicht auf** einer **Metaebene** losgelöst von den konkreten rechtlichen Rahmenbedingungen der fraglichen Rechtsordnung **bestimmen**. Insbesondere die Aufgaben des Strafverfahrens und noch stärker die zu ihrer Bewältigung zur Verfügung stehenden tatsächlichen und rechtlichen Mittel werden maßgeblich **durch verfassungsrechtliche und völkerrechtliche Vorgaben geprägt**.[2] Ziel und

1

---

[1] Radtke, FS Schreiber, 2003, S. 375; Meyer-Goßner Einl. Rn. 2.
[2] Rieß JR 2006, 269 (270).

Aufgaben in dem nachfolgend gemeinten Sinne sind also diejenigen des deutschen Strafverfahrens unter den gegenwärtigen rechtlichen Rahmenbedingungen.

2 Die **Festlegung von einheitlichen Zielen und Funktionen** des nationalen Strafverfahrens ist wenigstens in den letzten Jahrzehnten **schwierig** geworden. Den tatsächlichen Verhältnissen entspricht es eher, selbst über die in der StPO ohnehin geregelten besonderen Verfahrensarten (etwa Strafbefehlsverfahren [§§ 407 ff.] oder beschleunigtes Verfahren [§§ 417 ff.]) hinaus weitere Typen von Strafverfahren anzunehmen, die mindestens bei den Aufgaben möglicherweise aber bereits bei dem Ziel nicht vollständig mit denen des in der StPO eigentlich normierten, meist sog. **Regelverfahrens** übereinstimmen. Das gilt nicht nur für die in quantitativer Hinsicht bedeutsamen **Verfahrenserledigungen auf der Grundlage** von Vorschriften **des Opportunitätsprinzips** (§§ 153 ff.), bei denen regelmäßig bereits das Ermittlungsverfahren in Richtung auf die Klärung der Erledigungsvoraussetzungen und nicht die der Aufklärung des gesamten für die strafrechtliche Bewertung relevanten Sachverhaltes geführt wird. So verhält es sich etwa auch mit den durch das Gesetz zur Regelung der Verständigung im Strafverfahren vom 29. 7. 2009[3] eingefügten Regelungen über die **Urteilsabsprache**.[4] Bei einem auf einer Verständigung (§ 257 c) beruhenden Urteil unterscheiden sich – entgegen den Beteuerungen des Gesetzgebers[5] – die zur Herbeiführung dieser Entscheidung eingesetzten Mittel des Gerichts fundamental von denen bei einem nicht abgesprochenen Urteil.[6] Ob das Ziel des Strafverfahrens bei sämtlichen „Verfahrenstypen" noch einheitlich ist, muss zumindest bei einem mit abgesprochenen Urteil erledigtem Strafprozess bezweifelt werden.[7]

3 Bei der Bestimmung von Zielen und Aufgaben des Strafverfahrens ist bereits die verwendete **Terminologie uneinheitlich.** Überwiegend werden Ziel und Zweck synonym gebraucht, teils aber auch Zweck und Aufgaben. Maßgeblich ist die Klarheit über das in der Sache Gemeinte. Nachstehend werden mit „Aufgaben" im Wesentlichen die „außerhalb des eigentlichen Verfahrensziels liegenden Nebenzwecke", die sich teils mit dem rechtlichen Rahmenbedingungen der Zielerreichung überlappen, verstanden.

II. Ziel des Strafverfahrens

4 Das **Ziel des Strafverfahrens** wird im wissenschaftlichen Diskurs **nicht einheitlich** beurteilt.[8] Nach zutreffendem überwiegendem Verständnis besteht es in der **Wiederherstellung des** durch den Verdacht einer Straftat beeinträchtigten **Rechtsfriedens** im Wege der Herbeiführung einer materiell gerechten Entscheidung.[9] Rechtsfrieden ist dabei normativ[10] als Zustand, bei dem von der Rechtsgemeinschaft vernünftigerweise erwartet werden kann, sich über den Rechtsbruch zu beruhigen,[11] und nicht als ontologischer oder sozialpsychologischer, gar empirisch aufklärbarer Begriff zu verstehen.[12] Dieses Verfahrensziel ist kein überpositives, sondern eines, das auf die verfassungsrechtlichen, völker- bzw. menschenrechtlichen und einfachgesetzlichen Rahmenbedingungen des geltenden Rechts bezogen ist.[13] Das Ziel der **Schaffung von Rechtsfrieden** (im normativen Sinne) weist einen **starken Rückbezug zum materiellen Strafrecht** auf. Normativ kann eine Beruhigung des durch den Straftatverdacht beeinträchtigten Normvertrauens der Rechtsgemeinschaft erwartet werden, wenn bezogen auf den im Verfahren rekonstruierten Lebenssachverhalt die dem materiellen Strafrecht entsprechende staatliche Reaktion auf die begangene Straftat prozessual erfolgt ist. Fehlt es an den gesetzlichen Voraussetzungen einer staatlichen strafrechtlichen Reaktion auf die Begehung einer Straftat, ist das Verfahrensziel ebenfalls erreicht.

---

[3] BGBl. I S. 2353.
[4] Dazu etwa *Murmann* ZIS 2009, 526.
[5] BT-Drucks. 16/11736, S. 6 re. Sp. und BT-Drucks. 16/12310, S. 6 re. Sp.
[6] Ausführlicher *Radtke*, NRB-Mitteilungsblatt 2010, S. 45 (48–50).
[7] *Murmann* GA 2004, 65 (82).
[8] Zum Diskussionsstand ausführlich *Krack*, Die Rehabilitierung des Beschuldigten im Strafverfahren, 2002, S. 30–46; siehe auch *Murmann* GA 2004, 65–70.
[9] Näher *Dippel*, FS Widmaier, 2008, S. 113; *Duttge* ZStW 115 (2003), 539 (546 f.); *Geppert*, GedS Schlüchter, 2002, S. 43 (47); *Krack*, Rehabilitierung, S. 46; *Rieß*, FS Schäfer, 1980, S. 168 ff.; *ders.* JR 2006, 269 (270 f.); *Sternberg-Lieben* ZStW 108 (1996), 721 (725–729); *Meyer-Goßner* Rn. 4; siehe auch *Radtke*, FS Schreiber, 2003, S. 375; grundlegend zum Verfahrensziel Rechtsfrieden *Schmidhäuser*, FS Eb. Schmidt, 1961, S. 511 ff.; in der Sache vergleichbar *Weigend*, Deliktsopfer und Strafverfahren, 1989, S. 213 ff. („Wiederherstellung des Rechtsfriedens durch Klärung des Tatverdachts"); *ders.* ZStW 113 (2001), 271 (276); HK-StPO/*Lemke* Rn. 8 bewertet die Herstellung von Rechtsfrieden lediglich als weiteres Verfahrensziel; krit. zum Ziel „Rechtsfrieden" *Rödig*, Die Theorie des gerichtlichen Erkenntnisverfahrens, 1973, S. 23 ff.; *Murmann* GA 2004, 65 (69 ff.).
[10] *Rieß* JR 2006, 269 (271).
[11] *Schmidhäuser*, FS Eb. Schmidt, S. 511 (522); zustimmend etwa *Radtke*, Die Systematik des Strafklageverbrauchs verfahrenserledigender Entscheidungen im Strafprozess, 1993, S. 47 f.; *Volk*, Prozeßvoraussetzungen im Strafrecht, 1978, S. 200 ff.
[12] AA etwa *Murmann* GA 2004, 65 (76 f.).
[13] Oben Rn. 1.

Soweit neben das Ziel des Rechtsfriedens im vorbezeichneten Sinn noch **weitere gleichrangige** **5** **Ziele** des Strafverfahrens gestellt werden, etwa die Herbeiführung einer materiell richtigen, prozessordnungsgemäß zustande gekommenen Entscheidung über die Strafbarkeit des Beschuldigten,[14] werden damit Nebenziele (Aufgaben) bzw. rechtliche Voraussetzungen für die Erreichbarkeit des eigentlichen Verfahrensziels **unnötig** zu solchen erklärt.[15]

III. Aufgaben des Strafverfahrens

Die Aufgaben des Strafverfahrens sind **vielfältig**.[16] Ihr ebenfalls durch die rechtlichen Rahmen- **6** bedingungen bestimmter **Umfang** hat sich u. a. durch eine stärkere Wahrnehmung der Subjektstellung des Beschuldigten, aber noch stärker durch eine (Wieder)Einbeziehung des potentiellen Straftatopfers als eine Subjektstellung im Verfahren einnehmender Beteiligter **erheblich ausgeweitet**;[17] lediglich exemplarisch: Die positivrechtliche Verankerung des Täter-Opfer-Ausgleichs im materiellen Strafrecht (vor allem § 46 a StGB) als Kriterium der Auswahl der Strafart und der Strafzumessung im engeren Sinne erzwingt, die Ermöglichung eines solchen Ausgleichs auch als Aufgabe des Strafprozesses zu berücksichtigen und das Strafverfahrensrecht entsprechend rechtlich auszugestalten (siehe lediglich § 155 a).[18] **Welche Aufgaben** ein Strafverfahren erfüllen soll, kann der **Gesetzgeber** innerhalb des ihm verfassungsrechtlich zur Verfügung stehenden **Gestaltungsspielraums** festlegen. Viele der in der Diskussion genannten „Aufgaben", wie etwa der Schutz der Rechte durch die Strafverfolgung betroffener Personen, sind jedoch keine Aufgaben in dem hier gemeinten Sinne, sondern bezeichnen lediglich die in einem rechtsstaatlichen Strafverfahren aus verfassungs- und/oder menschenrechtlichen Garantien resultierenden einzuhaltenden, teils unverzichtbaren Schutzstandards.[19]

Die **wichtigste Aufgabe** des Strafverfahrens besteht ungeachtet solcher Ausweitungen aber un- **7** verändert in der **Durchsetzung des materiellen Strafrechts**[20] bei prozessualer Nachweisbarkeit einer Straftatbegehung, also in der Wiederherstellung des durch die Straftat verletzten Rechts. Dazu bedarf es einer **funktionsfähigen** und **effektiven Strafrechtspflege**.[21] Deren Schaffung und Aufrechterhaltung ist nach der Rspr. des BVerfG eine mit Verfassungsrang versehene staatliche Aufgabe.[22] Mit der Durchsetzung des materiellen Rechts ist notwendig in der Umkehrung die – nicht im technischen Sinne – **Freisprechung unschuldig Verfolgter** verbunden. Diese muss in sämtlichen Stadien des Verfahrens je nach der für das jeweilige Stadium gesetzlich vorgesehenen Entscheidungsform (§ 170 Abs. 2, § 204, § 267 Abs. 5) erfolgen. Ob es zudem die Aufgabe des Strafverfahrens ist, den Nachweis der Unschuld des Beschuldigten zu führen, obwohl das Verfahren gegen ihn aus anderen Gründen (etwa Verfahrenshindernis) bei Aufrechterhaltung der Unschuldsvermutung erledigt werden kann, ist umstritten,[23] im Ergebnis aber zu verneinen.[24] Der Zwang zur – wiederum untechnisch – Freisprechung betrifft damit lediglich die Konstellationen liquider Freispruchslagen.

Die Durchsetzung des materiellen Strafrechts wie das Unterbleiben der Sanktionierung Un- **8** schuldiger setzt die **Ermittlung des wahren Sachverhalts** voraus.[25] Dabei ist unter Wahrheit eine **materielle**, im Sinne der Korrespondenztheorie der **Wahrheit** zu verstehen gemeint.[26] Dem liegt die Vorstellung eines in der Vergangenheit liegenden abgeschlossenen, von der Wahrnehmung eines Beobachters unabhängigen Geschehens zugrunde, das mit den Mitteln des (Straf)Verfahrens rekonstruiert werden kann.[27] **Diskursive** oder **prozedurale Wahrheitstheorien** können im Hin-

---

[14] Exemplarisch *Roxin/Schünemann* § 1 Rn. 3; ähnlich HK-StPO/*Lemke* Rn. 8.
[15] Zutreffend *Rieß* JR 2006, 269 (271); siehe auch *Murmann* GA 2004, 65 (67) „Komponenten liegen ersichtlich auf unterschiedlichen Ebenen".
[16] Näher *Rieß* JR 2006, 269 (271 ff.).
[17] Zu Gründen dafür *Jung* ZRP 2000, 159 ff.; vgl. auch *Krauß*, Täter und Opfer im Rechtsstaat, FS Lüderssen, 2002, S. 269 ff.; umfassend zur Rechtsstellung des Verletzten im Strafverfahren *Rieß*, Gutachten zum 55. DJT, 1984, Band I, Gutachten C S. 10–53; im Einzelnen, die Rechtsposition des (potentiellen) Straftatopfers stärkenden Reformgesetzen den Überblick bei HK-StPO/*Lemke* Rn. 100.
[18] Zur Bedeutung § 155 a Rn. 1.
[19] Überblick dazu bei SK-StPO/*Wolters* Vor § 151 Rn. 130 ff.; siehe auch *Weigend* ZStW 113 (2001), 271 ff.
[20] *Krack*, Rehabilitierung, S. 44; *Frisch*, in: *Wolter/Freund* (Hrsg.), Straftat, Strafzumessung und Strafprozeß im gesamten Strafrechtssystem, 1996, S. 207; *Murmann* GA 2004, 65 (71); *Rieß* JR 2006, 269 (272); *Roxin/Schünemann* § 1 Rn. 3; KK-StPO/*Pfeiffer/Hannich* Rn. 1; siehe auch BGH v. 25. 4. 2007 – 1 StR 159/07, BGHSt 51, 324 (343).
[21] Näher dazu *Landau* NStZ 2007, 121–129.
[22] BVerfG v. 14. 7. 1999 – 1 BvR 2226/94, 2420/95 u. 2437/95, BVerfGE 100, 313 (389); BVerfG v. 12. 3. 2003 – 1 BvR 330/96, 348/99, BVerfGE 107, 299 (316).
[23] Ausführlich *Krack*, Rehabilitierung, S. 50 ff. und 254 ff.
[24] Oben Rn. 3 aE.
[25] Vgl. *Weigend*, Deliktsopfer und Strafverfahren, S. 177 ff.; *Duttge* ZStW 115 (2003), 539 (543); *Radtke*, FS Schreiber, S. 375 (378 f.) jeweils mwN.
[26] Näher *Radtke*, FS Schreiber, 375 (378 f.); siehe auch *Duttge* ZStW 115 (2003), 539 (544–547); ausführlich zu den Wahrheitstheorien *Neumann*, Wahrheit im Recht, 2004, S. 14 ff.
[27] *Neumann*, Juristische Argumentationslehre, 1986, S. 71; *Radtke*, FS Schreiber, 375 (378).

blick auf die faktischen und rechtlichen Strukturen des Strafverfahrens dagegen nicht zur Grundlage des Wahrheitsverständnisses im Strafprozess gemacht werden.[28] Einzelne konsensuale Elemente im Strafverfahrensrecht ändern daran nichts. Eine **zentrale Aufgabe des Strafverfahrens** besteht damit in der Ermittlung der **materiellen Wahrheit als Grundlage für** eine im Einzelfall **sachgerechte Entscheidung** über diesen. Welcher Art von Kenntnis es und in welchem Umfang es der Kenntnis des wahren Sachverhalts bedarf, wird im Rahmen des rechtlich Zulässigen durch die angestrebte Form der Verfahrenserledigung mit bestimmt.[29]

9 Unabhängig von Art und Umfang der Ermittlung des wahren Sachverhalts sieht das deutsche Strafverfahrensrecht die Erfüllung dieser Aufgabe durch den **Amtsaufklärungsgrundsatz (§ 155 Abs. 2, § 160 Abs. 1, § 244 Abs. 2)** gewährleistet. Die Ermittlung des wahren Entscheidungssachverhalts ist allerdings **nicht absolut** gesetzt. Verfassungs- und Völkerrecht sowie einfaches Gesetzesrecht setzen der Wahrheitsermittlung verschiedene Grenzen, von denen sich ein Teil unter den Begriff **Beweisverbote**[30] fassen lassen. Der BGH hat zutreffend formuliert, es gebe sei keinen Grundsatz der StPO, dass die Wahrheit um jeden Preis erforscht werden müsste.[31]

B. Rechtsgrundlagen des deutschen Strafverfahrens

I. Allgemeines

10 Die **rechtlichen Grundlagen** des deutschen Strafprozesses **in Gestalt von Rechtsquellen und Rechtserkenntnisquellen** haben in den vergangenen Jahrzehnten nicht nur an Zahl deutlich zugenommen, sondern sind auch unübersichtlicher geworden. Einer der dafür ausschlaggebenden Gründe liegt in dem Bedeutungszuwachs aus dem Völkerrecht und dem Recht der EU stammender Regelungen, die sich unmittelbar oder etwa über die Bindung an die MRK (in der Auslegung durch den EGMR) für deutsche Behörden und Gerichte bei der Anwendung des nationalen Strafverfahrensrechts ergeben.[32] Die rechtlichen Grundlagen des nationalen Strafverfahren finden sich dementsprechend mittlerweile auf **verschiedensten** rechtlichen **Ebenen**: dem **deutschen Verfassungsrecht**, dem **einfachen Gesetzesrecht** einschließlich in Bundesrecht transformierten **Völkerrechts** sowie in einem noch begrenztem Umfang in Regelungen des **Unionsrechts** bzw. der in dieses überführter völkerrechtlicher Verträge (etwa das Schengener Durchführungsübereinkommen). Gewohnheitsrecht kommt für das Strafverfahren kaum Bedeutung zu; anderes gilt für das **Richterrecht**, weil wichtige **Verfahrensprinzipien oder Verfahrensmaximen** (etwa Amtsaufklärungsgrundsatz, Unmittelbarkeitsprinzip, fair-trial-Grundsatz etc.) positivrechtlich allenfalls schwach verankert, nicht aber inhaltlich näher konkretisiert sind. Solche Verfahrensmaximen entfalten insbesondere bei der Rechtsanwendung durch die Gerichte im Rahmen der Auslegung und ggf. Fortbildung einzelner Vorschriften des positiven Rechts eine „interpretatorische Funktion".[33]

11 Da mit den unterschiedlichen Ebenen mit sich teils überschneidenden Garantien vor allem zugunsten des in einem Strafverfahren Beschuldigten auch unterschiedliche Rechtsschutzsysteme einhergehen, können sich divergierende Entscheidungen nationaler und supranationaler Gerichte ergeben, die die Frage nach den Konsequenzen solcher **Rechtsprechungskonflikte** aufwerfen.[34] Derartige Konflikte können sich im Zusammenhang mit dem nationalen Strafverfahren sowohl im Verhältnis des BVerfG zu EuGH einerseits sowie EGMR andererseits, als auch im Verhältnis der beiden genannten „europäischen" Gerichte untereinander ergeben.[35] Die Handhabung und Berücksichtigung der auf verschiedenen Ebenen angesiedelten Rechtsvorschriften kann den deutschen Rechtsanwender vor erhebliche Probleme stellen.[36] Das **Verhältnis der Rspr. des BVerfG zu** der des **EGMR** ist nicht abschließend geklärt. Das BVerfG hat im Rahmen eines einen Familienrechtsstreit betreffenden Verfassungsbeschwerdeverfahrens die von Entscheidungen des EGMR im Individualbeschwerdeverfahren ausgehenden Wirkungen auf die nationalen Gerichte und Behörden unter eine Art Verfassungsvorbehalt gestellt,[37] indem trotz durch den EGMR festgestellten

---

[28] Zu den Gründen in Auseinandersetzung mit abweichenden Konzeptionen *Radtke*, FS Schreiber, S. 375 (382–385 mwN.).
[29] Zutreffend *Rieß* JR 2006, 269 (273 mit Fn. 32).
[30] Ausführlich unten Rn. 68 ff.
[31] BGH v. 14. 6. 1960 – 1 StR 683/59, BGHSt 14, 358 (365) = NJW 1960, 1580 (1582); BGH v. 17. 3. 1983 – 4 StR 640/82, BGHSt 31, 304 (308) = NJW 1983, 1570 (1571).
[32] Zu Art und Umfang der Bindung deutscher Behörden und Gerichte an Entscheidungen des EGMR grundlegend BVerfG v. 14. 10. 2004 – 2 BvR 1481/04, BVerfGE 111, 307 (317 ff.). – Görgülü = NJW 2004, 3407 ff.; dazu aus strafverfahrensrechtlicher Sicht *Esser* StV 2005, 348 ff.; *Kühne* GA 2005, 195 ff.; *Radtke* NStZ 2010, 537 (541).
[33] *Rieß*, FS Rebmann, S. 381 (382 f.); Löwe/Rosenberg/*Kühne* Einl. I Rn. 2.
[34] Löwe/Rosenberg/*Kühne* Einl. D Rn. 84–94.
[35] Zu Letzterem vgl. *Rudolf/Giese* ZRP 2007, 113; siehe aber auch *Satzger*, Int. u. Europ. Strafrecht, 4. Aufl., § 11 Rn. 17 f.
[36] Siehe exemplarisch dazu *Radtke* NStZ 2010, 537 (539).
[37] Vgl. *Esser* StV 2005, 348 (350 f.), *Radtke* NStZ 2010, 537 (541 f.).

Einleitung

Konventionswidrigkeit dessen Entscheidung innerstaatlich zwar berücksichtigt und beachtet werden müsse, bei Abweichung von der völkerrechtlichen Auffassung aber für die deutschen Gerichte lediglich eine Pflicht zur Begründung der etwaigen Abweichung bestehe.[38] Ungeachtet der Besonderheiten des zugrunde liegende Familienrechtsstreites mit „mehrpoligen Grundrechtsverhältnissen" gelten die vom BVerfG ausgestellten Grundsätze über die Wirkungen der EGMR-Rspr. auf das nationale Recht der Vertragsstaaten auch für das Strafrecht und Strafverfahrensrecht.[39]

II. Nationales Verfassungsrecht

Das **GG** enthält in einer nicht unbeträchtlichen Zahl von Vorschriften inhaltlich strafverfahrensrechtliche Regelungen. Außer bei den sog. **Justizgrundrechten** in Art. 101 Abs. 1 S. 2 (**gesetzlicher Richter**), Art. 103 Abs. 1 GG (**rechtliches Gehör**), Art. 103 Abs. 3 GG (**Doppelverfolgungsverbot**) und Art. 104 GG (**formelle Voraussetzungen der Freiheitsentziehung**) gilt dies vor allem für die **Rechtsweggarantie** des Art. 19 Abs. 4 GG und die Bestimmungen über die rechtsprechende Gewalt (Art. 92 ff. GG) sowie für die verfassungsrechtlichen Regelungen über Durchsuchungen (Art. 13 Abs. 2–7 GG). Darüberhinaus entnimmt das BVerfG dem **Rechtsstaatsprinzip** des Art. 20 Abs. 3 GG einzelne rechtsstaatliche Garantien, wie etwa, in Verbindung mit Art. 2 Abs. 1 GG, den **Grundsatz des fairen Verfahrens**.[40] Im Übrigen kommt den Grundrechten insgesamt erhebliche Bedeutung für die Gestaltung des Strafverfahrensrechts und seiner Anwendung zu, indem jede mit Eingriffen in die Schutzbereiche von Grundrechten verbundene strafprozessuale Maßnahme einer dem Verfassungsrecht entsprechenden gesetzlichen Ermächtigungsgrundlage bedarf. Zudem werden Maßnahmen mit Eingriffscharakter durch den ebenfalls aus dem Rechtsstaatsprinzip abgeleiteten **Verhältnismäßigkeitsgrundsatz** begrenzt.[41] Jenseits der genannten Einzelregelungen ist das GG insgesamt über die individuellen und institutionellen Garantien sowie die in ihm enthaltene objektive Wertordnung als **Auslegungsmaßstab** (auch außerhalb verfassungskonformer Auslegung ieS)[42] und Abwägungsgesichts bei der Anwendung der einfachgesetzlichen Strafverfahrensrechts von erheblicher Bedeutung.[43]

III. Einfachgesetzliches Strafverfahrensrecht

Die zentralen Rechtsgrundlagen des Strafverfahrensrechts auf der Ebene des einfachen Gesetzesrechts sind die **StPO** und das **GVG**. Weitere ergänzende strafverfahrensrechtliche Regelungen enthalten für das Jugendstrafverfahren die §§ 33–81 JGG und das EGGVG vor allem im Hinblick auf den Rechtsschutz gegen Justizverwaltungsakte in §§ 23 ff. EGGVG. Das StGB regelt die materiell dem Strafverfahrensrecht zugehörigen Materien des **Strafantrags** (§§ 77 ff. StGB) und der **Verjährung** (§§ 78 ff. StGB). Praktisch bedeutsam sind §§ 385–402 AO mit den Besonderheiten über den Verfahrensablauf in Steuerstrafsachen sowie das OWiG mit den Vorschriften über den Umgang mit Ordnungswidrigkeiten im Rahmen eines Strafverfahrens und dem Übergang aus dem OWi-Verfahren in das Strafverfahren (§§ 81 ff. OWiG). Das Gesetz über das Zentralregister und das Erziehungsregister (**BZRG**) regelt in strafverfahrensrechtlicher Hinsicht Fragen der prozessualen Verwertbarkeit von Vorstrafen (vgl. §§ 51 ff. BZRG). Für die im Kontext der Wahrung von Fristen wichtige **Zustellung** enthält die StPO keine eigenen Regelungen, sondern verweist in § 37 vollständig auf die ZPO (dort §§ 166–195 ZPO). Weitere in der Praxis des Strafverfahrens häufiger anzuwendende Vorschriften enthält das Gesetz über die Entschädigung für Strafverfolgungsmaßnahmen (**StrEG**), das Betäubungsmittelgesetz (**BtMG**) mit Vorschriften über das Absehen von der Verfolgung (§ 31a; § 37 BtMG) sowie den vollstreckungsrechtlichen Regelungen in §§ 35, 36 BtMG. Das (Bundes)StVollzG sowie die Straf- bzw. Justizvollzugsgesetze enthalten insoweit strafverfahrensrechtliche Vorschriften, als der gerichtliche Rechtsschutz gegen Maßnahmen im Strafvollzug (§§ 109 ff. StVollzG, auf die die vorhandenen eigenen Landesgesetze verweisen) durch die Strafvollstreckungskammer bzw. die Strafsenate der OLGe als Beschwerdegericht

---

[38] BVerfG v. 14. 10. 2004 – 2 BvR 1481/04, BVerfGE 111, 307 (319 ff. insb. 324) – Görgülü; siehe auch bereits Fn. 33.
[39] Näher *Radtke* NStZ 2010, 537 (541 f.).
[40] BVerfG v. 3. 6. 1969 – 1 BvL 7/68, BVerfGE 26, 66 (71); BVerfG v. 8. 7. 1997 – 1 BvR 2111/94, BVerfGE 65, 171 (174); BVerfG v. 28. 3. 1984 – 2 BvR 275/83, BVerfGE 66, 313 (318); BVerfG v. 3. 6. 1992 – 2 BvR 1041/88 u. a., BVerfGE 86, 288 (317); BVerfG v. 8. 6. 2010 – 2 BvR 432/07 u. a. (2. Kammer des 2. Senats), HFR 2010, 934.
[41] Siehe nur BVerfG v. 25. 7. 1963 – 1 BvR 542/62, BVerfGE 17, 108 (117); BVerfG v. 5. 8. 1966 – 1 BvR 512/64, BVerfGE 20, 162 (187); BVerfG v. 3. 6. 1992 – 2 BvR 1041/88 u. a., BVerfGE 86, 288 (347); BVerfG v. 9. 3. 1994 – 2 BvL 43/92, BVerfGE 90, 145 (173); siehe auch Sachs/*Sachs* Art. 20 GG Rn. 146; *Huster/Rux*, in: *Epping/Hillgruber*, GG, Art. 20 Rn. 177 jeweils mwN.
[42] Zu deren Voraussetzungen BVerfG v. 15. 10. 1996 – 1 BvL 44/92 u. a., BVerfGE 95, 64 (93); BVerfG v. 14. 12. 1999 – 1 BvR 1327/98, BVerfGE 101, 312 (329); BVerfG v. 26. 4. 1994 – 1 BvR 1299/89 u. a., BVerfGE 90, 263 (276); BVerfG v.3. 3. 2004 – 1 BvR 2378/98, 1084/99, BVerfGE 109, 279 (316 f.).
[43] Vgl. Löwe/Rosenberg/*Kühne* Einl. C Rn. 6; siehe auch *Roxin/Schünemann* § 3 Rn. 1–7.

Einleitung 14–16 *Einleitung*

den Verfahrensregeln der StPO folgt. Darüberhinaus finden sich in zahlreichen, ihrem Regelungsgegenstand nicht strafverfahrensrechtlichen Gesetzen das Strafprozessrecht betreffende Vorschriften.[44] Dem Bereich des Strafverfahrensrechts gehört auch das Gesetz über die internationale Rechtshilfe in Strafsachen (**IRG**) an. Soweit die Rechtshilfe in Strafsachen allerdings in bilateralen oder multilateralen (völkerrechtlichen) Übereinkommen geregelt ist,[45] geht das dort Vereinbarte dem IRG vor.

14 Bei den vorstehend genannten Gesetzen mit (auch) strafverfahrensrechtlichem Regelungsgehalt handelt es sich ausschließlich um **Bundesrecht**. Das hat seine Ursache in der konkurrierenden **Gesetzgebungskompetenz des Bundes** nach **Art. 74 Abs. 1 Nr. 1 GG** („gerichtliches Verfahren" ohne das Rechts des Untersuchungshaftvollzuges),[46] von der dieser durch die StPO und das GVG so weitgehend Gebrauch gemacht hat, dass für eine **Gesetzgebungskompetenz der Länder kaum Raum** bleibt.[47] Eine bedeutsame **Ausnahme** davon ergibt sich für das Recht des Untersuchungshaftvollzugs, für das nunmehr die Bundesländer die Gesetzgebungskompetenz innehaben.[48] Landesrechtliche Regelungsmaterie ist auch das Gefahren- oder Polizeirecht. Mit diesem weist das Strafverfahrensrecht erhebliche Berührungen nicht lediglich bei sog. Vorfeldermittlungen,[49] sondern auch bezüglich des Transfers von Daten, die polizeirechtlich gewonnen worden sind, in das Strafverfahren und umgekehrt (vgl. § 481), auf.[50]

15 Die einfachgesetzlichen Vorschriften über das Strafverfahren werden ergänzt durch einige **bundeseinheitliche Verwaltungsvorschriften**. Deren praktisch wichtigste sind die **Richtlinien für das Straf- und Bußgeldverfahren (RiStBV)**, die vor allem dazu dienen, das vielfach eröffnete staatsanwaltschaftliche Ermessen bei der Vornahme von verfahrensbezogenen Handlungen zu lenken. Erhebliche praktische Bedeutung hat zudem die auf § 14 EGGVG gestützte Anordnung über Mitteilungen in Strafsachen (**Mistra**) sowie die Strafvollstreckungsordnung (**StrVollstrO**).[51]

IV. Völker- und europarechtliche Vorgaben für das nationale Strafverfahrensrecht

16 **1. MRK.** Die Konvention der Mitglieder des Europarates zum Schutz der Menschenrechte und Grundfreiheiten vom 4. 11. 1950 (**MRK**)[52] mit ihren zahlreichen (auch) strafverfahrensrechtlichen Garantien vom Folterverbot des Art. 3 MRK, über die materiellen Voraussetzungen der Freiheitsentziehung in Art. 5 MRK (Art. 104 Abs. 1 GG bietet lediglich formelle Garantien), den Fair-trial-Grundsatz (Art. 6 Abs. 1 MRK), die ausdrückliche Anerkennung der Unschuldvermutung in Art. 6 Abs. 2 MRK und die Mindestgarantien wirksamer Verteidigung (u.a. das Recht auf konfrontative Befragung von Zeugen) in Art. 6 Abs. 3 MRK beeinflusst das deutsche Strafverfahrensrecht in erheblicher Weise.[53] Zwar kommt dem völkerrechtlichen Vertrag MRK wegen des Ranges des deutschen Zustimmungsgesetzes (vgl. Art. 59 Abs. 2 GG) selbst in der Normenhierarchie nach hM lediglich der Rang **einfachen Gesetzesrechts** zu.[54] Die Wirkungen der in der Konvention enthaltenen Garantien sind jedoch größer und umfassender als dies die mit der StPO gleichrangige Einordnung erkennen lässt. Zwar sind die Regelungen der MRK nicht als allgemeine Regeln des Völkerrechts (Art. 25 GG) anerkannt. Das BVerfG gibt aber den bundesdeutschen Behörden und Gerichten vor, die MRK in der Auslegung durch den EGMR „im Rahmen methodisch vertretbarer Auslegung zu beachten und anzuwenden".[55] Die Berechtigung der darin enthaltenen Vorbehalte bzgl. der **innerstaatlichen Wirkung der Rspr. des EGMR** ist aus völkerrechtlichen Gründen bezweifelt worden.[56] Im Ergebnis ist dem BVerfG jedoch zu folgen, denn anderenfalls würde dem EGMR, der Gerichtsbarkeit lediglich im Rahmen einer inter partes wirkenden Individualbeschwerde (Art. 35 MRK) ausüben kann, faktisch eine Kompetenz zuerkannt, konventionswidrige Rechtsvorschriften des nationalen Rechts als nichtig zu behandeln. Gerade eine solche Kompetenz besitzt aber der Gerichtshof nicht. Art und Reichweite der Bindungswirkung werden sowohl in der Rspr. der Strafge-

---

[44] Überblick bei *Roxin/Schünemann* § 3 Rn. 4–6; ergänzend Löwe/Rosenberg/*Kühne* Einl. D Rn. 7–10.
[45] Ausführlicher Überblick bei *Meyer-Goßner* Rn. 215–215 d.
[46] Zu der Bedeutung dieser Ausnahme OLG Celle v. 9. 2. 2010 – 1 Ws 37/10, StV 2010, 194 mAnm. *Kazele* StV 2010, 258.
[47] Näher Löwe/Rosenberg/*Kühne* Einl. C Rn. 4 f.; siehe auch *Roxin/Schünemann* § 3 Rn. 11 f.
[48] Vgl. zu den Konsequenzen OLG Celle v. 9. 2. 2010 – 1 Ws 37/10, StV 2010, 194 mAnm. *Kazele* StV 2010, 258.
[49] § 152 Rn. 27–30.
[50] Ausführlich zur Bedeutung von § 481 *Matheis*, Strafverfahrensänderungsgesetz 1999, 2006, S. 267 ff.; siehe auch Löwe/Rosenberg/*Kühne* Einl. C Rn. 26–28.
[51] Zu weiteren bundeseinheitlichen Verwaltungsanordnungen *Roxin/Schünemann* § 3 Rn. 8–10.
[52] Deutsches Zustimmungsgesetz veröffentlicht in BGBl. 1952 II S. 685.
[53] Knapp einführend *Satzger* Jura 2009, 759.
[54] Vgl. BVerfG v. 14. 10. 2004 – 2 BvR 1481/04, BVerfGE 111, 307 (316 f.) – Görgülü = NJW 2004, 3407 (3408); BGH v. 9. 3. 2010 – 1 StR 554/09, NJW 2010, 1539 (1544), Rn. 68; Art. 6 MRK Rn. 3 mwN.
[55] BVerfG v. 14. 10. 2004 – 2 BvR 1481/04, BVerfGE 111, 307 (324) – Görgülü = NJW 2004, 3407 (3410); dazu *Esser* StV 2005, 348; zu der Frage der Bindungswirkung auch *Polakiewicz* EuGRZ 2010, 11.
[56] *Esser* StV 2005, 348 (350).

richte[57] als auch in der Strafrechtswissenschaft aktuell aus Anlass des Urteils des EGMR vom 17. 12. 2009[58] betreffend die Konventionswidrigkeit der nachträglichen Aufhebung der 10jährigen Vollzugshöchstfrist bei der erstmaligen Sicherungsverwahrung kontrovers diskutiert; überwiegend wird von einer starken Bindungswirkung ausgegangen.[59]

2. Recht der EU. Das Recht der Europäischen Union in der Gestalt des sog. **Lissabon Vertrages**[60] und die mit dessen Inkrafttreten am 1. 1. 2009 ebenfalls in Kraft getretene **EU-Grundrechtecharta** werden zukünftig in sehr viel größerem Umfang Vorgaben für das nationale Strafverfahrensrecht bereithalten als dies nach dem bisherigen Gemeinschaftsrechts der Fall war. Auf der Grundlage des jetzt geltenden Unionsrechts kommen der Union selbst Rechtssetzungkompetenzen zu, von denen vor allem in Gestalt von Rahmenbeschlüssen Gebrauch gemacht werden wird, die bei Ausgestaltung und Anwendung des Strafverfahrensrechts in den Mitgliedstaaten berücksichtigt werden müssen.[61] Die Anwendung der Instrumentarien wird insbesondere dazu führen, derzeit trotz der einheitlichen Geltung der durch die MRK gesetzten Verfahrenstandards verbliebene Spielräume der Mitgliedstaaten bei der Gestaltung ihres Verfahrensrechts zu verringern. Bereits jetzt bestehen auf der Grundlage des Unionsrechts und der einverleibten früheren völkerrechtlichen Vereinbarungen zwischen Mitgliedstaaten (etwa Schengener Durchführungsübereinkommen) in erheblichem Umfang Regelungen über die Zusammenarbeit in Strafsachen.[62]

C. Formen des Strafverfahrens

I. Allgemeines

1. Regelverfahren. Die StPO statuiert als Regeltypus des Strafprozesses ein **vier Verfahrensabschnitte umfassendes Strafverfahren**. Es handelt sich um das **Ermittlungsverfahren**, das **Zwischenverfahren**, das **Hauptverfahren** und das **Vollstreckungsverfahren**. Die ersten drei Abschnitte sind vor allem, dem allgemeinen Verfahrensziel entsprechend,[63] auf die Aufklärung des wahren tatsächlichen Geschehens als Grundlage einer gerechten Entscheidung über einen gegen den Beschuldigten erhobenen Tatvorwurf gerichtet. Das Vollstreckungsverfahren dient dagegen auf der Basis des rechtskräftigen Erkenntnisses gegen den Verurteilten dem Vollzug des staatlichen Strafanspruchs, dessen Bestehen im konkreten Fall bereits durch das auf Verurteilung lautende Urteil implizit festgestellt ist. **Rechtstatsächlich** durchläuft das Strafverfahren **lediglich** in einem **Teil der eingeleiteten Verfahren** (vgl. § 152 Abs. 2) **alle** genannten **Stadien**. Abgesehen von solchen Konstellationen, in denen die für das Ergehen der den jeweiligen Abschnitt abschließenden Entscheidung (Anklageerhebung, Eröffnungsbeschluss, Urteil) notwendigen Voraussetzungen nicht zur Überzeugung des jeweils zuständigen Rechtsanwenders vorliegen, wird die Mehrzahl der Verfahren ab einem bestimmten Grad der Aufklärung des zugrunde liegenden Geschehens mit dem Ziel der Erledigung außerhalb des vierphasigen Regelverfahrens geführt.

2. Besondere Verfahrensarten. Außer dem sich in den vier Stadien entwickelnden Regelverfahren statuiert die StPO mehrere weitere **besondere Verfahrensarten,** von denen die praktisch wichtigste das **Strafbefehlsverfahren** (§§ 407 ff.) ist. Daneben lässt sich – auch wenn in der gesetzlichen Konzeption so nicht ausdrücklich benannt und so nicht systematisch zugeordnet – das mit einer **Einstellung des Verfahrens** gemäß § 153 a abschließende Verfahren als besonderer Typus eines **vereinfachten Strafverfahrens** einordnen.[64] Ein Typus des vereinfachten Verfahrens ist auch das **beschleunigte Verfahren** (§§ 417 ff.). Besondere Verfahrensarten sind weiterhin wegen des spezifischen Klägers das **Privatklageverfahren** (§§ 374–394) und das **Sicherungsverfahren**

---

[57] Für den BGH siehe einerseits BGH v. 12. 5. 2010 – 4 StR 577/09, StV 2010, 482 sowie andererseits BGH v. 9. 3. 2010 – 1 StR 554/09, NJW 2010, 1539 ff.; zu den derzeit stark divergierenden Entscheidungen der OLGe als Beschwerdegericht in Strafvollzugsangelegenheiten siehe die Nachw. bei *Radtke* NStZ 2010, 537 (538).
[58] EGMR Urt. v. 17. 12. 2009 – 19 359/04 (M. ./. Deutschland), auszugsweise abgedruckt in: NStZ 2010, 263; dazu *Kinzig* NStZ 2010, 233; *Laue* JR 2010, 198; *H. E. Müller* StV 2010, 207; siehe auch *Kreutzer* NStZ 2010, 473 (477 f.); zu den Auswirkungen der Entscheidung *Radtke* NStZ 2010, 537 (539).
[59] Siehe *Kinzig* NStZ 2010, 233 (238); *Kreutzer* NStZ 2010, 473 (478); wohl auch *Renzikowski* NStZ 2010, 506 (508); anders *Radtke* NStZ 2010, 537 (542 f.) wegen des Fehlens einer methodisch vertretbaren Auslegung der als verfassungsgemäß bewerteten einfachgesetzlichen Rechtslage.
[60] Vertrag vom 13. 12. 1007 – konsolidierte Fassungen der Verträge über die Europäische Union und die Arbeitsweise der Europäischen Union; ABl. EU v. 9. 5. 2008, C 115/1; dazu etwa insg. *Callies*, Die Europäische Union nach dem Vertrag von Lissabon, 2009; *Haltje/Kindt* NJW 2008, 1761; *Pernice* EuZW 2008, 65; siehe aber vor allem BVerfG v. 30. 6. 2009 – 2 BvE 2/08, BVerfGE 123, 267 ff. = NJW 2009, 2267 ff.
[61] Vgl. *Polakiewicz* EuGRZ 2010, 11 (18 f.); siehe auch *Roxin/Schünemann* § 3 Rn. 18 ff. und *Heger* ZIS 2009, 406 ff.
[62] Zusammenstellung in Acquis of the EU – Judicial Co-operation in criminal Matters (Chap. XII).
[63] Oben Rn. 4.
[64] Vgl. *Haack*, Die Systematik der vereinfachten Strafverfahren, 2009, S. 20 ff. und S. 48 ff.; *Fezer* ZStW 106 (1994), 1 ff.

(§§ 413–416) wegen der Spezifika in der Person des Beschuldigten und des auf die Verhängung bestimmter Maßregeln der Besserung und Sicherung beschränkten Sanktionsspektrums. Besonderheiten gegenüber dem Regelverfahren bestehen auch bei dem **Adhäsionsverfahren** (§§ 403–406 c), das es dem durch die verfahrensgegenständliche Tat Verletzten ermöglicht, in einem ohnehin gegen den Angeklagten geführten amtsgerichtlichen Strafverfahren aus der Straftat resultierende zivilrechtliche Ersatzansprüche geltend zu machen. Die Möglichkeit für den Verletzten einer in § 395 abschließend geregelten Straftat sich mit der **Nebenklage** (§§ 395–402) einer bereits erhobenen öffentlichen Klage der Staatsanwaltschaft anzuschließen, gewährt dem Verletzten eine Subjektsstellung, begründet aber keinen eigenständigen Verfahrenstypus. Trotz der gelegentlich anzutreffenden Einordnung[65] lässt sich auch die in verschiedenen gesetzlichen Regelungen eröffnete Möglichkeit, das Verfahren trotz **Abwesenheit des Angeklagten** durchzuführen (§ 231 Abs. 2; §§ 232, 233, § 329 Abs. 1 und 2; §§ 350, 412) nicht von einem Abwesenheitsverfahren als besonderer Verfahrenstypus sprechen.

20 Von den verschiedenen besonderen Verfahrensarten können wenigstens das Strafbefehlsverfahren, das beschleunigte Verfahren und das auf Einstellung gemäß § 153a gerichtete Verfahren als **vereinfachte Verfahren** bewertet werden.[66] Sie verbindet – wie auch weitere Arten der Verfahrenserledigung auf der Grundlage der Vorschriften des Opportunitätsprinzips (§§ 153 ff.) – die Zwecksetzung, aus justizökonomischen Gründen einerseits und aus (meist) diversionellen Gründen andererseits bei verfahrensgegenständlichen Taten mit einem relativ geringen Unrechts- und Schuldgehalt auf die vollständige Durchführung des Regelverfahrens zu verzichten. Allerdings lassen die einschlägigen gesetzlichen Regelungen ein **schlüssiges Gesamtkonzept** vereinfachter Verfahren **vermissen**.[67] Die genannten Verfahrenstypen weisen zumindest teilkongruente Anwendungsvoraussetzungen auf, ohne dass sich eindeutige Vorrangregelungen ausmachen lassen.[68]

21 Entgegen den Vorstellungen des Gesetzgebers[69] lässt sich ein Strafprozess, der mit einem auf einer **Verständigung beruhenden Urteil** (§ 257 c) abschließt, als besonderer Verfahrenstypus kennzeichnen. Spätestens ab dem Zeitpunkt, in dem die Verfahrensbeteiligten übereinkommen, eine Absprache zur Grundlage des Urteils zu machen, verfolgen diese nicht mehr das Ziel Rechtsfrieden mittels einer gerechten, auf einem materiell wahren Sachverhalt beruhenden Entscheidung herbeizuführen.

II. Stadien des Regelverfahrens und deren Funktionen

22 **1. Ermittlungsverfahren.** Das Ermittlungsverfahren (**§§ 158 ff.**), auch als Vorverfahren oder vorbereitendes Verfahren bezeichnet, liegt nach der gesetzlichen Konzeption in der **Verantwortung der Staatsanwaltschaft (Sachleitungsbefugnis)**, die bei der Erfüllung ihrer Aufgaben durch die Angehörigen der Kriminalpolizei als deren Ermittlungspersonen (vgl. § 152 GVG) unterstützt wird. In der Praxis haben sich die Gewichte in der Verantwortlichkeit jedenfalls bezüglich der Aufklärung des relevanten Sachverhaltes zwischen Staatsanwaltschaft und **Polizei** erheblich zugunsten Letzterer verschoben.[70] Das entspricht jedoch nicht der gesetzlichen Konzeption. Ungeachtet des sog. Rechts des ersten Zugriffs der Polizei (vgl. § 163 Abs. 1 StPO) ist deren Aufklärungszuständigkeit eine aus der Einschreitenspflicht der Staatsanwaltschaft abgeleitete[71] und daher unter der Sachleitungsbefugnis der Staatsanaltschaft stehende. Das Ermittlungsverfahren dient im Rahmen des allgemeinen Verfahrensziels der **Klärung** der Frage, ob gegen den Beschuldigten ein für die Eröffnung des Hauptverfahrens **genügender Tatverdacht** (hinreichender Tatverdacht) vorliegt. **§ 152 Abs. 2** begründet eine **Einschreitenspflicht** der Staatsanwaltschaft bei zureichenden tatsächlichen Anhaltspunkten für das Vorliegen einer Straftat und erzwingt unter dieser Voraussetzung die Einleitung eines Ermittlungsverfahrens. Die zu seiner Einleitung erforderlichen „zureichenden tatsächlichen Anhaltspunkte"[72] ergeben sich in der Regel durch die Erstattung von Strafanzeigen, das Stellen von Strafanträgen, auf Grund von eigenen dienstlichen Wahrnehmungen der Strafverfolgungsbehörden[73] oder durch Mitteilungen anderer Behörden.

23 Der **Beginn des Ermittlungsverfahrens** setzt keinen förmlichen Einleitungsakt voraus; es genügt die Vornahme einer Maßnahme durch eine zuständige Strafverfolgungsbehörde, aus der sich der

---

[65] Etwa HK-StPO/*Lemke* Rn. 91; KK-StPO/*Pfeiffer/Hannich* Rn. 181.
[66] Nachw. wie Fn. zuvor.
[67] *Haack*, Vereinfachte Strafverfahren, S. 72 ff. mwN.
[68] Vorschläge für ein Gesamtkonzept bei *Haack*, Vereinfachte Strafverfahren, S. 102 ff.; siehe auch *Fezer*, ZStW 106 (1994), 1 (9 ff.).
[69] Siehe BT-Drucks. 16/11736, S. 1 und S. 6 re. Sp.
[70] Vgl. lediglich *Lilie* ZStW 111 (1999), S. 807 ff.
[71] Näher § 152 Rn. 9
[72] Dazu näher § 152 Rn. 16–20.
[73] Zu der Bedeutung außerdienstlich erlangten Wissens BGH v. 29. 10. 1992 – 4 StR 358/92, BGHSt 38, 388 (392).

Wille ableiten lässt, aus Anlass eines Straftatverdachts gegen eine Person mit den Mitteln des Strafverfahrenrechts vorzugehen. Eine förmliche Einleitungsverfügung wäre allerdings im Hinblick auf eine frühzeitige Formalisierung der Beschuldigteneigenschaft de lege ferenda wünschenswert.[74] Das Gesetz macht keine Vorgaben für den Ablauf dieses Verfahrensstadiums; es gilt der **Grundsatz der freien Gestaltung des Ermittlungsverfahrens**.[75] Inhaltliche Vorgaben resultieren aus dem Ziel der Verdachtsklärung, dem damit zusammenhängenden Gebot der Aufklärung auch der den Beschuldigten entlastenden Momente (§ 160 Abs. 2) sowie den vor allem aus der Verfassung umittelbar oder mittelbar resultierenden Beschränkungen für die Vornahme von Ermittlungshandlungen mit Eingriffscharakter. Für solche bedarf es jeweils verfassungskonformer Ermächtigungsgrundlagen. Die auf deren Grundlage vorgenommenen Ermittlungsmaßnahmen werden zudem über den verfassungsrechtlich fundierten **Verhältnismäßigkeitsgrundsatz** begrenzt. Darüber hinaus sehen das GG oder häufiger das einfache Gesetzesrecht als Instrument **vorbeugenden Grundrechtsschutzes** einen **Richtervorbehalt**,[76] dh. eine ausschließliche oder vorrangige Anordnungsbefugnis des Ermittlungsrichters bei besonders eingriffsintensiven Ermittlungsmaßnahmen, vor. Angesichts des Zwecks der Verdachtsklärung sind aber **heimliche Ermittlungsmaßnahmen** bei Vorliegen der jeweiligen Voraussetzungen nicht unzulässig, sondern häufig sogar geboten. Umgekehrt ist das grundsätzlich das **Ermittlungsgeheimnis** gegenüber der Öffentlichkeit aus Gründen des Schutzes des Beschuldigten vor Bloßstellung zu wahren (vgl. RiStBV Nr. 4 a).

Die im Ermittlungsverfahren gewonnenen Erkenntnisse über den Verfahrensgegenstand werden, unabhängig davon, dass diese meist durch mündliche Beweiserhebung (etwa Vernehmung eines Zeugen) gewonnen wurden, schriftlich dokumentiert und Bestandteil der Akten. Insofern ist das Ermittlungsverfahren ein **schriftliches Verfahren**. Die (vollständigen) Verfahrensakten (vgl. § 199 Abs. 2 S. 2) bilden die Grundlage für die weiteren Entscheidungen im gerichtlichen Verfahren.[77] Hat die Staatsanwaltschaft aus ihrer Sicht den Sachverhalt in einer Weise aufgeklärt, die ihr die Entscheidung über den hinreichenden Tatverdacht gegen den Beschuldigten ermöglicht, so vermerkt sie den Abschluss der Ermittlungen in den Akten (**Abschlussvermerk, § 169 a**). Das hat vorallem Auswirkungen auf die Bestellung eines notwendigen Verteidigers (§ 141 Abs. 3 S. 2 und 3) und auf das Akteneinsichtsrecht des Verteidigers (§ 147 Abs. 2). 24

Das Ermittlungsverfahren **endet mit** der staatsanwaltschaftlichen Entscheidung über das Vorliegen hinreichenden Tatverdachts. Fehlt es an einem solchen, ist das Verfahren gemäß § 170 Abs. 2 einzustellen. Soweit keine **liquide Einstellungslage** besteht, kann die Staatsanwaltschaft aber von den gesetzlichen Möglichkeiten des sog. Opportunitätsprinzips Gebrauch machen und die Erfüllung ihrer Einschreitenspflicht auf das Vorliegen der jeweiligen Voraussetzungen der §§ 153 ff. hin ausrichten.[78] Wird auf der Grundlage der vorgenannten Vorschriften von der Verfolgung der Tat abgesehen, kann die Ablehnung hinreichenden Tatverdachts auf tatsächlichen oder rechtlichen Gründen aber auch auf Verfahrenshindernissen[79] beruhen. Das Ermittlungsverfahren endet auch, wenn die Staatsanwaltschaft mit ihrer Abschlussentscheidung dem Strafverfahren Fortgang in ein anderes Stadium gibt. Das Gesetz sieht dafür als **Regelfall** die **Anklageerhebung** vor, hält aber eine Reihe von **Surrogaten** bereit. Deren praktisch bedeutsamster ist der **Antrag auf** Erlass eines **Strafbefehls** (§ 407). Weitere Surrogate sind der **Antrag auf Entscheidung im beschleunigten Verfahren** (§ 417) und der **Antrag im Sicherungsverfahren** (§ 413). Ist gegen einen Beschuldigten (Angeklagten) bereits eine Strafsache im Hauptverhandlungsstadium gerichtlich anhängig, kann die Staatsanwaltschaft eine weitere Tat im prozessualen Sinne (§§ 155, 264) im Wege der **Nachtragsanklage** (§ 266) zum Verfahrensgegenstand hinzufügen. Eine **wirksame Anklageerhebung** (oder wirksame Surrogate) ist **Verfahrensvoraussetzung** für das weitere Verfahren.[80] 25

2. Zwischenverfahren. Mit der **Einreichung der Anklageschrift** bei dem zuständigen Gericht beginnt das gerichtliche Zwischenverfahren (§§ 198–212 b). Ihm kommt die Funktion zu, auf der Grundlage des Inhalts der vorzulegenden Akten (§ 199 Abs. 2 S. 2) und ggf. gemäß §§ 201, 202 erhobener zusätzlicher Beweise durch das später für die Durchführung des Hauptverfahrens zuständige Gericht überprüfen zu lassen, ob die Voraussetzungen hinreichenden Tatverdachts vorliegen (§ 204 e contrario). Zwar beschließt das Gericht nicht formal über das Bestehen dieses Verdachtsgrades, sondern lässt bejahendenfalls die Anklage zum Hauptverfahren zu. Material 26

---

[74] Entsprechende Forderungen etwa bei *Beulke* StV 2010, 442 (443 und 446); *Ignor/Matt* StV 2002, 102 (105).
[75] HK-StPO/*Lemke* Rn. 83; *Meyer-Goßner* Rn. 60.
[76] Vgl. BVerfG v. 2. 2. 2001 – 2 BvR 1444/00, BVerfGE 103, 142 (151) = NJW 2001, 1121; BVerfG v. 12. 4. 2005 – 2 BvR 881/01, BVerfGE 112, 304 (319) = NJW 2005, 1338 (1341); BVerfG v. 2. 7. 2009 – 2 BvR 1691/07 (2. Kammer des 2. Senats), StraFo 2009, 453 (454 f.).
[77] Unten Rn. 26 f.
[78] Vgl. § 152 Rn. 8.
[79] Unten Rn. 47 ff.
[80] Näher § 200 Rn. 23.

stimmt der Entscheidungsmaßstab jedoch mit dem der Staatsanwaltschaft bezüglich der Anklagerhebung überein. Die **Bedeutung** des Zwischenverfahrens ergibt sich einerseits aus der **Schutzfunktion zugunsten des Angeschuldigten,** nicht ohne genügenden Anlass der öffentlichen Hauptverhandlung ausgesetzt zu werden, und andererseits aus der Möglichkeit für das erkennende Gericht, den Verfahrensstoff zu strukturieren sowie eine sachgerechte Durchführung der Hauptverhandlung auf der Grundlage frühzeitiger umfassender Aktenkenntnis zu gewährleisten.[81] Die sich an einen Eröffnungsbeschluss anschließende Vorbereitung der Hauptverhandlung durch den Vorsitzenden des erkennenden Gerichts[82] erfordert, dass dieser sich sorgfältig mit dem bisherigen Verfahrensstoff vertraut gemacht hat. Die Strukturierung des Verfahrensstoffs kann sowohl durch eine von der Anklage abweichende rechtliche Würdigung der angeklagten Tat (§ 207 Abs. 2 Nr. 3) als auch durch eine Beschränkung des Verfahrensstoffs nach Maßgabe von § 207 Abs. 2 iVm. § 154 Abs. 2, § 154 a Abs. 2 erfolgen. Die Wirksamkeit des von dem Zwischenverfahren ausgehenden Schutzes zugunsten des Angeschuldigten ist umstritten.[83] Auf der einen Seite wird in Zweifel gezogen, ob die Gerichte der ihnen zugedachten Kontrollfunktion genügend nachkommen. Auf der anderen Seite werden Bedenken gegen die Konzeption erhoben, die Überprüfung der Tragfähigkeit der Anklage dem später für das Hauptverfahren zuständigen Gericht zu überantworten. Dies führe zu einer Voreingenommenheit des erkennenden Gerichts.[84] Die Übertragung der Entscheidung auf einen anderen als den später erkennenden Richter bringt jedoch in einem aktenbasierten, auf Amtsaufklärung ausgerichteten Strafverfahren Mehrbelastungen mit sich, die aus dem Aktenstudium durch einen weiteren Richter resultieren.

27 In den besonderen Verfahrensarten **beschleunigtes Verfahren** (§§ 417 ff.) und **Strafbefehlsverfahren** (§§ 407 ff.) findet **kein Zwischenverfahren** in dem zuvor erläuterten Sinne statt. Bei Erstgenanntem resultiert die angestrebte Beschleunigung u. a. aus dem Fehlen des Zwischenverfahrens.[85] Der Erlass des von der Staatsanwaltschaft beantragten Strafbefehls durch den zuständigen Strafrichter ersetzt dagegen das Zwischenverfahren insoweit als ein Übergang in das Hauptverfahren lediglich noch durch Einspruch (§ 410 Abs. 1) des Angeklagten herbeigeführt werden kann.

28 Im Zwischenverfahren teilt der **Vorsitzende** des zuständigen Gerichts dem Angeklagten sowie ggf. dem Nebenkläger die **Anklageschrift mit** und gibt Gelegenheit zu rechtlichem Gehör. Hält das Gericht den Grad der Sachverhaltsaufklärung nicht für ausreichend, kann es nach §§ 201, 202 vorgehen. Ansonsten erschöpft sich dieses Verfahrensstadium im Studium der Akten seitens des Gerichts und der auf dieser Grundlage getroffenen Entscheidung über die Zulassung der Anklage.

29 Das zuständige Gericht **ordnet** die **Eröffnung des Hauptverfahrens an,** wenn es auf der Basis des Akteninhalts und ggf. weiterer erhobener Beweise hinreichenden Tatverdacht gegen den Angeschuldigten annimmt. Der Beschluss kann eine von der Anklage sowohl im tatsächlichen Umfang als auch in deren rechtlichen Würdigung abweichende Bewertung der verfahrensgegenständlichen Tat im Inhalt haben (vgl. § 207 Abs. 2). Fehlt es aus tatsächlichen oder rechtlichen Gründen an einem hinreichenden Tatverdacht, ergeht ein für die Staatsanwaltschaft gemäß § 210 Abs. 2 mit der sofortigen Beschwerde anfechtbarer **Nichteröffnungsbeschluss (§ 204),** der der Rechtskraft fähig ist (§ 211). Mit der **Entscheidung über die Zulassung der Anklage** zur Hauptverhandlung **endet das Zwischenverfahren.**

30 3. **Hauptverfahren.** Dieses (§§ 212 ff.) beginnt mit der Zulassung der Anklage zum Hauptverfahren (Eröffnungsbeschluss); es lässt sich in **zwei Abschnitte,** die **Vorbereitung der Hauptverhandlung** (§§ 212–225 a) und die **Hauptverhandlung** (§§ 226–275) selbst unterteilen. Zu der Anberaumung der Hauptverhandlung kann es nicht allein im Anschluss an einen Eröffnungsbeschluss im Regelverfahren kommen, sondern auch aufgrund eines Antrages aus Entscheidung im beschleunigten Verfahren (§ 418 Abs. 1) oder nach Einspruch des Angeklagten gegen einen Strafbefehl (§ 411 Abs. 1 S. 2).

31 a) **Vorbereitung der Hauptverhandlung (§§ 212–225 a).** Die Phase der Vorbereitung der Hauptverhandlung hat im Wesentlichen die **organisatorische und terminliche Planung der Hauptverhandlung** unter Berücksichtigung der einzuhaltenden Formalien (Ladungen, Mitteilung der Gerichtsbesetzung etc.) zum Gegenstand.[86] Die Verantwortung für die Vorbereitung obliegt dem Vorsitzenden des zuständigen erkennenden Gerichts.

32 b) **Hauptverhandlung.** Nach der Konzeption der StPO bildet **im Regelverfahren die Hauptverhandlung** das eigentliche **Kernstück des Strafprozesses.** Die im Ermittlungsverfahren unter

---

[81] Vgl. zum Zwischenverfahren ausführlicher *Rieß,* FS Rolinski, 2002, 239.
[82] Unten Rn. 31 f.
[83] Siehe nur *Roxin/Schünemann* § 42 Rn. 3 mwN.
[84] *Roxin/Schünemann* § 42 Rn. 3.
[85] Näher *Loos/Radtke* NStZ 1995, 569 (570 f.).
[86] Überblick bei *Roxin/Schünemann* § 43 Rn. 1 f.

Einleitung 33–37 **Einleitung**

der Sachleitungsbefugnis der Staatsanwaltschaft betriebene Sachverhaltsaufklärung hat lediglich vorbereitenden Charakter. Das zeigt sich deutlich an dem in § 261 niedergelegten **Grundsatz der freien Beweiswürdigung**. Dieser drückt in seiner durch § 261 positivierten Fassung außer der fehlenden Bindung an Beweisregeln[87] auch aus, dass das erkennende Gericht lediglich solchen **Verfahrensstoff seinem Urteil zugrunde legen** darf, **der Gegenstand der Beweisaufnahme in der Hauptverhandlung** gewesen war („aus dem Inbegriff der Hauptverhandlung").[88] In der Kombination mit weiteren das deutsche Strafverfahren kennzeichnenden Prozessmaximen wie u. a. dem **Umittelbarkeitsprinzip**,[89] und dem **Mündlichkeitsprinzip**[90] führt dies zu der Notwendigkeit, bereits in den früheren Verfahrensstadien erhobene Beweise erneut, nunmehr unter den für die Hauptverhandlung geltenden Regeln, zu erheben, um diese zum Gegenstand des Urteils machen zu können.

Das im Gesetz immer noch angelegte **Leitbild der Hauptverhandlung als Kern** und „Höhepunkt" **des Strafprozesses** entspricht in mehrfacher Hinsicht **nicht mehr der Verfahrenswirklichkeit**. Lediglich ein gewisser Teil der eingeleiteten Ermittlungsverfahren gelangt überhaupt bis in das Stadium des Hauptverfahrens und der Hauptverhandlung. Auch für die Hauptverhandlung selbst sind diese prägende Grundsätze wie die Unmittelbarkeit, Mündlichkeit und Öffentlichkeit durch abweichende gesetzliche Regelungen in ihrer Bedeutung stark relativiert. Exemplarisch zeigt sich das etwa an der Möglichkeit der Vorführung der Bild-Ton-Aufzeichnung einer früheren, regelmäßig im Ermittlungsverfahren durchgeführten Zeugenvernehmung (§ 255 a StPO), die an die Stelle der unmittelbaren Vernehmung des Zeugen in der Hauptverhandlung tritt. Die Bedeutung der Hauptverhandlung als Grundlage der gerichtlichen Entscheidung über den gegen den Angeklagten erhobenen Vorwurf wird zudem durch die Möglichkeit eines auf einer Verständigung beruhenden Urteils (§ 257 c) in Frage gestellt. Die Wahrung der äußeren Formen der Hauptverhandlung bei einem abgesprochenen Urteil ändert daran nichts. 33

Das **Hauptverfahren endet** mit dem **Eintritt der Rechtskraft** der die gerichtliche Untersuchung abschließenden Entscheidung. Die Rechtskraft tritt bei anfechtbaren Entscheidungen bei Verstreichen der Rechtsmittelfrist, bei wirksamem Verzicht auf ein Rechtsmittel oder dessen wirksamer Rücknahme sowie bei einer Verwerfung des Rechtsmittels durch eine selbst nicht mehr anfechtbare Entscheidung des zuständigen Rechtsmittelgerichts ein. 34

4. Vollstreckungsverfahren. Soweit die das Erkenntnisverfahren abschließende Entscheidung einen **vollstreckbaren Inhalt** hat, schließt sich **nach Eintritt der Rechtskraft** das Vollstreckungsverfahren (§§ 449 ff.) an. Inhaltlich erstreckt sich dieses auf alle **Maßnahmen, die auf die Durchsetzung der ausgeurteilten Sanktion** abzielen. Bei ausgeurteilter Freiheitsstrafe sind dies vor allem die Berechnung der Strafe,[91] die Ladung zum Strafantritt sowie nach Beginn der Vollstreckung die Überwachung des Vollzugs der Strafe im Hinblick auf das Strafende sowie die Entscheidungen über die Aussetzung des Strafrestes (§ 57, § 57 a StGB). Entsprechendes gilt für die Einleitung und Überwachung des Vollzugs der stationären Maßregeln der Besserung und Sicherung (§§ 63, 64, 66 a–b StGB). Das Vollstreckungsverfahren betrifft auch die Vollstreckung von Geldstrafen (§§ 459–459 f) und im Fall deren Uneinbringlichkeit die Anordnung der Ersatzfreiheitsstrafe (§ 459 e Abs. 1 StPO).[92] 35

Die Zuständigkeit für die Durchführung des Vollstreckungsverfahrens liegt im allgemeinen Strafverfahren bei der **Staatsanwaltschaft als Vollstreckungsbehörde** (§ 451 Abs. 1); funktional nimmt eine Vielzahl der Aufgaben der Rechtspfleger bei der Staatsanwaltschaft wahr (vgl. etwa § 31 Abs. 2 RpflG). Für die Vollstreckung (nicht den Vollzug) von **freiheitsentziehenden Sanktionen des JGG** (Arrest und Jugendstrafe) gegen Jugendliche oder Heranwachsende bei Anwendung von Jugendstrafrecht (vgl. § 105 JGG) ist der **Jugendrichter als Vollstreckungsleiter Vollzugsbehörde** (§ 82 Abs. 1 S. 1, § 90 Abs. 2 S. 2; § 110 Abs. 1 JGG). 36

Obwohl die Staatsanwaltschaft Vollstreckungsbehörde ist, fallen die nach §§ 453, 454, 454 a und § 462 zu treffenden, die Vollstreckung betreffenden Entscheidungen in die **Zuständigkeit des Gerichts**, funktional regelmäßig in die der Strafvollstreckungskammer (§ 462 a Abs. 1; § 78 a GVG), ansonsten in die des Gerichts des ersten Rechtszuges (§ 462 a Abs. 2–6). Außerhalb des eigentlichen Vollstreckungsverfahrens sind die Strafvollstreckungskammern erstinstanzlich auch für den Rechtsschutz gegen Einzelmaßnahmen im Strafvollzug zuständig (§§ 109 ff. StVollzG); der Rechtsschutz bleibt hier ungeachtet der inzwischen bestehenden Gesetzgebungskompetenz der Länder für den Strafvollzug einheitlich im StVollzG des Bundes geregelt. Soweit die Länder eigene 37

---

[87] § 261 Rn. 36.
[88] § 261 Rn. 3.
[89] Knapp einführend KK-StPO/*Pfeiffer/Hannich* Rn. 9; näher zur aktuellen Bedeutung des Unmittelbarkeitsprinzips und Möglichkeiten seiner Neugestaltung bzw. Überwindung *Frister*, FS Fezer, 2008, S. 211 ff.; *Weigend*, FS Eisenberg, 2009, S. 657 ff.
[90] HK-StPO/*Lemke* Rn. 58.
[91] Vgl. MünchKommStGB/*Radtke* § 39 Rn. 6 mwN.
[92] Zu den Einzelheiten MünchKommStGB/*Radtke* § 43 Rn. 8 f. mwN.

Vollzugsgesetze erlassen haben, verweisen diese auf die §§ 109 ff. StVollzG (zB. § 102 NJVollzG). Für den Rechtsschutz bei dem Vollzug von freiheitsentziehenden Sanktionen des Jugendstrafrechts sowie der hier anwendbaren stationären Maßregeln der Besserung und Sicherung verweist § 92 Abs. 1 JGG ebenfalls auf die §§ 109 ff. StVollzG; abweichend vom allgemeinen Strafvollzug liegt aber (wegen der Unvereinbarkeit mit § 37 JGG) die erstinstanzliche Zuständigkeit nicht bei der Strafvollstreckungskammer sondern bei der Jugendkammer (§ 92 Abs. 2 JGG).

D. Beteiligte des Strafverfahrens und ihre Rechtsstellung

I. Allgemeines und Begriffliches

38   An der Durchführung des Strafverfahrens sind unterschiedliche Personen beteiligt, deren Rechtsstellung, Rechte und Pflichten das Strafprozessrecht regelmäßig selbst festlegt. Das Gesetz verwendet an unterschiedlichen Stellen (etwa § 33 Abs. 1 und 3, § 172 Nr. 2 GVG) dafür den Begriff **Verfahrensbeteiligte**. Darunter sind alldiejenigen zu verstehen, die als **Prozesssubjekt** durch die Vornahme von Prozesshandlungen[93] gestaltend an dem Strafverfahren mitwirken dürfen oder (zB. Anwesenheitspflichten, vgl. etwa § 231 Abs. 1) oder müssen.[94] Das jeweils mit der Sache befasste Gericht lässt sich zwar ebenfalls unter diese Begriffsbestimmung fassen; die Einordnung als Verfahrensbeteiligter entspricht jedoch nicht der den Strafgerichten im Rahmen der Verfassungs- und Rechtsordnung zugewiesenen Rolle.[95]

II. Systematisierung

39   **1. Hauptbeteiligte.** Hauptbeteiligte eines Strafverfahrens sind neben der **Staatsanwaltschaft**, der **Beschuldigte** (Angeschuldigte/Angeklagte) sowie sein **Verteidiger** oder sein **Beistand** (vgl. § 149; § 67, § 69 Abs. 1 und 3 JGG) sowie der **Nebenkläger** bei entsprechender Anschlusserklärung, der **Privatkläger** im Privatklageverfahren.[96] Im **Jugendstrafverfahren** sind auch der **Erziehungsberechtigte** und – soweit personenverschieden – der **gesetzliche Vertreter** des jugendlichen Beschuldigten Beteiligte (siehe § 50 Abs. 2, §§ 67, 69 JGG); gleiches gilt für die **Jugendgerichtshilfe** (§ 38, § 50 Abs. 3 JGG).

40   **2. Nebenbeteiligte.** Nebenbeteiligte sind solche natürlichen oder juristischen Personen, denen vor allem im Hinblick auf die Abwendung eigener Rechtsbeeinträchtigungen oder aus Gründen des öffentlichen Interesses einzelne Beteiligungsrechte, wie etwa Anhörungsrechte aber auch Rechtsmittel- und Rechtsbehelfsrechte, gesetzlich eingeräumt sind. Im Hinblick auf die eigene Interessenwahrnehmung sind dies vor allem der durch die verfahrensgegenständliche Tat **Verletzte** (§ 406 d), soweit er nicht ohnehin als Neben- oder Privatkläger Beteiligter ist, sowie vor allem **am Einziehungs- und Verfallsverfahren Beteiligte** (§ 431 Abs. 1 S. 1; § 442 Abs. 2). Zeugen sind aufgrund dieser Rolle keine Verfahrensbeteiligten, werden aber zu Nebenbeteiligten, wenn sie ihr Beschwerderecht aus § 304 Abs. 2 wegen etwaiger gegen sie ergangener Ordnungsmaßnahmen geltend machen. Nebenbeteiligter ist auch der als **Zeugenbeistand** beteiligte Rechtsanwalt (§ 406 f, § 406 g). Im öffentlichen Interesse sind dagegen die zuständige Finanzbehörde im Steuerstraf- oder Ordnungswidrigkeitenverfahren und die zuständige Verwaltungsbehörde in bestimmten Wirtschaftsstrafverfahren beteiligt (zB. § 38 Abs. 2 AWG).

41   Die **Polizeibehörden** und die diesen angehörenden Beamten sind keine Verfahrensbeteiligten, obwohl sie Ermittlungspersonen der Staatsanwaltschaft sind und ihnen die StPO Ermittlungskompetenzen (vgl. § 163 Abs. 1 S. 1) zuweist. Ihre Aufgaben auf der Grundlage des Strafverfahrensrechts erfüllt die Polizei jedoch lediglich abgeleitet aus der der Staatsanwaltschaft im Ermittlungsverfahren gesetzlich überantworteten Zuständigkeit.[97]

42   **3. Rechtsstellung der Verfahrensbeteiligten.** Die Rechtsstellung der einzelnen Verfahrensbeteiligten ergibt sich aus den jeweiligen in der StPO und dem GVG sowie bei Nebenbeteiligten sonst einschlägigen gesetzlichen Bestimmungen. Für die Begründung der Stellung als Verfahrensbeteiligter in der einzelnen Strafsache bedarf es bezüglich des Privat- und Nebenklägers eigener Initiative durch die Erhebung der Privatklage (§ 381) bzw. die Anschlusserklärung (§ 396).

43   Die **Begründung der Rechtsstellung des Beschuldigten** ist dagegen von einem seitens der Strafverfolgungsbehörden vorzunehmenden Akt abhängig, der darauf abzielt, ein Strafverfahren gegen diesen zu betreiben (im Einzelnen str.).[98] Dazu ist nicht zwingend eine förmliche Einleitung

---

[93] Unten Rn. 47 ff.
[94] Siehe Roxin/*Schünemann* § 17 Rn. 1.
[95] BVerfG v. 26. 1. 1971 – 2 BvR 443/69, BVerfGE 30, 149 (153 und 160) = NJW 1971, 1029.
[96] Meyer-Goßner Rn. 72.
[97] Näher § 152 Rn. 9.
[98] Ausführlicher Löwe/Rosenberg/*Kühne* Einl. J Rn. 72; Löwe/Rosenberg/*Gleß* § 136 Rn. 4 mwN.; siehe auch BGH v. 23. 7. 1986 – 3 StR 164/86, BGHSt 34, 138 (140).

des Ermittlungsverfahrens durch Verfügung der zuständigen Staatsanwaltschaft erforderlich, mag diese auch wünschenswert sein;[99] es genügt jede durch die entsprechende Behörde angeordnete oder vorgenommene Maßnahme in der sich der **Wille zu strafrechtlicher Verfolgung** ausreichend manifestiert.[100] Das ist stets bei der Vornahme solcher Maßnahmen der Fall, die ausschließlich gegen Beschuldigte ergriffen werden dürfen. Von den Anforderungen an die Begründung der Beschuldigteneigenschaft ist die Frage zu trennen, ob die Strafverfolgungsbehörden verpflichtet sind, eine tatverdächtige Person als Beschuldigten zu behandeln, damit diesem die mit dieser Rechtsstellung verbundenen Rechte und Garantien zustehen (**Inkulpationspflicht**).[101] Grundsätzlich zutreffend belässt die Rspr. den Strafverfolgungsbehörden einen Beurteilungsspielraum.[102] Wird der Tatverdacht durch eine Strafanzeige begründet, muss der Verdächtige jedenfalls sogleich als Beschuldigter behandelt werden, wenn die Strafanzeige geeignet ist, einen Anfangsverdacht im Sinne von § 152 Abs. 2[103] zu begründen.[104]

E. Mittel zur Erfüllung der Aufgaben und Erreichung des Ziels des Strafverfahrens

I. Aufklärung des wahren Sachverhalts von Amts wegen

Das deutsche Strafverfahren sieht in der Aufklärung des (im Sinne der Korrespondenztheorie der Wahrheit) wahren Sachverhalts durch Strafverfolgungsorgane und die Strafgerichte von Amts wegen (**Amtsaufklärungsgrundsatz oder Instruktionsmaxime**) das zentrale Mittel zur Erreichung des Verfahrensziels Wiederherstellung des Rechtsfriedens durch Herbeiführung einer materiell gerechten Entscheidung. Der Amtsaufklärungsgrundsatz ist in § 155 Abs. 2 und für das Stadium der Hauptverhandlung in § 244 Abs. 2 statuiert. Positiv besagt der Grundsatz, dass das jeweils mit der Sache befasste Strafverfolgungsorgan oder Strafgericht die Aufklärung des maßgeblichen tatsächlichen Geschehens von Amts wegen durch **eigene Ermittlungstätigkeit** betreiben darf und muss. Negativ **schließt** der Amtsermittlungsgrundsatz sowohl eine **Abhängigkeit** der Sachverhaltsermittlung von den sonstigen Verfahrensbeteiligten **vorgebrachten Tatsachenstoffs** als auch von denen **angeboter Beweismittel aus**.[105] Das schließt zugleich auch eine Disposition der übrigen Verfahrensbeteiligten über das dem Strafverfahren zugrunde gelegte tatsächliche Geschehen aus. Innerhalb der durch den Verfahrensgegenstand gezogenen Grenzen[106] ist im Ermittlungsverfahren die Staatsanwaltschaft und nach Anklageerhebung (oder Surrogaten) das zuständige Gericht verpflichtet, von Amts wegen sämtliches für die Entscheidung relevante tatsächliche Geschehen aufzuklären, das Teil des Verfahrensgegenstandes ist. Grenzen bestehen insoweit lediglich in den gesetzlich zugelassenen Fällen der Verfahrensstoffbeschränkung (§§ 154, 154 a). Das Recht und die Pflicht zur amtswegigen Aufklärung wird im Stadium des Hauptverfahrens durch das **Beweisantragsrecht** (§ 244 Abs. 3–6) der Verfahrensbeteiligten ergänzt.[107]

Der **Amtsaufklärungsgrundsatz** ist – wie alle Verfahrensmaximen – im Wesentlichen eine „rechtspolitische Aussage"[108] und angesichts der Abhängigkeit von der einfachgesetzlichen Ausgestaltung sowie dem Vorhandensein von der umfassenden Amtsaufklärung gegenläufigen Interessen und Prinzipien ein **Grundsatz mittlerer Reichweite**. Abgesehen von der aufgrund begrenzter menschlicher Erkenntnisfähigkeiten faktisch beschränkten Aufklärbarkeit des „wahren" Sachverhalts stehen einer umfassenden Erfüllung der Amtsaufklärungspflicht **rechtliche Grenzen** entgegen, die ihre Grundlage regelmäßig **in verfassungs- oder menschenrechtlichen Garantien** (drastisch: Verbot der Folter oder unmenschlicher/erniedrigender Behandlung, Art. 3 MRK)[109] sowie einfachgesetzlichen Vorschriften (exemplarisch § 52, § 136 a) haben.

II. Grenzen der Pflicht und Befugnis zur Sachverhaltsaufklärung

1. Allgemeines. Die Erreichung des Verfahrensziels der Wiederherstellung von Rechtsfrieden mittels einer gerechten Entscheidung der Strafsache auf der Grundlage einer Aufklärung des wahren

---

[99] Vgl. *Ignor/Matt* StV 2002, 105.
[100] BGH v. 29. 11. 2006 – 1 StR 493/06, BGHSt 51, 150 = JR 2007, 300 mAnm. *Eisele* JR 2007, 302; Löwe/Rosenberg/*Kühne* Einl. J Rn. 72; *Meyer-Goßner* Rn. 76 mwN.
[101] Vgl. Löwe/Rosenberg/*Kühne* Einl. J Rn. 72.
[102] BGH v. 27. 2. 1992 – 5 StR 190/91, BGHSt 38, 214 (228); BGH v. 15. 9. 2004 – 1 StR 304/04, StraFo 2005, 27; BGH v. 18. 7. 2007 – 1 StR 280/07, NStZ 2008, 48; krit. *Störmer* ZStW 108 (1996), 494 (521); *Trüg* StraFo 2005, 202.
[103] Zu den Anforderungen § 152 Rn. Rn. 16–20.
[104] *Satzger* JZ 2001, 643; Löwe/Rosenberg/*Gleß* § 136 Rn. 9; *Meyer-Goßner* Rn. 77 mwN.
[105] Löwe/Rosenberg/*Kühne* Einl. I Rn. 30 mwN.
[106] Dazu § 264 Rn. 59 ff.
[107] Zum Verhältnis von Amtsaufklärungspflicht und Beweisantragsrecht einschl. Darstellung des Diskussionsstandes Löwe/Rosenberg/*Becker* § 244 Rn. 58.
[108] Näher *Rieß*, FS Rebmann, 1989, S. 381 (382 mwN.); siehe auch Löwe/Rosenberg/*Kühne* Einl. I Rn. 1; ergänzend auch *Henrion* ZStW 113 (2001), 923 ff. zu der Bedeutung des die wesentlichen Verfahrensprinzipien enthaltenden „article préliminaire" des neuen franz. Code de procédure pénale" (CPP).
[109] Zum Verständnis von Art. 3 MRK siehe EGMR v. 30. 6. 2008 – 22 978/05 (5. Sektion) – G. ./. Deutschland, NStZ 2008, 699; dazu *Jäger* JA 2008, 678.

Sachverhaltes[110] erfordert an sich eine möglichst umfassende Kenntnis des tatsächlichen Geschehens durch das zur Entscheidung berufene Gericht. Beschränkungen der Befugnis und der Pflicht zur Sachverhaltsaufklärung sind dem Verfahrensziel als solchem abträglich. Dennoch sind aufgrund der völker- und menschenrechtlichen, verfassungsrechtlichen und einfachgesetzlichen Rahmenbedingungen des deutschen Strafverfahrens der Suche nach der materiellen Wahrheit Grenzen gesetzt.[111] Dabei bestehen die Grenzen der Wahrheitssuche einerseits in unterschiedlichen **Beweisverboten**,[112] die entweder bereits die Erhebung bestimmter Beweise und/oder deren Berücksichtigung im Urteil ausschließen, und andererseits in dem Vorliegen von Voraussetzungen, die an ein Verfahren gegen den Beschuldigten etc. bzw. dessen Sanktionierung in diesem Verfahren überhaupt erst gestatten (**Verfahrensvoraussetzungen**). Weder die Verfahrensvoraussetzungen (oder deren Fehlen, Verfahrenshindernisse) noch die Beweisverbote haben im positiven Recht über einzelne, punktuelle Vorschriften hinaus Regelungen erfahren. Beide Komplexe beruhen im Wesentlichen auf Richterrecht.

47 **2. Verfahrensvoraussetzungen/Verfahrenshindernisse. a) Begriffliches.** Das Gesetz kennt den Begriff Verfahrensvoraussetzungen nicht und verwendet lediglich in die Einstellung des Verfahrens betreffenden Vorschriften den des Verfahrenshindernisses (vgl. § 206 a, § 260 Abs. 3, § 304 Abs. 4 S. 2 Nr. 2, § 467 Abs. 2 Nr. 2 StPO, § 6 Abs. 1 Nr. 2 StrEG), ohne dessen Inhalte zu erläutern oder gar legal zu definieren. Der Gesetzgeber setzt die in der Rspr. und Wissenschaft entwickelten Begriffsbestimmungen voraus und hält damit zugleich die beiden zentralen Vorschriften über die Verfahrenseinstellung bei Vorliegen von Verfahrenshindernissen (§ 206 a, § 260 Abs. 3) offen für neue Entwicklungen zu diesen. Konventionell werden als **Verfahrensvoraussetzungen** diejenigen Umstände verstanden, von deren Vorliegen es nach dem ausdrücklich festgelegten oder aus dem Zusammenhang ermittelbaren Willen des Gesetzes abhängt, dass in einem bestimmten Verfahren oder einem bestimmten Abschnitt unter Mitwirkung der Prozessbeteiligten eine Sachentscheidung ergehen darf. Maßgeblich ist, dass die fraglichen Umstände so schwer wiegen, dass von ihrem Fehlen die Zulässigkeit des Verfahrens ingesamt abhängt.[113] Nach herkömmlichem Verständnis bezeichnet der Begriff des **Verfahrenshindernisses** das Fehlen einer Verfahrensvoraussetzung in dem vorgenannten Sinne;[114] insoweit lassen sich die Begriffe synonym verwenden.[115]

48 In neuerer Zeit wird im Kontext der Verfahrensvoraussetzungen/Verfahrenshindernisse zwischen **Befassungsverboten** einerseits und **Bestrafungsverboten** andererseits unterschieden.[116] Befassungsverbote verbieten es dem zuständigen Gericht, in der Sache über den gegen den Angeschuldigten/Angeklagten erhobenen Vorwurf zu entscheiden.[117] Die fehlende Strafmündigkeit (siehe § 19 StGB) wäre ein solches Befassungsverbot. Dagegen stehen **Bestrafungsverbote** nicht der (weiteren) Durchführung des Verfahrens als solcher entgegen, sondern schließen lediglich eine Bestrafung des Angeklagten bei durchgeführtem Prozess aus[118] So soll es sich etwa bei dem Fehlen eines erforderlichen Strafantrags oder bei Verhandlungsunfähigkeit des Beschuldigten verhalten. Soweit die Unterscheidung von Befassungsverboten und Bestrafungsverboten akzeptiert wird, sollen die **Befassungsverbote** den **Verfahrensvoraussetzungen** bisheriger Terminologie **entsprechen**. Der Begriff **Verfahrenshindernis** wäre dann enger als bisher im Sinne des Bestrafungshindernisses zu verstehen[119] und nicht mehr als Gegenteil der Verfahrensvoraussetzungen.

49 Die Bedeutung der Unterscheidung von Befassungsverboten und Bestrafungsverboten liegt weniger auf der Ebene der Begriffsbildung, sondern in der **Systematisierung von** Konstellationen, die bislang bereits als **Verfahrenshindernisse** anerkannt waren, **von den verfahrensrechtlichen Konsequenzen her**. Befassungsverbote erzwingen grundsätzlich eine Einstellung des Verfahrens, für die je nach Zeitpunkt ihres Auftretens die für das entsprechende Verfahrensstadium einschlägige Einstellungsvorschrift anzuwenden ist (etwa § 152 Abs. 2, § 170 Abs. 2, § 204, § 206 a, § 260

---

[110] Oben Rn. 3.
[111] Vgl. BGH v. 14. 6. 1960 – 1 StR 683/59, BGHSt 14, 358 (365) = NJW 1960, 1580 (1582); BGH v. 17. 3. 1983 – 4 StR 640/82, BGHSt 31, 304 (308) = NJW 1983, 1570 (1571); siehe auch bereits oben Rn. 9 aE.
[112] Unten Rn. 68 ff.
[113] Stdg. Rspr.; siehe nur BGH v. 23. 5. 1984 – 1 StR 148/84, BGHSt, 32, 345 (350); BGH v. 19. 4. 1985 – 2 StR 317/84, BGHSt 33, 183 (186); BGH v. 31. 10. 1989 – 1 StR 501/89, BGHSt 36, 294 (295); BGH v. 10. 3. 1995 – 5 StR 434/94, BGHSt 41, 72 (75); darüber hinaus KK-StPO/*Pfeiffer/Hannich* Rn. 130 ff.; *Meyer-Goßner* Rn. 146.
[114] HK-StPO/*Lemke* Rn. 68; KK-StPO/*Pfeiffer/Hannich* Rn. 130; Löwe/Rosenberg/*Kühne* Einl. K Rn. 37 mwN.
[115] An der sachlichen Berechtigung dessen zweifelnd *Meyer-Goßner*, FS Rieß, 2002, S. 342 ff.; *ders.*, FS Eser, 2005, S. 373 (389).
[116] Siehe *Meyer-Goßner,* FS Rieß, S. 342 ff.; *Meyer-Goßner* Rn. 143; KMR/*Eschelbach* Rn. 209; in der Sache zustimmend BGH v. 10. 1. 2007 – 5 StR 305/06, BGHSt 51, 202 (205 Rn. 14) = NJW 2007, 853 (im Kontext des Spezialitätsgrundsatzes); OLG Hamm v. 2. 6. 2008 – 2 Ss 190/08, NStZ-RR 2008, 383; OLG München v. 17. 6. 2008 – 5 St RR 28/08, NJW 2008, 3151 (3153); OLG Stuttgart v. 9. 1. 2008 – 2 Ws 338/07, StV 2008, 402.
[117] *Meyer-Goßner* Rn. 143; siehe aber auch *Krack*, Rehabilitierung, S. 251; Löwe/Rosenberg/*Stuckenberg* § 206 a Rn. 29.
[118] *Meyer-Goßner* Rn. 143.
[119] OLG München v. 17. 6. 2008 – 5 St RR 28/08, NJW 2008, 3151 (3153); s. a. *Meyer-Goßner*, FS Eser, S. 342 (344).

Abs. 3). Die Verfahrenseinstellung soll hier im Stadium der Hauptverhandlung sogar dem Freispruch trotz Freispruchsreife vorgehen (zweifelh.).[120] Bestrafungsverbote führen im Grundsatz ebenfalls zu der Einstellung des Verfahrens; abweichend von den Befassungsverboten wird dem Freispruch hier aber bei Freispruchsreife Vorrang vor dieser eingeräumt.[121] Von noch größerer Bedeutung sollen die Unterschiede zwischen Befassungs- und Bestrafungsverboten im Hinblick auf die Prüfung ihres Vorliegens sein. **Befassungsverbote sind von Amts wegen in jeder Lage des Verfahrens** zu berücksichtigen;[122] das entspricht der allgemeinen Auffassung bzgl. der Prüfung von Verfahrenshindernissen allgemein.[123] **Bestrafungshindernisse** sollen demgegenüber je nach Art entweder lediglich auf eine Sachrüge oder auf eine entsprechende, den Anforderungen von § 344 Abs. 2 S. 2 genügende Verfahrensrüge hin berücksichtigt werden können.[124] Gerade Letzterem wäre nur dann zu folgen, wenn es sich bei den fraglichen Umständen (vor allem Verhandlungsunfähigkeit, Spezialitätsgrundsatz und überlange Verfahrensdauer)[125] um Bestrafungsverbote oder gar Verfahrenshindernisse im überkommenen Sinne handeln würde, was jedenfalls für die überlange Verfahrensdauer nicht zutrifft.[126]

Auf der begrifflichen Ebene darf durch die Unterscheidung zwischen Befassungs- und Bestrafungsverboten nicht unberücksichtigt bleiben, dass die gesetzlichen Vorschriften über die Einstellung mit dem Begriff „Verfahrenshindernissen"[127] beide Arten von Verboten erfassen.[128] In der Sache ist der Erkenntnisgewinn durch die Differenzierung in unterschiedliche Formen von Verboten gering, weil nicht anders als bei der überkommenen Terminologie außerhalb der im Gesetz selbst angeordneten Hindernisse der jeweilige Sachgrund für die Einordnung eines Umstandes (bzw. seines Fehlens) als Verfahrensvoraussetzung/Verfahrenshindernis offen bleibt und von normativen Setzungen abhängig ist, die in den Begriffen nicht angelegt sind. Die Unterscheidung von Befassungs- und Bestrafungsverboten trägt zwar unter dem Aspekt des Bestrafungsverbots dem Umstand Rechnung, dass über ihr Vorliegen regelmäßig erst auf der Grundlage eines Wertungsaktes[129] nach Durchführung des Verfahrens entschieden werden kann. Gerade das stellt jedoch in Frage, die unter den Bestrafungsverboten zusammengefassten Phänomene mit den Verfahrenshindernissen im herkömmlichen Sinne in Verbindung zu bringen. Für die zentrale Rechtsfrage der Abgrenzung von Verfahrensvoraussetzungen/Verfahrenshindernissen zu diesen ähnlichen Phänomen, wie etwa einem Teil von schweren Verfahrensfehlern, ergeben sich keine wesentlichen Vorteile. Es sollte schon wegen der vor allem in §§ 206 a, 260 verwendeten Begrifflichkeit daher an der überkommenen Terminologie festgehalten werden, ohne den systematischen Wert der Unterteilung in Befassungs- und Bestrafungsverbote unberücksichtigt zu lassen.

b) Bedeutung. Die eigentliche **Bedeutung** der Verfahrensvoraussetzungen, vor allem derjenigen im Sinne der Befassungsverbote, ergibt sich **aus** der bei ihrem Fehlen anzuordnenden „**Rechtsfolge**", der **Einstellung des Verfahrens**.[130] Die Einstellung des Verfahrens hindert daran, einem der wichtigsten Zwischenziele des Strafverfahrens, der Aufklärung des materiell wahren Sachverhalts, weiterhin nachzugehen. Angesichts dessen ist die in der Rspr. verwendete, vage teils tautologische Formel, es müsse sich um so schwerwiegende Umstände handeln, dass von ihrem Fehlen die Zulässigkeit des Verfahrens insgesamt abhängig ist,[131] im Kern zutreffend. Sie erlaubt trotz Unsicherheiten im Detail eine Abgrenzung gegenüber Umständen, die sich lediglich als schwerwiegende Verfahrensfehler darstellen und entweder zu Beweisverwertungsverboten führen oder lediglich als revisible Rechtsfehler unterschiedlichen Zuschnitts gerügt werden können.

Im Gegensatz zu bloßen Verfahrensfehlern sind Prozessvoraussetzungen **grundsätzlich in jeder Lage des Verfahrens von Amts wegen** durch das jeweils zuständige Strafverfolgungsorgan **zu prüfen** (allgM).[132] In den Rechtsmittelinstanzen setzt dies allerdings die zulässige Erhebung des Rechtsmittels voraus. Ob die Verfahrensvoraussetzungen vorliegen bzw. ein Verfahrenshindernis

---
120 Vgl. BGH v. 17. 8. 2000 – 4 StR 245/00, BGHSt 46, 130 (137) mAnm. *Krack* JR 2001, 421; *Meyer-Goßner* Rn. 143 a.
121 OLG München v. 17. 6. 2008 – 5 St RR 28/08, NJW 2008, 3151 (3155); *Meyer-Goßner*, FS Eser, S. 342 (344); *Meyer-Goßner* Rn. 143 b.
122 *Meyer-Goßner* NStZ 2003, 169 ff.; *Meyer-Goßner* Rn. 150.
123 Unten Rn. 47 ff.
124 Näher *Meyer-Goßner* NStZ 2003, 169 ff.
125 Vgl. *Meyer-Goßner* Rn. 150.
126 Unten Rn. 48.
127 Oben Rn. 48 f.
128 Was von *Meyer-Goßner* Rn. 143 auch erkannt wird.
129 Dazu AK-StPO/*Loos* Anhang zu § 206 a Rn. 20 f.
130 Näher unten Rn. 67.
131 Nachw. wie Fn. 115.
132 Siehe nur BGH v. 10. 11. 1965 – 2 StR 387/65, BGHSt 20, 292 (293); BGH v. 15. 8. 1979 – 2 StR 465/79, BGHSt 29, 94; BGH v. 27. 5. 2003 – 4 StR 142/03, wistra 2003, 382 (383); Löwe/Rosenberg/*Kühne* Einl. K Rn. 42 mwN.; *Meyer-Goßner* Rn. 150.

eingetreten ist, wird **im Wege des Freibeweises** geklärt (hM).[133] Um das Verfahren mit dem Ziel der Sachentscheidung betreiben zu können, müssen die Verfahrensvoraussetzungen feststehen (str.).[134] Die Rspr. des BGH dazu ist nicht einheitlich, sondern differenziert zwischen einzelnen Verfahrenshindernissen; für einige Verfahrenshindernis liegt noch keine einschlägige Rspr. vor.[135]

53 c) **Systematisierung der Verfahrensvoraussetzungen.** Diese bzw. aus ihrem Fehlen resultierenden Verfahrenshindernisse lassen nach unterschiedlichen Aspekten systematisieren.[136] Eine in den praktischen Konsequenzen bedeutsame ist die in **behebbare** (vorläufige) und **nicht behebbare** Verfahrenshindernisse. Erstere stehen einem neuen Verfahren nach ihrem Wegfall (etwa Nachholung eines bislang fehlenden Strafantrages; Wegfall der bisherigen Verhandlungsunfähigkeit) nicht entgegen. Eine andere Einteilung der Verfahrenshindernisse ist die nach der „Herkunft" des Verfahrenshindernisses, das etwa aus der Person des Beschuldigten etc., aus der verfahrensgegenständlichen Sache usw. stammen kann.

54 aa) **Die gerichtliche Zuständigkeit betreffende Verfahrensvoraussetzungen bzw. Verfahrenshindernisse.** Ein Strafverfahren darf nur betrieben werden, wenn auf den Verfahrensgegenstand das deutsche materielle Strafrecht nach den §§ 3–9 StGB anwendbar ist.[137] An sich bilden auch die **örtliche und sachliche Zuständigkeit** des Gerichts Verfahrensvoraussetzungen. Hier gelten jedoch in mehrfacher Hinsicht Besonderheiten. Nach § 16 prüft das Gericht seine örtliche Zuständigkeit lediglich bis zur Eröffnung des Hauptverfahrens von Amts wegen, danach allein noch auf eine entsprechende Rüge des Angeklagten. Dagegen ist die sachliche Zuständigkeit in allen Verfahrensstadien von Amts wegen zu prüfen (vgl. § 6). Fehlt diese, muss das derzeit mit der Sache befasste Gericht diese dem zuständigen Gericht unterbreiten. Welche Wirkungen damit verbunden sind, richtet sich im Wesentlichen danach, ob die Zuständigkeit eines höherrangigen oder eines niederrangigen Gerichts begründet ist (vgl. §§ 209, 225 a Abs. 1, § 270 Abs. 1 S. 1; für das Rechtsmittelverfahren § 328 Abs. 2, § 355). Hat entgegen der sachlichen Zuständigkeit ein höherrangiges Gericht entschieden, bleibt dies folgenlos (siehe § 269).

55 bb) **Die Person des Beschuldigten etc. betreffende Verfahrensvoraussetzungen bzw. Verfahrenshindernisse.** Ein Strafverfahren darf lediglich gegen eine **strafmündige Person** (§ 19 StGB) eingeleitet werden. In Bezug auf zum Tatzeitpunkt noch nicht 14jährige Personen besteht ein Verfahrenshindernis für jeden Verfahrenstypus. Ist der Beschuldigter **Jugendlicher**, also zwischen 14 und 18 Jahren alt (§ 1 Abs. 2 JGG), besteht ein **Verfahrenshindernis** lediglich in Bezug auf die Verfahrenstypen **beschleunigtes Verfahren, Privatklageverfahren** und **Strafbefehlsverfahren** (§ 79 Abs. 2, § 80 Abs. 1 S. 1, § 81 JGG); eine Anschlußerklärung als Nebenkläger ist ebenso ausgeschlossen[138] wie das Adhäsionsverfahren. Die Beschränkungen gelten auch bei **Heranwachsenden** (§ 1 Abs. 2 JGG), wenn auf diese gemäß § 105 JGG Jugendstrafrecht angewendet wird. Der **Tod des Beschuldigten** etc. ist ein Verfahrenshindernis; eine förmliche Einstellungsentscheidung ist erforderlich.[139] Die **Verhandlungsfähigkeit** des Beschuldigten bildet eine Verfahrensvoraussetzung. Sie ist lediglich dann gegeben, wenn dieser die Fähigkeit aufweist, seine Interessen sachgerecht und vernünftig wahrzunehmen, seine Verteidigung in sowohl verständiger als auch verständlicher Weise zu führen sowie Prozesserklärungen abzugeben und durchzuführen.[140] Sie ist **nicht** mit der zivilrechtlichen **Geschäftsfähigkeit identisch (allgM)**.[141] **Eingeschränkte Schuldfähigkeit** steht der prozessualen Handlungsfähigkeit jedenfalls bei erhaltener Einsichtsfähigkeit nicht entgegen.[142] Vielmehr wird diese erst durch schwerwiegende psychische oder ggf. auch körperliche Erkrankungen und Beeinträchtigungen aufgehoben.[143] Hohes Alter allein schließt Verhandlungsfähigkeit nicht

---

[133] BGH v. 21. 2. 1968 – 2 StR 719/67, BGHSt 22, 90; BGH v. 4. 3. 1985 – AnwSt (R) 8/84, NStZ 1985, 420; *Rieß*, FG 50 Jahre BGH, Band IV, S. 809 (837 f.); Löwe/Rosenberg/*Kühne* Einl. K Rn. 44; *Meyer-Goßner* Rn. 152; aA etwa *Volk* Prozessvoraussetzungen, S. 28; *Roxin/Schünemann* § 21 Rn. 23.
[134] Wie hier Löwe/Rosenberg/*Kühne* Einl. K Rn. 44; siehe näher *Rieß*, FG 50 Jahre BGH, Band IV, S. 809 (838 f.).
[135] Knapper Überblick bei *Rieß*, FG 50 Jahre BGH, Band IV, S. 809 (838 f.).
[136] Vgl. dazu überblicksartig Löwe/Rosenberg/*Kühne* Einl. K Rn. 38 f.
[137] Zum interlokalen, supranationalen und internationalen Strafverfahrensrecht ausführlich *Meyer-Goßner* Rn. 204 ff.
[138] BGH v. 20. 11. 2002 – 1 StR 353/02, NStZ-RR 2003, 95; OLG Stuttgart v. 8. 10. 2002 – 2 Ws 218/02, NStZ-RR 2003, 29.
[139] Vgl. BGH v. 8. 6. 1999 – 4 StR 595/97, BGHSt 45, 108.
[140] BVerfG v. 24. 2. 1995 – 2 BvR 345/95, NJW 1995, 1951; BVerfG v. 6. 10. 2009 – 2 BvR 1724/09, EuGRZ 2009, 645 (647); BGH v. 8. 2. 1995 – 5 StR 434/94, BGHSt 41, 16 (18); *Meyer-Goßner* Einl. Rn. 97; siehe auch bereits ausführlich § 302 Rn. 9 f.
[141] BGH v. 11. 6. 1997 – 2 StR 191/97, NStZ-RR 1997, 305; BGH v. 6. 5. 1999 – 4 StR 79/99, NStZ 1999, 526; siehe auch BGH v. 13. 1. 2005 – 1 StR 563/04, StraFo 2005, 161.
[142] BGH v. 28. 7. 2004 – 2 StR 199/04, NStZ-RR 2004, 341; BGH v. 11. 10. 2007 – 3 StR 368/07 (juris Rn. 6) bzgl. eines dem § 63 StGB Untergebrachten.
[143] BGH v. 8. 2. 1994 – 5 StR 39/94, wistra 1994, 197; BGH v. 3. 11. 1987 – 5 StR 555/87, BGHR StPO § 302 Abs. 1 S. 1 Rechtsmittelverzicht 3; HK-StPO/*Rautenberg* § 302 Rn. 4; KK-StPO/*Paul* § 302 Rn. 2; Löwe/Rosenberg/*Hanack*, 25. Aufl., § 302 Rn. 6; SK-StPO/*Frisch* § 302 Rn. 14; vgl. auch BGH v. 4. 1. 1996 – 4 StR 741/95, bei *Kusch*

aus.[144] Eine zur Einstellung des Verfahrens führende Verhandlungsunfähigkeit kann auch gegeben sein, wenn aufgrund konkreter Anhaltspunkte prognostisch der Tod des Angeklagten oder zumindest schwere Gesundheitsschäden bei Fortführung des Hauptverfahrens zu befürchten sind,[145] denen nicht durch eine angepasste Verfahrensgestaltung (zB. ärztliche Betreuung, Unterbrechungen etc.) begegnet werden kann. Der Beschuldigte ist nicht verpflichtet, mit erheblichen Eingriffen verbundene medizinische Behandlungen zur Wiederherstellung seiner Verhandlungsfähigkeit vornehmen zu lassen (allgM).[146] Ergeben sich Anhaltspunkte für das Fehlen der Verhandlungsunfähigkeit sind diese durch das jeweils mit der Sache befasste Strafverfolgungsorgan, das sich regelmäßig sachverständiger Hilfe bedienen muss,[147] **freibeweislich** aufzuklären.[148] Nicht nur vorübergehende Verhandlungsunfähigkeit erzwingt die **Verfahrenseinstellung**. Anderes kann nur gelten, wenn der Angeklagte die Verhandlungsunfähigkeit selbst in vorwerfbarer Weise herbeigeführt hat und unter den Voraussetzungen von § 231a[149] in dessen Abwesenheit weiterverhandelt werden darf.

In der Person des Beschuldigten liegende Verfahrenshindernisse resultieren auch aus den Vorschriften über die **Immunität von Parlamentsabgeordneten**[150] sowie in Bezug auf diejenigen Personen, die gemäß §§ 18–20 GVG nicht der deutschen Gerichtsbarkeit unterliegen, im Wesentlichen also den Angehörigen der diplomatischen (§ 18 GVG) und konsularischen Vertretungen (§ 19 GVG) in der Bundesrepublik sowie andere Exterritoriale (§ 20 GVG).[151] Die diplomatische bzw. konsularische Immunität hindert lediglich die Durchführung eines inländischen Strafverfahrens. Die **Überstellung** des Personenkreises **an einen interntionalen Strafgerichtshof**[152] ist dagegen nach § 21 GVG nicht ausgeschlossen.[153]

cc) **Den Verfahrensgegenstand betreffende Verfahrensvoraussetzungen bzw. Verfahrenshindernisse.** Die Mehrzahl der Verfahrensvoraussetzungen bzw. Verfahrenshindernisse betreffen den Verfahrensgegenstand selbst und **resultieren** häufig bereits unmittelbar **aus positivrechtlichen Vorgaben**, die eine Behandlung der Strafsache in einem Strafverfahren insgesamt oder in/ab einem bestimmten Stadium ausschließen. Ein Teil dieser Verfahrenshindernisse sind unhebbare ein anderer Teil behebbare Verfahrenshindernisse.

Aufgrund der verfassungsrechtlichen Vorgaben des **Art. 103 Abs. 3 GG** darf wegen derselben Tat im prozessualen Sinne[154] nicht mehrfach ein Strafverfahren gegen den Beschuldigten geführt werden (**Verbot der Mehrfachverfolgung**). Dieses Verbot und das daraus resultierende Verfahrenshindernis werden nicht durch sämtliche ein Strafverfahren erledigenden Entscheidungen ausgelöst; gerichtliche Sachentscheidungen in Urteilsform führen es regelmäßig herbei. Neues Prozedieren ist hier nur unter den Voraussetzungen der §§ 359 ff. zulässig. Gerichtlichen Einstellungsentscheidungen auf der Grundlage der §§ 153 ff., sonstige zur Verfahrenserledigung führende gerichtliche Beschlüsse sowie sämtliche staatsanwaltschaftliche Verfahrenserledigungen lösen das Verbot der Doppelverfolgung lediglich ausnahmsweise in den gesetzlich angeordneten Fällen (vor allem § 153 a Abs. 1 S. 5) oder deren entsprechender Heranziehung aus.[155] Angesichts des allgemein konsentierten Schutzbereichs von Art. 103 Abs. 3 GG[156] hindert die Verfassung nicht allein die erneute Sachentscheidung (**Verbot der Doppelbestrafung**), sondern bereits die erneute Einleitung eines Strafverfahrens über dieselbe Tat gegen denselben Beschuldigten (**Verbot der Doppelverfolgung**). Dementsprechend begründet auch bereits **die anderweitige Rechtshängigkeit** der Tat ein Verfahrenshindernis (allgM).[157] Auch in dem betroffenen Verfahren eingetretene Rechtskraftwirkungen begrenzen die Zulässigkeit des weiteren Prozedierens (etwa Teilrechtskraft).[158] Die in

---

NStZ 1996, 297 („Psychose"); BGH v. 23. 7. 1997 – 3 StR 520/96, NStZ-RR 1998, 60 („schwere andere Abartigkeit").
[144] BGH v. 13. 6. 2006 – 4 StR 182/06, NStZ-RR 2007, 210 f.
[145] BVerfG v. 19. 6. 1979 – 2 BvR 1060/78, BVerfGE 51, 324 (346) = NJW 1979, 2349; BVerfG v. 20. 9. 2001 – 2 BvR 1349/01, NJW 2002, 51.
[146] BVerfG v. 22. 9. 1993 – 2 BvR 1732/93, BVerfGE 89, 120 (130) = NStZ 1993, 598 mAnm. *Meurer*, BGH v. 14. 4. 1992 – 1 StR 68/92, StV 1992, 553.
[147] BVerfG v. 6. 10. 2009 – 2 BvR 1724/09, EuGRZ 2009, 645 (647).
[148] Vgl. BGH v. 19. 1. 1999 – 4 StR 693/98, NStZ 1999, 258 (259); BGH v. 6. 5. 1999 – 4 StR 79/99, NStZ 1999, 526 (527); BGH v. 1. 10. 1998 – 4 StR 470/98, NStZ-RR 1999, 109 (110); siehe auch BGH v. 11. 10. 2007 – 3 StR 368/07 (juris – Rn. 5).
[149] Näher § 231a Rn. 5 ff.
[150] Ausfürlich dazu § 152a Rn. 4 ff.
[151] Näher die Erl. zu § 18 mit Anhängen, §§ 19, 20 GVG.
[152] Zu den erfassten Gerichtshöfen § 153 f Rn. 16.
[153] § 153 f Rn. 7, § 21 GVG Rn. 1.
[154] Näher zum Verhältnis von verfassungsrechtlichem und strafprozessualem Tatbegriff § 264 Rn. 5 f.
[155] Ausführlich *Radtke*, Die Systematik des Strafklageverbrauchs verfahrenserledigender Entscheidungen im Strafprozeß, 1993, S. 139 ff.; siehe auch unten Rn. 98 ff.
[156] *Radtke/Hagemeier*, in: *Epping/Hillgruber*, GG, Art. 103 Rn. 45 f. mwN.
[157] BGH v. 25. 6. 1968 – 4 StR 191/68, BGHSt 22, 185 (186); BGH v. 30. 8. 1968 – 4 StR 335/68, BGHSt 22, 232 (235).
[158] Vgl. näher OLG Hamm v. 2. 6. 2008 – 2 Ss 190/08, NStZ-RR 2008, 383; OLG München v. 28. 12. 2007 – 4 St RR 227/07, NJW 2008, 1331 mAnm. *Meyer-Goßner*.

Art. 103 Abs. 3 GG enthaltene Garantie schützt lediglich vor **inländischer Mehrfachverfolgung**. Das Verbot „grenzüberschreitender" Mehrfachverfolgung in vertikaler (im Verhältnis nationaler/internationaler Strafverfolgung) und in horizontaler Ebene (im Verhältnis zwischen verschiedenen Nationalstaaten) wird jedoch mittlerweile durch völkervertragsrechtliche oder unionsrechtliche Regelungen in den inländischen Grenzen vergleichbarer Weise gewährleistet (etwa Art. 20 IStGH-Statut, Art. 50 GRCh, Art. 54 SDÜ).[159] Aufgrund der Auslegung der Vorschriften durch die dafür zuständigen Gerichte reicht auf der horizontalen Ebene das Verbot der Doppelbestrafung sachlich gelegentlich weiter als dies dem nationalen Verständnis der fraglichen Norm entspricht.[160]

59 Bei (absoluten oder relativen) Antragsdelikten ist der wirksam und rechtzeitig gestellte **Strafantrag** ebenso Verfahrensvoraussetzung wie die Erklärung des öffentlichen Strafverfolgungsinteresses durch die Staatsanwaltschaft falls es an einem Strafantrag bei den relativen Antragsdelikten mangelt. Gleiches gilt für die **Ermächtigung** oder für ein **Strafverlangen** bei der Verfolgung derjenigen Delikte, die Entsprechendes voraussetzen (vgl. etwa § 104 a StGB). Ein **Amnestiegesetz** steht der Verfolgung einer davon betroffenen Straftat ebenfalls entgegen. Gleiches gilt für den Eintritt der **Verfolgungsverjährung** (§§ 78–78 c StGB).

60 Soll das Verfahren über das Stadium des Ermittlungsverfahrens hinaus weitergeführt werden, ist eine **wirksame Anklageerhebung**[161] Verfahrensvoraussetzung; Entsprechendes gilt für ihre Surrogate wie den **Strafbefehlsantrag** und den **Antrag auf Entscheidung im beschleunigten Verfahren** sowie die **Antragsschrift** gemäß § 414 Abs. 2. Für den Übergang in das Hauptverfahren und die dortige Befassung mit dem Verfahrensgegenstand bedarf es eines **wirksamen Eröffnungsbeschlusses**[162] oder diesem sachlich entsprechenden Surrogaten wie dem **Erlass des Strafbefehls** (§ 408 Abs. 3 S. 1), dem **Einbeziehungsbeschluss bei der Nachtragsanklage** (§ 266)[163] sowie im beschleunigten Verfahren entweder mit der Anberaumung der „sofortigen" Hauptverhandlung (§ 419 Abs. 1 S. 1) oder dem Eröffnungsbeschluss gemäß § 419 Abs. 3 S. 1[164] Verfahrensvoraussetzung ist im Einziehungsverfahren auch der Beschluss gemäß § 441 Abs. 1.

61 Ein größtenteils den Verfahrensgegenstand, teils auch die Person des Beschuldigten betreffendes Verfahrenshindernis kann sich bei Auslieferung (§ 72 IRG) durch einen ausländischen Staat aus dem **Spezialitätsgrundsatz** ergeben, der es dem ausliefernden Staats ermöglicht, die Strafverfolgung durch den um Auslieferung ersuchenden Staat sachlich zu beschränken.[165] Von Seiten des ausliefernden Staates im Rahmen der Auslieferung ausgesprochene Begrenzungen der Verfolgung im ersuchenden Staat können jedoch unter bestimmten Voraussetzungen (konkret: Teilrechtskraft) wirkungslos sein und stehen dann der inländischen Strafverfolgung nicht entgegen.[166]

62 **dd) Aus der Verfassung und dem Völkerrecht abgeleitete Verfahrenshindernisse.** Ob und wenn ja, in welchem Umfang aus Verstößen gegen verfassungsrechtliche und/oder völkerrechtliche Prinzipien (insb. dem **Rechtsstaatsprinzip** und dem in ihm enthaltenen Grundsatz des **fairen Verfahrens**) Verfahrenshindernisse abgeleitet werden können, wird nach wie vor **kontrovers behandelt**.[167] Die jeweils verfochtenen Lösungen der Konsequenzen solcher Verstöße bewegen sich zwischen Verfahrenshindernissen, Beweisverwertungsverboten und unterschiedlichen Modellen der Berücksichtigung bei der Strafzumessung bzw. der Strafvollstreckung. Die Diskussion wird einerseits überlagert durch Fragen der innerstaatlichen Wirkungen von Entscheidungen des EGMR im Individualbeschwerdeverfahren[168] und steht andererseits vor dem Hintergrund verschwimmender Konturen der Verfahrenshindernisse, wenn diese um solche ergänzt werden, deren Vorliegen möglicherweise erst nach Durchführung des Strafprozesses auf der Grundlage eines Wertungsaktes

---

[159] Näher § 264 Rn. 3 mit Fn. 20; *Radtke/Hagemeier*, in: *Epping/Hillgruber*, GG, Art. 103 Rn. 49 f.; *Radtke*, FS Seebode, 2008, S. 297 ff.; zu Art. 20 IStGH-Statut vgl. *Tallgreen/Reisinger Coracini*, in: *Triffterer* (Edit.), Commentary on the Rom Statute of the International Criminal Court, 2. Edit., 2008; zu Art. 50 GRCh siehe knapp einführend *Heger* ZIS 2009, 206 (208).
[160] Exemplarisch dazu § 153 Rn. 64.
[161] Zu den Gründen der Unwirksamkeit § 200 Rn. 23.
[162] Zu den Anforderungen § 203 Rn. 2 f.
[163] Dazu näher *Loos/Radtke* NStZ 1995, 569 (572).
[164] § 266 Rn. 24–26.
[165] Vgl. jüngst BVerfG v. 8. 6. 2010 – 2 BvR 432/07 und 2 BvR 507/08 (2. Kammer des 2. Senats), HFR 2010, 984; BGH v. 10. 1. 2007 – 5 StR 305/06, BGHSt 51, 202 ff. = NJW 2007, 853 ff., dazu *Lagodny* NStZ 2007, 347; *Stock* StRR 2007, 69; siehe auch *Gless/Eymann* StV 2008, 318; siehe auch BGH v. 29. 10. 1963 – 1 StR 353/63, BGHSt 19, 118 (119); BGH v. 28. 4. 1982 – 3 StR 35/82, BGHSt 31, 51 (52).
[166] BGH v. 10. 1. 2007 – 5 StR 305/06, BGHSt 51, 202 ff. = NJW 2007, 853 ff., dazu *Lagodny* NStZ 2007, 347; *Stock* StRR 2007, 69; siehe auch *Gless/Eymann* StV 2008, 318; die gegen des Entscheidung des BGH gerichtete Verfassungsbeschwerde ist ohne Erfolg geblieben, BVerfG v. 8. 6. 2010 – 2 BvR 432/07 und 2 BvR 507/08 (2. Kammer des 2. Senats), HFR 2010, 984.
[167] Vgl. insoweit nur *Rieß*, FG 50 Jahre BGH, Band IV, S. 809 (822 ff.).
[168] Exemplarisch EGMR v. 9. 6. 1998 – 44/1997/828/1034, NStZ 1999, 47 – (Teixeira de Castro ./. Portugal); dazu u. a. *Gaede/Burmeyer* HRRS 2008, 279; *Kempf* StV 1999, 127; *Imme Roxin*, FG 25 Jahre AG Strafrecht des DAV, 2009, S. 1070 f. und 1082 ff.; *Sommer* NStZ 1999, 49.

erkannt werden kann.[169] Die Differenzierung zwischen Befassungsverboten und Bestrafungsverboten hat ihren Grund jedenfalls auch in möglichen aus Verfassungs- oder Völkerrecht abgeleiteten Verfahrenshindernissen. Soweit die Auffassung vertreten wird, gestützt auf den Grundsatz der völkerrechtskonformen bzw. völkerrechtsfreundlichen Auslegung des innerstaatlichen Rechts aus der Rspr. des EGMR bei dort festgestelltem Konventionsverstoß auf eine bestimmte Art der innerstaatlichen Kompensation (etwa durch Verfahrenshindernis oder Beweisverwertungsverbot) schließen zu können,[170] ist dem nicht zu folgen. Die Rspr. des EGMR ist im Rahmen des Individualbeschwerdeverfahrens auf die Feststellung der Konventionswidrigkeit beschränkt und kann keine Jurisdiktion ausüben, die den Vertragsstaaten eine bestimmte Art der Kompensation eines Konventionsverstoßes vorgibt. Im Grundsatz ist unabhängig von Art und Umfang der innerstaatlichen Wirkung der EGMR-Rspr. die Ableitung von Amts wegen zu beachtender **Verfahrenshindernissen aus der Verfassung oder dem Völkerrecht** mit der Folge einer Verfahrenseinstellung **nicht zu befürworten**. Die Rspr. des BGH lehnt eine solche Ableitung im Grundsatz daher zu Recht ab[171] und hat lediglich für extreme Ausnahmefälle eine abweichende Betrachtung in Erwägung gezogen.[172] Das vom BVerfG in Strafprozessen gegen frühere Mitarbeiter des MfS der DDR aus dem verfassungsrechtlichen Verhältnismäßigkeitsgrundsatz abgeleitete Verfahrenshindernis[173] betrifft einen Einzelfall[174] und ist in der Sache nicht zutreffend.[175]

Einzelfälle. Eine **rechtsstaatswidrige Tatprovokation** durch den Staat zurechenbaren Lockspitzel[176] führt nicht zu einem Verfahrenshindernis (str.);[177] auch ein Beweisverwertungsverbot lässt sich nicht annehmen.[178] Der BGH berücksichtigt die unzulässige Tatprovokation bei der Strafzumessung (Strafzumessungslösung), verlangt aber von den Tatrichtern, den in der zurechenbaren Tatprovokation liegenden Verstoß gegen Art. 6 Abs. 1 S. 1 MRK ausdrücklich in den Urteilsgründen festzustellen und bei der Strafzumessung den zur Kompensation des Konventionsverstoßes erforderlichen Strafabschlag auszuweisen.[179] Die konventionswidrige Tatprovokation muss grundsätzlich mit einer § 344 Abs. 2 S. 2 entsprechenden Verfahrensrüge geltend zu machen; dem bedarf es nicht, wenn die Verfahrenstatsachen sich aus dem Urteil selbst ergeben.[180] Auch eine mit Art. 6 Abs. 1 MRK unvereinbare **Verfahrensverzögerung**[181] führt nicht zu einem Verfahrenshindernis, sondern wird nach der Rspr. des BGH lediglich zu einer **Kompensation über die sog. Vollstreckungslösung**, bei der zum Ausgleich des Konventionsverstoßes ein Teil der nach allgemeinen Regeln zu bemessenden Strafe als verbüßt gilt.[182] Das steht mit der Rspr. des EGMR im Einklang.[183] Unabhängig von dem Umstand der konventionswidrigen Verfahrensverzögerung ist der zeitliche Abstand zwischen der Tatbegehung und ihrer Aburteilung ein Strafzumessungsgesichtspunkt.[184]

Schon mangels völlig unklarer Zurechnung zum Staat[185] kann eine „**öffentliche Vorverurteilung**" aufgrund der Verbreitung von den Beschuldigten belastendem Material in den Medien nicht zu einem Verfahrenshindernis führen (str.).[186] Auch der Verstoß von Strafverfolgungsorga-

---

[169] Grundsätzlich zutreffend BGH v. 23. 5. 1984 – 1 StR 148/84, BGHSt 32, 345 (352) = NStZ 1985, 131; zu weiteren Bedenken auch AK-StPO/*Loos* § 206 a Anhang Rn. 20 f.
[170] Etwa *Imme Roxin*, FG 25 Jahre AG Strafrecht des DAV, S. 1070 (1083 f.) unter Bezugnahme auf EGMR v. 22. 7. 2003 – 39 647/98, 40 461/98, StraFo 2003, 360, 361 Ziff. 50 (Lewis u. Edwards ./. Vereinigtes Königreich).
[171] Grundlegend BGH v. 23. 5. 1984 – 1 StR 148/84, BGHSt 32, 345 (352) = NStZ 1985, 131.
[172] BGH v. 25. 10. 2000 – 2 StR 232/00, BGHSt 46, 159 (171 f.); offen gelassen noch in BGH v. 9. 12. 1987 – 3 StR 104/87, BGHSt 35, 137 (143); siehe aber auch OLG Koblenz v. 9. 12. 1992 – 1 Ws 502/92, NJW 1994, 1887; OLG Zweibrücken v. 21. 9. 1988 – 1 Ws 402/88, NStZ 1989, 134.
[173] BVerfG v. 15. 5. 1995 – 2 BvL 19/91, 2 BvR 1206/91, 2 BvR 1584/91 und 2 BvR 2601/93, BVerfGE 92, 277 = NStZ 1995, 367.
[174] Zutreffend *Meyer-Goßner* Rn. 149 a.
[175] *Schroeder* JR 1995, 441; *Volk* NStZ 1995, 367; zu den materiell-rechtlichen Problemen in diesem Kontext ausführlich *Loos/Radtke* StV 1995, 564 ff.
[176] Zu den Voraussetzungen BGH v. 18. 11. 1999 – 1 StR 221/99, BGHSt 45, 321 (335); BGH v. 30. 5. 2001 – 1 StR 42/01, BGHSt 47, 44 (47); *Imme Roxin*, FG 25 Jahre AG Strafrecht des DAV, S. 1070 (1083); siehe aber auch BGH v. 21. 6. 2007 – 5 StR 83/07, NStZ 2008, 39 (40) – bloßes Ansprechen genügt nicht.
[177] BGH v. 18. 11. 1999 – 1 StR 221/99, BGHSt 45, 321 ff. = NJW 2000, 1123; BGH v. 30. 5. 2001 – 1 StR 42/01, BGHSt 47, 44 ff. = NJW 2001, 2981; AK-StPO/*Loos* § 206 a Anhang Rn. 20; *Meyer-Goßner* Rn. 148; aA etwa *Endris/Kinzig* NStZ 2000, 269; *Herzog* StV 2003, 410; *Kreuzer*, FS Schreiber, 2003, S. 240; *Roxin* JZ 2000, 363; *Sinner/Kreuzer* StV 2000, 114.
[178] AA *Ambos* NStZ 2002, 628 (632) mwN; *Kinzig* StV 1999, 288; siehe auch Art. 6 MRK Rn. 16 mwN.
[179] BGH v. 30. 5. 2001 – 1 StR 42/01, BGHSt 47, 44 (52).
[180] BGH v. 19. 7. 2000 – 3 StR 245/00, NStZ 2001, 53.
[181] Ausführlich Art. 6 MRK Rn. 19–26.
[182] BGH v. 17. 1. 2008 – GSSt 1/07, BGHSt 52, 124 (127 ff.) = NJW 2008, 860 (861 ff.) m. Anm. *Bußmann* NStZ 2008, 236; *Gaede* JZ 2008, 422; siehe auch *Keiser* GA 2008, 686 ff.; *Kraatz* JR 2008, 189 ff.; *Scheffler* ZIS 2008, 269 f.; *Streng* JZ 2008, 979 ff. sowie krit. *Ignor/Bertheau* NJW 2008, 2209 ff; ausführlich Art. 6 MRK Rn. 26.
[183] Näher Art. 6 MRK Rn. 25.
[184] *Fischer* § 46 StGB Rn. 61 mwN.
[185] Grundlegend dazu AK-StPO/*Loos* § 206 a Anhang Rn. 20.
[186] AK-StPO/*Loos* § 206 a Anhang Rn. 22 aE; Löwe/Rosenberg/*Stuckenberg* § 206 a Rn. 58 mwN.; *Meyer-Goßner* Rn. 148 b; aA etwa *Weiler* StraFo 2003, 186; *Wohlers* StV 2005, 190.

nen gegen verfassungsrechtlich fundierte Grundsätze des Verfahrens (etwa Recht auf effektive Verteidigung; allgemeine Verfahrensfairness) außerhalb der vorgenannten Konstellationen begründet regelmäßig kein Verfahrenshindernis.[187]

65 Sollen Verfahrenshindernisse nicht sämtliche Konturen verlieren und von (auch **schwerwiegenden**) mit Rechtsmitteln rügbaren **Verfahrensmängeln** abgrenzbar bleiben, können Verfahrensfehler nicht zu Verfahrenshindernissen „heraufgestuft" werden. Aus den in § 338 normierten (grundsätzlich) absoluten Revisionsgründen und der Abgrenzung zu den das Beruhen voraussetzenden relativen Revisionsgründen lässt sich ableiten, dass selbst gravierende Verstöße gegen das Verfahrensrecht nicht von Amts wegen, sondern lediglich auf Rüge des dadurch beschwerten Verfahrenssubjekts zu berücksichtigen sind. Insbesondere die Durchführung von Hauptverhandlungen unter gesetzwidriger Abwesenheit des Angeklagten führt nicht zu einem Verfahrenshindernis.[188]

66 **Verstöße gegen allgemeine Regeln des Völkerrechts**, vor allem die völkerrechtswidrige Entführung des Beschuldigten von dem Territorium eines anderen Staates, können dagegen unter bestimmten Umständen (etwa Rückführungsverlangen des betroffenen Staates) zu einem Verfahrenshindernis führen.[189]

67 **d) Folgen des Verfahrenshindernisses.** Grundsätzlich führt das Vorliegen eines (behebbaren oder unbehebbaren) Verfahrenshindernisses zu der Einstellung des Verfahrens auf der Grundlage der für das jeweilige Verfahrensstadium einschlägigen Vorschrift (§ 170 Abs. 2, § 204, § 206 a, § 260 Abs. 3). Bei Auftreten von Verfahrenshindernissen in der Hauptverhandlung oder bei eigener Sachentscheidungsmöglichkeit des Revisionsgerichts besteht im Einzelfall ein **Vorrang der Sachentscheidung**.[190] Das betrifft sowohl eine freisprechende Entscheidung als auch den Fall der Verurteilung, falls sich etwa das Verfahrenshindernis lediglich auf ein materiell-rechtliches Delikt innerhalb einer einheitlichen prozessualen Tat bezieht (etwa fehlender Strafantrag[191]).[192] In der Sache betrifft dies lediglich die Amnestie, den Strafantrag und die Verjährung. Insoweit gelangt die Lehre von den Bestrafungsverboten[193] zu übereinstimmenden Ergebnissen.[194] In der Revisionsinstanz können Verfahrenshindernisse, die bereits in der Tatsacheninstanz hätten berücksichtigt werden müssen, lediglich auf eine zulässige Revision hin beachtet werden.[195] Eingetretene **Teilrechtskraft** steht der Berücksichtigung des Verfahrenshindernisses nicht entgegen.[196]

68 **3. Beweisverbote. a) Allgemeines.** Die mittels Amtsaufklärung betriebene **Ermittlung der materiellen Wahrheit** als Grundlage einer gerechten und dadurch zur Wiederherstellung von Rechtsfrieden geeigneten Entscheidung über die Strafsache setzt an sich die **Nutzbarkeit jedes dazu geeigneten Beweismittels** voraus. Soll in einem Strafverfahren die Heranziehung eines Beweismittels oder die **Nutzung eines bereits erhobenen Beweises** in der Entscheidung über die Strafsache **nicht gestattet** werden, handelt es sich um eine **begründungsbedürftige Ausnahme**. Sie soll lediglich **bei einer entsprechenden gesetzlichen Anordnung** oder aus **übergeordneten wichtigen Gründen** im Einzelfall in Betracht kommen.[197] Das geltende Recht enthält lediglich punktuell gesetzliche Regelungen, in denen die Erhebung eines Beweises oder die Verwertung eines bereits erhobenen ausgeschlossen werden.[198] Dem Ausschluss von Beweisen aus „übergeordneten wichtigen Gründen" kommt daher erhebliche Bedeutung zu. Gerade weil es jedoch an umfassenden gesetzlichen Regelungen fehlt, haben sich in Rspr. und Strafverfahrensrechtswissenschaft noch keine allgemein anerkannten Regeln bzgl. der Grenzen zulässiger Beweiserhebung und hinsichtlich der Konsequenzen von Grenzüberschreitungen gebildet; die Zahl der dazu verfassten Arbeiten und Beiträge

---

[187] BGH v. 9. 12. 1983 – 2 StR 452/83, NStZ 1984, 419; dazu *Arloth* NJW 1985, 417; *Gössel* NStZ 1984, 421; *Rieß* JR 1985, 45; zu weiteren einschlägigen Konstellationen Löwe/Rosenberg/*Stuckenberg* § 206 a Rn. 88 ff.; *Meyer-Goßner* Rn. 148 b: siehe auch AK-StPO/*Loos* § 206 a Anhang Rn. 22.
[188] Vgl. BGH v. 21. 2. 1975 – 1 StR 107/74, BGHSt 26, 84; BGH v. 19. 4. 1985 – 2 StR 317/84, BGHSt 33, 183 = NStZ 1985, 563 mAnm. *Bruns*; siehe auch *Meyer* JR 1986, 300.
[189] Näher BVerfG v. 3. 6. 1986 – 2 BvR 837/85, NJW 1986, 3021; siehe aber auch BVerfG v. 17. 7. 1985 – 2 BvR 1190/84, NJW 1986, 1427, dazu *Herdegen* EuGRZ 1986, 1; *Mann* NJW 1986, 2167; *Murswiek* JuS 1987, 901; BGH v. 30. 5. 1985 – 4 StR 187/85, NStZ 1985, 464 einerseits und BGH v. 19. 12. 1986 – 2 StR 588/86, NJW 1987, 3087 andererseits, dazu *Sieg* StV 1988, 7; zum Ganzen auch *Vogel*, Perspektiven des internationalen Strafprozessrechts, 2004, S. 37 sowie Löwe/Rosenberg/*Stuckenberg* § 206 a Rn. 56 f.
[190] *Rieß*, FG 50 Jahre BGH, Band IV, S. 809 (839 f.).
[191] Vgl. BGH v. 1. 3. 1955 – 5 StR 53/55, BGHSt 7, 256 (261).
[192] Siehe BGH v. 29. 10. 1963 – 1 StR 353/63, BGHSt 19, 118 (123) bzgl. des Spezialitätsgrundsatzes; BGH v. 18. 11. 1971 – 1 StR 302/71, BGHSt 24, 262 (265) – bzgl. einer deliktsbezogenen Amnestie; siehe auch BGH v. 19. 5. 1965 – 2 StR 68/65, BGHSt 20, 225; BGH v. 9. 1. 1990 – 5 StR 601/89, BGHSt 36, 340.
[193] Oben Rn. 49.
[194] Siehe *Meyer-Goßner* Rn. 143 b.
[195] BGH v. 17. 7. 1968 – 3 StR 117/68, BGHSt 22, 213 ff.
[196] BGH v. 10. 1. 2007 – 5 StR 305/06, BGHSt 51, 202 (206 Rn. 20) = NJW 2007, 853.
[197] BVerfG v. 2. 7. 2009 – 2 BvR 2225/08, wistra 2009, 425 (427); BVerfG v. 15. 10. 2009 – 2 BvR 2438/08, NJW 2010, 287 mwN; BGH v. 30. 4. 1990 – 3 StR 8/90, BGHSt 37, 30, 32; BGH v. 11. 11. 1998 – 3 StR 181/98, BGHSt 44, 243 (249); BGH v. 14. 8. 2009 – 3 StR 552/08, BGHSt 54, 69 (87) = NJW 2009, 3448 (3453).
[198] Unten Rn. 73.

Einleitung 69–73 **Einleitung**

ist mittlerweile schwer zu überschauen.[199] Die Kontroverse um Beweisverbote betrifft vor allem einerseits die Frage nach den Auswirkungen von Rechtsfehlern bei der Erhebung von Beweisen auf deren Verwertbarkeit sowie andererseits den Umfang des Kreises von Beweisverwertungsverboten, denen kein Rechtsfehler bei der Erhebung vorausgegangen ist.

b) Begriffliches. Der Begriff **Beweisverbot** wird überwiegend als **Oberbegriff** verwendet und bezeichnet auf der einen Seite die Verbote bestimmte Beweise überhaupt zu erheben (**Beweiserhebungsverbote**) und andererseits die gesetzlich angeordneten oder aus wichtigen Gründen anerkannten Verbote, einen bereits erhobenen Beweis zum Gegenstand der Beweiswürdigung in der jeweils zu treffenden Entscheidung in Bezug auf die Strafsache zu machen (**Beweisverwertungsverbot**).[200] Die vorstehende Terminologie ist weitgehend anerkannt.[201] Innerhalb der beiden Unterbegriffe wird weiter differenziert. 69

c) Beweiserhebungsverbote. In Bezug auf diese wird überlicherweise zwischen **Beweismethodenverboten** (etwa Aussage aufgrund von Täuschung oder Zwang, vgl. § 136 a), **Beweismittelverboten** (etwa kein Urkundenbeweis bei gemäß § 96 wirksam gesperrten Urkunden) und **Beweisthemenverboten** (etwa kein Urkundenbeweis bezgl. nach § 51 Abs. 1 BZRG getilgter oder teilgungsreifer Vorstrafen) unterschieden.[202] Gelegentlich werden noch sog. **relative Beweisverbote** hinzugenommen, die die zulässige Beweiserhebung auf bestimmte Beweispersonen begrenzt.[203] 70

d) Beweisverwertungsverbote. Die Existenz von Beweisverwertungsverboten ist unbestritten, die Sachgründe, die ein solches Verbot außerhalb der gesetzlich ausdrücklich angeordneten Fälle tragen sollen, und die Systematisierung der Verwertungsverbote sind es nicht. Liegt ein Beweisverwertungsverbot vor, darf der entsprechende Beweis **nicht zum Gegenstand der Beweiswürdigung gemacht werden**.[204] Dieses Verbot betrifft nicht allein die Berücksichtigung in der Hauptverhandlungssituation (§ 261), sondern gilt **in sämtlichen Verfahrensstadien** und ist auf die jeweils anstehende Entscheidung zu beziehen. Die Staatsanwaltschaft muss die Unverwertbarkeit bei der Frage des hinreichenden Tatverdachts bei der Anklageerhebung ebenso bedenken wie das Gericht im Zwischenverfahren bei der Entscheidung über die Eröffnung des Hauptverfahrens.[205] Unterschiede ergeben sich aufgrund der jeweiligen Entscheidungsform. Kann wegen des Verwertungsverbots genügender Anlass für die Anklageerhebung (§ 170 Abs. 1) nicht angenommen werden, erfolgt die Einstellung des Verfahrens. Schließt das Verwertungsverbot die Überzeugung des erkennenden Gerichts von der Schuld des Angeklagten aus, wird dieser freigesprochen.[206] 71

Beweisverwertungsverbote lassen sich nach unterschiedlichen Kriterien **systematisieren**.[207] Im Hinblick auf die kontroversen Rechtsfragen bei den nicht gesetzlich ausdrücklich geregelten Fällen der Verwertungsverbote bietet sich an, zwischen **geschriebenen** (gesetzlich normierten) und **ungeschriebenen Beweisverwertungsverboten** sowie **innerhalb Letztgenannter** nochmals zwischen **selbstständigen** und **unselbstständigen** Verwertungsverboten zu differenzieren. Unselbständige Beweisverwertungsverbote sind regelmäßig diejenigen, die aus der Verletzung einer Norm über die Beweiserhebung abgeleitet werden; selbständige, diejenigen ohne eine solche vorausgegangene Verletzung.[208] 72

aa) Geschriebene Beweisverwertungsverbote. Es bestehen nur wenige gesetzliche Regelungen, die ausdrücklich ein Beweisverwertungsverbot anordnen; so etwa in **§ 69 Abs. 3 und § 136 a Abs. 3 S. 2** bzgl. **verbotener Vernehmungsmethoden** gegenüber Zeugen und Beschuldigten; **§ 100 c Abs. 5 S. 3, § 100 c Abs. 6 S. 2** bzgl. Erkenntnissen aus der **akustischen Wohnraumüberwachung**; **§ 252** bzgl. der **unzulässigen Protokollverlesung**, die Vorschrift wird nicht lediglich als 73

---

[199] Monographisch aus jüngerer Zeit etwa *Ambos*, Beweisverwertungsverbote, 2010; *Ch. Jäger* Beweisverwertung und Beweisverwertungsverbote im Strafprozess, 2003; *Jahn*, Beweiserhebungs- und Beweisverwertungsverbote im Spannungsfeld zwischen den Garantien des Rechtsstaates und der effektiven Bekämpfung von Kriminalität und Terrorismus, Gutachten zum 67. DJT 2008, Gutachten C; *Pitsch*, Strafprozessuale Beweisverbote. Eine systematische, praxisnahe und rechtsvergleichende Untersuchung unter besonderer berücksichtigung des Steuerstrafverfahrens, der Zufallsfunde und der Fernwirkungsproblematik, 2009; siehe auch den Überblick bei *Löwe/Rosenberg/Gössel* Einl. L Rn. 128 ff.; grundlegend auch *Dencker*, Verwertungsverbote im Strafprozeß, 1977, *Koriath*, Über Beweisverbote im Strafprozeß, 1994.
[200] Zu den Begrifflichkeiten *Ambos*, Beweisverwertungsverbote, S. 21 ff.; *Löwe/Rosenberg/Gössel* Einl. Rn. 5–8 jeweils mwN.
[201] Moderate Abweichung etwa bei *Amelung*, FS Roxin, 2001, S. 1259 (1263) mwN. zu eigenen Vorarbeiten; vgl. auch *Gössel*, FS Hanack, 1999, S. 277 (278 ff.); teilw. abweichend auch *Jäger*, Beweisverwertung, S. 268 ff. (kausale und abstrakte Beweisgegenstandsverbote).
[202] Näher *Meyer-Goßner* Rn. 51–55; *Roxin/Schünemann* § 24 Rn. 15–17.
[203] *Roxin/Schünemann* § 24 Rn. 17.
[204] Zutreffend *Löwe/Rosenberg/Gössel* Einl. L Rn. 7 mwN.
[205] Vgl. *Löwe/Rosenberg/Gössel* Einl. L Rn. 7 mwN.
[206] *Meyer-Goßner* Rn. 55; implizit auch BGH v. 10. 1. 2007 – 5 StR 305/06, BGHSt 51, 202 (206 Rn. 17–19) = NJW 2007, 853, aA *Jäger*, Beweisverwertung, S. 258 f. der Einstellungsurteil nach § 260 Abs. 3 annimmt.
[207] Ausführlicher *Jäger* GA 2008, 473 (474 ff.); siehe auch *Ambos*, Beweisverwertungsverbote, S. 22 ff.
[208] *Jäger* GA 2008, 473 (474) mwN.

Einleitung 74–76 *Einleitung*

Verlesungs-, sondern als Verwertungsverbot gedeutet,[209] sowie **§ 51 Abs. 1 BZRG** hinsichtlich der Verwerbarkeit **getilgter bzw. tilgungsreifer Vorstrafen**.[210] Ob § 393 Abs. 2 ein Beweisverwertungsverbot beinhaltet, wird unterschiedlich beurteilt.[211] Im Einzelfall sieht das Gesetz in **§ 100 c Abs. 7 S. 2** einen in eine Richtung wirkenden Zwischenrechtsbehelf über die Unverwertbarkeit eines erhobenen Beweises vor. In der Hauptverhandlung besteht keine Pflicht des Gerichts, sich vor dem Urteil zur Verwertbarkeit von Beweisen zu äußern.[212]

74 Neben den geschriebenen Beweisverwertungsverboten enthält die StPO mittlerweile auch geschriebene **Verwendungsregelungen** bzw. **Verwendungsbeschränkungen** (zB. § 100 d Abs. 5 Nr. 3; sie auch § 4 Abs. 6 G 10). Auf diese Regelungen will der BGH die für die unselbständigen Beweisverwertungsverbote entwickelten Rechtsprechungsgrundsätze entsprechend anwenden.[213] Das Verhältnis von Verwendungsverboten zu Verwertungsverboten ist ungeachtet der in der Rpsr. befürworteten Gleichbehandlung nicht geklärt;[214] teils werden die Begriffe inhaltsidentisch gebraucht teils deutlich zwischen ihnen unterschieden, ohne den Unterschied stets deutlich machen zu können. Bedeutung kommt den Begrifflichkeiten nicht zu, weil sich jedenfalls für beide Phänomene einander entsprechende Rechtsfragen, wie etwa die Reichweite eines Verwertungs- oder Verwendungsverbots (Fernwirkung), stellen. So ist etwa für den begrifflich als Verwendungsverbot gefassten § 97 Abs. 1 S. 3 InsO umstritten, ob von diesem Fernwirkungen ausgehen.[215]

75 **bb) Ungeschriebene Beweisverwertungsverbote.** Der eigentliche **Gegenstand der Kontroverse** um die Beweisverwertungsverbote bezieht sich auf den Untertypus der **unselbständigen**, also aus einem vorherigen Rechtsstoß bei der Beweiserhebung abgeleiteten **Verwertungsverbote**. Im Fokus steht die Frage, ob aus jedem Rechtsverstoß bei der Erhebung ein Verwertungsverbot folgt oder falls nein, welche Leitprinzipen über das Eingreifen oder Ausbleiben des Verwertungsverbotes entscheiden.[216] Bei den **selbständigen Beweisverwertungsverboten** geht die Fragestellung dahingehend, ob trotz einer Beeinträchtigung von (Grund)Rechtspositionen durch die Verwertung eines Beweises im Rahmen einer Beweiswürdigung gegenläufige, typischerweise kollektive Interessen die Verwertung nach dem Prinzip des überwiegenden Interesses gestatten können. Die Mehrzahl der zu Art und Reichweite beider Typen der Beweisverwertungsverboten entwickelten Betrachtungsweisen lassen im Ergebnis Relativierungen zu; bei den unselbständigen Verwertungsverboten wird gelegentlich das Verwertungsverbot als durchgängige Folge des Rechtsverstoßes bei der Beweiserhebung gesehen.[217]

76 *α)* **Unselbständige Beweisverwertungsverbote.** Das BVerfG geht in **ständiger Rspr.** davon aus, dass im Hinblick auf die aus dem Rechtsstaatsprinzip abgeleiteten Belange einer funktionstüchtigen Strafrechtspflege der Staat ausreichend Vorsorge zu treffen habe, um einen Straftäter im Rahmen der Gesetze aburteilen und der gerechten Bestrafung zuführen zu können.[218] **Beweisverwertungsverbote** sind deshalb eine **Ausnahme**, die entweder der **ausdrücklichen gesetzlichen Anordnung** oder **übergeordneter wichtiger Gründe** bedarf.[219] Von Verfassungs wegen besteht daher kein Rechtssatz, die Verwertung eines durch rechtsfehlerhafte Erhebung gewonnenen Beweises stets als unzulässig zu bewerten.[220] Die Beurteilung der aus einem Rechtsverstoß bei der Beweiserhebung für die Verwertbarkeit resultierenden Folgen obliegt den Strafgerichten.[221] Innerhalb dieses verfassungsrechtlich eröffneten Rahmens folgt nach der **st. Rspr. des BGH** einer rechtsfehlerhaften Beweiserhebung nicht stets ein Verwertungsverbot. Ob dieses eingreift, soll vielmehr auf

---

[209] § 252 Rn. 1.
[210] Vgl. BGH v. 26. 11. 2009 – 5 StR 91/09, NStZ-RR 2010, 110 (nur LS).
[211] BGH v. 10. 1. 2002- 5 StR 452/01, NStZ 2002, 436, dazu *Hellmann* JZ 2002, 617; siehe auch *Aselmann* NStZ 2003, 71, *Böse* wistra 2002, 47 aber auch BGH v. 14. 6. 1999 – 5 StR 159/99, wistra 1999, 341.
[212] BGH v. 16. 8. 2007 – 1 StR 304/07, NStZ 2007, 719.
[213] BGH v. 14. 8. 2009 – 3 StR 552/08, BGHSt 54, 69 (LS 2; 81 ff. Rn. 30 ff.).
[214] Vgl. dazu *Gatzweiler*, FG 25 Jahre Arbeitsgemeinschaft Strafrecht im DAV, 2009, S. 479 (482 ff. mwN).
[215] *Gatzweiler*, FG 25 Jahre DAV, S. 480 (482 ff.); *Hefendehl* wistra 2003, 1 ff., *Püschel*, FG 25 Jahre DAV, S. 759 (761 ff.) jeweils mwN.
[216] Siehe aber auch Löwe/Rosenberg/*Gössel* Einl. K Rn. 163–168.
[217] Exemplarisch *Koriath*, Beweisverbote, S. 68 und 95.
[218] BVerfG v. 20. 10. 1977 – 2 BvR 631/77, BVerfGE 46, 214 (222); BVerfG v. 15. 1. 2009 – 2 BvR 2044/07, NJW 2009, 1469 (1474); BVerfG v. 2. 7. 2009 – 2 BvR 2225/09 (2. Kammer des 2. Senats), NJW 2009, 325 f. mwN.
[219] BVerfG v. 2. 7. 2009 – 2 BvR 2225/09 (2. Kammer des 2. Senats), NJW 2009, 3225 f.; BVerfG v. 15. 10. 2009 – 2 BvR 2438/08, NJW 2010, 287 mwN; siehe auch BGH v. 30. 4. 1999 – 2 StR 8/90, BGHSt 37, 30, 32; BGH v. 11. 11. 1998 – 3 StR 181/98, BGHSt 44, 243 (249); BGH v. 18. 4. 2007 – 5 StR 546/06, BGHSt 51, 285 (292) = NJW 2007, 2269 mAnm. *Höfler*, StRR 2007, 147, *Mosbacher* NJW 2007, 3686, *Ransiek* JR 2007, 436, *Roxin* NStZ 2007, 616; BGH v. 14. 8. 2009 – 3 StR 552/08, BGHSt 54, 69 (87 Rn. 47) = NJW 2009, 3448 (3453).
[220] BVerfG v. 27. 4. 2000 – 2 BvR 1990/96 (2. Kammer des 2. Senats), NJW 2000, 3556; BVerfG v. 1. 3. 2000 – 2 BvR 2017/94 (3. Kammer des 2. Senats) NStZ 2000, 489 (490); BVerfG v. 30. 6. 2005 – 2 BvR 1502/04 – NStZ 2006, 46; BVerfG v. 2. 7. 2009 – 2 BvR 2225/09 (2. Kammer des 2. Senats), NJW 2009, 3225 f.
[221] BVerfG v. 19. 6. 2006 – 2 BvR 2115, 2132/01, 348/03, BVerfGK 9, 174 (196); BVerfG v. 28. 7. 2008 – 2 BvR 784/09 (2. Kammer des 2. Senats), NJW 2008, 3053 (3054); BVerfG v. 2. 7. 2009 – 2 BvR 2225/09 (2. Kammer des 2. Senats), NJW 2009, 3225 f.

Einleitung 77–79 **Einleitung**

der Grundlage einer unter Berücksichtigung der **Umstände des Einzelfalles** vorzunehmenden **Abwägung aller maßgeblichen Aspekte und widerstreitenden Interessen** zu entscheiden sein. In diese Abwägung seien vor allem die Art des Beweiserhebungsverbotes, und das von dem im Einzelfall betroffenen Rechtsgut her zu bestimmenden Gewicht des Verfahrensverstoßes einzustellen.[222]

Die Rspr. des BGH erweist sich im methodischen Ansatz als **Abwägungslehre**, die im Rahmen der Abwägung Erwägungen zum **Schutzweck** der die Beweiserhebung regelnden Vorschrift **einbezieht**.[223] Soweit der BGH in seiner früheren Rspr. primär an Schutzzweckerwägungen und an revisionsrechtlichen Vorgaben orientierte Kriterien für das Eingreifen von Verwertungsverboten herangezogen hat (**Rechtskreistheorie**),[224] hält er daran jedenfalls so nicht mehr fest.[225] Gegen die Tragfähigkeit dieser Rspr. in der konkreten Anwendung ließen sich gravierende Bedenken erheben;[226] gegen eine mit Schutzzweckerwägungen als Abwägungskriterien angereicherte Abwägungsbetrachtung bestehen solche Bedenken nicht.[227] Immerhin stellt der Gesetzgeber im Kontext des geschriebenen Verwertungsverbotes gemäß § 100 c Abs. 6 S. 2 selbst auf eine Abwägung zwischen dem Vertrauensschutzinteresse einerseits und dem Aufklärungsinteresse andererseits ab. 77

In der Konsequenz dieser zutreffenden Abwägungsorientierung liegt es auch, dass bei **gravierenden Eingriffen** in einzelne Rechtsgüter durch unter Verstoß gegen rechtsstaatliche Grundsätze durchgeführte Beweiserhebungen ein Beweisverwertungsverbot die zwingende Folge ist.[228] Der BGH hat dies u. a. bei Abhörmaßnahmen unter Verstoß gegen völkerrechtliche Grundsätze[229] oder ohne richterliche Anordnung[230] sowie bei unrechtmäßigen Wohnraumüberwachungen[231] und im Kontext von Wohnungsdurchsuchungen bei bewusster **Umgehung des Richtervorbehalts** angenommen;[232] bei letzter Fallkonstellation kann eine Verwertbarkeit auch **nicht** auf den Gedanken des **hypothetischen rechtmäßigen Kausalverlaufs** zugegriffen werden.[233] 78

Das Eingreifen eines Beweisverwertungsverbotes in Folge eines Verstoßes gegen Regeln der Beweiserhebung wird auch in Teilen der Wissenschaft nach – in den Details höchst unterschiedlichen – **Abwägungsgesichtspunkten** entschieden.[234] Neuere Abwägungslehren (*Jahn, Wolter*) unterscheiden sich von der Rspr. des BGH grundlegend dadurch, dass sie in Bezug auf unselbständige Beweisverwertungsverbote derart schwerwiegende Verstöße bei der Beweiserhebung anerkennen, die eine Verwertung von vornherein ausschließen.[235] Das ist für *Jahn* jedenfalls bei der Verletzung von Kernverfahrensgarantien wie dem Fairnessgebot, dem nemo tenetur-Grundsatz sowie bewusster Verhinderung oder Erschwerung von Partizipations- oder Verteidigungsrechten der Fall.[236] Durch die Rückkoppelung an derartige Garantien mit jeweils spezifischen Schutzrichtungen ergeben sich Überschneidungen mit einem zweiten Ansatz zur Lösung der unselbständigen Verwertungslehren, den **Schutzzwecklehren**.[237] Diese in den Details wiederum sehr unterschiedlichen Erklärungsansätze[238] machen die Verwertung eines unter Verstoß gegen Beweiserhebungsregeln gewonnenen Beweises von der Schutzrichtung der verletzten Vorschrift über die Beweiserhebung abhängig. Eine dritte Gruppe von Erklärungsansätzen will die Frage der Beweisverwertungsverbote von den zu prognos- 79

---

[222] Exemplarisch BGH v. 22. 2. 1978 – 2 StR 334/77, 27, BGHSt 355 (357); BGH v. 6. 8. 1987 – 4 StR 333/87, BGHSt 35, 32 (34 f.); BGH v. 30. 4. 1990 – 3 StR 8/90, BGHSt 37, 30 (31 f.); BGH v. 11. 11. 1998 – 3 StR 181/98, BGHSt 44, 243 (249); BGH v. 14. 8. 2009 – 3 StR 552/08, BGHSt 54, 69 (87 Rn. 47 mwN.)

[223] In der Bewertung ähnlich *Rogall*, FS Grünwald, 1999, S. 523.

[224] Siehe BGH v. 4. 3. 1958 – 5 StR 7/58, BGHSt 11, 213 ff.

[225] Vgl. allerdings auch BGH v. 5. 1. 1968 – 4 StR 425/67, BGHSt 22, 35 (838); BGH v. 21. 7. 1994 – 1 StR 83/94, BGHSt 40, 211 (214 f.)

[226] *Jahn*, Gutachten 67. DJT, C 42; *Jäger* GA 2008, 473 (476); *Wolter*, FG 50 Jahre BGH, S. 963 (984).

[227] AA etwa *Koriath*, Beweisverbote, S. 68 und 95.

[228] Vgl. BGH v. 17. 3. 1983 – 4 StR 640/82, BGHSt 31, 304 (308) = NJW 1983, 1570; BGH v. 18. 4. 2007 – 5 StR 546/06, BGHSt 51, 285 (290 Rn. 21 mwN.) = NJW 2007, 2269 (2272 f.) mAnm. *Höfler*, StRR 2007, 147, *Mosbacher* NJW 2007, 3686, *Ransiek* JR 2007, 436, *Roxin* NStZ 2007, 616.

[229] BGH v. 4. 4. 1990 – 3 StB 5/90, BGHSt 36, 396 (398 ff.).

[230] BGH v. 17. 3. 1983 – 4 StR 640/82, BGHSt 31, 304 (306 f.); BGH v. 6. 8. 1987 – 4 StR 333/87, BGHSt 35, 32 (34).

[231] BGH v. 15. 1. 1997 – StB 27/96, BGHSt 42, 372 (377); BGH v. 10. 8. 2005 – 1 StR 140/05, BGHSt 50, 206.

[232] BGH v. 18. 4. 2007 – 5 StR 546/06, BGHSt 51, 285 (290 ff. Rn. 24 ff.) = NJW 2007, 2269 (2271 ff.) mit zahlr. Nachw. aaO. S. 292 Rn. 24, mAnm. *Höfler*, StRR 2007, 147, *Mosbacher* NJW 2007, 3686, *Ransiek* JR 2007, 436, *Roxin* NStZ 2007, 616; siehe auch BVerfG v. 122 005 – 2 BvR 1027/02, BVerfGE 113, 29 (61).

[233] BGH v. 18. 4. 2007 – 5 StR 546/06, BGHSt 51, 285 (295 Rn. 29) = NJW 2007, 2269 (2273) mAnm. *Höfler* StRR 2007, 147, *Mosbacher* NJW 2007, 3686, *Ransiek* JR 2007, 436, *Roxin* NStZ 2007, 616.

[234] Etwa *Jahn*, Gutachten 67. DJT, C 67 ff.; *Rogall* ZStW 91 (1979), S. 22 (331 ff.); *ders.*, Symposium Rudolphi, 1995, S. 152 ff. *Wolter*, FG 50 Jahre BGH, Band IV S. 986 ff.; gänzlich ablehnend gegenüber Abwägungslehren etwa *Dallmeyer*, Beweisführung im Strengbeweisverfahren, 2. Aufl., 2008, S. 157 ff.; *Lesch*, FS Volk, 2009, S. 311; *Neuhaus* StV 2010, 49; *Wohlers* StV 2008, 434; Löwe/Rosenberg/*Gössel* Einl. I Rn. 154.

[235] Siehe etwa *Jahn*, Gutachten zum 67. DJT, C. 71 f.

[236] Nachw. wie Fn. zuvor.

[237] Etwa *Dencker*, Verwertungsverbote, S. 92 ff.; Schutzzwecklehren vertreten in der Sache – bei unterschiedlichen Ausgangspunkten – auch *Grünwald* JZ 1966, 489 ff. und *Jäger*, Beweisverwertung, S. 140 ff., 160 f. und passim; *ders.* GA 2008, 473 (484 ff.); siehe auch *Wohlers* GA 2005, 11 ff.

[238] Überblick bei Löwe/Rosenberg/*Gössel* Einl. I Rn. 146–152 mit zahlr. Nachw.

tizierenden **revisionsrechtlichen Folgen des Rechtsverstoßes** bei der Erhebung her lösen (gesamtverfahrensrechtlicher Ansatz),[239] ist damit aber in der ständigen Gefahr des Zirkelschlusses.[240]

80 β) **Selbständige Beweisverwertungsverbote.** Die Existenz von selbstständigen, dh. nicht von einem vorherigen Rehtsverstoß bei der Beweiserhebung abhängigen Beweisverwertungsverboten entspricht der allgM.[241] Diese können sich – selten – entweder aus einer gesetzlichen Verbotsnorm (§ 252) oder **unmittelbar aus der Verfassung** ergeben.[242] Wie bei den unselbständigen Beweisverwertungsverboten auch hält das BVerfG allerdings nicht jegliche Verwertung von Beweisen im Rahmen einer Beweiswürdigung für unzulässig, selbst wenn dadurch in verfassungsrechtlich garantierte Positionen eingegriffen wird. Abwägungsfest und damit unverwertbar ist nach der meist sog. **Sphärentheorie** des BVerfG lediglich eine Beweisverwertung, die in den **unantastbaren Kernbereich der Persönlichkeit** eingreifen und damit die Menschwürdengarantie des Art. 1 Abs. 1 GG beeinträchtigen würde.[243] Beeinträchtigt die Beweisverwertung dagegen die **bloße Privatsphäre** und damit das allg. Persönlichkeitsrecht, hängt die Verwertbarkeit von einer **Abwägung** zwischen den betroffenen Individualinteressen und dem öffentlichen Strafverfolgungsinteresse ab; soweit durch die Verwertung lediglich die allgemeine Sozialsphäre betroffen ist, kann ohne Beschränkung verwertet werden.[244] Der **BGH** folgt diesen verfassungsrechtlichen Vorgaben und stellt jenseits der Beeinträchtigung des unantastbaren Kernbereichs ebenfalls auf eine Abwägung zwischen dem Persönlichkeitsschutz (etwa bei der Verwertung von Tagebuchaufzeichnungen)[245] und den Belangen der Strafrechtspflege ab.[246] Verwertbarkeit besteht regelmäßig auch bei Unterlagen, die Erkenntnisse über begangene oder bevorstehende schwere Straftaten enthalten.[247] Dagegen wird die Verwertung von Unterlagen, die das Verteidigungskonzept des Beschuldigten betreffen, grundsätzlich ausgeschlossen sein.[248] Der Gesetzgeber hat in den wenigen neuen Vorschriften über Beweisverwertungsverbote die verfassungsrechtlichen Vorgaben[249] beachtet und dementsprechend die Verwertung von Informationen, die den Kontakt zu Personen des Vertrauens oder der sozialen Nähe betreffen, von einer Abwägungs abhängig gemacht (vgl. § 100 c Abs. 6 S. 2). **Art. 6 MRK** erzwingt bei konventionswidriger Beweiserhebung nicht durchgängig ein Beweisverwertungsverbot.[250]

81 γ) **Hypothetischer Ersatzeingriff (hypothetisch rechtmäßiger Kausalverlauf).** Außerhalb der richtigerweise von einer Abwägung (soweit nicht ausnahmsweise abwägungsfest) abhängenden Verwertbarkeit von Beweisen im Rahmen der Beweiswürdigung wird die Zulässigkeit der Beweisverwertung einzelfallbezogen auch davon abhängig gemacht, ob der durch einen Rechtsverstoß generierte konkrete Beweis auch durch eine rechtmäßige Beweiserhebung hätte gewonnen werden können (meist **sog. hypothetischer Ersatzeingriff**).[251] In der Rspr. des BGH ist eine Verwertbarkeit trotz Beweiserhebungsfehlers gelegentlich zugelassen worden, wenn nach den konkreten Umständen des Einzelfalles der fragliche Beweis auch auf rechtmäßige Weise hätte gewonnen werden können.[252] Entgegen teilweise vertretener Auffassung[253] sollte eine auf diesen Aspekt gestützte Zulässigkeit der

---

[239] Ausgearbeitet vor allem bei Löwe/Rosenberg/*Gössel* Einl. I Rn. 155 ff.
[240] Berechtigte Kritik bei *Jäger* GA 2008, 473 (479 f.).
[241] Grundlegend BVerfG v. 31. 1. 1973 – 2 BvR 454/71, BVerfGE 34, 238 (249 ff.) = NJW 1973, 891, dazu *Arzt* JZ 1973, 506 (508); ansonsten lediglich *Meyer-Goßner* Rn. 56.
[242] BVerfG v. 31. 3. 1973 – 2 BvR 454/71, BVerfGE 34, 238 (249 ff.); BVerfG v. 5. 6. 1973 – 1 BvR 536/72, BVerfGE 35, 202 (220) = NJW 1973, 1226 (1228); BVerfG v. 14. 9. 1989 – 2 BvR 1062/87, BVerfGE 80, 367, (373) = NJW 1990, 563; BVerfG v. 26. 6. 2008 – 2 BvR 219/08, StraFo 2008, 421; BGH v. 25. 2. 1998 – 3 StR 490/97, BGHSt 44, 46 (48); *Jahn*, Gutachten zum 67 DJT, C 37 f.; *Jäger* GA 2008, 473 (483 f.); siehe auch ausführlich Löwe/Rosenberg/ *Gössel* Einl. L Rn. 81 ff. und *Ambos*, Beweisverwertungsverbote, S. 40 ff.
[243] BVerfG v. 31. 1. 1973 – 2 BvR 454/71, BVerfGE 34, 238 (249 ff.) = NJW 1973, 891; BVerfG v. 14. 9. 1989 – 2 BvR 1062/87, BVerfGE 80, 367 (376 f.); siehe auch *Jäger* GA 2008, 473 (483); *Störmer* NStZ 1990, 398 f.; *Wolter* StV 1990, 177 ff.
[244] Nachw. wie Fn. zuvor.
[245] So in dem BVerfG v. 31. 1. 1973 – 2 BvR 454/71, BVerfGE 34, 238 (249 ff.) = NJW 1973, 891 zugrunde liegenden Lebenssachverhalt.
[246] Etwa BVerfG v. 9. 7. 1987 – 4 StR 223/87, BGHSt 34, 397 (401); BGH v. 30. 3. 1994 – StB 2/94, 3 BJs 845/93 – 4 – StB 2/94, NJW 1994, 1970; vgl. auch OLG Schleswig 2000, 11; vgl. auch *Ellbogen* NStZ 2001, 460.
[247] BVerfG v. 14. 9. 1989 – 2 BvR 1062/87, BVerfGE 80, 367 (376 f.); BGH v. 12. 10. 1994 – 3 StR 341/94, NJW 1995, 269.
[248] BGH v. 25. 2. 1998 – 3 StR 490/97, BGHSt 44, 46 ff. = NJW 1998, 1963 ff.; dazu *Satzger* GA 1998, 623; *Hartmut Schneider* Jura 1999, 411; siehe aber auch BVerfG v. 30. 1. 2002 – 2 BvR 2248/00 (3. Kammer des 2. Senats), NJW 2002, 1410 f.
[249] Zur Kritik an der Rspr. des BVerfG etwa *Jäger* GA 2008, 473 (483 f.).
[250] EGMR v. 10. 3. 2009 – 4378/02 = NJW 2010, 213; dazu näher *Gaede* JR 2009, 493 ff.
[251] Ausführlich dazu *Kelnhofer*, Hypothetische Ermittlungsverläufe im System der Beweisverbote, 1994; *Pelz*, Beweisverwertungsverbote und hypothetische Ermittlungsverläufe, 1993; *Schröder*, Beweisverwertungsverbote und die Hypothese rechtmäßiger Beweiserlangung im Strafprozeß, 1992; *Jahn*, Gutachte zum 67. DJT, C 77 f.; *Jahn/Dallmeyer* NStZ 2005, 297; siehe auch *Wohlers*, FS Fezer, 2008, S. 311 ff.
[252] Etwa BGH v. 17. 3. 1983 – 4 StR 640/82, BGHSt 31, 304 (306); BGH v. 15. 2. 1989 – 2 StR 402/88, NStZ 1989, 375 (376); BGH v. 18. 11. 2003 – 1 StR 455/03, BGHR StPO § 105 Durchsuchung 4; siehe auch BGH v. 18. 4. 2007 – 5 StR 546/06, BGHSt 51, 285 (295 Rn. 29) = NJW 2007, 2269 (2273).
[253] *Jahn/Dallmeyer* NStZ 2005, 297; *Jahn*, Gutachten zum 67. DJT, C 74 ff.; siehe auch *Jäger* GA 2008, 473 (497 f.).

Beweisverwertung nicht von vornherein abgewiesen werden.[254] Sie kommt zwar keineswegs in Betracht, wenn Beweiserhebungen unter bewusster Umgehung des Richtervorbehalts durchgeführt werden.[255] In Konstellationen mit geringer Eingriffstiefe kann selbst bei fehlender Anordnungskompetenz für eine Ermittlungsmaßnahme (etwa zur Durchführung einer Geschwindigkeitsüberwachung) eine Beweisverwertung auf hypothetisch rechtmäßiger Grundlage in Betracht kommen.[256]

δ) **Fortwirkung und Fernwirkung von Beweismitteln.** Beide Begriffe beziehen sich auf die sachliche Reichweite eines bestehenden Verwertungsverbotes, wobei die **Fernwirkung** der **Obergriff** ist, die Fortwirkung dementsprechend lediglich einen Teilbereich davon betrifft. Die Fernwirkung, deren rechtliche Bewertung außerordentlich kontrovers diskutiert wird,[257] betrifft die Frage der Verwertbarkeit solcher Beweise, deren Erhebung erst durch eine vorausgegangene fehlerhafte Beweisgewinnung möglich geworden ist (klass.: unter Folter gesteht der Beschuldigte den Fundort der Leiche, durch deren [rechtmäßige] Untersuchung sich weitere Beweismittel/Beweise ergeben). Der BGH weist Beweisverwertungsverboten eine Fernwirkung regelmäßig nicht zu, sondern macht die Verwertbarkeit des „fernen" Beweises von der Art des Verbotes abhängig[258] und verneint so grundsätzlich eine Fernwirkung.[259] Im Kontext eines Beweisverwertungs- bzw. eines Verwendungsverbotes nach dem G 10 hat der BGH im Einzelfall eine Fernwirkung angenommen.[260] Im Hinblick auf den gebotenen Ausnahmecharakter von Beweisverwertungsverboten und der Möglichkeit die „fernen" Beweise auch ohne die rechtswidrig erhobene Spur zu erlangen, ist die einfallbezogene Betrachtung, auf einer Abwägung beruhende Auffasung zutreffend.[261] Sie gestattet bei gravierenden Rechtsverletzungen durch die erste Beweiserhebung die Annahme einer Fernwirkung und gewährleistet so eine insgesamt faire Beweiserhebung sowie die Rechtsstaatlichkeit des Verfahrens insgesamt.[262] Entsprechendes gilt für die sog. **Fortwirkung**, die vor allem bei erneuter Vernehmung von Beschuldigten oder Zeugen nach fehlerhafter Erstvernehmung Bedeutung erlangen kann.

ε) **Beweiserhebung mit Auslandsbezug.** Welche Folgen eine im Ausland durch ausländische Strafverfolgungsbehörden durchgeführte rechtsfehlerhafte oder gar völkerrechtswidrige Beweiserhebung für die Verwertung darauf beruhender Beweis im Inland herbeiführt, ist bislang nicht wirklich geklärt. Der BGH neigt dazu – letztlich wohl vor dem Hintergrund der fraglichen Zurechenbarkeit –, ein inländisches Verwertungsverbot zu verneinen.[263] Zumindest bei Beweiserhebungen durch Behörden von Mitgliedstaaten der EU sollte die Rechtmäßigkeit bzw. Rechtswidrigkeit der Beweiserhebung nach der Rechtsordnung des betroffenen Staats beurteilt werden (Gedanke der gegenseitigen Anerkennung) und unter Berücksichtigung des Prüfergebnisses die inländische Verwertbarkeit nach modifizierten Abwägungskriterien jedoch ansonsten wie bei inländischem Verstoß bei der Beweiserhebung beurteilt werden.[264]

ζ) **Beweiserhebung durch Private.** Ob eine rechtswidrige Beweisgewinnung durch in ihrem Handeln dem Staat nicht zurechenbare Private **Beweisverwertungsverbote** im staatlichen Strafverfahren auslösen, wird kontrovers diskutiert.[265] Die Diskussion hat aktuell durch den Ankauf sog. Steuersünder-CDs seitens des deutschen Staates (Fall Liechtenstein) sowie die Ermittlungen der US-amerikanischen Börsenaufsicht SEC im Komplex Siemens an Dynamik gewonnen.[266] Die bislang noch überwiegende Auffassung geht im Hinblick darauf, dass die strafverfahrensrechtlichen Regeln der Beweisgewinnung lediglich den Staat und seine Organe binden, im Grundsatz von einer Verwertbarkeit selbst grob rechtswidrig durch Private erlangter Beweise aus.[267] Eine Grenze soll erst bei

---

[254] *Meyer-Goßner* Rn. 57 c; *Roxin/Schünemann* § 24 Rn. 26.
[255] Zutreffend BGH v. 18. 4. 2007 – 5 StR 546/06, BGHSt 51, 285 (295 Rn. 29) = NJW 2007, 2269 (2273); dazu *Höfler* StRR 2007, 147, *Mosbacher* NJW 2007, 3686, *Ransiek* JR 2007, 436, *Roxin* NStZ 2007, 616.
[256] Vgl. insoweit *Joachim/Radtke* NZV 1993, 94 ff.; *Radtke* NZV 1995, 428 ff.
[257] Umfassend *Ambos*, Beweisverwertungsverbote, 2010; ausführliche Nachw. zum Streitstand bei *Roxin/Schünemann* § 24 Rn. 59 m Fn. 51; siehe auch *Jäger* GA 2008, 473 (493 f.).
[258] BGH v. 15. 4. 1980 – 5 StR 135/80, BGH v. 18. 4. 1980 – 2 StR 731/79, BGHSt 29, 244 (249).
[259] BGH v. 24. 8. 1983 – 3 StR 136/83, BGHSt 32, 71; BGH v. 28. 4. 1987 – 5 StR 666/86, BGHSt 34, 364; vgl. auch BGH v. 7. 3. 2006 – 1 StR 316/05, NStZ 2006, 402.
[260] BGH v. 18. 4. 1980 – 2 StR 731/79, BGHSt 29, 244; siehe aber auch BGH v. 7. 3. 2006 – 1 StR 316/05, NStZ 2006, 402.
[261] Im Ergebnis auch *Maiwald* JuS 1978, 384; *Rogall* JZ 1996, 448; *Wolter* NStZ 1984, 278.
[262] Eine Disziplinierung der Ermittlungsbehörden, wie sie letztlich hinter der fruit of the poisonous tree doctrine steht (dazu ausführlich *Ambos*, Beweisverwertungsverbote, S. 128 ff.), bedarf es im deutschen Strafverfahren jedoch nicht.
[263] Vgl. BGH v. 30. 4. 1990 – 4 BJs 136/89 – 3 StB 8/90, StB 8/90, BGHSt 37, 30 = NJW 1990, 1801–1802; *Schroeder* JZ 1990, 1033.
[264] Weitergehend für die Beurteilung der gesamten Beweisführung nach dem Recht der Verwertungsstaates *Gleß* JR 1008, 317 ff.
[265] Dazu jüngst ausführlich *Ambos*, Beweisverwertungsverbote, S. 106 ff. mwN.; ausführlich *Hassemer/Matussek*, Das Opfer als Verfolger. Ermittlungen des Verletzten im Strafverfahren, 1996, S. 77 ff. und passim; *Mende*, Grenzen privater Ermittlungen durch den Verletzten einer Straftat, 2001; Löwe/Rosenberg/*Gössel* Einl. L Rn. 112 ff.
[266] Siehe etwa *Kölbel* NStZ 2008, 241; *Schünemann* NStZ 2008, 309 f.; *Sieber* NJW 2008, 886 f.; *Trüg* NJW 2008, 890.
[267] Etwa *Otto*, FS Kleinknecht, 1985, S. 327; weit höher bei *Jäger* GA 2008, 473 (492); aA etwa *Mende*, Grenzen privater Ermittlungen, S. 200 ff.

Menschenrechtswidrigkeit der Beweiserhebung erreicht sein. Angesichts der Anforderungen des Rechtsstaatsprinzips, einen fairen Prozess zu garantieren, kann die Frage der Verwertbarkeit derartig erlangter Beweisergebnisse jedoch nicht von anderen Kriterien abhängen als bei durch staatliche Organe selbst erhobenen Beweisen. Denn es geht stets um die Zulässigkeit der Berücksichtigung in der Beweiswürdigung des Gerichts oder ggf. der Staatsanwaltschaft bei der Entscheidung über die Anklageerhebung. Maßgeblich ist daher auch insoweit die **Abwägung** zwischen den durch den Staat auch gegen Beeinträchtigungen durch Dritte zu schützenden Interessen des Beschuldigten und dem staatlichen Strafverfolgungsinteresse.[268] In diese Abwägung ist vor dem Hintergrund des Verfahrensziels der Wiederherstellung des Rechtsfriedens auch einzubeziehen, in welchem Umfang der Staat im Vorfeld der rechtswidrigen privaten „Beweiserhebung" Anreize für eine solche geschaffen hat.[269]

85   η) **Wirkung des Beweisverwertungsverbotes.** Das Eingreifen eines Beweisverwertungsverbotes **schließt die Berücksichtigung** des erhobenen Beweises, dh. der dadurch bekannt gewordenen Tatsache(n) **bei der Beweiswürdigung aus**. Das gilt nicht allein für die Beweiswürdigung des erkennenden Gerichts am Ende der Hauptverhandlung, sondern auch für die Beweiswürdigungen in den früheren Verfahrensstadien vor allem bei der Entscheidung über die Anklageerhebung und die Eröffnung des Hauptverfahrens. Darüber hinaus ist ein Beweisverwertungsverbot bei an Verdachtsgrade anknüpfenden strafverfahrensrechtlichen Eingriffsmaßnahmen zu beachten, wenn die Unverwertbarkeit dazu führt, den erforderlichen Verdachtsgrad nicht erreichen zu können (sog. **Frühwirkung**).[270] Wird das Strafverfahren gegen mehrere Personen geführt, kann der in Bezug auf einen von ihnen unverwertbare Beweis auch gegen die übrigen nicht verwertet werden, wenn bei fehlerhafter Beweiserhebung und bei Beeinträchtigung auch ihrer Güter durch die Verwertung die entsprechende Beweisführung ihnen gegenüber ebenfalls unzulässig wäre und ihren Interessen gegenüber dem Strafverfolgungsinteresse Vorrang zukommt.[271] Das Verwertungsverbot gilt sowohl in Bezug auf in der Prognose **belastende** als auch prognostisch **entlastende** Beweise (bzgl. Letzterem str.).[272]

III. Mitwirkung der Verfahrensbeteiligten an der Aufgabenerfüllung (Prozesshandlungen)

86   **1. Allgemeines und Begriffliches.** Die Durchführung des Strafverfahrens und die Möglichkeit, sein Ziel zu erreichen sowie seine Aufgaben zu erfüllen, hängt von dem Agieren der Verfahrensbeteiligten und den zwischen ihnen erfolgenden Interaktionen ab. Die von den Verfahrensbeteiligten (unter Einschluss des Gerichts) im Rahmen eines Strafprozesses oder zu dessen Einleitung vorgenommenen Verhaltensweisen werden meist unter dem vom Gesetz selbst nicht verwendeten Begriff der **Prozesshandlungen** zusammengefasst, dessen Einzelheiten umstritten sind. Bedeutung kommt den Prozesshandlungen vor allem zu, soweit sich verallgemeinerungsfähige Wirksamkeitsvoraussetzungen für solche Handlungen formulieren lassen. Als Prozesshandlungen werden diejenigen **prozessgestaltenden Verhaltensweisen** verstanden, deren Voraussetzungen und Wirkungen im Strafverfahrensrecht geregelt sind.[273] Wie weit der Kreis der Prozesshandlungen zu ziehen ist, wird in den Einzelheiten unterschiedlich beurteilt. Über die **auf Bewirkung ausgerichteten Willenserklärungen** hinaus, die unstreitig erfasst sind, gehören jedenfalls solche Realakte hinzu, denen unmittelbare prozessuale Wirkung zukommt.[274] Reine **Wissenserklärungen** (etwa die Zeugenaussage) sind keine Prozesshandlungen, weil von ihnen keine unmittelbare prozessuale Wirkung ausgeht (str.).[275] Weiterer Systematisierung innerhalb der Prozesshandlungen (zB. in Einwirkungs- und Bewirkungshandlungen) bedarf es nicht, ein Erkenntnisgewinn für die allenfalls relevanten Fragen nach den Wirksamkeitsvoraussetzungen von Prozesshandlungen sind damit nicht verbunden. Selbst in Bezug auf verallgemeinerungsfähige Wirksamkeitvoraussetzungen sollte die Bedeutung der Einordnung als Prozesshandlung nicht überschätzt werden.

87   **2. Wirksamkeit von Prozesshandlungen.** Angesichts der Vielfalt und Vielschichtigkeit von Prozesshandlungen, die von dem Öffnen der Gerichtssaaltür als Akt zur Herstellung der Öffentlichkeit, über die Wirksamkeit einer Rechtsmittelrücknahme[276] bis hin zu der str. Nichtigkeit von Urteilen reicht, lassen sich nur wenige verallgemeinerungsfähige Wirksamkeitsvoraussetzungen annehmen. Maßgeblich sind vorrangig die einschlägigen gesetzlichen Regelungen (etwa § 302 Abs. 2 Rücknahme eines vom Verteidiger eingelegten Rechtsmittels nur mit ausdrücklicher Er-

---

[268] Für eine Abwägungslösung auch in diesen Konstellationen auch *Ambos*, Beweisverwertungsverbote, S. 118 ff.
[269] Insoweit trotz eines anderen Ausgangspunkts ähnlich *Jäger* GA 2008, 473 (493).
[270] *Meyer-Goßner* Rn. 57 a; ausführlich *Hengstenberg*, Die Frühwirkung der Verwertungsverbote, 2006.
[271] Näher *Schwaben*, Die personelle Reichweite von Beweisverwertungsverboten, 2005, S. 152 f.; siehe auch *Gleß/Wennekern* JR 2009, 385.
[272] Siehe dazu *Nack* StraFo 1998, 361 ff. mwN.
[273] Grundlegend *Niese*, Doppeltfunktionelle Prozesshandlungen, 1950; S. 85; Löwe/Rosenberg/*Kühne* Einl. K Rn. 9 mwN.; *Meyer-Goßner* Rn. 95.
[274] Zutreffend und näher erläuternd Löwe/Rosenberg/*Kühne* Einl. K Rn. 9 aE.
[275] Löwe/Rosenberg/*Kühne* Einl. K Rn. 10; *Meyer-Goßner* Rn. 95 jeweils mwN. auch zur Gegenansicht.
[276] Ausführlich dazu § 302 Rn. 8 ff.

mächtigung des Beschuldigten).[277] Mit dieser Maßgabe lassen sich abstrakt generelle Wirksamkeitsvoraussetzungen in Bezug auf die Bedeutung der allgemeinen Fähigkeit, Prozesshandlungen vorzunehmen, die Verknüpfung der Handlungen mit Bedingungen sowie die Bedeutung von Willensmängeln formulieren.

a) Handlungsfähigkeit/Verhandlungsfähigkeit. Die wirksame Vornahme einer Prozesshandlung 88 setzt, soweit die entsprechende Handlung dem Akteur überhaupt in seiner konkreten Rechtssubjektsstellung zur Ausübung eingeräumt ist, bei Willenserklärungen **Verhandlungsfähigkeit**[278] voraus. Das gilt nicht nur für die privaten Verfahrensbeteiligten, sondern ist auch für die übrigen Verfahrensbeteiligten zu verlangen; die Frage wird sich in Bezug auf Letztere aber selten stellen. Bei einzelnen Prozesshandlungen können die Anordnungen an die prozessuale Handlungsfähigkeit über die allgemeine Verhandlungsfähigkeit hinausgehen und etwa Geschäftsfähigkeit im zivilrechtlichen Sinne voraussetzen (zB bei der Privatklage).[279] Den Akteur in ihren Wirkungen ausschließlich begünstigende Prozesshandlungen sollen auch ohne Verhandlungsfähigkeit wirksam sein.[280]

b) Bedingungsfeindlichkeit/Widerruf/Rücknahme. Die Bedingungsfeindlichkeit von Prozess- 89 handlungen wird vielfach als allgemeiner Grundsatz des Verfahrensrechts verstanden.[281] Das gilt **nicht** für sog. **Rechtsbedingungen**.[282] Uneingeschränkte Zustimmung verdient das Dogma der Bedingungsfeindlichkeit von Prozesshandlungen allerdings lediglich in Bezug auf die Rechtsmittelerklärungen,[283] weil insoweit Unklarheit über den Eintritt der Wirkungen der angefochtenen Entscheidung – außerhalb der durch die Rechtsmittelfrist notwendig hervorgerufen – entstehen würde, die mit den Anforderungen der Rechtssicherheit nicht in Einklang zu bringen ist. In Bezug auf die **Rücknahme** und den **Widerruf** von Prozesshandlungen können kaum verallgemeinerungsfähige Aussagen getroffen werden. Maßgeblich sind hier jeweils die einschlägigen gesetzlichen Regelungen; für die praktisch bedeutsamen Fragen der **Rücknahme (und des Verzichts) von Rechtsmitteln** sind §§ 302, 303 einschlägig.[284]

c) Auswirkungen von Willensmängeln des Handelnden. Die Frage nach Konsequenzen von auf 90 Täuschung oder Zwang beruhenden Willensmängeln im Kontext von Prozesshandlungen betrifft ausschließlich Willenserklärungen, **in praktischer Hinsicht** stehen die **Auswirkungen** für auf **Rechtsmittel/Rechtsbehelfe** bezogene Erklärungen im Vordergrund. Nach ganz überwiegend vertretener Auffassung berühren Willensmängel die Wirksamkeit von Prozesshandlungen nicht.[285] **Im Grundsatz** sind Willenserklärungen als **Prozesshandlungen nicht revidierbar**; sie können weder angefochten, noch widerrufen oder sonst zurückgenommen werden (soweit nicht Rücknahme ausdrücklich gesetzlich zugelassen ist). Allerdings können sich unter im Einzelnen kontrovers diskutierten Bedingungen Willensmängel im Zusammenhang von rechtsmittelbezogenen Erklärungen (Rücknahme und Verzicht) bereits auf die wirksame Vornahme der Handlung selbst auswirken.[286]

3. Wirksamkeit gerichtlicher Entscheidungen. Gerichtliche Entscheidungen, gleich ob in Form von 91 Verfügungen, Beschlüssen oder Urteilen, sind ebenfalls ebenfalls Prozesshandlungen, so dass die für diese geltenden allgemeinen Regeln auch für diese grundsätzlich maßgeblich sind. An sich können daher auch gerichtliche Entscheidungen nicht mehr zurückgenommen werden, wenn sie erlassen sind. Allerdings gilt dies nicht für sämtliche Formen gerichtlicher Entscheidungen, wie sich aus einzelnen gesetzlichen Bestimmungen ergibt (vgl. § 306 Abs. 2). Verfahrensleitende Anordnungen (Verfügungen) des Gerichts (ebenso bei entsprechenden Anordnungen der Staatsanwaltschaft im Ermittlungsverfahren) können grundsätzlich jederzeit und aus jedem Grund zurückgenommen werden. Gerichtliche **Beschlüsse**, die der sofortigen Beschwerde (§ 311) unterliegen, darf das beschließende Gericht nach Erlass im Grundsatz nicht mehr zurücknehmen. Trotz der fehlenden Anfechtbarkeit kann auch der Eröffnungsbeschluss nicht zurückgenommen werden (strg.).[287] Bei der (einfachen) Beschwerde unterliegenden Beschlüssen besteht dagegen die Abhilfemöglichkeit des § 306 Abs. 2, in dessen Rahmen das erlassende Gericht seine eigene Entscheidung nachträglich inhaltlich abändern kann. Ein **Urteil** kann das dieses erlassende Gericht ebenfalls nach dem Erlass nicht mehr zurücknehmen. Eine inhaltliche Abänderung ist lediglich im Rahmen des Rechtsmittelverfahrens möglich.

---

[277] § 302 Rn. 50.
[278] Zu den Anforderungen oben Rn. 55 und § 302 Rn. 9f.
[279] Löwe/Rosenberg/*Kühne* Einl. K Rn. 18; vgl. auch § 374 Rn. 19 mwN.
[280] OLG Düsseldorf v. 24. 9. 1997 – 2 Ws 330/97, StraFo 1997, 338.
[281] Etwa BVerfG v. 29. 10. 1975 – 2 BvR 630/73, BVerfGE 40, 272 (275); BGH v. 25. 11. 1980 – 5 StR 356/80, BGHSt 29, 396; ausführlich *Werner Schmidt* GA 1982, 95 ff.; siehe auch Löwe/Rosenberg/*Kühne* Einl. K Rn. 27 mwN.
[282] Näher § 302 Rn. 6 mwN.
[283] § 302 Rn. 6; § 296 Rn. 21; Löwe/Rosenberg/*Kühne* Einl. K Rn. 27.
[284] Siehe die Erläuterungen dort.
[285] BGH v. 6. 12. 1961 – 2 StR 485/60, BGHSt 17, 14 (18); Löwe/Rosenberg/*Kühne* Einl. K Rn. 30 mwN; *Beulke* Rn. 301; siehe auch bereits § 302 Rn. 6 mwN.
[286] § 302 Rn. 6 und vor allem § 302 Rn. 14–24.
[287] § 207 Rn. 17.

92 Für **Urteile** aber auch **andere gerichtliche Entscheidungen** wird seit langem diskutiert, ob diese an so schweren Wirksamkeitsmängeln leiden können, dass sie ohne Aufhebung in einem Rechtsmittel- oder Rechtsbehelfsverfahren als **nichtig** zu betrachten sind.[288] Von der Frage nach Akzeptanz der Rechtsfigur des nichtigen Urteils oder der nichtigen Entscheidungen wird man die häufig als **Nichturteile** bezeichneten Konstellationen, bei denen es sich um allenfalls in die äußere Form eines Urteils gekleidete Verhaltensformen handelt, die nicht mit dem Willen einer von Gesetzes wegen mit Rechtsprechungsaufgaben betrauten Stelle in die Öffentlichkeit gelangt sind,[289] unterscheiden müssen. Außerhalb solcher Fallgestaltungen, in denen es von vornherein an einem als Entscheidung erkennbaren Substrat fehlt, wird als seltener Ausnahmefall die Nichtigkeit einer Entscheidung angenommen, wenn sie an derart schweren Mängeln leidet, dass unter Berücksichtigung der Belange der Rechtssicherheit und des Rechtsfriedens einerseits sowie der Gerechtigkeit andererseits schlechthin unerträglich wäre, sie als verbindlichen Richterspruch anzuerkennen und der Mangel für jeden verständigen Beobachter offensichtlich ist.[290] Soweit es sich aber – jenseits der Nichturteile – überhaupt um gerichtliche Entscheidungen handelt, ist es angesichts des Bedeutung der Rechtssicherheit und unter Berücksichtigung der Möglichkeit der Korrektur mit schwersten Mängeln behafteter gerichtlichen Entscheidungen durch Rechtsmittel oder Rechtsbehelfe innerhalb der rechtsstaatlichen Strukturen der Bundesrepublik nicht vertretbar, Entscheidungen von Gerichten als für jedermann unbeachtlich zu bewerten.[291]

93 **4. Verlust von Mitwirkungsbefugnissen (Rechtsmissbrauch).** Ob die Vornahme solcher Prozesshandlungen, deren Ausübung einem Verfahrensbeteiligten an sich von Gesetzes wegen zur Verfügung stehen, unter bestimmten Voraussetzungen wegen **Rechtsmissbrauchs** unzulässig sein kann, wird seit längerem sehr **kontrovers diskutiert**.[292] Die StPO enthält keine allgemeine gesetzliche Regelung über einen Rechtsverlust bei missbräuchlicher Ausübung; sie wird auch de lege feranda für überflüssig gehalten.[293] Allerdings enthält das geltende Recht in einigen Vorschriften Regelungen, die sich als Schutz vor der missbräuchlichen Verwendung des jeweiligen Rechts verstehen lassen (etwa § 138a Abs. 1 Nr. 2, § 241, § 244 Abs. 3 bei Prozessverschleppungsabsicht, § 257a, § 266 Abs. 3 S. 1).[294] Der BGH hat mittlerweile ein allgemeines strafprozessuales Missbrauchsverbot anerkannt.[295] Trotz methodischer Bedenken, ein allgemeines Missbrauchsverbot angesichts der vorhandenen positivrechtlichen Einzelregelungen anzunehmen, lässt sich bei gebotener restriktiver Handhabung die Unzulässigkeit der Ausübung eines prozessualen Rechts dann annehmen, wenn diese erfolgt, um gezielt verfahrensfremde bzw. verfahrenswidrige Zwecke zu verfolgen.[296]

F. Abschluss des Strafverfahrens

94 Ein durch Aufnahme von Ermittlungen gegen einen bekannten oder unbekannten Beschuldigten eingeleitetes Strafverfahren kann lediglich durch einen förmlichen Akt abgeschlossen werden. Es endet nicht gleichsam automatisch, selbst der Tod des Beschuldigten führt eine solche Wirkung nicht herbei; auch hier bedarf es einer förmlichen Einstellungsentscheidung.[297] Die von einem solchen Abschluss des Verfahrens ausgehenden Wirkungen hängen von der Art des Verfahrensabschlusses ab, der wiederum durch das Verfahrensstadium, in der er erfolgt, und dem die Erledigung anordnenden Strafverfolgungsorgan bzw. Gericht abhängt.

I. Arten des Verfahrensabschluss

95 Erfolgt die Verfahrenserledigung noch während des **Ermittlungsverfahrens**, ergeht die entsprechende Entscheidung in der Form einer in den Akten dokumentierten **Einstellungsverfügung** der

---

[288] Ausführlich Löwe/Rosenberg/*Kühne* Einl. K Rn. 105–130.
[289] Bsp. bei Löwe/Rosenberg/*Kühne* Einl. K Rn. 108.
[290] Vgl. BVerfG v. 30. 6. 1970 – 2 BvR 48/70, BVerfGE 29, 45 (49); BVerfG v. 12. 11. 1984 – 2 BvR 1350/84, NJW 1985, 125; BGH v. 16. 1. 1985 – 2 StR 717/84, BGHSt 33, 126 (127); BGH v. 18. 3. 1980 – 1 StR 213/79, BGHSt 29, 226; BGH v. 16. 10. 1980 – StB 29/80, StB 30/80, StB 31/80, 1 BJs 80/78 – 3 – StB 29/80, 1 BJs 80/78 – 3 – StB 30/80, 1 BJs 80/78 – 3 – StB 31/80, BGHSt 29, 351 (353); BGH v. 24. 1. 1984 – 1 StR 874/83, NStZ 1984, 279; siehe aber auch BGH v. 19. 2. 2009 – 3 StR 439/08, NStZ 2009, 579 (580).
[291] *Radtke* JR 2003, 127 (130); AK-StPO/*Loos* Anhang zu § 264 Rn. 21; Löwe/Rosenberg/*Kühne* Einl. K Rn. 116; *Meyer-Goßner* Rn. 105 a mwN.
[292] Vgl. dazu *Fahl*, Rechtsmissbrauch im Strafprozess, 2003; *Kudlich*, Strafprozess und allgemeines Missbrauchsverbot, 1998; Löwe/Rosenberg/*Kühne* Einl. H Rn. 40 ff.
[293] Ausführlich *Fahl*, Rechtsmissbrauch S. 730 ff.; *Meyer-Goßner* Rn. 111 mwN.; aA etwa *Kröpil* JR 1997, 315.
[294] Weitere einschlägige Vorschriften bei *Beulke*, FS Amelung, 2009, S. 544.
[295] BGH v. 7. 11. 1991 – 4 StR 252/91, BGHSt 38, 111 (113) = NJW 1992, 1245; BGH v. 11. 8. 2006 – 3 StR 284/05, BGHSt 51, 88 (92) = NJW 2006, 3579; BGH v. 23. 8. 2007 – 2 GSSt 1/06, BGHSt 51, 298 = NJW 2007, 2419; dazu u. a. *Fahl* JR 2007, 34; *Gaede* StraFo 2007, 29; *Pfister* StV 2009, 551; *Satzger/Hanft* NStZ 2007, 185; sowie zur Diskussion insg. *Beulke/Witzigmann* StV 2009, 394; *Jahn/Schmitz* wistra 2001, 328; *Kühne* NJW 1998, 3027; *Weßlau*, FS Lüderssen, 2002, S. 787–501; siehe zudem auch BGH NStZ 2008, 475 mAnm. *Ventzke* StV 2009, 69 bzgl. Rechtsverlust bei widersprüchlichem Prozessverhalten.
[296] *Beulke/Witzigmann* StV 2009, 394.
[297] Oben Rn. 55.

Einleitung

Staatsanwaltschaft. Die Verfahrenserledigung kann ihre Grundlage entweder in § 170 Abs. 2 bei fehlendem Tatverdacht oder in den §§ 153 ff. haben, wenn die entsprechenden Voraussetzungen für eine derartige Erledigung vorliegen. Keine Verfahrenserledigung tritt bei Anklageerhebung oder ihren Surrogaten[298] ein, weil durch diese das Verfahren lediglich in ein anderes Stadium gebracht wird.

Nach **Erhebung der öffentlichen Klage** und nach dem Verstreichen des zulässigen Zeitpunktes für deren Rücknahme[299] erfolgt die Verfahrenserledigung entweder durch **gerichtlichen Beschluss** oder **gerichtliches Urteil**. Während des **Zwischenverfahrens** kann die Erledigung des Verfahrens entweder durch Nichteröffnungsbeschluss (§ 204), Einstellungsbeschluss gemäß § 206 a bei (unbehebbaren) Verfahrenshindernissen oder auf der Grundlage der dem Gericht zur Verfügung stehenden Einstellungsbeschlüsse auf der Grundlage der §§ 153 ff. erfolgen. Während des **Hauptverfahrens** erfolgt die Verfahrenserledigung in der Hauptverhandlung durch Sachurteil oder durch Einstellungsurteil (§ 260 Abs. 3) bei Verfahrenshindernissen; darüber hinaus kann auch das erkennende Gericht auf die Einstellungsmöglichkeiten der §§ 153 ff. zurückgreifen. Im **Rechtsmittelverfahren** tritt die Verfahrenserledigung entweder durch die in Urteilsform oder soweit gesetzlich zugelassen (etwa § 319 Abs. 1, § 349 Abs. 1, 2 und 4) in Beschlussform ergehende Entscheidung über das Rechtsmittel ein. Einstellungsentscheidungen nach den §§ 153 ff. stehen im Grundsatz auch den Rechtsmittelgerichten offen, soweit sich aus den einzelnen einschlägigen Vorschriften nichts Gegenteiliges ergibt (etwa § 153 a bzgl. Anwendung durch die Revisionsrichte „tatsächlichen Feststellungen letztmals geprüft werden können").

II. Wirkungen des Verfahrensabschlusses

1. Allgemeines. Die Bedeutung des Verfahrensabschlusses in Gestalt verfahrenserledigender Entscheidungen lässt sich lediglich von dem Ziel des Strafverfahrens, den durch den Straftatverdacht beeinträchtigten Rechtsfrieden durch eine gerechte Entscheidung über die Strafsache wiederherzustellen, erfassen. Rechtsfrieden in dem hier gemeinten normativen Sinne[300] kann lediglich dann eintreten, wenn die Entscheidung über den Straftatverdacht ab einem bestimmten Zeitpunkt nicht mehr in Frage gestellt werden kann sondern im Interesse der Rechtssicherheit beständig bleibt. Diese Notwendigkeit der **Bestandskraft** von Entscheidungen über ein bestimmtes Rechtsverhältnis gilt auch und erst recht im Strafverfahren. Sie kann allerdings im Einzelfall, nicht jedoch regelmäßig, in einem Spannungsverhältnis zu den Anforderungen der materiellen Gerechtigkeit geraten.[301] Verfassungsgeber und einfacher Gesetzgeber haben mit Art. 103 Abs. 3 GG sowie den diesen ausfüllenden einfachgesetzlichen Vorschriften (etwa § 153 a Abs. 1 S. 5, § 174 Abs. 2, § 211, §§ 359 ff.) im Grundsatz eine Entscheidung für die Bestandskraft von verfahrenserledigenden Entscheidungen getroffen. In Bezug auf die **Bestandskraft von gerichtlichen Entscheidungen** wird überlicherweise der Begriff **Rechtskraft** verwendet.

Innerhalb des durch Art. 103 Abs. 3 GG im nationalen Verfassungsrecht sowie durch Art. 50 GrCH, Art. 54 SDÜ und Art. 20 IStGH-Statut vorgegebenen Rahmens ist der nationale Gesetzgeber bei der Ausgestaltung der Bestandskraft bzw. Rechtskraft verfahrenserledigender Entscheidungen im Strafverfahren frei. Das einfache Gesetzesrecht enthält auch nur wenige ausdrückliche Regelungen über die Inhalte und die Reichweite der Bestands- bzw. Rechtskraft. Gerade der Umfang der Rechtskraftwirkungen ist nicht durch positive Festlegung bestimmt, sondern lässt sich lediglich durch Umkehrschluss aus den (untechnisch) Regelungen über die zulässige Durchbrechung der Rechtskraft ableiten (etwa § 153 a Abs. 1 S. 5, §§ 359, 362). Die wenigen vorhandenen Regelungen zeigen, dass nach dem System des geltenden Rechts nicht allein gerichtlichen Sachurteilen Rechtskraftwirkungen zukommt sondern grundsätzlich auch gerichtlichen Beschlüssen (arg. § 174 Abs. 2, § 211)[302] und im Einzelfall selbst staatsanwaltschaftlichen Entscheidungen (arg. § 153 a Abs. 1 S. 5).[303]

2. Formelle Rechtskraft. Die formelle Rechtskraft bewirkt bei verfahrenserledigenden Entscheidungen die Beendigung des anhängigen Verfahrens.[304] Sie tritt ein, sobald die fragliche Entscheidung nicht mehr mit einem ordentlichen Rechtsmittel[305] angefochten werden kann, was entweder bei Fehlen eines solchen Rechtsmittels, Ablauf der eventuellen Rechtsmittelfrist oder wirksamem Verzicht oder Rücknahme der Fall ist. Die Möglichkeit, außerordentliche Rechtsbe-

---

[298] Vgl. § 156 Rn. 5–9.
[299] Dazu Erl. zu § 156.
[300] Oben Rn. 4.
[301] Ausführlich dazu und den Grundlagen sowie der Notwendigkeit von Bestandskraft und Rechtskraft *Radtke*, Die Systematik des Strafklageverbrauchs verfahrenserledigender Entscheidungen im Strafprozeß, 1993, S. 36 ff.
[302] Ausführlich dazu *Trepper*, Zur Rechtskraft strafprozessualer Beschlüsse, 1996; siehe auch *Radtke*, Systematik des Strafklageverbrauchs, S. 139 ff.; zur Position von *Trepper* siehe auch *Radtke* GA 1997, 145–147.
[303] Näher zu Rechtskraftwirkungen staatsanwaltschaftlicher Verfahrenserledigungen *Radtke*, Systematik des Strafklageverbrauchs, S. 152 ff. und 351 ff.
[304] *Löwe/Rosenberg/Kühne* Einl. K Rn. 69 mwN.
[305] Zu der Einteilung von Rechtsmitteln und Rechtsbehelfen § 296 Rn. 2–15.

helfe zu ergreifen, steht der formellen Rechtskraft nicht entgegen, sondern setzt diese gerade voraus. Der formellen Rechtskraft kommt zudem **Vollstreckungswirkung** zu; sie ist zugleich die **Voraussetzung** für die Zulässigkeit der **Eintragung** eines strafgerichtlichen Urteils **in das BZR**.[306] Zudem ist sie Voraussetzung für den Eintritt der materiellen Rechtskraft.

100 **3. Materielle Rechtskraft.** Während die formelle Rechtskraft vor allem Wirkungen für das konkrete abgeschlossene Verfahren hervorbringt, bezieht sich die materielle Rechtskraft[307] auf Wirkungen, die außerhalb des fraglichen Verfahrens eintreten. Die bedeutsame Wirkung der materiellen Rechtskraft ist der sog. **Strafklageverbrauch**, der es, im nationalen Verfassungsrecht durch Art. 103 Abs. 3 GG garantiert,[308] ausschließt, gegen denselben Täter über dieselbe prozessuale Tat[309] erneut ein Strafverfahren durchzuführen, soweit nicht die gesetzlichen Voraussetzungen für eine Durchbrechung der Rechtskraft vorliegen. Verfahrensrechtlich wird das Verbot der Doppelverfolgung (Strafklageverbrauch) durch ein Verfahrenshindernis gesichert.[310] Ob und in welchem Umfang darüber hinaus mit der materiellen Rechtskraft auch eine **Bindungs- und/oder Feststellungswirkung** verbunden ist, wird **kontrovers** diskutiert.[311]

101 Welchen verfahrenserledigenden Entscheidungen in welchem Umfang strafklageverbrauchende Wirkung zukommt, ist im Einzelnen nicht geklärt und lässt sich angesichts der lediglich punktuellen gesetzlichen Regelungen auch nicht ohne Schwierigkeiten beurteilen. Versuche den Strafklageverbrauch ausschließlich von der Entscheidungsart her (Urteil, Beschluss, staatsanwaltschaftliche Verfügung) zu lösen, greifen eindeutig zu kurz. Aus § 174 Abs. 2, § 211 folgt zwingend, dass auch strafgerichtlichen Beschlüssen strafklageverbrauchende Wirkung zukommt, mag diese sich, wie der Rückschluss aus den Wiederaufnahmevoraussetzungen und der Unanwendbarkeit der Verfahrensvorschriften der §§ 359 ff. ergibt, weniger umfänglich sein als bei gerichtlichen Sachentscheidungen. Der revisionsgerichtliche Verwerfungsbeschluss gemäß § 349 Abs. 2 StPO führt, obwohl lediglich auf Aktenbasis ohne Hauptverhandlung ergeht, die Rechtskraft der angefochtenen Entscheidung herbei und bewirkt, dass eine Wiederaufnahme lediglich unter den sachlichen Voraussetzungen und innerhalb des dreistufigen Verfahrens der §§ 359 ff. erfolgen kann. Aus dem Gesamtzusammenhang der wenigen gesetzlichen Regelungen über (untechnisch) die Wiederaufnahme eines erledigten Strafverfahrens ergibt sich, dass folgende Parameter maßgeblich für den Umfang des Strafklageverbrauchs sind: rechtlicher Umfang der jeweiligen Kognitionspflicht und die zu deren Erfüllung zur Verfügung stehenden Ermittlungsmethoden; Vorhandensein einer Begründung der verfahrenserledigenden Entscheidung.[312] Diese Kriterien sind im Kern auch für die strafklageverbrauchende Wirkung der staatsanwaltschaftlichen Verfahrenserledigung relevant.

102 Ungeachtet des Vorgenannten bleibt aufgrund der einfachgesetzlichen Vorgaben ein wesentlicher Unterschied zwischen gerichtlichen Sachurteil einerseits und sonstigen verfahrenserledigenden Entscheidungen andererseits. Das formelle Wiederaufnaheverfahren der §§ 359 ff. mit seinen erhöhten Verfahrensgarantien im Hinblick auf die Überprüfung der materiellen Wiederaufnahmevoraussetzung kommt allein für das gerichtliche Urteil in Betracht; bei sonstiger Verfahrenserledigung erfolgt die Wiederaufnahme durch erneute Ermittlungen der Staatsanwaltschaft. Ob die jeweiligen materiellen Wiederaufnahmevoraussetzungen (etwa Nova im Sinne von § 211) vorliegen, ist dann innerhalb des fortgeführten Verfahrens zu entscheiden.

103 **4. Teilrechtskraft.** Die mit der formellen Rechtskraft verbundene Unanfechtbarkeit der verfahrenserledigenden Entscheidung muss sich nicht zwingend auf die gesamte Entscheidung erstrecken, sondern kann sich auf trennbare Teile davon beschränken (**Teilrechtskraft**). Diese kann als **vertikale Teilrechtskraft** bei mehreren in einem Verfahren gemeinsam verhandelten Beschuldigten etc. und bei mehreren Taten im prozessualen Sinne (bei einem Beschuldigten etc.) oder als **horizontale Teilrechtskraft** bei lediglich teilweise eintretender Rechtskraft innerhalb eines einheitlichen Prozessgegenstandes ergeben.[313] Horizonte Teilrechtskraft kommt vor allem bei wirksamer Beschränkung eines Rechtsmittels (etwa auf den Strafausspruch) oder bei lediglich teilweise erfolgreichem Rechtsmittel in Betracht. Maßgeblich ist dafür, dass es sich um trennbare Teile innerhalb eines einheitlichen Prozessgegenstandes (**Trennbarkeitsformel**) handelt und die Beschränkung wiederspruchsfreie Entscheidungen über die trennbaren Teile zulässt.[314]

---

[306] Näher *Radtke*, Systematik des Strafklageverbrauchs, S. 30 f.
[307] Zu deren kontrovers diskutierter Bedeutung *Radtke*, Systematik des Strafklageverbrauchs, S. 32–35.
[308] Zum Unfang der Garantie und zu den weitergehenden Garantien eines transnationalen Strafklageverbrauchs siehe *Radtke/Hagemeier*, in: *Epping/Hillgruber*, GG, Art. 103 Rn. 44 ff. mwN.
[309] § 264 Rn. 9 ff.
[310] Oben Rn. 58.
[311] *Radtke*, Systematik des Strafklageverbrauchs, S. 71–75; Löwe/Rosenberg/*Kühne* Einl. K Rn. 75.
[312] Ausführlich *Radtke*, Systematik des Strafklageverbrauchs, S. 320 ff.
[313] Umfassend dazu *Kemper*, Horizontale Teilrechtskraft des Schuldspruchs und Bindungswirkung im tatrichterlichen Verfahren nach der Zurückverweisung, 1993.
[314] Näher § 318 Rn. 2–6.

ERSTES BUCH. ALLGEMEINE VORSCHRIFTEN

Erster Abschnitt. Sachliche Zuständigkeit der Gerichte

§ 1 [Sachliche Zuständigkeit]
Die sachliche Zuständigkeit der Gerichte wird durch das Gesetz über die Gerichtsverfassung bestimmt.

I. Allgemeines

Die Vorschrift will dafür Sorge tragen, dass die sachliche Zuständigkeit, wenngleich eigentlich andernorts geregelt, in ihrer Bedeutung nicht aus dem Blick gerät. Sie gehört insoweit zum **Urgestein** der StPO, die sie seit deren Inkrafttreten (1877) anführt. 1

Dem Wortlaut nach erschöpft sich § 1 in einer **Verweisung** auf das GVG. Diesbezüglich ist er allerdings „**unvollkommen**".[1] Einerseits finden sich durchaus auch in der StPO Bestimmungen zur sachlichen Zuständigkeit der Gerichte, wenngleich nur zum vorbereitenden Verfahren.[2] Andererseits sind auch an anderer Stelle Vorschriften über die sachliche Zuständigkeit der Gerichte „versteckt".[3] Schließlich regelt das GVG neben der sachlichen Zuständigkeit auch die Zuständigkeit besonderer Strafkammern.[4] 2

Trotz ihres bloßen Verweisungscharakters ist die Vorschrift indes **nicht „entbehrlich"**.[5] Sie ist zwar „inhaltsleer" iS des Fehlens eines eigenständigen Regelungsgehaltes. Der historische Gesetzgeber hat mit der Lokalisation einer Verweisungsnorm an prominenter Stelle (erste Vorschrift des ersten Abschnitts des ersten Buches) gleichwohl klug gehandelt. Es handelt sich um einen Hinweis, eine „Erinnerung" zur Vorbeugung gegen einen „Kardinalfehler": Nicht nur Jurastudenten in den Anfangssemestern, auch gestandene Staatsanwälte, Richter und Rechtsanwälte unterlassen es nicht selten, „zuerst" zu prüfen, ob überhaupt die (sachliche) Zuständigkeit gegeben ist. Die Strafrichter werden an anderer Stelle der StPO nochmals gesondert auf die – weitgehende – Unabdingbarkeit und Unverzichtbarkeit dieser **Prozessvoraussetzung** hingewiesen. § 6 gibt vor, dass das Gericht seine sachliche Zuständigkeit in jeder Lage des Verfahrens von Amts wegen zu prüfen hat. Staatsanwälte sollten dem schon aus Gründen der Verfahrensökonomie (ggf. drohende Verweisung usw.) besondere Beachtung schenken. **Strafverteidiger** sollten sich gleichfalls in jedem Stadium des Verfahrens hinsichtlich der (Un-)Zuständigkeitsfrage der prozessualen Lage sehr „bewusst" sein, um diese zu rügen oder (zB mit Blick auf andernfalls zu „befürchtende" Entscheidungsträger) auch nicht (bzw. sich dieses „Pfand" ggf. bis zum Revisionsverfahren aufzusparen). 3

II. „Sachliche Zuständigkeit"

Unter sachlicher Zuständigkeit versteht man die Verteilung der Strafsachen auf die unterschiedlichen Spruchkörper des ersten Rechtszuges nach ihrer Art und Schwere.[6] Sie bedarf der **Abgrenzung** von der örtlichen und insbesondere der funktionellen Zuständigkeit. Die **örtliche** Zuständigkeit betrifft die ergänzende Frage, welches – unter mehreren sachlich zuständigen – örtliche Gericht sich mit dem Strafverfahren zu befassen hat.[7] Die **funktionelle** Zuständigkeit betrifft darüberhinausgehend die Geschäftsverteilung innerhalb der Gerichte, insb. die Zuteilung zu besonderen oder allgemeinen Strafkammern beim Landgericht, die Aufgabenverteilung innerhalb des erkennenden Gerichts sowie die Zuständigkeit der Rechtsmittelgerichte und der Strafvollstreckungskammern.[8] 4

III. Die Zuteilung im Einzelnen

Die Zuteilung der sachlichen Zuständigkeit im ersten Rechtszug richtet sich im Einzelnen nach dem **GVG**.[9] Kriterien der Zuteilung sind insbesondere die Strafwartung, die Unterscheidung 5

---

[1] Löwe/Rosenberg/*Erb* Rn. 1.
[2] Vgl. nur § 125 Abs. 1 (Haftbefehl des Amtsrichters) oder auch § 169 (Ermittlungsrichter des OLG und des BGH).
[3] ZB § 68 OWiG oder §§ 39 ff. JGG.
[4] Löwe/Rosenberg/*Erb* Rn. 1.
[5] So aber Löwe/Rosenberg/*Erb* Rn. 1.
[6] KK-StPO/*Fischer* Rn. 2.
[7] S. hierzu §§ 7 ff.
[8] KK-StPO/*Fischer* Rn. 4.
[9] S. dort im Einzelnen §§ 24–26, 28–29, 73–74 f, 120–120 a GVG.

§ 2 1   *Erstes Buch. Allgemeine Vorschriften*

zwischen „Verbrechen" und „Vergehen", die „besondere Bedeutung" der Sache, bestimmte Straftabestände (insb. Staatsschutzdelikte) sowie besondere gerichtliche Maßnahmen wie die Unterbringung in einem psychiatrischen Krankenhaus oder die Sicherungsverwahrung.

6   „**Gerichte**" im ersten Rechtszug sind das Amtsgericht,[10] das Landgericht[11] und das Oberlandesgericht.[12] Das Bayerische Oberste Landesgericht[13] wurde durch Beschluss des Bayerischen Landtags vom 20. 10. 2004 mit Wirkung zum 1. 7. 2006 aufgelöst.[14] Innerhalb des Amtsgerichts gibt es zwei Spruchkörper, den Richter beim Amtsgericht als Strafrichter[15] und das Schöffengericht.[16] Innerhalb des Landgerichts differenziert das GVG nur hinsichtlich der Zuständigkeit besonderer Strafkammern, nämlich zwischen allgemeiner großer Strafkammer,[17] Schwurgerichtskammer,[18] Wirtschaftsstrafkammer[19] und Staatsschutzstrafkammer.[20] Dabei handelt es sich aber nicht um eine sachliche, sondern um eine besondere funktionelle Zuständigkeit.[21]

7   Innerhalb dieser Gerichte gilt folgende Rangfolge vom rangniedrigsten bis zum ranghöchsten Gericht: AG – Einzelrichter –, AG – Schöffengericht –, LG – Allgemeine Strafkammern –, LG – Besondere Strafkammern –, OLG. Die **Rangfolge** hat insbesondere Bedeutung im Hinblick auf die Korrekturmöglichkeiten im Falle einer Anklage beim unzuständigen Gericht (s. §§ 209, 209 a), im Hinblick auf Verbindung und Trennung von Strafsachen (s. §§ 4, 5, 13) und bei Kompetenzstreitigkeiten (s. §§ 14, 19).

IV. Rechtsbehelfe

8   Hat ein Gericht seine sachliche Zuständigkeit zu Unrecht angenommen, so ist dies grds. ein absoluter **Revisions**grund gem. § 338 Nr. 4.[22] Dahinter steht das grundrechtsgleiche Recht des sog. gesetzlichen Richters (Art. 101 Abs. 1 Satz 2 GG).

V. Jugendgerichte

9   Bei Strafverfahren gegen Jugendliche und Heranwachsende, die nach Jugendstrafrecht beurteilt werden, gelten §§ 33 ff. JGG (Jugendgerichtsverfassung) und §§ 39 ff. JGG (Sachliche Zuständigkeit im Einzelnen). Danach sind Jugendgerichte der Strafrichter als Jugendrichter (AG), das Jugendschöffengericht (AG) und die Jugendkammer (LG) in dieser aufsteigenden Rangfolge; s. § 33 Abs. 2 JGG. Die erstinstanzliche Zuständigkeit des OLG wird hingegen nicht berührt; § 102 JGG. Verfahren gegen Jugendliche können mit Verfahren gegen Erwachsene verbunden werden. Zuständig ist dann mit Ausnahmen ebenfalls grundsätzlich das Jugendgericht; s. § 103 JGG. Zur Vermeidung von Zuständigkeitsstreitigkeiten haben dabei die Jugendgerichte grds. eine sog. **Kompetenz-Kompetenz**; dh. sie allein entscheiden über ihre Zuständigkeit; vgl. § 209 a Nr. 2. § 6 gilt auch für die Jugendgerichte.

§ 2 [Verbindung und Trennung]

(1) ¹Zusammenhängende Strafsachen, die einzeln zur Zuständigkeit von Gerichten verschiedener Ordnung gehören würden, können verbunden bei dem Gericht anhängig gemacht werden, dem die höhere Zuständigkeit beiwohnt. ²Zusammenhängende Strafsachen, von denen einzelne zur Zuständigkeit besonderer Strafkammern nach § 74 Abs. 2 sowie den §§ 74 a und 74 c des Gerichtsverfassungsgesetzes gehören würden, können verbunden bei der Strafkammer anhängig gemacht werden, der nach § 74 e des Gerichtsverfassungsgesetzes der Vorrang zukommt.

(2) Aus Gründen der Zweckmäßigkeit kann durch Beschluß dieses Gerichts die Trennung der verbundenen Strafsachen angeordnet werden.

I. Allgemeines

1   § 2 will für einen bestimmten Verfahrensabschnitt – **bis zur Eröffnung des Hauptverfahrens** – die Möglichkeit eröffnen, mehrere einzelne Strafsachen bestimmter Art – einerseits zusammen-

---

[10] § 24 GVG.
[11] § 74 Abs. 1 GVG.
[12] §§ 120 Abs. 1 und Abs. 2, 122 Abs. 2 GVG
[13] §§ 120 Abs. 1 und Abs. 2 Satz 2 GVG, 9 EGGVG, Art. 11 Abs. 2 Nr 1 und 2 BayAGGVG.
[14] Vgl. dazu Löwe/Rosenberg/*Erb* Rn. 2.
[15] § 25 GVG.
[16] § 28 GVG.
[17] § 74 Abs. 1 GVG.
[18] § 74 Abs. 2 GVG.
[19] § 74 c GVG.
[20] § 74 a GVG.
[21] S. oben Rn. 4; *Pfeiffer* Vor § 1 Rn 4; Löwe/Rosenberg/*Erb* Rn. 2.
[22] S. im Einzelnen § 338 Rn. 38 ff.

hängend, anderseits zur Zuständigkeit von Gerichten verschiedener Ordnung bzw. besonderen Strafkammern gehörend (**verschiedene sachliche Zuständigkeit**) – zu verbinden bzw. ggf. auch wieder zu trennen.

Abs. 1 wendet sich dabei an die StA und soll seiner Funktion nach Doppelarbeit ersparen.[1] Er dient damit – die **Verfahrensökonomie** im Blick – der **Funktionsfähigkeit der Strafrechtspflege**.[2] Ferner verhindert er die unterschiedliche rechtliche und tatsächliche Würdigung ein und desselben Sachverhaltes durch mehrere Gerichte.[3] Schließlich schont die gemeinsame Anklage – insbesondere persönlich zusammenhängender Sachen – ggf. auch den Angeklagten, zeitlich wie finanziell.

Abs. 2 wendet sich an die Gerichte und bestimmt, dass aus (nachträglich eintretenden) „Gründen der **Zweckmäßigkeit**" verbunden angeklagte Sachen wieder getrennt werden können. In der Praxis stellt die Verbindung nach Abs. 1 die Regel, die Trennung nach Abs. 2 hingegen eher einen Ausnahmefall dar.

Ergänzt wird § 2 durch § 4 (Verbindung und Trennung durch das Gericht nach Eröffnung des Hauptverfahrens), durch § 13 (Verbindung und Trennung bei verschiedenen örtlichen Zuständigkeiten) und durch § 237 (Verbindung trotz Fehlens des engen Zusammenhangs iS des § 3).

II. Verbindung zusammenhängender Sachen (Abs. 1)

Abs. 1 eröffnet der StA unter folgenden vier **Voraussetzungen** eine Handlungsoption der Verbindung mehrerer Strafsachen:
(1) Sie ist mit mehreren verschiedenen Strafsachen iS des § 264 befasst. (2) Diese sind noch nicht angeklagt oder zumindest noch nicht vom Gericht eröffnet. (3) Zwischen den Strafsachen besteht ein Zusammenhang iS des § 3. (4) Für die einzelnen Strafsachen sind im 1. Rechtszug Gerichte verschiedener Ordnung (Abs. 1 S. 1) oder besondere Strafkammern iS der §§ 74 Abs. 2, 74a, 74c (Abs. 1 S. 2) zuständig.

Ob die StA von dieser Handlungsoption Gebrauch macht, steht in ihrem **Ermessen**. Die zu treffenden Ermessenserwägungen werden dabei durch den Zweck der Vorschrift[4] vorgegeben. Nach den RiStBV sind aufgrund dessen zusammenhängende Strafsachen sogar tunlichst in einer Anklage zusammenzufassen (vgl. Nr. 17 Abs. 2, 114 Satz 1).

In Einzelfällen kann eine Verbindung jedoch auch nachteilig sein. So können Verbindungen ggf. der **Beschleunigungsmaxime** zuwiderlaufen. Eine getrennte Anklageerhebung kann daher insbesondere bei unterschiedlichem Ermittlungsstand in Haftsachen und zur Vermeidung von Großverfahren geboten sein.[5] Ferner kann eine Verbindung uU eine **Verkürzung des Rechtsweges** für den Angeklagten bedeuten.[6] Schließlich kann eine Verbindung aufgrund sachlichen Zusammenhangs für die Wahrheitsfindung insofern nachteilig sein, als ein Mitangeklagter sich dann auf sein **Aussageverweigerungsrecht** berufen kann und nicht als Zeuge zur Verfügung steht.

Je nach Ausübung des Ermessens klagt die StA zusammenhängende Strafsachen **verbunden** bei dem ranghöheren Gericht bzw. der besonderen Strafkammer, der gemäß § 74e GVG der Vorrang zukommt, an (die **Regel**) oder unterlässt dies und macht sie **getrennt** bei den verschiedenen Gerichten/Strafkammern anhängig (die **Ausnahme**). Die Befugnis der verbundenen Anklage beinhaltet dabei selbstverständlich, dass die StA schon im Ermittlungsverfahren die verschiedenen Strafsachen formlos durch interne Verfügung in den Sachakten verbinden kann.[7] Die vorgesetzte StA kann dabei der nachgeordneten StA desselben OLG/LG-Bezirks zugeteilte Sachen ohne weiteres an sich ziehen (§ 145 Abs. 1 GVG). Bei Zuständigkeit StAen verschiedener Bezirke für die einzelnen zusammenhängenden Strafsachen bedarf es insofern aber einer Einigung dieser bzw. bei Streit ggf. einer Entscheidung des gemeinsamen Generalstaatsanwaltes oder des Generalbundesanwaltes (§ 143 Abs. 3).[8]

Nach Eröffnung des **Hauptverfahrens** auch nur einer der zusammenhängenden Strafsachen, ist die Verbindung nur noch durch das **Gericht** (nach Klageerhebung in den übrigen Fällen) nach § 4 möglich.[9] Bei Zuständigkeit verschiedener Gerichte gleicher Ordnung richten sich die Verbindungsmöglichkeiten nach § 13. Bei verschiedenen sachlichen wie örtlichen Zuständigkeiten sind letztlich die §§ 2, 4 bestimmend, wie sich aus § 4 Abs. 2 ergibt. Die Verbindung mehrerer Strafsachen bei Zuständigkeit desselben Gerichts ist gesetzlich nicht ausdrücklich bestimmt. Die StA

---
[1] BGH v. 10. 1. 1958 – 5 StR 487/57, BGHSt 11, 130 (133) = NJW 1958, 469 (470); BGH v. 5. 2. 1963 – 1 StR 265/62, BGHSt 18, 238 (239).
[2] BVerfG v. 21. 6. 1977 – 2 BvR 804/76, BVerfGE 45, 354 (359) = NJW 1977, 1767.
[3] Meyer-Goßner Rn. 1.
[4] S. oben Rn. 2.
[5] Meyer-Goßner Rn. 6 mwN.
[6] Pfeiffer Rn. 1.
[7] Pfeiffer Rn. 2
[8] Pfeiffer Rn. 2.
[9] KK-StPO/Fischer Rn. 4; Meyer-Goßner Rn. 3.

kann – nicht: muss – sie bereits im Ermittlungsverfahren, spätestens aber bis zur Eröffnung der Hauptverhandlung einer der zusammenhängenden Strafsachen verbinden. Dies folgt aus den weitergehenden Regelungen des Abs. 1 sowie § 13 Abs. 1.[10]

III. Trennung zusammenhängender Strafsachen (Abs. 2)

10 Abs. 2 eröffnet dem Gericht unter folgender **Voraussetzung** eine Handlungsoption: Die StA hat bei ihm – als ranghöchstem zuständigen Gericht – mehrere Strafsachen iS des Abs. 1 anhängig gemacht.

11 Die Entscheidung über eine Trennung steht dabei im **Ermessen** des Gerichts.[11] Abs. 2 erklärt sie ausdrücklich aus Gründen der Zweckmäßigkeit für zulässig. Entscheidende Ermessensgesichtspunkte, die für eine Trennung sprechen, sind die im Einzelfalle nachteiligen Auswirkungen einer Verbindung der zusammenhängenden Strafsachen.[12] Zu beachten ist aber, dass eine Trennung sachlich zusammenhängender Strafsachen zwecks Ermöglichung einer Zeugenaussage eines Mitangeklagten rechtsmißbräuchlich und damit revisibel ist.

12 Die Trennung gemäß Abs. 2 erfolgt – nach Anhörung sämtlicher Verfahrensbeteiligter[13] –, indem das Gericht im **Eröffnungsbeschluss** die zu seiner Zuständigkeit gehörende(n) Strafsache(n) bei sich, die andere(n) bei dem zuständigen Gericht niederer Ordnung eröffnet (§ 209 Abs. 1). Eine stillschweigende Trennung ist nicht möglich.[14] Die Einstellung eines der Verfahren nach § 205 enthält keine Trennung; auch in dem bloßen Abschluss eines Verfahrens liegt keine Sachtrennung.[15]

13 Eine de facto Trennung kann auch die **StA** bewirken, indem sie noch vor Eröffnungsbeschluss die **Anklage** teilweise wieder **zurücknimmt**.

14 Streitig ist, ob Abs. 2 auch bei einer Verfahrenstrennung durch das Gericht nach Eröffnung des Hauptverfahrens Anwendung findet.[16] Da die Trennung **nach Eröffnung** des Hauptverfahrens ausdrücklich in § 4 geregelt ist, ist dies zu verneinen.[17] Abs. 2 greift ausschließlich bis (Teil-)Eröffnung des Hauptverfahrens.

IV. Rechtsbehelfe

15 Der Beschuldigte hat weder einen Rechtsanspruch auf Verfahrensverbindung[18] noch einen Anspruch auf Abtrennung (s)eines Verfahrens.[19] Dementsprechend ist die Verbindung im Ermittlungsverfahren wie die verbundene Anklageerhebung nach Abs. 1 mit Behelfen der StPO unanfechtbar.[20] Dem Beschuldigten bleibt nur die Möglichkeit, eine **Dienstaufsichtsbeschwerde** zu erheben.[21] Auch die Bestätigung der Verbindung durch das Gericht durch Verzicht auf eine mögliche Trennung[22] bzw. einen den Antrag auf Trennung ablehnenden Beschluss[23] ist dementsprechend nicht beschwerdefähig (§ 305 S. 1).

16 Gegen die Trennung in Gestalt einer anklagewidrigen Teileröffnung vor einem rangniedrigeren Gericht steht der StA als Anklagebehörde das Recht der **sofortigen Beschwerde** nach § 210 Abs. 2 zu;[24] nicht hingegen dem Angeklagten (§ 210 Abs. 1).[25] Dies gilt allerdings nur soweit es um die Eröffnung als solche geht. Die Verfahrenstrennung als solche können StA und Angeklagter daher gleichermaßen mit der **einfachen Beschwerde** nach § 304 Abs. 1 angreifen.[26] § 305 S. 1 steht dem nicht entgegen, weil die Trennung das Verfahren hemmt und insofern keine der Urteilsfällung vorausgehende Entscheidung iS dieser Vorschrift darstellt.[27] Das Beschwerdegericht prüft in diesem Fall den Beschluss in vollem Umfang; dh nicht nur auf Ermessensfehler,[28] sondern auch auf seine Zweckmäßigkeit, setzt also ggf. sein eigenes Ermessen an die Stelle desjenigen der Vorinstanz.[29]

---

[10] *Meyer-Goßner* Rn. 3 mwN; *Pfeiffer* Rn. 2.
[11] So bereits BGH v. 5. 2. 1963 – 1 StR 265/62, BGHSt 18, 238 = NJW 1963, 869; *Meyer-Goßner* Rn. 10 mwN.
[12] S. oben Rn. 7.
[13] BGH v. 12. 2. 1980 – 5 StR 35/80, NStZ 1982, 188; *Pfeiffer* Rn. 4.
[14] *Pfeiffer* Rn. 4
[15] OLG Köln v. 8. 3. 1977 – Ss 38 B/77, VRS 53, 130; *Pfeiffer* Rn. 4.
[16] KK-StPO/*Fischer* Rn. 14; *Meyer-Goßner* Rn. 11.
[17] Löwe/Rosenberg/*Erb* Rn. 20.
[18] *Meyer-Goßner* Rn. 6.
[19] OLG Frankfurt v. 11. 5. 1982 – 3 Ws 336/82, StV 89, 92; *Meyer-Goßner* Rn. 10.
[20] *Meyer-Goßner* Rn. 12; Löwe/Rosenberg/*Erb* Rn. 18.
[21] Löwe/Rosenberg/*Erb* Rn. 18.
[22] Löwe/Rosenberg/*Erb* Rn. 18.
[23] *Meyer-Goßner* Rn. 13.
[24] *Meyer-Goßner* Rn. 12.
[25] Löwe/Rosenberg/*Erb* Rn. 26.
[26] Löwe/Rosenberg/*Erb* Rn. 27; *Meyer-Goßner* Rn. 13.
[27] Vgl. nur OLG Düsseldorf v. 4. 12. 1995 – 1 Ws 922–923/95, NStZ-RR 1996, 142 mwN zur Rspr.; Löwe/Rosenberg/*Erb* Rn. 27; *Meyer-Goßner* Rn. 13.
[28] *Meyer-Goßner* Rn. 13; OLG Düsseldorf v. 7. 11. 1990 – 3 Ws 936/90, NStZ 1991, 145 mwN.
[29] Löwe/Rosenberg/*Erb* Rn. 27 mit zahlreichen weiteren Nachweisen.

Anders als im Beschwerdeverfahren kann eine schlichte Unrichtigkeit der Ermessensausübung durch den Tatrichter mit der **Revision** nicht gerügt werden.[30] Revisibel sind lediglich die eher seltenen Fälle des sog. Ermessensmissbrauches. Ein solcher Fall liegt zB vor, wenn dem Angeklagten durch die Verbindung sachlich zusammenhängender Sachen ohne ersichtlichen Verfahrensgewinn im Hinblick auf § 146 die Verteidigung durch den Anwalt seines Vertrauens unmöglich gemacht wird,[31] oder wenn eine sachlich zusammenhängende Sache allein deshalb getrennt wird, um einen Mitangeklagten als Zeugen vernehmen zu können. Gerügt werden kann auch, dass die gesetzlichen Voraussetzungen für eine Verbindung oder für eine Trennung nicht vorgelegen hätten[32] oder dass ein Beschluss verfahrensfehlerhaft – etwa ohne vorherige Anhörung der Beteiligten ergangen sei. Verfahrensfehler, die sich als mittelbare Folge der Verbindung oder Trennung ergeben (etwa ein Verstoß gegen §§ 230, 231[33] gegen die gerichtliche Aufklärungspflicht[34] oder gegen §§ 261, 264[35]), können selbstverständlich als solche gerügt werden.[36]

17

V. Andere Rechtsgebiete

1. OWiG. Auch die Verfolgung von Ordnungswidrigkeiten kann mit einem Strafverfahren verbunden werden (§§ 42, 64 OWiG).[37] In diesem Falle kann aber aus dem Grunde, dass das Gesetz die Ahndung einer Owi durch das Gericht ohne vorangegangenen Bußgeldbescheid nicht vorsieht, die Owi vom Gericht nicht mehr durch Trennung aus der gerichtlichen Zuständigkeit ausgeschieden werden.[38]

18

2. JGG. Auch Strafsachen gegen Jugendliche bzw. Heranwachsende und gegen Erwachsene können unter bestimmten Voraussetzungen verbunden anhängig gemacht werden (§§ 103 Abs. 1, 112 Satz 1 JGG).[39] Sofern nicht ausnahmsweise die Zuständigkeit des BGH oder OLG begründet ist (§ 102 JGG) oder für die Erwachsenenstraftat die Wirtschafts- oder StaatsschutzstrafK zuständig ist (§ 103 Abs. 2 Satz 2 JGG), ist für die verbundenen Sachen **grunds.** das **JugG** (§ 103 Abs. 2 Satz 1 JGG) zuständig.[40] Dies gilt gem. § 32 JGG auch, wenn mehrere Taten eines Angeklagten verbunden werden, die er in verschiedenen Altersstufen begangen hat.[41] Allerdings ergibt sich aus § 32 keine Verpflichtung dahingehend, dass alle Straftaten, die ein Beschuldigter in verschiedenen Altersstufen begangen hat, gleichzeitig abgeurteilt werden müssen.[42] Es besteht lediglich die Möglichkeit hierzu.

19

§ 3 [Begriff des Zusammenhangs]

Ein Zusammenhang ist vorhanden, wenn eine Person mehrerer Straftaten beschuldigt wird oder wenn bei einer Tat mehrere Personen als Täter, Teilnehmer oder der Begünstigung, Strafvereitelung oder Hehlerei beschuldigt werden.

I. Bedeutung der Vorschrift

Die Zulässigkeit von Verfahrensverbindungen nach §§ 2, 4 und 13 hängt gleichermaßen vom Vorliegen eines Zusammenhangs ab. § 3 stellt insoweit eine **Legaldefinition** dieser Voraussetzung dar. Fällt der Grund der Verbindung später infolge Abtrennung weg, dauert die kraft Zusammenhang begründete Zuständigkeit im Übrigen fort.[1]

1

II. Der Tatbegriff

Auch wenn in der Vorschrift einmal von „Straftat" und einmal von „Tat" die Rede ist, liegt ihr ein einheitlicher Tatbegriff zugrunde.[2] Er entspricht dem der §§ 155 Abs. 1, 264 Abs. 1.[3] Das Ab-

2

---

[30] Löwe/Rosenberg/*Erb* Rn. 28; *Meyer-Goßner* Rn. 14.
[31] BVerfG v. 21. 6. 1977 – 2 BvR 804/76, BVerfGE 45, 354 (359 f) = NJW 1977, 1767; BVerfG v. 12. 8. 2002 – 2 BvR 932/02, StV 2002, 578; Löwe/Rosenberg/*Erb* Rn. 12.
[32] RG v. 8. 6. 1914 – VIII.1253/14, RGSt 48, 297; SK-StPO/*Rudolphi* Rn. 22.
[33] BGH v. 5. 3. 1953 – 5 StR 676/52, NJW 1953, 836; BGH v. 25. 10. 1971 – 2 StR 238/71, BGHSt 24, 257.
[34] BGH v. 5. 2. 1963 – 1 StR 265/62, BGHSt 18, 238 (239).
[35] RG v. 23. 10. 1933 – II 474/33, RGSt 67, 417 (418); BGH v. 5. 3. 1953 – 5 StR 676/52, NJW 1953, 836.
[36] Löwe/Rosenberg/*Erb* Rn. 28.
[37] *Meyer-Goßner* Rn. 8; *Pfeiffer* Rn. 3.
[38] *Göhler* Rn. 4 zu § 45 OWiG, *Meyer-Goßner* Rn. 8.
[39] *Meyer-Goßner* Rn. 9.
[40] *Meyer-Goßner* Rn. 9.
[41] *Meyer-Goßner* Rn. 9; *Pfeiffer* Rn. 3.
[42] BGH v. 29. 2. 1956 – 2 StR 25/56, BGHSt 10, 100; BGH v. 2. 10. 1973 – 1 StR 217/73, JR 1974, 428 mAnm *Brunner*; *Meyer-Goßner* Rn. 9; *Pfeiffer* Rn. 3.
[1] KK-StPO/*Fischer* Rn. 2 mwN.
[2] Löwe/Rosenberg/*Erb* Rn. 2.
[3] BGH v. 29. 10. 1992 – 4 StR 199/92, BGHSt 38, 376 (379) = NJW 1993, 672; *Pfeiffer* Rn. 1.

stellen auf die Tat **im prozessualen** Sinne bei der Bestimmung der Befugnis zur Verhandlung und Aburteilung ist sinnvoll.[4]

III. Der Zusammenhang

3   Es gibt **mehrere Arten** des Zusammenhangs. Während der Wortlaut der Vorschrift lediglich zwei nahelegt, sind es – bezogen auf mehr als zwei Straftaten – tatsächlich drei:

4   **1. Persönlicher Zusammenhang (Alt. 1).** Ein persönlicher (subjektiver[5]) Zusammenhang besteht immer, aber auch nur dann, wenn **einem und demselben Beschuldigten** mehrere prozessuale Taten iS des § 264 vorgeworfen werden. Tatmehrheit iS des § 53 StGB genügt nicht. Beziehen sich die Vorwürfe auf eine Tat iS des § 264, bilden sie eine Prozesseinheit, die zwingend gemeinsam abzuurteilen ist.[6] Eine Verbindung kommt nicht in Betracht. Hat die StA gleichwohl – unzulässigerweise – die Eröffnung zweier Verfahren veranlasst, liegt ein Fall doppelter Rechtshängigkeit vor. Dieses Prozesshindernis ist durch Einstellung des zweiten Verfahrens zu beseitigen,[7] auch wenn es sich um verschiedenartige Verfahren handelt – zB Straf- und Sicherungsverfahren gem. §§ 413 ff.[8]

5   **2. Sachlicher Zusammenhang (Alt. 2).** Ein sachlicher (objektiver[9]) Zusammenhang besteht, wenn **wegen ein und derselben** prozessualen **Tat** iS des § 264 mehrere Personen als Täter (§ 25 Abs. 1 StGB), Anstifter (§ 26 StGB), Gehilfe (§ 27 Abs. 1 StGB) oder der Begünstigung (§ 257 StGB), Strafvereitelung (§§ 258, 258 a StGB) oder der Hehlerei (§§ 259, 260 StGB) beschuldigt werden.[10]

6   Täter iS der Vorschrift sind auch der Mittäter (§ 25 Abs. 2 StGB) und der Nebentäter[11] oder auch derjenige, der durch Fahrlässigkeit zu dem rechtswidrigen Erfolg der Tat beigetragen hat.[12] Bei Begünstigung besteht der Zusammenhang zB auch, wenn sie im Vorverfahren – zB durch Falschaussage – für den Beschuldigten begangen worden ist.[13] Das Gleiche gilt für den Versuch der Strafvereitelung (§§ 258 Abs. 1, Abs. 4 StGB).[14] Teilnahme iS des § 3 ist jede strafbare, in dieselbe Richtung zielende Mitwirkung an einem einheitlichen geschichtlichen Vorgang.[15]

7   **3. Kombinierter Zusammenhang.** Ein kombinierter (vermittelter[16]) Zusammenhang besteht, wenn der Zusammenhang zwischen Taten mehrerer Beschuldigter lediglich **durch** den sachlichen Zusammenhang **anderer Taten derselben Beschuldigten vermittelt** wird. Diese Konstellation ist im Wortlaut der Vorschrift nicht ausdrücklich erwähnt. Auch sie berechtigt aber zur Verbindung.[17]

8   **Beispiel I:** Hat die StA gegen A wegen eines Raubes mit Todesfolge und gegen B wegen einer hierauf bezogenen Begünstigung Anklage bei der Schwurgerichtskammer (§ 74 Abs. 2 GVG) erhoben, so kann sie B dort auch wegen einer unabhängig von diesem Tatkomplex begangenen Sachbeschädigung anklagen.[18] **Beispiel II:** Wenn der Verdacht besteht, dass A einen Mord begangen hat, B sich hierbei der Strafvereitelung und außerdem durch eine selbständige Tat der Unterschlagung schuldig gemacht hat, dann kann auch wegen dieser Tat infolge ihres mittelbaren Zusammenhangs mit dem Mord Anklage bei dem SchwurG erhoben werden.[19]

IV. Rechtsbehelfe

9   Das Fehlen der Voraussetzungen von § 3 im Zeitpunkt der Verbindung kann mit der **Revision** gerügt werden.[20] War das LG zB in Wirklichkeit von Anfang an für keinen von zwei Angeklagten zuständig, vermag eine Bestimmung im Geschäftsverteilungsplan, wonach eine Strafkammer auch im Falle des Ausscheidens des Angeklagten, der ihre Zuständigkeit vermeintlich begründete, für den anderen zuständig bleibt, an ihrer Unzuständigkeit nichts zu ändern.[21] Verhandelt die StrK gleichwohl gegen die anderen Angeklagten, ist der Revisionsgrund des § 338 Nr. 1 gegeben.[22]

---

[4] KK-StPO/*Fischer* Rn. 2.
[5] So *Pfeiffer* Rn. 2.
[6] Löwe/Rosenberg/*Erb* Rn. 2; *Meyer-Goßner* Rn. 2.
[7] BGH v. 31. 10. 1957 – 4 StR 449/57, NJW 1958, 31; *Meyer-Goßner* Rn. 2.
[8] BGH v. 25. 6. 1968, BGHSt 22, 185 (186) = NJW 1968, 1730; Löwe/Rosenberg/*Erb* Rn. 3.
[9] *Pfeiffer* Rn. 2.
[10] KK-StPO/*Fischer* Rn. 4; Löwe/Rosenberg/*Erb* Rn. 4.
[11] RG v. 22. 4. 1901 – Rep. 923/01, RGSt 34, 255 (258); RG v. 4. 2. 1910 – V 36/10, RGSt 43, 293 (296).
[12] Vgl. RG v. 16. 10. 1930 – II 536/30, RGSt 64, 377 (379); Löwe/Rosenberg/*Erb* Rn. 4.
[13] BGH v. 5. 2. 1963 – 1 StR 265/62, BGHSt 18, 238 = NJW 1963, 869.
[14] *Meyer-Goßner* Rn. 3.
[15] BGH v. 25. 8. 1987 – 1 StR 357/87, NJW 1988, 150; KK-StPO/*Fischer* Rn. 4.
[16] Löwe/Rosenberg/*Erb* Rn. 5.
[17] KK-StPO/*Fischer* Rn. 5; Löwe/Rosenberg/*Erb* Rn. 5; *Meyer-Goßner* Rn. 4.
[18] Löwe/Rosenberg/*Erb* Rn. 5.
[19] Vgl. *Meyer-Goßner* Rn. 4; SK-StPO/*Rudolphi* Rn. 4.
[20] Löwe/Rosenberg/*Erb* Rn. 6.
[21] BGH v. 29. 10. 1992 – 4 StR 199/92, BGHSt 38, 376 (378) = NJW 1993, 672.
[22] KK-StPO/*Fischer* Rn. 6.

§ 4 [Verbindung und Trennung rechtshängiger Sachen]

(1) Eine Verbindung zusammenhängender oder eine Trennung verbundener Strafsachen kann auch nach Eröffnung des Hauptverfahrens auf Antrag der Staatsanwaltschaft oder des Angeklagten oder von Amts wegen durch gerichtlichen Beschluß angeordnet werden.

(2) ¹Zuständig für den Beschluß ist das Gericht höherer Ordnung, wenn die übrigen Gerichte zu seinem Bezirk gehören. ²Fehlt ein solches Gericht, so entscheidet das gemeinschaftliche obere Gericht.

I. Bedeutung der Vorschrift

§ 4 will seinem Wortlaut und Gesetzeszusammenhang nach für einen bestimmten Verfahrensabschnitt – **nach Eröffnung des Hauptverfahrens**, und grds. vor Ergehen eines Urteils 1. Instanz[1] – die Möglichkeit eröffnen, mehrere einzelne Strafsachen bestimmter Art – einerseits zusammenhängend, andererseits **verschiedener sachlicher Zuständigkeit** – zu verbinden bzw. ggf. auch wieder zu trennen. 1

Die Vorschrift stellt eine **Erweiterung des § 2** dar, der entsprechende Möglichkeiten für den Zeitraum vor Eröffnung des Hauptverfahrens eröffnet.[2] Sachlich ergänzt wird § 4 ferner durch § 13 (Verbindung und Trennung bei verschiedenen örtlichen Zuständigkeiten), durch §§ 103, 112 Satz 1 JGG (Verbindung von Strafsachen gegen Jugendliche/Heranwachsende und gegen Erwachsene) und durch § 237 (Verbindung zur bloßen gemeinsamen Verhandlung trotz Fehlens des engen Zusammenhangs iS des § 3). Schließlich wird § 4 in mehreren gesetzlich nicht ausdrücklich geregelten Konstellationen **analog** angewandt.[3] 2

II. Verbindung zusammenhängender Sachen

Zuständig für die Verbindung gemäß § 4 ist das beteiligte Gericht höherer Ordnung, sofern die übrigen beteiligten Gerichte in seinen Bezirk fallen (Abs. 2 S. 1), ansonsten das gemeinschaftliche obere Gericht (Abs. 2 S. 2). Es wird **auf Antrag der StA, des Angeklagten oder von Amts wegen** tätig. Zu beachten ist, dass auch das gemäß § 74 e und § 103 Abs. 2 JGG vorrangige Gericht ein Gericht höherer Ordnung iS der Vorschrift ist. 3

Voraussetzungen der Verbindung sind grds. folgende: (1) Es liegen mehrere verschiedene Strafsachen iS des § 264 vor. (2) Zwischen den Strafsachen besteht ein Zusammenhang iS des § 3. (3) Für die einzelnen Strafsachen sind im 1. Rechtszug an sich Gerichte verschiedener Ordnung zuständig. Ob es sich um Spruchkörper eines und desselben Gerichts handelt oder um örtlich verschiedene Gerichte, ist – anders als nach § 2 – jedoch gleichgültig.[4] (4) Die Strafsachen sind grds. jeweils bereits bei verschiedenen Spruchkörpern anhängig gemacht worden und die Spruchkörper haben das Hauptverfahren jeweils bereits eröffnet.[5] 4

Ob bei Vorliegen dieser Voraussetzungen eine Verbindung erfolgt oder nicht, steht im **Ermessen** des Gerichts. Entscheidende Ermessensgesichtspunkte sind die Prozessökonomie einerseits sowie Rechte des Beschuldigten (faires Verfahren, Beschleunigungsgebot, Übermaßverbot) andererseits.[6] Ein Verstoß gegen den Grundsatz des fairen Verfahrens kann etwa darin liegen, dass ein Angeklagter bei Verbindung sachlich zusammenhängender Sachen aufgrund des Verbots der Mehrfachverteidigung seinen Wahlverteidiger verliert.[7] 5

Die Verbindungsentscheidung ergeht nach vorheriger Gewährung rechtlichen Gehörs durch **Beschluss**. Dieser ist gemäß § 35 bekanntzugeben. Ein auf Antrag ablehnender Beschluss ist gemäß § 34 zu begründen. Nach Rspr. und hM soll aber eine stillschweigende Verbindung möglich sein, sofern der diesbezügliche Wille des Gerichts für alle Verfahrensbeteiligten deutlich erkennbar ist. Der Ablehnungsbeschluss soll in der bloßen Feststellung der Zweckmäßigkeit der Vorgehensweise ausreichend begründet sein. Dies ist jeweils abzulehnen, da in beiden Fällen die Gründe der revisionsrechtlich – wenn auch nur eingeschränkt – überprüfbaren Ermessensentscheidung nicht hinreichend erkennbar werden. Ferner ist eine Vereinbarkeit mit dem Grundsatz auf Gewährung rechtlichen Gehörs zumindest fraglich. 6

Der Verbindungsbeschluss bewirkt, dass die zusammenhängenden Sachen einheitlich beim Gericht höherer Ordnung anhängig werden und zugleich die **Rechtshängigkeit** beim Gericht niede- 7

---

[1] Zu den Ausnahmen s. u. Rn. 11.
[2] *Pfeiffer* Rn 1, Löwe/Rosenberg/*Erb* Rn. 1.
[3] S. u. Rn. 8 ff.
[4] *Meyer-Goßner* Rn. 1.
[5] Zu den Ausnahmen s. u. Rn. 9.
[6] Vgl. zB BGH v. 23. 2. 2010 – 1 StR 627/09, StraFo 2010, 192; Löwe/Rosenberg/*Erb* Rn. 24; *Meyer-Goßner* Rn. 10.
[7] BVerfG v. 12. 8. 2002 – 2 BvR 932/02, StV 2002, 578.

rer Ordnung endet. Soweit vor dem niederen Gericht bereits eine Hauptverhandlung durchgeführt wurde, muss diese aufgrund § 261 StPO wiederholt werden. Verfahrensstoff einer vor dem höheren Gericht bereits teilw. erfolgten Hauptverhandlung darf gegen einen bei sachlich zusammenhängenden Verfahren nunmehr hinzutretenden Mitangeklagten nicht verwertet werden.

8 Über den oben beschriebenen gesetzlich vorgesehenen Anwendungsbereich hinaus wird § 4 bei der Verbindung zusammenhängender Sachen in folgenden Konstellationen (**analog**) angewandt:

9 (1) **Vor Eröffnung des Hauptverfahrens durch das niedere Gericht**: Das höhere Gericht, welches sein Hauptverfahren bereits eröffnet hat, kann ein dort erst bloß anhängiges Verfahren bereits analog § 4 an sich ziehen.[8] Dies allerdings nur mit entsprechendem Antrag bzw. mit Zustimmung der StA, da andernfalls die Dispositionsbefugnis der Anklagebehörde unzulässig beeinträchtigt würde.[9] Im umgekehrten Fall, in dem das Hauptverfahren in der vor dem höheren Gericht angeklagten Sache noch nicht eröffnet wurde, ist dies (noch) nicht zulässig.[10] Die StA kann eine Strafsache, die an sich in die Zuständigkeit eines niederen Gerichts fällt, aber auch unmittelbar bei einem höheren Gericht anklagen und Verbindung mit einer dort bereits anhängigen (nicht notwendigerweise schon eröffneten) zusammenhängenden anderen Sache beantragen.[11] Alles andere wäre eine unnötige Förmelei.[12]

10 (2) **Bei Anhängigkeit mehrerer iS des § 3 „zusammenhängender" Strafsachen** bei demselben Spruchkörper oder bei verschiedenen gleichrangigen Spruchkörpern desselben Gerichts ist eine Zusammenführung dieser Verfahren jederzeit formlos zulässig. Es bedarf hierfür allerdings auch einer Rechtsgrundlage.[13] Diese besteht in einer analogen Anwendung von § 4 Abs. 1.[14]

11 (3) Problematisch ist, inwieweit eine Verbindung gemäß § 4 **jenseits der ersten Instanz** möglich ist. Dabei gilt grds., dass eine Anwendbarkeit nur dann in Betracht kommt, wenn durch die Verbindung nicht in den gesetzlich gegebenen Instanzenzug eingegriffen wird. Ansonsten läge ein Verstoß gegen Art. 101 Abs. 1 Satz 2 GG vor. Kein Eingriff in den Instanzenzug liegt unstreitig dann vor, wenn ein Verfahren nach Zurückverweisung durch das Revisionsgericht wieder in der ersten Instanz verhandelt wird. Eine Verbindung gemäß § 4 ist möglich. Eine analoge Anwendung des § 4 kommt diesem Grundsatz entspr. ebenfalls in Betracht, wenn beim selben Landgericht – gleich ob bei derselben oder verschiedenen Kammer(n) – mehrere Berufungsverfahren anhängig sind. Eine Ausnahme hiervon gilt nur, wenn eines der Berufungsverfahren bei einer kleinen Wirtschaftsstrafkammer und das andere bei einer Jugendkammer anhängig ist (vgl. § 103 Abs. 2 Satz 2 JGG einerseits und § 41 Abs. 2 Satz 1 JGG andererseits).

12 Str. ist, ob eine **instanzenübergreifende Verbindung beim selben Landgericht** möglich ist. Nach ständiger Rspr. soll vor Eintritt der horizontalen Rechtskraft in der Berufungssache eine Verbindung analog § 4 sowohl möglich sein, wenn bei derselben Großen Strafkammer (nach derzeit geltender Gerichtsverfassung nunmehr bei Jugendstrafsachen gemäß § 41 Abs. 2 JGG denkbar) ein erstinstanzliches und ein Berufungsverfahren anhängig sind, als auch dann, wenn bei der Großen Strafkammer ein erstinstanzliches und bei der Kleinen Strafkammer ein Berufungsverfahren anhängig sind. In letzterem Fall soll die Große Strafkammer das Berufungsverfahren übernehmen können. Eine derartige analoge Erweiterung des Anwendungsbereichs ist aber gemäß obigem Grundsatz abzulehnen, da die Revisionsinstanz für das Berufungsverfahren eine andere wird; BGH statt OLG. Unstreitig unzulässig aufgrund Eingriffs in den Instanzenzug wäre eine Verbindung eines bei einem Landgericht anhängigen erstinstanzlichen Verfahrens oder Berufungsverfahrens mit einem bei einem anderen Landgericht anhängigen Berufungsverfahren sowie eine Verbindung eines erstinstanzlichen Verfahrens beim Amtsgericht mit einem Berufungsverfahren beim Landgericht.[15]

III. Trennung zusammenhängender Sachen

13 Die Trennung mehrerer zusammenhängender prozessualer Taten ist **in jeder Phase des Verfahrens** – auch erst in der Revisionsinstanz bei (Teil)verwerfung und Zurückverweisung – möglich. Sie ist aber keinesfalls zwingend – selbst nicht bei nachträglichem Wegfall des Zusammenhanges –, sondern steht wie die Verbindung im Ermessen des Gerichts. Die entscheidenden Ermessensgesichtspunkte entsprechen dabei grds. denen, die bei einer Verbindung in Abwägung zu bringen sind. Bei Zweckmäßigkeit ist auch eine lediglich vorübergehende Trennung möglich. Die Trennung

---

[8] BGH v. 22. 5. 1990 – 4 StR 210/90, NStZ 1990, 448.
[9] Wie hier Löwe/Rosenberg/*Erb* Rn. 3; aA *Meyer-Goßner* Rn. 4.
[10] BGH v. 31. 7. 1992 – 2 Ars 345/92; Löwe/Rosenberg/*Erb* Rn. 3 Fn. 6.
[11] BGH v. 24. 4. 1996 – 3 StE 4/96 – 3 Ars 10/96, NStZ 1996, 447.
[12] So zutr. Löwe/Rosenberg/*Erb* Rn. 3; aA OLG Celle v. 19. 2. 1954 – 2 Ws 14/54, MDR 1954, 375.
[13] AA Löwe/Rosenberg/*Erb* Rn. 5; *Meyer-Goßner* NStZ 2004, 353 (355).
[14] Wie hier KG v. 7. 2. 1997 – 5 Ws 646/96 Vollz, NStZ 1998, 400; *Rotsch/Sahan* JA 2005, 801 (808).
[15] Zum Ganzen Löwe/Rosenberg/*Erb* Rn. 15 f. mwN.

ergeht durch gerichtlichen Beschluss. Zu Verfahren und Form des Beschlusses gelten obige Ausführungen zum Verbindungsbeschluss[16] sinngemäß.

Die Trennung bewirkt, dass **jedes Verfahren (wieder) prozessual selbstständig** ist. Die Wirkung des § 5 wird aufgehoben.[17] Nach Eröffnung des Hauptverfahrens ist aber § 269 zu beachten. Eine Zuständigkeits(rück)übertragung an ein Gericht niederer Ordnung ist nicht mehr zulässig.[18]

Zuständig für den Trennungsbeschluss ist das Gericht höherer Ordnung, bei dem die zusammenhängenden Verfahren verbunden anhängig sind. Nach richtiger Ansicht ist für einen Beschluss eines gemeinschaftlich oberen Gerichts gemäß § 4 Abs. 2 Satz 2 auch dann kein Bedarf, wenn das abgetrennte Verfahren an sich zur Zuständigkeit eines niederen Gerichts eines anderen Bezirks gehören würde, denn die Zuständigkeit des trennenden Gerichts bleibt durch den Trennungsbeschluss unberührt.[19]

IV. Rechtsbehelfe

Der Beschuldigte hat weder einen Rechtsanspruch auf Verfahrensverbindung noch einen Anspruch auf Abtrennung (s)eines Verfahrens. Dementsprechend sind weder die Verbindung noch die Ablehnung der Trennung mit der Beschwerde anfechtbar (vgl. § 305 S. 1).

Die Verfahrenstrennung können StA und Angeklagter gleichermaßen mit der **einfachen Beschwerde** nach § 304 Abs. 1 angreifen. Überprüft werden sowohl Rechtmäßigkeit als auch Zweckmäßigkeit der Ermessensausübung des trennenden Gerichts.[20]

Anders als im Beschwerdeverfahren kann eine schlichte Unrichtigkeit der Ermessensausübung durch den Tatrichter mit der **Revision** nicht gerügt werden. Revisibel sind lediglich die eher seltenen Fälle des sog. Ermessensmissbrauches, das Fehlen der gesetzlichen Voraussetzungen einer Verbindung bzw. Trennung sowie Verfahrensfehler.[21]

V. JGG

Zum Jugendgericht können nicht nur mehrere rechtshängige Strafsachen gegen Jugendliche oder Heranwachsende verbunden werden; auch eine Strafsache gegen einen **Jugendlichen** kann mit einer solchen gegen einen **Erwachsenen** verbunden werden (§§ 2, 103 Abs. 1, 112 S. 1 JGG).[22] Im Falle einer Trennung ist insbesondere die Gleichstellungsklausel des § 209 a zu beachten. Auch wenn sich das Verfahren gegen den Jugendlichen vor demjenigen gegen den Erwachsenen „erledigt" hat, bleibt – entgegen dem Wortlaut des § 103 Abs. 3 JGG – die Zuständigkeit des Jugendgerichts bestehen (Vorrang des § 47 a JGG).[23]

§ 5 [Maßgebendes Verfahren]

Für die Dauer der Verbindung ist der Straffall, der zur Zuständigkeit des Gerichts höherer Ordnung gehört, für das Verfahren maßgebend.

I. Allgemeines

Die Vorschrift will die prozessualen Konsequenzen der „Verschmelzung" verschiedener, aber (iSd § 3) zusammenhängender Strafsachen, die nach §§ 2 oder 4 verbunden worden sind, regeln. Sie (alle) zu „regeln"[1] würde eine aus einem Satz bestehende Vorschrift überfordern. Der Gesetzgeber hat sich folglich mit einer Art „Obersatz" begnügt, der – selbstredend nur für die Dauer der Verbindung – eine weitgehend einheitliche Behandlung vorgibt, es aber notgedrungen der Rspr. überlässt, eine gewisse Selbständigkeit der verbundenen Sachen zu wahren. Für die bloße Verhandlungsverbindung nach § 237 ist die Vorschrift nicht anwendbar.[2]

II. Grundsatz: Einheitlichkeit des Verfahrens

Die Verbindung mehrerer Strafsachen nach §§ 2 ff. führt zu einer **Verschmelzung** der verbundenen Sachen zu einem einheitlichen Verfahren.[3] § 5 bestimmt, dass sich das gesamte Verfahren

---

[16] Rn. 6.
[17] *Meyer-Goßner* Rn. 11; KK-StPO/*Fischer* Rn. 12.
[18] BGH v. 26. 9. 2001 – 2 StR 340/01, BGHSt 47, 116 = NJW 2002, 526; KK-StPO/*Fischer* Ran. 12.
[19] Vgl. Löwe/Rosenberg/*Erb* Rn. 43; aA KK-StPO/*Fischer* Rn. 10; *Meyer-Goßner* Rn. 15.
[20] S. hierzu ausführlich § 2 Rn. 16; Löwe/Rosenberg/*Erb* Rn. 44.
[21] Zum Ganzen ausf. § 2 Rn. 17.
[22] Instruktiv dazu KK-StPO/*Fischer* Rn. 13.
[23] BGH v. 4. 11. 1981 – 2 StR 340/01, BGHSt 30, 260 = NJW 1982, 454.
[1] So aber Löwe/Rosenberg/*Erb* Rn. 1.
[2] BGH v. 19. 1. 1988 – 4 StR 647/87, BGHSt 35, 195 (197) = JR 1988, 385 mAnm *Meyer*
[3] BGH v. 18. 1. 1990 – 4 StR 616/89, BGHSt 36, 348 = NJW 1990, 1490; *Meyer-Goßner* Rn. 1; *Pfeiffer* Rn. 1.

nunmehr grds. nach den **Regeln** für den Straffall richtet, der zur Zuständigkeit des **Gerichts höherer Ordnung** gehört.[4]

3   So erstreckt sich der Ausschluss eines befangenen Richters nach § 22 auf sämtliche verbundene Straffälle.[5] Einem Zeugen, dessen Aussage auch seinen Angehörigen betrifft, steht nach einer Verbindung kraft sachlichen Zusammenhangs ein generelles Aussageverweigerungsrecht nach § 52 zu und nicht mehr lediglich ein Auskunftsverweigerungsrecht seinen Angehörigen betreffend nach § 55.[6] Im Falle der Verbindung eines Strafbefehlsverfahrens ist bei persönlicher Verbindung die Rücknahme des Einspruchs eines der verbundenen Verfahren betreffend nach § 411 Abs. 3 nur dann möglich, wenn die Verfahren zuvor wieder getrennt werden.[7] Das zulässige Rechtsmittel richtet sich allein nach der Zuständigkeit des Gerichts, bei dem das Verfahren verbunden ist, egal, ob eine persönliche[8] oder sachliche Verbindung[9] erfolgt ist und zwar auch, wenn das Verfahren wegen der Sache, die die höhere Zuständigkeit begründet hatte, zwischenzeitlich durch Einstellung erledigt ist.[10] Ferner gilt der Grundsatz der Einheitlichkeit auch für die Zurückverweisung (§ 354 Abs. 2), die an das Gericht der höheren Zuständigkeit geht. Bei Erledigung der die höhere Zuständigkeit begründenden Strafsache steht es dem Revisionsgericht gemäß § 354 Abs. 3 jedoch offen, die Sache an das für die noch nicht erledigte Sache an sich zuständige Gericht niederer Ordnung zurückzuverweisen.[11]

4   Besonders wichtig ist der Grundsatz der Einheitlichkeit des Verfahrens für die Frage der **notwendigen Verteidigung**. Bei einer Verbindung aufgrund persönlichen Zusammenhangs gilt der in einem Verfahren bestellte Pflichtverteidiger auch für die verbundenen Verfahren als bestellt. Bei einer Verbindung aufgrund sachlichen Zusammenhangs ist zu unterscheiden. Handelt es sich aufgrund der Verbindung bei dem erstinstanzlichen Gericht um das LG, gilt § 222a und allen Angeklagten ist zwingend ein Pflichtverteidiger beizuordnen (§ 140 Abs. 1 Nr. 1), während bei einer Verbindung vor dem Amtsgericht infolge eines sachlichen Zusammenhangs die Voraussetzungen von § 140 bei jedem Angeklagten gesondert zu prüfen sind.[12]

III. Ausnahme: Wahrung der Selbständigkeit

5   Aus Gründen der Rechtsstaatlichkeit bleiben die verbundenen Sachen jedoch selbständig, soweit es sich um **Prozesshindernisse** handelt, die nur für eine Strafsache bestehen, zB Verjährung,[13] Fehlen eines notwendigen Strafantrages[14] oder bei der Rechtsstellung Dritter.[15] Ansonsten könnten durch eine Verbindung wesentliche Rechte des Angeklagten oder Dritter unterlaufen werden. In diesen Fällen kann es sich empfehlen, die Verbindung nach § 4 durch Beschluss wieder aufzuheben (und ggf. durch eine solche nach § 237 zu ersetzen), um eine (teils) unangemessene Entscheidung durch einheitlichen Urteilsspruch zu vermeiden.[16]

IV. Andere Rechtsgebiete

6   Richtet sich eine der verbundenen Sachen gegen Jugendliche oder Heranwachsende (§§ 103, 112 JGG) sind bezüglich *dieser* Sache die Vorschriften des **JGG** anzuwenden, soweit dies in § 104 JGG (teils zwingend, teils nach Ermessen des Gerichts) vorgesehen ist.[17]

§ 6 [Prüfung von Amts wegen]

Das Gericht hat seine sachliche Zuständigkeit in jeder Lage des Verfahrens von Amts wegen zu prüfen.

---

[4] *Meyer-Goßner* Rn. 1; *Pfeiffer* Rn. 1.
[5] BGH v. 4. 11. 1959 – 2 StR 421/59, BGHSt 14, 219 (222) = NJW 1960, 301; KK-StPO/*Fischer* Rn. 1; Löwe/Rosenberg/*Erb* Rn. 4; *Meyer-Goßner* Rn. 1.
[6] Löwe/Rosenberg/*Erb* Rn. 4; *Meyer-Goßner* Rn. 1 iVm. § 52 Rn. 11.
[7] Löwe/Rosenberg/*Erb* Rn. 1; *Meyer-Goßner* Rn. 1; offengelassen BGH v. 27. 4. 1989 – 1 StR 632/88, BGHSt 36, 175 (187).
[8] BGH v. 26. 5. 1955 – 3 StR 514/54, MDR 1955, 755.
[9] BGH v. 13. 10. 1955 – 4 StR 346/55, NJW 1955, 1890 (L).
[10] BGH v. 26. 5. 1955 – 3 StR 514/54, MDR 1955, 755; Löwe/Rosenberg/*Erb* Rn. 5; *Meyer-Goßner* Rn. 1.
[11] Vgl. auch Löwe/Rosenberg/*Erb* Rn. 6.
[12] Ausf. zum Ganzen Löwe/Rosenberg/*Erb* Rn. 3.
[13] RG v. 25. 5. 1883 – Rep. 982/82, RGSt 8, 310 (312).
[14] KK-StPO/*Fischer* Rn. 3; Löwe/Rosenberg/*Erb* Rn. 7.
[15] *Pfeiffer* Rn. 2.
[16] Löwe/Rosenberg/*Erb* Rn. 7; *Meyer-Goßner* Rn. 2.
[17] KK-StPO/*Fischer* Rn. 3; Löwe/Rosenberg/*Erb* Rn. 8; *Meyer-Goßner* Rn. 2.

I. Allgemeines

Die sachliche Zuständigkeit ist eine **Prozessvoraussetzung**,[1] deren Bedeutung ungleich höher ist als die der örtlichen Zuständigkeit (§ 16) oder die besonderer Strafkammern (§ 6 a). Fehlt sie, darf – an sich – keine Sachentscheidung ergehen.[2] § 6 sieht deshalb eine Pflicht zur Prüfung der sachlichen Zuständigkeit in jeder Lage des Verfahrens von Amts wegen vor, die – entgegen dem Gesetzeswortlaut – indes nicht uneingeschränkt gilt.

II. Prüfung von Amts wegen in jeder Lage des Verfahrens

Nach dem Gesetzeswortlaut muss jedes Gericht seine sachliche Zuständigkeit von Amts wegen „in jeder Lage" des Verfahrens prüfen. Rspr. und Lehre haben insoweit aber **Ausnahmen** entwickelt. Deshalb ist je nach der „Lage" zu unterscheiden. Im Zwischenverfahren gilt § 6 uneingeschränkt.[3] Nach Eröffnung des Hauptverfahrens sind gleich zwei Einschränkungen zu beachten: Zum einen ist – aus Gründen der Verfahrensökonomie – jetzt nur noch die Feststellung beachtlich, dass die Sache eigentlich vor ein Gericht höherer Ordnung gehört, nicht umgekehrt (vgl. §§ 225 a Abs. 1, 270, 269).[4] Eine **Einschränkung dieser Einschränkung** gilt allerdings für Verstöße gegen höherrangige Rechtsgrundsätze.[5] So zB wenn das Gericht höherer Ordnung seine Zuständigkeit willkürlich angenommen hat (Art. 101 Abs. 1 Satz 2 GG)[6] oder wenn wegen Berührung der verfassungsrechtlichen Kompetenz von Bund und Ländern die erstinstanzliche Zuständigkeit eines OLG in Frage steht (§ 120 GVG).[7] Zum anderen wird nach Eröffnung des Hauptverfahrens die „besondere Bedeutung der Sache" (§ 24 Abs. 1 Nr. 3 GVG) ebenso wie die Erhöhung der Rechtsfolgenerwartung (§ 25 Nr. 2 GVG) nicht mehr geprüft.[8] Es handelt sich dabei um den Ausfluss eines allgemeinen Grundsatzes, wonach die Pflicht zur Prüfung und Beachtung normativer Zuständigkeitsmerkmale mit Eröffnung des Hauptverfahrens endet.[9]

III. Verfahren bei sachlicher Unzuständigkeit

Hält sich ein **Gericht höherer Ordnung** bei Eröffnung des Hauptverfahrens für sachlich unzuständig, so eröffnet es das Hauptverfahren vor dem Gericht niederer Ordnung (§ 209 Abs. 1). Nach Eröffnung des Hauptverfahrens gilt § 269.

Hält sich ein **Gericht niederer Ordnung** für sachlich unzuständig, so legt es vor Eröffnung des Hauptverfahrens die Akten durch Vermittlung der StA dem Gericht höherer Ordnung zur Entscheidung vor (§ 209 Abs. 2). Nach Eröffnung des Hauptverfahrens gibt es das Verfahren per Beschluss an das Gericht höherer Ordnung ab.[10] Beim Gericht höherer Ordnung rechtshängig wird das Verfahren aber erst mit dessen Übernahmebeschluss, da der Abgabebeschluss des niederen Gerichts für dieses nicht bindend ist.[11]

Auch die **Rechtsmittelgerichte** haben die ursprüngliche sachliche Zuständigkeit des erstinstanzlichen Gerichts von Amts wegen zu prüfen.[12] Im Falle eines Verstoßes gegen die sachliche Zuständigkeit haben sie das Verfahren unter Aufhebung des erstinstanzlichen Urteils an das zuständige Gericht zu verweisen (s. §§ 328 Abs. 2, 355). Dies gilt allerdings nicht, wenn das erstinstanzliche Gericht aufgrund einer ursprünglich höheren Straferwartung lediglich bei Eröffnung des Verfahrens, nicht aber zum Zeitpunkt der Urteilsfällung sachlich unzuständig war.[13] Wird kein Rechtsmittel eingelegt, erwächst das unter Verstoß gegen die sachliche Zuständigkeit ergangene erstinstanzliche Urteil in Rechtskraft.[14]

Streitig – selbst innerhalb des BGH – ist, ob die unter Verstoß gegen höherrangige Rechtsgrundsätze geschehene Zuständigkeitsannahme eines Gerichts höherer Ordnung **in der Revision**

---

[1] BGH v. 5. 10. 1962 – GSSt 1/62, BGHSt 18, 79 (81).
[2] Meyer-Goßner Rn. 1.
[3] Vgl. Löwe/Rosenberg/*Erb* Rn. 6; KK-StPO/*Fischer* Rn. 4.
[4] Anw-StPO/*Rotsch* Rn. 7; Meyer-Goßner Rn. 3; Löwe/Rosenberg/*Erb* Rn. 7.
[5] BGH v. 22. 12. 2000 – 3 StR 378/00, BGHSt 46, 238 (240 f.); SK-StPO/*Schlüchter*, § 269 Rn. 7.
[6] BGH v. 10. 1. 1969 – 5 StR 682/68, GA 1970, 25; BGH v. 22. 12. 2000 – 3 StR 378/00, BGHSt 46, 238 (241) mwN; Löwe/Rosenberg/*Erb* Rn. 3.
[7] BGH v. 22. 12. 2000 – 3 StR 378/00, BGHSt 46, 238 (241 ff.); Welp NStZ 2002, 1 (2 f.); Löwe/Rosenberg/ *Erb* Rn. 3.
[8] Meyer-Goßner Rn. 2; Löwe/Rosenberg/*Erb* Rn. 7.
[9] Löwe/Rosenberg/*Erb* Rn. 7 unter Hinweis auf *Rieß* GA 1976, 1 (11 f.); NJW 1978, 2265 (2267 f.).
[10] Vgl. etwa BGH v. 24. 4. 1974 – 2 StR 69/74, BGHSt 25, 309; KK-StPO/*Fischer* Rn. 5.
[11] BGH v. 24. 4. 1974 – 2 StR 69/74, BGHSt 25, 309 (311 f.).
[12] Zum Ganzen ausführlich KK-StPO/*Fischer* Rn. 6 f.; Löwe/Rosenberg/*Erb* Rn. 9 ff. u. 16 ff.
[13] BGH v. 2. 10. 1951 – 1 StR 434/51, BGHSt 1, 346 (347); KK-StPO/*Fischer* Rn. 8.
[14] Vgl. RG v. 9. 12. 1937 – 3 D 639/37, RGSt 71, 378 (378); KK-StPO/*Fischer* Rn. 8; Meyer-Goßner Rn. 2.

§ 6a 1–4   Erstes Buch. Allgemeine Vorschriften

von Amts wegen[15] oder nur auf Verfahrensrüge[16] zu berücksichtigen ist. Richtigerweise wird man insbesondere im Hinblick auf die überragende verfassungsrechtliche Bedeutung des gesetzlichen Richters (Art. 101 Abs. 1 Satz 2 GG) einen derartigen Verstoß von Amts wegen zu prüfen haben. Aus selbigem Grund sollte dies auch dann gelten, wenn ein Berufungsgericht entgegen § 328 Abs. 2 eine Sache nicht an das zuständige Gericht zurückverweist und gegen das Berufungsurteil aus welchen Gründen auch immer anschließend Revision eingelegt wird.[17]

IV. Andere Rechtsgebiete

7   Innerhalb der Jugendgerichte finden die §§ 6, 269 iVm. § 2 JGG ebenfalls Anwendung. Das Verhältnis der Jugendgerichte zu den Erwachsenengerichten betrifft zwar nicht die sachliche Zuständigkeit, dennoch gilt auch hier, dass der **Vorrang der Jugendgerichte** grds. von Amts wegen zu beachten ist.[18] In der Revision nach allg. Meinung jedoch nur auf Rüge.[19] Dies ist im Hinblick auf das grundrechtsgleiche Recht des gesetzlichen Richters (Art. 101 Abs. 1 Satz 2 GG) bedenklich.

§ 6 a [Zuständigkeit besonderer Strafkammern]

¹Die Zuständigkeit besonderer Strafkammern nach den Vorschriften des Gerichtsverfassungsgesetzes (§ 74 Abs. 2, §§ 74 a, 74 c des Gerichtsverfassungsgesetzes) prüft das Gericht bis zur Eröffnung des Hauptverfahrens von Amts wegen. ²Danach darf es seine Unzuständigkeit nur auf Einwand des Angeklagten beachten. ³Der Angeklagte kann den Einwand nur bis zum Beginn seiner Vernehmung zur Sache in der Hauptverhandlung geltend machen.

I. Allgemeines

1   Die Vorschrift beschränkt vor dem Hintergrund, dass der Zuständigkeit besonderer Strafkammern eine geringere Bedeutung beigemessen wird als der an der Straffolgenerwartung orientierten allgemeinen sachlichen Zuständigkeit, deren Prüfung und Anfechtbarkeit. Anders als bei der allgemeinen sachlichen Zuständigkeit (s. § 6) handelt es sich bei der Frage der Zuständigkeit besonderer Strafkammern wie bei der Frage der örtlichen Zuständigkeit (s. § 16) um eine **zeitlich befristete Verfahrensvoraussetzung**. Es gilt mithin zwischen den verschiedenen Verfahrensstadien zu unterscheiden.[1]

II. Besondere Strafkammern

2   Besondere Strafkammern sind gem. §§ 74 Abs. 2, 74 d GVG die Schwurgerichtskammer, gem. § 74 a GVG die Staatsschutzkammer und gem. § 74 c GVG die Wirtschaftsstrafkammer. Greift eine der dort normierten **Katalogtatbestände** ein, so sind sie grds. ausschließlich zuständig. Innerhalb der ggf. gleichzeitig gegebenen Zuständigkeit der besonderen Strafkammern bestimmt § 74 e GVG folgendes Rangverhältnis: Schwurgerichtskammer vor Wirtschaftsstrafkammer vor Staatschutzkammer.

III. Prüfung je nach Lage des Verfahrens

3   **Vor Anklageerhebung** überprüft die StA von sich aus, wie sich aus § 170 Abs. 1 ergibt, ob es die Anklage bei einer besonderen Strafkammer erhebt.

4   **Nach Anklageerhebung** bis zur Eröffnung des Hauptverfahrens hat jedes Gericht (das nach allg. Gericht wie die besondere Strafkammer selbst) gem. Satz 1 die Zuständigkeit einer/der besonderen Strafkammer von Amts wegen zu prüfen. Dh., bei Feststellen der Unzuständigkeit eröffnet das Gericht höherer Ordnung das Verfahren bei dem zuständigen Gericht niederer Ordnung (§ 209 a iVm. § 209 Abs. 1) bzw. legt das Gericht niederer Ordnung die Sache durch Vermittlung der StA dem Gericht höherer Ordnung vor (§ 209 a iVm. § 209 Abs. 2 StPO).

---

[15] So BGH v. 12. 12. 1991 – 4 StR 506/91, BGHSt 38, 172 (176) = NJW 1992, 1775; BGH v. 21. 4. 1994 – 4 StR 136/94, BGHSt 40, 120 = NJW 1994, 2369 = JZ 1995, 262 mAnm *Engelhardt*; BGH v. 22. 4. 1999 – 4 StR 19/99, BGHSt 45, 58 (59) = NJW 1999, 2604 = JZ 2000, 215 mAnm *Bernsmann*.
[16] So BGH v. 10. 1. 1969 – 5 StR 682/68, GA 1970, 25; BGH v. 22. 4. 1997 – 1 StR 701/96, BGHSt 43, 53 (55) = NJW 1997, 2689; Löwe/Rosenberg/*Erb* Rn. 17; *Pfeiffer* Rn. 1.
[17] Im Ergebnis so auch OLG Oldenburg v. 11. 4. 1994 – Ss 122/94, NStZ 1994, 449; OLG Hamm v. 20. 10. 1994 – 2 Ss 1221/94, StV 1995, 182; OLG Köln v. 1. 12. 1995 – Ss 482/95, StraFo 1996, 83; *Meyer-Goßner* § 269 Rn. 8; aA BGH v. 30. 7. 1996 – 5 StR 288/95, BGHSt 42, 205 (210 ff.) = NJW 1997, 204; Löwe/Rosenberg/*Erb* Rn. 17.
[18] KK-StPO/*Fischer* Rn. 2; *Meyer-Goßner* Rn. 6; *Pfeiffer* Rn. 2.
[19] BGH v. 5. 10. 1962 – GSSt 1/62, BGHSt 18, 79 = NJW 1963, 60; BGH v. 25. 8. 1975 – 2 StR 309/75, BGHSt 26, 191 (198) = NJW 1975, 2304; KK-StPO/*Fischer* Rn. 2; *Meyer-Goßner* Rn. 6; *Pfeiffer* Rn. 2.
[1] Dazu sogleich Rn. 3 ff.

Nach Eröffnung des Hauptverfahrens wird die Zuständigkeit besonderer Strafkammern nur 5 noch auf Einwand des Angeklagten (Satz 2) geprüft. Zur Erhebung des Einwands ist nur der Angeklagte berechtigt, nicht hingegen die StA oder der Nebenkläger. Er ist vor Beginn der Hauptverhandlung nach allg. Regeln schriftlich einzureichen oder zu Protokoll der Geschäftsstelle zu geben, in der Hauptverhandlung mündlich zu erheben und im Protokoll zu beurkunden.

Letztmals kann der **Einwand** bis zum Beginn der Vernehmung des Angeklagten zur Sache in 6 der Hauptverhandlung (§ 243 Abs. 4 S. 2) erhoben werden (Satz 3). Unterbleibt dies, wird eine an sich unzuständige allgemeine Strafkammer von Rechts wegen funktionell zuständig; eine Verweisung an die Schwurgerichtskammer ist fortan ausgeschlossen.[2] Entscheidend ist hier grds. die erste Hauptverhandlung. Dh., dass der Einwand weder in der Berufungsinstanz noch nach Zurückverweisung durch das Revisionsgericht erneut erhoben werden kann. Eine **Ausnahme** hiervon gilt nur für den Fall der Wiedereinsetzung in den vorigen Stand. Ferner ist der gesetzlich geregelte Fall zu beachten, in dem bei Vorliegen einer Wirtschaftsstrafsache in erster Instanz das Schöffengericht zuständig war, für die Berufung nunmehr die kleine Wirtschaftsstrafkammer zuständig ist (s. §§ 74c Abs. 1 aE, 76 Abs. 1 Satz 1 Hs. GVG). Da in diesem Fall folglich zum ersten Mal die Zuständigkeit einer besonderen Strafkammer relevant wird, gilt hier § 6a entsprechend.[3]

Bei Begründetheit des Einwands verfährt das Gericht bis zum Beginn der Hauptverhandlung 7 nach § 225a Abs. 4 und nach Beginn der Hauptverhandlung nach § 270 Abs. 1 Satz 2, die insofern eigenständige Regelungen bereithalten.

Findet die **Hauptverhandlung in Abwesenheit** des Angeklagten statt, so steht der Beginn der 8 Verlesung der Niederschrift über die richterliche Vernehmung des Angeklagten dem Beginn der Vernehmung gleich. Bei **mehreren Angeklagten** aufgrund sachlichen Zusammenhangs (§ 3) kann jeder Angeklagte selbstständig den Einwand bis zum Beginn seiner Vernehmung geltend machen. Ist der Einwand begründet, wirkt er jedoch gegen alle Mitangeklagten. Dh., das Gericht gibt das Verfahren insgesamt ab und trennt nicht etwa das Verfahren gegen den den Einwand erhebenden Angeklagten ab.

Der Angeklagte kann den **Einwand auch wiederholt** erheben.[4] Verbraucht ist er lediglich in 9 dem Fall, in dem dem Einwand stattgegeben wurde und der Angeklagte ohne Eintritt neuer, verändernder Umstände vor dem nunmehr mit der Sache befassten Gericht erneut den Einwand erhebt (widersprüchliches Verhalten).[5]

---

[2] BGH v. 11.12.2008 – 4 StR 376/08, NStZ 2009, 404.
[3] Löwe/Rosenberg/*Erb* Rn. 21.
[4] S. Löwe/Rosenberg/*Erb* Rn. 18.
[5] S. Löwe/Rosenberg/*Erb* Rn. 19.

Zweiter Abschnitt. Gerichtsstand

§ 7 [Gerichtsstand des Tatortes]

(1) Der Gerichtsstand ist bei dem Gericht begründet, in dessen Bezirk die Straftat begangen ist.

(2) ¹Wird die Straftat durch den Inhalt einer im Geltungsbereich dieses Bundesgesetzes erschienenen Druckschrift verwirklicht, so ist als das nach Absatz 1 zuständige Gericht nur das Gericht anzusehen, in dessen Bezirk die Druckschrift erschienen ist. ²Jedoch ist in den Fällen der Beleidigung, sofern die Verfolgung im Wege der Privatklage stattfindet, auch das Gericht, in dessen Bezirk die Druckschrift verbreitet worden ist, zuständig, wenn in diesem Bezirk die beleidigte Person ihren Wohnsitz oder gewöhnlichen Aufenthalt hat.

I. Allgemeines

1 §§ 7–21 regeln den Gerichtsstand, dh. die sog. **örtliche Zuständigkeit im 1. Rechtszug**. Unterschieden wird dabei zwischen den sog. primären Gerichtsständen/Hauptgerichtsständen, den subsidiären Gerichtsständen und den besonderen Gerichtsständen.[1] Bei mehreren rechtlich möglichen Gerichtsständen steht der StA ein **Wahlrecht** zu, bei welchem der örtlich zuständigen Gerichte sie Anklage erheben will.[2] Insofern steht ihr ein Auswahlermessen zu, welches ihre Grenze erst im Willkürprinzip findet.[3]

2 **Sonderfälle** der örtlichen Zuständigkeit regeln §§ 388 Abs. 1 (Widerklage), 441 Abs. 1 Satz 2 (Einziehung), 444 Abs. 3 Satz 2 (Festsetzung von Geldbußen gegen jur. Pers.), § 157 GVG (Rechtshilfe), § 68 OWiG (Einspruch gegen einen Bußgeldbescheid) sowie § 3 Abs. 3 BinSchVfG (Binnenschifffahrtssachen). In Strafverfahren gegen Jugendliche und Heranwachsende gilt § 42 Abs. 1 JGG, dessen Zuständigkeitsbestimmungen zwar ausdrücklich neben den Verfahrensvorschriften der StPO Bestand haben, aber gem. § 42 Abs. 2 JGG insofern vorrangig sind.[4] Desweiteren sind den Gerichtsstand betreffend folgende gesetzliche **Zuständigkeitskonzentrationen** bzw. **Konzentrationsermächtigungen** zu beachten: § 74a GVG (Zuständigkeiten der Staatsschutzkammer), § 74c Abs. 3 u. 4. GVG (Wirtschaftsstrafkammern), § 74d GVG (Gemeinsames Schwurgericht), § 78a GVG (Strafvollstreckungskammer) §§ 58, 157 Abs. 2 GVG (Gemeinsames Amtsgericht), § 33 Abs. 4 JGG (bei Jugendsachen), § 391 Abs. 1 u. 2 AO (bei Steuerstrafsachen), § 13 Abs. 1 WiStG (bei Wirtschaftsstrafsachen), § 43 Abs. 1 AWG (bei Außenwirtschaftsstrafsachen), § 4 BinSchVfG (bei Binnenschifffahrtssachen), §§ 7, 12 FestlandsockelG, § 34 Abs. 1 MOG.

3 § 7 Abs. 1 begründet den **Hauptgerichtsstand des Tatortes** für alle die Fälle, in denen der Tatort im Geltungsbereich der StPO liegt. Liegt der Tatort außerhalb des Geltungsbereichs der StPO, so kommen nur die Gerichtsstände nach §§ 8–11, 13, 13a in Betracht.[5] In seiner praktischen Bedeutung nimmt dieser Gerichtsstand im Erwachsenenstrafrecht eine vorrangige Stellung ein, denn gemäß Nr. 2 Abs. 1 RiStBV führt grundsätzlich der Staatsanwalt, in dessen Bezirk die Tat begangen ist, die Ermittlungen und erhebt entsprechend in aller Regel bei diesem Gerichtsstand die Anklage. Ausnahmen hiervon gelten insb. bei Sammelverfahren (s. Nr. 25–29 RiStBV) sowie bei Straftatbeständen, bei denen die Generalstaatsanwälte der Bundesländer insb. aus Praktikabilitätsgründen eine für alle StAen geltende Zuständigkeitsvereinbarung getroffen haben.

4 § 7 Abs. 2 Satz 1 begründet einen **besonderen Gerichtsstand für Pressedelikte**. Seine Funktion liegt ausschließlich in einer Einschränkung des Gerichtsstandes des Tatortes, da dieser anonsten an jedem Erscheinungsort des Druckerzeugnisses vorläge.[6] Sonstige einschlägige Gerichtsstände bleiben hiervon unberührt.[7] Satz 2 enthält insofern eine Erweiterung, als er es (zumeist rechtsunkundigen) Privaten bei einer mittels einer Druckschrift erfolgten Ehrverletzung ermöglicht, ihre Strafinteressen im Privatklageweg (§§ 374 ff.) am Gerichtsbezirk ihres Wohnortes zu verfolgen.

II. Tatort (Abs. 1)

5 Die Frage, an welchem Ort eine Straftat begangen worden ist, ergibt sich aus dem **materiellen Strafrecht**. § 9 Abs. 1 StGB bestimmt diesen für den Täter. Danach ist Tatort sowohl der Ort der

---

[1] Ausführlich Löwe/Rosenberg/*Erb* Vor § 7 Rn. 4 ff.; s. auch *Meyer-Goßner* Vor § 7 Rn. 2 ff.
[2] S. KK-StPO/*Fischer* Vorbem. zu §§ 7–21 Rn. 3; Löwe/Rosenberg/*Erb* Vor § 7 Rn. 19 ff.; zur Überprüfung der getroffenen Wahl s. § 16 Rn. 2 u. 5.
[3] Löwe/Rosenberg/*Erb* Vor § 7 Rn. 24; Thüringer OLG v. 29. 1. 2009 – 1 Ws 30/09, OLGSt StPO § 8 Nr. 1.
[4] S. *Eisenberg* JGG § 42 Rn. 6; *Ostendorf* § 42 JGG Rn. 4.
[5] KK-StPO/*Fischer* Rn. 1; *Meyer-Goßner* Rn. 5.
[6] Vgl. BGH v. 7. 11. 1957 – 2 ARs 143/57, BGHSt 11, 56 (59).
[7] *Meyer-Goßner* Rn. 7.

(unterlassenen) Handlung (beim Mittäter auch der Ort der Handlungen der weiteren Mittäter, beim mittelbaren Täter auch der Handlungsort des Tatwerkzeuges) als auch der Ort des Erfolges beziehungsweise der Gefahrverwirklichung. Beim Teilnehmer bestimmt § 9 Abs. 2 StGB als Tatort sowohl den Begehungsort (Handlungsort oder Erfolgsort) der Tat iS des § 9 Abs. 1 StGB als auch den Handlungsort des Teilnehmers. Bei den sog. Anschlussdelikten (§§ 257–261 StGB) handelt es sich jedoch um selbständige Taten, die daher nicht (auch) am Ort der Vortat begangen sind.[8] § 13 iVm. § 3 ermöglicht jedoch in diesem Fall die Wahl eines einheitlichen Gerichtsstandes (allerdings nicht für § 261 StGB).[9]

Daraus ergibt sich, dass häufig **mehrere Gerichtsstände des Tatortes** gleichzeitig begründet **6** sind.[10] Auch hier gilt, dass der StA ein **Wahlrecht** zusteht, bei welchem Gerichtsstand sie in der Sache Anklage erhebt.[11] In der Regel wird dies bei einem zuständigen Gericht in ihrem Bezirk sein. Zur umgekehrten Frage der Zuständigkeit innerhalb der StAen bei mehreren Tatorten enthalten bei bestimmten Delikten wiederum die Zuständigkeitsvereinbarungen der Generalstaatsanwälte intern zu beachtende Regeln.

III. Pressedelikte (Abs. 2)

Abs. 2 Satz 1 bestimmt für im Bundesgebiet erschienene Druckschriften den **Erscheinungsort** **7** **als alleinigen Tatort**. Dies gilt jedoch nur bei so genannten Presseinhaltsdelikten; dh. bei Straftatbeständen, die durch den **im Text verkörperten geistigen Inhalt** der Druckschrift selbst verwirklicht werden. Bei sonstigen Delikten, wie etwa bei Verstößen gegen des Urheberrechtsgesetz, verbleibt es hingegen bei Abs. 1.[12] Ebenso verhält es sich bei ausländischen Druckschriften und bei Druckschriften, deren Erscheinungsort nicht festzustellen ist.[13] Bei ausländischen Druckschriften ist aber uU auch ein Gerichtsstand am Ort der Einfuhr eröffnet (vgl. §§ 86 Abs. 1, 184 Abs. 1 Nr. 4 und 8, 184a Nr. 3, 184b Abs. 1 Nr. 3 StGB).[14]

„Druckschriften" sind alle Medien, die einen Text enthalten, zur Verbreitung an einen indivi- **8** duell nicht überschaubaren Personenkreis bestimmt sind und mittels eines zur Massenherstellung geeigneten Verfahrens angefertigt werden. Auf die Periodizität der Erscheinung kommt es nicht an.[15] Folglich fallen neben Zeitungen/Zeitschriften idR auch Video- und Tonaufzeichnungen darunter.

Als „Erscheinungsort" wird zum Teil der Ort angesehen, an dem die Druckschrift mit dem **9** Willen des Verfügungsberechtigten die Stätte ihrer Fertigstellung zur Verbreitung verlässt.[16] Nach anderer Auffassung ist Erscheinungsort der **Geschäftssitz des Verlegers** oder bei entsprechend delegierten Entscheidungskompetenzen der **Sitz des verantwortlichen Redakteurs**.[17] Insbesondere aus Praktikabilitätserwägungen ist letzterer Ansicht der Vorrang zu gewähren. Für die zuständige StA aber auch für das zuständige Gericht ist es von entscheidendem Vorteil, wenn die für das Druckwerk verantwortlichen Personen vor Ort greifbar sind. Bei der im modernen Wirtschaftleben häufig dezentral organisierten Vervielfältigung von Druckwerken wäre dies nicht gewährleistet.[18] Da am Geschäftssitz bzw. am Sitz des verantwortlichen Redakteurs auch tatsächlich der „geistige Erscheinungsort" liegt, ist diese Auffassung vom Gesetzeswortlaut auch gedeckt.

Für **Ehrdelikte** gemäß §§ 185–189 StGB (nicht nur die Beleidigung ieS), die im Wege der Pri- **10** vatklage (§§ 374 ff.) verfolgt werden, ist gemäß Abs. 2 Satz 2 **neben** dem Gericht des Erscheinungsortes auch das **Gericht des Verbreitungsortes** zuständig, wenn die geschädigte Person dort ihren Wohnsitz[19] oder ihren gewöhnlichen Aufenthalt[20] hat.[21] „Verbreitungsort" ist dabei jeder Ort, an dem die Druckschrift bestimmungsgemäß einem größeren Personenkreis zugänglich gemacht wird.[22] Im Falle, dass die StA erst nach Erhebung der Privatklage die Strafverfolgung übernimmt, bleibt es bei der einmal begründeten Zuständigkeit des Gerichts.[23]

---

[8] RG v. 9. 12. 1909 – I 868/09, RGSt 43, 84 (85); OLG München v. 17. 4. 1990 – 2 Ws 339/90, StV 1991, 504.
[9] Löwe/Rosenberg/*Erb* Rn. 6.
[10] Vgl. Löwe/Rosenberg/*Erb* Rn. 3.
[11] S. Löwe/Rosenberg/*Erb* Rn. 4.
[12] Zum Ganzen KK-StPO/*Fischer* Rn. 7 mwN; Löwe/Rosenberg/*Erb* Rn. 18 mwN.
[13] BGH v. 27. 6. 1997 – StB 8/97, BGHSt 43, 122; KK-StPO/*Fischer* Rn. 6.
[14] Zum Ganzen Löwe/Rosenberg/*Erb* Rn. 8.
[15] KK-StPO/*Fischer* Rn. 5; *Meyer-Goßner* Rn. 8.
[16] RG v. 29. 8. 1930 – 7 TB 62/30, RGSt 64, 292; KMR-StPO/*Paulus* Rn. 13; SK-StPO/*Rudolphi* Rn. 8.
[17] KK-StPO/*Fischer* Rn. 6; Löwe/Rosenberg/*Erb* Rn. 21; *Meyer-Goßner* Rn. 9.
[18] S. auch Löwe/Rosenberg/*Erb* Rn. 20.
[19] Zur Definition s. u. § 8 Rn. 3 f.
[20] Zur Definition s. u. § 8 Rn. 5 f.
[21] Zum Regelungszweck s. o. Rn. 4.
[22] Löwe/Rosenberg/*Erb* Rn. 24 mwN; *Meyer-Goßner* Rn. 11.
[23] BGH v. 7. 11. 1957 – 2 ARs 143/57, BGHSt 11, 56.

§ 8 [Gerichtsstand des Wohnsitzes oder Aufenthaltsortes]

(1) Der Gerichtsstand ist auch bei dem Gericht begründet, in dessen Bezirk der Angeschuldigte zur Zeit der Erhebung der Klage seinen Wohnsitz hat.

(2) Hat der Angeschuldigte keinen Wohnsitz im Geltungsbereich dieses Bundesgesetzes, so wird der Gerichtsstand auch durch den gewöhnlichen Aufenthaltsort und, wenn ein solcher nicht bekannt ist, durch den letzten Wohnsitz bestimmt.

I. Allgemeines

1   Der **Gerichtsstand des Wohnsitzes (Abs. 1)** ist ein Hauptgerichtsstand, der neben den Gerichtsständen des Tatortes und des Ergreifungsortes steht. Bei gleichzeitigem Vorliegen mehrerer Gerichtsstände hat die StA entsprechend ein Wahlrecht.[1] Seine Bedeutung in der Praxis hat der Gerichtsstand des Wohnsitzes vor allem bei Auslandstaten in Deutschland ansässiger Personen, in den seltenen Fällen, in denen der innerdeutsche Tatort nicht geklärt ist, und bei den Straftatbeständen, bei denen in den Zuständigkeitsvereinbarungen der Generalstaatsanwälte die StAen am Wohnsitz des Täters zur Strafverfolgung intern für zuständig erklärt werden.

2   Beim **Gerichtsstand des gewöhnlichen Aufenthaltes (Abs. 2 1. Alt.)** handelt es sich um einen subsidiären Gerichtsstand für den Fall, dass der Wohnsitz nicht feststeht.[2] Wiederum subsidiär zum Gerichtsstand des gewöhnlichen Aufenthaltes ist der **Gerichtsstand des letzten Wohnsitzes (Abs. 2 2. Alt.)**.[3] Der nach Abs. 2 begründete Gerichtsstand steht ansonsten neben den Hauptgerichtsständen nach § 7 und § 9.[4]

II. Gerichtsstand des Wohnsitzes (Abs. 1)

3   Der „Wohnsitz" bestimmt sich nach den §§ 7–11 BGB. Entscheidend ist demnach eine „Niederlassung" für einen nicht nur vorübergehenden, längeren Zeitraum mit einem entsprechenden **Niederlassungswillen**.[5] Nicht erforderlich ist der Rechtsfolgenwille bzw. das Bewusstsein, einen Wohnsitz iSd. §§ 7 ff. BGB zu begründen.[6] Eine Abwesenheit für längere Zeit, etwa bei Aufenthalt in einem Hotel oder als Gast bei Dritten, steht der Annahme eines Wohnsitzes grds. nicht entgegen.[7] Bei Soldaten gilt § 9 BGB. Im Übrigen begründen ein Amtssitz oder eine gewerbliche Niederlassung aber keinen Wohnsitz iSv. § 7 Abs. 1 BGB.[8]

4   Maßgeblicher Zeitpunkt ist stets der Wohnsitz **zur Zeit der Anklageerhebung**. Abweichende frühere oder spätere Wohnsitze berühren die Zuständigkeit des Gerichts nicht.[9] Bestehen zur Zeit der Anklageerhebung gleichzeitig **mehrere Wohnsitze** nebeneinander, hat die StA ein Wahlrecht.[10]

III. Gerichtsstand des gewöhnlichen Aufenthaltes (Abs. 2 1. Alt.)

5   Der „gewöhnliche Aufenthalt" ist dort gegeben, wo sich jemand **tatsächlich** ständig oder für einen längeren Zeitraum im Geltungsbereich der StPO[11] aufhält – und zwar **freiwillig** (also zB nicht in einer JVA).[12] Im Gegensatz zum Wohnsitz bedarf es keines entsprechenden Niederlassungswillens.

6   Der Gerichtsstand des gewöhnlichen Aufenthaltes kommt aufgrund seiner **Subsidiarität** nicht zur Geltung, wenn ein Wohnsitz besteht, selbst wenn dieser nur unregelmäßig aufgesucht wird.[13] Auch ein gem. § 11 Abs. 1 „fingierter" Wohnsitz schließt die Anwendung von Abs. 2 1. Alt. aus.[14] Anders als beim Wohnsitz ist der gleichzeitige Aufenthalt an mehreren Orten bereits begrifflich ausgeschlossen.[15] Zum Steuerrecht vgl. §§ 388 Abs. 3, 37, 9 AO. Zum maßgeblichen Zeitpunkt gilt o. g.[16]

---

[1] KK-StPO/*Fischer* Rn. 1; Löwe/Rosenberg/*Erb* Rn. 1; *Pfeiffer* Rn. 1.
[2] Löwe/Rosenberg/*Erb* Rn. 3; *Meyer-Goßner* Rn. 3.
[3] HK-StPO/*Zöller* Rn. 5; KK-StPO/*Fischer* Rn. 3.
[4] Vgl. *Meyer-Goßner* Vor § 7 Rn. 10.
[5] Löwe/Rosenberg/*Erb* Rn. 2; *Meyer-Goßner* Rn. 1; *Joecks* Rn. 1.
[6] BVerfG v. 10. 7. 1958 – 1 BvR 532/56, BVerfGE 8, 81 (86) = RzW 1959, 94.
[7] LG Frankfurt a. M. v. 8. 2. 1988 – 6/6 Qs 69/87, StV 1988, 381; KK-StPO/*Fischer* Rn. 1; Löwe/Rosenberg/*Erb* Rn. 2; *Meyer-Goßner* Rn. 1.
[8] Löwe/Rosenberg/*Erb* Rn. 2.
[9] Löwe/Rosenberg/*Erb* Rn. 8; *Meyer-Goßner* Rn. 2; SK-StPO/*Rudolphi* Rn. 8.
[10] Vgl. *Meyer-Goßner* Rn. 1; SK-StPO/*Rudolphi* Rn. 2.
[11] OLG Köln v. 27. 12. 1977 – 2 Ws 782/77, JMBl. NW 1978, 113; *Meyer-Goßner* Rn. 3.
[12] KK-StPO/*Fischer* Rn. 2; Löwe/Rosenberg/*Erb* Rn. 4; *Meyer-Goßner* Rn. 3.
[13] Löwe/Rosenberg/*Erb* Rn. 3.
[14] Löwe/Rosenberg/*Erb* Rn. 3; SK-StPO/*Rudolphi* Rn. 4.
[15] Löwe/Rosenberg/*Erb* Rn. 6; *Meyer-Goßner* Rn. 3.
[16] S. o. Rn. 4.

IV. Gerichtsstand des letzten Wohnsitzes (Abs. 2 2. Alt.)

Der „letzte" Wohnsitz im Bundesgebiet kann nur dann gerichtsstandsbegründend sein, wenn ein aktueller Wohnsitz nicht besteht und der gewöhnliche Aufenthalt entweder nicht bekannt ist oder im Ausland liegt.[17]

§ 9 [Gerichtsstand des Ergreifungsortes]

Der Gerichtsstand ist auch bei dem Gericht begründet, in dessen Bezirk der Beschuldigte ergriffen worden ist.

I. Allgemeines

Die Vorschrift schafft einen weiteren **Hauptgerichtsstand** neben den Gerichtsständen des Tatorts und des Wohnsitzes.[1] Sein Anwendungsbereich in der Praxis ist dennoch nur untergeordnet. Er kommt v. a. in den Fällen in Betracht, in denen die Durchführung eines sog. beschleunigten Verfahrens angezeigt ist.[2] Auf diesem Wege entfallen bei eindeutiger Sach- und Beweislage Kosten für unnötige Transporte des – inhaftierten – Beschuldigten.[3] Denkbar ist seine Anwendung insbesondere auch bei Auslandstaten deutscher Staatsbürger, die im Inland keinen Lebensmittelpunkt haben.

Im Übrigen wäre eine Anklage beim Gerichtsstand des Ergreifungsortes aber zumeist unökonomisch. Trotz grundsätzlicher Gleichberechtigung mit den anderen Hauptgerichtsständen ist das **Wahlrecht** der StA daher entsprechend **eingeschränkt**: Ermessensfehler liegen derart nahe, dass für sie gar eine entsprechende Vermutung spricht. Es bedarf stets einer sachlichen Begründung, um Beschuldigte und Zeugen nicht unangemessen zu belasten.[4]

II. Ergreifungsort

Unter „Ergreifung" ist die befugte und gerechtfertigte **Festnahme einer Person** zum Zwecke der Strafverfolgung zu verstehen, sei es durch einen Beamten (§ 152 GVG, § 127 Abs. 2), sei es durch eine Privatperson (§ 127 Abs. 1).[5] Nach Auffassung der obersten Strafrichter ist es nicht erforderlich, dass gegen den Beschuldigten im Anschluss an die Ergreifung tatsächlich ein Haftbefehl ergeht. Ausreichend sei vielmehr, wenn der Beschuldigte im Rahmen einer Kontrolle einer Straftat verdächtigt wird und daraufhin **Ermittlungen gegen ihn eingeleitet** werden.[6] Erforderlich ist aber, dass der Ergriffene, falls er zunächst nur „Verdächtiger" (zB im Identitätsfeststellungsverfahren nach §§ 163 b, 163 c) sein sollte, noch während seiner (vorübergehenden) „Festhaltung" zumindest auch „Beschuldigter" geworden ist.[7]

Wird der Beschuldigte aufgrund eines Haftbefehls festgenommen, so wurde er auch dann „ergriffen", wenn er alsbald wieder flüchtet.[8] Auch wenn sich der Beschuldigte den Strafverfolgungsbehörden selbst stellt, kann er gleichwohl iS des § 9 „ergriffen" werden.[9]

Ergreifungsort ist schließlich auch bei einer Auslieferung aus dem Ausland auf der Grundlage eines **internationalen oder sog. europäischen Haftbefehls** der Ort der Überstellung am Grenzübergang.[10]

Besteht ein **gemeinsames Haftgericht** für mehrere Amtsgerichte (§ 58 Abs. 1 GVG), so ist es auch dann das Gericht des Ergreifungsortes, wenn dieser im Bezirk eines der anderen Amtsgerichte liegt.[11]

Spätere **Änderungen der Sachlage** (Flucht/Freilassung vor Anklageerhebung etc.) heben den einmal begründeten Gerichtsstand nach § 9 nicht auf. Bei einer erneuten Ergreifung wird lediglich ein weiterer Gerichtsstand nach § 9 begründet.[12] Denkbar ist aber, dass durch entsprechende Änderungen die legitimierenden Zweckmäßigkeitsgründe[13] noch vor Anklageerhebung entfallen. Nach Anklagerhebung eintretende Änderungen bleiben auch insofern ohne Bedeutung.[14] Vom

---

[17] HK-StPO/*Zöller* Rn. 5; KK-StPO/*Fischer* Rn. 3; *Meyer-Goßner* Rn. 4.
[1] Zur ursprünglich anderen Konzeption des Gesetzgebers s. Löwe/Rosenberg/*Erb* Vor Rn. 1.
[2] Löwe/Rosenberg/*Erb* Rn. 2.
[3] BT-Drucks. 1/13 717, S. 46; OLG Hamm v. 10. 9. 1998 – 2 Ws 376/98, NStZ-RR 1999, 16; *Pfeiffer* Rn. 1.
[4] Vgl. Löwe/Rosenberg/*Erb* 3 mwN; SK/*Rudolphi* Vor § 7 Rn. 9 mwN.
[5] KK-StPO/*Fischer* Rn. 2; *Meyer-Goßner* Rn. 2; *Pfeiffer* Rn. 2.
[6] BGH v. 20. 1. 1999 – 2 ARs 518/98, BGHSt 44, 347 (348 ff.) = NJW 1999, 1412.
[7] Anw-StPO/*Rotsch* Rn. 5; Löwe/Rosenberg/*Erb* Rn. 7; *Meyer-Goßner* Rn. 3.
[8] Vgl. OLG Köln v. 27. 12. 1977 – 2 Ws 782/77, JMBl. NW 71 978, 113; *Meyer-Goßner* Rn. 2.
[9] *Meyer-Goßner* Rn. 2; SK-StPO/*Rudolpi* Rn. 2.
[10] BGH v. 8. 3. 2006 – 2 ARs 79/06 – 2 AR 36/06, NStZ-RR 2007, 114.
[11] KK-StPO/*Fischer* Rn. 1; Löwe/Rosenberg/*Erb* Rn. 12; *Meyer-Goßner* Rn. 1.
[12] Löwe/Rosenberg/*Erb* Rn. 9; *Meyer-Goßner* Rn. 6.
[13] S. o. Rn. 3.
[14] Löwe/Rosenberg/*Erb* Rn. 10.

Gerichtsstand des Ergreifungsortes umfasst werden auch sonstige Taten, die nicht im Zusammenhang mit der Ergreifung stehen, der Beschuldigte aber bereits **vor Ergreifung** begangen hat.[15]

§ 10 [Gerichtsstand bei Straftaten auf Schiffen oder Luftfahrzeugen]

(1) Ist die Straftat auf einem Schiff, das berechtigt ist, die Bundesflagge zu führen, außerhalb des Geltungsbereichs dieses Gesetzes begangen, so ist das Gericht zuständig, in dessen Bezirk der Heimathafen oder der Hafen im Geltungsbereich dieses Gesetzes liegt, den das Schiff nach der Tat zuerst erreicht.

(2) Absatz 1 gilt entsprechend für Luftfahrzeuge, die berechtigt sind, das Staatsangehörigkeitszeichen der Bundesrepublik Deutschland zu führen.

I. Allgemeines

1   Nach § 4 StGB gilt auf „deutschen" Schiffen und Luftfahrzeugen auch das „deutsche" Strafrecht, unabhängig vom Recht des Tatorts. § 10 „flankiert"[1] diese Vorschrift. Damit soll sichergestellt werden, dass es auch **„auf offener See"** oder **„in der Luft" keine rechtsfreien Räume** gibt, dergestalt, dass begangene Straftaten mangels eines örtlich zuständigen Gerichts „gänzlich ungesühnt"[2] bleiben. Aktuelle Bedeutung erlangte die Vorschrift insofern zuletzt bei den Piratenangriffen auf „deutsche" Schiffe vor der Küste von Somalia.[3] Die Regelung beinhaltet einen doppelt „besonderen" Tatort. Zum einen muss er auf einem Schiff oder in einem Luftfahrzeug liegen. Zum anderen muss sich dieses zum Zeitpunkt der Tat – zumindest zeitweise – **außerhalb des Geltungsbereiches der StPO** befunden haben. Bei Tatbegehung ausschließlich im Geltungsbereich der StPO ist § 10 hingegen unanwendbar.[4] Dieser entspricht dem Hoheitsgebiet der Bundesrepublik Deutschland. Er umfasst an Land das Gebiet innerhalb der Bundesgrenzen, an der deutschen Küste die Eigengewässer (Seehäfen, Meeresbuchten) und das Küstenmeer – einen Meeresstreifen, der in zwölf Seemeilen Breite den Eigengewässern vorgelagert ist – sowie allgemein den über den vorgenannten Bereichen liegenden Luftraum.[5]

2   Liegt der Tatort sowohl **innerhalb als auch außerhalb** dieses Geltungsbereiches – zB bei Erstreckung der Tatbegehung über eine längere Fahrt- bzw. Flugstrecke – stehen die Gerichtsstände nach §§ 7 und 10 wahlweise zur Verfügung.[6] Gleiches gilt für das Verhältnis zu den Gerichtsständen nach §§ 8, 9, 11 und 13.[7] Kann der Tatort nicht im Einzelnen ermittelt werden, ist ggf. nach § 13 a zu verfahren.[8]

II. Straftaten auf Schiffen (Abs. 1)

3   „Schiffe" iSd. Abs. 1 sind zur See- oder Binnenschifffahrt bestimmte **Wasserfahrzeuge jeder Art**,[9] einschließlich Rettungsbooten und Flößen im Falle der Seenot.[10] Erfasst werden nur Schiffe, die berechtigt (mitunter auch: verpflichtet) sind, die **Bundesflagge** zu führen. Ob dem so ist, ergibt sich bei zur Seefahrt bestimmten Schiffen aus dem Flaggenrechtsgesetz (§§ 1, 2, 10, 11, 14 FlRG)[11] und bei Seestreitkräften aus der Anordnung des Bundespräsidenten über die Dienstflagge der Seestreitkräfte der Bundeswehr vom 25. Mai 1956.[12]

4   Gerichtsstand ist bei Straftaten iS des § 4 StGB auf diesen Schiffen der Gerichtsbezirk des Heimathafens. Unter dem **„Heimathafen"** versteht man den Hafen, von dem aus mit dem Schiff die See- oder Binnenschifffahrt betrieben wird (§ 480 Abs. 1 HGB, 4 Schiffsregisterverordnung – SchRegO). Hat ein (Binnen-)Schiff keinen „Heimathafen", ist der Heimatort maßgebend (§ 4 Abs. 1 SchRegO), notfalls der Ort der Registereintragung (§ 4 Abs. 3 SchRegO).

5   Neben dem Heimathafen begründet auch der **„erste Anlaufhafen"**, dh. das – nach der Tat – erste Anlegen in einem Hafen, einen Gerichtsstand, sofern die übrigen Voraussetzungen erfüllt

---

[15] BGH v. 8. 3. 2006 – 2 ARs 79/06 2 AR 36/06, NStZ-RR 2007, 114; OLG München v. 7. 6. 1956 – Ws 330/56, MDR 1956, 566; Anw-StPO/*Rotsch* Rn. 6; *Meyer-Goßner* Rn. 4.
[1] Löwe/Rosenberg/*Erb* Rn. 1; vgl. auch Anw-StPO/*Rotsch* Rn. 1.
[2] Löwe/Rosenberg/*Erb* Vor § 10.
[3] Vgl. BGH v. 7. 4. 2009 – 2 ARs 180/09, NStZ 2009, 464.
[4] KK-StPO/*Fischer* Rn. 1; *Meyer-Goßner* Rn. 1.
[5] Prot. d. BReg v. 11. 11. 1994, BGBl. I S. 3428; BGH v. 7. 4. 2009 – 2 ARs 180/09, NStZ 2009, 464 entgegen der Auffassung der StA Kiel; Löwe/Rosenberg/*Erb* Rn. 1.
[6] KK-StPO/*Fischer* Rn. 1; Löwe/Rosenberg/*Erb* Rn. 2; *Meyer-Goßner* Rn. 1.
[7] Löwe/Rosenberg/*Erb* Rn. 2; *Meyer-Goßner* Rn. 1.
[8] Löwe/Rosenberg/*Erb* Rn. 3.
[9] *Fischer* § 4 StGB Rn. 3.
[10] Löwe/Rosenberg/*Erb* Rn. 4 unter Hinweis auf *Rietzsch* DJ 1940, 565.
[11] Ausf. zu allen denkbaren Varianten Löwe/Rosenberg/*Erb* Rn. 5.
[12] BGBl. I S. 447.

Zweiter Abschnitt. Gerichtsstand **§§ 10a, 11**

sind. Ist dieser nicht mit dem Heimathafen identisch bzw. liegen beide nicht im selben Gerichtsbezirk, sind wahlweise beide Gerichtsstände begründet.[13] Strandet ein Wrack und wird es nicht alsbald in einen Hafen geschafft, tritt an die Stelle des Gerichts des ersten Anlaufhafens insofern das Gericht, in dessen Bezirk das Schiff auf Grund gelaufen ist.[14]

III. Straftaten auf „deutschen" Luftfahrzeugen (Abs. 2)

Luftfahrzeuge iS der Vorschrift sind Flugzeuge und Drehflügler (Hubschrauber), aber auch Luftschiffe, Ballone und sonstige für die **Benutzung des Luftraums** bestimmte Geräte, sofern sie in Höhen von mehr als dreißig Metern über Grund oder Wasser betrieben werden (§ 1 Abs. 2 LuftVG). Entsprechend den Schiffen werden nur die Luftfahrzeuge erfasst, die berechtigt (und verpflichtet) sind, das **Staatsangehörigkeitszeichen** der Bundesrepublik Deutschland zu führen. Ob dem so ist, ergibt sich aus dem LuftVG. Danach ist Voraussetzung, dass sie in der Luftfahrzeugrolle beim Luftfahrt-Bundesamt in Braunschweig eingetragen sind (§§ 2 Abs. 5, 3 LuftVG).[15] 6

Dem „Heimathafen" bei Luftfahrzeugen entspricht der Ort, an dem ein Luftfahrzeug zum Zwecke seines Betriebes **dauernd stationiert** ist.[16] 7

Entsprechend dem ersten Anlaufhafen bei Schiffen begründet auch die **Landung** auf dem – nach der Tat – **ersten Flughafen** einen Gerichtsstand. Ist dieser nicht mit dem Betriebsstandort identisch bzw. liegen beide nicht im selben Gerichtsbezirk, sind wiederum wahlweise beide Gerichtsstände begründet.[17] Landet ein Luftfahrzeug in Not „auf freiem Feld", tritt an die Stelle des Gerichts des Flughafens der ersten Landung insofern das Gericht, in dessen Bezirk das Luftfahrzeug notgelandet ist, es sei denn, es steigt anschließend gleich wieder auf („Zwischennotlandung").[18] 8

§ 10a [Gerichtsstand bei Straftaten auf dem Meer]

Ist für eine Straftat, die außerhalb des Geltungsbereichs dieses Gesetzes im Bereich des Meeres begangen wird, ein Gerichtsstand nicht begründet, so ist Hamburg Gerichtsstand; zuständiges Amtsgericht ist das Amtsgericht Hamburg.

I. Allgemeines

Die Vorschrift will sicherstellen, dass für eine Straftat, die außerhalb des deutschen Hoheitsgebietes im Bereich des Meeres begangen wird, in **jedem** Fall ein Gerichtsstand in Deutschland gegeben ist, wenn das deutsche Strafrecht gemäß § 4 StGB Anwendung findet. Diesem Zweck entsprechend begründet § 10a einen lediglich subsidiären Gerichtsstand, der dann keine Anwendung findet, wenn die §§ 8–10 einen Gerichtsstand begründen.[1] 1

II. Straftaten auf dem Meer

Seit dem 28. 2. 1994 werden von der Vorschrift **alle** Straftaten erfasst, die dem **deutschen Strafrecht** unterfallen. Die frühere Beschränkung auf Umweltstraftaten (§§ 324d–330d StGB) ist entfallen.[2] 2

Erfasst werden nur Straftaten, die zum einen „im Bereich des Meeres", zum anderen „außerhalb des Geltungsbereiches dieses Gesetzes" begangen wurden. § 10a erfasst mithin – wie § 10 – nur den Bereich „jenseits" der StPO und auf „offener See".[3] 3

Gerichtsstand ist **Hamburg**. Der genauen Bestimmung des AG Hamburg (letzter HS) bedurfte es, weil es in Hamburg mehrere Amtsgerichte gibt.[4] 4

§ 11 [Gerichtsstand für deutsche Beamte im Ausland]

(1) ¹Deutsche, die das Recht der Exterritorialität genießen, sowie die im Ausland angestellten Beamten des Bundes oder eines deutschen Landes behalten hinsichtlich des Gerichtsstandes den

---

[13] KK-StPO/*Fischer* Rn. 2; Löwe/Rosenberg/*Erb* Rn. 8; Meyer-Goßner Rn. 5.
[14] Löwe/Rosenberg/*Erb* Rn. 9; vgl. auch KMR-StPO/*Paulus* Rn. 10.
[15] Ausf. dazu Meyer-Goßner Rn. 7.
[16] Löwe/Rosenberg/*Erb* Rn. 10; Meyer-Goßner Rn. 8.
[17] Löwe/Rosenberg/*Erb* Rn. 11; missverständlich Meyer-Goßner Rn. 9.
[18] Löwe/Rosenberg/*Erb* Rn. 11; Meyer-Goßner Rn. 9.
[1] Meyer-Goßner Rn. 3.
[2] BGBl. 1993 II S. 1136; 1994 II S. 496; nicht auf dem neuesten Stand Pfeiffer Rn. 1.
[3] Zu den Definitionen s. § 10 Rn. 3.
[4] Löwe/Rosenberg/*Erb* Rn. 1; Meyer-Goßner Rn. 3.

Wohnsitz, den sie im Inland hatten. ²Wenn sie einen solchen Wohnsitz nicht hatten, so gilt der Sitz der Bundesregierung als ihr Wohnsitz.

(2) Auf Wahlkonsuln sind diese Vorschriften nicht anzuwenden.

I. Allgemeines

1 Die Vorschrift steht im Zusammenhang mit § 8 Abs. 2, den sie **ergänzt**.[1] Sie will für bestimmte Personengruppen, die – insbesondere als „**Repräsentanten**" (noch) einen gewissen „Bezug" zu Deutschland haben, in jedem Fall der Begehung von Straftaten auch einen **Gerichtsstand in Deutschland** sicherstellen. Die Regelung bezieht sich dabei auf **alle Taten** der betroffenen Personengruppen. Erfasst werden also nicht nur die im (Wohnsitz-)Ausland begangenen Taten, sondern auch solche, die in Deutschland oder einem anderen ausländischen Staat begangen werden.[2]

2 Sind gleichzeitig Gerichtsstände nach den §§ 7, 9 erfüllt, so stehen diese wahlweise zur Verfügung. Ist ein Gerichtsstand nach § 11 Abs. 1 Satz 1 – mangels eines bestimmten Beschuldigten – nicht ermittelt, genügt dies für eine Gerichtsstandbestimmung nach § 13 a.[3]

II. Exterritoriale Deutsche/Deutsche Beamte im Ausland

3 Das Recht der Exterritorialität kann nur genießen, wer im Ausland wohnt. Wer zu diesem Kreis gehört, bestimmt sich nach dem **Völkerrecht** (vgl. §§ 18 bis 20 GVG).[4] Namentlich in Betracht kommen Missionschefs (Botschafter usw.), ihre Familien und ihr Personal.[5]

4 Der Begriff des Beamten ist weit auszulegen. Es gilt nicht der staats-, sondern der **strafrechtliche Beamtenbegriff** (§ 11 Abs. 1 Nrn. 2 bis 4 StGB).[6] Auch Konsuln sind Beamte (§ 2 KonsG). Beamter iS der Vorschrift ist aber nur, wer in Deutschland keinen Wohnsitz (mehr) hat. Bei Auslandsbeamten ist dies idR der Fall. Familienangehörige unterfallen dem § 11 nicht. Für sie bleibt es bei § 8 Abs. 2.[7]

5 Auch Wahlkonsuln (Abs. 2) sind an sich (Ehren-)Beamte (vgl. § 5 Abs. 3 BBG). Für sie ist nach Abs. 2 die Vorschrift aber ausdrücklich nicht anwendbar. Das dürfte darauf beruhen, dass sie nicht nur meist eine ausländische Staatsangehörigkeit haben, sondern idR nur eine „lose" Verbindung zu Deutschland haben.[8]

III. Zuständiges Gericht

6 Die Begründung des Gerichtsstandes richtet sich nach dem **letzten Wohnsitz in Deutschland**, sofern jemals ein solcher bestand (Abs. 1 S. 1). Hatten die betroffenen Personen noch nie einen Wohnsitz im Inland, enthält die Vorschrift eine **Fiktion** (Abs. 1 S. 2): Es gilt der Sitz der Bundesregierung als ihr Wohnsitz (derzeit: Berlin).

§ 12 [Zusammentreffen mehrerer Gerichtsstände]

(1) Unter mehreren nach den Vorschriften der §§ 7 bis 11 zuständigen Gerichten gebührt dem der Vorzug, das die Untersuchung zuerst eröffnet hat.

(2) Jedoch kann die Untersuchung und Entscheidung einem anderen der zuständigen Gerichte durch das gemeinschaftliche obere Gericht übertragen werden.

I. Allgemeines

1 § 12 begegnet dem Problem, dass aufgrund (dem häufigen Fall) der Begründung mehrerer Gerichtsstände gleichzeitig dieselbe prozessuale Tat (möglicherweise) bei mehr als einem Gericht rechtshängig wird und damit die **Gefahr einer verfassungsrechtlich unzulässigen Doppelbestrafung** besteht (Art. 103 Abs. 3 GG).[1*] Abs. 1 legt dabei den Grundsatz des **Prioritätsprinzips** fest. Abs. 2 ermöglicht es mittels einer Zuständigkeitsübertragung durch das gemeinsame Obergericht, von diesem Grundsatz in **Ausnahmefällen** abzuweichen. Ferner wird in Fällen der umfassenden Aburteilungsmöglichkeit nur eines Gerichts gewohnheitsrechtlich eine Ausnahme vom Prioritätsprinzip gemacht.[2*]

---

[1] *Meyer-Goßner* Rn. 1; *Pfeiffer* Rn. 1.
[2] *Löwe/Rosenberg/Erb* Rn. 4; *Meyer-Goßner* Rn. 1.
[3] *Pfeiffer* Rn. 1.
[4] Anw-StPO/*Rotsch* Rn. 2; *Meyer-Goßner* Rn. 2.
[5] *Löwe/Rosenberg/Erb* Rn. 1.
[6] KK-StPO/*Fischer* Rn. 2; *Löwe/Rosenberg/Erb* Rn. 2; *Meyer-Goßner* Rn. 3.
[7] KK-StPO/*Fischer* Rn. 2; *Meyer-Goßner* Rn. 3.
[8] *Löwe/Rosenberg/Erb* Rn. 4; *Meyer-Goßner* Rn. 4.
[1*] *Löwe/Rosenberg/Erb* Rn. 1.
[2*] S. unten Rn. 12 f.

§ 12 greift dabei nicht nur bei ausschließlich verschiedenen örtlichen Zuständigkeiten ein, sondern auch dann, wenn mit der verschiedenen örtlichen eine unterschiedliche sachliche Zuständigkeit einhergeht.

II. Prioritätsprinzip (Abs. 1)

Voraussetzung, dass das Prioritätsprinzip nach Abs. 1 zum Tragen kommt, ist, dass bei **einem** Gericht das Verfahren aufgrund eines Eröffnungsbeschlusses **rechtshängig** wurde. Die bloße Anhängigkeit aufgrund Erhebung der Anklage genügt hingegen nicht, da die StA bis zum Eröffnungsbeschluss die Anklage jederzeit zurücknehmen kann und das Verfahren an einem anderen Gericht anhängig machen kann.[3]

Entgegen dem Wortlaut greift § 12 Abs. 1 grds. auch dann, wenn ein an sich **unzuständiges Gericht** das Verfahren eröffnet.[4] Zu beachten ist ferner, dass auch nach § 13 iVm. §§ 7–11 begründete Gerichtsstände[5] und über den Wortlaut hinaus nach allgM auch nach § 13 a begründete Gerichtsstände von der Vorschrift miterfasst werden.[6]

Wirkung des Abs. 1 ist, dass das Gericht, das **zeitlich zuerst** den Eröffnungsbeschluss bezüglich der angeklagten Tat erlassen hat, damit die **ausschließliche Zuständigkeit** begründet.[7] Die ebenfalls in der Sache ermittelnden StAen haben ihr Verfahren aufgrund Vorliegens des Prozesshindernisses der anderweitigen Rechtshängigkeit gemäß § 170 Abs. 2 einzustellen.[8] Andere Gerichte haben im Falle dennoch erfolgter Anklageerhebung die Eröffnung des Verfahrens gemäß § 204 abzulehnen.[9] Nach bereits erfolgtem Eröffnungsbeschluss ist das Verfahren gemäß § 206 a oder § 260 Abs. 3 einzustellen.[10] Dies gilt auch für das Rechtsmittelgericht.[11]

Der Vorrang nach Abs. 1 **entfällt** jedoch, wenn das zeitlich zuerst eröffnende Gericht das Verfahren endgültig und nicht strafklageverbrauchend einstellt. In diesem Falle sind die bereits eingestellten Verfahren von der StA bzw. dem zweiteröffnenden Gericht **wiederaufzunehmen**. Im Falle der Ablehnung des Eröffnungsbeschlusses hat die StA erneut Anklage zu erheben.[12]

Wird das Urteil des zeitlich nachfolgend eröffnenden Gerichts allerdings **rechtskräftig**, so verbleibt es dabei und das an sich gemäß Abs. 1 vorrangige Gericht hat seinerseits das Verfahren einzustellen.[13] Dies gilt auch bei einer Entscheidung eines an sich örtlich unzuständigen Gerichts.[14]

III. Ausnahmen vom Prioritätsprinzip

1. Zuständigkeitsübertragung (Abs. 2). Bei **sachlicher Unzweckmäßigkeit** der Befassung des Erstgerichts mit der Sache kann das gemeinschaftliche Obergericht **auf Antrag oder von Amts wegen**[15] bis zum Vorliegen eines **erstinstanzlichen Urteils**[16] ein anderes örtlich zuständiges Gericht mit der Sache betrauen. Im Rechtsmittelverfahren ist für eine Übertragung nach Abs. 2 kein Raum, auch nicht nach Aufhebung und Zurückverweisung gem. §§ 328 Abs. 2, 354 Abs. 2.[17] Der Beschluss ist **bindend**. Die Prüfung der sachlichen Zuständigkeit in jeder Lage des Verfahrens (§ 6) bleibt jedoch unberührt.[18]

Bei der Entscheidung nach Abs. 2 handelt es sich um eine **Ermessensentscheidung**. Da die Übertragung nach Abs. 2 die Ausnahme vom Grundsatz darstellt, scheint es richtig, als Ermessensausübungskriterium **erhebliche** Zweckmäßigkeitsgründe zu verlangen.[19] Entsprechende erhebliche Zweckmäßigkeitskriterien können etwa weite Anfahrtswege von wichtigen Zeugen, die Lage von

---

[3] Löwe/Rosenberg/*Erb* Rn. 5; KK-StPO/*Fischer* Rn. 1; *Meyer-Goßner* Rn. 1.
[4] S. aber zu den Wirkungen unten Rn. 7.
[5] Löwe/Rosenberg/*Erb* Rn. 3.
[6] BGH v. 10. 5. 1957 – 2 ARs 74/56, BGHSt 10, 255; Löwe/Rosenberg/*Erb* Rn. 3; KK-StPO/*Fischer* Rn. 1; *Meyer-Goßner* Rn. 1.
[7] BGH v. 11. 6. 1952 – 3 StR 233/51, BGHSt 3, 134 (138) = NJW 1952, 1148.
[8] Löwe/Rosenberg/*Erb* Rn. 12; KK-StPO/*Fischer*, Rn. 5.
[9] Anw-StPO/*Rotsch* Rn. 11; Löwe/Rosenberg/*Erb* Rn. 12
[10] Anw-StPO/*Rotsch* Rn. 11; HK-StPO/*Zöller* Rn. 6; KK-StPO/*Fischer* Rn. 5; Löwe/Rosenberg/*Erb* Rn. 12.
[11] KK-StPO/*Fischer* Rn. 6; Löwe/Rosenberg/*Erb* Rn. 12.
[12] S. zum Ganzen auch HK-StPO/*Zöller* Rn. 5 f.; Löwe/Rosenberg/*Erb* Rn. 13; *Meyer-Goßner* Rn. 4.
[13] BGH v. 17. 7. 1991 – 5 StR 225/91, BGHSt 38, 37 (42 f.) = NJW 1991, 3227; KK-StPO/*Fischer* Rn. 5; Löwe/Rosenberg/*Erb* Rn. 14; *Meyer-Goßner* Rn. 4.
[14] Vgl. Löwe/Rosenberg/*Erb* Rn. 14.
[15] KK-StPO/*Fischer* Rn. 10; Löwe/Rosenberg/*Erb* Rn. 26.
[16] BGH v. 15. 2. 1963 – 2 ARs 26/63, BGHSt 18, 261 (262) = NJW 1963, 965; BGH v. 13. 8. 1963 – 2 ARs 172/63, BGHSt 19, 177 (179) = NJW 1964, 506.
[17] BGH v. 15. 2. 1963 – 2 ARs 26/63, BGHSt 18, 261 (262 f.) = NJW 1963, 965; BGH v. 13. 8. 1963 – 2 ARs 172/63, BGH v. 13. 8. 1963 – 2 ARs 172/63, BGHSt 19, 177 (179) = NJW 1964, 506; BGH v. 9. 1. 1985 – 2 ARs 412/84, BGHSt 33, 111 (112 f.).
[18] KK-StPO/*Fischer* Rn. 12; Löwe/Rosenberg/*Erb* Rn. 29; SK-StPO/*Rudolphi* Rn. 17.
[19] So zuletzt explizit OLG Hamm v. 19. 3. 2009, 3 (s) Sbd I – 3/09, 3 (s) Sbd 1–3/09.

Augenscheinobjekten, Reiseunfähigkeit Verfahrensbeteiligter oder sonstige erhebliche prozessökomische Aspekte sein.[20]

10 **Voraussetzung** für eine Übertragung nach Abs. 2 ist stets, dass zumindest **ein** von mehreren zuständigen Gerichten das Verfahren **bereits eröffnet** hat, denn bis zu diesem Zeitpunkt hat die StA die Wahl, vor welchem Gericht sie Anklage erheben will.[21] Das Verfahren kann grds. an jedes Gericht übertragen werden, das bereits zum Zeitpunkt der Eröffnung durch das Erstgericht zuständig war.[22] Anerkannt ist aber, dass bei **nachträglichem Wegfall des Sachzusammenhangs** (Gerichtsstand nach § 13) eine Übertragung an dieses Gericht nicht mehr möglich ist.[23] Aus allgemeinen rechtlichen Erwägungen heraus sollte dies auch dann gelten, wenn aus sonstigen Gründen (etwa Änderung des Wohnsitzes) zum Zeitpunkt der Entscheidung ein Gerichtsstand nicht mehr begründet wäre und das Gericht aufgrund des Beschlusses erstmals mit der Sache befasst würde.

11 Eine **mehrfache Übertragung** (auch eine Rückübertragung) bis zum Erlass eines erstinstanzlichen Urteils ist möglich.[24] Die Entscheidungen nach Abs. 2 sind **unanfechtbar** (vgl. § 304 Abs. 1, Abs. 4) Dies gilt auch für die Ablehnung des in der Hauptverhandlung gestellten Antrags, einen Beschluss nach Abs. 2 herbeizuführen.[25]

12 **2. Umfassende Aburteilungsmöglichkeit nur eines Gerichts.** Ist lediglich ein Gericht zur umfassenden und vollständigen Aburteilung einer prozessualen Tat befähigt, so ist Abs. 1 aufgrund langjähriger ständiger Rechtsprechung **gewohnheitsrechtlich gänzlich unanwendbar**.[26]

13 Bei näherer Betrachtung ist jedoch **zweifelhaft**, ob es einer derartigen gewohnheitsrechtlichen Ausnahme überhaupt bedurft hätte. Sämtliche relevanten Fallgruppen betreffen nämlich Verfahren, in denen das zweite Gericht ein Gericht höherer Ordnung ist. In diesen Fällen ist bei ein und derselben prozessualen Tat eines der Gerichte aber ohnehin sachlich unzuständig. Bei mehreren prozessualen Taten liegt hingegen keine doppelte Rechtshängigkeit vor und die Gefahr der Doppelbestrafung besteht nicht. Von Vorteil ist diese langjährige Rechtsprechung jedoch insofern als die Beurteilung, ob mehrere oder nur eine prozessuale Tat vorliegen, im Einzelfall häufig Probleme bereitet. Mit der gewohnheitsrechtlichen Ausnahme wird folglich insofern der Gefahr der Doppelbestrafung aufgrund unterschiedlicher Beurteilung der Frage der Identität der Tat wirksam entgegengetreten. Vor diesem Hintergrund erscheint es dann allerdings auch konsequent, wenn das Gericht höherer Ordnung in den Fällen umfassender Aburteilungsmöglichkeit berechtigt und verpflichtet ist, das vor dem niederen Gericht zuerst eröffnete Verfahren an sich zu ziehen.[27]

IV. Besondere Verfahrensarten

14 Im **Sicherungsverfahren** (§§ 413 ff.) gilt oben Genanntes (Rn. 1–13) entsprechend.[28] Ebenso im **Strafbefehlsverfahren** (§§ 407 ff.) und im **Bußgeldverfahren** (§§ 69 ff. OWiG), allerdings mit der Maßgabe, dass an die Stelle des Eröffnungsbeschlusses als maßgeblicher Zeitpunkt der Anwendbarkeit von § 12 der **Beginn der Hauptverhandlung** tritt.[29] Denn erst zu diesem Zeitpunkt verliert die StA ihre Dispositionsbefugnis. Im **selbständigen Einziehungsverfahren** (§§ 440 f.) entspricht dem der Beschluss nach § 441 Abs. 2 oder die Anordnung einer mündlichen Verhandlung nach § 441 Abs. 3 S. 1.[30]

15 Im **beschleunigten Verfahren** (§§ 417 ff.) und im **vereinfachten Jugendverfahren** (§ 76 JGG) bleibt die StA bis zur Urteilsverkündung über ihren Antrag ebenso dispositionsbefugt wie das Gericht bis zur Urteilsverkündung den Antrag ablehnen kann.[31] Die gegenteilige Auffassung,[32] die

---

[20] S. auch HK-StPO/Zöller Rn. 10; KK-StPO/Fischer Rn. 10.
[21] BGH v. 11. 10. 1957 – 2 ARs 167/57, BGHSt 10, 391 (392 f.); KK-StPO/Fischer Rn. 9; Löwe/Rosenberg/Erb Rn. 23; Meyer-Goßner Rn. 6.
[22] BGH v. 11. 10. 1957 – 2 ARs 167/57, BGHSt 10, 391 (392) = NJW 1957, 1809; BGH v. 20. 12. 1961 – 2 ARs 158/61, BGHSt 16, 391 (392) = NJW 1962, 499; KK-StPO/Fischer Rn. 10.
[23] BGH v. 20. 12. 1961 – 2 ARs 158/61, BGHSt 16, 391 = NJW 1962, 499; KK-StPO/Fischer Rn. 10.
[24] HK-StPO/Zöller Rn. 14; KK-StPO/Fischer Rn. 10; Löwe/Rosenberg/Erb Rn. 28.
[25] BGH v. 5. 2. 2003 – 2 ARs 31/03, StraFo 2003, 272.
[26] S. etwa RG v. 5. 11. 1936 – 3 D 636/36, RGSt 70, 336 (337); BGH v. 14. 1. 1954 – 3 StR 642/53, BGHSt 5, 381 (384); BGH v. 13. 8. 1963 – 2 ARs 172/63, BGHSt 19, 177 (181) = NJW 1964, 506; BGH v. 20. 1. 1995 – 3 StR 585/94, NStZ 1995, 351.
[27] So BGH v. 27. 4. 1989 – 1 StR 632/88, BGHSt 36, 175 (182); BGH v. 20. 1. 1995 – 3 StR 585/94, NStZ 1995, 351 (352); Pfeiffer Rn. 1; aA Löwe/Rosenberg/Erb Rn. 19 ff.; Meyer-Goßner Rn. 2.
[28] KK-StPO/Fischer Rn. 3; Löwe/Rosenberg/Erb Rn. 6.
[29] S. BGH v. 30. 6. 1976 – 2 ARs 169/76, BGHSt 26, 374; KK-StPO/Fischer Rn. 4; Löwe/Rosenberg/Erb Rn. 6 u. 24.
[30] Löwe/Rosenberg/Erb Rn. 6.
[31] So überzeugend BGH v. 31. 1. 1961 – 2 ARs 1/61, BGHSt 15, 314 (316); BayObLG v. 18. 12. 1997 – 5 St RR 147/96, NJW 1998, 2152; s. auch Löwe/Rosenberg/Gössel § 417 Rn. 15 ff.
[32] OLG Oldenburg v. 21. 2. 1961 – 1 Ss 14/61, NJW 1961, 1127; Meyer-Goßner § 417 Rn. 13 mwN.

diesbezüglich analog § 156 StPO auf den Beginn der Vernehmung des Angeklagten abstellt, verkennt, dass diese Verfahrensarten ihrem Sinn und Zweck nach eine formalisierte Entscheidung entsprechend dem Eröffnungsbeschluss nicht vorsehen[33] und im beschleunigten Verfahren die Rechtshängigkeit nur auflösend bedingt eintritt.[34] Demzufolge tritt die **Wirkung** des Abs. 1 erst **mit Urteilsverkündung** ein und für eine Anwendung von Abs. 2 bleibt kein Raum.[35] Letzteres ist auch sachgerecht, da ein uU langwieriger Zuständigkeitsstreit dem Zweck des beschleunigten Verfahrens entgegensteht.[36]

§ 13 [Gerichtsstand des Zusammenhangs]

(1) **Für zusammenhängende Strafsachen, die einzeln nach den Vorschriften der §§ 7 bis 11 zur Zuständigkeit verschiedener Gerichte gehören würden, ist ein Gerichtsstand bei jedem Gericht begründet, das für eine der Strafsachen zuständig ist.**

(2) ¹Sind mehrere zusammenhängende Strafsachen bei verschiedenen Gerichten anhängig gemacht worden, so können sie sämtlich oder zum Teil durch eine den Anträgen der Staatsanwaltschaft entsprechende Vereinbarung dieser Gerichte bei einem unter ihnen verbunden werden. ²Kommt eine solche Vereinbarung nicht zustande, so entscheidet, wenn die Staatsanwaltschaft oder ein Angeschuldigter hierauf anträgt, das gemeinschaftliche obere Gericht darüber, ob und bei welchem Gericht die Verbindung einzutreten hat.

(3) In gleicher Weise kann die Verbindung wieder aufgehoben werden.

I. Allgemeines

§ 13 dient der **Prozessökonomie**. Sachlich oder persönlich zusammengehörende Strafsachen sollen, wenn möglich, in einem Verfahren abgeurteilt werden. Dabei regelt § 13 ausschließlich den Fall, dass **mehrere örtliche Zuständigkeiten** begründet sind.[1] Insofern beinhaltet § 13 dann eine Erweiterung für jeden der unterschiedlichen Gerichtsstände. Bei (auch) verschiedenen sachlichen Zuständigkeiten gelten §§ 2, 4.[2]

II. Zuständigkeit aufgrund Zusammenhangs (Abs. 1)

Der Begriff des Zusammenhangs entspricht der **Legaldefinition in § 3**.[3] Sind die Voraussetzungen des Zusammenhangs erfüllt, so ist von Gesetzes wegen **jedes** der nach §§ 7–11, 13 a für eine der Taten bzw. einen der Beschuldigten zuständige Gericht auch für die damit zusammenhängenden Taten/Beschuldigten zuständig.[4] Die StA hat dann die **Wahl**, ob sie die verschiedenen prozessualen Taten/Beschuldigten einzeln bei verschiedenen Gerichten oder zusammen beim Gerichtsstand des Zusammenhangs anklagen will.[5] § 13 Abs. 1 steht insofern neben den sonstigen Gerichtsständen. Ein Nachschieben von zusammenhängenden Sachen, die noch nicht anderweitig rechtshängig sind, im Wege einer **Nachtragsanklage** ist möglich.[6] Fällt der Zusammenhang iS von § 3 allerdings noch vor **Eröffnung des Hauptverfahrens** weg, so erlischt auch der Gerichtsstand des Zusammenhangs.[7] Erst nach Eröffnung des Hauptverfahrens bleibt insofern die einmal begründete Zuständigkeit unberührt.[8] Im Falle der Unzweckmäßigkeit der Anklageerhebung beim Gerichtsstand des Zusammenhangs steht dem Gericht ein Vorgehen nach Abs. 3 offen,[9] der über seinen Wortlaut hinaus nach allgM auch für Abs. 1 gilt.[10]

III. Verbindung aufgrund Zusammenhangs (Abs. 2)

Haben die StA(en) zusammenhängende Sachen nicht von vornherein verbunden sondern bei verschiedenen Gerichten angeklagt, so können gemäß Abs. 2 die Sachen ganz oder zum Teil auch

---

[33] So BayObLG v. 18. 12. 1997 – 5 St RR 147/96, NJW 1998, 2152 (2153).
[34] So zutr. Löwe/Rosenberg/*Gössel* § 417 Rn. 21.
[35] BGH v. 31. 1. 1961 – 2 ARs 1/61, BGHSt 15, 314 (316).
[36] S. BGH v. 31. 1. 1961 – 2 ARs 1/61, BGHSt 15, 314 (316).
[1] RG v. 21. 9. 1911 – 119/11, RGSt 45, 166 (167); BGH v. 30. 8. 1968 – 4 StR 335/68, BGHSt 22, 232 (234); KK-StPO/*Fischer* Rn. 1; Löwe/Rosenberg/*Erb* Rn. 2.
[2] Löwe/Rosenberg/*Erb* Rn. 2.
[3] S. § 3 Rn. 3 ff.
[4] BGH v. 22. 11. 1957 – 4 StR 497/57, BGHSt 11, 106 (108); Löwe/Rosenberg/*Erb* Rn. 4; *Meyer-Goßner* Rn. 2; SK-StPO/*Rudolphi* Rn. 2.
[5] HK-StPO/*Zöller* Rn. 3; KK-StPO/*Fischer* Rn. 2; *Meyer-Goßner* Rn. 2.
[6] BGH v. 5. 5. 1965 – 2 StR 66/65, BGHSt 20, 219 (221); KK-StPO/*Fischer* Rn. 2.
[7] BGH v. 20. 12. 1961 – 2 ARs 158/61, BGHSt 16, 391 (393); KK-StPO/*Fischer* Rn. 3.
[8] BGH v. 20. 12. 1961 – 2 ARs 158/61, BGHSt 16, 391 (393), BGH v. 27. 8. 2003 – 2 StR 309/03, NStZ 2004, 100; KK-StPO/*Fischer* Rn. 3; SK-StPO/*Rudolphi* Rn. 3.
[9] S. hierzu u. Rn. 6 f.
[10] RG v. 6. 6. 1898 – Rep. 473/98, RGSt 31, 171 (174); KK-StPO/*Fischer* Rn. 7; Löwe/Rosenberg/*Erb* Rn. 23; *Meyer-Goßner* Rn. 2.

§ 13a 1   *Erstes Buch. Allgemeine Vorschrift*

noch nach Anklageerhebung gerichtlich verbunden werden. Voraussetzung hierfür ist ein entsprechender **Antrag der StA**. Bei mehreren Anklagebehörden ist insofern eine **vorherige Einigung** der beteiligten StAen oder ein Antrag der vorgesetzten GenStA erforderlich.[11] Die Verbindung selbst erfolgt anschließend in einer dem Antrag entsprechenden Vereinbarung der betroffenen Gerichte, dh. in **förmlichen Abgabe- und Übernahmebeschlüssen** nach vorheriger formloser Absprache.[12] Mit Wirksamkeit dieser Beschlüsse geht die Anhängigkeit/Rechtshängigkeit vom abgebenden auf das übernehmende Gericht über.[13] Kommt nach Antragstellung der StAen eine gerichtliche Vereinbarung in diesem Sinne nicht zustande, so entscheidet auf **weiteren Antrag** einer der StAen, eines Privat- oder Nebenklägers oder eines Beschuldigten das gemeinschaftliche obere Gericht. Eine fehlende Einigung der StAen kann die obergerichtliche Entscheidung allerdings nicht ersetzen.[14]

4 Eine Verbindung nach Abs. 2 ist nur bei **erstinstanzlichen Verfahren** möglich.[15] Entsprechend Abs. 1 ist ferner Voraussetzung, dass der **Zusammenhang** zum Zeitpunkt der Vereinbarung bzw. des Beschlusses des gemeinschaftlichen oberen Gerichts noch besteht[16] und dass ausschließlich die **örtliche Zuständigkeit** geändert wird.[17]

5 Streitig ist, ob eine Verbindung auch **nach Zurückverweisung** gemäß § 354 Abs. 2 möglich ist. Da die Zurückverweisung wieder eine Rechtshängigkeit in der ersten Instanz bewirkt, ist dies dem Sinn und Zweck der Vorschrift[18] nach zu bejahen.[19]

IV. Aufhebung der Verbindung (Abs. 3)

6 Entsprechend dem Verfahren nach Abs. 2 können gemäß Abs. 2 verbundene aber auch gemäß Abs. 1 verbunden angeklagte Sachen getrennt werden. Erforderlich ist wiederum eine **gerichtliche Vereinbarung** in Form eines Abgabe- und Übernahmebeschlusses **auf Antrag oder mit Zustimmung der beteiligten StAen**.[20] Soll mit der Abtrennungsvereinbarung eine gemäß Abs. 2 S. 2 durch das Obergericht erfolgte Verbindung aufgehoben werden, so ist aber Voraussetzung, dass zwischenzeitlich veränderte Umstände eingetreten sind.[21] Kommt eine gerichtliche Vereinbarung trotz Antrags oder Zustimmung der StAen nicht zustande, entscheidet das gemeinschaftliche obere Gericht.

7 Mit der Abtrennung des Verfahrens wird dieses vom übernehmenden, gemäß §§ 7–11, 13a (ggf. auch gemäß § 13) örtlich zuständigen Gericht **in der Lage** weitergeführt, in der es sich zum Zeitpunkt der Trennung befand.[22] Eine bereits begonnene Hauptverhandlung muss aber aufgrund § 261 wiederholt werden.[23]

V. Rechtsmittel

8 Gegen die Abgabe- und Übernahmebeschlüsse der gerichtlichen Vereinbarungen ist jeweils die einfache Beschwerde (§ 304) möglich, wenn und solange der Beschluss nicht vom erkennenden Gericht erlassen worden ist (§ 305 Satz 1).[24] Die Entscheidungen des gemeinschaftlichen oberen Gerichtes sind hingegen nicht anfechtbar (vgl. § 304 Abs. 1, Abs. 4).[25]

§ 13a [Zuständigkeitsbestimmung durch den BGH]

Fehlt es im Geltungsbereich dieses Bundesgesetzes an einem zuständigen Gericht oder ist dieses nicht ermittelt, so bestimmt der Bundesgerichtshof das zuständige Gericht.

I. Allgemeines

1 Nicht für alle Straftaten lässt sich nach den §§ 7 bis 11 und 13 ein **örtlich** zuständiges Gericht bestimmen. Unterfallen die Taten nicht der deutschen Gerichtsbarkeit, lässt sich das unschwer als in der „Natur der Sache" liegend hinnehmen, andernfalls nicht. Diese **Lücke** soll § 13a schließen.

---

[11] Löwe/Rosenberg/*Erb* Rn. 14; Meyer-Goßner Rn. 4.
[12] KK-StPO/*Fischer* Rn. 3; Löwe/Rosenberg/*Erb* Rn. 15.
[13] Löwe/Rosenberg/*Erb* Rn. 15; Meyer-Goßner Rn. 5.
[14] BGH v. 21. 6. 1967 – 2 ARs 177/67, BGHSt 21, 247; BGH v. 12. 11. 2004 – 2 ARs 329/04 und 2 ARs 204/04, NStZ-RR 2005, 77; BGH v. 21. 10. 2009 – 2 ARs 449/09, NStZ-RR 2010, 51; KK-StPO/*Fischer* Rn. 6.
[15] KK-StPO/*Fischer* Rn. 5.
[16] BGH v. 20. 12. 1961 – 2 ARs 158/61, BGHSt 16, 391 (393); KK-StPO/*Fischer* Rn. 4; Meyer-Goßner Rn. 5a.
[17] BGH v. 30. 8. 1968 – 4 StR 335/68, BGHSt 22, 232; Meyer-Goßner Rn. 5a.
[18] S. o. Rn. 1.
[19] So auch Löwe/Rosenberg/*Erb* Rn. 15 mwN; aA Meyer-Goßner Rn. 5a mwN.
[20] Löwe/Rosenberg/*Erb* Rn. 25; Meyer-Goßner Rn. 7.
[21] KK-StPO/*Fischer* Rn. 7; Löwe/Rosenberg/*Erb* Rn. 25.
[22] KK-StPO/*Fischer* Rn. 7; Löwe/Rosenberg/*Erb* Rn. 27.
[23] Löwe/Rosenberg/*Erb* Rn. 27.
[24] S. OLG Nürnberg v. 8. 1. 1965 – Ws 1/65, MDR 1965, 678; KK-StPO/*Fischer* Rn. 8; Meyer-Goßner Rn. 8.
[25] Löwe/Rosenberg/*Erb* Vor § 7 Rn. 32; Meyer-Goßner Rn. 8.

Die Vorschrift hat dabei gleichzeitig **Auffang- und Ausnahmecharakter**. Der BGH darf die Voraussetzungen nicht vorschnell bejahen. Die Vorschrift soll nicht für jeden denkbaren Fall auch die Durchführung eines Strafverfahrens in Deutschland ermöglichen. Ein entsprechendes Tätigwerden des BGH ist daher selten, die zugrundeliegende Konstellation oft umso exotischer.

Eine Bestimmung nach § 13a erfolgt idR im **Ermittlungsverfahren**, meist schon zu Beginn. Nach 2 Anhängigkeit der Sache besteht nur ausnahmsweise noch Bedarf – wenn sich herausstellt, dass versehentlich ein unzuständiges Gericht angerufen wurde und ein zuständiges nicht ermittelt ist.[1]

Für die örtliche Zuständigkeit in **Rechtshilfesachen** ist § 13a unanwendbar, weil das IRG insoweit eigenständige Regelungen enthält.[2] Einschränkungen wegen **Verfassungswidrigkeit** ergeben sich indes nicht. § 13a ist insbes. mit Art. 101 Abs. 1 Satz 2 GG vereinbar.[3] 3

II. Straftat im Geltungsbereich des Bundesgesetzes

Gegenstand der Gerichtsstandbestimmung nach § 13a kann nur eine **konkret-individuelle** 4 **Straftat im prozessualen Sinne** sein.[4] Die Vorschrift dient nicht der abstrakten Klärung von Zuständigkeitsfragen (zB für „Kriegsverbrechen im Bosnien-Konflikt"[5]).[6]

Bei **Katalogtaten** nach § 12 Abs. 1 GVG ergibt sich die Ermittlungszuständigkeit des GBA und 5 des Ermittlungsrichters beim BGH im Ermittlungsverfahren bereits aus den §§ 142a Abs. 1 Satz 1, 120 Abs. 1 GVG, 169 Abs. 1 Satz 2.[7] Eine Anwendung von § 13a ist daher bei diesen Taten allenfalls denkbar, wenn nach Abschluss der Ermittlungen ein örtlich zuständiges OLG nicht ersichtlich ist.[8]

Erfasst werden von der Vorschrift nur Straftaten, die der **deutschen Gerichtsbarkeit** unterliegen. Dies ist nicht der Fall bei Fehlen jeglichen inländischen Anknüpfungspunkts, so zB bei der Verfolgung von Straftaten nach dem Weltrechtsprinzip, die Ausländer im Ausland an Ausländern begangen haben[9] oder bei evidenter Exterritorialität des Beschuldigten nach § 20 GVG.[10] 6

Hingegen ist die Frage, ob der Einleitung und Durchführung des Verfahrens ein **Prozesshindernis** entgegensteht, für die Anwendbarkeit von § 13a grundsätzlich ohne Bedeutung. Deren Prüfung obliegt nicht dem BGH, sondern dem von diesem bestimmten Gericht bzw. der ihm zugeordneten StA.[11] Eine Ausnahme gilt nur, wenn die Unzulässigkeit des Verfahrens zweifelsfrei „auf der Hand" liegt.[12] 7

III. Kein sonst zuständiges Gericht

Der Regelungsbereich umfasst insofern zwei Fallgruppen: Ein sonstiger Gerichtsstand „fehlt" 8 oder er ist „nicht ermittelt". Die Feststellung des **Fehlens eines Gerichtsstandes** setzt das negative Ergebnis einer Prüfung voraus, ob die örtliche Zuständigkeit eines Gerichts nach den §§ 7–11, 13 oder sonstigen gesetzlichen Bestimmungen tatsächlich nicht – auch nicht anhand teleologischer Erwägungen durch erweiternde Auslegung – begründet werden kann.[13]

Die Feststellung, dass ein Gerichtsstand „**nicht ermittelt**" ist, setzt – dies folgt bereits aus dem 9 Wortlaut – nicht voraus, dass dies „unmöglich" wäre. Insofern reicht es aus, dass dies in concreto noch nicht geschehen ist.[14] Bestehen allerdings ausreichende Anhaltspunkte dafür, dass ein Gerichtsstand nach den §§ 7 ff. noch ermittelt werden kann, so haben diese Ermittlungen Vorrang und eine Gerichtsstandbestimmung nach § 13a kommt noch nicht in Betracht.[15] Insofern müssen die tatsächlichen Voraussetzungen einer anderen zuständigkeitsbegründenden Vorschrift nicht „mit Sicherheit" feststehen; der Verdacht des Vorliegens entsprechender Umstände reicht.[16]

---

[1] Löwe/Rosenberg/*Erb* Rn. 8, 10; vgl. auch *Meyer-Goßner* Rn. 4.
[2] Löwe/Rosenberg/*Erb* Rn. 2; *Meyer-Goßner* Rn. 5; vgl. auch BGH v. 22. 7. 1988 – 2 ARs 347/88–348/88, wistra 1989, 16 zum Prioritätsgrundsatz nach § 14 Abs. 2 IRG.
[3] BVerfG v. 25. 10. 1966 – 2 BvR 291, 656/64, BVerfGE 20, 336, 343 = NJW 1967, 99, 100; *Meyer-Goßner* Rn. 1.
[4] BGH v. 27. 2. 1991 – 2 ARs 90/91 bei *Kusch* NStZ 1992, 27; BGH v. 12. 8. 1999 – 3 ARs 9/99, NStZ 1999, 577.
[5] BGH v. 27. 10. 1993 – 2 ARs 164/93, NStZ 1994, 139;
[6] BGH v. 27. 2. 1991 – 2 ARs 90/91 bei *Kusch* NStZ 1992, 27; ebenso Löwe/Rosenberg/*Erb* Rn. 3; *Meyer-Goßner* Rn. 5.
[7] BGH v. 12. 8. 1999 – 3 ARs 9/99, NStZ 1999, 577.
[8] Löwe/Rosenberg/*Erb* Rn. 9.
[9] BGH v. 11. 12. 1998 – 2 ARs 499/08, NStZ 1999, 236.
[10] BGH v. 14. 12. 1984 – 2 ARs 252/84, BGHSt 33, 97; s. auch BGH v. 18. 4. 2007 – 2 ARs 32/07, NStZ 2007, 534; *Meyer-Goßner* Rn. 3; aA: KK-StPO/*Fischer* Rn. 5.
[11] BGH v. 24. 8. 1962 – 2 ARs 54/62, BGHSt 18, 19 = JZ 1963, 564 mAnm *Jescheck*; BGH v. 14. 12. 1984 – 2 ARs 252/84, BGHSt 33, 97; Löwe/Rosenberg/*Erb* Rn. 6; *Meyer-Goßner* Rn. 2.
[12] Ausf. dazu Löwe/Rosenberg/*Erb* Rn. 6.
[13] BGH v. 29. 1. 1965 – 2 ARs 368/64, BGHSt 20, 157 (158); Löwe/Rosenberg/*Erb* Rn. 4; *Meyer-Goßner* Rn. 1.
[14] BGH v. 10. 5. 1957 – 2 ARs 74/56, BGHSt 10, 255 (257).
[15] BGH v. 13. 2. 2008 – 2 ARs 37/08, BGHR StPO § 13 Anwendungsbereich 5 (Gründe); vgl. auch BGH v. 7. 4. 2009 – 2 ARs 180/09, NStZ 2009, 464.
[16] Wie hier Löwe/Rosenberg/*Erb* Rn. 5; SK-StPO/*Rudolphi* Rn. 2.

IV. Bestimmung des Gerichts

10 Die **Zuständigkeit** für die Bestimmung des Gerichts liegt beim **BGH** als oberste Strafrichter. Er entscheidet durch Beschluss.[17] Der BGH kann dabei von Amts wegen tätig werden oder auf Antrag bzw. Anregung der StA oder Dritter. IdR ist der Gang der Dinge so, dass eine StA vom Verdacht einer Straftat Kenntnis erlangt, für die ein Gerichtsstand weder unmittelbar ersichtlich ist, noch ohne größeren Aufwand ermittelt werden kann. Sie wird dann über den GBA (vgl. § 143 Abs. 2 GVG) eine Bestimmung des Gerichtsstandes beantragen.[18] Denkbar ist zB auch, dass ein Dritter, zB der Bayerische Staatsminister für Arbeit, Familie und Sozialordnung, direkt einen Antrag beim BGH stellt.[19]

11 Möglich ist es, ein **bestimmtes örtliches Gericht** zu bestimmen; möglich ist auch, lediglich allgemein das **„für einen bestimmten Ort zuständige"** Gericht zu benennen. Letzteres dürfte idR sinnvoll sein, da so der Gerichtsstand für alle denkbaren sachlichen Zuständigkeiten von vornherein und eindeutig festgelegt ist.[20] Mit der Bestimmung des Gerichts wird zugleich die zuständige StA festgelegt (vgl. § 143 Abs. 1 GVG).[21]

12 Der Gerichtsstand nach § 13a ist im Verhältnis zu denen nach §§ 7–11 und 13 **weder vor- noch nachrangig**. Er steht ihnen vielmehr gleich. Wird später ein anderer Gerichtsstand ermittelt, fällt er demnach nach Rspr.[22] und hM[23] nicht weg. Die StA hat vielmehr ein **Wahlrecht**.[24]

13 Nach Anhängigkeit bei dem nach § 13a bestimmten Gericht kann dieses die Sache entsprechend § 12 Abs. 2 ggf. auf ein anderes örtlich zuständiges Gericht übertragen.[25] Eine nachträgliche Änderung durch erneuten Beschluss des BGH nach § 13a ist indes grds. nicht möglich.[26]

V. Rechtsbehelfe

14 Der Beschluss des BGH ist unanfechtbar (vgl. § 304 Abs. 4 Satz 1).

§ 14 [Bestimmung bei Zuständigkeitsstreit]

Besteht zwischen mehreren Gerichten Streit über die Zuständigkeit, so bestimmt das gemeinschaftliche obere Gericht das Gericht, das sich der Untersuchung und Entscheidung zu unterziehen hat.

I. Allgemeines

1 Die Vorschrift will eine Lösung sicherstellen, wenn sich mehrere Gerichte in ein und derselben Sache (nicht) für zuständig halten. Aus der Stellung der Vorschrift in 2. Abschnitt des 1. Buches folgt, dass der Gesetzgeber an sich Streitigkeiten über den Gerichtsstand, also die **örtliche** Zuständigkeit im Auge hatte. § 14 wird jedoch in bestimmten Konstellationen negativer Kompetenzkonflikte auch bei Streit über die sachliche Zuständigkeit und die Zuständigkeit eines von mehreren Spruchkörpern desselben Gerichts entsprechend angewandt.[1]

II. Zuständigkeitsstreit

2 Erfasst werden sowohl Fälle des **negativen** Kompetenzkonfliktes – mehrere Gerichte weisen jeweils die Zuständigkeit von sich – als auch – im Unterschied zu § 19 – Fälle des **positiven** Kompetenzkonfliktes – mehrere Gerichte reklamieren die Zuständigkeit jeweils für sich.[2] Die Vorschrift gilt dabei grds. in allen Verfahrensstadien,[3] unter Einschluss des Ermittlungsverfahrens[4] und des Vollstreckungsverfahrens.[5] Voraussetzung ist aber, dass Streit über die Zuständigkeit auf-

---

[17] Meyer-Goßner Rn. 4.
[18] Ausf. zum Ganzen Löwe/Rosenberg/*Erb* Rn. 11.
[19] BGH v. 27. 10. 1993 – 2 ARs 164/93, NStZ 1994, 139; vgl. auch Löwe/Rosenberg/*Erb* Rn. 11 m. weit. Beisp.
[20] Wie hier Löwe/Rosenberg/*Erb* Rn. 12; SK-StPO/*Rudolphi* Rn. 6; vgl. auch Meyer-Goßner Rn. 3.
[21] BGH v. 10. 5. 1957 – 2 ARs 74/56, BGHSt 10, 255 (256); BGH v. 24. 8. 1962 – 2 ARs 54/62, BGHSt 18, 19 (20); BGH v. 4. 11. 1983 – 2 ARs 365/83, BHGSt 32, 159 (160).
[22] BGH v. 10. 5. 1957 – 2 ARs 74/56, BGHSt 10, 255 (258); BGH v. 4. 11. 1983 – 2 ARs 365/83, BGHSt 32, 159; BGH v. 17. 6. 2003 – 2 ARs 59/03, NStZ-RR 2003, 268.
[23] Löwe/Rosenberg/*Erb* Rn. 13; Meyer-Goßner Rn. 6; aA: SK-StPO/*Rudolphi* Rn. 8.
[24] Ausf. dazu Schermer MDR 1964, 895.
[25] BGH v. 10. 5. 1957 – 2 ARs 74/56, BGHSt 10, 255.
[26] BGH v. 4. 11. 1983 – 2 ARs 365/83, BGHSt 32, 159 (160); BGH v. 17. 6. 2003 – 2 ARs 59/03, NStZ-RR 2003, 268; Löwe/Rosenberg/*Erb* Rn. 13; Meyer-Goßner Rn. 6.
[1] S. u. Rn. 3 f.
[2] KK-StPO/*Fischer* Rn. 1; Löwe/Rosenberg/*Erb* Rn. 1.
[3] HK-StPO/*Zöller* Rn. 1; KMR-StPO/*Paulus* Rn. 3; Löwe/Rosenberg/*Erb* Rn. 4.
[4] BGH v. 14. 10. 1975 – 2 ARs 292/75, NJW 1976, 153.
[5] BGH v. 1. 12. 1989 – 2 ARs 543/89, BGHSt 36, 313 (314); BayObLG v. 24. 1. 1955 – AR 50/54, NJW 1955, 601; vgl. auch OLG Zweibrücken v. 15. 1. 2010 – 1 ARs 2/10.

grund Auslegung eines Gesetzes und nicht aufgrund von Verwaltungsvorschriften besteht.[6] Der Streit muss jeweils noch andauern. Dies bedeutet im Falle des positiven Kompetenzkonfliktes, dass noch kein Standpunkt eines der Gerichte rechtskräftig sein darf. Bei negativen Kompetenzstreitigkeiten müssen in Abgrenzung zu § 19 zumindest zwei Entscheidungen der streitenden Gerichte noch anfechtbar sein.[7]

Steht die **sachliche** Zuständigkeit iS eines **negativen** Kompetenzkonfliktes in Streit, ist § 14 entspr. anwendbar – allerdings nur **ausnahmsweise**, wenn das Verfahren sonst zum Stillstand käme, weil kein einfacherer Weg zur Behebung des Streits etwa nach §§ 169, 209, 225a, 270, 328 Abs. 2, 355, 348 in Betracht kommt.[8]

Bei Streit über die gerichtliche Zuständigkeit eines von mehreren Spruchkörpern eines Gerichts findet § 14 grds. keine Anwendung, da hier regelmäßig die Auslegung eines internen Geschäftsverteilungsplans im Raum steht. Anderes gilt nur, wenn bei einem derartigen Streit ausnahmsweise über die Zuständigkeitsverteilung nach der StPO also um eine „quasi sachliche" Zuständigkeit gestritten wird und dieser Streit nicht durch eine Präsidiumsentscheidung des Spruchkörpers oder – wie bei Streit um die sachliche Zuständigkeit – durch andere gesetzliche Vorschriften wie etwa §§ 209, 209a, 225a gelöst werden kann.[9] In der Rechtsprechung anerkannte Anwendungsfälle sind etwa Streitigkeiten zwischen der Berufungskammer und der Beschwerdekammer[10] oder zwischen der allgemeinen Strafkammer und einer besonderen Strafkammer (§§ 74a bis 74c GVG)[11] desselben LG über die gesetzliche Zuständigkeit.

III. Bestimmung des Gerichts

Zur Entscheidung berufen ist ausschließlich das gemeinschaftliche obere Gericht aller am Streit beteiligter Gerichte. Die Entscheidung ergeht durch **Beschluss**.[12]

Das obere Gericht kann in seiner Entscheidung nur eines der am Streit beteiligten Gerichte bestimmen. Eine Verweisung an ein anderes Gericht, das an sich zuständig wäre, ist nicht zulässig.[13] Ist keines der streitenden Gerichte zuständig, ist der Antrag auf Bestimmung zurückzuweisen. Ist ein zuständiges Gericht bekannt, kann dieses aber in den Gründen des Zurückweisungsbeschlusses benannt werden.[14] Ist ein zuständiges Gericht nicht vorhanden oder ist dieses nicht ermittelt, bedarf es der Herbeiführung einer Entscheidung nach § 13a unter den dortigen Voraussetzungen.[15]

Ein besonderes Verfahren für die Anrufung des Gerichts ist nicht erforderlich. Am häufigsten dürfte die Sache durch eines der beteiligten Gerichte oder eines Beschwerdegerichts dem oberen Gericht unterbreitet werden. In Betracht kommt eine einfache Entscheidung oder eine förmliche **Vorlage**, die allerdings bei einem mit mehreren Berufsrichtern besetzten Spruchkörper durch einen förmlichen Beschluss erfolgen muss.[16] Eine Anrufung durch den Rechtspfleger kommt nicht in Betracht.[17] Denkbar ist aber auch ein Antrag eines Verfahrensbeteiligten, zB der StA, auch ohne vorherige Ausschöpfung der Beschwerdemöglichkeiten.[18] Denkbar ist schließlich auch eine Entscheidung von Amts wegen.[19]

---

[6] OLG Frankfurt v. 23. 12. 1982 – 3 Ws 717/81, NStZ 1982, 260.
[7] OLG Hamm v. 30. 8. 1979 – 3 s Sbd. 17 – 2/79, VRS 58 (1980), 363 (364); KK-StPO/*Fischer* Rn. 1; Löwe/Rosenberg/*Erb* Rn. 14.
[8] S. BGH v. 15. 5. 1963 – 2 ARs 66/63, BGHSt 18, 381 (384) = NJW1963, 1747 = JZ 63, 714 mAnm Eb. Schmidt; BGH v. 21. 12. 1982 – 2 ARs 388/82, BGHSt 31, 183 = NJW 1983, 1437; BGH v. 19. 3. 1993 – 2 ARs 43/93, BGHSt 39, 162 = NJW 1993, 1808; BGH v. 17. 3. 1999 – 3 ARs 2/99, BGHSt 45, 26, m. zust. Anm. *Franke* in NStZ 1999, 524; vgl. auch BGH v. 17. 1. 2007 – 2 ARs 527/06, NStZ-RR 2007, 179; Löwe/Rosenberg/*Erb* Rn. 3; *Meyer-Goßner* Rn. 2; *Pfeiffer* Rn. 1.
[9] OLG Düsseldorf v. 3. 4. 1995 – 1 Ws 223/95, wistra 1995, 362; LG Zweibrücken v. 4. 1. 2005 – Qs 119/04, NStZ-RR 2005, 153; Löwe/Rosenberg/*Erb* Rn. 4; *Pfeiffer*, Rn. 1.
[10] OLG Frankfurt v. 28. 6. 1996 – 3 Ws 535/96, NStZ-RR 1996, 302.
[11] OLG Düsseldorf v. 9. 3. 1982 – 1 Ws 840/81, MDR 1982, 689; vgl. auch zuletzt OLG Rostock v. 24. 2. 2010 – I Ws 56/10.
[12] Löwe/Rosenberg/*Erb* Rn. 8.
[13] BGH v. 27. 6. 1975 – 2 ARs 137/75, BGHSt 26, 162 (164) = NJW 1975, 1846; BGH v. 23. 12. 1977 – 2 ARs 415/77, BGHSt 27, 329 (333); *Wendisch* JR 1995, 519, 520; Löwe/Rosenberg/*Erb* Rn. 8; *Meyer-Goßner* Rn. 3.
[14] BGH v. 27. 6. 1975 – 2 ARs 137/75, BGHSt 26, 162 (164) = NJW 1975, 1846; BGH v. 27. 9. 2000 – 2 ARs 69/00 – 2 AR 50/00, NStZ 2001, 110; Löwe/Rosenberg/*Erb* Rn. 8; *Meyer/Goßner* Rn. 3.
[15] Löwe/Rosenberg/*Erb* Rn. 8.
[16] OLG Düsseldorf v. 3. 8. 2000 – 2 Ws 196/00, NStZ 2000, 609.
[17] BGH v. 30. 5. 1990 – 2 ARs 163/90, Rpfleger 1990, 347; s. auch *Miebach/Kusch* NStZ 1991, 27; anders zuletzt aber Brandenburgisches OLG v. 3. 12. 2009 – 1 AR 15/09.
[18] *Meyer-Goßner* Rn. 3.
[19] *Pfeiffer* Rn. 2.

IV. Rechtsbehelfe

8 Die Entscheidung des gemeinschaftlichen oberen Gerichts ist unanfechtbar (vgl. § 304 Abs. 1, Abs. 4).[20]

§ 15 [Verhinderung des zuständigen Gerichts]

Ist das an sich zuständige Gericht in einem einzelnen Falle an der Ausübung des Richteramtes rechtlich oder tatsächlich verhindert oder ist von der Verhandlung vor diesem Gericht eine Gefährdung der öffentlichen Sicherheit zu besorgen, so hat das zunächst obere Gericht die Untersuchung und Entscheidung dem gleichstehenden Gericht eines anderen Bezirks zu übertragen.

I. Allgemeines

1 Die Vorschrift will verhindern, dass ein schuldiger Täter nicht bestraft oder ein unschuldiger Angeklagter nicht freigesprochen werden kann, nur weil das örtlich zuständige Gericht „verhindert" ist.[1] Sie dient dem **Schutz der Rechtspflege vor Stillstand**.[2] § 15 bezieht sich dabei auf **einzelne Fälle**, in denen bei einem (oder mehreren) Gericht(en) ein Gerichtsstand (§§ 7 ff.) begründet ist, das Gericht aber aus bestimmten – notstandsähnlichen[3] – Gründen an der Wahrnehmung seiner Aufgaben gehindert ist. Übertragen werden können sowohl das gesamte Verfahren als auch einzelne richterliche Handlungen.[4] Die Vorschrift kommt in jeder Lage des Verfahrens in Betracht,[5] ist aber grunds. restriktiv auszulegen.[6]

II. Verhinderung des Gerichts

2 **1. Rechtliche Verhinderung.** Eine rechtliche Verhinderung ist gegeben, wenn das Gericht **nicht mehr ordnungsgemäß besetzt** werden kann (§ 27 Abs. 4), sei es aufgrund Ausschlusses (§§ 22, 23), sei es **nach** erfolgreicher Ablehnung wegen Befangenheit (§§ 24, 28 Abs. 1).[7] Die Gefahr allein, dass das gesamte Gericht voreingenommen sein könnte, genügt nicht.[8]

3 **2. Tatsächliche Verhinderung.** Eine tatsächliche Verhinderung ist zunächst gegeben, wenn die Rechtspflege aufgrund Aufruhr oder **kriegsähnlicher Ereignisse** stillsteht, auch wenn nicht nur der betreffende Spruchkörper, sondern das Gericht allgemein verhindert ist.[9] Gleiches gilt, wenn das Gericht beschlussunfähig (§ 27 Abs. 4) geworden ist, zB weil **sämtliche Richter** erkrankt sind.[10]

4 Sie ist auch gegeben, wenn ein **Erscheinen des Angeklagten**[11] oder eines wichtigen Zeugen, dessen kommissarische Vernehmung nicht ausreicht,[12] vor dem an sich zuständigen Gericht **nicht möglich** ist. Das zuständige Gericht muss allerdings sorgfältig prüfen, ob es die Hauptverhandlung nicht an einem anderen Ort seines Bezirks oder gar außerhalb desselben (s. § 166 GVG) durchführen kann.[13] Ist Ersteres möglich, ist § 15 unanwendbar. Im zweiten Falle bleibt § 15 aufgrund der nach § 166 GVG fehlenden Verpflichtung zur Verlegung der Hauptverhandlung an einen Ort außerhalb des Bezirkes dann anwendbar, wenn das Gericht etwa aufgrund eines zu erwartenden erheblichen Aufwandes die Verlegung zulässigerweise ablehnt. Die bloß weite Entfernung zwischen Gericht und Prozessbeteiligten[14] oder ein nicht feststellbarer Aufenthaltsort des Angeklagten[15] allein reichen jedenfalls für eine tatsächliche Verhinderung nicht.

5 Eine tatsächliche Verhinderung ist schließlich gegeben, wenn im Falle einer **Zurückverweisung** (§ 210 Abs. 3 Satz 1, 1. Fall, 354 Abs. 2 Satz 1, 1. Fall) ein Auffangspruchkörper weder besteht, noch nachträglich gebildet werden kann.[16]

---

[20] Löwe/Rosenberg/*Erb* Rn. 9; *Meyer-Goßner* Rn. 4; *Pfeiffer* Rn. 2.
[1] BGH v. 15. 10. 1968 – 2 ARs 291/68, BGHSt 22, 250 (252) = NJW 1969, 105.
[2] BGH v. 31. 5. 1951 – 1 ARs 2/51, BGHSt 1, 211 (214); *Meyer-Goßner* Rn. 1.
[3] Löwe/Rosenberg/*Erb* Rn. 3.
[4] *Meyer-Goßner* Rn. 1.
[5] KK-StPO/*Fischer* Rn. 1; Löwe/Rosenberg/*Erb* Rn. 3.
[6] BGH v. 4. 4. 2002 – 3 ARs 17/02, BGHSt 47, 275 (276) = JR 2002, 432; *Meyer-Goßner* Rn. 2.
[7] HK-StPO/*Zöller* Rn. 3; Löwe/Rosenberg/*Erb* Rn. 5; *Meyer-Goßner* Rn. 3; vgl. auch RG v. 9. 5. 1884 – Rep. 1063/84, RGSt 10, 381.
[8] BGH v. 26. 8. 2009 – 2 ARs 363/09, wistra 2009, 446 unter Bezugnahme auf BGH v. 21. 3. 2007 – 2 ARs 107/07, NStZ 2007, 475.
[9] Löwe/Rosenberg/*Erb* Rn. 6.
[10] KK-StPO/*Fischer* Rn. 3; *Meyer-Goßner* Rn. 4.
[11] BGH v. 2. 6. 1961 – 2 ARs 70/61, BGHSt 16, 84.
[12] *Meyer-Goßner* Rn. 4.
[13] Vgl. BGH v. 15. 10. 1968 – 2 ARs 291/68, BGHSt 22, 250 (253 ff.); Löwe/Rosenberg/*Erb* Rn. 7; *Meyer-Goßner* Rn. 4.
[14] BGH v. 27. 1. 1970 – 2 ARs 17/70, MDR 1970, 383.
[15] BGH v. 2. 10. 1996 – 2 ARs 329/96, NStZ 1997, 331.
[16] Vgl. BGH v. 5. 9. 1984 – 2 StR 418/84, NStZ 1985, 204; OLG Oldenburg v. 19. 10. 1984 – 2 Ws 475/84, NStZ 1985, 473 m. zust. Anm. *Rieß*; Löwe/Rosenberg/*Erb* Rn. 8.

III. Gefährdung der öffentlichen Sicherheit

Sie liegt vor, wenn mit **erheblicher Unruhe** (zB gewalttätigen Protestdemonstrationen usw.) zu 6 rechnen ist, aber zB auch bei der gefährlichen **Bedrohung von Richtern oder Verfahrensbeteiligten**.[17] Auch diese Alt. ist **restriktiv** auszulegen. Dh. sie kommt nur in Betracht, wenn der Gefahr nicht mit polizeilichen Mitteln begegnet werden kann.[18] Auch muss die Gefährdung ihren Ursprung gerade in der Durchführung der Verhandlung vor dem zuständigen Gericht haben und darf nicht etwa durch Verlegung der Hauptverhandlung an einen besonders gesicherten Ort entschärft werden können.[19]

IV. Übertragung der Untersuchung und Entscheidung

Das Verfahren der Übertragung der Untersuchung und Entscheidung wird häufig auf **förmlichen Antrag** des verhinderten Gerichts in Gang kommen. In Betracht kommt aber auch die **bloße Anregung** durch das verhinderte Gericht, wie auch eine solche eines Verfahrensbeteiligten oder eines Dritten.[20] Denkbar ist schließlich auch eine dienstliche Wahrnehmung des oberen Gerichtes. Erlangt das obere Gericht – wie auch immer – Kenntnis, dass der Stand des Verfahrens bei einem nachgeordneten Gericht einem „Notstand" iSd. § 15 entspricht, **muss es von Amts wegen** tätig werden.[21] Ein Ermessen besteht insofern nicht.[22]

Entscheidungsbefugt zur Übertragung ist das „zunächst obere Gericht", dh. das dem verhinderten Gericht **unmittelbar übergeordnete Gericht**. Dieses ist bezogen auf das AG das LG, bezogen auf das LG das OLG und bezogen auf das OLG der BGH. Dem „zunächst oberen Gericht" steht jedoch lediglich die Befugnis zu, die Sache einem Gericht zu übertragen, welches ebenfalls in seinem Bezirk liegt. Eine Übertragung auf ein Gericht eines anderen Gerichtsbezirks ist hingegen nur dem gemeinschaftlichen oberen Gericht möglich; dies ist ggf. der BGH,[23] der die Sache sogar dem Gericht eines anderen Landes übertragen kann.[24]

Das Gericht, dem die Sache übertragen wird, muss **dieselbe sachliche Zuständigkeit** wie das 9 verhinderte Gericht haben. An welches der insoweit in Betracht kommenden Gerichte die Sache zur Untersuchung und Entscheidung übertragen wird, steht hingegen im pflichtgemäßen **Ermessen des bestimmenden Gerichts**.[25]

Mit **Zugang des Übertragungsbeschlusses** wird das beauftragte Gericht örtlich zuständig. Ist die 10 Sache bereits anderweit anhängig, geht sie damit „über".[26] Auch nach Wegfall der Verhinderung bleibt dem so, es sei denn, das obere Gericht nimmt die Übertragung in gleicher Form zurück.[27]

V. Rechtsbehelfe

Der Übertragungsbeschluss ist für die Verfahrensbeteiligten **unanfechtbar** (vgl. § 304 Abs. 1, 11 Abs. 4).[28] In Betracht kommt lediglich die Erhebung einer Gegenvorstellung zur Wahrung der Option einer Verfassungsbeschwerde. § 15 ist zwar trotz seines Eingriffes in den Grundsatz des gesetzlichen Richters (Art. 101 Abs. 1 Satz 2 GG) grds. verfassungsgemäß,[29] im Einzelfall willkürlicher Anwendung der Norm kommt jedoch durchaus die Einlegung einer **Verfassungsbeschwerde** in Betracht.[30]

Auch dem beauftragten Gericht steht nach hM grds. keine Befugnis zu, den Übertragungsbeschluss auf seine Richtigkeit hin zu überprüfen und sich gemäß § 16 für unzuständig zu erklären.[31]

---

[17] Löwe/Rosenberg/*Erb* Rn. 9; Meyer-Goßner Rn. 5.
[18] Vgl. RG v. 9. 5. 1884 – Rep. 1063/84, RGSt 10, 381 (383).
[19] Grundlegend BGH v. 4. 4. 2002 – 3 ARs 17/02, BGHSt 47, 275 = JR 2002, 432 m. zust. Anm. *Best,* insbes. auch zu den Gefahren einer zu großzügigen Anwendung bei terroristischen Bedrohungsszenarien; zum Ganzen auch Löwe/Rosenberg/*Erb* Rn. 9; Meyer-Goßner Rn. 5; *Pfeiffer* Rn. 1.
[20] Löwe/Rosenberg/*Erb* Rn. 12.
[21] Löwe/Rosenberg/*Erb* Rn. 12; Meyer-Goßner Rn. 6; SK-StPO/*Rudolphi* Rn. 9.
[22] Vgl. BGH v. 4. 4. 2002 – 3 ARs 17/02, BGHSt 47, 275 (276) = JR 2002, 432; Löwe/Rosenberg/*Erb* Rn. 1; Meyer-Goßner Rn. 2.
[23] BGH v. 2. 6. 1961 – 2 ARs 70/61, BGHSt 16, 84; HK-StPO/*Lemke* Rn. 8; Löwe/Rosenberg/*Erb* Rn. 10; Meyer-Goßner Rn. 6.
[24] BGH v. 15. 10. 1968 – 2 ARs 291/68, BGHSt 22, 250 (252); Meyer-Goßner Rn. 6.
[25] BGH v. 7. 3. 1967 – 2 ARs 60/67, BGHSt 21, 212 (214).
[26] Meyer-Goßner Rn. 7.
[27] KK-StPO/*Fischer* Rn. 6; Meyer-Goßner Rn. 7; SK-StPO/*Rudolphi* Rn. 11.
[28] OLG Celle v. 1. 11. 1956 – 2 Ws 362/56, NJW 1957, 73; KK-StPO/*Fischer* Rn. 7; Löwe/Rosenberg/*Erb* Rn. 21.
[29] Vgl. BVerfG v. 25. 10. 1966 – 2 BvR 291, 656/64, BVerfGE 20, 336 (343) = NJW 1967, 99; Löwe/Rosenberg/*Erb* Rn. 1; Meyer-Goßner Rn. 1; SK-StPO/*Rudolphi* Rn. 1.
[30] BVerfG v. 25. 1. 1961 – 1 BvR 9/57, BVerfGE 12, 113 (123 f.); Löwe/Rosenberg/*Erb* Rn. 21.
[31] BVerfG v. 25. 1. 1961 – 1 BvR 9/57, BVerfGE 12, 113 (124); Löwe/Rosenberg/*Erb* Rn. 19; anders noch: RG v. 9. 5. 1884 – Rep. 1063/84, RGSt 10, 381 (382).

§ 16 [Einwand der Unzuständigkeit]

¹Das Gericht prüft seine örtliche Zuständigkeit bis zur Eröffnung des Hauptverfahrens von Amts wegen. ²Danach darf es seine Unzuständigkeit nur auf Einwand des Angeklagten aussprechen. ³Der Angeklagte kann den Einwand nur bis zum Beginn seiner Vernehmung zur Sache in der Hauptverhandlung geltend machen.

I. Allgemeines

1   Die Vorschrift beschränkt vor dem Hintergrund, dass wegen der Gleichwertigkeit der Rechtsprechung der Gerichte auf der Stufe der örtlichen Zuständigkeit dieser eine rechtsstaatlich geringere Bedeutung wie der sachlichen Zuständigkeit zukommt[1] und dass die Sicherung des Fortgangs des Verfahrens insofern vorrangig ist,[2] die Prüfung und Anfechtbarkeit des Gerichtsstandes. § 16 bestimmt die örtliche Zuständigkeit mithin als eine **zeitlich befristete Verfahrensvoraussetzung**.[3] Dabei gilt es – wie sich aus § 16 ergibt – zwischen den verschiedenen Verfahrensstadien zu unterscheiden.

II. Prüfung der örtlichen Zuständigkeit in den verschiedenen Verfahrensstadien

2   Die Frage der Prüfung der örtlichen Zuständigkeit **im Ermittlungsverfahren** ist in § 16 nicht geregelt. Da die Zuständigkeit der StAen der örtlichen Zuständigkeit der Gerichte folgt (vgl. § 143 Abs. 1 GVG), gilt, dass die **StAen** zu jedem Zeitpunkt ihre Zuständigkeit **von Amts wegen** zu prüfen haben.[4] Fällt eine ursprünglich begründete örtliche Zuständigkeit nachträglich weg, so haben sie das Verfahren an die zuständige StA abzugeben[5] oder bei Vorliegen dessen Voraussetzungen ein Verfahren nach § 13a in die Wege zu leiten.

3   Für das **Eröffnungsverfahren** bestimmt Satz 1, dass die **Gerichte** ihre örtliche Zuständigkeit **von Amts wegen** zu prüfen haben. Hält sich ein Gericht für in der Sache örtlich unzuständig, so spricht es allein dies durch Beschluss aus (**Unzuständigkeitserklärung**). Eine **Abgabe oder Verweisung** an ein zuständiges Gericht ist dem erstinstanzlichen Gericht bei Erkennen der örtlichen Zuständigkeit **nicht möglich**, da hierfür eine gesetzliche Grundlage fehlt und es ansonsten in die ggf. bestehende Wahlmöglichkeit der StA eingreifen würde.[6] Ein dennoch ergangener Verweisungsbeschluss wird jedoch geheilt, wenn die StA zustimmt und das zuständige Gericht das Verfahren eröffnet.[7] Rechtsfehlerhaft wäre es zudem, wenn das Gericht im Falle seiner örtlichen Unzuständigkeit die Eröffnung des Hauptverfahrens ablehnen würde. Denn die Ablehnung der Eröffnung des Hauptverfahrens ist eine Entscheidung in der Sache und die örtliche Zuständigkeit hierfür gerade Voraussetzung.[8] In der Regel wird ein derartiger Ablehnungsbeschluss jedoch als Unzuständigkeitserklärung auszulegen sein.[9] Bei **Rechtskraft des Beschlusses**[10] wird das Gericht örtlich unzuständig, auch wenn dieses seine Unzuständigkeit irrtümlich annahm.[11]

4   Im **Hauptverfahren** prüft das Gericht seine örtliche Zuständigkeit nur noch auf Einwand des Angeklagten (Satz 2). Dieser Einwand kann letztmals bis zum Beginn der Vernehmung des Angeklagten zur Sache (§ 243 Abs. 4 S. 2) erhoben werden (Satz 3). Bei zulässigem und begründeten Einwand außerhalb der Hauptverhandlung stellt das Gericht das Verfahren nach § 206a per Beschluss ein, nach Beginn der Hauptverhandlung ist die Einstellung gemäß § 260 Abs. 3 im Urteil auszusprechen.[12] Bei unzulässigem oder unbegründetem Einwand wird dieser durch Gerichtsbeschluss verworfen.[13] Insoweit tritt dann eine Zuständigkeitsperpetuierung ein.[14]

III. Rechtsbehelfe

5   Gegen die Wahl des Gerichtsstandes durch die StA ist lediglich die **Dienstaufsichtsbeschwerde** möglich. Sonstige Rechtsmittel bestehen nicht, insbesondere auch nicht nach § 23 EGGVG.[15]

---

[1] *Meyer-Goßner* Rn. 1.
[2] RG v. 19. 5. 1881 – Rep. 975/81, RGSt 4, 232; KK-StPO/*Fischer* Rn. 1 mwN.
[3] KK-StPO/*Fischer* Rn. 1 mwN; *Meyer-Goßner* Rn. 1.
[4] KK-StPO/*Fischer* Rn. 2.
[5] KK-StPO/*Fischer* Rn. 2; Löwe/Rosenberg/*Erb* Rn. 5.
[6] KK-StPO/*Fischer* Rn. 5 mwN.
[7] OLG Braunschweig v. 21. 7. 1961 – Ss 119/61, GA 1961, 284; KK-StPO/*Fischer* Rn. 5.
[8] KK-StPO/*Fischer* Rn. 4; Löwe/Rosenberg/*Erb* Rn. 12; *Meyer-Goßner* Rn. 4.
[9] Vgl. RG v. 20. 2. 1899 – Rep. 5100/98, RGSt 32, 50.
[10] Zur Möglichkeit der Beschwerde s. u. Rn. 6.
[11] KK-StPO/*Fischer* Rn. 4.
[12] BGH v. 20. 7. 1962 – 4 StR 194/62, BGHSt 18, 1 (2 f.); KK-StPO/*Fischer* Rn. 6.
[13] KK-StPO/*Fischer* Rn. 6.
[14] *Meyer-Goßner* Rn. 3.
[15] *Meyer-Goßner* Vor § 7 Rn. 10 mwN.

Gegen die **Unzuständigkeitserklärung des Gerichts** von Amts wegen im Eröffnungsverfahren ist 6
die **einfache Beschwerde** (§ 304) möglich.[16] Ist diese begründet, erfolgt eine **Zurückverweisung** an
das Erstgericht durch das Beschwerdegericht.[17] Ein den Einwand der Unzuständigkeit verwerfender Beschluss im Eröffnungsverfahren ist hingegen ebenso wie die Eröffnung des Hauptverfahrens trotz an sich vorliegender sachlicher Unzuständigkeit nicht anfechtbar (vgl. § 201 Abs. 2
S. 2, § 210 Abs. 1).[18] Es ist auch nicht revisibel (s. § 336 S. 2). Der Angeklagte hat den Einwand
in der Hauptverhandlung ggf. erneut zu erheben.[19]

Nach Eröffnung des Hauptverfahrens ist im Falle einer Einstellung nach § 206a die **sofortige** 7
Beschwerde gegeben (§ 206a Abs. 2). Im Falle einer Einstellung durch Urteil gemäß § 260 Abs. 3
sind gegen dieses die **Berufung** (§ 312) oder die **Revision** (§§ 333, 335) gemäß deren gesetzlichen
Voraussetzungen möglich. Bei sachlich unzutreffender Verwerfung des rechtzeitig erhobenen
Einwandes der örtlichen Unzuständigkeit in der Hauptverhandlung haben im Falle eines eingelegten Rechtsmittels das Berufungsgericht bzw. das Revisionsgericht das Urteil aufzuheben und an
das zuständige Gericht zu verweisen (s. §§ 328 Abs. 2, 355, 338 Nr. 4).

§§ 17, 18 (weggefallen)

§ 19 [Bestimmung bei negativem Zuständigkeitsstreit]

**Haben mehrere Gerichte, von denen eines das zuständige ist, durch Entscheidungen, die nicht
mehr anfechtbar sind, ihre Unzuständigkeit ausgesprochen, so bezeichnet das gemeinschaftliche
obere Gericht das zuständige Gericht.**

I. Allgemeines

Die Vorschrift will – wie § 14 – auch dann eine Entscheidung in der Sache ermöglichen, wenn 1
sich mehrere Gerichte jeweils örtlich nicht für zuständig halten.[1] Stehen die sachliche Zuständigkeit oder die gesetzlich bestimmte Zuständigkeit eines von mehreren Spruchkörpern desselben
Gerichts in Streit, ist § 19 in bestimmten Konstellationen entspr. anwendbar.[2]

II. Zuständigkeitsstreit

Anders als § 14 erfasst die Vorschrift nur den Fall des sog. **negativen Kompetenzkonfliktes**. In 2
Abgrenzung bzw. Ergänzung zu § 14 ist § 19 dann einschlägig, wenn die Gerichte ihren „Streit"
schon **beendet** haben – jedenfalls insoweit, als alle am Streit beteiligten Gerichte sich selbst für
unzuständig erklärt haben (oder dies in einer Beschwerdeentscheidung festgestellt worden ist)
und hiergegen jeweils kein Rechtsmittel mehr möglich ist.[3]

Bei negativen Kompetenzkonflikten über die sachliche Zuständigkeit wird die Vorschrift aus- 3
nahmsweise entspr. angewandt, wenn das Verfahren sonst zum „Stillstand" käme. Bei Streitigkeiten über die Zuständigkeit mehrerer Spruchkörper desselben Gerichts gilt dies ebenfalls, sofern
ein Streit über die in der StPO festgelegte Zuständigkeitsverteilung besteht.[4]

III. Bestimmung des Gerichts

Zur Entscheidung berufen ist ausschließlich das **gemeinschaftliche obere Gericht** der beteiligten 4
Gerichte. Anders als bei § 14 wird dieses nicht auf Vorlage durch die beteiligten Gerichte tätig;
diese haben ihren Streit schon beendet. Erforderlich ist vielmehr ein **Antrag eines der Prozessbeteiligten**.[5] IdR stellt diesen die StA, wobei der Prozessgegner vorher anzuhören ist (§ 33 Abs. 2,
Abs. 3).[6] Denkbar aber unwahrscheinlich ist auch eine Entscheidung von Amts wegen.

Wie bei § 14 kann das obere Gericht in seiner Entscheidung nur eines der am Streit **beteiligten** 5
Gerichte bestimmen. Eine Verweisung an das zuständige Gericht ist nicht zulässig. Ist keines der
beteiligten Gerichte zuständig, so ist die Bestimmung des örtlich zuständigen Gerichtes abzuleh-

---

[16] Löwe/Rosenberg/*Erb* Rn. 16; *Meyer-Goßner* Rn. 7.
[17] BGH v. 27. 6. 1997 – StB 8/97, BGHSt 43, 122 (124 f.).
[18] KK-StPO/*Fischer* Rn. 8.
[19] KK-StPO/*Fischer* Rn. 9; in der Folge s. u. Rn. 7 aE.
[1] Zur Abgrenzung s. u. Rn. 2.
[2] S. u. Rn. 3.
[3] KK-StPO/*Fischer* Rn. 1; Löwe/Rosenberg/*Erb* Rn. 1; *Meyer-Goßner* Rn. 1.
[4] S. hierzu die entsprechenden Ausführungen zu § 14 Rn. 1, 3 f.; Löwe/Rosenberg/*Erb* Rn. 3; *Meyer-Goßner* Rn. 2.
[5] KK-StPO/*Fischer* Rn. 1; Löwe/Rosenberg/*Erb* Rn. 6.
[6] Vgl. OLG Düsseldorf v. 9. 3. 1982 – 1 Ws 840/81, MDR 1982, 689; KK-StPO/*Fischer* Rn. 3; Löwe/Rosenberg/*Erb*
Rn. 6.

nen.[7] Das zuständige Gericht kann aber in den Gründen des Zurückweisungsbeschlusses benannt werden.[8] Ist kein zuständiges Gericht vorhanden oder ist dieses nicht ermittelt, bedarf es einer Entscheidung nach § 13 a.[9]

6 Die Entscheidung ergeht durch **Beschluss**. Darin wird eines der beteiligten Gerichte als zuständiges Gericht bezeichnet. Damit ist die **Rechtskraftwirkung einer entgegenstehenden Entscheidung beseitigt.** Einer ausdrücklichen Aufhebung bedarf es insoweit nicht.[10]

IV. Rechtsbehelfe

7 Die Entscheidung des gemeinschaftlichen oberen Gerichts ist unanfechtbar (vgl. § 304 Abs. 1, Abs. 4).[11]

§ 20 [Handlungen eines unzuständigen Gerichts]

Die einzelnen Untersuchungshandlungen eines unzuständigen Gerichts sind nicht schon dieser Unzuständigkeit wegen ungültig.

I. Allgemeines

1 Die Vorschrift will klarstellen, dass Untersuchungshandlungen, die ein örtlich unzuständiges Gericht erlassen hat, wirksam bleiben. Sie entspricht einem **allgemeinen Verfahrensgrundsatz**.[1] § 20 gilt dabei grds. **in allen Verfahrensstadien**, vom Vorverfahren bis hin zu Beweiserhebungen im Wiederaufnahmeverfahren nach § 369.[2] Im Unterschied zu § 21 nimmt das Gericht hier seine örtliche Unzuständigkeit irrtümlich an. Beiden Vorschriften gemeinsam ist, dass sie keinen Eingriff in die sachliche Zuständigkeit erlauben.[3] § 20 ist entspr. anwendbar auf Entscheidungen in Strafvollstreckungs- und -vollzugssachen.[4] Bei interner Unzuständigkeit eines Amtsrichters innerhalb des Geschäftsverteilungsplans gilt § 22 d GVG.

II. Einzelne Untersuchungshandlungen

2 Der Begriff bildet den Gegensatz zum Verfahren als Ganzem.[5] Umfasst werden in erster Linie richterliche Beweiserhebungen und die richterliche Anordnung von Zwangsmaßnahmen.

III. Gültigkeit

3 Die unzuständig vorgenommene Untersuchungshandlung darf im weiteren Verfahren verwertet werden. Sie muss nicht, darf aber wiederholt werden. Auch die Möglichkeit der Aufhebung bleibt unberührt.[6]

4 Entgegen seinem Wortlaut gilt § 20 allerdings **nicht uneingeschränkt**. Untersuchungshandlungen eines örtlich unzuständigen Richters sind ausnahmsweise dann ungültig, wenn sie in krassem Widerspruch zu wesentlichen rechtsstaatlichen Grundsätzen stehen; dh. an **schweren und offenkundigen Mängeln** leiden und ihnen eine **wesentliche Bedeutung** für das Verfahren zukommt.[7]

IV. Rechtsbehelfe

5 Gegen die vom örtlich unzuständigen Gericht getroffenen Anordnungen sind selbstverständlich dieselben Rechtsbehelfe zulässig, die auch gegen eine entsprechende Handlung des zuständigen

---

[7] BGH v. 23. 12. 1977 – 2 ARs 415/77, BGHSt 27, 329 = NJW 1978, 835; HK-StPO/*Zöller* Rn. 4; Löwe/Rosenberg/*Erb* Rn. 4; *Meyer-Goßner* Rn. 3.
[8] S. zum entspr. Beschluss nach § 14: BGH v. 27. 6. 1975 – 2 ARs 137/75, BGHSt 26, 162 (164) = NJW 1975, 1846; BGH v. 27. 9. 2000 – 2 ARs 69/00 – 2 AR 50/00, NStZ 2001, 110; Löwe/Rosenberg/*Erb* § 14 Rn. 8; *Meyer/Goßner* § 14 Rn. 3.
[9] HK-StPO/*Zöller* Rn. 4; Löwe/Rosenberg/*Erb* Rn. 5.
[10] KK-StPO/*Fischer*; Löwe/Rosenberg/*Erb* Rn. 1, 6; *Meyer-Goßner* Rn. 4.
[11] Löwe/Rosenberg/*Erb* Rn. 6; *Meyer-Goßner* Rn. 4; *Pfeiffer* Rn. 1.
[1] Statt vieler Löwe/Rosenberg/*Erb* Rn. 1 unter Hinweis auf §§ 7 FGG, 22 d GVG, 44 Abs. 3 Nr. 1 VwVfG.
[2] OLG Düsseldorf v. 28. 3. 1979 – 5 Ws 6/79, NJW 1979, 1724.
[3] OLG Köln v. 27. 2. 2004 – 2 Ws 56–57/04, StV 2004, 417.
[4] BGH v. 23. 12. 1977, BGHSt 27, 329 (331).
[5] S. zum Begriff auch § 162 Rn. 1 sowie Löwe/Rosenberg/*Erb* Rn. 4 mit einer Aufzählung der Untersuchungshandlungen im Einzelnen.
[6] Zum Ganzen Löwe/Rosenberg/*Erb* Rn. 7.
[7] Vgl. BGH v. 16. 10. 1980 – StB 29, 30 u. 31/80, BGHSt 29, 351 = NJW 1981, 133; BGH v. 24. 1. 1984 – 1 StR 874/83, NStZ 1984, 279; Löwe/Rosenberg/*Erb* Rn. 3; *Meyer-Goßner* Rn. 1; KMR-StPO/*Paulus* Rn. 2; SK-StPO/*Rudolphi* Rn. 1.

Gerichts gegeben wären. Die Untersuchungshandlung ist dann entsprechend aufzuheben[8] oder bei Vorliegen von Gefahr im Verzug gemäß dem Rechtsgedanken von § 21 aufrechtzuerhalten.[9]

§ 21 [Befugnisse bei Gefahr im Verzug]

Ein unzuständiges Gericht hat sich den innerhalb seines Bezirks vorzunehmenden Untersuchungshandlungen zu unterziehen, bei denen Gefahr im Verzug ist.

I. Allgemeines

Die Vorschrift will sicherstellen, dass bestimmte Untersuchungshandlungen, die eilbedürftig sind, auch dann vorgenommen werden, wenn das örtlich zuständige Gericht nicht rechtzeitig erreichbar ist. Sie begründet eine **Notzuständigkeit** iS einer Berechtigung *und* Verpflichtung. 1

§ 21 gilt grds. in allen Verfahrensstadien und für alle Gerichte, betrifft aber vor allem die AGe. Im Unterschied zu § 20 ist dem Gericht hier seine örtliche Unzuständigkeit **bewusst**. Beiden Vorschriften gemeinsam ist, dass sie keinen Eingriff in die sachliche Zuständigkeit erlauben.[1] Auch § 21 ist entspr. anwendbar auf Entscheidungen in Strafvollstreckungs- und -vollzugssachen.[2] 2

Die praktische Bedeutung war im Hinblick auf die Zuständigkeiten nach §§ 162 aF, 165 bislang gering. § 21 kam hauptsächlich in Betracht bei eiligen Untersuchungshandlungen in Verfahren, in denen schon bei einem anderen Gericht Anklage erhoben war.[3] Ob die praktische Bedeutung der Vorschrift aufgrund der Neufassung des § 162 mit Wirkung zum 1. 1. 2008[4] und dem damit ggf. verbundenen Auseinanderfallen vom Ort des die Untersuchungshandlung beschließenden Gerichts und dem Ort der Durchführung der Untersuchungshandlung zunimmt bzw. bereits zugenommen hat, lässt sich derzeit noch nicht abschließend beurteilen. Aufgrund der Ausnahmeregelung des § 162 Abs. 1 Satz 3 dürfte die Bedeutung von § 21 jedoch eingeschränkt bleiben.[5] 3

II. Einzelne Untersuchungshandlungen

Die Vorschrift erfasst nur **einzelne** Untersuchungshandlungen.[6] Sie begründet nicht etwa einen eigenen Gerichtsstand.[7] Die weiteren Verfügungen in der Sache stehen dem zuständigen Gericht zu.[8] 4

Die Tatsache, dass sich § 21 auf Fälle **örtlicher** Unzuständigkeit bezieht, führt nicht etwa zu einer völligen geografischen Entgrenzung; erfasst sind nur Handlungen, die **innerhalb** des Gerichtsbezirks vorzunehmen sind. 5

III. Gefahr im Verzug

Gefahr im Verzug liegt vor, wenn nach den obwaltenden Umständen eine Abgabe der Sache an das zuständige Gericht den **Untersuchungserfolg** gefährden würde.[9] 6

IV. Von Amts wegen

Bei Vorliegen der gesetzlichen Voraussetzungen (o. Rn. 4 bis 6) bedarf es keines Antrages der StA. Das „Notgericht" muss ggf. von Amts wegen tätig werden.[10] 7

V. Rechtsbehelfe

Die Entscheidungen des „Notgerichts" sind selbstverständlich mit denselben Rechtsbehelfen anfechtbar, die gegen eine Entscheidung des örtlich an sich zuständigen Gerichts gegeben wären. 8

---

[8] KG Berlin v. 3. 12. 1997 – 4 Ws 257/97.
[9] Löwe/Rosenberg/*Erb* Rn. 7 mit Fn. 9.
[1] Anw-StPO/*Rotsch* Rn. 1; Löwe/Rosenberg/*Erb* Rn. 1; *Meyer-Goßner* Rn. 1.
[2] Wie hier Löwe/Rosenberg/*Erb* Rn. 2; zu § 20 vgl. BGH v. 23. 12. 1977 – 2 ARs 415/77, BGHSt 27, 329 (331).
[3] Vgl. Löwe/Rosenberg/*Erb* Rn. 2; *Meyer-Goßner* Rn. 1.
[4] S. BGBl. 2007 I 3198.
[5] So auch HK-StPO/*Zöller* Rn. 1.
[6] Zum Begriff s. § 162 Rn. 1; vgl. auch Löwe/Rosenberg/*Erb* § 20 Rn. 4 mit einer Aufzählung der Untersuchungshandlungen im Einzelnen.
[7] Löwe/Rosenberg/*Erb* Rn. 1.
[8] KK-StPO/*Fischer* Rn. 2; *Meyer-Goßner* Rn. 2.
[9] Vgl. BVerfG v. 3. 4. 1979 – 1 BvR 994/76, BVerfGE 51, 97 (111); BVerfG v. 20. 2. 2001 – 2 BvR 1444/00, BVerfGE 103, 142 = NJW 2001, 1121 (1123); s. auch ergänzend § 98 Rn. 7.
[10] KK-StPO/*Fischer* Rn. 2; KMR-StPO/*Paulus* Rn. 7.

Dritter Abschnitt.
Ausschließung und Ablehnung der Gerichtspersonen

§ 22 [Ausschließung eines Richters]
Ein Richter ist von der Ausübung des Richteramtes kraft Gesetzes ausgeschlossen,
1. wenn er selbst durch die Straftat verletzt ist;
2. wenn er Ehegatte, Lebenspartner, Vormund oder Betreuer des Beschuldigten oder des Verletzten ist oder gewesen ist;
3. wenn er mit dem Beschuldigten oder mit dem Verletzten in gerader Linie verwandt oder verschwägert, in der Seitenlinie bis zum dritten Grad verwandt oder bis zum zweiten Grad verschwägert ist oder war;
4. wenn er in der Sache als Beamter der Staatsanwaltschaft, als Polizeibeamter, als Anwalt des Verletzten oder als Verteidiger tätig gewesen ist;
5. wenn er in der Sache als Zeuge oder Sachverständiger vernommen ist.

Schrifttum: *Arloth*, Zur Ausschließung und Ablehnung des Staatsanwalts, NJW 1983, 207; *ders.*, Zur Ausschließung und Ablehnung von Staatsanwälten, FS Böttcher, 2007, S. 3; *Arzt*, Der befangene Strafrichter, 1969; *Bruns*, Ablehnung eines Staatsanwalts aus Gründen des § 24 StPO, insbesondere wegen Besorgnis der Befangenheit?, Geburtstagsgabe für Grützner, 1970, S. 42; *Frisch*, Ausschluß und Ablehnung des Staatsanwalts, FS Hans-Jürgen Bruns, 1978, S. 385; *Hilgendorf*, Verfahrensfragen bei der Ablehnung eines befangenen Staatsanwalts, StV 1996, 50; *Pawlik*, Der disqualifizierte Staatsanwalt, NStZ 1995, 309; *Pfeiffer*, Zur Ausschließung und Ablehnung des Staatsanwalts im geltenden Recht, FS Rebmann, 1989, S. 359; *Schairer*, Der befangene Staatsanwalt, 1983; *W. Schmid*, Richterausschluß (§ 22 Nr. 5 StPO) durch „dienstliche Äußerungen"?, GA 1980, 285; *Schorn*, Die Ausschließung eines Richters im Strafprozeß in Rechtsprechung und Schrifttum, GA 1963, 257; *Wendisch*, Zur Ausschließung und Ablehnung des Staatsanwalts, FS Karl Schäfer, 1979, S. 243.

Übersicht

	Rn.
I. Allgemeines	1–4
1. Normzweck	1, 2
2. Regelungszusammenhang	3, 4
II. Gerichtspersonen	5–11
1. Richter	5
2. Schöffen, Urkundsbeamte der Geschäftsstelle, andere Protokollführer	6
3. Andere Personenkreise	7
4. Nicht Staatsanwälte	8
a) Verfahren	9
b) Gebotenheit einer Ersetzung	10
c) Rechtsbehelf und Rechtsmittel	11
III. Ausschließungsgründe	12–33
1. Verletzter der Straftat (Nr. 1)	13–17
a) Vermögensdelikte	14–16
b) Beleidigung	17
2. Enge Verbindung zum Beschuldigten oder Verletzten (Nr. 2)	18
3. Verwandtschaft oder Schwägerschaft zum Beschuldigten oder Verletzten (Nr. 3)	20
4. Vortätigkeit als Strafverfolger oder Anwalt (Nr. 4)	21–28
a) Begriff der Sache	22
b) Begriff der Vortätigkeit	23, 24
c) Beamter der Staatsanwaltschaft	25
d) Polizeibeamter	26
e) Anwalt des Verletzten	27
f) Verteidiger	28
5. Vernehmung als Zeuge oder Sachverständiger (Nr. 5)	29–33
a) Begriff der Sache	30
b) Vernehmung	31–33
IV. Wirkungen der Ausschließung	34–36
V. Folgen einer Mitwirkung trotz Ausschließung	37, 38

I. Allgemeines

1 **1. Normzweck.** Art. 101 Abs. 1 S. 2 GG garantiert verfassungsrechtlich das **Recht auf den gesetzlichen Richter.** Dieser Grundsatz soll der Gefahr entgegenwirken, dass die rechtsprechenden Organe durch Manipulationen sachfremden Einflüssen ausgesetzt werden.[1] Hierzu ist es erforderlich, die richterliche Zuständigkeit so konkret wie möglich durch allgemeine Normen zu re-

---

[1] BVerfG v. 24. 3. 1964 – 2 BvR 42, 83, 89/63, BVerfGE 17, 294 (299) = NJW 1964, 1020; BVerfG v. 25. 10. 1966 – 2 BvR 291, 656/64, BVerfGE 20, 336 (344) = MDR 1967, 192 (193); BVerfG v. 19. 7. 1967 – 2 BvR 489/66, BVerfGE 22, 254 (258) = NJW 1967, 2151; BVerfG v. 26. 1. 1971 – 2 BvR 443/69, BVerfGE 30, 149 (152) = NJW 1971, 1029; SK-StPO/*Rudolphi* Vor § 22 Rn. 1.

Dritter Abschnitt. Ausschließung und Ablehnung der Gerichtspersonen 2–5 § 22

geln, so dass sich der im Einzelfall sachlich, örtlich und geschäftsordnungsmäßig zuständige Richter im Voraus möglichst eindeutig ergibt.[2]

Zwar sind Richter persönlich und sachlich unabhängig (Art. 97 GG, § 1 GVG), jedoch gibt es 2 Konstellationen, in denen Bedenken gegen die **Unparteilichkeit und Objektivität** des nach den allgemeinen Regeln zur Entscheidung berufenen Richters bestehen. Die Vorschriften über die Ausschließung (und Ablehnung) von Gerichtspersonen sollen in diesem Zusammenhang sicherstellen, dass die zuständigen Richter dem zu entscheidenden Rechtsfall und den daran beteiligten Personen mit einer für die richterliche Unparteilichkeit erforderlichen Distanz einer unbeteiligten, am Verfahrensausgang nicht privat interessierten dritten Person gegenüberstehen, wodurch die gebotene Unvoreingenommenheit gewährleistet ist.[3]

2. Regelungszusammenhang. Die Ausschließung nach §§ 22, 23 tritt – anders als ein Ausscheiden 3 wegen Besorgnis der Befangenheit – **kraft Gesetzes** ein, so dass es keines Antrags bedarf[4] und einem entsprechenden gerichtlichen Beschluss lediglich deklaratorische Wirkung zukommt.[5] Unerheblich ist, ob der Grund für die Ausschließung dem Richter oder einem sonstigen Prozessbeteiligten bekannt ist,[6] ob der Richter sich befangen fühlt[7] oder ob die Prozessbeteiligten mit der Mitwirkung dieses Richters einverstanden sind und auf eine Ausschließung verzichten.[8] Eine Entscheidung des Gerichts, die irrtümlich das Vorliegen eines Ausschließungsgrundes verneint, ändert ebenfalls nichts an der Ausschließung.[9] Die Ausschließung ist **von Amts wegen zu beachten** und kann von jedem Prozessbeteiligten ohne zeitliche Beschränkung angeregt oder im Wege eines Ablehnungsgesuchs nach § 24 geltend gemacht werden.[10] Kommen dem Richter Zweifel, ob er kraft Gesetzes ausgeschlossen ist, so hat er eine Entscheidung des Gerichts nach § 30 herbeizuführen.[11] Das Gericht selbst hat bei entsprechenden Zweifeln von Amts wegen zu entscheiden.[12]

In den §§ 22, 23 (sowie in § 148a Abs. 2 S. 1) sind die Ausschließungsgründe **abschließend** 4 aufgeführt[13] und – anknüpfend an objektivierbare Tatsachen und Vorgänge – **eng auszulegen**.[14] In ähnlich gelagerten Konstellationen kommt hingegen lediglich eine Ablehnung nach § 24 in Betracht, im Rahmen derer nachgewiesen werden muss, dass die gegebene Sachlage einen Grund darstellt, der im konkreten Fall geeignet ist, Misstrauen gegen die Unparteilichkeit und Unvoreingenommenheit des Richters zu rechtfertigen.[15]

II. Gerichtspersonen

1. Richter. Zu den Gerichtspersonen iSd. §§ 22 ff. zählen zunächst **Richter** auf Lebenszeit (§ 10 5 Abs. 1 DRiG), auf Probe (§ 12 Abs. 1 DRiG) und kraft Auftrags (§ 14 Abs. 1 DRiG).[16] Daneben sind ordentliche **Professoren** der Rechte an einer Universität in der Bundesrepublik Deutschland zum Richteramt befähigt (§ 7 DRiG) und können **Referendare** unter Aufsicht eines Richters konkret benannte Aufgaben des Richters erledigen (§ 10 S. 1 GVG).

---

[2] BVerfG v. 24. 3. 1964 – 2 BvR 42, 83, 89/63, BVerfGE 17, 294 (299) = NJW 1964, 1020; BVerfG v. 25. 10. 1966 – 2 BvR 291, 656/64, BVerfGE 20, 336 (344) = MDR 1967, 192 (193); BVerfG v. 19. 7. 1967 – 2 BvR 489/66, BVerfGE 22, 254 (258) = NJW 1967, 2151; BVerfG v. 26. 1. 1971 – 2 BvR 443/69, BVerfGE 30, 149 (152 f.) = NJW 1971, 1029; SK-StPO/*Rudolphi* Vor § 22 Rn. 1.
[3] BVerfG v. 8. 2. 1967 – 2 BvR 235/64, BVerfGE 21, 139 (145 f.) = NJW 1967, 1123; BVerfG v. 5. 10. 1977 – 2 BvL 10/75 (Zwischenentscheidung), BVerfGE 46, 34 (37); HK-StPO/*Temming* Vor § 22 Rn. 1; KK-StPO/*Fischer* Rn. 1.
[4] KK-StPO/*Fischer* Rn. 20.
[5] BVerfG v. 5. 10. 1977 – 2 BvL 10/75 (Zwischenentscheidung), BVerfGE 46, 34 (37); HK-GS/*Bosbach* Rn. 1; HK-StPO/*Temming* Rn. 3, Vor § 22 Rn. 3; KK-StPO/*Fischer* Rn. 1, 20; KMR/*Bockemühl* Rn. 1, 17, Vor § 22 Rn. 1; Löwe/Rosenberg/*Siolek* Vor § 22 Rn. 1; *Meyer-Goßner* Rn. 1 f.
[6] BVerfG v. 27. 1. 1971 – 2 BvR 507, 511/69, BVerfGE 30, 165 (167) = NJW 1971, 1033; RG v. 8. 6. 1900 – 1831/00, RGSt 33, 309 (310).
[7] BGH v. 4. 11. 1959 – 2 StR 421/59, BGHSt 14, 219 (223) = NJW 1960, 301 (302).
[8] RG v. 10. 5. 1880 – 1121/80, RGSt 2, 209 (211); Löwe/Rosenberg/*Siolek* Vor § 22 Rn. 3; *Schorn* GA 1963, 257 (258).
[9] BVerfG v. 27. 1. 1971 – 2 BvR 507, 511/69, BVerfGE 30, 165 (167) = NJW 1971, 1033; SK-StPO/*Rudolphi* Vor § 22 Rn. 10.
[10] Löwe/Rosenberg/*Siolek* Rn. 53; *Meyer-Goßner* Rn. 2.
[11] KK-StPO/*Fischer* Rn. 20; Löwe/Rosenberg/*Siolek* Rn. 53.
[12] KK-StPO/*Fischer* Rn. 20; Löwe/Rosenberg/*Siolek* Rn. 53.
[13] BVerfG v. 5. 10. 1977 – 2 BvL 10/75 (Zwischenentscheidung), BVerfGE 46, 34 (38); OLG Düsseldorf v. 1. 7. 1987 – 1 Ws 469/87, NStZ 1987, 571; OLG Stuttgart v. 25. 9. 1985 – 5 (2) – I StE 5/81, StV 1985, 492 (493); KK-StPO/*Fischer* Rn. 1; *Meyer-Goßner* Rn. 3, § 23 Rn. 1; SK-StPO/*Rudolphi* Rn. 1, Vor § 22 Rn. 2.
[14] BGH v. 28. 1. 1998 – 3 StR 575/96, BGHSt 44, 4 (7) = NJW 1998, 1234 (1235); Löwe/Rosenberg/*Siolek* Vor § 22 Rn. 2; *Meyer-Goßner* Rn. 3.
[15] *Arzt*, Der befangene Strafrichter, S. 17 ff.; Löwe/Rosenberg/*Siolek* § 23 Rn. 3; SK-StPO/*Rudolphi* Rn. 1, Vor § 22 Rn. 9. Von einer unzulässigen „Lückenfüllung" spricht hingegen *Meyer-Goßner* Rn. 3; vgl. hierzu auch BGH v. 9. 9. 1966 – 4 StR 261/66, BGHSt 21, 142 (144 f.) = NJW 1967, 62 (62 f.).
[16] KK-StPO/*Fischer* Rn. 2; Löwe/Rosenberg/*Siolek* Vor § 22 Rn. 5.

6 2. **Schöffen, Urkundsbeamte der Geschäftsstelle, andere Protokollführer.** Gem. § 31 Abs. 1 gelten die Vorschriften der §§ 22 ff. für **Schöffen, Urkundsbeamte der Geschäftstelle und andere als Protokollführer zugezogene Personen** entsprechend.

7 3. **Andere Personenkreise.** Die Ausschließung und Ablehnung von **Sachverständigen** regelt § 74. In Bezug auf **Dolmetscher** findet gem. § 191 GVG die Vorschrift des § 74 entsprechende Anwendung. Die §§ 22 ff. gelten nach § 10 RPflG entsprechend für die Ausschließung und Ablehnung von **Rechtspflegern.** Für die um die Vernehmung von Zeugen ersuchten **Bezirksrevisoren** als Vertreter der Staatskasse[17] sowie für entsprechend ersuchte **Konsularbeamte**[18] finden die §§ 22 ff. hingegen keine Anwendung.

8 4. **Nicht Staatsanwälte.** Die Regelungen der §§ 22 ff. über Ausschließung und Ablehnung gelten hingegen **nicht** (auch nicht in entsprechender Anwendung[19]) in Bezug auf **Staatsanwälte.**[20]

9 a) **Verfahren.** Dementsprechend haben die Prozessbeteiligten **kein Recht auf Ablehnung** eines im Sinne der §§ 22 ff. ausgeschlossenen oder befangenen Staatsanwalts.[21] Gleichwohl wäre es mit Blick auf das Gebot eines rechtsstaatlichen Verfahrens regelmäßig bedenklich, wenn im Verfahren ein Staatsanwalt mitwirkt, in Bezug auf den ein Ausschließungsgrund iSd. §§ 22, 23 (oder ein Ablehnungsgrund nach § 24) vorliegt.[22] Daher kann jeder Verfahrensbeteiligte eine Ersetzung des staatsanwaltschaftlichen Beamten **beantragen bzw. anregen.** Es ist in diesen Situationen sodann bei Begründetheit des Antrags bzw. der Anregung Aufgabe des betreffenden Staatsanwalts, auf seine Ablösung hinzuwirken, sowie **Aufgabe des jeweiligen Dienstvorgesetzten,** den Staatsanwalt – da dessen Mitwirkung unzulässig ist und er daher von entsprechenden Amtshandlungen zu befreien ist (§ 65 BBG) – nach § 145 Abs. 1 GVG abzulösen.[23] Ebenso kann der vorgesetzte Beamte **von Amts wegen** eine Ablösung des Staatsanwalts durchführen. Das Gericht kann die Ersetzung allerdings nicht gegen den Willen des jeweiligen Dienstvorgesetzten durchsetzen, sondern lediglich auf eine Ersetzung hinwirken,[24] wozu es mit Blick auf ein faires, rechtsstaatliches Verfahren aber verpflichtet ist.[25] Der Antragsteller hat jedoch ein Recht darauf, dass über die Ersetzung durch begründeten Bescheid befunden wird.[26] Bei Ablehnung des Antrags besteht die Möglichkeit der **Dienstaufsichtsbeschwerde** oder **Gegenvorstellung.**[27]

10 b) **Gebotenheit einer Ersetzung.** Die Ausschließungsgründe der §§ 22, 23 können **Anhaltspunkte** dafür geben, ob eine Ersetzung des Staatsanwaltes geboten ist, wobei die unterschiedliche Aufgabe und verfahrensrechtliche Stellung von Staatsanwalt und Richter zu beachten sind.[28] Kommt der Staatsanwalt als **Täter oder Opfer** der Straftat in Betracht, wird er zu ersetzen sein.[29] Gleiches wird regelmäßig gelten, wenn eine **Verwandtschaft, Schwägerschaft oder sonstige Beziehung**

---

[17] OLG Koblenz v. 3. 7. 1984 – 1 Ws 464/84, MDR 1985, 257; OLG Koblenz v. 10. 7. 1984 – 1 Ws 481/84, OLGSt § 22 StPO Nr. 1; *Burhoff* ZAP-Fach 22, 117 (118).
[18] OLG Düsseldorf v. 20. 6. 1983 – 5 Ss 213/83 – 34/83 VI, NStZ 1983, 469 (470); OLG Karlsruhe v. 1. 8. 1974 – 1 Ws 247/74, GA 1975, 218; LG Darmstadt v. 12. 2. 1970 – 2 Ks 1/67, GA 1970, 250.
[19] So aer *Arloth* NJW 1983, 207 (209 f.); *Bottke* StV 1986, 120 (123); *Schairer,* Der befangene Staatsanwalt, S. 35 ff., 61 ff.; SK-StPO/*Rudolphi* Vor § 22 Rn. 20.
[20] BVerfG v. 16. 4. 1969 – 2 BvR 115/69, BVerfGE 25, 336 (345) = NJW 1969, 1104 (1106); BGH v. 27. 8. 1991 – 1 StR 438/91, NStZ 1991, 595; OLG Hamm v. 24. 10. 1968 – 1 VAs 142/68, NJW 1969, 808; OLG Stuttgart v. 1. 4. 1974 – 3 Ss 33/74, NJW 1974, 1394, mAnm *Fuchs*; LG Köln v. 15. 10. 1984 – 112 – 2/84, NStZ 1985, 230 (231), mAnm *Wendisch*; LG Mönchengladbach v. 27. 3. 1987 – 12 KLs 12/85, JR 1987, 303 (304), mAnm *Bruns*; *Dahs* Rn. 207; KK-StPO/*Fischer* Vor §§ 22 ff. Rn. 1; *Meyer-Goßner* Vor § 22 Rn. 3; *Wendisch,* FS Schäfer, 1979, S. 243 (251).
[21] OLG Hamm v. 24. 10. 1968 – 1 VAs 142/68, NJW 1969, 808 (809); OLG Karlsruhe v. 11. 1. 1974 – 3 VAs 18/73, MDR 1974, 423; Bockemühl/*Groß-Bölting/Kaps,* Handbuch des Fachanwalts Strafrecht, 4. Aufl. 2009, 2. Teil 4. Kap. Rn. 49 c; KK-StPO/*Fischer* Vor §§ 22 ff. Rn. 1; *Meyer-Goßner* Vor § 22 Rn. 5; *Schairer,* Der befangene Staatsanwalt, S. 149 ff.; aA *Arloth* NJW 1983, 207 (209 f.); *ders.* NJW 1985, 417 (418); *ders.,* FS Böttcher, 2007, S. 3 (9 f.); *Bottke* StV 1986, 120 (123); *Bruns,* GebGabe Grützner, 1970, S. 42 (51 ff.); *Buckert* NJW 1970, 847 (848); *Burhoff* ZAP-Fach 22, 117 (118); *Hilgendorf* StV 1996, 50 (51); *Joos* NJW 1981, 100 (101 f.).
[22] *Frisch,* FS Bruns, 1978, S. 385 (398); KMR/*Bockemühl* Vor § 22 Rn. 4; *Meyer-Goßner* Vor § 22 Rn. 3 mwN; *Pawlik* NStZ 1989, 309 (313 f.).
[23] OLG Zweibrücken v. 6. 6. 2000 – 1 HPL 27/00, NStZ-RR 2000, 348 (348 f.); Bockemühl/*Groß-Bölting/Kaps,* Handbuch des Fachanwalts Strafrecht, 4. Aufl. 2009, 2. Teil 4. Kap. Rn. 49 c; Löwe/Rosenberg/*Siolek* Vor § 22 Rn. 9; *Meyer-Goßner* Vor § 22 Rn. 4; SK-StPO/*Rudolphi* Vor § 22 Rn. 30; *Wendisch,* FS Schäfer, 1979, S. 243 (260 f.).
[24] KMR/*Bockemühl* Vor § 22 Rn. 4; Löwe/Rosenberg/*Siolek* Vor § 22 Rn. 10; *Meyer-Goßner* Vor § 22 Rn. 4.
[25] LG Mönchengladbach v. 27. 3. 1987 – 12 KLs 12/85, JR 1987, 303 (304 f.), mAnm *Bruns*; SK-StPO/*Rudolphi* Vor § 22 Rn. 33; aA LG Köln v. 15. 10. 1984 – 112 – 2/84, NStZ 1985, 230 (232); *Wendisch,* FS Schäfer, 1979, S. 243 (266).
[26] OLG Karlsruhe v. 11. 1. 1974 – 3 VAs 18/73, MDR 1974, 423; SK-StPO/*Rudolphi* Vor § 22 Rn. 32.
[27] Anw-StPO/*Werner* § 24 Rn. 18; *Dahs* Rn. 207; SK-StPO/*Rudolphi* Vor § 22 Rn. 32; Widmaier/*Krause* MAH Strafverteidigung, § 7 Rn. 99.
[28] BVerfG v. 24. 4. 1978 – 1 BvR 425/77, JR 1979, 28, mAnm *Bruns*; KK-StPO/*Fischer* Vor §§ 22 ff. Rn. 1; *Pfeiffer,* FS Rebmann, 1989, S. 359 (370); aA Bockemühl/*Groß-Bölting/Kaps,* Handbuch des Fachanwalts Strafrecht, 4. Aufl. 2009, 2. Teil 4. Kap. Rn. 49 a.
[29] KK-StPO/*Fischer* Vor §§ 22 ff. Rn. 2; Löwe/Rosenberg/*Siolek* Vor § 22 Rn. 15, 17; *Schairer,* Der befangene Staatsanwalt, S. 62 f.

iSd. Nr. 2 und 3 zum Beschuldigten oder Verletzten besteht.[30] Daneben wird auch eine **Vortätigkeit** als einseitiger Sachwalter – als Anwalt des Verletzten oder Verteidiger des Beschuldigten – in der Regel dazu führen, dass an einer Unvoreingenommenheit des Staatsanwalts zu zweifeln ist.[31] Ebenso wird grundsätzlich eine Ersetzung geboten sein, wenn der Staatsanwalt – in Anlehnung an die Konstellationen des § 23 Abs. 1 – bei einer (früheren) mit einem Rechtsmittel angefochtenen Entscheidung als Richter mitgewirkt hat[32] oder aber – im umgekehrten Fall – nunmehr bei einer Entscheidung über ein Rechtsmittel gegen eine von ihm selbst als Staatsanwalt verfügte Maßnahme (zB Beschwerde gegen eine Einstellungsverfügung) beteiligt ist.[33] Ist der Staatsanwalt in derselben Hauptverhandlung als **Zeuge oder Sachverständiger** vernommen worden, so kann er – um zu verhindern, dass er die Glaubhaftigkeit seiner eigenen Aussage zu bewerten hat – nur dann im weiteren Verfahren mitwirken, wenn er lediglich über rein technische, mit der Tätigkeit als Sachbearbeiter notwendig verbundene Vorgänge vernommen worden ist oder sich die Tätigkeit des Staatsanwalts nach seiner Vernehmung ausschließlich auf Gegenstände bezieht, die nicht Inhalt seiner Aussage waren und deshalb einer gesonderten Würdigung zugänglich sind.[34] Derjenige Staatsanwalt, der die Ermittlungen geführt hat, darf hingegen selbstverständlich – und oftmals im Interesse der Sache auch erwünschtermaßen – als Sitzungsvertreter in der Hauptverhandlung mitwirken.[35] Gleiches gilt hinsichtlich des erstinstanzlichen Staatsanwalts für das Berufungsverfahren.[36] Ebenso erfolgt keine Disqualifikation des Staatsanwalts bei Vortätigkeit als Ermittlungs-, Eröffnungs- oder Ergänzungsrichter[37] sowie als Polizeibeamter.[38]

c) Rechtsbehelf und Rechtsmittel. Gegen die Entscheidung des Dienstvorgesetzten des Staatsanwalts ist ein Antrag auf gerichtliche **Entscheidung nach § 23 EGGVG unzulässig**.[39] Hingegen kann mit der **Revision** die Mitwirkung eines „ausgeschlossenen" Staatsanwalts, der rechtsfehlerhaft nicht ersetzt worden ist, gem. § 337 als Verfahrensfehler gerügt werden.[40] Begründet ist die Revision, wenn nicht auszuschließen ist, dass das Urteil – was regelmäßig der Fall sein wird – auf der Mitwirkung des Staatsanwalts beruht.[41] Die angebliche Befangenheit eines Staatsanwalts kann hingegen nicht Gegenstand einer Revisionsrüge sein, da die Ablösung insofern im richterlich nicht nachprüfbaren Ermessen des Dienstvorgesetzten steht.[42]

III. Ausschließungsgründe

Nachdem auf Seiten der Gerichtspersonen der Anschein eines Verdachts der Parteilichkeit vermieden werden soll, greifen die Ausschließungsgründe des § 22 bereits in Konstellationen, in de-

---

[30] KK-StPO/*Fischer* Vor §§ 22 ff. Rn. 2; *Schairer*, Der befangene Staatsanwalt, S. 64 f.; SK-StPO/*Rudolphi* Vor § 22 Rn. 23.
[31] Löwe/Rosenberg/*Siolek* Vor § 22 Rn. 15, 17; SK-StPO/*Rudolphi* Vor § 22 Rn. 25.
[32] OLG Stuttgart v. 1. 4. 1974 – 3 Ss 33/74, NJW 1974, 1394 (1396), mAnm *Fuchs*; *Frisch*, FS Bruns, 1978, S. 385 (400); KK-StPO/*Fischer* Vor §§ 22 ff. Rn. 2; *Pfeiffer*, FS Rebmann, 1989, S. 359 (372); SK-StPO/*Rudolphi* Vor § 22 Rn. 27.
[33] KK-StPO/*Fischer* Vor §§ 22 ff. Rn. 2; Löwe/Rosenberg/*Siolek* Vor § 22 Rn. 15; *Pfeiffer*, FS Rebmann, 1989, S. 359 (373).
[34] BGH v. 3. 5. 1960 – 1 StR 155/60, BGHSt 14, 265 (267) = NJW 1960, 1358 (1359); BGH v. 13. 7. 1966 – 2 StR 157/66, BGHSt 21, 85 (89 f.) = NJW 1966, 2321 (2322); BGH v. 30. 1. 2007 – 5 StR 465/05, NStZ 2007, 419 (420); BGH v. 24. 10. 2007 – 1 StR 480/07, NStZ 2008, 353 (353 f.), mAnm *Kelker* StV 2008, 381 ff.; KK-StPO/*Fischer* Vor §§ 22 ff. Rn. 3; Löwe/Rosenberg/*Siolek* Vor § 22 Rn. 15; *Pfeiffer*, FS Rebmann, 1989, S. 359 (371); SK-StPO/*Rudolphi* Vor § 22 Rn. 24.
[35] *Frisch*, FS Bruns, 1978, S. 385 (401); KK-StPO/*Fischer* Vor §§ 22 ff. Rn. 4; *Pfeiffer*, FS Rebmann, 1989, S. 359 (372); *Schairer*, Der befangene Staatsanwalt, S. 70 f.; SK-StPO/*Rudolphi* Vor § 22 Rn. 26.
[36] *Pfeiffer*, FS Rebmann, 1989, S. 359 (372 f.); SK-StPO/*Rudolphi* Vor § 22 Rn. 26; *Wendisch*, FS Schäfer, 1979, S. 243 (257 f.); aA *Schairer*, Der befangene Staatsanwalt, S. 75 ff. bei Berufungseinlegung zuungunsten des Angeklagten.
[37] BGH v. 27. 8. 1991 – 1 StR 438/91, NStZ 1991, 595; *Frisch*, FS Bruns, 1978, S. 385 (400 f.); Löwe/Rosenberg/*Siolek* Vor § 22 Rn. 16; SK-StPO/*Rudolphi* Vor § 22 Rn. 27; *Wendisch*, FS Schäfer, 1979, S. 243 (256).
[38] Löwe/Rosenberg/*Siolek* Vor § 22 Rn. 16; *Pfeiffer*, FS Rebmann, 1989, S. 359 (372); SK-StPO/*Rudolphi* Vor § 22 Rn. 26 mwN; *Wendisch*, FS Schäfer, 1979, S. 243 (254).
[39] OLG Frankfurt/M v. 10. 11. 1998 – 3 VAs 37/98, NStZ-RR 1999, 81; OLG Hamm v. 24. 10. 1968 – 1 VAs 142/68, NJW 1969, 808 (809); OLG Karlsruhe v. 11. 1. 1974 – 3 VAs 18/73, MDR 1974, 423; LG Köln v. 15. 10. 1984 – 112 – 2/84, NStZ 1985, 230 (231); LG Mönchengladbach v. 27. 3. 1987 – 12 KLs 12/85, JR 1987, 303 (304), mAnm *Bruns*; KK-StPO/*Fischer* Vor §§ 22 ff. Rn. 6; *Meyer-Goßner* Vor § 22 Rn. 6; § 23 EGGVG Rn. 15; *Schairer*, Der befangene Staatsanwalt, S. 150 ff.; aA *Bottke* StV 1986, 120 (123); *Bruns*, GebGabe Grützner, 1970, S. 42 (51 f.); *Buckert* NJW 1970, 847 (848); *Hilgendorf* StV 1996, 50 (53 ff.).
[40] BGH v. 21. 12. 1988 – 2 StR 377/88, StV 1989, 240; OLG Stuttgart v. 1. 4. 1974 – 3 Ss 33/74, NJW 1974, 1394 (1396), mAnm *Fuchs*; *Bruns*, GebGabe Grützner, 1970, S. 42 (46); KK-StPO/*Fischer* Vor §§ 22 ff. Rn. 4; Löwe/Rosenberg/*Siolek* Vor § 22 Rn. 12; *Meyer-Goßner* Vor § 22 Rn. 6; SK-StPO/*Rudolphi* Vor § 22 Rn. 41; *Wendisch*, FS Schäfer, 1979, S. 243 (265 f.); vgl. auch BGH v. 25. 9. 1979 – 1 StR 702/78, NJW 1980, 845 (846).
[41] BGH v. 3. 5. 1960 – 1 StR 155/60, BGHSt 14, 265 (268) = NJW 1960, 1358 (1359); BGH v. 21. 12. 1988 – 2 StR 377/88, StV 1989, 240; Löwe/Rosenberg/*Siolek* Vor § 22 Rn. 12; SK-StPO/*Rudolphi* Vor § 22 Rn. 41.
[42] *Kissel/Mayer* § 145 GVG Rn. 8; *Meyer-Goßner* Vor § 22 Rn. 7; *Pfeiffer*, FS Rebmann, 1989, S. 359 (375); aA *Arloth*, FS Böttcher, 2007, S. 3 (12); *Bruns* Anm. zu BVerfG v. 24. 4. 1978 – 1 BvR 425/77, JR 1979, 28 (32); *Pawlik* NStZ 1995, 309 (315); SK-*Rudolphi* Vor § 22 Rn. 41; offengelassen bei BGH v. 25. 9. 1979 – 1 StR 702/78, NJW 1980, 845 (846); BGH v. 9. 12. 1983 – 2 StR 452/83, NJW 1984, 1907 (1908).

nen die **abstrakte Gefahr der Voreingenommenheit** besteht.[43] Das Gesetz verlangt daher keinen Nachweis der Parteilichkeit des Richters, sondern begnügt sich mit dem Vorliegen von Gründen, die generell geeignet sind, Zweifel an der Unparteilichkeit und Unvoreingenommenheit auszulösen.[44]

13 **1. Verletzter der Straftat (Nr. 1).** Da niemand Richter in eigener Sache sein kann, ist jeder Richter, der durch die zu ahndende Straftat (oder Ordnungswidrigkeit[45]) **unmittelbar in seinen Rechten betroffen** ist, von der Mitwirkung an der Entscheidung ausgeschlossen.[46] Unter einer Straftat ist hierbei die tatbestandsmäßige, rechtswidrige und schuldhafte **Handlung im Sinne des materiellen Strafrechts** zu verstehen.[47] Daneben ist der Begriff des Verletzten wie in § 172 zu bestimmen, so dass eine nur mittelbare Betroffenheit nicht ausreicht.[48] Es muss daher ein Vorgang Gegenstand des Verfahrens sein, durch den der Richter verletzt sein könnte, weshalb die Tat gegen den Richter nicht erst während der Hauptverhandlung begangen worden sein darf.[49] In letzterer Konstellation kann allerdings ein Fall des § 24 bzw. § 30 gegeben sein.[50]

14 a) **Vermögensdelikte.** Für eine unmittelbare Betroffenheit muss bei Vermögensdelikten durch das tatsächliche Geschehen, das Gegenstand des Strafverfahrens ist, ein **unmittelbarer Nachteil am Vermögen** des Richters bewirkt worden sein.[51] Dementsprechend ist beim **Diebstahl** sowohl der Eigentümer als auch der Gewahrsamsinhaber der Sache verletzt,[52] beim **Betrug** hingegen lediglich der Geschädigte, nicht aber ein von ihm personenverschiedener Getäuschter.[53] Bei **Insolvenzdelikten** ist jeder Gläubiger, der – unabhängig von einer nachträglichen Befriedigung[54] – aus der Masse nicht vollständig befriedigt wird, verletzt.[55] Der Insolvenzverwalter ist bei Straftaten zum Nachteil der Masse hingegen nicht Verletzter.[56]

15 Richtet sich das Delikt gegen eine **BGB-Gesellschaft**,[57] eine **OHG**,[58] eine **KG**[59] oder einen **nicht rechtsfähigen Verein**, so sind die Gesellschafter bzw. Mitglieder unmittelbar verletzt. Gleiches gilt für natürliche Personen als Kommanditisten einer **GmbH & Co. KG**.[60] Einschränkungen gelten lediglich in Konstellationen, in denen die rechtliche oder faktische Gestaltung eine Haftungsfreistellung bewirkt, so dass eine unmittelbare Schadenswirkung ausgeschlossen ist.[61]

16 Im Gegensatz hierzu sind in Bezug auf juristische Personen (**GmbH, AG, eingetragene Genossenschaft, rechtsfähiger Verein**) – da diesen das Vermögen zugeordnet ist – Gesellschafter als Ein-

---

[43] BGH v. 25. 5. 1956 – 2 StR 96/56, BGHSt 9, 193 (194 f.) = NJW 1956, 1246; BGH v. 4. 11. 1959 – 2 StR 421/59, BGHSt 14, 219 (221 f.) = NJW 1960, 301 (302); BGH v. 29. 4. 1983 – 2 StR 709/82, BGHSt 31, 358 (359) = NJW 1983, 2711; BGH v. 6. 12. 1895 – 3051/95, RGSt 28, 53 (54); RG v. 19. 6. 1925 – I 243/25, RGSt 59, 267 (268); KK-StPO/*Fischer* Rn. 1.
[44] SK-StPO/*Rudolphi* Vor § 22 Rn. 5.
[45] KMR/*Bockemühl* § 22 Rn. 2.
[46] BGH v. 26. 7. 1951 – 2 StR 251/51, BGHSt 1, 298 (299); BGH v. 18. 10. 2006 – 2 StR 499/05, BGHSt 51, 100 (109 f.) = NJW 2007, 1760 (1763); BGH v. 24. 3. 2009 – 5 StR 394/08, NStZ 2009, 342 (343); RG v. 27. 4. 1933 – III 265/33, RGSt 67, 219 (220); RG v. 26. 2. 1935 – 4 D 76/35, RGSt 69, 127 (127 f.); BayObLG v. 26. 11. 1992 – 3 ObOWi 101/92, NJW 1993, 2630; KK-StPO/*Fischer* Rn. 3, 4; Löwe/Rosenberg/*Siolek* Rn. 9.
[47] HK-StPO/*Temming* Rn. 6; SK-StPO/*Rudolphi* Rn. 3; vgl. hierzu auch BT-Drucks. VI 3250, S. 181. Hingegen spricht sich Löwe/Rosenberg/*Siolek* Rn. 3, für eine Auslegung iSe. Tat gem. § 264 StPO aus.
[48] BGH v. 26. 7. 1951 – 2 StR 251/51, BGHSt 1, 298 (299); BGH v. 11. 7. 2006 – 2 StR 499/05, NStZ 2006, 646; BGH v. 24. 3. 2009 – 5 StR 394/08, NStZ 2009, 342 (343).
[49] Vgl. hierzu BGH v. 5. 5. 1954 – 6 StR 17/54, MDR 1954, 628.
[50] Löwe/Rosenberg/*Siolek* Rn. 9.
[51] BGH v. 26. 7. 1951 – 2 StR 251/51, BGHSt 1, 298 (299); BGH v. 11. 7. 2006 – 2 StR 499/05, NStZ 2006, 646; RG v. 24. 10. 1893 – 2847/93, RGSt 24, 342 (343 f.); RG v. 26. 2. 1935 – 4 D 76/35, RGSt 69, 127 (127 f.); KK-StPO/*Fischer* Rn. 6; Löwe/Rosenberg/*Siolek* Rn. 16 ff.; *Meyer-Goßner* Rn. 7.
[52] RG v. 20. 3. 1884 – 467/84, RGSt 10, 210 (211); RG v. 23. 9. 1889 – 1634/89, RGSt 19, 378 (380); RG v. 17. 4. 1916 – I 66/16, RGSt 50, 46 (48); KMR/*Bockemühl* § 22 Rn. 3; Löwe/Rosenberg/*Siolek* Rn. 16; *Meyer-Goßner* Rn. 7. Zweifelnd hinsichtlich des Gewahrsamsinhabers KK-StPO/*Fischer* Rn. 5.
[53] BGH v. 11. 2. 1971 – 2 StR 415/70, BGH bei *Dallinger* MDR 1971, 363; RG v. 9. 4. 1940 – 1 D 161/40, RGSt 74, 167 (170); Löwe/Rosenberg/*Siolek* Rn. 16.
[54] RG v. 13. 1. 1891 – 3545/90, RGSt 21, 291 (292); KK-StPO/*Fischer* Rn. 5; *Meyer-Goßner* Rn. 7.
[55] RG v. 7. 10. 1884 – 2160/84, RGSt 11, 223; RG v. 8. 6. 1900 – 1831/00, RGSt 33, 309 (310); KK-StPO/*Fischer* Rn. 5; *Meyer-Goßner* Rn. 7.
[56] RG v. 25. 1. 1938 – 4 D 826/37, HRR 1938, 636; OLG Hamm v. 16. 5. 1995 – 1 VAs 85/95, NStZ-RR 1996, 11 (12); OLG Koblenz v. 14. 10. 1987 – 2 VAs 17/87, NStZ 1988, 89 (90); Löwe/Rosenberg/*Siolek* Rn. 16; *Meyer-Goßner* Rn. 7; vgl. auch u. § 406 e Rn. 3.
[57] RG v. 16. 6. 1900 – 2025/00, RGSt 33, 314 (316); RG v. 25. 4. 1912 – I 345/12, RGSt 46, 77 (79 f.); RG v. 26. 2. 1935 – 4 D 76/35, RGSt 69, 127 (128); KK-StPO/*Fischer* Rn. 6; Löwe/Rosenberg/*Siolek* Rn. 17.
[58] RG v. 3. 3. 1905 – 8/05, RGSt 37, 414 (415); RG v. 25. 4. 1912 – I 345/12, RGSt 46, 77 (80); RG v. 26. 2. 1935 – 4 D 76/35, RGSt 69, 127 (128); Löwe/Rosenberg/*Siolek* Rn. 17; *Meyer-Goßner* Rn. 7; zweifelnd KK-StPO/*Fischer* Rn. 6.
[59] Löwe/Rosenberg/*Siolek* Rn. 17; zweifelnd KK-StPO/*Fischer* Rn. 6.
[60] Löwe/Rosenberg/*Siolek* Rn. 17.
[61] KK-StPO/*Fischer* Rn. 6. Vgl. bei Untreue zu Lasten einer als nicht rechtsfähiger Verein organisierten Partei BGH v. 18. 10. 2006 – 2 StR 499/05, BGHSt 51, 100 (109 f.) = NJW 2007, 1760 (1763); BGH v. 11. 7. 2006 – 2 StR 499/05, NStZ 2006, 646 (646 f.).

zelpersonen lediglich mittelbar verletzt.[62] Mitglieder der Organe[63] sind ebenso wenig wie Prokuristen, selbst wenn sie am Gewinn beteiligt sind,[64] durch Straftaten gegen die juristische Person verletzt. Gleiches gilt ferner bei **Körperschaften des öffentlichen Rechts**, so dass beispielsweise ein Kreistagsabgeordneter nicht durch eine gegen den Landkreis gerichtete Straftat verletzt ist.[65]

b) **Beleidigung.** Durch eine Beleidigung, die in dem anhängigen Strafverfahren geahndet werden soll, ist der **unmittelbar betroffene Richter** verletzt, wohingegen der den Strafantrag stellende Dienstvorgesetzte nicht nach § 22 ausgeschlossen (möglicherweise aber nach § 24 ablehnbar) ist.[66] Eine Beleidigung während eines Verfahrens führt somit nicht zu einem Ausschluss des Richters,[67] da der Beschuldigte sonst jeden ihm unliebsamen Richter aus dem Verfahren ausschließen lassen könnte.[68] Eine Kollektivbeleidigung gegen alle Richter der Bundesrepublik, eines ihrer Länder oder beispielsweise eines Gerichts führt nur hinsichtlich derjenigen Richter zu einer Verletzung iSd. Nr. 1, gegen die sich die Beleidigung unmittelbar gerichtet hat[69] oder die die Beleidigung subjektiv auf sich beziehen und persönlich einen Strafantrag stellen.[70] Somit kann der Täter durch derartige Pauschaläußerungen keinen Stillstand der Rechtspflege herbeiführen.[71]

2. Enge Verbindung zum Beschuldigten oder Verletzten (Nr. 2). Ein Richter ist ausgeschlossen, wenn er aufgrund nach deutschem Recht formell gültig geschlossener Ehe oder bei als solcher anerkannter Ehe[72] **Ehegatte** ist oder gewesen ist, so dass eine Scheidung, Aufhebung oder Nichtigerklärung der Ehe ohne Auswirkungen auf die Ausschließung ist.[73] Daneben sind Richter ausgeschlossen, die **Lebenspartner** iSd. § 1 **LPartG, Vormund** gem. § 1773 BGB (auch vorläufiger Vormund gem. § 1906 BGB[74] und Gegenvormund gem. § 1792 BGB,[75] nicht aber lediglich bei Pflegschaft nach § 1909 BGB[76]) oder **Betreuer** gem. § 1896 BGB[77] des Beschuldigten oder Verletzten sind oder gewesen sind. Eine nichteheliche Lebensgemeinschaft und ein Verlöbnis können hingegen lediglich einen Ablehnungsgrund nach § 24 begründen.[78]

In Fällen, in denen der **Richter selbst Beschuldigter**[79] oder – ohne formell Beschuldigter zu sein – **Beteiligter**[80] der angeklagten Tat oder einer Anknüpfungstat nach §§ 257, 258, 259, 261 StGB ist, versteht es sich von selbst, dass eine Mitwirkung dieses Richters – trotz Nichterwähnung dieser Konstellationen in § 22 – nicht zulässig ist.[81] Vielmehr bedurfte es für diese eindeutigen Fälle keiner expliziten Regelung.[82]

3. Verwandtschaft oder Schwägerschaft zum Beschuldigten oder Verletzten (Nr. 3). Bei näher bezeichneter **Verwandtschaft** oder **Schwägerschaft** zum Beschuldigten oder Verletzten ist der Richter ebenfalls ausgeschlossen. Das Bestehen eines solchen Verhältnisses ist nach den Vorschriften des BGB (sowie des LPartG[83]) zu beurteilen,[84] so dass auch die Rechtsfolgen der §§ 1754 ff. BGB im Falle einer Adoption maßgeblich sind.[85] Ist der Richter in dieser Weise hingegen mit dem Staatsanwalt, Urkundsbeamten, Anzeigenden, einem Schöffen, Verteidiger, Zeugen oder Sachverständigen verwandt oder verschwägert, so kann eine Befangenheit nach §§ 24 Abs. 2, 30 vorliegen.[86]

---

[62] BGH v. 26. 7. 1951 – 2 StR 251/51, BGHSt 1, 298 (300); RG v. 3. 3. 1905 – 8/05, RGSt 37, 414 (415); RG v. 27. 4. 1933 – III 265/33, RGSt 67, 219 (220); RG v. 26. 2. 1935 – 4 D 76/35, RGSt 69, 127 (128).
[63] RG v. 27. 4. 1933 – III 265/33, RGSt 67, 219 (220).
[64] BGH v. 26. 7. 1951 – 2 StR 251/51, BGHSt 1, 298 (299 f.).
[65] BGH v. 21. 10. 1954 – 3 StR 770/53, BGH bei *Dallinger* MDR 1955, 145.
[66] KMR/*Bockemühl* § 22 Rn. 3; Löwe/Rosenberg/*Siolek* Rn. 20.
[67] Vgl. hierzu BGH v. 5. 5. 1954 – 6 StR 17/54, MDR 1954, 628.
[68] Meyer-Goßner Rn. 8; *Schorn* GA 1963, 257 (263).
[69] BVerfG v. 2. 2. 1995 – 2 BvR 37/95, NJW 1995, 2912 (2913); RG v. 15. 3. 1894 – VII 679/94, RGSt 25, 179; KG v. 30. 3. 1978 – (2) Ss 54/78 (13/78), JR 1978, 422 (423); *Schorn* GA 1963, 257 (262).
[70] BVerfG v. 16. 12. 1991 – 2 BvR 1342/91, NJW 1992, 2471 (2472).
[71] Meyer-Goßner Rn. 8; SK-StPO/*Rudolphi* Rn. 5.
[72] KMR/*Bockemühl* § 22 Rn. 5; Löwe/Rosenberg/*Siolek* Rn. 10.
[73] BGH v. 27. 1. 1956 – 2 StR 446/55, BGHSt 9, 37 (38) = NJW 1956, 679 (680); RG v. 8. 7. 1913 – IV 524/13, RGSt 47, 286 (287); RG v. 3. 2. 1922 – IV 1473/21, RGSt 56, 427 (428 f.); SK-StPO/*Rudolphi* Rn. 7.
[74] SK-StPO/*Rudolphi* Rn. 7.
[75] RG v. 7. 10. 1884 – 2160/84, RGSt 11, 223.
[76] HK-StPO/*Temming* Rn. 8; KMR/*Bockemühl* § 22 Rn. 6; Löwe/Rosenberg/*Siolek* Rn. 10.
[77] HK-StPO/*Temming* Rn. 9; Löwe/Rosenberg/*Siolek* Rn. 10; aA Meyer-Goßner Rn. 9.
[78] HK-GS/*Bosbach* Rn. 4; HK-StPO/*Temming* Rn. 8; *Joecks* Rn. 5; KK-StPO/*Fischer* Rn. 7; KMR/*Bockemühl* § 22 Rn. 5; Löwe/Rosenberg/*Siolek* Rn. 10, § 24 Rn. 32.
[79] OLG Stuttgart v. 5. 5. 1970 – 1 Ws 103/70, MDR 1971, 67 (67 f.).
[80] Löwe/Rosenberg/*Siolek* Rn. 22 f.
[81] *Joecks* Rn. 3; *Pfeiffer* Rn. 2; SK-StPO/*Rudolphi* Rn. 1.
[82] KMR/*Bockemühl* § 22 Rn. 1; Meyer-Goßner Rn. 3.
[83] Löwe/Rosenberg/*Siolek* Rn. 13.
[84] KK-StPO/*Fischer* Rn. 8; Löwe/Rosenberg/*Siolek* Rn. 11; Meyer-Goßner Rn. 10.
[85] Löwe/Rosenberg/*Siolek* Rn. 12.
[86] BGH v. 6. 3. 1974 – 3 StR 129/72, BGH bei *Dallinger* MDR 1974, 547; KK-StPO/*Fischer* Rn. 8; KMR/*Bockemühl* § 22 Rn. 9; Löwe/Rosenberg/*Siolek* Rn. 15; SK-StPO/*Rudolphi* Rn. 9; einschränkend in Bezug auf Schöffen und Urkundsbeamte HK-StPO/*Temming* Rn. 10.

21   **4. Vortätigkeit als Strafverfolger oder Anwalt (Nr. 4).** Indem Richter aufgrund bestimmter **nichtrichterlicher** Vortätigkeiten in der Sache ausgeschlossen sind, soll bereits der Anschein eines Verdachts der Parteilichkeit vermieden werden.[87] Richterliche Vortätigkeiten sind hingegen von § 23 erfasst.

22   **a) Begriff der Sache.** Um den mit § 22 verfolgten Zweck zu erreichen, ist der Begriff der Sache **weit auszulegen**.[88] Hierunter ist daher grundsätzlich das **gesamte Verfahren** – von den Vorermittlungen über die Hauptverhandlung und das Vollstreckungsverfahren[89] bis zum Wiederaufnahmeverfahren[90] – zu verstehen, das die strafrechtliche Verfolgung einer bestimmten Straftat zum Gegenstand hat.[91] Entscheidend ist regelmäßig die **Einheit der Hauptverhandlung,** so dass eine materiell-rechtliche Tatmehrheit (§ 53 StGB) oder das Vorliegen mehrerer selbständiger Taten im prozessualen Sinne (§ 264) der Sachgleichheit nicht entgegenstehen[92] und bei verbundenen Verfahren das Gesamtverfahren als eine Sache anzusehen ist.[93] Sachgleichheit setzt aber auch nicht zwingend Verfahrensidentität voraus,[94] da selbst bei fehlender Verfahrensidentität Sachgleichheit vorliegen kann, wenn der Richter (materiell) hinsichtlich des **identischen historischen Ereignisses,** aber (formell) in einem anderen Verfahren tätig war und somit der Anschein der Parteilichkeit aufkommen kann.[95] Gleiches gilt im Falle einer Verfahrenstrennung, so dass der Richter beispielsweise nicht in einem abgetrennten Verfahren als Staatsanwalt mitgewirkt haben darf.[96]

23   **b) Begriff der Vortätigkeit.** Der Begriff der Vortätigkeit ist ebenfalls **weit auszulegen** und umfasst jede Art eines (bezogen auf eine vorangegangene Strafverfolgungstätigkeit: amtlichen) Handelns in der Sache, das geeignet ist, den Sachverhalt zu erforschen oder den Gang des Verfahrens zu beeinflussen.[97]

24   In Bezug auf eine **vorangegangene Strafverfolgungstätigkeit** ist es hierbei unerheblich, ob der Täter noch unbekannt, die Tätigkeit formeller oder sachlicher Art[98] und für das Verfahren wesentlich oder unbedeutend war.[99] Ausreichend ist daher beispielsweise bereits eine Sachstandsanfrage bei der Polizei und die Verfügung einer Wiedervorlagefrist,[100] die Verfügung einer Aufenthaltsermittlung oder Zustellung[101] sowie die Abgabe des Verfahrens an die zuständige Behörde.[102] Daneben genügt für eine Vorbefassung durch den Behördenleiter die Abzeichnung von Verfügungen des sachbearbeitenden Staatsanwalts,[103] wohingegen die Ausübung der allgemeinen Dienstaufsicht regelmäßig nicht ausreicht.[104] Ebenfalls ist **keine** Vorbefassung gegeben bei Untersuchungshandlungen nach § 165,[105] einer Tätigkeit in einem Disziplinarverfahren[106] oder

---

[87] BGH v. 2. 12. 2003 – 1 StR 102/03, BGHSt 49, 29 (30 f.) = NJW 2004, 865 (866); BGH v. 27. 9. 2005 – 4 StR 413/05, NStZ 2006, 113 (114); RG v. 19. 6. 1925 – I 243/25, RGSt 59, 267 (268); KK-StPO/*Fischer* Rn. 9; Löwe/Rosenberg/*Siolek* Rn. 24.
[88] BGH v. 29. 4. 1983 – 2 StR 709/82, BGHSt 31, 358 (359) = NJW 1983, 2711; BGH v. 27. 9. 2005 – 4 StR 413/05, NStZ 2006, 113 (114).
[89] OLG Düsseldorf v. 28. 4. 1983 – 2 Ws 170/83, StV 1983, 361; OLG Karlsruhe v. 21. 10. 1982 – 1 Ws 247/82, Justiz 1983, 26; OLG Koblenz v. 6. 10. 1977 – 1 Ws 512/77, GA 1978, 156 (157); OLG Stuttgart v. 8. 3. 1988 – 3 Ws 55/88, NStZ 1988, 375 (376); KMR/*Bockemühl* § 22 Rn. 14.
[90] BGH v. 16. 1. 1979 – 1 StR 575/78, BGHSt 28, 262 (264) = NJW 1979, 2160; RG v. 4. 5. 1897 – 1392/97, RGSt 30, 70 (71 f.); BayObLG v. 10. 2. 1988 – RReg 5 St 246/87, NStZ 1988, 286; Löwe/Rosenberg/*Siolek* Rn. 25 mwN.
[91] BGH v. 16. 1. 1979 – 1 StR 575/78, BGHSt 28, 262 (263) = NJW 1979, 2160; BayObLG v. 10. 2. 1988 – RReg 5 St 246/87, NStZ 1988, 286; OLG Düsseldorf v. 1. 7. 1987 – 1 Ws 469/87, NStZ 1987, 571; Löwe/Rosenberg/*Siolek* Rn. 2, 24.
[92] BGH v. 16. 1. 1979 – 1 StR 575/78, BGHSt 28, 262 (263) = NJW 1979, 2160; HK-GS/*Bosbach* Rn. 5; HK-StPO/*Temming* Rn. 18.
[93] BGH v. 4. 11. 1959 – 2 StR 421/59, BGHSt 14, 219 (222) = NJW 1960, 301 (302); BGH v. 16. 1. 1979 – 1 StR 575/78, BGHSt 28, 262 (263) = NJW 1979, 2160; OLG Düsseldorf v. 28. 4. 1983 – 2 Ws 170/83, StV 1983, 361.
[94] BGH v. 29. 4. 1983 – 2 StR 709/82, BGHSt 31, 358 (359) = NJW 1983, 2711; BGH v. 22. 5. 2007 – 5 StR 530/06, NStZ 2007, 711; HK-GS/*Bosbach* Rn. 5; *Pfeiffer* Rn. 2.
[95] BGH v. 29. 4. 1983 – 2 StR 709/82, BGHSt 31, 358 (359 f.) = NJW 1983, 2711 (2711 f.); BGH v. 27. 9. 2005 – 4 StR 413/05, NStZ 2006, 113 (114); HK-StPO/*Temming* Rn. 19; Löwe/Rosenberg/*Siolek* Rn. 25.
[96] BGH v. 22. 11. 2007 – 3 StR 417/07, StV 2008, 123.
[97] BGH v. 3. 11. 1981 – 1 StR 711/81, StV 1982, 51; BGH v. 24. 3. 2006 – 2 StR 271/05, wistra 2006, 310 mwN; RG v. 19. 6. 1925 – I 243/25, RGSt 59, 267 (268); RG v. 28. 1. 1936 – 1 D 920/35, RGSt 70, 161 (162); HK-GS/*Bosbach* Rn. 5; KK-StPO/*Fischer* Rn. 9 f.
[98] RG v. 6. 12. 1895 – 3051/95, RGSt 28, 53 (54); RG v. 9. 11. 1920 – II 944/20, RGSt 55, 113.
[99] BGH v. 3. 11. 1981 – 1 StR 711/81, StV 1982, 51; KK-StPO/*Fischer* Rn. 10.
[100] BGH v. 3. 11. 1981 – 1 StR 711/81, StV 1982, 51.
[101] RG v. 6. 12. 1895 – 3051/95, RGSt 28, 53 (54); Löwe/Rosenberg/*Siolek* Rn. 30; SK-StPO/*Rudolphi* Rn. 15.
[102] RG v. 9. 11. 1920 – II 944/20, RGSt 55, 113.
[103] BGH v. 8. 8. 1952 – 1 StR 334/52, NJW 1952, 1149; BGH v. 7. 8. 1973, 1 StR 219/73 nach KK-StPO/*Fischer* Rn. 11; SK-StPO/*Rudolphi* Rn. 15.
[104] BGH v. 24. 3. 2006 – 2 StR 271/05, wistra 2006, 310 mwN; RG v. 28. 1. 1936 – 1 D 920/35, RGSt 70, 161 (162 f.); HK-StPO/*Temming* Rn. 11.
[105] BGH v. 4. 6. 1956 – 2 StR 22/56, BGHSt 9, 233 (234 f.) = NJW 1956, 1246 (1246 f.).
[106] LG Zweibrücken v. 19. 2. 1999 – 6010 Js 12893 – 96, NStZ-RR 1999, 308.

als Gnadenbeauftragter der Landesjustizverwaltung[107] sowie im Rahmen von Todesermittlungen, wenn eine Obduktion, die keine Anhaltspunkte für ein Fremdverschulden erbracht hat, angeordnet oder an ihr teilgenommen wurde.[108]

c) **Beamter der Staatsanwaltschaft.** Der Beamtenbegriff ist hierbei **im funktionellen Sinne** zu verstehen, so dass Bundesanwälte, Oberstaatsanwälte und Staatanwälte beim Generalbundesanwalt, Staatsanwälte und Amtsanwälte aller Beförderungsstufen der Länder, mit der Wahrnehmung staatsanwaltschaftlicher Aufgaben beauftragte Richter auf Probe[109] sowie Rechtsreferendare, die mit der Wahrnehmung amtsanwaltschaftlicher Aufgaben betraut sind (§ 142 Abs. 3 GVG), erfasst werden.[110] 25

d) **Polizeibeamter.** Polizeibeamte **im funktionellen Sinne** können nur dann nach § 22 ausgeschlossen sein, wenn sie durch ihr Amt zur Verfolgung von Straftaten kraft Gesetzes (§ 163) oder kraft Auftrags der Staatsanwaltschaft (§ 161 Abs. 1 S. 2, § 152 Abs. 1 GVG) berufen sind.[111] Ein Ausschluss erfolgt nur bei **eigener Ermittlungstätigkeit**,[112] wohingegen die bloße Anzeigeerstattung,[113] Bewachung,[114] Erstellung wissenschaftlicher oder kriminaltechnischer Gutachten[115] oder Tätigkeit als Untersuchungsführer (nach früherem Disziplinarrecht) in einem Disziplinarverfahren[116] nicht genügt. Erneut kann jedoch eine Ablehnung nach §§ 24 Abs. 2, 30 in Betracht kommen.[117] 26

e) **Anwalt des Verletzten.** Ausgeschlossen sind lediglich Anwälte des Verletzten, nicht jedoch sonstige Beistände, Betreuer von Opferverbänden und Interessenvertreter.[118] Eine formelle Vertretung des Verletzten im Verfahren ist nicht erforderlich, so dass eine **beratende Tätigkeit** – im Gegensatz zur Tätigkeit als Gnadenbeauftragter – genügt.[119] Hat ein Richter den Verletzten (zB aus Freundschaft) beraten, kommt lediglich eine Ablehnung nach §§ 24 Abs. 2, 30 in Betracht.[120] 27

f) **Verteidiger.** Ausgeschlossene Verteidiger sind **Wahlverteidiger** gem. § 138 Abs. 1 (einschließlich anderer Personen des § 138 Abs. 2 und Rechtskundiger gem. § 139) sowie **Pflichtverteidiger** nach § 142.[121] 28

5. Vernehmung als Zeuge oder Sachverständiger (Nr. 5). Schließlich ist ein zur Entscheidung berufene Richter ausgeschlossen, wenn er in derselben Sache als Zeuge oder Sachverständiger **vernommen wurde oder ausgesagt hat**, da niemand in einer Sache zugleich Zeuge und Richter sein kann.[122] Hierdurch soll verhindert werden, dass der Richter in die Zwangslage kommt, seine eigenen vorherigen Äußerungen bei der Urteilsfindung mitbewerten zu müssen.[123] Eine Vernehmung schließt den Richter hierbei auch für das Wiederaufnahmeverfahren aus.[124] 29

a) **Begriff der Sache.** Erneut kann sich die Sachgleichheit sowohl aufgrund von **Verfahrensidentität** als auch durch **Befassung mit dem identischen historischen Ereignis** ergeben.[125] Daher ist ein Richter in der Regel ausgeschlossen, wenn er in einem anderen Verfahren als Zeuge zu demselben Tatgeschehen vernommen worden ist, das er jetzt abzuurteilen hätte.[126] Dies gilt auch für den Fall, dass jener Verfahrensteil nach der Zeugenvernehmung gem. § 154 Abs. 2 eingestellt wurde.[127] 30

---

[107] OLG Düsseldorf v. 1. 7. 1987 – 1 Ws 469/87, NStZ 1987, 571; LG Bonn v. 8. 1. 1976 – 13 Qs 4/76 II, NJW 1976, 761 (762); Löwe/Rosenberg/*Siolek* Rn. 30; SK-StPO/*Rudolphi* Rn. 16, Vor § 22 Rn. 3.
[108] BGH v. 2. 12. 2003 – 1 StR 102/03, BGHSt 49, 29 (32 f.) = NJW 2004, 865 (866); Löwe/Rosenberg/*Siolek* Rn. 27.
[109] RG v. 13. 11. 1882 – 2672/82, RGSt 7, 236 (236 f.).
[110] HK-StPO/*Temming* Rn. 12; KK-StPO/*Fischer* Rn. 10; Löwe/Rosenberg/*Siolek* Rn. 33; *Meyer-Goßner* Rn. 12 f.
[111] BGH v. 24. 6. 1958 – 1 StR 267/58, MDR 1958, 785; HK-StPO/*Temming* Rn. 12; *Meyer-Goßner* Rn. 14.
[112] KK-StPO/*Fischer* Rn. 12.
[113] Löwe/Rosenberg/*Siolek* Rn. 35.
[114] RG v. 30. 4. 1888 – 777/88, RGSt 17, 415 (424 ff.); RG v. 8. 7. 1902 – 811/02, RGSt 35, 319 (319 f.).
[115] BGH v. 24. 6. 1958 – 1 StR 267/58, MDR 1958, 785; Löwe/Rosenberg/*Siolek* Rn. 36; *Meyer-Goßner* Rn. 14.
[116] Vgl. aber LG Mühlhausen v. 14. 9. 1995 – 201 Js 49 930/94 – 5 Ns, NStZ-RR 1996, 18, das – mit Blick auf die Bindungswirkung des Strafverfahrens für das Disziplinarverfahren – einen Ablehnungsgrund nach § 24 bejaht.
[117] KMR/*Bockemühl* § 22 Rn. 11; Löwe/Rosenberg/*Siolek* Rn. 36.
[118] KK-StPO/*Fischer* Rn. 13.
[119] OLG Düsseldorf v. 1. 7. 1987 – 1 Ws 469/87, NStZ 1987, 571; wohl zustimmend HK-StPO/*Temming* Rn. 13.
[120] Löwe/Rosenberg/*Siolek* Rn. 38; SK-StPO/*Rudolphi* Rn. 17.
[121] KK-StPO/*Fischer* Rn. 14; Löwe/Rosenberg/*Siolek* Rn. 38; *Meyer-Goßner* Rn. 16.
[122] BGH v. 7. 12. 1954 – 2 StR 402/54, BGHSt 7, 44 (46) = NJW 1955, 152 (153); HK-GS/*Bosbach* Rn. 6; HK-StPO/*Temming* Rn. 14.
[123] W. *Schmid* GA 1980, 285 (294).
[124] RG v. 4. 5. 1897 – 1392/97, RGSt 30, 70 (71).
[125] Vgl. Rn. 22.
[126] BGH v. 29. 4. 1983 – 2 StR 709/82, BGHSt 31, 358 (359 f.) = NJW 1983, 2711 (2711 f.); BGH v. 22. 5. 2007 – 5 StR 530/06, NStZ 2007, 711; BGH v. 22. 1. 2008 – 4 StR 507/07, StV 2008, 283 (284); BayObLG v. 28. 10. 1985 – 2 Ob OWi 304/85, BayObLG bei *Rüth* DAR 1986, 246; *Burhoff* ZAP-Fach 22, 117 (118).
[127] BGH v. 27. 9. 2005 – 4 StR 413/05, NStZ 2006, 113 (114), mit zust. Anm. *Binder* StV 2006, 676 (679).

31 **b) Vernehmung.** Eine **Vernehmung** ist eine durch ein Strafverfolgungsorgan in irgendeinem Verfahrensabschnitt vorgenommene Anhörung.[128] Hierbei ist die Fertigung eines förmlichen Vernehmungsprotokolls nicht erforderlich,[129] auch braucht die Vernehmung förmlich nicht als solche bezeichnet worden zu sein.[130] Lediglich schriftliche Angaben genügen ebenso wie eine dienstliche Äußerung.[131] Bei der Heranziehung als Gutachter reicht entsprechend auch die Erstattung eines schriftlichen Gutachtens aus,[132] wohingegen die Abgabe einer Sachverständigenerklärung ohne Auftrag eines Strafverfolgungsorgans (zB auf Bitte eines Verteidigers) allein unter dem Gesichtspunkt der Befangenheit und Selbstablehnung (§§ 24, 30) zu beurteilen ist.[133]

32 Inhaltlich kommt es darauf an, ob der Richter **Zeugen- oder Sachverständigenwissen** (ggf. auch Nichtwissen), das er außerhalb der Hauptverhandlung gewonnen hat, in das den jetzigen Verfahrensgegenstand betreffende Verfahren **eingebracht** hat.[134] Somit ist nicht nur die Wiedergabe eigener Wahrnehmungen zum Tatgeschehen erfasst, sondern es genügt jede Äußerung des Zeugen zu solchen Fragen, die in Bezug auf die Schuld- und Straffrage richterlicher Würdigung bedürfen.[135] Aussagen zu ausschließlich prozessual erheblichen Umständen reichen dementsprechend nicht aus.[136] Ebenso kommt es nicht zur Ausschließung, wenn die Äußerung des Richters den Gegenstand des beim Richter anhängigen Verfahrens betrifft und er die geschilderten Umstände im Zusammenhang mit seiner amtlichen Tätigkeit in dieser Sache wahrgenommen hat.[137] Versichert der Richter sein Nichtwissen dienstlich, kann er sogar bei der Ablehnung des Beweisantrags mitwirken,[138] da es sich insofern – anders als bei der Angabe, nichts Wesentliches über den Verfahrensgegenstand zu wissen – nicht um eine Vernehmung handelt.[139] Bei einer entsprechenden Erklärung in einer Vernehmung kommt es jedoch ebenso wie in Fällen, in denen sich die Aussage als bedeutungslos erweist, zur Ausschließung.[140] Gleiches gilt bei einem Erscheinen des Richters zu der Hauptverhandlung als Zeuge, ohne dass er schließlich als Zeuge vernommen wird.[141] Ein Tätigwerden als Dolmetscher ist hingegen keine Sachverständigentätigkeit und keine Vernehmung.[142]

33 Die mündliche oder schriftliche Vernehmung muss grundsätzlich **bereits stattgefunden** haben. Allein die Ladung als Zeuge,[143] die Benennung als Zeuge in einem Beweisantrag[144] oder die bloße Möglichkeit, dass es zu einer Zeugenvernehmung kommt,[145] genügen nicht.

IV. Wirkungen der Ausschließung

34 Die Ausschließung beginnt mit der **Entstehung des Ausschließungsgrundes** und gilt für **richterliche Handlungen jeder Art**.[146] Der Ausschluss wird in dem **Zeitpunkt** wirksam, in dem der Aus-

---

[128] BGH v. 21. 9. 2004 – 3 StR 185/04, NJW 2005, 765 (766); HK-StPO/*Temming* Rn. 15; KK-StPO/*Fischer* Rn. 16; *Meyer-Goßner* Rn. 20.
[129] BGH v. 4. 11. 1997 – 5 StR 423/97, NStZ 1998, 93.
[130] BGH v. 9. 12. 1999 – 5 StR 312/99, BGHSt 45, 354 (355) = NJW 2000, 1204 (1204 f.).
[131] KK-StPO/*Fischer* Rn. 16; SK-StPO/*Rudolphi* Rn. 21; W. *Schmid* GA 1980, 285 (295).
[132] Anw-StPO/*Werner* Rn. 10; *Meyer-Goßner* Rn. 20.
[133] HK-StPO/*Temming* Rn. 17; *Meyer-Goßner* Rn. 20; SK-StPO/*Rudolphi* Rn. 22.
[134] BGH v. 23. 6. 1993 – 3 StR 89/93, BGHSt 39, 239 (240 f.) = NJW 1993, 2758; BGH v. 28. 1. 1998 – 3 StR 575/96, BGHSt 44, 4 (9 f.) = NJW 1998, 1234 (1236); KK-StPO/*Fischer* Rn. 16, 19.
[135] BGH v. 29. 4. 1983 – 2 StR 709/82, BGHSt 31, 358 (359 f.) = NJW 1983, 2711 (2711 f.); BGH v. 27. 9. 2005 – 4 StR 413/05, NStZ 2006, 113 (114); BGH v. 22. 5. 2007 – 5 StR 530/06, NStZ 2007, 711; BGH v. 22. 1. 2008 – 4 StR 507/07, StV 2008, 283 (284).
[136] BGH v. 28. 1. 1998 – 3 StR 575/96, BGHSt 44, 4 (9) = NJW 1998, 1234 (1235); HK-StPO/*Temming* Rn. 15; Löwe/Rosenberg/*Siolek* Rn. 41; W. *Schmid* GA 1980, 285 (297 f.); *ders.* SchlHA 1981, 2 (4).
[137] BGH v. 23. 6. 1993 – 3 StR 89/93, BGHSt 39, 239 (240 f.) = NJW 1993, 2758; BGH v. 28. 1. 1998 – 3 StR 575/96, BGHSt 44, 4 (9 f.) = NJW 1998, 1234 (1235); *Dahs* Rn. 200; zT offengelassen bei BGH v. 22. 3. 2002 – 4 StR 485/01, BGHSt 47, 270 (273) = NJW 2002, 2401 (2403); aA *Binder* Anm. zu BGH v. 27. 9. 2005 – 4 StR 413/05, StV 2006, 676 (678).
[138] BGH v. 11. 2. 1958 – 1 StR 6/58, BGHSt 11, 206 = NJW 1958, 557; BGH v. 12. 3. 2003 – 1 StR 68/03, NStZ 2003, 558 (559).
[139] KK-StPO/*Fischer* Rn. 19.
[140] RG v. 1. 5. 1885 – 944/85, RGSt 12, 180 (181).
[141] BGH v. 7. 12. 1954 – 2 StR 402/54, BGHSt 7, 44 (46) = NJW 1955, 152 (153); KK-StPO/*Fischer* Rn. 17; SK-StPO/*Rudolphi* Rn. 20.
[142] KK-StPO/*Fischer* Rn. 16; Löwe/Rosenberg/*Siolek* Rn. 46.
[143] BGH v. 4. 11. 1959 – 2 StR 421/59, BGHSt 14, 219 (220) = NJW 1960, 301; *Binder* Anm. zu BGH v. 27. 9. 2005 – 4 StR 413/05, StV 2006, 676 (677).
[144] BGH v. 23. 6. 1993 – 3 StR 89/93, BGHSt 39, 239 (241) = NJW 1993, 2758; BGH v. 10. 9. 1976 – 5 StR 215/76, BGH bei *Holtz* MDR 1977, 107; RG v. 9. 10. 1908 – 455/08, RGSt 42, 1 (2); *Binder* Anm. zu BGH v. 27. 9. 2005 – 4 StR 413/05, StV 2006, 676 (677); *Dahs* Revision Rn. 158; *Meyer-Goßner* Rn. 20; vgl. auch BGH v. 12. 3. 2003 – 1 StR 68/03, NStZ 2003, 558 (559).
[145] BGH v. 28. 1. 1998 – 3 StR 575/96, BGHSt 44, 4 (8) = NJW 1998, 1234 (1235); BGH v. 11. 11. 2008 – 4 StR 480/08, NStZ-RR 2009, 85; *Binder* Anm. zu BGH v. 27. 9. 2005 – 4 StR 413/05, StV 2006, 676 (677); *Joecks* Rn. 8.
[146] *Meyer-Goßner* Rn. 4.

schlussgrund entsteht.[147] Die Ausschließung tritt hierbei – sollte der Ausschlussgrund erst während des Verfahrens entstehen – für die Zukunft ein.[148] Somit kann die Hauptverhandlung für den Fall, dass ein Ergänzungsrichter gem. § 192 Abs. 2 GVG zugezogen war, mit dessen baldigem Eintritt fortgesetzt werden.[149]

Die Ausschließung gilt für den **gesamten Verfahrensgegenstand**, wobei sie sich auch auf alle 35 verbundenen Strafsachen erstreckt und nicht durch Einstellung des Verfahrens, in dem der Ausschließungsgrund besteht, nach § 153,[150] durch entsprechende Verfahrensbeschränkung nach §§ 154, 154 a[151] oder durch Verfahrenstrennung[152] beseitigt wird.

Der ausgeschlossene Richter darf beispielsweise bereits **in Vorbereitung der Hauptverhandlung** 36 keinen Einfluss auf die Bestimmung eines Hauptverhandlungstermins nehmen[153] oder einen Schöffen von seinem Amt befreien.[154] Hierbei gibt es auch keine Ausnahmen für unaufschiebbare Handlungen.[155] Die Ausschließung ist daneben nicht auf das **Hauptverfahren** beschränkt, sondern gilt auch für **Nachtragsentscheidungen**.[156] Ausgenommen von der Ausschließung sind lediglich Akte der Justizverwaltung, wie zB die Auslosung der Schöffen.[157]

V. Folgen einer Mitwirkung trotz Ausschließung

Wirkt ein ausgeschlossener Richter[158] an einer Entscheidung mit, führt dies nicht zur Unwirksamkeit, sondern lediglich zur **Anfechtbarkeit** durch Rechtsmittel (insbesondere bei Urteilen mit 37 der Revision nach § 338 Nr. 2). Es ist hierbei nicht erforderlich, dass zuvor eine Ablehnung des Richters wegen Ausschließung kraft Gesetzes (§ 24 Abs. 1) erfolgt ist.[159] Bei Nichtanfechtung erwachsen **Urteile**, an denen ein ausgeschlossener Richter mitgewirkt hat, hingegen in Rechtskraft.[160] Hat das Gericht (im umgekehrten Fall) einen Ausschließungsgrund zu Unrecht angenommen, ist eine Revision nach § 338 Nr. 1, 1. Hs. nur dann begründet, wenn jener Umstand auf einem klar zutage liegenden Gesetzesverstoß oder auf Willkür beruht,[161] wohingegen ein schlichter Verfahrensirrtum nicht ausreicht.[162]

Auch ein unter Mitwirkung eines ausgeschlossenen Richters gefasster **Beschluss** (zB Eröffnungsbeschluss) ist zwar fehlerhaft, aber nicht unwirksam.[163] Vielmehr verweist das Beschwerde- 38 gericht die Sache an das untere Gericht zurück, damit dem Betroffenen keine Instanz verloren geht.[164]

§ 23 [Ausschließung bei Mitwirkung in früheren Verfahren]

(1) Ein Richter, der bei einer durch ein Rechtsmittel angefochtenen Entscheidung mitgewirkt hat, ist von der Mitwirkung bei der Entscheidung in einem höheren Rechtszuge kraft Gesetzes ausgeschlossen.

(2) ¹Ein Richter, der bei einer durch einen Antrag auf Wiederaufnahme des Verfahrens angefochtenen Entscheidung mitgewirkt hat, ist von der Mitwirkung bei Entscheidungen im Wieder-

---

[147] KK-StPO/*Fischer* Rn. 20; KMR/*Bockemühl* § 22 Rn. 17.
[148] KK-StPO/*Fischer* Rn. 20; KMR/*Bockemühl* § 22 Rn. 17.
[149] KK-StPO/*Fischer* Rn. 23; Löwe/Rosenberg/*Siolek* Rn. 59; SK-StPO/*Rudolphi* Vor § 22 Rn. 16.
[150] BGH v. 4. 11. 1959 – 2 StR 421/59, BGHSt 14, 219 (222) = NJW 1960, 301 (302); *Hanack* JZ 1971, 89 (90).
[151] KG v. 19. 5. 1980 – (V/6) 2 OJs 9/78 (2/79), StV 1981, 13; KK-StPO/*Fischer* Rn. 21; *Meyer-Goßner* Rn. 6.
[152] BGH v. 4. 11. 1959 – 2 StR 421/59, BGHSt 14, 219 (222) = NJW 1960, 301 (302).
[153] BVerfG v. 20. 3. 1956 – 1 BvR 479/55, BVerfGE 4, 412 (417) = NJW 1956, 545.
[154] BGH v. 3. 3. 1982 – 2 StR 32/82, BGHSt 31, 3 (5) = NJW 1982, 1655 (1656).
[155] SK-StPO/*Rudolphi* Vor § 22 Rn. 11.
[156] OLG Stuttgart v. 8. 3. 1988 – 3 Ws 55/88, NStZ 1988, 375 (376) zu § 453; OLG Karlsruhe v. 21. 10. 1982 – 1 Ws 247/82, Justiz 1983, 26 und OLG Stuttgart v. 8. 3. 1988 – 3 Ws 55/88, NStZ 1988, 375 (376) zu § 454; OLG Hamm v. 28. 6. 1957 – 1 Ws 269/57, MDR 1957, 760 zu §§ 458, 462; OLG Düsseldorf v. 28. 4. 1983 – 2 Ws 170/83, StV 1983, 361 u § 460; OLG Koblenz v. 6. 10. 1977 – 1 Ws 512/77, GA 1978, 156 (157) zu §§ 462, 463.
[157] BGH v. 28. 9. 1952 – 2 StR 67/52, BGHSt 3, 68 (69) = NJW 1952, 1265; Löwe/Rosenberg/*Siolek* Vor § 22 Rn. 6, § 22 Rn. 51; *Schorn* GA 1963, 257 (267).
[158] Zum Staatsanwalt vgl. oben Rn. 11.
[159] KK-StPO/*Fischer* Rn. 24, § 24 Rn. 2; *Pfeiffer* Rn. 5.
[160] BGH v. 16. 10. 1980 – StB 29, 30 u. 31/80, BGHSt 29, 351 (355) = NJW 1981, 133 (133f.); RG v. 3. 5. 1938 – 1 D 182/38, RGSt 72, 176 (181); *Dahs* Revision Rn. 157; Löwe/Rosenberg/*Siolek* Rn. 58, 63; SK-StPO/*Rudolphi* Vor § 22 Rn. 15.
[161] BGH v. 22. 11. 1957 – 4 StR 497/57, BGHSt 11, 106 (110) = NJW 1958, 429 (430); BGH v. 13. 2. 1959 – 4 StR 446/58, BGHSt 12, 402 (406) = NJW 1959, 1093 (1094); vgl. auch BVerfG v. 10. 1. 1992 – 2 BvR 347/91, NJW 1992, 2075 (2076).
[162] Löwe/Rosenberg/*Siolek* Rn. 64; vgl. auch *Dahs* GA 1976, 353 (354).
[163] BGH v. 16. 10. 1980 – StB 29, 30 u. 31/80, BGHSt 29, 351 (352) = NJW 1981, 133; BGH v. 21. 3. 1985 – 1 StR 417/84, NStZ 1985, 464 (465); Löwe/Rosenberg/*Siolek* Rn. 55; SK-StPO/*Rudolphi* Rn. 23, Vor § 22 Rn. 14.
[164] KG v. 15. 3. 1967 – 3 Ss – 30/67, JR 1967, 266; OLG Bremen v. 21. 12. 1966 – Ws 247/65, NJW 1966, 605; OLG Koblenz v. 6. 10. 1977 – 1 Ws 512/77, GA 1978, 156 (157) OLG Saarbrücken v. 15. 9. 1965 – Ws 148/65, NJW 1966, 167; Löwe/Rosenberg/*Siolek* Rn. 56; SK-StPO/*Rudolphi* Vor § 22 Rn. 14.

aufnahmeverfahren kraft Gesetzes ausgeschlossen. ²Ist die angefochtene Entscheidung in einem höheren Rechtszug ergangen, so ist auch der Richter ausgeschlossen, der an der ihr zugrunde liegenden Entscheidung in einem unteren Rechtszug mitgewirkt hat. ³Die Sätze 1 und 2 gelten entsprechend für die Mitwirkung bei Entscheidungen zur Vorbereitung eines Wiederaufnahmeverfahrens.

Schrifttum: *Arzt,* Ausschließung und Ablehnung des Richters im Wiederaufnahmeverfahren, NJW 1971, 1112; *Dahs,* Ablehnung von Tatrichtern nach Zurückverweisung durch das Revisionsgericht, NJW 1966, 1691; *Zeitz,* Ausschließung des Strafrichters nach erfolgreicher Revision, DRiZ 1965, 393.

1   Die Norm des § 23 regelt, in welchen Konstellationen eine **richterliche Vortätigkeit** – § 22 Nr. 4 bezieht sich lediglich auf vorangegangene Anwalts- und Strafverfolgungstätigkeiten – zu einer Ausschließung des Richters führt.

2   **1. Richterliche Vortätigkeit.** Eine richterliche Vortätigkeit begründet grundsätzlich keine Befangenheit[1] und ist grundsätzlich auch kein Ausschließungsgrund (**Grundsatz der Vereinbarkeit aller richterlichen Aufgaben**),[2] da allein der Umstand, dass ein Richter in verschiedenen Verfahren Feststellungen über denselben Lebenssachverhalt zu treffen und gegebenenfalls dieselben Beweismittel zu würdigen hat, nicht Misstrauen gegen seine Unparteilichkeit rechtfertigt.[3] Ausnahmen enthalten die §§ 23, 148a Abs. 2 S. 1, deren Ausschließungsgründe zusammen mit § 22 einen abschließenden Katalog darstellen und eng auszulegen sind.[4] Somit kann der erkennende Richter in derselben Sache als Ermittlungsrichter gem. § 162 und § 169 tätig gewesen sein,[5] eine kommissarische Vernehmung oder einzelne Beweiserhebungen angeordnet und durchgeführt haben,[6] sicheres Geleit nach § 295 erteilt haben[7] sowie an Haftentscheidungen[8] oder am Eröffnungsbeschluss mitgewirkt haben.[9] Ein sachlicher Zusammenhang zwischen einem früheren Verfahren, an dem der Richter beteiligt war, und dem aktuellen Verfahren führt ebenfalls nicht zu einer Ausschließung.[10] Ebenso ist – da § 354 Abs. 2 die Entscheidung eines anderen (aber nicht zwingend anders besetzten) Spruchkörpers verlangt[11] – eine neuerliche tatrichterliche Entscheidung desjenigen Richters, der bereits am ersten Urteil mitgewirkt hat, möglich.[12] Schließlich sind der Antrag auf Wiedereinsetzung in den vorigen Stand (§ 44),[13] der Antrag auf Haftprüfung (§ 117 Abs. 1),[14] der Antrag auf mündliche Verhandlung im Haftprüfungsverfahren (§ 118 Abs. 1),[15] der Antrag auf Wiederaufnahme des Verfahrens (§ 366)[16] und der Einspruch gegen den Strafbefehl (§ 410) keine Rechtsmittel, so dass es nicht zu einer Ausschließung nach Abs. 1 kommt.[17]

---

[1] BGH v. 4. 6. 1956 – 2 StR 22/56, BGHSt 9, 233 (233 f.) = NJW 1956, 1246; BGH v. 23. 2. 1999 – 4 StR 15/99, NStZ 1999, 311; RG v. 10. 11. 1925 – I 514/25, RGSt 59, 409 (409 f.).
[2] BGH v. 10. 11. 1967 – 4 StR 512/66, BGHSt 21, 334 (342); BGH v. 27. 4. 1972 – 4 StR 149/72, BGHSt 24, 336 (337) = NJW 1972, 1288; Anw-StPO/*Werner* Rn. 1; KMR/*Bockemühl* Rn. 1; Löwe/Rosenberg/*Siolek* Rn. 2.
[3] BGH v. 19. 11. 1985 – 5 StR 436/85, BGH bei *Pfeiffer/Miebach* NStZ 1986, 206; RG v. 10. 11. 1925 – I 514/25, RGSt 59, 409 (409 f.); RG v. 15. 10. 1928 – II 443/28, RGSt 62, 299 (302); Anw-StPO/*Werner* Rn. 1; KK-StPO/ *Fischer* Rn. 1.
[4] BVerfG v. 26. 1. 1971 – 2 BvR 443/69, BVerfGE 30, 149 (155) = NJW 1971, 1029 (1030); BGH v. 4. 6. 1956 – 2 StR 22/56, BGHSt 9, 233 (234) = NJW 1956, 1246 (1246 f.); BGH v. 28. 1. 1998 – 3 StR 575/96, BGHSt 44, 4 (7) = NJW 1998, 1234 (1235); RG v. 3. 12. 1883 – 2764/83, RGSt 9, 285 (287); RG v. 23. 7. 1926 – III 541/26, RGSt 60, 322 (324 f.); HansOLG Bremen v. 9. 8. 1989 – BL 183 – 185/89, NStZ 1990, 96 (97); OLG Stuttgart v. 25. 9. 1985 – 5 (2) – I StE 5/81, StV 1985, 492 (493); *Meyer-Goßner* Rn. 1; SK-StPO/*Rudolphi* Rn. 1; vgl. bereits § 22 Rn. 3.
[5] BGH v. 4. 6. 1956 – 2 StR 22/56, BGHSt 9, 233 (234 f.) = NJW 1956, 1246 (1247); BGH v. 29. 1. 1968 – 2 StR 519/67, BGH bei *Dallinger* MDR 1972, 387; BayObLG v. 17. 12. 1954 – RReg St 234/54, NJW 1955, 395 (395 f.).
[6] BGH v. 4. 6. 1956 – 2 StR 22/56, BGHSt 9, 233 (235) = NJW 1956, 1246 (1247); RG v. 23. 7. 1926 – III 541/26, RGSt 60, 322 (325); RG v. 21. 11. 1929 – III 894/29, RGSt 63, 337 (337 f.).
[7] RG v. 23. 2. 1925 – II 24/25, RGSt 59, 100 (102).
[8] BGH v. 29. 1. 1968 – 2 StR 519/67, BGH bei *Dallinger* MDR 1972, 387; RG v. 13. 12. 1927 – I 924/27, RGSt 61, 415 (416); KG v. 24. 1. 2001 – 1 AR 39/01 – 4 Ws 12/01; HansOLG Bremen v. 9. 8. 1989 – BL 183 – 185/89, NStZ 1990, 96 (97).
[9] BVerfG v. 26. 1. 1971 – 2 BvR 443/69, BVerfGE 30, 149 (155) = NJW 1971, 1029 (1030); RG v. 15. 10. 1928 – II 443/28, RGSt 62, 299 (302).
[10] OLG Düsseldorf v. 14. 6. 1982 – 1 Ws 205/82, NJW 1982, 2832; *Meyer-Goßner* Rn. 2.
[11] *Meyer-Goßner* § 354 Rn. 39.
[12] BVerfG v. 26. 1. 1971 – 2 BvR 443/69, BVerfGE 30, 149 (154 f.) = NJW 1971, 1029 (1030); BGH v. 27. 4. 1972 – 4 StR 149/72, BGHSt 24, 336 (337) = NJW 1972, 1288; BGH v. 18. 5. 1994 – 3 StR 628/93, NStZ 1994, 447; OLG Celle v. 15. 11. 1965 – 2 Ss 337/65, NJW 1966, 168 (168 f.); OLG Hamm v. 28. 10. 1970 – 4 Ss 80/70, GA 1971, 185 (186); OLG Saarbrücken v. 2. 10. 1969 – Ss 22/69, MDR 1970, 347; OLG Stuttgart v. 25. 9. 1985 – 5 (2) – I StE 5/81, StV 1985, 492 (493); *Dahs* NJW 1966, 1691 (1693); vgl. hierzu *Dahs* Rn. 203: „erhebliche Bedenken" gegen die Verneinung einer grundsätzlichen Befangenheit; aA *Zeitz* DRiZ 1965, 393 (394) mit der Forderung einer anders besetzten Abteilung oder Kammer.
[13] OLG Koblenz v. 22. 9. 1981 – 1 Ws 214, 236/81, MDR 1982, 428 (Ls.).
[14] RG v. 13. 12. 1927 – I 924/27, RGSt 61, 415 (416); Löwe/Rosenberg/*Siolek* Rn. 10.
[15] RG v. 13. 12. 1927 – I 924/27, RGSt 61, 415 (416); Löwe/Rosenberg/*Siolek* Rn. 7.
[16] KG v. 12. 3. 1932 – 2 W 175/32, JW 1932, 2919 (Ls.); Löwe/Rosenberg/*Siolek* Rn. 7.
[17] KK-StPO/*Fischer* Rn. 2; Löwe/Rosenberg/*Siolek* Rn. 7.

Daneben ist der **Rechtsmittelrichter** jedenfalls nicht gesetzlich ausgeschlossen, wenn er an dem 3 Erlass des Eröffnungsbeschlusses im Beschwerderechtszug[18] oder an dem gem. § 354 zurückverweisenden Urteil mitgewirkt hat.[19] Es kommt jedoch eine Ablehnung nach §§ 24, 30 in Betracht.[20]

2. Ausschließung bei Rechtsmitteln gegen eigene Entscheidungen (Abs. 1). Eine Ausschließung 4 erfolgt bei Mitwirkung des Richters an einer Entscheidung, die durch Rechtsmittel – **Beschwerde** (§ 304), **Berufung** (§ 312) **und Revision** (§§ 333, 335) – angefochten ist und nunmehr durch das Rechtsmittelgericht überprüft werden soll.[21] Der Richter muss an der angefochtenen Entscheidung **mitgewirkt**, an ihr also in richterlicher Funktion beteiligt gewesen sein und sie somit (jedenfalls) mitzuverantworten haben.[22] Hierbei genügt jedoch auch eine **mittelbare Beteiligung**, so dass der Richter, der beim Amtsgericht das Urteil gefällt hat, nicht an der Revision über das Berufungsurteil,[23] und derjenige Richter, der an einem früheren Berufungsurteil beteiligt war, nicht an der Revision gegen ein erneutes Berufungsurteils in derselben Sache mitwirken darf.[24] **Nicht** ausgeschlossen ist hingegen der Revisionsrichter bei Entscheidungen, die nach erneuter Revision im Revisionsrechtszug zu treffen sind.[25] Ebenso wenig führt eine bloße Vorbereitung der angefochtenen Entscheidung,[26] eine Teilnahme nur an einer ausgesetzten Hauptverhandlung, die unter Mitwirkung eines anderen Richters wiederholt worden ist,[27] sowie eine Teilnahme an der Verhandlung als nicht eingetretener Ergänzungsrichter gem. § 192 Abs. 2 GVG, selbst wenn er unzulässigerweise an der Beratung über das angefochtene Urteil teilgenommen hat,[28] zu einer Ausschließung.

3. Ausschließung im Wiederaufnahmeverfahren (Abs. 2). Im Wiederaufnahmeverfahren 5 (§§ 359 ff.) sowie bei **Entscheidungen zu dessen Vorbereitung** sind Richter ausgeschlossen, die an der angefochtenen Entscheidung (S. 1) oder – im Rechtsmittelzug – an der ihr zugrunde liegenden Entscheidung (S. 2) mitgewirkt haben. Da gem. § 140 a GVG im Wiederaufnahmeverfahren regelmäßig nicht das Gericht entscheidet, gegen dessen Entscheidung sich der Wiederaufnahmeantrag richtet (Ausnahme nach § 140 a Abs. 6 GVG: anderer Senat des Oberlandesgerichts), hat die Vorschrift ihre praktische Bedeutung jedoch in Teilen verloren.[29]

Die Ausschließung bezieht sich, da Abs. 2 von „Entscheidungen" (im Plural) spricht – auf 6 **sämtliche Entscheidungen** im Wiederaufnahmeverfahren und zu dessen Vorbereitung, so dass neben dem neuen Erkenntnisverfahren (§ 373)[30] sowohl eine Anordnung von Vollstreckungsaufschub oder -unterbrechung (§ 360 Abs. 2), eine Entscheidung über die Zulässigkeit (§ 368) und Begründetheit des Wiederaufnahmeantrags (§ 370),[31] Entscheidungen im Beschwerdeverfahren nach § 372[32] als auch Vorentscheidungen nach § 364 b (Verteidigerbestellung) erfasst sind.[33] Da das Wiederaufnahmeverfahren mit der Anordnung der Wiederaufnahme nach § 370 Abs. 2 endet, kann jedoch ein Richter, der bereits bei der Entscheidung über die Revision gegen das erste Urteil mitgewirkt hat, auch in dem neuen Revisionsverfahren gegen das nach Erneuerung der Hauptverhandlung gem. § 373 ergangene Urteil tätig werden.[34]

Eine **richterliche Mitwirkung**[35] iSd. Abs. 2 liegt bereits vor, wenn der Richter nach Aufhebung 7 eines Urteils im Strafausspruch und Zurückverweisung nur an der neuen Entscheidung mit-

---

[18] BGH v. 18. 1. 1972 – 5 StR 631/71, BGH bei *Dallinger* MDR 1972, 387.
[19] BVerfG v. 26. 1. 1971 – 2 BvR 443/69, BVerfGE 30, 149 (154 f.) = NJW 1971, 1029 (1030); *Joecks* Rn. 1; *Meyer-Goßner* Rn. 3. Für eine Ablehnung spricht sich *Arzt*, Der befangene Strafrichter, S. 79, aus.
[20] *Dahs* Revision Rn. 159; Löwe/Rosenberg/*Siolek* Rn. 12.
[21] KK-StPO/*Fischer* Rn. 2 f.
[22] BVerfG v. 26. 1. 1971 – 2 BvR 443/69, BVerfGE 30, 149 (155 f.) = NJW 1971, 1029 (1030); BVerfG v. 27. 1. 1971 – 2 BvR 507, 511/69, BVerfGE 30, 165 (168) = NJW 1971, 1033; KK-StPO/*Fischer* Rn. 2; Löwe/Rosenberg/*Siolek* Rn. 10; SK-StPO/*Rudolphi* Rn. 7.
[23] KG v. 30. 5. 1928 – 2 S 235/28, JW 1928, 1949; OLG Königsberg v. 4. 6. 1928 – 6 S 168/28, JW 1928, 3015; *Joecks* Rn. 3; *Meyer-Goßner* Rn. 5; Löwe/Rosenberg/*Siolek* Rn. 10; SK-StPO/*Rudolphi* Rn. 7.
[24] OLG Schleswig v. 19. 6. 1958 – Ss 219/58, SchlHA 1958, 318; Löwe/Rosenberg/*Siolek* Rn. 10; *Meyer-Goßner* Rn. 5.
[25] BGH v. 22. 4. 2005 – 2 StR 46/05; Löwe/Rosenberg/*Siolek* Rn. 10.
[26] KK-StPO/*Fischer* Rn. 2; Löwe/Rosenberg/*Siolek* Rn. 6.
[27] BGH v. 5. 2. 1976 – 4 StR 389/75 nach KK-StPO/*Fischer* Rn. 3; *Meyer-Goßner* Rn. 5.
[28] BVerfG v. 26. 1. 1971 – 2 BvR 443/69, BVerfGE 30, 149 (156 f.) = NJW 1971, 1029 (1030); RG v. 8. 12. 1930 – II 827/30, RGSt 65, 40 (41).
[29] KK-StPO/*Fischer* Rn. 4; Löwe/Rosenberg/*Siolek* Rn. 1; SK-StPO/*Rudolphi* Rn. 9.
[30] KK-StPO/*Fischer* Rn. 4.
[31] OLG Saarbrücken v. 15. 9. 1965 – Ws 148/65, NJW 1966, 167; KK-StPO/*Fischer* Rn. 4; Löwe/Rosenberg/*Siolek* Rn. 24; *Meyer-Goßner* Rn. 6.
[32] HansOLG Bremen v. 25. 10. 1965 – Ws 201/65, NJW 1966, 168; *Meyer-Goßner* Rn. 7; SK-StPO/*Rudolphi* Rn. 16.
[33] Löwe/Rosenberg/*Siolek* Rn. 26; *Meyer-Goßner* Rn. 6.
[34] BVerfG v. 1. 3. 1982 – 2 BvR 1191/81 = BVerfG bei *Sieg* NJW 1984, 1519 (zugleich abl. Anm. *Sieg*).
[35] Vgl. hierzu Rn. 4.

gewirkt hat.[36] Ebenso ist die Tätigkeit des Revisionsrichters, der durch Bestätigung des angefochtenen Urteils dieses – auch bei Verwerfung der Revision im Beschlusswege gem. § 349 Abs. 2[37] – mitzuverantworten hat, eine richterliche Mitwirkung, die zur Ausschließung führt.[38] Einschränkend kommt es hierbei jedoch nicht zur Ausschließung, wenn die Revision als unzulässig verworfen oder das Urteil – ohne dass sich das Revisionsgericht mit den materiellen Grundlagen des Urteils befasst hat – wegen eines Formfehlers aufgehoben wurde.[39]

8 Nicht an der Urteilsfindung beteiligt sind hingegen der Richter, der den Eröffnungsbeschluss erlassen hat, sowie der nicht eingetretene Ergänzungsrichter.[40] Ebenso wenig ist ein Richter ausgeschlossen, der allein an einem vom Revisionsgericht aufgehobenen Urteil mitgewirkt hat[41] oder der bei der Beweisaufnahme nach § 369 oder an einem Beschluss nach § 370, der auf eine sofortige Beschwerde hin aufgehoben wurde, beteiligt war.[42]

9 **4. Revision.** Die Folgen der Mitwirkung eines ausgeschlossenen Richters entsprechen denen bei § 22,[43] so dass es sich insbesondere auch hier um den **absoluten Revisionsgrund** des § 338 Nr. 2 handelt.

§ 24 [Ablehnung eines Richters]

(1) Ein Richter kann sowohl in den Fällen, in denen er von der Ausübung des Richteramtes kraft Gesetzes ausgeschlossen ist, als auch wegen Besorgnis der Befangenheit abgelehnt werden.

(2) Wegen Besorgnis der Befangenheit findet die Ablehnung statt, wenn ein Grund vorliegt, der geeignet ist, Mißtrauen gegen die Unparteilichkeit eines Richters zu rechtfertigen.

(3) ¹Das Ablehnungsrecht steht der Staatsanwaltschaft, dem Privatkläger und dem Beschuldigten zu. ²Den zur Ablehnung Berechtigten sind auf Verlangen die zur Mitwirkung bei der Entscheidung berufenen Gerichtspersonen namhaft zu machen.

Schrifttum: *Arzt,* Der befangene Strafrichter, 1969; *Burhoff,* Die Ablehnung des Richters im Strafverfahren, ZAP-Fach 22, 117; *Günther,* Unzulässige Ablehnungsgesuche und ihre Bescheidung, NJW 1986, 281; *Jahn,* Der befangene Revisionsrichter, FS Gerhard Fezer, 2008, S. 413; *Krekeler,* Der befangene Richter, NJW 1981, 1633; *ders.,* Der befangene Richter, AnwBl. 1981, 326; *Latz,* Besorgnis der Befangenheit gegenüber der Verteidigung, FS Richter II, 2006, S. 357; *Münchhalffen,* Besorgnis der Befangenheit – Eine überflüssige Rüge oder prozessuale Notwendigkeit?, StraFo 2007, 91; *Rabe,* Ablehnung des Strafrichters bei provokativem oder beleidigendem Verhalten des Angeklagten oder seines Verteidigers, NJW 1976, 172; *ders.,* Der befangene Richter, AnwBl. 1981, 331; *Schorn,* Die Ablehnung eines Richters im Strafprozeß in Rechtsprechung und Schrifttum, GA 1963, 161; *Teplitzky,* Die Richterablehnung wegen Befangenheit, JuS 1969, 318; *Ziegler,* Der Entzug des gesetzlichen Richters durch die Fiktion der Unbefangenheit, FS Volkmar Mehle, 2009, S. 687; *Zwiehoff,* Spannungen zwischen Verteidiger und Richter als Befangenheitsgrund, JR 2006, 415.

Übersicht

	Rn.
I. Allgemeines	1–3
1. Ablehnung einzelner Richter	2
2. Ablehnung für bestimmte zukünftige Entscheidungen	3
II. Ablehnungsgründe (Abs. 1, 2)	4–31
1. Ablehnung wegen eines Ausschließungsgrundes (Abs. 1, 1. Var.)	4
2. Ablehnung wegen Besorgnis der Befangenheit (Abs. 1, 2. Var., Abs. 2)	5–31
a) Besorgnis der Befangenheit	6, 7
b) Fallgruppen möglicher Befangenheitsgründe	8–31
aa) Eigenes Verhalten des Ablehnungsberechtigten	9, 10
bb) Verhalten Dritter	11
cc) Ablehnung wegen persönlicher Verhältnisse sowie persönlicher oder dienstlicher Beziehungen des Richters	12–14
dd) Ablehnung wegen Vortätigkeit des Richters	15–20
ee) Ablehnung wegen des Verhaltens des Richters vor oder während der Hauptverhandlung	21–30
ff) Ablehnung wegen des Verhaltens des Richters außerhalb des Zwischen- und Hauptverfahrens	31
III. Ablehnungsberechtigte (Abs. 3 S. 1)	32, 33
1. Ablehnungsberechtigte	32
2. Nicht ablehnungsberechtigt	33

---

[36] *Meyer-Goßner* Rn. 6; aA OLG Nürnberg v. 30. 6. 1998 – Ws 667/98, NStZ-RR 1999, 305; *Pfeiffer* Rn. 2.
[37] BVerfG v. 27. 1. 1971 – 2 BvR 507, 511/69, BVerfGE 30, 165 (168) = NJW 1971, 1033; *Pfeiffer* Rn. 2.
[38] BVerfG v. 12. 1. 1983 – 2 BvR 964/82, BVerfGE 63, 77 (80) = NJW 1983, 1900; *Arzt* NJW 1971, 1112 (1113); SK-StPO/*Rudolphi* Rn. 14.
[39] Löwe/Rosenberg/*Siolek* Rn. 17 Fn. 36. Zu weitgehend bezüglich der Aufhebung des Urteils *Arzt* NJW 1971, 1112 (1113); HK-GS/*Bosbach* Rn. 3; *Meyer-Goßner* Rn. 7.
[40] BVerfG v. 26. 1. 1971 – 2 BvR 443/69, BVerfGE 30, 149 (156 f.) = NJW 1971, 1029 (1030); vgl. bereits Rn. 4.
[41] BGH v. 7. 7. 1965 – 2 StR 210/65, BGHSt 20, 252 (253) = NJW 1965, 1871; OLG Hamm v. 21. 4. 1966 – 3 Ws 74/66, NJW 1966, 2073; *Dahs* Revision Rn. 158; SK-StPO/*Rudolphi* Rn. 14.
[42] BGH v. 8. 4. 1954 – 4 StR 793/53, NJW 1954, 891; LG Gießen v. 24. 5. 1996 – 6 Ks Js 24553.9/92, NJW 1996, 2667.
[43] Vgl. § 22 Rn. 37 f.

Dritter Abschnitt. Ausschließung und Ablehnung der Gerichtspersonen   1–4   § 24

	Rn.
IV. Anspruch auf Namhaftmachung der Gerichtspersonen (Abs. 3 S. 2)	34, 35
1. Namhaftmachung	34
2. Rechtsmittel	35
V. Rechtsmittel	36

I. Allgemeines

Die Ablehnung von Richtern und anderen Gerichtspersonen[1] ist sowohl wegen eines Ausschließungsgrundes nach §§ 22, 23 als auch wegen Besorgnis der Befangenheit möglich. Die Maßstäbe, nach denen sich die Besorgnis der Befangenheit gegenüber einem Staatsanwalt bestimmt,[2] sind grundsätzlich dieselben wie bei einem Richter.[3]   **1**

1. Ablehnung einzelner Richter. Abgelehnt werden können nur **Einzelpersonen** (Einzelrichter oder Mitglieder eines Kollegialgerichts), **nicht** hingegen ein **Kollegialgericht als Ganzes**[4] oder **sämtliche Richter eines Gerichts in ihrer Gesamtheit**.[5] Ein insofern unzulässiges Ablehnungsgesuch kann entsprechend § 26a von dem betroffenen Gericht in seiner gewöhnlichen Besetzung verworfen werden.[6] Es ist jedoch statthaft, mehrere Mitglieder in einzelnen Gesuchen oder in einem zusammenfassenden Gesuch **als Einzelpersonen** – ggf. auch mit derselben Begründung – abzulehnen.[7] Daher ist stets zu prüfen, ob ein entsprechender Antrag nicht trotz unzutreffender Formulierung dahingehend ausgelegt werden kann, dass die Ablehnung einzelner Richter gemeint war.[8]   **2**

2. Ablehnung für bestimmte zukünftige Entscheidungen. Eine Ablehnung bezieht sich stets auf bestimmte zukünftige Dienstgeschäfte, wohingegen es eine „rückwirkende" Ablehnung nicht gibt.[9] Erfasst ist die Mitwirkung an einzelnen Dienstgeschäften (oder einer Reihe derartiger Geschäfte, die eine innere Einheit bilden), durch welche die Rechtsstellung des Ablehnungsberechtigten betroffen sein kann.[10] Hierzu zählen insbesondere das erstinstanzliche Urteil, Rechtsmittel- und Rechtsbehelfsentscheidungen sowie selbständige vorbereitende und vollstreckende Entscheidungen.[11] Obwohl somit eine Ablehnung in Bezug auf Entscheidungen und andere richterliche Handlungen, hinsichtlich derer eine Mitwirkung des Richters noch nicht feststeht, im Voraus nicht möglich ist,[12] kann eine begründete Ablehnung de facto zu einem Ausschluss des Richters von bestimmten Tätigkeitsfeldern und zu der Erforderlichkeit einer Änderung des Geschäftsverteilungsplans führen.[13]   **3**

II. Ablehnungsgründe (Abs. 1, 2)

1. Ablehnung wegen eines Ausschließungsgrundes (Abs. 1, 1. Var.). Obwohl eine Ausschließung gem. §§ 22, 23 kraft Gesetzes eintritt und von Amts wegen zu beachten ist,[14] besteht nicht nur die Möglichkeit, im Wege einer Anregung, sondern darüber hinaus auch im Rahmen einer **förmlichen Ablehnung** das Gericht zu einer (deklaratorischen) Entscheidung über die Frage der Ausschließung zu zwingen. Eine Ablehnung nach § 24 führt sodann jedoch zu einer Anwendung der §§ 26, 27, so dass der Ablehnungsberechtigte insbesondere die Last der **Glaubhaftmachung** nach § 26 Abs. 2 trägt.[15]   **4**

---

[1] Vgl. hierzu § 22 Rn. 5 ff.
[2] Vgl. hierzu § 22 Rn. 8 ff.
[3] SK-StPO/*Rudolphi* Vor § 22 Rn. 28.
[4] BVerfG v. 22. 2. 1960 – 2 BvR 36/60, BVerfGE 11, 1 (3) = MDR 1961, 26 (27); BVerfG v. 19. 10. 1977 – 2 BvC 3/77, BVerfGE 46, 200; StGH Bremen v. 2. 8. 1958 – St 2/58, MDR 1958, 901 (901 f.); BGH v. 1. 2. 1955 – 1 StR 702/54, BGH bei *Dallinger* MDR 1955, 271; BGH v. 17. 5. 1994 – 4 StR 181/94, BGH bei *Kusch* NStZ 1995, 18; OLG Köln v. 3. 4. 1973 – Ss 2/73, JMBlNRW 1973, 258 (259).
[5] RG v. 24. 4. 1895 – 311/95, RGSt 27, 175; RG v. 22. 4. 1921 – IV 821/20, RGSt 56, 49; OLG Schleswig v. 9. 5. 1994 – 2 Ws 83/94, OLG Schleswig bei *Lorenzen/Thamm* SchlHA 1996, 89; *Günther* NJW 1986, 281 (282).
[6] BGH v. 16. 12. 1969 – 5 StR 468/69, BGHSt 23, 200 (202) = NJW 1970, 478 (479); BGH v. 17. 5. 1994 – 4 StR 181/94, BGH bei *Kusch* NStZ 1995, 18; BGH v. 26. 1. 1994 – 3 ARs 41/93, BGHR StPO § 26a Unzulässigkeit 6; *Schorn* GA 1963, 161 (167).
[7] BGH v. 16. 12. 1969 – 5 StR 468/69, BGHSt 23, 200 (202) = NJW 1970, 478 (478 f.); *Günther* NJW 1986, 281 (282); *Peters* Anm zu BGH v. 16. 12. 1969 – 5 StR 468/69, JR 1970, 269.
[8] BGH v. 16. 12. 1969 – 5 StR 468/69, BGHSt 23, 200 (202) = NJW 1970, 478 (478 f.); BGH, abgedr. ohne Datum und Az., BGH bei *Herlan* MDR 1955, 651; HansOLG Hamburg v. 6. 2. 1984 – 2 Ws 571/83, MDR 1984, 512 (Ls.); KK-StPO/*Fischer* Rn. 23.
[9] KK-StPO/*Fischer* Rn. 1.
[10] HK-StPO/*Temming* Rn. 2; KK-StPO/*Fischer* Rn. 1; *Meyer-Goßner* Rn. 2.
[11] KK-StPO/*Fischer* Rn. 1.
[12] BGH v. 26. 1. 1994 – 3 ARs 41/93, BGHR StPO § 26a Unzulässigkeit 6; RG v. 20. 6. 1932 – II 583/31, RGSt 66, 385 (391); KG v. 13. 8. 1982 – 2 Ws 176/82 Vollz – 2 Ws 171/82, NStZ 1983, 44; OLG Schleswig v. 28. 4. 1953 – Ws 107/53, SchlHA 1953, 246 (246 f.); *Günther* NJW 1986, 281 (284).
[13] BVerfG v. 19. 8. 1996 – 2 BvR 115/95, NJW 1996, 3333 (3334); *Meyer-Goßner* Rn. 2; *Pfeiffer* Rn. 2.
[14] Vgl. § 22 Rn. 3.
[15] Anw-StPO/*Werner* Rn. 1; KK-StPO/*Fischer* Rn. 2; KMR/*Bockemühl* Rn. 2; Löwe/Rosenberg/*Siolek* Rn. 2; *Meyer-Goßner* Rn. 4; SK-StPO/*Rudolphi* Rn. 3; aA *Schorn* GA 1963, 257 (279).

5   **2. Ablehnung wegen Besorgnis der Befangenheit (Abs. 1, 2. Var., Abs. 2).** Die **Ablehnungsgründe** sind grundsätzlich – im Gegensatz zu den Ausschließungsgründen – **nicht begrenzt**, so dass prinzipiell alle Gegebenheiten, die geeignet sind, Besorgnis der Befangenheit auszulösen, in Betracht kommen.[16]

6   **a) Besorgnis der Befangenheit.** Befangenheit ist eine innere Haltung des Richters, die seine von jeder falschen Rücksicht freie Einstellung zur Sache sowie seine Distanz, Neutralität und Unparteilichkeit gegenüber den Verfahrensbeteiligten störend beeinflussen kann.[17] Umstände, die aus Sicht einer nach Abs. 3 zur Ablehnung berechtigten Person bei verständiger Würdigung geeignet sind, in diesem Sinne Misstrauen gegen die verfassungsmäßig gebotene Unparteilichkeit und sachliche Unabhängigkeit des Richters zu begründen, führen zur Besorgnis der Befangenheit iSv. Abs. 1, 2. Var.[18] Entscheidend sind der **Standpunkt eines vernünftigen (ablehnungsberechtigten) Prozessbeteiligten**[19] und die Vorstellungen, die sich ein geistig gesunder, bei voller Vernunft befindlicher Prozessbeteiligter bei der ihm zumutbaren ruhigen Prüfung der Sachlage machen kann.[20] Es kommt daher weder allein auf den subjektiven (und ggf. einseitigen oder auf unzutreffenden Sachverhaltsvorstellungen basierenden) Eindruck des Ablehnungsberechtigten an,[21] noch auf die Frage, ob der Richter tatsächlich parteilich oder befangen ist,[22] er sich für befangen hält[23] oder Verständnis für Zweifel an seiner Befangenheit aufbringt.[24]

7   Das Gesetz fordert nicht den Nachweis der Befangenheit, sondern begnügt sich mit dem Vorliegen von Gründen, die **generell geeignet** sind, an der Unparteilichkeit und Unvoreingenommenheit des Richters zu zweifeln.[25] Derartige tatsächliche Anhaltspunkte (und nicht nur Vermutungen) müssen jedoch vorliegen und vorgebracht werden,[26] da der gesetzlich an sich zuständige Richter nicht ohne triftigen Grund von der Mitwirkung an der Entscheidung ausgeschlossen werden darf[27] und sich der Ausschluss ggf. auch auf Mitangeklagte erstreckt. In Zweifelsfällen ist jedoch zu Ungunsten des abgelehnten Richters zu entscheiden.[28] Eine ursprünglich begründete Be-

---

[16] SK-StPO/*Rudolphi* Vor § 22 Rn. 2.
[17] BVerfG v. 8. 2. 1967 – 2 BvR 235/64, BVerfGE 21, 139 (146) = NJW 1967, 1123; BGH v. 28. 1. 1998 – 3 StR 575/96, BGHSt 44, 4 (7) = NJW 1998, 1234 (1235); BGH v. 9. 12. 1999 – 5 StR 312/99, BGHSt 45, 354 (355) = NJW 2000, 1204 (1205); KG v. 6. 4. 2005 – (5) 1 Ss 90/05, StV 2005, 490; HansOLG Bremen v. 24. 1. 1989 – Ws 232/88 (BL 366/88), StV 1989, 145, mit zust. Anm. *Hamm*; OLG Karlsruhe v. 7. 10. 1985 – 2 Ws 618/05, StV 1986, 7; OLG Köln v. 26. 1. 1988 – Ss 650/87, StV 1988, 287 (288); LG Bremen v. 25. 11. 1987 – 43 (42) KLs 70 Js 16/79, StV 1988, 12 (12 f.); KK-StPO/*Fischer* Rn. 3.
[18] BVerfG v. 16. 2. 1995 – 2 BvR 1852/94, BVerfGE 92, 138 (139) = NJW 1995, 1277; BVerfG v. 2. 6. 2005 – 2 BvR 625/01, NJW 2005, 3410 (3411); BGH v. 27. 4. 1972 – 4 StR 149/72, BGHSt 24, 336 (338) = NJW 1972, 1288 (1288 f.); BGH v. 9. 8. 1988 – 4 StR 222/88, StV 1988, 417; OLG Düsseldorf v. 25. 8. 1983 – 5 Ss 358/82 – 325/82 I, VRS 66, 27 (28); OLG Hamm v. 29. 7. 1982 – 2 Ws 139/82, JMBlNRW 1982, 222 (223); OLG Koblenz v. 7. 10. 1985 – 2 Ws 618/05, StV 1986, 7; LG Kiel v. 25. 5. 2005 – XXI KLs 4/04, StraFo 2005, 417.
[19] BVerfG v. 3. 3. 1966 – 2 BvE 2/64, BVerfGE 20, 9 (14) = NJW 1966, 923; BVerfG v. 25. 1. 1972 – 2 BvA 1/69, BVerfGE 32, 288 (290) = DÖV 1972, 312; BGH v. 10. 11. 1967 – 4 StR 512/66, BGHSt 21, 334 (341) = NJW 1968, 710 (711); BGH v. 27. 4. 1972 – 4 StR 149/72, BGHSt 24, 336 (338) = NJW 1972, 1288 (1289); RG v. 8. 12. 1930 – II 827/30, RGSt 65, 40 (43); OLG Celle v. 29. 8. 1989 – 1 Ss 174/89, NJW 1990, 1308 (1308 f.); OLG Koblenz v. 7. 10. 1985 – 2 Ws 618/05, StV 1986, 7.
[20] BGH v. 6. 9. 1968 – 4 StR 339/68, NJW 1968, 2297 (2298); OLG Düsseldorf v. 25. 8. 1983 – 5 Ss 358/82–325/82 I, VRS 66, 27 (28); OLG Köln v. 25. 10. 1991 – Ss 477/91, NStZ 1992, 142.
[21] BGH v. 27. 1. 1955 – 3 StR 591/54, BGH bei *Dallinger* MDR 1955, 270; LG Verden v. 4. 3. 2010 – 2 KLs 13/09, StV 2010, 234 (235); *Münchhalffen* StraFo 2007, 91 (92); die subjektive Besorgnis betonend hingegen *Dahs* Revision Rn. 166.
[22] BVerfG v. 3. 3. 1966 – 2 BvE 2/64, BVerfGE 20, 9 (14) = NJW 1966, 923; BGH v. 27. 4. 1972 – 4 StR 149/72, BGHSt 24, 336 (338) = NJW 1972, 1288 (1289); BGH v. 15. 12. 2005 – 1 StR 411/05, NJW 2006, 708 (709); BayObLG v. 12. 5. 1977 – 1 Z 29/77, DRiZ 1977, 244 (245); OLG Düsseldorf v. 20. 10. 2009 – III-2 Ss 107/09 – 69/09 III, NStZ-RR 2010, 114; OLG Hamm v. 3. 3. 1967 – 2 Ss 1569/66, NJW 1967, 1577; OLG Karlsruhe v. 19. 4. 1995 – 3 Ws 72/95, NJW 1995, 2503; OLG Koblenz v. 13. 6. 1977 – 1 Ss 289/77, VRS 54, 132 (133); LG Bremen v. 25. 11. 1987 – 43 (42) KLs 70 Js 16/79, StV 1988, 12; *Krekeler* NJW 1981, 1633 (1634); ders. AnwBl. 1981, 326 (327); *Wassermann*, NJW 1963, 429 (430).
[23] BVerfG v. 25. 1. 1972 – 2 BvA 1/69, BVerfGE 32, 288 (290) = DÖV 1972, 312; BGH v. 20. 11. 1951 – 1 StR 300/51, BGHSt 2, 4 (11) = NJW 1951, 271 (272); KG v. 10. 7. 2008 – (3) 1 Ss 354/07 (123/07), NJW 2009, 96 (97); BayObLG v. 12. 5. 1977 – 1 Z 29/77, DRiZ 1977, 244 (245); OLG Karlsruhe v. 19. 4. 1995 – 3 Ws 72/95, NJW 1995, 2503; *Krekeler* NJW 1981, 1633 (1634); ders. AnwBl. 1981, 326 (327).
[24] *Krekeler* NJW 1981, 1633 (1634); ders. AnwBl. 1981, 326 (327); *Meyer-Goßner* Rn. 6.
[25] BGH v. 10. 11. 1967 – 4 StR 512/66, BGHSt 21, 334 (341, 343) = NJW 1968, 710 (711); BGH v. 23. 1. 1991 – 3 StR 365/90, BGHSt 37, 298 (302) = NJW 1991, 1692 (1693); BGH v. 23. 11. 1995 – 1 StR 296/95, NJW 1996, 1355 (1357 f.), insoweit nicht abgedruckt in BGHSt 41, 348; OLG Karlsruhe v. 19. 4. 1995 – 3 Ws 72/95, NJW 1995, 2503; SK-StPO/*Rudolphi* Vor § 22 Rn. 5.
[26] BGH v. 23. 11. 1995 – 1 StR 296/95, NJW 1996, 1355 (1358), insoweit nicht abgedruckt in BGHSt 41, 348; BGH v. 12. 2. 1998 – 1 StR 588/97, NJW 1998, 2458 (2459), insoweit nicht abgedruckt in BGHSt 44, 26; KMR/*Bockemühl* Rn. 6; *Pfeiffer* Rn. 1; *Schorn* GA 1963, 161 (161 f.).
[27] BVerfG v. 9. 6. 1971 – 2 BvR 225/69, BVerfGE 31, 145 (165); BGH v. 13. 3. 1997 – 1 StR 793/96, BGHSt 43, 16 (18 f.) = NJW 1998, 550; HK-StPO/*Temming* Rn. 10; KK-StPO/*Fischer* Rn. 4; *Meyer-Goßner* Rn. 8.
[28] BayObLG v. 26. 3. 1974 – BReg. 1 Z 5/74, BayObLGZ 1974, 131 (137); Anw-StPO/*Werner* Rn. 2; KK-StPO/*Fischer* Rn. 4; KMR/*Bockemühl* Rn. 6; aA BGH v. 10. 11. 1967 – 4 StR 512/66, BGHSt 21, 334 (352).

sorgnis der Befangenheit kann jedoch durch eine dienstliche Äußerung des betroffenen Richters nach § 26 Abs. 3 ausgeräumt werden.[29]

b) Fallgruppen möglicher Befangenheitsgründe. Da § 24 – anders als die §§ 22, 23 mit ihren enumerativ aufgezählten und abschließenden Ausschließungsgründen – lediglich eine **Generalklausel** enthält, lassen sich in der Praxis verschiedene Fallgruppen unterscheiden, innerhalb derer das Vorliegen einer Besorgnis der Befangenheit zu prüfen ist.

aa) Eigenes Verhalten des Ablehnungsberechtigten. Das eigene Verhalten eines Ablehnungsberechtigten kann **grundsätzlich nicht** zu einem Ablehnungsgrund führen, da es ansonsten der Ablehnende in der Hand hätte, Richter nach eigenem Belieben zu sperren und sich – aus Sicht des Beschuldigten – einem nicht gewünschten Richter zu entziehen.[30] Dementsprechend rechtfertigt die Erstattung einer **Strafanzeige** (beispielsweise wegen Rechtsbeugung),[31] die Erhebung einer **Dienstaufsichtsbeschwerde** oder die Beantragung eines **Disziplinarverfahrens** gegen den Richter[32] keine Ablehnung. Gleiches gilt für beleidigendes oder provozierendes Verhalten des Angeklagten oder seines Verteidigers, mit dem sich der Richter nicht einfach abfindet,[33] sondern das er uU sogar zum Anlass für eine Strafanzeige (beispielsweise wegen Beleidigung oder Verleumdung) nimmt.[34]

Einschränkend ist jedoch stets zu beachten, ob das Verhalten des Ablehnenden in der konkreten Situation verständig ist.[35] Ist dies zu bejahen, kann nämlich der (in der Person des Richters liegende) Grund für das jeweilige Verhalten des Ablehnungsberechtigten sehr wohl eine Ablehnung rechtfertigen. Ebenso kann eine Reaktion des Richters auf das Verhalten des Ablehnungsberechtigten besorgen lassen, dass der Richter auch bei erheblichem Bemühen nicht mehr die ihm obliegende berufliche Distanz aufbringen kann.[36]

bb) Verhalten Dritter. Das Verhalten Dritter stellt **regelmäßig** ebenfalls **keinen Befangenheitsgrund** dar.[37] Daher führt eine besonders intensive **Medienberichterstattung** (und ggf. „mediale Vorverurteilung" des Beschuldigten) grundsätzlich nicht zu einer Befangenheit der (auch: Schöffen-)Richter.[38] **Gleichwohl** kann Besorgnis der Befangenheit eintreten, wenn der Richter infolge der Berichterstattung ein befangenes Verhalten zeigt.[39] Dieses kann ebenso – und auch schon vor Zugehörigkeit zum entscheidenden Spruchkörper – in einem persönlich motivierten oder unüberlegten Umgang mit der Presse liegen, wenn sich hierin zugleich eine Voreingenommenheit des Richters äußert.[40]

cc) Ablehnung wegen persönlicher Verhältnisse sowie persönlicher oder dienstlicher Beziehungen des Richters. Regelmäßig stellen **persönliche Verhältnisse** des Richters (Religionszugehörigkeit[41] bzw. Weltanschauung, Geschlecht, Familienstand, landsmannschaftliche Herkunft, Mitgliedschaft bzw. Betätigung in einer Partei[42] oder Gewerkschaft[43]) **keinen Ablehnungsgrund** dar. Anders verhält es sich hingegen aus Sicht eines Angeklagten ausländischer Herkunft beim Verdacht dezidierter Ausländerfeindlichkeit des Richters.[44] Auch können Äußerun-

---

[29] BGH v. 9. 7. 1953 – 5 StR 282/53, BGHSt 4, 264 (269 f.) = NJW 1953, 1358 (1359); BGH v. 5. 4. 1973 – 2 StR 427/70, BGH bei *Dallinger* MDR 1974, 367.
[30] BGH v. 7. 10. 1952 – 1 StR 94/52, NJW 1952, 1425; BGH v. 5. 5. 1954 – 6 StR 17/54, MDR 1954, 628; RG v. 29. 6. 1920 – IV 427/20, RGSt 55, 56 (57); OLG München v. 27. 10. 1970 – 1 U 1212/70, NJW 1971, 384 (385); *Burhoff* ZAP-Fach 22, 117 (119); *Dahs* Rn. 202; *Krey* JA 1984, 573 (574); *Rabe* AnwBl. 1981, 331 (333).
[31] BVerfG v. 24. 4. 1996 – 2 BvR 1639/94, NJW 1996, 2022; BGH v. 19.1.192 – 3 StR 41/61, NJW 1962, 748 (749); KG v. 27. 10. 1961 – I Ws 399/61, JR 1962, 113 (114); OLG Hamm v. 8. 7. 2004 – 3 Ss 245/04.
[32] BGH v. 7. 10. 1952 – 1 StR 94/52, NJW 1952, 1425; *Burhoff* ZAP-Fach 22, 117 (119); *Michel* MDR 1993, 1146 (1147).
[33] *Rabe* NJW 1976, 172 (173 f.); *ders.* AnwBl. 1981, 331 (333).
[34] OLG München v. 27. 10. 1970 – 1 U 1212/70, NJW 1971, 384 (385); aA (in jenem Einzelfall) BGH v. 14. 2. 1992 – 2 StR 254/91, NStZ 1992, 290 (291), mit abl. Anm. *Krehl* NStZ 1992, 598 (598 f.).
[35] KMR/*Bockemühl* Rn. 11; Löwe/Rosenberg/*Siolek* Rn. 37; SK-StPO/*Rudolphi* Rn. 13.
[36] KK-StPO/*Fischer* Rn. 6.
[37] KK-StPO/*Fischer* Rn. 3.
[38] BGH v. 18. 12. 1968 – 2 StR 322/68, BGHSt 22, 289 (294 f.) = NJW 1969, 703 (704); KK-StPO/*Fischer* Rn. 3; KMR/*Bockemühl* Rn. 10.
[39] *Dahs* Revision Rn. 167; KK-StPO/*Fischer* Rn. 3.
[40] Vgl. EGMR v. 15. 12. 2005 – 73797/01, NJW 2006, 2901 (2903, Rz. 120); großzügiger zugunsten des Richters BGH v. 9. 8. 2006 – 1 StR 50/06, NJW 2006, 3290 (3295, Rz. 51); *Meyer-Goßner* Rn. 11 b.
[41] RG v. 11. 3. 1930 – 1 D 145/30, JW 1930, 2560.
[42] BVerfG v. 22. 2. 1960 – 2 BvR 36/60, BVerfGE 11, 1 (3) = MDR 1961, 26 (27); BVerfG v. 2. 12. 1992 – 2 BvF 2/90, 2 BvF 4/92, 2 BvF 5/92, BVerfGE 87, 1/1993, 2230; BGH v. 19. 1. 1962 – 3 StR 41/61, NJW 1962, 748 (749); BGH v. 19. 5. 1992 – 1 StR 173/92, BGHR StPO § 24 Abs. 2 Schöffe 1; OLG Frankfurt/M v. 17. 1. 1986 – 2 Ss 124/83, NJW 1986, 1272 (1273); OLG Koblenz v. 14. 3. 1969 – 4 W 69/69, NJW 1969, 1177; *Wassermann* NJW 1963, 429 (430 f.).
[43] *Günther* NJW 1986, 281 (284); HK-StPO/*Temming* Rn. 13; Löwe/Rosenberg/*Siolek* Rn. 24.
[44] BGH v. 2. 3. 2004 – 1 StR 574/03, NStZ-RR 2004, 208 (210); OLG Karlsruhe v. 19. 4. 1995 – 3 Ws 72/95, NJW 1995, 2503 (2503 f.); LG Bremen v. 8. 1. 1993 – 26 Ns 98 Js 1847/92, StV 1993, 69; *Meyer-Goßner* Rn. 9.

gen in wissenschaftlichen Fachpublikationen eine Besorgnis der Befangenheit begründen,[45] wobei die Äußerung einer Rechtsmeinung in einer Gesetzeskommentierung für sich alleine nicht genügt.[46]

13 Besorgnis einer Befangenheit kann des Weiteren in den Fällen, die den Ausschließungsgründen des § 22 ähnlich gelagert sind (zB weitere **persönliche Beziehungen** zu dem **Verletzten** oder **Beschuldigten**, aber auch zu **Zeugen**[47]), bestehen.[48] Hierbei kann ein Verlöbnis,[49] eine Liebesbeziehung,[50] eine enge Freundschaft,[51] Verwandtschaft und Schwägerschaft außerhalb von § 22 Nr. 3,[52] Pflegschaft[53] oder eine Mitgliedschaft in derselben studentischen Korporation[54] bzw. – bei enger Beziehung – demselben Verein (Sportverein, Hobbyverein, Traditionsverein, musischer Verein etc.) oder Serviceclub (Rotary, Lions, Kiwanis, Round Table etc.) ebenso wie eine (insbesondere unabhängig vom konkreten Strafverfahren bestehende intensive) Feindschaft[55] oder eine **mittelbare eigene Schädigung** durch die Tat[56] genügen. Gleiches gilt, wenn eine derartige Beziehung zu einer dem Beschuldigten etc. nahe stehenden Person besteht und deshalb eine fehlende Unvoreingenommenheit zu besorgen ist. Es müssen Berührungspunkte bestehen, die aus einem besonderen Näheverhältnis und nicht nur aus den Zufälligkeiten des menschlichen Zusammenlebens resultieren. Im aktuellen Verfahren entstandene Spannungen zwischen Richter und **Verteidiger** sind im Allgemeinen hingegen nicht geeignet, eine Besorgnis der Befangenheit zu begründen.[57] Ausnahmen bestehen, wenn die Spannungen durch Handlungen des Richters, die Verfahrensrechte des Angeklagten verletzten, ausgelöst wurden[58] oder aber die Kontroverse von dem Richter mit außerordentlicher Schärfe geführt wird.[59] Daneben können schwerwiegende und außerhalb des konkreten Verfahrens begründete Spannungen zwischen Richter und Verteidiger (bzw. anwaltlichem Vertreter anderer Ablehnungsberechtigter) eine Ablehnung dann rechtfertigen, wenn die Spannungen bei verständiger Würdigung geeignet sind, Zweifel an der Unparteilichkeit des Richters auch (!) gegenüber dem Beschuldigten (bzw. anderen Ablehnungsberechtigten) zu wecken.[60] Bestehen Spannungen zwischen Richter und einem **Sachverständigen**, sind für eine begründete Ablehnung tatsächliche Anhaltspunkte dafür erforderlich, dass die Spannungen sich auf die richterliche Bewertung der Gutachtensergebnisse auswirken könnten und der Richter nicht mehr unparteiisch urteilt.[61]

14 **Dienstliche Beziehungen** lassen – mit Ausnahme von besonders engen, auf die persönlichen Beziehungen ausstrahlenden Verhältnissen[62] zum Angeklagten, Verletzten, Zeugen etc. (oder auch zu einer ihm nahe stehenden Person), auch bei Tätigwerden als Richterkollegen in demselben

---

[45] BVerfG v. 19. 8. 1996 – 2 BvR 115/95, NJW 1996, 3333 (3334); *Meyer-Goßner* Rn. 11 a.
[46] BSG v. 1. 3. 1993 – 12 RK 45/92, NJW 1993, 2261 (2262); *Meyer-Goßner* Rn. 11 a.
[47] *Meyer-Goßner* Rn. 11.
[48] SK-StPO/*Rudolphi* Vor § 22 Rn. 29, § 22 Rn. 4.
[49] *Joecks* § 23 Rn. 5; HK-GS/*Bosbach* § 23 Rn. 4; HK-StPO/*Temming* Rn. 14, § 23 Rn. 8; KK-StPO/*Fischer* § 23 Rn. 7; KMR/*Bockemühl* § 22 Rn. 5; *Krey* JA 1984, 573; Löwe/Rosenberg/*Siolek* Rn. 32, § 23 Rn. 10.
[50] KMR/*Bockemühl* Rn. 15.
[51] BGH v. 4. 7. 1957 – IV ARZ 5/57, FamRZ 1957, 314; LG Bonn v. 1. 10. 1965 – 4 T 460/65, NJW 1966, 160; *Arzt*, Der befangene Strafrichter, S. 48 ff.; vgl. auch BGH v. 29. 6. 2009 – I ZR 168/06, mit abl. Anm. *Schneider* ZAP 2009, 1075.
[52] KMR/*Bockemühl* Rn. 15; *Krekeler* NJW 1981, 1633 (1637); *ders.* AnwBl. 1981, 326 (330).
[53] SK-StPO/*Rudolphi* Rn. 10.
[54] *Teplitzky* NJW 1962, 2044 (2045); *ders.* JuS 1969, 318 (320).
[55] OLG Augsburg v. 4. 11. 1922 – BRN 177/22, JW 1923, 839; *Dahs* Rn. 200; HK-StPO/*Temming* Rn. 14; KMR/*Bockemühl* Rn. 16; *Krey* JA 1984, 573; Löwe/Rosenberg/*Siolek* Rn. 33; *Meyer-Goßner* Rn. 11; SK-StPO/*Rudolphi* Rn. 12; *Zwiehoff* 2006, 415.
[56] KMR/*Bockemühl* Rn. 14; *Krekeler* NJW 1981, 1633 (1637); *ders.* AnwBl. 1981, 326 (330); SK-StPO/*Rudolphi* Rn. 8, Vor § 22 Rn. 29, § 22 Rn. 4.
[57] BGH v. 12. 2. 1998 – 1 StR 588/97, NJW 1998, 2458 (2459), insoweit nicht abgedruckt in BGHSt 44, 26; BGH v. 9. 11. 2004 – 5 StR 380/04, NStZ 2005, 218; BayObLG v. 21. 11. 1974 – 1 Z 102/74, NJW 1975, 699; dazu krit. *Zwiehoff* JR 2006, 415 (416).
[58] BGH v. 5. 4. 1995 – 5 StR 681/94, StV 1995, 396 (397).
[59] BGH v. 4. 3. 1993 – 1 StR 895/92, StV 1993, 339; OLG Braunschweig v. 22. 1. 1997 – Ws 5/97, StraFo 1997, 76; OLG Hamm v. 7. 10. 2004 – 2 Ss 345/04, NStZ-RR 2005, 15 (16); KK-StPO/*Fischer* Rn. 7.
[60] BGH v. 12. 2. 1998 – 1 StR 588/97, NJW 1998, 2458 (2459), insoweit nicht abgedruckt in BGHSt 44, 26; BGH v. 9. 11. 2004 – 5 StR 380/04, NStZ 2005, 218 (218 f.); BayObLG v. 21. 11. 1974 – 1 Z 102/74, NJW 1975, 699; OLG Braunschweig v. 22. 1. 1997 – Ws 5/97, StraFo 1997, 76; OLG Hamm v. 7. 10. 2004 – 2 Ss 345/04, NStZ-RR 2005, 15; KK-StPO/*Fischer* Rn. 7; Löwe/Rosenberg/*Siolek* Rn. 33; *Zwiehoff* JR 2006, 415 (416); wohl weitgehend *Latz*, FS Richter II, 2006, S. 357 (358 ff.).
[61] BGH v. 12. 2. 1998 – 1 StR 588/97, NJW 1998, 2458 (2460), insoweit nicht abgedruckt in BGHSt 44, 26; KK-StPO/*Fischer* Rn. 7; *Pfeiffer* Rn. 2.
[62] BGH v. 13. 3. 1997 – 1 StR 793/96, BGHSt 43, 16 (19 f.) = NJW 1998, 550 (550 f.); BGH v. 4. 7. 1957 – IV ARZ 5/57, FamRZ 1957, 314; OLG Düsseldorf v. 20. 10. 2009 – III-2 Ss 107/09 – 69/09 III, NStZ-RR 2010, 114 (114 f.); OLG Stuttgart v. 14. 8. 1961 – 1 Ss 559/61, MDR 1961, 1035; OLG Zweibrücken v. 11. 4. 1968 – Ws 27/68, NJW 1968, 1439 (1440); LG Osnabrück v. 25. 10. 1979 – 12 AR 16/79, NdsRpfl 1980, 17; *Krekeler* NJW 1981, 1633 (1637); *ders.* AnwBl. 1981, 326 (330); *Schorn* GA 1963, 161 (165).

Dritter Abschnitt. Ausschließung und Ablehnung der Gerichtspersonen 15, 16 § 24

Spruchkörper[63] – hingegen eine Voreingenommenheit ebenso wenig besorgen wie dienstliche Kontakte des Richters zu einem angeklagten Rechtsanwalt.[64]

dd) Ablehnung wegen Vortätigkeit des Richters. Grundsätzlich ist die Mitwirkung an früheren Entscheidungen – Vor- und Zwischenentscheidungen im anhängigen Verfahren oder Mitwirkung an anderen Verfahren – **allein kein Ablehnungsgrund**, da ein verständiger Angeklagter davon ausgehen kann und muss, dass sich der Richter durch die Vortätigkeit nicht für künftige Verfahren festgelegt hat.[65] Eine Besorgnis der Befangenheit kann **jedoch bei Vorliegen besonderer Umstände** in Betracht kommen.[66] Hierfür genügt im Regelfall noch nicht, dass die Zwischenentscheidung auf einem Verfahrensfehler,[67] einem tatsächlichen Irrtum[68] oder einer unrichtigen Rechtsansicht[69] beruht. Eine Ablehnung ist jedoch berechtigt, wenn die Entscheidung völlig abwegig ist,[70] den Anschein der Willkür erweckt[71] oder aber objektiv durch das Bundesverfassungsgericht eine willkürliche Verfahrensweise festgestellt wurde.[72] Daneben liegt Besorgnis der Befangenheit nahe, wenn der Richter sich – beispielsweise im Rahmen einer Haftprüfung – einen sehr hohen Grad der Überzeugung hinsichtlich der Schuldfrage verschaffen musste.[73]

Eine Mitwirkung an **Vor- und Zwischenentscheidungen im anhängigen Verfahren** rechtfertigt 16 für sich (auch in Bezug auf geäußerte Rechtsansichten) keine Ablehnung wegen Besorgnis der Befangenheit,[74] selbst wenn in jenen Entscheidungen aus prozessual veranlassten Gründen die Überzeugung von der Schuld des Angeklagten zum Ausdruck kommt.[75] Anders stellt sich die Situation dar, wenn besondere Umstände in Form oder Inhalt der Begründung hinzutreten.[76] Die Mitwirkung eines Richters am Eröffnungsbeschluss,[77] die Anordnung der Klageerhebung nach § 175 S. 1 durch den Strafsenat[78] und die Anordnung von Untersuchungshaft[79] führen daher für sich nicht zu einer begründeten Ablehnung. Hingegen kann bei Nähe zu den gesetzlich geregelten Ausschließungsgründen des § 23 durchaus Besorgnis der Befangenheit bestehen.[80] Von § 23 Abs. 1 ist nicht diejenige Konstellation erfasst, bei der ein Richter nach Aufhebung durch das Revisionsgericht oder Bundesverfassungsgericht und **Zurückverweisung** erneut an einer Entscheidung in der zurückverwiesenen Sache mitwirkt.[81] In diesem Zusammenhang ist zwar nicht generell davon auszugehen, dass es einem Richter, der in der Sache schon einmal aufgrund einer Hauptverhandlung ein Urteil gefällt hat, nahezu unmöglich sein wird, sich in einer erneuten

---

[63] OLG Düsseldorf v. 20. 10. 2009 – III-2 Ss 107/09 – 69/09 III, NStZ-RR 2010, 114; vgl. auch OVG Mecklenburg-Vorpommern v. 18. 1. 2001 – 2 M 4/01, DVBl. 2001, 938 (Ls.); OLG Hamm v. 29. 6. 1977 – 1 W 43/77, MDR 1978, 583; VG Freiburg v. 5. 11. 1993 – 7 K 1902/93, VBlBW 1994, 37.
[64] OLG Frankfurt/M v. 26. 2. 1981 – 3 ARs 27/80, NStZ 1981, 233 (234).
[65] BGH v. 10. 11. 1967 – 4 StR 512/66, BGHSt 21, 334 (341) = NJW 1968, 710 (711); BGH v. 10. 8. 2005 – 5 StR 180/05, BGHSt 50, 216 (221) = NJW 2005, 3436 (3437); RG v. 8. 12. 1930 – II 827/30, RGSt 65, 40 (43); OLG Düsseldorf v. 19. 8. 1996 – 1 Ws 723/96, NStZ-RR 1997, 175; *Meyer-Goßner* Rn. 12.
[66] BGH v. 10. 11. 1967 – 4 StR 512/66, BGHSt 21, 334 (341) = NJW 1968, 710 (711); BGH v. 27. 4. 1972 – 4 StR 149/72, BGHSt 24, 336 (338) = NJW 1972, 1288.
[67] BGH v. 19. 1. 1962 – 3 StR 41/61, BGHSt 17, 128 (129); BGH v. 11. 12. 1997 – 4 StR 323/97, StV 1998, 416, mit abl. Anm. *Park*; BayObLG v. 24. 9. 2001 – 5 St RR 248/2001, wistra 2002, 196 (197); OLG Jena v. 6. 4. 2006 – 1 Ws 103/06, NJW 2006, 3794 (3795); OLG Koblenz v. 25. 5. 1982 – 1 Ws 183/82, NStZ 1983, 470; *Giessler* NJW 1973, 981 (982); *Teplitzky* JuS 1969, 318 (323).
[68] BGH v. 16. 6. 1971 – 4 StR 450/70, VRS 41, 203 (205); BGH v. 8. 9. 1998 – 1 StR 352/98, BGH bei *Kusch* NStZ-RR 1999, 257; OLG Düsseldorf v. 19. 8. 1996 – 1 Ws 723/96, NStZ-RR 1997, 175 (176); *Burhoff* ZAP-Fach 22, 117 (120); *Löwe/Rosenberg/Siolek* Rn. 39.
[69] BGH v. 10. 9. 2002 – 1 StR 169/02, BGHSt 48, 4 (10 f.) = NJW 2002, 3484 (3485); BGH v. 1. 7. 1998 – 1 StR 220/98, BGH bei *Kusch*, NStZ-RR 1999, 257; OLG Köln v. 5. 11. 1971 – 9 W 56/71, NJW 1972, 953.
[70] BGH v. 9. 12. 1983 – 2 StR 452/83, NJW 1984, 1907 (1909); OLG Koblenz v. 7. 4. 1977 – 2 Ws 145/77, GA 1977, 314 (315); *Meyer-Goßner* Rn. 14; aA HansOLG Bremen v. 22. 11. 1976 – Ws 224/76, AnwBl. 1977, 73 (75).
[71] BGH v. 22. 4. 2005 – 2 StR 46/05; BayObLG v. 24. 9. 2001 – 5 St RR 248/2001, wistra 2002, 196 (197); KG v. 26. 4. 2005 – 1 AR 286/05 – 5 Ws 125/05; *Buckow* StraFo 2008, 379 (380); KK-StPO/*Fischer* Rn. 19.
[72] LG Hamburg v. 14. 7. 2004 – 620 KLs 5/04, StV 2004, 590.
[73] Vgl. hierzu EGMR v. 24. 5. 1989 – 11/1987/134/188, ÖJZ 1990, 188 (190); EGMR v. 22. 2. 1996 – 59/1994/506/588, ÖJZ 1996, 430 (431); aA wohl HK-StPO/*Temming* Rn. 18 mit Verweis auf „sachliche[...], also gesetzlich zulässige[...] Gründe" für die Festlegung.
[74] BGH v. 15. 7. 1960 – 4 StR 542/59, BGHSt 15, 40 (46 f.) = NJW 1960, 2106 (2108 f.); BGH v. 14. 2. 1985 – 4 StR 731/84, BGH bei *Pfeiffer/Miebach* NStZ 1985, 492.
[75] BGH v. 16. 6. 1971 – 4 StR 450/70, VRS 41, 203 (205); BGH v. 14. 3. 1990 – 3 StR 109/89, BGH bei *Miebach/Kusch* NStZ 1991, 27; *Meyer-Goßner* Rn. 14; aA BGH v. 20. 11. 1961 – 2 StR 472/61, GA 1962, 282 (282 f.) bei unsicherer Beweislage; KK-StPO/*Fischer* Rn. 13; *Meyer-Mews* StraFo 2000, 369 (370).
[76] BGH v. 14. 2. 1985 – 4 StR 731/84, BGH bei *Pfeiffer/Miebach* NStZ 1985, 492.
[77] BVerfG v. 26. 1. 1971 – 2 BvR 443/69, BVerfGE 30, 149 (156) = NJW 1971, 1029 (1030); BGH v. 10. 11. 1967 – 4 StR 512/66, BGHSt 21, 334 (341); *Löwe/Rosenberg/Siolek* Rn. 47; *Meyer-Goßner* Rn. 14.
[78] Vgl. BGH v. 19. 7. 1960 – 5 StR 222/60, GA 1961, 115; einschränkend *Löwe/Rosenberg/Siolek* Rn. 47 f.; aA *Arzt*, Der befangene Strafrichter, S. 75 f.
[79] BGH v. 20. 11. 1961 – 2 StR 472/61, GA 1962, 282 (282 f.); SK-StPO/*Rudolphi* Rn. 19.
[80] *Löwe/Rosenberg/Siolek* § 23 Rn. 3.
[81] BGH v. 11. 4. 2007 – 5 StR 475/02, wistra 2007, 426; vgl. auch § 23 Rn. 2.

Hauptverhandlung von den früheren Eindrücken völlig frei zu machen und das Urteil allein aufgrund der in der zweiten Hauptverhandlung gewonnenen Eindrücke zu fällen.[82] Eine Besorgnis der Befangenheit kommt allerdings in Betracht, wenn **besondere Umstände** – abträgliche Werturteile in den Gründen der aufgehobenen Entscheidung über die Person des Angeklagten oder sein Verhalten,[83] Ausführungen über eine starke Überzeugung von der Schuld des Angeklagten[84] oder eine infolge einer umfangreichen Beweisaufnahme „außergewöhnlich lange Dauer" der vorangegangenen Hauptverhandlung[85] – zu der Mitwirkung an der aufgehobenen Entscheidung hinzukommen. Vergleichbar ist die Besorgnis der Befangenheit im Hinblick auf den in die Tatsacheninstanz zurückgekehrten Rechtsmittelrichter[86] sowie denjenigen Richter, der an einem die Wiederaufnahme ablehnenden (und auf Beschwerde aufgehobenen) Beschluss mitgewirkt hat und nunmehr in der neuen Hauptverhandlung nach § 373 mitwirken soll,[87] zu beurteilen.

17 Dementsprechend ist eine **Ablehnung** wegen Besorgnis der Befangenheit beispielsweise regelmäßig **begründet**, wenn die Bestellung des Pflichtverteidigers ohne wichtigen Grund widerrufen wurde,[88] der Wunsch des Angeklagten, von einem Anwalt seines Vertrauens verteidigt zu werden, nicht berücksichtigt wurde,[89] ein Terminsverlegungsantrag grundlos abgelehnt wurde,[90] ein Beweisantrag mit abweger Begründung als verspätet abgelehnt wurde,[91] rechtliches Gehör nicht gewährt wurde,[92] Akteneinsicht absolut unberechtigterweise versagt wurde,[93] Richter unzureichende Aktenkenntnis haben[94] oder sich weigern, Kenntnis von Beiakten zu nehmen,[95] eine Haftsache ohne nachvollziehbaren Grund nicht terminiert wird[96] oder der Richter über ein Befangenheitsgesuch entscheidet, mit dem – berechtigt – geltend gemacht wird, dass der jetzt abgelehnte Richter ein bereits zuvor gegen ihn (den jetzt zur Entscheidung berufenen Richter) gerichtetes Befangenheitsgesuch fehlerhaft abgelehnt hat.[97]

18 Da das Oberlandesgericht im **Verfahren nach §§ 121, 122** nicht auf Beschwerde, sondern von Amts wegen entscheidet, liegt kein Ausschließungsgrund nach § 23 Abs. 1 vor. Vielmehr wird ein Richter, der den Haftbefehl erlassen hat und nach seinem Wechsel an das Oberlandesgericht nunmehr für die Haftprüfung gem. §§ 121, 122 zuständig ist, nach § 30 zu verfahren haben.[98] Allein die Mitwirkung eines Richters an einer **Entscheidung über die Beschwerde gegen einen Haftbefehl** führt hingegen nicht zur Begründetheit eines Ablehnungsgesuchs,[99] jedoch liegt – da sich der Richter einen sehr hohen Grad der Überzeugung hinsichtlich der Schuldfrage verschaffen muss – Besorgnis der Befangenheit zumindest nahe.

19 Allein eine **Mitwirkung an anderen Verfahren**, wie zB bei einem früheren Straf- oder Zivilverfahren, in dem Vorgänge aus dem anhängigen Verfahren eine Rolle spielten oder das sonst in einem Zusammenhang zum anhängigen Verfahren steht,[100] bei einer früheren Verurteilung des

---

[82] So aber *Arzt* Anm. zu BGH v. 27. 4. 1972 – 4 StR 149/72, JZ 1973, 33 (34 f.); *Dahs* NJW 1966, 1691 (1694 ff.); *Hanack* JZ 1971, 89 (91); *ders.* JZ 1973, 777 (779); KMR/*Bockemühl* Rn. 23; *Rieß* GA 1978, 257 (275 f.); *ders.* Anm. zu OLG Celle v. 8. 5. 1979 – 1 Ss 109/79, JR 1980, 385 (388); SK-StPO/*Rudolphi* Rn. 20, § 23 Rn. 18.
[83] BGH v. 15. 5. 1997 – 1 StR 233/96, NJW 1997, 3034 (3036), insoweit nicht abgedruckt in BGHSt 43, 96; BGH v. 10. 8. 2005 – 5 StR 180/05, BGHSt 50, 216 (221 f.) = NJW 2005, 3436 (3438); HansOLG Bremen v. 3. 9. 1990 – Ws 108/90, NStZ 1991, 95 (96); LG Heilbronn v. 3. 12. 1986 – 3 KLs 32/86, StV 1987, 333; LG Köln v. 14. 2. 1992 – 151 – 6/92, MDR 1992, 892 (892 f.). Vgl. auch BGH v. 9. 8. 2000 – 3 StR 504/99, StV 2002, 116.
[84] EGMR v. 7. 8. 1996 – 48/1995/554/640, ÖJZ 1997, 151 (153).
[85] OLG Stuttgart v. 25. 9. 1985 – 5 (2) – I StE 5/81, StV 1985, 492 (493); LG Bremen v. 22. 7. 1986 – 43 KLs 70 Js 16/79, StV 1986, 470.
[86] Vgl. § 23 Rn. 3.
[87] Vgl. § 23 Rn. 8.
[88] BGH v. 31. 1. 1990 – 2 StR 449/89, NJW 1990, 1373 (1374); KG v. 2. 2. 2007 – (4) 1 Ss 332/06, StV 2008, 68 (69), mit zust. Anm. *Dallmeyer*.
[89] BayObLG v. 1. 12. 1987 – RReg 4 St 253/87, StV 1988, 97 (97 f.); aA hinsichtlich einer unterbliebenen Anhörung nach § 142 Abs. 1 S. 2: BGH v. 11. 12. 1997 – 4 StR 323/97, StV 1998, 416, mit abl. Anm. *Park*.
[90] OLG Bamberg v. 10. 10. 2005 – 2 Ss OWi 269/05, NJW 2006, 2341 (2342); OLG Naumburg v. 2. 6. 2004 – 1 Ss (B) 174/04, StraFo 2005, 24 (25).
[91] OLG Köln v. 19. 10. 1990 – Ss 490/90 (Z), StV 1991, 292.
[92] LG Berlin v. 6. 7. 1992 – (508) 69 Js 48/92 KLs (33/92), StV 1993, 8 (9); LG Hildesheim v. 13. 10. 1986 – 20 a Qs 20/86, StV 1987, 12; LG Hildesheim v. 13. 10. 1986 – 20 a Qs 13/86, StV 1987, 12 (13).
[93] LG Köln v. 4. 9. 1985 – 117-7/84, StV 1987, 381 (382).
[94] LG Hanau v. 10. 9. 2003 – 1200 Js 18 044/2002 – Kls, NStZ 2004, 398; Anw-StPO/*Werner* Rn. 11.
[95] LG Hanau v. 10. 9. 2003 – 1200 Js 18 044/2002 – Kls, NStZ 2004, 398.
[96] OLG Karlsruhe v. 28. 7. 2005 – 2 Ss 83/05, StV 2005, 539 (540 f.).
[97] So im Grundsatz BVerfG v. 20. 2. 1995 – 2 BvR 1406/94, NJW 1995, 2914; BGH v. 3. 12. 1991 – 1 StR 120/90, NJW 1992, 763, insoweit nicht abgedruckt in BGHSt 38, 144; BGH v. 19. 5. 1994 – 1 StR 132/94, NStZ 1994, 447 (448); KK-StPO/*Fischer* Rn. 10.
[98] HansOLG Bremen v. 9. 8. 1989 – BL 183 – 185/89, NStZ 1990, 96 (96 f.); KMR/*Bockemühl* § 23 Rn. 4; Löwe/Rosenberg/*Siolek* § 23 Rn. 11; *Meyer-Goßner* Rn. 14.
[99] BGH v. 28. 10. 1986 – 1 StR 507/86, BGH bei *Pfeiffer/Miebach* NStZ 1987, 221.
[100] BVerfG v. 26. 1. 1971 – 2 BvR 443/69, BVerfGE 30, 149 (153 f.) = NJW 1971, 1029 (1030); BGH v. 10. 11. 1967 – 4 StR 512/66, BGHSt 21, 334 (341) = NJW 1968, 710 (711); BGH v. 10. 8. 2005 – 5 StR 180/05, BGHSt 50, 216 (221) = NJW 2005, 3436 (3437); OLG Düsseldorf v. 14. 6. 1982 – 1 Ws 205/82, NJW 1982, 2832.

Ablehnenden[101] (auch bei Teilnahme in der Rolle des Staatsanwalts[102]) oder bei der Verurteilung eines Tatbeteiligten wegen derselben Straftat in demselben oder in einem anderen Verfahren,[103] führt grundsätzlich ebenfalls nicht zu einer Besorgnis der Befangenheit.[104] Kommen jedoch besondere Umstände hinzu – zB das Verhalten des Richters im früheren Verfahren[105] oder die Gründe des früheren Urteils –,[106] so kann Besorgnis der Befangenheit begründet sein.

War der Richter Mitglied des Zivilgerichts in einem **Zivilrechtsstreit** zwischen jetzigem Angeklagten und Verletztem oder in einem Prozess, der denselben Sachverhalt wie das anhängige Strafverfahren betraf, so führt die bloße Tatsache einer derartigen richterlichen Vortätigkeit nicht zur Ausschließung.[107] Hingegen besteht – in Anlehnung an die Konstellation des § 22 Nr. 4 – regelmäßig Besorgnis der Befangenheit, wenn der Richter in einem früheren Zivilrechtsstreit den Gegner des Angeklagten **anwaltlich vertreten** hat.[108]

ee) Ablehnung wegen des Verhaltens des Richters vor oder während der Hauptverhandlung. Eine Ablehnung wegen Besorgnis der Befangenheit ist begründet, wenn das Verhalten des Richters im Zusammenhang mit der Hauptverhandlung befürchten lässt, dass der Richter sich mit der Angelegenheit **nicht unvoreingenommen** befasst und insbesondere – unter Verletzung der Unschuldsvermutung – von der Schuld des Angeklagten bereits endgültig überzeugt ist.[109]

Vor der Hauptverhandlung kommen hierbei – neben der Mitwirkung an Vor- und Zwischenentscheidungen[110] – insbesondere **Erklärungen** gegenüber dem Angeklagten (er sei bereits aufgrund der Strafliste „der Typus des gefährlichen Gewohnheitsverbrechers";[111] Beschuldigte suchten immer häufiger „ihre Zuflucht bei Hochschullehrern", deren Gutachten „ebenso teuer wie nutzlos" seien), gegenüber Dritten (auch schon vor der dienstlichen Befassung),[112] gegenüber der Presse (Darstellung der erhobenen Vorwürfe als feststehende Tatsachen[113]) und gegenüber dem Verteidiger[114] (die Einlassung des Angeklagten sei „schwachsinnig"[115]) in Betracht. Allein das Vertreten wissenschaftlicher oder rechtspolitischer Ansichten sowie die frühere Abgabe einer gutachtlichen Meinungsäußerung[116] stellen ebenso wenig wie das Äußern einer Rechtsansicht vor der Hauptverhandlung – auch in Lehre oder Schrifttum[117] – einen Ablehnungsgrund dar.[118] Die Grenze zur Besorgnis der Befangenheit ist hingegen erreicht, wenn die Annahme nahe liegt, dass der Richter sich in dieser Frage bereits endgültig festgelegt hat und den künftig zu entscheidenden Fall zur Umset-

---

[101] BGH v. 17. 12. 1954 – 5 StR 567/54, BGH bei *Dallinger* MDR 1955, 271; BGH v. 22. 4. 2005 – 2 StR 46/05, BGH bei *Becker* NStZ-RR 2007, 1.
[102] Vgl. BGH v. 27. 8. 1991 – 1 StR 438/91, NStZ 1991, 595.
[103] EGMR v. 10. 8. 2006 – 75737/01, NJW 2007, 3553 (3554); BGH v. 10. 11. 1967 – 4 StR 512/66, BGHSt 21, 334 (341) = NJW 1968, 710 (711); BGH v. 23. 11. 1995 – 1 StR 296/95, NJW 1996, 1355 (1358), insoweit nicht abgedruckt in BGHSt 41, 348; BGH v. 15. 5. 1997 – 1 StR 233/96, NJW 1997, 3034 (3036), insoweit nicht abgedruckt in BGHSt 43, 96; BGH v. 9. 3. 2000 – 4 StR 513/99, BGH bei *Kusch* NStZ-RR 2001, 129 (130); BGH v. 5. 2. 1986 – 2 StR 653/85, StV 1987, 1, mit krit. Anm. *de Boor*; BGH v. 9. 2. 1995 – 4 StR 662/94, BGHR StPO § 24 Abs. 2 Befangenheit 11; aA *Arzt*, Der befangene Strafrichter, S. 84 ff.; *Herzog* StV 1999, 455 (456 f.); KMR/*Bockemühl* Rn. 23; *Stange/Rilinger* StV 2005, 579 (579 f.); *Ziegler*, FS Mehle, 2009, S. 687 (694).
[104] AA SK-StPO/*Rudolphi* Rn. 20; *Teplitzky* NJW 1962, 2044.
[105] BGH v. 6. 9. 1963 – 4 StR 325/63, VRS 25, 423 (423 f.); LG Mainz v. 16. 11. 2006 – 3163 Js 2786/00 – 1 KLs, StV 2007, 125 (126).
[106] BGH v. 5. 9. 1967 – 5 StR 463/67, BGH bei *Dallinger* MDR 1968, 202; BGH v. 9. 3. 2000 – 4 StR 513/99, BGH bei *Kusch* NStZ-RR 2001, 129 (130); LG Bremen v. 8. 2. 1990 – 4 KLs 501 Js 6582/89, StV 1990, 203; LG Heilbronn v. 3. 12. 1986 – 3 KLs 32/86, StV 1987, 333; AG Bochum v. 15. 4. 2009 – 78 Ls 42 Js 89/08 – 57/09, 78 Ls 57/09; vgl. auch *Isfen* StV 2009, 611 (615).
[107] BGH v. 31. 1. 1978 – 5 StR 476/77, GA 1978, 243; BGH v. 7. 10. 1981 – 2 StR 331/81, BGH bei *Pfeiffer/Miebach* NStZ 1983, 208; KK-StPO/*Fischer* Rn. 10, § 23 Rn. 3.
[108] BGH v. 27. 6. 1972 – 5 StR 182/72, BGH bei *Dallinger* MDR 1972, 752; KK-StPO/*Fischer* Rn. 10; *Meyer-Goßner* Rn. 11.
[109] BVerfG v. 16. 6. 1973 – 2 BvQ 1/73, 2 BvF 1/73, BVerfGE 35, 246 (253 f.) = NJW 1973, 1268 (1269); BVerfG v. 28. 5. 1974 – 2 BvR 700/72, BVerfGE 37, 265 (268); BGH v. 10. 9. 2002 – 1 StR 169/02, BGHSt 48, 4 (8) = NJW 2002, 3484 (3484 f.); BGH v. 2. 3. 2004 – 1 StR 574/03, NStZ-RR 2004, 208 (209 f.); OLG Nürnberg v. 20. 11. 2007 – 2 St OLG Ss 133/07, NStZ-RR 2008, 114 (114 f.); *Meyer-Goßner* Rn. 15; vgl. auch die Kasuistik bei Löwe/Rosenberg/*Siolek* Rn. 53.
[110] Vgl. Rn. 16 ff.
[111] BGH v. 7. 2. 1961 – 1 StR 558/60, MDR 1961, 432.
[112] RG v. 30. 11. 1926 – I 662/26, RGSt 61, 67 (69).
[113] BGH v. 9. 7. 1953 – 5 StR 282/53, BGHSt 4, 264 (267 f.) = NJW 1953, 1358 (1359).
[114] BGH v. 5. 5. 1976 – 3 StR 47/76 (S), NJW 1976, 1462; BGH v. 7. 6. 1991 – 2 StR 146/91, StV 1991, 450; OLG Koblenz v. 13. 6. 1977 – 1 Ss 289/77, VRS 54, 132 (133 f.).
[115] LG Mainz v. 15. 4. 2004 – 3214 Js 22 893/03 – 1 Ks, StV 2004, 531.
[116] BVerfG v. 2. 10. 1951 – 2 BvG 1/51, BVerfGE 1, 66 (67, 69).
[117] OLG Köln v. 25. 11. 1970 – 6 U 133/89, NJW 1971, 569 (570); BSG v. 1. 3. 1993 – 12 RK 45/92, NJW 1993, 2261 (2262); *Meyer-Goßner* Rn. 16; *Sarstedt* Anm. zu BVerfG v. 3. 3. 1966 – 2 BvE 2/64, JZ 1966, 314 (315); aA *Schorn* GA 1963, 161 (162), wenn der Richter bei einer Rechtsauffassung verbleibt, die „längst überholt [ist] und sonst einmütig abgelehnt wird".
[118] BVerfG v. 25. 1. 1955 – 1 BvR 522/53, BVerfGE 4, 143 (144) = DÖV 1955, 350 (Ls.); BGH v. 19. 1. 1962 – 3 StR 41/61, NJW 1962, 748 (749); BGH v. 16. 12. 1988 – 4 StR 563/88, BGH bei *Miebach* NStZ 1989, 220; RG v. 10. 2. 1882 – 108/82, RGSt 5, 437 (440).

zung seiner feststehenden Ansicht nutzen wird[119] oder wenn die wissenschaftlichen Äußerungen des Richters im Zusammenhang mit einem anhängigen oder bevorstehenden Verfahren stehen bzw. die wissenschaftliche Tätigkeit die Unterstützung eines Verfahrensbeteiligten bezweckte.[120] Gleiches gilt bei massiven Rechtsfehlern, wenn beispielsweise der Richter – nachdem er einen Strafbefehlsantrag negativ beschieden hat – selbst einen Strafbefehl aufsetzt und die Staatsanwaltschaft auffordert, dessen Erlass bei ihm zu beantragen.

23   **In der Hauptverhandlung** kann das **konkrete Prozessverhalten** des Richters Misstrauen in dessen Unvoreingenommenheit begründen, wenn das Verhalten insbesondere unangemessen, sonst unsachlich oder rechtsfehlerhaft ist.[121]

24   Hierbei kommt Besorgnis der Befangenheit bei **persönlicher Missachtung des Angeklagten und Missachtung seiner Rechte** durch den Richter in Betracht. Eine **Missachtung der Würde des Angeklagten** kann nicht nur durch ein Verhalten unmittelbar gegenüber dem Angeklagten, sondern auch durch Gebaren gegenüber dem Verteidiger erfolgen. Ein derartiges Prozessverhalten, das Rückschlüsse auf eine persönliche Missachtung zulässt, liegt beispielsweise vor, wenn der Richter – entgegen den tragenden Prozessgrundsätzen der §§ 136 Abs. 1 S. 2, 243 Abs. 4 S. 1 – den Angeklagten bedrängt, Angaben zur Sache zu machen[122] oder ein Geständnis abzulegen,[123] er für den Fall des Schweigens zur Anklage statt Ablegung eines Geständnisses eine höhere Strafe (auch wegen fehlender Einsicht in das Unrecht der Tat[124]) androht,[125] der Richter in ungewöhnlich scharfer Form Vorhaltungen macht,[126] wenn er den Angeklagten in unangemessen spöttischer[127] oder (auch: ehr-)verletzender Weise[128] behandelt, sich aus Äußerungen des Richters ergibt, dass er eine schnelle Sacherledigung einer sachgerechten Aufklärung vorzieht[129] und hierbei auch erklärt, er werde die Verhandlung – auch auf die Gefahr, dass das Urteil aufgehoben wird – nicht „platzen" lassen,[130] er gesundheitliche Belange des Angeklagten missachtet,[131] der Richter seinen Unmut über Beweisanträge des Verteidigers – selbst wenn er ihnen letztendlich nachgeht – in grob unsachlicher Weise äußert,[132] er auf (auch beleidigendes oder provozierendes[133]) Verhalten des Verteidigers vollkommen unangemessen – beispielsweise mit ungewöhnlich drastisch formulierten Vorwürfen[134] oder in spöttischer Weise[135] – reagiert,[136] er nach einer Sitzungsunterbrechung die Hauptverhandlung ohne Anwesenheit des Verteidigers, der – wie der Angeklagte dem Richter auf Nachfrage mitteilte – noch einen angekündigten Antrag vorbereitete, fortsetzt und den Verteidiger auf Nachfrage nach dem Verlauf des (verpassten) Verfahrensteils auf das Protokoll verweist,[137] der Richter einen Mitangeklagten in der Haft aufsucht und mit ihm u. a. über das Ver-

---

[119] BVerfG v. 19. 8. 1996 – 2 BvR 115/95, NJW 1996, 3333 (3334); KK-StPO/*Fischer* Rn. 17; vgl. auch Löwe/Rosenberg/*Siolek* Rn. 28.
[120] BVerfG v. 5. 4. 1990 – 2 BvR 413/88, BVerfGE 82, 30 (38 ff.) = NJW 1990, 2457 (2457 f.); BVerfG v. 2. 12. 1992 – 1 BvR 1213/85, BVerfGE 88, 1 (4) = NJW 1993, 2231; BayVerfGH v. 29. 2. 2008 – Vf. 8-IX-08, NVwZ-RR 2008, 593 (594); OLG Köln v. 25. 11. 1970 – 6 U 133/69, NJW 1971, 569 (570).
[121] *Meyer-Goßner* Rn. 17; vgl. auch die Kasuistik bei Löwe/Rosenberg/*Siolek* Rn. 54.
[122] BGH v. 9. 1. 1958 – 4 StR 203/57, NJW 1959, 55 (56), mit zust. Anm. *Eb. Schmidt*; BGH v. 2. 3. 2004 – 1 StR 574/03, NStZ-RR 2004, 208 (209); BayObLG v. 25. 10. 1994 – 1 ObOWiG 446/94, StV 1995, 7 (8); LG Frankfurt/M v. 20. 6. 1984 – 90 Js 25 235/81, StV 1984, 415.
[123] BGH v. 9. 1. 1958 – 4 StR 203/57, NJW 1959, 55 (56), mit zust. Anm. *Eb. Schmidt*; BGH v. 24. 3. 1982 – 2 StR 105/82, NJW 1982, 1712, insoweit nicht abgedruckt in BGHSt 31, 15; BGH v. 2. 3. 2004 – 1 StR 574/03, NStZ-RR 2004, 208 (209 f.); BGH v. 15. 5. 2007 – 3 StR 132/07, NStZ 2007, 711 (712).
[124] BGH v. 2. 8. 2001 – 4 StR 290/01, NStZ-RR 2001, 372 (373).
[125] OLG Stuttgart v. 26. 1. 2005 – 4 Ss 530/04, NStZ-RR 2005, 349.
[126] BGH v. 9. 1. 1958 – 4 StR 203/57, NJW 1959, 55 (56), mit zust. Anm. *Eb. Schmidt*; BayObLG v. 4. 8. 1993 – 5 St RR 80/93, NJW 1993, 2948; OLG Köln v. 26. 1. 1988 – Ss 650/87, StV 1988, 287 (288 f.).
[127] KG v. 10. 7. 2008 – (3) 1 Ss 354/07 (123/07), NJW 2009, 96 (97).
[128] BGH v. 9. 1. 1958 – 4 StR 203/57, NJW 1959, 55 (56), mit zust. Anm. *Eb. Schmidt*; BGH v. 24. 3. 1971 – 3 StR 3/69 I, BGH bei *Dallinger* MDR 1971, 547; BGH v. 2. 3. 2004 – 1 StR 574/03, NStZ-RR 2004, 208 (209); BayObLG v. 4. 8. 1993 – 5 St RR 80/93, NJW 1993, 2948; OLG Hamm v. 9. 3. 1967 – 2 Ss 1569/66, NJW 1967, 1577, mit zust. Anm. *Deubner* NJW 1967, 2371.
[129] BGH v. 11. 3. 2003 – 3 StR 28/03, NStZ 2003, 666 (667); BGH v. 8. 6. 2005 – 2 StR 118/05, StV 2005, 531 (532); *Meyer-Goßner* Rn. 17.
[130] BGH v. 15. 2. 1972 – 5 StR 35/72, BGH bei *Dallinger* MDR 1972, 571 (571 f.).
[131] LG Kiel v. 25. 5. 2005 – XXI KLs 4/04, StraFo 2005, 417.
[132] BGH v. 9. 3. 1988 – 3 StR 567/87, NStZ 1988, 372; BGH v. 13. 10. 2005 – 5 StR 278/05, NStZ 2006, 49; OLG Brandenburg v. 12. 10. 2006 – 2 Ss (OWi) 154B/06, StV 2007, 121 (122); LG Bad Kreuznach v. 15. 10. 1991 – 3 Js 11 159/89 Ls Ns, StV 1992, 61.
[133] Vgl. hierzu KK-StPO/*Fischer* Rn. 12.
[134] BGH v. 9. 11. 2004 – 5 StR 380/04, NStZ 2005, 218.
[135] BGH v. 17. 7. 1973 – 1 StR 61/73; BGH v. 13. 10. 2005 – 5 StR 278/05, NStZ 2006, 49; LG Frankfurt/M v. 6. 2. 1990 – 5/17 KLs 12 108/88, StV 1990, 258; AG Castrop-Rauxel v. 28. 6. 1994 – 5 Ds AK 762/93, StV 1994, 477 (477 f.) (Ls).
[136] BGH v. 4. 3. 1993 – 1 StR 895/92, StV 1993, 339; BGH v. 5. 4. 1995 – 5 StR 681/94, StV 1995, 396 (397); BGH v. 8. 6. 2005 – 2 StR 118/05, StV 2005, 531 (532); OLG Brandenburg v. 27. 1. 1997 – 2 Ss 2/97, StV 1997, 455 (456).
[137] KG v. 10. 7. 2008 – (3) 1 Ss 354/07 (123/07), NJW 2009, 96 (97).

§ 24   27–29   Erstes Buch. Allgemeine Vorschriften

denden Punkt unzutreffend ist.[159] Gleiches gilt, wenn der Richter die Grenzen seiner richterlichen Position dadurch überschreitet, dass er bei der Staatsanwaltschaft die Erhebung einer Nachtragsanklage zur erleichterten Überführung des Angeklagten anregt,[160] den Staatsanwalt gegen Zusagen in Bezug auf die Strafzumessung zur Rücknahme eines Antrags bewegt,[161] den Staatsanwalt zum Einspruch gegen Fragen des Verteidigers zu veranlassen versucht[162] oder sich beim Dienstvorgesetzten des Sitzungsvertreters der Staatsanwaltschaft dahingehend äußert, der Staatsanwalt fungiere als „vierter Verteidiger".[163]

27   Vermeintliche oder wirkliche **Qualifikationsmängel** des Richters kommen als Befangenheitsgründe für sich alleine grundsätzlich **nicht** in Betracht, da die Verhinderung genereller Qualifikationsmängel nicht zum Aufgabenbereich der §§ 22 ff. gehört.[164] Eine verfahrensfehlerhafte Vorgehensweise rechtfertigt eine Ablehnung daher **nur**, wenn das fehlerhafte Prozedieren im konkreten Fall auf einer parteiischen Einstellung beruht.[165] Dies kann beispielsweise darin liegen, dass der Richter auf einen Zeugen dahingehend einwirkt, dass dieser – zulasten des Angeklagten – nicht von seinem Zeugnisverweigerungsrecht Gebrauch machen soll.[166]

28   Des Weiteren kann Besorgnis der Befangenheit aus einer **vorschnellen Überzeugungsbildung** resultieren. Obwohl sich ein Richter bereits vor der Urteilsfällung – beispielsweise im Zeitpunkt des Eröffnungsbeschlusses oder bei Ablehnung eines Beweisantrags wegen Erwiesenheit oder Bedeutungslosigkeit[167] – Gedanken über die Sach- und Rechtslage machen muss, darf er sich nicht vorschnell auf einen Sachverhalt festlegen oder (aus Sicht des Angeklagten) entlastende Momente ignorieren. Besorgnis der Befangenheit besteht daher, wenn der Richter den Eindruck erweckt, er habe sich trotz unsicherer Beweislage hinsichtlich des Ergebnisses der Beweisaufnahme bereits festgelegt,[168] wenn er bei der Vernehmung von Entlastungszeugen seine feste Überzeugung von der Unwahrheit der Aussage (zB durch eine unsachlich spöttische Befragung[169]) erkennen lässt[170] bzw. bei der Vernehmung von Belastungszeugen bei offener Beweislage äußert, der Zeuge habe jetzt endlich die Wahrheit gesagt,[171] sowie den Angeklagten fragt, wie lange er sich das in der Aussage des Opfers zum Ausdruck kommende Leiden noch anhören wolle.[172] Gleiches gilt für den Hinweis an den Angeklagten, er solle sich lieber bei dem Verletzten entschuldigen, als ein Rechtsmittel zu betreiben.[173] Daneben besteht Besorgnis der Befangenheit, wenn sich der Richter an Medienberichterstattungen beteiligt und hierbei gegenüber Verfahrensbeteiligten die Gebote der Distanz und Unparteilichkeit verletzt,[174] selbst wenn die Einflussnahme auf die Presseberichterstattung mit dem Ziel einer öffentlichen Wiedergutmachung nach vorangegangenen negativen Berichten erfolgt.[175]

29   Hingegen reicht es für eine Besorgnis der Befangenheit **nicht** aus,[176] wenn der Richter den Angeklagten auf die Bedeutung eines Geständnisses im Rahmen der Strafzumessung hinweist.[177] Gleiches gilt für den bloßen Hinweis des Richters auf das nach derzeitigem Verfahrensstand zu erwartende Ergebnis[178] sowie den Rat, das Rechtsmittel[179] oder den Einspruch gegen den Straf-

---

[159] BGH v. 20. 10. 1978 – 2 StR 356/78 nach KK-StPO/*Fischer* Rn. 13; OLG Frankfurt/M v. 6. 12. 1977 – 20 W 917/77, MDR 1978, 409; Löwe/Rosenberg/*Siolek* Rn. 35.
[160] BGH v. 18. 6. 1957 – 5 StR 160/57, BGH bei *Dallinger* MDR 1957, 653.
[161] BGH v. 5. 9. 1984 – 2 StR 347/84, NStZ 1985, 36 (37).
[162] BGH v. 22. 4. 1969 – 1 StR 519/68, BGH bei *Dallinger* MDR 1969, 723.
[163] BGH v. 4. 5. 1977 – 3 StR 93/77, NStZ 1991, 348; *Zschockelt* NStZ 1991, 305 (306).
[164] SK-StPO/*Rudolphi* Vor § 22 Rn. 7.
[165] *Krekeler* NJW 1981, 1633 (1637); *ders.* AnwBl. 1981, 326 (330); SK-StPO/*Rudolphi* Vor § 22 Rn. 8.
[166] BGH v. 9. 2. 1951 – 3 StR 48/50, BGHSt 1, 34 (37 f.) = NJW 1951, 323 (324); *Rabe* AnwBl. 1981, 331 (335).
[167] Vgl. hierzu BGH v. 2. 12. 1981 – 2 StR 492/81, NStZ 1982, 126; BGH v. 30. 6. 1987 – 1 StR 242/87, NJW 1988, 501 (501 f.); BGH v. 20. 6. 2007 – 2 StR 84/07, NStZ 2008, 349 (350).
[168] BGH v. 2. 3. 2004 – 1 StR 574/03, NStZ-RR 2004, 208 (209); KG v. 6. 4. 2005 – (5) 1 Ss 90/05, StV 2005, 490; vgl. auch BGH v. 20. 11. 1961 – 2 StR 472/61, GA 1962, 282 (283).
[169] KG v. 10. 7. 2008 – (3) 1 Ss 354/07 (123/07), NJW 2009, 96 (97 f.).
[170] BGH v. 9. 12. 1983 – 2 StR 452/83, NJW 1984, 1907 (1908 f.).
[171] BGH v. 31. 1. 1978 – 5 StR 476/77, GA 1978, 243.
[172] BGH v. 15. 5. 2007 – 3 StR 132/07, NStZ 2007, 711 (712).
[173] OLG Köln v. 26. 1. 1988 – Ss 650/87, StV 1988, 287 (288 f.).
[174] HK-GS/*Bosbach* Rn. 17; KK-StPO/*Fischer* Rn. 3.
[175] BGH v. 9. 8. 2006 – 1 StR 50/06, NJW 2006, 3290 (3295 ff.).
[176] Vgl. hierzu auch die Kasuistik bei Löwe/Rosenberg/*Siolek* Rn. 55.
[177] BGH v. 10. 12. 1997 – 3 StR 441/97, BGH bei *Kusch* NStZ-RR 1998, 257 (257 f.); BGH v. 2. 3. 2004 – 1 StR 574/03, NStZ-RR 2004, 208 (209); BGH v. 15. 5. 2007 – 3 StR 132/07, NStZ 2007, 711 (712); vgl. aber für den Fall einer „Sanktionsschere" BGH v. 14. 8. 2007 – 3 StR 266/07, NStZ 2008, 170 (171).
[178] BGH v. 14. 2. 1985 – 4 StR 731/84, BGH bei *Pfeiffer/Miebach* NStZ 1985, 492; BGH v. 12. 9. 2007 – 5 StR 227/07, NStZ 2008, 172 (173); OLG Köln v. 27. 6. 1956 – Ws 294/56, JMBlNRW 1956, 284; vgl. aber auch Hans-OLG Bremen v. 24. 1. 1989 – Ws 232/88 (BL 366/88), StV 1989, 145 (146), mit zust. Anm. *Hamm*; LG Kassel v. 9. 6. 1992 – 2 KLs 510 Js 393 195/90, StV 1993, 68.
[179] RG v. 11. 1. 1926 – II 710/25, RGSt 60, 43 (44 ff.); OLG Düsseldorf v. 26. 5. 1999 – 5 Ss 420/98 – 24/99 I, Stra-Fo 1999, 347; OLG Köln v. 27. 6. 1956 – Ws 294/56, JMBlNRW 1956, 284; vgl. aber die Konstellation eines unzulässigen (und zur Besorgnis der Befangenheit führenden) Einschüchterungsversuchs bei KG v. 30. 4. 1987 – (4) 1 Ss

fahren spricht,[138] gar eine heimliche Absprache mit einem Mitangeklagten trifft[139] oder aber mit der Vorbereitung oder Absetzung des Urteils noch während des Plädoyers des Verteidigers – also insbesondere auch vor dem letzten Wort des Angeklagten – beginnt.[140]

Hingegen reicht es regelmäßig **nicht** aus, wenn der Richter dem Angeklagten in nachdrücklicher Form Vorhalte macht,[141] außerhalb der Hauptverhandlung Kontakt zum Angeklagten[142] oder ausschließlich zu Mitangeklagten[143] aufnimmt, in angemessener Weise zu unterbinden versucht, dass der Verteidiger Druck auf einen Mitangeklagten ausübt,[144] oder nach der Sachlage (noch) verständliche Unmutsäußerungen,[145] überflüssige Bemerkungen[146] oder sachlich gerechtfertigte sitzungspolizeiliche Maßnahmen tätigt.[147] Ebenso wenig reichen allgemein Spannungen zwischen Gericht und Verteidiger[148] bzw. Sachverständigem. 25

Das Begehen von Rechtsfehlern an sich (infolge Irrtums oder unrichtiger Rechtsansicht) stellt regelmäßig keinen Befangenheitsgrund dar.[149] Handelt es sich hingegen um **massive Rechtsfehler**, die die Interessen der Verteidigung schwer beeinträchtigen und in gravierender Form in die Rechte des Angeklagten eingreifen, ist ein Befangenheitsgesuch begründet. Hierbei ist insbesondere auf grobe, objektiv willkürliche Verfahrensverstöße[150] sowie auf Verstöße unter Missachtung grundlegender Verfahrensrechte der Prozessbeteiligten abzustellen.[151] Besorgnis der Befangenheit ist in diesem Sinne **beispielsweise** zu bejahen, wenn dem Angeklagten bewusst das rechtliche Gehör versagt wird,[152] dem Verteidiger das Ergebnis von Nachermittlungen oder der Eingang von weiterem belastenden Aktenmaterial kurz vor der Sacheinlassung des Angeklagten verheimlicht wird,[153] das Fragerecht unberechtigt beschränkt wird,[154] der Verteidiger gehindert wird, in der Hauptverhandlung einen Ablehnungsantrag zu stellen,[155] eine vom Verteidiger beantragte Terminsverlegung unberechtigt und somit willkürlich abgelehnt wird,[156] der Pflichtverteidiger allein wegen möglicherweise „unvorschriftsmäßiger" Kleidung unter der Robe[157] oder ohne sonst hinreichenden Anlass (sondern lediglich wegen „unbequemen" Verteidigerverhaltens) von der Pflichtverteidigung entbunden wird[158] oder eine dienstliche Erklärung zu einem Ablehnungsgesuch in einem entschei- 26

---

[138] BGH v. 19. 1. 1982 – 5 StR 640/81, BGH bei *Pfeiffer/Miebach*, NStZ 1983, 359.
[139] BGH v. 4. 7. 1990 – 3 StR 121/89, BGHSt 37, 99 (104 f.) = NJW 1990, 3030 (3031); BGH v. 23. 1. 1991 – 3 StR 365/90, BGHSt 37, 298 (303) = NJW 1991, 1692 (1693); BGH v. 30. 10. 1991 – 2 StR 200/91, BGHSt 38, 102 (104 f.) = NJW 1992, 519 (520); BGH v. 23. 11. 1995 – 1 StR 296/95, NJW 1996, 1355 (1358), insoweit nicht abgedruckt in BGHSt 41, 348; *Zschockelt* NStZ 1991, 305 (306).
[140] BayObLG v. 3. 10. 1972 – RReg. 2 St 594/72 OWi, BayObLGSt 1972, 217 (220) = VRS 44, 206 (208 f.); BayObLG v. 15. 3. 1978 – 2 Ob OWi 45/78, BayObLG bei *Rüth* DAR 1979, 239; *Dahs* Rn. 200.
[141] BGH v. 19. 6. 1956 – 1 StR 50/56, BGH bei *Dallinger* MDR 1957, 16; BGH v. 6. 9. 1963 – 4 StR 325/63, VRS 25, 423 (424); BGH v. 16. 5. 1984 – 2 StR 525/83, insoweit nicht abgedruckt in NStZ 1984, 510.
[142] BGH v. 20. 2. 1996 – 5 StR 679/95, BGHSt 42, 46 (47 f.) = NJW 1996, 1763 (1764); BGH v. 12. 9. 2007 – 5 StR 227/07, NStZ 2008, 172 (173); *Meyer-Goßner* Rn. 18.
[143] BGH v. 5. 9. 1984 – 2 StR 347/84, NStZ 1985, 36 (37); BGH v. 11. 5. 1988 – 3 StR 566/87, StV 1988, 417 (418); BGH v. 18. 12. 2007 – 1 StR 301/07, NStZ 2008, 229; BGH v. 4. 3. 2009 – 1 StR 27/09, NStZ 2009, 701.
[144] BGH v. 1. 7. 1971 – 1 StR 362/70, BGH bei *Dallinger* MDR 1971, 897.
[145] BGH v. 10. 6. 1970 – 2 StR 562/69, BGH bei *Dallinger* MDR 1971, 17; BGH v. 22. 6. 1994 – 3 StR 72/94, BGH bei *Kusch* NStZ 1995, 18; BGH v. 29. 11. 1995 – 5 StR 345/95, NStZ-RR 1996, 200 (201); BGH v. 14. 1. 2000 – 3 StR 106/99, NStZ 2000, 325 (326); BGH v. 2. 3. 2004 – 1 StR 574/03, NStZ-RR 2004, 208 (209); BGH v. 9. 6. 2009 – 4 StR 461/08; KG v. 10. 7. 2008 – (3) 1 Ss 354/07 (123/07), NStZ 2009, 96 (97).
[146] BGH v. 20. 11. 1952 – 4 StR 539/52, BGH bei *Dallinger* MDR 1953, 147; KG v. 10. 7. 2008 – (3) 1 Ss 354/07 (123/07), NJW 2009, 96 (97); vgl. auch BGH v. 9. 7. 2009 – 5 StR 263/08, StV 2009, 581 (583), insoweit nicht abgedruckt in BGHSt 54, 39.
[147] HK-GS/*Bosbach* Rn. 22; *Meyer-Goßner* Rn. 18; *Molketin* MDR 1984, 20 (21 f.); aA LG Hamburg v. 14. 9. 1981 – (49) 103/80 Ns, StV 1981, 617; KMR/*Bockemühl* Rn. 25.
[148] Vgl. bereits Rn. 13.
[149] BGH v. 14. 3. 1990 – 3 StR 109/89, BGH bei *Miebach/Kusch* NStZ 1991, 27; BGH v. 20. 6. 2007 – 2 StR 84/07, NStZ 2008, 349 (350); BGH v. 12. 11. 2009 – 4 StR 275/09, NStZ 2010, 342; BayObLG v. 12. 5. 1977 – 1 Z 29/77, DRiZ 1977, 244 (245); OLG Düsseldorf v. 19. 8. 1996 – 1 Ws 723/96, NStZ-RR 1997, 175 (176); SK-StPO/ *Rudolphi* Rn. 24.
[150] BGH v. 9. 12. 1983 – 2 StR 452/83, NJW 1984, 1907 (1909); BayObLG v. 12. 5. 1977 – 1 Z 29/77, DRiZ 1977, 244 (245); OLG Köln v. 30. 10. 2007 – 83 Ss 128/07, NStZ-RR 2008, 115 (116).
[151] BGH v. 4. 10. 1984 – 4 StR 429/84, StV 1985, 2 (2 f.); BGH v. 8. 6. 2005 – 2 StR 118/05, StV 2005, 531 (532).
[152] BGH v. 16. 6. 1971 – 4 StR 450/70, VRS 41, 203 (205 f.); BayObLG v. 1. 12. 1987 – RReg 4 St 253/87, StV 1988, 97 (97 f.); OLG Schleswig v. 25. 9. 1975 – 1 Ws 350/75, SchlHA 1976, 44 (45); LG Berlin v. 6. 7. 1992 – (508) 69 Js 48/92 KLs (33/92), StV 1993, 8 (9).
[153] BGH v. 5. 4. 1995 – 5 StR 681/94, StV 1995, 396 (397); BGH v. 26. 1. 2006 – 5 StR 500/05, NJW 2006, 854; vgl. auch BVerwG v. 5. 1. 2010 – 2 WD 26/09 u. a. Siehe aber auch BGH v. 17. 11. 1999 – 1 StR 290/99.
[154] BGH v. 4. 10. 1984 – 4 StR 429/84, StV 1985, 2 (2 f.).
[155] BGH v. 8. 6. 2005 – 2 StR 118/05, StV 2005, 531 (532).
[156] OLG Bamberg v. 10. 10. 2005 – 2 Ss OWi 269/05, NJW 2006, 2341 (2342); OLG Naumburg v. 2. 6. 2004 – 1 Ss (B) 174/04, StraFo 2005, 24 (25); LG Krefeld v. 24. 3. 1995 – 33 StVK 646/95, StV 1995, 426; LG Mönchengladbach v. 12. 3. 1998 – 12 Ns 28/97, StV 1998, 533 (534).
[157] BGH v. 8. 9. 1988 – 4 StR 222/88, NStZ 1988, 510.
[158] BGH v. 31. 1. 1990 – 2 StR 449/89, NJW 1990, 1373 (1374); KG v. 2. 2. 2007 – (4) 1 Ss 332/06, StV 2008, 68 (69), mAnm *Dallmeyer*.

befehl[180] wegen fehlender Erfolgsaussichten zurückzunehmen, solange im Zuge einer derartigen Zwischenbewertung – häufig eine Frage der Formulierung – eine Ergebnisoffenheit bewahrt wird. Auch die Ablehnung einer Verfahrenseinstellung nach §§ 153, 153a rechtfertigt für sich allein keine Besorgnis der Befangenheit.[181]

Da die Inaussichtstellung einer bestimmten Strafe problematisch sein kann,[182] was insbesondere auch für unzulässige Zusagen außerhalb der Hauptverhandlung ohne Beteiligung der Staatsanwaltschaft gilt,[183] ist in Bezug auf (insbesondere: gescheiterte) **Urteilsabsprachen** zu prüfen, ob der Angeklagte aufgrund der richterlichen Verhaltensweise im Rahmen der Verständigung noch von einer unvoreingenommenen Entscheidung in einem Urteil ausgehen kann.[184] Hierbei ist insbesondere von einer Besorgnis der Befangenheit auszugehen, wenn einzelne Verfahrensbeteiligte nicht an Vorbesprechungen zur Verfahrenserledigung beteiligt werden,[185] die Absprache einen unzulässigen Inhalt hat[186] oder die Freiheit der Willensentschließung des Angeklagten nicht mehr gewahrt ist,[187] weil beispielsweise bei Vorgesprächen – unter Verstoß gegen § 136a – mit einer „Sanktionsschere" (zB für den Fall, dass der Angeklagte kein Geständnis ablegt) gedroht wird.[188] Bei fehlgeschlagener Verständigung, die auf einem bewussten Vereinbarungsbruch durch das Gericht beruht, ist daneben ebenso Besorgnis der Befangenheit gegeben wie in Fällen eines Dissenses, bei dem das Gericht den Inhalt der angestrebten Verständigung unvollständig oder widersprüchlich protokolliert.[189]

ff) Ablehnung wegen des Verhaltens des Richters außerhalb des Zwischen- und Hauptverfahrens. Da eine Ablehnung wegen Besorgnis der Befangenheit selbstverständlich nicht nur im Zwischen- und Hauptverfahren möglich ist, kommt sie sowohl im **Ermittlungsverfahren** als auch im **Vollstreckungsverfahren** ebenfalls in Betracht. Eine entsprechende Besorgnis ist beispielsweise anzunehmen, wenn der Richter den Antragsteller in massiver Form zu einer Antragsrücknahme zu bewegen versucht und hierbei den Eindruck erweckt, er sei nicht bereit und willens, eine Entscheidung in der Sache zu treffen.[190] Ebenso ergeben sich Zweifel an der Unparteilichkeit derjenigen Richter, die ohne nachvollziehbare Begründung eine Besorgnis der Befangenheit desjenigen Richters, der die Eröffnung des Hauptverfahrens abgelehnt hatte, annehmen und den Angeschuldigten somit dem gesetzlichen Richter entzieht.[191]

III. Ablehnungsberechtigte (Abs. 3 S. 1)

1. Ablehnungsberechtigte. Berechtigt zur Geltendmachung der Besorgnis der Befangenheit sind die Verfahrensbeteiligten, dh. die **Staatsanwaltschaft** (auch zugunsten des Angeklagten) nach § 24 Abs. 3 S. 1, der **Privatklageberechtigte** nach § 24 Abs. 3 S. 1, der **Beschuldigte** nach § 24 Abs. 3 S. 1 und – im Sicherungsverfahren – über § 414 Abs. 1, diesbezüglich auch **gesetzliche Vertreter** und **Erziehungsberechtigte** nach § 67 Abs. 1 JGG sowie der **Verteidiger im Namen seines Mandanten**, der **Richter** im Wege der Selbstanzeige nach § 30[192] sowie – im Rahmen ihrer jeweiligen Beteiligung am Verfahren – der **Nebenkläger** nach § 397 Abs. 1 S. 3,[193] die **Verfalls- und Einziehungsbeteiligten** nach §§ 431, 433 Abs. 1, 442 Abs. 2, der **Beteiligte** im Verfahren über die Festsetzung einer Geldbuße gegen juristische Personen und Personenvereinigungen nach §§ 444 Abs. 1 S. 1, Abs. 2 S. 2, 433 Abs. 1 und der **Antragsteller** im Klageerzwingungsverfahren nach § 172 Abs. 2,[194] im Adhäsi-

---

106/87 (51/87), StV 1988, 98 (99); OLG Hamm v. 23. 10. 1997 – 2 Ss 816/97, StV 1998, 64; OLG Nürnberg v. 20. 11. 2007 – 2 St OLG Ss 133/07, NStZ-RR 2008, 114 (114f.).
[180] OLG Hamm v. 6. 5. 1957 – 1 Ws 199/57, GA 1958, 58.
[181] OLG Düsseldorf v. 26. 5. 1999 – 5 Ss 420/98 – 24/99 I, StraFo 1999, 347.
[182] BGH v. 23. 1. 1991 – 3 StR 365/90, BGHSt 37, 298 (303) = NJW 1991, 1692 (1693); BGH v. 17. 11. 1999 – 2 StR 313/99, BGHSt 45, 312 (315 ff.) = NJW 2000, 965 (965 f.).
[183] BGH v. 7. 5. 2003 – 5 StR 556/02, NStZ 2003, 563.
[184] BGH v. 8. 6. 2005 – 3 StR 338/04, BGH bei *Becker* NStZ-RR 2007, 2; Löwe/Rosenberg/*Siolek* Rn. 56 ff.; *Zschockelt* NStZ 1991, 305 (308).
[185] BGH v. 4. 7. 1990 – 3 StR 121/89, BGHSt 37, 99 (104f.) = NJW 1990, 3030 (3031); BGH v. 23. 11. 1995 – 1 StR 296/95, NJW 1996, 1355 (1358), insoweit nicht abgedruckt in BGHSt 41, 348; BGH v. 7. 5. 2003 – 5 StR 556/02, NStZ 2003, 563.
[186] BGH v. 8. 12. 2005 – 4 StR 198/05, NStZ-RR 2007, 116 (119); HK-GS/*Bosbach* Rn. 21.
[187] BGH v. 14. 8. 2007 – 3 StR 266/07, NStZ 2008, 170 (170f.).
[188] BGH v. 8. 2. 2005 – 3 StR 452/04, NStZ 2005, 526; BGH v. 14. 8. 2007 – 3 StR 266/07, NStZ 2008, 170 (171); *Joecks* Rn. 13.
[189] Heghmanns/Scheffler/*Ioakimidis*, Handbuch zum Strafverfahren, 2008, Kap. VIII Rn. 140.
[190] OLG Köln v. 18. 1. 2008 – 2 Ws 717/07, NStZ-RR 2008, 218.
[191] HansOLG Hamburg v. 17. 7. 2009 – 1 Ws 79/09, StraFo 2010, 19 (20).
[192] *Meyer-Goßner* Rn. 20; SK-StPO/*Rudolphi* Vor § 22 Rn. 2.
[193] BGH v. 23. 1. 1979 – 5 StR 748/78, BGHSt 28, 272 (274) = NJW 1979, 1310; OLG Düsseldorf v. 25. 8. 1983 – 5 Ss 358/82 – 325/82 I, VRS 66, 27 (28).
[194] OLG Celle v. 23. 7. 1985 – 1 Ws 92/85, NdsRpfl 1985, 238; OLG Hamm v. 5. 3. 1976 – 2 Ws 383/75, NJW 1976, 1701; OLG Karlsruhe v. 5. 3. 1973 – 1 Ws 143/73, NJW 1973, 1658; OLG Koblenz v. 25. 5. 1982 – 1 Ws 183/82, NStZ 1983, 470; OLG Saarbrücken v. 18. 6. 1974 – Ws 62/74, NJW 1975, 399; Hamm NJW 1974, 682

onsverfahren nach §§ 403 ff.[195] sowie im Nachverfahren nach § 439 Abs. 1.[196] Daneben wird auch **Dritten**, die grundrechtsrelevante Eingriffe in ihre Rechte erfahren haben (zB nach §§ 100 a Abs. 3, 100 c Abs. 3 S. 2, 103), ein Ablehnungsrecht zugestanden.[197]

33 **2. Nicht ablehnungsberechtigt.** Wie der Rechtsanwalt als **Beistand eines Privatklägers** gem. § 387[198] ist auch der **Verteidiger** gem. § 138 **im eigenen Namen** nicht ablehnungsberechtigt,[199] wobei regelmäßig anzunehmen ist, dass sie ein Ablehnungsgesuch im Namen des Privatklägers bzw. Beschuldigten vorbringen, selbst wenn es sich auf Vorgänge ausschließlich im Verhältnis zwischen Richter und Beistand bzw. Verteidiger bezieht.[200] Kein Ablehnungsrecht steht daneben **Zeugen** (in Bezug auf Fälle des § 70), **Sachverständigen** (hinsichtlich § 77) sowie den bei der Verhandlung **nicht beteiligten Personen** im Ordnungsmittelverfahren nach §§ 177, 180, 181 GVG zu.[201] Gleiches gilt für den **Verletzten** im Adhäsionsverfahren nach § 403 sowie im Prozess, solange er sich nicht – soweit nach § 395 zulässig – als Nebenkläger angeschlossen hat.[202]

IV. Anspruch auf Namhaftmachung der Gerichtspersonen (Abs. 3 S. 2)

34 **1. Namhaftmachung.** Jeder Ablehnungsberechtigte[203] kann die Namhaftmachung der zur Mitwirkung bei der Entscheidung berufenen **Gerichtspersonen** (aber nicht des Protokollführers[204]) **für jede richterliche Maßnahme** verlangen.[205] Die Namhaftmachung obliegt dem Vorsitzenden[206] und muss so rechtzeitig geschehen, dass der Ablehnungsberechtigte ermitteln kann, ob auch insofern Ablehnungsgründe vorliegen.[207] Nähere Auskünfte zur Person des Richters (zB Ausbildung, Auffassungen und Lebensumstände) können hierbei jedoch nicht begehrt werden.[208] Nach erfolgter Mitteilung ist eine angemessene Zeit mit einer Entscheidung in der Sache zuzuwarten, so dass der Antragsteller die Gerichtsbesetzung prüfen und ggf. weitere Anträge stellen und begründen kann.[209] Daneben sind nachfolgende Richterwechsel von Amts wegen mitzuteilen.[210] Keine Mitteilungspflicht besteht hingegen, wenn das Ablehnungsgesuch nach § 26a unter Mitwirkung des abgelehnten Richters als unzulässig verworfen wird.[211] Den Namen des **Staatsanwalts** gibt das Gericht **nicht** bekannt, sondern er ist beim Leiter der Staatsanwaltschaft zu erfragen, ohne dass die Erfragung einer Begründung bedarf.[212]

35 **2. Rechtsmittel.** Die Verweigerung der Namhaftmachung kann mit der **Beschwerde** nach §§ 304 Abs. 1, 305 S. 1 angefochten werden.[213] Auf die unterlassene Namhaftmachung kann eine **Revision** nur gestützt werden, wenn der Antrag in der Hauptverhandlung wiederholt und Aussetzung der Verhandlung beantragt worden ist.[214] Begründet ist die Revision, wenn die unterlassene[215] oder verspätete[216] Namhaftmachung den Revisionsführer an einem bestimmten erfolgreichen Ablehnungsantrag noch vor dem letzten Wort (§ 25 Abs. 2 S. 2) gehindert hat.

---

(683); Löwe/Rosenberg/*Siolek* Rn. 65; *Teplitzky* JuS 1969, 318 (323); *ders.* MDR 1970, 106; aA noch RG v. 23. 10. 1918 – 79/18, RGSt 52, 291 (292); KG v. 28. 10. 1953 – I a Ws 344/53, JR 1954, 34 (35).
[195] BVerfG v. 27. 12. 2006 – 2 BvR 958/06, NJW 2007, 1670 (1671 f.).
[196] Löwe/Rosenberg/*Siolek* Rn. 62.
[197] BGH v. 27. 2. 2006 – 1 BGs 25/06 – 2 BJs 65/95 – 2–(7), NStZ 2006, 584 (585); Löwe/Rosenberg/*Siolek* Rn. 64; *Meyer-Goßner* Rn. 20.
[198] KK-StPO/*Fischer* Rn. 25.
[199] *Dahs* Rn. 202; KK-StPO/*Fischer* Rn. 25; *Meyer-Goßner* Rn. 20.
[200] OLG Hamm v. 9. 7. 1951 – 2 Ws 110/51, NJW 1951, 731; OLG Schleswig v. 22. 3. 2007 – 2 Ss 36/07, StV 2008, 290 (291); Löwe/Rosenberg/*Siolek* Rn. 62; *Rabe* NJW 1976, 172 (173); *ders.* AnwBl. 1981, 331 (333); vgl. hierzu auch Rn. 13, 24.
[201] *Burhoff* ZAP-Fach 22, 117 (123); KK-StPO/*Fischer* Rn. 25; KMR/*Bockemühl* Rn. 31; Löwe/Rosenberg/*Siolek* Rn. 64; SK-StPO/*Rudolphi* Rn. 26.
[202] Löwe/Rosenberg/*Siolek* Rn. 64; SK-StPO/*Rudolphi* Rn. 26.
[203] Vgl. Rn. 30.
[204] BayObLG v. 26. 7. 1988 – 2 St 87/88, BayObLG bei *Bär* DAR 1989, 368 (Ls.); aA Löwe/Rosenberg/*Siolek* Rn. 66.
[205] OLG Koblenz v. 25. 5. 1982 – 1 Ws 183/82, NStZ 1983, 470; KK-StPO/*Fischer* Rn. 26; *Meyer-Goßner* Rn. 21.
[206] KK-StPO/*Fischer* Rn. 26; *Meyer-Goßner* Rn. 21.
[207] Vgl. hierzu BVerfG v. 5. 6. 1991 – 2 BvR 103/91, NJW 1991, 2758; BayObLG v. 12. 12. 1984 – RReg 2 St 280/84, MDR 1985, 342; BayObLG v. 29. 9. 1989 – RReg. 2 St 10/89, NStZ 1990, 200 (201); Widmaier/*Krause* MAH Strafverteidigung, § 7 Rn. 80.
[208] OLG Koblenz v. 25. 5. 1982 – 1 Ws 183/82, NStZ 1983, 470 (471); *Meyer-Goßner* Rn. 21.
[209] BVerfG v. 5. 6. 1991 – 2 BvR 103/91, NJW 1991, 2758.
[210] RG v. 13. 11. 1931 – I 1034/31, RGSt 66, 10; BayObLG v. 29. 9. 1989 – RReg. 2 St 10/89, NStZ 1990, 200 (201); *Burhoff* ZAP-Fach 22, 117 (122); *Schorn* GA 1963, 161 (173).
[211] BGH v. 24. 10. 2005 – 5 StR 269/05, wistra 2006, 153 (154); BGH v. 13. 2. 2007 – 3 StR 425/06, NStZ 2007, 416 (417); aA *Jahn*, FS Fezer, 2008, S. 413 (430 f.).
[212] HK-GS/*Bosbach* Rn. 34; KMR/*Bockemühl* Rn. 34; Löwe/Rosenberg/*Siolek* Rn. 67; SK-StPO/*Rudolphi* Rn. 27.
[213] KMR/*Bockemühl* Rn. 35; Löwe/Rosenberg/*Siolek* Rn. 69; *Meyer-Goßner* Rn. 22.
[214] RG v. 18. 9. 1896 – 2309/96, RGSt 29, 62; BayObLG v. 26. 10. 1987 – RReg 4 St 106/87, MDR 1988, 339; BayObLG v. 29. 9. 1989 – RReg. 2 St 10/89, NStZ 1990, 200 (201).
[215] RG v. 13. 11. 1931 – I 1034/31, RGSt 66, 10 (10 f.); RG v. 3. 1. 1930 – 1 D 1231/29, JW 1930, 925.
[216] BayObLG v. 29. 9. 1989 – RReg. 2 St 10/89, NStZ 1990, 200 (201).

V. Rechtsmittel

Die Mitwirkung eines ausgeschlossenen Richters kann mit der **Revision** nach § 338 Nr. 2 auch 36
ohne vorherige formelle Ablehnung nach Abs. 1, 1. Var. gerügt werden.[217] Hingegen richtet sich
die **Revision** bei Mitwirkung eines Richters, in Bezug auf den Befangenheit zu besorgen ist, nach
§ 338 Nr. 3. Hierbei braucht nicht angegeben zu werden, welche Ablehnungsgründe geltend gemacht worden wären, weshalb in einem solchen Fall nicht auszuschließen ist, dass das Urteil auf der Gesetzesverletzung beruht.[218] Eine zulässige Verfahrensrüge erfordert jedoch, die nach § 26 Abs. 3 erfolgte dienstliche Erklärung des abgelehnten Richters geschlossen und im Wortlaut mitzuteilen,[219] wohingegen die Mitteilung dessen, was im Rahmen des Ablehnungsverfahrens auf die dienstliche Äußerung erwidert wurde, nicht genügt.[220] Wurde hingegen eine prozessordnungsgemäße Verfahrensabsprache getroffen, ist grundsätzlich davon auszugehen, dass ein zuvor gehegtes Misstrauen in die Unparteilichkeit des Gerichts nicht mehr vorliegt.[221]

§ 25 [Letzter Ablehnungszeitpunkt]

(1) ¹Die Ablehnung eines erkennenden Richters wegen Besorgnis der Befangenheit ist bis zum Beginn der Vernehmung des ersten Angeklagten über seine persönlichen Verhältnisse, in der Hauptverhandlung über die Berufung oder die Revision bis zum Beginn des Vortrags des Berichterstatters, zulässig. ²Alle Ablehnungsgründe sind gleichzeitig vorzubringen.

(2) ¹Nach diesem Zeitpunkt darf ein Richter nur abgelehnt werden, wenn
1. die Umstände, auf welche die Ablehnung gestützt wird, erst später eingetreten oder dem zur Ablehnung Berechtigten erst später bekanntgeworden sind und
2. die Ablehnung unverzüglich geltend gemacht wird.

²Nach dem letzten Wort des Angeklagten ist die Ablehnung nicht mehr zulässig.

Schrifttum: *Drees*, Die Entscheidung des Vorsitzenden über den Zeitpunkt der Anbringung von Ablehnungsgesuchen, NStZ 2005, 184.

Die Vorschrift regelt die **zeitliche Grenze** für die **Ablehnung wegen Besorgnis der Befangenheit** 1
(§ 24 Abs. 2) **in der Hauptverhandlung**,[1] wohingegen außerhalb der Hauptverhandlung – beispielsweise im Ermittlungsverfahren,[2] im Klageerzwingungsverfahren,[3] im Verfahren über die Fortdauer der Untersuchungshaft[4] oder über die Zulässigkeit der Rechtsbeschwerde nach § 79 Abs. 3 OWiG[5] – eine solche Ablehnung jederzeit bis zum Erlass der Entscheidung möglich ist,[6] sobald bekannt ist, welche Richter zur Mitwirkung an der Entscheidung berufen sind.[7] Ebenso gibt es für Ablehnungen wegen eines Ausschließungsgrundes nach §§ 22, 23 sowie für die Selbstablehnung gem. § 30 keine zeitliche Grenze.[8]

Bei **verspäteter Ablehnung** ist das Ablehnungsgesuch nach § 26 a Abs. 1 Nr. 1 als **unzulässig** zu 2
verwerfen und ist das **Ablehnungsrecht verwirkt**, selbst wenn der Ablehnungsberechtigte nicht anwesend war.[9] Hierdurch soll (auch im Interesse der Verfahrensbeschleunigung) verhindert werden, dass ein Ablehnungsberechtigter die Geltendmachung einer berechtigten Besorgnis der Be-

---

[217] Vgl. § 22 Rn. 37.
[218] RG v. 13. 11. 1931 – I 1034/31, RGSt 66, 10 (11); KK-StPO/*Fischer* Rn. 27.
[219] Anw-StPO/*Werner* Rn. 19; KK-StPO/*Fischer* § 26 Rn. 8; *Pfeiffer* Rn. 5.
[220] BGH v. 8. 8. 1995 – 1 StR 377/95, StV 1996, 2.
[221] BGH v. 22. 9. 2008 – 1 StR 323/08, NJW 2009, 690 (691); Anw-StPO/*Werner* Rn. 19; kritisch dazu *Beulke/Witzigmann* Anm. zu BGH v. 22. 9. 2008 – 1 StR 323/08, StV 2009, 394 (395 ff.).
[1] KG v. 6. 3. 1991 – 4 Ws 34/91, NStZ 1991, 401; OLG Koblenz v. 10. 12. 1981 – 2 Ss 362/81, GA 1982, 470 (471); OLG Saarbrücken v. 18. 6. 1974 – Ws 62/74, NJW 1975, 399; OLG Schleswig v. 10. 8. 1981 – 1 Ws 213/81, SchlHA 1982, 31; *Jahn*, FS Fezer, 2008, S. 413 (422); Löwe/Rosenberg/*Siolek* Rn. 1.
[2] BGH v. 5. 4. 1977 – 1 BJs 22/75 – AK 35/77 nach KK-StPO/*Fischer* Rn. 2.
[3] OLG Karlsruhe v. 25. 5. 1973 – 1 Ws 143/73, NJW 1973, 1658.
[4] Löwe/Rosenberg/*Siolek* Rn. 10.
[5] LG Düsseldorf v. 24. 4. 1991 – 1 Qs 28/91, StV 1991, 410 (411).
[6] BVerfG v. 2. 5. 2007 – 2 BvR 2655/06, NStZ 2007, 709 (710) mwN; BGH v. 13. 2. 2007 – 3 StR 425/06, NStZ 2007, 416 (417); KG v. 6. 3. 1991 – 4 Ws 34/91, NStZ 1991, 401; OLG Celle v. 23. 7. 1985 – 1 Ws 92/85, NdsRpfl 1985, 238; OLG Hamm v. 12. 6. 2001 – 4 Ss 98/01, VRS 101, 204; OLG Koblenz v. 10. 12. 1981 – 2 Ss 362/81, GA 1982, 470 (471); OLG Schleswig v. 10. 8. 1981 – 1 Ws 213/81, SchlHA 1982, 31 (32); Thüring. OLG v. 11. 6. 1997 – 1 Ws 123, 124/97, NStZ 1997, 510 mwN; *Jahn*, FS Fezer, 2008, S. 413 (424); aA OLG Saarbrücken v. 18. 6. 1974 – Ws 62/74, NJW 1975, 399; OLG Schleswig v. 25. 9. 1975 – 1 Ws 350/75, SchlHA 1976, 44 (45).
[7] OLG Schleswig v. 28. 4. 1953 – Ws 107/53, SchlHA 1953, 246; OLG Schleswig v. 10. 8. 1981 – 1 Ws 213/81, SchlHA 1982, 31 (31 f.); KG v. 13. 8. 1982 – 2 Ws 176/82 Vollz – 1/82, NStZ 1983, 44; Löwe/Rosenberg/*Siolek* Rn. 14.
[8] HK-StPO/*Temming* Rn. 4; Löwe/Rosenberg/*Siolek* Rn. 9; KK-StPO/*Fischer* Rn. 1; SK-StPO/*Rudolphi* Rn. 4.
[9] BayObLG v. 1. 2. 1961 – RevReg. 1 St 333/60, BayObLGSt 1961, 33 (38 f.); *Meyer-Goßner* Rn. 2; *Rieß/Hilger* NStZ 1987, 145 (148).

fangenheit aufschiebt und beispielsweise vom Verlauf der Hauptverhandlung abhängig macht.[10] Es darf allerdings mit der Ablehnung bis zum spätestzulässigen Zeitpunkt zugewartet werden.[11]

3   **1. Ablehnung vor Vernehmung zur Person (Abs. 1 S. 1, 1. Var.).** Alle Ablehnungsgründe, die in erster Instanz bis zum Beginn der Vernehmung des Angeklagten zur Person gem. § 243 Abs. 2 S. 3 eingetreten sind und dem Ablehnungsberechtigten bekannt waren, müssen bis zum Beginn der Feststellung der Personalien des **Angeklagten** geltend gemacht werden. Bei mehreren Angeklagten ist für alle auf die Vernehmung des **ersten Angeklagten** abzustellen, wohingegen bei Angeklagten, deren Verfahren erst nach diesem Zeitpunkt mit jenem Verfahren verbunden wurde, der Beginn der Vernehmung des nächsten („ersten") Angeklagten entscheidend ist.[12] Wird nach Einspruch gegen einen Strafbefehl gem. §§ 412, 329 Abs. 1 nicht verhandelt, ist ein Ablehnungsgesuch alsbald nach Prüfung der Formalien anzubringen.[13] In Verfahren nach § 233 und § 415 ist der Beginn der Verlesung des die Personalien des Angeklagten enthaltenden richterlichen Protokolls gem. § 233 Abs. 3 S. 2 bzw. § 415 Abs. 4 S. 2 der entscheidende Zeitpunkt.[14] Gleiches gilt im Rahmen von § 232 Abs. 1, falls eine richterliche Vernehmung stattgefunden hat; ansonsten ist das Ablehnungsgesuch bis zum Beginn der Verlesung des Anklagesatzes zulässig.[15] Nach Aussetzung einer Hauptverhandlung oder Zurückverweisung entsteht die zeitliche Grenze des Abs. 1 S. 1 unabhängig davon, ob in der früheren Hauptverhandlung die Ablehnung erklärt wurde, erneut.[16]

4   **2. Ablehnung vor Beginn des Vortrags des Berichterstatters (Abs 1 S. 1, 2. Var.).** Im Berufungs- und Revisionsverfahren ist die Ablehnung iSd. Abs. 1 bis zum Beginn des **Vortrags des Berichterstatters** nach § 324 Abs. 1 bzw. § 351 Abs. 1 möglich, so dass es nicht auf den Beginn der Vernehmung bzw. Anhörung des Angeklagten ankommt. Wird gem. § 329 Abs. 1 nicht zur Sache verhandelt, ist das Ablehnungsgesuch alsbald nach Prüfung der Formalien zu stellen.[17]

5   **3. Konzentrationsgebot (Abs. 1 S. 2).** Nach dem Konzentrationsgebot müssen alle Ablehnungsgründe, die – uU auch in Bezug auf verschiedene Richter[18] – zur Zeit der Ablehnung vorlagen und dem Ablehnenden bekannt waren, gleichzeitig vorgebracht werden. Dies gilt auch, wenn das Ablehnungsgesuch bereits vor dem spätestmöglichen Zeitpunkt gestellt wird.[19] Dadurch soll insbesondere einer eventuellen Taktik des Angeklagten, schon bekannte Befangenheitsgründe nachzuschieben, entgegengewirkt werden.[20] Äußerungen eines Richters, die nicht zu einem unverzüglichen Ablehnungsgesuch geführt haben und daher präkludiert sind, so dass ein entsprechender Befangenheitsantrag als unzulässig – nämlich verspätet – gem. § 26a Abs. 1 Nr. 1 verworfen würde,[21] können zwar nicht im Revisionsrechtszug nachgeschoben werden,[22] jedoch zur Unterstützung bei einem späteren Ablehnungsgesuch herangezogen werden und diesem ein erhöhtes Gewicht verleihen.[23] Ob allerdings ein rechtsmissbräuchliches (Vor-)Verhalten des Angeklagten zu einer Verwirkung des Rechts auf Stellung eines nachfolgenden Befangenheitsantrags führt,[24] darf in dieser Pauschalität bezweifelt werden. Vielmehr sind trotz eines solchen Handelns des Angeklagten Verhaltensweisen der Richter denkbar, die eine Besorgnis der Befangenheit begründen können.[25]

6   **4. Ablehnung zu einem späteren Zeitpunkt (Abs. 2).** Nach den in Abs. 1 genannten Zeitpunkten kann eine Ablehnung nur beschränkt geltend gemacht werden.

7   **a) Später eingetretene oder später bekanntgewordene Umstände (Abs. 2 Nr. 1).** Es muss sich zunächst um nach den in Abs. 1 genannten Zeitpunkten eingetretene oder dem Ablehnungsbe-

---

[10] KK-StPO/*Fischer* Rn. 1.
[11] BVerfG v. 13. 5. 1953 – 1 BvR 344/51, BVerfGE 2, 295 (296 f.) = NJW 1953, 1097; BGH v. 9. 7. 1953 – 5 StR 282/53, BGHSt 4, 264 (270) = NJW 1953, 1358 (1360).
[12] HK-StPO/*Temming* Rn. 8; Löwe/Rosenberg/*Siolek* Rn. 5; *Meyer-Goßner* Rn. 2; *Rieß/Hilger* NStZ 1987, 145 (148); aA KMR/*Bockemühl* Rn. 4: bis zur Vernehmung des ablehnenden Angeklagten.
[13] KK-StPO/*Fischer* Rn. 4; *Meyer-Goßner* Rn. 4; SK-StPO/*Rudolphi* Rn. 8.
[14] Löwe/Rosenberg/*Siolek* Rn. 19; *Meyer-Goßner* Rn. 4.
[15] Löwe/Rosenberg/*Siolek* Rn. 19; KK-StPO/*Fischer* Rn. 4; SK-StPO/*Rudolphi* Rn. 8.
[16] BGH v. 16. 6. 1970 – 5 StR 602/69, BGHSt 23, 277 (278 f.) = NJW 1970, 1512 (1513); RG v. 20. 6. 1889 – 1142/89, RGSt 19, 332 (335); BayObLG v. 19. 7. 1996 – 1 St RR 71/96, StraFo 1997, 171 (173); OLG Brandenburg v. 27. 1. 1997 – 2 Ss 2/97, StV 1997, 455 (456); OLG Oldenburg v. 13. 8. 1959 – 2 Ss 246/59, NJW 1959, 2225 (2226); OLG Schleswig v. 28. 4. 1953 – Ws 107/53, SchlHA 1953, 246 (247); KMR/*Bockemühl* Rn. 5; *Meyer-Goßner* Rn. 2.
[17] *Meyer-Goßner* Rn. 4.
[18] SK-StPO/*Rudolphi* Rn. 11.
[19] KMR/*Bockemühl* Rn. 7; *Meyer-Goßner* Rn. 5.
[20] BT-Drucks. IV/178, S. 34; Löwe/Rosenberg/*Siolek* Rn. 20.
[21] Löwe/Rosenberg/*Siolek* Rn. 3; *Pfeiffer* Rn. 1; SK-StPO/*Rudolphi* Rn. 11.
[22] BGH v. 13. 7. 1966 – 2 StR 157/66, BGHSt 21, 85 (88) = NJW 1966, 2321.
[23] BGH v. 2. 3. 2004 – 1 StR 574/03, NStZ-RR 2004, 208 (210); Anw-StPO/*Werner* § 24 Rn. 28; *Dahs* Rn. 205; *Joecks* Rn. 2; KMR/*Bockemühl* Rn. 7; Löwe/Rosenberg/*Siolek* Rn. 30; *Meyer-Goßner* Rn. 5; *Pfeiffer* § 24 Rn. 2.
[24] So BGH v. 15. 12. 2005 – 1 StR 411/05, NJW 2006, 708 (709); ähnlich wohl Anw-StPO/*Werner* § 24 Rn. 28.
[25] HK-GS/*Bosbach* § 24 Rn. 24.

rechtigten erst danach bekanntgewordene Umstände handeln. Maßgebend hierbei ist die **Kenntnis des Ablehnungsberechtigten**, so dass es auf die Kenntnis des Verteidigers des Angeklagten, der nicht Vertreter des Angeklagten ist, nicht ankommt.[26] Anders verhält es sich lediglich in Bezug auf den bevollmächtigten Vertreter des Nebenklägers, dessen Kenntnis (auch) genügt.[27]

b) **Unverzügliche Geltendmachung (Abs. 2 Nr. 2).** Unverzüglichkeit der Geltendmachung verlangt eine Ablehnung ohne unnötige, nicht durch die Sachlage begründete Verzögerung.[28] Dem Ablehnungsberechtigten ist hierbei eine **Überlegungsfrist** einzuräumen, so dass beispielsweise der ablehnende Angeklagte sich mit seinem Verteidiger beraten und das Gesuch – unter Beibringung der Mittel der Glaubhaftmachung nach § 26 Abs. 2[29] – abfassen kann.[30] Erforderlichenfalls ist auf entsprechenden Antrag die Hauptverhandlung zu unterbrechen und eine angemessene Pause einzuräumen.[31] Die Länge der Frist hängt von den Umständen des Einzelfalls ab,[32] wobei ein strenger Maßstab anzulegen ist.[33] Eine vorherige Kenntnis des Verteidigers vom Ablehnungsgrund führt hierbei zu einer verkürzten Überlegungsfrist des Angeklagten.[34] Da der Verteidiger – von Extremfällen abgesehen – nicht wissen kann, ob das Gericht ein Ablehnungsgesuch für noch unverzüglich hält, darf er das Gesuch, auch wenn er selbst von einer Unverzüglichkeit nicht mehr ausgeht, noch stellen, ohne sich wegen (ggf. versuchter) Strafvereitelung strafbar zu machen.[35] 8

Entsteht der Ablehnungsgrund **während einer Beweiserhebung**, braucht der Ablehnungsberechtigte nicht auf eine umgehende Unterbrechung der (beispielsweise) aktuellen Zeugenvernehmung hinzuwirken,[36] sondern darf – auch um zu prüfen, ob sich der erste Eindruck einer möglichen Befangenheit verfestigt[37] – das Ende der Vernehmung abwarten.[38] Der Vorsitzende muss zur Anbringung des Ablehnungsgesuchs zumindest noch am gleichen Hauptverhandlungstag Gelegenheit bieten,[39] wohingegen kein Recht des Ablehnungsberechtigten besteht, dass die Hauptverhandlung zu jedem beliebigen Zeitpunkt zur Vorbereitung und Stellung eines „unaufschiebbaren Antrags" unterbrochen wird.[40] Daneben kann bei kurzen **Unterbrechungen** der Hauptverhandlung deren Fortsetzung abgewartet werden, wohingegen während einer Verhandlungsunterbrechung, bei welcher der nächste Hauptverhandlungstag erst einige Tage später stattfindet, das Ablehnungsgesuch regelmäßig außerhalb der Hauptverhandlung (schriftlich oder zu Protokoll der Geschäftsstelle) anzubringen ist,[41] ohne dass aber eine Verpflichtung zur Bearbeitung am Wochenende besteht.[42] 9

c) **Absolute zeitliche Grenze (Abs. 2 S. 2).** Nach dem letzten Wort des Angeklagten gem. § 258 Abs. 2, 3[43] bzw. § 326 und § 351 Abs. 2 ist in verfassungsrechtlich unbedenklicher Weise[44] jede **Befangenheitsablehnung unzulässig**,[45] was im Revisionsverfahren nicht mit Hilfe der Anhörungs- 10

---

[26] BGH v. 18. 12. 1990 – 5 StR 448/90, BGHSt 37, 264 (265) = NJW 1991, 1900; BGH v. 17. 12. 2009 – 3 StR 367/09, NStZ 2010, 401 (402); *Burhoff* ZAP-Fach 22, 117 (123); KK-StPO/*Fischer* Rn. 7; KMR/*Bockemühl* Rn. 8; *Meyer-Goßner* Rn. 7; zweifelnd BGH v. 18. 10. 2005 – 1 StR 114/05, BGH bei *Becker* NStZ-RR 2007, 129 (129f.).
[27] BGH v. 18. 12. 1990 – 5 StR 448/90, BGHSt 37, 264 (265) = NJW 1991, 1900; *Joecks* Rn. 3; KK-StPO/*Fischer* Rn. 7; KMR/*Bockemühl* Rn. 8; *Meyer-Goßner* Rn. 7; aA SK-StPO/*Rudolphi* Rn. 12.
[28] BGH v. 10. 11. 1967 – 4 StR 512/66, BGHSt 21, 334 (339) = NJW 1968, 710 (711); BGH v. 17. 11. 1999 – 2 StR 313/99, BGHSt 45, 312 (315) = NJW 2000, 965; BGH v. 25. 4. 2006 – 3 StR 429/05, NStZ 2006, 644 (645).
[29] BGH v. 10. 11. 1967 – 4 StR 512/66, BGHSt 21, 334 (353); HK-StPO/*Temming* Rn. 14; KK-StPO/*Fischer* Rn. 9; Löwe/Rosenberg/*Siolek* Rn. 28; SK-StPO/*Rudolphi* Rn. 12 f.
[30] BGH v. 5. 4. 1995 – 5 StR 681/94, StV 1995, 396 (397); BGH v. 10. 6. 2008 – 5 StR 24/08, NStZ 2008, 578; BayObLG v. 22. 4. 1992 – 4 St RR 65/92, NJW 1992, 2242; OLG Köln v. 26. 1. 1988 – Ss 650/87, StV 1988, 287 (288).
[31] KK-StPO/*Fischer* Rn. 8.
[32] BGH v. 28. 9. 1990 – 2 StR 289/90, StV 1991, 49; BGH v. 14. 2. 1992 – 2 StR 254/91, NStZ 1992, 290 (291).
[33] BGH v. 10. 11. 1967 – 4 StR 512/66, BGHSt 21, 334 (339); BGH v. 25. 4. 2006 – 3 StR 429/05, NStZ 2006, 644 (645); BGH v. 10. 6. 2008 – 5 StR 24/08, NStZ 2008, 578; BGH v. 27. 8. 2008 – 2 StR 261/08, NStZ 2009, 223 (224).
[34] BGH v. 5. 4. 1995 – 5 StR 681/94, StV 1995, 396 (397); *Dahs* Revision Rn. 164; KK-StPO/*Fischer* Rn. 7; *Pfeiffer* Rn. 2.
[35] LG Nürnberg/Fürth v. 17. 11. 2009 – 7 Qs 89, 90, 91/2009, StV 2010, 136 (138).
[36] BGH v. 3. 5. 1995 – 2 StR 19/95, NStZ 1996, 47 (48); *Drees* NStZ 2005, 184 (184f.).
[37] OLG München v. 22. 11. 2006 – 4 St RR 182/06, NJW 2007, 449 (451).
[38] BGH v. 17. 7. 1973 – 1 StR 61/73; vgl. auch BGH v. 15. 1. 1986 – 2 StR 630/85, StV 1986, 281 (282).
[39] *Drees* NStZ 2005, 184 (186); HK-StPO/*Temming* Rn. 15; Löwe/Rosenberg/*Siolek* Rn. 29; *Meyer-Goßner* Rn. 9.
[40] *Drees* NStZ 2005, 184 (185 f.); Löwe/Rosenberg/*Siolek* Rn. 29; *Senge* NStZ 2002, 225 (232 f.).
[41] BVerfG v. 2. 8. 2006 – 2 BvR 1518/06, NStZ-RR 2006, 379 (380); BGH v. 10. 11. 1967 – 4 StR 512/66, BGHSt 21, 334 (344) = NJW 1968, 710 (711); BGH v. 24. 7. 1990 – 5 StR 221/89, NJW 1991, 50 (51), insoweit nicht abgedruckt in BGHSt 37, 141; BGH v. 10. 6. 2008 – 5 StR 24/08, NStZ 2008, 578; OLG Köln v. 26. 1. 1988 – Ss 650/87, StV 1988, 287 (288); KK-StPO/*Fischer* Rn. 10; Löwe/Rosenberg/*Siolek* Rn. 26; *Meyer-Goßner* Rn. 8.
[42] OLG Düsseldorf v. 22. 4. 1992 – 2 Ss 34/92, StV 1992, 410; *Meyer-Goßner* Rn. 8.
[43] Nach HK-GS/*Bosbach* Rn. 5; Löwe/Rosenberg/*Siolek* Rn. 32; *Meyer-Goßner* Rn. 10, *Pfeiffer* Rn. 2, soll es allein auf den Zeitpunkt nach § 258 Abs. 2 ankommen.
[44] BVerfG v. 23. 9. 1987 – 2 BvR 814/87, NJW 1988, 477.
[45] BT-Drucks. IV/178, S. 34f.; BGH v. 25. 4. 2006 – 3 StR 429/05, NStZ 2006, 644 (645 f.); KK-StPO/*Fischer* Rn. 11; SK-StPO/*Rudolphi* Rn. 14; krit. *Hanack* Anm. zu BGH v. 13. 7. 1966 – 2 StR 157/66, JR 1967, 229 (230); Löwe/Rosenberg/*Siolek* Rn. 33; offengelassen bei BGH v. 7. 9. 2006 – 3 StR 277/06, BGH bei *Cierniak* NStZ-RR 2009, 2.

rüge nach § 356 a geheilt werden kann, wenn das rechtliche Gehör tatsächlich nicht verletzt wurde.[46] Erforderlichenfalls muss der Ablehnungsberechtigte daher vor dem letzten Wort des Angeklagten auf eine Unterbrechung der Hauptverhandlung hinwirken.[47] Steht nur noch das letzte Wort des Angeklagten aus, muss der Angeklagte die Ablehnung erklären, bevor er von seinem Recht zum letzten Wort Gebrauch macht oder darauf verzichtet.[48] Im Falle mehrerer Angeklagter kommt es hierbei auf das letzte Wort des jeweiligen – und nicht „ersten" – Angeklagten an.[49] Bei erneutem Eintritt in die Beweisaufnahme nach dem letzten Wort des Angeklagten entfällt die Präklusionswirkung.[50]

§ 26 [Ablehnungsverfahren]

(1) [1] Das Ablehnungsgesuch ist bei dem Gericht, dem der Richter angehört, anzubringen; es kann vor der Geschäftsstelle zu Protokoll erklärt werden. [2] § 257a findet keine Anwendung.

(2) [1] Der Ablehnungsgrund und in den Fällen des § 25 Abs. 2 die Voraussetzungen des rechtzeitigen Vorbringens sind glaubhaft zu machen. [2] Der Eid ist als Mittel der Glaubhaftmachung ausgeschlossen. [3] Zur Glaubhaftmachung kann auf das Zeugnis des abgelehnten Richters Bezug genommen werden.

(3) Der abgelehnte Richter hat sich über den Ablehnungsgrund dienstlich zu äußern.

1   Die Vorschrift regelt Einzelfragen des Ablehnungsverfahrens, das nicht Teil der Hauptverhandlung, sondern ein **selbständiges**, eigenen Regeln unterliegendes **Verfahren** ist und der Sache nach zum Gerichtsverfassungsgesetz gehört.[1] Daher gelten beispielsweise weder der Grundsatz der Öffentlichkeit noch das Gebot der Anwesenheit des Angeklagten.[2]

2   **1. Zuständigkeit zur Entgegennahme des Gesuchs (Abs. 1 S. 1, 1. Hs.).** Das Ablehnungsgesuch ist bei dem **Gericht** (**Spruchkörper**) anzubringen, dem der Richter (bzw. über § 31 auch der Schöffe oder Urkundsbeamte der Geschäftsstelle) bei derjenigen Tätigkeit angehört, von der er ausgeschlossen werden soll.[3] Dies ist u. a. von Relevanz, wenn Richter zugleich mehreren Amtsgerichten (§ 22 Abs. 2 GVG) oder einem Amtsgericht und einem Landgericht (§ 59 Abs. 2 GVG) angehören. Ablehnungsgesuche gegen Richter einer auswärtigen Strafkammer (§ 78 GVG) oder eines auswärtigen Strafsenats (§ 116 Abs. 2 S. 1 GVG) sind bei jenen Gerichten anzubringen sowie Gesuche gegen einen ersuchten Richter bei ihm (und nicht beim ersuchenden Gericht) zu stellen.[4]

3   **2. Form des Gesuchs (Abs. 1 S. 1, 2. Hs., S. 2).** Da keine Form für das Ablehnungsgesuch vorgeschrieben ist, kann es **in jeder Form**[5] und nach freier Wahl des Antragstellers[6] eingebracht werden, dh. in der Hauptverhandlung **mündlich** oder **schriftlich**, vor und außerhalb der Hauptverhandlung **schriftlich** sowie – nach Abs. 1 S. 1, 2. Hs. – stets **zu Protokoll der Geschäftsstelle**. Bei mündlicher Antragstellung wird hierbei nach § 273 lediglich der Antrag ohne Gründe protokolliert,[7] so dass sich bereits mit Blick auf §§ 338 Nr. 3, 344 Abs. 2 S. 2 die Übergabe der verlesenen Begründung in schriftlicher Form als Anlage zum Protokoll empfiehlt.[8] Generell darf gem. Abs. 1 S. 2 keine schriftliche Antragstellung nach § 257a vorgeschrieben werden.[9] Daneben darf der Ablehnende auch nicht auf eine Antragstellung außerhalb der Hauptverhandlung oder zu Protokoll der Geschäftsstelle verwiesen werden.[10]

---

[46] BGH v. 22. 11. 2006 – 1 StR 180/06, JR 2007, 172, mit Anm. *Kretschmer*; BGH v. 13. 2. 2007 – 3 StR 425/06, NStZ 2007, 416 (417); BGH v. 7. 8. 2007 – 4 StR 142/07, NStZ 2008, 55; BGH v. 4. 8. 2009 – 1 StR 287/09, NStZ-RR 2009, 353.
[47] BVerfG v. 2. 8. 2006 – 2 BvR 1518/06, NStZ-RR 2006, 379 (380).
[48] BGH v. 25. 4. 2006 – 3 StR 429/05, NStZ 2006, 644 (646).
[49] SK-StPO/*Rudolphi* Rn. 15.
[50] BGH v. 25. 4. 2006 – 3 StR 429/05, NStZ 2006, 644 (645).
[1] Löwe/Rosenberg/*Siolek* Rn. 1 f.
[2] BGH v. 23. 4. 1980 – 3 StR 434/79, BGH bei *Pfeiffer* NStZ 1982, 188, insoweit nicht abgedruckt in BGHSt 29, 258; BGH v. 17. 4. 1996 – 3 StR 34/96, NJW 1996, 2382; Löwe/Rosenberg/*Siolek* Rn. 2; KK-StPO/*Fischer* Rn. 1.
[3] RG v. 20. 6. 1889 – 1142/89, RGSt 19, 332 (335 f.); KK-StPO/*Fischer* Rn. 1; Löwe/Rosenberg/*Siolek* Rn. 4.
[4] KK-StPO/*Fischer* Rn. 1; Löwe/Rosenberg/*Siolek* Rn. 4; *Meyer-Goßner* Rn. 2.
[5] RG v. 22. 1. 1886 – 3250/85, RGSt 13, 302 (304); Bockemühl/*Groß-Bölting/Kaps*, Handbuch des Fachanwalts Strafrecht, 4. Aufl. 2009, 2. Teil 4. Kap. Rn. 36; HK-StPO/*Temming* Rn. 5; KK-StPO/*Fischer* Rn. 2; Löwe/Rosenberg/ *Siolek* Rn. 6; *Meyer-Goßner* Rn. 2; SK-StPO/*Rudolphi* Rn. 2.
[6] BGH v. 8. 6. 2005 – 2 StR 118/05, StV 2005, 531 (532).
[7] BGH v. 12. 12. 2008 – 2 StR 479/08, NStZ-RR 2009, 142; RG v. 22. 6. 1899 – 2353/99, RGSt 32, 239 (241); OLG Nürnberg v. 30. 8. 1983 – Ws 710/83, MDR 1984, 74; *Meyer-Goßner* Rn. 2.
[8] Anw-StPO/*Werner* Rn. 9; KK-StPO/*Fischer* Rn. 2; KMR/*Bockemühl* Rn. 3.
[9] Vgl. bereits zur früheren Rechtslage BGH v. 22. 6. 1994 – 3 StR 72/94, BGHR StPO § 24 Abs. 2 Vorsitzender 4.
[10] BGH v. 8. 6. 2005 – 2 StR 118/05, StV 2005, 531 (532).

Dritter Abschnitt. Ausschließung und Ablehnung der Gerichtspersonen 4–7 § 26

3. Inhalt des Gesuchs. Das Gesuch muss den abgelehnten Richter namentlich benennen oder 4 jedenfalls in anderer Weise bezeichnen, die eine Individualisierung zweifelsfrei ermöglicht.[11] Daneben müssen in dem Ablehnungsgesuch die Tatsachen angegeben werden, auf die die Ablehnung gestützt wird.[12] Die Bezugnahme auf die Akten[13] genügt ebenso wenig wie das bloße Behaupten eines Ablehnungsgrundes.[14] In der Konstellation des § 25 Abs. 2 müssen zudem die Tatsachen angeführt werden, aus denen sich die Rechtzeitigkeit des Antrags ergeben soll.[15]

4. Glaubhaftmachung (Abs. 2). Bei der Glaubhaftmachung müssen die behaupteten Tatsachen 5 soweit bewiesen werden, dass dem Gericht die **Wahrscheinlichkeit ihrer Richtigkeit** in einem nach Lage der Sache vernünftigerweise zur Entscheidung **hinreichenden Maße** dargelegt wird.[16] Das Gericht soll ohne verzögernde weitere Ermittlungen über das Ablehnungsgesuch entscheiden können,[17] wobei sich nicht behebbare Zweifel an der Richtigkeit der behaupteten Tatsachen mangels Geltung des Grundsatzes „in dubio pro reo" zulasten des Antragstellers auswirken.[18] Da die Glaubhaftmachung nicht in ein förmliches Beweisaufnahmeverfahren eingebunden ist,[19] richtet sich die Beweiserhebung über das Ablehnungsgesuch – abgesehen von der Einholung der dienstlichen Äußerung des Richters nach Abs. 3 – nach pflichtgemäßem Ermessen des Gerichts.[20] Hierbei ist das Gericht – abgesehen von Ausnahmefällen, in denen das Unvermögen, eine schriftliche Erklärung eines Zeugen beizubringen, glaubhaft gemacht ist[21] – nicht verpflichtet, auf eine weitere Glaubhaftmachung hinzuwirken[22] oder die behaupteten Tatsachen zu überprüfen.[23]

a) Umfang der erforderlichen Glaubhaftmachung. Regelmäßig müssen die zur Begründung des 6 **Ausschließungs- bzw. Ablehnungsgrundes** geltend gemachten **Tatsachen** glaubhaft gemacht werden, was lediglich entbehrlich ist, wenn sich die Richtigkeit des Vorbringens aus den Akten ergibt,[24] die Tatsachen sonst gerichtsbekannt sind[25] oder – wegen der dem Rechtsanwalt obliegenden Wahrheitspflicht selbst bei Fehlen einer förmlichen anwaltlichen Versicherung – der von einem Verteidiger verfasste Antrag Wahrnehmungen des Verteidigers selbst enthält.[26] Des Weiteren müssen in der Konstellation des § 25 Abs. 2 die **Tatsachen** glaubhaft gemacht werden, aus denen sich die **Rechtzeitigkeit** des Antrags ergibt. Hiervon kann abgesehen werden, wenn die Rechtzeitigkeit nach Sachlage offenkundig ist.[27]

b) Mittel der Glaubhaftmachung. Als Mittel der Glaubhaftmachung kommen (uU auch fremd- 7 sprachige[28]) schriftliche Erklärungen oder eidesstattliche Versicherungen von **Zeugen**, **Urkunden** (ua. ärztliche Atteste und sonstige Bescheinigungen), **anwaltliche** Erklärungen[29] und Versicherungen[30] sowie – nach Abs. 2 S. 3, auch iVm. § 31 – das **Zeugnis des abgelehnten Richters** oder

---

[11] BVerfG v. 13. 5. 1953 – 1 BvR 344/51, BVerfGE 2, 295 (297) = NJW 1953, 1097; BGH v. 16. 12. 1969 – 5 StR 468/69, BGHSt 23, 200 (202) = NJW 1970, 478 (479); *Günther* NJW 1986, 281 (282); Löwe/Rosenberg/*Siolek* Rn. 11, 13.
[12] BayObLG v. 12. 9. 1952 – BeschwReg. 2 St 35, 36/51, BayObLGSt 1952, 188 = JZ 1952, 753; OLG Düsseldorf v. 12. 11. 1991 – 1 Ws 912, 1014 u. 1016/91, VRS 82 (1992), 189 (190).
[13] BayObLG v. 12. 9. 1952 – BeschwReg. 2 St 35, 36/51, BayObLGSt 1952, 188 = JZ 1952, 753; *Joecks* Rn. 2.
[14] BGH v. 30. 6. 1970 – 3 StR 17/68, BGH bei *Dallinger* MDR 1970, 899; Löwe/Rosenberg/*Siolek* Rn. 11.
[15] Meyer-Goßner Rn. 4.
[16] BVerfG v. 9. 7. 1969 – 2 BvR 753/68, BVerfGE 26, 315 (319) = NJW 1969, 1531 (1532); BGH v. 10. 11. 1967 – 4 StR 512/66, BGHSt 21, 334 (350); BGH v. 10. 5. 1990 – 5 StR 447/90, NStZ 1991, 144; BayObLG v. 28. 11. 1955 – BReg 3 St 167/55, JZ 1956, 340; OLG Düsseldorf v. 6. 6. 1991 – 1 Ws 480/91, wistra 1991, 355.
[17] BGH v. 10. 11. 1967 – 4 StR 512/66, BGHSt 21, 334 (347) = NJW 1968, 710 (712); OLG Düsseldorf v. 6. 5. 1985 – 2 Ws 184/85 u. 2 Ss 161/85 – 104/85 II, NJW 1985, 2207; *Dahs* Rn. 205; *W. Schmid* SchlHA 1981, 73 (73 f.).
[18] BGH v. 10. 11. 1967 – 4 StR 512/66, BGHSt 21, 334 (352); OLG Düsseldorf v. 25. 7. 1984 – 1 Ws 720/84, StV 1985, 223 (224); HK-GS/*Bosbach* Rn. 1, 5; *Joecks* Rn. 4; KK-StPO/*Fischer* Rn. 4; KMR/*Bockemühl* Rn. 7; *Meyer-Goßner* Rn. 7; Widmaier/*Kempf* MAH Strafverteidigung, § 6 Rn. 87.
[19] BGH v. 1. 7. 1971 – 1 StR 362/70, BGH bei *Dallinger* MDR 1972, 17.
[20] KK-StPO/*Fischer* Rn. 9.
[21] BGH v. 1. 9. 1977 – 2 StR 119/77, BGH bei *Holtz* MDR 1978, 111.
[22] BGH v. 10. 11. 1967 – 4 StR 512/66, BGHSt 21, 334 (347 f.) = NJW 1968, 710 (712).
[23] Vgl. OLG Düsseldorf v. 6. 5. 1985 – 2 Ws 184/85 u. 2 Ss 161/85 – 104/85 II, NJW 1985, 2207; KK-StPO/*Fischer* Rn. 9.
[24] BGH v. 22. 12. 1976 – 2 StR 527/76 nach KK-StPO/*Fischer* Rn. 4; BGH v. 29. 8. 2006 – 1 StR 371/06, NStZ 2007, 161 (162); *Meyer-Goßner* Rn. 6.
[25] BGH v. 1. 7. 1971 – 1 StR 362/70, BGH bei *Dallinger* MDR 1972, 17; BGH v. 29. 8. 2006 – 1 StR 371/06, NStZ 2007, 161 (162); BayObLG v. 25. 10. 1994 – 1 ObOWiG 446/94, StV 1995, 7; *Heyland* JR 1977, 402 (405); Löwe/Rosenberg/*Siolek* Rn. 12, 19; *Peters* Anm. zu KG v. 2. 1. 1974 – 3 Ws 207/73, JR 1974, 253 (254).
[26] BGH v. 29. 8. 2006 – 1 StR 371/06, NStZ 2007, 161 (162); BayObLG v. 25. 10. 1994 – 1 ObOWiG 446/94, StV 1995, 7; OLG Koblenz v. 14. 12. 1984 – 1 Ss 473/84, VRS 68, 211 (212); OLG Neustadt/Weinstr. v. 9. 2. 1956 – Ws 11/56, MDR 1956, 312; OLG Schleswig v. 24. 8. 1971 – 1 Ws 204/71, MDR 1972, 165; KK-StPO/*Fischer* Rn. 4.
[27] BGH v. 14. 9. 1965 – 1 StR 296/65, MDR 1965, 1004.
[28] OLG Bamberg v. 15. 12. 1988 – Ws 653/88, NStZ 1989, 335.
[29] BGH v. 29. 8. 2006 – 1 StR 371/06, NStZ 2007, 161 (162); BayObLG v. 25. 10. 1994 – 1 ObOWiG 446/94, StV 1995, 7; OLG Schleswig v. 24. 8. 1971 – 1 Ws 204/71, MDR 1972, 165; vgl. auch Rn. 6.
[30] OLG Köln v. 20. 12. 1963 – 1 Ws 76/63, NJW 1964, 1038 (1039); OLG Schleswig v. 24. 8. 1971 – 1 Ws 204/71, MDR 1972, 165.

Schöffen (in Form der dienstlichen Äußerung nach Abs. 3[31]) in Betracht.[32] Auf letzteres muss sich – auch durch einen Verteidiger bei einer Ablehnung namens seines Mandanten – ausdrücklich berufen werden.[33]

8   **Ausgeschlossen** sind für alle **Ablehnungsberechtigten** – nicht nur für den Beschuldigten[34] – die eidesstattliche Versicherung sowie – nach Abs. 2 S. 2 – der Eid.[35] Eine dennoch abgegebene eidesstattliche Versicherung ist als schlichte Versicherung und somit einfache Erklärung zu werten, die zur Glaubhaftmachung grundsätzlich nicht genügt.[36] Grundsätzlich **nicht** ausreichend für die Darlegung der Wahrscheinlichkeit der Richtigkeit des tatsächlichen Vorbringens ist auch allein die **Benennung von Beweismitteln**.[37] Ausnahmsweise genügt jedoch die Benennung von Zeugen, wenn glaubhaft gemacht werden kann, dass eine schriftliche Äußerung des Zeugen wegen mangelnder Erreichbarkeit oder Weigerung des Zeugen nicht erlangt werden kann.[38] Generell dürfen auch Auskunftspersonen nach Abs. 2 S. 2 nicht vereidigt werden.

9   **5. Dienstliche Äußerung des abgelehnten Richters (Abs. 3).** Sofern nicht das Ablehnungsgesuch als offensichtlich unzulässig nach § 26a zu verwerfen ist[39] oder aber der Sachverhalt eindeutig feststeht,[40] hat ein Richter sich nach Abs. 3 (als Dienstpflicht[41]) über den Ablehnungsgrund zu äußern. Dies hat **schriftlich** gegenüber dem für die Entscheidung zuständigen Spruchkörper zu erfolgen, so dass ein Diktieren in das Sitzungsprotokoll nicht genügt.[42] **Inhaltlich** muss in sachlicher, in Umfang und Stil angemessener Form eine Äußerung lediglich zu den dem Ablehnungsgesuch zugrunde liegenden Tatsachen – und nicht auch zu rechtlichen Fragen oder persönlichen Empfindungen – erfolgen.[43] Hierdurch kann unter Umständen – bei (beanstandetem) unbedachtem Verhalten auch im Wege einer Klarstellung und Entschuldigung[44] – ein zunächst berechtigt erscheinendes Misstrauen gegen den Richter wieder beseitigt werden.[45] Wenn mehrere Richter gleichzeitig abgelehnt wurden, hat jeder von ihnen eine eigene dienstliche Äußerung zu tätigen, wobei inhaltliche Bezugnahmen auf die Erklärungen anderer Richter zulässig sind, wenn und soweit den Ablehnungsgesuchen derselbe Sachverhalt zugrunde liegt.[46]

10   **Zur Gewährung rechtlichen Gehörs** ist dem Antragsteller und den übrigen Verfahrensbeteiligten die dienstliche Äußerung nach § 33 mitzuteilen.[47] Nur bei hiermit verbundener Gelegenheit zur Stellungnahme dürfen bei einer Entscheidung über das Ablehnungsgesuch auch von der Ablehnungsbegründung abweichende Tatsachen und Beweisergebnisse, die der dienstlichen Äußerung zu entnehmen sind, verwertet werden,[48] wobei im Hinblick auf den Angeklagten genügt, dass dem Verteidiger Gelegenheit zur Stellungnahme gewährt wurde.[49] Konnte der Antragsteller sein Ablehnungsgesuch nach Kenntnis von der dienstlichen Äußerung erneuern, so beruht – wenn die unverzügliche Wiederholung der Ablehnung unterlassen wird – ein nachfolgendes Urteil idR nicht auf diesem Fehler.[50] Bei fehlender Möglichkeit eines erneuten Ablehnungsgesuchs nach

---

[31] BGH v. 1. 7. 1971 – 1 StR 362/70; HK-GS/*Bosbach* Rn. 6; Löwe/Rosenberg/*Siolek* Rn. 23.
[32] KK-StPO/*Fischer* Rn. 5; *Meyer-Goßner* Rn. 8.
[33] OLG Frankfurt/M v. 15. 12. 1976 – 20 W 1044/76, NJW 1977, 767 (768); *Günther* NJW 1986, 281 (283); aA OLG Celle v. 15. 3. 1982 – 1 Ws 55/82, NdsRpfl 1982, 100.
[34] OLG Düsseldorf v. 25. 7. 1984 – 1 Ws 720/84, StV 1985, 223 (224); OLG Hamm v. 24. 3. 1965 – 1 Ws 70/65, MDR 1965, 843 (843 f.); OLG Koblenz v. 11. 11. 1982 – 1 Ws 698/82, VRS 64, 271 (272).
[35] RG v. 11. 4. 1922 – I 812/21, RGSt 57, 53 (54); RG v. 2. 7. 1936 – 2 D 183/36, RGSt 70, 266 (268); OLG Düsseldorf v. 6. 9. 1989 – 3 Ws 608/89, NStZ 1990, 149 (150); OLG Koblenz v. 11. 11. 1982 – 1 Ws 698/82, VRS 64, 271 (272); KK-StPO/*Fischer* Rn. 5; Löwe/Rosenberg/*Siolek* Rn. 22; *Meyer-Goßner* Rn. 9.
[36] OLG Düsseldorf v. 25. 7. 1984 – 1 Ws 720/84, StV 1985, 223 (224); *Meyer-Goßner* Rn. 9.
[37] KMR/*Bockemühl* Rn. 8; *Meyer-Goßner* Rn. 8.
[38] BGH v. 10. 11. 1967 – 4 StR 512/66, BGHSt 21, 334 (347) = NJW 1968, 710 (712); BGH v. 22. 12. 1976 – 2 StR 527/76 nach KK-StPO/*Fischer* Rn. 6; BGH v. 1. 9. 1977 – StR 119/77, BGH bei *Holtz* MDR 1978, 111; BayObLG v. 28. 11. 1955 – BReg 3 St 167/55, JZ 1956, 340; HansOLG Bremen v. 21. 12. 1976 – Ss 118/76, JZ 1977, 442 (443); OLG Düsseldorf v. 20. 10. 1998 – 1 Ws (OWi) 138/98, VRS 96 (1999), 111 (112).
[39] Vgl. BVerfG v. 22. 2. 1960 – 2 BvR 36/60, BVerfGE 11, 1 (3) = MDR 1961, 26 (27); BGH v. 14. 6. 2005 – 3 StR 446/04, NJW 2005, 3434 (3435); vgl. *Rabe* NStZ 1996, 369.
[40] BGH v. 24. 7. 2007 – 4 StR 236/07, NStZ 2008, 117; aA *Richter II*, FS Eisenberg, 2009, S. 559 (566).
[41] BGH v. 16. 12. 1969 – 5 StR 468/69, BGHSt 23, 200 (203) = NJW 1970, 478 (479).
[42] BayObLG v. 27. 7. 1982 – RReg. 5 St 71/82, StV 1982, 460.
[43] KK-StPO/*Fischer* Rn. 7.
[44] BGH v. 3. 3. 1999 – 5 StR 566/98, NStZ 1999, 419; BGH v. 13. 10. 2005 – 5 StR 278/05, NStZ 2006, 49.
[45] BGH v. 9. 7. 1953 – 5 StR 282/53, BGHSt 4, 264 (269 f.) = NJW 1953, 1358 (1359); BGH v. 26. 1. 2006 – 5 StR 500/05, NJW 2006, 854; BGH v. 12. 9. 2007 – 1 StR 407/07, NStZ 2008, 229 (230).
[46] KK-StPO/*Fischer* Rn. 7.
[47] BGH v. 16. 12. 1969 – 5 StR 468/69, BGHSt 23, 200 (203) = NJW 1970, 478 (479).
[48] BVerfG v. 25. 6. 1968 – 2 BvR 599, 677/67, BVerfGE 24, 56 (62) = NJW 1968, 1621; BGH v. 13. 7. 1966 – 2 StR 157/66, BGHSt 21, 85 (87) = NJW 1966, 2321; BGH v. 10. 11. 1967 – 4 StR 512/66, BGHSt 21, 334 (345); OLG Braunschweig v. 25. 6. 1976 – 1 W 9/76, NJW 1976, 2024 (2025).
[49] BGH v. 5. 4. 1973 – 2 StR 427/70, BGH bei *Dallinger* MDR 1974, 367; Anw-StPO/*Werner* Rn. 7; HK-StPO/*Temming* Rn. 1; Löwe/Rosenberg/*Siolek* Rn. 28.
[50] BGH v. 13. 7. 1966 – 2 StR 157/66, BGHSt 21, 85 (87) = NJW 1966, 2321; BGH v. 30. 6. 1982 – 2 StR 260/82, StV 1982, 457; KK-StPO/*Fischer* Rn. 8; Löwe/Rosenberg/*Siolek* Rn. 30.

Kenntniserlangung vom Inhalt der dienstlichen Äußerung kann die Revision hingegen auf die Versagung rechtlichen Gehörs gestützt werden.[51]

§ 26a [Unzulässige Ablehnung]

(1) Das Gericht verwirft die Ablehnung eines Richters als unzulässig, wenn
1. die Ablehnung verspätet ist,
2. ein Grund zur Ablehnung oder ein Mittel zur Glaubhaftmachung nicht angegeben wird oder
3. durch die Ablehnung offensichtlich das Verfahren nur verschleppt oder nur verfahrensfremde Zwecke verfolgt werden sollen.

(2) [1]Das Gericht entscheidet über die Verwerfung nach Absatz 1, ohne daß der abgelehnte Richter ausscheidet. [2]Im Falle des Absatzes 1 Nr. 3 bedarf es eines einstimmigen Beschlusses und der Angabe der Umstände, welche den Verwerfungsgrund ergeben. [3]Wird ein beauftragter oder ein ersuchter Richter, ein Richter im vorbereitenden Verfahren oder ein Strafrichter abgelehnt, so entscheidet er selbst darüber, ob die Ablehnung als unzulässig zu verwerfen ist.

Schrifttum: *Güntge*, Die willkürliche Ablehnung von Befangenheitsgesuchen nach § 26a StPO und der gesetzliche Richter, JR 2006, 363; *Günther*, Unzulässige Ablehnungsgesuche und ihre Bescheidung, NJW 1986, 281; *Kröpil*, Zur Entstehung und Bedeutung des § 26a Abs. 1 Nr. 3 und Abs. 2 StPO, AnwBl. 1997, 575; *Rabe*, Zur Zulässigkeit eines Ablehnungsgesuchs gemäß § 26a I Nr. 2 StPO, NStZ 1996, 369; *Röhling*, Verstoß gegen § 26a StPO als absoluter Revisionsgrund i. S. v. § 338 Nr. 3 StPO, JA 2009, 720; *Sieg*, Verwerfung der Richterablehnung und das Recht auf den gesetzlichen Richter, NJW 1978, 1962.

Die eng auszulegende Vorschrift dient der **Verfahrensvereinfachung und -beschleunigung**, indem Ablehnungsgesuche, die aus eindeutig erkennbaren Gründen von vornherein keine Aussicht auf Erfolg haben, unter Mitwirkung auch des abgelehnten Richters verworfen werden.[1] Da es sich um reine Formalentscheidungen bzw. die Verwerfung offensichtlichen Missbrauchs ohne inhaltliche Beurteilung handelt, ist die Vorschrift mit Blick auf die Beteiligung des abgelehnten Richters mit Art. 101 Abs. 1 S. 2 GG vereinbar.[2]   1

1. Verwerfung als unzulässig (Abs. 1). Die Verwerfung des Ablehnungsgesuchs als unzulässig steht nicht im Ermessen des Gerichts, sondern ist bei Vorliegen der gesetzlichen Voraussetzungen **zwingend** vorgeschrieben.[3] Bei auch nur geringen Zweifeln am Vorliegen oder fälschlicher Verneinung des Vorliegens der Gründe des Abs. 1 entscheidet das nach § 27 zuständige Gericht.[4] Da eine Verwerfung nur einzelner Ablehnungsgründe als unzulässig ausgeschlossen ist,[5] ist auch in dieser Konstellation das Gericht nach § 27 zuständig.   2

a) **Verspätung (Abs. 1 Nr. 1).** Wird das Ablehnungsgesuch nach Beginn der Vernehmung des Angeklagten zur Person erhoben, sind (auch) die Voraussetzungen der **Rechtzeitigkeit** iSv. § 25 Abs. 2 S. 1 darzulegen und glaubhaft zu machen. Wird das Vorliegen ohne Glaubhaftmachung nach § 26 Abs. 2 lediglich behauptet, darf das Gericht davon ausgehen, dass der Ablehnungsgrund bereits zum Zeitpunkt des Beginns der Vernehmung des Angeklagten zur Person bekannt war,[6] und daher das Gesuch als verspätet ablehnen. Ebenso ist ein Gesuch als verspätet zu verwerfen, wenn unter **Verstoß gegen das Konzentrationsgebot** des § 25 Abs. 1 S. 2[7] ein neues Ablehnungsgesuch auf Basis eines bereits im Zeitpunkt des ersten Ablehnungsgesuchs bekannten Grundes erhoben wird.[8] Schließlich ist die **Wiederholung eines bereits abgelehnten Gesuchs** mit derselben (bereits „verbrauchten") Begründung – und somit ohne die rechtzeitige Geltendmachung neuer Tatsachen oder rechtzeitige Beibringung neuer Mittel der Glaubhaftmachung bzw. unter Verstoß gegen das Konzentrationsgebot – wegen Verspätung als unzulässig abzulehnen.[9]   3

---

[51] Vgl. OLG Hamm v. 13. 7. 1995 – 2 Ss OWi 546/95, StV 1996, 11 (12); KK-StPO/*Fischer* Rn. 8; *Meyer-Goßner* Rn. 14.
[1] KK-StPO/*Fischer* Rn. 1; *Röhling* JA 2009, 720.
[2] BVerfG v. 2. 2. 1995 – 2 BvR 37/95, NJW 1995, 2912 (2913); BVerfG v. 2. 6. 2005 – 2 BvR 625/01, NJW 2005, 3410 (3412); BGH v. 26. 6. 2007 – 5 StR 138/07, NStZ 2008, 46 (47); BGH v. 2. 4. 2008 – 5 StR 129/07, NStZ-RR 2008, 246 (247); BGH v. 10. 4. 2008 – 4 StR 443/07, NStZ 2008, 523 (524); KK-StPO/*Fischer* Rn. 1.
[3] BGH v. 3. 2. 1982 – 2 StR 374/81, NStZ 1982, 291 (292); HK-StPO/*Temming* Rn. 5; *Meyer-Goßner* Rn. 2.
[4] BVerfG v. 2. 6. 2005 – 2 BvR 625/01, NJW 2005, 3410 (3411 f.); BVerfG v. 27. 4. 2007 – 2 BvR 1674/06, NStZ-RR 2007, 275 (276); BGH v. 10. 11. 1967 – 4 StR 512/66, BGHSt 21, 334 (337) = NJW 1968, 710; BGH v. 10. 8. 2005 – 5 StR 180/05, BGHSt 50, 216 (220) = NJW 2005, 3436 (3437); SK-StPO/*Rudolphi* Rn. 2; HK-StPO/*Temming* Rn. 4; KK-StPO/*Fischer* Rn. 7; KMR/*Bockemühl* Rn. 2; Löwe/Rosenberg/*Siolek* Rn. 7; *Meyer-Goßner* Rn. 2, 4a; *Röhling* JA 2009, 720 (721); SK-StPO/*Rudolphi* Rn. 2 f.
[5] BGH v. 4. 7. 1990 – 3 StR 121/89, BGHSt 37, 99 (105 f.) = NJW 1990, 3030 (3031); *Meyer-Goßner* Rn. 2.
[6] BGH v. 14. 9. 1965 – 1 StR 296/65, MDR 1965, 1004; KK-StPO/*Fischer* Rn. 4; *Meyer-Goßner* Rn. 3.
[7] Vgl. § 25 Rn. 5.
[8] Anw-StPO/*Werner* Rn. 2; KK-StPO/*Fischer* Rn. 4; SK-StPO/*Rudolphi* Rn. 4.
[9] Anw-StPO/*Werner* Rn. 2; KMR/*Bockemühl* Rn. 5; SK-StPO/*Rudolphi* Rn. 5; vgl. auch BGH v. 13. 7. 1966 – 2 StR 157/66, BGHSt 21, 85 (87) = NJW 1966, 2321; RG v. 13. 2. 1893 – 4117/92, RGSt 24, 12 (14); RG v. 8. 10. 1897 –

4 **b) Fehlen einer Begründung oder Glaubhaftmachung (Abs. 1 Nr. 2).** Enthält das Ablehnungsgesuch überhaupt **keine Begründung** oder ist **kein Mittel der Glaubhaftmachung** angegeben, so ist es – selbst wenn eine Beibringung der Begründung angekündigt ist[10] oder eine (rechtlich unzulässige) Frist zur nachträglichen Beibringung der Begründung beantragt wird[11] – als unzulässig zu verwerfen. Im Falle einer lediglich unzureichenden oder unvollständigen Begründung (zB auch bei Fehlen einzelner von mehreren Gründen) erfolgt hingegen eine Entscheidung nach § 27.[12]

5 Dem Fehlen einer Begründung ist die Angabe einer **völlig ungeeigneten Begründung**, die von vornherein eine Ablehnung unter keinem Gesichtspunkt tragen könnte, gleichzustellen.[13] Hierbei muss das Ablehnungsgesuch ohne nähere Prüfung und losgelöst von den konkreten Umständen des Einzelfalls zur Begründung der Besorgnis der Befangenheit gänzlich ungeeignet sein.[14] Diesbezüglich ist im Hinblick auf Art. 101 Abs. 1 S. 2 GG ein strenger Maßstab anzulegen,[15] da im Gewande einer Zulässigkeitsprüfung nicht eine versteckte Begründetheitsprüfung durchgeführt werden darf.[16] Werden diese Grenzen überschritten, kann dies für sich die Besorgnis der Befangenheit begründen.[17] Eine Begründung ist **beispielsweise** völlig ungeeignet, wenn sie sich in bloßen Vorwürfen und Schmähungen erschöpft,[18] nur Wertungen und keine Tatsachenbehauptungen enthält,[19] sich lediglich auf die Zugehörigkeit des Richters zu einer bestimmten ethnischen, religiösen, politischen oder sozialen Gruppe bzw. Gemeinschaft bezieht,[20] sich das Gesuch lediglich auf die Ablehnung von Beweisanträgen stützt,[21] eindeutig prozessordnungsgemäße Maßnahmen der Verhandlungsleitung gerügt werden[22] oder wenn eine bloße prozessordnungsgemäße Mitwirkung an einer Vorentscheidung oder eine bloße Vorbefassung mit der Sache vorgetragen wird, ohne dass jeweils besondere Umstände, die über die Tatsache der Vorbefassung und damit notwendig verbundene Äußerungen hinausgehen, vorliegen.[23] Auch stellt die bloße Behauptung eines Ablehnungsgrundes, die auf eine unzulässige Ausforschung hinausläuft, eine völlig ungeeignete Begründung dar.[24]

6 **Keine Verwerfung wegen Unzulässigkeit** darf hingegen bei (lediglich) offensichtlicher Unbegründetheit des Ablehnungsgesuchs erfolgen.[25] Gleiches gilt im Hinblick auf schwer verständliche oder unvollständige Ablehnungsgründe.[26] Da im Rahmen der Begründung des Ablehnungsge-

---

2393/97, RGSt 30, 273 (275); OLG Hamm v. 27. 6. 1966 – 3 Ws 50/66, NJW 1966, 2073 (2074); *Günther* NJW 1986, 281 (284); KK-StPO/*Fischer* Rn. 2; Löwe/Rosenberg/*Siolek* Rn. 18, § 27 Rn. 15; *Meyer-Goßner* Rn. 4 a, § 26 Rn. 3; *Pfeiffer* Rn. 2; *Schorn* GA 1963, 171 (179 f.).
[10] OLG Köln v. 30. 12. 1963 – 6 W 138/63, MDR 1964, 423, mit zust. Anm. *Teplitzky*; OLG München v. 2. 12. 1975 – 2 Ws 597/75, NJW 1976, 436; *Günther* NJW 1986, 281 (283).
[11] OLG München v. 2. 12. 1975 – 2 Ws 597/75, NJW 1976, 436.
[12] KK-StPO/*Fischer* Rn. 5; Löwe/Rosenberg/*Siolek* Rn. 11, 15.
[13] BVerfG v. 24. 2. 2006 – 2 BvR 836/04, NJW 2006, 3129 (3131 f.); BVerfG v. 27. 4. 2007 – 2 BvR 1674/06, NStZ-RR 2007, 275 (276); BGH v. 10. 8. 2005 – 5 StR 180/05, BGHSt 50, 216 (220) = NJW 2005, 3436 (3437); BGH v. 14. 6. 2005 – 3 StR 446/04, NJW 2005, 3434 (3435); BGH v. 13. 7. 2006 – 5 StR 154/06, NStZ 2006, 705 (706); OLG Düsseldorf v. 4. 5. 1993 – 5 Ss 78/93 – 35/93 I, GA 1993, 461 (462); OLG Köln v. 22. 2. 1991 – 2 Ws 90/91, StV 1991, 293; *Günther* NJW 1986, 281 (286); *Meyer-Goßner*, FS 50 Jahre BGH, S. 615 (623); vgl. auch *Günther* JR 2006, 363 (363 f.); *Meyer-Goßner* Anm. zu BGH v. 14. 6. 2005 – 3 StR 446/04, NStZ 2006, 53; aA *Rabe* NStZ 1996, 369.
[14] BVerfG v. 27. 4. 2007 – 2 BvR 1674/06, NStZ-RR 2007, 275 (276); BGH v. 10. 8. 2005 – 5 StR 180/05, BGHSt 50, 216 (220) = NJW 2005, 3436 (3437); BGH v. 29. 6. 2006 – 5 StR 485/05, NJW 2006, 2864 (2866); BGH v. 17. 12. 2009 – 3 StR 367/09, wistra 2010, 217 (218); OLG Schleswig v. 22. 3. 2007 – 2 Ss 36/07, StV 2008, 290.
[15] BGH v. 14. 6. 2005 – 3 StR 446/04, NJW 2005, 3434 (3435); BGH v. 25. 4. 2006 – 3 StR 429/05, NStZ 2006, 644 (645); KK-StPO/*Fischer* Rn. 7; *Meyer-Goßner* Rn. 4 a.
[16] BVerfG v. 27. 4. 2007 – 2 BvR 1674/06, NStZ-RR 2007, 275 (276); BGH v. 26. 6. 2007 – 5 StR 138/07, NStZ 2008, 46 (47); vgl. auch BVerfG v. 2. 6. 2005 – 2 BvR 625/01, NJW 2005, 3410 (3412); BVerfG v. 24. 2. 2006 – 2 BvR 836/04, NJW 2006, 3129 (3131 f.); BGH v. 10. 8. 2005 – 5 StR 180/05, BGHSt 50, 216 (220) = NJW 2005, 3436 (3437); *Meyer-Goßner* Anm. zu BGH v. 14. 6. 2005 – 3 StR 446/04, NStZ 2006, 53 (54).
[17] BVerfG v. 2. 6. 2005 – 2 BvR 625/01, NJW 2005, 3410 (3412); BVerfG v. 24. 2. 2006 – 2 BvR 836/04, NJW 2006, 3129 (3132); BGH v. 27. 7. 2006 – 5 StR 249/06, StraFo 2006, 452 (453).
[18] BGH v. 24. 10. 1996 – 5 StR 474/96, BGH bei *Kusch* NStZ 1997, 331.
[19] BGH v. 30. 6. 1970 – 3 StR 17/68, BGH bei *Dallinger* MDR 1970, 899; *Günther* NJW 1986, 281 (285); Löwe/Rosenberg/*Siolek* Rn. 13.
[20] BGH v. 10. 5. 2001 – 1 StR 410/00, BGH bei *Becker* NStZ-RR 2002, 66.
[21] BGH v. 18. 2. 2004 – 2 StR 462/03, NStZ 2004, 630 (631); BGH v. 13. 7. 2006 – 5 StR 154/06, NStZ 2006, 705 (707); Löwe/Rosenberg/*Siolek* Rn. 13.
[22] BGH v. 14. 6. 2005 – 3 StR 446/04, NJW 2005, 3434 (3435); BGH v. 20. 3. 2009 – 2 StR 545/08, NStZ-RR 2009, 207.
[23] BGH v. 29. 6. 2006 – 5 StR 485/05, NJW 2006, 2864 (2866); BGH v. 26. 6. 2007 – 5 StR 138/07, NStZ 2008, 46 (47); BGH v. 13. 7. 2006 – 5 StR 154/06, NStZ 2006, 705 (707); BGH v. 27. 7. 2006 – 5 StR 249/06, StraFo 2006, 452 (453); BGH v. 18. 11. 2008 – 1 StR 541/08, NStZ-RR 2009, 85; *Meyer-Goßner* Rn. 4 a.
[24] BGH v. 30. 6. 1970 – 3 StR 17/68, BGH bei *Dallinger* MDR 1970, 899.
[25] BVerfG v. 2. 6. 2005 – 2 BvR 625/01, NJW 2005, 3410 (3412); BVerfG v. 27. 4. 2007 – 2 BvR 1674/06, NStZ-RR 2007, 275 (276); BGH v. 10. 8. 2005 – 5 StR 180/05, BGHSt 50, 216 (220) = NJW 2005, 3436 (3437); BGH v. 26. 6. 2007 – 5 StR 138/07, NStZ 2008, 46 (47); OLG Köln v. 22. 2. 1991 – 2 Ws 90/91, StV 1991, 293; Löwe/Rosenberg/*Siolek* Rn. 12; *Meyer-Goßner* Rn. 4 a; *Röhling* JA 2009, 720.
[26] Widmaier/*Kempf* MAH Strafverteidigung, § 6 Rn. 88.

suchs auf gerichtsbekannte Tatsachen – sowohl in Bezug auf den Ablehnungsgrund als ggf. auch bezüglich der Rechtzeitigkeit iSv. § 25 Abs. 2 S. 1 – lediglich hingewiesen zu werden braucht,[27] erfolgt bei diesen Konstellationen ebenfalls keine Verwerfung als unzulässig.

c) **Verschleppungsabsicht oder Verfolgung verfahrensfremder Zwecke (Abs. 1 Nr. 3).** Des Weiteren sind Ablehnungsgesuche als unzulässig zu verwerfen, mit denen der Antragsteller offensichtlich nicht das Ausscheiden des abgelehnten Richters, sondern **ausschließlich andere Ziele**[28] oder das **Bereiten von Hindernissen für den Fortgang des Verfahrens**[29] bezwecken möchte. Wenn zumindest auch das Ausscheiden des Richters angestrebt wird, findet Abs. 1 Nr. 3 hingegen keine Anwendung.[30] 7

Hierbei ist eine **Verschleppungsabsicht** gegeben, wenn der Antragsteller **ausschließlich** bezweckt, den Ablauf und den Abschluss des Verfahrens unabhängig von sachlichen Gründen hinauszuzögern oder zu vereiteln.[31] Diese Absicht muss offensichtlich, also ohne weitere Nachforschungen feststellbar sein.[32] Sollte der Richter zur Begründung der Verschleppungsabsicht auch eigenes Verhalten schildern müssen, wird er dennoch nicht zu einem Richter „in eigener Sache".[33] Da eine Verschleppungsabsicht ausscheidet, wenn neben der Verzögerung auch noch ein prozessordnungsgemäßer Grund verfolgt wird,[34] wird sich ein Fall der Verschleppungsabsicht in der Praxis kaum feststellen lassen.[35] Eine solche Absicht kann auch nicht allein aus einer Vielzahl von Anträgen oder der offensichtlichen Unbegründetheit von Ablehnungsgesuchen gefolgert werden.[36] 8

Die **Verfolgung verfahrensfremder Zwecke** liegt vor, wenn der Ablehnende der Zielsetzung des Strafverfahrens, eine materiell richtige, justizförmige und Rechtsfrieden schaffende Entscheidung zu treffen, zuwiderlaufende Zwecke verfolgt.[37] Dies ist **beispielsweise** gegeben, wenn mit dem Ablehnungsgesuch ausschließlich Demonstrationszwecke (zB in Bezug auf eine politische Gesinnung) verfolgt werden[38] oder die abgelehnten Richter verunglimpft werden sollen.[39] Bei vollkommen abwegiger und daher völlig ungeeigneter Begründung des Gesuchs[40] ist dieser Unterfall ebenso zu bejahen wie in Konstellationen, in denen über den Weg des Ablehnungsverfahrens ein Streit über das bisherige Ergebnis der Beweisaufnahme ausgetragen werden soll.[41] Stets muss jedoch offensichtlich sein, dass allein der verfahrensfremde Zweck verfolgt wird.[42] 9

d) **Weitere Verwerfungsgründe.** Neben den im Katalog des Abs. 1 aufgeführten Gründen ist eine Verwerfung des Ablehnungsgesuchs wegen Unzulässigkeit auch möglich, wenn die Ablehnung eines Richters begehrt wird, der **noch nicht** oder **nicht (mehr) mit der Sache befasst ist**.[43] Gleiches gilt, wenn das **Gericht als Ganzes** abgelehnt wird, ohne dass im Wege der Auslegung eine Konkretisierung auf einzelne Richter vorgenommen werden kann.[44] Daneben ist eine Ablehnung auch generell nicht im **Gegenvorstellungsverfahren**, das von Natur aus ohne unmittelbaren Einfluss auf den Fortgang des Verfahrens ist, zulässig.[45] 10

---

[27] KK-StPO/*Fischer* Rn. 5; Löwe/Rosenberg/*Siolek* Rn. 15, 20; *Meyer-Goßner* Rn. 4 b.
[28] *Kröpil* AnwBl. 1997, 575 (577).
[29] KK-StPO/*Fischer* Rn. 9.
[30] HK-GS/*Bosbach* Rn. 5; KMR/*Bockemühl* Rn. 9; *Meyer-Goßner* Rn. 5.
[31] BGH v. 17. 12. 1954 – 5 StR 567/54, BGH bei *Dallinger* MDR 1955, 271; BGH v. 18. 2. 2004 – 2 StR 462/03, BGHR StPO § 26 a Unzulässigkeit 10; OLG Hamm v. 29. 6. 1977 – 3 Ss 452/77, JMBlNRW 1977, 200; OLG Naumburg v. 2. 6. 2004 – 1 Ss (B) 174/04, StraFo 2005, 24 (25); *Kröpil* AnwBl. 1997, 575 (577).
[32] KK-StPO/*Fischer* Rn. 10.
[33] BGH v. 13. 2. 2008 – 3 StR 509/07, NStZ 2008, 473; BGH v. 8. 7. 2009 – 1 StR 289/09, wistra 2009, 446 (446 f.).
[34] Vgl. BT-Drucks. IV/178, S. 35.
[35] Vgl. BayObLG v. 3. 10. 1972 – RReg. 2 St 594/72 OWi, BayObLGSt 1972, 217 (219) = MDR 1973, 246; OLG Karlsruhe v. 19. 4. 1995 – 3 Ws 72/95, NJW 1995, 2503.
[36] Anw-StPO/*Werner* Rn. 4; KK-StPO/*Fischer* Rn. 10; SK-StPO/*Rudolphi* Rn. 8.
[37] KMR/*Bockemühl* Rn. 12; *Kröpil* AnwBl. 1997, 575 (577).
[38] KG v. 26. 10. 1973 – 3 ARs 50/73, GA 1974, 220 (220 f.); OLG Koblenz v. 3. 1. 1977 – 1 AR 44, 45 u. 46/76 Str., MDR 1977, 425; *Kröpil* AnwBl. 1997, 575 (577).
[39] BGH v. 24. 10. 1996 – 5 StR 474/96, BGH bei *Kusch* NStZ 1997, 331; KG v. 5. 1. 1966 – 1 Ws 554/65, JR 1966, 229 (230).
[40] KK-StPO/*Fischer* Rn. 11; *Meyer-Goßner* Rn. 7.
[41] BGH v. 18. 2. 2004 – 2 StR 462/03, NStZ 2004, 630 (631).
[42] KG v. 24. 6. 2008 – 3 Ws (B) 136/08, VRS 115 (2008), 132 (134); OLG Celle v. 28. 2. 2007 – 322 Ss 21/07 (OWi), StV 2007, 627 (Ls.); KK-StPO/*Fischer* Rn. 11.
[43] RG v. 20. 6. 1932 – II 583/31, RGSt 66, 385 (391); *Günther* NJW 1986, 281 (284); HK-StPO/*Temming* Rn. 2; *Joecks* Rn. 1; KK-StPO/*Fischer* Rn. 1; KMR/*Bockemühl* Rn. 4; Löwe/Rosenberg/*Siolek* Rn. 34 f.; *Pfeiffer* Rn. 1; SK-StPO/*Rudolphi* Rn. 1, 12.
[44] KK-StPO/*Fischer* Rn. 2; KMR/*Bockemühl* Rn. 4; Löwe/Rosenberg/*Siolek* Rn. 30 ff.; *Meyer-Goßner* Rn. 1; vgl. bereits § 24 Rn. 2.
[45] BGH v. 6. 8. 1997 – 3 StR 337/96, NStZ-RR 1998, 51; OLG Düsseldorf v. 5. 9. 1988 – 1 Ws 861 – 862/88, NStZ 1989, 86; OLG Hamm v. 29. 4. 1993 – 3 Ws 123/93, MDR 1993, 789; *Burhoff* ZAP-Fach 22, 117 (122); Löwe/Rosenberg/*Siolek* Rn. 36; offengelassen bei BGH v. 1. 2. 2005 – 4 StR 486/04, NStZ-RR 2005, 173 (174).

11 **2. Verfahren (Abs. 2).** Aus Gründen der Verfahrensvereinfachung darf das Gericht gem. Abs. 2 S. 1 über die Verwerfung unzulässiger Ablehnungsgesuche **unter Mitwirkung des abgelehnten Richters** entscheiden. Die **Schöffen** wirken an der Entscheidung in der Hauptverhandlung stets – auch bei Unterbrechung der Hauptverhandlung[46] – mit, während außerhalb der Hauptverhandlung in Beschlussbesetzung nach § 76 Abs. 1 S. 2 GVG entschieden wird.[47] Der erstinstanzlich zuständige **Strafsenat des OLG** beschließt in der Hauptverhandlung mit allen fünf Richtern.[48] Nach Abs. 2 S. 3 entscheidet daneben der ersuchte oder beauftragte Richter, der Richter im vorbereitenden Verfahren, der Ermittlungsrichter sowie der Straf- oder Jugendrichter **allein**.

12 Die Beteiligten sind nach § 33 zu hören. Entscheidungen werden durch Beschluss (§ 28 Abs. 1) und im Regelfall (§ 196 GVG) mit **Stimmenmehrheit** gefällt, wohingegen es im Falle einer angenommenen Verschleppungsabsicht oder der Verfolgung verfahrensfremder Ziele nach Abs. 2 S. 2 für die Verwerfung als unzulässig eines **einstimmigen Beschlusses** bedarf. Dieser muss im Einzelnen die Umstände nennen, welche diesen Verwerfungsgrund ergeben,[49] und sich bei der Begründung an den Anforderungen an die Ablehnung von Beweisanträgen wegen Verschleppungsabsicht orientieren.[50] Auch in den anderen Fällen muss der Beschluss nach § 34 derart begründet sein, dass dem Beschwerdegericht eine sachliche Nachprüfung möglich ist.[51]

13 **3. Rechtsmittel.** Der Verwerfungsbeschluss kann nach § 28 Abs. 2 mit der **sofortigen Beschwerde** bzw. (zusammen mit dem Urteil) mit der **Berufung** oder **Revision** angefochten werden. Ist das Ablehnungsgesuch zu Unrecht nach **Abs. 1 Nr. 1** wegen Verspätung verworfen worden, muss die Revisionsbegründung alle Vorgänge mitteilen, anhand derer sich die Rechtzeitigkeit des Ablehnungsgesuch beurteilen lässt.[52] Ist das Ablehnungsgesuch unzutreffend nach **Abs. 1 Nr. 2** oder **Nr. 3** behandelt worden, kann das Recht auf den gesetzlichen Richter aus Art. 101 Abs. 1 S. 2 GG verletzt sein.[53] Stets ist jedoch zu beachten, dass das Revisionsgericht den **Verwerfungsgrund** innerhalb des § 26a **austauschen** kann.[54] Auch ist ein Revisionsgrund nach § 338 Nr. 3 nicht gegeben, wenn trotz rechtsfehlerhafter Verwerfung nach § 26a, die aber nicht auf einer objektiv willkürlichen oder die Anforderungen der Art. 101 Abs. 1 S. 2 GG (hier: in Bezug auf die §§ 26a, 27) im Grundsatz verkennenden Rechtsansicht beruhen darf,[55] das **Ablehnungsgesuch sachlich nicht gerechtfertigt** war.[56]

§ 27 [Entscheidung über die Ablehnung]

(1) Wird die Ablehnung nicht als unzulässig verworfen, so entscheidet über das Ablehnungsgesuch das Gericht, dem der Abgelehnte angehört, ohne dessen Mitwirkung.

(2) Wird ein richterliches Mitglied der erkennenden Strafkammer abgelehnt, so entscheidet die Strafkammer in der für Entscheidungen außerhalb der Hauptverhandlung vorgeschriebenen Besetzung.

(3) ¹Wird ein Richter beim Amtsgericht abgelehnt, so entscheidet ein anderer Richter dieses Gerichts. ²Einer Entscheidung bedarf es nicht, wenn der Abgelehnte das Ablehnungsgesuch für begründet hält.

---

[46] OLG München v. 22. 11. 2006 – 4St RR 182/06, NJW 2007, 449 (450); *Meyer-Goßner* Rn. 8; SK-StPO/*Rudolphi* Rn. 13.
[47] Anw-StPO/*Werner* Rn. 5; KK-StPO/*Fischer* Rn. 13; Löwe/Rosenberg/*Siolek* Rn. 41; *Pfeiffer* Rn. 3.
[48] KK-StPO/*Fischer* Rn. 13; Löwe/Rosenberg/*Siolek* Rn. 39.
[49] BGH v. 13. 2. 1973 – 5 StR 577/72, BGH bei *Dallinger* MDR 1973, 371.
[50] BGH v. 13. 2. 1973 – 5 StR 577/72, BGH bei *Dallinger* MDR 1973, 371; BayObLG v. 3. 10. 1972 – RReg. 2 St 594/72 OWi, BayObLGSt 1972, 217 (218 f.) = MDR 1973, 246.
[51] BayObLG v. 3. 10. 1972 – RReg. 2 St 594/72 OWi, BayObLGSt 1972, 217 (218) = MDR 1973, 246.
[52] BGH v. 10. 2. 1976 – 1 StR 384/76, BGH bei *Holtz* MDR 1977, 109.
[53] BVerfG v. 2. 6. 2005 – 2 BvR 625/01, NJW 2005, 3410 (3413 f.); BVerfG v. 24. 2. 2006 – 2 BvR 836/04, NJW 2006, 3129 (3130 ff.); BGH v. 9. 11. 2004 – 5 StR 380/04, NStZ 2005, 218 (219); BGH v. 13. 7. 2006 – 5 StR 154/06, NStZ 2006, 705 (707).
[54] BVerfG v. 24. 2. 2006 – 2 BvR 836/04, NJW 2006, 3129 (3133); BVerfG v. 2. 8. 2006 – 2 BvR 1518/06, NStZ-RR 2006, 379 (380); BGH v. 10. 6. 2008 – 5 StR 24/08, NStZ 2008, 578; BGH v. 8. 7. 2009 – 1 StR 289/09, wistra 2009, 446 (447); *Röhling* JA 2009, 720 (722).
[55] BGH v. 10. 8. 2005 – 5 StR 180/05, BGHSt 50, 216 (218 f.) = NJW 2005, 3436 (3437); BGH v. 13. 7. 2006 – 5 StR 154/06, NStZ 2006, 705 (707); OLG Köln v. 30. 10. 2007 – 83 Ss 128/07, NStZ-RR 2008, 115 (116). Vgl. hierzu bereits *Sieg* NJW 1978, 1962; ders. NJW 1984, 1519.
[56] BVerfG v. 2. 6. 2005 – 2 BvR 625/01, NJW 2005, 3410 (3413); BVerfG v. 24. 2. 2006 – 2 BvR 836/04, NJW 2006, 3129 (3133); BGH v. 10. 8. 2005 – 5 StR 180/05, BGHSt 50, 216 (223 f.) = NJW 2005, 3436 (3438); BGH v. 14. 6. 2005 – 3 StR 446/04, NJW 2005, 3434 (3435 f.); BGH v. 29. 6. 2006 – 5 StR 485/05, NJW 2006, 2864 (2865); BGH v. 29. 8. 2006 – 1 StR 371/06, NStZ 2007, 161 (162 f.); BGH v. 26. 6. 2007 – 5 StR 138/07, NStZ 2008, 46 (47); BGH v. 10. 4. 2008 – 4 StR 443/07, NStZ 2008, 523 (524); BGH v. 27. 8. 2008 – 2 StR 261/08, NStZ 2009, 223 (224); BGH v. 12. 12. 2008 – 2 StR 479/08, NStZ-RR 2009, 142; OLG München v. 22. 11. 2006 – 4St RR 182/06, NJW 2007, 449 (450).

Dritter Abschnitt. Ausschließung und Ablehnung der Gerichtspersonen   **1–6 § 27**

(4) Wird das zur Entscheidung berufene Gericht durch Ausscheiden des abgelehnten Mitglieds beschlußunfähig, so entscheidet das zunächst obere Gericht.

Schrifttum: *Janssen,* Rückwirkung von stattgebenden Beschlüssen zur Richterablehnung wegen Besorgnis der Befangenheit, StV 2002, 170; *Voormann,* Die mehrfache Ablehnung von Richtern im Strafverfahren, NStZ 1985, 444.

Im **Regelfall** – insbesondere wenn ein Ablehnungsgesuch nicht nach § 26a als unzulässig verworfen wurde – erfolgt eine Entscheidung über das Ablehnungsgesuch gegen einen Richter nach dieser Vorschrift. In Bezug auf Schöffen und Protokollführer findet § 31 Abs. 2 Anwendung.   1

1. Zuständigkeit für die Entscheidung. Diese Zuständigkeitsregelung sorgt dafür, dass die in dem zugrunde liegenden Verfahren bestehenden **originären Zuständigkeiten** mit Blick auf das Recht auf den gesetzlichen Richter nach Art. 101 Abs. 1 S. 2 GG soweit wie möglich erhalten bleiben.[1] Lediglich der abgelehnt Richter darf – da ihm eine unbefangene und unparteiliche Entscheidung schwer möglich sein wird – nicht über die Begründetheit des Antrags entscheiden.[2]   2

a) **Entscheidung des Gerichts ohne den abgelehnten Richter (Abs. 1).** Leitlinie ist, dass dasjenige Gericht – der **Spruchkörper**[3] – entscheidet, dem der abgelehnte Richter **im Zeitpunkt der Entscheidung angehört.**[4] Da der Abgelehnte an der Entscheidung nicht mitwirken darf, kann die Entscheidung nicht in der Hauptverhandlung getroffen werden, so dass die Hauptverhandlung stets – mit Blick auf die Regelung des § 29 Abs. 2 S. 1 aber nicht sofort – unterbrochen werden muss. Erfolgt eine sofortige Verhandlung über das Ablehnungsgesuch im Sitzungssaal, handelt es sich insofern nicht um einen Teil der Hauptverhandlung.[5] Bei Ablehnung eines beauftragten Richters entscheidet – außer im Fall des Abs. 3 S. 2 – das Gericht, dem der **beauftragte Richter** angehört, wobei für ihn ein Vertreter eintritt.[6] Gleiches gilt, wenn Richter, die in der Hauptverhandlung tätig werden sollen, bereits vor der Hauptverhandlung abgelehnt werden und über das Gesuch bereits vor Beginn der Hauptverhandlung entschieden wird.[7]   3

b) **Besetzung bei Strafkammern (Abs. 2).** Werden richterliche Mitglieder einer großen Strafkammer (§ 76 Abs. 1 S. 1, 1. Var. GVG) oder einer großen Jugendkammer (§ 33b Abs. 1, 1. Var. JGG) abgelehnt, entscheidet die Kammer (auch in den Fällen einer reduzierten Besetzung mit nur zwei Berufsrichtern nach § 76 Abs. 2[8] oder § 33b Abs. 2 JGG) in der Besetzung von **drei Mitgliedern** einschließlich des Vorsitzenden, **ohne** dass die Schöffen mitwirken (§ 76 Abs. 1 S. 2 GVG, §§ 33a Abs. 2, 33b Abs. 3 JGG). Der abgelehnte Richter wird für diese Entscheidung durch ein anderes Mitglied der Kammer bzw. durch einen geschäftsplanmäßig oder für den Einzelfall bestimmten Vertreter ersetzt.[9] Ist einer auswärtigen Strafkammer (§ 78 Abs. 1 GVG) nur die Tätigkeit als erkennendes Gericht in der Hauptverhandlung zugewiesen, entscheidet über das Ablehnungsgesuchs die für nicht übertragene Sachen zuständige Kammer des Landgerichts.[10] Im Falle der Ablehnung des Vorsitzenden der kleinen Strafkammer (§ 76 Abs. 1 S. 1, 2. Var. GVG) bzw. der kleinen Jugendkammer (§ 33b Abs. 1, 2. Var. JGG) sowie des nach § 76 Abs. 3 GVG hinzugezogenen Richters findet die Regelung des Abs. 3 entsprechende Anwendung.[11]   4

c) **Weitere Kollegialgerichte.** Hingegen entscheidet das **Oberlandesgericht** stets in der Besetzung von drei Mitgliedern einschließlich des Vorsitzenden (§ 122 Abs. 1 GVG), wobei im Falle auswärtiger Strafsenate (§ 116 Abs. 2 S. 1 GVG), die ausschließlich als erkennendes Gericht in der Hauptverhandlung tätig sind, der Strafsenat des Oberlandesgerichts entscheidet.[12] Daneben entscheidet der **Bundesgerichtshof** mit fünf Mitgliedern einschließlich des Vorsitzenden (§ 139 Abs. 1 GVG).[13]   5

d) **Entscheidung beim Amtsgericht (Abs. 3).** Wird ein Richter des Amtsgerichts – Strafrichter (§ 25 GVG), Vorsitzender des Schöffengerichts (§ 29 Abs. 1 GVG), zweiter Richter des erweiter-   6

---

[1] KK-StPO/*Fischer* Rn. 1.
[2] BVerfG v. 2. 6. 2005 – 2 BvR 625/01, NJW 2005, 3410 (3411); BGH v. 9. 12. 1983 – 2 StR 452/83, NJW 1984, 1907 (1909).
[3] BGH v. 3. 3. 1959 – 1 StR 646/58, NJW 1959, 1141; OLG Zweibrücken v. 11. 4. 1968 – Ws 27/68, NJW 1968, 1439; OLG Zweibrücken v. 28. 4. 1971 – Ws 92/71, MDR 1971, 861; Löwe/Rosenberg/*Siolek* Rn. 4.
[4] BGH v. 12. 2. 1998 – 1 StR 588/97, BGHSt 44, 26 (28) = NJW 1998, 2458 (2459); OLG Zweibrücken v. 28. 4. 1971 – Ws 92/71, MDR 1971, 861; Löwe/Rosenberg/*Siolek* Rn. 40.
[5] BGH v. 17. 4. 1996 – 3 StR 34/96, NJW 1996, 2382; KMR/*Bockemühl* Rn. 15.
[6] KK-StPO/*Fischer* Rn. 2; Löwe/Rosenberg/*Siolek* Rn. 26.
[7] RG v. 19. 12. 1890 – 2721/90, RGSt 21, 250 (251); RG v. 28. 9. 1891 – 2121/90, RGSt 22, 135 (136).
[8] BGH v. 2. 11. 2005 – 4 StR 418/05, BGHSt 50, 267 (269) = NJW 2006, 240; KK-StPO/*Diemer* § 76 GVG Rn. 9, 10; *Meyer-Goßner* § 76 GVG Rn. 7.
[9] BGH v. 3. 3. 1959 – 1 StR 646/58, NJW 1959, 1141 (1141 f.); *Meyer-Goßner* Rn. 3.
[10] RG v. 22. 2. 1908 – II 22/08, RGSt 41, 117 (119); KK-StPO/*Fischer* Rn. 6; Löwe/Rosenberg/*Siolek* Rn. 6.
[11] HK-StPO/*Temming* Rn. 5; Löwe/Rosenberg/*Siolek* Rn. 13.
[12] RG v. 22. 2. 1908 – II 22/08, RGSt 41, 117 (119); vgl. hierzu ausführlich KK-StPO/*Fischer* Rn. 6; Löwe/Rosenberg/*Siolek* Rn. 10.
[13] KK-StPO/*Fischer* Rn. 6; SK-StPO/*Rudolphi* Rn. 4.

ten Schöffengerichts (§ 29 Abs. 2 GVG) oder ein (auch von einem höheren Gericht[14]) ersuchter Richter – abgelehnt, entscheidet nach Abs. 3 S. 1 ein **anderer Richter des Amtsgerichts**. Dieser muss nach einer sinnvollen Regelung im Geschäftsverteilungsplan zu ermitteln sein. Handelt es sich hingegen um ein Amtsgericht, das nur mit einem Richter besetzt ist oder bei dem aktuell nur ein Richter im Dienst ist, entscheidet der nach § 22 b GVG berufene Vertreter.[15] Schöffen wirken bei dieser Entscheidung außerhalb der Hauptverhandlung wiederum nicht mit.[16]

7 Sieht der **abgelehnte Richter** beim Amtsgericht das Ablehnungsgesuch – nach Prüfung von dessen Zulässigkeit – **als begründet an**, so braucht der andere Richter gem. Abs. 3 S. 2 nicht mehr zu entscheiden. Im Zweifel – insbesondere wenn es die Staatsanwaltschaft beantragt, weil sie von der Unbegründetheit des Ablehnungsgesuchs ausgeht – hat der abgelehnte Richter hingegen eine Entscheidung des anderen Richters herbeizuführen.[17] Der abgelehnte Richter kann hierbei jedoch nach erneuter (eigener) Prüfung auf die Abgabe einer Erklärung nach Abs. 3 S. 2 bestehen, wodurch die Entscheidungsbefugnis des anderen Richters alsbald entfällt.[18]

8 e) **Ermittlungsrichter**. Das Gesetz enthält **keine ausdrückliche Regelung** für die Entscheidung über Ablehnungsanträge gegen Ermittlungsrichter. Ablehnungsgesuche gegen den **Ermittlungsrichter des Amtsgerichts** werden daher ebenfalls nach Abs. 3 S. 1 behandelt, wohingegen über die Ablehnung eines **Ermittlungsrichters des Oberlandesgerichts oder Bundesgerichtshofs** ein im Geschäftsverteilungsplan zu bestimmender anderer Ermittlungsrichter (und nicht der Strafsenat) entscheidet.[19]

9 f) **Entscheidung bei Beschlussunfähigkeit (Abs. 4)**. Wird das zur Entscheidung berufene Gericht durch Ausscheiden des abgelehnten Richters beschlussunfähig, entscheidet das zunächst obere Gericht, dh. das unabhängig vom Instanzenzug **in der Hierarchie** (Amtsgericht, Landgericht, Oberlandesgericht, Bundesgerichtshof) **nächsthöhere Gericht** oberhalb des beschlussunfähig gewordenen Gerichts.[20] Hierbei hat das zunächst obere Gericht insoweit – und wegen des Grundsatzes des gesetzlichen Richters gemäß der Reihenfolge der Vertretungsregelung in der Geschäftsordnung des unteren Gerichts – zu entscheiden, wie es zur Wiederherstellung der Beschlussfähigkeit des unteren Gerichts erforderlich ist.[21] Generell liegt bei dem unteren Gericht jedoch erst dann Beschlussunfähigkeit vor, wenn nicht nur vorübergehend kein Vertreter mehr vorhanden ist[22] oder vom Präsidium (§ 21e Abs. 1 S. 1, Abs. 3 GVG) bzw. Präsidenten (§ 21i Abs. 2 S. 1 GVG) bestellt werden kann.[23]

10 **2. Entscheidung.** Die Entscheidung über das Ablehnungsgesuch ergeht stets durch **Beschluss** (§ 28), für dessen Fassung eine Hauptverhandlung – wenn auch nicht zwingend sofort (§ 29 Abs. 2 S. 1) – unterbrochen wird. Eine sofortige Verhandlung ohne Schöffen im Gerichtssaal ist möglich, gehört jedoch nicht zur Hauptverhandlung.[24]

11 a) **Verfahren**. Da der Beschluss außerhalb der Hauptverhandlung gefasst wird, richtet sich die **Anhörung** der Verfahrensbeteiligten nach § 33 Abs. 2, 3. Eine mündliche Verhandlung ist hingegen nicht vorgesehen.[25] Ebenso wenig findet eine förmliche Beweisaufnahme statt,[26] jedoch können **nach pflichtgemäßem Ermessen** des Gerichts im **Freibeweisverfahren** Zeugen vernommen (und sogar vereidigt) sowie andere Beweise erhoben werden.[27] Gem. § 34 ist ein das Ablehnungsgesuch verwerfender oder zurückweisender Beschluss **mit Gründen** zu versehen. Eine Kostenentscheidung ergeht hingegen nicht.[28] Der Beschluss muss den Prozessbeteiligten und dem abgelehnten Richter bekannt gegeben werden, was regelmäßig schriftlich erfolgen wird,[29] und wird bereits

---

[14] Anw-StPO/*Werner* Rn. 5; HK-StPO/*Temming* Rn. 7; *Meyer-Goßner* Rn. 5.
[15] Bockemühl/*Groß-Bölting/Kaps*, Handbuch des Fachanwalts Strafrecht, 4. Aufl. 2009, 2. Teil 4. Kap. Rn. 36; KK-StPO/*Fischer* Rn. 7.
[16] Löwe/Rosenberg/*Siolek* Rn. 9.
[17] KK-StPO/*Fischer* Rn. 9; Löwe/Rosenberg/*Siolek* Rn. 28; *Meyer-Goßner* Rn. 5.
[18] OLG Düsseldorf v. 25. 9. 1986 – 2 Ws 575/86, MDR 1987, 253 (253 f.); Löwe/Rosenberg/*Siolek* Rn. 28.
[19] BGH v. 10. 10. 1985 – 1 BJs 284/85 – 6, BGH bei *H. W. Schmidt* MDR 1986, 179.
[20] LG Hannover v. 22. 7. 1966 – 41 – 21 – 4/66, NdsRpfl 1966, 275 (276); Löwe/Rosenberg/*Siolek* Rn. 21, 24.
[21] OLG Frankfurt/M v. 26. 2. 1981 – 3 ARs 27/80, NStZ 1981, 233 (234); OLG Oldenburg v. 21. 1. 1987 – 2 Ws 16/87, NdsRpfl 1987, 61 (62); *Meyer-Goßner* Rn. 8.
[22] Vgl. BGH v. 3. 3. 1959 – 1 StR 646/58, NJW 1959, 1141 (1141 f.); RG v. 10. 12. 1907 – V 592/07, RGSt 40, 436 (438).
[23] OLG Stuttgart v. 23. 7. 1974 – 3 ARs 35/74, MDR 1974, 1034 (1035); OLG Zweibrücken v. 11. 4. 1968 – Ws 27/68, NJW 1968, 1439.
[24] BGH v. 17. 4. 1996 – 3 StR 34/96, NJW 1996, 2382; RG v. 22. 1. 1886 – 3250/85, RGSt 13, 302 (304); RG v. 19. 12. 1890 – 2721/90, RGSt 21, 250 (251); *Joecks* Rn. 2.
[25] RG v. 27. 10. 1914 – IV 532/14, RGSt 49, 9 (11).
[26] BGH v. 22. 8. 2006 – 1 StR 382/06, NStZ 2007, 51.
[27] BGH v. 22. 8. 2006 – 1 StR 382/06, NStZ 2007, 51; RG v. 30. 11. 1926 – I 662/26, RGSt 61, 67 (70); KK-StPO/*Fischer* Rn. 12.
[28] KK-StPO/*Fischer* Rn. 14; *Meyer-Goßner* Rn. 9.
[29] Vgl. zu Einzelheiten der Bekanntgabe und Zustellung KK-StPO/*Fischer* Rn. 13; Löwe/Rosenberg/*Siolek* Rn. 47 ff.

mit der ersten Bekanntgabe an einen Beteiligten außerhalb des zur Entscheidung berufenen Gerichts wirksam.[30] Bei Fortsetzung einer unterbrochenen Hauptverhandlung kann er – auch durch einen erfolglos abgelehnten Richter[31] – verkündet werden.

b) Inhalt. Im Rahmen der Entscheidung dürfen nur die rechtzeitig geltend gemachten Ablehnungsgründe berücksichtigt werden,[32] wohingegen über neu zutage getretene Ausschließungsgründe von Amts wegen zu entscheiden ist.[33] Das Ablehnungsgesuch kann hierbei auch im Rahmen des § 27 **als unzulässig verworfen** werden,[34] wobei eine Rückgabe an das nach § 26a entscheidende Gericht ausgeschlossen ist.[35] Ein zulässiges Ablehnungsgesuch wird hingegen **für begründet erklärt** (§ 28 Abs. 1) oder **als unbegründet zurückgewiesen** (§ 28 Abs. 2 S. 1). Wird ein Beschluss, mit dem ein Ablehnungsgesuch zurückgewiesen wird, rechtskräftig oder kann er nur mit dem Urteil angefochten werden, tritt der vor der Ablehnung bestehende Zustand wieder ein, so dass der zu Unrecht abgelehnte Richter wieder mitwirken darf und muss.[36] Wird dem Ablehnungsgesuch stattgegeben, steht der abgelehnt Richter mit dem Erlass dieser konstitutiven Entscheidung einem ausgeschlossenen Richter gleich und hat sich daher jedweder Tätigkeit – ohne Rücksicht auf eine Dringlichkeit nach § 29 – zu enthalten.[37] Da sich der Ausschluss auf das gesamte Verfahren bezieht, wirkt er auch für das Verfahren gegen Mitangeklagte, die ihrerseits kein oder kein erfolgreiches Ablehnungsgesuch gestellt haben, ohne dass diese Folge durch eine Verfahrenstrennung verhindert werden kann.[38] In Bezug auf andere Verfahren gegen den Ablehnenden hat die Entscheidung hingegen keine Wirksamkeit, jedoch kann uU eine Selbstanzeige des dort beteiligten, nur im hiesigen Verfahren abgelehnten Richters nach § 30 geboten sein.[39] Da die Entscheidung lediglich Wirkung für die Zukunft hat, werden frühere Entscheidungen nicht berührt, selbst wenn die Ablehnungsgründe bei deren Erlass bereits vorgelegen haben.[40]

Mehrere Ablehnungsgesuche gegen einen Richter können in einer einheitlichen Entscheidung beschieden werden.[41] Bei **Ablehnung mehrerer Richter** ist hingegen wegen des Grundsatzes des gesetzlichen Richters nach Art. 101 Abs. 1 S. 2 GG stets in der Reihenfolge der eingehenden und unterschiedlich begründeten Ablehnungsgesuche (sukzessiv) zu entscheiden.[42] Wird mit einem erkennenden Richter zugleich auch derjenige Richter, der zur Entscheidung über das Ablehnungsgesuch berufen wäre, abgelehnt, ist jedoch ausnahmsweise – ebenso wie im Falle einer Selbstanzeige nach § 30[43] – zunächst über das Ablehnungsgesuch in Bezug auf den „Vertreter" zu entscheiden.[44] Bei gleichzeitig gestellten, aber unterschiedlich begründeten Gesuchen ist in der Reihenfolge der Nennung der Richter vorzugehen.[45] Werden alle Richter einer Kammer oder eines Senats abgelehnt, ist in der Reihenfolge zu entscheiden, in der die Richter im Geschäftsverteilungsplan aufgeführt sind.[46] Die Reihenfolge darf hingegen nicht an der Qualität der Begründung des Ablehnungsgesuchs oder anderen (mehr oder weniger) willkürlichen Kriterien ausgerichtet werden.[47] Für den Fall, dass sich eine Ablehnung gegen mehrere erkennende Richter richtet und sich die Ablehnungsgründe hierbei auf denselben tatsächlichen Sachverhalt beziehen oder jedenfalls in enger sachlicher

---

[30] BGH v. 3. 3. 1961 – 4 StR 548/60, BGHSt 15, 384 (386) = NJW 1961, 1077 (1078); RG v. 26. 9. 1924 – I 756/24, RGSt 58, 285 (288); KMR/*Bockemühl* Rn. 16; Löwe/Rosenberg/*Siolek* Rn. 47.
[31] BGH v. 3. 3. 1961 – 4 StR 548/60, BGHSt 15, 384 (386) = NJW 1961, 1077 (1078); RG v. 26. 9. 1924 – I 756/24, RGSt 58, 285 (287 f.).
[32] KMR/*Bockemühl* Rn. 14; *Meyer-Goßner* Rn. 9; aA BGH v. 14. 9. 1971 – 5 StR 232/71, JR 1972, 119, mit abl. Anm. *Peters*; *Hamm* NJW 1973, 178 (179).
[33] Löwe/Rosenberg/*Siolek* Rn. 30.
[34] BGH v. 10. 11. 1967 – 4 StR 512/66, BGHSt 21, 334 (337) = NJW 1968, 710.
[35] OLG München v. 22. 11. 2006 – 4 St RR 182/06, NJW 2007, 449 (450); Löwe/Rosenberg/*Siolek* § 26a Rn. 5; *Meyer-Goßner* Rn. 5.
[36] BGH v. 10. 11. 1967 – 4 StR 512/66, BGHSt 21, 334 (338) = NJW 1968, 710.
[37] OLG Koblenz v. 6. 7. 1982 – 1 Ws 183/82, NStZ 1983, 471; HK-StPO/*Temming* Rn. 15; KMR/*Bockemühl* Rn. 17; Löwe/Rosenberg/*Siolek* Rn. 44.
[38] BGH v. 7. 11. 1978 – 5 StR 314/78, GA 1979, 311.
[39] HK-StPO/*Temming* Rn. 16; KK-StPO/*Fischer* Rn. 16; KMR/*Bockemühl* Rn. 17; Löwe/Rosenberg/*Siolek* Rn. 46.
[40] OLG Hamm v. 2. 9. 1963 – 2 Ss 1785/62, MDR 1964, 344; OLG Koblenz v. 6. 7. 1982 – 1 Ws 183/82, NStZ 1983, 471; Löwe/Rosenberg/*Siolek* Rn. 45; aA *Janssen* StV 2002, 170 (170 f.).
[41] KG v. 10. 7. 2008 – (3) 1 Ss 354/07 (123/07), NJW 2009, 96 (97) mwN.
[42] BGH v. 9. 10. 1995 – 3 StR 324/94, NJW 1996, 1159 (1160); HansOLG Hamburg v. 6. 2. 1984 – 2 Ws 571/83, MDR 1984, 512; OLG Schleswig v. 10. 8. 1981 – 1 Ws 23/81, SchlHA 1982, 31; HK-StPO/*Temming* Rn. 12; *Münchhalffen* StraFo 2007, 91 (96); einschränkend OLG Frankfurt/M v. 19. 10. 1984 – 1 StE 1/84, StV 1984, 499; aA *Voormann* NStZ 1985, 444 (446).
[43] OLG Oldenburg v. 21. 1. 1987 – 2 Ws 16/87, NdsRpfl 1987, 61 (62).
[44] BGH v. 10. 11. 1967 – 4 StR 512/66, BGHSt 21, 334 (337) = NJW 1968, 710; BGH v. 9. 10. 1995 – 3 StR 324/94, NJW 1996, 1159 (1160); *Voormann* NStZ 1985, 444 (445).
[45] Löwe/Rosenberg/*Siolek* Rn. 35; *Voormann* NStZ 1985, 444 (445); wohl auch KK-StPO/*Fischer* Rn. 3.
[46] OLG Frankfurt/M v. 26. 2. 1981 – 3 ARs 27/80, NStZ 1981, 233 (234); Löwe/Rosenberg/*Siolek* Rn. 36.
[47] OLG Zweibrücken v. 11. 4. 1968 – Ws 27/68, NJW 1968, 1439 (1439 f.); Löwe/Rosenberg/*Siolek* Rn. 39; SK-StPO/*Rudolphi* Rn. 12.

Verbindung zueinander stehen, kann allerdings durch einen einheitlichen Beschluss entschieden werden.[48]

§ 28 [Rechtsmittel]

(1) Der Beschluß, durch den die Ablehnung für begründet erklärt wird, ist nicht anfechtbar.

(2) [1] Gegen den Beschluß, durch den die Ablehnung als unzulässig verworfen oder als unbegründet zurückgewiesen wird, ist sofortige Beschwerde zulässig. [2] Betrifft die Entscheidung einen erkennenden Richter, so kann sie nur zusammen mit dem Urteil angefochten werden.

Schrifttum: *Meyer-Mews*, Ablehnungsrecht für Feinschmecker: Der erkennende Richter iSd. § 28 Abs. 2 S. 2 StPO, StraFo 2008, 182; *Sieg*, Zum Begriff des erkennenden Richters im Sinne des § 28 II 2 StPO, StV 1990, 283.

1   **1. Unanfechtbarkeit stattgebender Beschlüsse (Abs. 1).** Die Entscheidung, mit der dem Ablehnungsgesuch (bzw. der Selbstanzeige nach § 30[1]) stattgegeben wird, ist **nicht anfechtbar**. Ebenso wenig kann der stattgebende Beschluss widerrufen werden.[2] Die Unanfechtbarkeit gilt nach § 336 S. 2 auch für die Revision,[3] jedoch kann im Falle einer willkürlichen (und nicht nur rechtsirrigen) stattgebenden Entscheidung eine Besetzungsrüge nach § 338 Nr. 1 in Bezug auf den eingetretenen Richter durchgreifen.[4]

2   **2. Anfechtbarkeit verwerfender und zurückweisender Beschlüsse (Abs. 2).** Hingegen sind Entscheidungen, mit denen ein Ablehnungsgesuch verworfen oder zurückgewiesen wurde, mit Rechtsmitteln **anfechtbar**.

3   a) **Sofortige Beschwerde (Abs. 2 S. 1).** Hat sich die Ablehnung gegen einen **nicht erkennenden Richter** gewendet, kann die Entscheidung mit der sofortigen Beschwerde gem. § 311 angefochten werden, soweit (in Bezug auf Beschlüsse des Bundesgerichtshofs oder Oberlandesgerichts) kein Ausschluss der Beschwerde nach § 304 Abs. 4 vorliegt.[5] Es handelt sich insbesondere um Entscheidungen vor Eröffnung des Hauptverfahrens, die – außer bei einer rechtsfehlerhaft auf Abs. 2 S. 2 gestützten Verwerfung der sofortigen Beschwerde als unzulässig[6] – nach § 336 S. 2 nicht der revisionsrechtlichen Prüfung unterliegen.[7] Eine vor Einlegung der Beschwerde erfolgende Eröffnung des Hauptverfahrens führt nicht zur Unzulässigkeit der sofortigen Beschwerde.[8] Ist über den Verwerfungsbeschluss durch sofortige Beschwerde entschieden worden oder wurde eine zulässige sofortige Beschwerde nicht eingelegt, kann nachfolgend eine Revision mit der Rüge des § 338 Nr. 3 nicht mehr erhoben werden.[9] **Entsprechende Anwendung** findet Abs. 2 S. 1 daneben auf Fälle, in denen es an einer Ablehnungsentscheidung (auch in Bezug auf erkennende Richter) fehlt.[10]

4   **Beschwerdeberechtigt** ist nur derjenige, der das Ablehnungsgesuch gestellt hat, nicht aber andere Ablehnungsberechtigte oder der betroffene Richter selbst.[11] Das Beschwerdegericht **prüft** den angefochtenen Beschluss **vollumfänglich**[12] und kann auch die Begründetheit eines zu Unrecht als unzulässig verworfenen Ablehnungsgesuchs nachprüfen.[13] Auch kann das Beschwerdegericht noch fehlende Feststellungen gem. § 309 Abs. 2 nachholen und eine fehlende dienstliche Äußerung einholen[14] oder aber die Sache an das Ausgangsgericht zurückverweisen.[15]

---

[48] BGH v. 12. 2. 1998 – 1 StR 588/97, BGHSt 44, 26 (27) = NJW 1998, 2458 (2458 f.); OLG Frankfurt/M v. 19. 10. 1984 – 1 StE 1/84, StV 1984, 499; LG Münster v. 23. 1. 1984 – 3 KLs 37 Js 762/83, NStZ 1984, 472 (472 f.), mit abl. Anm. *Frohne*; KK-StPO/*Fischer* Rn. 4; Löwe/Rosenberg/*Siolek* Rn. 37; *Meyer-Goßner* Rn. 4; aA OLG Schleswig v. 10. 8. 1981 – 1 Ws 213/81, SchlHA 1982, 31.
[1] BGH v. 13. 3. 1962 – 5 StR 544/61, GA 1962, 338; KK-StPO/*Fischer* Rn. 1; *Meyer-Goßner* Rn. 1.
[2] *Meyer-Goßner* Rn. 1; *Pfeiffer* Rn. 1.
[3] KK-StPO/*Fischer* Rn. 1; *Meyer-Goßner* Rn. 1; aA BGH v. 3. 2. 1982 – 2 StR 374/81, NStZ 1982, 291 (292).
[4] OLG Hamm v. 28. 10. 1970 – 4 Ss 80/70, GA 1971, 185 (186); *Joecks* Rn. 1; KK-StPO/*Fischer* Rn. 1; Löwe/Rosenberg/*Siolek* Rn. 4.
[5] BGH v. 5. 1. 1977 – 3 StR 433/76 (L), BGHSt 27, 96 (98 f.) = NJW 1977, 1829 (1830).
[6] KK-StPO/*Fischer* Rn. 3; *Meyer-Goßner* Rn. 4; offen gelassen bei BGH v. 10. 5. 1995 – 3 StR 111/95, BGHR StPO § 28 Rechtsmittel 1.
[7] Vgl. BGH v. 4. 12. 1951 – 1 StR 594/51, NJW 1952, 234; BGH v. 28. 11. 1961 – 1 StR 432/61, NJW 1962, 280 (281); KK-StPO/*Fischer* Rn. 3.
[8] *Meyer-Goßner* Rn. 3.
[9] BGH v. 4. 12. 1951 – 1 StR 594/51, NJW 1952, 234; BGH v. 28. 11. 1961 – 1 StR 432/61, NJW 1962, 280 (281); RG v. 27. 9. 1882 – 3175/81, RGSt 7, 175 (175 f.); OLG Schleswig v. 10. 8. 1981 – 1 Ws 213/81, SchlHA 1982, 31 (32); HK-GS/*Bosbach* Rn. 2; HK-StPO/*Temming* Rn. 7; Löwe/Rosenberg/*Siolek* Rn. 10.
[10] Löwe/Rosenberg/*Siolek* Rn. 6; SK-StPO/*Rudolphi* Rn. 4; vgl. auch RG v. 20. 6. 1889 – 1142/89, RGSt 19, 332 (334).
[11] BGH v. 20. 6. 1985 – 1 StR 682/84, BGH bei *Holtz* MDR 1985, 981; KK-StPO/*Fischer* Rn. 3.
[12] BGH v. 14. 9. 2004 – 1 StR 44/04, BGH bei *Becker* NStZ-RR 2006, 5; KMR/*Bockemühl* Rn. 3.
[13] BGH v. 12. 12. 1962 – 2 StR 495/62, BGHSt 18, 200 (203) = NJW 1963, 964 (965); BGH v. 26. 5. 1970 – 1 StR 132/70, BGHSt 23, 265 (267) = NJW 1970, 1558.
[14] HansOLG Hamburg v. 9. 3. 1998 – 2 Ws 23/98, OLGSt § 26 Nr. 1.
[15] BGH v. 26. 5. 1970 – 1 StR 132/70, BGHSt 23, 265 (267) = NJW 1970, 1558; KG v. 6. 3. 1991 – 4 Ws 34/91, NStZ 1991, 401; *Meyer-Goßner* Rn. 4 ; aA HK-StPO/*Temming* Rn. 6.

Dritter Abschnitt. Ausschließung und Ablehnung der Gerichtspersonen   5, 6   § 28

b) Anfechtung zusammen mit dem Urteil (Abs. 2 S. 2). Im Falle der erfolglosen Ablehnung eines **erkennenden Richters** kann der verwerfende oder zurückweisende Beschluss aus Gründen der Prozesswirtschaftlichkeit nicht selbständig, sondern nur zusammen mit dem Urteil angefochten werden.[16]

Diejenigen Richter sind **erkennende Richter**, die zur Mitwirkung in der Hauptverhandlung berufen sind.[17] Hierzu gehören auch Ergänzungsrichter gem. § 192 Abs. 2 GVG, selbst bevor der Eintritt des Ergänzungsfalls feststeht.[18] Gleiches gilt über § 31 Abs. 1 für Ergänzungsschöffen (auch) vor ihrem Eintritt, wenn sie an der Hauptverhandlung teilnehmen.[19] Des Weiteren sind erkennende Richter diejenigen Richter, die nach § 27 zur Entscheidung über Ablehnungsgesuche gegen die in der Hauptverhandlung mitwirkenden Richter berufen sind,[20] solange sie noch nicht über das Ablehnungsgesuch entschieden haben.[21] Die Eigenschaft als erkennender Richter **beginnt** mit der Rechtshängigkeit, im **erstinstanzlichen Verfahren** also mit der Eröffnung des Hauptverfahrens nach § 207 Abs. 1, 2,[22] und erstreckt sich auf das gesamte Hauptverfahren,[23] ohne dass Unterbrechungen und Aussetzungen hieran etwas ändern.[24] Möglich ist hierbei, dass – da es hinsichtlich der Eigenschaft als erkennender Richter auf den Zeitpunkt der Entscheidung über den Ablehnungsantrag ankommt – das Ablehnungsgesuch bereits vor Eintritt der Rechtshängigkeit gestellt, aber erst nach deren Eintritt beschieden wird,[25] wobei die Entscheidung stets bereits vor Beginn der Hauptverhandlung ergehen kann.[26] Im **Berufungs- und Revisionsverfahren** entsteht die Eigenschaft mit der Vorlage der Akten gem. § 321 bzw. § 347 Abs. 2,[27] nach **Verweisung** gem. § 328 Abs. 2 oder § 355 bzw. **Zurückverweisung** gem. § 354 Abs. 2, 3 mit Eingang der Akten.[28] Findet das Verfahren hingegen ohne Eröffnungsbeschluss statt, ist für den Beginn der Eigenschaft als erkennender Richter jede gerichtliche Verfügung entscheidend, die erkennen lässt, dass und vor welchem Gericht die Hauptverhandlung stattfinden soll.[29] Dementsprechend ist im **beschleunigten Verfahren** nach §§ 417 ff. die Terminsanberaumung oder die Anordnung, dass die Hauptverhandlung sofort durchzuführen ist, entscheidend,[30] im **Strafbefehlsverfahren** der Erlass des Strafbefehls nach § 408 Abs. 3 S. 1 bzw. die Anberaumung der Hauptverhandlung nach § 408

---

[16] RG v. 27. 9. 1882 – 3175/81, RGSt 7, 175 (175 f.); KG v. 4. 6. 1975 – 3 Ws 116/75, JR 1976, 26.
[17] OLG Düsseldorf v. 25. 9. 1986 – 2 Ws 575/86, MDR 1987, 253; OLG Frankfurt/M v. 18. 1. 2007 – 2 Ws 2/07, NStZ-RR 2007, 148; OLG Hamm v. 25. 4. 2002 – 2 Ws 85/02, NStZ-RR 2002, 238 (239); OLG Karlsruhe v. 18. 10. 1974 – 1 Ws 339/74, NJW 1975, 458 (459); OLG Saarbrücken v. 23. 7. 1965 – Ws 107/65, NJW 1966, 169.
[18] OLG Celle v. 28. 2. 1973 – 2 Ws 44/73, NJW 1973, 1054 (1055); OLG Schleswig v. 5. 5. 1994 – 3 Ws 163/94, 3 Ws 164/94, StV 1994, 641 (642); OLG Schleswig v. 5. 5. 1994 – 3 Ws 163 u. 164/94, OLG Schleswig bei *Lorenzen/Thamm* SchlHA 1996, 89; Anw-StPO/*Werner* Rn. 5; *Joecks* Rn. 2; KK-StPO/*Fischer* Rn. 5; *Meyer-Goßner* Rn. 5; aA *Burhoff* ZAP-Fach 22, 117 (125); HK-GS/*Bosbach* Rn. 4; HK-StPO/*Temming* Rn. 9; KMR/*Bockemühl* Rn. 9; Löwe/Rosenberg/*Siolek* Rn. 13; *Meyer-Mews* StraFo 2008, 182; SK-StPO/*Rudolphi* Rn. 9.
[19] OLG Schleswig v. 5. 5. 1994 – 3 Ws 163/94, 3 Ws 164/94, StV 1994, 641 (642); HK-GS/*Bosbach* Rn. 4; KK-StPO/*Fischer* Rn. 5.
[20] KG v. 4. 6. 1975 – 3 Ws 116/75, JR 1976, 26; OLG Düsseldorf v. 12. 11. 1975 – 1 Ws 516/75, JMBlNRW 1976, 67; HansOLG Hamburg v. 24. 9. 1998 – 1 Ws 189/98, NStZ 1999, 50; OLG Karlsruhe v. 12. 1. 1998 – 3 Ws 5/98, NStZ-RR 1998, 144; *Meyer-Goßner* StraFo 2008, 415; aA *Meyer-Mews* StraFo 2008, 182 (182 f.); vgl. auch *Sieg* StV 1990, 283 (284).
[21] BGH v. 16. 8. 2007 – 1 StR 304/07, NStZ 2007, 719; HansOLG Hamburg v. 24. 9. 1998 – 1 Ws 189/98, NStZ 1999, 50 (50 f.).
[22] BGH v. 4. 12. 1951 – 1 StR 594/51, NJW 1952, 234; RG v. 27. 9. 1882 – 3175/81, RGSt 7, 175; RG v. 9. 11. 1909 – V 906/09, RGSt 43, 179 (181); KG v. 2. 6. 1980 – 4 Ws 64–65/80, JR 1981, 168 (169); HansOLG Bremen v. 3. 9. 1990 – Ws 108/90, NStZ 1991, 95; OLG Hamm v. 25. 4. 2002 – 2 Ws 85/02, NStZ-RR 2002, 238 (239); OLG Karlsruhe v. 18. 10. 1974 – 1 Ws 339/74, NJW 1975, 458 (459); OLG Koblenz v. 20. 6. 1972 – s 157/72, VRS 44, 290 (291); OLG Köln v. 27. 10. 1992 – 2 Ws 488/92, NJW 1993, 608; OLG München v. 7. 5. 1982 – 2 Ws 501/82, MDR 1982, 773; OLG Schleswig v. 5. 7. 1989 – 2 Ws 238/89, OLG Schleswig bei *Lorenzen/Görl* SchlHA 1990, 113; LG Zweibrücken v. 12. 7. 2005 – Qs 75/05, NStZ 2006, 120; *Sieg* StV 1990, 283.
[23] BGH v. 24. 3. 1982 – 2 StR 105/82, BGHSt 31, 15 = NJW 1982, 1712; RG v. 9. 11. 1909 – V 906/09, RGSt 43, 179 (181); *Rissing-van Saan* MDR 1993, 310.
[24] BGH v. 24. 3. 1982 – 2 StR 105/82, BGHSt 31, 15 = NJW 1982, 1712; KMR/*Bockemühl* Rn. 8; SK-StPO/*Rudolphi* Rn. 10.
[25] OLG Düsseldorf v. 7. 11. 2002 – 3 Ws 407/02, NStZ 2003, 448; OLG Karlsruhe v. 18. 10. 1974 – 1 Ws 339/74, NJW 1975, 458 (459); OLG Köln v. 27. 10. 1992 – 2 Ws 488/92, NJW 1993, 608.
[26] BGH v. 24. 3. 1982 – 2 StR 105/82, BGHSt 31, 15 = NJW 1982, 1712; RG v. 27. 9. 1882 – 3175/81, RGSt 7, 175 (176); RG v. 28. 9. 1891 – 2121/90, RGSt 22, 135 (136); RG v. 9. 11. 1909 – V 906/09, RGSt 43, 179 (181); *Meyer-Goßner* Rn. 7.
[27] KG v. 2. 6. 1980 – 4 Ws 64–65/80, JR 1981, 168 (169); OLG Karlsruhe v. 12. 1. 1998 – 3 Ws 5/98, NStZ-RR 1998, 144; *Joecks* Rn. 2; KK-StPO/*Fischer* Rn. 7; KMR/*Bockemühl* Rn. 7; *Meyer-Goßner* Rn. 6; aA HansOLG Bremen v. 3. 9. 1990 – Ws 108/90, NStZ 1991, 95 (96); *Burhoff* ZAP-Fach 22, 117 (125); Löwe/Rosenberg/*Siolek* Rn. 22: mit Terminsanberaumung oder mit anderen, die Entscheidung vorbereitenden Maßnahmen.
[28] HK-GS/*Bosbach* Rn. 4; KK-StPO/*Fischer* Rn. 7; KMR/*Bockemühl* Rn. 7; *Meyer-Goßner* Rn. 6; § 305 Rn. 2.
[29] BGH v. 6. 11. 1953 – 4 StR 376/59, BGHSt 14, 11 (17) = NJW 1960, 542 (544); LG Zweibrücken v. 12. 7. 2005 – Qs 75/05, NStZ 2006, 120; KK-StPO/*Fischer* Rn. 7; Löwe/Rosenberg/*Siolek* Rn. 20; SK-StPO/*Rudolphi* Rn. 12.
[30] HansOLG Hamburg v. 4. 3. 1964 – 2 Ws 70/64, NJW 1964, 2123 (2124); KK-StPO/*Fischer* Rn. 7; Löwe/Rosenberg/*Siolek* Rn. 21; SK-StPO/*Rudolphi* Rn. 12; aA *Schorn* GA 1963, 171 (183): bereits mit Eingang des Antrags des Staatsanwalts auf Aburteilung im beschleunigten Verfahren.

Abs. 3 S. 2 oder § 411 Abs. 1 S. 2,[31] im **selbständigen Einziehungsverfahren** nach § 440 die Terminsbestimmung[32] und im **Wiederaufnahmeverfahren** jede richterliche Handlung nach Anordnung der Wiederaufnahme und Erneuerung der Hauptverhandlung nach § 370 Abs. 2 bzw. in den Verfahren nach § 371.[33] **Entsprechende Anwendung** findet Abs. 2 S. 2 darüber hinaus im Vollstreckungsverfahren[34] und Strafvollzugsverfahren.[35] Die Eigenschaft als erkennender Richter **endet** schließlich mit der Urteilsfällung oder Verfahrenseinstellung[36] sowie bei Verwerfung der Berufung nach § 329 Abs. 1, selbst wenn später noch über einen Wiedereinsetzungsantrag nach § 329 Abs. 3 zu entscheiden ist.[37]

7   Auch wenn Abs. 2 S. 2 festlegt, dass die Entscheidung im Falle einer erfolglosen Ablehnung eines erkennenden Richters nur zusammen mit dem Urteil angefochten werden kann, bleibt das Rechtsmittel **seiner Natur nach** eine **Beschwerde**.[38] Aus Gründen der Zweckmäßigkeit und Verfahrensbeschleunigung ist die Anfechtung jedoch in den **Formen und Fristen** der Berufung, Revision oder Rechtsbeschwerde nach § 79 Abs. 3 OWiG geltend zu machen.[39] Dementsprechend kann der Ablehnungsbeschluss bei Unanfechtbarkeit des Urteils nicht angefochten werden.[40] Wäre im Falle des Abs. 2 S. 1 eine sofortige Beschwerde nicht gegeben (zB wegen § 304 Abs. 4 S. 2), so ist – außer bei objektiv willkürlicher Zurückweisung des Ablehnungsgesuchs – auch bei Abs. 2 S. 2 eine Anfechtung zusammen mit dem Urteil ausgeschlossen.[41] Die Revisionsrüge des § 338 Nr. 2, in deren Rahmen die die Revision begründenden Tatsachen anzugeben und der abgelehnte Richter namentlich zu bezeichnen ist,[42] ist hingegen nie ausgeschlossen.[43] Stets muss hierbei der Wille zum Ausdruck kommen, den Verwerfungs- oder Zurückweisungsbeschluss neben dem Urteil anzufechten.[44]

8   Zwar ist bei der **Berufung** eine Begründung nach § 317 gesetzlich nicht zwingend vorgeschrieben, jedoch hat eine solche bei Anfechtung des Ablehnungsbeschlusses innerhalb der Wochenfrist des § 317 zu erfolgen.[45] Hierbei kann die Anfechtung wegen § 25 weder auf Tatsachen, die dem Ablehnungsgesuch nicht bereits zugrunde lagen, noch auf neue Mittel der Glaubhaftmachung ge-

---

[31] OLG Köln v. 12. 2. 1957 – 1 Ws 59/57, MDR 1957, 437; LG Zweibrücken v. 12. 7. 2005 – Qs 75/05, NStZ 2006, 120.
[32] Löwe/Rosenberg/*Siolek* Rn. 26.
[33] OLG Frankfurt/M v. 18. 1. 2007 – 2 Ws 2/07, NStZ-RR 2007, 148 (148 f.); Löwe/Rosenberg/*Siolek* Rn. 24; aA OLG Düsseldorf v. 21. 11. 1994 – 3 Ws 671/94, NStE Nr. 5 zu § 28 StPO; OLG Frankfurt/M v. 19. 9. 2008 – 1 Ws 27/08, NStZ-RR 2008, 378; SK-StPO/*Frister/Deiters* § 372 Rn. 3.
[34] KG v. 13. 8. 1982 – 2 Ws 176/82 Vollz – 2 Ws 171/82, NStZ 1983, 44; OLG Brandenburg v. 15. 7. 2004 – 1 Ws 99/04, NStZ 2005, 296; OLG Düsseldorf v. 1. 10. 1986 – 1 Ws 859/86, NStZ 1987, 290, mit abl. Anm. *Chlosta*; OLG Schleswig v. 27. 10. 2003 – 1 Ws 405/03 (145/03), OLG Schleswig bei *Döllel/Dreeßen* SchlHA 2004, 234; OLG Thüringen v. 16. 1. 2006 – 1 Ws 17/06; aA OLG Hamm v. 8. 11. 2007 – 2 Ws 331/07, NStZ 2009, 53 (54); OLG Saarbrücken v. 6. 2. 2007 – 1 Ws 18/07, NStZ-RR 2007, 222; OLG Zweibrücken v. 26. 11. 2007 – 1 Ws 479/07; Anw-StPO/*Werner* Rn. 5; HK-StPO/*Temming* Rn. 9.
[35] OLG Brandenburg v. 15. 7. 2004 – 1 Ws 99/04, NStZ 2005, 296; OLG Celle v. 26. 5. 1998 – 1 Ws 101/98, NStZ-RR 1999, 62; OLG Frankfurt/M v. 12. 8. 1996 – 3 Ws 661/96, NStZ-RR 1996, 352; HansOLG Hamburg v. 4. 7. 2008 – 3 Vollz (Ws) 45/08, OLGSt StPO § 28 Nr. 11; OLG Koblenz v. 11. 2. 1986 – 2 Vollz (Ws) 3/86, NStZ 1986, 384; OLG Rostock v. 13. 8. 2010 – I Vollz (Ws) 9/10; aA OLG Hamm v. 8. 11. 2007 – 2 Ws 331/07, NStZ 2009, 53 (54) bez. §§ 57 Abs. 1 StGB, 454 Abs. 1 StPO; OLG Nürnberg v. 24. 6. 1988 – Ws 634/88, NStZ 1988, 475 (476); *Chlosta* abl. Anm. zu OLG Düsseldorf v. 1. 10. 1986 – 1 Ws 859/86, NStZ 1987, 291 (291 f.); HK-StPO/*Temming* Rn. 9.
[36] RG v. 9. 11. 1909 – V 906/09, RGSt 43, 179 (181); OLG Celle v. 15. 10. 1959 – 3 Ws 67/59, NJW 1960, 210; OLG Celle v. 15. 3. 1982 – 1 Ws 55/82, NdsRpfl 1982, 100; OLG Düsseldorf v. 24. 4. 2003 – III-3 Ws 127–129/03, NStZ-RR 2004, 47; OLG Hamm v. 27. 3. 2003 – 2 Ss OWi 97/03 (19),VRS 104, 452 (454); OLG München v. 7. 5. 1982 – 2 Ws 501/82, MDR 1982, 773; OLG Schleswig v. 28. 4. 1953 – Ws 107/53, SchlHA 1953, 246; LG Düsseldorf v. 24. 4. 1991 – 1 Qs 28/91, StV 1991, 410 (411); *Meyer-Goßner* Rn. 6.
[37] KG v. 19. 12. 2001 – 1 AR 1546/01 – 3 Ws 649/01, NZV 2002, 334 (335); OLG Celle v. 15. 3. 1982 – 1 Ws 55/82, NdsRpfl 1982, 100; OLG München v. 7. 5. 1982 – 2 Ws 501/82, MDR 1982, 773; aA OLG Düsseldorf v. 24. 4. 2003 – III-3 Ws 127–129/03, NStZ-RR 2004, 47; OLG Hamm v. 17. 3. 2005 – 1 Ws 120/05, NStZ-RR 2005, 267 (268); HK-StPO/*Temming* Rn. 11.
[38] BGH v. 13. 2. 1973 – 1 StR 541/72, BGHSt 25, 122 (126) = NJW 1973, 860 (861); BGH v. 5. 1. 1977 – 3 StR 433/76 (L), BGHSt 27, 96 (98) = NJW 1977, 1829 (1829 f.); BGH v. 2. 3. 2004 – 1 StR 574/03, NStZ-RR 2004, 208 (209).
[39] BGH v. 10. 11. 1967 – 4 StR 512/66, BGHSt 21, 334 (340); BGH v. 5. 1. 1977 – 3 StR 433/76 (L), BGHSt 27, 96 (98) = NJW 1977, 1829; RG v. 8. 10. 1897 – 2393/97, RGSt 30, 273 (277).
[40] OLG Köln v. 19. 3. 1976 – Ss 118/76, MDR 1976, 774 (775).
[41] BVerfG v. 21. 6. 1977 – 2 BvR 308/77, BVerfGE 45, 363 (373 f.) = NJW 1977, 1815 (1816); BGH v. 21. 2. 1968 – 2 StR 360/67, BGHSt 22, 94 (100) = NJW 1968, 1242 (1244); BGH v. 13. 2. 2007 – 3 StR 425/06; offengelassen bei BGH v. 5. 1. 1977 – 3 StR 433/76 (L), BGHSt 27, 96 (99) = NJW 1977, 1829 (1830).
[42] BGH v. 12. 12. 1961 – 3 StR 35/61, NJW 1962, 500, insoweit nicht abgedruckt in BGHSt 17, 28; Löwe/Rosenberg/*Siolek* Rn. 32.
[43] Anw-StPO/*Werner* Rn. 3; HK-StPO/*Temming* Rn. 7; KK-StPO/*Fischer* Rn. 8; KMR/*Bockemühl* Rn. 4; Löwe/Rosenberg/*Siolek* Rn. 10.
[44] RG v. 16. 6. 1900 – 2025/00, RGSt 33, 314 (315); BayObLG v. 20. 11. 1956 – RevReg. 2 St 371/56, BayObLGSt 1956, 248 (249) = NJW 1957, 599.
[45] BayObLG v. 20. 11. 1956 – RevReg. 2 St 371/56, BayObLGSt 1956, 248 (250) = NJW 1957, 599; KK-StPO/*Fischer* Rn. 9; *Krey* JA 1984, 573 (576); Löwe/Rosenberg/*Siolek* Rn. 34.

stützt werden.[46] Das Berufungsgericht entscheidet nach § 328 – auch wenn in der 1. Instanz ein zu Recht abgelehnter Richter mitgewirkt hat – in der Sache selbst, ohne die Sache zurückverweisen zu können.[47]

Bei der **Revision** wird die Anfechtung nach Abs. 2 S. 2 wie eine Verfahrensrüge behandelt, für die sodann die Formvorschrift des § 344 Abs. 2 S 2 gilt.[48] **Beschwerdeberechtigt** ist auch hier nur derjenige, dessen Ablehnungsgesuch verworfen oder zurückgewiesen wurde.[49] Mit der **Revisionsbegründung** müssen der Wortlaut des Ablehnungsantrags sowie des verwerfenden bzw. zurückweisenden Beschlusses genau mitgeteilt werden.[50] Gleiches gilt für den Inhalt der dienstlichen Äußerung[51] gem. § 26 Abs. 3 und sonstiges, zum Verständnis der Rüge erforderliches Vorbringen[52] sowie – im Falle einer Verwerfung nach § 26 a Abs. 1 Nr. 1 als unzulässig wegen Verspätung – für die vollständige Mitteilung des Verfahrensablaufs, aus dem sich die Unverzüglichkeit des Ablehnungsgesuchs ergibt.[53] Da das Rechtsmittel seiner Natur nach eine Beschwerde bleibt,[54] führt das Revisionsgericht nicht nur eine rechtliche Nachprüfung des tatrichterlichen Beschlusses durch, sondern prüft die im ersten Rechtszug vorgebrachten und glaubhaft gemachten Ablehnungsgründe – ein Nachschieben ist auch in der Revisionsinstanz unzulässig[55] – zudem in tatsächlicher Hinsicht.[56] Somit kommt es darauf an, ob das Ablehnungsgesuch sachlich gerechtfertigt war, so dass allein eine rechtsfehlerhafte Verwerfung des Ablehnungsgesuchs als unzulässig – außer in Fällen objektiv willkürlicher, die Anforderungen des Art. 101 Abs. 1 S. 2 GG verkennender Rechtsanwendung[57] – nicht für die Begründetheit der Revisionsrüge genügt.[58] Hierbei kann das Revisionsgericht den Verwerfungsgrund des § 26 a auch austauschen[59] oder die Sache bei Fehlen der tatsächlichen Beurteilungsgrundlage an das Ausgangsgericht zurückverweisen.[60]

§ 29 [Unaufschiebbare Amtshandlungen]

(1) Ein abgelehnter Richter hat vor Erledigung des Ablehnungsgesuchs nur solche Handlungen vorzunehmen, die keinen Aufschub gestatten.

(2) ¹Wird ein Richter während der Hauptverhandlung abgelehnt und würde die Entscheidung über die Ablehnung (§§ 26 a, 27) eine Unterbrechung der Hauptverhandlung erfordern, so kann diese so lange fortgesetzt werden, bis eine Entscheidung über die Ablehnung ohne Verzögerung der Hauptverhandlung möglich ist; über die Ablehnung ist spätestens bis zum Beginn des übernächsten Verhandlungstages und stets vor Beginn der Schlußvorträge zu entscheiden. ²Wird die Ablehnung für begründet erklärt und muß die Hauptverhandlung nicht deshalb ausgesetzt werden, so ist ihr nach der Anbringung des Ablehnungsgesuchs liegender Teil zu wiederholen; dies gilt nicht für solche Handlungen, die keinen Aufschub gestatten. ³Nach Anbringung des Ablehnungsgesuchs dürfen Entscheidungen, die auch außerhalb der Hauptverhandlung ergehen können, unter Mitwirkung des Abgelehnten nur getroffen werden, wenn sie keinen Aufschub gestatten.

---

[46] BGH v. 13. 7. 1966 – 2 StR 157/66, BGHSt 21, 85 (88) = NJW 1966, 2321.
[47] KK-StPO/*Fischer* Rn. 9; Löwe/Rosenberg/*Siolek* Rn. 39; *Meyer-Goßner* Rn. 9; aA LG Köln v. 14. 2. 1992 – 151 – 6/92, MDR 1992, 892 (893).
[48] BGH v. 10. 11. 1967 – 4 StR 512/66, BGHSt 21, 334 (340); BGH v. 18. 1. 1972 – 5 StR 631/71, BGH bei *Dallinger* MDR 1972, 387; RG v. 28. 9. 1891 – 2121/90, RGSt 22, 135 (136); RG v. 26. 9. 1940 – 3 D 121/40, RGSt 74, 296 (297); BayObLG v. 6. 9. 1973 – 3 Ss 331/73, BayObLGSt 1972, 217 (217 f.) = VRS 44, 206 (207); OLG Koblenz v. 3. 7. 1984 – 1 Ws 487/84, VRS 67, 345 (346); OLG Stuttgart v. 6. 9. 1973 – 3 Ss 331/73, VRS 46, 144 (145); *Dahs* Revision Rn. 161, 171; vgl. auch BVerfG v. 21. 6. 1977 – 2 BvR 308/77, BVerfGE 45, 363 (373 f.) = NJW 1977, 1815 (1816).
[49] BGH v. 20. 6. 1985 – 1 StR 682/84; KK-StPO/*Fischer* Rn. 10.
[50] BGH v. 18. 1. 1972 – 5 StR 631/71, BGH bei *Dallinger* MDR 1972, 387; BGH v. 16. 1. 1979 – 1 StR 575/78, insoweit nicht abgedruckt in BGHSt 28, 262 = NJW 1979, 2160; OLG Karlsruhe v. 13. 11. 1973 – 1 Ss (B) 280/73, Justiz 1974, 65 (66); OLG Stuttgart v. 6. 8. 1969 – 2 Ss 86/69, NJW 1969, 1776.
[51] BGH v. 27. 1. 1981 – 5 StR 143/80, StV 1981, 163; BGH v. 14. 10. 1992 – 3 StR 311/92, StV 1993, 235 (Ls.).
[52] BGH v. 19. 2. 1992 – 2 StR 454/91, BGHR StPO § 344 Abs. 2 S. 2 Befangenheitsrüge 1; Anw-StPO/*Werner* Rn. 8; HK-GS/*Bosbach* Rn. 7; *Pfeiffer* Rn. 6.
[53] BGH v. 12. 10. 1976 – 1 StR 384/76, BGH bei *Holtz* MDR 1977, 109.
[54] Vgl. Rn. 7.
[55] BGH v. 13. 7. 1966 – 2 StR 157/66, BGHSt 21, 85 (88) = NJW 1966, 2321; OLG Stuttgart v. 20. 1. 1971 – 1 Ss 702/70, Justiz 1971, 311 (312); *Dahs* Revision Rn. 161.
[56] BGH v. 10. 11. 1967 – 4 StR 512/66, BGHSt 21, 334 (340); BGH v. 26. 5. 1970 – 1 StR 132/70, BGHSt 23, 265 (266) = NJW 1970, 1558; RG v. 28. 9. 1891 – 2121/90, RGSt 22, 135 (136); BayObLG v. 7. 7. 1971 – RReg. 2 St 559/71 OWi, BayObLGSt 1971, 123 (124) = VRS 42, 46 (47); OLG Koblenz v. 21. 9. 1972 – 1 Ss 157/72, VRS 44, 290 (292); OLG Köln v. 3. 4. 1973 – Ss 2/73, JMBlNRW 1973, 258 (259); KK-StPO/*Fischer* Rn. 11; Löwe/Rosenberg/*Siolek* Rn. 36.
[57] Vgl. § 26 a Rn. 13.
[58] BGH v. 12. 12. 1962 – 2 StR 495/62, BGHSt 18, 200 (203 f.) = NJW 1963, 964 (965); BGH v. 26. 5. 1970 – 1 StR 132/70, BGHSt 23, 265 (267) = NJW 1970, 1558; BGH v. 8. 3. 1979 – 4 StR 708/78, BGH bei *Holtz* MDR 1979, 637; KK-StPO/*Fischer* Rn. 11.
[59] BGH v. 25. 4. 2006 – 3 StR 429/05, NStZ 2006, 644 (646); BGH v. 27. 7. 2006 – 5 StR 249/06, StraFo 2006, 452 (453).
[60] BGH v. 26. 5. 1970 – 1 StR 132/70, BGHSt 23, 265 (267) = NJW 1970, 1558.

1 Während ein Richter bei eindeutigem Vorliegen eines Ausschließungsgrundes nach §§ 22, 23 kraft Gesetzes von jeder Handlung ausgeschlossen ist,[1] kommt einem **Ablehnungsgesuch** nach § 24 diese vollumfängliche Wirkung nicht bereits mit dessen Stellung zu, sondern es ist erforderlich, dass das Gesuch für begründet erklärt wird.

2 1. Vornahme unaufschiebbarer Handlungen (Abs. 1). Mit Eingang des Ablehnungsgesuchs[2] bis zu dessen Erledigung hat sich der Richter – selbst wenn das Gesuch unzulässig ist[3] oder sich als unbegründet herausstellen sollte – grundsätzlich sämtlicher **zukünftiger, unmittelbar den Angeklagten betreffender Amtshandlungen,**[4] die nicht unaufschiebbar sind, zu enthalten. Dies gilt auch im Falle einer Selbstablehnung nach § 30.[5]

3 a) **Erledigung des Ablehnungsgesuchs.** Das Ablehnungsgesuch ist erledigt, sobald **endgültig** (rechtskräftig) über das Gesuch **entschieden** wurde. Dies ist der Fall, wenn das Ablehnungsgesuch nach § 28 Abs. 1 für begründet erklärt wurde,[6] gem. § 34a der Tag der Beschlussfassung des Beschwerdegerichts abgelaufen ist, falls ein Verwerfungs- oder Zurückweisungsbeschluss iSd. § 28 Abs. 2 S. 1 erfolglos mit der sofortigen Beschwerde angegriffen wurde,[7] die Beschwerdefrist des § 311 Abs. 2 abgelaufen ist[8] oder der Beschluss wegen § 304 Abs. 4 nicht mit der sofortigen Beschwerde angegriffen werden kann. Gleiches gilt, wenn ein Verwerfungs- oder Zurückweisungsbeschluss iSd. § 28 Abs. 2 S. 2 nach § 27 erlassen wurde und somit nur noch gemeinsam mit dem Urteil angefochten werden kann.[9]

4 b) **Unaufschiebbare Handlungen.** Unaufschiebbar sind solche Handlungen, mit deren Vornahme nicht bis zum Eintritt eines Ersatzrichters zugewartet werden kann,[10] was bei **drohendem Beweisverlust** (zB Vernehmung eines todkranken Zeugen; Vernehmung von Zeugen, die erst nach geraumer Zeit wieder geladen werden können), **drohendem Fristablauf** (zB Terminsanberaumung zum Zwecke der Verjährungsunterbrechung[11]) und **sonstigen dringlichen Handlungen** (zB unaufschiebbare Haftentscheidungen;[12] Entscheidungen über Ordnungsmittel zur Aufrechterhaltung der Ordnung in der Hauptverhandlung[13]) der Fall ist. Soweit die Unaufschiebbarkeit nicht offensichtlich ist, hat – nach zutreffender Auffassung – der Richter den Grund seiner entsprechenden Annahme aktenkundig zu machen.[14] Der abgelehnte Richter hat vor Erledigung des Ablehnungsgesuchs nicht nur das Recht, sondern auch die Pflicht, derartige unaufschiebbare Handlungen – auch in der Hauptverhandlung – vorzunehmen.[15]

5 **Aufschiebbar** sind hingegen regelmäßig ua. die Entscheidung über die Eröffnung des Hauptverfahrens,[16] die Verlesung der Anklage und des Eröffnungsbeschlusses,[17] im Grundsatz die Vernehmung von Zeugen[18] und die Verwerfung der Revision nach § 346 Abs. 1.[19]

6 Eine unaufschiebbare Handlung des abgelehnten Richters bleibt – außer bei Vorliegen eines Ausschließungsgrundes nach §§ 22, 23[20] – **wirksam**, selbst wenn die Ablehnung später für begründet erklärt wird.[21] Aufschiebbare Handlungen sind zwar stets **fehlerhaft**, jedoch führt dies nicht zwangsläufig zu ihrer Unwirksamkeit.[22] Vielmehr wird ein Verstoß gegen Abs. 1 durch Erfolglosig-

---

[1] *Schorn* GA 1963, 257 (278 f.).
[2] OLG Franfurt v. 14. 11. 1997 – 3 Ws 921/97, NJW 1998, 1238 (1239); *Joecks* Rn. 2.
[3] BayObLG v. 3. 6. 1954 – RevReg. 3 St. 139/54, BayObLGSt 1954, 56; OLG Düsseldorf v. 22. 7. 1994 – 5 Ss 274/94 – 85/94 I, StV 1994, 528.
[4] OLG Hamm v. 2. 9. 1963 – 2 Ss 1785/62, MDR 1964, 344.
[5] KK-StPO/*Fischer* Rn. 2; aA KMR/*Paulus* Rn. 3.
[6] KK-StPO/*Fischer* Rn. 3; Löwe/Rosenberg/*Siolek* Rn. 10; *Schorn* GA 1963, 161 (178).
[7] OLG Celle v. 16. 1. 1998 – 3 Ws 410 u. 411/97, NdsRpfl 1998, 130 (131); OLG München v. 7. 5. 1982 – 2 Ws 501/82, MDR 1982, 773 (774); OLG Stuttgart v. 8. 11. 1993 – 4 Ws 216/93, MDR 1994, 499; aA KG v. 31. 10. 1967 – 2 Ws 230/67, JR 1968, 28 (29); offengelassen bei BGH v. 19. 5. 1953 – 2 StR 445/52, BGHSt 4, 208 (209) = NJW 1953, 1114.
[8] Löwe/Rosenberg/*Siolek* Rn. 10.
[9] OLG München v. 7. 5. 1982 – 2 Ws 501/82, MDR 1982, 773 (774); SK-StPO/*Rudolphi* Rn. 6.
[10] BGH v. 3. 4. 2003 – 4 StR 506/02, BGHSt 48, 264 (265) = NJW 2003, 2396 (2397); BGH v. 14. 2. 2002 – 4 StR 272/01, NStZ 2002, 429 (430); OLG Köln v. 18. 4. 1980 – 3 Ss 291/80 Z, VRS 59, 428.
[11] OLG Köln v. 18. 4. 1980 – 3 Ss 291/80 Z, VRS 59, 428 (429).
[12] HK-StPO/*Temming* Rn. 6; *Meyer-Goßner* Rn. 4; aA idR Löwe/Rosenberg/*Siolek* Rn. 15 f.
[13] Löwe/Rosenberg/*Siolek* Rn. 12; Widmaier/*Krause* MAH Strafverteidigung § 7 Rn. 84.
[14] OLG Köln v. 18. 4. 1980 – 3 Ss 291/80 Z, VRS 59, 428 (429); HK-StPO/*Temming* Rn. 7; KK-StPO/*Fischer* Rn. 2; KMR/*Paulus* Rn. 4; *Meyer-Goßner* Rn. 6.
[15] Anw-StPO/*Werner* Rn. 2; *Meyer-Goßner* Rn. 2.
[16] BGH v. 19. 5. 1953 – 2 StR 445/52, BGHSt 4, 208 (209) = NJW 1953, 1114; OLG Frankfurt/M v. 3. 2. 1999 – 2 Ws 12/99, StV 2001, 496 (497).
[17] BGH v. 3. 4. 2003 – 4 StR 506/02, BGHSt 48, 264 (266) = NJW 2003, 2396 (2397).
[18] BGH v. 14. 2. 2002 – 4 StR 272/01, NStZ 2002, 429 (430).
[19] BayObLG v. 3. 6. 1954 – RevReg. 3 St. 139/54, BayObLGSt 1954, 56.
[20] Löwe/Rosenberg/*Siolek* Rn. 7 f., 18, 20.
[21] *Meyer-Goßner* Rn. 7.
[22] BGH v. 19. 5. 1953 – 2 StR 445/52, BGHSt 4, 208 (210) = NJW 1953, 1114; Löwe/Rosenberg/*Siolek* Rn. 19; aA OLG Düsseldorf v. 22. 7. 1994 – 5 Ss 274/94 – 85/94 I, StV 1994, 528.

keit des Ablehnungsgesuchs geheilt, so dass aus einem bloß formalen Verstoß gegen Abs. 1 weder die Begründetheit der Revision noch die Unwirksamkeit einer Handlung abgeleitet werden kann.[23] Ebenso heilt eine Rücknahme des Ablehnungsgesuchs etwaige Verstöße gegen § 29.[24]

2. Ausnahmsweise Fortsetzung der Hauptverhandlung vor Entscheidung über das Ablehnungsgesuch (Abs. 2 S. 1, 3). Grundsätzlich ist alsbald über ein Ablehnungsgesuch zu entscheiden. Um jedoch Verfahrensverzögerungen durch Missbrauch des Ablehnungsrechts vorzubeugen, ermöglicht Abs. 2 im Falle eines **Ablehnungsgesuchs während der Hauptverhandlung** (und nicht bereits vor Beginn der Hauptverhandlung[25]), die Hauptverhandlung unter Mitwirkung des abgelehnten Richters für eine bestimmte Zeit fortzusetzen, falls die Entscheidung über die Ablehnung eine Unterbrechung erfordern und dadurch die Hauptverhandlung eine übermäßige Verzögerung erfahren würde.[26] Abs. 2 gilt auch, wenn das Gesuch während einer Unterbrechung außerhalb der Sitzung angebracht wird,[27] wobei eine Weiterverhandlung nur zulässig ist, wenn eine Entscheidung über das Ablehnungsgesuch nicht in einer ohnehin vorgesehenen Unterbrechung ergehen kann, sondern eine (weitere) Unterbrechung erfordern würde.[28]

7

Der **Vorsitzende** entscheidet gem. § 238 Abs. 1 nach pflichtgemäßem Ermessen, ob über das Ablehnungsgesuch sofort entschieden oder aber die Hauptverhandlung zeitlich begrenzt fortgesetzt wird.[29] Im Falle einer Fortsetzung der Hauptverhandlung hat die **Entscheidung** jedoch nach der **relativen zeitlichen Grenze** des **Abs. 2 S. 1, 1. Hs.** zu ergehen, sobald dies unter Anwendung aller zumutbaren organisatorischen Maßnahmen ohne Verzögerung der Hauptverhandlung möglich ist.[30] Daneben legt **Abs. 2 S. 1, 2. Hs.** als **absolute zeitliche Grenze**, die aber bei Möglichkeit einer früheren Entscheidung nicht ausgenutzt werden darf, den Beginn des übernächsten Hauptverhandlungstages (unabhängig von den Abständen zwischen den Verhandlungstagen[31]) bzw. – in Abhängigkeit davon, welcher Zeitpunkt früher eintritt – den Beginn der Schlussvorträge nach §§ 258 Abs. 1, 326 S. 1, 351 Abs. 2 S. 1 fest.

8

Einschränkend bestimmt **Abs. 2 S. 3** daneben, dass Entscheidungen, die auch außerhalb der Hauptverhandlung ergehen können (zB Haftentscheidungen sowie Beschlagnahme- und Durchsuchungsbeschlüsse), nur im Falle der **Unaufschiebbarkeit** unter Mitwirkung des abgelehnten Richters getroffen werden dürfen. Bei Aufschiebbarkeit muss hingegen zunächst über das Ablehnungsgesuch entschieden werden.

9

3. Eventuelle Fortsetzung der Hauptverhandlung nach Entscheidung über das Ablehnungsgesuch (Abs. 2 S. 2). Wird die Ablehnung für **begründet** erklärt, scheidet der abgelehnte Richter endgültig aus, woraufhin die Hauptverhandlung – falls kein Ergänzungsrichter nach § 192 Abs. 2 GVG wirksam eintreten kann – ausgesetzt wird und somit (unter Beteiligung des Vertreters des abgelehnten Richters) neu zu beginnen hat. Im Falle des Eintritts eines Ergänzungsrichters ist hingegen gem. **Abs. 2 S. 2, 1. Hs.** der nach der Anbringung des Ablehnungsgesuchs liegende Teil der Hauptverhandlung – nach **Abs. 2 S. 2, 2. Hs.** mit Ausnahme unaufschiebbarer Handlungen (iSd. Abs. 1) – zu wiederholen. Beweisergebnisse, die in dem zu wiederholenden Teil gewonnen wurden, dürfen bei der Urteilsfällung nicht verwertet werden, was auch in Bezug auf eine mittelbare Verwertung durch Beweiserhebung (zB Urkundenverlesung oder im Wege des Vorhalts bei Zeugenvernehmung) über Aussagen von Angeklagten und Zeugen im zu wiederholenden Teil der Hauptverhandlung gilt.[32]

10

Wird das Ablehnungsgesuch als **unzulässig** verworfen oder als **unbegründet** zurückgewiesen, so wird die Hauptverhandlung ohne weitere Besonderheiten fortgesetzt, wobei die nach Stellung des Ablehnungsgesuchs erfolgten Verfahrenshandlungen wirksam und Beweisergebnisse verwertbar bleiben.[33]

11

4. Zwischenrechtsbehelf und Rechtsmittel. Gegen die Entscheidung des Vorsitzenden, die Hauptverhandlung zunächst fortzusetzen, ist ein **Antrag auf gerichtliche Entscheidung** nach

12

---

[23] BVerfG v. 5. 7. 2005 – 2 BvR 497/03, NVwZ 2005, 1304 (1309); BGH v. 3. 4. 2003 – 4 StR 506/02, BGHSt 48, 264 (265) = NJW 2003, 2396 (2397); HansOLG Hamburg v. 9. 3. 1998 – 2 Ws 23/98, OLGSt StPO § 26 Nr. 1; OLG München v. 5. 3. 1993 – 2 Ws 100/93, 2 Ws 101/93, NStZ 1993, 354 (355); aA OLG Düsseldorf v. 22. 7. 1994 – 5 Ss 274/94 – 85/94 I, StV 1994, 528.
[24] OLG Koblenz v. 19. 5. 1983 – 1 Ss 149/83, VRS 65, 441 (442); KMR/*Paulus* Rn. 2.
[25] *Meyer-Goßner* Rn. 9.
[26] Löwe/Rosenberg/*Siolek* Rn. 27; SK-StPO/*Rudolphi* Rn. 11.
[27] KK-StPO/*Fischer* Rn. 7; Löwe/Rosenberg/*Siolek* Rn. 24; *Meyer-Goßner* Rn. 9; *Rieß* NJW 1978, 2265 (2268).
[28] KK-StPO/*Fischer* Rn. 7; *Meyer-Goßner* Rn. 10; *Rieß* NJW 1978, 2265 (2268).
[29] BGH v. 14. 2. 2002 – 4 StR 272/01, NStZ 2002, 429 (431).
[30] KK-StPO/*Fischer* Rn. 8; KMR/*Paulus* Rn. 13; *Meyer-Goßner* Rn. 12; *Rieß* NJW 1978, 2265 (2268).
[31] HK-GS/*Bosbach* Rn. 4; Löwe/Rosenberg/*Siolek* Rn. 32.
[32] KK-StPO/*Fischer* Rn. 11; SK-StPO/*Rudolphi* Rn. 18; aA Anw-StPO/*Werner* Rn. 4; HK-StPO/*Temming* Rn. 13; KMR/*Paulus* Rn. 20; *Meyer-Goßner* Rn. 14.
[33] KK-StPO/*Fischer* Rn. 10; Löwe/Rosenberg/*Siolek* Rn. 33.

§ 238 Abs. 2 zulässig und geboten.[34] Ist diese Anrufung des Gerichts erfolglos durchgeführt worden, kann mit der **Revision** gem. § 337 die Verletzung von Abs. 1 (ebenso wie von Abs. 2 S. 3) durch Verkennung des Begriffs der Unaufschiebbarkeit gerügt werden.[35] Ein bloß formaler Verstoß gegen Abs. 1 genügt bei fehlender Befangenheit jedoch nicht,[36] sondern der richterliche Ermessensspielraum muss überschritten worden sein.[37] In Bezug auf Abs. 2 S. 1 kann die Überschreitung der dort genannten zeitlichen Grenzen gerügt werden, wobei das Urteil bei Unzulässigkeit oder Unbegründetheit des Ablehnungsgesuchs regelmäßig nicht auf der Fristüberschreitung beruhen wird.[38] Mit der Rüge nach § 261 kann schließlich ein Verstoß gegen dass Wiederholungsgebot des Abs. 2 S. 2 gerügt werden, da der nicht wiederholte (aber dennoch im Rahmen der Urteilsfindung verwertete) Teil nicht Inbegriff der Hauptverhandlung war.[39]

§ 30 [Selbstablehnung; Ablehnung von Amts wegen]
Das für die Erledigung eines Ablehnungsgesuchs zuständige Gericht hat auch dann zu entscheiden, wenn ein solches Gesuch nicht angebracht ist, ein Richter aber von einem Verhältnis Anzeige macht, das seine Ablehnung rechtfertigen könnte, oder wenn aus anderer Veranlassung Zweifel darüber entstehen, ob ein Richter kraft Gesetzes ausgeschlossen ist.

1   Die Vorschrift des § 30 sieht sowohl die Möglichkeit einer Selbstanzeige des Richters als auch die Beachtung von Ausschließungsgründen von Amts wegen vor. Es handelt sich jedoch **nicht** um eine Selbstablehnung des Richters mit der **unmittelbaren Folge seines Ausscheidens**.

2   **1. Selbstanzeige.** Der Richter hat im Rahmen einer Selbstanzeige dem Gericht diejenigen Tatsachen mitzuteilen, die auf Ausschließungsgründe nach §§ 22, 23 oder Befangenheitsgründe nach § 24 schließen lassen. Die Selbstanzeige ist **Dienstpflicht** des Richters, welche er nach pflichtgemäßem Ermessen auszuüben hat.[1] Der Umstand, dass auch andere Verfahrensbeteiligte von den die Ablehnung rechtfertigenden Tatsachen Kenntnis haben, lässt die Verpflichtung nicht entfallen.[2] Umgekehrt ist allein der Umstand, dass der Richter sich für befangen hält, nicht entscheidend. Vielmehr hat das nach § 27 zuständige Gericht das Vorliegen von tatsächlichen Anhaltspunkten für einen Befangenheitsgrund vom Standpunkt eines ablehnungsberechtigten Beteiligten aus zu beurteilen[3] sowie über das Vorliegen von Ausschließungsgründen zu entscheiden. Solange Ausschließungsgründe nicht zweifelsfrei vorliegen, verliert der Richter – ebenso wie generell in Bezug auf Ablehnungsgründe – die Eigenschaft als gesetzlicher Richter erst mit der Entscheidung des Gerichts.[4] Auch wenn die zeitliche Grenze des § 25 nicht gilt,[5] darf der Richter die Selbstanzeige nicht hinauszögern.[6] Entsprechendes gilt für **Ergänzungsrichter** nach § 192 Abs. 2 GVG bereits vor deren Eintritt für einen verhinderten Richter[7] sowie über § 31 Abs. 1 für **Schöffen** (auch Ergänzungsschöffen nach § 192 Abs. 3 GVG) und **Protokollführer**. Ebenso haben (**Vertretungs-**) **Richter** vor Entscheiden über die Selbstanzeige gegebenenfalls Gründe für eine eigene Selbstanzeige umgehend vorzubringen.[8] Hierbei ist auch § 27 Abs. 4 anwendbar.[9]

3   **2. Vorliegen von Ausschließungsgründen.** Das Gericht hat stets darauf zu achten, ob Ausschließungsgründe nach §§ 22, 23 vorliegen. Bestehen an deren Vorliegen Zweifel, hat das Gericht diesen Umstand – auch ohne Antrag nach § 24 oder Anzeige nach § 30 – **von Amts wegen**

---
[34] BGH v. 14. 2. 2002 – 4 StR 272/01, NStZ 2002, 429 (430); *Meyer-Goßner* Rn. 11, 16.
[35] BGH v. 14. 2. 2002 – 4 StR 272/01, NStZ 2002, 429 (430).
[36] Vgl. Rn. 6.
[37] BGH v. 3. 4. 2003 – 4 StR 506/02, BGHSt 48, 264 (266f.) = NJW 2003, 2396 (2397); BGH v. 14. 2. 2002 – 4 StR 272/01, NStZ 2002, 429 (430).
[38] BGH v. 4. 3. 1996 – 5 ARs 452/95, NStZ 1996, 398.
[39] HK-GS/*Bosbach* Rn. 7; KK-StPO/*Fischer* Rn. 12; Löwe/Rosenberg/*Siolek* Rn. 40; *Pfeiffer* Rn. 4.
[1] OLG Schleswig v. 22. 12. 1953 – Ws 331/52, SchlHA 1953, 69; vgl. auch OLG Neustadt v. 11. 9. 1963 – Ss 94/63, NJW 1963, 2087 (2088).
[2] *Meyer-Goßner* Rn. 2.
[3] BGH v. 16. 2. 1959 – III ARZ 4/59, DRiZ 1959, 153; vgl. auch BGH v. 5. 4. 1977 – 1 BJs 22/75, AK 35/77 nach KK-StPO/*Fischer* Rn. 2.
[4] BGH v. 13. 2. 1973 – 1 StR 541/72, BGHSt 25, 122 (125) = NJW 1973, 860 (861); BGH v. 3. 3. 1982 – 2 StR 32/82, BGHSt 31, 3 (5) = NJW 1982, 1655 (1656).
[5] BGH v. 13. 3. 1962 – 5 StR 544/61, GA 1962, 338; RG v. 6. 7. 1933 – II 308/33, RGSt 67, 276; Heghmanns/*Scheffler*, Handbuch zum Strafverfahren, 2008, Kap. VII Rn. 140.
[6] *Joecks* Rn. 2; *Meyer-Goßner* Rn. 2.
[7] HK-StPO/*Temming* Rn. 2; KMR/*Paulus* Rn. 2; Löwe/Rosenberg/*Siolek* Rn. 11; *Meyer-Goßner* Rn. 1; SK-StPO/*Rudolphi* Rn. 4.
[8] KK-StPO/*Fischer* Rn. 4; Löwe/Rosenberg/*Siolek* Rn. 10.
[9] OLG Frankfurt/M v. 26. 2. 1981 – 3 ARs 27/80, NStZ 1981, 233 (234); OLG Zweibrücken v. 11. 4. 1968 – Ws 27/68, NJW 1968, 1439 (1440); Löwe/Rosenberg/*Siolek* Rn. 6, 10 (Fn. 14); aA wohl *Koch* DRiZ 1970, 328 (329).

zu prüfen und darüber zu entscheiden. Einer solchen (ohnehin nur deklaratorischen) Entscheidung bedarf es lediglich dann nicht, wenn ein Ausschließungsgrund eindeutig vorliegt.[10]

3. Verfahren. Auch wenn der Richter nicht unmittelbar mit der Stellung der Selbstanzeige aus dem Verfahren ausscheidet, darf er **bis zur gerichtlichen Entscheidung** grundsätzlich nicht weiter tätig werden.[11] Da erst die gerichtliche Entscheidung klarstellt, ob der betroffene Richter oder sein Vertreter gesetzlicher Richter ist,[12] findet allerdings § 29 Abs. 1 (nicht aber § 29 Abs. 2) Anwendung, so dass **ausschließlich unaufschiebbare Handlungen** vorgenommen werden dürfen.[13] Gleiches gilt ab dem Moment, in dem Zweifel über das Vorliegen von Ausschließungsgründen geltend gemacht und diese von Amts wegen überprüft werden.[14] Werden dennoch aufschiebbare richterliche Handlungen vorgenommen, sind sie – im Gegensatz zu Handlungen, die sich lediglich auf Justizverwaltungsangelegenheiten beziehen[15] – unwirksam.[16]

Da die Selbstanzeige und die Entscheidung keine rein inneren Angelegenheiten des Gerichts sind,[17] gebietet es der Grundsatz des **rechtlichen Gehörs** aus Art. 103 Abs. 1 GG, die Selbstanzeige den Verfahrensbeteiligten mitzuteilen und ihnen Gelegenheit zur Stellungnahme zu geben.[18]

4. Entscheidung des Gerichts. Das nach § 27 zuständige Gericht entscheidet durch **Beschluss**,[19] der den Verfahrensbeteiligten bekanntzugeben ist.[20] Wird die Selbstanzeige für begründet erklärt oder das Vorliegen von Ausschließungsgründen festgestellt, scheidet der betroffene Richter endgültig aus und hat sich in dieser Sache jeder weiteren richterlichen Tätigkeit zu enthalten.[21] Sollte hingegen kein Befangenheits- oder Ausschließungsgrund festgestellt werden, wird das Verfahren unter Mitwirkung des Richters fortgesetzt. Es ist jedoch möglich und zulässig, dass ein ablehnungsberechtigter Verfahrensbeteiligter die in der (erfolglosen) Selbstanzeige dargelegten Tatsachen in einem (eigenen) Ablehnungsgesuch wiederholt.[22]

5. Rechtsmittel. Im Zusammenhang mit **Entscheidungen nach § 30** ergeben sich nur in äußerst beschränktem Umfang Anhaltspunkte für die Rechtsmittel der Beschwerde und Revision.

a) **Beschwerde.** Eine pflichtwidrig unterlassene Selbstanzeige kann – da es keine gerichtliche Entscheidung ist – nicht mit der Beschwerde angefochten werden.[23] Auch in Bezug auf eine Entscheidung nach § 30 ist die Beschwerde **weder** gegen einen Beschluss, der feststellt, dass keine Besorgnis der Befangenheit besteht oder kein Ausschließungsgrund vorliegt,[24] **noch** gegen einen Beschluss, der umgekehrt den Ausschluss des Richters an der weiteren Mitwirkung feststellt,[25] **statthaft**. Den Verfahrensbeteiligten (außer dem betroffenen Richter) steht vielmehr die Möglichkeit eines Ablehnungsgesuchs nach § 24 zur Verfügung. Im Falle einer Verletzung des rechtlichen Gehörs ist hingegen die **sofortige Beschwerde** nach § 28 Abs. 1 S. 1 zulässig, soweit es nicht um die Selbstanzeige oder Ausschließung eines erkennenden Richters (mit der Folge der ausschließlichen Anfechtungsmöglichkeit mit dem Urteil nach § 28 Abs. 2 S. 2) geht.[26] Ebenso ist die **sofortige Beschwerde** statthaft, wenn das Gericht nach § 30 einen Richter wegen Besorgnis der Befangenheit ausgeschlossen hat, obwohl keine Selbstanzeige und auch keine Ablehnung durch einen sonstigen Prozessbeteiligten erfolgt sind.[27]

---

[10] BGH v. 13. 2. 1973 – 1 StR 541/72, BGHSt 25, 122 (125) = NJW 1973, 860 (861); KK-StPO/*Fischer* Rn. 5; Löwe/Rosenberg/*Siolek* Rn. 13 f.; *Meyer-Goßner* Rn. 2; SK-StPO/*Rudolphi* Rn. 7, 10.
[11] BGH v. 13. 2. 1973 – 1 StR 541/72, BGHSt 25, 122 (125) = NJW 1973, 860 (861); BGH v. 3. 3. 1982 – 2 StR 32/82, BGHSt 31, 3 (5 f.) = NJW 1982, 1655 (1656); OLG Schleswig v. 15. 11. 1962 – 2 Ss 598/62, SchlHA 1963, 78.
[12] BGH v. 13. 2. 1973 – 1 StR 541/72, BGHSt 25, 122 (125) = NJW 1973, 860 (861); Anw-StPO/*Werner* Rn. 3; *Meyer-Goßner* Rn. 4.
[13] HK-StPO/*Temming* Rn. 6; KK-StPO/*Fischer* Rn. 4; *Pfeiffer* Rn. 2.
[14] *Meyer-Goßner* Rn. 4.
[15] BGH v. 28. 9. 1952 – 2 StR 67/52, BGHSt 3, 68 (69) = NJW 1952, 1265.
[16] BGH v. 3. 3. 1982 – 2 StR 32/82, BGHSt 31, 3 (5) = NJW 1982, 1655 (1656).
[17] So aber noch BGH v. 28. 9. 1952 – 2 StR 67/52, BGHSt 3, 68 (69) = NJW 1952, 1265.
[18] BVerfG v. 8. 6. 1993 – 1 BvR 878/90, BVerfGE 89, 28 (36) = NJW 1993, 2229; *Arzt* Anm. zu BGH v. 13. 2. 1973 – 1 StR 541/72, JR 1974, 75 (76); KMR/*Paulus* Rn. 6; *Pentz* JR 1967, 85 (87); *Schneider* JR 1977, 270 (271); SK-StPO/*Rudolphi* Rn. 6; aA noch BGH v. 13. 3. 1962 – 5 StR 544/61, GA 1962, 338; BGH v. 11. 6. 1970 – III ZR 7/69, NJW 1970, 1644 (zu § 48 Abs. 1 ZPO); LG Oldenburg v. 23. 3. 1972 – 6 T 165/72, MDR 1972, 615 (616).
[19] BGH v. 13. 2. 1973 – 1 StR 541/72, BGHSt 25, 122 (125) = NJW 1973, 860 (861).
[20] Löwe/Rosenberg/*Siolek* Rn. 16.
[21] BGH v. 28. 9. 1952 – 2 StR 67/52, BGHSt 3, 68 (69) = NJW 1952, 1265; RG v. 21. 5. 1897 – 1399/97, RGSt 30, 123 (124).
[22] KK-StPO/*Fischer* Rn. 5; Löwe/Rosenberg/*Siolek* Rn. 27.
[23] KMR/*Paulus* Rn. 9.
[24] OLG Celle v. 4. 3. 1966 – 1 W 7/66, NdsRpfl 1966, 118 (bez. § 48 ZPO); OLG Schleswig v. 22. 12. 1953 – Ws 331/52, SchlHA 1953, 69; KK-StPO/*Fischer* Rn. 6; KMR/*Paulus* Rn. 9; *Meyer-Goßner* Rn. 8; aA *Teplitzky* JuS 1969, 318 (325, Fn. 109).
[25] BGH v. 13. 3. 1962 – 5 StR 544/61, GA 1962, 338; RG v. 21. 5. 1897 – 1399/97, RGSt 30, 123 (124); RG v. 6. 7. 1933 – II 308/33, RGSt 67, 276 (277); Löwe/Rosenberg/*Siolek* Rn. 18; *Meyer-Goßner* Rn. 8.
[26] Anw-StPO/*Werner* Rn. 6; KK-StPO/*Fischer* Rn. 6; *Pfeiffer* Rn. 3.
[27] KMR/*Paulus* Rn. 10; Löwe/Rosenberg/*Siolek* Rn. 21.

9 **b) Revision.** Die Revision kann grundsätzlich **weder** auf das Unterlassen einer Selbstanzeige[28] noch auf den Beschluss, der auf die Selbstanzeige hin ergeht,[29] gestützt werden. Im Falle einer **willkürlichen**, gegen Art. 101 Abs. 1 S. 2 verstoßenden **Verfahrensweise**[30] ist jedoch eine Revisionsrüge ebenso möglich wie bei der **Verletzung rechtlichen Gehörs**.[31] Wird ein Richter nach seiner Selbstanzeige schon vor der Entscheidung des Gerichts durch den Vertreter ersetzt, ist wegen nicht vorschriftsmäßiger Gerichtsbesetzung der absolute Revisionsgrund des § 338 Nr. 1 gegeben.[32] Daneben ist bei Nichtbeachtung eines Ausschließungsgrundes der zwingende Aufhebungsgrund des § 338 Nr. 2 gegeben, selbst wenn ein förmlicher Beschluss nach § 30 das Vorliegen des Ausschließungsgrundes verneint hat.[33]

§ 31 [Schöffen; Urkundsbeamte]

(1) Die Vorschriften dieses Abschnitts gelten für Schöffen sowie für Urkundsbeamte der Geschäftsstelle und andere als Protokollführer zugezogene Personen entsprechend.

(2) ¹Die Entscheidung trifft der Vorsitzende. ²Bei der großen Strafkammer und beim Schwurgericht entscheiden die richterlichen Mitglieder. ³Ist der Protokollführer einem Richter beigegeben, so entscheidet dieser über die Ablehnung oder Ausschließung.

1 **1. Entsprechende Anwendung (Abs. 1).** Die Vorschrift erklärt die §§ 22 ff. in weiten Teilen für entsprechend anwendbar auf Schöffen, Urkundsbeamte der Geschäftsstelle und sonstige Protokollführer.

2 **a) Schöffen.** Die **Ausschließungsgründe** der §§ 22, 23 gelten entsprechend für Schöffen, da sie das Richteramt während der Hauptverhandlung nach §§ 30 Abs. 1, 77 Abs. 1 GVG in vollem Umfang und mit gleichem Stimmrecht wie der Richter ausüben. Den Ausschließungsgründen stehen die von Amts wegen zu beachtenden **Amtsunfähigkeitsgründe** der §§ 31 S. 2, 32, 33, 34, 77 Abs. 1 GVG gleich.[1]

3 Des Weiteren gelten die Vorschriften über die **Ablehnung** nach §§ 24 ff. entsprechend, wobei § 31 Abs. 2 die Regelung des § 27 Abs. 1 ersetzt und die Vorschrift des § 27 Abs. 2 bis 4 auf Schöffen keine Anwendung findet.[2] Auch der Schöffe hat nach pflichtgemäßem Ermessen zu entscheiden, ob er eine Selbstanzeige nach § 30 anbringt.[3] Die Befangenheitsgründe reichen hierbei nicht weiter als bei den Berufsrichtern,[4] wobei die Vermutung der Unparteilichkeit im Grundsatz auch bei Schöffen gilt.[5] Die Folgen des Mitwirkens eines ausgeschlossenen oder mit Erfolg abgelehnten Schöffen richten sich entsprechend der Umstände bei Berufsrichtern.

4 **Besorgnis der Befangenheit** kann **beispielsweise** vorliegen, wenn ein Schöffe Bediensteter der geschädigten Behörde[6] oder Mitarbeiter des geschädigten Unternehmens ist, in unangemessener Weise private Kontakte (mit Bezug zum Verfahren) zu Verfahrensbeteiligten aufnimmt oder pflegt,[7] Zweifel an seiner Rechtstreue aufkommen lässt,[8] während Unterbrechungen der Haupt-

---

[28] BGH v. 9. 7. 1965 – 2 StR 217/65, BGH bei *Dallinger* MDR 1966, 24 (24 f.); BGH v. 1. 7. 1971 – 1 StR 362/70; *Dahs* Revision Rn. 162; Löwe/Rosenberg/*Siolek* Rn. 24. Eine Prüfung auf Ermessensmissbrauch befürworten hingegen OLG Neustadt v. 11. 9. 1963 – Ss 94/63, NJW 1963, 2087 (2088); KMR/*Paulus* Rn. 4; *Teplitzky* JuS 1969, 318 (325, Fn. 109).
[29] BGH v. 28. 9. 1952 – 2 StR 67/52, BGHSt 3, 68 (69) = NJW 1952, 1265; BGH v. 13. 2. 1973 – 1 StR 541/72, BGHSt 25, 122 (126 f.) = NJW 1973, 860 (861); BGH v. 13. 3. 1962 – 5 StR 544/61, GA 1962, 338.
[30] BGH v. 21. 2. 1968 – 2 StR 360/67, BGHSt 22, 94 (100) = NJW 1968, 1242 (1244); *Arzt* Anm. zu BGH v. 13. 2. 1973 – 1 StR 541/72, JR 1974, 75 (77); offengelassen bei BGH v. 5. 1. 1977 – 3 StR 433/76 (L), BGHSt 27, 96 (99) = NJW 1977, 1829 (1830).
[31] HK-GS/*Bosbach* Rn. 5; KK-StPO/*Fischer* Rn. 7.
[32] OLG Hamm v. 2. 8. 1963 – 3 Ss 615/63, MDR 1964, 77; *Arzt* Anm. zu BGH v. 13. 2. 1973 – 1 StR 541/72, JR 1974, 75 (76 f.).
[33] Anw-StPO/*Werner* Rn. 4; KK-StPO/*Fischer* Rn. 7; Löwe/Rosenberg/*Siolek* Rn. 23; SK-StPO/*Rudolphi* Rn. 15. Hingegen § 338 Nr. 1 nach Meyer-Goßner Rn. 9, *Pfeiffer* Rn. 3.
[1] KK-StPO/*Fischer* Rn. 1; Löwe/Rosenberg/*Siolek* Rn. 3; *Meyer-Goßner* Rn. 1; aA SK-StPO/*Rudolphi* Rn. 3: Vorrang der Unfähigkeitsgründe.
[2] KK-StPO/*Fischer* Rn. 3; KMR/*Paulus* Rn. 1; weitergehend Anw-StPO/*Werner* Rn. 3; HK-GS/*Bosbach* Rn. 1; Löwe/Rosenberg/*Siolek* Rn. 2; *Meyer-Goßner* Rn. 1: keine Anwendung auch des § 29 Abs. 1; zurückhaltender SK-StPO/*Rudolphi* Rn. 2: keine Bedeutung des § 29 Abs. 1 für Schöffen.
[3] BGH v. 9. 7. 1953 – 3 StR 33/53 nach KK-StPO/*Fischer* Rn. 2; HK-StPO/*Temming* Rn. 4.
[4] HK-GS/*Bosbach* Rn. 2; *Meyer-Goßner* Rn. 2; vgl. aber *Hanack* Anm. zu BGH v. 13. 7. 1966 – 2 StR 157/66, JR 1967, 229.
[5] BGH v. 18. 12. 1968 – 2 StR 322/68, BGHSt 22, 289 (295) = NJW 1969, 703 (704); *Meyer-Goßner* Rn. 2.
[6] BGH v. 12. 11. 1953 – 3 StR 847/52, BGH bei *Dallinger* MDR 1954, 151; weitergehend AG Bremen v. 2. 9. 2009 – 87 Ls 850 Js 56 574/07 (2/09), StV 2009, 181 (181 f.): Finanzbeamtin eines im gleichen Haus untergebrachten anderen Finanzamtes.
[7] KK-StPO/*Fischer* Rn. 4.
[8] BGH v. 28. 4. 2010 – 2 StR 595/09, NJW 2010, 2226 (2227): offenes Bekenntnis zur Selbstjustiz und zur Eintreibung von Forderungen mithilfe rechtswidriger Drohungen in seiner beruflichen Tätigkeit als Inkassounternehmer mit (sogar) mittelbarer Verbindung zu dem Strafverfahren; zust. Anm. *Gatzweiler/Gerke* StraFO 2010, 291 (291 f.).

verhandlung wertende, auf Festlegung in der Sache hindeutende Äußerungen macht,[9] sich während der Hauptverhandlung unsachlich äußert[10] oder Desinteresse dadurch zeigt, dass er ständig einschläft oder durch dauerhafte körperliche Erschöpfung den Eindruck vermittelt, er würde dem Schicksal des Angeklagten gleichgültig gegenüberstehen.[11] Bei der Erlangung von Akteneinsicht ist stets im Einzelfall zu beurteilen, ob der Schöffe Befangenheit dahingehend besorgen lässt, dass er sein Urteil eher aufgrund des Akteninhalts als aus dem Inbegriff der Hauptverhandlung fällt.[12] Grundsätzlich **nicht ausreichend** sind hingegen Spannungen zum Verteidiger,[13] allgemeine persönliche (insbesondere berufliche) Verhältnisse,[14] verwandtschaftliche Beziehungen zu anderen mitwirkenden Schöffen,[15] die gelegentliche Lektüre der Anklageschrift während der Hauptverhandlung,[16] der Erhalt von aus den Akten stammenden Protokollen von Tonbandaufzeichnungen[17] oder bloßen Aufstellungen von Verfahrenstatsachen oder Abläufen,[18] die Kenntnis von Presseveröffentlichungen, in denen das Ergebnis des Verfahrens vorweggenommen wird,[19] die Kenntnis von über den Anklagesatz hinausgehenden Einzelheiten der Tat durch versehentliche Verlesung durch den Staatsanwalt[20] oder – zum Verständnis eines pauschalen Geständnisses – durch selbständiges Lesen des wesentlichen Ermittlungsergebnisses[21] sowie kurze Meinungsäußerungen zur Sache, ohne dass eine endgültige Festlegung erfolgt.[22]

b) Urkundsbeamte und sonstige Protokollführer. In Bezug auf Urkundsbeamte und sonstige Protokollführer finden die Vorschriften des § 23[23] – diese Personen sind nicht an Entscheidungen beteiligt und können vielmehr in allen Rechtszügen tätig werden –, des § 27 Abs. 1, der durch die Regelung des § 31 Abs. 2 ersetzt wird, und des § 27 Abs. 2 bis 4, der inhaltlich für Urkundsbeamte nicht passt, **keine entsprechende Anwendung**. Wird der **Protokollführer** in der Hauptverhandlung abgelehnt, sollte er – da eine Ersetzung jederzeit möglich ist[24] – bei nicht völliger Aussichtslosigkeit des Ablehnungsgesuchs ausgetauscht werden, um das Risiko, den nach der Ablehnung liegenden Teil der Hauptverhandlung nach § 29 Abs. 2 S. 2 wiederholen zu müssen, auszuschließen.[25] Ebenso gilt dies bei der Geltendmachung von Ausschließungsgründen, da auch in dieser Konstellation das (sogar:) gesamte Protokoll nicht nach § 274 beweiskräftig wäre.[26] Bei **selbständigen Amtshandlungen** des Urkundsbeamten, bei denen dieser nicht unmittelbarer Gehilfe des Richters ist, gelten die §§ 22 ff. hingegen **nicht**,[27] jedoch darf hier der Urkundsbeamte bei Vorliegen von Ausschließungsgründen (anders als bei Ablehnungsgründen) in entsprechender Anwendung von § 20 VwVfG nicht tätig werden.[28]

2. Entscheidung (Abs. 2). Soweit keine Verwerfung des Ablehnungsgesuchs als unzulässig nach § 26 a Abs. 2 S. 1, 2 (unter Mitwirkung des abgelehnten Schöffen) erfolgt, bestimmt Abs. 2 – in Abweichung von § 27 Abs. 1 –, dass die Entscheidung über das Ablehnungsgesuch gem. **Abs. 2 S. 1** vom Vorsitzenden des Schöffengerichts oder der kleinen Strafkammer, gem. **Abs. 2 S. 2** von den richterlichen Mitgliedern der großen Strafkammer (und des Schwurgerichts) ohne Mitwirkung der Schöffen bzw. gem. **Abs. 2 S. 3** vom Einzelrichter beim Amtsgericht oder beauftragten

---

[9] KK-StPO/*Fischer* Rn. 4.
[10] BGH v. 30. 10. 1990 – 5 StR 447/90, NStZ 1991, 144.
[11] LG Bremen v. 4. 2. 2002 – 42 KLs 300 Js 34 579/97, StV 2002, 357 (358); HK-GS/*Bosbach* Rn. 2.
[12] BGH v. 5. 1. 1954 – 1 StR 476/53, BGHSt 5, 261 (262) = NJW 1954, 483 (483 f.); BGH v. 17. 11. 1958 – 2 StR 188/58, BGHSt 13, 73 (74 f.) = MDR 1959, 592; BGH v. 2. 12. 1986 – 1 StR 433/86, NJW 1987, 1209 (1210); einschränkend BGH v. 26. 3. 1997 – 3 StR 421/96, BGHSt 43, 36 (38 f.) = NJW 1997, 1792 (1793); großzügiger *Atzler* DRiZ 1991, 207; *Hanack* JZ 1972, 313 (314 f.); *Rieß* Anm. zu BGH v. 2. 12. 1986 – 1 StR 433/86, JR 1987, 389 (392); *Terhorst* MDR 1988, 809 (811).
[13] BGH v. 22. 4. 1969 – 1 StR 519/68, BGH bei *Dallinger* MDR 1975, 23.
[14] BGH v. 13. 3. 1997 – 1 StR 793/96, BGHSt 43, 16 (19 f.) = NJW 1998, 550 (550 f.); BGH v. 19. 5. 1992 – 1 StR 173/72, BGHR StPO § 24 Abs. 2 Schöffe 10. Vgl auch § 24 Rn. 12.
[15] BGH v. 6. 3. 1974 – 3 StR 129/72, BGH bei *Dallinger* MDR 1974, 547.
[16] LG Kiel v. 18. 10. 1976 – 30 KLs 4/76, SchlHA 1977, 56.
[17] BGH v. 26. 3. 1997 – 3 StR 421/96, BGHSt 43, 36 (38) = NJW 1997, 1792 (1793).
[18] KK-StPO/*Fischer* Rn. 7.
[19] BGH v. 18. 12. 1968 – 2 StR 322/68, BGHSt 22, 289 (294 f.) = NJW 1969, 703 (704).
[20] BGH v. 30. 3. 1983 – 2 StR 173/82, BGH bei *Pfeiffer/Miebach* NStZ 1984, 15.
[21] EGMR v. 12. 6. 2008 – 26771/03 (Elezi/Deutschland), NJW 2009, 2871 (2872).
[22] BGH v. 13. 7. 1966 – 2 StR 157/66, BGHSt 21, 85 (86) = NJW 1966, 2321.
[23] KK-StPO/*Fischer* Rn. 8; KMR/*Paulus* Rn. 5; Löwe/Rosenberg/*Siolek* Rn. 7; *Pfeiffer* Rn. 2; SK-StPO/*Rudolphi* Rn. 8.
[24] BGH v. 13. 7. 1966 – 2 StR 157/66, BGHSt 21, 85 (89) = NJW 1966, 2321 (2322).
[25] KK-StPO/*Fischer* Rn. 8; SK-StPO/*Rudolphi* Rn. 9; aA HK-StPO/*Temming* Rn. 5; *Meyer-Goßner* Rn. 3; *Pfeiffer* Rn. 2.
[26] RG v. 12. 11. 1885 – 2742/85, RGSt 13, 76 (77); RG v. 2. 7. 1934 – 3 D 1281/33, RGSt 68, 272 (273); HK-StPO/*Temming* Rn. 5; KMR/*Paulus* Rn. 8; Löwe/Rosenberg/*Siolek* Rn. 17; *Meyer-Goßner* Rn. 3; SK-StPO/*Rudolphi* Rn. 12.
[27] OLG Schleswig v. 17. 11. 1958 – Ws 377/58, SchlHA 1959, 107; Anw-StPO/*Werner* Rn. 6; *Joecks* Rn. 4; KMR/*Paulus* Rn. 4; Löwe/Rosenberg/*Siolek* Rn. 5; *Meyer-Goßner* Rn. 4.
[28] HK-StPO/*Temming* Rn. 6; *Meyer-Goßner* Rn. 4; *Pfeiffer* Rn. 2.

Richter getroffen wird. Der Strafsenat des Bundesgerichtshofs bzw. Oberlandesgerichts entscheidet in der für die Hauptverhandlung bestimmten Besetzung, dh. gem. § 122 Abs. 2 GVG bzw. § 139 Abs. 1 GVG mit fünf Richtern einschließlich des Vorsitzenden.[29]

7 **3. Rechtsmittel.** Entscheidungen über die Ablehnung und Ausschließung von Schöffen, Urkundsbeamten und sonstigen Protokollführern sind lediglich **in begrenztem Umfang anfechtbar**.

8 **a) Beschwerde.** Während die Entscheidung über die Ablehnung des **Urkundsbeamten** in der Hauptverhandlung **unanfechtbar** ist,[30] gilt in Bezug auf **Schöffen** die Vorschrift des § 28 entsprechend. Demgemäß kommt bei Schöffen eine Anfechtung nach § 28 Abs. 2 S. 2 nur zusammen mit dem Urteil in Betracht.

9 **b) Revision.** Die Mitwirkung eines ausgeschlossenen oder abgelehnten **Schöffen** stellt einen absoluten Revisionsgrund nach § 338 Nr. 2, 3 dar. Hingegen wird das Urteil auf der Mitwirkung eines ausgeschlossenen oder abgelehnten **Protokollführers** nicht iSd. § 337 beruhen,[31] so dass der Streit um die Anfechtbarkeit einer den Urkundsbeamten bzw. sonstigen Protokollführer betreffenden Entscheidung im Ergebnis dahinstehen kann. Aufgrund der fehlenden Beweiskraft des anteiligen oder gesamten Protokolls im Falle einer begründeten Ablehnung oder Ausschließung des Urkundsbeamten kann das Urteil für den Fall einer unzulässigen Verlesung des nicht beweiskräftigen Protokolls auf diesem Fehler beruhen.[32]

§ 32 (weggefallen)

---

[29] HK-GS/*Bosbach* Rn. 4; HK-StPO/*Temming* Rn. 7; KK-StPO/*Fischer* Rn. 9; *Meyer-Goßner* Rn. 5; SK-StPO/*Rudolphi* Rn. 10; aA Löwe/Rosenberg/*Siolek* Rn. 11: in Beschlussbesetzung mit jeweils drei Richtern.
[30] LG Stuttgart v. 9. 12. 1963 – I Qs 808/63, NJW 1964, 677 (677 f.); Anw-StPO/*Werner* Rn. 8; HK-GS/*Bosbach* Rn. 6; KK-StPO/*Fischer* Rn. 10; *Meyer-Goßner* Rn. 6; *Pfeiffer* Rn. 3; aA Löwe/Rosenberg/*Siolek* Rn. 14; SK-StPO/*Rudolphi* Rn. 11.
[31] BGH v. 22. 6. 1993 – 1 StR 686/92, BGHR StPO § 31 Protokollführer 1; RG v. 12. 11. 1885 – 2742/85, RGSt 13, 76 (77); RG v. 2. 7. 1934 – 3 D 1281/33, RGSt 68, 272 (273).
[32] *Pfeiffer* Rn. 3.

Vierter Abschnitt.
Gerichtliche Entscheidungen und Kommunikation zwischen den Beteiligten

§ 33 [Anhörung der Beteiligten]

(1) Eine Entscheidung des Gerichts, die im Laufe einer Hauptverhandlung ergeht, wird nach Anhörung der Beteiligten erlassen.

(2) Eine Entscheidung des Gerichts, die außerhalb einer Hauptverhandlung ergeht, wird nach schriftlicher oder mündlicher Erklärung der Staatsanwaltschaft erlassen.

(3) Bei einer in Absatz 2 bezeichneten Entscheidung ist ein anderer Beteiligter zu hören, bevor zu seinem Nachteil Tatsachen oder Beweisergebnisse, zu denen er noch nicht gehört worden ist, verwertet werden.

(4) [1] Bei Anordnung der Untersuchungshaft, der Beschlagnahme oder anderer Maßnahmen ist Absatz 3 nicht anzuwenden, wenn die vorherige Anhörung den Zweck der Anordnung gefährden würde. [2] Vorschriften, welche die Anhörung der Beteiligten besonders regeln, werden durch Absatz 3 nicht berührt.

I. Gerichtliche Entscheidungen

1. Überblick. Das Gesetz schreibt zur Gewährung des rechtlichen Gehörs (Art. 103 Abs. 1 GG) vor Erlass einer gerichtlichen Entscheidung die **Anhörung der Beteiligten** (§ 33) vor, ggf. muss diese auch nachträglich noch gewährt werden (§ 33a). Welche Entscheidungen mit **Gründen** versehen werden müssen, regelt § 34, die Art der **Bekanntgabe** wird in §§ 35 ff. bestimmt. 1

2. Arten der gerichtlichen Entscheidung. a) Form. Entscheidungen können in Form von Urteilen, Beschlüssen oder Verfügungen ergehen.[1] 2

b) **Inhalt.** Nach ihrem Inhalt sind zu unterscheiden:[2] 3

aa) **Prozessentscheidungen.** Sie treffen keine Entscheidung in der Sache. Sie betreffen den Ablauf des Verfahrens oder beenden es, indem aus verfahrensrechtlichen Gründen eine Sachentscheidung abgelehnt oder der Weg zu ihr versperrt wird. Prozessentscheidungen sind auch zB der Ausschluss der Öffentlichkeit (§ 172 GVG), die Entfernung des Angeklagten (§ 247) oder das Absehen von einer bereits beschlossenen Beweisaufnahme.[3]

bb) **Sachentscheidungen.** Sie betreffen den Prozessgegenstand inhaltlich.

3. Anspruch auf richterliche Entscheidung. Eine richterliche Entscheidung kann grundsätzlich jeder Antragsteller verlangen (vgl. Art. 17 GG), wenn er in seiner Eingabe nicht erkennen lässt, dass er auf eine Bescheidung verzichtet.[4] Ist gesetzlich nichts anderes bestimmt, kann der Antragsteller **formlos beschieden** werden; dabei ist mindestens die Art der Erledigung schriftlich mitzuteilen.[5] 4

Eine **Entscheidung in der Sache** unterbleibt, wenn der Antrag oder die Eingabe im Wesentlichen kein sachliches Anliegen verfolgt, sondern einen **beleidigenden, herausfordernden oder erpresserischen Inhalt** hat,[6] auch wenn der Verfasser ein RA ist.[7] Das gilt zB für **Strafanzeigen**, die keinen sachlichen Inhalt haben, sondern nur grob beleidigend oder querulatorisch sind und für **Antrags- oder Rechtsmittelschriften**, die grobe Verunglimpfungen des Antragsgegners, des angerufenen Gerichts oder anderer mit der Sache befasster Justizorgane enthalten,[8] wenn nicht ersichtlich ist, dass zugleich auch ein sachliches Anliegen verfolgt wird.[9] In diesen Fällen wird dem Antragsteller durch Beschluss (falls ein solcher für die sonst zu treffende Entscheidung gesetzlich vorgesehen ist) oder formlos mitgeteilt, dass das Gericht eine Entscheidung ablehnt.[10] 5

---

[1] S. u. Rn. 8 ff.
[2] Vgl. *Meyer-Goßner* Vor § 33 Rn. 1.
[3] KK-StPO/*Maul* Rn. 2.
[4] *Meyer-Goßner* Vor § 33 Rn. 10.
[5] Vgl. zu Art. 17 GG: BVerfG v. 22. 4. 1953 – 1 BvR 162/51, BVerfGE 2, 225 = NJW 1953, 817.
[6] Vgl. BVerfG v. 22. 4. 1953 – 1 BvR 162/51, BVerfGE 2, 225 = NJW 1953, 817.
[7] OLG Karlsruhe v. 2. 9. 1977 – 1 Ws 322/77, MDR 1978, 74.
[8] KG v. 19. 8. 1968 – 2 VAs 39/68, NJW 1969, 151; OLG Hamm v. 17. 3. 1976 – 4 Ss 158/76, NJW 1976, 978; OLG Karlsruhe v. 25. 5. 1973 – 1 Ws 143/73, NJW 1973, 1658; OLG Karlsruhe v. 18. 12. 1973 – 2 Ss 222/73, NJW 1974, 915; OLG Koblenz v. 4. 10. 1972 – 1 Ws 544/72, MDR 1973, 157; OLG Koblenz v. 13. 10. 1986 – 1 Ws 678/86, MDR 1987, 433 L; OLG Stuttgart v. 15. 3. 2002 – 1 Ws 41/02, Justiz 2002, 553; eingehend *Kockel/Vossen-Kempkens* NStZ 2001, 178.
[9] BVerfG v. 21. 8. 2001 – 2 BvR 282/00, StV 2001, 697; BVerfG v. 19. 7. 2001 – 2 BvR 1175/01, NStZ 2001, 616.
[10] Vgl. BVerfG v. 19. 7. 2001 – 2 BvR 1175/01, NStZ 2001, 616; BGH v. 18. 12. 2006 – 1 StR 161/06, NStZ 2007, 283; *Meyer-Goßner* Vor § 33 Rn. 12; SK-StPO/*Weßlau* Rn. 15.

6 Eine Entscheidung **in der Sache** hat allerdings **auch in diesen Fällen** zu ergehen, wenn der Antragsteller durch Ablehnung der Sachentscheidung sein Rechtsmittel verlieren würde.[11] Der Antragsteller ist dann auf die Ungehörigkeit seiner Äußerungen hinzuweisen,[12] zugleich kann eine Strafanzeige nach §§ 185 ff. StGB angezeigt sein.[13]

7 Wer eine **Eingabe wiederholt**, die bereits ordnungsmäßig beschieden worden war, hat grundsätzlich keinen Anspruch auf erneuten Bescheid. Es ist insbesondere nicht geboten, bloße Unmutsäußerungen des Verurteilten immer erneut als Rechtsmittel auszulegen und zu bescheiden, auch wenn in den Schreiben gelegentlich Worte wie „Widerspruch", „Einspruch" o. Ä. verwendet werden.[14]

8 **4. Form der Entscheidung. a) Urteile.** Urteile ergehen im Namen des Volkes (§ 268 Abs. 1), bestehen aus **Urteilsformel und Urteilsgründen** (§§ 260 Abs. 4, 268 Abs. 2) und müssen schriftlich zu den Akten gebracht werden (§ 275).

9 **b) Beschlüsse.** Beschlüsse bestehen aus **Entscheidungssatz und Begründung.** Die Begründung kann, soweit sie nicht gesetzlich vorgeschrieben ist (vgl. insbesondere § 34), auch entfallen.

10 **c) Weitere erforderliche Angaben.** Schriftliche Entscheidungen müssen außerdem als eine Art Rubrum das **Gericht**, das **Datum** der Entscheidung und die **Personalien** (Vor- und Nachname, ggf. Geburtsname, Geburtstag, Geburtsort)[15] des Beschuldigten angeben. Die Namen der **mitwirkenden Richter** ergeben sich aus der Unterzeichnung, können aber auch in der Eingangsformel des Beschlusses bezeichnet werden.[16]

11 **5. Maßgeblicher Zeitpunkt für das Ergehen einer Entscheidung.** Hier ist zu unterscheiden:[17]

a) Hauptverhandlung. In der Hauptverhandlung ergeht die Entscheidung durch **Verkündung** des Beschlusses bzw. Urteils (§§ 35 Abs. 1 S. 1, 268 Abs. 2 S. 1). Das gilt auch, wenn der davon Betroffene nicht anwesend ist. Bei der Urteilsverkündung ist nur die Verlesung der Urteilsformel (§ 268 Abs. 2 S. 3) wesentlich.[18] Unabänderbar wird das Urteil aber erst mit Beendigung der vollständigen Verkündung einschließlich der Gründe (§ 268 Abs. 2 S. 2).[19]

12 **b) Andere Fälle.** Entscheidungen außerhalb der Hauptverhandlung ergehen in **Anwesenheit** der betroffenen Personen durch **Verkündung** (§ 35 Abs. 1 S. 1).

Ist der Betroffene **nicht anwesend**, ergeht eine **schriftliche Entscheidung.** Dabei gilt:

13 **aa) Aktenmäßige Existenz.** Aktenmäßig liegt die Entscheidung vor, wenn sie durch den zuständigen Richter vollinhaltlich unterschrieben und zur Kenntnis für Personen außerhalb des Gerichts niedergelegt ist.[20] Durch den aktenmäßigen Erlass wird die Entscheidung existent und daher auch schon anfechtbar;[21] sie kann aber noch **abgeändert** werden.[22]

14 Die **Unterzeichnung** von Beschlüssen ist **gesetzlich nicht vorgeschrieben.**[23] Fehlt die Unterschrift, muss sich aber aus den Umständen ohne jeden Zweifel ergeben, dass die in den Akten befindliche Entscheidung auf dem Willen des zuständigen Richters beruht.[24] Bei Beschlüssen ist insbesondere (im Gegensatz zu Urteilen, § 275 Abs. 2) **nicht die Unterschrift aller** mitwirkenden Richter erforderlich[25] (vgl. auch § 14 Abs. 2 GeschOBGH für Beschlüsse außerhalb der mündlichen Verhandlung). Trägt der Beschluss einer Strafkammer nur eine oder zwei Unterschriften, muss aber erkennbar sein, dass die gerichtliche Entscheidung gleichwohl in der gesetzlich vorgeschriebenen Besetzung mit drei Richtern getroffen worden ist;[26] ggf. ist durch dienstliche Stellungnahmen der Richter zu klären, ob dies der Fall war. Bei Beschlüssen im **Umlaufverfahren**, wenn also ein Beschluss nicht bei gleichzeitiger Anwesenheit aller zur Entscheidung berufenen

---

[11] OLG Düsseldorf v. 20. 11. 1992 – 4 Ws 342/92, MDR 1993, 462 mwN.
[12] Vgl. BGH v. 30. 3. 2004 – 3 StR 98/04, NStZ 2004, 690.
[13] So auch *Meyer-Goßner* Vor § 33 Rn. 13; vgl. auch BVerfG v. 19. 7. 2001 – 2 BvR 1175/01, NStZ 2001, 616.
[14] BGH v. 18. 12. 2006 – 1 StR 161/06, NStZ 2007, 283.
[15] OLG Düsseldorf v. 12. 7. 1993 – 1 Ws 619/93, Rpfleger 1993, 506.
[16] *Meyer-Goßner* Vor § 33 Rn. 15.
[17] *Meyer-Goßner* Vor § 33 Rn. 4 ff.
[18] BGH v. 2. 12. 1960 – 4 StR 433/60, BGHSt 15, 263 (264) = NJW 1961, 419; BGH v. 26. 7. 1961 – 2 StR 575/60, BGHSt 16, 178 (180) = NJW 1961, 1980.
[19] BGH v. 28. 5. 1974 – 633/73, BGHSt 25, 333 (336) = NJW 1974, 1518 mwN.
[20] BGH v. 16. 5. 1973 – 2 StR 497/72, BGHSt 25, 187 (188 f.) = NJW 1974, 66.
[21] BGH v. 16. 5. 1973 – 2 StR 497/72, BGHSt 25, 187 (189) = NJW 1974, 66; *Meyer-Goßner* Vor § 296 Rn. 4 mwN.
[22] *Meyer-Goßner* Vor § 33 Rn. 8.
[23] BGH v. 14. 2. 1985 – 4 StR 731/84, NStZ 1985, 492; BayObLG v. 27. 6. 1989 – RReg. 4 St 34/89, BayObLGSt 1989, 102 = StV 1990, 395 mAnm *Naucke*.
[24] BayObLG v. 22. 1. 1957 – RevReg. 2 St 947/56, BayObLGSt 1957, 4 = MDR 1957, 374; OLG Koblenz v. 10. 6. 1985 – 1 Ws 335/85, MDR 1985, 955; vgl. auch OLG Koblenz v. 2. 5. 1983 – 1 Ws 273/83, MDR 1983, 864 und OLG Düsseldorf v. 5. 11. 1998 – 1 Ws 545–547/98, VRS 96 (1999), 204 (Vertretung in der Unterschrift).
[25] BGH v. 15. 1. 1954 – 5 StR 703/53, NJW 1954, 360; BGH v. 7. 12. 1956 – 4 StR 494/56, JR 1957, 69.
[26] BGH v. 5. 2. 1997 – 3 StR 524/96, NStZ-RR 1997, 205; OLG Düsseldorf v. 5. 8. 1983 – 1 Ws 668/83, MDR 1984, 164; OLG Stuttgart v. 16. 12. 1981 – 4 Ss 970/81, Justiz 1982, 165.

Richter, sondern im Umlauf des Beschlussentwurfes bei den Richtern zur Prüfung und Unterzeichnung gefasst wird, müssen alle Richter unterschreiben.[27] Hat einer der zur Entscheidung berufenen Richter **gar nicht mitgewirkt**, liegt keine Entscheidung, sondern nur ein **Beschlussentwurf** vor;[28] er kann aber wie eine Entscheidung angefochten werden, wenn er den Prozessbeteiligten zugestellt worden ist.[29]

bb) Außenwirkung. Für die Außenwirkung ist der Zeitpunkt maßgebend, von dem ab es tatsächlich unmöglich ist, sie abzuändern.[30] Damit ist die Entscheidung an dem Tag erlassen, an dem die Geschäftsstelle sie an eine **Person außerhalb des Gerichts bzw. eine Behörde hinausgibt**;[31] das gilt auch, wenn die Geschäftsstelle dabei ohne richterliche Anweisung handelt.[32] Nicht entscheidend ist daher, wann die Entscheidung vom Richter in den Geschäftsgang gegeben[33] oder wann sie den Verfahrensbeteiligten zugestellt worden ist.[34] 15

II. Grundsätze zur Anhörung der Beteiligten

1. Rechtliches Gehör. § 33 sichert den Beteiligten das rechtliche Gehör (Art. 103 Abs. 1 GG), gibt aber keinen Anspruch auf einen rechtlichen Dialog.[35] 16

Die Anhörung wird dadurch bewirkt, dass den Beteiligten **Gelegenheit zur Äußerung in tatsächlicher und rechtlicher Hinsicht** gegeben wird. Da eine sachgemäße Äußerung nur möglich ist, wenn die Beteiligten den Gegenstand der Entscheidung kennen, muss er ihnen mitgeteilt werden, sofern er nicht auf der Hand liegt.[36] 17

2. Spezielle Vorschriften. Erweiterte Anhörungsrechte enthalten §§ 248 S. 2, 257, 258 Abs. 2, 265 Abs. 1, 2, 308 Abs. 1, 320 S. 2, 326 S. 2, 347 Abs. 1 und 351 Abs. 2 S. 2. Im Strafbefehlsverfahren gilt § 407 Abs. 3. Die nachträgliche Anhörung regelt § 33 a. 18

3. Gerichtliche Entscheidung. § 33 betrifft Entscheidungen[37] des Gerichts im Vor- oder Hauptverfahren, die in die **sachlich-rechtliche** oder **verfahrensrechtliche Stellung** eines Prozessbeteiligten oder in die Rechte Dritter eingreifen.[38] Eine weite Auslegung des Begriffs ist geboten.[39] 19

Nicht von Abs. 1 umfasst sind **prozessleitende Verfügungen** und Entscheidungen, die nur den Gang des Verfahrens regeln. Die Anhörungspflicht bezieht sich auch nicht auf gerichtsinterne Entscheidungen, bloße Mitteilungen, Belehrungen, Hinweise und justizinterne Anordnungen.[40] 20

4. Beteiligte. Anzuhören sind alle Verfahrensbeteiligten, also Angeklagter, StA, Privatkläger, Nebenkläger, aber auch Dritte, in deren Rechte die gerichtliche Entscheidung eingreift, zB Zeugen, gegen die Ordnungsmittel nach § 70 Abs. 1 oder nach § 178 GVG angeordnet werden sollen,[41] Erziehungsberechtigte, gesetzliche Vertreter oder Eigentümer einer der Einziehung unterliegenden Sache.[42] 21

III. Anhörung bei Entscheidungen in der Hauptverhandlung (Abs. 1)

1. Anhörung. Anzuhören ist nach Abs. 1 der **anwesende**[43] Beteiligte. 22

2. Art der Anhörung. In welcher Weise die Anhörung erfolgt, ist in der Regel nicht vorgeschrieben (anders zB in § 308 Abs. 1). Besteht keine gesetzliche Regelung, steht die Art der Anhörung 23

---

[27] OLG Nürnberg v. 13. 10. 1993 – Ws 1136/93, MDR 1994, 294.
[28] BVerfG v. 17. 1. 1985 – 2 BvR 498/84, NJW 1985, 788; BGH v. 15. 1. 1954 – 5 StR 703/53, NJW 1954, 360; *Meyer-Goßner* Vor § 33 Rn. 6.
[29] *Lüke* JuS 85, 767; *Meyer-Goßner* Vor § 33 Rn. 6.
[30] So schon OLG Bremen v. 28. 12. 1955 – Ws 220/55, NJW 1956, 435; *Meyer-Goßner* Rn. 9 Vor § 33; vgl. auch KK-StPO/*Maul* Rn. 4.
[31] BayObLG v. 29. 4. 1977 – RReg. 1 St 91/77, BayObLGSt 1977, 77 (79) = MDR 1977, 778; BayObLG v. 16. 10. 1979 – RReg. 1 St 180/79, BayObLGSt 1979, 148 (152) = VRS 58 (1980), 34; KG v. 12. 12. 1991 – 3 Ws (B) 234/91, NZV 1992, 123 (124); OLG Köln v. 27. 10. 1992 – 2 Ws 488/92, NJW 1993, 608; *Meyer* JR 1976, 515; KK-StPO/*Maul* Rn. 4; *Meyer-Goßner* Vor § 33 Rn. 9.
[32] BayObLG v. 6. 7. 1981 – 3 Ob OWi 108/81, BayObLGSt 1981, 84 = NJW 1981, 2589; aM Löwe/Rosenberg/*Graalmann-Scheerer* Rn. 12.
[33] So RG v. 17. 1. 1922 – III 358/21, RGSt 56, 358 (360); RG v. 1. 2. 1932 – II 1325/31, RGSt 66, 121; OLG Hamm v. 18. 3. 1958 – 3 Ss 170/58, GA 1959, 287; OLG Köln v. 11. 12. 1975 – Ss 331/75, JR 1976, 514.
[34] So OLG Bremen v. 28. 12. 1955 – Ws 220/55, NJW 1956, 435; OLG Koblenz v. 19. 9. 1974 – 1 Ws (a) 521/74, VRS 48 (1975), 291; differenzierend Löwe/Rosenberg/*Graalmann-Scheerer* Rn. 12.
[35] BGH v. 27. 4. 1989 – 1 StR 632/88, NJW 1989, 2403 (2407) mwN.
[36] *Meyer-Goßner* Rn. 5.
[37] S. o. Rn. 2 ff.
[38] *Meyer-Goßner* Rn. 2.
[39] Löwe/Rosenberg/*Graalmann-Scheerer* Rn. 6.
[40] KK-StPO/*Maul* Rn. 2; *Meyer-Goßner* Rn. 2.
[41] KK-StPO/*Maul* Rn. 5; *Meyer-Goßner* Rn. 4.
[42] BGH v. 27. 5. 1963 – GSSt 2/62, BGHSt 19, 7 (15) = NJW 1963, 1988.
[43] OLG Celle v. 1. 10. 1956 – 1 Ws 285/56, MDR 1956, 759; Löwe/Rosenberg/*Graalmann-Scheerer* Rn. 17.

im Ermessen des Gerichts. Eine ausdrückliche Aufforderung zur Äußerung kann aus der Fürsorgepflicht des Gerichts geboten sein;[44] in der Regel ist sie nicht erforderlich.[45] Die bloße Möglichkeit, die „tatsächliche Gelegenheit", zur Stellungnahme genügt nicht,[46] dem Beteiligten muss mindestens deutlich gemacht werden, dass er das Recht hat, sich erklären zu können. Ist der Angeklagte mit seinem **Verteidiger** erschienen, genügt dessen Anhörung.[47] Auch die Anhörung nur des Angeklagten reicht idR aus, weil der Verteidiger im Regelfall erkennen kann, dass er ebenfalls Gelegenheit zur Stellungnahme hat. Kennt nur der Angeklagte die Tatsachen, zu denen rechtliches Gehör gewährt wird, genügt seine Anhörung in jedem Fall.[48]

24   3. **Protokollierung.** Die Anhörung ist eine wesentliche Förmlichkeit iS des § 273 Abs. 1. Sie muss daher – entgegen der Meinung des BGH –[49] im Protokoll beurkundet werden.[50]

IV. Anhörung bei Entscheidungen außerhalb der Hauptverhandlung (Abs. 2, 3)

25   1. **Anhörung der StA (Abs. 2).** Die StA ist vor Entscheidungen außerhalb der Hauptverhandlung **schriftlich** zu hören und ist auch grundsätzlich zur Stellungnahme verpflichtet.[51] **Mündliche Anhörung** kann sie grundsätzlich **nicht** verlangen, soweit keine besondere Regelung existiert (so zB in §§ 118a Abs. 3 S. 1, 124 Abs. 2 S. 3, 138d Abs. 4 S. 1).[52]

26   **Keine Anhörung der StA** findet statt im Fall der **Briefbeanstandung** (§ 148a).[53] In den **eiligen Fällen** der §§ 125 Abs. 1 (Haftbefehl), 128 Abs. 2 S. 2 (Vorführung) und § 163 Abs. 2 S. 2 (unmittelbare Zuleitung von polizeilichen Erkenntnissen ans Gericht zur Vornahme von Untersuchungshandlungen) kann die Anhörung bzw. Beteiligung der Staatsanwaltschaft entfallen; gleiches folgt aus dem in § 163c (Festhalten zur Identitätsfeststellung) enthaltenen Beschleunigungsgebot.[54] Im Beschwerdeverfahren wird die StA nur eingeschränkt angehört (§ 309 Abs. 1). Für **Privat- und Nebenkläger** gelten §§ 385 Abs. 1 S. 1, 397 Abs. 1 S. 2.

27   2. **Andere Beteiligte (Abs. 3).** Sie müssen vor einer Entscheidung außerhalb der Hauptverhandlung nur angehört werden, wenn sie **zu ihrem Nachteil** ergehen soll. Sie sind **schriftlich** über den **Gegenstand** der Entscheidung und über ihr **Recht, sich schriftlich zu äußern,** zu informieren. Die Festsetzung Bestimmung einer Äußerungsfrist ist dabei zweckmäßig.[55]

28   Der **Verteidiger** kann durch die Gewährung von Akteneinsicht unterrichtet werden. Im Regelfall genügt es, wenn der Verteidiger Gelegenheit zur Äußerung hat, denn durch ihn kommt der Beschuldigte zu Wort.[56] Das Gleiche gilt für den verteidigerähnlich handelnden **Prozessbevollmächtigten eines Nebenbeteiligten**[57] sowie für den **RA als Beistand** des Privat- oder Nebenklägers. Die Anhörung des Beteiligten ersetzt umgekehrt die des Verteidigers oder Bevollmächtigten grundsätzlich nicht.[58]

29   Die **Anhörung** der Beteiligten **durch die StA** kann ausreichen, wenn sie erkennbar der Vorbereitung einer gerichtlichen Entscheidung dient.[59]

30   3. **Gegenstand der Anhörung.** Die Anhörung muss die **Tatsachen** umfassen, zu denen der Beteiligte noch nicht gehört worden ist, die das Gericht für entscheidungserheblich hält[60] und die es zu seinem Nachteil verwerten will. Auf bloße Rechtsausführungen erstreckt sich die Anhörungspflicht nicht.[61] Die Tatsachen können auch Vorgänge im Inneren des Menschen betreffen[62] oder verfahrensrechtlicher Natur sein,[63] wie zB die Rechtzeitigkeit des Strafantrags. Zu den **Beweiser-**

---

[44] KK-StPO/*Maul* Rn. 7; *Meyer-Goßner* Rn. 6.
[45] BGH v. 3. 7. 1962 – 3 StR 22/61, BGHSt 17, 337 (340) = NJW 1962, 1873; BGH v. 20. 4. 1993 – 5 StR 568/92, NStZ 1993, 500.
[46] BayObLG v. 27. 7. 1982 – RReg. 5 St 71/82, StV 1982, 460.
[47] BGH v. 5. 4. 1973 – 2 StR 427/70, MDR (D) 1974, 367.
[48] *Meyer-Goßner* Rn. 7.
[49] BGH v. 20. 4. 1993 – 5 StR 568/92, NStZ 1993, 500.
[50] KK-StPO/*Maul* Rn. 7; KMR/*Paulus* Rn. 27; *Meyer-Goßner* Rn. 8.
[51] *Meyer-Goßner* Rn. 10.
[52] *Löwe/Rosenberg/Graalmann-Scheerer* Rn. 29.
[53] BayObLG v. 23. 5. 1979 – 1 St ObWs 1/79, BayObLGE 1979, 65 = MDR 1979, 862.
[54] *Meyer-Goßner* § 163c Rn. 11 mwN.
[55] KK-StPO/*Maul* Rn. 8; *Meyer-Goßner* Rn. 11.
[56] BGH v. 5. 4. 1973 – 2 StR 427/70, MDR (D) 1974, 367; vgl. auch BGH v. 13. 10. 1993 – 3 StR 454/93, BGHR § 33 a S. 1 Anhörung 6; OLG Karlsruhe v. 15. 3. 1968 – 3 Ws (B) 3/68, NJW 1968, 1438 = JZ 1969, 710 mAnm *Eb. Schmidt*; BGH v. 7. 7. 1976 – 3 StR 122/76, BGHSt 26, 379 = NJW 1976, 1985.
[57] *Meyer-Goßner* Rn. 12.
[58] BGH v. 18. 12. 1973 – 1 StR 458/73, BGHSt 25, 252 (254) = NJW 1974, 371; OLG Karlsruhe v. 15. 3. 1968 – 3 Ws (B) 3/68, NJW 1968, 1438.
[59] *Meyer-Goßner* Rn. 11.
[60] OLG Hamburg v. 25. 8. 1964 – 1 Ws 294/64, NJW 1964, 2315; KK-StPO/*Maul* Rn. 8.
[61] OLG Düsseldorf v. 12. 11. 1991 – 1 Ws 912, 1014 und 1016/91, VRS 82 (1992), 189 (192).
[62] KK-StPO/*Maul* Rn. 9; *Meyer-Goßner* Rn. 13.
[63] Vgl. OLG Köln v. 6. 2. 1970 – 1 Ws (OWi) 15/70, NJW 1970, 1336.

gebnissen gehören insbesondere Sachverständigengutachten und Ergebnisse eines Augenscheins, auch Beurteilungen, die auf beobachteten äußeren oder inneren Tatsachen beruhen.[64]

Der Anhörung **bedarf es nicht**, wenn das Gericht die Tatsachen oder Beweisergebnisse nicht berücksichtigen will,[65] oder wenn zwar Tatsachen zuungunsten des Beteiligten gewertet werden, die Entscheidung aber aus anderen Gründen zu seinen Gunsten ausfällt.[66] 31

4. Gegenäußerung. Will das Gericht Umstände, die erstmals durch die Äußerung eines Beteiligten bekannt werden oder sich als entscheidungserheblich erweisen, bei der Entscheidung berücksichtigen, kann dies dazu führen, dass sein Gegner nach Abs. 3 (ggf. nochmals) angehört werden muss. 32

V. Ausnahmen von der vorherigen Anhörung (Abs. 4 S. 1)

1. Überraschende Maßnahmen. Würde die Anhörung den Erfolg überraschender Maßnahmen gefährden, ist von ihr abzusehen. Betroffen davon sind die Anordnung der **U-Haft** (§§ 112 ff.) und der **Beschlagnahme** (§§ 94 ff., 111 b ff.), aber auch Eingriffe wie **körperliche Untersuchung** (§ 81 a), **Postbeschlagnahme** (§ 99), **Überwachungsmaßnahmen** (§§ 100 a ff.), und **Durchsuchung** (§§ 102–104), sowie die Anordnung der **Sicherheitsleistung** (§ 132) und die **Vorführung** (§ 134).[67] 33

Voraussetzung für den Wegfall der vorherigen Anhörung ist die **Gefährdung des Zwecks der Anordnung**. Sie liegt vor, wenn es auf Grund von Tatsachen im Einzelfall oder nach der Lebenserfahrung naheliegt, dass der Beteiligte nach vorheriger Anhörung den Zugriff vereiteln werde, zB durch Flucht oder Verstecken von Gegenständen. Die Gründe für die Anwendung des Abs. 4 S. 1 sind im Beschluss darzulegen, falls sie nicht offensichtlich sind (was häufig der Fall ist).[68] Abs. 4 S. 1 gilt auch im Beschwerderechtszug (§ 308 Abs. 1 S. 2).[69] 34

2. Unmöglichkeit der Anhörung. Die Vorschrift ist **entsprechend anzuwenden**, wenn die Anhörung gar nicht möglich ist, zB bei **unbekanntem Aufenthalt** des Anzuhörenden, oder weil bestimmte Anhaltspunkte dafür bestehen, dass die vorherige Anhörung eine **Gefahr für Leib oder Leben anderer** verursachen würde. Dagegen darf von der Anhörung **nicht** deshalb abgesehen werden, weil dazu ein **unverhältnismäßiger Aufwand** erforderlich wäre.[70] 35

3. Nachträgliche Anhörung. Unterbleibt wegen Abs. 4 S. 1 eine vorherige Anhörung, muss der Betroffene Gelegenheit zu nachträglichem Gehör erhalten. Bei **anfechtbaren Entscheidungen** erfolgt die nachträgliche Anhörung im Rechtsmittelzug;[71] diese Anhörung heilt auch die **fehlerhaft unterlassene** Anhörung.[72] Ist die Entscheidung **nicht anfechtbar**, ist durch § 33 a die Möglichkeit zu nachträglichem Gehör eröffnet.[73] **Von Amts wegen** muss die nachträgliche Anhörung **nicht** in jedem Fall durchgeführt werden,[74] über das Recht auf nachträgliche Anhörung ist der Betroffene in der nicht anfechtbaren Entscheidung aber **zu belehren**.[75] 36

VI. Besondere Regelungen (Abs. 4 S. 2)

Unberührt bleiben nach Abs. 4 S. 2 insbesondere[76] die Anhörungspflichten nach §§ 81 Abs. 1 S. 1, 122 Abs. 2 S. 1, 175 S. 1, 201 Abs. 1, 225 a Abs. 2 S. 1, 453 Abs. 1 S. 2, 454 Abs. 1 S. 2, 3 und 462 Abs. 2. 37

VII. Revision

Die fehlende Anhörung begründet als Verstoß gegen Art. 103 Abs. 1 GG die Revision. Der Angeklagte muss sie aber **sofort beanstanden**. Sonst wird angenommen, dass er die Entscheidung stillschweigend gebilligt hat, seine Anhörung daher zu keinem anderen Ergebnis geführt hätte und das Urteil nicht auf dem Verstoß gegen die Anhörungspflicht beruht (§ 337).[77] 38

---

[64] *Meyer-Goßner* Rn. 13; vgl. KK-StPO/*Maul* Rn. 9.
[65] KG v. 21. 6. 1954 – 1 W 1858/54, NJW 1954, 1410 (1411); SK-StPO/*Weßlau* Rn. 17.
[66] *Meyer-Goßner* Rn. 13.
[67] Vgl. KK-StPO/*Maul* Rn. 12; *Meyer-Goßner* Rn. 15.
[68] *Meyer-Goßner* Rn. 16.
[69] Dazu OLG Hamm v. 17. 4. 1997 – 2 Ws 109,110/97, NStZ-RR 1998, 19; OLG Hamm v. 30. 1. 2001 – 1 Ws 438/00, NStZ-RR 2001, 254; OLG Stuttgart v. 19. 1. 1990 – 3 Ws 248/89, NStZ 1990, 247.
[70] KK-StPO/*Maul* Rn. 13; *Meyer-Goßner* Rn. 17.
[71] BVerfG v. 5. 5. 2004 – 2 BvR 1012/02, NJW 2004, 2443; BVerfG v. 7. 9. 2007 – 2 BvR 1009/07, NStZ-RR 2008, 16; zust *Kempf* StraFo 2004, 299.
[72] OLG Hamburg v. 28. 4. 2009 – 2 Ws 85–86/09, OLGSt StPO § 98 Nr. 3.
[73] OLG Frankfurt v. 8. 7. 2002 – 3 Ws 692/02, NStZ-RR 2002, 306; *Meyer-Goßner* Rn. 18; aM KK-StPO/*Maul* Rn. 14 (nachträgliches Gehör stets von Amts wegen).
[74] AM KK-StPO/*Maul* Rn. 14; *Hanack* JR 1967, 230; *Kleinknecht* JZ 1965, 160.
[75] BVerfG v. 8. 1. 1959 – 1 BvR 396/55, BVerfGE 9, 89 (107) = NJW 1959, 427.
[76] *Meyer-Goßner* Rn. 14.
[77] *Meyer-Goßner* Rn. 19.

§ 33a [Nachholung des rechtlichen Gehörs]

¹Hat das Gericht in einem Beschluss den Anspruch eines Beteiligten auf rechtliches Gehör in entscheidungserheblicher Weise verletzt und steht ihm gegen den Beschluss keine Beschwerde und kein anderer Rechtsbehelf zu, versetzt es, sofern der Beteiligte dadurch noch beschwert ist, von Amts wegen oder auf Antrag insoweit das Verfahren durch Beschluss in die Lage zurück, die vor dem Erlass der Entscheidung bestand. ²§ 47 gilt entsprechend.

Schrifttum: *Katzenstein,* Der Widerruf der Strafaussetzung in Abwesenheit des Verurteilten und die nachträgliche Überprüfung der Widerrufsentscheidung nach erfolgter Festnahme, StV 2003, 359.

I. Allgemeines

1   Die Vorschrift ermöglicht die **Behebung von Anhörungsmängeln**, also von Verletzungen des Anspruchs auf rechtliches Gehör (§ 33; Art. 103 Abs. 1 GG), durch Nachholung der Anhörung. Erfasst ist **jede Art von Anhörungsmangel im Beschlussverfahren**,[1] also nicht nur ohne Anhörung verwertete Tatsachen und Beweisergebnisse (§ 33 Abs. 3), sondern zB auch Anträge und Rechtsausführungen anderer Verfahrensbeteiligter sowie die Information über die entscheidungserheblichen Beweismittel.[2]

2   § 33a gilt **nur subsidiär**; spezieller und damit vorrangig ist § 311a für das Beschwerdeverfahren und § 356a für das Revisionsverfahren.[3] Die Regelung findet nach hM auch **keine Anwendung** nach Abschluss des Verfahrens durch **rechtskräftiges Urteil**.[4] Das Recht auf Wiedereinsetzung nach § 44 wird durch § 33a nicht berührt.[5]

3   Bei **noch anfechtbaren Beschlüssen**, für die § 33a nicht gilt, ist die Pflicht zur Heilung des Verstoßes gegen das rechtliche Gehör selbstverständlich nicht geringer als nach dieser Vorschrift (vgl. auch § 311 Abs. 3 S. 2).[6]

4   Eine **Verfassungsbeschwerde** wegen Verletzung des Art. 103 Abs. 1 GG kann erst nach erfolglosem Antrag nach § 33a erhoben werden, da dieser zum Rechtsweg iS des § 90 Abs. 2 BVerfGG gehört.[7]

5   **Kosten.** Für einen als unzulässig verworfenen oder als unbegründet zurückgewiesenen Antrag nach § 33a entsteht eine Gerichtsgebühr von 50 € (Nr. 3900 KVGKG).[8]

II. Voraussetzungen des Nachverfahrens

6   **1. Beschluss außerhalb der Hauptverhandlung.** Für Urteile hat § 33a keine Bedeutung.[9]

7   **2. Verletzung des Rechts auf rechtliches Gehör.** Es ist gleichgültig, ob es sich um ein Versehen handelt oder ob das Gericht nach § 33 Abs. 4 S. 1 vorgegangen ist. Unerheblich ist auch, ob der Beteiligte durch schuldhaftes Verhalten (zB Untertauchen vor der Entscheidung über den Widerruf der Bewährung) seine Anhörung selbst vereitelt hat.[10] Die **fehlende Anhörung der StA** (§ 33 Abs. 2) kann einen Antrag nach § 33a **nicht** begründen, da diese kein Recht auf rechtliches Gehör iS des Art. 103 Abs. 1 GG hat.[11]

8   Der Anspruch eines Beteiligten muss **in entscheidungserheblicher Weise** verletzt worden sein. Das ist nur dann der Fall, wenn und soweit der Anhörungsmangel sich auf das Ergebnis des Beschlusses ausgewirkt hat.[12] Wenn ausgeschlossen werden kann, dass das Gericht bei Anhörung anders entschieden hätte, ist das unterbliebene Gehör nicht entscheidungserheblich. So ist es zB, wenn sich der Betroffene auch bei Anhörung nicht anders hätte verteidigen können.[13]

9   **3. Unanfechtbarkeit des Beschlusses.** Sie liegt nur vor, wenn das Gesetz die Anfechtung mit Beschwerde oder weiterer Beschwerde ausdrücklich (wie in § 210 Abs. 1 oder § 305 S. 1) aus-

---

[1] BVerfG v. 30. 6. 1976 – 2 BvR 164/76, BVerfGE 42, 243 (250) = NJW 1976, 1837 (1839) = JZ 1977, 21 mAnm *Goerlich*; BVerfG v. 5. 3. 1985 – 2 BvR 1715/83, NStZ 1985, 277; OLG Frankfurt v. 8. 7. 2002 – 3 Ws 692/02, NStZ-RR 2002, 306.
[2] BVerfG v. 7. 9. 2007 – 2 BvR 1009/07, NStZ-RR 2008, 16 (17).
[3] BGH v. 6. 2. 2009 – 1 StR 541/08, NJW 2009, 1092 (1093).
[4] BGH v. 15. 2. 1991 – 2 StR 426/90, NStZ (K) 1992, 27; zum Streitstand, im Ergebnis ebenso, *Meyer-Goßner* Rn. 1 a.
[5] *Meyer-Goßner* Rn. 10.
[6] BVerfG v. 12. 7. 1976 – 2 BvR 280/76, DAR 1976, 239; *Kleinknecht* JZ 1965, 159; *Meyer-Goßner* Rn. 5.
[7] BVerfG v. 20. 4. 2004 – 2 BvR 297/04, NStZ-RR 2004, 372 (st. Rspr.); KK-StPO/*Maul* Rn. 14.
[8] *Meyer-Goßner* Rn. 7.
[9] Vgl. KK-StPO/*Maul* Rn. 2.
[10] KK-StPO/*Maul* Rn. 5 mwN.
[11] Löwe/Rosenberg/*Graalmann-Scheerer* Rn. 8; *Meyer-Goßner* Rn. 3; SK-StPO/*Weßlau* Rn. 3.
[12] Vgl. OLG Karlsruhe v. 10. 5. 1985 – 2 Ws 117/84, Justiz 1985, 319.
[13] *Meyer-Goßner* Rn. 3.

schließt.[14] **Andere Rechtsbehelfe** iS des § 33 a sind insbesondere Anträge nach §§ 44, 319 Abs. 2, 346 Abs. 2.[15] Hat der Betroffene das zulässige Rechtsmittel **versäumt oder zurückgenommen**, gilt § 33 a nicht.[16]

§ 33 a ist **entsprechend anwendbar,** wenn dem Verurteilten ohne vorherige Anhörung die **Straf-** **aussetzung widerrufen** und der Beschluss öffentlich zugestellt worden ist, weil sein Aufenthalt nicht zu ermitteln war.[17] 10

4. Beschwer. Durch den Beschluss muss der Beteiligte beschwert sein, dh., er muss einen Nachteil erlitten haben.[18] Es genügt nicht, dass sich der Beteiligte durch die Beschlussgründe belastet fühlt. Der Nachteil muss **noch bestehen**; das ist regelmäßig nach Erledigung der angeordneten Maßnahme nicht mehr der Fall (zB nach Vollstreckung der Restfreiheitsstrafe bezüglich des Widerrufsbeschlusses),[19] wenn der Betroffene nicht ein Interesse an der nachträglichen Feststellung der Rechtswidrigkeit hat.[20] 11

III. Nachholung der Anhörung

1. Nachholung auf Antrag. Die Nachholung des rechtlichen Gehörs hat auf Antrag des Betroffenen stattzufinden. Der Antrag ist an **keine Frist** gebunden, darf aber nicht beliebig lange hinausgezögert werden;[21] eine **Form** ist nicht vorgeschrieben.[22] Zur **Begründung** des Antrags muss die Verletzung des rechtlichen Gehörs behauptet[23] und konkret dargestellt werden,[24] soweit sie nicht offensichtlich ist. 12

Über den Antrag entscheidet **das Gericht, das die Sachentscheidung getroffen hat**.[25] Es prüft zunächst die **Zulässigkeit des Antrags**; ist er nicht ausreichend substantiiert oder liegen die Voraussetzungen des § 33 a nicht vor,[26] wird er kostenpflichtig als unzulässig verworfen.[27] 13

2. Nachholung von Amts wegen. Von Amts wegen wird die Nachholung der Anhörung eingeleitet, wenn das Gericht **auf andere Weise als durch einen Antrag** des Betroffenen von dem Rechtsverstoß erfährt.[28] Jedoch gilt das nicht in jedem Fall, vielmehr nach § 33 Abs. 4 S. 1 die vorherige Anhörung unterlassen wurde.[29] Von der Anhörung von Amts wegen darf nicht deshalb abgesehen werden, weil sie zuvor infolge **Verschuldens des Betroffenen** nicht möglich war.[30] 14

Dem Betroffenen ist, falls nicht eine mündliche Anhörung stattfindet,[31] zweckmäßigerweise unter Einräumung einer Frist, **Gelegenheit zur nachträglichen Äußerung** zu geben. Äußert sich der Betroffene dann nicht, wird das Nachholungsverfahren formlos abgeschlossen.[32] Die Anhörung kann unterbleiben, wenn er trotz Kenntnis der Beschlussgründe bewusst auf eine nachträgliche Äußerung verzichtet hat.[33] 15

3. Form der nachträglichen Anhörung. In welcher Weise das nachgeholte Gehör gewährt wird, ist nicht vorgeschrieben. In der Regel wird Gelegenheit zur schriftlichen Äußerung gewährt werden, es kann aber auch Anhörung im Rahmen einer Hauptverhandlung oder eines Haftprüfungsverfahrens stattfinden.[34] 16

IV. Überprüfung der Entscheidung

1. Zurückversetzung des Verfahrens. Nach der nachgeholten Anhörung prüft das Gericht, ob aufgrund der Stellungnahme des Beschuldigten die frühere Entscheidung abgeändert werden 17

---

[14] KG v. 2. 2. 1966 – 1 Ws 6/66, NJW 1966, 991.
[15] KMR/*Paulus* Rn. 13; *Meyer-Goßner* Rn. 4.
[16] OLG Stuttgart v. 19. 11. 1973 – 2 Ws 277/73, NJW 1974, 284.
[17] BGH v. 6. 5. 1975 – 7 BJs 14/69 – StB 8/75, BGHSt 26, 127 = NJW 1975, 2211; OLG Hamm v. 10. 9. 1976 – 2 Ws 241/76, NJW 1977, 61; OLG Düsseldorf v. 23. 4. 1992 – 1 Ws 338/92, JR 1993, 125 mwN und mit zust Anm *Wendisch*.
[18] *Meyer-Goßner* Rn. 6; KK-StPO/*Maul* Rn. 4.
[19] LG Krefeld v. 28. 5. 1976 – 12 StVK 205/75, NJW 1977, 642.
[20] OLG Celle v. 4. 1. 1973 – 2 Ws 31/72 u. 72/72, NJW 1973, 863; dem zuneigend *Meyer-Goßner* Rn. 6.
[21] OLG Koblenz v. 2. 4. 1987 – 1 Ws 833/84, wistra 1987, 357.
[22] BayObLG v. 20. 2. 1973 – RReg. 2 St 658/72 OWi, BayObLGSt 1973, 42 (44) = NJW 1973, 1140.
[23] KK-StPO/*Maul* Rn. 8.
[24] OLG Koblenz v. 2. 4. 1987 – 1 Ws 833/84, wistra 1987, 357; Löwe/Rosenberg/*Graalmann-Scheerer* Rn. 19.
[25] BGH v. 10. 3. 1999 – 2 ARs 92/99, NStZ 1999, 362.
[26] KG v. 14. 3. 1983 – 4 Ws 29/82, JR 1984, 39; KK-StPO/*Maul* Rn. 8.
[27] OLG Köln v. 10. 10. 2005 – 81 Ss OWi 41/05, NStZ 2006, 181.
[28] *Meyer-Goßner* Rn. 8; vgl. BayVerfGH v. 4. 8. 1986 – Vf. 63 VI 85, NJW 1987, 314.
[29] S. § 33 Rn. 35.
[30] BGH v. 6. 5. 1975 – 7 BJs 14/69 – StB 8/75, BGHSt 26, 127 (130) = NJW 1975, 2211.
[31] S. u. Rn. 16.
[32] KK-StPO/*Maul* Rn. 10; *Meyer-Goßner* Rn. 9.
[33] KK-StPO/*Maul* Rn. 8.
[34] KK-StPO/*Maul* Rn. 9 mwN.

muss.35 Zulässigkeitsvoraussetzung dafür ist, dass diese auf der **Verletzung des rechtlichen Gehörs beruhen** kann.36

18 Das Verfahren wird bei Zulässigkeit der Prüfung **in die Lage zurückversetzt**, in der es sich vor Erlass der beschwerenden Entscheidung befand (wie bei der Wiedereinsetzung in den vorigen Stand, § 44). Darüber (oder über die Unzulässigkeit der Nachprüfung) ist **durch Beschluss** zu entscheiden.37 Die **Vollstreckung** der Entscheidung wird durch diesen Beschluss nicht gehemmt, das Gericht kann jedoch nach S. 2 iVm. § 47 einen Aufschub der Vollstreckung anordnen. Ist eine Änderung nicht erforderlich, muss gleichwohl ein neuer Beschluss erlassen werden.

19 **2. Neue Sachentscheidung.** Dann ist zu entscheiden, ob die **beschwerende Entscheidung aufgehoben, abgeändert oder bestätigt** wird. Sind keine weiteren Ermittlungen oder Verfahrensschritte vor der erneuten Entscheidung mehr zu treffen, bestehen keine Bedenken, die Zurückversetzung und die neue Sachentscheidung gleichzeitig bekannt zu machen.

20 Eine **Schlechterstellung** des Betroffenen aufgrund der nachträglichen Anhörung ist nicht zulässig.38

V. Beschwerde

21 Wird vom **Gericht die nachträgliche Gewährung** des rechtlichen Gehörs **oder die Zurückversetzung** in die frühere Lage aus formellen Gründen **abgelehnt**, kann der Betroffene Beschwerde nach § 304 erheben.39

22 Die **sachliche Überprüfungsentscheidung** ist dagegen **nicht anfechtbar**.40 Das gilt auch, wenn mit der Beschwerde geltend gemacht wird, das Gericht habe die von dem Betroffenen vorgebrachten Umstände inhaltlich nicht genügend „verarbeitet".41

23 Die **Beschwerde** ist jedoch **auch zulässig**, wenn das Gericht seinen **ursprünglichen Beschluss aufhebt**;42 so kann die StA Beschwerde einlegen, wenn ein Bewährungswiderruf auf die nachträgliche Anhörung hin aufgehoben worden ist.43 Beschwerde ist auch möglich, wenn das Gericht bei erneuter Sachentscheidung wiederum gegen das Anhörungsrecht verstoßen hat44 oder wenn eine rechtskräftige Entscheidung ohne Vorliegen der Voraussetzungen des § 33 a abgeändert worden ist.45

§ 34 [Begründung]

Die durch ein Rechtsmittel anfechtbaren Entscheidungen sowie die, durch welche ein Antrag abgelehnt wird, sind mit Gründen zu versehen.

1 **1. Allgemeines; Zweck.** Durch die mit § 34 vorgeschriebene Begründung soll der Anfechtungsberechtigte in die Lage versetzt werden, eine sachgemäße Entscheidung über sein weiteres prozessuales Vorgehen, insbesondere über die Einlegung eines Rechtsmittels und welcher Vortrag dabei noch angebracht werden kann, zu treffen; ferner soll dem Rechtsmittelgericht die Prüfung der Entscheidung ermöglicht werden.1

2 Die Begründung erfolgt **grundsätzlich schriftlich**; eine mündliche Begründung genügt in der Regel nicht.2 Auch **Entscheidungen der Staatsanwaltschaft** sind generell zu begründen.3

3 **Besondere Regelungen** enthalten4 § 26 a Abs. 2 S. 2 (Richterablehnung), § 114 Abs. 2 Nr. 4, Abs. 3 (Haftbefehl), §§ 204 Abs. 1, 207 Abs. 1, 2 (Eröffnungsbeschluss), § 225 a Abs. 3 (Vorlagebeschluss), § 267 (Urteil) und § 270 Abs. 2 (Verweisungsbeschluss).

---

35 *Meyer-Goßner* Rn. 9; vgl. BVerfG v. 23. 5. 1990 – 2 BvR 1686/89, NJW 1990, 3191.
36 OLG Karlsruhe v. 10. 5. 1985 – 2 Ws 117/84, Justiz 1985, 319; *Meyer-Goßner* Rn. 9.
37 KK-StPO/*Maul* Rn. 10.
38 BayObLG v. 20. 2. 1973 – RReg. 2 St 658/72 OWi, BayObLGSt 1973, 42 = NJW 1973, 1140.
39 KG v. 2. 2. 1966 – 1 Ws 6/66, NJW 1966, 991; OLG Hamm v. 10. 9. 1976 – 2 Ws 241/76, NJW 1977, 61; KG v. 12. 3. 2007 – 1 AR 227/07 – 4 Ws 23/07, StraFo 2007, 241 mwN; *Meyer-Goßner* Rn. 10; aM OLG Celle v. 1. 2. 1968 – 4 Ws 28/68, NJW 1968, 1391.
40 KG v. 2. 2. 1966 – 1 Ws 6/66, NJW 1966, 991; OLG Hamm v. 10. 9. 1976 – 2 Ws 241/76, NJW 1977, 61; OLG Frankfurt v. 5. 12. 2002 – 3 Ws 122/02, NStZ-RR 2003, 79.
41 BbgVerfG v. 17. 2. 2000 – VfGBbg 39/99, NStZ-RR 2000, 172 (173); aM *Hanack* JR 1974, 113.
42 *Katzenstein* StV 2003, 364; *Meyer-Goßner* Rn. 10; SK-StPO/*Weßlau* Rn. 26; aM OLG Düsseldorf v. 23. 4. 1992 – 1 Ws 338/92, JR 1993, 125 mit abl Anm *Wendisch*.
43 LG Aachen v. 17. 1. 1992 – 63 Qs 306/91, MDR 1992, 790.
44 OLG Frankfurt v. 25. 5. 2005 – 3 Ws 425/05, NStZ-RR 2005, 238.
45 OLG Karlsruhe v. 10. 5. 1985 – 2 Ws 117/84, Justiz 1985, 319; *Meyer-Goßner* Rn. 10.

1 BGH v. 18. 12. 2008 – StB 26/08, NJW-RR 2009, 442 mwN; KG v. 2. 1. 1986 – 5 Ws 531/85, StV 1986, 142; KG v. 29. 3. 2010 – 4 Ws 14/10, StV 2010, 370; OLG Düsseldorf v. 23. 7. 1991 – I Ws 588/91, StV 1991, 521 mwN und Anm *Schlothauer*.
2 KK-StPO/*Maul* Rn. 2.
3 Vgl. OLG Hamburg v. 19. 10. 1998 – 2 Ws 267/98, NStZ-RR 1999, 123 (für Ermessensentscheidungen).
4 *Meyer-Goßner* Rn. 6.

2. Anfechtbare Entscheidungen. § 34 betrifft **Entscheidungen,** nicht prozessleitende Verfügungen, die nur den Gang des Verfahrens bestimmen.[5] Gleichgültig ist, ob sich die Entscheidung auf verfahrensrechtliche oder sachlich-rechtliche Fragen bezieht.

Die Entscheidung muss durch Beschwerde, Berufung, Revision oder Rechtsbeschwerde **anfechtbar** sein. Dabei genügt es, dass sie mittelbar, zB in der Revision gegen das später ergangene Urteil, geprüft werden kann.[6] Zu begründen sind zB auch die Anordnung der Unterbringung (§ 81), Durchsuchungsbeschlüsse (§§ 102, 105),[7] die Entscheidung nach § 110b Abs. 2, Ordnungsgeldbeschlüsse, die nachträgliche Gesamtstrafenbildung, das Absehen von der Vereidigung eines Zeugen sowie Urteile (auch Revisionsurteile).[8]

3. Entscheidungen, durch die ein Antrag abgelehnt wird. Gemeint sind damit nach der Rspr. des BGH[9] nur Entscheidungen, die einen **Antrag voraussetzen.** Sind sie von Amts wegen zu treffen, müssten sie demnach streng genommen auch dann nicht begründet werden, wenn ein Antrag gestellt worden ist. Mit der hM ist aber unter dem Gesichtspunkt des rechtlichen Gehörs (besonders, wenn ein Prozessbeteiligter dem Antrag eines anderen widersprochen hat) und der dem Gericht obliegenden Fürsorgepflicht auch in diesen Fällen generell eine Begründung zu fordern.[10]

4. Inhalt der Begründung. a) Allgemeines. Die Begründung muss, soll sie ihren Zweck[11] erfüllen können, die **rechtlichen und tatsächlichen Erwägungen** deutlich werden lassen, auf denen **die Entscheidung beruht.** Die bloße Wiedergabe des Gesetzeswortlauts[12] sowie allgemeine oder formelhafte Wendungen[13] genügen nicht. Bezugnahmen auf andere Entscheidungen sind zulässig, soweit das Gesetz nichts anderes bestimmt und wenn die Begründung damit verständlich bleibt (zB Verweis im Haftfortdauerbeschluss auf den Haftbefehl). Eine Bezugnahme wird insbesondere auch dann in Betracht kommen, wenn eine bloße Wiederholung eines früher gestellten Antrags vorliegt (zB wiederholter Befangenheitsantrag).[14]

Die **inhaltliche Weite der Begründungspflicht** hängt ab zB von der Intensität eines angeordneten Eingriffs für den Betroffenen[15] oder der Bedeutung des Vortrags der Beteiligten für das Verfahren. Die Gerichte sind aber **nicht verpflichtet,** sich in den Entscheidungsgründen **mit jedem Vorbringen** zu befassen.[16] Das gilt besonders bei letztinstanzlichen, mit ordentlichen Rechtsmitteln nicht mehr angreifbaren Entscheidungen.[17]

b) Ermessensentscheidungen. Bei Ermessensentscheidungen muss die Begründung zumindest erkennen lassen, dass das **Ermessen als rechtliche Grundlage angewandt** wurde.[18] Wenn andernfalls Zweifel möglich sind, muss die Begründung aber deutlich machen, welche Ermessensentscheidung getroffen und welcher von mehreren möglichen Fällen als gegeben angenommen worden ist.[19] Zweifel an der Einhaltung der Ermessensgrenzen dürfen nicht bestehen.[20]

5. Fehlerfolgen. Bei **Beschlüssen** entscheidet das Beschwerdegericht idR in der Sache;[21] diskutiert wird beim völligen Fehlen einer Begründung jedoch auch eine Zurückverweisung, weil dem Beteiligten sonst eine Instanz verloren ginge.[22] Ein Beweisverwertungsverbot ergibt sich aus fehlender oder fehlerhafter Begründung nicht.[23] Bei **Urteilen** führt das Fehlen der Begründung zwingend zur **Urteilsaufhebung** (§ 338 Nr. 7).

---

[5] Löwe/Rosenberg/*Graalmann-Scheerer* Rn. 6.
[6] KK-StPO/*Maul* Rn. 2.
[7] BGH v. 18. 12. 2008 – StB 26/08, NJW-RR 2009, 142.
[8] KK-StPO/*Maul* Rn. 2 mwN.
[9] So BGH v. 13. 12. 1960 – 1 StR 389/60, BGHSt 15, 253 = NJW 1961, 327.
[10] KK-StPO/*Maul* Rn. 4 mwN.
[11] S. o. Rn. 1.
[12] BayObLG v. 4. 12. 1952 – Beschw(W)Reg. 1 St 55/52, BayObLGSt 1952, 257 (258) = NJW 1953, 233; OLG Köln v. 15. 3. 1988 – Ss 72/88 (Z), StV 1988, 335 (336) mwN.
[13] BGH v. 18. 12. 2008 – StB 26/08, NJW-RR 2009, 142; *Meyer-Goßner* Rn. 4.
[14] BGH v. 25. 11. 2003 – 1 StR 182/03, NStZ-RR 2004, 118.
[15] Vgl. BVerfG v. 5. 2. 2004 – 2 BvR 1621/03, NJW 2004, 1519.
[16] BVerfG v. 3. 10. 1961 – 2 BvR 4/60, BVerfGE 13, 132 (149); BVerfG v. 1. 2. 1978 – 1 BvR 426/77, BVerfGE 47, 182 (187) = NJW 1978, 989.
[17] BVerfG v. 2. 2. 1995 – 2 BvR 37/95, NJW 1995, 2912; BVerfG v. 6. 9. 1996 – 1 BvR 1485/89, NJW 1997, 1693.
[18] BGH v. 18. 5. 1951 – 1 StR 173/51, BGHSt 1, 175 (177) = NJW 1951, 671; OLG Hamburg v. 23. 10. 1969 – 1 Ws 532/69, MDR 1970, 255; Löwe/Rosenberg/*Hanack* § 337 Rn. 88; vgl. auch KK-StPO/*Maul* Rn. 7.
[19] BGH v. 18. 5. 1951 – 1 StR 173/51, BGHSt 1, 175 (176) = NJW 1951, 671.
[20] *Meyer-Goßner* Rn. 5.
[21] *Meyer-Goßner* Rn. 7.
[22] So OLG Oldenburg v. 25. 1. 1971 – 2 Ws 19/71, NJW 1971, 1098 (1099); KK-StPO/*Maul* Rn. 11.
[23] *Meyer-Goßner* Rn. 7.

§ 34a [Rechtskraft durch Beschluss]

Führt nach rechtzeitiger Einlegung eines Rechtsmittels ein Beschluß unmittelbar die Rechtskraft der angefochtenen Entscheidung herbei, so gilt die Rechtskraft als mit Ablauf des Tages der Beschlußfassung eingetreten.

I. Eintritt der Rechtskraft

1 1. **Bedeutung des Rechtskrafteintritts.** Der Rechtskrafteintritt ist **im materiellen Recht** maßgebend für den Beginn des Rechtsverlusts nach § 45a Abs. 1 StGB, der Entziehung der Fahrerlaubnis nach §§ 69 Abs. 3 S. 1, 69a Abs. 5 S. 1 StGB und des Berufsverbots nach § 70 Abs. 4 S. 1 StGB sowie für den Eigentumsübergang nach §§ 73e Abs. 1, 74 Abs. 1 StGB. **Prozessual** ist er maßgebend für den Beginn der Vollstreckbarkeit des Strafurteils (§ 449), für den Beginn der Bewährungszeit (§ 56a Abs. 2 S. 1 StGB) und der Führungsaufsicht (§ 68c Abs. 3 S. 1 StGB), für die Strafzeitberechnung nach §§ 37ff. StrVollstrO[1] und für die Eintragungsfähigkeit einer Verurteilung in das Zentralregister (§ 4 BZRG).

2 2. **Entstehen der Rechtskraft.** Strafgerichtliche Entscheidungen erwachsen in Rechtskraft, wenn sie nicht angefochten worden sind oder nicht weiter anfechtbar sind.

3 a) **Urteile.** Bei Urteilen bestimmt die Verkündung (§ 268 Abs. 2 S. 1) den Zeitpunkt ihres Erlasses und des daran geknüpften Eintritts der Rechtskraft. Bei nicht anfechtbaren Urteilen ist der Tag der Verkündung maßgebend. Entsteht die Rechtskraft mit dem ungenutzten Ablauf der Rechtsmittelfrist, wird die Entscheidung mit dem Beginn des ersten Tages nach dem Ablauf der Frist rechtskräftig, falls dieser Zeitpunkt nicht durch § 43 Abs. 2 hinausgeschoben wird.

4 b) **Beschlüsse.** Bei einem Beschluss, der unmittelbar die Rechtskraft der angefochtenen Entscheidung herbeiführt, kommt es für den Eintritt der Rechtskraft auf den Tag an, an dem der Beschluss erlassen worden ist; zu den Einzelheiten im Folgenden.

II. Rechtskraft durch Beschluss im Rechtsmittelverfahren

5 1. **Regelungsgehalt des § 34a.** Der Zeitpunkt, zu dem ein Beschluss erlassen ist, kann nicht nur aus Rechtsgründen,[2] sondern auch in tatsächlicher Hinsicht zweifelhaft sein. Aus Gründen der Rechtssicherheit unterstellt daher § 34a, dass die Rechtskraft mit dem **Ablauf des Tages der Beschlussfassung** eingetreten ist. Für Beschlüsse, die **in einer Verhandlung** verkündet werden (§ 35 Abs. 1 S. 1), **gilt § 34a nicht**.

6 a) **Voraussetzungen.** Nach rechtzeitiger Einlegung eines **Rechtsmittels**[3] muss ein Beschluss **unmittelbar**, dh. ohne die Möglichkeit weiterer Anfechtung,[4] die Rechtskraft herbeiführen. Das ist der Fall bei Beschlüssen der Revisionsgerichte nach § 349 Abs. 1, mit denen das Rechtsmittel aus anderen Gründen als wegen verspäteter Einlegung verworfen wird, bei Verwerfungsbeschlüssen nach § 349 Abs. 2 und bei Entscheidungen, mit denen der Beschluss über die Verwerfung eines rechtzeitig eingelegten Rechtsmittels bestätigt wird (§§ 322 Abs. 2, 346 Abs. 2).[5]

7 Verwerfungsbeschlüsse nach § 322 Abs. 1 oder § 346 Abs. 1 führen, da noch eine Anfechtung möglich ist, nicht unmittelbar zur Rechtskraft des Urteils.

8 b) **Wirkung.** Mit dem Ablauf des Tages der Beschlussfassung tritt die Rechtskraft ein. Tag der Beschlussfassung ist der Tag, dessen Datum der Beschluss trägt, **ohne dass es auf den tatsächlichen Zeitpunkt** seines Erlasses[6] oder auf den Tag, an dem über die Entscheidung beraten und abgestimmt worden ist,[7] ankommt.

9 2. **Verspätete Rechtsmitteleinlegung.** Ist das Rechtsmittel **verspätet** eingelegt, ist Rechtskraft mit Ablauf der Rechtmittelfrist bereits eingetreten. § 34a hat deshalb **hier keine Bedeutung**; die Verwerfung der Berufung oder Revision nach §§ 319 Abs. 1, 322 Abs. 1 bzw. §§ 346 Abs. 1, 349 Abs. 1 hat für den Eintritt der Rechtskraft nur feststellende Bedeutung. Gleiches gilt für Beschlüsse, mit denen die sofortige Beschwerde nach § 319 Abs. 2 verworfen wird.[8]

---

[1] Dazu *Pohlmann* Rpfleger 79, 126.
[2] Vgl. § 33 Rn. 11ff.
[3] Zur Verspätung s. u. Rn. 9.
[4] KK-StPO/*Maul* Rn. 6.
[5] KK-StPO/*Maul* Rn. 4; Löwe/Rosenberg/*Graalmann-Scheerer* Rn. 9; Meyer-Goßner Rn. 5.
[6] § 33 Rn. 11ff.
[7] KK-StPO/*Maul* Rn. 7.
[8] *Meyer-Goßner* Rn. 6.

§ 35 [Bekanntmachung]

(1) ¹Entscheidungen, die in Anwesenheit der davon betroffenen Person ergehen, werden ihr durch Verkündung bekanntgemacht. ²Auf Verlangen ist ihr eine Abschrift zu erteilen.

(2) ¹Andere Entscheidungen werden durch Zustellung bekanntgemacht. ²Wird durch die Bekanntmachung der Entscheidung keine Frist in Lauf gesetzt, so genügt formlose Mitteilung.

(3) Dem nicht auf freiem Fuß Befindlichen ist das zugestellte Schriftstück auf Verlangen vorzulesen.

I. Grundlagen

1. **Zweck.** Wie auch §§ 33, 34 sichert § 35 das Recht des Betroffenen auf **rechtliches Gehör**, indem ihm durch die Unterrichtung über Ergebnis und Begründung einer Entscheidung Gelegenheit gegeben wird, sein weiteres prozessuales Vorgehen (insbesondere die Einlegung von Rechtsmitteln) einzurichten und abzuschätzen.[1]   1

2. **Entscheidungen.** Die Vorschrift betrifft alle gerichtlichen Entscheidungen **einschließlich der prozessleitenden Verfügungen**, die für den weiteren Verfahrensverlauf von Bedeutung sind.[2] Dazu gehören zB auch die Ablehnung eines Beweisantrags[3] oder eines Vertagungsantrags[4] und der Beschluss über die Entbindung nach § 233,[5] aber auch **offene Ermittlungsmaßnahmen** wie Durchsuchung und Beschlagnahme.[6]   2

3. **Betroffener.** § 35 gilt nicht nur, wenn der Betroffene[7] durch die Entscheidung beschwert ist, sondern auch, wenn er begünstigt wird.[8] Betroffen ist daher auch der Nebenkläger hinsichtlich Urteil und Kostenentscheidung. Die StA ist, außer im Privatklageverfahren, stets betroffen.[9]   3

4. **Pflichtmitteilungen.** Neben der in § 35 geregelten Bekanntmachung an den Betroffenen bestehen zahlreiche gesetzliche Pflichten zur Mitteilung der Entscheidung, zB nach § 125c Abs. 1 S. 1 Nr. 3, S. 2, Abs. 2 BRRG, § 27 Abs. 3, 4 BtMG; vgl. auch § 8 EGStPO, §§ 12 ff. EGGVG.[10]   4

II. Verkündung in Anwesenheit des Betroffenen ergehender Entscheidungen (Abs. 1)

1. **Verkündung (Abs. 1 S. 1).** Durch Verkündung werden Urteile und anderen Entscheidungen bekanntgemacht, die in der Hauptverhandlung oder in einer anderen Verhandlung, zB bei einer kommissarischen Vernehmung nach § 223, ergehen. Die Verkündung ist Sache des Richters, bei Kollegialgerichten des Vorsitzenden,[11] sie aus besonderen Gründen einem anderen Richter, aber niemand anderem (etwa einem Rechtsreferendar[12] oder dem Urkundsbeamten der Geschäftsstelle) übertragen kann.[13] Die Verkündung ist im Protokoll festzuhalten (§ 273 Abs. 1); außerhalb einer Hauptverhandlung wird sie in den Akten vermerkt.   5

Für die Verkündung von **Urteilen** gilt § 268 Abs. 2, im Jugendstrafverfahren ergänzend § 54 Abs. 2 JGG.   6

Beschlüsse, die in Anwesenheit der davon Betroffenen ergehen, werden durch mündliche Bekanntgabe (durch Verlesung oder in freier Rede) des wesentlichen Inhalts mitgeteilt,[14] soweit erforderlich sind auch die Gründe mitzuteilen.   7

Die Verkündung gegenüber einem **der deutschen Sprache nicht mächtigen** Ausländer, dem nicht durch einen Dolmetscher übersetzt wird, ist **unwirksam**.[15]   8

Ist die Verkündung wegen Mängeln nicht wirksam, kann dies bei Beschlüssen (aber nicht bei Urteilen) durch schriftliche Bekanntmachung **geheilt** werden.[16]   9

---

[1] KK-StPO/*Maul* Rn. 1 mwN.
[2] BayObLG v. 20. 11. 1969 – RReg. 4 b St 84/69, NJW 1970, 1055 (1056); OLG Hamm v. 7. 9. 1983 – 3 Ss OWi 947/83, VRS 66 (1984), 44 (45) mwN.
[3] § 244 Rn. 100 ff.
[4] RG v. 13. 5. 1892 – Rep. 1427–1429/92, RGSt 23, 136.
[5] BayObLG v. 20. 11. 1969, NJW 1970, 1055 (1056); vgl. schon RG v. 11. 7. 1910 – I. 360/10, RGSt 44, 47.
[6] BGH v. 24. 11. 2009 – StB 48/09, NJW 2010, 1297.
[7] Vgl. § 33 Rn. 21.
[8] OLG Braunschweig v. 15. 12. 1952 – Ws 192/52, JZ 1953, 640.
[9] KK-StPO/*Maul* Rn. 3.
[10] Ausführlich *Meyer-Goßner* Rn. 14.
[11] OLG Oldenburg v. 2. 9. 1952 – Ss 183/52, NJW 1952, 1310.
[12] OLG Oldenburg v. 2. 9. 1952 – Ss 183/52, NJW 1952, 1310.
[13] Löwe/Rosenberg/*Graalmann-Scheerer* Rn. 7; *Meyer-Goßner* Rn. 5; vgl. OLG Oldenburg v. 2. 9. 1952 – Ss 183/52, NJW 1952, 1310.
[14] RG v. 26. 7. 1910 – II 605/10, RGSt 44, 53; KK-StPO/*Maul* Rn. 6.
[15] LG Limburg v. 11. 5. 1998 – 5 Qs 80/98, StV 1999, 104; KK-StPO/*Maul* Rn. 4, 21.
[16] *Meyer-Goßner* Rn. 5.

10 2. **Erteilung einer Abschrift (Abs. 1 S. 2).** Der Betroffene hat Anspruch auf Erteilung einer Abschrift; dieser Anspruch betrifft aber **nur die Entscheidung**, nicht andere Aktenbestandteile.[17] Über das Gesuch auf Erteilung der Abschrift ist **unverzüglich zu entscheiden**.[18] Zuständig ist der Richter bzw. Vorsitzende des Gerichts, das die Entscheidung erlassen hat.

11 Bei einer Entscheidung innerhalb der **Hauptverhandlung** kann die Abschrift erst nach **Fertigstellung des Protokolls** verlangt werden,[19] bei mehrtägigen Hauptverhandlungen idR nach Ende der einzelnen Hauptverhandlungstage.[20] Eine schnellere Erteilung ist dann zu veranlassen, wenn der Betroffene ein besonderes Interesse an einer früheren Erteilung hat.[21] Die Abschrift eines Beschlusses, mit dem ein Beweisantrag abgelehnt worden ist, kann verlangt werden, wenn er eine längere Begründung enthält.[22] Auch wer Beschwerde gegen einen Ordnungsmittelbeschluss nach § 178 GVG einlegen will, kann sofort eine Beschlussabschrift verlangen.[23]

12 **Kein Anspruch auf Abschrifterteilung** besteht, wenn sie ohne Zusammenhang mit irgendeinem auch nur entfernt in Betracht kommenden strafverfahrensrechtlichen Zweck verlangt wird.[24] Das ist nicht schon deshalb der Fall, weil die Entscheidung bereits rechtskräftig ist.[25] **Nach endgültigem Abschluss** des Verfahrens gilt Abs. 1 S. 2 nicht mehr. Es hat dann die aktenverwahrende JV zu entscheiden, die dem Verlangen idR stattgeben wird, wenn der Antragsteller früher einen Anspruch nach Abs. 1 S. 2 hatte und ein berechtigtes Interesse dargetan oder ersichtlich ist.[26]

13 Zur **Beschränkung** des Rechts auf Abschrifterteilung kann ein **öffentliches Geheimhaltungsinteresse** (vgl. RiStBV 213) führen. Der Geheimnisschutz bezieht sich insbesondere auf Staatsgeheimnisse iS des § 93 StGB. Rechtliche Ausführungen sind dabei nie geheim. Ob der Geheimnisschutz die Beschränkung des Rechts auf eine Abschrift rechtfertigt, ist durch **Abwägung** der **Notwendigkeit des Geheimnisschutzes** einerseits und der Wahrung der Belange des Strafverfahrens, insbesondere der **Rechtsstellung des Betroffenen**, andererseits zu beantworten.[27] Ggf. werden danach in der Abschrift einer Entscheidung die Teile weggelassen, die das Staatsgeheimnis enthalten. Zur Wahrung seiner Rechte ist dem Betroffenen dann uU Einsicht in die unverkürzte Entscheidung auf der Geschäftsstelle zu gewähren. Dem Verteidiger kann eine vollständige Abschrift erteilt werden, wenn ein gesetzliches Schweigegebot nach § 174 Abs. 2 GVG und die Anordnung der Rückgabe nach bestimmter Zeit als Sicherungsmaßnahmen genügen; zusätzliche Auflagen über Verwahrung, Herstellung von Abschriften und Zugänglichmachung sind in diesem Fall regelmäßig notwendig.[28]

14 **Kosten.** Die kostenfreie[29] Übersendung des rechtskräftigen Urteils und der Beschlüsse nach § 268a sieht RiStBV 140 vor. Im Übrigen gilt für die Kosten der Abschrift § 28 Abs. 1 GKG iVm. Nr. 9000 KVGKG.

III. Zustellung in Abwesenheit des Betroffenen erlassener Entscheidungen (Abs. 2)

15 1. **Förmliche Zustellung (Abs. 2 S. 1).** Durch die Zustellung einer Ausfertigung oder beglaubigten Abschrift[30] wird dem Adressaten in gesetzlich vorgegebener Form (§§ 37–41) Gelegenheit verschafft, von einem Schriftstück Kenntnis zu nehmen.[31]

16 Förmliche Zustellung ist **erforderlich**, wenn eine strafprozessuale Frist, insbesondere eine Rechtsmittelfrist, in Lauf gesetzt wird; Fristen für die Verfassungsbeschwerde und für den Antrag nach Art. 26 MRK müssen aber nicht berücksichtigt zu werden.[32] Wird ein **anfechtbarer Beschluss** nicht förmlich zugestellt, kann er nicht rechtskräftig werden.[33] Über den Wortlaut des Abs. 2 S. 2 hinaus sind **auch Mitteilungen** zuzustellen, durch die einem Abwesenden **das rechtliche Gehör** ge-

---

[17] BGH v. 27. 10. 1972, 2 StR 105/70, MDR (D) 1973, 371; Löwe/Rosenberg/*Graalmann-Scheerer* Rn. 10.
[18] So auch *Meyer-Goßner* Rn. 6.
[19] RG v. 26. 7. 1910 – II 605/10, RGSt 44, 53.
[20] *Meyer-Goßner* Rn. 7.
[21] KK-StPO/*Maul* Rn. 9; weitergehend Löwe/Rosenberg/*Graalmann-Scheerer* Rn. 12; SK-StPO/*Weßlau* Rn. 13.
[22] BGH v. 10. 10. 2007 – 1 StR 455/07, NStZ 2008, 110.
[23] OLG Karlsruhe v. 24. 3. 1977 – 3 Ws 54/77, Justiz 1977, 385.
[24] KG v. 22. 12. 1958 – 2 Ws 111/58, JR 1960, 352 L; *Meyer-Goßner* Rn. 7; aM KK-StPO/*Maul* Rn. 8; Löwe/Rosenberg/*Graalmann-Scheerer* Rn. 9.
[25] KK-StPO/*Maul* Rn. 10.
[26] Vgl. *Meyer-Goßner* Rn. 7.
[27] KK-StPO/*Maul* Rn. 12.
[28] BGH v. 29. 5. 1963 – StB 5/63, BGHSt 18, 369 (373) = NJW 1963, 1462; *Meyer-Goßner* Rn. 8.
[29] *Meyer-Goßner* Rn. 6.
[30] § 37 Rn. 1 ff.
[31] BGH v. 24. 11. 1977 – III ZR 1/76, NJW 1978, 1858; *Meyer-Goßner* Rn. 10.
[32] *Meyer-Goßner* Rn. 12.
[33] Vgl. BGH v. 15. 5. 1975 – 4 StR 51/75, BGHSt 26, 140 = NJW 1975, 1612; OLG Celle v. 22. 8. 1977 – 1 Ws 234/77, JR 1978, 337 mAnm *Stree*.

währt werden soll.³⁴ Auch **Ladungen** sind zuzustellen, wenn die Ladungsfrist (§§ 217, 218, 323) zu wahren ist (vgl. RiStBV 117 Abs. 1 S. 1).³⁵

Die **Staatsanwaltschaft** teilt Einstellungen idR formlos mit. Fälle der **ausnahmsweise förmlichen** Zustellung sehen RiStBV 91 Abs. 2 S. 2, 105 Abs. 5 vor. 17

2. Formlose Mitteilung (Abs. 2 S. 2). Soweit keine förmliche Zustellung erforderlich ist, genügt formlose Mitteilung. Dies gilt auch für Urteile, die nicht anfechtbar sind. Die formlose Mitteilung erfolgt **schriftlich**. IdR wird eine Ausfertigung oder Abschrift der Entscheidung durch einfachen Brief übersandt. Durch die Verkündung der Entscheidung **in der Hauptverhandlung** kann ihre formlose Mitteilung stets **ersetzt** werden.³⁶ Eine mündliche Eröffnung und Beurkundung **durch den Urkundsbeamten der Geschäftsstelle** genügt **nicht**,³⁷ ebenso wenig eine mündliche oder telefonische Mitteilung durch einen Polizeibeamten.³⁸ 18

3. Übersetzung. Ein der deutschen Sprache nicht mächtiger Ausländer kann eine **Beifügung** einer Übersetzung bei schriftlicher Mitteilung (durch förmliche Zustellung oder formlos) **nicht verlangen**.³⁹ Allerdings kann im Fehlen einer Übersetzung uU ein Wiedereinsetzungsgrund liegen.⁴⁰ 19

IV. Zustellung an behördlich Verwahrte (Abs. 3)

Nicht auf freiem Fuß ist jeder, dem die Freiheit auf Anordnung des Richters oder einer Behörde entzogen und der dadurch in der Wahl seines Aufenthalts beschränkt ist.⁴¹ 20

Die **Zustellung an behördlich Verwahrte** hat **nach den allgemeinen Vorschriften** zu erfolgen. Eingeschränkt sind die Möglichkeiten der Ersatzzustellung.⁴² Abs. 3 erweitert die Zustellmöglichkeiten nicht; die Verlesung ändert nichts daran, dass das Schriftstück dem Inhaftierten wirksam zugestellt werden muss. Wird dem Verlangen auf Verlesen nicht entsprochen, berührt das die Wirksamkeit der Zustellung nicht. 21

§ 35 a [Rechtsmittelbelehrung]

¹ Bei der Bekanntmachung einer Entscheidung, die durch ein befristetes Rechtsmittel angefochten werden kann, ist der Betroffene über die Möglichkeiten der Anfechtung und die dafür vorgeschriebenen Fristen und Formen zu belehren. ² Ist gegen ein Urteil Berufung zulässig, so ist der Angeklagte auch über die Rechtsfolgen des § 40 Abs. 3 und der §§ 329, 330 zu belehren. ³ Ist einem Urteil eine Verständigung (§ 257c) vorausgegangen, ist der Betroffene auch darüber zu belehren, dass er in jedem Fall frei in seiner Entscheidung ist, ein Rechtsmittel einzulegen.

Schrifttum: *Schrader*, Wiedereinsetzung und Rechtsmittelbelehrung (§§ 35 a, 45 StPO), NStZ 1987, 170; *Warda*, Um die Rechtsmittelbelehrung im Strafrecht, MDR 1957, 717.

I. Voraussetzungen der Rechtsmittelbelehrung (S. 1)

1. Zweck. Zweck der Belehrungspflicht ist die Wahrung möglichst effektiven Rechtsschutzes.¹ 1

2. Voraussetzungen der Belehrungspflicht. Eine Rechtsmittelbelehrung ist bei der Bekanntmachung einer durch befristetes Rechtsmittel anfechtbaren Entscheidung zu erteilen:² 2

a) Bekanntmachung einer Entscheidung. Die Bekanntmachung kann durch Verkündung (§ 35 Abs. 1 S. 1) oder Zustellung (§ 35 Abs. 2 S. 1) erfolgen. 3

b) Anfechtbarkeit der Entscheidung durch befristetes Rechtsmittel. Gegen die Entscheidung muss die sofortige Beschwerde (§ 311), die Berufung (§§ 312 ff.) oder die Revision (§§ 333 ff.) statthaft sein. Der **Antrag auf Wiedereinsetzung** nach § 44 ist kein Rechtsmittel iS dieser Vorschrift³ und daher nicht in die Belehrung einzubeziehen.⁴ 4

---

³⁴ BGH v. 21. 12. 1976 – 4 StR 194/76, BGHSt 27, 85 (87) = NJW 1977, 723; vgl. auch BVerfG v. 9. 10. 1973 – 2 BvR 482/72, BVerfGE 36, 85 (88) = NJW 1974, 133.
³⁵ KK-StPO/*Maul* Rn. 17.
³⁶ BGH v. 3. 3. 1961 – 4 StR 548/60, BGHSt 15, 384 (385) = NJW 1961, 1077; KK-StPO/*Maul* Rn. 18.
³⁷ Löwe/Rosenberg/*Graalmann-Scheerer* Rn. 23.
³⁸ OLG Hamm v. 5. 12. 1978 – 6 Ss 1137/78, VRS 57 (1979), 125.
³⁹ KK-StPO/*Maul* Rn. 22; vgl. BVerfG v. 17. 5. 1983 – 2 BvR 731/80, BVerfGE 64, 135 (150) = NJW 1983, 2762 (2764).
⁴⁰ § 44 Rn. 20.
⁴¹ BGH v. 30. 6. 1959 – 2 ARs 158/58, BGHSt 13, 209 (212) = NJW 1959, 1835; *Meyer-Goßner* Rn. 13.
⁴² Vgl. § 37 Rn. 13.
¹ BVerwG v. 27. 2. 1976 – IV C 74/74, MDR 1976, 603 (604).
² Vgl. allg *Warda* MDR 1957, 717 ff.
³ OLG Hamm v. 3. 5. 1982 – 3 Ws 111 und 127/82, VRS 63 (1982), 362; *Meyer-Goßner* Rn. 3 mwN; *Schrader* NStZ 1987, 447.
⁴ Vgl. aber § 44 Rn. 35; aM *Schrader* NStZ 1987, 447; *Nöldeke* NStZ 1991, 71 (Belehrung generell erforderlich).

5   Entsprechend anzuwenden ist § 35 a aber für die Wiedereinsetzung gegen Abwesenheitsurteile (§§ 235 S. 2, 329 Abs. 3, 412; vgl. RiStBV 142 Abs. 3 S. 2) und für Anträge auf Entscheidung des Rechtsmittelgerichts (§§ 319 Abs. 2 S. 3, 346 Abs. 2 S. 3).[5]

6   **3. Betroffener.** Zu belehren ist der Betroffene, also derjenige, der gegen die Entscheidung ein befristetes Rechtsmittel einlegen kann (Anfechtungsberechtigter),[6] auch wenn er rechtskundig oder durch einen Anwalt verteidigt oder vertreten ist.[7] Erziehungsberechtigte und gesetzliche Vertreter werden nur belehrt, wenn sie anwesend sind[8] (vgl. im Übrigen § 67 Abs. 2 JGG).

7   Die **Belehrung der StA** und am Verfahren beteiligter Staatsorgane wie der Bußgeld- und Strafsachenstelle des Finanzamts[9] ist überflüssig. **Anfechtungsberechtigte Verwaltungsbehörden** sind jedoch zu belehren.[10]

8   **4. Absehen von der Belehrung; Verzicht.** Nur wenn der Betroffene **offensichtlich nicht beschwert ist**, ist die Belehrung **entbehrlich**.[11]

9   Einen **Verzicht** auf die Belehrung kann der Betroffene zulässig erklären;[12] er ist im Protokoll zu vermerken.[13] Der Verzicht kann konkludent darin bestehen, dass der Verteidiger die Belehrung übernimmt.[14] Auf die qualifizierte Belehrung nach S. 3 kann nicht verzichtet werden, sonst liefe ihre Funktion im Wesentlichen leer.

II. Form und Inhalt der Rechtsmittelbelehrung

10 **1. Form und Verfahren der Belehrung.** Die Belehrung ist vom Gericht zu erteilen, nicht von der StA.[15]

11 a) **Belehrung bei Verkündung.** Bei der Verkündung einer Entscheidung findet die Belehrung **mündlich** statt; auf ein **Merkblatt** kann dabei verwiesen werden. Das Merkblatt ist einem anwaltlich nicht vertretenen, rechtsunkundigen Betroffenen stets auszuhändigen[16] (vgl. auch RiStBV 142 Abs. 1 S. 2), jedenfalls aber bei Anhaltspunkten für mangelndes Verständnis in der Person des Angeklagten.[17] Auch die Aushändigung des Merkblatts allein ist ausreichend.[18] Die mündliche Belehrung wird nach § 273 Abs. 1 im **Sitzungsprotokoll** vermerkt (vgl. RiStBV 142 Abs. 1 S. 4).

12 Hat der Betroffene sich **vor der Belehrung entfernt**, unterbleibt die mündliche Belehrung. Das Gericht kann dann aber verpflichtet sein, die Belehrung schriftlich nachzuholen.[19] Wenn der Betroffene die **mündliche Belehrung missverstanden** hat, kann das Gericht durch seine Fürsorgepflicht gehalten sein, sie bei der Zustellung der Entscheidung schriftlich zu wiederholen.[20]

13 b) **Belehrung bei Zustellung.** Bei Zustellung einer Entscheidung wird entweder in der Entscheidung selbst oder durch Beifügung eines Merkblatts belehrt. Die Beifügung des Merkblatts wird in der Zustellungsurkunde vermerkt (RiStBV 142 Abs. 3 S. 1). Der Vermerk erbringt Beweis dafür, dass die Belehrung erfolgt ist.[21]

14 c) **Belehrung bei einem der deutschen Sprache nicht mächtigen Betroffenen.** Gegenüber einem der deutschen Sprache nicht mächtigen Betroffenen muss, wie in der ganzen Hauptverhandlung, bei der mündlichen Belehrung ein **Dolmetscher** mitwirken.[22] Die Rechtsmittelbelehrung muss den Hinweis enthalten, dass die schriftliche Rechtsmitteleinlegung in deutscher Sprache erfolgen

---

[5] Meyer-Goßner Rn. 3.
[6] BayObLG v. 4. 8. 1966 – BWReg. 4b St 5/66, BayObLGSt 1966, 90 (91) = NJW 1967, 122.
[7] KK-StPO/Maul Rn. 6.
[8] BGH v. 25. 9. 1962 – 1 StR 368/62, BGHSt 18, 21 = NJW 1962, 2262; Meyer-Goßner Rn. 4.
[9] OLG Naumburg v. 18. 10. 2006 – 1 Ws 369/06, NStZ 2007, 603.
[10] BayObLG v. 4. 8. 1966 – BWReg. 4b St 5/66, BayObLGSt 1966, 90 = NJW 1967, 122.
[11] Meyer-Goßner Rn. 4.
[12] BGH v. 3. 4. 1984 – 5 StR 172/84, NStZ 1984, 329; OLG Hamm v. 28. 5. 1956 – 2 Ws 90/56, NJW 1956, 1330; OLG Zweibrücken v. 14. 7. 1978 – Ss 193/78, MDR 1978, 861.
[13] KK-StPO/Maul Rn. 15.
[14] OLG Hamm v. 20. 9. 1977 – 4 Ss OWi 1230/77, MDR 1978, 337.
[15] OLG Hamm v. 11. 3. 1954 – Ws 81/54, NJW 1954, 812; vgl. aber Warda MDR 1957, 720.
[16] BVerfG v. 21. 12. 1995 – 2 BvR 2033/95, NJW 1996, 1811 mwN; Meyer-Goßner Rn. 7.
[17] BVerfG v. 28. 2. 2007 – 2 BvR 2619/06, NStZ 2007, 416.
[18] OLG Düsseldorf v. 20. 10. 1998 – 1 Ws (OWi) 138/98, VRS 96 (1999), 111.
[19] OLG Düsseldorf v. 30. 3. 1984 – 4 Ws 69/84, ZfZ 84, 218; aA OLG Köln v. 4. 6. 2009 – 2 Ws 272 und 276/09, NStZ 2009, 655 L (keine Verpflichtung).
[20] OLG Koblenz v. 8. 11. 1976 – 1 Ss 574/76, MDR 1977, 425; vgl. auch KG v. 7. 9. 2000 – 3 Ws 356/00, VRS 99 (2000), 440.
[21] OLG Düsseldorf v. 22. 11. 1985 – 1 Ws 1028/85, NStZ 1986, 233 mAnm Wendisch; Meyer-Goßner Rn. 7.
[22] Vgl. zur Bekanntgabe der Entscheidung schon § 35 Rn. 8.

muss.²³ Der Ausländer hat **keinen Anspruch auf Aushändigung** eines Belehrungs-Merkblatts in seiner Sprache.²⁴

Bei Zustellung der Entscheidung hat der Betroffene **keinen Anspruch** auf Belehrung **in einer ihm verständlichen Sprache**. Er muss sich bei schriftlicher Belehrung vielmehr selbst um die Übersetzung zu bemühen.²⁵ Insbesondere beim Strafbefehl (§ 409 Abs. 1 S. 1 Nr. 7) sollte die Belehrung aber, um das rechtliche Gehör zu gewähren, in einer dem Betroffenen verständlichen Sprache erteilt werden.²⁶ Eine fehlende Übersetzung kann bei Fristversäumung uU einen Wiedereinsetzungsgrund darstellen.²⁷

2. Inhalt der Belehrung. Die Belehrung muss klar, unmissverständlich und vollständig über die **Möglichkeit** der Anfechtung, die **Art des Rechtsmittels** und die dafür vorgeschriebenen **Fristen** und **Formen** belehren.²⁸ Dabei ist die Angabe des Gerichts oder der Gerichte, bei denen das Rechtsmittel einzulegen ist, erforderlich,²⁹ wenn auch nicht notwendig mit Straße und Hausnummer.³⁰ Belehrt werden muss auch über den Beginn der Frist und darüber, dass das Rechtsmittel innerhalb der Frist bei Gericht eingegangen sein muss.³¹ Die konkrete Berechnung des Laufs der Frist bleibt aber dem Betroffenen überlassen;³² auf die gesetzliche Fristverlängerung des § 43 Abs. 2 muss nicht hingewiesen werden.³³ Ausländer sind darauf hinzuweisen, dass die schriftliche Rechtsmitteleinlegung **in deutscher Sprache** erfolgen muss (vgl. auch RiStBV 142 Abs. 1 S. 3).³⁴

3. Belehrung bei Zulässigkeit der Berufung (S. 2). Ist die Berufung zulässig, ist der Angeklagte auch über die besonderen Möglichkeiten der öffentlichen Ladung (§ 40 Abs. 3) und der Berufungsverwerfung bei Nichterscheinen zur Hauptverhandlung (§§ 329 Abs. 1, 330 Abs. 2 S. 2 Hs. 1) zu belehren.³⁵

4. Belehrung nach Verständigung (S. 3). Nach einem auf einer Verständigung (§ 257c) beruhenden Urteil ist – wie schon früher nach der Rspr. des BGH³⁶ – eine **qualifizierte Belehrung** erforderlich, nämlich über die Belehrung nach S. 1 hinaus noch der Hinweis, dass der Rechtsmittelberechtigte in jedem Fall frei ist, ein Rechtsmittel einzulegen. Ein **Rechtsmittelverzicht** ist nach einer Verständigung ohnehin nicht wirksam (§ 302 Abs. 1 S. 2). Zu protokollieren ist lediglich, dass qualifiziert belehrt wurde, nicht der Inhalt der Belehrung.³⁷

III. Folgen von Belehrungsfehlern

1. Unterlassene Belehrung. Das Unterlassen der Belehrung ändert an der **Wirksamkeit** der verkündeten oder zugestellten Entscheidung nichts. Auf Beginn und Ablauf der Rechtsmittelfrist hat es ebenfalls keinen Einfluss.³⁸ Die unterlassene Belehrung stellt aber **einen Wiedereinsetzungsgrund** nach § 44 S. 2 dar.

Die **unterlassene qualifizierte Belehrung** (S. 3) berührt Wirksamkeit der Entscheidung und Lauf der Rechtsmittelfrist ebenfalls nicht. § 44 S. 2 umfasst die qualifizierte Belehrung nicht; der Angeklagte müsste deshalb in diesem Fall für die Wiedereinsetzung glaubhaft machen (§ 45 Abs. 2 S. 1), dass er davon ausgegangen ist, gegen das Urteil kein Rechtsmittel einlegen zu dürfen.

---

²³ S. u. Rn. 16.
²⁴ OLG Köln v. 20. 1. 1984 – 1 Ss 914/83, VRS 67 (1984), 251; *Meyer-Goßner* Rn. 9; aM Löwe/Rosenberg/ *Graalmann-Scheerer* Rn. 20; vgl. auch *J. Meyer* ZStW 93 (1981), 527.
²⁵ *Meyer-Goßner* Rn. 9; KK-StPO/*Maul* Rn. 8.
²⁶ Vgl. BVerfG v. 10. 6. 1975 – 2 BvR 1074/74, BVerfGE 40, 95 = NJW 1975, 1597 und BVerfG v. 7. 4. 1976 – 2 BvR 728/75, BVerfGE 42, 120 = NJW 1976, 1021; LG München II v. 1. 12. 1971 – I Qs 508/71, NJW 1972, 405; KK-StPO/*Maul* Rn. 8.
²⁷ Vgl. § 44 Rn. 35.
²⁸ KK-StPO/*Maul* Rn. 9 mwN; *Meyer-Goßner* Rn. 10 ff.; vgl. BGH v. 12. 11. 1970 – 1 StR 263/70, BGHSt 24, 15 (25) = NJW 1971, 389.
²⁹ OLG Stuttgart v. 15. 1. 2007 – 4 Ss 629/06, StraFo 2007, 114.
³⁰ *Warda* MDR 1957, 720; aM Löwe/Rosenberg/*Graalmann-Scheerer* Rn. 23.
³¹ BGH v. 4. 8. 1955 – 2 StR 250/55, BGHSt 8, 105 = NJW 1955, 1526; OLG Saarbrücken v. 15. 1. 1986 – 1 Ws 384/85, NStZ 1986, 470 (471); LG Saarbrücken v. 28. 5. 2002 – 2 Qs 108/02, NStZ-RR 2002, 334 mwN.
³² BVerfG v. 27. 7. 1971 – 2 BvR 118/71, BVerfGE 31, 388 (390) = NJW 1971, 2217; KK-StPO/*Maul* Rn. 9; aM *Weihrauch* NJW 1972, 243.
³³ BVerfG v. 27. 7. 1971 – 2 BvR 118/71, BVerfGE 31, 388 (390) = NJW 1971, 2217.
³⁴ BVerfG v. 17. 5. 1983 – 2 BvR 731/80, BVerfGE 64, 135 (149) = NJW 1983, 2762 (2764); BGH v. 14. 7. 1981 – 1 StR 815/80, BGHSt 30, 182 = NJW 1982, 532; BGH v. 29. 6. 2005 – 1 StR 222/05, StraFo 2005, 419; KG v. 6. 10. 1976 – (2) Ss 315/76 (80/76), JR 1977, 129; OLG Düsseldorf v. 22. 4. 1982 – 1 Ws 315/82, MDR 1982, 866.
³⁵ *Meyer-Goßner* Rn. 16.
³⁶ BGH v. 3. 3. 2005 – GSSt 1/04, BGHSt 50, 40; BGH v. 10. 8. 2006 – 1 StR 366/06, NStZ 2007, 419; BGH v. 25. 6. 2008 – 4 StR 246/08, NStZ 2008, 647.
³⁷ BGH v. 13. 5. 2009 – 2 StR 123/09, NStZ-RR 2009, 282.
³⁸ BGH v. 2. 5. 1974 – IV ARZ (Vz) 26/73, NJW 1974, 1335; BGH v. 29. 11. 1983 – 4 StR 681/83, NStZ 1984, 181; BGH v. 3. 4. 1984 – 5 StR 172/84, NStZ 1984, 227; KK-StPO/*Maul* Rn. 15.

21 **2. Unvollständige Belehrung.** Die unvollständige Belehrung führt ebenfalls zur Folge des § 44 S. 2, wenn die Unvollständigkeit **einen wesentlichen Punkt** betrifft. Das ist zB der Fall, wenn die Belehrung fehlt, **bei welchem Gericht** das Rechtsmittel einzulegen ist,[39] oder dass das Rechtsmittel **innerhalb der Frist** bei Gericht eingegangen sein muss,[40] oder wenn bei der **Wahlmöglichkeit nach § 335 Abs. 1** nur über die Möglichkeit der Revision belehrt worden ist.[41] Ein wesentlicher Fehler ist es auch, wenn über die Möglichkeit der Rechtsmitteleinlegung nach § 299[42] nicht belehrt wurde.

22 **Kein wesentlicher Fehler** ist es dagegen nach der Rechtsprechung, wenn im Fall des § 335 Abs. 1 nur über die Möglichkeit der Berufung (aber nicht der Revision) belehrt worden ist, weil dem Angeklagten dann keine Rechtsmittelmöglichkeit endgültig verloren geht.[43]

23 **3. Falsche Belehrung.** Eine falsche Belehrung steht der unterlassenen Belehrung dann gleich, wenn die Unrichtigkeit einen wesentlichen Punkt betrifft.[44] Die Belehrung gilt insgesamt als unrichtig, wenn zu einer richtigen mündlichen Belehrung ein **falsches Merkblatt** überreicht wird.[45]

§ 36 [Zustellung und Vollstreckung]

(1) ¹Die Zustellung von Entscheidungen ordnet der Vorsitzende an. ²Die Geschäftsstelle sorgt dafür, daß die Zustellung bewirkt wird.

(2) ¹Entscheidungen, die der Vollstreckung bedürfen, sind der Staatsanwaltschaft zu übergeben, die das Erforderliche veranlaßt. ²Dies gilt nicht für Entscheidungen, welche die Ordnung in den Sitzungen betreffen.

Schrifttum: *Doller,* Zustellung von Straf- und Bußgeldentscheidungen (§ 36 StPO nF), DRiZ 1975, 280; *Wendisch,* Zustellung von Entscheidungen, die der Vollstreckung bedürfen, JR 1978, 445.

I. Zustellung durch das Gericht (Abs. 1)

1 **1. Anordnung des Vorsitzenden (Abs. 1 S. 1).** Die **schriftliche Bekanntmachung** (§ 35 Abs. 2), ob als förmliche Zustellung oder als formlose Mitteilung, wird vom **Vorsitzenden** angeordnet. Der Strafrichter und der **ersuchte oder beauftragte Richter** sind für ihre Entscheidung zuständig.[1] Auch gegen die Zustellungsanordnung eines beisitzenden Richters bestehen keine Bedenken, da Zweck der Vorschrift die richterliche Anordnung ist.[2] Beschlüsse des **Rechtspflegers** (zB nach § 464 b) betrifft Abs. 1 S. 1 nicht.[3] Die Anordnung durch die **Geschäftsstelle** genügt nicht, auch nicht bei formell korrekt durchgeführter Zustellung.[4] Die versehentlich unterlassene richterliche Anordnung kann der StA nachholen.[5]

2 Die Anordnung muss für **jeden Einzelfall** getroffen werden. Sie muss die **Zustellungsempfänger** bezeichnen und bestimmen, ob eine **förmliche** Zustellung oder eine **formlose** Mitteilung erfolgen soll. Die **Art der förmlichen Zustellung** braucht der Vorsitzende dagegen **nicht** zu bestimmen.[6] Die Anordnung muss nicht in einer bestimmten Form ergehen, aber im Zeitpunkt der Zustellung aktenkundig sein.[7]

3 Eine **allgemeine Anordnung** des Vorsitzenden, die in seinem Spruchkörper anfallenden Entscheidungen zuzustellen, soweit das nicht Aufgabe der StA ist, genügt nicht.[8] Die bloße Anord-

---

[39] BayObLG v. 4. 3. 1976 – 1 Ob OWi 485/75, BayObLGSt 1976, 19 = VRS 50 (1976), 430; OLG Hamburg v. 10. 1. 1962 – Ws 881/61, NJW 1962, 602 = GA 1962, 218.
[40] OLG Hamburg v. 10. 4. 1963 – 1 Ws 121/63, GA 1963, 348; vgl. auch BGH v. 4. 8. 1955 – 2 StR 250/55, BGHSt 8, 105 = NJW 1955, 1526.
[41] LG München I v. 9. 5. 1956 – III AR 41/56, NJW 1956, 1368.
[42] OLG Bremen v. 12. 1. 1979 – Ws 127/78, MDR 1979, 517.
[43] KG v. 12. 5. 1976 – (2) Ss 69/76 (27/76), JR 1977, 81; aM KK-StPO/*Maul* Rn. 9; Löwe/Rosenberg/*Graalmann-Scheerer* Rn. 21.
[44] OLG Hamm v. 9. 8. 1960 – 1 Ws 337/60, Rpfleger 1961, 80.
[45] OLG Köln v. 15. 2. 1972 – Ss (OWi) 31/72, VRS 43 (1972), 295; OLG Neustadt/Weinstr. v. 27. 2. 1958 – Ws 25/58, GA 1960, 121; OLG Saarbrücken v. 27. 1. 1965 – AK 68/64, NJW 1965, 1031.
[1] KK-StPO/*Maul* Rn. 2.
[2] OLG Düsseldorf v. 23. 12. 1981 – 1 Ws 938 und 957/81, MDR 1982, 599; *Meyer-Goßner* Rn. 7; aA SK-StPO/*Weßlau* Rn. 15; KK-StPO/*Maul* Rn. 2.
[3] *Meyer-Goßner* Rn. 1.
[4] OLG Stuttgart v. 18. 11. 1975 – 3 Ws 286/75, MDR 1976, 245.
[5] OLG Düsseldorf v. 23. 12. 1981 – 1 Ws 938 und 957/81, MDR 1982, 599; aM Löwe/Rosenberg/*Graalmann-Scheerer* Rn. 10.
[6] OLG Düsseldorf v. 25. 11. 1999 – 1 Ws (OWi) 944 und 952/99, VRS 98 (2000), 286; *Meyer-Goßner* Rn. 6.
[7] OLG Zweibrücken v. 28. 1. 1986 – 1 Ws 20/86, MDR 1986, 1047; KK-StPO/*Maul* Rn. 2; aA *Meyer-Goßner* Rn. 3.
[8] *Meyer-Goßner* Rn. 3.

nung, **dass zugestellt** werden soll, ist ebenfalls unzureichend,[9] auch bei Zustellungen an die StA nach § 41.[10]

Es genügt aber, wenn sich aus der Anordnung **zweifelsfrei** schließen lässt, **an wen** eine Zustellung zu bewirken ist. Unter dieser Bedingung genügt die Anordnung, es solle „wie üblich" zugestellt werden[11] oder auch die Anordnung „Urteil zustellen", wenn sie, zB weil sie auf den Rechtsmittelschriftsatz des Verteidigers gesetzt ist, dahin ausgelegt werden muss, es solle dem Verteidiger zugestellt werden.[12]

2. **Bewirken der Zustellung (Abs. 1 S. 2).** Die Ausführung der Anordnung ist Aufgabe der Geschäftsstelle des Gerichts. Sie bestimmt die **Art der förmlichen Zustellung**, soweit der Richter darüber keine Anordnung getroffen hat, und übergibt die Sendung dem Zustellungsbeamten bzw. mit vorbereiteter Zustellungsurkunde einem beliehenen Postunternehmen.[13]

Die **Zustellung durch den anordnenden Richter** selbst schließt Abs. 1 S. 2 nicht aus, zB indem er gem. § 173 ZPO die Entscheidung dem Empfänger an der Amtsstelle übergibt und den Vorgang in den Akten vermerkt.[14]

3. **Fehler.** a) **Zustellung ohne Anordnung.** Ohne eine hinreichend bestimmte Anordnung des Vorsitzenden (s. o.) ist die Zustellung einer Entscheidung, auch an die Staatsanwaltschaft (§ 41), unwirksam.[15]

b) **Zustellung entgegen der Anordnung.** Unwirksam ist die Zustellung, wenn entgegen der Anordnung des Vorsitzenden nicht mit Postzustellungsurkunde, sondern nach § 174 ZPO[16] zugestellt worden ist, oder wenn sie nicht wie angeordnet an den Verteidiger, sondern den Angeklagten bzw. Betroffenen[17] erfolgt ist oder umgekehrt.[18] Ebenfalls unwirksam ist eine Zustellung nach § 40, wenn die Benachrichtigung **entgegen der Anordnung des Vorsitzenden** beim richtigen Gericht ausgehängt wird.[19] **Wirksam** ist die Zustellung aber, wenn bei angeordneter Zustellung an Verteidiger **und** Betroffenen nur dem Verteidiger, nicht auch dem Betroffenen, zugestellt worden ist.[20]

II. Zustellung durch die StA (Abs. 2 S. 1)

1. **Regelungsinhalt.** Abs. 2 S. 1 betrifft **vollstreckungsbedürftige Entscheidungen.** Die Vorschrift legt Zustellung und Vollstreckung in die Hand der StA, damit die Vollstreckung nicht durch die vorherige Bekanntmachung der Entscheidung gefährdet wird.[21]

Voraussetzung für die Anwendung des Abs. 2 S. 1 ist, dass nicht rechtskraftfähige Entscheidungen **erforderlichenfalls zwangsweise** durchgesetzt werden müssen, wie Haftbefehle, Beschlagnahme- und Durchsuchungsbeschlüsse.[22] Nach dem Sinn der Vorschrift **genügt** dafür **nicht**,[23] dass – wie beispielsweise bei der Aussetzung der Vollstreckung des Strafrestes – zur Durchsetzung einer Entscheidung mehr zu veranlassen ist als ihre Zustellung.[24]

---

[9] KG v. 20. 5. 1977 – 2 Ws (B) 287/76, JR 1977, 521 (522); OLG Düsseldorf v. 27. 3. 1997 – 2 Ss 89/97–17/97 III, 3 Ws 186/97, NStZ-RR 1997, 332; OLG Düsseldorf v. 7. 2. 1996 – 1 Ws 730–733/95, VRS 91 (1996), 286; OLG Celle v. 24. 8. 1976 – 2 Ss (OWi) 276/76, MDR 1977, 67; OLG Hamm v. 18. 8. 1982 – 6 Ws 215/82, NStZ 1982, 479; OLG Koblenz v. 3. 9. 1991 – 1 Ws 424/91, NStZ 1992, 194 mwN; *Doller* DRiZ 1975, 280.
[10] BGH v. 18. 12. 1985 – 2 StR 619/85, NStZ 1986, 230.
[11] BGH v. 20. 12. 1982 – AnwSt (B) 20/82, NStZ 1983, 325.
[12] BayObLG v. 28. 1. 1982 – 1 Ob OWi 476/81, BayObLGSt 1982, 12 = MDR 1982, 600.
[13] *Meyer-Goßner* Rn. 6 mwN.
[14] *Meyer-Goßner* Rn. 6.
[15] BGH v. 18. 12. 1985 – 2 StR 619/85, NStZ 1986, 230 mwN; BayObLG v. 6. 7. 1981 – 3 Ob OWi 108/81, BayObLGSt 1981, 84 (85) = NJW 1981, 2589 (2590); BayObLG v. 28. 1. 1982 – 1 Ob OWi 476/81, BayObLGSt 1982, 12 = MDR 1982, 600; OLG Hamm v. 18. 8. 1982 – 6 Ws 215/82, NStZ 1982, 479; KK-StPO/*Maul* Rn. 4; *Meyer-Goßner* Rn. 7; aM KG v. 20. 5. 1977 – 2 Ws (B) 287/76, JR 1977, 521; OLG Hamm v. 18. 8. 1982 – 1 Ws 243/82, NStZ 1982, 479.
[16] BayObLG v. 12. 3. 1999 – 1 St RR 51/99, NStZ-RR 1999, 243.
[17] OLG Düsseldorf v. 14. 10. 1982 – 1 Ws (OWi) 799/82, MDR 1983, 339; OLG Hamm v. 11. 11. 1997 – 4 Ss OWi 1053/97, VRS 94 (1998), 345; OLG Zweibrücken v. 9. 3. 1977 – Ss 53/77, VRS 53 (1977), 277; KrG Saalfeld v. 25. 2. 1993 – Cs 6 Js 7332/91, MDR 1993, 564.
[18] BayObLG v. 12. 1. 1989 – RReg 3 St 2/89, BayObLGSt 1989, 1 = MDR 1989, 665.
[19] KG v. 30. 1. 2009 – 2 Ws 532/08, StraFo 2009, 240.
[20] OLG Düsseldorf v. 19. 11. 1982 – 1 Ws OWi 775/82, VRS 64 (1983), 269.
[21] OLG Düsseldorf v. 30. 11. 1987 – 2 Ws 452/87, NStZ 1988, 150; *Doller* NJW 1977, 2153 und DRiZ 75, 280; *Rieß* NJW 1975, 86; *Meyer-Goßner* Rn. 10; aM OLG Saarbrücken v. 22. 11. 1985 – 1 Ws 1028/85, NStZ 1986, 471 mAnm *Wendisch*.
[22] OLG Oldenburg v. 18. 3. 2009 – 1 Ws 162/09, NStZ-RR 2009, 219; *Doller* NJW 1977, 2153; *Herrmann* NJW 1978, 653; *Wendisch* JR 1978, 445 und NStZ 1986, 473; vgl. auch OLG Karlsruhe v. 8. 5. 1968 – 1 Ws 100/68, Rpfleger 1968, 288 für Fahndungsmaßnahmen.
[23] *Meyer-Goßner* Rn. 10.
[24] So aber OLG Celle v. 22. 8. 1977 – 1 Ws 234/77, JR 1978, 337; OLG Frankfurt v. 23. 10. 1980 – 3 Ws 921/79, GA 1980, 474; OLG Hamm v. 14. 10. 1977 – 2 Ws 190/77, NJW 1978, 175; OLG Zweibrücken v. 27. 7. 1976 – Ws 82/76, JR 1977, 292 mit zust Anm *Schätzler*; vgl. unten Rn. 12.

11   Ihre eigenen Entscheidungen stellt die StA (ohne ausdrückliche gesetzliche Regelung) selbst zu. Die Revisionsschrift der StA wird dagegen durch das Gericht den anderen Beteiligten zugestellt.[25]

12   **2. Anwendungsfälle.** Vollstreckungsbedürftige Entscheidungen iS des Abs. 2 S. 1 sind insbesondere Ordnungsmittelbeschlüsse nach §§ 51 Abs. 1 S. 2 und 3, 70 Abs. 1 S. 2, 77 Abs. 1 S. 1, Anordnungen nach §§ 81a Abs. 2, 81c Abs. 5, 98 Abs. 1, 100 Abs. 1, 100b Abs. 1 S. 1, 105 Abs. 1, Haftbefehle nach §§ 112 ff., 230 Abs. 2, 236, 329 Abs. 4, 453c, Unterbringungsbefehle nach § 126a sowie Widerrufsbeschlüsse nach § 116 Abs. 4.[26] **Keiner Vollstreckung** bedürfen Beschlüsse, die solche Zwangsmaßnahmen aufheben[27] oder durch die der Vollzug eines Haftbefehls nach § 116 ausgesetzt wird. **Nicht unter Abs. 2 S. 1** fallen auch Beschlüsse des Gerichts des ersten Rechtszugs oder der StVollstrK über den Widerruf der Strafaussetzung zur Bewährung[28] und die erst nach Eintritt der Rechtskraft wirksame Aussetzung des Strafrests (§ 454 iVm. § 57 StGB).[29]

13   **3. Veranlassen des Erforderlichen.** Nach Zuleitung durch den Richter – auch, wenn ihr die Entscheidung ohne ausdrücklichen Hinweis auf die Vollstreckungsbedürftigkeit und ohne Ersuchen um weitere Veranlassung zugeht – hat die StA die **Zustellung und die Vollstreckung** der Entscheidung zu betreiben. Die Zustellung muss von dem StA oder Amtsanwalt, nicht von der Geschäftsstelle, angeordnet werden.[30]

14   **4. Anfechtung.** Zustellungs- und Vollstreckungsmaßnahmen der StA können mit dem Antrag auf gerichtliche Entscheidung nach § 23 EGGVG angegriffen werden.[31]

III. Vollstreckung durch das Gericht (Abs. 2 S. 2)

15   Die Vollstreckung von Ordnungsmitteln, die nach §§ 169 ff. GVG ergehen, ist abweichend von Abs. 2 S. 1 vom Vorsitzenden, der sie auch verkündet oder ihre Zustellung angeordnet hat, unmittelbar zu veranlassen (§ 179 GVG). Die Zuständigkeit des Gerichts besteht über Abs. 2 S. 2 hinaus auch für die Beugehaft nach §§ 70 Abs. 2, 95 Abs. 2.[32] Nach § 31 Abs. 3 RPflG ist die Vollstreckung jeweils dem Rechtspfleger übertragen.

§ 37 [Zustellungsverfahren]

(1) Für das Verfahren bei Zustellungen gelten die Vorschriften der Zivilprozeßordnung entsprechend.

(2) Wird die für einen Beteiligten bestimmte Zustellung an mehrere Empfangsberechtigte bewirkt, so richtet sich die Berechnung einer Frist nach der zuletzt bewirkten Zustellung.

Schrifttum: *Heß*, Die Zustellung von Schriftstücken im europäischen Justizraum, NJW 2001, 20; *Rose*, Die Ladung von Auslandszeugen im Strafprozess, wistra 1998, 11.

I. Grundlagen der Zustellung

1   **1. Ausfertigung und beglaubigte Abschrift. a) Grundsatz.** Von **Urteilen** und ihnen gleichstehenden Beschlüssen wie nach §§ 346, 349 wird eine **Ausfertigung** zugestellt; ausreichend ist auch eine vom UrkB **beglaubigte Abschrift**. **Beschlüsse** werden ebenfalls in Ausfertigung oder beglaubigter Abschrift zugestellt.

2   **b) Begriffe. aa) Ausfertigung.** Eine Ausfertigung ist eine Abschrift mit dem Ausfertigungsvermerk der Geschäftsstelle; sie wird vom UrkB unterschrieben und mit dem Dienstsiegel versehen (vgl. § 275 Abs. 4).

---

[25] KK-StPO/*Maul* Rn. 10; *Meyer-Goßner* § 347 Rn. 1.
[26] *Meyer-Goßner* Rn. 12; vgl. ferner *Wendisch* JR 1978, 447.
[27] KK-StPO/*Maul* Rn. 13.
[28] OLG Düsseldorf v. 30. 11. 1987 – 2 Ws 452/87, NStZ 1988, 150.
[29] OLG Frankfurt v. 23. 10. 1980 – 3 Ws 921/79, GA 1980, 474; OLG Oldenburg v. 18. 3. 2009 – 1 Ws 162/09, NStZ-RR 2009, 219; *Wendisch* JR 1978, 445; KK-StPO/*Maul* Rn. 13; *Löwe-Rosenberg/Graalmann-Scheerer* Rn. 22; *Meyer-Goßner* Rn. 12; aM OLG Hamm v. 14. 10. 1977 – 2 Ws 190/77, NJW 1978, 175; OLG Zweibrücken v. 27. 7. 1976 – Ws 82/76, JR 1977, 292 mAnm *Schätzler*; *Mrozynski* JR 1983, 140.
[30] *Meyer-Goßner* Rn. 13; KK-StPO/*Maul* Rn. 16.
[31] KK-StPO/*Maul* Rn. 18; *Löwe-Rosenberg/Graalmann-Scheerer* Rn. 37; *Meyer-Goßner* Rn. 15; *Strubel/Sprenger* NJW 1972, 1736.
[32] BGH v. 17. 3. 1989 – I BGs 100/89, BGHSt 36, 155 (156) = NJW 1989, 1740.

bb) Beglaubigte Abschrift. Eine beglaubigte Abschrift ist eine Abschrift, auf der bezeugt wird, **3** dass sie mit der Urschrift (oder ihrer Ausfertigung) übereinstimmt.[1] Die Zustellung einer **vom UrkB (auch der StA) beglaubigten Abschrift** (§ 169 Abs. 2 S. 1 ZPO) **reicht** auch als Zustellung **eines Urteils aus,**[2] nicht aber die einer einfachen Abschrift. Der Beglaubigungsvermerk muss unterzeichnet sein; besondere Formvorschriften bestehen sonst nicht.[3] Eine **beglaubigte Ablichtung** (Fotokopie) steht einer beglaubigten Abschrift gleich.

c) Übereinstimmung mit der Urschrift. Wortgetreu und vollständig müssen Ausfertigung oder **4** beglaubigte Abschrift das zuzustellende Schriftstück wiedergeben. **Wesentliche Fehler** machen die Zustellung **unwirksam,**[4] beispielsweise wenn eine Seite mit dem Großteil der Urteilsformel fehlt,[5] handschriftliche Korrekturen und Ergänzungen des Richters in der Abschrift nicht enthalten sind[6] oder die Wiedergabe der richterlichen Unterschriften fehlt.[7] **Kleine Unrichtigkeiten** schaden **nicht**, wenn der Empfänger dem zugestellten Schriftstück den Inhalt der Urschrift entnehmen kann.[8]

2. Zustellungsadressat. Adressat der Zustellung ist derjenige, für den die Zustellung bestimmt **5** ist, auch der **Minderjährige.**[9] Wirksam ist auch eine Zustellung an einen **Zustellungsbevollmächtigten** (§ 171 ZPO), wobei bei Bevollmächtigung mehrerer Personen die Entgegennahme durch eine von ihnen ausreicht.[10] Der **gesetzliche Vertreter** (vgl. § 170 Abs. 1 ZPO) ist **nicht** empfangsberechtigt iS des § 37 Abs. 2,[11] da es nur auf die Verhandlungsfähigkeit, nicht auf das Lebensalter ankommt.[12] Aus dem gleichen Grund ist auch der unter **Betreuung** Stehende richtiger Adressat.[13] Empfangsberechtigt sind außerdem der **Pflichtverteidiger und der Wahlverteidiger**, dessen Vollmacht bei den Akten ist (§ 145 a Abs. 1). Kann an mehrere Verteidiger wirksam zugestellt werden, genügt die Zustellung an einen von ihnen[14] (vgl. RiStBV 154 Abs. 1 S. 2); § 172 Abs. 1 S. 1 ZPO gilt nicht entsprechend. Trotz Zustellungsvollmacht genügt rechtlich stets die Zustellung an den Beschuldigten.[15]

II. Verfahren bei Zustellungen (Abs. 1)

1. Entsprechende Anwendung der ZPO. Für die Zustellung wird auf die Vorschriften der ZPO **6** zurückgegriffen, soweit dem nicht strafprozessuale Besonderheiten[16] entgegenstehen. Insbesondere anzuwenden sind §§ 166, 168, 169, 171, 173, 174, 176–178, 181–183, 189, 194 ZPO. Für **öffentliche Zustellungen** gilt im Strafverfahren die **Sondervorschrift des § 40**. Die §§ 185–188 ZPO sind dagegen nur anwendbar auf die Zustellung durch Privat- und Nebenkläger sowie Personen, die nach § 124 Abs. 2, 3 Sicherheit geleistet haben.

2. Zustellung durch Übergabe. Die Zustellung findet grundsätzlich statt durch **Übergabe** einer **7** Ausfertigung oder beglaubigten Abschrift des zuzustellenden Schriftstücks an einem Ort, wo die Person, der zugestellt werden soll, angetroffen wird (§ 177 ZPO), auch an der Amtsstelle (§ 173 ZPO). Üblich ist vor allem die Zustellung durch die **Post** (§§ 168 Abs. 1, 176 ff. ZPO), dh. durch ein nach § 33 PostG beliehenes Unternehmen (nicht unbedingt die Deutsche Post). Ein **Justizbediensteter** kann nach § 168 Abs. 1 ZPO ebenfalls beauftragt werden. Gleiches gilt für Gerichtsvollzieher, die Polizei oder andere Behörden, wenn eine Zustellung nach § 168 Abs. 1 ZPO keinen Erfolg verspricht (§ 168 Abs. 2 ZPO).

---

[1] Thomas/Putzo/*Hüßtege* § 169 ZPO Rn. 5.
[2] BGH v. 7. 9. 1972 – 4 StR 311/71, MDR (D) 1973, 19; BGH v. 15. 5. 1975 – 4 StR 51/75, BGHSt 26, 140 (141) = NJW 1975, 1612.
[3] Vgl. BGH v. 11. 2. 1976 – VIII ZR 220/75, NJW 1976, 2263.
[4] BGH v. 20. 4. 1967 – VII ZR 280/64, MDR 1967, 834.
[5] BGH v. 27. 10. 1977 – 4 StR 326/77, NJW 1978, 60.
[6] OLG Düsseldorf v. 12. 3. 2002 – 2 a Ss (OWi) 50/02 – (OWi) 13/02 II, NStZ 2002, 448.
[7] KG v. 26. 11. 1981 – 5 Ws 335/81, JR 1982, 251.
[8] BGH v. 27. 10. 1977 – 4 StR 326/77, NJW 1978, 60; BGH v. 17. 3. 2004 – 2 StR 44/04, NStZ-RR 2005, 261; OLG Düsseldorf v. 12. 3. 2002 – 2 a Ss (OWi) 50/02 – (OWi) 13/02 II, NStZ 2002, 448.
[9] *Schweckendieck* NStZ 1990, 170.
[10] OLG Köln v. 26. 5. 2008 – 2 Ws 249/08, NStZ-RR 2008, 379 (380) (Zustellung durch Übergabe an Beschäftigte einer Therapieeinrichtung).
[11] OLG Düsseldorf v. 16. 6. 1995 – 1 Ws 482–483/95, NStZ 1996, 52.
[12] KG v. 20. 11. 2001 – 1 AR 1353/01 – 5 Ws 702/01, StV 2003, 343.
[13] OLG Brandenburg v. 23. 12. 2008 – 1 Ws 242/08, NStZ-RR 2009, 219.
[14] BGH v. 30. 7. 1968 – 1 StR 77/68, BGHSt 22, 221 (222) = NJW 1968, 2019; BGH v. 13. 5. 1987 – 2 StR 170/87, BGHSt 34, 371 (372) = NJW 1987, 2824.
[15] BVerfG v. 20. 3. 2001 – 2 BvR 2058/00, NJW 2001, 2532; BGH v. 18. 4. 1963 – KRB 1/62, BGHSt 18, 352 (354); BayObLG v. 17. 11. 1988 – 1 ObOWi 194/88, BayObLGSt 1988, 162 = VRS 76 (1989), 307.
[16] S. o. Rn. 5 für den Empfangsberechtigten; vgl. auch § 40 für die öffentliche Zustellung.

8 **3. Ersatzzustellung.** Wird der Empfänger **persönlich nicht angetroffen**, ermöglichen §§ 178 ff. ZPO eine **Ersatzzustellung**. Ersatzugestellt werden können auch **Strafbefehle**, ebenso **Abwesenheitsurteile**, da § 232 Abs. 4 nur die Ersatzzustellung nach § 181 Abs. 1 ZPO ausschließt.[17]

9 Generell verboten ist die **Ersatzzustellung an den Gegner** (§ 178 Abs. 2 ZPO). Danach darf ein für den Beschuldigten bestimmtes Schriftstück nicht ersatzweise an eine Person zugestellt werden, die durch die Tat unmittelbar verletzt ist.[18] Im Übrigen hat § 178 Abs. 2 ZPO im Strafrecht für Zustellungen an Privatkläger, Nebenkläger und Nebenbeteiligte Bedeutung.

10 **Wirkung der Ersatzzustellung.** Mit der zulässigen Ersatzzustellung ist die Entscheidung dem Empfänger wirksam zugestellt, unabhängig davon, ob er Kenntnis erlangt oder nicht; das ist nämlich Wesen und Zweck der Ersatzzustellung.[19] Wird durch die Zustellung eine Frist in Lauf gesetzt, ist für ihren Beginn allein der Tag der Ersatzzustellung maßgebend.

11 Folgende **Formen der Ersatzzustellung** sind möglich:

a) **Ersatzzustellung in der Wohnung** (§ 178 Abs. 1 Nr. 1 ZPO). An erwachsene Familienangehörige, in der Familie beschäftigte Personen oder ständige Mitbewohner kann ersatzweise zugestellt werden, wenn der Zustellungsadressat in seiner **Wohnung** nicht angetroffen oder der Überbringer der Zustellung zu ihm nicht vorgelassen wird.[20]

12 **Wohnung** iS des § 178 Abs. 1 ZPO ist die Räumlichkeit, die der Adressat zZ der Zustellung **tatsächlich für eine gewisse Dauer zum Wohnen benutzt**.[21] Auf die polizeiliche Anmeldung,[22] die in einem Postnachsendeantrag angegebene Adresse[23] oder den Wohnsitz iS des § 8 kommt es nicht an. Die tatsächliche Benutzung ist aber dann nicht erforderlich, wenn der Adressat seinen Schriftwechsel unter der Anschrift führt und seine Post dort abholt.[24] Die Wohnung wird aufgegeben, wenn sich der räumliche Mittelpunkt des Lebens an einen neuen Aufenthaltsort verlagert,[25] was auch im Verhalten des Wohnungsinhabers seinen Ausdruck finden und zumindest für einen mit den Verhältnissen vertrauten Beobachter erkennbar sein muss.[26] Eine Wohnung kann aufgegeben werden, ohne dass ein neuer Wohnsitz begründet wird oder bekannt ist.[27] Die Zustellungsurkunde hat für das Bestehen der Wohnung Indizwirkung.[28]

13 **Beispiele:** Eine Ersatzzustellung ist **nicht zulässig**, wenn die Räume längere Zeit nicht benutzt werden, also zB bei mehrmonatigem berufsbedingtem Aufenthalt im Ausland,[29] einer mehrmonatigen Weltreise,[30] bei mehrmonatigem stationären Aufenthalt in einer Therapieeinrichtung,[31] bei Wehrdienst mit Kasernierung,[32] bei längerer Straf- oder U-Haft[33] oder bei Flucht vor der Strafverfolgung.[34] Die Wohnung ist dagegen nicht aufgegeben, so dass eine **Ersatzzustellung möglich** bleibt, bei kürzeren Geschäfts- oder Urlaubsreisen[35] oder bei kürzerem freiwilligem Klinikaufenthalt;[36] „kürzer" kann hier auch noch ein Zeitraum von zwei Monaten sein.[37] Auch nur

---

[17] Meyer-Goßner Rn. 6.
[18] OLG Hamburg v. 29. 1. 1964 – 1 Ws 38/64, NJW 1964, 678.
[19] BGH v. 21. 12. 1976 – 4 StR 194/76, BGHSt 27, 85 (88) = NJW 1977, 723.
[20] Meyer-Goßner Rn. 7.
[21] BGH v. 24. 11. 1977 – III ZR 1/76, NJW 1978, 1858; OLG Düsseldorf v. 12. 1. 1993 – 3 Ws 5–6/93, StV 1993, 400; OLG Koblenz v. 19. 6. 1981 – 1 Ws 330/81, MDR 1981, 1036.
[22] BGH v. 24. 11. 1977 – III ZR 1/76, NJW 1978, 1858; OLG Koblenz v. 27. 9. 1972 – 1 Ws (a) 533/72, VRS 44 (1973), 209; OLG Koblenz v. 19. 6. 1981 – 1 Ws 330/81, MDR 1981, 1036.
[23] OLG Hamburg v. 20. 7. 1982 – 2 Ws 203/82, MDR 1982, 1041.
[24] BayObLG v. 16. 3. 2004 – 2 ObOWi 7/2004, BayObLGSt 2004, 33 = VRS 106 (2004), 452; OLG Hamm v. 14. 10. 2003 – 2 Ss OWi 219/03, VRS 106 (2004), 57; OLG Jena v. 24. 1. 2006 – 1 Ss 277/05, NJW 2006, 2567 = NStZ-RR 2006, 238.
[25] BGH v. 24. 11. 1977 – III ZR 1/76, NJW 1978, 1858; BGH v. 12. 7. 1984 – IVb ZB 71/84, NJW 1985, 2197.
[26] BGH v. 27. 10. 1987 – VI ZR 268/86, NJW 1988, 713.
[27] Vgl. LG Berlin v. 17. 2. 1992 – 503 Qs 1/92, MDR 1992, 791.
[28] S. u. Rn. 36.
[29] BayObLG v. 9. 3. 1961 – RevReg. 4 St 49/61, BayObLGSt 1961, 79 = MDR 1961, 785; OLG Koblenz v. 19. 6. 1981 – 1 Ws 330/81, MDR 1981, 1036.
[30] LG Berlin v. 17. 2. 1992 – 503 Qs 1/92, MDR 1992, 791.
[31] OLG Frankfurt v. 2. 4. 2003 – 3 Ws 391/03, NStZ-RR 2003, 174; OLG Hamm v. 23. 8. 1982 – 1 Ws 102/82, NStZ 1982, 521; OLG Hamm v. 17. 6. 2003 – 3 Ws 243/03, StraFo 2003, 417; OLG Karlsruhe v. 18. 11. 1996 – 1 Ws 291/95, NJW 1997, 3183.
[32] BayObLG v. 4. 6. 1971 – RReg. 2 St 550/71 OWi, BayObLGSt 1971, 94 = VRS 41 (1971), 281.
[33] OLG Düsseldorf v. 29. 12. 1986 – I Ws 1097–1098/86, StV 1987, 378; OLG Düsseldorf v. 28. 7. 1998 – 1 Ws 333–334/98, VRS 96 (1999), 27; OLG Hamm v. 6. 3. 2003 – 2 Ss OWi 1090/02, NStZ-RR 2003, 189; OLG Karlsruhe v. 12. 12. 1984 – 13 W 144/84, StV 1985, 291.
[34] Meyer-Goßner Rn. 9 mwN.
[35] BayObLG v. 9. 3. 1961 – RevReg. 4 St 49/61, BayObLGSt 1961, 79 = MDR 1961, 785.
[36] BGH v. 12. 7. 1984 – IVb ZB 71/84, NJW 1985, 2197; OLG Zweibrücken v. 30. 5. 1984 – 2 WF 174/83, MDR 1984, 762.
[37] OLG Zweibrücken v. 30. 5. 1984 – 2 WF 174/83, MDR 1984, 762.

vorübergehender Auszug ohne Begründung einer neuen Wohnung beendet noch nicht die Wohnungseigenschaft.[38]

Die Ersatzzustellung nach § 178 Abs. 1 Nr. 1 ZPO kann erfolgen an: 14

aa) **Einen erwachsenen Familienangehörigen**. Die **Familie** ist nicht auf Ehepaare und deren Kinder oder eingetragene Lebenspartner beschränkt; auch Pflegekinder und in die Familie aufgenommene nahe Verwandte zählen dazu,[39] soweit das tatsächliche und nach außen zum Ausdruck gebrachte Vertrauensverhältnis die Weitergabe der Sendung an den Zustellungsadressaten erwarten lässt.[40] **Erwachsen** iS des § 178 Abs. 1 Nr. 1 ZPO ist auch ein Minderjähriger, der nach seiner körperlichen Entwicklung und äußeren Erscheinung den Eindruck eines Erwachsenen macht;[41] unwirksam ist deshalb die Übergabe an eine 11-Jährige,[42] wirksam aber idR an einen 14-Jährigen.[43]

bb) **Eine in der Familie beschäftigte Person.** Das kann auch eine unentgeltlich im Haushalt tätige Verwandte sein, soweit sie nicht schon als Familienangehörige gilt.[44] 15

cc) **Einen ständigen Mitbewohner.** Damit sind Wohngemeinschaften und unverheiratete Paare 16 gleich welchen Geschlechts umfasst.[45] Eine gemeinsame Haushaltsführung ist dabei nicht erforderlich.[46] Die immer noch vertretene Ansicht, wonach eine Ersatzzustellung an den Lebensgefährten des Adressaten bei einer eheähnlichen Gemeinschaft unwirksam sein soll,[47] widerspricht der Lebensrealität sowie dem Zweck des § 178 Abs. 1 S. 1 ZPO und findet auch keinerlei Stütze im Gesetzeswortlaut.

b) **Ersatzzustellung in Geschäftsräumen (§ 178 Abs. 1 Nr. 2 ZPO).** § 178 Abs. 1 Nr. 2 ZPO 17 umfasst alle Personen, die Geschäftsräume unterhalten, so Kaufleute, Handwerker, Unternehmer, Notare, Anwälte und andere Freiberufler. Ihnen kann in ihren Geschäftsräumen wie Läden, Büros, Kanzleien, Behördenräumen, Warteräumen oder Ateliers durch Übergabe des zuzustellenden Schriftstücks **an eine dort beschäftigte Person** zugestellt werden. Im Geschäftsraum ist die Ersatzzustellung auch zulässig, wenn sie eine persönliche Angelegenheit des Adressaten betrifft.[48] Wird ein **RA** in seiner Kanzlei nicht angetroffen, kann das Schriftstück stets einem darin anwesenden Beschäftigten übergeben werden, auch wenn dieser minderjährig ist.[49]

c) **Ersatzzustellung in Gemeinschaftseinrichtungen (§ 178 Abs. 1 Nr. 3 ZPO).** In Gemein- 18 schaftseinrichtungen (zB Alten- und Wohnheime, Kasernen, Krankenhäuser, Therapieeinrichtungen), in denen der Adressat **wohnt**,[50] kann **an den Leiter oder einen dazu ermächtigten Vertreter** zugestellt werden (§ 178 Abs. 1 Nr. 3 ZPO), nicht aber an einen Mitbewohner.[51]

d) **Ersatzzustellung durch Einlegen (§ 180 S. 1 ZPO).** Hat die Wohnung (§ 178 Abs. 1 Nr. 1 19 ZPO) oder der Geschäftsraum (§ 178 Abs. 1 Nr. 2 ZPO) einen **Briefkasten oder eine ähnliche Vorrichtung**, die der Adressat für den Postempfang eingerichtet hat und die in der allgemein üblichen Art für eine sichere Aufbewahrung geeignet ist, kann das zuzustellende Schriftstück dort eingelegt werden; damit gilt es als zugestellt (§ 180 S. 2 ZPO). Einer konkreten Bezeichnung der zur Einlegung benutzten Vorrichtung bedarf es in der Zustellungsurkunde nicht,[52] wenngleich dies bei anderen Vorrichtungen als einem Briefkasten zweckmäßig ist.

Der **Briefkasten** oder die ähnliche Vorrichtung muss eindeutig der Wohnung des Zustellemp- 20 fängers zuzuordnen sein. Ungenügend und als Zustellung unwirksam ist deshalb der Einwurf in einen in der Hauseingangstür eines Mehrfamilienhauses angebrachten gemeinsamen Briefeinwurfschlitz.[53]

---

[38] OLG Hamburg v. 18. 2. 2005 – 2 Ws 5/05, NJW 2006, 1685; OLG Hamm v. 26. 1. 2006 – 2 Ws 27/06 und 2 Ss 31/06, NStZ-RR 2006, 309 (310).
[39] Thomas/Putzo/*Hüßtege* § 178 ZPO Rn. 11; Zöller/*Stöber* § 178 ZPO Rn. 8.
[40] BT-Drucks 14/4554 S. 20.
[41] OLG Hamm v. 24. 8. 1976 – 8 RU 139/75, MDR 1977, 82; OLG Hamm v. 8. 2. 1974 – 5 Ws 6/74, NJW 1974, 1150; VGH Mannheim v. 15. 12. 1977 – X 2806/77, MDR 1978, 519.
[42] OLG Hamm v. 23. 2. 1983 – 6 Ws 62/82, OLGSt Nr 1.
[43] LG Köln v. 8. 2. 1999 – 153 – 24/99, NStZ-RR 1999, 368 gegen ältere Rspr.; vgl. auch BSG v. 24. 8. 1976 – 8 RU 139/75, MDR 1977, 82 (Ersatzzustellung an 15-Jährigen).
[44] OLG Hamm v. 19. 2. 1982 – 6 Ss OWi 1705/81, MDR 1982, 516.
[45] *Meyer-Goßner* Rn. 12; Thomas/Putzo/*Hüßtege* § 178 ZPO Rn. 13.
[46] Zöller/*Stöber* § 178 ZPO Rn. 12.
[47] So KK-StPO/*Maul* Rn. 14 mwN.
[48] BayObLG v. 23. 10. 1981 – 1 Ob OWi 289/81, DAR (R) 1982, 252.
[49] BVerwG v. 19. 9. 1961 – VIII B 59/61, NJW 1962, 70.
[50] OLG Köln v. 26. 5. 2008 – 2 Ws 249/08, NStZ-RR 2008, 379 (380).
[51] OLG Bremen v. 17. 6. 2005 – Ws 71/05, StV 2005, 541 L.
[52] BGH v. 10. 11. 2005 – III ZR 104/05, NJW 2006, 150; OLG Köln v. 29. 4. 2005 – 8 Ss – OWi 90/05, NJW 2005, 2026.
[53] OLG Hamm v. 1. 6. 2004 – 4 Ws 172/04, VRS 107 (2004), 109.

21 **e) Ersatzzustellung durch Niederlegung (§ 181 Abs. 1 ZPO).** Ist die Ersatzzustellung in den Briefkasten des Wohn- oder Geschäftsraumes (§ 180 ZPO) oder in Gemeinschaftseinrichtungen (§ 178 Abs. 1 Nr. 3 ZPO) nicht ausführbar gewesen, kann das Schriftstück bei der Geschäftsstelle des AG oder bei der Post niedergelegt werden. Dabei darf jedes beliehene Unternehmen iS des § 33 Abs. 1 PostG auch in von ihm beauftragten Agenturen durch Niederlegung zustellen.[54] Die Ersatzzustellung nach § 181 ZPO ist **nicht dadurch ausgeschlossen**, dass der Adressat einen Antrag auf Rücksendung seiner Post an den Absender[55] oder auf Nachsendung an eine andere Adresse gestellt hat.[56] Er muss aber zZ des Zustellungsversuchs und der Benachrichtigung (nicht mehr unbedingt zZ der Niederlegung bei der Post) noch an der angegebenen Adresse wohnhaft sein.[57]

22 Über die Niederlegung ist dem Adressaten eine **schriftliche Mitteilung** in der bei gewöhnlichen Briefen üblichen Weise zu erteilen; ist dies nicht möglich, muss die Mitteilung an der Tür der Wohnung, des Geschäftsraums oder der Gemeinschaftseinrichtung angeheftet werden (§ 181 Abs. 1 S. 2 ZPO). Die Mitteilung kann durch den Briefschlitz in der Haustür geworfen,[58] unter der Wohnungstür durchgeschoben[59] oder, wenn das im Einzelfall üblich ist, vor der Haustür[60] oder auf einem Schreibtisch abgelegt[61] werden. Mit der **Abgabe der Mitteilung** gilt die Zustellung **als bewirkt** (§ 181 Abs. 1 S. 4 ZPO). **Nicht ausreichend** ist das Hinterlassen der Mitteilung in der Wohnung, wenn der Zusteller zufällig Zutritt zur Wohnung erlangt hat.[62] Das Einlegen der Mitteilung **ins Postfach** des Zustellungsempfängers genügt ebenfalls **nicht**.[63]

23 **4. Zustellung gegen Empfangsbekenntnis (§ 174 ZPO). a) Personenkreis.** § 174 ZPO lässt eine Zustellung durch die Post, durch Boten, durch Fernkopie (Fax), durch ein elektronisches Dokument oder durch Einlegung in ein Fach **gegen Empfangsbekenntnis** zu, wenn **an einen Rechtsanwalt, Notar, Gerichtsvollzieher, Steuerberater** oder an eine **sonstige Person**, bei der auf Grund ihres Berufes **von einer erhöhten Zuverlässigkeit** ausgegangen werden kann (zB Wirtschaftsprüfer, Hochschullehrer, Regierungsmitglieder, Bürgermeister und ähnliche öffentliche Mandatsträger)[64] sowie an eine **Behörde, Körperschaft oder eine Anstalt des öffentlichen Rechts** zuzustellen ist.

24 **b) Wirksamkeitsvoraussetzungen der Zustellung.** Der Empfänger muss (1) **persönlich Kenntnis** von seinem Gewahrsam an dem ihm zustellungshalber übersandten Schriftstück erhalten haben und (2) durch **Unterzeichnung des Empfangsbekenntnisses** den **Willen äußern, das Schriftstück als zugestellt** anzunehmen.[65]

25 **Zeitpunkt der Zustellung** ist daher die Annahme des Schriftstücks mit dem Willen, es als zugestellt anzusehen.[66] Diesen Zeitpunkt muss der Empfänger im **Empfangsbekenntnis** angeben.[67] Auf den evtl. früheren Zeitpunkt des Eingangs in der Kanzlei oder im Büro des Empfängers kommt es nicht an. Das Fehlen einer Datumsangabe auf dem Empfangsbekenntnis macht die Zustellung aber nicht unwirksam.[68]

26 **c) Einzelheiten.** Der **Annahmewille** kann auch **konkludent** zum Ausdruck gebracht werden. ZB ist das der Fall bei Bezugnahme in der Rechtsmittelbegründung auf das Urteil, wenn die Urteilsausfertigung dem Verteidiger unter Beifügung eines Empfangsbekenntnisses übersandt worden ist. Die Zustellung ist dabei auch dann wirksam, wenn der Verteidiger angibt, pflichtwidrig den Text des zugestellten Schriftstücks nicht zur Kenntnis genommen zu haben.[69]

27 Ein wirksames **Empfangsbekenntnis**, das auch nachträglich ausgestellt werden kann, ist wesentliches Erfordernis für die Wirksamkeit der Zustellung.[70] Zur Ausstellung des Empfangsbe-

---

[54] OLG Rostock v. 6. 3. 2002 – 2 Ss (OWi) 143/01 I 167/01, NStZ-RR 2002, 373.
[55] BayObLG v. 18. 9. 1956 – Beschw(W)Reg. 1 St 70a, b/56, BayObLGSt 1956, 213 = NJW 1957, 33.
[56] BayObLG v. 27. 8. 1980 – BReg 2 Z 71/80, MDR 1981, 60; OLG Hamburg v. 20. 7. 1982 – 2 Ws 203/82, MDR 1982, 1041.
[57] *Meyer-Goßner* Rn. 15.
[58] *Meyer-Goßner* Rn. 15; aM OLG Köln v. 2. 10. 1978 – 13 W 17/78, JurBüro 1979, 607.
[59] Vgl. BVerwG v. 5. 5. 1973 – VII C 35/72, NJW 1973, 1945.
[60] BVerwG v. 13. 11. 1984 – 9 C 23/84, NJW 1985, 1179 (1180).
[61] OLG Köln v. 8. 6. 2009 – 2 Ws 271/09, NStZ-RR 2009, 314.
[62] BVerwG v. 5. 5. 1973 – VII C 35/72, NJW 1973, 1945.
[63] BFH v. 17. 2. 1983 – V R 76/77, NJW 1984, 448; BayObLG v. 10. 10. 1962 – RevReg. 1 St 347/62, BayObLGSt 1962, 222 = Rpfleger 1963, 387 mit abl Anm *Lappe*; *Meyer-Goßner* Rn. 15.
[64] *Meyer-Goßner* Rn. 19; Thomas/Putzo/*Hüßtege* § 174 ZPO Rn. 4.
[65] BGH v. 18. 1. 2006 – VIII ZR 114/05, NJW 2006, 1206 (1207).
[66] BVerfG v. 27. 3. 2001 – 2 BvR 2211/97, NJW 2001, 1563 (1564); BGH v. 4. 6. 1974 – VI ZB 5/74, NJW 1974, 1469 (1470); BGH v. 31. 5. 1979 – VII ZR 290/78, NJW 1979, 2566; BGH v. 20. 7. 2006 – I ZB 39/05 (BPatG), NJW 2007, 600.
[67] OLG Celle v. 22. 5. 2000 – 1 VAs 2/00, NStZ-RR 2000, 371; vgl. BGH v. 15. 11. 1995 – 3 StR 353/95, NStZ 1996, 149.
[68] BGH v. 11. 7. 2005 – NotZ 12/05, NJW 2005, 3216.
[69] BGH v. 23. 11. 2004 – 5 StR 429/04, NStZ-RR 2005, 77.
[70] BGH v. 14. 6. 1961 – IV ZR 56/61, BGHZ 35, 236 = MDR 1961, 759.

kenntnisses ist der Rechtsanwalt standesrechtlich verpflichtet.[71] Es erbringt als öffentliche Urkunde iS des 418 Abs. 1 ZPO **vollen Beweis für den darin genannten Zustellungszeitpunkt.**[72] Der Gegenbeweis gegen die Richtigkeit des Datums ist engen Grenzen (uU mit Hilfe von Vermerken in Handakten des Anwalts)[73] zulässig,[74] sonst gilt das im Empfangsbekenntnis genannte Datum, selbst wenn an seiner Richtigkeit Zweifel bestehen.[75] Die Angabe eines unrichtigen Datums lässt die Wirksamkeit der Zustellung unberührt.[76] Das Zustellungsdatum kann der Rechtsanwalt auch nachträglich korrigieren, wobei für einen Fristbeginn das korrigierte Datum jedenfalls dann maßgebend ist, wenn seine Richtigkeit bewiesen ist.[77] Enthält das Empfangsbekenntnis **kein Zustellungsdatum**, lässt sich das Datum der Zustellung und damit der Empfangsbereitschaft des Verteidigers über den Eingangsstempel des Gerichts ermitteln.[78] Das Bekenntnis muss unter Wiedergabe des vollen bürgerlichen Namens mit einem als **Unterschrift** erkennbaren Schriftzug, der individuelle und charakteristische Merkmale aufweist, unterschrieben werden.[79] Auf einen Verstoß hiergegen kann sich der RA allerdings nicht berufen, wenn er einräumt, dass der Schriftzug von ihm stammt.[80] Der **Pflichtverteidiger**, nicht ein anderer RA (zB dessen Sozius), muss das Bekenntnis unterzeichnen, sonst ist die Zustellung unwirksam.[81] Bei Zustellung an einen **Wahlverteidiger** gilt für die Unterzeichnung aber nicht die Beschränkung des § 137 Abs. 1 S. 2.[82]

5. Zustellung an Seeleute und Binnenschiffer. Seeleuten kann **nach Seemannsart** zugestellt werden, indem sie aufgefordert werden, sich bei der nächsten Liegezeit auf der Geschäftsstelle des AG zu melden, um die Zustellung abzuholen.[83] An Seeleute **in Seehäfen** ist auch die Zustellung durch Beamte der Wasserschutzpolizei möglich.[84]

An **Binnenschiffer** kann durch Vermittlung der Wasserschutzpolizei auf allen Wasserstraßen gegen Empfangsbescheinigung zugestellt werden.[85]

6. Zustellung an Soldaten. Für die Zustellung an Soldaten kann die Zustellung an den Kompaniefeldwebel als wirksame Form der Ersatzzustellung angesehen werden; im Übrigen gelten die allgemeinen Vorschriften.[86] Für die in der BRep. stationierten NATO-Streitkräfte gelten Art. 36, 37 NTS-ZA.

7. Zustellung an Gefangene. An Gefangene ist grundsätzlich **persönlich zuzustellen**;[87] Anstaltsleiter oder andere Beamte der JVA sind nicht generell empfangsermächtigt.[88] In der Regel erfolgt die Zustellung in der JVA durch Justizbeamte (§§ 168 Abs. 1 S. 2, 176 Abs. 1 ZPO). Die Zustellurkunde muss vom Beamten unterschrieben sein.[89]

8. Zustellung im Ausland. a) Einschreiben mit Rückschein (§ 183 Abs. 1 Nr. 1 ZPO). Eine vereinfachte Zustellung im Ausland ist durch Einschreiben mit Rückschein möglich, soweit auf Grund völkerrechtlicher Vereinbarungen Schriftstücke unmittelbar durch die Post übersandt werden dürfen (so in Belgien, Frankreich, Griechenland, Italien, Luxemburg, Niederlande, Österreich, Portugal, Spanien).[90] Für das Strafverfahren hat auch Art. 52 Abs. 1 des SDÜ die Möglichkeit unmittelbarer Urkundenübersendung eröffnet.[91] Der **Rückschein** ist an die absendende Stelle

---

[71] OLG Düsseldorf v. 11. 5. 1989 – 3 Ws 347/89, StV 1990, 345.
[72] BGH v. 29. 10. 1986 – IV a ZR 120/85, NJW 1987, 1335 mwN.
[73] BGH v. 17. 10. 1986 – V ZR 8/86, NJW 1987, 325.
[74] BVerfG v. 27. 3. 2001 – 2 BvR 2211/97, NJW 2001, 1563; BGH v. 9. 5. 1980 – I ZR 89/79, NJW 1980, 1846 (1847); BGH v. 29. 10. 1986 – IV a ZR 120/85, NJW 1987, 1335; OLG Düsseldorf v. 22. 10. 1997 – 1 Ws (OWi) 846/97, NStZ-RR 1998, 110.
[75] OLG Düsseldorf v. 11. 5. 1989 – 3 Ws 347/89, StV 1990, 345.
[76] BGH v. 12. 3. 1969 – IV ZB 3/69, NJW 1969, 1297; BGH v. 12. 9. 1990 – 2 StR 359/90, NJW 1991, 709; BGH v. 25. 10. 2003 – 2 StR 379/03, NStZ-RR 2004, 46.
[77] BGH v. 25. 10. 2003 – 2 StR 379/03, NStZ-RR 2004, 46; KK-StPO/*Maul* Rn. 8.
[78] BGH v. 11. 7. 2005 – NotZ 12/05, NJW 2005, 3216 (3217); OLG München v. 24. 6. 2009 – 5 St RR 157/09, NStZ-RR 2010, 15.
[79] OLG Celle v. 22. 5. 2000 – 1 VAs 2/00, NStZ-RR 2000, 371.
[80] BGH v. 6. 2. 1985 – I ZR 235/83, NJW 1985, 2651 (2652).
[81] BGH v. 30. 6. 1981 – 5 StR 363/81, MDR (H) 1981, 982; BGH v. 25. 8. 1987 – 4 StR 426/87, NStZ (M) 1988, 213 mwN; BGH v. 12. 4. 1988 – 4 StR 105/88, wistra 1988, 236.
[82] *Meyer-Goßner* Rn. 19; vgl. auch *Meyer-Goßner* Rn. 20 zur Zustellung an einen RA aus einem Mitgliedstaat der EG, der nur als dienstleistender europäischer RA nach §§ 25 ff. EuRAG tätig ist.
[83] AG Bremerhaven (StrK) v. 22. 3. 1967 – 4 Qs 38/67, NJW 1967, 1721.
[84] OLG Bremen v. 7. 10. 1964 – Ss 101/64, Rpfleger 1965, 48.
[85] *Meyer-Goßner* Rn. 22.
[86] KK-StPO/*Maul* Rn. 21; *Meyer-Goßner* Rn. 23.
[87] LG Saarbrücken v. 26. 9. 2003 – 4 Qs 71/03 I, StV 2004, 362; KK-StPO/*Maul* Rn. 19.
[88] So aber *Meyer-Goßner* Rn. 24.
[89] OLG Düsseldorf v. 17. 9. 2001 – 4 Ws 432/01, StraFo 2002, 87.
[90] Vgl. KK-StPO/*Maul* Rn. 25.
[91] *Meyer-Goßner* Rn. 25; vgl. Heß NJW 2001, 20.

zurückzusenden. Er muss vermerken, an wen die Sendung übergeben worden ist.[92] Die Zustellung ist wirksam, wenn der unterschriebene Rückschein mit diesen Angaben zu den Gerichtsakten gelangt;[93] eine Ersatzzustellung durch **Niederlegung** genügt nicht.[94]

33 b) **Andere Möglichkeiten (§ 183 Abs. 1 Nr. 2, 3 ZPO).** In den Staaten, in denen die Übersendung durch die Post völkerrechtlich nicht zulässig ist, können die **deutschen Auslandsvertretungen** die Zustellung bewirken, wenn der **Adressat deutscher Staatsangehöriger** ist (§ 16 KonsG;[95] RiVASt 129 Abs. 3). Das Verfahren, zB die Aushändigung gegen Nachweis am Amtssitz,[96] ist dabei dem deutschen Konsul überlassen. Für den Nachweis genügt das schriftliche Zeugnis des Konsuls, aus dem sich ergibt, auf wessen Ersuchen in welcher Strafsache welches Schriftstück ausgehändigt worden ist und wann das geschehen ist.[97]

34 Daneben, insbesondere für **ausländische Staatsangehörige**, kommt ein **Rechtshilfeersuchen an den fremden Staat** in Betracht, wenn es nach den zwischenstaatlichen Vereinbarungen zulässig ist (RiVASt 115, 116).

III. Zustellungsurkunde; Beweisfragen[98]

35 1. **Beweiskraft.** Die Zustellungsurkunde ist nach § 418 Abs. 1 ZPO beweiskräftig.[99] Gegenbeweis ist möglich (§ 418 Abs. 2 ZPO); dafür muss das Gericht überzeugt werden, dass die beurkundeten Tatsachen nicht zutreffen können.[100] Der Inhalt der Urkunde kann insbesondere durch nachträglich bekannt gewordene Umstände widerlegt werden.[101] Für den Gegenbeweis genügt aber nicht das bloße Behaupten des Gegenteils.[102] Zweifel an der Richtigkeit der urkundlichen Feststellungen erbringen den Gegenbeweis allein ebenfalls noch nicht;[103] auch Glaubhaftmachung genügt nicht.[104]

36 2. **Indizwirkung für die Wohnung des Adressaten.** Keinen Beweis begründet die Zustellungsurkunde dafür, dass der Adressat zum Zustellungszeitpunkt tatsächlich unter der Zustelladresse wohnhaft war, weil dies nicht unmittelbarer Inhalt der Erklärung des Zustellers ist. Allerdings begründet die Beurkundung der Ersatzzustellung ein **beweiskräftiges Indiz für die Wohnung** des Adressaten. Dieses kann durch schlüssige und plausible Darstellung entkräften werden.[105] Voller Gegenbeweis ist zwar nicht erforderlich, die schlichte Erklärung, der Adressat wohne nicht dort, genügt aber nicht.[106]

IV. Zustellungsmängel

37 1. **Folgen. Offensichtliche schwere Fehler** machen die Zustellung **unwirksam.** Unwirksam kann die Zustellung wegen wesentlicher **Fehler** in der zugestellten **Ausfertigung** bzw. Abschrift[107] oder durch die **Abweichung der Art** der angeordneten von der durchgeführten Zustellung[108] sein. Unwirksam ist eine Zustellung, wenn eine **Ersatzzustellung** nach den §§ 178 ff. ZPO **nicht zulässig** oder bei der Anordnung der Zustellung ausdrücklich ausgeschlossen worden war.

38 Unwirksam ist die Zustellung auch, wenn die **Zustellungsurkunde** in wesentlichen Teilen **unrichtig oder unvollständig** ist. **Beispiele:** fehlende Unterschrift auf der Zustellungsurkunde,[109] Falschbezeichnung des Zustellungsempfängers,[110] falsche Angabe des Zustellungsdatums,[111] feh-

---

[92] OLG Köln v. 15. 10. 1999 – 3 Ws 1/99, NStZ 2000, 666; *Rose* wistra 1998, 16; *Sommer* StraFo 1999, 41.
[93] KK-StPO/*Maul* Rn. 23.
[94] OLG Oldenburg v. 21. 2. 2005 – 1 Ws 73/05, StV 2005, 432.
[95] Gesetz über die Konsularbeamten, ihre Aufgaben und Befugnisse vom 11. 9. 1974 (BGBl. I S. 2317; III 27-5), Sartorius Nr. 570.
[96] BGH v. 15. 5. 1975 – 4 StR 51/75, BGHSt 26, 140 (142) = NJW 1975, 1612.
[97] BGH v. 15. 5. 1975 – 4 StR 51/75, BGHSt 26, 140 (142) = NJW 1975, 1612.
[98] Zum Empfangsbekenntnis s. o. Rn. 23 ff.
[99] BVerwG v. 13. 11. 1984 – 9 C 23/84, NJW 1985, 1179 (1180); BVerwG v. 16. 5. 1986 – 4 CB 8/86, NJW 1986, 2127; OLG Düsseldorf v. 27. 4. 2000 – 1 Ws 299/00, NJW 2000, 2831.
[100] OLG Hamm v. 6. 10. 2009 – 3 Ss 425/09.
[101] OLG Hamm v. 14. 1. 1985 – 6 Ws 11/85, MDR 1985, 782; vgl. BVerfG v. 5. 10. 1996 – 2 BvR 2195/96, NStZ-RR 1997, 70.
[102] Vgl. BVerfG v. 5. 10. 1996 – 2 BvR 2195/96, NStZ-RR 1997, 70; OLG Hamm v. 19. 9. 2001 – 2 Ws 233/01, VRS 101 (2001), 439.
[103] OLG Düsseldorf v. 27. 4. 2000 – 1 Ws 299/00, NJW 2000, 2831.
[104] *Meyer-Goßner* Rn. 27 mwN.
[105] Vgl. BerlVerfGH v. 22. 3. 2001 – VerfGH 8/00, NStZ-RR 2001, 337.
[106] BVerfG v. 5. 10. 1996 – 2 BvR 2195/96, NStZ-RR 1997, 70; OLG Jena v. 14. 11. 2005 – 1 Ss 194/05, VRS 110 (2006), 128.
[107] S. o. Rn. 4.
[108] § 36 Rn. 8.
[109] OLG Düsseldorf v. 26. 6. 2000 – 1 Ws 336–337/00, StraFo 2000, 380.
[110] *Meyer-Goßner* Rn. 26; zweifelnd OLG Köln v. 29. 4. 2005 – 8 Ss – OWi 90/05, NJW 2005, 2026.
[111] OLG Hamm v. 23. 2. 1983 – 6 Ss OWi 64/83, OLGSt Nr. 2; zw BGH v. 12. 9. 1990 – 2 StR 359/90, NJW 1991, 709.

Vierter Abschn. Gerichtl. Entscheidungen u. Kommunikation zw. d. Beteiligten 1 § 38

lende Angabe über Ort und Art der Niederlegung nach § 181 Abs. 1 ZPO,[112] falsche Angabe der Art der Zustellung (unmittelbare, in Wahrheit aber Ersatzzustellung).[113] Die fehlende Unterschrift führt auch auf dem **Empfangsbekenntnis** des Verteidigers nach § 174 ZPO[114] zur Unwirksamkeit. **Nicht zur Unwirksamkeit führt die irrige Annahme der Zustellungszuständigkeit.**[115]

2. Heilung (§ 189 ZPO). Geheilt werden Zustellungsmängel (auch, wenn der Lauf einer gesetz- 39 lichen Rechtsmittelfrist von der Zustellung abhängt)[116] nach § 189 ZPO, wenn dem Adressaten das Schriftstück trotz des Mangels **tatsächlich zugegangen** ist. Eine **Umdeutung** einer gescheiterten Zustellung durch Übergabe an den Zustellungsempfänger selbst in eine wirksame Ersatzzustellung ist **nicht möglich**,[117] möglich ist dagegen die Umdeutung einer fehlerhaften Ersatzzustellung in eine wirksame Zustellung an Bevollmächtigten nach § 179 ZPO.[118]

V. Doppelzustellungen (Abs. 2)

Abs. 2 betrifft den Fall, dass für **einen Beteiligten** Zustellungen an **mehrere Empfangsbevoll-** 40 **mächtigte** stattfinden. Von mehreren wirksamen Zustellungen ist nach Abs. 2 nur die spätere maßgebend, was zu einer faktischen Fristverlängerung führen kann.[119] Anwendungsfälle sind zB Zustellungen an **mehrere Verteidiger desselben Beschuldigten** oder Doppelzustellungen **an den Beschuldigten und den Verteidiger** (obwohl diese nach § 145a Abs. 3 nicht vorgesehen sind). Die später bewirkte Zustellung an einen Verteidiger ist jedoch unwirksam, wenn für diesen zum Zustellungszeitpunkt weder eine Vollmachtsurkunde bei den Akten vorlag, noch eine Vollmacht in der Hauptverhandlung mündlich erteilt und im Protokoll beurkundet worden ist.[120]

Abs. 2 gilt auch dann, wenn die spätere Zustellung erst angeordnet worden ist, nachdem die 41 erste schon bewirkt war.[121] War allerdings die durch die erste Zustellung eröffnete **Frist bereits abgelaufen**, wird sie durch die Zustellung an einen weiteren Empfangsberechtigten **nicht wieder eröffnet**,[122] selbst wenn diese Zustellung noch vor Ablauf der Frist angeordnet worden war.[123]

Wird **demselben Empfangsberechtigten** mehrfach zugestellt (kein Fall des Abs. 2), ist nur die 42 erste (wirksame) Zustellung maßgebend.[124]

§ 38 [Unmittelbare Ladung]

Die bei dem Strafverfahren beteiligten Personen, denen die Befugnis beigelegt ist, Zeugen und Sachverständige unmittelbar zu laden, haben mit der Zustellung der Ladung den Gerichtsvollzieher zu beauftragen.

1. Befugnis zur unmittelbaren Ladung. Zur unmittelbaren Ladung von Zeugen und Sachver- 1 ständigen befugt sind Angeklagte (§§ 220 Abs. 1, 323 Abs. 1 S. 1, 386 Abs. 2) und deren gesetzliche Vertreter (§ 298 Abs. 1), Privatkläger (§ 386 Abs. 2), Nebenkläger (§ 397), Beschuldigte im Sicherungsverfahren (§ 414 Abs. 1), Verfalls- und Einziehungsbeteiligte (§§ 433 Abs. 1, 440 Abs. 3, 442 Abs. 1) sowie juristische Personen und Personenvereinigungen (§ 444 Abs. 2 S. 2, Abs. 3 S. 1).[1]

---

[112] OLG Düsseldorf v. 19. 7. 2000 – 1 Ws 342–343/00, NJW 2000, 3511.
[113] BayObLG v. 8. 11. 1962 – RevReg. 1 St 556/62, BayObLGSt 1962, 257; OLG Hamm v. 17. 9. 1980 – 2 Ss Owi 1578/80, VRS 60 (1981), 200; OLG Karlsruhe v. 8. 9. 1975 – Ws 2/75 RhSch, MDR 1976, 161; OLG Düsseldorf v. 2. 5. 1994 – 3 Ws 192–193/94, VRS 87 (1994), 441.
[114] BGH v. 5. 8. 1992 – 3 StR 337/92, BGHR Wirksamkeit 3.
[115] *Meyer-Goßner* Rn. 26.
[116] OLG Hamburg v. 27. 6. 2003 – 2 Ws 174/03, NStZ-RR 05, 17; OLG Frankfurt v. 19. 7. 2004 – 3 Ws 734/04, NStZ-RR 2004, 336; SK-StPO/*Weßlau* Rn. 43.
[117] OLG Düsseldorf v. 2. 5. 1994 – 3 Ws 192–193/94, VRS 87 (1994), 441.
[118] Vgl. OLG Köln v. 26. 5. 2008 – 2 Ws 249/08, NStZ-RR 2008, 379 (380); *Meyer-Goßner* Rn. 28.
[119] BGH v. 30. 8. 1990 – 3 StR 459/87, BGHSt 37, 168 = NJW 1991, 1622.
[120] BayObLG v. 16. 12. 1992 – 1 ObOWi 339/92, BayObLGSt 1992, 157 = MDR 1993, 459; OLG Düsseldorf v. 30. 3. 1988 – 2 Ss 105/88 – 73/88II, NStZ 1988, 327; *Meyer-Goßner* Rn. 29; aM OLG Düsseldorf v. 25. 7. 1986 2 Ss (OWi) 3/86 – 10/86 III, VRS 73 (1987), 389; erg. *Meyer-Goßner* § 145a Rn. 9.
[121] BGH v. 30. 7. 1968 – 1 StR 77/68, BGHSt 22, 221 = NJW 1968, 2019; BayObLG v. 11. 7. 1967 – RReg. 1a 233/67, BayObLGSt 1967, 101 = NJW 1967, 2124.
[122] BGH v. 5. 3. 1984 – 3 StR 562/83, NStZ 1985, 17; BayObLG v. 25. 11. 1975 – 4 Ob OWi 51/75, BayObLGSt 1975, 150 = VRS 50 (1976), 292; OLG Düsseldorf v. 18. 4. 1996 – 1 Ws (OWi) 30/96 und 5 Ss (OWi) 43/96 I, VRS 92 (1997), 115; *Meyer-Goßner* Rn. 29; SK-StPO/*Weßlau* Rn. 45; vgl. auch BGH v. 13. 5. 1987 – 2 StR 170/87, BGHSt 34, 371 = NJW 1987, 2824 = JR 1988, 467 mAnm *Wendisch*.
[123] BGH v. 30. 7. 1968 – 1 StR 77/68, BGHSt 22, 221 = NJW 1968, 2019; BayObLG v. 25. 11. 1975 – 4 Ob OWi 51/75, BayObLGSt 1975, 150 = VRS 50 (1976), 292; OLG Düsseldorf v. 9. 12. 1996 – 2 Ss 430/96, StV 1997, 121 mwN.
[124] BGH v. 27. 10. 1977 – 4 StR 326/77, NJW 1978, 60; OLG Hamburg v. 29. 6. 1965 – 1a Ws 21/65, NJW 1965, 1614.
[1] KK-StPO/*Maul* Rn. 1; *Meyer-Goßner* Rn. 1.

2. Beauftragung des Gerichtsvollziehers. Der Gerichtsvollzieher ist **unmittelbar** mit der Zustellung zu beauftragen. Die Geschäftsstelle des Gerichts vermittelt die Zustellung nicht (vgl. § 161 GVG). Der Gerichtsvollzieher (nicht der Ladungsberechtigte selbst)[2] kann die Post[3] nach §§ 191, 194 ZPO um Ausführung der Zustellung ersuchen.

Zuständig für die unmittelbare Zustellung ohne Mitwirkung der Post ist nur der Gerichtsvollzieher am Bestimmungsort, bei Zustellung durch Ersuchen an die Post jeder Gerichtsvollzieher in der BRep. (§ 160 GVG).[4]

3. Verpflichtung zum Erscheinen. Der unmittelbar Geladene muss nur erscheinen, wenn die **Entschädigung für seine Reisekosten** bar angeboten oder deren Hinterlegung bei der Geschäftsstelle nachgewiesen ist (§ 220 Abs. 2). Nur dann darf die Ladung den Hinweis (vgl. § 48) auf die gesetzlichen Folgen des Ausbleibens (§§ 51, 77) enthalten.[5] Der Geladene darf das Erscheinen nicht wegen Missbrauchs des Selbstladungsrechts verweigern, da das Gericht bei der Entscheidung nach § 245 Abs. 2 über die prozessuale Berechtigung der Ladung mitentscheidet.[6]

§ 39 (weggefallen)

§ 40 [Öffentliche Zustellung]

(1) ¹Kann eine Zustellung an einen Beschuldigten, dem eine Ladung zur Hauptverhandlung noch nicht zugestellt war, nicht in der vorgeschriebenen Weise im Inland bewirkt werden und erscheint die Befolgung der für Zustellungen im Ausland bestehenden Vorschriften unausführbar oder voraussichtlich erfolglos, so ist die öffentliche Zustellung zulässig. ²Die Zustellung gilt als erfolgt, wenn seit dem Aushang der Benachrichtigung zwei Wochen vergangen sind.

(2) War die Ladung zur Hauptverhandlung dem Angeklagten schon vorher zugestellt, dann ist die öffentliche Zustellung an ihn zulässig, wenn sie nicht in der vorgeschriebenen Weise im Inland bewirkt werden kann.

(3) Die öffentliche Zustellung ist im Verfahren über eine vom Angeklagten eingelegte Berufung bereits zulässig, wenn eine Zustellung nicht unter einer Anschrift möglich ist, unter der letztmals zugestellt wurde oder die der Angeklagte zuletzt angegeben hat.

Schrifttum: *M. J. Schmid*, Die öffentliche Zustellung in Strafsachen, MDR 1978, 96.

I. Zweck und Gegenstand der öffentlichen Zustellung

Die **Möglichkeit der öffentlichen Zustellung** nach § 40 verhindert, dass ein Verfahren dadurch in Stillstand gerät oder erheblich verzögert wird, dass dem Angeklagten eine Ladung nicht in der nach § 37 vorgesehenen Weise zugestellt werden kann. Liegen die gesetzlichen Voraussetzungen vor, **muss** die öffentliche Zustellung angeordnet werden.

Die öffentliche Zustellung gelangt in der Regel nicht zur Kenntnis des Adressaten. **Verfassungsrechtliche Bedenken** aus Art. 103 Abs. 1 GG bestehen aber wegen der Möglichkeit der nachträglichen Anhörung und Abänderung (§§ 33a, 311 Abs. 3, 311a) nicht.[1]

Gegenstand der öffentlichen Zustellung können gerichtliche Entscheidungen – aber nicht Strafbefehle[2] –, Anordnungen, Verfügungen und Ladungen (vgl. aber § 232 Abs. 2: dann keine Hauptverhandlung bei Nichterscheinen), auch zur Berufungsverhandlung, sein. Aufforderungen zur Erklärung nach § 201 Abs. 1 sind dabei jedenfalls dann zulässig, wenn Verjährung droht, ein Haftbefehl besteht und kein Grund für einen Ausschluss der Öffentlichkeit gegeben ist.[3] Auch die Aufforderung, zum Bewährungswiderruf Stellung zu nehmen (§ 453 Abs. 1 S. 2), kann öffentlich zugestellt werden.[4] § 40 gilt **nicht für Ladungen der StA**.[5]

II. Adressat

Außer dem **Beschuldigten** kann auch Verfalls- und Einziehungsbeteiligten (§§ 433 Abs. 1, 435 Abs. 1 Hs. 2, 442 Abs. 1) öffentlich zugestellt werden. Beschuldigter iS des § 40 ist auch, wer be-

---

[2] KK-StPO/*Maul* Rn. 2; *Meyer-Goßner* Rn. 2.
[3] § 36 Rn. 7.
[4] KK-StPO/*Maul* Rn. 2; *Meyer-Goßner* Rn. 3.
[5] KK-StPO/*Maul* Rn. 3; Löwe/Rosenberg/*Graalmann-Scheerer* Rn. 4; *Meyer-Goßner* Rn. 4.
[6] KK-StPO/*Maul* Rn. 4.
[1] *Meyer-Goßner* Rn. 1.
[2] OLG Düsseldorf v. 19. 2. 1997 – 1 Ws 127/97, NJW 1997, 2965; KK-StPO/*Maul* Rn. 3; Löwe/Rosenberg/*Graalmann-Scheerer* Rn. 2.
[3] So *Mosenheuer* wistra 2002, 409; *Meyer-Goßner* Rn. 1; aM KK-StPO/*Maul* Rn. 3; *M. J. Schmid* MDR 1978, 96.
[4] OLG Stuttgart v. 9. 5. 1983 – 3 Ws 51/83, NJW 1983, 1987.
[5] *Meyer-Goßner* Rn. 1.

reits rechtskräftig verurteilt ist.[6] Daher kann der Beschluss, mit dem die Aussetzung des Strafrests zur Bewährung widerrufen wird, öffentlich zugestellt werden.[7] Für die öffentliche Zustellung an **andere Verfahrensbeteiligte** gilt § 37 Abs. 1 iVm. §§ 185 bis 188 ZPO.

Ausgeschlossen ist die öffentliche Zustellung im Jugendstrafverfahren[8] und nach Art. 36 NTS-ZA. Sie ist auch nicht möglich für Personen, die für den Beschuldigten Sicherheit geleistet haben (§ 124 Abs. 2, 3).[9]

III. Voraussetzungen (Abs. 1, 2)

Die öffentliche Zustellung setzt in den Fällen von Abs. 1 und Abs. 2 die **Unmöglichkeit** voraus, die **Zustellung in der vorgeschriebenen Weise** (s. § 37) im Inland an den Beschuldigten, den Verteidiger nach § 145 a I[10] oder an einen Zustellungsbevollmächtigten[11] zu bewirken. Entgegen dem Wortlaut ist **nicht** Voraussetzung, dass der Beschuldigte sich im **Ausland** aufhält.

Hauptanwendungsfall ist der **unbekannte Aufenthaltsort des Beschuldigten**. Soll ihm in diesem Fall öffentlich zugestellt werden, muss das Gericht vorher mit allen ihm zum Verfügung stehenden **zumutbaren Mitteln** versucht haben, den Aufenthaltsort zu ermitteln.[12] Dabei ist ein strenger Maßstab anzulegen.[13] Eine versuchte Zustellung, bei der das Schriftstück mit dem Vermerk „Empfänger unbekannt verzogen" zurückkommt, genügt nicht.[14]

Bei **Ausländern** ist idR eine Anfrage beim Bundesverwaltungsamt – Ausländerzentralregister[15] – sowie beim länderübergreifenden staatsanwaltschaftlichen Verfahrensregister (§ 492)[16] zu fordern.

Wenn sich der Beschuldigte **im Ausland** befindet **und** dem Gericht sein **Aufenthaltsort** bekannt ist, muss die gewöhnliche Zustellung unausführbar oder voraussichtlich erfolglos sein. Nur wenn dem Beschuldigten die Ladung zur Hauptverhandlung schon vorher zugestellt war, entfällt diese Voraussetzung (Abs. 2).[17] Die öffentliche Zustellung ist auch zulässig, wenn der Angeklagte seinen Wohnsitz nach Einlegung der Berufung **ins Ausland** verlegt oder an seinen ausländischen Wohnort **zurückkehrt**.[18]

IV. Öffentliche Zustellung im Berufungsverfahren (Abs. 3)

1. Zweck. Mit Abs. 3 sollen dem Gericht zeit- und arbeitsaufwändige Ermittlungen nach einem Angeklagten erspart werden, der das Berufungsverfahren dadurch verzögern will, dass er seinen Wohnsitz aufgibt und sich an einem dem Gericht nicht bekannten Ort aufhält.[19] Über die Folgen, die das Unterlassen der Mitteilung einer neuen Anschrift hat, ist er nach § 35 a S. 2 zu **belehren**;[20] außer der öffentlichen Zustellung ist das vor allem die Gefahr der Verwerfung der Berufung nach § 329 Abs. 1 und des Eintritts der Rechtskraft des Berufungsurteils.

2. Voraussetzungen. Die öffentliche Zustellung der Ladung zur Berufungsverhandlung und von zustellungsbedürftigen Entscheidungen, insbesondere des Berufungsurteils,[21] setzt die Belehrung nach § 35 a S. 2 voraus.[22] Sie kann entgegen Abs. 1, 2 bereits dann angeordnet werden, wenn die

---

[6] KK-StPO/*Maul* Rn. 2 mwN.
[7] Vgl. § 453 Rn. 10; § 453 c Rn. 8.
[8] *Eisenberg* § 2 Rn. 6 a; *Meyer-Goßner* Rn. 2; aM für § 40 Abs. 3: KG v. 27. 9. 2005 – 4 Ws 128/05, JR 2006, 301 m abl Anm *Eisenberg/Haeseler*.
[9] *Meyer-Goßner* Rn. 2.
[10] OLG Köln v. 25. 6. 1996 – 2 Ws 256/96, StV 1998, 211; LG Frankfurt a. M. v. 12. 3. 2004 – 5/6 Qs 14/04, StV 2004, 554.
[11] RG v. 14. 1. 1932 – II 570/31, RGSt 66, 76 (79).
[12] BayObLG v. 28. 7. 1983 – 1 Ob OWi 122/83, NStZ 1984, 29; OLG Düsseldorf v. 18. 4. 1995 – 1 Ws 137/95, VRS 89 (1995), 291; OLG Frankfurt v. 28. 3. 1983 – 5 Ws 10/83, StV 1983, 233; OLG Köln v. 13. 11. 1979 – 1 Ws 13/79 – 1 Ss 515/79, VRS 59 (1980), 42 (43).
[13] BVerfG v. 6. 2. 2003 – 2 BvR 430/03, NStZ-RR 2005, 205 (206); BayObLG v. 10. 7. 1991 – RReg. 2 St 98/91, BayObLGSt 1991, 92 (93) = NStZ 1991, 598; KG v. 30. 12. 2005 – 1 AR 1496/05 – 5 Ws 612/05, NStZ-RR 2006, 208; OLG Düsseldorf v. 3. 6. 1994 – 1 Ws 337–338/94, VRS 87 (1994), 349.
[14] OLG Köln v. 7. 9. 1982 – 1 Ss 613/82, VRS 64 (1983), 198.
[15] OLG Köln v. 13. 11. 1979 – 1 Ws 13/79 – 1 Ss 515/79, VRS 59 (1980), 42; OLG Köln v. 2. 3. 1990 – Ss 71/90, StV 1990, 345 L; OLG Stuttgart v. 17. 2. 1976 – 1 Ws 32/76, MDR 1976, 775; vgl. zum AusländerzentralregisterG *Schriever-Steinberg* NJW 1994, 3276.
[16] SK-StPO/*Weßlau* Rn. 12; *Meyer-Goßner* Rn. 4.
[17] OLG Hamburg v. 30. 9. 1981 – 1 Ss 133/81, JR 1982, 122 mAnm *Wendisch*; *Krause* JR 1978, 392.
[18] OLG Frankfurt v. 21. 7. 2003, 3 Ws 828/03, NStZ-RR 2004, 48; OLG Hamburg v. 30. 9. 1981 – 1 Ss 133/81, JR 1982, 122.
[19] BayObLG v. 12. 10. 2000 – 2 St RR 185/2000, BayObLGSt 2000, 138 (139) = NStZ-RR 2001, 139 L; OLG Hamburg v. 25. 10. 1999 – 2 Ws 191/99, NStZ-RR 2000, 238.
[20] § 35 a Rn. 17.
[21] Vgl. aber unten Rn. 12; vgl. auch BayObLG v. 10. 7. 1991 – RReg. 2 St 98/91, BayObLGSt 1991, 92 (94) = NStZ 1991, 598.
[22] OLG Brandenburg v. 8. 9. 2009 – 1 Ss 53/09, 1 Ws 123/09; SK-StPO/*Weßlau* Rn. 15; zum Inhalt der Belehrung s. o. Rn. 10.

gewöhnliche Zustellung nicht an den Verteidiger (§ 145 a)[23] und an den Angeklagten – trotz Zustellversuchs[24] – **nicht unter der Anschrift möglich** ist, unter der letztmals zugestellt wurde oder die der Angeklagte zuletzt angegeben hat. Die Vorschrift gilt auch, wenn der Angeklagte ins Ausland **abgeschoben** worden ist.[25] Wird nach öffentlicher Zustellung und vor der Verhandlung die **Anschrift doch noch bekannt**, muss nach § 37 geladen werden; die Zugangsfiktion des Abs. 1 S. 2 gilt dann nicht mehr.[26]

12 **Abs. 3 gilt nicht** für eine Berufung des **gesetzlichen Vertreters** (§ 298) und für eine nach § 335 Abs. 3 **als Berufung zu behandelnde Revision**.[27] Abs. 3 gilt auch nicht für die Zustellung des Berufungsurteils, wenn der Angeklagte in der Berufungshauptverhandlung anwesend war und bereits **Revision eingelegt** hat; dann setzt die Zustellung nämlich die Revisionsbegründungsfrist (§ 345 Abs. 1 S. 2) in Gang und ist (zumindest auch) Teil des Revisionsverfahrens, für das Abs. 3 nicht gilt.[28]

V. Verfahren

13 **1. Anordnung.** Die öffentliche Zustellung wird nach § 37 Abs. 1 iVm. § 186 Abs. 1 ZPO **durch Gerichtsbeschluss**, also bei Kollegialgerichten nicht durch den Vorsitzenden allein, angeordnet.

14 **2. Ausführung.** Für die Ausführung der öffentlichen Zustellung gelten Abs. 1 S. 2 sowie § 37 Abs. 1 iVm. §§ 186 Abs. 2, 187, 188 ZPO. Es wird danach eine Benachrichtigung über die Zustellung **an der Gerichtstafel** des die öffentliche Zustellung **anordnenden Gerichts** ausgehängt, im Berufungsverfahren ist das die Gerichtstafel des LG,[29] im Vollstreckungsverfahren ggf. die der StVollstrK.[30] Statt dessen ist auch die Einstellung der Benachrichtigung in ein elektronisches Informationssystem möglich, das im Gericht öffentlich zugänglich ist.

15 Die **Benachrichtigung** muss insbesondere den Namen des Zustellungsadressaten, das Aktenzeichen,[31] die Bezeichnung des Prozessgegenstandes und die Stelle, wo das Schriftstück eingesehen werden kann (idR die Geschäftsstelle des Gerichts), enthalten. Die Benachrichtigung muss den Hinweis enthalten, dass das Schriftstück eine Ladung zu einem Termin enthält, dessen Versäumung Rechtsnachteile zur Folge haben kann (§ 186 Abs. 2 S. 5 ZPO). Der Inhalt der gerichtlichen Entscheidung wird nicht ausgehängt. Möglich ist auch die **zusätzliche** (nicht mehr alternativ zum Aushang stehende) **Veröffentlichung** im elektronischen Bundesanzeiger oder in anderen Zeitungen (§ 187 ZPO). In das Schriftstück selbst darf nur der Adressat oder sein Bevollmächtigter Einsicht nehmen.

16 Anheftung und Abnahme hat der UrkB der Geschäftsstelle unter Angabe des Zeitpunkts **zu beurkunden** (§ 186 Abs. 3 ZPO).

17 Die **Zustellung** gilt mit Ablauf von zwei Wochen nach der Anheftung der Benachrichtigung an der Gerichtstafel als **erfolgt** (Abs. 1 S. 2), auch wenn der an unbekanntem Ort befindliche Zustellungsempfänger den Akt der Bekanntmachung nicht wahrnehmen kann.[32]

VI. Anfechtung

18 Die Anordnung nach § 40 kann (zB durch den Verteidiger) mit **Beschwerde** (§ 304 Abs. 1) angegriffen werden,[33] **falls** die Zustellung **nicht** in innerem Zusammenhang mit der Vorbereitung eines Urteils (zB Ladung zum Hauptverhandlungstermin) steht (§ 305 S. 1).[34] **Nach Durchführung** der öffentlichen Zustellung ist die Beschwerde unzulässig[35] und eine Aufhebung des Anordnungsbeschlusses nicht mehr möglich.[36]

---

[23] *Rieß/Hilger* NStZ 1987, 152; *Meyer-Goßner* Rn. 5; aM OLG Düsseldorf v. 22. 3. 1999 – 1 Ws 32–33/99, VRS 97 (1999), 132.
[24] OLG Hamm v. 26. 1. 2006 – 2 Ws 27/06 und 2 Ss 31/06, NStZ-RR 2006, 309.
[25] OLG Stuttgart v. 28. 1. 2004 – 4 Ws 304/03, NStZ-RR 2004, 219.
[26] OLG Hamm v. 3. 11. 2004 – 4 Ss 359/04, NStZ-RR 2005, 114; OLG Oldenburg v. 14. 5. 2004 – Ss 87/04 (I 58), StraFo 2004, 274; OLG Stuttgart v. 1. 3. 2001 – 1 Ss 712/00, StV 2001, 336 L.
[27] OLG Bremen v. 19. 11. 1990 – Ss 59/90, StV 1991, 150 L.
[28] BayObLG v. 10. 7. 1991 – RReg. 2 St 98/91, BayObLGSt 1991, 92 = NStZ 1991, 598.
[29] OLG Hamm v. 19. 9. 2006 – 3 Ws 294/06, NJW 2007, 933; OLG Stuttgart v. 5. 2. 2007 – 4 Ws 391/06, NJW 2007, 935.
[30] OLG Düsseldorf v. 30. 8. 2002 – 3 Ws 300–301/02, NStZ 2003, 167 mwN.
[31] OLG Dresden v. 24. 5. 2006 – 2 Ss 104/06, StraFo 2006, 375.
[32] OLG Düsseldorf v. 30. 8. 2002 – 3 Ws 300–301/02, NStZ 2003, 167.
[33] OLG Celle v. 5. 12. 1975 – 2 Ws 264/75, MDR 1976, 335.
[34] KG v. 14. 6. 1994 – 5 Ws 254/94, JR 1995, 38.
[35] OLG Düsseldorf v. 19. 7. 1995 – 1 Ws 569/95, VRS 90 (1996), 183.
[36] LG Aachen v. 10. 6. 1991 – 63 Qs 118/91, NStZ 1992, 143 mAnm *Wendisch*.

VII. Fehlerfolgen

Unterlässt das Gericht die erforderlichen **Nachforschungen**, ist die Zustellung unwirksam,[37] sofern nicht feststeht, dass sie erfolglos gewesen wären.[38] **Fehlt die gerichtliche Anordnung** oder hat der Vorsitzende des Kollegialgerichts sie allein getroffen, ist die Zustellung unwirksam; eine gesetzliche Frist wird nicht in Lauf gesetzt.[39] Ein **Aushang beim unzuständigen Gericht** führt zur Unwirksamkeit der Zustellung.[40] Unwirksam ist sie auch, wenn im Aushang der **Hinweis** fehlt, dass das Schriftstück eine Ladung enthält.[41] **Nicht** zur Unwirksamkeit führt aber der unter Verstoß gegen § 186 Abs. 2 ZPO erfolgte **Aushang des zuzustellenden Schriftstücks selbst**.[42]

19

§ 41 [Zustellung an die StA]

¹ Zustellungen an die Staatsanwaltschaft erfolgen durch Vorlegung der Urschrift des zuzustellenden Schriftstücks. ² Wenn mit der Zustellung der Lauf einer Frist beginnt, so ist der Tag der Vorlegung von der Staatsanwaltschaft auf der Urschrift zu vermerken.

1. Zweck der Vorschrift. § 41 bezweckt eine Vereinfachung der Zustellung an die StA, nicht an andere Behörden.[1] Die Zustellung nach § 37 ist ebenfalls möglich,[2] jedoch muss das Empfangsbekenntnis (§ 174 ZPO) durch den Behördenleiter oder die ihn vertretende Person unterschrieben werden.[3]

1

2. Anordnung und Bewirkung der Zustellung. Die **Anordnung** der Zustellung richtet sich nach § 36 Abs. 1 S. 1, das **Bewirken** nach § 36 Abs. 1 S. 2.

2

3. Vorlegung der Urschrift (S. 1). Die Zustellung nach § 41 erfolgt durch Vorlegung der Urschrift; die Akten müssen nicht beigefügt werden. Die formlose Übersendung oder Vorlage einer beglaubigten Abschrift genügt nicht.[4] Der **Zustellungswille** der zustellenden Behörde muss erkennbar sein.[5] Ein ausdrücklicher Hinweis auf § 41 oder ein ausdrücklicher Übersendungsvermerk (zB „zur Zustellung") ist aber nicht unbedingt erforderlich;[6] die Vorlegung zur Kenntnisnahme[7] oder (unter Bezugnahme auf eine Rechtsmittelschrift) zur weiteren Veranlassung[8] wird idR ausreichen. Die bloße Rücksendung der Akten „nach Erledigung" genügt nicht.[9] Auf den **Willen des Beamten der StA**, das Schriftstück als Zustellung entgegenzunehmen, kommt es **nicht** an.[10]

3

4. Zeitpunkt der Zustellung; Fristenberechnung. Bewirkt ist die Zustellung mit dem **Eingang des Schriftstücks** bei der StA.[11] Auf die Kenntnis des Behördenleiters oder Sachbearbeiters der StA kommt es nicht an. Dass eine handschriftliche Urschrift nur schwer lesbar ist, ändert an der Zustellungswirkung ebenfalls nichts.[12]

4

Fristen berechnen sich grundsätzlich nach dem **Eingangsstempel** der StA.[13] Der Vermerk nach S. 2 (dazu RiStBV 159) ist nur ein (auf andere Weise ersetzbares) Beweismittel; wird er **unterlassen oder verweigert** oder gibt er einen **unrichtigen Tag** an, hat das weder für die Wirksamkeit der Zustellung, noch für den mit der Zustellung beginnenden Fristenlauf Bedeutung.[14]

5

---

[37] BayObLG v. 28. 7. 1983 – 1 Ob OWi 122/83, NStZ 1984, 29; OLG Köln v. 7. 9. 1982 – 1 Ss 613/82, VRS 64 (1983), 198.
[38] Meyer-Goßner Rn. 4.
[39] KK-StPO/Maul Rn. 19; Meyer-Goßner Rn. 6.
[40] OLG Hamm v. 19. 9. 2006 – 3 Ws 294/06, NJW 2007, 933; OLG Stuttgart v. 5. 2. 2007 – 4 Ws 391/06, NJW 2007, 935.
[41] OLG Stuttgart v. 5. 2. 2007 – 4 Ws 391/06, NJW 2007, 935.
[42] OLG Karlsruhe v. 6. 2. 2006 – 2 Ws 20/06, NStZ-RR 2007, 205.
[1] KK-StPO/Maul Rn. 1.
[2] RG v. 30. 6. 1927 – II 258/27, RGSt 61, 351; OLG Zweibrücken v. 27. 7. 1976 – Ws 82/76, JR 1977, 292 mAnm Schätzler.
[3] OLG Frankfurt v. 28. 2. 1996 – 3 Ws 152–153/96, NStZ-RR 1996, 234.
[4] RG v. 30. 6. 1927 – II 258/27, RGSt 61, 351; OLG Düsseldorf v. 11. 4. 1983 – 1 Ws 196/83, Rpfleger 1983, 325; OLG Köln v. 19. 7. 1966 – Ss 208/66, MDR 1966, 947.
[5] OLG Saarbrücken v. 15. 5. 1974 – Ss (B) 39/74, VRS 47 (1974), 366 (367).
[6] OLG Hamm v. 19. 1. 1956 – (2) Ss 1345/55, GA 1957, 183.
[7] OLG Zweibrücken v. 5. 10. 1977 – Ws 380/77, VRS 54 (1978), 284.
[8] BayObLG v. 7. 9. 1995 – 2 ObOWi 600/95, BayObLGSt 1995, 154 (156) = wistra 1996, 38; OLG Hamm v. 19. 1. 1956 – (2) Ss 1345/55, GA 1957, 183.
[9] Meyer-Goßner Rn. 2.
[10] RG v. 21. 4. 1922 – V 48/22, RGSt 57, 55; OLG Hamm v. 19. 1. 1956 – (2) Ss 1345/55, GA 1957, 183.
[11] KK-StPO/Maul Rn. 5 mwN.
[12] KK-StPO/Maul Rn. 2; Meyer-Goßner Rn. 3.
[13] OLG Braunschweig v. 2. 3. 1988 – Ws 14/88, NStZ 1988, 514.
[14] RG v. 21. 4. 1922 – V 48/22, RGSt 57, 55; OLG Hamm v. 19. 1. 1956 – (2) Ss 1345/55, GA 1957, 183; Meyer-Goßner Rn. 3.

§ 41a [Elektronisches Dokument]

(1) ¹An das Gericht oder die Staatsanwaltschaft gerichtete Erklärungen, Anträge oder deren Begründung, die nach diesem Gesetz ausdrücklich schriftlich abzufassen oder zu unterzeichnen sind, können als elektronisches Dokument eingereicht werden, wenn dieses mit einer qualifizierten elektronischen Signatur nach dem Signaturgesetz versehen und für die Bearbeitung durch das Gericht oder die Staatsanwaltschaft geeignet ist. ²In der Rechtsverordnung nach Absatz 2 kann neben der qualifizierten elektronischen Signatur auch ein anderes sicheres Verfahren zugelassen werden, das die Authentizität und die Integrität des übermittelten elektronischen Dokuments sicherstellt. ³Ein elektronisches Dokument ist eingegangen, sobald die für den Empfang bestimmte Einrichtung des Gerichts oder der Staatsanwaltschaft es aufgezeichnet hat. ⁴Ist ein übermitteltes elektronisches Dokument zur Bearbeitung nicht geeignet, ist dies dem Absender unter Angabe der geltenden technischen Rahmenbedingungen unverzüglich mitzuteilen. ⁵Von dem elektronischen Dokument ist unverzüglich ein Aktenausdruck zu fertigen.

(2) ¹Die Bundesregierung und die Landesregierungen bestimmen für ihren Bereich durch Rechtsverordnung den Zeitpunkt, von dem an elektronische Dokumente bei den Gerichten und Staatsanwaltschaften eingereicht werden können, sowie die für die Bearbeitung der Dokumente geeignete Form. ²Die Landesregierungen können die Ermächtigung durch Rechtsverordnung auf die Landesjustizverwaltungen übertragen. ³Die Zulassung der elektronischen Form kann auf einzelne Gerichte oder Staatsanwaltschaften oder Verfahren beschränkt werden.

1 **1. Allgemeines.** Die Vorschrift lässt grundsätzlich das Einreichen von elektronischen Dokumenten zu, wobei sie selbst nur einige Grundsätze festlegt (Abs. 1) und die Einzelheiten weitgehend den Rechtsverordnungen nach Abs. 2 überlässt. Durch die Rechtsverordnungen kann insbesondere bestimmt werden, ab wann (Abs. 2 S. 1), wo (Abs. 2 S. 3) und in welcher Form (Abs. 2 S. 1, letzter Hs.; zB Dateiformate und Adressierung)[1] elektronische Dokumente zulässig sind.

2 **2. Übersicht. a) Sachliche Reichweite.** § 41a betrifft **Anträge, Erklärungen und Begründungen**, die nach Vorschriften der **StPO ausdrücklich schriftlich** zu fassen sind. Davon umfasst sind insbesondere die Einlegung und Begründung von Rechtsmitteln, Einsprüche gegen Strafbefehle und Wiederaufnahmeanträge sowie auch deren Rücknahme.[2]

3 **b) Personelle Reichweite.** Elektronische Dokumente können **alle Verfahrensbeteiligten** einreichen, neben StA, Beschuldigten und Verteidiger auch Zeugen und Sachverständige.[3]

4 **c) Adressaten.** Adressaten elektronischer Dokumente können **Gerichte oder Staatsanwaltschaften** sein.

5 **d) Signatur.** Elektronische Dokumente müssen mit einer **qualifizierten elektronischen Signatur** nach dem SigG (§ 2 Nr. 3 SigG) versehen sein, soweit sie nicht einem anderen sicheren Verfahren entsprechen, das durch Rechtsverordnung nach Abs. 2 neben der Signatur zugelassen wird (Abs. 1 S. 2).[4]

6 **e) Eignung für die Bearbeitung.** Die eingereichten elektronischen Dokumente müssen **zur Bearbeitung** durch Gericht bzw. StA **geeignet** sein, was durch die Rechtsverordnung nach Abs. 2 näher bestimmt wird.

7 **f) Zeitpunkt des Eingangs.** Das **elektronische Dokument ist eingegangen**, sobald die übermittelte Datei beim Empfänger auf maschinenlesbarem Datenträger aufgezeichnet ist (Abs. 1 S. 3). Kommt es bei der Übertragung zu Störungen und deshalb zu **Fristversäumnissen**, sind im Rahmen eines Wiedereinsetzungsantrags nach §§ 44 ff. Störungen der Empfangseinrichtung des Gerichts in der Regel dem Absender nicht zuzurechnen;[5] mit einer technisch bedingt um einige Stunden verzögerten Übertragung des Dokuments zum Empfänger muss aber gerechnet werden.[6]

8 **g) Abdruck.** Von dem eingegangen elektronischen Dokument ist **unverzüglich ein Abdruck** zu fertigen, der zu den Akten genommen wird (Abs. 1 S. 5).

9 **h) Informationspflicht des Gerichts (Abs. 1 S. 4).** Falls das Dokument **zur Bearbeitung durch Gericht oder StA ungeeignet ist,** ist der Absender hierüber unter Angabe der geltenden technischen Rahmenbedingungen **unverzüglich zu informieren**. Damit ist die Verwendung eines **ungeeigneten Formats** des Dokuments oder ggf. mitgesandter Anlagen gemeint, aber auch die ganz

---

[1] *Meyer-Goßner* Rn. 9.
[2] Vgl. KK-StPO/*Graf* Rn. 7; *Meyer-Goßner* Rn. 4.
[3] *Meyer-Goßner* Rn. 1.
[4] Dazu ausführlich KK-StPO/*Graf* Rn. 9 ff.
[5] Vgl. auch § 44 Rn. 21, 25.
[6] Vgl. KK-StPO/*Graf* Rn. 14 mwN.

oder teilweise **fehlgeschlagene Übertragung** oder **sonstige Fehler** am übermittelten Dokument, die technisch die Bearbeitung verhindern.[7] Bei einer durch solche Fehler versäumten Frist ist binnen einer Woche nach Eingang der Mitteilung gemäß § 45 Wiedereinsetzung in den vorigen Stand zu beantragen.[8]

3. Umsetzung. Rechtsverordnungen nach Abs. 2 sind bislang zB erlassen worden für das Land Bremen und für das Land Hessen.[9] Aktuelle Informationen und Anwendungshinweise sowie die zur Übermittlung erforderlichen Programme enthält das Elektronische Gerichts- und Verwaltungspostfach (**EGVP**) im Internet (www.egvp.de).

Auch in der **Übergangszeit bis zum Erlass der Rechtsverordnung** können schriftlich einzureichende Erklärungen, Anträge und Begründungen durch **unsignierte E-Mail nicht wirksam** übermittelt werden.[10]

---

[7] Weitergehend KK-StPO/*Graf* Rn. 15 (Benachrichtigung auch bei fehlender Signatur).
[8] *Meyer-Goßner* Rn. 7 mwN.
[9] *Meyer-Goßner* Rn. 9 mwN; vgl. auch KK-StPO/*Graf* Rn. 23 ff.
[10] OLG Oldenburg v. 14. 8. 2008 – 1 Ws 465/08, NJW 2009, 536.

Fünfter Abschnitt. Fristen und Wiedereinsetzung in den vorigen Stand

§ 42 [Tagesfristen]
Bei der Berechnung einer Frist, die nach Tagen bestimmt ist, wird der Tag nicht mitgerechnet, auf den der Zeitpunkt oder das Ereignis fällt, nach dem der Anfang der Frist sich richten soll.

I. Fristen

1 1. **Begriff.** Die §§ 42 ff. gelten für **strafprozessuale Fristen**. Die **Frist** ist ein ausdrücklich bestimmter oder zumindest bestimmbarer Zeitraum, innerhalb dessen eine Prozesshandlung von einem Prozessbeteiligten vorgenommen oder von Gericht oder Staatsanwaltschaft nicht vorgenommen werden darf.[1]

2 **Keine Fristen** iS der §§ 42 ff. sind jedoch Fristen, innerhalb deren oder bei deren Ablauf **ein Strafverfolgungsorgan** eine Prozesshandlung **vornehmen soll oder muss**,[2] so zB in §§ 98 Abs. 3, 111e Abs. 2 S. 1, 115 Abs. 2, 115a Abs. 2 S. 1, 118 Abs. 5, 118a Abs. 4 S. 2, 121 Abs. 1 – trotz des Begriffs „Fristenlauf" in § 123 Abs. 3 –, 122 Abs. 4 S. 2, 128 Abs. 1 S. 1, 129, 275 Abs. 1 S. 2.[3] Grundsätzlich keine Anwendung finden §§ 42 ff. auch auf **sachlich-rechtliche Fristen** wie in § 77b StGB (Strafantrag) und § 78 StGB (Verjährung).

3 2. **Einteilung.**[4] a) **Gesetzliche Fristen.** Sie ergeben sich unmittelbar aus dem Gesetz und können nicht verlängert werden. Hierzu gehören zB §§ 45 Abs. 1 S. 1, 172 Abs. 2 S. 1, 235 Abs. 1 S. 1, 311 Abs. 2 Hs. 1, 314 Abs. 1, 317, 319 Abs. 2 S. 1, 341 Abs. 1, 345 Abs. 1, 346 Abs. 2 S. 1, 349 Abs. 3 S. 2, 409 Abs. 1 S. 1 Nr. 7, 439 Abs. 2 S. 1. Bei **unverschuldeter Versäumung** ist Wiedereinsetzung in den vorigen Stand nach § 44 möglich.

4 Keine Wiedereinsetzung ist dagegen bei **Ausschlussfristen** möglich, nach deren Ablauf die Prozesshandlung **schlechthin unzulässig** ist, zB nach §§ 6a S. 3, 16 S. 3, 25, 222b S. 1, 303 S. 1, 388 Abs. 1, 391 Abs. 1 S. 2, 439 Abs. 2 S. 2.

5 b) **Richterliche Fristen.** Aufgrund **bestimmter Vorschriften** können Beginn und Dauer einer Frist im Einzelfall vom Gericht festgesetzt werden. Das ist zB der Fall nach §§ 123 Abs. 3, 201 Abs. 1, 368 Abs. 2, 379 Abs. 3, 379a Abs. 1, 382, 406g Abs. 4 S. 3. Richterliche Fristen können auch im Rahmen der Prozessleitung durch **richterliche Verfügung** festgesetzt werden.

6 Für richterliche Fristen gelten die §§ 42, 43 dann, wenn der Richter bei ihrer Festsetzung nichts anderes bestimmt.[5] Sie können idR (außer bei zwingender Säumnisfolge wie nach § 379a Abs. 3 S. 1) auf Antrag oder von Amts wegen **verlängert** werden; nach Fristablauf ist auch die erneute Gewährung mit gleicher oder anderer Dauer möglich.[6]

7 c) **Staatsanwaltschaftliche Fristen.** Auf Fristen, die bei der StA wahrzunehmen sind, sind die §§ 42, 43 entsprechend anwendbar.[7] Grundsätzlich ist aber **keine Wiedereinsetzung** in den vorigen Stand möglich; gewährt werden kann sie jedoch bei Versäumung der Beschwerdefrist des § 172 Abs. 1 S. 1.[8]

8 d) **Handlungs- und Erklärungsfristen; Zwischenfristen.** Zu unterscheiden sind außerdem im Anwendungsbereich der §§ 42 ff. **Handlungs- und Erklärungsfristen**, innerhalb deren ein Verfahrensbeteiligter eine Prozesshandlung oder Erklärung vornehmen muss, damit sie zulässig ist (dazu im Folgenden), und **Zwischenfristen**, die der Richter oder StA in der Weise zu beachten hat, dass er eine Handlung nicht vor ihrem Ablauf vornehmen darf. Zwischenfristen finden sich zB in §§ 138d Abs. 2 S. 2, 217 Abs. 1, 418 Abs. 2 S. 3.

9 3. **Fristwahrung.** Für Erklärungen, die eine Handlungs- und Erklärungsfrist wahren, gilt:

10 a) **Mündliche Erklärungen.** Mündliche Erklärungen **zu Protokoll der Geschäftsstelle** (vgl. §§ 158 Abs. 2, 306 Abs. 1, 314 Abs. 1, 341 Abs. 1, 345 Abs. 2, 366 Abs. 2, 381 S. 1) müssen rechtzeitig bei dem UrkB des zuständigen Gerichts abgegeben und von ihm niedergeschrieben werden (s. auch § 299 Abs. 2 für nicht auf freiem Fuß befindliche Personen). Wenn eine Erklärung, die auch schrift-

---

[1] Vgl. KK-StPO/*Maul* § 43 Rn. 1; *Meyer-Goßner* Vor § 42 Rn. 1.
[2] KK-StPO/*Maul* § 43 Rn. 6; KMR/*Paulus* Vor § 42 Rn. 5; *Meyer-Goßner* Vor § 42 Rn. 2; aM Löwe/Rosenberg/*Graalmann-Scheerer* Vor § 42 Rn. 2.
[3] *Meyer-Goßner* Vor § 42 Rn. 2.
[4] Vgl. *Meyer-Goßner* Vor § 42 Rn. 4 ff.; KK-StPO/*Maul* § 43 Rn. 3 ff.
[5] *Meyer* JR 1972, 72.
[6] KK-StPO/*Maul* § 43 Rn. 4; *Meyer-Goßner* Vor § 42 Rn. 7.
[7] SK-StPO/*Weßlau* § 43 Rn. 5.
[8] § 172 Rn. 15.

Fünfter Abschnitt. Fristen und Wiedereinsetzung in den vorigen Stand 11–14 **§ 42**

lich abgegeben werden kann, von einem unzuständigen Gericht protokolliert wird, genügt zur Fristwahrung, dass das Protokoll von dem Erklärenden unterzeichnet ist und rechtzeitig an das zuständige Gericht weitergeleitet wird.[9] **Erklärungen in der Hauptverhandlung**, die ins Protokoll (§ 273) aufgenommen werden, ersetzen grundsätzlich die Erklärung zu Protokoll der Geschäftsstelle.[10] **Telefonische Erklärungen** genügen im Strafverfahren grundsätzlich nicht, sind im Bußgeldverfahren aber für den Widerspruch nach § 67 Abs. 1 OWiG ausreichend.[11]

b) **Schriftliche Erklärungen. aa) Ordnungsgemäßer Eingang.** Schriftliche Erklärungen müssen innerhalb der Frist **ordnungsgemäß in die Verfügungsgewalt** des zuständigen Gerichts gelangen. Unschädlich ist, wenn sie (zB wegen der fehlenden Angabe eines Aktenzeichens)[12] in eine **falsche Abteilung oder zu falschen Akten** gekommen sind.[13] Die Mitwirkung des Gerichts (etwa durch Entgegennahme durch einen zuständigen Beamten)[14] ist nicht erforderlich.[15] Nicht erforderlich ist auch, dass das Schriftstück bis zum Ende der Dienstzeit eingegangen ist. So reicht der Einwurf in einen gewöhnlichen **Hausbriefkasten** zur Fristwahrung aus,[16] auch wenn mit der Leerung am selben Tag nicht mehr zu rechnen ist.[17] Die Übergabe an einen **empfangsberechtigten Beamten** außerhalb des Gerichtsgebäudes und außerhalb der Dienstzeit reicht ebenfalls für das ordnungsgemäße Eintreffen aus, **nicht aber** der Einwurf in ein Fach, das nur für den internen Postaustausch der Behörden bestimmt ist,[18] der Einwurf in ein offenes Fenster, die Übergabe an die Putzfrau oder das Durchschieben unter der Eingangstür. 11

bb) **Einschreibsendungen.** Einschreibsendungen sind zugegangen, wenn dem Gericht die Benachrichtigung über den bei dem Postunternehmen hinterlegten Brief übergeben wird.[19] An das **Postfach** des Gerichts adressierte Sendungen gehen mit dem Einsortieren in das Postfach (nicht erst mit der Abholung) zu.[20] 12

cc) **Falsche Adressierung.** Eine falsche Adressierung der Sendung ist **unschädlich**, wenn diese **rechtzeitig zum richtigen Adressaten** gelangt. Wird das Schriftstück **bei einem unzuständigen Gericht oder bei der StA** eingereicht, muss es für die Fristwahrung beim zuständigen Gericht noch innerhalb der Frist eingehen.[21] Eine telefonische Mitteilung seines Inhalts durch das unzuständige Gericht genügt, wenn darüber ein Protokoll aufgenommen wird.[22] 13

dd) **Gemeinsame Eingangsstelle mehrerer Justizbehörden.** Betreiben mehrere Gerichte oder andere Justizbehörden eine **gemeinsame Briefannahmestelle** (Eingangsstelle, Einlaufstelle), wozu auch ein gemeinschaftlicher Nachtbriefkasten[23] ausreicht, wird eine Frist durch den Eingang des Schreibens bei dieser Stelle gewahrt, vorausgesetzt, es ist an das richtige Gericht (die richtige Empfangsbehörde) gerichtet.[24] Bei falscher Bezeichnung der Empfangsbehörde (zB Adressierung an die Staatsanwaltschaft statt an das zuständige Amtsgericht) muss das Schreiben **rechtzeitig** an die zuständige Behörde weitergeleitet worden sein.[25] Entsprechendes gilt bei einem gemeinsamen Telefaxanschluss.[26] 14

---

[9] *Meyer-Goßner* Vor § 42 Rn. 12, Einl. Rn. 133 mwN.
[10] KK-StPO/*Maul* Rn. 9 § 43; *Meyer-Goßner* Einl Rn. 137; jeweils mwN.
[11] KK-StPO/*Maul* § 43 Rn. 11 mwN.
[12] Vgl. OLG Köln v. 23. 2. 1979 – 1 Ss 1036 B/78, VRS 57 (1979), 299.
[13] BGH v. 19. 5. 1999 – 3 StR 200/99, wistra 1999, 346; OLG Köln v. 23. 2. 1979 – 1 Ss 1036 B/78, VRS 57 (1979), 299.
[14] BVerfG v. 3. 10. 1979 – 1 BvR 726/78, BVerfGE 52, 203 = NJW 1980, 580; BVerfG v. 29. 4. 1981 – 1 BvR 159/80, BVerfGE 57, 117 (120) = NJW 1981, 1951; BVerfG v. 14. 5. 1985 – 1 BvR 370/84, BVerfGE 69, 381, (386 f) = NJW 1986, 244.
[15] BVerfG v. 11. 2. 1976 – 2 BvR 652/75, BVerfGE 41, 323 (327) = NJW 1976, 747.
[16] BGH v. 12. 2. 1981 – VII ZB 27/80, NJW 1981, 1216 = JR 1981, 331 mAnm *Grundmann*.
[17] BVerfG v. 7. 4. 1976 – 2 BvR 847/75, BVerfGE 42, 128 (131) = NJW 1976, 255; BGH v. 25. 1. 1984 – IVb ZR 43/82, NJW 1984, 1237; BVerwG v. 14. 5. 1973 – II WD 39/72, NJW 1974, 73; zur Beweislast aber u. Rn. 15.
[18] LG Stuttgart v. 3. 3. 1986 – 5 Qs 44/86, MDR 1986, 689.
[19] Löwe/Rosenberg/*Graalmann-Scheerer* Rn. 18.
[20] BGH v. 6. 1986 – VII ZB 20/85, NJW 1986, 2646; OLG Frankfurt v. 2. 11. 2006 – 3 Ws 1055/06, NStZ-RR 2007, 206; *Meyer-Goßner* Vor § 42 Rn. 13; aM KK-StPO/*Maul* § 43 Rn. 17; Löwe/Rosenberg/*Graalmann-Scheerer* Rn. 25.
[21] OLG Düsseldorf v. 25. 3. 2002 – 2 Ws 79/02, NStZ-RR 2002, 216 mwN; OLG Karlsruhe v. 10. 4. 1991 – 2 Ws 46/91, 302 mit abl Anm *Sommermeyer*; vgl. auch BGH v. 15. 11. 1972 – 2 StR 475/72, MDR (D) 1973, 557.
[22] OLG Celle v. 19. 3. 1970 – 1 Ws 33/70, MDR 1970, 608; OLG Düsseldorf v. 10. 3. 1983 – 4 StO 1-2/83, NStZ 1984, 184 mAnm *Maul*; OLG Zweibrücken v. 11. 9. 1981 – 2 Ws 149/81, MDR 1982, 166.
[23] S. u. Rn. 15.
[24] Vgl. OLG Frankfurt v. 3. 2. 2000 – 3 Ws 106/00, NStZ-RR 2000, 212.
[25] BGH v. 13. 10. 1982 – IVb ZB 154/82, NJW 1983, 123; BayObLG v. 27. 11. 1974, RReg. 5 St 97/74, BayObLGSt 1974, 141 = JK 76, 26 mit abl Anm *Küper*; BayObLG v. 17. 2. 1984 – 1 Ob OWi 314/83, BayObLGSt 1984, 15 = NStZ 66 (1984), 285; BayObLG v. 8. 10. 1987 – BReg. 2 Z 103/87, NJW 1988, 714; OLG Frankfurt v. 2. 5. 1988 – 1 Ss 5/88, NJW 1988, 2812; OLG Frankfurt v. 3. 2. 2000 – 3 Ws 106/00, NStZ-RR 2000, 212; OLG Hamm v. 20. 1. 2009 – 2 Ss 561/08, NStZ-RR 2010, 21; OLG Stuttgart v. 5. 2. 1986 – 1 StO 1/86, NStZ 1987, 185 mit krit Anm *Maul*; *Meyer-Goßner* Rn. 17; aM Löwe/Rosenberg/*Graalmann-Scheerer* Rn. 22 ff.; Sarstedt/*Hamm* 127.
[26] OLG Frankfurt v. 25. 4. 2002 – 3 Ws 369/02, NStZ-RR 2002, 215.

15   ee) **Beweisfragen.** Der **Eingangsstempel** ist eine öffentliche Urkunde iS des § 418 Abs. 1 ZPO und erbringt Beweis für den Zeitpunkt des Eingangs; der Beweis kann aber durch den Nachweis der Unrichtigkeit des ausgewiesenen Zeitpunkts entkräftet werden. Wer einen einfachen Hausbriefkasten des Gerichts benutzt, hat dabei die Beweislast für den rechtzeitigen Einwurf der Erklärungsschrift,[27] entsprechendes gilt für den Absender eines Schreibens, das in ein Postfach des Gerichts einsortiert wird.[28] Wird ein **Nachtbriefkasten** benutzt, erfasst ein Kontrollmechanismus die vor Mitternacht eingegangenen Briefe; versagt diese Einrichtung, wird der rechtzeitige Eingang der Sendung unterstellt.[29]

16   c) **Erklärungen durch Telefax.** Ein Telefax ist dem Gericht zugegangen, wenn das Schriftstück am Empfangsgerät ausgedruckt wird,[30] auch, wenn der angegebene Zeitpunkt nach Dienstschluss liegt.[31] Die **Beweislast** für den Eingang vor Fristablauf hat auch beim Telefax derjenige, der die Erklärung abgibt. Allein der Sendebericht beweist weder den ordnungsgemäßen Eingang beim Adressaten,[32] noch dessen Zeitpunkt.

17   d) **Zweifel an der Fristwahrung im Rechtsmittelverfahren.** Ein zu Gunsten des Angeklagten eingelegtes Rechtsmittel (Berufung, Revision, Beschwerde), auch der Einspruch gegen einen Strafbefehl, darf wegen verspäteter Einlegung nur verworfen werden, wenn die Verspätung **tatsächlich festgestellt** werden kann. Ist diese Frage nicht zu klären, ist von fristgerechtem Eingang auszugehen.[33]

II. Regelungsgehalt des § 42

18   1. **Bedeutung.** § 42 gilt für **Fristen aller Art** (gesetzliche, richterliche, Handlungsfristen, amtliche Fristen für den Richter), nicht nur bei den Tagesfristen.[34]

19   2. **Inhalt.** Bei der Fristberechnung wird der Tag nicht mitgezählt, auf den das für den Fristbeginn maßgebende Ereignis (Verkündung, Zustellung) fällt.

20   3. **Ablauf einer Frist.** Fristen enden **stets erst um 24 Uhr des letzten Tages**, nicht schon mit dem Ende der Dienstzeit der Gerichte.[35] Eine Frist von vier Tagen, die am 2. 5. beginnt, endet also mit Ablauf (24.00 Uhr) des 6. 5.

21   4. **24-Stunden-Frist.** Die 24-Stunden-Frist des § 418 Abs. 2 S. 3 ist **keine Tagesfrist** iSv § 42. Der Zustellungstag zählt bei ihrer Berechnung mit.[36]

§ 43 [Wochen- und Monatsfristen]

(1) Eine Frist, die nach Wochen oder Monaten bestimmt ist, endet mit Ablauf des Tages der letzten Woche oder des letzten Monats, der durch seine Benennung oder Zahl dem Tag entspricht, an dem die Frist begonnen hat; fehlt dieser Tag in dem letzten Monat, so endet die Frist mit dem Ablauf des letzten Tages dieses Monats.

(2) Fällt das Ende einer Frist auf einen Sonntag, einen allgemeinen Feiertag oder einen Sonnabend, so endet die Frist mit Ablauf des nächsten Werktages.

Schrifttum: *Schulze*, Iudex non calculat? – Zur Berechnung der Revisionsfrist nach §§ 345 Abs. 1 S. 1, 43 StPO, JR 1996, 51.

I. Wochen- und Monatsfristen (Abs. 1)

1   Für Wochen- und Monatsfristen bestimmt **Abs. 1,** dass (wie bei Tagesfristen nach § 42) der **Anfangstag nicht mitzählt.** Damit endet zB eine Wochenfrist, die durch ein Ereignis am Dienstag begonnen hat, um 24.00 Uhr des folgenden Dienstags. Eine am 2. 5. beginnende Monatsfrist endet am 2. 6. um 24.00 Uhr.

---

[27] OLG Frankfurt v. 26. 3. 1974 – 4 Ws (B) 25/73 OWiG, NJW 1974, 1959.
[28] Meyer-Goßner Rn. 14.
[29] BayObLG v. 18. 11. 1968 – RReg. 1 a St 346/68, BayObLGSt 1968, 103 (106) = NJW 1969, 201.
[30] KK-StPO/*Maul* § 43 Rn. 19.
[31] Vgl. BGH v. 3. 6. 1987 – IV a ZR 292/85, BGHZ 101, 276 = NJW 1987, 2586 zum Fernschreiber (Telex).
[32] KG v. 1. 11. 2005 – 3 Ws (B) 490/05, NStZ-RR 2007, 24; OLG Düsseldorf v. 13. 3. 1995 – 1 Ws 204 und 228/95, VRS 89 (1995), 214.
[33] BGH v. 2. 5. 1995 – 1 StR 123/95, StV 95, 454; KK-StPO/*Maul* § 42 Rn. 20; *Meyer-Goßner* § 261 Rn. 35; jeweils mwN.
[34] *Meyer-Goßner* Rn. 1.
[35] BVerfG v. 11. 2. 1976 – 2 BvR 652/75, BVerfGE 41, 323 = NJW 1976, 747; BVerfG v. 7. 4. 1976 – 2 BvR 847/75, BVerfGE 42, 128 = NJW 1976, 1255.
[36] Löwe/Rosenberg/*Graalmann-Scheerer* Rn. 6; KK-StPO/*Maul* § 43 Rn. 23.

Das gilt auch für den Fall, dass eine Frist mit dem Beginn eines Tages anfängt, zB wenn sich die 2
Revisionsbegründungsfrist an die Einlegungsfrist des § 341 anschließt;[1] auch dann wird (anders
als nach § 188 Abs. 2 BGB) der Anfangstag bei der Fristberechnung nicht mitgezählt.[2]

Abs. 1 Hs. 2 regelt das Fristende bei Monatsfristen, wenn die Frist am 29., 30. oder 31. eines 3
Monats beginnt und dieser Tag im Monat des Fristablaufs (das kann die Monate Februar, April,
Juni, September und November betreffen) fehlt. Eine am 29., 30. oder 31. Januar beginnende
Monatsfrist endet daher mit Ablauf des 28. bzw. im Schaltjahr des 29. Februar. Eine am 31. März
beginnende Monatsfrist endet mit Ablauf des 30. April.

II. Gesetzliche Fristverlängerung (Abs. 2)

1. Bedeutung. Abs. 2 gilt nicht nur für die Fristen des Abs. 1, sondern **auch für die Tagesfris-** 4
ten[3] und grundsätzlich für **richterliche Fristen**, selbst wenn sie nach dem Datum bestimmt sind.[4]
Der Richter kann aber das Ende einer von ihm gesetzten Frist auf einen Samstag (Sonnabend)
oder Feiertag legen, muss das aber deutlich klarstellen, zB „bis Samstag, den 5. 3.".[5]

2. Einzelheiten. Abs. 2 gilt nur für allgemeine Feiertage, Sonntage und Samstage (Sonnabende), 5
aber **nicht** für **sonstige dienstfreie Tage**.[6] **Allgemeine Feiertage** sind die bundes- oder landesrechtlich anerkannten (Art. 140 GG iVm. Art. 139 WeimRV) Feiertage. Die Fristverlängerung tritt ein, wenn der Tag am **Ort des Gerichts**, bei dem die Frist gewahrt werden muss, ein staatlich anerkannter Feiertag ist; die Feiertagsregelung am Wohnsitz des Beschuldigten oder am Sitz der Kanzlei seines Verteidigers ist hierfür ohne Belang.[7] So ist zB der Buß- und Bettag kein gesetzlicher (allgemeiner) Feiertag in Baden-Württemberg, daher gibt es für Rechtsmittelfristen, die dort zu wahren sind, keine gesetzliche Fristverlängerung nach § 43 Abs. 2.[8]

§ 44 [Wiedereinsetzung in den vorigen Stand]

[1] War jemand ohne Verschulden verhindert, eine Frist einzuhalten, so ist ihm auf Antrag Wiedereinsetzung in den vorigen Stand zu gewähren. [2] Die Versäumung einer Rechtsmittelfrist ist als unverschuldet anzusehen, wenn die Belehrung nach den § 35 a Satz 1 und 2, § 319 Abs. 2 Satz 3 oder nach § 346 Abs. 2 Satz 3 unterblieben ist.

Schrifttum: *Goerlich*, Wiedereinsetzung und erster Zugang zum Gericht, NJW 1976, 1526.

Übersicht

	Rn.
I. Allgemeines	1, 2
II. Fristversäumung	3–10
1. Fristen	3–5
a) In Betracht kommende Fristen	3, 4
b) Termine	5
2. Versäumung	6–9
a) Abgrenzung	6, 7
b) Irrtümliche Annahme der Versäumung	8
c) Versäumung der vorgeschriebenen Form	9
III. Antrag	10–12
IV. Verhinderung ohne Verschulden	14–23
1. Eigenes Verschulden	13–23
a) Allgemeines	13
b) Unmittelbarkeit	14
c) Vollständiges Ausnutzen einer Frist	15
d) Beispiele	16–23
2. Verschulden Anderer	24–28
a) Justizbehörden	24–26
b) Rechtsanwälte	27, 28
3. Wiedereinsetzung für die Staatsanwaltschaft	29
V. Nachholung von Verfahrensrügen in der Revision	30–34
1. Grundsatz	30
2. Einzelfälle	31–34
a) Wiedereinsetzung	31, 32
b) Keine Wiedereinsetzung	33, 34

---

[1] § 345 Rn. 4.
[2] BGH v. 30. 8. 1989 – 3 StR 195/89, BGHSt 36, 241 = NJW 1990, 460; aM *Schulze* JR 1996, 51.
[3] RG v. 23. 4. 1928 – II 204/28, RGSt 62, 140.
[4] BayObLG v. 25. 3. 1971 – RReg. 6 St 504/71, BayObLGSt 1971, 54 = JR 1972, 71 mAnm *Meyer*; KK-StPO/*Maul* Rn. 22; aM Löwe/Rosenberg/*Graalmann-Scheerer* § 42 Rn. 4.
[5] *Meyer* JR 1972, 71; aM *Schultz* MDR 1973, 732 (nicht möglich).
[6] BayObLG v. 3. 7. 1957 – RevReg. 1 St 246/57, BayObLGSt 1957, 131; BayObLG v. 12. 4. 1999 – 2 ObOWi 145/99, BayObLGSt 1999, 75 = NStZ-RR 1999, 363 (Sylvester).
[7] OLG Celle v. 21. 5. 1996 – 1 Ss (OWi) 120/96, NdsRpfl 1996, 253.
[8] BGH v. 26. 7. 2007 – 1 StR 368/07, NStZ 2008, 55.

	Rn.
VI. Belehrung über die Möglichkeit der Wiedereinsetzung	35
VII. Wirkung der Wiedereinsetzung	36–38
VIII. Fehlendes Verschulden bei unterbliebener Rechtsmittelbelehrung (S. 2)	39–43
1. Inhalt und Bedeutung der Vorschrift	39, 40
2. Entsprechende Anwendung bei fehlerhafter Belehrung	41
3. Beweiskraft des Protokolls	42
4. Weitere Fälle	43

I. Allgemeines

1   Der Wiedereinsetzungsantrag ist kein Rechtsmittel, weil über ihn kein Gericht höherer Ordnung entscheidet (also kein Devolutiveffekt besteht) und er auch nicht unmittelbar die Nachprüfung einer Entscheidung erstrebt,[1] sondern ein **förmlicher Rechtsbehelf eigener Art**.[2] Die gewährte Wiedereinsetzung versetzt das Verfahren in den Zustand, **der bestanden hätte, wenn die Frist nicht versäumt**, sondern die Handlung rechtzeitig vorgenommen worden wäre.[3]

2   Im Gegensatz zu Berufung oder Revision steht die **Rechtskraft einer Entscheidung** der Wiedereinsetzung **nicht entgegen**, sondern soll durch sie uU gerade beseitigt werden. Ausgeschlossen ist die Wiedereinsetzung aber (mit der Folge, dass nur noch die Möglichkeit der Wiederaufnahme nach §§ 359 ff. verbleibt), wenn das Verfahren durch eine **Sachentscheidung des Revisionsgerichts** nach § 349 Abs. 2 oder Abs. 5 rechtskräftig abgeschlossen ist.[4]

II. Fristversäumung

3   **1. Fristen. a) In Betracht kommende Fristen.** In Betracht für die Wiedereinsetzung kommt **jede strafprozessuale gesetzliche oder richterliche Frist**, soweit sie **keine absolute Ausschlussfrist**[5] ist, auch die Frist für den Wiedereinsetzungsantrag (§ 45 Abs. 1 S. 1) selbst.[6]

4   Nicht anwendbar sind die Wiedereinsetzungsvorschriften für Erklärungsfristen im Ermittlungsverfahren, aber doch für die Beschwerdefrist des § 172 Abs. 1.[7] §§ 44 ff. gelten **auch nicht** für die Fristen nach §§ 6 a S. 3, 16 S. 3, 222 a, 222 b und § 317,[8] die Fristen für den Anschluss als Nebenkläger[9] und für die Bezeichnung des unbenannt eingelegten Rechtsmittels als Revision innerhalb der Frist des § 345 Abs. 1,[10] die vom Gericht für eine Beschwerdebegründung gesetzte Frist,[11] die (sachlich-rechtliche) Strafantragsfrist nach § 77 b Abs. 1 S. 1 StGB,[12] die vereinbarte Frist zum Widerruf eines Privatklagevergleichs[13] und die Frist des § 72 Abs. 1 OWiG.[14]

5   **b) Termine.** Bei **Terminversäumung** kommt Wiedereinsetzung nur in den gesetzlich geregelten Fällen der §§ 235, 329 Abs. 3, 391 Abs. 4, 401 Abs. 3 S. 2, 412 in Betracht.[15]

6   **2. Versäumung. a) Abgrenzung.** Eine Frist ist versäumt iS des § 44, wenn der Erklärende sie **einhalten wollte, aber nicht eingehalten hat**.[16] Kein Fall der Versäumung liegt vor, wenn ein befristeter Rechtsbehelf **bewusst** nicht eingelegt[17] oder sogar Rechtsmittelverzicht eingelegt[18] wurde, zB weil die **Rechtsfolgen** der Entscheidung oder die **Erfolgsaussichten des Rechtsmittels**[19] falsch eingeschätzt wurden, auch wenn dies auf unrichtiger, aber nicht bewusst wahrheitswidriger Belehrung durch einen RA beruht.[20] Die Fehleinschätzung kann sich auch auf ein Rechtsmittel in anderer Sache beziehen.[21] So ist § 44 nicht anwendbar, wenn der Verteidiger die Rechtsmittelfrist

---

[1] RG v. 26. 5. 1891 – Rep. 417/91, RGSt 22, 31 (32).
[2] Vgl. BGH v. 21. 12. 1972 – 1 StR 267/72, BGHSt 25, 89 (91) = NJW 1973, 521.
[3] S. u. Rn. 36 ff.
[4] Meyer-Goßner § 349 Rn. 25 mwN.
[5] § 42 Rn. 4.
[6] OLG Hamm v. 24. 3. 1958 – 2 Ws 308/57, NJW 1958, 1104.
[7] KK-StPO/Maul Rn. 11 mwN; Meyer-Goßner § 172 Rn. 17.
[8] OLG Dresden v. 20. 5. 1997 – 1 Ws 115/97, OLG-NL 98, 216.
[9] BGH v. 10. 7. 1996 – 2 StR 295/96, NStZ-RR 1997, 136.
[10] BayObLG v. 28. 7. 1970 – RReg. 1 St 18/70, BayObLGSt 1970, 158; OLG München v. 6. 4. 2009 – 5 St RR 53/09, wistra 2009, 327; OLG Naumburg v. 28. 4. 2009 – 2 Ss 46/09, StraFo 2009, 388; KK-StPO/Maul Rn. 7 mwN.
[11] OLG Karlsruhe v. 19. 10. 1982 – Ws 205/82, MDR 1983, 250.
[12] BGH v. 25. 1. 1994 – 1 StR 770/93, NJW 1994, 1165 mwN.
[13] LG Würzburg v. 21. 1. 1954 – Qs 21/54, NJW 1954, 768; KK-StPO/Maul Rn. 7 mwN.
[14] BGH v. 21. 12. 1976 – 4 StR 194/76, BGHSt 27, 85 (87) = NJW 1977, 723 mwN.
[15] KK-StPO/Maul Rn. 8 mwN; Meyer-Goßner Rn. 8.
[16] Meyer-Goßner Rn. 5.
[17] BGH v. 10. 8. 2000 – 4 StR 304/00, NStZ 2001, 160; BayObLG v. 14. 7. 1970 – 1 Ws (B) 5/70, BayObLGSt 1970, 148 = JR 1971, 29; BayObLG v. 24. 11. 1977 – RReg 1 St 395/77, BayObLGSt 1977, 189 = JR 1978, 428 mAnm Wendisch.
[18] OLG Düsseldorf v. 28. 6. 1983 – 2 Ws 349/83, MDR 1984, 71.
[19] OLG Köln v. 12. 3. 1996 – Ss 114/96 (Z) – 69 Z, NStZ-RR 1996, 212.
[20] OLG Düsseldorf v. 29. 4. 1981 – 5 Ws 30/81, NJW 1982, 60.
[21] OLG Düsseldorf v. 6. 5. 1982 – 2 Ss 209/82–139/82 II und 2 Ws 327/82, MDR 1982, 866.

versäumt, weil er die Erfolgsaussicht verschiedener Rechtsbehelfe falsch beurteilt hat und deshalb zB statt der Erfolg versprechenden Revision einen erfolglosen Wiedereinsetzungsantrag stellt.[22]

Versäumung liegt auch nicht vor, wenn der Angeklagte erst nach Ablauf der nicht genutzten Revisionsfrist den Revisionsgrund des § 338 Nr. 7 erkennt.[23] 7

b) Irrtümliche Annahme der Versäumung. Ist (noch) keine Frist versäumt, ist eine Wiedereinsetzung unzulässig.[24] Ist der Antragsteller aber **irrtümlich so behandelt** worden, **als hätte er die Frist versäumt**, wird ihm nach ganz hM Wiedereinsetzung gewährt.[25] Gleiches gilt für die Wiedereinsetzung nach § 329 Abs. 3, wenn das Gericht in der Berufungsverhandlung den nicht ordnungsgemäß geladenen und nicht erschienenen Angeklagten trotz des Ladungsmangels **als säumig behandelt** und deshalb die Berufung verwirft.[26] 8

c) Versäumung der vorgeschriebenen Form. Die Versäumung der vorgeschriebenen Form steht der Fristversäumung gleich. Beispiele:[27] die Revisionsbegründungsschrift ist versehentlich nicht unterschrieben, vom Angeklagten selbst unterschrieben, von einem Sozius des Pflichtverteidigers unterzeichnet,[28] von einem nach § 146 ausgeschlossenen Anwalt unterschrieben[29] oder entspricht nicht den Anforderungen des § 344;[30] ein Telefax geht nur teilweise innerhalb der Frist ein.[31] 9

III. Antrag

Auf **Antrag** wird Wiedereinsetzung gewährt (S. 1, zum Antrag s. § 45); **von Amts wegen** kann sie nur gewährt werden, wenn die versäumte Handlung nachgeholt ist (§ 45 Abs. 2 S. 3). Gegen den Willen des Antragsberechtigten ist sie nicht zulässig.[32] Der StA kann den Antrag nicht zugunsten anderer Beteiligter stellen,[33] da § 296 nicht entsprechend anzuwenden ist.[34] 10

Antragsberechtigt ist jeder Verfahrensbeteiligte oder Dritte, der eine Frist versäumt hat. Der Verteidiger kann entsprechend § 297 für den Angeklagten auch ohne besondere Vollmacht, aber nicht gegen dessen ausdrücklichen Willen, den Antrag stellen.[35] Der gesetzliche Vertreter ist antragsberechtigt, wenn er nach § 298 Abs. 1 tätig geworden ist.[36] **Zeugen** können in den Fällen der §§ 51, 70, **Zuhörer** im Fall des § 181 GVG antragsberechtigt sein. 11

Bei Versäumung der **Berufungs- und Revisionsfristen** sind **neben** dem Antrag nach § 44 die Rechtsbehelfe nach **§§ 319 Abs. 2, 346 Abs. 2** zulässig. 12

IV. Verhinderung ohne Verschulden

1. Eigenes Verschulden. a) Allgemeines. Die Versäumung der Frist oder des Termins darf nicht auf ein Verschulden (Vorsatz oder Fahrlässigkeit) des Betroffenen zurückzuführen sein, sonst ist die Wiedereinsetzung ausgeschlossen. Maßgebend ist die dem Antragsteller **mögliche und zumutbare Sorgfalt**.[37] Eine großzügige Anwendung des § 44 ist im Interesse der materiellen Gerechtigkeit geboten.[38] Die **Anforderungen** an die Vorkehrungen gegen die Fristversäumung dürfen insbesondere dann **nicht überspannt** werden, wenn es für den Antragsteller um den „ersten Zugang" zum Gericht, dh. um die Möglichkeit geht, erstmals das rechtliche Gehör in der Sache zu erlangen.[39] 13

---

[22] OLG Düsseldorf v. 6. 12. 1991 – 5 Ss 470/91 – 148/91 I und 1 Ws 1135/91, VRS 82 (1992), 460; aM KG v. 4. 7. 1994 – 4 Ws 49/94, NStZ 1994, 603.
[23] *Mertens* NJW 1979, 1698; *Stein* NJW 1980, 1086; *Meyer-Goßner* Rn. 5; aM SK-StPO/*Weßlau* Rn. 10; *Pahlmann* NJW 1979, 98.
[24] BGH v. 17. 1. 1962 – 4 StR 392/61, BGHSt 17, 94 (96 f.) = NJW 1962, 818; BayObLG v. 16. 12. 1971 – RReg. 1 St 612/71 OWi, BayObLGSt 1971, 228 (229) = NJW 1972, 1097.
[25] BGH v. 7. 7. 1987 – 1 StR 257/87, NStZ (M) 1988, 210; BayObLG v. 25. 3. 1970 – 1 a Ws (B) 111/69, VRS 39 (1970), 272; *Meyer-Goßner* Rn. 2; SK-StPO/*Weßlau* Rn. 6.
[26] BGH v. 11. 11. 1986 – 1 StR 207/86, NJW 1987, 1776 (1777 aE); OLG Düsseldorf v. 28. 7. 1998 – 1 Ws 333–334/98, VRS 96 (1999), 27 mwN; KK-StPO/*Maul* Rn. 8; *Meyer-Goßner* § 329 Rn. 41.
[27] KK-StPO/*Maul* Rn. 9; *Meyer-Goßner* Rn. 6.
[28] BGH v. 9. 7. 2003 – 2 StR 146/03, NStZ 2003, 615.
[29] BGH v. 12. 5. 1976 – 3 StR 100/76, BGHSt 26, 335 (338) = NJW 1976, 1414.
[30] OLG Zweibrücken v. 20. 9. 1991 – I Ws 300/91, StV 1991, 550 mwN.
[31] BGH v. 25. 1. 2002 – 2 StR 511/01.
[32] *Meyer-Goßner* Rn. 9.
[33] So schon RG v. 26. 5. 1891 – Rep. 417/91, RGSt 22, 31 (32); KK-StPO/*Maul* Rn. 3 mwN.
[34] OLG Bremen v. 12. 7. 1956 – Ws 143/56, GA 1957, 87; LG Aachen v. 11. 6. 1960 – III Qs 626/59, NJW 1961, 86 mAnm *Kleinknecht*; Löwe/Rosenberg/*Graalmann-Scheerer* § 46 Rn. 2; aM AK/*Lemke* Rn. 15.
[35] KK-StPO/*Maul* Rn. 3, einschr. *Meyer-Goßner* Rn. 9.
[36] BayObLG v. 25. 5. 1954 – BeschwReg 2 St 30/54, BayObLGSt 1954, 51 = NJW 1954, 1378.
[37] OLG Stuttgart v. 16. 4. 1985 – 1 Ws 120/85, Justiz 1985, 321; *Meyer-Goßner* Rn. 11; vgl. auch *Fünfsinn* NStZ 1985, 486.
[38] *Sarstedt* JR 1956, 112; *Meyer-Goßner* Rn. 11.
[39] BVerfG v. 21. 1. 1969 – 2 BvR 724/67, BVerfGE 25, 158 (165) = NJW 1969, 1103 (1104); BVerfG v. 9. 7. 1969 – 2 BvR 753/68, BVerfGE 26, 315 (318) = NJW 1969, 1531; BVerfG v. 27. 7. 1971 – 2 BvR 118/71, BVerfGE 31, 388 (390) = NJW 1971, 2217; BbgVerfG v. 16. 5. 2002 – VfGBbg 46/02, NStZ-RR 2002, 239; *Goerlich* NJW 1976, 1526.

14 **b) Unmittelbarkeit.** Das Verschulden muss sich unmittelbar auf die Versäumung beziehen, dafür genügt **nicht** die bloße Herbeiführung eines **Hindernisses** iS des § 45 Abs. 1 S. 1.[40] Daher ist die Wiedereinsetzung nicht ausgeschlossen bei längerer Bewusstseinsstörung nach einem Selbstmordversuch[41] oder bei Verhinderung durch einen verschuldeten Verkehrsunfall.

15 **c) Vollständiges Ausnutzen einer Frist.** Jeder ist **berechtigt**, eine Frist bis zu ihrer Grenze auszunutzen.[42] Das gilt auch, wenn das Rechtsmittel aus „taktischen" Gründen erst am letzten Tag eingelegt werden soll.[43] Ein Vorwurf kann dem Betroffenen allein daraus nicht gemacht werden; er muss aber ggf. die üblichen Übermittlungszeiten (Brieflaufzeiten, Faxdurchgang) berücksichtigen.

16 **d) Beispiele. Kein Verschulden** trifft den Betroffenen, wenn die Fristversäumung allein auf **extreme Witterungsbedingungen** (zB bei Zusammenbruch des Verkehrssystems) oder **Naturkatastrophen** zurückzuführen ist. Gleiches gilt für **Erkrankungen** (zB unvorhergesehenes Augenleiden, akuter Diabetesschock, Durchfall, auch Störungen der Geistestätigkeit)[44] oder die **Geburt eines Kindes** durch die Betroffene oder die Ehefrau des Betroffenen.[45] Der Adressat muss normalerweise nicht damit rechnen, dass ihm **Familienangehörige zugestellte Sendungen vorenthalten**[46] oder Termine unrichtig notieren.[47]

17 **Verschulden** trifft generell den Betroffenen, der eine (auch schon vor mehreren Monaten mitgeteilte) **Frist vergisst.**[48] Das gilt ebenso für das **Überhören des Weckers** bei Versäumung eines Termins.[49] **Unzureichende Sprachkenntnisse** eines Ausländers schließen das Verschulden generell nicht aus,[50] jedoch dürfen auch hier die Anforderungen nicht überspannt werden.[51]

18 Bei **Rechtsmitteleinlegung durch einen Dritten** muss der Erklärende sich idR vom rechtzeitigen Eingang überzeugen,[52] wobei die Kontrollpflicht von den Umständen abhängt[53] (so genügt bei Abgabe durch den Ehepartner idR einfache Nachfrage)[54] und (etwa bei Krankenhausaufenthalt des Betroffenen) ganz entfallen kann.[55]

19 **Abwesenheit während der Zustellung.** Wer sich vorübergehend nicht in seiner Wohnung aufhält, muss grundsätzlich keine Vorsorge treffen, dass er von gerichtlichen Zustellungen rechtzeitig Kenntnis erlangt.[56] Weiß er, dass gegen ihn Ermittlungen geführt werden, gilt das zumindest, wenn er aktuell nicht mit gerichtlichen Zustellungen oder Ladungen rechnen muss.[57] Ist dagegen bereits ein Strafverfahren anhängig und daher mit Zustellungen (zB des Berufungsurteils[58] oder der Ladung zum Berufungsverfahren[59]) zu rechnen, muss entsprechende Vorsorge getroffen werden. Auch mit der Fortführung des Verfahrens nach der vorläufigen Einstellung gem § 153a muss der Beschuldigte ggf. rechnen.[60] Wenn sich ein Verurteilter während der Bewährungszeit **verborgen hält** und entgegen einer richterlichen Weisung seinen Aufenthaltsort nicht angibt, handelt er schuldhaft;[61] allerdings ist er ev. nachträglich entspr. § 33a anzuhören.[62] Wurde ein Schriftstück

---

[40] OLG Düsseldorf v. 13. 4. 2000 – 1 Ws 265/00, VRS 99 (2000), 121.
[41] OLG Hamburg v. 20. 10. 1982 – 1 Ws 382/82, MDR 1983, 152.
[42] BVerfG v. 3. 6. 1975 – 2 BvR 99/74, BVerfGE 40, 42 (45) = NJW 1975, 1405; BVerfG v. 11. 2. 1976 – 2 BvR 652/75, BVerfGE 41, 323 (328) = NJW 1976, 747; BVerfG v. 14. 5. 1985 – 1 BvR 370/84, BVerfGE 69, 381 (385) = NJW 1986, 244.
[43] OLG München v. 28. 5. 1973 – 2 Ws 258/73, MDR 1973, 868; auch OLG Rostock v. 6. 12. 1993 – 2 Ss (OWi) 47/93 I 19/93, NStZ 1994, 200.
[44] KK-StPO/*Maul* Rn. 20 mwN.
[45] OLG Celle v. 8. 6. 1966 – 1 Ws 20/66, MDR 1966, 949.
[46] OLG Düsseldorf v. 6. 9. 1991 – 1 Ws 79/91, NStZ 1992, 99.
[47] *Meyer-Goßner* Rn. 14; vgl. OLG Frankfurt v. 17. 10. 2000 – 3 Ws 1049/00, NStZ-RR 2001, 85 (Ehefrau, die im Betrieb des Ehemannes tätig ist).
[48] OLG Düsseldorf v. 5. 12. 1995 – 1 Ws 940/95, NStZ-RR 1996, 169.
[49] Vgl. KK-StPO/*Maul* Rn. 20 mwN.
[50] BGH v. 20. 12. 1984 – 4 StR 715/84, DAR (Sp) 1985, 199.
[51] BVerfG v. 23. 4. 1991 – 2 BvR 150/91, NJW 1991, 2208.
[52] BGH v. 13. 9. 1995 – 3 StR 393/95, NStZ 1996, 50; OLG Hamm v. 8. 1. 2009 – 3 Ws 512/08, NStZ 2009, 242.
[53] OLG Stuttgart v. 14. 11. 1979 – 1 Ws 375/79, Justiz 1980, 56.
[54] OLG Zweibrücken v. 16. 8. 1991 – I Ws 222/91, StV 1992, 360.
[55] OLG Stuttgart v. 16. 4. 1985 – 1 Ws 120/85, Justiz 1985, 321.
[56] Vgl. BVerfG v. 9. 7. 1969 – 2 BvR 753/68, BVerfGE 26, 315 (319) = NJW 1969, 1531.
[57] Vgl. BVerfG v. 1. 2. 1976 – 2 BvR 849/75, BVerfGE 41, 332 = NJW 1976, 747; LG Zweibrücken v. 17. 10. 1997 – Qs 123/97, NStZ 1998, 267.
[58] OLG Frankfurt v. 22. 5. 1986 – 1 Ws 130/86, MDR 1987, 76.
[59] KG v. 28. 3. 1994 – 3 Ws 85/94, VRS 87 (1994), 129; OLG Celle v. 12. 10. 2001 – 3 Ws 397/01, StraFo 2002, 17; OLG Dresden v. 24. 11. 2004 – 2 Ws 662/04, NStZ 2005, 398.
[60] Vgl. OLG Stuttgart v. 30. 11. 1987 – 1 Ws 436/87, Justiz 1988, 215.
[61] BGH v. 6. 5. 1975 – 7 BJs 14/69 – StB 8/75, BGHSt 26, 127 = NJW 1975, 2211; OLG Düsseldorf v. 30. 8. 2002 – 3 Ws 300–301/02, NStZ 2003, 167 mwN; OLG Hamm v. 3. 11. 2003 – 2 Ws 285/03, NStZ-RR 2004, 46.
[62] § 33a Rn. 7, 14.

(rechtmäßig) **öffentlich zugestellt** (§ 40), steht das einer Wiedereinsetzung regelmäßig entgegen,[63] schließt sie aber nicht in jedem Fall aus.[64]

Nicht oder falsch verstandene Rechtsmittelbelehrungen.[65] Verschulden liegt grundsätzlich vor, 20 wenn eine Frist versäumt ist, weil der Angeklagte die mündliche Rechtsmittelbelehrung missverstanden[66] oder weil er sie überhaupt nicht verstanden hat, sich aber nicht nach dem Fristbeginn erkundigt.[67] Widersprechen sich die (korrekte) schriftliche Belehrung und die (unzutreffende) mündliche Belehrung, darf der Betroffene nicht einfach von der mündlichen Belehrung ausgehen.[68] Das Verschulden kann bei einem **nicht der deutschen Sprache Mächtigen** fehlen, dem ohne Beistand eines Verteidigers und ohne Erteilung eines Merkblatts[69] eine komplizierte Rechtsmittelbelehrung erteilt wird;[70] das Gleiche kann gelten, wenn der Angeklagte zustandsbedingt nicht in der Lage war, die Belehrung richtig zu verstehen,[71] zB bei einem unverteidigten 16-Jährigen, der die Schule ohne Abschluss verlassen musste und in erheblichem Umfang Drogen konsumierte.[72] Wer eine zugestellte oder übergebene **schriftliche Rechtsmittelbelehrung** nicht versteht (sei es, weil er die deutsche Sprache nicht beherrscht, sei es, weil er nicht lesen kann), muss sich bemühen, alsbald ihren Inhalt zu erfahren; bei zugestellten Entscheidungen muss er aber auch erkannt haben, dass die Entscheidung für ihn belastend ist.[73] Bei Zweifeln an der Wirksamkeit seines **Rechtsmittelverzichts** muss der Angeklagte unverzüglich den Rechtsrat eines Rechtskundigen einholt, sonst ist eine Fristversäumnis schuldhaft.[74]

Postbeförderung. Beim Versenden einer Erklärung per Post muss die gewöhnliche **Postlaufzeit** 21 **berücksichtigt** werden.[75] Im Inland ist das bei einfachen Briefen grundsätzlich 1 Tag,[76] wobei die Leerungszeiten des Briefkastens und die üblichen Verlängerungen an Sonn- und Feiertagen zu berücksichtigen sind.[77] Mit einer Laufzeit von 2 Tagen im Inland muss angesichts dieser ganz überwiegend auch eingehaltenen Brieflaufzeit nicht generell gerechnet werden.[78] Bei Einschreibsendungen ist mit längerer Laufzeit zu rechnen.[79] Nicht verschuldet ist eine Verzögerung der Postbeförderung,[80] außer der Absender hat sie selbst verursacht, zB durch Fehlen oder falsche Angabe einer Postleitzahl.[81] Wegen Nichtberücksichtigung der üblichen Übermittlungszeit handelt ein Gefangener schuldhaft, der die Rechtsmittelschrift **erst am letzten Tag der Frist** in den Abteilungsbriefkasten der JVA gibt.[82] Das gilt allgemein für Erklärungen, die per Brief erst am letzten Tag einer Frist in einen **Postbriefkasten geworfen** werden, wenn nicht ausnahmsweise mit Briefzustellung am selben Tag zu rechnen ist. Verschulden liegt auch vor bei **Aufgabe einer Telefaxsendung** erst **wenige Minuten vor Fristablauf** mit verspätetem Eingang wegen Belegung des Empfanggeräts.[83]

---

[63] OLG Frankfurt v. 16. 3. 2004 – 3 Ws 321/04, NStZ-RR 2004, 210 (211); so auch *Meyer-Goßner* Rn. 14.
[64] OLG Frankfurt v. 16. 3. 2004 – 3 Ws 321/04, NStZ-RR 2004, 210 (211); OLG Karlsruhe v. 7. 2. 1974 – 2 Ws 254/73, NJW 1974, 1152; *Meyer-Goßner* Rn. 14.
[65] Zur fehlenden oder fehlerhaften Rechtsmittelbelehrung s. Rn. 39 ff.
[66] OLG Neustadt/Weinstr. v. 31. 3. 1960 – Ws 43/60, MDR 1960, 602.
[67] BGH v. 7. 6. 2005 – 1 StR 198/05, NStZ-RR (B) 2007, 3; OLG Hamm v. 28. 6. 2001 – 2 Ss OWi 550/01, NJW 2001, 3279.
[68] OLG Dresden v. 11. 11. 1999 – 1 Ws 269/99, NStZ-RR 2002, 171; aM SK-StPO/*Weßlau* Rn. 41.
[69] § 35 a Rn. 11 ff.
[70] KG v. 12. 12. 1991 – 3 Ws (B) 234/91, NZV 1992, 123.
[71] Vgl. OLG Koblenz v. 7. 9. 1972 – 1 Ws 444/72, MDR 1973, 156
[72] OLG Schleswig v. 23. 9. 2008 – 2 Ss 139/08, 2 Ws 388/08, StV 2010, 62.
[73] BVerfG v. 19. 4. 1995 – 2 BvR 2295/94, StV 1995, 394 L; OLG Köln v. 4. 5. 1979 – 1 Ws 8/79, MDR 1979, 864; OLG Köln v. 27. 10. 1981 – 1 Ss 802/81 (Z), MDR 1982, 247; OLG Köln v. 7. 5. 1982 – 1 Ss 263/82 (B) – 152, VRS 63 (1982), 457; OLG Köln v. 20. 1. 1984 – 1 Ss 914/83, VRS 67 (1984), 251.
[74] OLG Jena v. 26. 6. 2003 – 1 Ws 206/03, NJW 2003, 3071.
[75] BGH v. 30. 9. 1958 – VIII ZR 133/57, NJW 1958, 2015 (2016) mwN; BGH v. 17. 11. 1983 – 4 StR 632/83, NStZ 1984, 209.
[76] BGH v. 13. 5. 2004 – V ZB 62/03, NJW-RR 2004, 1217; OLG Hamm v. 17. 2. 2009 – 3 Ws 37/09, NJW 2009, 2230; *Meyer-Goßner* Rn. 16; vgl. auch BVerfG v. 27. 2. 1992 – 1 BvR 1294/91, NJW 1992, 1952.
[77] OLG Düsseldorf v. 13. 2. 1984 – 1 Ws 7/84, VRS 67 (1984), 38.
[78] Vgl. OLG Hamm v. 17. 2. 2009 – 3 Ws 37/09, NJW 2009, 2230; aA OLG Stuttgart v. 3. 8. 2009 – 1 Ss1215/09, NStZ-RR 2010, 15.
[79] KG v. 10. 5. 2005 – 3 Ws 186/05, NStZ-RR 2006, 142.
[80] BVerfG v. 16. 12. 1975 – 2 BvR 854/75, BVerfGE 41, 23 = NJW 1977, 513; BVerfG v. 4. 5. 1977 – 2 BvR 616/75, BVerfGE 44, 302 = NJW 1977, 1233; BVerfG v. 4. 12. 1979 – 2 BvR 376/77, BVerfGE 53, 25 (28) = NJW 1980, 769; BayObLG v. 20. 12. 1977 – RReg. 2 Z 95/77, NJW 1978, 1488; OLG Hamburg v. 27. 7. 1973 – 2 Ss 133/73, NJW 1974, 68; vgl. auch BVerfG v. 3. 11. 1982 – 2 BvR 1145/81, BVerfGE 62, 216 (221) = NJW 1983, 560; BVerfG v. 1. 12. 1982 – 1 BvR 607/82, BVerfGE 62, 334 (336) = NJW 1983, 1479.
[81] OLG Düsseldorf v. 17. 3. 1994 – 2 Ws 88/94, NJW 1994, 2841; OLG Frankfurt v. 13. 11. 1996 – 3 Ws 931/96, NStZ-RR 1997, 137; aM und wegen der üblichen elektronischen Erfassung der PLZ überholt OLG Stuttgart v. 13. 7. 1982 – 3 Ws 180/82, NJW 1982, 2832.
[82] BGH v. 27. 7. 2005 – 2 StR 312/05, NStZ 2006, 54; BGH v. 21. 5. 1992 – 1 StR 248/92, BGHR Verhinderung 12.
[83] BVerfG v. 20. 1. 2006 – 1 BvR 2683/05, NJW 2006, 1505.

22   Unrichtige Adressierung. Wird die Frist wegen unrichtiger Adressierung der Rechtsmittelschrift versäumt, die beim unzuständigen Gericht am letzten Tag der Frist eingeht, ist das schuldhaft.[84] Ist eine beim falschen Gericht oder bei der Staatsanwaltschaft rechtzeitig eingegangene Rechtsmittelschrift aber nicht im normalen Geschäftsgang an das zuständige Gericht weitergeleitet worden, ist Wiedereinsetzung zu gewähren.[85] Zur **Weiterleitung per Telefax** ist die Stelle, die das Schriftstück zunächst erhalten hat, nur dann verpflichtet, wenn der drohende Fristablauf ohne weiteres erkennbar ist.[86] Der Betroffene kann aber idR nicht davon ausgehen, dass die unzuständige Eingangsbehörde einen Rechtsmittelschriftsatz per Telefax weiterleitet,[87] oder dass er telefonisch vom Eingang beim unzuständigen Gericht benachrichtigt wird.[88]

23   Wenn eine **Prozesshandlung des Verteidigers** wegen eines Verstoßes gegen das Verbot der Mehrfachverteidigung (§ 146 a) **zurückgewiesen** worden ist, liegt **kein Verschulden** des Angeklagten vor.[89] Verschulden liegt dagegen **im Verkehr mit dem Verteidiger** vor, wenn dieser zu spät[90] oder nicht eindeutig[91] mit der Rechtsmitteleinlegung beauftragt wird, oder wenn der Beschuldigte für Rücksprachen mit dem Verteidiger nicht erreichbar ist.[92]

24   2. Verschulden Anderer. a) Justizbehörden.[93] Den Betroffenen trifft **kein Verschulden**, wenn das Gericht die Mitteilung an den Verteidiger nach § 145 a Abs. 3 S. 2[94] oder an den Beschuldigten nach § 145 a Abs. 3 S. 1 unterlassen hat,[95] sofern die Fristversäumung hierauf beruht.[96] Schuldlos handelt auch, wer durch einen Beamten der JVA über den Ablauf der Frist unzutreffend belehrt worden ist.[97] Unverschuldet ist eine Fristversäumung, die verursacht worden ist, weil der Rechtsmittelberechtigte zur Rechtsmitteleinlegung nach § 299 nicht vorgeführt wurde,[98] es sei denn, dass fristgemäße schriftliche Einlegung möglich und zumutbar gewesen wäre.[99]

25   Ohne Verschulden ist **eine Erklärung verspätet**, die von einem unzuständigen Beamten zu Protokoll genommen wurde[100] (aber nicht vom dafür zuständigen RPfl des unzuständigen Gerichts, wenn der Beschuldigte ordnungsgemäß belehrt war)[101] die der UrkB unrichtig behandelt hat[102] oder deren fristgemäßer Zugang vereitelt wurde[103] (zB bei Unmöglichkeit der Entgegennahme eines eingeschriebenen Briefs als Eilzustellung).[104] Ebenfalls unverschuldet ist eine Verspätung, die verursacht wurde, weil es beim Gericht keine Möglichkeit gibt, nach Dienstschluss mit fristwahrender Wirkung ein Schriftstück einzureichen,[105] weil eine Störung am gerichtlichen Telefaxgerät

---

[84] OLG Hamm v. 27. 6. 1984 – 6 Ss 1007/84, NStZ 1985, 185 L; OLG Naumburg v. 3. 8. 2000 – 1 Ws 289/00, NStZ-RR 2001, 272 (Eingang am vorletzten Tag der Frist).
[85] OLG Naumburg v. 3. 8. 2000 – 1 Ws 289/00, NStZ-RR 2001, 272; vgl. auch OLG Hamm v. 27. 6. 1984 – 6 Ss 1007/84, NStZ 1985, 185 L; vgl. unten Rn. 25.
[86] OLG Hamm v. 6. 8. 2003 – 2 Ws 164/03, NZV 2004, 50, aA OLG Hamm v. 24. 1. 2008 – 3 Ws 34/08, NStZ-RR 2008, 283 L; OLG Hamm v. 15. 12. 2008 – 2 Ws 366/08, NStZ-RR 2009, 347 L (keine Verpflichtung).
[87] OLG Hamm v. 26. 11. 1996 – 3 Ws 567/96, NJW 1997, 2829; OLG Hamm v. 24. 1. 2008 – 3 Ws 34/08, NStZ-RR 2008, 283 L.
[88] OLG Düsseldorf v. 10. 3. 1983 – 4 StO 1-2/83, NStZ 1984, 184 mit zust Anm *Maul*; OLG Hamm v. 4. 4. 1985 – 4 Ws 87/85, NStZ 1985, 472; aM OLG Zweibrücken v. 11. 9. 1981 – 2 Ws 149/81, MDR 1982, 166.
[89] BGH v. 12. 5. 1976 – 3 StR 100/76, BGHSt 26, 335 (338) = NJW 1976, 1414; OLG Düsseldorf v. 20. 12. 1983 – 1 Ws 1120/83, NStZ 1984, 235; OLG Hamm v. 17. 9. 1979 – 4 Ss 1594/79, NJW 1980, 1059 (1060); OLG Koblenz v. 13. 5. 1983 – 1 Ss 198/83, VRS 65 (1983), 372 (373).
[90] BGH v. 11. 10. 1955 – 6 StR 107/55, MDR (D) 1956, 11; vgl. auch BGH v. 10. 8. 1994 – 3 StR 380/94, BGHR Verschulden 2 (Auftrag erreicht Verteidiger zu spät).
[91] OLG Düsseldorf v. 27. 1. 1999 – 1 Ws 61 und 66/99, VRS 96 (1999), 374.
[92] BGH v. 11. 9. 1996 – 2 StR 426/96, NStZ 1997, 95.
[93] Zur fehlenden oder fehlerhaften Rechtsmittelbelehrung s. Rn. 39 ff.
[94] BayObLG v. 25. 11. 1975 – 4 Ob OWi 51/75, BayObLGSt 1975, 150 (151) = VRS 50 (1976), 292; KG v. 20. 11. 2001 – 1 AR 1353/01 – 5 Ws 702/01, StV 2003, 343; OLG Celle v. 16. 9. 1992 – 2 Ss 283/92, StV 1994, 7; OLG Köln v. 29. 10. 1971 – Ss (OWi) 152/71, VRS 42 (1972), 125 (128); OLG München v. 27. 10. 2008 – 5 St RR 200/08, NJW 2008, 3797; OLG Schleswig v. 9. 9. 1980 – 1 Ws 270/80, NJW 1981, 1681.
[95] BGH v. 31. 1. 2006 – 4 StR 403/05, NStZ-RR 2006, 211–212.
[96] OLG Frankfurt v. 11. 12. 1981 – 3 Ws 820/81, NJW 1982, 1297; vgl. auch OLG Düsseldorf v. 27. 1. 1995 – 1 Ws (OWi) 63/95 und 5 Ss (OWi) 487/94 – (OWi) 10/95 I, VRS 89 (1995), 41; OLG Nürnberg v. 30. 12. 1998 – Ws 1400/98, NStZ-RR 1999, 114; OLG Frankfurt v. 5. 3. 1980 – 1 Ws (B) 44/80 OWiG, VRS 59 (1980), 429; OLG Stuttgart v. 13. 7. 2009 – 4 Ws 127/09, Justiz 2009, 328.
[97] BGH v. 14. 5. 1992 – 4 StR 206/92, NStZ (K) 1993, 27.
[98] OLG Düsseldorf v. 16. 6. 1983 – 1 Ws 409/83, Rpfleger 1983, 363 (364).
[99] OLG Karlsruhe v. 27. 3. 2003 – 2 VAs 32/02, Justiz 2003, 490.
[100] BVerfG v. 21. 3. 2005 – 2 BvR 975/03, NStZ-RR 2005, 238.
[101] OLG Brandenburg v. 10. 6. 2009 – 1 Ss 21/09, NStZ 2010, 413.
[102] BVerfG v. 27. 9. 2005 – 2 BvR 172/04 u. a., NJW 2005, 3629; BayObLG v. 18. 9. 1959 – RReg. I St. 503/1959 – JR 1960, 145 mAnm *Sarstedt*; KK-StPO/*Maul* Rn. 28 mwN.
[103] BVerfG v. 3. 11. 1982 – 2 BvR 1145/81, BVerfGE 62, 216 (222) = NJW 1983, 560.
[104] OLG Oldenburg v. 11. 3. 1983 – 1 Ws 40/83, StV 1983, 324 L; vgl. auch KG v. 1. 3. 1995 – 4 Ws 21/95, NStZ 1995, 612.
[105] *Meyer-Goßner* Rn. 17.

Fünfter Abschnitt. Fristen und Wiedereinsetzung in den vorigen Stand   26–28 § 44

die rechtzeitige Übermittlung verhindert hat,[106] weil der die Briefkontrolle für Gefangene ausübende Beamte die sofortige Weitergabe der Sendung unterlassen hat[107] (jedoch nicht, wenn der Gefangene sie erst am letzten Tag der Frist zur Weiterleitung übergibt)[108] oder weil eine unzuständige Empfangsbehörde die Sendung nicht im normalen Geschäftsbetrieb[109] an die erkennbare zuständige Stelle weitergeleitet hat.[110] Von Verschulden ist auch nicht auszugehen, wenn zwar die rechtzeitige Absendung, aber **nicht der Eingang** eines abgesandten Telefaxes bei Gericht **festgestellt** werden kann.[111]

Wird der **Antrag** auf Beiordnung eines Verteidigers für die Abfassung der Revisionsbegründungsschrift **nicht rechtzeitig beschieden**, kann das die Wiedereinsetzung rechtfertigen.[112]   26

b) Rechtsanwälte. aa) Verschulden des Verteidigers. Verschulden des Verteidigers ist **dem Angeklagten** idR[113] **nicht zuzurechnen**.[114] Das gilt für Pflicht- ebenso wie für Wahlverteidiger und auch im Fall des § 297.[115] Der Angeklagte muss seinen Verteidiger grundsätzlich nicht überwachen.[116]   27

Auf den Verteidiger darf sich der Angeklagte aber **dann nicht** verlassen, wenn ihm dessen Unzuverlässigkeit bekannt ist,[117] er die Fristversäumung durch den Verteidiger voraussehen kann[118] oder sonst damit rechnen muss, dass der Verteidiger nicht tätig werden[119] oder die (aussichtslose) Revision nicht begründen wird. Wenn der Rechtsanwalt seine Tätigkeit von einer Vorschusszahlung[120] oder von der Begleichung alter Schulden abhängig macht, kann der Angeklagte vor deren Bezahlung nicht mit Fristwahrung durch ihn rechnen.[121]

bb) Vertreter anderer Beteiligter. Andere Verfahrensbeteiligte, die sich nicht gegen einen Schuldvorwurf verteidigen, wie **Nebenkläger**,[122] **Privatkläger**,[123] Antragsteller nach § 172 Abs. 2 ZPO[124] oder **Einziehungsbeteiligte**,[125] müssen sich das **Verschulden ihres Vertreters zurechnen** lassen (vgl. § 85 Abs. 2 ZPO).[126] Das gilt ebenso für die Tätigkeit des **Verteidigers des Angeklagten**, die sich **nicht unmittelbar auf den Schuldvorwurf** bezieht, so bei der Beschwerde gegen den Verfall der Sicherheit (§ 124 Abs. 2 S. 2)[127] und die Kostenentscheidung (§ 464 Abs. 3),[128] im Kostenfestset-   28

---
[106] BGH v. 15. 9. 2004 – 1 StR 304/04, NStZ-RR 2004, 368; OLG Brandenburg v. 26. 5. 2004 – 1 Ss (OWi) 88 B/04, NStZ 2005, 711; vgl. auch *Roth* NJW 2008, 785 zur Fristversäumnis wegen Belegung des Telefaxgerätes.
[107] OLG Düsseldorf v. 6. 9. 1989 – 3 Ws 608/89, NStZ 1990, 149.
[108] BGH v. 15. 7. 1992 – 2 StR 305/92, NStZ 1992, 555; BGH v. 23. 7. 1992 – 4 StR 304/92, NStZ (K) 1993, 27.
[109] Zur Weiterleitung per Fax vgl. oben Rn. 22.
[110] OLG Düsseldorf v. 23. 11. 1998 – 1 Ws 818–819/98, NStZ-RR 1999, 147; OLG Hamm v. 11. 7. 1977 – 2 Ss OWi 974/77, MDR 1978, 73.
[111] KG v. 1. 11. 2005 – 3 Ws (B) 490/05, NStZ-RR 2007, 24; OLG Karlsruhe v. 21. 9. 1993 – 3 Ss 100/93, NStZ 1994, 200.
[112] OLG Hamm v. 4. 6. 1976 – 3 Ws 201/76, MDR 1976, 1038; BayObLG v. 19. 11. 1987 – RReg I St 247/87, StV 1988, 332 L.
[113] Zu Ausnahmefällen s. u. Rn. 28.
[114] BVerfG v. 8. 8. 1990 – 2 BvR 267/90, NJW 1991, 351; BVerfG v. 13. 4. 1994 – 2 BvR 2107/93, NJW 1994, 1856; BGH v. 12. 9. 1990 – 2 StR 359/90, NJW 1991, 709 (710); BGH v. 12. 1. 1993 – 5 StR 568/91, NJW 1994, 3112; OLG Koblenz v. 23. 7. 1987 – 1 Ss 298/87, VRS 74 (1988), 53 (54).
[115] OLG Karlsruhe v. 12. 10. 1992 – 4 Ss 64/92, Justiz 1992, 485.
[116] BGH v. 23. 2. 1989 – 4 StR 67/89, NStZ (M) 1990, 25; OLG Düsseldorf v. 26. 5. 1983 – 1 Ws 417/83, VRS 65 (1983), 445; OLG Düsseldorf v. 13. 3. 1995 – 1 Ws 204 und 228/95, VRS 89 (1995), 214; OLG Düsseldorf v. 30. 9. 1998 – 1 Ws 354/98 und 513/98, StraFo 1999, 22; OLG Köln v. 29. 10. 2001 – Ss 437/01 Z, VRS 101 (2001), 373.
[117] BGH v. 21. 12. 1972 – 1 StR 267/72, BGHSt 25, 89 (92) = NJW 1973, 521; BGH v. 27. 2. 1973 – 1 StR 14/73, NJW 1973, 1138 = JR 1973, 470 mAnm *Peters*; BGH v. 13. 5. 1997 – 1 StR 142/97, NStZ 1997, 560; OLG Frankfurt v. 5. 3. 1980 – 1 Ws (B) 44/80 OWiG, VRS 59 (1980), 429; OLG Düsseldorf v. 26. 5. 1983 – 1 Ws 417/83, VRS 65 (1983), 445.
[118] BGH v. 25. 5. 1960 – 4 StR 193/60, BGHSt 14, 306 = NJW 1960, 1774; BGH v. 27. 2. 1973 – 1 StR 14/73, NJW 1973, 1138; BGH v. 17. 1. 1995 – 1 StR 814/94, NStZ 1995, 352.
[119] BGH v. 23. 2. 1989 – 4 StR 67/89, NStZ (M) 1990, 25; BGH v. 17. 1. 1995 – 1 StR 814/94, NStZ 1995, 352 (353).
[120] BGH v. 13. 3. 1984 – 4 StR 56/84, DAR (Sp) 1985, 200; BGH v. 8. 4. 1997 – 4 StR 117/96, BGHR Verhinderung 15.
[121] KK-StPO/*Maul* Rn. 31 ff.
[122] BGH v. 11. 12. 1981 – 2 StR 221/81, BGHSt 30, 309 = NJW 1982, 1544; KG v. 25. 1. 1965 – 1 Ws 512/64, NJW 1965, 1032; OLG Karlsruhe v. 17. 12. 1996 – 2 Ws 214/96, NStZ-RR 1997, 157.
[123] OLG Düsseldorf v. 8. 2. 1993 – 1 Ws 99–100/93, NJW 1993, 1344.
[124] OLG Düsseldorf v. 26. 10. 1992 – 1 Ws 827/92, NJW 1993, 341; OLG Düsseldorf v. 26. 8. 1988 – 1 Ws 711–712/88, NStZ 1989, 193 mit abl Anm *Rieß*; OLG Koblenz v. 22. 7. 1982 – 1 Ws 353/82, VRS 64 (1983), 33; OLG Nürnberg v. 11. 11. 1997 – Ws 1078/97, NStZ-RR 1998, 143.
[125] OLG Düsseldorf v. 25. 2. 2000 – 1 Ws 286–287/00, NStZ-RR 2001, 335.
[126] KK-StPO/*Maul* Rn. 34 mwN; *Meyer-Goßner* Rn. 19; aM AK/*Lemke* Rn. 32; Löwe/Rosenberg/*Graalmann-Scheerer* Rn. 62; SK-StPO/*Weßlau* Rn. 37.
[127] OLG Stuttgart v. 4. 2. 1980 – 1 Ws 444/79, Justiz 1980, 285; KK-StPO/*Boujong* § 124 Rn. 11.
[128] BGH v. 6. 5. 1975 – 5 StR 139/75, BGHSt 26, 126 = NJW 1975, 1332; OLG Düsseldorf v. 9. 1. 1989 – 2 Ws 1–2/89, NStZ 1989, 242; OLG Koblenz v. 15. 3. 1990 – 3 Ws 163/90, GA 1990, 267.

zungsverfahren (§ 464 b),[129] im Verfahren nach §§ 23 ff. EGGVG,[130] in Strafvollzugssachen nach §§ 109 ff. StVollzG[131] und im Entschädigungsverfahren nach §§ 8 ff. StrEG.[132] **Kanzleiversehen**, auch bei der Kontrolle der Fristen und der Führung des Fristenkalenders,[133] sind für den RA und den Vertretenen unverschuldet;[134] Voraussetzung ist, dass das Personal gut ausgebildet ist und sorgfältig ausgewählt und überwacht wird und durch geeignete Büroorganisation Vorsorge für die Fristeinhaltung getroffen worden ist.[135]

29   3. **Wiedereinsetzung für die Staatsanwaltschaft.** Auch die StA kann Wiedereinsetzung auf Antrag oder auch von Amts wegen[136] erhalten, wenn sie eine Frist ohne eigenes Verschulden versäumt hat. Zurechenbar als eigenes Verschulden sind Fehler sowohl des leitenden Beamten (auch durch unzureichende Organisation), wie auch des sachbearbeitenden Staatsanwalts oder eines anderen Beamten der Behörde (auch eines Justizwachtmeisters).[137]

V. Nachholung von Verfahrensrügen in der Revision

30   1. **Grundsatz.** Zur Nachholung von Verfahrensrügen einer bereits eingelegten Revision[138] kann einem Angeklagten, der mit seinem Verteidiger in der Hauptverhandlung anwesend war, **Wiedereinsetzung grundsätzlich nicht bewilligt** werden.[139] Ausnahmsweise kann Wiedereinsetzung gewährt werden, wenn der Beschwerdeführer unverschuldet durch äußere Umstände oder durch Maßnahmen des Gerichts an der rechtzeitigen Revisionsbegründung gehindert worden ist;[140] die von der Rspr. gewährten Ausnahmen sind systematisch allerdings schwer zu fassen.[141]

31   2. **Einzelfälle. a) Wiedereinsetzung.** Wiedereinsetzung kann nach der Rechtsprechung gewährt werden für das Nachholen von Verfahrensrügen bei verspäteter Beiordnung des Verteidigers[142] oder durch den erst nach der Hauptverhandlung gewählten Verteidiger,[143] wegen Unmöglichkeit oder Verweigerung der Einsicht in die Gerichtsakten oder das Protokoll der Hauptverhandlung während der Frist des § 345 Abs. 1 für Rügen, die ohne deren Kenntnis nicht begründet werden konnten (aber nur bei hinreichendem, ggf. mehrfachen Bemühen um Erhalt der Einsicht),[144] bei Erkrankung des Verteidigers,[145] wenn der Verteidiger nicht rechtzeitig an seine Akten gelangen kann,[146] bei Weigerung des Pflichtverteidigers, mehr als die Sachrüge zu erheben,[147] beim Fehlen der Unterschrift des Verteidigers,[148] bei einem Versehen des Verteidigerbüros,[149] bei Verzögerung

---

[129] OLG Düsseldorf v. 29. 10. 1982 – 1 Ws 832–833/82, JurBüro 1983, 733; OLG Düsseldorf v. 14. 11. 1986 – 1 Ws 1019–1020/86, JurBüro 1987, 723.
[130] *Meyer-Goßner* Rn. 19.
[131] OLG Frankfurt v. 8. 5. 1981 – 3 Ws 63/81, MDR 1981, 1044; OLG Frankfurt v. 1. 4. 1982 – 3 Ws 179/82, NStZ 1982, 351.
[132] BGH v. 23. 5. 2007 – 2 AR 57/07 – 1 Ws 55/07, NJW 2008, 94.
[133] BGH v. 12. 2. 1965 – IV ZR 231/63, BGHZ 43, 148 = NJW 1965, 1021; BGH v. 6. 7. 2004 – 5 StR 204/04, DAR (Te) 2005, 248.
[134] BGH v. 30. 5. 2000 – 1 StR 103/00, NStZ 2000, 545; OLG Zweibrücken v. 9. 9. 1976 – Ws 345/76, VRS 53 (1977), 120.
[135] BGH v. 16. 3. 1953 – VI ZB 3/52, NJW 1953, 1023; BGH v. 7. 5. 1975 – VIII ZR 187/74, NJW 1975, 1362; BGH v. 30. 5. 2000 – 1 StR 103/00, NStZ 2000, 545; OLG Düsseldorf v. 8. 2. 1993 – 1 Ws 99–100/93, NJW 1993, 1344 mwN.
[136] BGH v. 5. 9. 2007 – 2 StR 306/07, StraFo 2007, 502.
[137] BGH v. 29. 3. 1988 – 5 StR 135/88, NStE § 44 StPO Nr. 12; BayObLG v. 7. 12. 1984 – RReg 4 St 253/84, BayObLGSt 1984, 129 = JR 1985, 254 mit abl Anm *Wendisch*; OLG Frankfurt v. 10. 12. 1996 – 3 Ws 1002/96, NStZ-RR 1997, 176; KK-StPO/*Maul* Rn. 33; *Meyer-Goßner* Rn. 21; einschr Löwe/Rosenberg/*Graalmann-Scheerer* Rn. 63 (keine Anrechnung des Verschuldens untergeordneter Dienstkräfte).
[138] Vgl. allg *Hilger* NStZ 1983, 152; *Ventzke* StV 1997, 227.
[139] BGH v. 21. 2. 1951 – 1 StR 5/51, BGHSt 1, 44; BGH v. 28. 10. 1980 – 1 StR 235/80, NStZ 1981, 110; BGH v. 21. 3. 2006 – 4 StR 110/05, wistra 2006, 271; OLG Hamm v. 3. 5. 1974 – 4 Ss 210/74, NJW 1974, 1914; OLG Hamm v. 17. 9. 1987 – 4 Ss 999/87, StV 1988, 55 L; OLG Nürnberg v. 6. 9. 2006 – 2 St OLG Ss 170/06, NJW 2007, 937 L = NStZ-RR 2006, 380; OLG Oldenburg v. 26. 10. 1967 – 1 ARs 61/67, NJW 1968, 64; *Meyer-Goßner* Rn. 7; aM KK-StPO/*Maul* Rn. 14; Löwe/Rosenberg/*Graalmann-Scheerer* Rn. 15 (Wiedereinsetzung zur Nachholung von Verfahrensrügen schlechthin zulässig); SK-StPO/*Weßlau* Rn. 13; *Berndt* StraFo 2003, 113.
[140] BGH v. 7. 9. 1993 – 5 StR 162/93, NStZ 1994, 46; BGH v. 18. 6. 2008 – 2 StR 485/07, NStZ 2008, 705 mwN; *Ventzke* StV 1997, 229.
[141] Vgl. KK-StPO/*Maul* Rn. 7; kritisch Löwe/Rosenberg/*Graalmann-Scheerer* Rn. 13 f.
[142] BGH v. 11. 2. 1983 – 2 StR 733/82, StV 1983, 225.
[143] BayObLG v. 6. 2. 1984 – RReg. 5 St 6/84, BayObLGSt 1984, 6 = MDR 1984, 773; vgl. auch BayObLG v. 13. 8. 2003 – 5 St RR 214/03, NStZ-RR 2004, 82 mwN.
[144] BGH v. 25. 4. 1984 – 3 StR 121/84, NStZ 1984, 418; BGH v. 6. 5. 1977 – 4 StR 152/97, NStZ-RR 1997, 302 L; BGH v. 31. 3. 2004 – 2 StR 482/03, NJW 2004, 2394; BGH v. 27. 8. 2008 – 2 StR 260/08, NStZ 2009, 173; OLG Jena v. 7. 4. 2005 – 1 Ss 15/05, StV 2006, 461 L.
[145] BGH v. 25. 5. 1965 – 3 StR 5/65, MDR (D) 1966, 25; BGH v. 14. 8. 1984 – 2 StR 282/84, NStZ 1985, 204.
[146] BGH v. 7. 5. 2009 – 1 StR 203/08, NStZ 2008, 525.
[147] BayObLG v. 19. 9. 1973 – RReg 4 St 111/73, MDR 1974, 247.
[148] BGH v. 24. 11. 1982 – 3 StR 116/82, BGHSt 31, 161.
[149] BGH v. 13. 9. 2000 – 3 StR 342/00, NStZ-RR 2001, 259; BGH v. 20. 4. 2004 – 1 StR 52/04, NStZ-RR (B) 2005, 257; dazu *Berndt* StraFo 2003, 114.

der Postbeförderung,[150] bei Weigerung des Rechtspflegers, notwendiges Vorbringen aufzunehmen,[151] beim Ausfall oder bei Störungen des Telefaxgeräts des Gerichts.[152]

Der **Wiedereinsetzungsantrag** muss, wird er mit fehlender Akteneinsicht begründet, darstellen, inwieweit der Antragsteller dadurch an einer ordnungsgemäßen Begründung gehindert war.[153] Die Rüge selbst muss so genau mitgeteilt werden, wie dies ohne Akteneinsicht möglich ist.[154] Generell muss die nachgeschobene Rüge den Form- und Fristanforderungen des § 45[155] und der §§ 344 Abs. 2 S. 2, 345 entsprechen.[156]

b) Keine Wiedereinsetzung. Keine Wiedereinsetzung kann zur Wiederholung einer **nicht formgerecht** eingelegten Verfahrensrüge oder zur Ergänzung oder Berichtigung einer bereits erhobenen Verfahrensrüge gewährt werden,[157] ebenso bei einer nicht formgerecht erhobenen Sachrüge.[158]

Von der Rechtsprechung wird Wiedereinsetzung auch **nicht gewährt** bei fehlender Einsichtnahme in den Geschäftsverteilungsplan (obwohl diese vor Ablauf der Revisionsbegründungsfrist möglich gewesen wäre)[159] oder in die Akten des Gerichts,[160] auch, wenn trotz mehrfacher Nachfrage das Protokoll tatsächlich nicht eingegangen ist,[161] bei fehlender Begründung für die Notwendigkeit der Akteneinsicht im Hinblick auf die zu erhebende Verfahrensrüge,[162] bei Unterlassen des Verteidigers, die Erledigung des Akteneinsichtsgesuchs anzumahnen[163] oder sich um Akteneinsicht zu bemühen,[164] wegen Nichtmitgabe der Akten ins Rechtsanwaltsbüro bei Möglichkeit der Akteneinsicht im Gericht.[165] Wiedereinsetzung wird auch nicht gewährt zur Anbringung einer (ersten oder weiteren) Verfahrensrüge durch einen von zwei Verteidigern, wenn der andere bereits fristgerecht Sach- oder Verfahrensrüge erhoben hat, denn es handelt sich bei der Revision unabhängig von der Anzahl der Verteidiger um ein einheitliches Rechtsmittel.[166] Auch wenn der **Rechtspfleger** sich geweigert hat, sich Sätze ohne sachliche Ordnung wörtlich ins Protokoll diktieren zu lassen,[167] oder bei der Formulierung unzulässiger Verfahrensrügen mitgewirkt hat,[168] führt das nicht zur Wiedereinsetzung.

VI. Belehrung über die Möglichkeit der Wiedereinsetzung

Eine **Belehrung** über die Möglichkeit der Wiedereinsetzung ist **grundsätzlich nicht vorgesehen**.[169] Der **Grundsatz des fairen Verfahrens** gebietet aber eine Belehrung, wenn Wiedereinsetzungsgrund ein dem Gericht zuzurechnender[170] Fehler ist.[171] Der Zugang dieser Belehrung lässt die Frist zur Stellung des Wiedereinsetzungsantrags (§ 45 Abs. 1 S. 1) beginnen.[172]

---

[150] BGH v. 28. 10. 1980 – 1 StR 235/80, NStZ 1981, 110; BayObLG v. 19. 12. 1980 – RReg. 4 St 152/80, BayObLGSt 1980, 158 = NJW 1981, 1055.
[151] BGH v. 21. 11. 1991 – 1 StR 552/90, NStZ 1992, 292.
[152] BGH v. 11. 5. 2005 – 2 StR 150/06, NStZ 2005, 650; BGH v. 18. 6. 2008 – 2 StR 485/07, NStZ 2008, 705; KG v. 1. 11. 2005 – 3 Ws (B) 490/05, NStZ-RR 2007, 24.
[153] BGH v. 12. 3. 1996 – 1 StR 710/95, NStZ 1997, 45 (46); BGH v. 7. 3. 2003 – 2 StR 475/02, NStZ-RR (B) 2004, 226; OLG Zweibrücken v. 28. 2. 2001 – 1 Ss 296/00, wistra 2001, 277; Burhoff StV 1997, 437.
[154] BGH v. 9. 8. 1995 – 1 StR 59/95, NStZ-RR 1996, 140.
[155] BGH v. 27. 5. 2008 – 3 StR 173/08, NStZ-RR 2008, 282; BGH v. 27. 8. 2008 – 2 StR 260/08, NStZ 2009, 173 (174).
[156] Meyer-Goßner Rn. 7 a mwN.
[157] BGH v. 17. 12. 1984 – 4 StR 718/84, NStZ 1985, 181; BGH v. 28. 8. 1991 – 4 StR 384/91, wistra 1992, 28; BGH v. 5. 4. 2005 – 3 StR 42/05, StraFo 2005, 299; OLG Köln v. 12. 3. 1996 – Ss 114/96 (Z) – 69 Z, NStZ-RR 1996, 212.
[158] OLG Hamm v. 27. 6. 2001 – 2 Ss 921/00, NZV 2001, 490.
[159] BGH v. 29. 6. 2006 – 4 StR 146/06, NStZ-RR (B) 2008, 34.
[160] BayObLG v. 13. 8. 2003 – 5 St RR 214/03, NStZ-RR 2004, 82.
[161] BGH v. 31. 3. 2004 – 2 StR 482/03, NJW 2004, 2394.
[162] BGH v. 13. 1. 1993 – 2 StR 640/92, wistra 1993, 228.
[163] BGH v. 30. 5. 1985 – 4 StR 214/85, NStZ 1985, 492; BGH v. 1. 2. 2000 – 4 StR 635/99, NStZ 2000, 326; OLG Koblenz v. 13. 11. 1985 – 1 Ss 471/85, VRS 70 (1986), 282 (284); OLG Hamm v. 17. 9. 1987 – 4 Ss 999/87, StV 1988, 55 L.
[164] BGH v. 6. 10. 2004 – 2 StR 372/04, NStZ-RR (B) 2006, 2.
[165] BGH v. 12. 1. 1984 – 4 StR 762/83 und v. 28. 6. 1984 – 4 StR 243/84, NStZ (Pf/M) 1985, 13; BGH v. 13. 11. 1997 – 1 StR 470/97, NStZ-RR (K) 1998, 258; krit Ventzke StV 1997, 229.
[166] BGH v. 2. 2. 1999 – 1 StR 698/98, StV 1999, 198 L; BGH v. 15. 9. 2004 – 2 StR 232/04, StraFo 2005, 25; BGH v. 10. 7. 2008 – 3 StR 239/08, StV 2008, 569.
[167] BGH v. 3. 5. 2006 – 2 StR 64/06, NStZ 2006, 585.
[168] BGH v. 11. 6. 2008 – 5 StR 192/08, NStZ-RR 2008, 312.
[169] § 35 a Rn. 4 f.
[170] S. o. Rn. 24 ff.
[171] BVerfG v. 21. 3. 2005 – 2 BvR 975/03, NStZ-RR 2005, 238; BVerfG v. 27. 9. 2005 – 2 BvR 172/04 u. a., NJW 2005, 3629.
[172] Zur Wiedereinsetzung von Amts wegen in diesem Fall vgl. § 45 Rn. 17.

VII. Wirkung der Wiedereinsetzung

36 Bei Gewährung der Wiedereinsetzung wird das Verfahren wird in den **Zustand** versetzt, der bestanden hätte, **wenn die Frist nicht versäumt, sondern die Handlung rechtzeitig vorgenommen worden wäre**.[173]

37 Mit der Gewährung der Wiedereinsetzung – aber noch nicht durch den Antrag[174] – **fallen** die infolge der Säumnis eingetretene **Rechtskraft der Entscheidung** sowie **Beschlüsse und Urteile** weg, durch die ein Rechtsmittel wegen Versäumung als unzulässig verworfen worden ist oder die infolge der Versäumung ergangen sind (vgl. §§ 232 Abs. 1, 329 Abs. 1, 401 Abs. 3, 412).[175] Die wegfallenden Entscheidungen müssen nicht förmlich aufgehoben werden;[176] ihr Wegfall sollte aber im Wiedereinsetzungsbeschluss (wenigstens in den Gründen) festgestellt werden.[177] Wird mit dem Wiedereinsetzungsantrag die **Einlegung eines Rechtsmittels** nachgeholt (§ 45 Abs. 2 S. 1), wird mit der Wiedereinsetzung zugleich die Rechtzeitigkeit der Anfechtung festgestellt.[178]

38 **Zusätzliche Vorteile**, die der Betroffene ohne die Versäumung nicht gehabt hätte (zB Verjährungsfolgen bei Ordnungswidrigkeiten),[179] erlangt er **durch die Wiedereinsetzung nicht**. Die Wiedereinsetzung gegen die Versäumung der Revisionsbegründungspflicht eröffnet daher nur die Möglichkeit, die Rüge der Verletzung materiellen Rechts zu erheben, aber **nicht, Verfahrensrügen nachzuschieben**.[180] Eine verbüßte Strafhaft wandelt sich nicht rückwirkend in U-Haft.[181]

VIII. Fehlendes Verschulden bei unterbliebener Rechtsmittelbelehrung (S. 2)

39 **1. Inhalt und Bedeutung der Vorschrift.** S. 2 enthält eine **gesetzliche Vermutung**, die bei unterbliebener Rechtsmittelbelehrung das Erfordernis des fehlenden Verschuldens des Antragstellers aufhebt. **Verzichtet der Verteidiger**, der auch zur Rechtsmittelrücknahme und zum Rechtsmittelverzicht bevollmächtigt ist, **auf die Belehrung**, gilt S. 2 nicht.[182] S. 2 gilt auch nicht, wenn der Antragsteller eigenmächtig den Sitzungssaal verlassen hatte und deshalb die Belehrung unterblieben ist.[183]

40 Das Fehlen der Belehrung führt aber nur zur Wiedereinsetzung, wenn der Belehrungsmangel die Fristversäumung **verursacht** hat.[184] Der Antrag muss daher auch darlegen, dass die Frist **infolge** des Fehlens der Belehrung nach § 35 a S. 1, 2 versäumt worden ist.[185] Die Anforderungen an den Nachweis der Verursachung dürfen aber auch hier nicht überspannt werden.[186] Für die fehlende **qualifizierte Belehrung nach einer Urteilsabsprache** (§ 35 a S. 3)[187] ist § 44 S. 2 nicht anzuwenden, sondern ggf. § 44 S. 1.[188]

41 **2. Entsprechende Anwendung bei fehlerhafter Belehrung.** Die **unvollständige oder unrichtige Belehrung** steht der unterlassenen gleich, wenn die Unvollständigkeit oder Unrichtigkeit einen wesentlichen Punkt betrifft;[189] dann ist die Belehrung nach S. 2 zu behandeln.[190] S. 2 ist auch an-

---

[173] OLG Köln v. 25. 2. 1986 – Ss 2/86 (41), NJW 1987, 80; *Meyer* JR 1978, 432; vgl. auch BGH v. 21. 12. 1972 – 1 StR 267/72, BGHSt 25, 89 (91) = NJW 1973, 521.
[174] OLG Köln v. 25. 2. 1986 – Ss 2/86 (41), NJW 1987, 80.
[175] *Meyer-Goßner* Rn. 25; KK-StPO/*Maul* Rn. 1.
[176] *Löwe/Rosenberg/Graalmann-Scheerer* § 46 Rn. 14.
[177] *Geppert* GA 1972, 176; *Meyer-Goßner* Rn. 25.
[178] *Meyer* JR 1978, 432.
[179] OLG Hamm v. 23. 5. 1972 – 5 Ss OWi 363/72, NJW 1972, 2097.
[180] BGH v. 26. 6. 1987 – 2 StR 255/87, DAR (Sp) 1988, 233; BGH v. 9. 12. 1992 – 5 StR 394/92, NStZ 1993, 245; OLG Braunschweig v. 6. 12. 1995 – Ss (BZ) 107/95, NStZ 1996, 298.
[181] BGH v. 7. 9. 1962, 4 StR 264/62, BGHSt 18, 34 = NJW 1962, 2359; OLG Düsseldorf v. 7. 5. 2009 – 3 Ws 179/09, NStZ-RR 2010, 29; OLG Hamm v. 24. 11. 1955 – 1 Ws 516/55, NJW 1956, 274.
[182] OLG Zweibrücken v. 14. 7. 1978 – Ss 193/78, MDR 1978, 861; vgl. auch OLG Düsseldorf v. 31. 1. 1990 – 2 Ss (OWi) 4/90–3/90 III, VRS 78 (1990), 458.
[183] OLG Köln v. 4. 6. 2009 – 2 Ws 272/09 und 2 Ws 276/09, NStZ 2009, 655 L; aA *Meyer-Goßner* Rn. 22.
[184] BGH v. 16. 8. 2000 – 3 StR 339/00, NStZ 2001, 45; OLG Düsseldorf v. 22. 11. 1985 – 1 Ws 1028/85, NStZ 1986, 233 mwN und zust Anm *Wendisch*; OLG Düsseldorf v. 8. 2. 1993 – 1 Ws 99–100/93, NJW 1993, 1344; OLG Düsseldorf v. 28. 10. 1996 – 1 Ws 940–941/96, MDR 1997, 282.
[185] OLG Düsseldorf v. 9. 1. 1989 – 2 Ws 1–2/89, NStZ 1989, 242; OLG Düsseldorf v. 11. 4. 1994 – 1 Ws 177/94, Rpfleger 1994, 429 (430); OLG Frankfurt v. 12. 2. 2007 – 3 Ws 159/07, NStZ-RR 2007, 206; OLG Karlsruhe v. 17. 12. 1996 – 2 Ws 214/96, NStZ-RR 1997, 157.
[186] BVerfG v. 11. 4. 1991 – 2 BvR 1996/89, NJW 1991, 2277; *Meyer-Goßner* Rn. 22; KK-StPO/*Maul* Rn. 36.
[187] Vgl. § 35 a Rn. 18, 20.
[188] Vgl. BGH v. 25. 6. 2008 – 4 StR 246/08, NStZ 2008, 647; vgl. auch *Meyer-Goßner* Rn. 23 a.
[189] BayObLG v. 10. 10. 1994 – 3 ObOWi 79/94, BayObLGSt 1994, 1997 (198) = wistra 1995, 76; OLG Zweibrücken v. 5. 9. 1994 – 1 Ws 389/94, VRS 88 (1995), 356.
[190] BGH v. 14. 7. 1981 – 1 StR 815/80, BGHSt 30, 182 (185) = NJW 1982, 532; KG v. 6. 10. 1976 – (2) Ss 315/76 (80/76), JR 1977, 129; OLG Bremen v. 12. 1. 1979 – Ss 172/78, MDR 1979, 517; OLG Düsseldorf v. 6. 12. 1991 – 5 Ss 470/91 – 148/91 I und 1 Ws 1135/91, VRS 82 (1992), 460; OLG Hamburg v. 10. 1. 1962 – Ws 881/61, NJW 1962, 202.

zuwenden, wenn über die Möglichkeit der **öffentlichen Ladung zur Berufungsverhandlung** nach § 40 Abs. 3 nicht belehrt worden ist.[191] Liegt kein Fehler in einem wesentlichen Punkt vor, richtet sich die Möglichkeit einer Wiedereinsetzung nach S. 1.

3. Beweiskraft des Protokolls. Ist im **Protokoll** vermerkt, dass Rechtsmittelbelehrung erteilt wurde, beweist dies sowohl die Belehrung als solche, wie auch deren **Richtigkeit und Vollständigkeit**.[192] 42

4. Weitere Fälle. Die **Nichtaushändigung eines Merkblatts** (RiStBV 142 Abs. 1) ist idR als Entschuldigung anzusehen.[193] Wird einem der deutschen Sprache nicht hinreichend Mächtigen ein Strafbefehl **ohne eine ihm verständliche Belehrung** über die Einspruchsmöglichkeit zugestellt, wird Wiedereinsetzung nur nach S. 1 gewährt.[194] 43

§ 45 [Wiedereinsetzungsantrag]

(1) ¹Der Antrag auf Wiedereinsetzung in den vorigen Stand ist binnen einer Woche nach Wegfall des Hindernisses bei dem Gericht zu stellen, bei dem die Frist wahrzunehmen gewesen wäre. ²Zur Wahrung der Frist genügt es, wenn der Antrag rechtzeitig bei dem Gericht gestellt wird, das über den Antrag entscheidet.

(2) ¹Die Tatsachen zur Begründung des Antrags sind bei der Antragstellung oder im Verfahren über den Antrag glaubhaft zu machen. ²Innerhalb der Antragsfrist ist die versäumte Handlung nachzuholen. ³Ist dies geschehen, so kann Wiedereinsetzung auch ohne Antrag gewährt werden.

I. Antrag (Abs. 1)

1. Form. Der Antrag auf Wiedereinsetzung kann schriftlich oder zu Protokoll der Geschäftsstelle gestellt werden.[1] Wird mit dem Antrag zugleich die versäumte Prozesshandlung nachgeholt (Abs. 2 S. 2), muss eine für sie vorgeschriebene besondere Form eingehalten werden.[2] 1

2. Frist. Die Wochenfrist (Abs. 1 S. 1) beginnt mit der Beseitigung des Hindernisses und wird nach § 43 berechnet. Maßgebend für den Beginn der Frist ist zB der Wegfall einer Unkenntnis, auf der die Fristversäumung beruht.[3] Soweit es um die Verteidigung gegen einen Schuldvorwurf geht,[4] kommt es auf die Kenntnis des Betroffenen selbst an, nicht auf die früher[5] oder später[6] erlangte Kenntnis des Verteidigers.[7] Im Fall der Zustellung durch Niederlegung beginnt die Frist mit der tatsächlichen Gelegenheit, vom Gegenstand der Zustellung Kenntnis zu nehmen.[8] 2

Gegen die **Versäumung der Frist des Abs. 1 S. 1** ist ihrerseits Wiedereinsetzung nach § 44 möglich.[9] Bestehen **Zweifel an der Fristeinhaltung**, ist jedenfalls dann von der Fristwahrung auszugehen, wenn der Eingangszeitpunkt des Antrags aus Umständen nicht festzustellen ist, die im **behördlichen Bereich** liegen, etwa bei Aktenverlust oder defektem Nachtbriefkasten.[10] In anderen Fällen ist die Lastverteilung umstritten.[11] Überwiegend wird aber befürwortet, solche Zweifelsfälle allgemein zugunsten des Antragstellers zu entscheiden;[12] dem ist dann zuzustimmen, wenn nicht der Antragsteller die Unsicherheit selbst verursacht hat (zB durch Einwurf in einen normalen Hausbriefkasten des Gerichts, obwohl ein Fristbriefkasten erkennbar zur Verfügung steht). 3

3. Adressat. Zuständiges Gericht für die Wiedereinsetzung ist zunächst das Gericht, bei dem die Frist wahrzunehmen gewesen wäre (S. 1). Ausreichend ist aber auch die Antragstellung bei dem 4

---

[191] Vgl. OLG Frankfurt v. 11. 11. 1987 – 5 Ws 48/87, NStZ 1988, 376 mAnm *Wendisch*.
[192] KG v. 18. 1. 2002 – 3 Ws [B] 3/02, VRS 102 (2002), 198; *Meyer-Goßner* § 274 Rn. 6 mwN.
[193] BVerfG v. 21. 12. 1995 – 2 BvR 2033/95, NJW 1996, 1811; OLG Köln v. 4. 4. 1997 – Ss 16/97 (Z), NStZ 1997, 404; OLG Saarbrücken v. 28. 4. 2003 – 1 Ws 72/03, NJW 2003, 2182; *Meyer-Goßner* Rn. 13.
[194] S. o. Rn. 20.
[1] KK-StPO/*Maul* Rn. 2.
[2] S. u. Rn. 14.
[3] OLG Karlsruhe v. 20. 1. 1993 – 3 Ws 2/93, MDR 1993, 564 mwN.
[4] Zu anderen Vertretungsfällen vgl. § 44 Rn. 28.
[5] BayObLG v. 21. 11. 1956 – Beschw(W)Reg 1 St 85/56, BayObLGSt 1956, 251 = NJW 1957, 192; OLG Braunschweig v. 6. 1. 1967 – Ws 152/66, NJW 1967, 1432 (1433).
[6] BayObLG v. 24. 10. 1955 – RevReg. 1 St 746/55, BayObLGSt 1955, 188 = NJW 1956, 154; OLG Köln v. 29. 10. 1971 – Ss (OWi) 152/71, VRS 42 (1972), 125 (127).
[7] BGH v. 17. 11. 1998 – 1 StR 552/98, BGHR Frist 2; BGH v. 13. 9. 2005 – 4 StR 399/05, NStZ 2006, 54.
[8] OLG Karlsruhe v. 20. 1. 1993 – 3 Ws 2/93, MDR 1993, 564 mwN.
[9] OLG Düsseldorf v. 29. 4. 1981 – 5 Ws 30/81, NJW 1982, 836; OLG Hamm v. 24. 3. 1958 – 2 Ws 308/57, NJW 1958, 1104; vgl. OLG Hamm v. 15. 12. 1976 – 3 Ss (OWi) 1601/76, VRS 53 (1977), 191.
[10] OLG Hamm v. 11. 9. 1998 – 2 Ws 400/98, NStZ 1999, 97; *Meyer-Goßner* Rn. 3.
[11] Für Entscheidung im Zweifel zu Lasten des Angeklagten KMR/*Paulus* Rn. 4; SK-StPO/*Weßlau* Rn. 5; *Meyer-Goßner* Rn. 3 mwN.
[12] BGH v. 2. 9. 1960 – 4 StR 311/60, NJW 1960, 2202; OLG Hamburg v. 27. 7. 1973 – 2 Ss 133/73, NJW 1974, 68 mwN; KK-StPO/*Maul* Rn. 3; Löwe/Rosenberg/*Graalmann-Scheerer* Rn. 5.

Gericht, das nach § 46 Abs. 1 über den Antrag entscheidet (S. 2); dort kann auch eine versäumte Handlung nachgeholt werden, wenn sie bei dem Gericht erster Instanz vorzunehmen ist.[13] Inhaftierte Beschuldigte können den Antrag zudem zu Protokoll der Geschäftsstelle des Amtsgerichts stellen, in dessen Bezirk sie verwahrt werden (§ 299).[14]

II. Begründung und Glaubhaftmachung (Abs. 2 S. 1)

5   1. **Begründung.** Zulässigkeitsvoraussetzung für den Wiedereinsetzungsantrag ist, dass er zur versäumten **Frist**, zum **Hinderungsgrund** und zum **Zeitpunkt des Wegfalls** des Hindernisses Angaben enthält;[15] das gilt auch, wenn ein Verteidiger eigenes Verschulden geltend macht.[16] Dieser Vortrag muss innerhalb der Wochenfrist des Abs. 1 S. 1 stattfinden;[17] später kann er nur noch ergänzt und verdeutlicht werden.[18]

6   Dargelegt werden muss ein Sachverhalt, der ein der Wiedereinsetzung entgegenstehendes **Verschulden ausschließt**.[19] Der Verursachungszusammenhang zwischen Hinderungsgrund und Versäumung (zB zwischen fehlender Rechtsmittelbelehrung und Fristversäumung) muss deutlich werden, also mindestens aus den vorgetragenen Umständen erkennbar sein.[20] Nur Tatsachen, die allgemeinkundig oder aktenkundig sind, brauchen nicht vorgetragen zu werden.[21]

7   **Beispiele:** Beruft sich der Antragsteller auf eine Abwesenheit wegen einer **Geschäftsreise**, muss er darstellen, dass keine Verbindung zu Büro oder Familie bestanden hat.[22] Behauptet er, die Frist habe er wegen unvorhersehbarer **Verzögerung der Postzustellung** versäumt,[23] muss er die Umstände der Einlieferung der Sendung nach Zeit und Ort so genau darlegen, dass das Gericht die Frage des Verschuldens hinreichend zuverlässig beurteilen kann.[24] Will er eine **Benachrichtigung der Post nicht vorgefunden** haben, muss er Einzelheiten darlegen, die auf Grund der konkreten Umstände ein Abhandenkommen des Benachrichtigungszettels möglich erscheinen lassen.[25] Ist eine Ersatzzustellung an eine bekannte Adresse erfolgt und behauptet der Adressat, er habe sie wegen eines anderen, **neuen Wohnsitzes** nicht erhalten, muss er schlüssig darstellen, an welchem Ort und unter welcher Anschrift sich der neue Lebensmittelpunkt befindet.[26] Wird die **Störung des gerichtlichen Faxgeräts** beim Faxeingang behauptet, muss dargelegt (und zB durch eidesstattliche Erklärungen glaubhaft gemacht) werden, welches Schriftstück wann wie übermittelt worden ist.[27]

8   2. **Glaubhaftmachung. a) Bedeutung, Begriff und Reichweite.** Der tatsächliche Vortrag zur Wiedereinsetzung ist glaubhaft zu machen, damit das Gericht ohne weitere Ermittlungen entscheiden kann. **Alle Tatsachen**, die Zulässigkeit und Begründetheit des Antrags betreffen, müssen glaubhaft gemacht werden, soweit sie nicht gerichtsbekannt oder aktenkundig sind.[28] Die Glaubhaftmachung ist **Zulässigkeitsvoraussetzung** für den Antrag,[29] kann aber auch noch nach Ablauf der Antragsfrist nachgeholt werden.[30]

9   **Glaubhaftmachen bedeutet**, dass dem Gericht in einem nach Lage der Sache vernünftigerweise zur Entscheidung **ausreichenden Maß die Wahrscheinlichkeit** der Richtigkeit der Tatsachenbehauptungen dargetan wird.[31] Dass eine Behauptung nicht widerlegt werden kann, reicht aber

---

[13] OLG Hamburg v. 14. 11. 1977 – 2 Ss 319/76, JR 1978, 430 mit zust Anm *Meyer*; *Meyer-Goßner* Rn. 4.
[14] KK-StPO/*Maul* Rn. 5.
[15] BGH v. 26. 2. 1991 – 1 StR 737/90, NStZ 1991, 295; BGH v. 15. 11. 1995 – 3 StR 353/95, NStZ 1996, 149; BGH v. 13. 9. 2005 – 4 StR 399/05, NStZ 2006, 54; OLG Hamm v. 27. 7. 1993 – 2 Ws 222/93, VRS 86 (1994), 179.
[16] KG v. 20. 7. 2005 – 3 Ws (B) 342/05, VRS 109 (2005), 281; OLG Düsseldorf v. 18. 4. 1996 – 1 Ws (OWi) 323/96 und 5 Ss (OWi) 96/96 – (OWi) 43/96 I, VRS 92 (1997), 115.
[17] BGH v. 23. 4. 1996 – 1 StR 99/96, NStZ-RR 1996, 338.
[18] KG v. 14. 3. 1975 – 3 ARs 2/75, JR 1975, 380 (381); OLG Düsseldorf v. 14. 4. 1993 – 1 Ws 279/93, Rpfleger 1993, 460 mwN; vgl. auch OLG Braunschweig v. 6. 1. 1967 – Ws 152/66, NJW 1967, 1432.
[19] KG v. 3. 9. 2001 – 3 Ws 431/01, NZV 2002, 47 (48); KG v. 5. 9. 2001 – 3 Ws 445/01, NZV 2002, 51; OLG Düsseldorf v. 5. 12. 1995 – 1 Ws 940/95, NStZ-RR 1996, 169 mwN; OLG Frankfurt v. 25. 2. 2003 – 3 Ss 386/02, NStZ-RR 2003, 204; OLG Karlsruhe v. 17. 12. 1996 – 2 Ws 214/96, NStZ-RR 1997, 157.
[20] OLG Düsseldorf v. 22. 11. 1985 – 1 Ws 1028/85, NStZ 1986, 233; KK-StPO/*Maul* Rn. 7 mwN.
[21] BVerfG v. 30. 3. 1995 – 2 BvR 2119/94, NJW 1995, 2544 mwN.
[22] KK-StPO/*Maul* Rn. 7.
[23] § 44 Rn. 21.
[24] OLG Frankfurt v. 10. 10. 2001 – 3 Ss 295/01, NStZ-RR 2002, 12; *Meyer-Goßner* Rn. 5.
[25] BVerfG v. 14. 10. 1997 – 2 BvR 1007/97, NStZ-RR 1998, 82.
[26] OLG Düsseldorf v. 10. 8. 1998 – 4 Ws 229 + 232/98, MDR 1998, 1499.
[27] Vgl. zur Glaubhaftmachung *Meyer-Goßner* Rn. 9 a.
[28] Vgl. OLG Düsseldorf v. 19. 11. 1982 – 1 Ws OWi 775/82, VRS 64 (1983), 269; *Meyer-Goßner* Rn. 6.
[29] BGH v. 26. 2. 1991 – 1 StR 737/90, NStZ 1991, 295; OLG Koblenz v. 20. 9. 1982 – 1 Ss 449/82, VRS 64 (1983), 29; OLG Koblenz v. 14. 12. 1984 – 1 Ss 473/84, VRS 68 (1985), 211.
[30] S. u. Rn. 13.
[31] BGH v. 10. 11. 1967 – 4 StR 512/66, BGHSt 21, 334 (350) = NJW 1968, 710; OLG Düsseldorf v. 6. 5. 1985 – 2 Ws 184/85 und 2 Ss 161/85 – 104/85 II, NJW 1985, 2207; OLG Düsseldorf v. 15. 8. 1990 – 1 Ws 728/90, wistra 1990, 364; OLG Jena v. 11. 5. 2006 – 1 Ws 126–127/06, NStZ-RR 2006, 345.

nicht aus,[32] denn Zweifel gehen zu Lasten des Antragstellers.[33] Wenn es sich um Wiedereinsetzung zur Erlangung des „ersten Zugangs" zum Gericht (zB beim Einspruch gegen einen Strafbefehl) handelt, dürfen die Anforderungen an den Beweisgrad nicht überspannt werden.[34]

b) Mittel der Glaubhaftmachung. Zur Glaubhaftmachung können alle Mittel dienen, die generell geeignet sind, in ausreichendem Maße die Wahrscheinlichkeit des Vorbringens darzustellen,[35] zB Urkunden, eidesstattliche Versicherungen, schriftliche (auch fremdsprachige) Erklärungen von Zeugen. Die Benennung eines Zeugen genügt im Allgemeinen nicht, die Benennung eines für die Fristversäumung verantwortlichen Beamten kann aber ausreichen.[36]   10

Eidesstattliche Versicherungen des Beschuldigten sind nicht zugelassen; sie entsprechen einer (schlichten) eigenen Erklärung.[37] Die **eigene Erklärung** des Antragstellers ist **keine Glaubhaftmachung**,[38] auch nicht, wenn der behauptete Wiedereinsetzungsgrund besonders naheliegt oder der Lebenserfahrung entspricht.[39]   11

Auf die Glaubhaftmachung kann **ausnahmsweise verzichtet** werden, wenn sie dem Antragsteller ohne dessen Verschulden[40] **nicht möglich ist**,[41] zB, wenn der Briefumschlag mit dem Poststempel, der die rechtzeitige Absendung beweist, vernichtet worden ist.[42] Der Antragsteller muss die Unmöglichkeit der Glaubhaftmachung darlegen, wenn sie nicht offensichtlich ist.[43]   12

c) Frist. Die Glaubhaftmachung muss **bei der Antragstellung** oder im Verfahren über den Antrag erfolgen (Abs. 2 S. 1). Sie kann nach dem Wortlaut des Abs. 2 im Beschwerderechtszug nachgeholt werden.[44] Ist sie angekündigt oder zu erwarten, hat das Gericht die Entscheidung eine angemessene, kurz zu haltende, Zeit zurückzustellen. Die **Ergänzung der Glaubhaftmachung** ist stets zulässig.[45]   13

III. Nachholung der versäumten Handlung (Abs. 2 S. 2)

Weitere Zulässigkeitsvoraussetzung für den Wiedereinsatzungsantrag ist die **Nachholung der** verfristeten Handlung innerhalb der **Frist des Abs. 1 S. 1** und in der gesetzlich vorgeschriebenen **Form**.[46] Bei **bloßer Verspätung** der Prozesshandlung ist die Nachholung überflüssig; es genügt für die Zulässigkeit des Antrags, dass auf die verspätete Handlung (auch stillschweigend) Bezug genommen wird.[47]   14

Eine **nachgeholte Revisionsbegründung** muss für die Zulässigkeit des Wiedereinsetzungsantrags nur den Formerfordernissen der §§ 344 Abs. 1, Abs. 2 S. 1, 345 Abs. 2 entsprechen. Die Einhaltung des § 344 Abs. 2 S. 2 wird erst im Revisionsverfahren geprüft.[48] Wird Wiedereinsetzung gewährt, weil der Verteidiger nach § 146a zurückgewiesen worden ist,[49] weil der Angeklagte keine Rechtsmittelbelehrung[50] oder erst verspätet Kenntnis von dem schriftlichen Urteil erhalten hat[51] und die   15

---

[32] BGH v. 10. 11. 1967 – 4 StR 512/66, BGHSt 21, 334 (352) = NJW 1968, 710; OLG Düsseldorf v. 6. 5. 1985 – 2 Ws 184/85 und 2 Ss 161/85 – 104/85 II, NJW 1985, 2207.
[33] OLG Düsseldorf v. 23. 8. 1999 – 1 Ws 297/99, VRS 97 (1999), 422; OLG Jena v. 11. 5. 2006 – 1 Ws 126–127/06, NStZ-RR 2006, 345; KK-StPO/*Maul* Rn. 10; *Meyer-Goßner* Rn. 10; SK-StPO/*Weßlau* Rn. 17.
[34] BVerfG v. 10. 6. 1975 – 2 BvR 1018/74, BVerfGE 40, 88 (91) = NJW 1975, 1355.
[35] BVerfG v. 2. 7. 1974 – 2 BvR 32/74, BVerfGE 38, 35 (39) = NJW 1974, 1903.
[36] KK-StPO/*Maul* Rn. 11 mwN.
[37] BayObLG v. 20. 2. 1990 – RReg. 4 St 6/90, NStZ 1990, 340; *Meyer-Goßner* § 26 Rn. 9.
[38] BGH v. 2. 5. 1985 – 4 StR 204/85, NStZ (PfM) 1985, 493; BGH v. 25. 6. 2008 – 4 StR 246/08, NStZ 2008, 647.
[39] BVerfG v. 4. 2. 1993 – 2 BvR 389/92, StV 1993, 451; KG v. 2. 1. 1974 – 3 Ws 207/73, NJW 1974, 657 = JR 1974, 252 mAnm *Peters*.
[40] So bei BVerfG v. 4. 2. 1993 – 2 BvR 389/92, StV 1993, 451; OLG München v. 21. 4. 1988 – 2 Ws 191/88, NStZ 1988, 377.
[41] BVerfG v. 14. 2. 1995 – 2 BvR 1950/94, NJW 1995, 2545 (2546); KG v. 2. 1. 1974 – 3 Ws 207/73, NJW 1974, 657 = JR 1974, 252 mAnm *Peters*; OLG Düsseldorf v. 6. 9. 1989 – 3 Ws 608/89, NStZ 1990, 149; OLG Koblenz v. 20. 9. 1982 – 1 Ss 449/82, VRS 64 (1983), 29 (30).
[42] BVerfG v. 26. 3. 1997 – 2 BvR 842/96, NJW 1997, 1770; OLG Schleswig v. 19. 5. 1994 – 2 Ws 406/93, NJW 1994, 2841; LG Flensburg v. 18. 6. 1980 – I Qs 92/80, VRS 60 (1981), 42.
[43] *Meyer-Goßner* Rn. 9.
[44] BVerfG v. 1. 2. 1976 – 2 BvR 849/75, BVerfGE 41, 332 = NJW 1976, 1537; BVerfG v. 9. 11. 1976 – 2 BvR 719/75, BVerfGE 43, 95 (98); KG v. 11. 5. 1992 – 4 Ws 56/92, JR 1992, 347; OLG Bamberg v. 15. 12. 1988 – Ws 653/88, NStZ 1989, 335 (336).
[45] *Meyer-Goßner* Rn. 7.
[46] BGH v. 12. 4. 1988 – 4 StR 149/88, NStZ (M) 1989, 15; BGH v. 7. 1. 1992 – 1 StR 704/91, BGHR § 44 S. 1 Verhinderung 11; OLG Düsseldorf v. 2. 4. 1993 – 2 Ws 98/93, NStZ 1993, 496; OLG Düsseldorf v. 3. 9. 1997 – 1 Ws (OWi) 395–396/97, NJW 1998, 919.
[47] KK-StPO/*Maul* Rn. 9; *Meyer-Goßner* Rn. 11; jeweils mwN.
[48] BGH v. 13. 1. 1997 – 4 StR 612/96, BGHSt 42, 365 = NJW 1997, 1516.
[49] BGH v. 12. 5. 1976 – 3 StR 100/76, BGHSt 26, 335 (339) = NJW 1976, 1414; OLG Koblenz v. 13. 5. 1983 – 1 Ss 198/83, VRS 65 (1983), 372.
[50] Vgl. OLG Koblenz v. 26. 7. 1990 – 1 Ss 202/90, NStZ 1991, 42.
[51] BGH v. 31. 1. 2006 – 4 StR 403/05, NStZ-RR 2006, 211–212; OLG Zweibrücken v. 13. 12. 1979 – 1 Ss 300/79, MDR 1980, 869.

§ 46 1, 2   Erstes Buch. Allgemeine Vorschriften

Revisionsanträge und ihre Begründung nunmehr in gesetzmäßiger Weise angebracht werden müssen,[52] tritt an die Stelle der Wochenfrist des Abs. 1 S. 1 die Monatsfrist des 345 Abs. 1. Hat der Verteidiger in anderen Fällen rechtsirrig die volle Frist des § 345 Abs. 1 in Anspruch genommen, trifft den Angeklagten kein Schuldvorwurf.[53]

IV. Wiedereinsetzung ohne Antrag (Abs. 2 S. 3)

16   **Wiedereinsetzung von Amts wegen** ist bei **Fristversäumung** möglich, auch bei verspätetem Antrag.[54] Voraussetzung ist, dass die versäumte Handlung **frist- und formgerecht nachgeholt**[55] bzw., wenn auch verspätet, **vorgenommen** worden ist.[56] Der Wille, die Prozesshandlung vorzunehmen und das Verfahren fortzusetzen, muss so eindeutig feststehen, dass der förmliche Antrag durch die Fiktion der Antragstellung ersetzt werden kann.[57] Ferner muss das **fehlende Verschulden** des Betroffenen an der Fristversäumung **offensichtlich**, eine **Glaubhaftmachung** wegen Offenkundigkeit oder Aktenkundigkeit **überflüssig**[58] und der **ursächliche Zusammenhang** zwischen Versäumungsgrund und Säumnis ohne Weiteres **erkennbar** sein.[59]

17   Liegen diese Voraussetzungen vor und ist Wiedereinsetzungsgrund ein Verfahrensfehler des Gerichts – zB Entgegennahme einer Rechtsmittelerklärung durch unzuständigen Beamten –, **ist** Wiedereinsetzung von Amts wegen idR **zu gewähren**.[60] Ebenso ist es, wenn – zB wegen Verlusts des Briefumschlags beim Gericht – nicht aufgeklärt werden kann, ob die Fristversäumnis auf einer überlangen Postlaufzeit beruht.[61] Wenn das Rechtsmittel ohnehin **aus anderen Gründen unzulässig** ist, kann gegen die Versäumung der Rechtsmittelfrist keine Wiedereinsetzung gewährt werden.[62]

18   Bei **Versäumung der Hauptverhandlung** in den Fällen der §§ 235, 329, 412 ist Wiedereinsetzung von Amts wegen dann möglich, wenn der Wille zur Fortsetzung durch den Angeklagten eindeutig zum Ausdruck kommt.[63]

§ 46 [Entscheidung und Rechtsmittel]

(1) Über den Antrag entscheidet das Gericht, das bei rechtzeitiger Handlung zur Entscheidung in der Sache selbst berufen gewesen wäre.

(2) Die dem Antrag stattgebende Entscheidung unterliegt keiner Anfechtung.

(3) Gegen die den Antrag verwerfende Entscheidung ist sofortige Beschwerde zulässig.

I. Zuständigkeit (Abs. 1)

1   **1. Zuständiges Gericht.** Zuständig für die Entscheidung über die Wiedereinsetzung ist das zur Entscheidung in der Sache selbst berufene Gericht. Das ist bei Versäumung der **Einspruchsfrist** gegen den Strafbefehl das Amtsgericht, bei Versäumung einer **Rechtsmittelfrist** das Rechtsmittelgericht. Bei **verspäteter unbestimmter Anfechtung** eines Urteil des Amtsgerichts ist das Berufungsgericht zuständig, für die Wiedereinsetzung zur Ermöglichung des Übergangs von der Revision zur Berufung jedoch das Revisionsgericht.[1]

2   Hat das AG über einen Wiedereinsetzungsantrag gegen die Versäumung der **Einspruchsfrist im Strafbefehlsverfahren nicht entschieden** – wobei allerdings auch eine stillschweigende Gewährung durch die Terminbestimmung in Betracht kommen kann[2] –, darf das Rechtsmittelgericht über die

---

[52] *Meyer-Goßner* Rn. 11; vgl. BGH v. 23. 1. 1997 – 1 StR 543/96, NStZ-RR 1997, 267.
[53] BGH v. 12. 3. 1996 – 1 StR 710/95, NStZ 1997, 45 (46); *Meyer-Goßner* Rn. 11.
[54] OLG Bremen v. 11. 6. 1990 – Ws 77/90, StV 1991, 505.
[55] BGH v. 22. 1. 1988 – 3 StR 533/87, MDR (H) 1988, 456; OLG Düsseldorf v. 16. 1. 1984 – 5 Ss 520/83 – 9/84 I, VRS 67 (1984), 53.
[56] Vgl. *Lintz* JR 1987, 94; *Gössel* JR 1986, 383 und JR 1987, 97.
[57] *Meyer-Goßner* Rn. 12; vgl. OLG Hamm v. 15. 7. 2009 – 3 Ws 231/09, NStZ-RR 2009, 314.
[58] OLG Düsseldorf v. 6. 12. 1991 – 1 Ws 939, 1171–1172/91, JurBüro 1992, 255; OLG Frankfurt v. 5. 3. 1980 – 1 Ws (B) 44/80 OWiG, VRS 59 (1980), 429 (430); vgl. OLG Hamburg v. 13. 8. 1985 – 2 Ss 47/85, NStZ 1985, 568 = JR 1986, 382 mit abl Anm *Gössel*.
[59] OLG Düsseldorf v. 20. 9. 2000 – 2 Ws 220/00, StraFo 2000, 412; OLG Saarbrücken v. 22. 11. 1985 – 1 Ws 1028/85, NStZ 1986, 470 (472); OLG Zweibrücken v. 5. 9. 1994 – 1 Ws 389/94, VRS 88 (1995), 356.
[60] BVerfG v. 30. 6. 1976 – 2 BvR 212/76, BVerfGE 42, 252 (257) = NJW 1976, 1839 (1840); OLG Hamm v. 6. 5. 1985 – 2 Ss 47/85, NStZ 1985, 568 L; OLG Köln v. 29. 9. 2005 – 83 Ss – OWi 37/05, NZV 2006, 47.
[61] OLG Brandenburg v. 30. 6. 2005 – 2 Ws 94/05, NZV 2006, 316; OLG Hamm v. 26. 6. 2008 – 2 Ws 179/08, NStZ-RR 2009, 112.
[62] *Meyer-Goßner* Rn. 12 mwN.
[63] OLG Düsseldorf v. 28. 3. 1979 – 2 Ss (OWi) 89/79 – 13/79 V, NJW 1980, 1704; LG Siegen v. 22. 7. 1976 – Ls 25 Js 20/76, NJW 1976, 2359; KK-StPO/*Maul* Rn. 17; grundsätzlich aM, im Ergebnis aber ähnlich, OLG Hamm v. 15. 7. 2009 – 3 Ws 231/09, NStZ-RR 2009, 314; *Meyer-Goßner* Rn. 12.
[1] § 335 Rn. 5.
[2] S. u. Rn. 7.

Wiedereinsetzung nicht selbst entscheiden³ und die Sache auch nicht für diese Entscheidung ans AG zurückverweisen;⁴ es muss vielmehr die nach dem Strafbefehl erlassenen Entscheidungen aufheben und den Einspruch als unzulässig verwerfen.⁵ Das gilt auch, wenn der Wiedereinsetzungsantrag **erst im Revisionsverfahren** gestellt wurde.⁶ Über den Wiedereinsetzungsantrag ist dann vom AG durch Beschluss zu entscheiden; nur bei stattgebender Entscheidung kommt es zu einer neuen Hauptverhandlung. Entsprechend ist zu verfahren, wenn das LG die **Versäumung der Berufungsfrist nicht erkannt** hatte.⁷

2. Entscheidung durch unzuständiges Gericht. a) Gewährung der Wiedereinsetzung. Wenn statt des zuständigen Rechtsmittelgerichts der Tatrichter die Wiedereinsetzung bewilligt hat, ist das für das weitere Verfahren bindend.⁸

b) Ablehnung durch unzuständiges Gericht. Ablehnende Beschlüsse können auf sofortige Beschwerde nach Abs. 3 aufgehoben werden.⁹ Die Rechtsmittelgerichte, insbesondere im Fall des § 346 Abs. 2 die Revisionsgerichte, sind an sie nicht gebunden.¹⁰

II. Entscheidung

1. Anhörung. StA und andere betroffene Prozessbeteiligte sind anzuhören (§ 33 Abs. 2, 3). Betroffene Prozessbeteiligte sind zB der Angeklagte vor der Entscheidung über einen Wiedereinsetzungsantrag des Privatklägers¹¹ oder der Privatkläger (§ 385 Abs. 1 S. 1) im umgekehrten Fall.¹²

2. Entscheidung. Die Entscheidung ergeht **durch Beschluss**. Entweder wird der Antrag als **unzulässig** oder als **unbegründet** (Fehlen der Voraussetzungen des § 44) verworfen, oder es wird **Wiedereinsetzung gewährt**.¹³ Die Kostenentscheidung richtet sich nach § 473 Abs. 7.

3. Stillschweigende Wiedereinsetzung. Die Wiedereinsetzung kann auch stillschweigend gewährt werden, insbesondere durch **Anberaumung der Hauptverhandlung**¹⁴ oder sonst durch **Fortsetzung des Verfahrens**.¹⁵ Voraussetzung ist aber, dass das Gericht die Fristversäumung überhaupt erkannt hat und über die Wiedereinsetzung entscheiden will.¹⁶

4. Widerruf und Aufhebung. Ein Widerruf der stattgebenden Entscheidung ist nicht möglich (vgl. auch Abs. 2).¹⁷ Die Gewährung der Wiedereinsetzung ist auch dann bindend, wenn sie von einem unzuständigen Gericht erlassen ist.¹⁸ Dagegen kann die Verwerfungsentscheidung aufgehoben werden, wenn ihre tatsächliche Grundlage sich als falsch herausstellt.¹⁹

---

³ BGH v. 31. 1. 1968 – 3 StR 19/68, BGHSt 22, 52 = NJW 1968, 557; OLG Frankfurt v. 28. 3. 2006 – 3 Ws 321/06, NStZ-RR 2006, 215 mwN.
⁴ *Meyer-Goßner* Rn. 2.
⁵ BayObLG v. 30. 8. 1988 – RReg. 2 St 183/88, BayObLGSt 1988, 134 = JR 1990, 36 mAnm *Wendisch*; *Meyer-Goßner* Rn. 2.
⁶ *Meyer-Goßner* Rn. 2; SK-StPO/*Weßlau* Rn. 2; aM für die Revisionsinstanz BayObLG v. 2. 10. 1987 – RReg. 1 St 94/87, BayObLGSt 1987, 102 (105) (Zurückverweisung zur Entscheidung über mittlerweile gestellten WE-Antrag nach Aufhebung des Berufungsurteils); *Wendisch* JR 1990, 38.
⁷ BayObLG v. 2. 10. 1987 – RReg. 1 St 94/87, BayObLGSt 1987, 102 (106); BayObLG v. 25. 10. 1995 – 2 St RR 167/95, BayObLGSt 1995, 175 = NStZ-RR 1996, 74; OLG Hamburg v. 16. 3. 2006 – III – 23/06 – 1 Ss 41/06, StraFo 2006, 294; aM OLG Hamburg v. 13. 8. 1985 – Ss 47/85, NStZ 1985, 568 = JR 1986, 382 mit abl Anm *Gössel*.
⁸ BayObLG v. 23. 5. 1980 – 1 Ob OWi 27/80, BayObLGSt 1980, 36 (37) = VRS 59 (1980), 214; OLG Düsseldorf v. 6. 1. 1988 – 2 Ws 557/87, NStZ 1988, 238; KG v. 21. 3. 1968 – 2 Ss 41/68, VRS 35 (1968), 287; vgl. auch OLG Hamm v. 25. 2. 1988 – 6 Ss OWi 186/83, VRS 65 (1983), 33 (Wiedereinsetzung durch Verwaltungsbehörde nach Versäumung der Einspruchsfrist im OWi-Verfahren).
⁹ BayObLG v. 23. 6. 1961 – RevReg. 1 St 322/61, BayObLGSt 1961, 157 = NJW 1961, 1982; OLG Frankfurt v. 5. 7. 2004 – 3 Ws 753+754/04, NStZ-RR 2004, 300.
¹⁰ BGH v. 2. 12. 1976 – 4 StR 587/76, MDR (H) 1977, 284; BayObLG v. 23. 5. 1980 – 1 Ob OWi 27/80, BayObLGSt 1980, 36 = VRS 59 (1980), 214; KK-StPO/*Maul* Rn. 10; *Meyer-Goßner* Rn. 7; aM Löwe/Rosenberg/*Graalmann-Scheerer* Rn. 28; SK-StPO/*Weßlau* Rn. 11; aM auch OLG Koblenz v. 26. 1. 1982 – 1 Ss 15/82, VRS 62 (1982), 449 (beim Landgericht erfolglose Beschwerde).
¹¹ BayVerfGH v. 30. 6. 1961 – Vf. 121-VI-60, MDR 1961, 829.
¹² BVerfG v. 13. 2. 1962 – 2 BvR 173/60, BVerfGE 14, 8 (11) = NJW 1962, 580.
¹³ Zur Wirkung der Wiedereinsetzung s. § 44 Rn. 36 ff.
¹⁴ BayObLG v. 14. 12. 1979 – 2 St 318/79, VRS 58 (1980), 366; OLG Hamburg v. 29. 5. 1957 – Ss 69/57, VRS 14 (1958), 57; OLG Hamm v. 24. 3. 1958 – 2 Ss 1829/57, NJW 1958, 880; OLG Hamm v. 6. 3. 1976 – 2 Ss OWi 181/76, VRS 51 (1976), 296; OLG Stuttgart v. 14. 1. 1976 – 3 Ss 744/75, NJW 1976, 1905.
¹⁵ OLG Oldenburg v. 14. 1. 1985 – Ss 6/85, VRS 68 (1985), 282.
¹⁶ BayObLG v. 2. 10. 1987 – RReg. 1 St 94/87, BayObLGSt 1987, 102 (103); OLG Düsseldorf v. 26. 11. 1984 – 5 Ss 349/84 – 312/84 I, JR 1986, 121 mAnm *Welp*; OLG Düsseldorf v. 25. 7. 1986 – 2 Ss (OWi) 3/86 – 10 /86 III, VRS 73 (1987), 389 (390); OLG Hamburg v. 16. 3. 2006 – III – 23/06 – 1 Ss 41/06, StraFo 2006, 294; OLG Hamm v. 2. 2. 1994 – 2 Ws 46/94, VRS 87 (1994), 127.
¹⁷ BVerfG v. 13. 2. 1962 – 2 BvR 173/60, BVerfGE 14, 8 (10) = NJW 1962, 580; OLG Hamm v. 25. 2. 1983 – 6 Ss OWi 186/83, VRS 65 (1983), 33; OLG Oldenburg v. 14. 1. 1985 – Ss 6/85, VRS 68 (1985), 282.
¹⁸ S. o. Rn. 3.
¹⁹ *Meyer-Goßner* Rn. 6 mwN.

§ 47 1–4   Erstes Buch. Allgemeine Vorschriften

III. Anfechtung (Abs. 2, 3)

9   **1. Unanfechtbarkeit (Abs. 2).** Beschlüsse, welche die **Wiedereinsetzung bewilligen**, sind unanfechtbar, auch wenn sie von einem unzuständigen Gericht erlassen sind.[20]

10   **2. Sofortige Beschwerde (Abs. 3).** Verwerfungsentscheidungen können, außer Entscheidungen des BGH oder eines OLG (§ 304 Abs. 4),[21] mit der **sofortigen Beschwerde** angegriffen werden. Das gilt auch, wenn sie ohne Antrag ergangen sind.[22] Die StA kann die sofortige Beschwerde auch zugunsten des Angeklagten einlegen.[23]

11   **Zuständiges Beschwerdegericht bei Verwerfung durch unzuständiges Gericht.** Hat das AG statt der für die Berufung zuständigen kleinen StrK am LG entschieden, befindet auf die sofortige Beschwerde diese, nicht die große StrK, über die Wiedereinsetzung.[24] Hat das AG statt des zuständigen OLG entschieden, befindet dieses, nicht das LG über die sofortige Beschwerde.[25]

§ 47 [Keine Hemmung der Vollstreckung; Aufschub]

(1) Durch den Antrag auf Wiedereinsetzung in den vorigen Stand wird die Vollstreckung einer gerichtlichen Entscheidung nicht gehemmt.

(2) Das Gericht kann jedoch einen Aufschub der Vollstreckung anordnen.

(3) ¹Durchbricht die Wiedereinsetzung die Rechtskraft einer gerichtlichen Entscheidung, werden Haft- und Unterbringungsbefehle sowie sonstige Anordnungen, die zum Zeitpunkt des Eintritts der Rechtskraft bestanden haben, wieder wirksam. ²Bei einem Haft- oder Unterbringungsbefehl ordnet das die Wiedereinsetzung gewährende Gericht dessen Aufhebung an, wenn sich ohne weiteres ergibt, dass dessen Voraussetzungen nicht mehr vorliegen. ³Anderenfalls hat das nach § 126 Abs. 2 zuständige Gericht unverzüglich eine Haftprüfung durchzuführen.

1   **1. Grundsatz (Abs. 1).** Der Antrag nach §§ 44, 45 führt **nicht zur Hemmung der Vollstreckung**; damit soll dem Missbrauch der Wiedereinsetzung vorgebeugt werden. Eine Hemmung der Vollstreckung tritt erst mit Gewährung der Wiedereinsetzung ein.[1]

2   **2. Vollstreckungsaufschub (Abs. 2).** Das Gericht kann einen Aufschub der Vollstreckung anordnen. Wenn die Strafvollstreckung schon eingeleitet ist, kann ihre Unterbrechung angeordnet werden. **Voraussetzung** für den Aufschub ist, dass der Wiedereinsetzungsantrag frist- und formgerecht gestellt ist und Erfolg verspricht.[2] **Zuständig** ist das nach § 46 Abs. 1 zuständige Gericht (bei Kollegialgerichten nicht der Vorsitzende allein). Den Aufschub kann auch das Gericht gewähren, bei dem der Antrag nach § 45 Abs. 1 S. 1 gestellt worden ist; dieses muss die Sache dann aber dem nach § 46 Abs. 1 zuständigen Gericht vorlegen, welches die Entscheidung abändern kann.[3] Die Entscheidung ist nach § 304 Abs. 1 mit der **Beschwerde** anfechtbar.

3   Nach Abs. 2 kann **nicht** der Aufschub der Wirksamkeit eines rechtskräftig verhängten **Fahrverbots** nach § 44 StGB angeordnet werden.[4] Der **Vollstreckungsaufschub nach § 456** kann unabhängig von Abs. 2 durch die Vollstreckungsbehörde gewährt werden.[5]

4   **3. Wiederaufleben der Wirksamkeit von Anordnungen bei Durchbrechung der Rechtskraft (Abs. 3).** Durch die Rechtskraft erledigte Anordnungen werden durch Gewährung der Wiedereinsetzung wieder wirksam. Dazu gehören neben Haft- und Unterbringungsbefehlen (§§ 112 ff., § 126 a, auch § 453 c) zB Beschlagnahmen zu Beweiszwecken (§ 94), die vorläufige Entziehung der Fahrerlaubnis (§ 111 a), vorläufige Sicherstellungsmaßnahmen (§§ 111 b ff.), das vorläufige Berufsverbot (§ 132 a) und die Bestellung eines Pflichtverteidigers (§ 141). Gegen Erfüllung be-

---

[20] S. o. Rn. 3.
[21] BGH v. 9. 12. 1975 – 4 BJs 160/74 – StB 56/75, NJW 1976, 525.
[22] *Meyer-Goßner* Rn. 8.
[23] *Kleinknecht* NJW 1961, 87.
[24] *Meyer-Goßner* Rn. 8 mwN.
[25] BayObLG v. 23. 6. 1961 – RevReg. 1 St 322/61, BayObLGSt 1961, 157 = NJW 1961, 1982; BayObLG v. 4. 5. 1993 – 3 ObOWi 37/93, MDR 1993, 892; KG v. 18. 11. 1982 – 3 Ws (B) 299/82, JR 1983, 214; OLG Celle v. 8. 8. 1997 – 1 Ss 231/97 (OWi), NZV 1998, 258; *Meyer-Goßner* Rn. 8; aM Löwe/Rosenberg/*Graalmann-Scheerer* Rn. 28, 29.
[1] Vgl. BGH v. 7. 9. 1962, 4 StR 264/62, BGHSt 18, 34 (36) = NJW 1962, 2359; OLG Hamm v. 24. 11. 1955 – 1 Ws 516/55, NJW 1956, 274.
[2] KK-StPO/*Maul* Rn. 3.
[3] *Meyer-Goßner* Rn. 2.
[4] OLG Köln v. 25. 2. 1986 – Ss 2/86 (41), NJW 1987, 80; *Wollentin/Breckerfeld* NJW 1966, 634.
[5] KK-StPO/*Maul* Rn. 2.

stimmter Auflagen **ausgesetzte Haftbefehle** (§ 116) werden in gleicher Weise wieder wirksam, **Sicherheitsleistungen** nach § 123 müssen erneut erbracht werden.⁶

Abs. 3 S. 2 schreibt die **Aufhebung eines Haft- bzw. Unterbringungsbefehls** durch das die Wiedereinsetzung gewährende Gericht (entspr. § 126 Abs. 3) vor, falls die Voraussetzungen für dessen Zulässigkeit inzwischen offensichtlich nicht mehr gegeben sind, zB ein bestehender Strafrest zur Bewährung ausgesetzt worden oder die Strafe voll verbüßt ist.⁷ Sonst muss nach **Abs. 3 S. 3** das nach § 126 Abs. 2 zuständige Gericht unverzüglich eine **Haftprüfung** (§§ 117 ff.) durchzuführen.

---

⁶ BR-Drucks 550/06 S. 96; *Meyer-Goßner* Rn. 3.
⁷ *Meyer-Goßner* Rn. 4.

Sechster Abschnitt. Zeugen

§ 48 [Zeugenpflichten]

(1) [1] Zeugen sind verpflichtet, zu dem zu ihrer Vernehmung bestimmten Termin vor dem Richter zu erscheinen. [2] Sie haben die Pflicht auszusagen, wenn keine im Gesetz zugelassene Ausnahme vorliegt.

(2) Die Ladung der Zeugen geschieht unter Hinweis auf verfahrensrechtliche Bestimmungen, die dem Interesse des Zeugen dienen, auf vorhandene Möglichkeiten der Zeugenbetreuung und auf die gesetzlichen Folgen des Ausbleibens.

Schrifttum: *Adler*, Für die Zurückweisung eines anwaltlichen Zeugenbeistands wegen angeblicher Interessenkollision gibt es keine Rechtsgrundlage, StraFo 2002, 146; *Alsberg/Nüse/Meyer*, Der Beweisantrag im Strafprozess, 1983; *Arntzen*, Untere Altersgrenze der Zeugeneignung, DRiZ 1976, 20; *Dedes*, Grenzen der Wahrheitspflicht des Zeugen, JR 1983, 99; *Franke*, Zeugenschutz versus Aufklärungspflicht – Aufklärung durch Zeugenschutz?, StraFo 2000, 295; *Geppert*, Der Zeugenbeweis, Jura 1991, 132; *Granderath*, Schutz des Tatopfers im Strafverfahren, MDR 1983, 797; *Griesbaum*, Der gefährdete Zeuge, NStZ 1998, 433; *Hammerstein*, Der Anwalt als Beistand „gefährdeter" Zeugen, NStZ 1981, 340; *Humborg*, Die Rechte des Zeugen in der Hauptverhandlung, JR 1966, 448; *Jung*, Zeugenschutz, GA 1998, 313; *Kube/Leineweber*, Polizeibeamte als Zeugen, 1980; *Krehl*, Der Schutz von Zeugen im Strafverfahren, GA 1990, 555; *ders.*, Der Schutz von Zeugen im Strafverfahren, NJW 1991, 85; *Krekeler*, Der Rechtsanwalt als Beistand des Zeugen und die Sitzungspolizei, NJW 1980, 980; *Michel*, Der Richter als Zeuge im Strafverfahren, MDR 1992, 1026; *Nelles*, Der Zeuge – ein Rechtssubjekt, kein Schutzobjekt, NJ 1998, 449; *Montenbruck*, „Entlassung aus der Zeugenrolle" – Versuch zur Fortentwicklung der materiellen Beschuldigtentheorie, ZStW 89 (1977), 878; *Müller-Dietz*, Die Stellung des Beschuldigten im Strafprozess, ZStW 93 (1981), 1177; *Rose*, Die Ladung von Auslandszeugen im Strafprozess, wistra 1998, 11; *Schweckendieck*, Die ordnungsgemäße Ladung von jugendlichen Angeklagten und minderjährigen Zeugen zur Hauptverhandlung, NStZ 1990, 171; *Schneider*, Gedanken zur Problematik des infolge einer Zeugenrolle „befangenen" Staatsanwalts, NStZ 1994, 457; *Skupin*, Die Folgen beim Ausbleiben eines kindlichen oder eines jugendlichen Zeugen im Strafverfahren, MDR 1965, 865; *Soiné*, Zeugenschutz als Aufgabe polizeilicher Gefahrenabwehr, Kriminalistik 1999, 602; *Thomas*, Der Zeugenbeistand im Strafprozess, NStZ 1982, 489; *Wagner*, Zur Stellung des Rechtsbeistandes eines Zeugen im Ermittlungs- und Strafverfahren, DRiZ 1983, 21; *ders.*, Zum Anwesenheitsrecht des Zeugenbeistands, NStZ 2004, 101; *Wenske*, Zur Modifikation gerichtlicher Zeugenladungen unter Beachtung der Vorgaben des Opferrechtsreformgesetzes vom 24. 6. 2004, DRiZ 2005, 293; *Zacharias*, Der gefährdete Zeuge im Strafverfahren, 1997.

A. Allgemeines (Abs. 1)

I. Begriff des Zeugen

1   Der Zeuge ist, wie auch der Sachverständige, ein **persönliches Beweismittel**.[1] Er ist eine Beweisperson, die in einem nicht gegen ihn selbst gerichteten Strafverfahren Auskunft über die Wahrnehmung von in der Vergangenheit liegenden (oder gegenwärtigen)[2] Tatsachen geben soll.[3] Ohne Belang ist, wann und aus welchem Anlass der Zeuge die Wahrnehmung gemacht hat, über die er aussagen soll.[4] Wird jemand nur vor Gericht gestellt, damit die Verfahrensbeteiligten ihn in Augenschein nehmen können, ist er bloßes **Augenscheinsobjekt**, nicht Zeuge.[5]

II. Gegenstand des Zeugenbeweises

2   **1. Tatsachen.** Gegenstand des Zeugenbeweises sind Tatsachen, nicht Rechtsfragen, Erfahrungssätze, allgemeine Eindrücke, Schlussfolgerungen oder Mutmaßungen.[6] Es kann sich dabei auch um **negative** Tatsachen handeln, etwa dass der Zeuge eine bestimmte Äußerung nicht gehört hat.[7] Erfasst sind auch **innere** Tatsachen, soweit es sich um Vorgänge im eigenen Bewusstsein des Zeugen handelt (eigenpsychische Tatsachen).[8] Vorgänge im Inneren eines anderen Menschen (sog. fremdpsychische Tatsachen) sind unmittelbaren Wahrnehmungen eines Zeugen hingegen nicht zugänglich.[9] Er kann insoweit nur zu **äußerlich wahrnehmbaren** Tatsachen gehört werden, aus denen dann uU Rückschlüsse auf innere Vorgänge der anderen Person gezogen werden können.[10]

---

[1] HK-StPO/*Lemke* Vor §§ 48 ff. Rn. 1; KK-StPO/*Senge* Vor § 48 Rn. 1; KMR/*Neubeck* Vor § 48 Rn. 1.
[2] Löwe/Rosenberg/*Dahs*, 25. Aufl., Vor § 48 Rn. 3; SK/*Rogall* Vor § 48 Rn. 15.
[3] BGH v. 12. 3. 1969 – 2 StR 33/69, BGHSt 22, 347 (348) = NJW 1969, 1219; RG v. 12. 8. 1918 – IV 696/18, RGSt 52, 289.
[4] BGH v. 16. 4. 1985 – 5 StR 718/84, BGHSt 33, 178 (181) = NJW 1985, 1798; HK-StPO/*Lemke* Vor §§ 48 ff. Rn. 1; *Meyer-Goßner* Vor § 48 Rn. 1.
[5] HK-StPO/*Lemke* Vor §§ 48 ff. Rn. 1; Löwe/Rosenberg/*Dahs*, 25. Aufl., Vor § 48 Rn. 1; *Meyer-Goßner* Vor § 48 Rn. 1.
[6] *Meyer-Goßner* Vor § 48 Rn. 2.
[7] HK-StPO/*Lemke* Vor §§ 48 ff. Rn. 3; *Meyer-Goßner* Vor § 48 Rn. 2.
[8] Alsberg/Nüse/*Meyer* S. 191; KMR/*Neubeck* Vor § 48 Rn. 4; *Meyer-Goßner* Vor § 48 Rn. 2.
[9] BGH v. 11. 9. 2003 – 4 StR 139/03, NStZ 2004, 690.
[10] BGH v. 8. 11. 1983 – 5 StR 673/83, StV 1984, 61; OLG Zweibrücken v. 23. 2. 1990 – 1 Ss 215/89, StV 1990, 440.

In solchen (und gleichgelagerten Fällen), in denen aus Wahrnehmungen eines Zeugen auf ein bestimmtes anderes Geschehen geschlossen werden soll, sind nur die Wahrnehmungen des Zeugen Gegenstand des Beweises, nicht das weitere Geschehen.[11]

2. Werturteile. Meinungen, Schlussfolgerungen und reine Werturteile können grundsätzlich nicht Gegenstand des Zeugenbeweises sein.[12] Allerdings ist ein gewisses Maß an urteilender Tätigkeit bei einer Zeugenaussage regelmäßig unvermeidbar.[13] **Einfache Bewertungen** des Wahrgenommenen, zB über den Grad einer Trunkenheit,[14] sind daher möglich, wenn sie an konkrete Tatsachen anzuknüpfen vermögen.[15] Unter dieser Voraussetzung können auch **Charaktereigenschaften** wie Glaubwürdigkeit, Ehrlichkeit, Verdorbenheit oder Geschwätzigkeit zum Gegenstand des Zeugenbeweises gemacht werden.[16]

3. Rechtsbegriffe. Der Zeuge darf auch **einfache** Rechtsbegriffe wie Kauf, Miete, Eigentum, Anstiftung oder Beihilfe verwenden;[17] es erscheint jedoch empfehlenswert, nachzufragen, was der Zeuge darunter versteht.[18] Komplexe juristische Bewertungen, insbesondere zur **Schuldfähigkeit**, kann der Zeuge hingegen nicht abgeben.[19]

III. Zeugenpflichten und -rechte

1. Zeugenpflichten. Die Pflicht, Zeugnis abzulegen, ist eine allgemeine **Staatsbürgerpflicht**.[20] Ihr unterliegen neben allen deutschen Staatsangehörigen auch Ausländer und Staatenlose, solange sie sich im Inland aufhalten.[21] Exterritoriale hingegen sind von den Zeugenpflichten befreit (§§ 18 f. GVG).[22]

a) Hauptpflichten. Der Zeuge hat zunächst die Pflicht, vor Gericht oder Staatsanwaltschaft auf Ladung hin zu erscheinen, §§ 48 Abs. 1 S. 1, 51, 161a Abs. 1 S. 1 (**Erscheinenspflicht**). Er ist weiter verpflichtet auszusagen, sofern ihm kein Zeugnisverweigerungsrecht zusteht, §§ 48 Abs. 1 S. 2, 70 (**Aussagepflicht**). Zur wahrheitsgemäßen Aussage ist der Zeuge nur materiell-rechtlich verpflichtet (§§ 153 ff. StGB); eine solche Aussage ist prozessual nicht erzwingbar.[23] Zu den Hauptpflichten gehört, auch wenn dies in Abs. 1 nicht ausdrücklich erwähnt wird, zudem die Pflicht, die Aussage zu beeiden, wenn der Zeuge kein Eidesverweigerungsrecht (§ 61) besitzt und kein Eidesverbot (§ 60) besteht (**Eidespflicht**).

b) Nebenpflichten. Zu den Nebenpflichten des Zeugen gehören die Verpflichtungen, eine **Gegenüberstellung** zu dulden, § 58 Abs. 2,[24] und sich in **Augenschein** nehmen zu lassen.[25] Eine allgemeine Pflicht zu außergerichtlichem Tätigwerden, etwa zur **Vorbereitung** auf die Aussage, besteht hingegen grundsätzlich nicht.[26] Eine solche Pflicht trifft nur Zeugen, die ihre Wahrnehmungen in amtlicher Eigenschaft gemacht haben.[27] Zeugen, die im öffentlichen Dienst beschäftigt sind, haben zudem eine **dienstliche Äußerung** schriftlich abzugeben.[28]

2. Zeugenrechte. Der Zeuge ist nicht bloßes Verfahrensobjekt.[29] Auch für ihn gilt der Grundsatz des fairen Verfahrens.[30] Daraus folgt für den Zeugen ein Anspruch auf **angemessene Behand-**

---

[11] BGH v. 6. 7. 1993 – 5 StR 279/93, BGHSt 39, 251 = NJW 1993, 2881 mAnm *Widmaier* NStZ 1993, 602 und *Hamm* StV 1993, 455.
[12] RG v. 12. 11. 1923 – III 844/23, RGSt 57, 412; HK-StPO/*Lemke* Vor §§ 48 ff. Rn. 4; KMR/*Neubeck* Vor § 48 Rn. 5; *Meyer-Goßner* Vor § 48 Rn. 3; SK/*Rogall* Vor § 48 Rn. 17.
[13] *Meyer-Goßner* Vor § 48 Rn. 3.
[14] BGH v. 22. 5. 1979 – 5 StR 145/79, MDR 1979, 807; *Alsberg/Nüse/Meyer* S. 203.
[15] BGH v. 29. 8. 1990 – 3 StR 184/90, BGHSt 37, 162 (164) = NJW 1991, 435; BGH v. 6. 7. 1993 – 5 StR 279/93, BGHSt 39, 251 = NJW 1993, 2881.
[16] BGH v. 6. 7. 1993 – 5 StR 279/93, BGHSt 39, 251 = NJW 1993, 2881; RG v. 14. 1. 1907 – I 967/06, RGSt 39, 363; KMR/*Neubeck* Vor § 48 Rn. 5; Löwe/Rosenberg/*Dahs*, 25. Aufl., Vor § 48 Rn. 5.
[17] BGH v. 4. 5. 1951 – 4 StR 216/51, BGHSt 1, 137; KMR/*Neubeck* Vor § 48 Rn. 6; SK/*Rogall* Vor § 48 Rn. 19.
[18] HK-StPO/*Lemke* Vor §§ 48 ff. Rn. 5.
[19] KMR/*Neubeck* Vor § 48 Rn. 6; *Meyer-Goßner* Vor § 48 Rn. 4; SK/*Rogall* Vor § 48 Rn. 19.
[20] BVerfG v. 8. 10. 1974 – 2 BvR 747/73, BVerfGE 38, 105 (118) = NJW 1971, 103; BVerfG v. 30. 9. 2001 – 2 BvR 911/00, NJW 2002, 955; *Geppert*, Jura 1991, 132.
[21] OLG Düsseldorf v. 25. 1. 1999 – 1 Ws 702/98, NJW 1999, 1647, allgM.
[22] KK-StPO/*Senge* Vor § 48 Rn. 2; *Meyer-Goßner* Vor § 48 Rn. 5; KMR/*Neubeck* Vor § 48 Rn. 8.
[23] Vgl. § 70 Rn. 2.
[24] Vgl. § 58 Rn. 6 ff.
[25] BGH v. 8. 7. 1964 – 2 StR 238/64, GA 1965, 108.
[26] *Krehl* NStZ 1991, 416; Löwe/Rosenberg/*Dahs*, 25. Aufl., Vor § 48 Rn. 7; *Meyer-Goßner* Vor § 48 Rn. 7; SK/*Rogall* Vor § 48 Rn. 134; aA *Dedes* JR 1983, 99; KMR/*Neubeck* Vor § 48 Rn. 11.
[27] Vgl. § 69 Rn. 7.
[28] KMR/*Neubeck* Vor § 48 Rn. 10; *Meyer-Goßner* Vor § 48 Rn. 7; SK/*Rogall* Vor § 48 Rn. 135.
[29] BVerfG v. 16. 7. 1969 – 1 BvL 19/63, BVerfGE 27, 1 (6) = NJW 1969, 1707; *Jung* GA 1998, 313 (326); *Nelles* NJ 1998, 449; *Thomas* NStZ 1982, 489.
[30] BVerfG v. 13. 1. 1981 – 1 BvR 116/77, BVerfGE 56, 37 (44) = NJW 1981, 1431; *Geppert* Jura 1991, 132 (141).

lung[31] und Ehrenschutz, § 68 a.[32] In seine Grundrechte darf nur eingegriffen werden, wenn dies für die Wahrheitsfindung unerlässlich ist.[33] Das Gericht ist gegenüber dem Zeugen zur **Fürsorge** verpflichtet.[34] Zu den Zeugenrechten im Einzelnen:

9 a) **Behandlung im Verfahren.** Dem **Persönlichkeitsschutz** des Zeugen dienen die §§ 171 b, 172 Nr. 2 und Nr. 3 GVG, die unter den dort normierten Voraussetzungen die Möglichkeit eröffnen, den Zeugen unter Ausschluss der Öffentlichkeit zu vernehmen.[35] Zum Schutz dieses Rechts sind auch ungebührliche Angriffe auf den Zeugen oder unzulässige Fragen (§§ 244 Abs. 2, 241) an ihn durch das Gericht zu unterbinden.[36] Der Zeuge ist selbstverständlich auch zu schützen, wenn er durch die Mitwirkung im Strafverfahren in **Gefahr für Leib oder Leben** geraten kann.[37] Dies kann durch Maßnahmen nach § 247 oder § 172 Nr. 1 a GVG erfolgen. UU kann es die Fürsorgepflicht des Gerichts in diesen Fällen sogar gebieten, von der Vernehmung des Zeugen ganz abzusehen. Ob eine solche Konstellation vorliegt, prüft das Gericht in eigener Verantwortung;[38] dem Zeugen drohende Unannehmlichkeiten genügen nicht.[39] Ferner können Zeugen, ohne deren Angaben in einem Strafverfahren die Erforschung des Sachverhalts oder die Ermittlung des Aufenthaltsorts des Beschuldigten aussichtslos oder wesentlich erschwert wäre, mit ihrem Einverständnis nach Maßgabe des Gesetzes zur Harmonisierung des Schutzes gefährdeter Zeugen vom 11. 12. 2001 (ZSHG)[40] geschützt werden, wenn sie auf Grund ihrer Aussagebereitschaft einer Gefährdung von Leib, Leben, Gesundheit, Freiheit oder wesentlichen Vermögenswerten ausgesetzt sind und sich für **Zeugenschutzmaßnahmen** eignen.[41]

10 **Prozessual** ist der Zeuge befugt, gegen sachleitende Verfügungen des Vorsitzenden, die ihn betreffen, das Gericht anzurufen (§ 238 Abs. 2) und unzulässige Fragen zu beanstanden (§ 241). Ferner kann er ihn betreffende gerichtliche Entscheidungen mit der Beschwerde angreifen (§ 304 Abs. 2).[42]

11 b) **Weigerungsrechte.** Aussage- oder Zeugnisverweigerungsrechte lassen die Aussagepflicht des Zeugen ganz oder teilweise entfallen. Solche Weigerungsrechte ergeben sich aus **§§ 52 bis 55**, aber etwa auch aus dem **Beratungsgeheimnis** (§ 43 DRiG), dem **Wahlgeheimnis** (Art. 38 Abs. 1 GG) oder für Abgeordnete des Bundestags aus Art. 47 S. 1 GG. Nach der Rechtsprechung des BVerfG kann sich ein Weigerungsrecht in Einzelfällen unter ganz besonders strengen Voraussetzungen auch aus **Art. 1 und 2 GG** ergeben oder zumindest den Inhalt und Umfang der Zeugnispflicht begrenzen, wenn die Zeugenvernehmung wegen der Eigenart des Beweisthemas in einen grundrechtlich geschützten Bereich der Lebensführung, insbesondere die Intimsphäre, eingreifen würde.[43]

12 c) **Zuziehung eines Rechtsbeistands.** Jeder Zeuge hat das Recht, zu allen Vernehmungen durch das Gericht, die Staatsanwaltschaft oder auch die Polizei einen **Rechtsbeistand** seiner Wahl hinzuzuziehen, wenn er dies für die Ausübung seiner prozessualen Befugnisse, vor allem Zeugnis- oder Aussageverweigerungsrechte, für geboten erachtet.[44] Einer ausdrücklichen gerichtlichen **Zulassung** bedarf der Beistand nicht (§ 68 b Abs. 1).[45] Die Statthaftigkeit der Zuziehung eines Rechtsbeistands hat gesetzliche Anerkennung gefunden in § 68 b. Für den durch die Straftat verletzten Zeugen ergibt sich das Recht auf Zuziehung eines Beistands aus §§ 406 f, 406 g.

13 **Rechtstellung und Befugnisse** sind nur für den Beistand des durch die Tat verletzten Zeugen gesetzlich geregelt, §§ 406 d ff. Der „allgemeine" Zeugenbeistand hat nur eine vom Zeugen **abgeleitete Rechtsstellung**;[46] er hat folglich keine weitergehenden Rechte als der Zeuge selbst. Insbesondere ein Recht auf Akteneinsicht, ein Frage- und Antragsrecht sowie ein Anwesenheitsrecht hat er nur in

---

[31] *Humborg* JR 1966, 448.
[32] *Kube/Leineweber* S. 29.
[33] *Granderath* MDR 1983, 797 (798).
[34] *Meyer-Goßner* Vor § 48 Rn. 10, allgM.
[35] KK-StPO/*Senge* Vor § 48 Rn. 19.
[36] KMR/*Neubeck* Vor § 48 Rn. 12.
[37] BVerfG v. 26. 5. 1981 – 2 BvR 215/81, BVerfGE 57, 250 (284) = NJW 1981, 1719; *Krehl*, GA 1990, 555; ders. NJW 1991, 85.
[38] BGH v. 16. 6. 1983 – 2 StR 4/83, NStZ 1984, 31; BGH v. 14. 11. 1984 – 3 StR 418/84, BGHSt 33, 70 (74) = NJW 1985, 986; *Franke* StraFo 2000, 295 (299); *Zacharias* S. 197 ff.
[39] BGH v. 3. 10. 1979 – 3 StR 264/79, BGHSt 29, 99 (104) = NJW 1980, 64; BayObLG v. 8. 11. 1978 – RReg 3 St 267/78, NJW 1979, 2624.
[40] BGBl. I S. 3510.
[41] Eingehend zum Zeugenschutz vgl. *Griesbaum* NStZ 1998, 433; *Soiné* Kriminalistik 1999, 602.
[42] KMR/*Neubeck* Vor § 48 Rn. 13; Löwe/Rosenberg/*Dahs*, 25. Aufl., Vor § 48 Rn. 8.
[43] BVerfG v. 19. 7. 1972 – 2 BvL 7/71, BVerfGE 33, 367 (374) = NJW 1972, 2214; BVerfG v. 15. 1. 1975 – 2 BvR 65/74, BVerfGE 38, 312 (325) = NJW 1975, 588.
[44] BVerfG v. 8. 10. 1974 – 2 BvR 747/73, BVerfGE 38, 105 = NJW 1975, 103; KG v. 9. 12. 1994 – 2 StE 2/93, StV 1996, 473; *Hammerstein* NStZ 1981, 125; *Thomas* NStZ 1982, 489; *Wagner* DRiZ 1983, 21.
[45] So schon BGH v. 20. 4. 1989 – 4 StR 69/89, NStZ 1990, 225 zur alten Rechtslage.
[46] KK-StPO/*Senge* Vor § 48 Rn. 18 a; KMR/*Neubeck* Vor § 48 Rn. 18.

dem Umfang wie der Zeuge selbst.⁴⁷ Der Rechtsbeistand ist **nicht Verfahrensbeteiligter** und wird daher zum Vernehmungstermin weder geladen noch davon benachrichtigt.⁴⁸ Ein Anspruch auf Terminsverlegung wegen Verhinderung des Zeugenbeistands besteht nicht; auch darf der Zeuge wegen einer solchen Verhinderung dem Vernehmungstermin nicht einfach fernbleiben⁴⁹ oder die Aussage verweigern.⁵⁰ Der Rechtsbeistand darf **mehrere Zeugen gleichzeitig** vertreten.⁵¹ Über den Inhalt des Beratungsgesprächs mit seinem Zeugenbeistand steht dem Zeugen ein Auskunftsverweigerungsrecht zu.⁵²

Bei Missbrauch seiner Anwesenheit zur Behinderung oder Vereitelung der Aussage kommt ein **Ausschluss des Rechtsbeistands** von der Teilnahme an der Vernehmung nach § 177 GVG oder § 164⁵³ sowie in den Fällen des § 68 b Abs. 1 S. 3 und 4 in Betracht. Im Übrigen ist aber ein Ausschluss eines Rechtsanwalts als Beistand mangels gesetzlicher Grundlage unzulässig.⁵⁴

Die **gerichtliche Beiordnung** eines Beistandes (mit oder ohne Gewährung von Prozesskostenhilfe) ist – außer in den gesetzlich bestimmten Fällen der §§ 68 b, 406 g Abs. 3, Abs. 4 – ausgeschlossen.⁵⁵ **Gebühren** eines nicht beigeordneten Beistands werden durch die Staatskasse weder dem Rechtsanwalt noch dem Zeugen erstattet.⁵⁶

IV. Zeugnisfähigkeit

1. Allgemeines. Grundsätzlich hat **jeder Mensch** die Fähigkeit, Zeuge zu sein. Eine allgemeine Zeugnisunfähigkeit gibt es nicht.⁵⁷ Zeuge kann daher auch sein, wer körperliche oder geistige Gebrechen hat, solange er zu Wahrnehmungen und ihrer Wiedergabe vor Gericht in der Lage ist.⁵⁸ Auch **Kinder** können Zeugen sein, wenn von ihnen eine verständige Aussage zu erwarten ist.⁵⁹ Dabei gelten keine festen Altersgrenzen; Kindern unter viereinhalb Jahren wird die Aussagetüchtigkeit aber regelmäßig fehlen.⁶⁰ Auch die Vernehmung **Geisteskranker** in der Hauptverhandlung ist nicht ausgeschlossen.⁶¹ In Zweifelsfällen muss der Richter die Zeugnisfähigkeit, uU unter Hinzuziehung eines Sachverständigen, feststellen.⁶² Diese Feststellungen können im **Freibeweisverfahren** getroffen werden.⁶³

2. Richter. Richter und Schöffen können Zeugen sein, auch wenn sie an der Verhandlung mitgewirkt haben, in der sie vernommen werden sollen. Sobald sie als Zeuge vernommen worden sind, sind sie aber von der weiteren richterlichen Mitwirkung ausgeschlossen, §§ 22 Nr. 5, 31 Abs. 1. Der **Ausschluss von der Mitwirkung** tritt bereits dann ein, wenn der Richter eine Zeugenladung befolgt, auch wenn es nicht zur Vernehmung kommt,⁶⁴ oder wenn er selbst seine Vernehmung als Zeuge für erforderlich hält.⁶⁵ Die Ladung allein oder die bloße Benennung als Zeuge genügt für einen solchen Ausschluss aber nicht, weil es sonst im Belieben eines Angeklagten stünde, einen ihm nicht genehmen Richter an der Ausübung seines Amtes zu hindern.⁶⁶ Erklärt ein Richter auf Benennung als Zeuge dienstlich, er könne zu der Beweistatsache nichts bekunden, kann der entsprechende **Beweisantrag** unter seiner Mitwirkung nach § 244 Abs. 3 S. 1 als unzulässig abgelehnt werden.⁶⁷

---

⁴⁷ *Wagner* NStZ 2004, 101; KK-StPO/*Senge* Vor § 48 Rn. 18 a; *Meyer-Goßner* Vor § 48 Rn. 11; aA *Hammerstein* NStZ 1981, 125; *Thomas* NStZ 1982, 489 (494); Löwe/Rosenberg/*Dahs*, 25. Aufl., Vor § 48 Rn. 13; SK/*Rogall* Vor § 48 Rn. 113.
⁴⁸ KMR/*Neubeck* Vor § 48 Rn. 19; *Meyer-Goßner* Vor § 48 Rn. 11.
⁴⁹ BGH v. 19. 5. 1989 – 4 StB 19/89, NStZ 1989, 484 mAnm *Krehl* NStZ 1990. 192; aA *Adler* StraFo 2002, 146 (156).
⁵⁰ KG v. 16. 9. 1998 – 4 Ws 189/98.
⁵¹ KMR/*Neubeck* Vor § 48 Rn. 19; Löwe/Rosenberg/*Dahs*, 25. Aufl., Vor § 48 Rn. 14.
⁵² OLG Düsseldorf v. 29. 1. 1991 – V 21/98, NStZ 1991, 504 mAnm *Sieg* MDR 1992, 1027.
⁵³ *Wagner* NStZ 2004, 101; KMR/*Neubeck* Vor § 48 Rn. 20; *Meyer-Goßner* Vor § 48 Rn. 11; aA *Krekeler* NJW 1980, 980.
⁵⁴ BVerfG v. 17. 4. 2000 – 2 BvR 1331/99, NJW 2000, 2660; *Adler* StraFo 2002, 146 (150).
⁵⁵ BVerfG v. 12. 4. 1983 – 2 BvR 307/83, NStZ 1983, 374; BGH v. 9. 9. 1998 – StB 10/98, NStZ 1999, 415 (416); OLG Koblenz v. 6. 7. 1995 – 2 Ws 411/95, MDR 1995, 1166.
⁵⁶ OLG Düsseldorf v. 12. 5. 1992 – 3 Ws 265/92, Rpfleger 1993, 37.
⁵⁷ KMR/*Neubeck* Vor § 48 Rn. 22; *Meyer-Goßner* Vor § 48 Rn. 13; SK/*Rogall* Vor § 48 Rn. 30, allgM.
⁵⁸ BGH v. 1. 4. 1952 – 2 StR 754/51, BGHSt 2, 269 (270).
⁵⁹ *Grey* StV 1987, 403 (405); *Meyer-Goßner* Vor § 48 Rn. 13.
⁶⁰ *Arntzen* DRiZ 1976, 20; Alsberg/Nüse/*Meyer* S. 174; *Meyer-Goßner* Vor § 48 Rn. 13; SK/*Rogall* Vor § 48 Rn. 32.
⁶¹ RG v. 9. 10. 1900 – 3479/00, RGSt 33, 393; RG v. 27. 11. 1924 – II 836/24, RGSt 58, 396.
⁶² HK-StPO/*Lemke* Vor § 48 Rn. 8; KK-StPO/*Senge* Vor § 48 Rn. 5; KMR/*Neubeck* Vor § 48 Rn. 23; SK/*Rogall* Vor § 48 Rn. 31.
⁶³ KK-StPO/*Senge* Vor § 48 Rn. 5; KMR/*Neubeck* Vor § 48 Rn. 23.
⁶⁴ BGH v. 7. 12. 1954 – 2 StR 402/54, BGHSt 7, 44 (46) = NJW 1955, 152.
⁶⁵ AG Brandenburg v. 14. 10. 2007 – 24 Ds 426 Js 1848/07.
⁶⁶ BGH v. 24. 5. 1955 – 2 StR 6/55, BGHSt 7, 330; BGH v. 23. 6. 1993 – 3 StR 89/93, BGHSt 39, 239 = NJW 1993, 2758; *Geppert* Jura 1991, 84.
⁶⁷ BGH v. 11. 2. 1958 – 1 StR 6/58, BGHSt 11, 206 = NJW 1958, 537; BGH v. 23. 6. 1993 – 3 StR 89/93, BGHSt 39, 239 = NJW 1993, 2758; *Michel* MDR 1992, 1026; Alsberg/Nüse/*Meyer* S. 176.

18 **3. Urkundsbeamte.** Für Urkundsbeamte, die an der Verhandlung als **Protokollführer** mitwirken, gelten die Ausführungen entsprechend. Sie sind von der weiteren Mitwirkung ausgeschlossen, wenn einem Antrag auf ihre Vernehmung als Zeuge stattgegeben wurde.

19 **4. Staatsanwälte.** Der Staatsanwalt kann als Zeuge vernommen werden, auch wenn er als **Sitzungsvertreter** an der Verhandlung teilnimmt.[68] Während er vernommen wird, ist die Sitzungsvertretung von einem anderen Staatsanwalt wahrzunehmen.[69] Die Zeugenvernehmung führt aber nicht zwangsläufig dazu, dass der vernommene Staatsanwalt die Anklage nicht weiter vertreten darf.[70] Grundsätzlich ist (wie beim Richter) zu gewährleisten, dass die Benennung des Staatsanwalts als Zeuge nicht ungerechtfertigt zum Ausschluss eines dem Angeklagten unliebsamen Sitzungsvertreters führt.[71] Sagt er zB nur über einen rein technischen, mit seiner Tätigkeit als Sachbearbeiter der Staatsanwaltschaft notwendig verbundenen Vorgang aus und ist durch Zuziehung eines weiteren Staatsanwalts sichergestellt, dass er seine eigenen Bekundungen im Schlussvortrag nicht selbst würdigen muss, ist seine **weitere Mitwirkung** zulässig.[72] Gleiches gilt, wenn seine Aussage nur Wahrnehmungen betrifft, die nicht in unlösbarem Zusammenhang mit dem im Übrigen zu erörternden Sachverhalt stehen und wiederum die Würdigung seiner Aussage im Plädoyer einem anderen Sitzungsvertreter überlassen bleibt.[73] Bedarf es einer Würdigung der Aussage erkennbar nicht, ist kein weiterer Staatsanwalt hinzuzuziehen.[74] Bezieht sich die Aussage nur auf die Tat eines Mitangeklagten, darf der Staatsanwalt die Anklage hinsichtlich der übrigen Angeklagten weiter vertreten.[75] Auch die Zeugenvernehmung in einer früheren (ausgesetzten) Hauptverhandlung führt nicht zum Ausschluss des Staatsanwalts.[76] In anderen Fällen ist die weitere Mitwirkung des Staatsanwalts ausgeschlossen und führt auf eine ordnungsgemäße **Verfahrensrüge**[77] zur Aufhebung des Urteils, wenn es auf diesem Verfahrensverstoß beruht.[78]

20 **5. Verteidiger.** Der Verteidiger kann, wie § 53 Abs. 1 Nr. 2 zeigt, im Verfahren gegen seinen Mandanten Zeuge sein.[79] Auch darf er nach seiner Aussage die Verteidigung fortführen.[80] Das anwaltliche Standesrecht kann es ihm im Konfliktfall gebieten, die Verteidigung niederzulegen.[81] Ein Ausschluss des Verteidigers durch das Gericht ist aber nicht möglich, da die §§ 138 a f. die Ausschließung abschließend regeln.[82] Dieses **Verbot des Verteidigerausschlusses** darf das Gericht nicht dadurch umgehen, dass es ihm nach § 58 Abs. 1 die Anwesenheit vor seiner Vernehmung nicht gestattet, oder ihn danach nicht nach § 248 entlässt.[83] Liegt ein Fall **notwendiger Verteidigung** (§ 140) vor, ist dem Angeklagten während der Vernehmung seines (Pflicht-)Verteidigers ein anderer Verteidiger beizuordnen.[84]

21 **6. Beschuldigter und Mitbeschuldigte.** Der Beschuldigte hat das Recht, Angabe zur Sache zu machen. Diese sind bei der Entscheidung zu berücksichtigen. Als Zeuge in eigener Sache darf er aber nicht vernommen werden.[85]

22 Für **Mitbeschuldigte** gilt grundsätzlich nichts anderes. Sie können nicht Zeugen gegen andere Mitbeschuldigte sein, sobald und solange die Verfahren nach den §§ 2 ff., 237 verbunden sind, sog. **Grundsatz der prozessualen Gemeinsamkeit.**[86] Sind die Verfahren prozessual verbunden, so spielt es keine Rolle, ob der Mitbeschuldigte zu einer gemeinschaftlich begangenen Tat oder zu einer Tat vernommen werden soll, deren Beteiligung er weder beschuldigt noch verdächtig ist.[87] Die Gegenauffassung, die die Frage, ob ein Mitbeschuldigter als Zeuge vernommen werden darf,

---

[68] OLG Celle v. 5. 7. 1983 – 1 Ss 214/83, NStZ 1984, 316.
[69] BGH v. 26. 1. 1996 – 2 ARs 441/95, StV 1996, 469.
[70] So aber noch RG v. 11. 12. 1896 – 4531/96, RGSt 29, 236.
[71] BGH v. 24. 10. 2007 – 1 StR 480/07, NStZ 2008, 353.
[72] BGH v. 3. 5. 1960 – 1 StR 155/60, BGHSt 14, 265 (267).
[73] BGH v. 13. 7. 1966 – 2 StR 157/66, BGHSt 21, 85 (89) = NJW 1966, 2321; BGH v. 25. 4. 1989 – 1 StR 97/89, NStZ 1989, 583; *Pawlik* NStZ 1995, 309 (312); *Schneider* NStZ 1994, 457.
[74] BGH v. 7. 12. 2000 – 3 StR 382/00, NStZ-RR 2001, 107.
[75] BGH v. 13. 7. 1966 – 2 StR 157/66, BGHSt 21, 85 (89) = NJW 1966, 2321.
[76] BGH v. 7. 12. 1993 – 5 StR 171/93, NStZ 1994, 194.
[77] Vgl. zu den Rügevoraussetzungen BGH v. 30. 1. 2007 – 5 StR 465/06, NStZ 2007, 419.
[78] BGH v. 3. 5. 1960 – 1 StR 155/60, BGHSt 14, 265; BGH v. 15. 4. 1987 – 2 StR 697/86, BGHSt 34, 352 = NJW 1987, 3088.
[79] AllgM.
[80] KMR/*Neubeck* Vor § 48 Rn. 28; *Meyer-Goßner* Vor § 48 Rn. 18.
[81] BVerfG v. 11. 6. 1963 – 1 BvR 156/63, BVerfGE 16, 214 (217) = NJW 1963, 1771.
[82] *Krause* StV 1984, 169 (171); KMR/*Neubeck* Vor § 48 Rn. 28; *Meyer-Goßner* Vor § 48 Rn. 18.
[83] KMR/*Neubeck* Vor § 48 Rn. 28; *Meyer-Goßner* Vor § 48 Rn. 18; KMR/*Neubeck* Vor § 48 Rn. 28; *Meyer-Goßner* Vor § 48 Rn. 18.
[84] BGH v. 26. 6. 1985 – 3 StR 145/85, NJW 1986, 78; BGH v. 26. 1. 1996 – 2 ARs 441/95, StV 1996, 469.
[85] BGH v. 18. 10. 1956 – 4 StR 278/56, BGHSt 10, 8 (10), allgM.
[86] KK-StPO/*Senge* Vor § 48 Rn. 7; KMR/*Neubeck* Vor § 48 Rn. 30.
[87] BGH v. 15. 8. 1952 – 3 StR 267/52, BGHSt 3, 149; BGH v. 18. 10. 1956 – 4 StR 278/56, BGHSt 10, 8 (10).

Sechster Abschnitt. Zeugen 23–27 **§ 48**

allein nach sachlich-rechtlichen Kriterien beurteilen will (sog. **materieller Mitbeschuldigtenbegriff**)[88] ist abzulehnen. Denn es ergibt sich zwingend aus § 60 Nr. 2, dass auch Tatbeteiligte als Zeugen vernommen werden können.[89]

Die vorübergehende **Trennung** der verbundenen Sachen lässt die prozessuale Bindung entfallen 23 und ermöglicht die Zeugenvernehmung des Mitbeschuldigten, dessen Verfahren abgetrennt worden ist.[90] Dieses Vorgehen ist zulässig, wenn sich die Vernehmung auf eine Tat erstrecken soll, die dem zu vernehmenden Mitbeschuldigten nicht zur Last gelegt wird;[91] es ist hingegen unstatthaft, wenn die Vernehmung eine gemeinschaftliche Tat betrifft.[92] Denn ansonsten würde gegen den Grundsatz verstoßen, dass ein Angeklagter nicht Zeuge in den ihn selbst betreffenden Verfahren sein kann.[93] Entfällt die Klammer prozessualer Gemeinsamkeit in anderer Weise, etwa durch Einstellung des Verfahrens, Nichteröffnung oder Verurteilung, steht der Zeugenvernehmung des Mitbeschuldigten nichts mehr im Wege.[94]

7. Andere Verfahrensbeteiligte. Für die übrigen Verfahrensbeteiligten gilt: **Zeugen können sein** 24 der Nebenkläger (§ 397 Abs. 1), der Beistand (§ 149 Abs. 1 oder § 69 Abs. 1 JGG), Erziehungsberechtigte und gesetzliche Vertreter (§ 67 JGG), Antragsteller im Adhäsionsverfahren (§§ 403 ff.), Verletzten- (§ 406 f) der sonstige anwaltliche Zeugenbeistände, teilnehmende Behördenvertreter[95] und der Bewährungshelfer.[96] Auch Sachverständige (§ 74 Abs. 1 S. 2) und Dolmetscher können als Zeugen vernommen werden. **Zeugen können** hingegen **nicht sein**: Der Privatkläger wegen seiner Parteistellung[97] sowie Einziehungs- und Verfallbeteiligte, soweit sich das Verfahren gegen sie richtet, da sie gemäß § 433 Abs. 1 dann einem Angeklagten gleichgestellt werden.[98]

B. Ladung (Abs. 2)

I. Allgemeines

1. Begriff. Die **Ladung** ist eine an den Zeugen gerichtete Aufforderung, an einem bestimmten 25 Ort zu einer bestimmten Zeit (Termin) als Zeuge zu erscheinen.[99] Die Staatsanwaltschaft und andere an dem Verfahren beteiligte Behörden erhalten keine Ladung, sondern eine **Terminsnachricht**.[100]

2. Anwendungsbereich. Abs. 2 gilt für gerichtliche Ladungen von Zeugen in allen Verfahrens- 26 abschnitten,[101] über die Verweisungen in § 161a Abs. 1 S. 2 und § 72 aber auch für die Ladung eines Zeugen zur staatsanwaltschaftlichen Vernehmung und für die Ladungen von Sachverständigen. Für die Vernehmungen durch die **Polizei** gilt die Vorschrift mangels Verweis in § 163 Abs. 3 hingegen nicht. Folglich besteht auch keine Pflicht, auf Aufforderung zu einem polizeilichen Vernehmungstermin zu erscheinen.[102]

II. Ausführung der Ladung

1. Anordnung. Zur Anordnung einer Ladung ist in erster Linie der **Richter** befugt. Zur Haupt- 27 verhandlung lädt der Vorsitzende (§ 214 Abs. 1 S. 1), im Übrigen der ersuchte, beauftragte oder der Ermittlungsrichter (§§ 157 GVG, 223 Abs. 1, 162). Im Vorverfahren (§ 161a Abs. 1), sowie unmittelbar zur Hauptverhandlung (§ 214 Abs. 3) und in der Berufungsverhandlung (§ 323 Abs. 1) kann auch die **Staatsanwaltschaft** Zeugen laden. In den besonders normierten Fällen sind daneben der Angeklagte (§§ 220 Abs. 1, 323 Abs. 1, 386 Abs. 2), der Nebenkläger (§§ 397 Abs. 1, 386 Abs. 2) und der Privatkläger (§ 386 Abs. 2) zur Zeugenladung berechtigt.

---

[88] So etwa *Montenbruck* ZStW 89 (1977), 878 oder *Müller-Dietz* ZStW 93 (1981), 1177 (1227).
[89] BGH v. 23. 4. 1984 – 4 StR 781/83, NJW 1985, 76; KMR/*Neubeck* Vor § 48 Rn. 32; *Meyer-Goßner* Vor § 48 Rn. 21.
[90] BGH v. 18. 10. 1956 – 4 StR 278/56, BGHSt 10, 8 (10); BGH v. 16. 3. 1977 – 3 StR 327/76, BGHSt 27, 239 (141) = NJW 1977, 1161.
[91] BGH v. 25. 4. 1964 – 1 StR 13/64, NJW 1964, 1034.
[92] BGH v. 17. 1. 1984 – 5 StR 970/83, StV 1984, 186.
[93] S. Rn. 21 und auch BGH v. 13. 11. 1997 – 4 StR 404/97, BGHSt 43, 300 = NJW 1998, 840.
[94] BGH v. 23. 4. 1984 – 4 StR 781/83, NJW 1985, 76.
[95] Vgl. etwa LG Dresden v. 10. 11. 1997 – 8 Ns 101 Js 44 995/95, NStZ 1999, 313 für § 407 AO.
[96] OLG Oldenburg v. 19. 4. 1977 – Ss 98/77, MDR 1977, 775
[97] KK-StPO/*Senge* Vor § 48 Rn. 15; KMR/*Neubeck* Vor § 48 Rn. 34.
[98] BGH v. 26. 6. 1956 – 2 StR 322/55, BGHSt 9, 250.
[99] HK-StPO/*Lemke* Rn. 1; KK-StPO/*Senge* Rn. 1; *Pfeiffer* Rn. 2; SK/*Rogall* Rn. 3.
[100] KMR/*Neubeck* Rn. 1.
[101] Löwe/Rosenberg/*Dahs*, 25. Aufl., Rn. 1.
[102] AK/*Kühne* Rn. 1; SK/*Rogall* Rn. 2.

28 **2. Form.** Eine bestimmte Form der Ladung ist gesetzlich nicht vorgeschrieben. Die Art und Weise der Ladung liegen im Ermessen des Gerichts.[103] Die Ladung soll aber in der Regel **schriftlich** – durch einfachen Brief (Nr. 64 Abs. 3 S. 1 RiStBV) – erfolgen. Die Ladung zur Hauptverhandlung soll zudem zugestellt werden, um den Zugang der Ladung nachweisen zu können (Nr. 117 Abs. 1 S. 1 RiStBV).[104] Zulässig ist aber auch eine (unmittelbare) Ladung **mündlich** durch den Richter,[105] fernmündlich,[106] per Fax oder E-Mail,[107] oder durch Einschaltung Dritter (etwa der Polizei oder eines Gerichtswachtmeisters). Die Ladungsverfügungen der Gerichte und Staatsanwaltschaften werden durch die Geschäftsstellen ausgeführt (§§ 153 GVG, 36 Abs. 1 S. 2, 214 Abs. 1 S. 5). Bei unmittelbarer Zeugenladung durch Prozessbeteiligte schreibt § 38 vor, dass die Ladung durch den **Gerichtsvollzieher** zuzustellen ist, was Schriftlichkeit voraussetzt.[108]

29 **3. Ladungsfrist.** Das Gesetz sieht keine Fristen für die Ladung vor, so dass auch eine Aufforderung zu sofortigem Erscheinen vor Gericht grundsätzlich möglich ist.[109] Allerdings gebietet der **Verhältnismäßigkeitsgrundsatz**,[110] dem Zeugen eine angemessene Frist bis zum Erscheinen vor Gericht einzuräumen, damit er die Hauptverhandlung sinnvoll in seine Terminplanung miteinbeziehen kann.[111]

30 **4. Mängel.** Eine Ladung ist nur dann **unwirksam**, wenn sie nicht durch einen Ladungsberechtigten angeordnet worden ist.[112] Weicht die tatsächliche Ladungsform von der durch den Richter oder Staatsanwaltschaft angeordneten ab, so berührt dies die Wirksamkeit der Ladung ebenso wenig[113] wie inhaltliche Mängel der Ladungsschrift.[114] Die **Zulässigkeit einer Vernehmung** ist von der erfolgten Ladung grundsätzlich unabhängig.[115]

III. Inhalt

31 **1. Grundsätzliches.** Die Ladung muss erkennen lassen, dass es um eine **Zeugenvernehmung** geht (Nr. 64 Abs. 1 S. 1 RiStBV). Grundsätzlich ist anzugeben, gegen wen sich das Verfahren richtet, es sei denn, der Untersuchungszweck verbietet dies. Die **Beschuldigung** soll nur dann mitgeteilt werden, wenn es zur Vorbereitung der Aussage des Zeugen erforderlich ist (Nr. 64 Abs. 1 S. 2 RiStBV). Dabei ist im Einzelfall abzuwägen, ob die Unterrichtung des Zeugen der Herbeiführung einer wahrheitsgemäßen Aussage dienlich oder hinderlich ist.[116] In der überwiegenden Zahl der Fälle dürfte es jedoch angebracht sein, den Zeugen entsprechend zu unterrichten,[117] damit er sich auf seine Aussage sachgerecht vorbereiten kann. Eine Pflicht zur Vorbereitung besteht für den Zeugen allerdings nicht.[118]

32 **2. Hinweise.** Erforderlich ist stets der Hinweis auf die **gesetzlichen Folgen des Ausbleibens**, § 51. Dies gilt auch bei wiederholter Ladung in einer unterbrochenen Hauptverhandlung oder nach Aussetzung der Verhandlung und Neuterminierung.[119] Die in § 51 beschriebenen Folgen sind dabei vollständig und im Einzelnen mitzuteilen.[120] Aufgrund der Neufassung des § 48 durch das Gesetz zur Verbesserung der Rechte von Verletzen im Strafverfahren – Opferrechtsreformgesetz – vom 24. 6. 2004[121] sind auch Hinweise auf die **Rechte des Zeugen** vorgeschrieben. Dazu gehören neben den Möglichkeiten der Zeugenbetreuung auch Informationen über dem Zeugen dienende Verfahrensbestimmungen (wie §§ 58, 68, 68a, 68b, 247 S. 2 oder §§ 171b Abs. 1 S. 1, 172 GVG).[122] Die Hinweise dürfen nicht pauschal erfolgen, sondern müssen individuell durch

---

[103] BGH v. 30. 11. 1953 – 1 StR 318/53; RG v. 16. 4. 1907 – V 30/07, RGSt 40, 138 (140); KK-StPO/*Senge* Rn. 1; KMR/*Neubeck* Rn. 3.
[104] AK/*Kühne* Rn. 3; KK-StPO/*Senge* Rn. 1; Löwe/Rosenberg/*Dahs*, 25. Aufl., Rn. 4; *Meyer-Goßner* Rn. 1.
[105] RG v. 5. 5. 1902 – 1061/02, RGSt 35, 232 (233); KG v. 13. 11. 2000 – 1 AR 1234/00.
[106] BGH v. 15. 1. 1952 – 2 StR 567/51, NJW 1952, 836; RG v. 16. 4. 1907 – V 30/07, RGSt 40, 138.
[107] KK-StPO/*Senge* Rn. 1; KMR/*Neubeck* Rn. 3.
[108] AK/*Kühne* Rn. 1.
[109] AK/*Kühne* Rn. 6; HK-StPO/*Lemke* Rn. 1.
[110] Vgl. etwa BVerfG v. 24. 5. 1977 – 2 BvR 988/75, BVerfGE 44, 353 = NJW 1977, 1489 (ständige Rechtsprechung).
[111] KMR/*Neubeck* Rn. 5; Löwe/Rosenberg/*Dahs*, 25. Aufl., Rn. 3; AK/*Kühne* Rn. 6 fordert daher eine regelmäßige Mindestfrist von einer Woche.
[112] SK/*Rogall* Rn. 9.
[113] HK-StPO/*Lemke* Rn. 3; SK/*Rogall* Rn. 9.
[114] *Neuhaus* StV 2004, 621; *Meyer-Goßner* Rn. 4.
[115] RG v. 5. 5. 1902 – 1061/02, RGSt 35, 232 (233); Löwe/Rosenberg/*Dahs*, 25. Aufl., Rn. 1; SK/*Rogall* Rn. 1.
[116] AK/*Kühne* Rn. 7.
[117] SK/*Rogall* Rn. 19 hält dies aus verfassungsrechtlichen Gründen regelmäßig für geboten.
[118] AK/*Kühne* Rn. 8; aA *Dedes* JR 1983, 99 (100 f.).
[119] OLG Hamm v. 28. 5. 1957 – 3 Ws 178/57, NJW 1957, 1330.
[120] KK-StPO/*Senge* Rn. 5; KMR/*Neubeck* Rn. 6.
[121] BGBl. I S. 1354.
[122] BT-Drucks. 11/1976 S. 10; KMR/*Neubeck* Rn. 7; *Meyer-Goßner* Rn. 3 a.

den die Ladung Anordnenden verfügt werden.[123] Ob diese Neuregelung praktikabel ist, ist zu bezweifeln, da sich aus den Akten die Notwendigkeit eines Hinweises auf eine konkrete Verfahrensbestimmung regelmäßig nicht entnehmen lassen wird.[124] Die Ladung muss keine Hinweise auf mögliche **Zeugnisverweigerungsrechte** enthalten, da die Pflicht zum Erscheinen vor Gericht unabhängig von deren Vorliegen besteht.[125]

IV. Sonderfälle

1. Kinder und Jugendliche. Die Ladung von **Kindern** erfolgt über ihre gesetzlichen Vertreter.[126] 33
Jugendliche ab 14 Jahren können hingegen selbst persönlich geladen werden. Es ist davon auszugehen, dass sie aufgrund ihres Alters in der Lage sind, ihre Rechte und Pflichten als Zeugen selbst wahrzunehmen.[127]

2. Auslandszeugen und Exterritoriale. Für die Ladung von **Auslandszeugen**[128] gelten die Nr. 151, 34
152 RiVASt, für Zeugen aus den Mitgliedstaaten des Europarates die Art. 7 ff. EuRhÜbk. Im Geltungsbereich des Schengener Durchführungsübereinkommens können auch Ladungen per Einschreiben mit Rückschein bewirkt werden.[129] Im Ausland lebende deutsche Zeugen können über die deutschen Auslandsvertretungen geladen werden (Nr. 172 RiVASt).[130] **Exterritoriale** werden nach Maßgabe der Nr. 196, 197 RiStBV geladen.

3. Soldaten. Für die Ladung von Soldaten gelten grundsätzlich keine Besonderheiten, sie werden 35
wie Zivilpersonen geladen.[131] Bei Angehörigen der in Deutschland stationierten **NATO-Truppen** gilt Art. 37a des NATO-Truppenstatut-Zusatzabkommens.[132]

4. Seeleute und Binnenschiffer. Seeleute und Binnenschiffer werden gewohnheitsrechtlich **nach** 36
Seemannsart geladen. Sie werden aufgefordert, sich bei der nächsten Liegezeit auf der Geschäftsstelle des zuständigen Amtsgerichts einzufinden; die Zustellung wird durch die Wasserschutzpolizei bewirkt.[133]

5. Sonstige. Bei Personen ohne die erforderliche **Verstandesreife** wird allein der gesetzliche Ver- 37
treter geladen mit der Aufforderung, sich mit dem Zeugen bei der Gerichtsstelle einzufinden.[134] Bei besonders **gefährdete Zeugen**, deren ladungsfähige Anschrift oder Identität geheim gehalten werden kann (§§ 68 Abs. 2 und 3, 200 Abs. 1 S. 3 und 4), erfolgt die Ladung über ihre Dienststelle, ihren Geschäftsort oder die Zeugenschutzstelle der Kriminalpolizei.[135] Befindet sich ein Zeuge **nicht auf freiem Fuß**, so wird er unter gleichzeitigem Erlass eines richterlichen Vorführbefehls oder einer Vorführungsanordnung der Staatsanwaltschaft geladen.[136]

V. Rechtsmittel

Die **Anordnung der Ladung** ist für den Zeugen nicht beschwerdefähig,[137] da ihm grundsätzlich 38
kein Recht zusteht, einer Ladung nicht Folge zu leisten.[138] Auch eine Beschwerde gegen die **Ablehnung einer Zeugenladung** ist nicht zulässig, da es sich um eine nicht angreifbare Zwischenentscheidung handelt. Der Prozessbeteiligte, dessen Antrag, einen Zeugen zu laden, abgelehnt wurde, kann nur im Wege des Rechtsmittels gegen das nachfolgende Urteil diesen Verfahrensfehler (etwa

---

[123] *Wenske* DRiZ 2005, 293; KMR/*Neubeck* Rn. 7; *Meyer-Goßner* Rn. 3a; SK/*Rogall* Rn. 15.
[124] *Meyer-Goßner* Rn. 3a.
[125] AK/*Kühne* Rn. 9; KMR/*Neubeck* Rn. 6; Löwe/Rosenberg/*Dahs*, 25. Aufl., Rn. 6; *Meyer-Goßner* Rn. 2.
[126] AllgM, vgl. OLG Hamm v. 7. 4. 1965 – 3 Ws 76/65, NJW 1965, 1613.
[127] OLG Frankfurt v. 6. 4. 2005 – 3 Ws 281/05, NStZ-RR 2005, 268; *Schweckendieck* NStZ 1990, 170 (171); KMR/*Neubeck* Rn. 6; *Meyer-Goßner* Rn. 7; *Pfeiffer* Rn. 3; SK/*Rogall* Rn. 30; aA AK/*Kühne* Rn. 10; KK-StPO/*Senge* Rn. 6. Löwe/Rosenberg/*Dahs*, 25. Aufl., Rn. 11 befürwortet neben der Ladung des Jugendlichen eine zeitgleiche Ladung über den gesetzlichen Vertreter.
[128] Vgl. zu diesem Themenkomplex allgemein *Rose* wistra 1998, 11.
[129] Vgl. Vertragsgesetz v. 15. 7. 1993, BGBl. 1993 II S. 1010; SK/*Rogall* Rn. 27.
[130] HK-StPO/*Lemke* Rn. 4; KK-StPO/*Senge* Rn. 6.
[131] Nr. 17 ff. des Erlasses des BMV idF v. 16. 3. 1982 (VMBl. 130) geändert durch Erlass v. 20. 6. 1983 (VMBl. 182); AK/*Kühne* Rn. 6; KK-StPO/*Senge* Rn. 6; *Pfeiffer* Rn. 2; SK/*Rogall* Rn. 29.
[132] BGBl. 1961 II S. 1218.
[133] OLG Bremen v. 7. 10. 1964 – Ss 101/64, Rpfleger 1965, 48; AG Bremerhaven v. 22. 3. 1967 – 4 Qs 38/67, NJW 1967, 1721.
[134] *Skupin* MDR 1965, 866; KMR/*Neubeck* Rn. 8; Löwe/Rosenberg/*Dahs*, 25. Aufl., Rn. 11; *Meyer-Goßner* Rn. 7.
[135] Löwe/Rosenberg/*Dahs*, 25. Aufl., Rn. 16.
[136] OLG Koblenz v. 20. 7. 1988 – 2 Ws 380/88, NStZ 1989, 93; aA OLG Düsseldorf v. 14. 4. 1981 – 2 Ws 111/81, NJW 1981, 2768.
[137] OLG Köln v. 8. 5. 1981 – 2 Ws 187/81, NJW 1981, 2480 (2481); OLG Hamm v. 20. 3. 1978 – 6 Ws 177/78, MDR 1978, 690; OLG Frankfurt v. 6. 4. 2005 – 3 Ws 281/05, NStZ-RR 2005, 268 (für den Fall der Erledigung der Ladung); *Wenske* DRiZ 2005, 293 (296); KK-StPO/*Senge* Rn. 1; *Meyer-Goßner* Rn. 4; aA OLG Hamm v. 13. 3. 1979 – 1 Ws 70/79.
[138] SK/*Rogall* Rn. 10.

§§ 49, 50   Erstes Buch. Allgemeine Vorschriften

mit der Aufklärungsrüge) beanstanden. Solange dieser Rechtsweg nicht ausgeschöpft ist, ist auch eine Verfassungsbeschwerde gegen die Ablehnung der Ladung unzulässig.[139]

§ 49 [Vernehmung des Bundespräsidenten]

¹Der Bundespräsident ist in seiner Wohnung zu vernehmen. ²Zur Hauptverhandlung wird er nicht geladen. ³Das Protokoll über seine gerichtliche Vernehmung ist in der Hauptverhandlung zu verlesen.

I. Allgemeines

1 § 49 ist eine Ausnahmevorschrift hinsichtlich der Pflicht zum Erscheinen vor Gericht. Allen anderen Zeugenpflichten, etwa der Pflicht zur Aussage und Beeidigung, unterfällt auch der Bundespräsident.[1] Das verzichtbare[2] **Privileg des Bundespräsidenten** für die Zeugenvernehmung ist an seine Person, nicht das Amt geknüpft, so dass es für den Bundesratspräsidenten als verfassungsmäßigem Vertreter (Art. 57 GG) nicht gilt.[3]

II. Vernehmung

2 S. 1 bestimmt die „Wohnung" des Präsidenten, nicht den Wohnsitz, also auch nur vorübergehende Aufenthaltsorte, zum **Vernehmungsort**.[4] Zur Hauptverhandlung wird der Bundespräsident nach S. 2 durch das Gericht nicht geladen. Auch Ladungen durch die Staatsanwaltschaft (§ 214 Abs. 3) und den Angeklagten (§ 220 Abs. 1) sind ausgeschlossen.[5] Die Vernehmung kann durch einen (beauftragten oder ersuchten) Richter, aber auch durch den gesamten Spruchkörper erfolgen.[6] Auch eine Vernehmung durch einen Staatsanwalt ist nicht ausgeschlossen, aber in Hinblick auf die Verlesungsmöglichkeit nach S. 3, die nur für richterliche Protokolle besteht, regelmäßig wenig sinnvoll.[7] Für die Prozessbeteiligten besteht während der Vernehmung **kein Anwesenheitsrecht**, folglich sind sie über den angesetzten Vernehmungstermin auch nicht zu benachrichtigen.[8] Die §§ 168c Abs. 2, 223, 224 gelten nicht.

III. Protokollverlesung

3 In Durchbrechung des Unmittelbarkeitsgrundsatzes (§ 250 S. 2) lässt S. 3 die Verlesung des richterlichen Protokolls über die Vernehmung des Bundespräsidenten zu, allerdings nur, solange er im Amt ist.[9] Die Verlesung, die kraft Gesetzes zulässig ist, erfolgt ohne Beschluss. § 251 Abs. 4 S. 1 und 2 gelten nicht, die S. 3 und 4 hingegen schon.[10]

§ 50 [Vernehmung von Abgeordneten und Ministern]

(1) Die Mitglieder des Bundestages, des Bundesrates, eines Landtages oder einer zweiten Kammer sind während ihres Aufenthaltes am Sitz der Versammlung dort zu vernehmen.

(2) Die Mitglieder der Bundesregierung oder einer Landesregierung sind an ihrem Amtssitz oder, wenn sie sich außerhalb ihres Amtssitzes aufhalten, an ihrem Aufenthaltsort zu vernehmen.

(3) Zu einer Abweichung von den vorstehenden Vorschriften bedarf es
für die Mitglieder eines in Absatz 1 genannten Organs der Genehmigung dieses Organs,
für die Mitglieder der Bundesregierung der Genehmigung der Bundesregierung,
für die Mitglieder einer Landesregierung der Genehmigung der Landesregierung.

(4) ¹Die Mitglieder der in Absatz 1 genannten Organe der Gesetzgebung und die Mitglieder der Bundesregierung oder einer Landesregierung werden, wenn sie außerhalb der Hauptverhandlung vernommen worden sind, zu dieser nicht geladen. ²Das Protokoll über ihre richterliche Vernehmung ist in der Hauptverhandlung zu verlesen.

---

[139] BVerfG v. 29. 12. 1998 – 2 BvQ 37/98.
[1] AK/*Kühne* Rn. 1; SK/*Rogall* Rn. 1.
[2] AK/*Kühne* Rn. 3; HK-StPO/*Lemke* Rn. 1; KK-StPO/*Senge* Rn. 5; Löwe/Rosenberg/*Dahs*, 25. Aufl., Rn. 2; Meyer-Goßner Rn. 2; *Pfeiffer* Rn. 2; aA SK/*Rogall* Rn. 5.
[3] HK-StPO/*Lemke* Rn. 1; KK-StPO/*Senge* Rn. 1; Meyer-Goßner Rn. 1; *Pfeiffer* Rn. 1; SK/*Rogall* Rn. 3.
[4] AK/*Kühne* Rn. 4; KK-StPO/*Senge* Rn. 2; KMR/*Neubeck* Rn. 2; Löwe/Rosenberg/*Dahs*, 25. Aufl., Rn. 2.
[5] Löwe/Rosenberg/*Dahs*, 25. Aufl., Rn. 6; Meyer-Goßner Rn. 2.
[6] KMR/*Neubeck* Rn. 3; Löwe/Rosenberg/*Dahs*, 25. Aufl., Rn. 3; aA SK/*Rogall* Rn. 8.
[7] KMR/*Neubeck* Rn. 3; KK-StPO/*Senge* Rn. 5; Löwe/Rosenberg/*Dahs*, 25. Aufl., Rn. 3; SK/*Rogall* Rn. 7; aA AK/*Kühne* Rn. 6; HK-StPO/*Lemke* Rn. 2.
[8] AK/*Kühne* Rn. 5; KK-StPO/*Senge* Rn. 5; KMR/*Neubeck* Rn. 4; Löwe/Rosenberg/*Dahs*, 25. Aufl., Rn. 5; SK/*Rogall* Rn. 9.
[9] AK/*Kühne* Rn. 7; KK-StPO/*Senge* Rn. 5; Löwe/Rosenberg/*Dahs*, 25. Aufl., Rn. 6; *Pfeiffer* Rn. 1; SK/*Rogall* Rn. 9.
[10] AllgM, vgl. statt aller Meyer-Goßner Rn. 2.

I. Regelungsgehalt

1. Normzweck. Bei § 50 handelt es sich um eine **Sondervorschrift** für die Vernehmung von Parlaments- und Regierungsmitgliedern.[1] Die Vorschrift dient dem Zweck, Störungen der Regierungs- und Parlamentsarbeit zu verhindern, die durch Ladungen von Abgeordneten und Ministern zu auswärtigen Vernehmungsterminen verursacht werden können.[2]

2. Geltungsbereich. Die Norm gilt für **alle Verfahrensabschnitte**.[3] Da sie, wie Abs. 3 deutlich macht, der jeweiligen Institution ein Sonderrecht verleiht, nicht aber das einzelne Parlaments- oder Regierungsmitglied persönlich privilegiert, kann auf die Einhaltung durch den Zeugen **nicht** wirksam **verzichtet** werden.[4]

II. Vernehmung von Parlamentsmitgliedern (Abs. 1)

1. Personenkreis. Abs. 1 erfasst die **Abgeordneten** des Bundestags (Art. 38 GG), die Mitglieder des Bundesrats (Art. 51 GG) sowie die Abgeordneten der Länderparlamente (einschließlich der Bürgerschaften in den Stadtstaaten und dem Abgeordnetenhaus in Berlin).[5] Nicht erfasst sind die Mitglieder der Bundesversammlung (Art. 53 Abs. 3 GG).[6] Hingegen erscheint es sachgerecht, die Vorschrift zumindest **analog** auf die Mitglieder des Europäischen Parlaments und der Beratenden Versammlung des Europarats anzuwenden.[7]

2. Vernehmungsort. Die Parlamentsmitglieder sind grundsätzlich am **Sitz der Versammlung**, dh. an der Gerichtsstelle des Parlamentssitzes (nicht im Parlamentsgebäude oder in der Wohnung des Abgeordneten) zu vernehmen.[8] Aufgrund des Normzwecks gilt diese Besonderheit aber nur während der Sitzungswochen, nicht auch während der Parlamentsferien.[9] Aus derselben Erwägung heraus ist Abs. 1 auch dann nicht anzuwenden, wenn sich der Abgeordnete während einer Sitzungswoche nicht am Versammlungsort befindet.[10] In diesen Fällen kann der Abgeordnete wie ein gewöhnlicher Zeuge geladen und vernommen werden.

3. Vernehmung. Die Vernehmung erfolgt in Hinblick auf Abs. 4 S. 2 regelmäßig durch den **Richter**, gegebenenfalls auch durch das komplette Kollegialgericht; auch eine staatsanwaltschaftliche Vernehmung ist aber grundsätzlich möglich.[11] Der Abgeordnete ist nach § 48 zu laden. Den Prozessbeteiligten stehen die normalen **Anwesenheitsrechte** zu, sie sind deshalb auch von dem Vernehmungstermin zu benachrichtigen, §§ 168c, 224.

III. Vernehmung von Regierungsmitgliedern (Abs. 2)

1. Personenkreis. Im Bund sind die **Regierungsmitglieder** der Bundeskanzler und die Minister (Art. 62 GG), nicht aber die beamteten und parlamentarischen Staatssekretäre. Letztere fallen jedoch unter Abs. 1, da sie stets Abgeordnete sein müssen.[12] Für die Zugehörigkeit zu den Landesregierungen gelten die jeweiligen Landesverfassungen. Nur in Bayern gehören dabei die Staatssekretäre zu Kabinett.[13]

2. Vernehmungsort und Vernehmung. Die Vernehmung ist am **Amtssitz** des Regierungsmitglieds oder an dessen (abweichendem) **Aufenthaltsort** durchzuführen. Abzustellen ist dabei auf den tatsächlichen Aufenthaltsort, nicht auf das für diesen Ort zuständige Gericht.[14] Für die Durchführung der Vernehmung gelten – wie bei den Parlamentsmitgliedern –[15] die allgemeinen Vorschriften.

---

[1] SK/*Rogall* Rn. 1.
[2] BGH v. 8. 10. 1981 – 3 StR 449/80, NJW 1982, 189; Löwe/Rosenberg/*Dahs*, 25. Aufl., Rn. 1; *Meyer-Goßner* Rn. 1; SK/*Rogall* Rn. 2.
[3] RG v. 24. 11. 1894 – 3533/94, RGSt 26, 253 (255).
[4] KK-StPO/*Senge* Rn. 1; KMR/*Neubeck* Rn. 2; Löwe/Rosenberg/*Dahs*, 25. Aufl., Rn. 9; *Meyer-Goßner* Rn. 1; *Pfeiffer* Rn. 2.
[5] AK/*Kühne* Rn. 1; KK-StPO/*Senge* Rn. 2.
[6] HK-StPO/*Lemke* Rn. 2.
[7] Löwe/Rosenberg/*Dahs*, 25. Aufl., Rn. 2; SK/*Rogall* Rn. 4.
[8] HK-StPO/*Lemke* Rn. 4; KK-StPO/*Senge* Rn. 3f.; Löwe/Rosenberg/*Dahs*, 25. Aufl., Rn. 3f.; SK/*Rogall* Rn. 5.
[9] BT-Drucks. 7/4031; aA Löwe/Rosenberg/*Dahs*, 25. Aufl., Rn. 3; *Meyer-Goßner* Rn. 3.
[10] BGH v. 8. 10. 1981 – 3 StR 449/80, NJW 1982, 189; AK/*Kühne* Rn. 3; KMR/*Neubeck* Rn. 3.
[11] KK-StPO/*Senge* Rn. 4; Löwe/Rosenberg/*Dahs*, 25. Aufl., Rn. 3; KMR/*Neubeck* Rn. 4; SK/*Rogall* Rn. 5; aA *Meyer-Goßner* Rn. 1 für die Vernehmung durch den Staatsanwalt.
[12] § 1 Abs. 1 des Gesetzes über die Rechtsverhältnisse der parlamentarischen Staatssekretäre v. 27. 7. 1974, BGBl. I S. 1538.
[13] Art. 43 Abs. 2 der Bayerischen Verfassung.
[14] KK-StPO/*Senge* Rn. 6; KMR/*Neubeck* Rn. 2; Löwe/Rosenberg/*Dahs*, 25. Aufl., Rn. 6.
[15] S. o. Rn. 5.

IV. Ausnahmegenehmigung (Abs. 3)

8   Von den Abs. 1 und 2 darf nur mit der Zustimmung des Organs abgewichen werden, dem der Zeuge angehört. Die **Genehmigung** kann von Amts wegen, auf Antrag eines Prozessbeteiligten oder auch auf Anregung des jeweiligen Parlaments- oder Regierungsmitglieds erholt werden.[16] Der Antrag ist an die jeweilige Regierung oder den zuständigen Parlamentspräsidenten zu richten. Die Einholung und Erteilung der Genehmigung sind **formlos** möglich, ebenso der Nachweis ihres Vorliegens.[17]

V. Ladung und Protokollverlesung (Abs. 4)

9   **1. Ladung.** Zur Hauptverhandlung kann der Zeuge nur dann geladen werden, wenn sie an einem nach den Abs. 1 und 2 zulässigen Vernehmungsort stattfindet oder eine Ausnahmegenehmigung nach Abs. 3 vorliegt. Auch in diesen Fällen ist die Ladung aber **unzulässig**, wenn der Zeuge bereits außerhalb der Hauptverhandlung vernommen worden ist, Abs. 4 S. 1. Dies gilt auch für Ladungen nach §§ 214 Abs. 3 und 220 Abs. 1.[18] Ist eine Ladung möglich, gilt für den Fall des Nichterscheinens § 51 mit den aus Art. 46 Abs. 3 GG (und den entsprechenden Vorschriften der Landesverfassungen) ersichtlichen Einschränkungen.[19]

10   **2. Protokollverlesung.** Die Verlesung der Vernehmungsniederschrift ist nach Abs. 4 S. 2 immer dann **zulässig**, wenn eine Ladung des Zeugen nicht statthaft ist. Für die Verlesung ist nicht Voraussetzung, dass zuvor der Versuch unternommen wurde, eine Ausnahmegenehmigung nach Abs. 3 zu erlangen.[20] Im Übrigen gelten für die Verlesung des Vernehmungsprotokolls die Ausführungen zu § 49 sinngemäß.[21]

VI. Rechtsmittel

11   Auf eine **Unzulässigkeit der Vernehmung** nach § 50 kann die Revision nicht gestützt werden,[22] da die Vorschrift allein den Interessen der Parlaments- und Regierungsarbeit dient und der Rechtskreis des Angeklagten daher durch einen Verfahrensverstoß nicht berührt wird. Gerügt werden kann jedoch, dass die Voraussetzungen für die **Verlesung des Vernehmungsprotokolls** nach Abs. 4 S. 2 nicht vorlagen.[23]

§ 51 [Folgen des Ausbleibens]

(1) [1] Einem ordnungsgemäß geladenen Zeugen, der nicht erscheint, werden die durch das Ausbleiben verursachten Kosten auferlegt. [2] Zugleich wird gegen ihn ein Ordnungsgeld und für den Fall, daß dieses nicht beigetrieben werden kann, Ordnungshaft festgesetzt. [3] Auch ist die zwangsweise Vorführung des Zeugen zulässig; § 135 gilt entsprechend. [4] Im Falle wiederholten Ausbleibens kann das Ordnungsmittel noch einmal festgesetzt werden.

(2) [1] Die Auferlegung der Kosten und die Festsetzung eines Ordnungsmittels unterbleiben, wenn das Ausbleiben des Zeugen rechtzeitig genügend entschuldigt wird. [2] Erfolgt die Entschuldigung nach Satz 1 nicht rechtzeitig, so unterbleibt die Auferlegung der Kosten und die Festsetzung eines Ordnungsmittels nur dann, wenn glaubhaft gemacht wird, daß den Zeugen an der Verspätung der Entschuldigung kein Verschulden trifft. [3] Wird der Zeuge nachträglich genügend entschuldigt, so werden die getroffenen Anordnungen unter den Voraussetzungen des Satzes 2 aufgehoben.

(3) Die Befugnis zu diesen Maßregeln steht auch dem Richter im Vorverfahren sowie dem beauftragten und ersuchten Richter zu.

Schrifttum: *Grüneber,* Ordnungsmittel gegen einen ausgebliebenen Zeugen?, MDR 1992, 326; *Lampe,* Grenzen des Festhalterechts gegenüber vorgeführten Beschuldigten und Zeugen im Ermittlungsverfahren, MDR 1974, 535; *Michel,* Der betrunkene Zeuge, MDR 1992, 544; *Molketin,* Der nicht erschienene Zeuge und § 51 StPO, DRiZ 1981, 385; *Sander,* Zu Einzelheiten der Einstellung des Ordnungsgeldverfahrens gegen einen Zeugen, NStZ 1995, 509; *Skupin,* Die Folgen beim Ausbleiben eines kindlichen oder eines jugendlichen Zeugen im Strafverfahren, MDR 1965, 865; *Vierhaus,* Zulässigkeit der Ordnungs- und Zwangsmittel des § 51 StPO gegen Kinder als Zeugen?, NStZ 1994, 271; *Werny,* Der Beschluss gem. § 51 Abs. 1 StPO nach Entscheidung der Hauptsache, NJW 1982, 2170.

---

[16] HK-StPO/*Lemke* Rn. 7; KMR/*Neubeck* Rn. 9; Löwe/Rosenberg/*Dahs,* 25. Aufl., Rn. 8; SK/*Rogall* Rn. 8.
[17] Löwe/Rosenberg/*Dahs,* 25. Aufl., Rn. 8; SK/*Rogall* Rn. 8.
[18] KMR/*Neubeck* Rn. 10; Löwe/Rosenberg/*Dahs,* 25. Aufl., Rn. 12; Meyer-Goßner Rn. 12; SK/*Rogall* Rn. 9.
[19] HK-StPO/*Lemke* Rn. 8; KK-StPO/*Senge* Rn. 8; *Pfeiffer* Rn. 2.
[20] RG v. 24. 11. 1894 – 3533/94, RGSt 26, 253; Löwe/Rosenberg/*Dahs,* 25. Aufl., Rn. 13; Meyer-Goßner Rn. 10; SK/*Rogall* Rn. 10.
[21] S. dort Rn. 3.
[22] KMR/*Neubeck* Rn. 11; Löwe/Rosenberg/*Dahs,* 25. Aufl., Rn. 14; Meyer-Goßner Rn. 11; SK/*Rogall* Rn. 11.
[23] KMR/*Neubeck* Rn. 11; Löwe/Rosenberg/*Dahs,* 25. Aufl., Rn. 14; Meyer-Goßner Rn. 11; SK/*Rogall* Rn. 11.

I. Allgemeines

1. Regelungsgehalt. § 51 regelt die **Ungehorsamsfolgen**, die einen Zeugen treffen, der seiner Pflicht zum Erscheinen zuwiderhandelt.[1] Zweck der Vorschrift ist, Störungen im Prozessablauf durch Verfahrensverzögerungen zu vermeiden und so die Einhaltung des Beschleunigungsgrundsatzes zu gewährleisten.[2]

2. Geltungsbereich. Die Norm setzt eine Pflicht zum Erscheinen vor Gericht voraus. Besteht eine solche nicht (vgl. etwa §§ 49, 50, 220 Abs. 2), kann das Nichterscheinen nicht mit Sanktionen belegt werden.[3] Mit Ausnahme der Verhängung von Ordnungshaft stehen auch dem **Staatsanwalt** bei von ihm anberaumten Vernehmungen die Befugnisse aus Abs. 1 zu (§ 161 a Abs. 1 und 2). Im **Ordnungswidrigkeitenverfahren** kommt § 51 über die Verweisung in § 46 Abs. 1 OwiG zur Anwendung.

3. Besonderheiten in der Person des Zeugen. Die Berufung auf ein **Zeugnis- oder Aussageverweigerungsrecht** lässt die Pflicht zum Erscheinen grundsätzlich unberührt. Hingegen gilt § 51 für **inhaftierte Personen** grundsätzlich nicht, es sei denn, ihnen wurde zur Wahrnehmung des Termins Ausgang oder Urlaub gewährt.[4] Für sonstige Inhaftierte ergeht mit der Ladung ein Vorführungsbefehl.[5] **Ausländische Staatsangehörige** und Staatenlose unterliegen den Ordnungsmitteln in vollem Umfang, wenn sie ihren Wohnsitz im Inland haben.[6] Etwas anderes gilt nur dann, wenn sich der (im Inland lebende) Ausländer zum Zeitpunkt der Hauptverhandlung im Ausland befindet,[7] es sei denn, die Auslandsreise dient allein der Umgehung der Ladung[8] (was selten nachzuweisen sein wird). Unzulässig ist die Verhängung von Zwangsmitteln gegen **Exterritoriale** (§§ 18–20 GVG, Nr. 193 Abs. 1 RiStBV). Die Immunität von **Abgeordneten** (Art. 46 Abs. 2 bis 4 GG, § 152a) steht der Anordnung von Maßnahmen nach § 51 nicht entgegen (Nr. 191 Abs. 3 Buchst. d RiStBV). Zulässig sind dabei auch die Anordnung der Vorführung oder der Ordnungshaft. Deren Vollzug setzt jedoch die Genehmigung des Parlaments voraus.[9] Für deutsche und ausländische Mitglieder des europäischen Parlaments gilt Nr. 191b Abs. 1 S. 1 und 2 RiStBV. Gegen **Schuldunfähige** kommt als einzige Maßnahme die Vorführung in Betracht.[10] Alle anderen Ordnungsmittel des § 51 haben Sanktionscharakter und setzen Schuldfähigkeit voraus. Gegen **gesetzliche Vertreter** und Erziehungsberechtigte, die das Nichterscheinen eines kindlichen Zeugen verschulden, können keine Ungehorsamsfolgen verhängt werden, da sie selbst nicht Zeugen sind.[11]

II. Voraussetzungen der Ordnungsmaßregeln

1. Ordnungsgemäße Ladung (Abs. 1 S. 1). Es muss eine schriftliche oder mündliche Ladungsanordnung eines Ladungsbefugten[12] mit Angabe von Ort und Zeitpunkt des Termins und dem Hinweis auf die gesetzlichen Folgen des Ausbleibens vorliegen. Bei unmittelbarer Zeugenladung durch den Angeklagten sind die §§ 220 Abs. 2, 38 zu beachten. Der Zugang der Ladung ist nachzuweisen.[13] Eine förmliche Ladung ist zwar nicht zwingend vorgeschrieben, aber sinnvoll, denn der Zeuge braucht den fehlenden Zugang der Ladung nicht darzutun, wenn dieser nicht belegt werden kann.[14] Wird die Verhandlung ausgesetzt oder unterbrochen und der Zeuge zu einer neuen Verhandlung mündlich geladen, muss dies – einschließlich des erneuten Hinweises auf die Ausbleibensfolgen – durch das Sitzungsprotokoll bewiesen werden.[15]

---

[1] SK/*Rogall* Rn. 1.
[2] OLG Düsseldorf v. 30. 8. 1989 – 3 Ws 649/89, NStE Nr. 5.
[3] SK/*Rogall* Rn. 1.
[4] OLG Koblenz v. 20. 7. 1988 – 2 Ws 380/88, NStZ 1989, 93; aA für Untersuchungsgefangene OLG Düsseldorf v. 14. 4. 1981 – 2 Ws 111/81, NJW 1981, 2768.
[5] Vgl. § 48 Rn. 37.
[6] SK/*Rogall* Rn. 11; Löwe/Rosenberg/*Dahs*, 25. Aufl., Rn. 35.
[7] OLG Düsseldorf v. 29. 5. 1991 – 2 Ws 148/91, NJW 1991, 223; OLG Düsseldorf v. 25. 1. 1999 – 1 Ws 702/98, NJW 1999, 1647.
[8] KMR/*Neubeck* Rn. 2; KK-StPO/*Senge* Rn. 24; *Meyer-Goßner* Rn. 31; *Pfeiffer* Rn. 1; aA SK/*Rogall* Rn. 11.
[9] KMR/*Neubeck* Rn. 2; Löwe/Rosenberg/*Dahs*, 25. Aufl., Rn. 34; *Meyer-Goßner* Rn. 31; vgl. etwa Anlage 6 Abschnitt A Nr. 14c der Geschäftsordnung des Bundestags.
[10] *Vierhaus* NStZ 1994, 271; KK-StPO/*Senge* Rn. 22; Löwe/Rosenberg/*Dahs*, 25. Aufl., Rn. 2; aA *Skupin* MDR 1965, 865 (867).
[11] KG v. 24. 11. 1997 – 3 Ws 705/97, JR 1998, 127; OLG Hamm v. 7. 4. 1965 – 3 Ws 76/65, NJW 1965, 1613; *Skupin* MDR 1965, 865; *Meyer-Goßner* Rn. 1.
[12] § 48 Rn. 27.
[13] OLG München v. 20. 4. 1991 – 2 Ws 412/91, MDR 1992, 70; OLG Düsseldorf v. 16. 2. 1990 – 1 Ws 138/90, VRS 79, 20; OLG Koblenz 19. 6. 1981 – 1 Ws 330/81, MDR 1981, 1036; HK-StPO/*Lemke* Rn. 2; KK-StPO/*Senge* Rn. 1; KMR/*Neubeck* Rn. 4; Löwe/Rosenberg/*Dahs*, 25. Aufl., Rn. 3; *Meyer-Goßner* Rn. 2; SK/*Rogall* Rn. 3.
[14] OLG München v. 20. 4. 1991 – 2 Ws 412/91.
[15] OLG Hamm v. 28. 5. 1957 – 3 Ws 178/57, NJW 1957, 1330.

5 **2. Nichterscheinen (Abs. 1 S. 1).** Ein Zeuge ist **nicht erschienen**, wenn er zur festgesetzten Zeit am Terminsort nicht anwesend ist.[16] Dem steht gleich, wenn er zwar erscheint, aber nicht vernommen werden kann weil er – etwa infolge Alkohol- oder Drogenkonsums – schuldhaft seine **Vernehmungsunfähigkeit** herbeigeführt hat.[17] Auch das eigenmächtige **Sichentfernen** eines Zeugen vor seiner Entlassung (§ 248) ist wie das Nichterscheinen zu behandeln.[18] In diesem Fall kann der Zeuge auch – wie ein Angeklagter nach § 231 Abs. 1 S. 2 – festgehalten werden.[19] Erklärt der Zeuge vor dem Termin ernsthaft und endgültig, er werde nicht erscheinen, kann eine Vorführung selbst dann nicht angeordnet werden, wenn diese Erklärung das Gericht bereits zu Terminsverlegung genötigt hat.[20] Dies folgt aus dem eindeutigen Wortlaut des § 51, der die Sanktionen allein an das tatsächliche Nichterscheinen anknüpft, und aus der Erwägung, dass der Zeuge seine Auffassung bis zum Termin jederzeit ändern kann.[21] Erscheint der Zeuge (auch erheblich) **verspätet**, aber noch vor Erlass eines Beschlusses nach § 51, so scheidet die Verhängung von Ordnungsmaßregeln aus.[22]

6 **3. Fehlen einer rechtzeitigen und genügenden Entschuldigung (Abs. 2).** Eine **Entschuldigung**, die rechtzeitig erfolgt und genügende Gründe enthält, schließt die Verhängung von Maßregeln aus.[23] Dies beruht auf der Erwägung, dass dann der Vernehmungstermin noch abgesetzt und unnötige Kosten vermieden werden können.[24] Die Gesetzesfassung macht weiter deutlich, dass das Vorliegen von Entschuldigungsgründen allein nicht ausreicht, sondern vom Zeugen weiter verlangt wird, dass er dem Gericht die Entschuldigung vorträgt.[25] Dabei ist aber ohne Belang, ob die Entschuldigung durch den Zeugen selbst oder **durch einen Dritten** erfolgt.[26]

7 a) **Rechtzeitige Entschuldigung.** Eine Entschuldigung ist dann **rechtzeitig**, wenn sie es dem Gericht erlaubt, im normalen Geschäftsgang ohne Entstehung weiterer Kosten entsprechend neu zu terminieren.[27] Geht die Entschuldigung **verspätet** zu, so dass eine solche Umterminierung nicht mehr möglich ist, entfallen die Zwangsfolgen nur dann, wenn den Zeugen an der Verspätung kein Verschulden trifft, Abs. 2 S. 2 und 3 (und die Entschuldigungsgründe genügen). Das fehlende Verschulden ist **glaubhaft** zu machen, dh. es ist eine Sachdarstellung notwendig, die es dem Gericht es ermöglicht, sie (im Rahmen des Freibeweisverfahrens) zumindest als wahrscheinlich zu akzeptieren.[28]

8 b) **Genügende Entschuldigung.** Eine Entschuldigung ist **genügend**, wenn bei Würdigung und Abwägung aller Umstände dem Zeugen das Erscheinen nicht zugemutet werden kann.[29] Es gilt dabei der Grundsatz, dass die staatsbürgerliche Pflicht, vor Gericht als Zeuge zu erscheinen, privaten und beruflichen Verpflichtungen vorgeht.[30] Ein Nachweis der Entschuldigung zur vollen Überzeugung des Gerichts ist nach der hM nicht erforderlich, es genügt, dass der Grund dem Gericht als **glaubhaft** erscheint.[31] Hierzu kann das Gericht vom Zeugen Nachweise (etwa ein Attest) verlangen oder eigene Feststellungen im Freibeweisverfahren treffen.

9 c) **Einzelfälle.** Grundsätzlich genügen **unabsehbare Verhinderungen**, wie Naturkatastrophen, Streiks, Verkehrsunfälle oder plötzliche Erkrankungen den Anforderungen einer genügenden Ent-

---

[16] HK-StPO/*Lemke* Rn. 3; KMR/*Neubeck* Rn. 6; Löwe/Rosenberg/*Dahs*, 25. Aufl., Rn. 3; *Meyer-Goßner* Rn. 3; SK/*Rogall* Rn. 6.
[17] BGH v. 6. 10. 1970 – 5 StR 199/70, BGHSt 23, 331 (334) = NJW 1970, 2253; *Michel* MDR 1992, 544; AK/*Kühne* Rn. 3; HK-StPO/*Lemke* Rn. 3; KK-StPO/*Senge* Rn. 2; Löwe/Rosenberg/*Dahs*, 25. Aufl., Rn. 5; *Meyer-Goßner* Rn. 3; *Pfeiffer* Rn. 1; SK/*Rogall* Rn. 7.
[18] AK/*Kühne* Rn. 3; HK-StPO/*Lemke* Rn. 5; KK-StPO/*Senge* Rn. 4; KMR/*Neubeck* Rn. 6; *Meyer-Goßner* Rn. 4; zweifelnd SK/*Rogall* Rn. 8.
[19] AK/*Kühne* Rn. 3; HK-StPO/*Lemke* Rn. 5; KK-StPO/*Senge* Rn. 4; KMR/*Neubeck* Rn. 6; *Meyer-Goßner* Rn. 4; SK/*Rogall* Rn. 8; aA *Lampe* MDR 1974, 535 (540).
[20] KMR/*Neubeck* Rn. 7; Löwe/Rosenberg/*Dahs*, 25. Aufl., Rn. 6; SK/*Rogall* Rn. 9; aA OLG Stuttgart v. 16. 3. 1956 – Ws 113/56, NJW 1956, 840; AK/*Kühne* Rn. 4; HK-StPO/*Lemke* Rn. 5; KK-StPO/*Senge* Rn. 5; *Meyer-Goßner* Rn. 5; *Pfeiffer* Rn. 1.
[21] KMR/*Neubeck* Rn. 7.
[22] KMR/*Neubeck* Rn. 6; Löwe/Rosenberg/*Dahs*, 25. Aufl., Rn. 5; *Meyer-Goßner* Rn. 3; SK/*Rogall* Rn. 6; aA AK/*Kühne* Rn. 3; HK-StPO/*Lemke* Rn. 5; *Pfeiffer* Rn. 1.
[23] KMR/*Neubeck* Rn. 8; Löwe/Rosenberg/*Dahs*, 25. Aufl., Rn. 8; *Meyer-Goßner* Rn. 7.
[24] BT-Drucks. 8/976 S. 22; HK-StPO/*Lemke* Rn. 11; KK-StPO/*Senge* Rn. 10.
[25] KK-StPO/*Senge* Rn. 15; *Meyer-Goßner* Rn. 7; SK/*Rogall* Rn. 8.
[26] KMR/*Neubeck* Rn. 8; Löwe/Rosenberg/*Dahs*, 25. Aufl., Rn. 8; *Meyer-Goßner* Rn. 7.
[27] OLG Düsseldorf v. 14. 2. 2002 – 2 Ws 41/02, StraFo 2002, 164; AK/*Kühne* Rn. 5; KK-StPO/*Senge* Rn. 10; KMR/*Neubeck* Rn. 9; Löwe/Rosenberg/*Dahs*, 25. Aufl., Rn. 9; *Meyer-Goßner* Rn. 8; *Pfeiffer* Rn. 4.
[28] KG v. 19. 1. 2000 – 3 Ws 24/00 und v. 23. 8. 2000 – 3 Ws 369/00; AK/*Kühne* Rn. 5; KMR/*Neubeck* Rn. 9.
[29] KK-StPO/*Senge* Rn. 11; KMR/*Neubeck* Rn. 11.
[30] AllgM, OLG Hamm v. 3. 12. 1973 – 2 Ws 232/72, MDR 1974, 330.
[31] BGH v. 29. 3. 1995 – StB 10/95, BGHR StPO § 51 Entschuldigung 1; KMR/*Neubeck* Rn. 10; Löwe/Rosenberg/*Dahs*, 25. Aufl., Rn. 8; *Meyer-Goßner* Rn. 10; *Pfeiffer* Rn. 4; SK/*Rogall* Rn. 29; aA KK-StPO/*Senge* Rn. 16. AK/*Kühne* Rn. 6 weist zutreffend darauf hin, dass die Diskussion im Ergebnis „müßig" sein dürfte.

schuldigung.³² Im Falle der **Erkrankung** ist ein Fernbleiben aber dann nicht mehr hinreichend entschuldigt, wenn der Zeuge die Aufforderung des Gerichts zur Vorlage eines amtsärztlichen Attests nicht befolgt.³³ Entschuldigen kann auch die **Unkenntnis der Ladung**, weil den Zeugen keine Pflicht trifft, den Erhalt einer Ladung sicherzustellen; es sei denn, es besteht dazu besonderer Anlass. Ein solcher ist etwa anzunehmen, wenn sich der Zeuge bereits seit Jahren nur vorübergehend an seinem Erstwohnsitz aufhält,³⁴ oder wenn er von einer bevorstehenden Zeugenladung bereits unterrichtet war.³⁵ Ein **Irrtum über Terminstag, -ort oder -stunde** genügt regelmäßig nicht,³⁶ es sei denn, der Irrtum beruht etwa darauf, dass ein bislang zuverlässiger Dritter den Termin für den Zeugen falsch notiert hat.³⁷ Auch ein **Irrtum über die Pflicht, zu erscheinen**, ist in der Regel unbeachtlich, etwa wenn der Zeuge irrtümlich davon ausgeht, auf Grund seines Zeugnisverweigerungsrechts müsse er der Ladung keine Folge leisten.³⁸ Etwas anderes gilt aber, wenn der Zeuge dies vorab dem Gericht mitteilt und in der Folge vom Gericht über seine dennoch bestehende Erscheinenspflicht nicht aufgeklärt wird.³⁹ Ein solcher Irrtum ist auch dann entschuldigt, wenn er auf der Falschauskunft eines Rechtsanwalts beruht,⁴⁰ oder der Zeuge rechtzeitig ein Entschuldigungsschreiben versandt hat und das Gericht ihn nicht darauf hinweist, dass es den vorgebrachten Entschuldigungsgrund nicht für ausreichend erachtet.⁴¹ **Furcht vor Nachteilen** durch die Aussage oder vor dem Angeklagten entschuldigen grundsätzlich nicht.⁴² Gleiches gilt für die Befürchtung des Zeugen, er werde (in anderer Sache) im Gerichtssaal verhaftet werden.⁴³ **Vergessen oder Verschlafen des Termins** ist stets schuldhaft.⁴⁴ **Berufliche oder private Verpflichtungen** muss der Zeuge grundsätzlich zurückstellen.⁴⁵ Daher entschuldigen nur dringende berufliche Verpflichtungen⁴⁶ oder der drohende Verlust des Arbeitsplatzes.⁴⁷ Einen geplanten **Urlaub** muss der Zeuge hingegen notfalls verlegen oder unterbrechen.⁴⁸

III. Ungehorsamsfolgen (Abs. 1)

1. Auferlegung der Kosten. Dem nicht erschienenen Zeugen sind für jeden Fall des Ungehorsams **zwingend** die durch sein Ausbleiben verursachten Kosten aufzuerlegen.⁴⁹ Darauf hat der Angeklagte einen Rechtsanspruch, weil sich dadurch die von ihm zu tragenden Verfahrenskosten vermindern.⁵⁰ Von der Kostenauferlegung darf nicht in Hinblick auf eine mögliche, nachträgliche Entschuldigung des Zeugen abgesehen werden.⁵¹ Der Zeuge hat die durch sein Ausbleiben verursachten **Gerichtskosten und notwendigen Auslagen** des Angeklagten zu erstatten.⁵² Der Gerichts-

---

³² AK/*Kühne* Rn. 7 a; HK-StPO/*Lemke* Rn. 12; KK-StPO/*Senge* Rn. 11; KMR/*Neubeck* Rn. 12; Löwe/Rosenberg/*Dahs*, 25. Aufl., Rn. 15; *Meyer-Goßner* Rn. 11; SK/*Rogall* Rn. 28.
³³ BGH v. 29. 3. 1995 – StB 10/95, BGHR StPO § 51 Entschuldigung 1.
³⁴ OLG Düsseldorf v. 31. 7. 1980 – VI 1/79, NJW 1980, 2721 mAnm *Schmid* NJW 1981, 858; *Molketin* DRiZ 1985, 385.
³⁵ KK-StPO/*Senge* Rn. 13; KMR/*Neubeck* Rn. 12; Löwe/Rosenberg/*Dahs*, 25. Aufl., Rn. 11; *Meyer-Goßner* Rn. 11; SK/*Rogall* Rn. 27.
³⁶ KMR/*Neubeck* Rn. 13; *Meyer-Goßner* Rn. 12.
³⁷ OLG Düsseldorf v. 28. 10. 1994 – 1 Ws 836/94, NJW 1995, 472.
³⁸ LG Saarbrücken v. 26. 5. 1995 – 8 Qs 73/95, wistra 1995, 239; AK/*Kühne* Rn. 7; KK-StPO/*Senge* Rn. 14; KMR/*Neubeck* Rn. 13; Löwe/Rosenberg/*Dahs*, 25. Aufl., Rn. 12; *Meyer-Goßner* Rn. 12.
³⁹ KK-StPO/*Senge* Rn. 14; KMR/*Neubeck* Rn. 12.
⁴⁰ OLG Oldenburg v. 10. 11. 1975 – 2 Ws 402/75, MDR 1976, 336; KMR/*Neubeck* Rn. 12; Löwe/Rosenberg/*Dahs*, 25. Aufl., Rn. 12; SK/*Rogall* Rn. 27; aA *Meyer-Goßner* Rn. 12.
⁴¹ OLG Hamm v. 16. 9. 1999 – 2 Ws 259/99, StraFo 2000, 171; KK-StPO/*Senge* Rn. 12; KMR/*Neubeck* Rn. 12; Löwe/Rosenberg/*Dahs*, 25. Aufl., Rn. 12; *Meyer-Goßner* Rn. 12; SK/*Rogall* Rn. 27.
⁴² OLG Hamm v. 3. 12. 1973 – 2 Ws 232/72, MDR 1974, 330; KK-StPO/*Senge* Rn. 11; KMR/*Neubeck* Rn. 13; Löwe/Rosenberg/*Dahs*, 25. Aufl., Rn. 14; SK/*Rogall* Rn. 31.
⁴³ OLG Jena vom 24. 9. 2003 – 1 Ws 302/03, NStZ 2004, 280; *Molketin* DRiZ 1985, 385; KMR/*Neubeck* Rn. 13; *Meyer-Goßner* Rn. 12; aA OLG Bremen v. 12. 2. 1963 – Ws 31/63, JR 1963, 232; AK/*Kühne* Rn. 7; HK-StPO/*Lemke* Rn. 12; KK-StPO/*Senge* Rn. 14; Löwe/Rosenberg/*Dahs*, 25. Aufl., Rn. 12; SK/*Rogall* Rn. 31.
⁴⁴ OLG Düsseldorf v. 30. 8. 1989 – 3 Ws 649/89, ZfS 1990, 144; OLG München v. 12. 11. 1956 – 1 W 1548/65, NJW 1957, 306; KMR/*Neubeck* Rn. 13; Löwe/Rosenberg/*Dahs*, 25. Aufl., Rn. 15; *Meyer-Goßner* Rn. 12.
⁴⁵ S. o. Rn. 8.
⁴⁶ BVerfG v. 30. 9. 2001 – 2 BvR 911/00, NJW 2002, 955; KG v. 10. 5. 1971 – 1 Ws 33/71, JR 1971, 338 mAnm *Peters* JR 1971, 340.
⁴⁷ BGH v. 21. 12. 1979 – 2 StR 705/79, NJW 1980, 950 für den ausgebliebenen Angeklagten.
⁴⁸ OLG Jena v. 10. 7. 1997 – 1 Ws 174/97, NStZ-RR 1997, 333; KK-StPO/*Senge* Rn. 11; KMR/*Neubeck* Rn. 13; *Meyer-Goßner* Rn. 12; aA OLG Düsseldorf v. 27. 9. 2000 – 1 Ws 441/00, StraFo 2001, 133; diff. Löwe/Rosenberg/*Dahs*, 25. Aufl., Rn. 13; SK/*Rogall* Rn. 30.
⁴⁹ AK/*Kühne* Rn. 9; HK-StPO/*Lemke* Rn. 6; KK-StPO/*Senge* Rn. 6; KMR/*Neubeck* Rn. 14; Löwe/Rosenberg/*Dahs*, 25. Aufl., Rn. 16; *Meyer-Goßner* Rn. 5; SK/*Rogall* Rn. 2.
⁵⁰ OLG Braunschweig v. 16. 1. 1967 – Ws 264/66, NJW 1967, 1381.
⁵¹ BGH v. 3. 1. 1957 – 4 StR 410/56, BGHSt 10, 126 = NJW 1957, 550.
⁵² OLG Karlsruhe v. 18. 12. 1979 – 4 Ws 171/79, NJW 1980, 952; LG Hamburg v. 23. 11. 1973 – 33 Qs 884/73, NJW 1974, 509; KK-StPO/*Senge* Rn. 6; KMR/*Neubeck* Rn. 14; Löwe/Rosenberg/*Dahs*, 25. Aufl., Rn. 17; *Meyer-Goßner* Rn. 14; aA (alle Auslagen) OLG Hamm v. 14. 12. 1953 – 1 Ws 281/53, NJW 1954, 286.

beschluss beziffert diese Kosten nicht, sondern spricht nur allgemein die Kostentragungspflicht des Zeugen aus. Die Festsetzung der Kosten erfolgt nach § 464 b. Mehrere demselben Termin unentschuldigt ferngebliebene Zeugen haften für die Kosten als Gesamtschuldner.[53] Der Kostenerstattungsanspruch des Angeklagten im Falle eines Freispruchs nach § 467 Abs. 1 besteht gegenüber der Staatskasse aber in vollem Umfang, er muss nicht zuvor den Zeugen in Anspruch nehmen.[54]

11 **2. Ordnungsgeld.** Die Festsetzung eines Ordnungsgeldes ist neben der Auferlegung der Kosten nur für das erstmalige Ausbleiben des Zeugen **zwingend** vorgeschrieben.[55] Im Wiederholungsfall steht sie im Ermessen des Gerichts (Abs. 1 S. 4). Diese Beschränkung auf eine einmalige Wiederholung gilt nur für dieselbe Vernehmung, so dass eine (wiederholte) Verhängung von Ordnungsgeld im Vorverfahren die erneute Verhängung in der Hauptverhandlung nicht unzulässig macht.[56] Der Rahmen für die Verhängung des Ordnungsgeldes beläuft sich auf 5 bis 1000 Euro, Art. 6 Abs. 1 EGStGB. Erscheint die Ahndung wegen geringen Verschuldens entbehrlich, kann von der Verhängung **analog § 153** abgesehen werden.[57] Einer Zustimmung der Staatsanwaltschaft[58] oder des Zeugen[59] zu dieser Vorgehensweise bedarf es dabei nicht. Die Auferlegung der Kosten wird dadurch aber nicht berührt.[60]

12 **3. Ordnungshaft.** Die Ordnungshaft (Abs. 1 S. 2) tritt nicht neben das Ordnungsgeld, sondern darf nur vollzogen werden, wenn dieses uneinbringlich ist (**Ersatzordnungshaft**). Sie ist obligatorisch (ersatzweise) anzuordnen, die Dauer beträgt mindestens einen Tag und längstens sechs Wochen, Art. 6 Abs. 2 EGStGB. Im Übrigen gelten die Art. 8, 9 EGStGB.

13 **4. Vorführung.** Abs. 1 S. 3 erklärt die Vorführung neben allen anderen Ordnungsmaßregeln für zulässig.[61] Sie kann auch noch angeordnet werden, wenn die Festsetzung von Ordnungsgeld oder Ordnungshaft nach Abs. 1 S. 4 unzulässig wäre. Auch setzt sie als einzige der in Abs. 1 genannten Maßnahmen nicht die Schuldfähigkeit des Zeugen voraus.[62] Die Anordnung steht im Ermessen des Gerichts und setzt die **Besorgnis** voraus, der bereits einmal grundlos nicht erschienene Zeuge werde auch zu einem nächsten Termin nicht erscheinen.[63] Für das Verfahren nach dem Erlass des Vorführungsbefehls gilt über die Verweisung in Abs. 1 S. 3 der § 135 entsprechend.

IV. Zuständigkeit und Verfahren

14 **1. Zuständigkeit.** Die Ordnungsmittel und der Vorführungsbefehl werden durch das **Gericht** festgesetzt, nicht durch den Vorsitzenden allein.[64] In der Hauptverhandlung wirken daher auch die Schöffen mit, §§ 30 Abs. 1, 77 Abs. 1 GVG. Im Vorverfahren stehen die Befugnisse dem Ermittlungsrichter, dem beauftragten sowie dem ersuchten Richter zu (Abs. 3). In diesem Verfahrensstadium kann auch die **Staatsanwaltschaft** – mit Ausnahme der Anordnung von Ersatzordnungshaft – die Maßregeln verhängen, § 161a Abs. 2 S. 1 und 2.

15 **2. Gerichtsbeschluss.** Die Anordnungen ergehen **von Amts wegen**, nicht im Urteil,[65] sondern durch zu begründenden Beschluss (§ 34).[66] Der Beschluss kann außerhalb der Hauptverhandlung[67] erlassen werden. Er soll in Hinblick auf die Folgen des Abs. 1 S. 1 für die Kostenfestsetzung spätestens bei Entscheidungsreife in der Hauptsache gefasst werden.[68] Dies schließt eine Be-

---

[53] LG Berlin v. 9. 5. 2005 – 505 Qs 49/05, NStZ-RR 2005, 425.
[54] LG Münster v. 29. 4. 1974 – 6 Qs 34/74, NJW 1974, 1342.
[55] AK/*Kühne* Rn. 1; KK-StPO/*Senge* Rn. 7; Löwe/Rosenberg/*Dahs*, 25. Aufl., Rn. 18; *Meyer-Goßner* Rn. 16.
[56] KK-StPO/*Senge* Rn. 7; KMR/*Neubeck* Rn. 15; Löwe/Rosenberg/*Dahs*, 25. Aufl., Rn. 18; SK/*Rogall* Rn. 15.
[57] OLG Koblenz v. 30. 10. 1978 – 1 Ws 535/78, MDR 1979, 424; *Grüneberg* MDR 1992, 326; HK-StPO/*Lemke* Rn. 7; KK-StPO/*Senge* Rn. 7; KMR/*Neubeck* Rn. 16; Löwe/Rosenberg/*Dahs*, 25. Aufl., Rn. 20; *Meyer-Goßner* Rn. 17; *Pfeiffer* Rn. 2.
[58] OLG Koblenz v. 13. 1. 1988 – 1 Ws 709/87, NStZ 1988, 192; OLG Düsseldorf v. 24. 8. 1989 – 2 Ws 411/89, MDR 1990, 173 (174); LG Berlin v. 28. 9. 1994 – 522 Qs 70/94, NStZ 1995, 508 mAnm *Sander*.
[59] OLG Düsseldorf v. 1. 9. 1993 – 2 Ws 337/93, wistra 1994, 77.
[60] KG v. 7. 7. 1994 – 5 Ws 213/94, JR 1995, 174; OLG Hamm v. 9. 6. 1992 – 1 Ws 215/92; OLG Köln v. 7. 9. 1990 – 2 Ws 347/90, MDR 1991, 275; KMR/*Neubeck* Rn. 16; *Meyer-Goßner* Rn. 17; SK/*Rogall* Rn. 17; aA OLG Düsseldorf v. 24. 8. 1989 – 2 Ws 411/89, MDR 1990, 173; OLG Düsseldorf v. 22. 10. 1992 – 1 Ws 940/92, NJW 1993, 546; *Pfeiffer* Rn. 2.
[61] SK/*Rogall* Rn. 21
[62] S. o. Rn. 3.
[63] HK-StPO/*Lemke* Rn. 10; KK-StPO/*Senge* Rn. 9; KMR/*Neubeck* Rn. 18; Löwe/Rosenberg/*Dahs*, 25. Aufl., Rn. 22; *Meyer-Goßner* Rn. 20; SK/*Rogall* Rn. 21.
[64] KG v. 16. 12. 1999 – 4 Ws 175/99, NStZ-RR 2000, 145.
[65] KG v. 15. 2. 2006 – 3 Ws 552/05, NStZ-RR 2006, 288.
[66] KK-StPO/*Senge* Rn. 19; KMR/*Neubeck* Rn. 20 f.; *Meyer-Goßner* Rn. 23; SK/*Rogall* Rn. 37.
[67] LG Zweibrücken v. 20. 11. 1997 – 1 Qs 147/97, NStZ-RR 1998, 112.
[68] BGH v. 3. 1. 1957 – 4 StR 410/56, BGHSt 10, 126 (127) = NJW 1957, 550.

schlussfassung nach Urteilserlass aber nicht aus.[69] Dem Zeugen ist vor Erlass des Beschlusses **kein rechtliches Gehör** zu gewähren, da Abs. 2 S. 1 bis 3 ihm die Möglichkeit einer nachträglichen Entschuldigung eröffnet.[70]

3. Nachträgliche Änderung. Erfüllt der Zeuge nachträglich die Erscheinenspflicht oder wird auf seine Vernehmung verzichtet, so ist der Vorführungsbefehl, nicht aber der Ordnungsgeldbeschluss aufzuheben.[71] Die Auferlegung der Kosten und das verhängte Ordnungsgeld werden nur dann aufgehoben, wenn der Zeuge sein Ausbleiben **nachträglich genügend entschuldigt**, Abs. 2 S. 3. Dabei ist der Zeuge verpflichtet, den Entschuldigungsgrund und den Umstand glaubhaft zu machen, dass ihn an dem verspäteten Vorbringen kein Verschulden trifft.[72] Über diesen Aufhebungsantrag entscheidet das Gericht nach Anhörung der Staatsanwaltschaft (§ 33 Abs. 2) durch zu begründenden **Beschluss** (§ 34). Inhaltlich kann der Beschluss den Antrag zurückweisen, das verhängte Ordnungsmittel aufheben, die Höhe des Ordnungsgeldes (und der Ersatzordnungshaft) abändern oder entsprechend § 153 von der Verhängung eines Ordnungsgeldes gänzlich absehen, wenn das Vorbringen des Zeugen für eine Entschuldigung zwar nicht genügt, aber seinen Ungehorsam als weniger schwerwiegend erscheinen lässt.[73] Fehlt es aber an der erforderlichen **Glaubhaftmachung**, so ist der Aufhebungsantrag ohne sachliche Prüfung des Entschuldigungsgrunds als unzulässig zurückzuweisen.[74] Der Beschluss kann noch nach rechtskräftigem Abschluss des Strafverfahrens[75] und auch nach Beitreibung des Ordnungsgeldes ergehen.[76] Die **Staatsanwaltschaft** hebt ihre Ordnungsmittelverfügungen selbst auf, wenn die Voraussetzungen des Abs. 2 S. 3 vorliegen.

4. Vollstreckung. Der Vorführungsbefehl wird durch die Staatsanwaltschaft vollstreckt, § 36 Abs. 2 S. 1.[77] Die Vorführung selbst ist nach § 135 zu bewirken. Die **Kosten** der Vollstreckung hat der Zeuge zu tragen.[78]

V. Rechtsmittel

1. Beschwerde. Die gerichtlichen Entscheidungen nach den Abs. 1, Abs. 2 S. 3 sind mit der einfachen Beschwerde anfechtbar, § 304. **Beschwerdeberechtigt** sind der Zeuge und die Staatsanwaltschaft, daneben auch der Angeklagte gegen den die Auferlegung der Kosten ablehnenden oder aufhebenden Beschluss, wenn er dadurch beschwert ist.[79] Die Beschwerde kann auf die Höhe des Ordnungsgeldes oder die Dauer der Ordnungshaft beschränkt werden.[80] Enthält die Beschwerde eine **nachträgliche Entschuldigung** für das Ausbleiben im Termin, ist sie als Antrag auf Aufhebung des Ordnungsmittelbeschlusses nach Abs. 2 S. 3 auszulegen.[81] Erst gegen den das Ordnungsmittel aufrechterhaltenden Beschluss ist dann die Beschwerde zulässig.[82] Die Beschwerde kann noch nach Vollstreckung des Ordnungsmittels[83] und auch noch nach Rechtskraft des Urteils[84] zulässig eingelegt werden. Bei der Entscheidung auf Rechtsmittel des Zeugen gilt das Verschlechterungsgebot jedenfalls sinngemäß.[85] Eine **weitere Beschwerde** ist – auch gegen die Festsetzung von Ordnungshaft – nicht zulässig.[86] Gegen ein von der Staatsanwaltschaft verhängtes Ordnungsmittel kann **Antrag auf gerichtliche Entscheidung** gestellt werden, § 161 a Abs. 3.

2. Revision. Auf die Anordnung von Maßnahmen nach den Abs. 1 und 2 sowie auf deren Unterlassen kann die Revision nicht gestützt werden, da der Angeklagte dadurch nicht beschwert

---

[69] KG v. 15. 2. 2006 – 3 Ws 552/05 = NStZ-RR 2006, 288; *Werny* NJW 1982, 2170.
[70] KK-StPO/*Senge* Rn. 19; KMR/*Neubeck* Rn. 21; Löwe/Rosenberg/*Dahs*, 25. Aufl., Rn. 24; *Meyer-Goßner* Rn. 24; SK/*Rogall* Rn. 37; aA für den Fall der Vorführung *Enzian* JR 1975, 277 (278 f.).
[71] KMR/*Neubeck* Rn. 22; Löwe/Rosenberg/*Dahs*, 25. Aufl., Rn. 25.
[72] S. o. Rn. 8 und 9.
[73] HK-StPO/*Lemke* Rn. 16; KMR/*Neubeck* Rn. 22; Löwe/Rosenberg/*Dahs*, 25. Aufl., Rn. 25; *Meyer-Goßner* Rn. 26; SK/*Rogall* Rn. 35.
[74] OLG Düsseldorf v. 9. 4. 1986 – 2 Ws 183/86, MDR 1986, 778; OLG Düsseldorf v. 16. 10. 1992 – 2 Ws 460/92, wistra 1993, 156.
[75] OLG Hamm v. 30. 5. 1956 – 3 Ws 189/56, NJW 1956, 1935.
[76] OLG Hamm v. 13. 12. 1949 – 1 Ws 185/49, MDR 1950, 179.
[77] *Wendisch* JR 1978, 445 (447).
[78] KMR/*Neubeck* Rn. 23; *Meyer-Goßner* Rn. 27; SK/*Rogall* Rn. 38.
[79] BGH v. 3. 1. 1957 – 4 StR 410/56, BGHSt 10, 126 (128) = NJW 1957, 550; OLG Düsseldorf v. 9. 6. 1994 – 1 Ws 395/94, VRS 87, 437.
[80] KMR/*Neubeck* Rn. 24.
[81] OLG Hamburg v. 22. 10. 1981 – 1 Ws 365/81, NStZ 1982, 129; aA HK-StPO/*Lemke* Rn. 20.
[82] OLG Koblenz v. 9. 5. 1984 – 1 Ws 324/84, VRS 67, 252; OLG Düsseldorf v. 15. 3. 1983 – 2 Ws 136/83, MDR 1983, 690; KMR/*Neubeck* Rn. 24; Löwe/Rosenberg/*Dahs*, 25. Aufl., Rn. 31; *Meyer-Goßner* Rn. 28; SK/*Rogall* Rn. 41; aA *Sander* NStZ 1995, 509.
[83] KG v. 16. 12. 1999 – 4 Ws 175/99, NStZ-RR 2000, 145.
[84] OLG Hamm v. 30. 5. 1956 – 3 Ws 189/56, NJW 1956, 1935.
[85] OLG Hamm v. 25. 7. 1960 – 3 Ws 396/60, MDR 1960, 946.
[86] OLG Frankfurt v. 9. 8. 2000 – 2 Ws 102/00, NStZ-RR 2000, 382.

ist.[87] Es kann aber eine **Verletzung der Aufklärungspflicht**, § 244 Abs. 2, gerügt werden, wenn das Gericht es unterlassen hat, den zur Aufklärung des Sachverhalts erforderlichen Zeugen zum Erscheinen (und zur Aussage) zu veranlassen.[88]

§ 52 [Zeugnisverweigerungsrecht aus persönlichen Gründen]

(1) Zur Verweigerung des Zeugnisses sind berechtigt
1. der Verlobte des Beschuldigten oder die Person, mit der der Beschuldigte ein Versprechen eingegangen ist, eine Lebenspartnerschaft zu begründen;
2. der Ehegatte des Beschuldigen, auch wenn die Ehe nicht mehr besteht;
2 a. der Lebenspartner des Beschuldigten, auch wenn die Lebenspartnerschaft nicht mehr besteht;
3. wer mit dem Beschuldigten in gerader Linie verwandt oder verschwägert, in der Seitenlinie bis zum dritten Grad verwandt oder bis zum zweiten Grad verschwägert ist oder war.

(2) [1] Haben Minderjährige wegen mangelnder Verstandesreife oder haben Minderjährige oder Betreute wegen einer psychischen Krankheit oder einer geistigen oder seelischen Behinderung von der Bedeutung des Zeugnisverweigerungsrechts keine genügende Vorstellung, so dürfen sie nur vernommen werden, wenn sie zur Aussage bereit sind und auch ihr gesetzlicher Vertreter der Vernehmung zustimmt. [2] Ist der gesetzliche Vertreter selbst Beschuldigter, so kann er über die Ausübung des Zeugnisverweigerungsrechts nicht entscheiden; das gleiche gilt für den nicht beschuldigten Elternteil, wenn die gesetzliche Vertretung beiden Eltern zusteht.

(3) [1] Die zur Verweigerung des Zeugnisses berechtigten Personen, in den Fällen des Absatzes 2 auch deren zur Entscheidung über die Ausübung des Zeugnisverweigerungsrechts befugte Vertreter, sind vor jeder Vernehmung über ihr Recht zu belehren. [2] Sie können den Verzicht auf dieses Recht auch während der Vernehmung widerrufen.

Schrifttum: *Dahs/Langkeit*, Demontage des Zeugnisverweigerungsrechts?, StV 1992, 492; *Fischer*, Die Fortentwicklung des Zeugnisverweigerungsrechts nach Verfahrenstrennung, JZ 1992, 570; *Füllkrug*, Der Verlobte im Strafprozess, StV 1986, 37; *Fürmann*, Das Zeugnisverweigerungsrecht der StPO - eine Übersicht, JuS 2004, 303; *Geppert*, Der Zeugenbeweis, Jura 1991, 132; *Gossrau*, Unterlassene Zeugenbelehrung als Revisionsgrund, MDR 1958, 468; *Gusy*, Zum Begriff der strafprozessualen Vernehmung, StV 1995, 449; *Hanack*, Zum Verbot aus der befugten Zeugnisverweigerung Schlüsse zu ziehen, JR 1981, 433; *Kett-Straub*, Das Zeugnisverweigerungsrecht für Kinder auch gegenüber Nenn- und Pflegeeltern, ZRP 2005, 46; *Leipold*, Zulässige Einwirkung und Belehrung von Zeugen durch den Verteidiger, StraFo 1998, 79; *ders.*, Das Zeugnisverweigerungsverbot, NJW-Spezial 2005, 231; *Orlowski*, Die Weigerungsrechte der minderjährigen Beweisperson im Strafprozess, 1973; *Otto*, Das Zeugnisverweigerungsrecht des Angehörigen (§ 52 StPO) im Verfahren gegen mehrere Beschuldigte, NStZ 1991, 220; *Peters*, Belehrung über ein Zeugnisverweigerungsrecht, StV 1984, 406; *Prittwitz*, Das Zeugnisverweigerungsrecht des Angehörigen und seine Wirkung für Mitbeschuldigte, NStZ 1986, 64; *Ranft*, Ausübung des Zeugnisverweigerungsrechts in der Hauptverhandlung bei gleichzeitigem Verzicht auf das Verwertungsverbot des § 252 StPO, NJW 2001, 1305; *Rengier*, Wodurch werden mehrere Beschuldigte Mitbeschuldigte im Sinne der Folge, dass ihren Angehörigen auch im Hinblick auf die anderen Beschuldigten ein Zeugnisverweigerungsrecht zusteht?, StV 1988, 46; *ders.*, Zur Widerrufsmöglichkeit im Rahmen der StPO §§ 52 und 55, NStZ 1998, 47; *Schaub*, Zur Strafverfahrensproblematik bei minderjährigen Zeugen und Beschuldigten aus vormundschaftsrichterlicher Sicht, FamRZ 1996, 134; *Schittenhelm*, Verwertungsverbote bei anwaltlichen „Vernehmung", NStZ 2001, 50; *Schöneborn*, Die Beweisverbotsproblematik der §§ 52 Abs. 2, 55 Abs. 2 im Lichte des § 68 S. 2 StPO, MDR 1974, 457; *Sieg*, Protokollformulare und Zeugenbelehrung, StV 1985, 130; *Strätz*, Zum Angehörigenbegriff im Strafrecht, JR 1984, 127; *Wollweber*, Kein Zeugnisverweigerungsrecht bei Freundschaft, NStZ 1999, 628; *Zöller*, Zum Erlöschen des Zeugnisverweigerungsrechts eines Angehörigen eines Beschuldigten, ZJS 2009, 582.

Übersicht

	Rn.
I. Regelungsgehalt	1–3
1. Normzweck	1
2. Inhalt des Zeugnisverweigerungsrechts	2
3. Reichweite des Zeugnisverweigerungsrechts	3
II. Zeugnisverweigerungsberechtigte (Abs. 1)	4–10
1. Allgemeines	4
2. Verlobte und Gleichgestellte (Nr. 1)	5
3. Ehegatten (Nr. 2)	6
4. Lebenspartner (Nr. 2 a)	7
5. Verwandte (Nr. 3)	8
6. Verschwägerte (Nr. 3)	9
7. Adoption	10
III. Begünstigter Personenkreis	11–14
1. Beschuldigte	11
2. Mehrere Beschuldigte	12–14
a) Einheitliche Tat	13
b) Mehrere rechtlich selbständige Taten	14

---

[87] BGH v. 9. 11. 1965 – 1 StR 436/65, NJW 1966, 211; RG v. 15. 12. 1938 – 3 D 550/38, RGSt 70, 31 (34).
[88] AllgM, vgl. statt aller *Meyer-Goßner* Rn. 30.

	Rn.
IV. Ausübung des Zeugnisverweigerungsrechts	15–22
1. Allgemeines	15
2. Erklärung	16
3. Zeugen ohne genügende Verstandesreife oder -kraft (Abs. 2)	17–20
a) Notwendige Verstandesreife oder -kraft (Abs. 2 S. 1)	18
b) Entscheidung des gesetzlichen Vertreters	19
c) Ausschluss des gesetzlichen Vertreters (Abs. 2 S. 2)	20
4. Verzicht auf das Weigerungsrecht (Abs. 3 S. 2)	21
5. Widerruf	22
V. Belehrung (Abs. 3 S. 1)	23–29
1. Zweck	23
2. Belehrungspflichtige Stellen	24
3. Zeitpunkt	25
4. Durchführung	26
5. Nachholung	27
6. Protokollierung	28
7. Verwertungsverbot	29
VI. Folgen der berechtigten Zeugnisverweigerung	30–33
1. Wegfall des Beweismittels	30
2. Beweisantragsrecht	31
3. Verwertungsverbot	32
4. Beweiswürdigung	33
VII. Revision	34–37
1. Unterlassene Belehrung	34
2. Unrichtige Belehrung	35
3. Unterlassene Erholung der Zustimmung des gesetzlichen Vertreters	36
4. Sachrüge	37

I. Regelungsgehalt

1. Normzweck. Das den Angehörigen eines Zeugen eingeräumte Zeugnisverweigerungsrecht 1 trägt der **Konfliktsituation** solcher Zeugen Rechnung, bei Einhaltung ihrer Verpflichtung zur wahrheitsgemäßen Aussage eine nahestehende Person belasten zu müssen[1] und dadurch den Familienfrieden zu gefährden.[2] In diesen Fällen tritt das öffentliche Interesse an ungehinderter Strafverfolgung gegenüber dem Interesse des Zeugen zurück, nicht gegen einen Angehörigen aussagen zu müssen.[3] Ob der Zeuge tatsächlich belastend aussagen müsste, ist dabei ebenso ohne Belang, wie die Frage, ob er die Konfliktlage tatsächlich empfindet.[4] Es genügt, wenn die Konfliktlage objektiv vorliegt.[5] Die Norm dient allein dem **Schutz des Zeugen** und der familienrechtlichen Beziehungen zum Beschuldigten, hingegen nicht der Wahrheitsfindung und auch nicht dem Schutz des Beschuldigten vor konfliktbehafteten und damit möglicherweise im Beweiswert geminderten Aussagen.[6] Daraus folgt, dass das Zeugnisverweigerungsrecht auch dann uneingeschränkt besteht, wenn der Angehörige auf Antrag des Beschuldigten vernommen werden soll oder dieser auf die Einhaltung des § 52 verzichtet.[7]

2. Inhalt des Zeugnisverweigerungsrechts. Der Zeuge ist zur Verweigerung des „Zeugnisses" 2 berechtigt. Er kann also verweigern, Angaben zur Sache zu machen. Hinsichtlich der Angaben zur Person (§ 68) gelten für ihn hingegen keine Besonderheiten.[8] Sofern der Zeuge von seinem Recht keinen Gebrauch macht, unterliegt er ohne Einschränkungen der Wahrheitspflicht.[9]

3. Reichweite des Zeugnisverweigerungsrechts. Das Zeugnisverweigerungsrecht ist ein **höchst-** 3 **persönliches Recht**.[10] Allein der Zeuge ist in diesem Punkt entscheidungsbefugt; eine prozessuale

---

[1] BGH v. 8. 5. 1952 – 3 StR 119/51, BGHSt 2, 351 (354); BGH v. 5. 1. 1968 – 4 StR 425/67, BGHSt 22, 35 (36) = NJW 1968, 559; BGH v. 3. 8. 1977 – 2 StR 318/77, BGHSt 27, 231 = NJW 1977, 2365; vgl. auch BVerfG v. 25. 9. 2003 – 2 BvR 1337/03, NStZ-RR 2004, 19.
[2] BGH v. 21. 1. 1958 – GSSt 4/57, BGHSt 11, 213 (216) = NJW 1958, 557; BGH v. 29. 10. 1991 – 1 StR 334/90, BGHSt 38, 96 (99) = NJW 1992, 1116.
[3] BGH v. 15. 8. 1952 – 3 StR 267/52, BGHSt 3, 149 (152); BGH v. 21. 10. 1952 – 1 StR 388/52, BGHSt 3, 215 (216).
[4] BGH v. 29. 10. 1991 – 1 StR 334/90, BGHSt 38, 96 (100) = NJW 1992, 1116.
[5] BGH v. 8. 12. 1958 – GSSt 3/58, BGHSt 12, 235 (239); BGH v. 19. 8. 1981 – 3 StR 226/81, BGHSt 30, 193 = NJW 1981, 2825.
[6] BGH v. 21. 1. 1958 – GSSt 4/57, BGHSt 11, 213 (215) = NJW 1958, 557; BGH v. 23. 9. 1999 – 4 StR 189/99, BGHSt 45, 203 (207) = NJW 2000, 596; *Schittenhelm* NStZ 2001, 50 (51); *Schönborn* MDR 1974, 457; KK-StPO/*Senge* Rn. 1; KMR/*Neubeck* Rn. 1; Löwe/Rosenberg/*Dahs*, 25. Aufl., Rn. 1; *Meyer-Goßner* Rn. 1; aA BGH v. 18. 10. 1957 – 5 StR 383/57, BGHSt 10, 393; *Gossrau* MDR 1958, 468; AK/*Kühne* Rn. 1, diff. SK/*Rogall* Rn. 1 ff.
[7] RG v. 17. 1. 1890 – 3339/89, RGSt 20, 186 (187); KMR/*Neubeck* Rn. 1; Löwe/Rosenberg/*Dahs*, 25. Aufl., Rn. 1; *Meyer-Goßner* Rn. 1.
[8] AK/*Kühne* Rn. 11; KK-StPO/*Senge* Rn. 2; KMR/*Neubeck* Rn. 2; Löwe/Rosenberg/*Dahs*, 25. Aufl., Rn. 2.
[9] KK-StPO/*Senge* Rn. 2.
[10] AllgM, BGH v. 19. 9. 1967 – 5 StR 456/67, BGHSt 21, 303 (305) = NJW 1967, 2273.

Möglichkeit, vom Zeugen hier ein bestimmtes Verhalten zu verlangen, ist nicht eröffnet.[11] Das Recht besteht während des **gesamten Verfahrens**. Es gilt auch bei Vernehmungen durch die Staatsanwaltschaft (§ 161 a Abs. 1 S. 2) und die Polizei (§ 163 a Abs. 5). Im Privatklageverfahren ist es einheitlich für Klage und Widerklage zu behandeln.[12]

II. Zeugnisverweigerungsberechtigte (Abs. 1)

4   **1. Allgemeines.** § 52 gilt **nur für Zeugen** in dieser prozessualen Stellung. Es gilt nicht für einen Mitbeschuldigten, der zu dem anderen Beschuldigten in einem Angehörigenverhältnis steht. In dieser Konstellation besteht keine dem Zeugen vergleichbare Zwangslage, da der Mitbeschuldigte weder zur Aussage verpflichtet ist noch wahrheitsgemäß aussagen muss.[13] Das Weigerungsrecht wird begründet durch ein **zum Zeitpunkt der Vernehmung** bestehendes oder früheres Angehörigenverhältnis.[14]

5   **2. Verlobte und Gleichgestellte (Nr. 1).** Das **Verlöbnis** ist das gegenseitige, von beiden Seiten ernstgemeinte Eheversprechen.[15] Es gilt dabei ein selbständiger strafprozessualer Verlöbnisbegriff,[16] so dass das Zeugnisverweigerungsrecht auch dann besteht, wenn das Verlöbnis **zivilrechtlich unwirksam ist**;[17] etwa beim Verlöbnis eines Minderjährigen ohne Zustimmung des gesetzlichen Vertreters.[18] Fehlt aber bei einem Partner die Ernsthaftigkeit des Versprechens, so liegt kein Verlöbnis im Sinne der Nr. 1 vor, auch wenn der andere Partner davon nichts weiß.[19] Verstößt das Verlöbnis gegen die **guten Sitten**, so ist es unwirksam, etwa bei noch bestehender Ehe eines der Verlobten.[20] Ein solcher Sittenverstoß ist auch dann anzunehmen, wenn ein Ehescheidungsverfahren anhängig, die Ehe aber noch nicht rechtskräftig geschieden ist.[21] Entsprechendes gilt bei Bestehen eines anderweitigen, zeitlich vorausgehenden Verlöbnisses.[22] Dem **Verlobten eines Verwandten** des Beschuldigten steht kein Zeugnisverweigerungsrecht zu.[23] Das ernstgemeinte Versprechen, eine **Lebenspartnerschaft** einzugehen, ist dem Verlöbnis gleichgestellt. Das Zeugnisverweigerungsrecht besteht immer dann, wenn das Verlöbnis **zum Zeitpunkt der Vernehmung** (noch) besteht, auf die Tatzeit oder den Zeitpunkt des Geschehens, zu dem der Zeuge vernommen werden soll, kommt es hingegen nicht an.[24] Das Gericht hat nach pflichtgemäßem Ermessen zu entscheiden, ob ein wirksames Verlöbnis vorliegt.[25] Es hat von dem Zeugen die **Glaubhaftmachung** (§ 56) zu verlangen, wenn es an dem Bestehen zweifelt.[26] Bei dieser Entscheidung gilt der Grundsatz „in dubio pro reo" nicht.[27]

6   **3. Ehegatten (Nr. 2).** Ebenso wie das Verlöbnis ist auch der Begriff der Ehe spezifisch strafprozessual zu bestimmen.[28] Die Ehe muss nur **formell gültig** sein (§§ 11, 15 a EheG). Das Weigerungsrecht ist daher auch dann gegeben, wenn Nichtigkeits- oder Aufhebungsgründe bestehen,[29] ein Bigamist eine Zweitehe schließt,[30] oder eine (formell gültige) Scheinehe vorliegt.[31] Nur im Fall einer sog. Nichtehe entfällt das Recht,[32] etwa wenn die Ehe nicht vor einem Standesbeamten

---

[11] BGH v. 12. 1. 1956 – 3 StR 195/55, BGHSt 9, 59 (61) = NJW 1956, 599; BGH v. 23. 9. 1999 – 4 StR 189/99, BGHSt 45, 203 (207) = NJW 2000, 596; RG v. 17. 1. 1890 – 3339/89, RGSt 20, 186 (187).
[12] KK-StPO/*Senge* Rn. 9; *Meyer-Goßner* Rn. 12; SK/*Rogall* Rn. 44.
[13] KK-StPO/*Senge* Rn. 2; KMR/*Neubeck* Rn. 2; Löwe/Rosenberg/*Dahs*, 25. Aufl., Rn. 3.
[14] RG v. 9. 5. 1898 – 1354/98, RGSt 31, 142 (143); KK-StPO/*Senge* Rn. 4.
[15] BGH v. 30. 5. 1972 – 4 StR 180/72, NJW 1972, 1334; BGH v. 2. 10. 1985 – 2 StR 348/85, NStZ 1986, 84.
[16] SK/*Rogall* Rn. 23.
[17] BGH v. 12. 7. 1979 – 4 StR 204/79, BGHSt 54 (57) = NJW 1979, 2055.
[18] BGH v. 2. 9. 1954 – 1 StR 325/54, RG v. 16. 11. 1905 – 431/05, RGSt 38, 242.
[19] BGH v. 21. 10. 1952 – 1 StR 388/52, BGHSt 3, 215 (216); BGH v. 6. 9. 1988 – 1 StR 344/88, JR 1989, 356; BGH v. 28. 5. 2003 – 2 StR 445/02, BGHSt 48, 292 (300) = NJW 2003, 2619.
[20] BGH v. 17. 5. 1983 – 1 StR 160/83, NStZ 1983, 564 mAnm *Pelchen*.
[21] BayObLG v. 17. 12. 1982 – 1 St 272/82, NJW 1983, 831; OLG Celle v. 18. 8. 1983 – 2 Ws 164/83; MDR 1983, 1045; HK-StPO/*Lemke* Rn. 11; KK-StPO/*Senge* Rn. 10; KMR/*Neubeck* Rn. 5; Löwe/Rosenberg/*Dahs*, 25. Aufl., Rn. 6; *Meyer-Goßner* Rn. 4; wohl auch BVerfG v. 21. 7. 1987 – 2 BvR 744/87, NJW 1987, 2807; aA *Füllkrug* StV 1986, 37; *Strätz* JR 1984, 127; SK/*Rogall* Rn. 26, offen gelassen von BGH v. 19. 8. 1975 – 1 StR 383/75.
[22] RG v. 1. 3. 1937 – 2 D 759/36, RGSt 71, 152 (154); RG v. 26. 6. 1922 – IV 741/21, RGZ 105, 245.
[23] OLG Düsseldorf v. 14. 12. 1999 – 2 b Ss 336/99, StV 2001, 105.
[24] BGH v. 10. 6. 1969 – 1 StR 85/69, BGHSt 23, 16 (17); HK-StPO/*Lemke* Rn. 12; KMR/*Neubeck* Rn. 2; Löwe/Rosenberg/*Dahs*, 25. Aufl., Rn. 7; *Pfeiffer* Rn. 2; SK/*Rogall* Rn. 21.
[25] KMR/*Neubeck* Rn. 8; Löwe/Rosenberg/*Dahs*, 25. Aufl., Rn. 8.
[26] BGH v. 30. 5. 1972 – 4 StR 180/72, NJW 1972, 1334; AK/*Kühne* Rn. 5; HK-StPO/*Lemke* Rn. 12; KMR/*Neubeck* Rn. 7; KK-StPO/*Senge* Rn. 13; Löwe/Rosenberg/*Dahs*, 25. Aufl., Rn. 8; *Meyer-Goßner* Rn. 4; *Pfeiffer* Rn. 2; SK/*Rogall* Rn. 27.
[27] BGH v. 27. 7. 1982 – 1 StR 263/82, NStZ 1983, 354.
[28] KK-StPO/*Senge* Rn. 14; aA SK/*Rogall* Rn. 29.
[29] BGH v. 27. 1. 1956 – 2 StR 446/55, BGHSt 9, 37 (38) = NJW 1956, 679; RG v. 3. 2. 1922 – 1473/21, RGSt 56, 427.
[30] RG v. 21. 2. 1908 – IV 48/08, RGSt 41, 113 (114).
[31] BayObLG v. 22. 9. 1989 – 4 St 200/89, NStZ 1990, 188.
[32] BVerfG v. 2. 2. 1993 – 1 BvR 1491/91, NStZ 1993, 349.

geschlossen wurde.³³ Eine **im Ausland geschlossene** Ehe steht der inländischen gleich, wenn sie nach dem Recht der Bundesrepublik als gültig anerkannt wird.³⁴ Hingegen berechtigt das Zusammenleben in einer **eheähnlichen Gemeinschaft** ebenso wenig wie bloß freundschaftliche Beziehungen zur Zeugnisverweigerung.³⁵ Wie beim Verlöbnis kommt es bei der Beurteilung des Zeugnisverweigerungsrechts auf den **Zeitpunkt der Vernehmung** an. Allerdings ist es hier unerheblich, wenn die Ehe dann nicht mehr besteht, etwa infolge des Todes eines Ehegatten, Aufhebung der Ehe oder Scheidung.³⁶

4. **Lebenspartner (Nr. 2a).** Nach Nr. 2a sind auch Lebenspartner zur Verweigerung des Zeugnisses berechtigt. Die **Lebenspartnerschaft** wird dadurch begründet, dass zwei Personen gleichen Geschlechts vor der zuständigen Behörde persönlich und bei gleichzeitiger Anwesenheit erklären, miteinander eine Partnerschaft auf Lebenszeit führen zu wollen.³⁷ Das Recht besteht auch nach der Beendigung der Lebenspartnerschaft fort. Es ist hingegen verfassungsrechtlich nicht geboten, dieses Zeugnisverweigerungsrecht auch einer (heterosexuellen) eheähnlichen Lebensgemeinschaft zuzuerkennen.³⁸

7

5. **Verwandte (Nr. 3).** Die Verwandteneigenschaft folgt aus § 1589 BGB.³⁹ Nach § 1589 S. 1 BGB sind in **gerader Linie** verwandt Personen, deren eine von der anderen abstammt, also Großeltern, Eltern, Kinder – auch Stiefkinder –⁴⁰ usw. Für diese Personengruppe gewährt Nr. 3 ein Zeugnisverweigerungsrecht unabhängig vom Verwandtschaftsgrad. In der **Seitenlinie** sind nach § 1589 S. 2 BGB verwandt Personen, die von derselben dritten Person abstammen. Der weigerungsberechtigte Personenkreis wird aber auf Verwandtschaftsverhältnisse bis zum dritten Grad – bestimmt nach der Anzahl der vermittelnden Geburten (§ 1589 S. 3 BGB) – begrenzt. Das Zeugnisverweigerungsrecht besteht daher im Verhältnis voll- oder halbbürtiger Geschwister zueinander,⁴¹ bei Geschwisterkindern im Verfahren gegen die Geschwister Ihrer Eltern (also im Verhältnis Onkel, Tante zu Neffen, Nichten) – und umgekehrt, nicht aber im Verhältnis der Geschwisterkinder (Cousins, Cousinen) untereinander.⁴² Für **nichteheliche Kinder** gelten in diesem Zusammenhang keinerlei Besonderheiten (mehr).⁴³

8

6. **Verschwägerte (Nr. 3).** Die Voraussetzungen einer Schwägerschaft ergeben sich aus § 1590 BGB.⁴⁴ Danach sind die **Verwandten eines Ehegatten** (oder Lebenspartners) mit dem anderen Ehegatten (Lebenspartner) verschwägert, § 1590 Abs. S. 1 BGB. Voraussetzung ist, dass die Eheschließung oder der Abschluss der Lebenspartnerschaft gültig ist.⁴⁵ Unerheblich ist, wenn die die Schwägerschaft begründende Ehe zum Zeitpunkt der Vernehmung nicht mehr besteht, § 1590 Abs. 2 BGB.⁴⁶ Das Zeugnisverweigerungsrecht besteht für alle in **gerader Linie** verschwägerten Personen unabhängig vom Grad der Schwägerschaft. Einem Ehegatten steht es also bezüglich der Eltern, Groß-, Urgroßeltern, Kinder, Enkel und Urenkel des anderen Ehegatten zu. In der **Seitenlinie** besteht das Recht nur bis zum zweiten Grad, also noch im Verhältnis zu den Geschwistern des Ehegatten (Schwager, Schwägerin), nicht mehr aber zu deren Kindern.

9

7. **Adoption.** Durch die Adoption erlangt der Angenommene die rechtliche Stellung eines ehelichen Kindes des (oder der) Annehmenden, §§ 1754, 1767 Abs. 2 BGB, und steht damit auch in Hinblick auf das Zeugnisverweigerungsrecht einem ehelichen Kind gleich. Das Recht besteht auch nach Auflösung des Adoptionsverhältnisses fort. Personen, die **als Kind adoptiert** wurden, sind auch im Verhältnis zu den Verwandten des Annehmenden weigerungsberechtigt, auch dann noch, wenn das Verwandtschaftsverhältnis wieder aufgelöst wird, § 1755 Abs. 1 S. 1 BGB. Dies gilt hingegen nicht für **als Volljährige Adoptierte**, da sich die Wirkungen der Annahme nicht auf

10

---

³³ AK/*Kühne* Rn. 6; KK-StPO/*Senge* Rn. 14; KMR/*Neubeck* Rn. 9.
³⁴ HK-StPO/*Lemke* Rn. 13; KK-StPO/*Senge* Rn. 14; KMR/*Neubeck* Rn. 9; Löwe/Rosenberg/*Dahs*, 25. Aufl., Rn. 9; Meyer-Goßner Rn. 5; *Pfeiffer* Rn. 3.
³⁵ BVerfG v. 22. 1. 1999 – 2 BvR 961/94, NStZ 1999, 255 mAnm *Wollweber* NStZ 1999, 628; KMR/*Neubeck* Rn. 9; Meyer-Goßner Rn. 5; *Pfeiffer* Rn. 1.
³⁶ BGH v. 19. 8. 1981 – 3 StR 226/81, BGHSt 30, 193 (196) = NJW 1981, 2825.
³⁷ KK-StPO/*Senge* Rn. 14a.
³⁸ BVerfG v. 17. 7. 2002 – 1 BvR 1/01, BVerfGE 105, 313 = NJW 2002, 2543; *Pawlowski* JZ 2000, 765; KK-StPO/*Senge* Rn. 14b.
³⁹ BGH v. 27. 1. 1956 – 2 StR 446/55, BGHSt 9, 37 (38) = NJW 1956, 679.
⁴⁰ BGH v. 19. 1. 1989 – 4 StR 1/89, BGHR StPO § 52 Abs. 3 S. 1 Verletzung 2; Gleiches gilt für Stiefenkel – LG Hamburg v. 18. 9. 2009 – 619 Qs 71/09.
⁴¹ BGH v. 15. 12. 1987 – 5 StR 649/87, StV 1988, 89.
⁴² *Fürmann* JuS 2004, 303 (304); *Geppert* Jura 1991, (132) 134.
⁴³ AllgM; die Entscheidung BGH v. 26. 6. 1968 – 2 StR 277/68, BGHSt 22, 187 = NJW 1968, 1789 ist überholt.
⁴⁴ BGH v. 27. 1. 1956 – 2 StR 446/55, BGHSt 9, 37 (38) = NJW 1956, 679; RG v. 21. 2. 1908 – IV 48/08, RGSt 41, 113 (114).
⁴⁵ S. o. Rn. 6f.
⁴⁶ KK-StPO/*Senge* Rn. 16; KMR/*Neubeck* Rn. 12; Löwe/Rosenberg/*Dahs*, 25. Aufl., Rn. 12; SK/*Rogall* Rn. 40.

die Verwandten des Annehmenden erstrecken, §§ 1767, 1770 BGB, es sei denn, es liegt eine abweichende vormundschaftliche Regelung vor, § 1772 BGB. Das Verhältnis zwischen **Pflegeeltern und Pflegekindern** kann der Adoption nicht gleich gestellt werden, so dass insoweit kein Zeugnisverweigerungsrecht besteht.[47]

III. Begünstigter Personenkreis

11   **1. Beschuldigte.** Das Recht nach § 52 StPO besteht gegenüber allen Beschuldigten, zu denen der Zeuge in einem Angehörigenverhältnis steht. Der Zeuge muss dabei gerade in dem Verfahren in Anspruch genommen werden, in dem der Angehörige als Beschuldigter verfolgt wird.[48] Für die Eigenschaft als Beschuldigter gelten die allgemeinen Grundsätze,[49] so dass gegen den Angehörigen zum Zeitpunkt der Vernehmung zumindest ein Ermittlungsverfahren anhängig sein muss.[50] Gegenüber **Verletzten, Privat- oder Nebenklägern** greift § 52 nicht.

12   **2. Mehrere Beschuldigte.** Auch in (verbundenen) Verfahren gegen mehrere Beschuldigte kommt eine Zeugnisverweigerung durch Angehörige selbstverständlich in Betracht. In Hinblick auf die verschiedenen Verfahrenskonstellationen ist dabei weiter zu unterscheiden:

13   a) **Einheitliche Tat.** Richtet sich das Verfahren gegen mehrere Beschuldigte und steht der Zeuge zu einem von ihnen in einem Angehörigenverhältnis, so ist er zur Verweigerung des Zeugnisses hinsichtlich aller Beschuldigter berechtigt, sofern der Sachverhalt, zu dem er gehört werden soll, eine einheitliche Tat darstellt, also auch seinen Angehörigen betrifft.[51] Hierfür ist es erforderlich, aber auch ausreichend, wenn in irgendeinem Verfahrensabschnitt, etwa im Ermittlungsverfahren, ein gegen die mehreren Beschuldigten gerichtetes **zusammenhängendes einheitliches Verfahren** anhängig war.[52] Für diesen Zusammenhang reicht die Gleichzeitigkeit von Ermittlungen allein aber nicht aus,[53] vielmehr wird diese prozessuale Gemeinsamkeit der Verfahren durch eine (nicht notwendig ausdrückliche) Willenserklärung der Staatsanwaltschaft begründet, die Behandlung in einem Vorgang genügt also nicht.[54] Das **Zeugnisverweigerungsrecht besteht fort**, wenn der Angehörige durch Einstellung nach § 170 Abs. 2,[55] nach § 205,[56] durch Verfahrensabtrennung[57] oder auf sonstige Weise aus dem Verfahren ausscheidet.[58] Das Recht **erlischt**, wenn das gegen den Angehörigen gerichtete Verfahren rechtskräftig abgeschlossen ist, auch bezüglich solcher Taten, hinsichtlich deren das Verfahren gem. § 154 Abs. 1 oder Abs. 2 eingestellt worden ist,[59] oder wenn der Angehörige verstorben ist.[60] Gleiches dürfte für die endgültige Einstellung des Verfahrens gegen den Angehörigen nach § 153a gelten.[61]

14   b) **Mehrere rechtlich selbständige Taten.** Betrifft das Verfahren mehrere rechtliche selbständige Fälle gegen mehrere Beschuldigte, so besteht dann kein Zeugnisverweigerungsrecht, wenn der Angehörige nur Angaben zu einem Fall machen soll, an dem sein Angehöriger nicht beteiligt war.[62]

---

[47] AllgM, KMR/*Neubeck* Rn. 14; Löwe/Rosenberg/*Dahs*, 25. Aufl., Rn. 16; *Meyer-Goßner* Rn. 9; *Pfeiffer* Rn. 4; SK/*Rogall* Rn. 38. Für eine Gesetzesänderung in diesem Punkt vgl. *Kett-Straub*, ZRP 2005, 46 mwN.
[48] SK/*Rogall* Rn. 44.
[49] BGH v. 18. 10. 1956 – 4 StR 278/56, BGHSt 10, 8; BGH v. 23. 7. 1986 – 3 StR 164/86, BGHSt 34, 138 (140) = NJW 1987, 1955; BGH v. 31. 5. 1990 – 4 StR 112/90, BGHSt 37, 48 (52) = NJW 1990, 2633; BGH v. 27. 2. 1992 – 5 StR 190/91, BGHSt 38, 214 (228) = NJW 1992, 1463.
[50] RG v. 24. 6. 1887 – 817/87, RGSt 16, 154; RG v. 25. 6. 1895 – 1890/95, RGSt 27, 312 (314); RG v. 2. 3. 1899 – 109/99, RGSt 32, 72 (73); KK-StPO/*Senge* Rn. 5; Löwe/Rosenberg/*Dahs*, 25. Aufl., Rn. 19; *Meyer-Goßner* Rn. 10; *Pfeiffer* Rn. 9.
[51] BGH v. 3. 2. 1955 – 4 StR 582/54, BGHSt 7, 194; BGH v. 11. 7. 1989 – 5 StR 180/89, wistra 1989, 308; Löwe/Rosenberg/*Dahs*, 25. Aufl., Rn. 20; *Meyer-Goßner* Rn. 11; aA *Otto* NStZ 1991, 220.
[52] BGH v. 23. 7. 1986 – 3 StR 164/86, BGHSt 34, 138 = NJW 1987, 1955; BGH v. 4. 11. 1986 – 1 StR 498/86, BGHSt 34, 215 (216) = NJW 1987, 1033; aA *Prittwitz* NStZ 1986, 64.
[53] BGH v. 23. 7. 1986 – 3 StR 164/86, BGHSt 34, 138 (141) = NJW 1987, 1955; BGH v. 8. 5. 1985 – 3 StR 100/85, NStZ 1985, 419.
[54] BGH v. 8. 5. 1985 – 3 StR 100/85, NStZ 1985, 419 (420); BGH v. 4. 1. 1993 – 2 StB 18/92, BGHR § 52 Abs. 1 Nr. 3 Mitbeschuldigter 8; aA *Fezer* JZ 1996, 603; *Rengier* StV 1988, 465.
[55] BGH v. 10. 1. 1984 – 5 StR 732/83, NStZ 1984, 176; BGH v. 15. 12. 1987 – 5 StR 649/87, StV 1988, 89.
[56] BGH v. 16. 3. 1977 – 3 StR 327/76, BGHSt 27, 139 (141) = NJW 1977, 1161.
[57] BGH v. 3. 7. 1979 – 1 StR 137/79, MDR 1979, 952; aA *Fischer* JZ 1992, 570 (575).
[58] BGH v. 23. 7. 1986 – 3 StR 164/86, BGHSt 34, 138 = NJW 1987, 1955; BGH v. 10. 1. 1984 – 5 StR 732/83, NStZ 1984, 176.
[59] BGH v. 29. 10. 1991 – 1 StR 334/90, BGHSt 38, 96 = NJW 1992, 1116 mAnm *Gollwitzer* NStZ 1992, 195; BGH v. 4. 5. 1993 – 1 StR 921/92, NJW 1993, 2326; BGH v. 30. 4. 2009 – 1 StR 745/08, BGHSt 54, 1 = NJW 2009, 2548 mAnm *Zöller* ZJS 2009, 582.
[60] BGH v. 29. 10. 1991 – 1 StR 334/90, BGHSt 38, 96 = NJW 1992, 1116 (1118); zweifelnd *Dahs/Langkeit* StV 1992, 492.
[61] Löwe/Rosenberg/*Dahs*, 25. Aufl., Rn. 20; offen gelassen von BGH v. 13. 5. 1998 – 3 StR 566/97, NStZ 1998, 583.
[62] BGH v. 10. 12. 1974 – 1 StR 219/74; BGH v. 13. 6. 1990 – 3 StR 132/90, BGHR StPO § 52 Abs. 1 Nr. 3 Mitbeschuldigter 5; RG v. 24. 6. 1887 – 817/87, RGSt 16, 154 (156); RG v. 29. 5. 1895 – 1737/95, RGSt 27, 270.

Das ist dann der Fall, wenn es sich nicht um dasselbe geschichtliche Ereignis handelt, also **keine Tatidentität iS von § 264** vorliegt.[63] Jegliche Beziehung zu der dem Angehörigen zur Last liegenden Tat muss dabei ausgeschlossen werden können, was jedenfalls bei Hehlerei, Begünstigung, Strafvereitelung, Geldwäsche und Teilnahme nach den §§ 26 f. StGB nicht möglich ist, wenn der Angehörige dieser Tat(en) beschuldigt wird und der Zeuge zur zugehörigen Vor- oder Haupttat vernommen werden soll.[64]

IV. Ausübung des Zeugnisverweigerungsrechts

1. Allgemeines. Das Zeugnisverweigerungsrecht ist ein **höchstpersönliches Recht**, das der Zeuge nur selbständig ausüben kann (sofern kein Fall des Abs. 2 vorliegt).[65] Minderjährige üben es folglich ohne Mitwirkung ihrer gesetzlichen Vertreter aus. Das Gericht ist befugt, im **Freibeweisverfahren** zu klären, ob der Zeuge von seinem Recht Gebrauch machen will.[66] Auf die Mitteilung eines Dritten über die mangelnde Aussagebereitschaft des Zeugen darf es sich dabei aber nicht verlassen.[67]

2. Erklärung. Der Zeuge muss **ausdrücklich** erklären, dass er das Zeugnis verweigert. Er darf nicht einfach wesentliche Tatsachen verschweigen.[68] Die Zeugnisverweigerung kann sich auf die gesamte Aussage, nur einen Teil davon oder auch auf einzelne Fragen beziehen, sie kann auch noch jederzeit während der laufenden Vernehmung erklärt werden.[69] Die Verweigerung des Zeugnisses schließt aber eine andere Mitwirkung an der Aufklärung des Sachverhalts nicht aus, etwa dadurch, dass der Angehörige bei Vernehmung eines anderen Zeugen im Sitzungssaal verbleibt.[70] Die Ausübung des Zeugnisverweigerungsrechts erfordert **keine Begründung**.[71] Insbesondere muss der Zeuge nicht dartun, ob er die Aussage zugunsten oder zulasten des Beschuldigten verweigert.[72] Nach den Beweggründen für die Weigerung darf er auch nicht befragt werden; geschieht dies trotzdem, dürfen die Äußerungen des Zeugen weder protokolliert noch verwertet werden.[73] Fragen von Prozessbeteiligten zu den Motiven des Zeugen sind nach § 241 Abs. 2 als ungeeignet zurückzuweisen.[74]

3. Zeugen ohne genügende Verstandesreife oder -kraft (Abs. 2). Auch Zeugen, die die Konfliktsituation,[75] die § 52 behandelt, nicht erkennen können, sollen davor geschützt werden, eine Aussage zu machen, die sie – nach Eintritt der Verstandesreife oder Rückkehr der Verstandeskraft – belasten kann.[76]

a) Notwendige Verstandesreife oder -kraft (Abs. 2 S. 1). Ein Minderjähriger hat die **notwendige Verstandesreife**, wenn er diese Konfliktlage verstandesmäßig erfassen kann. Er muss erkennen können, dass sein Angehöriger etwas Unrechtes getan hat, im deswegen Strafe droht und seine Zeugenaussage möglicherweise zur Bestrafung beitragen kann.[77] Für die Fälle der Verstandeskraft knüpft der Wortlaut des Abs. 2 S. 1 an die Terminologie des Betreuungsgesetzes vom 12. 9. 1990 an.[78] Danach sind **psychische Krankheiten** endogene oder exogene Psychosen, **geistige Behinderungen** angeborene und frühzeitig erworbene Intelligenzdefekte und **seelische Behinderungen** bleibende psychische Beeinträchtigungen als Folge psychischer Krankheiten.[79] Die Frage, ob der minderjährige Zeuge die notwendige Verstandesreife oder der geistesschwache Zeuge die erforderliche Verstandskraft hat, ist vom Tatrichter unabhängig von der Minderjährigkeit oder ei-

---

[63] BGH v. 12. 2. 1974 – 1 StR 535/73, NJW 1974, 758; BGH v. 30. 8. 1983 – 5 StR 570/83, NStZ 1983, 564.
[64] Löwe/Rosenberg/*Dahs*, 25. Aufl., Rn. 21; *Meyer-Goßner* Rn. 12.
[65] BGH v. 19. 9. 1967 – 5 StR 456/67, BGHSt 21, 303 (305) = NJW 1967, 2273.
[66] BGH v. 30. 8. 2000 – 5 StR 268/00, NStZ 2001, 48; KMR/*Neubeck* Rn. 15; *Meyer-Goßner* Rn. 14; SK/*Rogall* Rn. 55.
[67] BGH v. 24. 7. 1979 – 1 StR 157/79, MDR 1979, 989.
[68] BGH v. 21. 12. 1951 – 1 StR 505/51, BGHSt 2, 90 (92); BGH v. 11. 11. 1954 – 3 StR 422/54, BGHSt 7, 127 (128).
[69] AllgM.
[70] BGH v. 12. 8. 1960 – 4 StR 48/60, NJW 1960, 2156.
[71] BGH v. 12. 7. 1979 – 4 StR 291/79, NJW 1980, 794; BGH v. 22. 10. 1980 – 2 StR 612/80, JR 1981, 432 mAnm *Hanack*; BGH v. 29. 6. 1983 – 2 StR 855/82, NJW 1984, 136.
[72] OLG Frankfurt v. 30. 6. 1981 – 405/81, StV 1982, 64 (65).
[73] BGH v. 8. 5. 1954 – 3 StR 725/53, BGHSt 6, 279; BGH v. 6. 6. 1989 – 5 StR 99/89, NStZ 1989, 440.
[74] KMR/*Neubeck* Rn. 13; SK/*Rogall* Rn. 13.
[75] S. o. Rn. 1.
[76] BGH v. 2. 3. 1960 – 2 StR 44/60, BGHSt 14, 159 (160) = NJW 1960, 1396; BGH v. 9. 8. 1963 – 4 StR 188/63, BGHSt 19, 85 (86); KMR/*Neubeck* Rn. 18; Löwe/Rosenberg/*Dahs*, 25. Aufl., Rn. 26.
[77] BGH v. 2. 3. 1960 – 2 StR 44/60, BGHSt 14, 159 (162) = NJW 1960, 1396; BGH v. 6. 12. 1966 – 1 StR 561/66, NJW 1967, 360.
[78] BGBl. I S. 2002.
[79] BT-Drucks. 11/4528 S. 11.

ner bestehenden Betreuung des Zeugen zu beurteilen und zu entscheiden.[80] Bei **Minderjährigen** richtet sich die Beurteilung dabei nicht nach starren Altersgrenzen; das Alter ist lediglich ein (wesentlicher) Anhaltspunkt. Bei 7-jährigen Zeugen wird nach der Rechtsprechung die notwendige Reife regelmäßig zu verneinen,[81] bei 14-jährigen[82] oder älteren Jugendlichen[83] dagegen zu bejahen sein, sogar wenn ein solcher Zeuge schwachsinnig ist.[84] In den Fällen der **fehlenden Verstandeskraft** muss die Urteil idR Ausführungen darüber enthalten, dass der Zeuge die Bedeutung des Zeugnisverweigerungsrechts (und die Belehrung darüber) erfasst hat.[85] Ist eine eindeutige Entscheidung nicht möglich, so ist **im Zweifel** von mangelnder Verstandesreife auszugehen.[86]

19   b) **Entscheidung des gesetzlichen Vertreters.** Fehlt dem Zeugen die erforderliche Verstandesreife oder -kraft, so ist die Entscheidung des gesetzlichen Vertreters herbeizuführen. Wer gesetzlicher Vertreter ist, bestimmt sich nach bürgerlichem Recht. **Gesetzlicher Vertreter** eines Minderjährigen ist der, dem die elterliche Sorge für die Person des Kindes zusteht (§§ 1626 Abs. 1, 1629 Abs. 1 BGB).[87] Bei ehelichen Kindern sind dies (mit Ausnahme des § 1678 BGB) beide Eltern gemeinsam, nach Ehescheidung der Elternteil, dem die Personensorge übertragen worden ist (§§ 1671, 1628 Abs. 1, 1629 Abs. 1 S. 3 BGB). Bei nichtehelichen Kindern ist die Mutter gesetzliche Vertreterin (§ 1705 BGB). Eine unter Betreuung stehende Person wird von dem durch das Vormundschaftsgericht bestellten Betreuer gesetzlich vertreten (§ 1896 Abs. 2 und 2 BGB). Betreuer können auch mehrere Personen (§ 1899 BGB) oder ein anerkannter Betreuungsverein sein (§ 1900 BGB). Sind – wie bei ehelichen Minderjährigen – **mehrere gesetzliche Vertreter** vorhanden, so muss jeder von ihnen seine Zustimmung zur Aussage erteilen;[88] dabei genügt es aber, dass ein Vertreter die Einwilligung erteilt und der andere zustimmt.[89] Versagt einer der Vertreter die Einwilligung, so muss die Vernehmung unterbleiben, eine Ersetzung der Zustimmung durch das Vormundschaftsgericht ist nicht möglich, da ein Verhinderungsfall nach § 1963 BGB nicht vorliegt.[90] Die **Einwilligung des gesetzlichen Vertreters** verpflichtet den Zeugen nicht zur Aussage,[91] vielmehr ist in diesem Fall auch der verstandesunreife Zeuge zur Entscheidung darüber befugt, ob er aussagen will oder nicht. Der gesetzliche Vertreter ist also nur in der Lage, durch die Verweigerung der Einwilligung die Aussage zu verhindern, nicht aber durch deren Erteilung diese zu erzwingen. Hat der Zeuge schon ausgesagt, so kann die **Einwilligung** des gesetzlichen Vertreters **nachgeholt** werden. Wird sie verweigert, so ist die Aussage unverwertbar. Dies gilt entsprechend, wenn der Zeuge zwar nicht aussagt, aber die Verwertung einer früheren Vernehmung durch Anhörung der Verhörsperson genehmigt.[92]

20   c) **Ausschluss des gesetzlichen Vertreters (Abs. 2 S. 2).** Der gesetzliche Vertreter kann dann nicht über die Ausübung des Zeugnisverweigerungsrechts entscheiden, wenn er selbst in dem Verfahren **Beschuldigter** ist, in dem der Zeuge gehört werden soll. Dies gilt bei Beschuldigung eines Elternteils auch für den anderen Elternteil, wenn Ihnen die gesetzliche Vertretung gemeinsam zusteht. Wegen der vergleichbaren Interessenlage erscheint es angebracht, auch den Fall ebenso zu behandeln, in dem nur ein Elternteil vertretungsberechtigt und der andere (nicht vertretungsberechtigte) Teil Beschuldigter ist.[93] Von der Entscheidung ist der Vertreter auch dann wegen der Interessenkollision nach §§ 1693, 1629 BGB ausgeschlossen, wenn er nicht nur den Zeugen, sondern auch den Beschuldigten gesetzlich vertritt.[94] In den Fällen des Ausschlusses des gesetzlichen Vertreters ist auf

---

[80] BGH v. 14. 10. 1959 – 2 StR 249/59, BGHSt 13, 394 (397); BGH v. 2. 3. 1960 – 2 StR 44/60, BGHSt 14, 159 (160) = NJW 1960, 1396; OLG Stuttgart v. 14. 6. 1971 – 3 Ss 19/71, NJW 1971, 2237.
[81] BGH v. 2. 3. 1960 – 2 StR 44/60, BGHSt 14, 159 (162) = NJW 1960, 1396; BGH v. 16. 4. 1991 – 5 StR 158/91, NStZ 1991, 398; zweifelnd HK-StPO/*Lemke* Rn. 24; SK/*Rogall* Rn. 76.
[82] BGH v. 6. 7. 1965 – 5 StR 229/65, BGHSt 20, 234 = NJW 1965, 925.
[83] BGH v. 20. 9. 1996 – 2 StR 289/96, NStZ 1997, 145 (15-Jähriger); BGH v. 23. 1. 1985 – 3 StR 496/84, NStZ 1985, 493 (16-Jähriger); BGH v. 11. 11. 1959 – 2 StR 471/59, BGHSt 14, 21 (24).
[84] BGH v. 6. 12. 1966 – 1 StR 561/66, NJW 1967, 360.
[85] BGH v. 2. 3. 1960 – 2 StR 44/60, BGHSt 14, 159; Löwe/Rosenberg/*Dahs*, 25. Aufl., Rn. 29; SK/*Rogall* Rn. 75.
[86] BGH v. 9. 8. 1963 – 4 StR 188/63, BGHSt 19, 85 (86); BGH v. 27. 1. 1970 – 4 StR 591/69, BGHSt 23, 221 (222) = NJW 1970, 432; BGH v. 8. 3. 1979 – 4 StR 634/78, NJW 1979, 1722.
[87] BGH v. 8. 4. 1954 – 3 StR 836/53, BGHSt 6, 155 (156).
[88] BVerfG v. 29. 7. 1959 – 1 BvR 205/58, BVerfGE 10, 59 = NJW 1959, 1483.
[89] BGH v. 27. 9. 1956 – 3 StR 217/56, MDR 1957, 52; BGH v. 13. 10. 1959 – 1 StR 437/59, FamRZ 1960, 197.
[90] *Orlowski* S. 152; AK/*Kühne* Rn. 2; KK-StPO/*Senge* Rn. 28; KMR/*Neubeck* Rn. 24; Löwe/Rosenberg/*Dahs*, 25. Aufl., Rn. 32; aA SK/*Rogall* Rn. 81.
[91] BGH v. 2. 3. 1960 – 2 StR 44/60, BGHSt 14, 159; BGH v. 19. 9. 1967 – 5 StR 456/67, BGHSt 21, 303 = NJW 1967, 2273; BGH v. 27. 1. 1970 – 1 StR 591/69, BGHSt 23, 221 = NJW 1970, 432; BGH v. 19. 8. 1983 – 1 StR 445/83, NStZ 1984, 43.
[92] BGH v. 12. 2. 2004 – 3 StR 185/03, BGHSt 49, 72 (76) = NJW 2004, 1605.
[93] *Rieß* NJW 1975, 83 Fn. 42; KK-StPO/*Senge* Rn. 29; SK/*Rogall* Rn. 83; aA HK-StPO/*Lemke* Rn. 28; KMR/*Neubeck* Rn. 26; Löwe/Rosenberg/*Dahs*, 25. Aufl., Rn. 33; *Meyer-Goßner* Rn. 20; offen gelassen von BGH v. 16. 4. 1991 – 5 StR 158/91, NStZ 1998, 398; BGH v. 23. 8. 1995 – 3 StR 163/95, NJW 1996, 206.
[94] OLG Düsseldorf v. 30. 4. 2001 – 2 Ws 71/01, NStZ-RR 2001, 303; KMR/*Neubeck* Rn. 26; *Meyer-Goßner* Rn. 20.

Antrag des vernehmenden Richters oder Staatsanwalts vom Familiengericht[95] ein **Ergänzungspfleger** zu bestellen (§ 1909 Abs. 1 S. 1 BGB).[96] Die Staatsanwaltschaft ist auch in den Fällen polizeilicher Vernehmungen für die Antragstellung zuständig.[97] Das Familiengericht ist an die Rechtsansicht des Antragstellers (auch der Staatsanwaltschaft) gebunden, dass dem Zeugen die notwendige Verstandesreife oder -kraft fehlt und dass der gesetzliche Vertreter ausgeschlossen ist.[98] Hingegen bindet die durch das Familiengericht angeordnete Pflegschaft ihrerseits die Strafgerichte und die Staatsanwaltschaft.[99] Die Bestellung wird von den Familiengerichten zutreffend davon abhängig gemacht, dass der Zeuge selbst zuvor seine Aussagebereitschaft erklärt hat.[100]

4. Verzicht auf das Weigerungsrecht (Abs. 3 S. 2). Der Zeuge kann ausdrücklich auf sein 21 Zeugnisverweigerungsrecht verzichten oder auch konkludent dadurch, dass er nach Belehrung aussagt.[101] Der gesetzliche Vertreter kann seinen Verzicht auch in der Weise erklären, dass er die Vernehmung des Zeugen widerspruchslos geschehen lässt.[102] Der Verzicht kann **jederzeit**, egal in welchem Verfahrensabschnitt, erklärt werden.[103] Für die Wirksamkeit des Verzichts ist es ohne Belang, wenn der Zeuge irrtümlich davon ausgeht, seine Aussage belaste den Beschuldigten nicht.[104] Möglich ist auch ein **Teilverzicht**, dh. der Zeuge kann – sofern das Beweisthema aufteilbar ist – teils aussagen und teils die Aussage verweigern.[105] Er muss dabei aber ausdrücklich erklären, zu welchen Punkten er aussagen will und zu welchen nicht; er darf nicht einzelne Punkte einfach verschweigen.[106] Über den **Umfang der Verwertbarkeit** seiner Aussage kann der Zeuge aber nicht bestimmen.[107]

5. Widerruf. Der Zeuge kann jederzeit den Verzicht auf sein Zeugnisverweigerungsrecht wider- 22 rufen, dh. er kann dies nicht nur für eine erneute Vernehmung tun, sondern auch **bis zur Beendigung** ein- und derselben Vernehmung die (weitere) Aussage verweigern.[108] Beendet ist die Vernehmung mit der Entscheidung über die Vereidigung; erfolgt diese unmittelbar im Anschluss an die Vernehmung, tritt die Beendigung erst mit der Eidesleistung ein.[109] Ein nach Beendigung erfolgter Widerruf ist wirkungslos. Die Vernehmung darf nach dem Widerruf nicht weiter fortgeführt werden. Eine Beeidigung der bis zum Widerruf getätigten Aussage durch den Zeugen ist ausgeschlossen.[110] Die Teilaussage bleibt aber **verwertbar**.[111] Für die Zustimmung des gesetzlichen Vertreters gelten diese Ausführungen entsprechend; so kann dieser etwa seine Einwilligung widerrufen, solange die Vernehmung noch nicht beendet ist.

V. Belehrung (Abs. 3 S. 1)

1. Zweck. Die nach Abs. 3 S. 1 vorgeschriebene Belehrung dient dazu, dem Zeugen eine hinrei- 23 chende Vorstellung von der Bedeutung des Zeugnisverweigerungsrechts zu vermitteln.[112] Daraus folgt, dass stets der **Zeuge selbst** zu belehren ist, dies auch dann, wenn er minderjährig oder aus sonstigen Gründen geschäftsunfähig ist.[113] In den Fällen des Abs. 2 ist daneben auch der gesetzli-

---

[95] Durch das Kindschaftsreformgesetz vom 1. 7. 1998 ist die Zuständigkeit von den Vormundschaftsgerichten auf die Familiengerichte übergegangen, vgl. OLG Zweibrücken v. 14. 6. 1999 – 3 W 132/99 = NJW-RR 2000, 1679.
[96] BGH v. 8. 12. 1958 – GSSt 3/58, BGHSt 12, 235 (241).
[97] KK-StPO/*Senge* Rn. 29.
[98] BayObLG v. 7. 8. 1997 – 1 Z BR 146/97, NJW 1998, 614 (615); OLG Stuttgart v. 26. 7. 1985 – 8 W 253/85, MDR 1986, 58; LG Memmingen v. 8. 10. 1981 – 4 T 1356/81, MDR 1982, 145; HK-StPO/*Lemke* Rn. 28; KMR/*Neubeck* Rn. 27; *Meyer-Goßner* Rn. 20; aA *Schaub* FamRZ 1966, (134) 136.
[99] BGH v. 1. 8. 1987 – 1 StR 658/86, NStZ 1988, 17.
[100] OLG Stuttgart v. 26. 7. 1985 – 8 W 253/85, MDR 1986, 58; LG Memmingen v. 8. 10. 1981 – 4 T 1356/81, MDR 1982, 145.
[101] RG v. 28. 1. 1881 – 3504/08, RGSt 3, 325; RG v. 19. 9. 1885 – 2128/85, RGSt 12, 403 (404); KK-StPO/*Senge* Rn. 40; KMR/*Neubeck* Rn. 28; Löwe/Rosenberg/*Dahs*, 25. Aufl., Rn. 35; *Meyer-Goßner* Rn. 21; aA SK/*Rogall* Rn. 60, der nur einen ausdrücklichen Verzicht für möglich hält.
[102] BGH v. 20. 9. 1996 – 2 StR 289/96, NStZ 1997, 145.
[103] BGH v. 21. 11. 1986 – 2 StR 473/86, StV 1987, 188; BGH v. 14. 11. 1991 – 1 StR 622/91, StV 1992, 97; BGH v. 22. 5. 2001 – 3 StR 130/01, StV 2002, 4.
[104] KG v. 29. 3. 1967 – I Ss 424/66, JR 1967, 347; SK/*Rogall* Rn. 61.
[105] BGH v. 28. 11. 1957 – 4 StR 180/57, BGH v. 10. 11. 1966 – 2 StR 272/66.
[106] BGH v. 11. 11. 1954 – 3 StR 422/54, BGHSt 7, 127 (128).
[107] BGH v. 2. 5. 1962 – 2 StR 132/62, BGHSt 17, 324 (328); BGH v. 28. 5. 2003 – 2 StR 445/02, BGHSt 48, 294.
[108] BGH v. 28. 4. 1961 – 4 StR 77/61, NJW 1961, 1484; BGH v. 12. 4. 1984 – 4 StR 229/84, NStZ 1985, 13.
[109] BGH v. 24. 10. 1955 – GSSt 1/55, BGHSt 8, 301 (306).
[110] BGH v. 9. 9. 1987 – 3 StR 307/87, NJW 1988, 716.
[111] BGH v. 15. 1. 1952 – 1 StR 341/51, BGHSt 2, 99 (107); BGH v. 9. 9. 1987 – 3 StR 307/87, NJW 1988, 716; BGH v. 28. 1. 2004 – 2 StR 452/03, NJW 2004, 1466 (1467); KK-StPO/*Senge* Rn. 42; KMR/*Neubeck* Rn. 29; Löwe/Rosenberg/*Dahs*, 25. Aufl., Rn. 36; SK/*Rogall* Rn. 64; aA *Geppert* Jura 1991, 132 (134); *Rengier* NStZ 1998, 47 (48).
[112] BGH v. 1. 6. 1956 – 2 StR 27/56, BGHSt 9, 195 (197); BGH v. 29. 6. 1983 – 2 StR 150/83, BGHSt 32, 25 (32) = NJW 1984, 621; BGH v. 28. 6. 1984 – 4 StR 243/84, NStZ 1984, 470 mAnm *Peters* StV 1984, 406; *Hanack* JR 1981, 433 (434); aA SK/*Rogall* Rn. 66.
[113] BGH v. 11. 11. 1959 – 2 StR 471/59, BGHSt 14, 21 (24); BGH v. 16. 4. 1991 – 5 StR 158/91, NStZ 1991, 398; BGH v. 15. 7. 1998 – 1 StR 234/98, NStZ 1999, 91.

che **Vertreter** zu belehren. In dieser Konstellation ist zudem die Belehrung des Zeugen dahingehend zu erweitern, dass ihn die Zustimmung seines Vertreters nicht zur Aussage verpflichtet.[114] Ist der Zeuge infolge seines geistig-seelischen Zustands nicht in der Lage, diesen Hinweis zu verstehen, will aber gleichwohl aussagen, so ist die Zustimmung des gesetzlichen Vertreters ausreichend.[115]

24 **2. Belehrungspflichtige Stellen.** Die Belehrungspflicht ist durch die Strafverfolgungsorgane zu erfüllen. Sie darf nicht (privaten) Dritten oder anderen Verfahrensbeteiligten überlassen oder auf solche übertragen werden.[116] Insbesondere ist es unzulässig, einen **Sachverständigen** mit der Belehrung zu beauftragen.[117] Zu belehren hat der jeweils Vernehmende, dh. bei polizeilichen Vernehmungen der Polizeibeamte (§ 163 Abs. 3 S. 1), bei staatsanwaltschaftlichen Vernehmungen der Staatsanwalt (§ 161a Abs. 1 S. 2), im Übrigen der **Richter**, bei Kollegialgerichten stets der Vorsitzende.[118] Auch bei Befragungen von Zeugen durch einen **Verteidiger** im Rahmen eigener Erhebungen sollte eine Belehrung iS von Abs. 3 S. 1 erfolgen.[119]

25 **3. Zeitpunkt.** Die Belehrung muss **vor jeder Vernehmung** des Zeugen erfolgen und zwar vor Vernehmung zur Sache (§ 69).[120] Eine (allgemein gehaltene) Belehrung vor Vernehmung zur Person (§ 68) ist zwar unzweckmäßig, da diese gerade auch ein mögliches Zeugnisverweigerungsrecht aufdecken soll, idR aber unschädlich.[121] Eine solche Belehrung ist aber dann unzureichend, wenn der Zeuge irrtümlich davon ausgeht, er sei mit dem Beschuldigten nicht verwandt oder verschwägert.[122] Die Belehrung ist auch dann nicht entbehrlich, wenn der Zeuge bereits bei **früheren Vernehmungen** belehrt worden war,[123] selbst wenn er bei dieser Gelegenheit auf sein Weigerungsrecht verzichtet hatte.[124] Ausnahmsweise ist eine erneute Belehrung aber verzichtbar, etwa wenn ein Zeuge am selben (oder einem kurze Zeit später stattfindenden) Verhandlungstag nochmals ergänzend vernommen wird,[125] da dann aus der Sicht des Zeugen kein Anlass zu der Annahme besteht, die Vernehmung sei bereits abgeschlossen.[126] Wird erst **nach Beginn der Vernehmung** erkannt, dass dem Zeugen ein Zeugnisverweigerungsrecht zusteht, so ist die Belehrung sofort nachzuholen.[127]

26 **4. Durchführung.** Die Art und Weise der Belehrung, ebenso wie deren Umfang, stehen im Ermessen des Belehrenden.[128] Sie muss mündlich erfolgen, **verständlich und eindeutig** sein und dem Zeugen die Bedeutung des Zeugnisverweigerungsrechts so begreiflich machen, dass er das Für und Wider seiner Entscheidung abwägen kann.[129] Nach diesen Grundsätzen genügt es zB nicht, wenn der Zeuge nach Feststellung des Angehörigenverhältnisses nur gefragt wird, ob er aussagen wolle.[130] **Nicht belehrt** muss darüber werden, dass die einmal getroffene Entscheidung über das Aussageverhalten widerrufen werden kann,[131] oder dass die (richterliche) Aussage auch dann verwertet werden kann, wenn der Zeuge in einer späteren Hauptverhandlung die Aussage verweigert.[132] Er-

---

[114] BGH v. 19. 9. 1967 – 5 StR 456/67, BGHSt 21, 303 = NJW 1967, 2273; BGH v. 19. 8. 1983 – 1 StR 445/83, NStZ 1984, 43; BGH v. 16. 4. 1991 – 5 StR 158/91, NStZ 1991, 398; BGH v. 8. 11. 1995 – 2 StR 531/95, NStZ-RR 1996, 106.
[115] BGH v. 22. 1. 1991 – 1 StR 624/90, NJW 1991, 2432.
[116] BGH v. 1. 6. 1956 – 2 StR 27/56, BGHSt 9, 195 (197).
[117] BGH v. 22. 1. 1991 – 1 StR 624/90, NJW 1991, 2432; BGH v. 23. 8. 1995 – 3 StR 163/95, NJW 1996, 206; BGH v. 4. 12. 1996 – 2 StR 430/96, NStZ 1997, 349 (350); wohl aA BGH v. 23. 8. 1988 – 5 StR 211/88, StV 1988, 419.
[118] BGH v. 1. 6. 1956 – 2 StR 27/56, BGHSt 9, 195 (196 f.); BGH v. 28. 6. 1984 – 4 StR 243/84, NStZ 1984, 470.
[119] *Leipold*, StraFo 1998, 79.
[120] BGH v. 28. 6. 1984 – 4 StR 243/84, NStZ 1984, 470.
[121] BGH v. 28. 6. 1984 – 4 StR 243/84, NStZ 1984, 470; aA *Peters* StV 1984, 406; *Sieg* StV 1985, 130.
[122] BGH v. 3. 5. 2006 – 4 StR 40/06, NStZ 2006, 647.
[123] BGH v. 21. 4. 1986 – 2 StR 731/85, NJW 1986, 2121 (2122).
[124] BGH v. 14. 10. 1959 – 2 StR 249/59, BGHSt 13, 394 (399); BGH v. 30. 3. 1984 – 2 StR 132/84, NStZ 1984, 418.
[125] BGH v. 30. 4. 1975 – 1 StR 78/75; BGH v. 15. 4. 1987 – 3 StR 138/87, NStZ 1987, 373; RG v. 17. 8. 1885 – 2128/85, RGSt 12, 403 (406).
[126] BGH v. 30. 3. 1984 – 2 StR 132/84, NStZ 1984, 418; BGH v. 15. 4. 1987 – 3 StR 138/87, NStZ 1987, 373.
[127] RG v. 16. 4. 1894 – 1260/94, RGSt 25, 262; KK-StPO/*Senge* Rn. 31; KMR/*Neubeck* Rn. 32; Löwe/Rosenberg/*Dahs*, 25. Aufl., Rn. 48.
[128] BGH v. 8. 4. 1954 – 3 StR 725/53, BGHSt 6, 279 (280); BGH v. 15. 11. 1994 – 1 StR 461/94, BGHSt 40, 336 (339) = NJW 1995, 1501 (1503).
[129] BGH v. 1. 6. 1956 – 2 StR 27/56, BGHSt 9, 195 (197); BGH v. 29. 6. 1983 – 2 StR 150/83, BGHSt 32, 25 (32) = NJW 1984, 621 (622); BGH v. 3. 5. 2006 – 4 StR 40/06, NStZ 2006, 647; aA SK/*Rogall* Rn. 72.
[130] KK-StPO/*Senge* Rn. 33; KMR/*Neubeck* Rn. 33; Löwe/Rosenberg/*Dahs*, 25. Aufl., Rn. 49; SK/*Rogall* Rn. 72.
[131] BGH v. 11. 10. 1968 – 1 StR 367/68, MDR 1969, 194; BGH v. 28. 11. 1972 – 1 StR 457/72.
[132] BGH 29. 6. 1983 – 2 StR 150/83, BGHSt 32, 25 (32) = NJW 1984, 621 (622); BGH v. 30. 8. 1984 – 4 StR 475/84, NStZ 1985, 36.

klärt ein Zeuge glaubhaft, er kenne sein Zeugnisverweigerungsrecht, kann die Belehrung unterbleiben,[133] jedenfalls ist ihr Fehlen dann unschädlich.[134] Unzulässig sind **Einwirkungen auf die Entschließungsfreiheit** des Zeugen.[135] Eine unzulässige Einwirkung ist nicht erst in einer Fallgestaltung der §§ 69 Abs. 3, 136a Abs. 1 anzunehmen, sie kann etwa schon dann vorliegen, wenn der Zeuge darauf hingewiesen wird, seine Aussage könne möglicherweise für den Beschuldigten hilfreiche Erkenntnisse liefern.[136] Zulässig ist es aber, den Zeugen über Rechtstatsachen (etwa über die Verwertbarkeit seiner früheren richterlichen Aussage) zu unterrichten, die die erforderliche Grundlage seiner freien und unbeeinflussten Entscheidung liefern können.[137]

5. Nachholung. Eine unterbliebene Belehrung kann **bis zum Urteilserlass** nachgeholt werden.[138] 27
Die Nachholung allein genügt allerdings nicht; vielmehr muss der Zeuge daraufhin erklären, dass er auch bei rechtzeitiger Belehrung von seinem Zeugnisverweigerungsrecht keinen Gebrauch gemacht hätte.[139] Im Hinblick auf die zu gewährleistende Entschließungsfreiheit des Zeugen erscheint es zumindest empfehlenswert, in die nachträgliche Belehrung den Hinweis auf die Unverwertbarkeit der getätigten Aussage bei nunmehriger Zeugnisverweigerung aufzunehmen.[140] Die Nachholung ist auch erforderlich, wenn der Zeuge zunächst nur nach § 55 Abs. 2 belehrt wurde. Diese Belehrung kann die nach Abs. 3 S. 1 nicht ersetzen.[141] Ist die Belehrung ordnungsgemäß nachgeholt worden, muss die Zeugenaussage nicht wiederholt werden.[142] Ist dagegen eine **Nachholung unmöglich**, etwa weil der Zeuge die erforderliche Erklärung nicht abgibt, verstorben oder unauffindbar ist, kann der prozessuale Mangel nicht geheilt werden, so dass die ohne Belehrung getätigte Aussage unverwertbar ist. Dies ist im Urteil ausdrücklich festzustellen.[143] Diese Grundsätze gelten für die fehlende Belehrung des gesetzlichen Vertreters in den Fällen des Abs. 2 entsprechend.[144] Allerdings kann die Zustimmung des gesetzlichen Vertreters dann nicht mehr rechtswirksam nachgeholt werden, wenn der Zeuge, der zunächst ohne Zustimmung ausgesagt hat, zwischenzeitlich die Aussage verweigert.[145]

6. Protokollierung. Die Belehrung des Zeugen und des gesetzlichen Vertreters sind wesentliche 28
Förmlichkeiten, die **protokollierungspflichtig** sind (§§ 168a Abs. 1, 273 Abs. 1). Auch die auf die Belehrung hin abgegebene Erklärung des Zeugen, ob er aussagen möchte oder nicht, ist in das Protokoll aufzunehmen.[146] Ein Protokollvermerk wie „Bruder des Nebenklägers, Schwager des Angeklagten, belehrt, aussagebereit" genügt diesen Anforderungen,[147] der bloße Vermerk „zum Zeugnis bereit" hingegen nicht.[148] In Bezug auf die Frage, ob eine Belehrung erfolgt ist oder nicht, besitzt das Hauptverhandlungsprotokoll ausschließliche – positive wie negative – **Beweiskraft** (§ 274).[149] Protokollen über richterliche Vernehmungen außerhalb der Hauptverhandlung und staatsanwaltschaftlichen Vernehmungsprotokollen kommt diese Beweiskraft hingegen nicht zu (§§ 168a Abs. 4 S. 4, 168b Abs. 2).[150]

7. Verwertungsverbot. Ist eine erforderliche Belehrung unterblieben und dieser Verfahrensman- 29
gel auch nicht nachträglich geheilt worden,[151] darf die Aussage des Zeugen nicht verwertet wer-

---

[133] KK-StPO/*Senge* Rn. 33.
[134] HK-StPO/*Lemke* Rn. 34.
[135] BGH v. 9. 2. 1951 – 3 StR 48/50, BGHSt 1, 34 (37); BGH v. 1. 6. 1956 – 2 StR 27/56, BGHSt 9, 195 (197); BGH v. 2. 2. 1966 – 2 StR 471/65, BGHSt 21, 12 (13) = NJW 1966, 742; BGH v. 6. 6. 1989 – 5 StR 99/89, NJW 1989, 2403.
[136] BGH v. 9. 2. 1951 – 3 StR 48/50, BGHSt 1, 34 (37); AK/*Kühne* Rn. 18.
[137] BGH v. 2. 2. 1966 – 2 StR 471/65, BGHSt 21, 12 (13) = NJW 1966, 742; BGH v. 30. 6. 1988 – 1 StR 150/88, NStZ 1988, 561 (562).
[138] BGH v. 22. 6. 1989 – 1 StR 231/89, NStZ 1989, 484.
[139] BGH v. 8. 12. 1958 – GSSt 3/58, BGHSt 12, 235 (242); BGH v. 6. 7. 1965 – 5 StR 229/65, BGHSt 20, 234 = NJW 1965, 1870; BGH v. 23. 8. 1995 – 3 StR 163/95, NJW 1996, 206 mAnm *Wohlers* StV 1996, 192; RG v. 16. 4. 1894 – 1260/94, RGSt 25, 262 (263).
[140] *Meyer-Goßner* Rn. 31; nach SK/*Rogall* Rn. 71 ist eine solche „qualifizierte Belehrung" sogar notwendig.
[141] BGH v. 20. 6. 1979 – 2 StR 63/79, BGHSt 29, 23 = NJW 1980, 67; BGH v. 21. 5. 1982 – 2 StR 248/82, NStZ 1982, 389; BGH v. 10. 1. 1984 – 5 StR 732/83, NStZ 1984, 176.
[142] KK-StPO/*Senge* Rn. 36; KMR/*Neubeck* Rn. 35; Löwe/Rosenberg/*Dahs*, 25. Aufl., Rn. 53. Hingegen halten RG v. 16. 4. 1894 – 1260/94, RGSt 25, 262 (264) und SK/*Rogall* Rn. 71 eine erneute Vernehmung für empfehlenswert.
[143] BGH v. 14. 10. 1959 – 2 StR 249/59, BGHSt 13, 394 (399).
[144] KK-StPO/*Senge* Rn. 36; KMR/*Neubeck* Rn. 35; Löwe/Rosenberg/*Dahs*, 25. Aufl., Rn. 53; *Meyer-Goßner* Rn. 31.
[145] BGH v. 27. 1. 1970 – 1 StR 591/69, BGHSt 23, 221 = NJW 1970, 766; HK-StPO/*Lemke* Rn. 35.
[146] KMR/*Neubeck* Rn. 36; Löwe/Rosenberg/*Dahs*, 25. Aufl., Rn. 52; *Meyer-Goßner* Rn. 30; SK/*Rogall* Rn. 73.
[147] KK-StPO/*Senge* Rn. 38.
[148] KK-StPO/*Senge* Rn. 38; Löwe/Rosenberg/*Dahs*, 25. Aufl., Rn. 52; *Pfeiffer* Rn. 7.
[149] BGH v. 1. 3. 2004 – 5 StR 53/04, NStZ-RR 2004, 212.
[150] BGH v. 17. 2. 1976 – 1 StR 863/75, BGHSt 26, 281; BGH v. 8. 3. 1979 – 4 StR 634/78, NJW 1979, 1722; KK-StPO/*Senge* Rn. 38; KMR/*Neubeck* Rn. 36.
[151] S. o. Rn. 27.

den. Es besteht ein **Verlesungs- und Verwertungsverbot** im Umfang des § 252.[152] Auf die Gründe, aus denen die Belehrung unterblieben ist, insbesondere ein Verschulden des Gerichts, kommt es nicht an.[153] Dies gilt allerdings dann nicht, wenn der Zeuge auf Befragen sein Angehörigenverhältnis bewusst verschweigt.[154] Diese Grundsätze gelten auch für den Fall der fehlenden Zustimmung des gesetzlichen Vertreters.[155] Das **Verwertungsverbot entfällt**, wenn feststeht, dass der Zeuge sein Zeugnisverweigerungsrecht gekannt hat und auch nach Belehrung ausgesagt hätte.[156] Allerdings kann aus dem Umstand, dass der Zeuge bei der Polizei nach Belehrung ausgesagt hat, weder geschlossen werden, dass ihm sein Zeugnisverweigerungsrecht auch in der Hauptverhandlung bekannt war, noch, dass er nach Belehrung erneut zur Aussage bereit gewesen wäre.[157] Erklärt sich ein Zeuge in der Hauptverhandlung nach Belehrung aussagebereit, so dürfen ihm auch **Vorhalte aus früheren Vernehmungen** gemacht werden, bei denen die erforderlichen Belehrungen unterblieben waren.[158] Eine Verlesung der Vernehmungsniederschrift nach § 253 ist in diesem Fall zulässig.[159] Ist der Zeuge vor der Hauptverhandlung verstorben, darf die Niederschrift über seine Vernehmung nach § 251 Abs. 1 Nr. 2 auch dann verlesen werden, wenn damals die notwendige Belehrung unterblieben war.[160] Gleiches gilt, wenn der Aufenthalt des Zeugen nicht mehr ermittelt werden kann.[161] Der Verstoß gegen die Belehrungspflicht zieht **keine Fernwirkung** nach sich, dh. Beweismittel oder Erkenntnisse, die aufgrund einer solchen Aussage ohne Belehrung gewonnen werden, sind verwertbar.[162]

VI. Folgen der berechtigten Zeugnisverweigerung

1. Wegfall des Beweismittels. Verweigert ein Zeuge berechtigt die Aussage, scheidet er als „Zeugen-Beweismittel" aus.[163] Durch die Weigerung wird eine weitere **Vernehmung** des Zeugen unzulässig. Der Zeuge darf daher – selbstverständlich – nicht mit Ordnungs- und Zwangsmitteln nach § 70 zur Aussage gezwungen werden.[164] Der Richter verletzt folglich seine **Aufklärungspflicht** aus § 244 Abs. 2 nicht, wenn er auf das Erscheinen eines Zeugen – bei dem kein Motivirrtum anzunehmen ist – verzichtet, der auf die schriftliche Ladung hin mitteilt, er werde von seinem Zeugnisverweigerungsrecht Gebrauch machen.[165] Er ist auch nicht verpflichtet, den Zeugen zu vernehmen, wenn er später in der Hauptverhandlung erscheint, sofern keine Anhaltspunkte für einen Sinneswandel vorliegen.[166] Versagt ein gesetzlicher Vertreter bei einem Verstandesunreifen die Zustimmung nach Abs. 2, darf das Verfahren nicht nach § 205 vorläufig eingestellt werden, bis der Zeuge die notwendige Verstandesreife erlangt.[167] Nicht ausgeschlossen ist es aber, den verweigernden Zeugen als **Augenscheinsobjekt** zum Gegenstand der Beweisaufnahme zu machen.[168]

2. Beweisantragsrecht. Nach berechtigter Zeugnisverweigerung ist ein Beweisantrag auf Vernehmung des Zeugen abzulehnen. Richtiger Weise dürfte in diesem Fall eine **Unzulässigkeit der**

---

[152] BGH v. 2. 3. 1960 – 2 StR 44/60, BGHSt 14, 159 (160) = NJW 1960, 1396; BGH v. 27. 1. 1970 – 1 StR 591/69, BGHSt 23, 221 (223) = NJW 1970, 766; HK-StPO/*Lemke* Rn. 38; KMR/*Neubeck* Rn. 37; Löwe/Rosenberg/*Dahs*, 25. Aufl., Rn. 54; *Meyer-Goßner* Rn. 32; *Pfeiffer* Rn. 8; SK/*Rogall* Rn. 85.
[153] BGH v. 15. 12. 1987 – 5 StR 649/87, StV 1988, 89 (90); BGH v. 28. 5. 2003 – 2 StR 445/02, BGHSt 48, 294 (300) = NJW 2003, 2619; KK-StPO/*Senge* Rn. 39; KMR/*Neubeck* Rn. 37; SK/*Rogall* Rn. 85.
[154] OLG Oldenburg v. 7. 3. 1967 – 1 Ss 43/67, NJW 1967, 1872; KK-StPO/*Senge* Rn. 39; diff. SK/*Rogall* Rn. 85: Verwertungsverbot, wenn der Beschuldigte vom Verschweigen keine Kenntnis hatte, offengelassen von BGH v. 28. 5. 2003 – 2 StR 445/02, BGHSt 48, 294 (300) = NJW 2003, 2619.
[155] BGH v. 8. 12. 1958 – GSSt 3/58, BGHSt 12, 235 (243); BGH v. 2. 3. 1960 – 2 StR 44/60, BGHSt 14, 159 (160) = NJW 1960, 1396.
[156] BGH v. 15. 11. 1994 – 1 StR 461/94, BGHSt 40, 336 (339) = NJW 1995, 1501, mAnm *Eisenberg* StV 1995, 625; BGH v. 4. 2. 1998 – 2 StR 605/97, NStZ-RR 1999, 49.
[157] BGH v. 1. 3. 2004 – 5 StR 53/04, NStZ-RR 2004, 212; BGH v. 1. 4. 2004 – 3 StR 87/04, StraFo 2004, 238.
[158] BGH v. 28. 5. 2003 – 2 StR 445/02, BGHSt 48, 294 = NJW 2003, 2619; BGH v. 8. 8. 2006 – 3 StR 212/06, StraFo 2006, 492; HK-StPO/*Lemke* Rn. 38; KK-StPO/*Senge* Rn. 39; KMR/*Neubeck* Rn. 37; Löwe/Rosenberg/*Dahs*, 25. Aufl., Rn. 54; *Meyer-Goßner* Rn. 32; aA SK/*Rogall* Rn. 86.
[159] KMR/*Neubeck* Rn. 37; Löwe/Rosenberg/*Dahs*, 25. Aufl., Rn. 54.
[160] BGH v. 5. 1. 1968 – 4 StR 425/67, BGHSt 22, 35 = NJW 1968, 559; KMR/*Neubeck* Rn. 37; Löwe/Rosenberg/*Dahs*, 25. Aufl., Rn. 54; *Meyer-Goßner* Rn. 32; *Pfeiffer* Rn. 8; aA HK-StPO/*Lemke* Rn. 38; SK/*Rogall* Rn. 87.
[161] BGH v. 11. 4. 1973 – 2 StR 42/73, BGHSt 25, 176 = NJW 1973, 1139; KMR/*Neubeck* Rn. 37; Löwe/Rosenberg/*Dahs*, 25. Aufl., Rn. 54; *Meyer-Goßner* Rn. 32; aA SK/*Rogall* Rn. 88.
[162] OLG Köln v. 10. 11. 2000 – Ss 462/00, NZV 2001, 137; KK-StPO/*Senge* Rn. 39; KMR/*Neubeck* Rn. 37; Löwe/Rosenberg/*Dahs*, 25. Aufl., Rn. 54; *Meyer-Goßner* Rn. 32.
[163] KK-StPO/*Senge* Rn. 43; KMR/*Neubeck* Rn. 38; *Pfeiffer* Rn. 8.
[164] KMR/*Neubeck* Rn. 39; *Meyer-Goßner* Rn. 23; SK/*Rogall* Rn. 57.
[165] BGH v. 2. 2. 1966 – 2 StR 471/65, BGHSt 21, 12 (13) = NJW 1966, 742 mAnm *Seydel*.
[166] BGH v. 24. 6. 1955 – 1 StR 107/55.
[167] OLG Stuttgart v. 12. 6. 2001 – 1 Ws 101/01, Justiz 2001, 552.
[168] BGH v. 15. 6. 2004 – 1 StR 80/04, NStZ-RR 2005, 257; OLG Hamm v. 25. 7. 1974 – 3 Ss Owi 586/74, MDR 1974, 1036; KMR/*Neubeck* Rn. 38; Löwe/Rosenberg/*Dahs*, 25. Aufl., Rn. 39; *Meyer-Goßner* Rn. 23; aA SK/*Rogall* Rn. 58.

Beweiserhebung anzunehmen sein, § 244 Abs. 3 S. 1.[169] Die wohl hM in der Rspr. geht hingegen von einer Ungeeignetheit des Beweismittels aus.[170] Im Ergebnis dürfte die Streitfrage aber keine praktische Bedeutung haben. Eine erneute Beweiserhebung ist aber nur bei unveränderter Prozesslage und weiterhin fehlender Aussagbereitschaft ausgeschlossen. Trägt daher ein Beweisantragsteller im Einzelnen vor, dass der Zeuge nunmehr aussagebereit,[171] oder bei seiner Weigerung von irrigen Vorstellungen ausgegangen sei,[172] kann der Antrag jedenfalls nicht als unzulässig zurückgewiesen werden. Eine **veränderte Prozesslage** liegt insbesondere vor, wenn der Angeklagte in erster Instanz, in der der Zeuge das Zeugnis verweigert hat, verurteilt worden ist, und der Zeuge nunmehr in der Berufungsinstanz vernommen werden soll.[173]

3. Verwertungsverbot. Bei berechtigter Zeugnisverweigerung folgt für alle früheren Vernehmungen des Zeugen ein Verwertungsverbot nach Maßgabe des § 252. Dieses Verbot umfasst auch **Vernehmungen außerhalb des anhängigen Strafverfahrens**, etwa in einem Zivilrechtsstreit oder einem Verfahren der freiwilligen Gerichtsbarkeit.[174] Solche Vernehmungen dürfen nicht in die Hauptverhandlung eingeführt werden, sei es durch Verlesung der Vernehmungsniederschrift, sei es durch Befragung des Vernehmungsbeamten.[175] Auch Angaben, die ein Zeuge gegenüber einem Verteidiger im Rahmen von dessen eigenen Erhebungen gemacht hat, unterliegen in entsprechender Anwendung des § 252 dem Verwertungsverbot.[176] Auch erfasst werden **vernehmungsähnliche Situationen** und informatorische Befragungen durch Ermittlungsbeamte und Sachverständige unabhängig von Anlass, Zweck oder Form dieser Befragungen.[177] Nicht erfasst sind hingegen Äußerungen des Zeugen **außerhalb von Vernehmungen**,[178] wozu auch Äußerungen des Zeugen gehören, die er gegenüber dem Beschuldigten in einem nach § 100a abgehörten Telefonat gemacht hat.[179] Das Verwertungsverbot steht zur **Disposition des Zeugen**, dh. die Geltendmachung des Zeugnisverweigerungsrechts (nach ordnungsgemäßer Belehrung) hindert ihn nicht, der Verwertung einer früheren (auch nichtrichterlichen) Vernehmung zuzustimmen.[180] Auf diese Befugnis darf der Zeuge, allerdings ohne dass unzulässig auf seine Entschließungsfreiheit eingewirkt wird,[181] durch das Gericht hingewiesen werden. Unter Umständen ist der Hinweis sogar durch die gerichtliche Aufklärungspflicht geboten.[182] Hat der Zeuge nach ordnungsgemäßer **Belehrung durch einen Richter** über sein strafprozessuales Weigerungsrecht vor diesem ausgesagt, kann der Inhalt seiner Aussage trotz späterer Zeugnisverweigerung durch Vernehmung dieses Richters in den Prozess eingeführt werden, ohne dass es eines Einverständnisses des Zeugen bedarf.[183]

4. Beweiswürdigung. Aus der **berechtigten Weigerung** eines Zeugen, zur Sache auszusagen, dürfen keine Schlüsse zum Nachteil des Angeklagten gezogen werden.[184] Insbesondere darf aus der Zeugnisverweigerung nicht der (ohnehin nicht zwingende) Schluss gezogen werden, der Zeuge sage nur deshalb nicht aus, weil er den Angeklagten nicht belasten wolle.[185] Eine solche Vorgehensweise würde zu einer nahezu vollständigen Entwertung des Zeugnisverweigerungsrechts führen, weil der Angehörige stets damit rechnen müsste, das Gericht werde sein Schweigen zum

---
[169] RG v. 19. 12. 1905 – 1605/05, RGSt 38, 256 (257); RG v. 2. 1. 1908 – III 982/07, RGSt 41, 32; Löwe/Rosenberg/*Dahs*, 25. Aufl., Rn. 41; *Meyer-Goßner* Rn. 24; SK/*Rogall* Rn. 57.
[170] BGH v. 2. 2. 1966 – 2 StR 471/65, BGHSt 21, 12 (13) = NJW 1966, 742 mAnm *Seydel*; BGH v. 22. 12. 1981 – 5 StR 662/81, NStZ 1982, 126; offen gelassen v. BayObLG v. 23. 3. 1967 – 1 a St 52/67, JR 1967, 346.
[171] Löwe/Rosenberg/*Dahs*, 25. Aufl., Rn. 41; SK/*Rogall* Rn. 57.
[172] BGH v. 2. 2. 1966 – 2 StR 471/65, BGHSt 21, 12 (13) = NJW 1966, 742 mAnm *Seydel*; BGH v. 22. 12. 1981 – 5 StR 662/81, NStZ 1982, 126.
[173] BayObLG v. 23. 3. 1967 – 1 a St 52/67, JR 1967, 346.
[174] BGH v. 2. 5. 1962 – 2 StR 132/62, BGHSt 17, 324 (327); BGH v. 20. 3. 1990 – 1 StR 639/89, BGHSt 36, 384 = NJW 1990, 349; BGH v. 3. 3. 1998 – 3 StR 686/97, NJW 1998, 2229. Zum Vernehmungsbegriff vgl. BGH v. 21. 7. 1994 – 1 StR 83/94, BGHSt 40, 211 (213) = NJW 1994, 2904.
[175] Ständige Rspr., BGH v. 15. 1. 1952 – 1 StR 341/51, BGHSt 2, 99; BGH v. 21. 7. 1994 – 1 StR 83/94, BGHSt 40, 211 (213) = NJW 1994, 2904.
[176] BGH v. 10. 2. 2000 – 4 StR 616/99, BGHSt 46, 1 = NJW 2000, 1277 mAnm *Fezer* JR 2000, 341; *Schittenhelm* NStZ 2001, 50; *Volk* JuS 2001, 130.
[177] BGH v. 25. 3. 1980 – 5 StR 36/80, BGHSt 29, 230 = NJW 1980, 1533; BGH v. 3. 11. 2000 – 2 StR 354/00, BGHSt 46, 190 = NStZ 2001, 528.
[178] BGH v. 21. 7. 1994 – 1 StR 83/94, BGHSt 40, 211 (213) = NJW 1994, 2904 mAnm *Schlüchter* NStZ 1995, 354; *Gusy* StV 1995, 449; *Widmaier* StV 1995, 621.
[179] BGH v. 9. 7. 2002 – 1 StR 177/02, NStZ-RR 2003, 290.
[180] BGH v. 23. 9. 1999 – 4 StR 189/99, BGHSt 45, 203 = NJW 2000, 596; BGH v. 29. 1. 2008 – 4 StR 449/07, NStZ 2008, 293; *Ranft* NJW 2001, 1305; KK-StPO/*Senge* Rn. 43 a.
[181] S. o. Rn. 26.
[182] KK-StPO/*Senge* Rn. 43 a.
[183] BGH v. 11. 12. 1993 – 1 StR 419/92, NStZ 1993, 294; BGH v. 25. 3. 1998 – 3 StR 686/97, NJW 1998, 2229.
[184] BGH v. 26. 10. 1983 – 3 StR 251/83, BGHSt 32, 140 (141) = NJW 1984, 1829; BGH v. 23. 5. 2000 – 5 StR 142/00, NStZ 2000, 546; AK/*Kühne* Rn. 19; KK-StPO/*Senge* Rn. 45; Löwe/Rosenberg/*Dahs*, 25. Aufl., Rn. 41; SK/*Rogall* Rn. 59.
[185] BGH v. 12. 7. 1979 – 4 StR 291/79, NJW 1980, 794.

Nachteil des Angeklagten werten.[186] Dieses Verbot, aus dem Schweigen Schlussfolgerungen zu ziehen, gilt auch, wenn sich der Zeuge erst im Berufungsverfahren auf sein Zeugnisverweigerungsrecht beruft, nachdem er in der ersten Instanz noch ausgesagt hatte,[187] der Zeuge in sonstigen Konstellationen zunächst geschwiegen hatte und später doch noch aussagt[188] oder er nur Angaben macht, die für die Tatfrage ohne Bedeutung sind, und sich im Übrigen auf sein Verweigerungsrecht beruft.[189] Aus einem **Teilschweigen** des Zeugen dürfen im Rahmen der Beweiswürdigung jedoch Schlüsse gezogen werden, also dann, wenn der Zeuge, der sich für den Verzicht auf sein Zeugnisverweigerungsrecht entschieden hat, lediglich die Beantwortung einzelner Fragen verweigert.[190] Gleichfalls der Beweiswürdigung zugänglich ist die **unberechtigte Zeugnisverweigerung**.[191]

VII. Revision

34 **1. Unterlassene Belehrung.** Das Unterlassen einer nach Abs. 3 S. 1 erforderlichen Belehrung kann mit der Verfahrensrüge neben dem Angeklagten auch ein **Mitangeklagter** rügen, der zum Zeugen nicht in einem Angehörigenverhältnis steht, wenn die Aussage auch zu seinen Lasten verwertet worden ist.[192] Der **Nebenkläger** kann hingegen eine unterlassene Belehrung nicht erfolgreich rügen.[193] Die Rüge greift in der Sache durch, wenn die Belehrung des Zeugen oder des gesetzlichen Vertreters unterblieben ist, der Zeuge ausgesagt hat und das Urteil auf der Aussage beruht, § 337.[194] Das **Beruhen** des Urteils auf dem Verfahrensverstoß ist aber dann ausgeschlossen, wenn der Mangel rechtzeitig geheilt wurde,[195] der Zeuge (oder gesetzliche Vertreter) seine Rechte gekannt hat,[196] oder sicher feststeht, dass er auch nach Belehrung ausgesagt hätte.[197]

35 **2. Unrichtige Belehrung.** Mit der Verfahrensrüge kann auch beanstandet werden, dass eine unrichtige Belehrung erteilt wurde. Wurde der Zeuge fälschlich über ein ihm tatsächlich nicht zustehendes Zeugnisverweigerungsrecht belehrt und verweigert er daraufhin das Zeugnis, liegt bei einem präsenten Zeugen ein Verstoß gegen § 245 vor,[198] ansonsten eine Verletzung der Aufklärungspflicht, § 244 Abs. 2.[199] Sagt der Zeuge aber auf diese unrichtige Belehrung hin aus, so ist der Verfahrensfehler regelmäßig unschädlich.[200]

36 **3. Unterlassene Erholung der Zustimmung des gesetzlichen Vertreters.** Die Revision kann auch darauf gestützt werden, dass der Richter die Frage nicht geprüft hat, ob eine Zustimmung des gesetzlichen Vertreters nach Abs. 2 erforderlich ist.[201] Ist diese Prüfung durch den Tatrichter hingegen erfolgt, so wird diese durch das Revisionsgericht nur auf Rechtsfehler hin geprüft: Die Ermessensentscheidung des Tatrichters, ob dem Zeugen die erforderliche Verstandesreife oder -kraft fehlt, ist der revisionsrechtlichen Kontrolle entzogen.[202]

37 **4. Sachrüge.** Ein weiterer revisibler Rechtsfehler liegt vor, wenn das Gericht gegen das Verbot verstößt, aus der berechtigten Zeugnisverweigerung Schlüsse zu ziehen: So kann die Unglaubwürdigkeit eines zur Verweigerung des Zeugnisses berechtigten Zeugen nicht daraus hergeleitet werden, dass dieser im Ermittlungsverfahren geschwiegen und erst in der Hauptverhandlung sei-

---

[186] BGH v. 10. 3. 1998 – 1 StR 12/98, NStZ-RR 1998, 277.
[187] BayObLG v. 20. 9. 1968 – 1a St 319/68, NJW 1969, 200.
[188] BGH v. 12. 7. 1979 – 4 StR 291/79, NJW 1980, 794; BGH v. 2. 3. 1989 – 2 StR 590/88, NStZ 1989, 281; BGH v. 13. 8. 1992 – 1 StR 478/92, StV 1993, 61.
[189] BGH v. 22. 10. 1980 – 2 StR 612/80, JR 1981, 432.
[190] BGH v. 26. 10. 1983 – 3 StR 251/83, BGHSt 32, 140 (142) = NJW 1984, 1829; BGH v. 2. 4. 1987 – 4 StR 46/87, BGHSt 34, 324 = NJW 1987, 2027; AK/*Kühne* Rn. 20; Löwe/Rosenberg/*Dahs*, 25. Aufl., Rn. 41; aA SK/*Rogall* Rn. 59.
[191] BGH v. 9. 11. 1965 – 1 StR 436/65, NJW 1966, 211.
[192] BGH v. 3. 2. 1955 – 4 StR 582/54, BGHSt 7, 194; BGH v. 16. 3. 1977 – 3 StR 327/76, BGHSt 27, 139 (141) = NJW 1977, 1161; BGH v. 20. 2. 1985 – 2 StR 561/84, BGHSt 33, 148 (154) = NJW 1985, 2203.
[193] BGH v. 24. 1. 2006 – 1 StR 362/05, NStZ 2006, 349.
[194] BGH v. 8. 12. 1958 – GSSt 3/58, BGHSt 12, 235 (243); BGH v. 2. 3. 1960 – 2 StR 44/60, BGHSt 14, 159 (160) = NJW 1960, 1396.
[195] Vgl. Rn. 27.
[196] BGH v. 13. 7. 1990 – 3 StR 228/90, NStZ 1990, 549; BGH v. 8. 8. 2006 – 3 StR 212/06, StraFo 2006, 492.
[197] BGH v. 21. 4. 1986 – 2 StR 731/85, BGHSt 34, 68 = NJW 1986, 2121; BGH v. 22. 6. 1989 – 1 StR 231/89, NStZ 1989, 484.
[198] BGH v. 21. 12. 1992 – 5 StR 523/92, StV 1993, 235.
[199] AllgM.
[200] BGH v. 9. 5. 1979 – 3 StR 86/79, MDR 1979, 806; BGH v. 12. 7. 1979 – 4 StR 291/79, NStZ 1981, 93; AK/*Kühne* Rn. 26; HK-StPO/*Lemke* Rn. 39.
[201] BGH v. 2. 3. 1960 – 2 StR 44/60, BGHSt 14, 159 (161) = NJW 1960, 1396; BGH v. 20. 9. 1996 – 2 StR 289/96, NStZ 1997, 145.
[202] BGH v. 25. 10. 1968 – 4 StR 412/68, BGHSt 22, 266; KK-StPO/*Senge* Rn. 48; Löwe/Rosenberg/*Dahs*, 25. Aufl., Rn. 57.

ne entlastenden Angaben gemacht hat.[203] Richtigerweise dürfte ein solcher Verfahrensmangel mit der Sachrüge zu beanstanden sein.[204] Nachdem die neuere Rechtsprechung hingegen offen lässt, ob hier eine Verfahrensrüge erforderlich ist,[205] ist deren Erhebung jedenfalls aus praktischen Gründen ratsam.

§ 53 [Zeugnisverweigerungsrecht aus beruflichen Gründen]

(1) ¹Zur Verweigerung des Zeugnisses sind ferner berechtigt
1. Geistliche über das, was ihnen in ihrer Eigenschaft als Seelsorger anvertraut worden oder bekanntgeworden ist;
2. Verteidiger des Beschuldigten über das, was ihnen in dieser Eigenschaft anvertraut worden oder bekanntgeworden ist;
3. Rechtsanwälte, Patentanwälte, Notare, Wirtschaftsprüfer, vereidigte Buchprüfer, Steuerberater und Steuerbevollmächtigte, Ärzte, Zahnärzte, Psychologische Psychotherapeuten, Kinder- und Jugendlichenpsychotherapeuten, Apotheker und Hebammen über das, was ihnen in dieser Eigenschaft anvertraut worden oder bekanntgeworden ist, Rechtsanwälten stehen dabei sonstige Mitglieder einer Rechtsanwaltskammer gleich;
3a. Mitglieder oder Beauftragte einer anerkannten Beratungsstelle nach den §§ 3 und 8 des Schwangerschaftskonfliktgesetzes über das, was ihnen in dieser Eigenschaft anvertraut worden oder bekanntgeworden ist;
3b. Berater für Fragen der Betäubungsmittelabhängigkeit in einer Beratungsstelle, die eine Behörde oder Körperschaft, Anstalt oder Stiftung des öffentlichen Rechts anerkannt oder bei sich eingerichtet hat, über das, was ihnen in dieser Eigenschaft anvertraut worden oder bekanntgeworden ist;
4. Mitglieder des deutschen Bundestages, der Bundesversammlung, des Europäischen Parlaments aus der Bundesrepublik Deutschland oder eines Ladtages über Personen, die ihnen in ihrer Eigenschaft als Mitglieder dieser Organe oder denen sie in dieser Eigenschaft Tatsachen anvertraut haben sowie über diese Tatsachen selbst;
5. Personen, die bei der Vorbereitung, Herstellung oder Verbreitung von Druckwerken, Rundfunksendungen, Filmberichten oder der Unterrichtung oder Meinungsbildung dienenden Informations- und Kommunikationsdiensten berufsmäßig mitwirken oder mitgewirkt haben.

²Die in Satz 1 Nr. 5 genannten Personen dürfen das Zeugnis verweigern über die Person des Verfassers oder Einsenders von Beiträgen und Unterlagen oder des sonstigen Informanten sowie über die ihnen im Hinblick auf ihre Tätigkeit gemachten Mitteilungen, über deren Inhalt sowie über den Inhalt selbst erarbeiteter Materialien und den Gegenstand berufsbezogener Wahrnehmungen. ³Dies gilt nur, soweit es sich um Beiträge, Unterlagen, Mitteilungen und Materialien für den redaktionellen Teil oder redaktionell aufbereitete Informations- und Kommunikationsdienste handelt.

(2) ¹Die in Absatz 1 Satz 1 Nr. 2 bis 3b Genannten dürfen das Zeugnis nicht verweigern, wenn sie von der Verpflichtung zur Verschwiegenheit entbunden sind. ²Die Berechtigung zur Zeugnisverweigerung der in Absatz 1 Satz 1 Nr. 5 Genannten über den Inhalt selbst erarbeiteter Materialien und den Gegenstand entsprechender Wahrnehmungen entfällt, wenn die Aussage zur Aufklärung eines Verbrechens beitragen soll oder wenn Gegenstand der Untersuchung
1. eine Straftat des Friedensverrats und der Gefährdung des demokratischen Rechtsstaats oder des Landesverrats und der Gefährdung der äußeren Sicherheit (§§ 80a, 85, 87, 88, 95, auch in Verbindung mit § 97b, §§ 97a, 98 bis 100a des Strafgesetzbuches),
2. eine Straftat gegen die sexuelle Selbstbestimmung nach den §§ 174 bis 176, 179 des Strafgesetzbuches oder
3. eine Geldwäsche, eine Verschleierung unrechtmäßig erlangter Vermögenswerte nach § 261 Abs. 1 bis 4 des Strafgesetzbuches

ist und die Erforschung des Sachverhalts oder die Ermittlung des Aufenthaltsortes des Beschuldigten auf andere Weise aussichtslos oder wesentlich erschwert wäre. ³Der Zeuge kann jedoch auch in diesen Fällen die Aussage verweigern, soweit sie zur Offenbarung der Person des Verfassers oder Einsenders von Beiträgen und Unterlagen oder des sonstigen Informanten oder der ihm im Hinblick auf seine Tätigkeit nach Absatz 1 Satz 1 Nr. 5 gemachten Mitteilungen oder deren Inhalts führen würde.

---

[203] BGH v. 13. 8. 2009 – 3 StR 168/09, NStZ 2010, 101.
[204] BGH v. 22. 10. 1980 – 2 StR 612/80, NStZ 1981, 70; KK-StPO/*Senge* Rn. 50; SK/*Rogall* Rn. 102.
[205] BGH v. 23. 5. 2000 – 5 StR 142/00, NStZ 2000, 546.

Schrifttum: *Bringewat*, Zeugnisverweigerungsrecht und Beschlagnahmeprivileg des Verteidigers, NJW 1974, 1740; *Göppinger*, Die Entbindung von der Schweigepflicht und die Herausgabe oder Beschlagnahme von Krankenblättern, NJW 1958, 241; *Greitemann*, Das Forschungsgeheimnis im Strafprozess, NStZ 2002, 572; *Groß*, Verteidiger, Abgeordnete und Journalisten als verbotene unfreiwillige Medien zur strafprozessualen Aufklärung, StV 1996, 559; *Haas*, Zeugnisverweigerungsrecht des Geistlichen, NJW 2000, 3253; *Hamm*, Vom Grundrecht der Medien auf das Fischen im Trüben, NJW 2001, 269; *Hass*, Die Grenzen des anwaltlichen Zeugnisverweigerungsrechts nach StPO § 53 Abs. 1 Nr. 3, NJW 1972, 1081; *Hassemer*, Das Zeugnisverweigerungsrecht des Syndikusanwalts, wistra 1986, 1; *Kohlhaas*, Das Zeugnisverweigerungsrecht des Journalisten, NJW 1958, 41; *Kramer*, Das gespaltene Zeugnisverweigerungsrecht der Medienangehörigen in der StPO, Kriminalistik 2004, 756; *Krauß*, Schweigepflicht und Schweigerecht des ärztlichen Sachverständigen im Strafprozess, ZStW 97 (1985), 81; *Kretschmer*, Das Bankgeheimnis in der deutschen Rechtsordnung – ein Überblick, wistra 2009, 180; *Kreuzer*, Zeugnisverweigerungsrecht für Drogenberater, FS Schüler-Springorum, 1993, S. 537; *Kühne*, Die begrenzte Aussagepflicht des ärztlichen Sachverständigen vor Gericht nach §§ 53 Abs. 1 Nr. 2 StPO, 203 Abs. 1 Nr. 1 StGB, JZ 1981, 647; *Kunert*, Das Gesetz über das Zeugnisverweigerungsrecht der Mitarbeiter von Presse und Rundfunk, MDR 1975, 885; *ders.*, Erweitertes Zeugnisverweigerungsrecht für Medienmitarbeiter, NStZ 2002, 169; *Lenckner*, Aussagepflicht, Schweigepflicht und Zeugnisverweigerungsrecht, NJW 1965, 321; *Ling*, Zum Geistlichenprivileg im Strafrecht, GA 2001, 325; *ders.*, Geistlicher gem. § 53 Abs. 1 Satz 1 Nr. 1 StPO – eine Standortbestimmung, KuR 2008, 70; *Michalowski*, Schutz der Vertraulichkeit strafrechtlich relevanter Patienteninformationen, ZStW 109 (1997), 519; *Rengier*, Zum strafprozessualen Zeugnisverweigerungsrecht des Betriebs- und Personalrats, BB 1980, 321; *Roxin*, Das Zeugnisverweigerungsrecht des Syndikusanwalts, NJW 1992, 1129; *Scheffler*, Strafvereitelung und die Grenzen des Zeugnisverweigerungsrechts des Verteidigers, StV 1992, 299; *Schenkel*, Keine berufsbezogene Schweigepflicht hauptamtlicher Bewährungshelfer nach § 203 Abs. 1 Nr. 5 StGB, NStZ 1995, 67; *Schöch*, Zeugnisverweigerungsrecht für Opferhelfer, DRiZ 2006, 57; *Solbach*, Kann der Arzt von seiner Schweigepflicht entbunden werden, wenn sein Patient verstorben oder willensunfähig ist?, DRiZ 1978, 204; *de Wall*, Der Schutz des Seelsorgegeheimnisses (nicht nur) im Strafverfahren, NJW 2007, 1856; *Wessing*, Zeugnisverweigerungsrechte ausländischer Strafverteidiger, wistra 2007, 171; *Widmaier*, Zum Zeugnisverweigerungsrecht der Berufsgeheimnisträger, FS Dahs, 2005, S. 543.

Übersicht

	Rn.
I. Allgemeines	1–7
1. Normzweck	1
2. Beschränkung auf bestimmte Berufsgruppen	2, 3
3. Verhältnis zu § 203 StGB	4–6
4. Belehrung	7
II. Umfang des Zeugnisverweigerungsrechts	8–11
1. Berufsbezogenes Wissen	8
2. Anvertraute Tatsachen	9
3. Bekannt gewordene Tatsachen	10
4. Zeitliche Dauer	11
III. Zeugnisverweigerungsberechtigte (Abs. 1)	12–37
1. Geistliche (Nr. 1)	12, 13
2. Verteidiger (Nr. 2)	14, 15
3. Rechtsanwälte und Gleichgestellte (Nr. 3)	16, 17
4. Ärzte und Gleichgestellte (Nr. 3)	18–20
5. Schwangerschaftsberater (Nr. 3 a)	21
6. Drogenberater (Nr. 3 b)	22, 23
7. Abgeordnete (Nr. 4)	24, 25
8. Presse- und Rundfunkmitarbeiter (Nr. 5)	26–37
a) Allgemeines	27
b) Personenkreis	28–30
c) Umfang des Verweigerungsrechts	31–37
IV. Ausübung des Zeugnisverweigerungsrechts	38
V. Entbindung von der Schweigepflicht	39–43
1. Allgemeines	39
2. Zur Entbindung Berechtigte	40, 41
3. Erklärung	42, 43
VI. Revision	44

I. Allgemeines

1. Normzweck. Die Vorschrift räumt den Angehörigen bestimmter Berufsgruppen ein (beschränktes) Zeugnisverweigerungsrecht ein, um das **Vertrauensverhältnis** zwischen ihnen und denen zu **schützen**, die ihre Hilfe und Sachkunde in Anspruch nehmen.[1] Es liegt im **öffentlichen Interesse** dieses Vertrauensverhältnis nicht dadurch zu gefährden, dass die Vertrauensperson das ihr Anvertraute als Zeuge preisgeben muss.[2] § 53 löst für die dort genannten Berufsgruppen die Konfliktsituation, die aus dem Widerstreit resultiert, einerseits zur Wahrung des Vertrauens und andererseits zur Mitwirkung an der Aufklärung von Straftaten verpflichtet zu sein.[3] Aus dieser Erwägung folgt auch die geringere **Reichweite** dieses Weigerungsrechts im Vergleich zu § 52: Das Recht ist zum einen auf die im Rahmen des Vertrauensverhältnisses („in dieser Eigenschaft") bekannt gewordenen Tatsachen beschränkt. Wird daher der Berufsgeheimnisträger mit Tätigkeiten

---

[1] BGH v. 12. 1. 1956 – 3 StR 195/55, BGHSt 9, 59 = NJW 1956, 599; OLG Koblenz v. 22. 2. 1985 – 2 VAs 21/84, NStZ 1985, 426; OLG Oldenburg v. 10. 6. 1982 – 2 Ws 204/82, NJW 1982, 2615.
[2] BVerfG v. 15. 1. 1975 – 2 BvR 65/74, BVerfGE 38, 312 (323) = NJW 1975, 588.
[3] BGH v. 12. 1. 1956 – 3 StR 195/55, BGHSt 9, 59 = NJW 1956, 599.

betraut, die für sein Berufsbild nicht kennzeichnend sind, entsteht das Zeugnisverweigerungsrecht nicht.[4] Zum anderen ist nach Abs. 2 S. 1 eine Entbindung von der Schweigepflicht möglich, die den Geheimnisträger idR zur Aussage verpflichtet.[5]

2. Beschränkung auf bestimmte Berufsgruppen. § 53 regelt den Kreis der zeugnisverweigerungsberechtigten Berufsgruppen **abschließend**. Im Interesse einer funktionsfähigen Rechtspflege verbietet sich grundsätzlich eine analoge Anwendung der Vorschrift auf Angehörige anderer Berufsgruppen, denen bei ihrer Tätigkeit auch Vorgänge aus dem persönlichen Lebensbereich anvertraut oder bekannt werden.[6] Nur in **Ausnahmefällen** können unter besonders strengen Voraussetzungen die Art. 2 Abs. 1, 1 Abs. 1 GG den bestehenden Aussagezwang einschränken, wenn der Zeuge zu einem Beweisthema aussagen müsste, das in den grundrechtlich geschützten Bereich der privaten Lebensgestaltung, insbesondere die Intimsphäre, eingreifen würde.[7] Ein **allgemeines Recht** zur Zeugnisverweigerung für andere Berufsgruppen lässt sich aus der Verfassung aber nicht herleiten.[8]

Für folgende **Einzelfälle** ist daher das Bestehen eines Zeugnisverweigerungsrechts zu verneinen: Bankangestellte,[9] Betriebsräte,[10] Bewährungshelfer,[11] Diplompsychologen,[12] Eheberater,[13] Gerichtshelfer und Jugendgerichtshelfer,[14] Mitarbeiter privater Haftpflichtversicherer,[15] Insolvenzverwalter,[16] Opferhelfer,[17] Personalräte,[18] Mitarbeiter psychologischer Beratungsstellen,[19] Rechtsbeistände,[20] Schiedsmänner,[21] Sozialarbeiter und Sozialpädagogen[22] sowie Tierärzte.[23]

3. Verhältnis zu § 203 StGB. Die Schweigepflicht aus § 203 StGB ist mit dem Zeugnisverweigerungsrecht aus § 53 nicht deckungsgleich. **Sachlich** stellt § 203 StGB den Bruch eines anvertrauten oder bekannt gewordenen Geheimnisses unter Strafe; § 53 hingegen berechtigt zur Zeugnisverweigerung über die dem Zeugen bei seiner Berufsausübung bekannt gewordenen Tatsachen, unabhängig davon, ob sie geheim sind.[24] **Persönlich** sind Geistliche, Abgeordnet, Presse- und Rundfunkmitarbeiter zeugnisverweigerungsberechtigt aber nicht materiell-strafrechtlich zur Verschwiegenheit verpflichtet. Psychologen, Sozialarbeiter und Tierärzte hingegen unterliegen der Strafdrohung des § 203 StGB, dürfen aber als Zeugen vor Gericht das Zeugnis nicht verweigern.

Ist ein Zeuge nach § 203 StGB zur Verschwiegenheit verpflichtet, steht ihm aber kein Zeugnisverweigerungsrecht zu, muss er seine **Aussagepflicht im Strafverfahren** erfüllen. Offenbart er dabei ein „fremdes Geheimnis", macht er sich nicht strafbar, da er befugt gehandelt hat.[25] Gleiches gilt für den nach § 53 zeugnisverweigerungsberechtigten (und zugleich nach § 203 StGB zur Verschwiegenheit verpflichteten) Zeugen nach Entbindung von seiner Verschwiegenheitspflicht.[26] Die Offenbarung eines fremden Geheimnisses im Rahmen einer Zeugenaussage verstößt aber dann gegen § 203 StGB, wenn dem Berufsgeheimnisträger ein Recht aus § 53 zusteht; es sei denn, dass ihm ein **Rechtfertigungsgrund** zusteht. In Betracht kommt etwa § 34 StGB wegen Wahrnehmung schützenswerter eigener Interessen[27] oder weil das Geheimhaltungsinteresse geringer ist als das Allgemeininteresse an der Offenbarung.[28] Der Zeuge ist aber nicht gehindert, trotz Vorliegen

---

[4] OLG Frankfurt v. 22. 8. 2001 – 2 AuslS 10/01, NJW 2002, 1135.
[5] KK-StPO/*Senge* Rn. 1; KMR/*Neubeck* Rn. 1; Löwe/Rosenberg/*Dahs*, 25. Aufl., Rn. 1.
[6] BVerfG v. 24. 5. 1977 – 2 BvR 988/75, BVerfGE 44, 353 (378) = NJW 1977, 506.
[7] BVerfG v. 19. 7. 1972 – 2 BvL 7/71, BVerfGE 33, 367 (374).
[8] KK-StPO/*Senge* Rn. 2; KMR/*Neubeck* Rn. 3.
[9] LG Frankfurt v. 25. 11. 1953 – Qs 183/53, NJW 1954, 688 (690); LG Hamburg v. 10. 1. 1978 – Qs 68/77, NJW 1978, 958; *Kretschmer* wistra 2009, 180.
[10] BVerfG v. 19. 1. 1979 – 2 BvR 995/78, NJW 1979, 1286; *Rengier* BB 1980, 321.
[11] *Schenkel* NStZ 1995, 67; KMR/*Neubeck* Rn. 4; Löwe/Rosenberg/*Dahs*, 25. Aufl., Rn. 4; *Meyer-Goßner* Rn. 3.
[12] BGH v. 28. 4. 2006 – 2 StR 62/06, NStZ 2006, 509; aA LG Freiburg v. 7. 11. 1996 – II Qs 133/96, NJW 1997, 813.
[13] BVerfG v. 19. 7. 1972 – 2 BvL 7/71, BVerfGE 33, 367.
[14] *Eisenberg* StV 1998, 304 (312); *Sontag* NJW 1976, 1436 (1438); KMR/*Neubeck* Rn. 4; *Meyer-Goßner* Rn. 3.
[15] BVerfG v. 10. 2. 1981 – 2 BvR 46/81, ZfS 1982, 13; OLG Celle v. 19. 9. 1984 – 3 Ss 116/84, NJW 1985, 640; aA OLG Celle v. 16. 2. 1982 – 1 Ss 605/81, NStZ 1982, 393.
[16] LG Ulm v. 15. 1. 2007 – 2 Qs 2002/07, NJW 2007, 2056.
[17] *Schöch* DRiZ 2006, 57; KK-StPO/*Senge* Rn. 2; *Meyer-Goßner* Rn. 3.
[18] KMR/*Neubeck* Rn. 4; Löwe/Rosenberg/*Dahs*, 25. Aufl., Rn. 4 mwN.
[19] LG Freiburg v. 6. 11. 1998 – II Qs 129/98, NStZ-RR 1999, 366.
[20] *Buhrow* NJW 1966, 2150 (2152); KMR/*Neubeck* Rn. 4; Löwe/Rosenberg/*Dahs*, 25. Aufl., Rn. 4.
[21] BVerwG v. 14. 2. 1964 – VII C 93.61, BVerwGE 18, 58 = NJW 1964, 1088.
[22] BVerfG v. 19. 7. 1972 – 2 BvL 7/71, BVerfGE 33, 367; BVerfG v. 31. 5. 1988 – 2 BvR 367/88, NJW 1988, 2945.
[23] BVerfG v. 15. 1. 1975 – 2 BvR 65/74, BVerfGE 38, 312 = NJW 1975, 588.
[24] KK-StPO/*Senge* Rn. 5; KMR/*Neubeck* Rn. 5; Löwe/Rosenberg/*Dahs*, 25. Aufl., Rn. 7.
[25] *Lenckner* NJW 1965, 321 (323); KK-StPO/*Senge* Rn. 4; KMR/*Neubeck* Rn. 6; Löwe/Rosenberg/*Dahs*, 25. Aufl., Rn. 9.
[26] KMR/*Neubeck* Rn. 6; Löwe/Rosenberg/*Dahs*, 25. Aufl., Rn. 9.
[27] BGH v. 9. 10. 1951 – 1 StR 159/51, BGHSt 1, 366.
[28] BGH v. 1. 2. 1956 – 3 StR 195/55, BGHSt 9, 59 (61) = NJW 1956, 599; BGH v. 20. 11. 1962 – 5 StR 462/62, BGHSt 18, 146 (147) = NJW 1963, 723.

eines Rechtfertigungsgrundes von seinem Zeugnisverweigerungsrecht Gebrauch zu machen.[29] Die Entscheidung, ob die Interessenabwägung die Ausübung des Weigerungsrechts erfordert, trifft allein der Zeuge.[30] Das Gericht darf auf die Willensbildung des Zeugen nicht einwirken.[31]

6   Ein Verstoß gegen § 203 StGB hat auf die **Verwertbarkeit** der Aussage keinen Einfluss.[32] Das Gericht darf auch von der Vernehmung eines Zeugen, der auf sein Weigerungsrecht aus § 53 verzichtet, nicht deswegen absehen, weil er sich durch seine Aussage nach § 203 StGB strafbar machen würde.[33]

7   **4. Belehrung.** Das Gericht ist **nicht verpflichtet**, den Zeugen über sein Zeugnisverweigerungsrecht zu belehren, weil davon ausgegangen werden kann, dass der Zeuge seine Berufsrechte und -pflichten kennt.[34] Im Einzelfall kann aber die gerichtliche **Fürsorgepflicht** eine Belehrung gebieten, wenn die Unkenntnis des Zeugen über sein Zeugnisverweigerungsrecht offensichtlich ist.[35]

II. Umfang des Zeugnisverweigerungsrechts

8   **1. Berufsbezogenes Wissen.** Das Zeugnisverweigerungsrecht erstreckt sich ausschließlich auf die dem Zeugen **bei der Berufsausübung** anvertrauten oder bekannt gewordenen Tatsachen.[36] Das Wissen muss also in seiner Berufsausübung erlangt sein; mindestens aber unmittelbar mit ihr zusammenhängen.[37] Umfasst ist dabei auch die Phase der Anbahnung des berufsbezogenen Vertragsverhältnisses.[38] Das Vertrauensverhältnis zu einem Arzt oder einem Rechtsanwalt wird auch nach einer Praxis- oder Kanzleiübergabe weiter geschützt: Was der Arzt oder Anwalt aus den Akten oder Patientenkarteien seines Vorgängers erfahren hat, gilt als in seiner beruflichen Eigenschaft bekannt gewordene Tatsache.[39] Nicht umfasst sind hingegen Tatsachen, die der Zeuge nur **gelegentlich der Berufsausübung** erfahren hat, die mit ihr also nur in mittelbarem Zusammenhang stehen: Über solche muss er aussagen.[40] Ob der Zeuge seine Kenntnis in Ausübung seines Berufs oder nur gelegentlich seiner Berufsausübung erlangt hat, ist eine **Rechtsfrage**,[41] die das Gericht zu beurteilen hat. Ob der Zeuge zur Verweigerung des Zeugnisses im Rahmen eines Vernehmungsgegenstandes berechtigt ist, kann bei mehreren Angeklagten nur einheitlich beantwortet werden; das Zeugnisverweigerungsrecht ist in diesem Sinne unteilbar.[42]

9   **2. Anvertraute Tatsachen.** Tatsachen sind **anvertraut**, wenn der Geheimnisträger sie unter dem Verlangen oder der stillschweigenden Erwartung der Geheimhaltung[43] schriftlich oder mündlich mitgeteilt hat. Erfasst sind weiter auch solche Tatsachen, die dadurch preisgegeben werden, dass dem Berufsausübenden Gelegenheit zu Beobachtungen und Untersuchungen gegeben wird.[44] Dabei ist ohne Belang, ob die Tatsachen durch den Beschuldigten oder einen Dritten anvertraut werden und ob sie der Geheimsphäre des Beschuldigten oder eines Dritten zuzuordnen sind.[45]

10 **3. Bekannt gewordene Tatsachen.** Tatsachen werden dem Berufsausübenden **bekannt**, wenn er sie von dem Beschuldigten oder einem Dritten erfährt, ohne dass sie ihm anvertraut worden sind.[46] Der Begriff ist **weit auszulegen**.[47] Von wem, aus welchem Grund oder zu welchem Zweck

---

[29] *Bringewat* NJW 1974, 1740 (1742); *Lenckner* NJW 1965, 321 (327).
[30] BGH v. 28. 10. 1960 – 4 StR 375/60, BGHSt 15, 200 (202) = NJW 1961, 279; aA *Michalowski* ZStW 109 (1997), 519 (537).
[31] BGH v. 3. 12. 1965 – 4 StR 573/65, BGHSt 20, 298 (299) = DAR 1966, 103; BGH v. 7. 3. 1996 – 4 StR 737/95, BGHSt 42, 73 (76) = NJW 1996, 2435.
[32] BGH v. 12. 1. 1956 – 3 StR 195/55, BGHSt 9, 59 (61) = NJW 1956, 599; BGH v. 28. 10. 1960 – 4 StR 375/60, BGHSt 15, 200 (202) = NJW 1961, 279; aA *Kühne* JZ 1981, 647 (651); *Lenckner* NJW 1965, 321 (327).
[33] RG v. 12. 5. 1922 –I 1628/21, RGSt 75, 63 (64); KMR/*Neubeck* Rn. 6; *Meyer-Goßner* Rn. 5.
[34] BGH v. 19. 3. 1991 – 5 StR 516/90, BGHSt 37, 340 = NJW 1991, 2844 (2846); BGH v. 7. 3. 1996 – 4 StR 737/95, BGHSt 42, 73 = NJW 1996, 2435.
[35] BGH v. 20. 5. 1980 – 1 StR 177/80, MDR 1980, 815; KK-StPO/*Senge* Rn. 6; KMR/*Neubeck* Rn. 7.
[36] BGH v. 23. 7. 1996 – 4 StR 292/96, DAR 1997, 181.
[37] BGH v. 20. 2. 1985 – 2 StR 561/84, BGHSt 33, 148 (151) = NStZ 1985, 372 mAnm *Rogall*; aA LG Köln v. 2. 4. 1959 – 34 Qs 76/59, NJW 1959, 1598.
[38] BGH v. 20. 11. 1989 – II BGs 355/89, BGHSt 36, 298 (301) = NJW 1990, 525; BGH v. 22. 12. 1999 – 3 StR 401/99, BGHSt 45, 363 (366) = NJW 2000, 1426.
[39] BVerfG v. 8. 3. 1972 – 2 BvR 28/71, BVerfGE 32, 373 (382) = NJW 1972, 1123; BGH v. 20. 2. 1985 – 2 StR 561/84, BGHSt 33, 148 (150) = NStZ 1985, 372.
[40] KMR/*Neubeck* Rn. 8; SK/*Rogall* Rn. 60 mwN.
[41] OLG Bamberg v. 11. 8. 1983 – 4 Ws 401/83, StV 1984, 499; KMR/*Neubeck* Rn. 8; *Meyer-Goßner* Rn. 7.
[42] BGH v. 20. 2. 1985 – 2 StR 561/84, BGHSt 33, 148 (152) = NStZ 1985, 372.
[43] RG v. 26. 4. 1932 – I 272/32, RGSt 66, 273 (274); OLG Köln v. 30. 11. 1982 – 3 Ss 126/82, NStZ 1983, 412.
[44] BGH v. 28. 10. 1992 – 3 StR 367/92, BGHSt 38, 369 (370) = NJW 1993, 803.
[45] KMR/*Neubeck* Rn. 9; *Meyer-Goßner* Rn. 8.
[46] OLG Köln v. 4. 7. 2000 – Ss 254/00, NJW 2000, 3657; KMR/*Neubeck* Rn. 10; *Meyer-Goßner* Rn. 9; SK/*Rogall* Rn. 63.
[47] OLG Köln v. 4. 7. 2000 – Ss 254/00, NJW 2000, 3657; OLG Schleswig v. 7. 4. 1982 – 1 Ws 129/82, StB 1982, 163.

die Tatsachen bekannt geworden sind, ist unerheblich.[48] So ist etwa auch zufällig erlangtes Wissen erfasst, sofern es im Zusammenhang mit dem Vertrauensverhältnis erworben wurde.[49]

4. Zeitliche Dauer. Das Zeugnisverweigerungsrecht besteht über die Beendigung des Auftrags mit dem Berufsausübenden hinaus.[50] Auch wenn der Zeuge seinen Beruf aufgibt, besteht das Weigerungsrecht in analoger Anwendung des § 54 Abs. 4 fort.[51] Es endet auch nicht mit dem **Tod** desjenigen, dessen Vertrauen zu dem Berufsausübenden geschützt wird; § 203 Abs. 4 StGB gilt hier entsprechend.[52]

III. Zeugnisverweigerungsberechtigte (Abs. 1)

1. Geistliche (Nr. 1). Die Nr. 1 meint nur Geistliche der christlichen Kirchen und sonstigen staatlich anerkannten **öffentlich-rechtlichen Religionsgemeinschaften**, nicht aber Mitglieder von Sekten, die andere religiös betreuen.[53] Mitumfasst sind aber hauptamtlich seelsorgerisch tätige Laientheologen der christlichen Kirchen.[54] Ob die Geistlichen auch kirchenrechtlich zur Verschwiegenheit verpflichtet sind, ist gleichgültig.[55]

Das Weigerungsrecht erstreckt sich auf alle Tatsachen, die ihnen **als Seelsorger anvertraut** oder bekannt geworden sind; nicht aber auf das, was sie in ausschließlich karitativer, fürsorgerischer, erzieherischer oder verwaltender Tätigkeit oder nur gelegentlich der Ausübung des geistlichen Berufs erfahren haben.[56] Das Gericht muss entscheiden, ob der Geistliche als Seelsorger angegangen worden ist. Dies ist objektiv zu bestimmen; in Grenz- und Zweifelsfällen wird der Meinung des Geistlichen ausschlaggebende Bedeutung zukommen.[57]

2. Verteidiger (Nr. 2). Verteidiger im Sinne der Nr. 2 sind neben den nach §§ 137, 138 gewählten auch die (etwa nach §§ 141, 142 Abs. 1) bestellten Verteidiger. Erfasst sind weiter Hochschullehrer (§ 138 Abs. 1) und andere zur Verteidigung zugelassene Personen und Referendare (§ 139).[58] Rechtsanwälte haben, wenn sie Verteidiger sind, neben dem Zeugnisverweigerungsrecht aus Nr. 3 auch das aus Nr. 2.[59] Ob die **Verteidigung** durch den Verteidiger tatsächlich geführt wurde, ist ohne Bedeutung.[60]

Das Zeugnisverweigerungsrecht umfasst auch das, was dem Zeugen in einer anderen Strafsache als Verteidiger desselben oder eines anderen Beschuldigten anvertraut oder bekannt geworden ist.[61] Nicht erfasst ist das im Zusammenhang mit eigener krimineller Tätigkeit erlangte Wissen, wenn also der Verteidiger die strafbare Handlung ohne jeden sachlichen Zusammenhang mit denkbaren Verfahrenszielen begangen hat.[62] Gleiches gilt für privat oder nur gelegentlich der Berufsausübung des Verteidigers erlangtes Wissen.[63]

3. Rechtsanwälte und Gleichgestellte (Nr. 3). Die Nr. 3 meint die nach § 12 BRAO zugelassenen **Anwälte** sowie ausländische Rechtsanwälte, wenn die Voraussetzungen der §§ 206 f. BRAO erfüllt sind.[64] Unter Nr. 3 fallen weiter allgemein bestellte Vertreter (§ 53 BRAO) und Abwickler (§ 55 BRAO); Syndikusanwälte (§ 46 BRAO) hingegen nur, wenn sie mit typisch anwaltlichen Aufgaben befasst sind.[65] Dem Rechtsanwalt sind **gleichgestellt** der Notar (§ 3 BNotO), der No-

---

[48] KMR/*Neubeck* Rn. 10; *Meyer-Goßner* Rn. 9.
[49] OLG Oldenburg v. 10. 6. 1982 – 2 Ws 204/82, NJW 1982, 2615; LG Karlsruhe v. 22. 10. 1981 – IV Qs 170/81, StV 1983, 144 mAnm *Kreuzer*.
[50] LG Düsseldorf v. 18. 3. 1958 – IIIa Qs 107/58, NJW 1958, 1152; KMR/*Neubeck* Rn. 11; *Meyer-Goßner* Rn. 10.
[51] LG Düsseldorf v. 18. 3. 1958 – IIIa Qs 107/58, NJW 1958; SK/*Rogall* 64.
[52] BVerfG v. 8. 3. 1972 – 2 BvR 28/71, BVerfGE 32, 373 (384) = NJW 1972, 1123; RG v. 17. 11. 1936 – 1 D 793/96, RGSt 71, 21 (22).
[53] *Ling* KuR 2008, 70; KK-StPO/*Senge* Rn. 11; KMR/*Neubeck* Rn. 12; *Meyer-Goßner* Rn. 12; SK/*Rogall* Rn. 69; aA *Haas* NJW 1990, 3253; und jetzt auch – nicht tragend – BGH v. 15. 4. 2010 – 4 StR 650/09, NJW-Spezial 2010, 377.
[54] BGH v. 15. 11. 2006 – StB 15/06, BGHSt 51, 40 = NJW 2007, 307; *Ling* GA 2001, 325; *de Wall* NJW 2007, 1856.
[55] *Lenckner* NJW 1965, 321 (322).
[56] BVerfG v. 25. 1. 2007 – 2 BvR 26/07, NJW 2007, 1865; BGH v. 15. 11. 2006 – StB 15/06, BGHSt 51, 40 = NJW 2007, 307; BGH v. 4. 2. 2010 – 4 StR 394/09, NStZ-RR 2010, 178; *Hiebl* StraFo 1999, 87; *de Wall* NJW 2007, 1856.
[57] BGH v. 15. 11. 2006 – StB 15/06, BGHSt 51, 40 = NJW 2007, 307.
[58] HK/*Lemke* Rn. 11; KK-StPO/*Senge* Rn. 13; KMR/*Neubeck* Rn. 13; SK/*Rogall* Rn. 76.
[59] KMR/*Neubeck* Rn. 13; Löwe/Rosenberg/*Dahs*, 25. Aufl., Rn. 27; SK/*Rogall* Rn. 76.
[60] AllgM, vgl. etwa *Meyer-Goßner* Rn. 13.
[61] KK-StPO/*Senge* Rn. 13; KMR/*Neubeck* Rn. 13; *Meyer-Goßner* Rn. 13; SK/*Rogall* Rn. 75.
[62] BGH v. 18. 6. 1991 – 5 StR 584/90, BGHSt 38, 7 = NStZ 1992, 343; *Scheffler* StV 1992, 299.
[63] KK-StPO/*Senge* Rn. 14; KMR/*Neubeck* Rn. 14.
[64] *Meyer-Goßner* Rn. 15; weitergehend *Wessing* wistra 2007, 171, der eine analoge Anwendung auf alle in ihrer Heimat als Strafverteidiger zugelassenen Rechtsanwälte befürwortet.
[65] *Hassemer* wistra 1986, 1; HK/*Lemke* Rn. 13; KK-StPO/*Senge* Rn. 15; KMR/*Neubeck* Rn. 15; *Meyer-Goßner* Rn. 15; ähnlich *Roxin* NJW 1992, 1129; aA SK/*Rogall* Rn. 85. Vgl. auch LG Berlin v. 30. 11. 2005 – 505 Qs 185/05, NStZ 2006, 470; LG Bonn v. 29. 9. 2005 – 37 Qs 27/05, NStZ 2007, 605.

tarassessor (§ 7 BNotO), der Patentanwalt (§ 19 PatAO), der Wirtschaftsprüfer (§§ 1 Abs. 1 S. 1, 15 WiPrO),[66] der vereidigte Buchprüfer (§ 128 Abs. 1 WiPrO), der Steuerberater und der Steuerbevollmächtigte (§§ 40, 42 StBerG). **Nicht gleichgestellt** sind Rechtsbeistände (mit Ausnahme der „Kammerrechtsbeistände", Nr. 3 aE, § 209 BRAO), Rechtsberater und Prozessagenten. Diese dürfen das Zeugnis nicht verweigern.[67]

17 Der **Umfang des Zeugnisverweigerungsrechts** richtet sich nach den allgemeinen Grundsätzen.[68] Erfasst ist schon die Frage, ob mit einer bestimmten (natürlichen oder juristischen) Person überhaupt ein Mandatsverhältnis besteht.[69] Auch darf etwa ein Steuerberater die Beantwortung der Frage verweigern, ob er mit der Abgabe von Steuererklärungen beauftragt worden ist.[70] Hingegen gehören Kenntnisse, die ein Steuerberater (oder Rechtsanwalt) als Aufsichtsratsmitglied einer AG erlangt hat, nicht zu den von Nr. 3 geschützten Tatsachen.[71] Wird ein Rechtsanwalt als Vermittler zwischen einem Erpresser und einem Erpressten eingeschaltet, so ergibt sich daraus allein noch kein Zeugnisverweigerungsrecht über die dabei erlangten Kenntnisse;[72] ein solches entsteht aber dann, wenn der Anwalt das Erpressungsopfer vertritt.[73] Allgemein ist weiter zu beachten, dass das Zeugnisverweigerungsrecht aus Nr. 3 für rechts-, steuer- und wirtschaftsberatende Berufe durch die Anzeigepflicht nach § 11 Abs. 1, Abs. 3 S. 2 des **Geldwäschegesetzes** (GWG) eingeschränkt wird.[74]

18 **4. Ärzte und Gleichgestellte (Nr. 3).** Als **Arzt, Zahnarzt** oder **Apotheker** ist zeugnisverweigerungsberechtigt, wer im Inland als solcher approbiert oder zur vorübergehenden Berufsausübung berechtigt ist (§§ 2, 3 BÄO, § 1 ZahnHKG, §§ 1, 2 BApothO). Für ausländische Ärzte besteht das Weigerungsrecht nur, wenn sie aus EU-Mitgliedstaaten kommen (§ 2 Abs. 3 BÄO). Psychologische **Psychotherapeuten**, Kinder- und Jugendlichenpsychotherapeuten wurden durch Art. 5 des Gesetzes vom 16. 6. 1998[75] den Ärzten gleichgestellt. Für **Hebammen** gilt § 2 des Hebammengesetzes vom 4. 6. 1985.[76] Das Zeugnisverweigerungsrecht besteht auch dann, wenn die Untersuchung und Behandlung durch den Arzt nicht auf einer Zustimmung des Patienten sondern auf einer gesetzlichen Duldungspflicht beruht.[77] Daher sind auch **Truppenärzte**,[78] **Amtsärzte**[79] und **Ärzte im Strafvollzug**[80] weigerungsberechtigt.

19 Das Zeugnisverweigerungsrecht **umfasst** alles, was dem Arzt (usw.) bei der Untersuchung und Heilbehandlung anvertraut oder bekannt geworden ist.[81] Dazu gehört neben dem Namen des Patienten und der Tatsache seiner Behandlung[82] auch alles, was der Arzt im Rahmen der Behandlung selbst (auch zufällig) erkannt und ermittelt hat,[83] auch wenn der Patient hiervon nichts weiß (etwa bei der Behandlung eines Bewusstlosen).[84]

20 Besonderheiten bestehen, wenn der **Arzt als Sachverständiger** tätig wird. In diesem Fall hat er über die von ihm festgestellten Befund- und Zusatztatsachen Angaben zu machen, wenn der Untersuchte die Untersuchung kraft Gesetzes dulden musste,[85] oder sie nicht verweigert hat, obwohl er dies hätte tun können.[86] Tatsachen, die dem Sachverständigen freiwillig ohne Zusammenhang mit dem Gutachtensauftrag,[87] in einem anderen Verfahren[88] oder in einer früheren Behandlung mitgeteilt worden sind,[89] muss er aber nicht offenbaren.

---

[66] LG Bonn v. 29. 10. 2001 – 37 Qs 59/01, NJW 2002, 2261.
[67] KK-StPO/*Senge* Rn. 15; KMR/*Neubeck* Rn. 15.
[68] Rn. 8 ff.
[69] BGH v. 20. 2. 1985 – 2 StR 561/84, BGHSt 33, 148 = NStZ 1985, 372; LG Dresden v. 14. 6. 2007 – 3 AR 5/07, NJW 2007, 2789.
[70] OLG Schleswig v. 7. 4. 1982 – 1 Ws 129/82, StB 1982, 163.
[71] OLG Celle v. 13. 12. 1982 – 1 Ws 380/82, NJW 1983, 1573.
[72] *Hass* NJW 1972, 1081; KK-StPO/*Senge* Rn. 16; *Meyer-Goßner* Rn. 16; SK/*Rogall* Rn. 97.
[73] BGH v. 5. 11. 1985 – 2 StR 279/85, BGHSt 33, 347 = NJW 1986, 1183 (1185).
[74] BGH v. 7. 4. 2005 – 1 StR 326/04, BGHSt 50, 64 = NJW 2005, 2406; *Widmaier*, FS Dahs, 2005, S. 543 (547).
[75] BGBl. I S. 1311.
[76] BGBl. I S. 902.
[77] BGH v. 14. 11. 1963 – III ZR 19/63, BGHZ 40, 288 = NJW 1964, 449.
[78] BDH v. 16. 8. 1962 – WB 12/60, NJW 1963, 409.
[79] BGH v. 14. 11. 1963 – III ZR 19/63, BGHZ 40, 288 = NJW 1964, 449.
[80] OLG Karlsruhe v. 7. 4. 1993 – 2 Ws 13/93, NStZ 1993, 405.
[81] Vgl. hierzu ausführlich *Michalowski* ZStW 109 (1997), 519 ff.
[82] BGH v. 20. 2. 1985 – 2 StR 561/84, BGHSt 33, 148 (151) = NStZ 1985, 372; OLG Oldenburg v. 10. 6. 1982 – 2 Ws 204/82, NJW 1982, 2615.
[83] KK-StPO/*Senge* Rn. 18; KMR/*Neubeck* Rn. 17.
[84] *Meyer-Goßner* Rn. 18.
[85] BGH v. 6. 12. 2001 – 1 StR 468/01, NStZ 2002, 214; BGH v. 21. 10. 2008 – 1 StR 536/08, NStZ-RR 2009, 15.
[86] BGH v. 14. 11. 1963 – III ZR 19/63, BGHZ 40, 288 = NJW 1964, 449; OLG Hamm v. 7. 12. 1967 – 2 Ss 1610/67, NJW 1968, 1202; krit. *Krauß* ZStW 91 (1985), 81 (112); *Kühne* JZ 1981, 647 (652).
[87] RG v. 17. 10. 1927 – II 806/27, RGSt 61, 384.
[88] BGH v. 28. 10. 1992 – 3 StR 367/92, BGHSt 38, 369 = NJW 1993, 803.
[89] *Meyer-Goßner* Rn. 20.

5. Schwangerschaftsberater (Nr. 3 a). Mitglieder der in Nr. 3 a benannten anerkannten Beratungsstellen[90] sind der Leiter und alle sonstigen in einem Dienstverhältnis zu der Stelle stehenden Ärzte, Psychologen und Sozialarbeiter. **Beauftragte** sind Mitarbeiter, die (regelmäßig oder im Einzelfall) mit der Wahrnehmung der Aufgaben der Stelle betraut sind, ohne in einem Dienstverhältnis zu stehen.[91] Für sonstiges Personal kommt § 53a in Betracht. Betreuer einer „Babyklappe" fallen hingegen nicht unter Nr. 3a.[92] Für den **Umfang des Zeugnisverweigerungsrechts** gelten keine Besonderheiten; es umfasst neben der Tatsache der Schwangerschaft auch die Lebensumstände der Schwangeren.[93]   21

6. Drogenberater (Nr. 3 b). Nr. 3b räumt den **Mitarbeitern von Suchtberatungsstellen** ein Zeugnisverweigerungsrecht ein. Es bezieht sich aber nur auf die Beratung hinsichtlich der im BtMG erfassten Suchtformen und -gefahren[94] und gilt zudem nur für Beratungsstellen, die von einer Behörde oder einer Körperschaft, Anstalt oder Stiftung des öffentlichen Rechts eingerichtet oder anerkannt worden sind; für ehrenamtliche Berater in **Selbsthilfegruppen** kommt es nicht zur Anwendung.[95]   22

„Fragen der Betäubungsmittelabhängigkeit" **umfassen** die vollständige Beratungs- und Behandlungssituation des Abhängigen oder Konsumenten einschließlich der Kenntnisse, die der Suchtberater durch Gespräche mit den Familienangehörigen und Freunden des Ratsuchenden erlangt hat.[96]   23

7. Abgeordnete (Nr. 4). Das Zeugnisverweigerungsrecht aus Nr. 4 hat überwiegend **deklaratorische Bedeutung:** Für die Mitglieder des Bundestages ergibt sich eine Weigerungsbefugnis bereits aus Art. 47 S. 1 GG; im Übrigen vereinheitlicht die Vorschrift für die Abgeordneten der Länderparlamente die entsprechenden Regelungen der Landesverfassungen.[97] Für Mitglieder des Europäischen Parlaments gilt § 6 EuAbgG.[98] Der Abgeordnete entscheidet nach **freiem Ermessen,** ob er das Zeugnis verweigern will oder nicht. Weder unterliegt er in diesem Punkt Weisungen noch kommt § 54 zur Anwendung. Auch eine Befreiung von der Schweigepflicht ist nicht vorgesehen.[99] Das Zeugnisverweigerungsrecht gilt auch nach Beendigung des Mandats fort.[100]   24

Es **umfasst** alle Tatsachen, die dem Abgeordneten im Zusammenhang mit seiner Abgeordnetentätigkeit – während der Wahlperiode – von einem Dritten (auch Privatpersonen) anvertraut worden sind oder die er einem anderen anvertraut hat. Dies schließt insbesondere mit ein, dass der Abgeordnete auch seine Gewährsleute nicht offen zu legen braucht. Weiter sind – entgegen dem Wortlaut – auch sonst bekannt gewordene Tatsachen von der Nr. 4 erfasst.[101]   25

8. Presse- und Rundfunkmitarbeiter (Nr. 5). Die Nr. 5 wurde durch Gesetz vom 15. 2. 2002[102] neu gefasst und wesentlich umgestaltet mit dem Ziel, das Spannungsverhältnis zwischen dem Grundrecht aus Art. 5 Abs. 1 S. 2 GG und den gleichfalls Verfassungsrang besitzenden Bedürfnissen einer wirksamen Strafverfolgung aufzulösen.   26

a) Allgemeines. Das Zeugnisverweigerungsrecht der Mitarbeiter von Presse und Rundfunk verfolgt den **Zweck,** das Vertrauensverhältnis zwischen Presse und privaten Informanten zu schützen; es ist Bestandteil der durch Art. 5 Abs. 1 S. 2 GG garantierten Pressefreiheit.[103] Es dient der im öffentlichen Interesse liegenden Tätigkeit von Presse und Rundfunk, nicht aber dem Schutz des Verfassers, Einsenders oder Gewährsmanns.[104] Daraus folgt zum einen, dass eine **Entbindung von der Schweigepflicht** nicht möglich ist, und das Recht auch dann fortbesteht, wenn der Informant die Aussage wünscht.[105] Zum anderen hat der Informant keinen Rechtsanspruch darauf, dass   27

---

[90] Vgl. §§ 3 und 8 des Schwangerschaftskonfliktgesetzes vom 27. 2. 1992, BGBl. I S. 1398.
[91] KMR/*Neubeck* Rn. 19; *Meyer-Goßner* Rn. 21.
[92] LG Köln v. 9. 11. 2001 – 102–57/01, NJW 2002, 909.
[93] HK-StPO/*Lemke* Rn. 18; KK-StPO/*Senge* Rn. 21; KMR/*Neubeck* Rn. 19; *Meyer-Goßner* Rn. 21.
[94] KK-StPO/*Senge* Rn. 21a; KMR/*Neubeck* Rn. 20; *Meyer-Goßner* Rn. 22; SK/*Rogall* Rn. 128; krit. *Kreuzer* FS Schüler-Springorum, 1993, S. 537.
[95] BVerfG v. 18. 1. 1996 – 2 BvR 2886/95, NJW 1996, 1587; LG Freiburg v. 6. 11. 1998 – II Qs 129/98, NStZ-RR 1999, 136; zweifelnd LG Kiel v. 16. 6. 2009 – 10 KLs 24/08, StV 2010, 127.
[96] BT-Drucks. 12/2738 S. 5.
[97] *Dallinger* JZ 1953, 436.
[98] Gesetz vom 6. 4. 1979, BGBl. I S. 413.
[99] KMR/*Neubeck* Rn. 23; *Meyer-Goßner* Rn. 24.
[100] AllgM.
[101] KMR/*Neubeck* Rn. 23; Löwe/Rosenberg/*Dahs*, 25. Aufl., Rn. 43; *Meyer-Goßner* Rn. 24; aA AK/*Kühne* Rn. 19; HK-StPO/*Lemke* Rn. 21; KK-StPO/*Senge* Rn. 24; SK/*Rogall* Rn. 141.
[102] BGBl. I S. 682.
[103] BVerfG v. 28. 11. 1973 – 2 BvL 42/71, BVerfGE 36, 193 (204) = NJW 1973, 356 (358); BVerfG v. 6. 2. 1979 – 2 BvR 154/78, BVerfGE 50, 234 (240) = NJW 1979, 1400 (1401).
[104] BVerfG v. 5. 8. 1966 – 1 BvR 586/82, BVerfGE 20, 162 (176) = NJW 1966, 1603; BGH v. 28. 12. 1978 – StB 235/78, BGHSt 28, 240 (254) = NJW 1979, 1212.
[105] OLG Bremen v. 21. 12. 1976 – Ss 118/76, JZ 1977, 444.

von dem Zeugnisverweigerungsrecht Gebrauch gemacht wird,[106] mag der Pressemitarbeiter hierzu auch standesrechtlich verpflichtet sein.[107] Nach Ansicht des BVerfG war das Zeugnisverweigerungsrecht in Nr. 5 aF **nicht abschließend geregelt**; vielmehr könne ein weitergehendes Recht unmittelbar aus der Verfassung (Art. 5 Abs. 1 S. 2 GG) abgeleitet werden.[108] Ob dies auch nach der Neufassung des Gesetzes gilt, bleibt abzuwarten.

28 b) **Personenkreis.** Die Nr. 5 berechtigt nicht alle Pressemitarbeiter zur Zeugnisverweigerung, sondern nur solche, die bei der Vorbereitung, Herstellung oder Verbreitung von Druckwerken, Rundfunksendungen, Filmberichten oder der Unterrichtung oder Meinungsbildung dienenden Informations- und Kommunikationsdiensten mitwirken oder mitgewirkt haben. Auch wissenschaftliche Publikationen gehören dazu.[109] Die Vorschrift erfasst **alle Arten von Druckwerken**, die Beschränkung auf periodische Druckerzeugnisse ist entfallen. **Rundfunksendungen** sind Sendungen des Hörfunks und Fernsehens. Die Aufnahme der **Filmberichterstattung** dient der Angleichung an Art. 5 Abs. 1 GG. Der Bericht muss aber einen gewissen Informationsgehalt (Nachrichtenwert) haben; reine Spielfilme scheiden aus.[110] **Informations- und Kommunikationsdienste** (Mediendienste) sind an jedermann gerichtete Angebote in Text, Ton oder Bild, die unter Benutzung elektromagnetischer Schwingungen ohne Verbindungsleitung oder längs oder mittels einer Leitung verbreitet werden (etwa Fernsehtext).[111]

29 **Berufsmäßige** Mitarbeiter sind alle Angehörigen des redaktionellen, kaufmännischen oder technischen Personals, die auf Grund ihrer Stellung bei Vorbereitung, Herstellung oder Verbreitung des Druckwerks oder der Rundfunksendung Kenntnis vom Verfasser, Einsender oder Gewährsmann oder dem Inhalt der übermittelten Informationen erlangen können.[112] Dies schließt Hilfspersonen (etwa Volontäre) ebenso ein, wie Verlagsjustitiare[113] und freischaffende Journalisten.[114] **Nicht berufsmäßig** wirkt mit, wer nur gelegentlich journalistisch tätig ist.[115] Für eine berufsmäßige Befassung muss die Absicht vorhanden sein, die Tätigkeit durch wiederholte Ausübung zu einer dauernden oder wiederkehrenden (nicht notwendig auf Gewinn gerichteten) Beschäftigung zu machen.[116] Dann genügt auch eine Mitwirkung im Einzelfall.[117]

30 Diese Mitwirkung muss bei der Vorbereitung, Herstellung oder Verbreitung des Druckwerks oder der Rundfunksendung erfolgen. **Vorbereitung** meint die Informationsgewinnung, dh. die Recherche.[118] Zur **Herstellung** gehören sämtliche Tätigkeiten, die zur inhaltlichen, sprachlichen oder technischen Gestaltung dienen.[119] Die **Verbreitung** umfasst alle Handlungen, durch die das Druckerzeugnis oder die Sendung einem größeren Personenkreis zugänglich gemacht, also veröffentlicht wird.[120] Der Versand an einen beschränkten Personenkreis (zB Vereinsmitglieder) kann dafür genügen.[121]

31 c) **Umfang des Zeugnisverweigerungsrechts.** Der Zeuge hat das Recht, die Beantwortung der Fragen zu verweigern, wer sein Informant (Verfasser, Einsender oder Gewährsmann) ist und ob er Mitteilungen (Beiträge, Unterlagen, Material für den redaktionellen Teil) erhalten hat und welchen Inhalt diese haben.

32 Der Zeuge braucht also die **Person des Informanten**, dh. den Namen und alle sonstigen Umstände, die zu einer Identifizierung führen könnten, nicht zu offenbaren.[122] Wenn die Identität des Informanten durch das Presseorgan selbst aufgedeckt oder sonst bekannt geworden ist, besteht jedoch für die weiteren Einzelheiten, die dessen Auffinden ermöglichen (etwa Aussehen und Aufenthaltsort), kein Zeugnisverweigerungsrecht.[123] Auf sonstige Umstände der Veröffentlichung (zB

---

[106] BVerfG v. 12. 3. 1982 – 2 BvR 1112/81, NStZ 1982, 253.
[107] *Meyer-Goßner* Rn. 26.
[108] BVerfG v. 10. 5. 1983 – 1 BvR 385/82, BVerfGE 64, 108 (116) = NJW 1984, 1101 mwN; aA BGH v. 28. 12. 1978 – StB 235/78, BGHSt 28, 240 (254) = NJW 1979, 1212; BGH v. 28. 12. 1978 – StB 235/78, BGHSt 28, 240 (254) = NJW 1979, 1212.
[109] *Greitemann* NStZ 2002, 572.
[110] KK-StPO/*Senge* Rn. 29.
[111] KK-StPO/*Senge* Rn. 30.
[112] *Dallinger* JZ 1953; 436, *Kohlhaas* NJW 1958, 41.
[113] LG Hamburg v. 28. 5. 1984 – Qs 6/84, AfP 1984, 172.
[114] BGH v. 13. 1. 1999 – StB 14/98, NJW 1999, 2051.
[115] *Künert* MDR 1975, 885 (886).
[116] *Kohlhaas* NJW 1958, 41.
[117] BGH v. 16. 12. 1954 – 3 StR 385/54, BGHSt 7, 129.
[118] BVerfG v. 6. 10. 1959 – 1 BvL 118/53, BVerfGE 10, 118 = NJW 1960, 29; OLG Bremen v. 21. 12. 1976 – Ss 118/76, JZ 1977, 444; *Künert* MDR 1975, 885 (886).
[119] KK-StPO/*Senge* Rn. 32; KMR/*Neubeck* Rn. 28; *Meyer-Goßner* Rn. 32.
[120] BGH v. 3. 10. 1962 – 3 StR 35/62, BGHSt 18, 63.
[121] KK-StPO/*Senge* Rn. 33; KMR/*Neubeck* Rn. 28.
[122] BGH v. 28. 12. 1978 – StB 235/78, BGHSt 28, 240 (246) = NJW 1979, 1212; BGH v. 20. 11. 1989 – II BGs 355/89, BGHSt 36, 298 (303) = NJW 1990, 525; *Groß* StV 1996, 559 (562); *Kohlhaas* NJW 1958, 41 (42).
[123] BGH v. 28. 12. 1978 – StB 235/78, BGHSt 28, 240 (246 f.) = NJW 1979, 1212; BGH v. 13. 1. 1999 – StB 14/98, NJW 1999, 2051.

Zahlungen an den Informanten) bezieht sich das Weigerungsrecht nur, wenn sie für Fahndungsmaßnahmen oder Aufenthaltsermittlungen aufschlussreich sein können.[124]

Das Zeugnisverweigerungsrecht erstreckt sich auf die Person des Verfassers, Einsenders und sonstigen Informanten. **Verfasser** ist der geistige Urheber eines Beitrags, gleichgültig, ob er diesen selbst schriftlich niedergelegt oder nur diktiert hat, und ob und in welcher Form der Beitrag in das Presseerzeugnis (etc.) aufgenommen wurde.[125] Mehrere Urheber sind Mitverfasser, wobei diese auch Mitarbeiter des Presseorgans selbst sein können und sich das Weigerungsrecht ebenfalls auf diese erstreckt.[126] Gleiches gilt etwa für eine Person, die den Beitrag selbst im Rundfunk oder Fernsehen spricht.[127] **Einsender** ist, wer dem Mitarbeiter des Pressebetriebs Material (wie Aufzeichnungen, Briefe oder sonstige Schriftstücke), dessen Verfasser er nicht ist, zum Zwecke der Veröffentlichung übergibt.[128] **Sonstiger Informant** ist ein Gewährsmann, der weder Verfasser noch Einsender ist, sondern lediglich die Anregung für einen Bericht gibt oder Material hierfür liefert.[129]

Inhaltlich schützt die Nr. 5 die **Mitteilungen**, die den dort genannten Personen in ihrer beruflichen Eigenschaft von Verfassern, Einsendern oder sonstigen Informanten gemacht wurden. Dazu gehört bereits die Tatsache, ob überhaupt eine Mitteilung gemacht worden ist.[130] Ob die Mitteilungen zu einer Veröffentlichung oder Sendung geführt haben und ob eine solche überhaupt beabsichtigt war, ist unerheblich,[131] dh. geschützt ist auch das nicht zur Veröffentlichung bestimmte Hintergrund- und Archivmaterial. Das **Ermöglichen gezielter bestimmter Beobachtungen** durch einen Informanten ist wie eine Mitteilung zu behandeln.[132]

Die Mitteilungen (Beiträge, Unterlagen, Materialien) müssen für den **redaktionellen Teil** des Druckerzeugnisses, Rundfunk- oder Filmberichts bestimmt sein. Das gilt auch für Leserbriefe,[133] grundsätzlich aber nicht für den Anzeigenteil einer Zeitung oder den Werbefunk und das Werbefernsehen.[134] Nur in Sonderfällen kann sich bei einer Anzeige unmittelbar aus dem Grundrecht der Pressefreiheit ein Zeugnisverweigerungsrecht ergeben, wenn ihr meinungsbildende Funktion zukommt.[135]

Besonderheiten gelten nach der Neufassung der Nr. 5 für das durch einen Journalisten **selbst erarbeitete Material**. Auch bezüglicher eigener schriftlicher Unterlagen, Filme und Fotos (einschließlich der Negative)[136] besteht das Zeugnisverweigerungsrecht. Auch über den Inhalt **eigener berufsbezogener Wahrnehmung** darf das Zeugnis verweigert werden.[137] Eine Wahrnehmung ist dann berufsbezogen, wenn sie im Zusammenhang mit der Tätigkeit als Medienmitarbeiter gemacht wurde.[138]

Im Ergebnis folgt aus Nr. 5 ein inhaltlich sehr weitgehendes, nahezu unbeschränktes Zeugnisverweigerungsrecht. Dieses erfährt durch Abs. 2 S. 2 im staatlichen Strafverfolgungsinteresse eine **Einschränkung**, wenn die Aussage der Aufklärung eines Verbrechens (§ 12 Abs. 1 StGB) oder eines der abschließend aufgeführten Vergehen dient: Das Zeugnisverweigerungsrecht entfällt in Hinblick auf das selbst erarbeitete Material und die eigenen berufsbezogenen Wahrnehmung dann, wenn ohne die Aussage die Erforschung des Sachverhalts oder die Ermittlung des Aufenthaltsorts des Beschuldigten auf andere Weise aussichtslos oder wesentlich erschwert wäre. Diese sog. **Subsidiaritätsklausel** ist gesetzgebungstechnisch missglückt. Zum einen bezieht sie sich nach dem Wortlaut nur auf die genannten Vergehen,[139] wobei unklar ist, ob dies vom Gesetzgeber gewollt war.[140] Zum anderen erscheint sie wegen der Unbestimmtheit der verwendeten Begriffe unpraktikabel.[141] Strei-

---

[124] BVerfG v. 11. 3. 1969 – 1 BvR 665/62, BVerfGE 25, 296 (306) = NJW 1969, 1019; BGH v. 28. 12. 1978 – StB 235/78, BGHSt 28, 240 (246 f.) = NJW 1979, 1212; aA SK/*Rogall* Rn. 171.
[125] HK-StPO/*Lemke* Rn. 28; KK-StPO/*Senge* Rn. 37; KMR/*Neubeck* Rn. 30; Meyer-Goßner Rn. 35.
[126] LG Hamburg v. 28. 5. 1984 – Qs 6/84, AfP 1984, 172.
[127] KK-StPO/*Senge* Rn. 35; KMR/*Neubeck* Rn. 30.
[128] HK-StPO/*Lemke* Rn. 28; KK-StPO/*Senge* Rn. 38; KMR/*Neubeck* Rn. 30; Meyer-Goßner Rn. 36.
[129] HK-StPO/*Lemke* Rn. 28; KK-StPO/*Senge* Rn. 39; KMR/*Neubeck* Rn. 30; Meyer-Goßner Rn. 37.
[130] Meyer-Goßner Rn. 38.
[131] BGH v. 28. 12. 1978 – StB 235/78, BGHSt 28, 240 (251) = NJW 1979, 1212; OLG Bremen v. 21. 12. 1976 – Ss 118/76, JZ 1977, 444.
[132] BGH v. 28. 12. 1978 – StB 235/78, BGHSt 28, 240 (255) = NJW 1979, 1212; LG Heilbronn v. 26. 3. 1984 – 3 Qs 210/83, AfP 1984, 119.
[133] KG v. 17. 3. 1983 – ER 9/83, NJW 1984, 1133.
[134] *Kunert* MDR 1975, 885 (887); KK-StPO/*Senge* Rn. 34; KMR/*Neubeck* Rn. 32; Meyer-Goßner Rn. 40; SK/*Rogall* Rn. 178.
[135] BVerfG v. 10. 5. 1983 – 1 BvR 385/82, BVerfGE 64, 108 (118) = NJW 1984, 1101.
[136] BVerfG v. 4. 3. 1981 – 2 BvR 195/81, BVerfGE 56, 247 = NJW 1981, 971.
[137] KMR/*Neubeck* Rn. 31; Meyer-Goßner Rn. 39; krit. *Kunert* NStZ 2002, 169 (171).
[138] *Kunert* NStZ 2002, 169 (172); KK-StPO/*Senge* Rn. 44 a.
[139] KK-StPO/*Senge* Rn. 44 b; KMR/*Neubeck* Rn. 33; Meyer-Goßner Rn. 39; SK/*Rogall* Rn. 182.
[140] BT-Drucks. 14/1776, BR-Drucks. 688/01.
[141] *Kramer* Kriminalistik 2004, 756 (760).

tigkeiten über den Bestand des Zeugnisverweigerungsrechts erscheinen zwangsläufig.[142] Zudem dürfte die Einschränkung nach der **Unterausnahme** in Abs. 2 S. 3 meist leer laufen: Danach darf der Zeuge auch im Falle des Abs. 2 S. 2 die Aussage verweigern, wenn sie zur Offenbarung der Person des Informanten oder der dem Medienmitarbeiter im Hinblick auf seine Tätigkeit nach Abs. 1 S. 1 Nr. 5 gemachten Mitteilungen oder deren Inhalts führen würde.[143] Dies erscheint problematisch, da eine – wohl regelmäßig unüberprüfbare – Behauptung des Zeugen, ein solcher Fall liege vor, die Aussagepflicht faktisch beseitigt.[144]

IV. Ausübung des Zeugnisverweigerungsrechts

38 Für die **Ausübung des Zeugnisverweigerungsrechts** gelten die bei § 52 dargestellten Grundsätze entsprechend.[145] Die Verfahrensbeteiligten haben keinen Anspruch darauf, dass der Zeuge von seinem Recht Gebrauch macht.[146] Der Zeuge braucht seine Weigerung auch nicht zu begründen.[147] Bei Zweifeln über deren Berechtigung kann das Gericht die eidliche Versicherung verlangen, § 56.[148] Auch kann der Zeuge auf sein Recht verzichten und diesen Verzicht bis zum Schluss seiner Vernehmung widerrufen.[149] Seine bis zum Widerruf gemachte Aussage bleibt verwertbar; eine Vereidigung auf diesen Aussageteil ist ausgeschlossen.[150] Für die **verfahrensrechtlichen Folgen** der Weigerung wird auf die Ausführungen zu § 52 verwiesen.[151]

V. Entbindung von der Schweigepflicht

39 **1. Allgemeines.** Die in Abs. 1 Nr. 2, 3, 3a und 3b genannten Berufsgruppen sind nicht länger zur Zeugnisverweigerung berechtigt, wenn sie von ihrer Verschwiegenheitspflicht entbunden worden sind; für sie besteht dann wie für die sonstigen Zeugen **Aussagepflicht**.[152] Dies gilt auch für die Entbindung eines **Strafverteidigers**; ein Fortbestand der Verschwiegenheitspflicht für den Fall, dass die Aussage sich auf den „Kernbereich" der Verteidigung bezieht, ist nicht anzuerkennen.[153] In den Fällen der Nr. 1, 4 und 5 ist hingegen eine Entbindung rechtlich wirkungslos. Das Zeugnisverweigerungsrecht besteht fort; die Entbindung kann lediglich die Entschließung des Zeugen beeinflussen.[154] Das Gericht ist nicht verpflichtet, den zur Entbindung berechtigten Angeklagten zu befragen, ob er den Zeugen entbinden wolle.[155] Die Weigerung des umfassend schweigenden Angeklagten, einen Zeugen von der Verschwiegenheitspflicht zu entbinden, darf bei der **Beweiswürdigung** nicht zu seinem Nachteil gewürdigt werden.[156]

40 **2. Zur Entbindung Berechtigte.** Zur Entbindung von der Schweigepflicht ist derjenige berechtigt, zu dessen Gunsten diese Pflicht gesetzlich begründet ist.[157] Maßgebend ist, wer „**geheimnisgeschützt**" ist, nicht, wer die Tatsache dem Berufsgeheimnisträger anvertraut hat. Offenbart etwa ein Patient seinem Arzt eine Erkrankung seiner Ehefrau, so kann nur diese den Arzt entbinden; eine Entbindungserklärung des Mannes ist nicht erforderlich und wäre rechtlich wirkungslos.[158] Sind **mehrere Personen** geschützt, müssen alle (gemeinsam oder getrennt) die Befreiung von der Schweigepflicht erklären.[159] Für eine **GmbH** müssen alle rechtlichen und faktischen Geschäftsführer die Erklärung abgeben,[160] für eine AG oder Genossenschaft der Vorstand. Bei einer insolventen Gesellschaft kann der **Insolvenzverwalter** nicht allein von der Verschwiegenheitspflicht

---

[142] *Hamm* NJW 2001, 269 (270); *Kunert* NStZ 2002, 169 (172); KMR/*Neubeck* Rn. 33; *Meyer-Goßner* Rn. 39 b.
[143] Vgl. Zur Entwicklung dieser Voraussetzung in der Rechtsprechung BGH v. 20. 11. 1989 – II BGs 355/89, BGHSt 36, 298 = NJW 1990, 525.
[144] KK-StPO/*Senge* Rn. 44 c; *Meyer-Goßner* Rn. 39 c.
[145] S. dort Rn. 15 ff.
[146] BVerfG v. 12. 3. 1982 – 2 BvR 1112/81, NStZ 1982, 253.
[147] RG v. 12. 5. 1922 – I 1628/21, RGSt 57, 63 (65).
[148] KMR/*Neubeck* Rn. 35; *Meyer-Goßner* Rn. 41.
[149] RG v. 29. 10. 1929 – I 954/29, RGSt 63, 302; KK-StPO/*Senge* Rn. 8; KMR/*Neubeck* Rn. 35; *Meyer-Goßner* Rn. 42.
[150] BGH v. 7. 3. 1996 – 4 StR 737/95, BGHSt 42, 73 (77) = NJW 1996, 2435.
[151] S. dort Rn. 30 ff.
[152] BGH v. 20. 11. 1962 – 5 StR 426/62, BGHSt 18, 146 (147) = NJW 1963, 723.
[153] BGH v. 24. 11. 2009 – 1 StR 520/09, StraFo 2010, 69; aA wohl BGH v. 12. 9. 2007 – 5 StR 257/07, NStZ 2008, 115.
[154] KK-StPO/*Senge* Rn. 45; KMR/*Neubeck* Rn. 36; *Meyer-Goßner* Rn. 45; *Pfeiffer* Rn. 4.
[155] BGH v. 14. 10. 1975 – 1 StR 108/75; *Meyer-Goßner* Rn. 45.
[156] BGH v. 22. 12. 1999 – 3 StR 401/99, BGHSt 45, 363 = NJW 2000, 1426.
[157] OLG Hamburg v. 29. 12. 1961 – Ws 756/61, NJW 1962, 689 (691).
[158] OLG Hamburg v. 29. 12. 1961 – Ws 756/61, NJW 1962, 689 (691); *Göppinger* NJW 1958, 241 (243); KK-StPO/*Senge* Rn. 46; *Meyer-Goßner* Rn. 46; aA OLG Karlsruhe v. 23. 5. 1960 – 2 W 24/60, NJW 1960, 1392; OLG Köln v. 30. 11. 1982 – 3 Ss 126/82, NStZ 1983, 412 mAnm *Rogall*.
[159] KK-StPO/*Senge* Rn. 47; *Meyer-Goßner* Rn. 46.
[160] OLG Celle v. 2. 8. 1985 – 1 Ws 194/85, wistra 1986, 83; LG Hamburg v. 4. 7. 2005 – 608 Qs 3/05, wistra 2005, 394.

entbinden; auch dann nicht, wenn den Geschäftsführern Straftaten zum Nachteil der Gesellschaft zur Last liegen.[161] Bei einem Wechsel im Vorstand oder der Geschäftsführung ist sowohl eine Entbindungserklärung durch den gegenwärtigen als auch den früheren Vertretungsberechtigten, dem die Tatsachen anvertraut worden sind, erforderlich.[162]

Eine **Vertretung** in der Entbindungserklärung ist unzulässig, da es sich um ein höchstpersönliches Recht handelt.[163] Geschäftsfähigkeit ist nicht Voraussetzung für die Wirksamkeit der Erklärung, natürliche Willensfähigkeit und eine hinreichende Vorstellung von der Bedeutung des Rechts genügen, so dass auch durch **Minderjährige** oder Geistesgestörte wirksam entbunden werden kann.[164] Mit dem **Tod** des Geheimnisgeschützten geht das Entbindungsrecht weder auf die Erben noch auf die nächsten Angehörigen über.[165] Kann der Wille des Verstorbenen nicht festgestellt werden, so muss der Zeuge entscheiden, ob er aussagen will.[166] 41

3. **Erklärung.** Die Entbindung kann ausdrücklich erklärt werden, kann aber auch durch **schlüssiges Verhalten** erfolgen. Dies ist etwa anzunehmen, wenn der Entbindungsberechtigte den Berufsgeheimnisträger als Zeugen benennt,[167] oder er ein Attest des zur Verschwiegenheit verpflichteten Arztes vorlegt.[168] Die Erklärung kann auch über den Tod des Berechtigten hinausreichen, etwa durch Niederlegung in einem hinterlassenen Brief.[169] Ein **mutmaßliches Einverständnis** genügt aber nicht.[170] Die Beurteilung der **Wirksamkeit** der Entbindungserklärung obliegt als Rechtsfrage dem Gericht.[171] 42

Die Entbindung kann auf bestimmte Vorgänge oder Tatsachenkomplexe nicht aber auf einzelne Tatsachen **beschränkt** werden.[172] Die Entbindung kann auch entsprechend § 52 Abs. 3 S. 2 jederzeit **widerrufen** werden.[173] Verweigert ein Zeuge die weitere Aussage, so bleibt die bisherige verwertbar,[174] die Verlesung des Vernehmungsprotokolls oder die Vernehmung der Verhörperson ist dann zulässig.[175] 43

VI. Revision

Rügeberechtigt bei einem Verstoß gegen § 53 ist auch derjenige Angeklagte, der durch dieses Zeugnisverweigerungsrecht nicht unmittelbar geschützt ist.[176] Der Erfolg der Rüge hängt nicht davon ab, dass eine **Entscheidung des Gerichts** (§ 238 Abs. 2) herbeigeführt worden ist.[177] Nicht gerügt werden kann der **sachwidrige Gebrauch** des Zeugnisverweigerungsrechts durch den Zeugen, denn kein Verfahrensbeteiligter hat einen Anspruch darauf, dass der Zeuge aussagt oder schweigt.[178] Dies gilt im Falle einer Aussage selbst dann, wenn der Zeuge dabei gegen § 203 StGB verstößt.[179] Auch ein **Unterlassen der Belehrung** über das Zeugnisverweigerungsrecht ist nicht revisibel.[180] Gerügt werden kann aber, dass das Gericht durch **unrichtige Belehrung** oder Hinweise auf die Entschließungsfreiheit des Zeugen eingewirkt hat. Dies gilt zB für den falschen Hinweis, eine Verschwiegenheitspflicht nach § 203 StGB bestehe nicht oder eine Entbindungserklärung liege vor, wenn der Zeuge infolgedessen aussagt, und das Urteil auf der Aussage beruht.[181] 44

---

[161] OLG Düsseldorf v. 14. 12. 1992 – 1 Ws 1155/92, StV 1993, 346; OLG Koblenz v. 22. 2. 1985 – 2 VAs 21/84, NStZ 1985, 426; OLG Schleswig v. 27. 5. 1980 – 1 Ws 160/80, NJW 1981, 294; aA OLG Nürnberg v. 18. 6. 2009 – 1 Ws 289/09, NJW 2010, 690; OLG Oldenburg v. 28. 5. 2004 – 1 Ws 242/04, NJW 2004, 2176.
[162] Meyer-Goßner Rn. 46.
[163] KMR/Neubeck Rn. 39; Meyer-Goßner Rn. 48.
[164] Göppinger NJW 1958, 241; KK-StPO/Senge Rn. 48; KMR/Neubeck Rn. 39; Meyer-Goßner Rn. 48; aA Solbach DRiZ 1978, 204 (207).
[165] RG v. 17. 11. 1936 – 1 D 793/36; KK-StPO/Senge Rn. 49; KMR/Neubeck Rn. 39.
[166] BGH v. 4. 7. 1984 – IVa ZB 18/83, BGHZ 91, 391 = NJW 1984, 2893; OLG Stuttgart v. 18. 10. 1982 – 8 W 388/82, NJW 1983, 1744; aA LG Hildesheim v. 29. 10. 1981 – 12 Qs 192/81, NStZ 1982, 394; Solbach DRiZ 1978, 204 (205).
[167] KK-StPO/Senge Rn. 50; KMR/Neubeck Rn. 38; Meyer-Goßner Rn. 47; SK/Rogall Rn. 202.
[168] OLG Karlsruhe v. 28. 10. 1993 – 3 Ws 1154/93, NStZ 1994, 141.
[169] KK-StPO/Senge Rn. 50 mwN.
[170] Solbach DRiZ 1978, 204 (205).
[171] BDH v. 25. 9. 1958 – W DB 9/58, NJW 1960, 550; SK/Rogall Rn. 193.
[172] OLG Hamburg v. 29. 12. 1961 – Ws 756/61, NJW 1962, 689 (690).
[173] BGH v. 20. 11. 1962 – 5 StR 426/52, BGHSt 18, 146 (149) = NJW 1963, 723; BGH v. 7. 3. 1996 – 4 StR 737/95, BGHSt 42, 73 = NJW 1996, 2435.
[174] BGH v. 20. 11. 1962 – 5 StR 426/52, BGHSt 18, 146 (149) = NJW 1963, 723.
[175] BGH v. 24. 9. 1996 – 5 StR 441/96, StV 1997, 233; aA OLG Hamburg v. 29. 12. 1961 – Ws 756/61, NJW 1962, 689 (691).
[176] BGH v. 20. 2. 1985 – 2 StR 561/84, BGHSt 33, 148 (153) = NJW 1985, 2203.
[177] BGH v. 7. 3. 1996 – 4 StR 737/95, BGHSt 42, 73 = NJW 1996, 2435.
[178] BGH v. 12. 1. 1956 – 4 StR 195/55, BGHSt 9, 59 (61) = NJW 1956, 599; s. auch Rn. 38.
[179] S. Rn. 6.
[180] S. Rn. 7.
[181] BGH v. 7. 3. 1996 – 4 StR 737/95, BGHSt 42, 73 = NJW 1996, 2435; RG v. 12. 5. 1922 – I 1628/21, RGSt 57, 63 (65).

Verweigert der Zeuge infolge unrichtiger Belehrung die Aussage, so ist § 245 verletzt, wenn er präsent ist, ansonsten § 244 Abs. 2.[182] Beanstandet werden kann auch, dass das Gericht den Zeugen nach Erklärung des Angeklagten, ihn nicht zu entbinden, entlässt, ohne ihn zu fragen, ob er von seinem Zeugnisverweigerungsrecht Gebrauch machen oder aussagen will.[183]

§ 53a [Zeugnisverweigerungsrecht der Berufshelfer]

(1) [1]Den in § 53 Abs. 1 Satz 1 Nr. 1 bis 4 Genannten stehen ihre Gehilfen und die Personen gleich, die zur Vorbereitung auf den Beruf an der berufsmäßigen Tätigkeit teilnehmen. [2]Über die Ausübung des Rechtes dieser Hilfspersonen, das Zeugnis zu verweigern, entscheiden die in § 53 Abs. 1 Satz 1 Nr. 1 bis 4 Genannten, es sei denn, daß diese Entscheidung in absehbarer Zeit nicht herbeigeführt werden kann.

(2) Die Entbindung von der Verpflichtung zur Verschwiegenheit (§ 53 Abs. 2 Satz 1) gilt auch für die Hilfspersonen.

Schrifttum: *Dallinger*, Das Dritte Strafrechtsänderungsgesetz – II. Teil: Gerichtsverfassung und Strafverfahren, JZ 1953, 432; *Jungfer*, Strafverteidiger und Detektiv, StV 1989, 495; *Kleinewefers/Wilts*, Die Schweigepflicht der Krankenhausleitung, NJW 1964, 428; *Kohlhaas*, Strafrechtliche Schweigepflicht und prozessuales Schweigerecht, GA 1958, 65; *ders.*, Rotes Kreuz und Schweigerecht?, NJW 1967, 666; *ders.*, Die Schweigepflicht der in der Medizin technisch tätigen Personen, NJW 1972, 1502; *Krekeler/Schonard*, Der Berufshelfer im Sinne von § 53a StPO, wistra 1998, 137; *Kreuzer*, Die Schweigpflicht von Krankenhausärzten gegenüber Aufsichtsbehörden, NJW 1975, 2232; *Peters*, Seelsorge und Strafvollzug, JR 1975, 402; *Schliwienski*, Das Zeugnisverweigerungsrecht des Berufshelfers und seine Bedeutung im Rahmen des § 203 StGB, NJW 1988, 1507; *Stromberg*, Über das Zeugnisverweigerungsrecht und die Genehmigungsbedürftigkeit von Zeugenaussagen kirchlicher Bediensteter, MDR 1974, 892; *Thielen*, Die Entscheidung der Berufsgeheimnisträger nach § 53a Abs. 1 StPO, StraFo 2000, 121.

I. Normzweck

1   Die Vorschrift dient dazu, eine **Umgehung des Zeugnisverweigerungsrechts** aus § 53 Abs. 1 Nr. 1 bis 4 zu vermeiden. Hilfspersonen der Berufsgeheimnisträger und bei ihnen im Vorbereitungsdienst tätige Personen erfahren üblicherweise unvermeidbar auch Berufsgeheimnisse und unterliegen folglich nach § 203 Abs. 3 S. 2 StGB der Verschwiegenheitsverpflichtung der jeweiligen Berufsgruppen. Dem trägt § 53a Rechnung.[1]

II. Gehilfen (Abs. 1 S. 1)

2   Der **Begriff des Gehilfen** in § 53a Abs. 1 geht weiter als der in § 203 Abs. 3 S. 2 StGB, da er nicht nur berufsmäßig tätige Hilfskräfte, sondern auch nur gelegentlich Mithelfende (etwa Familienangehörige) erfasst.[2] Erforderlich ist aber stets ein **unmittelbarer Zusammenhang** der Hilfeleistung mit der Berufstätigkeit.[3] Daran fehlt es regelmäßig bei Hilfspersonal wie Hausangestellten, Chauffeuren oder Reinigungskräften.

3   **Keine Hilfspersonen** in diesem Sinne sind selbständige Gewerbetreibende, die für einen Berufsgeheimnisträger eigenverantwortlich Einzelaufträge erledigen, wie zB ein für einen Zahnarzt tätiger Zahntechniker,[4] der von einem Arzt herbeigerufene Krankentransportfahrer[5] sowie der von einem Rechtsanwalt beauftragte Detektiv[6] oder Gutachter.[7] Auch Mitarbeiter von Krankenkassen, kassenärztlichen Vereinigungen, privatärztlichen Abrechnungsstellen, Datenbanken und Kreditinstituten[8] zählen nicht zu den Gehilfen, da der unmittelbare Zusammenhang mit der Tätigkeit des Berufsgeheimnisträgers auch dann fehlt, wenn sie bestimmte Arbeiten für diesen verrichten.[9]

4   Für **Geistliche** kommen als Gehilfen nur selbst in der Seelsorge tätige Personen in Betracht, nicht aber Personen, die bei nicht unmittelbar mit der Seelsorge zusammenhängenden Tätigkeiten

---

[182] BGH v. 20. 10. 1993 – 5 StR 635/92, NStZ 1994, 94.
[183] BGH v. 28. 10. 1960 – 4 StR 375/60, BGHSt 15, 200 = NJW 1961, 279.
[1] *Dallinger* JZ 1953, 432 (436); KK-StPO/*Senge* Rn. 1; KMR/*Neubeck* Rn. 1; *Meyer-Goßner* Rn. 1; SK/*Rogall* Rn. 1.
[2] *Krekeler/Schonard* wistra 1998, 137 (138); KK-StPO/*Senge* Rn. 2; KMR/*Neubeck* Rn. 2; *Meyer-Goßner* Rn. 2.
[3] *Dallinger* JZ 1953, 432 (436); KK-StPO/*Senge* Rn. 2; KMR/*Neubeck* Rn. 2; *Meyer-Goßner* Rn. 2; SK/*Rogall* Rn. 10.
[4] KK-StPO/*Senge* Rn. 3; KMR/*Neubeck* Rn. 3; *Meyer-Goßner* Rn. 2; aA Landesberufsgericht für Zahnärzte Stuttgart v. 14. 6. 1975 – LQs 1/75, NJW 1975, 2255.
[5] KK-StPO/*Senge* Rn. 3; KMR/*Neubeck* Rn. 3; *Meyer-Goßner* Rn. 2; aA *Kohlhaas* NJW 1967, 666.
[6] KK-StPO/*Senge* Rn. 3; KMR/*Neubeck* Rn. 3; *Meyer-Goßner* Rn. 2; aA LG Frankfurt v. 7. 11. 1958 – 5/9 Qs 202/58, NJW 1959, 589; *Jungfer* StV 1989, 495 (504).
[7] LG Essen v. 8. 12. 1995 – 22a (11/95), StraFo 1996, 92 mAnm *Oster*; KMR/*Neubeck* Rn. 3; *Meyer-Goßner* Rn. 2; aA LG Hannover v. 14. 2. 2001 – 33 a 10/00, StraFo 2001, 167; diff. KK-StPO/*Senge* Rn. 3.
[8] OLG Frankfurt v. 22. 8. 2001 – 2 AuslS 10/01, NJW 2002, 1135 (1136).
[9] KK-StPO/*Senge* Rn. 3; KMR/*Neubeck* Rn. 3; *Meyer-Goßner* Rn. 2.

mithelfen.[10] Bei einem **Rechtsanwalt** sind es die juristischen Mitarbeiter, die nicht selbst als Rechtsanwälte zu gelassen sind (für diese gilt § 53), das Büropersonal und auch der zugezogene Dolmetscher.[11] Beim **Arzt** zählen als Gehilfen zugezogene Psychologen und andere Spezialisten,[12] Krankenschwestern und -pfleger, medizinisch-technische Assistenten, Masseure, medizinische Bademeister, Krankengymnasten, Sprechstundenhilfen, Sekretäre und Buchhalter.[13] Im **Krankenhaus** ist daneben auch der Verwaltungsdirektor erfasst,[14] nicht aber sonstiges Verwaltungs- oder Hilfspersonal.[15] Bei **Abgeordneten** sind Gehilfen im Sinne von Abs. 1 Assistenten und Sekretäre, nicht aber Wahlhelfer.[16]

III. Abgeleitetes Zeugnisverweigerungsrecht (Abs. 1 S. 2)

Das Schweigerecht der Hilfspersonen leitet sich von dem des Hauptberufsträgers ab.[17] Der **Hauptberufsträger entscheidet** daher nach Abs. 1 S. 2 über die Aussagepflicht des Gehilfen mit bindender Wirkung.[18] Hat er entschieden, dass der Gehilfe die Aussage nicht verweigern darf, muss dieser aussagen und kann dazu auch über § 70 gezwungen werden.[19] Eine eigene **Entscheidung der Hilfsperson** über das Zeugnisverweigerungsrecht ist nur dann zulässig, wenn die Entscheidung des Hauptberufsträgers nicht oder in absehbarer Zeit herbeigeführt werden kann, etwa bei Tod, schwerer Erkrankung oder längerer Abwesenheit.[20] Die Aussage ist aber gleichwohl auch dann **verwertbar**, wenn der Gehilfe entgegen der Weisung des Hauptberufsträgers aussagt.[21]

Die **Entscheidung** des Berufsherrn muss **nicht einheitlich** sein. Er kann selbst das Zeugnis verweigern und den Gehilfen anweisen, auszusagen, oder auf sein Zeugnisverweigerungsrecht verzichten und dem Gehilfen die Aussage verbieten.[22] Er kann auch bei mehreren Hilfspersonen unterschiedliche Anweisungen zum Aussageverhalten erteilen.[23] Im **Verfahren gegen den Hauptberufsträger** steht dem Gehilfen kein Zeugnisverweigerungsrecht zu.[24] Etwas anderes gilt nur, wenn ein Dritter, der nach §§ 53, 53a geheimnisgeschützt ist, Mitbeschuldigter des Hauptberufsträgers ist und ihn die Aussage – und nicht ausschließlich den Berufsherrn – betrifft.[25]

IV. Entbindung von der Schweigepflicht (Abs. 2)

Die Entbindung des Hauptberufsträgers von der Verschwiegenheitspflicht erstreckt sich nach Abs. 2 auch auf die Gehilfen; die Erklärung ist **unteilbar**. Beide können nur gemeinsam entbunden oder nicht entbunden werden.[26]

V. Rechtsmittel

Werden Maßnahmen nach § 70 gegen eine Hilfsperson ergriffen, so steht auch dem Hauptberufsträger das Recht zur **Beschwerde** (§ 304 Abs. 1) zu.[27] Für die **Revision** gelten die Ausführungen zu § 53 entsprechend.[28]

§ 54 [Aussagegenehmigung für Richter und Beamte]

(1) Für die Vernehmung von Richtern, Beamten und anderen Personen des öffentlichen Dienstes als Zeugen über Umstände, auf die sich ihre Pflicht zur Amtsverschwiegenheit bezieht, und für die Genehmigung zur Aussage gelten die besonderen beamtenrechtlichen Vorschriften.

---

[10] *Peters* JR 1975, 402 (404); *Stromberg* MDR 1974, 892.
[11] LG Verden v. 6. 3. 1996 – 1 Qs 57/96, StV 1996, 371; KMR/*Neubeck* Rn. 4; *Meyer-Goßner* Rn. 4.
[12] *Kohlhaas* NJW 1972, 1502.
[13] *Kleinewefers*/Wilts NJW 1964, 428 (430); KMR/*Neubeck* Rn. 4; *Meyer-Goßner* Rn. 5.
[14] OLG Köln v. 29. 9. 1992 – Ss 432/92, VRS 84, 101 (103); OLG Oldenburg v. 10. 6. 1982 – 2 Ws 204/82, NStZ 1983, 39 mAnm *Pelchen*; aA *Kreuzer* NJW 1975, 2232 (2235).
[15] KK-StPO/*Senge* Rn. 2; KMR/*Neubeck* Rn. 4; *Meyer-Goßner* Rn. 5.
[16] KK-StPO/*Senge* Rn. 4; KMR/*Neubeck* Rn. 4; *Meyer-Goßner* Rn. 6.
[17] BGH v. 12. 1. 1956 – 3 StR 195/55, BGHSt 9, 59 (61) = NJW 1956, 599; *Dallinger* JZ 1953, 432 (436).
[18] Vgl. dazu *Thielen* StraFo 2000, 121.
[19] KK-StPO/*Senge* Rn. 6; KMR/*Neubeck* Rn. 5.
[20] AllgM.
[21] KK-StPO/*Senge* Rn. 8; KMR/*Neubeck* Rn. 5; *Meyer-Goßner* Rn. 7; aA SK/*Rogall* Rn. 43.
[22] *Kohlhaas* GA 1958, 65 (72); KK-StPO/*Senge* Rn. 7; KMR/*Neubeck* Rn. 6; *Meyer-Goßner* Rn. 8; aA LG Köln v. 2. 4. 1959 – 34 Qs 76/59, NJW 1959, 1598.
[23] KMR/*Neubeck* Rn. 6; *Meyer-Goßner* Rn. 8.
[24] KK-StPO/*Senge* Rn. 9; KMR/*Neubeck* Rn. 6; *Meyer-Goßner* Rn. 9; aA Löwe/Rosenberg/*Ignor* Rn. 11; SK/*Rogall* Rn. 36.
[25] Landesberufsgericht für Zahnärzte Stuttgart v. 14. 6. 1975 – LQs 1/75, NJW 1975, 2255; aA *Schliwienski* NJW 1988, 1507.
[26] *Dallinger* JZ 1953, 432 (436); allgM.
[27] OLG Köln v. 1. 3. 1991 – 2 Ws 100/91, StV 1991, 506 mAnm *Münchhalffen*.
[28] S. dort Rn. 44.

(2) Für die Mitglieder des Bundestages, eines Landtages, der Bundes- oder einer Landesregierung sowie für die Angestellten einer Fraktion des Bundestages und eines Landtages gelten die für sie maßgebenden besonderen Vorschriften.

(3) Der Bundespräsident kann das Zeugnis verweigern, wenn die Ablegung des Zeugnisses dem Wohl des Bundes oder eines deutschen Landes Nachteile bereiten würde.

(4) Diese Vorschriften gelten auch, wenn die vorgenannten Personen nicht mehr im öffentlichen Dienst oder Angestellte einer Fraktion sind oder ihre Mandate beendet sind, soweit es sich um Tatsachen handelt, die sich während ihrer Dienst-, Beschäftigungs- oder Mandatszeit ereignet haben oder ihnen während ihrer Dienst-, Beschäftigungs- oder Mandatszeit zur Kenntnis gelangt sind.

Schrifttum: *Böhm*, Zum Erfordernis der Genehmigung des Dienstherrn für Zeugenaussagen eines Polizeibeamten, NStZ 1983, 158; *Bohnert*, Der beschuldigte Amtsträger zwischen Aussagefreiheit und Verschwiegenheitspflicht, NStZ 2004, 301; *Ellbogen*, Anfechtung der behördlichen Verweigerung einer Aussagegenehmigung durch die Staatsanwaltschaft?, NStZ 2007, 310; *Feller*, Persönliche und gegenständliche Reichweite der Vorschriften über die Verpflichtung zur Aussagegenehmigung, JZ 1961, 628; *Hiebl*, Zur Frage, ob kirchliche Bedienstete als andere Personen des öffentlichen Dienstes i. S. d. § 54 StPO anzusehen sind, StraFo 1999, 86; *Kraushaar*, Behördenangehörige als V-Personen, Kriminalistik 1995, 186; *Kube/Leineweber*, Polizeibeamte als Zeugen, 1980; *Reinecke/Hilger*, Rechtliche Bedeutung von Schweigepflichten ehemaliger Bediensteter der ehemaligen Staatsverwaltung der DDR, DtZ 1993, 261; *Röhrich*, Rechtsprobleme bei der Verwendung von V-Leuten für den Strafprozess, 1974; *Schmid*, Die Aussagegenehmigung für Beamte im Strafprozess, JR 1978, 8; *Stromberg*, Über das Zeugnisverweigerungsrecht und die Genehmigungsbedürftigkeit von Zeugenaussagen kirchlicher Bediensteter – mit einem Ausblick auf die zu erwartende Erweiterung des § 53 StPO, MDR 1974, 893; *Zeschwitz*, Verfassungsrechtliche Problematik administrativer Aussagebeschränkungen im Strafprozess, NJW 1972, 796.

I. Allgemeines

1. Normzweck. Grundsätzlich haben die Angehörigen des öffentlichen Dienstes gegenüber anderen Zeugen – von den Ausnahmen in den §§ 49, 50 abgesehen – keine Vorrechte.[1] Sie trifft jedoch in Hinblick auf gesetzliche Bestimmungen (oder Regelungen in Tarifverträgen) regelmäßig eine Verschwiegenheitspflicht, die § 54 unverändert in das Strafverfahrensrecht überträgt. Die Norm dient daher dem **Schutz öffentlicher Geheimhaltungsinteressen**; dies regelmäßig ohne Rücksicht auf (möglicherweise überwiegende) Strafverfolgungsinteressen.[2]

2. Reichweite der Verschwiegenheitspflicht. Aus dem genannten Schutzzweck folgt, dass § 54 für amtlich bekannt gewordene Privatgeheimnisse (§ 203 StGB) **sachlich** ebenso wenig gilt wie für die Pflicht zur Wahrung des richterlichen Beratungsgeheimnisses (§ 43 DRiG), das Steuergeheimnis (§ 30 Abs. 1, Abs. 2 AO, § 355 StGB) oder das Sozial- (§ 35 SGB I), Post- und Fernmeldegeheimnis (Art. 10 GG, § 88 TKG, § 39 PostG).[3] Die Pflicht, diese Geheimnisse zu wahren, ergibt sich unmittelbar aus den entsprechenden Vorschriften; eine nach Abs. 1 erteilte Aussagegenehmigung berechtigt daher nicht zu deren Verletzung. **Zeitlich** gilt die Pflicht zur Amtsverschwiegenheit auch nach dem Ausscheiden eines Zeugen aus dem öffentlichen Dienst fort. **Persönlich** ist die Vorschrift nur auf Zeugen, nicht aber auch Beschuldigte anwendbar. Diese müssen sich selbst eine Aussagegenehmigung verschaffen, wenn sie befürchten, mit einer Einlassung im Strafprozess gegen die Verschwiegenheitspflicht zu verstoßen.[4]

3. Prozessuale Folgen der Verschwiegenheitspflicht. Soweit die Pflicht der Angehörigen des öffentlichen Dienstes zur Verschwiegenheit reicht, begründet § 54 ein **Beweiserhebungsverbot** in Form des Verbotes, den Zeugen zu vernehmen.[5] Dies gilt auch für Vernehmungen durch den Staatsanwalt und die Polizei. Im Umfang der Amtsverschwiegenheit ist der Zeuge zur Aussage weder verpflichtet noch befugt.[6] Eine Belehrung des Zeugen über diese Pflicht ist gesetzlich nicht vorgeschrieben und auch nicht aus sonstigen Gründen erforderlich.[7] Mit der **Erteilung der Aussagegenehmigung** lebt die allgemeine Zeugenpflicht in vollem Umfang wieder auf.

II. Personenkreis des Abs. 1

1. Richter. Über die Verweisungen in § 46 DRiG und die entsprechenden Verweisungen in den Richtergesetzen der Länder (iVm. § 71 Abs. 1 DRiG) gelten die beamtenrechtlichen Vorschriften

---

[1] KK-StPO/*Senge* Rn. 1; KMR/*Neubeck* Rn. 1; Löwe/Rosenberg/*Dahs*, 25. Aufl., Rn. 1.
[2] HK-StPO/*Lemke* Rn. 1; KMR/*Neubeck* Rn. 1; SK/*Rogall* Rn. 3.
[3] KMR/*Neubeck* Rn. 1; Meyer-Goßner Rn. 1.
[4] *Bohnert* NStZ 2004, 301; KK-StPO/*Senge* Rn. 2; Löwe/Rosenberg/*Dahs*, 25. Aufl., Rn. 3; *Meyer-Goßner* Rn. 2; SK/*Rogall* Rn. 6.
[5] BGH v. 21. 3. 1995 – 1 StR 798/94; KK-StPO/*Senge* Rn. 1; KMR/*Neubeck* Rn. 2; *Meyer-Goßner* Rn. 2; *Pfeiffer* Rn. 1.
[6] BGH v. 10. 7. 1952 – 3 StR 796/51, MDR 1952, 659; OLG Hamburg v. 22. 10. 1993 – 1 b Ws 271/93, NStZ 1994, 98.
[7] AllgM; vgl. schon RG v. 30. 11. 1885 – 2919/85, RGSt 13, 154.

des Bundes (§§ 61, 62 BBG) und der jeweiligen Länder (jeweils iVm. § 39 BRRG) über die Pflicht zur Amtsverschwiegenheit für die **Berufsrichter** aller Gerichtszweige, unabhängig davon, ob sie in einem Richterverhältnis auf Lebenszeit, auf Zeit, auf Probe oder kraft Auftrags stehen. Auch der Ermittlungsrichter bedarf deshalb einer Aussagegenehmigung, wenn er über seine Ermittlungshandlungen – auch im selben Verfahren – als Zeuge aussagen soll.[8] Für Schöffen und sonstige **ehrenamtliche Richter** besteht hingegen keine Amtsverschwiegenheitspflicht, sondern nur die Pflicht, das Beratungsgeheimnis zu wahren (§§ 43, 45 Abs. 1 S. 2 DRiG).[9] Eine Ausnahme besteht allerdings für Beisitzer in Landwirtschaftssachen, die kraft gesetzlicher Anordnung die Pflicht zur Amtsverschwiegenheit trifft.[10] Gesetzlich nicht geregelt ist die Situation, wenn ein **Richter des Bundesverfassungsgerichts** als Zeuge aussagen soll. Das BBG ist hier weder unmittelbar noch über die Verweisung in § 46 DRiG anwendbar. Daher ist in diesem besonderen Fall der jeweilige Verfassungsrichter selbst befugt, darüber zu entscheiden, ob er aussagen will oder nicht.[11]

2. Beamte. Nach der auch für § 54 maßgeblichen staatsrechtlichen Begriffsbestimmung ist **Beamter**, wer unter Berufung in das Beamtenverhältnis in einem öffentlichen Dienst- und Treueverhältnis zur Bundesrepublik, einem ihrer Länder, einer Gemeinde (oder einem Gemeindeverband) oder einer Körperschaft, Anstalt oder Stiftung des öffentlichen Rechts steht (§ 4 BBG, § 3 Abs. 1 BeamtStG). Begründet wird das Beamtenverhältnis durch die Aushändigung einer (formgerechten) Ernennungsurkunde (§ 12 Abs. 2 BBG, § 5 Abs. 2 BeamtStG); für die Beendigung gelten die §§ 30 ff. BBG, §§ 21 ff. BeamtStG. Auch **Ehrenbeamte** werden von Abs. 1 erfasst.[12] Die Ausübung hoheitlicher Tätigkeit ist dagegen kein zwingendes Merkmal der Tätigkeit eines Beamten.[13] Die Verschwiegenheitspflicht, die zu den hergebrachten Grundsätzen des Berufsbeamtentums gehört,[14] folgt für Bundesbeamte aus §§ 67, 68 BBG und für Landesbeamte aus den durch § 37 BeamtStG vereinheitlichten Beamtengesetzen der Länder. Diese Vorschriften haben folgenden Wortlaut:

5

§ 67 BBG Verschwiegenheitspflicht

6

(1) ¹Beamtinnen und Beamte haben über die ihnen bei oder bei Gelegenheit ihrer amtlichen Tätigkeit bekannt gewordenen dienstlichen Angelegenheiten Verschwiegenheit zu bewahren. ² Dies gilt auch über den Bereich eines Dienstherrn hinaus sowie nach Beendigung des Beamtenverhältnisses.

(2) ¹Absatz 1 gilt nicht, soweit
1. Mitteilungen im dienstlichen Verkehr geboten sind,
2. Tatsachen mitgeteilt werden, die offenkundig sind oder ihrer Bedeutung nach keiner Geheimhaltung bedürfen, oder
3. gegenüber der zuständigen obersten Dienstbehörde, einer Strafverfolgungsbehörde oder einer von der obersten Dienstbehörde bestimmten weiteren Behörde oder außerdienstlichen Stelle ein durch Tatsachen begründeter Verdacht einer Korruptionsstraftat nach den §§ 331 bis 337 des Strafgesetzbuches angezeigt wird.
²Im Übrigen bleiben die gesetzlich begründeten Pflichten, geplante Straftaten anzuzeigen und für die Erhaltung der freiheitlichen demokratischen Grundordnung einzutreten, von Absatz 1 unberührt.

(3) ¹Beamtinnen und Beamte dürfen ohne Genehmigung über Angelegenheiten nach Absatz 1 weder vor Gericht noch außergerichtlich aussagen oder Erklärungen abgeben. ² Die Genehmigung erteilt die oder der Dienstvorgesetzte oder, wenn das Beamtenverhältnis beendet ist, die oder der letzte Dienstvorgesetzte. ³ Hat sich der Vorgang, der den Gegenstand der Äußerung bildet, bei einem früheren Dienstherrn ereignet, darf die Genehmigung nur mit dessen Zustimmung erteilt werden.

(4) ¹Beamtinnen und Beamte haben, auch nach Beendigung des Beamtenverhältnisses, auf Verlangen der oder des Dienstvorgesetzten oder der oder des letzten Dienstvorgesetzten amtliche Schriftstücke, Zeichnungen, bildliche Darstellungen sowie Aufzeichnungen jeder Art über dienst-

---

[8] KK-StPO/*Senge* Rn. 4; KMR/*Neubeck* Rn. 4; Löwe/Rosenberg/*Dahs*, 25. Aufl., Rn. 5; *Meyer-Goßner* Rn. 8; SK/*Rogall* Rn. 14.
[9] AK/*Kühne* Rn. 3; HK-StPO/*Lemke* Rn. 3; KK-StPO/*Senge* Rn. 4; Löwe/Rosenberg/*Dahs*, 25. Aufl., Rn. 5; *Meyer-Goßner* Rn. 8; *Pfeiffer* Rn. 2; SK/*Rogall* Rn. 14.
[10] § 5 Abs. 3 S. 2 des Gesetzes über das gerichtliche Verfahren in Landwirtschaftssachen v. 21. 7. 1953 (BGBl. I S. 667) idF des Gesetzes v. 22. 7. 2001 (BGBl. I S. 1887).
[11] Löwe/Rosenberg/*Dahs*, 25. Aufl., Rn. 5; *Pfeiffer* Rn. 2; aA AK/*Kühne* Rn. 7; HK-StPO/*Lemke* Rn. 9; KK-StPO/*Senge* Rn. 5 (Zuständigkeit des Plenums) und SK/*Rogall* Rn. 14 (Zuständigkeit des Präsidenten des BVerfG); offen gelassen von KMR/*Neubeck* Rn. 4 und *Meyer-Goßner* Rn. 8.
[12] *Feller* JZ 1961, 628; KK-StPO/*Senge* Rn. 6; KMR/*Neubeck* Rn. 3; Löwe/Rosenberg/*Dahs*, 25. Aufl., Rn. 6; *Meyer-Goßner* Rn. 4; SK/*Rogall* Rn. 19.
[13] RG v. 26. 9. 1933 – I 36/33, RGSt 67, 299 (300); KK-StPO/*Senge* Rn. 6; SK/*Rogall* Rn. 18.
[14] BVerwG v. 24. 6. 1982 – 2 C 91/81, BVerwGE 66, 39 (42) = NJW 1983, 638.

§ 54 7–9   Erstes Buch. Allgemeine Vorschriften

liche Vorgänge, auch soweit es sich um Wiedergaben handelt, herauszugeben. ² Entsprechendes gilt für ihre Hinterbliebenen und Erben.

7 § 68 BBG Versagung der Aussagegenehmigung

(1) Die Genehmigung, als Zeugin oder Zeuge auszusagen, darf nur versagt werden, wenn die Aussage dem Wohle des Bundes oder eines deutschen Landes Nachteile bereiten oder die Erfüllung öffentlicher Aufgaben ernstlich gefährden oder erheblich erschweren würde.

(2) ¹ Sind Beamtinnen oder Beamte Partei oder Beschuldigter in einem gerichtlichen Verfahren oder soll ihr Vorbringen der Wahrnehmung ihrer berechtigten Interessen dienen, darf die Genehmigung auch dann, wenn die Voraussetzungen des Absatzes 1 erfüllt sind, nur versagt werden, wenn die dienstlichen Rücksichten dies unabweisbar erfordern. ² Wird die Genehmigung versagt, haben die oder der Dienstvorgesetzte der Beamtin oder dem Beamten den Schutz zu gewähren, den die dienstlichen Rücksichten zulassen.

(3) ¹ Über die Versagung der Genehmigung entscheidet die oberste Dienstbehörde. ² Sie kann diese Befugnis auf andere Behörden übertragen.

8 § 37 BeamtStG Verschwiegenheitspflicht

(1) ¹ Beamtinnen und Beamte haben über die ihnen bei oder bei Gelegenheit ihrer amtlichen Tätigkeit bekannt gewordenen dienstlichen Angelegenheiten Verschwiegenheit zu bewahren. ² Dies gilt auch über den Bereich eines Dienstherrn hinaus sowie nach Beendigung des Beamtenverhältnisses.

(2) ¹ Absatz 1 gilt nicht, soweit
1. Mitteilungen im dienstlichen Verkehr geboten sind,
2. Tatsachen mitgeteilt werden, die offenkundig sind oder ihrer Bedeutung nach keiner Geheimhaltung bedürfen, oder
3. gegenüber der zuständigen obersten Dienstbehörde, einer Strafverfolgungsbehörde oder einer durch Landesrecht bestimmten weiteren Behörde oder außerdienstlichen Stelle ein durch Tatsachen begründeter Verdacht einer Korruptionsstraftat nach den §§ 331 bis 337 des Strafgesetzbuches angezeigt wird.

² Im Übrigen bleiben die gesetzlich begründeten Pflichten, geplante Straftaten anzuzeigen und für die Erhaltung der freiheitlichen demokratischen Grundordnung einzutreten, von Absatz 1 unberührt.

(3) ¹ Beamtinnen und Beamte dürfen ohne Genehmigung über Angelegenheiten, für die Absatz 1 gilt, weder vor Gericht noch außergerichtlich aussagen oder Erklärungen abgeben. ² Die Genehmigung erteilt der Dienstherr oder, wenn das Beamtenverhältnis beendet ist, der letzte Dienstherr. ³ Hat sich der Vorgang, der den Gegenstand der Äußerung bildet, bei einem früheren Dienstherrn ereignet, darf die Genehmigung nur mit dessen Zustimmung erteilt werden. ⁴ Durch Landesrecht kann bestimmt werden, dass an die Stelle des in den Sätzen 2 und 3 genannten jeweiligen Dienstherrn eine andere Stelle tritt.

(4) ¹ Die Genehmigung, als Zeugin oder Zeuge auszusagen, darf nur versagt werden, wenn die Aussage dem Wohl des Bundes oder eines deutschen Landes erhebliche Nachteile bereiten oder die Erfüllung öffentlicher Aufgaben ernstlich gefährden oder erheblich erschweren würde. ² Durch Landesrecht kann bestimmt werden, dass die Verweigerung der Genehmigung zur Aussage vor Untersuchungsausschüssen des Deutschen Bundestages oder der Volksvertretung eines Landes einer Nachprüfung unterzogen werden kann. ³ Die Genehmigung, ein Gutachten zu erstatten, kann versagt werden, wenn die Erstattung den dienstlichen Interessen Nachteile bereiten würde.

(5) ¹ Sind Beamtinnen oder Beamte Partei oder Beschuldigte in einem gerichtlichen Verfahren oder soll ihr Vorbringen der Wahrnehmung ihrer berechtigten Interessen dienen, darf die Genehmigung auch dann, wenn die Voraussetzungen des Absatzes 4 Satz 1 erfüllt sind, nur versagt werden, wenn die dienstlichen Rücksichten dies unabweisbar erfordern. ² Wird sie versagt, ist Beamtinnen oder Beamten der Schutz zu gewähren, den die dienstlichen Rücksichten zulassen.

(6) ¹ Beamtinnen und Beamte haben, auch nach Beendigung des Beamtenverhältnisses, auf Verlangen des Dienstherrn oder des letzten Dienstherrn amtliche Schriftstücke, Zeichnungen, bildliche Darstellungen sowie Aufzeichnungen jeder Art über dienstliche Vorgänge, auch soweit es sich um Wiedergaben handelt, herauszugeben. ² Die gleiche Verpflichtung trifft ihre Hinterbliebenen und Erben.

9 **3. Angestellte des öffentlichen Dienstes.** Die Pflicht der Angehörigen des öffentlichen Dienstes zur Verschwiegenheit richtet sich – insoweit abweichend vom Wortlaut des Abs. 1 – nicht nach den beamtenrechtlichen Vorschriften sondern nach **§ 9 Bundes-Angestelltentarifvertrag** (BAT) vom 23. 2. 1961. Die Pflicht der Angestellten besteht daher nur in den vom Gesetz geregelten oder vom Arbeitgeber angeordneten Fällen. Damit soll dem Angestellten insbesondere in den Fällen, in denen er als Zeuge aussagen soll, die Prüfung erspart werden, ob eine Angelegenheit geheimhaltungsbedürftig ist oder nicht.[15] Für die Erteilung einer Aussagegenehmigung gelten aber auch hier die beamtenrechtlichen Vorschriften entsprechend.[16]

4. Sonstige Personen des öffentlichen Dienstes. Auch sonstige Personen des öffentlichen Dienstes sind an die Pflicht zur Amtsverschwiegenheit gebunden, auch wenn sie nicht Beamte oder Angestellte sind und sofern sie nicht nur untergeordnete, etwa rein mechanische Tätigkeiten (wie Reinigungsarbeiten) verrichten.[17] Denn für das öffentliche Geheimhaltungsinteresse ist nicht der persönliche Status des Einzelnen entscheidend, sondern vielmehr die Tatsache, dass eine Person objektiv **Funktionen des öffentlichen Dienstes** ausübt.[18]

a) **V-Leute.** V-Leute der Polizei und der Nachrichtendienste zählen zu den sonstigen Personen des öffentlichen Dienstes, wenn sie hauptberuflich mit festen Bezügen angestellt sind, aber auch dann, wenn sie nur nebenberuflich einzelne Aufträge ausführen,[19] da auch hier die Funktion des V-Mannes, nicht sein Status entscheidet. Voraussetzung ist jedoch weiter, dass sie nach dem **Verpflichtungsgesetz**[20] (Art. 42 EGStGB) förmlich wirksam zur Verschwiegenheit verpflichtet worden sind.[21]

b) **Soldaten.** Soldaten sind zwar nach der ganz überwiegenden Auffassung[22] keine Personen des öffentlichen Dienstes. Es ist jedoch anerkannt, dass § 54 auf sie jedenfalls entsprechend anzuwenden ist.[23] In der Sache ergibt sich die Verschwiegenheitspflicht aus § 14 Soldatengesetz, der § 61 BBG aF nachgebildet ist.[24]

c) **Einzelfälle.** Weiter ist Abs. 1 **anwendbar** bei Gemeinderäten,[25] Schiedsmännern,[26] dem Geschäftsführer einer Kreishandwerkerschaft,[27] kirchlichen Bediensteten in Fürsorge- und Verwaltungstätigkeiten,[28] Personalratsmitgliedern einer Behörde[29] sowie den Datenschutzbeauftragten des Bundes oder der Länder.[30] Hingegen ist § 54 **unanwendbar** auf ehemalige Staatsbedienstete der DDR, insbesondere frühere Mitarbeiter des Ministeriums für Staatssicherheit, da deren Verschwiegenheitspflicht mit der Wiedervereinigung entfallen ist.[31] Gleiches gilt für Angehörige öffentlicher Kreditinstitute, da in diesen Fällen nur das „private Bankgeheimnis", aber kein öffentliches Geheimhaltungsinteresse betroffen ist.[32] Auch auf einen in ein Zeugenschutzprogramm aufgenommenen und gemäß §§ 3, 10 ZSHG förmlich verpflichteten Zeugen ist § 54 weder unmittelbar noch entsprechend anwendbar.[33]

5. Bedienstete der Europäischen Gemeinschaften. Für EG-Beschäftigte gelten besondere europarechtliche Vorschriften.[34] Danach dürfen sie nur mit **Zustimmung der Anstellungsbehörde** bei Gericht über solche Tatsachen aussagen, die ihnen bei ihrer amtlichen Tätigkeit bekannt gewor-

---

[15] KK-StPO/*Senge* Rn. 7; KMR/*Neubeck* Rn. 5; Löwe/Rosenberg/*Dahs*, 25. Aufl., Rn. 8; SK/*Rogall* Rn. 23.
[16] KK-StPO/*Senge* Rn. 7; KMR/*Neubeck* Rn. 5; Löwe/Rosenberg/*Dahs*, 25. Aufl., Rn. 8; *Meyer-Goßner* Rn. 9; SK/*Rogall* Rn. 23.
[17] *Stromberg* MDR 1974, 893; KK-StPO/*Senge* Rn. 8; KMR/*Neubeck* Rn. 6; Löwe/Rosenberg/*Dahs*, 25. Aufl., Rn. 9; *Meyer-Goßner* Rn. 10; *Pfeiffer* Rn. 2.
[18] OVG Münster v. 8. 9. 1954 – III A 1207/53, MDR 1955, 61 (62); *Hiebl* StraFo 1999, 86 (88); *Hecker* JR 1999, 428 (431).
[19] BGH v. 5. 11. 1982 – 2 StR 250/82, BGHSt 31, 148 (156) = NJW 1983, 1005; BGH v. 17. 10. 1983 – GSSt 1/83, BGHSt 32, 115 (121) = NJW 1984, 247; *Röhrich* S. 48 ff.; KK-StPO/*Senge* Rn. 9; KMR/*Neubeck* Rn. 7; Löwe/Rosenberg/*Dahs*, 25. Aufl., Rn. 9; *Pfeiffer* Rn. 2; aA AK/*Kühne* Rn. 5 und *Meyer-Goßner* Rn. 11; der die nebenberufliche Tätigkeit für nicht ausreichend hält.
[20] V. 2. 3. 1974, BGBl. I S. 469, 547.
[21] BGH v. 28. 11. 1979 – 3 StR 405/79, NJW 1980, 846; BGH v. 5. 11. 1982 – 2 StR 250/82, BGHSt 31, 148 (156) = NJW 1983, 1005; *Geißer* GA 1983, 385 (408); *Kraushaar*, Kriminalistik 1995, 186.
[22] KK-StPO/*Senge* Rn. 10; KMR/*Neubeck* Rn. 8; Löwe/Rosenberg/*Dahs*, 25. Aufl., Rn. 11; *Meyer-Goßner* Rn. 10; zweifelnd für Berufssoldaten SK/*Rogall* Rn. 29.
[23] AllgM.
[24] *Pfeiffer* Rn. 2.
[25] OVG Münster v. 8. 9. 1954 – III A 1207/53, MDR 1955, 61 (62).
[26] BVerwG v. 14. 2. 1964 – VII C 93.61, BVerwGE 18, 58 (61) = NJW 1964, 1008; OLG Hamm v. 18. 3. 1968 – 1 VAs 21/68, NJW 1968, 1440.
[27] LG Aachen v. 18. 5. 1954 – I Qs 124/53, NJW 1954, 1213.
[28] OLG Köln v. 14. 4. 1998 – 2 Ws 63/98, StraFo 1999, 90; *Hiebl* StraFo 1999, 86; offen gelassen von BGH v. 15. 7. 1998 – 2 StR 173/98, NStZ 1999, 46.
[29] KK-StPO/*Senge* Rn. 8, SK/*Rogall* Rn. 25.
[30] KK-StPO/*Senge* Rn. 8; KMR/*Neubeck* Rn. 6; Löwe/Rosenberg/*Dahs*, 25. Aufl., Rn. 10.
[31] *Reinecke*/*Hilger* DtZ 1993, 261; HK-StPO/*Lemke* Rn. 7; KK-StPO/*Senge* Rn. 8; KMR/*Neubeck* Rn. 10; Löwe/Rosenberg/*Dahs*, 25. Aufl., Rn. 13; *Meyer-Goßner* Rn. 14 a.
[32] KMR/*Neubeck* Rn. 6; *Meyer-Goßner* Rn. 10; SK/*Rogall* Rn. 25; aA KK-StPO/*Senge* Rn. 8.
[33] BGH v. 15. 12. 2005 – 3 StR 281/04, BGHSt 50, 318 = NJW 2006, 785.
[34] Art. 19 des Statuts der Beamten (EWG-VO Nr. 31) und Art. 11 der Beschäftigungsbedingungen für sonstige Bedienstete (EAG-VO Nr. 11) v. 18. 12. 1961, BGBl. II 1926, S. 953, 959, 997.

den sind. Die Zustimmung darf nur verweigert werden, wenn die Gemeinschaftsinteressen dies erfordern und die Versagung für den Bediensteten keine strafrechtlichen Folgen haben kann.

III. Zeugnisverweigerung

15   Die gesetzlichen Regelungen über die Verschwiegenheitspflicht begründen **keine unbeschränkte Schweigepflicht** des Zeugen. So darf er über offenkundige oder ihrer Bedeutung nach nicht geheimhaltungsbedürftige Tatsachen auch ohne Genehmigung aussagen (§ 67 Abs. 2 Nr. 2 BBG, § 37 Abs. 2 Nr. 2 BeamtStG).[35] Daher entscheidet der Angehörige des öffentlichen Dienstes zunächst selbst, ob er nach den für ihn geltenden Vorschriften berechtigt ist, eine Aussage zu machen.[36] Kommt er bei seiner Prüfung zu dem Ergebnis, er sei zur Verschwiegenheit verpflichtet oder ist er auch nur darüber im Zweifel, ist er nicht nur berechtigt, sondern verpflichtet, das Zeugnis zu verweigern.[37] Dem Gericht ist es darüber hinaus auch – solange keine Aussagegenehmigung vorliegt – untersagt, den aussagebereiten Zeugen über Umstände zu vernehmen, die erkennbar der Verschwiegenheitspflicht unterfallen.[38] Besonderheiten bestehen bei Zeugenaussagen von **Ermittlungspersonen der Staatsanwaltschaft** (§ 152 GVG) sowie den Vertretern der Gerichtshilfe und Jugendgerichtshilfe. Bei diesen Zeugen kann regelmäßig davon ausgegangen werden, dass ihnen eine allgemeine Genehmigung erteilt ist, vor Gericht und Staatsanwaltschaft auszusagen.[39]

IV. Aussagegenehmigung

16   **1. Einholung.** Für die Einholung der Aussagegenehmigung ist das **Gericht** oder die Behörde, die den Zeugen vernehmen will, **zuständig** (Nr. 66 Abs. 1 S. 1 RiStBV). Auch der Angeklagte, der eine Zeugenvernehmung anstrebt (§ 220 Abs. 1), kann die Erteilung beantragen,[40] ebenso der Nebenkläger,[41] in Hinblick auf § 384 Abs. 3 der Privatkläger aber nicht.[42] Eine Übertragung dieser Aufgabe auf den Zeugen selbst ist unzulässig.[43] Bestehen Zweifel, ob sich die Vernehmung auf Umstände bezieht, die der Amtsverschwiegenheit unterliegen, sind diese durch eine Anfrage beim Dienstvorgesetzten des Zeugen auszuräumen (Nr. 66 Abs. 1 S. 2 RiStBV). Der **Antrag** auf Einholung einer Aussagegenehmigung muss die Vorgänge, über die der Zeuge vernommen werden soll, kurz, aber erschöpfend angeben, damit der Dienstvorgesetzte beurteilen kann, ob Versagungsgründe vorliegen (Nr. 66 Abs. 3 S. 1 RiStBV). Ein (endgültiges) **Absehen von der Vernehmung** des Zeugen wegen Fehlens der Aussagegenehmigung kommt erst dann in Betracht, wenn das Gericht den Versuch unternommen hat, bei der zuständigen Stelle[44] eine solche Genehmigung zu erlangen.[45]

17   **2. Zuständigkeit für die Erteilung.** Die Aussagegenehmigung erteilt bei Beamten und Richtern der gegenwärtige, nach Beendigung des Dienstverhältnisses der letzte **Dienstvorgesetzte** (§ 67 Abs. 3 S. 2 BBG, § 37 Abs. 3 S. 2 BeamtStG). Bei Angestellten und sonstigen Personen des öffentlichen Dienstes ist der Arbeitgeber (§ 9 Abs. 1 und 2 BAT), bei Soldaten wiederum der Dienstvorgesetzte zuständig (§ 14 Abs. 2 S. 2 Soldatengesetz). Bei Ermittlungsbeamten der Staatsanwaltschaft (§ 152 GVG) ist die Genehmigung des polizeilichen Dienstvorgesetzten, nicht des Leiters der Staatsanwaltschaft einzuholen.[46] Untersteht der Zeuge mehreren staatlichen Stellen, so entscheidet der **Disziplinarvorgesetzte**.[47] Soll der Zeuge über Umstände aussagen, die sich auf seine Tätigkeit

---

[35] KK-StPO/*Senge* Rn. 12; KMR/*Neubeck* Rn. 11; Löwe/Rosenberg/*Dahs*, 25. Aufl., Rn. 14; SK/*Rogall* Rn. 39 ff.
[36] RG v. 30. 11. 1885 – 2919/85, RGSt 13, 154.
[37] KK-StPO/*Senge* Rn. 12; KMR/*Neubeck* Rn. 11; Löwe/Rosenberg/*Dahs*, 25. Aufl., Rn. 14; *Meyer-Goßner* Rn. 15.
[38] HK-StPO/*Lemke* Rn. 8; KK-StPO/*Senge* Rn. 12; KMR/*Neubeck* Rn. 11; Löwe/Rosenberg/*Dahs*, 25. Aufl., Rn. 14.
[39] *Böhm* NStZ 1983, 158; *Eisenberg* NStZ 1986, 308 (309); KMR/*Neubeck* Rn. 11; Löwe/Rosenberg/*Dahs*, 25. Aufl., Rn. 14; *Meyer-Goßner* Rn. 15; SK/*Rogall* Rn. 42; aA *Kuhle/Leineweber* S. 116.
[40] BVerwG v. 2. 12. 1969 – VI C 138.67, BVerwGE 34, 252 (254) = NJW 1970, 160; VGH München v. 30. 7. 1979 – 3712 VII 78, NJW 1980, 198.
[41] KK-StPO/*Senge* Rn. 13; Löwe/Rosenberg/*Dahs*, 25. Aufl., Rn. 15; *Meyer-Goßner* Rn. 17; *Pfeiffer* Rn. 3; SK/*Rogall* Rn. 46.
[42] BVerwG v. 2. 12. 1969 – VI C 138.67, BVerwGE 34, 252 (259) = NJW 1970, 160; KK-StPO/*Senge* Rn. 13; KMR/*Neubeck* Rn. 13; Löwe/Rosenberg/*Dahs*, 25. Aufl., Rn. 15; *Meyer-Goßner* Rn. 17; *Pfeiffer* Rn. 3; aA *Röhrich* S. 80; SK/*Rogall* Rn. 46.
[43] *Kuhle/Leineweber* S. 117; KK-StPO/*Senge* Rn. 13; KMR/*Neubeck* Rn. 12; Löwe/Rosenberg/*Dahs*, 25. Aufl., Rn. 15; *Meyer-Goßner* Rn. 17; SK/*Rogall* Rn. 45.
[44] BGH v. 26. 6. 2001 – 1 StR 197/01, NStZ 2001, 656.
[45] BGH v. 29. 10. 1980 – 3 StR 335/80, BGHSt 29, 390 (392) = NJW 1981, 355.
[46] HK-StPO/*Lemke* Rn. 9; KK-StPO/*Senge* Rn. 14; KMR/*Neubeck* Rn. 14; *Meyer-Goßner* Rn. 19; SK/*Rogall* Rn. 49.
[47] KK-StPO/*Senge* Rn. 14; KMR/*Neubeck* Rn. 14; Löwe/Rosenberg/*Dahs*, 25. Aufl., Rn. 17; *Meyer-Goßner* Rn. 19; SK/*Rogall* Rn. 49.

bei einer anderen Behörde beziehen, der er früher angehört hat, so darf der gegenwärtige Dienstvorgesetzte die Genehmigung nur mit Zustimmung dieser Behörde erteilen (§ 67 Abs. 3 S. 3 BBG, § 37 Abs. 3 S. 3 BeamtStG). Die Aussagegenehmigung wird idR in schriftlicher **Form** erteilt, jedoch ist auch (etwa in Eilfällen) eine mündliche oder telefonische Erklärung möglich und zulässig.[48]

3. Versagung. Nach den beamtenrechtlichen Vorschriften (§ 68 Abs. 1 BBG, § 37 Abs. 4 BeamtStG), die für Soldaten entsprechend gelten (§ 14 Abs. 2 S. 3 Soldatengesetz) darf eine Aussagegenehmigung nur dann versagt werden, „wenn die Aussage dem Wohle des Bundes oder eines deutschen Landes Nachteile bereiten oder die Erfüllung öffentlicher Aufgaben ernstlich gefährden oder erheblich erschweren würde." Bei Prüfung dieser tatbestandlichen Voraussetzungen, die nicht im Ermessen der Genehmigungsbehörde stehen, darf sich diese nicht allein von den von ihr wahrzunehmenden Aufgaben leiten lassen, sie muss vielmehr auch die Bedeutung der gerichtlichen Wahrheitsfindung für die Sicherung von Gerechtigkeit und das Gewicht des Freiheitsanspruchs des Beschuldigten angemessen berücksichtigen.[49] Sind diese Tatbestandsvoraussetzungen aber erfüllt, so entscheidet die zuständige Behörde über die Versagung dann nach **pflichtgemäßen Ermessen.**[50] Dieses Ermessen ist der Nachprüfung durch den Strafrichter grundsätzlich entzogen.[51] Die Behörde muss aber die Versagungsentscheidung für das Gericht verständlich und überprüfbar machen, soweit geheimhaltungsbedürftige Vorgänge oder sonstige unabweisbare, zwingende Sachgründe dem nicht entgegenstehen.[52] Dadurch soll das Strafgericht in die Lage versetzt werden, auf die Beseitigung etwaiger der Vernehmung entgegenstehender Hindernisse hinzuwirken und so auf die Bereitstellung des bestmöglichen Beweises zu dringen.[53] **Zuständig** für die Versagung der Aussagegenehmigung ist bei Bundesbeamten die oberste Aufsichtsbehörde (§ 68 Abs. 3 BBG); für die meisten Landesbeamten bestehen entsprechende Regelungen in den Landesbeamtengesetzen.[54]

4. Beschränkung und Widerruf. Die zuständige Behörde ist auch befugt, eine Aussagegenehmigung auf einzelne Tatkomplexe oder Fragen zu **beschränken.**[55] So ist es in der Praxis – etwa im Bereich der Rauschgiftkriminalität – durchaus nicht ungewöhnlich, dass dem Zeugen Angaben über die Person eines Anzeigeerstatters oder die Identität eines Gewährs- oder V-Mannes der Polizei nicht gestattet werden.[56] Weiter kann die Dienstbehörde eine bereits erteilte Aussagegenehmigung auch jederzeit **widerrufen.**[57] Die weitere Vernehmung des Zeugen ist dann unzulässig, seine bis zum Eingang des Widerrufs in der Hauptverhandlung gemachte Aussage bleibt aber verwertbar.[58] Aussagen aus dem Vorverfahren dürfen dann aber nicht mehr eingeführt werden, auch nicht durch Vernehmung der Verhörsperson.[59]

5. Anfechtung. Grundsätzlich besteht keine Verpflichtung des Gerichts, erneut um eine Aussagegenehmigung nachzusuchen, wenn diese bereits einmal versagt worden ist.[60] Im Einzelfall kann es aber dem Gericht durch die Aufklärungspflicht (§ 244 Abs. 2) geboten sein, gegen die Versagung **Gegenvorstellung** oder Dienstaufsichtsbeschwerde zu erheben,[61] etwa wenn die Versagung ermessensfehlerhaft erscheint oder nicht hinreichend begründet worden ist.[62] Eine Gegenvorstel-

---

[48] HK-StPO/*Lemke* Rn. 9; KMR/*Neubeck* Rn. 14; Löwe/Rosenberg/*Dahs*, 25. Aufl., Rn. 18; *Meyer-Goßner* Rn. 19.
[49] BVerfG v. 26. 5. 1981 – 2 BvR 215/81, BVerfGE 57, 250 (285) = NJW 1981, 1719 (1724); BVerwG v. 24. 6. 1982 – 2 C 91/81, BVerwGE 66, 39 (43) = NJW 1983, 638.
[50] OVG Münster v. 20. 7. 1962 – VI A 33/62, MDR 1963, 250; VGH München v. 30. 7. 1979 – 3712 VII 78, NJW 1980, 198.
[51] BGH v. 3. 2. 1959 – 1 StR 544/58; KK-StPO/*Senge* Rn. 16; KMR/*Neubeck* Rn. 15.
[52] BVerfG v. 26. 5. 1981 – 2 BvR 215/81, BVerfGE 57, 250 = NJW 1981, 1719; BGH v. 10. 10. 1979 – 3 StR 281/79, BGHSt 29, 109 (112); BGH v. 17. 10. 1983 – GSSt 1/83, BGHSt 32, 115 (125) = NJW 1984, 247.
[53] BVerwG v. 24. 6. 1982 – 2 C 91/81, BVerwGE 66, 39 = NJW 1983, 638; OVG Berlin v. 13. 9. 1983 – 4 B 34.83, StV 1984, 279.
[54] KMR/*Neubeck* Rn. 15; *Meyer-Goßner* Rn. 20.
[55] BGH v. 1. 8. 1962 – 3 StR 28/62, BGHSt 17, 382 (384) = NJW 1962, 1876; RG v. 18. 9. 1882 – 1702/82, RGSt 7, 74; aA *Zezschwitz* NJW 1972, 796.
[56] BGH v. 1. 8. 1962 – 3 StR 28/62, BGHSt 17, 382 (384) = NJW 1962, 1876; BGH v. 29. 10. 1980 – 3 StR 335/80, BGHSt 29, 390 = NJW 1981, 355; OLG Hamm v. 9. 10. 1969 – 2 Ss 837/69, NJW 1970, 821.
[57] KK-StPO/*Senge* Rn. 18; KMR/*Neubeck* Rn. 18; Löwe/Rosenberg/*Dahs*, 25. Aufl., Rn. 21; *Meyer-Goßner* Rn. 23; SK/*Rogall* Rn. 25.
[58] KK-StPO/*Senge* Rn. 18; KMR/*Neubeck* Rn. 18; Löwe/Rosenberg/*Dahs*, 25. Aufl., Rn. 21; SK/*Rogall* Rn. 25.
[59] OLG Celle v. 19. 12. 1958 – 2 Ws 63/58, MDR 1959, 414; KK-StPO/*Senge* Rn. 18; KMR/*Neubeck* Rn. 18; Löwe/Rosenberg/*Dahs*, 25. Aufl., Rn. 21; SK/*Rogall* Rn. 25.
[60] RG v. 3. 2. 1911 – V 776/10, RGSt 44, 291 (292); KMR/*Neubeck* Rn. 19; Löwe/Rosenberg/*Dahs*, 25. Aufl., Rn. 25.
[61] BGH v. 9. 11. 1980 – 4 StR 16/80, NStZ 1981, 70; *Fezer* JuS 1978, 484.
[62] BGH v. 17. 10. 1983 – GSSt 1/83, BGHSt 32, 115 (125) = NJW 1984, 247; BGH v. 16. 4. 1985 – 5 StR 718/84, BGHSt 33, 178 (180) = NJW 1985, 1789; BGH v. 2. 7. 1996 – 1 StR 314/96, BGHSt 42, 175 (177) = NJW 1996, 2738.

lung ist aber entbehrlich, wenn die Versagung der Genehmigung offensichtlich berechtigt ist.[63] Weitergehende Möglichkeiten gegen die Versagung vorzugehen, etwa eine Anfechtung dieses Verwaltungsakts im **Verwaltungsrechtsweg**, stehen weder dem Gericht noch der Staatsanwaltschaft[64] und auch nicht dem betroffenen Zeugen[65] offen, weil sie nicht in ihren Rechten verletzt sind (§ 42 Abs. 2 VwGO). Eine solche Anfechtungsmöglichkeit (Verpflichtungsklage auf Erteilung der Genehmigung) steht hingegen den anderen Verfahrensbeteiligten, auch dem Privat- und Nebenkläger,[66] zu, wenn sie ein berechtigtes Interesse an der Aussage des Zeugen haben.[67] Der Verwaltungsrechtsweg ist auch in den Fällen zu beschreiten, in denen einem Justizangehörigen die Aussagegenehmigung versagt wird, da es sich dabei nicht um einen Justizverwaltungsakt iS von § 23 EGGVG handelt.[68] Die gerichtliche Aufklärungspflicht kann es im Einzelfall weiter gebieten, das Strafverfahren bis zur Entscheidung über die erhobene Gegenvorstellung, Dienstaufsichtsbeschwerde oder Verpflichtungsklage auszusetzen.[69] Eine solche **Aussetzung des Verfahrens** ist aber dann nicht angezeigt, wenn die erhobene Klage erkennbar aussichtslos ist.[70] Ein Anspruch auf eine Verfahrensaussetzung steht den Prozessbeteiligten nicht zu.[71]

21 6. **Bindungswirkung.** Das Gericht oder die sonstige Vernehmungsbehörde ist an die (genehmigende oder versagende) Entscheidung der Dienstbehörde gebunden.[72] Wurde die Genehmigung **erteilt**, so darf auf die Vernehmung des Zeugen nicht deshalb verzichtet werden, weil das Gericht Bedenken gegen die Offenbarung seines Wissens hat.[73] Wurde sie hingegen **verweigert**, ist die Vernehmung selbst dann unzulässig, wenn das Gericht die angeführten Versagungsgründe für gesetzwidrig hält.[74] Allerdings ist das Gericht in einem solchen Fall gehalten, gegen die Versagung der Aussagegenehmigung Gegenvorstellung zu erheben.[75]

22 7. **Folgen der Versagung.** Nach der Versagung der Aussagegenehmigung steht der Zeuge nicht mehr als Beweismittel zur Verfügung. Er muss zwar eine gerichtliche Zeugenladung weiterhin befolgen, seine **Vernehmung** ist aber **unzulässig**.[76] Darauf gerichtete Beweisanträge, den Zeugen trotzdem zu vernehmen, müssen richtigerweise wegen Unzulässigkeit des Beweismittels (§§ 244 Abs. 3 S. 1, 245),[77] nach anderer Ansicht wegen dessen Unerreichbarkeit[78] zurückgewiesen werden. Auch Aussagen des Zeugen aus dem Vorverfahren dürfen nicht mehr (etwa durch Vernehmung der Verhörsperson) eingeführt und verwertet werden.[79] Bei Vorliegen einer beschränkten Aussagegenehmigung sind Fragen, auf deren Beantwortung die Genehmigung sich nicht erstreckt, ungeeignet und nach § 241 Abs. 2 zurückzuweisen.[80]

23 8. **Beweiswürdigung.** Der Grundsatz der freien Beweiswürdigung (§ 261) erlaubt es, den Umstand, dass die zuständige Behörde die Aussagegenehmigung versagt hat, als Beweisanzeichen zu verwerten.[81] Es ist aber nicht zulässig, **Entlastungsvorbringen** des Angeklagten deshalb als wahr

---

[63] BGH v. 11. 12. 1980 – 4 StR 588/80, NJW 1981, 770; BGH v. 17. 3. 1995 – 1 StR 803/94, BGHR StPO § 244 Abs. 2 Aussagegenehmigung 1.
[64] *Fezer* JuS 1978, 484; HK-StPO/*Lemke* Rn. 13; KK-StPO/*Senge* Rn. 20; KMR/*Neubeck* Rn. 19; Löwe/Rosenberg/*Dahs*, 25. Aufl., Rn. 27; *Pfeiffer* Rn. 4; SK/*Rogall* Rn. 71; aA *Ellbogen* NStZ 2007, 310.
[65] KMR/*Neubeck* Rn. 19; SK/*Rogall* Rn. 72; aA *Schmid* JR 1978, 8.
[66] *Schmid* JR 1978, 8; KMR/*Neubeck* Rn. 19; Meyer-Goßner Rn. 28.
[67] BVerwG v. 14. 2. 1964 – VII C 93.61, BVerwGE 18, 58 = NJW 1964, 1088; BVerwG v. 2. 12. 1969 – VI C 138.67, BVerwGE 34, 252 = NJW 1971, 160; BVerwG v. 24. 6. 1982 – 2 C 91/81, BVerwGE 66, 39 = NJW 1982, 638; *Böhm* NStZ 1983, 158.
[68] OLG Hamm v. 18. 3. 1968 – 1 VAs 21/68, NJW 1968, 1440.
[69] HK-StPO/*Lemke* Rn. 13; KK-StPO/*Senge* Rn. 21; KMR/*Neubeck* Rn. 21; SK/*Rogall* Rn. 73; aA *Schmid* JR 1978, 8 und wohl auch *Pfeiffer* Rn. 4.
[70] BGH v. 11. 12. 1980 – 4 StR 588/80, NJW 1981, 770; BGH v. 3. 5. 1985 2 StR 284/84, NStZ 1985, 466 mAnm *Fezer* JuS 1987, 358; BGH v. 24. 10. 2006 – 1 StR 442/06, StraFo 2007, 25.
[71] HK-StPO/*Lemke* Rn. 13; KMR/*Neubeck* Rn. 19.
[72] BVerfG v. 26. 5. 1981 – 2 BvR 215/81, BVerfGE 57, 250 (282) = NJW 1981, 1719 (1725); BGH v. 1. 8. 1962 – 3 StR 28/62, BGHSt 17, 382 (384) = NJW 1962, 1876.
[73] *Kube/Leineweber* S. 124; HK-StPO/*Lemke* Rn. 11; KMR/*Neubeck* Rn. 20; Löwe/Rosenberg/*Dahs*, 25. Aufl., Rn. 20; Meyer-Goßner Rn. 24; SK/*Rogall* Rn. 65.
[74] BGH v. 1. 8. 1962 – 3 StR 28/62, BGHSt 17, 382 (384) = NJW 1962, 1876; OLG Celle v. 19. 12. 1958 – 2 Ws 63/58, MDR 1959, 414.
[75] BGH v. 17. 3. 1995 – 1 StR 803/94, BGHR StPO § 244 Abs. 2 Aussagegenehmigung 1; OLG Hamburg v. 22. 10. 1993 – 1 b Ws 271/93, NStZ 1994, 98.
[76] *Feller* JZ 1961, 628 (630); KMR/*Neubeck* Rn. 21; Meyer-Goßner Rn. 25.
[77] BGH v. 17. 2. 1981 – 5 StR 21/81, BGHSt 30, 34 (37) = NJW 1981, 1052; KMR/*Neubeck* Rn. 21; Meyer-Goßner Rn. 25; SK/*Rogall* Rn. 68.
[78] BVerfG v. 26. 5. 1981 – 2 BvR 215/81, BVerfGE 57, 250 (282) = NJW 1981, 1719 (1725); BGH v. 1. 8. 1962 – 3 StR 28/62, BGHSt 17, 382 (384) = NJW 1962, 1876; KK-StPO/*Senge* Rn. 20; offen gelassen von Löwe/Rosenberg/*Dahs*, 25. Aufl., Rn. 22.
[79] OLG Celle v. 19. 12. 1958 – 2 Ws 63/58, MDR 1959, 414; s. auch Rn. 19.
[80] *Kube/Leineweber* S. 124; KMR/*Neubeck* Rn. 21; Meyer-Goßner Rn. 25; SK/*Rogall* Rn. 68.
[81] BGH v. 21. 3. 1989 – 5 StR 57/89, StV 1989, 284; KK-StPO/*Senge* Rn. 22; Löwe/Rosenberg/*Dahs*, 25. Aufl., Rn. 24; Meyer-Goßner Rn. 26; aA SK/*Rogall* Rn. 69.

zu unterstellen, weil die zuständige Behörde dem Zeugen, der dieses Vorbringen bestätigen soll, die Aussagegenehmigung versagt.[82] Allerdings dürfen sich die durch § 54 geschützten Geheimhaltungsinteressen des Staates nicht nachteilig für den Angeklagten auswirken. Kann daher ein Beweis, der potenziell zur Entlastung des Angeklagten beitragen könnte, aufgrund von Maßnahmen der Exekutive nicht in die Hauptverhandlung eingeführt werden (obwohl seine Erhebung ein Gebot der Aufklärungspflicht wäre), ist die hierdurch bedingte Verkürzung der Beweisgrundlage und der Verteidigungsmöglichkeiten des Angeklagten durch eine **besonders vorsichtige Beweiswürdigung** und gegebenenfalls die Anwendung des Zweifelssatzes auszugleichen.[83]

V. Sonderfälle

1. Mitglieder oberster Staatsorgane (Abs. 2). Für die Mitglieder des Deutschen Bundestages ist 24 die Pflicht zur Amtsverschwiegenheit in § 44d **Abgeordnetengesetz**[84] gesondert geregelt. Für die Mitglieder der Bundesregierung sind die §§ 6, 7 **Bundesministergesetz**[85] maßgeblich, die inhaltlich den §§ 67, 68 BBG entsprechen. Für die Mitglieder der Landtage und Landesregierungen gelten die jeweiligen (vergleichbaren) landesrechtlichen Vorschriften.

2. Bundespräsident (Abs. 3). Nach Abs. 3 dürfen der Bundespräsident und der Präsident des 25 Bundesrates (soweit er nach Art. 57 GG Aufgaben des Bundespräsidenten wahrgenommen hat) das Zeugnis verweigern, wenn die Ablegung des Zeugnisses dem Wohl des Bundes oder eines deutschen Landes Nachteile bereiten würde. Ob diese Voraussetzung erfüllt ist, entscheidet der Bundespräsident selbst nach gerichtlich nicht überprüfbarem, **freiem Ermessen**.[86] Er hat diese Entscheidung weder zu begründen noch nach § 56 glaubhaft zu machen.[87]

VI. Revision

Da die Vorschrift allein dem Schutz staatlicher Geheimhaltungsinteressen dient und folglich 26 den Rechtskreis des Angeklagten nicht berührt, kann dieser die Revision auf einen **Verstoß gegen § 54** nicht stützen.[88] Auch die Staatsanwaltschaft, der Neben- und der Privatkläger können eine Verletzung dieser Norm nicht mit Erfolg rügen.[89] Mit der **Aufklärungsrüge** kann aber geltend gemacht werden, dass sich das Gericht nicht genügend um die Erteilung einer Aussagegenehmigung für den Zeugen bemüht hat,[90] sei es, dass das Gericht überhaupt keine Erteilung beantragt hat, ohne dass Versagungsgründe offensichtlich waren,[91] sei es, dass es sich nicht um die Klärung bemüht hat, ob die Voraussetzungen für eine (tatsächlich versagte) rechtmäßige Aussagegenehmigung überhaupt vorgelegen haben.[92]

§ 55 [Auskunftsverweigerungsrecht]

(1) Jeder Zeuge kann die Auskunft auf solche Fragen verweigern, deren Beantwortung ihm selbst oder einem der in § 52 Abs. 1 bezeichneten Angehörigen die Gefahr zuziehen würde, wegen einer Straftat oder einer Ordnungswidrigkeit verfolgt zu werden.

(2) Der Zeuge ist über sein Recht zur Verweigerung der Auskunft zu belehren.

Schrifttum: *Dahs*, Das Auskunftsverweigerungsrecht des § 55 StPO – immer wieder ein Problem, NStZ 1999, 386; *Dahs/Langkeit*, Das Schweigerecht des Beschuldigten und seine Auskunftsverweigerung als „verdächtiger Zeuge", NStZ 1993, 213; *Dölling*, Verlesbarkeit schriftlicher Erklärungen und Auskunftsverweigerung nach § 55 StPO, NStZ 1988, 6; *Geerds*, Auskunftsverweigerungsrecht oder Schweigebefugnis, FS Stock, 1966, S. 171; *Hammerstein*, Der Anwalt als Beistand „gefährdeter Zeugen", NStZ 1981, 125; *Kehr*, Dilemma des Zeugen bei wahrer, aber unglaubhafter Aussage, NStZ 1997, 160; *Langkeit/Cramer*, Vorrang des Personalbeweises bei gemäß § 55 StPO schweigendem Zeugen, StV 1996, 230; *Meyer*, Die Zulässigkeit der Ersetzung einer Aussage des nach StPO § 55 die Aussage verweigernden Zeugen durch Verlesung eines nichtrichterlichen Protokolls gemäß StPO § 251 Abs. 2, MDR 1977, 543; *Mitsch*, Protokollverlesung nach berechtigter Auskunftsverweigerung (§ 55 StPO) in der Hauptverhandlung, JZ 1992, 174; *Odenthal*, Auskunftsverweigerungsrecht nach § 55 StPO bei Gefahr ausländischer Strafverfolgung, NStZ

---
[82] Löwe/Rosenberg/*Dahs*, 25. Aufl., Rn. 24; *Meyer-Goßner* Rn. 26; SK/*Rogall* Rn. 69.
[83] BGH v. 4. 3. 2004 – 3 StR 218/03, BGHSt 49, 112 = NJW 2004, 1259.
[84] IdF v. 21. 2. 1996, BGBl. I S. 326.
[85] IdF v. 27. 7. 1971, BGBl. I S. 1166.
[86] AK/*Kühne* Rn. 8 a; KK-StPO/*Senge* Rn. 24; Löwe/Rosenberg/*Dahs*, 25. Aufl., Rn. 30; SK/*Rogall* Rn. 77.
[87] KMR/*Neubeck* Rn. 23; Löwe/Rosenberg/*Dahs*, 25. Aufl., Rn. 30; *Meyer-Goßner* Rn. 31; SK/*Rogall* Rn. 77.
[88] Ständige Rspr. seit BGH v. 12. 10. 1951 – 2 StR 393/51, NJW 1952, 151; HK-StPO/*Lemke* Rn. 16; KK-StPO/*Senge* Rn. 26; KMR/*Neubeck* Rn. 24; Löwe/Rosenberg/*Dahs*, 25. Aufl., Rn. 31; *Meyer-Goßner* Rn. 32; *Pfeiffer* Rn. 6; SK/*Rogall* Rn. 85.
[89] KK-StPO/*Senge* Rn. 26; KMR/*Neubeck* Rn. 24; Löwe/Rosenberg/*Dahs*, 25. Aufl., Rn. 31; *Meyer-Goßner* Rn. 32; SK/*Rogall* Rn. 85.
[90] BGH v. 17. 9. 1982 – 2 StR 139/82, NJW 1983, 126; BGH v. 17. 10. 1983 – GSSt 1/83, BGHSt 32, 115 = NJW 1984, 247.
[91] BGH v. 10. 10. 1979 – 3 StR 281/79, BGHSt 29, 109 (112) = NJW 1980, 464.
[92] BGH v. 11. 9. 1980 – 4 StR 16/80, NStZ 1981, 70.

1985, 117; *Rengier*, Zur Widerrufsmöglichkeit im Rahmen der StPO §§ 52 und 55, NStZ 1998, 47; *Richter*, Auskunft über die Verweigerung, StV 1996, 457; *Rino*, Das Auskunftsverweigerungsrecht des tatbeteiligten Zeugen nach § 55 StPO, JuS 2008, 600; *Rogall*, Der „Verdächtige" als selbständige Auskunftsperson im Strafprozess, NJW 1978, 2535; *Sommer*, Auskunftsverweigerungsrecht des gefährdeten Zeugen, StraFo 1998, 8; *Verrel*, Nemo tenetur – Rekonstruktion eines Verfahrensgrundsatzes, NStZ 1997, 361 und 415.

I. Allgemeines

1. Normzweck. Die Vorschrift resultiert aus dem rechtstaatlichen Grundsatz, dass niemand gezwungen werden darf, gegen sich selbst oder einen nahen Angehörigen auszusagen (**nemo tenetur se ipse accusare**).[1] Dem Zeugen soll die seelische Zwangslage erspart bleiben, unter dem Druck der Aussage- und Wahrheitspflicht eine Straftat (oder Ordnungswidrigkeit), die er selbst oder ein naher Angehöriger begangen hat, zu offenbaren und sich selbst oder den Angehörigen der Strafverfolgung auszusetzen.[2] Folglich dient die Norm allein dem **Schutz des Zeugen** und seiner nahen Angehörigen, nicht aber dem des Beschuldigten oder anderer Prozessbeteiligter.[3] Insbesondere beruht § 55 anders als das Zeugnisverweigerungsrecht nach § 52 nicht auf der Beziehung des Zeugen zum Angeklagten und berührt daher dessen Rechtskreis nicht.[4] Die Vorschrift dient auch nicht – auch nicht mittelbar – der Vorbeugung einer falschen Aussage des Zeugen[5] oder sonst der Wahrheitsfindung.[6]

2. Anwendungsbereich. § 55 gilt neben gerichtlichen Vernehmungen auch für Vernehmungen durch die Staatsanwaltschaft (§ 161a Abs. 1 S. 2) und die Polizei (§ 163 Abs. 3 S. 1). Entgegen dem insoweit missverständlichen Wortlaut besteht das Auskunftsverweigerungsrecht nicht erst bei einer Befragung nach § 69 Abs. 2, sondern bereits **ab Beginn der Aussage** und unabhängig davon, ob der Zeuge bereits im Ermittlungsverfahren Angaben gemacht hat.[7] § 55 räumt dem Zeugen nur das Recht ein, die Beantwortung einzelner Fragen zu verweigern. Dabei ist der Begriff der „Fragen" aber nicht im engen Wortsinne zu verstehen, da er nur auf eine grundsätzliche **Begrenztheit des Weigerungsrechts** hinweist. Gemeint sind in diesem Sinne der oder die Teile des Beweisthemas, die den Zeugen (oder seinen Angehörigen) in die Gefahr der Strafverfolgung bringen können, unabhängig davon, ob sie in der Form von Fragen angesprochen werden.[8] Zur Verweigerung der gesamten Aussage ist der Zeuge folglich aber grundsätzlich nicht berechtigt.[9] Im Einzelfall kann jedoch die gesamte in Betracht kommende Aussage mit dem (möglichen) strafbaren Verhalten des Zeugen so eng zusammenhängen, dass das Recht zur Auskunftsverweigerung im Ergebnis einem Recht zur Verweigerung des Zeugnisses in vollem Umfang gleichkommt.[10] Dies wird zB in den Fällen, in denen eine **Tatbeteiligung des Zeugen** in Betracht kommt, die Regel sein.[11] Aber auch dann handelt es sich strukturell weiter um ein Auskunftsverweigerungsrecht, dass den Zeugnisverweigerungsrechten nach §§ 52, 53, 53a nicht gleichsteht.[12] Für die Anwendung der Norm ist es gleichgültig, ob die durch den Zeugen zu erteilende Auskunft der Entlastung oder Belastung des Beschuldigten dienen soll.[13]

3. Verhältnis zu § 52. Unter **Angehörigen** versteht § 55 Abs. 1 die in § 52 Abs. 1 genannten Personen. Das Aussageverweigerungsrecht des § 55 ergänzt also dieses Zeugnisverweigerungsrecht.[14] Eigenständige Bedeutung hat § 55 in Bezug auf Angehörige aber nur in den Fällen, wenn der konkrete Angehörige, zu dessen Vorteil die Auskunft verweigert werden soll, nicht zugleich Beschuldigter in dem Verfahren ist, in dem der Zeuge die Aussage (auch teilweise) nach § 52 ver-

---

[1] BVerfG v. 8. 10. 1974 – 2 BvR 747/73, BVerfGE 38, 105 (113) = NJW 1975, 103; BVerfG v. 26. 11. 1984 – 2 BvR 1409/84, NStZ 1985, 277; *Dahs* NStZ 1999, 386 (387); *Dahs/Langkeit* NStZ 1993, 213; *Rino*, JuS 2008, 600; *Verrel* NStZ 1997, 361 und 415.
[2] BGH v. 24. 1. 1956 – 1 StR 568/55, BGHSt 9, 34 (36) = NJW 1956, 680; BGH v. 21. 1. 1958 – GSSt 4/57, BGHSt 11, 213 (216) = NJW 1958, 537; BGH v. 13. 4. 1962 – 3 StR 6/62, BGHSt 17, 245 (247) = NJW 1962, 1259.
[3] BGH v. 27. 2. 1951 – 1 StR 14/51, BGHSt 1, 39 = NJW 1951, 368; HK-StPO/*Lemke* Rn. 2; KK-StPO/*Senge* Rn. 1; KMR/*Neubeck* Rn. 1; Löwe/Rosenberg/*Dahs*, 25. Aufl., Rn. 1; *Meyer-Goßner* Rn. 1; aA *Geppert* Jura 1991, 132 (139); *Hauf* NStZ 1993, 457.
[4] So zutreffend BGH v. 27. 2. 1951 – 1 StR 14/51, BGHSt 1, 39 (40) = NJW 1951, 368; KK-StPO/*Senge* Rn. 1.
[5] OLG Düsseldorf v. 14. 3. 1982 – 1 Ws 174/82, NStZ 1982, 247 mAnm *Prittwitz* StV 1982, 344; OLG Zweibrücken v. 16. 8. 1994 – 1 Ss 84/94, NJW 1995, 1301; aA OLG Frankfurt v. 28. 3. 1951 – Ss 79/51, NJW 1951, 614; OLG Hamburg v. 16. 9. 1953 – 1 W 164/53, NJW 1953, 1873 (1874); *Rudolphi* MDR 1970, 93 (98).
[6] BGH v. 27. 2. 1951 – 1 StR 14/51, BGHSt 1, 39 (40) = NJW 1951, 368.
[7] *Mitsch* JZ 1992, 174; KMR/*Neubeck* Rn. 2; Löwe/Rosenberg/*Dahs*, 25. Aufl., Rn. 5; *Meyer-Goßner* Rn. 2.
[8] *Geerds*, FS Stock, 1966, S. 174; KK-StPO/*Senge* Rn. 3.
[9] AllgM.
[10] BGH v. 15. 1. 1957 – 5 StR 390/56, BGHSt 10, 104 (105) = NJW 1957, 551; BGH v. 13. 4. 1962 – 3 StR 6/62, BGHSt 17, 245 (247) = NJW 1962, 1259; BGH v. 16. 10. 1985 – 2 StR 563/84, NStZ 1986, 181.
[11] BGH v. 25. 2. 1998 – StB 2/98, NJW 1998, 1728; BGH v. 27. 6. 2002 – 4 StR 28/02, NStZ-RR 2002, 272.
[12] BGH v. 13. 4. 1962 – 3 StR 6/62, BGHSt 17, 245 (247) = NJW 1962, 1259; KK-StPO/*Senge* Rn. 2.
[13] *Hammerstein* NStZ 1981, 125 (126); KMR/*Neubeck* Rn. 2; Löwe/Rosenberg/*Dahs*, 25. Aufl., Rn. 7; *Meyer-Goßner* Rn. 2.
[14] RG v. 5. 3. 1907 – II 134/07, RGSt 40, 46 (48); Löwe/Rosenberg/*Dahs*, 25. Aufl., Rn. 3.

weigern und damit den Erfolg des § 55 herbeiführen kann.[15] Es besteht zwischen diesen beiden Rechten dann daher **keine Wahlmöglichkeit**, vielmehr ist nur § 52 anzuwenden.[16] Folglich muss in diesen Fällen auch nur nach § 52 Abs. 3 S. 1 belehrt werden.[17]

II. Voraussetzungen der Auskunftsverweigerung

1. Verfolgung wegen einer Straftat oder Ordnungswidrigkeit. Das Auskunftsverweigerungsrecht besteht nur, wenn dem Zeugen bei wahrheitsgemäßer Aussage die Verfolgung wegen einer Straftat oder Ordnungswidrigkeit droht. Dabei muss sich diese Gefahr auf eine **frühere Tat** beziehen. Nicht ausreichend ist dagegen die Möglichkeit, dass sich der Zeuge erst durch die Aussage selbst einer Straftat (etwa eines Geheimnisverrats) schuldig machen könnte.[18] Die Verfolgungsgefahr muss nicht notwendig im Inland bestehen, die drohende **Strafverfolgung im Ausland** kann aufgrund des Normzwecks ebenfalls genügen.[19] Dagegen genügt die Gefahr einer disziplinarischen[20] oder berufsgerichtlichen[21] Verfolgung für die Erfüllung des Tatbestandes des § 55 nicht. Im letztgenannten Fall kann aber die jeweilige berufsgerichtliche Verfahrensordnung § 55 für (entsprechend) anwendbar erklären.[22] Erst recht kann dann keine Befugnis zur Auskunftsverweigerung angenommen werden, wenn die Beantwortung der Frage dem Zeugen (oder einem Angehörigen) nur zur Unehre gereicht, Vermögensnachteile nach sich ziehen oder zur Offenbarung von Kunst-, Geschäfts- oder Betriebsgeheimnissen führen könnte.[23] Für das Entstehen der Befugnis aus § 55 ist es aber nicht erforderlich, dass die Festsetzung einer Strafe oder Geldbuße droht. Vielmehr ist es (zB) ausreichend, wenn die Verhängung von Sicherungsmaßregeln (§§ 413 ff.), Erziehungsmaßregeln (§ 9 JGG)[24] oder Zuchtmitteln (§ 13 JGG)[25] als möglich erscheint. Die Norm stellt nur darauf ab, dass die **Gefahr der Einleitung eines Ermittlungsverfahrens** besteht, nicht aber darauf, wie es vermutlich nach Durchführung der Ermittlungen abgeschlossen werden wird.[26] Entsprechend anwendbar ist § 55 in den Fällen einer drohenden Abgeordneten- oder Ministeranklage,[27] der Gefahr einer Präsidenten- (Art. 61 GG) oder Richteranklage (Art. 98 Abs. 2 GG) sowie eines Verfahrens wegen der Verwirkung von Grundrechten (Art. 18 GG).[28]

2. Gefahr der Verfolgung. Dem Zeugen (oder einem Angehörigen) droht die Gefahr einer Verfolgung, wenn sich aus seiner wahrheitsgemäßen Aussage für die Ermittlungsbehörden Tatsachen ergeben, die den **Anfangsverdacht** (§ 152) einer Straftat oder Ordnungswidrigkeit begründen. Die sichere Erwartung eines Straf- oder Bußgeldverfahrens ist also nicht erforderlich,[29] reine Vermutungen oder die bloße theoretische Möglichkeit sind nicht ausreichend.[30] Allerdings ist zu berücksichtigen, dass die Verdachtsschwelle bei § 152 niedrig ist, so dass eine Verfolgungsgefahr bereits im Vorfeld einer direkten (Selbst-)Belastung durch die Aussage zu bejahen ist.[31] Rechtliche Zweifel bei Beurteilung dieser Frage wirken sich zugunsten des Zeugen aus.[32]

a) Mittelbare Gefahr. Eine Verfolgungsgefahr besteht nicht nur dann, wenn der Zeuge sich oder seinen Angehörigen in der Aussage **unmittelbar** einer Straftat oder Ordnungswidrigkeit bezichtigen müsste. Es genügt auch, wenn er durch die Aussage einen Verdacht **mittelbar** begründen würde.[33] Das kann zB dann der Fall sein, wenn Fragen an den Zeugen ein Teilstück in einem „mosaikartigen

---

[15] KMR/*Neubeck* Rn. 1; Löwe/Rosenberg/*Dahs*, 25. Aufl., Rn. 3.
[16] *Meyer-Goßner* Rn. 1; aA KK-StPO/*Senge* Rn. 11; SK/*Rogall* Rn. 18.
[17] BGH v. 10. 9. 1963 – 5 StR 140/63; KK-StPO/*Senge* Rn. 11; Löwe/Rosenberg/*Dahs*, 25. Aufl., Rn. 3.
[18] BVerfG v. 26. 11. 1984 – 2 BvR 1409/84, NStZ 1985, 277; BGH v. 14. 1. 1958 – 5 StR 503/57, MDR 1958, 141; OLG Düsseldorf v. 4. 3. 1982 – 1 Ws 174/82, NJW 1982, 1891; *Kehr* NStZ 1997, 160; *Sommer* StraFo 1998, 8.
[19] LG Freiburg v. 16. 12. 1985 – IV Qs 101/85, NJW 1986, 3036 mAnm *Odenthal* NStZ 1993, 52; *ders.*, NStZ 1985, 117; HK-StPO/*Lemke* Rn. 3; KMR/*Neubeck* Rn. 3; Löwe/Rosenberg/*Dahs*, 25. Aufl., Rn. 13; SK/*Rogall* Rn. 39; aA LG Stuttgart v. 24. 4. 1992 – 11 ARs 1/92, NStZ 1992, 454; KK-StPO/*Senge* Rn. 9; *Meyer-Goßner* Rn. 4.
[20] OLG Hamburg v. 21. 11. 1983 – 2 Ws 532/83, MDR 1984, 335; AK/*Kühne* Rn. 3.
[21] KMR/*Neubeck* Rn. 3; Löwe/Rosenberg/*Dahs*, 25. Aufl., Rn. 8.
[22] BGH v. 27. 2. 1978 – AnwSt (R) 13/77, BGHSt 27, 374 (378) = NJW 1979, 324; KK-StPO/*Senge* Rn. 6.
[23] AK/*Kühne* Rn. 8; KK-StPO/*Senge* Rn. 6; KMR/*Neubeck* Rn. 3; Löwe/Rosenberg/*Dahs*, 25. Aufl., Rn. 8.
[24] *Geerds*, FS Stock, 1966, S. 174.
[25] BGH v. 24. 1. 1956 – 1 StR 568/55, BGHSt 9, 34 (35) = NJW 1956, 680.
[26] BGH v. 13. 11. 1998 – StB 12/98, NJW 1999, 1413.
[27] BGH v. 19. 2. 1960 – 1 StR 609/59, BGHSt 17, 128 (136).
[28] KK-StPO/*Senge* Rn. 6; KMR/*Neubeck* Rn. 3; Löwe/Rosenberg/*Dahs*, 25. Aufl., Rn. 8.
[29] OLG Hamm v. 13. 10. 1997 – 1 Ws 346/97, StraFo 1998, 119; *Geerds*, FS Stock, 1966, S. 175; AK/*Kühne* Rn. 5; KK-StPO/*Senge* Rn. 6; KMR/*Neubeck* Rn. 3; Löwe/Rosenberg/*Dahs*, 25. Aufl., Rn. 10; *Meyer-Goßner* Rn. 3.
[30] BVerfG v. 21. 4. 2010 – 2 BvR 504/08; BGH v. 1. 6. 1994 – StB 10/94, NJW 1994, 2839; BGH v. 25. 3. 1994 – StB 3/94, BGHR StPO § 55 Abs. 1 Verfolgung 2; OLG Koblenz v. 6. 7. 1995 – 2 Ws 390/95, StV 1996, 474 mAnm *Gatzweiler*.
[31] BVerfG v. 6. 2. 2002 – 2 BvR 1249/01, NJW 2002, 1411; KK-StPO/*Senge* Rn. 4; Löwe/Rosenberg/*Dahs*, 25. Aufl., Rn. 10.
[32] *Dahs* NStZ 1999, 386 (387); HK-StPO/*Lemke* Rn. 3.
[33] BVerfG v. 6. 2. 2002 – 2 BvR 1249/01, NJW 2002, 1411; BVerfG v. 30. 4. 2003 – 2 BvR 281/03, NJW 2003, 3045; BGH v. 9. 7. 1991 – 1 StR 312/91, BGHR StPO § 55 Abs. 1 Verfolgung 1.

§ 55 7, 8   Erstes Buch. Allgemeine Vorschriften

Beweisgebäude" betreffen und zu seiner Belastung beitragen können,[34] oder wenn der Zeuge durch die Abweichung von einer eigenen früheren Aussage (oder der eines Angehörigen) für sich (oder diesen) die Gefahr auslösen würde, wegen eines Aussagedelikts (§§ 153 ff. StGB) oder wegen falscher Verdächtigung (§ 164 StGB) verfolgt zu werden.[35]

7   b) **Wegfall der Gefahr.** Dem Zeugen steht dann kein Auskunftsverweigerungsrecht mehr zu, wenn die Verfolgungsgefahr **offensichtlich ausgeschlossen** ist.[36] Dies ist zB der Fall bei eindeutigem Vorliegen von Rechtfertigungs- oder Entschuldigungsgründen,[37] Strafunmündigkeit des Zeugen oder Angehörigen bei Tatbegehung,[38] wenn der tatverdächtige Angehörige des Zeugen verstorben ist,[39] bei Vorliegen nicht mehr behebbarer Verfahrenshindernisse – etwa Verjährung,[40] Amnestie,[41] Fristablauf bei Antragsdelikten,[42] Strafklageverbrauch[43] oder endgültiger Verfahrenseinstellung nach § 153a StPO, es sei denn, die Aussage würde eine Verfolgung der Tat als Verbrechen ermöglichen.[44] Regelmäßig fällt die Verfolgungsgefahr auch dann weg, wenn der Zeuge wegen der betreffenden Tat **rechtskräftig verurteilt** ist.[45] Ob die verhängte Strafe schon vollstreckt ist, ist dabei ohne Belang.[46] Dies gilt aber nicht, wenn bislang nur der Schuldspruch rechtskräftig ist,[47] oder wenn die Rechtskraft wegen Versäumung der Rechtsmittelfrist eingetreten ist und der Zeuge Antrag auf Wiedereinsetzung in den vorigen Stand gestellt hat, über den noch nicht endgültig entschieden wurde.[48] Das Aussageverweigerungsrecht besteht auch dann fort, wenn zwischen der rechtskräftig abgeurteilten Tat und anderen noch verfolgbaren Taten ein enger Zusammenhang besteht.[49]

8   c) **Fortbestand der Gefahr.** Eine Berufung auf das Auskunftsverweigerungsrecht des § 55 ist aber immer dann weiterhin möglich, wenn und soweit die Gefahr der Strafverfolgung **nicht sicher ausgeschlossen** werden kann. Daraus folgt, dass auch bei rechtskräftiger Ablehnung der Eröffnung des Hauptverfahrens[50] oder rechtskräftigem Freispruch[51] die Verfolgungsgefahr weiter fortbestehen kann, wenn die Möglichkeit der Wiederaufnahme des Verfahrens nach den §§ 211, 362 gegeben ist. Das gilt erst recht für Verfahrenseinstellungen durch die Staatsanwaltschaft gemäß den §§ 170 Abs. 2, 153 ff., oder § 45 JGG, da hier eine Wiederaufnahme des Verfahrens rechtlich jederzeit möglich ist.[52] Nach der wohl hM kommt es in diesen Fällen darauf an, ob eine Verfahrensfortsetzung aufgrund der Angaben des Zeugen zu erwarten wäre.[53] Das Recht zur Auskunftsverweigerung geht auch dann nicht unter, wenn das Strafverfahren gegen den Zeugen wegen dauerhafter Verhandlungsunfähigkeit eingestellt worden ist, sofern die Möglichkeit der Einleitung eines neuen Ermittlungsverfahrens besteht.[54]

---

[34] BVerfG v. 21. 4. 2010 – 2 BvR 504/08; BGH v. 7. 5. 1987 – 5 I BGs 286/87, StV 1987, 328; BGH v. 27. 6. 2002 – 4 StR 28/02, NStZ-RR 2002, 272; OLG Celle v. 28. 10. 1987, StV 1988, 99; OLG Zweibrücken v. 5. 1. 2000 – 1 Ss 284/99, StV 2000, 606; *Sommer* StraFo 1998, 8 (11).
[35] BGH v. 23. 4. 1953 – 5 StR 69/53, MDR 1953, 402; OLG Koblenz v. 6. 7. 1995 – 2 Ws 390/95, StV 1996, 474 mAnm *Gatzweiler*.
[36] Ständige Rspr. seit BGH v. 24. 1. 1956 – 1 StR 568/55, BGHSt 9, 34 (35) = NJW 1956, 680.
[37] *Geerds*, FS Stock, 1966, S. 176 Fn. 24; HK-StPO/*Lemke* Rn. 4; KK-StPO/*Senge* Rn. 4; KMR/*Neubeck* Rn. 7; Löwe/Rosenberg/*Dahs*, 25. Aufl., Rn. 14; *Meyer-Goßner* Rn. 8; *Pfeiffer* Rn. 1; SK/*Rogall* Rn. 40.
[38] KK-StPO/*Senge* Rn. 4; KMR/*Neubeck* Rn. 7; Löwe/Rosenberg/*Dahs*, 25. Aufl., Rn. 14; *Meyer-Goßner* Rn. 8; *Pfeiffer* Rn. 1; SK/*Rogall* Rn. 40; aA *Eisenberg*, GA 2001, 153 (157).
[39] KK-StPO/*Lemke* Rn. 4; KK-StPO/*Senge* Rn. 4; KMR/*Neubeck* Rn. 7; Löwe/Rosenberg/*Dahs*, 25. Aufl., Rn. 14; SK/*Rogall* Rn. 40.
[40] BGH v. 14. 1. 1958 – 5 StR 503/57, MDR 1958, 141; OLG Oldenburg v. 21. 2. 1961 – 1 Ss 8/61, NJW 1961, 1225; s. auch BGH v. 20. 10. 1990 – StB 11/90, StV 1991, 145 mAnm *Wächtler*.
[41] BGH v. 23. 4. 1953 – 4 StR 635/52, BGHSt 4, 130; BGH v. 24. 1. 1956 – 1 StR 568/55, BGHSt 9, 34 = NJW 1956, 680.
[42] KK-StPO/*Senge* Rn. 4; KMR/*Neubeck* Rn. 7; *Meyer-Goßner* Rn. 8; SK/*Rogall* Rn. 40.
[43] BGH v. 9. 9. 1998 – StB 10/98, NStZ 1999, 415; BGH v. 13. 11. 1998 – StB 12/98, NJW 1999, 1413; krit. *Dahs* NStZ 1999, 386.
[44] BayObLG v. 27. 7. 1989 – RReg 1 St 179/89, VRS 78, 49; Löwe/Rosenberg/*Dahs*, 25. Aufl., Rn. 14; SK/*Rogall* Rn. 40.
[45] BVerfG v. 26. 11. 1984 – 2 BvR 1409/84, NStZ 1985, 277.
[46] KK-StPO/*Senge* Rn. 4; KMR/*Neubeck* Rn. 7; Löwe/Rosenberg/*Dahs*, 25. Aufl., Rn. 14; *Meyer-Goßner* Rn. 8; SK/*Rogall* Rn. 40
[47] LG Darmstadt v. 9. 12. 1987 – 3 Qs 1144/87, StV 1988, 101; HK-StPO/*Lemke* Rn. 5; KK-StPO/*Senge* Rn. 4; Löwe/Rosenberg/*Dahs*, 25. Aufl., Rn. 14; *Meyer-Goßner* Rn. 8; SK/*Rogall* Rn. 40.
[48] OLG Celle v. 5. 1. 1983 – 1 Ws 360/82, NStZ 1983, 377.
[49] BGH v. 28. 4. 2006 – StB 2/06, NStZ 2006, 509; BGH v. 19. 12. 2006 – 1 StR 326/06, NStZ 2007, 278; BGH v. 7. 8. 2008 – StB 9 – 11/08, NJW-RR 2009, 178; BGH v. 4. 8. 2009 – StB 37/09, NJW-Spezial 2009, 616; BGH v. 1. 9. 2009 – 1 StR 399/09, StraFo 2009, 520.
[50] BGH v. 23. 4. 1953 – 5 StR 69/53, MDR 1953, 402.
[51] BGH v. 1. 7. 1984 – 2 StR 24/84, StV 1984, 408.
[52] HK-StPO/*Lemke* Rn. 6; Löwe/Rosenberg/*Dahs*, 25. Aufl., Rn. 15; SK/*Rogall* Rn. 40.
[53] BGH v. 15. 1. 1957 – 5 StR 390/56, BGHSt 10, 104 = NJW 1957, 551; KK-StPO/*Senge* Rn. 4; KMR/*Neubeck* Rn. 8; *Meyer-Goßner* Rn. 10.
[54] BGH v. 16. 10. 1985 – 2 StR 563/84, NStZ 1986, 181.

d) **Beurteilung der Gefahr.** Die Entscheidung über die Verfolgungsgefahr betrifft eine Rechtsfrage. Sie trifft nicht der Zeuge oder gar der Angeklagte, sondern das Gericht.[55] Die Beurteilung erfolgt nach **pflichtgemäßem Ermessen** unter Berücksichtigung der Umstände des Einzelfalls.[56] Dabei muss der Richter von der Frage an den Zeugen ausgehen und die Möglichkeit ihrer Bejahung und Verneinung in Betracht ziehen. Löst auch nur eine dieser beiden Möglichkeiten eine Verfolgungsgefahr für den Zeugen (oder Angehörigen) aus, muss die Aussageverweigerung als berechtigt hingenommen werden, andernfalls wäre der Zeuge gezwungen, durch den Gebrauch des Auskunftsverweigerungsrechts einen Verdachtsgrund gegen sich (oder den Angehörigen) zu schaffen.[57] Gleichfalls unterliegt es der Beurteilung des Gerichts nach pflichtgemäßem Ermessen, ob es die Glaubhaftmachung des Weigerungsgrunds verlangt (§ 56).[58] **Zuständig** für die Entscheidungen ist der Vorsitzende, gegen dessen Verfügung die Entscheidung des Gerichts herbeigeführt werden kann (§ 238 Abs. 2).[59]

III. Ausübung des Zeugnisverweigerungsrechts

1. **Befugnis.** Das Auskunftsverweigerungsrecht ist ein **höchstpersönliches Recht** des Zeugen.[60] Er entscheidet daher stets selbst, ob und in welchem Umfang er von seinem Recht Gebrauch machen will. Dies gilt auch dann, wenn dem Zeugen die notwendige Verstandesreife oder -kraft fehlt (§ 52 Abs. 2).[61] Besteht aber die Gefahr, dass ein Zeuge, der unter einem solchen mentalen Defekt leidet, mit seiner Aussage einen Angehörigen belastet, bedarf es neben seiner eigenen Aussagebereitschaft in entsprechender Anwendung des § 52 Abs. 2 S. 1 der Zustimmung des gesetzlichen Vertreters.[62] Im Übrigen sind Zeugen, bei denen die Voraussetzungen des § 55 in Betracht kommen, befugt, in Begleitung eines **Rechtsbeistands** zur Verhandlung zu erscheinen und dessen Rat in Anspruch zu nehmen.[63]

2. **Erklärung der Weigerung.** Die Weigerung, Auskunft zu erteilen, muss der Zeuge **ausdrücklich erklären**. Er darf also, wenn er sich nicht nach §§ 153 ff. StGB strafbar machen will, nicht einfach zum Beweisthema gehörende, belastende Tatsachen verschweigen.[64] Das Nichterscheinen des Zeugen zum anberaumten Termin allein darf allerdings nicht als Verweigerung jeglicher Aussage gewertet werden.[65] Die Erklärung der Weigerung kann **bis zum Abschluss der Vernehmung** abgegeben werden.[66] Bis dahin können auch wahrheitswidrige Angaben in dieser Vernehmung widerrufen werden; dabei kann uU schon in der Geltendmachung des Auskunftsverweigerungsrechts ein stillschweigender Widerruf gesehen werden.[67] Grundsätzlich können sowohl die Auskunftsverweigerung als auch der Verzicht darauf jederzeit widerrufen werden.[68]

IV. Folgen der Auskunftsverweigerung

1. **Allgemeines.** Macht ein Zeuge berechtigt von seinem Auskunftsverweigerungsrecht Gebrauch, scheidet er, soweit sein Recht reicht, als zulässiges Beweismittel aus und darf über die in Betracht kommenden **Fragen** nicht mehr vernommen werden. Dennoch gestellte Fragen sind nach § 241 Abs. 2 zurückzuweisen.[69] **Beweisanträge** auf Vernehmung eines solchen Zeugen sind nach § 244 Abs. 3 zurückzuweisen. Richtigerweise ist in diesem Fall die Unzulässigkeit der Beweiserhebung (§ 244 Abs. 3 S. 1) anzunehmen,[70] nach der hM in der Rechtsprechung ist der verweigernde Zeuge

---

[55] OLG Hamburg v. 8. 2. 1984 – 1 Ws 26/84, NJW 1984, 1635.
[56] BGH v. 27. 2. 1951 – 1 StR 14/51, BGHSt 1, 39; BGH v. 15. 1. 1957 – 5 StR 390/56, BGHSt 10, 140.
[57] BGH v. 9. 9. 1998 – StB 10/98, NStZ 1999, 415; BGH v. 13. 11. 1998 – StB 12/98, NJW 1999, 1413; *Richter* StV 1996, 457.
[58] BGH v. 4. 12. 1970 – 1 StR 34/70, MDR 1971, 188; s. auch § 56 Rn. 2.
[59] BGH v. 16. 11. 2006 – 3 StR 139/06, BGHSt 51, 144 = NJW 2007, 230.
[60] BGH v. 27. 2. 1951 – 1 StR 14/51, BGHSt 1, 39 (40); SK/*Rogall* Rn. 53.
[61] AllgM.
[62] KK-StPO/*Senge* Rn. 12; KMR/*Neubeck* Rn. 10; Löwe/Rosenberg/*Dahs*, 25. Aufl., Rn. 16; *Meyer-Goßner* Rn. 11; *Pfeiffer* Rn. 2; weitergehend SK/*Rogall* Rn. 53; der die Zustimmung des gesetzlichen Vertreters auch bei der Gefahr der Selbstbelastung für erforderlich hält.
[63] BVerfG v. 8. 10. 1974 – 2 BvR 747/73, BVerfGE 38, 105 = NJW 1975, 103; *Hammerstein* NStZ 1981, 125.
[64] BVerfG v. 8. 10. 1974 – 2 BvR 747/73, BVerfGE 38, 105 (113) = NJW 1975, 103; BGH v. 11. 11. 1954 – 3 StR 422/54, BGHSt 7, 127; BGH v. 31. 10. 1966 – AnwSt (R) 7/66, BGHSt 21, 167 (171); RG v. 24. 11. 1922, I 7/22, RGSt 57, 152 (153).
[65] BGH v. 9. 8. 1988 – 4 StR 326/88, StV 1989, 140.
[66] OLG Celle v. 7. 11. 1957 – 2 Ws 366/57, NJW 1958, 72 (74); *Meyer-Goßner* Rn. 11.
[67] BGH v. 18. 6. 1982, 2 StR 234/82, NStZ 1982, 431; RG v. 5. 7. 1910 – II 420/10, RGSt 44, 44.
[68] AllgM; vgl. schon RG v. 29. 10. 1929 – I 954/29, RGSt 63, 302.
[69] BGH v. 15. 12. 2005 – 3 StR 281/04, BGHSt 50, 318 = NJW 2006, 785; KMR/*Neubeck* Rn. 12; Löwe/Rosenberg/*Dahs*, 25. Aufl., Rn. 19; *Meyer-Goßner* Rn. 12; SK/*Rogall* Rn. 56.
[70] KMR/*Neubeck* Rn. 12; *Meyer-Goßner* Rn. 12; *Pfeiffer* Rn. 2; SK/*Rogall* Rn. 56.

hingegen ein ungeeignetes Beweismittel.[71] Einem solchen Beweisantrag ist aber dann nachzugehen (§ 244 Abs. 2), wenn Anhaltspunkte dafür vorliegen, dass der Zeuge seine Entscheidung über sein Aussageverhalten geändert hat.[72] Die Pflicht zur **Eidesleistung** wird – vorbehaltlich § 60 Nr. 2 – durch die Aussageverweigerung zu einzelnen Punkten nicht berührt.[73]

13   **2. Verwertbarkeit.** Die Angaben, die der Zeuge bis zur Erklärung der Auskunftsverweigerung gemacht hat, bleiben **verwertbar**.[74] Das gilt auch, wenn der Zeuge seine nunmehrige Weigerung ausdrücklich auf seine bisherigen Angaben bezieht,[75] und selbst dann, wenn der Zeuge zuvor nicht nach Abs. 2 belehrt worden ist.[76] Für die Verwertbarkeit früherer Zeugenaussagen gilt § 252 nicht, dh. auch Angaben, die der Zeuge vor der Hauptverhandlung gemacht hat, dürfen verwertet werden, wenn er sich später auf § 55 beruft.[77] Insbesondere ist die Befragung der Verhörspersonen über den Inhalt früherer Vernehmungen zulässig.[78] Weiter dürfen dem Angeklagten aus Protokollen über die Vernehmung des Zeugen **Vorhalte** gemacht[79] und schriftliche Äußerungen des Zeugen (zB ein Geständnis) – trotz § 250 S. 2 – nach § 249 verlesen werden.[80] Auch ist grundsätzlich unter den Voraussetzungen des § 251 die **Verlesung** von Vernehmungsprotokollen statthaft.[81] Macht aber der Zeuge in der Hauptverhandlung von seinem Recht aus Abs. 1 Gebrauch, so ist die Verlesung seiner früheren (nichtrichterlichen) Aussage weder nach § 251 Abs. 1 noch nach § 251 Abs. 2 zulässig.[82] In einem solchen Fall kann aber die Verlesung eines richterlichen Protokolls zulässig sein, wenn alle Verfahrensbeteiligten einverstanden sind, auf die Vernehmung der Verhörsperson verzichten und Gründe der Aufklärungspflicht der Verlesung nicht entgegenstehen.[83]

14   **3. Beweiswürdigung.** Die Ausübung des Auskunftsverweigerungsrechts und auch der Widerruf des Verzichts auf dieses Recht sind im **Verfahren gegen den Angeklagten** der freien Beweiswürdigung (§ 261) zugänglich, insbesondere dürfen daraus auch Schlüsse zu dessen Nachteil gezogen werden.[84] Dies gilt auch dann, wenn der Zeuge nur die Beantwortung von Fragen der Verteidigung verweigert. In einer solchen Konstellation besteht jedoch Anlass zu besonders kritischer Würdigung dieses Aussageverhaltens.[85] Die Zulässigkeit solcher Schlussfolgerungen folgt daraus, dass eine Verwertung den Zeugen in der Ausübung seines Rechts nicht beeinflussen kann und § 55 nicht dem Schutz des Angeklagten dient.[86] Allerdings werden sich regelmäßig aus diesem Verhalten des Zeugen keine sicheren Schlüsse zugunsten oder zulasten des Angeklagten ziehen lassen.[87] Unzulässig ist jedoch eine Berücksichtigung dieses Aussageverhaltens in einem späteren **Verfahren gegen den Zeugen** (oder Angehörigen),[88] da der Zeuge über die Ausübung seines Auskunftsverweigerungsrechts nicht mehr unbefangen entscheiden könnte, wenn er stets mit negativen Konsequenzen für sich (oder seinen Angehörigen) rechnen müsste.[89]

---

[71] BGH v. 28. 11. 1997 – BGHSt 43, 321 (325) = NJW 1998, 1723; Löwe/Rosenberg/*Dahs*, 25. Aufl., Rn. 19; noch anders OLG Hamm v. 2. 7. 1976 – 3 Ss 265/76 (unerreichbares Beweismittel).
[72] BGH v. 22. 12. 1981 – 5 StR 662/81, NStZ 1982, 126; Löwe/Rosenberg/*Dahs*, 25. Aufl., Rn. 19.
[73] BGH v. 19. 10. 1954 – 2 StR 651/53, BGHSt 6, 382; KMR/*Neubeck* Rn. 12; Löwe/Rosenberg/*Dahs*, 25. Aufl., Rn. 20; *Meyer-Goßner* Rn. 12; SK/*Rogall* Rn. 57.
[74] BGH v. 23. 1. 2002 – 5 StR 330/01, BGHSt 47, 220 (221) = NJW 2002, 1508; KK-StPO/*Senge* Rn. 14; Löwe/Rosenberg/*Dahs*, 25. Aufl., Rn. 19; *Meyer-Goßner* Rn. 12; SK/*Rogall* Rn. 59; aA HK/*Lemke* Rn. 8.
[75] BGH v. 9. 7. 1997 – 5 StR 234/96, NStZ 1998, 312.
[76] BGH v. 21. 1. 1956 – GSSt 4/57, BGHSt 11, 213 = NJW 1958, 557; KMR/*Neubeck* Rn. 12; Löwe/Rosenberg/*Dahs*, 25. Aufl., Rn. 19; *Meyer-Goßner* Rn. 12; aA AK/*Kühne* Rn. 8; SK/*Rogall* Rn. 60.
[77] BGH v. 30. 6. 1954 – 6 StR 172/54, BGHSt 6, 209 (211); BGH v. 13. 4. 1962 – 3 StR 6/62, BGHSt 17, 245; BGH v. 29. 8. 2001 – 2 StR 266/01, NJW 2002, 309; *Dölling* NStZ 1988, 6 (8); HK-StPO/*Lemke* Rn. 8; KK-StPO/*Senge* Rn. 15; Löwe/Rosenberg/*Dahs*, 25. Aufl., Rn. 19; *Meyer-Goßner* Rn. 12; aA *Geerds*, FS Stock, 1966, S. 179; *Geppert* Jura 1988, 305 (312); *Rogall* NJW 1978, 2535 (2538).
[78] BGH v. 20. 10. 1967 – 4 StR 443/67, MDR 1968, 202; BGH v. 20. 9. 1972 – 3 StR 175/2, MDR 1973, 19; *Dölling* NStZ 1988, 6 (9); zur Gegenansicht vgl. *Mitsch* JZ 1992, 174, Fn. 1.
[79] KK-StPO/*Senge* Rn. 15; Löwe/Rosenberg/*Dahs*, 25. Aufl., Rn. 19; KMR/*Neubeck* Rn. 12.
[80] BGH v. 23. 12. 1986 – 1 StR 514/86, NJW 1987, 1093.
[81] BGH v. 21. 2. 1957 – 4 StR 582/56, BGHSt 10, 186 (190); KK-StPO/*Senge* Rn. 15; Löwe/Rosenberg/*Dahs*, 25. Aufl., Rn. 19; aA *Pfeiffer* Rn. 2; SK/*Rogall* Rn. 64.
[82] BGH v. 27. 9. 1995 – 4 StR 488/95, NStZ 1996, 96; *Dölling* NStZ 1988, 6 (10); *Langkeit/Cramer* StV 1996, 230; aA *Meyer* MDR 1977, 543; *Mitsch* JZ 1992, 174.
[83] BGH v. 29. 8. 2001 – 2 StR 266/01, NJW 2002, 309.
[84] BGH v. 14. 2. 1984 – 5 StR 895/83, StV 1984, 233; *Mitsch* JZ 1992, 177 Fn. 85; *Rengier* NStZ 1998, 47 (48); aA *Geerds*, FS Stock, 1966, S. 180; KK-StPO/*Kühne* Rn. 8; KMR/*Neubeck* Rn. 12.
[85] BGH v. 23. 1. 2002 – 5 StR 330/01, BGHSt 47, 220 (221) = NJW 2002, 1508.
[86] KK-StPO/*Senge* Rn. 16; *Pfeiffer* Rn. 2; SK/*Rogall* Rn. 69.
[87] Löwe/Rosenberg/*Dahs*, 25. Aufl., Rn. 21; SK/*Rogall* Rn. 69; vgl. auch BGH v. 25. 11. 2008 – 5 StR 491/08, StV 2009, 174.
[88] BGH v. 26. 5. 1992 – 5 StR 122/92, BGHSt 38, 302 = NJW 1992, 2304 mAnm *Grüner* JuS 1994, 193; Brandenburgisches OLG v. 15. 10. 2008 – 1 Ss 68/08, StRR 2009, 3; OLG Stuttgart v. 2. 2. 1981 – 3 Ss 953/80, NStZ 1981, 272; *Dahs/Langkeit* NStZ 1993, 213.
[89] SK/*Rogall* Rn. 70 f.

V. Belehrung (Abs. 2)

1. Allgemeines. Nach Abs. 2 ist die Belehrung des Zeugen über sein Auskunftsverweigerungs- 15
recht **zwingend vorgeschrieben**.[90] Dies gilt auch für Vernehmungen durch die Staatsanwaltschaft
(§ 161a Abs. 1 S. 2) und die Polizei (§ 163 Abs. 3 S. 1). Die Belehrung ist auch nicht deswegen
entbehrlich, weil der Zeuge bereits nach § 52 Abs. 3 S. 1 belehrt worden ist.[91] Sie kann aber dann
entfallen, wenn eine solche Belehrung erfolgt ist und nur der beschuldigte Angehörige einer Verfolgungsgefahr ausgesetzt ist.[92] Belehrt wird durch den Vorsitzenden, das Gericht entscheidet nur
im Falle des § 238 Abs. 2. Die Belehrung ist als wesentliche Förmlichkeit **protokollierungspflichtig** (§§ 168a Abs. 1 S. 1, 273).[93]

2. Zeitpunkt. Anders als § 52 Abs. 3 schreibt § 55 Abs. 2 keinen festen Zeitpunkt für die Beleh- 16
rung vor. Sie muss daher nicht (stets) zu Beginn der Vernehmung erfolgen, sondern erst dann,
wenn dem Vernehmenden **Anhaltspunkte** für das Vorliegen der tatbestandlichen Voraussetzungen
erkennbar werden.[94] Eine Belehrung (in allgemeiner Form) zu Beginn der Vernehmung ist jedoch
möglich und unschädlich.[95] Bei einer ergänzenden Befragung des Zeugen bedarf es keiner Wiederholung der Belehrung.[96]

3. Inhalt. Die Art und Weise der Belehrung stehen im **Ermessen** des Vernehmenden.[97] Versteht 17
ein Zeuge eine abstrakte Belehrung nicht, so kann ihm gesagt werden, auf welche Fragen und zu
welchen Vorgängen er die Auskunft verweigern kann, oder auch, dass sich dieses Recht auf die
ganze Aussage bezieht.[98] Auf die Möglichkeit, dass sich der Zeuge möglicherweise durch die Aussage selbst strafbar machen könnte, braucht sich die Belehrung aber nicht zu erstrecken.[99]

VI. Revision

1. Allgemeines. Aus der berechtigten Auskunftsverweigerung eines Zeugen kann der Angeklag- 18
te keinerlei Rechte ableiten, insbesondere auch die Revision hierauf nicht stützen.[100] Auf die Behauptung, dem Zeugen habe kein Auskunftsverweigerungsrecht zugestanden, kann die Revision
nur dann gegründet werden, wenn geltend gemacht wird, das Gericht habe infolge eines **Rechtsirrtums** über die Begriffe des Angehörigen oder der Gefahr der Strafverfolgung die Weigerung des
Zeugen hingenommen und dadurch gegen die Aufklärungspflicht (§ 244 Abs. 2) verstoßen.[101]
Die **tatsächliche Beurteilung** der Verfolgungsgefahr durch den Tatrichter kann der Angeklagte
aber nicht angreifen. Diese ist für das Revisionsgericht bindend,[102] es sei denn, eine Strafverfolgung ist zweifelsfrei ausgeschlossen.[103]

2. Unterlassene Belehrung. Da § 55 den Rechtskreis des Angeklagten nicht berührt, kann dieser 19
mit der Revision nicht erfolgreich beanstanden, der Zeuge habe ohne Belehrung nach Abs. 2 ausgesagt.[104] Auch die Staatsanwaltschaft kann einen solchen Verfahrensverstoß nicht geltend machen, weil die Sachaufklärung dadurch nicht erschwert worden ist.[105] In einem späteren Verfahren gegen den Zeugen selbst (oder dessen Angehörigen) begründet dieses Unterlassen aber ein

---

[90] KK-StPO/*Senge* Rn. 17; KMR/*Neubeck* Rn. 14; Löwe/Rosenberg/*Dahs*, 25. Aufl., Rn. 23; *Meyer-Goßner* Rn. 14; SK/*Rogall* Rn. 72; aA *Koffka* JZ 1968, 30: Bloße Sollvorschrift.
[91] BayObLG v. 10. 1. 1984 – 5 St 126/83, BayObLGSt 1984, 1 = NJW 1984, 1246.
[92] BGH v. 10. 9. 1963 – 5 StR 140/63; BGH v. 20. 4. 1982 – 1 StR 39/82, NStZ 1983, 354; KK-StPO/*Senge* Rn. 18; Löwe/Rosenberg/*Dahs*, 25. Aufl., Rn. 24; *Meyer-Goßner* Rn. 14; aA KMR/*Neubeck* Rn. 14.
[93] BayObLG v. 17. 11. 1964 – RReg 2 a St 683/63, JZ 1965, 291; *Meyer-Goßner* Rn. 15; SK/*Rogall* Rn. 75.
[94] BGH v. 27. 2. 1951 – 1 StR 14/51, BGHSt 1, 39 (40); BGH v. 22. 11. 1956 – 4 StR 424/56.
[95] BGH v. 22. 6. 1966 – 2 StR 160/66; AK/*Kühne* Rn. 6; HK-StPO/*Lemke* Rn. 9; KK-StPO/*Senge* Rn. 17; hingegen halten *Rogall* NJW 1978, 2535 (2537) und *Pfeiffer* Rn. 3 eine möglichst frühzeitige Belehrung sogar für geboten.
[96] BGH v. 30. 4. 1975 – 1 StR 78/75; KK-StPO/*Senge* Rn. 18.
[97] KK-StPO/*Senge* Rn. 18; SK/*Rogall* Rn. 75.
[98] BGH v. 23. 4. 1953 – 5 StR 69/53, MDR 1953, 402; KK-StPO/*Senge* Rn. 18; SK/*Rogall* Rn. 75.
[99] BGH v 14. 1. 1958 – 5 StR 503/57, MDR 1958, 141; KK-StPO/*Senge* Rn. 18; Löwe/Rosenberg/*Dahs*, 25. Aufl., Rn. 25.
[100] RG v. 12. 1. 1906 – 587/05, RGSt 38, 320; RG v. 16. 5. 1914 – V 507/14, RGSt 48, 269 (270); KMR/*Neubeck* Rn. 14; Löwe/Rosenberg/*Dahs*, 25. Aufl., Rn. 27; *Meyer-Goßner* Rn. 16.
[101] KMR/*Neubeck* Rn. 14; Löwe/Rosenberg/*Dahs*, 25. Aufl., Rn. 27; SK/*Rogall* Rn. 80.
[102] BGH v. 15. 1. 1957 – 5 StR 390/56, BGHSt 10, 104 (105); BGH v. 27. 10. 2005 – 4 StR 235/05, NStZ 2006, 178, allgM.
[103] BGH v. 24. 1. 1956 – 1 StR 568/55, BGHSt 9, 34 (35) = NJW 1956, 680; KK-StPO/*Senge* Rn. 21; *Pfeiffer* Rn. 2; SK/*Rogall* Rn. 80.
[104] BGH v. 27. 2. 1951 – 1 StR 14/51, BGHSt 1, 39; BGH v. 26. 5. 1992 – 5 StR 122/92, BGHSt 38, 302 (304) = NJW 1992, 2304; *Rogall* JZ 1996, 944 (953); HK-StPO/*Lemke* Rn. 10; KK-StPO/*Senge* Rn. 19; KMR/*Neubeck* Rn. 14; Löwe/Rosenberg/*Dahs*, 25. Aufl., Rn. 28; *Meyer-Goßner* Rn. 17; *Pfeiffer* Rn. 4; aA *Bernsmann* StraFo 1998, 73 (74); *Geerds*, FS Stock, 1966, S. 180; *Hauf* NStZ 1993, 457; *Rudolphi* MDR 1970, 93 (98).
[105] KMR/*Neubeck* Rn. 14; *Meyer-Goßner* Rn. 17.

§ 56 1, 2   Erstes Buch. Allgemeine Vorschriften

Verwertungsverbot,[106] allerdings nur, wenn der Verwertung der Aussage in der Hauptverhandlung gegen den Zeugen rechtzeitig widersprochen worden ist (§ 257).[107]

20   3. **Unrichtige Belehrung.** Aus den gleichen Gründen wie beim Unterlassen der Belehrung kann eine unrichtige Belehrung dann nicht erfolgreich gerügt werden, wenn der Zeuge gleichwohl ausgesagt hat.[108] Verweigert ein Zeuge auf die Belehrung über ein ihm tatsächlich nicht zustehendes Verweigerungsrecht hingegen die Auskunft, so verstößt dies gegen **§ 245**, wenn der Zeuge präsent war,[109] ansonsten gegen die gerichtliche Aufklärungspflicht, **§ 244 Abs. 2**.[110] Eine auf einen solchen Verstoß gerichtete Verfahrensrüge kann aber nur dann Erfolg haben, wenn gegen die Belehrung durch den Vorsitzenden vom Zwischenrechtsbehelf des § 238 Abs. 2 Gebrauch gemacht worden ist.[111]

§ 56 [Glaubhaftmachung des Verweigerungsgrundes]

¹Die Tatsache, auf die der Zeuge die Verweigerung des Zeugnisses in den Fällen der §§ 52, 53 und 55 stützt, ist auf Verlangen glaubhaft zu machen. ²Es genügt die eidliche Versicherung des Zeugen.

I. Allgemeines

1   Die Vorschrift verfolgt den **Zweck**, der Gefahr einer grundlosen Zeugnisverweigerung entgegenzuwirken und Missbrauchsgefahren zu begegnen, die bestehen, wenn die Voraussetzungen des Zeugnisverweigerungsrechts allein der Beurteilung des Zeugen selbst unterliegen.[1] Die Vorschrift ergänzt die §§ 52, 53 und 55 und gilt über ihren Wortlaut hinaus auch für § 53a.[2] Für § 54 gilt sie hingegen nicht, da das Gericht hier regelmäßig auch ohne Glaubhaftmachung beurteilen kann, ob der Zeuge zur Verschwiegenheit verpflichtet ist. Die Vorschrift findet auch Anwendung bei **staatsanwaltschaftlichen Vernehmungen** (§ 161a Abs. 1 S. 2). Der Staatsanwalt ist zwar nicht befugt, die eidliche Versicherung entgegenzunehmen (§ 161a Abs. 1 S. 3), kann aber im Übrigen die Glaubhaftmachung des Verweigerungsgrundes verlangen. Bei **Vernehmungen durch Polizeibeamte** gilt § 56 nicht (§ 163 Abs. 3). Dies folgt schon daraus, dass eine Aussageverpflichtung gegenüber der Polizei nicht besteht, die Aussage dort also ohne Angabe von Gründen verweigert werden kann.

II. Glaubhaftmachung

2   Glaubhaftmachung bedeutet, ein nach den Umständen hinreichendes Maß an Wahrscheinlichkeit dartun,[3] wobei der Satz „in dubio pro reo" nicht gilt.[4] **Gegenstand der Glaubhaftmachung** sind die Tatsachen, auf die der Zeuge sein Zeugnisverweigerungsrecht stützt und die nicht offenkundig sind.[5] Bei § 52 betrifft dies die Umstände, die das Angehörigenverhältnis begründen, was namentlich für das Verlöbnis von Bedeutung ist.[6] Im Falle des § 53 sind die Tatsachen glaubhaft zu machen, aus denen sich ergibt, dass dem Zeugen bei der Berufsausübung etwas anvertraut oder bekannt geworden ist.[7] Beruft sich ein Zeuge aber auf das Recht aus § 55, dürfen keine Angaben verlangt werden, die die Tat betreffen, wegen der die Verfolgungsgefahr besteht. Dies würde dem Zweck des § 55 zuwiderlaufen.[8] In diesen Fällen kann dem Zeugen lediglich die (eidliche)

---

[106] OLG Celle v. 7. 2. 2001 – 32 Ss 101/01, NStZ 2002, 386; KK-StPO/*Senge* Rn. 19; *Meyer-Goßner* Rn. 17.
[107] BayObLG v. 16. 5. 2001 – 2 St RR 48/01, BayObLGSt 2001, 64 = StV 2002, 179; KK-StPO/*Senge* Rn. 19; *Meyer-Goßner* Rn. 17.
[108] BGH v. 9. 5. 1979 – 3 StR 86/79, NStZ 1981, 93; RG v. 12. 1. 1906 – 587/05, RGSt 38, 320; KK-StPO/*Senge* Rn. 19; *Meyer-Goßner* Rn. 18; SK/*Rogall* Rn. 80.
[109] BGH v. 14. 9. 1973 – 5 StR 318/73, MDR 1974, 16; OLG Zweibrücken v. 16. 8. 1994 – 1 Ss 84/94, NJW 1995, 1301 (1302).
[110] BGH v. 23. 4. 1953 – 5 StR 69/53, MDR 1953, 402; OLG Zweibrücken v. 16. 8. 1994 – 1 Ss 84/94, NJW 1995, 1301 (1302).
[111] BGH v. 16. 11. 2006 – 3 StR 139/06, BGHSt 51, 144 = NJW 2007, 384 mAnm *Widmaier* NStZ 2007, 234.
[1] SK/*Rogall* Rn. 1.
[2] HK-StPO/*Lemke* Rn. 1; KK-StPO/*Senge* Rn. 1; KMR/*Neubeck* Rn. 1; Löwe/Rosenberg/*Dahs*, 25. Aufl., Rn. 2; *Pfeiffer* Rn. 1; SK/*Rogall* Rn. 10.
[3] BGH v. 10. 11. 1967 – 4 StR 512/66, BGHSt 21, 334 (350) = NJW 1968, 710; RG v. 29. 10. 1895 – 2975/95, RGSt 28, 8 (10).
[4] BGH v. 10. 11. 1967 – 4 StR 512/66, BGHSt 21, 334 (352) = NJW 1968, 710.
[5] BGH v. 28. 12. 1978 – StB 235/78, BGHSt 28, 240 (256) = NJW 1979, 1212 (1216).
[6] BGH v. 30. 5. 1972 – 4 StR 180/72, NJW 1972, 1334.
[7] KK-StPO/*Senge* Rn. 3; KMR/*Neubeck* Rn. 2; Löwe/Rosenberg/*Dahs*, 25. Aufl., Rn. 4; *Meyer-Goßner* Rn. 2; SK/*Rogall* Rn. 9; für die journalistische Berufsausübung s. LG Duisburg v. 6. 9. 1995 – 52 Qs 90/95, StraFo 1995, 120.
[8] BGH v. 7. 5. 1987 – 1 BJs 46/86, StV 1987, 329.

Versicherung abverlangt werden, ihm oder einem Angehörigen drohe bei Beantwortung der Frage Verfolgungsgefahr.[9]

III. Mittel der Glaubhaftmachung

Nach S. 1 sind zur Glaubhaftmachung **alle Beweismittel** zugelassen, deren Anwendung vom Gesetz nicht untersagt ist.[10] Hierzu gehören (unter anderem) schriftliche Auskünfte eines Zeugen oder Sachverständigen, behördliche Bestätigungen sowie die eidesstattliche Versicherung Dritter[11] aber auch des Zeugen selbst.[12] S. 2 lässt zusätzlich den Eid als Mittel der Glaubhaftmachung zu. Die **eidliche Versicherung** ist entsprechend den §§ 64 bis 67 abzuleisten. Sie kann in jedem Verfahrensstadium verlangt werden, § 62 gilt hier nicht.[13] Das Eidesverbot nach § 60 Nr. 1 ist zu beachten. Hingegen ist § 60 Nr. 2 nicht anwendbar, da andernfalls eine Glaubhaftmachung bei Berufung auf § 55 regelmäßig unmöglich wäre.[14] Das Gericht muss dem Eid aber keinen Glauben schenken, etwa wenn andere Tatsachen die Unrichtigkeit der eidlich (oder eidesstattlich) versicherten Angaben beweisen;[15] es gilt der Grundsatz der **freien Beweiswürdigung**.[16]

3

IV. Verlangen der Glaubhaftmachung

Der Vernehmende ist nicht verpflichtet, eine Glaubhaftmachung der Voraussetzungen der Weigerungsrechte nach den §§ 52, 53, 53a oder 55 zu verlangen. Es ist ihm im Rahmen seines pflichtgemäßen **Ermessens** grundsätzlich unbenommen, dem Zeugen ohne weiteres zu glauben.[17] Bezweifelt er aber die Erklärung des Zeugen, so ist er regelmäßig gehalten, die eidliche Versicherung zu fordern.[18] Die Entscheidung, die Glaubhaftmachung zu verlangen, trifft der Vorsitzende, das Gericht nur nach einer Beanstandung gemäß § 238 Abs. 2.[19] Den übrigen Prozessbeteiligten steht **kein Anspruch** auf Glaubhaftmachung zu, so dass ein entsprechender Antrag zurückgewiesen werden kann, ohne dass es einer Begründung bedarf.[20]

4

V. Revision

Das **Verlangen der Glaubhaftmachung** durch den Vernehmenden ist mangels Beschwer mit der Revision nicht angreifbar.[21] Andererseits kann das **Absehen von der Glaubhaftmachung** zwar mit der Verfahrensrüge beanstandet werden, dies aber nur, wenn der Revisionsführer in der Hauptverhandlung die (stillschweigende) Verfügung des Vorsitzenden beanstandet und eine Entscheidung nach § 238 Abs. 2 herbeigeführt hat.[22] Mit der Rüge kann die Ausübung des Ermessens durch den Vernehmenden nicht angegriffen werden; möglich ist vielmehr nur die Beanstandung eines Rechtsirrtums,[23] etwa wenn das Gericht unzutreffend annimmt, eine Glaubhaftmachung im Falle des § 55 durch eidliche Versicherung scheitere an § 60 Nr. 2.[24]

5

§ 57 [Zeugenbelehrung]

¹Vor der Vernehmung werden die Zeugen zur Wahrheit ermahnt und über die strafrechtlichen Folgen einer unrichtigen oder unvollständigen Aussage belehrt. ²Auf die Möglichkeit der Vereidigung werden sie hingewiesen. ³Im Fall der Vereidigung sind sie über die Bedeutung des Eides und darüber zu belehren, dass der Eid mit oder ohne religiöse Beteuerung geleistet werden kann.

---

[9] BGH v. 21. 8. 1985 – 3 StB 15/85, StV 1986, 282; LG Hamburg v. 28. 12. 1987 – 33 Qs 1088/87, VRS 74, 442; *Hammerstein* NStZ 1981, 125.
[10] SK/*Rogall* Rn. 13.
[11] RG v. 29. 10. 1895 – 2975/95, RGSt 28, 8 (11).
[12] BGH v. 21. 8. 1985 – 3 StB 15/85, StV 1986, 282 (283); OLG Köln v. 14. 2. 2002 – 2 Ws 61/02, StraFo 2002, 131.
[13] KK-StPO/*Senge* Rn. 6; KMR/*Neubeck* Rn. 3; Löwe/Rosenberg/*Dahs*, 25. Aufl., Rn. 9.
[14] KK-StPO/*Senge* Rn. 6; KMR/*Neubeck* Rn. 3.
[15] BGH v. 30. 5. 1972 – 4 StR 180/72, NJW 1972, 1334.
[16] KMR/*Neubeck* Rn. 3; Löwe/Rosenberg/*Dahs*, 25. Aufl., Rn. 7; *Meyer-Goßner* Rn. 3.
[17] BGH v. 30. 5. 1972 – 4 StR 180/72, NJW 1972, 1334; RG v. 3. 11. 1919 – I 418/19, RGSt 54, 39 (40).
[18] BGH v. 24. 8. 1984 – 5 StR 544/84, StV 1984, 450.
[19] BGH v. 4. 12. 1970 – 1 StR 34/70, MDR 1971, 188.
[20] KK-StPO/*Senge* Rn. 4; KMR/*Neubeck* Rn. 5; *Meyer-Goßner* Rn. 1; SK/*Rogall* Rn. 6; aA Löwe/Rosenberg/*Dahs*, 25. Aufl., Rn. 3, der eine Begründung für erforderlich hält.
[21] HK-StPO/*Lemke* Rn. 3; KK-StPO/*Senge* Rn. 7.
[22] BGH v. 9. 1. 1953 – 1 StR 623/52, BGHSt 3, 368 (369) = NJW 1953, 673.
[23] BGH v. 4. 12. 1970 – 1 StR 34/70, MDR 1971, 188; BGH v. 24. 8. 1984 – 5 StR 544/84, StV 1984, 450; BGH v. 2. 10. 1985 – 2 StR 348/85, NStZ 1986, 84.
[24] KK-StPO/*Senge* Rn. 7.

I. Allgemeines

1 Die Vorschrift hat die **richterliche Zeugenvernehmung** im Auge. § 57 gilt für die **staatsanwaltschaftliche Vernehmung** entsprechend (§ 161a Abs. 1 S. 2), muss sich dort aber inhaltlich auf die Ermahnung zur Wahrheit beschränken, da die Eidesleistung vor dem Staatsanwalt ausgeschlossen (§ 161a Abs. 1 S. 3) und die uneidliche Falschaussage vor ihm von § 153 StGB nicht erfasst ist.[1] Auch für **polizeiliche Vernehmungen** ist eine Belehrung nunmehr vorgeschrieben, § 163 Abs. 3 S. 1, die Ermahnung zur Wahrheit ist auch in diesen Fällen gleichermaßen sinnvoll. Sowohl durch den vernehmenden Staatsanwalt als auch durch den polizeilichen Vernehmungsbeamten sollte der Zeuge auf eine mögliche Strafbarkeit nach den §§ 145d, 164, 257, 258 StGB infolge einer Falschaussage hingewiesen werden.[2]

II. Inhalt

2 S. 1 schreibt die **Ermahnung** des Zeugen **zur Wahrheit** sowie Hinweise auf die strafrechtlichen Folgen einer Falschaussage vor. Zum notwendigen Inhalt dieser Belehrung gehört der **Hinweis**, dass die Wahrheitspflicht auch die Angaben zur Person betrifft.[3] Weiter ist die Belehrung über die strafrechtlichen Folgen einer falschen Aussage nicht nur auf die Aussagedelikte (§§ 153, 154, 161 StGB) zu erstrecken, sondern gegebenenfalls auch auf die Strafbarkeit wegen Begünstigung oder Strafvereitelung (§§ 275, 258 StGB).[4] Nach S. 2 ist auf die Möglichkeit der Vereidigung hinzuweisen. Nur falls eine solche Vereidigung tatsächlich erfolgen soll, ist weiter nach S. 3 iVm. § 64 Abs. 1, 2 und 4 zu belehren. Die Belehrung darf und muss auf das Verständnis des Zeugen Rücksicht nehmen, so dass etwa bei Rechtskundigen idR ein kurzer Hinweis genügt,[5] uU eine Belehrung sogar vollständig unterbleiben kann.[6]

III. Form

3 Die Ausgestaltung der Belehrung ist dem Vernehmenden überlassen. Sie soll in „angemessener und wirkungsvoller" Form erfolgen (Nr. 130 RiStBV), dem Zeugen aber nicht den Eindruck vermitteln, das Gericht traue ihm von vornherein eine Falschaussage zu.[7] Der Zeuge ist **mündlich** zu belehren,[8] eine schriftliche Belehrung mit der Ladung ist zwar regelmäßig sinnvoll, kann aber die mündliche Belehrung unmittelbar vor der Vernehmung nicht ersetzen.[9] Eine **gemeinsame** Belehrung aller erschienenen Zeugen ist erlaubt und auch zweckmäßig.[10] Eine „informatorische Befragung" des Zeugen vor seiner Belehrung zu Umständen, die für den Schuld- oder Rechtsfolgenausspruch von Bedeutung sind, ist hingegen vom Gesetz nicht vorgesehen.[11]

IV. Zeitpunkt

4 Die Belehrung hat **vor der Vernehmung** zu erfolgen.[12] Eine **Wiederholung** der Belehrung im Laufe der Vernehmung ist zulässig,[13] uU sogar geboten, etwa wenn sich Widersprüche zu anderen Zeugenaussagen oder sonstigen Beweismittel ergeben.[14] Auch eine Warnung vor einer unwahren Aussage während der Vernehmung ist möglich.[15] Neben einer solchen Warnung oder Ermahnung kann auch die Niederschrift der Vernehmung nach § 273 Abs. 3 erfolgen mit dem Hinweis, dass diese zur Grundlage eines Ermittlungsverfahrens gegen den Zeugen wegen (vorsätzlicher oder fahrlässiger) Falschaussage gemacht werden kann.[16]

---

[1] KK-StPO/*Senge* Rn. 1; KMR/*Neubeck* Rn. 1.
[2] KMR/*Neubeck* Rn. 1; Löwe/Rosenberg/*Dahs*, 25. Aufl., Rn. 2.
[3] BGH v. 9. 4. 1953 – 5 StR 824/52, BGHSt 4, 154; RG v. 28. 10. 1926 – II 884/26, RGSt 60, 407 (408).
[4] AK/*Kühne* Rn. 2; KK-StPO/*Senge* Rn. 3.
[5] KK-StPO/*Senge* Rn. 4; KMR/*Neubeck* Rn. 4.
[6] Löwe/Rosenberg/*Dahs*, 25. Aufl., Rn. 4.
[7] Löwe/Rosenberg/*Dahs*, 25. Aufl., Rn. 6.
[8] *Park* JuS 1998, 1039 (1040); HK-StPO/*Lemke* Rn. 2; KK-StPO/*Senge* Rn. 2; KMR/*Neubeck* Rn. 4; *Pfeiffer* Rn. 1.
[9] Löwe/Rosenberg/*Dahs*, 25. Aufl., Rn. 1; SK/*Rogall* Rn. 8.
[10] HK-StPO/*Lemke* Rn. 2; KK-StPO/*Senge* Rn. 2; SK/*Rogall* Rn. 9.
[11] BGH v. 20. 11. 1953 – 2 StR 80/53; RG v. 9. 4. 1920 – IV 1174/19, RGSt 54, 297 (298); OLG Celle v. 7. 11. 1994 – 3 Ss 285/94, StV 1995, 292; OLG Köln v. 26. 9. 1997 – SS 503/97, StV 1999, 8; HK-StPO/*Lemke* Rn. 2; KK-StPO/*Senge* Rn. 2; *Meyer-Goßner* Rn. 6; SK/*Rogall* Rn. 9.
[12] AllgM.
[13] BGH v. 23. 9. 1952 – 1 StR 750/51, BGHSt 3, 299 (300) = NJW 1953, 192.
[14] HK-StPO/*Lemke* Rn. 3.
[15] BGH v. 9. 12. 1983 – 2 StR 452/83, StV 1984, 99 (101).
[16] KK-StPO/*Senge* Rn. 5; KMR/*Neubeck* Rn. 3; Löwe/Rosenberg/*Dahs*, 25. Aufl., Rn. 7; *Meyer-Goßner* Rn. 3; SK/*Rogall* Rn. 10.

V. Protokoll

Die Belehrung soll zwar im Protokoll vermerkt werden (Nr. 130 S. 2 RiStBV), es handelt sich 5
dabei aber um **keine wesentliche Förmlichkeit** iS von §§ 168a Abs. 1, 273 Abs. 1. Die ausschließliche Beweiskraft des Protokolls (§ 274) gilt folglich in diesen Fällen nicht.[17]

VI. Revision

Bei § 57 handelt es sich um eine **Ordnungsvorschrift**, die allein dem Interesse des Zeugen dient 6
und den Rechtskreis des Angeklagten nicht berührt. Der Verstoß gegen diese Norm kann daher
weder unmittelbar noch als Verstoß gegen die Aufklärungspflicht (§ 244 Abs. 2) mit der Revision
erfolgreich beanstandet werden.[18]

§ 58 [Vernehmung; Gegenüberstellung]

(1) **Die Zeugen sind einzeln und in Abwesenheit der später zu hörenden Zeugen zu vernehmen.**

(2) **Eine Gegenüberstellung mit anderen Zeugen oder mit dem Beschuldigten im Vorverfahren
ist zulässig, wenn es für das weitere Verfahren geboten erscheint.**

Schrifttum: *Ackemann*, Rechtmäßigkeit und Verwertbarkeit heimlicher Stimmvergleiche im Strafverfahren, 1997;
Artkämper, Gegenüberstellungen – Erkenntnisquelle mit Kautelen, Kriminalistik 1995, 645; *Eisenberg*, Visuelle und
auditive Gegenüberstellungen im Strafverfahren, Kriminalistik 1995, 458; *Freund*, Zulässigkeit, Verwertbarkeit und
Beweiswert eines heimlichen Stimmenvergleichs, JuS 1995, 394; *Geipel*, Die (wiederholte) Wiedererkennung anhand
eines Lichtbildes, DAR 2005, 476; *Geppert*, Zum strafrechtlichen „Rechtmäßigkeits"-Begriff (§ 113 StGB) und zur
strafprozessualen Gegenüberstellung, Jura 1989, 274; *Grünwald*, Probleme der Gegenüberstellung zum Zwecke der
Wiedererkennung, JZ 1981, 423; *Merten/Schwarz/Walser*, Wiedererkennungsverfahren, Kriminalistik 1998, 421;
Odenthal, Die Gegenüberstellung zum Zwecke des Wiedererkennens, NStZ 1985, 433; *ders.*, Die Gegenüberstellung
im Strafverfahren, 3. Aufl. 1999; *ders.*, Sequenzielle Video-Wiedererkennungsverfahren, NStZ 2001, 580; *Pauly*, Das
Wiedererkennen im Straf- und Bußgeldverfahren, StraFo 1998, 41; *Schneiders*, Verletzung der Öffentlichkeit durch
Bitte an einen Zuhörer, den Sitzungssaal zu verlassen?, StV 1990, 91; *Schwarz*, Die sequentielle Video-Wahlgegenüberstellung, Kriminalistik 1999, 347; *Welp*, Wahlgegenüberstellung eines Beschuldigten, JR 1994, 37; *Wiegmann*,
Identifizierung aufgrund von Lichtbildvorlagen, StV 1996, 179; *dies.*, Das Wiedererkennen im Straf- und Bußgeldverfahren, StraFo 1998, 37.

I. Einzelvernehmung (Abs. 1)

1. Normzweck. Die Vorschrift des Abs. 1 dient in erster Linie dazu, die **Unbefangenheit des** 1
Zeugen zu erhalten.[1] Die Einzelvernehmung ist darüber hinaus auch aus Gründen kriminalistischer Zweckmäßigkeit jeder anderen Form der Zeugenvernehmung vorzuziehen,[2] da auf der
Hand liegt, dass die Kenntnisnahme der Beurkundungen anderer Zeugen das Aussageverhalten
beeinflussen kann.[3]

2. Anwendungsbereich. Abs. 1 gilt in **allen Verfahrensabschnitten**, einschließlich staatsanwalt- 2
schaftlicher Vernehmungen (§ 161a Abs. 1 S. 2). Auch bei polizeilichen Vernehmungen ist der
darin verankerte Grundsatz – nunmehr auch aufgrund ausdrücklicher Verweisung in § 163
Abs. 3 S. 1 – zu beachten.[4] Der Grundsatz der Vernehmung in Abwesenheit später zu hörender
Zeugen gilt für **alle Zeugen**, auch sachverständige Zeugen[5] sowie sonstige Verfahrensbeteiligte,
wenn sie als Zeugen aussagen sollen, also etwa für den Staatsanwalt,[6] den Zeugenbeistand
(§ 149)[7] oder den Wahlverteidiger.[8] Auch der anwaltliche Beistand eines Zeugen hat keine weitergehenden Rechte als der Zeuge selbst,[9] insbesondere kein über das des Zeugen hinausgehendes
Anwesenheitsrecht. Hingegen haben der Nebenkläger,[10] der zum Anschluss als Nebenkläger Be-

---

[17] BGH v. 9. 10. 1956 – 1 StR 356/56; RG v. 6. 5. 1921–241/21, RGSt 55, 66 (67); KK-StPO/*Senge* Rn. 6; KMR/
Neubeck Rn. 5; Löwe/Rosenberg/*Dahs*, 25. Aufl., Rn. 8; *Meyer-Goßner* Rn. 5; zweifelnd SK/*Rogall* Rn. 11.
[18] BGH v. 19. 12. 2001 – 3 StR 427/01; HK-StPO/*Lemke* Rn. 5; KK-StPO/*Senge* Rn. 7; KMR/*Neubeck* Rn. 6;
Löwe/Rosenberg/*Dahs*, 25. Aufl., Rn. 9; *Meyer-Goßner* Rn. 5; *Pfeiffer* Rn. 2; aA *Bernsmann* StraFo 1998, 73 (75);
AK/*Kühne* Rn. 5 und SK/*Rogall* Rn. 12; die § 57 eine wahrheitsschützende Funktion beimessen.
[1] BGH v. 20. 1. 1953 – 1 StR 626/52, BGHSt 3, 386 (388) = NJW 1953, 712; RG v. 2. 3. 1918 – V 948/17, RGSt
52, 161.
[2] Löwe/Rosenberg/*Dahs*, 25. Aufl., Rn. 2.
[3] SK/*Rogall* Rn. 7.
[4] AllgM.
[5] BGH v. 10. 7. 1953 – 2 StR 221/53.
[6] BGH v. 15. 4. 1987 – 2 StR 697/86, NJW 1987, 3088 (3090); aA SK/*Rogall* Rn. 9.
[7] BGH v. 8. 5. 1953 – 2 StR 690/52, BGHSt 4, 205 (206) = NJW 1953, 1233; RG v. 21. 9. 1925 – II 482/25, RGSt
59, 353 (354).
[8] RG v. 8. 1. 1921 – IV 1347/20, RGSt 55, 219; KK-StPO/*Senge* Rn. 2; KMR/*Neubeck* Rn. 3; aA SK/*Rogall* Rn. 9.
[9] BVerfG v. 8. 10. 1974 – 2 BvR 747/73, BVerfGE 38, 105 (116) = NJW 1975, 103.
[10] BGH v. 5. 6. 1952 – 5 StR 120/52, MDR 1952, 532; BGH v. 26. 9. 1974 – 4 StR 390/74, VRS 48, 18.

rechtigte (§ 395, § 406g Abs. 1 S. 2), der Einziehungs- und Verfallsbeteiligte sowie der Antragsteller im Adhäsionsverfahren nach §§ 403 ff.[11] einen **Anspruch auf ununterbrochene Anwesenheit** in der Hauptverhandlung. Gleiches gilt für den gesetzlichen Vertreter in Verfahren gegen Jugendliche sowie nach § 67 JGG beteiligte Erziehungsberechtigte, soweit nicht durch deren Anwesenheit die Ermittlung der Wahrheit beeinträchtigt würde.[12]

3. Vernehmungsreihenfolge. In welcher Reihenfolge die Zeugen vernommen werden, entscheidet das Gericht nach **pflichtgemäßem Ermessen**,[13] wobei die Fürsorge- und Aufklärungspflicht eine bestimmte Reihung erforderlich machen können:[14] So sind Kinder und Jugendliche möglichst vor erwachsenen Zeugen zu vernehmen (Nr. 135 Abs. 3 RiStBV). Auch sollen Personen, die ein Anwesenheitsrecht in der Hauptverhandlung haben, vor den übrigen Zeugen gehört werden, damit sie ihre Rechte ungestört wahrnehmen können. Einen Anspruch, als erste vernommen zu werden, haben diese Personen jedoch nicht.[15] Verhörspersonen dürfen erst über die Aussage eines nach § 52 weigerungsberechtigten Zeugen vernommen werden, nachdem dieser sich zu einer Aussage bereit erklärt hat.[16] Dies gilt jedoch dann nicht, wenn der angehörige Zeuge unerreichbar ist.[17]

4. Vernehmung von Zuhörern. Ein Zuhörer, der entgegen dem Grundgedanken des Abs. 1 der Hauptverhandlung beigewohnt und dabei Zeugenvernehmungen mitangehört hat, kann gleichwohl noch als Zeuge vernommen werden.[18] Ein Beweisantrag auf Vernehmung eines solchen Zuhörers kann daher nicht unter Berufung auf diesen Umstand abgelehnt werden.[19] Der Zeuge ist **kein ungeeignetes Beweismittel**.[20] Sobald erkannt wird, dass ein Zuhörer als Zeuge in Betracht kommt, ist er aus dem Sitzungssaal zu weisen.[21] Dies gilt unabhängig davon, ob er bereits als Zeuge geladen wurde und ob er später tatsächlich als Zeuge gehört wird.[22] Dieses Vorgehen ist durch Abs. 1 gedeckt und verletzt daher den **Öffentlichkeitsgrundsatz** (§ 169 GVG) nicht.[23] Unzulässig ist es aber, Zuhörer pauschal wegen eines Gruppenmerkmals, wie Rasse, Geschlecht, oder Volkszugehörigkeit von der Teilnahme an der Verhandlung auszuschließen.[24] Die Entscheidung, einen Zuhörer aus dem Sitzungssaal zu weisen, gehört zur Verhandlungsleitung und obliegt dem Vorsitzenden. Gegen diese kann gemäß § 238 Abs. 2 vorgegangen werden.[25] Bei der Urteilsfindung muss das Gericht im Rahmen der **Beweiswürdigung** (§ 261) abwägen, ob und in welchem Ausmaß die Glaubwürdigkeit des Zuhörers durch seine Anwesenheit bei früheren Zeugenvernehmungen beeinträchtigt ist.[26]

5. Anwesenheit bereits vernommener Zeugen. Es liegt im **Ermessen** des Gerichts, ob eine Vernehmung in Gegenwart oder in Abwesenheit bereits vernommener Zeugen durchgeführt werden soll.[27] Grundsätzlich steht es zwar dem Zeugen nach seiner Entlassung (§ 248) frei, den Gerichtssaal zu verlassen oder die Verhandlung weiter als Zuhörer zu verfolgen. Das Gericht ist aber befugt, einen bereits vernommenen Zeugen anzuweisen, während der Vernehmung eines anderen Zeugen den Sitzungssaal zu verlassen. Dies kommt zB dann in Betracht, wenn der bereits gehörte Zeuge noch einmal aussagen oder eine Gegenüberstellung erfolgen soll oder Grund zu der Annahme besteht, der andere Zeuge werde in seiner Gegenwart nicht die Wahrheit sagen.[28] Der Angeklagte hat aber **keinen Anspruch** darauf, dass die Entfernung des bereits vernommenen Zeugen aus dem Sitzungssaal durch den Vorsitzenden angeordnet wird.[29]

---
[11] KMR/*Neubeck* Rn. 3; Löwe/Rosenberg/*Dahs*, 25. Aufl., Rn. 4; *Meyer-Goßner* Rn. 3; SK/*Rogall* Rn. 10.
[12] BGH v. 11. 11. 1955 – 1 StR 309/55, NJW 1956, 520.
[13] BGH v. 22. 1. 1952 – 1 StR 800/51, BGHSt 2, 110 (111) = NJW 1952, 536; BGH v. 8. 5. 1953 – 2 StR 690/52, BGHSt 4, 205 (206) = NJW 1953, 1233; BGH v. 28. 11. 1961 – 1 StR 432/61, NJW 1962, 260.
[14] HK-StPO/*Lemke* Rn. 3; KK-StPO/*Senge* Rn. 3; Löwe/Rosenberg/*Dahs*, 25. Aufl., Rn. 8; *Meyer-Goßner* Rn. 4.
[15] BGH v. 8. 5. 1953 – 2 StR 690/52, BGHSt 4, 205 (206) = NJW 1953, 1233.
[16] BGH v. 22. 1. 1952 – 1 StR 800/51, BGHSt 2, 110 (111) = NJW 1952, 536; BGH v. 3. 2. 1955 – 4 StR 582/54, BGHSt 7, 194 (197).
[17] BGH v. 11. 4. 1973 – 2 StR 42/73, BGHSt 26, 176 (177) = NJW 1973, 1139.
[18] BGH v. 1. 10. 1957 – 1 StR 419/57; RG v. 7. 5. 1880 – 1119/80, RGSt 2, 53 (54).
[19] BGH v. 15. 4. 1880 – 808/80, RGSt 1, 366 (367); KG v. 14. 5. 1969 – 3 Ss 105/69, VRS 38, 56.
[20] So schon *Rudolphi* MDR 1970, 93 (99).
[21] BGH v. 21. 2. 2001 – 3 StR 244/00, NJW 2001, 2732.
[22] BGH v. 7. 11. 2000 – 5 StR 150/00, NStZ 2001, 163.
[23] BGH v. 20. 1. 1953 – 1 StR 626/52, BGHSt 3, 386 (388); BGH v. 7. 11. 2000 – 5 StR 150/00, NStZ 2001, 163.
[24] BGH v. 9. 9. 2003 – 4 StR 173/03, NStZ 2004, 453.
[25] BGH v. 21. 2. 2001 – 3 StR 244/00, NJW 2001, 2732.
[26] BGH v. 7. 5. 1989 – 4 StR 498/58; RG v. 7. 5. 1880 – 1119/80, RGSt 2, 53 (54).
[27] BGH v. 28. 11. 1961 – 1 StR 432/61, NJW 1962, 260; RG v. 17. 3. 1914 – V 243/14, RGSt 48, 211.
[28] HK-StPO/*Lemke* Rn. 4; KK-StPO/*Senge* Rn. 5; KMR/*Neubeck* Rn. 6; Löwe/Rosenberg/*Dahs*, 25. Aufl., Rn. 7; *Meyer-Goßner* Rn. 6; SK/*Rogall* Rn. 17; aA *Schneiders* StV 1990, 91.
[29] RG v. 17. 3. 1914 – V 243/14, RGSt 48, 211; Löwe/Rosenberg/*Dahs*, 25. Aufl., Rn. 7; *Meyer-Goßner* Rn. 6; SK/*Rogall* Rn. 17.

II. Gegenüberstellung (Abs. 2)

1. Allgemeines. Nach Abs. 2 ist die Gegenüberstellung von Zeugen oder eines Zeugen mit dem 6 Beschuldigten auch schon **im Vorverfahren** zulässig, wenn sie zur Sachaufklärung erforderlich erscheint. Zeugen und Sachverständige können daher verpflichtet werden, auch vor der Staatsanwaltschaft (§ 161a Abs. 1 S. 1 und 2, § 163a Abs. 3), zur Durchführung einer Gegenüberstellung zu erscheinen. Das Gericht kann darüber hinaus auch anordnen, dass sich die betroffenen Personen bei der Polizei einzufinden haben, um die Gegenüberstellung dort vornehmen zu lassen.[30] In der Hauptverhandlung ist die Gegenüberstellung von Zeugen und Angeklagten infolge der Anwesenheitspflicht des Angeklagten (§ 230 Abs. 1) der Regelfall. Eine Gegenüberstellung von Zeugen ist nicht gesetzlich normiert, wird aber als Ausfluss der Pflicht zur Wahrheitserforschung (§ 244 Abs. 2) allgemein für zulässig erachtet.[31] Der Angeklagte muss eine Gegenüberstellung dulden,[32] hat aber **keinen Anspruch**, dass eine solche angeordnet wird,[33] und keinen Einfluss auf die Art und Weise ihrer Durchführung.[34]

2. Vernehmungsgegenüberstellung. Die Vernehmungsgegenüberstellung dient der Klärung von 7 Widersprüchen zwischen Zeugenangaben oder zwischen der Aussage eines Zeugen und den Angaben des Beschuldigten durch Rede und Gegenrede, Fragen und Vorhalte.[35] Dabei handelt es sich um eine **besondere Art der Vernehmung**, in deren Rahmen der Richter auch unmittelbare Fragen einer der beteiligten Personen an die andere gestatten kann.[36] Ein nach § 52 weigerungsberechtigter Zeuge kann folglich diese Gegenüberstellung verweigern.[37] Dies gilt auch dann, wenn der Zeuge nur stumm (also ohne dass eine Vernehmung vorliegt) dergestalt mitwirken soll, dass überprüft wird, ob ein anderer Zeuge in seiner Gegenwart seine bisherige Aussage aufrechterhält.[38]

3. Identifizierungsgegenüberstellung. Die Identifizierungsgegenüberstellung dient dem Wie- 8 dererkennen einer oder mehrerer Personen durch einen Zeugen. Dabei wird die zu identifizierende Person in **Augenschein** genommen, für den anderen – identifizierenden – Teil handelt es sich um eine **Zeugenvernehmung**.[39] Soweit es sich um diesen Teil der Zeugenvernehmung handelt, ist ein Zeuge, dem ein Aussageverweigerungsrecht nach den §§ 52 ff. zusteht, nicht mitwirkungspflichtig.[40] Hingegen müssen sowohl der Beschuldigte, auch wenn er sich nicht zur Sache einlässt,[41] als auch der weigerungsberechtigte Zeuge, der sich auf §§ 52 ff. beruft,[42] dulden, als „Gegenübergestellte" in Augenschein genommen zu werden. Auch wenn Abs. 2 nach seiner Entstehungsgeschichte nur die Vernehmungsgegenüberstellung betrifft,[43] erscheint es zutreffend, diese Duldungspflicht unmittelbar aus Abs. 2 abzuleiten.[44] In der Literatur wird hier auch der Fall einer körperlichen Untersuchung im Sinne von § 81a angenommen,[45] die Anwendbarkeit von § 81b bejaht,[46] oder sogar eine Gesetzeslücke angenommen.[47]

a) Durchführung. Die **Form** und auch den **Zeitpunkt** einer Gegenüberstellung zu Identifizie- 9 rungszwecken bestimmt der Richter.[48] Dies gilt etwa in Hinblick auf die zu tragende Kleidung[49] oder etwaige Veränderungen der Haar- und Barttracht.[50] Es ist zulässig, dass sich die Gegenüber-

---

[30] LG Hamburg v. 27. 9. 1984 – 33 Qs 1106/84, MDR 1985, 72; aA SK/*Rogall* Rn. 23.
[31] KMR/*Neubeck* Rn. 7; Löwe/Rosenberg/*Dahs*, 25. Aufl., Rn. 10.
[32] BGH v. 9. 4. 1986 – 3 StR 551/85, BGHSt 34, 39 (49) = NJW 1986, 2261.
[33] BGH v. 12. 8. 1960 – 4 StR 48/60, NJW 1960, 2156.
[34] RG v. 10. 3. 1914 – V 151/14, RGSt 48, 201 (202).
[35] BGH v. 4. 5. 1979 – 1 StE 2/77, NJW 1979, 1668 (1669).
[36] KMR/*Neubeck* Rn. 8; Löwe/Rosenberg/*Dahs*, 25. Aufl., Rn. 11; Meyer-Goßner Rn. 10; SK/*Rogall* Rn. 20.
[37] HK-StPO/*Lemke* Rn. 6; KK-StPO/*Senge* Rn. 7; SK/*Rogall* Rn. 23.
[38] BGH v. 12. 8. 1960 – 4 StR 48/60, NJW 1960, 2156.
[39] KG v. 2. 4. 1979 – 4 Ws 42/79, JR 1979, 347; SK/*Rogall* Rn. 29 f.
[40] BGH v. 12. 8. 1960 – 4 StR 48/60, NJW 1960, 2156; HK-StPO/*Lemke* Rn. 6; KK-StPO/*Senge* Rn. 8; Löwe/Rosenberg/*Dahs*, 25. Aufl., Rn. 12; Meyer-Goßner Rn. 9.
[41] BGH v. 9. 4. 1986 – 3 StR 551/85, BGHSt 34, 39 (49) = NJW 1986, 2261; BGH v. 4. 1. 1993 – StB 27/92, BGHSt 39, 96 = NJW 1993, 868; Odenthal NStZ 1985, 433 (434); aA *Grünwald* JZ 1981, 423 (426).
[42] KMR/*Neubeck* Rn. 9; Löwe/Rosenberg/*Dahs*, 25. Aufl., Rn. 12; Meyer-Goßner Rn. 9; aA AK/*Kühne* Rn. 6; KK-StPO/*Senge* Rn. 8.
[43] Löwe/Rosenberg/*Dahs*, 25. Aufl., Rn. 12.
[44] BGH v. 20. 7. 1970 – 1 StR 653/70; KG v. 2. 4. 1979 – 4 Ws 42/79, JR 1979, 347 (348); OLG Karlsruhe v. 17. 3. 1983 – 3 HEs 77/83, NStZ 1983, 377; Meyer-Goßner Rn. 9.
[45] Kratzsch JA 1981, 613 (617); Odenthal S. 57 ff.; ders. NStZ 1985, 433 (434); Löwe/Rosenberg/*Dahs*, 25. Aufl., Rn. 12.
[46] Geerds Jura 1986, 7 (9); Geppert Jura 1989, 274 (278); Oehm MDR 1986, 99 (100); Roxin § 33 A III d; SK/*Rogall* Rn. 35.
[47] Welp JR 1994, 37.
[48] Meyer-Goßner Rn. 11.
[49] BGH v. 16. 9. 1992 – 3 StR 413/92, NStZ 1993, 47; KK-StPO/*Senge* Rn. 10; SK/*Rogall* Rn. 39.
[50] BVerfG v. 14. 2. 1978 – 2 BvR 406/77, BVerfGE, 47, 239 = NJW 1978, 1149; HK-StPO/*Lemke* Rn. 7; KK-StPO/*Senge* Rn. 8; Pfeiffer Rn. 2; SK/*Rogall* Rn. 39.

gestellten nicht im selben Raum befinden, sondern der Zeuge den zu Identifizierenden durch einen sog. „venezianischen Spiegel" hindurch beobachtet.[51] Auch kann eine Gegenüberstellung mittels Video-Vorführung durchgeführt werden.[52] Der Ablauf der Gegenüberstellung im Vorverfahren ist – in schriftlicher Form, durch Foto- oder Videoaufnahmen – möglichst umfassend zu **protokollieren**.[53] Der Beschuldigte ist nicht befugt, den Identifizierungsvergleich durch Grimassen, Schließen der Augen, Senken des Kopfes oder Ähnliches unmöglich zu machen. Abs. 2 erlaubt es, ihn unter Einsatz von **unmittelbarem Zwang** daran zu hindern.[54]

10   b) **Gegenüberstellungsarten.** Die Gegenüberstellung mit dem Ziel der Identifizierung wird regelmäßig schon im Vorverfahren durchgeführt. Dem Zeugen, der eine andere Person wiedererkennen soll, sind regelmäßig mehrere Personen gegenüberzustellen (Nr. 18 RiStBV), sog. **Wahlgegenüberstellung.** Die Vergleichspersonen müssen dem zu identifizierenden Beschuldigten dabei in der äußeren Erscheinung (Haarfarbe, Haartracht, Bart, Kleidung) als auch in Alter, Größe, Gestalt sowie in Bezug auf besondere körperliche Merkmale ähneln.[55] Diese Ähnlichkeit muss auch bei Vorlage von Lichtbildern an den Zeugen zu Identifizierungszwecken gewährleistet sein,[56] sog. **Wahllichtbildvorlage.** Möglich und infolge eines höheren Beweiswerts ist auch die Durchführung einer Gegenüberstellung dergestalt, dass der Zeuge jeweils nur eine Person sieht, ihm aber nacheinander mehrere Personen gezeigt werden,[57] sog. **sequentielle** (sukzessive) **Gegenüberstellung.** Die vorgenannten Grundsätze gelten sinngemäß auch für Identifizierungen durch einen **Stimmenvergleich**,[58] dh. die Vergleichsstimmen müssen eine Ähnlichkeit in Klang, Stimmlage, Dialekt oder fremdländischem Akzent aufweisen.

11   c) **Würdigung des Wiedererkennens.** Mängel bei der Gegenüberstellung – etwa die Durchführung einer Einzelgegenüberstellung – führen nicht automatisch zum Ausschluss des Beweismittels.[59] Der Tatrichter muss sich aber dieser Mängel und dem daraus folgenden geringeren Beweiswert bei der Beweiswürdigung bewusst sein.[60] Fragwürdig ist insbesondere der Beweiswert eines **wiederholten Wiedererkennens** durch einen Zeugen in der Hauptverhandlung, da die erneute Identifizierung wohl stets durch das vorangegangene Erkennen im Rahmen einer Wahlgegenüberstellung im Vorverfahren beeinflusst ist.[61] Gleiches gilt, wenn dem Wiedererkennen eine Lichtbildvorlage vorausgegangen war,[62] insbesondere wenn es sich dabei um eine Einzellichtbildvorlage gehandelt hat.[63] Der Beweiswert wird noch weiter dadurch herabgesetzt, wenn der Angeklagte im Sitzungssaal so platziert ist, dass er als solcher sofort zu erkennen ist.[64] Folglich sind Wahlgegenüberstellungen in der Hauptverhandlung idR entbehrlich, wenn bereits im Ermittlungsverfahren Wahlgegenüberstellungen oder Wahllichtbildvorlagen durchgeführt worden sind.[65] Scheitert hingegen **das Wiedererkennen** durch den Zeugen in der Hauptverhandlung nach vorangegangenem Erkennen im Vorverfahren, so stellt dies einen wesentlichen Umstand dar, der gegen die Verlässlichkeit der ersten Identifizierung durch den Zeugen spricht.[66]

---

[51] KG v. 2. 4. 1979 – 4 Ws 42/79, JR 1979, 347; KG v. 4. 5. 1979 – 1 StE 2/77, NJW 1979, 1668; AK/*Kühne* Rn. 7; *Meyer-Goßner* Rn. 11.
[52] *Odenthal* NStZ 2001, 580; *Schwarz*, Kriminalistik 1999, 397; KMR/*Neubeck* Rn. 11.
[53] BVerfG v. 27. 9. 1982 – 2 BvR 1199/82, NStZ 1983, 84; OLG Karlsruhe v. 17. 3. 1983 – 3 HEs 77/83, NStZ 1983, 377.
[54] BGH v. 16. 9. 1992 – 3 StR 413/92, NStZ 1993, 47; KG v. 2. 4. 1979 – 4 Ws 42/79, JR 1979, 347; KG v. 4. 5. 1979 – 1 StE 2/77, NJW 1979, 1668; KMR/*Neubeck* Rn. 10; *Meyer-Goßner* Rn. 11; SK/*Rogall* Rn. 40; aA *Grünwald* JZ 1981, 423; *Odenthal* NStZ 1985, 433 (435); AK/*Kühne* Rn. 5.
[55] BGH v. 24. 2. 1994 – 4 StR 317/93, BGHSt 40, 66 (68) = NStZ 1994, 295 mAnm *Odenthal* NStZ 1994, 597; OLG Karlsruhe v. 17. 3. 1983 – 3 HEs 77/83, NStZ 1983, 377; OLG Köln v. 13. 12. 1991 – Ss 379/91, StV 1992, 412; *Eisenberg*, Kriminalistik 1995, 458; *Odenthal* S. 433; KMR/*Neubeck* Rn. 10; Löwe/Rosenberg/*Dahs*, 25. Aufl., Rn. 13.
[56] BGH v. 27. 2. 1996 – 4 StR 6/96, NStZ 1996, 350; BGH v. 19. 11. 1997 – 2 StR 470/97, NStZ 1998, 266; *Wiegmann* StV 1996, 179.
[57] BGH v. 9. 3. 2000 – 4 StR 513/99, NStZ 2000, 419; *Artkämper* Kriminalistik 1995, 645; *Merten/Schwarz/Walser* Kriminalistik 1998, 421; KK-StPO/*Senge* Rn. 9.
[58] BGH v. 24. 2. 1994 – 4 StR 317/93, BGHSt 40, 66 = NStZ 1994, 295; *Freund* JuS 1995, 394.
[59] KMR/*Neubeck* Rn. 12; KK-StPO/*Senge* Rn. 9.
[60] BGH v. 28. 6. 1961 – 2 StR 194/61, BGHSt 16, 204 = NJW 1961, 2070; BGH v. 17. 3. 1982 – 2 StR 793/81, NStZ 1982, 342; BGH v. 3. 2. 1987 – 1 StR 644, 86, NStZ 1987, 288.
[61] BGH v. 28. 6. 1961 – 2 StR 194/61, BGHSt 16, 204 = NJW 1961, 2070; BGH v. 17. 3. 2005 – 4 StR 581/04, StV 2005, 421; *Geipel* DAR 2005, 476; *Pauly* StraFo 1998, 41; *Wiegmann* StraFo 1998, 37.
[62] BGH v. 3. 2. 1987 – 1 StR 644, 86, NStZ 1987, 288; BGH v. 19. 11. 1997 – 2 StR 470/97, NStZ 1998, 266.
[63] OLG Düsseldorf v. 20. 11. 2000 – 2 a Ss 328/00, NStZ-RR 2001, 109; OLG Koblenz v. 28. 9. 2000 – 2 Ss 216/00, NStZ-RR 2001, 110; OLG Köln v. 4. 8. 1992 – Ss 325/92, StV 1994, 67.
[64] OLG Hamm v. 25. 1. 2005 – 1 Ss 454/04, StV 2005, 433; OLG Köln v. 4. 8. 1992 – Ss 325/92, StV 1994, 67; OLG Rostock v. 29. 3. 1996 – 1 Ss 217/95, StV 1996, 419.
[65] KK-StPO/*Senge* Rn. 9; Löwe/Rosenberg/*Dahs*, 25. Aufl., Rn. 16; SK/*Rogall* Rn. 61.
[66] BGH v. 17. 3. 2005 – 4 StR 581/04, StV 2005, 421; OLG Koblenz v. 28. 9. 2000 – 2 Ss 216/00, NStZ-RR 2001, 110 (111).

III. Revision

1. Verstoß gegen Abs. 1. Abs. 1 stellt eine Ordnungsvorschrift dar, auf deren Verletzung die 12 Revision nicht gestützt werden kann.[67] Der Verstoß gegen das Einzelvernehmungsgebot kann aber – in Ausnahmefällen – eine revisible Verletzung der **Aufklärungspflicht** (§ 244 Abs. 2) darstellen.[68] Der sachwidrige Ausschluss eines Zuhörers von der Verhandlung unter Berufung auf Abs. 1[69] kann den absoluten Revisionsgrund des § 338 Nr. 6 begründen. Voraussetzung für ein Durchgreifen der Rüge ist jedoch, dass die Verfügung des Vorsitzenden nach § 238 Abs. 2 beanstandet worden ist.[70]

2. Verstoß gegen Abs. 2. Ein Verstoß gegen Abs. 2 kann nur dann erfolgreich gerügt werden, 13 wenn dadurch das Gericht zugleich seine **Aufklärungspflicht** (§ 244 Abs. 2) verletzt hat.[71] Dies wird wohl nur in seltenen Einzelfällen anzunehmen sein, zumal der Angeklagte keinen Anspruch auf die Durchführung einer Gegenüberstellung hat.[72]

3. Sachrüge. Ein sachlich-rechtlicher Mangel in Form der **unzureichenden Beweiswürdigung** 14 liegt vor, wenn die Urteilsgründe nicht erkennen lassen, dass sich das Gericht des eingeschränkten Beweiswerts einer mängelbehafteten Identifizierungsgegenüberstellung, eines unzureichenden Stimmvergleichs oder eines wiederholten Wiedererkennens bewusst war.[73]

§ 58a [Aufzeichnung der Vernehmung]

(1) ¹Die Vernehmung eines Zeugen kann auf Bild-Ton-Träger aufgezeichnet werden. ²Sie soll aufgezeichnet werden, wenn
1. dies bei Personen unter 18 Jahren, die durch die Straftat verletzt sind, zur Wahrung ihrer schutzwürdigen Interessen geboten ist oder
2. zu besorgen ist, dass der Zeuge in der Hauptverhandlung nicht vernommen werden kann und die Aufzeichnung zur Erforschung der Wahrheit erforderlich ist.

(2) ¹Die Verwendung der Bild-Ton-Aufzeichnung ist nur für Zwecke der Strafverfolgung und nur insoweit zulässig, als dies zur Erforschung der Wahrheit erforderlich ist. ²§ 101 Abs. 8 gilt entsprechend. ³Die §§ 147, 406e sind entsprechend anzuwenden, mit der Maßgabe, dass den zur Akteneinsicht Berechtigten Kopien der Aufzeichnungen überlassen werden können. ⁴Die Kopien dürfen weder vervielfältigt noch weitergegeben werden. ⁵Sie sind an die Staatsanwaltschaft herauszugeben, sobald kein berechtigtes Interesse an der weiteren Verwendung besteht. ⁶Die Überlassung der Aufzeichnung oder die Herausgabe von Kopien an andere als die vorbezeichneten Stellen bedarf der Einwilligung des Zeugen.

(3) ¹Widerspricht der Zeuge der Überlassung einer Kopie der Aufzeichnung seiner Vernehmung nach Absatz 2 Satz 3, so tritt an deren Stelle die Überlassung einer Übertragung der Aufzeichnung in ein schriftliches Protokoll an die zur Akteneinsicht Berechtigten nach Maßgabe der §§ 147, 406e. ²Wer die Übertragung hergestellt hat, versieht die eigene Unterschrift mit dem Zusatz, dass die Richtigkeit der Übertragung bestätigt wird. ³Das Recht zur Besichtigung der Aufzeichnung nach Maßgabe der §§ 147, 406e bleibt unberührt. ⁴Der Zeuge ist auf sein Widerspruchsrecht nach Satz 1 hinzuweisen.

Schrifttum: *Caesar*, Noch stärkerer Schutz für Zeugen und andere nicht beschuldigte Personen im Strafprozess?, NJW 1998, 2313; *Fischer*, Empfehlen sich gesetzliche Änderungen, um Zeugen und andere nicht beschuldigte Personen im Strafprozess besser vor Nachteilen zu bewahren?, JZ 1998, 816; *Janovsky*, Zeugenvernehmung mit Video – Eine wirksame Maßnahme des Zeugenschutzes, Kriminalistik 1999, 453; *Jung*, Zeugenschutz, GA 1998, 313; *Kretschmer*, Einige Eckpunkte in der Entwicklung der Videoaufzeichnung von strafprozessualen Zeugenvernehmungen, JR 2006, 453; *Laubenthal*, Schutz sexuell missbrauchter Kinder durch Einsatz von Videotechnologie im Strafverfahren, JZ 1996, 335; *Leitner*, Rechtliche Probleme von Videoaufzeichnungen und praktische Konsequenzen für die Verteidigung, StraFo 1999, 45; *Rieß*, Zeugenschutz bei Vernehmungen im Strafverfahren – Das Zeugenschutzgesetz vom 30. 4. 1998, NJW 1998, 3240; *ders.*, Das neue Zeugenschutzgesetz, insbesondere Video-Aufzeichnungen von Aussagen im Ermittlungsverfahren und in der Hauptverhandlung, StraFo 1999, 1; *Schlothauer*, Video-Vernehmung

---

[67] BGH v. 28. 11. 1961 – 1 StR 432/61, NJW 1962, 260; HK-StPO/*Lemke* Rn. 9; KMR/*Neubeck* Rn. 13; KK-StPO/*Senge* Rn. 11; *Meyer-Goßner* Rn. 15; *Pfeiffer* Rn. 3; SK/*Rogall* Rn. 63; offen gelassen von OLG Nürnberg v. 14. 4. 2009 – 2 Ss 33/09, OLGSt StPO § 59 Nr. 1.
[68] BGH v. 15. 4. 1987 – 2 StR 697/86, BGHSt 34, 352 = NJW 1987, 3088 (3090); BGH v. 7. 11. 2000 – 5 StR 150/00, NStZ 2001, 163.
[69] S. o. Rn. 4.
[70] BGH v. 21. 2. 2001 – 3 StR 244/00, NJW 2001, 2732.
[71] BGH v. 23. 4. 1974 – 5 StR 41/74, MDR 1974, 724; RG v. 18. 1. 1924 – I 931/23, RGSt 58, 79 (80); KK-StPO/*Senge* Rn. 12; Löwe-Rosenberg/*Dahs*, 25. Aufl., Rn. 18; *Meyer-Goßner* Rn. 15; *Pfeiffer* Rn. 2.
[72] SK/*Rogall* Rn. 64; vgl. auch Rn. 6.
[73] BGH v. 17. 3. 1982 – 2 StR 793/81, NStZ 1982, 342; BGH v. 24. 2. 1994 – 4 StR 317/93, BGHSt 40, 66 = NStZ 1994, 295.

und Zeugenschutz – Verfahrenspraktische Fragen im Zusammenhang mit dem Gesetz zur Änderung der StPO etc. (Zeugenschutzgesetz), StV 1999, 47; *Seitz*, Das Zeugenschutzgesetz – ZSchG, JR 1998, 309; *Wegner*, Wie Opferschutz der Wahrheit dient, ZRP 1997, 404; *Weigend*, Empfehlen sich gesetzliche Änderungen, um Zeugen und andere nicht beschuldigte Personen im Strafprozess besser vor Nachteilen zu bewahren?, Deutscher Juristentag 62 (1998), C 1 – C 131; *Weider/Stächlin* Das Zeugenschutzgesetz und der gesperrte V-Mann, StV 1999, 51; *Zschockelt/Wegner*, Opferschutz und Wahrheitsfindung bei Vernehmung von Kindern in Verfahren wegen sexuellen Missbrauchs, NStZ 1996, 305.

I. Allgemeines

1. Normzweck. Die Vorschrift wurde – zusammen mit §§ 68 b, 168 e, 247 a, 255 a und 397 a Abs. 1 – durch das Zeugenschutzgesetz vom 30. 4. 1998 eingeführt und durch das 2. Opferrechtsreformgesetz vom 29. 7. 2009 neu gefasst.[1] Vorrangiges Ziel ist es, den **Belangen besonders schutzwürdiger Zeugen** bereits im Ermittlungsverfahren durch den Einsatz der Videotechnik Rechnung zu tragen, insbesondere auf diesem Weg Mehrfachvernehmungen zu vermeiden.[2] Auch wenn die Norm in Abs. 1 S. 2 Nr. 1 nicht darauf beschränkt ist, dient sie – ausweislich der Gesetzesmaterialien – in erster Linie dem Schutz kindlicher und jugendlicher Zeugen, die Opfer sexuellen Missbrauchs oder körperlicher Misshandlungen geworden sind.[3] Ferner schützt die Möglichkeit der Einführung einer Videoaufzeichnung in die Beweisaufnahme den Zeugen auch vor drohenden Einschüchterungen und Repressalien durch den Beschuldigten oder Dritte.[4] Abs. 1 S. 2 Nr. 2 zeigt weiter, dass der Anwendungsbereich sich aber nicht auf schutzwürdige Zeugen beschränkt, sondern eine Videoaufzeichnung von Zeugenvernehmungen auch der **Beweissicherung** dient.[5] Denn mit einer solchen Bild-Ton-Aufzeichnung steht im weiteren Verfahren eine Erkenntnisquelle zur Verfügung, die weitaus plastischer ist als ein Vernehmungsprotokoll.[6] Eine solche Aufzeichnung vermittelt einen unmittelbareren Eindruck von der Zeugenaussage und der Vernehmung selbst, da sie neben den Worten des Zeugen auch seine Mimik und Gestik sowie seine Betroffenheit wiedergibt,[7] wobei dieser Fixierung der Erstaussage insbesondere bei kindlichen Zeugen besondere Bedeutung zukommt.[8]

2. Anwendungsbereich. Die Vorschrift gilt grundsätzlich für alle **richterlichen** (vgl. auch § 168 e S. 4) und **staatsanwaltschaftlichen** (§ 161 a Abs. 1 S. 2) Vernehmungen. Die Anwendung des § 58 a auf **polizeiliche Vernehmungen** wurde nach der alten Gesetzeslage unterschiedlich beurteilt. Teilweise wurde bereits damals eine unmittelbare Anwendbarkeit ohne weitere Einschränkung angenommen.[9] Dem wurde entgegengehalten, dass mangels Verweisung in § 163 a Abs. 5 aF die Ermächtigung in Abs. 1 für die Polizei nicht galt.[10] Die gesetzliche Neufassung in § 163 Abs. 3 hat nunmehr diese Streitfrage dahingehend geregelt, dass die Vorschrift auch bei Vernehmungen durch Polizeibeamte anzuwenden ist.[11] In persönlicher Hinsicht gilt die Norm für die **Beschuldigtenvernehmung** nicht.[12] Auch kommt Abs. 1 für Zeugenvernehmungen in der Hauptverhandlung nicht zur Anwendung, da § 247 a S. 4 hierfür eine abschließende Sonderregelung enthält.[13]

II. Voraussetzungen der Aufzeichnung

1. Grundsatz (Abs. 1 S. 1). Nach Abs. 1 S. 1 kann grundsätzlich **jede Zeugenvernehmung** mittels Videotechnik aufgezeichnet werden. Besondere einschränkende Voraussetzungen sind nicht vorgesehen.[14] Der **Begriff der Vernehmung** umfasst – ausgehend von der Beweissicherungsfunktion des Abs. 1 – alle Verfahrensvorgänge, die mit der Vernehmung in enger Verbindung stehen oder sich aus ihr heraus entwickeln, etwa auch eine Augenscheinsnahme oder eine (kurze) Äußerung eines anderen Zeugen während der Vernehmung.[15] Auch Vorgespräche[16] und informelle

---

[1] BGBl. 1996 I S. 820 und BGBl. 2009 I S. 2280.
[2] BT-Drucks. 13/9063, S. 4; KK-StPO/*Senge* Rn. 1; KMR/*Neubeck* Rn. 1; *Meyer-Goßner* Rn. 1; SK/*Rogall* Rn. 1.
[3] HK-StPO/*Lemke* Rn. 6; SK/*Rogall* Rn. 2.
[4] *Jung* GA 1998, 313 (324); *Meyer-Goßner* Rn. 1.
[5] *Janovsky* Kriminalistik 1999, 453; KK-StPO/*Senge* Rn. 1; *Meyer-Goßner* Rn. 1 b; SK/*Rogall* Rn. 2.
[6] *Weigend* Deutscher Juristentag 62 (1998), S. 60; KK-StPO/*Senge* Rn. 1; krit. *Fischer* JZ 1998, 816 (820).
[7] *Laubenthal* JZ 1996, 335 (342); *Seitz* JR 1998, 309 (312); KMR/*Neubeck* Rn. 3; SK/*Rogall* Rn. 2.
[8] BGH v. 18. 6. 1997 – 2 StR 140/97, NStZ-RR 1998, 16; *Zschockelt/Wegner* NStZ 1996, 305; *Wegner* ZRP 1997, 404 (405); *Meyer-Goßner* Rn. 1 c.
[9] *Seitz* JR 1998, 309 (312); KK-StPO/*Senge* Rn. 3; *Pfeiffer* Rn. 1.
[10] *Rieß* StraFo 1999, 1 (3).
[11] BT-Drucks. 16/12098 S. 12, 27.
[12] KMR/*Neubeck* Rn. 1; Löwe/Rosenberg/*Rieß*, 25. Aufl., Rn. 10; *Meyer-Goßner* Rn. 2.
[13] *Rieß* NJW 1998, 3240 (3241); KMR/*Neubeck* Rn. 2; Löwe/Rosenberg/*Rieß*, 25. Aufl., Rn. 6; *Meyer-Goßner* Rn. 2.
[14] KMR/*Neubeck* Rn. 4; Löwe/Rosenberg/*Rieß*, 25. Aufl., Rn. 11; *Meyer-Goßner* Rn. 4; SK/*Rogall* Rn. 7.
[15] HK-StPO/*Lemke* Rn. 4; *Meyer-Goßner* Rn. 4.
[16] *Zschockelt/Wegner* NStZ 1996, 305.

Zwischengespräche[17] dürfen und sollen aufgezeichnet werden. Aus dem Gebot möglichst umfassender Beweissicherung folgt weiter, dass die gesamte Aussage aufgezeichnet werden soll, wenn auch Teilaufzeichnungen zwar unzweckmäßig, aber nicht unzulässig sind.[18] Trotz der fehlenden Einschränkungen in Abs. 1 S. 1 ist eine (geplante) Videoaufzeichnung stets auf ihre **Verhältnismäßigkeit** zu überprüfen. Dabei sind insbesondere der mit der Bild-Ton-Aufzeichnung verbundene erhebliche Eingriff in das Persönlichkeitsrecht des Zeugen und die durch die Maßnahme vorgezeichnete Durchbrechung des Unmittelbarkeitsprinzips in einer späteren Hauptverhandlung zu berücksichtigen.[19] Diese Prüfung und der erforderliche hohe technische Aufwand haben bislang in der Praxis zu einer verhältnismäßig zurückhaltenden Anwendung dieser Ermittlungsmaßnahme geführt.[20]

2. Gebot der Aufzeichnung (Abs. 1 S. 2). Bei bestimmten Zeugen schreibt Abs. 1 S. 2 als Sollvorschrift die Bild-Ton-Aufzeichnung der Vernehmung **grundsätzlich bindend** vor. Zum einen handelt es sich um Zeugen unter 18 Jahren, die unmittelbares[21] Opfer der Straftat geworden sind, über die sie vernommen werden sollen (Nr. 1). Zum anderen gilt das Aufzeichnungsgebot, wenn Grund zu der Annahme besteht, der Zeuge werde in der Hauptverhandlung nicht mehr zur Verfügung stehen, und zusätzlich die Aufzeichnung zur Erforschung der Wahrheit erforderlich ist (Nr. 2).

a) Opferzeugen (Abs. 1 S. 2 Nr. 1). Die Nr. 1 des Abs. 1 S. 2 will verhindern, das **kindlichen und jugendlichen** Zeugen, insbesondere solchen, die Opfer einer Straftat gegen die sexuelle Selbstbestimmung (§§ 174–184g StGB), das Leben (§§ 211 ff. StGB) oder einer Misshandlung von Schutzbefohlenen (§ 225 StGB) geworden sind, durch Maßnahmen der Strafverfolgung weiterer Schaden zugefügt wird, etwa durch wiederholte Befragungen im Ermittlungsverfahren, langes Warten auf die Hauptverhandlung, Konfrontation mit dem Angeklagten oder vergleichbare Stressfaktoren.[22] Deshalb sollte in solchen Fällen eine zeitnahe (Erst-)Vernehmung des Zeugen durch den Richter erfolgen, bei der dem Beschuldigten und seinem Verteidiger nach § 168c Abs. 2 die Anwesenheit zu gestatten ist, sofern nicht die weiteren Voraussetzungen des § 168e erfüllt sind. Die dabei gefertigte Videoaufzeichnung kann dann nach § 255a Abs. 2 (oder §§ 255a Abs. 1, 251 Abs. 1) in die Hauptverhandlung eingeführt werden.[23] Eine solche Aufzeichnung ist hingegen bei alltäglichen Sachverhalten, wie fahrlässigen Straßenverkehrsdelikten, Straftaten im Jugendlichenmilieu oder Bagatelldelikten, wegen des erheblichen Eingriffs in das Persönlichkeitsrecht des Zeugen nicht mehr **verhältnismäßig**, weil in solchen Fällen die Gefahr einer weiteren Schädigung regelmäßig fern liegt.[24] Diese bereits zur alten Gesetzeslage vorherrschende Auffassung wird nunmehr durch den Wortlaut der Neufassung („zur Wahrung ihrer schutzwürdigen Interessen geboten") klargestellt.[25]

b) Beweissicherung (Abs. 1 S. 2 Nr. 2). Liegen bestimmte tatsächliche Anhaltspunkte vor, dass ein Zeuge in der Hauptverhandlung nicht vernommen werden kann, soll gleichfalls eine Videoaufzeichnung der Vernehmung erfolgen. Die Gründe, die einer Vernehmung in der Hauptverhandlung entgegenstehen, können in **objektiven Hindernissen** liegen, aber auch in einem (zwingenden) **subjektiven Unvermögen** des Zeugen.[26] Sie können sich etwa aus dem Alter des Zeugen, einer Krankheit, einem dauerhaften Aufenthalt im Ausland, einer Gefährdung des Zeugen, aber auch aus der Erklärung der Eltern eines kindlichen Zeugen ergeben, diesen in der Hauptverhandlung nicht aussagen zu lassen.[27] Auch Fälle, in denen der Zeuge in ein Zeugenschutzprogramm aufgenommen worden ist[28] oder in denen ihm ein Auskunftsverweigerungsrecht zusteht,[29] kommen für die Videoaufzeichnung in Betracht. Die **Erforderlichkeit** der Aufzeichnung **zur Erforschung der Wahrheit**, die sich an der gerichtlichen Aufklärungspflicht (§ 244 Abs. 2) orientiert,[30]

---

[17] *Schlothauer* StV 1999, 47 (48).
[18] *Rieß* StraFo 1999, 1 (3); KK-StPO/*Senge* Rn. 4; aA *Leitner* StraFo 1999, 45 (47); SK/*Rogall* Rn. 9; zweifelnd Löwe/Rosenberg/*Rieß*, 25. Aufl., Rn. 24.
[19] KMR/*Neubeck* Rn. 4; Löwe/Rosenberg/*Rieß*, 25. Aufl., Rn. 12; *Pfeiffer* Rn. 1.
[20] *Meyer-Goßner* Rn. 4.
[21] *Meyer-Goßner* Rn. 6.
[22] BGH v. 3.8.2004 – 1 StR 288/04, NStZ-RR 2004, 336; *Laubenthal* JZ 1996, 335; KK-StPO/*Senge* Rn. 6; KMR/*Neubeck* Rn. 7.
[23] KK-StPO/*Senge* Rn. 6; KMR/*Neubeck* Rn. 7; *Meyer-Goßner* Rn. 6; SK/*Rogall* Rn. 14.
[24] *Rieß* StraFo 1999, 1 (2); HK-StPO/*Lemke* Rn. 7; KMR/*Neubeck* Rn. 7; Löwe/Rosenberg/*Rieß*, 25. Aufl., Rn. 17; SK/*Rogall* Rn. 14.
[25] BT-Drucks. 16/12098 S. 12.
[26] HK-StPO/*Lemke* Rn. 8.
[27] KK-StPO/*Senge* Rn. 6; KMR/*Neubeck* Rn. 7; Löwe/Rosenberg/*Rieß*, 25. Aufl., Rn. 19; *Meyer-Goßner* Rn. 7.
[28] *Caesar* NJW 1998, 2313 (2315); *Weider/Stächlin* StV 1999, 51; HK-StPO/*Lemke* Rn. 8; KMR/*Neubeck* Rn. 8; *Meyer-Goßner* Rn. 7; SK/*Rogall* Rn. 15; zweifelnd Löwe/Rosenberg/*Rieß*, 25. Aufl., Rn. 21.
[29] HK-StPO/*Lemke* Rn. 8; KMR/*Neubeck* Rn. 8; Löwe/Rosenberg/*Rieß*, 25. Aufl., Rn. 20; *Meyer-Goßner* Rn. 7; aA SK/*Rogall* Rn. 15.
[30] HK-StPO/*Lemke* Rn. 9; KK-StPO/*Senge* Rn. 7; KMR/*Neubeck* Rn. 9; *Meyer-Goßner* Rn. 7.

wird regelmäßig keine besonderen Probleme aufwerfen. Danach wird nur in Ausnahmefällen von der Aufzeichnung abgesehen werden können, etwa wenn absehbar ist, dass es im Weiteren auf die Aussage des Zeugen nicht ankommen wird,[31] oder wenn die Videoaufnahme erkennbar nicht ergiebiger sein wird als die Verlesung des Vernehmungsprotokolls.[32] Bei der Prognoseentscheidung, ob eine Bild-Ton-Aufzeichnung im Einzelfall erforderlich ist, ist den Strafverfolgungsbehörden ein großer **Ermessensspielraum** einzuräumen.[33]

III. Duldungspflicht des Zeugen

7 Der Zeuge muss die Videoaufzeichnung seiner Vernehmung dulden, dies ist **Bestandteil der Zeugenpflicht**.[34] Die Einwilligung des Zeugen (und gegebenenfalls seines gesetzlichen Vertreters) ist daher nicht einzuholen. Es ist jedoch stets sinnvoll, sich um die Zustimmung des Zeugen zu bemühen, da eine brauchbare Aufzeichnung ohne freiwillige Mitwirkung des Zeugen kaum zu erlangen sein wird.[35] Trotzdem dürfen bei Weigerung des Zeugen zur Durchsetzung der Bild-Ton-Aufzeichnung die Zwangsmittel des § 70 eingesetzt werden.[36] Die **Belehrung** über ein Zeugnisverweigerungs- (§ 52 Abs. 3 S. 1) oder Auskunftsverweigerungsrecht (§ 55 Abs. 2) dürfen auch aufgezeichnet werden (Nr. 19 Abs. 2 S. 2 RiStBV), da sie Bestandteil der Vernehmung sind.[37] Macht aber ein Angehöriger des Angeklagten in der Hauptverhandlung von seinem Zeugnisverweigerungsrecht Gebrauch, darf die Aufzeichnung seiner Vernehmung nicht abgespielt werden. Ebenso wenig darf eine nichtrichterliche Verhörsperson über den Eindruck vernommen werden, den der Zeuge bei dieser Anhörung gemacht hat.[38]

IV. Verfahrensfragen

8 Die **Zuständigkeit** für die Anordnung der Bild-Ton-Aufzeichnung liegt beim Vernehmenden.[39] Dabei bemisst sich die örtliche Zuständigkeit bei einer ermittlungsrichterlichen Vernehmung nach den allgemeinen Grundsätzen, also dem Wohnort der zu vernehmenden Person, auch wenn wegen mangelnder technischer Ausstattung die Vernehmung selbst in einem anderen Gerichtsbezirk durchgeführt werden soll.[40] Bei einer richterlichen Vernehmung ist nach §§ 168, 168a ein vollständiges **Protokoll** zu errichten. Gleiches gilt für staatsanwaltschaftliche (§ 168b Abs. 2) und polizeiliche Vernehmungen.[41] Die Videoaufzeichnung kann die Protokollierung nicht ersetzen. Wird das Protokoll nicht parallel zur Aufzeichnung erstellt, so ist es unverzüglich nach der Vernehmung zu errichten und zu den Akten zu nehmen.[42] Bei der **Durchführung** der Vernehmung ist auf eine gute, vollständige und nichtsuggestive Befragung zu achten, da sich Fehler in diesem Verfahrensstadium im weiteren Verlauf häufig nicht mehr ausgleichen lassen.[43]

V. Verwendung und Vernichtung der Aufzeichnung

9 **1. Verwendung (Abs. 2 S. 1).** Die über die Vernehmung gefertigte Videoaufnahme darf ohne Zustimmung des Zeugen nur für Zwecke des Strafverfolgung verwendet werden und auch das nur insoweit, als es zur Erforschung der Wahrheit erforderlich ist. Die Aufzeichnung darf aber nicht nur in dem Verfahren verwendet werden, für das sie erstellt wurde, sondern **in jedem anderen Strafverfahren**, auch wenn es sich gegen den Zeugen selbst richtet oder zum Zeitpunkt der Aufnahme noch gar nicht eingeleitet war.[44] Eine langfristige (Vorrats-)Speicherung zu Zwecken

---

[31] HK-StPO/*Lemke* Rn. 9; SK/*Rogall* Rn. 15; *Seitz* JR 1998, 312 hält die Klausel sogar für überflüssig.
[32] KMR/*Neubeck* Rn. 9; Löwe/Rosenberg/*Rieß*, 25. Aufl., Rn. 22; *Meyer-Goßner* Rn. 7.
[33] KK-StPO/*Senge* Rn. 7; KMR/*Neubeck* Rn. 9; Löwe/Rosenberg/*Rieß*, 25. Aufl., Rn. 22; *Meyer-Goßner* Rn. 7; SK/*Rogall* Rn. 15.
[34] KMR/*Neubeck* Rn. 10; *Meyer-Goßner* Rn. 8; *Pfeiffer* Rn. 3; SK/*Rogall* Rn. 8.
[35] BT-Drucks. 13/7165 S. 6; KK-StPO/*Senge* Rn. 8; KMR/*Neubeck* Rn. 10; Löwe/Rosenberg/*Rieß*, 25. Aufl., Rn. 13; *Meyer-Goßner* Rn. 8; SK/*Rogall* Rn. 8.
[36] Löwe/Rosenberg/*Rieß*, 25. Aufl., Rn. 14 f.; *Meyer-Goßner* Rn. 8; SK/*Rogall* Rn. 8.
[37] *Leitner* StraFo 1999, 45 (47); KMR/*Neubeck* Rn. 10; *Meyer-Goßner* Rn. 8; Löwe/Rosenberg/*Rieß*, 25. Aufl., Rn. 25; SK/*Rogall* Rn. 9; aA für § 52 Abs. 3 S. 1 *Zschockelt/Wegner* NStZ 1996, 305 (307); *Wegner* ZRP 1997, 404; KK-StPO/*Senge* Rn. 9; *Pfeiffer* Rn. 3.
[38] BGH v. 8. 3. 1979 – 4 StR 634/78, NJW 1979, 1722; KK-StPO/*Senge* Rn. 8; KMR/*Neubeck* Rn. 10; *Meyer-Goßner* Rn. 8.
[39] KMR/*Neubeck* Rn. 11; Löwe/Rosenberg/*Rieß*, 25. Aufl., Rn. 26; *Pfeiffer* Rn. 3; *Meyer-Goßner* Rn. 9; SK/*Rogall* Rn. 16.
[40] OLG München v. 17. 12. 2003 – 2 Ws 1217/03, NStZ 2004, 642; aA LG München II v. 19. 4. 2005 – 4 Qs 2/05, NStZ-RR 2005, 317.
[41] *Meyer-Goßner* Rn. 9; SK/*Rogall* Rn. 17; vgl. auch BGH v. 24. 1. 1995 – 5 StR 577/94, NStZ 1995, 353; BGH v. 19. 6. 1997 – 1 StR 168/97, NStZ 1997, 611.
[42] *Seitz* JR 1998, 312; KK-StPO/*Senge* Rn. 9; KMR/*Neubeck* Rn. 9; SK/*Rogall* Rn. 17.
[43] *Zschockelt/Wegner* NStZ 1996, 305; HK-StPO/*Lemke* Rn. 11; *Meyer-Goßner* Rn. 9.
[44] KK-StPO/*Senge* Rn. 10; KMR/*Neubeck* Rn. 15; Löwe/Rosenberg/*Rieß*, 25. Aufl., Rn. 30; *Meyer-Goßner* Rn. 10; SK/*Rogall* Rn. 20.

späterer Strafverfolgung ist aber unzulässig.[45] Da diese Verwendungsregelung dem **Schutz der Interessen des Zeugen** dient, steht sie zu seiner Disposition. Dies hat zur Folge, dass mit seiner Zustimmung die Aufzeichnung in jedem anderen Verfahren verwendet werden kann.[46] Die weitere Voraussetzung, dass die Verwendung zur Erforschung der Wahrheit erforderlich sein muss, entspricht der Regelung in Abs. 1 S. 2 Nr. 2.[47]

2. Vernichtung (Abs. 2 S. 2). Für die Vernichtung gefertigter Bild-Ton-Aufzeichnungen verweist 10 Abs. 2 S. 2 auf § 101 Abs. 8. Sie sind unverzüglich unter der Aufsicht der Staatsanwaltschaft zu vernichten, wenn sie für eine Strafverfolgung nicht mehr erforderlich sind. Dies wird **regelmäßig nach Rechtskraft** der verfahrensabschließenden Entscheidung der Fall sein.[48] Akteneinsichtsberechtigte oder Dritte, denen eine Kopie der Aufzeichnung überlassen wurde (Abs. 2 S. 3, S. 6), haben diese an die Staatsanwaltschaft herauszugeben, sobald kein berechtigtes Interesse an der Verwendung mehr besteht (Abs. 2 S. 5). Die Vernichtung erfolgt durch **Löschung** der Aufzeichnung,[49] über die eine Niederschrift anzulegen ist (§ 101 Abs. 8 S. 2).

VI. Akteneinsicht

Das Akteneinsichtsrecht des **Verteidigers** (§ 147), des anwaltlichen Vertreters des **Nebenklägers** 11 und des Bevollmächtigten des **Verletzten** (§ 406 e) erstreckt sich auch auf die Bild-Ton-Aufzeichnungen, die Bestandteil der Sachakten sind.[50] Diesen Akteneinsichtsberechtigten dürfen Kopien der Aufzeichnung überlassen werden (Abs. 2 S. 3). Dem Verteidiger ist es jedoch nicht gestattet, Kopien der Aufzeichnung an den Beschuldigten weiterzugeben (Abs. 2 S. 4). Der Zeuge hat das Recht (Abs. 3 S. 1), der Überlassung von Kopien zu widersprechen, worüber er zu belehren ist (Abs. 3 S. 4). Widerspricht er, so sind die Berechtigten darauf beschränkt, die Aufzeichnung bei der Staatsanwaltschaft einzusehen (Abs. 3 S. 3). Weiter ist dann die Aufzeichnung in ein schriftliches Protokoll zu übertragen, dass den Akteneinsichtsberechtigten zu überlassen ist (Abs. 3 S. 1, S. 2). Zur Gewährung von Akteneinsicht oder Überlassung einer Aufzeichnung an **Dritte** (§§ 474 ff.) bedarf es der Einwilligung des Zeugen (Abs. 2 S. 6).

VII. Rechtsmittel

1. Beschwerde. Gegen die richterliche Anordnung einer Bild-Ton-Aufzeichnung kann der **Zeuge** 12 Beschwerde einlegen (§ 304 Abs. 2).[51] Gegen die Anordnung der Staatsanwaltschaft hat er die Möglichkeit, entsprechend § 161 a Abs. 3 Antrag auf gerichtliche Entscheidung zu stellen.[52] Sehen der Richter (oder der Staatsanwalt) aber von der Anordnung der Aufzeichnung ab, so beschwert dies den Zeugen nicht, ein Rechtsmittel wäre daher unzulässig.[53] Soweit Anordnungen über das Recht zur Besichtigung der Aufzeichnung, die Überlassung einer Kopie oder die Übertragung der Aufzeichnung betroffen sind, kann der **Beschuldigte** diese nicht mit der Beschwerde angreifen (§ 305 S. 1).[54]

2. Revision. Auf eine **Verletzung des § 58 a** kann der Angeklagte die Revision nicht stützen, da 13 die Vorschrift nicht seinem Schutz dient.[55] Hingegen kann mit der **Aufklärungsrüge** (§ 244 Abs. 2) beanstandet werden, dass eine vorhandene Videoaufzeichnung nicht verwendet worden ist.[56] Eine Aufklärungsrüge, die auf das Unterlassen der Anfertigung einer Bild-Ton-Aufzeichnung im Ermittlungsverfahren gestützt wird, ist hingegen regelmäßig der Erfolg zu versagen, da ein dem Gericht (in der Hauptverhandlung) zuzuordnender Verfahrensfehler bei Ausschöpfung der Beweismittel nicht vorliegt.[57]

---

[45] BT-Drucks. 13/7165 S. 7; KK-StPO/*Senge* Rn. 10; Löwe/Rosenberg/*Rieß*, 25. Aufl., Rn. 30; SK/*Rogall* Rn. 20; aA HK-StPO/*Lemke* Rn. 10.
[46] KK-StPO/*Senge* Rn. 10; KMR/*Neubeck* Rn. 15; Löwe/Rosenberg/*Rieß*, 25. Aufl., Rn. 29; *Meyer-Goßner* Rn. 10; SK/*Rogall* Rn. 19.
[47] S. Rn. 6.
[48] KK-StPO/*Senge* Rn. 12; Löwe/Rosenberg/*Rieß*, 25. Aufl., Rn. 37; SK/*Rogall* Rn. 23.
[49] HK-StPO/*Lemke* Rn. 12; KK-StPO/*Senge* Rn. 12; SK/*Rogall* Rn. 22.
[50] *Neuhaus* StV 2004, 620 (623); *Schlothauer* StV 1999, 47 (48); KK-StPO/*Senge* Rn. 9; Löwe/Rosenberg/*Rieß*, 25. Aufl., Rn. 32; *Meyer-Goßner* Rn. 13.
[51] KMR/*Neubeck* Rn. 17; Löwe/Rosenberg/*Rieß*, 25. Aufl., Rn. 38; *Meyer-Goßner* Rn. 15; *Pfeiffer* Rn. 6; SK/*Rogall* Rn. 41.
[52] Löwe/Rosenberg/*Rieß*, 25. Aufl., Rn. 39; SK/*Rogall* Rn. 42 befürwortet hingegen die entsprechende Anwendung des § 98 Abs. 2 S. 2.
[53] KMR/*Neubeck* Rn. 17; *Meyer-Goßner* Rn. 15; *Pfeiffer* Rn. 6; SK/*Rogall* Rn. 41 f.
[54] OLG Frankfurt v. 27. 2. 2003 – 3 Ws 234/03, NStZ-RR 2003, 177; OLG Koblenz v. 10. 7. 2003 – 1 Ws 425/03, StV 2003, 608; SK/*Rogall* Rn. 41; aA OLG Brandenburg v. 20. 9. 1995 – 2 Ws 174/95, NJW 1996, 67.
[55] Löwe/Rosenberg/*Rieß*, 25. Aufl., Rn. 40; aA SK/*Rogall* Rn. 43 für einen Verstoß gegen die Verwendungsbeschränkung des § 58 Abs. 2 S. 1.
[56] KMR/*Neubeck* Rn. 17; *Meyer-Goßner* Rn. 15; SK/*Rogall* Rn. 44.
[57] Löwe/Rosenberg/*Rieß*, 25. Aufl., Rn. 40; aA SK/*Rogall* Rn. 44.

§ 59 [Vereidigung]

(1) ¹Zeugen werden nur vereidigt, wenn es das Gericht wegen der ausschlaggebenden Bedeutung der Aussage oder zur Herbeiführung einer wahren Aussage nach seinem Ermessen für notwendig hält. ²Der Grund dafür, dass der Zeuge vereidigt wird, braucht im Protokoll nicht angegeben zu werden, es sei denn, der Zeuge wird außerhalb der Hauptverhandlung vernommen.

(2) ¹Die Vereidigung der Zeugen erfolgt einzeln und nach ihrer Vernehmung. ²Soweit nichts anderes bestimmt ist, findet sie in der Hauptverhandlung statt.

Schrifttum: *Feser*, Die Zeugenvereidigung im Strafprozess, § 59 Abs. 1 StPO, JuS 2008, 229; *Diehm*, Die Entscheidung über die (Nicht-)Vereidigung im Strafprozess, JR 2007, 444; *Klemke*, Das Vereidigungsrecht nach dem sog. Justizmodernisierungsgesetz – eine Herausforderung für die Verteidigung, StV 2006, 158; *Müller*, Auswirkungen der Neufassung des § 59 StPO auf die Möglichkeit der Revisionseinlegung, JR 2005, 78; *ders.*, Die Nichtvereidigung eines Zeugen – ein absoluter Revisionsgrund?, JR 2007, 79; *Peglau/Wilke*, Änderungen im strafprozessualen Vereidigungsrecht durch das Justizmodernisierungsgesetz, NStZ 2005, 186; *Schellenberg*, Zum Regeleid der Zeugen im Strafverfahren, NStZ 1993, 372; *Schuster*, Das neue Vereidigungsrecht nach dem Justizmodernisierungsgesetz aus revisionsrechtlicher Sicht, StV 2005, 628.

I. Allgemeines

1   Die Vorschrift wurde durch Art. 3 Nr. 2 des Ersten Gesetzes zur Modernisierung der Justiz vom 24. 8. 2004¹ mit Wirkung zum 1. 9. 2004 neu gefasst. Im Gegensatz zu § 59 aF sieht sie nicht mehr die Vereidigung des Zeugen, sondern die **uneidliche Zeugenvernehmung als Regelfall** an (Abs. 1 S. 1). Unter Umkehrung des bisherigen Regel-Ausnahme-Verhältnisses sollen Zeugen nur noch bei Vorliegen bestimmter Voraussetzungen, deren Beurteilung im Ermessen des Gerichts liegt, vereidigt werden, sog. **Prinzip der Ermessensvereidigung**. Damit wird zum einen die Rechtslage den Bestimmungen über die Vereidigung in anderen Verfahrensordnungen angepasst (§§ 58 Abs. 2 S. 1, 106 Abs. 1 ArbGG, § 391 ZPO, § 173 VwGO). Zum anderen entspricht die gesetzliche Regelung nunmehr auch der strafprozessualen Rechtstatsächlichkeit, die über den Verzicht der Beteiligten auf die Vereidigung (§ 61 Nr. 5 aF) die Nichtvereidigung praktisch zur Regel gemacht hatte.² Den Forderungen nach völliger Abschaffung des Eides ist der Gesetzgeber aber nicht gefolgt.³

II. Voraussetzungen der Vereidigung

2   **1. Ausschlaggebende Bedeutung der Aussage.** Die Aussage eines Zeugen hat ausschlaggebende Bedeutung, wenn sie für die Beweiswürdigung, gleichgültig ob be- oder entlastend,⁴ das **„Zünglein an der Waage"** ist,⁵ oder für eine entscheidungserhebliche Tatsache das **einzige Beweismittel** darstellt.⁶ Hinzukommen muss die Glaubwürdigkeit der Aussage, denn eine Aussage, der der Richter keinen Glauben schenkt und auch im Falle einer Vereidigung nicht glauben würde, kann für die Urteilsfindung niemals ausschlaggebend sein.⁷ Wesentliche, einander **widersprechende Zeugenaussagen** können für die Beweiswürdigung ausschlaggebende Bedeutung haben, auch wenn nur eine von beiden wahr sein kann. Die Vereidigung beider Zeugen ist dann zulässig.⁸ Dies gilt hinsichtlich der zweiten Aussagen jedenfalls dann, wenn sie geeignet ist, die Glaubhaftigkeit der ersten zu erschüttern.⁹

3   **2. Herbeiführung einer wahren Aussage.** Die Vereidigung zur Herbeiführung einer wahren Aussage ist nicht schon dann zulässig, wenn das Gericht aufgrund konkreter Anhaltspunkte die Überzeugung gewinnt, der Zeuge verfälsche oder verschweige (teilweise) die Wahrheit. Zusätzlich müssen bestimmte Umstände die Annahme begründen, dass er unter Eideszwang wahrheitsgemäße Angaben machen werde.¹⁰ Voraussetzung ist weiter, dass der Aussage des Zeugen **wesentliche** (wenn auch nicht notwendigerweise ausschlaggebende) **Bedeutung** zukommt, da nur so dem Ziel der gesetzlichen Neuregelung entsprochen werden kann, die Zahl der Eide einzuschränken.¹¹

---

¹ BGBl. 2004 I S. 2198.
² *Feser* JuS 2008, 229; KK-StPO/*Senge* Rn. 1; KMR/*Neubeck* Rn. 2; Meyer-Goßner Rn. 1; SK/*Rogall* Rn. 1.
³ *Schellenberg* NStZ 1993, 372; AK/*Wassermann* Vor § 59 Rn. 1 ff.; SK/*Rogall* vor § 48 Rn. 130 mwN; kritisch auch Löwe/Rosenberg/*Dahs*, 25. Aufl., Rn. 1; vgl. auch *Neuhaus* StV 2005, 47.
⁴ OLG Hamm v. 22. 3. 1973 – 2 Vs 4/72, NJW 1973, 1939 (1940); allgM.
⁵ BGH v. 3. 6. 1961 – 1 StR 155/61, BGHSt 16, 99 (103); *Schuster* StV 2005, 628.
⁶ OLG Neustadt v. 31. 10. 1951 – Ss 153/51, NJW 1952, 118; KK-StPO/*Senge* Rn. 1 b; KMR/*Neubeck* Rn. 4; Meyer-Goßner Rn. 3; SK/*Rogall* Rn. 6.
⁷ BGH v. 3. 6. 1961 – 1 StR 155/61, BGHSt 16, 99 (104); KMR/*Neubeck* Rn. 4; Meyer-Goßner Rn. 3; SK/*Rogall* Rn. 6; aA OLG Neustadt v. 12. 11. 1958 – Ss 128/58, NJW 1959, 783.
⁸ OLG Köln v. 5. 1. 1954 – Ss 312/53, NJW 1954, 570; KK-StPO/*Senge* Rn. 1 b.
⁹ KMR/*Neubeck* Rn. 4; Meyer-Goßner Rn. 3; SK/*Rogall* Rn. 6.
¹⁰ BGH v. 3. 6. 1961 – 1 StR 155/61, BGHSt 16, 99 (103); OLG Hamm v. 22. 3. 1973 – 2 Vs 4/72, NJW 1973, 1939 (1940); *Klemke* StV 2006, 158; *Peglau/Wilke* NStZ 2005, 186 (188).
¹¹ KK-StPO/*Senge* Rn. 1 b; SK/*Rogall* Rn. 8.

III. Vereidigungsverfahren

1. Einzelvereidigung. Die Zeugen sind **einzeln** zu vereidigen (Abs. 2 S. 1). Nur so kann die Ordnungsmäßigkeit der Eidesleistung sicher festgestellt werden. Es ist aber ausreichend, wenn der Richter mehreren Zeugen (etwa am Ende der Beweisaufnahme) die Eidesformel gemeinsam vorspricht und die Zeugen diese dann einzeln nachsprechen.[12]   4

2. Zeitpunkt der Vereidigung. Abs. 2 S. 1 schreibt weiter den **Nacheid** zwingend vor. Dieser ist erst nach Abschluss der Vernehmung zu leisten,[13] muss aber nicht unmittelbar nach der Vernehmung abgelegt werden.[14] Wird der Zeuge nach einer Eidesleistung später noch einmal vernommen, muss er, auch wenn er bislang noch nicht entlassen war, erneut vereidigt werden oder sich auf seinen bereits geleisteten Eid berufen (§ 67).[15]   5

3. Teilvereidigung. Es ist **zulässig**, den Zeugen nur auf einen Teil seiner Angaben zu vereidigen, wenn diese sich auf mehrere, rechtlich selbständige Taten iS von § 264 beziehen,[16] wofür eine bloße Tatmehrheit gemäß § 53 StGB aber nicht ausreichend ist.[17] Eine Teilvereidigung kommt daher etwa dann in Betracht, wenn der Zeuge nur bei einer der dem Angeklagten zur Last liegenden Taten teilnahmeverdächtig ist (§ 60 Nr. 2),[18] oder er nur durch eine von mehreren angeklagten Taten verletzt wurde (§ 61 Nr. 2).[19] In solchen Fällen ist einer Teilvereidigung aber dann **unzulässig**, wenn zwischen den verschiedenen Taten ein innerer Zusammenhang besteht, der die Glaubwürdigkeit des Zeugen insgesamt berührt.[20] Unzulässig ist es auch, die Aussage zum Zweck der teilweisen Vereidigung quasi künstlich in zeitlich verschiedene Abschnitte aufzuteilen,[21] oder den Eid auf einzelne Punkte der Aussage zu beschränken, etwa auf Vorgänge zu einem bestimmten Zeitpunkt oder solche, an die der Zeuge sich noch sicher erinnert.[22]   6

IV. Gegenstand der Eidesleistung

Der Eid erstreckt sich auf **alle Angaben** des Zeugen, neben den Angaben zur Sache (§ 69) also auch auf die zur Person (§ 68 Abs. 1) und zu den Generalfragen (§ 68a Abs. 1 S. 1).[23] Auch eine „informatorische" Befragung zur Sache ist eine Vernehmung und kann beeidet werden.[24] Gleiches gilt, wenn der Zeuge unaufgefordert Angaben zur Sache macht,[25] oder in seiner Zeugenbefragung lediglich erklärt, er könne zur Sache keine Angaben machen.[26] Die Pflicht zur Eidesleistung erstreckt sich hingegen nicht auf die **bloße Anhörung** einer Person, die als Zeuge in Betracht kommt, darüber, ob sie Angaben zur Sache machen könne,[27] oder die Feststellung von Tatsachen, die für das Bestehen eines (teilweisen) Zeugnisverweigerungsrechts von Bedeutung sein können (§ 56).[28]   7

V. Entscheidung über die Vereidigung

1. Erforderlichkeit. Die Entscheidung über die Vereidigung erfolgt von Amts wegen. Eine **ausdrückliche Entscheidung** darüber ist immer (nur) dann **erforderlich**, wenn der Zeuge vereidigt wird, oder der Vereidigungsantrag eines Verfahrensbeteiligten zurückgewiesen wird.[29] Folgt das   8

---

[12] BGH v. 4. 4. 1959 – 2 StR 596/58; OLG Frankfurt v. 20. 6. 1962 – 1 Ss 420/62, NJW 1962, 1834; allgM.
[13] BGH v. 24. 10. 1955 – GSSt 1/55, BGHSt 8, 301 (310); AK/*Wassermann* Rn. 3; HK-StPO/*Lemke* Rn. 2; KK-StPO/*Senge* Rn. 3; *Meyer-Goßner* Rn. 5; *Pfeiffer* Rn. 2; SK/*Rogall* Rn. 14.
[14] S. unten Rn. 10.
[15] BGH v. 30. 4. 1953 – 3 StR 12/53, BGHSt 4, 142 (142); BGH v. 20. 2. 2003 – 3 StR 222/02, BGHSt 48, 221 (233) = NJW 2003, 2107; allgM.
[16] BGH v. 14. 11. 1986 – 2 StR 577/86, NStZ 1987, 516 mAnm *Dahs*; BGH v. 12. 7. 1995 – 3 StR 366/93, StV 1997, 114; allgM.
[17] BGH v. 15. 6. 1954 – 1 StR 697/53, NJW 1954, 1655; KK-StPO/*Senge* Rn. 4; KMR/*Neubeck* Rn. 9; SK/*Rogall* Rn. 11.
[18] BGH v. 28. 6. 1983 – 1 StR 44/83, StV 1983, 401; BGH v. 14. 11. 1986 – 2 StR 577/86, NStZ 1987, 516.
[19] BGH v. 20. 2. 2003 – 3 StR 222/02, BGHSt 48, 221, (232) = NJW 2003, 2107.
[20] BGH v. 2. 8. 1988 – 1 StR 246/88, BGHR StPO § 60 Nr. 2 Teilvereidigung 2; KMR/*Neubeck* Rn. 9; SK/*Rogall* Rn. 11.
[21] BGH v. 20. 12. 1966 – 1 StR 477/66, NJW 1967, 454.
[22] KK-StPO/*Senge* Rn. 4; KMR/*Neubeck* Rn. 10; Löwe/Rosenberg/*Dahs*, 25. Aufl., Rn. 7; SK/*Rogall* Rn. 11.
[23] BGH v. 28. 10. 1926 – II 884/26, RGSt 66, 407 (408); AK/*Wassermann* Rn. 5; HK-StPO/*Lemke* Rn. 4; KMR/*Neubeck* Rn. 8; Löwe/Rosenberg/*Dahs*, 25. Aufl., Rn. 11; *Meyer-Goßner* Rn. 6; SK/*Rogall* Rn. 10.
[24] RG v. 25. 1. 1932 – II 345/31, RGSt 66, 113 (117); OLG Köln v. 26. 9. 1997 – Ss 503/97, StV 1999, 8; KK-StPO/*Senge* Rn. 6.
[25] RG v. 13. 7. 1933 – III 679/33, RGSt 67, 287 (288).
[26] KK-StPO/*Senge* Rn. 6 mwN.
[27] RG v. 24. 9. 1880 – 1896/80, RGSt 2, 267 (268); KK-StPO/*Senge* Rn. 6.
[28] RG v. 26. 6. 1891 – 1853/91, RGSt 22, 54 (55); KK-StPO/*Senge* Rn. 7; SK/*Rogall* Rn. 10.
[29] BGH v. 11. 7. 2006 – 3 StR 216/06, BGHSt 51, 81 = NJW 2006, 2934.

Gericht aber der Regel des Abs. 1 S. 1, wonach die Zeugen unbeeidigt bleiben, sofern kein gesetzlicher Ausnahmefall vorliegt, ist eine ausdrückliche Entscheidung, den Zeugen nicht zu vereidigen, **entbehrlich**.[30] Der widersprechenden Auffassung[31] ist entgegenzuhalten, dass bereits die Verfügung des Vorsitzenden, den Zeugen zu entlassen, hinreichend klarstellt, dass er die Voraussetzungen für eine Vereidigung des Zeugen für nicht gegeben hält. Weiter bedarf es auch grundsätzlich keiner förmlichen Entscheidung, wenn ein Gericht keinen Grund sieht, vom dem durch die StPO vorgeschriebenen regelmäßigen Verfahrensgang (nach Abs. 1 S. 1) abzuweichen.[32]

9 **2. Entscheidungskompetenz.** Bei Kollegialgerichten entscheidet über die Vereidigung zunächst der **Vorsitzende** im Wege der Sachleitung (§ 238 Abs. 1).[33] Eine Entscheidung durch das **Gericht** wird erst dann notwendig, wenn ein anderer Prozessbeteiligter sie – etwa im Wege der Rüge der Vorabentscheidung des Vorsitzenden (§ 238 Abs. 2) – verlangt.[34] Unabhängig davon kann auch der Vorsitzende jederzeit – etwa in einem Zweifelsfall – eine solche Gerichtsentscheidung herbeiführen.[35] Einer **Anhörung** der Prozessbeteiligten vor Erlass dieser Entscheidung bedarf es nicht.[36]

10 **3. Zeitpunkt.** Die Entscheidung über die Vereidigung ergeht regelmäßig, sofern kein Ausnahmefall der §§ 62, 63 vorliegt, in der Hauptverhandlung. Sie kann – was in der Praxis die Regel sein dürfte – im unmittelbaren Anschluss an die (abgeschlossene) Vernehmung, aber auch erst am Schluss der Beweisaufnahme (für alle vernommenen Zeugen) getroffen werden.[37]

11 **4. Begründung.** Die Vereidigung **in der Hauptverhandlung** ist nicht zu begründen,[38] auch nicht im Urteil,[39] was zwanglos aus Abs. 1 S. 2 folgt. Für die Nichtvereidigung gilt dasselbe, auch wenn hierzu nichts ausdrücklich bestimmt ist.[40] Diese Begründungsfreiheit gilt sowohl für die Vorabentscheidung durch den Vorsitzenden als auch für eine Entscheidung durch das Gericht nach § 238 Abs. 2 und auch dann, wenn ein Verfahrensbeteiligter Antrag auf Nichtbeeidigung[41] oder Vereidigung[42] gestellt hatte. § 34 gilt in diesen Fällen nicht, insoweit geht § 59 vor. Erfolgen hingegen eine Vereidigung bei Vernehmungen **außerhalb der Hauptverhandlung** (§§ 62, 63), so ist diese zu begründen, weil der Anlass für die Eidesabnahme durch den vernehmenden Richter im späteren Verfahren vor dem erkennenden Richter von Bedeutung sein kann.[43]

12 **5. Protokollierung.** Als wesentliche Förmlichkeit ist die **Vereidigung** in der Vernehmungs- oder Sitzungsniederschrift (§§ 168a Abs. 1 S. 1, 273 Abs. 1) zu beurkunden.[44] Dabei ist ein „summarischer Vermerk" über die Vereidigung mehrerer Zeugen zwar unzweckmäßig, aber nicht unzulässig.[45] Die **Nichtvereidigung** bedarf hingegen nur dann einer Protokollierung, wenn ein (erfolgloser) Vereidigungsantrag oder eine Beanstandung nach § 238 Abs. 2 vorausgegangen ist,[46] da in

---

[30] Grundlegend BGH v. 16. 11. 2005 – 2 StR 457/05, BGHSt 50, 282 (283) = NJW 2006, 388; BGH v. 7. 7. 2009 – 1 StR 268/09, NStZ 2009, 647; KK-StPO/*Senge* Rn. 10.
[31] BGH v. 20. 1. 2005 – 3 StR 455/04, NStZ 2005, 340; BGH v. 15. 2. 2005 – 1 StR 584/04, StraFo 2005, 244 (jeweils in „obiter dicta" der Entscheidung); *Feser* JuS 2008, 229; *Klemke* StV 2006, 158; *Müller* JR 2005, 78 (79); *ders.*, JR 2007, 79 (81); *Peglau/Wilke* NStZ 2005, 186 (188); *Schuster* StV 2005, 628; *Meyer-Goßner* Rn. 8; SK/*Rogall* Rn. 17.
[32] BGH v. 16. 11. 2005 – 2 StR 457/05, BGHSt 50, 282 (283) = NJW 2006, 388; KK-StPO/*Senge* Rn. 10.
[33] BGH v 8. 5. 1951 – 1 StR 113/51, BGHSt 1, 216 (218); BGH v. 20. 1. 2005 – 3 StR 455/04, NStZ 2005, 340; HK-StPO/*Lemke* Rn. 5; KK-StPO/*Senge* Rn. 11; KMR/*Neubeck* Rn. 12; aA Löwe/Rosenberg/*Dahs*, 25. Aufl., Rn. 15; SK/*Rogall* Rn. 19.
[34] BGH v 8. 5. 1951 – 1 StR 113/51, BGHSt 1, 216; BGH v. 13. 12. 1960 – 1 StR 389/60, BGHSt 15, 253 = NJW 1961, 327; KK-StPO/*Senge* Rn. 11; KMR/*Neubeck* Rn. 12.
[35] KK-StPO/*Senge* Rn. 9; KMR/*Neubeck* Rn. 13; Löwe/Rosenberg/*Dahs*, 25. Aufl., Rn. 13.
[36] BGH v. 20. 1. 2005 – 3 StR 455/04, NStZ 2005, 340; *Peglau/Wilke* NStZ 2005, 186 (188); KK-StPO/*Senge* Rn. 9; KMR/*Neubeck* Rn. 13; Löwe/Rosenberg/*Dahs*, 25. Aufl., Rn. 13; *Meyer-Goßner* Rn. 9; aA SK/*Rogall* Rn. 16.
[37] BGH v. 2. 10. 1951 – 1 StR 434/51, BGHSt 1, 346 (348); AK/*Wassermann* Rn. 7; KK-StPO/*Senge* Rn. 9; KMR/*Neubeck* Rn. 11.
[38] BGH v. 20. 1. 2005 – 3 StR 455/04, NStZ 2005, 340; AK/*Wassermann* Rn. 9; HK-StPO/*Lemke* Rn. 6; KK-StPO/*Senge* Rn. 12; KMR/*Neubeck* Rn. 16; *Meyer-Goßner* Rn. 11; SK/*Rogall* Rn. 23.
[39] BGH v. 21. 11. 1991 – 1 StR 552/90, NStZ 1992, 292 (293).
[40] BT-Drucks. 15/1508 S. 23; *Müller* JR 2005, 78 (79); KK-StPO/*Senge* Rn. 9; *Meyer-Goßner* Rn. 11.
[41] BGH v. 13. 12. 1960 – 1 StR 389/60, BGHSt 15, 253 = NJW 1961, 327; AK/*Wassermann* Rn. 9; KK-StPO/*Senge* Rn. 12.
[42] *Feser* JuS 2008, 229 (230); *Schuster* StV 2005, 628 (629); KK-StPO/*Senge* Rn. 12; KMR/*Neubeck* Rn. 16; *Meyer-Goßner* Rn. 11; aA *Huber* JuS 2004, 970; *Klemke* StV 2006, 158; *Sommer* StraFo 2004, 295 (296); *Peglau/Wilke* NStZ 2005, 186 (189); SK/*Rogall* Rn. 24.
[43] BT-Drucks. 15/1508 S. 23; KK-StPO/*Senge* Rn. 12; SK/*Rogall* Rn. 26.
[44] BGH v. 17. 8. 2005 – 2 StR 284/05, NStZ 2006, 114; allgM.
[45] KK-StPO/*Senge* Rn. 13; aA KMR/*Neubeck* Rn. 17; Löwe/Rosenberg/*Dahs*, 25. Aufl., Rn. 19; *Meyer-Goßner* Rn. 13.
[46] BGH v. 16. 11. 2005 – 2 StR 457/05, BGHSt 50, 282 = NJW 2006, 388; *Fezer* JuS 2008, 229 (230); KK-StPO/*Senge* Rn. 13; aA *Diehm* StV 2007, 444; *Peglau/Wilke* NStZ 2005, 186; *Schuster* StV 2005, 628; *Meyer-Goßner* Rn. 12.

den übrigen Fällen eine ausdrückliche Entscheidung über die Nichtvereidigung entbehrlich ist.[47]
Bei einer **Teilvereidigung** sind die beeideten Teile genau zu bezeichnen.[48]

VI. Revision

1. Unterbliebene Vereidigung. Die Nichtvereidigung ist **in der Regel nicht revisibel,** auch wenn 13
die Ausnahmefälle des Abs. 1 S. 1 für eine Vereidigung vorgelegen haben. Denn die Neufassung
des § 59 räumt dem erkennenden Gericht einen Ermessensspielraum ein, so dass ein Rechtsfehler
nur dann vorliegt, wenn der Tatrichter den ihm zustehenden Beurteilungsspielraum überschritten
oder sein Ermessen rechtsfehlerhaft ausgeübt hat.[49] Auch kann nicht erfolgreich gerügt werden,
wenn der Vorsitzende der Regel des Abs. 1 S. 1 folgt und den Zeugen ohne ausdrückliche Entscheidung
über die Vereidigung entlässt.[50] Will der Revisionsführer beanstanden, der Vorsitzende
habe rechtsfehlerhaft verkannt, dass ein Ausnahmefall iS von Abs. 1 S. 1 vorliegt, und deshalb
von einer an sich gebotenen Vereidigung abgesehen, ist er gehalten, einen Vereidigungsantrag zu
stellen. Jedenfalls ist eine solche Rüge nur dann zulässig, wenn eine Entscheidung des Gerichts
nach § 238 Abs. 2 herbeigeführt wurde.[51] § 59 ist aber verletzt, wenn ein bereits vereidigter Zeuge
nochmals vernommen wird und dann weder eine Entscheidung über eine (weiter gebotene)
Vereidigung noch ein Vorgehen nach § 67 erfolgt.[52] Unterläuft dem Gericht im Urteil der **Wertungsfehler,**
dass es die Aussage eines Entlastungszeugen irrtümlich als beeidet ansieht, so beschwert
dieser Rechtsfehler den Angeklagten nicht.[53] Wertet es hingegen eine belastende Aussage
als eidlich und folgt dieser bei der Urteilsfindung, liegt darin ein Verstoß gegen § 59, auf dem das
Urteil in der Regel auch beruht.[54]

2. Vereidigung. Auch die rechtsfehlerhafte Vereidigung, die ohne das Vorliegen der Voraussetzungen 14
des Abs. 1 S. 1 erfolgt ist, ist mit Rücksicht auf das dem Gericht eingeräumte Ermessen
nicht revisibel.[55] Der Revisionsführer kann auch nicht geltend machen, er habe nach der Vereidigung
eines Zeugen keine weiteren Beweisanträge gestellt, da er davon ausgegangen sei, das Gericht
werde der beeideten Aussage folgen. Denn die Vereidigung erweckt nicht den Rechtsschein,
das Gericht glaube dem Zeugen.[56] Ein revisibler Verfahrensverstoß liegt aber vor, wenn dem
Zeugen ein **Voreid** abgenommen worden ist.[57]

§ 60 [Verbot der Vereidigung]

Von der Vereidigung ist abzusehen

1. bei Personen, die zur Zeit der Vernehmung das 18. Lebensjahr noch nicht vollendet haben
oder die wegen mangelnder Verstandesreife oder wegen einer psychischen Krankheit oder einer
geistigen oder seelischen Behinderung vom Wesen und der Bedeutung des Eides keine genügende
Vorstellung haben;
2. bei Personen, die der Tat, welche den Gegenstand der Untersuchung bildet, oder der Beteiligung
an ihr oder der Begünstigung, Strafvereitelung oder Hehlerei verdächtig oder deswegen
bereits verurteilt sind.

Schrifttum: *Esskandari,* Beruht das Urteil auf dem Verstoß gegen das Vereidigungsverbot des § 60 Nr. 2 StPO,
wenn das Gericht der Aussage des Zeugen keinen Glauben schenkt?, StV 2002, 51; *Lenckner,* Begünstigung, Strafvereitelung
und Vereidigungsverbot nach § 60 Nr. 2 StPO, NStZ 1982, 401; *Park,* Die Vereidigung von Zeugen vom
Strafprozess, JuS 1998, 1039; *Ziegert,* § 60 Nr. 2 StPO – Verlust der Rüge oder Lüge?, StV 1999, 171.

---

[47] S. Rn. 8.
[48] AK/*Wassermann* Rn. 10; KK-StPO/*Senge* Rn. 13; KMR/*Neubeck* Rn. 17; Löwe/Rosenberg/*Dahs,* 25. Aufl.,
Rn. 19; *Meyer-Goßner* Rn. 13; SK/*Rogall* Rn. 21.
[49] BGH v. 11. 12. 2008 – 3 StR 429/08, NStZ 2009, 343; *Klemke* StV 2006, 158; aA *Knauer/Wolf* NJW 2004,
2932 (2933); *Sommer* AnwBl. 2004, 506, die die Nichtvereidigung grundsätzlich für nicht revisibel ansehen.
[50] BGH v. 16. 11. 2005 – 2 StR 457/05, BGHSt 50, 282 = NJW 2006, 388; BGH v. 11. 7. 2006 – 3 StR 216/06,
BGHSt 51, 81 = NJW 2006, 2934.
[51] BGH v. 16. 11. 2005 – 2 StR 457/05, BGHSt 50, 282 (284) = NJW 2006, 388; BGH v. 7. 7. 2009 – 1 StR 268/09,
NStZ 2009, 647; KK-StPO/*Senge* Rn. 14; aA KMR/*Neubeck* Rn. 18; Löwe/Rosenberg/*Dahs,* 25. Aufl., Rn. 20; *Meyer-Goßner*
Rn. 13; SK/*Rogall* Rn. 30 jeweils mwN.
[52] BGH v. 2. 10. 1951 – 1 StR 434/51, BGHSt 1, 346 (348); KK-StPO/*Senge* Rn. 14; KMR/*Neubeck* Rn. 19; *Meyer-Goßner*
Rn. 13.
[53] OLG Hamm v. 29. 2. 1972 – 5 Ss 1271/71, NJW 1972, 1531; HK-StPO/*Lemke* Rn. 7; KMR/*Neubeck* Rn. 19;
Löwe/Rosenberg/*Dahs,* 25. Aufl., Rn. 20; *Meyer-Goßner* Rn. 13; aA BayObLG v. 2. 10. 1987 – 1 St 86/87, StV 1988,
145.
[54] BGH v. 12. 3. 1998 – 4 StR 578/97, StV 1999, 137; KMR/*Neubeck* Rn. 19; *Meyer-Goßner* Rn. 13.
[55] *Knauer/Wolf* NJW 2004, 2933; KK-StPO/*Senge* Rn. 14; KMR/*Neubeck* Rn. 20.
[56] BGH v. 15. 10. 1985 – 1 StR 338/85, NStZ 1986, 130; BGH v. 1. 12. 1993 – 2 StR 443/93, BGHR StPO § 60
Nr. 2 Vereidigung 3; KMR/*Neubeck* Rn. 19; *Meyer-Goßner* Rn. 13; aA *Esskandari* StV 2002, 51 (52).
[57] BGH v. 2. 11. 1971 – 1 StR 377/71, MDR 1972, 198; allgM.

I. Allgemeines

1 § 60 enthält **zwingende Vereidigungsverbote** für die Fälle, in denen der Zeuge kein hinreichendes Verständnis von der Bedeutung des Eides hat (Nr. 1) oder seine Tatbeteiligung in Betracht kommt (Nr. 2). Die Vorschrift verfolgt den **Zweck**, den Zeugen vor einem Meineid zu bewahren, zusätzlich soll das Gericht zu besonders sorgfältiger Beweiswürdigung angehalten werden.[1] Die Vereidigungsverbote enthalten aber keine Beweisregeln und schränken daher den Grundsatz der **freien Beweiswürdigung** (§ 261) nicht ein. Der Richter darf – zumal nunmehr die Nichtvereidigung der Regelfall ist – also einer unbeeidigten Aussage eines Zeugen glauben und einer beeideten keinen Glauben schenken.[2] Liegen Anhaltspunkte für ein Vereidigungsverbot vor, muss das Gericht diese Frage erörtern[3] und im Wege des Freibeweises die erforderlichen Feststellungen treffen.[4] Der Zweifelsatz gilt hier nicht, so dass § 60 nicht zur Anwendung kommt, wenn sich die Voraussetzungen des Verbotstatbestands nicht klären lassen.[5]

II. Eidesunmündige und -unfähige Zeugen (Nr. 1)

2 **1. Eidesunmündigkeit.** Ein Zeuge wird am Beginn des Tages eidesmündig, an dem er 18 Jahre alt wird (§ 187 Abs. 2 BGB).[6] Dabei ist auf den **Tag der Vereidigung** abzustellen, nicht auf den des Geschehens oder den der Vernehmung. Ein Eintritt der Eidesmündigkeit nach Abschluss der Beweisaufnahme (aber vor Urteilsverkündung) ist ohne Belang.[7]

3 **2. Eidesunfähigkeit.** Nur psychische Krankheiten, geistige oder seelische Behinderungen können eine Vereidigung ausschließen. Unwissenheit, Unglauben, Gedächtnisschwäche oder Behinderung, die die Vorstellung vom Wesen des Eides nur unwesentlich beeinträchtigen, genügen nicht.[8] Die Anordnung einer Betreuung für den Zeugen[9] oder ein früherer Freispruch wegen Schwachsinns nach § 20 StGB[10] schließen daher eine Vereidigung nicht notwendig aus.[11] Bei vorübergehenden Beeinträchtigungen (etwa Drogen- oder Alkoholrausch) ist die Vereidigung zu verschieben.[12]

4 **3. Entscheidung.** Über das Vorliegen eines Eidesverbots entscheidet der **Richter**, bei Kollegialgerichten vorab der Vorsitzende und nur bei einer Beanstandung das Gericht (§ 238 Abs. 2). Zur **Begründung** genügt im Falle der fehlenden Eidesmündigkeit der Hinweis auf die Gesetzesstelle, da das Alter des Zeugen schon aus dessen Angaben zur Person folgt.[13] Bei Eidesunfähigkeit ist hingegen klarzustellen, ob Verstandesunreife oder ein anderer Grund vorliegt.[14] Die bloße Angabe, der Zeuge habe keine genügende Vorstellung von der Bedeutung des Eides,[15] genügt ebenso wenig wie allgemeine Hinweise auf den Gesundheitszustand des Zeugen.[16]

III. Tat- und Teilnahmeverdacht (Nr. 2)

5 **1. Allgemeines.** Der Gesetzgeber geht davon aus, dass Zeugen, die an der dem Beschuldigten zur Last liegenden Tat beteiligt sein können oder deswegen bereits verurteilt sind, regelmäßig

---

[1] BGH v. 19. 2. 1960 – 1 StR 609/59, BGHSt 17, 128 (134) = NJW 1960, 1960; BGH v. 2. 7. 1969 – 2 StR 198/69, BGHSt 23, 30 (32); OLG Frankfurt v. 6. 6. 2001 – 2 Ss 123/01, NStZ-RR 2001, 299; AK/*Lemke* Rn. 2; HK-StPO/*Lemke* Rn. 1; KK-StPO/*Senge* Rn. 1; KMR/*Neubeck* Rn. 1; aA SK/*Rogall* Rn. 3 (kein Schutz vor Meineid).
[2] BGH v. 9. 1. 1957 – 4 StR 523/56, BGHSt 10, 65 (70) = NJW 1957, 431; BGH v. 2. 11. 1982 – 5 StR 308/82, NStZ 1983, 354; allgM.
[3] BGH v. 2. 3. 1988 – 2 StR 522/87, StV 1988, 325.
[4] RG v. 14. 6. 1917 – I 194/17, RGSt 51, 69; RG v. 30. 5. 1921–697/21, RGSt 56, 102 (103); allgM.
[5] RG v. 21. 8. 1913 – OLG III 836/13, RGSt 47, 297; KK-StPO/*Senge* Rn. 3; KMR/*Neubeck* Rn. 1; *Meyer-Goßner* Rn. 1; *Pfeiffer* Rn. 1; SK/*Rogall* Rn. 4; aA AK/*Lemke* Rn. 3; HK-StPO/*Lemke* Rn. 2; Löwe/Rosenberg/*Dahs*, 25. Aufl., Rn. 5 (jeweils für Zweifel über die Voraussetzungen des § 60 Nr. 1).
[6] RG v. 25. 5. 1891 – 1101/91, RGSt 22, 9; BGH v. 16. 12. 1901 – 4045/01 RGSt 35, 37 (41); allgM.
[7] *Park* JuS 1998, 1039 (1041); AK/*Lemke* Rn. 6; HK-StPO/*Lemke* Rn. 5; KK-StPO/*Senge* Rn. 4; KMR/*Neubeck* Rn. 4; *Meyer-Goßner* Rn. 2; *Pfeiffer* Rn. 1; SK/*Rogall* Rn. 15.
[8] RG v. 27. 11. 1924 – III 836/24, RGSt 58, 396; HK-StPO/*Lemke* Rn. 7; KMR/*Neubeck* Rn. 5; Löwe/Rosenberg/*Dahs*, 25. Aufl., Rn. 8; *Meyer-Goßner* Rn. 4; *Pfeiffer* Rn. 1; SK/*Rogall* Rn. 16.
[9] BGH v. 25. 10. 1968 – 4 StR 412/68, BGHSt 22, 266.
[10] OLG Hamm v. 25. 4. 1969 – 3 Ss 293/68, GA 1969, 316.
[11] Zweifelnd AK/*Lemke* Rn. 7.
[12] RG v. 10. 6. 1901 – 1925/01, RGSt 34, 283; RG v. 29. 10. 1918 – IV 654/18, RGSt 53, 136; AK/*Lemke* Rn. 8; KK-StPO/*Senge* Rn. 5; KMR/*Neubeck* Rn. 5; Löwe/Rosenberg/*Dahs*, 25. Aufl., Rn. 9; *Meyer-Goßner* Rn. 4; *Pfeiffer* Rn. 1.
[13] BGH v. 27. 11. 1961 – 4 StR 408/61, VRS 22, 144 (148); BGH v. 24. 6. 1971 – 4 StR 204/71, VRS 41, 186; KK-StPO/*Senge* Rn. 7; Löwe/Rosenberg/*Dahs*, 25. Aufl., Rn. 6; *Meyer-Goßner* Rn. 3; *Pfeiffer* Rn. 1.
[14] KK-StPO/*Senge* Rn. 7; Löwe/Rosenberg/*Dahs*, 25. Aufl., Rn. 11; *Meyer-Goßner* Rn. 6; *Pfeiffer* Rn. 1.
[15] RG v. 29. 10. 1918 – IV 654/18, RGSt 53, 136 (137); KK-StPO/*Senge* Rn. 7; Löwe/Rosenberg/*Dahs*, 25. Aufl., Rn. 11; *Meyer-Goßner* Rn. 6; *Pfeiffer* Rn. 1.
[16] Löwe/Rosenberg/*Dahs*, 25. Aufl., Rn. 11; *Meyer-Goßner* Rn. 6; *Pfeiffer* Rn. 1.

die notwendige Unbefangenheit fehlt und sie ihre Stellung ähnlich der eines Beschuldigten empfinden.[17] Nr. 2 verbietet daher Eide, die erfahrungsgemäß nicht geeignet sind, den Beweiswert zu erhöhen,[18] sondern eher dazu führen, die Befangenheit des Zeugen zu verstärken.[19] Die Vorschrift verfolgt also nur nachrangig den **Zweck**, den Zeugen vor der Begehung eines Meineides zu schützen.[20] Ein Verbot, dem Zeugen zu glauben, folgt daraus nicht,[21] denn sonst bestünde im Ergebnis ein Vernehmungsverbot, was § 60 aber gerade nicht vorsieht. Das erkennende Gericht muss aber bei der **Beweiswürdigung** berücksichtigen, dass der Aussage eines tat- oder teilnahmeverdächtigen Zeugen nicht selten nur ein geringerer Beweiswert zugemessen werden kann.[22]

2. Begriff der Tat. Der Begriff der Tat ist nicht sachlich-rechtlich (§§ 52, 53 StGB) zu verstehen, maßgeblich ist vielmehr der **verfahrensrechtliche Tatbegriff** (§ 264). Umfasst ist folglich der gesamte geschichtliche Vorgang, innerhalb dessen der Tatbestand verwirklicht worden ist.[23] Nr. 2 ist daher etwa auch dann einschlägig, wenn die **Beihilfe**, der der Zeuge verdächtig ist, dieselbe Haupttat betrifft, auf die sich die dem Angeklagten zur Last gelegte Beihilfe bezieht.[24] Auch **Vortaten** werden erfasst, wenn sie in einem denknotwendigen, untrennbaren Zusammenhang zum verfolgten Delikt stehen.[25] Dies gilt zB für einen Diebstahl im Verfahren wegen der nachfolgenden Hehlerei,[26] die der Strafvereitelung oder Begünstigung zugrunde liegende Tat,[27] aber auch für die Straftat, über die der wegen eines Aussagedeliktes verfolgte Angeklagte in einem früheren Verfahren falsch ausgesagt hatte.[28] Maßgeblich für die Beantwortung der Frage, welche Tat Verfahrensgegenstand ist, ist das **Ergebnis der Hauptverhandlung**, nicht die Anklage oder der Eröffnungsbeschluss.[29]

3. Begriff der Beteiligung. Der Teilnahmebegriff in Nr. 2 ist im weitesten Sinne auszulegen. Er umfasst nicht nur die Beteiligungsformen der §§ 25 ff. StGB.[30] Tatbeteiligt ist vielmehr jeder, der bei dem zur Aburteilung stehenden Vorgang **in strafbarer Weise** und **in derselben Richtung** wie der Angeklagte mitgewirkt hat.[31]

a) Einzelne Straftatbestände. Beteiligt iS von Nr. 2 sind daher zunächst Täter, Anstifter und Gehilfen. Im Verfahren gegen einen **Begünstiger** sind der Begünstigte sowie dessen Mittäter und Gehilfen beteiligt.[32] Gleiches gilt im Verhältnis Bestechender und **Bestochener**,[33] zwischen **Brandstifter** und Versicherungsbetrüger, der die Brandstiftung veranlasst hat,[34] zwischen Fahrer und Halter in einem Verfahren wegen Zulassens des **Fahrens ohne Fahrerlaubnis**,[35] sowie zwischen einem **Betäubungsmittellieferanten** und seinem Abnehmer.[36] Ein Beamter, der durch Vernachlässigung seiner Dienstaufsicht eine Untreue begeht, ist an der damit verbundenen **Untreue** eines Untergebenen beteiligt.[37] Auch kann eine **unterlassene Hilfeleistung** in Bezug auf eine durch sie nicht

---

[17] BGH v. 7. 6. 1951 – 3 StR 299/51, BGHSt 1, 360 (361); BGH v. 19. 10. 1954 – 2 StR 651/43, BGHSt 6, 382; BGH v. 19. 2. 1960 – 1 StR 609/59, BGHSt 17, 128 (134) = NJW 1960, 1960; allgM.
[18] BGH v. 15. 5. 1953 – 5 StR 17/53, BGHSt 4, 255 (257); BGH v. 9. 1. 1957 – 4 StR 523/56, BGHSt 10, 65 (67) = NJW 1957, 431; BayObLG v. 7. 12. 1982 – RReg 4 St 250/82, StV 1983, 142; *Lenckner* NStZ 1982, 401 (402).
[19] BGH v. 20. 8. 1999 – 1 StR 317/99, NStZ 2000, 45; KK-StPO/*Senge* Rn. 8; SK/*Rogall* Rn. 21.
[20] OLG Stuttgart v. 30. 7. 1969 – 1 Ss 432/69, MDR 1970, 163; *Park* JuS 1988, 1039 (1041); KMR/*Neubeck* Rn. 6; *Meyer-Goßner* Rn. 8; SK/*Rogall* Rn. 21; aA OLG Stuttgart v. 19. 12. 1977 – 3 Ss 606/77, NJW 1978, 711 (713); AK/*Lemke* Rn. 9; HK-StPO/*Lemke* Rn. 9.
[21] BGH v. 9. 1. 1957 – 4 StR 523/56, BGHSt 10, 65 (70) = NJW 1957, 431; BGH v. 2. 11. 1982 – 5 StR 308/82, NStZ 1983, 354; s. auch Rn. 1.
[22] BGH v. 19. 2. 1960 – 1 StR 609/59, BGHSt 17, 128 (134) = NJW 1960, 1960; allgM.
[23] BGH v. 7. 6. 1951 – 3 StR 299/51, BGHSt 1, 360 (363); BGH v. 15. 5. 1953 – 5 StR 17/53, BGHSt 4, 255; BGH v. 23. 9. 1966 – 5 StR 360/66, BGHSt 21, 147 (148); allgM.
[24] BGH v. 23. 9. 1966 – 5 StR 360/66, BGHSt 21, 147 (148); BGH v. 12. 6. 1992 – 1 StR 275/92, StV 1993, 57.
[25] BGH v. 15. 5. 1953 – 5 StR 17/53, BGHSt 4, 255 (256); KMR/*Neubeck* Rn. 10; *Meyer-Goßner* Rn. 10.
[26] BGH v. 7. 6. 1951 – 3 StR 299/51, BGHSt 1, 360 (363).
[27] BGH v. 24. 9. 1953 – 5 StR 228/53, BGHSt 4, 368 (371).
[28] BGH v. 19. 10. 1954 – 2 StR 651/53, BGHSt 6, 382 (383).
[29] BGH v. 3. 11. 1959 – 1 StR 425/59, BGHSt 13, 320 (321) = NJW 1960, 110; allgM.
[30] BGH v. 7. 6. 1951 – 3 StR 299/51, BGHSt 1, 360 (363); BGH v. 24. 9. 1953 – 3 StR 228/53, BGHSt 4, 368 (371); BGH v. 9. 1. 1957 – 4 StR 523/56, BGHSt 10, 65 (67) = NJW 1957, 431; KK-StPO/*Senge* Rn. 13; *Meyer-Goßner* Rn. 12; *Pfeiffer* Rn. 1; SK/*Rogall* Rn. 26; aA *Rotsch/Sahan* ZIS 2007, 142 (148).
[31] BGH v. 15. 5. 1953 – 5 StR 17/53, BGHSt 4, 255; BGH v. 24. 9. 1953 – 3 StR 228/53, BGHSt 4, 368; BGH v. 9. 1. 1957 – 4 StR 523/56, BGHSt 10, 65 = NJW 1957, 431.
[32] BGH v. 15. 5. 1953 – 5 StR 17/53, BGHSt 4, 255 = NJW 1953, 1402.
[33] RG v. 12. 9. 1930 – I 950/30, RGSt 64, 296 (298); KK-StPO/*Senge* Rn. 13; Löwe/Rosenberg/*Dahs*, 25. Aufl., Rn. 37.
[34] RG v. 7. 1. 1911 – II 950/10, RGSt 44, 254; AK/*Lemke* Rn. 12; HK/*Lemke* Rn. 12; Löwe/Rosenberg/*Dahs*, 25. Aufl., Rn. 39.
[35] OLG Düsseldorf v. 23. 10. 1985 – 5 Ss 356/85, StV 1986, 95; *Meyer-Goßner* Rn. 12.
[36] BGH v. 2. 8. 1983 – 5 StR 484/83, NStZ 1983, 516; BGH v. 9. 2. 1994 – 2 StR 21/94, StV 1994, 225.
[37] KK-StPO/*Senge* Rn. 13 mwN.

verhinderte Straftat eine Beteiligung darstellen,[38] ebenso die **Nichtanzeige** der verfahrensgegenständlichen, nach § 138 StGB anzeigepflichtigen Straftat.[39]

9   b) **Beteiligung in strafbarer Weise.** Der Zeuge muss an der verfahrensgegenständlichen Tat in strafbarer Weise mitgewirkt haben,[40] eine drohende bußgeldrechtliche oder disziplinarische Ahndung genügt nicht.[41] Das Verhalten des Zeugen muss daher **tatbestandsmäßig, rechtswidrig und schuldhaft** sein. Ob im Einzelfall eine Bestrafung tatsächlich herbeigeführt werden kann, ist dabei ohne Belang.[42] Daher genügt eine bloß objektive Förderung einer fremden Tat ohne Gehilfenvorsatz ebenso wenig,[43] wie die straflose, da nicht auf Tatvollendung gerichtete Beteiligung eines polizeilichen Lockspitzels.[44] Bei **notwendiger Teilnahme** scheidet eine Vereidigung nur dann aus, wenn der Zeuge sich über deren Voraussetzungen hinaus in strafbarer Weise als Anstifter oder Gehilfe beteiligt haben könnte.[45] Kommt eine Beteiligung des Zeugen durch **Unterlassen** in Betracht, so sind die Voraussetzungen von § 60 Nr. 2 nur dann erfüllt, wenn für ihn eine Handlungspflicht besteht.[46]

10 Liegen beim Zeugen **Rechtfertigungsgründe** wie Notwehr,[47] Einwilligung des Verletzten[48] oder Dienstpflichterfüllung[49] vor, kommt Nr. 2 nicht zur Anwendung. Gleiches gilt, wenn **Schuldausschließungsgründe** wie Schuldunfähigkeit nach § 20 StGB[50] oder Notwehrüberschreitung nach § 33 StGB[51] eingreifen.

11 Das Vereidigungsverbot bleibt aber trotz **persönlicher Strafaufhebungsgründe** bestehen,[52] denn hier verbleibt es bei einer grundsätzlichen Strafbarkeit, die nur im Einzelfall entfällt.[53] Dies gilt folglich zB für den Rücktritt nach § 24 StGB[54] oder § 31 StGB,[55] bei Strafvereitelung zugunsten eines Angehörigen,[56] bei Straffreiheit wegen jugendlichen Alters im Falle von § 173 Abs. 3 StGB[57] und bei freiwilliger Offenbarung einer Tat nach § 31 BtMG.[58]

12 Aufgrund derselben Erwägung schließen auch **Verfahrenshindernisse** die Anwendung von § 60 Nr. 2 nicht aus.[59] Die Vereidigung ist daher auch dann verboten, wenn einer Bestrafung im Einzelfall das Fehlen deutscher Gerichtsbarkeit[60] oder des notwendigen Strafantrags,[61] Strafverfolgungsverjährung[62] oder die Niederschlagung des Verfahrens aufgrund eines Straffreiheitsgesetzes[63] entgegensteht. Auch Einstellungen des Verfahrens gegen den Zeugen nach § 153a Abs. 2 StPO[64] oder § 154 Abs. 2 StPO[65] lassen das Vereidigungsverbot unberührt.

13 c) **Beteiligung in derselben Richtung.** Der Zeuge muss weiter an der verfahrensgegenständlichen Tat in derselben Richtung wie der Beschuldigte mitgewirkt haben.[66] Maßgebliches Entscheidungskriterium für die Entscheidung dieser Frage ist nicht der äußere Vorgang, sondern die

---

[38] BGH v. 15. 7. 1975 – 5 StR 243/75; BGH v. 22. 5. 1992 – 2 StR 207/92, StV 1992, 547.
[39] BGH v. 19. 3. 1996 – 1 StR 497/95, BGHSt 42, 86 = NJW 1996, 2239; BGH v. 19. 7. 2000 – 5 StR 258/00, NStZ-RR 2001, 18.
[40] BGH v. 22. 12. 1955 – 1 StR 381/55 – BGHSt 9, 71 (73); BGH v. 2. 8. 1988 – 1 StR 246/88, StV 1988, 419.
[41] AK/*Lemke* Rn. 16; KK-StPO/*Senge* Rn. 17; KMR/*Neubeck* Rn. 12; SK/*Rogall* Rn. 27.
[42] BGH v. 28. 11. 1997 – 3 StR 114/97, BGHSt 43, 321 (334) = NJW 1998, 1723; allgM.
[43] BGH v. 5. 3. 1980 – 2 StR 657/79, MDR 1980, 630; KK-StPO/*Senge* Rn. 14; KMR/*Neubeck* Rn. 12; Meyer-Goßner Rn. 13; SK/*Rogall* Rn. 27.
[44] BGH v. 6. 2. 1981 – 2 StR 370/80, NJW 1981, 1626; BGH v. 21. 10. 1981 – 2 StR 294/81, NStZ 1982, 127.
[45] BGH v. 17. 9. 1963 – 1 StR 300/63, BGHSt 19, 107 (108).
[46] BGH v. 30. 1. 1951 – 3 StR 29/50, NJW 1951, 324.
[47] RG v. 24. 6. 1898 – 2140/98, RGSt 31, 219 (221).
[48] BGH v. 21. 7. 1961 – 4 StR 220/61, MDR 1961, 1031; KK-StPO/*Senge* Rn. 18; KMR/*Neubeck* Rn. 14.
[49] RG v. 28. 6. 1904 – 742/04, RGSt 37, 218.
[50] OLG Hamm v. 25. 4. 1969 – 3 Ss 293/68, GA 1969, 316.
[51] KK-StPO/*Senge* Rn. 18; KMR/*Neubeck* Rn. 14; Löwe/Rosenberg/*Dahs*, 25. Aufl., Rn. 20; SK/*Rogall* Rn. 28.
[52] BGH v. 18. 9. 1990 – 5 StR 396/90, StV 1991, 297 mAnm *Dahs* JR 1991, 246.
[53] SK/*Rogall* Rn. 29.
[54] BGH v. 13. 10. 1981 – 5 StR 433/81, NStZ 1982, 78; BGH v. 18. 3. 1998 – 5 StR 710/97, NStZ-RR 1998, 335.
[55] BGH v. 5. 12. 1961 – 5 StR 519/61, GA 1962, 370; BGH v. 25. 10. 1972 – 2 StR 313/72, MDR 1973, 191.
[56] BGH v. 22. 12. 1955 – 1 StR 381/55, BGHSt 9, 71 (73); OLG Stuttgart v. 19. 12. 1977 – 3 Ss 606/77, NJW 1978, 711 (713).
[57] RG v. 23. 9. 1889 – 2387/89, RGSt 19, 391 (393).
[58] BGH v. 2. 8. 1983 – 5 StR 484/83, NStZ 1983, 516.
[59] Ständige Rspr.; BGH v. 23. 4. 1953 – 4 StR 635/52, BGHSt 4, 130 (131).
[60] RG v. 18. 11. 1913 – II 651/13, RGSt 48, 84 (86).
[61] BGH v. 5. 7. 1968 – 5 StR 327/68, MDR 1968, 895; RG v. 9. 7. 1891 – 1889/91, RGSt 22, 99 (100); RG v. 16. 10. 1930 – II 536/30, RGSt 64, 377 (378).
[62] BGH v. 12. 8. 1952 – 4 StR 219/51, NJW 1952, 1146; BGH v. 3. 10. 1957 – 4 StR 402/57, VRS 14, 58 (60); RG v. 30. 9. 1943 – 2 D 155/43, RGSt 77, 203 (206).
[63] BGH v. 23. 4. 1953 – 4 StR 635/52, BGHSt 4, 130 (131); RG v. 8. 2. 1921 – IV 2101/20, RGSt 55, 233.
[64] BGH v. 22. 6. 1994 – 2 StR 216/94, MDR 1994, 1072.
[65] SK/*Rogall* Rn. 30.
[66] AllgM.

Vorstellung des Zeugen über die Tat des Beschuldigten.[67] Einerseits genügt daher ein äußerer oder innerer (selbst enger) Zusammenhang der Beteiligung des Zeugen mit der Tat des Beschuldigten innerhalb desselben geschichtlichen Ereignisses allein nicht.[68] Andererseits ist aber ein bewusstes und gewolltes Zusammenwirken nicht erforderlich.[69] Danach liegt eine gleichgerichtete Beteiligung nicht vor, wenn der Zeuge **unabhängig vom Beschuldigten** eine gleichartige Tat gegen denselben Verletzten (oder den Beschuldigten selbst) begeht,[70] oder wenn er nur **gelegentlich der Tat** des Beschuldigten eine andere selbständige Tat verübt.[71]

Eine Beteiligung iS von § 60 Nr. 2 ist auch bei **Fahrlässigkeitsdelikten** möglich. Dies kommt in erster Linie bei Verkehrsstraftaten in Betracht, etwa wenn der Beschuldigte und der Zeuge durch (jeweils unterschiedliches) fahrlässiges Verhalten zur Herbeiführung derselben Rechtsgutsverletzung beigetragen haben.[72] Erforderlich ist aber auch hier eine schuldhafte Beteiligung des Zeugen.[73]

Bei der Beurteilung von **Einzelfällen** hat die Rspr. eine Beteiligung in derselben Richtung **bejaht**, wenn der Zeuge bei einer durch den Beschuldigten begangenen Körperverletzung anwesend war und eine gebotene Hilfeleistung zugunsten des Tatopfers unterlassen hat.[74] Eine solche Beteiligung hat es hingegen **verneint**, wenn der Zeuge über eine Erpressung des Beschuldigten aussagt, die einen durch den Zeugen begangenen Diebstahl zum Inhalt hat.[75] Ein Vereidigungsverbot liegt auch nicht vor bei wechselseitigen Beleidigungen[76] oder wechselseitigen Körperverletzungen, es sein denn, der Zeuge hat sich in diesem Zusammenhang an einer vom Beschuldigten angezettelten Schlägerei (§ 231 StGB) beteiligt.[77] § 60 Nr. 2 greift auch bei einer Beteiligung an derselben kriminellen oder terroristischen Vereinigung dann nicht ein, wenn der Zeuge daraus bereits ausgeschieden war, bevor sich der Beschuldigte daran beteiligt hatte.[78]

4. Begünstigung und Strafvereitelung. Die Vereidigung ist auch verboten, wenn der Zeuge in dem Verdacht steht, nach der Beendigung der Tat eine Begünstigung (§ 257 StGB) oder eine Strafvereitelung (§§ 258, 258 a StGB) begangen zu haben, wobei ein **Versuch der Strafvereitelung** (§ 258 Abs. 4 StGB) genügt.[79] Die Vortat muss nicht zwingend dem Beschuldigten zur Last liegen, es genügt auch eine **fremde Vortat**, etwa wenn die Strafvereitelung durch den Zeugen zugunsten eines unfallbeteiligten Nebenklägers erfolgt.[80] Auch eine **gemeinsame Vortat** kann ausreichen, so wenn der Zeuge der Begünstigung eines Diebes verdächtig ist und dem Beschuldigten die anschließende Hehlerei zur Last liegt.[81] Die Vortat muss auch nicht erwiesen sein,[82] aber der Zeuge muss die verfahrensgegenständliche Tat, die dem Beschuldigten zur Last gelegt wird, in ihrem Unrechtsgehalt erkannt haben. Hat er von ihr tatsächlich oder rechtlich völlig **abweichende Vorstellungen**, besteht kein Eidesverbot.[82]

Das Vereidigungsverbot besteht, wenn der Zeuge einer **außerhalb der Hauptverhandlung** begangenen Begünstigung oder Strafvereitelung verdächtig ist.[83] Das Gesetz stellt in § 60 Nr. 2 auf die Konfliktlage des Zeugen bei Beginn seiner Vernehmung ab, so dass der Verdacht, der Zeuge verübe durch seine gegenwärtige (Falsch-)Aussage eine Strafvereitelung oder Begünstigung, die Vereidigung nicht ausschließt.[84] Bei einer jedoch bereits zuvor begangenen, begünstigenden Falschaussage

---

[67] BGH v. 24. 9. 1953 – 3 StR 228/53, BGHSt 4, 368 (371) = NJW 1953, 1325; KK-StPO/*Senge* Rn. 21; KMR/*Neubeck* Rn. 15; Löwe/Rosenberg/*Dahs*, 25. Aufl., Rn. 22; SK/*Rogall* Rn. 31.
[68] BGH v. 24. 9. 1953 – 3 StR 228/53, BGHSt 4, 368 (372) = NJW 1953, 1325; BGH v. 19. 10. 1954 – 2 StR 651/53, BGHSt 6, 382 (383).
[69] BGH v. 9. 1. 1957 – 4 StR 523/56, BGHSt 10, 65 (68) = NJW 1957, 431; BGH v. 2. 8. 1983 – 5 StR 484/83, NStZ 1983, 516.
[70] BGH v.12. 3. 1969 – 4 StR 29/68, MDR 1969, 535; KK-StPO/*Senge* Rn. 21.
[71] BGH v. 19. 10. 1954 – 2 StR 651/53, BGHSt 6, 382 (384); RG v. 1. 12. 1884 – 2862/84, RGSt 11, 300 (302); RG v. 10. 2. 1888–175/88, RGSt 17, 116 (120).
[72] BGH v. 9. 1. 1957 – 4 StR 523/56, BGHSt 10, 65 (68) = NJW 1957, 431; BGH v. 26. 3. 1965 – 4 StR 113/65, VRS 28, 420 (421); BGH v. 22. 6. 1994 – 2 StR 216/94, MDR 1994, 1072.
[73] BGH v. 9. 1. 1957 – 4 StR 523/56, BGHSt 10, 65 (70) = NJW 1957, 431; BGH v. 3. 10. 1957 – 4 StR 402/57, VRS 14, 58 (60).
[74] BGH v. 22. 5. 1992 – 2 StR 207/92, StV 1992, 547.
[75] RG v. 8. 5. 1885 – 978/85, RGSt 12, 190 (192).
[76] RG v. 1. 12. 1884 – 2862/84, RGSt 11, 300 (303).
[77] RG v. 10. 2. 1888 – 175/88, RGSt 116, (121); KK-StPO/*Senge* Rn. 22 mwN.
[78] BGH v. 28. 2. 1973 – 3 StR 2/72; anders bei gleichzeitiger Mitgliedschaft, vgl. KK-StPO/*Senge* Rn. 22.
[79] BGH v. 10. 12. 1991 – 5 StR 536/91, BGHSt 38, 165 = NJW 1992, 1054; BGH v. 9. 2. 1994 – 5 StR 20/94, StV 1994, 356.
[80] OLG Hamm v. 23. 3. 1982 – 5 Ss 2421/81, MDR 1982, 690.
[81] BGH v. 19. 10. 1954 – 2 StR 651/53, BGHSt 6, 382 = JR 1955, 343.
[82] OLG Celle v. 27. 1. 1966 – 1 Ss 376/65, MDR 1966, 605; KMR/*Neubeck* Rn. 21; Löwe/Rosenberg/*Dahs*, 25. Aufl., Rn. 27; *Meyer-Goßner* Rn. 19; *Pfeiffer* Rn. 5; SK/*Rogall* Rn. 38.
[82] BGH v. 24. 9. 1953 – 3 StR 228/53, BGHSt 4, 368 = NJW 1953, 1925.
[83] BGH v. 25. 4. 1989 – 1 StR 87/89, NStZ 1989, 583 (584).
[84] BGH v. 7. 6. 1951 – 3 StR 299/51, BGHSt 3, 360; BGH v. 22. 10. 1963 – 1 StR 397/63, BGHSt 19, 113 (114); BGH v. 6. 10. 1982 – 2 StR 205/82, StV 1983, 1.

ist die Vereidigung verboten, zB beim Verdacht der Falschaussage vor der Polizei, im Verfahren erster Instanz oder in einem anderen Verfahren.[85] Dies gilt auch dann, wenn der Zeuge seine Falschaussage zwischenzeitlich richtig stellt.[86] Bei einer **innerhalb der Hauptverhandlung** begangenen Strafvereitelung oder Begünstigung besteht ein Vereidigungsverbot für eine spätere Vernehmung dann, wenn der Zeuge in einem früheren Termin bereits abschließend vernommen und nach der Entscheidung über seine Vereidigung entlassen worden war.[87]

18 Treffen der Zeuge und der Angeklagten eine **Vereinbarung über eine Falschaussage** oder sagt der Zeuge eine solche zu, folgt daraus kein Vereidigungsverbot nach § 60 Nr. 2.[88] Denn darin liegt, selbst wenn der Zeuge dem Angeklagten zu diesem Zweck eine inhaltlich falsche, schriftliche Erklärung übergibt,[89] bloß eine straflose Vorbereitungshandlung.[90] Die Schwelle zum Versuch der Strafvereitelung wird erst mit dem Beginn der falschen Aussage erreicht.[91] Auch wenn der Zeuge dem Angeklagten zugesagt hat, einen **Meineid** zu schwören, darf er vereidigt werden. Zwar liegt in diesem Fall eine strafbare Verbrechensabrede vor (§§ 154, 30 Abs. 2 StGB), aber der Zeuge bleibt nach § 31 Abs. 1 Nr. 2 StGB straffrei, wenn er in der Hauptverhandlung dann doch wahrheitsgemäß aussagt.[92] Beinhaltet die Zusage einer Falschaussage aber eine sachliche **Begünstigung** (§ 257 StGB), besteht ein Vereidigungsverbot.[93] Eine straflose Selbstbegünstigung (§ 257 Abs. 1, § 258 Abs. 5 StGB) führt hingegen selbst dann nicht zur Unzulässigkeit seiner Vereidigung, wenn der Zeuge zugleich den Beschuldigten der Strafverfolgung entziehen wollte.[94]

19 **5. Hehlerei.** Auch die Hehlerei steht der Tatbeteiligung gleich, wobei Anstiftung[95] oder Beihilfe[96] zu ihr ausreichend ist. Das Vereidigungsverbot gilt dabei nicht nur in Verfahren gegen den Dieb, sondern auch gegen weitere Hehler in den Fällen der sog. **Kettenhehlerei**[97] und gegen einen der Begünstigung des Vortäters Beschuldigten.[98]

20 **6. Verdacht.** Maßgebend für die Entscheidung, ob ein Zeuge gemäß § 60 Nr. 2 endgültig unvereidigt zu bleiben hat, ist nicht der **Zeitpunkt** der Beschlussfassung, sondern derjenige der Urteilsverkündung.[99] Aus dem Umstand, dass der Zeuge nach § 55 Abs. 2 StPO belehrt wurde, kann daher nie der Schluss gezogen werden, das Gericht habe gegen das Vereidigungsverbot der Nr. 2 verstoßen.[100] Der Verdacht muss weder dringend noch hinreichend sein, ausreichend ist auch ein **entfernter Verdacht**.[101] Es muss sich aber um einen durch Tatsachen begründeten und durch das Gericht tatsächlich gehegten Verdacht handeln, nicht nur um eine theoretische Möglichkeit.[102]

21 Der Annahme eines Verdachts steht auch nicht zwingend die **Einstellung des Verfahrens**[103] gegen den Zeugen oder ein **Freispruch**[104] entgegen. Gleiches gilt, wenn der Angeklagte freigesprochen wird,[105] oder das Ermittlungsverfahren gegen ihn eingestellt wird.[106] Andererseits ist das Gericht nicht gehindert, den Verdacht gegen den Zeugen auch dann zu verneinen, wenn dieser

---

[85] BGH v. 7. 6. 1951 – 3 StR 299/51, BGHSt 3, 360 (363); BGH v. 21. 4. 1986 – 2 StR 731/85, BGHSt 34, 68 = NJW 1986, 2121.
[86] BGH v. 4. 2. 1970 – 2 StR 535/69, MDR 1970, 383; BGH v. 13. 10. 1981 – 5 StR 433/81, NStZ 1982, 78; BGH v. 2. 5. 2000 – 1 StR 62/00, NStZ 2000, 546.
[87] BGH v. 17. 7. 2003 – 4 StR 194/03, NStZ 2004, 97.
[88] BayObLG v. 25. 6. 1985 – RReg 4 St 60/85, NJW 1986, 202; OLG Düsseldorf v. 28. 8. 1987 – 5 Ss 279/87, NJW 1988, 84; OLG Hamburg v. 3. 6. 1983 – 2 Ss 94/83, StV 1983, 325.
[89] BGH v. 13. 11. 1991 – 3 StR 117/91, NJW 1992, 1635.
[90] BGH v. 17. 3. 1982 – 2 StR 314/81, BGHSt 31, 10 = NJW 1982, 1600 mAnm *Beulke* NStZ 1981, 60.
[91] BGH v. 13. 11. 1991 – 3 StR 117/91, NJW 1992, 1635 (1636); OLG Karlsruhe v. 25. 11. 1992 – 2 Ss 195/92, MDR 1993, 368.
[92] BGH v. 5. 1. 1982 – 5 StR 267/81, BGHSt 30, 332 = NJW 1982, 947; KG v. 19. 2. 1981 – 4 Ss 220/80, NStZ 1981, 449; aA OLG Hamburg v. 23. 9. 1980 – 1 Ss 118/80, NJW 1981, 771.
[93] BGH v. 18. 3. 1976 – 4 StR 77/76, BGHSt 27, 74 = NJW 1976, 1461; BGH v. 26. 3. 1981 – 4 StR 76/81, NStZ 1981, 268.
[94] BGH v. 22. 12. 1955 – 1 StR 381/55, BGHSt 9, 71 = NJW 1956, 879; RG v. 15. 11. 1923 – II 794/23, RGSt 57, 417 (418).
[95] KK-StPO/*Senge* Rn. 25; *Meyer-Goßner* Rn. 22; SK/*Rogall* Rn. 40.
[96] BGH v. 26. 7. 1990 – 5 StR 264/90 – StV 1990, 484.
[97] RG v. 16. 3. 1909 – II 1232/08, RGSt 42, 248.
[98] RG v. 14. 11. 1924 – I 629/24, RGSt 57, 373.
[99] BGH v. 12. 12. 1980 – 2 StR 714/80, NStZ 1981, 110.
[100] BGH v. 2. 7. 1969 – 2 StR 198/69, BGHSt 23, 30 (32); BGH v. 19. 3. 1996 – 1 StR 497/95, BGHSt 42, 86 (87) = NJW 1996, 2239.
[101] BGH v. 15. 5. 1953 – 5 StR 17/53, BGHSt 4, 255 (256); BGH v. 19. 4. 1993 – 5 StR 602/92, BGHSt 39, 199 (200) = NJW 1993, 1938.
[102] BGH v. 4. 12. 1984 – 1 StR 430/84, NJW 1985, 638; BGH v. 25. 2. 1992 – 5 StR 528/91, NStZ 1992, 584.
[103] BGH v. 26. 5. 1967 – 4 StR 129/67, GA 1968, 149.
[104] BGH v. 31. 5. 1994 – 5 StR 154/94, NStZ 1984, 483.
[105] KMR/*Neubeck* Rn. 28 mwN.
[106] BGH v. 21. 3. 1989 – 5 StR 622/89, StV 1990, 145; BGH v. 20. 8. 1999 – 1 StR 317/99, NStZ 2000, 45.

sich selbst einer Beteiligung bezichtigt oder ein Ermittlungsverfahren gegen ihn anhängig ist.[107] Es ist aber unzulässig, den Zeugen einen Verdacht durch eidliche Bekundung seiner Unschuld ausräumen zu lassen.[108]

7. Verurteilung. Wurde der Zeuge wegen seiner Tatbeteiligung verurteilt, besteht unabhängig vom Eintritt der Rechtskraft eine **unwiderlegliche Verdachtsvermutung**.[109] Dem Urteil steht der rechtskräftige Strafbefehl gleich, der nicht rechtskräftige nur, solange gegen ihn kein Einspruch eingelegt worden ist.[110] Wird das Urteil gegen den Zeugen im Rechtsmittel- oder Wiederaufnahmeverfahren aufgehoben, entfällt die Verdachtsvermutung und der Tatverdacht ist dann wieder eigenverantwortlich vom vernehmenden Gericht zu beurteilen.[111]   22

8. Änderung der Verdachtslage. Ergibt sich bei der Urteilsberatung, dass der bis dahin angenommene Tat- oder Teilnahmeverdacht gegen den Zeugen entfallen ist, bedarf es einer **Nachholung der Vereidigung**,[112] es sei denn die Vereidigung ist aus einem anderen Grund entbehrlich.[113] Ist eine solche Nachholung tatsächlich ausgeschlossen (etwa bei Tod oder Unauffindbarkeit des Zeugen), so ist dies bei der Beweiswürdigung zu berücksichtigen.[114] Stellt sich im umgekehrten Fall bei der Urteilsberatung heraus, dass ein vereidigter Zeuge tat- oder teilnahmeverdächtig ist, so ist seine Aussage für die Urteilsfindung als **uneidlich zu werten**.[115] Um eine Überraschungsentscheidung zu vermeiden, muss dies den Prozessbeteiligten unter Wiedereintritt in die Verhandlung bekanntgegeben[116] und protokolliert werden.[117]   23

9. Entscheidung. Die Entscheidung über das Bestehen eines Vereidigungsverbots nach Nr. 2 trifft der Vorsitzende im Wege der **Sachleitung** nach pflichtgemäßem Ermessen.[118] Das Gericht wird erst tätig, wenn es eines seiner Mitglieder oder ein Prozessbeteiligter verlangt.[119] Die abschließende Entscheidung über die Vereidigung wird bei der Urteilsberatung gefällt, die Entscheidung unmittelbar nach der Vernehmung des Zeugen ist nur vorläufig.[120] Zur Zulässigkeit einer **Teilvereidigung** sei auf die Kommentierung zu § 59 verwiesen.[121]   24

Anders als die Entscheidung, den Zeugen nach richterlichem Ermessen nicht zu vereidigen (§ 59 Abs. 1 S. 2), bedarf die Nichtvereidigung nach Nr. 2 einer **Begründung**, da das Gericht hier eine Vereidung grundsätzlich für erforderlich und nur im konkreten Einzelfall für verboten hält.[122] Die Begründung muss deutlich machen, welcher Art das Verhältnis zu der dem Angeklagten zur Last liegenden Tat ist, ob der Zeuge also der Täterschaft, der Beteiligung, Begünstigung, Strafvereitelung oder Hehlerei verdächtig ist.[123] Die tatsächlichen Erwägungen, auf denen der Verdacht beruht, brauchen aber nicht mitgeteilt zu werden.[124] Eine Begründung ist dann ausnahmsweise entbehrlich, wenn der Grund hierfür auf der Hand liegt, etwa wenn der Zeuge bereits als Mittäter des Angeklagten verurteilt worden ist.[125]   25

IV. Revision

1. Rügevoraussetzungen. Ist ein Zeuge auf Anordnung des Vorsitzenden **unvereidigt** geblieben, weil dieser ein Vereidigungsverbot angenommen hat, kann eine Verfahrensrüge nur dann Erfolg haben, wenn die Entscheidung des Gerichts herbeigeführt worden ist (§ 238 Abs. 2).[126] Hat der   26

---

[107] BGH v. 25. 4. 1989 – 1 StR 97/98 – NStZ 1989, 583 (584); RG v. 4. 7. 1887 – 1548/87, RGSt 16, 209.
[108] BGH v. 3. 10. 1957 – 4 StR 402/57, VRS 14, 58; KG v. 8. 5. 1964 – 1 Ss 44/64, VRS 27, 207; OLG Hamburg v. 18. 5. 1966 – 2b Ss 24/65, VRS 31, 203.
[109] KK-StPO/*Senge* Rn. 32; KMR/*Neubeck* Rn. 28; *Meyer-Goßner* Rn. 25; SK/*Rogall* Rn. 41.
[110] KK-StPO/*Senge* Rn. 32; KMR/*Neubeck* Rn. 28; *Meyer-Goßner* Rn. 25; SK/*Rogall* Rn. 41.
[111] KK-StPO/*Senge* Rn. 32; KMR/*Neubeck* Rn. 28; Löwe/Rosenberg/*Dahs*, 25. Aufl., Rn. 50; SK/*Rogall* Rn. 41.
[112] BGH v. 20. 9. 1955 – 5 StR 183/55, BGHSt 8, 155; BGH v. 6. 10. 1994 – 4 StR 480/94, NStZ 1995, 244; *Schmid* JZ 1969, 757 (760).
[113] BGH v. 26. 2. 1993 – 3 StR 207/92, NStZ 1993, 341.
[114] *Schmid* JZ 1969, 757 (760); KMR/*Neubeck* Rn. 33; Löwe/Rosenberg/*Dahs*, 25. Aufl., Rn. 56; *Meyer-Goßner* Rn. 29; SK/*Rogall* Rn. 49.
[115] BGH v. 23. 4. 1953 – 4 StR 635/52, BGHSt 4, 130; BGH v. 8. 5. 1981 – 3 StR 163/81, NStZ 1981, 309.
[116] BGH v. 18. 12. 1985 – 2 StR 619/85, NStZ 1986, 230; *Schlothauer* StV 1986, 213, 226.
[117] BGH v. 23. 4. 1953 – 4 StR 635/52, BGHSt 4, 130.
[118] S. § 59 Rn. 9.
[119] BGH v. 15. 5. 1953 – 5 StR 17/53, BGHSt 4, 255 (256); BGH v. 22. 12. 1955 – 1 StR 381/55, BGHSt 9, 71 (72).
[120] BGH v. 20. 9. 1955 – 5 StR 183/55, BGHSt 8, 155; BGH v. 3. 1. 1991 – 1 StR 609/90, StV 1991, 196.
[121] S. dort Rn. 6.
[122] KK-StPO/*Senge* Rn. 35; KMR/*Neubeck* Rn. 31; *Meyer-Goßner* Rn. 28; SK/*Rogall* Rn. 45; aA *Fleindl* JA 2005, 371 (372).
[123] BGH v. 11. 12. 1951 – 1 StR 493/51, NJW 1952, 273.
[124] BGH v. 11. 12. 1951 – 1 StR 493/51, NJW 1952, 273; BGH v. 26. 4. 1956 – 4 StR 110/56, VRS 11, 49 (50); BGH v. 19. 4. 1963 – 4 StR 509/62, VRS 25, 38.
[125] BGH v. 16. 12. 1951 – 1 StR 575/52, NJW 1952, 231; BGH v. 27. 11. 1961 – 4 StR 408/61, VRS 22, 144 (147).
[126] BGH v. 24. 2. 1988 – 3 StR 430/87, StV 1988, 325; BGH v. 9. 2. 1995 – 4 StR 6/95, DAR 1996, 177; aA *Widmaier* NStZ 1992, 519 (522); *Ziegert* StV 1999, 171.

Vorsitzende hingegen **vereidigt**, bedarf es einer Anrufung des Gerichts nicht. Wenn die Vereidigung wegen Verletzung des § 60 verboten war, liegt darin nämlich ein Verstoß des Gerichts in der Beweiswürdigung durch Wertung der Aussage als eidlich.[127]

27 **2. Verletzung von § 60 Nr. 1.** Hat das Gericht einen **Eidesunmündigen** vereidigt, kann darauf die Revision gestützt werden, dies auch dann, wenn der Tatrichter irrig von einem falschen Alter des Zeugen ausgegangen ist.[128] Ein revisibler Verfahrensfehler bei der Vereidigung eines **Eidesunfähigen** kann darin liegen, dass das Gericht die Frage der Nichtvereidigung trotz eines bestehenden Anlasses nicht erörtert hat.[129] Ist das Gericht aber auf diese Frage eingegangen, ist das Revisionsgericht auf eine Rechtsfehlerprüfung beschränkt, eine Überprüfung in tatsächlicher Hinsicht erfolgt nicht.[130]

28 **3. Verletzung von § 60 Nr. 2.** Eine Verletzung der Nr. 2 kann mit der Revision geltend gemacht werden, wenn das Gericht den Zeugen vereidigt, einen Tat- oder Teilnahmeverdacht aber nicht geprüft hat, obwohl **Anhaltspunkte für ein** solches **Vereidigungsverbot** vorlagen.[131] Hat das Gericht aber eine Prüfung vorgenommen, so sind unrichtige tatsächliche Wertungen der revisionsrechtlichen Kontrolle entzogen, revisibel sind hingegen Rechtsfehler, etwa die Verkennung der Rechtsbegriffe der Tat, des Verdachts, der Beteiligung usw.[132]

29 **4. Beruhen.** Im Falle einer **unzulässigen Nichtvereidigung** beruht das Urteil auf der Verletzung des § 60, wenn die Aussage bei der Beweiswürdigung berücksichtigt wurde, weil nicht auszuschließen ist, dass der Zeuge unter Eid anders ausgesagt hätte.[133] Wenn sich aber aus dem Urteil ergibt, dass die Aussage auch als beeidete nicht anders gewürdigt worden wäre, gilt dies nicht.[134] Im Falle einer **unzulässigen Vereidigung** beruht das Urteil regelmäßig auf dem Verfahrensverstoß, weil das Gericht der Aussage eines vereidigten Zeugen in den meisten Fällen eine größere Glaubwürdigkeit beimisst als der eines unvereidigten.[135] Ein zur Urteilsaufhebung führender Mangel liegt jedoch dann nicht vor, wenn das Gericht das Urteil nicht auf die unzulässig beeidigte Aussage stützt,[136] etwa weil es dem vereidigten Zeugen nicht glaubt.[137]

30 Das Urteil beruht in der Regel auch auf dem **Unterlassen des Hinweises**, eine eidliche Aussage werde nur als uneidlich gewertet. Denn es ist in solchen Fällen nicht auszuschließen, dass die Verfahrensbeteiligten so von Anträgen abgehalten wurden, die die Urteilsfindung hätten beeinflussen können.[138] Ein Beruhen ist jedoch dann ausnahmsweise ausgeschlossen, wenn es aufgrund des weiteren Verfahrensgangs auf der Hand liegt, das Gericht werde die betreffende Aussage als uneidlich werten.[139]

§ 61 [Eidesverweigerungsrecht]

Die in § 52 Abs. 1 bezeichneten Angehörigen des Beschuldigten haben das Recht, die Beeidigung des Zeugnisses zu verweigern; darüber sind sie zu belehren.

I. Recht zur Eidesverweigerung

1 Nur **Angehörige des Beschuldigten** (nicht des Verletzten) im Sinne von § 52 Abs. 1[1] sind zur Verweigerung des Eides nach § 61 (früher: § 63) berechtigt. Besteht das Zeugnisverweigerungsrecht nur hinsichtlich einzelner Teile der Aussage, kann auch der Eid nur insoweit verweigert

---

[127] BGH v. 24. 11. 1964 – 1 StR 439/64, BGHSt 20, 98 (99) = NJW 1965, 115; BGH v. 25. 10. 1968 – 4 StR 412/68, BGHSt 22, 266.
[128] BGH v. 24. 11. 1964 – 1 StR 439/64, BGHSt 20, 98 = NJW 1965, 115.
[129] BGH v. 25. 10. 1968 – 4 StR 412/68, BGHSt 22, 266.
[130] BGH v. 25. 10. 1968 – 4 StR 412/68, BGHSt 22, 266; KK-StPO/*Senge* Rn. 39; KMR/*Neubeck* Rn. 36; Löwe/Rosenberg/*Dahs*, 25. Aufl., Rn. 60.
[131] BGH v. 15. 5. 1953 – 5 StR 17/53, BGHSt 4, 255; BGH v. 19. 3. 1996 – 1 StR 497/95, BGHSt 42, 86 (87) = NJW 1996, 2239; OLG Köln v. 23. 12. 2003 – Ss 546/03, StV 2004, 308.
[132] BGH v. 24. 9. 1953 – 3 StR 228/53, BGHSt 4, 368 (369); BGH v. 23. 9. 1966 – 5 StR 360/66, BGHSt 21, 147 (148).
[133] BGH v. 20. 9. 1955 – 5 StR 183/55, BGHSt 8, 155 (158); BGH v. 23. 8. 1989 – 5 StR 306/89, StV 1990, 193.
[134] BGH v. 11. 2. 2000 – 3 StR 377/99, NStZ 2000, 265 (267).
[135] BGH v. 18. 9. 1990 – 5 StR 396/90, StV 1991, 197; BGH v. 9. 2. 1994 – 2 StR 21/94, StV 1994, 225; OLG Köln v. 8. 9. 2000 – Ss 350/00, StV 2001, 224.
[136] BGH v. 26. 11. 2001 – 5 StR 54/01, NStZ-RR 2002, 77; KK-StPO/*Senge* Rn. 42; KMR/*Neubeck* Rn. 38; SK/*Rogall* Rn. 54.
[137] BGH v. 15. 10. 1985 – 1 StR 338/85, NJW 1986, 266; KK-StPO/*Senge* Rn. 42; KMR/*Neubeck* Rn. 38; Löwe/Rosenberg/*Dahs*, 25. Aufl., Rn. 63; *Meyer-Goßner* Rn. 34; aA OLG Frankfurt v. 22. 11. 2002 – 3 Ss 356/02, NStZ-RR 2002, 141; *Esskandari* StV 2002, 51.
[138] BGH v. 23. 4. 1953 – 4 StR 635/52, BGHSt 4, 130 (132); BGH v. 3. 1. 1991 – 1 StR 609/90, StV 1991, 196.
[139] BGH v. 15. 10. 1985 – 1 StR 338/85, NJW 1986, 266; BGH v. 29. 8. 1995 – 1 StR 404/95, NStZ 1996, 99.
[1] S. dazu § 52 Rn. 4 ff.

werden, als dieses Recht reicht,[2] sofern eine Teilvereidigung überhaupt zulässig ist.[3] Anders als aus der berechtigten Zeugnisverweigerung dürfen aus der berechtigten Eidesverweigerung **Schlüsse zum Nachteil des Beschuldigten** gezogen werden.[4] Sowohl die Erklärung der Eidesverweigerung[5] als auch der Verzicht auf das Verweigerungsrecht[6] können bis zur Vereidigung widerrufen werden. Macht der Zeuge von seinem Eidesverweigerungsrecht Gebrauch, unterbleibt die Vereidigung, ohne dass es einer Verfügung des Gerichts oder eines Gerichtsbeschlusses bedarf.[7]

II. Belehrung

Die Belehrung des Angehörigen über sein Recht zur Eidesverweigerung schreibt § 61 zwingend vor. Diese ist nicht bereits in der Belehrung über das Zeugnisverweigerungsrecht nach § 52 Abs. 3 S. 1 enthalten.[8] Eine Verbindung beider Belehrungen zu Beginn der Vernehmung ist auch nicht zweckmäßig, da sie das Aussageverhalten des Zeugen beeinflussen kann.[9] Die Belehrung ist nicht schon dann entbehrlich, wenn der Zeuge erklärt, den Eid leisten zu wollen,[10] sondern erst, wenn er ausdrücklich auf das ihm bekannte Weigerungsrecht verzichtet.[11]

Die Belehrung wird zu dem **Zeitpunkt** notwendig, zu dem der Zeuge vereidigt werden soll, also erst, wenn von der Möglichkeit der Nichtvereidigung nach § 59 kein Gebrauch gemacht wird.[12] Die Belehrung ist aber nach jeder Vernehmung, der eine Vereidigung folgen soll, zu wiederholen, auch in derselben Hauptverhandlung und sogar dann, wenn der Zeuge auf eine frühere Aussage hin vereidigt wurde und nunmehr nach § 67 verfahren werden soll.[13]

Ist eine **Belehrung** rechtsfehlerhaft **unterblieben**, kann dieser Verfahrensmangel geheilt werden, indem die Belehrung nachgeholt wird und der Zeuge daraufhin erklärt, er hätte auch sonst den Eid geleistet. Ist eine **Nachholung** tatsächlich unmöglich oder erklärt der Zeuge, dass er die Eidesleistung verweigert hätte, ist die Aussage als uneidlich zu werten. Darauf hat das Gericht die Verfahrensbeteiligten vor Ende der Beweisaufnahme hinzuweisen.[14]

III. Protokollierung

Die Belehrung des Zeugen ist als **wesentliche Förmlichkeit** des Verfahrens zu protokollieren (§§ 168a Abs. 1, 273 Abs. 1).[15] Gleiches gilt für Erklärungen über einen Belehrungsverzicht oder einen Verzicht auf das Eidesverweigerungsrecht, die Begründung der Nichtvereidigung sowie die Vereidigung einschließlich des Umfangs einer teilweisen Vereidigung.[16]

IV. Revision

Mit der Revision kann das **Unterlassen der Belehrung** beanstandet werden, wenn das Urteil auf der Aussage des Zeugen beruht.[17] Ein solches **Beruhen** ist insbesondere dann anzunehmen, wenn sich nicht ausschließen lässt, dass das Gericht die Glaubwürdigkeit des Zeugen anders beurteilt hätte, wenn dieser es nach Belehrung abgelehnt hätte, seine Aussage zu beschwören.[18] Das Urteil beruht aber dann nicht auf dem Verfahrensverstoß, wenn es die Aussage nicht, zuungunsten des Beschwerdeführers oder nur als uneidlich verwertet hat,[19] oder mit Sicherheit davon ausgegangen werden kann, dass der Zeuge auch nach Belehrung den Eid abgelegt hätte.[20] **Rügeberechtigt** sind die Staatsanwaltschaft, der Angeklagte, der Mitangeklagte und auch der Nebenkläger.[21]

---

[2] RG v. 24. 6. 1887 – 817/87, RGSt 16, 154 (156); KK-StPO/*Senge* Rn. 1; KMR/*Neubeck* Rn. 1; SK/*Rogall* Rn. 1.
[3] S. dazu § 59 Rn. 6.
[4] BGH v. 7. 8. 1991 – 2 StR 193/91, BGHR StPO § 63 Verletzung 2; KK-StPO/*Senge* Rn. 4; aA OLG Düsseldorf v. 25. 8. 1983 – 5 Ss 358/82, VRS 66, 27; KMR/*Neubeck* Rn. 1; *Meyer-Goßner* Rn. 1; SK/*Rogall* Rn. 4.
[5] BayObLG v. 23. 11. 1949 – RReg III 19/49, BayObLGSt 1949–51, 73 (78).
[6] RG v. 26. 4. 1928 – II 1023/27, RGSt 62, 142 (144).
[7] KK-StPO/*Senge* Rn. 2; *Meyer-Goßner* Rn. 1; SK/*Rogall* Rn. 2; aA KMR/*Neubeck* Rn. 3 für den Fall, dass die Vereidigung von einem Verfahrensbeteiligten beantragt worden war.
[8] BGH v. 28. 5. 1953 – 4 StR 148/53, BGHSt 4, 217; OLG Düsseldorf v. 25. 8. 1983 – 5 Ss 358/82, VRS 66, 27.
[9] RG v. 7. 6. 1912 – II 399/12, RGSt 46, 114 (117); KMR/*Neubeck* Rn. 5.
[10] *Meyer-Goßner* Rn. 2; SK/*Rogall* Rn. 5.
[11] AK/*Lemke* § 63 Rn. 2; HK/*Lemke* § 63 Rn. 2; KMR/*Neubeck* Rn. 4; Löwe/Rosenberg/*Dahs*, 25. Aufl., § 63 Rn. 4.
[12] BGH v. 11. 10. 1968 – 1 StR 367/68, MDR 1969, 194; BGH v. 1. 7. 1980 – 1 StR 250/80, JR 1981, 248 (jeweils für den Fall einer Nichtvereidigung nach § 61 Nr. 2 aF).
[13] KK-StPO/*Senge* Rn. 6; KMR/*Neubeck* Rn. 5; *Meyer-Goßner* Rn. 2; SK/*Rogall* Rn. 6.
[14] OLG Düsseldorf v. 25. 8. 1983 – 5 Ss 358/82, VRS 66, 27; KK-StPO/*Senge* Rn. 7; KMR/*Neubeck* Rn. 6; *Meyer-Goßner* Rn. 2; *Pfeiffer* Rn. 1; SK/*Rogall* Rn. 7.
[15] KK-StPO/*Senge* Rn. 8; *Meyer-Goßner* Rn. 2.
[16] KMR/*Neubeck* Rn. 7.
[17] BGH v. 28. 5. 1953 – 4 StR 148/53, BGHSt 4, 217; BGH v. 11. 10. 1968 – 1 StR 367/68, MDR 1969, 194.
[18] BGH v. 7. 11. 2000 – 4 StR 398/00, NStZ-RR 2000, 259; BGH v. 5. 12. 2007 – 5 StR 331/07, NStZ 2008, 171.
[19] OLG Düsseldorf v. 25. 8. 1983 – 5 Ss 358/82, VRS 66, 27; *Meyer-Goßner* Rn. 3; SK/*Rogall* Rn. 8.
[20] BGH v. 5. 12. 2007 – 5 StR 331/07, NStZ 2008, 171.
[21] BGH v. 5. 12. 2007 – 5 StR 331/07, NStZ 2008, 171; OLG Düsseldorf v. 25. 8. 1983 – 5 Ss 358/82, VRS 66, 27; *Meyer-Goßner* Rn. 3; KK-StPO/*Senge* Rn. 9; aA SK/*Rogall* Rn. 8 für den Nebenkläger.

§ 62 [Vereidigung im vorbereitenden Verfahren]

Im vorbereitenden Verfahren ist die Vereidigung zulässig, wenn
1. Gefahr im Verzug ist oder
2. der Zeuge voraussichtlich am Erscheinen in der Hauptverhandlung verhindert sein wird

und die Voraussetzungen des § 59 Abs. 1 vorliegen.

I. Anwendungsbereich

1   Nach § 62 soll eine Vereidigung im Ermittlungsverfahren nur in **Ausnahmefällen** erfolgen, um die mit dem Eid verbundene, frühzeitige Festlegung des Zeugen zu vermeiden.[1] Die Vorschrift gilt neben Vernehmungen im Ermittlungsverfahren auch für solche nach § 173 Abs. 3 und § 202 S. 1 sowie die Beweissicherung nach § 205 S. 2.[2]

II. Voraussetzungen der Vereidigung

2   Aus der Verweisung auf § 59 folgt, dass die allgemeinen Voraussetzungen für die Vereidigung vorliegen müssen, dh. die Aussage muss von entscheidender Bedeutung oder die Vereidigung zur Herbeiführung einer wahrheitsgemäßen Aussage erforderlich sein. Die Voraussetzungen der Nr. 1 und 2 müssen daneben zusätzlich erfüllt sein. **Gefahr im Verzug** (Nr. 1) besteht, wenn zu befürchten ist, dass eine unter Eid geleistete und so zu verwertende Aussage nicht mehr zu erlangen sein wird,[3] etwa wenn das Ableben des Zeugen droht oder wenn aus anderen Gründen damit zu rechnen ist, der Zeuge stehe künftig für eine Vernehmung dauerhaft nicht mehr zur Verfügung.[4] Eine (voraussichtliche) **Verhinderung am Erscheinen** in der Hauptverhandlung (Nr. 2) kann bei Krankheit, Gebrechlichkeit, hohem Alter oder Auslandsaufenthalt des Zeugen vorliegen,[5] nicht aber bei Unzumutbarkeit des Erscheinens am Vernehmungsort wegen großer Entfernung.[6]

III. Verfahren

3   Die **Entscheidung** über das Vorliegen eines Vereidigungsgrundes nach § 62 trifft das vernehmende Gericht nach pflichtgemäßem Ermessen von Amts wegen, ohne dass es eines Antrags eines Verfahrensbeteiligten bedarf.[7] Das **Protokoll** muss nach § 168a Abs. 1 die Angabe enthalten, ob der Zeuge vereidigt worden ist, wobei der Grund für eine Vereidigung angegeben werden muss (§ 59 Abs. 1 S. 2).[8] In der **Hauptverhandlung** kann die Niederschrift über die Zeugenaussage nach § 251 Abs. 2 Nr. 1 oder Nr. 2 als eidliche (§ 251 Abs. 4 S. 3) verlesen werden. Wird der Zeuge aber persönlich vernommen, so ist über die Vereidigung nach § 59f. erneut zu befinden,[9] ein Vorgehen nach § 67 ist ausgeschlossen.[10]

IV. Revision

4   Die Revision kann auf eine Verletzung des § 62 **nicht gestützt** werden, selbst wenn die Vernehmungsniederschrift in der Hauptverhandlung verlesen worden ist.[11] Möglich bleibt jedoch die Rüge der Verletzung der §§ 60, 61.[12]

§ 63 [Vereidigung bei kommissarischer Vernehmung]

Wird ein Zeuge durch einen beauftragten oder ersuchten Richter vernommen, muss die Vereidigung, soweit sie zulässig ist, erfolgen, wenn es in dem Auftrag oder in dem Ersuchen des Gerichts verlangt wird.

---

[1] BT-Drucks. 7/551 S. 62.
[2] *Busch* MDR 1963, 894; KK-StPO/*Senge* Rn. 1; KMR/*Neubeck* Rn. 1; *Meyer-Goßner* Rn. 1; SK/*Rogall* Rn. 2.
[3] RG v. 4. 4. 1910 – III 197/10, RGSt 43, 336 (337); KK-StPO/*Senge* Rn. 2; SK/*Rogall* Rn. 4.
[4] KMR/*Neubeck* Rn. 3; *Meyer-Goßner* Rn. 4.
[5] KK-StPO/*Senge* Rn. 3; KMR/*Neubeck* Rn. 4; *Meyer-Goßner* Rn. 5; SK/*Rogall* Rn. 5.
[6] BT-Drucks. 7/551 S. 62.
[7] KMR/*Neubeck* Rn. 5; SK/*Rogall* Rn. 6.
[8] *Meyer-Goßner* Rn. 7; SK/*Rogall* Rn. 6.
[9] KMR/*Neubeck* Rn. 6; *Meyer-Goßner* Rn. 7.
[10] SK/*Rogall* Rn. 7.
[11] RG v. 29. 2. 1884 – 369/84, RGSt 10, 156; allgM.
[12] KK-StPO/*Senge* Rn. 5; KMR/*Neubeck* Rn. 7; *Meyer-Goßner* Rn. 8; SK/*Rogall* Rn. 8.

I. Anwendungsbereich

§ 63 gilt für **alle Vernehmungen im Strafverfahren** durch beauftragte (mit der Vernehmung beauftragte Mitglieder des erkennenden Gerichts) und ersuchte (im Wege der Rechtshilfe nach § 157 GVG angegangene) Richter, nicht nur für Vernehmungen im Ermittlungsverfahren.[1]   1

II. Voraussetzungen der Vereidigung

Liegt ein Ersuchen um **eidliche Vernehmung** des erkennenden Gerichts vor, so muss diese erfolgen, es sei denn, der Vereidigung stehen die §§ 60, 61 entgegen.[2] Ein Ersuchen um **uneidliche Vernehmung** hindert den vernehmenden Richter entgegen der alten Rechtslage (§ 66b Abs. 3 aF) nicht, den Zeugen zu vereidigen, da sich ein Bedürfnis zur Vereidigung oft erst bei der Vernehmung ergeben wird.[3] Handelt es sich um ein Ersuchen **ohne Bestimmung zur Vereidigung**, entscheidet der beauftragte oder ersuchte Richter gleichfalls eigenständig nach § 59 über die Vereidigung. Das erkennende Gericht kann aber nachträglich um die Vereidigung des Zeugen ersuchen. Dann gilt Hs. 2.[4] Hält das Hauptsachegericht die Vereidigung des kommissarisch vernommenen Zeugen für unzulässig, muss es die Verfahrensbeteiligten darauf hinweisen und in der Beweiswürdigung die Aussage als uneidlich werten.[5]   2

III. Revision

Mit der Revision kann nur dann gerügt werden, in der Hauptverhandlung sei **kein Gerichtsbeschluss über die Vereidigung** eines durch den beauftragten oder ersuchten Richter unvereidigt vernommenen Zeugen gefasst worden, wenn zuvor die Nichtvereidigung beanstandet worden ist (§ 238 Abs. 2).[6]   3

§ 64 [Eidesformel]

(1) Der Eid mit religiöser Beteuerung wird in der Weise geleistet, dass der Richter an den Zeugen die Worte richtet:
„Sie schwören bei Gott dem Allmächtigen und Allwissenden, dass Sie nach bestem Wissen die reine Wahrheit gesagt und nichts verschwiegen haben"
und der Zeuge hierauf die Worte spricht:
„Ich schwöre es, so wahr mir Gott helfe".

(2) Der Eid ohne religiöse Beteuerung wird in der Weise geleistet, dass der Richter an den Zeugen die Worte richtet:
„Sie schwören, dass Sie nach bestem Wissen die reine Wahrheit gesagt und nichts verschwiegen haben"
und der Zeuge hierauf die Worte spricht:
„Ich schwöre es".

(3) Gibt ein Zeuge an, dass er als Mitglied einer Religions- oder Bekenntnisgemeinschaft eine Beteuerungsformel dieser Gemeinschaft verwenden wolle, so kann er diese dem Eid anfügen.

(4) Der Schwörende soll bei der Eidesleistung die rechte Hand erheben.

I. Allgemeines

§ 64 (der § 66c aF entspricht) regelt **Form und Inhalt** des Eides. Der Zeuge ist dabei über sein Recht, den Eid mit oder ohne religiöse Beteuerung zu leisten, gem. § 57 S. 2 spätestens vor der Vereidigung zu belehren. Eine gesetzlich normierte Pflicht, auf die Möglichkeit einer eidesgleichen Bekräftigung (§ 65) hinzuweisen, besteht hingegen nicht. Ein solcher Hinweis kann aber im Einzelfall aus Fürsorgegesichtspunkten geboten sein.[1*]   1

---

[1] KK-StPO/*Senge* Rn. 1; KMR/*Neubeck* Rn. 1; *Meyer-Goßner* Rn. 1; SK/*Rogall* Rn. 2.
[2] KK-StPO/*Senge* Rn. 3; KMR/*Neubeck* Rn. 3; *Meyer-Goßner* Rn. 3; SK/*Rogall* Rn. 4.
[3] BT-Drucks. 15/1508, S. 23; KK-StPO/*Senge* Rn. 4; KMR/*Neubeck* Rn. 4; *Meyer-Goßner* Rn. 4; SK/*Rogall* Rn. 6.
[4] *Knauer/Wolf* NJW 2004, 2932 (2933); allgM.
[5] KK-StPO/*Senge* Rn. 2; KMR/*Neubeck* Rn. 2; *Meyer-Goßner* Rn. 2; SK/*Rogall* Rn. 7.
[6] BGH v. 7. 2. 1989 – 5 StR 26/89, NStZ 1990, 230; KK-StPO/*Senge* Rn. 5; SK/*Rogall* Rn. 7.
[1*] KK-StPO/*Senge* Rn. 1; KMR/*Neubeck* Rn. 1; SK/*Rogall* Rn. 2.

II. Abnahme des Eides (Abs. 1 und 2)

2   Der Richter spricht dem Zeugen, gegebenenfalls auch mehreren Zeugen gleichzeitig, die **Eidesnorm** („Sie schwören ...") vor. Daraufhin haben die Zeugen die **Eidesformel** („Ich schwöre ...") stets einzeln nachzusprechen, da nur so die Ordnungsmäßigkeit der Vereidigung zuverlässig festgestellt werden kann.[2] **Ausländer**, die der deutschen Sprache nicht mächtig sind, leisten den Eid nach § 188 GVG in der ihnen geläufigen Sprache. Dabei spricht der Dolmetscher (oder der sprachkundige Richter) die Eidesnorm in der Fremdsprache vor[3] und übersetzt dann idR die vom Zeugen gesprochene Eidesformel.[4]

III. Beteuerungsformeln (Abs. 3)

3   Der Zeuge kann der Eidesformel eine in seiner **Religions- und Glaubensgemeinschaft** übliche Beteuerungsformel anfügen, sofern diese der Verstärkung des Eides dient, ihn also nicht einschränkt oder sogar aufhebt.[5] Der Zeuge muss dabei weder seine Mitgliedschaft in einer solchen Gemeinschaft noch die Üblichkeit der Beteuerungsformel glaubhaft machen, diese Umstände sind durch das Gericht auch nicht zu überprüfen.[6] So können etwa Muslime die Anrufung Gottes durch die Allahs ersetzen.[7] **Mängel** der religiösen Beteuerungsformel berühren die Prozessordnungsmäßigkeit der Vereidigung nicht.[8]

IV. Heben der rechten Hand (Abs. 4)

4   Das Heben der rechten Hand ist **kein wesentlicher Bestandteil** der Eidesleistung und kann daher auch nicht erzwungen werden.[9] Andere symbolische Handlungen sind zulässig und bleiben dem Zeugen überlassen.[10]

V. Protokoll

5   Als wesentliche Förmlichkeit iS von §§ 168a Abs. 1, 273 Abs. 1 ist lediglich die **Tatsache der Vereidigung** des Zeugen in die Sitzungsniederschrift aufzunehmen. Dagegen ist die Form der Vereidigung, also der Umstand, ob der Eid mit oder ohne religiöse Beteuerung oder mit zusätzlicher Beteuerungsformel geleistet wurde, nicht protokollierungspflichtig.[11]

VI. Revision

6   Eine **fehlerhafte Formulierung** der Eidesnorm oder -formel führt nicht zur Unwirksamkeit der Eidesleistung.[12] Auf einer Verletzung des § 64 wird daher das Urteil in der Regel nicht beruhen.[13]

§ 65 [Eidesgleiche Bekräftigung]

(1) ¹Gibt ein Zeuge an, dass er aus Glaubens- oder Gewissensgründen keinen Eid leisten wolle, so hat er die Wahrheit der Aussage zu bekräftigen. ²Die Bekräftigung steht dem Eid gleich; hierauf ist der Zeuge hinzuweisen.

(2) Die Wahrheit der Aussage wird in der Weise bekräftigt, dass der Richter an den Zeugen die Worte richtet:

„Sie bekräftigen im Bewusstsein Ihrer Verantwortung vor Gericht, dass Sie nach bestem Wissen die reine Wahrheit gesagt und nichts verschwiegen haben"

und der Zeuge hierauf spricht:

„Ja".

(3) § 64 Abs. 3 gilt entsprechend.

---

[2] BGH v. 4. 4. 1959 – 2 StR 596/58; OLG Frankfurt v. 20. 6. 1962 – 1 Ss 420/62, NJW 1962, 1834.
[3] RG v. 12. 12. 1911 – V 1187/11, RGSt 45, 304 (305).
[4] KK-StPO/ *Senge* Rn. 3; KMR/*Neubeck* Rn. 3; SK/*Rogall* Rn. 10.
[5] RG v. 24. 1. 1884 – 2883/83, RGSt 10, 181 (182); OLG Köln v. 14. 1. 1969 – Ss 563/68, MDR 1969, 501.
[6] BT-Drucks. 7/2526 S. 19; KK-StPO/ *Senge* Rn. 4; KMR/*Neubeck* Rn. 3; *Meyer-Goßner* Rn. 3; SK/*Rogall* Rn. 8.
[7] *Jünemann* MDR 1970, 725 (727); *Leisten* MDR 1980, 636 (637); KK-StPO/ *Senge* Rn. 4; KMR/*Neubeck* Rn. 3; *Meyer-Goßner* Rn. 2.
[8] BGH v. 30. 4. 1999 – 3 StR 215/98, BGHSt 45, 65 = NStZ 1999, 396 (399).
[9] KK-StPO/ *Senge* Rn. 5; KMR/*Neubeck* Rn. 4; *Meyer-Goßner* Rn. 4; SK/*Rogall* Rn. 9.
[10] RG v. 26. 6. 1923 – IV 886/22, RGSt 57, 342 (343) – Handschlag beim Mennoniteneid; *Leisten* MDR 1980, 636 – Handauflegen auf den Koran.
[11] BGH v. 30. 4. 1999 – 3 StR 215/98, BGHSt 45, 65 = NStZ 1999, 396 (399); KK-StPO/ *Senge* Rn. 6; KMR/ *Neubeck* Rn. 5; *Meyer-Goßner* Rn. 1; SK/*Rogall* Rn. 13.
[12] BGH v. 2. 12. 1952 – 1 StR 437/52, BGHSt 3, 309 (312).
[13] KK-StPO/ *Senge* Rn. 6; KMR/*Neubeck* Rn. 6; *Meyer-Goßner* Rn. 5; aA SK/*Rogall* Rn. 14.

I. Allgemeines (Abs. 1)

§ 65 hat eine **grundrechtssichernde Funktion**: Sie stellt es dem Zeugen aufgrund seiner Glaubensfreiheit (Art. 4 Abs. 1 GG) frei, seine Aussage ohne Eidesleistung zu bekräftigen.[1] Für die Anwendung der Vorschrift genügt die **schlichte Erklärung**, dass einer Eidesleistung Glaubens- oder Gewissensgründe entgegenstehen. Eine Glaubhaftmachung durch den Zeugen oder eine Überprüfung durch das Gericht ist nicht erforderlich.[2] Eine Belehrung über die Möglichkeit einer eidesgleichen Bekräftigung ist erst dann geboten, wenn der Zeuge die Eidesleistung in jeder Form abgelehnt hat.[3] Vor der Bekräftigung hat zwingend der **Hinweis** (Abs. 1 S. 2) zu erfolgen, dass die Bekräftigung dem Eid gleichsteht. Die Gleichstellung gilt sowohl für die Verfahrensvorschriften (insbesondere die §§ 67, 70) als auch die materiell-rechtlichen Strafnormen (§ 155 Nr. 1 StGB).[4]

II. Verfahren (Abs. 2 und 3)

Für das Vorsprechen der Bekräftigungsnorm und das Nachsprechen der Bekräftigungsformel (Abs. 2) gelten die Ausführungen zu § 64 entsprechend.[5] **Beteuerungsformeln** (Abs. 3) können entsprechend § 64 Abs. 3 angefügt werden.[6] Auf die Wirksamkeit der Bekräftigung hat dies aber keinen Einfluss.[7]

III. Revision

Eine Revision kann darauf gestützt werden, dass der Zeuge das Vorliegen der Voraussetzungen des Abs. 1 S. 1 nicht behauptet hat. Das Urteil wird darauf aber regelmäßig **nicht beruhen**, wenn das Gericht von dem Vorliegen solcher Gründe und folglich der Wirksamkeit der Bekräftigung ausgegangen ist.[8]

§ 66 [Eidesleistung hör- oder sprachbehinderter Personen]

(1) ¹Eine hör- oder sprachbehinderte Person leistet den Eid nach ihrer Wahl mittels Nachsprechens der Eidesformel, mittels Abschreibens und Unterschreibens der Eidesformel oder mit Hilfe einer die Verständigung ermöglichenden Person, die vom Gericht hinzuzuziehen ist. ²Das Gericht hat die geeigneten technischen Hilfsmittel bereitzustellen. ³Die hör- oder sprachbehinderte Person ist auf ihr Wahlrecht hinzuweisen.

(2) Das Gericht kann eine schriftliche Eidesleistung verlangen oder die Hinzuziehung einer die Verständigung ermöglichenden Person anordnen, wenn die hör- oder sprachbehinderte Person von ihrem Wahlrecht nach Absatz 1 keinen Gebrauch gemacht hat oder eine Eidesleistung in der nach Absatz 1 gewählten Form nicht oder nur mit unverhältnismäßigem Aufwand möglich ist.

(3) Die §§ 64 und 65 gelten entsprechend.

I. Allgemeines

Die Vorschrift regelt die Eidesleistung hör- und sprachbehinderter Personen und ergänzt damit § 186 GVG.[1*] Sie findet **Anwendung** auf hör-, sprach- sowie hör- und sprachbehinderte (etwa taubstumme) und gänzlich stumme oder gehörlose, jedoch nicht auf geistig behinderte Zeugen.[2*] Auch tauben oder hörbehinderten, aber sprachfähigen Zeugen steht das Wahlrecht aus Abs. 1 S. 1 nicht zu, da sie die Eidesformel nachsprechen können. Insoweit liegt ein gesetzgeberisches Versehen vor.[3*] Zweifel an der Behinderung eines Zeugen hat der Richter im **Freibeweisverfahren** zu klären.[4*]

---

[1] BVerfG v. 11. 4. 1972 – 2 BvR 75/71, BVerfGE 33, 23 = NJW 1972, 1183 mAnm Peters JZ 1972, 520.
[2] KK-StPO/*Senge* Rn. 2; KMR/*Neubeck* Rn. 1; *Meyer-Goßner* Rn. 1.
[3] KMR/*Neubeck* Rn. 1; *Meyer-Goßner* Rn. 1; SK/*Rogall* Rn. 2.
[4] KK-StPO/*Senge* Rn. 4; KMR/*Neubeck* Rn. 1; *Meyer-Goßner* Rn. 2; SK/*Rogall* Rn. 4.
[5] S. dort Rn. 2.
[6] RG v. 27. 11. 1917 – IV 583/17, RGSt 52, 63; RG v. 26. 6. 1923 – IV 886/22, RGSt 57, 342 (jeweils für den Handschlag beim Mennoniteneid).
[7] BGH v. 9. 9. 1971 – 1 StR 317/71, MDR 1972, 18.
[8] KK-StPO/*Senge* Rn. 5; KMR/*Neubeck* Rn. 3; *Meyer-Goßner* Rn. 4; SK/*Rogall* Rn. 7.
[1*] KK-StPO/*Senge* Rn. 1; KMR/*Neubeck* Rn. 1.
[2*] KK-StPO/*Senge* Rn. 1; KMR/*Neubeck* Rn. 1; *Meyer-Goßner* Rn. 1; SK/*Rogall* Rn. 4.
[3*] KK-StPO/*Senge* Rn. 1.
[4*] KK-StPO/*Senge* Rn. 1; KMR/*Neubeck* Rn. 1; *Meyer-Goßner* Rn. 4; SK/*Rogall* Rn. 4.

II. Wahlrecht der Zeugen (Abs. 1)

2 Abs. 1 S. 1 räumt dem Zeugen ein **dreifaches Wahlrecht** ein, wie er den Eid leisten möchte. Darüber ist er in geeigneter Weise zu belehren (Abs. 1 S. 3) und er hat einen Anspruch auf Bereitstellung der für die gewählte Form der Vereidigung zweckdienlichen technischen Hilfsmittel (Abs. 1 S. 2), etwa Tonübertragungsanlagen.[5] In der Sache kann der Zeuge die Eidesformel **nachsprechen, sie ab- und unterschreiben** oder durch das Gericht einen **Sprachmittler** hinzuziehen lassen. Dafür kommen Gebärden-, Schrift- oder Sprachdolmetscher in Betracht, aber auch andere dem behinderten Zeugen vertraute Personen.[6] Für diese Sprachmittler gilt § 189 GVG nicht, ihre Vereidigung ist aber nach dem Ermessen des Gerichts zulässig.[7]

III. Entscheidung des Gerichts (Abs. 2)

3 Das Gericht entscheidet über die Art der Eidesleistung, wenn der Zeuge von seinem Wahlrecht keinen Gebrauch macht oder der Eid in der gewählten Form nicht oder nur mit unverhältnismäßigem Aufwand geleistet werden könnte. In solchen Fällen ist die schriftliche Eidesleistung oder die Hinzuziehung eines Sprachmittlers anzuordnen.

IV. Revision

4 Die Verletzung der Hinweispflicht (Abs. 1 S. 3) kann mit der Revision nicht gerügt werden. Dies gilt für den Angeklagten schon deshalb, weil diese Vorschrift nicht seinem Schutz dient.[8]

§§ 66 a–66 e *(aufgehoben)*

§ 67 [Berufung auf den früheren Eid]

Wird der Zeuge, nachdem er eidlich vernommen worden ist, in demselben Vorverfahren oder in demselben Hauptverfahren nochmals vernommen, so kann der Richter statt der nochmaligen Vereidigung den Zeugen die Richtigkeit seiner Aussage unter Berufung auf den früher geleisteten Eid versichern lassen.

I. Voraussetzungen der Versicherung

1 1. **Nochmalige Vernehmung.** § 67 setzt eine **nochmalige** Vernehmung voraus, dh. die frühere Vernehmung des Zeugen muss durch Vereidigung oder Bekräftigung abgeschlossen sein.[1] Dem Abschluss steht nicht entgegen, dass die frühere Vernehmung an demselben Verhandlungstag stattgefunden hat und der Zeuge noch nicht entlassen worden war (§ 248).[2] Es muss sich aber um eine frühere **Zeugenvernehmung** gehandelt haben, eine Anwendung der Vorschrift auf eine vorangegangene Vernehmung und Vereidigung als Sachverständiger ist ausgeschlossen.[3] Der **Inhalt der früheren Aussage** ist ohne Belang. Eine Berufung auf den früheren Eid ist also möglich, sei es, dass der Zeuge die vorangegangene Aussage bestätigt, wiederholt, erläutert, erweitert, von ihr abweicht oder zu einem völlig anderen Aussagegegenstand Angaben macht.[4]

2 2. **In demselben Verfahren.** Das Verfahren, in dem der Zeuge seine Aussage unter Berufung auf den bereits geleisteten Eid versichern soll, ist dasselbe, wenn es sich **gegen denselben Beschuldigten** richtet.[5*] § 67 kommt daher in Fällen, in denen nach der Eidesleistung das Verfahren mit einem Verfahren gegen Mitbeschuldigte verbunden worden ist, nur dann zur Anwendung, wenn die nochmalige Aussage die Mitbeschuldigten nicht betrifft.[6*] Entsprechend ist diese Berufung nach einer Verfahrensabtrennung in jedem der selbständig weitergeführten Verfahren zulässig,[7*] es sei

---

[5] BT-Drucks. 14/9266 S. 40.
[6] KK-StPO/*Senge* Rn. 2; KMR/*Neubeck* Rn. 2; SK/*Rogall* Rn. 5 ff.
[7] BGH v. 24. 4. 1997 – 4 StR 23/97, BGHSt 43, 63 = NJW 1997, 2335.
[8] SK/*Rogall* Rn. 15.
[1] KMR/*Neubeck* Rn. 1; Löwe/Rosenberg/*Dahs*, 25. Aufl., Rn. 1; *Meyer-Goßner* Rn. 1; *Pfeiffer* Rn. 1; SK/*Rogall* Rn. 5.
[2] BGH v. 30. 4. 1953 – 3 StR 15/53, BGHSt 4, 140 (142) = NJW 1953, 996.
[3] OLG Köln v. 2. 11. 1954 – Ss 442/54, MDR 1955, 183; KMR/*Neubeck* Rn. 1; Löwe/Rosenberg/*Dahs*, 25. Aufl., Rn. 4; *Meyer-Goßner* Rn. 1; SK/*Rogall* Rn. 6.
[4] BGH v. 15. 8. 1978 – 1 StR 139/78; OLG Saarbrücken v. 14. 12. 1961 – Ss 59/61, VRS 23, 53.
[5*] AllgM.
[6*] RG v. 12. 5. 1915 – I 205/15, RGSt 49, 251 (252).
[7*] KK-StPO/*Senge* Rn. 2; KMR/*Neubeck* Rn. 1; Löwe/Rosenberg/*Dahs*, 25. Aufl., Rn. 5; *Meyer-Goßner* Rn. 3; SK/*Rogall* Rn. 8.

denn, der konkret betroffene Beschuldigte war bei der Vereidigung vor Verfahrenstrennung nicht anwesend.[8]

Nur innerhalb desselben Haupt- oder Vorverfahrens ist die Anwendung der Vorschrift möglich. Eine Berufung auf den im **Vorverfahren** geleisteten Eid ist daher im Hauptverfahren nicht statthaft.[9] Das Vorverfahren dauert bis zur Erhebung der Anklage nach § 170 Abs. 1 oder einer gleichstehenden Verfahrenshandlung.[10] Das Zwischenverfahren nach § 202 gehört aber nicht mehr dazu.[11]

Dasselbe **Hauptverfahren** umfasst den Zeitraum vom Erlass des Eröffnungsbeschlusses bis zur Rechtskraft des Urteils.[12] Zum selben Hauptverfahren gehören daher nicht nur mehrere Hauptverhandlungstermine, sondern auch die neue Hauptverhandlung nach Verfahrensaussetzung[13] oder nach Unterbrechung über die Frist des § 229 hinaus,[14] die kommissarische Vernehmung nach § 223,[15] das Berufungsverfahren,[16] die Verhandlung nach Verweisung an ein Gericht höherer Ordnung (§ 270 Abs. 1)[17] oder nach Aufhebung und Zurückverweisung.[18]

Das **Wiederaufnahmeverfahren** ist ein neues Hauptverfahren, in dem sich der Zeuge nicht auf den in der früheren Hauptverhandlung oder den bei der Vernehmung nach § 369 geleisteten Eid berufen kann.[19]

II. Entscheidung des Gerichts

Die Wahl, ob der Zeuge erneut vereidigt oder von der Möglichkeit des § 67 Gebrauch gemacht werden soll, steht im **Ermessen des Gerichts**.[20] Eine Anwendung dieser Vorschrift ist selbst dann nicht ausgeschlossen, wenn der Zeuge sich an den früheren Eid nicht erinnert. In einem solchen Fall erscheint aber eine erneute Vereidigung sinnvoller.[21] Gleiches gilt, wenn der Zeuge die Bedeutung der Versicherung nicht begreift[22] oder seine erneute Aussage von der früheren wesentlich abweicht.[23] **Zuständig** für die Entscheidung ist zunächst der Vorsitzende; gegen dessen Anordnung kann die Entscheidung des Gerichts herbeigeführt werden (§ 238 Abs. 2).[24] Der Zeuge hat kein Wahlrecht, er ist auch vor der Entscheidung nicht anzuhören.[25]

III. Versicherung des Zeugen

Die Versicherung erfolgt durch eine Erklärung des Zeugen **nach der Vernehmung**.[26] Ein Hinweis des Richters an den Zeugen, er stehe noch unter (dem bereits geleisteten) Eid, genügt nicht.[27] Über die Bedeutung der Versicherung ist der Zeuge zu **belehren** (§ 57 S. 2) und gegebenenfalls aus sein Eidesverweigerungsrecht (§ 61) hinzuweisen.[28] In seiner Erklärung kann der Zeuge auf den geleisteten Eid Bezug nehmen oder die Richtigkeit seiner Aussage versichern; der Wortlaut des Gesetzes muss nicht zwingend eingehalten werden.[29] Eine Berufung auf einen tatsächlich nicht geleisteten Eid ist ohne rechtliche Wirkung.[30]

---

[8] RG v. 10. 3. 1911 – II 187/11, RGSt 44, 352; AK/*Lemke* Rn. 2; HK/*Lemke* Rn. 2.
[9] BGH v. 27. 8. 1953 – 3 StR 147/53, MDR 1953, 722; RG v. 20. 10. 1930 – III 266/30, RGSt 64, 379 (380).
[10] KMR/*Neubeck* Rn. 3; *Meyer-Goßner* Rn. 4.
[11] AllgM.
[12] BGH v. 18. 6. 1970 – 4 StR 141/70, BGHSt 23, 283 (285) = NJW 1970, 1614.
[13] HK/*Lemke* Rn. 3; KK-StPO/*Senge* Rn. 5; KMR/*Neubeck* Rn. 5; Löwe/Rosenberg/*Dahs*, 25. Aufl., Rn. 8; *Pfeiffer* Rn. 1.
[14] BGH, MDR v. 27. 8. 1953 – 3 StR 147/53, 1953, 723; RG v. 1. 3. 1889 – 232/89, RGSt 19, 27 (28).
[15] RG v. 27. 7. 1881 – 1933/81, RGSt 4, 437 (439).
[16] BGH v. 18. 6. 1970 – 4 StR 141/70, BGHSt 23, 283 (285) = NJW 1970, 1614.
[17] AK/*Lemke* Rn. 3; HK/*Lemke* Rn. 3; KK-StPO/*Senge* Rn. 5; Löwe/Rosenberg/*Dahs*, 25. Aufl., Rn. 9; *Meyer-Goßner* Rn. 5; *Pfeiffer* Rn. 1; aA SK/*Rogall* Rn. 11.
[18] RG v. 17. 9. 1880 – 1766/80, RGSt 2, 234 (235).
[19] RG v. 3. 1. 1889 – 2960/88, RGSt 19, 417 (418); allgM.
[20] AllgM; vgl. etwa *Meyer-Goßner* Rn. 6.
[21] BGH v. 29. 8. 1961 – 5 StR 282/61; allgM.
[22] KMR/*Neubeck* Rn. 6; Löwe/Rosenberg/*Dahs*, 25. Aufl., Rn. 17; SK/*Rogall* Rn. 17.
[23] *Von Schowingen* JZ 1955, 267, KMR/*Neubeck* Rn. 6; Löwe/Rosenberg/*Dahs*, 25. Aufl., Rn. 17; SK/*Rogall* Rn. 17; aA AK/*Lemke* Rn. 5; HK/*Lemke* Rn. 5.
[24] OLG Braunschweig v. 4. 1. 1957 – Ss 197/56, NJW 1957, 513.
[25] AK/*Lemke* Rn. 3; HK/*Lemke* Rn. 3; KK-StPO/*Senge* Rn. 7; KMR/*Neubeck* Rn. 6; SK/*Rogall* Rn. 14.
[26] BGH v. 2. 11. 1971 – 1 StR 377/71, MDR 1972, 198; BGH v. 17. 1. 1984 – 5 StR 755/83, NStZ 1984, 328 (für den Dolmetschereid); *von Schowingen* JZ 1955, 267.
[27] BGH v. 30. 4. 1953 – 3 StR 12/53, BGHSt 4, 140 (141) = NJW 1953, 996.
[28] KMR/*Neubeck* Rn. 7; Löwe/Rosenberg/*Dahs*, 25. Aufl., Rn. 11; SK/*Rogall* Rn. 24.
[29] BGH v. 30. 4. 1953 – 3 StR 12/53, BGHSt 4, 140 (141) = NJW 1953, 996; BGH v. 2. 11. 1971 – 1 StR 377/71, MDR 1972, 198.
[30] RG v. 20. 10. 1930 – III 266/30, RGSt 64, 379 (380); OLG Köln v. 2. 7. 1963 – Ss 118/63, NJW 1963, 2333; OLG Saarbrücken v. 14. 12. 1961 – Ss 59/61, VRS 23, 53.

IV. Protokollierung

8 Die Versicherung ist (wie die Vereidigung) als **wesentliche Förmlichkeit** in der Sitzungsniederschrift zu beurkunden (§§ 168a Abs. 1, 273 Abs. 1). Diesbezüglich hat das Hauptverhandlungsprotokoll ausschließliche Beweiskraft.[31] Wann und wo der Zeuge den früheren Eid geleistet hat, ist dabei nicht zu vermerken.[32]

V. Revision

9 Die Verletzung des § 67 kann auch dann **zulässig** gerügt werden, wenn gegen die Vorabentscheidung des Vorsitzenden nicht das Gericht angerufen wurde.[33] Die **Ermessensentscheidung** des Gerichts, den Zeugen nicht erneut zu vereidigen, sondern § 67 anzuwenden, ist mit der Revision nicht angreifbar.[34] Hingegen stellt die **unzulässige Versicherung** einen Verfahrensverstoß dar, etwa wenn sie vor der Vernehmung abgegeben wurde oder der Zeuge seinen früheren Eid nicht in demselben Verfahren abgelegt hatte. Das Urteil **beruht** aber dann nicht auf diesem Verstoß, wenn sowohl der Zeuge als auch das Gericht von einer wirksamen Versicherung ausgegangen sind.[35] Dies gilt auch dann entsprechend, wenn der Zeuge sich auf einen in Wahrheit nicht geleisteten Eid beruft.[36]

§ 68 [Vernehmung zur Person; Beschränkung der Angaben]

(1) ¹Die Vernehmung beginnt damit, dass der Zeuge über Vornamen, Nachnamen, Geburtsnamen, Alter, Beruf und Wohnort befragt wird. ²Ein Zeuge, der Wahrnehmungen in amtlicher Eigenschaft gemacht hat, kann statt des Wohnortes den Dienstort angeben.

(2) ¹Einem Zeugen soll zudem gestattet werden, statt des Wohnortes seinen Geschäfts- oder Dienstort oder eine andere ladungsfähige Anschrift anzugeben, wenn ein begründeter Anlass zu der Besorgnis besteht, dass durch die Angabe des Wohnortes Rechtsgüter des Zeugen oder einer anderen Person gefährdet werden oder dass auf Zeugen oder eine andere Person in unlauterer Weise eingewirkt werden wird. ²In der Hauptverhandlung soll der Vorsitzende dem Zeugen beim Vorliegen der Voraussetzungen des Satzes 1 gestatten, seinen Wohnort nicht anzugeben.

(3) ¹Besteht ein begründeter Anlass zu der Besorgnis, dass durch die Offenbarung der Identität oder des Wohn- oder Aufenthaltsortes des Zeugen Leben, Leib oder Freiheit des Zeugen oder einer anderen Person gefährdet wird, so kann ihm gestattet werden, Angaben zur Person nicht oder nur über eine frühere Identität zu machen. ²Er hat jedoch in der Hauptverhandlung auf Befragen anzugeben, in welcher Eigenschaft ihm die Tatsachen, die er bekundet, bekannt geworden sind.

(4) ¹Liegen Anhaltspunkte dafür vor, dass die Voraussetzungen der Absätze 2 oder 3 vorliegen, ist der Zeuge auf die dort vorgesehenen Befugnisse hinzuweisen. ²Im Fall des Absatzes 2 soll der Zeuge bei der Benennung einer ladungsfähigen Anschrift unterstützt werden. ³Die Unterlagen, die die Feststellung des Wohnortes oder der Identität des Zeugen gewährleisten, werden bei der Staatsanwaltschaft verwahrt. ⁴Zu den Akten sind sie erst zu nehmen, wenn die Besorgnis der Gefährdung entfällt.

(5) ¹Die Absätze 2 bis 4 gelten auch nach Abschluss der Zeugenvernehmung. ²Soweit dem Zeugen gestattet wurde, Daten nicht anzugeben, ist bei Auskünften aus und Einsichtnahmen in Akten sicherzustellen, dass diese Daten anderen Personen nicht bekannt werden, es sei denn, dass eine Gefährdung im Sinne der Absätze 2 und 3 ausgeschlossen erscheint.

Schrifttum: *Hilger*, Neues Strafverfahrensrecht durch das OrgKG, NStZ 1992, 457; *Leineweber*, Die Wohnortangabe nach dem Strafverfahrensänderungsgesetz 1979, Kriminalistik 1979, 38; *ders.*, Die Entbindung von der Wohnortangabe bei der Vernehmung eines Zeugen zur Person gemäß § 68 Satz 2 StPO, MDR 1985, 635; *ders.*, Verweigerung der Wohnortangabe durch Kriminalbeamte, MDR 1990, 109; *Schlund*, Was bedeutet Wohnort im Sinne von § 68 StPO, NJW 1972, 1035; *Schweckendieck*, Zeugenadresse in der Anklageschrift – muss das sein?, NStZ 2002, 408.

---

[31] BGH v. 30. 4. 1953 – 3 StR 12/53, BGHSt 4, 140 (141) = NJW 1953, 996.
[32] KMR/*Neubeck* Rn. 8; Löwe/Rosenberg/*Dahs*, 25. Aufl., Rn. 19; *Meyer-Goßner* Rn. 8.
[33] BGH v. 2. 11. 1971 – 1 StR 377/71, MDR 1972, 199; *Meyer-Goßner* Rn. 9.
[34] AllgM; vgl. etwa *Meyer-Goßner* Rn. 9.
[35] BGH v. 27. 8. 1953 – 3 StR 147/53, MDR 1953, 722; RG v. 20. 10. 1930 – III 266/30, RGSt 64, 379 (380).
[36] BGH v. 17. 1. 1984 – 5 StR 755/83, NStZ 1984, 328 (für den Dolmetschereid); KMR/*Neubeck* Rn. 9; Löwe/Rosenberg/*Dahs*, 25. Aufl., Rn. 22; *Meyer-Goßner* Rn. 9; aA OLG Köln v. 2. 7. 1963 – Ss 118/63, NJW 1963, 2333.

Sechster Abschnitt. Zeugen 1–8 **§ 68**

I. Feststellung der Personalien (Abs. 1)

1. Zweck. Die Vernehmung eines Zeugen beginnt mit der Feststellung der Personalien. Dadurch sollen **Personenverwechselungen vermieden** werden.[1] Daneben soll auch eine verlässliche Grundlage für die **Beurteilung der Glaubwürdigkeit** des Zeugen geschaffen werden, etwa durch die so den Verfahrensbeteiligten eröffnete Möglichkeit, Erkundigungen über den Zeugen einzuziehen.[2] Daraus folgt, dass die Personalien eines Zeugen gegenüber dem Angeklagten und seinem Verteidiger grundsätzlich nicht geheim gehalten werden dürfen,[3] auch nicht bei kommissarischen Vernehmungen.[4] Die **Pflicht zur Angabe** der Personalien besteht auch für zeugnisverweigerungsberechtigte Personen,[5] ihre Nichterfüllung kann als Ordnungswidrigkeit geahndet werden.[6] Zwangsmittel nach § 70 dürfen jedoch nicht eingesetzt werden.[7] 1

2. Fragen zur Person. Der Zeuge hat seinen **Vor-, Nach- und Geburtsnamen** anzugeben, sofern diese dem Gericht und allen Verfahrensbeteiligten nicht bekannt sind.[8] Der Zeuge muss seinen Nachnamen, auf Nachfrage alle Vornamen, den Familiennamen (Ehenamen) und den Geburtsnamen nennen.[9] Auch die Angabe eines Künstlernamens kann verlangt werden.[10] 2

Die Angabe des **Alters** ist neben der Identitätsfeststellung auch für die Vereidigungsfrage (§ 60 Nr. 1) und unter Umständen materiell-rechtlich bedeutsam, etwa bei Sexualdelikten zum Nachteil von Personen bestimmter Altersstufen.[11] Regelmäßig ist die Angabe des vollendeten Lebensjahres genügend, die Nennung des Geburtsdatums kann aber verlangt werden.[12] 3

Die Frage nach dem **Beruf** hat die Frage nach dem Stand- oder Gewerbe in der alten Fassung der Vorschrift ersetzt.[13] Dabei ist die Bezeichnung möglichst zu konkretisieren und nicht lediglich eine Berufsgruppe (wie Angestellter, Kaufmann, Beamter etc.) anzugeben.[14] Die Frage nach einer früheren Berufstätigkeit gehört zur Vernehmung zur Sache, nicht zur Person.[15] 4

Die Angaben zum **Wohnort** umfassen die genaue Anschrift des Zeugen, nicht nur die bloße Ortsangabe. Dies folgt aus dem Wortlaut des Abs. 2 S. 1 („oder eine andere ladungsfähige Anschrift").[16] Hat der Zeuge keinen festen Wohnsitz, so gibt er seinen gegenwärtigen Aufenthaltsort an.[17] 5

Die Möglichkeit, statt des Wohnorts den **Dienstort** anzugeben (Abs. 1 S. 2) haben nur Zeugen, die Wahrnehmungen in amtlicher Eigenschaft[18] gemacht haben, etwa Polizeibeamte, Steuerfahnder, Staatsanwälte, Richter etc. Unter Dienstort ist die genaue Anschrift der Dienstbehörde anzusehen, der der Zeuge angehört.[19] 6

Nach der **Religionszugehörigkeit** darf der Zeuge aufgrund von Art. 140 GG iVm. Art. 136 Abs. 3 S. 1 WRV bei der Feststellung der Personalien nicht gefragt werden. Nur wenn es die Sachaufklärung es gebietet, sind Fragen hierzu bei der Vernehmung zur Sache (§ 69) statthaft.[20] 7

II. Schutzmaßnahmen für gefährdete Personen (Abs. 2 und 3)

1. Wohnortangabe (Abs. 2). Resultiert aus der Offenbarung des Wohnorts eine Gefährdung für den Zeugen, aber auch für andere Personen, etwa Angehörige, Freunde, Bekannte, darf der Zeuge 8

---

[1] AllgM; vgl. schon RG v. 7. 5. 1907 – II 104/07, RGSt 40, 157 (158).
[2] BGH v. 14. 4. 1970 – 5 StR 627/69, BGHSt 23, 244 (245) = NJW 1970, 1197; BGH v. 17. 10. 1983 – GSSt 1/83, BGHSt 32, 115 = NJW 1984, 247; BGH v. 4. 12. 1985 – 2 StR 848/84, BGH NJW 1986, 1999.
[3] BGH v. 20. 12. 1983 – 5 StR 634/83, NStZ 1984, 178.
[4] BGH v. 17. 10. 1983 – GSSt 1/83, BGHSt 32, 115 = NJW 1984, 247.
[5] Vgl. § 52 Rn. 2.
[6] OLG Hamburg v. 8. 2. 2002 – 2 Ws 32/02, NStZ 2002, 386.
[7] KK-StPO/*Senge* Rn. 1; KMR/*Neubeck* Rn. 1.
[8] AllgM; vgl. etwa RG v. 7. 5. 1907 – II 104/07, RGSt 40, 157 (158) oder *Meyer-Goßner* Rn. 5.
[9] KMR/*Neubeck* Rn. 3; Löwe/Rosenberg/*Dahs*, 25. Aufl., Rn. 3; *Meyer-Goßner* Rn. 5; SK/*Rogall* Rn. 11.
[10] BGH v. 14. 4. 1970 – 5 StR 627/69, BGHSt 23, 244 (245) = NJW 1970, 1197.
[11] KK-StPO/*Senge* Rn. 3; KMR/*Neubeck* Rn. 4; Löwe/Rosenberg/*Dahs*, 25. Aufl., Rn. 4; SK/*Rogall* Rn. 12.
[12] KMR/*Neubeck* Rn. 4; Löwe/Rosenberg/*Dahs*, 25. Aufl., Rn. 4; *Meyer-Goßner* Rn. 6; aA SK/*Rogall* Rn. 12.
[13] BGBl. 2009 I S. 2280; BT-Drucks. 16/12 098 S. 13.
[14] KK-StPO/*Senge* Rn. 4; KMR/*Neubeck* Rn. 5.
[15] BGH v. 1. 2. 1966 – 5 StR 374/65, MDR 1966, 383.
[16] OLG Stuttgart v. 3. 12. 1990 – Ws 252/90, NStZ 1991, 297; *Leineweber* MDR 1985, 635; *Schlund* NJW 1972, 1035; KMR/*Neubeck* Rn. 6; Löwe/Rosenberg/*Dahs*, 25. Aufl., Rn. 6; *Meyer-Goßner* Rn. 8; *Pfeiffer* Rn. 1; aA OLG Celle v. 13. 10. 1987 – 3 Ws 399/87, NJW 1988, 2751; *Rebmann/Schnarr* NJW 1989, 1185; *Schweckendieck* NStZ 2002, 408 (414); AK/*Lemke* Rn. 8; HK/*Lemke* Rn. 8; KK-StPO/*Senge* Rn. 5; zweifelnd SK/*Rogall* Rn. 14.
[17] KMR/*Neubeck* Rn. 6; Löwe/Rosenberg/*Dahs*, 25. Aufl., Rn. 6; *Meyer-Goßner* Rn. 8.
[18] Vgl. hierzu *Hilger* NStZ 1992, 457 (458).
[19] KK-StPO/*Senge* Rn. 6; KMR/*Neubeck* Rn. 7; Löwe/Rosenberg/*Dahs*, 25. Aufl., Rn. 7; *Meyer-Goßner* Rn. 2; SK/*Rogall* Rn. 12 f.
[20] AK/*Lemke* Rn. 10; HK/*Lemke* Rn. 9; KMR/*Neubeck* Rn. 8; Löwe/Rosenberg/*Dahs*, 25. Aufl., Rn. 8; *Meyer-Goßner* Rn. 9.

bei allen Vernehmungen statt des Wohnorts seinen Geschäfts- oder Dienstort oder eine andere ladungsfähige Anschrift angeben. Gleiches gilt, wenn mit einer unlauteren Einwirkung auf den Zeugen oder solche anderen Personen zu rechnen ist (zB in den Fällen des sog. „Stalking" oder bei Straftaten im rechtsextremen Milieu).[21] Die **Gefährdung** muss für Leib, Leben oder andere Rechtsgüter wie Freiheit, Eigentum oder Besitz bestehen und darf nicht unerheblich sein.[22] Die Befürchtung bloßer Belästigungen wie Telefonanrufe, fingierte Warenbestellungen oder Massensendungen ist nicht ausreichend.[23]

9 **Begründeter Anlass zur Besorgnis** einer solchen Gefährdung besteht, wenn auf den Zeugen (oder einen Dritten) bereits ein Anschlag verübt, versucht oder angedroht worden ist und dies im Zusammenhang mit den Aussagen des Zeugen im Strafverfahren steht.[24] Auch kriminalistische Anhaltspunkte, kriminologische Erfahrung oder die Lebenserfahrung können die Annahme einer Gefährdung begründen, was zB in Fällen der organisierten Kriminalität oder im Zusammenhang mit kriminellen (§ 129 StGB) oder terroristischen Vereinigungen (§§ 129 a, § 129 b StGB) naheliegt.[25] Ein unmittelbares Bevorstehen der Rechtsgutverletzung ist nicht erforderlich.[26]

10 Der **Dienstort** ist wie in Abs. 1 S. 2 zu verstehen.[27] Der Begriff des **Geschäftsorts** umfasst jeden Ort, an dem eine nach außen erkennbare wirtschaftliche Tätigkeit von gewisser Dauer ausgeübt wird.[28] Unter einer **anderen ladungsfähigen Anschrift** ist jeder Ort zu verstehen, an dem oder über den den Zeugen die Ladung erreicht, an dem er sich aber nicht aufzuhalten braucht; etwa die Zeugenschutzstelle der Polizei oder die Anschrift einer Vertrauensperson.[29]

11 In Ergänzung zu Abs. 2 S. 1 soll dem Zeugen in der Hauptverhandlung grundsätzlich gestattet werden, **keinerlei Angaben zum Wohnort** zu machen, wenn nur auf diese Weise ein ausreichender Schutz des Zeugen gewährleistet werden kann (Abs. 2. S. 2).[30] Dieses Recht gilt dann für die gesamte Hauptverhandlung und beschränkt das Fragerecht der Verfahrensbeteiligten.[31] In solchen Fällen ist bei der Verlesung einer Aussage des Zeugen von der Wiedergabe des Wohnorts abzusehen.[32]

12 Die **Entscheidung** über die Anwendung des Abs. 2 ergeht von Amts wegen durch den Vorsitzenden.[33] Er entscheidet nach pflichtgemäßem Ermessen,[34] wobei er die Belange des Persönlichkeitsschutzes, der Ausklärungspflicht, der Interessen der Verteidigung und das Informationsbedürfnis der Öffentlichkeit abzuwägen hat.[35] Gegen die Verfügung des Vorsitzenden kann – auch durch den Zeugen selbst – nach § 238 Abs. 2 vorgegangen werden.[36]

13 **2. Personalienangabe (Abs. 3).** Reichen Schutzmaßnahmen nach Abs. 2 nicht aus, so kann dem Zeugen bei jeder Vernehmung gestattet werden, **keinerlei Angaben zu seiner Identität** zu machen, wenn eine Gefährdung für Leib, Leben oder Freiheit des Zeugen oder einer anderen Person besteht.[37] Auch hier genügt eine wahrscheinliche Gefährdung, die noch nicht konkret sein muss.[38] Hat der Zeuge eine neue Identität erhalten,[39] kann es ausreichend sein, wenn er nur über diese

---

[21] BT-Drucks. 16/12 098 S. 13.
[22] *Griesbaum* NStZ 1998, 433 (436); KK-StPO/*Senge* Rn. 7; KMR/*Neubeck* Rn. 9; Löwe/Rosenberg/*Dahs*, 25. Aufl., Rn. 10; *Meyer-Goßner* Rn. 12; SK/*Rogall* Rn. 24.
[23] *Leineweber* MDR 1985, 635 (637); KK-StPO/*Senge* Rn. 7; KMR/*Neubeck* Rn. 9; Löwe/Rosenberg/*Dahs*, 25. Aufl., Rn. 10; *Meyer-Goßner* Rn. 12; aA OLG Celle v. 13. 10. 1987 – 3 Ws 399/87, NJW 1988, 2751; SK/*Rogall* Rn. 24.
[24] HK/*Lemke* Rn. 13; KMR/*Neubeck* Rn. 9; Löwe/Rosenberg/*Dahs*, 25. Aufl., Rn. 10; *Meyer-Goßner* Rn. 12; SK/*Rogall* Rn. 25.
[25] OLG Koblenz v. 18. 6. 1991 – 1 Ws 279/91, NStZ 1992, 95 mAnm *Hund*; LG Karlsruhe v. 4. 6. 1997 – 5 Qs 1/97, NStZ 1997, 509 (510); *Leineweber* Kriminalistik 1979, 38 (39); *ders.* MDR 1985, 635 (637).
[26] OLG Koblenz v. 18. 6. 1991 – 1 Ws 279/91, NStZ 1992, 95 mAnm *Hund*; KMR/*Neubeck* Rn. 9; Löwe/Rosenberg/*Dahs*, 25. Aufl., Rn. 10; *Meyer-Goßner* Rn. 12.
[27] S. Rn. 6.
[28] KK-StPO/*Senge* Rn. 7; KMR/*Neubeck* Rn. 10; Löwe/Rosenberg/*Dahs*, 25. Aufl., Rn. 9; SK/*Rogall* Rn. 28.
[29] *Krey/Haubrich* JR 1992, 309 (310); KMR/*Neubeck* Rn. 10; Löwe/Rosenberg/*Dahs*, 25. Aufl., Rn. 9; SK/*Rogall* Rn. 29.
[30] *Hilger* NStZ 1992, 457 (459); *Rieß* NJW 1978, 2265 (2268); KMR/*Neubeck* Rn. 11; Löwe/Rosenberg/*Dahs*, 25. Aufl., Rn. 11; *Meyer-Goßner* Rn. 10.
[31] *Leineweber* MDR 1985, 636 (637); *Rieß* NJW 1978, 2265 (2268); KMR/*Neubeck* Rn. 11; Löwe/Rosenberg/*Dahs*, 25. Aufl., Rn. 11.
[32] *Hilger* NStZ 1992, 457 (459); HK/*Lemke* Rn. 16; KMR/*Neubeck* Rn. 11; *Meyer-Goßner* Rn. 10; SK/*Rogall* Rn. 33.
[33] KMR/*Neubeck* Rn. 12; Löwe/Rosenberg/*Dahs*, 25. Aufl., Rn. 12; *Meyer-Goßner* Rn. 11.
[34] BGH v. 10. 1. 1989 – 1 StR 669/88, NJW 1989, 1230.
[35] *Hilger* NStZ 1992, 457 (459); *Leineweber* MDR 1985, 636 (637); *ders.* MDR 1990, 109; HK/*Lemke* Rn. 15; KMR/*Neubeck* Rn. 12.
[36] *Leineweber* MDR 1985, 636 (638); *ders.* MDR 1990, 109 (111); KK-StPO/*Senge* Rn. 9; *Meyer-Goßner* Rn. 10.
[37] *Hilger* NStZ 1992, 457 (459); KMR/*Neubeck* Rn. 13; Löwe/Rosenberg/*Dahs*, 25. Aufl., Rn. 13; weitergehend HK/*Lemke* Rn. 17; der keinen Vorrang der Maßnahmen nach Abs. 2 annimmt, insgesamt krit. *Eisenberg* NJW 1993, 1033 (1036).
[38] *Hilger* NStZ 1992, 457 (459); KMR/*Neubeck* Rn. 13; *Meyer-Goßner* Rn. 15.
[39] Vgl. dazu BVerfG v. 26. 5. 1981 – 2 BvR 215/81, BVerfGE 57, 250 (286) = NJW 1981, 1719; BGH v. 10. 10. 1979 – 3 StR 281/79, BGHSt 29, 109 (113) = NJW 1980, 464.

keine Angaben macht.[40] Es sind aber auch Konstellationen denkbar, etwa beim Einsatz von V-Leuten der Polizei, in den das Bedürfnis besteht, sowohl die neue als auch die alte Identität geheim zu halten.[41] Für verdeckte Ermittler (§ 110a) gilt § 110b Abs. 3.

Die **Befragung nach Abs. 3 S. 2** kommt hauptsächlich bei Vernehmungen von V-Leuten und verdeckten Ermittlern in Betracht. Diese haben anzugeben, in welcher Eigenschaft die von ihnen bekundeten Tatsachen bekannt geworden sind. Betroffen sind aber nur Tatsachen, die der Zeuge im Zusammenhang mit seinem Einsatz erfahren hat, nicht hingegen Zufallsbeobachtungen ohne Bezug zur Einsatzaufgabe.[42]

III. Verfahrensfragen (Abs. 4 und 5)

1. Hinweis- und Unterstützungspflichten (Abs. 4 S. 1 und 2). Abs. 4 S. 1 verdeutlicht, dass der Zeuge in den Fällen des Abs. 2 S. 1 auf die Möglichkeit, nicht seinen Wohnort sondern stattdessen eine andere ladungsfähige Anschrift anzugeben, und in den Fällen des Abs. 3 S. 1 auf die dort genannten Befugnisse hinzuweisen ist. Diese Pflicht gilt insbesondere auch für Vernehmungen durch die Polizei, § 163 Abs. 3. Nach S. 2 ist der Zeuge im Fall des Abs. 2 S. 1 bei der Suche nach einer ladungsfähigen Anschrift zu unterstützen. Gedacht ist etwa an die Einschaltung einer polizeilichen Zeugenschutzstelle oder einer Opferschutzeinrichtung, der Zustellungsvollmacht erteilt werden kann.[43]

2. Behandlung von Unterlagen (Abs. 4 S. 3 und 4). Unterlagen, die die Feststellung des Wohnorts oder der Identität des gefährdeten Zeugen zulassen, werden bei der Staatsanwaltschaft außerhalb der Ermittlungsakte verwahrt (S. 3) und sind erst nach dem Wegfall der Besorgnis der Gefährdung unverzüglich zu den Akten zu nehmen (S. 4). Vorher unterliegen sie auch nicht der Akteneinsicht nach § 147.[44]

3. Zeitliche Geltung (Abs. 5 S. 1). Abs. 5 S. 1 stellt klar, dass die Abs. 2 bis 4 auch nach Abschluss der Zeugenvernehmung gelten. Daraus folgt insbesondere, dass im Fall des Abs. 2 dem Zeugen, dessen Gefährdung erst **nach Abschluss der Vernehmung** bekannt wird, noch nachträglich zu gestatten ist, eine andere Anschrift anzugeben.[45] Dies bedeutet für die Praxis, dass die Strafverfolgungsbehörden verpflichtet sind, aktiv mit einem aus ihrer Sicht gefährdeten Zeugen Kontakt aufzunehmen, wenn ihnen Anhaltspunkte bekannt werden, dass eine Gefährdung des Zeugen zu besorgen ist. Der Verweis auf Abs. 4 verdeutlicht, dass die Hinweis- und Unterstützungspflichten auch nach Abschluss der Vernehmung fortbestehen.[46]

4. Akteneinsicht und Auskunftserteilung (Abs. 5 S. 2). Abs. 5 S. 2 ergänzt die vorhergehenden Schutzbestimmungen dahingehend, dass die Informationen über den Wohnort und die Identität des Zeugen, die nach den Abs. 2 und 3 nicht offenbart werden sollen, nicht durch Einsicht in oder Auskünfte aus den Verfahrensakten bekannt werden. Die Bestimmung hat besondere Bedeutung in den Fällen, in denen sich die Besorgnis einer Gefährdung nachträglich ergibt, und die schützenswerten Informationen über den Zeugen, zB in Vernehmungsprotokollen oder Ermittlungsberichten, bereits aktenkundig sind. In diesen Fällen ist bei Auskunftserteilung und Akteneinsichtsgewährung durch **geeignete Schutzmaßnahmen** (zB die Übersendung geschwärzter Zweitakten) sicherzustellen, dass diese Daten anderen Personen nicht bekannt werden. Solcher Maßnahmen bedarf es aber dann nicht, wenn die Kenntnisnahme durch eine andere Person (etwa einen Sachverständigen oder den anwaltlichen Vertreter des gefährdeten Zeugen) keine Gefährdung des Zeugen besorgen lässt.[47] Es ist nicht erforderlich, die betreffenden Daten bei Bekanntwerden einer Gefährdung „in der gesamten Akte unkenntlich zu machen".[48]

IV. Protokoll

Die Vernehmung des Zeugen zur Person ist eine protokollierungspflichtige **wesentliche Förmlichkeit** des Verfahrens (§§ 168a Abs. 1, 273 Abs. 1).

---

[40] KMR/*Neubeck* Rn. 13; Löwe/Rosenberg/*Dahs*, 25. Aufl., Rn. 14; SK/*Rogall* Rn. 41.
[41] KK-StPO/*Senge* Rn. 8; KMR/*Neubeck* Rn. 13; SK/*Rogall* Rn. 41.
[42] Hilger NStZ 1992, 457 (459); Möhrenschlager wistra 1992, 326 (332); HK/*Lemke* Rn. 21; KK-StPO/*Senge* Rn. 8; KMR/*Neubeck* Rn. 14; Löwe/Rosenberg/*Dahs*, 25. Aufl., Rn. 15; Meyer-Goßner Rn. 16; SK/*Rogall* Rn. 42.
[43] BT-Drucks. 16/12098, S. 14.
[44] HK/*Lemke* Rn. 23; KMR/*Neubeck* Rn. 15; Meyer-Goßner Rn. 17; SK/*Rogall* Rn. 42.
[45] BT-Drucks. 16/12098 S. 14.
[46] BT-Drucks. 16/12098 S. 14.
[47] Beschlussempfehlung des Rechtsausschusses vom 1. 7. 2009; BT-Drucks. 16/13671.
[48] So aber noch der ursprüngliche Gesetzesentwurf, vgl. BT-Drucks. 16/12098 S. 4, 14.

V. Revision

20 Allein auf die Verletzung der **Ordnungsvorschrift** des § 68 kann die Revision nicht gestützt werden.[49] Maßnahmen nach den Abs. 2 und 3 sind nicht revisibel, da sie den Rechtskreis des Angeklagten nicht berühren.[50] Gleiches gilt für eine Verletzung der Abs. 4 und 5. Revisibel sind allenfalls im Zusammenhang mit § 68 begangene Rechtsverletzungen, etwa eine unzulässige **Beschränkung in der Verteidigung** (§ 338 Nr. 8), zB durch Geheimhaltung der Personalien eines Zeugen[51] oder das ungerechtfertigte Unterlassen der Wohnortfeststellung.[52] Denkbar ist auch eine **Verletzung der Aufklärungspflicht** (§ 244 Abs. 2), zB durch die Vernehmung eines falschen Zeugen.[53]

§ 68 a [Fragen nach entehrenden Tatsachen und Vorstrafen]

(1) Fragen nach Tatsachen, die dem Zeugen oder einer Person, die im Sinne des § 52 Abs. 1 sein Angehöriger ist, zur Unehre gereichen können oder deren persönlichen Lebensbereich betreffen, sollen nur gestellt werden, wenn es unerläßlich ist.

(2) ¹Fragen nach Umständen, die die Glaubwürdigkeit des Zeugen in der vorliegenden Sache betreffen, insbesondere nach seinen Beziehungen zu dem Beschuldigten oder der verletzten Person, sind zu stellen, soweit dies erforderlich ist. ²Der Zeuge soll nach Vorstrafen nur gefragt werden, wenn ihre Feststellung notwendig ist, um über das Vorliegen der Voraussetzungen des § 60 Nr. 2 zu entscheiden oder um seine Glaubwürdigkeit zu beurteilen.

Schrifttum: *Helmken*, Zur Zulässigkeit von Fragen zur sexuellen Vergangenheit von Vergewaltigungsopfern, StV 1983, 81; *Wolters*, Zur Anwendung von § 68 a Abs. 1 in der Hauptverhandlung des Vergewaltigungsprozesses, Diss. 1987.

I. Allgemeines

1 § 68 a schützt das **allgemeine Persönlichkeitsrecht** (Art. 1 Abs. 1, Art. 2 Abs. 1 GG) des Zeugen und soll sein Recht auf faire Behandlung im Verfahren gewährleisten.[1] Denn der Zeuge hat einen Anspruch darauf, vor unangemessenen oder gar ehrverletzenden Angriffen der Verfahrensbeteiligten geschützt zu werden.[2] Auch wenn im Interesse der Sachaufklärung unangenehme oder bloßstellende Fragen nicht immer vermeidbar sind, kann der Zeuge verlangen, dass mit ihm möglichst schonend umgegangen wird.[3] Somit ist die Vorschrift **Ausdruck des Rechtsstaatsprinzips**.[4] Sie wird durch § 171 b Abs. 1 GVG (Ausschluss der Öffentlichkeit zum Schutz von Persönlichkeitsrechten) ergänzt.[5]

II. Fragen nach entehrenden und den persönlichen Lebensbereich betreffenden Tatsachen (Abs. 1)

2 **1. Entehrende Tatsachen.** Eine Tatsache ist **entehrend**, wenn sie die sittlich-moralische Bewertung des Zeugen oder seiner Angehörigen in der Umwelt nachteilig beeinflussen kann, also den guten Ruf gefährdet.[6] Die Beurteilung richtet sich nach objektiven Maßstäben, nicht nach der subjektiven Einschätzung des betroffenen Zeugen.[7]

3 **2. Den persönlichen Lebensbereich betreffende Tatsachen.** Die den persönlichen Bereich betreffenden Umstände sind von Tatsachen abzugrenzen, die nur das Berufs- oder Erwerbsleben betreffen. Erfasst ist daher der **private Bereich**, der jedermann zur Entfaltung seiner Persönlichkeit ge-

---

[49] BGH v. 14. 4. 1970 – 5 StR 627/69, BGHSt 23, 244 = NJW 1970, 1197; RG v. 4. 6. 1920 – V 22/20, RGSt 55, 22 (23); *Herdegen* NStZ 1984, 200 (202); aA *Frenzel* NStZ 1984, 39.
[50] *Herdegen* NStZ 1984, 200 (202); HK/*Lemke* Rn. 24; KK-StPO/*Senge* Rn. 12; zweifelnd Löwe/Rosenberg/*Dahs*, 25. Aufl., Rn. 23.
[51] BGH v. 14. 4. 1970 – 5 StR 627/69, BGHSt 23, 244 = NJW 1970, 1197.
[52] HK/*Lemke* Rn. 24; *Meyer-Goßner* Rn. 23; SK/*Rogall* Rn. 52; krit. BGH v. 10. 1. 1989 – 1 StR 669/88, NJW 1989, 1230 (1231).
[53] RG v. 4. 6. 1920 – V 22/20, RGSt 55, 22 (23).
[1] KMR/*Neubeck* Rn. 1; SK/*Rogall* Rn. 1.
[2] BVerfG v. 8. 10. 1974 – 2 BvR 747/73, BVerfGE 38, 105 (114) = NJW 1975, 103; BGH v. 29. 9. 1959 – 1 StR 375/69, BGHSt 13, 252 (254) = NJW 1959, 2075; KMR/*Neubeck* Rn. 1; *Meyer-Goßner* Rn. 1.
[3] Löwe/Rosenberg/*Dahs*, 25. Aufl., Rn. 1; *Meyer-Goßner* Rn. 1.
[4] BGH v. 5. 11. 2003 – 1 StR 368/03, BGHSt 48, 372 = NJW 2004, 239; *Wulf* DRiZ 1981, 374; AK/*Lemke* Rn. 1; HK/*Lemke* Rn. 1.
[5] KMR/*Neubeck* Rn. 1; *Meyer-Goßner* Rn. 4.
[6] BGH v. 29. 9. 1959 – 1 StR 375/69, BGHSt 13, 252 (254) = NJW 1959, 2075.
[7] KK-StPO/*Senge* Rn. 1; KMR/*Neubeck* Rn. 2; Löwe/Rosenberg/*Dahs*, 25. Aufl., Rn. 2; *Meyer-Goßner* Rn. 3; SK/*Rogall* Rn. 23.

währleistet sein muss.[8] Dazu gehören insbesondere private Eigenschaften und Neigungen des Zeugen, sein Gesundheitszustand, politische und religiöse Überzeugungen und auch Tatsachen aus dem Familienleben.[9] Nach dem Willen des Gesetzgebers soll in erster Linie auch die **Intimsphäre** des Zeugen geschützt werden. Es soll verhindert werden, dass Opfer von Sexualstraftaten Befragungen über ihr Sexualleben unterzogen werden, die keinen Zusammenhang mit der dem Angeklagten vorgeworfenen Tat erkennen lassen.[10]

3. **Unerlässlichkeit der Befragung.** Entehrende oder den persönlichen Lebensbereich betreffende Fragen sind dann **unerlässlich**, wenn ohne ihre Beantwortung die Wahrheit nicht aufgeklärt werden könnte.[11] Ob die Fragen unmittelbar erhebliche Tatsachen berühren oder nur Hilfstatsachen, die etwa die Glaubwürdigkeit des Zeugen betreffen, ist ohne Belang.[12] Unerhebliche, dh. für die Entscheidung des Gerichts bedeutungslose Fragen dürfen hingegen nicht gestellt werden.[13] Da die Sachaufklärung der Rücksichtnahme auf den Zeugen grundsätzlich vorgeht, kommt es auf die Bedeutung der Strafsache bei der Beurteilung der Unerlässlichkeit einer Frage nicht an.[14] 4

III. Generalfragen (Abs. 2 S. 1)

Die Zulässigkeit von Fragen nach Umständen, die die Glaubwürdigkeit des Zeugen betreffen, insbesondere nach seinen Beziehungen zu dem Beschuldigten oder der verletzten Person (sog. **Generalfragen**), war zunächst in § 68 Abs. 4 aF geregelt. Mit dem 2. Opferrechtsreformgesetz vom 29. 7. 2009[15] wurde die Regelung sprachlich neu gefasst und aus systematischen Gründen in Abs. 2 S. 1 angesiedelt, ohne dass damit in der Sache eine Einschränkung des Fragerechts (und der Fragepflicht) gegenüber der alten Gesetzeslage verbunden ist.[16] Ob dem Zeugen die Generalfragen nach Abs. 2 S. 1 gestellt werden, liegt im **Ermessen des Gerichts**. Soweit dadurch aber Schutzmaßnahmen nach § 68 Abs. 1 bis 5 unterlaufen würden, sind sie unzulässig.[17] Die **Entscheidung** trifft zunächst der Vorsitzende. Sowohl die Verfahrensbeteiligten als auch der Zeuge selbst sind dann berechtigt, die Entscheidung des Gerichts herbeizuführen.[18] 5

Der Zeuge ist verpflichtet, Fragen zu beantworten, die seine **Glaubwürdigkeit** in dieser Sache oder auch allgemein[19] betreffen. Zulässig sind Fragen nach dem Vorleben, der geistig-seelischen Entwicklung, Gebrechen, besonderen Fähigkeiten und unter den Voraussetzungen des Abs. 2 S. 2 auch nach Vorstrafen.[20] 6

Die **Beziehungen zum Beschuldigten oder zur verletzten Person** sind zu klären, um über Fragen der Weigerungsrechte nach §§ 52, 55 und der Vereidigung (§ 61) entscheiden zu können.[21] Auch wenn es in der Praxis üblich ist, jeden Zeugen nach seinen Beziehungen zum Beschuldigten zu fragen, kann eine solche Befragung unterbleiben, wenn solche Beziehungen offensichtlich nicht bestehen.[22] 7

IV. Fragen nach Vorstrafen (Abs. 2 S. 2)

Fragen nach Vorstrafen des Zeugen – auch noch nicht rechtskräftigen Verurteilungen[23] und Ahndungen wegen Ordnungswidrigkeiten[24] – dürfen grundsätzlich nur zur **Feststellung der Glaubwürdigkeit** des Zeugen, die etwa bei Vorverurteilungen wegen Aussagedelikten, Betrugs, falscher Verdächtigung etc. fraglich sein kann, oder zur **Feststellung der Vereidigungsvoraussetzungen (§ 60** 8

---

[8] Löwe/Rosenberg/*Dahs*, 25. Aufl., Rn. 3; *Meyer-Goßner* Rn. 4.
[9] BGH v. 18. 9. 1981 – 2 StR 370/81, BGHSt 30, 212 (214) = NJW 1982, 59; *Helmken* StV 1983, 81 (84); *Rieß/Hilger* NStZ 1987, 145 (150).
[10] BGH v. 1. 11. 2005 – 1 StR 498/04, NJW 2005, 1519; BGH v. 5. 11. 2003 – 1 StR 368/03, BGHSt 48, 372 = NJW 2004, 239; BT-Drucks. 10/5305 S. 1 ff.
[11] BGH v. 29. 9. 1959 – 1 StR 375/69, BGHSt 13, 252 (254) = NJW 1959, 2075; BGH v. 10. 11. 1967 – 4 StR 512/66, BGHSt 21, 334 (360) = NJW 1968, 710; BGH v. 14. 1. 1982 – 1 StR 809/81, NStZ 1982, 170.
[12] BGH v. 29. 9. 1959 – 1 StR 375/69, BGHSt 13, 252 (255) = NJW 1959, 2075; BGH v. 14. 1. 1982 – 1 StR 809/81, NStZ 1982, 170.
[13] BGH v. 29. 9. 1959 – 1 StR 375/69, BGHSt 13, 252 (254) = NJW 1959, 2075.
[14] KMR/*Neubeck* Rn. 4; Löwe/Rosenberg/*Dahs*, 25. Aufl., Rn. 4; *Meyer-Goßner* Rn. 5; SK/*Rogall* Rn. 32; aA AK/*Lemke* Rn. 2; HK/*Lemke* Rn. 3.
[15] BGBl. I S. 2280.
[16] BT-Drucks. 16/12 098 S. 15.
[17] *Hilger* 1992, 457 (459); KK-StPO/*Senge* § 68 Rn. 10; KMR/*Neubeck* § 68 Rn. 18; Löwe/Rosenberg/*Dahs*, 25. Aufl., § 68 Rn. 17; *Meyer-Goßner* § 68 Rn. 19.
[18] KK-StPO/*Senge* § 68 Rn. 10; KMR/*Neubeck* § 68 Rn. 19; *Meyer-Goßner* § 68 Rn. 19; SK/*Rogall* § 68 Rn. 51.
[19] BGH v. 13. 5. 1969 – 2 StR 616/68, BGHSt 23, 1 = JR 1969, 609.
[20] KMR/*Neubeck* § 68 Rn. 18; Löwe/Rosenberg/*Dahs*, 25. Aufl., § 68 Rn. 18; *Meyer-Goßner* § 68 Rn. 20.
[21] KK-StPO/*Senge* § 68 Rn. 10; Löwe/Rosenberg/*Dahs*, 25. Aufl., § 68 Rn. 18; *Meyer-Goßner* § 68 Rn. 21.
[22] KG v. 30. 3. 1977 – 1 Ws 163/77, JR 1977, 295.
[23] KK-StPO/*Senge* Rn. 3; KMR/*Neubeck* Rn. 5; Löwe/Rosenberg/*Dahs*, 25. Aufl., Rn. 5; *Meyer-Goßner* Rn. 7.
[24] LG Mannheim v. 12. 3. 1981 – 5 Ns 1980/80, NJW 1981, 1795.

§ 68b   Erstes Buch. Allgemeine Vorschriften

Nr. 2) gestellt werden.[25] In diesem Zusammenhang darf das Gericht auch einen Registerauszug erholen, Vorstrafenakten beiziehen und das Urteil verlesen.[26] Nur im Erziehungsregister eingetragene, im Strafregister getilgte oder tilgungsreife Verurteilungen (§§ 53, 64 Abs. 1 BZRG) braucht der Zeuge nicht anzugeben.[27]

V. Entscheidung

9   Die Entscheidung über die Unerlässlichkeit einer Frage trifft der **Vorsitzende**. Gegen dessen Entscheidung kann durch jeden Verfahrensbeteiligten, auch den Zeugen selbst,[28] das Gericht angerufen werden (§ 238 Abs. 2). § 68a schränkt das **Fragerecht** der Beteiligten ein. Nach Abs. 1 und 2 unzulässige Fragen sind daher nach § 241 Abs. 2 zurückzuweisen.[29] Die Generalfragen und die zugehörigen Antworten werden in der Praxis meist **protokolliert**; zwingend erforderlich ist dies jedoch nicht, da sie zur Vernehmung zur Sache (§ 69), nicht zur Person, gehören.[30]

VI. Revision

10   § 68a ist eine grundsätzlich nicht revisible **Ordnungsvorschrift**.[31] Sind aber Fragen unter Berufung auf diese Vorschrift zu Unrecht zurückgewiesen worden, kann dies, sofern ein Gerichtsbeschluss nach § 238 Abs. 2 herbeigeführt wurde, nach **§ 338 Nr. 8** die Revision begründen.[32] Wurde hingegen eine unzulässige Frage zugelassen, begründet das die Revision nicht, da dadurch die Wahrheitsermittlung nicht berührt wird.[33] Denkbar ist auch eine **Verletzung der Aufklärungspflicht** (§ 244 Abs. 2), zB durch das Absehen von der Frage nach Vorstrafen.[34] Auf ein **Unterlassen der Generalfragen** nach Abs. 2 S. 1 kann die Revision idR nicht gestützt werden, da eine solche Rüge sich – revisionsrechtlich unbeachtlich – darin erschöpft, der Tatrichter habe ein Beweismittel nicht ausgeschöpft.[35]

§ 68b [Zeugenbeistand]

(1) ¹Zeugen können sich eines anwaltlichen Beistands bedienen. ²Einem zur Vernehmung des Zeugen erschienenen anwaltlichen Beistand ist die Anwesenheit gestattet. ³Er kann von der Vernehmung ausgeschlossen werden, wenn bestimmte Tatsachen die Annahme rechtfertigen, dass seine Anwesenheit die geordnete Beweiserhebung nicht nur unwesentlich beeinträchtigen würde. ⁴Dies wird in der Regel der Fall sein, wenn aufgrund bestimmter Tatsachen anzunehmen ist, dass
1. der Beistand an der zu untersuchenden Tat oder an einer mit ihr im Zusammenhang stehenden Begünstigung, Strafvereitelung oder Hehlerei beteiligt ist,
2. das Aussageverhalten des Zeugen dadurch beeinflusst wird, dass der Beistand nicht nur den Interessen des Zeugen verpflichtet erscheint, oder
3. der Beistand die bei der Vernehmung erlangten Erkenntnisse für Verdunkelungshandlungen im Sinne des § 112 Absatz 2 Nummer 3 nutzt oder in einer den Untersuchungszweck gefährdenden Weise weitergibt.

(2) ¹Einem Zeugen, der bei seiner Vernehmung keinen anwaltlichen Beistand hat und dessen schutzwürdigen Interessen nicht auf andere Weise Rechnung getragen werden kann, ist für deren Dauer ein solcher beizuordnen, wenn besondere Umstände vorliegen, aus denen sich ergibt, dass der Zeuge seine Befugnisse bei seiner Vernehmung nicht selbst wahrnehmen kann. ²§ 142 Absatz 1 gilt entsprechend.

(3) ¹Entscheidungen nach Absatz 1 Satz 3 und Absatz 2 Satz 1 sind unanfechtbar. ²Ihre Gründe sind aktenkundig zu machen, soweit dies den Untersuchungszweck nicht gefährdet.

---

[25] BGH v. 15. 3. 2001 – 5 StR 591/00, NStZ 2001, 418.
[26] BGH v. 2. 10. 1951 – 1 StR 421/51, BGHSt 1, 337 = NJW 1952, 153.
[27] KK-StPO/*Senge* Rn. 3; KMR/*Neubeck* Rn. 5; Löwe/Rosenberg/*Dahs*, 25. Aufl., Rn. 5; Meyer-Goßner Rn. 7; *Pfeiffer* Rn. 2; SK/*Rogall* Rn. 35.
[28] KK-StPO/*Senge* Rn. 4; KMR/*Neubeck* Rn. 6; Löwe/Rosenberg/*Dahs*, 25. Aufl., Rn. 8; Meyer-Goßner Rn. 8; SK/*Rogall* Rn. 39; aA AK/*Lemke* Rn. 4.
[29] BGH v. 29. 9. 1959 – 1 StR 375/69, BGHSt 13, 252 (254) = NJW 1959, 2075; BGH v. 10. 11. 1967 – 4 StR 512/66, BGHSt 21, 334 (360) = NJW 1968, 710.
[30] KMR/*Neubeck* § 68 Rn. 20; Meyer-Goßner § 68 Rn. 22; SK/*Rogall* § 68 Rn. 50.
[31] AK/*Lemke* Rn. 6; HK/*Lemke* Rn. 6; KK-StPO/*Senge* Rn. 6; Löwe/Rosenberg/*Dahs*, 25. Aufl., Rn. 10; Meyer-Goßner Rn. 9; *Pfeiffer* Rn. 3; aA SK/*Rogall* Rn. 41.
[32] BGH v. 14. 1. 1982 – 1 StR 809/81, NStZ 1982, 170; BGH v. 17. 4. 1990 – 2 StR 149/90, NStZ 1990, 400; BGH v. 15. 3. 2001 – 5 StR 591/00, NStZ 2001, 418.
[33] KMR/*Neubeck* Rn. 7; Löwe/Rosenberg/*Dahs*, 25. Aufl., Rn. 10; SK/*Rogall* Rn. 42.
[34] BGH v. 13. 2. 1964 – 1 StR 549/63; HK-StPO/*Lemke* § 68 Rn. 24; KK-StPO/*Senge* § 68 Rn. 12.
[35] HK/*Lemke* § 68 Rn. 24; Löwe/Rosenberg/*Dahs*, 25. Aufl., § 68 Rn. 23; SK/*Rogall* § 68 Rn. 52.

Sechster Abschnitt. Zeugen 1–6 **§ 68b**

Schrifttum: *Griesbaum*, Der gefährdete Zeuge – Überlegungen zur aktuellen Lage des Zeugenschutzes im Strafverfahren, NStZ 1998, 433; *Rieß*, Das neue Zeugenschutzgesetz, insbesondere Video-Aufzeichnungen von Aussagen im Ermittlungsverfahren und in der Hauptverhandlung, StraFo 1999, 1; *Seitz*, Das Zeugenschutzgesetz – ZSchG, JR 1998, 309.

I. Allgemeines

1. Normzweck. § 68 b wurde durch das 2. Opferrechtsreformgesetz vom 29. 7. 2009[1] grundlegend neu gefasst. Die Vorschrift verfolgt den Zweck, die Rechtsstellung bestimmter schutzwürdiger Zeugen in Vernehmungssituationen zu verbessern. Durch **Mitwirkung eines anwaltlichen Beistands** soll ihnen ermöglicht werden, ihre Abwehr- und Schutzrechte geltend zu machen.[2] Die Vorschrift beruht auf der empirisch als gesichert anzusehenden Erkenntnis, dass von zeugenschützenden Maßnahmen deutlich häufiger Gebrauch gemacht wurde, wenn dem Zeugen ein Rechtsanwalt zur Seite stand.[3] Die Neufassung der Norm regelt nunmehr neben der Beiordnung eines Rechtsbeistandes erstmalig ausdrücklich die Befugnis des Zeugen, sich auf eigene Kosten einen anwaltlichen Beistand zu wählen. Diese Befugnis war aber bereits – ausgehend von der Rechtsprechung des BVerfG[4] – nach der alten Gesetzeslage allgemein anerkannt.

2. Anwendungsbereich. § 68 b gilt für **alle** richterlichen und staatsanwaltschaftlichen (§ 161 a Abs. 1 S. 2) **Vernehmungen**, auch außerhalb der Hauptverhandlung, und nach der Neufassung der Vorschrift, anders als nach der alten Gesetzeslage,[5] auch für Vernehmungen durch die Polizei (§ 163 Abs. 3 S. 1).

II. Zeugenbeistand (Abs. 1)

1. Allgemeines (S. 1). Abs. 1 S. 1 normiert die allgemeine Befugnis des Zeugen, sich eines anwaltlichen Beistands zu bedienen. Aus dem eindeutigen Wortlaut des Gesetzes und dem Fehlen einer § 138 Abs. 1 und Abs. 2 entsprechenden Regelung folgt, dass **ausschließlich Rechtsanwälte** als Beistände auftreten können. Eine Zulassung von Hochschullehrern und sonstigen Personen als Zeugenbeistand ist damit ausgeschlossen.[6] Dabei kann ein Rechtsanwalt in demselben Verfahren **mehrere Zeugen** zugleich als Beistand vertreten, § 146 gilt nicht.[7] Die **Kosten** des Beistands trägt der Zeuge; die Staatskasse nur in den Fällen der Beiordnung (Abs. 2).[8]

2. Anwesenheitsrecht bei der Vernehmung (S. 2). Abs. 1 S. 2 stellt klar, dass das Recht des Zeugen, sich eines anwaltlichen Beistands zu bedienen, zwar grundsätzlich auch während seiner Vernehmung besteht, es jedoch dem Zeugen obliegt, die Anwesenheit seines Rechtsanwalts zu bewirken.[9] Die Strafverfolgungsbehörden sind jedoch nach Möglichkeit gehalten, im Interesse einer fairen Verfahrensführung Vernehmungen so zu terminieren, dass ein Zeuge von einer von ihm gewünschten anwaltlichen Begleitung auch Gebrauch machen kann.[10]

3. Ausschluss von der Vernehmung (S. 3 und 4). Die Anwesenheit des anwaltlichen Beistands darf nicht dazu führen, dass die Wahrheitsermittlung in unzumutbarer Weise beeinträchtigt wird. Daher bestimmt S. 3, dass der Beistand von der Vernehmung ausgeschlossen werden kann, wenn zu besorgen steht, dass seine Anwesenheit die geordnete **Beweiserhebung** nicht nur unwesentlich **gefährden** würde. Dies ist zB dann der Fall, wenn die Teilnahme des Rechtsanwalts an der Vernehmung erkennbar dazu missbraucht wird, eine effektive Beweisaufnahme zu erschweren und damit das Auffinden einer materiell richtigen und gerechten Entscheidung zu verhindern.[11] Die Annahme einer solchen Gefährdung muss auf **bestimmten Tatsachen** gründen, dh. sie darf nicht nur auf Spekulationen oder vagen Verdachtsmomenten beruhen. Anders als ein Verteidigerausschluss nach § 138 a Abs. 1 StPO wird jedoch kein dringender Verdacht oder eine überwiegende Wahrscheinlichkeit vorausgesetzt.[12] S. 4 führt Beispiele auf, in denen die von S. 3 vorausgesetzte Gefährdung der geordneten Beweiserhebung in der Regel gegeben sein wird:

a) Tatbeteiligung (S. 4 Nr. 1). Die Fallgestaltungen der Nr. 1 orientieren sich an den den Verteidigerausschluss rechtfertigenden Gründen des **§ 138 a Abs. 1 Nr. 1 und 3 StPO**: Ein Zeugenbeistand, der selbst in eine dem Verfahren zugrunde liegende oder mit ihr in engem Zusammenhang

---

[1] BGBl. I S. 2280.
[2] KK-StPO/*Senge* Rn. 2; KMR/*Neubeck* Rn. 1; *Pfeiffer* Rn. 1.
[3] BT-Drucks. 13/7165 S. 5, 8; KK-StPO/*Senge* Rn. 2; KMR/*Neubeck* Rn. 1; *Meyer-Goßner* Rn. 1.
[4] Grundlegend BVerfG v. 8. 10. 1974 – 2 BvR 747/73, BVerfGE 38, 105 = NJW 1975, 103.
[5] Vgl. etwa *Rieß* StraFo 1999, 1 (8); *Seitz* JR 1998, 309 (310).
[6] KK-StPO/*Senge* Rn. 3; KMR/*Neubeck* Rn. 2; Löwe/Rosenberg/*Rieß*, 25. Aufl., Rn. 26; aA SK/*Rogall* Rn. 7.
[7] HK/*Lemke* Rn. 7; KK-StPO/*Senge* Rn. 3; KMR/*Neubeck* Rn. 2; aA SK/*Rogall* Rn. 32.
[8] AllgM.
[9] BT-Drucks. 16/12098 S. 15.
[10] BT-Drucks. 16/12098 S. 15.
[11] BVerfG v. 8. 10. 1974 – 2 BvR 747/73, BVerfGE 38, 105 (120) = NJW 1975, 103.
[12] BT-Drucks. 16/12098 S. 16.

stehende Tat verwickelt ist, erscheint ungeeignet, den Zeugen objektiv zu beraten.[13] Wegen der Einzelheiten wird auf die Kommentierung zu § 138a StPO verwiesen.

7   b) **Interessenkonflikte (S. 4 Nr. 2).** Die Nr. 2 will im Interesse der Wahrheitsfindung und des Zeugen sicherstellen, dass sich die Beratung des Zeugen nur an seinem Interesse und nicht auch am möglicherweise gegenläufigen Interesse anderer Personen orientiert. Die **freie Willensentscheidung des Zeugen** ist vor allem dann gefährdet, wenn der anwaltliche Beistand auch für andere Personen tätig ist, die ein Interesse an einer bestimmten Aussage des Zeugen haben,[14] etwa, wenn der Rechtsanwalt neben dem Zeugen auch den im Verfahren Beschuldigten vertritt oder wenn sich die Ermittlungen gegen Angehörige bestimmter (zB rechtsextremer) Gruppierungen richten, denen der Zeuge angehört, und von den Anführern der Gruppe ein anwaltlicher Beistand beauftragt wurde.

8   c) **Verdunkelungshandlungen (S. 4 Nr. 3).** Nr. 3 erfasst die Fälle, in denen die Gefahr besteht, dass der anwaltliche Beistand die von ihm bei der Vernehmung erlangten Erkenntnisse im Eigen- oder Fremdinteresse in einer den Untersuchungserfolg gefährdenden Weise verwenden wird, zB durch Vernichtung der Beweismittel oder zur Warnung gesuchter Personen.[15]

9   **4. Sonstige Rechte des Beistands.** Die Rechtsstellung des Beistands ist aus der des Zeugen abgeleitet; er hat daher nicht mehr Befugnisse als der Zeuge selbst.[16] Insbesondere hat der Beistand kein eigenständiges **Akteneinsichtsrecht**.[17] Für ihn gilt, wie für jeden Dritten auch, § 475, wobei einer Akteneinsicht durch den Beistand vor der Vernehmung des Zeugen regelmäßig „Zwecke des Strafverfahrens" entgegenstehen (§ 477 Abs. 2 S. 1).[18] Im Übrigen wird zur Stellung des anwaltlichen Zeugenbeistands auf die Ausführungen zu § 48 Rn. 12 ff. verwiesen.

III. Beiordnung (Abs. 2)

10   **1. Anwendungsbereich.** Die Beiordnung beschränkt sich auf die **Dauer der Vernehmung** und umfasst alle Vorgänge, die mit ihr in enger Verbindung stehen oder sich aus ihr ergeben,[19] einschließlich eines vorherigen Beratungsgesprächs.[20] Sie endet mit dem Abschluss der Vernehmung; sie gilt für eine erneute Vernehmung nicht fort, insoweit bedarf es einer erneuten Beiordnungsentscheidung.[21] Eine rückwirkende Bestellung ist unzulässig und unwirksam.[22] Ein Rechtsanwalt kann in demselben Verfahren **mehreren Zeugen** als Beistand beigeordnet werden.[23] Liegen bei den Zeugen aber widerstreitende Interessen vor (zB bei Belastungs- und Entlastungszeugen), so sollten ihnen unterschiedliche Anwälte beigeordnet werden.[24]

11   **2. Unfähigkeit zur Wahrnehmung prozessualer Befugnisse.** Dem Zeugen ist nur dann ein anwaltlicher Beistand beizuordnen, wenn er nicht in der Lage ist, sein Befugnisse bei der Vernehmung selbst wahrzunehmen. Dazu gehören etwa die Weigerungsrechte nach §§ 52 bis 53a, 55, die Beanstandung von Fragen und das Begehren, die Öffentlichkeit auszuschließen.[25] Eine solche **Schutzbedürftigkeit** muss beim Anlegen eines objektiven Maßstabes nahe liegen. Dies wird bei kindlichen und jugendlichen Zeugen, insbesondere Tatopfern, regelmäßig gegeben sein,[26] kann aber auch bei einer schwierigen Sach- und Rechtslage sowie bei gefährdeten, insbesondere bei mit Repressalien bedrohten Zeugen anzunehmen sein.[27] Die Beiordnung eines Zeugenbeistands soll aber die Ausnahme bleiben, wie der durch das 2. Opferrechtsreformgesetz neu gefasste Gesetzeswortlaut in Abs. 2 S. 1 („besondere Umstände") verdeutlicht.[28]

12   **3. Subsidiarität.** Die Beiordnung eines Rechtsanwalts ist weiter davon abhängig, dass dem Schutzbedürfnis des Zeugen nicht **auf andere Weise** Rechnung getragen werden kann. Dies kann im Einzelfall geschehen durch den Ausschluss der Öffentlichkeit, die Entfernung des Angeklagten,

---

[13] BT-Drucks. 16/12098 S. 16.
[14] BT-Drucks. 16/12098 S. 17.
[15] BT-Drucks. 16/12098 S. 17.
[16] OLG Hamburg v. 3. 1. 2002 – 2 Ws 258/01, NJW 2002, 1590; BT-Drucks. 13/7165 S. 9.
[17] OLG Düsseldorf v. 21. 5. 2002 – VI 9/01; HK/*Lemke* Rn. 8; Löwe/Rosenberg/*Rieß*, 25. Aufl., Rn. 23; Meyer-Goßner Rn. 5; aA KK-StPO/*Senge* Rn. 9.
[18] KG v. 20. 12. 2007 – 2 BJs 58/06, StRR 2008, 104 mAnm *Hauschka*; Löwe/Rosenberg/*Rieß*, 25. Aufl., Rn. 23.
[19] *Griesbaum* NStZ 1998, 433 (439); Meyer-Goßner Rn. 5.
[20] LG Dortmund v. 31. 1. 2006 – 1 Qs 80/05, NStZ 2007, 240.
[21] KK-StPO/*Senge* Rn. 4; KMR/*Neubeck* Rn. 3; Meyer-Goßner Rn. 5; SK/*Rogall* Rn. 9; so gilt die Beiordnung auch nicht für die Einlegung eines Rechtsmittels für den Zeugen – KG v. 7. 5. 2009 – 1 Ws 47/09, NStZ-RR 2009, 327.
[22] KG v. 25. 2. 2008 – 2 BJs 58/06.
[23] S. auch Rn. 3.
[24] KMR/*Neubeck* Rn. 2.
[25] KK-StPO/*Senge* Rn. 5; KMR/*Neubeck* Rn. 4.
[26] BT-Drucks. 13/7165 S. 8; KK-StPO/*Senge* Rn. 5; KMR/*Neubeck* Rn. 4; Meyer-Goßner Rn. 3.
[27] KK-StPO/*Senge* Rn. 5; KMR/*Neubeck* Rn. 4; Löwe/Rosenberg/*Rieß*, 25. Aufl., Rn. 10; SK/*Rogall* Rn. 13.
[28] BT-Drucks. 16/12098 S. 17.

eine audiovisuelle Zeugenvernehmung oder auch durch Hinweise und Belehrungen des Gerichts.[29] Eine Beiordnung ist auch dann nicht zulässig, wenn der Zeuge bereits einen anwaltlichen Beistand hat.[30] Ob es dem Zeugen aufgrund seiner finanziellen Mittel zumutbar ist, auf eigene Kosten einen Beistand beizuziehen, ist hingegen ohne Belang.[31]

4. Beiordnung von Amts wegen. Die Beiordnung des Rechtsanwalts setzt nach der Neufassung der Vorschrift **keine Zustimmung** der Staatsanwaltschaft mehr voraus. Das Zustimmungserfordernis ist, da sachlich nicht gerechtfertigt, entfallen,[32] so dass die Beiordnung bei Vorliegen der tatbestandlichen Voraussetzungen nicht nur auf Antrag (des Zeugen oder der Staatsanwaltschaft) sondern von Amts wegen zu erfolgen hat. Für die **Auswahl** des beizuordnenden anwaltlichen Beistands gilt § 142 Abs. 1. Dem Zeugen ist also vor der Entscheidung idR rechtliches Gehör zu gewähren. 13

IV. Entscheidung

1. Ausschluss von der Vernehmung (Abs. 1 S. 3 und 4). Liegen die Voraussetzungen des Abs. 1 S. 3 oder 4 vor, so hat das Gericht über die Frage, ob der anwaltliche Beistand auszuschließen ist, eine **Ermessensentscheidung** zu treffen. Dabei hat es neben dem Grad der Gefährdung der geordneten Beweiserhebung insbesondere das Interesse des Zeugen an einer angemessenen anwaltlichen Beratung, das des Rechtsanwalts an der uneingeschränkten Ausübung seines Berufs und das der Strafverfolgungsbehörden an der Aufklärung des Sachverhalts gegeneinander abzuwägen.[33] Der Rat an den Zeugen, ein Zeugnis- oder Auskunftsverweigerungsrecht wahrzunehmen, oder die Beanstandung von Fragen, die der anwaltliche Beistand für unzulässig hält, stellt für sich allein genommen aber keine Beeinträchtigung der geordneten Beweiserhebung dar, mag die Sachverhaltsaufklärung dadurch auch tatsächlich erschwert werden.[34] 14

2. Beiordnung (Abs. 2). Liegen die Tatbestandsvoraussetzungen des Abs. 2 vor, so ist die Beiordnung eines anwaltlichen Beistands **verpflichtend**. Die Beschränkung dieser Verpflichtung auf Verfahren, denen bestimmte schwerwiegende Delikte zugrunde liegen, ist durch den Gesetzgeber bewusst aufgehoben worden.[35] 15

3. Zuständigkeit. Für die Entscheidung über den Ausschluss von der Anwesenheit oder die Beiordnung eines Rechtsanwalts gelten die allgemeinen Grundsätze, dh. zuständig ist bei gerichtlichen Vernehmungen das mit der Vernehmung befasste **Gericht**.[36] Bei staatsanwaltschaftlichen Vernehmungen stehen die Befugnisse aus Abs. 1 S. 3 und Abs. 2 dem vernehmenden **Staatsanwalt** zu, § 161a Abs. 1 S. 2. Bei Vernehmungen durch die **Polizei** ist der vernehmende Beamte zwar zur Entscheidung über den Ausschluss eines anwaltlichen Beistands befugt, § 163 Abs. 3 S. 3, während die Entscheidung über die Beiordnung eines anwaltlichen Beistands der Staatsanwaltschaft vorbehalten ist, § 163 Abs. 3 S. 2. 16

4. Begründung (Abs. 3 S. 2). Abs. 3 S. 2 bestimmt, dass Entscheidungen nach Abs. 1 S. 3 und Abs. 2 S. 1 unter Nennung der Gründe **aktenkundig** zu machen sind. Bei Entscheidungen der Staatsanwaltschaft und der Polizei erscheint dies notwendig, da für eine mögliche gerichtliche Überprüfung[37] die tragenden Erwägungen offen gelegt werden sollten. Aber auch bei gerichtlichen Entscheidungen können deren Gründe im weiteren Verfahren noch relevant sein, etwa wenn ein Zeuge, dem (im Ermittlungsverfahren) ein anwaltlicher Beistand beigeordnet wurde, (im Hauptverfahren) nochmals vernommen werden soll.[38] Von der Begründung der Entscheidung kann abgesehen werden, wenn dies den Untersuchungszweck gefährden würde. Insoweit gelten die zu § 147 Abs. 5 S. 3 entwickelten Grundsätze. 17

V. Rechtsmittel

Die Entscheidungen des **Gerichts** sind sowohl beim Ausschluss eines anwaltlichen Beistands als auch für die Fälle der Beiordnung oder der Ablehnung eines Beiordnungsantrags **unanfechtbar** 18

---

[29] AG Saarbrücken v. 27. 5. 2009 – 118 Ls 11 Js 1609/08; *Seitz* JR 1998, 309 (310); KK-StPO/*Senge* Rn. 6; KMR/*Neubeck* Rn. 6; *Meyer-Goßner* Rn. 4; SK/*Rogall* Rn. 14.
[30] KK-StPO/*Senge* Rn. 6; KMR/*Neubeck* Rn. 5; *Meyer-Goßner* Rn. 4.
[31] KMR/*Neubeck* Rn. 6; Löwe/Rosenberg/*Rieß*, 25. Aufl., Rn. 11; *Meyer-Goßner* Rn. 4; aA *Seitz* JR 1998, 309 (310).
[32] BT-Drucks. 16/12098 S. 17.
[33] BT-Drucks. 16/12098 S. 16; vgl. auch BVerfG v. 8. 10. 1974 – 2 BvR 747/73, BVerfGE 38, 105 (118) = NJW 1975, 103.
[34] BT-Drucks. 16/12098 S. 16.
[35] BT-Drucks. 16/12098 S. 17.
[36] BT-Drucks. 16/12098 S. 18.
[37] S. Rn. 19.
[38] BT-Drucks. 16/12098 S. 18.

(Abs. 3 S. 1).[39] Diese Entscheidungen sind auch einer **Revision** nicht zugänglich, da sie einer Überprüfung durch das Rechtsmittelgericht nach § 336 S. 2 entzogen sind.[40]

19   Gegen Entscheidungen der **Staatsanwaltschaft** nach Abs. 1 S. 3 und Abs. 2 S. 1 sowie der **Polizei** über den Ausschluss eines anwaltlichen Beistands von der Anwesenheit bei einer Vernehmung steht dem betroffenen Zeugen die Möglichkeit offen, **Antrag auf gerichtliche Entscheidung** zu stellen, §§ 161a Abs. 3 S. 2, 163 Abs. 3 S. 3.

§ 69 [Vernehmung zur Sache]

(1) [1]Der Zeuge ist zu veranlassen, das, was ihm vom Gegenstand seiner Vernehmung bekannt ist, im Zusammenhang anzugeben. [2]Vor seiner Vernehmung ist dem Zeugen der Gegenstand der Untersuchung und die Person des Beschuldigten, sofern ein solcher vorhanden ist, zu bezeichnen.

(2) Zur Aufklärung und zur Vervollständigung der Aussage sowie zur Erforschung des Grundes, auf dem das Wissen des Zeugen beruht, sind nötigenfalls weitere Fragen zu stellen.

(3) Die Vorschrift des § 136a gilt für die Vernehmung des Zeugen entsprechend.

Schrifttum: *Grohmann/Schulz*, Polizeibeamte vor Gericht, DAR 1980, 74; *Kassebohm*, Zeugen richtig befragen, NJW 2009, 200; *Krause*, Vorbereitungsrecht und Vorbereitungspflicht des polizeilichen Zeugen, Polizei 1981, 119; *Krehl*, Die Erkundigungspflicht des Zeugen bei fehlender oder beeinträchtigter Erinnerung und mögliche Folgen ihrer Verletzung, NStZ 1991, 416; *Nöldeke*, Polizeibeamte als Zeugen vor Gericht, NJW 1979, 1644; *Prüfer*, Der Zeugenbericht (§ 69 Abs. 1 Satz 1 StPO), DRiZ 1975, 334.

I. Allgemeines

1   **1. Ablauf der Vernehmung.** § 69 enthält die **Grundregel**, nach der die Vernehmung eines Zeugen zur Sache ablaufen soll. Zunächst ist der Zeuge über den Gegenstand der Untersuchung und die Person des Beschuldigten zu unterrichten (Abs. 1 S. 2), sofern er davon noch keine Kenntnis hat.[1] Danach gibt der Zeuge einen zusammenhängenden Bericht (Abs. 1 S. 1), im Anschluss folgt „nötigenfalls" (in der Praxis nahezu stets) das Verhör (Abs. 2).[2]

2   **2. Anwendungsbereich.** Die Vorschrift gilt für **alle richterlichen Vernehmungen** innerhalb und außerhalb der Hauptverhandlung, einschließlich kommissarischer,[3] und über die Verweisung in § 161a Abs. 1 S. 2 auch für **staatsanwaltschaftliche** Vernehmungen. Aufgrund der gesetzlichen Neufassung der Norm durch das 2. Opferrechtsreformgesetz vom 29. 7. 2009 findet sie nunmehr auch Anwendung auf **polizeiliche** Verhöre,[4] was als nicht unproblematisch erscheint, da kriminaltaktische Gründe ein anderes Vorgehen rechtfertigen können.[5] Unanwendbar ist § 69 hingegen bei Vernehmungen durch Konsulate oder ausländische Gerichte.[6]

II. Vernehmung zur Sache

3   **1. Grundsatz der Mündlichkeit.** Der Zeuge ist – abgesehen von des Ausnahmefällen des § 186 GVG – **mündlich** zu vernehmen. Unzulässig ist daher die bloße Entgegennahme oder Verlesung schriftlicher Erklärungen,[7] eine mündliche Bezugnahme auf (eigene oder fremde) schriftliche Äußerungen[8] oder die Bestätigung der Richtigkeit eines Polizeiberichts.[9] Es ist auch nicht zulässig, bei einer wiederholten Vernehmung dem Zeugen nur seine frühere Aussage vorzulesen und ihn dann deren Richtigkeit bestätigen zu lassen.[10] **Schriftliche Äußerungen** sind hingegen im Ermittlungsverfahren (Nr. 67 RiStBV) und immer dann statthaft, wenn im Freibeweisverfahren vorgegangen werden kann.[11]

---

[39] BT-Drucks. 16/12098 S. 18; so bereits zur Beiordnung nach der alten Gesetzeslage KG v. 25. 2. 2008 – 2 BJs 58/06; OLG Hamburg v. 3. 1. 2002 – 2 Ws 258/01, NJW 2002, 1590 (1591); OLG Celle v. 27. 1. 2000 – 3 Ws 26/00, NStZ-RR 2000, 336; OLG Hamm v. 17. 12. 1999 – 3 Ws 727/99, NStZ 2000, 220.
[40] *Griesbaum* NStZ 1998, 433 (439); *Seitz* JR 1998, 309 (311); KMR/*Neubeck* Rn. 11; Löwe/Rosenberg/*Rieß*, 25. Aufl., Rn. 34; *Meyer-Goßner* Rn. 8; *Pfeiffer* Rn. 5; SK/*Rogall* Rn. 34 jeweils zur alten Gesetzeslage.
[1] KK-StPO/*Senge* Rn. 1; Löwe/Rosenberg/*Dahs*, 25. Aufl., Rn. 3; *Meyer-Goßner* Rn. 2.
[2] BGH v. 11. 11. 1952 – 1 StR 465/52, BGHSt 3, 281 (284) = NJW 1953, 115.
[3] BGH v. 16. 12. 1952 – 1 StR 575/52, NJW 1953, 231; RG v. 8. 1. 1940 – 2 D 844/39, RGSt 74, 35.
[4] BGBl. I S. 2280 (2282); aA zur alten Gesetzeslage BGH v. 5. 12. 1984 – 2 StR 526/84, NStZ 1985, 278.
[5] So zutreffend KK-StPO/*Senge* Rn. 1.
[6] BGH v. 1. 7. 1971 – 1 StR 362/70, MDR 1971, 897; BGH v. 28. 7. 1986 – 3 StR 61/86, BGHR StPO § 69 Abs. 1 S. 1 Rechtshilfevernehmung 1.
[7] RG v. 29. 11. 1904 – 3280/04, RGSt 37, 330.
[8] RG v. 13. 4. 1931 – III 107/31, RGSt 65, 273.
[9] *Meyer-Goßner* Rn. 4 mwN.
[10] BGH v. 21. 10. 1952 – 1 StR 287/52, NJW 1953, 35.
[11] AK/*Lemke* Rn. 3; HK/*Lemke* Rn. 3; Löwe/Rosenberg/*Dahs*, 25. Aufl., Rn. 3; *Meyer-Goßner* Rn. 4.

Sechster Abschnitt. Zeugen 4–8 **§ 69**

2. Bericht (Abs. 1). Der Zeuge ist zu veranlassen, dies auch bei wiederholten Vernehmungen,[12] 4 seine Erinnerung vom Gegenstand der Vernehmung im Zusammenhang wiederzugeben.[13] Den Zeugen trifft nach Abs. 1 nicht nur die **Pflicht**, einen solchen Bericht zu erstatten, vielmehr hat er auch das **Recht**, seine Aussage unbeeinflusst von Fragen und Vorhalten zusammenhängend zu machen.[14] Dieses Vorgehen dient auch dem **Zweck**, die Zuverlässigkeit des Zeugen und den Beweiswert seiner Aussage richtig einschätzen zu können,[15] da erkennbar werden muss, was der Zeuge aus lebendiger Erinnerung zu berichten weiß und was er erst mit Nachhilfe des Gerichts bekunden kann.[16]

Ist dem Zeugen wegen Befangenheit, mangelnder Intelligenz, oder Altersschwäche eine **zu-** 5 **sammenhängende Aussage unmöglich**, so ist der Versuch ausreichend, ihn zu einem solchen Bericht zu veranlassen.[17] Auch sonst verbietet es die Vorschrift nicht, dem Zeugen zu Beginn oder während der Vernehmung durch Stichworte, Hinweise, Zwischenfragen oder Vorhalte zu unterbrechen, wenn dies zur Sachaufklärung als notwendig erscheint.[18] Auch muss der Richter Weitschweifigkeiten, Ungereimtheiten, Nebensächlichkeiten oder offenbare Unwahrheiten im Bericht des Zeugen nicht unwidersprochen hinnehmen.[19] Betrifft die Zeugenvernehmung mehrere selbständige Tatkomplexe (sog. Punktesachen), ist eine abschnittsweise Vernehmung statthaft.[20]

3. Verhör (Abs. 2). Das Verhör dient dem **Zweck**, den Bericht des Zeugen zu vervollständigen 6 und zu überprüfen, Unklarheiten zu beseitigen, Lücken zu schließen und herauszufinden, was der Zeuge selbst beobachtet hat, was er von Dritten weiß und was er bloß schlussfolgert.[21] Zur Überprüfung der Glaubwürdigkeit und zur Auffrischung des Gedächtnisses können dem Zeugen insbesondere auch **Vorhalte** gemacht werden. Gegenstand eines solchen Vorhalts können eigene oder fremde frühere Aussagen, Beweisgegenstände, sonstige Beweisergebnisse oder auch eigenes Wissen des Vernehmenden sein.[22] Frühere Vernehmungen können durch Verlesung der Niederschrift[23] oder Abspielen einer Tonbandaufzeichnung[24] vorgehalten werden. Beweisgrundlage ist dann aber nicht der Inhalt der früheren Aussage sondern die auf den Vorhalt vom Zeugen abgegebene Erklärung.[25]

4. Vernehmungshilfen. Die Verwendung von Vernehmungshilfen ist zulässig, oft aus Aufklä- 7 rungsgesichtspunkten sogar geboten. Der Zeuge ist berechtigt und verpflichtet, sich bei der Vernehmung schriftlicher Unterlagen zu bedienen, um seine Erinnerung aufzufrischen,[26] sofern ihm dies zuzumuten ist.[27] Zeugen, insbesondere Richter, Staatsanwälte und Polizeibeamte, die über Wahrnehmungen berichten sollen, die sie in amtlicher Eigenschaft gemacht haben, trifft darüber hinaus eine **Vorbereitungspflicht**. Solche Zeugen müssen zB die ihnen in ihrer Behörde zugänglichen Akten einsehen, um sich Einzelheiten, die ihnen nicht mehr präsent sind, ins Gedächtnis zurückzurufen.[28]

Das Gericht muss den Zeugen beim Bemühen um eine wahrheitsgemäße Aussage unterstüt- 8 zen.[29] Unterlagen aus den Akten, zB **Protokolle** über frühere Vernehmungen, müssen ihm vorgehalten oder zur Einsichtnahme vorgelegt werden.[30] Vernehmungsbeamte dürfen die von ihnen ge-

---

[12] RG v. 30. 4. 1928 – III 1124/27, RGSt 62, 147.
[13] BGH v. 11. 11. 1952 – 1 StR 465/52, BGHSt 3, 281 (283) = NJW 1953, 115.
[14] BVerfG v. 8. 10. 1974 – 2 BvR 747/73, BVerfGE 38, 105 (117) = NJW 1975, 103 (104); RG v. 8. 1. 1940 – 2 D 844/39, RGSt 74, 35.
[15] *Prüfer* DRiZ 1975, 334; KK-StPO/*Senge* Rn. 4; KMR/*Neubeck* Rn. 5.
[16] BGH v. 11. 11. 1952 – 1 StR 465/52, BGHSt 3, 281 (284) = NJW 1953, 115.
[17] BGH v. 30. 7. 1965 – 4 StR 343/65, MDR 1966, 25.
[18] BGH v. 30. 7. 1965 – 4 StR 343/65, MDR 1966, 25; BGH v. 26. 9. 1978 – 1 StR 293/78; KK-StPO/*Senge* Rn. 4; KMR/*Neubeck* Rn. 6; Löwe/Rosenberg/*Dahs*, 25. Aufl., Rn. 7; *Meyer-Goßner* Rn. 5; SK/*Rogall* Rn. 17.
[19] AK/*Lemke* Rn. 5; HK/*Lemke* Rn. 5; KK-StPO/*Senge* Rn. 4; KMR/*Neubeck* Rn. 6; Löwe/Rosenberg/*Dahs*, 25. Aufl., Rn. 7; *Meyer-Goßner* Rn. 5; SK/*Rogall* Rn. 17; aA *Prüfer* DRiZ 1975, 334.
[20] BGH v. 30. 7. 1965 – 4 StR 343/65, MDR 1966, 25; KMR/*Neubeck* Rn. 6; Löwe/Rosenberg/*Dahs*, 25. Aufl., Rn. 7; *Meyer-Goßner* Rn. 5; SK/*Rogall* Rn. 14.
[21] AK/*Lemke* Rn. 6; KK-StPO/*Senge* Rn. 5; KMR/*Neubeck* Rn. 7; Löwe/Rosenberg/*Dahs*, 25. Aufl., Rn. 8; *Meyer-Goßner* Rn. 6; SK/*Rogall* Rn. 14.
[22] KK-StPO/*Senge* Rn. 6; KMR/*Neubeck* Rn. 7; *Meyer-Goßner* Rn. 7; SK/*Rogall* Rn. 21.
[23] BGH v. 31. 5. 1960 – 5 StR 168/60, BGHSt 14, 310 (312) = NJW 1960, 1630.
[24] BGH v. 14. 6. 1960 – 1 StR 73/60, BGHSt 14, 339 (340) = NJW 1960, 1582.
[25] BGH v. 11. 11. 1952 – 1 StR 465/52, BGHSt 3, 281 (284) = NJW 1953, 115; BGH v. 31. 5. 1960 – 5 StR 168/60, BGHSt 14, 310 (312) = NJW 1960, 1630.
[26] BGH v. 8. 11. 1950 – 2 StR 50/50, BGHSt 1, 4 (8).
[27] *Krehl* NStZ 1991, 416 (417).
[28] BGH v. 8. 11. 1950 – 2 StR 50/50, BGHSt 1, 4 (8); *Grohmann/Schulz* DAR 1980, 74 (78); *Krause* Polizei 1981, 119; KMR/*Neubeck* Rn. 8; Löwe/Rosenberg/*Dahs*, 25. Aufl., Rn. 9; *Meyer-Goßner* Rn. 8; aA *Krehl* NStZ 1991, 416 (417); *Nöldeke* NJW 1979, 1644.
[29] RG v. 21. 11. 1901 – 4486/01, RGSt 35, 5 (7).
[30] BGH v. 8. 11. 1950 – 2 StR 50/50, BGHSt 1, 4 (8); *Nöldeke* NJW 1979, 1644.

§ 70　　　*Erstes Buch. Allgemeine Vorschriften*

fertigten Protokolle und dienstlichen Erklärungen einsehen.[31] Als Vernehmungshilfen können auch **Lichtbilder, Skizzen** und **Zeichnungen**[32] oder **Tonbänder**[33] verwendet werden.

9　**5. Unzulässige Vernehmungsmethoden (Abs. 3).** Abs. 3 regelt die Selbstverständlichkeit, dass auch bei Zeugenvernehmungen unzulässige Vernehmungsmethoden verboten sind. Zu den Einzelheiten wird auf die Kommentierung zu § 136a verwiesen. Eine mit unzulässigen Mitteln erlangte Aussage eines Zeugen ist **unverwertbar**.[34]

III. Protokoll

10　Die Protokollierung einer Zeugenaussage bei **richterlichen** Vernehmungen richtet sich in der Hauptverhandlung nach § 273 Abs. 1 und Abs. 3. Bei Vernehmungen im Vorverfahren und **staatsanwaltschaftlichen** Vernehmungen ist nach § 168a Abs. 1 und Abs. 2 (iVm. § 168b Abs. 2) zu verfahren. Für polizeiliche Vernehmungen besteht keine gesetzliche Regelung, in der Praxis wird aber nahezu ausnahmslos eine Vernehmungsniederschrift gefertigt.

IV. Revision

11　Auf einen **Verstoß gegen Abs. 1 S. 1** kann die Revision gestützt werden, wenn das Urteil auf dem Verfahrensfehler beruht, weil es sich um eine zwingende Verfahrensvorschrift handelt.[35] Die Rüge ist auch dann zulässig, wenn der Angeklagte in der Hauptverhandlung (oder bei einer kommissarischen Vernehmung) keine Einwendungen gegen die Art und Weise der Vernehmung erhoben hat.[36] Die Rüge hat nach der Rechtsprechung aber nur dann Erfolg, wenn zugleich eine **Verletzung der Aufklärungspflicht** (§ 244 Abs. 2) durch das Gericht vorliegt, die auch zulässig gerügt sein muss.[37] Wurde der Verstoß im Vorverfahren begangen und die Niederschrift der Vernehmung dann in der Hauptverhandlung nach § 251 verlesen, kann dies gleichfalls die Revision begründen.[38] Eine bloß unzweckmäßige Gestaltung der Vernehmung ist revisionsrechtlich unbeachtlich.[39]

12　Die **Verletzung des Abs. 1 S. 2** ist mit der Revision nicht angreifbar, da es sich um eine bloße Ordnungsvorschrift handelt.[40] Bei einem **Verstoß gegen Abs. 2** ist zwar eine revisible Verletzung der Aufklärungspflicht denkbar. Eine solche Rüge dürfte praktisch aber wohl nie erfolgreich sein, da das Revisionsgericht in der Regel nicht feststellen kann, welche Fragen dem Zeugen gestellt worden sind.[41] Zu den Folgen einer **Verletzung des Abs. 3** wird auf die Kommentierung zu § 136a verwiesen.

§ 70 [Grundlose Zeugnis- und Eidesverweigerung]

(1) ¹Wird das Zeugnis oder die Eidesleistung ohne gesetzlichen Grund verweigert, so werden dem Zeugen die durch die Weigerung verursachten Kosten auferlegt. ²Zugleich wird gegen ihn ein Ordnungsgeld und für den Fall, daß dieses nicht beigetrieben werden kann, Ordnungshaft festgesetzt.

(2) Auch kann zur Erzwingung des Zeugnisses die Haft angeordnet werden, jedoch nicht über die Zeit der Beendigung des Verfahren im dem Rechtszug, auch nicht über die Zeit von sechs Monaten hinaus.

(3) Die Befugnis zu diesen Maßregeln steht auch dem Richter im Vorverfahren sowie dem beauftragten und ersuchten Richter zu.

---

[31] BGH v. 11. 11. 1952 – 1 StR 465/52, BGHSt 3, 281 (283) = NJW 1953, 115; BGH v. 14. 6. 1960 – 1 StR 73/60, BGHSt 14, 339 (340) = NJW 1960, 1582; aA *Schünemann* DRiZ 1979, 101 (106), der nur Vorhalte für zulässig hält.
[32] BGH v. 28. 9. 1962 – 4 StR 301/62, BGHSt 18, 51 (53) = NJW 1962, 3162.
[33] BGH v. 14. 6. 1960 – 1 StR 73/60, BGHSt 14, 339 (340) = NJW 1960, 1582.
[34] AK/*Lemke* Rn. 7; HK/*Lemke* Rn. 7; KK-StPO/*Senge* Rn. 7; KMR/*Neubeck* Rn. 10; Löwe/Rosenberg/*Dahs*, 25. Aufl., Rn. 12; SK/*Rogall* Rn. 35.
[35] BGH v. 21. 10. 1952 – 1 StR 287/52, NJW 1953, 35; BGH v. 16. 12. 1952 – 1 StR 575/52, NJW 1953, 231; *Kassebohm* NJW 2009, 200.
[36] BGH v. 17. 3. 1981 – 1 StR 113/81, MDR 1981, 632; AK/*Lemke* Rn. 9; KK-StPO/*Senge* Rn. 8; KMR/*Neubeck* Rn. 12; Löwe/Rosenberg/*Dahs*, 25. Aufl., Rn. 16.
[37] BGH v. 21. 6. 1951 – 3 StR 88/51, MDR 1951, 658; OLG Düsseldorf v. 30. 10. 1996 – 2 Ss (Owi) 323/96, NStZ-RR 1997, 210; KMR/*Neubeck* Rn. 12; Löwe/Rosenberg/*Dahs*, 25. Aufl., Rn. 16; *Meyer-Goßner* Rn. 13; aA AK/*Lemke* Rn. 9; HK/*Lemke* Rn. 9; SK/*Rogall* Rn. 42.
[38] BGH v. 21. 10. 1952 – 1 StR 287/52, NJW 1953, 35; BGH v. 17. 3. 1981 – 1 StR 113/81, NStZ 1983, 212.
[39] BGH v. 30. 7. 1965 – 4 StR 343/65, MDR 1966, 25; BayObLG v. 26. 7. 1988 – 2 St 87/88, DAR 1989, 368.
[40] RG v. 8. 5. 1882 – 976/82, RGSt 6, 267; AK/*Lemke* Rn. 10; HK/*Lemke* Rn. 10; KK-StPO/*Senge* Rn. 8; KMR/*Neubeck* Rn. 10; Löwe/Rosenberg/*Dahs*, 25. Aufl., Rn. 17; *Meyer-Goßner* Rn. 14; *Pfeiffer* Rn. 4; aA SK/*Rogall* Rn. 43.
[41] BGH v. 3. 7. 1962 – 1 StR 157/62, BGHSt 17, 351 = NJW 1962, 1832.

(4) Sind die Maßregeln erschöpft, so können sie in demselben oder in einem anderen Verfahren, das dieselbe Tat zum Gegenstand hat, nicht wiederholt werden.

Schrifttum: *Klein,* Die Aussageerzwingung bei rechtskräftig verurteilten Straftätern, StV 2006, 338; *Krehl,* Die Erkundigungspflicht des Zeugen bei fehlender oder beeinträchtigter Erinnerung und mögliche Folgen ihrer Verletzung, NStZ 1991, 416; *Michel,* Zweifelsfragen bei Beendigung der Beugehaft, MDR 1995, 784; *Nehm,* Aussageverweigerung und Beugehaft, FS Odersky, 1996, S. 439; *Schlothauer,* Darf, sollte, muss sich ein Zeuge auf seine Vernehmung in der Hauptverhandlung vorbereiten?, FS Dahs, 2005, S. 457; *Sommermeyer,* Bereitschaftserklärung als Beendigungsgrund für die Beugehaft?, NStZ 1992, 222; *Winter,* Zum Zweck der Ordnungsmittel, NStZ 1990, 373.

I. Anwendungsbereich

§ 70 gilt für alle **richterlichen** und **staatsanwaltschaftlichen Vernehmungen** (§ 161a Abs. 1). Mit der Vorschrift soll die Zeugnis- und Eidespflicht durchgesetzt werden. Sie ergänzt § 51, der der Durchsetzung der Pflicht dient, zur Vernehmung zu erscheinen. Maßnahmen nach diesen beiden Normen sind voneinander unabhängig; sie sind nacheinander anwendbar, eine Anrechnung von Maßnahmen nach § 51 auf solche nach § 70 ist nicht zulässig.[1]   1

Die Norm gilt **nur für Zeugen,** für Sachverständige gilt die Sonderregelung in § 77. Gegen Abgeordnete dürfen Ordnungs- und Beugehaft zwar angeordnet, aber nur mit Genehmigung des betreffenden Parlaments vollzogen werden.[2] Eine **wahrheitsgemäße Aussage** kann über § 70 nicht erzwungen werden. Verletzt der Zeuge die materielle Wahrheitspflicht, folgen die Sanktionen dagegen aus §§ 153 ff. StGB.[3] § 70 ist auch dann unanwendbar, wenn der Zeuge bezüglich der Tat, über die er aussagen soll, die Stellung eines Beschuldigten erlangt hat und somit nach §§ 136, 163a generell zur Aussageverweigerung berechtigt ist.[4] **Angaben zur Person** (§ 68 Abs. 1 S. 1) können über § 70 nicht erzwungen werden; insoweit greift § 111 OWiG.[5]   2

II. Voraussetzungen der Maßnahmen

1. Verschulden des Zeugen. Die Festsetzung von Ordnungsmitteln (und auch der Beugehaft) setzt, da sie Sanktionscharakter haben, einen schuldhaften Verstoß gegen Zeugenpflichten voraus.[6] Gegen **Schuldunfähige** (§ 20 StGB) und **Kinder** ist die Verhängung von Zwangsmaßnahmen daher unzulässig.[7] Die grundlose Zeugnisverweigerung eines Kindes kann auch Maßnahmen nach § 70 gegen dessen Eltern nicht rechtfertigen.[8] Ein **Irrtum** des Zeugen über seine Berechtigung zur Zeugnisverweigerung ist wie ein Verbotsirrtum (§ 17 StGB) zu behandeln.[9] Nach einem Hinweis des Gerichts auf den fehlenden Grund für eine Weigerung ist ein solcher Irrtum aber vermeidbar.[10]   3

2. Verweigerung von Zeugnis oder Eid. Der Zeuge verweigert das Zeugnis, wenn er sich überhaupt nicht zu dem Beweisthema äußert. Dem steht gleich, wenn er wahrheitswidrig **vortäuscht,** über das Beweisthema nichts zu wissen.[11] Ebenso stellt die Verweigerung der Beantwortung **einzelner Fragen** eine Zeugnisverweigerung im Sinne von § 70 dar.[12] Auch die Weigerung, sich dargebotener Hilfsmittel (Unterlagen, Protokolle, Lichtbilder, Skizzen etc.) in der Vernehmung zu bedienen, kann Maßnahmen nach § 70 auslösen.[13] Bei lückenhaften oder sonst wahrheitswidrigen Aussagen oder der Weigerung, die Angaben zur Person zu machen, ist § 70 nicht einschlägig.[14]   4

---

[1] HK/*Lemke* Rn. 1; KK-StPO/*Senge* Rn. 1; KMR/*Neubeck* Rn. 1; Löwe/Rosenberg/*Dahs,* 25. Aufl., Rn. 1; *Meyer-Goßner* Rn. 1.
[2] KMR/*Neubeck* Rn. 2.
[3] BGH v. 27. 9. 1956 – 3 StR 217/56, BGHSt 9, 362 = NJW 1956, 1807; RG v. 15. 12. 1938 – 3 D 550/38, RGSt 73, 31 (33); *Krehl* NStZ 1991, 416 (417); *Winter* NStZ 1990, 373.
[4] BGH v. 28. 2. 1997 – StB 14/96, NJW 1997, 1591.
[5] KG v. 30. 3. 1977 – 1 Ws 163/77, JR 1977, 295; OLG Hamburg v. 8. 2. 2002 – 2 Ws 32/02, NStZ 2002, 386; aA OLG Celle v. 13. 10. 1987 – 3 Ws 399/87, StV 1988, 373; LG Stuttgart v. 12. 12. 1988 – 7 Qs 78/80, Justiz 1989, 203.
[6] BVerfG v. 25. 10. 1966 – 2 BvR 506/63, BVerfGE 20, 323 (333) = NJW 1967, 195; BGH v. 28. 12. 1978 – StB 235/78, BGHSt 28, 240 (259) = NJW 1979, 1212.
[7] HK/*Lemke* Rn. 5; KMR/*Neubeck* Rn. 3; Löwe/Rosenberg/*Dahs,* 25. Aufl., Rn. 4; *Meyer-Goßner* Rn. 3; SK/*Rogall* Rn. 14.
[8] KMR/*Neubeck* Rn. 3; Löwe/Rosenberg/*Dahs,* 25. Aufl., Rn. 4; *Meyer-Goßner* Rn. 3; SK/*Rogall* Rn. 14.
[9] KMR/*Neubeck* Rn. 7; Löwe/Rosenberg/*Dahs,* 25. Aufl., Rn. 6; *Meyer-Goßner* Rn. 4; SK/*Rogall* Rn. 14; aA AK/*Lemke* Rn. 5; HK/*Lemke* Rn. 5; KK-StPO/*Senge* Rn. 5; s. auch BGH v. 28. 12. 1978 – StB 235/78, BGHSt 28, 240 (259) = NJW 1979, 1212.
[10] KMR/*Neubeck* Rn. 7; Löwe/Rosenberg/*Dahs,* 25. Aufl., Rn. 6; *Meyer-Goßner* Rn. 4; SK/*Rogall* Rn. 14.
[11] BGH v. 29. 7. 1956 – 3 StR 217/56, BGHSt 9, 362 (363 f.) = NJW 1956, 1807; *Krehl* NStZ 1991, 416 (417); *Sommermeyer* NStZ 1992, 222 (223).
[12] BGH v. 29. 7. 1956 – 3 StR 217/56, BGHSt 9, 362 (363 f.) = NJW 1956, 1807; RG v. 15. 12. 1938 – 3 D 550/38, RGSt 73, 31 (33); OLG Celle v. 7. 11. 1957 – 2 Ws 366/57, NJW 1958, 72.
[13] *Schlothauer,* FS Dahs, 2005, S. 457 (464); SK/*Rogall* Rn. 10.
[14] S. Rn. 2.

5 **3. Ohne gesetzlichen Grund.** Ein Zeuge verweigert die Aussage ohne gesetzlichen Grund, wenn ihm kein Weigerungsrecht nach §§ 52–55 zusteht.[15] Im Einzelfall kann auch aus § 34 StGB ein Weigerungsrecht folgen, etwa bei Morddrohungen oder anderen Gefahren für Leib und Leben des Zeugen oder anderer Personen.[16] Ein Recht des Zeugen zu schweigen kann zudem bestehen, wenn entgegen § 169 S. 2 GVG eine Tonbandaufzeichnung von seiner Vernehmung gefertigt werden soll.[17] Abschließend kann sich eine Begrenzung des Zeugniszwangs in Ausnahmefällen auch unmittelbar aus der Verfassung ergeben, etwa aus **Art. 2 Abs. 1 GG**[18] oder **Art. 5 Abs. 1 GG**.[19] Gesetzliche Gründe für eine Eidesverweigerung bilden neben § 61 auch die Eidesverbote, § 60.[20]

III. Zulässige Maßnahmen

6 **1. Auferlegung der Kosten (Abs. 1 S. 1).** Die Auferlegung der Kosten ist für jeden einzelnen Weigerungsfall **zwingend** vorgeschrieben. Das Wiederholungsverbot (Abs. 4) gilt für diese Kostenfolge nicht.[21] Sind dem Zeugen solche Kosten rechtsfehlerhaft nicht auferlegt worden, so dürfen sie auch beim (verurteilten) Angeklagten nicht erhoben werden, § 21 GKG.[22]

7 **2. Ordnungsgeld (Abs. 1 S. 2).** Ordnungsgeld (und Ordnungshaft) sind reine Ungehorsamsfolgen für die Verletzung der Zeugenpflichten und keine minderen Formen eines Zwangsmittels.[23] Liegen die Voraussetzungen vor, muss das Ordnungsgeld verhängt werden, das Gericht hat hier **kein Ermessen**.[24] Dies gilt selbst dann, wenn der Zeuge seine Zeugenpflicht nachträglich erfüllt.[25] Die **Bemessung** der Höhe des Ordnungsgelds richtet sich nach der Bedeutung der Aussage, der Schwere der verfahrensgegenständlichen Straftat,[26] dem angegebenen oder mutmaßlichen Grund für die Weigerung und den wirtschaftlichen Verhältnissen des Zeugen.[27] Der Ordnungsgeldrahmen beläuft sich auf 5 bis 1000 € (Art. 6 Abs. 1 EGStGB). Zahlungserleichterungen können eingeräumt werden (Art. 7 EGStGB).

8 **3. Ordnungshaft (Abs. 1 S. 2).** Ordnungshaft ist für den Fall zu verhängen, dass das Ordnungsgeld nicht beigetrieben werden kann. Abs. 1 S. 2 schreibt die **sofortige Festsetzung** zwingend vor. Dies gilt auch dann, wenn zugleich Beugehaft nach Abs. 2 angeordnet wird.[28] Ist die Festsetzung zunächst dennoch unterblieben, kann die Ordnungshaft nachträglich angeordnet werden, wenn das Ordnungsgeld nicht beigetrieben werden kann (Art. 8 Abs. 1 EGStGB). Die **Dauer** der Ordnungshaft beträgt mindestens einen und höchstens 42 Tage (Art. 6 Abs. 2 EGStGB).

9 **4. Beugehaft (Abs. 2).** Die Beugehaft ist ein **Zwangsmittel** zur Erzwingung der Aussage. Über den Gesetzeswortlaut hinaus ist es auch zulässig, sie bei unberechtigter Eidesverweigerung anzuordnen.[29] Anders als die übrigen Maßnahmen in § 70 steht die Anordnung der Beugehaft im **Ermessen des Gerichts**.[30] Bei der Entscheidung sind in erster Linie die Aufklärungspflicht[31] und der Verhältnismäßigkeitsgrundsatz[32] zu berücksichtigen. Aber auch andere Gesichtspunkte können im Einzelfall maßgeblich sein, so zB die Pressefreiheit bei Vernehmung eines Pressemitarbeiters[33] oder Fürsorgegesichtspunkte (etwa wenn dem Zeugen bei wahrheitsgemäßer Aussage Lebensgefahr droht).[34] In jedem Fall bedarf die Anordnung der Beugehaft sorgfältiger **Begründung**.[35]

---

[15] AllgM.
[16] *Klein* StV 2006, 338 (340); KK-StPO/*Senge* Rn. 2; *Meyer-Goßner* Rn. 4; vgl. auch BGH v. 16. 6. 1983 – 2 StR 4/83, NStZ 1984, 31.
[17] KK-StPO/*Senge* Rn. 2; KMR/*Neubeck* Rn. 5; *Meyer-Goßner* Rn. 6; SK/*Rogall* Rn. 13.
[18] BayObLG v. 8. 11. 1978 – RReg 3 St 267/78, NJW 1979, 2624.
[19] BVerfG v. 10. 5. 1983 – 1 BvR 385/82, BVerfGE 64, 108 = NJW 1984, 1101; dagegen *Fezer* JZ 1983, 797 und KK-StPO/*Senge* Rn. 2.
[20] KK-StPO/*Senge* Rn. 2; KMR/*Neubeck* Rn. 6; Löwe/Rosenberg/*Dahs*, 25. Aufl., Rn. 9.
[21] KK-StPO/*Senge* Rn. 12; KMR/*Neubeck* Rn. 8; Löwe/Rosenberg/*Dahs*, 25. Aufl., Rn. 12; *Meyer-Goßner* Rn. 8.
[22] Löwe/Rosenberg/*Dahs*, 25. Aufl., Rn. 12; *Meyer-Goßner* Rn. 8; SK/*Rogall* Rn. 18.
[23] RG v. 23. 3. 1922 – VI 1778/21, RGSt 57, 29; KMR/*Neubeck* Rn. 9.
[24] LG Mainz v. 20. 1. 1988 – 1 Qs 518/87, NJW 1988, 1744; KMR/*Neubeck* Rn. 9; Löwe/Rosenberg/*Dahs*, 25. Aufl., Rn. 13; *Meyer-Goßner* Rn. 10.
[25] AK/*Lemke* Rn. 6; HK/*Lemke* Rn. 6; KMR/*Neubeck* Rn. 9; *Meyer-Goßner* Rn. 10.
[26] BGH v. 28. 2. 1997 – StB 15/96, BGHR StPO § 70 Ordnungsgeld 2.
[27] HK/*Lemke* Rn. 6; KMR/*Neubeck* Rn. 9; Löwe/Rosenberg/*Dahs*, 25. Aufl., Rn. 14; *Meyer-Goßner* Rn. 10; SK/*Rogall* Rn. 21.
[28] KMR/*Neubeck* Rn. 10; Löwe/Rosenberg/*Dahs*, 25. Aufl., Rn. 16; *Meyer-Goßner* Rn. 11.
[29] RG v. 19. 2. 1894 – 4788/93, RGSt 25, 134 (136); HK/*Lemke* Rn. 7; KK-StPO/*Senge* Rn. 5; KMR/*Neubeck* Rn. 11; *Meyer-Goßner* Rn. 12; SK/*Rogall* Rn. 23.
[30] BGH v. 9. 11. 1965 – 1 StR 436/65, NJW 1966, 211; RG v. 15. 12. 1938 – 3 D 550/38, RGSt 73, 31 (34).
[31] BGH v. 6. 9. 1983 – 1 StR 480/83, NStZ 1984, 73.
[32] BVerfG v. 21. 8. 2000 – 2 BvR 1732/00, NJW 2000, 3775; BGH v. 15. 11. 2006 – StB 15/06, BGHSt 51, 140 = NJW 2007, 307.
[33] BVerfG v. 18. 12. 1962 – 1 BvR 665/62, BVerfGE 15, 223 = NJW 1963, 147.
[34] BVerfG v. 16. 6. 1983 – 2 StR 4/83 NStZ 1984, 31.
[35] BVerfG v. 21. 8. 2000 – 2 BvR 1732/00, NJW 2000, 3775; BVerfG v. 25. 1. 2007 – 2 BvR 26/07, NJW 2007, 1865.

Sechster Abschnitt. Zeugen 10–14 **§ 70**

Die Beugehaft darf grundsätzlich nur **gleichzeitig mit oder nach** der **Festsetzung des Ordnungs-** 10
gelds verhängt werden, was unmittelbar aus Abs. 1 S. 2 folgt.[36] Die Beitreibung des Ordnungsgelds und der Vollzug der Ordnungshaft brauchen aber nicht abgewartet zu werden.[37] Etwaig
vollstreckte Ordnungshaft wird auch nicht auf die Beugehaft angerechnet.[38]

Für die Bemessung der **Dauer** der Beugehaft geltend die für die Bemessung der Höhe des Ord- 11
nungsgelds bestimmenden Kriterien.[39] Im Höchstmaß ist sie auf sechs Monate begrenzt (Abs. 2).
Die Bemessung steht im **Ermessen** des Gerichts. Bei der Anordnung muss die Dauer nicht exakt
festgelegt werden, vielmehr ist es zulässig und zweckmäßig, nur die geltende Höchstgrenze anzugeben.[40] Der Angeklagte hat keinen Anspruch auf Ausschöpfung der höchstzulässigen Dauer.[41]

Aufzuheben ist die Beugehaft, wenn der Zeuge seine Aussage- und Eidespflicht nachträglich er- 12
füllt. In der Regel wird die ernstgemeinte Erklärung des Zeugen genügen, er sei dazu bereit.[42]
Gleiches gilt, wenn sich die Aussage für die Entscheidung als nicht mehr erforderlich[43] oder die
Weigerung sich nachträglich als berechtigt erweist,[44] oder ein Weigerungsrecht nachträglich entsteht, etwa durch ein Verlöbnis, Heirat oder wenn der Zeuge selbst beschuldigt wird.[45] Schließlich ist die Beugehaft zu beenden, wenn die Haftfortdauer unverhältnismäßig wäre,[46] deren
Höchstdauer erschöpft oder das Verfahren in dem Rechtszug beendet ist.[47]

5. Wiederholung der Maßnahmen (Abs. 4). Das Wiederholungsverbot gilt nur für die Maßre- 13
geln des § 70, nicht für die Kosten.[48] **Ordnungsgeld und Ordnungshaft** sind bereits mit der erstmaligen Festsetzung „erschöpft". Ob dabei die zulässigen Höchstgrenzen erreicht wurden, ist
ohne Belang.[49] Dies folgt schon aus dem Charakter dieser Maßnahmen als Ungehorsamsstra-
fen.[50] Verweigert ein Zeuge Zeugnis und Eid aus demselben Grund, liegt nur ein Ungehorsamsfall
vor.[51] **Beugehaft** darf hingegen wiederholt angeordnet werden bis die Höchstfrist von sechs Monaten ausgeschöpft ist.[52] Das Wiederholungsverbot gilt für dasselbe und jedes andere Verfahren,
das **dieselbe Tat** zum Gegenstand hat. Unter „derselben Tat" ist die Tat im Sinne von § 264 zu
verstehen.[53] Liegt eine Tat in diesem Sinne vor, ist es unerheblich, ob sich in Bezug auf diese Tat
getrennte Verfahren gegen unterschiedliche Beschuldigte richten, denn die Zulässigkeit von Maßnahmen gegen einen Zeugen kann nicht davon abhängen, ob mehrere Tatbeteiligte in einem oder
in verschiedenen Verfahren verfolgt werden.[54]

IV. Verfahren

1. Anordnung. Die Entscheidung über die Verhängung von Maßregeln trifft das Gericht, vor dem 14
der Zeuge die Aussage oder der Eid verweigert hat, von Amts wegen, ohne dass es eines Antrags
bedarf.[55] Dem Zeugen ist **rechtliches Gehör** zu gewähren, dabei ist er auf die Grundlosigkeit der
Weigerung und deren Folgen hinzuweisen.[56] Die Fürsorgepflicht kann es zusätzlich gebieten, dem
Zeugen vor Verhängung der Maßnahmen die Kontaktaufnahme mit einem Rechtsanwalt zu gestat-

---

[36] BVerfG v. 1. 10. 1987 – 2 BvR 1165/86, BVerfGE 76, 363 = NJW 1988, 897; OLG Koblenz v. 6. 7. 1995 – 2 Ws 390/95, StV 1996 474; *Nehm*, FS Odersky, 1996, S. 439 (443); aA AG Bonn v. 10. 2. 1993 – 50 Gs 83/93, JR 1994, 171 mAnm *Derksen*.
[37] BVerfG v. 1. 10. 1987 – 2 BvR 1165/86, BVerfGE 76, 363 = NJW 1988, 897; KK-StPO/*Senge* Rn. 6; KMR/*Neubeck* Rn. 12; Meyer-Goßner Rn. 12.
[38] KK-StPO/*Senge* Rn. 7; KMR/*Neubeck* Rn. 13; SK/*Rogall* Rn. 24.
[39] S. Rn. 7.
[40] AK/*Lemke* Rn. 9; HK/*Lemke* Rn. 9; KK-StPO/*Senge* Rn. 7; KMR/*Neubeck* Rn. 13; Löwe/Rosenberg/*Dahs*, 25. Aufl., Rn. 19; Meyer-Goßner Rn. 14; aA *Nehm*, FS Odersky, 1996, S. 439 (444); SK/*Rogall* Rn. 27.
[41] BGH v. 15. 10. 1969 – 4 StR 260/69, DAR 1970, 124; Meyer-Goßner Rn. 14.
[42] *Michel* MDR 1995, 784; *Sommermeyer* NStZ 1992, 222; KMR/*Neubeck* Rn. 14; Löwe/Rosenberg/*Dahs*, 25. Aufl., Rn. 23; Meyer-Goßner Rn. 15; aA SK/*Rogall* Rn. 29; zweifelnd *Nehm*, FS Odersky, 1996, S. 439 (445).
[43] BGH v. 11. 5. 1976 – 1 StR 168/76; BGH v. 4. 8. 2009 – StB 32/09, NStZ 2010, 44; HK/*Lemke* Rn. 9; KK-StPO/*Senge* Rn. 8; KMR/*Neubeck* Rn. 15; Meyer-Goßner Rn. 15; SK/*Rogall* Rn. 29.
[44] LG Hamburg v. 15. 2. 1982 – 34 Qs 3/82, NStZ 1983, 182 mAnm *Dahs*.
[45] KK-StPO/*Senge* Rn. 8; KMR/*Neubeck* Rn. 14; Löwe/Rosenberg/*Dahs*, 25. Aufl., Rn. 22; Meyer-Goßner Rn. 15.
[46] HK/*Lemke* Rn. 9; KK-StPO/*Senge* Rn. 8; KMR/*Neubeck* Rn. 14; Meyer-Goßner Rn. 15.
[47] KMR/*Neubeck* Rn. 14; Löwe/Rosenberg/*Dahs*, 25. Aufl., Rn. 28; Meyer-Goßner Rn. 15; SK/*Rogall* Rn. 29.
[48] S. Rn. 6.
[49] OLG Köln v. 30. 3. 2007 – 2 Ws 169/07, NStZ-RR 2007, 232, mwN, allgM.
[50] RG v. 23. 3. 1922 – VI 1778/21, RGSt 57, 29.
[51] KK-StPO/*Senge* Rn. 12; KMR/*Neubeck* Rn. 15.
[52] OLG Köln v. 30. 3. 2007 – 2 Ws 169/07, NStZ-RR 2007, 232; HK/*Lemke* Rn. 12; KK-StPO/*Senge* Rn. 13; KMR/*Neubeck* Rn. 16; Löwe/Rosenberg/*Dahs*, 25. Aufl., Rn. 32.
[53] AllgM; vgl. etwa Meyer-Goßner Rn. 16.
[54] AK/*Lemke* Rn. 13; KK-StPO/*Senge* Rn. 14; KMR/*Neubeck* Rn. 17; Löwe/Rosenberg/*Dahs*, 25. Aufl., Rn. 33; Meyer-Goßner Rn. 16.
[55] KMR/*Neubeck* Rn. 18; Löwe/Rosenberg/*Dahs*, 25. Aufl., Rn. 34; SK/*Rogall* Rn. 34.
[56] BGH v. 28. 12. 1978 – StB 235/78, BGHSt 28, 40 = NJW 1979, 1212; OLG Düsseldorf v. 28. 8. 1995 – 3 Ws 486/95, NStZ-RR 1996, 169.

ten.⁵⁷ Die Staatsanwaltschaft und die übrigen Verfahrensbeteiligten sind nur zu hören, wenn sie bei der Vernehmung anwesend sind.

15 Der **ersuchte Richter** (Abs. 3) ist zur Entscheidung nach § 70 befugt, ohne Weisung des ersuchenden Gerichts aber nicht verpflichtet. Seine Entscheidung ist in jedem Fall nur vorläufig, endgültig entscheidet das ersuchende Gericht.⁵⁸ Verweigert ein Zeuge bei einer Vernehmung durch den **Staatsanwalt** grundlos die Aussage, kann dieser Maßnahmen nach § 70 mit Ausnahme der Haft selbst anordnen (§ 161a Abs. 2). Auch dem **Ermittlungsrichter** stehen die Befugnisse aus § 70 zu. Er hat jedoch, da er regelmäßig nur auf deren Antrag tätig wird, die Staatsanwaltschaft anzuhören. Beugehaft sollte er nur mit deren Einvernehmen anordnen, denn die Rücknahme des Vernehmungsantrags durch die Staatsanwaltschaft führt zwingend zur Aufhebung der Haft.⁵⁹

16 2. **Beschwerde.** Gegen richterliche Entscheidungen nach § 70 findet die Beschwerde statt, § 304 Abs. 1 und 2. **Beschwerdeberechtigt** sind die Staatsanwaltschaft und der Zeuge, der Angeklagte nur, wenn dem verweigernden Zeugen auch deren Kosten auferlegt wurden. Im Übrigen ist er nicht beschwert.⁶⁰ Über Beschwerden gegen Entscheidungen des ersuchten Richters entscheidet immer das ersuchende Gericht, selbst dann, wenn der ersuchte Richter auf Weisung⁶¹ gehandelt hatte.⁶² Beschlüsse des **Ermittlungsrichters des BGH oder eines OLG** sind nur beschränkt anfechtbar, § 304 Abs. 5. Eine Beschwerde ist in diesen Fällen nur gegen die Anordnung, nicht aber die Ablehnung,⁶³ der Beugehaft zulässig, da nur diese Entscheidung eine „Verhaftung" zum Gegenstand hat.⁶⁴ Für die Festsetzung der Ordnungshaft gilt dies nicht, da diese nur eine Folge der Nichtbeitreibbarkeit des Ordnungsgeldes ist.⁶⁵ Bei Anordnung der Beugehaft ist auch die **weitere Beschwerde** zulässig, § 310,⁶⁶ nicht aber bei Anordnung der Ordnungshaft.⁶⁷ Gegen die Verhängung von Ordnungsmitteln durch die Staatsanwaltschaft ist **Antrag auf gerichtliche Entscheidung** möglich, § 161a Abs. 3 S. 1.⁶⁸

17 3. **Vollstreckung.** Die Vollstreckung der **Ordnungsmittel** nach Abs. 1 obliegt der Staatsanwaltschaft, § 36 Abs. 2 S. 1.⁶⁹ Nach § 31 Abs. 3 RPflG ist der Rechtspfleger zuständig. Die Vollstreckung der **Beugehaft** ist Sache des Gerichts,⁷⁰ wenn es den Zeugen selbst vernehmen will. Handelt es sich aber um die Erzwingung einer Aussage eines Zeugen, den die Staatsanwaltschaft in eigener Zuständigkeit vernehmen will, so ist sie auch selbst für die Vollstreckung der Beugehaft zuständig.⁷¹ Ordnungshaft ist stets vor der Beugehaft zu vollstrecken.⁷² Die **Kosten** der Vollstreckung treffen den Zeugen.⁷³

V. Revision

18 Ein Verstoß gegen **Abs. 1** kann die Revision nicht begründen. Ordnungsgeld und -haft haben lediglich den Zweck, den Ungehorsam des Zeugen zu ahnden.⁷⁴ Ahndung und Unterlassen einer Ahndung berühren daher den Rechtskreis des Angeklagten nicht; er hat keinen Anspruch, in die Ahndungsbefugnis des Richters einzugreifen.⁷⁵

19 Gleiches gilt im Grundsatz für eine Verletzung des **Abs. 2**, da die Anordnung der Beugehaft im Ermessen des Richters steht. Geltend gemacht werden kann aber im Einzelfall, das Gericht habe durch das Unterlassen der Anordnung dieser Maßregel gegen seine **Aufklärungspflicht**, § 244 Abs. 2, verstoßen.⁷⁶ Werden gegen den Zeugen Maßnahmen nach § 70 verhängt, obwohl seine

---

⁵⁷ LG Zweibrücken v. 23. 9. 1999 – 1 Qs 123/99, NJW 1999, 3792; KK-StPO/*Senge* Rn. 15.
⁵⁸ OLG Karlsruhe v. 5. 9. 1978 – 3 Ws 187/78, Justiz 1979, 68; HK/*Lemke* Rn. 10; KMR/*Neubeck* Rn. 19; *Meyer-Goßner* Rn. 17; SK/*Rogall* Rn. 32.
⁵⁹ KK-StPO/*Senge* Rn. 10; KMR/*Neubeck* Rn. 20; Löwe/Rosenberg/*Dahs*, 25. Aufl., Rn. 35; *Meyer-Goßner* Rn. 17; aA AK/*Lemke* Rn. 10; HK/*Lemke* Rn. 10; SK/*Rogall* Rn. 32.
⁶⁰ KMR/*Neubeck* Rn. 22; Löwe/Rosenberg/*Dahs*, 25. Aufl., Rn. 40; *Meyer-Goßner* Rn. 20; SK/*Rogall* Rn. 37.
⁶¹ S. Rn. 15.
⁶² OLG Karlsruhe v. 5. 9. 1978 – 3 Ws 187/78, Justiz 1979, 68.
⁶³ BGH v. 9. 10. 1997 – StB 9/97 – BGHSt 43, 262 = NJW 1998, 467.
⁶⁴ BGH v. 3. 5. 1989 – 4 StB 15/89, BGHSt 36, 192 = NJW 1989, 384.
⁶⁵ BGH v. 22. 12. 1993 – StB 21/93, NStZ 1994, 198.
⁶⁶ KG v. 14. 2. 2008 – 3 Ws 31/08, StraFo 2008, 199; KMR/*Neubeck* Rn. 22; Löwe/Rosenberg/*Dahs*, 25. Aufl., Rn. 40; SK/*Rogall* Rn. 39; aA *Meyer-Goßner* Rn. 20.
⁶⁷ OLG Frankfurt v. 9. 8. 2000 – 2 Ws 102/00, NStZ-RR 2000, 382.
⁶⁸ SK/*Rogall* Rn. 42.
⁶⁹ BGH v. 17. 3. 1989 – 1 BGS 100/89, BGHSt 36, 155 = NJW 1989, 1740; allgM.
⁷⁰ AK/*Lemke* Rn. 15; KMR/*Neubeck* Rn. 23; *Meyer-Goßner* Rn. 19.
⁷¹ BGH v. 17. 3. 1989 – 1 BGS 100/89, BGHSt 36, 155 = NJW 1989, 1740; Löwe/Rosenberg/*Dahs*, 25. Aufl., Rn. 39; SK/*Rogall* Rn. 35.
⁷² BVerfG v. 28. 9. 1999 – 2 BvR 1897/95, NJW 2000, 273.
⁷³ KMR/*Neubeck* Rn. 23; *Meyer-Goßner* Rn. 19.
⁷⁴ RG v. 23. 3. 1922 – VI 1778/21, RGSt 57, 29.
⁷⁵ BGH v. 15. 10. 1969 – 4 StR 260/69, DAR 1970, 124; BGH v. 26. 7. 1983 – 5 StR 310/83.
⁷⁶ BGH v. 15. 7. 1998 – 2 StR 173/98, NStZ 1999, 46.

Weigerung berechtigt war, und sagt er daraufhin für den Angeklagten belastend aus, liegt ein revisibler Verstoß gegen §§ 69 Abs. 3, 136a vor, wenn das Urteil auf der Aussage beruht.[77]

§ 71 [Zeugenentschädigung]
Der Zeuge wird nach dem Justizvergütungs- und -entschädigungsgesetz entschädigt.

Vom Gericht oder der Staatsanwaltschaft geladene Zeugen erhalten nach dem Justizvergütungs- und entschädigungsgesetz (JVEG) eine Entschädigung aus der Staatskasse. Für durch den Angeklagten geladene Zeugen gilt § 220 Abs. 2 und 3. Für Vernehmungen durch die Finanzbehörden kommt § 405 AO zur Anwendung, bei polizeilichen Vernehmungen die landesrechtlichen Bestimmungen, die regelmäßig auf das JVEG verweisen.[1] 1

Der Zeuge hat einen **Anspruch** auf Entschädigung für Verdienstausfall, § 22 JVEG, auf Ersatz der Fahrtkosten, § 5 JVEG, und Aufwandsentschädigung, §§ 6 und 7 JVEG. Auf Antrag kann ihm ein Vorschuss, § 3 JVEG, für Auslagen und Aufwendungen gewährt werden, wenn er mittellos oder ihm eine Verauslagung nicht zuzumuten ist. 2

---

[77] BGH v. 27. 9. 1956 – 3 StR 217/56, BGHSt 9, 362 (364) = NJW 1956, 1807; RG v. 15. 12. 1938 – 3 D 550/38, RGSt 73, 31 (34).
[1] KMR/*Neubeck* Rn. 1; *Meyer-Goßner* Rn. 1; SK/*Rogall* Rn. 2.

Siebenter Abschnitt. Sachverständige und Augenschein

§ 72 [Anwendung der Vorschriften für Zeugen]

Auf Sachverständige ist der sechste Abschnitt über Zeugen entsprechend anzuwenden, soweit nicht in den nachfolgenden Paragraphen abweichende Vorschriften getroffen sind.

1 Nach § 72 sind die Vorschriften über den Zeugenbeweis in analoger Anwendung anzuwenden. Dies gilt aber nur in Bezug auf die Bestimmungen des 6. Abschnitts, dh. der §§ 48 ff. StPO, nicht aber auch für die an anderer Stelle stehenden Zeugenvorschriften. Eine entsprechende Anwendung findet zudem nicht statt, soweit diese gem. §§ 73 ff. ausgeschlossen sind. Einer analogen Anwendung der Vorschriften des 6. Abschnitts stehen insoweit die §§ 77, 71 und 84 StPO entgegen.

2 Werden Angehörige des öffentlichen Dienstes als Sachverständige vernommen, sind im Einzelfall jeweils beamtenrechtliche Besonderheiten zu beachten. Anstelle des § 54 StPO finden dann die ähnlichen Regelungen des § 76 Abs. 2 StPO iVm. § 61 Abs. 1 BBG oder des § 39 Abs. 2 BRRG, für Soldaten iVm. § 14 Abs. 1 SoldG Anwendung.

3 Nach § 83 Abs. 3 und § 256 können auch Behörden mit der Erstellung eines Gutachtens beauftragt werden. In diesem Fall ist die Anwendung der §§ 72, 48 ff. und der §§ 73 ff. im Einzelfall streitig.[1]

§ 73 [Auswahl]

(1) [1]Die Auswahl der zuzuziehenden Sachverständigen und die Bestimmung ihrer Anzahl erfolgt durch den Richter. [2]Er soll mit diesen eine Absprache treffen, innerhalb welcher Frist die Gutachten erstattet werden können.

(2) Sind für gewisse Arten von Gutachten Sachverständige öffentlich bestellt, so sollen andere Personen nur dann gewählt werden, wenn besondere Umstände es fordern.

I. Allgemeines

1 Die Vorschrift normiert vornehmlich die **Frage der Zuständigkeit** und nicht, ob die Notwendigkeit und die Verpflichtung zur Hinzuziehung sachkundiger Unterstützung besteht. Darüber hinaus bezieht sich § 73 allein auf die gerichtliche Beauftragung. Zwar können im Ermittlungsverfahren auch die Staatsanwaltschaft und ggf. auch die Polizei einen Sachverständigen hinzuziehen, vgl. § 161a Abs. 1 S. 2, Nr. 70 Abs. 1 RiStBV. An diese Auswahl ist das Gericht jedoch nicht gebunden, so dass es im gerichtlichen Verfahren jederzeit einen anderen oder neuen Sachverständigen bestellen kann.[1*]

2 Hiervon unabhängig besteht auch für die Verteidigung die Möglichkeit, einen Sachverständigen über das **Selbstladeverfahren** für die Hauptverhandlung zu bestellen. Der durch die Verteidigung im Selbstladeverfahren nach § 220 Abs. 1 zugezogene Sachverständige ist „präsentes Beweismittel". Er steht gleichwertig neben dem gerichtlich bestellten Gutachten, so dass ihm wohl dieselben Rechte als auch dieselbe Bedeutung zukommt.[2] Das Recht zur unmittelbaren Ladung eines Sachverständigen und seine Beweisvorführung steht gem. § 386 Abs. 2 auch dem Privatkläger zu. Der Nebenkläger hat ebenfalls ein eigenes Ladungsrecht.[3]

3 Davon unabhängig gilt im Allgemeinen, dass die Verfahrensbeteiligten jederzeit einen Beweisantrag auf Vernehmung eines Sachverständigen gem. § 244 Abs. 4 stellen können. Hierbei ist das Gericht allerdings nicht verpflichtet, dem Beweisantrag auch hinsichtlich der Auswahl der Person des Sachverständigen oder deren Anzahl zu folgen. Statt der in dem Beweisantrag benannten Person kann das Gericht auch einen anderen Sachverständigen auswählen.

II. Auswahl des Sachverständigen

4 § 73 Abs. 1 S. 1 bestimmt, dass sowohl die **Auswahl** der Person eines Sachverständigen als auch die Anzahl der heranzuziehenden Sachverständigen **dem Gericht obliegt**.[4] Bereits aus der

---

[1] SK-StPO/*Rogall* § 72 Rn. 2.
[1*] BGH v. 12. 2. 1998 – 1 StR 588/97, BGHSt 44, 26 = NStZ 1998, 422; BGH v. 7. 4. 1993 – 1 StE 1/75/StB 7/93, NStZ 1993, 357; BGH v. 21. 4. 1987 – 1 StR 77/87, NJW 1987, 2593.
[2] BGH v. 12. 2. 1998 – 1 StR 588/97, BGHSt 44, 26 = NStZ 1998, 422; BGH v. 24. 7. 1997 – 1 StR 214/97, NStZ 1998, 93; BGH v. 7. 4. 1993 – 1 StE 1/75/StB 7/93, NStZ 1993, 357.
[3] *Meyer-Goßner* § 397 Rn. 10 mwN.
[4] BGH v. 14. 1. 2003 – 1 StR 357/02, NStZ-RR 2004, 161.

Gewährleistung rechtlichen Gehörs folgt dabei die Verpflichtung des Gerichts, dass der Verteidigung vor einer Entscheidung über die Auswahl des Sachverständigen die Gelegenheit zur Stellungnahme zu geben ist.[5] Die **Anhörung der Verteidigung** ist zudem auch zweckdienlich, weil hierdurch spätere Streitigkeiten über die Sachverständigenauswahl regelmäßig vermieden werden und dies zugleich dem Beschleunigungsgebot zugute kommt.[6] Obliegt die Auswahl des Sachverständigen der Staatsanwaltschaft, soll auch diese nach Nr. 70 Abs. 1 RiStBV zuvor der Verteidigung die Möglichkeit zur Stellungnahme geben; eine in der Praxis meist ignorierte Vorschrift.[7] Im Fall von Meinungsverschiedenheiten beantragt die Staatsanwaltschaft die Bestellung gem. § 162 StPO beim Ermittlungsrichter.

Der Richter hat den Sachverständigen selbst zu bestimmen und darf die **Auswahlbefugnis** nicht auf Dritte übertragen.[8] Unzulässig ist es daher, wenn der Richter die konkrete Auswahl der Person des Sachverständigen einen Klinik- oder Institutsleiter oder einem sog. Auswahlsachverständigen überlässt.[9] Dem steht nicht entgegen, dass sich der gewählte Sachverständige zur Vorbereitung seines Gutachtens fremder Hilfe durch Dritte bedient. Es liegt dabei im Ermessen des bestellten Sachverständigen, welche Hilfskräfte er im Einzelfall für seine Begutachtung heranziehen will.[10] Insoweit ist es dem bestellten Sachverständigen auch nicht verwehrt, auf einen **dritten Sachverständigen als Hilfskraft** zurückzugreifen und dessen Befunde nach eigener Prüfung in das eigene Gutachten zu übernehmen.[11] Voraussetzung ist jedoch, dass der bestellte Sachverständige infolge eigener Qualifikation das Fachgebiet der Hilfskraft beherrscht und von daher die Befunde der Hilfskraft aufgrund eigener Sachkunde zu beurteilen und bewerten vermag.[12] Hält demgegenüber der bestellte Sachverständige für seine Begutachtung die Hinzuziehung einer Hilfskraft oder eines anderen Sachverständigen zur Befunderstellung aus einem Sachgebiet für notwendig, welches er selbst nicht beherrscht, darf dieser nicht selbst einen Untersachverständigen beiziehen. In diesem Fall muss er die Bestellung eines entsprechenden Sachverständigen durch das Gericht selbst anregen.[13] Die Auswahlbefugnis des Gerichts wird nicht dadurch eingeschränkt, dass sich der **Beschuldigte** gegenüber dem gerichtlich bestellten Sachverständigen verweigert und sich nur durch den **Sachverständigen seines Vertrauens** untersuchen lassen will.[14] Will der Angeklagte nicht Gefahr laufen, gar nicht untersucht zu werden, bleibt ihm nur die Bestellung des Sachverständigen seines Vertrauens im Selbstladeverfahren.

Die **Kriterien für die Auswahl des Sachverständigen** beziehen sich nach den Vorgaben des jeweiligen Beweisthemas sowohl auf das Fachgebiet als auch die persönliche Eignung des Sachverständigen. Das erforderliche Fachgebiet des Sachverständigen richtet sich nach der Beweisfrage und ist durch den Richter selbständig zu bestimmen.[15] Hat das Gericht Zweifel über das im Einzelfall vorliegende Fachgebiet, kann es nach seinem Ermessen jeweils einen Sachverständigen aus unterschiedlichen in Betracht kommenden Fachrichtungen heranziehen. Hinsichtlich der Auswahl eines Sachverständigen innerhalb eines Fachgebietes verweist Nr. 70 Abs. 2 RiStBV auf die Möglichkeit, die für das Fachgebiet zuständige Berufsorganisation oder Behörde um personelle Vorschläge zu bitten. Bei mehreren in Betracht kommenden Fachgebieten ist das Gericht allerdings nicht gezwungen, einen Fachgelehrten aller in Betracht kommender Fachrichtungen zu bestellen. Vielmehr reicht die Bestellung eines Fachgelehrten eines Fachgebietes aus, wobei dieser entsprechend § 407a Abs. 1 S. 1 ZPO unverzüglich zu prüfen und mitzuteilen hat, ob das zu erstellende Gutachten in sein Fachgebiet fällt und ohne Hinzuziehung eines weiteren Sachverständigen erstellt werden kann.

In der Praxis hat sich die Heranziehung von Sachverständigen für ein bestimmtes Beweisthema anhand von **nachfolgenden Auswahlkriterien** entwickelt:

1. Fachgebiet. Das Fachgebiet und die notwendige Fachrichtung des Sachverständigen bestimmt sich nach den Anforderungen des jeweiligen Beweisthemas. In der Praxis haben sich in Abhängig-

---

[5] BGH v. 10. 9. 2002 – 1 StR 169/02, BGHSt 48, 4 = NStZ 2003, 99; Löwe/Rosenberg/*Krause* Rn. 26.
[6] Löwe/Rosenberg/*Krause* Rn. 26 mwN.
[7] Zu Reformbestrebungen durch Aufnahme einer Nr. 70 Abs. 1 RiStBV entsprechenden Regelung in das Gesetz vgl. Nr. 2 der von der Bundesregierung beschlossenen Eckpunkte für die Reform des Strafverfahrens (StV 2001, 314) sowie den Diskussionsentwurf der Regierungsfraktionen vom Februar 2004 für eine Reform des Strafverfahrens (StV 2004, 228).
[8] OLG München v. 22. 9. 1967 – 8 U 707/67, NJW 1968, 202; Meyer-Goßner Rn. 10 mwN.
[9] SK-StPO/*Rogall* Rn. 18 mwN.
[10] BGH v. 22. 7. 1997 – 1 StR 334/97, NStZ 1997, 610.
[11] BGH v. 30. 10. 1968 – 4 StR 281/68, BGHSt 22, 268 = NJW 1969, 196; BGH v. 22. 7. 1997 – 1 StR 334/97, NStZ 1997, 610.
[12] Löwe/Rosenberg/*Krause* Rn. 6 mwN.
[13] Löwe/Rosenberg/*Krause* Rn. 6 mwN.
[14] BGH v. 12. 2. 1998 – 1 StR 588/97, BGHSt 44, 26 = NStZ 1998, 422.
[15] BGH v. 21. 4. 1987 – 1 StR 77/87, BGHSt 34, 355 = NStZ 1988, 85; BGH v. 5. 7. 2007 – 5 StR 170/07, BeckRS 2007 12285.

keit des jeweils relevanten Beweisthemas spezielle Auswahlkriterien durchgesetzt: Bei der **Blutalkoholbestimmung** ist in der Regel jede Person als Sachverständiger geeignet, welche auf diesem Gebiet besondere Erfahrung hat.[16] Bei einfachen Fällen einer Blutalkoholbestimmung durch Rückrechnung der BAK zZ einer erfolgten Blutprobenentnahme auf die Tatzeit kann diese auch ohne einen Sachverständigen durch einen Richter vorgenommen werden.[17] Zumindest dann, wenn sich infolge der individuellen Sachverhaltskonstellation, zB Nachtrunk oder Medikamenteneinnahme, besondere Schwierigkeiten in der BAK-Berechnung ergeben, soll aber ein medizinischer Sachverständiger bestellt werden.[18]

9 Hält das Gericht für die Bewertung der **Glaubwürdigkeit** die Zuziehung eines Sachverständigen für notwendig, wird das Gutachten regelmäßig durch einen Psychologen[19] oder ggf. auch Psychiater[20] zu erstellen sein.[21] Ein Psychologe ist jedenfalls dann ungeeignet, wenn eine geistige Erkrankung vorliegt.[22] Demgegenüber ist ein Pädagoge immer – auch bei der Beurteilung der Glaubhaftigkeit kindlicher Zeugen – ungeeignet.[23]

10 Für die Beurteilung der **Schuldfähigkeit** des Beschuldigten[24] ist regelmäßig ein Psychiater oder zumindest ein Neurologe zu bestellen.[25] Bedarf es einer psychiatrischen Begutachtung oder liegt eine Hirnschädigung bei dem Beschuldigten vor, bedarf es eines entsprechenden Facharztes für die Begutachtung.[26] Eines geeigneten Facharztes bedarf es regelmäßig auch in Fällen der Gutachtenerstellung zur Frage der Verhängung von **Maßregeln der Besserung und Sicherung** nach §§ 63 ff. StGB[27] und der damit im Zusammenhang stehenden Gefährdungs- oder Gefährlichkeitsprognose.[28] Je nach Fallvariante kommen für die Erstellung einer Gefährlichkeitsprognose jedoch nicht nur Psychiater, sonder auch Psychologen, Soziologen oder Kriminologen in Betracht.[29]

11 In anderen Fällen haben sich jeweils entsprechende Anforderungskriterien für den Sachverständigen herausgebildet.[30]

12 **2. Eignung des Sachverständigen.** Weiteres Auswahlkriterium ist neben der fachlichen Qualifikation die persönliche Eignung des Sachverständigen. Positive Voraussetzung ist, dass der Sachverständige für die Begutachtung geeignet ist, zur Verfügung steht[31] und der Bestellung kein Ablehnungsgrund nach § 74 entgegensteht.[32] An der persönlichen Eignung fehlt es insbesondere dann, wenn Bedenken gegen die Unparteilichkeit, die Vertrauenswürdigkeit oder Gewissenhaftigkeit des Sachverständigen bestehen. In diesem Fall ist der Sachverständige schon nicht in der Lage, den in § 79 Abs. 2 vorgesehenen Eid zu leisten, was ggf. zur Eidesunfähigkeit führen kann.[33] Offenbart sich die persönliche Ungeeignetheit des Sachverständigen oder ergeben sich zumindest Zweifel, begründet dies alleine jedoch nicht zugleich auch die Ungeeignetheit im beweisrechtlichen Sinne nach §§ 244 Abs. 3 S. 2, 245 Abs. 2 S. 3. Vielmehr ist auch der persönlich ungeeignete, aber bestellte oder als präsentes Beweismittel geladene Sachverständige durch das Gericht zu hören.[34]

13 **3. Anzahl.** Ebenso wie die Auswahl des Sachverständigen steht auch die Bestimmung der Anzahl von zu bestellenden Sachverständigen im pflichtgemäßen Ermessen des Gerichts und be-

---

[16] *Meyer-Goßner* Rn. 6 mit Verweis auf OLG Hamm VRS 36, 290, 434.
[17] BGH v. 28. 4. 1961 – 4 StR 55/61, VRS 21, 54.
[18] OLG Frankfurt v. 21. 12. 1960 – 1 Ss 987/60, NJW 1961, 283; *Meyer-Goßner* Rn. 6 mit Verweis auf BGH VRS 34, 211.
[19] BGH v. 21. 5. 1969 – 4 StR 446/68, BGHSt 23, 8 = NJW 1969, 2293; BGH v. 30. 5. 2000 – 1 StR 582/99, NStZ 2001, 45.
[20] BGH v. 13. 10. 1981 – 1 StR 561/81, NStZ 1982, 42; BGH v. 19. 2. 2002 – 1 StR 5/02, NStZ 2002, 490.
[21] Zu den Anforderungen an ein Glaubwürdigkeitsgutachten vgl. BGH v. 30. 7. 1999 – 1 StR 618/98, BGHSt 45, 164 = NStZ 2000, 100; BGH v. 30. 5. 2000 – 1 StR 582/99, NStZ 2001, 45; *Fabian/Greuel/Stadler* StV 1996, 347.
[22] BGH v. 2. 3. 1995 – 4 StR 764/94, NStZ 1995, 558.
[23] BGH v. 29. 2. 1952 – 1 StR 631/51, BGHSt 2, 163 = NJW 1952, 554; BGH v. 14. 12. 1954 – 5 StR 416/54, BGHSt 7, 82 = NJW 1955, 599.
[24] Zu den an ein Schuldfähigkeitsgutachten zu stellenden Mindestanforderungen vgl. BVerfG v. 5. 2. 2004 – 2 BvR 2029/01, BVerfGE 109, 133 = NJW 2004, 739; BGH v. 21. 1. 2004 – StR 346/03, BGH 49, 45 = NJW 2004, 1810; BGH v. 12. 11. 2004 – 2 StR 367/04, BGHSt 49, 347 = StraFo 2005, 124; *Boetticher/Nedopil/Bosinski/Saß* NStZ 2005, 57.
[25] BGH v. 6. 2. 1997 – 4 StR 672/96, BGHSt 42, 385 = NStZ 1997, 278 mAnm *Kröber* NStZ 1998, 80; *Meyer-Goßner* Rn. 8 mwN.
[26] BGH v. 21. 10. 1987 – 2 StR 519/87, StV 1988, 52; BGH v. 22. 4. 1969 – 1 StR 90/69, NJW 1969, 1578.
[27] Zu den Anforderungen an ein entsprechendes psychiatrisches Gutachten BGH v. 12. 11. 2004 – 2 StR 367/04, BGHSt 49, 347 = StraFo 2005, 124.
[28] Vgl. BVerfG v. 5. 2. 2004 – 2 BvR 2029/01, BVerfGE 109, 133 = NJW 2004, 739; *Birkhoff* StraFo 2001, 401.
[29] BGH v. 21. 4. 1987 – 1 StR 77/87, BGHSt 34, 357 = NStZ 1988, 85; BGH v. 7. 4. 1993 – 1 StE 1/75/StB 7/93, NStZ 1993, 357 mAnm *Rasch* NStZ 1993, 509.
[30] *Löwe/Rosenberg/Krause* Rn. 10 ff.; SK-StPO/*Rogall* Rn. 31 mwN.
[31] OLG Bremen v. 25. 10. 1996 – BL 200/96, StV 1997, 143.
[32] *Meyer-Goßner* Rn. 9.
[33] RG v. 22. 10. 1895 – 2876/95, RGSt 27, 398; SK-StPO/*Rogall* Rn. 33.
[34] *Alsberg Nüse/Meyer* S. 207; SK-StPO/*Rogall* Rn. 33.

stimmt sich nach dem Beweisthema und der Notwendigkeit zur Aufklärung nach § 244 Abs. 2.[35] Davon losgelöst hat das Gericht unter der Voraussetzung von § 245 Abs. 2 einen nach §§ 214 Abs. 3, 220 geladenen Sachverständigen immer anzuhören. Das Gericht kann zudem nach § 83 Abs. 1, Abs. 2 jederzeit die Begutachtung durch einen neuen oder anderen Sachverständigen anordnen, wenn der ursprünglich bestellte Sachverständige abgelehnt wird oder dessen Gutachten nicht ausreichend erscheint. Davon unabhängig kann das Gericht von vornherein mehrere Sachverständige bestellen.[36] Im Fall zweier sich widersprechenden Gutachten darf das Gericht der für den Angeklagten günstigeren Meinung folgen, wenn es das begründet, ohne dass es zur Bestellung eines dritten Sachverständigen gezwungen wäre.[37]

III. Fristabsprache

Nach **Abs. 1 S. 2** soll der Richter mit dem Sachverständigen eine Absprache treffen, innerhalb welchen Zeitraums das Gutachten zu erstellen ist. Die Nichtbeachtung hat allerdings keine unmittelbaren verfahrensrechtlichen Konsequenzen. Mittelbar kann aber das **Beschleunigungsgebot** betroffen sein. Regelmäßig ist eine Fristabsprache aber auch deshalb sachgerecht, um abzuklären, ob der vorgesehene Sachverständige in zeitlicher Hinsicht für das Verfahren überhaupt bereitsteht. Auch mit Blick auf die Ungehorsamsfolgen des § 77 Abs. 2 ist die Fristabsprache geboten. Eine nachträgliche Änderung der vereinbarten Frist ist durch eine erneute Fristabsprache möglich. Analog zu § 224 Abs. 2 ZPO kommt auch eine nachträgliche Verlängerung der Frist in Betracht, wenn der Sachverständige hierfür erhebliche Gründe glaubhaft macht.[38]   **14**

Die Frage, welche Frist **angemessen** ist, bestimmt sich zum einen nach den Vorgaben des Beschleunigungsgebots und zum anderen nach den Umständen des Einzelfalles, wobei die Schwierigkeit der Begutachtung und der Umfang des Gutachtens zu berücksichtigen sind. Die anderweitige Belastung des Sachverständigen ist grundsätzlich nur von untergeordneter Bedeutung und bereits bei der Auswahl der Person des Sachverständigen zu berücksichtigen. Ggf. kann es auch notwendig sein, den bestellten Sachverständigen nach § 76 Abs. 1 S. 2 von seiner Aufgabe zu entbinden.   **15**

IV. Öffentlich bestellte Sachverständige

Abs. 2 nimmt Bezug auf die öffentlich bestellten Sachverständigen. Abzugrenzen und hiervon unabhängig ist die Frage, ob der Sachverständige iSv. § 79 Abs. 3 auch allgemein vereidigt ist. Öffentlich bestellt im Sinne von § 73 Abs. 2 sind Sachverständige, die aufgrund öffentlich-rechtlicher Vorschriften des Bundes- oder Landesrechts (zB § 36 GewO, § 91 Abs. 1 Nr. 8 HandwO) durch die zuständige Behörde auf bestimmten Sachgebieten als Sachverständige öffentlich bestellt worden sind.[39] Neben Einzelpersonen können auch Behörden öffentlich bestellt werden.[40]   **16**

Andere Personen als öffentlich bestellte Sachverständige sind nach Abs. 2 nur ausnahmsweise als Gutachter zu bestellen. Besondere Umstände, welche eine Ausnahme rechtfertigen, können darin liegen, dass der öffentlich bestellte Sachverständige nicht zur Verfügung steht oder aufgrund des Beweisthemas eine noch speziellere Sach- und Fachkunde erforderlich ist.   **17**

V. Beschwerde

Eine auf die Auswahl des Sachverständigen oder die Bestimmung der Anzahl gerichtete Beschwerde soll nach herrschender Rechtsprechung ausgeschlossen sein,[41] gleich ob die Bestellung durch die Staatsanwaltschaft,[42] die Polizei oder durch das Gericht[43] erfolgt ist. Gegen die Auswahlentscheidung bleibt dem Beschuldigten nur die Möglichkeit der Gegenvorstellung, der Ablehnung des Sachverständigen nach § 74 oder die Bestellung eines Sachverständigen nach eigener Auswahl im Wege des § 220. Zu berücksichtigen ist dabei, dass die Selbstladung eines Sachverständigen mit einem nicht unerheblichen Kostenaufwand verbunden ist und dies den Beschuldigten oftmals überfordern wird. Zwar mag dieser Umstand alleine noch nicht dazu führen, dass das Gericht stets dem Entscheidungsvorschlag des Beschuldigten zu folgen hat. Die Auswahlentscheidung des Gerichts hat aber auch Belange des Beschuldigten zu berücksichtigen und die Grenzen   **18**

---

[35] OLG Düsseldorf v. 8. 9. 1993 – 3 Ws 493 – 494/93, wistra 1994, 78.
[36] BayObLG v. 23. 12. 1955 – BReg. 3 St 187/55, NJW 1956, 1001.
[37] BGH v. 31. 7. 1996 – 1 StR 247/96, NStZ-RR 1997, 42; BGH v. 29. 12. 1989 – 4 StR 630/89, NStZ 1990, 244; vgl. auch BGH v. 12. 11. 2004 – 2 StR 367/04, BGHSt 49, 347 = NStZ 2005, 205.
[38] *Meyer-Goßner* Rn. 14.
[39] *Meyer-Goßner* Rn. 16; *Hagedorn* StV 2004, 218; SK-StPO/*Rogall* Rn. 54 mwN.
[40] Löwe/Rosenberg/*Krause* Rn. 34; *Meyer-Goßner* Rn. 16; aA SK-StPO/*Rogall* Rn. 54.
[41] Vgl. *Meyer-Goßner* Rn. 18; Löwe/Rosenberg/*Krause* Rn. 36.
[42] OLG Schleswig v. 16. 4. 1999 – 2 Ws 117/99, StV 2000, 543; KK-StPO/*Senge* Rn. 9.
[43] OLG Hamm v. 5. 10. 1993 – 1 Ws 435/93, MDR 1994, 83.

§ 74 1, 2

der in Art. 20 Abs. 3 GG verfassungsrechtlich abgesicherten Garantie des Rechts auf ein faires Verfahren zu beachten. Die gerichtliche Entscheidung darf daher nicht willkürlich, sondern muss nachvollziehbar sein. Schon insoweit erscheint eine Rechtsschutzmöglichkeit zumindest auf Überprüfung der pflichtgemäßen Ermessensausübung sachgerecht und geboten.[44]

VI. Revision

19 Ein Verstoß gegen Abs. 1 für sich alleine vermag die Revision grundsätzlich nicht zu begründen. Regelmäßig wird schon das Urteil nicht auf der fehlerhaften Anwendung von Abs. 1 beruhen. Die Revision lässt sich ggf. aber auf die **Verletzung der gerichtlichen Aufklärungspflicht nach § 244 Abs. 2** stützen.[45] Eine revisible Verletzung der gerichtlichen Aufklärungspflicht kann vorliegen, wenn das Gericht sich irrtümlich eine eigene Sachkunde zuschreibt und daher die Bestellung eines Sachverständigen unterlässt[46] oder wenn das Gericht den Bewertungen eines gehörten Sachverständigen ohne eigene Begründung nicht folgt und keinen weiteren Sachverständigen bestellt.[47] Gleiches kann gelten, wenn sich aus dem Urteil ergibt, dass die relevante Beweisfrage aufgrund mangelnder Eignung des Sachverständigen nicht oder nur unzureichend beantwortet ist oder ein Verstoß gegen Denkgesetze oder wissenschaftliche Erfahrungssätze vorliegt.[48] Neben der Verletzung der Aufklärungspflicht kann die Revision ggf. auch auf einen zu unrecht abgelehnten Beweisantrag nach § 244 Abs. 4 gestützt werden, wenn das Gericht die Anhörung eines nach §§ 214 Abs. 3, 220 geladenen Sachverständigen zu unrecht ablehnt.

20 Demgegenüber kann die Revision erfolgreich nicht darauf gestützt werden, dass der Sachverständige für die Erstellung seines Gutachtens eine bestimmte Untersuchungsmethode gewählt hat.[49] Gleiches gilt im Fall des Unterlassens der Fristabsprache nach § 73 Abs. 1 S. 2 oder bei Nichtbeachtung des § 73 Abs. 2.[50]

§ 74 [Ablehnung]

(1) ¹Ein Sachverständiger kann aus denselben Gründen, die zur Ablehnung eines Richters berechtigen, abgelehnt werden. ²Ein Ablehnungsgrund kann jedoch nicht daraus entnommen werden, daß der Sachverständige als Zeuge vernommen worden ist.

(2) ¹Das Ablehnungsrecht steht der Staatsanwaltschaft, dem Privatkläger und dem Beschuldigten zu. ²Die ernannten Sachverständigen sind den zur Ablehnung Berechtigten namhaft zu machen, wenn nicht besondere Umstände entgegenstehen.

(3) Der Ablehnungsgrund ist glaubhaft zu machen; der Eid ist als Mittel der Glaubhaftmachung ausgeschlossen.

I. Zulässigkeit

1 Den in Abs. 2 S. 1 genannten Verfahrensbeteiligten steht das Recht zu, einen Antrag auf Ablehnung des gerichtlich bestellten Sachverständigen zu stellen. Gleiches gilt für den nach den §§ 214 Abs. 3, 220 Abs. 1, 245 Abs. 2 geladenen Sachverständigen.[1] Nach hM gilt § 74 nur für das **gerichtliche Verfahren**, dh. wenn die Sache gerichtlich anhängig und der Sachverständige durch das Gericht ernannt ist.[2] Die Vorschrift gilt daher auch bei der richterlichen Beauftragung des Sachverständigen schon im Vorverfahren. Demgegenüber findet die Vorschrift keine Anwendung, wenn der Sachverständige im Ermittlungsverfahren durch die Staatsanwaltschaft oder die Polizei herangezogen wurde. In diesem Verfahrensstadium kommt lediglich die Möglichkeit einer Gegenvorstellung oder ein Antrag auf Entbindung des Sachverständigen nach § 76 Abs. 1 S. 2 iVm. § 161a Abs. 1 S. 2 in Betracht.[3] Im Übrigen kann der im Ermittlungsverfahren durch die Staatsanwaltschaft oder die Polizei bestellte Sachverständige nach § 74 in zeitlicher Hinsicht erst dann abgelehnt werden, wenn dieser sein Gutachten vor Gericht erstatten soll.[4]

2 Inhaltlich kann der Ablehnungsantrag immer nur auf die **konkrete Person** des bestellten oder geladenen Sachverständigen bezogen sein. Die Ablehnung einer Sachverständigengruppe oder von

---

[44] Ebenso *Wagner* StV 2000, 544.
[45] *Meyer-Goßner* Rn. 19; Löwe/Rosenberg/*Krause* Rn. 37 mwN.
[46] BGH v. 29. 2. 1952 – 1 StR 631/51, BGHSt 2, 166 = NJW 1952, 554; BGH v. 18. 9. 1952 – 3 StR 374/52, BGHSt 3, 169 = NJW 1952, 1343; OLG Hamm v. 20. 4. 1995 – 4 Ss 103/95, VRS 90 (1996), 113.
[47] BGH v. 16. 12. 1992 – 2 StR 440/92, StV 1993, 234.
[48] *Meyer-Goßner* Rn. 19 mwN.
[49] BGH v. 30. 7. 1999 – 1 StR 618/98, BGHSt 45, 164 = NStZ 2000, 100 mwN.
[50] SK-StPO/*Rogall* Rn. 69 f.
[1] SK-StPO/*Rogall* § 73 Rn. 4 mwN.
[2] *Meyer-Goßner* Rn. 12 mit Verweis auf BGH VRS 29, 26.
[3] *Tondorf* StV 1993, 39 ff.
[4] SK-StPO/*Rogall* Rn. 6 mwN.

bestimmten Hilfskräften des Sachverständigen ist nicht möglich. Ebensowenig kommt eine Ablehnung von Behörden, deren Gutachten nach § 256 Abs. 1 Nr. 1a verlesen wird, in Betracht.[5] Zweckmäßig und sachgerecht erscheint es aber, dass der Vertreter der entsprechenden Behörde, welcher das fragliche Behördengutachten nach § 256 Abs. 2 in der Hauptverhandlung vertritt, zumindest entsprechend den Vorgaben des § 74 abgelehnt werden kann.[6]

II. Zeitpunkt, Wiederholung, Rücknahme

Der Ablehnungsantrag kann zwar schon vor der Hauptverhandlung gestellt oder angekündigt werden. In jedem Fall muss er jedoch mit Blick auf die Revision in der Hauptverhandlung wiederholt werden.[7] Einer besonderen Form bedarf es hierbei nicht, wobei zumindest die Erklärung zu Protokoll aber zweckdienlich ist. **Innerhalb der Hauptverhandlung** ist der Antrag jederzeit bis zum Abschluss der Beweisaufnahme zulässig. Anders als nach § 25 Abs. 2 bei der Richterablehnung muss das Ablehnungsgesuch gegen den Sachverständigen nicht unverzüglich nach Kenntnis des Ablehnungsgrundes vorgenommen werden. Es ist daher auch möglich, den Ablehnungsantrag erst dann zu stellen, nachdem der Sachverständige sein Gutachten erstattet hat.[8] Unter gewissen Einschränkungen ist der Ablehnungsantrag zudem auch erst nach Abschluss der Beweisaufnahme im Rahmen des Schlussvortrages zulässig.[9]

Innerhalb der Antragsfrist kann der Ablehnungsantrag jederzeit zurückgenommen werden. Der Ablehnungsantrag ist dann gegenstandslos. Auch wenn ein Ablehnungsgrund offensichtlich vorliegt, findet keine Ablehnung von Amts wegen statt und der Sachverständige hat sein Gutachten zu erstatten, es sei denn, er wird entpflichtet.[10] Der Umstand der **Antragsrücknahme** steht der erneuten Antragstellung nicht entgegen. Streitig ist aber, ob eine erneute Antragstellung auch dann zulässig ist, wenn der ursprüngliche Antrag als unbegründet zurückgewiesen wurde.[11] Soweit jedenfalls der neue Antrag auf neue Tatsachen oder Beweismittel gestützt wird, steht der Zulässigkeit der Antragstellung die vorhergehende Ablehnung nicht entgegen.[12]

III. Ablehnungsberechtigte

Ablehnungsberechtigt sind die in Abs. 2 S. 1 benannten Verfahrensbeteiligten, mithin der Angeklagte, der Privatkläger und die Staatsanwaltschaft. Über den Wortlaut der Vorschrift hinaus steht das Ablehnungsrecht nach § 397 Abs. 1 S. 3 auch dem Nebenkläger,[13] dem Privatkläger,[14] nach §§ 433 Abs. 1, 442 Abs. 1 auch den Verfalls- und Einziehungsbeteiligten[15] sowie nach § 67 JGG dem gesetzlichen Vertreter und Erziehungsberechtigten zu.[16] Der **Verteidiger** ist nur berechtigt, im Namen des Angeklagten den Sachverständigen abzulehnen.[17]

IV. Ablehnungsgründe

Der zulässige Antrag bedarf eines **Ablehnungsgrundes**. Ein Ablehnungsantrag kann nicht damit begründet werden, dass Bedenken gegen die Befähigung des Sachverständigen bestehen[18] oder dieser einer bestimmten fachlichen Auffassung zuneigt. Letzteres kann aber Anlass dafür geben, ein weiteres Gutachten einzuholen.[19] Der Ablehnungsantrag kann wirksam nur auf solche Gründe gestützt werden, aus denen auch ein Richter kraft Gesetzes nach § 22 Nr. 1–4 oder § 24 ausgeschlossen werden kann. In Bezug auf die Person des Sachverständigen begründen die Voraussetzungen des § 22 einen zwingenden Ablehnungsgrund.[20]

Ein Ablehnungsgrund nach § 22 Nr. 1 liegt vor, wenn der Sachverständige durch die jeweilige Tat unmittelbar selbst in seinen Rechten betroffen ist. Gleiches gilt, wenn der Sachverständige eine der in § 22 Nr. 2 und 3 aufgezählten besonderen persönlichen Beziehungen aufweist.

---

[5] KK-StPO/*Senge* Rn. 1.
[6] Löwe/Rosenberg/*Krause* Rn. 3; aA SK-StPO/*Rogall* Rn. 5.
[7] BGH v. 20. 11. 2001 – 1 StR 470/01, NStZ-RR 2002, 110.
[8] Löwe/Rosenberg/*Krause* § 73 Rn. 22.
[9] Meyer-Goßner § 73 Rn. 12; Löwe/Rosenberg/*Krause* § 73 Rn. 22.
[10] SK-StPO/*Rogall* Rn. 58.
[11] Ablehnend Meyer-Goßner Rn. 14.
[12] SK-StPO/*Rogall* Rn. 59.
[13] BGH v. 23. 1. 1979 – 5 StR 748/78, BGHSt 28, 272 = NJW 1979, 1310.
[14] Meyer-Goßner Rn. 9.
[15] Löwe/Rosenberg/*Krause* Rn. 16.
[16] SK-StPO/*Rogall* Rn. 48 mwN.
[17] OLG Hamm v. 9. 7. 1951 – 2 Ws 110/51, NJW 1951, 731; Löwe/Rosenberg/*Krause* Rn. 15.
[18] BGH v. 20. 11. 2001 – 1 StR 470/01, NStZ-RR 2002, 110; BGH v. 1. 12. 2006 – 2 StR 436/06, BeckRS 2007, 00056.
[19] BGH v. 16. 5. 2000 – 1 StR 666/99, NStZ 2000, 544.
[20] BGH v. 11. 1. 1963 – 3 StR 52/62, BGHSt 18, 214 = NJW 1963, 821.

8 Der Sachverständige ist aufgrund von § 22 Nr. 4 abzulehnen, wenn er in der Sache bereits zuvor als Verteidiger, Anwalt des Verletzten, Beamter der Staatsanwaltschaft oder Polizeibeamter tätig geworden ist. Mit Blick auf die Begriffe „Beamter der Staatsanwaltschaft" und „Polizeibeamter" gilt hier nicht der Statusbegriff, sondern eine funktionelle Betrachtungsweise.[21] Eine Tätigkeit des Sachverständigen als Beamter der Staatsanwaltschaft oder als Polizeibeamter ist anzunehmen, wenn dieser an der Ermittlungstätigkeit der benannten Strafverfolgungsorgane mitgewirkt hat. Die Teilnahme an Ermittlungstätigkeiten ist u. a. zu bejahen bei der Mitwirkung im Rahmen von Augenscheinnahmen, bei der Mitwirkung oder Durchführung von körperlichen Untersuchungen oder sonstigen strafprozessualen Zwangsmaßnahmen.[22] Demgegenüber stellt die bloße Teilnahme des Sachverständigen an Vernehmungen und die Befragung des Beschuldigten nach § 80 Abs. 2 keinen Ablehnungsgrund nach § 22 Nr. 4 dar.[23] Regelmäßig findet § 22 Nr. 4 darüber hinaus auch keine Anwendung auf Beamte solcher Polizeibehörden, die nur zur Gefahrenabwehr tätig werden.[24] Anders kann dies aber dann sein, wenn solche Beamte im Rahmen von strafrechtlichen Ermittlungsmaßnahmen hinzugezogen werden und an diesen aktiv mitwirken. Abgrenzungsschwierigkeiten können sich auch bei solchen Beamten ergeben, welche Kraft ihrer Aufgabenkompetenz sowohl als Beamte der Strafverfolgungs- als auch der Verwaltungsbehörde tätig werden können, wie zB Amtsträger der Steuerfahndung nach § 208 Abs. 1 Nr. 1 und 3 AO.[25]

9 Keine Anwendung findet § 22 Nr. 4 grundsätzlich auf solche Polizeibeamte, die einer nicht mit Ermittlungsaufgaben betrauten Dienststelle angehören und diese von den Strafverfolgungsbehörden getrennt ist. Dies ist regelmäßig bei Beamten der kriminalwissenschaftlichen,[26] technischen[27] und chemischen Untersuchungsämter der Polizei der Fall.[28] Ohne Bedeutung ist dabei, ob erst das Gutachten eines Beamten des jeweiligen Untersuchungsamtes zu der Einleitung der strafrechtlichen Ermittlungen geführt hat.[29] Gleiches soll in Bezug auf sog. Wirtschaftsreferenten der Staatsanwaltschaft gelten, sogar dann, wenn diese organisatorisch nicht von der Strafverfolgungsabteilung getrennt sind.[30] Maßgeblich soll dann aber sein, dass der zuständige Wirtschaftsreferent sein Gutachten eigenverantwortlich und weisungsfrei erstellen darf.[31] Ob diese Voraussetzung bei einer fehlenden Organisationstrennung und der damit verbundenen Konsequenz eines gemeinsamen Behördenleiters realistischer Weise angenommen werden kann, erscheint infolge der beamtenrechtlichen Weisungsgebundenheit fraglich. Neben § 22 Nr. 4 ist in diesen Fällen zumindest auch der Ablehnungsgrund wegen Besorgnis der Befangenheit nach § 24 Abs. 1 in Betracht zu ziehen.

10 **Abs. 1 S. 2** stellt klar, dass der Ablehnungsgrund des § 22 Nr. 5 in Bezug auf die Person des Sachverständigen ausgeschlossen ist.[32]

11 Der **Ablehnungsgrund des § 24** ist gegeben, wenn Tatsachen vorliegen, die geeignet sind, das Misstrauen gegen die Unparteilichkeit des Sachverständigen zu rechtfertigen und daher die Besorgnis der Befangenheit besteht. Die Besorgnis der Befangenheit beurteilt sich nicht objektiv, sondern nach der verständigen Maßgabe des persönlichen Standpunktes der Person des Antragstellers.[33] Die Besorgnis der Befangenheit ist daher begründet, wenn der Ablehnende bei vernünftiger Würdigung aller Umstände Anlass hat, an der Unvoreingenommenheit des Sachverständigen zu zweifeln.[34] Unerheblich ist, ob der Sachverständige tatsächlich befangen ist oder ob das Gericht oder andere Verfahrensbeteiligte Zweifel an der Unbefangenheit haben.[35] Allein entscheidend ist, dass der Antragsteller in seinem Ablehnungsantrag Gründe vorträgt, die vernünftig erscheinen, um an der Unparteilichkeit des Sachverständigen zu zweifeln und die jedem unbeteiligten Dritten einleuchten.[36] Die Besorgnis der Befangenheit kann bestehen, wenn der Sachverständige in einem besonderen Näheverhältnis, in Freundschaft oder Feindschaft zu dem Beschuldigten steht oder infolge von Umständen der „böse Schein" der Parteilichkeit besteht.[37] Darüber hinaus können auch bestimmte persönliche oder geschäftliche Interessenskonflikte die Besorgnis der Befangenheit be-

---

[21] SK-StPO/*Rogall* Rn. 20.
[22] Löwe/Rosenberg/*Krause* Rn. 7.
[23] *Meyer-Goßner* Rn. 5.
[24] RG v. 8. 7. 1902 – 811/02, RGSt 35, 319; RG v. 6. 4. 1903 – 6237/02, RGSt 36, 208; KK-StPO/*Senge* Rn. 2.
[25] Vgl. *Wehnert* JR 2007, 82; *Krekeler* wistra 1989, 52.
[26] BGH v. 11. 1. 1963 – 3 StR 52/62, BGHSt 18, 214 = NJW 1963, 821.
[27] KG VRS 25, 274.
[28] *Meyer-Goßner* Rn. 3 mwN.
[29] Löwe/Rosenberg/*Krause* Rn. 8.
[30] *Meyer-Goßner* Rn. 5.
[31] BGH v. 2. 7. 1986 – 3 StR 87/86, StV 1986, 465; *Lemme* wistra 2002, 281; aA *Wiegemann* StV 1996, 574.
[32] Vgl. hierzu SK-StPO/*Rogall* Rn. 27 f.
[33] BGH v. 1. 11. 1955 – 5 StR 329/55, BGHSt 8, 226 = NJW 1956, 271; BGH v. 10. 4. 1990 – 1 StR 75/90, StV 1990, 389.
[34] BVerfG v. 19. 1. 2004 – 2 BvF 1/98, BVerfGE 109, 130 = BeckRS 2005, 25 501.
[35] *Eisenberg* NStZ 2006, 370.
[36] BGH v. 10. 11. 1967 – 4 StR 512/66, BGHSt 21, 334 = NJW 1968, 710.
[37] Vgl. SK-StPO/*Rogall* Rn. 32 mwN.

gründen. Dies kann dann der Fall sein, wenn der Sachverständige bereits im Vorfeld ein Privatgutachten für den Verletzten,[38] die betroffene Versicherungsgesellschaft[39] oder den Nebenkläger erstellt hat.[40] Auch die gewählte Ausdrucksweise bei mündlichen oder schriftlichen Äußerungen,[41] das Stellen von Fangfragen an einen Entlastungszeugen,[42] sowie ein persönlicher und nach Art und Umfang besonderer Ermittlungseifer[43] können den Eindruck der Befangenheit begründen. Stets sind hierbei die besonderen Umstände des jeweiligen Einzelfalles zu betrachten.

V. Inhalt des Ablehnungsantrags

Der Ablehnungsantrag muss die **Tatsachen benennen**, auf die die Ablehnung gestützt wird. Die Angriffsrichtung muss benannt werden.[44] Tatsachen, welche zwar die Ablehnung begründen, jedoch nicht benannt sind, dürfen bei der Ablehnungsentscheidung nicht berücksichtigt werden.[45]

Den Antragsteller trifft die **Beweislast**.[46] Nach Abs. 3 1. Hs. sind die den jeweiligen Ablehnungsgrund ausfüllenden Tatsachen glaubhaft zu machen. Im Rahmen der Glaubhaftmachung ist es nicht notwendig, das Gericht von der Richtigkeit der behaupteten Tatsachen zu überzeugen.[47] Ausreichend ist, dass das Gericht in die Lage versetzt wird, die behauptete Tatsache in einem hinreichenden Maß für wahrscheinlich zu halten.[48] Zu diesem Zweck darf sich der Antragsteller grundsätzlich aller zulässigen Beweismittel bedienen. Ausgeschlossen ist aber nach Abs. 3 2. Hs. der Eid als Mittel der Glaubhaftmachung. Dies gilt aber nur für den Eid des Antragstellers selbst.[49] Für die Begründetheit des Antrags ist es entscheidend, dass das Gericht die Tatsachen des jeweiligen Ablehnungsgrundes ohne förmliche Beweiserhebung, dh. ohne weitergehende Ermittlungen für wahr halten kann. Aus diesem Grund reicht zur Glaubhaftmachung die bloße Benennung des Zeugen regelmäßig nicht aus, sondern der Antragsteller hat eine schriftliche Erklärung des Zeugen vorzulegen.[50] Auch Urkunden, Dokumente und sonstiger schriftlicher Erklärungen darf sich der Antragsteller bedienen. Hat das Gericht Zweifel an der Echtheit der Urkunde oder an der Richtigkeit der vorgelegten Erklärung, hat es die Möglichkeit, die fragliche Beweisperson formlos anzuhören. Für die Glaubhaftmachung darf sich der Antragsteller auch auf das uneidliche Zeugnis des Sachverständigen berufen.[51] Im Übrigen gelten für die Glaubhaftmachung die gleichen Grundsätze wie bei der Richterablehnung.

VI. Zuständiges Gericht

Zuständig für die Entscheidung über den Ablehnungsantrag ist das **Gericht, vor dem der Sachverständige tätig geworden ist oder werden soll**.[52] Das ist im Eröffnungsverfahren das Gericht der Hauptsache und nach Eröffnung des Hauptsacheverfahrens das erkennende Gericht. Nach Eröffnung der Hauptverhandlung wirken die Schöffen mit.[53] Der ersuchte oder beauftragte Richter entscheidet nicht selbst, sondern legt die Sache zur Entscheidung dem auftraggebenden Gericht vor.[54]

VII. Gerichtsbeschluss

Die Entscheidung des Gerichts ergeht durch förmlichen **Beschluss**, nachdem die Verfahrensbeteiligten nach § 33 Abs. 1 angehört wurden. Einer Anhörung des von der Ablehnung betroffenen Sachverständigen bedarf es in der Regel nicht,[55] ist jedoch nicht untersagt und kann sogar angebracht sein.[56] Wird der Sachverständige gehört, ist die Erklärung dem Antragsteller bekannt zu geben und diesem nochmals Gelegenheit zur Stellungnahme einzuräumen.[57] Die Entscheidung

---

[38] BGH v. 20. 7. 1965 – 5 StR 241/65, BGHSt 20, 245 = NJW 1965, 2017.
[39] BGH v. 9. 11. 2001 – 3 StR 216/01, NStZ 2002, 215.
[40] Meyer-Goßner Rn. 6.
[41] BGH v. 2. 8. 1995 – 2 StR 221/94, BGHSt 41, 206 = NStZ 1995, 590 = BGHR StPO § 74 Ablehnungsgrund 4.
[42] OLG Hamburg v. 23. 1. 1986 – 1 Ss 137/86, StV 1987, 142.
[43] BGH v. 4. 6. 1964 – 3 StR 13/64, NJW 1964, 1681; Löwe/Rosenberg/Krause Rn. 15.
[44] Vgl. BGH v. 12. 9. 2007 – 1 StR 407/07, NStZ 2008, 229.
[45] Meyer-Goßner Rn. 13.
[46] BGH v. 10. 11. 1967 – 4 StR 512/66, BGHSt 21, 334 = NJW 1968, 710.
[47] BGH v. 10. 11. 1967 – 4 StR 512/66, BGHSt 21, 334 = NJW 1968, 710.
[48] BGH v. 10. 11. 1967 – 4 StR 512/66, BGHSt 21, 334 = NJW 1968, 710; KK-StPO/Senge Rn. 8.
[49] SK-StPO/Rogall Rn. 56 mwN.
[50] BGH v. 10. 11. 1967 – 4 StR 512/66, BGHSt 21, 334 = NJW 1968, 710; SK-StPO/Rogall Rn. 56.
[51] Löwe/Rosenberg/Krause Rn. 25 mwN.
[52] Meyer-Goßner Rn. 16.
[53] BGH v. 20. 11. 1996 – 2 StR 323/96, NStZ 1997, 380.
[54] Löwe/Rosenberg/Krause Rn. 29 mwN.
[55] RG v. 10. 5. 1894 – 1438/94, RGSt 25, 362; OLG Frankfurt v. 11. 8. 1964 – 1 Ws 157 – 159/64, NJW 1965, 314; aA OLG Koblenz v. 15. 6. 1976 – 4 W 282/76, NJW 1977, 395.
[56] BGH v. 28. 8. 2007 – 1 StR 331/07, NStZ 2008, 50.
[57] OLG Koblenz v. 15. 6. 1976 – 4 W 282/76, NJW 1977, 395; KK-StPO/Senge Rn. 13.

des Gerichts ist nach § 34 mit Gründen zu versehen. Diese müssen – auch für das Revisionsgericht – erkennen lassen, dass das Gericht die Ablehnungsvoraussetzungen zutreffend geprüft hat. Die nur formelhafte Wiedergabe des Gesetzestextes oder bloß pauschale Begründungen werden den Anforderungen des 34 nicht gerecht.[58] Der Gerichtsbeschluss **erwächst nicht in Rechtskraft**. Das Gericht kann ihn daher jederzeit von Amts wegen oder auf die Gegenvorstellung eines Verfahrensbeteiligten hin aufheben oder abändern.[59]

VIII. Rechtsfolgen der Antragstellung

16 Der Ablehnungsantrag ist grundsätzlich wie ein Beweisantrag zu behandeln und zu bescheiden.[60] Daraus folgt, dass die gerichtliche Entscheidung – soweit kein Verzicht des Antragstellers vorliegt – bis spätestens vor dem in § 258 Abs. 1 bezeichneten Schluss der Beweisaufnahme zu erfolgen hat. Die Entscheidung des Gerichts muss ausdrücklich erfolgen, dh. eine nur stillschweigende oder konkludente Ablehnung ist grundsätzlich unzulässig.[61]

17 Der Ablehnungsantrag führt nicht dazu, dass die Einvernahme des Sachverständigen bis zur gerichtlichen Entscheidung zwingend zu unterbrechen ist. Nach § 238 Abs. 1 obliegt es dem Vorsitzenden, die Einvernahme des Sachverständigen vorzunehmen oder fortzusetzen. Eine Verwertung des erstatteten Gutachtens darf aber erst dann erfolgen, nachdem der Ablehnungsantrag zurückgewiesen wurde.[62] Auch wenn die gerichtliche Entscheidung über den Ablehnungsantrag zurückgestellt werden darf und nicht zu eine Unterbrechung der Beweisaufnahme führt, erscheint die entsprechende Anwendung des § 29 Abs. 2 zweckdienlich und sachgerecht.

IX. Rechtsfolgen eines begründeten Ablehnungsantrags

18 Ist der Ablehnungsantrag begründet, entfällt die Bestellung des Sachverständigen und macht diesen zu einem völlig ungeeigneten Beweismittel im Sinne von § 245 Abs. 2.[63] Der Sachverständige darf als Gutachter nicht weiter vernommen werden, auch darf er das Gutachten nicht als sachverständiger Zeuge erstellen.[64] Ein bereits erstattetes Gutachten darf nicht verwertet oder verwendet werden,[65] weder durch den abgelehnten, noch durch einen anderen Sachverständigen.[66] Demgegenüber darf der erfolgreich abgelehnte Sachverständige losgelöst von seinem Gutachten sowohl als Zeuge über Wahrnehmungstatsachen als auch als sachverständiger Zeuge nach § 85 über Zufallsbeobachtungen, Zufallstatsachen und über die bei der Vorbereitung des Gutachtens ermittelten Befundtatsachen vernommen werden.[67]

19 Die **Bestellung eines anderen Sachverständigen** nach § 83 Abs. 2 bestimmt sich nach der Aufklärungspflicht oder hat im Rahmen eines bestehenden Beweisantrages zu erfolgen.[68] An die Ausführungen, die der abgelehnte Sachverständige als Zeuge oder sachverständiger Zeuge gemacht hat, darf der neue Sachverständige sich anlehnen oder diese übernehmen und verwerten.[69]

X. Beschwerde

20 Sowohl der stattgebende als auch der zurückweisende Gerichtsbeschluss über den Ablehnungsantrag ist mit der einfachen Beschwerde nach § 304 anfechtbar.[70] Das Beschwerdegericht überprüft die gerichtliche Entscheidung sowohl in tatsächlicher als auch in rechtlicher Hinsicht nach eigenem Ermessen.[71] Mit Eröffnung des Hauptsacheverfahrens entfällt diese Möglichkeit, § 305 S. 1.[72]

XI. Namhaftmachung (Abs. 2 S. 2)

21 Der vom Gericht ernannte Sachverständige ist dem Ablehnungsberechtigten unmittelbar nach seiner Ernennung namhaft zu machen. Zweck der Vorschrift ist es, dem Ablehnungsberechtigten

---

[58] *Meyer-Goßner* Rn. 17.
[59] Löwe/Rosenberg/*Krause* Rn. 33.
[60] Löwe/Rosenberg/*Krause* Rn. 31.
[61] OLG Hamm v. 24. 3. 1966 – 2 Ss 35/66, NJW 1966, 1880; SK-StPO/*Rogall* Rn. 63.
[62] OLG Celle v. 2. 12. 1963 – 2 Ss 421/63, NJW 1964, 462.
[63] BGH v. 18. 8. 1999 – 1 StR 186/99, NStZ 1999, 632.
[64] BGH v. 7. 5. 1965 – 2 StR 92/65, BGHSt 20, 222 = NJW 1965, 1492.
[65] SK-StPO/*Rogall* Rn. 65 mwN.
[66] OLG Celle v. 2. 12. 1963 – 2 Ss 421/63, NJW 1964, 462.
[67] BGH v. 7. 5. 1965 – 2 StR 92/65, BGHSt 20, 222 = NJW 1965, 1492; BGH v. 15. 8. 2001 – 3 StR 225/01, NStZ 2002, 44; KK-StPO/*Senge* Rn. 15.
[68] KK-StPO/*Senge* Rn. 14.
[69] BGH v. 7. 5. 1965 – 2 StR 92/65, BGHSt 20, 222 = NJW 1965, 1492.
[70] OLG Celle v. 6. 10. 1965 – 5 Ws 292/65, NJW 1966, 415.
[71] KK-StPO/*Senge* Rn. 16.
[72] OLG Celle v. 6. 10. 1965 – 5 Ws 292/65, NJW 1966, 415; OLG Düsseldorf v. 18. 10. 1966 – 3 Ws 153/66, NJW 1967, 692; Löwe/Rosenberg/*Krause* Rn. 39.

Gelegenheit zur Erhebung von Einwendungen gegen die Person des Sachverständigen zu geben.[73] Die Namhaftmachung darf ausnahmsweise dann unterbleiben, wenn besondere Umstände entgegenstehen. Als solche besonderen Umstände kommen zB die Dringlichkeit der Vernehmung aufgrund von Gefahr in Verzug oder drohendem Beweisverlust in Betracht. Ein besonderer Umstand kann auch darin liegen, dass der Ablehnungsberechtigte unerreichbar ist.[74]

XII. Revision

Die Revision kann mit der Verfahrensrüge nur darauf gestützt werden, dass der Ablehnungsantrag durch das Instanzgericht nicht verbeschieden,[75] nicht ausreichend begründet oder zu unrecht verworfen oder zu unrecht für begründet erklärt worden ist.[76] Anders als im Rahmen der Beschwerdeentscheidung überprüft die Revision nur, ob das Instanzgericht bei seiner Entscheidung über den Ablehnungsantrag von zutreffenden rechtlichen Erwägungen ausgegangen ist.[77] Entscheidend ist, ob das Instanzgericht dem Rechtsbegriff der Besorgnis der Befangenheit zutreffend ausgelegt und vom Standpunkt eines verständigen Anspruchstellers aus beurteilt hat.[78] Da die Revision an die Feststellungen des Instanzgerichts gebunden ist, bleibt die Frage, ob Tatsachen vorliegen, die die Besorgnis der Befangenheit aus Sicht des Antragstellers rechtfertigen können, ohne Belang. Die Revision ist nur dann erfolgreich, wenn das Urteil auf dem Rechtsfehler beruht. Dies ist nicht der Fall, wenn der Ablehnungsantrag zwar zu unrecht verworfen, die Feststellungen des Sachverständigen für die richterliche Überzeugungsbildung jedoch ohne Belang waren.[79] Das Urteil soll auch dann nicht auf den Verfahrensfehler beruhen, wenn dem Ablehnungsantrag zu unrecht stattgegeben wurde, das Gericht aber einen Sachverständigen mit gleichwertiger Sachkunde bestellt und gehört hat.[80] Regelmäßig wird das Urteil auch nicht auf eine Verletzung von Abs. 2 S. 2 beruhen.[81]   22

§ 75 [Pflicht zur Erstattung des Gutachtens]

(1) **Der zum Sachverständigen Ernannte hat der Ernennung Folge zu leisten, wenn er zur Erstattung von Gutachten der erforderten Art öffentlich bestellt ist oder wenn er die Wissenschaft, die Kunst oder das Gewerbe, deren Kenntnis Voraussetzung der Begutachtung ist, öffentlich zum Erwerb ausübt oder wenn er zu ihrer Ausübung öffentlich bestellt oder ermächtigt ist.**

(2) **Zur Erstattung des Gutachtens ist auch der verpflichtet, welcher sich hierzu vor Gericht bereit erklärt hat.**

Die in Abs. 1 formulierte Verpflichtung gilt sowohl für den nach § 73 gerichtlich bestellten als auch für den durch einen Verfahrensbeteiligten nach §§ 214 Abs. 3, 220 Abs. 1 unmittelbar geladenen Sachverständigen. Über § 161a Abs. 2 besteht die Verpflichtung auch gegenüber der Staatsanwaltschaft im Ermittlungsverfahren.   1

Inhaltlich erstreckt sich die Gutachterpflicht auf sämtliche für die Gutachtenerstellung erforderlichen Handlungen und Maßnahmen, einschließlich der notwendigen Vorarbeiten und Vorbereitungen sowie das Erscheinen vor Gericht.[1] Der Sachverständige muss der Verpflichtung in seiner Person Folge leisten.[2]   2

Bedingung der Verpflichtung ist, dass die in Abs. 1 genannten Voraussetzungen vorliegen oder dass sich der Sachverständige nach Abs. 2 zur Erstattung des Gutachtens bereit erklärt hat. Nach Abs. 1 werden von der Verpflichtung solche Personen erfasst, welche zur Erstattung von Gutachten gerade der erforderlichen Art öffentlich bestellt sind. Gleiches gilt für Personen, die Wissenschaft, die Kunst oder das von der Begutachtung betroffene Gewerbe öffentlich zum Erwerb ausüben. Hiervon umfasst ist jedwede Erwerbstätigkeit, so dass auch Freiberufler, Künstler, Schriftsteller und sonstige Berufsgruppen erfasst sind, soweit sie ihren Beruf ausüben. Andernfalls fehlt es grundsätzlich an dem Merkmal der öffentlichen Ausübung.[3] Durch das Merkmal der „öffentlichen Be-   3

---

[73] *Meyer-Goßner* Rn. 10.
[74] KK-StPO/*Senge* Rn. 11.
[75] OLG Hamm v. 24. 3. 1966 – 2 Ss 35/66, NJW 1966, 1880.
[76] *Meyer-Goßner* Rn. 21.
[77] BGH v. 18. 8. 1999 – 1 StR 186/99, NStZ 1999, 632; BGH v. 12. 6. 2001 – 1 StR 574/00, NStZ-RR 2002, 66; BGH v. 28. 8. 2007 – 1 StR 331/07, NStZ 2008, 50.
[78] BGH v. 2. 8. 1995 – 2 StR 221/94, BGHSt 41, 206 = NStZ 1995, 590 = BGHR StPO § 74 Ablehnungsgrund; BGH v. 12. 6. 2001 – 1 StR 574/00, NStZ-RR 2002, 66.
[79] Löwe/Rosenberg/*Krause* Rn. 43.
[80] SK-StPO/*Rogall* Rn. 72.
[81] *Meyer-Goßner* Rn. 22.
[1] *Meyer-Goßner* Rn. 3.
[2] Löwe/Rosenberg/*Krause* Rn. 1.
[3] Löwe/Rosenberg/*Krause* Rn. 3.

stellung zur Ausübung" werden auch Beamte und insbesondere Universitätsprofessoren von der Sachverständigenpflicht erfasst. Das Merkmal der „öffentlichen Ermächtigung" bezieht sich auf Personen, die aufgrund eines Rechtstitels zu ihrer Tätigkeit öffentlich ermächtigt sind, zB Lehrbeauftragte, Rechtsanwälte und approbierte Ärzte. Anders als bei dem Merkmal der „öffentlichen Ausübung" kommt es hier nur auf die bestehende Ermächtigung und nicht auf die tatsächliche Ausübung der Tätigkeit an.[4]

4   Ein Bereiterklären nach Abs. 2 ist nur dann anzunehmen, wenn der Sachverständige seine Bestellung im Strafverfahren konkret zugesagt hat.[5]

§ 76 [Gutachtenverweigerungsrecht]

(1) [1]Dieselben Gründe, die einen Zeugen berechtigen, das Zeugnis zu verweigern, berechtigen einen Sachverständigen zur Verweigerung des Gutachtens. [2]Auch aus anderen Gründen kann ein Sachverständiger von der Verpflichtung zur Erstattung des Gutachtens entbunden werden.

(2) [1]Für die Vernehmung von Richtern, Beamten und anderen Personen des öffentlichen Dienstes als Sachverständige gelten die besonderen beamtenrechtlichen Vorschriften. [2]Für die Mitglieder der Bundes- oder einer Landesregierung gelten die für sie maßgebenden besonderen Vorschriften.

I. Gutachtensverweigerungsrecht

1   Der Sachverständige darf die Erstattung seines Gutachtens aus denselben Gründen verweigern, die einen Zeugen zur Verweigerung des Zeugnisses berechtigen. Insoweit finden daher die §§ 52, 53 und § 53a Anwendung. Gleiches gilt für § 55, wobei in systematischer Hinsicht streitig ist, ob dieser nach § 76 oder über § 72 entsprechende Geltung erlangt.[1] Keine Anwendung findet demgegenüber § 54, welcher durch Abs. 2 verdrängt wird. Nach § 72 gelten die Belehrungspflichten nach §§ 52 Abs. 3 S. 1, 55 Abs. 2 sowie die Pflicht zur Glaubhaftmachung des Verweigerungsrechts nach § 56 entsprechend. Nach zutreffender Ansicht findet über § 72 zudem § 252 entsprechende Anwendung.[2]

2   Das Zeugnisverweigerungsrecht nach §§ 53 Abs. 1, 53a Abs. 1 erstreckt sich nicht auf sog. **Befundtatsachen**, dh. es gilt nicht für die Feststellungen des Sachverständigen, die dieser in dem Verfahren gewonnen hat, in dem er als Sachverständiger herangezogen worden ist. Unerheblich ist auch, ob sich der Beschuldigte freiwillig untersuchen lässt.[3] Der durch die Verteidigung hinzugezogene Sachverständige hat zumindest solange ein Zeugnisverweigerungsrecht nach § 53a, solange er deren Gehilfe ist.[4*] Schon deshalb ist aus Sicht der Verteidigung darauf zu achten, wer den Sachverständigen beauftragt.

II. Anderweitige Entbindungsgründe

3   Abs. 1 S. 2 erlaubt eine Entbindung des Sachverständigen auch aus anderen Gründen. Die Entbindung erfolgt durch das Gericht von Amts wegen oder auf Antrag durch Beschluss. Soweit der Sachverständige bereits zur Hauptverhandlung erschienen ist, tritt Abs. 1 S. 2 aber hinter § 245 zurück.[5*] Nach Erstattung des Gutachtens gilt § 83 Abs. 1.[6] Ist der Sachverständige nach § 214 Abs. 3 oder § 220 Abs. 1 geladen, ist eine Entbindung nach Abs. 1 S. 2 nur auf den Antrag der Staatsanwaltschaft bzw. des Beschuldigten hin zulässig.[7] Die Entbindung von der Gutachterpflicht nach Abs. 1 S. 2 ist eine **Ermessensentscheidung**. Als Gründe kommen insbesondere solche Umstände in Betracht, die an die Person des Sachverständigen gebunden sind und die Gutachtenerstellung für diesen als unzumutbar oder als besondere Härte erscheinen lassen, zB berufliche Überlastung, Alter, Krankheit o.Ä.[8] Eine Entbindung kann aber auch im Interesse der Rechtspflege etwa dann geboten sein, wenn Zweifel an der Geeignetheit des Sachverständigen bestehen oder das Gutachten nicht in angemessener Zeit erstellt werden kann.[9]

---

[4] SK-StPO/*Rogall* Rn. 22.
[5] *Meyer-Goßner* Rn. 2.
[1] SK-StPO/*Rogall* Rn. 7.
[2] *Meyer-Goßner* § 252 Rn. 6; aA KK-StPO/*Senge* § 72 Rn. 1.
[3] BGH v. 23. 7. 1996 – 4 StR 292/96; BGH v. 14. 11. 1963 – III ZR 19/63, NJW 1964, 449; *Meyer-Goßner* Rn. 2.
[4*] Vgl. hierzu SK-StPO/*Rogall* Rn. 9 mwN.
[5*] Löwe/Rosenberg/*Krause* Rn. 6; offen gelassen von BGH v. 16. 1. 2003 – 1 StR 512/02, StV 2003, 430.
[6] BGH v. 16. 1. 2003 – 1 StR 512/02, StV 2003, 430.
[7] *Meyer-Goßner* Rn. 3.
[8] KK-StPO/*Senge* Rn. 4.
[9] SK-StPO/*Rogall* Rn. 17.

III. Angehörige des öffentlichen Dienstes

Gem. Abs. 2 gelten für die Vernehmung von Richtern, Beamten und anderen Personen des öffentlichen Dienstes als Sachverständige die besonderen beamtenrechtlichen Vorschriften,[10] für die Mitglieder der Bundes- oder einer Landesregierung die für sie maßgebenden besonderen Vorschriften.[11]

IV. Beschwerde

Der Beschluss des Gerichts kann nach §§ 304 Abs. 1, 305 mit der Beschwerde angegriffen werden. Der Sachverständige selbst ist nur dann beschwert und zur Beschwerde berechtigt, wenn sein Entbindungsantrag durch das Gericht zurückgewiesen wurde.[12] Gegen die Entscheidung der Staatsanwaltschaft ist entsprechend § 161 a Abs. 2 der Antrag auf gerichtliche Entscheidung statthaft.

IV. Revision

Die Revision kann im Einzelfall darauf gestützt werden, dass dem Sachverständigen rechtsfehlerhaft ein Gutachtenverweigerungsrecht zuerkannt worden ist und dies zu einer Verletzung der gerichtlichen Aufklärungspflicht nach § 244 Abs. 2 führt.[13] Streitig ist, ob auch der umgekehrte Fall zur Revisibilität führt, wenn dem Sachverständigen ein Verweigerungsrecht fehlerhaft aberkannt wird.[14] Ein Verstoß gegen Abs. 2 kann die Revision nicht begründen.

§ 77 [Folgen des Ausbleibens oder der Weigerung]

(1) ¹Im Falle des Nichterscheinens oder der Weigerung eines zur Erstattung des Gutachtens verpflichteten Sachverständigen wird diesem auferlegt, die dadurch verursachten Kosten zu ersetzen. ²Zugleich wird gegen ihn ein Ordnungsgeld festgesetzt. ³Im Falle wiederholten Ungehorsams kann neben der Auferlegung der Kosten das Ordnungsgeld noch einmal festgesetzt werden.

(2) ¹Weigert sich ein zur Erstattung des Gutachtens verpflichteter Sachverständiger, nach § 73 Abs. 1 Satz 2 eine angemessene Frist abzusprechen, oder versäumt er die abgesprochene Frist, so kann gegen ihn ein Ordnungsgeld festgesetzt werden. ²Der Festsetzung des Ordnungsgeldes muß eine Androhung unter Setzung einer Nachfrist vorausgehen. ³Im Falle wiederholter Fristversäumnis kann das Ordnungsgeld noch einmal festgesetzt werden.

Als Fälle des Ungehorsams benennt die Vorschrift das Nichterscheinen sowie die Gutachtenverweigerung. Der ersten Alternative des **Nichterscheinens** steht das vorzeitige Sichentfernen gleich. Notwendige Voraussetzung ist jedoch, dass der Sachverständige ordnungsgemäß geladen worden und zum Erscheinen verpflichtet ist. Nur ein schuldhafter Verstoß begründet den Tatbestand des Nichterscheinens.[1] Im Übrigen beurteilt sich der Tatbestand des Nichterscheinens nach denselben Kriterien, die auch beim Zeugen nach § 51 gelten.

Der Tatbestand der **Gutachtenverweigerung** bezieht sich nicht nur auf die vollständige Verweigerung, sondern auch auf Teilaspekte der Gutachtenerstellung wie die Vorbereitung oder auch die Nichtbeantwortung von einzelnen Fragen zum Beweisthema.[2] Gleiches gilt für die unzulässige Verweigerung, den Eid nach § 79 zu leisten.[3] Unter dem Begriff der Gutachtenverweigerung fallen zudem auch die Fälle einer verspäteten Gutachtenerstellung nach angemessener Fristsetzung.[4] Auch insoweit greifen die Ungehorsamsfolgen aber nur dann ein, wenn die Gutachtenverweigerung schuldhaft erfolgt ist.

Als **Ungehorsamsfolgen** benennt Abs. 1 die zwingende Auferlegung der durch das Ausbleiben oder die Verweigerung entstandenen Kosten sowie die Verhängung von Ordnungsgeld. Insoweit gelten die gleichen Maßstäbe wie für den Zeugen nach § 51. Die Höhe des Ordnungsgeldes bestimmt sich nach Art. 6 EGStGB. Im Fall des wiederholten Ungehorsams greifen die Folgen nach Abs. 1 Satz 3. Ein Fall des wiederholten Ungehorsams liegt sowohl bei identischen als auch bei

---

[10] Vgl. dazu § 54 Rn. 4 ff.
[11] Vgl. dazu § 54 Rn. 24.
[12] *Meyer-Goßner* Rn. 6.
[13] *Meyer-Goßner* Rn. 7.
[14] Bejahend Löwe/Rosenberg/*Krause* Rn. 6; ablehnend SK-StPO/*Rogall* Rn. 31.
[1] SK-StPO/*Rogall* Rn. 9.
[2] *Meyer-Goßner* Rn. 4.
[3] Löwe/Rosenberg/*Krause* Rn. 6.
[4] KK-StPO/*Senge* Rn. 3.

unterschiedlichen Verstößen gegen die Gutachtenerstellungspflicht vor.[5] Auch bei mehrmaligen Verstößen darf das Ordnungsgeld nach Abs. 1 S. 3 nur einmal wiederholt werden.

4 Die Ungehorsamsfolgen treten nach **Abs. 2** auch bei der Weigerung der Fristabsprache und im Fall der Versäumung der abgesprochenen Frist ein. Für beide Alternativen gilt, dass nur ein schuldhafter Verstoß zur Ahndung führt. Ein Fall der Verweigerung der Fristabsprache ist über den Wortlaut hinaus auch dann anzunehmen, wenn der Sachverständige nur zu der Absprache einer erkennbar unangemessen langen Frist bereit ist.[6] Anders als bei Abs. 1 ist in den Fällen des Abs. 2 die Verhängung eines Ordnungsgeldes nicht zwingend, sondern unterliegt Ermessenserwägungen. Die Androhung und die Setzung einer Nachfrist nach Abs. 2 Satz 1 bezieht sich nur auf den Fall der Fristversäumung, nicht aber auch auf den Fall der Verweigerung der Fristabsprache.[7]

5 Die **Entscheidung über die Ungehorsamsfolgen** ergeht nach Anhörung des betroffenen Sachverständigen und gem. § 33 der Verfahrensbeteiligten durch Beschluss. Dieser kann durch das Gericht nachträglich jederzeit, auch nach rechtskräftigem Abschluss des Strafverfahrens in der Hauptsache abgeändert oder aufgehoben werden.[8]

6 Gegen den Ordnungsgeldbeschluss ist die **Beschwerde** zulässig, für die Staatsanwaltschaft und den Beschuldigten aber nur insoweit, als sie durch diesen beschwert sind.

§ 78 [Richterliche Leitung]

Der Richter hat, soweit ihm dies erforderlich erscheint, die Tätigkeit der Sachverständigen zu leiten.

1 Die Vorschrift bezieht sich nur auf die Tätigkeit des Sachverständigen zur **Vorbereitung des Gutachtens**. Für die Vernehmung des Sachverständigen in der Hauptverhandlung greift § 238 Abs. 1. Erfolgt die Beauftragung des Sachverständigen durch die Staatsanwaltschaft, gilt die Vorschrift nach § 161a Abs. 1 S. 2 sinngemäß.

2 Die **Leitungskompetenz des Gerichts** bezieht sich auf den Gegenstand, die Art und den Umfang der Untersuchung und bedingt eine klare und eindeutige Auftragsbeschreibung.[1] Das Gericht hat den Sachverständigen soweit nötig sowohl die tatsächlichen als auch die rechtlichen Voraussetzungen für die Gutachtenerstellung zu schaffen oder bereitzustellen.[2] Demgegenüber obliegt die fachliche Durchführung der Untersuchung allein dem Sachverständigen und unterliegt gerade nicht der gerichtlichen Weisungs- oder Leitungskompetenz.[3]

§ 79 [Sachverständigeneid]

(1) Der Sachverständige kann nach dem Ermessen des Gerichts vereidigt werden.

(2) Der Eid ist nach Erstattung des Gutachtens zu leisten; er geht dahin, daß der Sachverständige das Gutachten unparteiisch und nach bestem Wissen und Gewissen erstattet habe.

(3) Ist der Sachverständige für die Erstattung von Gutachten der betreffenden Art im allgemeinen vereidigt, so genügt die Berufung auf den geleisteten Eid.

I. Allgemeines

1 Die Vereidigung des Sachverständigen steht nach § 79 Abs. 1 **im Ermessen des Gerichts** und kann durch die Verfahrensbeteiligten nicht erzwungen werden.[1*] Die §§ 60, 61 finden entsprechende Anwendung. Kriterien für die Ermessenserwägungen nennt § 79 nicht. Von daher hat sich das gerichtliche Ermessen insbesondere an den Anforderungen der Aufklärungspflicht zu orientieren.[2*] Die Vereidigung kann auch dann geboten sein, wenn Zweifel an der Sachkunde und Gewissenhaftigkeit des Sachverständigen bestehen oder die gutachterlichen Feststellungen einer Überprüfung nicht zugänglich sind.

2 Wird der Sachverständige vereidigt, erfolgt dies nach **Abs. 2** grundsätzlich in der dort beschriebenen Form als **Nacheid**, der nach § 273 Abs. 1 im Protokoll aufzunehmen ist. Insoweit gelten die §§ 64, 65, 67 entsprechend.[3*] Sofern der Sachverständige allgemein vereidigt ist, darf er den

---

[5] SK-StPO/*Rogall* Rn. 18.
[6] *Meyer-Goßner* Rn. 6.
[7] KK-StPO/*Senge* Rn. 4.
[8] Löwe/Rosenberg/*Krause* Rn. 19.
[1] Vgl. *Meyer-Goßner* Rn. 4.
[2] BGH v. 29. 9. 1994 – 4 StR 494/94, NStZ 1995, 282.
[3] BGH v. 22. 5. 1991 – 2 StR 453/90, NStZ 1992, 27 mwN; BGH v. 6. 8. 1969 – 4 StR 126/69, NJW 1970, 1242.
[1*] Vgl. *Neuhaus* StV 2005, 49; BGH v. 22. 2. 1967 – 2 StR 2/67, BGHSt 21, 227 = NJW 1967, 1520.
[2*] Vgl. SK-StPO/*Rogall* Rn. 7.
[3*] KK-StPO/*Senge* Rn. 5.

Eid verweigern und sich auf den bereits geleisteten Eid berufen.[4] Nicht ausreichend ist aber die Berufung auf die allgemeine Vereidigung als Dolmetscher.[5] Ist die allgemeine Vereidigung des Sachverständigen dem Gericht nicht bekannt, darf die Feststellung hierüber im Freibeweisverfahren, zB durch Vernehmung und Erklärung des Sachverständigen getroffen werden. Soweit Zweifel an der allgemeinen Vereidigung bestehen, ist der Sachverständige nach § 79 zu vereidigen.

II. Umfang des Eides

Der Eid erstreckt sich ausschließlich auf das Gutachten des Sachverständigen. Davon umfasst 3 sind die **Befundtatsachen**, dh. solche Wahrnehmungen, die der Sachverständige aufgrund seiner besonderen Sachkunde im Rahmen der Gutachtenerstellung unmittelbar gemacht hat.[6] Zu den Befundtatsachen zählen daher auch Stellungnahmen und Feststellungen zu früheren Gutachten von anderen Sachverständigen oder fachliche Inhalte von Krankengeschichten, wenn diese durch den nunmehr bestellten Sachverständigen für die Erstellung seines Gutachtens herangezogen und ausgewertet werden.[7] **Keine Befundtatsachen** sind demgegenüber solche Wahrnehmungen, die der Sachverständige im Rahmen einer früheren Gutachtertätigkeit, dh. vor seiner jetzigen Stellung als Gutachter, getroffen hat.[8]

Zusatztatsachen werden nicht vom Eid erfasst. Zusatztatsachen sind solche Wahrnehmungen, 4 die der Sachverständige im Rahmen seiner Gutachtenerstellung getroffen hat, zu deren Feststellung aber keine besondere Sachkunde nötig war und daher auch vom Gericht hätten festgestellt werden können.[9] Hierunter fallen etwa die unaufgeforderten Bekundungen des Beschuldigten zur Sache, insbesondere ein Geständnis[10] sowie Angaben sonstiger Auskunftspersonen und Zeugen.[11] Solcherlei Zusatztatsachen vermittelt der Sachverständige dem Gericht nicht als Teil des Gutachtens, weshalb sie nur durch Vernehmung des Sachverständigen als Zeuge in die Hauptverhandlung eingeführt werden können. Insoweit ist der Sachverständige dann auch als Zeuge zu vereidigen. Auch **Zufallsbeobachtungen** des Sachverständigen unterliegen dem Zeugeneid. Gleiches gilt für die Angaben über die wissenschaftliche Qualifikation, die Personalien oder die persönlichen Beziehungen des Sachverständigen zu dem Beschuldigten.

III. Revision

Die Revision kann regelmäßig nicht darauf gestützt werden, dass das Gericht sein Ermessen 5 nach § 79 Abs. 1 nicht ordnungsgemäß ausgeübt hat.[12] Soweit der Sachverständige zumindest als Zeuge vereidigt wurde, soll dieser Zeugeneid in revisionsrechtlicher Hinsicht auch das Sachverständigengutachten umfassen.[13] Umgekehrt erstreckt sich der Sachverständigeneid aber nicht auf die Zeugenangaben des Sachverständigen. Die Revision kann bei erforderlichem oder fehlendem Zeugeneid aber nur dann Erfolg haben, wenn nicht ausgeschlossen werden kann, dass der Sachverständige als Zeuge seine Aussage im Falle einer Zeugenvereidigung geändert hätte.[14]

Demgegenüber kann ein **Verstoß gegen § 79 Abs. 3** die Revision begründen. Auf den Verstoß 6 wird das Urteil aber dann nicht beruhen, wenn der Sachverständige und das Gericht davon ausgegangen sind, dass die Berufung auf den allgemeinen Eid zulässig war und fachlich das Gutachten abdeckt.[15]

§ 80 [Vorbereitung des Gutachtens]

(1) Dem Sachverständigen kann auf sein Verlangen zur Vorbereitung des Gutachtens durch Vernehmung von Zeugen oder des Beschuldigten weitere Aufklärung verschafft werden.

(2) Zu demselben Zweck kann ihm gestattet werden, die Akten einzusehen, der Vernehmung von Zeugen oder des Beschuldigten beizuwohnen und an sie unmittelbar Fragen zu stellen.

---

[4] *Meyer-Goßner* Rn. 5.
[5] BGH v. 22. 12. 1964 – 1 StR 509/64, NJW 1965, 643.
[6] BGH v. 16. 2. 1965 – 3 StR 50/64, BGHSt 20, 164 = NJW 1965, 827; BGH v. 26. 10. 1962 – 4 StR 318/62, BGHSt 18, 107 = NJW 1963, 401; Löwe/Rosenberg/*Krause* Rn. 18.
[7] BGH v. 7. 6. 1956 – 3 StR 136/56, BGHSt 9, 292 = NJW 1956, 1526; *Meyer-Goßner* Rn. 10 mwN.
[8] Löwe/Rosenberg/*Krause* Rn. 20; aA BGH v. 28. 9. 1994 – 3 StR 332/94, NStZ 1995, 44.
[9] BGH v. 7. 6. 1956 – 3 StR 136/56, BGHSt 9, 292 = NJW 1956, 1526; BGH v. 15. 8. 2001 – 3 StR 225/01, NStZ 2002, 44; BGH v. 1. 12. 1992 – 1 StR 633/92, NStZ 1993, 245.
[10] BGH v. 6. 8. 1987 – 4 StR 333/87, NJW 1988, 1223.
[11] SK-StPO/*Rogall* § 79 mwN.
[12] BGH v. 22. 2. 1967 – 2 StR 2/67, BGHSt 21, 227 = NJW 1967, 1520.
[13] *Meyer-Goßner* Rn. 13; aA SK-StPO/*Rogall* Rn. 22.
[14] BGH v. 8. 11. 1984 – 1 StR 608/84, NStZ 1985, 135; BGH v. 1. 12. 1992 – 1 StR 633/92, NStZ 1993, 245.
[15] Löwe/Rosenberg/*Krause* Rn. 23 mwN.

I. Allgemeines

1 Inhaltlich zielt die Norm darauf ab, dem Sachverständigen die für die Erstellung des Gutachtens notwendigen **Anknüpfungstatsachen** zur Verfügung zu stellen. Dies gilt insbesondere für Zusatztatsachen, für deren Ermittlung und Feststellung keine besondere Sachkunde erforderlich ist. Hält es das Gericht demgegenüber für angebracht, darf es den Antrag des Sachverständigen auch ablehnen oder diesem aufgeben, bestimmte Tatsachen zu unterstellen.[1]

II. Informationsbeschaffung

2 Als Möglichkeit zur Verschaffung weiterer Aufklärung benennt Abs. 1 die **Vernehmung von Auskunftspersonen**, dh. des Beschuldigten oder von Zeugen, durch das Gericht, die Staatsanwaltschaft oder die Polizei. Eine eigene Vernehmungskompetenz steht dem Sachverständigen selbst, außerhalb von Abs. 2, nicht zu,[2] auch nicht im Rahmen psychologischer oder psychiatrischer Explorationen.[3] Dem Sachverständigen ist nur in begrenztem Umfang das Recht zur informatorischen Befragung von Auskunftspersonen zuzusprechen.[4] In jedem Fall gelten für den Sachverständigen die sich aus §§ 52 ff., 136, 136 a ergebenden Pflichten sinngemäß.[5] Dies gilt auch, wenn der Sachverständige im Rahmen von Abs. 2 der richterlichen Vernehmung beiwohnt und selbst Fragen an die Auskunftsperson stellt. Das **Fragerecht des Sachverständigen** steht nach Abs. 2 im Ermessen des Gerichts.[6] Wird es gewährt, hat der Sachverständige zwar ein eigenes, aber nur ein ergänzendes Fragerecht, dh. die Befragung als Ganzes darf nicht dem Sachverständigen überlassen bleiben.[7] Ist dem Sachverständigen nach Abs. 2 die Beiwohnung der richterlichen Vernehmung gestattet, obliegt es grundsätzlich seiner Entscheidung, ob und wie lange seine Anwesenheit für die Erstellung des Gutachtens erforderlich ist. Von daher braucht der Sachverständige auch nicht während der gesamten Hauptverhandlung anwesend zu sein. Gegebenenfalls hat das Gericht den Sachverständigen über Verhandlungsergebnisse aus der Hauptverhandlung während seiner Abwesenheit zu informieren, wenn diese für die Gutachtenerstellung von Relevanz erscheinen.[8] Nach Abs. 2 können dem Sachverständigen zur Vorbereitung des Gutachtens auch ein Blick in die **Akten** gestattet, Abschriften aus den Akten überlassen oder diesem Auskünfte aus den Akten erteilt werden. Die Entscheidung einer Maßnahme nach Abs. 2 steht stets in pflichtgemäßem Ermessen und unterliegt keinem Automatismus. Es ist daher abzuwägen, welche Aktenbestandteile der Sachverständige für eine unvoreingenommene Gutachtenerstellung benötigt und gegebenenfalls welche Rechte Dritter einer Aktenweitergabe entgegenstehen.[9] Insgesamt enthält Abs. 2 keine abschließende Aufzählung, so dass auch sonstige Beweiserhebungen zur Vorbereitung des Gutachtens in Betracht kommen.[10]

III. Revision

3 Ein Verstoß gegen § 80 kann die Revision nur dann und insoweit begründen, wenn zugleich eine Verletzung der Aufklärungspflicht nach § 244 Abs. 2 vorliegt. Dies kann der Fall sein, wenn der Sachverständige über Anknüpfungstatsachen nicht unterrichtet wurde oder wenn die Nichtunterrichtung dazu geführt hat, dass der Sachverständige von unrichtigen Erwägungen ausgegangen ist.

§ 80a [Zuziehung im Vorverfahren]

Ist damit zu rechnen, daß die Unterbringung des Beschuldigten in einem psychiatrischen Krankenhaus, einer Entziehungsanstalt oder in der Sicherungsverwahrung angeordnet werden wird, so soll schon im Vorverfahren einem Sachverständigen Gelegenheit zur Vorbereitung des in der Hauptverhandlung zu erstattenden Gutachtens gegeben werden.

---

[1] Löwe/Rosenberg/*Krause* Rn. 3.
[2] BGH v. 14. 11. 1961 – 5 StR 445/61, JR 1962, 111; BGH v. 7. 6. 1956 – 3 StR 136/56, BGHSt 9, 292 = NJW 1956, 1526; SK-StPO/*Rogall* Rn. 12 ff.
[3] BGH v. 23. 8. 1995 – 3 StR 163/95, NJW 1996, 206; Meyer-Goßner Rn. 2; ausführlich hierzu Löwe/Rosenberg/*Krause* Rn. 5 ff.
[4] BGH v. 30. 7. 1999 – 1 StR 618/98, BGHSt 45, 164 = NStZ 2000, 100; AG Euskirchen v. 5. 5. 2006 – 6 Ls 70 Js 515/03, StraFo 2006, 493.
[5] Löwe/Rosenberg/*Krause* Rn. 5 mwN.
[6] BGH v. 12. 11. 1968 – 1 StR 358/68, NJW 1969, 437.
[7] SK-StPO/*Rogall* Rn. 12 ff.
[8] BGH v. 4. 12. 1951 – 1 StR 530/51, BGHSt 2, 25.
[9] Löwe/Rosenberg/*Krause* Rn. 4.
[10] Meyer-Goßner Rn. 4.

Die Vorschrift gilt für das Vorverfahren. In der Hauptverhandlung gilt § 246 a, im Sicherungsverfahren (§§ 413 ff.) § 414 Abs. 3.

Durch die frühzeitige Einbindung des Sachverständigen – in der Regel ein Psychiater[1] – soll ihm Gelegenheit zur Vorbereitung des Gutachtens gegeben werden. Nur dann, wenn der Zustand des Beschuldigten und seine Gemeingefährlichkeit offensichtlich sind, soll davon abgesehen werden können;[2] das dürfte in der Praxis kaum von vornherein zu bejahen sein.

Aus §§ 80 a, 246 a oder aus verfassungsrechtlichen Grundsätzen ergibt sich keine selbstständige Verpflichtung des Gerichts, in Fällen der möglichen Anordnung einer Maßregel gem. § 66 StGB von dem zu vernehmenden Sachverständigen stets die Vorlage eines vorbereitenden schriftlichen Gutachtens zu verlangen.[3]

Bei Weigerung des Beschuldigten, sich untersuchen zu lassen, ist er zu laden oder gar vorzuführen (§ 133), und im Beisein des Gutachters zu vernehmen (§ 80). Mögliche Maßnahmen sind noch die Unterbringung nach § 81 sowie die Anordnung der körperlichen Untersuchung nach § 81 a.[4]

Darauf, daß die StA nicht bereits im Vorverfahren eine im Sachverständigen Gelegenheit zur Vorbereitung des Gutachtens gegeben hatte, kann die Revision nicht gestützt werden,[5] sondern nur auf die Verletzung des § 246 a.[6] Die Beachtung des § 80 a kann auch nicht durch einen Aussetzungsantrag in der Hauptverhandlung erzwungen werden.[7]

§ 81 [Unterbringung zur Beobachtung des Beschuldigten]

(1) Zur Vorbereitung eines Gutachtens über den psychischen Zustand des Beschuldigten kann das Gericht nach Anhörung eines Sachverständigen und des Verteidigers anordnen, daß der Beschuldigte in ein öffentliches psychiatrisches Krankenhaus gebracht und dort beobachtet wird.

(2) ¹Das Gericht trifft die Anordnung nach Absatz 1 nur, wenn der Beschuldigte der Tat dringend verdächtig ist. ²Das Gericht darf diese Anordnung nicht treffen, wenn sie zu der Bedeutung der Sache und der zu erwartenden Strafe oder Maßregel der Besserung und Sicherung außer Verhältnis steht.

(3) Im vorbereitenden Verfahren entscheidet das Gericht, das für die Eröffnung des Hauptverfahrens zuständig wäre.

(4) ¹Gegen den Beschluß ist sofortige Beschwerde zulässig. ²Sie hat aufschiebende Wirkung.

(5) Die Unterbringung in einem psychiatrischen Krankenhaus nach Absatz 1 darf die Dauer von insgesamt sechs Wochen nicht überschreiten.

I. Allgemeines

1. Bedeutung der Vorschrift. Die Vorschrift regelt die Unterbringung des Beschuldigten in einem psychiatrischen Krankenhaus zum Zweck der Vorbereitung eines Gutachtens über den psychischen Zustand. Dem liegt die Annahme zugrunde, dass für die Anfertigung eines Gutachtens eine ambulante Begutachtung regelmäßig nicht ausreichen wird. Weil die Anstaltsbeobachtung einen erheblichen Eingriff in das Grundrecht des Betroffenen aus Art. 2 Abs. 2 Satz 2 GG darstellt, ist sie nur unter engen Voraussetzungen zulässig und ihre Dauer auf maximal sechs Wochen beschränkt (Abs. 5).

2. Anwendungsbereich. Die Anstaltsbeobachtung kann bereits im Ermittlungsverfahren angeordnet werden. Sie ist auch im Sicherungsverfahren nach §§ 413 ff. zulässig, jedoch nicht im Privatklageverfahren (u. Rn. 8), im Bußgeldverfahren (§ 46 Abs. 3 S. 1 OWiG) und auch nicht im Vollstreckungsverfahren nach Rechtskraft des Urteils.[1*] Sie kann auch nach Beginn der Strafvollstreckung angeordnet werden, wenn bei einer gleichzeitigen Verhängung von Freiheitsstrafe und Maßregel der Vorwegvollzug der Freiheitsstrafe angeordnet und über die Maßregel noch nicht entschieden wurde. Die Unterbringungszeit ist dann gem. § 39 Abs. 1, Abs. 3 Nr. 3 StrVollstrO auf die Strafzeit anzurechnen.[2*]

---

[1] Löwe/Rosenberg/*Krause* Rn. 3.
[2] *Meyer-Goßner* Rn. 2.
[3] BGH v. 14. 10. 2009 – 2 StR 205/09, NStZ 2010, 156.
[4] BGH v. 28. 10. 1971 – 4 StR 432/71, NJW 1972, 348; BeckOK-StPO/*Monka* Rn. 2.
[5] BGH v. 15. 11. 1983 – 1 StR 553/83, NStZ 1984, 134 mwN.
[6] *Meyer-Goßner* Rn. 5.
[7] BGH v. 15. 11. 1983 – 1 StR 553/83, NStZ 1984, 134.
[1*] OLG Düsseldorf v. 10. 4. 1985 – 1 Ws 258/85, 1 Ws 259/85, StV 1985, 377.
[2*] Löwe/Rosenberg/*Krause* Rn. 2; *Meyer-Goßner* Rn. 1.

3   Ist gegen den Beschuldigten bereits die Unterbringung nach § 126a angeordnet, so bedarf es keiner gesonderten Anordnung nach § 81.[3] Gleiches gilt, wenn sich der Betroffene in Untersuchungs- oder Strafhaft befindet, da dann die Verlegung in die psychiatrische Abteilung eines Vollzugskrankenhauses ausreicht.[4] In diesem Fall gilt auch die 6-Wochen-Frist nach Abs. 5 nicht.[5] Gegen Abgeordnete ist die Anordnung der Unterbringung wegen Art. 46 Abs. 3 GG nur mit Genehmigung des Parlaments zulässig.[6]

II. Voraussetzungen

4   **1. Anordnung von Amts wegen.** Die Anstaltsunterbringung kann ausschließlich durch einen Beschluss des Gerichts (u. Rn. 24 ff.) angeordnet werden. Sie wird nach pflichtgemäßem Ermessen von Amts wegen im Rahmen der Pflicht zur umfassenden Sachaufklärung (§ 244 Abs. 2) angeordnet. Nach wohl hM soll die Unterbringung auch von einem Prozessbeteiligten im Wege eines förmlichen Beweisantrags nach § 244 Abs. 4 beantragt werden können.[7] Nach zutreffender aA ist ein entsprechendes Begehren aber lediglich als Beweisanregung zu werten, weil die Verfahrensbeteiligten keinen Anspruch darauf haben, dass ein Beweis auf eine bestimmte Art und Weise erbracht wird.[8]

5   **2. Zur Vorbereitung eines Gutachtens.** Die Anordnung der Anstaltsbeobachtung ist nur zur Vorbereitung eines Gutachtens über den psychischen Zustand des Beschuldigten zulässig. Dies umfasst in erster Linie die Feststellung der Schuldfähigkeit. Sie darf aber auch angeordnet werden, um ein Gutachten über die Gemeingefährlichkeit als Voraussetzung einer Maßregel nach § 63 StGB vorzubereiten.[9] Ebenso ist zulässig zur Feststellung eines Hangs zur Begehung erheblicher Straftaten im Hinblick auf eine Sicherungsverwahrung nach § 66 StGB.[10] Auch zur Feststellung einer Verhandlungsfähigkeit darf sie angeordnet werden, wenn diese auf psychischen Ursachen beruht.[11] Im Jugendstrafverfahren ist zudem als weiterer Unterbringungszweck die Feststellung des Entwicklungsstands des Beschuldigten vorgesehen (§§ 73, 104 Abs. 1 Nr. 12, 109 Abs. 1 S. 1 JGG).

6   Unzulässig ist eine Anordnung zum Zweck der Feststellung der Glaubwürdigkeit[12] oder zur Rekonstruktion einer vorübergehenden Schuldunfähigkeit infolge Alkohol- oder Medikamentenkonsums mittels eines Trinkversuchs.[13]

7   **3. Dringender Tatverdacht.** Die Anordnung ist nur gegen den Beschuldigten zulässig, gegen den ein dringender Tatverdacht besteht. Die Dringlichkeit des Verdachts bestimmt sich wie bei § 112 Abs. 1 S. 1 (vgl. dort Rn. 21 ff.). Ob sie gegeben ist, ist nach Aktenlage zu entscheiden, wenn die Anordnung nach § 81 nicht in der Hauptverhandlung getroffen wird. Das Gericht kann zur Prüfung des Tatverdachts Beweise erheben, nicht aber in der Form, dass zunächst probeweise eine Hauptverhandlung anberaumt wird, um die Verdachtslage zu klären.[14] Für die Prüfung ist dabei die äußere Tatseite maßgeblich. Eine Vernehmung des Beschuldigten zur inneren Tatseite ist entbehrlich, da diese erst nach der Anstaltsbeobachtung verlässlich zu beurteilen sein wird.[15]

8   **4. Verhältnismäßigkeit (Abs. 2 S. 2).** Das Übermaßverbot gebietet, dass die Unterbringung zur Bedeutung der Strafsache und der zu erwartenden Strafe oder Maßregel nicht außer Verhältnis steht. Daher ist die Anordnung bei Bagatellstrafsachen,[16] bei denen lediglich eine Geldstrafe zu erwarten ist[17] und im Privatklageverfahren[18] stets unzulässig.

9   Auch sonst darf die Unterbringung nur angeordnet werden, wenn sie zur Vorbereitung des Gutachtens unerlässlich ist.[19] Dies ist nur dann der Fall, wenn der psychische Zustand anders nicht be-

---

[3] BGH v. 6. 12. 2001 – 1 StR 468/01, NStZ 2002, 214 (215); aA KMR/*Bosch* Rn. 5.
[4] OLG Celle v. 18. 6. 1991 – 3 Ws 131/91 (I), NStZ 1991, 598.
[5] OLG Stuttgart v. 10. 8. 1961 – 1 Ws 329/61, NJW 1961, 2077.
[6] Dazu im Einzelnen Nr. 191–192 a RiStBV.
[7] BGH v. 5. 7. 1955 – 5 StR 52/55, JR 1955, 472; HK/Lemke Rn. 5; KK-StPO/*Senge* Rn. 3.
[8] KMR/*Bosch* Rn. 6; Löwe/Rosenberg/*Krause* Rn. 7; Meyer-Goßner Rn. 3; SK-StPO/*Rogall* Rn. 61.
[9] Löwe/Rosenberg/*Krause* Rn. 9.
[10] KMR/*Bosch* Rn. 10.
[11] BVerfG StV 1995, 617 (618); Meyer-Goßner Rn. 5; aA *Schroeder* JZ 1985, 1030.
[12] BGH v. 5. 7. 1955 – 5 StR 52/55, JR 1955, 472; OLG Celle v. 4. 3. 1987 – OJs 28/86, StV 1987, 518.
[13] BGH bei *Dallinger* MDR 1966, 383.
[14] Meyer-Goßner Rn. 6; SK-StPO/*Rogall* Rn. 11; aA OLG Düsseldorf JMBlNW 1958, 213; *Eisenberg* Beweisrecht Rn. 1697; KMR/*Bosch* Rn. 20.
[15] KK-StPO/*Senge* Rn. 4; kritisch SK-StPO/*Rogall* Rn. 11.
[16] OLG Karlsruhe v. 4. 6. 1996 – 1 Ws 133/96, Justiz 1997, 141 für Beleidigung; LG Hannover v. 7. 5. 1987 – 55 c 1/86, StV 1988, 520 für geringfügigen BtM-Verstoß.
[17] LG Zweibrücken v. 18. 12. 2002 – Qs 159/02, NStZ 2003, 448.
[18] OLG Hamburg JR 1955, 394.
[19] BVerfG v. 25. 7. 1963 – 1 BvR 542/62, BVerfGE 17, 108 = NJW 1963, 2368.

urteilt werden kann und alle anderen Erkenntnismittel ausgeschöpft wurden. Deshalb ist die Anordnung nach § 81 ausgeschlossen, wenn aus früheren Untersuchungen bereits ausreichende Erkenntnisse vorliegen.[20] Gleiches gilt, wenn sich der Gutachter bereits durch ambulante Untersuchungen ein ausreichendes Bild von der psychischen Verfassung des Beschuldigten machen kann.[21] Kann aber wegen des Widerstands des Beschuldigten eine ambulante Begutachtung nicht durchgeführt werden, so ist die Anordnung nach § 81 zulässig.[22] Wenn sich der Beschuldigte freiwillig in eine geeignete Anstalt zur Untersuchung begibt, ist die Anordnung überflüssig.[23]

Unverhältnismäßig ist die Anordnung auch dann, wenn ihr Erfolg von vornherein fraglich ist. **10** Etwa dann, wenn der Beschuldigte nicht kooperativ ist, die Unterbringung ihrer Art nach aber seine freiwillige Mitwirkung erfordert;[24] ebenso wenn bereits absehbar ist, dass eine sechswöchige Beobachtung nicht ausreichend sein wird.[25]

5. Anhörungspflichten. a) Sachverständiger. Die Anhörung eines Sachverständigen ist stets er- **11** forderlich. Der Sachverständige sollte derjenige sein, der den Beschuldigten später beobachten wird. An seine Qualifikation sind hohe Anforderungen zu stellen. Es sollte sich um einen Facharzt für Psychiatrie oder Neurologie handeln,[26] ggf. kann die weitere Anhörung eines spezialisierten Gutachters geboten sein, wenn der Sachverständige dies für notwendig erachtet.[27] Der Sachverständige muss sich vom Beschuldigten immer einen persönlichen Eindruck verschaffen.[28] Eine Stellungnahme allein aufgrund Aktenstudiums[29] oder anhand telefonischer Kontakts mit dem Betroffenen[30] genügt nicht, weil der persönliche Eindruck dadurch nicht ersetzt werden kann. Wenn der Beschuldigte nicht freiwillig vor dem Sachverständigen erscheint, ist er vom Gericht vorzuladen und ggf. vorzuführen.[31]

Der Sachverständige muss sich in seiner Stellungnahme inhaltlich ausdrücklich zur Frage einer **12** Unterbringung nach § 81 äußern. Die bloße Vorlage eines Gutachtens zur Schuldfähigkeit genügt daher nicht.[32] Die Stellungnahme ist schriftlich vorzulegen, wenn sie nicht in einer mündlichen Verhandlung in Anwesenheit aller Verfahrensbeteiligten abgegeben wird.[33] Sie muss die Erforderlichkeit der Unterbringung[34] begründen und deren voraussichtliche Dauer angeben.[35]

Das Gericht kann von der Empfehlung des Sachverständigen abweichen. In diesem Fall wird **13** aber regelmäßig ein weiterer Gutachter gehört werden müssen.[36]

b) Verteidiger. Der Verteidiger ist nach dem Sachverständigen anzuhören.[37] Sofern neben dem **14** Pflichtverteidiger (§ 140 Abs. 1 Nr. 6) ein Wahlverteidiger mandatiert wurde, muss auch er gehört werden.[38] Dem Verteidiger ist ausreichend Zeit für die Kenntnisnahme und Prüfung der Äußerungen des Sachverständigen zu geben.[39] Seine Äußerung erfolgt mündlich in Anwesenheit der Verfahrensbeteiligten, ansonsten schriftlich, um der Staatsanwaltschaft die Kenntnisnahme zu ermöglichen.

c) Beschuldigter. Die Anhörung des Beschuldigten ist in § 81 nicht ausdrücklich vorgesehen. **15** Die hM folgert daraus, dass sie allenfalls zweckmäßig, grundsätzlich aber entbehrlich ist.[40] Dem

---

[20] OLG Oldenburg v. 3. 1. 2006 – 1 Ws 1/06, StV 2008, 128; LG Berlin v. 17. 5. 1960 – 514 Qs 34/60, NJW 1960, 2256.
[21] OLG Düsseldorf v. 18. 5. 1993 – 1 Ws 446/93, StV 1993, 571; OLG Hamm v. 30. 11. 2000 – 2 Ws 313/2000, StV 2001, 156.
[22] OLG Nürnberg OLGSt § 81, S. 11.
[23] KK-StPO/*Senge* Rn. 5; KMR/*Bosch* Rn. 15.
[24] BVerfG v. 9. 10. 2001 – 2 BvR 1523/01, NStZ 2002, 98; BGH v. 29. 9. 1993 – 2 StR 355/93, StV 1994, 231; OLG Oldenburg v. 3. 1. 2006 – 1 Ws 1/06, StV 2008, 128.
[25] Löwe/Rosenberg/*Krause* Rn. 15; Meyer-Goßner Rn. 8.
[26] OLG Frankfurt v. 24. 11. 1966 – 3 Ws 558/66, NJW 1967, 689; SK-StPO/*Rogall* Rn. 24.
[27] OLG Hamm v. 30. 11. 2000 – 2 Ws 313/2000, StV 2001, 156.
[28] OLG Stuttgart v. 30. 6. 2003 – 5 Ws 26/03, StV 2004, 582; OLG Düsseldorf v. 9. 1. 1998 – 2 Ws 3/98, StV 1998, 638.
[29] So aber für Ausnahmefälle OLG Celle v. 15. 2. 1989 – 3 Ws 31/89, NStZ 1989, 242; OLG Hamburg v. 3. 2. 1964 – 1 Ws 48/64, JR 1964, 191.
[30] Dazu OLG Düsseldorf v. 18. 5. 1993 – 1 Ws 446/93, StV 1993, 571.
[31] OLG Düsseldorf v. 18. 5. 1993 – 1 Ws 446/93, StV 1993, 571; LG Aschaffenburg v. 3. 6. 2003 – Qs 189/02, StV 2004, 583.
[32] OLG Hamm v. 7. 5. 1957 – 2 Ws 155/57, NJW 1957, 1290.
[33] OLG Düsseldorf v. 18. 5. 1993 – 1 Ws 446/93, StV 1993, 571; Löwe/Rosenberg/*Krause* § 71 Rn. 19; SK-StPO/*Rogall* Rn. 26.
[34] OLG Frankfurt v. 18. 7. 1985 – 3 Ws 597/85, StV 1986, 51.
[35] OLG Karlsruhe v. 24. 10. 1972 – 2 Ws 194/72, NJW 1973, 573; OLG Hamm v. 30. 11. 2000 – 2 Ws 313/2000, StV 2001, 156.
[36] OLG Hamm v. 30. 11. 2000 – 2 Ws 313/2000, StV 2001, 156; Löwe/Rosenberg/*Krause* Rn. 20.
[37] OLG Karlsruhe v. 15. 3. 1972 – 2 Ws 47/72, NJW 1972, 1584; KK-StPO/*Senge* Rn. 7; SK-StPO/*Rogall* Rn. 28.
[38] OLG München v. 16. 11. 2006 – 3 Ws 866/06, StV 2008, 127.
[39] OLG Frankfurt v. 24. 11. 1966 – 3 Ws 558/66, NJW 1967, 689.
[40] KK-StPO/*Senge* Rn. 7; Meyer-Goßner Rn. 14.

ist im Hinblick auf den verfassungsrechtlichen Anspruch auf rechtliches Gehör (Art. 103 Abs. 1 GG), wie er sich in § 30 Abs. 1 und 3 niedergeschlagen hat, nicht zuzustimmen. Die Anhörung des Beschuldigten ist vielmehr obligatorisch.[41] Die Anhörung seines Verteidigers kann sie nicht ersetzen, sondern ist zusätzlich erforderlich. Dem Beschuldigten ist für seine Stellungnahme die gutachterliche Äußerung des Sachverständigen zugänglich zu machen.[42] Ist der Beschuldigte zu einer Äußerung infolge seines geistigen Zustandes nicht in der Lage, so ist analog §§ 52 Abs. 2, 81 c Abs. 3 S. 2 der gesetzliche Vertreter zu hören.[43]

16 **d) Der Staatsanwaltschaft.** Die Verpflichtung zur Anhörung der Staatsanwaltschaft ergibt sich aus § 33 Abs. 1 und 2.

III. Durchführung der Unterbringung

17 **1. In einem psychiatrischen Krankenhaus.** Die Unterbringung muss in einem öffentlichen psychiatrischen Krankenhaus durchgeführt werden. Träger muss ein Staat, eine Gemeinde, ein Gemeindeverband oder ein anderer Hoheitsträger sein.[44] Diese Anstalten sind dazu verpflichtet, Personen zur Beobachtung aufgrund einer Anordnung nach § 81 aufzunehmen. Die Auswahl der Anstalt obliegt dem Gericht, nicht dem Sachverständigen.[45] Die Unterbringung in einer privaten Klinik ist nicht zulässig. Ebenso wenig die Unterbringung in einem öffentlichen Krankenhaus, das kein psychiatrisches Krankenhaus ist, sondern lediglich eine Station für Psychiatrie und Neurologie unterhält.[46] Ein in Freiheit befindlicher Beschuldigter darf auch nicht in der psychiatrischen Abteilung des Krankenhauses einer Justizvollzugsanstalt untergebracht werden.[47]

18 **2. Zulässige Maßnahmen während der Unterbringung.** Die Anordnung nach § 81 gestattet nur das Festhalten und die Beobachtung des Beschuldigten. Zusätzliche körperliche Untersuchungen und Eingriffe sind daher immer nur auf der Grundlage einer gesonderten Anordnung nach § 81a statthaft,[48] die auch zugleich mit der Anordnung nach § 81 ergehen kann. Ausgeschlossen sind daher neben Blutprobenentnahmen auch alle weiteren Maßnahmen, wie etwa Blutdruckmessungen oder EKG, die sonst im Rahmen einer Beobachtung im Krankenhaus ohne besondere Einwilligung vorgenommen werden.[49] Auch die Vornahme einer Heilbehandlung bedarf der ausdrücklichen Einwilligung des Beschuldigten, wenn keine Notstandssituation nach § 34 StGB vorliegt.[50]

19 Der Sachverständige ist im Rahmen der Anordnung nach § 81 aber berechtigt, den Beschuldigten über dessen psychischen und körperlichen Gesundheitszustand zu befragen.[51] Er kann die Mitwirkung an einer solchen Exploration aber nicht erzwingen.[52] Nicht zulässig ist im Rahmen der Unterbringung eine Beobachtung in Form einer „Totalüberwachung" des Beschuldigten rund um die Uhr und an allen Orten.[53]

20 Eine Überwachung des Schriftverkehrs des Beschuldigten kommt allenfalls durch den Richter bei inhaftierten Beschuldigten und Vorliegen der Voraussetzungen des § 119 Abs. 3 und Abs. 6 in Betracht.[54] Mangels gesetzlicher Ermächtigungsgrundlage ist sie in jedem Fall unzulässig, wenn sich der Beschuldigte vor der Unterbringung auf freiem Fuß befand.[55]

21 **3. Dauer der Unterbringung.** Die Dauer der Unterbringung ist auf sechs Wochen begrenzt (Abs. 5). Dies gilt auch dann, wenn der Beschuldigte in eine längere Unterbringung eingewilligt hat.[56] Wird der Zweck der Unterbringung schon vor Ablauf der Unterbringungsfrist erreicht bzw. stellt sich heraus, dass der Unterbringungszweck nicht erreicht werden kann, ist der Beschuldigte unverzüglich zu entlassen.[57]

---

[41] KMR/*Bosch* Rn. 27; Löwe/Rosenberg/*Krause* Rn. 23; SK-StPO/*Rogall* Rn. 30.
[42] Löwe/Rosenberg/*Krause* Rn. 23.
[43] Löwe/Rosenberg/*Krause* Rn. 23; SK-StPO/*Rogall* Rn. 30; aA KMR/*Bosch* Rn. 27.
[44] OLG Frankfurt v. 24. 11. 1966 – 3 Ws 558/66, NJW 1967, 689; KMR/*Bosch* Rn. 32; Löwe/Rosenberg/*Krause* Rn. 30.
[45] OLG Frankfurt v. 24. 11. 1966 – 3 Ws 558/66, NJW 1967, 689; Löwe/Rosenberg/*Krause* Rn. 31; *Meyer-Goßner* Rn. 19.
[46] Löwe/Rosenberg/*Krause* Rn. 30; SK-StPO/*Rogall* Rn. 34.
[47] *Duttge* NStZ 2003, 375; Löwe/Rosenberg/*Krause* Rn. 30; SK-StPO/*Rogall* Rn. 34.
[48] BGH v. 8. 7. 1955 – 5 StR 233/55, BGHSt 8, 144 = NJW 1955, 1765; *Meyer-Goßner* Rn. 20; SK-StPO/*Rogall* Rn. 38.
[49] *Meyer-Goßner* Rn. 20; Löwe/Rosenberg/*Krause* Rn. 31; aA OLG Schleswig v. 15. 9. 1981 – 1 Ws 344/81, NStZ 1982, 81; *Peters* JR 1969, 233.
[50] *Arzt* JZ 1969, 437; Löwe/Rosenberg/*Krause* Rn. 31.
[51] BGH v. 21. 2. 1968 – 3 StR 16/68, NJW 1968, 2298.
[52] Löwe/Rosenberg/*Krause* Rn. 31; SK-StPO/*Rogall* Rn. 37.
[53] SK-StPO/*Rogall* Rn. 36.
[54] BGH v. 14. 7. 1961 – 4 StR 191/61, NJW 1961, 2069; Löwe/Rosenberg/*Krause* Rn. 32; SK-StPO/*Rogall* Rn. 40; aA *Koch* NJW 1969, 176.
[55] Löwe/Rosenberg/*Krause* Rn. 32; *Meyer-Goßner* Rn. 20; SK-StPO/*Rogall* Rn. 40.
[56] KK-StPO/*Senge* Rn. 6; *Meyer-Goßner* Rn. 17; Löwe/Rosenberg/*Krause* Rn. 25.
[57] KK-StPO/*Senge* Rn. 6; SK-StPO/*Rogall* Rn. 41.

Eine wiederholte Unterbringung auf Grundlage einer neuen Anordnung ist zwar grundsätzlich 22 zulässig, solange die Unterbringungsfrist noch nicht ausgeschöpft wurde, die Unterbringungsdauer darf dann jedoch insgesamt sechs Wochen nicht überschreiten.[58]

4. Anrechnung der Unterbringungsdauer. Die Dauer der Unterbringung ist nach § 51 Abs. 1 23 S. 1 StGB auf eine Freiheits- oder Geldstrafe anzurechnen.[59] Soweit nur Freiheits- oder Geldstrafe verhängt werden, bedarf es dabei keines gesonderten Ausspruchs im Urteil;[60] anders jedoch, wenn Freiheits- und Geldstrafe nebeneinander verhängt werden.[61]

IV. Gerichtsbeschluss

1. Zuständigkeit. Die Anordnung nach § 81 erfolgt durch Gerichtsbeschluss. Zuständig ist 24 im Ermittlungsverfahren das für die Hauptsache zuständige Gericht (Abs. 3). Im Fall des § 24 Abs. 1 Nrn. 2, 3 GVG ist das Gericht zuständig, bei dem die Staatsanwaltschaft die Anklageerhebung beabsichtigt. Ist die Anklage bereits erhoben, entscheidet das mit der Sache befasste Gericht.

2. Inhalt. Der Beschluss ist nach § 34 zu begründen.[62] Aus der Begründung muss hervorgehen, 25 welche Zweifel an der Schuld- bzw. Verhandlungsfähigkeit des Beschuldigten bestehen, aus welchen Tatsachen sie sich ergeben und weshalb die Zweifel nur im Wege einer Anstaltsbeobachtung geklärt werden können.[63]

Der Beschluss muss das Krankenhaus bezeichnen, in dem die Unterbringung erfolgen soll und 26 deren Höchstdauer angeben.[64] Zweckmäßig ist eine Anordnung, wonach die Verwahrung in dem Krankenhaus die Dauer von sechs Wochen nicht überschreiten darf.[65]

Der Beschluss wird in der Hauptverhandlung durch Verkündung bekanntgegeben. Dabei ist 27 wegen § 140 Abs. 1 Nr. 6 die Anwesenheit des Verteidigers notwendig. Außerhalb der Hauptverhandlung erfolgt die Bekanntgabe nach §§ 35 Abs. 2, 145 a durch Zustellung. Befindet sich die Vollmacht für den Wahlverteidiger nicht bei den Akten, so erfolgt die Zustellung nur an den Beschuldigten. Nach hM setzt dies dann auch die Beschwerdefrist in Lauf.[66]

Ein rechtskräftiger Beschluss darf nicht mehr nachträglich abgeändert werden, sondern es muss 28 dann ein neuer Beschluss erlassen werden.[67] Dieser kann auch dann angefochten werden, wenn gegen den früheren nicht vorgegangen wurde.[68] Fallen die Voraussetzungen des § 81 nachträglich weg, so ist der Unterbringungsbeschluss aufzuheben, auch wenn er bereits rechtskräftig geworden ist.[69]

3. Vollstreckung. Zur Vollstreckung des Beschlusses ist nach § 36 Abs. 2 S. 1 die Staatsanwalt- 29 schaft berufen. Der Verhältnismäßigkeitsgrundsatz ist zu beachten.[70] Befindet sich der Beschuldigte auf freiem Fuß, so ist er zum Erscheinen in der Anstalt zu laden, ggf. mit Vorführungsandrohung.[71] Ein entsprechender Vorführungsbefehl kann nach § 23 EGGVG angefochten werden.[72]

V. Rechtsbehelfe

1. Sofortige Beschwerde (Abs. 4). Gegen den die Unterbringung anordnenden Beschluss ist die 30 sofortige Beschwerde zulässig. Entgegen § 305 S. 1 gilt dies auch für Unterbringungsbeschlüsse, die im Ermittlungsverfahren durch das erkennende Gericht erlassen werden.[73] Das Rechtsmittel

---

[58] BGH v. 6. 9. 1968 – 4 StR 339/68, JZ 1969, 438; KMR/*Bosch* Rn. 31; *Meyer-Goßner* Rn. 18.
[59] BGH v. 17. 9. 1953 – 4 StR 791/52, BGHSt 4, 325 = NJW 1953, 1679.
[60] BGH v. 19. 11. 1970 – 2 StR 510/70, BGHSt 24, 29 = NJW 1971, 290; BGH v. 8. 2. 1972 – 1 StR 536/70, NJW 1972, 730.
[61] BGH v. 11. 4. 1973 – 2 StR 49/73, NJW 1973, 1420.
[62] OLG Oldenburg v. 1. 3. 1961 – 1 Ws 58/61, NJW 1961, 981; OLG Karlsruhe v. 15. 3. 1972 – 2 Ws 47/72, NJW 1972, 1584.
[63] BVerfG v. 9. 10. 2001 – 2 BvR 1523/01, NStZ 2002, 98; OLG Frankfurt v. 18. 7. 1985 – 3 Ws 597/85, StV 1986, 51; KMR/*Bosch* Rn. 33; Löwe/Rosenberg/*Krause* Rn. 36; SK-StPO/*Rogall* Rn. 45.
[64] OLG Stuttgart v. 10. 8. 1961 – 1 Ws 329/61, NJW 1961, 2077.
[65] Löwe/Rosenberg/*Krause* Rn. 26; *Meyer-Goßner* Rn. 17.
[66] KK-StPO/*Senge* Rn. 10; SK-StPO/*Rogall* Rn. 47; zweifelnd *Eisenberg* Beweisrecht Rn. 1702; Löwe/Rosenberg/*Krause* Rn. 38.
[67] KMR/*Bosch* Rn. 34; *Meyer-Goßner* Rn. 25.
[68] OLG Düsseldorf JMBlNW 1961, 45; KMR/*Bosch* Rn. 34; Löwe/Rosenberg/*Krause* Rn. 37.
[69] Löwe/Rosenberg/*Krause* Rn. 37; SK-StPO/*Rogall* Rn. 49.
[70] Vgl. Nr. 61 Abs. 1 RiStBV.
[71] Vgl. dazu im Einzelnen Nr. 61 Abs. 2, 62 und 63 RiStBV.
[72] *Altenhain* JZ 1965, 758; KK-StPO/*Senge* Rn. 10; *Meyer-Goßner* Rn. 27; aA OLG Hamm v. 3. 2. 1966 – 1 VAs 10/66, NJW 1966, 684.
[73] OLG Düsseldorf v. 13. 4. 2000 – 1 Ws 263 – 264/00, 1 Ws 263/00, 1 Ws 264/00, StV 2001, 156.

kann auf einen bestimmten Teil des Beschlusses, etwa die Auswahl der Anstalt oder des Sachverständigen beschränkt werden.[74]

31 Die sofortige Beschwerde steht dem Beschuldigten, dem Verteidiger und der Staatsanwaltschaft zu, nicht jedoch dem Sachverständigen.[75] Der Verteidiger kann sie trotz § 297 auch gegen den Willen des Beschuldigten einlegen, weil dessen geistige Gesundheit zweifelhaft ist.[76]

32 Das Beschwerdegericht prüft die Anordnung unter allen rechtlichen Gesichtspunkten, also auch im Hinblick auf die Zweckmäßigkeit.[77] Es darf aber bzgl. der Zweifel an der Schuldfähigkeit des Beschuldigten nicht sein Ermessen an die Stelle des Ermessens des Tatrichters setzen.[78]

33 Das Beschwerdegericht kann die Sache an den anordnenden Richter zurückverweisen, wenn ein erheblicher Verfahrensmangel vorliegt.[79] Eine fehlende Begründung nach § 34 soll dabei aber nicht notwendig immer schwerer Verfahrensmangel anzusehen sein.[80]

34 Ob der die Unterbringung ablehnende Beschluss mit der einfachen Beschwerde angefochten werden kann, ist umstritten. Teilweise wird dies mit Hinweis auf den Wortlaut des § 81 Abs. 4 abgelehnt.[81] Dem Streit kommt aber keine praktische Bedeutung zu, weil im Vorverfahren § 163 a Abs. 2 nach hM den Beteiligten kein Beweisantragsrecht im eigentlichen Sinne gewährt und im Hauptverfahren die Beschwerde nach § 305 Abs. 1 S. 1 ausgeschlossen ist.[82]

35 **2. Revision.** Die Revision wegen der Rechtswidrigkeit der Unterbringung ist nach § 336 S. 2 ausgeschlossen, weil gegen die Anordnung die sofortige Beschwerde zulässig ist. Dagegen kann die Revision darauf gestützt werden, dass eine Anordnung zu Unrecht abgelehnt wurde. Bei Annahme eines Beweisantragsrechts der Beteiligten (oben Rn. 4) sind § 244 Abs. 3 und 4 einschlägig. Ansonsten kann die Aufklärungsrüge wegen Verletzung von § 244 Abs. 2 geltend gemacht werden, zB dann, wenn der Sachverständige seine Beurteilung zur Schuldfähigkeit für so unsicher hielt, dass er selbst eine Unterbringung angeregt hat.[83] Nicht jedoch, wenn lediglich beanstandet wird, dass der Sachverständige die Unterbringungsfrist nicht vollständig ausgeschöpft hat.[84]

36 Die Prüfung des Revisionsgerichts beschränkt sich dabei auf Rechtsfehler, der richtige Ermessensgebrauch wird nicht überprüft.[85]

§ 81 a [Körperliche Untersuchung; Blutprobe]

(1) ¹Eine körperliche Untersuchung des Beschuldigten darf zur Feststellung von Tatsachen angeordnet werden, die für das Verfahren von Bedeutung sind. ²Zu diesem Zweck sind Entnahmen von Blutproben und andere körperliche Eingriffe, die von einem Arzt nach den Regeln der ärztlichen Kunst zu Untersuchungszwecken vorgenommen werden, ohne Einwilligung des Beschuldigten zulässig, wenn kein Nachteil für seine Gesundheit zu befürchten ist.

(2) Die Anordnung steht dem Richter, bei Gefährdung des Untersuchungserfolges durch Verzögerung auch der Staatsanwaltschaft und ihren Ermittlungspersonen (§ 152 des Gerichtsverfassungsgesetzes) zu.

(3) Dem Beschuldigten entnommene Blutproben oder sonstige Körperzellen dürfen nur für Zwecke des der Entnahme zugrundeliegenden oder eines anderen anhängigen Strafverfahrens verwendet werden; sie sind unverzüglich zu vernichten, sobald sie hierfür nicht mehr erforderlich sind.

I. Allgemeines

1 Die Vorschrift regelt die zwangsweise körperliche Untersuchung des Beschuldigten (Abs. 1 S. 1) und gestattet zu diesem Zweck auch körperliche Eingriffe wie etwa Blutproben (Abs. 1 S. 2).

---

[74] KMR/*Bosch* Rn. 38; *Meyer-Goßner* Rn. 28; SK-StPO/*Rogall* Rn. 57; aA jedoch für Entscheidungen des erkennenden Gerichts OLG Celle v. 27. 7. 1966 – 4 Ws 252/66, NJW 1966, 1881; KK-StPO/*Senge* Rn. 11; Löwe/Rosenberg/*Krause* Rn. 41.
[75] *Eisenberg* Beweisrecht Rn. 1705; Löwe/Rosenberg/*Krause* Rn. 40.
[76] KK-StPO/*Senge* Rn. 11; Löwe/Rosenberg/*Krause* Rn. 40; *Meyer-Goßner* Rn. 28.
[77] OLG Hamburg v. 9. 10. 1972 – 2 Ws 411/72, MDR 1972, 1048; KMR/*Bosch* Rn. 40; *Meyer-Goßner* Rn. 29.
[78] Löwe/Rosenberg/*Krause* Rn. 42; SK-StPO/*Rogall* Rn. 56.
[79] OLG Oldenburg v. 1. 3. 1961 – 1 Ws 58/61, NJW 1961, 981; OLG Karlsruhe v. 15. 3. 1972 – 2 Ws 47/72, NJW 1972, 1564; KK-StPO/*Senge* Rn. 11; SK-StPO/*Rogall* Rn. 55.
[80] OLG Oldenburg NJW 1961, 981; KMR/*Bosch* Rn. 40; *Meyer-Goßner* Rn. 30; einschränkend Löwe/Rosenberg/*Krause* Rn. 43; SK-StPO/*Rogall* Rn. 55.
[81] OLG Karlsruhe Justiz 1972, 18; aA OLG Stuttgart Justiz 1972, 231; LG Köln v. 22. 12. 1995 – 107 Qs 396/95, NStZ-RR 1996, 267; *Meyer-Goßner* Rn. 31; SK-StPO/*Rogall* Rn. 58.
[82] KK-StPO/*Senge* Rn. 12; Löwe/Rosenberg/*Krause* Rn. 44.
[83] SK-StPO/*Rogall* Rn. 62.
[84] BGH bei *Dallinger* MDR 1974, 725; *Meyer-Goßner* Rn. 32; SK-StPO/*Rogall* Rn. 62.
[85] BGH v. 5. 7. 1955 – 2 StR 159/55, BGHSt 8, 76 = NJW 1955, 1407; KK-StPO/*Senge* Rn. 13; Löwe/Rosenberg/*Krause* Rn. 46.

Nach der Vorschrift kann der Körper eines Beschuldigten somit gegen dessen Willen zum Augenscheinsobjekt gemacht werden. Das ist ein Eingriff in die Grundrechte des Beschuldigten auf körperliche Unversehrtheit aus Art. 2 Abs. 2 Satz 1 GG und auf den Schutz seiner Privat- und Intimsphäre aus Art. 1 Abs. 1, Abs. 1 GG. Teilweise werden in der Literatur Zweifel im Hinblick auf die Vereinbarkeit von § 81a mit dem Nemo-Tenetur-Grundsatz[1] und der Unschuldsvermutung aus Art. 6 Abs. 2 EMRK[2] geäußert. Das Bundesverfassungsgericht hat die Vereinbarkeit der Vorschrift mit dem Grundgesetz bestätigt, aber gleichzeitig eine verfassungskonforme Auslegung verlangt, die dem Verhältnismäßigkeitsprinzip (dazu näher unten Rn. 9) besondere Beachtung schenkt.[3]

Liegt eine Einwilligung des Beschuldigten in die Maßnahme vor, so bedarf es keiner Anordnung nach § 81a. Die Einwilligung ist nur wirksam, wenn der Betroffene über Bedeutung und Gefährlichkeit der Maßnahme sowie sein Weigerungsrecht informiert wurde.[4] Geschäftsfähigkeit ist nicht erforderlich, der Einwilligende muss die Tragweite seiner Erklärung aber erkennen können. Erhebliche Alkoholbeeinflussung,[5] Zwang oder Täuschung[6] schließen die Wirksamkeit der Einwilligung aber aus. Bei wirksamer Einwilligung sind auch Eingriffe gestattet, die nach § 81a nicht zulässig wären, wenn sie zur Wahrheitserforschung geeignet sind. Jedoch bedürfen trotz Einwilligung des Beschuldigten besonders schwerwiegende Eingriffe, bei denen Zweifel an ihrer Zulässigkeit nach § 228 StGB bestehen, stets einer richterlichen Anordnung.[7] 2

II. Voraussetzungen

1. Beschuldigter. Die Maßnahme muss sich **gegen den Beschuldigten in einem Strafverfahren** 3 richten, wobei das Ermittlungsverfahren auch erst durch die Anordnung nach § 81a eingeleitet werden kann, wenn zugleich ein hinreichender Tatverdacht iSv. § 152 Abs. 2 besteht.[8] Auch der Angeschuldigte und der Angeklagte sind Beschuldigte (§ 157), nicht jedoch der bereits Verurteilte, gegen den eine körperliche Untersuchung zum Zweck der Vorbereitung einer Prognoseentscheidung nach §§ 57 Abs. 1, 67d Abs. 2 S. 1 StGB angeordnet wird.[9]

2. Untersuchungszweck. Die Untersuchung darf nur erfolgen, um **verfahrenserhebliche Tatsa-** 4 **chen** festzustellen. Dies sind solche, die wenigstens mittelbar[10] zum Beweis der Straftat, der Täterschaft oder der Schuld des Beschuldigten geeignet sind oder für die Bestimmung der Rechtsfolgen der Tat erheblich sind. Darunter fällt zB die Beschaffenheit des Körpers des Beschuldigten und seiner Bestandteile, wie etwa des Blutes oder des Magensaftes oder das Vorhandensein von Fremdkörpern (zB „Bodypacks" zum Drogentransport).[11] Die Untersuchung darf auch erfolgen, um das Vorliegen von Prozessvoraussetzungen oder -hindernissen zu klären. Daher ist sie auch zulässig, um das Alter[12] oder die Verhandlungsfähigkeit[13] des Beschuldigten festzustellen, in Ausnahmefällen auch seine Reisefähigkeit.[14] Die Untersuchung ist nur zulässig, wenn bereits konkrete Anhaltspunkte bestehen, dass dadurch verfahrenserhebliche Tatsachen festgestellt werden können. Eine Untersuchung aufs Geratewohl ist unzulässig.[15]

3. Einfache körperliche Untersuchung. Die Untersuchung nach Abs. 1 S. 1 dient dem Zweck, 5 die Beschaffenheit des Körpers oder einzelner Körperteile durch sinnliche Wahrnehmung ohne körperliche Eingriffe festzustellen, etwa durch Augenscheinseinnahme der Körperoberfläche um Kratz- oder Injektionsspuren oder Blutspritzer festzustellen. Durch diesen Zweck unterscheidet sie sich von der Durchsuchung des Körpers nach § 102, bei der nach Beweismitteln oder Einziehungsgegenständen gesucht wird, die sich in oder unter der Kleidung, auf der Körperoberfläche

---

[1] *Eisenhardt*, Das Nemo-Tenetur-Prinzip: Grenze körperlicher Untersuchungen beim Beschuldigten, S. 212.
[2] *Sautter* AcP 161 (1961), 215, 247 ff.
[3] BVerfG v. 10. 6. 1963 – 1 BvR 790/58, BVerfGE 16, 194 = NJW 1963, 1597; BVerfG v. 14. 2. 1978 – 2 BvR 406/77, BVerfGE 47, 239 = NJW 1978, 1149; BVerfG v. 21. 5. 2004 – 2 BvR 715/04, NJW 2004, 3697.
[4] BGH v. 12. 2. 1963 – III ZR 222/62, NJW 1964, 1177; OLG Karlsruhe v. 7. 5. 2004 = NStZ 2005, 399; KK-StPO/*Senge* Rn. 3; KMR-StPO/*Bosch* Rn. 16 f.; SK-StPO/*Rogall* Rn. 14.
[5] *Eisenberg* Beweisrecht Rn. 1626; HK-GS/*Neuhaus* Rn. 3.
[6] BGH v. 2. 7. 1965 – 4 StR 284/65, VRS 29, 203.
[7] KK-StPO/*Senge* Rn. 3; KMR-StPO/*Bosch* Rn. 14; Löwe/Rosenberg/*Krause* Rn. 12.
[8] Löwe/Rosenberg/*Krause* Rn. 8; Meyer-Goßner Rn. 2.
[9] OLG Hamm v. 17. 1. 1974 – 4 Ws 350/73, NJW 1974, 914; Geerds Jura 1988, 2; KMR-StPO/*Bosch* Rn. 18; SK-StPO/*Rogall* Rn. 9; aA KK-StPO/*Senge* Rn. 2; Löwe/Rosenberg/*Krause* Rn. 6; Meyer-Goßner Rn. 2.
[10] Löwe/Rosenberg/*Krause* Rn. 16; Meyer-Goßner Rn. 6.
[11] BGH v. 16. 2. 1954 – 1 StR 578/53, BGHSt 5, 332 = NJW 1954, 649.
[12] Löwe/Rosenberg/*Krause* Rn. 17.
[13] BVerfG v. 14. 11. 1969 – 1 BvR 253/68, BVerfGE 27, 211 = NJW 1970, 505; OLG Schleswig v. 15. 9. 1981 – 1 Ws 344/81, NStZ 1982, 81; OLG Düsseldorf v. 26. 5. 1988 – 1 Ws 459/88, StV 1989, 194.
[14] KMR-StPO/*Bosch* Rn. 22; Löwe/Rosenberg/*Krause* Rn. 50.
[15] KMR-StPO/*Bosch* Rn. 22; Meyer-Goßner Rn. 6.

oder in den natürlichen Körperöffnungen versteckt sind.[16] Anders als der körperliche Eingriff nach Abs. 1 S. 2 braucht die einfache Untersuchung nicht von einem Arzt vorgenommen zu werden. Eine körperliche Untersuchung ist nach hM auch die **Gegenüberstellung zum Zweck der Identifizierung**.[17]

6 **4. Entnahme von Blutproben und andere körperliche Eingriffe. a) Begriff.** Körperliche Eingriff iSv. Abs. 1 S. 2 sind solche Untersuchungen, die mit einem – wenn auch nur minimalen – Eingriff in die körperliche Integrität verbunden sind. Dies ist insbesondere immer dann gegeben, wenn Körperbestandteile, wie Blut, Haare, Samen, Urin, oder Speichel entnommen werden sollen,[18] aber auch wegen der Strahlenbelastung bei der Anfertigung von Röntgenaufnahmen.[19] Ebenso, wenn dem Körper bestimmte Substanzen verabreicht werden. Auf die Zufügung von Schmerzen kommt es demgegenüber ebenso wenig an, wie auf die Benutzung ärztlicher Instrumente, so dass zB die Vornahme einer Blutdruckmessung, eines Elektrokardio- oder Elektroenzephalogramms (zur Hirnstrommessung) keine Eingriffe, sondern nur einfache Untersuchungen darstellen.[20]

7 **b) Vornahme durch einen Arzt.** Der körperliche Eingriff darf im Interesse der Gesundheit des Betroffenen[21] nur durch einen Arzt vorgenommen werden. Arzt ist nur ein approbierter Mediziner bzw. eine Person, die zur vorübergehenden Ausübung des ärztlichen Berufs berechtigt ist.[22] Andere Personen, etwa Krankenschwestern, Sanitäter oder Medizinstudenten im Praktikum, dürfen Eingriffe nur unter ärztlicher Leitung und Verantwortung vornehmen oder dann, wenn der Beschuldigte hierzu eingewilligt hat.[23] Bei besonders gefährlichen Eingriffen (etwa Liquorentnahme oder Pneumoencephalographie) kann die Vornahme durch einen Facharzt erforderlich sein.[24] Der Eingriff muss nach den Regeln der ärztlichen Kunst erfolgen. Bestehen solche Regeln noch nicht, weil es sich um eine völlig neuartige Untersuchungsmethode handelt, so ist der Eingriff unzulässig.[25]

8 **c) Keine Nachteile für die Gesundheit.** Es darf mit an Sicherheit grenzender Wahrscheinlichkeit keine Gefahr für die Gesundheit des Betroffenen bestehen. Dafür kommt es nicht nur auf die Art des Eingriffs, sondern auch auf den Gesundheitszustand des Betroffenen an.[26] Gesundheitsnachteil ist dabei eine dauernde, zumindest aber deutlich über die Untersuchungsdauer hinauswirkende Beeinträchtigung des körperlichen Wohlbefindens. Schmerzen oder sonstige vorübergehende Unannehmlichkeiten gehören nicht dazu. Angstzustände und erhebliche seelische Beeinträchtigungen können indes einen gesundheitlichen Nachteil darstellen, wenn sie Krankheitswert erreichen.[27] Gegebenenfalls muss die Frage einer möglichen Gesundheitsgefahr durch einen Sachverständigen vorab geklärt werden.[28] An dessen Ergebnis ist das Gericht jedenfalls dann gebunden, solange kein abweichendes Zweitgutachten vorliegt.[29]

9 **5. Verhältnismäßigkeitsgrundsatz.** Das BVerfG fordert eine besondere Berücksichtigung des Verhältnismäßigkeitsgrundsatzes bei der Anordnung von Maßnahmen nach § 81 a.[30] Daher ist anhand der Aktenlage stets zu prüfen, ob der Tatverdacht die Maßnahme rechtfertigt. Dabei kommt es neben der Schwere des Eingriffs sowohl auf den Grad des Tatverdachts als auch auf die Schwere der Straftat an, auf die sich der Verdacht bezieht.[31] Demnach genügt für leichtere Ein-

---

[16] *Löwe/Rosenberg/Krause* Rn. 9; *Meyer-Goßner* Rn. 9; aA LG Trier v. 3. 11. 1986 – 1 Qs 265/86, NJW 1987, 722, wonach die Abgrenzung anhand der Verletzungsgefahr vorzunehmen ist. Nach SK-StPO/*Rogall* Rn. 25 fällt auch die Durchsuchung von Körperöffnungen zur Auffindung von Beweismitteln unter § 81 a StPO.
[17] *Odenthal* NStZ 1985, 433; *Löwe/Rosenberg/Krause* Rn. 44; aA *Meyer-Goßner* Rn. 23, der sie auf § 58 Abs. 2 StPO stützen will; SK-StPO/*Rogall* Rn. 35 nimmt als Rechtsgrundlage § 81 b StPO an.
[18] KMR-StPO/*Bosch* Rn. 7; *Löwe/Rosenberg/Krause* Rn. 27; *Meyer-Goßner* Rn. 15; insb. zur Speichelentnahme zum Zweck der DNA-Analyse LG Offenburg v. 10. 7. 2002 – III Qs 29/02, StV 2003, 153.
[19] *Löwe/Rosenberg/Krause* Rn. 59.
[20] *Löwe/Rosenberg/Krause* Rn. 27.
[21] BGH v. 17. 3. 1971 – 3 StR 189/70, BGHSt 24, 125 = NJW 1971, 1097; aA *Eb. Schmidt* MDR 1970, 461; KKR/*Bosch* Rn. 38: Arztvorbehalt dient auch der Sicherung eines Qualitätsstandards bei der Informationsgewinnung.
[22] BGH v. 17. 3. 1971 – 3 StR 189/70, BGHSt 24, 125 = NJW 1971, 1097; OLG Köln v. 19. 11. 1965 – Ss 375/65, NJW 1966, 416; KK-StPO/*Senge* Rn. 7; KMR-StPO/*Bosch* Rn. 39.
[23] *Löwe/Rosenberg/Krause* Rn. 35; *Meyer-Goßner* Rn. 19.
[24] KMR-StPO/*Bosch* Rn. 39; *Löwe/Rosenberg/Krause* Rn. 36; SK-StPO/*Rogall* Rn. 53.
[25] BGH v. 8. 7. 1955 – 5 StR 133/55, BGHSt 8, 144; *Meyer-Goßner* Rn. 16; KK-StPO/*Senge* Rn. 6; *Löwe/Rosenberg/Krause* Rn. 30.
[26] *Kohlhaas* NJW 1968, 2277; *Löwe/Rosenberg/Krause* Rn. 31; *Meyer-Goßner* Rn. 17.
[27] *Malek/Wohlers*, Zwangsmaßnahmen und Grundrechtseingriffe in Ermittlungsverfahren, 2. Aufl. 2001, Rn. 244; HK-StPO/*Lemke* Rn. 13; KMR-StPO/*Bosch* Rn. 24; aA *Löwe/Rosenberg/Krause* Rn. 31; *Meyer-Goßner* Rn. 17.
[28] BGH v. 8. 7. 1955 – 5 StR 233/55, BGHSt 8, 144 (148); *Bresser* NJW 1961, 251.
[29] *Kohlhaas* NJW 1968, 2277; *Eisenberg* Beweisrecht Rn. 1635; KMR-StPO/*Bosch* Rn. 24; SK-StPO/*Rogall* Rn. 58.
[30] BVerfG v. 10. 6. 1963 – 1 BvR 790/58, BVerfGE 16, 194 = NJW 1963, 1597; BVerfG v. 25. 7. 1963 – 1 BvR 542/62, BVerfGE 17, 108 = NJW 1964, 2368; BVerfG v. 14. 2. 1978 – 2 BvR 406/77, BVerfGE 47, 239 = NJW 1978, 1149; BVerfG v. 21. 5. 2004 – 2 BvR 715/04, NJW 2004, 3697.
[31] BVerfG v. 10. 6. 1963 – 1 BvR 790/58, BVerfGE 16, 194 = NJW 1963, 1597; BVerfG v. 25. 7. 1963 – 1 BvR 542/62, BVerfGE 17, 108 = NJW 1964, 2368; KMR-StPO/*Bosch* Rn. 25; SK-StPO/*Rogall* Rn. 12.

griffe, insb. Blutproben, regelmäßig bereits ein Anfangsverdacht bzgl. der Begehung einer Ordnungswidrigkeit.³² Allerdings kann zunächst die auch in den bundeseinheitlichen Richtlinien über die Feststellung von Alkohol im Blut bei Straftaten und Ordnungswidrigkeiten (RIBA)³³ vorgesehene vorherige Vornahme eines Atemalkoholtests rechtlich geboten sein, wenn es um die Feststellung der Blutalkoholkonzentration geht.³⁴ Besonders schwere Eingriffe, wie zB die Entnahme von Rückenmarksflüssigkeit (Liquor) setzen hingegen einen dringenden Tatverdacht im Hinblick auf die Begehung einer schweren Straftat voraus.³⁵ Es ist immer zunächst zu prüfen, ob der Zweck der Maßnahme sich nicht schon durch eine körperliche Untersuchung erreichen lässt.³⁶

6. Einzelne Untersuchungen und Eingriffe. a) Zulässige Maßnahmen. Zulässig ist die Anfertigung einer **Computertomographie**.³⁷ Die **Entnahme von Rückenmarksflüssigkeit (Liquor)** ist wegen der hohen Eingriffsintensität nur bei Verdacht auf das Vorliegen einer schweren Straftat erlaubt.³⁸ Gleiches gilt für die **Pneumoencephalographie** (Hirnkammerluftfüllung) zur Ermöglichung einer Röntgenaufnahme des Gehirns.³⁹ Das **Auspumpen des Magens (Magenaushebung)** ist zwar grundsätzlich statthaft,⁴⁰ dürfte aber regelmäßig weder erforderlich noch aus Gründen der Beweisführung geboten sein.⁴¹ **Röntgenaufnahmen** und Durchleuchtungen sind zulässig.⁴² Gleiches gilt für die **Szintigrafie**, bei der durch Injektion von Kontrastmitteln die bildhafte Darstellung von Organen ermöglicht wird.⁴³

Die **Veränderung der Bart- und Haartracht** stellt bereits keinen Eingriff dar.⁴⁴ Sie ist als Vorbereitungsmaßnahme etwa einer Untersuchung oder einer Identifizierungsgegenüberstellung zulässig.⁴⁵

Das **Verabreichen von Abführmitteln** soll insb. zum Nachweis eines intrakorporalen Drogenschmuggels zulässig sein.⁴⁶ Auch das zwangsweise **Verabreichen von Brechmitteln (Vomitivmitteln)**⁴⁷ wird bei strikter Beachtung des Verhältnismäßigkeitsgrundsatzes als zulässig angesehen, wenn eine Gesundheitsgefährdung sicher ausgeschlossen werden kann.⁴⁸ Voraussetzung ist daher ein Tatverdacht bzgl. einer schweren Straftat.⁴⁹ Nach Ansicht des EGMR⁵⁰ stellt die Maßnahme aber einen Verstoß gegen das Verbot unmenschlicher oder erniedrigender Behandlung aus Art. 3 EMRK und die Selbstbelastungsfreiheit⁵¹ dar, wenn sie mittels Magensonde unter Anwendung erheblicher Gewalt gegenüber einem Kleindealer erfolgt.

b) Unzulässige Maßnahmen. Nicht zulässig sind wegen ihrer Gefährlichkeit die **Angiographie**, bei der ein Kontrastmittel in die Halsschlagader injiziert wird,⁵² eine **Ballondilatation** im Herzbereich⁵³ und die Harnentnahme mittels eines Katheters.⁵⁴ Wegen Verstoßes gegen die Menschenwürde auch bei Einwilligung des Beschuldigten unzulässig ist die **Phallografie**, mittels der die Penisreaktion auf sexuelle Reize gemessen wird.⁵⁵

---

³² KMR-StPO/*Bosch* Rn. 25; Löwe/Rosenberg/*Krause* Rn. 32.
³³ Abgedruckt bei *Jagow/Burmann/Heß*, Straßenverkehrsrecht, 20. Aufl. 2008, § 316 StGB Rn. 40.
³⁴ KMR-StPO/*Bosch* Rn. 8; SK-StPO/*Rogall* Rn. 41; aA OLG Köln v. 17. 12. 1985 – 1 Ss 318/85, NStZ 1986, 234; *Meyer-Goßner* Rn. 13.
³⁵ BVerfG v. 10. 6. 1963 – 1 BvR 790/58, BVerfGE 16, 194 = NJW 1963, 1597; BVerfG v. 25. 7. 1963 – 1 BvR 542/62, BVerfGE 17, 108 = NJW 1964, 2368.
³⁶ OLG Hamm v. 29. 6. 1971, 1 Ws 361/70, NJW 1971, 1903; KMR-StPO/*Bosch* Rn. 25; SK-StPO/*Rogall* Rn. 12.
³⁷ *Ostertag/Sterndorf* NJW 1977, 1482; KMR-StPO/*Bosch* Rn. 11; *Meyer-Goßner* Rn. 20.
³⁸ BVerfG v. 10. 6. 1963 – 1 BvR 790/58, BVerfGE 16, 194 = NJW 1963, 1597; BVerfG v. 25. 7. 1963 – 1 BvR 542/62, BVerfGE 17, 108 = NJW 1964, 2368; aA *Malek/Wohlers*, Zwangsmaßnahmen und Grundrechtseingriffe im Ermittlungsverfahren, 2. Aufl., 2001, Rn. 270.
³⁹ BVerfG v. 25. 7. 1963 – 1 BvR 542/62, BVerfGE 17, 108 = NJW 1964, 2368; BGH v. 21. 11. 1969 – 3 StR 249/68, BGHSt 23, 176 = NJW 1970, 523; aA (stets unzulässig) KMR-StPO/*Bosch* Rn. 12.
⁴⁰ Löwe/Rosenberg/*Krause* Rn. 51; *Meyer-Goßner* Rn. 20.
⁴¹ KMR-StPO/*Bosch* Rn. 13.
⁴² OLG Karlsruhe v. 7. 5. 2004 – 2 Ws 77/04, NStZ 2005, 399.
⁴³ *Kuhlmann* NJW 1976, 351; SK-StPO/*Rogall* Rn. 12.
⁴⁴ Löwe/Rosenberg/*Krause* Rn. 47; *Meyer-Goßner* Rn. 23; aA *Odenthal* NStZ 1985, 433.
⁴⁵ BVerfG v. 14. 2. 1978 – 2 BvR 406/77, BVerfG 47, 239; aA *Odenthal* NStZ 1985, 433.
⁴⁶ OLG Karlsruhe v. 7. 5. 2004 – 2 Ws 77/04, StV 2005, 376; KMR-StPO/*Senge* Rn. 6.
⁴⁷ Dazu ausführlich *Bausch*, Brechmitteleinsatz zur Exkorporation von Betäubungsmitteln, 2007; *Hackethal*, Der Einsatz von Vomitivmitteln zur Beweissicherung im Strafverfahren, 2004; *Ufer*, Die zwangsweise Verabreichung von Brechmitteln, 2007.
⁴⁸ OLG Bremen v. 19. 1. 2000 – Ws 168/99, NStZ-RR 2000, 270; KG v. 28. 3. 2000 – 1 Ss 87/98 (74/98), JR 2001, 162 mAnm *Hackethal*; *Rogall* NStZ 1998, 66; *Meyer-Goßner* Rn. 22.
⁴⁹ SK-StPO/*Rogall* Rn. 48; einschränkend KMR-StPO/*Bosch* Rn. 13.
⁵⁰ EGMR v. 11. 7. 2006 – 54810/00, NJW 2006, 3117; dazu *Gaede* HRRS 2006, 241; *Safferling* Jura 2008, 100; *Schuhr* NJW 2006, 3538; *Schumann* StV 2006, 661.
⁵¹ Ebenso OLG Frankfurt v. 11. 10. 1996 – 1 Ss 28/96, NJW 1997, 1647 mAnm *Weßlau* StV 1997, 341; ebenso *Dallmayer* StV 1997, 606.
⁵² *Kuhlmann* NJW 1976, 351; KMR-StPO/*Bosch* Rn. 11; Löwe/Rosenberg/*Krause* Rn. 38; *Meyer-Goßner* Rn. 21.
⁵³ BVerfG v. 22. 9. 1993 – 2 BvR 1732/93, BVerfGE 89, 120, 130 f.; KMR-StPO/*Bosch* Rn. 12.
⁵⁴ *Kohlhaas* NJW 1968, 2277; *Meyer-Goßner* Rn. 21; aA KMR-StPO/*Bosch* Rn. 10.
⁵⁵ Löwe/Rosenberg/*Krause* Rn. 56; *Meyer-Goßner* Rn. 21; aA bei Einwilligung LG Hannover v. 19. 1. 1977 – 31 Qs 154/76, NJW 1977, 1110.

III. Durchführung der Untersuchung

14 **1. Duldungspflicht des Beschuldigten.** Der Beschuldigte ist lediglich verpflichtet, die Untersuchung zu dulden. Dies soll auch die Mitwirkung an der Vorbereitung der Untersuchung umfassen. Daher ist der Beschuldigte verpflichtet, sich etwa zu entkleiden,[56] die erforderliche Körperposition für die Untersuchung einzunehmen[57] oder seine Ärmel für eine Blutprobenentnahme hochzukrempeln.[58]

15 Zu einer darüber hinausgehenden aktiven Mitwirkung darf er aber wegen der Selbstbelastungsfreiheit nicht gezwungen werden.[59] Daher ist er insbesondere nicht dazu gehalten, Fragen zu beantworten,[60] sich Prüfungen wie Hirnleistungstests[61] oder einem Belastungs-EKG[62] zu unterziehen, Kontrastmittel für eine Röntgenuntersuchung einzunehmen,[63] an einem Alkoholtrinkversuch teilzunehmen,[64] eine Gehprobe vorzunehmen,[65] sich zur Feststellung eines Drehnachstygmatismus mehrmals herumzudrehen[66] oder in ein Atemalkoholtestgerät zu blasen.[67]

16 Der Beschuldigte kann an der Untersuchung aber freiwillig mitwirken. In diesem Fall muss er aber zuvor über die Freiwilligkeit belehrt werden.[68] Dies soll jedoch nicht für solche Mitwirkungshandlungen gelten, die der Arzt üblicherweise von seinen Patienten einfordern kann, so insb. bei Blutentnahmen die Fingerprobe, das Sichdrehen oder der Rombergtest (Balanceprobe im Stehen).[69]

17 **2. Zwangsmaßnahmen zum Vollzug der Anordnung.** Der Beschuldigte ist vor den Arzt oder Beamten zu laden, der die Maßnahme durchführen soll. Erscheint er nicht freiwillig, so kann der Staatsanwalt ihn im Wege formloser Anordnung[70] vorführen lassen. Die Anordnung von Ordnungsgeld und Ordnungshaft ist nicht zulässig.[71]

18 § 81 a enthält implizit die Ermächtigung, den Beschuldigten bei Gefahr im Verzug zur Durchführung der Untersuchung bzw. des Eingriffs vorläufig festzunehmen, auch wenn die Voraussetzungen des § 127 Abs. 2 nicht vorliegen.[72] Der Beschuldigte darf dann festgehalten und auch zwangsweise etwa zu einem Arzt zum Zweck der Blutentnahme transportiert werden;[73] er darf auch ins Polizeirevier verbracht und dort bis zum Erscheinen eines Arztes ggf. in einer Zelle festgehalten werden.[74]

19 Auch im Übrigen ist zur Durchsetzung der Maßnahme die Anwendung unmittelbaren Zwanges zulässig,[75] etwa das Festschnallen bzw. Festhalten auf einem Stuhl, um die Blutentnahme zu ermöglichen.[76] Das Injizieren eines Beruhigungsmittels, um die Untersuchung zu erleichtern, ist aber nur mit Einwilligung des Betroffenen zulässig.[77]

20 **3. Unterbringung in Krankenhaus.** Um die Maßnahme durchzuführen, ist nach hM auch die vorübergehende Unterbringung des Beschuldigten auf Grund besonderer richterlicher Anordnung in einem Krankenhaus zulässig, wenn dies für einen fachgerechten Eingriff erforderlich ist.[78]

---

[56] LG Düsseldorf v. 11. 7. 1973 – 11 a S 28/73, NJW 1973, 1931.
[57] *Geppert* DAR 1980, 318; *Eisenberg* Beweisrecht Rn. 1627; *Meyer-Goßner* Rn. 11.
[58] Löwe/Rosenberg/*Krause* Rn. 22.
[59] BGH v. 9. 4. 1986 – 3 StR 551/85, BGHSt 8, 39 = NJW 1986, 2261; Löwe/Rosenberg/*Krause* Rn. 22; *Meyer-Goßner* Rn. 11. *Verrel*, Die Selbstbelastungsfreiheit im Strafverfahren, 2001, S. 235 ff., 253 ff. und KMR-StPO/*Bosch* Rn. 6 leiten die Mitwirkungsfreiheit dagegen aus dem Verhältnismäßigkeitsgrundsatz her.
[60] *Eb. Schmidt* NJW 1962, 664; KK-StPO/*Senge* Rn. 4; *Meyer-Goßner* Rn. 11.
[61] OLG Hamm v. 10. 1. 1974 – 5 Ws 1/74, NJW 1974, 713.
[62] OLG Schleswig v. 15. 9. 1981 – 1 Ws 344/81, NJW 1982, 81.
[63] *Eisenberg* Beweisrecht Rn. 1627; *Meyer-Goßner* Rn. 11.
[64] BGH v. 2. 7. 1965 – 4 StR 284/65, VRS 29, 203; OLG Hamm VRS 34, 287 (289).
[65] OLG Hamm v. 9. 2. 1967 – 2 Ss 1562/66, NJW 1967, 1524.
[66] *Klinkhammer/Stürmann* DAR 1968, 44. Erlaubt hingegen ist es, den Beschuldigten auf einen Drehstuhl zu setzen und diesen herumzudrehen, KMR-StPO/*Bosch* Rn. 5.
[67] BGH v. 25. 6. 1970 – 4 StR 109/70, VRS 39, 184 (185); OLG Schleswig VRS 30, 344 (345 f.).
[68] Löwe/Rosenberg/*Krause* Rn. 26; *Meyer-Goßner* Rn. 11.
[69] OLG Hamm v. 9. 2. 1967 – 2 Ss 1562/66, NJW 1967, 1524; *Eb. Schmidt* NJW 1962, 664; KK-StPO/*Senge* Rn. 4; Löwe/Rosenberg/*Krause* Rn. 26; einschränkend KMR-StPO/*Bosch* Rn. 17.
[70] KMR-StPO/*Bosch* Rn. 32; *Meyer-Goßner* Rn. 28; aA (richterlicher Vorführungsbefehl) *Eisenberg* Beweisrecht Rn. 1645; *Genzel* NJW 1969, 1562; einen förmlichen Vorführungsbefehl der Staatsanwaltschaft verlangt BayVerfGH v. 24. 10. 1968 – Vf. 78 – VI – 68, NJW 1969, 229.
[71] Löwe/Rosenberg/*Krause* Rn. 70.
[72] OLG Schleswig v. 22. 4. 1964 – 1 Ss 93/64, NJW 1964, 2215; OLG Bremen v. 12. 1. 1966 – SS 79/65, NJW 1964, 743; OLG Köln v. 17. 12. 1985 – 1 Ss 318/85, NStZ 1986, 234; aA *Geerds* GA 1965, 321; *Benfer* NJW 1980, 902.
[73] BayObLG v. 30. 10. 1963 – RReg. 1 St 451/63, NJW 1964, 459; OLG Schleswig v. 22. 4. 1964 – 1 Ss 93/64, NJW 1964, 2215; Löwe/Rosenberg/*Krause* Rn. 76; *Meyer-Goßner* Rn. 29.
[74] OLG Köln v. 14. 12. 1965 – Ss 308/65, NJW 1966, 417; KMR-StPO/*Bosch* Rn. 34; *Meyer-Goßner* Rn. 29.
[75] OLG Dresden v. 1. 8. 2001 – Ss 25/01, NJW 2001, 3643; krit. aber *Benfer* NJW 2002, 2689.
[76] OLG Koblenz v. 23. 11. 1977 – 2 Ss 574/77, VRS 54, 357; Löwe/Rosenberg/*Krause* Rn. 77.
[77] *Geppert* DAR 1980, 315; KMR-StPO/*Bosch* Rn. 35; *Meyer-Goßner* Rn. 29.
[78] BayVerfGH v. 6. 11. 1981 – Vf. 36-VI/81, NJW 1982, 1583; OLG Schleswig v. 15. 9. 1981 – 1 Ws 344/81, NStZ 1982, 81; Löwe/Rosenberg/*Krause* Rn. 34; *Meyer-Goßner* Rn. 24; aA *Krey* ZStW 101 (1989) 838 (858); *Eisenberg* Beweisrecht Rn. 1623; KMR-StPO/*Bosch* Rn. 36; SK-StPO/*Rogall* Rn. 112.

Auch zur Klärung der Verhandlungsfähigkeit ist die Unterbringung gestattet.[79] Die Dauer der Unterbringung darf aber 4–5 Tage nicht überschreiten.[80]

IV. Verwendung und Vernichtung gewonnener Daten (Abs. 3)

1. Verwendungsregelung. Das nach Abs. 1 entnommene Material (Blut, Harn, Körperzellen 21 etc.) darf nur für Zwecke des der Anordnung nach § 81a zugrunde liegenden oder eines anderen anhängigen Strafverfahrens verwendet werden. Die Verwendung darf dabei auch zugunsten oder zuungunsten anderer Tatbeteiligter erfolgen und im Hinblick auf sämtliche Taten iSv. § 264, die Verfahrensgegenstand sind.[81] Unzulässig ist die Verwendung in Zivilverfahren, zur Gefahrenabwehr oder für wissenschaftliche Forschungszwecke.[82] Für die Verwendung im Bußgeldverfahren ist § 46 Abs. 4 S. 2 OWiG zu beachten, wonach nur Ergebnisse verwendet werden können, deren Gewinnung auch im OWiG- Verfahren im Wege eines geringfügigen Eingriffs zulässig gewesen wäre.

2. Vernichtungsregelung. Das gewonnene Material ist zu vernichten, sobald es nicht mehr für 22 Zwecke des Strafverfahrens benötigt wird (Abs. 2 2. Hs.). Dies ist regelmäßig dann der Fall, wenn das Verfahren rechtskräftig abgeschlossen ist.[83] Allerdings kann eine Vernichtung bereits vor diesem Zeitpunkt geboten sein, wenn dem Material keine Beweisbedeutung mehr zukommt, weil bereits andere ausreichende Beweise vorliegen. Umgekehrt kann eine Aufbewahrung über den rechtskräftigen Abschluss des Verfahrens hinaus notwendig sein, wenn eine Wiederaufnahme des Verfahrens nicht mit überwiegender Wahrscheinlichkeit ausgeschlossen werden kann.[84]

Die Vernichtungsregelung bezieht sich auf das gesamte aufgrund der Anordnung gewonnene Material, gleichgültig ob es im Verfahren verwendet wurde oder nicht. Sie erstreckt sich nicht auf sichergestelltes, aufgefundenes oder beschlagnahmtes Spurenmaterial.[85] Wenn Spurenmaterial durch eine Maßnahme nach Abs. 1 gewonnen wurde (zB durch Scheidenabstrich erlangte Spermareste) soll die Vernichtungsregelung nicht eingreifen, da anderenfalls Beweismaterial unwiederbringlich verloren gehen könnte.[86]

Die Regelung erstreckt sich nicht auf die Ergebnisse der Untersuchung. Diese werden als Gut- 23 achten Bestandteil der Akten und können auch für die DNA-Identitätsfeststellungsdatei des BKA herangezogen werden.[87] Im Gegensatz zu § 101 Abs. 8 S. 2 sieht § 81a Abs. 3 nicht zwingend vor, die Vernichtung aktenkundig zu machen. Diese sollte aber trotzdem schriftlich festgehalten werden.[88]

V. Anordnung

1. Zuständigkeit. Die Anordnung steht grundsätzlich dem Richter zu (Abs. 2 1. Hs.).[89] Dies ist 24 im Vorverfahren der Ermittlungsrichter (§§ 162, 169). Nach Anklageerhebung ist das mit der Sache befasste Gericht zuständig, das in der Hauptverhandlung ggf. unter Mitwirkung der Schöffen zu entscheiden hat.[90] Ergeht gleichzeitig eine Anordnung nach § 81, so richtet sich die Zuständigkeit insgesamt nach § 81 Abs. 3.[91] Die vorherige Anhörung des Beschuldigten ist stets erforderlich, wenn nicht Gefahr im Verzug vorliegt (§ 33 Abs. 4 S. 1).[92]

2. Eilkompetenz der Staatsanwaltschaft und ihrer Ermittlungspersonen. Bei Gefahr im Verzug 25 kann die Anordnung auch durch die Staatsanwaltschaft und ihre Ermittlungspersonen erfolgen (Abs. 2 2. Hs.).[93] Bei Verdacht einer alkoholbedingten Intoxikation liegt die Annahme einer Gefahr

---

[79] OLG Celle v. 12. 11. 1970 – 3 Ws 434/70, NJW 1971, 256.
[80] Löwe/Rosenberg/*Krause* Rn. 34; *Meyer-Goßner* Rn. 24.
[81] *Senge* NJW 1997, 2409; Löwe/Rosenberg/*Krause* Rn. 80; SK-StPO/*Rogall* Rn. 81.
[82] KK-StPO/*Senge* Rn. 9a; KMR-StPO/*Bosch* Rn. 40; Löwe/Rosenberg/*Krause* Rn. 80.
[83] LG Berlin v. 21. 6. 2006 – 515 Qs 60/06, NJW 2006, 2713; *Meyer-Goßner* Rn. 39.
[84] BT-Drucks. 13/667; *Senge* NJW 1997, 2409; Löwe/Rosenberg/*Krause* Rn. 82; SK-StPO/*Rogall* Rn. 100.
[85] *Rath/Brinkmann* NJW 1999, 2697; KK-StPO/*Senge* Rn. 9b; KMR-StPO/*Bosch* Rn. 41.
[86] *Rath/Brinkmann* NJW 1999, 2697; KMR-StPO/*Bosch* Rn. 41; Löwe/Rosenberg/*Krause* Rn. 81.
[87] *Hilger* NStZ 1997, 371; KK-StPO/*Senge* Rn. 9b; *Meyer-Goßner* Rn. 38.
[88] *Senge* NJW 1997, 2409; *Meyer-Goßner* Rn. 37.
[89] Für eine Streichung des Richtervorbehalts *Krumm* ZRP 2009, 71.
[90] *Eisenberg* Beweisrecht Rn. 1641; KMR-StPO/*Bosch* Rn. 26.
[91] OLG Karlsruhe v. 19. 11. 1971 – 1 Ws 377/71, Justiz 1972, 18; Löwe/Rosenberg/*Krause* Rn. 65; *Meyer-Goßner* Rn. 25;
[92] *Eisenberg* Beweisrecht Rn. 1642; KMR-StPO/*Bosch* Rn. 28; SK-StPO/*Rogall* Rn. 105; nach aA müssen die Voraussetzungen des § 33 Abs. 3 vorliegen, vgl. KK-StPO/*Senge* Rn. 8; Löwe/Rosenberg/*Krause* Rn. 67; *Meyer-Goßner* Rn. 25.
[93] Instruktiv *Ebert*, ZIS 2010, 249; *Metz* NStZ-RR 2010, 232, 271; wenn der Richter eine Anordnung ablehnt, lebt die Eilkompetenz nicht auf: LG Berlin v. 30. 11. 2009 – 522a – 2/09, NStZ 2010, 415; aA BGH NStZ 2006, 114.

im Verzug wegen der sich schnell ändernden Blutalkoholkonzentration eher nahe.[94] Es muss aber immer zuvor wenigstens versucht worden sein, eine richterliche Entscheidung zu erlangen.[95] In der Praxis noch umstritten ist die Frage, inwieweit die Gerichte zur Einrichtung eines richterlichen Bereitschaftsdienstes quasi rund um die Uhr verpflichtet sind. Nach dem BVerfG ist ein nächtlicher Bereitschaftsdienst des Ermittlungsrichters von Verfassungs wegen dann gefordert, wenn hierfür ein praktischer Bedarf besteht, der über den Ausnahmefall hinausgeht.[96] Das OLG Hamm verlangt folgerichtig, dass die Justizverwaltung anhand konkreter Fallzahlen nachweist und in regelmäßigen Abständen kontrollieren muss, ob das nächtliche Aufkommen von Maßnahmen unter Richtervorbehalt noch den Ausnahmefall darstellt.[97] Die Voraussetzungen der Gefahr im Verzug müssen mit einzelfallbezogenen Tatsachen begründet werden, die in den Ermittlungsakten zu dokumentieren sind.[98] Schwerwiegende Eingriffe sind in jedem Fall durch den Richter anzuordnen.[99] Auch die Frage, ob die Ermittlungsbeamten eine gegenüber der Staatsanwaltschaft nachrangige Anordnungskompetenz innehaben,[100] ist umstritten.[101]

26   **3. Form und Inhalt der Anordnung.** Die Anordnung ergeht in Beschlussform und ist zu begründen. Bei Gefahr im Verzug genügt die mündliche Anordnung. In jedem Fall muss die Anordnung ausdrückliche erfolgen, wobei es ausnahmsweise genügen kann, dass der Beschuldigte aufgefordert wird, zur Wache mitzukommen, wenn eindeutig erkennbar ist, dass dort eine Blutprobe entnommen werden soll.[102] Die Anordnung muss den Eingriff und die durch ihn festzustellenden Tatsachen bezeichnen. Bei schweren Eingriffen ist deren Notwendigkeit darzulegen.[103] Die Art des Eingriffs darf nicht dem Arzt überlassen werden, da die gebotene Verhältnismäßigkeitsabwägung stets vom Anordnenden vorgenommen werden muss.[104] Muss der Eingriff wiederholt werden, so bedarf es grundsätzlich einer neuerlichen Anordnung, allerdings soll der Arzt eine zweite Blutprobe auch ohne erneute Anordnung vornehmen können.[105] Die Anordnung kann auch unter dem Vorbehalt einer Einwilligung des Beschuldigten ergehen, wenn diese für den Eingriff erforderlich ist.[106]

VI. Rechtsbehelfe

27   **1. Gegen richterliche Anordnungen.** Gegen richterliche Anordnungen ist die Beschwerde nach § 304 Abs. 1 zulässig. Dies gilt auch dann, wenn die Maßnahme bereits erledigt ist.[107] Gegen Anordnungen des erkennenden Gerichts ist die Beschwerde aber wegen § 305 S. 2 nur statthaft, wenn die Intensität der Maßnahme nach § 81a mit derjenigen der dort genannten Maßnahmen vergleichbar ist,[108] was wegen Art. 2 Abs. 2 GG bei jedem körperlichen Eingriff gleich welcher Intensität und daher auch für eine Blutentnahme zu bejahen ist,[109] nicht jedoch für eine nerven-

---

[94] KMR-StPO/*Bosch* Rn. 27; SK-StPO/*Rogall* Rn. 106; aA *Fickenscher/Dingelstadt* NStZ 2009, 124 mit Erwiderung *Brocke/Herb* NStZ 2009, 671.
[95] BVerfG v. 12. 2. 2007 – 2 BvR 273/06, NJW 2007, 1345 mAnm *Rabe von Kühlwein* JR 2007, 517; KG v. 29. 12. 2008 – Ss 300/08 – 3 Ws (B) 467/08, NStZ-RR 2009, 243; *Meyer-Goßner* Rn. 25.
[96] BVerfG v. 10. 12. 2003 – 2 BvR 1481/02, NJW 2004, 1442. Zu kurz gegriffen daher die Entscheidung des OLG Bamberg v. 20. 11. 2009 – 2 Ss OWi 1283/09, BeckRS 2010, 03699; OLG Bamberg v. 18. 12. 2009 – 2 Ss OWi 1423/09, BeckRS 2010, 14357; SaarlVerfGH v. 15. 4. 2010 – Lv 5/09, NJW 2010, 2037.
[97] OLG Hamm v. 18. 8. 2009 – 3 Ss 293/08, NJW 2009, 3109, 3112; ebenso *Fickenscher/Dingelstadt*, NJW 2009, 3473; aA OLG Hamm v. 10. 9. 2009 – 4 Ss 316/09, BeckRS 2009, 26392.
[98] *Heinrich* NZV 2010, 278; BVerfG v. 12. 2. 2007 – 2 BvR 273/06, NJW 2007, 1345; OLG Hamm v. 25. 8. 2008 – 3 Ss 318/08, NJW 2009, 242; OLG Karlsruhe v. 7. 5. 2004 – 2 Ws 77/04, StV 2005, 376.
[99] BVerfG v. 10. 6. 1963 – 1 BvR 790/58, BVerfGE 16, 194 = NJW 1963, 1597.
[100] So die Formulierung bei BVerfG v. 11. 6. 2010 – 2 BvR 1046/08; BVerfG v. 12. 2. 2007 – 2 BvR 273/06, NJW 2007, 1345; *Meyer-Goßner* Rn. 25 a; KK-StPO/*Senge* Rn. 8; Löwe/Rosenberg/*Krause* Rn. 66; OLG Jena v. 25. 11. 2008 – 1 SS 230/08, DAR 2009, 283; OLG Frankfurt a. M. v. 14. 10. 2009 – 2 Ss 310/09; OLG Celle v. 6. 8. 2009 – 32 Ss 94/09, NJW 2009, 3524; OLG Dresden v. 11. 5. 2009 – 1 Ss 90/09, NJW 2009, 2149; OLG Köln v. 26. 9. 2008 – 83 Ss 69/08, NStZ 2009, 406; OLG Hamburg v. 4. 2. 2008 – 1 SS 226/07, StV 2008, 454.
[101] Gegen ein solches Rangverhältnis OLG Brandenburg v. 16. 12. 2008 – 2 Ss 69/08, VRR 2009, 151; *Ebert*, ZIS 2010, 249, 255.
[102] OLG Neustadt v. 17. 1. 1962 – Ss 172/61, MDR 1962, 593; Löwe/Rosenberg/*Krause* Rn. 68; *Meyer-Goßner* Rn. 26.
[103] KMR-StPO/*Bosch* Rn. 30; Löwe/Rosenberg/*Krause* Rn. 69.
[104] OLG Düsseldorf v. 3. 3. 2005 – III – 3 Ws 76 – 78/05, StV 2005, 490; OLG Jena v. 13. 7. 2006 – 1 Ws 235/06, StV 2007, 24.
[105] *Eisenberg* Beweisrecht Rn. 1643; KMR-StPO/*Bosch* Rn. 30; *Meyer-Goßner* Rn. 27; aA SK-StPO/*Rogall* Rn. 104.
[106] OLG Hamm v. 10. 1. 1974 – 5 Ws 1/74, NJW 1974, 713; Löwe/Rosenberg/*Krause* Rn. 69; *Meyer-Goßner* Rn. 27.
[107] Löwe/Rosenberg/*Krause* Rn. 85 f.; KK-StPO/*Senge* Rn. 13.
[108] OLG Koblenz v. 26. 11. 1993 – 1 Ws 672/3, NStZ 1994, 355; OLG Jena v. 13. 7. 2006 – 1 Ws 235/06, StV 2007, 24.
[109] OLG Hamburg v. 12. 8. 1998 – 1 Ws 157/98, StV 1998, 639; KMR-StPO/*Bosch* Rn. 45; KK-StPO/*Senge* Rn. 13; aA OLG Hamm v. 17. 4. 1975 – 4 Ws 61/75, MDR 1975, 1040; SK-StPO/*Rogall* Rn. 115.

ärztliche Untersuchung.[110] Das Beschwerdegericht prüft die Maßnahme sowohl im Hinblick auf die Rechtmäßigkeit wie auch auf die Zweckmäßigkeit.[111]

2. Gegen Anordnungen der StA und ihrer Ermittlungspersonen. Die aufgrund ihrer Eilkompetenz erteilten Anordnungen der StA und ihrer Ermittlungspersonen sind sofort vollziehbar und unterliegen einer Überprüfung nach § 97 Abs. 2 S. 2 analog.[112] Wenn – was regelmäßig der Fall sein wird – die Maßnahme bereits erledigt ist, steht dies einer gerichtlichen Überprüfung nicht entgegen, wenn wegen der erheblichen Folgen des Eingriffs oder Wiederholungsgefahr ein Rechtsschutzinteresse beim Betroffenen zu bejahen ist.[113] Gegen den Vorführungsbefehl der StA bei Vollzug einer richterlichen Anordnung ist ein Antrag nach § 23 EGGVG statthaft.[114]

VII. Revision

Die Revision kann nur darauf gestützt werden, dass im Urteil ein Untersuchungsergebnis berücksichtigt wurde, obwohl es unverwertbar war.[115] Ein Verstoß gegen § 81a führt dabei nach wohl noch hM in der Regel nicht zu einem Verwertungsverbot.[116] Dies gilt insbesondere bei Eingriffsvornahme durch einen Nichtarzt,[117] bei Nichtbelehrung über die Freiwilligkeit einer notwendigen Mitwirkung[118] und nach hM auch bei Nichtbeachtung des Verhältnismäßigkeitsgrundsatzes.[119] Eine fehlende Anordnungszuständigkeit infolge fehlerhafter Bejahung von Gefahr im Verzug führt regelmäßig nicht zur Unverwertbarkeit,[120] wohl aber die wissentliche, willkürliche Missachtung des Richtervorbehalts.[121] Letzteres ist insbesondere dann anzunehmen, wenn überhaupt nicht versucht wurde, eine richterliche Anordnung zu erhalten,[122] nicht jedoch bereits dann, wenn gegen die Dokumentationspflicht verstoßen wurde.[123] Ein Verwertungsverbot ist auch dann anzunehmen, wenn die Maßnahme ohne Anordnung vorgenommen wurde.[124] Gleiches gilt, wenn Zwangsbefugnisse missbraucht werden, etwa wenn ein Polizeibeamter dem Beschuldigten gezielt vortäuscht, die Blutentnahme werde von einem Arzt durchgeführt[125] oder er die Blutentnahme durch einen Nichtarzt zwangsweise durchsetzt.[126]

Zum Teil wird angenommen, ein Verwertungsverbot greife nur dann ein, wenn der Verwertung bis zu dem in § 257 genannten Zeitpunkt substantiiert[127] widersprochen wurde.[128] Dies ist aber

---

[110] OLG Düsseldorf v. 11. 9. 1964 – 1 Ws 471/64, NJW 1964, 2217; OLG Nürnberg v. 16. 6. 1997 – Ws 612/97, NStZ-RR 1998, 242.
[111] OLG Hamm v. 6. 1. 2004 – 4 Ws 724/03, StraFo 2004, 93; KMR-StPO/*Bosch* Rn. 47.
[112] Löwe/Rosenberg/*Krause* Rn. 91; Meyer-Goßner Rn. 27.
[113] BVerfG v. 12. 2. 2007 – 2 BvR 273/06, NJW 2007, 1345 mAnm *Rabe von Kühlwein* JR 2007, 517; KMR-StPO/*Bosch* Rn. 44; Meyer-Goßner Rn. 31.
[114] BGH v. 21. 11. 1978 – 1 BJs 93/77, StB 210/78, BGHSt 28, 206 = NJW 1979, 882; Löwe/Rosenberg/*Krause* Rn. 91.
[115] Zum nötigen Revisionsvorbringen vgl. *Gralmann-Scheerer*, FS Rieß, 2002, S. 161.
[116] BGH v. 17. 3. 1971 – 3 StR 189/70, BGHSt 24, 125 = NJW 1971, 1097; OLG Oldenburg v. 15. 4. 2010 – 2 Ss Bs 59/10; OLG Köln v. 15. 1. 2010 – 83 Ss 100/09, BeckRS 2010, 03706; KK-StPO/*Senge* Rn. 14; Löwe/Rosenberg/*Krause* Rn. 93; *Mosbacher* JuS 2009, 124; selbst bei Annahme eines strafprozessualen Verwertungsverbots darf in einem Fahrerlaubnisentziehungsverfahren die Blutprobe berücksichtigt werden (VGH Mannheim v. 21. 6. 2010 – 10 S 4/10, BeckRS 2010, 50783).
[117] BGH v. 17. 3. 1971 – 3 StR 189/70, BGHSt 24, 125 = NJW 1971, 1097; *Müssig* GA 1999, 132; SK-StPO/*Rogall* Rn. 89 f.; aA *Schellhammer* NJW 1972, 319.
[118] OLG Hamm vom 9. 2. 1967 – 2 Ss 1562/66, NJW 1967, 1524; KK-StPO/*Senge* Rn. 14; Meyer-Goßner Rn. 32; aA *Eisenberg* Beweisrecht Rn. 1656; KMR-StPO/*Bosch* Rn. 53.
[119] *Kleinknecht* NJW 1964, 2181; Löwe/Rosenberg/*Krause* Rn. 94; Meyer-Goßner Rn. 32; aA KMR-StPO/*Bosch* Rn. 52
[120] OLG Hamburg v. 4. 2. 2008 – 1 Ss 226/07, StV 2008, 454; OLG Celle v. 15. 9. 2009 – 322 SsBs 197/09, BeckRS 2009, 27705; OLG Karlsruhe v. 2. 6. 2009 – 1 Ss 183/08, StraFo 2009, 461; *Grünwald* JZ 1966, 489; KK-StPO/*Senge* Rn. 14; Meyer-Goßner Rn. 32. AA OLG Brandenburg vom 25. 3. 2009 – 1 Ss 15/09, BeckRS 2009, 10346.
[121] OLG Oldenburg v. 12. 10. 2009 – 2 SsBs 149/09, NJW 2009, 3591; OLG Oldenburg v. 3. 11. 2009 – 1 Ss 183/09, StV 2010, 14 L; OLG Brandenburg vom 25. 3. 2009 – 1 Ss 15/09, BeckRS 2009, 10346; OLG Celle v. 6. 8. 2009 – 32 Ss 94/09, NJW 2009, 3524; OLG Celle v. 16. 6. 2009 – 311 SsBs 49/09, NZV 2009, 463; KG v. 1. 7. 2009 – (3) 1 Ss 204 – 09 (71/09), BeckRS 2009, 25370; OLG Bamberg v. 19. 3. 2009 – 2 Ss 15/09, NJW 2009, 2146; OLG Dresden v. 11. 5. 2009 – 1 Ss 90/09, NJW 2009, 2149; OLG Schleswig v. 26. 10. 2009 – 1 Ss OWi 91/09, NStZ-RR 2010, 82; LG Itzehoe v. 3. 4. 2008 – 2 Qs 60/08, StV 2008, 457; AG Freiburg v. 23. 10. 2009 – 27 Cs 540 Js 18 733/09, BeckRS 2009, 86594; *Hüls* ZIS 2009, 160; Löwe/Rosenberg/*Krause* Rn. 94; dazu auch *Prittwitz* StV 2008, 486; *Dencker* DAR 2009, 257.
[122] OLG Hamm v. 12. 3. 2009 – 3 Ss 31/09; OLG Dresden v. 11. 5. 2009 – 1 Ss 90/09; LG Schwerin v. 9. 2. 2009 – 33 Qs 9/09; LG Potsdam v. 3. 3. 2009 – 24 Qs 22/09; LG Flensburg v. 12. 3. 2008 – 1 Qs 15/08, StV 2008, 459.
[123] LG Berlin v. 24. 10. 2008 – 501 Qs 166/08, NZV 2009, 203.
[124] BayObLG bei *Rüth*, DAR 1966, 261; KMR-StPO/*Bosch* Rn. 50.
[125] OLG Hamm v. 21. 8. 1969 – 2 Ss 656/69, NJW 1970, 528; KMR-StPO/*Bosch* Rn. 54; Meyer-Goßner Rn. 33.
[126] BGH v. 17. 3. 1971 – 3 StR 189/70, BGHSt 24, 125 (131) = NJW 1971, 1097.
[127] OLG Hamm v. 24. 3. 2009 – 3 Ss 53/09.
[128] OLG Hamburg v. 4. 2. 2008 – 1 Ss 226/07, StV 2008, 454; OLG Hamm v. 25. 8. 2008 – 3 Ss 318/08, NJW 2009, 242; OLG Hamm v. 13. 10. 2009 – 3 Ss 359/09, BeckRS 2009, 89038.

schon aufgrund der auch allgemein gegen eine derartige Widerspruchslösung bestehenden Bedenken abzulehnen.[129]

31   Verwertbar ist auch das Untersuchungsergebnis einer zu anderen Zwecken entnommenen und dann sichergestellten Blutprobe, wenn sie hypothetisch auch aufgrund einer Anordnung nach § 81a hätte erlangt werden können.[130]

32   Das LG Freiburg sieht in der Frage eines möglichen Verstoßes gegen den Richtervorbehalt einen Fall der notwendigen Verteidigung.[131]

§ 81b [Lichtbilder und Fingerabdrücke]

Soweit es für die Zwecke der Durchführung des Strafverfahrens oder für die Zwecke des Erkennungsdienstes notwendig ist, dürfen Lichtbilder und Fingerabdrücke des Beschuldigten auch gegen seinen Willen aufgenommen und Messungen und ähnliche Maßnahmen an ihm vorgenommen werden.

I. Allgemeines

1   **1. Rechtsnatur der Maßnahmen.** Die 1. Alt. erlaubt die zwangsweise Durchführung erkennungsdienstlicher Maßnahmen für die Zwecke eines bereits eingeleiteten Straf- oder Bußgeldverfahrens zum Beweis von Schuld oder Unschuld des Beschuldigten oder zur Feststellung seiner Identität. Nach der 2. Alt. sind erkennungsdienstliche Maßnahmen auch zur erleichterten Identifizierung und Ermittlung unbekannter Straftäter in anderen Straftaten gestattet. Während die Alt. 1 unstreitig dem Strafverfahrensrecht zuzuordnen sind, soll es sich bei Alt. 2 nach hM um eine Norm des materiellen Polizeirechts handeln, weil diese Maßnahmen präventivpolizeilichen Zwecken dienen.[1] Nach zutreffender neuerer Ansicht handelt es dabei aber um vorbereitende Maßnahmen auf dem Gebiet des Strafrechts, die als „Strafverfolgungsvorsorge" dem Strafprozessrecht zuzurechnen sind.[2] Dafür spricht v.a. der Vergleich mit der ähnlich gelagerten Vorschrift des § 81g, die von BVerfG und BGH zutreffend dem Strafverfahrensrecht zugeordnet wird.[3] Der Streit wird insbesondere bei der Frage der Statthaftigkeit möglicher Rechtsbehelfe bedeutsam (vgl. unten Rn. 15 f.).

2   **2. Verhältnis zu anderen Vorschriften.** Ermächtigungsgrundlagen betreffend erkennungsdienstliche Maßnahmen enthalten auf bundesrechtlicher Ebene auch § 15 Abs. 2 Nr. 7 AsylVfG, § 49 AufenthG, § 24 BGSG; § 6 Abs. 3 S. 2 PassG und § 86 StVollzG. Auch die Polizeigesetze der Länder enthalten Vorschriften zur erkennungsdienstlichen Behandlung. Soweit diese aber über § 81b hinausgehende Maßnahmen gestatten, finden sie wegen der Kompetenzregelung in Art. 72 Abs. 1 GG nur Anwendung, wenn sie sich nicht gegen den Beschuldigten richten.[4]

II. Voraussetzungen

3   **1. Gegen den Beschuldigten.** Maßnahmen nach § 81b 1. Alt. sind ohne Einwilligung gegen den Betroffenen nur zulässig, wenn dieser bereits Beschuldigter in einem Strafverfahren ist.[5] Das Fotografieren eines Demonstrationszuges, um unbekannte Täter früherer Straftaten zu entdecken, wird daher von § 81b nicht gedeckt.[6] Der zeitliche Anwendungsbereich von § 81b 1. Alt. reicht daher von der Einleitung des Ermittlungsverfahrens bis zum endgültigen Abschluss des Verfahrens durch Einstellung oder Urteil. In der Strafvollstreckung kommt als Ermächtigungsnorm nur die Sonderregelung des § 86 StVollzG in Betracht.[7] Wenn der Betroffene noch nicht Beschuldigter ist kommen nur Maßnahmen zur Identitätsfeststellung nach § 163b Abs. 1 S. 2 und 3 in Be-

---

[129] Vgl. § 136 Rn. 30; *Prittwitz* StV 2008, 486.
[130] OLG Celle v. 14. 3. 1989 – 1 Ss 41/89, NStZ 1989, 385 m. abl. Anm. *Wohlers* NStZ 1990, 245; OLG Zweibrücken v. 14. 5. 1993 – 1 Ss 58/93, NJW 1994, 810 m. abl. Anm. *Weiler* NStZ 1995, 98; Löwe/Rosenberg/*Krause* Rn. 97; aA *Hauf* NStZ 1993, 457; HK-GS/*Neuhaus* Rn. 23.
[131] LG Freiburg v. 22. 9. 2009 – 2 Qs 121/09, StraFo 2009, 516.
[1] BVerwG v. 25. 10. 1960 – I C 63.59, BVerwGE 11, 181 = NJW 1961, 571; BVerwG v. 23. 11. 2005 – 6 C 2.05, NJW 2006, 1225 m. abl. Anm. *Eisenberg/Puschke* JZ 2006, 729; OLG Naumburg v. 6. 12. 2005 – 10 Wx 14/05, NStZ-RR 2006, 179; Löwe/Rosenberg/*Krause* Rn. 3; *Meyer-Goßner* Rn. 3.
[2] *Eisenberg/Singelnstein* GA 2006, 168; *Schenke* JZ 2006, 707; HK-GS/*Neuhaus* Rn. 1.
[3] BVerfG v. 14. 12. 2000 – 2 BvR 1741/99, 2 BvR 276/00, 2 BvR 2061/00, NJW 2001, 879; BGH v. 31. 3. 1999 – 2 ARs 153/99, 2 AR 48/99, StV 1999, 302; *Eisenberg/Puschke* JZ 2006, 729; *Bock* ZIS 2007, 129; SK-StPO/*Rogall* Rn. 10; kritisch aber KMR-StPO/*Bosch* Rn. 3.
[4] OVG Lüneburg v. 26. 2. 2009 – 11 LB 431/08, DÖV 2009, 504; OVG Münster v. 14. 7. 1982 – 4 A 2493/81, DÖV 1983, 603; *Fugmann* NJW 1981, 2227; Löwe/Rosenberg/*Krause* Rn. 5; *Meyer-Goßner* Rn. 4.
[5] OLG Köln v. 26. 8. 1975 – Ss 149/75, MDR 1976, 67.
[6] BGH v. 23. 8. 1977 – 1 StR 159/77, JZ 1978, 762; *Meyer-Goßner* Rn. 9; SK-StPO/*Rogall* Rn. 46.
[7] *Fuß*, FS Wacke, 1972, S. 307; KMR-StPO/*Bosch* Rn. 7; SK-StPO/*Rogall* Rn. 27; aA *Meyer-Goßner* Rn. 6.

tracht. Maßnahmen gegen Kinder sind nur nach § 163 b Abs. 2 zulässig, da sie keine Beschuldigte in einem Strafverfahren sein können.[8]

Für Maßnahmen nach Alt. 2 soll nach hM ein **abweichender Beschuldigtenbegriff** gelten, wonach es lediglich erforderlich ist, dass die Maßnahme durch ein gegen den Beschuldigten geführtes Strafverfahren veranlasst wurde und dass das Ergebnis dieses Verfahrens die Notwendigkeit einer erkennungsdienstlichen Behandlung begründet.[9] Diese Ansicht ist abzulehnen. Der Beschuldigtenbegriff in § 81 b ist einheitlich auszulegen, da die Norm nur hinsichtlich der Zwecke, nicht jedoch im Hinblick auf die Voraussetzungen der Anordnung differenziert.[10] Aus diesem Grund sind Maßnahmen nach Alt. 2 weder gegen Schuldunfähige[11] noch Kinder[12] zulässig. Sie sind auch nicht statthaft, wenn das Verfahren eingestellt wurde oder der Beschuldigte rechtskräftig verurteilt oder freigesprochen wurde.[13] Maßgeblich ist allerdings der Zeitpunkt der Anordnung, so dass ein späterer Wegfall der Beschuldigteneigenschaft die Rechtmäßigkeit der Anordnung unberührt lässt.[14] 4

2. Notwendigkeit. Wegen des Verhältnismäßigkeitsgrundsatzes dürfen Maßnahmen nach § 81 b nur angeordnet werden wenn dies für Zwecke des Strafverfahrens oder des Erkennungsdienstes notwendig ist. Bei Maßnahmen nach Alt. 1 bestimmt sich die Notwendigkeit dabei aus der Pflicht zur Sachaufklärung des Gerichts. Sie ist daher zu verneinen, wenn die Identität des Beschuldigten bereits zweifelsfrei feststeht.[15] Maßnahmen nach Alt. 2 kommen nur bei Wiederholungsgefahr, insbesondere bei gewerbs- und gewohnheitsmäßigen Tätern in Betracht oder wenn sonst eine hohe Rückfallgefahr zu befürchten ist.[16] Gegen andere Beschuldigte ist die Anordnung möglich, wenn nach Art und Schwere der begangenen Straftat ein besonderes kriminalpolizeiliches Interesse besteht. Dies wird im Bußgeldverfahren nur in seltenen Ausnahmefällen zu bejahen sein.[17] In Betracht kommen erkennungsdienstliche Maßnahmen insbesondere dann, wenn konkrete Anhaltspunkte dafür bestehen, dass der Beschuldigte in ähnlicher oder anderer Weise erneut straffällig werden könnte und die erkennungsdienstlichen Maßnahmen zur Förderung künftiger Ermittlungen gegen ihn geeignet erscheinen.[18] Dem stehen weder eine Strafaussetzung zur Bewährung entgegen,[19] noch dass der Beschuldigte zum ersten Mal strafrechtlich in Erscheinung getreten ist.[20] Bei Bagatellstrafsachen ist die Notwendigkeit regelmäßig zu verneinen.[21] 5

III. Anordnung und Durchführung der Maßnahmen

1. Zuständigkeit. Die Zuständigkeit für die Anordnung liegt im Ermittlungsverfahren bei der Staatsanwaltschaft und der Polizei, nach Anklageerhebung bei dem mit der Sache befassten Gericht. Für Maßnahmen nach Alt. 2 ist nach hM ausschließlich die Kriminalpolizei zuständig, die insoweit nicht als Ermittlungshelfer der Staatsanwaltschaft tätig sein und daher nicht deren Weisungen unterliegen soll.[22] Ordnet man aber Maßnahmen nach § 81 b 2. Alt. zutreffend dem Strafverfahrensrecht zu, so wird man auch diesbzgl. von einer Anordnungskompetenz der Staatsanwaltschaft ausgehen müssen.[23] 6

---

[8] *Apel/Eisenhardt* StV 2006, 490; *Meyer-Goßner* Rn. 6.
[9] BVerwG v. 19. 10. 1982 – 1 C 29/79, BVerwGE 66, 192 = NJW 1983, 772; KK-StPO/*Senge* Rn. 2; *Meyer-Goßner* Rn. 7.
[10] KMR-StPO/*Bosch* Rn. 10; Löwe/Rosenberg/*Krause* Rn. 9; SK-StPO/*Rogall* Rn. 28.
[11] Löwe/Rosenberg/*Krause* Rn. 9; aA *Greiner* Kriminalistik 1972, 92; *Meyer-Goßner* Rn. 7; KK-StPO/*Senge* Rn. 2.
[12] *Eisenberg* StV 1989, 554; Löwe/Rosenberg/*Krause* Rn. 9; *Meyer-Goßner* Rn. 7; aA VG Freiburg v. 3. 4. 1979 – VS VI 1054/78, NJW 1980, 901 m. abl. Anm. *Benfer*; *Verrel* NStZ 2001, 284.
[13] HK-GS/*Neuhaus* Rn. 4; *Meyer-Goßner* Rn. 7; SK-StPO/*Rogall* Rn. 29; aA *Fugmann* NJW 1981, 2227; KK-StPO/*Senge* Rn. 2.
[14] BVerwG v. 19. 10. 1982 – 1 C 29/79, BVerwGE 66, 192 = NJW 1983, 772; BVerwG v. 23. 11. 2005 – 6 C 2/05, NJW 2006, 1225; Löwe/Rosenberg/*Krause* Rn. 9.
[15] AG Hamburg v. 22. 5. 2006 – 626 Qs 31/06, StraFo 2006, 323; Löwe/Rosenberg/*Krause* Rn. 10.
[16] Löwe/Rosenberg/*Krause* Rn. 10 f.; *Meyer-Goßner* Rn. 12; OVG Lüneburg v. 13. 11. 2009 – 11 ME 440/09, BeckRS 2009, 41613.
[17] Löwe/Rosenberg/*Krause* Rn. 10.
[18] BVerwG v. 19. 10. 1982 – 1 C 29/79, BVerwGE 66, 192 = NJW 1983, 772; *Meyer-Goßner* Rn. 12; kritisch KMR-StPO/*Bosch* Rn. 16.
[19] BVerwG v. 19. 10. 1982 – 1 C 29/79, BVerwGE 66, 192 = NJW 1983, 772; insb. im Hinblick auf Sexualdelikte VGH Mannheim v. 29. 5. 2008 – 1 S 1503/07, NJW 2008, 3082.
[20] *Riegel* DöV 1978, 17.
[21] AG Kiel v. 15. 11. 2005 – 43 Gs 2775/05, StraFo 2006, 70; KMR-StPO/*Bosch* Rn. 17; Löwe/Rosenberg/*Krause* Rn. 10; *Meyer-Goßner* Rn. 12; zur Notwendigkeit bei § 153 StPO vgl. OVG Greifswald v. 15. 10. 2008 – 3 L 491/04, BeckRS 2009, 35201.
[22] OLG Düsseldorf v. 8. 7. 1959 – 2 Ws 88/59, NJW 1959, 1790; KMR-StPO/*Bosch* Rn. 18; KK-StPO/*Senge* Rn. 5; *Meyer-Goßner* Rn. 13.
[23] *Eisenberg/Puschke* JZ 2006, 729; SK-StPO/*Rogall* Rn. 65.

7   2. **Zulässige Maßnahmen.** § 81 b lässt neben darin ausdrückliche genannten auch weitere „ähnliche Maßnahmen" zu, um die Norm so für Weiterentwicklungen der Kriminaltechnik offen zu halten. Derartige Maßnahmen können aber nur solche sein, die der Feststellung der körperlichen Beschaffenheit dienen.[24] Sie müssen ihrer Art und Intensität nach den in § 81 b ausdrücklich genannten Maßnahmen entsprechen. Sie können den ganzen Körper oder nur einzelne Körperteile betreffen.

8   Der Beschuldigte muss die Maßnahmen lediglich dulden, zur aktiven Mitwirkung ist er nicht verpflichtet.[25]

9   Zulässige Maßnahmen sind danach **Abdrücke** bzw. **Aufnahmen** von einzelnen Körperteilen oder Tätowierungen, ebenso **Stimm-, Sprech- und Schriftproben**, wenn der Beschuldigte die Probe freiwillig abgibt.[26] Auch **Videoaufzeichnungen** des Beschuldigten, etwa für eine Gegenüberstellung, sind durch § 81 b gedeckt.[27]

10   Nicht zulässig ist die Entnahme einer **Speichelprobe**.[28] Gleiches gilt für **Messungen von Atem- und Pulsbewegungen**, um die innere Erregung zu ermitteln sowie **heimliche Bild- oder Tonbandaufnahmen**, die nur unter den Voraussetzungen von § 100 f gestattet sind.[29]

11   § 81 b erlaubt auch vorbereitende Maßnahmen, die für die Durchführung der eigentlichen Identifizierungsmaßnahmen erforderlich sind. Insbesondere kann das äußere Erscheinungsbild des Beschuldigten zwangsweise verändert werden,[30] etwa durch Aufsetzen einer Perücke oder Änderung der Haar- und Barttracht.[31]

12   3. **Unmittelbarer Zwang.** Bei Durchführung der Maßnahmen ist auch die Anwendung unmittelbaren Zwangs ohne vorherige Androhung zulässig.[32] So darf der Beschuldigte notfalls zwangsweise zur Polizeibehörde gebracht und dort bis zum Abschluss der Maßnahmen festgehalten werden.[33] Dies stellt keine Freiheitsentziehung dar, die dem grundgesetzlichen Richtervorbehalt unterliegen würde.[34] Zur Abnahme von Fingerabdrücken ist es zulässig, den Beschuldigten festzuhalten und Arme und Finger mit Gewalt zu strecken.[35]

IV. Aufbewahrung von Unterlagen und Daten

13   Soweit Unterlagen über Maßnahmen nach § 81 b im Zusammenhang mit der Durchführung eines Strafverfahrens angefertigt wurden, werden sie Bestandteil der Strafakten und so lange wie diese aufbewahrt. Ein Anspruch auf Vernichtung besteht vor Ablauf der Aufbewahrungspflicht nach hM nicht.[36] Die Aufbewahrung der aufgrund Maßnahmen nach Alt. 2 angefertigten erkennungsdienstlichen Unterlagen richtet sich nach § 481 Abs. 1 S. 1. Soweit elektronische Daten angefallen sind, bestimmt sich ihre Speicherung und Löschung nach § 484 Abs. 4. Die Datenerhebung, -verarbeitung und -verwendung durch das Bundeskriminalamt regeln §§ 7 ff. BKAG.[37]

V. Rechtsbehelfe

14   1. **Gegen Maßnahmen nach Alt. 1.** Soweit es sich um Strafverfolgungsmaßnahmen nach Alt. 1 handelt, können Anordnungen des Gerichts mit der Beschwerde nach § 304 Abs. 1 angefochten werden. Gegen Anordnungen der Staatsanwaltschaft oder der Polizei kann nach hM entsprechend § 98 Abs. 2 S. 2 das Gericht angerufen werden,[38] bei Bestehen eines Rechtsschutzinteresses auch dann, wenn die Maßnahmen bereits vollzogen worden sind.[39] Solange die bei der erken-

---

[24] BGH v. 9. 4. 1986 – 3 StR 551/85, BGHSt 34, 39 = NJW 1986, 2261; *Kramer* JR 1994, 224; Löwe/Rosenberg/*Krause* Rn. 15.
[25] KMR-StPO/*Bosch* Rn. 12; Löwe/Rosenberg/*Krause* Rn. 10.
[26] Löwe/Rosenberg/*Krause* Rn. 18; *Meyer-Goßner* Rn. 8.
[27] BVerfG v. 27. 9. 1982 – 2 BvR 1199/82, NStZ 1983, 84; *Odenthal* NStZ 2001, 580.
[28] Löwe/Rosenberg/*Krause* Rn. 15.
[29] BGH v. 9. 4. 1986 – 3 StR 551/85, BGHSt 34, 39 = NJW 1986, 2261.
[30] BGH v. 16. 9. 1992 – 3 StR 413/92, NStZ 1993, 47; *Geerds* Jura 1986, 7.
[31] KK-StPO/*Senge* Rn. 3; *Meyer-Goßner* Rn. 10; SK-StPO/*Rogall* Rn. 33; nach BVerfG v. 14. 2. 1978 – 2 BvR 406/77, BVerfGE 47, 239 = NJW 1978, 1149 soll insoweit jedoch § 81 a StPO einschlägig sein.
[32] BGH v. 16. 9. 1992 – 3 StR 413/92, NStZ 1993, 47; OLG Naumburg v. 6. 12. 2005 – 10 Wx 14/05, NStZ-RR 2006, 179; nach KMR-StPO/*Bosch* Rn. 19 soll eine Androhung indes erforderlich sein.
[33] LG Zweibrücken v. 23. 9. 1999 – 1 Qs 126/99, NZV 2000, 100; LG Kiel v. 15. 12. 2005 – 46 Qs 84/05, StV 2006, 125; Löwe/Rosenberg/*Krause* Rn. 25; *Meyer-Goßner* Rn. 15.
[34] OLG Naumburg v. 6. 12. 2005 – 10 Wx 14/05, NStZ-RR 2006, 179; *Meyer-Goßner* Rn. 15; SK-StPO/*Rogall* Rn. 36.
[35] BGH v. 9. 4. 1986 – 3 StR 551/85, BGHSt 34, 39 = NJW 1986, 2261.
[36] KG v. 17. 2. 2009 – 1 VAs 38/08; Löwe/Rosenberg/*Krause* Rn. 26; *Meyer-Goßner* Rn. 17; aA SK-StPO/*Wolter* § 163 Rn. 32; KMR-StPO/*Bosch* Rn. 21.
[37] Dazu *Schreiber* NJW 1997, 2141.
[38] OLG Braunschweig v. 14. 5. 1991 – VAs 1/91, NStZ 1991, 551; OLG Koblenz v. 8. 11. 2001 – 2 VAs 25/01, StV 2002, 127; *Krach* JR 2003, 140; *Meyer-Goßner* Rn. 21.
[39] OLG Stuttgart v. 11. 6. 1987 – 4 VAs 24/87, StV 1988, 424.

nungsdienstlichen Behandlung erhobenen Informationen aufbewahrt bzw. gespeichert werden, ist die Maßnahme nicht als erledigt anzusehen.[40]

2. Gegen Maßnahmen nach Alt. 2. Gegen die Anordnung von Maßnahmen nach Alt. 2 ist nach der hM, die darin materielles Polizeirecht sieht (dazu oben Rn. 1), der Verwaltungsrechtsweg eröffnet.[41] Ein Widerspruch hat aufschiebende Wirkung (§ 68 VwGO), wenn nicht gemäß § 80 Abs. 2 Nr. 4 VwGO die sofortige Vollziehbarkeit angeordnet wurde. Eine Anfechtungsklage nach § 42 Abs. 1 VwGO ist bereits gegen die Aufforderung statthaft, sich zwecks erkennungsdienstlicher Behandlung bei der Polizei einzufinden.[42]   15

Ordnet man hingegen auch Maßnahmen nach Alt. 2 dem Strafverfahrensrecht zu, so ist richtigerweise auch insoweit § 98 Abs. 2 S. 2 einschlägig.[43] Nach aA soll der Rechtsweg nach § 23 EGGVG eröffnet sein.[44]   16

3. Gegen Ablehnung eines Antrags auf Vernichtung der Unterlagen. Die Vernichtung erstellter Unterlagen kann im Wege der Verpflichtungsklage nach § 42 VwGO verfolgt werden, wenn diese bei der Polizei aufbewahrt werden.[45] Maßgeblicher Zeitpunkt für die Rechtmäßigkeit der Aufbewahrung ist die Entscheidung des Verwaltungsgerichts.[46] Der Rechtsweg nach § 23 EGGVG ist jedoch dann eröffnet, wenn sich die Unterlagen noch in der Ermittlungsakte der Staatsanwaltschaft befinden oder sich die Aufbewahrung der Unterlagen gem. § 484 Abs. 4 nach Strafverfahrensrecht richtet.[47]   17

§ 81c [Untersuchung anderer Personen]

(1) Andere Personen als Beschuldigte dürfen, wenn sie als Zeugen in Betracht kommen, ohne ihre Einwilligung nur untersucht werden, soweit zur Erforschung der Wahrheit festgestellt werden muß, ob sich an ihrem Körper eine bestimmte Spur oder Folge einer Straftat befindet.

(2) ¹Bei anderen Personen als Beschuldigten sind Untersuchungen zur Feststellung der Abstammung und die Entnahme von Blutproben ohne Einwilligung des zu Untersuchenden zulässig, wenn kein Nachteil für seine Gesundheit zu befürchten und die Maßnahme zur Erforschung der Wahrheit unerläßlich ist. ²Die Untersuchungen und die Entnahme von Blutproben dürfen stets nur von einem Arzt vorgenommen werden.

(3) ¹Untersuchungen oder Entnahmen von Blutproben können aus den gleichen Gründen wie das Zeugnis verweigert werden. ²Haben Minderjährige wegen mangelnder Verstandesreife oder haben Minderjährige oder Betreute wegen einer psychischen Krankheit oder einer geistigen oder seelischen Behinderung von der Bedeutung ihres Weigerungsrechts keine genügende Vorstellung, so entscheidet der gesetzliche Vertreter; § 52 Abs. 2 Satz 2 und Abs. 3 gilt entsprechend. ³Ist der gesetzliche Vertreter von der Entscheidung ausgeschlossen (§ 52 Abs. 2 Satz 2) oder aus sonstigen Gründen an einer rechtzeitigen Entscheidung gehindert und erscheint die sofortige Untersuchung oder Entnahme von Blutproben zur Beweissicherung erforderlich, so sind diese Maßnahmen nur auf besondere Anordnung des Gerichts und, wenn dieses nicht rechtzeitig erreichbar ist, der Staatsanwaltschaft zulässig. ⁴Der die Maßnahmen anordnende Beschluß ist unanfechtbar. ⁵Die nach Satz 3 erhobenen Beweise dürfen im weiteren Verfahren nur mit Einwilligung des hierzu befugten gesetzlichen Vertreters verwertet werden.

(4) Maßnahmen nach den Absätzen 1 und 2 sind unzulässig, wenn sie dem Betroffenen bei Würdigung aller Umstände nicht zugemutet werden können.

(5) ¹Die Anordnung steht dem Gericht, bei Gefährdung des Untersuchungserfolges durch Verzögerung auch der Staatsanwaltschaft und ihren Ermittlungspersonen (§ 152 des Gerichtsverfassungsgesetzes) zu; Absatz 3 Satz 3 bleibt unberührt. ² § 81a Abs. 3 gilt entsprechend.

(6) ¹Bei Weigerung des Betroffenen gilt die Vorschrift des § 70 entsprechend. ²Unmittelbarer Zwang darf nur auf besondere Anordnung des Richters angewandt werden. ³Die Anordnung setzt voraus, daß der Betroffene trotz Festsetzung eines Ordnungsgeldes bei der Weigerung beharrt oder daß Gefahr im Verzuge ist.

---

[40] KMR-StPO/*Bosch* Rn. 25.
[41] BVerwG v. 23. 11. 2005 – 6 C 2/05, NJW 2006, 1225; BGH v. 21. 11. 1978 – 1 BJs 93/77, StB 210/78, BGHSt 28, 206 = NJW 1979, 1992; KMR-StPO/*Bosch* Rn. 26; Löwe/Rosenberg/*Krause* Rn. 35.
[42] BVerwG v. 10. 10. 1982 – 1 C 29/79, BVerwGE 66, 192 = NJW 1983, 772.
[43] *Eisenberg/Puschke* JZ 2006, 729; *Krach* Jura 2001, 737; *ders.* JR 2003, 140; HK-GS/*Neuhaus* Rn. 12.
[44] *Bock* ZIS 2007, 129; *Schenke* JZ 2006, 707; SK-StPO/*Rogall* Rn. 69.
[45] KMR-StPO/*Bosch* Rn. 26; Löwe/Rosenberg/*Krause* Rn. 36; *Meyer-Goßner* Rn. 23.
[46] VGH Mannheim v. 13. 2. 1973 – I 807/71, NJW 1973, 1663.
[47] *Meyer-Goßner* Rn. 23; SK-StPO/*Rogall* Rn. 70.

I. Allgemeines

1. Anwendungsbereich. Die Vorschrift regelt die Pflicht zur Duldung körperlicher Untersuchungen und Eingriffe für andere Personen als Beschuldigte, wenn sie als Zeugen in Betracht kommen. Sie dient dem Schutz der körperlichen Unversehrtheit des Betroffenen, indem sie Anordnung und Durchführung derartiger Maßnahmen zur Durchführung des Strafverfahrens begrenzt. Dabei ist die Blutprobenentnahme der einzige körperliche Eingriff, zu dem ein Nichtbeschuldigter gezwungen werden darf. Wie die verwandte zivilprozessuale Regelung in § 372a ZPO genügt § 81c dem Gesetzesvorbehalt des Art. 2 Abs. 2 S. 2 GG.[1] § 81c ist auch im Bußgeldverfahren anwendbar, erlangt dort in der Regel aber keine praktische Bedeutung.[2]

2. Einwilligung des Betroffenen. Die Beschränkungen des § 81c für körperliche Untersuchungen und Eingriffe gelten nicht, wenn der Betroffene seine Einwilligung erteilt hat. **Einwilligung** ist nur die freiwillige, ernstliche und in Kenntnis der Sachlage und des Weigerungsrechts ausdrücklich erteilte Zustimmung.[3] Sie muss sich ausdrücklich auf die vorzunehmende Untersuchung beziehen, ein bloßes freiwilliges Erscheinen und anschließende Hinnahme des Eingriffs genügen nicht. Der Einwilligende muss zwar nicht geschäftsfähig sein, aber über die erforderliche Verstandesreife und -kraft verfügen, um die Tragweite seiner Einwilligung überblicken zu können (vgl. auch § 81a Rn. 2).[4] Ist dies nicht der Fall, so kann die Einwilligung durch den gesetzlichen Vertreter erteilt werden.[5] Die Einwilligung ist nur wirksam, wenn der Betroffene vorher über den Umfang der Maßnahme und die Notwendigkeit seiner Einwilligung **belehrt** wurde.[6] Handelt es sich bei dem Betroffenen um einen Zeugnisverweigerungsberechtigten, so ist zusätzlich noch eine Belehrung nach Abs. 3 S. 2 2. Hs. iVm. § 52 Abs. 3 S. 1 zu erteilen.[7] Die Belehrung muss durch das Strafverfolgungsorgan erfolgen, welches die Untersuchung angeordnet hat, nicht durch den diese vornehmenden Sachverständigen.[8] Bis zum Schluss der Untersuchung kann die **Einwilligung widerrufen** werden.[9] Die bis dahin gewonnenen Erkenntnisse bleiben jedoch verwertbar.[10]

Auch wenn eine wirksame Einwilligung vorliegt, erfordert der Schutzzweck des § 81c aber jedenfalls bei schwereren Eingriffen gleichwohl immer eine Anordnung durch eine nach Abs. 5 zuständige Person und die Vornahme durch einen Arzt.[11]

II. Voraussetzungen der Untersuchung auf Spuren und Tatfolgen

1. Bei Untersuchung auf Spuren und Tatfolgen (Abs. 1). a) Duldungspflichtige Personen (Zeugengrundsatz). Maßnahmen nach § 81c dürfen nur gegen Personen angeordnet werden, die als Zeugen in Betracht kommen (Zeugengrundsatz). Davon sollen auch Personen umfasst sein, die nur bekunden können, nichts beobachtet zu haben (etwa Schlafende und Bewusstlose).[12] Überwiegend werden entgegen dem ausdrücklichen Wortlaut zudem auch Tatopfer mit in den Anwendungsbereich einbezogen, die wie Kleinkinder oder schwerst Geisteskranke bereits konstitutionell unfähig sind, überhaupt etwas auszusagen.[13] Im Ergebnis können daher als Zeuge iSv. § 81c alle Personen in Frage kommen, bei denen konkrete und individualbezogene Anhaltspunkte dafür vorliegen, dass ihre Untersuchung einen Beweiserfolg herbeiführen kann.[14] Begründet wird diese extensive Auslegung damit, dass der Gesetzgeber bei Einführung des § 81c lediglich beabsichtigt habe, Reihenuntersuchungen nach Spurenträgern auszuschließen.[15]

b) Untersuchungszweck (Spurengrundsatz). Die Maßnahmen nach § 81c dürfen nur dazu dienen, um Spuren oder Folgen der Straftat aufzufinden (Spurengrundsatz). Die Suche nach anderen

---

[1] BVerfG v. 25. 5. 1956 – 1 BvR 190/55, BVerfGE 5, 13 = NJW 1956, 986.
[2] Göhler § 46 Rn. 25.
[3] BGH v. 2. 12. 1963 – III ZR 222/62, NJW 1964, 1177; *Amelung* StV 1985, 257; KMR-StPO/*Bosch* Rn. 4; Löwe/Rosenberg/*Krause* Rn. 5; *Meyer-Goßner* Rn. 3.
[4] BGH v. 5. 12. 1958 – VI ZR 266/57, BGHZ 29, 33 = NJW 1959, 811.
[5] Löwe/Rosenberg/*Krause* Rn. 5; *Meyer-Goßner* Rn. 3.
[6] KMR-StPO/*Bosch* Rn. 5; Löwe/Rosenberg/*Krause* Rn. 5; *Meyer-Goßner* Rn. 4; aA BGH v. 14. 10. 1959 – 2 StR 249/59, BGHSt 13, 394; KK-StPO/*Senge* Rn. 11, wonach eine Belehrung nur gegenüber Zeugnisverweigerungsberechtigten erforderlich sein soll.
[7] BGH v. 14. 10. 1959 – 2 StR 249/59, BGHSt 13, 394.
[8] *Hanack* JZ 1971, 126; *Eisenberg* Beweisrecht Rn. 1659; KK-StPO/*Senge* Rn. 12; KMR-StPO/*Bosch* Rn. 5.
[9] KK-StPO/*Senge* Rn. 8; Löwe/Rosenberg/*Krause* Rn. 6; *Meyer-Goßner* Rn. 5.
[10] KK-StPO/*Senge* Rn. 8; einschränkend jedoch SK-StPO/*Rogall* Rn. 16, 63.
[11] *Eisenberg* Beweisrecht Rn. 1658; Löwe/Rosenberg/*Krause* Rn. 4; *Meyer-Goßner* Rn. 2; weitergehend KMR-StPO/*Bosch* Rn. 3, der immer eine Anordnung für erforderlich hält. Nach SK-StPO/*Rogall* Rn. 18 soll die Anordnung hingegen bei Einwilligung stets entbehrlich sein.
[12] KK-StPO/*Senge* Rn. 1; *Meyer-Goßner* Rn. 10.
[13] *Krause* JZ 1976, 124; *Eisenberg* Beweisrecht Rn. 1662; Löwe/Rosenberg/*Krause* Rn. 12; *Roxin/Schünemann* § 33 Rn. 25.
[14] KMR-StPO/*Bosch* Rn. 6; Löwe/Rosenberg/*Krause* Rn. 12; SK-StPO/*Rogall* Rn. 13.
[15] *Dünnebier* GA 1953, 65; *Krause* JZ 1976, 124; krit. Löwe/Rosenberg/*Krause* Rn. 12.

beweisrelevanten Körpermerkmalen, die nicht Folge der Straftat sind, ist unzulässig.[16] Ebenso ist es unzulässig, den Betroffenen ohne seine Einwilligung auf seinen psychischen Zustand, insbesondere seine Glaubwürdigkeit zu untersuchen.[17] Im Falle einer Glaubwürdigkeitsuntersuchung mit Einwilligung des Betroffenen sind die Belehrungspflichten nach § 81c Abs. 3 S. 2 2. Hs. iVm. § 52 Abs. 3 analog anzuwenden.[18] Wird die Einwilligung verweigert, soll es zulässig sein, dass der Zeuge bei seiner richterlichen Vernehmung durch einen Sachverständigen unmittelbar befragt wird (§ 80 Abs. 2), der anschließend ein Gutachten abgibt.[19] Es erscheint jedoch zweifelhaft, ob allein die Befragung des Zeugen in der Hauptverhandlung eine ausreichende Grundlage für ein Glaubwürdigkeitsgutachten darstellen kann.[20]

Spuren sind unmittelbar durch die Tat verursachte Veränderungen am Körper, die Rückschlüsse 6 auf Täter oder Tatausführung zulassen.[21] Dies können zB Blutspuren, Blut- oder Hautreste unter den Fingernägeln, ein Einschusskanal oder Stichwunden sein. **Tatfolgen** sind dagegen diejenigen unmittelbar oder mittelbar durch die Tat verursachten Veränderungen am Körper des Betroffenen, die keine Spurenhinweise zulassen (zB Hämatome, Hautabschürfungen oder der Krankheitszustand aufgrund der Tat).[22] Für die Zulässigkeit der Untersuchung kommt es weder darauf an, dass Spuren oder Tatfolgen dauerhaft sind, noch dass sie unmittelbar für den Nachweis des gesetzlichen Tatbestands von Bedeutung sind. Es genügt, wenn sie für die Strafzumessung relevant sind.[23]

Die Untersuchung darf nicht aufs Geratewohl erfolgen, sondern setzt voraus, dass konkrete 7 Vorstellungen oder Anhaltspunkte hinsichtlich der Spuren oder Tatfolgen bestehen, die durch die Untersuchung festgestellt werden könnten, bloße Vermutungen genügen nicht.[24]

2. Bei Blutprobenentnahme und Abstammungsuntersuchung. Anders als für Untersuchungen 8 nach Abs. 1 gilt für Blutprobenentnahmen und Abstammungsuntersuchungen nach Abs. 2 nicht der Zeugen- und Spuren-, sondern der Aufklärungsgrundsatz. Sie können daher auch gegenüber Personen angeordnet werden, die nicht als Zeugen in Betracht kommen und bei denen keine Spuren oder Tatfolgen festzustellen sind, zB gegenüber einem Säugling, wenn gegen seine Mutter wegen Falschaussage im Unterhaltsprozess ermittelt wird, oder gegen einen alkoholisierten Fußgänger, um sein Mitverschulden bei einem Verkehrsunfall zu klären.[25] Die Maßnahmen sind stets von einem Arzt vorzunehmen.

3. Verhältnismäßigkeitsgrundsatz. a) Notwendigkeit. Die Untersuchung nach Abs. 1 muss not- 9 wendig sein. Daran fehlt es, wenn es auf das Untersuchungsergebnis für das Verfahren nicht ankommt, etwa weil bereits ausreichende andere Beweismittel vorhanden sind. Maßnahmen nach § 81c sind aber nicht lediglich als ultima ratio zur Sachverhaltsaufklärung gestattet. Ihre Notwendigkeit ist vielmehr bereits dann anzunehmen, wenn die bisher bekannten Beweismittel die Aufklärung des Sachverhalts nicht mit hinreichender Sicherheit ermöglichen, zB weil die Gefahr eines Geständniswiderrufs besteht.[26]

Der Eingriff nach Abs. 2 muss zur Erforschung der Wahrheit unerlässlich sein, dh. ohne Durch- 10 führung der Maßnahme muss die Wahrheitsermittlung ausgeschlossen sein.[27] Da dies auch dann der Fall sein soll, wenn die bisher erhobenen Beweise noch Zweifel übrig lassen, sind die Voraussetzungen insoweit aber im Ergebnis kaum enger als die für Untersuchungen nach Abs. 1.[28]

b) Zumutbarkeit. Darüber hinaus muss die Untersuchung für den Betroffenen zumutbar sein 11 (Abs. 4). Dies ist anhand einer einzelfallbezogenen Abwägung des Persönlichkeitsrechts des Betroffenen gegen das Aufklärungsinteresse zu bestimmen.[29] Eingriffe nach Abs. 2 sind dabei immer dann unzumutbar, wenn die Maßnahme gesundheitliche Nachteile für den Betroffenen mit sich bringt, was aber bei einer einfachen Blutentnahme regelmäßig nicht der Fall sein wird.[30] Eine

---

[16] HK-GS/*Neuhaus* Rn. 7; Löwe/Rosenberg/*Krause* Rn. 13.
[17] BGH v. 14. 10. 1959 – 2 StR 249/59, BGHSt 13, 394; KMR-StPO/*Bosch* Rn. 12; Meyer-Goßner Rn. 7.
[18] BGH v. 29. 6. 1989 – 4 StR 201/89, BGHSt 36, 217 = NJW 1989, 2762; BGH v. 15. 11. 1994 – 1 StR 461/94, BGHSt 40, 336 = NJW 1995, 1501.
[19] BGH v. 13. 5. 1969 – 2 StR 616/68, BGHSt 23, 1 = JZ 1969, 609; *Meier* JZ 1991, 638; KK-StPO/*Senge* Rn. 9; Löwe/Rosenberg/*Krause* Rn. 9; Meyer-Goßner Rn. 8; aA *Peters* JR 1970, 69; *Eisenberg* Beweisrecht Rn. 1868.
[20] HK-GS/*Neuhaus* Rn. 5; KMR-StPO/*Bosch* Rn. 13; Löwe/Rosenberg/*Krause* Rn. 10.
[21] KMR-StPO/*Bosch* Rn. 7; Meyer-Goßner Rn. 12.
[22] KMR-StPO/*Bosch* Rn. 7; Löwe/Rosenberg/*Krause* Rn. 17; Meyer-Goßner Rn. 13.
[23] KMR-StPO/*Bosch* Rn. 7; Löwe/Rosenberg/*Krause* Rn. 15.
[24] HK-GS/*Neuhaus* Rn. 7; KMR-StPO/*Bosch* Rn. 8; Löwe/Rosenberg/*Krause* Rn. 16; Meyer-Goßner Rn. 14.
[25] *Eisenberg* Beweisrecht Rn. 1666; KK-StPO/*Senge* Rn. 5; KMR-StPO/*Bosch* Rn. 14.
[26] KMR-StPO/*Bosch* Rn. 17; Meyer-Goßner Rn. 15; SK-StPO/*Rogall* Rn. 29.
[27] Löwe/Rosenberg/*Krause* Rn. 26; SK-StPO/*Rogall* Rn. 38.
[28] KK-StPO/*Senge* Rn. 5; KMR-StPO/*Bosch* Rn. 18; Löwe/Rosenberg/*Krause* Rn. 26; SK-StPO/*Rogall* Rn. 38.
[29] LG Mannheim v. 30. 3. 2004 – 1 Qs 1/04, NStZ-RR 2004, 301; *Eisenberg* Beweisrecht Rn. 1669; Meyer-Goßner Rn. 17; SK-StPO/*Rogall* Rn.72.
[30] Löwe/Rosenberg/*Krause* Rn. 25; Meyer-Goßner Rn. 19; aA OLG Koblenz v. 19. 9. 1975 – 6 Ws 255/75, NJW 1976, 379 für „Spritzenphobie".

Blutentnahme zur Durchführung eines HIV-Tests beim Opfer kann im Einzelfall zumutbar sein, wenn die Infizierung durch die zur Last gelegte Tat verursacht wurde.[31] Wegen Verstoß gegen die Menschenwürde unzumutbar ist hingegen die Feststellung der Zeugungsfähigkeit durch Gewinnung von Ejakulat.[32] Untersuchungen dürften zumeist nur bei Vornahme durch einen Arzt zumutbar sein.[33] In Bagatellsachen werden Maßnahmen nach § 81 c regelmäßig unzumutbar sein.[34] Für Untersuchungen, die das Schamgefühl verletzen können, gilt § 81 d.

III. Untersuchungsverweigerungsrecht (Abs. 3)

12   1. **Anwendungsbereich.** Das Recht, die Untersuchung zu verweigern, knüpft an das Zeugnisverweigerungsrecht aus § 52 an: Es soll die freie Entscheidung des Angehörigen gewährleisten, ob er sich in einem Strafverfahren gegen einen Angehörigen als Beweismittel zur Verfügung stellen will.[35] Auf Zeugnisverweigerungsberechtigte nach §§ 53, 53 a, 54 findet Abs. 3 daher keine Anwendung.[36] Entgegen der hM[37] kommt ein Untersuchungsverweigerungsrecht nach Abs. 3 aber dann in Betracht, wenn dem Betroffenen ein Auskunftverweigerungsrecht nach § 55 Abs. 1 2. Alt. zusteht, weil seine Aussage möglicherweise einen Angehörigen belasten könnte, denn die Konfliktlage ist hier dieselbe wie bei § 81 Abs. 3.[38]

13   Wie bei § 52 darf die Untersuchung auch verweigert werden, wenn sich das Verfahren gegen mehrere Beschuldigte richtet und nicht zu allen ein Angehörigenverhältnis besteht. Dies gilt auch dann, wenn das Verfahren gegen den Angehörigen abgetrennt worden ist.[39] Das Untersuchungsverweigerungsrecht erlischt aber mit dem Tod des Angehörigen bzw. dessen rechtskräftiger Verurteilung.[40] Ist der Betroffene zugleich Mitbeschuldigter, so muss er zwar eine Untersuchung nach § 81 a dulden, nicht jedoch die Verwertung der so gewonnenen Beweisergebnisse gegen seine Mitbeschuldigten.[41]

14   Einer Inaugenscheinnahme des Körpers des Betroffenen durch den Richter steht das Untersuchungsverweigerungsrecht jedoch nicht entgegen, weil diese keine Untersuchung darstellt.[42]

15   2. **Belehrung.** Der Betroffene ist über sein Recht, die Untersuchung zu verweigern nach § 81 c Abs. 3 S. 2 2. Hs. iVm. § 52 Abs. 3 S. 1 zu belehren. Die Belehrungspflicht besteht auch dann, wenn eine Belehrung nach § 52 Abs. 3 bereits erfolgt ist und der Betroffene sich daraufhin zur Aussage bereit erklärt hat.[43] Auch wenn der Betroffene sich nach entsprechendem Hinweis freiwillig einer Maßnahme nach § 81 c unterziehen will, ist er über sein Untersuchungsverweigerungsrecht nach Abs. 2 gesondert zu belehren.[44] Die Belehrung muss durch denjenigen erfolgen, der die Anordnung getroffen hat, nicht durch den Sachverständigen.[45] Eine unterbliebene oder fehlerhafte Belehrung führt zur Unverwertbarkeit der Untersuchung.[46] Belehrungsmängel können dadurch geheilt werden, dass der Betroffene aufgrund einer nachträglichen Belehrung der Verwertung zustimmt.[47] Richtigerweise wird man hier aber eine „qualifizierte Belehrung" zu fordern haben, die auch den Hinweis auf die bisherige Unverwertbarkeit mit umfasst.[48]

16   3. **Widerruf.** Der Betroffene kann seine Entscheidung über die Ausübung des Untersuchungsverweigerungsrechtes jederzeit widerrufen (§ 81 c Abs. 3, § 52 Abs. 3 S. 1). Über das Widerrufs-

---

[31] Löwe/Rosenberg/*Krause* Rn. 28; *Meyer-Goßner* Rn. 17; aA *Meier* JR 1990, 358.
[32] *Sautter* AcP 161 (1962), 215; KMR-StPO/*Bosch* Rn. 20.
[33] HK-GS/*Neuhaus* Rn. 10; KK-StPO/*Senge* Rn. 7.
[34] Löwe/Rosenberg/*Krause* Rn. 21; SK-StPO/*Rogall* Rn. 73.
[35] BGH v. 14. 10. 1959 – 2 StR 249/59, BGHSt 13, 394 (399); KMR-StPO/*Bosch* Rn. 21.
[36] *Eisenberg* Beweisrecht Rn. 1670; KK-StPO/*Senge* Rn. 10; Löwe/Rosenberg/*Krause* Rn. 38; *Meyer-Goßner* Rn. 23; aA HK-GS/*Neuhaus* Rn. 12.
[37] KG v. 23. 6. 1969 – 12 U 447/67, NJW 1969, 2208; *Eisenberg* Beweisrecht Rn. 1670; KK-StPO/*Senge* Rn. 10; Löwe/Rosenberg/*Krause* Rn. 40; *Meyer-Goßner* Rn. 23.
[38] KMR-StPO/*Bosch* Rn. 24, weitergehend OLG Braunschweig v. 12. 2. 1954 – WS 183/53, NJW 1954, 1052; SK-StPO/*Rogall* Rn. 43 f., die auch bei möglicher Selbstbelastung ein Untersuchungsverweigerungsrecht annehmen.
[39] BGH v. 18. 7. 1973 – 3 StR 94/73, MDR 1973, 902 bei *Dallinger*.
[40] KK-StPO/*Senge* Rn. 10.
[41] *Meyer-Goßner* Rn. 23; einschränkend KMR-StPO/*Bosch* Rn. 22.
[42] OLG Hamm v. 25. 7. 1974 – 3 Ss OWi 586/74, MDR 1974, 1036.
[43] BGH v. 14. 10. 1959 – 2 StR 249/59, BGHSt 13, 394; *Dölling* NStZ 1997, 77; KMR-StPO/*Bosch* Rn. 25; *Meyer-Goßner* Rn. 24.
[44] BGH v. 16. 7. 1993 – 2 StR 333/92, StV 1993, 563; KMR-StPO/*Bosch* Rn. 25; Löwe/Rosenberg/*Krause* Rn. 34.
[45] BGH v. 1. 7. 1993 – 2 StR 333/92, StV 1993, 563; BGH v. 29. 6. 1989 – 4 StR 201/89, BGHSt 36, 217 = NJW 1989, 2762.
[46] BGH (GS) v. 8. 12. 1958 – GSSt 3/58, BGHSt 12, 236; BGH v. 6. 12. 1995 – 3 StR 410/95, StV 1996, 195.
[47] BGH (GS) v. 8. 12. 1958 – GSSt 3/58, BGHSt 12, 236; Löwe/Rosenberg/*Krause* Rn. 31; *Meyer-Goßner* Rn. 24.
[48] HK-GS/*Neuhaus* Rn. 13; KMR-StPO/*Bosch* Rn. 29.

recht muss der Betroffene belehrt werden.⁴⁹ Die bis zum Widerruf gewonnenen Beweisergebnisse können nach hM verwertet werden, weil § 252 nicht entsprechend anwendbar ist.⁵⁰

4. Gesetzlicher Vertreter und Beweissicherung. Fehlt bei einem Minderjährigen oder einem anderen Betroffenen die nötige Verstandesreife, um die Bedeutung des Untersuchungsverweigerungsrechts zu erkennen, so trifft die Entscheidung über seine Ausübung allein der gesetzliche Vertreter (§ 81c Abs. 3 S. 2 2. Hs. iVm. § 52 Abs. 3 S. 1). Der Betroffene hat in diesen Fällen kein Mitentscheidungsrecht.⁵¹ Die Belehrungspflicht (oben Rn. 15) besteht dann nur gegenüber dem gesetzlichen Vertreter.⁵² Sind mehrere gesetzliche Vertreter vorhanden, so müssen alle in die Untersuchung einwilligen.⁵³ Ein gesetzlicher Vertreter, der selbst Beschuldigter ist, ist gemäß § 81c Abs. 3 S. 2 2. Hs. iVm. § 52 Abs. 2 S. 2 von der Entscheidung ausgeschlossen.

17

Wenn der gesetzliche Vertreter danach ausgeschlossen oder sonst verhindert ist, kann eine zur Beweissicherung erforderliche Blutprobenentnahme ausschließlich durch den Richter angeordnet werden. Der richterliche Beschluss ersetzt dann die Zustimmung des gesetzlichen Vertreters.⁵⁴ Eine Verwertung der so gewonnenen Ergebnisse ist aber nur zulässig, wenn ein vom Vormundschaftsgericht bestellter Ergänzungspfleger oder der nachträglich wieder verfügbar gewordene gesetzliche Vertreter nachträglich sein Einverständnis mit der Verwertung erklärt.

18

V. Anordnung und Durchführung der Untersuchung

1. Zuständigkeit. Die Zuständigkeitsregelung in Abs. 5 entspricht der des § 81a Abs. 2 (vgl. die Erläuterungen dort Rn. 24ff.). Demnach ist grundsätzlich der Richter für die Anordnung zuständig, bei Gefahr im Verzug auch die Staatsanwaltschaft und ihre Ermittlungspersonen. Die vorherige Anhörung des Beschuldigten ist stets erforderlich, wenn nicht Gefahr im Verzug vorliegt (§ 33 Abs. 4 S. 1).⁵⁵ Die Vollstreckung der richterlichen Anordnung erfolgt gemäß § 36 Abs. 2 S. 1 durch die Staatsanwaltschaft, die auch ihre eigenen Anordnungen vollstreckt.

19

2. Maßnahmen bei unberechtigter Weigerung (Abs. 6). Liegt nicht Gefahr im Verzug vor, so wird der Betroffene zur Untersuchung vorgeladen. Bei unberechtigter Weigerung gilt gemäß Abs. 6 S. 1 § 70 entsprechend, wobei das Nichterscheinen zur Untersuchung regelmäßig als Weigerung anzusehen sein wird.⁵⁶ Ordnungshaft und -geld können nur durch den Richter angeordnet werden, § 161a Abs. 2 gilt nicht.⁵⁷ An die Stelle der Beugehaft tritt der unmittelbare Zwang nach Abs. 6 S. 2, der aber nur bei Gefahr im Verzug oder dann angeordnet werden darf, wenn der Betroffene trotz Festsetzung von Ordnungsmitteln auf seiner Weigerung beharrt. Gegen den gesetzlichen Vertreter dürfen weder Ordnungsgeld noch Ordnungshaft festgesetzt werden.⁵⁸

20

3. Durchführung der Untersuchung. Abs. 1 gestattet nur körperliche Untersuchungen am Körper des Betroffenen. Eingriffe wie Magenauspumpen oder Röntgenaufnahmen sind daher unzulässig. Nach hM wird eine Untersuchung der natürlichen Köperöffnungen von Abs. 1 gedeckt, so dass etwa Scheidenabstriche und rektale Inspektionen ebenso zulässig sein sollen wie ein gewaltsames Öffnen des Mundes zur Inspektion der Zähne.⁵⁹ Dem kann so nicht gefolgt werden. Denn auch die Inspektion von Körperöffnungen erfordert regelmäßig ärztliche Sachkunde, insb. wenn dabei technische Hilfsmittel wie etwa Sonden zum Einsatz kommen. Derartige Maßnahmen sind daher als körperliche Eingriffe zu qualifizieren, die nur mit Einwilligung des Betroffenen vorgenommen werden dürfen.⁶⁰

21

Abs. 2 gestattet als einzigen Eingriff die Blutprobenentnahme. Diese muss immer von einem Arzt vorgenommen werden.

22

---

⁴⁹ KMR-StPO/*Bosch* Rn. 30; SK-StPO/*Rogall* Rn. 62; aA Löwe/Rosenberg/*Krause* Rn. 37.
⁵⁰ BGH (GS) v. 8.12.1958 – GSSt 3/58, BGHSt 12, 236; KK-StPO/*Senge* Rn. 14; Löwe/Rosenberg/*Krause* Rn. 37; *Meyer-Goßner* Rn. 25; nach SK-StPO/*Rogall* Rn. 63 jedoch nur, wenn der Betroffene sich erst nach Abschluss der Maßnahme zur Geltendmachung seines Untersuchungsverweigerungsrechtes entschließt. Gegen Verwertbarkeit *Geppert* Jura 1988, 363; *Eisenberg* Beweisrecht Rn. 1674; HK-GS/*Neuhaus* Rn. 14.
⁵¹ BGH v. 15.11.1994 – 1 StR 461/94, BGHSt 40, 336 = NJW 1995, 1501 mAnm *Eisenberg* StV 1995, 625 und *Welp* JR 1996, 76.
⁵² BGH v. 15.11.1994 – 1 StR 461/94, BGHSt 40, 336 = NJW 1995, 1501; KK-StPO/*Senge* Rn. 11; aA *Eisenberg* StV 1996, 625; *Welp* JR 1996, 76.
⁵³ *Eisenberg* Beweisrecht Rn. 1675; KK-StPO/*Senge* Rn. 16; Löwe/Rosenberg/*Krause* Rn. 46.
⁵⁴ LG Verden v. 17.9.2004 – 1 Qs 188/04, NStZ-RR 2006, 246.
⁵⁵ *Eisenberg* Beweisrecht Rn. 1678; KMR-StPO/*Bosch* Rn. 34; aA KK-StPO/*Senge* Rn. 19; *Meyer-Goßner* Rn. 28.
⁵⁶ HK-GS/*Neuhaus* Rn. 21; KK-*Senge* Rn. 21; Löwe/Rosenberg/*Krause* Rn. 58; aA *Eisenberg* Beweisrecht Rn. 1680; KMR-StPO/*Bosch* Rn. 35.
⁵⁷ *Achenbach* NJW 1977, 1271; *Meyer-Goßner* Rn. 30.
⁵⁸ OLG Hamm v. 7.4.1965 – 3 Ws 76/65, NJW 1965, 1613. KK-StPO/*Senge* Rn. 21.
⁵⁹ KK-StPO/*Senge* Rn. 4; Löwe/Rosenberg/*Krause* Rn. 19; *Meyer-Goßner* Rn. 16.
⁶⁰ KMR-StPO/*Bosch* Rn. 10; SK-StPO/*Rogall* Rn. 19; *Kühne* Strafprozessrecht, Rn. 492.

23 Der Betroffene muss die Maßnahmen lediglich dulden. Zur aktiven Mitwirkung ist er nur insoweit verpflichtet als er erscheinen und sich ggf. entkleiden sowie eine jeweils erforderliche Körperhaltung einnehmen muss.[61]

24 Hinsichtlich Verwendung und Vernichtung der gewonnenen Beweisergebnisse verweist § 81 c Abs. 5 S. 2 auf die Regelung in § 81 a Abs. 3 (siehe die Erläuterungen dort Rn. 21 ff.).

VI. Rechtsbehelfe

25 **1. Anfechtung.** Gegen die Anordnung des Richters kann Beschwerde eingelegt werden, sofern dem nicht § 304 Abs. 4 entgegen steht. Dies gilt bei Vorliegen eines Rechtsschutzinteresses etwa wegen erheblichen Grundrechtseingriffs auch dann, wenn die Maßnahme bereits vollzogen wurde.[62] Die Beschwerde hat keine aufschiebende Wirkung (§ 307 Abs. 1). Der Gerichtsbeschluss nach Abs. 3 S. 3 ist unanfechtbar (Abs. 3 S. 4).

26 Gegen Anordnungen der Staatsanwaltschaft und ihrer Ermittlungspersonen ist in entsprechender Anwendung der Antrag auf gerichtliche Entscheidung nach § 98 Abs. 2 S. 2 statthaft.[63]

27 **2. Revision.** Die Revision kann nicht darauf gestützt werden, dass die Voraussetzungen nach Abs. 1 und 2 nicht vorlagen, weil diese Kautelen nicht dem Schutz des Angeklagten dienen und daher seinen Rechtskreis nicht berühren. Aus demselben Grund besteht auch kein Verwertungsverbot, wenn die Untersuchung ohne nötige Einwilligung erfolgte oder die Blutprobe nicht von einem Arzt durchgeführt wurde.[64]

28 Die fehlende oder unterlassene Belehrung über das Weigerungsrecht nach Abs. 3 begründet hingegen ein Verwertungsverbot (vgl. oben Rn. 15), wenn ein ursächlicher Zusammenhang zwischen dem Belehrungsfehler und der Gewinnung des Beweisergebnisses besteht und das Urteil hierauf beruht.[65] Der ursächliche Zusammenhang fehlt u. a. dann, wenn der Betroffene wusste, dass er zur Duldung nicht verpflichtet war, nachträglich ausdrücklich auf sein Weigerungsrecht verzichtet hat oder wenn sein späteres Verhalten erkennen lässt, dass er die Untersuchung auch nach Belehrung geduldet hätte.[66] Die unterlassene Belehrung über das Weigerungsrecht eines Angehörigen können auch die Mitangeklagten rügen.[67]

§ 81 d [Verletzung des Schamgefühls]

(1) ¹Kann die körperliche Untersuchung das Schamgefühl verletzen, so wird sie von einer Person gleichen Geschlechts oder von einer Ärztin oder einem Arzt vorgenommen. ²Bei berechtigtem Interesse soll dem Wunsch, die Untersuchung einer Person oder einem Arzt bestimmten Geschlechts zu übertragen, entsprochen werden. ³Auf Verlangen der betroffenen Person soll eine Person des Vertrauens zugelassen werden. ⁴Die betroffene Person ist auf die Regelungen der Sätze 2 und 3 hinzuweisen.

(2) Diese Vorschrift gilt auch dann, wenn die betroffene Person in die Untersuchung einwilligt.

I. Anwendungsbereich

1 Die Vorschrift dient dem Schutz des Rechts auf Privatheit als Ausprägung des allgemeinen Persönlichkeitsrechts. Seit ihrer Änderung durch das OpferRRefG im Jahr 2004 gilt sie nicht mehr lediglich für Frauen, sondern für Personen beiderlei Geschlechts. Eine Altersgrenze besteht nicht, ausgenommen sind lediglich Kleinkinder unter 6 Jahren.[1] § 81 d ist sowohl für Beschuldigte als auch für Zeugen anwendbar. Die Norm gilt nicht nur für körperliche Untersuchungen aller Art, sondern auch für Durchsuchungen nach §§ 102, 103.[2] Sie ist auch bei Augenscheinseinnahmen

---

[61] *Eisenberg* Beweisrecht Rn. 1658; KK-StPO/*Senge* Rn. 6; *Meyer-Goßner* Rn. 16; aA KMR-StPO/*Bosch* Rn. 11; SK-StPO/*Rogall* Rn. 21.
[62] HK-GS/*Neuhaus* Rn. 22; KMR-StPO/*Bosch* Rn. 37; Löwe/Rosenberg/*Krause* Rn. 61; aA BGH v. 21. 12. 1956 – 1 StR 337/56, BGHSt 10, 88; KK-StPO/*Senge* Rn. 23.
[63] *Amelung* NJW 1978, 1013; *Eisenberg* Beweisrecht Rn. 1677; Löwe/Rosenberg/*Krause* Rn. 63; SK-StPO/*Rogall* Rn. 101; aA KK-StPO/*Senge* Rn. 23; *Meyer-Goßner* Rn. 31; die mangels Rechtsschutzbedürfnis auch der Anwendbarkeit von 23 EGGVG verneinen, weil der Betroffene eine richterliche Entscheidung herbeiführen kann, indem er der Anordnung nicht Folge leistet.
[64] BGH v. 13. 11. 1952 – 5 StR 418/52, MDR 1953, 148 bei *Dallinger*; KK-StPO/*Senge* Rn. 24; Löwe/Rosenberg/*Krause* Rn. 64; *Meyer-Goßner* Rn. 32; aA *Jahn/Dallmeyer* NStZ 2005, 297.
[65] BGH v. 15. 11. 1994 – 1 StR 461/94, BGHSt 40, 336 = NJW 1995, 1501; Löwe/Rosenberg/*Krause* Rn. 65; *Meyer-Goßner* Rn. 32; aA *Eisenberg* StV 1995, 625.
[66] BGH v. 20. 11. 1953 – 2 StR 467/53, BGHSt 5, 132 (133); BGH v. 23. 8. 1995 – 3 StR 163/95, NStZ 1996, 95 mAnm *Wohlers*; KK-StPO/*Senge* Rn. 24; Löwe/Rosenberg/*Krause* Rn. 65.
[67] BGH v. 18. 7. 1973 – 3 StR 94/73, MDR 1973, 902 bei *Dallinger*.
[1] Löwe/Rosenberg/*Krause* Rn. 3; *Meyer-Goßner* Rn. 2; SK-StPO/*Rogall* Rn. 7; aA (keine Altersgrenze) KMR-StPO/*Bosch* Rn. 2.
[2] KK-StPO/*Senge* Rn. 1; Löwe/Rosenberg/*Krause* Rn. 2; *Meyer-Goßner* Rn. 1; SK-StPO/*Rogall* Rn. 2.

am Körper durch das Gericht anwendbar. Die untersuchende Person wird in diesen Fällen dann als Augenscheinsgehilfe herangezogen und als Zeuge über ihre Wahrnehmungen vernommen.[3] Wie Abs. 2 klarstellt, gilt Abs. 1 auch dann, wenn die betroffene Person in die Untersuchung eingewilligt hat. Hinsichtlich der Rechte nach Abs. 1 S. 2 und 3 steht es ihr aber frei, ob sie von ihnen Gebrauch machen möchte. Abs. 1 S. 4 statuiert eine besondere Hinweispflicht auf die Regelungen in Abs. 1 S. 2 und 3.

II. Voraussetzungen

Ob eine drohende Verletzung des Schamgefühls in Betracht kommt, ist nach objektiven Kriterien zu bestimmen. Die individuelle Sichtweise der betroffenen Person ist aber zu respektieren, so dass etwa für Personen anderer Kulturkreise unterschiedliche Maßstäbe angelegt werden können, wenn nach deren Anschauungen zB bereits das teilweise Entkleiden das Anstandsgefühl verletzt.[4] Bei einer Untersuchung, die ein völliges Entkleiden erfordert, oder bei der die Geschlechtsteile oder das Gesäß untersucht werden sollen, ist eine drohende Verletzung des Schamgefühls stets anzunehmen.[5]   2

Ein **berechtigtes Interesse** iSv. Abs. 1 S. 2 kann jedes objektiv nachvollziehbare Interesse der betroffenen Person sein. Der Gesetzgeber hatte hier vor allem die Fälle im Auge, bei denen ein vorangegangener Missbrauch durch eine Person gleichen Geschlechts stattgefunden hat.[6]   3

III. Rechtsfolgen

Abs. 1 S. 1 schreibt vor, dass die Untersuchung auf eine Person gleichen Geschlechts oder einen Arzt oder eine Ärztin zu übertragen ist. Davon ist auch dann keine Ausnahme zu machen, wenn der Verlust von Tatspuren oder Beweismitteln zu besorgen ist.[7] Abs. 1 S. 3 räumt dem Betroffenen aber bei berechtigtem Interesse ein Wahlrecht hinsichtlich des Geschlechts der untersuchenden Person ein.   4

Nach Abs. 1 S. 3 soll auf Verlangen der betroffenen Person eine **Vertrauensperson** hinzugezogen werden. Dies können insbesondere Angehörige sein. Dem Verlangen ist regelmäßig zu entsprechen. Es kann jedoch bei Vorliegen triftiger Gründe abgelehnt werden. Dazu zählt insbesondere die Gefahr einer erheblichen Verzögerung.[8]   5

IV. Revision

Die Revision kann auf eine Verletzung des § 81 d nicht gestützt werden, wenn die Untersuchung an einem Zeugen vorgenommen wurde. Denn in diesem Fall ist der Rechtskreis des Angeklagten nicht berührt.[9] Wurden eigene Rechte des Angeklagten missachtet, so soll nach hM gleichfalls ein Beweisverwertungsverbot nicht in Betracht kommen, weil der Verstoß nur das Wie der Beweisgewinnung betrifft, aber die Richtigkeit des Beweisergebnisses unberührt lässt.[10] Dem ist aber jedenfalls für den Fall zu widersprechen, dass sich der Anordnende oder der Untersuchende in bewusster Willkür über die Regelungen des § 81 d hinwegsetzt. In einem solchen Fall wäre das Recht des Angeklagten auf ein faires Verfahren tangiert, was nicht ohne prozessuale Sanktion bleiben kann.[11]   6

§ 81 e [Molekulargenetische Untersuchung]

(1) ¹An dem durch Maßnahmen nach § 81 a Abs. 1 erlangten Material dürfen auch molekulargenetische Untersuchungen durchgeführt werden, soweit sie zur Feststellung der Abstammung oder der Tatsache, ob aufgefundenes Spurenmaterial von dem Beschuldigten oder dem Verletzten stammt, erforderlich sind; hierbei darf auch das Geschlecht der Person bestimmt werden. ²Untersuchungen nach Satz 1 sind auch zulässig für entsprechende Feststellungen an dem durch Maßnahmen nach § 81 c erlangten Material. ³Feststellungen über andere als die in Satz 1 bezeichneten Tatsachen dürfen nicht erfolgen; hierauf gerichtete Untersuchungen sind unzulässig.

---

[3] *Eisenberg* Beweisrecht Rn. 1679 a; Löwe/Rosenberg/*Krause* Rn. 6; Meyer-Goßner Rn. 4.
[4] Löwe/Rosenberg/*Krause* Rn. 4; SK-StPO/*Rogall* Rn. 6.
[5] Löwe/Rosenberg/*Krause* Rn. 4; Meyer-Goßner Rn. 3.
[6] BT-Drucks. 15/1976, S. 10.
[7] HK-GS/*Neuhaus* Rn. 3; Meyer-Goßner Rn. 4; SK-StPO/*Rogall* Rn. 8; aA KK-StPO/*Senge* Rn. 2.
[8] *Neuhaus* StV 2004, 620 (621); KK/*Senge* Rn. 4; KMR/*Bosch* Rn. 5; Meyer-Goßner Rn. 5.
[9] KMR-StPO/*Bosch* Rn. 6; Löwe/Rosenberg/*Krause* Rn. 10; Meyer-Goßner Rn. 7.
[10] *Rudolphi* MDR 1970, 93; *Eisenberg* Beweisrecht Rn. 1679 a; Löwe/Rosenberg/*Krause* Rn. 10.
[11] *Hofmann* JuS 1992, 587; *Neuhaus* StV 2004, 620; SK-StPO/*Rogall* Rn. 14.

(2) ¹Nach Absatz 1 zulässige Untersuchungen dürfen auch an aufgefundenem, sichergestelltem oder beschlagnahmtem Spurenmaterial durchgeführt werden. ²Absatz 1 Satz 3 und § 81a Abs. 3 erster Halbsatz gelten entsprechend.

1   Die DNA[1]-Analyse[2] ist ein wichtiges Beweismittel. Ihr Ziel ist die Feststellung der Identität eines Spurenverursachers. Mit ihrer Hilfe sind heute beinahe alle menschlichen Körperzellen (wie Blut, Muskelgewebe, Haut, Knochen, Haare, Sperma, Speichel, Schweiß) molekulargenetisch auswertbar.[3] Nach internationalem Standard werden für eine DNA-Analyse die sieben Merkmalssysteme D21S11, TH01, VWA, FGA/FIBRA, D3S1358, D8S1179 und D18S51, in Deutschland zusätzlich als achtes Merkmalssystem SE33 analysiert. Unter Verwendung der acht Merkmalssystemen mit jeweils zwei Zahlenwerten, also 16 Zahlen, kommt man zu einer zwar hohen, aber nicht absoluten statistischen Wahrscheinlichkeit.[4] Beim heute verwendeten, modernen genetischen Fingerabdruck mit PCR[5] vervielfältigen zugesetzte Polymerasen nur die hochvariablen Regionen der isolierten DNA. Dies geschieht mit Hilfe passender Start-DNA-Stücke so oft, bis genug DNA für einen Nachweis vorhanden ist. Für die polizeiliche DNA-Analyse in Deutschland werden **ausschließlich Abschnitte aus den nichtcodierenden Bereichen**[6] herangezogen, um Menschen eindeutig zu identifizieren. Hieraus lassen sich keine Informationen über deren Eigenschaften, Persönlichkeiten oder Aussehen ableiten. Eine DNA-Analyse enthält demnach nach wie vor lediglich eine **statistische Aussage**, die eine Gesamtwürdigung aller beweiserheblichen Umstände nicht ohne weiteres überflüssig macht;[7] jedenfalls bei einem Seltenheitswert im Millionenbereich kann aber das Ergebnis der DNA-Analyse wegen der inzwischen erreichten Standardisierung der molekulargenetischen Untersuchung für die Überzeugungsbildung des Tatrichters ausreichen, wenn die Berechnungsgrundlage den von der Rechtsprechung des BGH aufgestellten Anforderungen entspricht.[8] Nichts desto trotz müssen etwaige Fehlerquellen berücksichtigt werden.[9] DNA-Mischspuren erfordern bei der Auswertung und biostatistischen Bewertung besondere Aufmerksamkeit.[10]

2   Mit **Grundsatzurteil** vom 21. 8. 1990 hat der BGH die Zulässigkeit der Analyse von genetisch informationslosen Abschnitten der DNA zu Beweiszwecken in Strafverfahren bestätigt.[11] Mit dem Strafverfahrensänderungsgesetz vom 17. 3. 1997[12] wurden die Entnahme von DNA-Proben und die DNA-Analyse im Strafverfahren anerkannt.[13]

3   Die Anordnung molekulargenetischer Untersuchungen gemäß § 81e setzt die Einleitung eines strafrechtlichen Ermittlungsverfahrens voraus.[14] Diese molekulargenetische Untersuchung durch Sachverständige ist zulässig, soweit dies der Abstammungsfeststellung oder der Täterermittlung dient.[15] Sie darf nur der Feststellung der Abstammung oder der Abklärung, ob aufgefundenes[16] Spurenmaterial von dem Beschuldigten oder dem Verletzten stammt, dienen, außerdem darf das Geschlecht der Person bestimmt werden (Abs. 1 S. 1). Ein Antrag der Verteidigung auf Durchführung einer DNA-Analyse zum Beweis der Unschuld des Angeklagten darf in aller Regel nicht wegen Verschleppungsabsicht abgelehnt werden.[17] Die richterliche Aufklärungspflicht kann somit beim Vorhandensein von geeignetem Spurenmaterial die DNA-Analyse sowohl zum Täterausschluss als auch zur Täterfeststellung gebieten.[18]

---

[1] Desoxyribonukleinsäure.
[2] Ausführlich zu DNA-Analysen Widmaier/*Bastisch*/*Schmitter* MAH § 71; *Neuhaus* StraFo 2005, 148; *Kimmich*/*Spyra*/*Steinke* NStZ 1990, 318.
[3] Die Baupläne aller Lebewesen sind in der sog. Desoxyribonucleinsäure (DNS; auf englisch DANN abgekürzt) beschrieben. Die chemischen Substanzen Adenin (A), Guanin (G), Cytosin (C) und Thymin (T) liefern die vier Bausteine.
[4] Die Wahrscheinlichkeit schwankt je nach der Anzahl der Allele, s. dazu ausführlich Widmaier/*Bastisch*/*Schmitter* MAH § 71 VII. Eineiige Zwillinge haben identische DNA-Muster.
[5] PCR = Polymerase Chain Reaction (Polymerasekettenreaktion), vgl. http://www.deutsches-museum.de/dmznt/lexundlinks/index.html#77.
[6] Der Teil der DNA, dem Erbinformationen nicht zu entnehmen sind.
[7] BGH v. 27. 7. 1994 – 3 StR 225/94, NStZ 1994, 554; BGH v. 12. 8. 1992 – 5 StR 239/92, BGHSt 38, 320 = NJW 1992, 2976.
[8] BGH v. 21. 1. 2009 – 1 StR 722/08, NStZ 2009, 285. Zum Beweiswert einer mitochondrialen DNA-Analyse, ggf. in Kombination mit dem Ergebnis der Analyse von Kern-DNA vgl. BGH v. 26. 5. 2009 – 1 StR 597/08.
[9] *Neuhaus* StraFo 2006, 393.
[10] Vgl. dazu *Schneider*/*Fimmers*/*Schneider*/*Brinkmann*, NStZ 2007, 447.
[11] BGH v. 21. 8. 1990 – 5 StR 145/90, BGHSt 37, 157 = NJW 1990, 2944.
[12] BGBl. I, S. 534.
[13] Kritisch *Rath*/*Brinkmann* NJW 1999, 2697.
[14] LG Mainz v. 7. 12. 2000 – 1 Qs 302/00, NStZ 2001, 499.
[15] Vgl. SK-StPO/*Rogall* Rn. 4.
[16] Das sollen auch Körperzellen sein, die ohne Eingriff nach § 81a StPO auf rechtmäßige Weise in den Verfügungsbereich der Strafverfolgungsbehörden gelangt sind, so zB. Körperzellen an einer weggeworfenen Zigarettenkippe eines observierten Beschuldigten (BGH v. 21. 3. 2007 – 1 BGs 96/2007; KK-StPO/*Senge* § 80a Rn. 3; zweifelnd *Meyer-Goßner* Rn. 5).
[17] Vgl. BGH v. 3. 7. 1990 – 1 StR 340/90, NJW 1990, 2328.
[18] BGH v. 25. 4. 1991 – 4 StR 582/90, NStZ 1991, 399.

Siebenter Abschnitt. Sachverständige und Augenschein 1, 2 § 81f

Andere Feststellungen wie zur ethnischen Zuordnung oder zur Bestimmung äußerer Körper- 4
merkmale dürfen nicht erfolgen. Schon hierauf gerichtete Untersuchungen sind unzulässig (**Abs. 1
S. 3**). Der Verstoß hiergegen führt zu einem Beweisverwertungsverbot.[19] Der Beschuldigte kann
nicht wirksam einwilligen.[20]

Wenn kein Vergleichsmaterial vorliegt, darf eine solche Untersuchung nicht vorgenommen 5
werden.[21]

Gem. **Abs. 1 S. 2** dürfen solche molekulargenetischen Untersuchungen auch an dem von Drit- 6
ten nach § 81c erlangten Material vorgenommen werden, um zu prüfen, ob aufgefundenes Spurenmaterial von dem sonstigen Beteiligten stammt oder dieser als Spurenträger auszuschließen
ist.[22] Für die Zulässigkeit gelten die in § 81c Abs. 3, 4 und 6 geregelten Einschränkungen.[23]

Zur **Vernichtung** des Materials s. die Kommentierung zu § 81a Abs. 3 (Rn. 21ff.).[24] 7

Gem. **Abs. 2** dürfen nach Abs. 1 zulässige Untersuchungen auch an aufgefundenem, sichergestell- 8
tem oder beschlagnahmten Spurenmaterial durchgeführt werden, aber wiederum nur für Zwecke
des der Entnahme zugrundeliegenden oder eines anderen anhängigen Strafverfahrens (Abs. 2 S. 2
iVm § 81a Abs. 3 1. Hs).

§ 81f [Richterliche Anordnung; Durchführung der Untersuchung]

(1) ¹Untersuchungen nach § 81e Abs. 1 dürfen ohne schriftliche Einwilligung der betroffenen
Person nur durch das Gericht, bei Gefahr im Verzug auch durch die Staatsanwaltschaft und ihre
Ermittlungspersonen (§ 152 des Gerichtsverfassungsgesetzes) angeordnet werden. ²Die einwilligende Person ist darüber zu belehren, für welchen Zweck die zu erhebenden Daten verwendet
werden.

(2) ¹Mit der Untersuchung nach § 81e sind in der schriftlichen Anordnung Sachverständige zu
beauftragen, die öffentlich bestellt oder nach dem Verpflichtungsgesetz verpflichtet oder Amtsträger sind, die der ermittlungsführenden Behörde nicht angehören oder einer Organisationsein-
heit dieser Behörde angehören, die von der ermittlungsführenden Dienststelle organisatorisch
und sachlich getrennt ist. ²Diese haben durch technische und organisatorische Maßnahmen zu
gewährleisten, daß unzulässige molekulargenetische Untersuchungen und unbefugte Kenntnisnahme Dritter ausgeschlossen sind. ³Dem Sachverständigen ist das Untersuchungsmaterial ohne
Mitteilung des Namens, der Anschrift und des Geburtstages und -monats des Betroffenen zu
übergeben. ⁴Ist der Sachverständige eine nichtöffentliche Stelle, gilt § 38 des Bundesdatenschutzgesetzes mit der Maßgabe, daß die Aufsichtsbehörde die Ausführung der Vorschriften über den
Datenschutz auch überwacht, wenn ihr keine hinreichenden Anhaltspunkte für eine Verletzung
dieser Vorschriften vorliegen und der Sachverständige die personenbezogenen Daten nicht in Dateien automatisiert verarbeitet.

§ 81f regelt die **Anordnung und Durchführung der DNA-Analyse**. Mit dem Gesetz zur Novel- 1
lierung der forensischen DNA-Analyse vom 12. 8. 2005[1] wurden die Voraussetzungen dafür vereinfacht. Wenn die betroffene Person **schriftlich zustimmt**, ist eine Anordnung durch das Gericht
oder bei Gefahr im Verzug durch die Staatsanwaltschaft und ihre Ermittlungspersonen entbehrlich (Umkehrschluss aus Abs. 1 S. 1). Die einwilligende Person ist vorab darüber zu belehren, für
welchen Zweck die zu erhebenden Daten verwendet werden (Abs. 1 S. 2). Diese gesetzliche Regelung ist nicht weitgehend genug, weil sie die weitere – mögliche, wenn nicht sogar wahrscheinliche – Verwendung der Daten nach § 81g im Wege der Umwidmung verschweigt.[2] Die allgemeinen Anforderungen an eine wirksame Einwilligung und die hierzu erforderlichen Belehrungen
bleiben davon unberührt.[3]

Weigert sich die betroffene Person, so bedarf es einer entsprechenden Anordnung und zwar 2
grundsätzlich durch das Gericht. Nur wenn Gefahr im Verzug vorliegt, darf die Staatsanwaltschaft oder ihre Ermittlungspersonen diese Anordnung treffen. In der Praxis dürfte diese Anordnungskompetenz weitgehend leerlaufen. Zwar sah der Gesetzgeber Handlungsbedarf, weil die

---

[19] *Meyer-Goßner* Rn. 4 mwN; aA *Senge* NJW 1997, 2411.
[20] *Löwe/Rosenberg/Krause* Rn. 24; *Nack* StraFo 1998 369; aA *Meyer-Goßner* Rn. 4 mit Verweis auf *Hilger* NStZ 1997, 372 Fn 30.
[21] LG Offenburg v. 10. 7. 2002 – III Qs 29/02, StV 2003, 153; LG Ravensburg v. 9. 3. 2009 – 2 Qs 22/09, NStZ-RR 2010, 18.
[22] BerlVerfGH v. 13. 12. 2005 – VerfGH 113/05, NJW 2006, 1416; LG Mannheim v. 30. 3. 2004 – 1 Qs 1/04, NStZ-RR 2004, 301.
[23] *Meyer-Goßner* Rn. 6.
[24] *Meyer-Goßner* Rn. 8.
[1] BGBl. I, S. 2360, dazu *Senge* NJW 2005, 3028.
[2] So *Senge* NJW 2005, 3028.
[3] BT-Drucks. 15/5674, S. 10 mit Verweis auf LG Düsseldorf v. 14. 2. 2003 – X Qs 8/02, NJW 2003, 1883, 1884.

Verbesserung der Analysenmethode eine immer schnellere molekulargenetische Untersuchung und dementsprechend auch kurzfristige Reaktionen der Strafverfolgungsbehörden auf das Untersuchungsergebnis ermöglicht.[4] Das von ihm dafür herangezogene Beispiel trifft indes nicht,[5] zumal das BVerfG enge Grenzen für die Bejahung einer Gefahr im Verzug gezogen hat.[6]

3 Die Anordnung muss schriftlich ergehen (**Abs. 2**). In ihr ist der Sachverständige (zu seinem Anforderungsprofil vgl. Abs. 2 S. 1) und nicht nur das Institut zu bezeichnen.[7] Für die Anordnung der Entnahme von Körperzellen und ihrer anschließenden molekulargenetischen Untersuchung ist örtlich der Ermittlungsrichter des Amtsgerichts am Entnahmeort zuständig. Dies gilt auch dann, wenn die Untersuchung der Körperzellen im Bezirk eines anderen Amtsgerichts erfolgen soll oder wenn aufgefundenes Spurenmaterial untersucht werden soll.[8] Abs. 2 S. 2 bis 4 regeln dann einzelne Voraussetzungen für die Durchführung, nämlich zum Schutz vor unzulässigen molekulargenetischen Untersuchungen und vor einer unbefugten Kenntnisnahme Dritter.[9]

4 Gegen die Anordnung kann der Betroffene **Beschwerde** gem. § 304 Abs. 1, andere Personen ggf. nach § 304 Abs. 2 einlegen. Die Beschwerde ist nicht gem. § 305 ausgeschlossen, wenn sie das erkennende Gericht trifft.[10] Die Staatsanwaltschaft kann sich gegen die Ablehnung der Anordnung beschweren.

5 In der **Revision** kann es erfolgreich gerügt werden, dass keine Anordnung durch den Richter erfolgte, weil die Ergebnisse einer solchen Untersuchung von Spurenmaterial des Beschuldigten unverwertbar sind.[11] Auf einen Verstoß gegen Abs. 2 kann die Revision nicht gestützt werden.[12] Soll mit der Aufklärungsrüge gerügt werden, dass eine DNA-Analyse durchgeführt wurde, so muss dargelegt werden, dass die Einholung des Gutachtens überhaupt möglich war oder ob aus sonstigen rechtlicher Nachprüfung standhaltenden Gründen unterblieb.[13] Zur ordnungsgemäßen Erhebung der Aufklärungsrüge muss das von Sachverständigen anzuwendende Untersuchungsverfahren nicht bezeichnet werden.[14]

§ 81 g [DNA-Identitätsfeststellung]

(1) [1]Ist der Beschuldigte einer Straftat von erheblicher Bedeutung oder einer Straftat gegen die sexuelle Selbstbestimmung verdächtig, dürfen ihm zur Identitätsfeststellung in künftigen Strafverfahren Körperzellen entnommen und zur Feststellung des DNA-Identifizierungsmusters sowie des Geschlechts molekulargenetisch untersucht werden, wenn wegen der Art oder Ausführung der Tat, der Persönlichkeit des Beschuldigten oder sonstiger Erkenntnisse Grund zu der Annahme besteht, dass gegen ihn künftig Strafverfahren wegen einer Straftat von erheblicher Bedeutung zu führen sind. [2]Die wiederholte Begehung sonstiger Straftaten kann im Unrechtsgehalt einer Straftat von erheblicher Bedeutung gleichstehen.

(2) [1]Die entnommenen Körperzellen dürfen nur für die in Absatz 1 genannte molekulargenetische Untersuchung verwendet werden; sie sind unverzüglich zu vernichten, sobald sie hierfür nicht mehr erforderlich sind. [2]Bei der Untersuchung dürfen andere Feststellungen als diejenigen, die zur Ermittlung des DNA-Identifizierungsmusters sowie des Geschlechts erforderlich sind, nicht getroffen werden; hierauf gerichtete Untersuchungen sind unzulässig.

(3) [1]Die Entnahme der Körperzellen darf ohne schriftliche Einwilligung des Beschuldigten nur durch das Gericht, bei Gefahr im Verzug auch durch die Staatsanwaltschaft und ihre Ermittlungspersonen (§ 152 des Gerichtsverfassungsgesetzes) angeordnet werden. [2]Die molekulargenetische Untersuchung der Körperzellen darf ohne schriftliche Einwilligung des Beschuldigten nur durch das Gericht angeordnet werden. [3]Die einwilligende Person ist darüber zu belehren, für welchen Zweck die zu erhebenden Daten verwendet werden. [4]§ 81 f Abs. 2 gilt entsprechend. [5]In der schriftlichen Begründung des Gerichts sind einzelfallbezogen darzulegen

1. die für die Beurteilung der Erheblichkeit der Straftat bestimmenden Tatsachen,

---

[4] BT-Drucks. 15/5674, S. 8.
[5] Vgl. die berechtigte Kritik bei *Senge* NJW 2005, 3028.
[6] Vgl. BVerfG v. 20. 2. 2001 – 2 BvR 1444/00, BVerfGE 103, 142 = NStZ 2001, 382.
[7] *Meyer-Goßner* Rn. 3.
[8] BGH v. 7. 5. 2004 – 2 ARs 153/04 – 2 AR 73/04, NStZ 2004, 689; BGH v. 2. 2. 2000 – 2 ARs 495/99, NJW 2000, 1204.
[9] Ausführlich bei Löwe/Rosenberg/*Krause* Rn. 18 ff.
[10] Vgl. OLG Köln v. 23. 7. 2002 – 2 Ws 336/02, NStZ-RR 2002, 306; *Meyer-Goßner* Rn. 8.
[11] *Meyer-Goßner* Rn. 9.
[12] Vgl. BGH v. 12. 11. 1998 – 3 StR 421/98, NStZ 1999, 209 zum Gebot der Teilanonymisierung in § 81 f Abs. 2 S. 3.
[13] BGH v. 19. 10. 1990 – 1 StR 465/90, BGHR StPO § 344 Abs 2 S 2 Aufklärungsrüge 5 (Gründe).
[14] BGH v. 22. 1. 2002 – 1 StR 467/01, NStZ-RR 2002, 145; detailliert bei *Graalmann-Scheerer*, FS Rieß, 2002, S. 153.

2. die Erkenntnisse, auf Grund derer Grund zu der Annahme besteht, dass gegen den Beschuldigten künftig Strafverfahren zu führen sein werden, sowie
3. die Abwägung der jeweils maßgeblichen Umstände.

(4) Die Absätze 1 bis 3 gelten entsprechend, wenn die betroffene Person wegen der Tat rechtskräftig verurteilt oder nur wegen
1. erwiesener oder nicht auszuschließender Schuldunfähigkeit,
2. auf Geisteskrankheit beruhender Verhandlungsunfähigkeit oder
3. fehlender oder nicht auszuschließender fehlender Verantwortlichkeit (§ 3 des Jugendgerichtsgesetzes)

nicht verurteilt worden ist und die entsprechende Eintragung im Bundeszentralregister oder Erziehungsregister noch nicht getilgt ist.

(5) [1]Die erhobenen Daten dürfen beim Bundeskriminalamt gespeichert und nach Maßgabe des Bundeskriminalamtgesetzes verwendet werden. [2]Das Gleiche gilt
1. unter den in Absatz 1 genannten Voraussetzungen für die nach § 81 e Abs. 1 erhobenen Daten eines Beschuldigten sowie
2. für die nach § 81 e Abs. 2 erhobenen Daten.

[3]Die Daten dürfen nur für Zwecke eines Strafverfahrens, der Gefahrenabwehr und der internationalen Rechtshilfe hierfür übermittelt werden. [4]Im Fall des Satzes 2 Nr. 1 ist der Beschuldigte unverzüglich von der Speicherung zu benachrichtigen und darauf hinzuweisen, dass er die gerichtliche Entscheidung beantragen kann.

I. Allgemeines

§ 81 g erlaubt die molekulargenetischen Untersuchungen zur Identitätsfeststellung in künftigen Strafverfahren, also für erkennungsdienstliche Zwecke.[1] Mit dem DNA-Identitätsfeststellungsgesetz vom 7. 9. 1998[2] und der damit auch erfolgten Änderung der Strafprozessordnung durch Einfügung des § 81 g wurde die Rechtsgrundlage für die Speicherung von personenbezogenen Daten in Form von DNA-Identifizierungsmustern zu erkennungsdienstlichen Zwecken geschaffen. Mit dem Gesetz zur Novellierung der forensischen DNA-Analyse vom 12. 8. 2005[3] gestattet der stark erweiterte § 81 g die Entnahme von Körperzellen **beim Beschuldigten im laufenden Strafverfahren** zur Feststellung des DNA-Identifizierungsmusters (Abs. 1 bis 3). Diese Maßnahmen dürfen auch **bei bereits verurteilten Personen** durchgeführt werden (Abs. 4).

Die Entnahme erfolgt in Form einer **Speichelprobe**. Weigert sich der Beschuldigte, muss eine Blutprobe entnommen werden.[4]

II. Voraussetzungen

Die Entnahme ist wie bei § 81 e Abs. 1 S. 3 nur zur **Identitätsfeststellung** (Abs. 2 S. 2) und nur beim **Beschuldigten** zulässig. Beschuldigt heisst, dass ein Anfangsverdacht gem. § 152 Abs. 2 vorliegen muss.[5] Auch möglicherweise Schuldunfähige und möglicherweise nach § 3 JGG nichtverantwortliche Jugendliche fallen hierunter, nicht aber Kinder[6] oder rechtskräftig Freigesprochene.[7]

Die DNA-Identitätsfeststellung ist zulässig bei **Straftaten von erheblicher Bedeutung, Straftaten gegen die sexuelle Selbstbestimmung** oder bei **wiederholter Begehung sonstiger Straftaten**. Wenn bereits nach § 81 e eine molekulargenetische Untersuchung vorgenommen wurde, ist eine DNA-Identitätsfeststellung nach § 81 g mangels Erforderlichkeit ausgeschlossen.[8] Gleiches gilt, wenn ein DNA-Identifizierungsmuster des Beschuldigten auf Grund eines (früheren) Beschlusses nach § 81 g vorhanden ist.[9]

Straftaten von erheblicher Bedeutung sind alle Verbrechen und schwerwiegenden Vergehen, so beispielsweise §§ 224, 243, 253 StGB.[10] Eine Straftat von erheblicher Bedeutung muss mindestens

---

[1] Kritisch, weil damit an sich ein Fremdkörper in der StPO *Meyer-Goßner* Rn. 2. Vgl. aber BVerfG v. 14. 12. 2000 – 2 BvR 1741/99, 2 BvR 276/00, 2 BvR 2061/00, BVerfGE 103, 21 = NStZ 2001, 328: „genuines Strafprozessrecht" oder jedenfalls um „Strafverfolgungsmaßnahmen im weiteren Sinne"; BVerfG v. 14. 8. 2007 – 2 BvR 1186/07, NStZ 2006, 226: „anderes Strafverfahren". Grundlegend EGMR v. 4. 12. 2008 – 30562/04 u. 30566/04, BeckRS 2009, 70321.
[2] BGBl. I, S. 2646.
[3] BGBl. I, S. 2360.
[4] OLG Köln v. 13. 12. 2000 – 2 b Ss 291/00 – 73/00 IV, StraFo 2001, 104; *Meyer-Goßner* Rn. 3.
[5] LG Hamburg v. 8. 1. 2008 – 619 Qs 68/07, NStZ-RR 2008, 251.
[6] *Meyer-Goßner* Rn. 5.
[7] OLG Oldenburg v. 16. 7. 2008 – 1 Ws 390/08, NStZ 2008, 711.
[8] *Meyer-Goßner* Rn. 9.
[9] OLG Bremen v. 23. 3. 2006 – Ws 18/06 (BL 14/06), NStZ 2006, 653.
[10] *Meyer-Goßner* Rn. 7 a.

dem Bereich der mittleren Kriminalität zuzurechnen sein, den Rechtsfrieden empfindlich stören und dazu geeignet sein, das Gefühl der Rechtssicherheit der Bevölkerung erheblich zu beeinträchtigen.[11] Weitere Voraussetzung ist nach einer Auffassung, dass der Täter bei der Tat Körperzellen abgesondert haben könnte. Das entscheide sich danach, ob es sich bei der prognostizierten Straftat um eine solche handele, bei der nicht deliktstypisch „Identifizierungsmaterial" anfalle, so dass ein DNA-Aufklärungsmuster nicht die erforderliche potentielle Aufklärungsrelevanz besitzt, weshalb die Anordnung unzulässig sei.[12] Das führt zu einer skuril anmutenden Kasuistik.[13] Für die Frage der Erheblichkeit der Bedeutung einer Straftat kommt es nicht auf die Wahrscheinlichkeit der Spurenverursachung durch bestimmte Arten von Straftaten an; diese ist vielmehr von Fall zu Fall unter dem Gesichtspunkt der Erforderlichkeit der Maßnahme zu prüfen.[14]

6 Bei einer **Straftat gegen die sexuelle Selbstbestimmung** (§§ 174 bis 184g StGB) ist die Untersuchung unter dem weiteren Voraussetzungen stets zulässig. Diese Straftaten hat der Gesetzgeber immer als relevante Anlasstat angesehen.[15] Jedoch ist er in der Folge inkonsequent, wenn er im Rahmen der Wiederholungsgefahr nur auf Straftaten von erheblicher Bedeutung und nicht auch auf Straftaten gegen die sexuelle Selbstbestimmung abstellt.

7 Die **wiederholte Begehung sonstiger Straftaten** kann im Unrechtsgehalt einer Straftat von erheblicher Bedeutung gleichstehen (Abs. 1 S. 2). Nach dem Willen des Gesetzgebers soll damit kein Automatismus verbunden sein, sondern das anordnende Gericht gehalten sein, einzelfallspezifisch unter Abwägung der maßgeblichen Umstände – insbesondere der Art oder Ausführung der Tat und der Persönlichkeit des Beschuldigten – und strenger Berücksichtigung des Verhältnismäßigkeitsgrundsatzes im Wege einer Gesamtschau das Maß des verwirklichten und zu erwartenden Unrechts festzustellen.[16]

8 Es muss darüber hinaus zum jetzigen Zeitpunkt eine **Wiederholungsgefahr** bestehen, also die Gefahr, dass gegen den Beschuldigten künftig Strafverfahren wegen einer Straftat von erheblicher Bedeutung zu führen sind. Nach dem Gesetz ist die Prognose auf die Art oder Ausführung der Tat, die Persönlichkeit des Beschuldigten oder auf sonstige (kriminalistische oder kriminologische) Erkenntnisse zu stützen. Es wird zwar keine erhöhte Wahrscheinlichkeit für einen Rückfall gefordert.[17] Allein eine statistische Wahrscheinlichkeit von 1–2% dafür, dass exhibitionistische Straftäter irgendwann ein sexuelles oder sonstiges Gewaltdelikt begehen, reicht aber beispielsweise nicht aus für die Annahme, der Betroffene werde in Zukunft eine Straftat von erheblicher Bedeutung begehen.[18] Auch die bloße Annahme, eine Rückfallgefahr eines vor langer Zeit verurteilten Betroffenen sei „nicht sicher auszuschließen",[19] reicht nicht. Die molekulargenetische Untersuchung setzt voraus, dass sie im Hinblick auf die Prognose der Gefahr der Wiederholung auf schlüssigen, verwertbaren und in der Entscheidung nachvollziehbar dokumentierten Tatsachen beruht und auf dieser Grundlage die richterliche Annahme der Wahrscheinlichkeit künftiger Straftaten von erheblicher Bedeutung belegt, für die das DNA-Identifizierungsmuster einen Aufklärungsansatz durch einen (künftigen) Spurenvergleich bieten kann.[20] Es gilt das Freibeweisverfahren.[21] Dass die Freiheitsstrafe zur Bewährung ausgesetzt wurde, steht einer Anwendung des § 81g nicht entgegen, es bestehen aber erhöhte Begründungsanforderungen.[22]

III. Entsprechende Anwendung

9 Gem. **Abs. 4** dürfen solche Maßnahmen auch bei Personen durchgeführt werden, die wegen einer Straftat im Sinne des Abs. 1 rechtskräftig verurteilt oder nur wegen erwiesener oder nicht

---

[11] BVerfG v. 14. 12. 2000 – 2 BvR 1741/99, 2 BvR 276/00, 2 BvR 2061/00, BVerfGE 103, 21 = NStZ 2001, 328.
[12] LG Aachen v. 28. 10. 2008 – 68 Qs 120/08, StraFo 2009, 18.
[13] Vgl. *Meyer-Goßner* Rn. 7 a, jeweils mwN: nicht bei § 154 StGB oder §§ 263, 266 StGB, wohl aber bei schwerwiegenden Straftaten nach dem BtmG, dem AufenthG, dem WaffG und auch bei Hehlerei, soweit bei der Tatbegehung mit DNA-Spuren zu rechnen ist.
[14] BVerfG v. 14. 12. 2000 – 2 BvR 1741/99, 2 BvR 276/00, 2 BvR 2061/00, BVerfGE 103, 21 = NStZ 2001, 328, mit Verweis auf LG Berlin v. 7. 9. 1999 – 511 Qs 103/99, NJW 2000, 752; LG Freiburg v. 29. 10. 1999 – III Qs 52/99, NStZ 2000, 165.
[15] Kritisch dazu *Duttge/Hörnle/Renzikowski* NJW 2004, 1065, 1071.
[16] BVerfG v. 14. 8. 2007 – 2 BvR 1293/07, NStZ-RR 2007, 378; BVerfG v. 1. 9. 2008 – 2 BvR 939/08, StV 2009, 1; BVerfG v. 22. 5. 2009 – 2 BvR 287/09, 2 BvR 400/09; BT-Drucks. 15/5674, S. 11.
[17] BVerfG v. 14. 12. 2000 – 2 BvR 1741/99, NStZ 2001, 328 mit Verweis auf LG Hannover v. 2. 11. 1999 – 33 Qs 276/99, NStZ 2000, 221.
[18] LG Bremen v. 23. 10. 2006 – 11 Qs 318/06, StraFo 2007, 58.
[19] LG Bremen v. 4. 4. 2000 – 22 Qs 109/00, StV 2000, 303.
[20] BVerfG v. 14. 12. 2000 – 2 BvR 1741/99, NStZ 2001, 328; LG Nürnberg-Fürth v. 2. 11. 1999 – 7 Qs 89/99, StV 2000, 71; LG Tübingen v. 16. 11. 1999 – 1 Qs 255/99, StV 2000, 114; OLG Celle v. 7. 12. 2009 – 1 Ws 556/09, NStZ-RR 2010, 149 (nicht bei Hehlerei; ebenso OLG Köln v. 3. 2. 2004 – 2 Ws 41/04, StV 2004, 640.
[21] Vgl. BVerfG v. 8. 10. 1985 – 2 BvR 1150/80, 2 BvR 1504/82, BVerfGE 70, 297 = NJW 1986, 767.
[22] *Meyer-Goßner* Rn. 8 mwN; BVerfG v. 14. 12. 2000 – 2 BvR 1741/99, BVerfGE 103, 21 = NStZ 2001, 328; BVerfG v. 22. 5. 2009 – 2 BvR 287/09, 2 BvR 400/09.

ausschließbarer Schuldfähigkeit, auf Geisteskrankheit beruhender Verhandlungsunfähigkeit oder fehlender oder nicht ausschließbar fehlender Verantwortlichkeit (§ 3 JGG) nicht verurteilt worden sind. Weitere Voraussetzung ist, dass die entsprechende Eintragung im Bundeszentral- oder im Erziehungsregister noch nicht getilgt ist; bei alten Eintragungen ist die Gefahr künftiger Strafverfahren wegen einer Straftat von erheblicher Bedeutung besonders intensiv zu prüfen.

Für die Annahme einer **Wiederholungsgefahr** ist die Rückfallgeschwindigkeit, der Zeitablauf seit der früheren Tatbegehung, das Verhalten des Betroffenen in der Bewährungszeit oder einen Straferlass, seine Motivationslage bei der früheren Tatbegehung, seine Lebensumstände und seine Persönlichkeit miteinzubeziehen.[23]

Nach §§ 54 ff. BZRG können auch **ausländische Verurteilungen** in das Bundeszentralregister eingetragen und dann als Grundlage für eine DNA-Indentitätsfeststellung herangezogen werden.[24] Tilgungsreife Eintragungen dürfen nicht berücksichtigt werden.[25]

IV. Verfahren

Das Verfahren der Entnahme ist in **Abs. 3** geregelt. Das Gesetz unterscheidet danach, ob der Beschuldigte schriftlich einwilligt oder nicht. Er ist dabei umfassend darüber zu belehren, für welchen Zweck die Daten verwendet werden (Abs. 3 S. 3).[26] **Willigt der Beschuldigte schriftlich ein**, so bedarf es keiner weiteren Begründung seitens des Gerichts, der Staatsanwaltschaft oder deren Ermittlungspersonen (§ 152 GVG). Die Einwilligung kann vom Beschuldigten nur mit Wirkung für die Zukunft widerrufen werden, so dass eine bereits erfolgte Verwendung Bestand hat.[27] Eine erzwungene Einwilligung führt zu einem Verwertungsverbot.[28]

Willigt der Beschuldigte nicht ein, so darf die **Entnahme der Körperzellen** nur durch das Gericht, bei Gefahr im Verzug durch die Staatsanwaltschaft und ihre ermittlungspersonen angeordnet werden. Die anschließende **molekulargenetische Untersuchung** darf ohne Einwilligung des Beschuldigten in jedem Fall nur durch das Gericht angeordnet werden (Abs. 3 S. 2). Wenn das Gericht in den Fällen ohne schriftliche Einwilligung die Entnahme und molekulargenetische Untersuchung anordnet, so muss es seine Entscheidung einzelfallbezogen unter der Maßgabe von S. 5 begründen. Ein „Vorratsbeschluss" ist nicht zulässig.[29] Der Beschluss berechtigt auch zur zwangsweisen Durchsetzung.[30]

Sachlich zuständig ist der Ermittlungsrichter (§ 162), bei Jugendlichen der Jugendrichter. Die **örtliche Zuständigkeit** richtet sich nach § 162. Nach Erhebung der Anklage und bis zur Rechtskraft ist das erkennende Gericht zuständig.[31]

Gem. Abs. 3 S. 4 gilt für die Untersuchung durch den Sachverständigen § 81 f Abs. 2 entsprechend.

Die entnommen Körperzellen dürfen nur für die in Abs. 1 genannte molekulargenetische Untersuchung verwendet werden. Sie sind **zu vernichten**, wenn sie nicht mehr dafür benötigt werden (Abs. 2 S. 1).

V. Speicherung

Die Speicherung der Daten beim BKA ist in **Abs. 5** geregelt. Die Verwendung richtet sich nach dem BKAG.[32] Die **DNA-Analyse-Datei** ist eine sogenannte Verbundanwendung.[33] Das BKA darf als Zentralstelle die Daten den Polizeien des Bundes und der Länder zur Verfügung stellen. Außerdem dürfen die Staatsanwaltschaften für Zwecke der Strafrechtspflege Daten aus der DNA-Analyse-Datei abrufen. In der Datei werden gespeichert das sogenannte DNA-Identifizierungs-

---

[23] BVerfG v. 14. 12. 2000 – 2 BvR 1741/99, BVerfGE 103, 21 = NStZ 2001, 328 mwN. Detaillierte Rechtsprechungsnachweise bei *Meyer-Goßner* Rn. 10 a.
[24] *Meyer-Goßner* Rn. 8 mit Verweis auf Art. 3 Rahmenbeschluss 2008/675/Ji vom 24. 7. 2008, ABl. EU L 220, S. 32 ff.; aA AG Aachen v. 17. 3. 2008 – 41 Gs 1510/08, StraFo 2008, 239.
[25] BVerfG v. 22. 5. 2009 – 2 BvR 287/09, 2 BvR 400/09.
[26] Vgl. *Meyer-Goßner* Rn. 17.
[27] Zur Notwendigkeit der Erhebung einer Verwertungswiderspruchs bei fehlender Schriftform vgl. BGH v. 15. 10. 2009 – 5 StR 373/09, NStZ 2010, 157.
[28] *Busch* StV 2000, 662.
[29] BGH v. 23. 12. 1999 – 2 ARs 487/992 – AR 227/99, NStZ 2000, 212.
[30] Jena v. 9. 8. 1999 – 1 Ws 215 – 99, NStZ 1999, 634.
[31] *Meyer-Goßner* Rn. 15; OLG Jena v. 9. 8. 1999 – 1 Ws 215 – 99, NStZ 1999, 634.
[32] Wird der Beschuldigte rechtskräftig freigesprochen, die Eröffnung des Hauptverfahrens gegen ihn unanfechtbar abgelehnt oder das Verfahren nicht nur vorläufig eingestellt, so ist die Speicherung, Veränderung und Nutzung unzulässig, wenn sich aus den Gründen der Entscheidung ergibt, daß der Betroffene die Tat nicht oder nicht rechtswidrig begangen hat (§ 8 Abs. 3 BKAG).
[33] *Busch* NJW 2002, 1754.

muster sowie das Geschlecht von Beschuldigten, Verurteilten und am Tatort aufgefundenem Spurenmaterial. Sie soll Tataufklärungen (Zuordnung von Personen zu Spuren), den Ausschluss Unverdächtiger, das Erkennen von Tatzusammenhängen (Spur-Spur-Treffer) und das Erkennen von Wiederholungstätern (Person-Person-Treffer) ermöglichen.[34]

18 Die Daten dürfen nur für die in **Abs. 5 S. 3** verwendeten Zwecke übermittelt werden, wodurch §§ 10, 14 BKAG eingeschränkt werden.

19 Nach § 32 Abs. 3 BKAG wird nach 10 Jahren bei Erwachsenen, 5 Jahren bei Jugendlichen und 2 Jahren bei Kindern **geprüft**, ob die Daten zu berichtigen oder zu löschen sind. Spuren werden ebenfalls nach zehn Jahren überprüft.

20 In sog. **Umwidmungsfällen** (Abs. 5 S. 2 und 4) werden nach § 81 e Abs. 1 erhobene Daten des Beschuldigten unter den Voraussetzungen des Abs. 1 in der DNA-Analyse-Datei gespeichert; gleiches gilt für das § 81 e Abs. 2 untersuchte Spurenmaterial. Im ersteren Fall ist der Beschuldigte unverzüglich von der Speicherung zu benachrichtigen und darauf hinzuweisen, dass er die gerichtliche Entscheidung entsprechend § 98 Abs. 2 S. 2 beantragen kann.

VI. Rechtsmittel

21 Gegen die Anordnung der Entnahme und der Untersuchung vgl. § 81 f Rn 4.[35] Für die nachträgliche Überprüfung der Vollstreckung einer richterlich angeordneten Entnahme von Körperzellen ist die Vorschrift des § 98 Abs. 2 S. 2 entsprechend anzuwenden.[36]

22 Fehler können nur für künftige Strafverfahren von Bedeutung sein und können in der Regel die Revision nicht begründen.[37] Schwerwiegende Verstöße bei der Anordnung können zu einem Verwertungsverbot führen und die **Revision** begründen.[38]

§ 81 h [DNA-Reihenuntersuchung]

(1) Begründen bestimmte Tatsachen den Verdacht, dass ein Verbrechen gegen das Leben, die körperliche Unversehrtheit, die persönliche Freiheit oder die sexuelle Selbstbestimmung begangen worden ist, dürfen Personen, die bestimmte, auf den Täter vermutlich zutreffende Prüfungsmerkmale erfüllen, mit ihrer schriftlichen Einwilligung

1. Körperzellen entnommen,
2. diese zur Feststellung des DNA-Identifizierungsmusters und des Geschlechts molekulargenetisch untersucht und
3. die festgestellten DNA-Identifizierungsmuster mit den DNA-Identifizierungsmustern von Spurenmaterial automatisiert abgeglichen werden,

soweit dies zur Feststellung erforderlich ist, ob das Spurenmaterial von diesen Personen stammt, und die Maßnahme insbesondere im Hinblick auf die Anzahl der von ihr betroffenen Personen nicht außer Verhältnis zur Schwere der Tat steht.

(2) ¹Eine Maßnahme nach Absatz 1 bedarf der gerichtlichen Anordnung. ²Diese ergeht schriftlich. ³Sie muss die betroffenen Personen anhand bestimmter Prüfungsmerkmale bezeichnen und ist zu begründen. ⁴Einer vorherigen Anhörung der betroffenen Personen bedarf es nicht. ⁵Die Entscheidung, mit der die Maßnahme angeordnet wird, ist nicht anfechtbar.

(3) ¹Für die Durchführung der Maßnahme gelten § 81 f Abs. 2 und § 81 g Abs. 2 entsprechend. ²Soweit die Aufzeichnungen über die durch die Maßnahme festgestellten DNA-Identifizierungsmuster zur Aufklärung des Verbrechens nicht mehr erforderlich sind, sind sie unverzüglich zu löschen. ³Die Löschung ist zu dokumentieren.

(4) ¹Die betroffenen Personen sind schriftlich darüber zu belehren, dass die Maßnahme nur mit ihrer Einwilligung durchgeführt werden darf. ²Hierbei sind sie auch darauf hinzuweisen, dass

1. die entnommenen Körperzellen ausschließlich für die Untersuchung nach Absatz 1 verwendet und unverzüglich vernichtet werden, sobald sie hierfür nicht mehr erforderlich sind, und
2. die festgestellten DNA-Identifizierungsmuster nicht zur Identitätsfeststellung in künftigen Strafverfahren beim Bundeskriminalamt gespeichert werden.

---

[34] Zu allgemeinen Empfehlungen der Spurenkommission zur statistischen Bewertung von DNA-Datenbank-Treffern vgl. Schneider/*Schneider/Fimmers/Brinkmann* NStZ 2010, 433.
[35] Vgl. BGH v. 9. 7. 2009 – 4 StR 235/09, BeckRS 2009, 21224.
[36] OLG Karlsruhe v. 5. 3. 2002 – 2 VAs 5/01, NJW 2002, 3117.
[37] Löwe/Rosenberg/*Krause* Rn. 67.
[38] *Meyer-Goßner* Rn. 23.

I. Allgemeines

§ 81h regelt die molekulargenetische Reihenuntersuchung, den sog. **Massen(gen)test** oder das **1** sog. **Massenscreening**.[1] In bestimmten Fällen dürfen Personen, die bestimmte, auf den Täter vermutlich zutreffende Prüfungsmerkmale erfüllen, zur Mitwirkung aufgefordert werden. Die Abgabe der DNA-Probe erfolgt zwar auf freiwilliger Basis, jedoch sehen sich Verweigerer oft mit einem zwischenmenschlichen Druck aus der Bevölkerung und einem gesteigerten Interesse der Strafverfolgungsbehörden konfrontiert, auch wenn die Verweigerung nicht als ein die Täterschaft begründendes oder bestärkendes Indiz gewertet werden darf.[2] Verdichtet sich jedoch der Tatverdacht gegen eine Person durch das Ausschlussprinzip, so darf eine DNA-Analyse nach §§ 81a, 81e, 81f auch zwangsweise durchgeführt werden.[3] Auf § 81c Abs. 2 S. 1 darf eine Anordnung nicht gestützt werden.[4]

Die ermittelten DNA-Identifizierungsmuster dienen ausschließlich dem Direktvergleich mit einer aufgefundenen Tatortspur und werden nicht mit der DNA-Analyse-Datei abgeglichen. Selbst auf freiwilliger Basis kann das DNA-Identifizierungsmuster nicht gespeichert werden. **2**

II. Voraussetzungen

Es muss der **Anfangsverdacht eines (versuchten) Verbrechens** vorliegen. Es müssen bereits **3** bestimmte Prüfungsmerkmale vorliegen, die auf den Täter vermutlich passen. Es muss also nicht sicher sein, dass sich der Täter in der zu untersuchenden Schnittmenge befindet. Prüfungsmerkmale können beispielsweise sein Geschlecht, Alter, Wohnort, Halter eines bestimmten Fahrzeugtyps.[5]

Die Maßnahme muss **erforderlich und verhältnismäßig** und andere Ermittlungsmaßnahmen erfolglos geblieben sein. Schwere der Tat, Anzahl der betroffenen Personen und die Kosten des Verfahrens sind mit dem Eingriff in die Intimsphäre der Betroffenen abzuwägen. **4**

Der Betroffene muss **schriftlich einwilligen**. Er ist vorher **schriftlich zu belehren** (Abs. 4). **5**

III. Anordnung

Der Massengentest darf nur durch den Richter schriftlich angeordnet werden (Abs. 2 S. 1, 2). **6** Zuständig ist der Ermittlungsrichter, in dessen Bezirk die Staatsanwaltschaft ihren Sitz hat (§ 162). Der Beschluss muss die Prüfungsmerkmale benennen und ist zu begründen.

Die Entscheidung über die **Anordnung** ist – auch durch den Betroffenen – **nicht anfechtbar**, **7** weil der aufgrund der Freiwilligkeit der Maßnahme nicht beschwert ist. Die **Ablehnung der Anordnung** kann durch die Staatsanwaltschaft mit der Beschwerde angefochten werden.

IV. Durchführung

Für die Durchführung gelten gem. **Abs. 3** die § 81f Abs. 2 und § 81g Abs. 2 entsprechend. Soweit die Aufzeichnungen über die durch die Maßnahme festgestellten DNA-Identifizierungsmuster zur Aufklärung des Verbrechens nicht mehr erforderlich sind, sind sie unverzüglich zu löschen und das zu dokumentieren. **8**

V. Revision

Durch die Freiwilligkeit führen Anordnungsmängel nicht zu einem Verwertungsverbot. Wenn **9** allerdings die gesetzlich vorgeschriebene Einwilligung mangelhaft ist, kann dies die Revision begründen.[6]

§ 82 [Gutachten im Vorverfahren]

Im Vorverfahren hängt es von der Anordnung des Richters ab, ob die Sachverständigen ihr Gutachten schriftlich oder mündlich zu erstatten haben.

---

[1] Ausführlich *Saliger/Ademi* JuS 2008, 193.
[2] BVerfG v. 27. 2. 1996 – 2 BvR 200/91, NJW 1996, 1587; BGH v. 21. 1. 2004 – 1 StR 364/03, BGHSt 49, 56 = NStZ 2004, 392; LG Mannheim v. 30. 3. 2004 – 1 Qs 1/04, NStZ-RR 2004, 301.
[3] BGH v. 21. 1. 2004 – 1 StR 364/03, BGHSt 49, 56 = NStZ 2004, 392; *Meyer-Goßner* Rn. 16 mwN.
[4] *Löwe/Rosenberg/Krause* Rn. 2; *Graalmann-Scheerer*, NStZ 2004, 298; aA *Meyer-Goßner* Rn. 17; LG Frankenthal v. 6. 10. 1999 – 1 T Qs 363/99, NStZ-RR 2000, 146.
[5] Vgl. LG Dortmund v. 28. 2. 2007 – 37 Qs 4/07, NStZ 2008, 175.
[6] *Saliger/Ademi* JuS 2008, 193.

1 Im **Ermittlungsverfahren** können auch Staatsanwaltschaft und Polizei Sachverständige hinzuziehen. Die Entscheidung, wie der Sachverständige sein Gutachten im Vorverfahren erstattet, wird in aller Regel dahingehend ausfallen, dass es schriftlich zur Akte gegeben wird. Denn das Vorverfahren ist ein schriftliches Verfahren, wie sich aus § 168 b Abs. 1 ergibt. Beweisergebnisse müssen im Wege der Akteneinsicht auch später nachzulesen sein. Es macht daher kaum Sinn, über den mündlichen Vortrag des Sachverständigen mit den dabei geltenden Anwesenheitsrechten nach § 168 c ein Protokoll gem. §§ 168 ff. aufzunehmen, in dem auf das überreichte schriftliche Gutachten Bezug genommen wird. Der Gutachter ist stets berechtigt, auch ohne gerichtliche Anordnung ein vorläufiges schriftliches Gutachten zu den Akten zu reichen.[1]

2 Im **Zwischenverfahren** kann das Gericht zur Vorbereitung der Entscheidung nach § 202 oder der Hauptverhandlung die Erstattung eines schriftliche Gutachtens anordnen.[2]

3 In der **Hauptverhandlung** muss das Gutachten mündlich erstattet werden. Es ist ohne Bezugnahme auf ein schriftliches Gutachten zu erstatten; Vorhalte hieraus sind aber zulässig.[3] Ausnahmen hiervon lassen §§ 251 Abs. 1, Abs. 2, 256 zu sowie im Wege des Freibeweis für die Feststellung der Prozessvoraussetzungen.[4] Die Verfahrensbeteiligten haben keinen Anspruch darauf, dass das mündlich erstattete Gutachten noch schriftlich fixiert wird.[5]

4 Ein unbedingter Anspruch der Verfahrensbeteiligten auf Vorlage und Zugänglichmachung sämtlicher zur Vorbereitung des Gutachtens dienender **Arbeitsunterlagen eines Sachverständigen**, wie sie etwa im vorliegenden Fall der psychologischen Glaubwürdigkeitsbegutachtung in Gestalt von Tonbandaufzeichnungen und Mitschriften von Explorationen sowie von Test- und Fragebögen benutzt werden, besteht im Strafprozess nicht. Ob und wie weit das Gericht und die Verfahrensbeteiligten Kenntnis vom Inhalt vorbereitender Arbeitsunterlagen des Sachverständigen haben müssen, um das Gutachten kritisch würdigen zu können, hängt von der tatrichterlichen Aufklärungspflicht ab.[6]

§ 83 [Neues Gutachten]

(1) Der Richter kann eine neue Begutachtung durch dieselben oder durch andere Sachverständige anordnen, wenn er das Gutachten für ungenügend erachtet.

(2) Der Richter kann die Begutachtung durch einen anderen Sachverständigen anordnen, wenn ein Sachverständiger nach Erstattung des Gutachtens mit Erfolg abgelehnt ist.

(3) In wichtigeren Fällen kann das Gutachten einer Fachbehörde eingeholt werden.

1 Da schon § 73 die Beauftragung mehrerer Sachverständiger zulässt, ist die **praktische Bedeutung von Abs. 1 gering**. Das Gericht kann zu jedem Zeitpunkt nach pflichtgemäßem Ermessen ein weiteres Gutachten einholen. Daneben tritt die Sachaufklärungspflicht nach § 244 Abs. 2.[1*]

2 Wenn der Richter das Gutachten für ungenügend erachtet, kann er es gem. **Abs. 1** nachbessern lassen oder einen neuen Sachverständigen beauftragen. Wenn ein Gutachten nun insgesamt nicht mehr erforderlich ist, kann die neue Begutachtung natürlich unterbleiben.[2*] **Ungenügend** ist ein Gutachten, das keine Sachkunde vermittelt oder dass den Gutachtensauftrag nicht abgearbeitet hat. Ein ergänztes oder neues Gutachten ist also in Anlehnung an § 244 Abs. 4 S. 2 2. HS erforderlich, wenn die Sachkunde oder Eignung des Sachverständigen zweifelhaft ist, Bedenken gegen die zugrunde gelegten Anknüpfungstatsachen bestehen oder das Gutachten selbst unklar oder widersprüchlich ist.[3*] Ob das Gutachten das Gericht überzeugt, ist nicht entscheidend.[4*] Die Beauftragung des bisherigen Gutachters wird in der Praxis nur selten erfolgen und allenfalls bei der Ergänzung der richtigen, aber noch unvollständigen Ausführungen in Betracht kommen. Widersprechen sich Gutachten einander, muss eine neue Begutachtung vorgenommen werden, wenn beide Gutachter auf Grund gleicher Anknüpfungstatsachen und übereinstimmender wissenschaftlicher Auffassungen zu sich widersprechenden Ergebnissen kommen.[5*]

3 Wenn der bisherige Gutachter mit Erfolg abgelehnt wurde, kann das Gericht einen anderen Sachverständigen beauftragen (**Abs. 2**). Nur dann, wenn das Gutachtens insgesamt nicht mehr

---

[1] BGH v. 12. 2. 2008 – 1 StR 649/07, NStZ 2008, 418.
[2] BGH GA 1963, 18.
[3] KK-StPO/*Senge* § 82 Rn. 3.
[4] *Meyer-Goßner* § 244 Rn. 9.
[5] KK-StPO/*Senge* § 82 Rn. 3; aA Löwe/Rosenberg/*Krause* § 82 Rn. 5.
[6] BGH v. 14. 7. 1995 – 3 StR 355/04, StV 1995, 565.
[1*] BGH v. 16. 1. 2003 – 1 StR 512/02, StraFo 2003, 198.
[2*] BayObLG v. 23. 12. 1955 – BReg 3 St 187/55, BayObLGSt 55, 262 = NJW 1956, 1001; Löwe/Rosenberg/*Krause* § 83 Rn. 2.
[3*] *Duttge* NStZ 2003, 376.
[4*] *Meyer-Goßner* Rn. 2.
[5*] KK-StPO/*Senge* Rn. 2; Löwe/Rosenberg/*Krause* Rn. 4.

Siebenter Abschnitt. Sachverständige und Augenschein §§ 84, 85

erforderlich ist, beispielsweise weil das Gericht nun selbst die notwendige Sachkunde hat oder weil die Beweisfrage nicht erheblich ist,[6] kann das Gericht von einer solchen Beauftragung absehen. Gleiches gilt, wenn ein verwertbares Gutachten zu dem Beweisthema nicht zu erwarten ist.[7]

In „wichtigeren"[8] Fällen, aber auch sonst oder wenn noch kein anderer Sachverständiger beauftragt wurde,[9] kann das Gericht auch eine **Fachbehörde** einschalten (**Abs. 3**). Die Pflicht der Fachbehörde zur Gutachtenserstattung besteht, wenn sie in ihrer Funktion und Einrichtung dazu berufen ist, ausschließlich oder neben anderen Aufgaben im gerichtlichen Verfahren mitzuwirken.[10] Das Behördengutachten kann nach § 256 Abs. 1 Nr. 1 a verlesen werden oder es wird durch einen Vertreter der Fachbehörde vor Gericht als Sachverständiger mit allen Rechten und Pflichten vorgetragen. — 4

§ 84 [Sachverständigenvergütung]
Der Sachverständige erhält eine Vergütung nach dem Justizvergütungs- und -entschädigungsgesetz.

§ 84 regelt die **Entschädigung von Sachverständigen**. Er erhält eine Entschädigung nach dem JVEG. Sachverständiger ist, wer als Sachverständiger vernommen oder sonst tätig geworden ist.[1] Die Benennung als Sachverständiger in der Ladung[2] oder in den Urteilsgründen[3] ist nicht entscheidend. Wird jemand als Sachverständiger und Zeuge vernommen, ist er als Sachverständiger zu entschädigen.[4] Ein sachverständiger Zeuge (§ 85) wird als Zeuge entschädigt. — 1

Für **Angehörige eine Behörde** oder einer sonstigen öffentlichen Stelle, gilt das JVEG nicht, wenn sie ein Gutachten in Erfüllung ihrer Dienstaufgaben erstatten, vertreten oder erläutern (§ 1 Abs. 2 S. 2 JVEG). — 2

Versagt wird die Vergütung insbesondere bei unberechtigter Weigerung, bei schuldhaft verspätetem Erscheinen, wenn der Sachverständige dann gar nicht mehr vernommen wird, und nicht mehr und bei schuldhaftherbeigeführter völliger oder teilweiser Unverwertbarkeit des Gutachtens.[5] — 3

§ 85 [Sachverständige Zeugen]
Soweit zum Beweis vergangener Tatsachen oder Zustände, zu deren Wahrnehmung eine besondere Sachkunde erforderlich war, sachkundige Personen zu vernehmen sind, gelten die Vorschriften über den Zeugenbeweis.

Personen, die aufgrund einer besonderen Sachkunde Wahrnehmungen über Tatsachen oder Zustände gemacht haben oder machen können, sind sog. **sachverständige Zeugen**. Für sie gelten aber dennoch die **Vorschriften über den Zeugenbeweis**, sie werden als Zeuge belehrt, ggf. verteidigt und entschädigt. Sachverständige Zeugen sind keine Sachverständigen, können also beispielsweise nicht wegen Besorgnis der Befangenheit (§ 74) abgelehnt werden. Ein Antrag auf Vernehmung eines sachverständigen Zeugen kann nur gem. § 244 Abs. 3 abgelehnt werden. Der sachverständige Zeuge macht nicht nur Angaben über vergangene Wahrnehmungen, sondern kann dies auch über gegenwärtige tun, beispielsweise der Verletzte über noch anhaltende Auswirkungen von Verletzungen. Allein deshalb wird er nicht zum Sachverständigen.[1*] — 1

Zur Abgrenzung: Der Zeuge sagt als **sachverständiger Zeuge** aus, wenn er über Wahrnehmungen berichtet, die er mit besonderer Sachkunde ohne behördlichen Auftrag gemacht hat. Der **Sachverständige** berichtet über Wahrnehmungen, die er im Auftrag der Strafverfolgungsbehörden gemacht hat.[2*] Für die Abgrenzung kommt es auch darauf an, wo das **Schwergewicht der Vernehmung** liegt. Äußert sich der sachverständige Zeuge auch gutachterlich, muss er nicht zusätzlich als Sachverständiger vernommen werden.[3*] Liegt das Schwergewicht auf Tatsachenbekundun- — 2

---

[6] Vgl. Löwe/Rosenberg/*Krause* Rn. 8.
[7] *Meyer-Goßner* Rn. 3 mwN.
[8] Dazu *Seyler* GA 1989, 549.
[9] Vgl. Löwe/Rosenberg/*Krause* Rn. 9.
[10] *Meyer-Goßner* Rn. 4 mwN; KK-StPO/*Senge* Rn. 5: Fakultäten, Industrie- und Handelskammern, Handwerkskammern; vgl. § 2 Abs. 7 BKAG; Amtshilfe gem. Art. 35 GG.
[1] *Meyer-Goßner* Rn. 1.
[2] BGH v. 20. 11. 1984 – 1 StR 639/84, NStZ 1985, 182.
[3] BGH v. 26. 6. 1984 – 5 StR 93/84, NStZ 1984, 465.
[4] Ebenso *Meyer-Goßner* Rn. 1.
[5] KK-StPO/*Senge* Rn. 3 mit weiteren Beispielen.
[1*] *Meyer-Goßner* Rn. 2.
[2*] BeckOK-StPO/*Ritzert* Rn. 2.
[3*] BGH v. 9. 10. 2002 – 5 StR 42/02, NJW 2003, 150.

gen, wird der sachverständige Zeuge durch zusätzliche gutachterliche Äußerungen nicht zum Sachverständigen.[4] Indiz für die Eigenschaft als sachverständiger Zeuge ist auch, dass der Sachverständige im Gegensatz zu dem Zeugen in aller Regel auswechselbar ist.[5] Der **Augenscheinsgehilfe**, der ebenfalls im behördlichen Auftrag Wahrnehmungen gemacht hat, benötigt dafür keine besondere Sachkunde und ist deshalb Zeuge.[6] Der **Gerichtshelfer** (§ 160 Abs. 3 S. 2) wird immer als Zeuge vernommen.[7]

3   Die **Abgrenzung** ist im einzelnen schwierig: Der Arzt, der eine Blutprobe gem. § 81a Abs. 1 S. 2 entnimmt, ist Sachverständiger jedenfalls bezüglich des Eingriffs als solchem; nach richtiger Meinung aber auch bezüglich der Wahrnehmungen, die er dabei gemacht hat.[8] Macht ein Arzt Wahrnehmungen, noch ehe durch behördlichen Auftrag beispielsweise für eine Obduktion in Anspruch genommen wird, berichtet er als (sachverständiger) Zeuge.[9]

4   Wird der sachverständige Zeuge zugleich als Sachverständiger vernommen, ohne dass er entsprechend belehrt oder eine Entscheidung über den Sachverständigeneid nach § 79 getroffen wird, begründet dies in der Regel nicht die **Revision**.[10] Das Gericht ist nicht verpflichtet darauf hinzuweisen, dass es die gutachterliche Äußerung eines Zeugen verwerten möchte.[11]

§ 86 [Richterlicher Augenschein]

Findet die Einnahme eines richterlichen Augenscheins statt, so ist im Protokoll der vorgefundene Sachbestand festzustellen und darüber Auskunft zu geben, welche Spuren oder Merkmale, deren Vorhandensein nach der besonderen Beschaffenheit des Falles vermutet werden konnte, gefehlt haben.

I. Allgemeines

1   Der **Begriff des Augenscheins** täuscht. Er umfasst nicht nur die Wahrnehmung durch Sehen,[1] sondern auch durch Hören, Riechen, Schmecken oder Fühlen.[2] § 86 regelt den **Inhalt des Protokolls** über den richterlichen Augenschein. Da der Zeugen-, Sachverständigen- und Urkundsbeweis gesetzlich besonders geregelt ist, verbleibt für den richterlichen Augenscheinsbeweis nur noch ein eingeschränkter Bereich. Er dient der Feststellung unmittelbar beweiserheblicher Tatsachen, aber auch von Beweisanzeichen.[3] Das Gericht verschafft sich mittels der genannten sinnlichen Wahrnehmung einen Eindruck von der Existenz oder Beschaffenheit eines Menschen, Gebäudes oder Gegenstands, von der Lage von Örtlichkeiten oder Gegenständen, von einer Verhaltensweise oder von einem wiederholbaren Vorgang.[4*] In Betracht kommt alles sinnlich Wahrnehmbare, das der Richter zur Überzeugungsbildung für geeignet hält.[5*] Besonders geregelt ist die Besichtigung des Körpers lebendiger Menschen (§§ 81 a, 81 c) und des Leichnams (§ 87 Abs. 1).

II. Augenscheineinnahme

2   Für den Beweisantrag auf Einnahme eines Augenscheins gilt § 244 Abs. 5. Die Unmittelbarkeit der **Beweisaufnahme** gilt für den Augenscheinsbeweis nicht.[6*] Das erkennende Gericht kann also die Augenscheinseinnahme durch andere Beweismittel ersetzen, wenn nicht die richterliche Aufklärungspflicht gem. § 244 Abs. 2 entgegensteht, etwa Zeugen über deren Wahrnehmungen vernehmen oder statt einer Tatortbesichtigung Lichtbilder und Skizzen in Augenschein nehmen.[7*] Es kann auch Tonbandaufnahmen durch Verlesung der daraus erstellten Niederschriften ersetzen, wobei besonderer Augenmerk auf die Richtigkeit und Vollständigkeit der Übertragung zu legen ist.[8*] Das Gericht kann Augenscheinseinnahmen durch einen beauftragten[9*] oder ersuchten[10*]

---

[4] BGH v. 26. 6. 1984 – 5 StR 93/84, NStZ 1984, 465; aA SK-StPO/*Rogall* Rn. 19 ff.
[5] KK-StPO/*Senge* Rn. 1.
[6] Näher bei § 86 Rn. 2.
[7] Löwe/Rosenberg/*Krause* Rn. 16; aA *Sontag* NJW 1976, 1436.
[8] Löwe/Rosenberg/*Krause* Rn. 14; aA OLG Hamburg v. 17. 8. 1962 – 2 Ss 43/62, NJW 1963, 408.
[9] *Meyer-Goßner* Rn. 5.
[10] BGH DAR 1997, 181.
[11] BGH GA 1976, 79.
[1] Zu blinden Schöffen vgl. BVerfG v. 10. 3. 2004 – 2 BvR 577/01, NJW 2004, 2150.
[2] BGH v. 28. 9. 1962 – 4 StR 301/62, BGHSt 18, 51 = NJW 1962, 2361.
[3] *Meyer-Goßner* Rn. 2 mwN.
[4*] *Meyer-Goßner* Rn. 2 mwN.
[5*] Löwe/Rosenberg/*Krause* Rn. 9.
[6*] Anders beim Zeugenbeweis, vgl. § 250 StPO.
[7*] *Meyer-Goßner* Rn. 3.
[8*] BGH v. 3. 3. 1977 – 2 StR 390/76, BGHSt 27, 135 = NJW 1977, 1545.
[9*] Mit der Augenscheinseinnahme beauftragte Mitglieder des erkennenden Gerichts.
[10*] Im Wege der Rechtshilfe nach § 157 GVG angegangene Richter.

Richter vornehmen lassen.[11] Es kann oder muss sich uU aus tatsächlichen oder rechtlichen[12] Gründen auch nichtrichterlicher Personen bedienen.[13] Diese **Augenscheinsgehilfen** werden dann zwar als Zeugen vernommen; die Verlesung einer von ihnen über die Besichtigung hergestellten Vermerks ist unzulässig.[14] Für ihre Auswahl, Ablehnung wegen Befangenheit und Pflicht zum Tätigwerden gelten aber die Vorschriften über Sachverständige.[15]

Wenn **Sachverständige** nach §§ 81 a, 81 c mit einer Augenscheineinnahme beauftragt werden, 3 handelt es sich um einen Sachverständigenbeweis. Der Augenschein unter Hinzuziehung eines Sachverständigen ist richterlicher Augenschein.[16]

Besichtigt das Gericht vorab einzelne Gegenstände in den Akten oder Örtlichkeiten rein infor- 4 matorisch, so ist das zulässig. Eine solche „**informatorische Besichtigung**" kann beispielsweise der Vorbereitung der Hauptverhandlung dienen.[17] Hieraus gewonnene Wahrnehmungen dürfen Angeklagten, Zeugen und Sachverständigen vorgehalten werden, aber nicht selbst als Urteilsgrundlage dienen;[18] dafür ist ggf. eine Wiederholung in Form einer förmlichen richterlichen Augenscheinseinnahme vonnöten.

III. Augenscheinsgegenstände

Augenscheinsgegenstände sind sachliche Beweismittel.[19] Davon zu unterscheiden sind Ver- 5 nehmungshilfen. Sie werden nicht als Beweismittel, sondern bei der Sachvernehmung des Angeklagten und bei der Beweisaufnahme zur Erläuterung von Fragen und zur Veranschaulichung der Aussagen benutzt.[20] Deren Verwendung ist nicht protokollierungspflichtig.[21]

Als **Augenscheinsgegenstände** kommen in Betracht: 6

Personen werden in der Regel von Sachverständigen in Augenschein genommen (§§ 81 a, 81 c). 7 Das Gericht kann, wenn nicht § 81 d entgegensteht, auch selbst die Person in Augenschein nehmen, um Auffälligkeiten an ihrem Körper festzustellen oder eben auch nicht.[22] Bei Zeugen oder Angeklagten, die nicht von ihrem Zeugnisverweigerungsrecht oder Schweigerecht Gebrauch machen, bedarf es keiner ausdrücklichen Augenscheinseinnahme.[23] Wahrnehmungen zu ihrer Person können dem Urteil ohne weiteres und ohne Beurkundung im Sitzungsprotokoll zugrunde gelegt werden.[24]

Kommt es bei **Urkunden** nur auf ihre Beschaffenheit und nicht auf ihren Inhalt an oder sind sie 8 nicht verlesbar (zB technische Aufzeichnungen, Fahrtschreiberdiagramme oder Papierstreifen von Registrierkassen), sind sie Augenscheinsgegenstände.

Skizzen und Zeichnungen können nur zum Beweis ihrer Existenz oder Herstellung in Augen- 9 schein genommen werden. Es handelt sich dabei um die Darstellung der individuellen Wahrnehmung einer Person, die diese – oder ein Dritter nach ihren Angaben – entsprechend den zeichnerischen Fähigkeiten gefertigt hat. Für ihren Inhalt muss wegen der Unmittelbarkeit der Beweisaufnahme (vgl. § 250) ihr Hersteller vernommen werden.[25] Soweit sie Land- und Straßenkarten und amtliche Lagepläne enthalten, können Tatort- und Unfallskizzen, die für das Strafverfahren angefertigt wurden, in Augenschein genommen werden.[26]

Abbildungen, Fotos oder Filme sind typische Augenscheinsgegenstände. Sie können ihren eige- 10 nen strafbaren Inhalt beweisen, unmittelbar Beweis über andere Straftaten erbringen oder mittelbar der Beweisführung dienen.[27] So können die Aufnahmen der Verkehrsüberwachung oder Überwachungskameras von Banken, Videoaufnahmen von Krawallen oder heimlich hergestellte Filmaufnahmen von der Begehung der Straftat[28] in Augenschein genommen werden. Gleiches gilt

---

[11] RG v. 18. 3. 1913 – V 738/12, RGSt 47, 100.
[12] S. § 81 d StPO.
[13] BGH v. 3. 3. 1977 – 2 StR 390/76, BGHSt 27, 135 = NJW 1977, 1545.
[14] Vgl. *Meyer-Goßner* Rn. 18.
[15] *Meyer-Goßner* Rn. 4; Löwe/Rosenberg/*Krause* Rn. 7.
[16] Löwe/Rosenberg/*Krause* Rn. 5.
[17] BGH MDR 1966, 383 [D].
[18] OLG Frankfurt v. 29. 12. 1982 – 1 Ws (B) 267/82 OWiG, StV 1983, 192; *Meyer-Goßner* Rn. 6.
[19] Zu Durchsuchung, Herausgabe, Beschlagnahme und Herausgabeverweigerungsrecht gelten die allgemeinen Regeln, KK-StPO/*Senge* Rn. 10.
[20] *Meyer-Goßner* Rn. 8.
[21] BGH v. 2. 12. 2003 – 1 StR 340/03, NStZ-RR 2005, 66 (Nr. 4); BGH v. 9. 7. 1997 – 3 StR 268/97, StV 2000, 241.
[22] OLG Hamm v. 25. 7. 1974 – 3 Ss OWi 586/74, MDR 1974, 1036.
[23] Zur Abwesenheit des Angeklagten bei der Augenscheinseinnahme des Körpers des Zeugen vgl. BGH v. 12. 9. 2007 – 2 StR 187/07, StraFo 2008, 76.
[24] BGH v. 5. 3. 1954 – 5 StR 661/53, BGHSt 5, 354; OLG Hamm v. 25. 7. 1974 – 3 Ss OWi 586/74, MDR 1974, 1036; *Meyer-Goßner* Rn. 14.
[25] BGH v. 4. 5. 2004 – 1 StR 391/03, StraFo 2004, 319.
[26] *Meyer-Goßner* Rn. 12.
[27] *Meyer-Goßner* Rn. 10.
[28] OLG Schleswig v. 3. 10. 1979 – 1 Ss 313/79, NJW 1980, 352.

für die Aufnahmen von einer Gegenüberstellung, des Tatort- oder Unfallorts oder des Geständnisses des Angeklagten; die Vorführung einer Bild-Ton-Aufzeichnung einer Zeugenvernehmung in der Hauptverhandlung ist gesondert in § 255a geregelt. Ob der Hersteller der Aufnahme über Aufnahmezeit und ort als Zeuge zu vernehmen ist, beurteilt sich nach den Grundsätzen der freien Beweiswürdigung.[29]

11   Für **Tonbandaufnahmen** als Augenscheinsgegenstände gilt entsprechendes. Sie beweisen nicht nur ihre äußere Beschaffenheit, sondern auch den Inhalt der auf ihnen festgehaltenen Gedankenäußerungen, beispielsweise das Geständnis des Angeklagten.[30] Ein Tonband gibt nicht nur den genauen Wortlaut der Aussage der Beteiligten wieder, sondern gibt auch über die Art und Weise Aufschluss, in der diese Aussage gemacht wurde, insbesondere wenn die Echtheit der Tonbandaufnahme bestätigt ist.[31] So kann festgestellt werden, ob der Aufgenommene der deutschen Sprache mächtig war, ob er Erlebnisse als selbst erlebt geschildert hat bzw. ob ihm Worte in den Mund gelegt wurden.[32]

12   **Vorgänge und Experimente** können für sich genommen ebenfalls Augenscheinsgegenstände sein, wenn sie nicht schon Gegenstand eines Sachverständigengutachtens oder einer Zeugenaussage sind. Das Gericht kann sich selbst von Fahr- oder Bremsversuchen, Schießversuchen oder Rekonstruktion des Tatverlaufs ein Bild machen.[33]

IV. Richterliche Augenscheinseinnahme

13   § 86 regelt für die **richterliche Augenscheinseinnahme außerhalb der Hauptverhandlung**[34] – auch wenn sie in der Hauptverhandlung angeordnet ist[35] –, wie das nach § 249 Abs. 1 S. 2 verlesbare Protokoll (§§ 168, 168a) auszusehen hat. Es sind positive und negative Feststellungen zu machen: Zunächst muss der vorgefundene Sachbestand festgestellt werden. Zudem muss sich aus dem Protokoll ergeben, welche Spuren oder Merkmale gefehlt haben, die man eigentlich dort erwartet hätte. Nach Möglichkeit sollen der wörtlichen Schilderung Fotos, Skizzen oder Zeichnungen beigefügt werden, die dann in der Hauptverhandlung ohne Vernehmung ihres Herstellers als Beweismittel in Augenschein genommen werden können.[36] Etwaige Aussagen von beteiligten Personen können protokolliert und dann ebenfalls verlesen werden. Die Anwesenheitsrechte regelt § 168d.

14   Die **richterliche Augenscheinseinnahme in der Hauptverhandlung** ist Teil der Hauptverhandlung.[37] An ihr müssen das Gericht und die Verfahrensbeteiligten teilnehmen.[38] Sie findet entweder im Gerichtssaal oder an dem Ort statt, wo sich der Augenscheinsgegenstand befindet, beispielsweise der Tatort oder Unfallort. Das kann Probleme bei der Gewährleistung der Öffentlichkeit bringen.[39] Im Sitzungsprotokoll ist nur die Tatsache festzuhalten, dass eine Augenscheinseinnahme stattgefunden hat, nicht aber deren genauer Verlauf oder deren Ergebnis; § 86 gilt hier nicht.[40] Die Augenscheinseinnahme ist eine wesentliche Förmlichkeit der Hauptverhandlung im Sinne des § 273 Abs. 1, die nur durch das Protokoll bewiesen werden kann.[41]

V. Revision

15   Eine **Revision** kann nur sehr eingeschränkt auf die Verletzung der Vorschriften zum richterlichen Augenscheins gestützt werden.[42]

§ 87 [Leichenschau, Leichenöffnung]

(1) [1] Die Leichenschau wird von der Staatsanwaltschaft, auf Antrag der Staatsanwaltschaft auch vom Richter, unter Zuziehung eines Arztes vorgenommen. [2] Ein Arzt wird nicht zugezogen, wenn dies zur Aufklärung des Sachverhalts offensichtlich entbehrlich ist.

---

[29] *Meyer-Goßner* Rn. 10 mwN.
[30] BGH v. 14. 6. 1960 – 1 StR 73/60, BGHSt 14, 339 = NJW 1960, 1582; BGH v. 3. 3. 1977 – 2 StR 390/76, BGHSt 27, 135 = NJW 1977, 1545; KG v. 23. 11. 1979 – (1) 1 StE 2/77 (130/77), NJW 1980, 952.
[31] BGH v. 14. 6. 1960 – 1 StR 73/60, BGHSt 14, 339 = NJW 1960, 1582.
[32] *Meyer-Goßner* Rn. 11.
[33] *Meyer-Goßner* Rn. 15.
[34] §§ 162, 165, 202 S. 1, 225 StPO.
[35] RG v. 30. 12. 1889 – 3227/89, RGSt 20, 149.
[36] *Meyer-Goßner* Rn. 16.
[37] BGH v. 2. 10. 1952 – 3 StR 83/52, BGHSt 3, 187 = NJW 1952, 1306.
[38] BGH v. 24. 3. 1998 – 4 StR 663/97, NStZ 1998, 476.
[39] Vgl. dazu BGH v. 14. 6. 1994 – 1 StR 40/94, BGHSt 40, 191 = NStZ 1994, 2773; BGH v. 10. 1. 1999 – 3 StR 331/99, NStZ-RR 2000, 266; BGH v. 10. 1. 2006 – 1 StR 527/05, NJW 2006, 1220; sowie die Kommentierung bei § 169 GVG Rn. 8 ff.
[40] OLG Zweibrücken v. 17. 6. 1992 – 1 Ss 35/92, VRS 83 (1992), 349 mwN.
[41] KK-StPO/*Senge* Rn. 9.
[42] Ausführlich bei KK-StPO/*Senge* Rn. 11.

(2) ¹Die Leichenöffnung wird von zwei Ärzten vorgenommen. ²Einer der Ärzte muß Gerichtsarzt oder Leiter eines öffentlichen gerichtsmedizinischen oder pathologischen Instituts oder ein von diesem beauftragter Arzt des Instituts mit gerichtsmedizinischen Fachkenntnissen sein. ³Dem Arzt, welcher den Verstorbenen in der dem Tod unmittelbar vorausgegangenen Krankheit behandelt hat, ist die Leichenöffnung nicht zu übertragen. ⁴Er kann jedoch aufgefordert werden, der Leichenöffnung beizuwohnen, um aus der Krankheitsgeschichte Aufschlüsse zu geben. ⁵Die Staatsanwaltschaft kann an der Leichenöffnung teilnehmen. ⁶Auf ihren Antrag findet die Leichenöffnung im Beisein des Richters statt.

(3) Zur Besichtigung oder Öffnung einer schon beerdigten Leiche ist ihre Ausgrabung statthaft.

(4) ¹Die Leichenöffnung und die Ausgrabung einer beerdigten Leiche werden vom Richter angeordnet; die Staatsanwaltschaft ist zu der Anordnung befugt, wenn der Untersuchungserfolg durch Verzögerung gefährdet würde. ²Wird die Ausgrabung angeordnet, so ist zugleich die Benachrichtigung eines Angehörigen des Toten anzuordnen, wenn der Angehörige ohne besondere Schwierigkeiten ermittelt werden kann und der Untersuchungszweck durch die Benachrichtigung nicht gefährdet wird.

I. Allgemeines

Wenn Anhaltspunkte dafür vorhanden sind, dass jemand eines nicht natürlichen Todes gestorben ist oder wenn die Leiche eines Unbekannten gefunden wird, **prüft der Staatsanwalt**, ob eine Leichenschau oder eine Leichenöffnung erforderlich ist (vgl. §§ 159, 160). Eine Leichenschau wird in der Regel schon angezeigt sein, wenn eine Straftat als Todesursache nicht von vornherein ausgeschlossen werden kann.¹ Leichenschau und Leichenöffnung sind gem. Nr. 36 Abs. 1 RiStBV mit größter Beschleunigung durchzuführen, weil die ärztlichen Feststellungen über die Todesursache auch durch geringe Verzögerungen an Zuverlässigkeit verlieren können.² 1

II. Leichenschau

Die **Leichenschau nach Abs. 1** ist die Besichtigung der äußeren Beschaffenheit einer Leiche ohne deren Öffnung. Die Leichenschau soll möglichst am Tatort oder am Fundort der Leiche durchgeführt werden.³ In der Regel nimmt der Staatsanwalt die Leichenschau vor;⁴ er fertigt darüber einen Aktenvermerk. Nur dann, wenn dies aus besonderen Gründen erforderlich ist, etwa um die Verlesung der Niederschrift nach § 249 Abs. 1 S. 2 zu ermöglichen, soll der Staatsanwalt die Vornahme der Leichenschau durch den nach § 162 Abs. 1 S. 3 zuständigen Richter beantragen.⁵ Bei der richterlichen Leichenschau gelten für die Protokollierung die §§ 168, 168a und für den Inhalt des Protokolls § 86. Der Richter muss dann dem Antrag entsprechen, wenn die Leichenschau rechtlich zulässig ist.⁶ Ohne einen solchen Antrag darf der Richter selbst die Leichenschau nur vornehmen, wenn ihm nach § 159 Abs. 1 ein ungeklärter Todesfall gemeldet wird und die Voraussetzungen des § 165 Abs. 1 vorliegen.⁷ Grundsätzlich nimmt ein Arzt (oder mehrere Ärzte) an der Leichenschau teil. Dieser braucht nicht Gerichts- oder Amtsarzt zu sein.⁸ Gem. Abs. 1 S. 2 ist seine Zuziehung entbehrlich, wenn dies zur Aufklärung des Sachverhalts offensichtlich nicht notwendig ist. 2

III. Leichenöffnung

Wenn sich aus der Leichenschau eine Straftat als Todesursache nicht sicher ausschließen lässt oder wenn damit zu rechnen ist, dass diese Feststellung später angezweifelt wird, etwa weil der Tote in Gewahrsam war, wird der Staatsanwalts nach der Identifizierung des Toten (§ 88) die **Leichenöffnung** anordnen.⁹ Erforderlich ist sie also, wenn fremdes Verschulden am Tod in Betracht kommt und die Todesursache oder -zeit festgestellt werden muss.¹⁰ Die Leichenöffnung und die 3

---

¹ Nr. 33 Abs. 1 S. 1, 2 RiStBV.
² *Maiwald* NJW 1978, 565.
³ Nr. 33 Abs. 1 S. 3 RiStBV.
⁴ Zum nicht gegebenen Ausschluss gem. § 22 Nr. 4 StPO vgl. BGH v. 2. 12. 2003 – 1 StR 102/03, BGHSt 49, 29 = NStZ 2004, 217.
⁵ Nr. 33 Abs. 3 RiStBV.
⁶ LG Waldshut v. 8. 2. 1972 – 2 Qs 24/72, NJW 1972, 1148; Löwe/Rosenberg/*Krause* Rn. 10.
⁷ *Meyer-Goßner* Rn. 5.
⁸ *Meyer-Goßner* Rn. 6.
⁹ Nr. 33 Abs. 2 RiStBV.
¹⁰ BVerfG v. 18. 1. 1994 – 2 BvR 1912/93, NJW 1994, 783; LG Mainz v. 25. 9. 2001 – 5 Qs 73/01, NStZ-RR 2002, 43.

Ausgrabung einer beerdigten Leiche (Abs. 3, Abs. 4 S. 2; Nr. 34 RiStBV) werden vom Richter auf Antrag der Staatsanwaltschaft hin[11] angeordnet (Abs. 4 S. 1), im Eilfall auch durch die Staatsanwaltschaft, nicht aber durch die Ermittlungspersonen der Staatsanwaltschaft.[12] Zuständig ist der Richter, in dessen Bezirk sich die Leiche befindet.[13]

4 Die Angehörigen (§ 52 Abs. 1) sind vor der Leichenöffnung nach Möglichkeit zu hören.[14] Wenn der **totensorgeberechtigte Angehörige**[15] die Leiche nicht freiwillig zur Verfügung stellt, muss sie nach § 94 beschlagnahmt werden.[16]

5 Die Leichenöffnung wird gem. Abs. 3 S. 1 von **2 Ärzten** vorgenommen, wobei einer der beiden Ärzte Gerichtsarzt[17] oder Leiter oder beauftragter Arzt eines der in Abs. 2 S. 2 bezeichneten Institute sein muss. Ist ein solcher Arzt nicht rechtzeitig zu erreichen, kann ein anderer mitwirken.[18] Die beiden Ärzte müssen bei der Leichenöffnung ununterbrochen anwesend sein.[19] Der den Toten vor seinem Ableben behandelnde Arzt kann aufgefordert werden, an der Leichenöffnung teilzunehmen, um den Obduzenten über die Krankheitsgeschichte des Toten zu berichten (Abs. 2 S. 4); er soll aber gem. Abs. 2 S. 3 nicht selbst an der Leichenöffnung mitwirken. Der behandelnde Arzt ist dann sachverständiger Zeuge, kann in der Hauptverhandlung aber auch als Sachverständiger vernommen werden.[20]

6 An der Leichenöffnung wird der Staatsanwalt nur dann teilnehmen, wenn er es nach seinem pflichtgemäßen Ermessen im Rahmen einer umfassenden Sachaufklärung für geboten erachtet.[21] Sachdienlich wird die **Teilnahme** aber in der Regel nicht sein. Das Gutachten des obduzierenden Arztes und etwaige Folgegutachten geben weit mehr Aufschluss als die Teilnahme eines medizinischen Laien. Aus dem gleichen Grund wird die Anwesenheit des Richters bei der Leichenöffnung[22] meist nicht erforderlich sein. Der Richter muss dem Antrag stattgeben, wenn er zulässig ist.[23] Wenn der Richter neben dem Staatsanwalt an der Leichenöffnung teil, leitet er die Untersuchung.[24] Nimmt nur der Staatsanwalt an der Leichenöffnung teil, muss er während des ganzen Vorgangs anwesend sein und die Untersuchung leiten (§§ 161a Abs. 1 S. 2, 78).[25] Er veranlasst dann ggf. weitere Untersuchungen[26] oder die Hinzuziehung weiterer Sachverständiger.[27] Anschließend erteilt oder besorgt er die Genehmigung zur Bestattung (vgl. § 159, Nr. 38 RiStBV).

7 Die obduzierenden Ärzte haben über die festgestellten Befunde ein **Protokoll** zu fertigen. Es ist unter den Voraussetzungen der §§ 251, 253, 256 StGB in der Hauptverhandlung verlesbar.[28] Institute für Gerichtsmedizin der Universitäten stellen Behörden im Sinne dieser Vorschrift dar.[29] Handelt es sich um ärztliche Befunde und ihre Begutachtung in dem Protokoll einer Leichenöffnung, so kommt unter Beachtung der Aufklärungspflicht eine Verlesung nach § 256 in Betracht, wenn die beiden nach § 87 erforderlichen Ärzte der Behörde angehören und es unterzeichnet haben.[30] Ansonsten muss mindestens einer der Ärzte als Sachverständiger vernommen werden.[31]

8 Beschuldigter und Verteidiger haben kein **Anwesenheitsrecht** bei der Leichenöffnung. § 168d gilt selbst dann nicht, wenn ein Richter daran teilnimmt.[32] Ob einem von ihnen benannten Sachverständigen die Anwesenheit gestattet wird, steht im Ermessen des Staatsanwalts oder Richters.[33]

---

[11] Beachte aber § 165 StPO.
[12] Löwe/Rosenberg/*Krause* Rn. 18.
[13] SK-StPO/*Rogall* Rn. 40.
[14] *Struckmann* NJW 1964, 2244.
[15] Vgl. dazu BVerfG v. 9. 4. 2002 – 2 BvR 710/01, NJW 2002, 2861.
[16] BVerfG v. 18. 1. 1994 – 2 BvR 1912/93, NJW 1994, 783; *Meyer-Goßner* Rn. 9.
[17] Dazu OVG Berlin v. 28. 3. 1960 – OVG VI B 48/57, NJW 1961, 984.
[18] *Meyer-Goßner* Rn. 11.
[19] KK-StPO/*Senge* Rn. 5; Löwe/Rosenberg/*Krause* Rn. 19.
[20] Löwe/Rosenberg/*Krause* Rn. 26.
[21] Vgl. Nr. 33 Abs. 4 RiStBV mit fragwürdigen Regelbeispielen; § 87 Abs. 2 S. 5 StPO.
[22] Vgl. Nr. 33 S. 2 RiStBV; vgl. § 87 Abs. 2 S. 6 StPO.
[23] *Meyer-Goßner* Rn. 14.
[24] Löwe/Rosenberg/*Krause* Rn. 20.
[25] *Meyer-Goßner* Rn. 13; aA KK-StPO/*Senge* Rn. 6.
[26] § 35 Abs. 1 S. 1 RiStBV.
[27] ZB in Fällen der Vergiftung nach § 91 StPO, Nr. 35 Abs. 1 S. 2 RiStBV oder bei Todesfällen durch elektrischen Strom nach Nr. 36 Abs. 2 RiStBV.
[28] BGH v. 21. 9. 2000 – 1 StR 634/99, NStZ-RR 2001, 262 (Nr. 19).
[29] BGH v. 23. 8. 1966 – 5 StR 383/66, NJW 1967, 299.
[30] BGH v. 21. 9. 2000 – 1 StR 634/99, NStZ-RR 2001, 262 (Nr. 19).
[31] AA KK-StPO/*Senge* Rn. 7: Gehört nur einer der Ärzte dem gerichtsärztlichen Dienst an, kommt Verlesung nach § 256 StPO in Betracht, wenn beide Ärzte zu übereinstimmenden Ergebnissen gekommen sind.
[32] Löwe/Rosenberg/*Krause* Rn. 28.
[33] *Meyer-Goßner* Rn. 15.

IV. Revision

Ein Verstoß gegen § 87 begründet keine **Revision**,[34] auch nicht die Verletzung des § 87 Abs. 2 S. 3 durch Mitwirkung des behandelnden Arztes an der Leichenöffnung.[35] Das ist nur bei der Beweiswürdigung zu berücksichtigen. 9

§ 88 [Identifizierung]

(1) [1] Vor der Leichenöffnung soll die Identität des Verstorbenen festgestellt werden. [2] Zu diesem Zweck können insbesondere Personen, die den Verstorbenen gekannt haben, befragt und Maßnahmen erkennungsdienstlicher Art durchgeführt werden. [3] Zur Feststellung der Identität und des Geschlechts sind die Entnahme von Körperzellen und deren molekulargenetische Untersuchung zulässig; für die molekulargenetische Untersuchung gilt § 81 f Abs. 2 entsprechend.

(2) Ist ein Beschuldigter vorhanden, so soll ihm die Leiche zur Anerkennung vorgezeigt werden.

Vor der Leichenöffnung soll der Tote **identifiziert** werden (Abs. 1). Dazu können beispielsweise ihm nahestehende Personen befragt, erkennungsdienstliche Maßnahmen (§ 81 b) an der Leiche durchgeführt oder Röntgenbilder oder Gebissabdrücke von ihr gemacht werden. Gem. Abs. 1 S. 3 kann auch eine molekulargenetische Untersuchung entsprechend § 81 f Abs. 2 gemacht werden.[1] 1

Eine etwas antiquierte Vorschrift ist **Abs. 2**. Ihr Sinn ist zweifelhaft. Ein Verstoß gegen § 136 a liegt nahe. Zwar soll er nicht vorliegen, wenn der Anblick der Leiche geeignet ist, die Willensentschließung und -betätigung des Beschuldigten zu beeinflussen.[2] Die Grenze hin zu dem einen Verstoß gegen § 136 a begründenden Zweck, dass der Beschuldigte beim Anblick der Leiche ein Geständnis ablegt,[3] ist allerdings so fließend, dass von dem Vorzeigen der Leiche Abstand genommen werden sollte. Wenn die Identität der Leiche feststeht, kann von dem Vorzeigen ohnehin abgesehen werden.[4] 2

§ 89 [Umfang der Leichenöffnung]

Die Leichenöffnung muß sich, soweit der Zustand der Leiche dies gestattet, stets auf die Öffnung der Kopf-, Brust- und Bauchhöhle erstrecken.

Die Öffnung der **drei genannten Höhlen** ist stets vorzunehmen, selbst wenn die Todesursache schon festzustehen scheint.[1*] Zur Entnahme von Leichenteilen s. Nr. 35 RiStBV. 1

Mit der **Revision** kann ein Verstoß gegen § 89 nicht gerügt werden.[2*] 2

§ 90 [Neugeborenes Kind]

Bei Öffnung der Leiche eines neugeborenen Kindes ist die Untersuchung insbesondere auch darauf zu richten, ob es nach oder während der Geburt gelebt hat und ob es reif oder wenigstens fähig gewesen ist, das Leben außerhalb des Mutterleibes fortzusetzen.

Bei der Obduktion von neugeborenen Kindern ist gem. § 90 auch zu untersuchen, ob es nach oder während der Geburt noch gelebt hat und ob es reif oder wenigstens fähig gewesen wäre, außerhalb des Mutterleibs zu leben. Damit sollen **etwaige Tötungsdelikte** (§§ 211, 212, 218, 222 StGB), beispielsweise durch ärztliche Behandlungsfehler, aufgeklärt werden. 1

§ 91 [Verdacht einer Vergiftung]

(1) Liegt der Verdacht einer Vergiftung vor, so ist die Untersuchung der in der Leiche oder sonst gefundenen verdächtigen Stoffe durch einen Chemiker oder durch eine für solche Untersuchungen bestehende Fachbehörde vorzunehmen.

---

[34] *Meyer-Goßner* Rn. 19.
[35] Löwe/Rosenberg/*Krause* Rn. 34; KK-StPO/*Senge* Rn. 5; aA *Meyer-Goßner* Rn. 19.
[1] Vgl. *Rinio* Kriminalistik 2003, 187; *Rogall*, FS Schroeder, 2006, S. 697.
[2] *Meyer-Goßner* Rn. 2.
[3] BGH v. 7. 10. 1960 – 4 StR 342/60, BGHSt 15, 187 = NJW 1961, 84.
[4] BGH v. 2. 10. 1979 – 1 StR 440/79, NStZ 1981, 94.
[1*] KK-StPO/*Senge* § 87 Rn. 1.
[2*] *Meyer-Goßner* Rn. 2.

(2) Es kann angeordnet werden, daß diese Untersuchung unter Mitwirkung oder Leitung eines Arztes stattzufinden hat.

1 § 91 ergänzt § 87 Abs. 2. Im Fall des **Verdachts einer Vergiftung**, sind gem. Abs. 1 entsprechende Sachverständige hinzuziehen. Das gilt nicht nur bei Ermittlungsverfahren wegen der klassischen Tötungsdelikten, sondern beispielsweise auch bei Umweltdelikten nach §§ 324, 326 StGB.[1] Die **Entscheidung über die Hinzuziehung** und die Auswahl trifft der Richter oder Staatsanwalt an, der die Leichenöffnung leitet. Der Chemiker oder die Fachbehörde müssen auf dem Gebiet der Giftkunde besonders erfahren sein.[2]

2 Die Untersuchung durch den hinzugezogenen Sachverständigen kann ggf. unter Mitwirkung oder Leitung eines Arztes erfolgen (**Abs. 2**). Dieser Arzt muss nicht der Obduzent oder Gerichtsarzt sein. Von Art und Grad seiner Mitwirkung hängt es dann ab, ob er Zeuge oder Sachverständiger ist.[3]

§ 92 [Gutachten bei Geld- oder Wertzeichenfälschung]

(1) ¹Liegt der Verdacht einer Geld- oder Wertzeichenfälschung vor, so sind das Geld oder die Wertzeichen erforderlichenfalls der Behörde vorzulegen, von der echtes Geld oder echte Wertzeichen dieser Art in Umlauf gesetzt werden. ²Das Gutachten dieser Behörde ist über die Unechtheit oder Verfälschung sowie darüber einzuholen, in welcher Art die Fälschung mutmaßlich begangen worden ist.

(2) Handelt es sich um Geld oder Wertzeichen eines fremden Währungsgebietes, so kann an Stelle des Gutachtens der Behörde des fremden Währungsgebietes das einer deutschen erfordert werden.

1 In Ermittlungsverfahren wegen Geld- oder Wertzeichenfälschung nach §§ 146 ff., 151 StGB[1*] sind das Geld oder die Wertzeichen ggf. der **ausstellenden Behörde**[2*] vorzulegen, wenn Zweifel an der Echtheit bestehen. Wenn die Unechtheit oder Verfälschung sowie die Art ihrer Begehung schon feststehen, muss kein Gutachten eingeholt werden.[3*]

2 Im Fall von Geld oder Wertzeichen eines **fremden Währungsgebiets**[4] kann anstatt der ausländischen auch eine deutsche Behörde das Gutachten erstatten (Abs. 2), beispielsweise die Deutsche Bundesbank oder eine Landeszentralbank.[5]

§ 93 [Schriftgutachten]

Zur Ermittlung der Echtheit oder Unechtheit eines Schriftstücks sowie zur Ermittlung seines Urhebers kann eine Schriftvergleichung unter Zuziehung von Sachverständigen vorgenommen werden.

I. Allgemeines

1 Das Gebiet der **Schriftvergleichung** spielt eine erhebliche Rolle in der Praxis. Nicht nur Handschriften sind individuell, sondern beispielsweise auch Schreibmaschinen. Ein graphologisches Gutachten dient der Beurteilung des Charakters des Schreibers und fällt nicht unter § 93; ihm kommt nur ein eingeschränkter Beweiswert zu.[1**]

II. Prozedere

2 Das **Gutachten** sollte sich nach Möglichkeit auf Originalschriftstücke stützen;[2**] ein kurzer Namenszug kann als Grundlage genügen,[3**] dann ist aber besondere Vorsicht bei der Beweiswürdigung walten zu lassen.[4**] Bei Verwendung von Kopien, wenn keine Originale (mehr) vor-

---

[1] KK-StPO/*Senge* Rn. 1; *Meyer-Goßner* Rn. 1.
[2] *Meyer-Goßner* Rn. 2.
[3] *Meyer-Goßner* Rn. 3.
[1*] Vgl. auch Nr. 215–219 RiStBV.
[2*] Vgl. Nr. 216 RiStBV.
[3*] KK-StPO/*Senge* Rn. 1.
[4] § 152 StGB.
[5] BGH v. 9. 7. 1996 – 1 StR 288/96, NStZ 1997, 31.
[1**] KK-StPO/*Senge* Rn. 1.
[2**] OLG Braunschweig v. 10. 4. 1953 – Ss 179/52, NJW 1953, 1035.
[3**] OLG Düsseldorf v. 10. 5. 1990 – 2 Ss 71/90 – 19/90 III, NStZ 1990, 506.
[4**] OLG Köln StV 1981, 539.

handen sind,[5] ist das besonders zu berücksichtigen. Akteneinsicht soll der Sachverständige nach Möglichkeit nicht erhalten.[6] Das **Bestellen mehrerer Sachverständiger** oder die Hinzuziehung des BKA sind angezeigt, wenn das Gutachten ausschlaggebende Bedeutung hat.[7]

Für die **Beschaffung von Schriftproben** hat das BKA Richtlinien erlassen.[8] Dabei ist Voraussetzung der Vergleichsschriften, dass deren Identität sicher ist.[9] Weder Beschuldigter[10] noch Zeugen[11] müssen Vergleichsschriften abgeben. Allerdings können solche nach § 94 beschlagnahmt werden. Auch ein Gefangenenbrief darf im Zuge der Briefkontrolle beschlagnahmt werden.[12] Wurden die Vergleichsschriften durch Täuschung erlangt, dürfen sie nicht verwertet werden; § 136a gilt entsprechend.[13]

III. Beweiswürdigung

Das Gutachten entbindet den Richter nicht davon, die Schriften selbst in Augenschein zu nehmen.[14] Kommt das Gutachten zu dem Ergebnis, dass jemand mit Sicherheit der Urheber ist, kann es für sich bereits **vollen Beweis** erbringen.[15]

---

[5] OLG Celle v. 7. 7. 1981 – 1 Ss 243/81, StV 1981, 608; OLG Düsseldorf v. 30. 5. 1986 – 5 Ss 323/85 – 253/85, NStZ 1987, 137.
[6] OLG Celle v. 4. 12. 1973 – 1 Ss 271/73, NJW 1974, 616; Löwe/Rosenberg/*Krause* Rn. 9; *Meyer-Goßner* Rn. 1.
[7] BGH v. 19. 11. 1956 – 2 StR 493/56, BGHSt 10, 116 = NJW 1957, 598; OLG Düsseldorf v. 29. 5. 1991 – 5 Ss 193/91 – 65/91 I, StV 1991, 456; KK-StPO/*Senge* Rn. 4.
[8] Abgedruckt bei Löwe/Rosenberg/*Krause* Rn. 13; *Michel*, Gerichtliche Schriftvergleichung, 1982, S. 226.
[9] KK-StPO/*Senge* Rn. 2.
[10] BGH v. 9. 4. 1986 – 3 StR 551/85, BGHSt 34, 39 = NJW 1986, 2261.
[11] *Meyer-Goßner* Rn. 2; Löwe/Rosenberg/*Krause* Rn. 7; KK-StPO/*Senge* Rn. 3.
[12] BGHR StPO Beweismittel 1.
[13] KK-StPO/*Senge* § 93 Rn. 3.
[14] KG v. 27. 9. 1993 – 4 Ws 249/93, StV 1993, 628; *Meyer-Goßner* § 93 Rn. 1.
[15] BGH v. 24. 6. 1982 – 4 StR 183/82, NJW 1982, 2882.

Achter Abschnitt. Beschlagnahme, Überwachung des Fernmeldeverkehrs, Rasterfahndung, Einsatz technischer Mittel, Einsatz Verdeckter Ermittler und Durchsuchung

§ 94 [Gegenstand der Beschlagnahme]

(1) Gegenstände, die als Beweismittel für die Untersuchung von Bedeutung sein können, sind in Verwahrung zu nehmen oder in anderer Weise sicherzustellen.

(2) Befinden sich die Gegenstände in dem Gewahrsam einer Person und werden sie nicht freiwillig herausgegeben, so bedarf es der Beschlagnahme.

(3) Die Absätze 1 und 2 gelten auch für Führerscheine, die der Einziehung unterliegen.

Schrifttum: *Achenbach*, Verfahrenssichernde und vollstreckungssichernde Beschlagnahme im Strafprozeß, NJW 1976, 1068; *Baldus*, Der Kernbereich privater Lebensgestaltung – absolut geschützt, aber abwägungsoffen, JZ 2008, 218; *Böckenförde*, Die Ermittlung im Netz, 2003; *Cremers*, Nur Vernichtung oder auch Hinterlegung beschlagnahmter Beweisunterlagen bei fehlender Rückgabemöglichkeit?, wistra 2000, 130; *Dörn*, Vernichtung beschlagnahmter Unterlagen bei fehlender Rückgabemöglichkeit?, wistra 1999, 175; *Hoffmann/Knierim*, Rückgabe von im Strafverfahren sichergestellten oder beschlagnahmten Gegenständen, NStZ 2000, 462; *Janssen*, Rechtliche Grundlagen und Grenzen der Beschlagnahme, 1995; *Kemper*, Rückgabe beschlagnahmter Gegenstände – Bringschuld oder Holschuld?, NJW 2005, 3679; *Kutzner*, Die Beschlagnahme von Daten beim Berufsgeheimnisträger, NJW 2005, 2652; *Lemcke*, Die Sicherstellung gem. § 94 StPO und deren Förderung durch die Inpflichtnahme Dritter als Mittel des Zugriffs auf elektronisch gespeicherte Daten, 1995; *Matzky*, Zugriff auf EDV im Strafprozeß, 1999; *Menz*, Verfahrensunterbrechung nach § 240 Satz 1 ZPO bei Anordnung der Eigenverwaltung?, ZInsO 2007, 827; *Pitsch*, Strafprozessuale Beweisverbote, 2009; *Schäfer*, Die Rückgabe beschlagnahmter Beweismittel nach Rechtskraft des Urteils, wistra 1984, 136; *Schuhmann*, Durchsuchung und Beschlagnahme im Steuerstrafverfahren, wistra 1993, 93; *Uhlenbruck*, Auskunfts- und Mitwirkungspflichten des Schuldners und seiner organschaftlichen Vertreter im Insolvenzverfahren, NZI 2002, 405; *Welp*, Zeugnisverweigerungsrechte und Beschlagnahmeverbote, FS Bemmann, 1997, S. 626; *Weyand*, Der Insolvenzverwalter – ein Refugium für Geschäftsunterlagen?, ZInsO 2008, 26.

I. Allgemeines

1 Die Vorschrift regelt die **Sicherstellung** (Abs. 1) **und Beschlagnahme** (Abs. 2) von Beweismitteln. Abs. 3 erweitert die Regelung auf Führerscheine, die der Einziehung unterliegen. Hinzu tritt § 95, der mit dem Herausgabeverlangen ein funktionsgleiches Äquivalent für Sicherstellung und Beschlagnahme bereitstellt. In wessen Gewahrsam oder Eigentum sich der Beweisgegenstand befindet, ist gleichgültig.[1] Davon zu trennen ist die Frage, bei wem unter welchen Voraussetzungen gesucht werden darf (§§ 102, 103).

2 **Ergänzt** wird die Regelung durch § 98, der die Anordnung beinhaltet. Darüberhinaus regeln die §§ 96, 97 Grenzen der Sicherstellung und Beschlagnahme. Dass überdies der Grundsatz der Verhältnismäßigkeit gilt und Beschlagnahmeverbote existieren mögen, wenn ein Gegenstand schon nicht verwertbar ist,[2] liegt auf der Hand.

3 Sollen Gegenstände für **Zwecke des Verfalls** oder der Einziehung sichergestellt oder beschlagnahmt werden, sind Rechtsgrundlage §§ 111 b ff. Kommt ein Gegenstand auch als Beweismittel in Betracht, wird in der Praxis regelmäßig sowohl nach § 94, als auch nach § 111 b in Beschlag genommen, schon um das in § 111 c Abs. 5 geregelte Veräußerungsverbot wirksam werden zu lassen. Ob umgekehrt jeder nach § 111 b beschlagnahmte Gegenstand zugleich als Beweismittel verwertet werden darf,[3] ist zweifelhaft.[4] Spätestens wegen des Akteneinsichtsrechts des Verteidigers (§ 147) und seines Rechts auf Besichtigung der Beweismittel ist jedenfalls auch eine Beschlagnahme nach § 94 geboten.[5]

4 Die Beschlagnahme hat eine erhebliche **Grundrechtsrelevanz**. Soweit es sich um Sachen handelt, ist Art. 14 GG einschlägig. Bei der Beschlagnahme von Datenträgern kommt das Grundrecht auf informationelle Selbstbestimmung (Art. 2 Abs. 1 iVm. Art. 1 Abs. 1 GG) in Betracht.[6] Daher kommt dem Grundsatz der Verhältnismäßigkeit eine erhebliche Bedeutung zu.

II. Beschlagnahme von Gegenständen

5 Der Beschlagnahme unterliegen Gegenstände, die als Beweismittel für das Strafverfahren von Bedeutung sein können.

---

[1] BGH v. 5. 1. 1979 – 1 BJs 226/78/StB 246/78 bei *Pfeiffer* NStZ 1981, 94; Meyer-Goßner/*Cierniak* Rn. 1.
[2] Vgl. SK-StPO/*Wohlers* Rn. 1.
[3] Meyer-Goßner/*Cierniak* Rn. 2.
[4] Vgl. *Achenbach* NJW 1976, 1068 (1070).
[5] Meyer-Goßner/*Cierniak* Rn. 2; SK-StPO/*Wohlers* Rn. 3.
[6] Zu weiteren Grundrechten vgl. SK-StPO/*Wohlers* Rn. 2.

1. Gegenstand. Gegenstand im Sinne des § 94 sind zunächst bewegliche und unbewegliche Sachen. **Körperliche Gegenstände** gleich welcher Art sind beschlagnahmefähig, mögen sie unbeweglich sein wie Grundstücke, oder unbelebt, wie Leichen oder Leichenteile. Auch abgetrennte Körperteile des lebenden Menschen und Körperinhalte, die vom Körper bereits getrennt sind (Blut-, Urinproben) sind beschlagnahmefähig.[7]

Digital gespeicherte Informationen sind im Gegensatz zu dem Datenträger zwar keine körperlichen Gegenstände,[8] aber Gegenstände iS des § 94.[9] Dies ist nicht ohne weiteres dem Gesetz zu entnehmen. Sicher ist, dass Computerausdrucke und Datenträger als körperliche Gegenstände Beweismittel sein können. Die Frage, ob die Daten als solche Beweismittel sind, war lange Zeit ungeklärt.[10]

Bei der **Beschlagnahme elektronischer Daten** ist zu bedenken, dass sie keine körperlichen Gegenstände sind. Da es keine Verkörperung gibt, entspricht es regelmäßig dem Grundsatz der Verhältnismäßigkeit, auf die Beschlagnahme des Datenträgers zu verzichten und durch Spiegelung der Festplatte eine entsprechende Datensicherung vorzunehmen (vgl. auch § 110 Abs. 3).[11] Zur Beschlagnahmefähigkeit von Emails vergleiche § 99 Rn. 8ff. **Behördenakten** sind Gegenstände, eine andere Frage ist, ob man ohne weiteres auf sie zugreifen darf.[12]

2. Beweismittel. Beweismittel sein kann ein Gegenstand, wenn er geeignet erscheint, unmittelbar oder mittelbar für die Tat oder ihre Umstände Beweis zu erbringen.[13] Das Gesetz verlangt nicht mehr als eine ex ante Prognose über die potentielle Beweisbedeutung.[14]

Die **potenzielle Beweisbedeutung** ist eindeutig, wenn der Gegenstand für die Entscheidung über den Schuld- oder Strafausspruch von Relevanz ist.[15] So ist eine Blutprobe Beweismittel für den Nachweis des Fahrens im fahruntüchtigen Zustand.[16] Kontoführungsunterlagen können Beweismittel für eine Steuerhinterziehung sein.[17] Auch Fotoalben über eine private Urlaubsreise mögen Schlüsse auf den Lebensstandard und das erzielte wahre Einkommen ermöglichen.[18]

3. Begriff der Untersuchung. Der **Begriff der Untersuchung** soll das gesamte Strafverfahren nebst Sicherungsverfahren, Einziehungsverfahren nach §§ 440ff. und das Privatklageverfahren umfassen.[19] Die Untersuchung soll erst mit Rechtskraft enden, so dass jedenfalls für Zwecke der Strafverfolgung eine Beschlagnahme zur Ermittlung des Aufenthaltsortes des Verurteilten unzulässig ist.[20]

Beweismittel soll ein Gegenstand auch sein können, wenn er sonst für den weiteren Fortgang des Verfahrens von Bedeutung ist. Daher dürfen Urkunden gegebenenfalls wegen eines Aktenverlustes sichergestellt werden.[21] Dies soll aber auch gelten für die Frage nach der Anordnung oder Fortdauer der Untersuchungshaft.[22] Auch für die Ermittlung des Aufenthaltsorts des flüchtigen Beschuldigten soll eine Beschlagnahme erfolgen dürfen.[23]

Der Rückgriff auf die Fortdauer der Untersuchungshaft mag noch vertretbar sein, wenn man Beweis nicht als Beweis über die Schuld- oder Straffrage begreift. Was aber die Ermittlung des Aufenthaltsorts eines flüchtigen Beschuldigten[24] mit einem Beweismittel zu tun hat, drängt sich nicht ohne weiteres auf.

Zur **Beschlagnahme von Führerscheinen** vergleiche § 111a Rn. 21ff. Trotz seiner potentiellen Relevanz für das Strafverfahren ist die Beschlagnahme unzulässig, wenn Beschlagnahmeverbote eingreifen (vgl. § 97 Rn. 3ff.).

---

[7] Meyer-Goßner/*Cierniak* Rn. 4.
[8] *Lemcke* S. 20ff.; *Matzky* S. 7ff.; SK-StPO/*Wohlers* Rn. 26.
[9] BVerfG v. 12. 4. 2005 – 2 BvR 1027/02, BVerfGE 113, 29 = NJW 2005, 1917, dazu *Kutzner* NJW 2005, 2652; Meyer-Goßner/*Cierniak* Rn. 4; SK-StPO/*Wohlers* Rn. 24; siehe auch *Matzky* S. 208ff.
[10] Vgl. *Böckenförde* S. 274ff., *Matzky* S. 41ff.
[11] Abl. *Matzky* S. 214.
[12] SK-StPO/*Wohlers* Rn. 21ff.
[13] Meyer-Goßner/*Cierniak* Rn. 5; SK-StPO/*Wohlers* Rn. 28.
[14] Vgl. BVerfG v. 13. 12. 1994 – 2 BvR 894/94, NJW 1995, 2839 = wistra 1995, 139 (140); BGH v. 13. 1. 1999 – StB 14/98, StV 1999, 183 = wistra 1999, 187; BGH v. 24. 11. 1995 – StB 84/95, BGHSt 41, 363 = NJW 1996, 532; HK-StPO/*Gercke* Rn. 28, KK-StPO/*Nack* Rn. 7; Meyer-Goßner/*Cierniak* Rn. 6; SK-StPO/*Wohlers* Rn. 28.
[15] OLG Hamm v. 11. 5. 1989 – 2 Ws 237/89, wistra 1989, 359; SK-StPO/*Wohlers* Rn. 29.
[16] OLG Celle v. 14. 3. 1989 – 1 Ss 41/89, NStZ 1989, 385 = NZV 1989, 485.
[17] BVerfG v. 13. 12. 1994 – 2 BvR 894/94, wistra 1995, 139 (140).
[18] Zu Tagebüchern siehe Rn. 28.
[19] Meyer-Goßner/*Cierniak* Rn. 9.
[20] Meyer-Goßner/*Cierniak* Rn. 9.
[21] Meyer-Goßner/*Cierniak* Rn. 8.
[22] OLG Hamburg v. 14. 10. 1966 – 2 Ws 334/66, NJW 1967, 166; SK-StPO/*Wohlers* Rn. 30.
[23] KK-StPO/*Nack* Rn. 11; Meyer-Goßner/*Cierniak* Rn. 8.
[24] HK-StPO/*Gercke* Rn. 33; KK-StPO/*Nack* Rn. 11; Meyer-Goßner/*Cierniak* Rn. 8; SK-StPO/*Wohlers* Rn. 30.

15   **4. Sicherstellung oder Beschlagnahme.** Die Sicherstellung erfolgt formlos, wenn der Gewahrsamsinhaber die Sache ausdrücklich oder stillschweigend freiwillig herausgibt oder ein solcher Inhaber nicht bekannt ist.[25] Freiwillig gibt auch heraus, wer dadurch eine drohende Durchsuchung und Beschlagnahme abwenden will.[26] Der Herausgebende muss wissen, dass eine Pflicht zur Herausgabe nicht besteht, eine Belehrung darüber soll aber nicht erforderlich sein.[27] Minderjährige bedürfen gegebenenfalls der Zustimmung des gesetzlichen Vertreters. Welche Konsequenz der Widerruf des Einverständnisses hat, ist zweifelhaft. Überwiegend wird er als Antrag nach § 98 Abs. 2 S. 2 eingeordnet.[28]

16   Die **formlose Sicherstellung** erfolgt regelmäßig durch Überführung des Gegenstandes in amtlichen Gewahrsam. Bei unbeweglichen Gegenständen kann die Sicherstellung durch Betretensverbote oder durch Absperrung/Versiegelung erfolgen.[29] Ob bei beweglichen Gegenständen die Sicherstellung auch auf andere Weise als durch Inverwahrungnahme bewirkt werden kann, ist zweifelhaft. So soll ein an den Gewahrsamsinhaber gerichtetes Verbot bereits ausreichen.[30] Die insofern angeführte Rechtsprechung betrifft aber lediglich die Folgen der Verstrickung, nämlich den Verstrickungsbruch.[31] Zum Teil ist auch die Relevanz eines solchen Verfahrens kaum nachvollziehbar. Weder sonstige Sicherstellung noch Beschlagnahme begründen ein Veräußerungsverbot.[32] Belässt man den Gegenstand beim Gewahrsamsinhaber, werden §§ 133, 136 StGB nicht eingreifen können, da es an der Verstrickung bzw. an dem öffentlich-rechtlichen Verwahrungsverhältnis fehlt.[33]

17   Unterliegt der Gegenstand einem **Beschlagnahmeverbot** und wird er dennoch herausgegeben, soll die Einwilligung die fehlende gesetzliche Grundlage ersetzen (sog. gesetzesvertretende Einwilligung).[34] Dem wird man nur mit der Einschränkung zustimmen können, dass in diesen Fällen der Gewahrsamsinhaber ausdrücklich darüber belehrt worden sein muss, dass ein zwangsweise erfolgender Zugriff von Gesetzes wegen ausgeschlossen ist.[35]

18   Der **Beschlagnahme** bedarf es, wenn der Gegenstand nicht freiwillig herausgegeben wird (Abs. 2). Sie besteht aus Anordnung (§ 98) und Vollstreckung (§ 36 Abs. 2), wobei oftmals beide in einem Akt erfolgen.[36] Dass der Gewahrsamsinhaber zur Herausgabe bereit ist, soll einer Beschlagnahme nicht entgegenstehen.[37] Ob diese Entscheidung des BGH nicht allzu sehr vom Ergebnis her geleitet ist, erscheint zweifelhaft. Jedenfalls mag man das Verfahren beschleunigen, wenn von vornherein in Beschlag genommen wird und damit der Zwischenschritt einer Anrufung nach § 98 Abs. 2 S. 2 vermieden werden kann.[38]

19   Die **Sicherstellung in anderer Weise** ist bei förmlicher Beschlagnahme nötig, wenn Gegenstände nicht in Verwahrung genommen werden können, wie etwa bei Grundstücken.[39] Dies soll auch sonst zulässig sein, wenn der Zweck auch ohne die Inverwahrungnahme erreicht werden kann,[40] etwa bei Geschäftsunterlagen, die sich beim Steuerberater befinden.[41] Die Anfertigung von Fotokopien gegen Rückgabe des Originals der Urkunden ist keine Sicherstellung in sonstiger Weise, sondern ein Sicherstellungsersatz.[42] Im Hinblick auf die in den Kopien wiedergegebenen Informationen liegt es aber nicht fern, hierin auch eine Sicherstellung in sonstiger Weise zu sehen.

20   Mit der Inverwahrungnahme des Gegenstandes wird ein **öffentlich-rechtliches Verwahrungsverhältnis** begründet, auf das die §§ 688 ff. BGB Anwendung finden.[43] Damit ist § 133 StGB anwendbar. Ist der Gegenstand in Beschlag genommen worden, erfolgt ein strafrechtlicher Schutz zusätzlich durch § 136 Abs. 1 StGB (Verstrickungsbruch). Bloße Verfügungsverbote (Rn. 16) unterfallen den strafrechtlichen Grenzen der §§ 133, 136 StGB nicht.

---

[25] Meyer-Goßner/*Cierniak* Rn. 12; SK-StPO/*Wohlers* Rn. 6 f.
[26] SK-StPO/*Wohlers* Rn. 7.
[27] *Eisenberg* BR 2330.
[28] Meyer-Goßner/*Cierniak* Rn. 12; SK-StPO/*Wohlers* Rn. 9; aA LR *Schäfer* Rn. 38.
[29] HK-StPO/*Lemke* Rn. 46; KK-StPO/*Nack* Rn. 17.
[30] SK-StPO/*Wohlers* Rn. 10.
[31] Vgl. BGH v. 11. 10. 1960 – 5 StR 333/60, BGHSt 15, 149 (150).
[32] Meyer-Goßner/*Cierniak* Rn. 17; SK-StPO/*Wohlers* Rn. 3.
[33] Vgl. Rn. 20.
[34] *Schäfer* wistra 1984, 136; SK-StPO/*Wohlers* Rn. 7.
[35] *Mayer* JZ 1989, 908 (909); *Lemcke* S. 89 ff.; HK-StPO/*Gercke* Rn. 40.
[36] SK-StPO/*Wohlers* Rn. 11.
[37] BGH v. 7. 9. 1956 – 1 BJs 182/55, NJW 1956, 1805 (1806).
[38] Vgl. auch *Schuhmann* wistra 1993, 93 (97); KK-StPO/*Nack* Rn. 16; aA offenbar AK/*Amelung* Rn. 24.
[39] Meyer-Goßner/*Cierniak* Rn. 16.
[40] Meyer-Goßner/*Cierniak* Rn. 16.
[41] Vgl. auch *Weyand* ZInsO 2008, 27: Geschäftsunterlagen des Schuldners beim Insolvenzverwalter.
[42] Meyer-Goßner/*Cierniak* Rn. 16; aA *Koch* wistra 1983, 63; *Sieg* wistra 1984, 172.
[43] BGH v. 3. 5. 2005 – III ZR 271/04, NJW 2005, 988 = wistra 2005, 271.

5. Verhältnismäßigkeit. Der Grundsatz der Verhältnismäßigkeit stellt wie auch bei anderen 21
staatlichen Grundrechtseingriffen Hürden auf. Die Sicherstellung bzw. Beschlagnahme muss zur
Sicherung notwendiger Beweismittel geeignet, erforderlich und angemessen sein.[44]

Eine Beschlagnahme ist **gänzlich ungeeignet**, wenn das entsprechende Verfahren nicht mehr 22
betrieben werden kann, zB weil Strafverfolgungsverjährung oder Rechtskraft eingetreten ist. Unterliegt der Gegenstand einem Verwendungsverbot, ergibt sich die Unverhältnismäßigkeit bereits
aus der Ungeeignetheit der Maßnahme.[45] Ein Verwertungsverbot soll die Beschlagnahme nicht
schon ungeeignet machen, da der Gegenstand Ansatzpunkt für weitere Ermittlungen sein könnte.[46]

Nicht erforderlich ist die Beschlagnahme, wenn die Erteilung einer Auskunft in Betracht 23
kommt.[47] Die Problematik stellt sich vor allem in den Fällen des § 103 (dort Rn. 9). Auch das
Herausgabeverlangen nach § 95 kann als milderes Mittel in Betracht kommen. Damit kann gegebenenfalls auch eine Durchsuchung nach § 103 vermieden werden.[48] Allerdings ist ein Herausgabeverlangens nicht sinnvoll, wenn dieses mit der Gefahr verbunden ist, dass der Beweisgegenstand verschwindet.[49]

Bei Schriftstücken mag es der Grundsatz der Verhältnismäßigkeit gebieten, sich mit der Anfer- 24
tigung von Ablichtungen zu begnügen. Wird das Originalschriftstück benötigt,[50] sind dem Betroffenen gegebenenfalls Ablichtungen der beschlagnahmten Schriftstücke zu überlassen, wenn er
diese etwa zur Fortführung des Geschäftsbetriebes benötigt.[51]

Bei der **Sicherstellung und Beschlagnahme von Datenträgern** kommt dem Grundsatz der Ver- 25
hältnismäßigkeit besondere Bedeutung zu.[52] In vielen Fällen haben die betroffenen Datenträger
Drittbezug, enthalten also Informationen über Unbeteiligte. Ein Zugriff auf solche Daten muss im
Rahmen des Möglichen vermieden werden.[53] Vielfach versuchen die Kriminalbeamten, eine komplette Spiegelung der Festplatte mit dem Argument durchzuführen, nur so könnten Datenverluste
vermieden werden. Dieser Gefahr kann begegnet werden, indem eine komplette Sicherungskopie
hergestellt und versiegelt wird, um dann gezielt mit Einzeldaten weiterzuarbeiten. Jedenfalls darf es
nicht sein, dass die Beweisbedeutung mit der technischen Erleichterung einer Verifizierung steigt.[54]
Insofern ist die Entscheidung des Landgerichts Köln[55] vor dem Hintergrund der Entscheidung des
BVerfG im 113. Band nicht mehr aktuell. Das Gerät, in dem sich der Datenträger befindet, ist regelmäßig nicht Beweismittel.[56] Soweit eine servergestützte Spezialsoftware nötig ist, um auf die Daten zuzugreifen, mag man auch diese als Beweismittel verstehen,[57] es mögen sich aber urheberrechtliche Probleme ergeben.

Werden **umfangreiche Aktenbestände** in Beschlag genommen, kann der Grundsatz der Verhält- 26
nismäßigkeit die zügige Durchsicht gebieten, um solche Akten aussondern und zurückgeben zu
können, denen letztlich keine Bedeutung zukommt.[58]

Schließlich gehört die **Angemessenheit** der Maßnahme zur Verhältnismäßigkeit. In diesem Zu- 27
sammenhang kann etwa die Pressefreiheit[59] ebenso eine Rolle spielen wie der Schutz der persönlichen Intim- und Geheimsphäre. So mag die Beschlagnahme von Klientenakten einer anerkannten
Suchtkrankenberatungsstelle unzulässig sein.[60] Bei einer Beschlagnahme von Mandantenunterlagen einer Anwaltskanzlei kommt dem Recht auf vertrauliche Kommunikation zwischen Anwalt
und Mandant besondere Bedeutung zu.[61]

Beschlagnahmeverbote ergeben sich aus § 97. Darüber hinausgehend mögen sich Beschlag- 28
nahmeverbote auch von Verfassungs wegen ergeben. Aber selbst bei Tagebüchern, deren Verwer-

---

[44] SK-StPO/*Wohlers* Rn. 34.
[45] LG Stuttgart v. 21. 7. 2000 – 11 Qs 46/2000, wistra 2000, 439 mAnm *Richter* wistra 2000, 440 zu § 97 InsO.
[46] So SK-StPO/*Wohlers* Rn. 35.
[47] KK-StPO/*Nack* Rn. 14; Meyer-Goßner/*Cierniak* Rn. 18.
[48] Vgl. *Welp*, FS Bemmann S. 647 (648); SK-StPO/*Wohlers* Rn. 37.
[49] SK-StPO/*Wohlers* Rn. 37.
[50] Vgl. etwa *Koch* wistra 1983, 63 (64 f.).
[51] Vgl. Franzen/Gast/*Joecks* § 399 AO Rn. 81.
[52] Zu E-Mail-Konten vgl. BGH v. 24. 11. 2009 – StB 48/09 (a) Rn. 15.
[53] BVerfG v. 12. 4. 2005 – 2 BvR 1027/02, BVerfGE 113, 29 = wistra 2005, 295 – dazu schon Rn. 7 f.
[54] Vgl. *Matzky* S. 106; Franzen/Gast/*Joecks* § 399 AO Rn. 64.
[55] LG Köln v. 11. 8. 1994 – 112 Qs 2/94, NStZ 1995, 54.
[56] *Matzky* S. 122 ff.
[57] Vgl. LG Trier v. 16. 10. 2003 – 5 Qs 133/03, NStZ 2004, 223.
[58] Vgl. LG Dresden v. 18. 10. 2002 – 5 Qs 82/2002, NStZ 2003, 567; *Joecks* WM Sonderbeilage Nr. 1 zu Heft 20/1998 S. 24 f. zu Geschäftsunterlagen von Banken.
[59] Vgl. BVerfG v. 24. 3. 1998 – 1 BvR 1935/96, wistra 1998, 221.
[60] Vgl. BVerfG v. 24. 5. 1977 – 2 BvR 988/75, BVerfGE 44, 353 = NJW 1977, 1489. Zur Beschlagnahme eines Briefes des Beschuldigten zum Zweck des Schriftvergleichs, wenn sich hinlänglich handgeschriebene Notizen in den Akten befinden vgl. BGH v. 23. 10. 2008 – StB 18/08, NStZ-RR 2009, 56.
[61] BVerfG v. 11. 7. 2008 – 2 BvR 2016/06, NJW 2009, 281 zur Beschlagnahme einer Handakte; zu Ärzten vgl. *Wasmuth* NJW 1989, 2297; *Weyand* wistra 1990, 4.

tung regelmäßig problematisch ist,[62] soll eine Beschlagnahme des gesamten Inhalts zumindest im Grundsatz möglich sein.[63] Eine andere Frage ist die Verwertbarkeit der Aufzeichnungen.[64] Bankgeheimnis und Bestimmungen des Datenschutzes stehen der Beschlagnahme regelmäßig nicht entgegen. Auch § 148 Abs. 1, § 159 InsO untersagen nicht die Beschlagnahme von Sachen im Besitz des Insolvenzverwalters.[65] Anders ist es mit Gegenständen, die nach § 97 Abs. 1 S. 3 InsO einem Verwendungsverbot unterliegen.[66] Verteidigungsunterlagen im Besitz des Beschuldigten sind von der Beschlagnahme ausgeschlossen.[67] Mautdaten dürfen ebenso nicht beschlagnahmt werden.

29   **6. Rückgabe des Beweisgegenstandes.** Die Rückgabe des Beweisgegenstandes regelt § 94 nicht.[68] War der Gegenstand freiwillig herausgegeben worden, so darf er nur an denjenigen zurück gegeben werden, der ihn zur Verfügung gestellt hat.[69] Bei förmlicher Beschlagnahme ist der Gegenstand an den letzten Gewahrsamsinhaber zurückzugeben.[70] Allerdings ist die Behörde nicht verpflichtet, diesem die Gegenstände an den nunmehr im Ausland gelegenen Wohnort zu bringen.[71] Anderer Meinung ist offenbar *Wohlers*.[72] Dabei wird teilweise differenziert: Die Beschuldigten soll eine Holschuld treffen, Dritten gegenüber soll hingegen eine Bringschuld bestehen.[73] Ob beschlagnahmte Beweisunterlagen vernichtet werden können, wenn eine Rückgabemöglichkeit nicht ersichtlich ist, ist zweifelhaft.[74] Mehr spricht für eine Hinterlegung, solange die Kosten gesichert sind.[75]

III. Revision

30   Die Revision kann mit der Rechtswidrigkeit einer Beschlagnahme regelmäßig nicht begründet werden. Sie kann lediglich daran anknüpfen, dass ein Beweismittel verwertet wurde, obwohl es wegen Mängeln bei der Beschlagnahme oder Beschlagnahmeanordnung nicht verwertbar war.[76] Ansonsten kann das Urteil grundsätzlich nicht auf der Rechtswidrigkeit der Beschlagnahme beruhen.

§ 95 [Herausgabepflicht]

(1) Wer einen Gegenstand der vorbezeichneten Art in seinem Gewahrsam hat, ist verpflichtet, ihn auf Erfordern vorzulegen und auszuliefern.

(2) ¹Im Falle der Weigerung können gegen ihn die in § 70 bestimmten Ordnungs- und Zwangsmittel festgesetzt werden. ²Das gilt nicht bei Personen, die zur Verweigerung des Zeugnisses berechtigt sind.

Schrifttum: *Bär,* Der Zugriff auf Computerdaten im Strafverfahren, 1992; *Bittmann,* Das Beiziehen von Kontounterlagen im staatsanwaltschaftlichen Ermittlungsverfahren, wistra 1990, 325; *ders.* Das staatsanwaltschaftliche Auskunftsverlangen gemäß § 95 StPO, NStZ 2001, 231; *Braczyk,* Zur Zuständigkeit der Staatsanwaltschaft für das Herausgabeverlangen nach § 95 StPO, wistra 1993, 57; *Janssen,* Rechtliche Grundlagen und Grenzen der Beschlagnahme, 1995; *Klinger,* Die Zuständigkeit der StA für Maßnahmen nach § 95 StPO, wistra 1991, 17; *Lemcke,* Die Sicherstellung gem. § 94 StPO und deren Förderung durch die Inpflichtnahme Dritter als Mittel des Zugriffs auf elektronisch gespeicherte Daten, 1995; *Taschke,* Die behördliche Zurückhaltung von Beweismitteln im Strafprozess, 1989; *Tschacksch,* Die strafprozessuale Editionspflicht, 1988.

I. Zulässigkeit

1   Ein **Herausgabeverlangen** ist in den Fällen zulässig, in denen auch eine Beschlagnahme angeordnet werden könnte, also auch im Privatklageverfahren.[1] Die Pflicht des Gewahrsamsinhabers erschöpft sich in der Herausgabe, er ist nicht verpflichtet, Beweismittel erst herzustellen oder an

---

[62] Franzen/Gast/*Joecks* § 399 AO Rn. 78.
[63] Meyer-Goßner/*Cierniak* Rn. 20.
[64] Vgl. BVerfG v. 14. 9. 1989 – 2 BvR 1062/87, BVerfGE 80, 367 = NJW 1990, 563; *Baldus* JZ 2008, 218; *Pitsch* S. 298 ff.
[65] *Weyand* ZInsO 2008, 26.
[66] Vgl. LG Ulm v. 25. 1. 2007 – 2 Qs 2002/07, NJW 2007, 2056; dazu *Schork* aaO; *Menz* ZInsO 2007, 827; *Uhlenbruck* NZI 2002, 405; *Weyand* ZInsO 2008, 25.
[67] Meyer-Goßner/*Cierniak* Rn. 20.
[68] Vgl. § 111 k für den Fall der Herausgabe an den Verletzten.
[69] Meyer-Goßner/*Cierniak* Rn. 22.
[70] Vgl. BGH v. 9. 11. 1978 – III ZR 116/77, BGHZ 72, 302 = NJW 1979, 425; siehe auch *Damrau* NStZ 2003, 408.
[71] BGH v. 3. 2. 2005 – III ZR 271/04, NJW 2005, 988 = wistra 2005, 271; LG Hamburg v. 20. 2. 2004 – 303 S 16/03, NStZ 2004, 512 = NJW 2004, 2455.
[72] SK-StPO/*Wohlers* § 98 Rn. 60.
[73] *Kemper* NJW 2005, 3679; siehe auch *Hoffmann/Knierim* NStZ 2000, 462.
[74] Vgl. *Dörn* wistra 1999, 175; *Cremers* wistra 2000, 130.
[75] Vgl. *Cremers* wistra 2000, 130 (132).
[76] Vgl. SK-StPO/*Wohlers* Rn. 50.
[1] Meyer-Goßner/*Cierniak* Rn. 1.

Achter Abschnitt. Beschlagnahme, Überwachung, Durchsuchung usw. **2–8 § 95**

ihrer Herstellung mitzuwirken.[2] Das Herausgabeverlangen kommt vor allem in Betracht, wenn ein Beweismittel bei einer Durchsuchung nicht gefunden wurde, aber feststeht, dass es sich im Gewahrsam der Person befindet.[3]

Ein **vorheriger Versuch einer Beschlagnahme** ist nicht nötig. Umgekehrt kann der Grundsatz der Verhältnismäßigkeit gebieten, auf das weniger eingreifende Herausgabeverlangen abzustellen. In der Praxis wird insbesondere bei der Durchsuchung von Banken eine Beschlagnahmeanordnung mit Abwendungsbefugnis erlassen, so dass sich die Banken einerseits gegenüber dem Kunden auf die „staatliche Gewalt" berufen können, andererseits nicht flächendeckende Durchsuchungsmaßnahmen erleiden müssen.[4] Einen Anspruch auf ein solches Vorgehen hat das Kreditinstitut nicht. 2

Die Herausgabepflicht bezieht sich auf **bewegliche Sachen**, die als Beweismittel für die Untersuchung bedeutsam sein können und auf Führerscheine, die der Einziehung unterliegen.[5] Verfalls- und Einziehungsgegenstände nach § 111b werden nicht erfasst.[6] Dass nur bewegliche Sachen in Betracht kommen, ergibt sich schon daraus, dass nur solche vorgelegt werden können.[7] 3

Herausgabepflichtig ist der **Gewahrsamsinhaber**. Ob er den Gewahrsam rechtmäßig innehat oder der Eigentümer der Herausgabe zustimmt, ist unerheblich.[8] Bei Mitgewahrsam trifft die Herausgabepflicht jeden Mitgewahrsamsinhaber.[9] Ob dabei das Herausgabeverlangen an jeden einzelnen gerichtet werden kann, ist zweifelhaft.[10] 4

Der Beschuldigte darf nie zur Herausgabe gezwungen werden. Dies ergibt sich aus dem Grundsatz „Nemo-tenetur se ipsum accusare".[11] Es ist jedoch nicht ausgeschlossen, ihm im Rahmen einer Durchsuchung die Möglichkeit zu geben, eine solche durch Herausgabe bestimmter Gegenstände abzuwenden.[12] Tatverdächtige Personen werden wie Beschuldigte behandelt.[13] 5

Zeugnisverweigerungsberechtigte unterliegen grundsätzlich einer Herausgabepflicht, soweit der Gegenstand nicht ohnehin nach § 97 beschlagnahmefrei ist.[14] Wie sich aus Abs. 2 S. 2 ergibt, ist aber gegen sie die Festsetzung von Ordnungs- und Zwangsmitteln unzulässig, so dass letztlich auch das Herausgabeverlangen ins Leere laufen mag. 6

Das **Herausgabeverlangen** kann schriftlich oder mündlich gestellt werden.[15] Mündliche Herausgabeverlangen sind ebenso wie mündliche Durchsuchungsanordnungen später schriftlich zu dokumentieren.[16] Wer das Herausgabeverlangen stellen darf, ist umstritten. Überwiegend geht man davon aus, dass die Staatsanwaltschaft und ihre Ermittlungspersonen nur in Fällen der Gefahr in Verzug ein solches Verlangen stellen dürfen.[17] Argumentiert wird mit dem Aspekt der Verkürzung des Rechtsschutzes. Es ist aber zu bedenken, dass mit dem Herausgabeverlangen noch keine Konsequenzen verbunden sind. Erst die Anordnung von Ordnungs- und Zwangsmitteln im Sinne des § 70 tangiert die betroffenen Personen wirklich. Dies spricht dafür, den Ermittlungspersonen und der Staatsanwaltschaft auch ohne Gefahr in Verzug das Recht zur Stellung des Herausgabeverlangens zuzubilligen.[18] Demgegenüber will *Lemcke*[19] eine Zuständigkeit nur der Staatsanwaltschaft, nicht aber der Polizei konzedieren. 7

Ob bei der Herausgabe Informationen auf Mikrofiche oder Datenträger vom Herausgabepflichtigen **lesbar** zu machen und als Beweismittel in lesbarer Form herauszugeben ist, ist umstritten.[20] Aus § 95 ergibt sich eine solche Pflicht aber nicht. Andere Vorschriften, etwa des Handels- 8

---

[2] SK-StPO/*Wohlers* Rn. 1.
[3] LG Bonn v. 11. 11. 1982 – 37 Qs 116/82, NStZ 1983, 327; Meyer-Goßner/*Cierniak* Rn. 1.
[4] Vgl. auch *Klinger* wistra 1991, 17; *Lemcke* S. 267ff.; SK-StPO/*Wohlers* Rn. 5.
[5] Meyer-Goßner/*Cierniak* Rn. 3.
[6] KK-StPO/*Nack* Rn. 1.
[7] KK-StPO/*Nack* Rn. 1; SK-StPO/*Wohlers* Rn. 6.
[8] Meyer-Goßner/*Cierniak* Rn. 4; zum Insolvenzverwalter vgl. LG Saarbrücken v. 2. 2. 2010 – 2 Qs 1/10, ZInsO 2010, 431.
[9] SK-StPO/*Wohlers* Rn. 11.
[10] Dafür *Lemcke* S. 255 ff.; SK-StPO/*Wohlers* Rn. 11; dagegen *Bär* S. 412; *Tschacksch* S. 101 f.
[11] Vgl. Franzen/Gast/*Joecks* § 393 AO Rn. 8.
[12] LR/*Schäfer* Rn. 14.
[13] *Janssen* S. 20; LR/*Schäfer* Rn. 16; SK-StPO/*Wohlers* Rn. 20.
[14] OLG Celle v. 23. 11. 1962 – 3 Ws 280/62, NJW 1963, 406; Meyer-Goßner/*Cierniak* Rn. 6; SK-StPO/*Wohlers* Rn. 7.
[15] KG v. 23. 8. 1988 – 4 Ws 154/88, NStZ 1989, 192; Franzen/Gast/*Joecks* § 399 Rn. 88; SK-StPO/*Wohlers* Rn. 26.
[16] AK/*Amelung* Rn. 9.
[17] KG v. 23. 8. 1988 – 4 Ws 154/88, NStZ 1989, 192; LG Bonn v. 11. 11. 1982 – 37 Qs 116/82, NStZ 1983, 327; LG Düsseldorf v. 8. 1. 1993 – X Qs 142/92, wistra 1993, 199, 200; LG Stuttgart v. 19. 11. 1991 – 14 Qs 61/91, NStZ 1992, 249; *Braczyk* wistra 1993, 57, 58; *Janssen* S. 37 f.; KK-StPO/*Nack* Rn. 3.
[18] LG Arnsberg v. 16. 4. 1983 – 3 Rs 359/82, wistra 1985, 205; LG Gera v. 30. 9. 1999 – 2 Qs 412/99, NStZ 2001, 276; LG Halle v. 6. 10. 1999 – 22 Qs 28/99, NStZ 2001, 276; LG Koblenz v. 31. 10. 2001 – A Qs 167/01, wistra 2002, 359 f.; Franzen/Gast/*Joecks* § 399 AO Rn. 42; Meyer-Goßner/*Cierniak* Rn. 2; SK-StPO/*Wohlers* Rn. 25.
[19] S. 272 ff.
[20] Dafür OLG Bremen v. 16. 12. 1975 – Ws 156/75, NJW 1976, 686; *Tschacksch* S. 246 ff.; HK-StPO/*Gercke* Rn. 8; Meyer-Goßner/*Cierniak* Rn. 8; siehe auch BVerfG v. 18. 2. 2003 – 2 BvR 369/01, NStZ-RR 2003, 176, 177.

oder Steuerrechts, mögen allerdings eine solche Verpflichtung begründen.[21] Unberührt bleibt das Recht des Gewahrsamsinhabers, die Herausgabe des Datenträgers oder der Mikrofiche durch das Erstellen und die Übergabe von Kopien bzw. Ausdrucken abzuwenden. Grenze ist die Gefahr, dass durch den Zugriff auf die Daten die Wahrheitsfindung gestört wird.[22] Zur Erstattungsfähigkeit von Kosten in diesem Zusammenhang vgl. § 23 Abs. 2 JVEG.

9   **Rechtsschutz** erfolgt bei richterlichen Anordnungen mit der Beschwerde (§§ 304 ff.).[23] Wird die Herausgabe durch Staatsanwaltschaft oder Ermittlungspersonen verlangt, ist hiergegen Rechtsschutz nach § 98 Abs. 2 S. 2 möglich.[24]

II. Ordnungs- und Zwangsmittel (Abs. 2)

10 Ordnungs- und Zwangsmittel im Sinne des § 70 dürfen nur durch den Richter angeordnet werden (vgl. § 70 Abs. 3).[25] Zulässig ist neben der Auferlegung der durch die Weigerung entstandenen Kosten die Festsetzung von Ordnungsgeld und für den Fall, dass solches nicht beigetrieben werden kann, von Ordnungshaft. Schließlich kommt auch Beugehaft nach § 70 Abs. 2 in Betracht.[26]

11 **Zulässig** sind die Ordnungs- und Zwangsmittel (nur), wenn feststeht, dass sich der Gegenstand im Gewahrsam des Betroffenen befindet, er von diesem auch Kenntnis hat und sich unberechtigt weigert, den Gegenstand herauszugeben.[27] Zwangsmittel können nach § 95 Abs. 2 auch dann angeordnet werden, wenn keine Beschlagnahmeanordnung vorausgegangen ist.[28] Es gibt kein Primat der Beschlagnahmeanordnung.[29]

12 Die Festsetzung der Zwangsmittel steht im **pflichtgemäßen Ermessen** des Richters.[30] Die Festsetzung von Ordnungsgeld und Ordnungshaft soll auch dann bestehen bleiben, wenn der Betroffene später seine Herausgabepflichten erfüllt.[31] Ordnungshaft von höchstens sechs Monaten[32] ist unverzüglich zu beenden, wenn die Strafverfolgungsbehörden in den Besitz des in Frage stehenden Gegenstandes gekommen sind,[33] oder sich herausstellt, dass der Gegenstand nicht beweiserheblich ist[34] bzw. nicht mehr existiert.[35]

13 **Zwang gegen Berufsgeheimnisträger** ist unzulässig (§ 95 Abs. 2 S. 2). Das Zeugnisverweigerungsrecht entfällt aber, wenn der Geheimnisträger eine entsprechende Entbindung von der Verschwiegenheitspflicht ausspricht[36] oder es sich um Beweisgegenstände handelt, auf die sich sein Zeugnisverweigerungsrecht nach § 53 nicht erstreckt.[37] Abs. 2 S. 2 gilt entsprechend für Personen, die nach § 55 zur Auskunftsverweigerung berechtigt sind.[38] Begründete die Herausgabe des Beweismittels die Gefahr, dass ein Angehöriger des Pflichtigen strafrechtlich verfolgt wird, gilt Abs. 2 S. 2 entsprechend.[39] Gegenüber dem Privatkläger sind Ordnungs- und Zwangsmittel des Abs. 2 S. 1 ohne weiteres zulässig.[40]

14 Beweisgegenstände, die durch **unzulässigen Zwang** erlangt wurden, unterliegen einem Verwertungsverbot.[41] Dies gilt jedenfalls dann, wenn auch die Beschlagnahme unzulässig gewesen wäre.[42] Inwiefern die Rechtskreistheorie dem Verwertungsverbot Grenzen zieht, ist umstritten. So soll die Anwendung unzulässigen Zwangs trotz Eingreifens des § 55 kein Verwertungsverbot zugunsten des Beschuldigten begründen,[43] wenn er nicht selber später Beschuldigter wird;[44] demge-

---

[21] Vgl. *Janssen* S. 18 f.; SK-StPO/*Wohlers* Rn. 29.
[22] *Bär* S. 408; SK-StPO/*Wohlers* Rn. 29.
[23] KK-StPO/*Nack* Rn. 8; Meyer-Goßner/*Cierniak* Rn. 12; SK-StPO/*Wohlers* Rn. 27.
[24] *Bittmann* wistra 1990, 325, 331; *ders.* NStZ 2001, 231; HK-StPO/*Gercke* Rn. 12; LR/*Schäfer* Rn. 32. Dem hat sich mittlerweile auch Meyer-Goßner/*Cierniak* Rn. 12, in der 52. Aufl. angeschlossen.
[25] KK-StPO/*Nack* Rn. 4; LR/*Schäfer* Rn. 27; Meyer-Goßner/*Cierniak* Rn. 9; *Tschacksch* S. 144 ff.
[26] SK-StPO/*Wohlers* Rn. 31.
[27] Meyer-Goßner/*Cierniak* Rn. 9; SK-StPO/*Wohlers* Rn. 31; siehe auch LG Gera v. 30. 9. 1999 – 2 Qs 412/99, NStZ 2001, 276; OLG Koblenz v. 31. 10. 2001 – 4 Qs 167/01, wistra 2002, 359 (360).
[28] KG v. 23. 8. 1988 – 4 Ws 154/88, NStZ 1989, 192; LG Koblenz v. 31. 10. 2001 – 4 Qs 167/01, wistra 2002, 359 (360); LG Stuttgart v. 19. 11. 1991 – 14 Qs 61/91, NStZ 1992, 249 (250); *Bittmann* NStZ 2001, 231 (233).
[29] Anders LG Halle v. 6. 10. 1999 – 22 Qs 28/99, NStZ 2001, 276 (277).
[30] LR/*Schäfer* Rn. 28.
[31] Meyer-Goßner/*Cierniak* Rn. 9.
[32] SK-StPO/*Rogall* § 70 Rn. 26.
[33] KK-StPO/*Nack* Rn. 4; Meyer-Goßner/*Cierniak* Rn. 9.
[34] KK-StPO/*Nack* Rn. 4.
[35] Meyer-Goßner/*Cierniak* Rn. 9.
[36] SK-StPO/*Wohlers* Rn. 34.
[37] KK-StPO/*Nack* Rn. 5; Meyer-Goßner/*Cierniak* Rn. 10; siehe § 97 Rn. 34 f.
[38] Meyer-Goßner/*Cierniak* Rn. 10.
[39] KK-StPO/*Nack* Rn. 6; Meyer-Goßner/*Cierniak* Rn. 10.
[40] Meyer-Goßner/*Cierniak* Rn. 7; SK-StPO/*Wohlers* Rn. 36.
[41] LR/*Schäfer* Rn. 37; Meyer-Goßner/*Cierniak* Rn. 11; SK-StPO/*Wohlers* Rn. 39.
[42] KMR/*Müller* Vor § 94 Rn. 22.
[43] Meyer-Goßner/*Cierniak* Rn. 11.
[44] LR/*Schäfer* Rn. 16.

genüber will *Wohlers*[45] bei einem Verstoß gegen den nemo-tenetur-Grundsatz zurecht von einem generellen Verwertungsverbot ausgehen.[46]

III. Revision

In der Revision kann mit der Aufklärungsrüge geltend gemacht werden, dass die Herausgabe 15 eines Beweismittels zu Unrecht nicht verlangt wurde. Naheliegen wird dies aber nur in solchen Fällen, in denen eine (Durchsuchung und) Beschlagnahme nicht möglich war. Sind Beweisgegenstände herausgegeben worden, kann dies mit der Revision nur gerügt werden, wenn sie entgegen einem Verwertungsverbot verwertet worden sind.[47] Dabei wird wiederum die Frage sein, inwiefern die Rechtskreistheorie der Reichweite des Verwertungsverbots im Hinblick auf den Angeklagten Grenzen setzt.

§ 96 [Amtliche Schriftstücke]

¹ Die Vorlegung oder Auslieferung von Akten oder anderen in amtlicher Verwahrung befindlichen Schriftstücken durch Behörden und öffentliche Beamte darf nicht gefordert werden, wenn deren oberste Dienstbehörde erklärt, daß das Bekanntwerden des Inhalts dieser Akten oder Schriftstücke dem Wohl des Bundes oder eines deutschen Landes Nachteile bereiten würde. ² Satz 1 gilt entsprechend für Akten und sonstige Schriftstücke, die sich im Gewahrsam eines Mitglieds des Bundestages oder eines Landtages beziehungsweise eines Angestellten einer Fraktion des Bundestages oder eines Landtages befinden, wenn die für die Erteilung einer Aussagegenehmigung zuständige Stelle eine solche Erklärung abgegeben hat.

Schrifttum: *Gommolla*, Der Schutz des Zeugen im Strafprozeß, 1986; *Janoschek*, Strafprozessuale Durchsuchung und Beschlagnahme bei juristischen Personen des öffentlichen Rechts, 1990; *Keller*, Polizeiliche Observation und strafprozessuale Wahrheitserforschung, StV 1984, 521; *Kramer*, Die Beschlagnahmefähigkeit von Behördenakten im Strafprozeß, NJW 1984, 1502; *Krey*, Probleme des Zeugenschutzes im Strafverfahrensrecht, GS Meyer 1990, 239; *Reiß*, Beschlagnahmebefugnis der Strafgerichte gegenüber Strafgericht und Auslieferungs- und Auskunftspflichten der Behörden gegenüber Behörden und Staatsanwaltschaft im Strafverfahren, StV 1988, 31; *Laue*, Der staatliche Strafanspruch in Abhängigkeit von verwaltungsrechtlicher Aufgabenerfüllung?, ZStW 120 (2008), 246; *Schneider*, Die Pflicht der Behörden zur Aktenvorlage im Strafprozess, 1970; *Taschke*, Die behördliche Zurückhaltung von Beweismitteln im Strafprozeß, 1989.

I. Überblick

Die Vorschrift beschränkt die Amtshilfepflicht (Art. 35 Abs. 1 GG) der Behörden gegenüber der 1 Strafjustiz.¹ Sie ergänzt einerseits § 54 und macht andererseits Vorgaben für die Amtshilfe im Rahmen der §§ 161 ff.² Wenn § 96 die Vorlage von Akten aus bestimmten Gründen beschränkt, wird zugleich deutlich, dass die Amtshilfe ansonsten auch die Vorlage von Akten umfasst. Ob sich eine solche Verpflichtung bereits aus den Grundsätzen der Amtshilfe ergibt oder erst aus § 96 selbst, ist zweifelhaft.³

Problematischer ist, dass die **Exekutive** damit teilweise die Möglichkeit hat, auf die Entschei- 2 dungsfindung der Judikative einzuwirken. Es ist aber anerkannt, dass das Geheimhaltungsinteresse der Exekutive (oder Legislative) unter engen Voraussetzungen den Vorrang vor dem Interesse an der strafprozessualen Wahrheitsfindung haben darf.⁴

Scheitert ein Herausgabeverlangen an § 96, darf auch eine Beschlagnahme der Akten nicht er- 3 folgen. Wird die Herausgabe von Akten ohne Abgabe einer Sperrerklärung oder offensichtlich willkürlich oder rechtsmissbräuchlich verweigert, ist ihre Beschlagnahme zulässig.⁵ Eine Gegenmeinung verweist darauf, dass es hier nicht um ein Über- oder Unterordnungsverhältnis gehe. Dies überzeugt nicht, weil es hier vorrangig um die Lösung einer konkreten Konfliktlage durch eine Rechtsnorm geht.⁶

---

⁴⁵ SK-StPO/*Wohlers* Rn. 39.
⁴⁶ Vgl. auch *Rogall* S. 228.
⁴⁷ SK-StPO/*Wohlers* Rn. 41.
¹ *Taschke* S. 70.
² Vgl. Meyer-Goßner/*Cierniak* Rn. 1.
³ Vgl. BGH v. 17. 10. 1983 – GSSt 1/83, BGHSt 32, 115 (124); *Reiß* StV 1988, 31 (33 f.); *Schneider* S. 41 ff.; *Taschke* S. 68; *Krey* GS Meyer 255; SK-StPO/*Wohlers* Rn. 1.
⁴ BVerfG v. 26. 5. 1981 – 2 BvR 215/81, BVerfGE 57, 250 (284). Zur verfassungsrechtlichen Seite vgl. auch *Janoschek* S. 98 ff.
⁵ KG v. 22. 6. 1989 – 4 Ws 110/89, NStZ 1989, 541; BGH v. 18. 3. 1992 – 1 BGs 90/92, BGHSt 38, 237 mAnm *Amelung* NStZ 1993, 48 und *Taschke* NStZ 1993, 94; OLG Thüringen v. 20. 11. 2000 – 1 Ws 313/00, NJW 2001, 1290; *Hilgendorf* JZ 1993, 365; *Hohmann* wistra 2001, 196; Meyer-Goßner/*Cierniak* Rn. 2.
⁶ Vgl. BGH v.18. 3. 1992 – 1 BGs 90/92, BGHSt 38, 237; *Kramer* NJW 1984, 1504; *Janoschek* S. 94.

4   **Weitere Grenzen** für die Vorlage von Unterlagen können sich aus anderen Gesetzen ergeben, so etwa durch das Sozialgeheimnis (§ 35 SGB I iVm. §§ 67 ff. SGB X) und das Steuergeheimnis (§§ 30, 393 Abs. 2 AO).

II. Schriftstücke in Ämtern

5   In amtlicher Verwahrung befindliche Schriftstücke sind nicht nur Akten im engeren Sinne, sondern auch private Unterlagen, die wegen ihres Inhalts in amtliche Verwahrung genommen wurden.[7] Entsprechend anwendbar ist § 96 auf die Herausgabe anderer Beweisgegenstände, wie etwa Filme und Datenträger.[8]

6   **Akten** sind Zusammenfassungen von Schriftstücken.[9] Erfasst sind auch private Schriftstücke, die im Zusammenhang mit der Erfüllung staatlicher Aufgaben in Verwahrung genommen worden sind, ebenso alle sonstigen Beweisgegenstände.[10] Ob auch hinterlegte private Schriftstücke erfasst sind, ist umstritten. Dies betrifft etwa Testamente, die zur Sicherung bei einer Behörde hinterlegt worden sind. Teilweise will man auch solche von § 96 erfasst sehen.[11] Überzeugend ist dies nicht.[12] Jedenfalls werden die Voraussetzungen einer Sperrung nach § 96 regelmäßig nicht gegeben sein.[13] Private Schriftstücke, die ein Beamter in seinem Dienstzimmer verwahrt, sind jedenfalls nicht erfasst.

7   Werden die Gegenstände kurzfristig und vorübergehend Privatpersonen überlassen, wird die amtliche Verwahrung nicht aufgehoben.[14] Ist ein Gegenstand abhanden gekommen und wird er durch die Strafverfolgungsorgane aufgefunden, ist der obersten Dienstbehörde vorab die Möglichkeit zur Abgabe einer Sperrerklärung zu geben.[15]

8   § 96 findet **Anwendung auf Auskunftsersuchen**.[16] Relevant wird dies insbesondere im Hinblick auf die Identität geschützter Zeugen. Hier wird § 96 analog außerhalb des Anwendungsbereichs des § 110 b auf Auskunftsverlangen angewandt.[17] Die Gegenmeinung will in diesen Fällen § 54 anwenden (vgl. auch § 54 Rn. 13).

III. Behörden und öffentliche Beamte

9   Zum Begriff der Behörde vergleiche § 256 Rn. 3. Öffentliche Beamte im Sinne des § 96 sind nur solche Amtsträger, die für sich allein eine Behörde bilden, das heißt selbst eine behördenähnliche Funktion haben.[18] Soweit die Polizei im Auftrag der Staatsanwaltschaft repressiv tätig wird, gilt § 96 nicht, sondern allein § 163 Abs. 2.[19] Erkenntnisse, die die Polizei präventiv als Organ der Gefahrenabwehr erlangt hat, können nach § 96 gesperrt werden.[20]

10 Auch die **Staatsanwaltschaft** ist Behörde. Ermittlungsakten der Staatsanwaltschaft in einer Strafsache sind vollständig an das für die Sache zuständige Gericht herauszugeben.[21] Ermittlungsakten der Staatsanwaltschaft in einer anderen Sache können nach § 96 gesperrt werden.[22]

11 Für **gesetzgebende Körperschaften** gilt S. 1 entsprechend. Der 1994 eingefügte S. 2[23] kodifiziert die schon früher allgemein herrschende Meinung.[24] Zugleich ist klargestellt, dass andere Gremien, wie etwa Gemeinderäte und Kreistage nicht erfasst sind.[25]

---

[7] BeckOK-StPO/*Ritzert* Rn. 2; Meyer-Goßner/*Cierniak* Rn. 3
[8] KK-StPO/*Nack* Rn. 6; SK-StPO/*Wohlers* Rn. 4. Vergleiche auch OLG Karlsruhe v. 4. 7. 2007 – 1 Ss 111/06, juris: Bei Observation gefertigte Videofilm.
[9] *Janoschek* S. 115.
[10] HK-StPO/ *Gercke* Rn. 5; KK-StPO/*Nack* Rn. 5; LR/*Schäfer* Rn. 39.
[11] HK-StPO/*Gercke* Rn. 5; KK-StPO/*Nack* Rn. 5; LR/*Schäfer* Rn. 39; SK-StPO/*Wohlers* Rn. 15.
[12] Vgl. LG Darmstadt v. 12. 12. 1986 – 13 Qs 1368/86, wistra 1987, 232; LG Stuttgart v. 21. 4. 1988 – 8 Qs 28/88, wistra 1988, 245; LG Freiburg v. 22. 9. 1997 – VIII Qs 9/97, wistra 1998, 35; LG Kiel v. 6. 8. 1999 – 39 Qs 27/99, wistra 2000, 194; *Janoschek* S. 118; Meyer-Goßner/*Cierniak* Rn. 3.
[13] So auch SK-StPO/*Wohlers* Rn. 15.
[14] *Janoschek* S. 121; Meyer-Goßner/*Cierniak* Rn. 4.
[15] AK-*Amelung* Rn. 14; SK-StPO/*Wohlers* Rn. 16.
[16] BVerfG v. 26. 5. 1981 – 2 BvR 215/81, BVerfGE 57, 250 (282); BGH v. 17. 2. 1981 – 5 StR 21/81, BGHSt 30, 34 (36); *Janoschek* S. 105 ff.; *Taschke* StV 1986, 54, 56; SK-StPO/*Wohlers* Rn. 5.
[17] Vgl. BGH v. 17. 2. 1981 – 5 StR 21/81, BGHSt 30, 34 (35); BGH v. 3. 11. 1987 – 5 StR 579/87, BGHSt 35, 82 (85); KK-StPO/*Nack* Rn. 7, 21; Meyer-Goßner/*Cierniak* Rn. 12.
[18] Z. B. ein Datenschutzbeauftragter; vgl. KK-StPO/*Nack* Rn. 3; SK-StPO/*Wohlers* Rn. 8.
[19] HK-StPO/ *Gercke* Rn. 6; SK-StPO/*Wohlers* Rn. 9.
[20] Vgl. SK-StPO/*Wohlers* Rn. 10.
[21] BGH v. 29. 5. 1963 – StB 5/63, BGHSt 18, 369 (370); OLG Hamburg v. 7. 12. 1983 – VAs 15/83, StV 1984, 11 f.; *Taschke* StV 1986, 54, 56; SK-StPO/*Wohlers* Rn. 11.
[22] *Janoschek* S. 120; SK-StPO/*Wohlers* Rn. 12; vgl. auch OLG Frankfurt/M. v. 8. 10. 1981 – 3 Ws 616/81, NJW 1982, 1408 (1409); OLG München v. 19. 4. 2005 – 6 St 1/05, NStZ 2005, 706 (707).
[23] G v. 4. 11. 1994, BGBl. I S. 3346 (3349).
[24] BGH v. 23. 3. 1965 – 1 StR 549/64, BGHSt 20, 189.
[25] SK-StPO/*Wohlers* Rn. 13.

IV. Abgabe der Sperrerklärung

Zuständig für die Sperrerklärung ist die oberste Dienstbehörde, in der Regel also das zustän- 12
dige Fachministerium, bei Kommunen der Innenminister.[26] Der Präsident des Parlaments oder
der Minister kann die Aufgabe delegieren.[27] Es muss aber ein zur Vertretung berechtigter Bediensteter der Behörde entscheiden.[28]

1. Materielle Voraussetzungen. Die Sperrerklärung darf nur abgegeben werden, wenn die Gefahr 13
von Nachteilen für das Wohl des Bundes oder eines deutschen Landes besteht. Ob auch die Gefährdung einzelner Bürger ausreicht,[29] ist zweifelhaft.[30] Eine Überlassung der Akten nur an das Gericht (so genanntes „in-camera"-Verfahren) ist in Strafsachen ausgeschlossen.[31]

Welchen Stellenwert insoweit die **künftige Verbrechensbekämpfung** und der Verfassungsschutz 14
haben, wird unterschiedlich beurteilt. Dabei ist zu differenzieren. Dass die Offenlegung die (künftige) Aufklärung anderer gewichtiger Straftaten erschweren würde, begründet die Sperrung
grundsätzlich nicht.[32] Allerdings kann die Verhütung bevorstehender schwerwiegender Kapitalverbrechen die Geheimhaltung rechtfertigen.[33] Demgegenüber hält ein Teil der obergerichtlichen
Rechtsprechung und der Literatur auch bei der Aufklärung anderer gewichtiger Straftaten § 96 für
anwendbar.[34]

Eine **Vertraulichkeitszusage der Behörde** reicht für sich gesehen nicht aus, um eine Sperrung zu 15
begründen.[35] Inwiefern die Gefahr der Enttarnung einer Vertrauensperson oder verdeckten Ermittlers ausreichen kann, ist zweifelhaft. Die bislang herrschende Meinung hat dies verneint.[36]
Nach Einführung des § 110b Abs. 3 (dort Rn. 15) ist jedenfalls für den verdeckten Ermittler klar,
dass eine Verhinderung der Enttarnung legitimes Ziel ist. Soweit Dritte (Vertrauenspersonen,
Zeugen) betroffen sind, wird man weiterhin darauf abstellen müssen, ob Repressalien gegen den
Zeugen oder Familienangehörige konkret zu befürchten sind.[37] Teilweise wird die Berücksichtigung der Gefährdung einzelner Bürger abgelehnt.[38] Überzeugend ist dies nicht, denn es geht zum
einen um Schutzpflichten des Staates für das Leben seiner Bürger,[39] zum anderen um das fatale
Signal, das durch die Gefährdung von Zeugen für die Zivilcourage ausgeht. Der als Beweismittel
in Betracht kommenden Person selbst oder ihren Angehörigen müssen aber ernstliche Leibesoder Lebensgefahren drohen.[40]

Die Maßnahmen müssen **geeignet, erforderlich und angemessen** sein.[41] Sind die entsprechen- 16
den Inhalte bereits anderweitig bekannt geworden,[42] ist die Verweigerung der Herausgabe nicht
mehr erforderlich. Ebenso ist die Verweigerung der unmittelbaren Konfrontation eines Zeugen
mit dem Angeklagten ungeeignet, wenn der Angeklagte den Zeugen bereits kennt.[43] Im Übrigen
hat der Gesetzgeber mittlerweile die diesbezüglichen Möglichkeiten erweitert (vgl. §§ 58a, 68
Abs. 3, § 247a, § 255 a).

2. Inhalt und Begründung. Die Sperrerklärung muss ausdrücklich feststellen, dass das Bekannt- 17
werden des Inhalts der angeforderten Unterlagen dem Wohl des Bundes oder des Landes Nachteile bereiten würde. Eine Bitte um Vertraulichkeit bindet das Gericht nicht.[44]

---

[26] Vgl. BGH v. 26. 4. 1989 – 3 StR 52/89, NJW 1989, 3294; Meyer-Goßner/*Cierniak* Rn. 8.
[27] BGH v. 23. 3. 1965 – 1 StR 549/64, BGHSt 20, 189; BGH v. 3. 11. 1987 – 5 StR 579/87, BGHSt 35, 82 (86); Meyer-Goßner/*Cierniak* Rn. 8.
[28] SK-StPO/*Wohlers* Rn. 19.
[29] So *Arloth* NStZ 1992, 96; *Franzheim* JR 1982, 436; aA SK-StPO/*Wohlers* Rn. 26.
[30] Zur Aktenversendung bei Beeinträchtigung der Intimsphäre eines Bürgers vgl. BVerfGE 27, 344; *Becker* NJW 1970, 1075.
[31] BGH v. 11. 2. 2000 – 3 StR 377/99, NStZ 2000, 265; vgl. auch BVerfG v. 4. 12. 2006 – 2 BvR 1290/05, NStZ 2007, 274.
[32] BGH v. 5. 12. 1984 – 2 StR 526/84, BGHSt 33, 83 (92); *Keller* StV 1984, 521 (525 f.); *Taschke* StV 1985, 269; SK-StPO/*Wohlers* Rn. 23.
[33] KK-StPO/*Nack* Rn. 23; vgl. auch OLG Stuttgart v. 23. 7. 1990 – 4 VAs 21/90, NJW 1991, 1071.
[34] LG Hamburg v. 6. 8. 2001 – 616 Qs 41/01, StV 2002, 647; OLG Stuttgart v. 23. 7. 1990 – 4 VAs 21/90, NJW 1991, 1071 (1072); *Arloth* NStZ 1985, 280 (281); KK-StPO/*Nack* Rn. 18.
[35] BGH v. 16. 3. 1983 – 2 StR 543/82, BGHSt 31, 290 (294); BGH v. 31. 3. 1989 – 2 StR 706/88, BGHSt 36, 159 (163); BGH v. 16. 1. 2001 – 1 StR 523/00, wistra 2001, 226; SK-StPO/*Wohlers* Rn. 24.
[36] BGH v. 5. 11. 1982 – 2 StR 250/82, BGHSt 31, 148, 156, BGHSt 33, 83, 92; LR/*Schäfer* Rn. 62ff.
[37] Vgl. EGMR v. 23. 4. 1997 – 55/1996/674/861 – 864, StV 1997, 617, 619; BGH v. 11. 2. 2000 – 3 StR 377/99, NStZ 2000, 265; BGH v. 5. 11. 1982 – 2 StR 250/82, BGHSt 31, 148 (155); BGH v. 16. 3. 1983 – 2 StR 543/82, BGHSt 31, 290 (294); KK-StPO/*Nack* Rn. 19; LR/*Schäfer* Rn. 62 ff.; SK-StPO/*Wohlers* Rn. 26.
[38] *Arloth* NStZ 1992, 96; Meyer-Goßner/*Cierniak* Rn. 7.
[39] SK-StPO/Wohler Rn. 26.
[40] Vgl. EGMR v. 14. 2. 2002 – 26668/95, StraFo 2002, 160 (161); SK-StPO/*Wohlers* Rn. 27.
[41] SK-StPO/*Wohlers* Rn. 28.
[42] Vgl. BGH v. 3. 12. 1991 – 1 StR 120/90, BGHSt 38, 145.
[43] SK-StPO/*Wohlers* Rn. 28.
[44] BGH v. 7. 3. 1996 – 1 StR 688/95, BGHSt 42, 71 (72); dazu *Gillmeister* NStZ 1997, 44; KK-StPO/*Nack* Rn. 2; SK-StPO/*Wohlers* Rn. 29.

§ 96 18–24 Erstes Buch. Allgemeine Vorschriften

18 Die Erklärung muss eine **Begründung** enthalten, soweit dies die Wahrung der durch § 96 geschützten Geheimhaltungsinteressen zulässt.[45] Dem Gericht müssen die Gründe der Sperre verständlich gemacht werden. Es muss in die Lage versetzt werden, ggf. auf die Bereitstellung des Beweismittels zu drängen.[46] Der Begründung muss sich entnehmen lassen, dass man sorgfältig die durch die Verweigerung der Aktenherausgabe geschützten Interessen gegen das Interesse einer Wahrheitsfindung abgewogen hat.[47] Insbesondere muss erkennbar sein, dass der Stelle der hohe Rang des Verteidigungsrechts des Beschuldigten bewusst war.[48]

19 **§ 96 gilt entsprechend,** wenn Auskunft über Namen und Anschrift behördlich geheim gehaltener Zeugen verlangt wird, soweit nicht bereits § 110 Abs. 3 eingreift.[49] Die entsprechende Anwendung bezieht sich auf die Weigerungsgründe.[50] Teilweise will man hier die weitergehenden Gründe des § 68 Abs. 1 BBG und des § 37 Abs. 4 S. 1 BeamStatG anwenden (vgl. § 54 Rn. 9).

V. Anfechtung der Sperrerklärung

20 Jedenfalls der betroffene Prozessbeteiligte kann die Sperrerklärung anfechten.[51] Weitergehend will *Wohlers*[52] auch der Staatsanwaltschaft eine Anfechtungsbefugnis zugestehen.[53] Neben dem Beschuldigten können auch andere private Verfahrensbeteiligte wie Privat- und Nebenkläger in ihren prozessualen Rechten beeinträchtigt werden und sind daher zur Anfechtung berechtigt.[54]

21 Der **Rechtsweg für die Anfechtung** ist zweifelhaft. Die ältere Rechtsprechung der Oberlandesgerichte hielt grundsätzlich den Rechtsweg nach § 23 EGGVG für gegeben.[55] Teilweise wird die Auffassung vertreten, dies gelte jedenfalls immer noch, wenn oberste Dienstbehörde der Justizminister ist.[56] Nach BGH[57] und BVerwG[58] ist der Rechtsweg zu den Verwaltungsgerichten eröffnet.[59]

22 Eine **Aussetzung des Verfahrens** bis zur Entscheidung über die Klage oder Gegenvorstellungen kann im Einzelfall in Betracht kommen[60] (vgl. auch § 54 Rn. 20).

23 Die **Prüfung des Verwaltungsgerichts** könnte sich auf eine Plausibilitätskontrolle beschränken, da die Tatsachengrundlage unvollständig ist. Denkbar ist aber auch, dass man dem legitimen Geheimschutzinteresse der Exekutive in der Weise Rechnung trägt, dass für das Verwaltungsgericht ein in-camera-Verfahren zulässig ist.[61] Damit ist zumindest eine fundierte gerichtliche Überprüfung der Sperrerklärung möglich.

VI. Folgen der Sperrerklärung

24 Ist die Begründung der Sperrerklärung offenbar unzureichend und die Sperrerklärung selbst offensichtlich **willkürlich oder missbräuchlich,** ist sie unwirksam. Das Gericht muss Gegenvorstellungen erheben. Bleiben diese erfolglos, kann gegebenenfalls die Herausgabe der Akten durch eine Beschlagnahme durchgesetzt werden.[62] Der BGH hatte zunächst die Auffassung vertreten, man müsse die Weigerung hinnehmen und habe diese im Rahmen der Beweiswürdigung zu berücksichtigen.[63] Mittlerweile vertritt auch der BGH die Auffassung, dass eine Beschlagnahme statthaft sein kann.[64]

---

[45] BVerfG v. 26. 5. 1981 – 2 BvR 215/81, BVerfGE 57, 250 (288); BGH v. 9. 12. 1988 – 2 StR 279/88, BGHSt 36, 44 (49); BVerwG v. 19. 8. 1986 – 1 C 7/85, BVerwGE 75, 1 (9 ff.); *Hilgendorf* JZ 1993, 368, 369; *Gommolla* S. 126.
[46] BGH v. 10. 10. 1979 – 3 StR 281/79, BGHSt 29, 109 (112); Meyer-Goßner/*Cierniak* Rn. 9.
[47] KG v. 22. 6. 1989 – 4 Ws 110/89, NStZ 1989, 541 (542); OLG Hamburg v. 20. 1. 1993 – VAs 29/92, StV 1993, 402; *Taschke* S. 267; SK-StPO/*Wohlers* Rn. 31.
[48] Vgl. BGH v. 5. 6. 2007 – 5 StR 383/06, NJW 2007, 3010 (3012) mAnm *Wohlers* JR 2008, 127.
[49] BGH v. 29. 10. 1980 – 3 StR 335/80, BGHSt 29, 390 (393); BGH v. 17. 10. 1983 – GSSt 1/83, BGHSt 32, 115 (123); Meyer-Goßner/*Cierniak* Rn. 12.
[50] Meyer-Goßner/*Cierniak* Rn. 12 a mwN.
[51] Meyer-Goßner/*Cierniak* Rn. 14.
[52] SK-StPO/*Wohlers* Rn. 54.
[53] Offengelassen v. BGH v. 5. 6. 2007 – 5 StR 383/06, NJW 2007, 3010 (3012).
[54] OLG Hamburg v. 20. 8. 1981 – VAs 8/81, JR 1982, 435; BVerwG v. 27. 4. 1984 – 1 C 10/84, NJW 1984, 2233; *Janoschek* S. 148 f.; *Taschke* S. 297 f.; SK-StPO/*Wohlers* Rn. 55.
[55] Vgl. nur OLG Hamm v. 26. 8. 1985 – 1 VAs 74/84, NStZ 1985, 566; OLG Stuttgart v. 23. 7. 1990 – 4 VAs 21/90, NJW 1991, 1071; OLG Celle v. 8. 10. 1990 – 1 VAs 9/90, NStZ 1991, 145; zuletzt OLG Hamm v. 25. 11. 1997 – 1 VAs 78/97, NStZ 1998, 316.
[56] Meyer-Goßner/*Cierniak* Rn. 14.
[57] BGH v. 24. 6. 1998 – 5 AR (VS) 1/98, BGHSt 44, 107.
[58] BVerwG v. 27. 4. 1984 – 1 C 10/84, BVerwGE 69, 192 = NJW 1984, 2233.
[59] SK-StPO/*Wohlers* Rn. 56.
[60] BGH v. 5. 6. 2007 – 5 StR 383/06, NJW 2007, 3010 (3012) mAnm *Wohlers* JZ 2008, 127.
[61] SK-StPO/*Wohlers* Rn. 57.
[62] SK-StPO/*Wohlers* Rn. 40.
[63] BGH v. 16. 4. 1985 – 5 StR 718/84, BGHSt 33, 178 (180) BGH v. 21. 3. 1989 – 5 StR 57/89, wistra 1989, 230.
[64] BGH v. 18. 3. 1992 – 1 BGs 90/92, BGHSt 38, 237 (245 f.); siehe auch LG Potsdam v. 26. 9. 2006 – 21 Qs 127/06, wistra 2007, 193 (194); *Janoschek* S. 173 ff.; HK-StPO/*Gercke* Rn. 15; KK-StPO/*Nack* Rn. 1, 28 ff.

Ist die Sperrerklärung **hinreichend substantiiert** begründet, ist sie für die Strafverfolgungsorgane bindend. Die Pflicht zur Vorlage der Akten entfällt, eine Beschlagnahme ist unzulässig.[65] Die Sperrerklärung begründet aber kein Beweisverbot. Ist dem Gericht die Identität des Zeugen ohnehin bekannt, steht die Sperrerklärung einer Vernehmung nicht entgegen.[66] Allerdings soll das Gericht bei konkreter Gefahr für Leib und Leben des Zeugen von einer Vernehmung absehen dürfen.[67] Dabei ist jedoch zu bedenken, ob nicht mildere Möglichkeiten bestehen, den Zeugen zu schützen.

25

Das Gericht darf auf **Beweissurrogate** zurückgreifen, wie etwa die Vernehmung einer Verhörsperson.[68] Wie auch sonst muss im Rahmen der Beweiswürdigung besonders vorsichtig und kritisch vorgegangen werden, überdies ist zu bedenken, dass das Konfrontationsrecht verkürzt wird[69] und auch die EMRK mit hineinspielt (vgl. § 261 Rn. 71).

26

VII. Revision

Wurde ein gesperrtes Beweismittel verwertet, kann die Revision nicht darauf gestützt werden, weil dies den Rechtskreis des Angeklagten nicht berührt[70] bzw. der Normzweck des § 96 einer Verwertung nicht entgegensteht.[71]

27

Mit der **Aufklärungsrüge** kann beanstandet werden, dass das Gericht sich nicht hinreichend um die Freigabe der Akten bemüht hat. Weiterhin kann die unzulässige Verwendung von Beweissurrogaten beanstandet werden.[72] Soweit wegen der Sperrerklärung die Beweiswürdigung defizitär ist, kann dies mit der Sachrüge beanstandet werden.[73]

28

§ 97 [Beschlagnahmefreie Gegenstände]

(1) Der Beschlagnahme unterliegen nicht
1. schriftliche Mitteilungen zwischen dem Beschuldigten und den Personen, die nach § 52 oder § 53 Abs. 1 Satz 1 Nr. 1 bis 3 b das Zeugnis verweigern dürfen;
2. Aufzeichnungen, welche die in § 53 Abs. 1 Satz 1 Nr. 1 bis 3 b Genannten über die ihnen vom Beschuldigten anvertrauten Mitteilungen oder über andere Umstände gemacht haben, auf die sich das Zeugnisverweigerungsrecht erstreckt;
3. andere Gegenstände einschließlich der ärztlichen Untersuchungsbefunde, auf die sich das Zeugnisverweigerungsrecht der in § 53 Abs. 1 Satz 1 Nr. 1 bis 3 b Genannten erstreckt.

(2) ¹Diese Beschränkungen gelten nur, wenn die Gegenstände im Gewahrsam der zur Verweigerung des Zeugnisses Berechtigten sind, es sei denn, es handelt sich um eine elektronische Gesundheitskarte im Sinne des § 291 a des Fünften Buches Sozialgesetzbuch. ²Der Beschlagnahme unterliegen auch nicht Gegenstände, auf die sich das Zeugnisverweigerungsrecht der Ärzte, Zahnärzte, Psychologischen Psychotherapeuten, Kinder- und Jugendlichenpsychotherapeuten, Apotheker und Hebammen erstreckt, wenn sie im Gewahrsam einer Krankenanstalt oder eines Dienstleisters, der für die Genannten personenbezogene Daten erhebt, verarbeitet oder nutzt, sind, sowie Gegenstände, auf die sich das Zeugnisverweigerungsrecht der in § 53 Abs. 1 Satz 1 Nr. 3 a und 3 b genannten Personen erstreckt, wenn sie im Gewahrsam der in dieser Vorschrift bezeichneten Beratungsstelle sind. ³Die Beschränkungen der Beschlagnahme gelten nicht, wenn bestimmte Tatsachen den Verdacht begründen, dass die zeugnisverweigerungsberechtigte Person an der Tat oder an einer Begünstigung, Strafvereitelung oder Hehlerei beteiligt ist, oder wenn es sich um Gegenstände handelt, die durch eine Straftat hervorgebracht oder zur Begehung einer Straftat gebraucht oder bestimmt sind oder die aus einer Straftat herrühren.

(3) Die Absätze 1 und 2 sind entsprechend anzuwenden, soweit die Hilfspersonen (§ 53 a) der in § 53 Abs. 1 Satz 1 Nr. 1 bis 3 b Genannten das Zeugnis verweigern dürfen.

(4) ¹Soweit das Zeugnisverweigerungsrecht der in § 53 Abs. 1 Satz 1 Nr. 4 genannten Personen reicht, ist die Beschlagnahme von Gegenständen unzulässig. ²Dieser Beschlagnahmeschutz er-

---

[65] BGH v. 18. 3. 1992 – 1 BGs 90/92, BGHSt 38, 237 (246 f.); LG Potsdam v. 26. 9. 2006 – 21 Qs 127/06, wistra 2007, 193; KK-StPO/*Nack* Rn. 26; SK-StPO/*Wohlers* Rn. 41.
[66] BGH v. 10. 2. 1993 – 5 StR 550/92, BGHSt 39, 141 (144); BGH v. 24. 6. 1998 – 5 AR (VS) 1/98, BGHSt 44, 107 (115); KK-StPO/*Nack* Rn. 22; Meyer-Goßner/*Cierniak* Rn. 42.
[67] BGH v. 10. 2. 1993 – 5 StR 550/92, BGHSt 39, 141 (145).
[68] BGH v. 16. 4. 1985 – 5 StR 718/84, BGHSt 33, 178 (181 ff.); siehe auch BGH v. 20. 11. 1990 – 1 StR 562/90, NStZ 1991, 194.
[69] SK-StPO/*Wohlers* Rn. 48.
[70] Meyer-Goßner/*Cierniak* Rn. 15.
[71] SK-StPO/*Wohlers* Rn. 59.
[72] KK-StPO/*Nack* Rn. 37.
[73] SK-StPO/*Wohlers* Rn. 60.

streckt sich auch auf Gegenstände, die von den in § 53 Abs. 1 Satz 1 Nr. 4 genannten Personen ihren Hilfspersonen (§ 53 a) anvertraut sind. ³Satz 1 gilt entsprechend, soweit die Hilfspersonen (§ 53 a) der in § 53 Abs. 1 Satz 1 Nr. 4 genannten Personen das Zeugnis verweigern dürften.

(5) ¹Soweit das Zeugnisverweigerungsrecht der in § 53 Abs. 1 Satz 1 Nr. 5 genannten Personen reicht, ist die Beschlagnahme von Schriftstücken, Ton-, Bild- und Datenträgern, Abbildungen und anderen Darstellungen, die sich im Gewahrsam dieser Personen oder der Redaktion, des Verlages, der Druckerei oder der Rundfunkanstalt befinden, unzulässig. ²Absatz 2 Satz 3 und § 160a Abs. 4 Satz 2 gelten entsprechend; die Beschlagnahme ist jedoch auch in diesen Fällen nur zulässig, wenn sie unter Berücksichtigung der Grundrechte aus Artikel 5 Abs. 1 Satz 2 des Grundgesetzes nicht außer Verhältnis zur Bedeutung der Sache steht und die Erforschung des Sachverhaltes oder die Ermittlung des Aufenthaltsortes des Täters auf andere Weise aussichtslos oder wesentlich erschwert wäre.

Schrifttum: *Amelung*, Grenzen der Beschlagnahme notarieller Unterlagen, DNotZ 1984, 195; *Beulke*, Beschlagnahmefreiheit von Verteidigungsunterlagen, FS Lüderssen, 2002, S. 715; *Brüning*, Der Schutz der Pressefreiheit im Straf- und Strafprozessrecht, wistra 2007, 333; *Dahs*, Die Beschlagnahme von Verteidigungsmaterial und die Ausforschung der Verteidigung, GS Meyer 1990, S. 61; *Göppinger*, Die Entbindung von der Schweigepflicht und die Herausgabe oder Beschlagnahme von Krankenblättern, NJW 1958, 241; *Görtz-Leible*, Die Beschlagnahmeverbote des § 97 Abs. 1 StPO im Lichte der Zeugnisverweigerungsrechte, 2000; *Gülzow*, Beschlagnahme von Unterlagen der Mandanten bei deren Rechtsanwälten, Wirtschaftsprüfern oder Steuerberatern, NJW 1981, 265; *Janssen*, Rechtliche Grundlagen und Grenzen der Beschlagnahme, 1995; *Krekeler*, Zufallsfunde bei Berufsgeheimnisträgern und ihre Verwertbarkeit, NStZ 1987, 199; *ders.*, Durchsuchung und Beschlagnahme in Anwaltsbüros, FS Koch 1989, S. 165; *Lemcke*, Die Sicherstellung gem. § 94 StPO und deren Förderung durch die Inpflichtnahme Dritter als Mittel des Zugriffs auf elektronisch gespeicherte Daten, 1995; *Moosburger*, § 104 Abs. 2 AO – eine gesetzlich fixierte „Umgehung" des Schutzes von Berufsgeheimnissen?, wistra 1989, 252; *Quermann*, Durchsuchung und Beschlagnahme beim steuerlichen Berater, wistra 1988, 254; *Ransiek*, Durchsuchung, Beschlagnahme und Verwertungsverbot, StV 2002, 565; *H. Schäfer*, Die Beschlagnahme von Handelsbüchern beim Steuerberater, wistra 1985, 12; *P. Schmitt*, Probleme des Zeugnisverweigerungsrechts (§ 53 I Nr 3 StPO, § 383 Nr 6 ZPO) und des Beschlagnahmeverbots (§ 97 StPO) bei Beratern juristischer Personen – zugleich ein Beitrag zu der Entbindungsbefugnis des Konkursverwalters, wistra 1993, 9; *R. Schmidt*, Die Ausnahme vom Beschlagnahmeverbot gem. § 97 II, 3, 1. Hs. StPO, 1989; *ders.*, Die Beschlagnahme von (Geschäfts-)Unterlagen beim Zeugnisverweigerungsberechtigten, wistra 1991, 245; *Schreiber*, Die Beschlagnahme von Unterlagen beim Steuerberater, 1993; *Schuhmann*, Zur Beschlagnahme von Mandantenunterlagen bei den Angehörigen der rechts- und steuerberatenden Berufe, wistra 1995, 50; *Spangenberg*, Umfang und Grenzen der Beschlagnahmeverbote gemäß § 97 StPO in der steuerlichen Beratungspraxis, Diss. Bonn 1992; *Stahl*, Beschlagnahme der Anderkonten von Berufsgeheimnisträgern bei Kreditinstituten, wistra 1990, 94; *Volk*, Durchsuchung und Beschlagnahme von Geschäftsunterlagen beim Steuerberater, DStR 1989, 338; *Welp*, Die Geheimsphäre des Verteidigers in ihrer strafprozessualen Funktion, FS Gallas, 1973, S. 391; *Weinmann*, Die Beschlagnahme von Geschäftsunterlagen des Beschuldigten bei Zeugnisverweigerungsberechtigten, FS Dünnebier 1982, S. 199.

I. Überblick

1   Das Beschlagnahmeverbot des § 97 soll eine Umgehung der Zeugnisverweigerungsrechte nach den §§ 52, 53, 53 a verhindern.¹ Hat ein Zeuge das Recht, die Aussage zu verweigern, soll es den Strafverfolgungsorganen nicht möglich sein, sich die Kenntnis von Tatsachen durch die Beschlagnahme bestimmter, im Gewahrsam des Zeugen befindlicher Schriftstücke oder sonstiger Beweismittel zu verschaffen.² Für andere Personen findet die Vorschrift keine Anwendung.³

2   Nur die **Beschlagnahme als Beweismittel** ist verboten. Grenzen für eine Beschlagnahme zur Sicherung von Einziehung und Verfall zieht § 160a.⁴ Weitere Beschränkungen für eine Beschlagnahme können sich aus anderen gesetzlichen Vorschriften ergeben (vgl. schon § 96 Rn. 4). Da Angaben, die der Beschuldigte aufgrund entsprechender gesetzlicher Verpflichtung macht, einem Verwertungsverbot unterliegen (vgl. § 97 Abs. 1 S. 3 InsO) ist insoweit auch eine Beschlagnahme unzulässig.⁵ Vorausgesetzt ist aber eine gesetzliche Aussagepflicht. Angaben gegenüber Arbeitgebern und Versicherungen sind als solche nicht geschützt, mögen aber im Rahmen der Prüfung der Verhältnismäßigkeit besonders behandelt werden.⁶

II. Voraussetzungen der Beschlagnahmefreiheit

3   **1. Verfahren gegen einen Beschuldigten.** Die Beschlagnahmefreiheit bezieht sich immer auf das Verfahren gegen einen konkreten Beschuldigten, der eine bestimmte Beziehung zu dem Berufsge-

---

¹ BVerfG v. 8. 3. 1972 – 2 BvR 28/71, BVerfGE 32, 373 (385) = NJW 1972, 1123 (1125); *Michalowski* ZStW 109 (1997), 542; Meyer-Goßner/*Cierniak* Rn. 1; SK-StPO/*Wohlers* Rn. 1.
² *Lemcke* S. 153; SK-StPO/*Wohlers* Rn. 1; *Beulke* Rn. 248.
³ Vgl. LG Potsdam v. 8. 1. 2007 – 25 Qs 60/06, JR 2008, 260 für die Insolvenzverwalter, BVerfG v. 10. 2. 1981 – 2 BvR 46/81, ZfS 1982, 13 für den Schadensversicherer; Meyer-Goßner/*Cierniak* Rn. 2.
⁴ Vgl. Meyer-Goßner/*Cierniak* Rn. 3.
⁵ SK-StPO/*Wohlers* Rn. 8.
⁶ Vgl. *Spangenberg* S. 193 ff.

heimnisträger, der nicht selbst Beschuldigter sein darf,[7] aufweist. Es geht also um Konstellationen, in denen der Berufsgeheimnisträger die Rolle eines Zeugen im Verfahren gegen einen Klienten/Patienten/Mandanten als Beschuldigten innehat.[8] Ausnahmen gibt es bei Verteidigungsunterlagen (Rn. 31), zum Teil wird auch für die nach Abs. 1 Nr. 3 beschlagnahmefreien Gegenstände eine Ausnahme gefordert.[9] Ist der Mandant in einem Strafverfahren nicht als Beschuldigter, sondern als Einziehungsbeteiligter involviert, gilt § 97 nicht.[10]

Wie viel **prozessuale Gemeinsamkeit** bei mehreren Personen bestehen muss, ist zweifelhaft. 4 Zum Teil wird darauf abgestellt, ob eine durch das Vertrauensverhältnis geschützte Person zum Zeitpunkt der Beschlagnahme Mitbeschuldigter war.[11] Andere lassen es ausreichen, dass die Person an der gleichen prozessualen Tat beteiligt war.[12]

2. Gewahrsam des Zeugnisverweigerungsberechtigten. Der Beweisgegenstand muss sich im 5 Gewahrsam des Zeugnisverweigerungsberechtigten befinden. Hintergrund ist die Erwägung, dass Gegenstände, die sich in Gewahrsam zeugnispflichtiger Dritter befinden, nicht mehr schutzwürdig sind. Eine absolute Ausnahme gibt es allerdings für Verteidigungsunterlagen.[13] Eine ausdrückliche Einschränkung des Gewahrsamserfordernisses gilt für die elektronische Gesundheitskarte nach § 291a SGB V.[14]

Gewahrsam ist ein von einem Herrschaftswillen getragenes Herrschaftsverhältnis.[15] Die ge- 6 schützten Beweismittel müssen also der tatsächlichen Verfügungsmacht des Zeugnisverweigerungsberechtigten unterliegen.[16] Dies kann aber auch mittelbar, etwa in Gestalt eines Bankschließfaches, geschehen.[17]

Hat der Zeugnisverweigerungsberechtigte nur **Mitgewahrsam**, will *Lemcke*[18] die Beschlag- 7 nahmefreiheit ablehnen, wenn der andere Mitgewahrsamsinhaber nicht selbst Berufsgeheimnisträger ist. Demgegenüber geht die herrschende Meinung zu Recht davon aus, dass bei Mitgewahrsam die Beschlagnahmefreiheit bestehen bleibt.[19] Sonst wäre eine in einem Bankschließfach untergebrachte Akte beschlagnahmefähig.[20]

Befindet sich der Gegenstand im **Gewahrsam einer Hilfsperson** des Zeugnisverweigerungs- 8 berechtigten (§ 53 a), bleibt die Beschlagnahmefreiheit bestehen. Selbstständige, die nicht selbst Berufsgeheimnisträger sind, und von diesem für die Erfüllung von Einzelaufträgen herangezogen werden, sollen nach herrschender Meinung nicht unter den Begriff des Helfers fallen.[21] Ob dies auch für einen von einem Strafverteidiger beauftragten Detektiv gilt, erscheint zweifelhaft.

Wird das Beweismittel der Post **zur Beförderung** übergeben, will ein Teil der Literatur die Be- 9 schlagnahmefähigkeit bejahen,[22] andere wollen die Beschlagnahmefreiheit erhalten wissen.[23] Tatsächlich wird zu differenzieren sein: Befindet sich das Beweismittel auf dem Weg von einem Berufsgeheimnisträger zu einem anderen, verbleibt es bei der Beschlagnahmefreiheit. Befindet es sich auf dem Weg zu einem beliebigen Dritten, gilt § 99. Verteidigerunterlagen sind stets beschlagnahmefrei.

Endet der Gewahrsam des Zeugnisverweigerungsberechtigten durch Tod, soll die Beschlagnah- 10 mefreiheit erhalten bleiben.[24] Erst recht gilt dies bei einer Praxisübernahme.[25]

---

[7] Zur Beschuldigtenrolle des Zeugnisverweigerungsberechtigten Meyer-Goßner/*Cierniak* Rn. 3; SK-StPO/*Wohlers* Rn. 13.
[8] Vgl. BVerfG v. 27. 10. 2003 – 2 BvR 2211/00, NStZ-RR 2004, 83 (84); OLG Frankfurt/M. v. 22. 8. 2001 – 2 AuslS 10/01, NJW 2002, 1135 (1136); *Spangenberg* S. 106 ff.; Meyer-Goßner/*Cierniak* Rn. 10; SK-StPO/*Wohlers* Rn. 10.
[9] Vgl. *Krekeler* NStZ 1987, 199.
[10] SK-StPO/*Wohlers* Rn. 10.
[11] BGH v. 13. 11. 1997 – 4 StR 404/97, BGHSt 43, 300 (304 f.); OLG München v. 30. 11. 2004 – 3 Ws 720/04, StV 2005, 118 (120); KK-StPO/*Nack* Rn. 1.
[12] *Rudolphi* NStZ 1998, 472 (473 f.); SK-StPO/*Wohlers* Rn. 11. Zu Organen von juristischen Personen siehe unten Rn. 16 sowie Meyer-Goßner/*Cierniak* Rn. 10; SK-StPO/*Wohlers* Rn. 10.
[13] LR/*Schäfer* Rn. 9, 18, 27; SK-StPO/*Wohlers* Rn. 15.
[14] Vgl. BT-Drucks. 15/1525, S. 167.
[15] *Lemcke* S. 60 ff.; *Spangenberg* S. 147; *Beulke*, FS Lüderssen, S. 714; SK-StPO/*Wohlers* Rn. 16.
[16] LG Würzburg v. 20. 9. 1989 – Qs 323/89, wistra 1990, 118.
[17] Meyer-Goßner/*Cierniak* Rn. 11.
[18] *Lemcke* S. 153 ff.
[19] *R. Schmidt* wistra 1991, 245, 247 f.; *Schuhmann* wistra 1995, 50; *Beulke*, FS Lüdersen, S. 714; LR/*Schäfer* Rn. 28 f.; SK-StPO/*Wohlers* Rn. 17.
[20] Vgl. LR/*Schäfer* Rn. 28.
[21] Vgl. § 53a Rn. 3; OLG Frankfurt/M. v. 22. 8. 2001 – 2 AuslS 10/01, NJW 2002, 1135 (1136); LG Chemnitz v. 2. 7. 2001 – 4 Qs 13/01, wistra 2001, 399 (400); SK-StPO/*Wohlers* Rn. 19.
[22] *Welp* FS Gallas S. 419; LR/*Schäfer* Rn. 28; Meyer-Goßner/*Cierniak* Rn. 11.
[23] SK-StPO/*Wohlers* Rn. 20.
[24] LR/*Schäfer* Rn. 32; siehe auch *Spangenberg* S. 157 f.
[25] BVerfG v. 8. 3. 1972 – 2 BvR 28/71, BVerfGE 32, 373 (381 ff.) = NJW 1972, 1123.

11 Erfolgt der **Gewahrsamsverlust unfreiwillig**, etwa durch Diebstahl, soll damit auch die Beschlagnahmefreiheit entfallen. Die Sache könne daher beim Dieb beschlagnahmt werden.[26] Man behilft sich mit der Erkenntnis, dass dies zwar unbefriedigend sei, aber aufgrund des klaren Gesetzeswortlautes grundsätzlich hingenommen werden müsse.[27] Tatsächlich kann es nicht in der Hand Dritter liegen, ob an sich beschlagnahmefreie Gegenstände im Strafprozess zur Verfügung stehen. Immerhin will man eine Ausnahme jedenfalls für den Fall machen, dass der Gewahrsamsverlust durch eine Privatperson auf Veranlassung oder mit Duldung der Strafverfolgungsorgane bewirkt worden ist.[28] Vieles spricht dafür, hier aber insgesamt nicht anders zu verfahren als bei § 96: Werden verschwundene Akten bei der Polizei aufgefunden, ist ihre Verwertung im Strafverfahren erst zulässig, wenn die oberste Dienstbehörde die Gelegenheit gehabt hat, eine Sperrerklärung abzugeben. Dies kann hier sinngemäß nicht anders sein.[29]

12 Gibt der **Zeugnisverweigerungsberechtigte** den an sich beschlagnahmefreien Gegenstand freiwillig an die Strafverfolgungsorgane heraus, kann dieser nach herrschender Meinung beschlagnahmt und zum Nachteil des Beschuldigten verwertet werden.[30] Dies soll selbst dann gelten, wenn der Gewahrsamsinhaber mit der Herausgabe gegen § 203 StGB verstößt.[31] Immerhin wird verlangt, dass ein Herausgabeverlangen mit einer Belehrung darüber verbunden sein muss, dass die Sache nicht zwangsweise, sondern nur mit Einwilligung in amtliche Verwahrung genommen werden darf.[32] Die herrschende Meinung ist jedenfalls in solchen Fällen nicht akzeptabel, in denen sich die Herausgabe auch in der Person des Empfängers als Straftat darstellt.

13 Das Beschlagnahmeverbot greift nicht ein, wenn der Beschuldigte **Mitgewahrsam** hat. Dieser ist aber nicht schon dann gegeben, wenn er das Recht hat, die dem Berufsgeheimnisträger überlassenen Unterlagen jederzeit herauszuverlangen.[33]

14 Die Beschlagnahmefreiheit entfällt, wenn der Beschuldigte mit der Beschlagnahme **einverstanden ist**[34] oder der Zeugnisverweigerungsberechtigte nach Entbindung von der Schweigepflicht im Sinne des § 53 nicht mehr das Zeugnis verweigern darf.[35] Wird die zeugnisverweigerungsberechtigte Hauptperson entbunden, schlägt dies auch auf die Hilfspersonen im Sinne des Abs. 4 durch.[36]

15 Eine **Ausnahme** bei der Folge einer Entbindung besteht für Abgeordnete, Angehörige, Geistliche und die Angehörigen der Medienberufe. Ihr Zeugnisverweigerungsrecht kann nicht durch einseitige Erklärung des Beschuldigten aufgehoben werden (§ 53 Rn. 39).

16 Bei einer **Vertrauensbeziehung zu einer juristischen Person** ist für die Entbindungserklärung deren Organ zuständig.[37] Befindet sich die juristische Person in Insolvenz, soll nach einer Auffassung der Insolvenzverwalter zuständig sein.[38] Andere verlangen (auch) eine Zustimmung der Organe der juristischen Person, die seinerzeit die entsprechenden Informationen gegeben hat.[39] Mit *Nack*[40] und *Gülzow*[41] ist zu differenzieren. Grundsätzlich zuständig ist der Insolvenzverwalter, dem regelmäßig kein Zeugnisverweigerungsrecht zustehe.[42] Bei einem Doppelmandat – der Rechtsanwalt berät sowohl den Geschäftsführer als natürliche Person als auch die GmbH – wird die Entbindung des Insolvenzverwalters jedenfalls dann ausreichen, wenn es um Straftaten der (früheren) Verantwortlichen zum Nachteil oder „im Interesse" des Unternehmens ging.[43]

---

[26] LR/*Schäfer* Rn. 33; Meyer-Goßner/*Cierniak* Rn. 13.
[27] SK-StPO/*Wohlers* Rn. 22.
[28] LR/*Schäfer* Rn. 34 f.; SK-StPO/*Wohlers* Rn. 22.
[29] Siehe zu Verteidigungsunterlagen noch *Beulke*, FS Lüderssen, S. 715; LR/*Schäfer* Rn. 35.
[30] BGH v. 23. 1. 1963 – 2 StR 534/62, BGHSt 18, 230; *Park* Rn. 554; HK-StPO/*Gercke* Rn. 68; Meyer-Goßner/*Cierniak* Rn. 5.
[31] LR/*Schäfer* Rn. 55; Meyer-Goßner/*Cierniak* Rn. 5.
[32] Meyer-Goßner/*Cierniak* Rn. 6.
[33] LG Fulda v. 12. 10. 1999 – 2 Qs 51/99, StV 2000, 548 (551); *Janssen* S. 99; *Spangenberg* S. 149 f.; KK-StPO/*Nack* Rn. 8; SK-StPO/*Wohlers* Rn. 24.
[34] BGH v. 3. 12. 1991 – 1 StR 120/90, BGHSt 38, 144 (145); KK-StPO/*Nack* Rn. 7; *Spangenberg* S. 112.
[35] BGH v. 3. 12. 1991 – 1 StR 120/90, BGHSt 38, 144 (145); LG Hildesheim v. 29. 10. 1981 – 12 Qs 192/81, NStZ 1982, 394 (395); *Spangenberg* S. 108 ff.; HK-StPO/*Gercke* Rn. 72; Meyer-Goßner/*Cierniak* Rn. 26.
[36] Meyer-Goßner/*Cierniak* Rn. 44.
[37] *Spangenberg* S. 68 ff.
[38] LG Lübeck v. 7. 6. 1977 – 4 Qs 171/77, NJW 1978, 1014 f.; OLG Nürnberg v. 18. 6. 2009 – 1 Ws 289/09, NJW 2010, 690 = ZIP 2010, 386; *H. Schäfer* wistra 1985, 209 (211).
[39] Vgl. OLG Celle v. 2. 8. 1985 – 1 Ws 194/85, wistra 1986, 83 (84); OLG Düsseldorf v. 14. 12. 1992 – 1 Ws 1155/92, StV 1993, 346; *P. Schmitt* wistra 1993, 9 (14).
[40] KK-StPO/*Nack* Rn. 6.
[41] *Gülzow* NJW 1981, 265, 268.
[42] Unter Hinweis auf LG Ulm v. 15. 1. 2007 – 2 Qs 2002/07, NJW 2007, 2056.
[43] Siehe auch BVerfG v. 27. 10. 2003 – 2 BvR 2211/00, NStZ-RR 2004, 83: Es ist von Verfassungs wegen nicht zu beanstanden, dass die Fachgerichte annehmen, das gemäß § 97 StPO geschützte Vertrauensverhältnis zwischen Berufsgeheimnisträger und juristischer Person erstrecke sich nicht auf deren Organe.

Kennt der Betroffene den Inhalt des betroffenen Beweismittels nicht in allen Punkten, lässt dies 17 die Wirksamkeit der Entbindungserklärung unberührt.[44]

Entbindungserklärung und Einverständnis mit der Beschlagnahme können vom Beschuldigten 18 jederzeit **widerrufen** werden.[45] Mit dem Widerruf entsteht das Beschlagnahmeverbot neu, beschlagnahmte Beweismittel sind daher zurückzugeben und dürfen selbst nicht verwertet werden.[46] Die zu diesem Zeitpunkt bereits aus den Beweismitteln erlangten Kenntnisse dürfen verwertet werden.[47]

Ein Einverständnis des Beschuldigten mit der Beschlagnahme kann in solchen Fällen wirken, in 19 denen er auch berechtigt wäre, den Schweigepflichtigen von der Schweigepflicht zu entbinden.[48] Wo die Entbindung von der Schweigepflicht nicht zum Wegfall des Zwangsverweigerungsrechts führt (§ 53 Abs. 2), kann die Entbindungserklärung die Beschlagnahmebeschränkung nicht aufheben.[49]

3. Ausschluss der Beschlagnahmefreiheit. a) Verdacht der Beteiligung (Abs. 2 S. 3). Die Be- 20 schlagnahmefreiheit entfällt, wenn der Zeugnisverweigerungsberechtigte Mitbeschuldigter ist (Rn. 20). Sie entfällt aber auch, wenn er der Teilnahme, Begünstigung, Strafvereitelung oder Hehlerei verdächtig ist. Dies gilt (Abs. 5 S. 2) selbst für Mitarbeiter der Presse und des Rundfunks[50] jedoch nicht bei den nach § 53 Abs. 1 Nr. 4 zeugnisverweigerungsberechtigten Abgeordneten sowie (§ 148) für Verteidiger.[51]

Erforderlich ist der **durch bestimmte Tatsachen belegte Anfangsverdacht** einer Tatbeteiligung; 21 bloße Vermutungen genügen nicht.[52] Zwar ist kein dringender oder hinreichender Tatverdacht vorausgesetzt.[53] Soweit aber die Strafbarkeit des Berufsgeheimnisträgers engere Voraussetzungen als diejenige sonstiger Personen hat, muss dies schon bei der Frage nach dem Verdacht berücksichtigt werden. Wenn also die Geldwäsche nur strafbar ist, wenn der Strafverteidiger weiß, dass die an ihn gezahlten Beträge aus einer Katalogtat stammen, darf sich der Verdacht nicht darauf beschränken, er habe leichtfertig die Herkunft der Gelder verkannt.[54]

Bei Vorliegen eines Verdachts der Tatbeteiligung entfällt das Beschlagnahmeverbot auch dann, 22 wenn die Einleitung des Ermittlungsverfahrens etwa wegen Eintritts der Strafverfolgungsverjährung nicht mehr möglich ist.[55]

Die bloß **objektive Verstrickung** des Zeugen reicht nicht aus.[56] Die Beschränkungen des § 97 23 enden erst, wenn der Verdacht besteht, der Zeuge habe sich durch eine vorsätzliche rechtswidrige Tat sich in das Tun des Beschuldigten verstrickt.[57]

b) Verstrickte Gegenstände (Abs. 2 S. 3). Die Beschlagnahmefreiheit entfällt für producta sceleris, instrumenta sceleris und Tatvorteile im Sinne des § 73 StGB. Tatwerkzeuge sind auch die zur Tatvorbereitung genutzten Gegenstände,[58] zum Teil wird eine spezifische Beziehung zur konkreten Tat gefordert.[59] Dies gilt etwa für den Schriftwechsel zwischen Kaufleuten über den beabsichtigten Betrug oder manipulierte Buchungsunterlagen.[60] 24

4. Beschlagnahmefreie Gegenstände. Schriftliche Mitteilungen sind alle Gedankenäußerungen, 25 die ein Absender einem Empfänger zukommen lässt, damit er davon Kenntnis nehme.[61] Bei dem in § 52 genannten Personenkreis sind Zweck und Inhalt der Mitteilung gleichgültig, bei dem in § 53 genannten Personenkreis kommt es darauf an, dass die Mitteilung einen Inhalt hat, der nach § 53 zur Verweigerung des Zeugnisses berechtigt.[62] Sind Schriftstücke – wie etwa Urkunden eines

---

[44] OLG Hamburg v. 29. 12. 1961 – Ws 756/61, NJW 1962, 689; SK-StPO/*Wohlers* Rn. 31; aA *Göppinger* NJW 1958, 241.
[45] RG v. 29. 10. 1929 – I 954/29, RGSt 63, 302; Meyer-Goßner/*Cierniak* Rn. 25.
[46] OLG Hamburg v. 29. 12. 1961 – Ws 756/61, NJW 1962, 689.
[47] Meyer-Goßner/*Cierniak* Rn. 25; SK-StPO/*Wohlers* Rn. 32.
[48] KK-StPO/*Nack* Rn. 7.
[49] KK-StPO/*Nack* Rn. 7.
[50] BVerfG v. 27. 2. 2007 – 1 BvR 538/06, BVerfGE 117, 244 (262) = NJW 2007, 1117 (1119).
[51] SK-StPO/*Wohlers* Rn. 36.
[52] KK-StPO/*Nack* Rn. 35; Meyer-Goßner/*Cierniak* Rn. 20.
[53] KK-StPO/*Nack* Rn. 35.
[54] BVerfG v. 30. 3. 2004 – 2 BvR 1520/01, BVerfGE 110, 226 = NJW 2004, 1305.
[55] *Janssen* S. 111; Meyer-Goßner/*Cierniak* Rn. 18; SK-StPO/*Wohlers* Rn. 37.
[56] KK-StPO/*Nack* Rn. 41.
[57] KK-StPO/*Nack* Rn. 41.
[58] OLG Hamburg v. 8. 1. 1981 – 1 Ws 7/81, MDR 1981, 603; Meyer-Goßner/*Cierniak* Rn. 22.
[59] SK-StPO/*Wohlers* Rn. 42.
[60] LG Aachen v. 11. 10. 1984 – 86 Qs 74/84, NJW 1985, 338; *Schäfer* wistra 1985, 12; siehe auch LG Stuttgart v. 7. 11. 1975 – IV Qs 363/75, NJW 1976, 2030; Meyer-Goßner/*Cierniak* Rn. 22.
[61] Meyer-Goßner/*Cierniak* Rn. 28.
[62] KK-StPO/*Nack* Rn. 12.

Notars – für die Kenntnisnahme Dritter bestimmt, gilt Abs. 1 Nr. 1 nicht.[63] Mitteilungen auf Ton- oder Bildträgern usw. stehen schriftlichen Erklärungen gleich; dies gilt auch für elektronisch gespeicherte Mitteilungen, etwa Emails.[64] Bereits das Anbahnungsverhältnis ist geschützt.[65]

26 **Aufzeichnungen** (Abs. 1 Nr. 2) sind auch Entwürfe von Urkunden. Auf welchem Medium die Aufzeichnung fixiert ist, ist gleichgültig.[66]

27 **Andere Gegenstände** können alle sein, auf die sich das Zeugnisverweigerungsrecht der in § 53 Abs. 1 S. 1 Nr. 1–3b Genannten erstreckt. Dies umfasst etwa Fremdkörper, die der Arzt aus dem Körper des Beschuldigten entfernt hat,[67] Röntgenaufnahmen, Blutbilder und Alkoholbefunde.[68] Zu Geschäftsunterlagen beim Steuerberater siehe Rn. 34, zum Anderkonto des Rechtsanwalts Rn. 35.

28 Die Gegenstände/Tatsachen müssen den Personen **zur Berufsausübung** anvertraut oder sonst bekannt geworden sein. Diese Voraussetzung ist weit auszulegen und kommt selbst bei einem Verstoß gegen Berufspflichten noch in Betracht.[69] Eine Grenze ist erreicht, wo die Tätigkeit keinen Bezug zur berufsbezogenen Arbeit mehr hat.[70] Soll der Berufsgeheimnisträger Gegenstände lediglich verstecken, greift § 97 Abs. 1 Nr. 3 nicht ein.[71] Zu Besonderheiten bei Ärzten siehe unten Rn. 36. Zu Abgeordneten siehe unten Rn. 38.

29 **5. Betroffener Personenkreis. a) Angehörige** (§ 52 Rn. 4 ff.). Nur schriftliche Mitteilungen sind beschlagnahmefrei, sie dürfen selbst als Schriftproben nicht beschlagnahmt werden.[72] Das Ende des Angehörigenverhältnisses lässt die Beschlagnahmefreiheit entfallen, wenn damit auch das Zeugnisverweigerungsrecht entfällt (§ 52 Rn. 5). Andere Aufzeichnungen als schriftliche Mitteilungen können uneingeschränkt beschlagnahmt werden.[73]

b) Geistliche (§ 53 Rn. 12). Bei Geistlichen sind schriftliche Mitteilungen ebenso ausgenommen wie Aufzeichnungen über Tatsachen, die dem Geistlichen in eben dieser Eigenschaft anvertraut oder bekanntgeworden sind, sowie andere Gegenstände, die ihm als Seelsorger übergeben wurden. Auch Daten-, Bild- und Tonträger sind erfasst.[74]

30 **c) Verteidiger.** Beim Verteidiger sind schriftliche Mitteilungen, soweit sie die Verteidigung betreffen,[75] Aufzeichnungen über Mitteilungen sowie zu Zwecken der Verteidigung übergebene Gegenstände erfasst.[76] Das Beschlagnahmeverbot gilt bereits zur Vorbereitung eines Wiederaufnahmeverfahrens,[77] jedoch nicht für Briefe, die nach Ende des Mandats an den ehemaligen Verteidiger gerichtet wurden.[78]

31 Verteidigungsunterlagen sind unabhängig davon beschlagnahmefrei, ob sie sich noch nicht oder nicht mehr in Gewahrsam des Verteidigers befinden.[79] Der Begriff umfasst auch solche Unterlagen, die der eigenen Vorbereitung des Beschuldigten dienen.[80]

32 Zweifelhaft ist, ob Beschlagnahmeverbote schon durch einen gegen den Verteidiger bestehenden Beteiligungsverdacht aufgehoben werden.[81] Vieles spricht dafür, das Beschlagnahmeprivileg erst entfallen zu lassen, wenn der Verteidiger nach § 138a ausgeschlossen ist oder zumindest das Ruhen der Verteidigerrechte (§ 138c Abs. 3) angeordnet wurde.[82]

33 **d) Rechtsanwälte, Notare, Steuerberater.** Berufsgeheimnisträger im Sinne des § 53 Abs. 1 S. 1 Nr. 3 (vgl. § 53 Rn. 16) sind von dem Beschlagnahmeprivileg ebenso betroffen wie der Verteidiger

---

[63] LG Aachen v. 23. 1. 1998 – 86 Qs 94/97, NStZ-RR 1999, 216; LG Kiel v. 6. 8. 1999 – 39 Qs 27/99, wistra 2000, 194; KK-StPO/*Nack* Rn. 12. Vergleiche auch BGH v. 25. 2. 1998 – 3 StR 490/97, BGHSt 44, 46 (48).
[64] BVerfG v. 30. 1. 2002 – 2 BvR 2248/00, NStZ 2002, 377; KK-StPO/*Nack* Rn. 11.
[65] Vgl. BGH v. 20. 2. 1985 – 2 StR 561/84, BGHSt 33, 148; OLG München v. 30. 11. 2004 – 3 Ws 720/04, NStZ 2006, 300; *Satzger* JR 2007, 336; Meyer-Goßner/*Cierniak* Rn. 28.
[66] KK-StPO/*Nack* Rn. 13.
[67] OLG Nürnberg v. 17. 8. 1956 – Ws 257/56, NJW 1958, 272 (273).
[68] Meyer-Goßner/*Cierniak* Rn. 30.
[69] KK-StPO/*Nack* Rn. 20.
[70] Vgl. BGH v. 7. 4. 2005 – 1 StR 326/04, BGHSt 50, 64 für einen Notar.
[71] LG Fulda v. 12. 10. 1999 – 2 Qs 51/99, StV 2000, 548; KK-StPO/*Nack* Rn. 20.
[72] Meyer-Goßner/*Cierniak* Rn. 34.
[73] BVerwG v. 4. 3. 1081 – 7 B 17/81, NJW 1981, 1852; Meyer-Goßner/*Cierniak* Rn. 34.
[74] SK-StPO/*Wohlers* Rn. 67.
[75] LG Bonn v. 29. 9. 2005 – 37 Qs 27/05, wistra 2006, 396.
[76] Meyer-Goßner/*Cierniak* Rn. 36.
[77] BGH v. 28. 6. 2001 – 1 StR 198/01, NStZ 2001, 604.
[78] LG Tübingen v. 14. 2. 2007 – 1 KLs 42 Js 13000/06, NStZ 2008, 653.
[79] SK-StPO/*Wohlers* Rn. 87.
[80] BVerfG v. 30. 1. 2002 – 2 BvR 2248/00, NStZ 2002, 377; BGH v. 25. 2. 1998 – 3 StR 490/97, BGHSt 44, 46, 50; Meyer-Goßner/*Cierniak* Rn. 37; SK-StPO/*Wohlers* Rn. 88.
[81] KK-StPO/*Nack* Rn. 24; LR/*Schäfer* Rn. 96; SK-StPO/*Wohlers* Rn. 94; *Beulke* Rn. 249; aA Meyer-Goßner/*Cierniak* Rn. 38.
[82] HK-StPO/*Gercke* Rn. 79; LR/*Schäfer* Rn. 96; SK-StPO/*Wohlers* Rn. 94. Vergleiche auch § 138a Rn. 3. Zum Beteiligungsverdacht beim Verteidiger siehe noch SK-StPO/*Wohlers* Rn. 94.

(Rn. 30). Ein Unterschied ergibt sich insofern, als sich die Gegenstände in Gewahrsam des Zeugnisverweigerungsberechtigten befinden müssen (Abs. 2 S. 1).

Die **Beschlagnahmefähigkeit von Buchhaltungsunterlagen** ist umstritten. Da es kein Buchführungsprivileg für steuerberatende Berufe mehr gibt,[83] sind Belege zur laufenden Buchführung nicht einem „Steuerberater" übergeben. Damit sind sie grundsätzlich beschlagnahmefähig.[84] Werden die Unterlagen aber übergeben, damit der Steuerberater Jahresabschlüsse erstellt oder Steuererklärungen vorbereitet, dann besteht Beschlagnahmefreiheit, solange die Unterlagen für diese Zwecke benötigt werden.[85] *Wohlers* weist in diesem Zusammenhang allerdings zutreffend darauf hin, dass sich ein auf dem Gewahrsam des Berufsgeheimnisträgers aufbauendes Asylrecht für Buchhaltungsunterlagen nicht aus dem Gesetz ableiten lasse.[86] Er meint, man könne der Problematik gerecht werden, indem man sich entweder mit der Herausgabe von Fotokopien zufrieden gebe oder aber als Strafverfolgungsorgan seinerseits dem Berufsgeheimnisträger Fotokopien zur Verfügung stelle (vgl. auch § 94 Rn. 24). 34

Kontounterlagen über Anderkonten im Gewahrsam des Berufsgeheimnisträgers sind beschlagnahmefrei. Ein Zugriff auf die Unterlagen bei dem Kreditinstitut ist grundsätzlich unzulässig, weil dieses insofern Berufshelfer des Zeugnisverweigerungsberechtigten ist.[87] Allerdings hatte das BVerfG insofern keine Bedenken.[88] 35

e) **Heilberufe.** Bei Angehörigen der Heilberufe (§ 53 Rn. 18 ff.) sind schriftliche Mitteilungen, Aufzeichnungen und Gegenstände beschlagnahmefrei. Die Gegenstände unterliegen auch dann einem Beschlagnahmeverbot, wenn sie sich nicht im Gewahrsam des Arztes befinden, sondern im Gewahrsam seiner Helfer (§ 97 Abs. 4) oder im Gewahrsam einer Krankenanstalt oder eines Dienstleisters (§ 97 Abs. 2 S. 2). Die Beschlagnahmefreiheit beschränkt sich auf Verfahren gegen einen Beschuldigten, der Patient des Arztes war oder ist.[89] Bei Krankenunterlagen dritter Personen zieht zum einen die auf den Vorwurf des Schwangerschaftsabbruchs bezogene Spezialregelung in § 108 Abs. 2 Grenzen. Im Übrigen können sich Beschlagnahmeverbote nur aus verfassungsrechtlichen Vorgaben ergeben.[90] 36

Zu **Schwangerschaftsberatern** siehe § 53 Rn. 21. Die Beschlagnahmefreiheit reicht soweit wie bei Angehörigen der Heilberufe. 37

f) **Abgeordnete.** Bei Abgeordneten entspricht die Beschlagnahmefreiheit im Umfang und den Voraussetzungen dem Üblichen. Der Umfang entspricht dem bei Angehörigen der Heilberufe oder Anwälten. Zweifelhaft ist, ob auch hier ein Gewahrsam des Zeugnisverweigerungsberechtigten vorausgesetzt ist.[91] Anders als sonst beseitigt eine strafrechtliche Verstrickung des Abgeordneten den Beschlagnahmeschutz nicht.[92] 38

g) **Hilfspersonen.** Bei Hilfspersonen sind Beschlagnahmegegenstände entzogen, die in ihrem Gewahrsam stehen und wegen der Beziehung zu einer der in § 53 Abs. 1 S. 1 Nr. 1–4 bezeichneten Personen nicht beschlagnahmt werden dürfen.[93] Wird der Hauptgeheimnisträger von der Schweigepflicht entbunden, ist die Beschlagnahme bei der Hilfsperson zulässig. 39

h) **Mitarbeiter der Medien** (§ 53 Rn. 26 ff.) haben ein umfassendes Zeugnisverweigerungsrecht; dem folgt eine umfassende Beschlagnahmefreiheit. Beschlagnahmefrei sind Schriftstücke, Tonträger und Datenträger, soweit sie Aufschluss über Verfasser, Einsender oder sonstige Informanten/Innen[94] und ihre Mitteilungen geben.[95] Nach neuer Rechtslage erstreckt sich das Beschlagnahmeverbot auch auf selbst recherchiertes Material.[96] Dieses Zeugnisverweigerungsrecht für selbst re- 40

---

[83] BVerfG v. 18. 6. 1980 – 1 BvR 697/77, BVerfGE 54, 301; BVerfG v. 27. 1. 1982 – 1 BvR 807/80, BVerfGE 59, 302.
[84] Vgl. LG Stuttgart v. 5. 8. 1983 – 10 Qs 96/83, wistra 1985, 41; LG Saarbrücken v. 6. 4. 1984 – 5 Qs 49/83, wistra 1984, 200; *Moosburger* wistra 1989, 252; aA etwa LG Darmstadt v. 18. 3. 1988 – 9 Qs 1188/87, NStZ 1988, 286; LG Koblenz v. 30. 10. 1984 – 10 Qs 10/84, StV 1985, 8; LG Stade v. 24. 3. 1986 – 13 Qs 4/85, NStZ 1987, 38.
[85] LG Dresden v. 22. 1. 2007 – 5 Qs 34/2006, NJW 2007, 2709; LG Hamburg v. 4. 7. 2005 – 608 Qs 3/05, wistra 2005, 394; Meyer-Goßner/*Cierniak* Rn. 40; siehe auch LG Essen v. 12. 8. 2009 – 56 Qs 7/09, wistra 2010, 78.
[86] SK-StPO/*Wohlers* Rn. 82.
[87] LG Darmstadt v. 12. 12. 1986 – 13 Qs 1368/86, wistra 1987, 232; KK-StPO/*Nack* Rn. 18; SK-StPO/*Wohlers* Rn. 83; aA LG Aachen v. 23. 1. 1998 – 86 Qs 94/97, NStZ-RR 1999, 216, 217; LG Würzburg v. 20. 9. 1989 – Qs 323/89, wistra 1990, 118.
[88] BVerfG v. 9. 10. 1989 – 2 BvR 1558/89, wistra 1990, 97.
[89] OLG Celle v. 30. 9. 1964 – 3 Ws 362/64, NJW 1965, 362, 363; Meyer-Goßner/*Cierniak* Rn. 41.
[90] Vgl. BGH v. 13. 11. 1997 – 4 StR 404/97, BGHSt 43, 300 zu Krankenunterlagen. Siehe auch KK-StPO/*Nack* Rn. 23 zu privaten Tonaufzeichnungen und Tagebuchaufzeichnungen, die nicht zur Kenntnis Dritter bestimmt sind.
[91] So Meyer-Goßner/*Cierniak* Rn. 43; *Pfeiffer* Rn. 8; aA KK-StPO/*Nack* Rn. 27; LR/*Schäfer* Rn. 127; SK-StPO/*Wohlers* Rn. 52.
[92] KK-StPO/*Nack* Rn. 28.
[93] Meyer-Goßner/*Cierniak* Rn. 44.
[94] Vgl. BVerfG v. 27. 2. 2007 – 1 BvR 538/06, BVerfGE 117, 244 (262, 265) = NJW 2007, 1117 (1118, 1120).
[95] Meyer-Goßner/*Cierniak* Rn. 45.
[96] SK-StPO/*Wohlers* Rn. 72.

cherchierte Materialien ist durch ein kompliziertes Regel-Ausnahme-Verhältnis[97] beschränkt (vgl. § 53 Rn. 37).

41 Bei einem Teilnahmeverdacht entfällt zwar das Beschlagnahmeverbot. Die Beschlagnahme bleibt aber nach Abs. 5 S. 2, 2. Halbsatz unzulässig, wenn sie **im Lichte der Pressefreiheit** unverhältnismäßig ist und überdies die Erforschung des Sachverhalts über die Ermittlung des Aufenthaltsortes auf andere Weise nicht aussichtslos oder nicht wesentlicher erschwert wäre.[98] Verfassungsrechtlich unbedenklich bleibt es aber, eine Durchsuchung oder Beschlagnahme gegen einen Medienangehörigen anzuordnen, der selbst als Beschuldigter der Begehung einer Straftat verdächtig ist.[99] Für Zufallsfunde enthält § 108 Abs. 3 eine Sonderregelung (§ 108 Rn. 15).

III. Revision

42 Die Revision kann darauf gestützt werden, dass ein Beweisgegenstand für die Urteilsfindung verwertet wurde, obwohl er einem Verwertungsverbot unterlag.[100] Ein Verstoß gegen das in § 97 Abs. 1 Nr. 1 enthaltene Verbot der Beschlagnahme schriftlicher Mitteilungen zwischen dem Beschuldigten und seinen Angehörigen führt zu einem Verwertungsverbot.[101] War aber die Beschlagnahme zulässig, führt die spätere Entstehung des Angehörigenverhältnisses nicht zur Unverwertbarkeit.[102] War die Beschlagnahme unzulässig, fallen die Gründe hierfür aber später weg, ist der Gegenstand verwertbar. So mag sich der zunächst fehlende Teilnahmeverdacht noch später ergeben.[103] Ergibt er sich allerdings erst aus rechtswidrig beschlagnahmten Unterlagen, bleibt die Beschlagnahme unzulässig.[104]

43 Wird gegen das Beschlagnahmeverbot im Hinblick auf Berufsgeheimnisträger verstoßen, richtet sich die Verwertung der so erlangten Beweismittel nach § 160 a Abs. 1 (dort Rn. 8).[105]

§ 98 [Anordnung der Beschlagnahme]

(1) ¹Beschlagnahmen dürfen nur durch das Gericht, bei Gefahr im Verzug auch durch die Staatsanwaltschaft und ihre Ermittlungspersonen (§ 152 des Gerichtsverfassungsgesetzes) angeordnet werden. ²Die Beschlagnahme nach § 97 Abs. 5 Satz 2 in den Räumen einer Redaktion, eines Verlages, einer Druckerei oder einer Rundfunkanstalt darf nur durch das Gericht angeordnet werden.

(2) ¹Der Beamte, der einen Gegenstand ohne gerichtliche Anordnung beschlagnahmt hat, soll binnen drei Tagen die gerichtliche Bestätigung beantragen, wenn bei der Beschlagnahme weder der davon Betroffene noch ein erwachsener Angehöriger anwesend war oder wenn der Betroffene und im Falle seiner Abwesenheit ein erwachsener Angehöriger des Betroffenen gegen die Beschlagnahme ausdrücklichen Widerspruch erhoben hat. ²Der Betroffene kann jederzeit die gerichtliche Entscheidung beantragen. ³Die Zuständigkeit des Gerichts bestimmt sich nach § 162. ⁴Der Betroffene kann den Antrag auch bei dem Amtsgericht einreichen, in dessen Bezirk die Beschlagnahme stattgefunden hat; dieses leitet den Antrag dem zuständigen Gericht zu. ⁵Der Betroffene ist über seine Rechte zu belehren.

(3) Ist nach erhobener öffentlicher Klage die Beschlagnahme durch die Staatsanwaltschaft oder eine ihrer Ermittlungspersonen erfolgt, so ist binnen drei Tagen dem Gericht von der Beschlagnahme Anzeige zu machen; die beschlagnahmten Gegenstände sind ihm zur Verfügung zu stellen.

(4) ¹Wird eine Beschlagnahme in einem Dienstgebäude oder einer nicht allgemein zugänglichen Einrichtung oder Anlage der Bundeswehr erforderlich, so wird die vorgesetzte Dienststelle der Bundeswehr um ihre Durchführung ersucht. ²Die ersuchende Stelle ist zur Mitwirkung berechtigt. ³Des Ersuchens bedarf es nicht, wenn die Beschlagnahme in Räumen vorzunehmen ist, die ausschließlich von anderen Personen als Soldaten bewohnt werden.

Schrifttum: *Achenbach*, Verfahrenssichernde und vollstreckungssichernde Beschlagnahme im Strafprozeß, NJW 1976, 1068; *Amelung*, Die Entscheidung des BVerfG zur „Gefahr im Verzug" iS des Art 13 II GG, NStZ 2001, 337; *Amelung/Wirth*, Die Rechtsprechung des Bundesverfassungsgerichts seit 1990 zum Schutz der materiellen Grundrechte im Strafverfahren, StV 2002, 161; *Bachmann*, Probleme des Rechtsschutzes gegen Grundrechtseingriffe im strafrechtlichen Ermittlungsverfahren, 1994; *Bittmann*, Gefahr im Verzug, wistra 2001, 451; *Brüning*, Der Richtervorbehalt im

---

[97] KK-StPO/*Nack* Rn. 33.
[98] Vgl. Meyer-Goßner/*Cierniak* Rn. 45.
[99] Vgl. BVerfG v. 27. 2. 2007 – 1 BvR 538/06, BVerfGE 117, 244; dazu *Brüning* wistra 2007, 333.
[100] Meyer-Goßner/*Cierniak* Rn. 51; SK-StPO/*Wohlers* Rn. 97.
[101] BGH v. 23. 1. 1963 – 2 StR 534/62, BGHSt 18, 227; Meyer-Goßner/*Cierniak* Rn. 46 a.
[102] Meyer-Goßner/*Cierniak* Rn. 47.
[103] BGH v. 28. 3. 1973 – 3 StR 385/72, BGHSt 25, 168.
[104] Vgl. BGH v. 28. 6. 2001 – 1 StR 198/01, NStZ 2001, 604; LG Saarbrücken v. 4. 1. 1988 – 5 Qs 149/87, NStZ 1988, 424.
[105] Vgl. auch BT-Drucks. 16/5846 S. 38.

strafrechtlichen Ermittlungsverfahren, 2005; *Einmahl*, Gefahr im Verzug und Erreichbarkeit des Ermittlungsrichters, NJW 2001, 1393; *Fezer*, Effektiver Rechtsschutz bei Verletzung der Anordnungsbefugnis – „Gefahr im Verzug", FS Rieß, 2002, S. 93; *Hoffmann/Knierim*, Rückgabe von im Strafverfahren sichergestellten oder beschlagnahmten Gegenständen, NStZ 2000, 462; *Janssen*, Rechtliche Grundlagen und Grenzen der Beschlagnahme, 1995; *Krekeler*, Beeinträchtigungen der Rechte des Mandanten durch Strafverfolgungsmaßnahmen gegen den Rechtsanwalt, NJW 1977, 1417; *Ostendorf/Brüning*, Die gerichtliche Überprüfbarkeit der Voraussetzungen von „Gefahr im Verzug" – BVerfG, NJW 2001, 1121, JuS 2001, 1063; *Schäfer*, Die Rückgabe beschlagnahmter Beweismittel nach Rechtskraft des Urteils, wistra 1984, 136; *Schnarr*, Zur Verknüpfung von Richtervorbehalt, staatsanwaltlicher Eilanordnung und richterlicher Bestätigung, NStZ 1991, 214; *Wohlers*, Die Nichtbeachtung des Richtervorbehalts, StV 2008, 439.

I. Inhalt

Die Vorschrift regelt die Anordnung der Beschlagnahme im Sinne der Kompetenz (Abs. 1) und des Verfahrens (Abs. 2, 3). Abs. 4 trifft eine Sonderregelung für Beschlagnahmen im Bereich der Bundeswehr. Im Übrigen gilt § 36 Abs. 2 S. 1, wenn nicht das Gericht seine Anordnung selbst vollstreckt.[1] **1**

Die **Anordnung der Beschlagnahme** ist erforderlich, wenn der Gegenstand im Gewahrsam eines anderen ist und nicht freiwillig herausgegeben wird (§ 94 Rn. 15, 18). Für die Beschlagnahme von Einziehungs- und Verfallsobjekten gelten §§ 111 b ff. **2**

II. Zuständigkeit

Die Anordnung erfolgt grundsätzlich, in den Fällen des Abs. 1 S. 2 ausschließlich durch den Richter. Dies ist im Vorverfahren der Ermittlungsrichter (§§ 162, 169), in dessen Bezirk die antragstellende Staatsanwaltschaft ihren Sitz hat (§ 162 Rn. 1). Es bedarf eines Antrags der Staatsanwaltschaft[2] über den der Richter nicht hinausgehen darf.[3] Nach Anklageerhebung entscheidet das mit der Sache befasste Gericht[4] auf Antrag oder von Amts wegen. **3**

Der **Richtervorbehalt** soll wie auch sonst sicherstellen, dass ein neutraler Dritter dem Bürger eine gewisse Form präventiven Rechtsschutzes gewährt.[5] Der Richter hat Sorge zu tragen, dass der Eingriff in die grundrechtlich geschützte Sphäre des Bürgers angemessen begrenzt wird.[6] **4**

Die Beschlagnahme der **Briefe von Untersuchungsgefangenen** richtet sich nach § 94.[7] Wie auch sonst ist nicht der Vorsitzende allein, sondern das Gericht zuständig.[8] Wird eine Person vorläufig festgenommen, soll § 119 Abs. 3 die Möglichkeit geben, in seinem Gewahrsam befindliche beschlagnahmefähige Gegenstände vorläufig sicherzustellen. Jedenfalls muss eine förmliche Beschlagnahme erfolgen, wenn die Gegenstände später gegen den Widerspruch des Gewahrsamsinhabers als Beweismittel Verwendung finden sollen.[9] **5**

Bei Gefahr im Verzug darf die Beschlagnahme durch die Staatsanwaltschaft und ihre Ermittlungspersonen angeordnet werden (§ 98 Abs. 1 S. 1). Ob Ermittlungspersonen nur dann zuständig sind, wenn die Staatsanwaltschaft nicht erreichbar ist[10] oder eine Nachrangigkeit nicht besteht[11] ist umstritten. Gefahr in Verzug besteht, wenn die richterliche Anordnung nicht eingeholt werden kann, ohne der Zweck der Maßnahme gefährdet würde.[12] **6**

Gefahr im Verzug ist nach neuerem Rechtsverständnis ein unbestimmter Rechtsbegriff, der den Beamten keinen Beurteilungsspielraum lässt.[13] Entscheidend ist eine ex-ante-Position vorzunehmende objektive Gefahrenprognose,[14] die sich auf eine nachweisbar vorhandene konkrete Tatsachenbasis stützen muss.[15] Ein tatsächlicher oder rechtlicher Irrtum über das Vorliegen einer solchen Gefahr führt nicht zur Unverwertbarkeit erlangter Beweismittel. Anders ist es nur, wenn **7**

---

[1] Vgl. Meyer-Goßner/*Cierniak* Rn. 24.
[2] LG Kaiserslautern v. 19. 3. 1981 – 5 Os 346/80, NStZ 1981, 438.
[3] Meyer-Goßner/*Cierniak* Rn. 4; Ausnahme: § 165.
[4] BGH v. 12. 7. 2000 – StB 4/00, NStZ 2000, 609; BGH v. 28. 6. 2001 – 1 StR 198/01, NStZ 2001, 604.
[5] SK-StPO/*Wohlers* Rn. 6.
[6] BVerfG v. 20. 2. 2001 – 2 BvR 1444/00, BVerfGE 103, 142 (151); *Janssen* S. 24 f.; *Ostendorf/Brüning* JuS 2001, 1063.
[7] BGH v. 23. 10. 2008 – StB 18/08, NStZ-RR 2009, 56.
[8] LR/*Schäfer* Rn. 13.
[9] Meyer-Goßner/*Cierniak* Rn. 2; SK-StPO/*Wohlers* Rn. 5.
[10] So LR/*Schäfer* Rn. 31; Meyer-Goßner/*Cierniak* Rn. 6.
[11] So KK-StPO/*Nack* Rn. 11; *Park* Rn. 475; Meyer-Goßner 51 Aufl. Rn. 6.
[12] BVerfG v. 3. 4. 1979 – 1 BvR 994/76, BVerfGE 51, 97 (111); BVerfG v. 20. 2. 2001 – 2 BvR 1444/00, BVerfGE 103, 142; Meyer-Goßner/*Cierniak* Rn. 6.
[13] BVerfG v. 20. 2. 2001 – 2 BvR 1444/00, BVerfGE 103, 142 = NJW 2001, 1121 (1123); *Gusy* JZ 2001, 1035; Meyer-Goßner/*Cierniak* Rn. 7; SK-StPO/*Wohlers* Rn. 35 vgl. auch BGH v. 19. 1. 2010 – 3 StR 530/09.
[14] BVerfG v. 20. 2. 2001 – 2 BvR 1444/00, BVerfGE 103, 142 (158 f.); KK-StPO/*Nack* Rn. 15; SK-StPO/*Wohlers* Rn. 35.
[15] BVerfG v. 20. 2. 2001 – 2 BvR 1444/00, BVerfGE 103, 142 (155).

der Richtervorbehalt bewusst oder willkürlich missachtet wird.[16] In der Literatur wird zum Teil die Unverwertbarkeit angenommen.[17]

8   1. **Richterliche Anordnungen.** Die Beschlagnahmeanordnung des Richters ergeht durch Beschluss, der schriftlich abzufassen, zu begründen (§ 34) und zu den Akten zu bringen ist. Dies gilt auch, wenn er zunächst fernmündlich oder mündlich zur Vollstreckung (§ 36 Abs. 2 S. 1) herausgegeben wurde.[18] Hintergrund ist die Erwägung, dass eine mündliche Anordnung des Richters immer noch besser ist als dessen Nichtbefassung. *Wohlers* hat hiergegen eingewandt, dass der Richter ohne fundierte Kenntnis des Sachverhalts und der Beweislage ohnehin alle von den Strafverfolgungsorganen gewünschten Maßnahmen „absegnet", der Richtervorbehalt insofern also doch leerläuft.[19] Dennoch ist ein flüchtig beteiligter Richter besser als keiner. Eine vorherige Anhörung des Betroffenen unterbleibt in der Regel (§ 33 Abs. 4 S. 1).

9   Im **Beschluss** müssen der Sachverhalt und seine strafrechtliche Würdigung knapp beschrieben werden.[20] Festzustellen ist, dass die zu beschlagnahmende Sache als Beweismittel benötigt wird.[21] Der Beweisgegenstand muss möglichst genau bezeichnet werden, damit Zweifel über den Umfang der Maßnahme nicht aufkommen können.[22] Eine Beschlagnahmeanordnung, wonach alle bei einer Durchsuchung gefundenen Beweismittel beschlagnahmt werden sollen, ist unwirksam,[23] sie ist nicht mehr als eine Richtlinie für die Durchführung der Durchsuchung.[24] Im Übrigen ist zu bedenken, dass bei Beschlagnahme durch die Ermittlungsperson oder die Staatsanwaltschaft ohnehin eine spätere richterliche Anordnung erfolgt, bei der die konkreten Beweismittel dann schon bekannt sind, so dass es an der fehlenden Bezeichnung der Gegenstände nicht mehr mangeln wird. Nicht dargelegt werden muss, welche Umstände Anlass zu der Annahme bieten, dass der Gegenstand demnächst als Beweismittel benutzt werden wird.[25]

10 Die Anordnung bedarf der **Bekanntgabe** an den Betroffenen, die aber regelmäßig bis zum Beginn der Beschlagnahme zurückgestellt wird (vgl. § 33 Abs. 2).

11 Die **Vollstreckung** obliegt der Staatsanwaltschaft (§ 36 Abs. 2), die sich ihrer Ermittlungspersonen oder anderer Polizeibeamter bedienen darf (§ 161 Abs. 1). Die Staatsanwaltschaft ist außerhalb der Grenzen des Legalitätsprinzips nicht verpflichtet, die Anordnung auch zu vollziehen. Wie bei Durchsuchungsanordnungen muss aber binnen einer Frist von maximal sechs Monaten vollzogen werden.[26] Ob eine Verpflichtung zum Vollzug von Beschlagnahmeanordnungen besteht, wenn die Anklage bereits erhoben wird,[27] ist umstritten.[28] Zu Rechtsmitteln siehe unten Rn. 21.

12 2. **Bestätigung nichtrichterlicher Anordnungen (Abs. 2 S. 1).** Ermittlungspersonen leiten den Antrag auf gerichtliche Entscheidung dem Gericht über die Staatsanwaltschaft zu. Erfolgt eine Beschlagnahme zugleich nach § 111e Abs. 1 S. 2, entfällt insofern das Bestätigungserfordernis nach § 111e Abs. 2 S. 2. Ob dies auch für die Beschlagnahme nach §§ 94, 98 gilt,[29] ist zweifelhaft.[30]

13 Die **Frist von drei Tagen** beginnt mit der Beendigung der Beschlagnahme.[31] Die richterliche Entscheidung muss nicht binnen dieser Zeit erfolgen.[32]

14 Die nichtrichterliche Anordnung kann schriftlich oder mündlich getroffen werden. Die Anordnung der Beschlagnahme und die Aufführung der Tatsachen, die das Vorliegen einer Gefahr im Verzug dokumentieren, müssen später schriftlich fixiert werden.[33] Im Übrigen gelten für den Inhalt der Beschlagnahmeanordnung grundsätzlich die gleichen Anforderungen wie bei richterlichen Anordnungen (oben Rn. 9).

---

[16] BVerfG v. 12. 4. 2005 – 2 BvR 1027/02, BVerfGE 113, 29 = NJW 2005, 1917; OLG Koblenz NStZ 2002, 660; Meyer-Goßner/*Cierniak* Rn. 7.
[17] Vgl. *Wohlers* StV 2008, 439 mit einer umfassenden Systematisierung der Rechtsprechung.
[18] Meyer-Goßner/*Cierniak* Rn. 8.
[19] SK-StPO/*Wohlers* Rn. 14.
[20] LG Halle v. 5. 5. 2008 – 22 Qs 8/08, wistra 2008, 280.
[21] *Achenbach* NJW 1976, 1071.
[22] OLG Koblenz v. 19. 6. 2009 – 1 Ws 385/06, NStZ 2007, 285; Meyer-Goßner/*Cierniak* Rn. 9.
[23] BVerfG v. 3. 9. 1991 – 2 BvR 279/90, wistra 1992, 60; BVerfG v. 9. 11. 2001 – 2 BvR 436/01, NStZ 2002, 212 (213); LG Mühlhausen v. 15. 11. 2006 – 6 Qs 9/06, wistra 2007, 195.
[24] Meyer-Goßner/*Cierniak* Rn. 9.
[25] Meyer-Goßner/*Cierniak* Rn. 9; aA OLG Düsseldorf v. 4. 2. 1983 – 2 Ws 905/82, StV 1983, 407; LR/*Schäfer* Rn. 20; SK-StPO/*Wohlers* Rn. 20.
[26] Meyer-Goßner/*Cierniak* Rn. 30 a; SK-StPO/*Wohlers* Rn. 21.
[27] HK-StPO/*Gercke* Rn. 17.
[28] Ablehnend SK-StPO/*Wohlers* Rn. 22.
[29] So KK-StPO/*Nack* Rn. 16; Meyer-Goßner/*Cierniak* Rn. 13.
[30] Dagegen *Achenbach* NJW 1976, 1070; LR/*Schäfer* Rn. 45; SK-StPO/*Wohlers* Rn. 41.
[31] KMR-*Müller* Rn. 12.
[32] Meyer-Goßner/*Cierniak* Rn. 14.
[33] Vgl. BVerfG v. 20. 2. 2001 – 2 BvR 1444/00, BVerfGE 103, 142 (160); SK-StPO/*Wohlers* Rn. 37.

Wie beim Vollzug der richterlichen Anordnung müssen die beschlagnahmten Gegenstände genau bezeichnet werden. Die Bekanntgabe der Maßnahme gegenüber dem Betroffenen erfolgt schon deshalb, um diesem die freiwillige Herausgabe zu ermöglichen.[34] Betroffen ist jeder, in dessen Gewahrsam durch die Beschlagnahme eingegriffen wird oder dessen Eigentums- oder Besitzrecht dadurch berührt wird.[35] Der Begriff Angehöriger soll über den Personenkreis des § 52 Abs. 1 hinausgehen.[36] Nach Abs. 2 S. 5 muss der Betroffene über sein in Abs. 2 S. 3 geregeltes Recht belehrt werden, gegen eine nichtrichterliche Beschlagnahme den Richter anzurufen.[37] Dabei mag es genügen, wenn der Betroffene darauf hingewiesen wird, dass er sich an das AG wenden kann, in dessen Bezirk die Beschlagnahme stattgefunden hat.[38] Da damit ein Zeitverlust verbunden ist, sollte es ein nobile officium sein, auch auf den an sich zuständigen Richter (§ 162 Abs. 1) hinzuweisen. Bis zur Erhebung der öffentlichen Klage ist das Amtsgericht zuständig, in dessen Bezirk die antragstellende Staatsanwaltschaft ihren Sitz hat. Danach entscheidet das Gericht der Hauptsache.[39]

Die **gerichtliche Überprüfung**, vor der dem Betroffenen rechtliches Gehör zu gewähren ist (§ 33 Abs. 3), soll sich nach bisherigem Verständnis darauf beschränken, ob die Beschlagnahme zur Zeit der Prüfung gerechtfertigt ist.[40] Nach modernem Verständnis hat der Betroffene aber jedenfalls in Fällen gravierender Grundrechtseingriffe einen Anspruch auch darauf, dass die Rechtswidrigkeit der Maßnahme im Nachhinein festgestellt wird.[41] Auch die bislang herrschende Meinung anerkennt, dass etwa die Prüfung, ob Gefahr im Verzug vorlag, vom Gericht durchgeführt werden muss.[42]

Ein **Antrag auf gerichtliche Entscheidung** (Abs. 2 S. 2) ist zunächst gegen eine Beschlagnahmeanordnung der Staatsanwaltschaft und ihrer Ermittlungspersonen zulässig.[43] Eine Beschwerde, die sich gegen die mit dem richterlichen Durchsuchungsbeschluss verbundene allgemeine – unwirksame – Beschlagnahmeanordnung richtet, ist in einen solchen Antrag umzudeuten.[44] Antragsberechtigt sind der (letzte) Gewahrsamsinhaber, der Eigentümer und der Besitzer der beschlagnahmten Sache. Ob sie freiwillig herausgegeben worden ist, ist gleichgültig.[45] Ebenfalls antragsberechtigt ist ein Betroffener, wenn das Beweismittel personenbezogene Daten enthält.[46]

Die **Zuständigkeit** ist die nämliche wie bei der Bestätigung nach Abs. 2 S. 1. Ist das Amtsgericht am Sitz der Staatsanwaltschaft nicht identisch mit dem am Ort der Beschlagnahme, kann dennoch der Antrag bei dem für die Beschlagnahme örtlich zuständigen Amtsgericht gestellt werden; dieses Gericht leitet ihn dem zuständigen Gericht zu (Abs. 2 S. 5). Der Umfang der richterlichen Prüfung entspricht dem des Abs. 2 S. 1.

Abs. 2 S. 2 gilt entsprechend für die gerichtliche Überprüfung von Maßnahmen anderer Art, insbesondere für die Beanstandung der Art und Weise der Durchsuchung. Der Weg über § 23 EGGVG wurde durch den über § 98 Abs. 2 S. 2 abgelöst.[47] Die Erledigung der Maßnahme steht der Anfechtung nicht entgegen, soweit es um einen tiefgreifenden Grundrechtseingriff geht.[48] Für die in § 101 Abs. 4 S. 1 genannten Betroffenen ist § 101 Abs. 7 lex specialis.

III. Beendigung der Beschlagnahme

Die Beschlagnahme erlischt mit dem rechtskräftigen Abschluss des Verfahrens ohne weiteres, eine förmliche Aufhebung der Anordnung ist rein deklaratorisch.[49] Zuständig für die Aufhebung der Anordnung vor Verfahrensabschluss ist die Staatsanwaltschaft, auch wenn sie selbst oder eine Ermittlungsperson die Sache in Beschlag genommen hat.[50] Ob dies auch gilt, wenn die Beschlag-

---

[34] LR/*Schäfer* Rn. 39.
[35] Meyer-Goßner/*Cierniak* Rn. 15.
[36] Meyer-Goßner/*Cierniak* Rn. 15.
[37] SK-StPO/*Wohlers* Rn. 40.
[38] Vgl. § 98 Abs. 2 S. 5; Meyer-Goßner/*Cierniak* Rn. 11.
[39] Vgl. Meyer-Goßner/*Cierniak* Rn. 16.
[40] *Krekeler* NJW 1977, 1420; *Schnarr* NStZ 1991, 214; Meyer-Goßner/*Cierniak* Rn. 17.
[41] SK-StPO/*Wohlers* Rn. 46.
[42] Vgl. BVerfG v. 20. 2. 2001 – 2 BvR 1444/00, NJW 2002, 1333 zur Durchsuchungsanordnung; Meyer-Goßner/*Cierniak* Rn. 17.
[43] Vgl. OLG Düsseldorf v. 18. 9. 1996 – 1 Ws 788/96, wistra 1997, 77: Auch formlose.
[44] OLG Koblenz v. 19. 6. 2006 – 1 Ws 385/06, NStZ 2007, 285; LG Bielefeld v. 22. 11. 2007 – Qs 587/07 I, wistra 2008, 117; LG Mühlhausen v. 15. 11. 2006 – 6 Qs 9/06, wistra 2007, 195; Meyer-Goßner/*Cierniak* Rn. 19.
[45] Vgl. BVerfG v. 25. 7. 2007 – 2 BvR 2282/06, NJW 2007, 3343.
[46] Meyer-Goßner/*Cierniak* Rn. 20; SK-StPO/*Wohlers* Rn. 48: Jeder, der unmittelbar in seinem Recht verletzt ist.
[47] BGH v. 7. 12. 1998 – 5 AR (VS) 2/98, BGHSt 44, 265; BGH v. 25. 8. 1999 – 5 AR (VS) 1/99, BGHSt 45, 183.
[48] Meyer-Goßner/*Cierniak* Rn. 23.
[49] Vgl. OLG Düsseldorf v. 20. 3. 1995 – 1 Ws 135/95, NJW 1995, 2239; *Schäfer* wistra 1984, 136; Meyer-Goßner/*Cierniak* Rn. 29.
[50] LR/*Schäfer* Rn. 61; Meyer-Goßner/*Cierniak* Rn. 30.

nahme eine richterliche war,⁵¹ ist zweifelhaft.⁵² Richterliche Beschlagnahmeanordnung ist nicht die richterliche Bestätigung nach Abs. 2.⁵³ Da der Ermittlungsrichter ohnehin einem entsprechenden Antrag der Staatsanwaltschaft zu entsprechen hat, spricht viel dafür, dass diese im Verfahren vor Anklageerhebung in analoger Anwendung des § 120 Abs. 3 die Sache bereits zeitgleich mit ihrem Antrag freigeben darf.⁵⁴ Zur Herausgabe an den letzten Gewahrsamsinhaber vgl. § 94 Rn. 29.

IV. Rechtsbehelfe

21   Beschwerde nach § 304 ist zulässig gegen eine richterliche Beschlagnahmeanordnung, die Bestätigung nach Abs. 2 S. 1 und die Ablehnung eines Antrags nach Abs. 2 S. 2. Dies gilt auch für Fälle, in denen die Vorschrift entsprechend angewendet worden ist (oben Rn. 19). Auch Entscheidungen des Gerichts der Hauptsache sind anfechtbar (§ 305 S. 2).⁵⁵ Beschwert sind die Staatsanwaltschaft, wenn der Antrag auf Erlass der Anordnung abgelehnt worden ist, der Angeklagte, dessen Antrag erfolglos war und der letzte Gewahrsamsinhaber.⁵⁶ Beschwert ist auch der Inhaber einer Urkunde, deren Ablichtung als Beschlagnahmeersatz zu den Akten genommen worden ist.⁵⁷

V. Revision

22   Die Revision kann auf Verstöße gegen § 98 nur gestützt werden, wenn Staatsanwaltschaft oder Ermittlungspersonen willkürlich Gefahr im Verzug angenommen haben. Ob die Entscheidung des Richters nach Abs. 2 S. 2 für das Revisionsgericht bindend ist, ist zweifelhaft.⁵⁸

§ 98 a [Maschineller Abgleich und Übermittlung personenbezogener Daten]

(1) ¹Liegen zureichende tatsächliche Anhaltspunkte dafür vor, daß eine Straftat von erheblicher Bedeutung

1. auf dem Gebiet des unerlaubten Betäubungsmittel- oder Waffenverkehrs, der Geld- oder Wertzeichenfälschung,
2. auf dem Gebiet des Staatsschutzes (§§ 74 a, 120 des Gerichtsverfassungsgesetzes),
3. auf dem Gebiet der gemeingefährlichen Straftaten,
4. gegen Leib oder Leben, die sexuelle Selbstbestimmung oder die persönliche Freiheit,
5. gewerbs- oder gewohnheitsmäßig oder
6. von einem Bandenmitglied oder in anderer Weise organisiert

begangen worden ist, so dürfen, unbeschadet §§ 94, 110, 161, personenbezogene Daten von Personen, die bestimmte, auf den Täter vermutlich zutreffende Prüfungsmerkmale erfüllen, mit anderen Daten maschinell abgeglichen werden, um Nichtverdächtige auszuschließen oder Personen festzustellen, die weitere für die Ermittlungen bedeutsame Prüfungsmerkmale erfüllen. ²Die Maßnahme darf nur angeordnet werden, wenn die Erforschung des Sachverhalts oder die Ermittlung des Aufenthaltsortes des Täters auf andere Weise erheblich weniger erfolgversprechend oder wesentlich erschwert wäre.

(2) Zu dem in Absatz 1 bezeichneten Zweck hat die speichernde Stelle die für den Abgleich erforderlichen Daten aus den Datenbeständen auszusondern und den Strafverfolgungsbehörden zu übermitteln.

(3) ¹Soweit die zu übermittelnden Daten von anderen Daten nur mit unverhältnismäßigem Aufwand getrennt werden können, sind auf Anordnung auch die anderen Daten zu übermitteln. ²Ihre Nutzung ist nicht zulässig.

(4) Auf Anforderung der Staatsanwaltschaft hat die speichernde Stelle die Stelle, die den Abgleich durchführt, zu unterstützen.

(5) § 95 Abs. 2 gilt entsprechend.

Schrifttum: *Bernsmann/Janssen,* Heimliche Ermittlungsmethoden und ihre Kontrolle – Ein systematischer Überblick, StV 1998, 217; *Brüning,* Der Richtervorbehalt im strafrechtlichen Ermittlungsverfahren, 2005; *Hilger,* Neues Strafverfahrensrecht durch das OrgKG, NStZ 1992, 457; *Jofer,* Strafverfolgung im Internet, 1999; *Krey/Haubrich*

---
⁵¹ So LG Hildesheim v. 10. 12. 1988 – 13 Qs 181/88, NStZ 1989, 192; KMR-Müller Rn. 22.
⁵² Ablehnend KK-StPO/*Nack* Rn. 33; Meyer-Goßner/*Cierniak* Rn. 30; SK-StPO/*Wohlers* Rn. 55.
⁵³ KK-StPO/*Nack* Rn. 34; Meyer-Goßner/*Cierniak* Rn. 30; aA LR/*Schäfer* Rn. 61; SK-StPO/*Wohlers* Rn. 55.
⁵⁴ LG Hildesheim v. 10. 12. 1988 – 13 Qs 181/88, NStZ 1989, 192; KK-StPO/*Nack* Rn. 34.
⁵⁵ OLG Frankfurt/M. v. 2. 12. 2005 – 3 Ws 972/05, StV 2006, 122.
⁵⁶ OLG Celle v. 30. 9. 1964 – 3 Ws 362/64, NJW 1965, 362.
⁵⁷ BGH v. 3. 11. 1999 – StB 14/99, BGHR § 304 Abs. 2 Betroffener 1; OLG München v. 5. 12. 1977 – 1 Ws 1309/77, NJW 1978, 601.
⁵⁸ Dagegen *Fezer* FS Rieß 106; Meyer-Goßner/*Cierniak* Rn. 32; dafür *Schlothauer* StV 2003, 210.

Zeugenschutz, Rasterfahndung, Lauschangriff, Verdeckte Ermittler, JR 1992, 309, 312; *Möhrenschlager,* Das OrgKG – eine Übersicht nach amtlichen Materialien, wistra 1992, 326; *Niehaus,* Katalogtatensysteme als Beschränkungen strafprozessualer Eingriffsbefugnisse, 2001; *Rieß,* Über Subsidiaritätsverhältnisse und Subsidiaritätsklauseln im Strafverfahren, GS Meyer, 1990, 367; *ders.,* Die „Straftat von erheblicher Bedeutung" als Eingriffsvoraussetzung – Versuch einer Inhaltsbestimmung, GA 2004, 623; *Rogall,* Rasterfahndung in Zeiten des Terrorismus, GS Schlüchter, 2002, S. 611; *Röwer,* Erscheinungsformen und Zulässigkeit heimlicher Ermittlungsmaßnahmen, 2007; *Siebrecht,* Ist der Datenabgleich zur Aufklärung einer Straftat rechtmäßig?, StV 1996, 566; *Siebrecht,* Rechtsprobleme der Rasterfahndung, CR 1996, 545; *Wittig,* Schleppnetzfahndung, Rasterfahndung und Datenabgleich, JuS 1997, 961.

I. Inhalt der Vorschrift

Die Vorschrift regelt die Voraussetzungen und Durchführung einer Rasterfahndung im engeren 1 Sinne. Sie wird ergänzt durch § 98b, der die Anordnungsbefugnis regelt, und durch § 98c, der den Datenabgleich mit solchen Daten erlaubt, die sich bereits in der Verfügungsgewalt der Behörden befinden.

§§ 98a bis 98c sind durch das Gesetz zur Bekämpfung des illegalen Rauschgifthandels und 2 andere Erscheinungsformen der organisierten Kriminalität vom 15. 7. 1992[1] in die StPO eingefügt worden. Bis dahin wurden Rasterfahndungen auf die allgemeinen Vorschriften der §§ 161, 163 gestützt. Vor dem Hintergrund des Eingriffs in das Recht auf informationelle Selbstbestimmung war diese Rechtsauffassung nicht mehr tragbar.[2]

Rasterfahndung ist eine **spezielle Ermittlungsmethode**; sie besteht in einer maschinell ablaufen- 3 den Überprüfung von Datenbeständen öffentlicher und nicht öffentlicher Stellen nach bestimmten Prüfungsmerkmalen (Rastern), um so Hinweise und Spuren zu finden, die nach kriminalistischer Erfahrung zur Aufklärung einer Tat beitragen können.[3] Die Fahndung erfolgt in drei Arbeitsschritten: Zunächst erfolgt eine Recherche in elektronisch gespeicherten Datenbeständen mit Hilfe von Suchanfragen, sodann werden die mit den Suchanfragen übereinstimmenden Informationen ausgesondert und in separate Dateien übernommen. Schließlich erfolgt der maschinelle Abgleich der so herausgefilterten Datenbestände mehrerer Speicherstellen, um Personen zu ermitteln, die als Teile der Schnittmenge die nachgefragten Merkmale erfüllen, oder um Personen auszuscheiden, die diese Merkmale nicht erfüllen.[4] Der Ausschluss von Personen wird als negative Rasterfahndung, die Einbeziehung von Personen als positive Rasterfahndung bezeichnet.[5]

Für die Datenerhebung stellt § 98a iVm. § 98b keine Ermächtigungsgrundlage dar.[6] Sie erlaubt 4 allein die Rasterung solcher Daten, die bereits auf anderer Rechtsgrundlage legal erhoben wurden. Hierzu gehören allerdings auch Daten, die freiwillig an die Strafverfolgungsbehörden herausgegeben werden.[7]

Soweit Daten durch Maßnahmen nach den §§ 94, 110, 163 erlangt worden sind, richtet sich 5 der Abgleich mit weiteren bei der Staatsanwaltschaft oder Polizei vorhandenen Daten nach § 98c.[8]

Keine Rasterfahndung im Sinne des § 98a liegt vor, wenn ein **hausinterner Datenabgleich** durch 6 private Stellen eingefordert wird (Kreditkartenunternehmen), da es hier allein um eine Suchabfrage in Dateien derselben Speicherstelle geht.[9] Daten aus allgemein zugänglichen elektronischen Datennetzen, wie dem Internet, unterfallen § 98a ebenfalls nicht. Hier sind Rechtsgrundlagen der Verarbeitung die §§ 161, 163, wenn Verfasser bzw. Betreiber die Informationen öffentlich gemacht haben. Dann fehlt es an einem Eingriff in das Grundrecht auf informationelle Selbstbestimmung.[10] Dies soll auch für Systeme gelten, die sich im Ausland befinden.[11]

Auch ein **manueller Datenabgleich** ist lediglich ein einfacher Ermittlungsvorgang im Sinne der 7 §§ 161, 163.[12] Ob eine Beschlagnahme von Daten angeordnet werden darf, wenn diese nur erfolgen soll, um eine Rasterung durchzuführen, ist zweifelhaft. Entscheidend für die Zulässigkeit wird sein, dass die betroffenen Daten selbst potentielle Beweisbedeutung haben.[13]

---

[1] OrgKG; BGBl. I, S. 1302.
[2] Vgl. BT-Drucks. 12/989, S. 36; KK-StPO/*Nack* Rn. 8; Meyer-Goßner/*Cierniak* Rn. 1; SK-StPO/*Wohlers* § 98 Rn. 5.
[3] BT-Drucks. 12/989, S. 36; *Brüning* S. 53.
[4] OLG Köln v. 6. 10. 2000 – 2 Ws 413/00, NStZ-RR 2001, 31 unter Hinweis auf LG Stuttgart v. 5. 11. 1997 – 12 Ars 9/97.
[5] Vgl. BT-Drucks. 12/989, S. 37.
[6] SK-StPO/*Wohlers* § 98a Rn. 3.
[7] BT-Drucks. 12/989, S. 37; *Hilger* NStZ 1992, 457, 460; *Möhrenschlager* wistra 1992, 326, 327; *Wittig* JuS 1997, 961 (969).
[8] BT-Drucks. 12/989, S. 36; *Hilger* NStZ 1992, 457, 460; Meyer-Goßner/*Cierniak* Rn. 8.
[9] AG Halle-Saalkreis v. 11. 3. 2007 – 395 Gs 34/07, DuD 2007, 464; BVerfG v. 17. 2. 2009 – 2 BvR 1372/07, NJW 2009, 843; dazu *Schnabel* CR 2009, 384; Meyer-Goßner/*Cierniak* Rn. 8.
[10] Maunz/Dürig/*Di Fabio* Art. 2 Abs. 1 GG Rn. 176; SK-StPO/*Wohlers* Rn. 4.
[11] *Jofer,* Strafverfolgung im Internet, 1999, S. 190; SK-StPO/*Wohlers* Rn. 4.
[12] *Hilger* NStZ 1992, 457 (460 Fn. 54); Meyer-Goßner/*Cierniak* Rn. 8.
[13] Siehe dazu *Welp,* Verteidigung und Überwachung, Strafprozessuale Aufsätze und Vorträge 1970–2000, 2001, S. 193 (201 f.); SK-StPO/*Wohlers* § 98a Rn. 3.

8 Abs. 1 S. 2 enthält den üblichen **Subsidiaritätsgrundsatz**. Anders als bei der Überwachung der Telekommunikation ist nicht Aussichtslosigkeit anderer Maßnahmen gefordert, sondern es genügt, dass diese „weniger Erfolg versprechend" sind. Zum Begriff „wesentlich erschwert" vgl. § 100a Rn. 13. Im Übrigen findet selbstverständlich auch der Grundsatz der Verhältnismäßigkeit Anwendung.

II. Materielle Voraussetzungen der Rasterfahndung

9 1. Zulässigkeit. Die Rasterfahndung ist nur zulässig, wenn ein Anfangsverdacht für das Vorliegen einer in Abs. 1 aufgeführten Katalogtat besteht und diese auch von erheblicher Bedeutung zu sein scheint.

10 Der **Anfangsverdacht** muss sich auf eine der in Abs. 1 S. 1 erwähnten Straftaten beziehen. Anders als bei den §§ 100a, 100c hat der Gesetzgeber hier nicht Vorschriften enumerativ aufgeführt, sondern eine „Generalklausel mit katalogartigen Grenzen"[14] geschaffen. Es genügt ein schlichter Anfangsverdacht, der Gesetzgeber hat sich bewusst dagegen entschieden, die Anordnung an das Vorliegen eines schwereren Verdachtsgrades zu koppeln. Soweit in der Literatur vereinzelt die Auffassung vertreten wird, man könne dennoch die Vorschrift auch de lege lata enger auslegen,[15] überzeugt dies nicht. Richtig ist allerdings, dass im Rahmen des Verhältnismäßigkeitsgrundsatzes gegebenenfalls eine Wertung stattfinden muss.

11 a) **Katalog**. Der **Katalog der einschlägigen Straftaten** ist scheinbar eng, tatsächlich aber von einer fast unglaublichen Weite. Zwar werden in Nr. 1–4 Bereiche beschrieben, die klassischerweise schwere Kriminalität umfassen, wie etwa Geld- oder Wertzeichenfälschung, Betäubungsmittelhandel, Staatsschutz, gemeingefährliche Straftaten oder Straftaten gegen Leib oder Leben. Auch die von einem Bandenmitglied „oder in anderer Weise organisiert" begangenen Straftaten (Nr. 6), mögen unproblematisch sein.

12 Mit der Nr. 5 (gewerbs- oder gewohnheitsmäßig) ist aber ein **Einfallstor für eine Rasterung** bei einer Vielzahl von Straftaten gegeben, das nur wegen der unzulänglichen technischen Möglichkeiten bzw. wegen des hohen technischen Aufwandes nicht genutzt werden mag. Damit kommt jegliche Straftat in Betracht, die gewerbs-, gewohnheits- oder bandenmäßig begangen ist.[16] Grenze bleibt die Straftat von erheblicher Bedeutung. Ob auch der strafbare Versuch ausreicht, ist umstritten. Teilweise schließt man aus dem von den §§ 100a, 100c Abs. 1 Nr. 1 abweichenden Wortlaut, dass Anlasstat nur eine vollendete Katalogtat sein kann.[17] Demgegenüber will die überwiegende Meinung in der Literatur auch eine versuchte Tat akzeptieren.[18] Dabei wird der Begriff des Täters weit gefasst, also auch andere Tatbeteiligte wie der Anstifter oder Gehilfe sollen gemeint sein.[19]

13 b) **Straftat von erheblicher Bedeutung**. Eine Straftat von erheblicher Bedeutung muss Gegenstand des Anfangsverdachts sein. Damit scheiden Fälle der Bagatellkriminalität definitiv aus.[20] Straftaten, die zumindest dem Bereich der mittleren Kriminalität angehören, sind nach herrschender Meinung Straftaten von erheblicher Bedeutung, wenn sie geeignet sind, den Rechtsfrieden empfindlich zu stören und das Gefühl der Rechtssicherheit der Bevölkerung zu beeinträchtigen.[21] Dass die damit aufgestellten Hürden nicht hoch sind, zeigt die Rechtsprechung der Landgerichte, zB wenn der vergleichbare Begriff in § 131b schon als erfüllt angesehen wird, wenn jemand mit einer gestohlenen EC-Karte an einem Geldautomaten 500 Euro abhebt.[22]

14 Letztlich kommt es auf die Entscheidung und das Gewissen des einzelnen Staatsanwalts oder Strafrichters an, wo er die Grenze ziehen will, also welche Strafrwartung der Rechtsanwender in diesem Zeitpunkt hat. Richtig scheint, auf Verbrechen abzustellen und an Vergehen nur dann anzuknüpfen, wenn eine Strafe zu erwarten ist, die nicht mehr zur Bewährung ausgesetzt werden kann.[23] Dass dies in der gerichtlichen Praxis ernsthaft beachtet wird, ist kaum zu erwarten. Allein der technische Aufwand mag eine Bremse sein.

---

[14] Vgl. BT-Drucks. 12/2720, S. 45; *Niehaus* S. 147 ff.
[15] *Siebrecht* CR 1996, 545, 546; *Lisken/Denninger/Bäumler* Kap. J Rn. 267.
[16] *Niehaus* S. 152; SK-StPO/*Wohlers* Rn. 15.
[17] *Niehaus* S. 158 f.; SK-StPO/*Wohlers* Rn. 16.
[18] *Hilger* NStZ 1992, 457 (460); *Wittig* JuS 1997, 961 (969); Meyer-Goßner/*Cierniak* Rn. 7.
[19] Vgl. BT-Drucks. 12/989, S. 37; HK-StPO/*Gercke* Rn. 15; KK-StPO/*Nack* Rn. 18; Meyer-Goßner/*Cierniak* Rn. 7; SK-StPO/*Wohlers* Rn. 16; aA *Niehaus* S. 159 f.
[20] *Rieß* GA 2004, 623 (630); Meyer-Goßner/*Cierniak* Rn. 5; SK-StPO/*Wohlers* Rn. 17.
[21] BVerfG v. 14. 12. 2000 – 2 BvR 1741/99, BVerfGE 103, 21 (34) = NJW 2001, 879; BVerfG v. 12. 4. 2005 – 2 BvR 581/01, BVerfGE 112, 304 = NJW 2005, 1338; *Hilger* NStZ 1992, 457 (462 Fn. 93); siehe auch *Rogall*, GS Schlüchter, 2002, S. 611 (629) und *Wittig* JuS 1997, 961 (969).
[22] LG Saarbrücken v. 8. 4. 2004 – 8 Qs 56/04, wistra 2004, 279. Immerhin ist die Veröffentlichung von Lichtbildern in einem Ordnungswidrigkeitenverfahren unzulässig: LG Bonn v. 14. 1. 2005 – 32 Qs 5/05, NStZ 2005, 528.
[23] So zu Recht SK-StPO/*Wohlers* Rn. 17; vgl. auch *Rieß* GA 2004, 623; Meyer-Goßner/*Cierniak* Rn. 5, der an eine Strafrahmenobergrenze von mehr als zwei Jahren anknüpfen will.

Die **Subsidiarität** der Rasterfahndung (Abs. 1 S. 2) ist praktisch bedeutungslos.[24] Eine Prognose 15
ex ante muss ergeben, dass die Rasterfahndung eine erheblich größere Aufklärungswahrscheinlichkeit aufweist, also bei Anwendung alternativ in Betracht zu ziehender Maßnahmen ein deutliches Aufklärungsdefizit zu erwarten ist.[25] Ob die Kostenintensität anderer Ermittlungsmaßnahmen die Durchführung einer Rasterfahndung legitimieren kann, ist zweifelhaft.[26] Im Einzelfall mag für den Rückgriff der Rasterfahndung sprechen, dass sie weniger eingriffsintensiv ist als andere alternative Ermittlungsmaßnahmen.[27]

Die **speichernde Stelle** ist mitwirkungspflichtig (Abs. 2). Die private oder öffentliche Stelle muss 16
die für den Abgleich erforderlichen Daten anhand der Rastervorgaben aus ihren Beständen aussondern und in einer Form übermitteln, die einen maschinellen Abgleich ermöglicht.[28] Untechnisch handelt es sich hier um einen Fall der Herausgabe von Unterlagen (§ 95) in nicht körperlicher Form.[29]

Eine **Aussonderung ist entbehrlich**, wenn die Trennung nur mit unverhältnismäßigem Aufwand 17
möglich ist (Abs. 3). Die Nutzung der überflüssigerweise übermittelten Daten ist nicht zulässig (Abs. 3 S. 2). Stellt sich heraus, dass auch solche Daten relevant sind, muss nach § 98 b Abs. 1 S. 1 eine entsprechende Anordnung getroffen werden. Eine Gefahr im Verzug (§ 98 b Abs. 1) wird in solchen Fällen kaum je anzunehmen sein.

Die datenspeichernde Stelle muss gegebenenfalls den Abgleich unterstützen, etwa durch die Aufhebung von Verschlüsselungen (Abs. 4).[30] § 95 Abs. 2 gilt entsprechend. Insofern kann die Mitwirkung durch die in § 70 bestimmten Ordnungs- und Zwangsmittel durchgesetzt werden (§ 95 18
Rn. 10). Die Entschädigung der speichernden Stelle richtet sich nach § 23 Abs. 2–4 JVEG.[31]

Da die speichernde Stelle in der Regel als juristische Person selbst nicht handeln kann, trifft die 19
Pflicht ihr Organ.[32] Der Beschuldigte scheidet ebenso als Pflichtiger aus wie ein tatverdächtiger Zeuge; dies ergibt sich schon aus der Wertung des § 55. Da über § 98 b Abs. 1 S. 7 der § 97 entsprechend anwendbar ist, kann die Herausgabepflicht gegen einen Zeugnisverweigerungsberechtigten nicht durchgesetzt werden.

III. Revision

Werden Erkenntnisse unter völliger Umgehung des § 98 a erlangt, lag eindeutig keine Straftat 20
von erheblicher Bedeutung vor oder wurde die Subsidiaritätsklausel deutlich missachtet, sind die Erkenntnisse unverwertbar.[33] Die Revision mag dann darauf gestützt werden, dass die Beweiswürdigung auf unverwertbaren Erkenntnissen beruht.

§ 98 b [Zuständigkeit; Rückgabe und Löschung von Daten]

(1) ¹Der Abgleich und die Übermittlung der Daten dürfen nur durch das Gericht, bei Gefahr im Verzug auch durch die Staatsanwaltschaft angeordnet werden. ²Hat die Staatsanwaltschaft die Anordnung getroffen, so beantragt sie unverzüglich die gerichtliche Bestätigung. ³Die Anordnung tritt außer Kraft, wenn sie nicht binnen drei Werktagen vom Gericht bestätigt wird. ⁴Die Anordnung ergeht schriftlich. ⁵Sie muß den zur Übermittlung Verpflichteten bezeichnen und ist auf die Daten und Prüfungsmerkmale zu beschränken, die für den Einzelfall benötigt werden. ⁶Die Übermittlung von Daten, deren Verwendung besondere bundesgesetzliche oder entsprechende landesgesetzliche Verwendungsregelungen entgegenstehen, darf nicht angeordnet werden. ⁷Die §§ 96, 97, 98 Abs. 1 Satz 2 gelten entsprechend.

(2) Ordnungs- und Zwangsmittel (§ 95 Abs. 2) dürfen nur durch das Gericht, bei Gefahr im Verzug auch durch die Staatsanwaltschaft angeordnet werden; die Festsetzung von Haft bleibt dem Gericht vorbehalten.

(3) ¹Sind die Daten auf Datenträgern übermittelt worden, so sind diese nach Beendigung des Abgleichs unverzüglich zurückzugeben. ²Personenbezogene Daten, die auf andere Datenträger übertragen wurden, sind unverzüglich zu löschen, sobald sie für das Strafverfahren nicht mehr benötigt werden.

---

[24] Vgl. *Bernsmann/Janssen* StV 1998, 217, 221; *Rogall* GS Schlüchter S. 631.
[25] Meyer-Goßner/*Cierniak* Rn. 3; SK-StPO/*Wohlers* Rn. 18.
[26] Ablehnend *Graf* S. 97; siehe auch *Rieß*, GS Meyer, S. 385.
[27] BT-Drucks. 12/989 S. 37; HK-StPO/*Gercke* Rn. 17; KK-StPO/*Nack* Rn. 7; SK-StPO/*Wohlers* Rn. 18.
[28] Vgl. KK-StPO/*Nack* Rn. 20; SK-StPO/*Wohlers* Rn. 20.
[29] *Welp* S. 198 ff.
[30] KK-StPO/*Nack* Rn. 20; SK-StPO/*Wohlers* Rn. 22.
[31] Meyer-Goßner/*Cierniak* Rn. 9.
[32] Vgl. KK-StPO/*Nack* Rn. 27; SK-StPO/*Wohlers* Rn. 23.
[33] Vgl. Meyer-Goßner/*Cierniak* Rn. 11.

(4) ¹Nach Beendigung einer Maßnahme nach § 98a ist die Stelle zu unterrichten, die für die Kontrolle der Einhaltung der Vorschriften über den Datenschutz bei öffentlichen Stellen zuständig ist.

Schrifttum: Siehe vor § 98a.

1 **Die Anordnung** (Abs. 1) erfolgt durch den Ermittlungsrichter (§§ 162, 169) und nach Erhebung der Anklage durch das Gericht der Hauptsache.[1] Die Prüfung des Ermittlungsrichters beschränkt sich auf die der Rechtmäßigkeit der von der Staatsanwaltschaft beantragten Anordnung.[2] Das Gericht der Hauptsache hat auch über die Zweckmäßigkeit der Maßnahme zu entscheiden.[3]

2 Bei **Gefahr im Verzug** ist auch die Staatsanwaltschaft zur Anordnung befugt. Allerdings sind kaum Fälle denkbar, in denen diese Voraussetzung bei einer Rasterfahndung gegeben ist, so dass es doch im Regelfall bei der richterlichen Anordnung verbleiben wird.[4] Auch diese Notkompetenz ist ausgeschlossen, wenn es um Daten geht, die von der Presse gespeichert worden sind und sich in deren Gewahrsam befinden (Abs. 1 S. 7 iVm. § 98 Abs. 1 S. 2). Ermittlungspersonen der Staatsanwaltschaft sind in keinem Fall zur Anordnung befugt.

3 Die Anordnung muss **schriftlich** erfolgen. Dies gilt auch für Eilanordnungen der Staatsanwaltschaft.[5] Die Anordnung muss gegebenenfalls auch die Erlaubnis enthalten, die Aussonderung von Daten zu unterlassen.[6] Wie auch sonst bei grundrechtsrelevanten Beschlüssen müssen Tatvorwurf sowie Zweck und Vorliegen der materiellen Voraussetzungen der Rasterfahndung dargelegt werden.[7]

4 **Nach Anordnung der Staatsanwaltschaft** muss binnen drei Tagen die gerichtliche Bestätigung erwirkt werden. Der Richter entscheidet zum einen über die Zulässigkeit und damit die Fortdauer der Rasterfahndung, zum anderen darüber, ob die Voraussetzungen für die Anordnung durch die Staatsanwaltschaft (Gefahr im Verzug) gegeben waren.[8] Wird die Anordnung nicht binnen dreier Werktage richterlich bestätigt, so tritt sie auch dann außer Kraft, wenn die Verzögerung von den Strafverfolgungsbehörden nicht zu verantworten ist. Die Maßnahme ist zu beenden, die Daten sind zu löschen bzw. zurückzugeben.[9]

5 Ob **bereits gewonnene Erkenntnisse** verwertbar bleiben, ist zweifelhaft. Ein Verwertungsverbot greift ein, wenn die Anordnungsvoraussetzungen von Anfang an nicht vorgelegen haben.[10] Überwiegend hält man sie auch für verwertbar, wenn der Richter die Bestätigung nur deshalb versagt, weil die Voraussetzungen der Rasterfahndung im Zeitpunkt seiner Entscheidung nicht mehr vorlagen.[11]

6 **Zwangsmittel nach § 70** können festgesetzt werden (§ 98b Abs. 2 iVm. § 95 Abs. 2). Dies gilt auch bei Nichterfüllung der in § 98a Abs. 4 vorgesehenen Pflicht zur Unterstützung der Strafverfolgungsbehörden.[12] Eine Anordnung durch den Staatsanwalt kommt nur bei Gefahr in Verzug in Betracht. Im Übrigen bleibt die Anordnung dem Richter vorbehalten. Dies gilt stets für die Festsetzung von Haft (Art. 104 Abs. 2 GG).[13]

7 **Nach Beendigung des Abgleichs** sind die Daten ohne schuldhaftes Zögern zurückzugeben (Abs. 3 S. 1). Benötigt werden die Daten unter Umständen noch in einem laufenden Ermittlungsverfahren. Die Entscheidung über die Vernichtung trifft im Ermittlungsverfahren die Staatsanwaltschaft, danach das mit der Sache befasste Gericht.[14] Eine Dokumentation der Löschung ist zwar nicht vorgeschrieben (vgl. § 101 Abs. 8 S. 2), aber empfehlenswert.[15]

8 Ob eine **Benachrichtigung betroffener Personen** erfolgen muss, ergibt sich aus § 101 Abs. 4 S. 1 Nr. 1 (dort Rn. 4). Zu informieren sind die zuständigen Datenschutzbehörden (Abs. 4). Diese überprüfen nur die Einhaltung datenschutzrechtlicher Vorschriften.[16]

9 **Rechtsschutz** erlangt ein Betroffener mit dem Antrag auf gerichtliche Entscheidung nach § 101 Abs. 9.[17] Antragsbefugt ist, wer zu benachrichtigen war, unabhängig davon, ob er benachrichtigt

---

[1] SK-StPO/*Wohlers* § 98b Rn. 2.
[2] *Siebrecht* CR 1996, 545 (551); SK-StPO/*Wohlers* § 98b Rn. 2.
[3] SK-StPO/*Wohlers* Rn. 2.
[4] Vgl. LR/*Schäfer* 25. Aufl. Rn. 5; SK-StPO/*Wohlers* Rn. 4.
[5] Meyer-Goßner/*Cierniak* Rn. 2; KK-StPO/*Nack* Rn. 3; *Graf* S. 105.
[6] *Morré/Bruns* FS 50 Jahre BGH S. 588; SK-StPO/*Wohlers* § 98a Rn. 20.
[7] Vgl. *Graf* S. 106; KK-StPO/*Nack* Rn. 2; Meyer-Goßner/*Cierniak* Rn. 2 SK-StPO/*Wohlers* Rn. 3.
[8] LR/*Schäfer* Rn. 6a.
[9] *Graf* S. 108 f.
[10] § 98a Rn. 20; siehe auch KK-StPO/*Nack* Rn. 2; *Hilger* NStZ 1992, 457 Fn. 66.
[11] Meyer-Goßner/*Cierniak* Rn. 11; SK-StPO/*Wohlers* Rn. 5; aM HK-StPO/*Gercke* Rn. 2.
[12] KK-StPO/*Nack* Rn. 6; SK-StPO/*Wohlers* Rn. 6.
[13] BT-Drucks. 12/989 S. 38; Meyer-Goßner/*Cierniak* Rn. 4; SK-StPO/*Wohlers* Rn. 7.
[14] LR/*Schäfer* Rn. 23; Meyer-Goßner/*Cierniak* Rn. 6. Die Löschung ist zu protokollieren; SK-StPO/*Wohlers* Rn. 9.
[15] *Hilger* NStZ 92, 461 Fn. 71; Meyer-Goßner/*Cierniak* Rn. 7.
[16] *Hilger* NStZ 92, 461 Fn. 74; Meyer-Goßner/*Cierniak* Rn. 8; SK-StPO/*Wohlers* Rn. 11.
[17] Vgl. BT-Drucks. 16/5846, S. 62 f.

wurde.[18] Auch die speichernde oder mitwirkende Stelle kann ebenso wie die Staatsanwaltschaft Rechtsschutz begehren, nicht jedoch die Datenschutzbehörde.[19]

Zuständig ist vor Anklageerhebung das für die Anordnung der Rasterfahndung zuständige Gericht (§ 101 Abs. 9 S. 2), danach das Gericht der Hauptsache (§ 109 Abs. 9 S. 4). Für nicht im Sinne des § 101 Antragsberechtigte besteht die Möglichkeit der Beschwerde gegen die richterliche Anordnung. Gegen Eilentscheidungen der Staatsanwaltschaft ist ein Antrag entsprechend § 98 Abs. 2 S. 2 zulässig. Nach richterlicher Bestätigung ist ein solcher Antrag aber prozessual überholt.[20]   10

Die **Verwertung der Erkenntnisse** zu Beweiszwecken ist wegen der Anordnungstat immer zulässig, wenn denn die Anordnung der Rasterfahndung rechtmäßig war. Dies soll auch dann gelten, wenn es später in diesem Verfahren nur noch um Nicht-Katalogtaten geht.[21] Aus § 477 Abs. 2 S. 2 ergibt sich, dass Zufallserkenntnisse für andere Taten nur verwertbar sind, wenn diese ebenfalls die Voraussetzung einer Straftat nach § 98 a Abs. 1 erfüllen.[22]   11

Die Verwendung der durch die Rasterfahndung gewonnenen Erkenntnisse **als Ermittlungsansatz** soll unbeschränkt zulässig sein.[23] Dem wird man zustimmen können, solange der Ermittlungsansatz nicht zugleich zur Legitimation von Grundrechtseingriffen dienen soll.   12

Im Übrigen richtet sich die Verwertbarkeit nach denselben Grundsätzen wie die Verwertbarkeit von Überwachungsergebnissen bei § 100 a,[24] also nach § 477 Abs. 2 S. 2.   13

§ 98 c [Datenabgleich zur Aufklärung einer Straftat]

¹ Zur Aufklärung einer Straftat oder zur Ermittlung des Aufenthaltsortes einer Person, nach der für Zwecke eines Strafverfahrens gefahndet wird, dürfen personenbezogene Daten aus einem Strafverfahren mit anderen zur Strafverfolgung oder Strafvollstreckung oder zur Gefahrenabwehr gespeicherten Daten maschinell abgeglichen werden. ² Entgegenstehende besondere bundesgesetzliche oder entsprechende landesgesetzliche Verwendungsregulierungen bleiben unberührt.

Schrifttum: Siehe vor § 98 a.

§ 98 c schafft die Befugnis zum Abgleich bereits vorhandener Daten mit personenbezogenen Daten aus einem Strafverfahren. Auch Daten von Melderegistern, insbesondere der Einwohnermeldeämter, werden davon erfasst.[1]   1

Dieser **justizinterne Datenabgleich**[2] ist im Gegensatz zur Rasterfahndung nach § 98 a nicht an besondere Voraussetzungen gebunden. Er ist daher in jedem Strafverfahren möglich, soweit ein Anfangsverdacht vorliegt. Da es sich nicht um eine Rasterfahndung handelt, ist weder eine schriftliche noch eine richterliche Anordnung erforderlich.[3]   2

Erlaubt ist der Abgleich mit allen **Strafverfolgungsdateien und Melderegistern.** Zulässig ist auch der maschinelle Abgleich personenbezogener Daten aus einem Strafverfahren mit zur Gefahrenabwehr gespeicherten Daten,[4] soweit diese rechtmäßig erhoben worden sind.[5] Da die Vorschrift keine Grenzen aufzeigt, ist es theoretisch möglich, den Abgleich sowohl zur Aufklärung einer Straftat als auch zur Ermittlung des Aufenthaltsortes einer Person durchzuführen. Damit wird das Prinzip der Zweckbindung der Daten missachtet.[6]   3

Grenzen für den Datenabgleich schaffen entgegenstehende bundes- oder landesrechtliche Verwendungsregulierungen (S. 2). Neben strafprozessualen Schutzvorschriften (zB §§ 52 ff., 96, 97, 136 a) kommen zahlreiche bundesgesetzliche Geheimhaltungsvorschriften in Betracht.[7]   4

Rechtsschutzmöglichkeiten bestehen nicht.[8] In der Revision wird man mit Mängeln nur gehört, wenn Daten abgeglichen und verwertet werden, für die es spezielle Schutzvorschriften oder Verwendungsregulierungen gibt.[9]   5

---

[18] BT-Drucks. 16/5846, S. 62; SK-StPO/*Wohlers* Rn. 14.
[19] Vgl. § 25 BDSG; SK-StPO/*Wohlers* Rn. 14.
[20] Vgl. BGH – Ermittlungsrichter – v. 3. 9. 2002 – 2 BGs 513/02, NStZ 2003, 272.
[21] So *Graf* S. 107.
[22] *Möhrenschlager* wistra 1992, 326 (328); Meyer-Goßner/*Cierniak* Rn. 9; SK-StPO/*Wohlers* Rn. 12.
[23] *Graf* S. 107; KK-StPO/*Nack* Rn. 10; SK-StPO/*Wohlers* Rn. 12.
[24] HK-StPO/*Gercke* Rn. 10; KK-StPO/*Nack* Rn. 5; SK-StPO/*Wohlers* Rn. 13.
[1] *Möhrenschlager* wistra 1992, 326 (328); vgl. § 18 MRRG.
[2] KK-StPO/*Nack* Rn. 1.
[3] Meyer-Goßner/*Cierniak* Rn. 1; SK-StPO/*Wohlers* Rn. 2.
[4] KK-StPO/*Nack* Rn. 2; Meyer-Goßner/*Cierniak* Rn. 1; SK-StPO/*Wohlers* Rn. 4.
[5] LR/*Schäfer* Rn. 10; KK-StPO/*Nack* Rn. 5.
[6] *Siebrecht* StV 1996, 566; SK-StPO/*Wohlers* Rn. 4; aA *Krey/Haubrich* JR 1992, 309 (312); KK-StPO/*Nack* Rn. 2; Meyer-Goßner/*Cierniak* Rn. 1.
[7] SK-StPO/*Wohlers* Rn. 5.
[8] SK-StPO/*Wohlers* Rn. 6.
[9] Meyer-Goßner/*Cierniak* Rn. 3; SK-StPO/*Wohlers* Rn. 6.

§ 99 [Postbeschlagnahme]

¹Zulässig ist die Beschlagnahme der an den Beschuldigten gerichteten Postsendungen und Telegramme, die sich im Gewahrsam von Personen oder Unternehmen befinden, die geschäftsmäßig Post- oder Telekommunikationsdienste erbringen oder daran mitwirken. ²Ebenso ist eine Beschlagnahme von Postsendungen und Telegrammen zulässig, bei denen aus vorliegenden Tatsachen zu schließen ist, daß sie von dem Beschuldigten herrühren oder für ihn bestimmt sind und daß ihr Inhalt für die Untersuchung Bedeutung hat.

Schrifttum: *Bach/Kubicek*, Datenschutz bei Wettbewerbsdiensten, CR 1992, 482; *Gaede*, Der grundrechtliche Schutz gespeicherter E-Mails beim Provider und ihre weltweite strafprozessuale Überwachung, StV 2009, 96: *Jahn*, Der strafprozessuale Zugriff auf Telekommunikationsverbindungsdaten – BVerfG, NJW 2006, 976, JuS 2006, 491; *Kurth*, Zeugnispflicht und Postgeheimnis, NStZ 1983, 542; *Schatzschneider*, Telefondatenverarbeitung und Fernmeldegeheimis, NJW 1993, 2029; *Schlosser*, Das Bundesverfassungsgericht und der Zugang zu den Informationsquellen im Zivilprozeß, NJW 1992, 3275; *Welp*, Verteidigung und Überwachung, Strafprozessuale Aufsätze und Vorträge 1970–2000, 2001.

I. Inhalt der Regelung

1   Die Vorschrift erlaubt einen Eingriff in das durch Art. 10 GG geschützte Brief-, Post- und Fernmeldegeheimnis.[1] Zugleich ermächtigt sie die Erbringer von Post- bzw. Telekommunikationsdiensten zur Mitwirkung an der Beschlagnahme, erlaubt also die Durchbrechung des Postgeheimnisses (§ 39 PostG) oder Fernmeldegeheimnisses (§ 88 TKG).[2]

2   § 99 erlaubt den Zugriff nur auf Postsendungen und Telegramme, die **als Beweismittel** im Sinne des § 94 Abs. 1 in Betracht kommen. Geht es um Gegenstände, die der Einziehung oder dem Verfall unterliegen (vgl. § 111 b Abs. 2), ist § 99 nur einschlägig, wenn die Gegenstände auch als Beweismittel in Betracht kommen.[3]

3   **Postunternehmen** sind nach der Privatisierung der Bundespost neben ihrer Rechtsnachfolgerin auch alle sonstigen Personen und Unternehmen, die geschäftsmäßig Post- und Telekommunikationsdienste erbringen oder daran mitwirken. Sie müssen allerdings die Aufgaben weiterführen, die vor der Aufgabenprivatisierung durch die Post erbracht worden sind.[4] § 99 ist auch dann einschlägig, wenn der Diensteerbringer Sendungen während des Beförderungsvorgangs vorübergehend etwa einem Spediteur übergibt. Bei Gestellungspflichten zB nach § 40 Zollkodex aF ist § 99 auf die im amtlichen Gewahrsam befindlichen Postsendungen anzuwenden.[5] Der Zoll darf also nicht ohne weiteres etwa unzüchtige Schriften an die Staatsanwaltschaft weiterleiten.[6]

4   Soweit eine strafbewährte **Anzeigepflicht nach § 138 StGB** besteht, darf bzw. muss eine Weiterleitung erfolgen.[7] Ob daneben auch eine Rechtfertigung nach § 34 StGB möglich ist, ist umstritten. Einige Stimmen in der Literatur bejahen diese Möglichkeit.[8] Ernsthaft diskutabel ist dies allerdings nur in solchen Fällen, in denen es um Gefahrenabwehr zugunsten von Individuen geht. § 34 StGB kann nicht als Superermächtigungsnorm Eingriffe in Individualrechte zugunsten staatlicher Rechtsgüter rechtfertigen.[9]

5   Die **Einwilligung** des Absenders oder Empfängers berechtigten ebenfalls zur Herausgabe.[10] Da Absender und Empfänger gegenseitig nicht zur Wahrung des Postgeheimnisses verpflichtet sind, kann jeder von ihnen unabhängig von dem anderen in die Aushändigung – auch stillschweigend – einwilligen.[11] *Wohlers*[12] verlangt demgegenüber, dass beide Beteiligte, also Absender *und* Empfänger, in die Aushändigung eingewilligt haben müssen. Er beruft sich dabei auf die Entscheidung des Bundesverfassungsgerichts zu Fangschaltungen.[13] In der Tat hatte das Bundesverfassungsgericht in der Entscheidung festgestellt, dass ein Grundrechtseingriff nicht schon deswegen ausscheidet, weil das Fernmeldegeheimnis nicht zwischen den Gesprächsteilnehmern gilt. Daraus, dass jeder Fernsprechteilnehmer ohne Grundrechtsverstoß Dritte von seinen Telefongesprächen unterrichten darf, folge nicht, dass er mit Wirkung für den anderen und ohne dessen Einver-

---

[1] von Münch/Kunig/*Löwer* Art. 10 GG Rn. 40; v. Mangoldt/*Gusy* Art. 10 GG Rn. 83.
[2] Meyer-Goßner/*Cierniak* Rn. 1.
[3] KK-StPO/*Nack* Rn. 1; Meyer-Goßner/*Cierniak* Rn. 1; SK-StPO/*Wohlers* Rn. 2.
[4] Vgl. BT-Drucks. 13/8016, S. 25 f.; KK-StPO/*Nack* Rn. 6; SK-StPO/*Wohlers* Rn. 3.
[5] BGH v. 29. 9. 1970 – 5 StR 234/70, BGHSt 23, 329 (330 f.).
[6] Vgl. Meyer-Goßner/*Cierniak* § 99 Rn. 2.
[7] Vgl. § 39 Abs. 3 S. 4 PostG; KK-StPO/*Nack* Rn. 3; Meyer-Goßner/*Cierniak* Rn. 2.
[8] LK-*Träger* § 206 StGB Rn. 54; Meyer-Goßner/*Cierniak* Rn. 2.
[9] *Joecks* § 34 StGB Rn. 35; siehe auch *Welp* S. 161 ff.; SK-StPO/*Wohlers* Rn. 8.
[10] BGH v. 24. 3. 1964 – 3 StR 60/63, BGHSt 19, 273 = NJW 1964, 1234 mAnm *Evers* JZ 1965, 68, der allerdings nicht eindeutig Position bezieht.
[11] Meyer-Goßner/*Cierniak* Rn. 3.
[12] SK-StPO/*Wohlers* Rn. 7.
[13] Vgl. BVerfG v. 25. 3. 1992 – 1 BvR 1430/88, BVerfGE 85, 386 = NJW 1992, 1875; dazu *Bach/Kubicek* CR 1992, 482; *Gusy* JZ 1992, 1018; *Schlosser* NJW 1992, 3275; *Schatzschneider* NJW 1993, 2029.

ständnis auch ihr gegenüber der Deutschen Bundespost auf die Wahrung des Fernmeldegeheimnisses verzichten könne (Rn. 55). Das Verhältnis zwischen den Teilnehmern an einem Telefonat ist aber nicht mit der Übersendung von Post vergleichbar. Bei einem Telefonat wird der Gesprächsteilnehmer auch gegen den anderen insofern geschützt, als die Perpetuierung des Gesprächs, also dessen Aufzeichnung, ohne seine Zustimmung strafbar ist (§ 201 Abs. 1 Nr. 1 StGB), während § 202 StGB Vergleichbares nicht vorsieht. Auch *Wohlers* anerkennt, dass hier bereits „eine Verdinglichung der Kommunikation vorliegt" und lässt insofern die isolierte Einwilligung *des Empfängers* ausreichen. In der Tat wäre es übertriebene Förmelei, den Zugang des Schriftstücks beim Empfänger abzuwarten, damit er es dann freiwillig herausgeben kann. Die Möglichkeiten des Absenders, eine aufgegebene Sendung noch zurückzuholen, sind ohnehin äußerst begrenzt.[14]

II. Postbeschlagnahme

Die Postbeschlagnahme ist die Weisung an ein Postunternehmen (Rn. 3), bereits vorliegende 6 oder künftig zu erwartende Postsendungen und Telegramme oder einzelne von ihnen auszusondern und auszuliefern.[15] Die Begriffe Postsendungen und Telegramme sind weit auszulegen.[16] In Anlehnung an § 4 Nr. 1 PostG[17] sind Briefsendungen, Pakete, Bücher, Kataloge, Zeitungen oder Zeitschriften erfasst. Auch Zahlungsanweisungen sollen dazu gehören,[18] während Unterlagen über ein Postscheckkonto nach §§ 94, 98 beschlagnahmt werden können.[19]

Die Postbeschlagnahme muss **in einem konkreten Strafverfahren**, das gegen einen bestimmten 7 Beschuldigten geführt wird, erfolgen.[20] Der Name des Beschuldigten kann aber noch unbekannt sein.[21] Ein Ermittlungsverfahren wird dann spätestens mit der Anordnung nach § 99 gegen Unbekannt eingeleitet.[22] In einem selbstständigen Einziehungsverfahren nach § 440 ist die Postbeschlagnahme wegen Fehlens eines Beschuldigten ausgeschlossen. Zulässig ist sie auch noch in der Hauptverhandlung,[23] nicht jedoch nach rechtskräftigem Abschluss des Strafverfahrens zum Zweck der Strafvollstreckung.[24] Soweit in der Literatur zum Teil eine andere Auffassung vertreten wird,[25] überzeugt dies nicht, da es dann nicht mehr um Ermittlungsverfahren und Beweismittel, sondern um die Aufenthaltsermittlung zum Zweck der Strafvollstreckung geht.

Ob **Emails** dem § 99 unterfallen oder den Regelungen über die Telekommunikationsüberwachung 8 (§§ 100a ff.) zuzuordnen sind, ist umstritten. Das nämliche Problem stellt sich für Fernschreiben, Fernkopien (Telefax) und SMS.

Ebenso wie die **auf dem Handy gespeicherte SMS** des Absenders oder Empfängers ohne weiteres 9 im Rahmen der §§ 94, 102 als Beweismittel gesichert werden darf, darf das Absendetelefax beim Absender und das Eingangstelefax beim Empfänger in Beschlag genommen werden. Hier ist nicht das Fernmeldegeheimis tangiert, sondern das Recht auf informationelle Selbstbestimmung.[26] Das Fernmeldegeheimnis endet, wenn die Nachricht beim Empfänger angekommen und der Übertragungsvorgang beendet ist.[27] Damit ist für den Zugriff nicht § 99, sondern § 94 anwendbar.[28]

Während des Übertragungsvorgangs sollte es nach dem bisherigen Verständnis bei den Regelungen 10 über die Telekommunikationsüberwachung (§§ 100a ff.) verbleiben.[29] Demgegenüber hat der BGH[30] die Auffassung vertreten, in diesen Fällen finde § 99 Anwendung. In dem Verfahren waren alle in dem jeweiligen Email-Postfach des Angeklagten abgespeicherten – gelesenen und noch nicht gelesenen – Emails betroffen und erfasst worden. Während der möglicherweise auch nur Sekundenbruchteile andauernden Speicherung in der Datenbank des Mail-Providers sei kein

---

[14] SK-StPO/*Wohlers* Rn. 7.
[15] Meyer-Goßner/*Cierniak* Rn. 5.
[16] *Park* Rn. 649; SK-StPO/*Wohlers* Rn. 12.
[17] Vom 7. 5. 2002, BGBl. I, S. 1529.
[18] *Park* Rn. 649.
[19] Meyer-Goßner/*Cierniak* Rn. 8.
[20] HK-StPO/ *Gercke* Rn. 6; KK-StPO/*Nack* Rn. 2; Meyer-Goßner/*Cierniak* Rn. 6; SK-StPO/*Wohlers* Rn. 10.
[21] KK-StPO/*Nack* Rn. 2; die von Meyer-Goßner/*Cierniak* in Rn. 6 zitierte Entscheidung des Ermittlungsrichters gibt es so nicht.
[22] Vgl. *Welp* S. 84.
[23] Meyer-Goßner/*Cierniak* Rn. 6.
[24] SK-StPO/*Wohlers* Rn. 11; aM HK-StPO/*Gercke* Rn. 6.
[25] LR/*Schäfer* Rn. 19; Meyer-Goßner/*Cierniak* Rn. 6.
[26] BVerfG v. 2. 3. 2006 – 2 BvR 2099/04, BVerfGE 115, 166 = wistra 2006, 217; dazu *Gercke* StV 2009, 624; *Günther* NStZ 2006, 643; *Jahn* JuS 2006, 491; *Störing* CR 2006, 392.
[27] Rn. 74 unter Hinweis auf Dreier/*Hermes* Art. 10 GG Rn. 42; v. Mangoldt/*Gusy* Art. 10 GG Rn. 24; *Günther* NStZ 2005, 485, 489; *Welp* NStZ 1994, 295.
[28] Vgl. auch SK-StPO/*Wohlers* Rn. 12.
[29] LG Hamburg v. 8. 1. 2008 – 619 Qs 1/08, wistra 2008, 116; dazu *Gaede* StV 2009, 96; KK-StPO/*Nack* Rn. 7; SK-StPO/*Wohlers* Rn. 12.
[30] BGH v. 31. 3. 2009 – 1 StR 76/09, wistra 2009, 280 = NJW 2009, 1828; siehe auch BGH v. 24. 11. 2009 – StB 48/09 a, wistra 2010, 230.

Telekommunikationsvorgang (mehr) gegeben.[31] Entgegenstehende landgerichtliche Rechtsprechung wird verworfen.[32] Dementsprechend richtet sich nun der Zugriff nach § 95 Abs. 2, so dass die Betreiber verpflichtet sind, die entsprechenden Informationen heraus zu geben.[33]

11 Der Postbeschlagnahme unterliegen **Sendungen an den Beschuldigten**. Während S. 2 voraussetzt, dass der Inhalt für die Untersuchung Bedeutung haben kann, kennt der S. 1 eine solche Prüfung der potentiellen Beweisbedeutung nicht. Zum Teil wird daraus geschlossen, dass die Bedeutung als Beweismittel nicht geprüft werden muss,[34] und nur dann, wenn ihr Fehlen feststeht, § 99 nicht anwendbar ist.[35] Ein Eingriff in das Postgeheimnis ist aber nur vertretbar, wenn eine Verfahrensrelevanz zumindest denkbar ist. Letztlich geht es um einen Streit um Worte, denn eine Beschlagnahme aufs Geratewohl wäre immer unverhältnismäßig und eine Verfahrensrelevanz wird man vor Kenntnisnahme von dem Schriftstück kaum ausschließen können.[36]

12 Die Postbeschlagnahme ist auch zulässig, wenn die **Sendung von dem Beschuldigten** herrührt oder für ihn bestimmt ist. Bestimmte Tatsachen müssen den Entschluss rechtfertigen, dass die Sendung von dem Beschuldigten stammt oder, obwohl sie nicht an seine Adresse gerichtet ist, für ihn bestimmt ist. Bloße Vermutungen genügen nicht.[37] Der Grundsatz der Verhältnismäßigkeit gebietet, dass eine Postbeschlagnahme nur angeordnet wird, wenn ein konkretisierter Verdacht für eine nicht nur geringfügige Tat besteht.[38]

13 **Beschlagnahmeverbote** nach § 97 StPO stehen der Postbeschlagnahme nicht entgegen, wenn das Beschlagnahmeverbot voraussetzt, dass sich Gegenstände im Gewahrsam des zur Verweigerung des Zeugnisses Berechtigten befinden.[39] Grund hierfür ist, dass sich die entsprechenden Sendungen während der Beförderungsphase im Alleingewahrsam des Postunternehmens befinden.[40] Etwas anderes gilt für Verteidigerpost (§ 148), Abgeordnetenpost, auf die sich ihr Zeugnisverweigerungsrecht erstreckt und die §§ 54 und 96. Akten einer Behörde dürfen also nicht unter Umgehung des § 96 während der Postbeförderung beschlagnahmt werden.[41] Nichts anderes kann gelten, wenn Post von einem Zeugnisverweigerungsberechtigten zu einem anderen Zeugnisverweigerungsberechtigten unterwegs ist.[42]

14 Die **Anordnung** ist in aller Regel zeitlich zu begrenzen.[43] Im Einzelfall mag die Postbeschlagnahme unverhältnismäßig sein, wenn nicht nur das Postgeheimnis als solches, sondern auch ein besonderes Vertrauensverhältnis betroffen ist. Vergleichbar hat das Bundesverfassungsgericht[44] einen qualifizierten Verdacht gefordert, wenn Akten einer öffentlich-rechtlich anerkannten Suchtkrankenberatungsstelle beschlagnahmt werden sollen.

III. Auskunftsverlangen statt Beschlagnahme

15 Die Beschlagnahmebefugnis impliziert das Recht, von einem Postunternehmen Auskunft über Postsendungen zu verlangen.[45] Soweit dem in der Literatur zum Teil widersprochen wird,[46] überzeugt dies nicht, da sich anderenfalls die Strafverfolgungsbehörden die nämliche Kenntnis durch einen schärferen Eingriff verschaffen müssten.[47]

16 Eine **Auskunft** ist nur statthaft, soweit auch eine Postbeschlagnahme nach § 99 zulässig und möglich wäre.[48] Ist eine Sendung nicht mehr im Gewahrsam der Post, wäre eine Beschlagnahme unmöglich. Sind Postsendungen bereits zugestellt worden, können daher Auskünfte etwa über den Zeitpunkt der Zustellung nicht nach § 99 verlangt werden.[49] Die anderslautende Vorgabe in RiStBV 84 S. 2 ist gesetzeswidrig. Soweit *Nack*[50] ein solches Auskunftsverlangen für statthaft hält,

---

[31] Der BGH verweist insofern auf KK-StPO/*Nack* § 100a Rn. 22 f.; BeckOK-StPO/*Graf* § 100a Rn. 28 ff.; KMR/*Bär* § 100a Rn. 29.
[32] LG Hanau v. 23. 9. 1999 – 3 Qs 149/99, NJW 1999, 3647; LG Hamburg v. 8. 1. 2008 – 619 Qs 1/08, wistra 2008, 116; siehe auch *Gaede* StV 2009, 96, 97.
[33] Zu entgegenstehenden Auffassungen siehe noch SK-StPO/*Wohlers* Rn. 12.
[34] Meyer-Goßner/*Cierniak* Rn. 10.
[35] KK-StPO/*Nack* Rn. 8; Meyer-Goßner/*Cierniak* Rn. 10.
[36] Vgl. auch SK-StPO/*Wohlers* Rn. 13 unter Hinweis auf KK-StPO/*Nack* Rn. 8.
[37] *Welp* S. 73 ff.; Meyer-Goßner/*Cierniak* Rn. 11; SK-StPO/*Wohlers* Rn. 14.
[38] Meyer-Goßner/*Cierniak* Rn. 12; SK-StPO/*Wohlers* Rn. 16.
[39] SK-StPO/*Wohlers* Rn. 15.
[40] *Welp* S. 191 ff.
[41] SK-StPO/*Wohlers* Rn. 15.
[42] § 97 Rn. 9. Zum greifbaren Verdacht siehe noch SK-*Wohlers* Rn. 16.
[43] Nr. 80 Abs. 1 S. 1 RiStBV; Meyer-Goßner/*Cierniak* Rn. 5.
[44] BVerfG v. 24. 5. 1977 – 2 BvR 988/75, BVerfGE 44, 353 = NJW 1977, 308.
[45] *Kurth* NStZ 1983, 541; *Welp* S. 124 ff.; Meyer-Goßner/*Cierniak* Rn. 14.
[46] Vgl. Bonner Kommentar/*Badura* Art. 10 GG Rn. 53.
[47] SK-StPO/*Wohlers* Rn. 18.
[48] Meyer-Goßner/*Cierniak* Rn. 14; SK-StPO/*Wohlers* Rn. 19.
[49] *Welp* S. 126; LR *Schäfer* Rn. 30; Meyer-Goßner/*Cierniak* Rn. 14; SK-StPO/*Wohlers* Rn. 19; LG Hamburg v. 12. 2. 2009 – 628 Qs 5/09, StV 2009, 404.
[50] KK-StPO/*Nack* Rn. 11.

verkennt er, dass es hierfür einer ausdrücklichen Ermächtigungsgrundlage bedürfte. § 99 stellt gerade darauf ab, dass jemand einen Gegenstand vorlegen und ausliefern kann (§ 95 Abs. 1). Eine andere Frage ist, ob eine Einvernahme von Bediensteten des Unternehmens als Zeugen möglich ist und diesen ein Zeugnisverweigerungsrecht zustünde.

Ist eine Auskunft statthaft, erstreckt sie sich zunächst auf die **äußeren Merkmale** der betroffenen Sendung (Absender, Empfänger, Art der Sendung, Zeit der Beförderung).[51] Kennt die Post schon den Inhalt der Sendung, etwa bei einem Telegramm, darf auch der Inhalt mitgeteilt werden. Handelt es sich um eine verschlossene Sendung, ist die Post nicht ermächtigt, durch Öffnung Kenntnis von deren Inhalt zu nehmen.[52] 17

Der Postbedienstete soll zur Information der Strafverfolgungsbehörde berechtigt sein, wenn er sich durch die Weitergabe einer Nachnahmesendung letztlich an den betrügerischen Handlungen des Absenders beteiligen würde.[53] Dies erweckt jedoch den Eindruck, man würde hier doch einmal wieder § 34 StGB bemühen, und verkennt die Grenzen einer Teilnahme durch berufstypisches Verhalten. 18

Zu Auskunftsverlangen über Verkehrsdaten siehe nunmehr §§ 100g, 100h. Daneben sehen die §§ 111 ff. TKG ein Auskunftsverfahren vor.[54] 19

IV. Verwertungsverbote und Revisibilität

Lagen die Voraussetzungen für eine Postbeschlagnahme nicht vor, unterliegt das Beweismittel einem Verwertungsverbot.[55] Einschränkend sieht dies offenbar *Nack*.[56] Er will ein Verwertungsverbot ablehnen, wenn die zuständigen Strafverfolgungsorgane die Voraussetzungen irrig angenommen haben, ohne dass die Grenzen objektiver Willkür überschritten wurden. 20

Beweismittel aus der Postbeschlagnahme in einem objektiven Einziehungsverfahren oder gegen einen Nicht-Beschuldigten sind also unverwertbar. Dies soll nur dann der Fall sein, wenn der nach § 99 unzulässige Eingriff zur Aufklärung besonders schwerer Straftaten erfolgt ist.[57] Demgegenüber will das OLG Hamm[58] die Durchbrechung des Postgeheimnisses aus zollrechtlichen Vorschriften rechtfertigen. 21

§ 100 [Zuständigkeit]

(1) Zu der Beschlagnahme (§ 99) ist nur das Gericht, bei Gefahr im Verzug auch die Staatsanwaltschaft befugt.

(2) Die von der Staatsanwaltschaft verfügte Beschlagnahme tritt, auch wenn sie eine Auslieferung noch nicht zur Folge gehabt hat, außer Kraft, wenn sie nicht binnen drei Werktagen gerichtlich bestätigt wird.

(3) ¹Die Öffnung der ausgelieferten Postsendungen steht dem Gericht zu. ²Es kann diese Befugnis der Staatsanwaltschaft übertragen, soweit dies erforderlich ist, um den Untersuchungserfolg nicht durch Verzögerung zu gefährden. ³Die Übertragung ist nicht anfechtbar; sie kann jederzeit widerrufen werden. ⁴Solange eine Anordnung nach Satz 2 nicht ergangen ist, legt die Staatsanwaltschaft die ihr ausgelieferten Postsendungen sofort, und zwar verschlossene Postsendungen ungeöffnet, dem Gericht vor.

(4) ¹Über eine von der Staatsanwaltschaft verfügte Beschlagnahme entscheidet das nach § 98 zuständige Gericht. ²Über die Öffnung einer ausgelieferten Postsendung entscheidet das Gericht, das die Beschlagnahme angeordnet oder bestätigt hat.

(5) ¹Postsendungen, deren Öffnung nicht angeordnet worden ist, sind unverzüglich an den vorgesehenen Empfänger weiterzuleiten. ²Dasselbe gilt, soweit nach der Öffnung die Zurückbehaltung nicht erforderlich ist.

(6) Der Teil einer zurückbehaltenen Postsendung, dessen Vorenthaltung nicht mit Rücksicht auf die Untersuchung geboten erscheint, ist dem vorgesehenen Empfänger abschriftlich mitzuteilen.

Schrifttum: Siehe vor § 99.

---

[51] LR/*Schäfer* Rn. 31; KK-StPO/*Nack* Rn. 10; SK-StPO/*Wohlers* Rn. 20.
[52] *Welp* S. 127; SK-StPO/*Wohlers* Rn. 20.
[53] SK-StPO/*Wohlers* Rn. 20 unter Verweis auf LG Stuttgart v. 21. 10. 1988 – 15 Qs 175/88, wistra 1989, 319 und *Spannowsky* wistra 1989, 287.
[54] Vgl. Meyer-Goßner/*Cierniak* Rn. 15 und die Erläuterung zu §§ 100g, 100h.
[55] BGH v. 25. 9. 1970 – 5 StR 234/70, BGHSt 23, 329, 331; Meyer-Goßner/*Cierniak* Rn. 17.
[56] KK-StPO/*Nack* Rn. 13.
[57] OLG Zweibrücken v. 30. 6. 1970 – Ws 33/70, NJW 1970, 1758; *Grünwald* JZ 1966, 489 (497); *Welp* S. 218; SK-StPO/*Wohlers* Rn. 22.
[58] OLG Hamm v. 11. 6. 1970 – 2 Ss 51/70, NJW 1970, 1754 (1756) mwN.

§ 100 1–7   *Erstes Buch. Allgemeine Vorschriften*

1   Die Vorschrift regelt die **Zuständigkeiten** bezüglich der Anordnung und Durchführung des zweistufigen Verfahrens der Postbeschlagnahme. Die Zuständigkeit liegt zunächst beim Gericht, nur bei Gefahr im Verzug bei der Staatsanwaltschaft, die binnen dreier Werktage eine gerichtliche Bestätigung selbst dann benötigt, wenn eine Auslieferung noch nicht erfolgt ist (Abs. 2).

2   Eine **bestimmte Form** ist für die Anordnung nicht vorgeschrieben. Richterliche Anordnungen sind zwar regelmäßig solche durch Beschluss. Sie können aber ebenso wie die der Staatsanwaltschaft auch mündlich, telefonisch oder per Telefax erfolgen. Mündliche Anordnungen müssen später schriftlich fixiert werden.[1]

3   Die Anforderungen an den **Inhalt der Anordnung** sind zweifelhaft. Jedenfalls muss eine möglichst genaue Bezeichnung der Sendungen, die ausgesondert und ausgeliefert werden müssen, die Bezeichnung des betroffenen Postunternehmens und bei Sendungen an den Beschuldigten dessen voller Name der Bestimmungsort bzw. bei größeren Orten auch die genaue Anschrift angegeben werden (RiStBV 78 I S. 2). Da die Anordnung anfechtbar ist, muss sie eine auf Tatsachen gestützte Begründung des Tatverdachts enthalten.[2] Weiterhin muss sich aus ihr ergeben, dass sie in einem Strafverfahren ergeht, dass sie gegen einen bestimmten Beschuldigten gerichtet ist und von einem zuständigen Richter oder Staatsanwalt erlassen wurde.[3]

4   **Vollzogen** wird die Beschlagnahme durch die Staatsanwaltschaft (§ 36 Abs. 2).[4] Wie bei der Durchsuchung kann die Staatsanwaltschaft im Ermittlungsverfahren selbst entscheiden, ob und wann sie von einer Anordnung Gebrauch macht.[5] Die Auslieferung erfolgt grundsätzlich an die Staatsanwaltschaft, auch wenn die Öffnung nicht auf sie übertragen wurde.[6] Ist der Staatsanwaltschaft die Öffnung nicht nach Abs. 3 S. 2 übertragen worden, leitet sie die Postsendungen an den zuständigen Richter weiter (Abs. 3 S. 4). Die Staatsanwaltschaft ist aber befugt, geschlossene Sendungen äußerlich zu besichtigen und offene zu lesen und sogleich zurückzugeben, wenn sie für das Verfahren nicht relevant sind.[7] Nach Erhebung der öffentlichen Klage steht ihr diese Befugnis nur dann zu, wenn sie die Postbeschlagnahme selbst wegen Gefahr im Verzug angeordnet hat und eine richterliche Bestätigung noch aussteht.[8]

5   Ein **Prüfungsrecht** steht dem Postunternehmen grundsätzlich nicht zu. Es untersucht nur, ob die Anordnung von einem zuständigen Gericht oder Staatsanwalt im Strafverfahren gegen einen bestimmten Beschuldigten erlassen worden ist. Hat das Unternehmen Zweifel an der formellen Rechtmäßigkeit der Maßnahme, steht ihm das Recht der Beschwerde zu. An eine Beschwerdeentscheidung ist das Postunternehmen gebunden.[9] Weigert es sich grundlos oder nach einer entsprechenden Beschwerdeentscheidung, ist der Weg nach § 95 Abs. 2, § 70 zu beschreiten.[10]

6   Die **Öffnung der Sendungen** obliegt dem Richter, der die Befugnis auf den Staatsanwalt übertragen kann (Abs. 3 S. 2). Die Regelung ist problematisch, da nicht ausgeschlossen ist, dass der Staatsanwalt durch Öffnung als solcher nicht erkennbarer Verteidigerpost etwa Kenntnisse erlangt, die mittelbar in ein Strafverfahren einfließen könnten.[11] Für Zufallserkenntnisse soll § 108 entsprechend gelten.[12] Jedenfalls setzt § 477 Abs. 2 S. 2 der Verwendung als Beweismittel in einem Strafverfahren keine Grenzen.

7   Werden Postsendungen nicht benötigt, sind sie **unverzüglich weiterzuleiten** (Abs. 5). Stellt sich nach der Öffnung heraus, dass eine Zurückbehaltung nicht erforderlich ist (Abs. 5 S. 2), ist zweifelhaft, ob die Gefährdung des Untersuchungszwecks der Weiterleitung entgegenstehen kann. Teilweise nimmt man auch in diesen Fällen eine unbedingte Pflicht zur Weiterleitung an.[13] Andere meinen, dass hier nichts anderes gelten solle als für die in § 101 Abs. 1 geregelten sonstigen heimlichen Ermittlungsmaßnahmen, so dass eine Gefährdung des Untersuchungszwecks das Unterlassen der Weiterleitung erlauben würde.[14] Mittlerweile ist die Frage in § 101 Abs. 5 im Sinne der zweiten Lösung geregelt.[15]

---

[1] Meyer-Goßner/*Cierniak* Rn. 3.
[2] SK-StPO/*Wohlers* Rn. 9.
[3] Meyer-Goßner/*Cierniak* Rn. 4.
[4] KK-StPO/*Nack* Rn. 7; SK-StPO/*Wohlers* Rn. 10.
[5] Vgl. § 105 Rn. 24.
[6] SK-StPO/*Wohlers* Rn. 11.
[7] LR *Schäfer* Rn. 32.
[8] SK-StPO/*Wohlers* Rn. 11.
[9] SK-StPO/*Wohlers* Rn. 12; siehe auch LG Hildesheim v. 21. 4. 2010 – 26 Qs 58/10, BeckRS 2010, 16723.
[10] BGH v. 31. 3. 2009 – 1 StR 76/09, wistra 2009, 280; siehe auch Meyer-Goßner/*Cierniak* Rn. 8.
[11] Vgl. *Welp* JZ 1972, 423; SK-StPO/*Wohlers* Rn. 15.
[12] HK-StPO/*Gercke* Rn. 15; KK-StPO/*Nack* Rn. 10.
[13] KK-StPO/*Nack* Rn. 5; Meyer-Goßner/*Cierniak* § 101 Rn. 5, § 100 Rn. 11; SK/*Wolter* § 101 Rn. 9.
[14] SK-StPO/*Wohlers* Rn. 16.
[15] § 101 Rn. 7 ff.

Achter Abschnitt. Beschlagnahme, Überwachung, Durchsuchung usw. § 100a

Eine **abschriftweise Mitteilung** des Inhalts ist nach Abs. 6 möglich. Auch hier ist zweifelhaft, ob 8
die Gefährdung des Untersuchungszweckes eine Rolle spielen darf oder nicht.[16] Die Anordnung
ist aufzuheben, wenn ihr Zweck erreicht wurde oder nicht mehr erreichbar ist.

Für **Ersuchen um Auskunft** über Postsendungen gilt § 100 entsprechend. Auskunftsersuchen 9
der Staatsanwaltschaft bedürfen der richterlichen Bestätigung (Abs. 2).[17] Das Postunternehmen
erteilt die Auskunft schriftlich oder durch Zeugenaussage eines Bediensteten.[18]

Der **Rechtsschutz** für Absender und Adressat richtet sich nach § 101 Abs. 7 S. 2–4 in Verbin- 10
dung mit Abs. 4 S. 1 Nr. 2.[19] Wer danach nicht antragsberechtigt ist, mag eine Beschwerde nach
§ 304 erheben dürfen. Bei einer Entscheidung der Staatsanwaltschaft ist der Antrag nach § 98
Abs. 2 S. 2 zulässig.

Die **Revisibilität** von Verstößen ist umstritten. Überwiegend will man nur bei willkürlicher An- 11
nahme von Gefahr im Verzug die Revisionsrelevanz annehmen.[20] Demgegenüber will *Wohlers*[21]
vor dem Hintergrund eines gewandelten Verständnisses für die Bedeutung des Richtervorbehalts
in Fällen, in denen dieser missachtet wurde, ein Verwertungsverbot annehmen. Verfassungsrechtlich geboten scheint dies nicht.[22]

§ 100a [Überwachung und Aufzeichnung der Telekommunikation]

(1) Auch ohne Wissen der Betroffenen darf die Telekommunikation überwacht und aufgezeichnet werden, wenn

1. bestimmte Tatsachen den Verdacht begründen, dass jemand als Täter oder Teilnehmer eine in
   Absatz 2 bezeichnete schwere Straftat begangen, in Fällen, in denen der Versuch strafbar ist, zu
   begehen versucht, oder durch eine Straftat vorbereitet hat,
2. die Tat auch im Einzelfall schwer wiegt und
3. die Erforschung des Sachverhalts oder die Ermittlung des Aufenthaltsortes des Beschuldigten
   auf andere Weise wesentlich erschwert oder aussichtslos wäre.

(2) Schwere Straftaten im Sinne des Absatzes 1 Nr. 1 sind:

1. aus dem Strafgesetzbuch:
   a) Straftaten des Friedensverrats, des Hochverrats und der Gefährdung des demokratischen
      Rechtsstaates sowie des Landesverrats und der Gefährdung der äußeren Sicherheit nach
      den §§ 80 bis 82, 84 bis 86, 87 bis 89a, 94 bis 100a,
   b) Abgeordnetenbestechung nach § 108e,
   c) Straftaten gegen die Landesverteidigung nach den §§ 109d bis 109h,
   d) Straftaten gegen die öffentliche Ordnung nach den §§ 129 bis 130,
   e) Geld- und Wertzeichenfälschung nach den §§ 146 und 151, jeweils auch in Verbindung
      mit § 152, sowie nach § 152a Abs. 3 und § 152b Abs. 1 bis 4,
   f) Straftaten gegen die sexuelle Selbstbestimmung in den Fällen der §§ 176a, 176b, 177
      Abs. 2 Nr. 2 und des § 179 Abs. 5 Nr. 2,
   g) Verbreitung, Erwerb und Besitz kinder- und jugendpornographischer Schriften nach
      § 184b Abs. 1 bis 3, § 184c Abs. 3,
   h) Mord und Totschlag nach den §§ 211 und 212,
   i) Straftaten gegen die persönliche Freiheit nach den §§ 232 bis 233a, 234, 234a, 239a und
      239b,
   j) Bandendiebstahl nach § 244 Abs. 1 Nr. 2 und schwerer Bandendiebstahl nach § 244a,
   k) Straftaten des Raubes und der Erpressung nach den §§ 249 bis 255,
   l) gewerbsmäßige Hehlerei, Bandenhehlerei und gewerbsmäßige Bandenhehlerei nach den
      §§ 260 und 260a,
   m) Geldwäsche und Verschleierung unrechtmäßig erlangter Vermögenswerte nach § 261
       Abs. 1, 2 und 4,
   n) Betrug und Computerbetrug unter den in § 263 Abs. 3 Satz 2 genannten Voraussetzungen
      und im Falle des § 263 Abs. 5, jeweils auch in Verbindung mit § 263a Abs. 2,
   o) Subventionsbetrug unter den in § 264 Abs. 2 Satz 2 genannten Voraussetzungen und im
      Falle des § 264 Abs. 3 in Verbindung mit § 263 Abs. 5,

---

[16] Vgl. Meyer-Goßner/*Cierniak* Rn. 12.
[17] *Kurth* NStZ 1983, 542; *Welp* S. 126.
[18] Meyer-Goßner/*Cierniak* Rn. 15.
[19] Meyer-Goßner/*Cierniak* Rn. 17.
[20] KK-StPO/*Nack* § 99 Rn. 13; Meyer-Goßner/*Cierniak* Rn. 18.
[21] SK-StPO/*Wohlers* Rn. 23.
[22] Vgl. BVerfG v. 2. 7. 2009 – 2 BvR 2225/08, NJW 2009, 3225 (3226).

p) Straftaten der Urkundenfälschung unter den in § 267 Abs. 3 Satz 2 genannten Voraussetzungen und im Fall des § 267 Abs. 4, jeweils auch in Verbindung mit § 268 Abs. 5 oder § 269 Abs. 3, sowie nach § 275 Abs. 2 und § 276 Abs. 2,
q) Bankrott unter den in § 283 a Satz 2 genannten Voraussetzungen,
r) Straftaten gegen den Wettbewerb nach § 298 und, unter den in § 300 Satz 2 genannten Voraussetzungen, nach § 299,
s) gemeingefährliche Straftaten in den Fällen der §§ 306 bis 306 c, 307 Abs. 1 bis 3, des § 308 Abs. 1 bis 3, des § 309 Abs. 1 bis 4, des § 310 Abs. 1, der §§ 313, 314, 315 Abs. 3, des § 315 b Abs. 3 sowie der §§ 316 a und 316 c,
t) Bestechlichkeit und Bestechung nach den §§ 332 und 334,
2. aus der Abgabenordnung:
a) Steuerhinterziehung unter den in § 370 Abs. 3 Satz 2 Nr. 5 genannten Voraussetzungen,
b) gewerbsmäßiger, gewaltsamer und bandenmäßiger Schmuggel nach § 373,
c) Steuerhehlerei im Falle des § 374 Abs. 2,
3. aus dem Arzneimittelgesetz:
Straftaten nach § 95 Abs. 1 Nr. 2 a unter den in § 95 Abs. 3 Satz 2 Nr. 2 Buchstabe b genannten Voraussetzungen,
4. aus dem Asylverfahrensgesetz:
a) Verleitung zur missbräuchlichen Asylantragstellung nach § 84 Abs. 3,
b) gewerbs- und bandenmäßige Verleitung zur missbräuchlichen Asylantragstellung nach § 84 a,
5. aus dem Aufenthaltsgesetz:
a) Einschleusen von Ausländern nach § 96 Abs. 2,
b) Einschleusen mit Todesfolge und gewerbs- und bandenmäßiges Einschleusen nach § 97,
6. aus dem Außenwirtschaftsgesetz:
Straftaten nach § 34 Abs. 1 bis 6,
7. aus dem Betäubungsmittelgesetz:
a) Straftaten nach einer in § 29 Abs. 3 Satz 2 Nr. 1 in Bezug genommenen Vorschrift unter den dort genannten Voraussetzungen,
b) Straftaten nach den §§ 29a, 30 Abs. 1 Nr. 1, 2 und 4 sowie den §§ 30 a und 30 b,
8. aus dem Grundstoffüberwachungsgesetz:
Straftaten nach § 19 Abs. 1 unter den in § 19 Abs. 3 Satz 2 genannten Voraussetzungen,
9. aus dem Gesetz über die Kontrolle von Kriegswaffen:
a) Straftaten nach § 19 Abs. 1 bis 3 und § 20 Abs. 1 und 2 sowie § 20 a Abs. 1 bis 3, jeweils auch in Verbindung mit § 21,
b) Straftaten nach § 22 a Abs. 1 bis 3,
10. aus dem Völkerstrafgesetzbuch:
a) Völkermord nach § 6,
b) Verbrechen gegen die Menschlichkeit nach § 7,
c) Kriegsverbrechen nach den §§ 8 bis 12,
11. aus dem Waffengesetz:
a) Straftaten nach § 51 Abs. 1 bis 3,
b) Straftaten nach § 52 Abs. 1 Nr. 1 und 2 Buchstabe c und d sowie Abs. 5 und 6.

(3) Die Anordnung darf sich nur gegen den Beschuldigten oder gegen Personen richten, von denen auf Grund bestimmter Tatsachen anzunehmen ist, dass sie für den Beschuldigten bestimmte oder von ihm herrührende Mitteilungen entgegennehmen oder weitergeben oder dass der Beschuldigte ihren Anschluss benutzt.

(4) ¹Liegen tatsächliche Anhaltspunkte für die Annahme vor, dass durch eine Maßnahme nach Absatz 1 allein Erkenntnisse aus dem Kernbereich privater Lebensgestaltung erlangt würden, ist die Maßnahme unzulässig. ²Erkenntnisse aus dem Kernbereich privater Lebensgestaltung, die durch eine Maßnahme nach Absatz 1 erlangt wurden, dürfen nicht verwertet werden. ³Aufzeichnungen hierüber sind unverzüglich zu löschen. ⁴Die Tatsache ihrer Erlangung und Löschung ist aktenkundig zu machen.

Schrifttum: *Buermeyer*, Die „Online-Durchsuchung". Technischer Hintergrund des verdeckten hoheitlichen Zugriffs auf Computersysteme, HRRS 2007, 154; *Buermeyer/Bäcker*, Zur Rechtswidrigkeit der Quellen-Telekommunikationsüberwachung auf Grundlage des § 100 a, HRRS 10/2009, S. 433–441; *Bär*, Handbuch zur EDV-Beweissicherung im Strafverfahren, 2007; *ders.*, EDV-Beweissicherung im Strafverfahrensrecht, CR 1998, 434; *ders.*, Aktuelle Rechtsfragen bei strafprozessualen Eingriffen in die Telekommunikation, MMR 2000, 472; *ders.*, Fehlende Ermächtigungsgrundlage für Online-Durchsuchung, MMR 2007, 239; *Bernsmann/Jansen*, Standortbestimmung über Handy, StV 1999, 591; *Beulke/Meininghausen*, Verdeckte Durchsuchung eines Computers mittels heimlich installierten Computerprogramm, StV 2007, 63; *Bizer*, Keine Rechtsgrundlage für Durchsuchung einer Mailbox, DuD 1996, 627; *Eisenberg/Nischan*, Strafprozessualer Zugriff auf digitale multimediale Videodienste, JZ 1997, 74; *Geis/Geis*, Präventive polizeiliche Rasterfahndung versus Grundrecht auf informationelle Selbstbestimmung, MMR 2006, 540; *Günter,* Zur strafprozessualen Erhebung von Telekommunikationsdaten – Verpflichtung zur Sachverhaltsaufklärung oder verfassungsrechtlich unkalkulierbares Wagnis?, NStZ 2005, 485; *B. Gercke,* Bewegungsprofile anhand von Mobilfunkdaten im Strafverfahrensrecht, Zugleich ein Beitrag zur Kumulation heimlicher Observationsmittel im strafrechtlichen Ermittlungsverfahren, 2002; *ders.,* Rechtliche Probleme durch den Einsatz des IMSI-Catchers, MMR 2003, 453; *M. Gercke,* Heimliche Online-Durchsuchung: Anspruch und Wirklichkeit – Der Einsatz softwarebasierter Ermittlungsinstrumente zum heimlichen Zugriff auf Computerdaten, CR 2007, 245; *Hoffmann-Riem,* Der grundrechtliche Schutz der Vertraulichkeit und Integrität eigengenutzter informationstechnischer Systeme, JZ 2008, 1009; *Jordan,* W-Lan Scannen – rechtliche Einsatzmöglichkeiten bei der Strafverfolgung, Kriminalistik, 2005, 514; *Kemper,* Die Beschlagnahmefähigkeit von Daten und E-Mails, NStZ 2005, 538; *Klein,* Offen und (deshalb) einfach – Zur Sicherstellung und Beschlagnahme von E-Mails beim Provider, NJW 2009, 2996; *Kutscha,* Verdeckte Online-Durchsuchung und Unverletzlichkeit der Wohnung, NJW 2007, 1169; *Lührs,* Eingeschränkte Beschlagnahmemöglichkeiten von „Mailbox-Systemen" aufgrund des Fernmeldegeheimnisses?, wistra 1995, 19; *Palm/Roy,* Mailboxen: Staatliche Eingriffe und andere rechtliche Aspekte, NJW 1996, 1791; *Röwer,* Erscheinungsformen und Zulässigkeit heimlicher Ermittlungen, Duisburg u. a. 2007; *Vassilaki,* Die Überwachung des Fernmeldeverkehrs nach der Neufassung der §§ 100 a, 100 b, JR 2000, 446.

I. Allgemeines

§ 100 a gestattet den Strafverfolgungsbehörden, die Telekommunikation auch ohne Wissen des 1 Betroffenen zu überwachen, wenn der Verdacht einer in Abs. 2 aufgeführten Tat vorliegt, diese auch im Einzelfall besonders schwer wiegt und die Erforschung des Sachverhalts oder die Ermittlung des Aufenthaltsortes des Beschuldigten auf andere Weise wesentlich erschwert oder aussichtslos wäre. Dass die Überwachung auch ohne Wissen des Betroffenen erfolgen darf, dient lediglich der Klarstellung, eine Kenntnis von der Überwachung lässt diese nicht unzulässig werden. Die Telekommunikationsüberwachung erfasst die Telekommunikation sowohl in ihren Inhalten als auch in ihren begleitenden äußeren Umständen.[1] Klassisches Beispiel ist das einfache Telefongespräch zwischen verschiedenen Personen. Es darf überwacht und aufgezeichnet werden. Formale Anforderungen an eine Telekommunikationsüberwachung werden in § 100 b normiert.

Die Entwicklungen in der Überwachungspraxis sind an den diversen Ermittlungsmaßnahmen 2 zu erkennen, die nachträglich in das Gesetz aufgenommen wurden wie zum Beispiel der Einsatz sonstiger technischer Mittel nach § 100 f, die akustische Wohnraumüberwachung nach § 100 c und der Einsatz des IMSI-Catchers nach § 100 i. Innerhalb der heimlichen Überwachungsmaßnahmen besteht keine explizite Rangfolge. Lediglich der Subsidiaritätsgrundsatz und die Verhältnismäßigkeit haben Einfluss auf die Auswahl der Ermittlungsmaßnahme.

Wie die Telekommunikation im Einzelnen überwacht werden kann und welche konkreten 3 Maßnahmen bei der Durchführung zu beachten sind, regelt die Verordnung über die technische und organisatorische Umsetzung von Maßnahmen zur Überwachung der Telekommunikation (TKÜV). Nach § 4 Abs. 1 TKÜV ist die Telekommunikation, bei der das Endgerät, das die zu überwachende Kennung nutzt, sich im **Ausland** befindet, nicht zu erfassen. Ausnahmen hierzu ergeben sich, wenn die Telekommunikation an einen im Inland gelegenen Telekommunikationsanschluss oder an eine im Inland befindliche Speichereinrichtung weiter- oder umgeleitet wird. § 4 Abs. 2 TKÜV regelt die Zulässigkeit der sogenannten **Auslandskopfüberwachung**. Hiernach ist es zulässig, die Telekommunikation zwischen einem unbekannten inländischen aber bekannten ausländischen Anschluss zu überwachen. Der Zugriff erfolgt in diesem Fall an dem inländischen Zusammenschaltungspunkt.[2] Umgekehrt kann ein Zugriff durch Behörden anderer Staaten auf Telekommunikation im Inland nur im Wege der Amtshilfe erfolgen.[3]

II. Eingriffsvoraussetzungen

1. Telekommunikation. Der Begriff der **Telekommunikation** wird in der StPO nicht definiert. 4 Telekommunikation kann als Gedankenaustausch zweier Personen unter Überwindung einer räumlichen Distanz verstanden werden.[4] Der Wortlaut lässt dabei jegliche Form der Verständigung und Informationsübermittlung zu. Allgemein wird die Definition des § 3 Nr. 22 TKG als „**wesentliche Orientierungshilfe**" herangezogen[5] und eine pauschale Übernahme abgelehnt.[6] Nach § 3 Nr. 2 TKG ist Telekommunikation der technische Vorgang des Aussendens, Über-

---

[1] Vgl. § 5 Abs. 1 TKÜV, Verordnung über die technische und organisatorische Umsetzung von Maßnahmen zur Überwachung der Telekommunikation, i. d. F. v. 22. 6. 2004 (BGBl. I S. 1190).
[2] Vgl. ausführlich zu den technischen Begebenheiten *Bär,* Handbuch zur EDV-Beweissicherung im Strafverfahren, Rn. 71 f.
[3] Vgl. BeckOK-StPO/*Graf* Rn. 128 f.
[4] Vgl. näher hierzu *Röwer,* Zulässigkeit heimlicher Ermittlungen, S. 106 ff.
[5] BGH v. 21. 2. 2001 – 2 BGs 42/01, NJW 2001, 1587; *Bär* CR 1998, 435; *Eisenberg/Nischan* JZ 1997, 77; *Vassilaki* JR 2000, 446; *Bär.* Anm. zu BGH v. 21. 2. 2001 – 2 Bgs 42/2001, MMR 2001, 443 f.
[6] *Bernsmann* NStZ 2002, 103; *Eisenberg/Nischan* JZ 1997, 77; *Günther* NStZ 2005, 492; *Vassilaki* JR 2000, 446; *Gercke* Bewegungsprofile, S. 96.

§ 100a 5–9   Erstes Buch. Allgemeine Vorschriften

mittelns und Empfangens von Signalen mittels Telekommunikationsanlagen. Hiernach fielen jegliche technische Signale in den Anwendungsbereich, unabhängig davon, ob und in welcher Art und Weise Personen an diesem Vorgang beteiligt sind. Für die Bestimmung des Begriffes der Telekommunikation ist jedoch eine kommunikationsbezogene Auslegung erforderlich.[7]

5   In seiner ursprünglichen Form erfasste § 100a lediglich die Überwachung und Aufzeichnung von **Fernmeldeverkehr**. Nach der Änderung des Wortlautes hin zur derzeitigen Fassung sollte zwar lediglich eine Anpassung an den Sprachgebrauch vorgenommen werden. Dennoch wurde durch den Gesetzgeber deutlich gemacht, dass auch neue Formen der Kommunikation nach § 100a überwacht werden könnten und der Anwendungsbereich grundsätzlich offen ist für neue Kommunikationsformen. So gehört der Mobilfunk heute bereits zur klassischen Telekommunikation. Zweifelhaft ist dies aber bei Kommunikationen, die über Verbindungen im Internet hergestellt werden (sogenannte Voice-over-IP oder kurz **VoIP**).

6   Bei der Bestimmung des Begriffs der Telekommunikation ist mit zu berücksichtigen, dass es sich bei der Überwachungsmaßnahme um einen Eingriff in grundrechtlich geschützte Güter handelt, da diese Maßnahme den Bereich des **Fernmeldegeheimnisses** nach Art. 10 GG berührt.[8] Das Fernmeldegeheimnis gewährleistet die freie Entfaltung der Persönlichkeit, die sich durch den Austausch von vor der Öffentlichkeit verborgenen Nachrichten, Meinungen und Gedanken unter Ausschluss der Öffentlichkeit vollzieht.[9] Dieses soll die Beteiligten einer Kommunikation vor den Gefahren schützen, die mit deren Übertragung verbunden sind. Der Anwendungsbereich des § 100a ist daher restriktiv auszulegen und die pauschale Anwendung der weiten Definition des TKG, nach dem jegliche Signalübertragung Telekommunikation sein könnte, zu Recht abzulehnen. Darüber hinaus bestimmt die Reichweite des Fernmeldegeheimnisses auch den Eingriffsbereich nach § 100a. Sobald das verfassungsrechtliche Fernmeldegeheimnis endet, liegt auch kein rechtswidriger Eingriff in Art. 10 GG vor.

7   Das Fernmeldegeheimnis erfasst keine Nachrichten oder Signale, die noch nicht oder nicht mehr gesendet werden, da in diesen Fällen kein Telekommunikationsvorgang vorliegt.[10] So fallen zB E-Mails oder Dateien, die zwar auf der Festplatte gespeichert sind, nicht unter das Fernmeldegeheimnis, solange sie nicht mit technischen Mitteln übertragen werden. Auch Nachrichten, die beim Empfänger bereits angekommen sind und von ihm zur Kenntnis genommen werden können, stellen keinen Fernmeldeverkehr mehr dar, unabhängig davon, ob der Empfänger bereits Kenntnis vom Ankommen und Inhalt der Nachricht erhalten hat oder nicht.[11] Nachrichten auf dem Anrufbeantworter oder im elektronischen Postfach sind damit keine Telekommunikation, wenn sie aus dem **Herrschaftsbereich** des Telekommunikationsanbieters gelangt sind.[12] Anders verhält es sich, wenn sich die Daten und Nachrichten noch in der Sphäre des Anbieters befinden, wie zB E-Mails in einem Onlinepostfach.[13]

8   Die Betroffenen einer Telekommunikation können auf den Schutz des Fernmeldegeheimnisses **verzichten**. So hat der BGH das Mithören eines Polizeibeamten mit einem Zweithörer als nicht rechtswidrig betrachtet, sofern einer der Gesprächsteilnehmer ihm dies gestattet.[14] Kritisch an dieser Entscheidung ist jedoch, dass derjenige, der schließlich überwacht werden soll, nicht durch Einverständnis auf den Schutzbereich des Fernmeldegeheimnisses verzichtet hat und eine Telekommunikationsüberwachung ihm gegenüber durch eine Anordnung gerechtfertigt werden müsste. Im Ergebnis ist die Entscheidung daher abzulehnen.

9   **2. Betroffener Personenkreis.** Die Telekommunikationsüberwachung darf sowohl gegen den **Beschuldigten** als auch gegen den sog. **Nachrichtenmittler** angeordnet werden. Wer Beschuldigter ist, richtet sich nach den allgemeinen Kriterien der StPO. Nach Abs. 2 kann eine Person als Nachrichtenmittler betrachtet werden, wenn auf Grund bestimmter Tatsachen anzunehmen ist, dass sie für den Beschuldigten bestimmte oder von ihm herrührende Mitteilungen entgegennehmen oder weitergeben oder dass der Beschuldigte den Anschluss dieser Person sogar selber nutzt. Unerheblich ist dabei, ob der Nachrichtenmittler gut- oder bösgläubig ist. Beispielhaft genannt werden kann hier der Nachbar, der seinen Anschluss von dem Beschuldigten wenn auch nur einmalig be-

---

[7] HK-StPO/*Gercke* Rn. 8.
[8] Vgl. zu Einzelheiten des Einflusses des Grundrechtsschutzes auf die Bestimmung des Anwendungsbereiches des § 100a *Röwer*, Zulässigkeit heimlicher Ermittlungen, S. 50 ff., 112.
[9] BVerfG v. 20. 6. 1984 – 1 BvR 1494/78, BVerfGE 67, 157 (171 f.) = NJW 1985, 121 ff.; v. 27. 6. 2002 – 2 BvF 4/98, BVerfGE 106, 26 (35 f.) = NVwZ 2003, 595 ff.; *Jarass/Pieroth* Grundrechte, Art. 10 Rn. 1.
[10] BVerfG v. 27. 2. 2008 – 1 BvR 370/07, 1 BvR 595/07, BVerfGE 120, 274 ff. = NJW 2008, 822; v. 2. 3. 2006 – 2 BvR 2099/04, BVerfGE 115, 166 = NJW 2006, 976, 978.
[11] Vgl. BGH v. 9. 5. 2006 – 1 StR 37/06, NStZ 2006, 650 (652); KK-StPO/*Nack* Rn. 5.
[12] Vgl. *Bär*, Handbuch zur EDV-Beweissicherung im Strafverfahren, Rn. 50.
[13] Näher zum Bereich der Überwachung des E-Mail-Verkehrs Rn. 16 f.
[14] BGH v. 13. 5. 1996 – GSSt 1/96, BGHSt 42, 139 = NJW 1996, 2940; v. 8. 10. 1993 – 2 StR 400/93, BGHSt 39, 335 = NJW 1994, 596 ff.

nutzen lässt, ohne den Inhalt des Gespräches zu kennen. Besteht dieser Verdacht, kann auch der Anschluss des Nachbarn überwacht werden.

Die betroffene Person muss der Behörde im Zeitpunkt der Maßnahme nicht namentlich bekannt sein.[15] Voraussetzung ist, dass erwiesene Tatsachen vorliegen, die ein gewisses Maß an Konkretisierung des Verdachts zulassen, bloße Vermutungen und vage Anhaltspunkte reichen nicht aus.[16] Tatsachen sind Vorgänge der Gegenwart oder Vergangenheit, die zur Erscheinung gelangen und in die Wirklichkeit getreten und damit dem Beweis zugänglich sind[17] entweder unmittelbar oder als Beweisanzeichen, aus der äußeren oder inneren Geschehenswelt und somit auch Überzeugungen über zukünftige Ereignisse als Tatsache der inneren Geschehenswelt.[18] Ob im Einzelfall ein ausreichender Tatverdacht vorliegt, unterliegt dem Beurteilungsspielraum des anordnenden Ermittlungsrichters.[19]

3. **Anlasstat.** Überwacht werden kann nur wegen einer Katalogtat nach Abs. 2. Ausreichend ist der strafbare Versuch sowie die strafbare Vorbereitung einer Katalogtat. Die Teilnahme ist ebenso ausreichend. Der **Straftatenkatalog** wurde im Laufe der letzten vier Jahrzehnte unzählige Male verändert, meist erweitert. Seit 2008 enthält der Katalog eine neue Struktur und untergliedert die einzelnen Anlasstaten nach ihrer Fundstelle. Genannt werden neben Delikten aus dem StGB Straftaten aus der AO, dem Arzneimittelgesetz (AMG), dem BtMG, dem Asylverfahrensgesetz und dem Aufenthaltsgesetz, dem Außenwirtschaftsgesetz, dem Grundstoffüberwachungsgesetz, dem Gesetz über die Kontrolle von Kriegswaffen, dem Völkerstrafgesetzbuch und schließlich dem Waffengesetz.

Seit der Neustrukturierung des Kataloges besteht für die Behörden außerdem die Verpflichtung, jeden Fall daraufhin zu überprüfen, ob auch in diesem konkreten Einzelfall eine schwer wiegende Tat vorliegt (Abs. 1 Nr. 2). Mit dieser **Einzelfallprüfung** soll erreicht werden, dass trotz des Verdachts einer Katalogtat von der Überwachungsmaßnahme abzusehen ist bzw. abgesehen werden kann, wenn es sich konkret nicht um eine schwer wiegende Tat handelt. Damit dürfte eine Überwachung zum Beispiel wegen eines mehrfach begangenen einfachen Betruges mit geringem Vermögensschaden ausscheiden, sofern keine besonderen Umstände vorliegen, die auf gravierende Auswirkungen schließen lassen.

4. **Subsidiarität, Verhältnismäßigkeit.** Gemäß S. 1 Hs. 2 StPO ist die Maßnahme nur zulässig, wenn die Erforschung des Sachverhalts oder die Ermittlung des Aufenthaltsortes des Beschuldigten auf andere Weise aussichtslos oder wesentlich erschwert wäre. Diese **Subsidiaritätsklausel** stellt klar, dass diese Überwachung hinter anderen Ermittlungsmaßnahmen zurückstehen muss, sobald diese Aussicht auf Erfolg versprechen. Die verschiedenen Erfolgsaussichten sind miteinander zu vergleichen und abzuwägen, welche Aussichten wesentlich überwiegen. Darüber hinaus kann eine Überwachung auch ohne wesentliche Erfolgsaussichten zulässig sein, wenn ohne sie die Ermittlungen wesentlich erschwert wären. So können zum Beispiel ein besonders hoher Zeitaufwand oder eine erhebliche Verfahrensverzögerung bei anderen Maßnahmen als Grund ausreichen, nicht hingegen Kostengesichtspunkte.[20] Schließlich unterliegt die Telekommunikationsüberwachung auch dem allgemeinen **Verhältnismäßigkeitsgrundsatz**. Entscheidend bei der Beurteilung sind Ausmaß des Eingriffs, Erfolgsaussichten und Grad des Tatverdachtes. Diese Faktoren sind gegeneinander abzuwägen.[21]

III. Einzelfälle

1. **Standortdaten eines Mobiltelefons.** § 100a umfasst auch die Überwachung und Aufzeichnung von **Standortdaten eines Mobiltelefons.** Das Mobiltelefon sendet stetig Signale an die jeweilige Funkzelle, in der sich das Telefon gerade befindet. Hierdurch werden bei dem jeweiligen Netzbetreiber Standortdaten erzeugt, die dann den Behörden übermittelt werden können. Hierdurch lässt sich sowohl der Standort des Telefons als auch ein recht genaues Bewegungsprofil ermitteln. Überwiegend wird nicht danach unterschieden, ob die Standortdaten während einer tatsächlich stattfindenden Kommunikation oder außerhalb einer solchen angefallen sind.[22] Ver-

---

[15] SK-StPO/*Wolter*, 4. Aufl., Rn. 50.
[16] SK-StPO/*Wolter*, 4. Aufl., Rn. 43.
[17] Schönke/Schröder/*Cramer* § 263 StGB Rn. 8; LK/*Tiedemann* § 263 StGB Rn. 9.
[18] RG v. 14. 11. 1921 – III 864/21, RGSt 56, 227 (231).
[19] BGH v. 16. 2. 1995 – 4 StR 729/94, BGHSt 41, 30 = NJW 1995, 1974 ff.
[20] Meyer-Goßner/*Cierniak* Rn. 13; *Joecks* Rn. 14.
[21] LR-*Schäfer* Rn. 14.
[22] BGH v. 21. 2. 2001 – 2 BGs 42/01, NJW 2001, 1587; BGH v. 14. 3. 2003 – 2 StR 341/02, NJW 2003, 2034 f.; LG Dortmund v. 28. 10. 1997 – 14 (V) W 1/98–79 Js 449/97, 14 (V) W 1/98, NStZ 1998, 577; LG Aachen v. 24. 11. 1998 – 64 Qs 78/98, StV 1999, 590; LG Hamburg v. 17. 2. 1998 – 622 Qs 2/98, NStZ-RR 1999, 82; *Artkämper* Anm. zu BGH v. 21. 2. 2001 – 2 BGs 42/2001, Kriminalistik 2001, 427; *Bär* MMR 2000, 473, *ders.* Anm. zu BGH v. 21. 2. 2001 – 2 BGs 42/2001, MMR 2001, 443 f.; Bernsmann/Jansen StV 1999, 591 ff.; *Gercke* MMR 2003, 453 (455).

einzelt finden sich Auffassungen, die § 100a als Ermächtigungsgrundlage zum Zwecke der Standortermittlung ablehnen.[23] Im Hinblick auf den grundrechtlichen Aspekt sollte eine rein technische Datenübertragung wie es bei dem Senden von Signalen an eine Funkzelle ohne tatsächliche Nutzung des Telefons der Fall ist, aus dem Anwendungsbereich des § 100a ausscheiden. Auch das BVerfG lehnte für die Erfassung von stand-by Daten § 100a als Eingriffsbefugnis mit der Begründung ab, es läge allein eine technische Kommunikation zwischen Geräten vor, die von § 100i erfasst würde. Der BGH sah die Positionsmeldung nicht telefonierender Mobiltelefone als Telekommunikation im Sinne des § 100a an,[24] was auf Kritik im Schrifttum stieß.[25] Durch die Änderung des § 100g in eine Datenerhebungsnorm für Verkehrsdaten hatte der Gesetzgeber die Erfassung von Standortdaten eines Mobiltelefons ermöglicht.[26] Nachdem § 100g teilweise für nichtig erklärt wurde,[27] bleibt abzuwarten, ob die Erfassung der stand-by Daten in einer neuen Eingriffsnorm aufgenommen wird.

15 Um ein Mobiltelefon zu animieren, Standortdaten auszusenden, können mittels Computerprogramm Nachrichten an das bekannte Telefon gesendet werden. Dieses registriert die Nachricht und bestätigt den Empfang gegenüber der Funkzelle, in der sich das Telefon gerade befindet. Hierdurch werden bei dem jeweiligen Netzbetreiber Standortdaten erzeugt, die dann von den Behörden abgefragt werden können. Das Empfängertelefon kann die Nachricht jedoch nicht als normale Textnachricht wahrnehmen. Auch im Posteingang des Telefons ist keine SMS zu erkennen. Diese **stille SMS** oder auch „Spitzel-SMS"[28] genannt klopft lediglich an, um zu prüfen, ob das Telefon empfangsbereit ist. Nach Auffassung des BGH wird die Ermittlungsmethode des Versendens einer stillen SMS von § 100a mit erfasst.[29] Auch wenn nach § 100a Standortdaten ermittelt werden dürften, so enthält die Ermächtigungsgrundlage jedoch nicht die Befugnis, die Erzeugung dieser Daten auch aktiv zu initiieren.[30] Daher ist die Auffassung, nach der stille SMS aufgrund von § 100a versendet werden dürften, abzulehnen. Teilweise wird bei dem Versenden einer stillen SMS bereits das kommunikative Element abgelehnt, so dass diese Methode schon begrifflich nicht in den Anwendungsbereich des § 100a fallen könne.[31]

16 **2. Zugriff auf E-Mails, Mailboxinhalte und elektronische Daten.** Einigkeit in Rechtsprechung und Schrifttum besteht dahingehend, dass nach Beendigung des Übertragungsvorgangs der Fernmeldeverkehr endet und elektronische Daten dann durch das Informationelle Selbstbestimmungsrecht geschützt werden.[32] Auf Daten, die auf der heimischen Festplatte gespeichert sind, kann im Wege der **Beschlagnahme** nach den §§ 94ff. zugegriffen werden. Keine Telekommunikation im Sinne des § 100a sind Daten aus **Mauterfassungssystemen**[33] sowie Daten, die mittels RFID-Technologie erzeugt und gesendet werden, da bei diesen Vorgängen lediglich technische Geräte miteinander kommunizieren und eine Beteiligung eines Grundrechtsadressaten nicht ausreichend gegeben ist.[34]

17 Der **E-Mail Verkehr** wird bei seiner rechtlichen Betrachtung im Schrifttum überwiegend in verschiedene Phasen unterteilt.[35] Das Absenden der Nachricht bis zum Ankommen im Postfach des Betreibers (1. Phase) sowie das Abrufen der Nachricht durch den Empfänger (3. Phase) sollen hiernach Fernmeldeverkehr darstellen und dem Zugriff nach § 100a unterliegen. Hingegen würde das Ruhen der Nachricht in der 2. Phase im Speicher des Servers kein Fernmeldeverkehr sein. Ein Zugriff während dieser Phase wäre dann keine Überwachung von Telekommunikation und könne nach den §§ 94ff. erfolgen. Eine solche Aufteilung in verschiedene Phasen lehnt der BGH ab.[36] Danach soll der gesamte Vorgang in den Schutzbereich des Fernmeldeverkehrs fallen und dem Zugriff nach § 100a unterliegen.

---

[23] *Bernsmann* Anm. zu BGH v. 21. 2. 2001 – 2 BGs 42/2001, NStZ 2002, 103f.
[24] BGH v. 21. 2. 2001 – 2 BGs 42/2001, NJW 2001, 1587.
[25] *Bernsmann* NStZ 2002, 103; *Demko* NStZ 2004, 57, 62.
[26] BVerfG v. 22. 8. 2006 – 2 BvR 1345/03, NJW 2007, 351.
[27] Durch BVerfG v. 2. 3. 2010 – 1 BvR 256/08, 1 BvR 263/08, 1 BvR 586/08, http://www.bverfg.de/, 14. 3. 2010.
[28] Wabnitz/Janovsky/*Bär*, Handbuch Wirtschafts- und Steuerstrafrecht, 3. Aufl. 2007, Rn. 108.
[29] BGH aaO.
[30] Vgl. näher zu Einzelheiten zum Versenden einer stillen SMS *Röwer*, Zulässigkeit heimlicher Ermittlungen, S. 220 ff.
[31] HK-StPO/*Gercke* Rn. 10.
[32] BVerfG v. 2. 3. 2006 – 2 BvR 2099/04, BVerfGE 115, 166 (185) = NJW 2006, 976; BGH v. 31. 7. 1995 – 1 BGs 625/95, 2 BJs 94/94 – 6 – 1 BGs 625/95, NJW 1997, 1934; LG Hanau v. 23. 9. 1999 – 3 Qs 149/99, NJW 1999, 3647; LG Ravensburg v. 9. 12. 2002 – 2 Qs 153/02, NStZ 2003, 325; *Geis/Geis* MMR 2006, 540; *Kemper* NStZ 2005, 543; *Lührs* wistra 1995, 19.
[33] So auch HK-StPO/*Gercke* Rn. 10.
[34] *Röwer* S. 272 f.
[35] *Bizer* DuD 1996, 627; *Lührs* wistra 1995, 19; *Palm/Roy* NJW 1996, 1793; KK-StPO/*Nack* Rn. 8; HK-StPO/*Gercke* Rn. 14.
[36] BGH v. 31. 7. 1995 – 1 Bgs 625/95, NJW 1997, 1934; ebenso *Löffelmann* AnwBl. 2006, 599; *Sankol* JuS 2006, 700.

Das BVerfG ordnet den **zugangsgeschützten Kommunikationsinhalt** in einem E-Mail Postfach 18
dem Schutzbereich des Fernmeldegeheimnisses zu.[37] Derartige Daten seien mangels technischer
Beherrschbarkeit durch den Betroffenen vor einer Weitergabe durch den Provider an Dritte nicht
hinreichend geschützt, womit eine typische Gefahr des Fernmeldeverkehrs gegeben sei.[38] Unerheblich sei hierbei außerdem, ob die E-Mails in dem Postfach zwischengespeichert oder für eine
längerfristige Endspeicherung abgelegt sind. Ein Zugriff auf diese gespeicherten Daten könne
nach dem BVerfG auf Grundlage der §§ 94 ff. erfolgen, die den verfassungsrechtlichen Anforderungen an eine Ermächtigung für Eingriffe in das Fernmeldegeheimnis genügen würden.[39] Insbesondere sei auch der Verhältnismäßigkeitsgrundsatz nicht verletzt und eine Beschränkung des
Zugriffs auf beim Provider gespeicherte Daten auf bestimmte schwere Straftaten sei nicht erforderlich. Der BGH hält den Zugriff auf beim Provider gespeicherte E-Mails ebenfalls für zulässig
und sieht in den Vorschriften der Beschlagnahme geeignete Eingriffsgrundlagen.[40]

3. Online-Durchsuchung, VoIP, Netzwerksuche, Internetsuche. Der Begriff der **Online-Durch-** 19
suchung wird überwiegend als Suche und Zugriff von Außen auf den betreffenden Computer mittels einer bestimmten zuvor installierten Software verstanden.[41] Diese Software, auch „Trojaner"[42] genannt, stellt bei einer Verbindung mit dem Internet ebenfalls eine Verbindung zu den
Computern der Behörde her. Anschließend können ganze Datenbestände oder auch nur bestimmte Kommunikationsvorgänge, wie zB die Internet-Telefonie (**VoIP**) überspielt und überwacht
werden. Sowohl der BGH als auch das Schrifttum lehnen die Zulässigkeit solchen Vorgehens,
auch „**Quellen-Telekommunikationsüberwachung**"[43] genannt, ab.[44] Die reine Übertragung technischer Daten sei keine Telekommunikation im Sinne des § 100a und könne daher allenfalls als
Durchsuchung gerechtfertigt sein. Da sich aber diese Form der Online-Durchsuchung gerade
durch ihre Heimlichkeit auszeichnet, sei § 102 als gesetzliche Grundlage einer offen durchzuführenden Durchsuchung ungeeignet.

Das BVerfG sieht in der Quellen-Telekommunikationsüberwachung eine Infiltration eines in- 20
formationstechnischen Systems und in der Installation entsprechender Software eine Gefährdung
des gesamten Datenbestandes des betroffenen Rechners, die weit über die einer Telekommunikationsüberwachung hinausgeht.[45] Aus verfassungsrechtlicher Sicht sei nach dem BVerfG zu fordern, dass durch rechtliche Vorgaben und technische Einrichtungen sichergestellt ist, dass sich
eine solche Überwachung nur auf einen Eingriff in das Fernmeldegeheimnis beschränkt, also lediglich reine Kommunikationsvorgänge überwacht werden. Im Übrigen würde eine Ausforschung
des gesamten Datenbestandes in das „**IT-Grundrecht**" eingreifen und hierfür würde Art. 10 GG
jedenfalls keinen ausreichenden Schutz vorsehen. In diesem Fall sei § 100a keine geeignete
Rechtsgrundlage. Im Schrifttum wird die Zulässigkeit der Quellen-TKÜ auf Grundlage des
§ 100a überwiegend abgelehnt, wenn für die Überwachung Software auf dem betroffenen Endgerät installiert werden müsste.[46]

Als Online-Durchsuchung wird teilweise auch eine **Netzwerksuche** zB in EDV-Anlagen be- 21
zeichnet. Hierbei geht es um die Durchsuchung von Datenbeständen, die in Anlagen gespeichert
sind, die sich an einem anderen Ort befinden und über ein Netzwerk miteinander verbunden
sind. Derartige Ermittlungsmaßnahmen sind jedenfalls keine Überwachung einer Telekommunikation und daher auch nicht von § 100a erfasst. Allenfalls im Rahmen einer Durchsuchung mit
entsprechender Durchsuchungsanordnung ist dieses Vorgehen zulässig. Aufgenommen wurde diese Ermittlungsmaßnahme nun in § 110 Abs. 3.[47]

Für Überwachungszwecke kann auch das **Wireless-Lan** (W-Lan) nach § 100a genutzt wer- 22
den.[48] Mit dem W-Lan Scannen können einmal die Existenz eines W-Lan ermittelt sowie die Gerätekennung der W-Lan Geräte in Erfahrung gebracht werden, um eine Maßnahme nach § 100a
vorzubereiten. Schließlich können auch die mittels W-Lan übertragenen Daten ausgeforscht werden.

---

[37] BVerfG v. 16. 6. 2009 – 2 BvR 902/06, NJW 2009, 2431 ff.
[38] So auch *Klein* NJW 2009, 2996.
[39] So bereits BVerfG v. 2. 3. 2006 – 2 BvR 2099/04, NJW 2006, 976.
[40] BGH v. 31. 3. 2009 – 1 StR 76/09, NJW 2009, 1828; siehe § 99 Rn. 10.
[41] Zu technischen Einzelheiten vgl. *Buermeyer* HRRS 2007, 154 f.; *Kutscha* NJW 2007, 1169.
[42] HK-StPO/*Gercke* Rn. 15.
[43] Vgl. zur „Quellen-Telekommunikationsüberwachung" BeckOK-StPO/*Graf* Rn. 112 f.
[44] BGH v. 31. 1. 2007 – StB 18/06, NJW 2007, 930 ff.; BGH v. 25. 11. 2006 – 1 BGs 184/06, DuD 2007, 134; *Beulke/Meininghausen* StV 2007, 63 f.; *Bär* MMR 2007, 239 ff.; *Gercke* CR 2007, 245 ff.; *Hornung* CR 2007, 144; *Jahn/Kudlich* JR 2007, 57 ff.; *Kutscha* NJW 2007, 1169 ff.
[45] BVerfG v. 27. 2. 2008 – 1 BvR 370/07, BVerfGE 120, 274 = NJW 2008, 822.
[46] *Buermeyer/Bäcker* HRRS 10/2009, 433; *Böckenförde* JZ 2008, 925 (934); *Hoffmann-Riem* JZ 2008, 1009 (1022); *Hornung* Anm. zu BVerfG v. 27. 2. 2008 – 1 BvR 370/07, 1 BvR 595/07, CR 2008, 299 f.
[47] Zu Einzelheiten vgl. § 110 Rn. 16.
[48] *Jordan* Kriminalistik 2005, 515.

IV. Verwertungsverbote

23 Besondere Bedeutung kommt nach Abs. 4 dem Schutz des **Kernbereiches privater Lebensgestaltung** zu. Der Gesetzgeber hat nunmehr ausdrücklich ins Gesetz aufgenommen, dass eine Telekommunikationsüberwachung von vornherein zu unterbleiben hat, wenn tatsächliche Anhaltspunkte die Annahme rechtfertigen, dass durch die Überwachung Erkenntnisse aus dem Bereich der privaten Lebensgestaltung erlangt werden könnten. Dies setzt eine Prognose im Vorfeld der Maßnahme voraus, ob die Überwachung womöglich ausschließlich diesen Kernbereich betreffen könnte.[49] Ist dies der Fall, besteht bereits ein Erhebungsverbot. Der Gesetzgeber hält Fälle der Intim-Kommunikation bei der Telefonseelsorge einer Kirche oder anderen besonderen Gruppen des § 53b StPO für denkbar.[50] Eine mögliche Kommunikation in einem bestimmten Raum wie dem Schlafzimmer dürfte für die Annahme eines Erhebungsverbotes wohl kaum ausreichen. Sollte sich bei einer solchen Kommunikation eine Verletzung des Kernbereiches privater Lebensgestaltung herausstellen, bleibt schließlich noch der Weg über das nachträgliche Verwertungsverbot.

24 Werden während einer Überwachung intime Details offenbart, unterliegen diese Erkenntnisse einem ausdrücklichen **Verwertungsverbot** nach Abs. 4 S. 2. Zusätzlich sind die Aufzeichnungen hierüber zu **löschen** und das Vorliegen dieser Erkenntnisse und deren Löschung aktenkundig zu machen. Weiterhin können diese Erkenntnisse während einer Echtzeitüberwachung die Behörden zu einer Unterbrechung der Maßnahme zwingen.[51]

25 Grenzen der Zulässigkeit ergeben sich bei der Überwachung von **Berufsgeheimnisträgern** wegen § 160a. Sobald es sich bei einem der Gesprächspartner um den **Verteidiger** des Beschuldigten handelt, darf die Überwachung nicht fortgesetzt werden und die Erkenntnisse unterliegen einem Verwertungsverbot. Wird der Verteidiger jedoch selbst einer Katalogtat verdächtigt, gilt dies nicht und der Anschluss darf überwacht werden.[52] Handelt es sich bei dem Gesprächspartner um einen **Rechtsanwalt** der nicht Verteidiger ist, stehen der Überwachung keine Bedenken entgegen. Unzulässig ist eine Überwachung von Abgeordneten und Geistlichen. Bei anderen Berufsgeheimnisträgern gilt nur ein relatives Beweisverbot. Denn die Möglichkeit, dass eine solche Person von der Ermittlungsmaßnahme betroffen wäre, ist lediglich im Rahmen der Verhältnismäßigkeit der Maßnahme zu berücksichtigen. Zu Einzelheiten siehe dort § 160a.

26 Die Verwertung der Erkenntnisse kann durch Abspielen der Tonbandaufnahme im Wege der Augenscheinseinnahme oder durch Vernehmung des Überwachungsbeamten als Zeugen in den Prozess eingeführt werden. Niederschriften über den Inhalt der Tonbandaufnahme sind ebenfalls zulässig und können durch Verlesung eingebracht werden.[53]

27 Verwertungsverbote können sich ergeben, wenn sich die Erkenntnisse aus der Überwachung auf eine Tat beziehen, die nicht Anlass der Anordnung war. Hierbei kann es sich zunächst um Taten des Beschuldigten als auch von unbeteiligten Dritten handelt. Werden **Zufallserkenntnisse** erlangt, die eine andere Katalogtat des Beschuldigten betreffen, bestehen keine Bedenken, diese zu verwerten. Ganz allgemein bestimmt in diesem Zusammenhang § 477 Abs. 2 S. 2, dass personenbezogene Daten, die bei einer Maßnahme erlangt werden, die nur bei bestimmten Straftaten zulässig ist, ohne Einwilligung des Betroffenen zu Beweiszwecken in anderen Strafverfahren nur zur Aufklärung solcher Straftaten verwendet werden dürfen, für deren Aufklärung eine solche Maßnahme hätte angeordnet werden können. Bei Erkenntnissen, die eine Nicht-Katalogtat des Beschuldigten betreffen, können die Ergebnisse unmittelbar nur verwendet werden, wenn die Nicht-Katalogtat mit der der Anordnung zu Grunde liegenden Katalogtat in Tateinheit steht.[54] Ansonsten muss zumindest eine unmittelbare Verwertung unterbleiben. Die Erkenntnisse können dann aber mittelbar verwertet werden, indem sie als Anlass für weitere Ermittlungen dienen.

28 Betreffen die Zufallsfunde die Tat eines Dritten, ist das „**Prinzip der Wiederholbarkeit**" bzw. des „hypothetischen Ersatzeingriffs" des § 477 Abs. 2 S. 2 zu bemühen und danach zu fragen, ob die zufällig erkannte Straftat eine Katalogtat darstellt. In diesem Fall sind die Erkenntnisse uneingeschränkt verwertbar. Handelt es sich nicht um eine Katalogtat, gelten die gleichen Grundsätze wie bei dem Beschuldigten. Wegen Taten, die in keinerlei Beziehung zu der Anordnungstat stehen, dürfen die Funde nur mittelbar verwertet werden.[55] Jedenfalls können Zufallserkenntnisse, die

---

[49] BT-Drucks. 16/5846, S. 44.
[50] BT-Drucks. 16/5846, S. 45.
[51] BT-Drucks. 16/5846, S. 45.
[52] BVerfG v. 15. 12. 1970 – 2 BvF 1/69, 2 BvR 629/68, 2 BvR 308/69, BVerfGE 30, 1 (32 ff.) = NJW 1971, 275.
[53] BGH v. 3. 3. 1977 – 2 StR 390/76, BGHSt 27, 135 = NJW 1977, 1545; BGH v. 29. 5. 1985 – 2 StR 804/84, NStZ 1985, 466.
[54] *Welp* Jura 1981, 477.
[55] BGH v. 18. 3. 1998 – 5 StR 693/97, NStZ 1998, 426; Meyer-Goßner/*Cierniak* § 477 Rn. 6.

einen Dritten betreffen, als Ermittlungs- und Spurenansatz dienen und damit als Grundlage einer eigenen Überwachungsanordnung.[56]

Erkenntnisse, die sog. **Anschlussdelikte** zu der Katalogtat wie der Begünstigung, Hehlerei oder Strafvereitelung betreffen, dürfen ebenfalls nicht unmittelbar als Beweis und auch nicht als Vorhalt verwertet werden.[57]

Fehler bei der Anordnung können ebenfalls zu einem Verwertungsverbot führen. Zu berücksichtigen ist jedoch, dass bei der Anordnung dem Ermittlungsrichter ein Beurteilungsspielraum zur Verfügung steht und die Anordnung daher nur mit der Folge eines Verwertungsverbotes rechtswidrig ist, wenn dieser Beurteilungsspielraum überschritten wird.[58] Denkbar ist, dass ein Verdacht einer Katalogtat von vornherein nicht vorlag und die Maßnahme damit bewusst unter Umgehung der gesetzlichen Voraussetzungen durchgeführt wurde.[59] Hat der Anordnende lediglich einen höheren Verdachtsgrad angenommen, als tatsächlich vorlag, bleiben die Erkenntnisse verwertbar.[60] Wird bei der Anordnung der **Subsidiaritätsgrundsatz missachtet** oder die Maßnahme **willkürlich** angeordnet, liegt ein Verwertungsverbot vor.[61] Fehlt eine richterliche oder staatsanwaltliche Anordnung gänzlich, wie zB bei einer polizeilichen Anordnung, liegt ein Verstoß gegen die Formvorschrift des § 100 b vor, der zu einem Verwertungsverbot führt.[62] 29

Ändert sich die **rechtliche Bewertung** der Tat, die Grundlage der Anordnung war, kann dies ebenfalls zu einem Verwertungsverbot führen. Festzuhalten ist, dass die Anordnung rechtmäßig ergangen ist, wenn Anhaltspunkte dafür vorlagen, dass eine Katalogtat begangen wurde, auch wenn sich später eine andere Katalogtat herausstellt. In diesem Fall bleiben die Erkenntnisse jedoch verwertbar. Sollte sich eine andere Tat ergeben, die nicht Katalogtat ist, besteht kein Verwertungsverbot, wenn die Tat einen engen Bezug zu den ursprünglichen Tatvorwürfen aufweist. Ansonsten sind die Erkenntnisse nicht verwertbar.[63] 30

V. Rechtsmittel

Die von der Überwachung Betroffenen können nach § 101 Abs. 7 nachträglichen Rechtsschutz erlangen.[64] Fragen der Verwertbarkeit der Erkenntnisse sind von dem Tatrichter in der Hauptverhandlung nur zu prüfen, wenn der Verwertung von dem Angeklagten rechtzeitig **widersprochen** wurde.[65] Die Revision kann mit einer Verfahrensrüge nach § 344 Abs. 2 S. 2 erhoben werden und damit begründet werden, dass die Beweiswürdigung auf Erkenntnissen beruht, die einem Verwertungsverbot unterliegen.[66] In der **Revision** werden jedoch das Vorliegen der einzelnen Voraussetzungen der Telekommunikationsüberwachung nicht neu sondern lediglich daraufhin geprüft, ob der Anordnende seinen Beurteilungsspielraum überschritten hat.[67] 31

Die Telekommunikationsdiensteanbieter sind als Adressaten der Überwachungsanordnung grundsätzlich belastet und damit auch beschwerdebefugt. Ihr möglicher Rechtsschutz erstreckt sich jedoch nur auf ihren eigenen Zuständigkeitsbereich, also wie sie als **Netzbetreiber** zur Mitwirkung herangezogen werden, zu der sie nach § 100 b verpflichtet sind. Die Netzbetreiber können unter keinen Umständen die Rechtmäßigkeit der Anordnung selbst angreifen und geltend machen, die Voraussetzungen des § 100 b hätten nicht vorgelegen. Die eigentliche rechtliche Überprüfung im Hinblick auf das Vorliegen der einzelnen Tatbestandsvoraussetzungen kann nur durch Rechtsmittel des Betroffenen im Sinne des § 101 erfolgen. 32

§ 100 b [Zuständigkeit für Anordnung der Überwachung nach § 100 a]

(1) ¹Maßnahmen nach § 100 a dürfen nur auf Antrag der Staatsanwaltschaft durch das Gericht angeordnet werden. ²Bei Gefahr im Verzug kann die Anordnung auch durch die Staatsanwaltschaft getroffen werden. ³Soweit die Anordnung der Staatsanwaltschaft nicht binnen drei Werktagen von dem Gericht bestätigt wird, tritt sie außer Kraft. ⁴Die Anordnung ist auf höchstens drei

---

[56] OLG München v. 21. 8. 2006 – 4 St RR 148/06, wistra 2006, 472; KK-StPO/*Nack* StPO Rn. 70.
[57] BGH v. 22. 2. 1978 – 2 StR 334/77, BGHSt 27, 355 = NJW 1978, 1390; BGH v. 30. 8. 1978 – 3 StR 255/78, BGHSt 28, 122 (127) = NJW 1979, 990; OLG Düsseldorf v. 5. 2. 2001 – 2 a Ss 326/00 – 60/00 III, NStZ 2001, 657.
[58] BGH v. 1. 8. 2002 – 3 StR 122/02, BGHSt 47, 362 = NJW 2003, 368 ff.
[59] BGH v. 24. 8. 1983 – 3 StR 136/83, BGHSt 32, 68 = NJW 1984, 2772; OLG Hamburg v. 19. 6. 2002 – 3 Ws 70/02, StV 2002, 590.
[60] BGH v. 30. 8. 1978 – 3 StR 255/78, BGHSt 28, 122 (124) = NJW 1979, 1370 (1371).
[61] BGHSt aaO; BGH v. 16. 2. 1995 – 4 StR 729/94, BGHSt 41, 30 = NJW 1995, 1974 f.
[62] BGH v. 17. 3. 1983 – 4 StR 640/82, BGHSt 31, 304 = NJW 1983, 1570 .
[63] BGH v. 30. 8. 1978 – 3 StR 255/78, BGHSt 28, 122 (127 f.).
[64] Zu Einzelheiten vgl. § 101 Rn. 13 f.
[65] BGH v. 7. 3. 2006 – 1 StR 316/05, BGHSt 51, 1 = NJW 2006, 1361.
[66] BGH v. 4. 1. 1994 – 1 StR 749/93, StV 1994, 169.
[67] BGH v. 16. 2. 1995 – 4 StR 729/94, BGHSt 41, 30 = NJW 1995, 1974 f.

Monate zu befristen. ⁵Eine Verlängerung um jeweils nicht mehr als drei Monate ist zulässig, soweit die Voraussetzungen der Anordnung unter Berücksichtigung der gewonnenen Ermittlungsergebnisse fortbestehen.

(2) ¹Die Anordnung ergeht schriftlich. ²In ihrer Entscheidungsformel sind anzugeben:
1. soweit möglich, der Name und die Anschrift des Betroffenen, gegen den sich die Maßnahme richtet,
2. die Rufnummer oder eine andere Kennung des zu überwachenden Anschlusses oder des Endgerätes, sofern sich nicht aus bestimmten Tatsachen ergibt, dass diese zugleich einem anderen Endgerät zugeordnet ist,
3. Art, Umfang und Dauer der Maßnahme unter Benennung des Endzeitpunktes.

(3) ¹Auf Grund der Anordnung hat jeder, der Telekommunikationsdienste erbringt oder daran mitwirkt, dem Gericht, der Staatsanwaltschaft und ihren im Polizeidienst tätigen Ermittlungspersonen (§ 152 des Gerichtsverfassungsgesetzes) die Maßnahmen nach § 100a zu ermöglichen und die erforderlichen Auskünfte unverzüglich zu erteilen. ²Ob und in welchem Umfang hierfür Vorkehrungen zu treffen sind, bestimmt sich nach dem Telekommunikationsgesetz und der Telekommunikations-Überwachungsverordnung. ³ § 95 Abs. 2 gilt entsprechend.

(4) ¹Liegen die Voraussetzungen der Anordnung nicht mehr vor, so sind die auf Grund der Anordnung ergriffenen Maßnahmen unverzüglich zu beenden. ²Nach Beendigung der Maßnahme ist das anordnende Gericht über deren Ergebnisse zu unterrichten.

(5) ¹Die Länder und der Generalbundesanwalt berichten dem Bundesamt für Justiz kalenderjährlich jeweils bis zum 30. Juni des dem Berichtsjahr folgenden Jahres über in ihrem Zuständigkeitsbereich angeordnete Maßnahmen nach § 100a. ²Das Bundesamt für Justiz erstellt eine Übersicht zu den im Berichtsjahr bundesweit angeordneten Maßnahmen und veröffentlicht diese im Internet.

(6) In den Berichten nach Absatz 5 sind anzugeben:
1. die Anzahl der Verfahren, in denen Maßnahmen nach § 100a Abs. 1 angeordnet worden sind;
2. die Anzahl der Überwachungsanordnungen nach § 100a Abs. 1, unterschieden nach
   a) Erst- und Verlängerungsanordnungen sowie
   b) Festnetz-, Mobilfunk- und Internettelekommunikation;
3. die jeweils zugrunde liegende Anlassstraftat nach Maßgabe der Unterteilung in § 100a Abs. 2.

Schrifttum: *Schnarr*, Zur Verknüpfung von Richtervorbehalt, staatsanwaltlicher Eilanordnung und richterlicher Bestätigung, NStZ 1991, 209; *Wohlers/Demko*, Der strafprozessuale Zugriff auf Verbindungsdaten (§§ 100g, 100h StPO), StV 2003, 241.

1 § 100b enthält umfangreiche Regelungen zu den formalen Anforderungen an eine Anordnung der Telekommunikationsüberwachung nach § 100a. Desweiteren sind in § 100b auch Mitwirkungspflichten anderer und Berichtspflichten aufgenommen.

2 Zunächst obliegt nach § 100b Abs. 1 die **Anordnungskompetenz** für eine Maßnahme nach § 100a dem Richter, der auf Antrag der Staatsanwaltschaft eine solche Anordnung treffen kann. Die Eilkompetenz (bei Gefahr im Verzug) liegt bei der Staatsanwaltschaft, nicht hingegen bei deren Ermittlungspersonen (Abs. 1 S. 2). Polizeibeamte dürfen daher unter keinen Umständen eine Telekommunikationsüberwachung anordnen, eine solche wäre rechtswidrig und hätte ein Verwertungsverbot zur Folge. Eine Anordnung der Staatsanwaltschaft ist binnen dreier Werktage richterlich zu bestätigen, ansonsten tritt sie außer Kraft (Abs. 1 S. 3) und würde ebenfalls ein Verwertungsverbot nach sich ziehen. Vor Änderung des § 100b hatte diese Bestätigung innerhalb von drei Tagen zu erfolgen, so dass eine Anordnung vom Freitag spätestens am Montag zu erfolgen hatte. Nun würde eine Bestätigung bis Mittwoch genügen. Die zwischenzeitlich rechtmäßig erlangten Erkenntnisse unterliegen noch keinem Verwertungsverbot.[1]

3 Die Anordnung ergeht schriftlich (Abs. 2 S. 1) und ohne eine vorherige Anhörung des Betroffenen nach § 33 Abs. 4, da ansonsten der Zweck der Maßnahme gefährdet werden könnte. Die **Durchführung** der Überwachung obliegt dann der Staatsanwaltschaft, die dem Telekommunikationsdiensterbringer die Anordnung schriftlich mitteilt. Eine Nachprüfung durch den Telekommunikationsdiensterbringer, ob die gesetzlichen Voraussetzungen der Überwachung vorliegen, erfolgt nicht. Nach Abs. 3 ist jeder, der Telekommunikationsdienste erbringt oder daran mitwirkt, verpflichtet, dem Gericht, der Staatsanwaltschaft und auch deren Ermittlungspersonen die Überwachung zu ermöglichen und Auskünfte zu erteilen. Für den Fall der Weigerung dieser Verpflichtung nachzukommen, können Bußgelder auferlegt werden, es sei denn, es handelt sich um zeugnisverweigerungsberechtigte Personen (Abs. 3 S. 3 mit Verweis auf § 95 Abs. 2). Die Mitwir-

---
[1] *Schnarr* NStZ 1991, 209 (214); Meyer-Goßner/*Cierniak* Rn. 1.

kungsverpflichteten haben die nötigen technischen Voraussetzungen für eine Überwachung auf eigene Kosten zu schaffen. Wegen der technischen Durchführung wird auf das TKG und die TKÜV verwiesen. Der Diensteanbieter ist nicht befugt, vom Inhalt der Überwachung Kenntnis zu erhalten.

Die Diensteanbieter sind unabhängig davon, ob die Telekommunikationsdienste der Öffentlichkeit zugänglich gemacht werden oder diese nur einem begrenzten Kreis von Personen zur Verfügung stehen, zur Mitwirkung verpflichtet. Damit werden auch zB Krankenhäuser oder Hotels erfasst, wenn diese ihren Kunden Telefondienste anbieten. Ebenso verpflichtet sind Betreiber von Mailboxen und Internet Service Provider. Im Rahmen des sog. **Roaming-Verfahrens**, in dem der Betroffene auch außerhalb des Netzes seines Betreibers erreichbar bleibt, bestehen zwischen den teilnehmenden Netzbetreibern vertragliche Pflichten, die auch den anderen Netzbetreiber verpflichten, eine Überwachung des Beschuldigten zu ermöglichen. Daher genügt hier eine einzige Anordnung gegenüber dem Netzbetreiber des Beschuldigten. 4

Die Anordnung der Überwachung ist auf zunächst 3 Monate **befristet** (Abs. 1 S. 4). Eine **Verlängerung** der Maßnahme kann im Einzelfall angeordnet werden, soweit die Voraussetzungen der Anordnung auch unter Berücksichtigung der bisher gewonnenen Ermittlungsergebnisse fortbestehen (Abs. 1 S. 5). Die Frist beginnt nicht erst mit Vollzug der Anordnung sondern bereits mit ihrem Erlass.[2] Die Überwachungsmaßnahme ist nach Abs. 4 unverzüglich zu beenden, sobald die Voraussetzungen des § 100a nicht mehr vorliegen. Dem anordnenden Gericht ist über die Ermittlungsergebnisse zu berichten. Die Entscheidung darüber, ob die Anordnungsvoraussetzungen nicht mehr vorliegen, wird in der Regel die Staatsanwaltschaft treffen. 5

Der **Inhalt der Anordnung** wird durch Abs. 2 näher festgelegt. Anzugeben sind in der/C Entscheidungsformel der Anordnung der Name und die Anschrift des Betroffenen, gegen den sich die Maßnahme richtet, jedoch nur, soweit diese Angaben möglich sind. Art, Umfang, Dauer der Maßnahme und Endzeitpunkt sind ebenfalls mit in die Anordnung aufzunehmen. Weitere Angaben in der Anordnung müssen die dem Beschuldigten zur Last gelegten Straftat darlegen sowie den Grund der Überwachung mit Angabe der Verdachts- und Beweislage.[3] In der Anordnung ist darzulegen, warum die Maßnahme erforderlich ist. Genaue Angaben zu Art und Umfang der Überwachung können den Zeitpunkt oder Zeitraum der einzelnen Überwachung betreffen oder auch welcher Anschluss von den in Betracht kommenden abgehört werden soll. 6

Weiterhin muss die Anordnung auch die Rufnummer oder eine andere Kennung des zu überwachenden Anschlusses nennen. Zulässig ist, statt der Rufnummer oder der Anschlusskennung die Kennung des Endgerätes in die Anordnung aufzunehmen, wenn sich aus bestimmten Tatsachen ergibt, dass die Kennung des Endgerätes nur diesem und keinem anderen Endgerät zuzuordnen ist. Für den Bereich der Überwachung des Festnetzes genügt die Rufnummer. Im Mobilfunk ist die Rufnummer allein nicht immer ausreichend. Grundlage der Überwachung sind hier als andere Kennung die **IMSI** und die **IMEI-Nummern**. Die IMSI Nummer ist die Kartennummer der Chipkarte eines Mobiltelefons, wird weltweit nur einmal vergeben und ist darüber hinaus auch nur dem Netzbetreiber bekannt.[4] Die IMEI Nummer ist die Gerätenummer eines Mobiltelefons und nützt in dem Moment der Überwachung, wenn der Betroffene für ein Gerät mehrer Sim-Karten nutzt und diese ständig auswechselt. Durch die IMEI Nummer wird dann eine ungestörte Überwachung des einen Gerätes möglich. 7

Wie mit den Ergebnissen zu verfahren ist, wenn diese für die Strafverfolgung nicht mehr benötigt werden, regelt § 101. Hiernach sind die Ergebnisse unverzüglich zu **vernichten**. Die Kosten des Diensteanbieters werden nach § 23 Abs. 1 S. 1 JVEG erstattet und dem verurteilten Angeklagten auferlegt.[5] 8

Nach § 100b Abs. 5 werden den Ländern und dem Generalbundesanwalt **Berichtspflichten** auferlegt. Diese haben kalenderjährlich bis zum 30. Juni des folgenden Jahres dem Bundesamt für Justiz über Maßnahmen nach § 100a in ihrem jeweiligen Zuständigkeitsbereich zu berichten. Das Bundesamt für Justiz hat aus Gründen der Transparenz die Daten auszuwerten und im Internet zu veröffentlichen. Nähere Angaben zu den Inhalten des Berichtes sind in Absatz 6 aufgeführt. 9

Rechtsmittel gegen die Anordnung ist nach § 310 die Beschwerde. Gegen Entscheidungen der Staatsanwaltschaft ist analog § 98 Abs. 2 S. 2 die Anrufung des Gerichts zulässig. Nachträglicher Rechtsschutz zu den einzelnen Maßnahmen wird durch § 101 gewährleistet. Zu Einzelheiten siehe dort. 10

---

[2] BGH v. 11. 11. 1998 – 3 StR 181/98, BGHSt 44, 243 = NJW 1999, 959; Meyer-Goßner/*Cierniak* Rn. 2.
[3] BGH v. 1. 8. 2002 – 3 StR 122/02, BGHSt 47, 362 = NJW 2003, 368.
[4] *Wohlers/Demko* StV 2003, 242.
[5] Meyer-Goßner/*Cierniak* Rn. 13.

§ 100c [Abhörmaßnahmen in Wohnungen]

(1) Auch ohne Wissen der Betroffenen darf das in einer Wohnung nichtöffentlich gesprochene Wort mit technischen Mitteln abgehört und aufgezeichnet werden, wenn

1. bestimmte Tatsachen den Verdacht begründen, dass jemand als Täter oder Teilnehmer eine in Absatz 2 bezeichnete besonders schwere Straftat begangen oder in Fällen, in denen der Versuch strafbar ist, zu begehen versucht hat,
2. die Tat auch im Einzelfall besonders schwer wiegt,
3. auf Grund tatsächlicher Anhaltspunkte anzunehmen ist, dass durch die Überwachung Äußerungen des Beschuldigten erfasst werden, die für die Erforschung des Sachverhalts oder die Ermittlung des Aufenthaltsortes eines Mitbeschuldigten von Bedeutung sind, und
4. die Erforschung des Sachverhalts oder die Ermittlung des Aufenthaltsortes eines Mitbeschuldigten auf andere Weise unverhältnismäßig erschwert oder aussichtslos wäre.

(2) Besonders schwere Straftaten im Sinne des Absatzes 1 Nr. 1 sind:

1. aus dem Strafgesetzbuch:
    a) Straftaten des Friedensverrats, des Hochverrats und der Gefährdung des demokratischen Rechtsstaates sowie des Landesverrats und der Gefährdung der äußeren Sicherheit nach den §§ 80, 81, 82, 89a, nach den §§ 94, 95 Abs. 3 und § 96 Abs. 1, jeweils auch in Verbindung mit § 97b, sowie nach den §§ 97a, 98 Abs. 1 Satz 2, § 99 Abs. 2 und den §§ 100, 100a Abs. 4,
    b) Bildung krimineller Vereinigungen nach § 129 Abs. 1 in Verbindung mit Abs. 4 Halbsatz 2 und Bildung terroristischer Vereinigungen nach § 129a Abs. 1, 2, 4, 5 Satz 1 Alternative 1, jeweils auch in Verbindung mit § 129b Abs. 1,
    c) Geld- und Wertzeichenfälschung nach den §§ 146 und 151, jeweils auch in Verbindung mit § 152, sowie nach § 152a Abs. 3 und § 152b Abs. 1 bis 4,
    d) Straftaten gegen die sexuelle Selbstbestimmung in den Fällen des § 176a Abs. 2 Nr. 2 oder Abs. 3, § 177 Abs. 2 Nr. 2 oder § 179 Abs. 5 Nr. 2,
    e) Verbreitung, Erwerb und Besitz kinderpornografischer Schriften in den Fällen des § 184b Abs. 3,
    f) Mord und Totschlag nach den §§ 211, 212,
    g) Straftaten gegen die persönliche Freiheit in den Fällen der §§ 234, 234a Abs. 1, 2, §§ 239a, 239b und Menschenhandel zum Zweck der sexuellen Ausbeutung und zum Zweck der Ausbeutung der Arbeitskraft nach § 232 Abs. 3, Abs. 4 oder Abs. 5, § 233 Abs. 3, jeweils soweit es sich um Verbrechen handelt,
    h) Bandendiebstahl nach § 244 Abs. 1 Nr. 2 und schwerer Bandendiebstahl nach § 244a,
    i) schwerer Raub und Raub mit Todesfolge nach § 250 Abs. 1 oder Abs. 2, § 251,
    j) räuberische Erpressung nach § 255 und besonders schwerer Fall einer Erpressung nach § 253 unter den in § 253 Abs. 4 Satz 2 genannten Voraussetzungen,
    k) gewerbsmäßige Hehlerei, Bandenhehlerei und gewerbsmäßige Bandenhehlerei nach den §§ 260, 260a,
    l) besonders schwerer Fall der Geldwäsche, Verschleierung unrechtmäßig erlangter Vermögenswerte nach § 261 unter den in § 261 Abs. 4 Satz 2 genannten Voraussetzungen,
    m) besonders schwerer Fall der Bestechlichkeit und Bestechung nach § 335 Abs. 1 unter den in § 335 Abs. 2 Nr. 1 bis 3 genannten Voraussetzungen,
2. aus dem Asylverfahrensgesetz:
    a) Verleitung zur missbräuchlichen Asylantragstellung nach § 84 Abs. 3,
    b) gewerbs- und bandenmäßige Verleitung zur missbräuchlichen Asylantragstellung nach § 84a Abs. 1,
3. aus dem Aufenthaltsgesetz:
    a) Einschleusen von Ausländern nach § 96 Abs. 2,
    b) Einschleusen mit Todesfolge oder gewerbs- und bandenmäßiges Einschleusen nach § 97,
4. aus dem Betäubungsmittelgesetz:
    a) besonders schwerer Fall einer Straftat nach § 29 Abs. 1 Satz 1 Nr. 1, 5, 6, 10, 11 oder 13, Abs. 3 unter der in § 29 Abs. 3 Satz 2 Nr. 1 genannten Voraussetzung,
    b) eine Straftat nach den §§ 29a, 30 Abs. 1 Nr. 1, 2, 4, § 30a,
5. aus dem Gesetz über die Kontrolle von Kriegswaffen:
    a) eine Straftat nach § 19 Abs. 2 oder § 20 Abs. 1, jeweils auch in Verbindung mit § 21,
    b) besonders schwerer Fall einer Straftat nach § 22a Abs. 1 in Verbindung mit Abs. 2,
6. aus dem Völkerstrafgesetzbuch:
    a) Völkermord nach § 6,

b) Verbrechen gegen die Menschlichkeit nach § 7,
c) Kriegsverbrechen nach den §§ 8 bis 12,
7. aus dem Waffengesetz:
a) besonders schwerer Fall einer Straftat nach § 51 Abs. 1 in Verbindung mit Abs. 2,
b) besonders schwerer Fall einer Straftat nach § 52 Abs. 1 Nr. 1 in Verbindung mit Abs. 5.

(3) [1] Die Maßnahme darf sich nur gegen den Beschuldigten richten und nur in Wohnungen des Beschuldigten durchgeführt werden. [2] In Wohnungen anderer Personen ist die Maßnahme nur zulässig, wenn auf Grund bestimmter Tatsachen anzunehmen ist, dass
1. der in der Anordnung nach § 100 d Abs. 2 bezeichnete Beschuldigte sich dort aufhält und
2. die Maßnahme in Wohnungen des Beschuldigten allein nicht zur Erforschung des Sachverhalts oder zur Ermittlung des Aufenthaltsortes eines Mitbeschuldigten führen wird.
[3] Die Maßnahme darf auch durchgeführt werden, wenn andere Personen unvermeidbar betroffen werden.

(4) [1] Die Maßnahme darf nur angeordnet werden, soweit auf Grund tatsächlicher Anhaltspunkte, insbesondere zu der Art der zu überwachenden Räumlichkeiten und dem Verhältnis der zu überwachenden Personen zueinander, anzunehmen ist, dass durch die Überwachung Äußerungen, die dem Kernbereich privater Lebensgestaltung zuzurechnen sind, nicht erfasst werden. [2] Gespräche in Betriebs- oder Geschäftsräumen sind in der Regel nicht dem Kernbereich privater Lebensgestaltung zuzurechnen. [3] Das Gleiche gilt für Gespräche über begangene Straftaten und Äußerungen, mittels derer Straftaten begangen werden.

(5) [1] Das Abhören und Aufzeichnen ist unverzüglich zu unterbrechen, soweit sich während der Überwachung Anhaltspunkte dafür ergeben, dass Äußerungen, die dem Kernbereich privater Lebensgestaltung zuzurechnen sind, erfasst werden. [2] Aufzeichnungen über solche Äußerungen sind unverzüglich zu löschen. [3] Erkenntnisse über solche Äußerungen dürfen nicht verwertet werden. [4] Die Tatsache der Erfassung der Daten und ihrer Löschung ist zu dokumentieren. [5] Ist eine Maßnahme nach Satz 1 unterbrochen worden, so darf sie unter den in Absatz 4 genannten Voraussetzungen fortgeführt werden. [6] Im Zweifel ist über die Unterbrechung oder Fortführung der Maßnahme unverzüglich eine Entscheidung des Gerichts herbeizuführen; § 100 d Abs. 4 gilt entsprechend.

(6) [1] In den Fällen des § 53 ist eine Maßnahme nach Absatz 1 unzulässig; ergibt sich während oder nach Durchführung der Maßnahme, dass ein Fall des § 53 vorliegt, gilt Absatz 5 Satz 2 bis 4 entsprechend. [2] In den Fällen der §§ 52 und 53a dürfen aus einer Maßnahme nach Absatz 1 gewonnene Erkenntnisse nur verwertet werden, wenn dies unter Berücksichtigung der Bedeutung des zugrunde liegenden Vertrauensverhältnisses nicht außer Verhältnis zum Interesse an der Erforschung des Sachverhalts oder der Ermittlung des Aufenthaltsortes eines Beschuldigten steht. [3] § 160 a Abs. 4 gilt entsprechend.

(7) [1] Soweit ein Verwertungsverbot nach Absatz 5 in Betracht kommt, hat die Staatsanwaltschaft unverzüglich eine Entscheidung des anordnenden Gerichts über die Verwertbarkeit der erlangten Erkenntnisse herbeizuführen. [2] Soweit das Gericht eine Verwertbarkeit verneint, ist dies für das weitere Verfahren bindend.

Schrifttum: *Löffelmann* Die Neuregelung der akustischen Wohnraumüberwachung, NJW 2005, 2033.

I. Allgemeines

Ursprünglich fanden sich die Regelungen zur akustischen Wohnraumüberwachung in Abs. 1. Nachdem das BVerfG diese Norm teilweise für verfassungswidrig erklärt hat,[1] wurde § 100 c neu strukturiert, zuletzt durch das Gesetz zur Neuregelung der Telekommunikationsüberwachung und anderer verdeckter Ermittlungsmaßnahmen sowie zur Umsetzung der Richtlinie 2006/24/EG vom 21. 12. 2007.[2] Die Überwachung des nichtöffentlich gesprochenen Wortes innerhalb einer Wohnung ist in § 100 c erhalten geblieben. Hingegen wurde die Eingriffsbefugnis für die Überwachung des nichtöffentlich gesprochenen Wortes außerhalb von Wohnungen in § 100 f und die Herstellung von Bildaufnahmen und der Einsatz sonstiger technischer Mittel zu Observationszwecken außerhalb von Wohnungen in § 100 h neu geregelt.

Die akustische Wohnraumüberwachung greift in das Grundrecht auf Unverletzlichkeit der Wohnung nach Art. 13 GG ein. Darüber hinaus kann eine solche Maßnahme auch die Menschenwürde (Art. 1 GG) stark beeinträchtigen, wenn die Überwachung zu einer Totalüberwachung ausartet oder die Intimsphäre des Betroffenen berührt wird.

---
[1] BVerfG v. 3. 3. 2004 – 1 BvR 2378/98, 1 BvR 1084/99, BVerfGE 109, 279 (363) = NJW 2004, 999 ff.
[2] BGBl. I S. 3198.

II. Eingriffsvoraussetzungen

3 Wie auch bei der Telekommunikationsüberwachung ist eine akustische Wohnraumüberwachung nur bei Vorliegen des Verdachts einer bestimmten Straftat zulässig. § 100c Abs. 2 enthält hierfür einen umfangreichen **Straftatenkatalog**, bei deren Vorliegen eine besonders schwere Straftat im Sinne des Abs. 1 vorliegt. Nach Abs. 1 Nr. 2 muss die Tat jedoch auch im Einzelfall besonders schwer wiegen. Die Behörden sind im Vorfeld einer solchen Überwachung zu einer **Einzelfallprüfung** verpflichtet. § 100c lässt den Versuch einer Katalogtat ausdrücklich ausreichen. Anders als bei der Telekommunikationsüberwachung genügt eine strafbare Vorbereitungshandlung jedoch nicht als Anlasstat für eine akustische Wohnraumüberwachung.

4 Durchgeführt werden dürfen nur eine akustische Wohnraumraumüberwachung und die Aufzeichnung von Äußerungen innerhalb einer Wohnung. Für Maßnahmen außerhalb dieser enthalten die §§ 100f, 100h spezielle Ermächtigungen. Grundsätzlich erfolgt eine akustische Wohnraumüberwachung ohne Kenntnis des Betroffenen. Eine solche Maßnahme wird hingegen nicht unzulässig, wenn der Betroffene hiervon Kenntnis erlangt. Die Voraussetzungen des § 100c müssen darüber hinaus auch in den Fällen vorliegen, in denen die Betroffenen ihr **Einverständnis** abgeben.[3]

5 Zulässig ist die Überwachung nur, wenn aufgrund bestimmter Tatsachen anzunehmen ist, dass die Maßnahme auf Äußerungen des Beschuldigten abzielt, die einen Bezug zu der Straftat aufweisen. Daher sind akustische Wohnraumüberwachungen, die sich ausschließlich auf Äußerungen anderer Personen über eine Katalogtat des Beschuldigten richten, nicht zulässig.

6 Die akustische Wohnraumüberwachung darf sich nach Abs. 3 nur gegen einen Beschuldigten richten und grundsätzlich nur in dessen Wohnung durchgeführt werden. § 100c erfasst als **Annexkompetenz** auch die Befugnis, in den Wohnraum einzudringen, um entsprechende technische Einrichtungen für eine akustische Wohnraumüberwachung zu installieren.[4] Der von § 100c erfasste Begriff des Wohnraums umfasst jegliche von **Art. 13 GG** erfassten Räumlichkeiten, also jeder nicht allgemein zugängliche Raum, der zur Stätte des Aufenthalts oder Wirkens von Menschen gemacht wird. In anderen Wohnungen ist eine Überwachung nach Abs. 3 S. 2 zulässig, wenn aufgrund bestimmter Tatsachen anzunehmen ist, dass der Beschuldigte sich in der entsprechenden Wohnung aktuell aufhält und die Überwachung der Wohnung des Beschuldigten allein nicht ausreicht, den Sachverhalt zu erforschen oder den Aufenthaltsort eines Mitbeschuldigten zu ermitteln. In Abs. 3 S. 3 wird zudem ausdrücklich klargestellt, dass eine akustische Wohnraumüberwachung auch zulässig ist, wenn Dritte unvermeidbar von der Maßnahme mitbetroffen werden. Dritte in diesem Sinne sind alle Personen, die nicht Zielperson der Maßnahme sind. Hierunter fallen beispielsweise Gesprächspartner, Begleitpersonen und jeder, der sich zufällig in dem Wohnraum zur Zeit der Überwachung aufhält. Auch außenstehende, dem Beschuldigten fremde Personen wie der Gasmann oder der Postbote, können Dritte sein, sofern sie sich im Wohnraum aufhalten.

7 Nach den Vorgaben des BVerfG wurde in § 100c der Schutz des **privaten Lebensbereichs** explizit geregelt. Nach Abs. 4 darf eine Maßnahme nur angeordnet werden, wenn aufgrund tatsächlicher Anhaltspunkte davon ausgegangen werden kann, dass bei der Überwachung Äußerungen des privaten Lebensbereichs nicht betroffen wird. Damit ist Voraussetzung jeder Anordnung eine **negative Kernbereichsprognose**.[5] Wann im Einzelnen dieser Kernbereich betroffen ist, muss im Einzelfall entschieden werden. Das BVerfG hat in seiner Fortführung der Tagebuch-Entscheidung[6] den Kernbereich privater Lebensführung umschrieben als einen Sachverhalt mit höchstpersönlichem Charakter wie zB Äußerungen aus der Gefühlswelt.[7] Es soll darauf ankommen, in welcher Art und welchem Umfang ein Sachverhalt die Sphäre und Belange anderer und der Gemeinschaft berühre. Mangels eindeutiger ausdrücklich im Gesetz bestimmter Kernbereichsverletzungen obliegt es im Einzelnen den Gerichten, über das Vorliegen einer solchen Verletzung zu entscheiden. Abs. 4 listet Fallgruppen auf, bei denen in der Regel ein Bezug zum Kernbereich nicht anzunehmen ist. Hierzu zählen Gespräche in Betriebs- oder Geschäftsräumen und Gespräche über begangene Straftaten und Äußerungen, mittels derer Straftaten begangen werden.

8 Nach Abs. 5 ist die Überwachung unverzüglich zu **unterbrechen**, wenn sich während dessen Anhaltspunkte dafür ergeben, dass Äußerungen dem Kernbereich privater Lebensgestaltung zuzurechnen sind. Aufzeichnungen hierüber sind unverzüglich zu löschen (Abs. 5 S. 2). Die Tatsache

---

[3] BT-Drucks. 15/4533, S. 26.
[4] Vgl. BGH v. 24. 1. 2001 – 3 StR 324/00, BGHSt 46, 266 = NJW 2001, 1658; Meyer-Goßner/*Cierniak* Rn. 7; BT-Drucks. 13/8651, S. 13.
[5] *Löffelmann* NJW 2005, 2033.
[6] BVerfG v. 14. 9. 1989 – 2 BvR 1062/87, BVerfG E 80, 367 = NJW 1990, 563.
[7] BVerfG v. 3. 3. 2004 – 1 BvR 2378/98, 1 BvR 1084/99, BVerfGE 109, 279 (313 ff). = NJW 2004, 999.

der Erfassung und der Löschung der Daten sind zu dokumentieren. Im Gegensatz zu dem Gebot in § 100 d Abs. 4, nach dem die akustische Wohnraumüberwachung insgesamt abzubrechen ist, wenn die Anordnungsvoraussetzungen nicht mehr vorliegen, gestattet § 100 c Abs. 5 S. 5 die Wiederaufnahme der Überwachungsmaßnahmen in dem Fall, in dem wegen der Verletzung des Kernbereichs eine Unterbrechung stattfand. In diesem konkreten Fall darf die Überwachung also wieder fortgesetzt werden, wenn die Verletzung des Kernbereichs nicht mehr zu befürchten ist und im Übrigen die Anordnungsvoraussetzungen wie der bestimmte Tatverdacht einer Katalogtat noch vorliegen.

III. Verwertungs- und Erhebungsverbote

Abs. 4 enthält zunächst ein absolutes Beweiserhebungsverbot. Verstöße hiergegen haben ein Verwertungsverbot zur Folge.[8] Die auf tatsächlich vorliegenden Anhaltspunkten beruhende Vermutung, dass die Überwachung den Kernbereich verletzen würde, verbietet demnach eine Überwachung von vornherein. Wird die Maßnahme hingegen lediglich nicht abgebrochen, wie es Abs. 5 bei einer möglichen Beeinträchtigung des Kernbereichs privater Lebensgestaltung verlangt, bleiben die Erkenntnisse, die nicht diesen Kernbereich betreffen, verwertbar.[9] Bei einem Verstoß gegen ein absolutes Erhebungsverbot muss der Angeklagte der Verwertung auch nicht widersprechen, um ein zu beachtendes Verwertungsverbot hervorzurufen. Derartige Verstöße sind von Amts wegen zu beachten. 9

Die Verwertung von personenbezogenen Daten aus einer präventiv-polizeirechtlichen Wohnraumüberwachung richtet sich nach § 100 d Abs. 5 Nr. 3 iVm. § 100 c Abs. 1 Nr. 1, Abs. 2. Die vom BGH entwickelten Grundsätze zum Nachweis von Straftaten im Zusammenhang mit terroristischen Vereinigungen gelten ebenso im Bereich der akustischen Wohnraumüberwachung.[10] Damit dürfen Daten auch für die Strafverfolgung von beispielsweise Betrugstaten im Rahmen einer Mitgliedschaft in einer terroristischen Vereinigung verwertet werden. 10

Nach Abs. 6 besteht ebenfalls ein Beweiserhebungsverbot in Fällen, in denen Gespräche des Beschuldigten mit **Berufsgeheimnisträgern** nach § 53 betroffen wären. Bestehen schon vor der Anordnung der Überwachung Anhaltspunkte hierfür, ist die Maßnahme von vornherein nicht zulässig. Stellt sich eine solche Gesprächssituation erst im Nachhinein heraus, unterliegen die Erkenntnisse aus dieser Ermittlung einem Verwertungsverbot. Dies folgt aus der Verweisung in Abs. 6 S. 1 auf Abs. 2 S. 2–4. Das Beweiserhebungsverbot des Abs. 6 gilt nicht in den Fällen, in denen der Berufsgeheimnisträger selbst Beschuldigter und damit Zielperson der Überwachung ist. Darüber hinaus führt auch die Entbindung von der Schweigepflicht zur Zulässigkeit einer Überwachung, da § 100 c Abs. 6 auf § 53 im Ganzen und nicht etwa nur auf dessen Absatz 1 verweist. Nach § 53 Abs. 2 dürfen Berufsgeheimnisträger das Zeugnis nicht verweigern, wenn sie von der **Schweigepflicht entbunden** sind. Damit fallen sie nicht mehr in den Schutz des § 53 Abs. 1 und folglich auch nicht unter § 100 c Abs. 6. 11

Betrifft eine akustische Wohnraumüberwachung Gespräche mit einer nach § 52 zeugnisverweigerungsberechtigten Person, richtet sich die Verwertbarkeit der erlangten Daten allein nach § 100 c Abs. 6. § 52 ist daneben nicht anwendbar.[11] Die Verwendung der personenbezogenen Daten richtet sich nach § 100 d Abs. 5.[12] § 100 c Abs. 6 ist eine Verwertungsregelung, die allein darauf abstellt, ob im Zeitpunkt der Verwertung ein Tatverdacht bezüglich einer Katalogtat des § 100 c besteht. Mit dem BGH sei es unerheblich, ob im Zeitpunkt der Durchführung der Überwachung bereits ein ausreichender Tatverdacht bestand. Der Unterschied zwischen einer Überwachung bei der Personen nach § 52 oder Berufsgeheimnisträger betroffen sind liegt darin, dass die Überwachung bei Personen nach § 52 nicht von vornherein unzulässig ist und hier nur ein Beweisverwertungsverbot besteht. 12

Auch im Bereich der akustischen Wohnraumüberwachung gilt der Grundsatz, dass nicht jeder Rechtsverstoß automatisch zu einer Unverwertbarkeit der daraus gewonnenen Daten führt, für eine zweckänderte Verwendung.[13] Es ist nach den Umständen im Einzelfall eine Abwägung der widerstreitenden Interessen vorzunehmen. Verstöße gegen das Subsidiaritätsprinzip oder dem Verhältnismäßigkeitsgrundsatz führen nur im Einzelfall zu einem Verwertungsverbot, wenn die Erwägungen nicht mehr vertretbar sind und den Beurteilungsspielraum erheblich überschreiten.[14] 13

---

[8] BVerfG aaO.
[9] KK-StPO/*Nack* Rn. 29.
[10] BGH v. 14. 8. 2009 – 3 StR 552/08, BGHSt 54, 69 ff. = NJW 2009, 3448 ff.
[11] BGH aaO.
[12] Zu Einzelheiten siehe § 100 d Rn. 4 f.
[13] BGH aaO.
[14] BGH v. 16. 2. 1995 – 4 StR 729/94, NStZ 1995, 510; v. 18. 3. 1998 – 5 StR 693/97, NStZ 1998, 426.

14 Der Betroffene kann einer Verwertung der Erkenntnisse zustimmen um damit beispielsweise zu seiner **Entlastung** beizutragen. Grundsätzlich kann sich zunächst nur der Angeklagte auf ein Verwertungsverbot berufen, zu dessen Gunsten es wirkt.[15] Können sich mehrere Angeklagte darauf berufen und nur einer verzichtet, kann es unter Umständen dazu führen, dass ein Angeklagter sich damit entlastet und gleichzeitig einen anderen belastet. Unklar ist, ob dann die Erkenntnisse zulasten des nicht verzichtenden Angeklagten herangezogen werden dürfen.[16] Für eine Verwertung spricht, dass ansonsten keine einheitliche Tatsachenfeststellung möglich wäre und die Angeklagten immerhin gemeinsam aktiv waren. Das Risiko, dass ein Angeklagter auf das Verwertungsverbot verzichtet, soll dann der andere tragen müssen.[17]

Die Verwendung von personenbezogenen Daten aus einer akustischen Wohnraumüberwachung zu präventiv-polizeilichen Zwecken regelt § 481. Für den umgekehrten Fall, dass personenbezogene Daten aus einer **polizeirechtlichen Wohnraumüberwachung** zu Beweiszwecken verwendet werden sollen, ist § 161 Abs. 3 zu beachten.

§ 100 d [Zuständigkeit]

(1) [1]Maßnahmen nach § 100c dürfen nur auf Antrag der Staatsanwaltschaft durch die in § 74a Abs. 4 des Gerichtsverfassungsgesetzes genannte Kammer des Landgerichts angeordnet werden, in dessen Bezirk die Staatsanwaltschaft ihren Sitz hat. [2]Bei Gefahr im Verzug kann diese Anordnung auch durch den Vorsitzenden getroffen werden. [3]Dessen Anordnung tritt außer Kraft, wenn sie nicht binnen drei Werktagen von der Strafkammer bestätigt wird. [4]Die Anordnung ist auf höchstens einen Monat zu befristen. [5]Eine Verlängerung um jeweils nicht mehr als einen Monat ist zulässig, soweit die Voraussetzungen unter Berücksichtigung der gewonnenen Ermittlungsergebnisse fortbestehen. [6]Ist die Dauer der Anordnung auf insgesamt sechs Monate verlängert worden, so entscheidet über weitere Verlängerungen das Oberlandesgericht.

(2) [1]Die Anordnung ergeht schriftlich. [2]In der Anordnung sind anzugeben:
1. soweit möglich, der Name und die Anschrift des Beschuldigten, gegen den sich die Maßnahme richtet,
2. der Tatvorwurf, auf Grund dessen die Maßnahme angeordnet wird,
3. die zu überwachende Wohnung oder die zu überwachenden Wohnräume,
4. Art, Umfang und Dauer der Maßnahme,
5. die Art der durch die Maßnahme zu erhebenden Informationen und ihre Bedeutung für das Verfahren.

(3) [1]In der Begründung der Anordnung oder Verlängerung sind deren Voraussetzungen und die wesentlichen Abwägungsgesichtspunkte darzulegen. [2]Insbesondere sind einzelfallbezogen anzugeben:
1. die bestimmten Tatsachen, die den Verdacht begründen,
2. die wesentlichen Erwägungen zur Erforderlichkeit und Verhältnismäßigkeit der Maßnahme,
3. die tatsächlichen Anhaltspunkte im Sinne des § 100c Abs. 4 Satz 1.

(4) [1]Das anordnende Gericht ist über den Verlauf und die Ergebnisse der Maßnahme zu unterrichten. [2]Liegen die Voraussetzungen der Anordnung nicht mehr vor, so hat das Gericht den Abbruch der Maßnahme anzuordnen, sofern der Abbruch nicht bereits durch die Staatsanwaltschaft veranlasst wurde. [3]Die Anordnung des Abbruchs der Maßnahme kann auch durch den Vorsitzenden erfolgen.

(5) Personenbezogene Daten aus einer akustischen Wohnraumüberwachung dürfen für andere Zwecke nach folgenden Maßgaben verwendet werden:
1. Die durch eine Maßnahme nach § 100c erlangten verwertbaren personenbezogenen Daten dürfen in anderen Strafverfahren ohne Einwilligung der insoweit überwachten Personen nur zur Aufklärung einer Straftat, auf Grund derer die Maßnahme nach § 100c angeordnet werden könnte, oder zur Ermittlung des Aufenthalts der einer solchen Straftat beschuldigten Person verwendet werden.
2. Die Verwendung der durch eine Maßnahme nach § 100c erlangten personenbezogenen Daten, auch solcher nach § 100c Abs. 6 Satz 1 Halbsatz 2, zu Zwecken der Gefahrenabwehr ist nur zur Abwehr einer im Einzelfall bestehenden Lebensgefahr oder einer dringenden Gefahr für

---

[15] Vgl BGH v. 21. 7. 1994 – 1 StR 83/94, NStZ 1994, 595; v. 15. 8. 2000 – 5 StR 223/00, StV 2001, 545; BayObLG v. 1. 12. 1993 – 4 St RR 190/93, StV 1995, 237; aA *Dencker* Anm. zu BGH v. 10. 8. 1994 – 3 StR 53/94, StV 1995, 232; *Hamm* NJW 1996, 2185.
[16] So jedenfalls KK-StPO/*Nack* Rn. 43.
[17] Vgl. näher KK-StPO/*Nack* Rn. 40 ff.

Leib oder Freiheit einer Person oder Gegenstände von bedeutendem Wert, die der Versorgung der Bevölkerung dienen, von kulturell herausragendem Wert oder in § 305 des Strafgesetzbuches genannt sind, zulässig. Die durch eine Maßnahme nach § 100 c erlangten und verwertbaren personenbezogenen Daten dürfen auch zur Abwehr einer im Einzelfall bestehenden dringenden Gefahr für sonstige bedeutende Vermögenswerte verwendet werden. Sind die Daten zur Abwehr der Gefahr oder für eine vorgerichtliche oder gerichtliche Überprüfung der zur Gefahrenabwehr getroffenen Maßnahmen nicht mehr erforderlich, so sind Aufzeichnungen über diese Daten von der für die Gefahrenabwehr zuständigen Stelle unverzüglich zu löschen. Die Löschung ist aktenkundig zu machen. Soweit die Löschung lediglich für eine etwaige vorgerichtliche oder gerichtliche Überprüfung zurückgestellt ist, dürfen die Daten nur für diesen Zweck verwendet werden; für eine Verwendung zu anderen Zwecken sind sie zu sperren.

3. Sind verwertbare personenbezogene Daten durch eine entsprechende polizeirechtliche Maßnahme erlangt worden, dürfen sie in einem Strafverfahren ohne Einwilligung der insoweit überwachten Personen nur zur Aufklärung einer Straftat, auf Grund derer die Maßnahme nach § 100 c angeordnet werden könnte, oder zur Ermittlung des Aufenthalts der einer solchen Straftat beschuldigten Person verwendet werden.

I. Allgemeines

§ 100 d enthält Regelungen zur **Anordnung und Durchführung** einer akustischen Wohnraumüberwachung nach § 100 c. Nach Abs. 1 dürfen Maßnahmen nach § 100 c nur auf Antrag der Staatsanwaltschaft durch die in § 74 a Abs. 4 GVG genannte Kammer des Landgerichts angeordnet werden, in dessen Bezirk die Staatsanwaltschaft ihren Sitz hat. Wie auch bei anderen verdeckten Ermittlungen ist eine Eilentscheidung möglich. Diese trifft in diesem Fall der Vorsitzende und ist binnen dreier Werktage von der Kammer zu bestätigen, ansonsten tritt sie außer Kraft (Abs. 1 S. 2, 3). Die Kammer ist auch zuständig für Entscheidungen nach § 100 c Abs. 5 S. 6, ob im Zweifel die akustische Wohnraumüberwachung abzubrechen oder fortzuführen ist. Die Regelung des Abs. 4 gilt in diesem Fall entsprechend, das bedeutet, dass der **Abbruch** der Maßnahme auch durch den Vorsitzenden angeordnet werden kann. Liegen die Voraussetzungen der Anordnung nicht mehr vor, ist die Maßnahme unverzüglich zu beenden. 1

Die Anordnung ist von vornherein zu **befristen** auf höchstens einen Monat. Die Frist beginnt bereits mit Erlass der Anordnung und nicht erst mit Beginn der Überwachung selbst.[1] Eine Verlängerung um jeweils nicht mehr als einen Monat ist zulässig. Bei jeder Verlängerungsanordnung ist unter Berücksichtigung der bisherigen Ermittlungsergebnisse zu prüfen, ob die Voraussetzungen nach § 100 c insgesamt noch vorliegen. Jede Verlängerungsanordnung muss den Vorgaben des § 100 d für sich entsprechen und im Hinblick auf das Vorliegen der Voraussetzungen nach § 100 c begründet werden. Eine Bezugnahme auf vorhergehende Begründungen dürfte den Erfordernissen des § 100 d genügen.[2] Nach einem Zeitraum von insgesamt 6 Monaten entscheidet über weitere Verlängerungen das entsprechende OLG. Das Gericht ist über den Verlauf der Überwachung und deren Ergebnisse zu informieren. 2

II. Inhalt der Anordnung

Die Anordnung ergeht schriftlich, Abs. 2, 3. Soweit möglich sind der Name und die Anschrift des Beschuldigten, gegen den sich die Maßnahme richtet, der Tatvorwurf, der Anlass der Maßnahme ist, sowie Art, Umfang und Dauer der Maßnahme anzugeben. Darüber hinaus sind die zu überwachende Wohnung oder Wohnräume genau zu bezeichnen und die Art der durch die Überwachung zu erhebenden Informationen sowie ihre Bedeutung für das Verfahren zu erläutern. Die Anordnung ist nach Abs. 3 zu begründen. In dieser sind die Voraussetzungen und die wesentlichen Abwägungspunkte näher darzulegen. Insbesondere sind die Tatsachen anzugeben, die den Tatverdacht begründen und die wesentlichen Erwägungen zur Erforderlichkeit und Verhältnismäßigkeit der Maßnahme. Außerdem muss näher dargelegt werden, welche tatsächlichen Anhaltspunkte vorliegen, aus denen sich ergibt, dass Äußerungen aus dem Kernbereich privater Lebensgestaltung nicht überwacht würden. 3

III. Verwendungsbeschränkung personenbezogener Daten

Nach Abs. 5 dürfen personenbezogene Daten aus einer akustischen Wohnraumüberwachung nur unter bestimmten Voraussetzungen für andere Zwecke verwendet werden. Unterschieden wird nach dem verfolgten Zweck der Datenverwendung. Ohne Einwilligung der überwachten 4

---

[1] BGH v. 7. 12. 1998 – 5 AR (VS) 2/98, NStZ 1999, 202.
[2] Meyer-Goßner/*Cierniak* Rn. 3.

Person dürfen die Daten nach § 100 c Abs. 5 Nr. 1 in anderen Strafverfahren nur zur Aufklärung von Straftaten verwendet werden, die Anlass für eine akustische Wohnraumüberwachung sein können. Die Daten können ohne Einwilligung auch zur **Ermittlung des Aufenthaltsortes** einer Person verwendet werden, die einer Straftat nach § 100 c beschuldig ist.

5   Zu Zwecken der **Gefahrenabwehr** ist die Verwendung der nach § 100 c erlangten Daten nur zur Abwendung einer im Einzelfall bestehenden Lebensgefahr oder einer dringenden Gefahr für Leib oder Freiheit einer Person oder Gegenstände von bedeutenden Wert, die der Versorgung der Bevölkerung dienen, von kulturell herausragendem Wert oder in § 305 StGB genannt sind, zulässig. Die Verwendungsregulation des § 100 c Abs. 5 Nr. 2 S. 1 betrifft personenbezogene Daten, unabhängig von ihrer Verwertbarkeit. Von dieser Regelung sind auch Daten betroffen, die sich aus einer Überwachung nach § 100 c ergeben haben, bei der Berufsgeheimnisträger nach § 53 beteiligt waren.

6   Nach § 100 d Abs. 5 Nr. 2 S. 2 dürfen die nach § 100 c erlangten und **verwertbaren personenbezogenen Daten** auch zur Abwehr einer im Einzelfall bestehenden dringenden Gefahr für sonstige bedeutende Vermögenswerte verwendet werden.

7   Soweit die personenbezogenen Daten zur Abwehr der Gefahr oder für eine (vor-)gerichtliche Überprüfung der Maßnahme nicht mehr erforderlich sind, hat unverzüglich eine Löschung dieser Daten von der für die Gefahrenabwehr zuständigen Stelle zu erfolgen. Die Löschung ist aktenkundig zu machen. Wird die **Löschung** nur wegen einer etwaigen gerichtlichen Überprüfung der Maßnahme zurückgestellt, dürfen die Daten auch nur für diesen Zweck verwendet werden und sind für andere Zwecke ausdrücklich gesperrt.

8   § 100 c Abs. 5 Nr. 3 betrifft verwertbare personenbezogene Daten, die aus einer entsprechenden **polizeirechtlichen Maßnahme** erlangt wurden. Ohne Einwilligung des Betroffenen dürfen diese Daten in einem Strafverfahren nur verwendet werden, wenn es sich um die Aufklärung einer Straftat handelt, die Anlass einer Maßnahme nach § 100 c sein kann oder wenn es um die Ermittlung des Aufenthaltsortes einer Person geht, die einer solchen Straftat beschuldigt wird. Der Begriff der Verwertbarkeit bezieht sich nach Klarstellung des BGH auf die gesetzlichen Beweisverwertungsverbote, die in § 100 c Abs. 5, 6 genannt sind sowie auf das Beweiserhebungsverbot des § 100 c Abs. 4 und nicht auf die Verwertbarkeit im polizeirechtlichen Sinne.[3]

§ 100 e [Berichtspflicht]

(1) ¹Für die nach § 100 c angeordneten Maßnahmen gilt § 100 b Abs. 5 entsprechend. ²Vor der Veröffentlichung im Internet berichtet die Bundesregierung dem Deutschen Bundestag über die im jeweils vorangegangenen Kalenderjahr nach § 100 c angeordneten Maßnahmen.

(2) In den Berichten nach Absatz 1 sind anzugeben:
1. die Anzahl der Verfahren, in denen Maßnahmen nach § 100 c Abs. 1 angeordnet worden sind;
2. die jeweils zugrunde liegende Anlassstraftat nach Maßgabe der Unterteilung in § 100 c Abs. 2;
3. ob das Verfahren einen Bezug zur Verfolgung organisierter Kriminalität aufweist;
4. die Anzahl der überwachten Objekte je Verfahren nach Privatwohnungen und sonstigen Wohnungen sowie nach Wohnungen des Beschuldigten und Wohnungen dritter Personen;
5. die Anzahl der überwachten Personen je Verfahren nach Beschuldigten und nichtbeschuldigten Personen;
6. die Dauer der einzelnen Überwachung nach Dauer der Anordnung, Dauer der Verlängerung und Abhördauer;
7. wie häufig eine Maßnahme nach § 100 c Abs. 5, § 100 d Abs. 4 unterbrochen oder abgebrochen worden ist;
8. ob eine Benachrichtigung der Betroffenen (§ 101 Abs. 4 bis 6) erfolgt ist oder aus welchen Gründen von einer Benachrichtigung abgesehen worden ist;
9. ob die Überwachung Ergebnisse erbracht hat, die für das Verfahren relevant sind oder voraussichtlich relevant sein werden;
10. ob die Überwachung Ergebnisse erbracht hat, die für andere Strafverfahren relevant sind oder voraussichtlich relevant sein werden;
11. wenn die Überwachung keine relevanten Ergebnisse erbracht hat: die Gründe hierfür, differenziert nach technischen Gründen und sonstigen Gründen;
12. die Kosten der Maßnahme, differenziert nach Kosten für Übersetzungsdienste und sonstigen Kosten.

---

[3] BGH v. 14. 8. 2009 – 3 StR 552/08, BGHSt 54, 69 = NJW 2009, 3448.

Für Maßnahmen nach § 100c haben die Länder und der Generalbundesanwalt dem Bundes- 1
amt für Justiz einmal jährlich bis zum 30. Juni des dem Berichtsjahr folgenden Jahres über Maßnahmen nach § 100c in ihrem jeweiligen Zuständigkeitsbereich zu berichten (§ 100e Abs. 1 mit Verweis auf § 100b Abs. 5). Die Bundesregierung berichtet dem Deutschen Bundestag über die jeweils angeordneten Überwachungen nach § 100c, bevor die Ergebnisse im Internet veröffentlicht werden. Die näheren Inhalte der Berichte sind in Absatz 2 im Einzelnen aufgeführt.

§ 100f [Akustische Überwachungen außerhalb von Wohnräumen]

(1) Auch ohne Wissen der Betroffenen darf außerhalb von Wohnungen das nichtöffentlich gesprochene Wort mit technischen Mitteln abgehört und aufgezeichnet werden, wenn bestimmte Tatsachen den Verdacht begründen, dass jemand als Täter oder Teilnehmer eine in § 100a Abs. 2 bezeichnete, auch im Einzelfall schwerwiegende Straftat begangen oder in Fällen, in denen der Versuch strafbar ist, zu begehen versucht hat, und die Erforschung des Sachverhalts oder die Ermittlung des Aufenthaltsortes eines Beschuldigten auf andere Weise aussichtslos oder wesentlich erschwert wäre.

(2) [1] Die Maßnahme darf sich nur gegen einen Beschuldigten richten. [2] Gegen andere Personen darf die Maßnahme nur angeordnet werden, wenn auf Grund bestimmter Tatsachen anzunehmen ist, dass sie mit einem Beschuldigten in Verbindung stehen oder eine solche Verbindung hergestellt wird, die Maßnahme zur Erforschung des Sachverhalts oder zur Ermittlung des Aufenthaltsortes eines Beschuldigten führen wird und dies auf andere Weise aussichtslos oder wesentlich erschwert wäre.

(3) Die Maßnahme darf auch durchgeführt werden, wenn Dritte unvermeidbar betroffen werden.

(4) § 100b Abs. 1, 4 Satz 1 und § 100d Abs. 2 gelten entsprechend.

Schrifttum: *Gropp,* Lauschangriff im PKW – der Ermittlungsrichter als Hoffnungsträger?, JZ 1998, 501; *Janker,* Zur Reichweite der Eingriffsermächtigung des § 100c I Nr 2 StPO bei Abhörmaßnahmen in Kraftfahrzeugen, NJW 1998, 269; *Steinmetz,* Zur Kumulierung strafprozessualer Ermittlungsmaßnahmen, NStZ 2001, 344.

I. Allgemeines

Vor dem Gesetz zur Neuregelung der StPO zum 1. 1. 2008[1] enthielt § 100f eine Ermächti- 1
gungsgrundlage sowohl für die akustische Überwachung außerhalb von Wohnräumen als auch für den Einsatz sonstiger technischer Mittel zur Observation und Herstellung von Bildaufnahmen. Die gesetzliche Grundlage für den Einsatz sonstiger technischer Mittel wurde aus § 100f herausgenommen und stellt nun eine eigene Eingriffsbefugnis dar (§ 100h).

§ 100f erlaubt den Behörden, auch ohne Wissen des Betroffenen das nichtöffentlich gespro- 2
chene Wort außerhalb von Wohnräumen mit technischen Mitteln abzuhören und aufzuzeichnen. Damit greift diese Ermittlungsmethode nicht in den von Art. 13 GG geschützten Bereich ein. Die akustische Überwachung außerhalb von Wohnräumen ist auch zulässig, wenn Dritte unvermeidbar betroffen sind (Abs. 3). Nach dem BGH ist eine Überwachung und Aufzeichnung von Äußerungen auch zu dem Zweck zulässig, einen Stimmvergleich durchführen zu können.[2]

Vorbereitungs- und Begleitmaßnahmen, wie das heimliche Öffnen und Aufbrechen eines PKW zum Einbau von technischen Mitteln an Ort und Stelle, sollen als Annex-Kompetenz von § 100f gedeckt sein.[3] Unzulässig sei hingegen die heimliche Wegnahme eines PKW zum Einbau der technischen Mittel.[4]

II. Eingriffsvoraussetzungen

Zunächst müssen bestimmte Tatsachen vorliegen, die den Verdacht begründen, dass jemand als 3
Täter oder Teilnehmer eine in § 100a Abs. 2 bezeichnete, auch im Einzelfall schwer wiegende Tat begangen hat. Ausreichend ist der strafbare Versuch. Die akustische Überwachung außerhalb von Wohnraum ist damit an das Vorliegen einer **Katalogtat** gebunden, die auch im Einzelfall schwer wiegen muss.

---

[1] BGBl. I S. 3198.
[2] BGH v. 24. 2. 1994 – 4 StR 317/93, NStZ 1994, 295.
[3] BGH v. 24. 1. 2001 – 3 StR 324/00, BGHSt 46, 266 = StV 2001, 216; *Steinmetz* NStZ 2001, 344; *Gropp* JZ 1998, 505; Meyer-Goßner/*Cierniak* Rn. 4.
[4] BGH v. 11. 4. 1997 – 1 BGs 88/97, 2 BJs 321/95 – 2 – 1 BGs 88/97, 2 BJs 51/96 – 2 – 1 BGs 88/97, NJW 1997, 2189; LG Freiburg v. 20. 6. 1996 – II Gs 56/96, NStZ 1996, 508; *Martensen* Strafprozessuale Ermittlungen im Lichte des Vorbehalts des Gesetzes – BGH, Ermittlungsrichter JuS 1999, 437; dagegen *Janker* NJW 1998, 269.

§ 100g

4 Grundsätzlich darf sich die Maßnahme nur gegen einen **Beschuldigten** richten. Zusätzlich fordert das Gesetz, dass die Erforschung des Sachverhalts oder die Ermittlung des Aufenthaltsortes eines Beschuldigten auf andere Weise aussichtslos oder wesentlich erschwert wäre.

5 **Andere Personen** dürfen überwacht werden, wenn auf Grund bestimmter Tatsachen anzunehmen ist, dass sie mit dem Beschuldigten in Verbindung stehen oder eine solche Verbindung herstellen. Zusätzlich muss hier die Annahme bestehen, dass die Maßnahme zur Erforschung des Sachverhalts oder zur Ermittlung des Aufenthaltsortes des Beschuldigten führen wird und dies auf andere Weise aussichtslos oder wesentlich erschwert wäre. Damit dürfen andere Personen als der Beschuldigte nur mit einer Maßnahme nach § 100f belastet werden, wenn aufgrund einer Prognose das Ziel der Ermittlung erreicht werden wird. Dass die Erreichung des Ziels auf andere Weise aussichtslos oder wesentlich erschwert wäre reicht hier allein nicht aus.

6 Die **Anordnungskompetenz** obliegt dem Richter, bei Gefahr im Verzuge der Staatsanwaltschaft (Abs. 4 mit Verweis auf § 100b Abs. 1), deren Anordnung binnen dreier Werktage richterlich zu bestätigen ist und ansonsten außer Kraft tritt. Durch die Verweisung auf § 100b Abs. 1 wird die Anordnung **befristet** auf zunächst 3 Monate, eine **Verlängerung** um jeweils von nicht mehr als 3 Monate ist bei Vorliegen der Anordnungsvoraussetzungen zulässig. Eine Höchstdauer sieht das Gesetz nicht vor, eine Überwachung kann daher theoretisch auch mehrere Jahre andauern. Sobald die Voraussetzungen für eine Anordnung jedoch nicht mehr vorliegen, ist die Maßnahme unverzüglich zu beenden (Abs. 4 mit Verweis auf § 100b Abs. 4 S. 1).

7 Der **Inhalt der Anordnung** ergibt sich aus § 100f Abs. 4 mit Verweis auf § 100d Abs. 2. Die Anordnung ergeht schriftlich und muss soweit möglich den Namen und die Anschrift des Beschuldigten, gegen den sich die Maßnahme richtet, enthalten. Darüber hinaus sind der Tatvorwurf, Art, Umfang und Dauer der Maßnahme sowie die Art der durch die Maßnahme zu erhebenden Informationen und ihre Bedeutung für das Verfahren anzugeben.

III. Grenzen und Rechtsschutz

8 Wegen § 160a ist die akustische Überwachung nicht zulässig, wenn sie sich gegen eine in § 53 Abs. 1 S. 1 Nr. 1, 2 oder Nr. 4 genannte Person richtet. Damit besteht ein umfassendes **Erhebungs- und Verwertungsverbot** für Ermittlungen gegen Verteidiger, Geistliche und Abgeordnete, sofern sie nicht selbst Beschuldigter einer Katalogtat nach § 100a sind. Bei anderen Berufsgeheimnisträgern gilt nur ein relatives Beweisverbot. Denn die Möglichkeit, dass eine solche Person von der Ermittlungsmaßnahme betroffen wäre, ist lediglich im Rahmen der Verhältnismäßigkeit der Maßnahme zu berücksichtigen. Zu Einzelheiten siehe dort § 160a.

9 Im Übrigen richtet sich der **nachträgliche Rechtsschutz** nach den Bestimmungen des § 101. Danach hat die Zielperson sowie die erheblich mitbetroffenen Personen die Möglichkeit, innerhalb von zwei Wochen nach Erhalt der Benachrichtigung von der Durchführung der Maßnahme einen Antrag auf Überprüfung der Rechtmäßigkeit der Maßnahme stellen. Während der Maßnahme kann Rechtsschutz nach § 98 Abs. 2 analog erlangt werden.

§ 100g [Erhebung von Verkehrsdaten]

(1) [1]Begründen bestimmte Tatsachen den Verdacht, dass jemand als Täter oder Teilnehmer
1. eine Straftat von auch im Einzelfall erheblicher Bedeutung, insbesondere eine in § 100a Abs. 2 bezeichnete Straftat, begangen hat, in Fällen, in denen der Versuch strafbar ist, zu begehen versucht hat oder durch eine Straftat vorbereitet hat oder
2. eine Straftat mittels Telekommunikation begangen hat,

so dürfen auch ohne Wissen des Betroffenen Verkehrsdaten (§ 96 Abs. 1, § 113a des Telekommunikationsgesetzes) erhoben werden, soweit dies für die Erforschung des Sachverhalts oder Ermittlung des Aufenthaltsortes des Beschuldigten erforderlich ist. [2]Im Falle des Satzes 1 Nr. 2 ist die Maßnahme nur zulässig, wenn die Erforschung des Sachverhalts oder die Ermittlung des Aufenthaltsortes des Beschuldigten auf andere Weise aussichtslos wäre und die Erhebung der Daten in einem angemessenen Verhältnis zur Bedeutung der Sache steht. [3]Die Erhebung von Standortdaten in Echtzeit ist nur im Falle des Satzes 1 Nr. 1 zulässig.

(2) [1]§ 100a Abs. 3 und § 100b Abs. 1 bis 4 Satz 1 gelten entsprechend. [2]Abweichend von § 100b Abs. 2 Satz 2 Nr. 2 genügt im Falle einer Straftat von erheblicher Bedeutung eine räumlich und zeitlich hinreichend bestimmte Bezeichnung der Telekommunikation, wenn die Erforschung des Sachverhalts oder die Ermittlung des Aufenthaltsortes des Beschuldigten auf andere Weise aussichtslos oder wesentlich erschwert wäre.

(3) Erfolgt die Erhebung von Verkehrsdaten nicht beim Telekommunikationsdiensteanbieter, bestimmt sie sich nach Abschluss des Kommunikationsvorgangs nach den allgemeinen Vorschriften.

(4) Über Maßnahmen nach Absatz 1 ist entsprechend § 100b Abs. 5 jährlich eine Übersicht zu erstellen, in der anzugeben sind:
1. die Anzahl der Verfahren, in denen Maßnahmen nach Absatz 1 durchgeführt worden sind;
2. die Anzahl der Anordnungen von Maßnahmen nach Absatz 1, unterschieden nach Erst- und Verlängerungsanordnungen;
3. die jeweils zugrunde liegende Anlassstraftat, unterschieden nach Absatz 1 Satz 1 Nr. 1 und 2;
4. die Anzahl der zurückliegenden Monate, für die Verkehrsdaten nach Absatz 1 abgefragt wurden, bemessen ab dem Zeitpunkt der Anordnung;
5. die Anzahl der Maßnahmen, die ergebnislos geblieben sind, weil die abgefragten Daten ganz oder teilweise nicht verfügbar waren.

Schrifttum: *Bär,* Aktuelle Rechtsfragen bei strafprozessualen Eingriffen in die Telekommunikation, MMR 2000, 472; *ders.,* Handbuch zur EDV-Beweissicherung im Strafverfahren, 2007; *Beck/Kreißig,* Tauschbörsen-Nutzer im Fadenkreuz der Strafverfolgungsbehörden, NStZ 2007, 304; *Gercke,* Zum Umfang der Auskunftspflicht von Providern gegenüber Ermittlungsbehörden, CR 2005, 599; *Gnirck/Lichtenberg,* Internetprovider im Spannungsfeld staatlicher Auskunftsersuchen, DuD 2004, 598; *Sankol,* Strafprozessuale Zwangsmaßnahmen und Telekommunikation – Der Regelungsgehalt der §§ 100a ff. StPO, JuS 2006, 698; *Wiebe,* Auskunftspflicht des Access-Providers, MMR 2005, 828; *Wohlers/Demko,* Der strafprozessuale Zugriff auf Verbindungsdaten (§§ 100g, 100h StPO), StV 2003, 241.

I. Allgemeines

Mit Wirkung zum 1.1.2008 wurde durch das Gesetz zur Neuregelung der Telekommunikationsüberwachung und anderer verdeckter Ermittlungsmaßnahmen[1] die bisherige Ermittlungsgrundlage des § 100g für die Auskunft über Verbindungsdaten in eine umfassende Erhebungsnorm für Verkehrsdaten geändert. In dieser gestattet § 100g den Behörden, selbst Verkehrsdaten zu erheben und darüber hinaus entsprechende Daten bei den Diensteanbietern abzufragen. 1

Mit § 100g und den §§ 113a, 113b TKG sollte die Richtlinie 2006/24/EG umgesetzt werden. Diese Richtlinie verpflichtet die Diensteanbieter, die in § 113a TKG genannten Daten für einen Zeitraum von mindestens 6 Monaten bis maximal 2 Jahre zu speichern, um sie für die Verfolgung von schweren Straftaten bereitzuhalten. Zur Verwendung der Daten und der Datensicherheit trifft die Richtlinie keine genauen Regelungen und überlässt dies im Wesentlichen den Mitgliedsstaaten. 2

Nachdem das BVerfG durch einstweilige Anordnung die Anwendung des § 100g stark einschränkte und eine Datenverwendung nur unter bestimmten Voraussetzungen und nur zu bestimmten Zwecken wie der Gefahrenabwehr zuließ, hat es nun durch Urteil vom 2.3.2010[2] erklärt, dass die §§ 113a, 113b TKG und § 100g, soweit hierdurch der Zugriff auf § 113a TKG zugelassen wird, nichtig sind. Die Behörden dürfen sich bei den Ermittlungen daher nicht mehr auf § 100g stützen, soweit es um die Erhebung von Daten geht, die unter die Regelungen zur sog. Vorratsdatenspeicherung fallen. Zulässig bleibt die **Bestandsdatenabfrage** nach § 112 TKG sowie die Erhebung und Verwendung von **Verkehrsdaten nach § 96 TKG**. Auch die Zielwahlsuche und die Funkzellenabfrage sind weiterhin zulässig. Der Fall wurde vom BVerfG selbst entschieden und nicht dem EuGH vorgelegt, da es hier nicht etwa um die Unvereinbarkeit einer nationalen Regelungen mit einer Richtlinie ging, sondern darum, ob die nationalen Regelungen mit nationalem Recht vereinbar sind. 3

Das BVerfG hat in seiner Entscheidung klargestellt, dass eine **anlasslose Datenspeicherung** nicht zwangsläufig unter das Verbot der Vorratsdatenspeicherung fällt. Eine anlasslose Speicherung wie bei § 113a TKG hätte eine bislang noch nicht da gewesene „Streubreite", denn aus den entsprechenden Daten ließen sich auch ohne Kommunikationsinhalte Rückschlüsse ziehen, die bis in die Intimsphäre reichten. Darüber hinaus würde eine heimliche, anlasslose Speicherung von jeglichen Daten für einen längeren Zeitraum ein Gefühl des Beobachtetseins hervorrufen und eine „unbefangene Wahrnehmung" der Grundrechte zur Folge haben. Zulässig soll es sein, dass die Datenerhebung und Speicherung durch verschiedene private Diensteanbieter erfolgt, da es sich hierbei lediglich um Hilfspersonen handele. Die Sicherung und Schutz der Daten müsse dann aber Aufgabe des Gesetzgebers sein. Das BVerfG kritisiert ebenso das Fehlen eines **abschließenden Straftatenkatalogs,** wie er bei § 100a und § 100c verwendet wird. Damit wird die Datenerhebung in ihrer Gewichtung mit der Überwachung der Telekommunikation nach § 100a gleichgesetzt. 4

Wie die Ausführungen und Vorstellungen des BVerfG für eine verfassungsgemäße Nutzung von Verkehrsdaten durch den Gesetzgeber umgesetzt werden, bleibt abzuwarten.[3]

---

[1] BGBl. I S. 3198.
[2] BVerfG v. 2.3.2010 – 1 BvR 256/08, 1 BvR 263/08, 1 BvR 586/08, NJW 2010, 833.
[3] Im Zeitpunkt der Kommentierung Ende Juli 2010 waren entsprechende Bemühungen noch nicht zu verfolgen.

II. Eingriffsvoraussetzungen

5 Für eine Auskunft über Verkehrsdaten, die zu Zwecken der Entgeltabrechnung und anderer nach § 96 TKG genannten Zwecke erhoben und gespeichert werden, muss der Verdacht einer auch im Einzelfall erheblichen Straftat, insbesondere einer Straftat nach dem Katalog des § 100 a Abs. 2 vorliegen.

6 Die Maßnahme muss für die Erforschung des Sachverhaltes oder die Ermittlung des Aufenthaltsortes des Beschuldigten **erforderlich** sein. Sie ist unverzüglich zu beenden ist, sobald die Eingriffsvoraussetzungen nicht mehr vorliegen (Abs. 2 S. 1 mit Verweis auf § 100 b). Eine Anordnung nach § 100 g unterliegt dem Richtervorbehalt, bei Gefahr im Verzug kann die Staatsanwaltschaft eine Anordnung treffen. Binnen dreier Werktage hat eine richterliche Bestätigung der staatsanwaltlichen Anordnung zu erfolgen, ansonsten tritt sie außer Kraft.

III. Verkehrsdaten nach § 96 TKG

7 Nach § 96 TKG werden Daten von den Diensteanbietern erhoben und gespeichert, um für Zwecke der **Entgeltermittlung** und **Entgeltabrechnung** verwendet zu werden, im Übrigen sind die Daten zu löschen. § 113 a TKG bildete hierzu eine Ausnahme, wonach bestimmte Daten unabhängig von dieser Zweckerfüllung gespeichert werden durften.

8 Nach § 96 Abs. 1 Nr. 1 TKG werden die **Nummer und Kennung** der beteiligten Anschlüsse oder der Endeinrichtung, personenbezogene Berechtigungskennungen, bei Verwendung von Kundenkarten auch die Kartennummer und bei mobilen Anschlüssen auch die Standortdaten erhoben. Unter **Standortdaten** ist die jeweilige Funkzelle zu verstehen, über welche die Verbindung hergestellt wurde. Nach Abs. 1 S. 3 ist die Erhebung der Standortdaten zulässig, wenn es sich um eine Straftat von auch im Einzelfall erheblichen Bedeutung handelt. Diese Maßnahme greift nicht auf die Normen zur Vorratsspeicherung nach § 113 a TKG zurück und wird damit von der Nichtigerklärung des BVerfG nicht erfasst und bleibt weiterhin zulässig. Bei Standortdaten nach § 96 TKG ist zu berücksichtigen, dass diese nur für den Fall der tatsächlichen Verbindung zu Abrechnungszwecken benötigt werden und Verbindungsversuche daher nicht gespeichert werden.

9 Nach Nr. 2 werden der Beginn und das Ende der jeweiligen **Verbindung** nach Datum und Uhrzeit und, soweit die Entgelte davon abhängen, die übermittelten Datenmengen erhoben. Außerdem werden der vom Nutzer in Anspruch genommene Telekommunikationsdienst, die Endpunkte von festgeschalteten Verbindungen, ihren Beginn und ihr Ende nach Datum und Uhrzeit und, soweit die Entgelte davon abhängen, die übermittelten Datenmengen und sonstige zum Aufbau und zur Aufrechterhaltung der Telekommunikation sowie die zur Entgeltabrechnung notwendigen Verkehrsdaten erhoben (Nr. 3–5).

10 In den Bereich des § 96 TKG fallen auch **IP-Adressen**, die bis zu 7 Tage[4] gespeichert werden können, wenn es um Fälle des Verdachts des Missbrauches von Telekommunikationsdiensten nach § 100 TKG geht.[5] **Personenbezogene Berechtigungskennungen**, wie die PIN und PUK, sind nach ihrer Definition zwar ebenfalls Verkehrsdaten, unterliegen aber dennoch nicht einer Anordnung nach § 100 g, sondern können im Rahmen der Auskunft nach § 113 TKG und der §§ 161, 163 StPO in Erfahrung gebracht werden.[6]

11 Nach § 96 Abs. 2 TGK sind die Daten nach dem Ende der Telekommunikationsverbindung **unverzüglich zu löschen**, wenn sie für eine weitere Verwendung nicht erforderlich sind. Unter bestimmten Voraussetzungen dürfen die Daten nach § 96 Abs. 3 mit Einwilligung des Betroffenen zu Vermarktungszwecken verwendet werden.

IV. Zielwahlsuche, Funkzellenabfrage

12 Die **Zielwahlsuche** ermittelt, wer einen bestimmten Telekommunikationsanschluss angerufen hat. Durch die Einführung des § 113 a TKG mit der Speicherung auf Vorhalt der Nummer des anrufenden Anschlusses sollte diese Ermittlungsmethode vereinfacht werden, da durch die Kenntnis des anrufenden Anschlusses eine Rasterung aller potentiellen Anschlüsse überflüssig würde. Nachdem aber das BVerfG § 113 a TKG für nichtig erklärt hat und alle entsprechenden Daten unverzüglich zu löschen sind, stehen die Informationen über anrufende Anschlüsse nicht mehr zu Verfügung. Die Behörden müssen daher zu der ursprünglichen Form der Ermittlung zurückgreifen, die nach Abs. 1 auch weiterhin zulässig bleibt.[7]

---

[4] LG Damstadt v. 6. 6. 2007 – 10 O 562/03, CR 2007, 574.
[5] BeckOK-TKG/*Graf* § 96 Rn. 3.
[6] BeckOK-TKG/*Graf* § 96 Rn. 20 f.
[7] BT-Drucks. 16/5846, S. 54.

Auch die **Funkzellenabfrage** ist weiterhin zulässig. In diesem Fall sind die Nummer oder sonstige Kennung der Zielperson bekannt und es können alle Mobilfunkteilnehmer ermittelt werden, die sich zu einer bestimmten Zeit in einer bestimmten Funkzelle aufgehalten haben. Nach Abs. 2 S. 2 ist die Funkzellenabfrage zulässig unter Beachtung der strengen Subsidiarität.[8]

V. Zugriff auf Bestandsdaten

Keine Verkehrsdaten im Sinne dieser Vorschrift sind die Bestandsdaten. Nach § 3 Nr. 3 TKG sind dies die Daten eines Teilnehmers, die für die Begründung, inhaltliche Ausgestaltung, Änderung oder Beendigung eines Vertragsverhältnisses über Telekommunikationsdienste erhoben werden. Verkehrsdaten sind hingegen Daten, die bei der Erbringung eines Telekommunikationsdienstes erhoben, verarbeitet oder genutzt werden (§ 3 Nr. 30 TKG). Die Bestandsdaten können im Wege des **automatisierten Auskunftsverfahrens** nach § 112 TKG abgefragt werden oder auch einzeln nach § 113 b S. 1 Hs. 2 TKG. Von der Entscheidung des BVerfG wird die Bestandsdatenauskunft nicht erfasst.[9] Zu den Bestandsdaten, die der Telekommunikationsdiensteanbieter für Zwecke der Auskunftsverfahren nach § 111 TKG zu erheben und zu speichern hat, zählen die Rufnummer und andere Anschlusskennungen, Name und Anschrift des Anschlussinhabers, Geburtsdatum, Anschrift des Anschlusses bei Festnetzanschlüssen, die Gerätenummer des Mobiltelefons, wenn ein solches überlassen wird und das Datum des Vertragsbeginns. Nach Ablauf des auf die Beendigung des Vertrages folgenden Kalenderjahres sind die Daten zu löschen (§ 111 Abs. TKG) und stehen dann für ein Auskunftsverlangen nicht mehr zur Verfügung.

Rechtsprechung und Schrifttum sind sich bislang uneinig was die Frage der Einordnung einer dynamischen IP-Adresse angeht. **Dynamische IP-Adressen** sind dadurch gekennzeichnet, dass sie nicht einem bestimmten Nutzer sondern einer bestimmten Nutzung zugeordnet sind. Nach Ablauf der konkreten Nutzung im Einzelfall, spätestens nach 24 Stunden, wird diese IP-Adresse der nächsten Nutzung zugeordnet. Eine Auskunft über den jeweiligen Nutzer kann daher nur über einen Datenabgleich durch den Provider erhalten werden. Überwiegend wird eine Auskunft über die hinter einer dynamischen IP-Adresse stehenden Bestandsdaten als Bestandsdatenabfrage eingeordnet.[10] Teilweise wurde in der Auskunft über diese Daten ein Eingriff in das Fernmeldegeheimnis gesehen und daher § 100g (aF) für einschlägig gehalten.[11] Begründet wird dies damit, dass das Fernmeldegeheimnis auch die näheren Umstände einer Telekommunikation schütze und dass die Verknüpfung der IP-Adresse mit den dahinter stehenden Nutzerdaten gerade diese näheren Umstände darstellen würde. Verkannt wird hierbei aber, dass eine Nutzung des Internets nicht zwingend in jedem Fall Telekommunikation ist und damit diese Zuordnung auch nicht immer nähere Umstände betreffen kann. Außerdem ist die Zuordnung vergleichbar mit dem Abgleich und der Einordnung einer Festnetznummer zu einer bestimmten Person. Daher kann die Auskunft über den Nutzer einer dynamischen IP-Adresse zu Recht im Rahmen einer Bestandsdatenabfrage erfolgen.

VI. Grenzen und Rechtsschutz

§ 100g wird als Ermittlungsmaßnahme von § 160a erfasst, der für bestimmte Fälle ein umfassendes Erhebungs- und Verwertungsverbot enthält. Betroffen sind Maßnahmen gegen Verteidiger, Abgeordnete und Geistliche, sofern sie nicht selbst Beschuldigter einer Katalogtat nach § 100a sind. Bei anderen Berufsgeheimnisträgern gilt nur ein relatives Beweisverbot. Denn die Möglichkeit, dass eine solche Person von der Ermittlungsmaßnahme betroffen wäre, ist lediglich im Rahmen der Verhältnismäßigkeit der Maßnahme zu berücksichtigen. Zu Einzelheiten siehe dort § 160a. Im Übrigen richtet sich die Zulässigkeit nachträglichen Rechtsschutzes nach § 101, nach dem die Beteiligten der Telekommunikationen einen Antrag auf Prüfung der Rechtmäßigkeit der Maßnahme innerhalb von zwei Wochen nach Benachrichtigung stellen können.

---

[8] Vgl. KK-StPO/*Nack* Rn. 5.
[9] BVerfG v. 28. 10. 2008 – 1 BvR 256/08, BVerfGE 122, 120 = NVwZ 2009, 96 ff.
[10] OVG Münster v. 17. 2. 2009 – 13 B 33/09 = MMR 2009, 424 f. bezeichnet diesen Vorgang als Deanonymisierung; LG Köln v. 25. 6. 2008 – 111 Qs 172/08 = StRR 2008, 322 mit Anm. *Popp*, jurisPR-ITR 18/2009; LG Konstanz v. 27. 10. 2006 – 4 Qs 92/06, MMR 2007, 193 f.; LG Hamburg v. 23. 6. 2005 – 631 Qs 43/05, MMR 2005, 711 ff.; LG Stuttgart v. 4. 1. 2005 – 13 Qs 89/04, NJW 2005, 614; LG Hechingen v. 19. 4. 2005 – 1 Qs 41/05, NJW-RR 2006, 1196; LG Würzburg v. 20. 9. 2005 – 5 Qs 248/05, NStZ-RR 2006, 46; LG Hamburg v. 23. 6. 2005 – 631 Qs 43/05, MMR 2005, 711; *Sankol* JuS 2006, 702; *Beck/Kreißig* NStZ 2007, 304 (307).
[11] LG Ulm v. 15. 10. 2003 – 1 Qs 1088/03, CR 2004, 35; LG Frankenthal v. 21. 5. 2008 – 6 O 156/08, MMR 2008, 687; LG Darmstadt v. 25. 11. 2006 – 5 S 118/05, CR 2006, 249; LG Bonn v. 21. 5. 2004 – 31 Qs 65/04, DuD 2004, 628; LG Bonn v. 21. 5. 2004 – 31 Qs 65/04, DuD 2004, 628; *Bär* MMR 2002, 358 ff.; *ders.* MMR 2000, 479; *ders.* EDV-Beweissicherung, Rn. 16, 205 ff.; *Gercke* Anm. zu LG Stuttgart v. 4. 1. 2005 – 13 Qs 89/04, StraFo 2005, 244 ff.; *Gercke* Anm. zu LG Stuttgart v. 4. 1. 2005 – 13 Qs 89/04, CR 2005, 599; *Gnirck/Lichtenberg* DuD 2004, 598; *Ströring* Anm. zu LG Konstanz v. 27. 10. 2006 – 4 Qs 92/06, MMR 2007, 195; *Wiebe* MMR 2005, 828; *Wohlers/Demko* StV 2003, 241 ff.

§ 100h 1–3

17   Welche Auswirkungen das Urteil des BVerfG vom 2. 3. 2010 in Bezug auf die Annahme von Beweisverwertungsverboten haben wird, bleibt abzuwarten. Festzustellen ist jedenfalls, dass die Nichtigerklärung des BVerfG zur Folge hat, dass die Verkehrsdaten, die nach § 113a TKG gespeichert waren, von Anfang an ohne rechtliche Befugnis verwendet wurden, da in einem laufenden Verfahren grundsätzlich die neue Rechtslage maßgeblich ist.[12] Hieraus dürfte jedoch nicht zwangsläufig ein allgemein gültiges Beweisverwertungsverbot folgen.

§ 100h [Weitere Maßnahmen außerhalb von Wohnungen]

(1) [1] Auch ohne Wissen der Betroffenen dürfen außerhalb von Wohnungen
1. Bildaufnahmen hergestellt werden,
2. sonstige besondere für Observationszwecke bestimmte technische Mittel verwendet werden,

wenn die Erforschung des Sachverhalts oder die Ermittlung des Aufenthaltsortes eines Beschuldigten auf andere Weise weniger erfolgversprechend oder erschwert wäre. [2] Eine Maßnahme nach Satz 1 Nr. 2 ist nur zulässig, wenn Gegenstand der Untersuchung eine Straftat von erheblicher Bedeutung ist.

(2) [1] Die Maßnahmen dürfen sich nur gegen einen Beschuldigten richten. [2] Gegen andere Personen sind
1. Maßnahmen nach Absatz 1 Nr. 1 nur zulässig, wenn die Erforschung des Sachverhalts oder die Ermittlung des Aufenthaltsortes eines Beschuldigten auf andere Weise erheblich weniger erfolgversprechend oder wesentlich erschwert wäre,
2. Maßnahmen nach Absatz 1 Nr. 2 nur zulässig, wenn auf Grund bestimmter Tatsachen anzunehmen ist, dass sie mit einem Beschuldigten in Verbindung stehen oder eine solche Verbindung hergestellt wird, die Maßnahme zur Erforschung des Sachverhalts oder zur Ermittlung des Aufenthaltsortes eines Beschuldigten führen wird und dies auf andere Weise aussichtslos oder wesentlich erschwert wäre.

(3) Die Maßnahmen dürfen auch durchgeführt werden, wenn Dritte unvermeidbar mitbetroffen werden.

Schrifttum: *Comes*, Der Fluch der kleinen Schritte – Wie weit tragen die Legitimationsgrundlagen der StPO bei Observationsmaßnahmen?, StV 1998, 569; *Kühne*, Zur Frage, ob das Gewinnen von Beweisen mit Hilfe des Global Positioning System mit StPO § 100c Abs. 1 Nr. 1 Buchst b zu vereinbaren ist, JZ 2001, 1148.

I. Allgemeines

1   Nach § 100h sind sowohl der Einsatz sonstiger technischer Mittel, die für Observationszwecke bestimmt sind, als auch die Herstellung von Bildaufnahmen zulässig. Die technischen Mittel dienen nur zur Ermittlung des Sachverhaltes und nicht etwa zur Spurensicherung für Zwecke der Beweissicherung.[1] Die Maßnahme ist „auch ohne Wissen" des Betroffenen zulässig. Erfährt der Betroffene während der Durchführung von der Maßnahme, wird diese hierdurch nicht unzulässig. Diese Ermittlungsmaßnahme betrifft die Überwachung des Betroffenen außerhalb des geschützten Wohnraumes.

II. Eingriffsvoraussetzungen

2   Im Hinblick auf die Zulässigkeit muss unterschieden werden zwischen dem Herstellen von Bildaufnahmen und dem Einsatz sonstiger technischer Mittel für Zwecke der Observation. **Bildaufnahmen** dürfen außerhalb von Wohnungen auch ohne Wissen des Betroffenen hergestellt werden, wenn der Verdacht einer Straftat besteht und die Erforschung des Sachverhaltes oder die Ermittlung des Aufenthaltsortes eines Beschuldigten auf andere Weise weniger erfolgversprechend oder erschwert wäre (**Subsidiaritätsklausel**). Eine bestimmte Anlasstat ist nicht erforderlich, daher ist das Herstellen von Bildaufnahmen für die Aufklärung **jeder Straftat** zulässig.

3   Der Einsatz sonstiger technischer Mittel für Zwecke der Observation ist darüber hinaus nur zulässig, wenn sich der Tatverdacht auf eine Straftat von erheblicher Bedeutung bezieht. Was unter einer **Straftat von erheblicher Bedeutung** zu verstehen ist, wird in der StPO nicht definiert. Da andere verdeckte Ermittlungsmaßnahmen in der Regel auf einen Katalog von Taten Bezug nehmen, lässt sich hieraus nicht ableiten, welche Straftaten im Einzelnen erhebliche Bedeutung aufweisen. Das BVerfG definiert diesen unbestimmten Rechtsbegriff in der Weise, dass eine Straftat zumindest dem Bereich mittlerer Kriminalität angehören muss und der Rechtsfrieden sowie das

---

[12] BGH v. 27. 11. 2008 – 3 StR 342/08 mwN, NStZ 2009, 224.
[1] KK-StPO/*Nack* Rn. 2.

Achter Abschnitt. Beschlagnahme, Überwachung, Durchsuchung usw. 4–7 § 100h

Gefühl der Rechtssicherheit in der Bevölkerung erheblich gestört werden.[2] Anhaltspunkte für die Entscheidung, ob eine Straftat von erheblicher Bedeutung vorliegt, könnte nach dem BVerfG sein, ob es sich um Fälle der organisierten Kriminalität handelt. Das Merkmal „**erheblich**" ist jedenfalls nicht auf Verbrechen beschränkt.[3] Das Schrifttum liefert keine einheitliche Definition der Straftat von erheblicher Bedeutung und sucht lediglich im Einzelfall nach Erklärungen. Ausgegrenzt werden zB Fahrlässigkeitsdelikte und minder schwere Fälle.[4] Das Vorliegen eines Verbrechens oder eine wiederholte Tatbegehung solle jedenfalls nicht automatisch zur Annahme einer Straftat von erheblicher Bedeutung führen.[5] Als Anhaltspunkte könnten die Art und Ausführung der Tat, Persönlichkeit des Beschuldigten und sonstige Erkenntnisse herangezogen werden.[6]

Einigkeit besteht daher, dass **Bagatelldelikte** in jedem Fall ausscheiden, der Verbrechenscharakter nicht zwingend ausschlaggebend ist und dass auch die Versuchsstrafbarkeit ausreichend sein kann. Die Beurteilung muss in jedem Einzelfall durchgeführt werden und kann nicht pauschal wegen des Vorliegens eines bestimmten Deliktes ausfallen. 4

Die Herstellung von Bildaufnahmen darf sich gegen den **Beschuldigten** und gegen andere Personen richten, wenn die Erforschung des Sachverhalts oder die Ermittlung des Aufenthaltsortes eines Beschuldigten auf andere Weise erheblich weniger erfolgversprechend oder wesentlich erschwert wäre. Geht es um den Einsatz sonstiger technischer Mittel für Observationszwecke gegen **andere Personen** als den Beschuldigten verlangt Abs. 2 S. 1 Nr. 2, dass auf Grund bestimmter Tatsachen anzunehmen ist, dass die andere Person mit einem Beschuldigten in Verbindung steht oder eine solche Verbindung hergestellt wird und über die einfache Subsidiarität hinaus die Maßnahme zur Erforschung des Sachverhalts oder zur Ermittlung des Aufenthaltsortes eines Beschuldigten führen wird. 5

III. Einzelfälle

Viel diskutiert und mittlerweile in Rechtsprechung und Literatur anerkannt ist der Einsatz des **GPS** (Global Positioning System) als sonstiges Mittel im Sinne des § 100h.[7] Die Rechtsprechung hält nicht nur den Einsatz als solchen sondern auch das Ausstatten eines Gegenstandes mit einem GPS-Empfänger als Annexkompetenz zu § 100h für zulässig.[8] Diese Ausstattung ist überhaupt erst Voraussetzung dafür, GPS Daten zu erhalten um diese für eine Positionsbestimmung nutzen zu können. Der Einsatz GPS gestützter Technik ist nicht kritiklos vom Schrifttum aufgenommen worden.[9] Kritisiert wird, dass im Hinblick auf das Anbringen des GPS-Empfängers von „notwendigen Begleitmaßnahmen"[10] gesprochen wird, da erst das Anbringen die Maßnahme als solche möglich mache.[11] Außerdem müsse das technische Mittel besonders für Observationszwecke bestimmbar sein. Hier kann festgestellt werden, dass das GPS ursprünglich für eine reine Standortbestimmung bestimmt war, es aber aufgrund seiner Funktionsweise besonders für Observationszwecke geeignet erscheint, so dass die weite Formulierung des § 100h einen Einsatz von GPS Technik zulässt. 6

IV. Grenzen, Rechtsschutz

Verwertungsverbote ergeben sich aus den allgemeinen Regelungen sowie aus den §§ 148, 160a. Betroffen sind Maßnahmen gegen Verteidiger, Abgeordnete und Geistliche, sofern sie nicht selbst Beschuldigter einer Straftat sind. Bei anderen Berufsgeheimnisträgern gilt nur ein relatives Beweisverbot. Denn die Möglichkeit, dass eine solche Person von der Ermittlungsmaßnahme betroffen wäre, ist lediglich im Rahmen der Verhältnismäßigkeit der Maßnahme zu berücksichtigen. Zu Einzelheiten siehe dort § 160a. Im Übrigen richtet sich die Zulässigkeit nachträglichen Rechtsschutzes nach § 101. Hiernach können die Beteiligten der Telekommunikationen einen Antrag auf Prüfung der Rechtmäßigkeit der Maßnahme innerhalb von zwei Wochen nach Benachrichtigung. 7

---

[2] BVerfG v. 14. 12. 2000 – 2 BvR 1741/99, 2 BvR 276/00, 2 BvR 2061/00, BVerfGE 103, 21 (34) = NJW 2001, 879.
[3] BVerfG v. 3. 3. 2004 – 1 BvR 2378/98, 1 BvR 1084/99, BVerfGE 109, 279 (346) = NJW 2004, 999.
[4] SK-StPO/*Rogall* § 81g Rn. 21.
[5] SK-StPO/*Rogall* § 81g Rn. 22 ff.
[6] SK-StPO/*Rogall* § 81g Rn. 40, 41.
[7] BVerfG v. 12. 4. 2005 – 2 BvR 581/01, BVerfGE 112, 304 ff. = NJW 2005, 1338; BGH v. 11. 4. 1997 – 1 BGs 88/97, 2 BJs 321/95 – 2 – 1 BGs 88/97, 2 BJs 51/96 – 2 – 1 BGs 88/97, NJW 1997, 2189; OLG Düsseldorf v. 12. 12. 1997 – IV 1/97, JR 1999, 255; *Comes* StV 1998, 569; Meyer-Goßner/*Cierniak* Rn. 2.
[8] BVerfG v. 12. 4. 2005 – 2 BvR 581/01, BVerfGE 112, 304 ff. = NJW 2005, 1338; BGH v. 11. 4. 1997 – 1 BGs 88/97, 2 BJs 321/95 – 2 – 1 BGs 88/97, 2 BJs 51/96 – 2 – 1 BGs 88/97, NJW 1997, 2189.
[9] *Bernsmann* Anm. zu BGH v. 24. 1. 2001 – 3 StR 324/00, StV 2001, 382; *Comes* StV 1998, 569; *Gusy* Anm. zu OLG Düsseldorf v. 12. 12. 1997, StV 1998, 526; *Kühne* JZ 2001, 1148.
[10] BGH v. 21. 2. 2001 – 2 BGs 42/01, StV 2001, 216.
[11] *Bernsmann* aaO.

§ 100i [Maßnahmen bei Mobilfunkendgeräten]

(1) Begründen bestimmte Tatsachen den Verdacht, dass jemand als Täter oder Teilnehmer eine Straftat von auch im Einzelfall erheblicher Bedeutung, insbesondere eine in § 100a Abs. 2 bezeichnete Straftat, begangen hat, in Fällen, in denen der Versuch strafbar ist, zu begehen versucht hat oder durch eine Straftat vorbereitet hat, so dürfen durch technische Mittel
1. die Gerätenummer eines Mobilfunkendgerätes und die Kartennummer der darin verwendeten Karte sowie
2. der Standort eines Mobilfunkendgerätes

ermittelt werden, soweit dies für die Erforschung des Sachverhalts oder die Ermittlung des Aufenthaltsortes des Beschuldigten erforderlich ist.

(2) [1] Personenbezogene Daten Dritter dürfen anlässlich solcher Maßnahmen nur erhoben werden, wenn dies aus technischen Gründen zur Erreichung des Zwecks nach Absatz 1 unvermeidbar ist. [2] Über den Datenabgleich zur Ermittlung der gesuchten Geräte- und Kartennummer hinaus dürfen sie nicht verwendet werden und sind nach Beendigung der Maßnahme unverzüglich zu löschen.

(3) [1] § 100a Abs. 3 und § 100b Abs. 1 Satz 1 bis 3, Abs. 2 Satz 1 und Abs. 4 Satz 1 gelten entsprechend. [2] Die Anordnung ist auf höchstens sechs Monate zu befristen. [3] Eine Verlängerung um jeweils nicht mehr als sechs weitere Monate ist zulässig, soweit die in Absatz 1 bezeichneten Voraussetzungen fortbestehen.

Schrifttum: *Comes*, Der Fluch der kleinen Schritte – Wie weit tragen die Legitimationsgrundlagen der StPO bei Observationsmaßnahmen?, StV 1998, 569; *Gercke*, Rechtliche Probleme durch den Einsatz des IMSI-Catchers, MMR 2003, 453; *Kühne*, Zur Frage, ob das Gewinnen von Beweisen mit Hilfe des Global Positioning System mit StPO § 100c Abs. 1 Nr. 1 Buchst. b zu vereinbaren ist, JZ 2001, 1148.

I. Allgemeines

1 § 100i gestattet den Behörden den Einsatz technischer Mittel zur Ermittlung des Standortes eines Mobiltelefons oder zur Ermittlung der Gerätenummer. Der Einsatz des sog. IMSI-Catchers wurde 2002 ins Gesetz aufgenommen[1] und ist seit dem ausdrücklich gesetzlich erlaubt. Die reine Standortermittlung war vor den Änderungen durch das Gesetz zur Neuregelung der StPO[2] daran geknüpft, dass diese zur vorläufigen Festnahme nach § 127 oder zur Ergreifung des Täters aufgrund eines Haftbefehls dient. Diese Voraussetzungen sind entfallen. Die vorherige ausdrückliche Zulässigkeit der Maßnahme zur Eigensicherung der mit einer Festnahme betrauten Person ist trotz des gegenwärtigen Wortlautes auch weiterhin geblieben, da der Einsatz des IMSI-Catchers zur Eigensicherung dazu dienen würde, den Aufenthaltsort des Beschuldigten zu ermitteln und diese Verwendung ausdrücklich zulässig sei.[3]

2 Der Einsatz des IMSI-Catchers dient zum einen dazu, eine Maßnahme nach § 100a vorzubereiten, indem die für die Überwachung des Mobilfunks erforderliche IMEI oder IMSI-Nummer ermittelt werden. Der IMSI-Catcher ist ein Messgerät, das bei seinem Einsatz eine Funkzelle vortäuscht.[4] Die Mobiltelefone, die sich während des Einsatzes in seiner Nähe befinden, werden von dem Gerät aufgefordert, sich anzumelden, wodurch die Bestimmung der Position des Mobiltelefons möglich wird. Nicht zulässig ist der Einsatz des Catchers als Endgerät, um Gespräche mit den Mobiltelefonen abzuhören. Durch die **Funktionsweise** des IMSI-Catchers werden unweigerlich völlig unbeteiligte Personen von dieser Maßnahme betroffen, sobald sie sich in dem Umkreis des Catchers befinden. Handelsübliche Mobilfunkgeräte können im ausgeschalteten Zustand durch den IMSI-Catcher nicht geortet werden. Ermittelt wird lediglich der Standort, an dem sich das Telefon zuletzt im aktiven Zustand befand. Der Einsatz eines IMSI-Catchers lässt damit grundsätzlich die Erstellung von ganzen Bewegungsprofilen zu. Für diesen Zweck ist das Gerät aber nicht ausdrücklich gesetzlich legitimiert.

3 Durch die Begriffe „**technische Geräte**" wird der Einsatzbereich grundsätzlich für neue technische Entwicklungen offen gehalten und gestattet nicht zwingend nur den Einsatz des IMSI-Catchers. Andere technische Geräte, den dem Zweck ebenfalls genügen, könnten daher ebenfalls unter diese Norm fallen.

4 Das BVerfG sieht in der Anwendung des § 100i bislang keinen Eingriff in das Fernmeldegeheimnis nach Art. 10 GG,[5] da es sich nicht um einen „menschlich veranlassten Informationsaus-

---

[1] Durch Gesetz zur Änderung der StPO v. 6. 8. 2002, BGBl. I S. 3018.
[2] Gesetz zur Neuregelung der Telekommunikationsüberwachung und anderer verdeckter Ermittlungsmaßnahmen sowie zur Umsetzung der Richtlinie 2006/24/EG, BGBl. I S. 3198.
[3] BR-Drucks. 275/07, S. 128.
[4] Zur Funktionsweise näher *Gercke* MMR 2003, 454.
[5] BVerfG v. 22. 8. 2006 – 2 BvR 1345/03, BVerfGK 9, 62–83 = NJW 2007, 351.

tausch, der sich auf Kommunikationsinhalte bezieht" handelt. Verfassungsrechtliche Bedenken[6] wurden u. a. durch umfangreiche Änderungen der Benachrichtigungspflichten ausgeräumt.

Voraussetzung für den Einsatz technischer Mittel ist, dass der Verdacht einer auch im Einzelfall erheblichen Straftat vorliegt. Insbesondere bei **Katalogstraftaten** des § 100a liegt eine solche Straftat vor, wenn sie auch im konkreten Einzelfall erheblich ist. Diese Formulierung des § 100i ermöglicht den Behörden, technische Mittel nach § 100i auch bei anderen, nicht in § 100a aufgeführten Straftaten einzusetzen. Im Vorfeld muss geprüft werden, ob es sich auch im konkreten Einzelfall um eine erhebliche Straftat handelt. Die Eingriffsvoraussetzungen sind damit dem § 100a nachgebildet. Ausreichend ist der strafbare Versuch oder die Vorbereitung durch eine Straftat. 5

Die Maßnahme darf sich nur gegen den Beschuldigten richten oder gegen Personen, die in einer Beziehung zu dem Beschuldigten stehen und der Verdacht besteht, dass sie von diesem Nachrichten entgegennehmen oder an ihn weiterleiten (durch Verweis auf § 100a Abs. 3). Sie muss der Erforschung des Sachverhalts oder für die Ermittlung des Aufenthaltsortes des Beschuldigten erforderlich sein. Der Einsatz des Catchers unterliegt damit der einfachen **Subsidiarität**. 6

Durch einen umfangreichen Verweis auf Regelungen des § 100b liegt die **Anordnungskompetenz** beim Richter und bei Gefahr im Verzug bei der Staatsanwaltschaft. Die Anordnung der Staatsanwaltschaft ist ebenfalls binnen dreier Werktage richterlich zu bestätigen, ansonsten tritt sie außer Kraft. Liegen die Anordnungsvoraussetzungen nicht mehr vor, ist die Maßnahme unverzüglich zu beenden. Der Einsatz ist auf längstens 6 Monate zu **befristen**. Eine Verlängerung ist jedoch bei Vorliegen der Voraussetzungen um weitere 6 Monate zulässig. Eine maximale Begrenzung der Verlängerungsmöglichkeiten gibt das Gesetz nicht vor. Personenbezogene Daten sind nach Beendigung der Maßnahme unverzüglich zu **löschen**. 7

Mitwirkungspflichten sind in § 100i nicht geregelt. Zur Vorbereitung einer Maßnahme nach § 100a, sind die Telekommunikationsdiensteanbieter bereits nach § 100b Abs. 3 verpflichtet. Dieser findet Anwendung, auch wenn auf ihn durch § 100i nicht ausdrücklich verwiesen wird. 8

§ 100i wird als Ermittlungsmaßnahme von § 160a erfasst, der für bestimmte Fälle ein umfassendes **Erhebungs- und Verwertungsverbot** enthält. Betroffen sind Maßnahmen gegen Verteidiger, Abgeordnete und Geistliche, sofern sie nicht selbst Beschuldigter einer Katalogtat nach § 100a sind. Bei anderen Berufsgeheimnisträgern gilt nur ein relatives Beweisverbot. Denn die Möglichkeit, dass eine solche Person von der Ermittlungsmaßnahme betroffen wäre, ist lediglich im Rahmen der Verhältnismäßigkeit der Maßnahme zu berücksichtigen. Zu Einzelheiten siehe dort § 160a. 9

Im Übrigen richtet sich die Zulässigkeit **nachträglichen Rechtsschutzes** nach § 101. Hiernach können die Beteiligten der Telekommunikationen einen Antrag auf Prüfung der Rechtsmäßigkeit der Maßnahme innerhalb von zwei Wochen nach Benachrichtigung. 10

§ 101 [Benachrichtigung von Maßnahmen, Personenbezogene Daten]

(1) Für Maßnahmen nach den §§ 98a, 99, 100a, 100c bis 100i, 110a, 163d bis 163f gelten, soweit nichts anderes bestimmt ist, die nachstehenden Regelungen.

(2) ¹Entscheidungen und sonstige Unterlagen über Maßnahmen nach den §§ 100c, 100f, 100h Abs. 1 Nr. 2 und § 110a werden bei der Staatsanwaltschaft verwahrt. ²Zu den Akten sind sie erst zu nehmen, wenn die Voraussetzungen für eine Benachrichtigung nach Absatz 5 erfüllt sind.

(3) ¹Personenbezogene Daten, die durch Maßnahmen nach Absatz 1 erhoben wurden, sind entsprechend zu kennzeichnen. ²Nach einer Übermittlung an eine andere Stelle ist die Kennzeichnung durch diese aufrechtzuerhalten.

(4) ¹Von den in Absatz 1 genannten Maßnahmen sind im Falle
1. des § 98a die betroffenen Personen, gegen die nach Auswertung der Daten weitere Ermittlungen geführt wurden,
2. des § 99 der Absender und der Adressat der Postsendung,
3. des § 100a die Beteiligten der überwachten Telekommunikation,
4. des § 100c
    a) der Beschuldigte, gegen den sich die Maßnahme richtete,
    b) sonstige überwachte Personen,

---

[6] SK-StPO/*Wolter*, 4. Aufl., Rn. 13 f.

c) Personen, die die überwachte Wohnung zur Zeit der Durchführung der Maßnahme innehatten oder bewohnten,
5. des § 100 f die Zielperson sowie die erheblich mitbetroffenen Personen,
6. des § 100 g die Beteiligten der betroffenen Telekommunikation,
7. des § 100 h Abs. 1 die Zielperson sowie die erheblich mitbetroffenen Personen,
8. des § 100 i die Zielperson,
9. des § 110 a
   a) die Zielperson,
   b) die erheblich mitbetroffenen Personen,
   c) die Personen, deren nicht allgemein zugängliche Wohnung der Verdeckte Ermittler betreten hat,
10. des § 163 d die betroffenen Personen, gegen die nach Auswertung der Daten weitere Ermittlungen geführt wurden,
11. des § 163 e die Zielperson und die Person, deren personenbezogene Daten gemeldet worden sind,
12. des § 163 f die Zielperson sowie die erheblich mitbetroffenen Personen

zu benachrichtigen. ²Dabei ist auf die Möglichkeit nachträglichen Rechtsschutzes nach Absatz 7 und die dafür vorgesehene Frist hinzuweisen. ³Die Benachrichtigung unterbleibt, wenn ihr überwiegende schutzwürdige Belange einer betroffenen Person entgegenstehen. ⁴Zudem kann die Benachrichtigung einer in Satz 1 Nr. 2, 3 und 6 bezeichneten Person, gegen die sich die Maßnahme nicht gerichtet hat, unterbleiben, wenn diese von der Maßnahme nur unerheblich betroffen wurde und anzunehmen ist, dass sie kein Interesse an einer Benachrichtigung hat. ⁵Nachforschungen zur Feststellung der Identität einer in Satz 1 bezeichneten Person sind nur vorzunehmen, wenn dies unter Berücksichtigung der Eingriffsintensität der Maßnahme gegenüber dieser Person, des Aufwands für die Feststellung ihrer Identität sowie der daraus für diese oder andere Personen folgenden Beeinträchtigungen geboten ist.

(5) ¹Die Benachrichtigung erfolgt, sobald dies ohne Gefährdung des Untersuchungszwecks, des Lebens, der körperlichen Unversehrtheit und der persönlichen Freiheit einer Person und von bedeutenden Vermögenswerten, im Fall des § 110 a auch der Möglichkeit der weiteren Verwendung des Verdeckten Ermittlers möglich ist. ²Wird die Benachrichtigung nach Satz 1 zurückgestellt, sind die Gründe aktenkundig zu machen.

(6) ¹Erfolgt die nach Absatz 5 zurückgestellte Benachrichtigung nicht binnen zwölf Monaten nach Beendigung der Maßnahme, bedürfen weitere Zurückstellungen der gerichtlichen Zustimmung. ²Das Gericht bestimmt die Dauer weiterer Zurückstellungen. ³Es kann dem endgültigen Absehen von der Benachrichtigung zustimmen, wenn die Voraussetzungen für eine Benachrichtigung mit an Sicherheit grenzender Wahrscheinlichkeit auch in Zukunft nicht eintreten werden. ⁴Sind mehrere Maßnahmen in einem engen zeitlichen Zusammenhang durchgeführt worden, so beginnt die in Satz 1 genannte Frist mit der Beendigung der letzten Maßnahme. ⁵Im Fall des § 100 c beträgt die in Satz 1 genannte Frist sechs Monate.

(7) ¹Gerichtliche Entscheidungen nach Absatz 6 trifft das für die Anordnung der Maßnahme zuständige Gericht, im Übrigen das Gericht am Sitz der zuständigen Staatsanwaltschaft. ²Die in Absatz 4 Satz 1 genannten Personen können bei dem nach Satz 1 zuständigen Gericht auch nach Beendigung der Maßnahme bis zu zwei Wochen nach ihrer Benachrichtigung die Überprüfung der Rechtmäßigkeit der Maßnahme sowie der Art und Weise ihres Vollzugs beantragen. ³Gegen die Entscheidung ist die sofortige Beschwerde statthaft. ⁴Ist die öffentliche Klage erhoben und der Angeklagte benachrichtigt worden, entscheidet über den Antrag das mit der Sache befasste Gericht in der das Verfahren abschließenden Entscheidung.

(8) ¹Sind die durch die Maßnahme erlangten personenbezogenen Daten zur Strafverfolgung und für eine etwaige gerichtliche Überprüfung der Maßnahme nicht mehr erforderlich, so sind sie unverzüglich zu löschen. ²Die Löschung ist aktenkundig zu machen. ³Soweit die Löschung lediglich für eine etwaige gerichtliche Überprüfung der Maßnahme zurückgestellt ist, dürfen die Daten ohne Einwilligung der Betroffenen nur zu diesem Zweck verwendet werden; sie sind entsprechend zu sperren.

Schrifttum: *Löffelmann*, Der Rechtsschutz gegen Ermittlungsmaßnahmen, StV 2009, 379; *Meyer/Rettenmaier*, Zur Praxis des nachträglichen Rechtsschutzes gegen strafprozessuale Zwangsmaßnahmen – Rückkehr der prozessualen Überholung?, NJW 2009, 1238–1243; *Puschke/Singelnstein*, Telekommunikationsüberwachung, Vorratsdatenspeicherung und (sonstige) heimliche Ermittlungsmaßnahmen der StPO nach der Neuregelung zum 1. 1. 2008, NJW 2008, 113; *Schmidt*, Zur Bindungswirkung strafprozessualer Beschwerdeentscheidungen für das erkennende Gericht, NStZ 2009, 243; *Singelnstein*, Rechtsschutz gegen heimliche Ermittlungen nach Einführung des § 101 VII S. 2–4 StPO, NStZ 2009, 481; *Zöller*, Heimlichkeit als System, StraFo 2008, 15.

I. Allgemeines

Die Vorschrift des § 101 wurde durch das Gesetz zur Neuregelung der Telekommunikationsüberwachung und anderer verdeckten Ermittlungen sowie zur Umsetzung der Richtlinie 2006/24/EG zum 1. 1. 2008[1] umfassend geändert und zu einer zusammenfassenden Verfahrensvorschrift geformt. Mit Ausnahme einer nach §§ 161, 163 zulässigen kurzfristigen Observation umfasst § 101 jegliche verdeckte Ermittlungsmaßnahme aus der StPO. § 101 enthält die Verpflichtung, einen bestimmten Personenkreis von der Durchführung einer verdeckten Ermittlungsmaßnahme zu benachrichtigen. Personenbezogene Daten sind darüber hinaus zu kennzeichnen. Schließlich wird den betroffenen Personen ein nachträgliches Rechtsmittel zuerkannt.

II. Kennzeichnungspflichten

Nach Abs. 3 sind personenbezogene Daten, die durch die in Abs. 1 aufgezählten verdeckten Ermittlungsmaßnahmen erhoben wurden, entsprechend zu kennzeichnen um eine ordnungsgemäße Verwendung der personenbezogenen Daten zu gewährleisten. Die **Kennzeichnung** ist aufrechtzuerhalten, auch wenn die Daten an eine andere Stelle übermittelt werden. Bedeutung hat die weiter bestehende Kennzeichnungspflicht im Hinblick auf die Verwendung der Daten zu Beweiszwecken in anderen Strafverfahren nach § 477 Abs. 2 S. 2. Personenbezogene Daten aus Maßnahmen, die nur bei Verdacht bestimmter Straftaten zulässig sind, dürfen ohne Einwilligung des Betroffenen nur zur Aufklärung solcher bestimmter Straftaten zu Beweiszwecken verwendet werden. Für die Zulässigkeit der Verwendung zu Beweiszwecken in anderen Strafverfahren ist es daher unerlässlich, die Herkunft der Daten auch nach Abschluss der Ermittlungen klären zu können.

III. Benachrichtigungspflicht

Nach Abs. 4 sind bestimmte Personen von der Durchführung der Maßnahmen zu benachrichtigen. Vor Neuregelung des § 101 bestanden erhebliche Unsicherheiten, welche Personen im Einzelnen konkret zu benachrichtigen sind. Die umfassende Regelung in Abs. 4 soll dieser entgegenwirken. Bei der Benachrichtigung ist auf die Möglichkeit nachträglichen Rechtsschutzes nach Abs. 7 sowie auf die dafür vorgesehene Frist hinzuweisen.

Im Einzelnen sind bei der Rasterfahndung nach § 98a und der Netzfahndung nach § 163d nur die **betroffenen Personen** zu benachrichtigen, gegen die nach der Auswertung der Daten weitere Ermittlungen geführt werden. Bei der Postbeschlagnahme nach § 99 sind sowohl der Absender als auch der Adressat der Postsendung zu benachrichtigen. Bei Maßnahmen nach §§ 100a, 100g sind die **Beteiligten der Telekommunikation** zu benachrichtigen. Wer im Einzelnen Beteiligter ist, wird nicht in § 101 definiert. Hierunter dürften jedenfalls die einzelnen Gesprächspartner sowie der Nachrichtenmittler im Sinne des § 100a fallen, also auch der Nachbar, der dem Beschuldigten sein Telefon zur Nutzung überlässt. Bei der Erhebung von Verkehrsdaten sind die einzelnen Täter oder auch Teilnehmer einer Straftat beteiligte. Über eine durchgeführte akustische Wohnraumüberwachung nach § 100c sind zunächst der Beschuldigte sowie sonstige überwachte Personen zu benachrichtigen als auch die Personen, die die Wohnung zur Zeit der Durchführung innehatten oder bewohnten. Damit fallen in den Kreis der zu benachrichtigen Personen auch der Wohnungsinhaber, der tatsächlich nicht überwacht wurde. Gerechtfertigt ist die Benachrichtigungspflicht dennoch, da es sich bei der akustischen Wohnraumüberwachung um einen Eingriff in das von Art. 13 GG geschützte Recht auf Unverletzlichkeit der Wohnung handelt. Beim Einsatz der IMSI-Catchers nach § 100i ist lediglich die **Zielperson** zu benachrichtigen. Zielperson ist hier einzig der Beschuldigte. Personen, deren Mobiltelefon sich zur Zeit der Maßnahme ebenfalls bei dem IMSI-Catcher meldete, brauchen nicht benachrichtigt zu werden.

Bei der akustischen Überwachung außerhalb von Wohnungen nach § 100f und den sonstigen Maßnahmen außerhalb von Wohnungen nach § 100h sowie der Längerfristigen Observation nach § 163f sind die Zielperson sowie die **erheblich mitbetroffenen Personen** zu benachrichtigen. Zusätzlich sind bei dem Einsatz Verdeckter Ermittler auch die Personen zu benachrichtigen, deren nicht allgemein zugängliche Wohnung der Verdeckte Ermittler betreten hat.

Nach der Gesetzesbegründung liegt eine erhebliche Mitbetroffenheit vor, wenn sich die Person für eine gewisse Zeit zu den überwachten Personen gesellt und deren Kommunikationsbeiträge in erheblichem Umfang miterfasst würden.[2] Damit wird klargestellt, dass eine bloß zufällige kurze Begegnung der Zielperson mit einer anderen Person wie eine flüchtige Begrüßung wohl nicht ausreichen dürfte.

---

[1] BGBl. I S. 3198.
[2] BR-Drucks. 275/07, S. 133.

IV. Zurückstellung

7 Die Benachrichtigungspflicht wird durch Abs. 4 eingeschränkt. Danach hat eine Benachrichtigung zu unterbleiben, wenn ihr überwiegende schutzwürdige Belange einer betroffenen Person gegenüberstehen. **Schutzwürdige Belange** werden in der Gesetzesbegründung nur beispielhaft genannt. So könnte eine Benachrichtigung des Nachrichtenmittlers (§ 100 a) oder eines an der Straftat unbeteiligten Geschäftspartners unterbleiben.[3] Erforderlich ist im Einzelfall eine Abwägung der widerstreitenden Interessen.

8 Weitere Möglichkeit, von einer Benachrichtigung abzusehen, besteht nach Abs. 4 S. 4. Es steht im Ermessen der Behörden, die Benachrichtigung von bestimmten Personen zu unterlassen, wenn diese von der Maßnahme nur **unerheblich betroffen** wurden und anzunehmen ist, dass sie kein Interesse an einer Benachrichtigung haben. Im Einzelnen geht es um Personen, die von einer Postbeschlagnahme, einer Telekommunikationsüberwachung oder einer Verkehrsdatenerhebung betroffen wurden, gegen die sich die Maßnahme aber nicht richtete. Eine Benachrichtigung hat darüber hinaus nicht um jeden Preis zu erfolgen. So bestimmt Abs. 4 S. 5, dass **Nachforschungen** zur Ermittlung der Identität der betroffenen Personen nicht um jeden Preis zu erfolgen haben.

9 Die Benachrichtigung hat nach Abs. 5 zu erfolgen, sobald dies ohne Gefährdung des Untersuchungszwecks, des Lebens, der körperlichen Unversehrtheit und der persönlichen Freiheit einer Person und von bedeutenden Vermögenswerten möglich ist. Im Falle des Einsatzes eines Verdeckten Ermittlers muss zusätzlich die weitere Verwendung des Verdeckten Ermittlers möglich sein. Solange diese Voraussetzungen nicht erfüllt sind, kann die Benachrichtigung zurückgestellt werden. Die Gründe hierfür sind aktenkundig zu machen. Eine **Zurückstellung** nach Abs. 5 unterliegt anders als eine solche nach Abs. 4 einer gerichtlichen Kontrolle. Abzustellen ist auf einen Zeitraum von 12 Monaten nach Beendigung der Maßnahme, bei der akustischen Wohnraumüberwachung nach § 100 c sind es 6 Monate. Soll eine Zurückstellung der Benachrichtigung über diesen Zeitraum hinaus erfolgen, ist die gerichtliche Zustimmung einzuholen. Das Gericht bestimmt dann auch die Dauer der weiteren Zurückstellung. Erfolgten mehrere Maßnahmen in einem engen zeitlichen Zusammenhang ist für den Zeitpunkt der Beendigung auf die letzte Maßnahme abzustellen.

10 Schließlich kann das Gericht auch einem **endgültigen Absehen** von der Benachrichtigung zustimmen, wenn die Voraussetzungen für eine Benachrichtigung mit an Sicherheit grenzender Wahrscheinlichkeit auch in Zukunft nicht eintreten werden.

11 **Zuständig** für die gerichtliche Entscheidung über eine Zurückstellung ist das für die Anordnung der Maßnahme zuständige Gericht, im Übrigen das Gericht am Sitz der zuständigen Staatsanwaltschaft.

V. Löschung der Daten

12 Nach Abs. 8 sind die personenbezogenen Daten, die durch die Maßnahme erlangt wurden, unverzüglich zu löschen, wenn sie für die Strafverfolgung und eine etwaige gerichtliche Überprüfung der Maßnahme nicht mehr erforderlich sind. Damit wird die Verwendung der Daten zu anderen Zwecken wie zB der Beweiserhebung in verwaltungsgerichtlichen Verfahren ausgeschlossen.[4]

VI. Rechtsmittel

13 Gegen die gerichtliche Entscheidung über eine Benachrichtigung und deren Zurückstellung nach Abs. 6 ist nach § 304 die **Beschwerde** zulässig. Die betroffenen Personen haben die Möglichkeit, innerhalb eines Zeitraumes von 2 Wochen nach Erhalt der Benachrichtigung einen **Antrag auf Überprüfung der Rechtmäßigkeit** der Maßnahme sowie die Art und Weise ihres Vollzugs zu stellen. Der Antrag ist ebenfalls bei dem für die Anordnung der Maßnahme zuständigen Gericht zu stellen, im Übrigen bei dem Gericht am Sitz der zuständigen Staatsanwaltschaft. Gegen diese Entscheidung ist die **sofortige Beschwerde** zulässig. Die Formulierung „auch nach Beendigung der Maßnahme" verdeutlicht, dass ein Rechtsmittel auch schon vor der Beendigung zulässig sein kann. Hierfür bleibt die analoge Anwendung von § 98 Abs. 2 erhalten. Dies setzt selbstverständlich voraus, dass der Betroffene bereits anderweitig Kenntnis von der Durchführung der Maßnahme erhalten hat. Insgesamt hängt die Zulässigkeit des nachträglichen Rechtsschutzes nicht davon ab, ob der Betroffene benachrichtigt wurde oder nicht. Denn wenn die Benachrichtigung unterbleibt und der Betroffene dennoch nach Beendigung der Maßnahme von ihr erfährt, muss ihm die Möglichkeit nachträglichen Rechtsschutzes gewährt werden. Ansonsten läge es al-

---

[3] BR-Drucks. 275/07, S. 135.
[4] Vgl. hierzu VG Braunschweig v. 2. 12. 2009 – 5 A 25/08 noch zu 100 b Abs. 4–6.

lein im Ermessen der Behörde, über die Benachrichtigung und damit der Möglichkeit nachträglichen Rechtsschutzes zu entscheiden.

Sobald die Benachrichtigung nach Erhebung der **öffentlichen Klage** erfolgt, geht das Entscheidungsrecht auf das mit der Sache befasste Gericht über. Der allgemeine Rechtsgedanke des § 162, dass mit der Anklageerhebung jedwede Kompetenz des Ermittlungsrichters auf das erkennende Gericht übergeht, ist in Abs. 7 S. 4 spezialgesetzlich geregelt.[5] Damit soll der Gefahr divergierender Entscheidungen über die Rechtmäßigkeit einer von § 101 erfassten Ermittlungsmaßnahme begegnet werden. Diese Gefahr besteht immer dann, wenn das erkennende Gericht im Rahmen der Prüfung eines Verwertungsverbotes incident zur Rechtmäßigkeit der Maßnahme Stellung nehmen muss.[6] 14

Über die Rechtmäßigkeit der Maßnahme wird dann im Rahmen der abschließenden Entscheidung des Verfahrens entschieden, ggf. also erst im Urteil. Sofern nur gegen einen Betroffenen die öffentliche Klage erhoben wurde, soll dies nach der Gesetzesbegründung auch für die anderen Betroffenen gelten.[7] Wurde der Antrag zunächst beim Amtsgericht eingereicht und später das Verfahren vor dem LG eröffnet, geht die Entscheidungskompetenz über den Antrag auch auf das mit der Sache befasste Gericht über. Der BGH hat in einem Fall entschieden, dass über den Antrag nach Abs. 7 der Ermittlungsrichter entscheiden dürfe, auch wenn gegen die Mitbeschuldigten des Betroffenen Anklage erhoben wurde.[8] Begründet wurde dies damit, dass gegen den Betroffenen, der um nachträglichen Rechtsschutz ersuchte, der Tatverdacht bereits abgelehnt wurde und damit keine Gefahr bestand, dass über die Rechtmäßigkeit der Telekommunikationsüberwachung bezogen auf den Betroffenen unterschiedlich geurteilt würde. 15

VII. Konkurrenzen

Problematisch und in Rechtsprechung und Literatur uneinheitlich beantwortet wird die Frage nach dem Verhältnis des nachträglichen Rechtsschutzes nach § 101 Abs. 7 zu den **allgemeinen Rechtsmitteln** der Beschwerde und des Rechtsschutzes nach § 98 Abs. 2 analog. Überwiegend wird von der Literatur angenommen, dass der nachträgliche Rechtsschutz einen Auffangtatbestand darstellt.[9] Das Rechtsmittel des § 101 würde nichts an dem bisherigen Rechtsschutzsystem ändern.[10] Der BGH geht von der Vorrangigkeit des Abs. 7 aus und lehnt § 101 als Auffangtatbestand ausdrücklich ab,[11] was im Ergebnis jedoch problematisch ist im Hinblick auf die Effektivität des Rechtsschutzes, da Abs. 7 an eine Zwei-Wochenfrist gebunden ist, wohingegen die anderen Rechtsmittel grundsätzlich keiner Frist unterliegen. Teile der Literatur betrachten Abs. 7 S. 2 als abschließende Sonderregelung, die andere Rechtsmittel verdrängt.[12] Die **Wahl des Rechtsmittels** wirkt sich außerdem auf folgende Rechtsmittel aus. Gegen eine Entscheidung nach § 101 Abs. 7 ist nach S. 3 die sofortige (fristgebundene) Beschwerde zulässig, eine Entscheidung nach § 98 Abs. 2 S. 2 analog kann mit der nicht fristgebundenen Beschwerde angefochten werden. 16

Unterschieden werden sollte daher zunächst einmal, ob noch vor Beendigung der Ermittlungsmaßnahme oder erst nachträglich Rechtsschutz begehrt wird. **Vor Beendigung** der Maßnahme stehen dem Betroffenen bei Handlungen der Staatsanwaltschaft und deren Ermittlungspersonen die Möglichkeit des § 98 Abs. 2 S. 2 und bei offenen Maßnahmen die Beschwerde nach § 304 zur Verfügung. Für den nachträglichen Rechtsschutz ist nun die Möglichkeit des § 101 Abs. 7 gegeben, der ausdrücklich jedenfalls die bisherigen Rechtsmittel nicht ausschließt,[13] mit dem BGH jedoch als lex specialis behandelt werden sollte. 17

§ 102 [Durchsuchung beim Verdächtigen]

Bei dem, welcher als Täter oder Teilnehmer einer Straftat oder der Begünstigung, Strafvereitelung oder Hehlerei verdächtig ist, kann eine Durchsuchung der Wohnung und anderer Räume sowie seiner Person und der ihm gehörenden Sachen sowohl zum Zweck seiner Ergreifung als auch dann vorgenommen werden, wenn zu vermuten ist, daß die Durchsuchung zur Auffindung von Beweismitteln führen werde.

---

[5] BGH v. 8. 10. 2008 – StB 12/08, StB 13/08, StB 14/08, StB 15/08 = NJW 2009, 454 f.
[6] BGH v. 8. 10. 2008 – StB 12/08, StB 13/08, StB 14/08, StB 15/08 = NJW 2009, 454 f.
[7] BT-Drucks. 16/5846, S. 63.
[8] BGH v. 22. 1. 2009 – StB 24/08, NStZ 2009, 399 f.
[9] Löffelmann StV 2009, 379 (384); Meyer/Rettenmaier NJW 2009, 1238 (1240 f.); Puschke/Singelnstein NJW 2008, 113 (116); Schmidt NStZ 2009, 243 (246); Zöller StraFo 2008, 15 (23).
[10] HK-StPO/Gercke Rn. 16.
[11] BGH v. 8. 10. 2008 – StB 12/08, StB 13/08, StB 14/08, StB 15/08 = NJW 2009, 454 f.
[12] Meyer-Goßner/Cierniak Rn. 26.
[13] Vgl. hierzu Singelnstein NStZ 2009, 481 ff.

Schrifttum: *Amelung*, Probleme der Einwilligung in strafprozessuale Grundrechtsbeschränkungen, StV 1985, 257; *Geerds*, Durchsuchungen von Personen, Räumen und Sachen, in: Festschrift für Hanns Dünnebier, 1982, 171; *Hofmann*, Die Online-Durchsuchung – staatliches „Hacken" oder zulässige Ermittlungsmaßnahme?, NStZ 2005, 121; *Jahn*, Strafprozessuale Eingriffsmaßnahmen im Lichte der aktuellen Rechtsprechung des BVerfG – Unter besonderer Berücksichtigung der in BVerfGK 1–5 veröffentlichten Entscheidungen, NStZ 2007, 255; *Kemper*, Die Voraussetzungen einer Wohnungsdurchsuchung in Steuerstrafsachen, wistra 2007, 249; *ders.*, Anforderungen und Inhalt der Online-Durchsuchung bei der Verfolgung von Straftaten, ZRP 2007, 105; *Krekeler*, Beweisverwertungsverbote bei fehlerhaften Durchsuchungen, NStZ 1993, 263; *Michalke*, Wenn der Staatsanwalt klingelt – Verhalten bei Durchsuchung und Beschlagnahme, NJW 2008, 1490; *Park*, Durchsuchung und Beschlagnahme, 2. Aufl., 2009; *Rengier*, Praktische Fragen bei Durchsuchungen, insbesondere in Wirtschaftsstrafsachen, NStZ 1981, 372; *Sommermeyer*, Die materiellen und formellen Voraussetzungen der strafprozessualen Hausdurchsuchung, Jura 1992, 449.

I. Allgemeines

1 § 102 ist Eingriffsgrundlage für die Durchsuchung der Wohnung und anderer Räume des Verdächtigen sowie seiner Person und der ihm gehörenden Sachen zum Zwecke seiner Ergreifung (sog. **Ergreifungsdurchsuchung**) oder zur Auffindung von Beweismitteln (sog. **Ermittlungsdurchsuchung**). Eine Wohnungsdurchsuchung begründet einen **schwerwiegenden Eingriff** in das in Art. 13 Abs. 1 GG geschützte Grundrecht auf Unverletzlichkeit der Wohnung.[1] Daneben kann eine Personendurchsuchung das aus Art. 2 Abs. 1 GG in Verbindung mit Art. 1 Abs. 1 GG abgeleitete **allgemeine Persönlichkeitsrecht** betreffen.[2]

2 Der Betroffene kann in die Durchsuchung **einwilligen**. In diesem Fall ist die Einwilligung ausreichende Grundlage für die Durchführung der Durchsuchung.[3] Erforderlich ist eine **qualifizierte Belehrung** darüber, dass die Durchsuchung ohne die Einwilligung nicht erfolgen werde, soweit die Durchsuchungsvoraussetzungen nicht vorliegen.[4] Die Einwilligung muss frei von jedem physischen oder psychischen Zwang sein.[5] Daher ist sie unwirksam, wenn die Strafverfolgungsbehörden eine Durchsuchung in Aussicht stellen, die rechtmäßig nicht durchgeführt werden könnte.[6] **Keine Einwilligung** liegt vor, wenn der Betroffene die Durchsuchung lediglich hinnimmt oder sich kooperativ zeigt.[7]

3 Durchsuchungen haben eine **große praktische Bedeutung** für die Arbeit der Strafverfolgungsbehörden.[8] Zwar fehlen valide empirische Erhebungen über die Häufigkeit, jedoch wird allein die Zahl der Wohnungsdurchsuchungen mit bis zu 50 000 pro Jahr geschätzt.[9]

II. Voraussetzungen der Durchsuchung

4 **1. Durchsuchungsbegriff.** Durchsuchung ist „das **ziel- und zweckgerichtete Suchen** staatlicher Organe nach Personen und Sachen oder zur Ermittlung eines Sachverhaltes, um etwas aufzuspüren, was der Inhaber der Wohnung von sich aus nicht offenlegen oder herausgeben will."[10]

5 Von der Wohnungsdurchsuchung ist die **Nachschau** aufgrund von Betretungs- oder Besichtigungsrechten abzugrenzen. Diese stellt ebenfalls einen Eingriff in den Schutzbereich des Art. 13 Abs. 1 GG dar, ist jedoch nicht an die Voraussetzungen des Art. 13 Abs. 2 GG gebunden.[11] Nach einer Auffassung soll im Rahmen strafprozessualer Maßnahmen eine Nachschau vorliegen, wenn **sichere Kenntnis** darüber besteht, dass sich der Gesuchte in einer bestimmten Wohnung aufhält.[12] Dagegen spricht jedoch, dass sich das Betreten einer Wohnung zum Zweck der Festnahme eines Verdächtigen und damit zum Zweck der Strafverfolgung qualitativ vom Betreten aufgrund verwaltungsrechtlicher Regelungen unterscheidet.[13] Das Recht des Wohnungsinhabers, in seinen

---

[1] BVerfG v. 30. 4. 1997 – 2 BvR 817/90 u. a., BVerfGE 96, 27 (40) = NJW 1997, 2163 (2164); BVerfG v. 20. 2. 2001 – 2 BvR 1444/00, BVerfGE 103, 142 (150) = NJW 2001, 1121 (1122), st. Rspr.
[2] Vgl. BVerfG v. 29. 10. 2003 – 2 BvR 1745/01, NJW 2004, 1728 (1729).
[3] *Park* Rn. 27; tendenziell kritisch *Amelung* StV 1985, 257 ff.
[4] LG Bremen v. 20. 4. 2005 – 1 Qs 47/05, StV 2005, 318 (320).
[5] BVerfG v. 18. 9. 2008 – 2 BvR 683/08, wistra 2008, 463 (465).
[6] OLG Hamburg v. 23. 3. 2007 – 1 Ss 5/07, StV 2008, 12; vgl. auch BGH v. 9. 7. 1987 – 4 StR 223/87, BGHSt 34, 397 (400) = NJW 1988, 1037 (1038).
[7] OLG Hamm v. 18. 8. 2009 – 3 Ss 293/08, NJW 2009, 3109; *Amelung* StV 1985, 257 (258); vgl. auch OLG Köln v. 27. 10. 2009 – 81 Ss 65/09, StV 2010, 14 (15).
[8] Vgl. *Park* Rn. 1.
[9] *Walther* JA 2010, 32.
[10] BVerfG v. 5. 5. 1987 – 1 BvR 1113/85, BVerfGE 75, 318 (327) = NJW 1987, 2500 (2501); BVerfG v. 18. 9. 2008 – 2 BvR 683/08, wistra 2008, 463, Hervorhebung nicht im Original.
[11] BVerfG v. 5. 5. 1987 – 1 BvR 1113/85, BVerfGE 75, 318 (327) = NJW 1987, 2500 (2501); BVerwG v. 7. 6. 2006 – 4 B 36/06, NJW 2006, 2504; BGH v. 10. 8. 2006 – I ZB 125/06, NJW 2006, 3352 (3353); Sachs/*Kühne*, Art. 13 GG Rn. 51.
[12] KG v. 19. 2. 1999 – 1 Ss 363/98, juris; *Kaiser* NJW 1980, 875 (876); Meyer-Goßner/*Cierniak* Rn. 8.
[13] *Benfer* NJW 1980, 1611 (1612); Löwe/Rosenberg/*Schäfer* Rn. 3; im Ergebnis ebenso SK-StPO/*Wohlers*, 4. Aufl., Rn. 20.

Wohnräumen „in Ruhe gelassen zu werden",[14] wird von einer Festnahme weitaus stärker betroffen als durch ein bloßes Betretungs- oder Besichtigungsrecht.[15]

Durchsuchungsmaßnahmen nach §§ 102, 103 sind von einem **offenen Vorgehen** des Staates **6** geprägt.[16] Im Gegensatz zu heimlichen Ermittlungsmaßnahmen gemäß §§ 100a ff., denen es immanent ist, dass der Betroffene während der Ermittlungstätigkeit keine Kenntnis von den Maßnahmen erhält, handelt es sich bei den §§ 105 Abs. 2, 106 Abs. 1, 107 um **wesentliche Formvorschriften**, von denen auch bei (vermeintlichem) Bedarf nicht abgewichen werden darf.[17] Die sog. **Online-Durchsuchung** in Form der verdeckten Infiltration informationstechnischer Systeme kann daher nicht auf Grundlage von §§ 102 ff. erfolgen.[18]

2. Verdächtiger. Die Durchsuchung nach § 102 kann sich gegen jeden richten, gegen den der **7 Anfangsverdacht einer Straftat** besteht; ein gesteigerter Verdachtsgrad ist nicht erforderlich.[19] Vage Anhaltspunkte oder bloße Vermutungen genügen jedoch nicht.[20] Eine Durchsuchung zur **Ausforschung eines Sachverhaltes** ist unzulässig.[21] Aus **Tatsachen** muss sich der Verdacht konkretisiert haben, dass eine Straftat begangen worden ist und dass der von der Durchsuchung Betroffene daran beteiligt (vgl. § 28 Abs. 2 StGB) ist.[22] Der Tatverdacht muss sich noch nicht derart konkretisiert haben, dass der Betroffene als Beschuldigter angesehen werden kann.[23] Andererseits konstituiert eine Durchsuchung die Beschuldigteneigenschaft des Betroffenen.[24] Täter und Teilnehmer – mit Ausnahme der sog. notwendigen Teilnehmer[25] – sind gleichgestellt. Die Nennung der Tatbestände Begünstigung, Strafvereitelung und Hehlerei ist historisch bedingt und ohne Bedeutung.[26] Der Begriff Verdächtiger bezeichnet lediglich eine **Mindestanforderung**, dh. die Durchsuchung kann sich erst recht gegen Beschuldigte oder – insbesondere im Fall der Ergreifungsdurchsuchung – gegen Verurteilte richten.[27]

Die im Raum stehende Straftat muss **verfolgbar** sein.[28] Es reicht aus, dass fehlende Verfahrens- **8** voraussetzungen voraussichtlich noch geschaffen werden können.[29] Gegen **Strafunmündige** kann nicht auf Grundlage von § 102 vorgegangen werden.[30]

3. Durchsuchungsgegenstände. a) Wohnung. Unter den Begriff **Wohnung** fallen alle Räumlich- **9** keiten, die der Verdächtige **tatsächlich innehat** oder die er nicht nur vorübergehend (mit-)benutzt.[31] Auf die Eigentumslage oder die Berechtigung zur Nutzung kommt es nicht an.[32] Auch **Hausbesetzer** sind Wohnungsinhaber, wenn sie die besetzten Räumlichkeiten über längere Zeit zum Aufenthalt nutzen.[33] Bei **Wohngemeinschaften** erstreckt sich die Inhaberschaft nur auf die vom Verdächtigen bewohnten sowie die gemeinschaftlich genutzten Räume.[34]

---

[14] BVerfG v. 16. 7. 1969 – 1 BvL 19/63, BVerfGE 27, 1 (6) = NJW 1969, 1707.
[15] Vgl. auch BVerfG v. 19. 11. 1999 – 1 BvR 2017/97, NJW 2000, 943 (944), zur zwangsweisen Wegnahme eines Kindes.
[16] BVerfG v. 2. 3. 2006 – 2 BvR 2099/04, BVerfGE 115, 166 (195) = NJW 2006, 976 (981); BVerfG v. 2. 3. 2010 – 1 BvR 256/08 u. a., juris Rn. 243; BGH v. 31. 1. 2007 – StB 18/06, BGHSt 51, 211 (212 f.) = NJW 2007, 930; *Beulke/Meininghaus* StV 2007, 63 (64); Löwe-Rosenberg/*Schäfer* Rn. 1; SK-StPO/*Wohlers*, 4. Aufl., Rn. 2 mwN; *Weiler*, FS Meurer, 2002, 395 (397 f.).
[17] S. u. § 105 Rn. 28, § 106 Rn. 2, § 107 Rn. 3.
[18] BGH v. 31. 1. 2007 – StB 18/06, BGHSt 51, 211 = NJW 2007, 930; *Kemper* ZRP 2007, 105; aA noch BGH v. 21. 2. 2006 – 3 BGs 31/06, StV 2007, 60, mit ablehnender Anm. *Beulke/Meininghaus*.
[19] BGH v. 13. 10. 1999 – StB 7, 8/99, NJW 2000, 84 (85); Meyer-Goßner/*Cierniak* Rn. 2; aA Löwe-Rosenberg/*Schäfer* Rn. 12.
[20] BVerfG v. 15. 12. 2005 – 2 BvR 372/05, StV 2006, 565; BVerfG v. 8. 4. 2009 – 2 BvR 945/08, StV 2009, 452 (453); *Sommermeyer* Jura 1992, 449 f.; *Kemper* wistra 2007, 249 (250).
[21] BVerfG v. 27. 2. 2007 – 1 BvR 538/06, BVerfGE 117, 244 (262 f.) = NJW 2007, 1117 (1119); LG Zweibrücken v. 11. 6. 1990 – 1 Qs 105/90, NJW 1990, 2760; LG Oldenburg v. 15. 9. 1997 – Qs 114/97, StV 1997, 626; AG Saalfeld v. 3. 7. 2001 – 157/01 Gs jug, NJW 2001, 3642; Meyer-Goßner/*Cierniak* Rn. 2.
[22] BVerfG v. 27. 6. 2005 – 2 BvR 2428/04, BVerfGK 5, 347 (355); BVerfG v. 3. 7. 2006 – 2 BvR 2030/04, BVerfGK 8, 332 (335); BGH v. 13. 10. 1999 – StB 7, 8/99, NJW 2000, 84 (85).
[23] Meyer-Goßner/*Cierniak* Rn. 1; KK-StPO/*Nack* Rn. 1.
[24] BGH v. 28. 2. 1997 – StB 14/96, NStZ 1997, 398 (399), mAnm *Rogall*; BGH v. 3. 7. 2007 – 1 StR 3/07, BGHSt 51, 367 (370 f.) = NJW 2007, 2706 (2707); Löwe-Rosenberg/*Schäfer* Rn. 9.
[25] Meyer-Goßner/*Cierniak* Rn. 5; zum Begriff siehe Schönke/Schröder/*Heine* vor §§ 25 ff. StGB Rn. 46.
[26] *Geerds*, FS Dünnebier, 1982, S. 171 (173).
[27] OLG Frankfurt/M. v. 26. 11. 1963 – 3 Ws 62/63, NJW 1964, 785 (786); Meyer-Goßner/*Cierniak* Rn. 12; Löwe-Rosenberg/*Schäfer* Rn. 4, 19.
[28] Meyer-Goßner/*Cierniak* Rn. 4; Löwe-Rosenberg/*Schäfer* Rn. 8.
[29] BGH v. 28. 10. 2004 – StB 5/04, NStZ-RR 2005, 73 (74).
[30] OLG Bamberg v. 31. 3. 1987 – Ws 176/86, NStZ 1989, 40; KK-StPO/*Nack* Rn. 1; Löwe-Rosenberg/*Schäfer* Rn. 8.
[31] BVerfG v. 9. 2. 2005 – 2 BvR 984/04 u. a., NStZ-RR 2005, 203 (205); BGH v. 15. 10. 1985 – 5 StR 338/85, NStZ 1986, 84 (85); *Sommermeyer* Jura 1992, 449; Meyer-Goßner/*Cierniak* Rn. 7.
[32] Vgl. BVerfG v. 7. 2. 2009 – 2 BvR 2225/08, NJW 2009, 3225 (3226).
[33] LG Bremen v. 22. 7. 2005 – 1 Qs 12/05, StV 2006, 571 (572); *Werwigk* NJW 1983, 2366; KK-StPO/*Nack* Rn. 9; SK-StPO/*Wohlers*, 4. Aufl., Rn. 9; aA *Jaeschke* NJW 1983, 434.
[34] LG Heilbronn v. 16. 12. 2004 – 5 Ns 41 Js 26 937/02, StV 2005, 380.

10 Die Auslegung von § 102 orientiert sich an der **weiten Auslegung** des Wohnungsbegriffs in Art. 13 Abs. 1 GG, damit der grundrechtliche Schutz umfassend gewährleistet werden kann.[35] Der Wohnungsbegriff wird über den alltäglichen Sprachgebrauch auf sämtliche Räume ausgedehnt, die der allgemeinen Zugänglichkeit durch eine Abschottung entzogen und zur **Stätte privaten Wirkens** gemacht sind.[36] Im Einzelnen sind neben „klassischen" Wohnräumen zB nicht allgemein zugängliche Arbeits-, Betriebs- und Geschäftsräume,[37] Schiffskabinen,[38] Hotelzimmer[39] und Wohnmobile[40] erfasst. Daneben können auch **andere Räume**, zB Räume in einem Dienstgebäude[41] oder Nebenräume (Garagen, Kellerverschläge, Dachböden), und das **befriedete Besitztum** (vgl. § 104 Abs. 1), das unmittelbar unter den Wohnungsbegriff subsumiert wird,[42] nur unter den Voraussetzungen der §§ 102 ff. durchsucht werden.

11 **Nicht** unter den Wohnungsbegriff fallen gemeinschaftliche Unterkunftsräume von Soldaten oder Polizisten,[43] PKW,[44] Hafträume,[45] Besuchsräume einer Justizvollzugsanstalt[46] und der öffentliche Zugangsbereich zur Wohnung.[47]

12 Räumlichkeiten **juristischer Personen** können nach der Rechtsprechung bei Verdacht gegen Organe der juristischen Person sowohl auf Grundlage von § 102 als auch auf Grundlage von § 103 durchsucht werden.[48] Zutreffenderweise ist jedoch eine **Differenzierung** nach den **Gewahrsamsverhältnissen** erforderlich.[49]

13 b) **Durchsuchung der Person.** Zur **Personendurchsuchung** gehört das Suchen nach Gegenständen oder Spuren in oder unter der **Kleidung**, auf der **Körperoberfläche** und in **natürlichen Körperöffnungen**.[50] § 102 gestattet keine Durchsuchung des Verdächtigen mit medizinischen Hilfsmitteln. Die Zulässigkeit einer Suche nach Gegenständen oder Spuren im **Körperinneren** (körperliche Untersuchung) richtet sich ausschließlich nach § 81 a Abs. 1 Satz 2.[51] Auch die Durchsuchung der Person muss die Regelung zum **Schutz des Schamgefühls** (§ 81 d) beachten.[52] Die **Zwangsanwendung** zur Durchsetzung der Personendurchsuchung kann sich unmittelbar auf §§ 102, 105 stützen.[53]

14 c) **Durchsuchung von Sachen.** Sachen sind die **bewegliche Habe** des Verdächtigen, die dieser nicht am Körper trägt. Die Formulierung „ihm gehörend" stellt auf den faktischen **Gewahrsam**, nicht auf die Eigentumslage ab.[54] Mitgewahrsam des Verdächtigen ist ausreichend.[55] Auch weiter entfernte Sachen können durchsucht werden, soweit der Verdächtige Gewahrsam hat.[56] Besteht Alleingewahrsam eines unverdächtigen Dritten, kann die Durchsuchung nur auf § 103 gestützt werden.

15 4. **Durchsuchungszwecke. a) Ergreifungsdurchsuchung.** Ergreifen ist jede **Festnahme** zur Durchführung einer gesetzlich zugelassenen Zwangsmaßnahme. Insbesondere die Festnahme des Verurteilten zur Einlieferung in **Widerrufshaft** (§ 453 c Abs. 1), in **Strafhaft** (§ 457) oder in den **Maßregelvollzug** (§ 463 Abs. 1) können auf § 102 gestützt werden.[57] Ein **Haftbefehl** ist nicht unbedingt erforderlich.[58]

---

[35] Löwe/Rosenberg/*Schäfer* Rn. 28.
[36] BVerfG v. 26. 5. 1993 – 1 BvR 208/93, BVerfGE 89, 1 (12)= NJW 1993, 2035 (2037); BGH v. 10. 8. 2005 – 1 StR 140/05, BGHSt 50, 206 (210 f.) = NJW 2005, 3295 (3296); Maunz/Dürig/Herzog/*Papier*, GG, 56. Ergänzungslieferung, 2009, Art. 13 Rn. 10 f.
[37] BVerfG v. 13. 10. 1971 – 1 BvR 280/66, BVerfGE 32, 54 = NJW 1971, 2299; BVerfG v. 26. 3. 2007 – 2 BvR 1006/01, NVwZ 2007, 1047 (1048).
[38] LG Bremen v. 20. 4. 2005 – 1 Qs 47/05, StV 2005, 318 (319).
[39] Meyer-Goßner/*Cierniak* Rn. 7.
[40] *Park* Rn. 24.
[41] BayObLG v. 17. 7. 1992 – ObGs 6/92, NJW 1993, 744.
[42] BGH v. 14. 3. 1997 – 1 BGs 65/97, NStZ 1998, 157.
[43] BGH v. 10. 8. 2005 – 1 StR 140/05, BGHSt 50, 206 (211) = NJW 2005, 3295 (3297); KK-StPO/*Nack* Rn. 8.
[44] BGH v. 11. 4. 1997 – 1 BGs 88/97, NJW 1997, 2189; LG Stendal v. 12. 4. 1993 – 501 Qs 49/94, NStZ 1994, 556.
[45] BVerfG v. 30. 5. 1996 – 2 BvR 727/94 u. a., NJW 1996, 2643; SK-StPO/*Wohlers*, 4. Aufl., Rn. 10.
[46] BGH v. 24. 7. 1998 – 3 StR 78/98, BGHSt 44, 138 = NJW 1998, 3284; BGH v. 29. 5. 2009 – 1 StR 701/08, BGHSt 53, 294 (300) = NJW 2009, 2463 (2464); *Hauk* NStZ 2010, 17 (18); *Roxin* NStZ 1999, 149 (150 f.); offen gelassen von BVerfG v. 4. 7. 2006 – 2 BvR 950/05, NJW 2006, 2974.
[47] BGH v. 29. 1. 1998 – 1 StR 511/97, BGHSt 44, 13 (16) = NJW 1998, 1237.
[48] BGH v. 28. 6. 1996 – 5 StR 159/96, wistra 1997, 107 (108); KK-StPO/*Nack* Rn. 8.
[49] S. u. § 103 Rn. 4.
[50] Meyer-Goßner/*Cierniak* Rn. 9; HK-StPO/*Gercke* Rn. 17; enger *Benfer*, Rechtseingriffe von Polizei und Staatsanwaltschaft, 3. Aufl. 2005, Rn. 379 f.; *Park* Rn. 53.
[51] SK-StPO/*Rogall* § 81 a Rn. 25.
[52] KK-StPO/*Senge* Rn. 1; Meyer-Goßner/*Cierniak* Rn. 9, § 81 d Rn. 1.
[53] OLG Celle v. 5. 11. 1996 – 3 Ss 140/96, NJW 1997, 2463 (2464).
[54] BGH v. 21. 2. 2006 – 3 BGs 31/06, StV 2007, 60 (61); LG Bremen v. 22. 7. 2005 – 11 Qs 112/05, StV 2006, 571 (572); Meyer-Goßner/*Cierniak* Rn. 10; SK-StPO/*Wohlers*, 4. Aufl., Rn. 14.
[55] KK-StPO/*Nack* Rn. 11; Löwe/Rosenberg/*Schäfer* Rn. 37.
[56] Meyer-Goßner/*Cierniak* Rn. 10; KK-StPO/*Nack* Rn. 11.
[57] Meyer-Goßner/*Cierniak* Rn. 12.
[58] *Park* Rn. 51; KK-StPO/*Nack* Rn. 5.

b) Ermittlungsdurchsuchung. Die Ermittlungsdurchsuchung zielt auf das Auffinden **beschlag-** 16
nahmefähiger Beweismittel und **sonstiger Spuren** und dient damit der Beweissicherung. Als Beweismittel kommen alle beweglichen oder unbeweglichen Sachen in Betracht, die unmittelbar oder mittelbar für die Tat Beweis erbringen können.[59] Zu den Beweismitteln zählen auch die in § 102 – anders als in § 103 – nicht ausdrücklich genannten **Spuren**,[60] wobei Spuren nicht beschlagnahmt werden können.[61] § 102 ist ansprechend anwendbar, wenn nach Verfalls- oder Einziehungsgegenständen gesucht wird (§ 111 b Abs. 4).

5. Verhältnismäßigkeit. Wie sämtliche Ermittlungsmaßnahmen muss sich die Durchsuchung 17
am **Verhältnismäßigkeitsgrundsatz** messen lassen, dh. die Durchsuchung muss geeignet, erforderlich und angemessen im engeren Sinne sein.

a) Auffindungsvermutung. Das Erfordernis der **Geeignetheit** ergibt sich aus dem Tatbestands- 18
merkmal **Auffindungsvermutung**,[62] welches bei der Ermittlungsdurchsuchung ausdrücklich genannt ist. Allerdings muss auch bei der Ergreifungsdurchsuchung aufgrund tatsächlicher Anhaltspunkte oder der kriminalistischen Erfahrung davon auszugehen sein, dass die Ergreifung erreicht werden kann.[63] Unter Umständen kann die Auffindungsvermutung von vornherein fehlen, zB wenn eine Wohnungsdurchsuchung Anhaltspunkte darüber gewinnen soll, dass der Inhaber zu einem bestimmten, über ein Jahr zurückliegenden Tag ein Fahrzeug führte.[64] Daher ist die Auffindungsvermutung trotz des Erfordernisses eines Anfangverdachts kein überflüssiges Tatbestandsmerkmal,[65] auch wenn an die Auffindungsvermutung keine hohen Ansprüche zu stellen sind.[66]

b) Erforderlichkeit. Nach allgemeinen Grundsätzen ist eine Durchsuchung nicht erforderlich, 19
wenn genügend andere Beweismittel vorhanden sind oder wenn **weniger eingriffsintensive** Ermittlungsmaßnahmen zur Verfügung stehen, soweit der Ermittlungszweck nicht gefährdet wird;[67] eine hypothetische Gefahr eines Beweismittelverlustes stellt keine ausreichende Gefährdung dar.[68] Im Einzelnen können die Vernehmung von Zeugen, die Verwertung von Urkunden oder der Rückgriff auf behördliche Auskünfte als mildere Mittel in Betracht kommen.[69] Derartige Maßnahmen gefährden allerdings regelmäßig den Untersuchungszweck, wenn der Verdächtige von ihnen Kenntnis erlangt. Aus diesem Grund scheidet grundsätzlich auch die vorhergehende Befragung des Verdächtigen aus (vgl. § 33 Abs. 4 Satz 1).

c) Angemessenheit. Die Angemessenheit muss der Richter auf Grund der bisherigen Ermitt- 20
lungsergebnisse **eigenverantwortlich prüfen**[70] und dabei in einem besonderen Maße die Eingriffsintensität einer Durchsuchung würdigen.[71] Bei der Abwägung sind vor allem die **Schwere des Tatvorwurfs** und der **Grad des Verdachts**[72] beziehungsweise das Unrecht der abgeurteilten Tat zu berücksichtigen.[73] Eine Durchsuchung ist unangemessen, wenn allenfalls eine **geringfügige Strafe** im Raum steht, wobei eine Durchsuchung bei **Ordnungswidrigkeiten** nicht stets ausgeschlossen ist.[74] Das Schutzinteresse des Verdächtigen aus Art. 13 Abs. 1 GG kann das Strafverfolgungsinteresse überwiegen, wenn lediglich der Eigenkonsum von Betäubungsmitteln im Raum steht.[75] Je weniger schwer die vorgeworfene Tat wiegt, umso höher sind die Anforderungen an die Stärke

---

[59] *Park* Rn. 50.
[60] Meyer-Goßner/*Cierniak* Rn. 13; Löwe/Rosenberg/*Schäfer* Rn. 21.
[61] *Geerds*, FS Dünnebier, 1982, S. 171 (174).
[62] Vgl. BVerfG v. 27. 5. 1997 – 2 BvR 1992/92, BVerfGE 96, 44 (51) = NJW 1997, 2165 (2166).
[63] KK-StPO/*Nack* Rn. 3; SK-StPO/*Wohlers*, 4. Aufl., Rn. 18.
[64] BVerfG v. 25. 1. 2005 – 2 BvR 1467/04, BVerfGK 5, 56 (59).
[65] SK-StPO/*Wohlers*, 4. Aufl., Rn. 18; aA *Rengier* NStZ 1981, 371 (373).
[66] *Geerds*, FS Dünnebier, 1982, S. 171 (175).
[67] BVerfG v. 29. 11. 2004 – 2 BvR 1034/02, NJW 2005, 1640 (1641); BVerfG v. 13. 11. 2005 – 2 BvR 728/05, 758/05, NStZ-RR 2006, 110 (111); *Kemper* wistra 2007, 249 (252), zu Vorermittlungen im Besteuerungsverfahren.
[68] BVerfG v. 27. 6. 2005 – 2 BvR 2428/04, BVerfGK 5, 347 (354).
[69] BVerfG v. 11. 7. 2008 – 2 BvR 2016/06, NJW 2009, 281 (282); BVerfG v. 11. 7. 2008 – 2 BvR 2486/06, BayVBl. 2009, 207; BVerfG v. 15. 12. 2005 – 2 BvR 372/05, StV 2006, 565; OLG Dresden v. 30. 1. 2007 – 1 Ws 15/07 u. a., StraFo 2007, 329.
[70] S. u. § 105 Rn. 5.
[71] Vgl. BVerfG v. 5. 8. 1966 – 1 BvR 586/62, 610/63, 512/64, BVerfGE 20, 162 (187) = NJW 1966, 1603 (1607); BVerfG v. 26. 5. 1976 – 2 BvR 294/7642, BVerfGE 42, 212 (220) = NJW 1976, 1735; BVerfG v. 27. 6. 2005 – 2 BvR 2428/04, BVerfGK 5, 347 (355); BVerfG v. 11. 7. 2008 – 2 BvR 2016/06, NJW 2009, 281; *Jahn* NStZ 2007, 255 (259 f.).
[72] BVerfG v. 27. 6. 2005 – 2 BvR 2428/04, BVerfGK 5, 347 (355); BVerfG v. 8. 4. 2009 – 2 BvR 945/08, StV 2009, 452 (453 f.).
[73] BVerfG v. 6. 5. 2008 – 2 BvR 384/07, NJW 2008, 1937; vgl. auch EGMR v. 28. 4. 2005 – 41 604/98, NJW 2006, 1495.
[74] BVerfG v. 26. 3. 2007 – 2 BvR 1006/01, NVwZ 2007, 1047; BVerfG v. 24. 7. 2007 – 2 BvR 1545/03, NStZ 2008, 103 (104).
[75] OLG Hamburg v. 23. 3. 2007 – 1 Ss 5/07, StV 2008, 12 (13); LG Köln v. 9. 8. 1993 – 108 Qs 42/92, StV 1993, 574 (576).

§ 103 1

des Tatverdachts.[76] Bei der Suche nach Beweismitteln ist die Bedeutung der gesuchten Gegenstände oder Spuren für das Strafverfahren zu beachten.[77] Auch der Umfang der Durchsuchung und die daraus entstehenden Folgen können zur Unangemessenheit führen, zB wenn bei einem wenig begründeten Anfangsverdacht die Geschäftstätigkeit des Verdächtigen erheblich gestört wird.[78]

21   Bei der Durchsuchung von **Berufsgeheimnisträgern** ist wegen der Gefährdung vertraulicher Informationen Dritter **besondere Zurückhaltung** zu üben.[79] Das Bundesverfassungsgericht fordert vor dem Hintergrund der Vertrauensbeziehung zwischen Anwalt und Mandanten eine besonders **sorgfältige Abwägung** bei der Durchsuchung von Rechtsanwaltskanzleien,[80] auch wenn bei der Durchsuchung nach § 102 eine vorhergehende Anfrage bezüglich einer freiwilligen Herausgabe von Gegenständen regelmäßig nicht erforderlich ist.[81] Allerdings obliegt es dem Richter, die Durchsuchungsanordnung derart zu konkretisieren, dass Informationen unverdächtiger Personen nicht unnötig offen gelegt werden.[82]

22   Ähnlich sind wegen der hohen Bedeutung der **Pressefreiheit** für die Meinungsbildung innerhalb der freiheitlich-demokratischen Grundordnung bei der **Durchsuchung von Presseunternehmen** zum Zwecke der Ermittlung eines Presseinhaltsdeliktes verschärfte Anforderungen an die Angemessenheit zu stellen, auch wenn aus Art. 5 Abs. 1 Satz 2 kein allgemeines Verbot der Durchsuchung von Presseräumen und Presseangehörigen abgeleitet werden kann.[83] Das **Parteienprivileg** gemäß Art. 21 Abs. 2 GG schützt politische Parteien nicht schlechthin vor Durchsuchungen, auch unmittelbar vor Wahlterminen nicht.[84]

III. Rechtsbehelfe

23   Zu den Rechtsbehelfen gegen die Durchsuchungsanordnung und Art und Weise der Vollstreckung s. u. § 105 Rn. 36 ff.

§ 103 [Durchsuchung bei anderen Personen]

(1) ¹Bei anderen Personen sind Durchsuchungen nur zur Ergreifung des Beschuldigten oder zur Verfolgung von Spuren einer Straftat oder zur Beschlagnahme bestimmter Gegenstände und nur dann zulässig, wenn Tatsachen vorliegen, aus denen zu schließen ist, daß die gesuchte Person, Spur oder Sache sich in den zu durchsuchenden Räumen befindet. ²Zum Zwecke der Ergreifung eines Beschuldigten, der dringend verdächtig ist, eine Straftat nach § 89a des Strafgesetzbuchs oder nach § 129a, auch in Verbindung mit § 129b Abs. 1, des Strafgesetzbuches oder eine der in dieser Vorschrift bezeichneten Straftaten begangen zu haben, ist eine Durchsuchung von Wohnungen und anderen Räumen auch zulässig, wenn diese sich in einem Gebäude befinden, von dem auf Grund von Tatsachen anzunehmen ist, daß sich der Beschuldigte in ihm aufhält.

(2) Die Beschränkungen des Absatzes 1 Satz 1 gelten nicht für Räume, in denen der Beschuldigte ergriffen worden ist oder die er während der Verfolgung betreten hat.

Schrifttum: *Joecks,* Die Stellung der Kreditwirtschaft im steuerstrafrechtlichen Ermittlungsverfahren gegen Kunden, WM 1998, Sonderbeilage Nr. 1/1998 zu Heft 20; *Kurth,* Identitätsfeststellung, Einrichtung von Kontrollstellen und Gebäudedurchsuchung nach neuem Recht, NJW 1979, 1377; *Nelles,* Strafprozessuale Eingriffe in das Hausrecht von Angehörigen, StV 1991, 488; *Park,* Durchsuchung und Beschlagnahme, 2. Aufl. 2009; *Vogel,* Strafverfahrensrecht und Terrorismus – eine Bilanz, NJW 1978, 1217; siehe auch Schrifttum zu § 102.

I. Allgemeines

1   Die Vorschrift erlaubt die Durchsuchung bei und von **anderen Personen,** bei denen die Durchsuchung nicht nach § 102 durchgeführt werden kann. Da bei der Durchsuchung nach § 103 auch

---

[76] BVerfG v. 27. 6. 2005 – 2 BvR 2428/04, BVerfGK 5, 347 (355); BVerfG v. 26. 3. 2007 – 2 BvR 1006/01, NVwZ 2007, 1047 (1048).
[77] BVerfG v. 2. 3. 2006 – 2 BvR 2099/04, BVerfGE 115, 166 (197) = NJW 2006, 976 (982); BVerfG v. 3. 7. 2006 – 2 BvR 299/06, NJW 2007, 1804 (1805).
[78] Vgl. BGH v. 23. 11. 1987 – 1 BJs 55/81 – 4 – 1 BGs 517/87, StV 1988, 90.
[79] BVerfG v. 7. 9. 2006 – 2 BvR 1219/05, NJW 2007, 1443; BVerfG v. 21. 1. 2008 – 2 BvR 1219/07, NStZ-RR 2008, 176; *Kutzner* NJW 2005, 2652 ff.; *Spatscheck,* FS Hamm, 2008, S. 733 (740).
[80] BVerfG v. 2. 6. 2005 – 2 BvR 334/05, NJW-RR 2005, 1289; BVerfG v. 7. 9. 2006 – 2 BvR 1141/05, NJW 2006, 3411 (3412); BVerfG v. 5. 5. 2008 – 2 BvR 1801/06, NJW 2008, 2422 (2423); BVerfG v. 18. 3. 2009 – 2 BvR 1036/08, NJW 2009, 2518 (2519).
[81] BVerfG v. 28. 9. 2008 – 2 BvR 1800/07, juris Rn. 26; Meyer-Goßner/*Cierniak* Rn. 15 a.
[82] Vgl. BVerfG v. 12. 4. 2005 – 2 BvR 1027/02, BVerfGE 113, 29 (51) = NJW 2005, 1917 (1920).
[83] BVerfG v. 5. 8. 1966 – 1 BvR 586/62, 610/63, 512/64, BVerfGE 20, 162 (198) = NJW 1966, 1603 (1609); LG Bremen v. 18. 8. 1999 – 14 Qs 356/96, 387/96, NStZ-RR 2000, 174 (175); BVerfG v. 27. 2. 2007 – 1 BvR 536/06 u. a., BVerfGE 117, 244 (261) = NJW 2007, 1117 (1119).
[84] BVerfG v. 26. 3. 1984 – 2 BvR 201/84, wistra 1984, 221; SK-StPO/*Wohlers,* 4. Aufl., Rn. 37.

in Grundrechte nicht tatverdächtiger Personen eingegriffen wird, sind die **Voraussetzungen strenger** als bei § 102.[1] Daher ist es unbeachtlich, wenn eine Durchsuchung fälschlicherweise auf Abs. 1 Satz 1 gestützt wird, obwohl es sich eigentlich um eine Durchsuchung beim Verdächtigen handelte und die Voraussetzungen des § 102 vorlagen.[2]

Die Vorschrift findet bei Durchsuchungen zum Auffinden von **Verfalls- und Einziehungsgegenständen** entsprechende Anwendung (§ 111 b Abs. 4). 2

II. Voraussetzungen der Durchsuchung

1. Andere Personen. Andere Personen sind natürliche Personen, die nicht der Beteiligung an der 3 Straftat verdächtig sind oder die aus sonstigen Gründen strafrechtlich nicht verfolgt werden können, sowie juristische Personen.[3] Ein Strafverfahren muss gegen eine dritte Person möglich sein. Bei **strafunmündigen Kindern** kann daher nach Abs. 1 Satz 1 nur durchsucht werden, wenn Tatverdacht gegen sonstige Personen besteht.[4] Dies gilt auch für Durchsuchungen im Rahmen der Zurückgewinnungshilfe.[5]

Richtet sich der Verdacht gegen die **Organe einer juristischen Person**, gilt nach verbreiteter Auf- 4 fassung die juristische Person nicht als andere Person im Sinne des § 103, so dass demnach auch eine Durchsuchung nach § 102 zulässig ist.[6] Richtigerweise muss in diesen Fällen jedoch nach der tatsächlichen Nutzung durch das verdächtige Organ differenziert werden, da es maßgeblich auf die **Gewahrsamsausübung** ankommt.[7] Sind zB Angehörige des Vorstands einer Aktiengesellschaft verdächtig, kann eine Durchsuchung von Räumen, die der Aufsichtsrat tatsächlich innehat, nicht nach § 102 erfolgen. Durchsuchungen können auch in den Räumen von **Behörden** erfolgen, soweit sie nicht dem Zweck dienen, Gegenstände zu erlangen, die zulässigerweise von einer Sperrerklärung nach § 96 erfasst sind.[8]

2. Durchsuchungen nach Abs. 1 Satz 1. Der **Durchsuchungsbegriff** und die möglichen **Durch-** 5 **suchungsgegenstände** bestimmen sich wie bei der Durchsuchung nach § 102.[9] Die andere Person unterliegt auch der Personendurchsuchung. Zwar erlaubt Abs. 1 Satz 1 dies nicht ausdrücklich, jedoch sind vor dem Hintergrund, dass § 81 c sogar intensivere Eingriffe zulässt, erst recht mildere Maßnahmen möglich.[10]

a) **Ergreifungsdurchsuchung.** Im Fall des § 103 muss sich die Ergreifungsdurchsuchung gegen ei- 6 nen **Beschuldigten** richten. Anfangsverdacht ist nicht ausreichend, der Tatverdacht muss sich auf eine bestimmte Person konkretisiert haben, auch wenn diese namentlich noch unbekannt ist.[11] Der Begriff Beschuldigter erfasst auch den Verurteilten. Im Gegensatz zu § 102 ist die Durchsuchung zur Ergreifung bei anderen Personen nur zulässig, wenn aufgrund von **Tatsachen** darauf geschlossen werden kann, dass sich der Gesuchte in den Räumen der anderen Person aufhält.[12] Diese Annahme kann sich zB aus den Lebensgewohnheiten des Gesuchten oder durch das Auffinden des Tatfahrzeugs in der Nähe der Wohnung begründen.[13] Ob eine **Wahrscheinlichkeit** für die Ergreifung erforderlich sein muss,[14] ist zweifelhaft. Immerhin kann eine Durchsuchung nach Abs. 1 Satz 1 auch an mehreren Orten gleichzeitig zulässig sein,[15] ohne dass in diesen Fällen in Bezug auf die einzelnen Durchsuchungsorte eine Wahrscheinlichkeit des Ergreifens vorliegen wird. Das besondere Verhältnis zwischen dem Beschuldigten und seinem Verteidiger hindert eine Ergreifungsdurchsuchung zur Festnahme eines Flüchtigen in den Räumen des Verteidigers nicht.[16]

---

[1] BVerfG v. 28. 4. 2003 – 2 BvR 358/03, NJW 2003, 2669 (2670).
[2] BGH v. 13. 6. 1978 – 1 BJs 93/77 – StB 51/78, BGHSt 28, 57 (60); Meyer-Goßner/*Cierniak* Rn. 1; SK-StPO/ *Wohlers*, 4. Aufl., Rn. 1; aA *Krekeler* NStZ 1993, 263 (266).
[3] Meyer-Goßner/*Cierniak* Rn. 1.
[4] *Eisenberg* StV 1989, 554 (556); *Frehsee* ZStW 100 (1988), 290 (304); Meyer-Goßner/*Cierniak* Rn. 1; SK-StPO/*Wohlers*, 4. Aufl., Rn. 3; aA OLG Bamberg v. 31. 3. 1987 – Ws 176/86, NStZ 1989, 40, mit ablehnender Anm. *Wasmuth*.
[5] *Park* Rn. 103.
[6] BGH v. 22. 8. 1996 – 5 StR 159/96, wistra 1997, 107 (108); *Park* Rn. 103; Meyer-Goßner/*Cierniak* Rn. 1; KK-StPO/*Nack* Rn. 1.
[7] Vgl. *Joecks* WM 1998, Sonderbeilage Nr. 1/1998, 23; SK-StPO/*Wohlers*, 4. Aufl., Rn. 4, § 102 Rn. 12.
[8] Meyer-Goßner/*Cierniak* Rn. 2; siehe auch OLG Jena v. 20. 11. 2000 – 1 Ws 313/00, NJW 2001, 1290 (1291).
[9] KK-StPO/*Nack* Rn. 3.
[10] Meyer-Goßner/*Cierniak* Rn. 3; SK-StPO/*Wohlers*, 4. Aufl., Rn. 7; einschränkend *Geerds*, FS Dünnebier, 1982, S. 171 (193); aA AK-StPO/*Amelung* Rn. 6 f.
[11] *Nelles* StV 1991, 488.
[12] OLG Celle v. 16. 7. 1982 – 3 VAs 18/81, StV 1982, 561 (562); LG Saarbrücken v. 13. 6. 2002 – 8 Qs 127/02, NStZ-RR 2002, 267 (268); *Nelles* StV 1991, 488 f.
[13] KG v. 8. 9. 1971 – 1 VAs 43/70, JR 1972, 297 (299 f.); SK-StPO/*Wohlers*, 4. Aufl., Rn. 13.
[14] So OLG Düsseldorf v. 26. 2. 2008 – III-5 Ss 203/07 – 93/07 I, StraFo 2008, 238.
[15] KK-StPO/*Nack* Rn. 5.
[16] BVerfG v. 27. 2. 2003 – 2 BvR 1120/02, NVwZ-RR 2003, 495; LG Saarbrücken v. 13. 6. 2002 – 8 Qs 127/02, NStZ-RR 2002, 267.

7 b) Ermittlungsdurchsuchung. Die Ermittlungsdurchsuchung bei anderen Personen muss sich auf hinreichend **individualisierte Beweismittel** beziehen.[17] Dies muss sich in der Durchsuchungsanordnung widerspiegeln, so dass eine ausreichende Konkretisierung zumindest der Gattung nach angezeigt ist.[18] Das Recht, Zufallsfunde unter den Voraussetzungen von § 108 Abs. 1 einstweilig zu beschlagnahmen, bleibt davon unberührt.[19] Die allgemeine Aussicht oder die Vermutung, irgendwelche Beweismittel oder Spuren aufzufinden, genügen nicht.[20] Aus konkreten Tatsachen muss sich ergeben, dass die Durchsuchung zum Auffindungserfolg führen kann.[21] Nicht überzeugend wäre es freilich, eine ausreichende Erfolgsaussicht mit dem Argument zu bejahen, bei der Durchsuchung seien die gesuchten Beweisgegenstände tatsächlich aufgefunden worden.[22] Selbstverständlich ist keine Durchsuchung zur Sicherstellung von nicht beweiserheblichen Gegenständen zulässig.[23]

8 Ein **Zeugnisverweigerungsrecht** (§§ 52, 53) schließt eine Durchsuchung der Räumlichkeiten der zeugnisverweigerungsberechtigten Person auf Grundlage von Abs. 1 Satz 1 nicht aus.[24] Allerdings ist die Durchsuchung unzulässig, wenn sie das Ziel hat, beschlagnahmefreie Gegenstände (§ 97) aufzufinden.[25]

9 c) Verhältnismäßigkeit. Bei der Prüfung der Verhältnismäßigkeit ist zu beachten, dass die von der Durchsuchung betroffene andere Person keinen Anlass für die Durchsuchung gegeben hat.[26] Grundsätzlich ist eine Durchsuchung erst erforderlich, wenn die andere Person erfolglos zur **freiwilligen Herausgabe** der gesuchten Beweisgegenstände aufgefordert worden ist.[27] Dies gilt auch, wenn durch eine frühzeitige Aufforderung ein Beweismittelverlust zu befürchten ist. In diesem Fall kann der Gefahr des Beweismittelverlustes durch eine vorsorgliche Beschaffung einer richterlichen Durchsuchungsanordnung und der Aufforderung zur Herausgabe unmittelbar vor der möglichen Vollstreckung vorgebeugt werden.[28] Bei der Durchsuchung von **unverdächtigen Insolvenzverwaltern** ist wegen deren Pflicht zur Kooperation mit den Strafverfolgungsbehörden besondere Zurückhaltung zu üben.[29] Es ist auch unverhältnismäßig, bei **unverdächtigen Rechtsanwälten** nach Unterlagen über die steuerliche Beratung von Mandanten, die mit dem Ermittlungsverfahren in keinem Zusammenhang stehen, zu suchen, um hieraus Rückschlüsse auf den Inhalt der Beratung des Beschuldigten zu ziehen.[30]

10 d) Ausnahmeregelung nach Abs. 2. Räume, in denen der **Beschuldigte ergriffen** worden ist oder die er auf der **Verfolgung betreten** hat, können nach Abs. 2 ohne die Einschränkungen von Abs. 1 Satz 1 durchsucht werden. Es genügt, dass die Durchsuchungsvoraussetzungen des § 102 vorliegen. Abs. 2 findet auch Anwendung auf den aus der Strafhaft entflohenen **Verurteilten**[31] und die Verfolgung durch Privatpersonen[32] (vgl. § 127 Abs. 1). Die Sonderregelung für Gebäudedurchsuchungen in Abs. 1 Satz 2 wird durch Abs. 2 jedoch nicht erweitert, so dass die Durchsuchungserleichterungen immer nur für **einzelne Räume**, nicht jedoch für ein gesamtes Gebäude gelten.[33]

11 3. Gebäudedurchsuchungen. Abs. 1 Satz 2 erweitert die **Ergreifungs**durchsuchung bei anderen Personen in **räumlicher Hinsicht**, wenn der Gesuchte dringend verdächtig[34] ist, bestimmte Straftaten mit erheblichem Unrechtsgehalt (§ 129a StGB, auch in Verbindung mit § 129b Abs. 1

---

[17] Vgl. BVerfG v. 4. 3. 1981 – 2 BvR 195/81, NJW 1981, 971.
[18] BVerfG v. 28. 4. 2003 – 2 BvR 358/03, NJW 2003, 2669 (2670); BGH v. 21. 11. 2001 – StB 20/01, NStZ 2002, 215 (216).
[19] SK-StPO/*Wohlers*, 4. Aufl., Rn. 11.
[20] BGH v. 15. 10. 1999 – 2 BJs 20/97 – 2 – StB 9/99, NStZ 2000, 154 (155); OLG Celle v. 16. 7. 1982 – 3 VAs 18/81, StV 1982, 561 (562).
[21] BVerfG v. 18. 3. 2009 – 2 BvR 1036/08, NJW 2009, 2518 (2519); BGH v. 15. 10. 1999 – 2 BJs 20/97 – 2 – StB 9/99, NStZ 2000, 154 (155); BGH v. 21. 11. 2001 – StB 20/01, NStZ 2002, 215 (216).
[22] So aber ansatzweise BGH v. 15. 10. 1999 – 2 BJs 20/97 – 2 – StB 9/99, NStZ 2000, 154 (155).
[23] BGH v. 9. 4. 2009 – StB 6/09, StraFo 2009, 241.
[24] Meyer-Goßner/*Cierniak* Rn. 7.
[25] LG Fulda v. 12. 10. 1999 – 2 Qs 51/99, NJW 2000, 1508 (1509); *Nelles* StV 1991, 488 (489); *Joecks* WM 1998, Sonderbeilage Nr. 1/1998, 21; Meyer-Goßner/*Cierniak* Rn. 7.
[26] BVerfG v. 3. 7. 2006 – 2 BvR 299/06, NJW 2007, 1804 (1805); BVerfG v. 18. 3. 2009 – 2 BvR 1036/08, NJW 2009, 2518 (2519).
[27] LG Kaiserslautern v. 19. 3. 1981 – 5 Os 346/80, NStZ 1981, 438 (439); LG Mühlhausen v. 15. 11. 2006 – 6 Qs 9/06, wistra 2007, 195; Meyer-Goßner/*Cierniak* Rn. 1a.
[28] *Amelung* StV 1985, 257 (262); SK-StPO/*Wohlers*, 4. Aufl., Rn. 16.
[29] LG Berlin v. 9. 4. 2008 – 523 Qs 35/08, ZInsO 2008, 865; LG Neubrandenburg v. 9. 11. 2009 – 8 Qs 190/09, NJW 2010, 691 (692); LG Saarbrücken v. 2. 2. 2010 – 2 Qs 1/10, ZInsO 2010, 431 (433); siehe aber auch LG Ulm v. 15. 1. 2007 – 2 Qs 2002/07 Wik, NJW 2007, 2056, mAnm *Schork*.
[30] BVerfG v. 18. 3. 2009 – 2 BvR 1036/08, NJW 2009, 2518 (2519).
[31] SK-StPO/*Wohlers*, 4. Aufl., Rn. 18; aA AK-StPO/*Amelung* Rn. 21.
[32] Meyer-Goßner/*Cierniak* Rn. 15.
[33] Meyer-Goßner/*Cierniak* Rn. 15; SK-StPO/*Wohlers*, 4. Aufl., Rn. 18.
[34] Zum dringenden Tatverdacht s. u. § 112 Rn. 21 ff.

StGB, oder einer in § 129a StGB genannten Straftat) begangen zu haben.[35] Die zum Teil vertretene Einschränkung, das Werben für eine terroristische Vereinigung oder eine geringfügige Unterstützung einer solchen Vereinigung, sei für eine Gebäudedurchsuchung nicht ausreichend,[36] ist vor dem Hintergrund der durch Abs. 1 Satz 2 bezweckten **Terrorismusbekämpfung** und des klaren Wortlauts nicht geboten.[37] Die Rechte der anderen Personen werden durch den Ausschluss der einstweiligen Beschlagnahme von Zufallsfunden (§ 108 Abs. 1 Satz 3) sowie die Beschränkung der Anordnungsbefugnis auf den Richter und – bei Gefahr im Verzug – den Staatsanwalt (§ 105 Abs. 1 Satz 2) ausreichend gewahrt.

12 Es können sämtliche Wohnungen und Räume eines **Gebäudes** durchsucht werden, wenn auf Grund von Tatsachen anzunehmen ist, dass sich der Gesuchte in diesem Gebäude aufhält; bloße Vermutungen genügen nicht.[38] Gebäude sind räumlich abgegrenzte, **selbstständige bauliche Einheiten**;[39] eine Reihenhauszeile fällt nicht darunter.[40] Anders als im Fall des Abs. 1 Satz 1 beschränkt sich die Durchsuchung immer nur auf **ein bestimmtes Gebäude**. Kommen mehrere Gebäude als Aufenthaltsort in Betracht, muss die Durchsuchung zunächst bei dem wahrscheinlicheren Aufenthaltsort des Gesuchten beginnen.[41] Abs. 1 Satz 2 gilt nicht für die Ermittlungsdurchsuchung, dh. eine Suche nach Beweisgegenständen oder Spuren ist nicht zulässig.[42] Art und Weise der Durchsuchung müssen sich auf den **Ergreifungszweck** beschränken. Kleinere Behältnisse dürfen daher nur durchsucht werden, wenn Anhaltspunkte vorliegen, dass sich darin Hinweise finden, die das Ergreifen des Gesuchten ermöglichen.[43] Werden bei der Ergreifungsdurchsuchung Beweismittel gefunden, die für **irgendeine Straftat** von Bedeutung sind, können diese unter den Voraussetzungen von §§ 94, 98 beschlagnahmt werden; der Ausschluss in § 108 Abs. 1 Satz 3 gilt insoweit nicht.[44]

III. Rechtsbehelfe

13 Zu den Rechtsbehelfen gegen die Durchsuchungsanordnung und Art und Weise der Vollstreckung s. u. § 105 Rn. 36 ff.

§ 104 [Nächtliche Hausdurchsuchung]

(1) Zur Nachtzeit dürfen die Wohnung, die Geschäftsräume und das befriedete Besitztum nur bei Verfolgung auf frischer Tat oder bei Gefahr im Verzug oder dann durchsucht werden, wenn es sich um die Wiederergreifung eines entwichenen Gefangenen handelt.

(2) Diese Beschränkung gilt nicht für Räume, die zur Nachtzeit jedermann zugänglich oder die der Polizei als Herbergen oder Versammlungsorte bestrafter Personen, als Niederlagen von Sachen, die mittels Straftaten erlangt sind, oder als Schlupfwinkel des Glücksspiels, des unerlaubten Betäubungsmittel- und Waffenhandels oder der Prostitution bekannt sind.

(3) Die Nachtzeit umfaßt in dem Zeitraum vom ersten April bis dreißigsten September die Stunden von neun Uhr abends bis vier Uhr morgens und in dem Zeitraum vom ersten Oktober bis einunddreißigsten März die Stunden von neun Uhr abends bis sechs Uhr morgens.

I. Allgemeines

1 Die Vorschrift bezieht sich auf die Durchführung von Durchsuchungen nach §§ 102, 103 und schränkt den Beginn von Durchsuchungen der genannten **Räumlichkeiten zur Nachtzeit** (Abs. 3) ein. Personen und die ihnen gehörenden Sachen können dagegen zu jeder Zeit durchsucht werden.[1] Entsprechende Anwendung findet § 104 bei der Durchsuchung zum Auffinden von Verfalls- oder Einziehungsgegenständen (§ 111b Abs. 4).

2 Die Durchsuchungsanordnung kann bereits die Zulässigkeit der Vollstreckung zur Nachtzeit enthalten.[2] Anderenfalls entscheiden die vollstreckenden Organe über die Voraussetzungen des § 104. Die Beschränkungen des Abs. 1 gelten nicht, wenn der Betroffene der Durchsuchung zur Nachtzeit **einwilligt**.[3] Für die Wirksamkeit der Einwilligung ist erforderlich, dass der Betroffene

---

[35] Kritisch zur Verfassungsmäßigkeit AK-StPO/*Amelung* Rn. 14 f.
[36] *Rudolphi* JA 1979, 1 (3, 6); AK-StPO/*Amelung* Rn. 17.
[37] Im Ergebnis ebenso SK-StPO/*Wohlers*, 4. Aufl., Rn. 20.
[38] Löwe/Rosenberg/*Schäfer* Rn. 21; SK-StPO/*Wohlers*, 4. Aufl., Rn. 20.
[39] *Kurth* NJW 1979, 1377 (1383); KK-StPO/*Nack* Rn. 9.
[40] *Riegel* BayVBl. 1978, 589 (597).
[41] KK-StPO/*Nack* Rn. 10.
[42] *Kurth* NJW 1979, 1377 (1384).
[43] *Vogel* NJW 1978, 1217 (1226); SK-StPO/*Wohlers*, 4. Aufl., Rn. 21.
[44] *Vogel* NJW 1978, 1217 (1226); *Kurth* NJW 1979, 1377 (1384); Meyer-Goßner/*Cierniak* § 108 Rn. 5; SK-StPO/ *Wohlers*, 4. Aufl., § 108 Rn. 8. Zur Frage des Verwertungsverbots s. u. § 108 Rn. 9.
[1] Meyer-Goßner/*Cierniak* Rn. 1; SK-StPO/*Wohlers*, 4. Aufl., Rn. 1.
[2] Vgl. BGH v. 31. 10. 1968 – 3 StB 12/63, MDR 1964, 71; Meyer-Goßner/*Cierniak* Rn. 1.
[3] Meyer-Goßner/*Cierniak* Rn. 1.

belehrt wird, dass ansonsten die Durchsuchung nicht zulässig wäre.[4] Weiterhin ist unschädlich, dass eine Durchsuchung zur Nachtzeit **fortgesetzt** wird, solange sie rechtzeitig begonnen hat.[5] Die **Rechtzeitigkeit** bestimmt sich danach, ob davon ausgegangen werden konnte, dass die Durchsuchung vor Beginn der Nachtzeit beendet werden würde.[6] Ist dies wider Erwarten nicht der Fall, bleibt es ohne Belang.[7]

3   **Verstöße** gegen die Vorschrift machen nach einer älteren Entscheidung des Bundesgerichtshofs, jedenfalls soweit sie auf einem tatsächlichen oder rechtlichen Irrtum beruhen, die Durchsuchung weder rechtswidrig noch führen sie zu einem **Verwertungsverbot** bezüglich der aufgefundenen Beweismittel.[8] Zu den Folgen eines **bewussten Verstoßes** hat sich die Rechtsprechung bisher nicht geäußert. Teilweise wird in der Literatur selbst in diesem Fall ein Verwertungsverbot verneint, denn Zweck der Vorschrift sei nicht, die in einer Wohnung befindlichen Beweismittel dem Zugriff der Strafverfolgungsbehörden zu entziehen, sondern einen erhöhten Schutz der Unverletzlichkeit der Wohnung bzw. der Nachtruhe des Inhabers zu gewährleisten.[9] Dem ist jedoch nicht zuzustimmen, denn bei bewussten Verstößen wird ein Verwertungsverbot **regelmäßig geboten** sein, zumal § 104 gerade Schutzwirkung für den Wohnungsinhaber entfalten soll.[10] Im Übrigen hat auch das Bundesverfassungsgericht in einer jüngeren Entscheidung in Fällen eines bewussten bzw. **willkürlichen Verfahrensverstoßes** das Erfordernis eines schwerwiegenden Fehlers für die Bejahung eines Verwertungsverbots nicht mehr erwähnt.[11]

II. Voraussetzungen der Durchsuchung zur Nachtzeit

4   **1. Durchsuchungen nach Abs. 1.** Nach Abs. 1 können Wohnungen zur Nachtzeit bei Verfolgung auf frischer Tat oder bei Gefahr im Verzug oder zur Wiederergreifung eines entwichenen Gefangenen durchsucht werden. Die **Verfolgung auf frischer Tat** setzt nicht voraus, dass der Täter bei der Tat betroffen worden ist. Ausreichend ist, dass die Verfolgung unmittelbar nach der Tatentdeckung beginnt.[12] **Gefahr im Verzug** liegt vor, wenn ein Zuwarten bis zum Ende der Nachtzeit den Durchsuchungserfolg gefährden würde.[13] Der Begriff **Gefangener** erfasst nicht nur Strafgefangene, sondern jeden aufgrund behördlicher Anordnung in einer Anstalt Verwahrten (vgl. § 120 Abs. 1, 4 StGB).[14] Zum Wiederergreifen gehören neben der Suche nach dem entwichenen Gefangenen auch Durchsuchungsmaßnahmen, um Anhaltspunkte für seinen Verbleib zu gewinnen.[15]

5   **2. Durchsuchungen nach Abs. 2.** Die Beschränkungen des Abs. 1 gelten nicht für die in Abs. 2 genannten Räumlichkeiten. Dazu zählen zur Nachtzeit für **jedermann zugängliche Räume**, unabhängig davon, ob ein Entgelt für den Zugang erhoben wird.[16] Ein vorzeitiges Schließen, um die Durchsuchung zur Nachtzeit zu verhindern, ist unschädlich.[17] Abs. 2 gilt nur solange die Räumlichkeit tatsächlich geöffnet ist und nicht für Bereiche, die klar von den allgemein zugänglichen Räumlichkeiten abgegrenzt sind.

6   Erfasst sind weiterhin Örtlichkeiten, die polizeilich als Schwerpunkte bestimmter **krimineller** oder **sozialschädlicher Aktivitäten** bekannt sind.[18] An das Merkmal „polizeibekannt" sind keine hohen Anforderungen zu stellen. Ausreichend ist eine **einmalige Nutzung** zu den genannten Zwecken, soweit keine Anhaltspunkte für eine Änderung des Nutzungszwecks bestehen.[19] Durch die

---

[4] Amelung StV 1985, 257 (262 f.); SK-StPO/*Wohlers*, 4. Aufl., Rn. 2.
[5] BVerfG v. 24. 5. 1977 – 2 BvR 988/75, BVerfGE 44, 353 (369) = NJW 1977, 1489; Meyer-Goßner/*Cierniak* Rn. 10.
[6] SK-StPO/*Wohlers*, 4. Aufl., Rn. 4; *Sommermeyer* Jura 1992, 449 (457).
[7] BVerfG v. 24. 5. 1977 – 2 BvR 988/75, BVerfGE 44, 353 (369) = NJW 1977, 1489.
[8] BGH v. 31. 10. 1968 – 3 StB 12/63, MDR 1964, 71, zur irrtümlichen Annahme von Gefahr im Verzug im Sinne des Abs. 1.
[9] SK-StPO/*Wohlers*, 4. Aufl., Rn. 16; *Jäger*, Beweisverwertung und Beweisverwertungsverbote im Strafprozess, 2003, S. 204; wohl auch Amelung NJW 1991, 2533 (2536); *Ransiek* StV 2002, 565 (569); *Walther* JA 2010, 32 (38).
[10] Im Ergebnis ebenso *Krekeler* NStZ 1993, 263 (267); *Park* Rn. 404; *Ciolek-Krepold*, Durchsuchung und Beschlagnahme in Wirtschaftsstrafsachen, 2000, Rn. 162; vgl. auch BVerfG v. 12. 4. 2005 – 2 BvR 1027/02, BVerfGE 113, 29 (61) = NJW 2005, 1917 (1923); BVerfG v. 7. 2. 2009 – 2 BvR 2225/08, BVerfG NJW 2009, 3225; BGH v. 18. 4. 2007 – 5 StR 546/06, BGHSt 51, 285 (293) = NJW 2007, 2269 (2273).
[11] BVerfG v. 16. 3. 2006 – 2 BvR 954/02, NJW 2006, 2684 (2686).
[12] Meyer-Goßner/*Cierniak* Rn. 3.
[13] Vgl. OLG Hamm v. 18. 8. 2009 – 3 Ss 293/08, NJW 2009, 3109 (3111).
[14] Meyer-Goßner/*Cierniak* Rn. 5.
[15] Löwe/Rosenberg/*Schäfer* Rn. 11; SK-StPO/*Wohlers*, 4. Aufl., Rn. 10; vgl. zur Vollstreckung eines Haftbefehls zur Nachtzeit *Gottschalk* NStZ 2002, 568.
[16] Meyer-Goßner/*Cierniak* Rn. 7; Löwe/Rosenberg/*Schäfer* Rn. 13.
[17] Meyer-Goßner/*Cierniak* Rn. 7; SK-StPO/*Wohlers*, 4. Aufl., Rn. 12.
[18] Vgl. die beispielhafte Aufzählung bei Meyer-Goßner/*Cierniak* Rn. 7 ff.; kritisch *Eisenberg*, FS Rolinski, 2002, S. 165 (171 f.).
[19] Löwe/Rosenberg/*Schäfer* Rn. 14.

Formulierung „Schlupfwinkel" wird in den Fällen des Glückspiels, des unerlaubten Betäubungsmittel- und Waffenhandels und der Prostitution **Heimlichkeit** vorausgesetzt, so dass zB ein nach außen erkennbares Bordell kein Schlupfwinkel ist.[20]

Nack fordert mit Hinweis auf Art. 13 Abs. 2 GG, dass auch bei **Durchsuchungen von Wohnungen**, die dem Wortlaut nach unter Abs. 2 fallen, zur Nachtzeit zusätzlich die Voraussetzungen von Abs. 1 erfüllt sein müssten.[21] Dem ist nicht zuzustimmen, denn die Beschränkungen von Abs. 1 gelten gerade nicht für die in Abs. 2 genannten Räumlichkeiten, auch wenn diese als Wohnung (mit-)genutzt werden. Die Formulierung „Räume" in Abs. 2 bildet keinen Gegenbegriff zur in Abs. 1 ausdrücklich genannten Wohnung, sondern ist vielmehr als Oberbegriff für die in Abs. 1 einzeln aufgeführten Räumlichkeiten zu verstehen.[22] Allerdings ist zutreffend, dass zB die Wohnung einer Prostituierten kein „Schlupfwinkel der Prostitution" ist, wenn sie nicht zu geschäftlichen Zwecken genutzt wird.[23]

III. Rechtsbehelfe

§ 104 regelt Art und Weise der Durchführung der Durchsuchung, so dass Verstöße **entsprechend** § 98 Abs. 2 Satz 2 gerügt werden können,[24] es sei denn die Zulässigkeit der Durchsuchung zur Nachtzeit war bereits in der richterlichen Durchsuchungsanordnung enthalten.[25] Die **Revision** kann allenfalls auf eine **willkürliche Verletzung** des § 104 gestützt werden.[26]

8

7

§ 105 [Anordnung; Ausführung]

(1) ¹Durchsuchungen dürfen nur durch den Richter, bei Gefahr im Verzug auch durch die Staatsanwaltschaft und ihre Ermittlungspersonen (§ 152 des Gerichtsverfassungsgesetzes) angeordnet werden. ²Durchsuchungen nach § 103 Abs. 1 Satz 2 ordnet der Richter an; die Staatsanwaltschaft ist hierzu befugt, wenn Gefahr im Verzug ist.

(2) ¹Wenn eine Durchsuchung der Wohnung, der Geschäftsräume oder des befriedeten Besitztums ohne Beisein des Richters oder des Staatsanwalts stattfindet, so sind, wenn möglich, ein Gemeindebeamter oder zwei Mitglieder der Gemeinde, in deren Bezirk die Durchsuchung erfolgt, zuzuziehen. ²Die als Gemeindemitglieder zugezogenen Personen dürfen nicht Polizeibeamte oder Ermittlungspersonen der Staatsanwaltschaft sein.

(3) ¹Wird eine Durchsuchung in einem Dienstgebäude oder einer nicht allgemein zugänglichen Einrichtung oder Anlage der Bundeswehr erforderlich, so wird die vorgesetzte Dienststelle der Bundeswehr um ihre Durchführung ersucht. ²Die ersuchende Stelle ist zur Mitwirkung berechtigt. ³Des Ersuchens bedarf es nicht, wenn die Durchsuchung von Räumen vorzunehmen ist, die ausschließlich von anderen Personen als Soldaten bewohnt werden.

Schrifttum: *Amelung,* Die Entscheidung des BVerfG zur Gefahr im Verzug iS des Artikel 13 Abs. 2 GG, NStZ 2001, 337; *Amelung/Mittag,* Beweislastumkehr bei Haussuchungen ohne richterliche Anordnung gemäß § 105 StPO, NStZ 2005, 614; *Benfer,* Anordnung von Grundrechtseingriffen durch Richter und Staatsanwalt und die Verpflichtung zum Vollzug, NJW 1981, 1245; *Burhoff,* Zum Rechtsbegriff „Gefahr im Verzug" bei Wohnungsdurchsuchungen, StraFo 2005, 140; *Cassardt,* Zur Gültigkeitsdauer ermittlungsrichterlicher Durchsuchungsanordnungen, NJW 1996, 554; *Fezer,* Effektiver Rechtsschutz bei Verletzung der Anordnungsvoraussetzung „Gefahr im Verzug", FS Rieß, 2002, S. 93; *Krehl,* Richtervorbehalt und Durchsuchungen außerhalb gewöhnlicher Dienstzeiten, NStZ 2003, 463; *Krekeler,* Beweisverwertungsverbote bei fehlerhafter Durchsuchung, NStZ 1993, 263; *Kruis/Wehowsky,* Verfassungsgerichtliche Leitlinien zur Wohnungsdurchsuchung, NJW 1999, 684; *Mosbacher,* Verwertungsverbot bei Durchsuchungsanordnung des Staatsanwalts, NJW 2007, 3686; *Müller/Trurnit,* Eilzuständigkeiten der Staatsanwaltschaft und des Polizeivollzugsdienstes in der StPO, StraFo 2008, 144; *Park,* Durchsuchung und Beschlagnahme, 2. Aufl. 2009; *Rabe von Kühlewein,* Normative Grundlagen der Richtervorbehalte, GA 2002, 637; *Ransiek,* Durchsuchung, Beschlagnahme und Verwertungsverbot, StV 2002, 565; *Rengier,* Praktische Fragen bei Durchsuchungen, insbesondere in Wirtschaftsstrafsachen, NStZ 1981, 372; *Sommermeyer,* Die materiellen und formellen Voraussetzungen der strafprozessualen Hausdurchsuchung, Jura 1992, 449; *Wohlers,* Die Nichtbeachtung des Richtervorbehalts, StV 2008, 434.

I. Allgemeines

Die Vorschrift enthält in Abs. 1 die **Zuständigkeitsregelung** für die Anordnung der Durchsuchung nach §§ 102, 103. Abs. 2 und 3 betreffen die **Durchführung** der Durchsuchung, nämlich die Hinzuziehung von Durchsuchungszeugen und Durchsuchungen im Bereich der Bundeswehr. Die entsprechende Anwendung bei der Durchsuchung zum Auffinden von Verfalls- oder Einziehungsgegenständen regelt § 111b Abs. 4.

1

---

[20] SK-StPO/*Wohlers*, 4. Aufl., Rn. 13.
[21] KK-StPO/*Nack* Rn. 4; ebenso *Walther* JA 2010, 32 (37); SK-StPO/*Wohlers*, 4. Aufl., Rn. 14.
[22] Löwe/Rosenberg/*Schäfer* Rn. 14.
[23] Vgl. KK-StPO/*Nack* Rn. 4.
[24] Löwe/Rosenberg/*Schäfer* Rn. 15.
[25] S. u. § 105 Rn. 37.
[26] S. o. § 104 Rn. 3.

2 Nach überwiegender Auffassung enthalten Haftbefehle nach §§ 112, 453c, Vollstreckungshaftbefehle nach §§ 457 Abs. 2, 463 Abs. 1,[1] Unterbringungsbefehle nach § 126a Abs. 1, die Anordnung der Hauptverhandlungshaft nach § 127b und Vorführungsbefehle nach §§ 134, 230 Abs. 2, 236, 329 Abs. 4 Satz 1 eine **stillschweigende Durchsuchungsanordnung** zur Ergreifung des Beschuldigten bzw. Verurteilten in seinen Räumen[2] und zwar auch zur Nachtzeit, ohne dass die Voraussetzungen des § 104 vorliegen müssen.[3] Dagegen spricht jedoch, dass die Zulässigkeit eines Eingriffs in die persönliche Freiheit nicht automatisch einen Eingriff in die Unverletzlichkeit der Wohnung rechtfertigt, zumal Art. 2 Abs. 2 Satz 1 GG keinen Richtervorbehalt kennt.[4] Das Bejahen einer stillschweigenden Anordnung verträgt sich zudem nicht mit den Erfordernissen einer schriftlich niedergelegten Durchsuchungsanordnung[5] und einer einzelfallbezogenen richterlichen Prüfung.[6]

3 Eine Verbindung der Durchsuchungsanordnung mit einem **Beschlagnahmebeschluss** ist zulässig und dient dazu, Probleme hinsichtlich der Beschlagnahme der aufgefundenen Beweismittel zu vermeiden.[7]

II. Voraussetzungen der Durchsuchungsanordnung

4 **1. Zuständigkeit.** Abs. 1 Satz 1 weist die Entscheidung über die Anordnung der Durchsuchung grundsätzlich dem **Richter** zu und geht damit über den Regelungsgehalt des Art. 13 Abs. 2 GG hinaus, der den Richtervorbehalt nur bei Wohnungsdurchsuchungen garantiert. Die verfassungsgerichtlichen Postulate zur Wohnungsdurchsuchung sind allerdings auch auf Personendurchsuchungen übertragbar.[8] Neben die **richterliche Regelzuständigkeit**[9] treten bei Gefahr im Verzug **Eilkompetenzen** der **Staatsanwaltschaft** und – wenn diese unerreichbar ist[10] – der **Ermittlungspersonen** (§ 152 GVG) sowie der Beamten der Zollfahndungsämter und der Steuerfahndung (§ 404 Satz 2 AO). Bei Gebäudedurchsuchungen nach § 103 Abs. 1 Satz 2 sind die Ermittlungspersonen nicht anordnungsbefugt (Abs. 1 Satz 2). Eine ausschließliche richterliche Zuständigkeit besteht entsprechend § 98 Abs. 1 Satz 2 für die Anordnung der Durchsuchung von Presseunternehmen, wenn nach Gegenständen gesucht werden soll, die nur unter den Voraussetzungen des § 97 Abs. 5 Satz 2 beschlagnahmt werden dürfen.[11] Gleiches gilt für Fälle des § 111n Abs. 1 Satz 1.[12] Bis zur Anklageerhebung ist der **Ermittlungsrichter** zuständig (§§ 162, 169), danach das mit der angeklagten Tat befasste Gericht, soweit die Durchsuchung wegen dieser Tat erfolgen soll.[13]

5 Der Richter muss auf Grundlage der bisherigen Ermittlungsergebnisse eine **eigenverantwortliche Prüfung** der Durchsuchungsvoraussetzungen vornehmen, er dient als „Kontrollorgan der Strafverfolgungsbehörden".[14] Die Entscheidung ist keine bloße Formsache.[15] Allerdings fehlt nach dem Bundesgerichtshof die eigenständige Prüfung nicht ohne Weiteres, wenn der Ermittlungsrichter in seinem Beschluss Passagen wörtlich aus der Antragsschrift der Staatsanwaltschaft übernimmt.[16] Der Richter ist an die Rechtsauffassung der Staatsanwaltschaft oder der Ermittlungspersonen nicht gebunden.[17] Er entscheidet auf Grundlage der **vollständigen Ermittlungsakten**, darf jedoch weder eigene Ermittlungen vornehmen noch weitere Ermittlungen veranlassen[18] oder im Ermittlungsverfahren die Zweckmäßigkeit der Durchsuchung prüfen.[19]

---

[1] OLG Frankfurt/M. v. 26. 11. 1963 – 3 Ws 62/63, NJW 1964, 785 (786); OLG Düsseldorf v. 27. 7. 1981 – 2 Ws 289/81, NJW 1981, 2133 (2134).
[2] Meyer-Goßner/*Cierniak* Rn. 6 mwN; KK-StPO/*Nack* Rn. 4; Löwe/Rosenberg/*Schäfer* Rn. 6.
[3] *Gottschalk* NStZ 2002, 568 ff.; Meyer-Goßner/*Cierniak* Rn. 6.
[4] HK-StPO/*Gercke* Rn. 10; SK-StPO/*Wohlers*, 4. Aufl., Rn. 9.
[5] S. u. § 105 Rn. 6.
[6] *Rabe von Kühlewein* GA 2002, 637 (651 f.).
[7] Meyer-Goßner/*Cierniak* Rn. 7; HK-StPO/*Gercke* Rn. 13.
[8] Vgl. BVerfG v. 12. 2. 2007 – 2 BvR 273/06, NJW 2007, 1345, zu § 81a; OLG Karlsruhe v. 7. 5. 2004 – 2 Ws 77/04, NStZ 2005, 399 f., zu § 81a; *Amelung* NStZ 2001, 337 (342); *Rabe von Kühlewein* GA 2002, 637 (653); *Müller/Trurnit* StraFo 2008, 144 (146); *Wohlers* StV 2008, 434 (440); *Spaniol*, FS Eser, 2005, S. 473 (489).
[9] Vgl. BVerfG v. 20. 2. 2001 – 2 BvR 1444/00, BVerfGE 103, 142 (151) = NJW 2001, 1121 (1122); *Rabe von Kühlewein* GA 2002, 637 (654).
[10] BVerfG v. 4. 2. 2005 – 2 BvR 308/04, NJW 2005, 1637 (1638); *Müller/Trurnit* StraFo 2008, 144 (147); Meyer-Goßner/*Cierniak* Rn. 2.
[11] BGH v. 13. 1. 1999 – 2 Bfs 71/93 – 2 StB 14/98, NJW 1999, 2051 (2053); *Sommermeyer* Jura 1992, 449 (454); Meyer-Goßner/*Cierniak* Rn. 2; KK-StPO/*Nack* Rn. 1.
[12] KK-StPO/*Nack* Rn. 1.
[13] HK-StPO/*Gercke* Rn. 16.
[14] BVerfG v. 20. 2. 2001 – 2 BvR 1444/00, BVerfGE 103, 142 (151) = NJW 2001, 1121 (1122).
[15] BVerfG v. 8. 3. 2004 – 2 BvR 27/04, NJW 2004, 1517 (1518).
[16] BGH v. 11. 3. 2010 – StB 16/09, Rn. 25.
[17] OLG Düsseldorf 12. 6. 1989 – OGs 13/89, NStZ 1990, 145; HK-StPO/*Gercke* Rn. 24; SK-StPO/*Wohlers*, 4. Aufl., Rn. 14.
[18] *Weiler*, FS Meurer, 2002, 395 (406); SK-StPO/*Wohlers*, 4. Aufl., Rn. 15.
[19] *Benfer* NJW 1981, 1245 (1246); aA OLG Düsseldorf v. 12. 6. 1989 – OGs 13/89, NStZ 1990, 145.

2. Form. Für die richterliche Durchsuchungsanordnung ist in der Regel **Schriftform** geboten,[20] 6 wie sich bereits aus der Begründungspflicht gemäß § 34 ergibt. In Eilfällen ist auch eine mündliche Anordnung des Richters zulässig.[21] Dann sind sowohl die Anordnung[22] als auch die Gründe für die besondere Eilbedürftigkeit[23] in den Ermittlungsakten festzuhalten.

Für die Durchsuchungsanordnung der Staatsanwaltschaft und ihrer Ermittlungspersonen ist 7 keine bestimmte Form vorgeschrieben. Auch eine **stillschweigende Anordnung** ist möglich und üblich, wenn sie sogleich umgesetzt wird.[24] Die Anordnung muss jedoch vor oder unmittelbar nach der Durchsuchung **dokumentiert** werden. Darin müssen die allgemeinen Durchsuchungsvoraussetzungen und die Annahme der Gefahr im Verzug begründenden Umstände dargelegt werden, um eine richterliche Nachprüfung zu ermöglichen.[25]

3. Verfahren. Die Staatsanwaltschaft hat im Ermittlungsverfahren das **Antragsrecht** für die 8 Durchsuchungsanordnung. Gleiches gilt für die **Finanzbehörde**, wenn sie das Ermittlungsverfahren in einer Steuerstraftat selbständig führt (§§ 386, 399 Abs. 1 AO). Die Antragsteller sind vor der richterlichen Entscheidung anzuhören.[26] Beamte der Polizei und der Steuerfahndung haben kein Antragsrecht.[27] Ergeht eine Durchsuchungsanordnung aufgrund des Antrags einer nicht antragsberechtigten Person, ist sie rechtswidrig.[28] Die Anhörung des Betroffenen kann regelmäßig gemäß § 33 Abs. 4 unterbleiben.[29] Sie kann jedoch geboten sein, wenn in Fällen des § 103 von der Kooperationsbereitschaft der anderen Person auszugehen ist oder wenn sich der Verdächtige in Haft befindet und daher keine Gefährdung des Durchsuchungserfolgs besteht.[30]

4. Inhalt. a) Ausmaß der Durchsuchung. Der Inhalt der Durchsuchungsanordnung wird maßgeb- 9 lich durch die Bedeutung des Richtervorbehalts als **Kontrollmittel der Strafverfolgungsbehörden** bestimmt. Rahmen, Grenzen und Ziel der Durchsuchung müssen klar definiert werden, damit der Grundrechtseingriff **angemessen begrenzt** sowie **messbar** und **kontrollierbar** wird.[31] Insbesondere sind die aufzuklärende **Tat**, der Durchsuchungszweck, die Beweismittel bzw. die Personen, nach denen gesucht wird, und die zu durchsuchenden Räume[32] so genau wie möglich zu bezeichnen, damit die Durchführung der Durchsuchung vom Richter zumindest mitverantwortet wird und nicht nur den Durchsuchungsbeamten überlassen bleibt.[33] Bei **Beweismitteln** ist wenigstens eine Aufzählung nach Oberbegriffen oder Beispielen erforderlich. Die Konkretisierung muss so genau sein, dass **keine Zweifel** über die gesuchten Gegenstände auftreten können.[34] Allgemeine Angaben über Beweismittel oder die Wiedergabe des Wortlauts des § 102 werden diesen Anforderungen nicht gerecht.[35] Ausführungen zur **Auffindungsvermutung** können im Fall des § 102 unterbleiben, wenn sich von selbst versteht, dass der Durchsuchungserfolg erreicht werden kann.[36]

b) Umstände des Anfangsverdachts. Die den Anfangsverdacht stützenden **tatsächlichen Um-** 10 **stände** sind aufzuführen, der pauschale Verweis auf das bisherige Ermittlungsergebnis oder formelhafte Wendungen genügen nicht. Der Richter darf sich nicht darauf beschränken, lediglich die abstrakten Tatbestandsvoraussetzungen zu nennen, sondern er muss auch den Lebenssachverhalt

---

[20] BVerfG v. 20. 2. 2001 – 2 BvR 1444/00, BVerfGE 103, 142 (154) = NJW 2001, 1121 (1122 f.).
[21] BGH v. 13. 1. 2005 – 1 StR 531/04, NJW 2005, 1060 (1061); BGH v. 18. 4. 2007 – 5 StR 546/06, BGHSt 51, 285 (295) = NJW 2007, 2269 (2273); LG Mühlhausen v. 15. 11. 2006 – 6 Qs 9/06, wistra 2007, 195; Meyer-Goßner/*Cierniak* Rn. 3 mwN; aA *Harms* StV 2006, 215 ff.; SK-StPO/*Wohlers*, 4. Aufl., Rn. 29 mwN.
[22] BGH v. 13. 1. 2005 – 1 StR 531/04, NJW 2005, 1060 (1061); Meyer-Goßner/*Cierniak* Rn. 3.
[23] BVerfG v. 23. 7. 2007 – 2 BvR 2267/06, juris Rn. 5; LG Tübingen v. 1. 10. 2007 – 1 Qs 38/07, NStZ 2008, 589 (591).
[24] BGH v. 15. 10. 1985 – 5 StR 338/85, NStZ 1986, 84 (85); Meyer-Goßner/*Cierniak* Rn. 3.
[25] BVerfG v. 20. 2. 2001 – 2 BvR 1444/00, BVerfGE 103, 142 (160) = NJW 2001, 1121 (1124); BVerfG v. 12. 2. 2004 – 2 BvR 1687/02, BVerfGK 2, 310 (315); BVerfG v. 8. 3. 2006 – 2 BvR 1114/05, NVwZ 2006, 925 (926).
[26] KK-StPO/*Nack* Rn. 5.
[27] LG Berlin v. 8. 2. 1988 – 514 Qs 1/88, wistra 1988, 203; HK-StPO/*Gercke* Rn. 21.
[28] LG Freiburg v. 4. 9. 2000 – VIII Qs 9/00, StV 2001, 268 (269).
[29] BVerfG v. 11. 10. 1978 – 2 BvR 1055/76, BVerfGE 49, 329 (342) = NJW 1979, 154 (155); BVerfG v. 3. 4. 1979 – 1 BvR 994/76, BVerfGE 51, 97 (111) = NJW 1979, 1539 (1540); Meyer-Goßner/*Cierniak* Rn. 4; aA Löwe/Rosenberg/*Schäfer* Rn. 31.
[30] *Park* Rn. 72; HK-StPO/*Gercke* Rn. 22.
[31] BVerfG v. 5. 8. 1966 – 1 BvR 586/62, 1 BvR 610/63, 1 BvR 512/64, BVerfGE 20, 162 (224) = NJW 1966, 1603 (1651); BVerfG v. 26. 5. 1976 – 2 BvR 294/76; BVerfGE 42, 212 (220) = NJW 1976, 1735 f.; BVerfG v. 20. 2. 2001 – 2 BvR 1444/00, BVerfGE 103, 142 (151) = NJW 2001, 1121 (1122); BVerfG v. 17. 3. 2009 – 2 BvR 1940/05, NJW 2009, 2516 (2517), st. Rspr.
[32] BVerfG v. 3. 9. 1991 – 2 BvR 279/90, NJW 1992, 551 (552).
[33] BVerfG v. 5. 8. 1966 – 1 BvR 586/62, 1 BvR 610/63, 1 BvR 512/64, BVerfGE 20, 162 (224) = NJW 1966, 1603 (1651); BVerfG v. 26. 5. 1976 – 2 BvR 294/76; BVerfGE 42, 212 (220) = NJW 1976, 1735 f.; BVerfG v. 17. 3. 2009 – 2 BvR 1940/05, NJW 2009, 2516 (2517), st. Rspr.
[34] BGH v. 21. 11. 2001 – 3 BJs 42/84 – 4 (9) – StB 20/01, NStZ 2002, 215 (216).
[35] BVerfG v. 5. 5. 2000 – 2 BvR 2212/99, NStZ 2000, 601, mAnm *Park*.
[36] Vgl. LG Krefeld v. 21. 2. 1992 – 21 Qs 54/92, wistra 1993, 316 (317); HK-StPO/*Gercke* Rn. 38.

darlegen, aus dem sich die vorgeworfene Tat ergibt.[37] Bei **Steuerstraftaten** sind Angaben zu den Steuerarten und Veranlagungszeiträumen erforderlich.[38] Bei einer Vielzahl von gleichartigen Straftaten kann eine Zusammenfassung durch die Nennung der bestimmenden Tatmerkmale erfolgen.[39] Eine ausführliche Konkretisierung der gesuchten Beweismittel kann im Einzelfall eine mangelnde Tatkonkretisierung ausgleichen.[40] Ausnahmsweise müssen die wesentlichen Verdachtsmomente nicht mitgeteilt werden, wenn dies den Durchsuchungszweck gefährdet.[41] Ob letzteres der Fall ist, ist unter Würdigung des gesamten Ermittlungsablaufs zu prüfen.[42]

11 Aufzuführen sind wegen § 34 regelmäßig auch **Indiztatsachen**, auch wenn dies im Einzelfall verfassungsrechtlich wegen einer ausreichenden Begrenzung nicht geboten ist,[43] da dem Betroffenen ansonsten keine umfassende Prüfung möglich ist, ob die Durchsuchungsanordnung rechtmäßig ergangen ist oder ob Rechtsbehelfe dagegen erfolgversprechend sind,[44] und eine ausreichende Entscheidungsgrundlage für das Beschwerdegericht fehlt.[45]

12 c) **Angemessenheit.** Die Begründung muss erkennen lassen, dass der Richter die Angemessenheit der Durchsuchung **hinreichend gewürdigt** hat. Eine pauschale Bezugnahme auf die „Bedeutung der Sache und die Wichtigkeit der erhofften Beweismittel" ist unzureichend.[46] Die Begründungserfordernisse sind umso höher, desto geringer der Grad des Tatverdachts oder die Wahrscheinlichkeit eines Auffindungserfolgs sind.[47]

13 d) **Unzureichende Begründung.** Eine unzureichende Begründung führt nicht zwingend zur Rechtswidrigkeit der Durchsuchungsanordnung, ein Nachbessern ist jedoch nur eingeschränkt möglich.[48] Die Durchsuchungsanordnung ist rechtswidrig, wenn sie keinerlei tatsächliche Angaben über den konkreten Tatvorwurf und die Begrenzung der gesuchten Beweismittel enthält, soweit diese Angaben nach den bisherigen Ermittlungsergebnissen **ohne Weiteres möglich** sind und den Durchsuchungszweck nicht gefährden.[49] In diesem Fall unterbricht die Durchsuchungsanordnung die Verjährung nicht (vgl. § 78 c Abs. 1 Nr. 4 StGB).[50]

III. Anordnung bei Gefahr im Verzug

14 1. **Gefahr im Verzug.** Gefahr im Verzug liegt vor, wenn die vorherige Einholung der richterlichen Durchsuchungsanordnung den **Erfolg** der Durchsuchung **gefährden würde**.[51] In der Grundsatzentscheidung aus dem Jahr 2001 hat das Bundesverfassungsgericht wegen der grundrechtssichernden Funktion des Richtervorbehalts und der richterlichen Regelzuständigkeit eine **enge Auslegung** von Gefahr im Verzug gefordert.[52] Mit Spekulationen, hypothetischen Erwägungen oder auf kriminalistische Alltagserfahrung gestützte, fallunabhängige Vermutungen kann Gefahr im Verzug nicht begründet werden. Vielmehr sind **einzelfallbezogene Tatsachen** heranzuziehen.[53] Daraus folgt, dass eine hinreichende Wahrscheinlichkeit des Misserfolgs erforderlich ist.[54]

15 Die Strafverfolgungsbehörden dürfen nicht mit dem Antrag auf die Durchsuchungsanordnung warten, bis die Gefahr eines Misserfolgs tatsächlich gerechtfertigt ist, und damit die Regelzustän-

---

[37] BVerfG v. 17. 3. 2009 – 2 BvR 1940/05, NJW 2009, 2516 (2517); vgl. auch BVerfG v. 8. 3. 2004 – 2 BvR 27/04, NJW 2004, 1517 (1518); siehe im Einzelnen *Kruis/Wehowsky* NJW 1999, 682 (683).
[38] BVerfG v. 9. 2. 2005 – 2 BvR 984/04 u. a., NStZ-RR 2005, 203 (204); vgl. auch BGH v. 5. 4. 2000 – 5 StR 226/99, NStZ 2000, 427 (428); *Matthes* wistra 2008, 10 (12).
[39] BGH v. 22. 8. 2006 – 1 StR 547/05, NStZ 2007, 213 (215).
[40] BVerfG v. 11. 7. 2008 – 2 BvR 2486/06, BayVBl. 2009, 207.
[41] BVerfG v. 22. 3. 1999 – 2 BvR 2158/98, NJW 1999, 2176; BGH v. 3. 10. 1999 – StB 7, 8/99, NJW 2000, 84 (85); BGH v. 18. 12. 2008 – StB 26/08, NStZ-RR 2009, 142 (143).
[42] LG Offenburg v. 11. 2. 2005 – 3 Qs 136/04, juris.
[43] BVerfG v. 24. 3. 2003 – 2 BvR 180/03, NStZ 2004, 160.
[44] BVerfG v. 24. 3. 2003 – 2 BvR 180/03, NStZ 2004, 160; BGH v. 18. 12. 2008 – StB 26/08, NStZ-RR 2009, 142 (143).
[45] BGH v. 18. 12. 2008 – StB 26/08, NStZ-RR 2009, 142 (143).
[46] BVerfG v. 11. 7. 2008 – 2 BvR 2016/06, NJW 2009, 281 (282).
[47] BVerfG v. 11. 7. 2008 – 2 BvR 2016/06, NJW 2009, 281 (282).
[48] S. u. § 105 Rn. 38.
[49] BVerfG v. 26. 5. 1976 – 2 BvR 294/76; BVerfGE 42, 212 (220) = NJW 1976, 1735 (1736); BVerfG v. 24. 5. 1977 – 2 BvR 988/75, BVerfG 44, 353 (371) = NJW 1977, 1489 (1490); BVerfG v. 5. 5. 2000 – 2 BvR 2212/99, NStZ 2000, 601, mAnm *Park*; BVerfG v. 9. 2. 2005 – 2 BvR 984/04 u. a., NStZ-RR 2005, 203 (204); BVerfG v. 17. 3. 2009 – 2 BvR 1940/05, NJW 2009, 2516 (2518).
[50] BGH v. 5. 4. 2000 – 5 StR 226/99, NStZ 2000, 427 (428); BGH v. 27. 5. 2003 – 4 StR 142/03, NStZ 2005, 275.
[51] BVerfG v. 20. 2. 2001 – 2 BvR 1444/00, BVerfGE 103, 142 (154) = NJW 2001, 1121 (1123); BVerfG v. 3. 4. 1979 – 1 BvR 994/76, BVerfGE 51, 97 (111) = NJW 1979, 1539 (1540); BVerfG v. 11. 8. 2005 – 5 StR 200/05, NStZ 2006, 114 (115); ähnlich bereits RG v. 18. 12. 1903 – 2440/03, RGSt 37, 32 (34); ausführlich *Nelles*, Kompetenzen und Ausnahmekompetenzen in der Strafprozeßordnung, 1980, S. 122 ff.
[52] BVerfG v. 20. 2. 2001 – 2 BvR 1444/00, BVerfGE 103, 142 (153) = NJW 2001, 1121 (1122); *Amelung* NStZ 2001, 337 (338 f.).
[53] BVerfG v. 20. 2. 2001 – 2 BvR 1444/00, BVerfGE 103, 142 (155) = NJW 2001, 1121 (1123).
[54] *Rabe von Kühlewein* GA 2002, 637 (654 f.).

digkeit des Richters unterlaufen. Der für die Prüfung von Gefahr im Verzug **maßgebliche Zeitpunkt** bestimmt sich danach, wann die Staatsanwaltschaft oder ihre Ermittlungspersonen die Durchsuchung für erforderlich hielten.[55] Die Weigerung des Richters, eine Durchsuchungsanordnung zu erlassen, kann für sich genommen keine Gefahr im Verzug begründen.[56]

Zur Gewährleistung des Richtervorbehalts in der Praxis ist es verfassungsrechtlich geboten, eine möglichst weitgehende Erreichbarkeit des Ermittlungsrichters, auch mittels der Einrichtung eines **richterlichen Not- bzw. Eildienstes**, herzustellen.[57] Dies gilt auch für die **Nachtzeit** im Sinne von § 104 Abs. 3, wenn ein **Bedarf** für einen nächtlichen Bereitschaftsdienst besteht, der über den Ausnahmefall hinausgeht.[58] Für die Bestimmung des Bedarfs ist nicht nur die Anzahl der nächtlichen Wohnungsdurchsuchungen, sondern auch die Häufigkeit sonstiger nächtlicher Eingriffe unter Richtervorbehalt heranzuziehen.[59] Vor diesem Hintergrund kann der abstrakte Hinweis, eine gerichtliche Entscheidung sei gewöhnlicherweise zu einem bestimmten Zeitpunkt nicht zu erlangen, Gefahr im Verzug nicht begründen.[60]

Ein Beurteilungsspielraum der Strafverfolgungsbehörden existiert nicht, die Anwendung der Eilkompetenz ist **gerichtlich voll überprüfbar**.[61] Da es sich um eine Prognoseentscheidung handelt, hat der Richter eine *ex ante* Sicht zugrunde zulegen.[62] Eine Heilung durch die Ersetzung der Eilentscheidung durch den entsprechend § 98 Abs. 2 Satz 2 angerufenen Richter kommt nicht in Betracht.[63]

2. Dokumentationspflichten. Um eine wirksame richterliche Kontrolle zu gewährleisten, treffen die Strafverfolgungsbehörden bei der Inanspruchnahme der Eilkompetenz erhebliche **Dokumentationspflichten**, die den Begründungserfordernissen der richterlichen Durchsuchungsanordnung ähneln. Der handelnde Beamte muss unter Bezeichnung des Tatverdachts und der gesuchten Beweismittel die Umstände darlegen, aus denen sich Gefahr im Verzug ergibt. Allgemeine Formulierungen oder eine Wiederholung des abstrakten Maßstabs von Gefahr im Verzug reichen nicht aus.[64] Der Versuch, den Ermittlungsrichter zu erreichen, muss dokumentiert werden,[65] es sei denn, die Dringlichkeit der Durchsuchung ist offenkundig.[66]

3. Verwertungsverbot. Ein Verstoß gegen Abs. 1 führt nicht automatisch zu einem Verwertungsverbot. Das Fehlen einer ausdrücklichen Regelung für Verletzungen des Richtervorbehalts sowie die Anwendung der Abwägungslehre bei der Bestimmung eines Verwertungsverbots bei Verfahrensfehlern durch die Strafgerichte sind verfassungsrechtlich unbedenklich.[67] Andererseits dürfen **grobe Verstöße** gegen den Richtervorbehalt nicht folgenlos bleiben.[68] In Rechtsprechung und Literatur ist weitgehend anerkannt, dass **willkürliches Vorgehen** grundsätzlich ein Verwertungsverbot begründet,[69] jedenfalls soweit keine „notstandsähnlichen Gesichtspunkte" die Ver-

---

[55] BVerfG v. 20. 2. 2001 – 2 BvR 1444/00, BVerfGE 103, 142 (155) = NJW 2001, 1121 (1123); BVerfG v. 4. 2. 2005 – 2 BvR 308/04, NJW 2005, 1637 (1638); BGH v. 18. 4. 2007 – 5 StR 546/06, BGHSt 51, 285 (288 f.) = NJW 2007, 2269 (2270).
[56] *Beichel/Kieninger* NStZ 2003, 10 ff.; *Krehl* NStZ 2003, 461 (463); *Nelles*, Kompetenzen und Ausnahmekompetenzen in der Strafprozessordnung, 1980, S. 133 f.; *Park* Rn. 90; aA *Hoffmann* NStZ 2003, 230 (232); *Schulz* NStZ 2003, 635 f.
[57] BVerfG v. 20. 2. 2001 – 2 BvR 1444/00, BVerfGE 103, 142 (156) = NJW 2001, 1121 (1123).
[58] BVerfG v. 10. 12. 2003 – 2 BvR 1481/02, NJW 2004, 1442.
[59] OLG Hamm v. 18. 8. 2009 – 3 Ss 293/08, NJW 2009, 3109 (3110), mAnm *Rabe von Kühlewein* NStZ 2010, 167.
[60] BVerfG v. 20. 2. 2001 – 2 BvR 1444/00, BVerfGE 103, 142 (156) = NJW 2001, 1121 (1123); BGH v. 18. 4. 2007 – 5 StR 546/06, BGHSt 51, 285 (293) = NJW 2007, 2269 (2272).
[61] BVerfG v. 20. 2. 2001 – 2 BvR 1444/00, BVerfGE 103, 142 (157) = NJW 2001, 1121 (1123); BVerfG v. 22. 1. 2002 – 2 BvR 1473/01, NJW 2002, 1333; BVerfG v. 3. 12. 2002 – 2 BvR 1845/00, NJW 2003, 2303 (2304); *Amelung/Wirth* StV 2002, 161 (164).
[62] HK-StPO/*Gercke* Rn. 56; SK-StPO/*Wohlers*, 4. Aufl., Rn. 40; vgl. BGH v. 10. 11. 1967 – 4 StR 512/66, BGHSt 21, 334 (363) = NJW 1968, 719 (714).
[63] BVerfG v. 12. 2. 2004 – 2 BvR 1687/02, BVerfGK 2, 310 (315 f.).
[64] BVerfG v. 20. 2. 2001 – 2 BvR 1444/00, BVerfGE 103, 142 (155) = NJW 2001, 1121 (1123); BVerfG v. 12. 2. 2004 – 2 BvR 1687/02, BVerfGK 2, 310 (315).
[65] BVerfG v. 8. 3. 2006 – 2 BvR 1114/05, NVwZ 2006, 925 (926); zur Frage des Verwertungsverbots bei Verstößen s. u. § 105 Rn. 22.
[66] BVerfG v. 11. 6. 2010 – 2 BvR 1046/08, Rn. 30.
[67] BVerfG v. 28. 7. 2008 – 2 BvR 784/08, NJW 2008, 3053 (3054); BVerfG v. 2. 7. 2009 – 2 BvR 2225/08, NJW 2009, 3225.
[68] BGH v. 18. 4. 2007 – 5 StR 546/06, BGHSt 51, 285 (291) = NJW 2007, 2269 (2270).
[69] Vgl. etwa BVerfG v. 16. 3. 2006 – 2 BvR 954/02, NJW 2006, 2684 (2686); BVerfG v. 2. 7. 2009 – 2 BvR 2225/08, NJW 2009, 3225 f.; BVerfG v. 25. 2. 1985 – 1 StE – 4/85, NStZ 1985, 262; BGH v. 18. 11. 2003 – 1 StR 455/03, NStZ 2004, 449 (450); BGH v. 25. 4. 2007 – 1 StR 135/07, NStZ-RR 2007, 242 (243); OLG Dresden v. 11. 5. 2009 – 1 Ss 90/09, NJW 2009, 2149 (2159), zu § 81a Abs. 2; OLG Hamm v. 19. 10. 2006 – 3 Ss 363/06, NStZ 2007, 355; *Krehl* NStZ 2003, 461 (463); *Wohlers* StV 2008, 434 (438); SK-StPO/*Wohlers*, 4. Aufl., Rn. 79 mit umfangreichen Nachweisen; aA Löwe/Rosenberg/*Schäfer* Rn. 119, der stets eine Abwägung fordert; weitergehend *Burhoff* StraFo 2005, 140 (146); *Fezer*, FS Rieß, 2002, S. 93 (102), der jede Missachtung ausreichen lässt.

wertung erlauben.[70] In der Praxis wird der Betroffene jedoch regelmäßig Schwierigkeiten haben, eine willkürliche Verletzung nachzuweisen. Die Darlegung von objektiven Fehlern der Strafverfolgungsbehörden reicht dazu nach der Rechtsprechung nicht aus.[71]

20 a) **Überschreitung der Eilkompetenz.** Ein **ausreichend schwerer Verstoß** kann zB darin liegen, dass Polizeibeamte mit der Inanspruchnahme des Ermittlungsrichters ohne besonderen Anlass warten, obwohl sie bereits mehrere Stunden wussten, dass eine Wohnungsdurchsuchung nach kriminalistischer Erfahrung höchste Priorität erlangt hatte.[72] Die fehlende oder unzureichende Einrichtung eines **richterlichen Eildienstes** kann eine Missachtung des Richtervorbehalts darstellen, insbesondere, wenn über mehrere Jahre hinweg der Bedarf zur Umsetzung der verfassungsgerichtlichen Vorgaben nicht erkannt worden ist.[73] Andererseits sieht der Bundesgerichtshof ein „allenfalls [...] geringfügiges Versäumnis", wenn die Polizei nicht sofort den Antrag auf eine richterliche Durchsuchungsanordnung anregt, sondern zunächst weitere Ermittlungen zur Lokalisierung des Durchsuchungsobjekts vornimmt, oder die Umstände von Gefahr im Verzug nur durch eine „Ungeschicklichkeit" der Polizeibeamten begründet worden sind.[74] Eine überraschende und komplexe Verfahrenssituation kann gegen einen bewussten Verstoß sprechen.[75] Die irrige Annahme der Gefahr eines Beweismittelverlustes führt regelmäßig nicht zu einem Verwertungsverbot.[76] Andererseits können eine „beträchtliche Gedankenlosigkeit" hinsichtlich der Merkmale von Gefahr im Verzug zumindest bei der Durchsuchung bei Unverdächtigen[77] oder eine bewusste „Provozierung" der Gefahr eines Beweismittelverlustes durch die Strafverfolgungsbehörden[78] zu einem Verwertungsverbot führen.

21 Dem Gesichtspunkt eines **hypothetischen rechtmäßigen Ermittlungsverlaufs** kommt bei einer bewussten oder gleichwertig groben Verkennung des Richtervorbehalts keine Bedeutung zu, da ansonsten der Richtervorbehalt stets unterlaufen werden könnte und sinnlos werden würde.[79] Es bestünde nämlich die Gefahr eines Ansporns, die Anordnungszuständigkeit des Ermittlungsrichters auszuschalten, indem das Ermittlungsverfahren aus Sicht der Strafverfolgungsbehörden einfacher und möglicherweise erfolgversprechender gestaltet werden könnte und zugleich die gewonnenen Beweise verwertet werden könnten.[80]

22 b) **Verstoß gegen die Dokumentationspflicht.** Eine **unzureichende Dokumentation** der Voraussetzungen von Gefahr im Verzug führt nach der Rechtsprechung nicht zu einem Verwertungsverbot.[81] Jedoch muss das Tatgericht die Umstände der Voraussetzungen der Durchsuchung und der Eilkompetenz bei einem substantiierten Widerspruch eines Verfahrensbeteiligten freibeweislich aufklären.[82] Dabei wird man den Strafverfolgungsbehörden wegen der Versäumnis, die Eingriffsvoraussetzungen ordnungsgemäß zu dokumentieren, erhöhte Darlegungs- und Beweislasten aufbürden müssen.[83]

IV. Durchführung der Durchsuchung

23 1. **Zuständigkeit.** Grundsätzlich ist die **Staatsanwaltschaft** gemäß § 36 Abs. 2 Satz 1 für die Vollstreckung einer richterlichen Durchsuchungsanordnung zuständig.[84] Sie kann andere Behör-

---

[70] BGH v. 18. 4. 2007 – 5 StR 546/06, BGHSt 51, 285 (291) = NJW 2007, 2269 (2270), mwN.
[71] Vgl. BVerfG v. 2. 7. 2009 – 2 BvR 2225/08, NJW 2009, 3225 (3226); zur Beweislastumkehr zugunsten des Betroffenen *Amelung/Mittag* NStZ 2005, 614 ff.
[72] Vgl. BGH v. 18. 4. 2007 – 5 StR 546/06, BGHSt 51, 285 (294) = NJW 2007, 2269 (2272); OLG Köln v. 27. 10. 2009 – 81 Ss 65/09, StV 2010, 14 (15 f.).
[73] OLG Hamm v. 18. 8. 2009 –, NJW 2009, 3109 (3111 f.).
[74] BGH v. 19. 1. 2020 – 3 StR 530/09.
[75] KG v. 1. 9. 2008 – (4) 1 Ss 220/08 (136/08), juris Rn. 9.
[76] OLG Stuttgart v. 26. 11. 2007 – 1 Ss 532/07, NStZ 2008, 238 (239), zu § 81 a Abs. 2; vgl. auch BGH v. 25. 4. 2007 – 1 StR 135/07, NStZ-RR 2007, 242 (243); Meyer-Goßner/*Cierniak* § 98 Rn. 7.
[77] LG Heilbronn v. 16. 12. 2004 – 5 Ns 41 Js 26 937/02, StV 2005, 380 (381).
[78] OLG Köln v. 27. 10. 2009 – 81 Ss 65/09, StV 2010, 14 (16).
[79] BGH v. 8. 4. 2007 – 5 StR 546/06, BGHSt 51, 285 (296) = NJW 2007, 2269 (2273); *Ransiek* StV 2002, 565 (566); *Krehl* NStZ 2003, 461 (463 f.); *Jahn/Dallmeyer* NStZ 2005, 297 (304); *Mosbacher* NJW 2007, 3686 (3687); *Fezer*, FS Rieß, 2002, S. 93 (104); *Münchhalffen*, FS Mehle, 2009, S. 445 (448); differenzierend *Schneider* NStZ-Sonderheft für Klaus Miebach, 2009, 46 (48 ff.). Siehe auch die grundsätzliche Kritik bei *Löffelmann*, Die normativen Grenzen der Wahrheitserforschung im Strafverfahren, 2009, S. 144 f.
[80] BGH v. 18. 4. 2007 – 5 StR 546/06, BGHSt 51, 285 (296) = NJW 2007, 2269 (2273); ähnlich auch *Burhoff* StraFo 2005, 140 (146).
[81] BGH v. 13. 1. 2005 – 1 StR 531/04, NJW 2005, 1060 (1061); BGH v. 25. 4. 2007 – 1 StR 135/07, NStZ-RR 2007, 242 (243); Meyer-Goßner/*Cierniak* Rn. 18; vgl. zu § 81 a Abs. 2 BGH v. 28. 3. 2007 – 2 BvR 784/08, NJW 2008, 3053 (3054); LG Hamburg v. 12. 11. 2007 – 603 Qs 470/07, NZV 2008, 213 (214); vgl. zu § 98 Abs. 2 Satz 1 OLG Frankfurt v. 4. 4. 2003 – 3 Ws 301/03, NStZ-RR 2003, 175 (176); aA *Müller/Trurnit* StraFo 2008, 144 (149), die regelmäßig von objektiver Willkür ausgehen; HK-StPO/*Gercke* Rn. 60; SK-StPO/*Wohlers*, 4. Aufl., Rn. 41, bei Fehlen einer Dokumentation.
[82] BGH v. 13. 1. 2005 – 1 StR 531/04, NJW 2005, 1060 (1061).
[83] Vgl. auch BVerfG v. 2. 7. 2009 – 2 BvR 1691/07, StraFo 2009, 453 (454 f.); *Amelung/Mittag* NStZ 2005, 614.
[84] BVerfG v. 27. 5. 1997 – 2 BvR 1992/92, BVerfGE 96, 44 (52) = NJW 1997, 2165 (2166).

den mit der Vollstreckung beauftragen.[85] Bei Gefahr im Verzug kann der Anordnende die Durchsuchung selbst vornehmen. Die Staatsanwaltschaft kann andere Behörden mit der Durchführung beauftragen. Aus dem Anwesenheitsrecht des Richters (vgl. Abs. 2 Satz 1) ergibt sich keine Zuständigkeit für die Vollstreckung.[86]

2. Zeitliche Grenzen der Durchsuchungsanordnung. Bis zur Erhebung der Anklage hat die Staatsanwaltschaft das Recht, die Vollstreckung der Durchsuchungsanordnung zurückzustellen oder ganz davon abzusehen,[87] wenn sie meint, die Durchführung der Durchsuchung sei unzweckmäßig oder unverhältnismäßig.[88] Im Zwischen- und Hauptverfahren entscheidet das mit der Anklage befasste Gericht verbindlich über die Durchführung der Durchsuchung.[89] 24

Es wäre mit Art. 13 Abs. 2 GG nicht zu vereinbaren, wenn die Staatsanwaltschaft sich Durchsuchungsanordnungen „auf Vorrat" besorgte.[90] Das Bundesverfassungsgericht fordert im Interesse einer wirksamen vorbeugenden Kontrolle, dass der Richter die geplante Durchsuchung nach den konkreten, **gegenwärtigen Voraussetzungen** beurteilt. Bei einem großen zeitlichen Abstand zwischen der richterlichen Entscheidung und der Vollstreckung bestünde die Gefahr, dass die tatsächliche Entscheidungsgrundlage vom richterlich verantworteten Entscheidungsinhalt abweicht oder sich die Umstände, welche die Durchsuchungsvoraussetzungen begründet haben, wesentlich verändern.[91] Spätestens nach **Ablauf eines halben Jahres** tritt die Durchsuchungsanordnung außer Kraft und eine auf Grundlage dieser Anordnung durchgeführte Durchsuchung wäre rechtswidrig.[92] Aus dieser zeitlichen Grenze folgt jedoch nicht, dass eine Durchsuchungsanordnung nicht auf tatsächliche Umstände gestützt werden kann, die mehr als sechs Monate bekannt sind.[93] 25

Das Landgericht Zweibrücken will keine starre Grenze der Gültigkeitsdauer anerkennen. Es komme vielmehr auf die Umstände des Einzelfalls an, so dass eine kurzfristige Überschreitung der Grenze eines halben Jahres unschädlich sei.[94] Dem ist nicht zuzustimmen, denn die objektiven Kriterien, die das Bundesverfassungsgericht zur Bestimmung der Gültigkeitsdauer aufgestellt hat,[95] sind so zu verstehen, dass die Gültigkeitsdauer kürzer, aber **jedenfalls nicht länger** als ein halbes Jahr sein kann.[96] Auch die Argumentation, die Berechnung mit der Frist von einem halben Jahr führe zu einer fragwürdigen Festlegung auf Tag oder Stunde,[97] kann vor dem Hintergrund der Möglichkeit einer entsprechenden Anwendung des § 189 Abs. 1 BGB nicht überzeugen. 26

3. Zwangsanwendung. Abs. 1 gestattet in Verbindung mit der Eingriffsgrundlage für die Durchsuchung die **Anwendung unmittelbaren Zwangs**, soweit dies für die Durchführung erforderlich ist. Im Einzelnen sind bei einer Wohnungsdurchsuchung das gewaltsame **Öffnen der Wohnung** und von sonstigen Behältnissen bzw. bei einer Personendurchsuchung **kurzfristige Festnahmen** oder ein **Festhalten** während der Durchsuchung gedeckt.[98] Weitergehende Eingriffe sind ausgeschlossen. Eine präventive Ingewahrsamnahme zur Verhinderung des Beiseiteschaffens von Beweismitteln oder Vermögenswerten kann nicht auf Grundlage der Durchsuchungsregelungen erfolgen.[99] 27

4. Zuziehung von Zeugen. Nach Abs. 2 Satz 1 sind, wenn möglich, **Zeugen** bei einer Wohnungsdurchsuchung zuzuziehen, wenn diese ohne Beisein eines Richters oder Staatsanwalts stattfindet. Dem Staatsanwalt steht der Vertreter der Finanzbehörde gleich, wenn diese das Ermittlungsverfahren selbständig führt (vgl. §§ 386 Abs. 2, 399 Abs. 1 AO).[100] Die Hinzuziehung ist **zwingend**, die Beachtung des Abs. 2 Satz 1 ist eine **wesentliche Förmlichkeit** der Durchsu- 28

---

[85] HK-StPO/*Gercke* Rn. 63.
[86] HK-StPO/*Gercke* Rn. 63; SK-StPO/*Wohlers*, 4. Aufl., Rn. 43; aA Meyer-Goßner/*Cierniak* Rn. 8.
[87] Vgl. BVerfG v. 27. 5. 1997 – 2 BvR 1992/92, BVerfGE 96, 44 (53) = NJW 1997, 2165 (2166); *Benfer* NJW 1981, 1245 (1247); *Cassardt* NJW 1996, 554 (555).
[88] KK-StPO/*Nack* Rn. 8.
[89] *Benfer* NJW 1981, 1245 (1246); Meyer-Goßner/*Cierniak* Rn. 8; KK-StPO/*Nack* Rn. 8; vgl. BGH v. 15. 9. 1977 – 1 StE 2/77 – StB 196/77, BGHSt 28, 253 = NJW 1977, 2175.
[90] BVerfG v. 27. 5. 1997 – 2 BvR 1992/92, BVerfGE 96, 44 (53) = NJW 1997, 2165 (2166); LG Braunschweig v. 21. 2. 2007 – 6 Qs 23/07, StraFo 2007, 288.
[91] *Cassardt* NJW 1996, 554 (556).
[92] BVerfG v. 27. 5. 1997 – 2 BvR 1992/92, BVerfGE 96, 44 (54) = NJW 1997, 2165 (2166), mAnm *Roxin* StV 1997, 654; LG Neuruppin v. 11. 7. 1997 – 14 Qs 59 Js 315/96 (155/97), NStZ 1997, 563; LG Braunschweig v. 21. 2. 2007 – 6 Qs 23/07, StraFo 2007, 288; vgl. bereits *Cassardt* NJW 1996, 554 (557); aA *Cirener* JR 1997, 389 (391).
[93] So aber LG Berlin v. 24. 9. 2002 – 509 Qs 115/02, NStZ 2004, 102, mit ablehnender Anm. *Heghmanns*.
[94] LG Zweibrücken v. 23. 9. 2002 – Qs 103/02, NJW 2003, 156.
[95] Vgl. BVerfG v. 27. 5. 1997 – 2 BvR 1992/92, BVerfGE 96, 44 (53 f.) = NJW 1997, 2165 (2166); BVerfG v. 6. 2. 2002 – 2 BvR 380/01, ZInsO 2002, 424 (425).
[96] LG Braunschweig v. 21. 2. 2007 – 6 Qs 23/07, StraFo 2007, 288; Meyer-Goßner/*Cierniak* Rn. 8 a; kritisch auch HBStrVf/*Lehmann*, III. Kapitel Rn. 174.
[97] So LG Zweibrücken v. 23. 9. 2002 – Qs 103/02, NJW 2003, 156.
[98] Meyer-Goßner/*Cierniak* Rn. 13; Löwe/Rosenberg/*Schäfer* Rn. 61.
[99] LG Frankfurt/M. v. 26. 2. 2008 – 5/26 Qs 6/08, NJW 2008, 2201.
[100] LG Koblenz v. 1. 3. 2004 – 10 Qs 61/03, wistra 2004, 438 (440); Meyer-Goßner/*Cierniak* Rn. 10.

chung.[101] Die Zeugen müssen erst zugezogen werden, wenn mit den Nachforschungen zur Erreichung des Durchsuchungszwecks begonnen wird oder diese zumindest unmittelbar bevorstehen.[102]

29 Die Inhaber der durchsuchten Räume können – auch im Fall des § 103 – keine Durchsuchungszeugen sein.[103] Als Zeugen sind entweder ein **Gemeindebeamter** oder zwei **Mitglieder aus der Gemeinde**, in der die Durchsuchung stattfindet, beizuziehen. Der Begriff Gemeindebeamte knüpft nicht an die statusrechtliche Beamteneigenschaft an, sondern erfasst auch sonstige Gemeindeangestellte.[104] Die Gemeindemitglieder dürfen keine Polizeibeamten oder Ermittlungspersonen der Staatsanwaltschaft sein (Abs. 2 Satz 2). Im Übrigen müssen Zeugen aus Sicht des Betroffenen **Gewähr für Neutralität** bieten.[105]

30 Die Zuziehung ist **nicht möglich**, wenn der eintretende Zeitverlust den Durchsuchungserfolg gefährden oder gar vereiteln würde.[106] Ob dies der Fall ist, hat der leitende Durchsuchungsbeamte nach pflichtgemäßem Ermessen zu entscheiden. Die Entscheidung ist gerichtlich **voll überprüfbar**. Ein Irrtum über die Möglichkeit der Zeugenzuziehung führt nicht zur Rechtswidrigkeit der Durchsuchungsmaßnahme, wenn der Beamte gewissenhaft gehandelt hat.[107] Anderes gilt beim **willkürlichen Verstoß**, dann hat der Betroffene ein Recht zum Widerstand.[108] Ein **Verwertungsverbot** wird allerdings auch bei Willkür überwiegend verneint.[109] Letzteres ist vor dem Hintergrund, dass das Bundesverfassungsgericht bei willkürlichen Verstößen augenscheinlich nicht mehr nach der Intensität des zur Fehlerhaftigkeit führenden Verstoßes differenzieren will,[110] verfassungsrechtlich bedenklich.

31 Der Betroffene kann auf die Einhaltung von Abs. 2 Satz 1 **verzichten**.[111] Zwar steht die Hinzuziehung auch im öffentlichen Interesse,[112] jedoch kann der Betroffene durch den Verzicht das Eindringen fremder Personen in seine Privatsphäre begrenzen.

32 Aus Abs. 2 Satz 1 ergibt sich, dass eine **fotografische Dokumentation** des Durchsuchungsobjekts regelmäßig nur gestattet ist, wenn die Bilder als **Beweismittel** in Betracht kommen. Das Ziel, einer möglichen Geltendmachung von Schadensersatzansprüchen durch den Betroffenen vorzubeugen, rechtfertigt das Fotografieren nicht, wenn die mildere Maßnahme der Zeugenzuziehung möglich ist.[113]

33 **5. Verbrauch der Durchsuchungsanordnung.** Eine Durchsuchungsanordnung ist nur Grundlage für eine **einmalige, einheitliche Durchsuchung**.[114] Eine Unterbrechung während der Nachtzeit soll unschädlich sein.[115] Mit der Beendigung der Maßnahme ist die Anordnung **verbraucht**, so dass für eine weitere Durchsuchung eine neue Anordnung ergehen muss.[116] Die Anordnung, ein Durchsuchungsobjekt über einen längeren Zeitraum regelmäßig zu durchsuchen, ist nicht zulässig.[117] Willigt der Betroffene in die Durchsuchung ein, obwohl eine Durchsuchungsanordnung besteht, so ist diese ebenfalls als verbraucht anzusehen.[118]

34 Eine ausdrückliche Aufhebung der Anordnung oder die Feststellung des Endes der Durchsuchung sind nicht erforderlich.[119] Für die Frage des Verbrauchs der Anordnung ist im Interesse des

---

[101] BGH v. 31. 1. 2007 – 2 StB 18/07, BGHSt 51, 211 (213) = NJW 2007, 930; BayObLG v. 23. 11. 1979 – RReg. 5 St 387/79, JZ 1980, 109; OLG Celle 1. 11. 1985 – 3 VAs 20/84, StV 1985, 137 (138); OLG Karlsruhe v. 20. 9. 1990 – 2 VAs 1/90, NJW 1992, 642 (645); *Krekeler* NStZ 1993, 263 (267); LK/StGB-*Rosenau* § 113 StGB Rn. 46; aA *Hofmann* NStZ 2005, 121 (123 ff.).
[102] BGH v. 9. 5. 1963 – 3 StR 6/63, NJW 1963, 1461.
[103] OLG Celle v. 1. 11. 1985 – 3 VAs 20/84, StV 1985, 137 (138); Meyer-Goßner/*Cierniak* Rn. 10.
[104] KK-StPO/*Nack* Rn. 13.
[105] OLG Bremen v. 23. 10. 1998 – VAs 1/98, wistra 1999, 74 (75).
[106] BGH v. 15. 10. 1985 – 5 StR 338/85, NStZ 1986, 84 (85); OLG Celle v. 1. 11. 1985 – 3 VAs 20/84, StV 1985, 137 (138).
[107] BayObLG v. 23. 11. 1979 – RReg. 5 St 387/79, JZ 1980, 109 f.
[108] BayObLG v. 23. 11. 1979 – RReg. 5 St 387/79, JZ 1980, 109; Meyer-Goßner/*Cierniak* Rn. 11.
[109] *Krekeler* NStZ 1993, 263 (267); *Ransiek* StV 2002, 565 (569).
[110] BVerfG v. 16. 3. 2006 – 2 BvR 954/02, NJW 2006, 2684 (2686).
[111] BGH v. 9. 5. 1963 – 3 StR 6/63, NJW 1963, 1461 (1642); OLG Stuttgart v. 13. 10. 1983 – 3 Ss (14) 535/83, MDR 1984, 249; OLG Celle v. 1. 11. 1985 – 3 VAs 20/84, StV 1985, 137 (139); OLG Hamm v. 16. 1. 1986 – 1 VAs 94/85, NStZ 1986, 326 (327); *Michalke* NJW 2008, 1490 (1491); Meyer-Goßner/*Cierniak* Rn. 12; aA KK-StPO/*Nack* Rn. 14.
[112] *Amelung* StV 1985, 257 (260); *Krekeler* NStZ 1993, 263 (267).
[113] OLG Celle v. 1. 11. 1985 – 3 VAs 20/84, StV 1985, 137 (139); LG Hamburg v. 19. 3. 2004 – 622 Qs 11/04, StV 2004, 368 (369); Meyer-Goßner/*Cierniak* Rn. 8 b.
[114] LG Hamburg v. 5. 5. 2003 – 620 Qs 29/03, wistra 2004, 36, mit ablehnender Anm. *Webel*; *Rengier* NStZ 1981, 372 (377); Meyer-Goßner/*Cierniak* Rn. 14.
[115] BGH v. 5. 2. 1989 – 2 StR 402/88, NStZ 1989, 375 (376), mAnm *Roxin*.
[116] *Roxin* NStZ 1989, 378; *Meurer* JR 1990, 389 (391 f.).
[117] LG Hamburg v. 5. 5. 2003 – 620 Qs 29/03, wistra 2004, 36; HK-StPO *Gercke* Rn. 70; Meyer-Goßner/*Cierniak* Rn. 14.
[118] *Rengier* NStZ 1981, 372 (378).
[119] BVerfG v. 12. 2. 2004 – 2 BvR 1687/02, BVerfGK 2, 310 (317).

Betroffenen ein möglichst früher Zeitpunkt anzusetzen. Der Umstand, dass für Fragen des Rechtsschutzes die Durchsicht der Papiere (§ 110) noch zur Durchsuchung gehört,[120] bedeutet nicht, dass während der Durchsicht noch Durchsuchungsmaßnahmen auf Grundlage der ursprünglichen Durchsuchungsanordnung durchgeführt werden können. Regelmäßig wird eine Durchsuchung mit dem **Verlassen des Durchsuchungsobjekts** beendigt,[121] es sei denn, die Durchsuchungsbeamten machen ihren Willen deutlich, die Durchsuchung lediglich kurzfristig zu unterbrechen.[122]

6. Durchsuchungen bei der Bundeswehr. Abs. 3 enthält Sonderregelungen für Durchsuchungen **35** in landfesten Einrichtungen der **Bundeswehr** und gleicht § 98 Abs. 4.[123] Die Durchführung obliegt der vorgesetzten Bundeswehrdienststelle auf Ersuchen der Strafverfolgungsbehörde, die zur Mitwirkung berechtigt ist. Ein Ersuchen ist nicht erforderlich, wenn die zu durchsuchenden Räume ausschließlich von anderen Personen als Soldaten bewohnt werden.

V. Rechtsbehelfe

1. Gegen richterliche Durchsuchungsanordnungen. a) Statthafte Rechtsbehelfe. Gegen richterli- **36** che Durchsuchungsanordnungen und ihre Ablehnung ist die **Beschwerde** nach § 304 statthaft, § 305 Satz 2 gilt entsprechend.[124] Die Beschwerde bleibt auch **nach Durchsuchungsbeendigung** grundsätzlich statthaft, da Art. 19 Abs. 4 GG eine wirksame richterliche Kontrolle der tief greifenden Folgen einer Wohnungsdurchsuchung gebietet.[125] Gleiches gilt in der Regel auch für die Personendurchsuchung. Die Beschwerdeentscheidung ist gemäß § 310 Abs. 2 unanfechtbar. Statthafter Rechtsbehelf bleibt die Verfassungsbeschwerde, wobei in Fällen einer Verletzung des rechtlichen Gehörs wegen des Subsidiaritätsgrundsatzes (§ 90 Abs. 2 BVerfGG) zunächst die Gehörsrüge nach § 33 a bzw. § 311 a zu erheben ist.[126] Das Unterlassen der Anhörungsrüge hat zur Folge, dass eine Verfassungsbeschwerde nicht nur hinsichtlich einer geltend gemachten Gehörsverletzung, sondern insgesamt unzulässig ist.[127]

Gegen **Art und Weise** der Vollstreckung einer richterlichen Durchsuchungsanordnung ist die **37** gerichtliche Entscheidung **entsprechend § 98 Abs. 2 Satz 2** zu beantragen, wenn die beanstandete Art und Weise des Vollzugs nicht ausdrücklicher und evidenter Bestandteil der richterlichen Anordnung war. Der subsidiäre Rechtsweg nach §§ 23 ff. EGGVG ist entgegen der früheren Rechtsprechung nicht eröffnet.[128] Dies gilt nunmehr auch nach Beendigung der Durchsuchung.[129] Will der Betroffene gegen die Regelung der Art und Weise der Vollstreckung in der richterlichen Durchsuchungsanordnung vorgehen, ist die Beschwerde nach § 304 statthaft.[130]

b) Prüfungskompetenz des Beschwerdegerichts. Die Prüfungskompetenz des Beschwerdegerichts **38** wird durch die Funktion des Richtervorbehalts **eingeschränkt**. Der durch den Richtervorbehalt bezweckte Schutz liefe leer, wenn es ausreichend wäre, dass eine Durchsuchungsanordnung verfassungsrechtlichen Anforderungen erst durch Nachbesserung durch das Beschwerdegericht genügen würde.[131] Das Beschwerdegericht darf seiner Entscheidung keine Tatsachen zugrunde legen, die dem Ermittlungsrichter unbekannt waren. Es ist nicht ausreichend, dass ein für das Beschwerdegericht konkretisierbarer und den amtsgerichtlichen Beschlüssen gegebenenfalls zugrunde liegender Verdacht den Akten entnommen werden kann.[132] Im Beschwerdeverfahren bleibt Prüfungsmaßstab die Sach- und Rechtslage zum **Zeitpunkt des Erlasses** der Durchsuchungsanordnung.[133] Im Einzelnen folgt daraus: Mängel bei der Konkretisierung des Tatvorwurfs oder bei der Individualisierung der Beweismittel können nach dem Vollzug der Durchsuchungsanordnung nicht mehr geheilt werden,[134] die Beschwerdeentscheidung darf nicht auf durch die Durchsuchung gewonnene

---

[120] S. u. § 110 Rn. 20.
[121] *Rengier* NStZ 1981, 372 (377); *Roxin* NStZ 1989, 377 (378).
[122] *Rengier* NStZ 1981, 372 (377).
[123] Einzelheiten bei *Heinen* Die Polizei 2008, 193 ff.
[124] Meyer-Goßner/*Cierniak* Rn. 15.
[125] BVerfG v. 30. 4. 1997 – 2 BvR 817/90 u. a., BVerfGE 96, 27 (42) = NJW 1997, 2163 (2164); aA noch BGH v. 3. 8. 1995 – StB 33/95, NJW 1995, 3397.
[126] BVerfG v. 14. 10. 1997 – 2 BvR 1007/97, NStZ-RR 1998, 73; BVerfG v. 7. 12. 1999 – 2 BvR 1911/99, NStZ-RR 2000, 110; BVerfG v. 18. 12. 2002 – 2 BvR 1910/02, NJW 2003, 1513.
[127] BVerfG v. 25. 4. 2005 – 1 BvR 644/05, NJW 2005, 3059, zu § 321a ZPO.
[128] BGH v. 25. 8. 1999 – 5 AR (VS) 1/99, BGHSt 45, 183; BGH v. 13. 10. 1999 – StB 7, 8/99, NJW 2000, 84.
[129] BGH v. 25. 8. 1999 – 5 AR (VS) 1/99, BGHSt 45, 183 (187); BGH v. 13. 10. 1999 – StB 7, 8/99, NJW 2000, 84 (86).
[130] Meyer-Goßner/*Cierniak* Rn. 17; HK-StPO/*Gercke* Rn. 84.
[131] BVerfG v. 5. 5. 2000 – 2 BvR 2212/99, NStZ 2000, 601, mAnm *Park*; LG Halle v. 5. 5. 2008 – 22 Qs 8/08, wistra 2008, 280; vgl. auch *Schmidt* StraFo 2009, 448.
[132] BVerfG v. 6. 3. 2002 – 2 BvR 1619/00, NJW 2002, 1491 (1492).
[133] *Jahn* NStZ 2007, 255 (261).
[134] BVerfG v. 20. 4. 2004 – 2 BvR 2043/03 u. a., NJW 2004, 3171; vgl. *Kruis/Wehowsky* NJW 1999, 682 (683).

Erkenntnisse zurückgreifen[135] und bei der Durchsuchung nach § 103 können die Umstände, die einen konkreten Bezug zwischen den gesuchten Gegenständen und dem Tatvorwurf herstellen, nicht nachgeschoben werden.[136]

39 Andererseits ist es **verfassungsrechtlich unbedenklich,** wenn das Beschwerdegericht eine andere rechtliche Bewertung an die seinerzeit zugrunde gelegten Umstände knüpft[137] oder die Konkretisierung des Anfangsverdachts aufgrund der vorliegenden Tatsachen in der Beschwerdeentscheidung nachholt,[138] soweit die Durchsuchungsanordnung ihrer „Gesamtheit in ausreichendem Maße erkennen [lässt], dass der Ermittlungsrichter die Voraussetzungen für seinen Erlass eigenständig geprüft hat".[139]

40 **2. Gegen nicht-richterliche Durchsuchungsanordnungen.** Gegen Durchsuchungsanordnungen der Staatsanwaltschaft und ihrer Ermittlungspersonen ist der Antrag auf gerichtliche Entscheidung **entsprechend § 98 Abs. 2 Satz 2** zulässig.[140] Gleiches gilt – auch nach Abschluss der Durchsuchungsmaßnahme – für die Überprüfung der **Art und Weise** der Vollstreckung.[141] Gegen die gerichtliche Entscheidung ist sodann Beschwerde gemäß § 304 Abs. 1 statthaft, wobei hinsichtlich der Durchsuchungsanordnung die genannten Einschränkungen der Prüfungskompetenz gelten.[142]

41 **3. Revision.** Die Revision kann sich auf die Fehlerhaftigkeit der Durchsuchungsanordnung oder der Durchführung nur stützen, soweit ein Verwertungsverbot hinsichtlich der bei der Durchsuchung aufgefundenen Beweismittel begründet ist.[143]

§ 106 [Zuziehung des Inhabers]

(1) ¹Der Inhaber der zu durchsuchenden Räume oder Gegenstände darf der Durchsuchung beiwohnen. ²Ist er abwesend, so ist, wenn möglich, sein Vertreter oder ein erwachsener Angehöriger, Hausgenosse oder Nachbar zuzuziehen.

(2) ¹Dem Inhaber oder der in dessen Abwesenheit zugezogenen Person ist in den Fällen des § 103 Abs. 1 der Zweck der Durchsuchung vor deren Beginn bekanntzumachen. ²Diese Vorschrift gilt nicht für die Inhaber der in § 104 Abs. 2 bezeichneten Räume.

Schrifttum: *Eisenberg,* Aspekte der Durchsuchung (§§ 102 ff. StPO) im Verhältnis zu ethologischen Grundbedürfnissen, FS Rolinski, 2002, S. 165; *Michalke,* Wenn der Durchsuchung klingelt – Verhalten bei Durchsuchung und Beschlagnahme, NJW 2008, 1490; *Park,* Durchsuchung und Beschlagnahme, 2. Aufl. 2009; *Rengier,* Praktische Fragen bei Durchsuchungen, insbesondere in Wirtschaftsstrafsachen, NStZ 1981, 372.

I. Allgemeines

1 Die Vorschrift spiegelt den **offenen Charakter** der Durchsuchung wider[1] und soll dem Inhaber ermöglichen, sich selbst von der Rechtmäßigkeit der Durchführung der Durchsuchung zu überzeugen. Das Anwesenheitsrecht ist **dispositiv**[2] und auf andere Personen übertragbar.[3] § 106 findet bei Durchsuchungen zur Sicherstellung von Verfalls- und Einziehungsgegenständen entsprechende Anwendung (§ 111 b Abs. 4).

2 § 106 ist als wesentliche Förmlichkeit der Durchsuchung **zwingendes Recht,** das nicht zur beliebigen Disposition der Durchsuchungsorgane steht. Die Regelung ist keine Ordnungsvorschrift.[4] Bei Nichtbeachtung ist die Durchsuchung **rechtswidrig** und keine rechtmäßige Diensthandlung im Sinne des § 113 Abs. 3 StGB.[5] Der Charakter einer Ordnungsvorschrift ergibt sich

---

[135] BVerfG v. 9. 2. 2005 – 2 BvR 1108/03, NStZ-RR 2005, 207 (208); vgl. auch die nachfolgende Entscheidung BVerfG v. 14. 6. 2006 – 2 BvR 537/05, NJW 2006, 3199.
[136] BVerfG v. 18. 3. 2009 – 2 BvR 1036/08, NJW 2009, 2518 (2520).
[137] BVerfG v. 9. 2. 2005 – 2 BvR 1108/03, BVerfGK 5, 84 (89), insoweit nicht in NStZ-RR 2005, 207 abgedruckt; BVerfG v. 27. 6. 2005 – 2 BvR 2428/04, BVerfGK 5, 347 (353).
[138] BVerfG v. 24. 3. 2003 – 2 BvR 180/03, NStZ 2004, 160.
[139] BGH v. 18. 12. 2008 – StB 26/08, NStZ-RR 2009, 142 (143), unter Hinweis auf BVerfG, Beschl. v. 31. 8. 2007 – 2 BvR 1681/07, juris; Meyer-Goßner/*Cierniak* Rn. 15 a.
[140] BGH v. 16. 12. 1977 – 1 BJs 93/77, NJW 1978, 1013, mAnm *Amelung;* OLG Karlsruhe v. 20. 9. 1992 – 2 VAs 1/90, NJW 1992, 642 (643); Meyer-Goßner/*Cierniak* Rn. 16.
[141] BGH v. 7. 12. 1998 – 5 AR (VS) 2/98, BGHSt 44, 265 = NJW 1999, 730; vgl. zu Einzelheiten HK-StPO/*Gercke* Rn. 85.
[142] S. o. § 105 Rn. 38.
[143] S. o. § 105 Rn. 19 ff.
[1] BGH v. 31. 1. 2007 – StB 18/06, BGHSt 51, 211 (212 f.) = NJW 2007, 930.
[2] *Rengier* NStZ 1981, 372 (374).
[3] Löwe/Rosenberg/*Schäfer* Rn. 4.
[4] BGH v. 31. 1. 2007 – StB 18/06, BGHSt 51, 211 (213 f.) = NJW 2007, 930; Löwe/Rosenberg/*Schäfer* Rn. 15; aA BGH v. 30. 3. 1983 – 2 StR 173/82, NStZ 1983, 375; LG Dresden v. 2. 4. 2007 – 3 Qs 12/07, 3 Qs 43/07, juris Rn. 17; Meyer-Goßner/*Cierniak* Rn. 1.
[5] OLG Karlsruhe v. 9. 5. 1996 – 1 Ss 120/95, NStZ-RR 1997, 37 (38), zur Personendurchsuchung.

auch nicht aus dem regelmäßigen Fehlen eines Verwertungsverbots,[6] denn die Voraussetzungen der Rechtmäßigkeit einer Durchsuchung können nicht aus der Rechtsfolge eines Verstoßes abgeleitet werden.[7] Eine **bewusste Missachtung** des Anwesenheitsrechts kann zu einem Verwertungsverbot führen.[8]

II. Voraussetzungen und Inhalt des Anwesenheitsrecht

1. Inhaber. Inhaber ist, wer **Gewahrsam** an den Durchsuchungsgegenständen hat; die Eigentumsverhältnisse sind unbeachtlich. Bei Mitgewahrsam haben sämtliche Mitgewahrsamsinhaber ein eigenes Anwesenheitsrecht.[9] Ein Beschuldigter, der nicht zugleich Inhaber ist, hat – ebenso wie sein Verteidiger – kein eigenständiges Anwesenheitsrecht.[10] Nach der Rechtsprechung haben **Straf- und Untersuchungshaftgefangene** – jedenfalls wenn die Durchsuchung auf Grundlage von § 84 Abs. 1 StVollzG stattfindet – kein Anwesenheitsrecht bei der Durchsuchung der von ihnen belegten Crafträume.[11] Auf **strafprozessuale Durchsuchungen** ist dieses Ergebnis jedoch nur bedingt übertragbar. Zunächst ist für die Frage des Anwesenheitsrechts unerheblich, dass der Haftraum nicht als Wohnung gilt,[12] denn Abs. 1 Satz 1 verwendet den allgemeinen Begriff „Räume". Allerdings ist der Gefangene wegen des **Hausrechts der Anstalt**, das von der Zuweisung des Haftraums an den Gefangenen unberührt bleibt,[13] und den damit verbundenen Verfügungs- und Betretungsbefugnissen der Anstaltsleitung und deren Bediensteten nicht Inhaber des Haftraums.[14] Ein Anwesenheitsrecht besteht aber bei der Durchsuchung **ihm gehörender Sachen**, die regelmäßig mit der Raumdurchsuchung zusammentreffen wird.[15] Maßgeblich sind dabei nicht die Eigentumsverhältnisse, sondern der **Gewahrsam** des Gefangenen.[16]

Die Vorschrift begründet kein originäres Anwesenheitsrecht des **Verteidigers** des Inhabers. Allerdings ist in der Regel davon auszugehen, dass der Inhaber kraft seines Hausrechts seinem Verteidiger die Anwesenheit gestattet.[17]

2. Inhalt des Anwesenheitsrechts. Aufgrund des Anwesenheitsrechts kann sich der Inhaber grundsätzlich in seinen Räumen **frei bewegen** und mit den ihm gehörenden Sachen frei verfahren.[18] Das Anwesenheitsrecht darf jedoch nicht dazu missbraucht werden, den Durchsuchungszweck zu gefährden oder gar zu vereiteln. Für diesen Fall sind freiheitsbeschränkende Maßnahmen nach § 164 zulässig.[19] Die Erwartung, es werde zu einer Störung kommen, rechtfertigt noch keine Maßnahmen nach § 164. Es ist eine **tatsächliche Störung** oder ein unmittelbares Ansetzen zu einer störenden Handlung erforderlich.[20] Eine Störung kann weder mit der Ausübung von Kontrollrechten[21] noch mit der Kontaktaufnahme zum Verteidiger[22] begründet werden.

Die nichtamtliche Überschrift „Zuziehung des Inhabers" ist missverständlich, denn das Anwesenheitsrecht gilt nur, wenn der Inhaber bei Beginn der Durchsuchung bereits **vor Ort anwesend** ist oder sich zumindest in der Nähe aufhält.[23] Abs. 1 begründet keine Pflicht, den Inhaber herbei-

---

[6] BGH v. 30. 3. 1983 – 2 StR 173/82, NStZ 1983, 375; vgl. auch BGH v. 31. 1. 2007 – StB 18/06, BGHSt 51, 211 (214 f.) = NJW 2007, 930 f.; *Jäger*, Beweisverwertung und Beweisverwertungsverbote im Strafprozess, 2003, S. 204; Meyer-Goßner/*Cierniak* Rn. 1; Löwe/Rosenberg/*Schäfer* Rn. 17.
[7] BGH v. 31. 1. 2007 – StB 18/06, BGHSt 51, 211 (214 f.) = NJW 2007, 930 f.
[8] AG Bremen v. 19. 8. 2008 – 91 Gs 817/08, StV 2008, 589, unter Hinweis auf BVerfG v. 12. 4. 2005 – 2 BvR 1027/02, BVerfGE 113, 29 (61) = NJW 2005, 1917 (1923); siehe auch BVerfG v. 16. 3. 2006 – 2 BvR 954/02, NJW 2006, 2684 (2686); aA Meyer-Goßner/*Cierniak* Rn. 1.
[9] Löwe/Rosenberg/*Schäfer* Rn. 2.
[10] *Sommermeyer* NStZ 1991, 257 (258).
[11] OLG Frankfurt/M. v. 7. 6. 1979 – 3 Ws 390/07, GA 1979, 429; OLG Stuttgart v. 27. 8. 1984 – 4 VAs 24/84, NStZ 1984, 574; OLG Karlsruhe v. 17. 10. 1985 – 3 Ss 127/85, StV 1986, 10 (11); OLG Celle v. 8. 2. 1990 – 1 Ws 423/89, ZfStrVo 1991, 123; OLG Dresden v. 22. 6. 1994 – 1 Ws 5/94, ZfStrVo 1995, 251; SächsVerfGH v. 27. 7. 1995 – Vf. 45 – IV – 94, NJW 1995, 2980; aA AG Mannheim v. 16. 1. 1985 – 5 Ls 45/85, StV 1985, 276 (277); *Eisenberg*, FS Rolinski, 2002, S. 165 (169); HK-StPO/*Gercke* Rn. 2; Löwe/Rosenberg/*Schäfer* Rn. 2; SK-StPO/*Wohlers*, 4. Aufl., Rn. 6; offen gelassen von BGH v. 30. 3. 1983 – 2 StR 173/82, NStZ 1983, 375 (376).
[12] BVerfG v. 30. 5. 1996 – 2 BvR 727/94, NJW 1996, 2643; BGH v. 29. 4. 2009 – 1 StR 701/08, BGHSt 53, 294 (300) = NJW 2009, 2463 (2464); SächsVerfGH v. 27. 7. 1995 – Vf. 45 – IV – 94, NJW 1995, 2980; OLG Nürnberg v. 24. 10. 1996 – Ws 753/96, ZfStrVo 1998, 53 (54).
[13] BVerfG v. 30. 5. 1996 – 2BvR 727/94, NJW 1996, 2643.
[14] BGH v. 29. 4. 2009 – 1 StR 701/08, BGHSt 53, 294 (300) = NJW 2009, 2463 (2465); siehe aber auch BGH v. 10. 8. 2005 – 1 StR 140/05, BGHSt 50, 206 (211 f.) = NJW 2005, 3295 (3297), zu Betretungsrechten von Krankenhauspersonal.
[15] *Eisenberg*, FS Rolinski, 2002, S. 165 (169); Löwe/Rosenberg/*Schäfer* Rn. 2.
[16] AA KK-StPO/*Nack* Rn. 1.
[17] HK-StPO/*Gercke* Rn. 6.
[18] HK-StPO/*Gercke* Rn. 3.
[19] Zur Abgrenzung von unmittelbarem Zwang siehe *Eisenberg*, FS Rolinski, 2002, S. 165 (174 ff.).
[20] LG Frankfurt/M. v. 26. 2. 2008 – 5/26 Qs 6/08, NJW 2008, 2201 (2202).
[21] Vgl. *Park* Rn. 197; HK-StPO/*Gercke* Rn. 7.
[22] *Rengier* NStZ 1981, 373 (375).
[23] Meyer-Goßner/*Cierniak* Rn. 2.

§ 107 Erstes Buch. Allgemeine Vorschriften

zuholen oder auf dessen Eintreffen bis zum Beginn der Durchsuchung zu warten.[24] Im Interesse des Charakters der Durchsuchung als offene Ermittlungsmaßnahme und zur Wahrung der Möglichkeit einer freiwilligen Herausgabe der gesuchten Gegenstände ist aber mit dem Beginn zu warten, wenn der Inhaber sein kurzfristiges Erscheinen angekündigt hat.[25]

7 3. **Zuziehung anderer Personen.** Bei **Abwesenheit** ist, wenn möglich, eine in Abs. 1 Satz 2 genannte Person zuzuziehen. Die zugezogenen Personen haben anders als die Durchsuchungszeugen (§ 105 Abs. 2 Satz 1) die Aufgabe, die Interessen des Inhabers zu vertreten.[26] Die Aufzählung in Abs. 1 Satz 2 legt die gesetzliche Reihenfolge fest, in der die Personen zugezogen werden müssen. Vertreter kann insbesondere der **Verteidiger** des beschuldigten Inhabers sein. Die Formulierung „wenn möglich" ist wie bei § 105 Abs. 2 Satz 1 auszulegen.[27] Der Inhaber kann auf die Zuziehung anderer Personen verzichten. Wird der Zugezogene auf Grundlage von § 164 entfernt, so wird er, wenn möglich, durch einen anderen ersetzt.[28] Dies gilt **nicht**, wenn der **Inhaber** gemäß § 164 entfernt worden ist.[29] Grund ist, dass die Zuziehung als Ersatz für das Anwesenheitsrecht des abwesenden Inhabers dient und der störende Inhaber sein Anwesenheitsrecht verwirkt hat.[30]

8 4. **Sonstige Anwesenheitsberechtigte.** Eine Zuziehung weiterer Personen wird durch die Regelungen in §§ 105 Abs. 2 Satz 1, 106 Abs. 1 Satz 2 nicht ausgeschlossen. Auch **sachkundige Personen**, zB ausländische Ermittlungspersonen,[31] Betriebsprüfer bei einer Durchsuchung durch die Steuerfahndung[32] oder Steuerfahnder bei einer Durchsuchung wegen eines Nichtsteuerdelikts,[33] können an der Durchsuchung teilnehmen, soweit sie keine eigenen Ermittlungshandlungen vornehmen und der Grundsatz der Unparteilichkeit beachtet wird.[34] Der **Staatsanwalt** hat stets ein Anwesenheitsrecht, da er gemäß § 36 Abs. 2 Satz 1 die Durchsuchungsanordnung vollstreckt, auch wenn ausnahmsweise der Richter selbst anwesend ist (vgl. § 105 Abs. 2 Satz 1).[35] Die **Finanzbehörde** (§ 386 Abs. 1 Satz 2 AO) hat ein Anwesenheitsrecht gemäß § 403 Abs. 1 Satz 1 AO bei Durchsuchungen bezüglich Steuerstraftaten, die von der Staatsanwaltschaft oder der Polizei durchgeführt werden.

9 5. **Bekanntmachung des Durchsuchungszwecks.** In den Fällen des § 103 Abs. 1 gebietet Abs. 2 dem Inhaber oder den zugezogenen Personen den **Zweck der Durchsuchung** vor Beginn bekannt zu machen. Darüber hinaus ist auch bei Durchsuchungen nach § 102 der Durchsuchungszweck vor Beginn bekanntzugeben, soweit dies den Durchsuchungserfolg nicht gefährdet.[36] Die Bekanntgabepflicht gilt nicht, wenn Räumlichkeiten im Sinne des § 104 Abs. 2 durchsucht werden.

III. Rechtsbehelfe

10 Bei Verstößen gegen § 106 kann der Inhaber sowohl bei richterlichen als auch nichtrichterlichen Durchsuchungsanordnungen **entsprechend § 98 Abs. 2 Satz 2** die gerichtliche Entscheidung beantragen.[37] Eine auf die Verletzung der Vorschrift gestützte Revision hat allenfalls bei einer bewussten Missachtung Aussicht auf Erfolg.[38]

§ 107 [Mitteilung, Verzeichnis]

¹Dem von der Durchsuchung Betroffenen ist nach deren Beendigung auf Verlangen eine schriftliche Mitteilung zu machen, die den Grund der Durchsuchung (§§ 102, 103) sowie im Falle des § 102 die Straftat bezeichnen muß. ²Auch ist ihm auf Verlangen ein Verzeichnis der in Verwahrung oder in Beschlag genommenen Gegenstände, falls aber nichts Verdächtiges gefunden wird, eine Bescheinigung hierüber zu geben.

---

[24] HK-StPO/*Gercke* Rn. 3; Löwe/Rosenberg/*Schäfer* Rn. 3.
[25] HK-StPO/*Gercke* Rn. 3; Löwe/Rosenberg/*Schäfer* Rn. 3.
[26] Löwe/Rosenberg/*Schäfer* Rn. 7.
[27] S. o. § 105 Rn. 30.
[28] Meyer-Goßner/*Cierniak* Rn. 4.
[29] Meyer-Goßner/*Cierniak* Rn. 4; KK-StPO/*Nack* Rn. 5; aA SK-StPO/*Wohlers*, 4. Aufl., Rn. 24.
[30] RG v. 4. 5. 1900 – 1155/00, RGSt 33, 251 (252); Löwe/Rosenberg/*Schäfer* Rn. 5.
[31] Vgl. OLG Karlsruhe v. 20. 9. 1990 – 2 VAs 1/90, NJW 1992, 642.
[32] OLG Bremen v. 23. 10. 1998 – VAs 1/98, wistra 1999, 74 (75).
[33] LG Stuttgart v. 10. 6. 1997 – 10 Qs 36/97, NStZ-RR 1998, 54 (55).
[34] OLG Hamm v. 16. 1. 1986 – 1 VAs 94/85, NStZ 1986, 326; OLG Karlsruhe v. 20. 9. 1990 – 2 VAs 1/90, NJW 1992, 642 (643 f.); OLG Bremen v. 23. 10. 1998 – VAs 1/98, wistra 1999, 74 (75); LG Kiel v. 14. 8. 2006 – 37 Qs 54/06, NJW 2006, 3224 (3225); *Mahnkopf/Funk* NStZ 2001, 519 ff.
[35] Löwe/Rosenberg/*Schäfer* Rn. 9.
[36] *Park* Rn. 161; KK-StPO/*Nack* Rn. 4.
[37] BGH v. 7. 12. 1998 – 5 AR (VS) 2/98, BGHSt 44, 265 = NJW 1999, 730; BGH v. 25. 8. 1999 – 5 AR (VS) 1/99, BGHSt 45, 183 = NJW 1999, 3499; OLG Hamburg v. 20. 1. 1999 – 1 VAs 3/98, StV 1999, 301; Löwe/Rosenberg/*Schäfer* Rn. 16.
[38] S. o. § 106 Rn. 2.

Achter Abschnitt. Beschlagnahme, Überwachung, Durchsuchung usw. 1–6 § 107

Schrifttum: *Kemper*, Das Beschlagnahmeverzeichnis nach § 109 StPO in Wirtschafts- und Steuerstrafsachen, wistra 2008, 96; *Park*, Durchsuchung und Beschlagnahme, 2. Aufl. 2009.

I. Allgemeines

Die Vorschrift begründet **Mitteilungspflichten** über den Grund der Durchsuchung und das Durchsuchungsergebnis. § 107 gilt auch bei Durchsuchungen zur Sicherstellung von Einziehungs- und Verfallsgegenständen (§ 111b Abs. 4). 1

Die Mitteilungspflichten setzen ein entsprechendes **Verlangen** des Betroffenen voraus. Bei mehreren Betroffenen kann jeder selbständig die Erfüllung der Mitteilungspflichten verlangen.[1] **Adressaten** der Mitteilungspflichten sind die Durchsuchungsbeamten sowie diejenigen, die die Durchsuchung angeordnet haben.[2] 2

§ 107 ist **zwingendes Recht**.[3] Die fehlende Mitteilung des Durchsuchungsgrundes kann dazu führen, dass die Durchsuchung rechtswidrig wird.[4] Ein Verstoß begründet jedoch nach überwiegender Auffassung **kein Verwertungsverbot**.[5] 3

II. Inhalt der Mitteilungspflichten

1. Grund der Durchsuchung. Satz 1 betrifft richterliche Durchsuchungsanordnungen, deren Bekanntgabe gemäß § 33 Abs. 4 zurückgestellt worden ist, sowie Durchsuchungsanordnungen der Staatsanwaltschaft und ihrer Ermittlungspersonen. Ansonsten ergibt sich die Pflicht zur Bekanntgabe richterlicher Durchsuchungsanordnungen bereits aus § 35.[6] Dem Betroffenen ist der mit Gründen versehene Durchsuchungsbeschluss **vollständig** mitzuteilen; die Bekanntgabe der Beschlussformel ist nicht ausreichend.[7] Bei Gefährdung des Durchsuchungszwecks kann die vollständige Mitteilung ausnahmsweise bis zur Beendigung der Durchsuchung zurückgestellt werden.[8] In diesen Fällen trägt der Richter die Verantwortung dafür, dass der vollständige Beschluss bekanntgegeben wird, sobald eine Gefährdung des Durchsuchungszwecks nicht mehr zu besorgen ist.[9] Auch bei der Vollstreckung nichtrichterlicher Durchsuchungsanordnungen sind regelmäßig der Grund und Zweck der Maßnahme sowie das vorgeworfene Verhalten – ggf. mündlich – mitzuteilen.[10] 4

Nach dem Wortlaut muss der Durchsuchungsgrund erst nach Beendigung der Durchsuchung mitgeteilt werden. Überwiegend wird zu Recht gefordert, dass die Bekanntgabe **vor der Durchsuchung** geschehen muss oder zumindest geschehen sollte, um dem Betroffenen Zweck und Grundlage der Maßnahme deutlich zu machen.[11] Nur in Ausnahmefällen, zB bei einer Gefährdung des Durchsuchungserfolgs, kommt eine Bekanntgabe nach Beendigung in Betracht.[12] 5

2. Beschlagnahmeverzeichnis. Nach Satz 2 ist dem Betroffenen ein **Verzeichnis** der beschlagnahmten oder sonst in Verwahrung genommenen Gegenstände bzw. im Fall der erfolglosen Durchsuchung eine Negativbescheinigung auszuhändigen. Auch Gegenstände, die noch nicht beschlagnahmt, sondern lediglich zur Durchsicht mitgenommen worden sind, müssen in das Verzeichnis aufgenommen werden.[13] Die Gegenstände müssen **identifizierbar** aufgeführt werden, auch wenn eine detaillierte Beschreibung oder Paginierung von Schriftstücken und Dokumenten nicht erforderlich ist.[14] Der Identifizierbarkeit ist zB mit der Beschreibung „Ordner mit Schrift- 6

---

[1] Löwe/Rosenberg/*Schäfer* Rn. 4.
[2] Meyer-Goßner/*Cierniak* Rn. 4.
[3] BGH v. 31. 1. 2007 – StB 18/06, BGHSt 51, 211 (213) = NJW 2007, 930, zu § 107 Satz 1; Löwe/Rosenberg/*Schäfer* Rn. 1; HK-StPO/*Gercke* Rn. 8; KK-StPO/*Nack* Rn. 5; aA KG v. 12. 1. 2000 – 1 AR 1264/99 – 4 VAs 41/99, juris Rn. 1: „Ordnungsvorschrift"; OLG Stuttgart v. 26. 10. 1992 – 4 VAs 5/92, StV 1993, 235 (236); Meyer-Goßner/*Cierniak* Rn. 1; *Neuhaus*, FS Herzberg, 2008, S. 871 (878) zu § 107 Satz 2.
[4] Löwe/Rosenberg/*Schäfer* Rn. 6; Meyer-Goßner/*Cierniak* Rn. 1.
[5] Meyer-Goßner/*Cierniak* Rn. 1; KK-StPO/*Nack* Rn. 5; Löwe/Rosenberg/*Schäfer* Rn. 6; aA *Krekeler* NStZ 1993, 263 (268).
[6] BGH v. 7. 11. 2002 – 2 BJs 27/02 – 5 – StB 16/2, NStZ 2003, 273 (274); *Park* Rn. 201.
[7] BGH v. 3. 9. 1997 – StB 12/97, BGHR StPO § 105 Zustellung 1; BGH v. 7. 11. 2002 – 2 BJs 27/02 – 5 – StB 16/2, NStZ 2003, 273 (274); HK-StPO/*Gercke* Rn. 3; KK-StPO/*Nack* Rn. 3.
[8] BGH v. 7. 11. 2002 – 2 BJs 27/02 – 5 – StB 16/2, NStZ 2003, 273 (274); HK-StPO/*Gercke* Rn. 3.
[9] BGH v. 7. 11. 2002 – 2 BJs 27/02 – 5 – StB 16/2, NStZ 2003, 273 (274).
[10] Löwe/Rosenberg/*Schäfer* Rn. 2; SK-StPO/*Wohlers*, 4. Aufl., Rn. 6; siehe auch *Park* Rn. 202; aA Meyer-Goßner/*Cierniak* Rn. 2, der nur die abstrakte Angabe des Durchsuchungszwecks für erforderlich hält.
[11] OLG Karlsruhe v. 9. 5. 1996 – 1 Ss 120/95, NStZ-RR 1997, 37 (38); *Rengier* NStZ 1981, 371 (373 f.); Löwe/Rosenberg/*Schäfer* § 106 Rn. 14; KK-StPO/*Nack* Rn. 6; Meyer-Goßner/*Cierniak* § 106 Rn. 5.
[12] HK-StPO/*Gercke* Rn. 3; Löwe/Rosenberg/*Schäfer* Rn. 2.
[13] Löwe/Rosenberg/*Schäfer* Rn. 3, 5.
[14] OLG Stuttgart v. 26. 10. 1992 – 4 VAs 5/92, StV 1993, 235; OLG Karlsruhe v. 26. 6. 1996 – 2 VAs 11/96, StraFo 1997, 13 (15); *Michalke* NJW 2008, 1490 (1493); HK-StPO/*Gercke* Rn. 4; KK-StPO/*Nack* Rn. 4.

§ 108 Erstes Buch. Allgemeine Vorschriften

stücken" nicht Genüge getan.[15] In das Verzeichnis sind auch angefertigte Kopien von Originalunterlagen aufzunehmen.[16] Im Fall der Erfolglosigkeit ist eine **Negativbescheinigung** sowohl bei der Ergreifungs- als auch bei der Ermittlungsdurchsuchung auszustellen.[17] Das Verzeichnis bzw. die Negativbescheinigung sind grundsätzlich am Durchsuchungsort anzufertigen und dem Betroffenen möglichst zeitnah zu übergeben.[18] Die gilt auch bei der Beschlagnahme von elektronischen Daten. Aus der Entscheidung des Bundesgerichtshofs, dass elektronische Datenträger zur Durchsicht mitgenommen werden können, wenn ihre Durchsicht nicht an Ort und Stelle möglich ist,[19] ergibt sich nichts Gegenteiliges.[20]

III. Rechtsbehelfe

7   Wird die Erfüllung der Mitteilungspflichten verweigert, kann der Betroffene nach einer Auffassung die gerichtliche Entscheidung nach § 23 Abs. 2 EGGVG[21] bzw. nach anderer Meinung entsprechend § 98 Abs. 2 Satz 2[22] beantragen. Für die Lösung des Streits kommt es maßgeblich darauf an, ob die Mitteilungspflichten **Teil der Durchsuchungsmaßnahme** sind und damit Art und Weise der Vollstreckung betreffen. Dies wird man ohne weiteres für die Mitteilungspflicht nach Satz 1 bejahen, wenn man richtigerweise davon ausgeht, dass diese Mitteilung möglichst **vor Beginn** der Durchsuchung ergehen muss. Andererseits erscheint es gekünstelt, generell bis zur Erstellung des Beschlagnahmeverzeichnisses bzw. der Negativbescheinigung von der Fortdauer der Durchsuchung auszugehen,[23] selbst wenn die Durchsuchungsbeamten den Durchsuchungsort längst verlassen und auch keine Papiere zur Durchsicht mitgenommen haben. Demnach müsste konsequenterweise hinsichtlich der Rechtsschutzmöglichkeiten zwischen den beiden Sätzen der Vorschrift differenziert werden. Um Abgrenzungsschwierigkeiten zu vermeiden,[24] ist es jedoch sinnvoller und praxisgerechter, dass einheitlich der Antrag auf gerichtliche Entscheidung entsprechend § 98 Abs. 2 Satz 2 statthaft ist.

§ 108 [Beschlagnahme anderer Gegenstände]

(1) ¹Werden bei Gelegenheit einer Durchsuchung Gegenstände gefunden, die zwar in keiner Beziehung zu der Untersuchung stehen, aber auf die Verübung einer anderen Straftat hindeuten, so sind sie einstweilen in Beschlag zu nehmen. ²Der Staatsanwaltschaft ist hiervon Kenntnis zu geben. ³Satz 1 findet keine Anwendung, soweit eine Durchsuchung nach § 103 Abs. 1 Satz 2 stattfindet.

(2) Werden bei einem Arzt Gegenstände im Sinne von Absatz 1 Satz 1 gefunden, die den Schwangerschaftsabbruch einer Patientin betreffen, ist ihre Verwertung zu Beweiszwecken in einem Strafverfahren gegen die Patientin wegen einer Straftat nach § 218 des Strafgesetzbuches unzulässig.

(3) Werden bei einer in § 53 Abs. 1 Satz 1 Nr. 5 genannten Person Gegenstände im Sinne von Absatz 1 Satz 1 gefunden, auf die sich das Zeugnisverweigerungsrecht der genannten Person erstreckt, ist die Verwertung des Gegenstandes zu Beweiszwecken in einem Strafverfahren nur insoweit zulässig, als Gegenstand dieses Strafverfahrens eine Straftat ist, die im Höchstmaß mit mindestens fünf Jahren Freiheitsstrafe bedroht ist und bei der es sich nicht um eine Straftat nach § 353b des Strafgesetzbuches handelt.

Schrifttum: *Amelung*, Grundfragen der Verwertungsverbote bei beweissichernden Haussuchungen im Strafverfahren, NJW 1991, 2533; *Kalf*, Die planmäßige Suche nach Zufallsfunden, Die Polizei 1986, 413; *Krekeler*, Zufallsfunde bei Berufsgeheimnisträgern und ihre Verwertbarkeit, NStZ 1987, 199; *Kurth*, Identitätsfeststellung, Einrichtung von Kontrollstellen und Gebäudedurchsuchung nach neuem Recht, NJW 1979, 1377; *Park*, Durchsuchung und Beschlagnahme, 2. Aufl. 2009; *Vogel*, Strafverfahrensrecht und Terrorismus – eine Bilanz, NJW 1978, 1217.

---

[15] *Krekeler* wistra 1983, 43 (46).
[16] LG Stade v. 3. 9. 2001 – 12 Qs 3/01, wistra 2002, 319.
[17] KK-StPO/*Nack* Rn. 4.
[18] OLG Stuttgart v. 26. 10. 1992 – 4 VAs 5/92, StV 1993, 235; Löwe/Rosenberg/*Schäfer* Rn. 5.
[19] Vgl. BGH v. 5. 8. 2003 – 2 BJs 11/03 – 5 – StB 7/03, NStZ 2003, 670 (671).
[20] AA KK-StPO/*Nack* Rn. 4.
[21] OLG Karlsruhe v. 28. 9. 1994 – 2 VAs 12/94, NStZ 1995, 48 mwN; LG Gießen v. 12. 8. 1999 – 2 Qs 200/99, 2 Qs 201/99, wistra 2000, 76; *Kemper* wistra 2008, 96; Meyer-Goßner/*Cierniak* Rn. 7.
[22] KG v. 12. 1. 2000 – 1 AR 1264/99 – 4 VAs 41/99, juris Rn. 2 ff.; LG Stade v. 3. 9. 2001 – 12 Qs 3/01, wistra 2002, 319; *Krekeler* wistra 1983, 43 (46); *Hofmann* NStZ 2005, 121 (124); HK-StPO/*Gercke* Rn. 9; Löwe/Rosenberg/*Schäfer* Rn. 6.
[23] So aber KK-StPO/*Nack* Rn. 5.
[24] Vgl. zu diesem Kriterium bei der Bestimmung des statthaften Rechtsbehelfs BGH v. 25. 8. 1999 – 5 AR (VS) 1/99, BGHSt 45, 184 (186) =NJW 1999, 3499 (3500).

I. Allgemeines

Die verfassungsgemäße[1] Vorschrift regelt in Abs. 1 die einstweilige Beschlagnahme von sogenannten **Zufallsfunden**, die bei Gelegenheit einer Durchsuchung gemacht werden. Dies soll den Strafverfolgungsbehörden **weitere Ermittlungen** gegen den Betroffenen oder Dritte ermöglichen, auch wenn gefundene Gegenstände nicht im Zusammenhang mit der Anlasstat für die Durchsuchung stehen. Die Regelung ist Spiegelbild des **Legalitätsprinzips** und soll **Beweisverluste** verhindern.[2] § 108 hat in der Praxis eine nicht unerhebliche Bedeutung. Eine aktuelle empirische Untersuchung geht davon aus, dass in etwa 13 % aller Wohnungsdurchsuchungen Zufallsfunde gemacht werden.[3]

Die Vorschrift ist auf Gegenstände, die in demselben oder in einem anderen Strafverfahren dem Verfall oder der Einziehung unterliegen, entsprechend anwendbar (§ 111b Abs. 4). Gleiches gilt für die **Briefkontrolle** eines Untersuchungshaftgefangenen durch den Richter, wenn Briefe Gegenstände oder Hinweise enthalten, die auf andere Straftaten hindeuten.[4]

Abs. 2 und 3 enthalten **ausdrückliche Verwertungsverbote** von Zufallsfunden. Ansonsten kommt ein Verwertungsverbot insbesondere bei einer gezielten Suche nach Gegenständen, die in der Durchsuchungsanordnung nicht aufgeführt sind, in Betracht.[5]

II. Voraussetzungen der einstweiligen Beschlagnahme

1. Zuständigkeit. Zuständig für die einstweilige Beschlagnahme nach Abs. 1 ist **jeder**, der zuständig für die Durchführung der Durchsuchung ist.[6] Dies gilt selbst in den Fällen von §§ 98 Abs. 1 Satz 2, 111n Abs. 1 Satz 1, in denen ausschließlich der Richter für die Beschlagnahmeanordnung zuständig ist,[7] da der einstweiligen Beschlagnahme nach Abs. 1 Satz 1 ohnehin eine richterliche Bestätigung folgen muss.[8] Auch Polizeibeamte, die nicht Ermittlungspersonen der Staatsanwaltschaft sind, können Zufallsfunde einstweilig beschlagnahmen. Die Voraussetzungen von Gefahr im Verzug müssen nicht vorliegen.[9]

2. Beschlagnahmefähige Gegenstände. Gegenstände können einstweilen in Beschlag genommen werden, wenn sie auf eine bisher **unbekannte Straftat** hindeuten oder in einem anderen Ermittlungsverfahren von Bedeutung sein können. Ausreichend – aber auch erforderlich – ist, dass aus dem Gegenstand selbst oder den Umständen seines Auffindens **tatsächliche Anhaltspunkte** im Sinne eines Anfangsverdachts für eine andere Straftat herrühren.[10] Auf einen ungewissen Verdacht kann sich die einstweilige Beschlagnahme nicht stützen.[11] Die Beschlagnahme von Gegenständen, die nicht in der Durchsuchungsanordnung aufgeführt, aber für die Anlasstat von Bedeutung sind, richtet sich nicht nach Abs. 1 Satz 1, sondern nach §§ 94, 98.[12] Damit durch den Rückgriff auf die allgemeinen Vorschriften die Eingrenzungsfunktion der Durchsuchungsanordnung nicht umgangen wird, muss die Beweisbedeutung dieser Gegenstände für die Anlasstat offensichtlich sein.[13] Die Befugnis der Durchsuchungsbeamten von Abs. 1 Satz 1 Gebrauch zu machen, kann **nicht** allgemein durch die richterliche Durchsuchungsanordnung eingeschränkt oder ausgeschlossen werden.[14] Die abweichende Auffassung des Landgerichts Freiburg[15] übersieht, dass durch Abs. 1 Satz 1 ohnehin **keine umfassende Auswertung** von Unterlagen gedeckt ist, auf die sich die Durchsuchungsanordnung nicht bezieht.

a) **Keine gezielte Suche.** Abs. 1 Satz 1 erweiterte allein die **Beschlagnahmerechte** der Durchsuchungsbeamten, nicht jedoch die Durchsuchungsrechte.[16] Es ist unzulässig, **gezielt** nach Gegen-

---

[1] Welp GA 1992, 284 (285); Meyer-Goßner/Cierniak Rn. 1; Löwe/Rosenberg/Schäfer Rn. 2; aA Labe, Zufallsfund und Restitutionsprinzip in Strafverfahren, 1990, S. 258.
[2] Vgl. Löwe/Rosenberg/Schäfer Rn. 1.
[3] Finke, Die Durchsuchung von Räumlichkeiten im Ermittlungsverfahren, 2009, S. 164.
[4] BVerfG v. 5. 2. 1981 – 2 BvR 646/80, BVerfGE 57, 170 (180 f.) = NJW 1981, 1943 (1944); BGH v. 14. 3. 1979 – StB 6/79, BGHSt 28, 349 (350) = NJW 1979, 1418 (1419); OLG Hamm v. 6. 9. 1984 – 1 Ws 234/84, NStZ 1985, 93; OLG Düsseldorf v. 2. 9. 1993 – 3 Ws 466/93, NJW 1993, 3278.
[5] S. u. § 108 Rn. 8 f.
[6] S. o. § 105 Rn. 2.
[7] Meyer-Goßner/Cierniak Rn. 6; HK-StPO/Gercke Rn. 14; SK-StPO/Wohlers, 4. Aufl., Rn. 13; aA KK-StPO/Nack Rn. 3.
[8] Vgl. BGH v. 4. 8. 1964 – 3 StB 12/63, BGHSt 19, 374 (376).
[9] BGH v. 4. 8. 1964 – 3 StB 12/63, BGHSt 19, 374 (376).
[10] Joecks WM 1998, Sonderbeilage 1/1998, 26; Park Rn. 207; AK-StPO/Amelung Rn. 8.
[11] AK-StPO/Amelung Rn. 8; Park Rn. 207; aA Meyer-Goßner/Cierniak Rn. 2; Löwe/Rosenberg/Schäfer Rn. 8.
[12] Meyer-Goßner/Cierniak Rn. 5; Löwe/Rosenberg/Schäfer Rn. 7; kritisch AK-StPO/Amelung Rn. 10.
[13] LG Berlin v. 15. 1. 2004 – 518 Qs 44/03, NStZ 2004, 571 (573).
[14] Kalf Die Polizei 1986, 413 (418); Hentschel NStZ 2000, 274; Meyer-Goßner/Cierniak Rn. 1; siehe auch Löwe/Rosenberg/Schäfer Rn. 18.
[15] LG Freiburg v. 4. 3. 1999 – VIII Qs 17/98, NStZ 1999, 582 (583).
[16] LG Bremen v. 22. 7. 2005 – 11 Qs 112/2005, StV 2006, 571 (573), mAnm Stege; Löwe/Rosenberg/Schäfer Rn. 3.

ständen zu suchen, die mit der Anlasstat nicht in Zusammenhang stehen.[17] Insbesondere bei der Durchsuchung bei Unverdächtigen gemäß § 103 ist Zurückhaltung hinsichtlich der Kenntnisnahme privater Dokumente geboten.[18] Die Vorbereitung und konkrete Ausgestaltung der Durchsuchung können Indizien für eine gezielte Suche beinhalten.[19]

7   Die Problematik des systematischen Suchens nach „Zufalls"funden hat durch die Sicherstellung und Durchsuchung von **EDV-Anlagen** und sonstigen **Datenträgern**[20] an Bedeutung gewonnen.[21] Erfahrungsgemäß sind häufig Daten gespeichert, die sachlich nicht mit dem Tatvorwurf in Zusammenhang stehen oder dritte Personen betreffen.[22] Durch den Datenumfang und die Möglichkeit des umfassenden Zugriffs steigt die Wahrscheinlichkeit von Funden nach Abs. 1 Satz 1.[23] So wäre es zB bei einer Durchsuchung wegen einer Steuerstraftat technisch ohne weiteres möglich, den aufgefundenen Datenbestand mit einem Suchprogramm auf kinderpornographisches Material zu durchsuchen. Ein solches Vorgehen begründete jedoch eine **systematische Suche nach Zufallsfunden** und etwaige Beweismittel wären nicht bei Gelegenheit der Durchsuchung entdeckt.[24] Dies schließt nicht aus, dass bei einer Überprüfung eines Datenbestands Hinweise auf andere Straftaten gefunden werden, soweit die Suche mit dem Tatvorwurf zusammenhängt. Wenn Daten von unbeteiligten Dritten betroffen sind, ist es geboten, den Datenbestand vor einer systematischen Auswertung zunächst gemäß § 110 Abs. 1 auf **beweiserhebliches Material** durchzusehen.[25]

8   b) **Verwertungsverbot.** Bei einer gezielten Suche nach Gegenständen, die nicht in der Durchsuchungsanordnung genannt sind, liegt regelmäßig ein schwerer Verstoß vor, der ein **Verwertungsverbot** rechtfertigt,[26] und zwar unabhängig von der Schwere der vorgeworfenen Straftat.[27]

9   Ein Verwertungsverbot der Zufallsfunde besteht auch, wenn bereits wegen einer **groben Verkennung des Richtervorbehalts** nach § 105 Abs. 1 die Durchsuchung insgesamt willkürlich war.[28] Andererseits begründet die Fehlerhaftigkeit der Durchsuchungsanordnung allein noch kein Verwertungsverbot hinsichtlich der Zufallsfunde, die bei Gelegenheit der Vollstreckung dieser Durchsuchungsanordnung gemacht worden sind.[29] Auch Verstöße gegen Abs. 1 Satz 3 sollen nach einer Auffassung nicht zu einem Verwertungsverbot führen. Bei **Gebäudedurchsuchungen** bleibe die Mitteilungspflicht nach Abs. 1 Satz 2 bestehen, so dass Zufallsfunde nach dem Willen des Gesetzgebers keinem Verwertungsverbot unterfielen.[30] Diese Auffassung überzeugt jedoch nicht. Durch den Ausschluss der Zulässigkeit der einstweiligen Beschlagnahme bei Gelegenheit einer Gebäudedurchsuchung wird die Mitteilungspflicht **gegenstandslos**. Dies zeigt sich vor allem daran, dass Abs. 1 Satz 2 lediglich eine Pflicht begründet, die Staatsanwaltschaft über die einstweilige Beschlagnahme in Kenntnis zu setzen. Wenn überhaupt keine einstweilige Beschlagnahme nach Abs. 1 Satz 1 zulässig ist, ist auch kein Fall der Mitteilungspflicht denkbar. Vor dem Hintergrund, dass durch Gebäudedurchsuchungen in erheblichem Umfang unverdächtige Wohnungsinhaber betroffen werden können, ist zu deren Schutz zumindest bei einer **willkürlichen Missachtung** des Abs. 1 Satz 3 ein Verwertungsverbot zu bejahen.

10 3. **Ausnahmen der einstweiligen Beschlagnahme.** Ein **Beschlagnahmeverbot** für den aufgefundenen Gegenstand nach § 97 hindert auch die einstweilige Beschlagnahme nach Abs. 1 Satz 1.[31]

---

[17] BGH v. 14. 12. 1999 – 2 BJs 82/98-3, CR 1999, 292 (293), mAnm *Bär*; LG Baden-Baden v. 16. 5. 1989 – 1 Qs 321/88, wistra 1990, 118; LG Berlin v. 15. 1. 2004 – 518 Qs 44/03, NStZ 2004, 571 (572 f.); Meyer-Goßner/*Cierniak* Rn. 1.
[18] LG Koblenz v. 8. 4. 2010 – 4 Qs 10/10, BeckRS 2010, 11206.
[19] Vgl. KG v. 29. 5. 1985 – 2 AR 524/82 – 5 Ws 94/85, StV 1985, 404; Löwe/Rosenberg/*Schäfer* Rn. 9.
[20] Grundlegend dazu *Matzky*, Zugriff auf EDV im Strafprozess, 1999, S. 216 ff.
[21] *Spatscheck*, FS Hamm, 2008, S. 733 (740 f.).
[22] Vgl. BVerfG v. 12. 4. 2005 – 2 BvR 1027/02, BVerfGE 113, 29 (60) = NJW 2005, 1917 (1920).
[23] BVerfG v. 12. 4. 2005 – 2 BvR 1027/02, BVerfGE 113, 29 (60) = NJW 2005, 1917 (1922).
[24] LG Hamburg v. 6. 8. 2008 – 632 Qs 33/08, BeckRS 2010, 27509; vgl. auch LG Bremen v. 22. 7. 2005 – 11 Qs 112/2005, StV 2006, 571 (573).
[25] Vgl. BVerfG v. 12. 4. 2005 – 2 BvR 1027/02, BVerfGE 113, 29 (54 ff.) = NJW 2005, 1917 (1920 f.); BGH v. 24. 11. 2009 – StB 48/09 (a), NJW 2010, 1297 (1298); LG Bonn v. 17. 6. 2003 – 37 Qs 20/03, wistra 2005, 76; Bäcker/Freiling/Schmitt Datenschutz und Datensicherheit 2010, 80 (85).
[26] KG v. 29. 5. 1985 – 2 AR 524/82 – 5 Ws 94/85, StV 1985, 404 (405); LG Bonn v. 1. 7. 1980 – 37 Qs 57/80, NJW 1981, 292 (293); LG Berlin v. 9. 5. 1983 – 512 a/512 Qs 18/83, StV 1987, 97 (98); LG Bremen v. 13. 7. 1984 – 43 Qs 298/84, StV 1984, 505 (506); LG Baden-Baden v. 16. 5. 1989 – 1 Qs 321/88, wistra 1990, 118 (119); LG Berlin v. 15. 1. 2004 – 518 Qs 44/03, NStZ 2004, 571 (573); *Kalf* Die Polizei 1982, 413 (418); *Amelung* NJW 1991, 2533 (2536, 2538); *Weiler*, FS Meurer, 2002, 395 (419).
[27] *Krekeler* NStZ 1993, 263 (267); SK-StPO/*Wohlers*, 4. Aufl., § 105 Rn. 78.
[28] OLG Koblenz v. 6. 6. 2002 – 1 Ss 93/02, NStZ 2002, 660 (661).
[29] Vgl. BVerfG v. 2. 7. 2009 – 2 BvR 2225/08, NJW 2009, 3225, mit ablehnender Anm. *Schwabenbauer* NJW 2009, 3207; LG Wiesbaden v. 3. 3. 1978 – 14 Qs 143/77 B, NJW 1979, 175; aA HK-StPO/*Gercke* Rn. 9, der die Unrechtmäßigkeit für ein Verwertungsverbot genügen lässt.
[30] *Vogel* NJW 1978, 2117 (1227).
[31] Meyer-Goßner/*Cierniak* Rn. 4; Löwe/Rosenberg/*Schäfer* Rn. 10; vgl. ausführlich *Krekeler* NStZ 1987, 199 ff.

Ein beleidigender Brief eines Verteidigers an seinen Mandanten kann jedoch einstweilen beschlagnahmt werden, wenn sich das Ermittlungsverfahren gegen den Verteidiger richtet.[32]

Bei **Gebäudedurchsuchungen** nach § 103 Abs. 1 Satz 2 ist die einstweilige Beschlagnahme von Zufallsfunden **nicht** zulässig (Abs. 1 Satz 3).[33] Unberührt bleibt die Befugnis der Staatsanwaltschaft und ihrer Ermittlungspersonen, Gegenstände, die als Beweismittel für irgendeine Straftat dienen können, nach den allgemeinen Vorschriften zu beschlagnahmen.[34] In diesem Fall ist die Staatsanwaltschaft entsprechend § 163 Abs. 2 Satz 1 über die Beschlagnahme zu unterrichten.[35] Es ist besonders darauf zu achten, dass die Gebäudedurchsuchung nicht als Möglichkeit genutzt wird, neben der Suche nach dem Beschuldigten nach Beweismitteln zu suchen.[36] 11

Das **Steuergeheimnis** nach § 30 Abs. 1 AO steht der einstweiligen Beschlagnahme und Mitteilung an die Staatsanwaltschaft nicht entgegen, wenn die Voraussetzungen von § 30 Abs. 4, 5 AO erfüllt sind.[37] Eine Weitergabe nach § 30 Abs. 4 Nr. 4 a) AO ist zulässig, wenn wegen einer Steuerstraftat durchsucht wird, denn anderenfalls würde der wegen einer Steuerstraftat Verdächtige gegenüber sonstigen Verdächtigen durch die besondere Ermittlungskompetenz der Finanzbehörde **ungerechtfertigt bevorteilt** werden.[38] 12

4. Weiteres Verfahren. Nach Abs. 1 Satz 2 muss die Staatsanwaltschaft über die einstweilige Beschlagnahme von Zufallsfunden informiert werden.[39] Sie entscheidet sodann, ob sie die Gegenstände frei gibt oder die Beschlagnahme nach §§ 94, 98 beantragt. Für die Beschlagnahmeanordnung ist der Ermittlungsrichter des neuen Ermittlungsverfahrens zuständig, nicht derjenige, der die Durchsuchung angeordnet hat.[40] Leitet die Staatsanwaltschaft innerhalb einer angemessenen Frist kein neues Ermittlungsverfahren ein, ist die einstweilige Beschlagnahme aufzuheben.[41] Jedenfalls ist eine Dauer der einstweiligen Beschlagnahme weit über ein Jahr hinaus unangemessen.[42] 13

5. Ausdrückliche Verwertungsverbote. Abs. 2 dient dem Schutz des Vertrauensverhältnisses zwischen **Arzt und Patientin** bei Abtreibungen und begründet ein **Verwertungsverbot** zu Gunsten der Patientin auch dann, wenn das Beschlagnahmeverbot wegen Tatbeteiligung der Patientin gemäß § 97 Abs. 2 Satz 3 ausgeschlossen wäre.[43] Abs. 2 erfasst nur die unmittelbare Verwertung zu Beweiszwecken.[44] 14

Abs. 3 erweitert das Beschlagnahmeprivileg des § 97 Abs. 5 und soll der Stärkung des Informantenschutzes und der Pressefreiheit dienen.[45] Bei Personen im Sinne von § 53 Abs. 1 Satz 1 Nr. 5, also Mitarbeitern von **Presse, Rundfunk** usw., ist eine Verwertung von Gegenständen, auf die sich das Zeugnisverweigerungsrecht dieser Personen erstreckt, zu Beweiszwecken nur für solche Straftaten zulässig, die im Höchstmaß mit mindestens fünf Jahren Freiheitsstrafe bedroht sind. Bei der Verletzung des Dienstgeheimnisses gemäß § 353b StGB ist eine Verwertung **stets ausgeschlossen**. Auch wenn die Beschlagnahme nach § 97 Abs. 2 Satz 3 ausnahmsweise zulässig ist, bleibt die beweismäßige Verwertung außerhalb der Grenzen des Abs. 3 gegen den Medienmitarbeiter und dritte Personen unzulässig.[46] Abs. 3 lässt § 97 Abs. 5 unberührt, so dass beim Vorliegen eines Beschlagnahmeverbots die einstweilige Beschlagnahme ohnehin unzulässig ist.[47] 15

---

[32] BGH v. 27. 3. 2009 – 2 StR 302/08, BGHSt 53, 257 (260) = NJW 2009, 2690 (2692); *Ruhmannseder* NJW 2009, 2647.
[33] Zum Verwertungsverbot s. o. § 108 Rn. 9.
[34] *Kurth* NJW 1979, 1377 (1384); Meyer-Goßner/*Cierniak* Rn. 5; kritisch AK-StPO/*Amelung* Rn. 18.
[35] Meyer-Goßner/*Cierniak* Rn. 5; HK-StPO/*Gercke* Rn. 14; Löwe/Rosenberg/*Schäfer* Rn. 17; aA *Vogel* NJW 1978, 1217 (1226); *Park* Rn. 216, die § 108 Abs. 1 Satz 2 für anwendbar halten.
[36] *Vogel* NJW 1978, 1217 (1227); *Kurth* NJW 1979, 1377 (1384); Löwe/Rosenberg/*Schäfer* Rn. 16.
[37] *Bilsdorfer* wistra 1984, 8 (10); Meyer-Goßner/*Cierniak* Rn. 4; Franzen/Gast/Joecks/*Randt*, Steuerstrafrecht, § 386 AO, 7. Aufl. 2009, Rn. 50 mwN; aA Löwe/Rosenberg/*Schäfer* Rn. 12, der die einstweilige Beschlagnahme stets für zulässig hält.
[38] *Hardtke/Westphal* wistra 1996, 91 (95); Franzen/Gast/Joecks/*Randt*, Steuerstrafrecht, § 386 AO, 7. Aufl. 2009, Rn. 51.
[39] Meyer-Goßner/*Cierniak* Rn. 7.
[40] BGH v. 14. 3. 1979 – StB 6/79, BGHSt 28, 349 (350) = NJW 1979, 1418 (1419); KK-StPO/*Nack* Rn. 5.
[41] BGH v. 14. 3. 1979 – StB 6/79, BGHSt 28, 349 (350) = NJW 1979, 1418 (1419).
[42] BGH v. 4. 8. 1964 – 3 StB 12/63, BGHSt 19, 374 (376); AG Dippoldiswalde v. 19. 3. 2008 – 7 Ds 201 Js 49766/06, juris Rn. 6; Löwe/Rosenberg/*Schäfer* Rn. 15.
[43] Löwe/Rosenberg/*Schäfer* Rn. 22.
[44] Meyer-Goßner/*Cierniak* Rn. 9; HK-StPO/*Gercke* Rn. 17; SK-StPO/*Wohlers*, 4. Aufl., Rn. 18; zweifelnd *Singelnstein* ZStW 120, 854 (869 f.); aA *Jahn*, Gutachten für den 67. Deutschen Juristentag 2008, C 96.
[45] BT-Drucks. 16/6979, S. 44.
[46] KK-StPO/*Nack* Rn. 13.
[47] KK-StPO/*Nack* Rn. 13.

III. Rechtsbehelfe

16 Die einstweilige Beschlagnahme nach Abs. 1 Satz 1 kann **entsprechend § 98 Abs. 2 Satz 2** angefochten werden. Weitere Beschwerde ist zulässig, außer in den Fällen des § 304 Abs. 4 und 5.[48] Der Antrag auf gerichtliche Entscheidung ist nicht statthaft, wenn inzwischen eine Beschlagnahmeanordnung gemäß § 94 ergangen ist. In diesen Fällen muss der **Beschlagnahmebeschluss** mit der Beschwerde angefochten werden.[49] Die **Revision** kann sich auf die Verletzung des § 108 stützen, soweit ein Verwertungsverbot besteht.[50]

§ 109 [Kennzeichnung beschlagnahmter Gegenstände]

Die in Verwahrung oder in Beschlag genommenen Gegenstände sind genau zu verzeichnen und zur Verhütung von Verwechslungen durch amtliche Siegel oder in sonst geeigneter Weise kenntlich zu machen.

Schrifttum: Kemper, Das Beschlagnahmeverzeichnis nach § 109 StPO in Wirtschafts- und Steuerstrafverfahren, wistra 2008, 96.

1 § 109 begründet die Pflicht, in allen Fällen der Sicherstellung nach §§ 94, 111 b, der einstweiligen Beschlagnahme nach § 108 und bei der Mitnahme zur Durchsicht nach § 110[1] die betroffenen Gegenstände zu **kennzeichnen** und geht somit über die Mitteilungspflicht nach § 107 Satz 2 hinaus. Verstöße berühren die Wirksamkeit der prozessualen Maßnahmen nicht.[2] Sie können jedoch Schadensersatzansprüche aus öffentlich-rechtlicher Verwahrung begründen.[3]

2 Die inhaltlichen Anforderungen an die **Identifizierbarkeit** der Gegenstände entsprechen denen des § 107 Satz 2.[4] Bei der Beschlagnahme von **elektronischen Daten** in Form der Datenspeicherung oder durch die Beschlagnahme des Datenträgers ist eine Kennzeichnung einzelner Dateien nicht möglich und auch nicht erforderlich. Zu dokumentieren sind allerdings der Speicherort der Originaldateien und der Umfang der Beschlagnahme.[5] Eine **Frist** zur Aufstellung des Verzeichnisses enthält § 109 nicht. Die Aufstellung darf jedoch nicht schuldhaft verzögert werden.[6]

§ 110 [Durchsicht von Papieren und elektronischen Speichermedien]

(1) Die Durchsicht der Papiere des von der Durchsuchung Betroffenen steht der Staatsanwaltschaft und auf deren Anordnung ihren Ermittlungspersonen (§ 152 des Gerichtsverfassungsgesetzes) zu.

(2) [1]Im Übrigen sind Beamte zur Durchsicht der aufgefundenen Papiere nur dann befugt, wenn der Inhaber die Durchsicht genehmigt. [2]Andernfalls haben sie die Papiere, deren Durchsicht sie für geboten erachten, in einem Umschlag, der in Gegenwart des Inhabers mit dem Amtssiegel zu verschließen ist, an die Staatsanwaltschaft abzuliefern.

(3) [1]Die Durchsicht eines elektronischen Speichermediums bei dem von der Durchsuchung Betroffenen darf auch auf hiervon räumlich getrennte Speichermedien, soweit auf sie von dem Speichermedium aus zugegriffen werden kann, erstreckt werden, wenn andernfalls der Verlust der gesuchten Daten zu besorgen ist. [2]Daten, die für die Untersuchung von Bedeutung sein können, dürfen gesichert werden; § 98 Abs. 2 gilt entsprechend.

Schrifttum: Bär, Telekommunikationsüberwachung und andere verdeckte Ermittlungsmaßnahmen – Gesetzliche Neuregelungen zum 1. 1. 2008, MMR 2008, 215; *Th. Böckenförde,* Auf dem Weg zur elektronischen Privatsphäre, JZ 2008, 925; *Brodowski,* Strafprozessualer Zugriff auf E-Mail-Kommunikation, JR 2009, 402; *Gaede,* Der grundrechtliche Schutz gespeicherter E-Mails beim Provider und ihre weltweite strafprozessuale Überwachung, StV 2009, 96; *Gercke,* Zur Zulässigkeit sog. Transborder Searches – Der strafprozessuale Zugriff auf im Ausland gespeicherte Daten, StraFo 2009, 271; *Graulich,* Die Sicherstellung von während einer Durchsuchung aufgefundenen Gegenständen – Beispiel Steuerstrafverfahren, wistra 2009, 299; *Hoffmann/Wißmann,* Zur zulässigen Dauer von Durchsuchungsmaßnahmen, NStZ 1998, 443; *Knauer/Wolf,* Zivilprozessuale und strafprozessuale Änderungen durch das Erste Justizmodernisierungsgesetz – Teil 2: Änderungen der StPO, NJW 2004, 2632; *Knierim,* Fallrepetitorium zur Wohnraumüberwachung und anderen verdeckten Eingriffen nach neuem Recht, StV 2009, 206; *Matzky,* Zugriff auf EDV im Strafprozess, 1999; *Obenhaus,* Cloud Computing als neue Herausforderung für Strafverfolgungsbehörden und

---

[48] BGH v. 14. 3. 1979 – StB 6/79, BGHSt 28, 349 (350) = NJW 1979, 1418 (1419).
[49] KK-StPO/*Nack* Rn. 10.
[50] S. o. § 108 Rn. 8 f., 14 f.
[1] *Graulich* wistra 2009, 299 (302).
[2] Meyer-Goßner/*Cierniak* Rn. 2; Löwe/Rosenberg/*Schäfer* Rn. 4; aA *Pelzer,* Die Vorschriften zur Form der Durchführung einer Durchsuchung im Strafprozess, 2008, S. 98.
[3] HK-StPO/*Gercke* Rn. 2; SK-StPO/*Wohlers,* 4. Aufl., Rn. 4.
[4] S. o. § 107 Rn. 6; vgl. im Einzelnen *Kemper* wistra 2008, 96 f.
[5] *Kemper* wistra 2008, 96 (99).
[6] *Kemper* wistra 2008, 96 (97).

Rechtsanwaltschaft, NJW 2010, 651; *Park*, Der Anwendungsbereich des § 110 StPO bei Durchsuchungen in Wirtschafts- und Steuerstrafsachen, wistra 2000, 453; *Meininghaus*, Der Zugriff auf E-Mails im strafrechtlichen Ermittlungsverfahren, 2007; *Sankol*, Verletzung fremdstaatlicher Souveränität durch ermittlungsbehördliche Zugriffe auf E-Mail-Postfächer, Kommunikation und Recht 2008, 279; *Schlegel*, „Online-Durchsuchung light" – Die Änderung des § 110 StPO durch das Gesetz zur Neuregelung der Telekommunikationsüberwachung, HRRS 2008, 23; *Spatscheck*, Beschlagnahme von Computerdaten und E-Mails beim Berater, in: Festschrift für Rainer Hamm, 2008, S. 733.

I. Allgemeines

Die Vorschrift dient der Wahrung des **Verhältnismäßigkeitsgrundsatzes**, indem durch die Durchsicht von aufgefundenen Papieren ihre Verfahrensrelevanz überprüft und damit der Umfang der Beschlagnahme eingegrenzt wird.[1] Der Schutz der Privatsphäre des Inhabers durch die ursprüngliche Zuständigkeit des Richters für die Durchsicht ist allerdings durch die Ausweitung der Durchsichtsbefugnisse stark abgeschwächt worden.[2] § 110 kommt in der Praxis in gut 60% der Wohnungsdurchsuchungen zur Anwendung[3] und gilt bei Durchsuchungen zum Auffinden von Verfalls- oder Einziehungsgegenständen entsprechend (§ 111b Abs. 4). 1

Beweismittel, die bei einer Durchsuchung unter **schwerwiegenden Verstößen** oder durch eine **bewusste Missachtung** des § 110 gefunden werden, können einem Verwertungsverbot unterliegen.[4] Ein schwerwiegender Verstoß kann zB durch die planmäßige Durchsicht von offensichtlich unrelevanten Papieren,[5] die fehlerhafte Durchsuchung von Datenträgern bei Berufsgeheimnisträgern,[6] die Begehung einer Straftat nach § 202 StGB[7] oder eine Durchsicht durch unzuständige, unparteiliche Personen[8] begründet sein. 2

II. Voraussetzungen der Durchsicht

1. Zuständigkeit. Nach Abs. 1 sind die **Staatsanwaltschaft** und auf deren Anordnung ihre **Ermittlungspersonen** für die Durchsicht der Papiere zuständig. Die Anordnung kann formfrei und bereits vor der Durchsuchung erfolgen.[9] Die Staatsanwaltschaft hat einen eigenverantwortlichen **Ermessensspielraum**, in welchem Umfang und auf welche Art und Weise sie die Durchsicht vornimmt bzw. vornehmen lässt.[10] Bei der Beauftragung der Ermittlungspersonen behält die Staatsanwaltschaft die **Sachleitungsbefugnis**. 3

Zusätzlich bleibt der **Richter** zuständig, wenn er an der Durchsuchung teilnimmt (vgl. § 105 Abs. 2 Satz 1) oder sich die Durchsicht vorbehält.[11] An die Stelle der Staatsanwaltschaft tritt die **Finanzbehörde** (§ 386 Abs. 1 Satz 2 AO), wenn sie das Verfahren selbständig führt (§ 386 Abs. 2 AO). Gemäß § 404 Satz 2 AO haben in Steuerstrafverfahren auch die **Zollfahndungsämter** sowie die **Steuerfahndung** die Befugnis zur Durchsicht, wobei das Durchsichtsrecht auf einzelne Beamte übertragen werden kann.[12] 4

Nach Abs. 2 Satz 1 bedürfen **andere Beamte** für die Durchsicht der **Genehmigung** des Inhabers. Diese ist widerruflich und kann sachlich und persönlich beschränkt werden.[13] Bei zweifelsfreier Vertretungsmacht kann der Vertreter die Genehmigung erteilen;[14] die des Vertreters nach § 106 Abs. 1 Satz 2 ist jedoch nicht genügend.[15] 5

2. Durchsicht von Papieren. a) Papiere. Der Begriff Papiere ist **weit auszulegen** und umfasst nicht nur Gedankenerklärungen, die auf Papier im eigentlichen Sinne niedergeschrieben sind, sondern auch andere Medien, mit denen **Gedankenerklärungen** und **sonstige Aufzeichnungen** festgehalten 6

---

[1] Vgl. BVerfG v. 30. 1. 2002 – 2 BvR 2248/00, NJW 2002, 1410 (1411); BVerfG v. 12. 4. 2005 – 2 BvR 1027/02, BVerfGE 113, 29 (56) = NJW 2005, 1917 (1921 f.); OLG Jena v. 20. 11. 2000 – 1 Ws 313/00, NJW 2001, 1290 (1293); LG Bonn v. 17. 6. 2004 – 37 Qs 20/03, wistra 2005, 76 (77); *Park* wistra 2000, 453; Meyer-Goßner/*Cierniak* Rn. 2.
[2] Kritisch dazu *Knauer/Wolf* NJW 2004, 2932 (2937); *Schlegel* GA 2007, 648 (661 f.); HK-StPO/*Gercke* Rn. 2.
[3] *Finke*, Die Durchsuchung von Räumlichkeiten im Ermittlungsverfahren, 2009, S. 166.
[4] *Park* wistra 2000, 453 (458).
[5] *Park* wistra 2000, 453 (458); SK-StPO/*Wohlers*, 4. Aufl., Rn. 30.
[6] BVerfG v. 2. 4. 2005 – 2 BvR 1027/02, BVerfGE 113, 29 (61) = NJW 2005, 1917 (1923); *Kutzner* NJW 2005, 2652; *Spatscheck*, FS Hamm, 2008, S. 733 (741).
[7] *Amelung* NJW 1991, 2533 (2538).
[8] *Krekeler* NStZ 1993, 263 (268), unter Hinweis auf OLG Hamm v. 16. 1. 1986 – 1 VAs 94/85, NStZ 1986, 326 (327); *Brüning* StV 2008, 100 (103); vgl. auch LG Stuttgart v. 10. 6. 1997 – 10 Qs 36/97, NStZ-RR 1998, 54 (55).
[9] BR-Drucks. 378/03, S. 55; Meyer-Goßner/*Cierniak* Rn. 3; BR-Drucks. 378/03, S. 55.
[10] BVerfG v. 30. 1. 2002 – 2 BvR 2248/00, NJW 2002, 1410 (1411); BGH v. 3. 8. 1995 – StB 33/95, NJW 1995, 3397; KK-StPO/*Nack* Rn. 1.
[11] OLG Jena v. 20. 11. 2000 – 1 Ws 313/00, NJW 2001, 1290 (1293); KK-StPO/*Nack* Rn. 1.
[12] *Park* Rn. 231; Franzen/Gast/Joecks/*Randt*, Steuerstrafrecht, 7. Aufl. 2009, § 404 AO Rn. 69.
[13] Meyer-Goßner/*Cierniak* Rn. 4.
[14] KK-StPO/*Nack* Rn. 5.
[15] Meyer-Goßner/*Cierniak* Rn. 4.

werden.[16] Daher sind auch elektronische Datenträger und Datenspeicher erfasst,[17] wie zB Magnetbänder,[18] Festplatten, Disketten, Notebooks[19] oder andere Computeranlagen,[20] und sogar Farbbänder einer Schreibmaschine.[21] Die weite Auslegung des Begriffs Papiere wird durch die Neufassung des Abs. 3 bestätigt, der die Durchsicht elektronischer Speichermedien erfasst.[22] Nicht umfasst sind hingegen Urkunden, die zur Vorlage bei einer Behörde bestimmt sind,[23] und im Handel erhältliche Bücher,[24] es sei denn, diese sind mit persönlichen Anmerkungen versehen.[25]

7 Die Papiere müssen sich im **Gewahrsam** des von der Durchsuchung Betroffenen befinden.[26] Abs. 1 ist entsprechend auf Papiere anzuwenden, die auf andere Weise in den Gewahrsam der Strafverfolgungsbehörden gelangt sind.[27] Besteht eindeutig Alleingewahrsam dritter Personen, ist die Durchsicht ausgeschlossen.[28]

8 b) **Durchsicht.** Der Begriff Durchsicht erfasst den **Einblick in den Inhalt** der Papiere um festzustellen, ob die Papiere als Beweismittel in Betracht kommen oder nicht.[29] Die Durchsicht darf **keine Durchsuchung** der Papiere darstellen; diese ist nur zulässig, soweit die Papiere als Beweismittel von der Durchsuchungsanordnung erfasst sind.[30] Bei der Durchsuchung von anderen Personen muss sich die Durchsicht darauf beschränken, ob die Papiere „bestimmte Gegenstände" im Sinne des § 103 Abs. 1 Satz 1 sind.[31]

9 Die Staatsanwaltschaft kann **sachkundige Dritte** bei der Durchsicht unterstützend hinzuziehen, wenn anderenfalls eine Prüfung nicht möglich oder wesentlich erschwert wäre.[32] Dabei gelten die für das Anwesenheitsrecht dargelegten Grundsätze.[33] Die hinzugezogenen Personen dürfen nicht über die Durchsicht oder die Auswahl der zu beschlagnahmenden Gegenstände entscheiden.[34] An der gebotenen Neutralität fehlt es, wenn die sachkundigen Personen die Interessen des Anzeigeerstatters wahrnehmen.[35]

10 Papiere, die offensichtlich **beschlagnahmefrei** nach § 97 sind, dürfen nicht durchgesehen werden und sind ungelesen an den Inhaber herauszugeben.[36] Wird die Beschlagnahmefreiheit während der Durchsicht erkannt, so ist diese abzubrechen.[37]

11 Ohne staatsanwaltschaftliche Anordnung nach Abs. 1 oder Genehmigung des Inhabers nach Abs. 2 Satz 1 haben Ermittlungspersonen bzw. sonstige Polizeibeamte **kein Durchsichtsrecht.** Sie dürfen lediglich eine Aussonderung nach **äußerlichen Kriterien,** wie zB Standort oder äußerliche Beschriftung von Unterlagen, vornehmen.[38] Eine inhaltliche Durchsicht im Sinne von Abs. 1 ist nicht zulässig.[39] Bei Datenträgern gehört die Kenntnisnahme des Dateinamens zur Aussonderung und ist noch keine Durchsicht.[40] Unberührt bleibt die Möglichkeit des Inhabers, den Beamten eine Durchsicht zu gestatten, um die Mitnahme der Papiere zu begrenzen.

---

[16] BGH v. 5. 8. 2003 – 2 BJs 11/03 – 5 – StB 7/03, NStZ 2003, 670 (671); LG Berlin v. 15. 1. 2004 – 518 Qs 44/03, NStZ 2004, 571 (573).
[17] BGH v. 14. 12. 1999 – 2 BJs 82/98 – 3, CR 1999, 292 (293), mAnm *Bär*; BGH v. 5. 8. 2003 – 2 BJs 11/03 – 5 – StB 7/03, NStZ 2003, 670; Meyer-Goßner/*Cierniak* Rn. 1; ausführlich *Matzky*, Zugriff auf EDV im Strafprozess, S. 224 ff.
[18] BGH v. 23. 11. 1987 – 1 BJs 55/81 – 4 – 1 BGs 517/87, StV 1988, 90.
[19] BVerfG v. 30. 1. 2002 – 2 BvR 2248/00, NJW 2002, 1410.
[20] BGH v. 23. 11. 1987 – 1 BJs 55/81 – 4 – 1 BGs 517/87, StV 1988, 90; LG Köln v. 11. 8. 1994 – 112 Qs 2/94, NStZ 1995, 54 (55).
[21] LG Berlin v. 9. 5. 1983 – 512 a/512 Qs 18/83, StV 1987, 97 (98).
[22] *Schlegel* HRRS 2008, 23 (25).
[23] SK-StPO/*Wohlers*, 4. Aufl., Rn. 11.
[24] KK-StPO/*Nack* Rn. 3; Löwe/Rosenberg/*Schäfer* Rn. 4.
[25] *Park* wistra 2000, 453 (455).
[26] LG Bremen v. 22. 7. 2005 – 11 Qs 112/2005, StV 2006, 571 (572); KK-StPO/*Nack* Rn. 3; SK-StPO/*Wohlers*, 4. Aufl., Rn. 7.
[27] *Park* wistra 2000, 453 (454); Meyer-Goßner/*Cierniak* Rn. 1.
[28] LG Saarbrücken v. 4. 1. 1988 – 5 Qs 149/87, NStZ 1988, 424: Tagebuch des unverdächtigen Ehegatten; SK-StPO/*Wohlers*, 4. Aufl., Rn. 7.
[29] OLG Frankfurt v. 23. 10. 1996 – 3 VAs 4/96, NStZ-RR 1997, 74; *Park* wistra 2000, 453 (455); SK-StPO/*Wohlers*, 4. Aufl., Rn. 1; enger *Hohmann* wistra 2001, 196.
[30] *Park* wistra 2000, 453 (455); Löwe/Rosenberg/*Schäfer* Rn. 12.
[31] Löwe/Rosenberg/*Schäfer* Rn. 12.
[32] OLG Bremen v. 23. 10. 1998 – VAs 1/98, wistra 1999, 74; SK-StPO/*Wohlers*, 4. Aufl., Rn. 13.
[33] S. o. § 106 Rn. 8.
[34] LG Kiel v. 14. 8. 2006 – 37 Qs 54/06, NJW 2006, 3224 (3225); *Brüning* StV 2008, 100 (103); Meyer-Goßner/*Cierniak* Rn. 3.
[35] LG Kiel v. 14. 8. 2006 – 37 Qs 54/06, NJW 2006, 3224 f., mAnm *Wehnert* JR 2007, 82; *Schlegel* HRRS 2008, 23 (26).
[36] BVerfG v. 30. 1. 2002 – 2 BvR 2248/00, NJW 2002, 1410; Meyer-Goßner/*Cierniak* Rn. 2.
[37] *Welp* JZ 1972, 423 (425).
[38] Meyer-Goßner/*Cierniak* Rn. 4.
[39] OLG Celle v. 11. 1. 1985 – 2 VAs 20/84, StV 1985, 137 (139); Meyer-Goßner/*Cierniak* Rn. 4; aA KK-StPO/*Nack* Rn. 7, in Bezug auf elektronische Datenträger.
[40] *Matzky*, Zugriff auf EDV im Strafprozess, S. 231.

Papiere, die nicht an Ort und Stelle durchgesehen werden können, können zum Zwecke der 12 Durchsicht **mitgenommen oder kopiert** werden.[41] Bei Computern wird regelmäßig die Erstellung einer Kopie der Festplatte ausreichend sein.[42] Anderenfalls kann auch die zur Durchsicht erforderliche Hardware mitgenommen werden.[43] Widersetzt sich der Inhaber der Mitnahme zur Durchsicht, kann eine vorläufige Sicherstellung entsprechend § 94 Abs. 1, 2 erfolgen.[44] Vorläufig sichergestellte Papiere müssen im Verzeichnis nach § 109 aufgeführt werden.[45]

c) Versiegelung. Nach Abs. 2 Satz 2 müssen Beamte, die kein Durchsichtsrecht haben, Papiere, 13 die dem äußeren Anschein nach Beweisbedeutung haben könnten, in Gegenwart des Inhabers oder des Vertreters nach § 106 Abs. 1 Satz 2 in einen **Umschlag nehmen**, der mit einem Amtssiegel zu verschließen ist, und diesen sodann der Staatsanwaltschaft abliefern. Der Begriff Umschlag erfasst sämtliche verschließbaren Behältnisse.[46] Werden elektronische Daten zur Durchsicht mitgenommen, sind geeignete Schutzvorkehrungen zu treffen, um einen unberechtigten Zugriff auszuschließen.[47] Nehmen durchsichtsberechtigte Personen Papiere mit, sollte ebenfalls nach Abs. 2 Satz 2 verfahren werden, auch wenn dies gesetzlich nicht erforderlich ist.[48]

Durch das 1. JuMoG wurde mit Wirkung vom 1. 9. 2004 das Recht des Inhabers gestrichen, 14 an der **Entsiegelung und Durchsicht** der mitgenommenen Papiere teilzunehmen. Ob der Gesetzgeber damit das Teilnahmerecht abschaffen wollte, kann bezweifelt werden.[49] Die Beschlussempfehlung des Rechtsausschusses äußert sich nur zum – praktisch bedeutungslosen – Recht, eigene Siegel anzubringen.[50] Im Einzelfall kann zur Wahrung der Verhältnismäßigkeit eine Pflicht bestehen, dem Inhaber die Anwesenheit zu ermöglichen.[51] Teilweise wird „aus systematischen Gründen" generell ein Anwesenheitsrecht bejaht, da die Durchsicht noch zur Durchsuchung gehöre.[52] Dagegen spricht jedoch, dass das Anwesenheitsrecht des Inhabers gemäß § 106 Abs. 1 Satz 1 keine Hinzuziehung des Inhabers gebietet, sondern nur gilt, wenn sich dieser bereits vor Ort befindet.[53] Um Streitigkeiten über die Vollständigkeit der Papiere zu vermeiden, sollten die Strafverfolgungsbehörden jedoch aus eigenem Interesse dem Inhaber die Anwesenheit gestatten.[54]

d) Weiteres Verfahren. Kommen Papiere als Beweismittel in Betracht, beantragt die Staatsan- 15 waltschaft die **richterliche Beschlagnahme**. Gefahr im Verzug ist vor dem Hintergrund der vorläufigen Sicherstellung der Papiere zu verneinen.[55] Anderenfalls sind die Papiere an den Inhaber zurückzugeben.

2. Durchsicht von elektronischen Speichermedien. Der am 1. 1. 2008 in Kraft getretene Abs. 3 16 soll Beweismittelverluste verhindern und erweitert dazu die Durchsichtsbefugnis auf Daten, die sich nicht am Durchsuchungsort, sondern auf räumlich getrennten Speichermedien befinden.[56] Eine Durchsuchungsanordnung für die Speicherräumlichkeiten ist nicht mehr erforderlich.[57] Der Inhaber muss vom Durchsuchungsort Zugriff auf das externe Speichermedium haben. Eine Zugriffsmöglichkeit kann sich zB aus aufgefundenen Passwörtern ergeben.[58] Auch **E-Mails**, die auf dem Server des Providers gespeichert sind, sollen von der Durchsichtsbefugnis erfasst sein.[59] Ist der Zugang zu dem Speichermedium verschlüsselt, darf diese Barriere überwunden werden.[60]

Nach Abs. 3 Satz 2 können auf dem externen Speichermedium befindliche Daten **gesichert** 17 werden, wenn sie für die Untersuchung bedeutsam sein können. Ist der **Dritte** Inhaber des nach Abs. 3 Satz 1 durchgesehenen Speichermediums und ist eine Datensicherung nach Abs. 3 Satz 2 vorgenommen worden, gilt zur Wahrung der Rechte des Dritten **§ 98 Abs. 2 entsprechend**.[61] Das

---

[41] BGH v. 5. 8. 2003 – 2 BJs 11/03 – 5 – StB 7/03, NStZ 2003, 670 (671).
[42] SK-StPO/*Wohlers*, 4. Aufl., Rn. 16; vgl. im Einzelnen *Bäcker/Freiling/Schmitt* Datenschutz und Datensicherheit 2010, 80 ff.
[43] Vgl. BVerfG v. 30. 1. 2002 – 2 BvR 2248/00, NJW 2002, 1410; KK-StPO/*Nack* Rn. 2.
[44] *Graulich* wistra 2009, 299 (301).
[45] *Graulich* wistra 2009, 299 (302).
[46] *Park* wistra 2000, 453 (456).
[47] KK-StPO/*Nack* Rn. 5.
[48] SK-StPO/*Wohlers*, 4. Aufl., Rn. 16.
[49] *Knauer/Wolf* NJW 2004, 2932 (2937 f.).
[50] BT-Drucks. 15/3482, S. 21.
[51] BVerfG v. 12. 4. 2005 – 2 BvR 1027/02, BVerfGE 113, 29 (58) = NJW 2005, 1917 (1922); SK-StPO/*Wohlers*, 4. Aufl., Rn. 25.
[52] *Leitner/Michalke*, Strafprozessuale Zwangsmaßnahmen, 2007, Rn. 531.
[53] S. o. § 106 Rn. 6.
[54] *Park* Rn. 243.
[55] KK-StPO/*Nack* Rn. 4.
[56] Vgl. BT-Drucks. 16/5846, S. 63.
[57] Vgl. zur alten Rechtslage *Matzky*, Zugriff auf EDV im Strafprozess, S. 238.
[58] *Schlegel* HRRS 2008, 23 (28).
[59] *Knierim* StV 2009, 206 (211); Meyer-Goßner/*Cierniak* Rn. 6; SK-StPO/*Wohlers*, 4. Aufl., Rn. 10; vgl. auch BGH v. 24. 11. 2009 – StB 48/09; aA *Brodowski* JR 2009, 402 (408).
[60] *Obenhaus* NJW 2010, 651 (653).
[61] Meyer-Goßner/*Cierniak* Rn. 8; vgl. auch BT-Drucks. 16/6969, S. 45.

zuständige Gericht hat den Dritten gemäß § 33 Abs. 2 und 3 anzuhören. Dadurch behält die der Durchsicht folgende Datenspeicherung ihren Charakter als **offene Ermittlungsmaßnahme**.[62] Nach der Gesetzessystematik findet § 98 Abs. 2 allerdings nur im Fall der Datensicherung Anwendung, nicht aber, wenn das externe Speichermedium eines Dritten lediglich durchgesehen wird.[63] Im Interesse der Wahrung des offenen Charakters wird man *de lege ferenda* bei der Durchsicht ebenfalls eine Rechtsschutzmöglichkeit des Dritten vorsehen müssen, auch wenn die Durchsicht weniger eingriffsintensiv als eine Durchsuchung ist.

18 Gegen Abs. 3 ist **erhebliche Kritik** laut geworden. Es werden Zweifel geäußert, ob das Ausmaß der Eingriffsbefugnis dem Richtervorbehalt des Art. 13 Abs. 2 GG[64] und den Anforderungen des Bundesverfassungsgerichts zum Schutz von informationstechnischen Systemen gerecht wird.[65] Andere bemängeln eine **Verletzung des Territorialprinzips**, wenn auf im Ausland gespeicherte Daten zugegriffen wird.[66] Ein solcher Zugriff finde keine Rechtfertigung in Art. 32 a der so genannten Cybercrime-Konvention,[67] da es sich nicht um einen Zugriff auf offene Informationen handele.[68] Für die Durchsicht und Sicherung im Ausland gespeicherter Daten sei die Rechtshilfe vorrangig.[69] Ein **Verwertungsverbot** bestehe, wenn der dritte Staat der Verwertung der gesicherten Daten widerspreche.[70]

19 Zunächst ist festzuhalten, dass bei einer funktionalen Betrachtung kein Unterschied zwischen der Speicherung auf dem lokalen Datenträger oder einem räumlich getrennten Speichermedium besteht, soweit der Inhaber jederzeit Zugriff vom Durchsuchungsort hat.[71] Maßnahmen nach Abs. 3 Satz 1 stellen zudem keine Durchsuchung dar, auch wenn dies teilweise suggeriert wird, und betreffen nach der Rechtsprechung des Bundesverfassungsgerichts nicht den Schutzbereich des Art. 13 Abs. 1 GG.[72] Abs. 3 Satz 2 erfasst nur eine **vorläufige Datensicherung**,[73] die weniger eingriffsintensiv als eine Beschlagnahme ist. Zutreffend ist, dass die Anwendung des Abs. 3 fremde Hoheitsrechte berühren kann. Andererseits können in der Praxis durch das sogenannte **cloud computing** erhebliche Schwierigkeiten bei der Lokalisierung des externen Speichermediums entstehen,[74] so dass im Rechtshilfeverfahren kaum Aussicht besteht, einen Beweismittelverlust zu verhindern. Es ist daher gerechtfertigt, die Daten zunächst **vorläufig zu sichern**,[75] um sodann eine verlässliche Bestimmung des Speicherortes vornehmen zu können und ggf. ein Rechtshilfeverfahren einzuleiten. Stellt sich heraus, dass die Daten (auch) im Geltungsbereich der StPO gespeichert waren oder stimmt der Staat des Speicherortes zu, steht einer Verwertung nichts im Wege. Bei einem Widerspruch dieses Staates wird man von einer Verwertung absehen müssen.[76]

III. Rechtsbehelfe

20 Rechtsbehelf gegen die Mitnahme von Papieren ist der Antrag auf gerichtliche Entscheidung entsprechend **§ 98 Abs. 2 Satz 2**.[77] Zwar ist die Mitnahme zur Durchsicht noch keine Beschlagnahme, sondern nur eine vorläufige Sicherstellung,[78] aber die Durchsicht gehört noch zur Durch-

---

[62] BVerfG v. 15. 10. 2008 – 2 BvR 236/08, 2 BvR 237/08, BVerfGE 122, 63 (79 f.); *Bär* MMR 2008, 215 (221); *Brodowski* JR 2009, 402 (408); *Th. Böckenförde* JZ 2008, 925 (631); *Meyer-Goßner/Cierniak* Rn. 8; aA *Puschke/ Singelnstein* NJW 2008, 113 (115).
[63] *Meyer-Goßner/Cierniak* Rn. 11.
[64] *Knierim* StV 2009, 206 (211 f.); *Meininghaus*, Der Zugriff auf E-Mails im strafrechtlichen Ermittlungsverfahren, S. 175.
[65] *Th. Böckenförde* JZ 2008, 925 (931); *Bäcker*, in *Uerpmann-Wittzack* (Hrsg.), Das neue Computergrundrecht, 2009, 1 (25 f.).
[66] *Gaede* StV 2009, 96 (101 f.); *Gercke* StraFo 2009, 271 (272); *Sankol* Kommunikation und Recht 2008, 279 (280); *Meininghaus*, Der Zugriff auf E-Mails im strafrechtlichen Ermittlungsverfahren, S. 180; HK-StPO/*Gercke* Rn. 25; vgl. auch LG Hamburg v. 8. 1. 2008 – 619 Qs 1/08, StV 2009, 70 (71), mAnm *Störing* MMR 2008, 187.
[67] „Übereinkommen über Computerkriminalität" des Europarates vom 23. 11. 2001, abrufbar unter http:// conventions.coe.int/Treaty/EN/Treaties/html/185.htm.
[68] *Sankol* Kommunikation und Recht 2008, 279 (280).
[69] *Bär* MMR 2008, 215 (221); *Obenhaus* NJW 2010, 651 (654).
[70] *Sankol* Kommunikation und Recht 2008, 279 (281).
[71] *Brodowski* JR 2009, 402 (408).
[72] BVerfG v. 16. 6. 2009 – 2 BvR 902/06, NJW 2009, 2431 (2433); vgl. auch BVerfG v. 12. 4. 2005 – 2 BvR 1027/ 02, BVerfGE 113, 29 (45) =NJW 2005, 1917 (1918); *Beulke/Meininghaus*, FS Widmaier, 2008, S. 63 (73).
[73] HK-GS/*Hartmann*, Rn. 4; aA *Gaede* StV 2009, 96 (101 f.); *Sankol* Kommunikation und Recht 2008, 279 (281).
[74] *Störing* MMR 2008, 187 (189); *Obenhaus* NJW 2010, 651.
[75] *Bär*, in: *Wabnitz/Janovsky* (Hrsg.), Handbuch des Wirtschafts- und Steuerstrafrechts, 3. Aufl., 2007, 25. Kapitel Rn. 23; *ders.*, Handbuch zur EDV-Beweissicherung, 2007, Rn. 376; *Meyer-Goßner/Cierniak* Rn. 7 a; aA *Gaede* StV 2009, 96 (101 f.); *Gercke* StraFo 2009, 271 (273); *Meininghaus*, Der Zugriff auf E-Mails im strafrechtlichen Ermittlungsverfahren, S. 181.
[76] Vgl. *Spatscheck/Alvermann* IStR 2001, 33 (36); *Meininghaus*, Der Zugriff auf E-Mails im strafrechtlichen Ermittlungsverfahren, S. 182; aA HK-StPO/*Gercke* Rn. 29, nur bei bewusster Missachtung fremder Hoheitsrechte.
[77] BVerfG v. 30. 1. 2002 – 2 BvR 2248/00, NJW 2002, 1410 (1411); BVerfG v. 29. 1. 2002 – 2 BvR 94/01, NStZ-RR 2002, 144 (145); BGH v. 14. 12. 1999 – 2 BJs 82/98-3, CR 1999, 292 (293), HK-StPO/*Gercke* § 105 Rn. 83.
[78] BGH v. 5. 8. 2003 – 2 BJs 11/03 – 5 – StB 7/03, NStZ 2003, 670 (671); OLG Jena v. 20. 11. 2000 – 1 Ws 313/00, NJW 2001, 1290 (1293).

suchung.[79] Gerügt werden können insbesondere der Wegfall der Voraussetzungen der Durchsuchungsanordnung,[80] ein Überschreiten der Grenzen der Durchsuchungsanordnung[81] oder eine überlange Dauer[82] der Durchsicht. *Hoffmann/Wißmann* halten unter Rückgriff auf die Rechtsprechung zur Vollziehung einer Durchsuchungsanordnung eine Überschreitung von **mehr als sechs Monaten** für unangemessen.[83] Das Bundesverfassungsgericht ist dieser Auffassung jedoch zu Recht nicht gefolgt, da die Mitnahme zur Durchsicht keinen Eingriff in das Grundrecht auf Unverletzlichkeit der Wohnung, sondern vielmehr in Art. 14 Abs. 1 GG darstellt,[84] und daher keine starre zeitliche Grenze erforderlich ist.[85] Im Einzelfall kann die Durchsicht bereits unverhältnismäßig sein, wenn zwei Wochen nach der Mitnahme der Papiere noch nicht mit der Durchsicht begonnen worden ist.[86] Zur Wahrung des Verhältnismäßigkeitsgrundsatzes wird es bei einem großen Umfang der vorläufigen Sicherstellung geboten sein, nicht beweisrelevantes Material sukzessive an den Inhaber zurückzugeben, auch wenn die Durchsicht insgesamt noch nicht abgeschlossen ist.

Der **Inhaber des externen Speichermediums** hat gemäß Abs. 3 Satz 2, 2. Halbsatz ausdrücklich 21 das Recht, gegen die Datensicherung die gerichtliche Entscheidung zu beantragen. Der Inhaber ist entsprechend § 98 Abs. 2 Satz 6 zu belehren.[87] Hat der Inhaber mit seinem Antrag Erfolg, sind die vorläufig gesicherten Daten irreversibel zu löschen.[88]

§ 110a [Verdeckter Ermittler]

(1) ¹Verdeckte Ermittler dürfen zur Aufklärung von Straftaten eingesetzt werden, wenn zureichende tatsächliche Anhaltspunkte dafür vorliegen, dass eine Straftat von erheblicher Bedeutung
1. auf dem Gebiet des unerlaubten Betäubungsmittel- oder Waffenverkehrs, der Geld- oder Wertzeichenfälschung,
2. auf dem Gebiet des Staatsschutzes (§§ 74a, 120 des Gerichtsverfassungsgesetzes),
3. gewerbs- oder gewohnheitsmäßig oder
4. von einem Bandenmitglied oder in anderer Weise organisiert

begangen worden ist. ²Zur Aufklärung von Verbrechen dürfen Verdeckte Ermittler auch eingesetzt werden, soweit auf Grund bestimmter Tatsachen die Gefahr der Wiederholung besteht. ³Der Einsatz ist nur zulässig, soweit die Aufklärung auf andere Weise aussichtslos oder wesentlich erschwert wäre. ⁴Zur Aufklärung von Verbrechen dürfen Verdeckte Ermittler außerdem eingesetzt werden, wenn die besondere Bedeutung der Tat den Einsatz gebietet und andere Maßnahmen aussichtslos wären.

(2) ¹Verdeckte Ermittler sind Beamte des Polizeidienstes, die unter einer ihnen verliehenen, auf Dauer angelegten, veränderten Identität (Legende) ermitteln. ²Sie dürfen unter der Legende am Rechtsverkehr teilnehmen.

(3) Soweit es für den Aufbau oder die Aufrechterhaltung der Legende unerläßlich ist, dürfen entsprechende Urkunden hergestellt, verändert und gebraucht werden.

I. Allgemeines, Regelungszweck

Mit den §§ 110a bis 110c schuf der Gesetzgeber 1992 erstmals eine ausdrückliche gesetzliche 1 Befugnisnorm für den Einsatz Verdeckter Ermittler. Dem lag die gesetzgeberische Entscheidung zugrunde, dass die **Organisierte Kriminalität** weitgehend immun gegen herkömmliche Ermittlungsmöglichkeiten sei.[1] Deshalb bedürfe es solcher neuen Ermittlungsmethoden.

II. Begriff des Verdeckten Ermittlers, Einsatzvoraussetzungen

1. Begriff des Verdeckten Ermittlers. § 110a gestattet den Einsatz Verdeckter Ermittler. Ver- 2 deckt ermittelnde Polizeibeamte, die nicht nach Abs. 2 S. 1 als Verdeckte Ermittler einzuordnen

---

[79] BGH v. 23. 11. 1987 – 1 BJs 55/81 – 4 – 1 BGs 517/87, StV 1988, 90; OLG Schleswig v. 5. 2. 1986 – 2 VAs 6/85, 2 VAs 7/85, StV 1986, 238; OLG Karlsruhe v. 28. 9. 1994 – 2 VAs 12/94, NStZ 1995, 48; Meyer-Goßner/*Cierniak* Rn. 10.
[80] BGH v. 23. 11. 1987 – 1 BJs 55/81 – 4 – 1 BGs 517/87, StV 1988, 90.
[81] Vgl. BVerfG v. 28. 4. 2003 – 2 BvR 358/03, NJW 2003, 2669 (2670 f.); BVerfG v. 18. 3. 2009 – 2 BvR 1036/08, NJW 2009, 2518.
[82] Vgl. LG Frankfurt/M. v. 4. 9. 1996 – 5/29 Qs 16/96, NJW 1997, 1170; LG Limburg v. 22. 8. 2005 – 5 Ws 96/05, StraFo 2006, 198; *Hoffmann/Wißmann* NStZ 1998, 443.
[83] *Hoffmann/Wißmann* NStZ 1998, 443 (444); aA HBStrVf/*Lehmann*, III. Kapitel Rn. 184.
[84] BVerfG v. 27. 2. 2003 – 2 BvR 190/03, BVerfGK 1, 65; BVerfG v. 28. 4. 2003 – 2 BvR 358/03, NJW 2003, 2669 (2670).
[85] BVerfG v. 30. 1. 2002 – 2 BvR 2248/00, NJW 2002, 1410 (1411); LG Frankfurt/M. v. 4. 9. 1996 – 5/29 Qs 16/96, NJW 1997, 1170.
[86] BGH v. 23. 11. 1987 – 1 BJs 55/81 – 4 – 1 BGs 517/87, StV 1988, 90 (91).
[87] Meyer-Goßner/*Cierniak* Rn. 11.
[88] HK-StPO/*Gercke* Rn. 31.
[1] BT-Drucks. 12/989, S. 41.

§ 110a 3–8   Erstes Buch. Allgemeine Vorschriften

sind, und V-Leute sind nicht erfasst. Die Norm erfordert mithin den (beabsichtigen) Einsatz eines Verdeckten Ermittlers.

3   Nach Abs. 2 S. 1 können nur **Beamte des Polizeidienstes** als Verdeckte Ermittler eingesetzt werden. Das Gesetz knüpft damit an den Begriff der Beamtengesetze an.[2] Der Gesetzgeber sah hierin die Gewähr für eine straffe Führung und wirksame – gegebenenfalls auch disziplinarrechtliche – Dienstaufsicht.[3] Als Beamte des Polizeidienstes gelten auch sonstige Träger von Polizeiaufgaben,[4] also Steuerfahnder,[5] Bundespolizei, Hauptzollämter und Zollfahndungsämter sowie weitere mit Ermittlungsaufgaben anderer Behörden betraute Beamte.[6]

4   Die Beamten müssen unter einer **Legende** ermitteln. Diese ist in Abs. 2 S. 1 legal definiert als eine einem Beamten verliehene, auf Dauer angelegte, veränderte Identität. Für die neue Identität des Verdeckten Ermittlers werden seine wahren personenbezogenen Daten gegen fiktive Angaben ausgetauscht, zB Name, Anschrift, Beruf, Werdegang, Konfession, Nationalität, familiäre und sonstige Beziehungen.[7]

5   Rspr. und hM grenzen den Verdeckten Ermittler von anderen, nicht offen ermittelnden Beamten mittels des Merkmals **auf Dauer angelegt** ab, indem anhand einer Würdigung der Gesamtumstände bestimmt wird,
– ob der Ermittlungsauftrag über wenige, konkret bestimmte Ermittlungshandlungen hinausgeht und
– ob die Täuschung einer unbestimmten Zahl von Personen über die (wahre) Identität des verdeckt operierenden Polizeibeamten erforderlich wird und
– ob sich von vornherein absehen lässt, dass der Schutz des Beamten seine Geheimhaltung auch für die Zukunft erfordert mit der Folge, dass er im Strafverfahren nicht oder nur eingeschränkt als Zeuge zur Verfügung stehen kann.[8]

Nur ein solcher Einsatz unterliege den strengen Anforderungen der §§ 110a ff.[9]

6   Das auf eine **Einzelaktion** beschränkte Auftreten eines Polizeibeamten unter einem Decknamen gegenüber einem Beschuldigten genügt nicht.[10] Deshalb sei ein **Scheinaufkäufer** kein Verdeckter Ermittler, wenn er nicht weitergehend in die Ermittlungen eingebunden sei.[11] Keine Einzelaktion ist die über längere Zeit mit einer oder mehreren Personen über einen Ankauf andauernde Verhandlung.[12] Hierbei kommt es auf den (Außen-)Kontakt zum Beschuldigten an, weshalb eine innerdienstliche Beteiligung an den Ermittlungen einen einmaligen Scheinkäufer nicht zum Verdeckten Ermittler macht.[13] In der Ermittlungspraxis wird bei mehr als drei Außenbeziehungen von einem Verdeckten Ermittler ausgegangen.[14]

7   In die Gesamtwürdigung aller Umstände fließt neben dem Ermittlungsauftrag, dem Gewicht des Eingriffs in die Beschuldigtenbelange, die Gefährdung des allgemeinen Rechtsverkehrs, die Begrenzbarkeit der Kontaktpersonen, des Auftretens nach außen und die Weiterverwendungsabsicht auch das **Betreten einer Wohnung** ein.[15] Es handelt sich beim Betreten einer Wohnung um ein gewichtiges Indiz für die Annahme eines Verdeckten Ermittlers, jedoch um keine allein hinreichende Bedingung.[16] Hingegen kommt es auf die behördeninterne Bezeichnung nicht an.[17]

8   **Auf Dauer** meint für unbestimmte, nicht nur vorübergehende, aber auch nicht für unabsehbare Zeit geplant.[18] Eine feste Mindestdauer wird dabei mehrheitlich abgelehnt.[19] Das Abstellen auf die beabsichtige Einsatzdauer soll sich aus § 110b Abs. 2 S. 4 ergeben. Hiernach wird eine richterliche Zustimmung erst nach 3 Tagen erforderlich, damit griffen kürzere Einsätze nach der gesetzgeberischen Wertung nicht hinreichend gravierend in die Beschuldigtenrechte und jener Drit-

---

[2] BGH v. 20. 6. 2007 – 1 StR 251/07, NStZ 2007, 713.
[3] BT-Drucks. 12/989, S. 42.
[4] BT-Drucks. 12/989, S. 42; Meyer-Goßner/*Cierniak* Rn. 3.
[5] BT-Drucks. 12/989, S. 42.
[6] Meyer-Goßner/*Cierniak* Rn. 3 mVa § 163 Rn. 14, dort mit weiteren Bsp.
[7] Löwe/Rosenberg/*Schäfer*, 25. Aufl., Rn. 21.
[8] BGH v. 7. 3. 1995 – 1 StR 685/94, BGHSt 41, 64, 65 = NJW 1995, 2237, 2238; BGH v. 6. 2. 1997 – 1 StR 527/96, NJW 1997, 1516, 1517; *Beulke/Rogat* Anm zu BGH v. 7. 3. 1995 – 1 StR 685/94, JR 1996, 517, 518; Meyer-Goßner/*Cierniak* Rn. 2.
[9] BGH v. 7. 3. 1995 – 1 StR 685/94, BGHSt 41, 64, 65 = NJW 1995, 2237, 2238.
[10] BGH v. 6. 2. 1996 – 1 StR 544/95, NJW 1996, 2108.
[11] BGH v. 7. 3. 1995 – 1 StR 685/94, BGHSt 41, 64, 65 = NJW 1995, 2237, 2238.
[12] BGH v. 7. 3. 1995 – 1 StR 685/94, BGHSt 41, 64, 65 = NJW 1995, 2237, 2238.
[13] BGH v. 6. 2. 1996 – 1 StR 544/95, NJW 1996, 2108. 2109.
[14] Meyer-Goßner/*Cierniak* Rn. 2.
[15] KK-StPO/*Nack* Rn. 5.
[16] BGH v. 6. 2. 1997 – 1 StR 527/96, NJW 1997, 1516.
[17] BGH v. 6. 2. 1996 – 1 StR 544/95, NJW 1996, 2108, 2109; BGH v. 7. 2. 1996 – 1 StR 314/96, BGHSt 42, 175, 178 = NJW 1996, 2738, 2739.
[18] Meyer-Goßner/*Cierniak* Rn. 7.
[19] Löwe/Rosenberg/*Schäfer*, 25. Aufl., Rn. 16 Fn. 53.

ter ein.²⁰ Die hM ermöglicht damit den gelegentlichen Einsatz verdeckt ermittelnder Beamter außerhalb der Anforderungen der §§ 110a ff., also auch Einsätze außerhalb dessen Katalogtaten.²¹

Die **Kritik** hieran ist berechtigt, da der Wortlaut gebietet, an die auf Dauer angelegte veränderte 9 Identität, also die Legende, anzuknüpfen, nicht an eine mehr oder weniger lang geplante Ermittlungszeit.²² Die längerfristig verliehene Legende führt dazu, dass einem Beschuldigten im Strafprozess die Kenntnis der (wahren) Identität des Zeugen nicht ermöglicht werden wird, weshalb die strengen Einsatzvoraussetzungen der §§ 110a ff. als Korrektiv für die eingeschränkten Verteidigungsrechte erforderlich sind – unerheblich von der geplanten Einsatzdauer des Beamten gegenüber dem einzelnen Beschuldigten.²³ § 110b Abs. 2 S. 4 normiert lediglich die Frist für die Zustimmung zu einer ausgeübten Eilkompetenz, die jedoch bereits einen Verdeckten Ermittler voraussetzt. Zur Abgrenzung des Verdeckten Ermittlers von anderen heimlichen Ermittlungsmethoden trägt diese Bestimmung nicht bei. Abzustellen ist nach dem Wortlaut auf die *auf Dauer angelegte* Legende, nicht auf die Einsatzdauer des einzelnen Ermittlungsauftrages.

Ermittlungen im **Internet**, bspw. beim **Chatten**, unterfallen nicht §§ 110a ff., weil lediglich Da- 10 ten von Rechner zu Rechner ohne körperliche Begegnung der Teilnehmer übertragen werden.²⁴ Dabei besteht kein schutzwürdiges Vertrauen auf die Identitätswahrheit der anderen User.²⁵

2. Einsatzvoraussetzungen. Der Einsatz eines Verdeckten Ermittlers muss auf die **Aufklärung von** 11 **Straftaten** zielen, kann also sowohl den Sachverhalt erforschen als auch die Aufenthalt eines Beschuldigten ermitteln.²⁶ Es bedarf zunächst eines **Anfangsverdachts** für das Vorliegen einer Straftat von erheblicher Bedeutung. Diese *zureichenden tatsächlichen Anhaltspunkte* nach § 152 Abs. 2 reichen aus.²⁷ Im Umkehrschluss sind Verdeckte Ermittler für Vorfeldermittlungen nicht einsetzbar.²⁸ Eine polizeirechtliche Ermächtigung kann im Vorfeld aber möglich sein. Der Verdacht ist auf den Einzelfall bezogen mit **Tatsachen** zu belegen.²⁹ Wenn Erkenntnisse ausschließlich von Verdeckten Ermittlern oder V-Leuten stammen, ist besondere Vorsicht geboten, um eine Außensteuerung der Justiz oder eine Selbstermächtigung des Verdeckten Ermittlers zu vermeiden.³⁰ Sobald sich der Tatverdacht einer Katalogtat als unbegründet erweist, ist der Einsatz zu beenden.³¹

Der Anfangsverdacht muss sich auf das Vorliegen einer **Straftat von erheblicher Bedeutung** 12 beziehen. Es muss sich um Taten der mittleren bis schweren Kriminalität handeln.³² Ob hierbei auf die Straferwartung abgestellt werden kann, ist streitig. Zum Teil wird aus den Strafrahmen der Taten aus § 110a Abs. 1 S. 1 Nr. 1 und 2 geschlossen, dass Straferwartungen im Falle einer Verurteilung von mindestens einem Jahr erforderlich seien.³³ Dem wird zu Recht entgegen gehalten, dass der Einsatz des Verdeckten Ermittlers im angemessenen Verhältnis zur aufzuklärenden Tat stehen muss,³⁴ es auf Mindeststrafen aber nicht ankommt.³⁵ Die weiteren Kriterien für den Einsatz Verdeckter Ermittler bei Verbrechen in Abs. 1 zeigen, dass eine einjährige Mindeststrafe nicht hinreichend sein kann.³⁶ Eine hinreichende, wenn auch nicht notwendige Voraussetzung ist die Zuständigkeit des OLG bzw. des LG.³⁷ Ansonsten ist bei der Einzelfallabwägung für den Einsatz eines Verdeckten Ermittlers das Maß der Störung des Rechtsfriedens und die Eignung, das allgemeine Gefühl der Rechtssicherheit erheblich zu beeinträchtigen, zu berücksichtigen.³⁸

Die **Nr. 1** erfasst Betäubungsmittel- und Waffenverkehrsdelikte sowie Geld- und Wertzeichen- 13 fälschung. Es handelt sich hierbei um eine geschlossene Aufzählung der genannten Deliktsbereiche.³⁹ Bei der **Nr. 2** handelt es sich um eine dynamische Verweisung auf die §§ 74a, 120 GVG.⁴⁰

---

[20] BGH v. 6. 2. 1996 – 1 StR 544/95, NJW 1996, 2108, 2109; *Pfeiffer* Rn. 2.
[21] Meyer-Goßner/*Cierniak* Rn. 4.
[22] *Rogall* Anm zu BGH v. 6.2. 1996 – 1 StR 544/95, NStZ 1996, 451; Löwe/Rosenberg/*Schäfer*, 25. Aufl., Rn. 19.
[23] Löwe/Rosenberg/*Schäfer*, 25. Aufl., Rn. 19.
[24] KK-StPO/*Nack* Rn. 7.
[25] BVerfG v. 27. 2. 2008 – 1 BvR 595/07, BVerfGE 120, 274 = NJW 2008, 822, 836, Rz. 310f.
[26] Löwe/Rosenberg/*Schäfer*, 25. Aufl., Rn. 30.
[27] BGH v. 23. 3. 1996 – 1 StR 685/95, BGHSt 42, 103, 106 = NJW 1996, 2518, 2519.
[28] *Pfeiffer* Rn. 1; SK-StPO/*Wolter*, 4. Aufl., Rn. 8.
[29] KK-StPO/*Nack* Rn. 13.
[30] BGH v. 23. 3. 1996 – 1 StR 685/95, BGHSt 42, 103, 105 = NJW 1996, 2518, 2519; KK-StPO/*Nack* Rn. 13.
[31] SK-StPO/*Wolter*, 4. Aufl., Rn. 8.
[32] *Soiné* NStZ 2003, 225, 226; KK-StPO/*Nack* Rn. 21; Löwe/Rosenberg/*Schäfer*, 25. Aufl., Rn. 29.
[33] *Soiné* NStZ 2003, 225, 226.
[34] KK-StPO/*Nack* Rn. 21.
[35] KK-StPO/*Nack* Rn. 21.
[36] KK-StPO/*Nack* Rn. 21.
[37] KK-StPO/*Nack* Rn. 21.
[38] Löwe/Rosenberg/*Schäfer*, 25. Aufl., Rn. 29.
[39] Löwe/Rosenberg/*Schäfer*, 25. Aufl., Rn. 28.
[40] KK-StPO/*Nack* Rn. 17; SK-StPO/*Wolter*, 4. Aufl., Rn. 6.

Auch diese Aufzählung ist abschließend.[41] Die **Nr. 3** ist eine Generalklausel.[42] Sie fordert eine gewerbs- oder gewohnheitsmäßiges Begehung von Straftaten erheblicher Bedeutung. **Gewerbsmäßig** handelt, wer sich durch die wiederholte Tatbegehung eine fortlaufende Einnahmequelle von einiger Dauer und einigem Gewicht zu verschaffen beabsichtigt.[43] **Gewohnheitsmäßig** handelt, wer einen durch Übung erworbenen Hang zu wiederholter Tatbegehung hat, wobei sich der Täter dieses Umstandes nicht bewusst zu sein braucht.[44]

14   Die **Nr. 4** als weitere Generalklausel[45] setzt die Begehung durch ein Bandenmitglied oder in anderer organisierter Weise voraus. Eine **Bande** kennzeichnet der Zusammenschluss von mindestens drei Personen, die sich mit dem Willen verbunden haben, künftig für eine gewisse Dauer mehrere selbständige, im einzelnen noch ungewisse Straftaten zu begehen, wobei ein gefestigter Bandenwille oder ein Tätigwerden in einem übergeordneten Bandeninteresse nicht erforderlich ist.[46] Dieser Bandenbegriff gilt auch für § 110 a.[47] Die Auffangklausel **in anderer Weise organisiert** stellt darauf ab, dass sich mehrere Beteiligte auf längere oder unbestimmte Dauer arbeitsteilig gewerblicher oder geschäftlicher Strukturen bedienen,[48] die allerdings eine gewisse Verfestigung erfahren haben müssen, sich also als unabhängig von der Zugehörigkeit einzelner darstellen.[49] Solch eine Struktur kann durch ein Netz von Informationen und Absprachen oder durch Sanktionen und Belohnungen entstehen, wenn hierdurch das Verhalten der Beteiligten abgestimmt wird, ähnlich einem Kartell.[50] Für **Nr. 3 und 4** ist unerheblich, ob die Tatbestände der begangenen Straftaten von erheblicher Bedeutung auf die Gewerbs- oder Gewohnheitsmäßigkeit, die Bande oder die Organisiertheit in anderer Weise als strafbegründend oder -schärfend abstellen.

15   Nach Abs. 1 S. 2 ist der Einsatz Verdeckter Ermittler zusätzlich zulässig, wenn eine **Wiederholungsgefahr für Verbrechen** besteht, unabhängig vom Vorliegen einer der Katalogtaten nach S. 1 Nr. 1 bis 4.[51] Wiederholungsgefahr ist die Gefahr erneuter Begehung eines vergleichbaren Verbrechens durch einen Beschuldigten.[52] Die Wiederholungsgefahr muss durch bestimmte Tatsachen belegt sein.[53] Allgemeine, nicht einzelfallbezogene kriminalistische Erfahrungen genügen nicht.[54]

16   Wenn die **besondere Bedeutung eines Verbrechens** den Einsatz des Verdeckten Ermittlers gebietet, kann dieser auch ohne Wiederholungsgefahr nach Abs. 1 S. 2 und außerhalb des Kataloges des Abs. 1 S. 1 Nr. 1 bis 4 erfolgen. Die **besondere Bedeutung** ist dabei identisch der erheblichen Bedeutung des Abs. 1 S. 1 zu verstehen.[55]

17   3. **Subsidiaritätsklauseln.** Abs. 1 kennt in S. 3 und S. 4 **zwei unterschiedlich restriktive Subsidiaritätsklauseln.** Nach **S. 3** erfordert der Einsatz eines Verdeckten Ermittlers neben den weiteren Einsatzvoraussetzungen, dass die Aufklärung einer Straftat von erheblicher Bedeutung ohne den Einsatz des Verdeckten Ermittlers aussichtslos oder wesentlich erschwert wäre. **Aussichtslos** ist die Aufklärung auf andere Weise, wenn andere Aufklärungsmittel nicht zur Verfügung stehen.[56] **Wesentlich erschwert** wäre sie, wenn andere Ermittlungsmaßnahmen erheblich mehr Zeit benötigten oder ein sofortiger Zugriff zu wesentlich schlechteren Erkenntnissen über die Tat führen würde.[57] Höherer Arbeitsaufwand oder erheblicher Kostenaufwand anderer Ermittlungsmaßnahmen können nur in extremen Einzelfällen eine wesentliche Erschwernis begründen.[58]

18   Unterschiedlich beantwortet wird, welche der beiden Subsidiaritätsklauseln auf die **Verbrechen mit Wiederholungsgefahr** anzuwenden ist. Zum Teil wird eine Prüfung an Abs. 1 S. 4 vorgenommen.[59] Die überwiegenden Stimmen messen jedoch zutreffend sowohl die Katalogtaten aus Abs. 1 S. 1 Nr. 1 bis 4 als auch die Verbrechen mit Wiederholungsgefahr an der Subsidiaritätsklausel aus Abs. 1 S. 3.[60] Die Subsidiaritätsklausel in S. 3 bezieht sich erkennbar auf die vorstehenden Sätze.

---

[41] Löwe/Rosenberg/*Schäfer*, 25. Aufl., Rn. 28.
[42] Löwe/Rosenberg/*Schäfer*, 25. Aufl., Rn. 28.
[43] BGH v. 11. 10. 1994 – 1 StR 522/94, NStZ 1995, 85.
[44] BGH v. 28. 2. 1961 – 1 StR 467/60, BGHSt 15, 377, 378; KK-StPO/*Nack* Rn. 18; *Pfeiffer* Rn. 1.
[45] Löwe/Rosenberg/*Schäfer*, 25. Aufl., Rn. 28.
[46] BGH v. 22. 3. 2001 – GSSt 1/00, BGHSt 46, 321 = NJW 2001, 2266.
[47] BGH v. 22. 3. 2001 – GSSt 1/00, BGHSt 46, 321, 331 = NJW 2001, 2266, 2268.
[48] KK-StPO/*Nack* Rn. 20; *Pfeiffer* Rn. 1.
[49] KK-StPO/*Nack* Rn. 20.
[50] KK-StPO/*Nack* Rn. 20.
[51] Meyer-Goßner/*Cierniak* Rn. 12.
[52] Löwe/Rosenberg/*Schäfer*, 25. Aufl., Rn. 33.
[53] Meyer-Goßner/*Cierniak* Rn. 12.
[54] Löwe/Rosenberg/*Schäfer*, 25. Aufl., Rn. 33.
[55] Meyer-Goßner/*Cierniak* Rn. 13.
[56] Meyer-Goßner/*Cierniak* Rn. 13 mVa § 100 a Rn. 13; Löwe/Rosenberg/*Schäfer*, 25. Aufl., Rn. 30.
[57] Löwe/Rosenberg/*Schäfer*, 25. Aufl., Rn. 30.
[58] Löwe/Rosenberg/*Schäfer*, 25. Aufl., Rn. 30.
[59] *Pfeiffer* Rn. 1; KK-StPO/*Nack* Rn. 22, wobei dies im Widerspruch zu dessen Rn. 16 zu stehen scheint.
[60] Meyer-Goßner/*Cierniak* Rn. 15; SK-StPO/*Wolter*, 4. Aufl., Rn. 11; Löwe/Rosenberg/*Schäfer*, 25. Aufl., Rn. 26.

Lediglich die weitere Einsatzmöglichkeit für Verdeckte Ermittler aus Abs. 1 S. 4 wird an eine engere Subsidiarität gebunden.

Die gleichlautenden Subsidiaritätsklauseln in §§ 100a, c und 110a könnten zu einem jeweils **19** wechselseitigen Ausschluss führen, weil jeweils andere heimliche Ermittlungsmöglichkeiten bereitstünden, die vorgingen. Zur Vermeidung dieses **Zirkelschluss** ist jeweils im Einzelfall zu ermitteln, welche Maßnahme am wenigsten in Grundrechte eingreift.[61]

4. Befugnisse des Verdeckten Ermittlers im Rechtsverkehr. Der Verdeckte Ermittler kann zur **20** Sachverhaltserforschung und auch zur **Fahndung nach dem Aufenthaltsort** eines Beschuldigten eingesetzt werden, weil die Aufklärung einer Straftat beides umfasst.[62] Abs. 2 S. 2 und Abs. 3 betreffen die Ausübung der Legende im **Rechtsverkehr**. Der Verdeckte Ermittler darf nach Abs. 2 S. 2 unter seiner Legende am Rechtsverkehr teilnehmen. Er darf also alle Rechtshandlungen und -geschäfte vornehmen, die Sozialkontakte mit sich bringen, insbesondere Willenserklärungen abgeben, Verträge schließen, klagen und verklagt werden,[63] (Schein-)Firmen gründen[64] und (Neu-) Eintragungen in öffentliche Bücher und Register bewirken.[65] Änderungen bereits bestehender Eintragungen in öffentlichen Büchern oder Registern sind unzulässig – unabhängig von einem öffentlichen Glauben dieser Eintragungen –,[66] um den öffentlichen Glauben der Bücher und Register nicht insgesamt zu gefährden.[67]

Abs. 3 gestattet zudem die Herstellung, das Verändern oder das Gebrauchen von **Urkunden**. **21** Voraussetzung ist, dass diese „**Tarnpapiere**"[68] für den Aufbau oder die Aufrechterhaltung der Legende unerlässlich sind. Nur für die Herstellung der Glaubwürdigkeit der Legende sind solche Urkundsdelikte zulässig. Der Gesetzgeber sieht Abs. 3 ausdrücklich als Norm, die sich ausschließlich mit dem Aufbau der Legende befasst.[69] Unerlässlich bedeutet alternativlos. Dies soll „falsche Urkunden" auf das zwingend notwendige Mindestmaß beschränken. Sofern Dritten, bspw. Gläubigern, aus „falschen Urkunden" oder aus unter der Legende begründeten Rechtsgeschäften **Schäden** erwachsen, bspw. durch Aufhebung oder Änderung der Legende, sind diese nach dem Willen des Gesetzgebers durch den Dienstherrn auszugleichen.[70] Die Anspruchsgrundlage und die Voraussetzungen hierfür sind jedoch unklar.[71] Weitere Befugnisse und Pflichten des Verdeckten Ermittlers regelt § 110c.

5. V-Leute, Informanten und verdeckt ermittelnde Polizeibeamte. Neben Verdeckten Ermittlern **22** kennt die polizeiliche Praxis weitere Formen heimlicher Ermittlung. Die Polizei setzt **verdeckt ermittelnde Beamte** ein, ohne dass diese die Qualität eines Verdeckten Ermittlers erreichen. **V-Leute** sind bereit, eine Strafverfolgungsbehörde, ohne dieser anzugehören, bei der Aufklärung von Straftaten vertraulich zu unterstützen,[72] wobei deren Identität geheim gehalten wird.[73] **Informanten** sind zur Weitergabe von Informationen im Einzelfall gegen Zusicherung der Vertraulichkeit bereit.[74] Die Zusicherung der Vertraulichkeit bindet nur Staatsanwaltschaft und Polizei.[75]

Der Gesetzgeber hat im Zuge der gesetzlichen Normierung der Verdeckten Ermittler nicht **23** zugleich **Regelungen für V-Leute und Informanten** geschaffen, weil diese strafprozessual Zeugen seien, so dass eine Grundlage für deren Heranziehung im Ermittlungs- und Strafverfahren bestünde.[76] Er dürfte sich dabei auch auf das Bundesverfassungsgericht gestützt haben, dass verdeckte Ermittlungen im Interesse einer funktionierenden Strafrechtspflege als zulässig ansieht,[77] zumindest zur Bekämpfung besonders gefährlicher Kriminalität wie Banden- und Betäubungsmitteldelikten,[78] ebenso bei terroristischen Straftaten.[79] Allein aus der geschaffenen Regelung für Verdeckte Ermittler soll nicht geschlossen werden dürfen, dass damit der Einsatz von V-Leuten und Infor-

---

[61] KK-StPO/*Nack* Rn. 22.
[62] *Hilger* NStZ 1992, 523, Fn. 137; *Pfeiffer* Rn. 1; Löwe/Rosenberg/*Schäfer*, 25. Aufl., Rn. 30.
[63] Meyer-Goßner/*Cierniak* Rn. 7; KK-StPO/*Nack* Rn. 10.
[64] BT-Drucks. 12/989, S. 42; KK-StPO/*Nack* Rn. 11.
[65] BT-Drucks. 12/989, S. 42; Meyer-Goßner/*Cierniak* Rn. 7; KK-StPO/*Nack* Rn. 10.
[66] *Hilger* NStZ 1992, 523, 524, Fn. 144; Meyer-Goßner/*Cierniak* Rn. 8; KK-StPO/*Nack* Rn. 10.
[67] KK-StPO/*Nack* Rn. 10.
[68] Meyer-Goßner/*Cierniak* Rn. 8.
[69] BT-Drucks. 12/989 S. 42.
[70] BT-Drucks. 12/989 S. 42.
[71] Meyer-Goßner/*Cierniak* Rn. 7; KK-StPO/*Nack* Rn. 5.
[72] BGH v. 22. 2. 1995 – 3 StR 552/94, BGHSt 41, 42, 43 f. = NJW 1995, 2236.
[73] BGH v. 17. 10. 1983 – GSSt 1/83, BGHSt 32, 115, 121 = NJW 1984, 247; Krey/Haubrich JR 1992, 309, 315 mwN; KK-StPO/*Nack* Rn. 5; *Pfeiffer* Rn. 1.
[74] KK-StPO/*Nack* Rn. 5; *Pfeiffer* Rn. 1.
[75] BGH v. 16. 1. 2001 – 1 StR 523/00, NStZ 2001, 333.
[76] BT-Drucks. 12/989, S. 41.
[77] BVerfG v. 27. 11. 1984 – 2 BvR 236/84, NJW 1985, 1767.
[78] BVerfG v. 11. 4. 1991 – 2 BvR 196/91, NJW 1992, 168.
[79] BVerfG v. 5. 11. 2003 – 2 BvR 1243/03, BVerfGE 109, 13 = NJW 2004, 141, 144.

manten unzulässig geworden sei.⁸⁰ Das Auftreten von Polizeibeamten im Rechtsverkehr unter Verschweigen der Tätigkeit als Polizeibeamter und unter fremden Namen ist daher zulässig.⁸¹ Hiergegen mehren sich die **kritischen Literaturstimmen**, die den Einsatz von V-Leuten und Informanten auf der Grundlage der §§ 161, 163 in Zweifel ziehen.⁸² Es fehle an einer ausdrücklichen Ermächtigungsgrundlage, die Rechtsprechung sei formelhaft und zirkelschlüssig.⁸³ Die Möglichkeit für V-Leute täuschungsbedingt in die Privatsphäre Dritter einzudringen und aufgrund erschlichenen Vertrauens personenbezogene Informationen zu Strafverfolgungszwecken zu entlocken, wiege der Vorgehensweise eines Verdeckten Ermittlers gleich⁸⁴ und bedürfe als Eingriff in das Recht auf informationelle Selbstbestimmung einer eigenen gesetzlichen Grundlage.⁸⁵ Dies lässt unbeachtet, dass V-Leute und Informanten zwar den Strafverfolgungsbehörden zuarbeiten, ihnen aber nicht angehören. Niemand ist davor gefeit, dass vermeintliche Vertrauenspersonen Anvertrautes später gegenüber den Ermittlungsbehörden preisgeben. Allein die gezielte Zusammenarbeit der Behörden mit Privaten führt nicht zu einem hoheitlichen Eingriff. Insbesondere hat der Gesetzgeber bei Schaffung der §§ 110 a ff. deutlich bekundet, dass die Heranziehung von V-Leuten und Informanten für zulässig angesehen wird.⁸⁶

24 Wenn diese Grenze nicht überschritten wird, sind **Einsätze von V-Leuten** keine unzulässige Methode der Aushorchung und deren Aussagen verwertbar.⁸⁷ Allerdings bedarf die Verwertung von Berichten von V-Leuten an ihre Führungsbeamte besonders vorsichtiger Würdigung und weiterer bestätigender Beweisanzeichen, wenn hierauf Feststellungen gestützt werden sollen.⁸⁸ Die gemeinsame Führung von V-Leuten durch **Polizei und Nachrichtendienste** ist unzulässig.⁸⁹ Ein V-Mann macht sich nicht strafbar, wenn seine Teilnahme an einer Straftat gerade deren Aufdeckung anstrebt⁹⁰ oder bei einem Betäubungsmitteldelikt der Drogensicherstellung dient.⁹¹

25 Auf andere Personen als Verdeckte Ermittler sind die **§§ 110 a ff. nicht analog anzuwenden**,⁹² da der Einsatz von V-Leuten in das Persönlichkeitsrecht anders eingreift als jener von Verdeckten Ermittlern, so dass für eine Analogie kein Raum bleibt.⁹³ Diese Auffassung teilen auch die Verfechter des Erfordernisses einer gesetzlichen Ermächtigung für den V-Mann-Einsatz, weil diese fehlende Ermächtigung nicht durch eine Analogie überspielt werden dürfe.⁹⁴

III. Revision

26 Revisibel kann die Verwertung erlangter Erkenntnisse entgegen eines **Verwertungsverbotes** sein. Ein Verwertungsverbot kommt bei einer fehlerhaften Annahme des Vorliegens der Voraussetzungen für den Einsatz eines Verdeckten Ermittlers durch einen Richter nach § 110 b Abs. 2 nur dann in Betracht, wenn die richterliche Zustimmung willkürlich oder unvertretbar war.⁹⁵ Dies ist insbesondere anzunehmen, wenn von vornherein kein Verdacht einer Katalogtat bestand.⁹⁶,⁹⁷

Denkbar wäre die Unverwertbarkeit der aus einem Einsatz eines Verdeckten Ermittlers erlangten Erkenntnisse bei **Zuständigkeits-, Form- und Begründungsfehlern**,⁹⁸ ebenso für die Verwertung von **Zufallsfunden**, die sich nach § 477 Abs. 2 S. 2 bestimmt, und für die Verwertung von nach **polizeirechtlichen** Ermächtigungsgrundlagen erlangten Erkenntnissen, die § 161 Abs. 2 S. 1 normiert. Aus einer strafprozessualen Maßnahme erlangte Erkenntnisse dürfen in das präventivpolizeiliche Tätigwerden nur nach Maßgabe des § 477 Abs. 2 S. 3 überführt werden.⁹⁹

27 Die Revision setzt nach der **Widerspruchslösung** voraus, dass der Verwertung von Erkenntnissen eines Verdeckten Ermittlers in der Hauptverhandlung widersprochen wurde.¹⁰⁰ Mit der Ver-

---

⁸⁰ BT-Drucks. 12/989, S. 41.
⁸¹ BGH v. 6. 2. 1996 – 1 StR 544/95, NJW 1996, 2108, 2109.
⁸² *Schneider* NStZ 2004, 359.
⁸³ *Rogall* Anm. zu BVerfG v. 1. 3. 2000 – 2 BvR 2017 und 2039/94, NJW 2000, 489, 490.
⁸⁴ SK-StPO/*Wolter*, 4. Aufl., Rn. 3.
⁸⁵ SK-StPO/*Wolter*, 4. Aufl., Rn. 13.
⁸⁶ BT-Drucks. 12/989, S. 41.
⁸⁷ BGH v. 21. 7. 1994 – 1 StR 83/94, BGHSt 40, 211, 216 = NJW 1994, 2904, 2905.
⁸⁸ BGH v. 22. 2. 1995 – 3 StR 552/94, BGHSt 41, 42, 46 = NJW 1995, 2236, 2237.
⁸⁹ *Soiné* NStZ 2007, 247; Meyer-Goßner/*Cierniak* Rn. 4 a.
⁹⁰ BGH v. 21. 6. 2007 – 3 StR 216/07, NStZ 2008, 41.
⁹¹ BGH v. 5. 6. 2007 – 5 StR 383/06; NJW 2007, 3010, 3013.
⁹² BGH v. 22. 2. 1995 – 3 StR 552/94, BGHSt 41, 42, 44 = NJW 1995, 2236; BGH v. 6. 2. 1997 – 1 StR 527/96, NJW 1997, 1516, 1517; Meyer-Goßner/*Cierniak* Rn. 4 a; KK-StPO/*Nack* Rn. 5.
⁹³ BGH v. 22. 2. 1995 – 3 StR 552/94, BGHSt 41, 42, 45 = NJW 1995, 2236, 2237.
⁹⁴ SK-StPO/*Wolter*, 4. Aufl., Rn. 3.
⁹⁵ BGH v. 23. 3. 1996 – 1 StR 685/95, BGHSt 42, 103, 105 = NJW 1996, 2518, 2519.
⁹⁶ AG Koblenz v. 17. 5. 1995 – 2113 Js 26 307/94 – 27 Ls 436/94, StV 1995, 518.
⁹⁷ Zur möglichen Folge eines Verwertungsverbotes: § 110 b Rn. 22 f.
⁹⁸ Näher zum Verwertungsverbot: § 110 b Rn. 20 ff.
⁹⁹ Meyer-Goßner/*Cierniak* § 110 b Rn. 11 a.
¹⁰⁰ Löwe/Rosenberg/*Schäfer*, 25. Aufl., Rn. 39.

fahrensrüge muss zudem das der richterlichen Anordnung des Einsatzes des Verdeckten Ermittlers vorausgegangene Verhalten von Polizei und Staatsanwaltschaft dargestellt werden.[101]

Aus **vernehmungsähnlichen Situationen** erlangte Erkenntnisse des Verdeckten Ermittlers dürfen auch ohne Belehrung des Beschuldigten über sein Schweigerecht verwertet werden.[102] Die Belehrung soll vor dem Irrtum bewahren, vor staatlichen Organen bestünde eine Aussagepflicht, so dass gegenüber einem Verdeckten Ermittler eine Situation, in der die Belehrung über das Schweigerecht erforderlich wäre, nicht entstehen kann.[103] Wenn ein Beschuldigter den Ermittlungsbehörden allerdings seine Absicht zu schweigen mitgeteilt hat, kann das Drängen eines Verdeckten Ermittlers zu einer Aussage und dessen Nachfragen in einer vernehmungsähnlichen Situation dazu führen, dass ein Verwertungsverbot entsteht,[104, 105] Gleiches gilt für das Ausnutzen einer Haftsituation oder nötigungsgleicher Druck zur Aussage[106] oder **Tatprovokationen.**

IV. Verweis auf anzuwendende Normen

Informations- und Aufbewahrungspflichten, Aktenführung und Rechtsschutzmöglichkeiten sind in § 101 normiert.

§ 110b [Zustimmung der Staatsanwaltschaft, des Richters; Geheimhaltung der Identität]

(1) ¹Der Einsatz eines Verdeckten Ermittlers ist erst nach Zustimmung der Staatsanwaltschaft zulässig. ²Besteht Gefahr im Verzug und kann die Entscheidung der Staatsanwaltschaft nicht rechtzeitig eingeholt werden, so ist sie unverzüglich herbeizuführen; die Maßnahme ist zu beenden, wenn nicht die Staatsanwaltschaft binnen drei Werktagen zustimmt. ³Die Zustimmung ist schriftlich zu erteilen und zu befristen. ⁴Eine Verlängerung ist zulässig, solange die Voraussetzungen für den Einsatz fortbestehen.

(2) ¹Einsätze,
1. die sich gegen einen bestimmten Beschuldigten richten oder
2. bei denen der Verdeckte Ermittler eine Wohnung betritt, die nicht allgemein zugänglich ist,

bedürfen der Zustimmung des Gerichts. ²Bei Gefahr im Verzug genügt die Zustimmung der Staatsanwaltschaft. ³Kann die Entscheidung der Staatsanwaltschaft nicht rechtzeitig eingeholt werden, so ist sie unverzüglich herbeizuführen. ⁴Die Maßnahme ist zu beenden, wenn nicht das Gericht binnen drei Werktagen zustimmt. ⁵Absatz 1 Satz 3 und 4 gilt entsprechend.

(3) ¹Die Identität des Verdeckten Ermittlers kann auch nach Beendigung des Einsatzes geheimgehalten werden. ²Die Staatsanwaltschaft und das Gericht, die für die Entscheidung über die Zustimmung zu dem Einsatz zuständig sind, können verlangen, daß die Identität ihnen gegenüber offenbart wird. ³Im übrigen ist in einem Strafverfahren die Geheimhaltung der Identität nach Maßgabe des § 96 zulässig, insbesondere dann, wenn Anlaß zu der Besorgnis besteht, daß die Offenbarung Leben, Leib oder Freiheit des Verdeckten Ermittlers oder einer anderen Person oder die Möglichkeit der weiteren Verwendung des Verdeckten Ermittlers gefährden würde.

I. Zustimmung durch Gericht und Staatsanwaltschaft

1. Anordnungsbefugnis und Zustimmung der Staatsanwaltschaft. Der Einsatz des verdeckten Ermittlers bedarf nach Abs. 1 der Zustimmung der Staatsanwaltschaft, nach Abs. 2 unter bestimmten Voraussetzungen jener des Gerichtes. Zustimmung meint nicht Anordnung. Die **Anordnungsbefugnis** eines solchen Einsatzes liegt allein bei der Polizei.[1] Der Einsatz eines Verdeckten Ermittlers gegen den Willen der Polizei ist damit ausgeschlossen,[2] weil allein die Polizei einschätzen kann, ob der Einsatz erforderlich ist.[3] Auch die **Auswahl des konkreten Beamten** für den Einsatz liegt in der Hand der Polizei.[4] Staatsanwaltschaft und Gericht können jedoch nach Abs. 3 S. 2 die Offenlegung der Identität des einzusetzenden Beamten verlangen.[5] Es ist ihnen dann möglich, die Zustimmung zum Einsatz eines Verdeckten Ermittlers angesichts des konkret hierfür

---

[101] BGH v. 12. 12. 1996 – 4 StR 499/96, NStZ 1997, 294; Meyer-Goßner/*Cierniak* § 110b Rn. 13.
[102] BGH v. 26. 7. 2007 – 3 StR 104/07, BGHSt 52, 11 = NJW 2007, 3138, 3139; *Lagodny* StV 1996, 167, 172.
[103] SK-StPO/*Rudolphi* § 110c Rn. 13.
[104] BGH v. 26. 7. 2007 – 3 StR 104/07, BGHSt 52, 11 = NJW 2007, 3138, 3139.
[105] Zu möglichen Verwertungsverboten hieraus: § 110b Rn. 24; § 110c Rn. 12 und 15 f.
[106] BGH v. 18. 5. 2010 – 5 StR 51/10, www.bundesgerichtshof.de, Rn. 22 ff.
[1] *Hilger* NStZ 1992, 523, 524, Fn. 145.
[2] BT-Drucks. 12/989, S. 42; KK-StPO/*Nack* Rn. 1; Löwe/Rosenberg/*Schäfer*, 25. Aufl., Rn. 6.
[3] Löwe/Rosenberg/*Schäfer*, 25. Aufl., Rn. 1.
[4] *Hilger* NStZ 1992, 523, 524, Fn. 145; Löwe/Rosenberg/*Schäfer*, 25. Aufl., Rn. 6.
[5] Meyer-Goßner/*Cierniak* Rn. 1.

vorgesehenen Beamten zu verweigern.[6] Auf diese Weise können Gericht und Staatsanwaltschaft der Polizei zwar keinen bestimmten Beamten aufzwingen, aber einen ausgewählten Ermittler ablehnen.[7] Trotz dieser Einschränkung steht der Staatsanwaltschaft uneingeschränkt die **Sachleitungsbefugnis bei den Ermittlungen** zu. Sie kann deshalb nähere Grenzen für den Einsatz bestimmen oder diesen räumlich eingrenzen.[8] Die Staatsanwaltschaft kann zudem jederzeit den Einsatz beenden und die Polizei entsprechend hierzu anweisen.[9]

2 Im Grundsatz bedürfen alle Einsätze Verdeckter Ermittler nach Abs. 1 S. 1 (nur) der Zustimmung der Staatsanwaltschaft – Abs. 2 bestimmt hiervon „Ausnahmen", in denen es der richterlichen Zustimmung bedarf. **Zuständig** innerhalb der Behörde Staatsanwaltschaft ist deren Leiter oder ein durch diesen gesondert bezeichneter Staatsanwalt.[10] Bei ihrer Entscheidung prüft die Staatsanwaltschaft die rechtliche Zulässigkeit **und** zusätzlich die Zweckmäßigkeit des Einsatzes.[11] Sofern während der Ermittlungen **weitere konkrete Beschuldigte** erkennbar werden, muss für diese eine neue Anordnung und insbesondere eine neue (erweiternde) Zustimmung erfolgen.[12]

3 Ob und in welchem Umfang die durch den BGH an die richterliche Zustimmung gestellten Anforderungen[13] für die **Entscheidungsbegründung** auch die nach Abs. 1 S. 3 schriftlich zu erteilende staatsanwaltschaftliche Zustimmung betreffen, ist bisher nicht entschieden. Die Zustimmung der Staatsanwaltschaft erfordert jedoch inhaltlich zumindest eine knappe Begründung zum Tatverdacht, zur Subsidiarität und zur Verhältnismäßigkeit des Einsatzes.[14] Sofern sich die Entscheidung allein auf einen Hinweis von V-Leuten stützt, bedarf es einer besonders sorgfältigen Prüfung und nach Möglichkeit weiterer Umstände, damit eine Außensteuerung der Justiz oder eine Selbstermächtigung heimlich Ermittlungstätiger vermieden wird.[15] Eine Verwechslung bei der Angabe des Anordnungsgrundes nach § 110a Abs. 1, insbesondere bei der Bezeichnung der betroffenen Nr., schadet nicht, sofern mittels Auslegung der zutreffende Inhalt ermittelt werden kann.[16]

4 Abs. 1 S. 3 schreibt eine **Befristung** des Einsatzes zwingend vor. Nach Abs. 1 S. 4 kann der Einsatz jedoch jederzeit verlängert werden, wenn die Voraussetzungen fortgesetzt erfüllt werden. Eine Höchstfrist ist nicht vorgesehen.[17] Eine Dauer für die einzelne Befristung ist nicht vorgegeben. Zuweilen wird für die **Verlängerung** eine Anknüpfung an § 100b Abs. 1 S. 5 angeregt.[18] Bei verweigerter Verlängerung verliert die Zustimmung erst ab Befristungsende ihre Wirksamkeit, die Verwertbarkeit der zuvor erlangten Erkenntnisse bleibt unberührt.[19]

5 **2. Eilanordnung der Polizei.** Abs. 1 S. 2 setzt eine **Eilanordnungsbefugnis der Polizei** über den Einsatz eines Verdeckten Ermittlers voraus. Dort wird angeordnet, in welchem Zeitraum eine aufgrund Gefahr im Verzug und fehlender Möglichkeit, die Entscheidung der Staatsanwaltschaft rechtzeitig einzuholen, nicht erfolgte vorherige Zustimmung der Staatsanwaltschaft nachträglich einzuholen ist. Das Erfordernis einer solchen ist insbesondere beim Übergang von polizeirechtlichen Einsätzen Verdeckter Ermittler in strafprozessuale Ermittlungen denkbar.[20] Dies setzt **Gefahr im Verzug** voraus, die gleich jener in § 98 Abs. 1 S. 1 bestimmt wird.[21] Teilweise wird das weitere Merkmal der *fehlenden Möglichkeit einer rechtzeitigen Einholung der Entscheidung der Staatsanwaltschaft* als im Begriff der Gefahr im Verzug bereits enthalten und die gesonderte Erwähnung als **Tautologie** angesehen.[22] Andere sehen hierin eine gesonderte, weitere Voraussetzung für die Eilanordnungsbefugnis mit eigenem Regelungsgehalt.[23] Letzteres dürfte der Ansicht des Gesetzgebers entsprechen, der in Abs. 2 S. 2 und 3 differenziert und bei Gefahr im Verzug in S. 2 eine staatsanwaltschaftliche Notkompetenz vorsieht, im Falle einer fehlenden Möglichkeit zur Einholung deren Eilentscheidung unstreitig in S. 3 eine polizeiliche Entscheidung zulässt. Das Gesetz selbst billigt dem Merkmal in Abs. 2 S. 3 mithin einen eigenen, vom Begriff der Gefahr im

---

[6] Löwe/Rosenberg/*Schäfer*, 25. Aufl., Rn. 21.
[7] *Pfeiffer* Rn. 1; SK-StPO/*Wolter*, 4. Aufl., Rn. 2; Löwe/Rosenberg/*Schäfer*, 25. Aufl., Rn. 6.
[8] Löwe/Rosenberg/*Schäfer*, 25. Aufl., Rn. 18.
[9] Löwe/Rosenberg/*Schäfer*, 25. Aufl., Rn. 6.
[10] KK-StPO/*Nack* Rn. 1.
[11] SK-StPO/*Wolter*, 4. Aufl., Rn. 2.
[12] vgl. BGH v. 15. 6. 1999 – 1 StR 203/99, StV 1999, 523.
[13] Rn. 13.
[14] Löwe/Rosenberg/*Schäfer*, 25. Aufl., Rn. 17.
[15] BGH v. 23. 3. 1996 – 1 StR 685/95, BGHSt 42, 103, 105 = NJW 1996, 2518, 2519.
[16] BGH v. 23. 3. 1996 – 1 StR 685/95, BGHSt 42, 103, 106 = NJW 1996, 2518, 2519; KK-StPO/*Nack* Rn. 8.
[17] Meyer-Goßner/*Cierniak* Rn. 7.
[18] KK-StPO/*Nack* Rn. 10.
[19] Meyer-Goßner/*Cierniak* Rn. 7.
[20] Löwe/Rosenberg/*Schäfer*, 25. Aufl., Rn. 7.
[21] Näher hierzu: § 98 Rn. 1.
[22] SK-StPO/*Wolter*, 4. Aufl., Rn. 3; Löwe/Rosenberg/*Schäfer*, 25. Aufl., Rn. 7.
[23] KK-StPO/*Nack* Rn. 2.

Verzug unabhängigen Inhalt zu. Im Ergebnis wirkt sich dieser Streit nicht aus, da diese Anforderung letztlich gesondert oder vom Begriff der Gefahr im Verzug mitumfasst vorausgesetzt wird.

Die Maßnahme ist nach Abs. 1 S. 2, 2. Hs. zu beenden, wenn die Staatsanwaltschaft nicht binnen drei Werktagen zustimmt. Der Beginn dieser **Frist** knüpft an die Anordnung, nicht an die Tätigkeitsaufnahme an.[24] Der Tag der Anordnung ist nach § 42 bei der Fristberechnung nicht mitzurechnen.[25] Diese Frist darf nicht ausgeschöpft werden, wenn eine Nachholung der staatsanwaltschaftlichen Zustimmung vorher möglich ist, denn diese ist *unverzüglich* nachzuholen.[26] Sofern nach einer Eilzustimmung eines Staatsanwaltes nach Abs. 2 S. 2 die Zustimmung des Gerichts ausbleibt, berührt dies die Wirksamkeit der Zustimmung der Staatsanwaltschaft nicht, sondern entzieht dieser nur für die Zukunft die rechtliche Grundlage.[27] Ob dies auch beim **Ausbleiben einer staatsanwaltschaftlichen Zustimmung** nach einer polizeilichen Eilanordnung gilt, ist bisher nicht entschieden. Teilweise wird darauf verwiesen, dass der Einsatz eines Verdeckten Ermittlers ohne die Zustimmung eines Richters oder der Staatsanwaltschaft zur Unverwertbarkeit der Erkenntnisse führe.[28] Soweit dies Unterstützung unter Verweis auf eine BGH-Entscheidung mit dem Hinweis erfährt, dass ohne vorherige oder zumindest nachträgliche Zustimmung ein Verwertungsverbot bestehe, weil der Einsatz dann ohne die erforderliche Zustimmung erfolgt sei,[29] bezieht sich die dort zitierte Entscheidung auf eine andere Ermittlungsmaßnahme, die bereits dem Gesetzeswortlaut nach keine Eilkompetenz für die Polizei vorsieht. Zutreffend ist vielmehr, dass die bis zur verweigerten Zustimmung erlangten Erkenntnisse keinem **Verwertungsverbot** unterliegen, insbesondere wenn die fehlende Zustimmung auf dem zwischenzeitig erreichten Maßnahmezweck beruht.[30] Die Anordnung des Einsatzes beruht auf einer Eilkompetenz der Polizei.[31] Ebenso wie die Staatsanwalt bei Ausübung der Eilkompetenz nach der Rspr. zu Abs. 2 S. 2 eine vom Gesetz übertragene Befugnis in eigener Zuständigkeit wahrnimmt,[32] trifft dies auch für die Polizei zu.

3. Voraussetzungen der Zustimmung durch das Gericht. Nach Abs. 2 S. 1 bedarf es unter den dortigen Voraussetzungen der Zustimmung des Gerichts. Dieser „Sonderfall" der Richterzustimmung ist der **faktische Regelfall**.[33] Der Einsatz eines Verdeckten Ermittlers wird sich über kurz oder lang immer gegen einen bestimmten Beschuldigten richten[34] oder das Betreten einer Wohnung erforderlich machen.[35] Jedoch bedarf auch diese Konstellation der (**zusätzlichen**) **Zustimmung der Staatsanwaltschaft**.[36] Dies folgert bereits aus der Stellung der Staatsanwaltschaft im Ermittlungsverfahren.[37] Hierfür spricht auch Abs. 1 S. 1, den Abs. 2 nicht ersetzt, sondern nur für einige Fallgruppen ergänzt.

Der richterlichen Zustimmung bedarf es nach Abs. 2 S. 1 Nr. 1, wenn sich der Einsatz des Verdeckten Ermittlers gegen einen **bestimmten Beschuldigten** richtet. *Bestimmt* erfordert nicht, dass der Beschuldigte namentlich bekannt ist, eine Identifizierbarkeit ist ausreichend.[38] Letztere kann bei einer Beschreibung des Aussehens, der beruflichen Stellung oder sonstiger Beziehungen oder Verhaltensweisen vorliegen.[39] Die Beschuldigteneigenschaft erfordert einen Willensakt der Strafverfolgungsbehörden, weshalb dies schriftlich festzuhalten ist.[40] Dieser Willensakt ist zu vollziehen, wenn zureichende Anhaltspunkte für einen konkreten Verdacht gegen eine bestimmte Person bestehen, ein willkürliches Hinauszögern ist unzulässig.[41] Willkür liegt vor, wenn das Ausbleiben des Willensaktes unter keinem sachlichen und rechtlichen Aspekt mehr nachvollziehbar scheint.[42] Sofern sich der Einsatz des Verdeckten Ermittlers gegen mehrere Beschuldigte – auch alternativ – richtet, bedarf es der richterlichen Zustimmung für den Einsatz gegen jeden einzelnen.[43] Solange lediglich gegen einen begrenzten Personenkreis ermittelt wird, um daraus einen oder mehrere Be-

---

[24] Meyer-Goßner/*Cierniak* Rn. 1; Löwe/Rosenberg/*Schäfer*, 25. Aufl., Rn. 8.
[25] *Pfeiffer* Rn. 1; Löwe/Rosenberg/*Schäfer*, 25. Aufl., Rn. 8.
[26] KK-StPO/*Nack* Rn. 2; *Pfeiffer* Rn. 1.
[27] BGH v. 7. 3. 1995 – 1 StR 685/94, BGHSt 41, 64, 67 = NJW 1995, 2237, 2238.
[28] Meyer-Goßner/*Cierniak* Rn. 11.
[29] *Pfeiffer* Rn. 5, allerdings im Widerspruch zu dessen Rn. 1.
[30] KK-StPO/*Nack* Rn. 2.
[31] Löwe/Rosenberg/*Schäfer*, 25. Aufl., Rn. 7.
[32] BGH v. 7. 3. 1995 – 1 StR 685/94, BGHSt 41, 64, 67 = NJW 1995, 2237, 2238.
[33] *Zaczyk* StV 1993, 490, 494.
[34] SK-StPO/*Wolter*, 4. Aufl., Rn. 7.
[35] Meyer-Goßner/*Cierniak* Rn. 4.
[36] Meyer-Goßner/*Cierniak* Rn. 1; KK-StPO/*Nack* Rn. Rn. 3.
[37] Meyer-Goßner/*Cierniak* Rn. 3.
[38] BGH v. 12. 12. 1996 – 4 StR 499/96, NStZ 1997, 294; Meyer-Goßner/*Cierniak* Rn. 3; KK-StPO/*Nack* Rn. 5; Löwe/Rosenberg/*Schäfer*, 25. Aufl., Rn. 4.
[39] Löwe/Rosenberg/*Schäfer*, 25. Aufl., Rn. 11.
[40] KK-StPO/*Nack* Rn. 4.
[41] Löwe/Rosenberg/*Schäfer*, 25. Aufl., Rn. 4.
[42] Löwe/Rosenberg/*Schäfer*, 25. Aufl., Rn. 4.
[43] Löwe/Rosenberg/*Schäfer*, 25. Aufl., Rn. 4.

schuldigte zu ermitteln, ist der Beschuldigtenstatut für die einzelnen Gruppenmitglieder noch nicht erreicht.[44]

9 Der Zustimmung des Gerichts bedarf zudem ein Einsatz, wenn dabei eine Wohnung durch den Verdeckten Ermittler betreten (werden) wird, die nicht allgemein zugänglich ist. Der Begriff der **Wohnung** entspricht dem aus § 102.[45] Damit werden alle nach Art. 13 GG geschützten Räume umfasst,[46] also Räume, die der allgemeinen Zugänglichkeit durch eine räumliche Abschottung entzogen und zur Stätte privaten Lebens und Wirkens gemacht sind.[47] **Allgemein zugänglich** sind für das allgemeine Publikum bestimmte Räume während der allgemeinen Öffnungszeiten in Banken, Kaufhäusern, Restaurants, Spielhallen und Hotels[48] sowie Krankenzimmer und Vorgärten.[49]

10 4. **Umfang der durch die Zustimmung erfassten Sachverhalte.** Bei mehreren Beschuldigten bedarf es einer Zustimmung für jeden von ihnen.[50] Bei einer Erweiterung der Ermittlungen während des Einsatzes auf weitere Beschuldigte bedarf es hierfür eigener (neuer) Zustimmungen.[51] Die Zustimmung deckt auch Zusammentreffen des *bestimmten Beschuldigten* mit weiteren, zuvor nicht bestimmbaren Tatbeteiligten ab,[52] sofern diese im unmittelbaren Zusammenhang mit dem Ermittlungsgegenstand erfolgen.[53] Dem wird unter Hinweis auf die Gefahr der Aushöhlung des Richtervorbehaltes widersprochen, zumal mit der Eilzuständigkeit der Polizei hinreichend praktikable Alternativen bereitstünden.[54] Die Zustimmung umfasst lediglich den Erstkontakt. Wenn danach der Einsatz des Verdeckten Ermittlers auf weitere Beschuldigte auszuweiten ist, ist eine richterliche Zustimmung erforderlich.[55] Da bis zu diesem Zufallszusammentreffen kein *bestimmter Beschuldigter* vorliegt, wird hierdurch der Richtervorbehalt nicht ausgehöhlt, sondern erst ausgelöst.

11 Während für jeden *bestimmten Beschuldigten* eine Zustimmung erforderlich ist, erfasst die richterliche Zustimmung zum **Betreten einer Wohnung** alle fremden Wohnungen.[56] Eine Spezifizierung auf eine konkrete Wohnung wird nicht verlangt, da während des Einsatzes eines Verdeckten Ermittlers regelmäßig das Betreten verschiedener, häufig zuvor nicht vorhersehbarer Wohnungen notwendig wird.[57] Diese Argumentation findet sich auch im Gesetzentwurf wieder.[58] Zudem spricht der Wortlaut der Nr. 2 „eine Wohnung" hierfür, der gerade keine „bestimmte" Wohnung fordert, anders als Nr. 1 für den „bestimmten Beschuldigten".[59] Die richterliche Zustimmung zu einem Einsatz nach Abs. 2 S. 1 Nr. 1 deckt keinen Einsatz nach Nr. 2 und umgekehrt.[60] Es bedarf also auch dann einer weiteren Zustimmung, wenn gegen einen Wohnungsinhaber als *bestimmten Beschuldigten* bereits eine richterliche Entscheidung vorliegt, weil das Betreten der Wohnung eine solche **gesonderte eigene Zustimmung** fordert.[61]

12 5. **Verfahren, Prüfungsumfang und Begründung.** Zuständig ist nach §§ 162, 169 der Ermittlungsrichter, sonst das mit der Hauptsache befasste Gericht.[62] Eine Anhörung der Betroffenen erfolgt nicht (§ 33 Abs. 4 S. 1).[63] Die Zustimmung ist nach Abs. 2 S. 5, Abs. 1 S. 3 schriftlich zu erteilen. Hierfür genügt Telefax oder die telegraphische Übermittlung.[64] Sie ist zu befristen (Abs. 2 S. 5, Abs. 1 S. 3). Die möglichen Konsequenzen einer zu langen Befristung sind ungeklärt.[65] Der Rückgriff des Gerichts auf Formulare ist zulässig.[66] Diesem obliegt nur die Prüfung der Recht-, nicht aber der Zweckmäßigkeit der Maßnahme.[67] Nur dem Einsatz, nicht den Details der Umsetzung wird zugestimmt.[68] Die Aktenführung regelt § 101.

---

[44] Löwe/Rosenberg/*Schäfer*, 25. Aufl., Rn. 4.
[45] KK-StPO/*Nack* Rn. 1.
[46] Meyer-Goßner/*Cierniak* Rn. 4 mVa § 100f Rn. 2; Löwe/Rosenberg/*Schäfer*, 25. Aufl., Rn. 5.
[47] Meyer-Goßner/*Cierniak* Rn. 4 mVa § 100f Rn. 2.
[48] Hilger NStZ 1992, 523, 524, Fn. 145; Meyer-Goßner/*Cierniak* Rn. 4; SK-StPO/*Wolter*, 4. Aufl., Rn. 8.
[49] Meyer-Goßner/*Cierniak* Rn. 4 mVa § 100f Rn. 2.
[50] SK-StPO/*Wolter*, 4. Aufl., Rn. 6.
[51] BGH v. 15. 6. 1999 – 1 StR 203/99, StV 1999, 523; SK-StPO/*Rudolphi* Rn. 6.
[52] Löwe/Rosenberg/*Schäfer*, 25. Aufl., Rn. 4.
[53] KK-StPO/*Nack* Rn. 5.
[54] Schneider NStZ 2004, 359, 364.
[55] BGH v. 15. 6. 1999 – 1 StR 203/99, StV 1999, 523
[56] Löwe/Rosenberg/*Schäfer*, 25. Aufl., Rn. 12; SK-StPO/*Wolter*, 4. Aufl., Rn. 6.
[57] Meyer-Goßner/*Cierniak* Rn. 4.
[58] Löwe/Rosenberg/*Schäfer*, 25. Aufl., Rn. 12.
[59] KK-StPO/*Nack* Rn. 6.
[60] Löwe/Rosenberg/*Schäfer*, 25. Aufl., Rn. 13.
[61] Hilger NStZ 1992, 523, 524, Fn. 149.
[62] Löwe/Rosenberg/*Schäfer*, 25. Aufl., Rn. 10.
[63] SK-StPO/*Wolter*, 4. Aufl., Rn. 11; Löwe/Rosenberg/*Schäfer*, 25. Aufl., Rn. 15.
[64] Löwe/Rosenberg/*Schäfer*, 25. Aufl., Rn. 15.
[65] Löwe/Rosenberg/*Schäfer*, 25. Aufl., Rn. 16.
[66] BGH v. 23. 3. 1996 – 1 StR 685/95, BGHSt 42, 103 = NJW 1996, 2518; KK-StPO/*Nack* Rn. 8.
[67] Meyer-Goßner/*Cierniak* Rn. 4.
[68] Löwe/Rosenberg/*Schäfer*, 25. Aufl., Rn. 9.

Die schriftliche Zustimmung des Gerichts muss nach § 34 begründet werden.[69] Die **Begründung** muss sämtliche prozessualen und materiellen Voraussetzungen abdecken und einzelfallbezogen mit Tatsachen untersetzen.[70] Sie muss eine Abwägung auf der Grundlage sämlicher im Einzelfall relevanter Erkenntnisse erkennen lassen.[71] Eine Beschränkung der Begründung auf eine Nennung der Befugnisnorm genügt nicht, vielmehr hat das Gericht die Interessen der (zunächst) nicht anzuhörenden Beteiligten zu wahren.[72] Die Begründung darf auf andere Dokumente Bezug nehmen, wenn die Bezugnahme als solche erkennbar wird,[73] auch auf den Antrag der Staatsanwaltschaft.[74] Sofern die Entscheidungsgrundlage sich auf Hinweise von V-Leuten beschränkt, ist zur Vermeidung einer Außensteuerung der Justiz oder einer faktischen Selbstermächtigung des Ermittlungsorgans besondere Vorsicht geboten.[75] Der BGH stellt im Lichte des Art. 13 GG an eine **Zustimmung zu einem Betreten der Wohnung** keine geringeren Anforderungen als an einen Durchsuchungsbeschluss.[76] Dies gilt wegen des Eingriffs in den höchstpersönlichen Lebensbereich erst recht, wenn sich der Einsatz **gegen eine bestimmte Person** richtet, weil hierdruch möglicherweise irreparable Beeinträchtigungen auftreten können.[77] In diesem Fall sind nach Möglichkeit die Personalien des betroffenen Beschuldigten zu bezeichnen.[78]

6. Eilanordnung der Zustimmung des Gerichts. Abs. 2 S. 2 f. erlauben bei Gefahr im Verzug eine Zustimmung der Staatsanwaltschaft, gegebenenfalls eine Entscheidung der Polizei.[79] In Eilfällen kann sogar der Verdeckte Ermittler selbst die Eilanordnung treffen.[80] Zur Frist und Fristberechnung gelten die vorstehenden Erläuterungen.[81] Sofern keine Zustimmung des Gerichts folgt, wird die Eilzustimmung der Staatsanwaltschaft nicht von Anbeginn an unwirksam, sondern verliert nur für die Fortdauer die rechtliche Grundlage.[82]

II. Geheimhaltung der Identität

Abs. 3 gestattet eine Geheimhaltung der (wahren) Identität des Verdeckten Ermittlers auch über die Beendigung des Einsatzes hinaus. Hierbei erfasst er sowohl die **Geheimhaltung** der (wahren) Identität, dann sagt der Verdeckte Ermittler unter seiner Legende aus, als auch die **Sperrerklärung**, bei der der Zeuge vollständig als Zeuge gesperrt wird – also nicht einmal unter der Legende aussagt.[83] Abs. 3 wird als gesetzgeberische Entscheidung verstanden, auf Verdeckte Ermittler nur § 96 anzuwenden, nicht aber § 54.[84] Die Geheimhaltung der (wahren) Identität des Verdeckten Ermittlers soll also mit dem Mittel der strafprozessualen Sperrerklärung, nicht aber über die Verweigerung einer Aussagegenehmigung erfolgen.[85] Vereinzelt wird kritisiert, dass lediglich die wahre, nicht aber die veränderte Identität geschützt werden solle, weshalb es nicht zu einer vollständigen Sperrung des Zeugen kommen dürfe.[86] Die ausdrückliche Erwähnung der fortdauernden Verwendungsmöglichkeit in Abs. 3 S. 3 zeigt, dass eine vollständige Sperrung zulässig sein soll, denn diese wäre regelmäßig nach einer Vernehmung als Zeuge – auch bei einer Aussage unter der Legende – nicht mehr möglich.

Abs. 3 S. 3 bestimmt, unter welchen **Voraussetzungen** nach § 96 eine Geheimhaltung zulässig ist.[87] Die Gründe sind dem Gericht mitzuteilen.[88] Nur so ist es dem Gericht möglich, Vernehmungshindernisse zu beseitigen und die Sperrerklärung auf Willkür oder offensichtliche Rechtsfehlerhaftigkeit zu überprüfen.[89] **Zuständig** ist die oberste Dienstbehörde.[90] Dies ist der Innenmi-

---

[69] BGH v. 23. 3. 1996 – 1 StR 685/95, BGHSt 42, 103 = NJW 1996, 2518; KK-StPO/*Nack* Rn. 8.
[70] BGH v. 23. 3. 1996 – 1 StR 685/95, BGHSt 42, 103, 104 = NJW 1996, 2518, 2519.
[71] BGH v. 23. 3. 1996 – 1 StR 685/95, BGHSt 42, 103 = NJW 1996, 2518.
[72] BGH v. 23. 3. 1996 – 1 StR 685/95, BGHSt 42, 103, 104 = NJW 1996, 2518, 2519.
[73] BGH v. 23. 3. 1996 – 1 StR 685/95, BGHSt 42, 103, 104 = NJW 1996, 2518, 2519.
[74] Löwe/Rosenberg/*Schäfer*, 25. Aufl., Rn. 17.
[75] BGH v. 23. 3. 1996 – 1 StR 685/95, BGHSt 42, 103, 105 = NJW 1996, 2518, 2519.
[76] BGH v. 23. 3. 1996 – 1 StR 685/95, BGHSt 42, 103, 104 = NJW 1996, 2518, 2519; KK-StPO/*Nack* § 110c Rn. 1; Löwe/Rosenberg/*Schäfer*, 25. Aufl., § 110a Rn. 1.
[77] BGH v. 23. 3. 1996 – 1 StR 685/95, BGHSt 42, 103, 104 = NJW 1996, 2518, 2519; Löwe/Rosenberg/*Schäfer*, 25. Aufl., § 110a Rn. 36a.
[78] Meyer-Goßner/*Cierniak* Rn. 6.
[79] Meyer-Goßner/*Cierniak* Rn. 5.
[80] *Hilger* NStZ 1992, 523, 524, Fn. 146.
[81] Rn. 6.
[82] Rn. 6; BGH v. 7. 3. 1995 – 1 StR 685/94, BGHSt 41, 64, 67 = NJW 1995, 2237, 2238; *Rogall* Anm zu BGH v. 7. 3. 1995 – 1 StR 685/94, JZ 1996, 260, 263; Löwe/Rosenberg/*Schäfer*, 25. Aufl., Rn. 14.
[83] vgl. KK-StPO/*Nack* Rn. 17.
[84] BGH v. 2. 7. 1996 – 1 StR 314/96, BGHSt 42, 175, 178 = NJW 1996, 2738, 2739; KK-StPO/*Nack* Rn. 18.
[85] Löwe/Rosenberg/*Schäfer*, 25. Aufl., Rn. 19.
[86] *Lesch* StV 1995, 542, 544.
[87] Meyer-Goßner/*Cierniak* Rn. 8.
[88] *Hilger* NStZ 1992, 523, 524.
[89] Meyer-Goßner/*Cierniak* Rn. 8.
[90] BT-Drucks. 12/989, S. 42.

nister.[91] Sofern die Entscheidung delegiert wurde, muss das Tatgericht die oberste Dienstbehörde anrufen, wenn diesem die Gründe der Sperrerklärung nicht eingängig scheinen.[92] In **Folge** der Geheimhaltung sagt der Verdeckte Ermittler unter seiner Legende aus.[93] Es wird dann mithin die wahre Identität und der Umstand der Tätigkeit als Verdeckter Ermittler geheim gehalten.[94] Sofern eine **Sperrerklärung** ausgesprochen wird, handelt es sich um einen unerreichbaren Zeugen, wenn Bemühungen des Gerichts zur Aufhebung der Sperrerklärung nicht fruchten.[95] Sofern dem Gericht die Identität des Zeugen jedoch aus anderen Erkenntnisquellen bekannt ist, darf dieses den Verdeckten Ermittler trotz Sperrerklärung laden.[96] Diese bindet das Tatgericht selbst nicht.

17 **Neben der Sperrerklärung** sind zudem Zeugenschutzmaßnahmen möglich.[97] Hierbei kann dem Verdeckten Ermittler auch gestattet werden, selbst Angaben zu seiner Legende zu verweigern.[98] **Alternativ zur Sperrerklärung** sind Zeugenschutzmaßnahmen nach § 68 möglich.[99] Dies kommt in Betracht, wenn die Identität des Verdeckten Ermittlers nicht geheim gehalten wird, weil der oberste Dienstherr keine Sperrerklärung abgibt.[100]

18 Nach Abs. 3 S. 2 können das zur Entscheidung über die Zustimmung berufene Gericht sowie die Staatsanwaltschaft die **Offenlegung der (wahren) Identität** des Verdeckten Ermittlers verlangen. Die Identität ist auf ein solches Verlangen auch schon vor der Zustimmung offen zu legen.[101] Vereinzelt wird hierin ein erhebliches Risiko für Leib und Leben der Verdeckten Ermittler gesehen, weshalb ein zurückhaltendes Gebrauchmachen hiervon gefordert wird.[102]

III. Revision und Beschwerde

19 **1. Verwertungsverbot rechtswidrig erlangter Erkenntnisse.** Revisibel sind **Verwertungsverbote**. Selbst bei einem unzulässigen Einsatz Verdeckter Ermittler wird die Fernwirkung abgelehnt.[103] Erkenntnisse über den Verdacht einer anderen prozessualen Tat dürfen als Ermittlungsansatz verwertet werden.[104] Die **Sperrung** des Verdeckten Ermittlers als Zeugen führt zu keinem Beweisverbot.[105]

20 Im Falle des **Fehlens jeder Zustimmung** führt dies zur Unverwertbarkeit der Erkenntnisse.[106] Hierbei genügt eine kraft Eilkompetenz Polizei oder Staatsanwaltschaft getroffene Anordnung als Grundlage des Einsatzes.[107] Eine Revision erfordert nach der **Widerspruchslösung**, dass in der Hauptverhandlung der Verwertung der Zeugenaussage widersprochen wurde.[108] Die Revisonsbegründung muss sodann das der richterlichen Anordnung vorausgegangene Verhalten von Polizei und Staatsanwaltschaft darstellen.[109] Zudem muss die Verfahrensrüge die den behaupteten Mangel begründenden Tatsachen enthalten.[110]

21 Ein Verstoß gegen das **Schriftformgebot** durch eine lediglich mündliche Zustimmung steht einer Verwertung nicht entgegen.[111] Der Beweis, dass eine (zumindest) mündliche Zustimmung erteilt wurde, kann im Freibeweis erhoben werden.[112] Ebenso führt allein eine Verletzung der **Zuständigkeitsregelungen** nicht zu einem Verwertungsverbot. Ein solches kommt nur bei willkürlichen Verstößen in Betracht.[113]

22 Sofern trotz erteilter Zustimmung die **materiellen Voraussetzungen** für den Einsatz eines Verdeckten Ermittlers nicht vorlagen, kommt ein Verwertungsverbot erst dann in Betracht, wenn

---

[91] BGH v. 16. 2. 1995 – 4 StR 733/94, BGHSt 41, 36; Meyer-Goßner/*Cierniak* Rn. 8.
[92] BGH v. 2. 7. 1996 – 1 StR 314/96, BGHSt 42, 175, 178 = NJW 1996, 2738.
[93] Meyer-Goßner/*Cierniak* Rn. 8.
[94] *Pfeiffer* Rn. 4.
[95] BGH v. 31. 3. 1989 – 2 StR 706/88, BGHSt 36, 159 = NJW 1989, 3291.
[96] BGH v. 6. 2. 2003 – 4 StR 423/02, NStZ 2003, 610, 611.
[97] KK-StPO/*Nack* Rn. 18; *Pfeiffer* Rn. 4; Löwe/Rosenberg/*Schäfer*, 25. Aufl., Rn. 20.
[98] Löwe/Rosenberg/*Schäfer*, 25. Aufl., Rn. 20.
[99] Meyer-Goßner/*Cierniak* Rn. 9.
[100] *Hilger* NStZ 1992, 523, 524.
[101] Meyer-Goßner/*Cierniak* Rn. 10; Löwe/Rosenberg/*Schäfer*, 25. Aufl., Rn. 21.
[102] *Benfer* MDR 1994, 12, 13.
[103] *Pfeiffer* Rn. 5.
[104] KK-StPO/*Nack* Rn. 23.
[105] *Pfeiffer* Rn. 4.
[106] Meyer-Goßner/*Cierniak*, Rn. 11.
[107] Eingehender hierzu: Rn. 6 und 14.
[108] BGH v. 18. 6. 1996 – 1 StR 281/96, StV 1996, 529; KK-StPO/*Nack* Rn. 20; *Pfeiffer* Rn. 5; Löwe/Rosenberg/*Schäfer*, 25. Aufl., § 110 a Rn. 39; krit.: Meyer-Goßner/*Cierniak* Rn. 11.
[109] BGH v. 12. 12. 1996 – 4 StR 499/96, NStZ 1997, 294; Meyer-Goßner/*Cierniak* Rn. 13.
[110] *Pfeiffer* Rn. 7.
[111] BGH v. 5. 5. 1995 – 2 StR 183/95, StV 1995, 398; *Beulke*/Rogat Anm zu BGH v. 7. 3. 1995 – 1 StR 685/94, JR 1996, 517, 520; Meyer-Goßner/*Cierniak* Rn. 11; *Pfeiffer* Rn. 5; Löwe/Rosenberg/*Schäfer*, 25. Aufl., Rn. 15; krit.: *Sieg* Anm zu BGH v. 5. 5. 1995 – 2 StR 183/95, StV 1996, 3.
[112] KK-StPO/*Nack* Rn. 13.
[113] KK-StPO/*Nack* Rn. 13.

sich die Zustimmungsentscheidung als willkürlich oder unvertretbar erweist.[114] Ein solcher Fall liegt bei willkürlichem Verdacht einer Katalogtat vor.[115] Grund dieser Einschränkung ist die beschränkte Nachprüfbarkeit der Zustimmungsentscheidung, so dass nur bei objektiv willkürlicher oder grob fehlbeurteilender Zustimmung eine Vertretbarkeit ausgeschlossen werden darf.[116]

Ein **Irrtum** über die Voraussetzungen einer **Eilentscheidungsbefugnis** steht einer Verwertung 23 nicht entgegen.[117] Die Grenze ist erst erreicht, wenn die Voraussetzungen hierfür willkürlich angenommen werden.[118] Nach **Ablauf einer Befristung** des Einsatzes des Verdeckten Ermittlers sind die dann gewonnenen Erkenntnisse unverwertbar.[119] Verschulden oder Willkür sind hierfür nicht erforderlich. Allerdings kann mittels Eilkompetenzen eine Verlängerung des Einsatzes rechtmäßig erfolgen, so dass die erlangten Erkenntnisse verwertbar sind. Regelmäßig dürfte es jedoch an den Voraussetzungen für eine Eilentscheidung fehlen, da das Befristungsende bei ordnungsgemäßer Aktenführung und Fristenkontrolle nicht unvorhersehbar eintritt.

Für Erkenntnisse der Verdeckten Ermittlers aus Gesprächen mit Zeugen, denen Zeugnisverweigerungsrechte nach § 53 zustehen, gilt § 160a Abs. 1, so dass der besondere Schutz für **Berufsgeheimnisträger** gesichert wird.[120] Gegen Strafverteidiger ist deren Einsatz unzulässig.[121] 24

2. **Verwertung rechtmäßig erlangter Erkenntnisse mit nur mittelbarem Bezug.** Die Verwertung 25 von Erkenntnissen über den Verdacht einer **anderen prozessualen Tat** des gleichen Beschuldigten, dürfen als Ermittlungsansatz verwertet werden, es besteht also keine Fernwirkung.[122] Eine unmittelbare Verwertung zu Beweiszwecken für andere prozessuale Taten ist nur unter den Voraussetzungen einer hypothetischen Ersatzvornahme nach § 477 Abs. 2 S. 2 möglich, also wenn nach § 110a auch für diese Tat der Einsatz eines Verdeckten Ermittlers rechtmäßig hätte angeordnet werden können. Anderes gilt, wenn ein Sachzusammenhang besteht.[123] Die **Verwertung im Polizeirecht** richtet sich nach § 477 Abs. 2 S. 3 und kommt nur zur Abwehr erheblicher Gefahren für die öffentliche Sicherheit (nicht Ordnung!)[124] in Betracht. Die Verwendung von **Erkenntnissen aus dem Polizeirecht** richtet sich nach § 161 Abs. 2. Die **Verwendung gegenüber anderen Personen** als dem Beschuldigten ist nach § 477 Abs. 2 S. 2 ebenfalls nur zulässig, wenn der Einsatz eines Verdeckten Ermittlers gegen diesen unter dem Gesichtspunkt eines hypothetischen Ersatzeingriffs zulässig gewesen wäre.[125]

3. **Beschwerde.** Der **Rechtsschutz gegen die Anordnung** des Einsatzes eines Verdeckten Ermitt- 26 lers richtet sich nach § 101 Abs. 7. Dieser befristete Rechtsbehelf sieht Rechtsschutz auch nach Beendigung der Maßnahme vor. Er gewährt zudem Rechtsschutz gegen die Art und Weise des Vollzuges der Maßnahme.[126] Sofern hiernach **keine Antragsberechtigung** gegeben sein sollte, ist die Beschwerde nach § 304 gegen die Zustimmung des Gerichtes – auch noch nach Erledigung der Maßnahme – statthaft.[127] Im Falle einer Zustimmung durch die **Staatsanwaltschaft** ist analog § 98 Abs. 2 S. 2 ein Rechtsbehelf gegeben.[128] Auch dieser bleibt nach der Erledigung der Maßnahme möglich.[129]

IV. Analogiefähigkeit des § 110b

Eine analoge Anwendung des Richtervorbehaltes für den Einsatz von V-Leuten in Wohnungen 27 nach den Maßgaben des § 110b wird durch den BGH abgelehnt.[130] Die fehlende Zustimmung eines Richters zu einem Einsatz eines V-Mannes in einer Wohnung sei rechtlich unproblematisch.

Eine **Analogie der Sperrerklärung** auf verdeckt ermittelnde Polizeibeamte, die nicht den Re- 28 gelungen für Verdeckte Ermittler unterfallen, und Vertrauenspersonen wird in Teilen angenom-

---

[114] BGH v. 23. 3. 1996 – 1 StR 685/95, BGHSt 42, 103, 107 = NJW 1996, 2518, 2519; Meyer-Goßner/Cierniak Rn. 11; *Pfeiffer* Rn. 5; KK-StPO/*Nack* Rn. 12; krit. *Bernsmann* Anm zu BGH v. 23. 3. 1996 – 1 StR 685/95, NStZ 1997, 250.
[115] KK-StPO/*Nack* Rn. 8.
[116] KK-StPO/*Nack* Rn. 12.
[117] Meyer-Goßner/Cierniak Rn. 11; KK-StPO/*Nack* Rn. 13; *Pfeiffer* Rn. 5.
[118] KK-StPO/*Nack* Rn. 13.
[119] KK-StPO/*Nack* Rn. 13.
[120] Meyer-Goßner/Cierniak § 110a Rn. 5; KK-StPO/*Nack* Rn. 26.
[121] Meyer-Goßner/Cierniak § 110a Rn. 5.
[122] KK-StPO/*Nack* Rn. 23.
[123] KK-StPO/*Nack* § 110c Rn. 25.
[124] KK-StPO/*Nack* Rn. 24.
[125] so bereits vor Einführung des § 477 Abs. 2 S. 2: BGH v. 12. 12. 1996 – 4 StR 499/96, NStZ 1997, 294.
[126] Meyer-Goßner/Cierniak, Rn. 12.
[127] Meyer-Goßner/Cierniak, Rn. 12.
[128] *Morré/Bruns*, FS 50 Jahre Bundesgerichtshof, 2000, S. 595, Meyer-Goßner/Cierniak Rn. 12.
[129] *Morré/Bruns*, FS 50 Jahre Bundesgerichtshof, 2000, S. 595.
[130] BGH v. 20. 6. 2007 – 1 StR 251/07, NStZ 2007, 713, 714.

men.[131] Mehrheitlich wird dies zutreffend abgelehnt. Die Grenzen zur zulässigen Analogie würden hier überschritten.[132] Zudem hat die Ergänzung des § 105 Abs. 5 S. 1 noch einmal verdeutlicht, dass der Gesetzgeber hier nur Verdeckte Ermittler erfasst wissen wollte.[133]

§ 110c [Betreten einer Wohnung]

¹Verdeckte Ermittler dürfen unter Verwendung ihrer Legende eine Wohnung mit dem Einverständnis des Berechtigten betreten. ²Das Einverständnis darf nicht durch ein über die Nutzung der Legende hinausgehendes Vortäuschen eines Zutrittsrechts herbeigeführt werden. ³Im übrigen richten sich die Befugnisse des Verdeckten Ermittlers nach diesem Gesetz und anderen Rechtsvorschriften.

I. Befugnisse aus der Norm und deren Voraussetzungen

1 **1. Wohnungsbetretungsbefugnis.** S. 1 gestattet das Betreten einer Wohnung mit Einverständnis des Berechtigten unter der Legende des Verdeckten Ermittlers. Hiergegen richten sich **massive verfassungsrechtliche Einwände**. Gewichtige kritische Stimmen gehen von einer Verfassungswidrigkeit der Regelung aus.[1] § 110c erfülle nicht die Anforderungen des Schrankenvorbehalts nach Art. 13 Abs. 2 und 3 GG, was zur Verfassungswidrigkeit führe.[2] Zudem verstoße die Bestimmung gegen das Zitiergebot nach Art. 19 Abs. 4 GG.[3] Der Eingriff in den Schutzbereich des Art. 13 GG werde durch das Einverständnis des Wohnungsinhabers nicht ausgeschlossen, weil dieses über die Identitätstäuschung erlangt wird, dass es sich um einen Mitbürger, nicht um einen ermittelnden Amtsträger handele.[4]

2 Dem wird durch die **Befürworter einer verfassungsrechtlichen Unbedenklichkeit** entgegengehalten, dass das schlichte Betreten einer Wohnung mit Einverständnis des Hausrechtsinhabers kein hoheitlicher Eingriff in den Schutzbereich des Art. 13 GG sei, weil der Verdeckte Ermittler unter seiner Legende nicht hoheitlich auftrete und nicht zielgerichtet in die Wohnung trete.[5] Zudem habe der Gesetzgeber eine Grundgesetzänderung zur Schaffung einer verfassungsrechtlichen Ermächtigung für nicht erforderlich angesehen und mit § 110c eine einfachgesetzliche Ermächtigung geschaffen.[6]

3 Zutreffend ist, dass der Gesetzgeber verfassungsrechtliche Bedenken wegen des hohen Ranges der zu schützenden Rechtsgüter und der Pflicht zur Beachtung des Verhältnismäßigkeitsgrundsatzes verneint hat.[7] Allerdings hat er ebenfalls betont, dass die Eingriffstiefe des Einsatzes eines Verdeckten Ermittlers beträchtlich zunähme, wenn im Einsatz Wohnungen betreten würden.[8] Eine Auseinandersetzung mit den Schrankenvorbehalten des Art. 13 Abs. 2 und 3 GG findet sich darin nicht, allenfalls ein Hinweis des Gesetzgebers auf die erhebliche Eingriffsintensität. Sofern der Schutzbereich als eröffnet angesehen wird, lassen sich die **verfassungsrechtlichen Bedenken nicht ausräumen**. Auch das Betreten einer Wohnung unter einem zivilen Anschein aus der Legende ist eine hoheitliche Maßnahme[9] und berührt den Schutzbereich. Die – täuschungsbedingte(!) – Einwilligung des Wohnungsrechtsinhabers mag die strafrechtliche Verantwortung des Verdeckten Ermittlers ausschließen, die Frage der Eröffnung des Schutzbereichs und dessen Rechtfertigung bleiben hiervon unberührt.[10] Die Einwilligung beruht auf täuschungsbasierten Willensmängeln, deren gezielt herbeigeführte Ursache in der Sphäre der staatlichen Ermittlungsorgane liegt, weshalb ein Berufen auf diese gezielt manipulierte Willensentschließung des Wohnungsrechtsinhabers nicht durchgreift.[11] Die Täuschung ist lediglich ein Aliud für staatlichen Zwang, denn der Zugang der Ermittlungsorgane zu den Räumen ist nur auf eine dieser beiden Weisen zu erreichen. Weder die Schrankenvorbehalte des Art. 13 GG, noch das Zitiergebot des Art. 19 Abs. 4 GG sind beachtet.

---

[131] *Krey*, FS Kohlmann, 2003, S. 643; *ders.* Anm zu BGH v. 7. 3. 1995 – 1 StR 685/94, NStZ 1995, 517, 518.
[132] Vgl. *Rogall* Anm zu BGH v. 6. 2. 1996 – 1 StR 544/95, NStZ 1996, 451.
[133] KK-StPO/*Nack* Rn. 17.
[1] *Frister* StV 1993, 151, 153; *Nitz* Anm zu BGH v. 6. 2. 1997 – 1 StR 527/96, JR 1998, 211, 213; *Popp* NStZ 2004, 359, 367; *Roxin* Anm zu BGH v. 6. 2. 1997 – 1 StR 527/96, StV 1998, 43; *Weil* ZRP 1992, 243, 247.
[2] SK-StPO/*Wolter*, 4. Aufl., Rn. 5; Löwe/Rosenberg/*Schäfer*, 25. Aufl., Rn. 12 und 23.
[3] Löwe/Rosenberg/*Schäfer*, 25. Aufl., Rn. 12 und 23.
[4] SK-StPO/*Wolter*, 4. Aufl., Rn. 4.
[5] *Hilger* Anm zu BGH v. 6. 2. 1997 – 1 StR 527/96, NStZ 1997, 449, 450; *Krüger* ZRP 1993, 124, 125.
[6] KK-StPO/*Nack* Rn. 3 f.
[7] BT-Drucks. 12/989, S. 43.
[8] BT-Drucks. 12/989, S. 41.
[9] Löwe/Rosenberg/*Schäfer*, 25. Aufl., Rn. 13 a.
[10] Löwe/Rosenberg/*Schäfer*, 25. Aufl., Rn. 15.
[11] Löwe/Rosenberg/*Schäfer*, 25. Aufl., Rn. 17.

Der **Begriff der Wohnung** ist mit dem aus § 102 und § 110b identisch.[12] Aufgrund der Beschränkung des Wortlauts des S. 1 auf *eine Wohnung* werden auch allgemein zugängliche Räume miterfasst.[13] S. 1 will allgemein zum Betreten von Wohnungen ermächtigen, nicht nur für jene, die nach § 110b Abs. 2 S. 1 Nr. 2 besonderen, zusätzlichen Anforderungen unterliegen. S. 1 gestattet nur das **offene Betreten** der Wohnung mit dem Einverständnis des Wohnungsrechtsinhabers, nicht jedoch das heimliche Vorgehen.[14] Gleichermaßen ist gewaltsames Eindringen unzulässig.[15] Der Verdeckte Ermittler muss sich zudem auf das *bloße Mitgehen* beschränken, ein zielgerichtetes Anstreben des Wohnungszutritts ist nicht gewollt.[16]

S. 1 gestattet das Betreten einer Wohnung, nicht jedoch dessen Durchsuchung. Teilweise wird unter Berufen auf den Zweck des Betretungsrechtes – das Ziel, Dinge aufzuspüren, die der Wohnungsrechtsinhaber freiwillig nicht offenlegen würde – eine Befugnis des Verdeckten Ermittlers angenommen, in der jeweiligen Wohnung nach ermittlungsbedeutsamen Umständen zu forschen, zumal der Richtervorbehalt dem der Durchsuchungsanordnung entspräche.[17] Sofern Forschen sich auf die passive Wahrnehmung jener Umstände beschränkt, die jeder Wohnungsbesucher zur Kenntnis nehmen kann, ist dies von S. 1 erfasst. Wenn der Begriff **Forschen** das **Betretendürfen** jedoch dem **Durchsuchen** annähern möchte, würde die eingeräumte Befugnis überschritten. Die Gesetzesmaterialien begründen die Befugnis nach S. 1 mit der Wertlosigkeit eines Verdeckten Ermittlers, der unter seiner Legende keine Wohnung betreten dürfte.[18] Entscheidend sollte also die Möglichkeit sein, sich als Verdeckter Ermittler wie ein *ziviler Besucher* im Rahmen der sozialadäquate Verhaltensweisen eines Besuchers verhalten zu können. Jedes Tätigwerden über den *normalen Besucherstatus* hinaus überschreitet die Grenze zur Durchsuchung, denn ein *normaler Besucher schnüffelt* nicht. S. 2 zeigt zudem, dass nur über die wahre Identität getäuscht werden darf, nicht zusätzlich auch über die Absicht, statt eines *normalen Besucherverhaltens* einer staatlichen Durchsuchung angenähert vorgehen zu wollen.

Das Betreten einer Wohnung muss durch den **Einsatz geboten** sein.[19] Dies hat der Verdeckte Ermittler jeweils im Einzelfall zu prüfen. Sofern diese Grenzen nach S. 1 eingehalten werden, normiert dieser zugleich einen **besonderen Rechtfertigungsgrund** für den Verdeckten Ermittler.[20] Für gegebenenfalls weitere erforderliche Ermittlungsmaßnahmen, bspw. den Einsatz technischer Mittel, bedarf es der jeweils hierfür erforderlichen Anordnungen.[21]

2. Keine Täuschung über die Legende hinaus (S. 2). Über die Täuschung eines Wohnungsrechtsinhabers über die (wahre) Identität des Verdeckten Ermittlers hinaus darf nach S. 2 **kein besonderes Zutrittsrecht vorgetäuscht** werden. Es dürfen also weder gesetzliche noch vertragliche Befugnisse des Verdeckten Ermittlers vorgetäuscht werden, die den Wohnungsrechtsinhaber zwingen, Einlass zu gewähren, weil dieser nicht im Irrtum handeln soll, er müsse sich hoheitlichen oder quasi-hoheitlichen Zutrittsrechten unfreiwillig beugen.[22] Deshalb darf er sich nicht als Stromableser, Gasmann, Beauftragter der Hausverwaltung,[23] Behördenmitarbeiter[24] oder Schornsteinfeger[25] ausgeben.

S. 2 verbietet schon eine **auf eine solche Täuschung ausgelegte Identität** des Verdeckten Ermittlers.[26] Dies wäre zwar vom Wortlaut erfasst, widerspräche aber dem Zweck der Norm, die hoheitlich erscheinenden Druck unterbinden will.[27] Vereinzelte Kritik an dieser Beschränkung führt im Ergebnis zu keinem anderen Resultat.[28]

3. Weitere Befugnisse und Pflichten des Verdeckten Ermittlers (S. 3). S. 3 stellt Selbstverständliches klar, nämlich dass der Verdeckte Ermittler neben den straf- auch **polizeirechtliche Befugnisse** und solche aus anderen Gesetzen hat.[29] Dies erfordert selbstredend das Vorliegen der jeweiligen

---

[12] § 110b Rn. 9.
[13] Löwe/Rosenberg/*Schäfer*, 25. Aufl., Rn. 5 a.
[14] Meyer-Goßner/*Cierniak* Rn. 1; KK-StPO/*Nack* Rn. 2; SK-StPO/*Wolter*, 4. Aufl., Rn. 3.
[15] Meyer-Goßner/*Cierniak* § 110b Rn. 4; Löwe/Rosenberg/*Schäfer*, 25. Aufl., Rn. 3.
[16] *Hilger*, FS Hanack, 1999, S. 217.
[17] Löwe/Rosenberg/*Schäfer*, 25. Aufl., Rn. 1.
[18] BT-Drucks. 12/989, S. 43.
[19] *Hilger* NStZ 1992, 523, 525, Fn. 161; Meyer-Goßner/*Cierniak* Rn. 1; *Pfeiffer* Rn. 1.
[20] Meyer-Goßner/*Cierniak* Rn. 1; KK-StPO/*Nack* Rn. 2; SK-StPO/*Wolter*, 4. Aufl., Rn. 1.
[21] *Hilgendorf-Schmidt* wistra 1988, 208, 211 (zum früheren Gesetzentwurf); Meyer-Goßner/*Cierniak* Rn. 3.
[22] Löwe/Rosenberg/*Schäfer*, 25. Aufl., Rn. 2.
[23] SK-StPO/*Wolter*, 4. Aufl., Rn. 2.
[24] KK-StPO/*Nack* Rn. 2.
[25] Löwe/Rosenberg/*Schäfer*, 25. Aufl., Rn. 2.
[26] *Hilger* NStZ 1992, 523, 525, Fn. 160; SK-StPO/*Wolter*, 4. Aufl., Rn. 2; KK-StPO/*Nack* 2.
[27] KK-StPO/*Nack* Rn. 2.
[28] Löwe/Rosenberg/*Schäfer*, 25. Aufl., Rn. 2, der Bedenken äußert, aber freiwillig auf solche Legenden verzichten will.
[29] BT-Drucks. 12/989, S. 47; BGH v. 22. 2. 1995 – 3 StR 552/94, BGHSt 41, 42, 45= NJW 1995, 2236, 2237; Meyer-Goßner/*Cierniak* Rn. 3; *Pfeiffer* Rn. 2; Löwe/Rosenberg/*Schäfer*, 25. Aufl., Rn. 4.

Tatbestandsvoraussetzungen und zusätzlich die Vereinbarkeit der parallelen Durchführung beider Funktionen.[30] Dem Verdeckten Ermittler stehen zwar die Befugnisse aus der StPO zu, deren Wahrnehmung setzt aber die Offenbarung als Strafverfolgungsorgan, also die Enttarnung des Verdeckten Ermittlers, voraus.[31] Sofern jedoch **strafprozessuale Grenzen oder Lücken** bestehen, dürfen diese nicht durch polizeirechtliche Ermächtigungsgrundlagen überschritten oder geschlossen werden.[32] §§ 34, 35 StGB scheiden als Ermächtigungsgrundlagen ebenso aus, können aber im Einzelfall den Verdeckten Ermittler rechtfertigen.[33]

10 Der Einsatz des Verdeckten Ermittlers ist auf die Aufklärung der in § 110 a Abs. 1 bezeichneten Straftaten und damit auf die **Grenzen des Ermittlungsauftrages** und die in der Zustimmung bezeichneten Katalogtaten beschränkt.[34] Bei Bestehen eines Sachzusammenhangs dürfen Erkenntnisse über andere prozessuale Taten verwertet werden, andernfalls bedarf es einer weiteren Zustimmung nach § 110 a.[35] Als Ermittlungsansätze dürfen diese Erkenntnisse verwendet werden.[36]

11 Das **Legalitätsprinzip** bindet auch den Verdeckten Ermittler. Dieser hat während seines Einsatzes ihm bekannt werdende Straftaten zu ermitteln,[37] allerdings nur, soweit dies mit seinem Einsatz vereinbar ist.[38] Er kann aus ermittlungstaktischen Gründen Ermittlungen zurückstellen, wenn die sofortige Ermittlung seinen Einsatz gefährdete.[39] Auch die polizeirechtliche Pflicht zur Verhinderung von Straftaten besteht fort.[40] Eine eigene **Befugnis zum Begehen von Straftaten** steht dem Verdeckten Ermittler nicht zu,[41] soweit das Gesetz dies nicht ausdrücklich zulässt,[42] bspw. § 110 a Abs. 3. Dies gilt auch für milieubedingte Straftaten.[43] Aufgrund der mehrfachen Forderung im Gesetzgebungsverfahren, milieubedingte Straftaten zuzulassen, und der fehlenden Berücksichtigung durch den Gesetzgeber ist dessen entgegenstehender Wille deutlich.[44] Zum Teil wird vertreten, der fehlende Vollendungswille des Verdeckten Ermittlers bei verwirklichten oder initiierten Straftaten müsse vor dem Hintergrund einer am geschützten Rechtsgut orientierten, restriktiven Auslegung zur fehlenden Tatbestandsmäßigkeit führen.[45] Die fehlende Erfüllung von Tatbeständen könne sich insbesondere aus dem Auftrag des Verdeckten Ermittlers ergeben.[46] In ähnlicher Weise wird argumentiert, wenn für die Teilnahme am Glücksspiel die Straflosigkeit des Verdeckten Ermittlers befürwortet wird.[47] Die Grenzen für zulässige Straftaten werden in § 110 a Abs. 3 deutlich aufgezeigt. Einsatzbedingte Berührungen des Verdeckten Ermittlers mit Straftaten, deren Voll- oder zumindest Beendigung verhindert werden soll, mögen – je nach Tatbestand – zur Straffreiheit führen. Eine generelle Regel hierzu lässt sich jedoch nicht festmachen. Dies wird dann am einzelnen Straftatbestand zu prüfen sein. Denkbar sind auch §§ 32, 34, 35 StGB.[48] Das Vortäuschen von Straftaten und der Teilnahme an diesen Beschuldigten hieran als Teil einer fingierten verbrecherischen Organisation („Cold-Case-Technik") ist zulässig.[49]

12 Verdeckte Ermittler sind von der **Verpflichtung zur Belehrung** vor einer (faktischen) **Vernehmung** befreit.[50] Die StPO verzichtet beim Einsatz eines Verdeckten Ermittlers stillschweigend hierauf.[51] Soweit dem widersprochen und eine Belehrungspflicht schon dann angenommen wird, wenn gezielt die Abgabe ermittlungsrelevanter Äußerungen veranlasst wird,[52] ist dies mit dem Sinn und Zweck der §§ 110 a ff. nicht vereinbar.[53] Das Schweigerecht soll zudem vor dem Irrtum bewahren, vor staatlichen Organen sei man zur Aussage verpflichtet, welcher bei einem Verdeckten Ermittler nicht entstehen kann.[54]

---

[30] Meyer-Goßner/*Cierniak* § 110 a Rn. 14.
[31] Meyer-Goßner/*Cierniak* Rn. 3; SK-StPO/*Wolter*, 4. Aufl., Rn. 7; Löwe/Rosenberg/*Schäfer*, 25. Aufl., Rn. 4.
[32] SK-StPO/*Wolter*, 4. Aufl., Rn. 2.
[33] KK-StPO/*Nack* Rn. 5.
[34] KK-StPO/*Nack* Rn. 23.
[35] § 110 b Rn. 25; KK-StPO/*Nack* Rn. 24.
[36] § 110 b Rn. 25; KK-StPO/*Nack* Rn. 25.
[37] SK-StPO/*Wolter*, 4. Aufl., Rn. 12.
[38] KK-StPO/*Nack* Rn. 5.
[39] KK-StPO/*Nack* Rn. 7.
[40] KK-StPO/*Nack* Rn. 7.
[41] *Eisenberg* NJW 1993, 1033, 1039; *Lesck* StV 1993, 94; *Krey*, FS Kohlmann, 2003, S. 639; Meyer-Goßner/*Cierniak* Rn. 4; KK-StPO/*Nack* Rn. 6; *Pfeiffer* Rn. 2; SK-StPO/*Wolter*, 4. Aufl., Rn. 9; Löwe/Rosenberg/*Schäfer*, 25. Aufl., Rn. 8.
[42] *Schwarzung* NStZ 1995, 469, 470.
[43] *Hilger* NStZ 1992, 523, 525, Fn. 161; Meyer-Goßner/*Cierniak* Rn. 4.
[44] KK-StPO/*Nack* Rn. 6.
[45] *Schwarzenburg* NStZ 1995, 469, 470.
[46] Meyer-Goßner/*Cierniak* Rn. 4; *Pfeiffer* Rn. 2.
[47] *Janiszewski* NStZ 1993, 571, 572; Meyer-Goßner/*Cierniak* Rn. 4.
[48] Meyer-Goßner/*Cierniak* Rn. 4; krit.: KK-StPO/*Nack* Rn. 6: auf Ausnahmen beschränkt.
[49] OLG Zweibrücken v. 26. 5. 2010 – 1 Ws 241/09, NJW-Spezial 2010, 441.
[50] *Lagodny* StV 1996, 167, 172; Meyer-Goßner/*Cierniak* Rn. 3; KK-StPO-*Nack* Rn. 16.
[51] Löwe/Rosenberg/*Schäfer*, 25. Aufl., Rn. 6.
[52] *Hilger*, FS Hanack, 1999, S. 215.
[53] BGH v. 13. 5. 1996 – GSSt 1/96, BGHSt 42, 139, 146.
[54] Zum möglichen Verwertungsverbot: Rn. 15 ff.

§ 110c enthält keine ausdrückliche Befugnis zur **Tatprovokation** durch den Verdeckten Ermittler. Über die Zulässigkeit einer gezielten Provokation zum Begehen einer Straftat besteht Uneinigkeit. Während dies in Teilen für zulässig gehalten und eine Tatprovokation erst angenommen wird, wenn die Tatbereitschaft erst geweckt oder zumindest intensiviert wird,[55] lehnen andere selbst die bloße Aufforderung von Tatverdächtigen ab.[56] Zum Teil wird gefordert, dass zumindest ein einem Anfangsverdacht vergleichbarer Verdachtsgrad für eine Beteiligung an einer bereits begangenen Straftat oder der Tatbereitschaft zu künftigen Straftaten bestehen muss.[57] Tatprovokationen sind Ermittlungsmethoden, die dem Einsatz eines Verdeckten Ermittlers immanent sind und damit dem Gesetzgeber bei der Schaffung der Befugnisnorm bekannt waren. Entscheidend ist vielmehr, in welcher Weise solche Erkenntnisse verwertet werden dürfen.[58]

4. Analoge Anwendung auf V-Leute und geheim ermittelnde Polizeibeamte. Eine **analoge Anwendung** der Befugnisse aus § 110c auf V-Leute oder heimlich ermittelnde Polizeibeamte, die keine Verdeckten Ermittler sind, wird kritisch gesehen und vielfältig in Zweifel gezogen.[59] Der BGH hat dies bisher offen gelassen.[60] Sofern eine Analogie überhaupt in Betracht gezogen wird, soll diese auf Einzelfälle beschränkt sein.[61] *Schäfer* unterscheidet zutreffend zwischen V-Leuten und Polizeibeamten. Für letztere zeigen §§ 110b und 110c, dass der Gesetzgeber eine erhebliche Eingriffsintensität der Ermittlungsmaßnahme annimmt und diese deshalb dem Richtervorbehalt unterstellt.[62] Für V-Leute gelten die Schranken der §§ 110a ff. nicht, weil der Wohnungsrechtsinhaber durch Art. 13 GG nicht vor einem späteren *Verrat* durch einen *zivilen Besucher* geschützt wird.[63]

V. Revision und Verwertungsverbote

Der gesetzlich eingeräumten Möglichkeit zum Einsatz eines Verdeckten Ermittlers lässt sich entnehmen, dass allein das Auftreten bei einer **Vernehmung unter einer Legende** kein Beweisverwertungsverbot begründet.[64] Dass den Verdeckten Ermittler keine Belehrungspflicht über das Schweigerecht trifft, war bereits dargestellt worden[65] und begründet sich zudem darin, dass es sich um keine förmliche Vernehmung handelt.[66] Deshalb folgert auch allein aus der (faktischen) Vernehmung ohne Belehrung kein Verwertungsverbot.[67] Dies gilt auch für **Aussagen eines Angehörigen** gegenüber dem Verdeckten Ermittler. Diese Erkenntnisse bleiben auch dann verwertbar, wenn der Angehörige später von seinem Aussageverweigerungsrecht Gebrauch macht.[68] Allerdings darf ein Verdeckter Ermittler den sich **auf das Schweigerecht berufenden Beschuldigten** nicht unter Ausnutzen eines Vertrauensverhältnisses beharrlich zu einer Aussage drängen und ihm in einer vernehmungsähnlichen Befragung Äußerungen zum Tatgeschehen entlocken.[69] Hierfür genügen bereits Einwirkungen auf den Beschuldigten, die sich *als funktionales Äquivalent einer staatlichen Vernehmung* darstellen.[70] Ein solches Vorgehen des Verdeckten Ermittlers verstößt gegen die Selbstbelastungsfreiheit und hat regelmäßig ein **Verwertungsverbot** zur Folge.[71] Dies gilt ebenso bei Ausnutzen einer Haftsituation oder nötigungsgleichem Zwang.[72] Die unterschwellige Drohung, der Beschuldigte werde aus einer fingierten Verbrechensorganisation ausgeschlossen, soll zulässig sein, wenn die erzielten Einkünfte aus vorgetäuschten Straftaten nicht erheblich ausfielen.[73]

---

[55] KK-StPO/*Nack* Rn. 8 und 10.
[56] SK-StPO/*Rudolphi* Rn. 10.
[57] Löwe/Rosenberg/*Schäfer*, 25. Aufl., § 110a Rn. 43; KK-StPO/*Nack* Rn. 10.
[58] Zur Verwertbarkeit bei Tatprovokation: Rn. 17f.
[59] *Roxin* Anm zu BGH v. 6. 2. 1997 – 1 StR 527/96, StV 1998, 43, 44; Meyer-Goßner/*Cierniak* Rn. 2 und § 110a Rn. 4a.
[60] BGH v. 6. 2. 1997 – 1 StR 527/96, NStZ 1997, 448, 449.
[61] KK-StPO/*Nack* Rn. 4.
[62] Löwe/Rosenberg/*Schäfer*, 25. Aufl., Rn. 24.
[63] Löwe/Rosenberg/*Schäfer*, 25. Aufl., Rn. 25.
[64] BGH v. 18. 5. 2010 – 5 StR 51/10, www.bundesgerichtshof.de, Rn. 16.
[65] Rn. 12.
[66] KK-StPO/*Nack* Rn. 19.
[67] Meyer-Goßner/*Cierniak* Rn. 3; *Pfeiffer* Rn. 2.
[68] BGH v. 21. 7. 1994 – 1 StR 83/94, BGHSt 40, 211, 218 = NJW 1994, 2904.
[69] BGH v. 26. 7. 2007 – 3 StR 104/07, BGHSt 52, 11 = NJW 2007, 3138; *Jäger* GA 2008 (155), 473, 488; *Rogall* Anm zu BGH v. 26. 7. 2007 – 3 StR 104/07, NStZ 2008, 110, 112; Meyer-Goßner/*Cierniak* Rn. 3; KK-StPO/*Nack* Rn. 21.
[70] BGH v. 27. 1. 2009 – 4 StR 296/08, NStZ 2009, 343, 344, Rn. 9.
[71] BGH v. 26. 7. 2007 – 3 StR 104/07, BGHSt 52, 11 = NJW 2007, 3138; BGH v. 27. 1. 2009 – 4 StR 296/08, NStZ 2009, 343, 344, Rn. 7.
[72] BGH v. 18. 5. 2010 – 5 StR 51/10, www.bundesgerichtshof.de, Rn. 22 ff., 28.
[73] OLG Zweibrücken v. 26. 5. 2010 – 1 Ws 241/09, NJW-Spezial 2010, 442.

16 § 136a III 2 gilt auch für (faktische) Vernehmungen des Verdeckten Ermittlers und dort verwendete **verbotene Vernehmungsmethoden**.[74] Der Verdeckte Ermittler darf also keine Gewalt anwenden.[75] Schädlich ist bereits ein nötigungsähnlicher Aussagezwang.[76] Keine verbotene Täuschung im Sinne des § 136a III 2 ist allerdings die Verwendung der Legende und damit die Täuschung über die (wahre) Identität.[77] Eine darüber hinausgehende Täuschung ist jedoch unzulässig, wie auch S. 2 deutlich dokumentiert.[78]

17 Eine **Tatprovokation in den zulässigen Grenzen** führt nicht zur Unverwertbarkeit. Allerdings ist jede Einwirkung eines Lockspitzels auf einen Beschuldigten – auch die im Rahmen rechtsstaatlich zulässiger Grenzen – in der Strafzumessung zu würdigen.[79] Jede Tatprovokation ist als schuldunabhängiger Strafzumessungsgrund zu berücksichtigen.[80] Dieser führt zu einer vom Ausmaß der Einflussnahme des Verdeckten Ermittlers abhängigen Strafmilderung.[81] Der **Verstoß gegen die Grenzen zulässiger staatlicher Tatprovokation** stellt regelmäßig einen gewichtigen schuldunabhängigen Strafminderungsgrund dar.[82] Wenn eine unverdächtige und zunächst tatungeneigte Person durch einen Verdeckten Ermittler in einer dem Staat zurechenbaren Weise zu einer Straftat verleitet wird und hieraus ein Strafverfahren folgt, führt dies zu einem Verstoß gegen den Grundsatz des fairen Verfahrens nach Art. 6 Abs. 1 S. 1 MRK.[83] Dieser Verstoß ist in den Urteilsgründen festzustellen, bei der Festsetzung der Rechtsfolgen auszugleichen und diese Kompensation für das konventionswidrige Handeln gesondert im Urteil darzustellen.[84] Die **fehlende Feststellung** des Verstoßes gegen den Grundsatz des fairen Verfahrens und die unterbliebene Kompensation sind mit der Revision anfechtbar, unstreitig mit der Verfahrensrüge, ob auch mit der Sachrüge hat der BGH bisher offengelassen.[85]

18 In **Ausnahmefällen** kann eine Tatprovokation die Menschenwürde des einzelnen und das Rechtsstaatsprinzip dermaßen schwerwiegend tangieren, dass ein **Verfahrenshindernis** besteht.[86] Dies soll aber nur in besonders gelagerten Ausnahmefällen bei einer extremen Verletzung von Beschuldigtenrechten in Betracht kommen.[87] Eine Entscheidung des BVerfG, in der eine solche Konstellation bejaht wurde, steht bisher aus. Dies soll in Betracht kommen, wenn zur Tatprovokation Ermittlungsmethoden eingesetzt werden, die schwerwiegende Grundrechtsverstöße beinhalten und die Qualität sowie das Gewicht einer verbotenen Vernehmungsmethode nach § 136a erreichen.[88]

19 **Schwerwiegende Gesetzesverletzungen** des Verdeckten Ermittlers bei seinem Einsatz können dessen Erkenntnisse unverwertbar machen.[88][89]

§§ 110d, 110e *(aufgehoben)*

§ 111 [Kontrollstellen auf Straßen und Plätzen]

(1) ¹Begründen bestimmte Tatsachen den Verdacht, daß eine Straftat nach § 89a des Strafgesetzbuchs oder nach § 129a, auch in Verbindung mit § 129b Abs. 1, des Strafgesetzbuches, eine der in dieser Vorschrift bezeichneten Straftaten oder eine Straftat nach § 250 Abs. 1 Nr. 1 des Strafgesetzbuches begangen worden ist, so können auf öffentlichen Straßen und Plätzen und an anderen öffentlich zugänglichen Orten Kontrollstellen eingerichtet werden, wenn Tatsachen die Annahme rechtfertigen, daß diese Maßnahme zur Ergreifung des Täters oder zur Sicherstellung von Beweismitteln führen kann, die der Aufklärung der Straftat dienen können. ²An einer Kontrollstelle ist jedermann verpflichtet, seine Identität feststellen und sich sowie mitgeführte Sachen durchsuchen zu lassen.

---

[74] KK-StPO/*Nack* Rn. 22.
[75] Löwe/Rosenberg/*Schäfer*, 25. Aufl., Rn. 8.
[76] BGH v. 18. 5. 2010 – 5 StR 51/10, www.bundesgerichtshof.de, Rn. 23 ff., 28.
[77] KK-StPO/*Nack* Rn. 22; Löwe/Rosenberg/*Schäfer*, 25. Aufl., Rn. 8.
[78] KK-StPO/*Nack* Rn. 22; Löwe/Rosenberg/*Schäfer*, 25. Aufl., Rn. 8.
[79] BGH v. 4. 6. 1992 – 4 StR 99/92, NStZ 1992, 488; KK-StPO/*Nack* Rn. 12.
[81] KK-StPO/*Nack* Rn. 12.
[82] BGH v. 16. 3. 1995 – 4 StR 111/95, NStZ 1995, 506; BGH v. 29. 8. 1989 – 1 StR 453/89, StV 1989, 518.
[83] BGH v. 18. 11. 1999 – 1 StR 221/99, BGHSt 45, 321 = NJW 2000, 1123.
[84] BGH v. 18. 11. 1999 – 1 StR 221/99, BGHSt 45, 321 = NJW 2000, 1123; KK-StPO/*Nack* Rn. 13.
[85] BGH v. 18. 11. 1999 – 1 StR 221/99, BGHSt 45, 321, 323 = NJW 2000, 1123; Löwe/Rosenberg/*Schäfer*, 25. Aufl., § 110a Rn. 45.
[86] BVerfG v. 19. 10. 1994 – 2 BvR 435/87, NStZ 1995, 95, 96.
[87] BVerfG v. 18. 5. 2001 – 2 BvR 693/01, www.bverfg.de.
[88] KK-StPO/*Nack* Rn. 14.
[89] Meyer-Goßner/*Cierniak* Rn. 4; *Pfeiffer* Rn. 2.

(2) Die Anordnung, eine Kontrollstelle einzurichten, trifft der Richter; die Staatsanwaltschaft und ihre Ermittlungspersonen (§ 152 des Gerichtsverfassungsgesetzes) sind hierzu befugt, wenn Gefahr im Verzug ist.

(3) Für die Durchsuchung und die Feststellung der Identität nach Absatz 1 gelten § 106 Abs. 2 Satz 1, § 107 Satz 2 erster Halbsatz, die §§ 108, 109, 110 Abs. 1 und 2 sowie die §§ 163 b und 163 c entspechend.

I. Regelungszweck und -natur

§ 111 ermöglicht Kontrollstellen zum Zwecke der Verbrechensaufklärung, an denen Maßnahmen gegenüber Verdächtigen wie Unverdächtigen getroffen werden können.[1] **Kontrollstellen** sind an öffentlich zugänglichen Orten zu Fahndungszwecken eingerichtete Anhaltepunkte, bei denen Identitätsfeststellungen zum Zwecke der Aufklärung von Straftaten erfolgen.[2] Die nach hM strafprozessuale Norm[3] ist im Rahmen der „Anti-Terror-Gesetzgebung" der siebziger Jahre entstanden und soll terrorismustypische Straftaten besser aufklären helfen,[4] ohne in der Anwendung auf die **Terrorismusbekämpfung** beschränkt zu sein.[5] Die Regelung wird als abschließend angesehen.[6] Allerdings bleiben Kontrollstellen außerhalb des Anwendungsbereichs des § 111 möglich.[7] Streitig ist lediglich, ob an diesen auch Personen angehalten und überprüft werden dürfen.[8] 1

II. Tatbestandsvoraussetzungen

1. Voraussetzungen für die Einrichtung einer Kontrollstelle. § 111 Abs. 1 erfordert **bestimmte** 2 **schwere Straftaten** nach den §§ 89a, 129a, auch in Verbindung mit § 129b, sowie die darin genannten Katalogtaten und schweren Raub. Die Verweisung auf § 250 Abs. 1 Nr. 1 StGB wird als statische,[9] auf die alte Fassung bezogene verstanden, so dass das Mitführen schussbereiter echter Schusswaffen entsprechend § 250 Abs. 1 Nr. 1 StGB aF erforderlich ist.[10] Teilweise wird auch die räuberische Erpressung nach § 255 StGB als mitumfasst angesehen, weil sie gleich einem Raub bestraft wird.[11] Der Gegenauffassung ist zuzustimmen, da dies die Wortlautgrenze überschreitet.[12] Vereinzelte Befürworter gestehen dies auch ein, fordern aber eine „vorsichtige Analogie",[13] die sich verbietet. Der Versuch einer der Taten genügt, nicht hingegen eine Tat nach § 30 StGB.[14] Die Annahme, § 30 StGB sei ebenso erfasst,[15] verlässt den Wortlaut der Norm. Aufgrund der Beschränkung des § 111 auf diese schweren Straftaten wird die Verhältnismäßigkeit in der Regel vorliegen.[16] Gleichwohl müssen die Taten auch im Einzelfall Gewicht haben, damit die Eingriffe in die Rechte Unverdächtiger verhältnismäßig bleiben,[17] was beim Werben für eine terroristische Vereinigung zweifelhaft sein mag.[18] Der Verdacht kann sich gegen bekannte oder (noch) unbekannte Täter richten.[19] Er ist nicht auf Terroristen beschränkt.[20]

Der Verdacht der Begehung solcher Taten muss auf **bestimmten Tatsachen** beruhen. Er muss 3 kein dringender sein,[21] aber durch schlüssiges Tatsachenmaterial – äußerlich wahrnehmbare Ereignisse – ein gewisses Maß an Konkretisierung erfahren haben.[22] Bloße Vermutungen,[23] mehr oder weniger unbestimmte Annahmen,[24] Gerüchte oder Gerede[25] genügen nicht.

---

[1] Meyer-Goßner/*Cierniak* Rn. 1; KK-StPO/*Nack* Rn. 2; *Pfeiffer* Rn. 1.
[2] *Vogel* NJW 1978, 1217, 1227.
[3] *Riegel* NJW 1979, 1377; *Kurth* NJW 1979, 1371, 1381, Fn. 79; Meyer-Goßner/*Cierniak* Rn. 1; KK-StPO/*Nack* Rn. 2; SK-StPO/*Wolter*, 4. Aufl., Rn. 1; aA: *Steinke* NJW 1978, 1962.
[4] SK-StPO/*Wolter*, 4. Aufl., Rn. 1.
[5] Löwe/Rosenberg/*Schäfer* Rn. 2.
[6] *Achenbach* JA 1981, 660, 666; *Pfeiffer* Rn. 1; Löwe/Rosenberg/*Schäfer*, 25. Aufl., Rn. 3.
[7] *Riegel* NJW 1979, 147, 148, *Kurth* NJW 1979, 1377, 1381.
[8] Bejahend: Löwe/Rosenberg/*Schäfer*, 25. Aufl., Rn. 4; KK-StPO/*Nack* Rn. 1; ablehnend: Meyer-Goßner/*Cierniak* Rn. 1; SK-StPO/*Wolter*, 4. Aufl., Rn. 1.
[9] *Mitsch* ZStW 111 (1999) 65, 102.
[10] Meyer-Goßner/*Cierniak* Rn. 3; KK-StPO/*Nack* Rn. 4; Löwe/Rosenberg/*Schäfer*, 25. Aufl., Rn. 8.
[11] Meyer-Goßner/*Cierniak* Rn. 3; KK-StPO/*Nack* Rn. 4; Löwe/Rosenberg/*Schäfer*, 25. Aufl., Rn. 8.
[12] SK-StPO/*Wolter*, 4. Aufl., Rn. 4.
[13] *Achenbach* JA 1981, 660, 665.
[14] *Schnarr* NStZ 1990, 257, 259; Meyer-Goßner/*Cierniak* Rn. 3; KMR/*Müller* Rn. 1.
[15] KK-StPO/*Nack* Rn. 4; Löwe/Rosenberg/*Schäfer*, 25. Aufl., Rn. 8.
[16] Meyer-Goßner/*Cierniak* Rn. 3.
[17] KK-StPO/*Nack* Rn. 3.
[18] SK-StPO/*Wolter*, 4. Aufl., Rn. 5.
[19] Meyer-Goßner/*Cierniak* Rn. 4.
[20] Meyer-Goßner/*Cierniak* Rn. 3.
[21] *Rfeiffer* Rn. 1.
[22] Löwe/Rosenberg/*Schäfer*, 25. Aufl., Rn. 10.
[23] KK-StPO/*Nack* Rn. 6.
[24] *Kuhlmann* DRiZ 1978, 238, 239.
[25] *Pfeiffer* Rn. 1.

4 Zudem müssen Tatsachen die Aussicht eines Fahndungserfolges rechtfertigen. Hierfür genügt die **Aussicht auf Ergreifung eines Täters** unstreitig aus. Teilweise wird auch die Aussicht auf Ergreifung eines Teilnehmers für ausreichend angesehen.[26] Angesichts des klaren Wortlautes „des Täters" und der abweichenden Formulierung in § 102 ist dies abzulehnen.[27] Alternativ genügt die **Aussicht des Auffindens oder Sicherstellens von Beweismitteln**. Teilweise wird dies als „in der Regel unverhältnismäßig" eingeschätzt,[28] wenn darin der einzige Maßnahmezweck liegt. Dies dürfte zu weit gehen, aber der Verhältnismäßigkeitsprüfung kommt in diesem Fall besondere Bedeutung zu.[29] Es werden dann Beweismittel verlangt, die einen unmittelbaren Beitrag zur Verbrechensaufklärung leisten.[30] Soweit Beweismittel, die nur Aufschluss über den Aufenthaltsort des Täters geben, ausgeschlossen sein sollen,[31] ist dem entgegenzutreten, denn die Tataufklärung umfasst auch die Aufklärung des Aufenthaltsortes des Täters.[32]

5 Diese Annahme müssen **Tatsachen** rechtfertigen, aber keine *bestimmten* Tatsachen.[33] Tatsachen erfordern eine gewisse Wahrscheinlichkeit.[34] Hierfür genügen hinreichende kriminalistische Anhaltspunkte dafür, dass gerade am konkreten Ort und zur konkreten Zeit eine Kontrollstelle Fahndungserfolge verspricht.[35] Dem wird vereinzelt entgegengehalten, dass kriminalistische Erfahrung allein keine Tatsache sei.[36] Die Zusammenschau aus einer Vielzahl von Tatsachen in ähnlich oder gleichgelagerten Sachverhalten ist sogar eine Summe von Tatsachen, so dass diese Erfahrungswerte zugrunde gelegt werden können. Bloße Vermutungen genügen nicht.[37]

6 Soweit eine **Tatortnähe** der Kontrollstelle für die Erfolgserwartung gefordert wird,[38] dem Einzelne widersprechen,[39] soll dies bei Hinweisen auf (entferntere) Fluchtziele oder bei der Fahndung nach Gewaltverbrechern mit größerem zeitlichen Abstand zu Tat nicht gelten.[40] Soweit vereinzelt die Beschränkung der Erfolgsaussicht auf eine **zeitliche Nähe zur Tat** begrenzt wird, die aber nicht zwingend sein soll,[41] widerspricht dies bei Fahndungen über längere Zeit deren Zweck. Entgegen einiger Stimmen[42] findet § 111 schon nach seinem Wortlaut keine Anwendung in der Strafvollstreckung.[43]

7 **2. Einrichtung der Kontrollstellen.** Unter diesen Voraussetzungen sind Kontrollstellen **auf öffentlichen Straßen und Plätzen** zulässig. Dies sind dem öffentlichen Verkehr gewidmete Straßen und Plätze.[44] Hierunter fallen auch im Privateigentum stehende Verkehrsflächen, wenn deren Nutzung einem unbestimmten Personenkreis möglich ist,[45] sogar bei Nutzungsgebühren.[46] **Andere öffentlich zugängliche Orte** sind jene, die – ohne für den öffentlichen Verkehr gewidmet zu sein – von jedermann (zumindest zeitweise) ohne Beschränkung betreten werden können[47] oder zumindest allgemein bestimmten Gruppen zugänglich sind,[48] bspw. Bahnhöfe und Flughäfen, öffentliche Gebäude,[49] Fußballstadien, Markthallen und überdachte Ladenstraßen.[50] Eingrenzend soll – entgegen des Wortlautes – privates befriedetes Besitztum, selbst wenn jedem der Zutritt gestattet ist, ausgenommen sein,[51] unabhängig von einer Einwilligung des Berechtigten,[52] bspw. private Geschäftsräume, Kaufhäuser und Gaststätten.[53] Ebenfalls ausgeschieden werden „bewegliche Orte"

---

[26] Schnarr NStZ 1990, 257, 259; Meyer-Goßner/*Cierniak* Rn. 5; *Pfeiffer* Rn. 1; KK-StPO/*Nack* Rn. 4 und 5; Löwe/Rosenberg/*Schäfer*, 25. Aufl., Rn. 8.
[27] KMR/*Müller* Rn. 3; SK-StPO/*Wolter*, 4. Aufl., Rn. 6.
[28] SK-StPO/*Wolter*, 4. Aufl., Rn. 6.
[29] Meyer-Goßner/*Cierniak* Rn. 5; KK-StPO/*Nack* Rn. 5; Löwe/Rosenberg/*Schäfer*, 25. Aufl., Rn. 11.
[30] KK-StPO/*Nack* Rn. 5; SK-StPO/*Wolter*, 4. Aufl., Rn. 6.
[31] KMR/*Müller* Rn. 3; SK-StPO/*Wolter*, 4. Aufl., Rn. 6.
[32] Löwe/Rosenberg/*Schäfer*, 5. Aufl. Rn. 11.
[33] Meyer-Goßner/*Cierniak* Rn. 5.
[34] *Achenbach* JA 1981, 660, 664; *Kuhlmann* DRiZ 1978, 238, 239; Meyer-Goßner/*Cierniak* Rn. 5; KK-StPO/*Nack* Rn. 6; Löwe/Rosenberg/*Schäfer*, 25. Aufl., Rn. 11.
[35] *Vogel* NJW 1978, 1217, 1227; *Kurth* NJW 1979, 1377, 1382.
[36] KMR/*Müller* Rn. 4.
[37] SK-StPO/*Wolter*, 4. Aufl., Rn. 7.
[38] *Kuhlmann* DRiZ 1978, 238, 239; Meyer-Goßner/*Cierniak* Rn. 6; SK-StPO/*Wolter*, 4. Aufl., Rn. 7.
[39] KK-StPO/*Nack* Rn. 8.
[40] Meyer-Goßner/*Cierniak* Rn. 6; Löwe/Rosenberg/*Schäfer*, 25. Aufl., Rn. 12.
[41] SK-StPO/*Wolter*, 4. Aufl., Rn. 7.
[42] KK-StPO/*Nack* Rn. 2 und 4; Löwe/Rosenberg/*Schäfer*, 25. Aufl., Rn. 3.
[43] So auch Meyer-Goßner/*Cierniak* Rn. 7; SK-StPO/*Wolter*, 4. Aufl., Rn. 8.
[44] KK-StPO/*Nack* Rn. 6.
[45] Meyer-Goßner/*Cierniak* Rn. 8.
[46] Löwe/Rosenberg/*Schäfer* Rn. 14.
[47] KK-StPO/*Nack* Rn. 7.
[48] Löwe/Rosenberg/*Schäfer* Rn. 14.
[49] Meyer-Goßner/*Cierniak* Rn. 8; KK-StPO/*Nack* Rn. 7.
[50] Löwe/Rosenberg/*Schäfer* Rn. 14.
[51] KK-StPO/*Nack* Rn. 7; SK-StPO/*Wolter*, 4. Aufl., Rn. 9.
[52] SK-StPO/*Wolter*, 4. Aufl., Rn. 9.
[53] Meyer-Goßner/*Cierniak* Rn. 8; KK-StPO/*Nack* Rn. 7.

wie Bahn und Flugzeuge,[54] auch wenn diese stehen.[55] § 111 gestattet auch die Einrichtung mehrere Kontrollstellen, gegebenenfalls auch eines Ringes.[56]

3. Befugnisse und Pflichten an Kontrollstellen. Die **Befugnisse der Polizei** ergeben sich im Umkehrschluss aus Abs. 1 Satz 2. Hierzu gehört – unerwähnt – auch das Anhalten von Fahrzeugen und Personen als dritter ungeschriebener Eingriffsbefugnis.[57] Zur **Identitätsfeststellung** dürfen Personen und mitgeführte Sachen durchsucht und erkennungsdienstliche Maßnahmen durchgeführt werden.[58] Abs. 3 verweist zwar auf § 163b, aber streitig ist die **Anwendung des § 163b Abs. 2**. Dessen Anwendung wird zum Teil abgelehnt, weil dieser die Unterscheidung zwischen Unverdächtigen und Tatverdächtigen erfordert, die § 111 gerade aufhebe.[59] Gegen eine Unterscheidung dürfte auch der BGH stehen, der für eine einzelfallbezogene nachträgliche Kontrolle ein Bedürfnis anerkannt hat,[60] das jedoch in erster Linie dann bestehen dürfte, wenn diese Unterscheidung nicht vorgenommen wird. Zutreffend wird aus Abs. 3 jedoch geschlossen, dass bei Unverdächtigen die Voraussetzungen nach § 163b Abs. 2 Satz 2 zu beachten sind,[61] wenn festgehalten und erkennungsdienstlich behandelt werden soll, und letzteres gegen den Willen des Unverdächtigen unzulässig ist.[62] Die Unterscheidung ist geboten, weil andernfalls die Verweisung in Abs. 3 sinnlos wäre.[63] Soweit die Gegner der Unterscheidung dies mit „jedermann" begründen, bezieht sich dieses Merkmal nur auf das Anhalten,[64] alle anderen Maßnahmen werden durch Abs. 3 mitbestimmt. Wenn sich während der Identitätsfeststellung der Verdacht einer Straftat ergibt, kann direkt auf § 163b Abs. 1 zurückgegriffen werden.[65] Aufgefunde Ausweispapiere darf die Polizei abweichend von § 110 selbst durchsehen.[66] Sie darf zudem nach § 163d festgestellte Daten in EDV-Anlagen speichern und verarbeiten.[67]

An den Kontrollstellen ist zudem die **Durchsuchung der Personen sowie mitgeführter Sachen** gestattet. Die Frage nach der Anwendbarkeit des § 163b Abs. 2 steht auch hier.[68] Auf jeden Fall begrenzen Verhältnismäßigkeitsgrundsatz und konkretes Fahndungsziel die Durchsuchung, was zumindest zur Unzulässigkeit führt, wenn ein Zusammenhang mit gesuchten Tätern oder Beweismitteln offensichtlich fehlt, bspw. bei Kindern.[69] Durchsucht werden können Transportmittel, Kraftfahrzeuge[70] und v. a. deren Kofferräume.[71] Sofern ein aufgefundenes Beweismittel nicht freiwillig herausgegeben wird, kann es nach § 94, 98 beschlagnahmt werden. Dies sowie Festnahmen richten sich nach den allgemeinen Regeln.[72]

Verhältnismäßigkeitsgrundsatz und konkretes Fahndungsziel begrenzen die Befugnisse.[73] In der Regel ist jedoch aufgrund der Schwere der Straftaten eine Verhältnismäßigkeit gegeben.[74] Die Polizei hat nach Abs. 3, § 106 Abs. 3 Satz 1 den Grund der Maßnahme bekanntzugeben, was an der Kontrollstelle durch Lautsprecherdurchsagen, Stelltafeln, Plakate oder Einzelhinweise erfolgen kann.[75]

4. Anordnung der Maßnahme, Abs. 2, und deren Beendigung; Verweisungen in Abs. 3. Zuständig für die Anordnung von Kontrollstellen ist der Ermittlungsrichter (§§ 162, 169), der nur auf Antrag der Staatsanwaltschaft tätig wird.[76] § 165 findet zwar Anwendung, ist aber praktisch kaum denkbar.[77] Die Anordnung ergeht durch Beschluss, ob formlos[78] oder nur schriftlich[79] möglich, bleibt praktisch ohne Auswirkung, weil auch letztere Meinung in Eilfällen eine

---

[54] Meyer-Goßner/Cierniak Rn. 8; KK-StPO/Nack Rn. 7.
[55] Pfeiffer Rn. 1.
[56] KK-StPO/Nack Rn. 9.
[57] Sangenstedt StV 1985, 117, 118.
[58] Meyer-Goßner/Cierniak Rn. 11; Pfeiffer Rn. 3; KK-StPO/Nack Rn. 14.
[59] Riegel NJW 1979, 147, 148; Vogel NJW 1978, 1217, 1227; Meyer-Goßner/Cierniak Rn. 11.
[60] BGH v. 30. 9. 1988 – StB 1 BJs 193/84, BGHSt 35, 363, 365 = NJW 1989, 114.
[61] KK-StPO/Nack Rn. 14; Pfeiffer Rn. 3; SK-StPO/Wolter, 4. Aufl., Rn. 23.
[62] Achenbach JA 1981, 660, 666; Kurth NJW 1979, 1377, 1382; Sangenstedt StV 1985, 117, 119f. und 123f.; KK-StPO/Nack Rn. 14; Pfeiffer Rn. 3; SK-StPO/Wolter, 4. Aufl., Rn. 23.
[63] KMR/Müller Rn. 8; Löwe/Rosenberg/Schäfer, 25. Aufl., Rn. 29.
[64] Löwe/Rosenberg/Schäfer, 25. Aufl., Rn. 29.
[65] Pfeiffer Rn. 3; KK-StPO/Nack Rn. 14.
[66] Meyer-Goßner/Cierniak Rn. 13.
[67] Meyer-Goßner/Cierniak Rn. 11; Löwe/Rosenberg/Schäfer, 25. Aufl., Rn. 32: „Schleppnetzfahndung".
[68] Fn. 8; Sangenstedt StV 1985, 117, 122 f.
[69] Meyer-Goßner/Cierniak Rn. 12.
[70] Pfeiffer Rn. 3.
[71] Löwe/Rosenberg/Schäfer, 25. Aufl., Rn. 14.
[72] KK-StPO/Nack Rn. 15.
[73] BGH v. 30. 9. 1988 – 1 BJs 193/84 – StB 27/88, BGHSt 35, 363 = NJW 1989, 114.
[74] Kurth NJW 1979, 1377, 1382.
[75] Meyer-Goßner/Cierniak Rn. 10; KK-StPO/Nack Rn. 16; Pfeiffer Rn. 3.
[76] Meyer-Goßner/Cierniak Rn. 15; Pfeiffer Rn. 2.
[77] KK-StPO/Nack Rn. 11; Löwe/Rosenberg/Schäfer, 25. Aufl., Rn. 16.
[78] SK-StPO/Wolter, 4. Aufl., Rn. 13.
[79] Meyer-Goßner/Cierniak Rn. 17; Pfeiffer Rn. 2; KK-StPO/Nack Rn. 16.

§§ 110d–111   12–15   Erstes Buch. Allgemeine Vorschriften

fern- oder mündliche Bekanntgabe zulässt.[80] Die Anordnung kann die Tageszeiten einschränken[81] und sollte mit einer Anordnung zur Durchsicht der Mobiltelefone nach § 110 verbunden werden.[82]

12   Unstreitig muss die Anordnung den Zweck der Maßnahme bezeichnen,[83] deren **Umfang und Konkretheit** ist strittig. Ein Teil lässt genügen, dass das Gericht das Ob bestimmt, nicht aber das Wie.[84] Die Anordnung könne sich auf die Zulassung von Kontrollstellen in einem bestimmten Bezirk oder in einem Umkreis um eine Anlage beschränken,[85] die genaue Zahl und die konkreten Orte der Kontrollstellen müsse sie nicht bestimmen.[86] Der Richter könne weder die günstigsten Stellen beurteilen noch bei schnellen Lageveränderungen reagieren.[87] Es könne aber im Einzelfall angezeigt sein, eine Höchstdauer und bestimmte Tageszeiten für die Kontrollen zu bestimmen.[88] Dem wird entgegengehalten, dass der Richter die Auswahl der Örtlichkeiten nicht vollständig der Polizei überlassen könne, weshalb konkretisierende Gattungsbezeichnungen wie „Ausfallstraßen" erforderlich seien.[89] Die strengste Auffassung will Beginn, Dauer und genaue Kontrollorte der Maßnahme in der Anordnung bestimmt wissen,[90] ebenso deren Anzahl,[91] weil diese Entscheidung aufgrund des Richtervorbehalts dem Gericht gebühre.[92] Letzteres dürfte zutreffend und mit dem BGH eine weitgehende Konkretisierung zu fordern sein. Der BGH betont die Aufgabe des Richtervorbehalts zur wirksamen Kontrolle, die die Einrichtung von Kontrollstellen nach dem Ermessen der Polizei über einen längeren Zeitraum nicht zulasse, und verlangt, dass das Gericht die nach Sachlage möglichen und notwendigen Begrenzungen in der Anordnung vorgibt.[93] Er betont zudem, dass bei neueren Erkenntnissen und Gefahr im Verzug Staatsanwaltschaft und Polizei weitere Kontrollstellen aus eigenem Recht anordnen könnten.[94]

13   **Gefahr im Verzug** nach Abs. 2 bestimmt sich nach den gleichen Maßstäben wie in § 98.[95] Die Anordnung durch die Polizei kann nur erfolgen, wenn die Staatsanwaltschaft nicht erreichbar ist.[96] Da leitende Polizeibeamte keine Hilfsbeamten der Staatsanwaltschaft sind, müssen deren Untergebene die Anordnung treffen.[97] Die Anordnung kann mündlich ergehen, muss aber aktenkundig gemacht werden.[98] Einige Stimmen fordern eine richterliche Bestätigung der Eilanordnung analog §§ 100 Abs. 2, 110b Abs. 1 Satz 3, weil der Richtervorbehalt dies bei einer Dauermaßnahme gebiete.[99] Einer solchen bedarf es nicht,[100] da keine Regelungslücke vorliegt.[101]

14   Der Anordnende muss das fortwährende Vorliegen der Voraussetzungen nach § 111 **ständig überwachen** und bei deren Wegfall sofort die Anordnung aufheben.[102] Hierfür kann die Polizei zu regelmäßigen Berichten verpflichtet werden.[103] Bei Fortfall der Voraussetzungen muss die Polizei selbst den Einsatz sofort beenden[104] und hat den Anordnenden unverzüglich zu unterrichten.[105]

15   **Abs. 3** verweist auf diverse Normen. Über die Anwendung des § 163b Abs. 2 wird gestritten.[106]

---

[80] Meyer-Goßner/*Cierniak* Rn. 17; *Pfeiffer* Rn. 2.
[81] Löwe/Rosenberg/*Schäfer*, 25. Aufl., Rn. 21.
[82] KK-StPO/*Nack* Rn. 11 b.
[83] KK-StPO/*Nack* Rn. 11 b.
[84] *Riegel* ZRP 1978, 14, 16.
[85] Meyer-Goßner/*Cierniak* Rn. 16; Löwe/Rosenberg/*Schäfer*, 25. Aufl., Rn. 20.
[86] Meyer-Goßner/*Cierniak* Rn. 16; *Pfeiffer* Rn. 2.
[87] Löwe/Rosenberg/*Schäfer*, 25. Aufl., Rn. 20.
[88] Meyer-Goßner/*Cierniak* Rn. 16; *Pfeiffer* Rn. 16.
[89] *Achenbach* JA 1981, 660, 664 f.; ähnlich: *Kurth* NJW 1979, 1377, 1383.
[90] *Pfeiffer* Rn. 2; KK-StPO/*Nack* Rn. 11 b.
[91] *Achenbach* Anm zu BGH v. 30. 9. 1988 – 1 BJs 193/84 – StB 27/88, NStZ 1989, 82; *Sangenstedt* StV 1985, 117, 125; SK-StPO/*Wolter*, 4. Aufl., Rn. 14.
[92] *Kuhlmann* DRiZ 1978, 238, 239.
[93] BGH v. 30. 9. 1988 – 1 BJs 193/84 – StB 27/88, BGHSt 35, 363 = NJW 1989, 114.
[94] BGH v. 30. 9. 1988 – 1 BJs 193/84 – StB 27/88, BGHSt 35, 363 = NJW 1989, 114.
[95] § 98 Rn. 7.
[96] Meyer-Goßner/*Cierniak* Rn. 15; KK-StPO/*Nack* Rn. 11 a; Löwe/Rosenberg/*Schäfer*, 25. Aufl., Rn. 17.
[97] Löwe/Rosenberg/*Schäfer*, 25. Aufl., Rn. 17.
[98] Meyer-Goßner/*Cierniak* Rn. 17; *Pfeiffer* Rn. 2.
[99] *Sangenstedt* StV 1985, 117, 126; SK-StPO/*Wolter*, 4. Aufl., Rn. 18.
[100] Meyer-Goßner/*Cierniak* Rn. 15; KK-StPO/*Nack* Rn. 17; *Pfeiffer* Rn. 2; KMR/*Müller* Rn. 12.
[101] Löwe/Rosenberg/*Schäfer*, 25. Aufl., Rn. 19.
[102] Meyer-Goßner/*Cierniak* Rn. 19; *Pfeiffer* Rn. 4.
[103] Löwe/Rosenberg/*Schäfer*, 25. Aufl., Rn. 24.
[104] KK-StPO/*Nack* Rn. 13; *Pfeiffer* Rn. 3.
[105] Meyer-Goßner/*Cierniak* Rn. 19.
[106] Rn. 8.

III. Rechtsmittel und -behelfe

Die **Staatsanwaltschaft** kann bei Ablehnung oder Aufhebung **Beschwerde** nach § 304 Abs. 1 einlegen.[107] Mehrheitlich wird dies auch für erstinstanzliche Entscheidungen der Oberlandesgerichte und des Ermittlungsrichters beim BGH angenommen,[108] wogegen sich unter Verweis auf § 305 Abs. 5 Widerspruch erhebt.[109] Den **Bürgern** steht gegen die Anordnung mangels Beschwer kein Rechtsmittel zu.[110] Diese können sich erst gegen die Maßnahmen im Rahmen des Vollzugs der Kontrollstellen wehren.[111] Gegen die Maßnahme sowie die Art und Weise[112] der Durchführung kann jederzeit die gerichtliche Entscheidung analog § 98 Abs. 2 Satz 2 beantragt werden, solange diese andauert.[113] Ein rechtliches Interesse hierfür besteht solange, wie aufgrund des Fortbestehens der Anordnung eine erneute Durchsuchung möglich ist.[114] Nach deren Aufhebung bleibt eine Beschwer aus der Kontrollstelle, solange Daten des Betroffenen nach § 163d gespeichert sind.[115] Zuständig ist der für die Anordnung zuständige Richter.[116]

16

Die **Revision** kann auf Verstöße gegen § 111 in der Regel nicht gestützt werden.[117] Dies ist allenfalls bei schwerwiegenden Fehlern bei der Beweismittelsicherstellung denkbar, die dann zur Unverwertbarkeit führen könnten.[118] Die Zulässigkeit der Festnahme Tatverdächtiger oder der Beweismittelsicherstellung wird nicht durch Mängel der Kontrollstellenanordnung berührt.[119]

17

§ 111a [Vorläufge Entziehung der Fahrerlaubnis]

(1) ¹Sind dringende Gründe für die Annahme vorhanden, daß die Fahrerlaubnis entzogen werden wird (§ 69 des Strafgesetzbuches), so kann der Richter dem Beschuldigten durch Beschluß die Fahrerlaubnis vorläufig entziehen. ²Von der vorläufigen Entziehung können bestimmte Arten von Kraftfahrzeugen ausgenommen werden, wenn besondere Umstände die Annahme rechtfertigen, daß der Zweck der Maßnahme dadurch nicht gefährdet wird.

(2) Die vorläufige Entziehung der Fahrerlaubnis ist aufzuheben, wenn ihr Grund weggefallen ist oder wenn das Gericht im Urteil die Fahrerlaubnis nicht entzieht.

(3) ¹Die vorläufige Entziehung der Fahrerlaubnis wirkt zugleich als Anordnung oder Bestätigung der Beschlagnahme des von einer deutschen Behörde ausgestellten Führerscheins. ²Dies gilt auch, wenn der Führerschein von einer Behörde eines Mitgliedstaates der Europäischen Union oder eines anderen Vertragsstaates des Abkommens über den Europäischen Wirtschaftsraum ausgestellt worden ist, sofern der Inhaber seinen ordentlichen Wohnsitz im Inland hat.

(4) Ist ein Führerschein beschlagnahmt, weil er nach § 69 Abs. 3 Satz 2 des Strafgesetzbuches eingezogen werden kann, und bedarf es einer richterlichen Entscheidung über die Beschlagnahme, so tritt an deren Stelle die Entscheidung über die vorläufige Entziehung der Fahrerlaubnis.

(5) ¹Ein Führerschein, der in Verwahrung genommen, sichergestellt oder beschlagnahmt ist, weil er nach § 69 Abs. 3 Satz 2 des Strafgesetzbuches eingezogen werden kann, ist dem Beschuldigten zurückzugeben, wenn der Richter die vorläufige Entziehung der Fahrerlaubnis wegen Fehlens der in Absatz 1 bezeichneten Voraussetzungen ablehnt, wenn er sie aufhebt oder wenn das Gericht im Urteil die Fahrerlaubnis nicht entzieht. ²Wird jedoch im Urteil ein Fahrverbot nach § 44 des Strafgesetzbuches verhängt, so kann die Rückgabe des Führerscheins aufgeschoben werden, wenn der Beschuldigte nicht widerspricht.

(6) ¹In anderen als in Absatz 3 Satz 2 genannten ausländischen Führerscheinen ist die vorläufige Entziehung der Fahrerlaubnis zu vermerken. ²Bis zur Eintragung dieses Vermerkes kann der Führerschein beschlagnahmt werden (§ 94 Abs. 3, § 98).

---

[107] Meyer-Goßner/*Cierniak* Rn. 20; KK-StPO/*Nack* Rn. 20; *Pfeiffer* Rn. 5.
[108] KK-StPO/*Nack* Rn. 20; SK-StPO/*Wolter*, 4. Aufl., Rn. 15.
[109] Löwe/Rosenberg/*Schäfer*, 25. Aufl., Rn. 33.
[110] BGH v. 30. 9. 1988 – 1 BJs 193/84 – StB 27/88, BGHSt 35, 363 = NJW 1989, 114.
[111] Meyer-Goßner/*Cierniak* Rn. 20; *Pfeiffer* Rn. 5.
[112] Löwe/Rosenberg/*Schäfer*, 25. Aufl., Rn. 34.
[113] BGH v. 30. 9. 1988 – 1 BJs 193/84 – StB 27/88, BGHSt 35, 363, 364 = NJW 1989, 114.
[114] BGH v. 30. 9. 1988 – 1 BJs 193/84 – StB 27/88, BGHSt 35, 363, = NJW 1989, 114.
[115] BGH v. 1. 2. 1989 – 1 BJs 89/82 – 6, NJW 1989, 2636.
[116] BGH v. 30. 9. 1988 – 1 BJs 193/84 – StB 27/88, BGHSt 35, 363 = NJW 1989, 114.
[117] KK-StPO/*Nack* Rn. 21; Löwe/Rosenberg/*Schäfer*, 25. Aufl., Rn. 37.
[118] *Pfeiffer* Rn. 6; Löwe/Rosenberg/*Schäfer*, 25. Aufl., Rn. 35.
[119] *Pfeiffer* Rn. 6; KK-StPO/*Nack* Rn. 21.

I. Allgemeines, Regelungszweck

1 § 111a erlaubt die vorläufige Entziehung der Fahrerlaubnis zum Schutz der Allgemeinheit vor Gefahren durch ungeeignete Kraftfahrzeugführer schon vor dem Urteil,[1] ist also eine präventive Maßnahme.[2] Angesichts der besonderen Gefahren, die von ungeeigneten Kraftfahrern im Straßenverkehr drohen, ist § 111a **verfassungsrechtlich zulässig**,[3] sofern der Verhältnismäßigkeitsgrundsatz beachtet wird.[4] Berufliche oder private Nachteile hieraus muss ein Beschuldigter in Kauf nehmen, selbst die Gefahr des Arbeitsplatzverlustes.[5]

II. Tatbestandsvoraussetzungen

2 **1. Voraussetzungen des § 111a Abs. 1 Satz 1.** § 111a Abs. 1 Satz 1 gestattet die vorläufige Entziehung der Fahrerlaubnis, wenn dringende Gründe für die Anahme vorliegen, dass eine Maßregel nach § 69 StGB angeordnet wird. Nur die Sicherung der (endgültigen) Entziehung der Fahrerlaubnis nach § 69, nicht aber die **Maßregel nach § 69a Abs. 1 Satz 3 StGB** ist erfasst.[6] Die gegenteilige Auffassung, die bei Fehlen einer Fahrerlaubnis § 111a anwenden möchte, um die (erstmalige) Erteilung einer Fahrerlaubnis vorläufig zu sperren,[7] überschreitet den Wortlaut und führt zu einer unzulässigen Analogie. Gleichermaßen wird das mögliche **Fahrverbot nach § 44 StGB** nicht erfasst.

3 Erforderlich ist ein **dringender Grund** für die Annahme, dass die Fahrerlaubnis (endgültig) entzogen werden wird. Dies entspricht dem dringenden Tatverdacht nach § 112 Abs. 1 Satz 1, wird hier jedoch abweichend bezeichnet, weil § 111a auch Schuldunfähige erfasst.[9] Gefordert ist ein hoher Grad an Wahrscheinlichkeit, dass der Beschuldigte für ungeeignet zum Führen von Kraftfahrzeugen angesehen und ihm daher im Urteil die Fahrerlaubnis entzogen werden wird.[10] Gefordert ist diese hohe Wahrscheinlichkeit in zweierlei Hinsicht: zum einen hinsichtlich der Wahrscheinlichkeit des Begehens der Anlassstraftat, zum anderen hinsichtlich der wahrscheinlichen Entziehung der Fahrerlaubnis im künftigen Urteil nach § 69 StGB.[11] Letzteres bedarf bei Vorliegen der Regelfälle nach § 69 Abs. 2 StGB keiner besonderen Prüfung, sofern nicht wichtige Gegengründe erkennbar sind, zu denen die Teilnahme an einem Aufbauseminar nicht gehört.[12]

4 Auch wenn § 111a Abs. 1 Satz 1 als Kann-Bestimmung fomuliert wurde, führt das Erfordernis eines dringenden Grundes zur Anforderung einer hohen Wahrscheinlichkeit und damit bei Ausübung pflichtgemäßen **Ermessens** in der Regel zur Anordnung der vorläufigen Entziehung.[13] Die Entscheidung wird zu berücksichtigen haben, dass bei freiwilliger Herausgabe des Führerscheins durch den Beschuldigten die vorläufige Entziehung nicht erforderlich ist.[14] Die Gegenauffassung, die aufgrund der höheren Strafandrohung bei Fahrten nach einer vorläufigen Entziehung gem. § 21 Abs. 1 Nr. 1 StVG im Vergleich zu Fahrten trotz Inverwahrungnahme des Führerscheins nach § 21 Abs. 2 Nr. 1 StVG gleichwohl eine vorläufige Entziehung als erforderlich ansieht,[15] lässt den Zweck des § 111a außer acht, der die latente Gefahr für die Allgemeinheit durch die Teilnahme ungeeigneter Kraftfahrer am Straßenverkehr bis zum Urteil ausgeräumen möchte, nicht hingegen strafrechtliche Gleichbehandlung sicherstellen soll.

5 Neben der Strafbewehrtheit hat die vorläufige Entziehung auch ansonsten für den Beschuldigten die gleichen **Wirkungen** wie die (endgültige) Entziehung.[16] So verliert er seinen Versicherungsschutz für eigene (unzulässige) Fahrten.[17] Wirksam wird die Anordnung erst mit der Bekanntgabe gegenüber dem Beschuldigten, also der Zustellung oder formlosen Mitteilung an ihn.[18] Die Fahrerlaubnis erlischt allerdings nicht,[19] weshalb die Verwaltungsbehörde nicht befugt ist, ihm eine neue

---

[1] Meyer-Goßner/*Cierniak* Rn. 1; KK-StPO/*Nack* Rn. 1.
[2] *Pfeiffer* Rn. 1.
[3] BVerfG v. 25. 9. 2000 – 2 BvQ 30/00, NJW 2001, 357; Löwe/Rosenberg/*Schäfer*, 25. Aufl., Rn. 3.
[4] Meyer-Goßner/*Cierniak* Rn. 1.
[5] BVerfG v. 25. 9. 2000 – 2 BvQ 30/00, NJW 2001, 357; Löwe/Rosenberg/*Schäfer*, 25. Aufl., Rn. 3.
[6] OLG Hamm v. 11. 1. 1976 – 2 Ws 387/75, VRS 51, 43; Hentschel/*König* Rn. 5; Meyer-Goßner/*Cierniak* Rn. 1; Löwe/Rosenberg/*Schäfer*, 25. Aufl., Rn. 8.
[7] KMR/*Müller* Rn. 7.
[8] Meyer-Goßner/*Cierniak* Rn. 1; Löwe/Rosenberg/*Schäfer*, 25. Aufl., Rn. 8.
[9] KK-StPO/*Nack* Rn. 3.
[10] LG Zweibrücken v. 14. 2. 2008 – Qs 19/08, NZV 2008, 259; Meyer-Goßner/*Cierniak* Rn. 2.
[11] SK-StPO/*Rogall*, 4. Aufl., Rn. 16 f.; Löwe/Rosenberg/*Schäfer*, 25. Aufl., Rn. 13.
[12] Meyer-Goßner/*Cierniak* Rn. 2.
[13] KK-StPO/*Nack* Rn. 4; *Pfeiffer* Rn. 1; SK-StPO/*Rogall*, 4. Aufl., Rn. 18.
[14] Meyer-Goßner/*Cierniak* Rn. 3.
[15] KK-StPO/*Nack* Rn. 4.
[16] *Pfeiffer* Rn. 3.
[17] Löwe/Rosenberg/*Schäfer*, 25. Aufl., Rn. 5.
[18] BGH v. 24. 9. 1962 – II ZR 84/62, BGHZ 38, 86 = NJW 1962, 2104; KG v. 30. 9. 1971 – 3 Ss 72/71, VRS 42, 210; Meyer-Goßner/*Cierniak* Rn. 8.
[19] Meyer-Goßner/*Cierniak* Rn. 8.

Fahrerlaubnis zu erteilen.[20] Die Anordnung der vorläufigen Entziehung und die Beschlagnahme werden in das Verkehrszentralregister eingetragen.[21] Der **Beschleunigungsgrundsatz** verlangt, dass ein Verfahren, in dem eine vorläufige Entziehung angeordnet wurde, in der Hauptsache mit besonderer Zügigkeit durchgeführt werden muss, auch wenn die Regeln für Haftfälle nicht entsprechend gelten.[22] Wegen ähnlicher Eingriffsintensität soll das Beschleunigungsgebot aus §§ 121, 122 aber in vergleichbarer Weise gelten.[23]

Zulässig ist die Anordnung einer vorläufigen Entziehung **bis zur Rechtskraft des Urteils**.[24] Die gegenteilige Auffassung schließt die vorläufige Entziehung aus, wenn zwischen Bekanntwerden der Tat und der Anordnung längere Zeiträume liegen, in denen keine Anhaltspunkte für erneute Verkehrsrechtsverstöße erkennbar werden, wobei die einer „**Verwirkung**" **durch Zeitablauf** entsprechende Argumentation zwischen Zeitspannen von vier,[25] sechs[26] und 14 Monaten[27] variiert. Bereits diese Vielfalt zeigt die fehlende Fassbarkeit dieser Annahme und spricht für die Gegenauffassung. Allein der Umstand, dass die Staatsanwaltschaft die vorläufige Entziehung erst längere Zeit nach der Tatbegehung beantragt, steht deren Anordnung nicht entgegen.[28] Dringende Gründe können auch noch ein Jahr nach der Tatbegehung vorliegen.[29] Der Zweck des Schutzes der Allgemeinheit im Straßenverkehr vor ungeeigneten Kraftfahrern nimmt mit dem Zeitlauf nicht automatisch ab. Allerdings kann die im Tatzeitpunkt gegebene Ungeeignetheit durch Zeitablauf entfallen, was *Nack* nach einem Jahr annimmt.[30]

2. Verhältnis der Vorgänger- zur Nachfolgeentscheidung bei nachträglicher Anordnung. Wenn eine folgende Instanz abweichend von der Vorinstanz eine vorläufige Entziehung anordnen möchte, lassen sich diverse Konstellationen festmachen. Einem Urteil steht hierbei ein verfahrensbeendender Beschluss gleich.[31]

Sofern die Vorinstanz im Urteil **endgültige und vorläufige Einziehung nicht angeordnet** hat, kann das Berufungsgericht die vorläufige Entziehung nicht anordnen.[32] Der Gesetzgeber räumt im Urteilsverfahren gewonnenen Erkenntnissen in § 111a Abs. 2 Vorrang vor davon abweichenden, im Beschlusswege getroffenen Entscheidungen ein.[33] Eine vorläufige Entziehung kommt nur bei Vorliegen neuer Tatsachen oder Beweismittel, die im ersten Rechtszug nicht beachtet werden konnten, in Betracht.[34] Einige Stimmen wollten in der Vergangenheit abweichend hiervon bereits eine andere rechtliche Würdigung ausreichen lassen.[35] Diese Entscheidungen dürften sich durch die Stellungnahme des Bundesverfassungsgerichts überholt haben.[36] Eine vorläufige Entziehung durch die Berufungsinstanz ist zudem zulässig, wenn deren Nichtanordnung in der erstinstanzlichen Entscheidung eindeutig falsch ist.[37] Hieran ist im Sinne einer Evidenz, die ohne tiefgründigere Betrachtung „ins Auge springt", ein strenger Maßstab anzulegen. Gleichermaßen bedarf in einem Einspruchsverfahrens, wenn in einem Strafbefehl die Entziehung der Fahrerlaubnis ausdrücklich abgelehnt wurde, die vorläufige Entziehung neuer Tatsachen oder Beweismittel.[38]

Sofern das **erstinstanzliche Urteil** zwar die **endgültige, aber nicht die vorläufige Einziehung** angeordnet hat, kann das Berufungsgericht letztere auch schon vor dem eigenen Berufungsurteil nachholen, auch bei unveränderter Sach- und Rechtslage.[39] Der (erst später erkannte) Gefährdungssachverhalt bietet die Möglichkeit sofortigen Einschreitens, zudem gebietet zwar § 111a

---

[20] *v. Bubnoff* JZ 1968, 318, 321.
[21] Meyer-Goßner/*Cierniak* Rn. 1; Löwe/Rosenberg/*Schäfer*, 25. Aufl., Rn. 6.
[22] BVerfG v. 3. 6. 2005 – 2 BvR 401/05, NZV 2005, 537; OLG Hamm v. 21. 3. 2007 – 4 Ws 152/07, NJW 2007, 3299; Meyer-Goßner/*Cierniak* Rn. 1; Löwe/Rosenberg/*Schäfer*, 25. Aufl., Rn. 14.
[23] LG Frankfurt/M v. 30. 9. 2002 – 5/9 Qs 70/02, StV 2003, 69; Hentschel/*König* Rn. 1.
[24] Meyer-Goßner/*Cierniak* Rn. 3; SK-StPO/*Rogall*, 4. Aufl., Rn. 20; Löwe/Rosenberg/*Schäfer*, 25. Aufl., Rn. 14.
[25] LG Kiel v. 7. 4. 2008 – 46 Qs 25/08, Beck-Online und Juris.
[26] *Kropp* NStZ 1997, 471: sei in der Regel die Grenze.
[27] LG Trier v. 24. 5. 1982 – I Qs 103/82, VRS 63, 210.
[28] BVerfG v. 15. 3. 2005 – 2 BvR 1544/05, NJW 2005, 1767; BVerfG v. 3. 6. 2005 – 2 BvR 401/05, NZV 2005, 537; OLG Düsseldorf v. 4. 4. 2002 – 3 Ws 108/02, NStZ-RR 2002, 314; *Hentschel* NJW 1995, 627, 636; Meyer-Goßner/*Cierniak* Rn. 3; SK-StPO/*Rogall*, 4. Aufl., Rn. 20; Löwe/Rosenberg/*Schäfer*, 25. Aufl., Rn. 14 und 23.
[29] OLG Koblenz v. 10. 10. 2007 – 1 Ws 513/07; NZV 2008, 47.
[30] KK-StPO/*Nack* Rn. 3; Löwe/Rosenberg/*Schäfer*, 25. Aufl., Rn. 14: allerdings ohne zeitliche Angabe.
[31] Löwe/Rosenberg/*Schäfer*, 25. Aufl., Rn. 19.
[32] BVerfG v. 24. 5. 1995 – 2 BvR 862/94, NJW 1995, 124; OLG Karlsruhe v. 25. 8. 1980 – 3 Ws 231/80, VRS 59, 432, 433; OLG Saarbrücken v. 9. 8. 1973 – Ws 201/73, VRS 46, 137; Meyer-Goßner/*Cierniak* Rn. 3.
[33] LG Zweibrücken v. 23. 10. 1997 – Qs 134/97, NStZ-RR 1998, 249.
[34] OLG Saarbrücken v. 9. 7. 1973 – Ws 201/73, VRS 46, 137, 138; Meyer-Goßner/*Cierniak* Rn. 13 und 19.
[35] OLG Zweibrücken v. 17. 12. 1980 – I Ws 465/80, NJW 1981, 775.
[36] BVerfG v. 24. 5. 1995 – 2 BvR 862/94, NJW 1995, 124.
[37] OLG Koblenz v. 10. 6. 1987 – 1 Ws 316/87, VRS 73, 290; KK-StPO/*Nack* Rn. 9.
[38] Meyer-Goßner/*Cierniak* Rn. 3.
[39] OLG Frankfurt v. 26. 2. 1981 – 3 Ws 130/81, NJW 1981, 1680; OLG Koblenz v. 13. 5. 1983 – 1 Ws 317/83, VRS 65, 448; SK-StPO/*Rogall*, 4. Aufl., Rn. 39.

Abs. 2 die sofortie Aufhebung eine vorläufigen Entziehung, wenn im Urteil keine (endgültige) Entziehung angeordnet wird, ein Umkehrschluss folgert hieraus jedoch nicht.[40]

10 Sofern das **Berufungsgericht in seinem Urteil** nach § 69 StGB die Fahrerlaubnis entzieht, kann es zugleich auch eine vorläufige Entziehung anordnen.[41] Dies gilt auch, wenn das erstinstanzliche Gericht zwar die Anordnung nach § 69 StGB getroffen, aber jene nach § 111a unterlassen hatte.[42] Das Berufungsurteil ist dringender Grund für die Annahme einer endgültigen Entziehung.[43]

11 Nach **Urteilsaufhebung durch die Revision und Zurückverweisung** ist die vorläufige Entziehung stets zulässig,[44] da sich diese in keinen Widerspruch zu einem Urteil setzen kann.[45]

12 **3. Aufhebung nach Abs. 2, Verhältnis der Vorgänger- zur Nachfolgeentscheidung hierbei.** Wenn der **Grund für die vorläufige Entziehung weggefallen** ist, ist diese aufzuheben. Dies gilt in der Berufungsinstanz auch schon vor der Urteilsverkündung.[46] Um den möglichen Wegfall zu erkennen, müssen Ermittlungsbehörde und Gericht den Fortbestand der Gründe fortlaufend prüfen.[47] Der Beschuldigte kann deren Wegfall mit der Gegenvorstellung geltend machen.[48] Ein solcher Grund kann der Wegfall der nach Absatz 1 Satz 1 erforderlichen Annahme sein, dass eine Entziehung der Fahrerlaubnis nach § 69 StGB mit hoher Wahrscheinlichkeit erfolgen werde. So kann durch Zeitablauf die Feststellung des Eignungsmangels weniger wahrscheinlich werden.[49]

13 Allein die **lange Verfahrensdauer an sich** wird als Aufhebungsgrund nicht anerkannt.[50] Mit einer gewissen Verlängerung der tatsächlichen Sperre in Folge der Berufungseinlegung muss gerechnet werden.[51] Allerdings wird eine Aufhebung im Falle einer erheblichen Verfahrensverzögerung durch schwerwiegende Verstöße gegen das Beschleunigungsgebot[52] angenommen.[53] Ältere Entscheidungen, die auch bei ungewöhnlich langer Dauer des **Berufungsverfahrens** eine vorläufige Entziehung nur aufheben wollten, wenn die Aufhebung der Maßregel durch die Berufung zu erwarten stünde,[54] dürften sich durch diese neueren Entwicklungen überholt haben. Damit scheidet eine schematische Aufhebung wegen Überschreitens von Zeitgrenzen zwar aus, aber bei zunehmender Verfahrensdauer gewinnen Beschleunigungsgebot und Unschuldsvermutung an Gewicht im Rahmen der Abwägung zwischen Sicherheitsbelangen der Allgemeinheit und den weiteren Umständen des Einzelfalles, zu denen der Zeitablauf zählt.[55] Außerhalb dieser Folgen des Beschleunigungsgebotes ist eine Aufhebung angezeigt, wenn die Verfahrensdauer die im Ersturteil festgesetzte Sperrfrist ganz erheblich übersteigt und die Maßregel auch mit einem Mindestmaß von drei Monaten nicht mehr notwendig scheint,[56] insbesondere wenn die endgültige Entziehung wegen des Zeitablaufs unwahrscheinlich scheint.[57]

14 Auch in der **Revisionsinstanz** ist eine Aufhebung der vorläufigen Entziehung nicht allein deshalb zwingend, weil seit dem Berufungsurteil mehr Zeit vergangen ist als die angeordnete Sperrfrist nach § 69a StGB.[58] Andernfalls dürfte der Beschuldigte allein wegen des anhängigen Revisionsverfahrens (zumindest kurzzeitig) wieder fahren, da die Verwaltungsbehörde über die Wiedererteilung erst nach Rechtskraft zu befinden hat.[59] Die **Gegenauffassung** hält nach Ablauf des Zeitraums, der die festgesetzte Sperrfrist übersteigt, den Zweck der Maßregel für erreicht.[60] Dann habe die vorläufige Entziehung ihre innere Berechtigung verloren.[61] Dem ist mit *Cierniak* entgegenzuhalten, dass allein der Ablauf der Sperrfrist zu keinem Anspruch auf Wiedererteilung der Fahrerlaubnis führt, sondern hiernach die Verwaltungsbehörde hierzu lediglich bei Vorliegen weiterer Voraussetzungen

---

[40] SK-StPO/*Rogall*, 4. Aufl., Rn. 39.
[41] OLG Hamburg v. 11. 10. 1972 – 1 Ws 394/72, VRS 44, 187; OLG Karlsruhe v. 1. 2. 1985 – 1 Ws 25/85, VRS 68, 360; OLG Koblenz v. 12. 6. 1984 – 1 Ws 404/84, VRS 67, 254; Meyer-Goßner/*Cierniak* Rn. 3.
[42] OLG Koblenz v. 20. 9. 1984 – 1 Ws 669/84, VRS 68, 41.
[43] OLG Hamm v. 17. 5. 1996 – 2 Ws 187/96, MDR 1996, 954.
[44] Meyer-Goßner/*Cierniak* Rn. 13; KK-StPO/*Nack* Rn. 9.
[45] Löwe/Rosenberg/*Schäfer*, 25. Aufl., Rn. 22.
[46] Meyer-Goßner/*Cierniak* Rn. 10.
[47] *Pfeiffer* Rn. 4; SK-StPO/*Rogall*, 4. Aufl., Rn. 36; Löwe/Rosenberg/*Schäfer*, 25. Aufl., Rn. 33.
[48] Meyer-Goßner/*Cierniak* Rn. 10.
[49] Meyer-Goßner/*Cierniak* Rn. 10; Löwe/Rosenberg/*Schäfer*, 25. Aufl., Rn. 4.
[50] BVerfG v. 3. 6. 2005 – 2 BvR 401/05, NZV 2005, 537; KK-StPO/*Nack* Rn. 11.
[51] OLG Düsseldorf v. 18. 3. 1999 – 1 Ws 191/99, NZV 1999, 389.
[52] Dazu näher Rn. 5.
[53] OLG Nürnberg v. 14. 2. 2006 – 1 Ws 119/06, StV 2006, 685; Meyer-Goßner/*Cierniak* Rn. 10.
[54] KG v. 13. 5. 1968 – 2 Ws 91/68, VRS 35, 292; OLG Koblenz v. 22. 2. 1985 – 1 Ws 98/85, VRS 69, 130.
[55] BVerfG v. 3. 6. 2005 – 2 BvR 401/05, NZV 2005, 537.
[56] OLG München v. 3. 2. 1975 – 1 Ws 74/75, DAR 1975, 132.
[57] Meyer-Goßner/*Cierniak* Rn. 11.
[58] OLG Frankfurt v. 13. 10. 1997 – 3 Ws 741/97, NStZ-RR 1998, 76; OLG Düsseldorf v. 8. 11. 1982 – 1 Ws 882/82, VRS 64, 262; OLG Hamburg v. 28. 11. 1980 – 1 Ws 329/80, NJW 1981, 2590; OLG Karlsruhe v. 24. 5. 1977 – 1 Ss 132/77, VRS 53, 435; KG v. 25. 4. 1977 – 2 Ss 93/77, VRS 53, 278; Hentschel/*König* Rn. 9.
[59] KK-StPO/*Nack* Rn. 12.
[60] SK-StPO/*Rogall*, 4. Aufl., Rn. 42.
[61] *Janiszewski* NStZ 1981, 469, 471.

Achter Abschnitt. Beschlagnahme, Überwachung, Durchsuchung usw. 15–17 **§ 111a**

berechtigt ist.[62] In gleicher Weise darf wohl das BVerfG verstanden werden, wenn es eine schematische Aufhebung ablehnt und statt dessen eine Einzelfallabwägung fordert, bei der jedoch mit zunehmender Verfahrensdauer das Beschleunigungsgebot und die Unschuldsvermutung steigendes Gewicht erlangen.[63]

Absatz 2 kennt als weiteren Grund den **fehlenden Ausspruch der Entziehung nach § 69 StGB** 15 im Urteil als Aufhebungsgrund. Die fehlende Entziehung im Urteil zwingt dann zur Aufhebung mittels gesonderten Beschlusses.[64] Bei rechtskräftigen Entscheidungen entfällt die vorläufige Entziehung automatisch.[65] Hier hat Absatz 2 nur klarstellende Funktion.[66] Bedeutsam wird Absatz 2 für nicht rechtskräftige Urteile und Beschlüsse.[67] Bei letzteren erfolgt die Aufhebung im gleichen Beschluss.[68]

4. Verfahren bei Anordnung und Aufhebung. Zuständig im Vorverfahren sind nach § 162 16 Abs. 1 S. 1 die Amtsgerichte am Sitz der Staatsanwaltschaft,[69] daneben alle nach §§ 7 ff. zuständigen Amtsgerichte.[70] Die Auffassungen, die nur das Tatortgericht[71] oder dieses gerade nicht[72] für zuständig halten, lassen die allgemeinen Zuständigkeitsbestimmungen unberücksichtigt. Allerdings ist eine (erneute) Anordnung durch ein zuständiges Amtsgericht unzulässig, wenn zuvor ein anderes diese abgelehnt hat oder dessen Anordnung aufgehoben wurde, sofern die Sachlage sich seitdem nicht verändert hat.[73] **Nach Anklageerhebung** ist das mit der Sache befasste Gericht zuständig.[74] In der Hauptverhandlung wirken die Schöffen mit.[75] Sofern die Anklage beim Landgericht erhoben wurde, ist dieses originär zuständig, auch wenn dort (noch) eine Beschwerde gegen die amtsgerichtliche Anordnung aus dem Vorverfahren anhängig ist, so dass gegen die landgerichtliche Entscheidung die Beschwerde zulässig wird.[76] Dies folgt den Zuständigkeitsbestimmungen in den unterschiedlichen Verfahrensstadien und stellt keine gesetzlich nicht vorgesehene dritte Beschwerdeinstanz dar.[77] Ab Aktenvorlegung ist das **Berufungsgericht** zuständig.[78] Mehrheitlich wird während des **Revisionsverfahrens** der letzte Tatrichter als zuständig angesehen.[79] Die Annahme der Zuständigkeit des Revisionsgerichtes selbst[80] ist singulär geblieben.

Die Anordnung ergeht nur auf **Antrag der Staatsanwaltschaft**.[81] Vor der Entscheidung ist der 17 **Beschuldigte** nach § 33 Abs. 3 **anzuhören**.[82] *Schäfer* differenziert zwischen Konstellationen, in denen der Führerschein bereits beschlagnahmt ist, dann soll angehört werden, in den anderen Fällen soll eine vorherige Anhörung nicht erfolgen.[83] § 33 Abs. 4 Satz 1 ist nicht anwendbar, da die Beschlagnahme des Führerscheins möglich ist.[84] Der Zweck der vorläufigen Entziehung wird nicht gefährdet, wenn der Führerschein noch im Besitz des Beschuldigten ist. Einer Gefahr der „Verdunkelung" des Führerscheins wäre durch die Beschlagnahme zu begegnen. Die immer gebotene **Anhörung** muss nicht durch den Richter erfolgen. Ausreichend ist eine Möglichkeit zur Stellungnahme gegenüber der Polizei.[85] Hierbei muss sich der Beschuldigte aber zu den für die Entscheidung maßgeblichen Sachverhalten äußern können, so dass eine Anhörung unmittelbar am Unfall- oder Ergreifensort regelmäßig nicht ausreicht.[86] Zur Verwertbarkeit seiner Aussage muss der Beschuldigte nach § 136 Abs. 1 belehrt worden sein, wenn sich hierauf später die Anordnung stützen soll.[87] Sie ist **knapp zu begründen**.[88] Erforderlich sind Ausführungen zum dringenden

---

[62] Vgl. Meyer-Goßner/*Cierniak* Rn. 12.
[63] BVerfG v. 3. 6. 2005 – 2 BvR 401/05, NZV 2005, 537.
[64] Meyer-Goßner/*Cierniak* Rn. 13.
[65] BVerfG v. 24. 5. 1995 – 2 BvR 862/94, NJW 1995, 124; KK-StPO/*Nack* Rn. 8.
[66] SK-StPO/*Rogall*, 4. Aufl., Rn. 37.
[67] BVerfG v. 24. 5. 1995 – 2 BvR 862/94, NJW 1995, 124; Meyer-Goßner/*Cierniak* Rn. 13.
[68] Meyer-Goßner/*Cierniak* Rn. 13.
[69] Meyer-Goßner/*Cierniak* Rn. 7.
[70] LG Bochum v. 4. 1. 1990 – Qs 226/89, VRS 78, 355; *Pfeiffer* Rn. 3.
[71] AG Gemünden v. 3. 11. 1977 – Gs 204/77, NJW 1978, 770.
[72] Löwe/Rosenberg/*Schäfer*, 25. Aufl., Rn. 45.
[73] LG Zweibrücken v. 14. 2. 2008 – Qs 19/80, NZV 2008, 259; LG Mosbach v. 30. 7. 1996 – II Qs 92/96, VRS 92, 249.
[74] Meyer-Goßner/*Cierniak* Rn. 7; SK-StPO/*Rogall*, 4. Aufl., Rn. 22.
[75] OLG Karlsruhe v.1. 2. 1985 – 1 Ws 25/85, VRS 68, 360.
[76] OLG Düsseldorf v. 18. 2. 1987 – 3 Ws 634/91, NZV 1992, 202, 203.
[77] So die Kritik in OLG Stuttgart v. 21. 11. 1989 – 6 Ws 220/89 NStZ 1990, 141.
[78] OLG Düsseldorf v. 26. 11. 1991 – 3 Ws 634/91, NZV 1992, 202, 203.
[79] Meyer-Goßner/*Cierniak* Rn. 7 mwN.
[80] OLG Bremen v. 24. 9. 1973 – Ss 85/73, VRS 6, 43.
[81] LG Gera v. 27. 2. 1996 – 4 Qs 14/96, MDR 1996, 731; Meyer-Goßner/*Cierniak* Rn. 6.
[82] Meyer-Goßner/*Cierniak* Rn. 6.
[83] Löwe/Rosenberg/*Schäfer*, 25. Aufl., Rn. 55
[84] Meyer-Goßner/*Cierniak* Rn. 6.
[85] *Hentschel* DAR 1980, 168, 170; Meyer-Goßner/*Cierniak* Rn. 6.
[86] *Hentschel* DAR 1980, 168, 170; Löwe/Rosenberg/*Schäfer*, 25. Aufl., Rn. 58.
[87] SK-StPO/*Rogall*, 4. Aufl., Rn. 14.
[88] Meyer-Goßner/*Cierniak* Rn. 6; *Pfeiffer* Rn. 3; KK-StPO/*Nack* Rn. 6.

Tatverdacht und der Ungeeignetheit zum Führen eines Fahrzeuges.[89] Wenn der Beschluss zugleich mit einem Urteil verkündet wird, ist das Fehlen einer Begründung unschädlich.[90] Dieser ist dem Beschuldigten bekannt zu machen, wobei sich eine förmliche Zustellung empfiehlt.[91]

18 Für die **Aufhebung zuständig** ist im Vorverfahren das anordnende Gericht, danach das Tatgericht.[92] Nach der Aktenvorlage beim Berufungsgericht ist dieses zuständig.[93] Teilweise wird vertreten, das Revisionsgericht sei zuständig, wenn mit dessen alsbaldiger Entscheidung in der Hauptsache zu rechnen sei.[94] Dem ist mit der hM entgegenzutreten, zuständig bleibt das letzte Tatgericht,[95] es sei denn, das Revisionsgericht beseitigt die im angefochtenen Urteil angeordnete Entziehung endgültig[96] oder stellt das Verfahren endgültig ein.[97] Dies folgt aus dem Grundgedanken der §§ 126 Abs. 3, 120 Abs. 1.[98]

19 **5. Ausnahme für bestimmte Arten von Kraftfahrzeugen (Abs. 1 Satz 2).** Auf Antrag oder von Amts wegen kann die vorläufige Entziehung nach Absatz 1 Satz 2 **bestimmte Arten von Kraftfahrzeugen ausnehmen**, wobei die Voraussetzungen jenen aus § 69a Abs. 2 StGB entsprechen.[99] Ausnahmefähig sind nur bestimmte Arten von Kraftfahrzeugen,[100] nicht bestimmte Zeiten, Orte, Gebiete oder Fahrzeuge bestimmter Eigentümer,[101] wobei hierzu vereinzelt mit Verweis auf den Verhältnismäßigkeitsgrundsatz eine weite Auslegung gefordert wird.[102] Zudem bedarf es **besonderer Umstände**, die die Annahme rechtfertigen, dass durch eine solche Ausnahme der Maßnahmezweck nicht gefährdet wird. Zweck ist der Schutz der Allgemeinheit vor ungeeigneten Fahrzeugführern im Straßenverkehr.[103] Besondere Umstände müssen also annehmen lassen, dass der Eignungsmangel in bestimmten Lebensbereichen nicht besteht oder von den ausgenommen Kraftfahrzeugarten eine geringere Gefahr für die Allgemeinheit ausgeht,[104] zum Teil strenger: ausgeschlossen ist.[105] Erforderlich ist eine Abweichung vom Normalfall.[106] Charakterliche Mängel aus Trunkenheitsfahrten und schwerwiegenden Verstößen gegen § 142 StGB sind in der Regel umfassend und eine Ausnahme erfordert ganz besondere Umstände.[107]

20 **Verfahrens**seitig muss die Ausnahme im Beschluss angeordnet und eingehend begründet werden.[108] Der Führerschein kommt gleichwohl in amtliche Verwahrung, die Verwaltungsbehörde hat allerdings einen Ersatzführerschein für die Ausnahmen auszustellen.[109]

21 **6. Beschlagnahme des Führerscheins (Abs. 3 bis 5).** Die vorläufige Entziehung wirkt nach Abs. 3 gleichzeitig als Anordnung der **Beschlagnahme** des inländsichen Führerscheins (S. 1), ebenso bei Führerscheinen aus EU- und EWG-Staaten (S. 2). Mit diesem amtlichen Gewahrsam wird die (endgültige) Einziehung nach § 69 StGB gesichert.[110] Sofern bereits beschlagnahmt wurde, ergeht nach Abs. 4 (nur) eine Entscheidung über die vorläufige Entziehung und gilt dann zugleich als Beschlagnahmebestätigung. Bei **Gefahr im Verzug** sieht § 111a keine Eilbefugnis der Ermittlungsbehörden vor. Statt dessen muss die Beschlagnahme nach §§ 94 Abs. 3, 98 Abs. 1 Satz 1 erfolgen, wenn die Voraussetzungen nach § 111a Abs. 1 Satz 1 vorliegen,[111] also dringende Gründe für die Annahme einer künftig endgültigen Entziehung.[112] Gefahr im Verzug meint hier die Besorgnis, dass der Beschuldigte ohne Beschlagnahme weitere Trunkenheitsfahrten unternehmen oder sonst schwerwiegend gegen Verkehrsvorschriften verstoßen werde.[113] Eine poli-

---

[89] SK-StPO/*Rogall* 4. Aufl., Rn. 23.
[90] OLG Koblenz v. 18. 2. 1986 – 1 Ws 120/86, VRS 71, 30, 40.
[91] Meyer-Goßner/*Cierniak* Rn. 6.
[92] OLG Düsseldorf v. 18. 2. 1987 – Ws 86/87, VRS 72, 370, 371; Meyer-Goßner/*Cierniak* Rn. 14.
[93] OLG Karlsruhe v. 8. 10. 1973 – 2 Ws 204/73, MDR 1974, 159.
[94] OLG Koblenz v. 5. 6. 1986 – 1 Ss 238/86, MDR 1986, 871.
[95] BGH v. 25. 11. 1977 – 3 StR 442/77, NJW 1978, 384; OLG Düsseldorf v. 8. 11. 1982 – 1 Ws 882/82, VRS 64, 262; Meyer-Goßner/*Cierniak* Rn. 14; Hentschel/*König* Rn. 6.
[96] Meyer-Goßner/*Cierniak* Rn. 14; Hentschel/*König* Rn. 6; KK-StPO/*Nack* Rn. 13.
[97] *Pfeiffer* Rn. 3.
[98] OLG Koblenz v. 19. 12. 2007 – 1 Ss 339/07, NZV 2008, 367, 369.
[99] Meyer-Goßner/*Cierniak* Rn. 4.
[100] *Pfeiffer* Rn. 2.
[101] KK-StPO/*Nack* Rn. 5.
[102] Löwe/Rosenberg/*Schäfer* Rn. 28 mit div. Bsp. in Rn. 29.
[103] Rn. 1.
[104] *Pfeiffer* Rn. 2.
[105] KK-StPO/*Nack* Rn. 5.
[106] SK-StPO/*Rogall*, 4. Aufl., Rn. 26.
[107] OLG Hamm v. 4. 6. 1971 – 3 Ss 359/71, NJW 1971, 1618; OLG Karlsruhe v. 12. 1. 1978 – 2 Ss 275/77, VRS 55, 122; OLG Koblenz v. 15. 3. 1983 – 1 Ws 160/83, VRS 65, 34, 35; Meyer-Goßner/*Cierniak* Rn. 4.
[108] Meyer-Goßner/*Cierniak* Rn. 4.
[109] KK-StPO/*Nack* Rn. 19; Löwe/Rosenberg/*Schäfer*, 25. Aufl., Rn. 32.
[110] KK-StPO/*Nack* Rn. 14.
[111] Meyer-Goßner/*Cierniak* Rn. 15; *Pfeiffer* Rn. 5.
[112] Löwe/Rosenberg/*Schäfer*, 25. Aufl., Rn. 64.
[113] BGH v. 23. 5. 1969 – 4 StR 585/68, BGHSt 22, 385, 386 = NJW 1969, 1634; KK-StPO/*Nack* Rn. 16.

zeirechtliche Beschlagnahme kommt nur in Ausnahmefällen in Betracht und wird in der Regel durch die weniger einschneidende Wegnahme des Schlüssels oder Fahrzeuges verdrängt.[114]

Die Rückgabe des Führerscheins aus der Verwahrung oder Beschlagnahme erfolgt nach Abs. 5, wenn die vorläufige Entziehung aufgehoben oder abgelehnt[115] oder im Urteil keine endgültige Einziehung angeordnet wird. Zuständig ist im Vorverfahren die Staatsanwaltschaft, nach Anklageerhebung das Tatgericht und hiernach die Vollstreckungsbehörde.[116] Die Rückgabe kann, wenn „nur" ein Fahrverbot im Urteil angeordnet wird, aufgeschoben werden, wenn der Betroffene nicht widerspricht. Ab Urteil wird die Zeit dann ungekürzt auf das Fahrverbot angerechnet.[117]

7. Ausländische Führerscheine (Abs. 6). Die vorläufige Entziehung ausländischer Führerscheine (nicht EU oder EWG) ist zulässig. Allerdings wird diese dann lediglich im Führerschein vermerkt. Hierfür ist eine (kurze) Beschlagnahme nach Abs. 6 Satz 2 zulässig.

III. Rechtsbehelfe

Nach § 304 ist gegen die **vorläufige Entziehung Beschwerde** durch Staatsanwaltschaft oder Beschuldigten möglich.[118] Eine weitere Beschwerde ist nicht möglich.[119] Wenn über die Beschwerde bei Anklagerhebung beim gleichen Gericht noch nicht entschieden wurde, wird diese in einen Aufhebungsantrag umgedeutet.[120] Gegen die dann ergehende Entscheidung bleibt somit die Beschwerde möglich.[121] Eine Aussetzung der Vollziehung ist nicht möglich.[122] **Während** eines Revisionsverfahrens wird teilweise die isolierte Beschwerde als unstatthaft angesehen,[123] insbesondere wohl um ein „Bemühen um eine Vorabentscheidung" über die Revisionsaussichten zu vermeiden. Die Gegenauffassung[124] kann sich auf eine Entscheidung des BVerfG stützen, nach der ein vollständiger Ausschluss unzulässig ist und das Revisionsgericht über eine solche Beschwerde zu entscheiden hat, damit die im Gesetz vorgesehene Rechtsschutzmöglichkeit nicht leer läuft.[125] Da das BVerfG nur den „vollständigen Ausschluss" für unzulässig hält, dürften die Befürworter, die die Prüfung in der auf Rechtsfragen beschränkten Revision auf jegliches Fehlen gesetzlicher Voraussetzungen oder ersichtlichen Ermessensfehlgebrauch beschränken wollen,[126] zurecht gestärkt worden sein.

Im Falle der **Beschlagnahme aufgrund Gefahr im Verzug** entscheidet auf Beschuldigtenantrag nach § 98 Abs. 2 Satz 2 entsprechend § 111a Abs. 4 das Gericht über die vorläufige Entziehung, deren Anordnung nach Abs. 3 Satz 1 zugleich als Bestätigung der Beschlagnahme gilt.[127] Nach § 98 Abs. 2 Satz 1 ist bei Widerspruch gegen die Beschlagnahme binnen drei Tagen zu entscheiden.[128] Bei fehlendem Widerspruch bedarf es keiner Entscheidung.

IV. Weiteres

Beschlagnahme und vorläufige Entziehung sind erst nach Aufhebung der **Immunität** zulässig.[129] Die Anrechnung der vorläufigen Entziehung auf ein Fahrverbot regelt § 51 Abs. 1 und 5 StGB. Sofern der vorläufigen keine endgültige Entziehung folgt, besteht ein Entschädigungsanspruch nach § 2 Abs. 2 Nr. 5 StrEG.[130]

§ 111b [Sicherstellung für Verfall, Einziehung und Gewinnabschöpfung]

(1) ¹Gegenstände können durch Beschlagnahme nach § 111c sichergestellt werden, wenn Gründe für die Annahme vorhanden sind, daß die Voraussetzungen für ihren Verfall oder ihre Einziehung vorliegen. ² § 94 Abs. 3 bleibt unberührt.

(2) Sind Gründe für die Annahme vorhanden, daß die Voraussetzungen des Verfalls von Wertersatz oder der Einziehung von Wertersatz vorliegen, kann zu deren Sicherung nach § 111d der dingliche Arrest angeordnet werden.

---

[114] *Pfeiffer* Rn. 6; Meyer-Goßner/*Cierniak* Rn. 16.
[115] Rn. 12 ff.
[116] Meyer-Goßner/*Cierniak* Rn. 17.
[117] Meyer-Goßner/ *Cierniak* Rn. 17; *Pfeiffer* Rn. 7.
[118] Meyer-Goßner/*Cierniak* Rn. 19.
[119] KK-StPO/*Nack* Rn. 22.
[120] Rn. 16; OLG Düsseldorf v. 18. 2. 1987 – 3 Ws 634/91, NZV 1992, 202, 203; Hentschel/*König* Rn. 8.
[121] Meyer-Goßner/*Cierniak* Rn. 19.
[122] Meyer-Goßner/*Cierniak* Rn. 19.
[123] OLG Hamm v. 17. 5. 1996 – 2 Ws 187/96, MDR 1996, 954; KK-StPO/*Nack* Rn. 22.
[124] *Pfeiffer* Rn. 10; Löwe/Rosenberg/*Schäfer*, 25. Aufl., Rn. 92.
[125] BVerfG v. 11. 9. 2002 – 2 BvR 1369/02, NStZ-RR 2002, 377.
[126] SK-StPO/*Rogall*, 4. Aufl., Rn. 61.
[127] KK-StPO/*Nack* Rn. 17.
[128] *Pfeiffer* Rn. 6.
[129] Meyer-Goßner/*Cierniak* Rn. 20; *Pfeiffer* Rn. 9.
[130] Meyer-Goßner/*Cierniak* Rn. 1; Löwe/Rosenberg/*Schäfer*, 25. Aufl., Rn. 7.

(3) ¹Liegen dringende Gründe nicht vor, so hebt das Gericht die Anordnung der in Absatz 1 Satz 1 und Absatz 2 genannten Maßnahmen spätestens nach sechs Monaten auf. ²Begründen bestimmte Tatsachen den Tatverdacht und reicht die in Satz 1 bezeichnete Frist wegen der besonderen Schwierigkeit oder des besonderen Umfangs der Ermittlungen oder wegen eines anderen wichtigen Grundes nicht aus, so kann das Gericht auf Antrag der Staatsanwaltschaft die Maßnahme verlängern, wenn die genannten Gründe ihre Fortdauer rechtfertigen. ³Ohne Vorliegen dringender Gründe darf die Maßnahme über zwölf Monate hinaus nicht aufrechterhalten werden.

(4) Die §§ 102 bis 110 gelten entsprechend.

(5) Die Absätze 1 bis 4 gelten entsprechend, soweit der Verfall nur deshalb nicht angeordnet werden kann, weil die Voraussetzungen des § 73 Abs. 1 Satz 2 des Strafgesetzbuches vorliegen.

I. Regelungsbereich

1   Die Sicherstellung ist in allen Verfahrensarten anzuwenden, auch im Privatklage- und Sicherungs-[1] sowie im selbständigen Verfahren nach §§ 440, 442,[2] selbst bei Straftaten von Kindern.[3] Zulässig ist sie vom Beginn des Ermittlungsverfahrens bis zur Rechtskraft des Urteils, auch nach der Rechtskraft des Vorbehaltsurteils nach § 74b Abs. 2 StGB,[4] sowie erneut im Wiederaufnahmeverfahren.[5]

II. Einzelmerkmale des § 111b

2   Wenn nach Abs. 1 und 2 **Gründe für die Annahme** vorhanden sind, dass die Voraussetzungen für Verfall oder Einziehung bzw. deren Wertersatz vorliegen, ist eine Sicherstellung möglich. Es genügt hierfür der Anfangsverdacht einer Tat und eine gewisse Wahrscheinlichkeit, dass der zu sichernde Gegenstand dem Verfall oder der Einziehung unterliegt.[6] Letzteres erfordert, dass eine gewisse, auf Tatsachen gestützte Wahrscheinlichkeit besteht, dass unter Berücksichtigung der Ermessensregelung und Beachtung der Härtefallklauseln Verfall oder Einziehung verhängt werden oder – im Fall der Rückgewinnungshilfe – nur wegen vorrangiger Verletztenrechte unterbleiben.[7] Im Fall des § 74 Abs. 2 Nr. 1 StGB bedarf es zudem einer hohen Wahrscheinlichkeit für die Eigentümerstellung des Beteiligten über den Gegenstand.[8] Die Anforderungen an die Wahrscheinlichkeit verschärfen sich im Laufe des Ermittlungsverfahrens, vergleichbar der Verdachtsprüfung nach § 112 Abs. 1.[9] Gegen einen bestimmten Beschuldigten muss sich der Verdacht noch nicht richten.[10]

3   Der Gegenstand muss in Abs. 1 dem **Verfall oder** der **Einziehung** unterliegen, diese müssen zudem zu erwarten sein.[11] Es genügen auch Surrogate.[12] Als **Gegenstand** gelten alle beweglichen und unbeweglichen Sachen sowie Rechte,[13] also insbesondere auch Forderungen, Immaterialgüter- und sonstige Vermögensrechte.[14] Die Verfallvoraussetzungen finden sich in §§ 73, 73d StGB, jene der Einziehung in §§ 74, 74d StGB. Die Einziehung steht der Unbrauchbarmachung und Einziehung von Schriften nach § 74d Abs. 1 Satz 2 StGB und § 43 KUG gleich.[15] Für den Verfall und die Einziehung des **Wertersatz**es nach §§ 73a, 74c StGB gilt Nämliches. Abs. 2 ordnet hier lediglich statt der Beschlagnahme den dinglichen Arrest an. Sofern Verfahrensvoraussetzungen fehlen, die noch geschaffen werden können, kann eine Sicherstellung erfolgen, wenn tatsächliche Anhaltspunkte dafür vorliegen, dass diese Voraussetzungen noch erfüllt werden, bspw. der Strafantrag oder das behördliche Strafverlangen noch gestellt wird.[16]

4   Gründe für die Annahme müssen nach Abs. 3 Satz 1 spätestens 6 Monate nach der Anordnung zu dringenden Gründen „erstarkt" sein, alternativ müssen nach Abs. 2 Satz 2 die besonderen Schwierigkeiten oder der besondere Umfang der Ermittlungen eine verlängerte Sicherstellung begründen, sonst ist die Anordnung aufzuheben. **Dringende Gründe** entsprechen dem dringenden

---

[1] Meyer-Goßner/*Cierniak* Rn. 1.
[2] OLG Stuttgart v. 11. 4. 2007 – 2 Ws 41/07, StV 2007, 276, 278; KK-StPO/*Nack* Rn. 8.
[3] *Verrel* NStZ 2001, 284, 286; Meyer-Goßner/*Cierniak* Rn. 1.
[4] *Pfeiffer* Rn. 3.
[5] Löwe/Rosenberg/*Schäfer* Rn. 20.
[6] BGH v. 12. 7. 2007 – StB 5/07, NStZ 2008, 419; Meyer-Goßner/*Cierniak* Rn. 8; KK-StPO/*Nack* Rn. 9.
[7] OLG Stuttgart v. 11. 4. 2007 – 2 Ws 41/07, StV 2007, 276 f.
[8] Meyer-Goßner/*Cierniak* Rn. 9
[9] OLG Hamburg v. 27. 11. 2008 – 2 Ws 197/08, StV 2009, 122, 123 f.
[10] *Achenbach* NJW 1976, 1068; Meyer-Goßner/*Cierniak* Rn. 8.
[11] *Pfeiffer* Rn. 1; KK-StPO/*Nack* Rn. 2.
[12] KK-StPO/*Nack* Rn. 2.
[13] Meyer-Goßner/*Cierniak* Rn. 4; SK-StPO/*Rogall*, 4. Aufl., Rn. 8; Löwe/Rosenberg/*Schäfer*, 25. Aufl., Rn. 24.
[14] KK-StPO/*Nack* Rn. 2; *Pfeiffer* Rn. 1.
[15] Meyer-Goßner/*Cierniak* Rn. 4; KK-StPO/*Nack* Rn. 2; *Pfeiffer* Rn. 1.
[16] Meyer-Goßner/*Cierniak* Rn. 10.

Achter Abschnitt. Beschlagnahme, Überwachung, Durchsuchung usw. 5–7 **§ 111b**

Tatverdacht.[17] Sie liegen vor, wenn die endgültige Anordnung dieser Maßnahme in hohem Maße wahrscheinlich ist.[18] Ein Beweis für das Vorliegen dieser Voraussetzungen muss nicht erbracht werden.[19] Die Prüfung erfolgt in drei Schritten: zunächst jenem der hohen Wahrscheinlichkeit einer Straftat, dann die hohe Wahrscheinlichkeit des Vorliegens der Voraussetzungen für Verfall bzw. Einziehung – auch des Wertersatzes – und dann die hohe Wahrscheinlichkeit der Anordnung dieser „Kann"-Maßnahme.[20] Sofern der Angeklagte in der ersten Instanz freigesprochen oder zumindest kein Verfall bzw. keine Einziehung angeordnet wird, sind dringende Gründe in der Regel zu verneinen.[21] Wenn die Gründe für die Annahme nicht **binnen 6 Monaten** zu dringenden Gründen erstarken, hat das Gericht die Anordnung nach Abs. 3 Satz 1 aufzuheben.

Eine Ausnahme hiervon kennt Abs. 3 Satz 2, wenn bestimmte Tatsachen den Tatverdacht begründen und die 6-Monats-Frist wegen der besonderen Schwierigkeiten oder des besonderen Umfanges der Ermittlungen oder wegen eines anderen wichtigen Grundes nicht ausreichen. Die Staatsanwaltschaft kann dann eine Verlängerung beantragen. Hierbei sind bis zur maximalen **Frist von 12 Monaten** auch mehrere Prüfungsintervalle möglich.[22] **Bestimmte Tatsachen** knüpft an § 100a an und fordert eine konkretisierte Verdachtslage.[23] Besondere Schwierigkeiten und besonderer Umfang der Ermittlungen werden anhand eines Vergleichs mit durchschnittlichen Verfahren jeder Art bestimmt.[24] Hierfür muss sich ein Verfahren vom Durchschnitt des bei Ermittlungen üblichen Aufwandes ganz deutlich abheben.[25] Kriterien können sein Art, Zahl und Umfang der aufzuklärenden Straftaten sowie das Maß der notwendigen Ermittlungen,[26] die Anzahl der Beschuldigten und Zeugen sowie deren Erreichbarkeit,[27] schwierige Sachverständigengutachten und das Verteidigerverhalten des Beschuldigten,[28] Überlastung des Spruchkörpers, Erkrankung eines Richters, Verhinderung sowie Wechsel des Verteidigers.[29] Spätestens beim Erreichen von 12 Monaten ist die Maßnahme aufzuheben.[30] Dies gilt nicht, wenn bis dahin ein dringender Tatverdacht begründet werden kann.[31] Dann kommt es zu keiner Aufhebung. Liegen **dringende Gründe von Anfang** an vor, kommt es zu keiner Aufhebung nach 6 Monaten, die Fristen nach Abs. 3 gelten dann nicht.[32] Es ist dann also eine unbefristete Sicherstellung möglich, nur der Verhältnismäßigkeitsgrundsatz ist zu beachten.[33] Die 6-Monats-Frist beginnt erst ab Anordnung nach § 111b zu laufen, nicht schon bei Ingewahrsamnahme aus anderen Gründen.[34] Die Sicherstellung ausschließlich als Beweismittel erfolgt nach § 94.[35]

Eine **Beschlagnahme** nach § 94 ist ausreichend, wenn ein Gegenstand zugleich als Beweismittel und als Verfalls- oder Einziehungsgegenstand in Betracht kommt.[36] Wegen des Veräußerungsverbotes nach § 111c Abs. 5 empfiehlt sich jedoch eine Sicherung auch nach §§ 111b ff.[37] §§ 111b ff. und **§§ 324 ff. AO** sind nebeneinander anwendbar.[38] Entgegen vereinzelter Stimmen[39] wird den Finanzbehörden nicht aufgrund originär steuerlicher Sicherungsrechte der Rückgriff auf strafprozessuale Sicherungsmaßnahmen verwehrt.

Die Gesamtheit des Erlangten unterliegt nach dem Bruttogewinnprinzip in vollem Umfang dem Verfall.[40] Die Sicherstellung ist nur durch **förmliche Beschlagnahme** möglich.[41] Eine freiwillige Herausgabe kennt § 111b nicht.[42] Die Beschlagnahme nach § 111b besteht aus Anordnung und

---

[17] OLG Köln v. 18. 6. 2003 – 2 Ws 343/03, StV 2004, 121, 122; Löwe/Rosenberg/*Schäfer*, 25. Aufl., Rn. 44.
[18] OLG Celle v. 11. 2. 2008 – 1 Ws 50/08, NStZ-RR 2008, 203, 204; *Pfeiffer* Rn. 2.
[19] KK-StPO/*Nack* Rn. 9.
[20] Löwe/Rosenberg/*Schäfer*, 25. Aufl., Rn. 44.
[21] Löwe/Rosenberg/*Schäfer*, 25. Aufl., Rn. 44.
[22] Meyer-Goßner/*Cierniak* Rn. 8.
[23] SK-StPO/*Rogall*, 4. Aufl., Rn. 28.
[24] Löwe/Rosenberg/*Schäfer*, 25. Aufl., Rn. 43.
[25] SK-StPO/*Rogall*, 4. Aufl., Rn. 30.
[26] Löwe/Rosenberg/*Schäfer*, 25. Aufl., Rn. 43.
[27] SK-StPO/*Rogall*, 4. Aufl., Rn. 30; Löwe/Rosenberg/*Schäfer*, 25. Aufl., Rn. 43.
[28] SK-StPO/*Rogall*, 4. Aufl., Rn. 30.
[29] SK-StPO/*Rogall*, 4. Aufl., Rn. 31.
[30] Meyer-Goßner/*Cierniak* Rn. 8.
[31] *Alvermann/Talaska* Anm zu LG Bochum v. 5. 12. 2007 – 12 Qs 20/07, StV 2008, 239.
[32] BVerfG v. 7. 7. 2006 – 2 BvR 583/06, BvR 5, www.bverfg.de.
[33] OLG Köln v. 18. 6. 2003 – 2 Ws 343/03, StV 2004, 121, 122; Meyer/Hetzer NJW 1998, 1017, 1023; *Wehnert/Mosiek* StV 2005, 568, 571; Meyer-Goßner/*Cierniak* Rn. 8; KK-StPO/*Nack* Rn. 9.
[34] BGH v. 12. 7. 2007 – StB 5/07, NStZ 2008, 419; OLG Celle v. 11. 2. 2008 – 1 Ws 50/08, NStZ-RR 2008, 203, 204.
[35] KK-StPO/*Nack* Rn. 2.
[36] Meyer-Goßner/*Cierniak* Rn. 1 mVa § 94 Rn. 2.
[37] Meyer-Goßner/*Cierniak* Rn. 1 mVa § 94 Rn. 2.
[38] LG Hamburg v. 13. 4. 2004 – 620 Qs 13/04, NStZ-RR 2004, 215; *Webel* Anm zu BGH v. 13. 11. 2003 – 620 Qs 99/103, StV 2004, 116; *Webel* wistra 2004, 249, 253; Meyer-Goßner/*Cierniak* Rn. 1.
[39] *Weyand* StV 2008, 214, 215.
[40] BGH v. 30. 5. 2008 – 1 StR 166/07, StV 2008, 387, 395.
[41] Meyer-Goßner/*Cierniak* Rn. 11; KK-StPO/*Nack* Rn. 14; *Pfeiffer* Rn. 3.
[42] KK-StPO/*Nack* Rn. 14; Löwe/Rosenberg/*Schäfer*, 25. Aufl., Rn. 32.

deren Durchführung durch die dazu berufenen Organe.[43] Sofern ein Gegenstand bereits zuvor formlos in Verwahrung genommen wird, tritt die Wirkung nach § 111 b mit der Anordnung ein.[44] Die allgemeine Beschlagnahme von Druckerzeugnissen richtet sich nach §§ 111 m, n. Auch weitere Gegenstände einer abgegrenzten Gattung sind nach § 111 b der Sicherstellung zugänglich, wenn eine genaue Bezeichnung und Abgrenzung erfolgt.[45]

8 Die **Sicherstellung endet** mit deren Aufhebung durch das Gericht, die Beschlagnahme zudem mit der Rechtskraft einer die Einziehung, den Verfall oder den Wertersatz nicht anordnenden Entscheidung.[46] Zur Aufhebung einer Sicherstellung kann zudem eine unnötige Verfahrensverzögerung erheblichen Ausmaßes führen.[47]

9 Für den **Beschluss über die Anordnung einer Sicherstellung** wird zum Teil gefordert, dass dieser bestimmen müsse, ob er der Rückgewinnungshilfe diene oder den Verfall sichere.[48] Den gegenteiligen Stimmen[49] dürfte der BGH entgegenstehen, der die fehlende Nennung des Sicherungszwecks als unschädlich ansieht, wenn nach den Umständen der Beschlagnahme nur eine Maßnahme nach § 111 b in Betracht kommt.[50] Im Umkehrschluss scheint der BGH bei Fehlen dieser Eindeutigkeit die unterbliebene Nennung des Sicherungszwecks für schädlich zu halten. Denkbar dürfte in unklaren Sachverhalten die wahlweise Anordnung sein.[51]

10 § 111 b ist als Kann-Vorschrift ausgestaltet. Die Beschlagnahme nach § 111 b ist damit nicht zwingend vorgesehen, sondern setzt ein Sicherstellungsbedürfnis voraus.[52] Wenn dieses vorliegt, ist die Sicherstellung in der Regel geboten.[53] Bei möglichen Verletzten hat die **Ermessensabwägung** das Bedürfnis des Geschädigten an staatlicher Unterstützung und die Frage, ob dieser eine Verfolgung seiner Interessen tatsächlich bemühen wird, zu berücksichtigen.[54] Sofern eine Gefahrenprognose ergibt, dass die spätere Vollstreckung eines Urteils ohne Sicherstellung nicht möglich sein wird, ist diese erforderlich.[55] Umgekehrt fehlt es am Gebotensein, wenn die Vollstreckung ungefährdet ist.[56]

11 Die **Grundrechtsintenintensität** gebietet, dass das Gericht die tatsächlichen Grundlagen der Arrestanordnung selbst ermittelt und rechtliche Auffassungen unabhängig von der Exekutive gewinnt und begründet.[57] Schematische oder formelhafte Darlegungen genügen dem nicht, sondern lassen den Schluss auf unzureichende Erfüllung der richterlichen Kontrolle zu.[58] An die Zumutbarkeit und das Verfahren der Anordnung einer Sicherstellung sind besondere Anforderungen zu stellen, da diese in einem Zeitpunkt erfolgt, in dem nur der Verdacht, nicht jedoch bereits eine abschließende Entscheidung über die Tatvorwürfe besteht.[59] Hierbei verlangt das Eigentumsgrundrecht eine Abwägung zwischen dem Sicherstellungsinteresse des Staates und den Eigentumspositionen des Beschuldigten, die in der **Verhältnismäßigkeitsprüfung** zu einer Wechselbeziehung zwischen dem Gewicht des Eingriffs und den Anforderungen an seine Anordnung führt.[60] Wenn nahezu das gesamte Vermögen betroffen ist, verlangt die Verhältnismäßigkeit eine besonders sorgfältige Prüfung und eingehende Darlegung der maßgeblichen tatsächlichen und rechtlichen Grundlagen der Anordnung,[61] insbesondere auch, damit der Beschuldigte dagegen wirksam Rechtsschutz suchen kann.[62] Die Einordnung des Vermögens als aus einer Straftat herrührend darf dabei nicht nur auf einer Vermutung beruhen.[63]

13 Wenn die Voraussetzungen des § 73 c StGB vorliegen, kann (nach dessen Satz 2) oder muss (dessen Satz 1) im Rahmen der **Ermessensausübung** von der Sicherstellung abgesehen werden.[64] An die unbillige Härte sind hierbei hohe Anforderungen zu stellen, der Verfall müsste das Über-

---

[43] BGH v. 25. 2. 1985 – 1 StE – 4/85, NStZ 1985, 262; *Pfeiffer* Rn. 2.
[44] KK-StPO/*Nack* Rn. 14.
[45] Meyer-Goßner/*Cierniak* Rn. 12; *Pfeiffer* Rn. 3.
[46] Löwe/Rosenberg/*Schäfer* Rn. 21.
[47] OLG Köln v. 10. 2. 2004 – 2 Ws 704/03, StV 2004, 413.
[48] KK-StPO/*Nack* Rn. 14; SK-StPO/*Rogall*, 4. Aufl., Rn. 40.
[49] OLG Stuttgart v. 21. 1. 2008 – 2 Ws 328/07, NJW 2008, 1605, 1607; OLG Frankfurt v. 21. 1. 2005 – 3 Ws 42/05, NStZ-RR 2005, 111; Meyer-Goßner/*Cierniak* Rn. 7.
[50] BGH v. 25. 2. 1985 – 1 StE – 4/85, NStZ 1985, 262; KK-StPO/*Nack* Rn. 14.
[51] *Marel* Anm zu OLG Köln v. 10. 2. 2004 – 2 Ws 704/03, StV 2004, 414, 415; KK-StPO/*Nack* Rn. 20.
[52] Meyer-Goßner/*Cierniak* Rn. 13.
[53] KK-StPO/*Nack* Rn. 13.
[54] *Greier* ZInsO 2007, 953, 956.
[55] SK-StPO/*Rogall*, 4. Aufl., Rn. 19; Löwe/Rosenberg/*Schäfer*, 25. Aufl., Rn. 17.
[56] KK-StPO/*Nack* Rn. 13.
[57] BVerfG v. 3. 5. 2005 – 2 BvR 1378/04, NJW 2005, 3630.
[58] BVerfG v. 3. 5. 2005 – 2 BvR 1378/04, NJW 2005, 3630, 3631.
[59] BVerfG v. 3. 5. 2005 – 2 BvR 1378/04, NJW 2005, 3630.
[60] BVerfG v. 3. 5. 2005 – 2 BvR 1378/04, NJW 2005, 3630.
[61] BVerfG v. 3. 5. 2005 – 2 BvR 1378/04, NJW 2005, 3630.
[62] BVerfG v. 29. 5. 2006 – 2 BvR 820/06, StV 2006, 449, 450.
[63] BVerfG v. 29. 5. 2006 – 2 BvR 820/06, StV 2006, 449.
[64] *Pfeiffer* Rn. 3.

maßverbot verletzen.[65] Gleiches gilt für § 74b Abs. 1 StGB; § 74b Abs. 2 ist nicht anzuwenden.[66]

Nach § 73 Abs. 1 S. 2 StGB ist der Verfall für der Schadloshaltung des Verletzten dienende Gegenstände ausgeschlossen. Entscheidend ist nur das Bestehen eines Verletztenanspruchs, die Wahrscheinlichkeit seiner Geltendmachung ist unerheblich,[67] anders nur bei Verzicht und Verjährung.[68] Hierauf nimmt Absatz 5 Bezug und lässt die Sicherstellung zur **Rückgewinnungshilfe** auch für diese Situation ausdrücklich zu. § 111b kann aufgrund des Absatz 5 angewendet werden, also ob es die Ausnahmeregelung des § 73 Abs. 1 Satz 2 StGB nicht gebe.[69] Den Ermittlungsbehörden bleiben damit schwierige Prüfungen erspart, ob im Verletztenanspruch besteht.[70] Eine Sicherstellung ist damit v. a. möglich, wenn nur hierdurch ein Verletzter davor bewahrt werden kann, Ersatzansprüche nicht realisieren zu können.[71] Allerdings wird eine ausschließlich zu Gunsten des Verletzten wirkende Sicherstellung nicht stets angezeigt sein, weil das Strafverfahren nicht der Durchsetzung zivilrechtlicher Ansprüche dient.[72] Ob die Rückgewinnungshilfe im Einzelfall geboten ist, steht im Ermessen der Beschlagnahmebehörde.[73] Gemeint ist aber pflichtgemäßes Ermessen.[74] Dabei ist der Opferschutz zu berücksichtigen, der ermessensleitend wirkt, im Einzelfall sogar eine Ermessensreduzierung auf Null nach sich ziehen kann.[75] Mit Blick hierauf ist die Sicherstellung in der Regel anzuordnen, wenn nicht ausnahmsweise geringen Schäden erheblicher Aufwand gegenübersteht.[76] Ein **subjektiver Anspruch** des Verletzten auf die Sicherstellung besteht aber nicht.[77] Die Sicherstellung im Rahmen der Rückgewinnungshilfe ist zu beenden, wenn der Verletzte eigene zumutbare Anstrengungen zur Erlangung eines Vollstreckungstitels nicht unternimmt.[78] Ein Verletzter bedarf, sofern er nach Anordnung der Sicherstellung Ansprüche im Wege der Zwangsvollstreckung durchsetzen will, der Zulassung hierfür nach §§ 111g, h. 14

Während eines laufenden Insolvenzverfahrens sind Vollstreckungsmaßnahmen im Rahmen der Rückgewinnungshilfe nach § 89 InsO unzulässig.[79] Die Beschlagnahme von Gegenständen wird mit der Insolvenzeröffnung nach § 80 Abs. 2 Satz 1 InsO unwirksam.[80] Der Arrest bleibt zwar unberührt, dem Staat steht aber mangels eigener Forderung keine Absonderung zu, so dass, wenn die Verletzten nicht vor Verfahrenseröffnung vollstreckt haben, die Maßnahme der Rückgewinnungshilfe obsolet wird und deshalb aufzuheben ist.[81] 15

Nach Absatz 4 sind die §§ 102 bis 110 entsprechend anzuwenden. Damit wird eine Hausdurchsuchung zum Auffinden des beschlagnahmten Gegenstandes möglich,[82] auch für die Rückgewinnungshilfe.[83] Es bedarf aber einer gesonderten Durchsuchungsanordnung.[84] Es gilt auch § 108, so dass Zufallsfunde vorläufig beschlagnahmt werden dürfen.[85] 16

Die Kosten der Sicherstellung sind Kosten des Strafverfahrens.[86] Bei Freispruch des Angeklagten trägt diese die Staatskasse.[87] 17

§ 111c [Sicherstellung durch Beschlagnahme]

(1) Die Beschlagnahme einer beweglichen Sache wird in den Fällen des § 111b dadurch bewirkt, daß die Sache in Gewahrsam genommen oder die Beschlagnahme durch Siegel oder in anderer Weise kenntlich gemacht wird.

(2) ¹Die Beschlagnahme eines Grundstückes oder eines Rechtes, das den Vorschriften über die Zwangsvollstreckung in das unbewegliche Vermögen unterliegt, wird dadurch bewirkt, daß ein

---

[65] BGH v. 10. 4. 1995 – 1 StR 836/94, NStZ 1995, 495; *Pfeiffer* Rn. 3.
[66] Meyer-Goßner/*Cierniak* Rn. 14.
[67] BGH v. 7. 12. 2000 – 4 StR 485/00, NStZ 2001, 257, 258; KK-StPO/*Nack* Rn. 17.
[68] Meyer-Goßner/*Cierniak* Rn. 5.
[69] *Theile* StV 2008, 161, 163.
[70] Meyer-Goßner/*Cierniak* Rn. 5.
[71] OLG Frankfurt v. 21. 1. 2005 – 3 Ws 42/05, NStZ-RR 2005, 111.
[72] OLG Karlsruhe v. 13. 8. 2004 – 3 Ws 159/04, StV 2004, 478, 479; KK-StPO/*Nack* Rn. 18.
[73] OLG Karlsruhe v. 13. 8. 2004 – 3 Ws 159/04, StV 2004, 478, 479.
[74] *Bach* JR 2008, 230.
[75] Löwe/Rosenberg/*Schäfer* Rn. 18 und 48 a.
[76] *Webel* wistra 2004, 249, 252.
[77] Löwe/Rosenberg/*Schäfer* Rn. 48 a.
[78] LG Bochum v. 5. 12. 2007 – 12 Qs 20/07, StV 2008, 237, 238.
[79] *Moldenhauer/Mommsen* wistra 2001, 456, 458; Meyer-Goßner/*Cierniak* Rn. 6.
[80] LG Köln v. 21. 2. 2006 – 5 O 288/05, ZIP 2006, 1059.
[81] LG Köln v. 21. 2. 2006 – 5 O 288/05, ZIP 2006, 1059, 1060; Meyer-Goßner/*Cierniak* Rn. 6.
[82] OLG Zweibrücken v. 27. 8. 2002 – 1 Ws 407/02, NStZ 2003, 446, 447.
[83] KK-StPO/*Nack* Rn. 15.
[84] KK-StPO/*Nack* Rn. 15; *Pfeiffer* Rn. 3.
[85] Löwe/Rosenberg/*Schäfer*, 25. Aufl., Rn. 47.
[86] OLG Karlsruhe v. 19. 1. 2001 – 3 Ws 235/00, StV 2003, 550, 551; OLG Oldenburg v. 3. 3. 2004 – 5 W 30/04, StV 2006, 29; Meyer-Goßner/*Cierniak* Rn. 16.
[87] KK-StPO/*Nack* Rn. 21.

§ 111c 1, 2   Erstes Buch. Allgemeine Vorschriften

Vermerk über die Beschlagnahme in das Grundbuch eingetragen wird. ²Die Vorschriften des Gesetzes über die Zwangsversteigerung und die Zwangsverwaltung über den Umfang der Beschlagnahme bei der Zwangsversteigerung gelten entsprechend.

(3) ¹Die Beschlagnahme einer Forderung oder eines anderen Vermögensrechtes, das nicht den Vorschriften über die Zwangsvollstreckung in das unbewegliche Vermögen unterliegt, wird durch Pfändung bewirkt. ²Die Vorschriften der Zivilprozeßordnung über die Zwangsvollstreckung in Forderungen und andere Vermögensrechte sind insoweit sinngemäß anzuwenden. ³Mit der Beschlagnahme ist die Aufforderung zur Abgabe der in § 840 Abs. 1 der Zivilprozeßordnung bezeichneten Erklärungen zu verbinden.

(4) ¹Die Beschlagnahme von Schiffen, Schiffsbauwerken und Luftfahrzeugen wird nach Absatz 1 bewirkt. ²Bei solchen Schiffen, Schiffsbauwerken und Luftfahrzeugen, die im Schiffsregister, Schiffsbauregister oder Register für Pfandrechte an Luftfahrzeugen eingetragen sind, ist die Beschlagnahme im Register einzutragen. ³Nicht eingetragene, aber eintragungsfähige Schiffsbauwerke oder Luftfahrzeuge können zu diesem Zweck zur Eintragung angemeldet werden; die Vorschriften, die bei der Anmeldung durch eine Person, die auf Grund eines vollstreckbaren Titels eine Eintragung in das Register verlangen kann, anzuwenden sind, gelten hierbei entsprechend.

(5) Die Beschlagnahme eines Gegenstandes nach den Absätzen 1 bis 4 hat die Wirkung eines Veräußerungsverbotes im Sinne des § 136 des Bürgerlichen Gesetzbuches; das Verbot umfaßt auch andere Verfügungen als Veräußerungen.

(6) ¹Eine beschlagnahmte bewegliche Sache kann dem Betroffenen
1. gegen sofortige Erlegung des Wertes zurückgegeben oder
2. unter dem Vorbehalt jederzeitigen Widerrufs zur vorläufigen weiteren Benutzung bis zum Abschluß des Verfahrens überlassen

werden. ²Der nach Satz 1 Nr. 1 erlegte Betrag tritt an die Stelle der Sache. ³Die Maßnahme nach Satz 1 Nr. 2 kann davon abhängig gemacht werden, daß der Betroffene Sicherheit leistet oder bestimmte Auflagen erfüllt.

Schrifttum: *Achenbach*, Polizeiliche Inverwahrnahme und strafprozessuales Veräußerungsverbot, NJW 1982, 2809; *Faust*, Das strafprozessuale Vermögensabschöpfungsrecht, Diss. Halle-Wittenberg 2007; *v. Gleichenstein*, Die Rückgewinnungshilfe gem. §§ 111 b ff. StPO in der Insolvenz des Täters, ZIP 2008, 1151; *Kiethe/Groeschke/Hohmann*, Die Vermögenszurückgewinnung beim Anlagebetrug im Spannungsverhältnis zur Insolvenzordnung, ZIP 2003, 185; *Malitz*, Die Berücksichtigung privater Interessen bei vorläufigen strafprozessualen Maßnahmen gemäß §§ 111 b ff. StPO, NStZ 2002, 337; *Spieker*, Verfall, Einziehung und dinglicher Arrest im Ermittlungsverfahren: Möglichkeiten der Strafverteidigung, StraFo 2002, 43; *Rönnau*, Vermögensabschöpfung in der Praxis, 2003; *ders./Hohn*, Wertverlust sichergestellter Gegenstände, wistra 2002, 447.

I. Allgemeines

1   Mit der Vorschrift wird die **Art** und **Weise** sowie die **Wirkung** der Beschlagnahme für die Fälle des § 111 b geregelt.¹ Die formlose Beschlagnahme nach § 94 ist unzulässig sowie unwirksam und genügt nicht bei Gegenständen, die sowohl als Beweismittel in Betracht kommen als auch der Einziehung bzw. dem Verfall unterliegen, um die Wirkung des Abs. 5 (Veräußerungsverbot nach § 136 BGB) herbeizuführen.² Grundsätzlich werden im Zwangsvollstreckungsverfahren entstehende Kosten dem Schuldner auferlegt (§ 788 ZPO).

II. Die Art und Weise der Beschlagnahme

2   **1. Bewegliche Sachen (Abs. 1).** Bewegliche Sachen werden durch die beschlagnahmende Behörde (§ 111 f Abs. 1) entweder **in Gewahrsam** genommen oder die Beschlagnahme wird **kenntlich gemacht**. Kleinere Schriftstücke und sonstige kleinere Gegenstände werden zu den Akten genommen oder mit ihnen verbunden, andere Sachen werden als Asservate bei der Polizei oder der StA verwahrt. EDV-Daten – die keine Sachen sind³ – werden mit Hilfe von Speichermedien, welche wiederum bewegliche Sachen sind, beschlagnahmt.⁴ Bei Ehegatten findet die Vermutung des § 739 ZPO iVm. § 1362 BGB Anwendung.⁵ Mit der Beschlagnahme wird ein **öffentlich-rechtliches Verwahrungsverhältnis** begründet,⁶ welches den Staat gegenüber dem Berechtigten zum Besitz berechtigt. Da der Staat aus eigenem Recht besitzt, besteht kein Besitzmittlungsverhältnis iS

---
¹ KK-StPO/*Nack* Rn. 1.
² OLG Düsseldorf v. 22. 11. 1999 – Ws 874/99, wistra 2000, 160; LG Dresden v. 11. 6. 2004 – 5 Qs 44/04, StV 2004, 531; LG Flensburg v. 15. 4. 2004 – 1 Qs 26/04, StV 2004, 644; *Achenbach* NJW 1982, 2809.
³ BGH v. 18. 12. 1989 – VIII ZR 325/88, BGHZ 109, 97, 99.
⁴ KK-StPO/*Nack* Rn. 2.
⁵ Löwe/Rosenberg/*Schäfer* Rn. 2; *Spieker* StraFo 2002, 43, 44.
⁶ BGH v. 3. 2. 2005 – III ZR 271/04, NJW 2005, 988; BGH v. 3. 2. 2005 – III ZR 271/04, NStZ 2005, 391.

des § 868 BGB zwischen ihm und dem Berechtigten.[7] Die Verwahrung kann jedoch auch einem Dritten gegen Bezahlung einer Verwahrungs- oder Pflegegebühr übertragen werden, der allein der zuständigen Strafverfolgungsbehörde gegenüber zur Herausgabe berechtigt ist.[8] In diesen Fällen empfiehlt sich die Kenntlichmachung der Sache als beschlagnahmt.

Bei der **Kenntlichmachung** der Sache als beschlagnahmt wird ein Siegel[9] oder ein anderes Mittel, das der Kenntlichmachung dient (Plomben[10] etc.), fest an die beschlagnahmte Sache angebracht. Die Beschlagnahme muss für jedermann deutlich und mühelos erkennbar ist. Nicht ausreichend ist die Kennzeichnung eines Raumes, in dem sich der beschlagnahmte Gegenstand befindet. Diese Beschlagnahmemöglichkeit kommt in Betracht, wenn wegen der Art (gefährlicher Stoff) oder der Größe (komplizierte Anlagen) des zu beschlagnahmenden Gegenstandes eine Verwahrung bei der Behörde nicht möglich ist. Es gelten die Grundsätze des § 808 ZPO.[11] Daher ist die Belassung von Geld, Kostbarkeiten und Wertpapieren entsprechend § 808 Abs. 2 S. 1 ZPO unzulässig.[12] 3

2. Grundstücken und grundstücksgleichen Rechte (Abs. 2). Bei Grundstücken und grundstücksgleichen Rechten wird die Beschlagnahme dadurch bewirkt, dass ein **Vermerk** über die Beschlagnahme **in das Grundbuch eingetragen** wird; die **Durchführung** regelt § 111 f Abs. 2 S. 1 (dort Rn. 6). Grundstücksgleiche Rechte sind bspw. das Erbbaurecht (§ 864 Abs. 1 ZPO), das Wohnungseigentum, das Bergwerkseigentum sowie landesrechtliche Jagd- und Fischereigerechtigkeiten.[13] Den **Umfang** bestimmen entsprechend Abs. 2 S. 2 die §§ 20 Abs. 2, 21 ZVG.[14] 4

3. Forderungen und andere Vermögensrechte (Abs. 3). Bei Forderungen und anderen Vermögensrechten wird die Beschlagnahme durch **Pfändung** bewirkt. Sinngemäß finden die Vorschriften der ZPO über die Zwangsvollstreckung in Forderungen und andere Vermögensrechte, die §§ 829 ff., 846 ff., 857 ff., Anwendung. Demzufolge sind das Zahlungs- und das Verfügungsverbot nach § 829 Abs. 1 ZPO in den richterlichen Beschluss oder die staatsanwaltschaftliche Pfändungsanordnung (vgl. § 111 e Abs. 1) aufzunehmen. Ein Pfändungsbeschluss muss die gepfändete Forderung und ihren Rechtsgrund so genau bezeichnen, dass bei verständiger Würdigung unzweifelhaft feststeht, um welche Forderung es sich handelt.[15] Befindet sich ein Gegenstand bereits im Besitz der StA, so ist dieser selbst zu pfänden und nicht gem § 847 Abs. 1 ZPO der Herausgabeanspruch.[16] Die **Mitwirkung des Gerichtsvollziehers** gem § 829 Abs. 2 S. 2 ZPO **entfällt**; an seine Stelle tritt die StA (§ 111 f Abs. 1). Ebenso veranlasst die StA die Zustellung. Die Geschäfte der StA bei der Durchführung der Beschlagnahme sind dem Rechtspfleger übertragen (§ 31 Abs. 1 RPflG). Der Drittschuldner ist aufzufordern, die Erklärung nach § 840 Abs. 1 ZPO abzugeben. Eine Hinterlegung nach § 853 ZPO bedarf der Zustimmung des zuständigen Gerichts.[17] Zur Pfändung von Wertpapieren.[18] 5

4. Schiffe, Schiffsbauwerke und Luftfahrzeuge (Abs. 4). Schiffe, Schiffsbauwerke und Luftfahrzeuge werden wie **bewegliche Sachen** (gem Abs. 1) beschlagnahmt; außerdem erfolgt eine **Eintragung im Register** (Abs. 4 S. 2). Gem § 111 f Abs. 2 ist für das Ersuchen bei dem Registergericht die StA oder das Gericht, welches die Beschlagnahme angeordnet hat zuständig. Sind eintragungsfähige Schiffsbauwerke und Luftfahrzeuge nicht im Register eingetragen, können sie zum Zweck der Beschlagnahme angemeldet werden (Abs. 4 S. 3). Diesbezüglich wird § 66 SchRegO um den Zweck der Eintragung des Beschlagnahmevermerks erweitert. 6

5. Wirkung der Beschlagnahme (Abs. 5). Die Beschlagnahme nach den Abs. 1 bis 4 hat die Wirkung eines **absoluten Veräußerungsverbots**.[19] Zwar legt der Wortlaut – wie vom BGH[20] angenommen – den Schluss auf ein relatives Veräußerungsverbot nahe, allerdings sprechen Sinn und Zweck der Vorschrift – die Sicherung der Beschlagnahme nach § 111 b – dagegen. Nur auf diese 7

---

[7] OLG München v. 26. 5. 1982 – 1 Ws 378/82, NJW 1982, 2330.
[8] KK-StPO/*Nack* Rn. 2; Meyer-Goßner/*Cierniak* Rn. 4.
[9] RG v. 20. 12. 1926 – III 901/26, RGSt 61, 101.
[10] OLG Frankfurt v. 22. 8. 1973 – 2 Ss 197/73, MDR 1973, 1033.
[11] *Spieker* StraFo 2002, 43, 44.
[12] Vgl. Löwe/Rosenberg/*Schäfer* Rn. 4.
[13] Vgl. Löwe/Rosenberg/*Schäfer* Rn. 5.
[14] *Spieker* StraFo 2002, 43, 45.
[15] OLG Frankfurt a. M. v. 18. 1. 2005 – 3 Ws 1095/04, NStZ-RR 2006, 81.
[16] OLG Frankfurt v. 18. 1. 2005 – 3 Ws 1095/04, NJW 2005, 1961 L = NStZ-RR 2005, 144/2006, 81.
[17] OLG Düsseldorf v. 26. 11. 1991 – 1 Ws 1010/91, NStZ 1992, 203.
[18] *Rönnau/Hohn* wistra 2002, 447, 450.
[19] Löwe/Rosenberg/*Schäfer* § 111 b Rn. 50 d; Nerlich/Römermann/*Wittkowski* § 80 InsO Rn. 179; *Kiethe/Groeschke/Hohmann* ZIP 2003, 185, 189; aA BT-Drucks. 16/700, S. 17; BGH v. 24. 5. 2007 – IX ZR 41/05, NJW 2007, 3350, 3351 = ZIP 2007, 1338; v. 6. 7. 2005 – 5 Ws 299–307 + 334/05, KG NStZ-RR 2005, 322; OLG Düsseldorf v. 20. 3. 1995 – 1 Ws 135/95, NJW 1995, 2239; Meyer-Goßner/*Cierniak* Rn. 10; KK-StPO/*Nack* Rn. 6; *v. Gleichenstein* ZIP 2008, 1151, 1157 ff.; *Faust* S. 184; *Malitz* NStZ 2002, 337, 341; *Rönnau* Rn. 35.
[20] BGH v. 24. 5. 2007 – IX ZR 41/05, NJW 2007, 3350, 3351 = ZIP 2007, 1338.

§ 111 d   Erstes Buch. Allgemeine Vorschriften

Weise kann das mit der Beschlagnahme verfolgte Ziel, die Sicherung von Einziehung – gerade bei gemeingefährlichen Gegenständen nach § 74 Abs. 2 Nr. 2 StGB wegen ihrer Verkehrsunfähigkeit[21] – und Verfall sowie die Schadloshaltung des Verletzten (vgl. § 111 g Abs. 3, dort Rn. 6), sichergestellt werden. Der Verletzte ist insbesondere im Insolvenzverfahren schutzbedürftig, daher ist § 80 Abs. 2 InsO nicht anwendbar.[22] Das Veräußerungsverbot führt zum Verfügungsverbot jeder Art (vgl. Abs. 5 Hs 2); bei einer dennoch erfolgten Verfügung sind gem § 135 Abs. 2 BGB die Vorschriften zugunsten derjenigen, welche Rechte von einem Nichtberechtigten herleiten entsprechend anzuwenden. Demzufolge muss sich der gute Glaube auf das Nichtbestehen des Veräußerungsverbotes beziehen.[23]

8   Das Veräußerungsverbot **entsteht** mit dem **Vollzug** der Beschlagnahme.[24] Das heißt für bewegliche Sachen, Schiffe etc. (Abs. 1, Abs. 4) mit der Ingewahrsamnahme, Siegelung oder Kenntlichmachung, bei Grundstücken o. Ä. (Abs. 2) mit der Registereintragung und bei Forderungen etc. (Abs. 3) mit der Zustellung des Pfändungsbeschlusses.[25] Bei Schiffen etc. (Abs. 4) ist die Eintragung keine Voraussetzung des Veräußerungsverbotes, wirkt sich aber ggf auf einen gutgläubigen Erwerb aus.

9   **6. Rückgabe beschlagnahmter beweglicher Sachen an den Betroffenen (Abs. 6).** Die Rückgabe beschlagnahmter beweglicher Sachen an den Betroffenen kann – auch wenn er der Beschuldigte ist – Zug um Zug[26] gegen Hinterlegung des Wertes (Nr. 1) oder unter dem Vorbehalt jederzeitigen Widerrufs zur vorläufigen weiteren Benutzung bis zum Abschluss des Verfahrens (Nr. 2) erfolgen. Da der nach Nr. 1 hinterlegte Betrag an die Stelle der Sache tritt (Abs. 6 S. 2), ist die Sache nicht mehr nach § 136 StGB verstrickt und unterliegt ebensowenig dem Veräußerungsverbot (Abs. 5). Aus diesem Grund darf eine zugleich als Beweisgegenstand beschlagnahmte Sache (§ 94) nicht nach Nr. 1 zurückgegeben werden und auch nicht nach Nr. 2 nur, wenn ihr Beweiswert nicht gefährdet wird.[27] Die Anwendung von S. 1 Nr. 1 kommt vor allem bei **verderblichen Sachen** zur Abwendung einer Notveräußerung (§ 111 l) und die von S. 1 Nr. 2 bei Maßnahmen, die nach Anwendung des **Verhältnismäßigkeitsgrundsatzes** anstelle der in Frage kommenden Einziehung zu erwägen sind (§ 74 b Abs. 2 StGB), in Betracht.[28] Die Entscheidung trifft die StA nach pflichtgemäßen Ermessen (§ 111 f). Sie legt den Betrag fest, der nach Nr. 1 anstelle der Sache in Geld oder geldwerten Papieren zu entrichten ist.[29]

III. Rechtsbehelfe

10 Zu den Rechtsmitteln gegen die Anordnung der Maßnahmen siehe die Erläuterungen zu § 111 e, zu denen gegen deren Durchführung die Erläuterungen zu § 111 f.

§ 111 d [Sicherstellung durch dinglichen Arrest]

(1) ¹Wegen des Verfalls oder der Einziehung von Wertersatz, wegen einer Geldstrafe oder der voraussichtlich entstehenden Kosten des Strafverfahrens kann der dingliche Arrest angeordnet werden. ²Wegen einer Geldstrafe und der voraussichtlich entstehenden Kosten darf der Arrest erst angeordnet werden, wenn gegen den Beschuldigten ein auf Strafe lautendes Urteil ergangen ist. ³Zur Sicherung der Vollstreckungskosten sowie geringfügiger Beträge ergeht kein Arrest.

(2) Die §§ 917 und 920 Abs. 1 sowie die §§ 923, 928, 930 bis 932 und 934 Abs. 1 der Zivilprozeßordnung gelten sinngemäß.

(3) Ist der Arrest wegen einer Geldstrafe oder der voraussichtlich entstehenden Kosten angeordnet worden, so ist eine Vollziehungsmaßnahme auf Antrag des Beschuldigten aufzuheben, soweit der Beschuldigte den Pfandgegenstand zur Aufbringung der Kosten seiner Verteidigung, seines Unterhalts oder des Unterhalts seiner Familie benötigt.

Schrifttum: *Achenbach*, Vermögensrechtlicher Opferschutz im strafprozessualen Vorverfahren, FS Blau 1985, S. 1; *Bach*, Ist eine Kahlarrestierung des Beschuldigten möglich?, StraFo 2005, 485; *Bittmann/Kühn*, Der Arrestgrund beim strafprozessualen dinglichen Arrest, wistra 2002, 248; *Borggräfe/Schütt*, Grundrechte und dinglicher Arrest, StraFo

---

[21] OLG Bremen v. 28. 3. 1951 – Ss 1/51, NJW 1951, 675; Löwe/Rosenberg/*Schäfer* Rn. 16.
[22] *Kiethe/Groeschke/Hohmann* ZIP 2003, 185, 189.
[23] RGZ 90, 335, 338; BGH v. 25. 2. 1985 – 1 StE 4/85, NStZ 1985, 262; BGH v. 18. 2. 1981 – VIII ZR 20/80, NJW 1981, 1271.
[24] Vgl. *Faust*, die ausdrücklich noch einmal auf den Unterschied zwischen Anordnung und Vollziehung der Beschlagnahme abstellt, S. 184.
[25] LG Dresden v. 11. 6. 2004 – 5 Qs 44/04, StV 2004, 531; LG Flensburg v. 15. 4. 2004 – I Qs 26/04, StV 2004, 644; OLG Düsseldorf v. 22. 11. 1999 – Ws 874/99, wistra 2000, 160.
[26] *Rönnau/Hohn* wistra 2002, 447, 449.
[27] KMR/*Mayer* Rn. 24; Löwe/Rosenberg/*Schäfer* Rn. 17.
[28] Löwe/Rosenberg/*Schäfer* Rn. 17; Meyer-Goßner/*Cierniak* Rn. 14; KK-StPO/*Nack* Rn. 7.
[29] *Rönnau/Hohn* wistra 2002, 447, 449.

2006, 133; *Dörn,* Sicherstellung von Geld durch die Finanzbehörde im Steuerstrafverfahren, wistra 1990, 181; *v. Gleichenstein,* Die Rückgewinnungshilfe gem. §§ 111 b ff. StPO in der Insolvenz des Täters, ZIP 2008, 1151; *Greier,* Zum Spannungsverhältnis zwischen Insolvenzrecht und strafprozessualer Vermögensbeschlagnahme, ZInsO 2007, 953; *Hees,* Beschlagnahme und arrestierte Vermögenswerte in der Insolvenz des Straftäters, ZIP 2004, 298; *Hellerbrand,* Der dingliche Arrest zur Sicherung des Verfalls von Wertersatz im Ermittlungsverfahren, wistra 2003, 202; *Herzog/Hoch/Warius,* Die Sicherheitsleistung als Vehikel der Rückgewinnungshilfe – Rückgewinnungshilfe contra konkrete und wirkliche Strafverteidigung?, StV 2007, 542; *Kempf/Schilling,* Bürokratisierung von Menschenrechten – Zur Vermögenssicherung im Ermittlungsverfahren, StraFo 2006, 180; *Lohse,* Sicherung der Gewinnabschöpfung und Vollstreckung durch den Verletzten, AnwBl 2006, 605; *Malitz,* Die Berücksichtigung privater Interessen bei vorläufigen strafprozessualen Maßnahmen gemäß §§ 111 b ff. StPO, NStZ 2002, 337; *Rönnau,* Zeitliche Grenzen der Aufrechterhaltung von Maßnahmen zur Sicherung von Ansprüchen Tatgeschädigter, StV 2003, 583; *Sättle,* Unabtretbarkeit einer Kaution, StV 2000, 510, 512; *Schmerbach,* Strafprozessualer Arrest, Insolvenzeröffnung, Pfändung, EWiR 2005, 357; *Schmid/Winter,* Vermögensabschöpfung in Wirtschaftsstrafverfahren – Rechtsfragen und praktische Erfahrungen, NStZ 2002, 1; *Taschke,* Verteidigung von Unternehmen – Die wirtschaftsstrafrechtliche Unternehmensberatung, StV 2007, 495; *Wehnert/Mosiek,* Untiefen der Vermögensabschöpfung in Wirtschaftsstrafsachen aus Sicht des Strafverteidigers, StV 2005, 573.

I. Allgemeines

Als **abschließende Regelung** dient die Norm der Sicherung von Zahlungsansprüchen der Staatskasse gegen den Beschuldigten oder Dritte (§§ 73 Abs. 3, 73 a StGB).[1] Wegen anderer Geldforderungen ist ein Arrestverfahren nicht zulässig, auch nicht nach §§ 916 ff. ZPO.[2] Auch sonst ist der Arrest nach den Vorschriften der ZPO neben dem dinglichen Arrest des § 111 d ausgeschlossen. Nach Eröffnung des Insolvenzverfahrens ist die Anordnung des Arrestes wegen § 89 InsO unzulässig.[3]

II. Arrestanordnung und -vollzug

1. Arrestanspruch (Abs. 1). Wegen des **Verfalls** oder der **Einziehung von Wertersatz** ist die Anordnung des dinglichen Arrestes möglich. Der Umfang der Sicherung richtet sich beim Verfall nach dem Bruttoprinzip (§ 73 StGB), bei der Einziehung nach dem Wert des Gegenstandes (§ 74 c Abs. 1 StGB). Die §§ 73 c, § 74 b StGB sind zu beachten. Bereits im Ermittlungsverfahren und noch nach Urteilsrechtskraft, wenn eine nachträgliche Anordnung nach § 76 StGB in Betracht kommt, ist der Arrest zulässig. Ausreichend ist der Anfangsverdacht bzgl. einer Straftat und Gründe, die für die Annahme sprechen, dass der Verfall oder die Einziehung von Wertersatz im Urteil ausgesprochen werden.

Der dingliche Arrest kann gem. § 111 b Abs. 5 auch zur **Sicherung von Ansprüchen des Verletzten** – auch gegen Dritte iS von § 73 Abs. 3 StGB[4] – verhängt werden.[5] Im Rahmen der Ermessensentscheidung wird das Gericht (die StA) die Belange des Opferschutzes, aber auch die tatsächlichen und rechtlichen Möglichkeiten des Verletzten, seine Rechte selbst durchzusetzen, die Schwere des Eingriffs in das Eigentumsrecht des Betroffenen, den Verdachtsgrad, die Schadenshöhe und den die Strafverfolgungsbehörden treffenden Kosten- und sonstigen Aufwand zu berücksichtigen haben.[6] Der Sicherung von (Ausgleichs-)Ansprüchen zwischen Tatbeteiligten dient die Vorschrift nicht.[7]

Zur Anordnung des dinglichen Arrestes wegen einer **Geldstrafe** oder der **Verfahrenskosten** ist Voraussetzung die Verurteilung zu einer Geldstrafe bzw. zur Zahlung der Verfahrenskosten (§ 465 Abs. 1). Der Strafbefehl steht dem Urteil nicht gleich;[8] da die Wirkung eines Urteils erst eintritt, wenn kein rechtzeitiger Einspruch eingelegt ist. Der Arrest ist zur Sicherung der bereits angefallenen, der zu erwartenden (wegen Berufung oder Revision) und der durch den Arrest selbst verursachten Verfahrenskosten[9] zulässig. Nur die der Staatskasse zu erstattenden Kosten können gesichert werden (§ 464 a Abs. 1 S. 1), nicht die Erstattungsansprüche anderer Verfahrensbeteiligter. Allerdings ergeht wegen der Vollstreckungskosten (§ 464 a Abs. 1 S. 2) und wegen geringfügiger Be-

---

[1] BGH – Ermittlungsrichter v. 28. 11. 2005 – 3 BGs 159/05, NStZ-RR 2006, 266; OLG Schleswig v. 28. 7. 2006 – 1 Ws 287/06 (96/06), SchlHA 2007, 278.
[2] Meyer-Goßner/*Cierniak* Rn. 1.
[3] KG v. 6. 7. 2005 – 5 Ws 299 – 307 + 334/05, NJW 2005, 3734.
[4] OLG Karlsruhe v. 16. 10. 2007 – 3 Ws 308/07, NJW 2008, 162; LG Hildesheim v. 5. 9. 2006 – 25 Qs 6/06, wistra 2007, 274.
[5] LG Berlin v. 26. 2. 1990 – 505 Qs 27/89, NStZ 1991, 437 m. Anm. *Meurer* und Anm. *Dörn* wistra 1990, 181; LG Kiel v. 23. 12. 1998 – 31 Qs 46/98, SchlHA 1999, 131; *Achenbach,* FS Blau, 1985, S. 1, 17.
[6] BVerfG v. 7. 6. 2005 – 2 BvR 1822/04, StraFo 2005, 338, 339; OLG Karlsruhe v. 16. 10. 2007 – 3 Ws 308/07, NJW 2008, 162; OLG Oldenburg v. 26. 11. 2007 – 1 Ws 554/07, StraFo 2008, 25; LG Saarbrücken v. 5. 5. 2008 – 2 Qs 22/08, NStZ-RR 2008, 284 (zum Rückgewinnanspruch des Steuerfiskus und einer dem Recht nach AO 324 ff. AO nicht vorhandenen Möglichkeit bei der Rückgewinnung des Steuerfiskus nach § 324 ff. AO eine selbständigen dinglichen Arrest zu erwirken; AG Hamburg v. 27. 2. 2006 – 168 Gs 202/06, StraFo 2006, 198; *Greier* ZInsO 2007, 953, 956; *Hellerbrand* wistra 2003, 204; *Lohse* AnwBl 2006, 605; *Malitz* NStZ 2002, 337, 339.
[7] OLG Karlsruhe v. 13. 8. 2004 – 3 Ws 159/04, NJW 2005, 1815 = wistra 2004, 478; Meyer-Goßner/*Cierniak* Rn. 4.
[8] KMR/*Mayer* Rn. 14; KK-StPO/*Nack* Rn. 5; Meyer-Goßner/*Rogall* Rn. 10.
[9] OLG Oldenburg v. 3. 3. 2004 – 5 W 30/04, StV 2006, 29.

träge gem Abs. 1 S. 3 kein Arrest. **Geringfügig** ist der Betrag, wenn der durch den Arrest entstehende Verwaltungsaufwand in keinem angemessenen Verhältnis zur Bedeutung der Sache steht.[10] Dies wird bei Beträgen bis zu 125 €,[11] 150 €[12] bzw. 200 €[13] angenommen. Zu erwartende Kosten dürfen geschätzt werden.[14]

4 **2. Arrestgrund (Abs. 2).** Der Arrest setzt die **Besorgnis** voraus, dass ohne dessen Verhängung die **Vollstreckung des Urteils vereitelt oder wesentlich erschwert** werden würde (§ 917 Abs. 1 ZPO).[15] Dies ist in der Regel der Fall, wenn der Arrest im Ausland vollstreckt werden müsste (§ 917 Abs. 2 ZPO), die Arrestforderung nicht mehr beigetrieben werden kann,[16] der Täter seine Vermögensverhältnisse verschleiert, Vermögensgegenstände versteckt oder verschleudert.[17] Schlechte Vermögensverhältnisse allein genügen hingegen nicht.[18] Zu umfangreichen und zeitaufwändigen Wertermittlungen ist das Gericht vor Erlass der Arrestanordnung jedoch nicht verpflichtet.[19] Die Strafgerichte sind nicht an den Beibringungsgrundsatz und nicht an das Mittel der Glaubhaftmachung gebunden. Es gelten der Amtsermittlungsgrundsatz und das Freibeweisverfahren.[20]

5 **3. Arrestgesuch und -anordnung (Abs. 2). a) Arrestgesuch.** Das Arrestgesuch (§ 920 Abs. 1 ZPO) wird von der StA gestellt, nach Klageerhebung kann das Gericht von Amts wegen handeln.

6 **b) Zuständigkeit.** Zuständig für die Arrestanordnung ist nach § 111e Abs. 1 S. 1 grundsätzlich das **Gericht**, bei **Gefahr im Verzug** – deren Notwendigkeit in den Akten niedergelegt sein muss[21] – auch die StA. Sie muss jedoch innerhalb einer Woche eine richterliche Bestätigung beantragen (§ 111e Abs. 2 S. 1). Die Zuständigkeit richtet sich nach der StPO.[22]

7 **c) Entscheidung des Gerichts.** Das Gericht entscheidet durch **Beschluss**, der gem § 34 mit Gründen und den nach § 920 Abs. 1 ZPO bezeichneten Angaben zu versehen ist. Die vorherige Anhörung des Betroffenen unterbleibt (§ 33 Abs. 4 S. 1).[23] Die nicht formgebundene **Bekanntgabe** der Arrestanordnung (§ 35 Abs. 2 S. 2) erfolgt nach ihrer – nicht gem § 929 Abs. 2 ZPO befristeten[24] – Vollziehung gegenüber dem Betroffenen.[25] Weitere Mitteilungspflichten bestimmt § 111e Abs. 3, Abs. 4. Die Anordnung unterliegt dem **Grundsatz der Verhältnismäßigkeit**;[26] wird durch sie nahezu das gesamte Vermögen der Verfügungsbefugnis des Betroffenen entzogen, so ist eine besonders sorgfältige Prüfung erforderlich.[27]

8 **d) Inhalt der Anordnung.** Der Arrestbeschluss muss den **zu sichernden Anspruch, die Höhe der Forderung und den Arrestgrund** (Rn. 4) beinhalten (vgl. § 920 Abs. 1 ZPO). Eine Glaubhaftmachung ist nicht erforderlich, jedoch sind **konkrete Anhaltspunkte** für Arrestanspruch und -grund vorzulegen.[28] Außerdem ist der Geldbetrag festzusetzen, durch dessen Hinterlegung die Vollziehung des Arrestes gehemmt und der Schuldner zu dem Antrag auf Aufhebung des vollzogenen Arrestes berechtigt wird (§ 923 ZPO iVm. § 934 Abs. 1 ZPO); diese Angabe kann nachgeholt werden.[29]

9 **e) Aufhebung der Anordnung.** Die Arrestanordnung ist grundsätzlich bis zum rechtskräftigen Abschluss des Verfahrens **wirksam**.[30] Sie muss unverzüglich **aufgehoben** werden, wenn ihre Vor-

---

[10] Löwe/Rosenberg/*Schäfer* Rn. 14; Meyer-Goßner/*Cierniak* Rn. 7; SK/*Rogall* Rn. 10.
[11] Meyer-Goßner/*Cierniak* Rn. 7.
[12] KK-StPO/*Nack* Rn. 5; Löwe/Rosenberg/*Schäfer* Rn. 14.
[13] KMR/*Mayer* Rn. 2.
[14] OLG Frankfurt v. 18. 1. 1005 – 3 Ws 1095/04, NStZ-RR 2005, 144.
[15] Vgl. *Schmid/Winter* NStZ 2002, 1, 9.
[16] OLG Düsseldorf v. 10. 12. 1990 – 2 Ws 616/90, Rechtspfleger 1991, 216; OLG Frankfurt v. 21. 1. 2005 – 3 Ws 42/05, NStZ-RR 2005, 111; OLG Stuttgart v. 11. 4. 2007 – 2 Ws 41/07, wistra 2007, 276, 279; *Bittmann/Kühn*, wistra 2002, 248; enger OLG Oldenburg v. 26. 11. 2007 – 1 Ws 554/07, StraFo 2008, 25; LG Hamburg v. 13. 4. 2004 – 620 Qs 13/04, NStZ 2004, 215.
[17] *Hellerbrand* wistra 2003, 202, 203; Meyer-Goßner/*Cierniak* Rn. 8.
[18] OLG Frankfurt a. M. v. 19. 10. 1993 – 3 Ws 614 + 615/93, StV 1994, 234; LG Kiel v. 21. 5. 2001 – 5 Qs 45/01, wistra 2001, 319.
[19] OLG Köln v. 30. 3. 2004 – 2 Ws 105/04, NJW 2004, 2397; kritisch *Wehnert/Mosiek* StV 2005, 573.
[20] Hanseatisches OLG Hamburg v. 23. 7. 2008 – 1 Ws 47/08 – 1 OBL 39/08, 1 Ws 47/08, 1 OBL 39/08.
[21] Meyer-Goßner/*Cierniak* Rn. 9.
[22] BGH v. 1. 9. 2004 – 5 ARs 55/04, wistra 2005, 35; BGH v. 27. 1. 2005 – 3 StR 431/04, NStZ-RR 2005, 146.
[23] BVerfG v. 19. 1. 2006 – 2 BuR 1075/05, NJW 2006, 1048.
[24] OLG Schleswig v. 20. 12. 2005 – 2 W 205/05, SchlHA 2006, 321.
[25] KK-StPO/*Nack* § 111 e Rn. 9; Löwe/Rosenberg/*Schäfer* § 111 e Rn. 12; Meyer-Goßner/*Cierniak* Rn. 11.
[26] BVerfG v. 14. 6. 2004 – 2 BvR 1136/03, StV 2004, 409; BVerfG v. 17. 7. 2008 – 2 BvR 2182/06, WM 2008, 1588; OLG Celle, Beschluss v. 20. 5. 2008 – 2 Ws 155/08, StV 2009, 120; OLG Köln v. 30. 3. 2004 – 2 Ws 105/04, NJW 2004, 2397; OLG Stuttgart v. 11. 4. 2007 – 2 Ws 41/07, wistra 2007, 276, 279; OLG Frankfurt v. 22. 4. 2008 – 3 Ws 372/08; hierzu Theile, StV 2009, 161.
[27] BVerfG v. 29. 3. 2006 – 2 BvR 820/06, NStZ 2006, 639; Meyer-Goßner/*Cierniak* Rn. 9; vgl. *Taschke* StV 2007, 495, 498 zu möglichen Folgen für ein Unternehmen.
[28] *Hellerbrand*, wistra 2003, 202.
[29] OLG Hamburg v. 18. 2. 1958 – 2 U 233/57, NJW 1958, 1145 m. Anm. *Lent*; Löwe/Rosenberg/*Schäfer* Rn. 28; Meyer-Goßner/*Cierniak* Rn. 10; *Thomas/Putzo* § 923 ZPO Rn. 1.
[30] BGH v. 11. 5. 1979 – StB 26 + 27/79 (4 BJs 40/79), BGHSt 29, 13, 15.

aussetzungen nach §§ 111 b Abs. 2, 111 d Abs. 2 entfallen.[31] Ein erlassener Arrestbefehl wird unverhältnismäßig, wenn der rechtskräftige Abschluss des Verfahrens allein durch Umstände aus der Sphäre des Staates unnötig verzögert wird, weil in diesem Falle eine durch die Sache nicht mehr gebotene und damit nicht mehr hinnehmbare Belastung des Angeklagten entsteht.[32] Eine noch nicht vollzogene Arrestanordnung ist mit Insolvenzeröffnung aufzuheben,[33] da für den Vollzug des Arrestes und für die Zwangsvollstreckung des Verletzten in den arrestierten Gegenstand die §§ 87–89 InsO gelten. Demzufolge kommt einem Verletzten der vollzogene Arrest nur zugute, soweit er vor dem maßgeblichen Zeitpunkt des § 88 InsO in den Gegenstand vollstreckt hat.[34] Zwar wird die dennoch erfolgte „Befriedigung" nicht gemäß § 88 InsO unwirksam, sie unterliegt aber der Anfechtung gem § 131 Abs. 1 Nr. 1 InsO.[35] § 945 ZPO ist nicht entsprechend anwendbar, sondern es besteht nur eine **staatliche Entschädigungspflicht** nach § 2 Abs. 2 Nr. 4 StrEG.[36]

4. Arrestvollziehung (Abs. 2). Dieser richtet sich nach den §§ 928, 930–932, 934 Abs. 1 ZPO. 10 Die Vollziehung des Arrestes in **bewegliches Vermögen** und in **Forderungen** erfolgt durch Pfändung (§ 930 ZPO) ebenso die in eingetragene **Schiffe** oder **Schiffsbauwerke** (§ 931 ZPO). Dadurch entsteht ein Pfandrecht für den Staat.[37] Gepfändetes Geld wird gem § 930 Abs. 2 ZPO hinterlegt. Der Anspruch auf Herausgabe einer freigewordenen Sicherheit unterliegt ebenfalls der Pfändung.[38] Die Vollziehung des Arrestes in ein **Grundstück** oder **grundstücksgleiches Recht** erfolgt durch Eintragung einer Sicherungshypothek in das Grundbuch (§ 932 ZPO).

Die **Zuständigkeit** für die Arrestvollziehung ist in § 111 f Abs. 3 geregelt (vgl. dort Rn. 5). 11

5. Aufhebung der Arrestvollziehung. a) Hinterlegung der Geldsumme. Die Arrestvollziehung 12 wird mit Hinterlegen des nach § 923 ZPO festgestellten Geldbetrages bzw. einer entsprechenden Bankbürgschaft[39] oder ausreichenden Wertpapieren[40] aufgehoben (§ 934 Abs. 1 ZPO). Der Arrest selbst entfällt dadurch jedoch nicht.[41]

b) Notlage des Beschuldigten. Die Vollziehung des Arrestes, der wegen einer Geldstrafe oder 13 der voraussichtlich entstehenden Verfahrenskosten angeordnet wurde, ist gem **Abs. 3** auf Antrag des Beschuldigten aufzuheben,[42] wenn dieser den Pfandgegenstand zur Aufbringung der Kosten seiner Verteidigung, seines Unterhalts oder des Unterhalts seiner Familie benötigt. In dem Antrag sind die Voraussetzungen für die Aufhebung darzulegen und in entsprechender Anwendung von § 111 g Abs. 2 gem § 294 ZPO glaubhaft zu machen.[43] Bei mehreren Vollziehungsmaßnahmen kann das Gericht bestimmen, welche von ihnen aufgehoben oder eingeschränkt wird.[44]

Kosten der Verteidigung sind die Gebühren und Auslagen des Verteidigers, auch die nach § 4 14 RVG vereinbarten Gebühren,[45] soweit sie nicht übermäßig hoch sind,[46] und die Aufwendungen für Reisen zum Verteidiger oder Gericht.[47] Eine Wertfestsetzung kann nach §§ 2 Abs. 1, 33 Abs. 1 RVG erfolgen.[48] **Kosten des Unterhalts** sind die notwendigen Kosten, wobei dem Beschuldigten insbesondere die pfändungsfreien Beträge nach §§ 850 ff. ZPO zu belassen sind.[49] Einem inhaf-

---

[31] BVerfG v. 7. 6. 2005 – 2 BvR 1822/04, StraFo 2005, 338, 340; OLG Düsseldorf v. 20. 2. 2002 – 2 Ws 375 – 377/01, NStZ-RR 2002, 173; OLG Frankfurt a.M. v. 5. 1. 1996 – 3 Ws 92/96, NStZ-RR 1996, 255; LG Halle v. 26. 9. 2006 – 28 KLs 25/06, wistra 2007, 120; vgl. *Rönnau* StV 2003, 583.
[32] OLG Frankfurt am Main v. 22. 4. 2008 – 3 Ws 372/08, StV 2008, 624.
[33] KG v. 6. 7. 2005 – 5 Ws 299 – 307+334/05, NJW 2005, 3734 = NStZ-RR 2005, 322; LG Saarbrücken v. 19. 5. 2003 – 8 Qs 86/03, NStZ-RR 2004, 274; zweifelhaft LG Berlin v. 8. 3. 2005 – 3 Wi Js 82/04 – 505 – 11/04 (Sb. Finanzermittlung), wistra 2005, 277, 279.
[34] OLG Köln v. 8. 8. 2003 – 2 Ws 433/03, ZIP 2004, 2013 mAnm *Schmerbach* EWiR 2005, 357; *Greier* ZInsO 2007, 953, 955; *Hees* ZIP 2004, 298, 299.
[35] Braun/*Kroth*, 3. Aufl. 2007, § 88 InsO Rn. 5; MünchKommInsO/*Breuer*, 2. Aufl. 2007, § 88 Rn. 16; vgl. hierzu auch *Kiethe/Groeschke/Hohmann* ZIP 2003, 185, 190; *v. Gleichenstein* ZIP 2008, 1151, 1158.
[36] Löwe/Rosenberg/*Schäfer* Rn. 43; Meyer-Goßner/*Cierniak* Rn. 15; aA *Borggräfe/Schütt* StraFo 2006, 133, 139.
[37] AG Saarbrücken v. 14. 12. 1999 – 1 Gs 1753/99, wistra 2000, 194.
[38] OLG Frankfurt a.M. v. 10. 3. 2005 – 2 Ws 66/04, NJW 2005, 1727, 1728, 1733, 1735 m. krit. Anm. Herzog/Hoch/*Warius* StV 2007, 542; bereits vor deren Freigabe BGHZ 95, 109, 115 = v. 24. 6. 1985 – III ZR 219/83, NJW 1985, 2820, 2821; OLG Frankfurt a. M. v. 3. 2. 2000 – 20 W 400/99, StV 2000, 509; *Sättle* StV 2000, 512.
[39] Löwe/Rosenberg/*Schäfer* Rn. 28.
[40] Meyer-Goßner/*Cierniak* Rn. 17.
[41] OLG Stuttgart v.11. 4. 2007 – 2 Ws 41/07, wistra 2007, 276, 279; AG Hanau v. 11. 1. 1974 – 34 C 450/73, NJW 1974, 1662.
[42] Krit. *Kempf/Schilling* StraFo 2006, 180, 188.
[43] OLG Karlsruhe v. 19. 1. 2001 – 3 Ws 235/00, StraFo 2002, 84; OLG Stuttgart v. 23. 7. 2001 – 8 WF 34/01, Justiz 2002, 20, 21.
[44] Löwe/Rosenberg/*Schäfer* Rn. 36; Meyer-Goßner/*Cierniak* Rn. 18.
[45] *Bach* StraFo 2005, 485, 486.
[46] KK-StPO/*Nack* Rn. 13.
[47] Meyer-Goßner/*Cierniak* Rn. 19.
[48] OLG Hamm v. 17. 1. 2008 – 3 Ws 560/07, 3 Ws 592/07, AGS 2008, 175.
[49] KMR/*Mayer* Rn. 16; Löwe/Rosenberg/*Schäfer* Rn. 38.

tierten Beschuldigten ist Eigengeld entsprechend § 811 Abs. 1 Nr. 8 ZPO in dem zur Deckung persönlicher Bedürfnisse erforderlichen Umfang zu belassen.[50]

15 Das **zuständige Gericht** bestimmt sich nach § 111e Abs. 1 S. 1, Abs. 2 S. 1; nach Aktenvorlage gem § 321 S. 2 das Berufungsgericht[51] und statt des Revisionsgerichts der letzte Tatrichter; bei einer Beschwerde gegen die Anordnung des Arrests nicht das Beschwerdegericht.[52] Nach §§ 20 Nr. 15, 22 Nr. 2 RPflG sind die Geschäfte dem Rechtspfleger übertragen. Gem § 33 Abs. 2 ist die StA zu hören.

III. Rechtsbehelfe

16 Zu den Rechtsmitteln gegen die Anordnung der Maßnahmen siehe die Erläuterungen zu § 111e, zu denen gegen deren Durchführung die Erläuterungen zu § 111f.

§ 111e [Anordnung der Beschlagnahme oder des Arrestes]

(1) [1]Zu der Anordnung der Beschlagnahme (§ 111c) und des Arrestes (§ 111d) ist nur das Gericht, bei Gefahr im Verzuge auch die Staatsanwaltschaft befugt. [2]Zur Anordnung der Beschlagnahme einer beweglichen Sache (§ 111c Abs. 1) sind bei Gefahr im Verzuge auch die Ermittlungspersonen der Staatsanwaltschaft (§ 152 des Gerichtsverfassungsgesetzes) befugt.

(2) [1]Hat die Staatsanwaltschaft die Beschlagnahme oder den Arrest angeordnet, so beantragt sie innerhalb einer Woche die gerichtliche Bestätigung der Anordnung. [2]Dies gilt nicht, wenn die Beschlagnahme einer beweglichen Sache angeordnet ist. [3]Der Betroffene kann in allen Fällen jederzeit die Entscheidung des Gerichts beantragen.

(3) Der Vollzug der Beschlagnahme und des Arrestes ist dem durch die Tat Verletzten, soweit er bekannt ist oder im Verlauf des Verfahrens bekannt wird, unverzüglich durch die Staatsanwaltschaft mitzuteilen.

(4) [1]Die Mitteilung kann durch einmalige Bekanntmachung im elektronischen Bundesanzeiger erfolgen, wenn eine Mitteilung gegenüber jedem einzelnen Verletzten mit unverhältnismäßigem Aufwand verbunden wäre oder wenn zu vermuten ist, dass noch unbekannten Verletzten aus der Tat Ansprüche erwachsen sind. [2]Zusätzlich kann die Mitteilung auch in anderer geeigneter Weise veröffentlicht werden. [3]Personendaten dürfen nur veröffentlicht werden, soweit ihre Angabe unerlässlich ist, um den Verletzten zur Durchsetzung ihrer Ansprüche den Zugriff auf die gesicherten Vermögenswerte zu ermöglichen. [4]Nach Beendigung der Sicherungsmaßnahmen veranlasst die Staatsanwaltschaft die Löschung der im elektronischen Bundesanzeiger vorgenommenen Veröffentlichung.

Schrifttum: *Achenbach,* Polizeiliche Inverwahrnahme und strafprozessuales Veräußerungsverbot, NJW 1982, 2809; *Hellerbrand,* Der dingliche Arrest zur Sicherung des Verfalls von Wertersatz im Ermittlungsverfahren, wistra 2003, 202; *Jung,* Kein Veräußerungsverbot bei bloßer Sicherstellung, StV 2004, 646; *Kiethe/Groeschke/Hohmann,* Die Rechte des Geschädigten und deren effiziente Durchsetzung im Rahmen der Vermögenszurückgewinnung am Beispiel des Anlagebetruges, wistra 2003, 92; *Malitz,* Beendigung von Zwangsmaßnahmen und Freigabe von Vermögenswerte, NStZ 2003, 61; *Schmid/Winter,* Vermögensabschöpfung in Wirtschaftsstrafverfahren – Rechtsfragen und praktische Erfahrungen, NStZ 2002, 13.

I. Anordnung

1 **1. Zuständigkeit.** Zuständig ist nach Abs. 1 S. 1 grundsätzlich das **Gericht** bei **Gefahr im Verzug** – deren Notwendigkeit in den Akten niedergelegt sein muss[1] – auch die **StA**, soweit es sich nicht um periodische Druckwerke oder ihnen gleichstehende Gegenstände iSd § 74d StGB handelt (§ 111n Abs. 1 S. 1); sie muss jedoch innerhalb einer Woche eine richterliche Bestätigung beantragen (§ 111e Abs. 2 S. 1; vgl. Rn. 3). Ermittlungspersonen der StA (§ 152 GVG) dürfen nur sonstige bewegliche Sachen beschlagnahmen. Wegen der leichten Veräußerlichkeit (§ 398 BGB) liegt Gefahr im Verzug nahe bei Geldforderungen, insbesondere Bankguthaben.[2] Die Zuständigkeit richtet sich nach der StPO trotz der Verweisung in § 111d Abs. 2 auf die Bestimmungen der ZPO.[3] Das Handeln einer unzuständigen Stelle macht die Anordnung unwirksam. Dies gilt nicht – außer bei Willkür –, wenn zu Unrecht Gefahr in Verzug angenommen wurde.[4]

---

[50] OLG Karlsruhe v. 19. 1. 2001 – 3 Ws 235/00, StraFo 2002, 84.
[51] OLG Stuttgart v. 23. 1. 2003 – 3 Ws 9/03, NStZ-RR 2003, 142.
[52] OLG Düsseldorf v. 10. 12. 1990 – 2 Ws 616/90, MDR 1991, 893.
[1] Meyer-Goßner/*Cierniak* Rn. 9.
[2] KMR/*Mayer* Rn. 3.
[3] BGH v. 1. 9. 2004 – 5 Ars 55/04, wistra 2005, 35 = StraFo 2005, 26 = NStZ-RR 2005, 146.
[4] BGH v. 25. 2. 1985 – 1 StE 4/85, NStZ 1985, 262; OLG Frankfurt a. M. v. 27. 4. 2000 – 26 W 169/99; Löwe/Rosenberg/*Schäfer* Rn. 3.

2. Form, Inhalt und Bekanntmachung. Hinsichtlich der **Beschlagnahme** gilt § 98 und für die 2 Beschlagnahme von Druckwerken ergänzend § 111 m Abs. 3. Im Gegensatz zur Beweismittelbeschlagnahme nach den §§ 94, 98 müssen die Ermittlungspersonen, die die Beschlagnahme anordnen und ausführen, mit Rücksicht auf die Rechtsfolgen nach § 111 c Abs. 5 dem Betroffenen erklären und aktenkundig machen (sog. Dokumentationspflicht),[5] dass die Sache nach §§ 111 b ff. beschlagnahmt wird und ein Verfügungsverbot über die Sache besteht.[6] Eine gesetzliche Belehrungspflicht im Hinblick auf § 111 c Abs. 5 besteht jedoch nicht.[7] Ist der Zweck der Beschlagnahme offensichtlich, bedarf es hingegen keiner Erklärung gegenüber dem Betroffenen.[8] Zur Dokumentation und zur Sicherung der Rechtsfolgen sind die beschlagnahmten Gegenstände zu kennzeichnen und in ein Verzeichnis aufzunehmen (§ 109). Hinsichtlich Form, Inhalt und Bekanntmachung des Arrestes vgl. § 111 d Rn. 6 ff.

3. Gerichtliche Bestätigung (Abs. 2). Die gerichtliche Bestätigung muss die StA, wenn sie die 3 Beschlagnahme nicht beweglicher Sachen (Abs. 2 S. 2) oder den Arrest angeordnet hat, innerhalb einer Woche einholen. Die nach § 43 zu berechnende Frist gilt bereits für die Anordnung, nicht erst – wie bei § 98 Abs. 2 S. 1 – für den Vollzug.[9] Es handelt sich um eine **Ordnungsvorschrift**, die richterliche Kontrolle sicherstellen soll; daher macht eine Fristüberschreitung die Beschlagnahme nicht unwirksam.[10] Die richterliche Bestätigung muss nicht innerhalb der Frist erfolgen.

4. Mitteilung an den Verletzten (Abs. 3, 4). Die unverzügliche Mitteilung an den Verletzten er- 4 folgt nach Vollzug der Beschlagnahme oder des Arrestes. Sie soll ihm die **Sicherung und Durchsetzung seiner Schadenersatzansprüche** ermöglichen und umfasst daher nicht den Arrest zur Sicherung von Geldstrafe und der Verfahrenskosten. Nach Sinn und Zweck der §§ 111 g, 111 h ist der Verletzte auch über das Veräußerungsverbot (§ 111 c Abs. 5) und den Rangrücktritt staatlicher Ansprüche aufzuklären.[11] Eine **formlose** Mitteilung unter Bezeichnung des sichergestellten Gegenstandes genügt.[12] Ggf. ist auch der erfolglose Versuch der Beschlagnahme oder des Arrestes mitzuteilen.[13] Aus der Systematik von Abs. 3 zu Abs. 4 ergibt sich, dass die Mitteilung nicht an alle Verletzten gleichzeitig erfolgen muss, vielmehr ist ein Zuwarten bis zur Ermittlung aller Verletzten nicht zulässig; es gilt das Prioritätsprinzip.[14] Ebensowenig steht die Mitteilungspflicht dem **Recht des Verletzten auf Akteneinsicht** (§ 406 e) vor Mitteilung entgegen.[15] Die unterlassene Mitteilung hat keinen Einfluss auf die Wirksamkeit der Maßnahme, stellt jedoch im Hinblick auf § 111 i Abs. 2 bis 8 regelmäßig eine Amtspflichtverletzung dar.[16] **Zuständig** ist die StA.

Sind **unbekannte Verletzte** zu vermuten oder ist die Bekanntgabe gegenüber jedem einzelnen 5 Verletzten wegen ihrer Vielzahl mit unverhältnismäßigem Aufwand verbunden, kann die Beschlagnahme oder der Arrest gem Abs. 4 im elektronischen Bundesanzeiger und zusätzlich in anderer geeigneter Weise (zB in (über-)regionalen Tageszeitungen) veröffentlicht werden, um den Verletzten die Wahrnehmung ihrer Rechte aus § 111 g Abs. 3 und § 111 h Abs. 3 sowie eine Stellungnahme zu einer Aufhebung der Sicherung nach § 111 d Abs. 3 zu ermöglichen. Eine darüber hinausgehende Pflicht zur Ermittlung von Verletzten zum Zweck der Zurückgewinnungshilfe besteht – unbeschadet des Legalitätsprinzips – nicht.[17] Von der Mitteilung nach Abs. 4 S. 1 kann nach pflichtgemäßen Ermessen („kann") abgesehen werden, wenn sie keinen Erfolg verspricht oder die Kosten in keinem vernünftigen Verhältnis zum Wert der beschlagnahmten Sachen stehen würden.[18] **Personendaten** (vgl. § 5 Abs. 1 Nr. 1 BZRG) dürfen entsprechend dem Verhältnismäßigkeitsgrundsatz nur veröffentlicht werden, wenn die Bekanntmachung sonst ihren Zweck verfehlen würde.[19] Nach vollständiger Beendigung der Sicherungsmaßnahmen hat die StA für die Löschung der im elektronischen Bundesanzeiger vorgenommenen Veröffentlichung Sorge zu tragen (Abs. 4 S. 4).

---

[5] *Jung* StV 2004, 646.
[6] *Achenbach* NJW 1982, 2809; Löwe/Rosenberg/*Schäfer* Rn. 9; Meyer-Goßner/*Cierniak* Rn. 4.
[7] Meyer-Goßner/*Cierniak* Rn. 4; aM *Achenbach* NJW 1982, 2809.
[8] BGH v. 25. 2. 1985 – 1 StE 4/85, NStZ 1985, 262; OLG Frankfurt a. M. v. 17. 7. 1996 – 3 Ws 541/96, NStZ-RR 1996, 301; noch weitergehend LG Frankfurt a. M. v. 26. 10. 1981 – 5/10 Qs 76/81, NJW 1982, 897.
[9] *Hellerbrand* wistra 2003, 202, 204; Löwe/Rosenberg/*Schäfer* Rn. 13.
[10] KK-StPO/*Nack* Rn. 4; KMR/*Mayer* Rn. 3; Meyer-Goßner/*Cierniak* Rn. 7.
[11] HK-GS/*Hartmann* Rn. 5; aA Löwe/Rosenberg/*Schäfer* Rn. 9; Meyer-Goßner/*Cierniak* Rn. 11.
[12] KMR/*Mayer* Rn. 10; Meyer-Goßner/*Cierniak* Rn. 11; *Schmid/Winter* NStZ 2002, 13 zum genauen Inhalt der Mitteilung.
[13] KK-StPO/*Nack* Rn. 10; Meyer-Goßner/*Cierniak* Rn. 11.
[14] *Kiethe/Groeschke/Hohmann* wistra 2003, 92, 94; KMR/*Mayer* Rn. 10.
[15] LG Düsseldorf v. 5. 2. 2002 – X Qs 10/02, wistra 2003, 239; Löwe/Rosenberg/*Schäfer* Rn. 6; *Kiethe/Hohmann* wistra 2003, 92, 94.
[16] *Kiethe/Groeschke/Hohmann* wistra 2003, 92, 96; KMR/*Mayer* Rn. 9.
[17] KMR/*Mayer* Rn. 11; Meyer-Goßner/*Cierniak* Rn. 11.
[18] Löwe/Rosenberg/*Schäfer* Rn. 8.
[19] Vgl. auch HK-GS/*Hartmann* Rn. 5.

§ 111f

6   **5. Beendigung der Beschlagnahme.** Die Beendigung der Beschlagnahme tritt mit der **Rechtskraft des Urteils** ein, durch das der Gegenstand für verfallen erklärt oder eingezogen (vgl. §§ 73e, 74e StGB) oder wenn eine solche Maßnahme nicht angeordnet und keine Anordnung nach § 111i getroffen wird.[20] In den Fällen **nachträglicher Durchbrechung** der Rechtskraft lebt die Maßnahme nicht wieder auf.[21] Die Anordnung wird auf Antrag oder von Amts wegen förmlich **aufgehoben.**

II. Rechtsbehelfe

7   Nach Abs. 2 S. 3 kann der Betroffene in allen Fällen jederzeit eine **gerichtliche Entscheidung** gegen die **Anordnung** der Beschlagnahme oder des Arrestes beantragen; über dieses Recht ist er entsprechend § 98 Abs. 2 S. 6 zu **belehren**.[22] **Betroffen** ist jeder, in dessen Gewahrsam oder Rechte durch die Anordnung eingegriffen wird (vgl. auch §§ 431, 440, 442).[23] Für Handlungen des Rechtspflegers gelten §§ 11 Abs. 1, 31 Abs. 6 RPflG. Das **Gericht** hat die Voraussetzungen des Eingriffs zu **prüfen** und eine umfassende Abwägung zur Feststellung der Angemessenheit mit einzelfallbezogenen Ausführungen vorzunehmen.[24] Bei **Änderung der Rechtsgrundlage** (Verfall des Wertersatzes statt Einziehung bzw. Sicherstellung nach §§ 111b, 111c statt Beschlagnahme als Beweismittel) kann das Gericht die Entscheidung entsprechend ändern;[25] hiergegen ist Beschwerde bzw. eine weitere Beschwerde zulässig.[26]

8   Gegen die gerichtliche Entscheidung ist die **Beschwerde** nach allgemeinen Grundsätzen (§§ 304, 305 S. 2) zulässig.[27] Betrifft die Beschwerdeentscheidung die Anordnung des dinglichen Arrests über einen Betrag von 20 000 € ist gem § 310 Abs. 1 Nr. 3 die **weitere Beschwerde** statthaft, dies gilt ebenso für die Ablehnung der Anordnung eines Arrestes.[28]

§ 111 f [Zuständigkeit für Durchführung der Beschlagnahme und Vollziehung des Arrestes]

(1) ¹Die Durchführung der Beschlagnahme (§ 111c) obliegt der Staatsanwaltschaft, bei beweglichen Sachen (§ 111c Abs. 1) auch deren Ermittlungspersonen. ²§ 98 Abs. 4 gilt entsprechend.

(2) ¹Die erforderlichen Eintragungen in das Grundbuch sowie in die in § 111c Abs. 4 genannten Register werden auf Ersuchen der Staatsanwaltschaft oder des Gerichts bewirkt, welches die Beschlagnahme angeordnet hat. ²Entsprechendes gilt für die in § 111c Abs. 4 erwähnten Anmeldungen.

(3) ¹Soweit ein Arrest nach den Vorschriften über die Pfändung in bewegliche Sachen zu vollziehen ist, kann dies durch die in § 2 der Justizbeitreibungsordnung bezeichnete Behörde, den Gerichtsvollzieher, die Staatsanwaltschaft oder durch deren Ermittlungspersonen (§ 152 des Gerichtsverfassungsgesetzes) bewirkt werden. ²Absatz 2 gilt entsprechend. ³Für die Anordnung der Pfändung eines eingetragenen Schiffes oder Schiffsbauwerkes sowie für die Pfändung einer Forderung aufgrund des Arrestes gemäß § 111d ist die Staatsanwaltschaft oder auf deren Antrag das Gericht, das den Arrest angeordnet hat, zuständig.

(4) Für die Zustellung gilt § 37 Abs. 1 mit der Maßgabe, dass auch die Ermittlungspersonen der Staatsanwaltschaft (§ 152 des Gerichtsverfassungsgesetzes) mit der Ausführung beauftragt werden können.

(5) Gegen Maßnahmen, die in Vollziehung der Beschlagnahme oder des Arrestes getroffen werden, kann der Betroffene jederzeit die Entscheidung des Gerichts beantragen.

Schrifttum: *Bosch,* Drittinterventionsrecht gegen dinglichen Arrest im Strafverfahren – Rechtsweg, NStZ 2006, 709; *Brettschneider,* Der Staatsanwalt als Gerichtsvollzieher?, NStZ 2000, 180; *Leuger,* Rechtsschutz bei Zurückgewinnungshilfe, wistra 2002, 478.

---

[20] OLG Stuttgart v. 17. 11. 2004 – 1 Ws 252/04, NStZ 2005, 401; OLG München v. 14. 5. 2004 – 2 Ws 348/04, StraFo 2004, 353; OLG Düsseldorf v. 20. 3. 1995 – 1 Ws 135/95, NJW 1995, 2239; *Malitz* NStZ 2003, 61; ausführlich mit Darstellung einzelner Fallgruppen KK-StPO/*Nack* Rn. 12 ff.
[21] Meyer-Goßner/*Cierniak* Rn. 18.
[22] *Achenbach* NJW 1982, 2809; Löwe/Rosenberg/*Schäfer* Rn. 9.
[23] Löwe/Rosenberg/*Schäfer* Rn. 24.
[24] BVerfG v. 3. 5. 2005 – 2 BvR 1378/04, NJW 2005, 3630.
[25] Löwe/Rosenberg/*Schäfer* Rn. 17, 25.
[26] OLG Köln v. 23. 4. 2002 – 2 Ws 183/02, NStZ-RR 2002, 244; vgl. auch OLG Stuttgart v. 23. 1. 2003 – 3 Ws 9/03, NStZ-RR 2003, 142 zur Umdeutung eines Antrages bei Wechsel der Anordnungszuständigkeit in einen Aufhebungsantrag.
[27] Vgl. BGH von 12. 7. 2000 – 3 BJs 15/00 – 4 StB 4 /00, NStZ 2000, 609; BGH v. 11. 5. 1979 – StB 26 + 27/79 (4 BJs 40/79), BGHSt 29, 13; BGH v. 9. 11. 2001 – 1 StB 16/01, NStZ 2002, 274; OLG München v. 14. 5. 2004 – 2 Ws 348/04, NStZ-RR 2004, 303.
[28] OLG Celle v. 20. 5. 2008 – 2 Ws 155/08, NdsRpfl 2008, 285 = wistra 2008, 359; aA OLG München v. 12. 11. 2007 – 2 Ws 942/07, NJW 2008, 389.

I. Allgemeines

Durch die Vorschrift werden die Zuständigkeiten nach der ZPO verdrängt. 1

II. Durchführung, Vollziehung und Zustellung

1. Durchführung der Beschlagnahme. a) Bewegliche Sachen. Die Vollstreckungskompetenz 2
liegt nach **Abs. 1** bei der **StA** und ist gem § 31 Abs. 1 Nr. 2 RPflG auf den Rechtspfleger übertragen (vgl. aber auch §§ 6, 8 Abs. 3, 31 Abs. 6 S. 2 RPflG). Die StA kann sich ihrer Ermittlungspersonen, anderer Polizeibeamter sowie des Gerichtsvollziehers bedienen. Ebenso sind **Ermittlungspersonen** (§ 152 GVG) befugt, die von ihnen angeordnete Beschlagnahme beweglicher Sachen nach § 111 e Abs. 1 S. 2 durchzuführen (Abs. 1 HS 2); sie können andere Polizeibeamte hinzuziehen. Bei Beschlagnahmen in Dienstgebäuden und auf Anlagen der **Bundeswehr** gilt § 98 Abs. 4.

b) Forderungen. Die StA erlässt bei der Forderungspfändung gem § 829 ZPO das Zahlungs- 3
verbot an den Drittschuldner[1] und das Verfügungsverbot an den Schuldner sowie die Aufforderung nach § 840 ZPO.[2]

c) Grundstücke und grundstücksgleiche Rechte. Eintragungen in das Grundbuch und die Re- 4
gister iSv. § 111 c Abs. 4 können sowohl von der **StA** (bereits vor der richterlichen Bestätigung gem § 111 e Abs. 2)[3] als auch von dem **Gericht** veranlasst werden, das die Beschlagnahme angeordnet oder bestätigt hat (**Abs. 2**). Gem §§ 22 Nr. 1, 31 Abs. 1 Nr. 1 RPflG sind die Geschäfte dem Rechtspfleger übertragen.

2. Vollziehung des Arrestes (Abs. 3). a) Bewegliche Sachen. Die Vollziehung des Arrestes in 5
bewegliche Sachen erfolgt durch Pfändung (S. 1, § 930 ZPO). Bei einem Arrest zur Sicherung einer Geldstrafe, von Einziehung oder Verfall ist gem §§ 1 Abs. 1 Nr. 1, 2 Abs. 1 JBeitrO; §§ 451 Abs. 1, 459, 459 g Abs. 2 die StA zuständig,[4] deren Geschäfte nach § 31 Abs. 1 Nr. 2 RPflG dem Rechtspfleger übertragen sind. Dieser beauftragt entweder nach § 6 Abs. 2, 3 JBeitrO den Vollziehungsbeamten (an Stelle des Gerichtsvollziehers) oder die Arrestvollziehung wird durch die StA, deren Ermittlungspersonen (§ 152 GVG) oder den Gerichtsvollzieher bewirkt. Wurde der Arrest zur Sicherung der **Verfahrenskosten** angeordnet, so ist nach §§ 1 Abs. 1 Nr. 4, 2 Abs. 1 S. 1 JBeitrO die Gerichtskasse zuständig; dient der Arrest gleichzeitig der Sicherung der Geldstrafe oder Nebenfolgen, so obliegt der StA die gesamte Vollziehung (§ 1 Abs. 4 JBeitrO).

b) Grundstücke und grundstücksgleiche Rechte. Für die Vollziehung des Arrestes in Grundstücke 6
und grundstücksgleiche Rechte (§ 111 c Rn. 4) sind gem **S. 2 iVm. Abs. 2** die StA oder – meist in Eilfällen[5] – das Gericht zuständig. Die Geschäfte sind dem Rechtspfleger übetragen (§§ 22 Nr. 1, 31 Abs. 1 Nr. 1 RPflG); er stellt den Antrag auf Eintragung einer Sicherungshypothek (§ 932 ZPO).

c) Schiffe, Schiffsbauwerke, Luftfahrzeuge. Für die Pfändung **eingetragener Schiffe** oder 7
Schiffsbauwerke (§ 111 c Abs. 4 S. 2) sowie **Forderungen** und **anderer Vermögensrechte** ist nach S. 3 die StA oder auf deren Antrag das Gericht zuständig, das den Arrest angeordnet oder bestätigt hat; dementsprechend wird das Eintragungsersuchen nach § 931 Abs. 3 Hs. 2, 6 S. 1 ZPO iVm. § 111 d Abs. 2 gestellt. Die Geschäfte sind dem Rechtspfleger übertragen (§§ 20 Nr. 16, 22 Nr. 2, 31 Abs. 1 Nr. 2 RPflG).

Bei **Luftfahrzeugen** und **nicht eingetragenen Schiffen** oder **Schiffsbauwerken** wird der Arrest 8
wie bei beweglichen Sachen nach Abs. 1 vollzogen (oben Rn. 5). Den Antrag auf Eintragung nach Abs. 3 S. 2, Abs. 2 S. 2 iVm. § 111 c Abs. 4 S. 3 stellt die StA bzw. das Gericht, das den Arrest angeordnet oder bestätigt hat. Die Geschäfte sind dem Rechtspfleger übertragen (§§ 22 Nr. 1, 31 Abs. 1 Nr. 1 RPflG).

3. Zustellungen. Die erforderlichen Zustellungen kann die StA im Amts- oder Parteibetrieb 9
vornehmen (**Abs. 4 iVm.** § 37 Abs. 1, §§ 166 ff., 191 ff. ZPO). Hierbei kann sie sich ihrer Ermittlungspersonen (§ 152 GVG) bedienen. Der Vorbehalt des § 168 Abs. 2 gilt nicht.

III. Rechtsbehelfe

Gem **Abs. 5** ist für alle Einwendungen gegen Maßnahmen in **Vollziehung** der Beschlagnahme 10
oder des Arrestes – auch für Rechtsbehelfe zwangsvollstreckungsrechtlicher Natur wie die nach §§ 766, 771 ff. ZPO – der strafprozessuale Rechtsweg eröffnet ist.[6] Zuständig ist der Ermittlungs-

---

[1] OLG Celle v. 17. 12. 1996 – 3 Ws 291/96, NdsRpfl 1997, 163 = JurBüro 1997, 495.
[2] OLG Frankfurt v. 27. 4. 2000 – 26 W 169/99.
[3] Meyer-Goßner/*Cierniak* Rn. 3.
[4] LG Bonn v. 7. 11. 2000 – 4 T 637/00, wistra 2001, 119 mAnm *Brettschneider* NStZ 2000, 180.
[5] KK-StPO/*Nack* Rn. 2, 4.
[6] Hanseatisches OLG Hamburg v. 23. 7. 2008 – 1 Ws 47/08 – 1 OBL 39/08, 1 Ws 47/08, 1 OBL 39/08.

richter, nach Erhebung der öffentlichen Klage das mit der Hauptsache befasste Gericht, nach Rechtskraft das Gericht des ersten Rechtszuges.[7] Für Handlungen des Rechtspflegers gelten §§ 11 Abs. 1, 31 Abs. 6 RPflG. Die gerichtliche Entscheidung – auch die des erkennenden Gerichts – kann mit der Beschwerde angefochten werden.[8] Wird eine in Vollziehung des Arrestes getroffene Maßnahme für unzulässig erklärt, hat dies die Wirkung der §§ 775 Nr. 1, 776 S. 1 ZPO.[9]

§ 111g [Vorrangige Befriedigung von Ansprüchen des Verletzten bei Beschlagnahme]

(1) Die Beschlagnahme eines Gegenstandes nach § 111c und die Vollziehung des Arrestes nach § 111d wirken nicht gegen eine Verfügung des Verletzten, die auf Grund eines aus der Straftat erwachsenen Anspruches im Wege der Zwangsvollstreckung oder der Arrestvollziehung erfolgt.

(2) [1] Die Zwangsvollstreckung oder Arrestvollziehung nach Absatz 1 bedarf der Zulassung durch das Gericht, das für die Anordnung der Beschlagnahme (§ 111c) oder des Arrestes (§ 111d) zuständig ist. [2] Die Entscheidung ergeht durch Beschluß, der von der Staatsanwaltschaft, dem Beschuldigten und dem Verletzten mit sofortiger Beschwerde angefochten werden kann. [3] Die Zulassung ist zu versagen, wenn der Verletzte nicht glaubhaft macht, daß der Anspruch aus der Straftat erwachsen ist. [4] § 294 der Zivilprozeßordnung ist anzuwenden.

(3) [1] Das Veräußerungsverbot nach § 111c Abs. 5 gilt vom Zeitpunkt der Beschlagnahme an auch zugunsten von Verletzten, die während der Dauer der Beschlagnahme in den beschlagnahmten Gegenstand die Zwangsvollstreckung betreiben oder den Arrest vollziehen. [2] Die Eintragung des Veräußerungsverbotes im Grundbuch zugunsten des Staates gilt für die Anwendung des § 892 Abs. 1 Satz 2 des Bürgerlichen Gesetzbuches auch als Eintragung zugunsten solcher Verletzter, die während der Dauer der Beschlagnahme als Begünstigte aus dem Veräußerungsverbot in das Grundbuch eingetragen werden. [3] Der Nachweis, daß der Anspruch aus der Straftat erwachsen ist, kann gegenüber dem Grundbuchamt durch Vorlage des Zulassungsbeschlusses geführt werden. [4] Die Sätze 2 und 3 gelten sinngemäß für das Veräußerungsverbot bei den in § 111c Abs. 4 genannten Schiffen, Schiffsbauwerken und Luftfahrzeugen. [5] Die Wirksamkeit des Veräußerungsverbotes zugunsten des Verletzten wird durch die Aufhebung der Beschlagnahme nicht berührt. [6] Die Sätze 1 und 5 gelten entsprechend für die Wirkung des Pfandrechts, das durch die Vollziehung eines Arrestes (§ 111d) in das bewegliche Vermögen entstanden ist.

(4) Unterliegt der Gegenstand, der beschlagnahmt oder aufgrund des Arrestes gepfändet worden ist, aus anderen als den in § 73 Abs. 1 Satz 2 des Strafgesetzbuches bezeichneten Gründen nicht dem Verfall oder ist die Zulassung zu Unrecht erfolgt, so ist der Verletzte Dritten zum Ersatz des Schadens verpflichtet, der ihnen dadurch entsteht, daß das Veräußerungsverbot nach Absatz 3 zu seinen Gunsten gilt.

(5) [1] Die Absätze 1 bis 4 gelten entsprechend, wenn der Verfall eines Gegenstandes angeordnet, die Anordnung aber noch nicht rechtskräftig ist. [2] Sie gelten nicht, wenn der Gegenstand der Einziehung unterliegt.

Schrifttum: *Bach*, Beschränkung des Einsatzbereichs der Zurückgewinnungshilfe durch Gesichtspunkte der Strafverfahrensökonomie, JR 2008, 230; *Dittke*, Zulassung gem. § 111g StPO mit Rückwirkung, wistra 1991, 209; *Frohn*, Die Beschlagnahme von Forderungen zugunsten der Verletzten im Strafverfahren und dem Vollstreckungszugriff, RPfleger 2001, 12; *Hansen/Greier*, Zulassung der Zwangsvollstreckung – kein Antragsrecht des Insolvenzverwalters, NStZ 2007, 587; *Hansen/Wolff-Rojczyk*, Effiziente Schadenswiedergutmachung für Geschädigte Unternehmen, GRUR 2007, 474; *Hees/Albeck*, Die Zulassungsbeschluss nach § 1119 Abs. 2 StPO, ZIP 2000, 878; *Kiethe/Groeschke/Hohmann*, Die Rechte des Geschädigten und deren effiziente Durchsetzung im Rahmen der Vermögenszurückgewinnung am Beispiel des Anlagebetruges, wistra 2003, 92; *Malitz*, Die Berücksichtigung privater Interessen bei vorläufigen strafprozessualen Maßnahmen gemäß §§ 111b ff. StPO, NStZ 2002, 337; *Rönnau*, Vermögensabschöpfung in der Praxis, 2003; *Schmid/Winter*, Vermögensabschöpfung in Wirtschaftsstrafverfahren – Rechtsfragen und praktische Erfahrungen, NStZ 2002, 8.

I. Allgemeines

1   Die Vorschrift trägt dem § 73 Abs. 1 S. 2 StGB Rechnung. Der Staat soll die Durchsetzung von Schadensersatzansprüchen Verletzter nach Möglichkeit fördern. Durch die vorläufigen Maßnahmen nach den §§ 111b ff. soll die Durchsetzung dieser Ansprüche nicht gefährdet werden.[1] Der Vorrang der Beschlagnahme sowie die Vollziehung eines Arrestes des Verletzten (Abs. 1) gelten gem Abs. 5 S. 2 **nicht** im Falle der **Einziehung**, weil die Einziehung von Gegenständen in erster

---

[7] KK-StPO/*Nack* Rn. 7; Meyer-Goßner/*Cierniak* Rn. 15.
[8] LG Berlin v. 25. 4. 2003 – 505 Qs 58/03, wistra 2004, 38; LG Saarbrücken v. 12. 12. 2001 – 8 Qs 223/01, wistra 2002, 158 m. abl. Anm. *Leuger* wistra 2002, 478; Meyer-Goßner/*Cierniak* Rn. 15.
[9] *Bosch* NStZ 2006, 709.
[1] OLG Karlsruhe v. 25. 11. 1983 – 3 Ws 169/83, MDR 1984, 336.

Linie dem Schutz der Allgemeinheit dient sowie den berechtigten Belangen des Eigentümers oder Besitzers Rechnung tragen (vgl. §§ 74 Abs. 2, 74d Abs. 3 StGB).[2]

II. Vorrang des Verletzten, Veräußerungsverbot

1. Vorrang des Verletzten. Dem Verletzten (iS des § 73 Abs. 1 S. 2 StGB) muss **aus der Straftat ein Anspruch** erwachsen sein. Demzufolge ist **Verletzter**, wessen Anspruch aufgrund der Tat (iS des § 264)[3] in Gestalt bspw. eines Herausgabe-, Bereicherungs- oder Schadensersatzanspruchs entstanden ist[4] und nicht erst durch nachträgliche Absprachen.[5] Dazu gehören der Versicherer, auf den der Anspruch des Verletzten übergegangen ist,[6] sowie der Verwalter in dem Insolvenzverfahren über das Vermögen des Verletzten.[7] Diesen Anspruch muss der Verletzte durch Zwangsvollstreckung oder Arrestvollziehung durchsetzen können. Er muss einen zumindest vorläufig vollstreckbaren Titel – wie Urteil, einstweilige Verfügung, dinglicher Arrest oder Kostenfestsetzungsbeschluss – erwirkt haben.[8]

Die Vollstreckungsmaßnahmen des Verletzten bedürfen der **Zulassung durch das Gericht**, das für die Anordnung der Beschlagnahme oder des Arrestes zuständig wäre (Abs. 2 S. 1, § 111e Rn. 1).[9] Das Gericht prüft auf Antrag des Verletzten, ob der titulierte Anspruch aus derjenigen Tat erwachsen ist, die Anlass für die Anordnung gewesen ist.[10] Dies muss der Verletzte glaubhaft machen (**Abs. 2 S. 3**);[11] es sei denn, aus dem zivilgerichtlichen Titel ergibt sich bereits der aus der Straftat erwachsene Anspruch.[12] Der Verletzte kann sich bei der Glaubhaftmachung aller Beweismittel einschließlich der eidesstattlichen Versicherung bedienen (**Abs. 2 S. 4 iVm. § 294 ZPO**). Allerdings ist eine Beweisaufnahme ausgeschlossen, die nicht sofort erfolgen kann (§ 294 Abs. 2 ZPO).[13] Ein allgemein gehaltener Zulassungsantrag, der keine konkreten sichergestellten Vermögensgegenstände bezeichnet, ist ausreichend.[14] Die für die anwaltliche Tätigkeit anfallenden Gebühren sind notwendige Auslagen der Verteidigung nach § 91 BRAGO aF,[15] nunmehr RVG VV Nr. 4143 ff.

Das Gericht entscheidet durch **Beschluss** ohne mündliche Verhandlung nach Anhörung der StA, des Beschuldigten und des Verletzten sowie uU des Drittbegünstigten,[16] die nach Abs. 2 S. 2 zur **sofortigen Beschwerde** berechtigt sind. Der Beschluss wird den Beschwerdeberechtigten zugestellt.[17] Werden sichergestellte Geldbeträge freiwillig vom Beschuldigten überlassen, findet die Vorschrift keine analoge Anwendung.[18]

Aufgrund der Zulassung kann der Verletzte die **Zwangsvollstreckung** bzw. **Arrestvollziehung** betreiben; dies ist bereits vor der Zulassung möglich.[19] Ein Antrag auf Zulassung ist zur Wahrung der Vollziehungsfrist (§ 929 Abs. 2 ZPO) nicht erforderlich.[20] Das Verhältnis konkurrierender Vollstreckungsmaßnahmen verletzter Gläubiger richtet sich nach dem Prioritätsprinzip (§ 804

---

[2] KK-StPO/*Nack* Rn. 1.
[3] OLG Hamm v. 25. 2. 1999 – 4 Ws 7271/98, wistra 1999, 278, 279; OLG Hamm v. 6. 6. 2002 – 2 Ws 107/02, wistra 2002, 398.
[4] *Kiethe/Groeschke/Hohmann* wistra 2003, 92, 95; vgl. *Hees/Albeck* ZIP 2000, 871 ff.; *Schmid/Winter* NStZ 2002, 8 ff.
[5] Meyer-Goßner/*Cierniak* Rn. 2; Schönke/Schröder/*Eser* § 73 StGB Rn. 25.
[6] BT-Drucks. 16/700, S. 16; OLG Hamm v. 8. 10. 2007 – 3 Ws 560/07, wistra 2008, 38; OLG Schleswig v. 21. 9. 1993 – 1 Ws 283/93, NStZ 1994, 99; aA OLG Karlsruhe v. 8. 10. 2007 – 3 Ws 560/07, MDR 1984, 336.
[7] OLG Celle v. 8. 10. 2007 – 2 Ws 296/07, NJW 2007; LG Hildesheim v. 22. 8. 2007 – 25 KLs 5413 Js 18 030/06 FE, NStZ-RR 2008, 43, 44; aA OLG Frankfurt a. M. v. 15. 5. 2006 – 3 Ws 466 und 507/06, NStZ 2007, 168; OLG Celle v. 15. 2. 2007 – 1 Ws 33/07, NJW 2007, 1223 = NStZ 2007, 604; OLG Frankfurt v. 9. 6. 2006 – 3 Ws 508/06, NStZ-RR 2006, 342 m. zust. Anm. *Hansen/Greier* NStZ 2007, 587 (halten das aber für wünschenswert); Meyer-Goßner/*Cierniak* Rn. 2; KK-StPO/*Nack* Rn. 2.
[8] BGH v. 6. 4. 2000 – IX ZR 442/98, NJW 2000, 2027; OLG Hamm v. 25. 2. 1999 – 4 Ws 7271/98, NStZ 1999, 583 = wistra 1999, 278, 279; OLG Düsseldorf v. 15. 4. 1992 – 1 Ws 254/92, MDR 1992, 986; Löwe/Rosenberg/*Schäfer* Rn. 3, 4; *Kiethe/Groeschke/Hohmann* wistra 2003, 92, 95.
[9] OLG Köln v. 7. 5. 3003 – 2 Ws 170/03 und 2 Ws 171/03, NJW 2003, 2546, 2547; *Dittke*, wistra 1991, 209.
[10] OLG Celle v. 8. 10. 2007 – 2 Ws 296/07, NJW 2007, 3795 = ZIP 2007, 2335 = wistra 2008, 47; zur Beschlagnahme von Bankguthaben OLG Hamm v. 25. 2. 1999 – 4 Ws 727/98, NStZ 1999, 583.
[11] OLG Schleswig v. 19. 10. 2006 – 1 Ws 388/06 (141/06), 1 Ws 389/06 (142/06), 1 Ws 399/06 (143/06), 1 Ws 400/06 (144/06), SchlHA 2007, 282.
[12] OLG Frankfurt a. M. v. 17. 7. 1996 – 3 Ws 541/96, NStZ-RR 1996, 301.
[13] KK-StPO/*Nack* Rn. 4; Löwe/Rosenberg/*Schäfer* Rn. 9.
[14] *Kiethe/Groeschke/Hohmann* wistra 2003, 92, 95.
[15] OLG Düsseldorf v. 25. 6. 1993 – 2 Ws 162/93 und 241 – 247/93, NStE Nr. 2 zu § 91 BRAGO; OLG Stuttgart v. 7. 7. 1999 – 2 Ws 123/99, NStZ-RR 1999, 383.
[16] OLG Celle v. 8. 10. 2007 – 2 Ws 296/07, NJW 2007, 3795; OLG Thüringen v. 2. 4. 2004 – 1 Ws 11–12/04, wistra 2005, 77 m. zust. Anm. *Scharf/Kropp*; *Schmid/Winter* NStZ 2002, 8, 10.
[17] Meyer-Goßner/*Cierniak* Rn. 4.
[18] OLG Oldenburg v. 16. 10. 2007 – 1 Ws 549/07, NStZ-RR 2008, 116 = NdsRpfl 2008, 86.
[19] *Rönnau* Rn. 441.
[20] BGH v. 6. 4. 2000 – IX ZR 442/98, NJW 2000, 2027.

Abs. 3 ZPO),[21] wobei umstritten ist, ob sich die Rangfolge nach den Zeitpunkten richtet, zu denen das Pfändungspfandrecht entstanden ist[22] oder ob es sowohl auf die Zulassung als auch auf die Vollstreckung/Vollziehung ankommt.[23] Ist der Gegenstand auch nach § 94 beschlagnahmt, wird die Zwangsvollstreckung mit der Maßgabe zugelassen, dass die Sache bis zur Freigabe im behördlichen Gewahrsam bleibt.[24] Eine förmliche Aufhebung der Beschlagnahme nach § 111 c oder des Arrestes nach § 111 d ist nicht erforderlich.

6 2. **Veräußerungsverbot (Abs. 3).** Das **absolute** Veräußerungsverbot zugunsten des Staates nach § 111 c Abs. 5 (dort Rn. 7) wird durch Abs. 3 erweitert zugunsten des Verletzten, der während der Dauer der Beschlagnahme in den beschlagnahmten Gegenstand die Zwangsvollstreckung betreibt oder den Arrest vollzieht, und wirkt auf den Zeitpunkt zurück, in dem es zugunsten des Staates – unter Berücksichtigung des gutgläubigen Erwerbs – entstanden ist (vgl. hierzu § 111 c Rn. 8). Die für den Staat entstandene Schutzposition wird dem Verletzten gleichsam abgetreten.[25] Daran ist auch der Rang seiner Vollstreckungsmaßnahmen gem § 804 Abs. 3 ZPO sowie der bis dahin mögliche gutgläubige Erwerb nach S. 2, 4 iVm. § 892 Abs. 1 S. 2 BGB (vgl. hierzu § 111 c Rn. 7) gekoppelt. Demzufolge sind Verfügungen über den beschlagnahmten Gegenstand auch zugunsten des Verletzten unwirksam.[26] Die Wirksamkeit des Veräußerungsverbotes zugunsten des Verletzten wird durch die **Aufhebung** der (auch rechtswidrigen) Beschlagnahme nicht berührt (S. 5), diesbezüglich haftet der Verletzte ggf. nach Abs. 4.

III. Entschädigungspflicht des Verletzten

7 Gem den in Abs. 4 genannten Voraussetzungen muss der Verletzte den Nachteil ausgleichen, der einem Dritten entstanden ist. Die Regelung entspricht § 945 ZPO. Ggf. muss der Dritte seinen Schadenersatzanspruch auf dem Zivilrechtsweg verfolgen.[27]

§ 111h [Vorrangige Befriedigung von Ansprüchen des Verletzten bei Arrest]

(1) ¹Betreibt der Verletzte wegen eines aus der Straftat erwachsenen Anspruches die Zwangsvollstreckung oder vollzieht er einen Arrest in ein Grundstück, in welches ein Arrest nach § 111 d vollzogen ist, so kann er verlangen, daß die durch den Vollzug dieses Arrestes begründete Sicherungshypothek hinter seinem Recht im Rang zurücktritt. ²Der dem vortretenden Recht eingeräumte Rang geht nicht dadurch verloren, daß der Arrest aufgehoben wird. ³Die Zustimmung des Eigentümers zur Rangänderung ist nicht erforderlich. ⁴Im übrigen ist § 880 des Bürgerlichen Gesetzbuches sinngemäß anzuwenden.

(2) ¹Die Rangänderung bedarf der Zulassung durch den Richter, der für den Arrest (§ 111 d) zuständig ist. ² § 111 g Abs. 2 Satz 2 bis 4 und Abs. 3 Satz 3 ist entsprechend anzuwenden.

(3) Ist die Zulassung zu Unrecht erfolgt, so ist der Verletzte Dritten zum Ersatz des Schadens verpflichtet, der ihnen durch die Rangänderung entsteht.

(4) ¹Die Absätze 1 bis 3 gelten entsprechend, wenn der Arrest nach § 111 d in ein Schiff, Schiffsbauwerk oder Luftfahrzeug im Sinne des § 111 c Abs. 4 Satz 2 vollzogen ist.

Schrifttum: *Bach,* Die Zulassung des durch die Straftat Verletzten bei Sicherung mittels strafprozessualen dinglichen Arrestes, JR 2004, 232.

I. Allgemeines

1 Die Vorschrift räumt wie § 73 Abs. 1 S. 2 StGB und (ergänzend zu) § 111 g den Ansprüchen Verletzter Vorrang vor staatlichen Verfallsansprüchen ein.

II. Rangänderung, Zulassung

2 1. **Rangänderung (Abs. 1).** Nach Abs. 1 kann der Verletzte – oder der Versicherer, auf den die Forderung nach § 86 VVG übergangen ist[1] – der wegen eines aus der Straftat erwachsenen Anspruchs die Zwangsvollstreckung betreibt oder einen Arrest in ein Grundstück (oder grund-

---

[21] BGH v. 6. 4. 2000 – IX ZR 442/98, NJW 2000, 2027, 2028; *Kiethe/Groeschke/Hohmann* wistra 2003, 92, 96; aA *Frohn* RPfleger 2001, 12; kritisch auch *Bach* JR 2008, 230, 234.
[22] OLG Stuttgart v. 6. 11. 2000 – 1 Ws 210/00, ZIP 2001, 484 = Justiz 2001, 34; KK-StPO/*Nack* Rn. 8; *Hansen/Wolff-Rojczyk* GRUR 2007, 474; *Malitz* NStZ 2002, 337, 340; *Schmid/Winter* NStZ 2002, 8, 10.
[23] *Hees/Albeck* ZIP 2000, 878.
[24] KK-StPO/*Nack* Rn. 7; Meyer-Goßner/*Cierniak* Rn. 5.
[25] BGH v. 6. 4. 2000 – IX ZR 442/98, NJW 2000, 2027.
[26] OLG Hamm v. 6. 6. 2002 – 2 Ws 107/02, wistra 2002, 398, 399.
[27] KK-StPO/*Nack* Rn. 12; Meyer-Goßner/*Cierniak* Rn. 10.
[1] LG Ulm v. 9. 12. 1998 – I Qs 1203/98, NStZ-RR 1999, 369.

stücksgleiches Recht)² vollzieht, in welches ein Arrest nach § 111 d vollzogen ist, verlangen, dass die durch den Vollzug dieses Arrestes begründete Sicherungshypothek (§ 111 d Rn. 10) hinter seinem Recht im Rang zurücktritt. Die Rangänderung wird nach § 880 BGB vollzogen (Abs. 1 S. 4); allerdings bedarf es abweichend von § 880 Abs. 2 S. 2 BGB nicht der Zustimmung des Eigentümers (Abs. 1 S. 3). Auch bleibt der Rang bestehen, wenn der Arrest aufgehoben wird (Abs. 1 S. 2).

2. **Zulassung (Abs. 2).** Die Rangänderung bedarf der Zulassung durch den **Richter**, der für den Arrest (§ 111 d; dort Rn. 6) zuständig ist. Der Verletzte kann nur **bis zur Rechtskraft** des Urteils oder **bis zum Ablauf der Verlängerungsfrist** nach § 111 i die Zulassung beantragen. Die Zulassung erfolgt durch **Beschluss** – § 111 g Abs. 2 bis 4, Abs. 3 S. 3 (vgl. dort Rn. 3, 4) gelten diesbezüglich entsprechend (Abs. 2 S. 2) – und kann auch nach Ablauf der Antragsfrist erfolgen.³ 3

III. Entschädigungspflicht des Verletzten

Die Vorschrift des **Abs. 3** entspricht dem § 111 g Abs. 4 (vgl. dort Rn. 7). 4

IV. Entsprechende Anwendung

Nach **Abs. 4** gelten die Abs. 1 bis 3 entsprechend, sofern der dingliche Arrest nach § 111 d in ein Schiff, Schiffsbauwerk (§ 931 ZPO) oder Luftfahrzeug iSd. § 111 c Abs. 4 S. 2 vollzogen ist, daher wenn das Schiff, Schiffsbauwerk oder Luftfahrzeug im Schiffs-, Schiffsbau- oder Register für Pfandrechte an Luftfahrzeugen eingetragen ist. § 26 Luftfahrzeuggesetz und § 26 Schiffsregistergesetz enthalten eine § 880 BGB entsprechende Regelung. 5

§ 111 i [Aufrechterhaltung der Beschlagnahme für befristeten Zeitraum]

(1) Das Gericht kann anordnen, dass die Beschlagnahme nach § 111 c oder der Arrest nach § 111 d für die Dauer von höchstens drei Monaten aufrechterhalten wird, soweit das Verfahren nach den §§ 430 und 442 Abs. 1 auf die anderen Rechtsfolgen beschränkt worden ist und die sofortige Aufhebung gegenüber dem Verletzten unbillig wäre.

(2) ¹Hat das Gericht lediglich deshalb nicht auf Verfall erkannt, weil Ansprüche eines Verletzten im Sinne des § 73 Abs. 1 Satz 2 des Strafgesetzbuchs entgegenstehen, kann es dies im Urteil feststellen. ²In diesem Fall hat es das Erlangte zu bezeichnen. ³Liegen insoweit die Voraussetzungen des § 73 a des Strafgesetzbuchs vor, stellt es im Urteil den Geldbetrag fest, der dem Wert des Erlangten entspricht. ⁴Soweit
1. der Verletzte bereits im Wege der Zwangsvollstreckung oder der Arrestvollziehung verfügt hat,
2. der Verletzte nachweislich aus Vermögen befriedigt wurde, das nicht beschlagnahmt oder im Wege der Arrestvollziehung gepfändet worden ist, oder
3. dem Verletzten die erlangte Sache nach § 111 k herausgegeben worden ist,
ist dies im Rahmen der nach den Sätzen 2 und 3 zu treffenden Feststellungen in Abzug zu bringen.

(3) ¹Soweit das Gericht nach Absatz 2 verfährt, hält es die Beschlagnahme (§ 111 c) des im Sinne des Absatzes 2 Satz 2 und 4 Erlangten sowie den dinglichen Arrest (§ 111 d) bis zur Höhe des nach Absatz 2 Satz 3 und 4 festgestellten Betrages durch Beschluss für drei Jahre aufrecht. ²Die Frist beginnt mit Rechtskraft des Urteils. ³Sichergestellte Vermögenswerte soll es bezeichnen. ⁴§ 917 der Zivilprozessordnung ist nicht anzuwenden. ⁵Soweit der Verletzte innerhalb der Frist nachweislich aus Vermögen befriedigt wird, das nicht beschlagnahmt oder im Wege der Arrestvollziehung gepfändet worden ist, hebt das Gericht die Beschlagnahme (§ 111 c) oder den dinglichen Arrest (§ 111 d) auf Antrag des Betroffenen auf.

(4) ¹Die Anordnung nach Absatz 3 sowie der Eintritt der Rechtskraft sind dem durch die Tat Verletzten unverzüglich durch das Gericht mitzuteilen. ²Die Mitteilung ist zu verbinden mit dem Hinweis auf die in Absatz 5 genannten Folgen und auf die Möglichkeit, Ansprüche im Wege der Zwangsvollstreckung oder Arrestvollziehung durchzusetzen. ³§ 111 e Abs. 4 Satz 1 bis 3 gilt entsprechend.

(5) ¹Mit Ablauf der in Absatz 3 genannten Frist erwirbt der Staat die nach Absatz 2 bezeichneten Vermögenswerte entsprechend § 73 e Abs. 1 des Strafgesetzbuchs sowie einen Zahlungsanspruch in Höhe des nach Absatz 2 festgestellten Betrages, soweit nicht
1. der Verletzte zwischenzeitlich wegen seiner Ansprüche im Wege der Zwangsvollstreckung oder der Arrestvollziehung verfügt hat,
2. der Verletzte nachweislich aus Vermögen befriedigt worden ist, das nicht beschlagnahmt oder im Wege der Arrestvollziehung gepfändet worden war,

---

² *Bach* JR 2004, 232.
³ OLG Köln v. 7. 5. 2003 – 2 Ws 170/03 und 171/03, NJW 2003, 2546, 2549.

3. zwischenzeitlich Sachen nach § 111 k an den Verletzten herausgegeben oder hinterlegt worden sind oder
4. Sachen nach § 111 k an den Verletzten herauszugeben gewesen wären und dieser die Herausgabe vor Ablauf der in Absatz 3 genannten Frist beantragt hat.

[2] Zugleich kann der Staat das durch die Vollziehung des dinglichen Arrestes begründete Pfandrecht nach den Vorschriften des Achten Buches der Zivilprozessordnung verwerten. [3] Der Erlös sowie hinterlegtes Geld fallen dem Staat zu. [4] Mit der Verwertung erlischt der nach Satz 1 entstandene Zahlungsanspruch auch insoweit, als der Verwertungserlös hinter der Höhe des Anspruchs zurückbleibt.

(6) [1] Das Gericht des ersten Rechtszugs stellt den Eintritt und den Umfang des staatlichen Rechtserwerbs nach Absatz 5 Satz 1 durch Beschluss fest. [2] § 111 Abs. 4 gilt entsprechend. [3] Der Beschluss kann mit der sofortigen Beschwerde angefochten werden. [4] Nach Rechtskraft des Beschlusses veranlasst das Gericht die Löschung der im elektronischen Bundesanzeiger nach Absatz 4 vorgenommenen Veröffentlichungen.

(7) [1] Soweit der Verurteilte oder der von der Beschlagnahme oder dem dinglichen Arrest Betroffene die hierdurch gesicherten Ansprüche des Verletzten nach Ablauf der in Absatz 3 genannten Frist befriedigt, kann er bis zur Höhe des dem Staat zugeflossenen Verwertungserlöses Ausgleich verlangen. [2] Der Ausgleich ist ausgeschlossen,
1. soweit der Zahlungsanspruch des Staates nach Absatz 5 Satz 1 unter Anrechnung des vom Staat vereinnahmten Erlöses entgegensteht oder
2. wenn seit dem Ablauf der in Absatz 3 genannten Frist drei Jahre verstrichen sind.

(8) In den Fällen des § 76a Abs. 1 oder 3 des Strafgesetzbuchs sind die Absätze 2 bis 7 auf das Verfahren nach den §§ 440 und 441 in Verbindung mit § 442 Abs. 1 entsprechend anzuwenden.

Schrifttum: *Bach*, Beschränkung des Einsatzbereichs der Zurückgewinnungshilfe durch Gesichtspunkte der Strafverfahrensökonomie, JR 2008, 230; *Bohne/Boxleitner*, Eins vor zwei zurück – Wie das deutsche Recht Straftätern weiterhin die Tatbeute belässt – Anmerkung zum Gesetz zur Stärkung der Rückgewinnungshilfe und Vermögensabschöpfung bei Straftaten –, NStZ 2007, 552; *Hansen/Wolff-Rojczyk*, Effiziente Schadenswiedergutmachung für Geschädigte Unternehmen, GRUR 2007, 474; *Mosbacher/Claus*, Anfangserwerb in Altfällen, wistra 2008, 1; *Schmid/Winter*, Vermögensabschöpfung in Wirtschaftsstrafverfahren – Rechtsfragen und praktische Erfahrungen, NStZ 2002, 8.

I. Allgemeines

1 Zweck des § 111 i ist die **Verlängerung** der nach § 111 c angeordneten Beschlagnahme sowie des nach § 111 d angeordneten Arrestes **nach** Verfahrensbeschränkung (§ 430) oder Urteilserlass, um dem Verletzten die Möglichkeit zu geben, einen zivilrechtlichen Titel zu erwirken. Dem liegt die Problematik zugrunde, dass die nach §§ 111 c, 111 d gesicherten Gegenstände grundsätzlich freizugeben sind, wenn die Voraussetzungen des § 111 b Abs. 1, 2 entfallen. Nur unter den Voraussetzungen des § 111 k können sie an den Verletzten herausgegeben werden. Da mit der Aufhebung des dinglichen Arrestes auch alle Vollziehungsmaßnahmen entfallen, käme ein Zugriff des Verletzten (§ 111 g) zu spät.[1] Allerdings ist im Zusammenhang mit § 111 i auch der Beschleunigungsgrundsatz zu beachten.[2] Dem soll § 111 i entgegenwirken. Zur Insolvenz des von der Sicherungsmaßnahme Betroffenen vgl. § 111 c Rn. 7 und § 111 g Rn. 6.

II. Aufrechterhalten der Sicherung und Auffangrecht des Staates

2 **1. Aufrechterhaltung der Sicherung. a) Fälle der Verfahrensbeschränkung (Abs. 1).** Für die Aufrechterhaltung der Sicherung wird nach Abs. 1 vorausgesetzt, dass das Verfahren nach den §§ 430 und 442 Abs. 1 auf andere Rechtsfolgen beschränkt und deshalb **kein Verfall** angeordnet worden ist. Des Weiteren muss der Verletzte bekannt und die sofortige Aufhebung der Sicherungsmaßnahme für ihn eine **unbillige Härte** darstellen. Letzteres ist dann der Fall, wenn der Verletzte das ihm Mögliche und Zumutbare getan hat, um sich wenigstens einen vorläufig vollstreckbaren Titel zu verschaffen.[3] Demzufolge muss die Zurückgewinnungshilfe nach wie vor geboten sein.[4] Für eine Beschränkung des Verfahrens nach den §§ 154, 154a gilt § 111 i Abs. 1 nicht, soweit keine Wiederaufnahme nach § 154 Abs. 2 erfolgt.[5]

3 Dies wird er im **Verfahren** idR dem in diesem Zeitpunkt für die Anordnung der Beschlagnahme nach § 111 c oder des Arrestes nach § 111 d **zuständigen Richter** zumindest in der **Anhörung** der

---
[1] Meyer-Goßner/*Cierniak* Rn. 1.
[2] KK-StPO/*Nack* Rn. 3; *Bohne/Boxleitner* NStZ 2007, 552.
[3] OLG Frankfurt a. M. v. 3. 7. 2002 – 3 Ws 884/02, NStZ-RR 2003, 49; OLG Schleswig v. 30. 7. 2002 – 1 Ws 227/02 (93/02), 1 Ws 227/02, SchlHA 2003, 187; *Schmid/Winter* NStZ 2002, 8, 10.
[4] KMR/*Mayer* Rn. 4.
[5] BGH v. 31. 3. 2004 – 1 StR 482/03, NStZ 2005, 213 = StraFo 2004, 284 = wistra 2004, 299; KK-StPO/*Nack* Rn. 4; *Bach* JR 2008, 230, 231.

Beteiligten (§ 33 Abs. 1; StA, Angeklagter, Verletzter) glaubhaft[6] machen müssen. Die Aufrechterhaltung der Sicherung erfolgt durch nach § 35 bekannt zu machenden **Beschluss**. Ein Antrag des Verletzten ist von Gesetzes wegen jedoch nicht vorgeschrieben.[7]

Die Aufrechterhaltung der Sicherung darf **höchstens drei Monate** angeordnet werden.[8] Entsprechend dem Verhältnismäßigkeitsgrundsatz muss bei der Bemessung der Dauer das Interesse des Verletzten auf Entschädigung mit dem des Betroffenen abgewogen werden. Die Frist beginnt mit der Anordnung nach Abs. 1.[9] Nach deren fruchtlosem Ablauf sind die Sicherungsmaßnahmen aufzuheben.[10]

b) Ansprüche des Verletzten stehen dem Verfall entgegen. Dem Verfall nach §§ 73, 73a, 73d StGB müssen die Ansprüche des Verletzten gem. §§ 73 Abs. 1 S. 2, 73d Abs. 1 S. 3 StGB entgegenstehen (**Abs. 2 S. 1**). Das Gericht kann dies nach **pflichtgemäßen Ermessen** im Urteil feststellen und die Vermögensgegenstände, die dem Verfall unterliegen, bezeichnen (**Abs. 2 S. 2**). Ausnahmsweise kann es hiervon absehen zB bei einer Verpflichtung zur Schadenswiedergutmachung als Bewährungsauflage (§ 56b Abs. 2 S. 1 Nr. 1 StGB).[11] Wurde der Verletzte bereits (teilweise) befriedigt, ist dies in Abzug zu bringen (**Abs. 2 S. 4**). Hat ein Versicherer bereits geleistet, gehen die Ansprüche auf ihn über (§ 86 VVG).[12] Die Ersatzansprüche des Verletzten muss das Gericht nicht näher spezifizieren.[13]

Das Gericht hält die Sicherungsmaßnahme für maximal drei Jahre ab Rechtskraft des Urteils (**Abs. 3 S. 2**) durch **Beschluss** aufrecht (**Abs. 3 S. 1**). Dessen **Inhalt** wird in **Abs. 2 S. 2–4, Abs. 3** geregelt. IdR wird der Beschluss zusammen mit dem Urteil ergehen.

Dem Verletzten sind der Beschluss, womit die Sicherungsmaßnahmen aufrechterhalten werden, sowie der Eintritt der Rechtskraft **unverzüglich mitzuteilen** (**Abs. 4 S. 1**). Darin ist der Verletzte auf die Möglichkeit, Ansprüche im Wege der Zwangsvollstreckung oder der Arrestvollziehung durchzusetzen, sowie auf den Auffangrechtserwerb des Staates (Abs. 5) hinzuweisen (**Abs. 4 S. 2**).

Aufgehoben werden die Sicherungsmaßnahmen auf **Antrag** des Betroffenen soweit der Verletzte innerhalb der Frist nachweislich aus „freiem" Vermögen befriedigt wurde (**Abs. 3 S. 5**). Dies gilt ebenso für Leistungen Dritter, soweit kein gesetzlicher Forderungsübergang eintritt.[14]

2. Auffangrechtserwerb des Staates (Abs. 5). Der Auffangrechtserwerb des Staates tritt gem. Abs. 5 S. 1 mit Ablauf der Dreijahresfrist (Abs. 3) kraft Gesetzes ein, sofern nicht die Ausschlussgründe nach Abs. 5 S. 1 Nr. 1–4 vorliegen.

a) Verfahren (Abs. 6). Eintritt und Umfang des staatlichen Rechtserwerbs stellt das Gericht des ersten Rechtszugs durch **Beschluss** fest (**Abs. 6 S. 1**). Vor dessen Erlass sind der Verurteilte, der Verletzte sowie weitere Betroffene, denen Rechte an den gesicherten Vermögenswerten zustehen, zu hören (**Abs. 6 S. 2 iVm. § 111l Abs. 4 S. 1**). Der Beschluss kann mit **sofortiger Beschwerde** (§ 311) angefochten werden (**Abs. 6 S. 3**). Nach Rechtskraft des Beschlusses erlangt der Staat einen rechtskräftigen Vollstreckungstitel und das Gericht veranlasst die Löschung der im elektronischen Bundesanzeiger nach Abs. 4 vorgenommenen Veröffentlichungen (**Abs. 6 S. 4**).

b) Ausgleichsanspruch (Abs. 7). Befriedigt der von der Sicherungsmaßnahme Betroffene den Verletzten **nach Ablauf der Dreijahresfrist**, erlangt er einen Ausgleichsanspruch gegen den Staat, soweit dem kein Ausschlussgrund nach S. 2 Nr. 1 oder 2 entgegensteht. Die Höhe des Anspruchs bemisst sich nach der Höhe des dem Staat zugeflossenen Verwertungserlöses (S. 1 aE). Auf diese Weise soll eine doppelte Inanspruchnahme des Betroffenen vermieden werden.[15]

3. Objektives Verfahren. Auch im **objektiven Verfahren** (§ 76a Abs. 1, 3 StGB) gelten gem Abs. 8 die Vorschriften über den Vorrang des Verletzten und den Auffangrechtserwerb des Staates (Abs. 2–7). Die §§ 440 und 441 iVm. § 442 Abs. 1 sind entsprechend anzuwenden.

III. Rechtsbehelfe

Gegen die Beschlüsse nach Abs. 1 und Abs. 3 kann von dem zum Herausgabeverlangen Berechtigten **Beschwerde** nach § 304 eingelegt werden. Gegen die Ablehnung der Aufrechterhaltung der

---

[6] KK-StPO/*Nack* Rn. 8.
[7] Meyer-Goßner/*Cierniak* Rn. 5.
[8] KG v. 5. 4. 2004 – 3 Ws 13/04, StV 2004, 529.
[9] Löwe/Rosenberg/*Schäfer* Rn. 4.
[10] OLG Hamm v. 8. 10. 2007 – 3 Ws 560/07, wistra 2008, 38; LG Berlin v. 13. 1. 2004 – 505 – 9/03, wistra 2004, 280; Meyer-Goßner/*Cierniak* Rn. 4.
[11] BT-Drucks. 16/700, S. 16; *Meyer-Goßner* Rn. 8; *Hansen/Wolff-Rojczyk* GRUR 2007, 475; aA *Mosbacher/Claus* wistra 2008, 1, 2.
[12] Meyer-Goßner/*Cierniak* Rn. 9.
[13] BGH v. 11. 5. 2006 – 3 StR 41/06, NStZ 2006, 621, 622 f.
[14] Meyer-Goßner/*Cierniak* Rn. 12.
[15] Meyer-Goßner/*Cierniak* Rn. 18.

Sicherungsmaßnahme können die StA sowie der Verletzte Beschwerde einlegen. In den Fällen des Abs. 3 ist die Bindung an die Vorgaben des Urteils zu beachten; eine Korrektur ist im Beschwerdeweg möglich.[16] Gegen den Beschluss nach Abs. 6 ist die **sofortige Beschwerde** zulässig. Die im Urteil nach Abs. 2 getroffenen Feststellungen können zusammen mit dem Urteil angefochten werden; eine Teilanfechtung des Urteils ist möglich.[17]

§ 111k [Rückgabe beweglicher Sachen an den Verletzten]

[1] Wird eine bewegliche Sache, die nach § 94 beschlagnahmt oder sonst sichergestellt oder nach § 111c Abs. 1 beschlagnahmt worden ist, für Zwecke des Strafverfahrens nicht mehr benötigt, so soll sie dem Verletzten, dem sie durch die Straftat entzogen worden ist, herausgegeben werden, wenn er bekannt ist und Ansprüche Dritter nicht entgegenstehen. [2] § 111f Abs. 5 ist anzuwenden. [3] Die Staatsanwaltschaft kann die Entscheidung des Gerichts herbeiführen, wenn das Recht des Verletzten nicht offenkundig ist.

Schrifttum: *Cremers*, Nur Vernichtung oder auch Hinterlegung beschlagnahmter Beweisunterlagen bei fehlender Rückgabemöglichkeit?, wistra 2000, 130; *Dörr*, Vernichtung beschlagnahmter Beweisunterlagen bei fehlender Rückgabemöglichkeit, wistra 1999, 175; *Gropp*, Herausgabe sichergestellter Sachen, NStZ 1989, 337; *Hohendorf*, Die Zuständigkeit für Entscheidungen nach § 111k StPO im Ermittlungsverfahren, NStZ 1986, 498; *Jahn/Moericke*, Die strafprozessuale Zuständigkeit für die Herausgabe sichergestellter Sachen an den Verletzten, DRiZ 2004, 324; *Malitz*, Beendigung von Zwangsmaßnahmen und Freigabe von Vermögenswerten, NStZ 2003, 63; *Löffler*, Die Zuständigkeit für die Herausgabeentscheidung, NJW 1991, 1708.

I. Allgemeines

1   Grundsätzlich sind beschlagnahmte (§§ 94 Abs. 2, 111b Abs. 1 S. 1, 111c Abs. 1) oder sichergestellte (§ 94 Abs. 2) Gegenstände an den letzten Gewahrsamsinhaber herauszugeben. Hiervon macht § 111k eine Ausnahme, soweit die Sache dem Verletzten durch die Straftat entzogen worden ist. Die von § 111k geregelte Besitzbestimmung hat jedoch nur eine vorläufige Wirkung,[1] andere Berechtigte können die Herausgabe im Zivilrechtsweg erstreiten.[2]

II. Herausgabevoraussetzungen

2   **1. Beschlagnahmte oder sonst sichergestellte bewegliche Sachen.** Es muss sich um eine noch in amtlichem Gewahrsam befindliche bewegliche Sache handeln,[3] die bei dem **Beschuldigten** oder einem Dritten, der sie in deliktischer Weise erworben hat (zB durch Hehlerei), nach § 94 oder nach § 111c Abs. 1 **beschlagnahmt** oder **sonst sichergestellt** worden ist. Wurde die Sache in anderer Weise sichergestellt, gilt § 111k entsprechend.[4] Dies gilt auch, wenn die Beschlagnahme nach § 111i aufrechterhalten wird. Wurde die Sache bei einem Dritten sichergestellt, ist ihm eine Frist zur zivilrechtlichen Geltendmachung seiner Ansprüche zu setzen,[5] nach deren fruchtlosem Ablauf die Sache dem Verletzten herauszugeben ist.[6]

3   **2. Herausgabe an den bekannten Verletzten, dem die Sache durch die Straftat entzogen wurde.** Nur an den bekannten Verletzten, dem die Sache durch die Straftat entzogen wurde, darf die Sache herausgegeben werden. **Verletzter** iS des § 111k ist derjenige, dem der Besitz an der Sache durch die Straftat unmittelbar entzogen worden[7] oder wer als Erbe bzw. Versicherer (§ 67 VVG) an die Stelle des Verletzten getreten ist.[8] Keine Verletzten sind Eigentümer oder andere Berechtigte, die keinen unmittelbaren Besitz an der Sache hatten.[9] Ist der Verletzte nicht bekannt, wird nach §§ 983, 979ff., 372ff. BGB verfahren, wenn die Voraussetzungen des § 111k vorliegen.[10]

---

[16] Meyer-Goßner/*Cierniak* Rn. 22.
[17] Meyer-Goßner/*Cierniak* Rn. 22.
[1] BGH v. 24. 5. 2007 – IX ZR 97/04, BGHZ 172, 278 = NJW 2007, 3352.
[2] OLG Stuttgart v. 6. 11. 1986 – 3 Ws 266/86, Justiz 1987, 79.
[3] KMR/*Mayer* Rn. 5; zur Analogie bei Forderungen BGH v. 24. 5. 2007 – IX ZR 97/04, BGHZ 172, 278 = NJW 2007, 3352.
[4] HK-GS/*Hartmann* Rn. 4; Löwe/Rosenberg/*Schäfer* Rn. 20; aA OLG Stuttgart v. 6. 11. 1986 – 3 Ws 266/86, NStZ 1987, 243; Meyer-Goßner/*Cierniak* Rn. 3.
[5] AA OLG Frankfurt a.M. v. 4. 1. 1972 – 3 Ws 418/71, GA 1972, 212; Löwe/Rosenberg/*Schäfer* Rn. 19; SK/*Rudolphi* Rn. 2.
[6] LG Berlin v. 14. 6. 1999 – 538 Qs 44/99, NStZ 1999, 636; OLG Stuttgart v. 1. 9. 1988 – 6 Ws 31/88, NStZ 1989, 39; Meyer-Goßner/*Cierniak* Rn. 3; *Löffler* NJW 1991, 1708.
[7] *Malitz* NStZ 2003, 63.
[8] OLG Schleswig v. 21. 9. 1993 – 1 Ws 283/93, NStZ 1994, 99.
[9] LG Mannheim v. 29. 10. 1997 – 25 AR 9/97, NStZ-RR 1998, 113; LG Hildesheim v. 7. 11. 1988 – 16 Qs 2/88, NStZ 1989, 336.
[10] *Löffler* NJW 1991, 1708, 1709; *Cremers* wistra 2000, 130; *Dörr* wistra 1999, 175.

Dem Verletzten muss die Sache **durch die Straftat**, die Gegenstand des Strafverfahrens ist, ent- 4
zogen sein.[11] Die erwiesene Tat[12] muss rechtswidrig (§ 11 Abs. 1 Nr. 5 StGB) nicht aber schuldhaft sein.[13] Maßgeblich sind die Feststellungen des bereit ergangenen Urteils,[14] ansonsten wird ohne Beweisaufnahme nach Aktenlage entschieden.[15]

Entzogen sind nur Sachen, die unmittelbar durch die Straftat in den Besitz des Täters gelangt 5
sind,[16] auch bei freiwilligem Gewahrsamsverlust (zB Betrug). Auf Surrogate einer durch die Straftat entzogenen Sache findet § 111k entsprechende Anwendung.[17] Nicht herauszugeben sind hingegen bspw. komplizierte Maschinen, in die gestohlene oder ertrogene Teile eingebaut wurden.[18] In solchen Fällen wird dem Verletzten unter Fristsetzung Gelegenheit gegeben, mittels (vorläufigen) Titels auf dem Zivilrechtsweg die Rückgabe an den Beschuldigten zu verhindern.[19]

3. Ansprüche Dritter. Ansprüche Dritter dürfen der Herausgabe nicht entgegenstehen. Eine 6
zweifelhafte Rechtslage genügt.[20] Dritter kann auch der Beschuldigte sein, wenn er behauptet, unabhängig von der Straftat Ansprüche zu haben.[21] Bekannte Ansprüche sind **von Amts wegen** zu berücksichtigen.[22] Bei offenkundiger Anspruchsberechtigung – Nachforschungen werden nicht angestellt – wird die Sache an den Anspruchsinhaber herausgegeben. In Zweifelsfällen sollte nicht nur dem Dritten,[23] sondern allen Interessenten eine **Frist** zur Erlangung eines (vorläufig) vollstreckbaren Titels gesetzt werden.[24] Verstreicht sie ohne Erfolg, sollte die Sache an den Verletzten herausgegeben,[25] notfalls hinterlegt (§ 372 BGB, § 5 HinterlO) werden.[26]

4. Zuständigkeit. Für die Herausgabeentscheidung zuständig ist im Ermittlungsverfahren die 7
StA,[27] nach Erhebung der öffentlichen Klage das mit der Hauptsache befasste **Gericht**[28] und im Revisionsverfahren das letzte Tatgericht. Nach Rechtskraft des Urteils ist wieder die StA zuständig.[29] Für den Antrag der StA nach S. 3, der im pflichtgem Ermessen der StA liegt,[30] ist im Ermittlungsverfahren der Ermittlungsrichter zuständig und nach Rechtskraft entsprechend § 462a Abs. 3 S. 1 das Gericht des ersten Rechtszugs.[31] S. 3 gilt nur für zweifelhafte Rechte des Verletzten, nicht bei Ungewissheit über das Recht eines Dritten.[32] Die Entscheidung ergeht durch Beschluss nach Anhörung der StA, anderer Betroffener sowie des Verletzten.

5. Entschädigungspflicht. Die Herausgabe der Sache an einen Nichtberechtigten kann eine Ent- 8
schädigungspflicht nach § 2 Abs. 2 Nr. 2 StrEG oder die Schadenersatzpflicht nach § 839 BGB auslösen.

III. Rechtsbehelfe

Gegen die Entscheidung der StA über die Herausgabe kann der Betroffene (S. 2 iVm. § 111f 9
Abs. 5) die gerichtliche Entscheidung beantragen (vgl. § 111f Rn. 11). Antragsberechtigt sind je nach dem Umfang ihrer Beschwer der Beschuldigte, der Verletzte sowie weitere Betroffene. Die

---

[11] KG v. 9. 11. 2000 – 1 AR – 1285/00 – 4 Ws 204/00, 1 AR 1285/00, 4 Ws 204/00; KG v. 21. 1. 1988 – 4 Ws 242/87, JR 1988, 390; aA OLG Düsseldorf v. 5. 7. 1983 – 4 Ws 256/83, NStZ 1984, 567 m. abl. Anm. *Gropp*; KMR/*Mayer* Rn. 8.
[12] LG Mainz v. 29. 4. 1983 – 2 Js 21 002/81 – 5 KLs, MDR 1983, 954.
[13] Meyer-Goßner/*Cierniak* Rn. 6.
[14] LG Mainz v. 29. 4. 1983 – 2 Js 21 002/81 – 5 KLs, MDR 1983, 954.
[15] KG v. 21. 1. 1988 – 4 Ws 242/87, JR 1988, 390.
[16] BGH v. 2. 10. 2007 – 4 StR 306/07; OLG Köln v. 18. 2. 2005 – 2 Ws 7/05, StV 2005, 541.
[17] OLG Schleswig v. 21. 9. 1993 – 1 Ws 283/93, NStZ 1994, 99; KK-StPO/*Nack* Rn. 4; aA Meyer-Goßner/*Cierniak* Rn. 7; Löwe/Rosenberg/*Schäfer* Rn. 11.
[18] Löwe/Rosenberg/*Schäfer* Rn. 11.
[19] LG Mainz v. 29. 4. 1983 – 2 Js 21 002/81 – 5 KLs, MDR 1983, 954; *Malitz* NStZ 2003, 63, 64.
[20] OLG Koblenz v. 23. 3. 1984 – 1 Ws 241/84, MDR 1984, 774.
[21] Löwe/Rosenberg/*Schäfer* Rn. 13; *Hohendorf* NStZ 1986, 499.
[22] KK-StPO/*Nack* Rn. 6.
[23] LG Berlin v. 14. 6. 1999 – 538 Qs 44/99, NStZ 1999, 636; Hess. FG v. 9. 4. 2008 – 7 V 780/08; *Malitz* NStZ 2003, 63, 64.
[24] zur Rangfolge *Gropp* NStZ 1989, 337; *Löffler* NJW 1991, 1708.
[25] OLG Schleswig v. 21. 9. 1993 – 1 Ws 283/93, NStZ 1994, 99, 100; Meyer-Goßner/*Cierniak* Rn. 8; aA OLG Koblenz v. 23. 3. 1984 – 1 Ws 241/84, MDR 1984, 774; HK-GS/*Hartmann* Rn. 9.
[26] KK-StPO/*Nack* Rn. 6.
[27] BT-Drucks. 16/700, S. 16; OLG Stuttgart v. 27. 8. 2001 – 2 Ws 165/2001, wistra 2002, 38; LG Berlin v. 25. 1. 1994 – 510 Qs 3/94, NStZ 1994, 400; LG Hamburg v. 30. 12. 1994 – 615 Qs 76/94, MDR 1995, 625; LG Kaiserslautern v. 17. 11. 1994 – 5 Qs 187/94, wistra 1995, 241; LG Kiel v. 8. 2. 1999 – 32 Qs 7/99, SchlHA 1999, 132; KK-StPO/*Nack* Rn. 7; *Hohendorf* NStZ 1986, 498; *Jahn/Moericke* DRiZ 2004, 324.
[28] BGH v. 2. 10. 2007 – 4 StR 306/07.
[29] OLG Stuttgart v. 27. 8. 2001 – 2 Ws 165/01, NStZ-RR 2002, 111 = wistra 2002, 38; Meyer-Goßner/*Cierniak* Rn. 10; aA KK-StPO/*Nack* Rn. 8 (der letzte Tatrichter); KMR/*Mayer* Rn. 13; Löwe/Rosenberg/*Schäfer* Rn. 22.
[30] LG Berlin v. 27. 4. 2007 – 511 Qs 24/07.
[31] HK-GS/*Hartmann* Rn. 10; Meyer-Goßner/*Cierniak* Rn. 11.
[32] BT-Drucks. 16/700, S. 19.

Entscheidung des Gerichts (§ 305 S. 2) kann gem. § 304 Abs. 1, 2 mit der Beschwerde angefochten werden. Beschwerdeberechtigt ist jeder, dessen rechtliche Interessen durch die Entscheidung berührt sein können.[33]

§ 111l [Notveräußerung beschlagnahmter oder gepfändeter Gegenstände]

(1) [1] Vermögenswerte, die nach § 111c beschlagnahmt oder aufgrund eines Arrestes (§ 111d) gepfändet worden sind, dürfen vor der Rechtskraft des Urteils veräußert werden, wenn ihr Verderb oder eine wesentliche Minderung ihres Wertes droht oder ihre Aufbewahrung, Pflege oder Erhaltung mit unverhältnismäßigen Kosten oder Schwierigkeiten verbunden ist. [2] In den Fällen des § 111i Abs. 2 können Vermögenswerte, die aufgrund eines Arrestes (§ 111d) gepfändet worden sind, nach Rechtskraft des Urteils veräußert werden, wenn dies zweckmäßig erscheint. [3] Der Erlös tritt an deren Stelle.

(2) [1] Im vorbereitenden Verfahren und nach Rechtskraft des Urteils wird die Notveräußerung durch die Staatsanwaltschaft angeordnet. [2] Ihren Ermittlungspersonen (§ 152 des Gerichtsverfassungsgesetzes) steht diese Befugnis zu, wenn der Gegenstand zu verderben droht, bevor die Entscheidung der Staatsanwaltschaft herbeigeführt werden kann.

(3) [1] Nach Erhebung der öffentlichen Klage trifft die Anordnung das mit der Hauptsache befaßte Gericht. [2] Der Staatsanwaltschaft steht diese Befugnis zu, wenn der Gegenstand zu verderben droht, bevor die Entscheidung des Gerichts herbeigeführt werden kann; Absatz 2 Satz 2 gilt entsprechend.

(4) [1] Der Beschuldigte, der Eigentümer und andere, denen Rechte an der Sache zustehen, sollen vor der Anordnung gehört werden. [2] Die Anordnung sowie Zeit und Ort der Veräußerung sind ihnen, soweit dies ausführbar erscheint, mitzuteilen.

(5) [1] Die Notveräußerung wird nach den Vorschriften der Zivilprozeßordnung über die Verwertung einer gepfändeten Sache durchgeführt. [2] An die Stelle des Vollstreckungsgerichts (§ 764 der Zivilprozeßordnung) tritt in den Fällen der Absätze 2 und 3 Satz 2 die Staatsanwaltschaft, in den Fällen des Absatzes 3 Satz 1 das mit der Hauptsache befaßte Gericht. [3] Die nach § 825 der Zivilprozeßordnung zulässige Verwertung kann von Amts wegen oder auf Antrag der in Absatz 4 genannten Personen, im Falle des Absatzes 3 Satz 1 auch auf Antrag der Staatsanwaltschaft, gleichzeitig mit der Notveräußerung oder nachträglich angeordnet werden. [4] Wenn dies zweckmäßig erscheint, kann die Notveräußerung auf andere Weise und durch eine andere Person als den Gerichtsvollzieher erfolgen.

(6) [1] Gegen Anordnungen der Staatanwaltschaft oder ihrer Ermittlungspersonen kann der Betroffene gerichtliche Entscheidung durch das nach § 162 zuständige Gericht beantragen. [2] Die §§ 297 bis 300, 302, 306 bis 309, 311a und 473a gelten entsprechend. [3] Das Gericht, in dringenden Fällen der Vorsitzende, kann die Aussetzung der Veräußerung anordnen.

Schrifttum: *Achenbach,* Verfahrenssichende und Vollstreckungssichende Beschlagnahme im Strafproess, NJW 1976, 1070; *Lampe,* Ermittlungszuständigkeit von Richter und Staatsanwalt nach dem 1. StVRG, NJW 1975, 197.

I. Veräußerungsvoraussetzungen, -wirkung und -verfahren

1   **1. Vermögenswerte (Abs. 1 S. 1).** Vermögenswerte **jeglicher Art** (bewegliche und unbewegliche Sachen, Forderungen, Wertpapierdepots etc.), die nach § 111c beschlagnahmt oder auf Grund eines Arrestes gepfändet worden sind, unterliegen **bis zur Rechtskraft des Urteils** der Notveräußerung. Unerheblich ist, wo sie aufbewahrt werden. Bei nach § 111c Abs. 6 S. 1 Nr. 2 zur Benutzung überlassenen Sachen ist zunächst die Überlassung zu widerrufen.[1] Vermögenswerte, die nach § 111c Abs. 6 S. 1 Nr. 1 zurückgegeben werden, fallen nicht unter § 111l. Ebensowenig Gegenstände, die gem. § 74 Abs. 2 Nr. 2 StGB eingezogen sowie solche, die nur als Beweismittel nach § 94 sichergestellt wurden. Letztere sind zurückzugeben, nachdem ihr Beweiswert durch technische Aufzeichnungen, Sachverständige oder Zeugen gesichert worden ist.[2]

2   **2. Gründe für die Veräußerung.** Gründe für die Veräußerung sind der **Verderb,** welcher als Veränderung der Substanz, die zu Wertverlust führt, definiert wird, sowie eine **wesentliche Wertminderung,** die auch durch die Marktentwicklung hervorgerufen werden kann.[3] Die **Unverhältnismäßigkeit der Kosten oder Schwierigkeiten** bei der Aufbewahrung, Pflege oder Erhaltung der

---

[33] KK-StPO/*Nack* Rn. 10.
[1] Löwe/Rosenberg/*Schäfer* Rn. 3.
[2] *Achenbach* NJW 1976, 1070 Fn. 31; *Lampe* NJW 1975, 197; RiStBV Nr. 76.
[3] Meyer-Goßner/*Cierniak* Rn. 2.

Vermögenswerte beurteilt sich nach dem Verkehrswert und liegt vor, wenn ein wirtschaftlich denkender Eigentümer die Sache veräußern würde.[4]

3. Nach Rechtskraft des Urteils (Abs. 1 S. 2). Nach Rechtskraft des Urteils muss in den Fällen des § 111i Abs. 2 (dort Rn. 5–8) danach unterschieden werden, ob die Gegenstände nach § 111c beschlagnahmt worden sind, dann gelten die gleichen Voraussetzungen wie vor Rechtskraft des Urteils (oben Rn. 1–2),[5] oder ob, sie in Vollziehung des dinglichen Arrestes nach § 111d gepfändet worden sind, dann können sie allein aufgrund von Zweckmäßigkeitserwägungen veräußert werden. Bezüglich letzterem kommt es auf eine möglichst ertragreiche Veräußerung aufgrund pflichtgemäßen Ermessens an.[6] Da aufgrund rechtskräftigen Urteils feststeht, dass diese Vermögenswerte dem Verletzten zugute kommen sollen, tritt die Schutzbedürftigkeit des Verurteilten mit Eintritt der Rechtskraft iVm. dem Beschluss nach § 111i Abs. 3 zurück.[7] Das Interesse des Verletzten ist auf Zahlung eines Geldbetrages aufgrund Wertersatzes gerichtet.

4. Veräußerungswirkung. Der Erlös **tritt an die Stelle** der veräußerten Vermögenswerte (**Abs. 1 S. 3**), so dass bei Vorliegen der Voraussetzungen der §§ 73 oder 74 StGB im Urteil auf Verfall oder Einziehung des Erlöses zu erkennen ist.[8] Bei Wegfall der Beschlagnahmevoraussetzungen erlangt der frühere Eigentümer einen Auszahlungsanspruch, er wird jedoch nicht Eigentümer des Erlöses.[9]

5. Zuständigkeit. Zuständig sind im Vorverfahren und nach Rechtskraft des Urteils die **StA** (**Abs. 2 S. 1**), bei Gefahr im Verzug auch die **Ermittlungspersonen** (**§ 152 GVG, Abs. 2 S. 2**); nach Klageerhebung sind das mit der Hauptsache befasste Gericht (**Abs. 3 S. 1**) und bei Gefahr im Verzug die **StA** (**Abs. 3 S. 2**) bzw. deren **Ermittlungspersonen** (**Abs. 3 aE iVm. Abs. 2 S. 2**) zuständig. Die Geschäfte sind gem. §§ 31 Abs. 1 Nr. 2, Abs. 6; 22 Nr. 2 RPflG dem Rechtspfleger übertragen (beachte aber § 8 Abs. 1 RPflG).

6. Anhörung der Beteiligten (Abs. 4). Die Beteiligten **sollen** vor der Anordnung angehört (Abs. 4 S. 1) sowie Zeit und Ort der Veräußerung mitgeteilt werden, soweit dies ausführbar erscheint (Abs. 4 S. 2). In den Fällen der **Gefahr in Verzug** wird dies jedoch nicht gegeben sein. Durch Abs. 4 sollen die Betroffenen die Möglichkeit erhalten, die **Notveräußerung abzuwenden**; dem dient auch der Hinweis auf § 111c Abs. 6. Auf die Wirksamkeit der Notveräußerung ist die Nichtbeachtung der Sollvorschriften ohne Einfluss.[10]

7. Durchführung der Notveräußerung (Abs. 5). Die Durchführung der Notveräußerung richtet sich nach den §§ 814–825 ZPO (Abs. 5 S. 1). Allerdings tritt die StA in den Fällen des Abs. 2, Abs. 3 S. 2 und das Gericht der Hauptsache im Fall des Abs. 3 S. 1 an die Stelle des Vollstreckungsgerichts (Abs. 5 S. 2). Die Verwertung in anderer Weise (§ 825 Abs. 1 ZPO) oder durch eine andere Person als den Gerichtsvollzieher (§ 825 Abs. 2 ZPO) kann von Amts wegen oder auf Antrag gleichzeitig mit der Notveräußerung oder nachträglich angeordnet werden (Abs. 5 S. 3). Nach pflichtgemäßem Ermessen kann die freihändige Verwertung angeordnet werden (Abs. 5 S. 4).

II. Rechtsbehelfe

Gegen Anordnungen der StA oder ihrer Ermittlungspersonen (§ 152 GVG) und deren Durchführung (Abs. 5) kann der Betroffene **gerichtliche Entscheidung** beantragen (Abs. 6 S. 1 iVm. § 162). **Antragsberechtigt** sind alle, denen ein Recht an der Sache zusteht.[11] **Zuständig** ist vor Erhebung der öffentlichen Klage und nach rechtskräftigem Abschluss des Verfahrens der Ermittlungsrichter (§ 162 Abs. 3 S. 3; BR-Drucks. 829/08, S. 50). Nach Erhebung der öffentlichen Klage ist das Gericht zuständig, das mit der Sache befasst ist (§ 162 Abs. 3 S. 1), während des Revisionsverfahrens das Gericht, dessen Urteil angefochten ist (Tatsachengericht; § 162 Abs. 3 S. 2). Die §§ 297–300, 302, 306–309, 311a und 473a gelten entsprechend (§ 111l Abs. 6 S. 2). Das Gericht und in dringenden Fällen der Vorsitzende können die Aussetzung der Veräußerung anordnen (Abs. 6 S. 3). Haben die Ermittlungspersonen der StA gehandelt, ist zunächst der zuständigen StA Gelegenheit zur Abhilfe zu geben.[12] Gegen Anordnung und Durchführung durch den Rechtspfleger der StA

---

[4] OLG Hamm v. 23. 7. 1999 – 2 Ws 232/99, VRS 98 (2000), 133; OLG Koblenz v. 25. 1. 1985 – 1 Ws 41/85, MDR 1985, 516.
[5] BT-Drucks. 16/700, S. 19.
[6] Meyer-Goßner/*Cierniak* Rn. 3.
[7] KK-StPO/*Nack* Rn. 4.
[8] BGH v. 8. 7. 1955 – 1 StR 245/55, BGHSt 8, 46, 53.
[9] RG v. 7. 4. 1922 – V 1687/21, RGSt 56, 322; RG v. 14. 1. 1932 – III 906/31, RGSt 66, 85.
[10] KMR/*Mayer* Rn. 8.
[11] Löwe/Rosenberg/*Schäfer* Rn. 18a; SK/*Rogall* Rn. 35.
[12] Meyer-Goßner/*Cierniak* Rn. 11.

(§ 31 Abs. 1 Nr. 2 RPflG) ist gerichtliche Entscheidung zu beantragen (§ 111l Abs. 6 S. 1 iVm. § 31 Abs. 6 S. 1 RPflG).[13] Nach § 111l Abs. 6 S. 1, 2 iVm. § 161 a Abs. 3 S. 4 a. F. war eine Beschwerde gegen **Kontrollentscheidungen** (§ 111 l Abs. 6) unzulässig. Nach Änderungen des Abs. 6 S. 1, 2 durch das 2. Opferrechtsreformgesetz sind gerichtliche Kontrollentscheidungen (§ 111l Abs. 6), welche nunmehr gem. § 162 vom Ermittlungsrichter des Amtsgerichts und nicht von einer mit drei Richtern besetzten Strafkammer getroffen werden, der Beschwerde zugängig.[14] Der gesetzliche Ausschluss der Beschwerde bei Kontrollentscheidungen war nach alter Rechtslage maßgebliches Argument der (wohl) h. M. für die Ablehnung der Beschwerde bei gerichtlichen **Erstentscheidungen** (§ 111l Abs. 3 S. 1).[15] Da der Gesetzgeber nunmehr den Ausschluss der Beschwerde bei Kontrollentscheidungen (§ 111l Abs. 6) wegen der wirtschaftlichen Bedeutung der Notveräußerungen für nicht gerechtfertigt erachtet, zumal mit der Einlegung von Beschwerden nur in wenigen Fällen zu rechnen sei,[16] besteht kein Anlass mehr, bei gerichtlichen Erstentscheidungen (§ 111l Abs. 3) einen Ausschluss der Beschwerde zu befürworten. Auch wenn die Erstentscheidung (wie überwiegend) vom Rechtspfleger des Gerichts (§ 22 Nr. 2 RPflG) getroffen wird, ist nunmehr Beschwerde, keine Erinnerung, statthaft, da die Beschwerde das „nach den allgemeinen verfahrensrechtlichen Vorschriften zulässige Rechtsmittel" (§ 11 Abs. 1 RPflG, gleichlautend § 31 Abs. 6 S. 1 RPflG für Rechtspfleger der StA) darstellt.[17] Die Kosten richten sich nach Abs. 6 S. 2 iVm. § 473 a. Bei bereits erfolgter Notveräußerung (bei Antragsstellung oder vor gerichtlicher Entscheidung) gilt § 98 Abs. 2 S. 2 analog.[18]

§ 111 m [Beschlagnahme eines Druckwerkes oder einer sonstigen Schrift]

(1) Die Beschlagnahme eines Druckwerks, einer sonstigen Schrift oder eines Gegenstandes im Sinne des § 74d des Strafgesetzbuches darf nach § 111b Abs. 1 nicht angeordnet werden, wenn ihre nachteiligen Folgen, insbesondere die Gefährdung des öffentlichen Interesses an unverzögerter Verbreitung offenbar außer Verhältnis zu der Bedeutung der Sache stehen.

(2) [1] Ausscheidbare Teile der Schrift, die nichts Strafbares enthalten, sind von der Beschlagnahme auszuschließen. [2] Die Beschlagnahme kann in der Anordnung weiter beschränkt werden.

(3) In der Anordnung der Beschlagnahme sind die Stellen der Schrift, die zur Beschlagnahme Anlaß geben, zu bezeichnen.

(4) Die Beschlagnahme kann dadurch abgewendet werden, daß der Betroffene den Teil der Schrift, der zur Beschlagnahme Anlaß gibt, von der Vervielfältigung oder der Verbreitung ausschließt.

Schrifttum: *Achenbach,* Alte und Neue Fragen zur Pressebeschlagnahme, NStZ 2000, 124; *Groß,* Sicherstellen von Druckwerken, NStZ 1999, 334; *Löffler,* Ein vorbildliches Pressegesetz, NJW 1959, 418.

I. Allgemeines

1 Im Hinblick auf die Bedeutung der **Pressefreiheit (Art. 5 Abs. 1 S. 2 GG)** beschränken die §§ 111m, 111n die Beschlagnahme zur Sicherung der Einziehung und Unbrauchbarmachung nach § 74d StGB bei Druckwerken und sonstigen Schriften (§ 11 Abs. 3 StGB) unter Beachtung des Grundsatzes der Verhältnismäßigkeit. Hingegen unterliegt die Beschlagnahme nach §§ 94, 99 und 111b Abs. 5 keiner Einschränkung.[1] Abweichende Regelungen in Landespressegesetzen sind grds. unwirksam soweit sie Vorschriften über die Beschlagnahme von Drucksachen enthalten, da es sich hierbei um Verfahrensrecht nach Art. 74 Nr. 1 GG handelt.[2]

II. Beschlagnahmebeschränkungen und -anordnung

2 **1. Beschlagnahmebeschränkungen.** Unter den Begriff der sonstigen **Schriften** (§ 11 Abs. 3 StGB) fallen auch Videobänder, Plakate, Schallplatten, elektronische Publikationen sowie elektronische Daten, die auf einem Server liegen und ins Internet gestellt werden.[3]

---

[13] Meyer-Goßner/*Cierniak* Rn. 11.
[14] Ebenso, wie auch zur alten Rechtslage: SK/*Rogall* Rn. 46 ff. Zur Begründung siehe Entwurf des 2. Opferrechtsreformgesetzes, BT-Drucks. 16/12098, S. 28, 29.
[15] OLG Köln v. 1. 6. 2004 – 2 Ws 15/09, 2 Ws 160/04, NJW 2004, 2994; OLG Celle v. 4. 10. 1990 – 1 Ws 303/90, StV 1992, 459; SK/*Rogall* Rn. 46 jeweils m. w. N.
[16] Begründung des Entwurfs des 2. Opferrechtsreformgesetz, BT-Drucks. 16/12098, S. 28, 29.
[17] Ebenso SK/*Rogall* Rn. 48, 49; aA KK-StPO/*Nack* Rn. 6.
[18] KMR/*Meyer* Rn. 15.
[1] KK-StPO/*Nack* Rn. 1.
[2] KG v. 21. 7. 1983 – (4) Ss 81/83 (15/83), JR 1984, 249, 250; Meyer-Goßner/*Cierniak* Rn. 2; differenzierend *Achenbach* NStZ 2000, 124 Fn. 1; aA *Groß* NStZ 1999, 334.
[3] Siehe KK-StPO/*Nack* Rn. 1 mwN.

2. Verhältnismäßigkeitsgrundsatzes. § 111 m unterwirft die Prüfung der Beschlagnahme einer 3
besonders sorgfältigen Prüfung des Verhältnismäßigkeitsgrundsatzes. Die Beschlagnahme ist ausgeschlossen, wenn das Missverhältnis nach der Lebenserfahrung für jeden Sachkundigen erkennbar und ohne Beweiserhebung offensichtlich ist.[4] Ein krasses Missverhältnis muss nicht vorliegen.[5]

Die **Bedeutung der Sache** bemisst sich nach dem Gewicht der Straftat. Bei schwerwiegenden 4
Straftaten ist idR die Beschlagnahme trotz ihrer schwerwiegenden Folgen zulässig,[6] anders kann dies hingegen bei Straftaten gegen Einzelpersonen (zB § 185 StGB) sein.[7]

Nachteilige Folge ist zunächst die Gefährdung des öffentlichen Interesses an unverzögerter 5
Verbreitung eines Druckwerkes, welches aktuelle Themen behandelt.[8] Wobei sich das Interesse auf den Gesamtinhalt der Druckschrift und nicht nur auf den die Beschlagnahme auslösenden Teil bezieht.[9] Gleichgültig ist, ob das Interesse auf Neugier beruht oder „legitim" oder die Informationsgewährung durch andere Quellen gesichert ist.[10] Weitere nachteilige Folgen können wirtschaftliche Nachteile für Herausgeber, Verleger, Händler, Inserenten etc. sein.[11]

3. Ausscheidbare Teile (Abs. 2 S. 1). Die Beschlagnahme muss auf diejenigen ausscheidbaren 6
Teile beschränkt werden, deren Inhalt strafbar ist, sofern sie sich **abtrennen** lassen (vgl. auch Rn. 4). Allerdings darf die Trennung nicht zur Entwertung der gesamten Druckschrift führen.[12] Die auszuscheidenden Teile müssen in der Beschlagnahmeanordnung genau bezeichnet werden.

4. Richterliches Ermessen (Abs. 2 S. 2). Nach richterlichem Ermessen können Beschränkungen 7
angeordnet werden, um den Zweck der Maßnahme unter **größtmöglicher Schonung** des Betroffenen zu erreichen,[13] zB die Beschränkung der Beschlagnahme auf einen Teil der Auflage oder auf bestimmte Formen der Verbreitung, ebenso können dem Verleger Archivexemplare belassen werden.[14]

5. Beschlagnahmeanordnung. In Ergänzung zu § 111 e bestimmt **Abs. 3**, dass die **Stellen der** 8
Schrift, die zur Beschlagnahme Anlaß geben, in der Anordnung zu **bezeichnen** sind; dh., sie müssen inhaltlich wiedergegeben sowie nach Band, Heft, Seite, Spalte usw. angegeben werden.[15] Allgemeine Angaben bzgl. inkriminierter Stellen genügen nicht.[16] Ebenfalls ist die verletzte Strafvorschrift anzugeben. Ein Verstoß gegen Abs. 3 hat jedoch keinen Einfluss auf die Wirksamkeit der Beschlagnahme, solche Fehler können in der Beschwerdeinstanz korrigiert werden.[17]

6. Abwendung der Beschlagnahme (Abs. 4). Der Betroffene kann die Beschlagnahme dadurch 9
abwenden, dass er den **inkriminierten Teil** der Schrift von der Vervielfältigung oder der Verbreitung **ausschließt**. Auf welche Weise er dem nachkommt (zB Schwärzen, Überkleben, Herausschneiden, Löschen der Internetseite), bleibt ihm überlassen. Der Betroffene kann einen – nicht unbedingt unverzüglichen – Antrag an die für die Beschlagnahme zuständige Behörde stellen.[18] Die Anordnung wird aufgehoben, wenn die Maßnahme des Betroffenen die Beschlagnahme entbehrlich macht.[19]

§ 111n [Anordnung und Aufhebung der Beschlagnahme eines Druckwerks]

(1) ¹Die Beschlagnahme eines periodischen Druckwerks oder eines ihm gleichstehenden Gegenstandes im Sinne des § 74 d des Strafgesetzbuches darf nur durch den Richter angeordnet werden. ²Die Beschlagnahme eines anderen Druckwerks oder eines sonstigen Gegenstandes im Sinne des § 74 d des Strafgesetzbuches kann bei Gefahr im Verzug auch durch die Staatsanwaltschaft angeordnet werden. ³Die Anordnung der Staatsanwaltschaft tritt außer Kraft, wenn sie nicht binnen drei Tagen von dem Richter bestätigt wird.

---

[4] Löwe/Rosenberg/*Schäfer* Rn. 14; Meyer-Goßner/*Cierniak* Rn. 4; SK/*Rogall* Rn. 10.
[5] KK-StPO/*Nack* Rn. 5.
[6] Löwe/Rosenberg/*Schäfer* Rn. 15.
[7] *Löffler* NJW 1959, 418.
[8] Löwe/Rosenberg/*Schäfer* Rn. 12.
[9] Meyer-Goßner/*Cierniak* Rn. 5.
[10] KK-StPO/*Nack* Rn. 5; SK/*Rudolphi* Rn. 7.
[11] Meyer-Goßner/*Cierniak* Rn. 5.
[12] Meyer-Goßner/*Cierniak* Rn. 7; SK/*Rudolphi* Rn. 9.
[13] Löwe/Rosenberg/*Schäfer* Rn. 19.
[14] KK-StPO/*Nack* Rn. 6.
[15] Meyer-Goßner/*Cierniak* Rn. 9.
[16] KK-StPO/*Nack* Rn. 8.
[17] KK-StPO/*Nack* Rn. 8.
[18] AA Löwe/Rosenberg/*Schäfer* Rn. 24 (Antrag nicht erforderlich).
[19] Meyer-Goßner/*Cierniak* Rn. 10.

(2) ¹Die Beschlagnahme ist aufzuheben, wenn nicht binnen zwei Monaten die öffentliche Klage erhoben oder die selbständige Einziehung beantragt ist. ²Reicht die in Satz 1 bezeichnete Frist wegen des besonderen Umfanges der Ermittlungen nicht aus, so kann das Gericht auf Antrag der Staatsanwaltschaft die Frist um weitere zwei Monate verlängern. ³Der Antrag kann einmal wiederholt werden.

(3) Solange weder die öffentliche Klage erhoben noch die selbständige Einziehung beantragt worden ist, ist die Beschlagnahme aufzuheben, wenn die Staatsanwaltschaft es beantragt.

Schrifttum: *Groß,* Sicherstellung von Druckwerken, NStZ 1999, 334, 338; *Wagner,* Beschlagnahme und Einziehung staatsgefährdender Massenschriften, MDR 1961, 93; *Wendisch,* Zustellung von Entscheidungen, die der Vollstreckung bedürfen, JR 1978, 445.

I. Anordnung und Aufhebung der Beschlagnahme

1   **1. Anordnung der Beschlagnahme.** Die Beschlagnahme periodischer Druckwerke und ihnen iS von § 74d StGB gleichstehender Gegenstände darf nur von einem **Richter** angeordnet werden (**Abs. 1 S. 1**). Die Sicherung der Beschlagnahme zu Beweiszwecken richtet sich hingegen nach § 98 Abs. 1.

2   **Periodische Druckwerke** sind nach den Landespresse- oder Landesmediengesetzen alle Druckwerke, die in ständiger, wenn auch unregelmäßiger Folge und im Abstand von nicht mehr als 6 Monaten erscheinen (zB Zeitungen, Zeitschriften, Preislisten etc.). Sie müssen in sich abgeschlossen (fehlt bei Fortsetzungslieferungen von Loseblatt- und Entscheidungssammlungen) und gleichartig (fehlt bei Taschenbuchreihen) sein.[1] Die Erscheinungsdauer darf nicht von vornherein begrenzt sein.[2]

3   **Andere Druckwerke** können bei Gefahr im Verzug auf **Anordnung der StA**, niemals jedoch – soweit es nicht um Beweissicherung geht – auf Anordnung von Ermittlungspersonen (§ 152 GVG), beschlagnahmt werden (**Abs. 1 S. 2**). Letztere müssen sich grds. an die StA und im äußersten Notfall an das AG wenden (§ 163 Abs. 2 S. 2).

4   Die Anordnung der StA tritt außer Kraft, wenn sie nicht binnen drei Tagen seit ihrer Anordnung (Fristberechnung nach § 42) **richterlich bestätigt wird** (**Abs. 1 S. 3**).[3] Im Vorverfahren ist der Ermittlungsrichter zuständig (§ 162), nach Klageerhebung das mit der Hauptsache befasste Gericht. Die Bestätigung muss von der StA, kann aber auch von dem Betroffenen beantragt werden. Das Gericht prüft, ob die Beschlagnahme zur Zeit ihrer Bestätigung gerechtfertigt ist, Gefahr in Verzug bestand und die StA die Beschlagnahme angeordnet hat.[4] Eine rechtzeitig beantragte, aber verspätete richterliche Bestätigung gilt als richterliche Beschlagnahmeanordnung; wird die Bestätigung erst nach Ablauf von 2 Monaten (Abs. 2 S. 1) beantragt, ist die Beschlagnahme aufzuheben.[5]

5   **2. Umfang.** Die Anordnung umfasst alle **in Deutschland** (§ 160 GVG) beschlagnahmten Einzelstücke **derselben Auflage**, aber keine Neuauflagen oder unveränderte Nachdrucke.[6] Bei den sog. Kopfblättern besteht nur dann Identität mit der Mutterzeitung, wenn beide Blätter am selben Ort hergestellt und inhaltlich völlig übereinstimmend sind.[7]

6   **3. Vollstreckung.** Für die Vollstreckung ist gem § 36 Abs. 2 S. 1 stets die **StA zuständig**,[8] sie bedient sich hierbei ihrer Ermittlungspersonen (§ 152 GVG) oder anderer Polizeibeamter; das Richtermonopol (Abs. 1 S. 1) gilt nur für die Anordnung der Beschlagnahme.

7   **4. Aufhebung der Beschlagnahme.** Die Beschlagnahme **ist** aufzuheben gem **Abs. 2**, wenn die StA nicht **binnen zwei Monaten** (Fristberechnung nach § 43)[9] die öffentliche Klage erhoben oder die selbständige Einziehung (§§ 76a StGB, 440, 442) beantragt hat. Die Anklage muss wegen des Sachverhaltes, der zu der Beschlagnahme geführt hat, erfolgen; ihr kann aber eine andere rechtliche Beurteilung zugrunde gelegt werden.[10] Für die Fristwahrung ist der Eingang der Anklage bei Gericht maßgeblich; gleichgültig, ob es sich für (un-) zuständig hält.[11] Erklärt es sich für unzu-

---

[1] Löwe/Rosenberg/*Schäfer* Rn. 5.
[2] KK-StPO/*Nack* Rn. 3.
[3] Meyer-Goßner/*Cierniak* Rn. 4.
[4] BVerfG v. 22. 1. 2002 – 2 BvR 1473/01, NJW 2002, 1333; Meyer-Goßner/*Cierniak* Rn. 4.
[5] AG Weinheim v. 24. 5. 1995 – 5 Ls 31/94 AK 46/94, NStZ 1996, 203 m. zust. Anm. *Wilhelm.*
[6] AG Weinheim v. 24. 5. 1995 – 5 Ls 31/94 AK 46/94, NStZ 1996, 203; *Groß* NStZ 1999, 334, 338; *Wagner* MDR 1961, 93.
[7] Löwe/Rosenberg/*Schäfer* Rn. 16.
[8] Meyer-Goßner/*Cierniak* Rn. 6; *Wendisch* JR 1978, 445, 447.
[9] KK-StPO/*Nack* Rn. 5; aA KMR/*Mayer* Rn. 4.
[10] Löwe/Rosenberg/*Schäfer* Rn. 21.
[11] Meyer-Goßner/*Cierniak* Rn. 9.

ständig, muss die StA innerhalb der Frist eine neue Anklage erheben.[12] Nimmt sie die Anklage zurück (§ 156), muss die Beschlagnahme sofort aufgehoben werden.

Auf Antrag der StA kann das Gericht die **Frist** um weitere 2 Monate **verlängern**, sofern sie wegen des besonderen Umfanges der Ermittlungen (zB wegen zeitlich aufwändiger Ermittlungen), nicht aber aus anderen Gründen,[13] nicht ausreicht (Abs. 2 S. 2). Der Antrag muss vor Fristablauf eingehen, da er andernfalls nicht berücksichtigt wird[14] und kann einmal wiederholt werden (**Abs. 2 S. 3**). 8

Nach Fristablauf muss das Gericht die Anordnung durch Beschluss aufheben, sie endet nicht von selbst. Eine **erneute Beschlagnahme** ist nur zulässig aufgrund neuer Tatsachen, die der früheren Anordnung nicht zugrunde lagen.[15] 9

Für die Fristverlängerung und die Aufhebung der Beschlagnahme **zuständig** ist im Vorverfahren das für die Beschlagnahme zuständige AG, auch wenn die Beschlagnahme von dem Beschwerdegericht stammt, nach verspäteter Anklageerhebung das mit der Sache befasste Gericht.[16] 10

Gem **Abs. 3** ist auf **Antrag der StA** die Beschlagnahmeanordnung aufzuheben, wenn weder die öffentliche Klage erhoben noch die selbständige Einziehung (§ 76a StGB) beantragt worden ist. Dies entspricht § 120 Abs. 3 S. 1, so dass entsprechend § 120 Abs. 3 S. 2 die Gegenstände alsbald von der StA freigegeben werden. Nach Anklageerhebung oder Stellung eines Antrages nach § 76a StGB ist das Gericht allerdings nicht mehr an einen Antrag der StA gebunden, auch wenn er zuvor gestellt worden ist.[17] 11

II. Rechtsbehelfe

Gegen die **gerichtliche Beschlagnahmeanordnung**, die Bestätigung nach Abs. 1 S. 3, die Entscheidung über den Verlängerungsantrag nach Abs. 2 und die Aufhebung der Beschlagnahmeanordnung ist **Beschwerde** nach § 304 zulässig. Die weitere Beschwerde nach § 310 ist ausgeschlossen. Gegen die **Beschlagnahmeanordnung der StA** und gegen die Art und Weise der Vollziehung ist der Antrag entsprechend **§ 98 Abs. 2 S. 2** zulässig. 12

§ 111 o [Dinglicher Arrest wegen Vermögensstrafe]

Siehe § 111 p.

§ 111 p [Vermögensbeschlagnahme]

Der Anwendungsbereich der Vorschriften §§ 111 o und 111 p ist aufgrund des Urteils des BVerfG v. 20. 3. 2002 – 2 BvR 794/95, NJW 2002, 1779 ff. entfallen, da die Vermögensstrafe nach § 43 a StGB für verfassungswidrig (BGBl. I S. 1340) erklärt wurde. 1

---

[12] KK-StPO/*Nack* Rn. 6.
[13] KK-StPO/*Nack* Rn. 8; Löwe/Rosenberg/*Schäfer* Rn. 24; aA Meyer-Goßner/*Cierniak* Rn. 10.
[14] Löwe/Rosenberg/*Schäfer* Rn. 23; LG Freiburg v. 6. 11. 2000 – II Qs 175/00, NJW 2001, 313.
[15] KK-StPO/*Nack* Rn. 11; Löwe/Rosenberg/*Schäfer* Rn. 26; Meyer-Goßner/*Cierniak* Rn. 13.
[16] Meyer-Goßner/*Cierniak* Rn. 12.
[17] Löwe/Rosenberg/*Schäfer* Rn. 27.

Neunter Abschnitt. Verhaftung und vorläufige Festnahme

§ 112 [Untersuchungshaft; Haftgründe]

(1) [1] Die Untersuchungshaft darf gegen den Beschuldigten angeordnet werden, wenn er der Tat dringend verdächtig ist und ein Haftgrund besteht. [2] Sie darf nicht angeordnet werden, wenn sie zu der Bedeutung der Sache und der zu erwartenden Strafe oder Maßregel der Besserung und Sicherung außer Verhältnis steht.

(2) Ein Haftgrund besteht, wenn auf Grund bestimmter Tatsachen
1. festgestellt wird, daß der Beschuldigte flüchtig ist oder sich verborgen hält.
2. bei Würdigung der Umstände des Einzelfalles die Gefahr besteht, daß der Beschuldigte sich dem Strafverfahren entziehen werde (Fluchtgefahr), oder
3. das Verhalten des Beschuldigten den dringenden Verdacht begründet, er werde
   a) Beweismittel vernichten, verändern, beiseite schaffen, unterdrücken oder fälschen oder
   b) auf Mitbeschuldigte, Zeugen oder Sachverständige in unlauterer Weise einwirken oder
   c) andere zu solchem Verhalten veranlassen,
   und wenn deshalb die Gefahr droht, daß die Ermittlung der Wahrheit erschwert werde (Verdunkelungsgefahr).

(3) Gegen den Beschuldigten, der einer Straftat nach § 6 Abs. 1 Nr. 1 des Völkerstrafgesetzbuches oder § 129a Abs. 1 oder Abs. 2, auch in Verbindung mit § 129b Abs. 1, oder nach den §§ 211, 212, 226, 306b oder 306c des Strafgesetzbuches oder, soweit durch die Tat Leib oder Leben eines anderen gefährdet worden ist, nach § 308 Abs. 1 bis 3 des Strafgesetzbuches dringend verdächtig ist, darf die Untersuchungshaft auch angeordnet werden, wenn ein Haftgrund nach Absatz 2 nicht besteht.

Schrifttum: *Alsberg*, Die Untersuchungshaft, JW 1925, 1433; *Banzer/Scherzberg* ZRP 2009, 31; *Bartmeier*, Die Zulässigkeit der sog. Organisationshaft, NStZ 2006, 544; *Barton*, Einführung in die Strafverteidigung, 2007; *Bleckmann*, Verbotene Diskriminierung von EG-Ausländern bei der Untersuchungshaft, StV 1995, 552; *Böhm*, Auswirkungen des Zusammenwachsens der Völker in der Europäischen Gemeinschaft auf die Haftgründe des § 112 II StPO, NStZ 2001, 633; *ders.*, Das neue Europäische Haftbefehlsgesetz, NJW 2006, 2592; *Brunel/Müller*, Wohin geht der Untersuchungshaftvollzug, ZRP 2009, 143; *Burhoff*, Rechtsprechungsübersicht aus den Jahren 2006–2008 zu Untersuchungshaftfragen, StRR 2009, 4; *ders.*, Die besondere Haftprüfung durch das OLG nach den §§ 121, 122 StPO, StraFo 2000, 109; *Busse*, Frühe Strafverteidigung und Untersuchungshaft, 2008; *Deckers*, Untersuchungshaft in Untersuchungshaft, in: *Brüssow/Gatzweiler/Krekeler/Mehle* (Hrsg.), Strafverteidigung in der Praxis, 4. Aufl. 2007; *ders.*, Einige Bemerkungen zum Gesetz zur Änderung des Untersuchungshaftrechts vom 29. 7. 2009, das am 1. 1. 2020 in Kraft tritt; *ders.*, Verteidigung in Haftsachen, NJW 1994, 2261; *Diehm*, Die begrenzten Kompetenzen des „nächsten Richters" – partiell eine Verletzung der EMRK, StraFo 2007, 231; *Fülber*, Die Hauptverhandlungshaft, 2000; *Gatzweiler*, Unerträgliche Realität – Zwang zur Totalreform der Untersuchungshaft in der Bundesrepublik Deutschland, StraFo 1999, 325; *ders.*, Haftunfähigkeit, NJW 1996, 283; *Gercke*, Der Haftgrund der Fluchtgefahr bei EU-Bürgern, StV 2004, 675; *Giring*, Haft und Festnahme gemäß § 127b StPO im Spannungsfeld von Effektivität und Rechtsstaatlichkeit, 2005; *Hackner/Schomburg/Lagodny/Gleß*, Das 2. Europäische Haftbefehlsgesetz, NStZ 2006, 663; *Hassemer*, Die Voraussetzungen der Untersuchungshaft, StV 1984, 38; *Heinrich*, Die Entscheidungsbefugnis des „nächsten Amtsrichters" nach § 115a StPO, StV 1995, 660; *Hellmann*, Die Hauptverhandlungshaft gem. § 127b StPO, NJW 1997, 2145; *Herrmann*, Untersuchungshaft, 2008; *ders.*, Zur Reform des Rechts der Untersuchungshaft, StRR 2010, 4; *Herzog/Hoch/Warius*, Die Sicherheitsleistung als Vehikel der Rückgewinnungshilfe – Rückgewinnungshilfe contra konkrete und wirkliche Strafverteidigung, StV 2007, 542; *Hohmann*, Zum Haftgrund der Wiederholungsgefahr, StraFo 1999, 214; *Jacobi*, Wahrheitsermittlung im Strafverfahren, 1883; *Huber*, Aus der Praxis: Der Richter des nächsten Amtsrichters oder: Ostern hinter Gittern, JuS 2006, 322; *Jahn*, Strafprozessuale Eingriffsmaßnahmen im Lichte der aktuellen Rechtsprechung des BVerfG, NStZ 2007 255; *Jehle*, Haftvermeidung durch frühe Strafverteidigung. Evaluation eines Modellprojekts, in: *Schöch/Jehle* (Hrsg.), Angewandte Kriminologie zwischen Freiheit und Sicherheit, 2004; *Kargl*, Inhalt und Begründung der Festnahmebefugnis nach § 127 I StPO, NStZ 2000, 8; *Kempf*, Die Rechtsprechung des EGMR zum Akteneinsichtsrecht, FS Rieß, 2002, 217; *Klein*, Die Zuständigkeit im weiteren Verfahren nach § 122 IV StPO, HRRS 2006, 71; *König*, Zur Neuregelung der haftrichterlichen Zuständigkeiten in § 119 StPO, NStZ 2010, 185; *Krekeler*, Zum Haftgrund der Verdunkelungsgefahr, insbesondere bei Wirtschaftsdelikten, wistra 1982, 8; *Kropp*, Rechtswidrigkeit des gegenwärtigen Gefangenentransports, ZRP 2005, 96; *Kühne*, Die Definition des Verdachts als Voraussetzung strafprozessualer Zwangsmaßnahmen, NJW 1979, 617; *Lammer*, Zwischenhaft – unzulässig und ungerecht, in: Arbeitsgemeinschaft Strafrecht des Deutschen Anwaltvereins (Hrsg.), Strafverteidigung im Rechtsstaat, S. 1003; *Maier*, Was darf der „nächste" Richter nach § 115a StPO?, NStZ 1989, 59; *Michalke*, Reform der Untersuchungshaft – Chance vertan?, NJW 2010, 17; *Münchhalffen*, Apokryphe Haftgründe in Wirtschaftsstrafsachen, StraFo 1999, 332; *Münchhalffen/Gatzweiler*, Das Recht der Untersuchungshaft, 3. Aufl. 2009; *Neuhaus*, Die Befristung der Haftverschonung: Stets unzulässiger Urlaub aus der Untersuchungshaft, StraFo 2000, 13; *Neumann*, Die „Zwischenhaft" – ein verfassungswidriges Institut der Rechtspraxis, in: Jenseits des rechtsstaatlichen Strafrechts, 2007, S. 601; *Nibbeling*, Gesetzliche Fesseln des Richters bei der Haftentscheidung, ZRP 1998, 342; *Nix*, Der Haftgrund der Verdunkelungsgefahr, StV 1992, 445; *Ostermann*, Haft ohne Rechtsgrundlage. Zum Übergang von der Untersuchungshaft in den Maßregelvollzug, StV 1993, 52; *Paeffgen*, Zwischenhaft, Organisationshaft – Verfassungswidriges mit (nicht nur) stillschweigender Billigung des Verfassungsgerichtes, FS Fezer, 2008, S. 35; *ders.*, § 119 StPO soll reformiert werden!? – Anmerkungen zum U-HaftRÄG-Entwurf BT-Drucks. 16/11644 vom 21. 1. 2009, GA 2009, 450; *ders.*, Übersicht über die (ober-)gerichtliche Rechtsprechung in Haft-Sachen, NStZ 2009. 136; Rechtsprechungsübersicht in U-Haft-Sachen 2002, NStZ 2003, 76; *ders.*, Rechtsprechungsübersicht in U-Haft-Sachen 1999 – Teil 2, NStZ

2000, 133; *ders.*, (Obergerichtliche) Rechtsprechung in Haftsachen, NStZ 1990, 430; *ders.*, Rechtsprechungsübersicht in U-Haft-Sachen – 1. Teil –, NStZ 1995, 21; *ders.*, Vorüberlegungen zu einer Dogmatik des Untersuchungshaft-Rechts, 1986; *Piel/Püschel/Tsambikakis/Wallau*, Der Entwurf eines Untersuchungshaftvollzugsgesetzes NRW – Ein rechtliches und politisches Ärgernis, ZRP 2009, 33; *Püschel*, Vermeidung von Untersuchungshaft, StraFo 2009, 134; *Rau*, Rechtliches Gehör auf Grund von Akteneinsicht in strafprozessualen Beschwerdeverfahren, StraFo 2008, 8; *Renzikowski*, Die nachträgliche Sicherungsverwahrung und die Europäische Menschenrechtskonvention, JR 2004, 271; *Sättele*, Unabtretbarkeit einer Kaution, StV 2000, 510; *Schlothauer*, Rechtsschutz des Beschuldigten nach dem StVÄG 1999 bei Verweigerung der Akteneinsicht durch die Staatsanwaltschaft, StV 2001, 196; *Schlothauer/Weider*, Untersuchungshaft, 3. Aufl. 2001; *Schmidt*, Das Beschleunigungsgebot in Haftsachen – Anmerkungen zu den Entscheidungen des BVerfG vom 29. 11. 2005 (2 BvR 1737/05), vom 5. 12. 2005 (2 BvR 1964/05) und vom 29. 12. 2005 (2 BvR 2057/05), NStZ 2006, 313; *Schmitz*, Der verhaftete Beschuldigte und sein erster Richter (§§ 115, 115 a StPO), NStZ 1998, 165; *Schöch*, Der Einfluss der Strafverteidigung auf den Verlauf der Untersuchungshaft, 1997; *Schramm/Bernsmann*, Haftrichter ohne Akten – rechtswidrige Zustände im Eildienst (§ 115 StPO)?, StV 2006, 442; *Schröder*, Freiheitsentzug entgegen richterlicher Erkenntnis? § 115 a Abs. 2 StPO und die Kompetenz des nächsten Richters, StV 2005, 241; *Seebode, F.*, „Untersuchungshaft" in: Anwaltformulare Strafrecht, 2. Aufl. 2008; *Seebode, M.*, Der Vollzug der Untersuchungshaft, 1985; *ders.*, Zwischenhaft, ein vom Gesetz nicht vorgesehener Freiheitsentzug (§ 345 StGB), StV 1988, 118; *Sommermeyer*, Recht der Untersuchungshaft (Kritischer Überblick und Tendenzen), NJ 1992, 336; *Spendel*, Unzulässiger richterlicher Eingriff in eine Haftsache, JZ 1998, 85; *Statistisches Bundesamt*, Bestand der Gefangenen und Verwahrten in den deutschen Justizvollzugsanstalten nach ihrer Unterbringung auf Haftplätzen des geschlossenen und offenen Vollzuges jeweils zu den Stichtagen 31. März, 31. August und 30. November eines Jahres, 2008; *Stern*, Verteidigung in Mord- und Totschlagsverfahren, 2. Auflage, 2005; *Stuckenberg*, Untersuchungen zur Unschuldsvermutung, 1997; *Summa*, Der Tatbegriff i. S. des § 121 Abs. 1 StPO, NStZ 2002, 69; *Trennhaus*, Der Vollzug von „Organisationshaft", StV 1999, 511; *Wankel*, Zuständigkeitsfragen in Haftrecht, 2002; *Tsambikakis*, Moderne Einwirkungen auf die Strafprozessordnung – Beispiel: Untersuchungshaft, ZIS 2009, 503; *Weider*, Das Gesetz zur Änderung des Untersuchungshaftrechts, StV 2009, 102; *Weigend*, Der Zweck der Untersuchungshaft, FS Müller, 2008, S. 739; *Zieger*, Zum Akteneinsichtsrecht des Verteidigers bei Untersuchungshaft, StV 1993, 320; *Ziegert*, Der Richter des nächsten Amtsgerichts – Richter oder Urkundsbeamter?, StV 1997, 439; *Zieschang*, Tendenzen in der Rechtsprechung seit der Entscheidung des Großen Senats für Strafsachen zur fortgesetzten Handlung, GA 1997, 457.

Übersicht

	Rn.
I. Allgemeines	1–17
1. Realität der Untersuchungshaft	1, 2
2. Zweck der Untersuchungshaft	3–6
3. Untersuchungshaft als Grundrechtseingriff	7–10
4. Überhaft und Haftunterbrechung	11–13
5. Strafprozessuale Freiheitsentziehungen und -beschränkungen	14–17
II. Voraussetzungen der Untersuchungshaft	18–71
1. Dringender Tatverdacht	21–32
2. Haftgründe	33–63
a) Flucht und Fluchtgefahr	34–54
aa) Flucht	35–39
bb) Fluchtgefahr	40–54
b) Verdunkelungsgefahr	55–59
c) Haftgrund der Tatschwere	60–63
3. Verhältnismäßigkeit	64–71
III. Jugendstrafverfahren	72

I. Allgemeines

1. Realität der Untersuchungshaft. Entgegen verbreiteter Ansicht[1] sinkt die Zahl der Untersuchungsgefangenen seit 1998 kontinuierlich. Befanden sich vor zehn Jahren noch 40 860 Betroffene in Untersuchungshaft, so verringerte sich deren Zahl auf 24 352 im Jahre 2006. Stichtagsbezogen reduziert sich die Zahl der Verhafteten von 20 959 im Jahre 1995 auf 12 358 am 31. 3. 2008[2] bzw. 11 577 am 30. 11. 2008. Ursächlich dürften die Rechtsprechung des BVerfG zum Beschleunigungsgrundsatz in Haftsachen, die Entwicklung der Akteneinsichtspraxis in Haftsachen[3] und die bundesweit verbreitete „Deal"-Mentalität sein, deren Gegenstand nicht nur ein Geständnis, sondern häufig die Entlassung aus der Untersuchungshaft ist.

Der Betroffene wird durch die Untersuchungshaft aus seinem bisherigen Umfeld herausgerissen, was nicht selten irreparable Spuren im Leben hinterlässt. Wer glaubt, jemand könne nach der Stigmatisierung als „Knacki"[4] wieder vollständig sozial rehabilitiert werden, irrt – trotz fortdauernd geltender Unschuldsvermutung. Dennoch besteht an der Notwendigkeit eines solchen Zwangsmittels kein Zweifel. Solange der Erlass eines Haftbefehls und sein Vollzug nur **ultima ratio** bei der Verfolgung des staatlichen Strafanspruchs bleiben, gibt es dagegen nichts zu erinnern. Jedoch bestätigt sich leider die alte Klage „über eine zu häufige Anwendung der Untersu-

---

[1] *Deckers* Rn. 4; Löwe/Rosenberg/*Hilger* Vor § 112 Rn. 69.
[2] Vgl. die Publikation des Statistischen Bundesamts vom 28. 5. 2008 „Bestand der Gefangenen und Verwahrten in den deutschen Justizvollzugsanstalten nach ihrer Unterbringung auf Haftplätzen des geschlossenen und offenen Vollzuges jeweils zu den Stichtagen 31. März, 31. August und 30. November eines Jahres".
[3] *Püschel* StraFo 2009, 134 (135 f.).
[4] *Seebode* Rn. 1.

chungshaft"[5] empirisch: Zuletzt hat *Busse* in einer umfassenden empirischen Studie nachgewiesen, dass eine frühe Strafverteidigung signifikant zu weniger bzw. kürzerer Untersuchungshaft führt.[6]

3 **2. Zweck der Untersuchungshaft.** Nach überwiegender Auffassung soll die Untersuchungshaft die Durchführung eines geordneten Strafverfahrens gewährleisten und die spätere Strafvollstreckung sicherstellen.[7] Bei solcher Betrachtung stehen freilich weder der Haftgrund der Tatschwere nach § 112 Abs. 3 noch der Haftgrund der Wiederholungsgefahr nach § 112a mit den klassischen Haftgründen der Flucht bzw. Fluchtgefahr oder Verdunkelungsgefahr nach § 112 Abs. 2 in irgendeinem Zusammenhang. Eine normative Verklammerung der Haftgründe kann allenfalls mit der Maßgabe gelingen, dass der als legitim erachtete Aspekt der **Verfahrenssicherung** sehr weit verstanden wird. Die klassischen Haftgründe in Abs. 2 (Flucht, Verdunkelung bzw. deren Gefahr) nehmen auf eine Gefährdung durch „Verfahrens-Sabotage"[8] Bezug; verkürzt formuliert geht es um Verfahrenssicherung durch Abwehr angenommener Gefahren durch „Entziehung" oder „Einwirkung". Das Strafverfahren ist eine Form, der (auch in einem weiteren Sinne) normativen Verunsicherung zu begegnen, die mit der angenommenen Begehung einer Straftat einhergeht.[9] Diesem (weit verstandenen) Verfahrenszweck könnte auch bei der Untersuchungshaft Rechnung getragen, wenn die angenommene Straftat per se besonderes Gewicht hat – das wäre der Fall der Katalogtaten nach Abs. 3. Die Einschätzung, eine Tat habe besonderes Gewicht, könnte dann noch daher rühren, dass die angenommene Straftat als Ausdruck einer Wiederholungsneigung gilt – das wären die Fälle der Taten nach § 112a. Bei einer solchen Betrachtung können die Haftgründe nach §§ 112 Abs. 3, 112a letztlich in einen Zusammenhang mit dem Haftzweck „Verfahrenssicherung" gebracht werden. In beiden Fällen hätte der Gesetzgeber flankierende Maßnahmen zur Sicherung eines auch gesellschaftlich als effektiv akzeptierten Strafverfahrens in die Untersuchungshaft einbezogen. Allerdings bliebe selbst bei einer solchen normativen Verklammerung der Haftgründe stets zu gewärtigen, dass die Haftgründe nach §§ 112 Abs. 3, 112a aus verfassungsrechtlichen Gründen restriktiv zu handhaben und vor allem frei von politischen, medialen oder sonstigen verfahrensfremden Erwägungen zu halten sind.

4 Richtig ist hingegen, dass sowohl der Haftgrund der Wiederholungsgefahr als auch der Haftgrund der besonderen Haftschwere nicht mehr der Verfahrenssicherung dienen. Der Freiheitsentzug wegen der Furcht vor neuerlichen Straftaten ist eine **präventive Maßnahme des Polizeirechts**, die nicht vom Bundesgesetzgeber in der Strafprozessordnung zu regeln ist.[10] Auch nichts anderes als eine Präventivhaft ist im Ergebnis eine Inhaftierung nach Abs. 3,[11] die nach dem Wortlaut des Gesetzes außer dem dringenden Tatverdacht einer Katalogtat nicht einmal einer weiteren speziellen Legitimation bedarf. Nur mit erheblichen argumentativen Mühen ist es dem BVerfG gelungen, Abs. 3 vor dem Stigma der Verfassungswidrigkeit zu schützen.[12] Offen gegen das Grundgesetz verstoßen die praktizierten Formen der „**Zwischenhaft**" und „**Organisationshaft**" ohne Ermächtigungsgrundlage.[13] Die sog. Zwischenhaft betrifft die Zeit zwischen Eintritt der Rechtskraft des Urteils und dem persönlichen Strafantritt; die sog. Organisationshaft die Zeit zwischen der Rechtskraft des Urteils und dem Beginn einer Vorab-Maßnahme gem. § 67 Abs. 1 StGB. Gesetzliche Lücken, die man zwischen Untersuchungs- und Vollstreckungsbedürftig hält,[14] lassen sich nicht mit § 112 schließen.[15] Die von der hM für zulässig gehaltene Vollstreckungssicherung durch Untersuchungshaft ist systemwidrig. Das gilt erst recht für die zwischen-

---

[5] *Alsberg* JW 1925, 1433 (1436).
[6] *Busse* 2008; vgl. auch *Schöch* 1997 und *Jehle* S. 39 ff.
[7] BVerfG v. 13. 10. 1971 – 2 BvR 233/71, BVerfGE 32, 87 (93); BVerfG v. 29. 6. 1995 – 2 BvR 2537/94, StV 1996, 156; OLG Düsseldorf v. 18. 4. 1986 – 1 Ws 280/86, MDR 1986, 956; KK-StPO/*Graf* Rn. 11; KMR/*Wankel* Vor 112 Rn. 3; *Meyer-Goßner* Rn. 4; kritisch insbesondere SK-StPO/*Paeffgen* Vor § 112 Rn. 5, 11 mwN, vor allem gegen die Einbeziehung auch der Vollstreckungssicherung als Zweck der Untersuchungshaft.
[8] SK-StPO/*Paeffgen* Vor § 112 Rn. 11.
[9] *Lesch*, Strafprozessrecht, S. 2.
[10] SK-StPO/*Paeffgen* Vor § 112 Rn. 12 ff. Zur Verfassungsgemäßheit des § 112a vgl. BVerfGE v. 15. 12. 1965 – 1 BvR 513/65, 19, 342 mit allerdings außergewöhnlich schwacher Begründung (*Weigend*, FS Müller, S. 739, 742: „Die überwiegend dunkel formulierten Sätze, mit denen das Gericht diesen Einwand [der Verfassungswidrigkeit] zurückwies, gehören gewiss nicht zu den Sternstunden seiner Rechtsprechung").
[11] Löwe/Rosenberg/*Hilger* Vor § 112 Rn. 9.
[12] Entgegen der vom Bundesverfassungsgericht geforderten verfassungskonformen Auslegung des Abs. 3 (BVerfG v. 15. 12. 1965 – 1 BvR 513/65, BVerfGE 19, 342, 350 f.) werden in der Praxis Haftbefehle vielfach nur mit dem Tatverdacht eines Tötungsdeliktes oder eines anderen in der in § 112 Abs. 3 genannten Verbrechen begründet, ohne dass Hinweise auf Flucht-, Verdunkelungs- oder Wiederholungsgefahr vorliegen.
[13] *Paeffgen*, FS Fezer, S. 35 ff.; *Neumann* S. 601 ff.; *Ostermann* StV 1993, 52 ff.; *Seebode* StV 1988, 118 ff.; *Trennhaus* StV 1999, 511 (512); *Lammer*, FS AG Strafrecht, S. 1003 (1006).
[14] Vgl. Löwe/Rosenberg/*Hilger* Vor § 112 Rn. 4.
[15] *Weigend*, FS Müller, S. 739 (741); SK-StPO/*Paeffgen* Vor § 112 Rn. 5; zweifelnd Löwe/Rosenberg/*Hilger* Vor § 112 Rn. 3 ff.

zeitliche Inhaftierung bis der „Therapie-Platz" freigeworden ist, obwohl das Gesetz „Therapie vor Strafe" verspricht.[16]

Trotz all der genannten Bedenken wird die Untersuchungshaft überwiegend insgesamt als **Maßnahme der Verfahrenssicherung** verstanden. Die „Inanspruchnahme durch Inhaftierung" des Betroffenen zum Zwecke der Gefahrabwendung beruht auf dem materiellen Prinzip der Inanspruchnahme als **Störer** (bzw. Anscheinsstörer).[17] Die hM nimmt hingegen an, der Verhaftete erbringe im Allgemeininteresse, nämlich zugunsten der Strafrechtspflege, ein **Sonderopfer**.[18] Zutreffend ist allerdings, dass unter bestimmten Voraussetzungen eine Entschädigung bei zu Unrecht erlittener Untersuchungshaft nach § 2 Abs. 1 StrEG zu erfolgen hat; bei rechtswidriger Inhaftierung kommt auch Schmerzensgeld als Schadensersatz nach Art. 5 Abs. 5 EMRK in Betracht.[19]

Jenseits der Zielsetzung einer (weit verstandenen) Verfahrenssicherung ist Untersuchungshaft nach allgemeiner Ansicht unzulässig.[20] Die bisweilen vorkommende Neigung, das Zwangsmittel der Untersuchungshaft missbräuchlich zu verwenden, um das Aussageverhalten des Betroffenen zu beeinflussen[21] oder um gar als vorweggenommene Strafe oder „Schreckschuss" zu dienen, findet keine Grundlage im Gesetz. Solche **apokryphen Haftgründe**[22] bzw. **ungesetzlichen Haftziele** verbergen sich in der Praxis hinter schablonenhaften Formulierungen zum Haftgrund angeblicher Flucht- oder Verdunkelungsgefahr. Den „viel zu häufigen und intensiven Gebrauch des gefährlichen Zwangsmittels der Untersuchungshaft"[23] beklagte vor mehr als 125 Jahren *Jacobi*. An der grundsätzlichen Richtigkeit dieser Kritik ist nach den Erfahrungen der Praxis weiterhin festzuhalten, auch wenn die Zahl der Untersuchungshaftgefangenen zur Zeit tendenziell rückläufig ist.[24]

3. Untersuchungshaft als Grundrechtseingriff. Das Zwangsmittel der Untersuchungshaft stellt einen massiven staatlichen Eingriff in die grundgesetzlich garantierte (Fortbewegungs-) Freiheit dar. Neben Art. 2 Abs. 2 S. 2 und 104 GG werden regelmäßig weitere Grundrechte tangiert, bspw. Art. 6 GG (Ehe und Familie), Art. 12 GG (Berufsausübungsfreiheit) usw. Zwischen den Freiheitsrechten des Betroffenen und dem Erfordernis einer funktionsfähigen Strafrechtspflege besteht also prima vista ein erhebliches **Spannungsverhältnis**. Ganz überwiegend wird formuliert: Untersuchungshaft darf als grundrechterhebliche Freiheitsentziehung nur angeordnet und aufrechterhalten werden, wenn überwiegende Belange des Gemeinwohls, zu denen die unabweisbaren Bedürfnisse einer wirksamen Strafrechtspflege gehören, dies zwingend gebieten.[25]

Die legislative Wertung, wonach Untersuchungshaft ein prinzipiell zulässiges strafprozessuales Zwangsmittel darstellt, konkretisiert die Strafjustiz in jedem Einzelfall. Bei der gebotenen Abwägung hat sie sich jedesmal neu ihrer verfassungsrechtlichen Vorgaben zu erinnern. Dem aus Art. 20 Abs. 3 GG abgeleiteten **Grundsatz der Verhältnismäßigkeit** kommt dabei eine besondere – maßnahmebegrenzende – Bedeutung zu. Der Eingriff in die persönliche Freiheit ist nur als **ultima ratio** zulässig, „wenn und soweit der legitime Anspruch der staatlichen Gemeinschaft auf vollständige Aufklärung der Tat und rasche Bestrafung des Täters nicht anders gesichert werden kann als durch vorläufige Inhaftierung eines Verdächtigen".[26] Neben dem Grundsatz der Verhältnismäßigkeit sind das Rechtsstaatsprinzip sowie der nach Art. 5 Abs. 3 S. 2, Art. 6 Abs. 1 EMRK einfachgesetzlich geltende **Beschleunigungsgrundsatz**[27] im Bereich der Untersuchungshaft[28] zu berücksichtigen. Weiter sind von Verfassungs wegen die Unschuldsvermutung und der Grundsatz der Selbstbelastungsfreiheit (nemo tenetur se ipsum accusare) zu beachten:

---

[16] Eine Kammer-Beschluss des BVerfG hat die nicht unverzügliche Überstellung des Verurteilten in den Maßregelvollzug für verfassungswidrig erklärt (BVerfG v. 26. 9. 2005 – 2 BvR 1019/01, NJW 2006, 427). Es besteht keine Einigkeit darüber, wie die Entscheidung darüber hinausgehend zu verstehen ist (vgl. *Paeffgen*, FS Fezer, S. 35 (57)).
[17] SK-StPO/*Paeffgen* Vor § 112 Rn. 32; *ders.*, Vorüberlegungen, S. 211 ff.
[18] BGH v. 22. 2. 1973 – III ZR 162/70, NJW 1973, 1322; *Meyer-Goßner* Vor § 112 Rn. 4.
[19] BGH v. 29. 4. 1993 – III ZR 3/92, NJW 1993, 2927.
[20] Daran ist auch für den Bereich des Jugendstrafverfahrens zu erinnern; aA zB OLG Hamburg v. 9. 5. 1994 – 1 Ws 122/94, StV 1994, 590 für generalpräventive Erwägungen. Vgl. auch LG Hamburg v. 14. 4. 1994 – 634 Qs 20/94, StV 1994, 593.
[21] Schon *Alsberg* JW 1925, 1433 (1435) beobachtete: „Oder will man den Kampfeswillen brechen? Das ist in Wahrheit der tiefere, meist nur dunkel empfundene, selten zugegebene Sinn sehr vieler Haftbefehle."
[22] S. hierzu *Schlothauer/Weider* Rn. 633 – 658; *Münchhalffen/Gatzweiler* Rn. 139 ff.; *Münchhalffen* StraFo 1999, 332 ff.
[23] *Jacobi*, Wahrheitsermittlung im Strafverfahren, 1883, S. 20.
[24] Vgl. Rn. 1.
[25] BVerfG v. 27. 7. 1966 – 1 BvR 296/66, BVerfGE 20, 144 (147); BVerfG v. 30. 5. 1973 – 2 BvL 4/73, BVerfGE 35, 185 (190); BVerfG v. 29. 11. 2005 – 2 BvR 1737/05, NJW 2006, 668 (669); KK-StPO/*Graf* Vor § 112 Rn. 6; *Meyer-Goßner* Vor § 112 Rn. 4.
[26] BVerfG v. 27. 7. 1966 – 1 BvR 296/66, BVerfGE 20, 144 (147).
[27] Vgl. hierzu Art. 5 EMRK Rn. 22 ff.
[28] Übersicht zur Rspr. des BVerfG bei *Schmidt* NStZ 2006, 313.

9 Die **Unsprecht** Die **Unschuldsvermutung**[29] ist mit Verfassungsrang ausgestattet und zudem in Art. 6 Abs. 2 EMRK verbürgt. *Hassemer* hat die mittlerweile geflügelten Worte von der Untersuchungshaft als Freiheitsberaubung gegenüber einem Unschuldigen geprägt.[30] Die Unschuldsvermutung tritt jedoch mit der Möglichkeit von Untersuchungshaft nicht in Kollision, soweit sie **durchgängig und ausnahmslos** (insb. beim Vollzug der Untersuchungshaft) beachtet wird. Aus ihr folgt u. a., dass gegen einen Beschuldigten nicht formenmissbräuchlich solche Maßnahmen verhängt werden dürfen, die in ihrer Wirkung einer Freiheitsstrafe gleichkommen.[31] Die Untersuchungshaft darf daher nicht als antizipierte Strafhaft ausgestaltet werden.[32]

10 Die Herleitung und die Reichweite des **Nemo-tenetur-Grundsatzes** sind umstritten, ohne dass seine Geltung in Frage gestellt wird;[33] für den Bereich der Untersuchungshaft ist zumindest anerkannt, dass die besondere Haftbelastung nicht eingesetzt oder genutzt werden darf, um auf diese Weise ein Geständnis oder prozessuale Erklärungen des Betroffenen zu erlangen.[34]

11 **4. Überhaft und Haftunterbrechung.** Ergeht gegen einen Beschuldigten, der sich schon in anderer Sache in Untersuchungshaft, Strafhaft oder sonstigem amtlichen Gewahrsam befindet, ein weiterer Haftbefehl, liegt sog. **Überhaft** vor, die zu vermerken ist. Mehrere Haftbefehle in verschiedenen Verfahren können grundsätzlich nicht gleichzeitig vollstreckt werden;[35] der Haftbefehl der Überhaft wird erst vollzogen, wenn die Untersuchungshaft in der anderen Sache beendet wird. Aus einer Tat im prozessualen Sinne können auch nicht mehrere Verfahren und damit Haftbefehle „ausgetrennt" werden. Umgekehrt führt die Verbindung mehrerer Verfahren miteinander dazu, dass rechtlich nur noch ein Haftbefehl vorliegt bzw. zulässig ist.[36]

12 Bestehen mehrere (selbständige) Haftbefehle nebeneinander, sind die Vorschriften, die den Vollzug des Haftbefehls zur Voraussetzung haben (zB § 117 bis 118 b), in dem Verfahren anzuwenden, in dem der Haftbefehl vollstreckt wird. Bereits nach Erlass des nichtvollzogenen (Überhaft-) Haftbefehls kann hiergegen Beschwerde eingelegt werden, ebenso sind die §§ 116, 116 a bereits anwendbar. Der weitere (Überhaft-)Haftbefehl ist dem Beschuldigten gem. § 35 bekannt zu machen. Der (Überhaft-)Haftbefehl ist der Haftanstalt mitzuteilen (§ 114 d Abs. 1 Nr. 7).

13 Um eine Strafhaft oder eine freiheitsentziehende Maßregel zur Besserung und Sicherung zu vollstrecken, wird die Untersuchungshaft unterbrochen (§ 116 b).

14 **5. Strafprozessuale Freiheitsentziehungen und -beschränkungen.** Innerhalb des 9. Abschnitts der StPO sind **freiheitsentziehende Zwangsmaßnahmen** gegen den Beschuldigten geregelt.[37] Neben der **Untersuchungshaft** (§§ 112 ff.) sind dies die **einstweilige Unterbringung** (§ 126 a), die **vorläufige Festnahme** (§ 127) und die **Hauptverhandlungshaft** (§ 127 b). Daneben kennt die StPO weitere Haft- und Festnahmearten. Dabei handelt es sich zum einen um die sog. **Ungehorsamshaft** zur Erzwingung der Anwesenheit des Angeklagten in der Hauptverhandlung (§§ 230 Abs. 2, 236, 329 Abs. 4 S. 1, 412 S. 1) und um den **Sicherungshaftbefehl** vor Widerruf der Strafaussetzung zur Bewährung (§ 453 c Abs. 1) sowie den **Haftbefehl der Vollstreckungsbehörde**, mit dem ein Strafantritt erzwungen oder ein entwichener Strafgefangener ergriffen werden soll (§ 457 Abs. 2). In diesen Zusammenhang fällt weiter die nach § 164 zulässige **vorläufige Festnahme** von Personen, die außerhalb einer Hauptverhandlung den ordnungsgemäßen Ablauf strafprozessualer Amtshandlungen stören. Kein Unterfall der Untersuchungshaft nach §§ 112 ff. ist die gesetzlich nicht geregelte, allerdings praktizierte sog. **Organisationshaft**, die einen Freiheitsentzug zwischen Beendigung der Untersuchungshaft und der Aufnahme des Maßregelvollzugs bzw. den „Übergang" von der Untersuchungs- zur Strafhaft gestatten soll.[38]

15 Spezialgesetzlich geregelt ist die Haft zur Sicherung der Auslieferung (§§ 15, 17 ff. IRG), die Haft zur Sicherung der Durchlieferung (§ 45 IRG) und die Haft zur Sicherung der Rücklieferung ins Ausland (§ 68 Abs. 2, 3 IRG). Der **Europäische Haftbefehl** ist keine besondere Form des

---

[29] Vgl. hierzu umfassend *Stuckenberg* 1997.
[30] *Hassemer* StV 1984, 38 (40).
[31] BVerfG v. 16. 5. 1973 – 2 BvR 590/71, BVerfGE 35, 311 (320).
[32] BVerfG v. 15. 8. 2007 – 2 BvR 1485/07, StV 2008, 25 (28).
[33] Vgl. hierzu Art. 6 EMRK Rn. 13 ff. Spätestens seit dem sog. Gemeinschuldnerbeschluss des BVerfG (v. 13. 1. 1981 – 1 BvR 116/77, BVerfGE 56, 37) steht der – durch Art. 14 Abs. 3 lit. g IPBPR und Art. 6 Abs. 1 EMRK auch völkerrechtlich gesicherte – Nemo-tenetur-Grundsatz als Teil der deutschen Rechtsordnung fest.
[34] BGH v. 16. 9. 2004 – 4 StR 84/04, NStZ 2005, 279 (280).
[35] HM *Meyer-Goßner* Vor § 112 Rn. 12; aA *Löwe/Rosenberg/Hilger* Vor § 112 Rn. 52.
[36] KK-StPO/*Graf* Vor § 112 Rn. 16.
[37] Das GVG kennt als Maßnahmen des Freiheitsentzuges noch die Ordnungshaft als sitzungspolizeiliche Maßnahme (§§ 177 Abs. 1, 178 Abs. 1 S. 1 GVG) sowie die Möglichkeit zur vorläufigen Festnahme dessen, der in einer Sitzung eine Straftat begeht (§ 183 S. 2 GVG). Der polizeirechtliche Gewahrsam (vgl. zB § 35 PolizeiG NW) eröffnet ebenfalls die Möglichkeit eines Freiheitsentzuges mit typischerweise nicht nur kurzer Dauer.
[38] BVerfG v. 26. 9. 2005 – 2 BvR 1091/01, NJW 2006, 427 ff., wonach eine ausnahmslose „3-Monats-Frist" der sog. Organisationshaft ohne Grundlage ist; ausführlich zur gesamten Problematik *Bartmeier* NStZ 2006, 544 ff.

Haftbefehls nach §§ 112 ff., sondern eine vereinfachte Form der Auslieferungshaft, die in §§ 78 ff. IRG geregelt ist. Das zweistufige Auslieferungsverfahren ist auch in diesem Fall zwar grundsätzlich beibehalten worden. Allerdings dürfen zulässige Ersuchen eines Mitgliedsstaates nur abgelehnt werden, soweit Bewilligungshindernisse nach § 83 b IRG im Einzelfall anzunehmen sind.[39]

Die StPO gestattet auch **kurzfristige Freiheitsbeschränkungen**, so etwa die Unterbringung in einem psychiatrischen Krankenhaus zur Beobachtung (§ 81 Abs. 1), das vorübergehende Sistieren zur Ermöglichung anderer prozessualer Handlungen (§§ 81 a Abs. 1, 81 b, 102, 163 b Abs. 1, 163 c), die Vorführung (§§ 133 Abs. 2, 134, 135, 163 a Abs. 3 S. 2, 230 Abs. 2, 236, 329 Abs. 4, 412 S. 1) sowie die Verwahrung während einer Unterbrechung der Hauptverhandlung und das Festhalten während der Hauptverhandlung (§ 231 Abs. 1 S. 2).   16

Freiheitsbeschränkungen sind darüber hinaus gegen **Zeugen** statthaft: Vorführungen, um das Erscheinen des Zeugen durchzusetzen (§§ 51 Abs. 1 S. 3, 161 Abs. 2 S. 1), Ordnungshaft bzw. Beugehaft, um die Aussage oder die Eidesleistung eines Zeugen zu erzwingen (§§ 70 Abs. 1 S. 2, 161 a Abs. 2 S. 1).   17

II. Voraussetzungen der Untersuchungshaft

Die Untersuchungshaft ist an formelle und materielle Voraussetzungen geknüpft. Materiell erfordert ein Haftbefehl einen **dringenden Tatverdacht**, das Vorliegen eines **Haftgrundes** sowie die Wahrung des **Verhältnismäßigkeitsgrundsatzes**. Formelle Voraussetzung ist ein schriftlicher Haftbefehl (§ 114) des nach § 125 zuständigen Gerichts.   18

Keine materielle Voraussetzung für die Anordnung der Untersuchungshaft ist nach überwiegender Auffassung die **Haftfähigkeit** des Betroffenen,[40] für die § 455 entsprechend herangezogen wird. Anerkannt ist allerdings, dass (schwerwiegenden) Erkrankungen bei einer Haftverschonungsentscheidung nach § 116 besondere Bedeutung zukommt.[41] Haftunfähigkeit liegt vor, wenn durch die Untersuchungshaft die Gefahr des Todes oder die Gefahr (der Verschlimmerung) schwerwiegender Erkrankungen zu befürchten steht.[42] Geht mit der Erkrankung die Verhandlungsunfähigkeit einher, besteht ein Verfahrenshindernis mit der Folge, dass der Haftbefehl aufzuheben ist.[43]   19

Untersuchungshaft „darf" nach **pflichtgemäßem Ermessen** vom zuständigen Gericht angeordnet werden; eine Pflicht zur Anordnung der Untersuchungshaft besteht grundsätzlich nicht. Die Befugnis besteht von der Aufnahme der Ermittlungen bis zum rechtskräftigen Abschluss des Verfahrens;[44] nach Urteilsrechtskraft besteht lediglich die Möglichkeit der Sicherungshaft nach § 453 c, im Fall der Wiederaufnahme nach den allgemeinen Regeln.[45]   20

1. Dringender Tatverdacht. Ein dringender Tatverdacht liegt vor, wenn eine **hohe Wahrscheinlichkeit** für die spätere **Verurteilung** des Beschuldigten spricht.[46] Da die Untersuchungshaft ausschließlich der Sicherung des staatlichen Strafanspruchs dient, verliert sie ihre Legitimation, sobald eine Verurteilung nicht mehr sehr wahrscheinlich ist.   21

Um diese Prognose zu quantifizieren, verspricht die übliche Einreihung in sonstige Verdachtsgrade (höhere Wahrscheinlichkeit als beim Anfangsverdacht iSd. § 152 Abs. 2 oder des hinreichenden Tatverdachts iSv. § 170 Abs. 1 bzw. § 203) wenig Hilfe.[47] Denn der dringende Tatverdacht ist eine erheblich komplexere Kategorie, weil eine **zeitlich und sachlich dynamische** Dimension hinzutritt. Der Anfangsverdacht und der hinreichende Tatverdacht beziehen sich zeitlich auf einen Fixpunkt (Beginn der Ermittlung, Zeitpunkt einer beabsichtigten Ermittlungsmaßnahme, Abschluss der Ermittlungen). Der dringende Tatverdacht muss dagegen (andauernd) am fortlaufenden Ermittlungsergebnis gemessen werden. So kann sich zB ein zu Beginn des Ermittlungsverfahrens bestehender Verdacht abschwächen oder sogar ganz entfallen.[48] Hieran lässt sich der Einfluss der zeitlichen Komponente veranschaulichen. Das Auffinden einer Substanz, die einschlägigen Betäubungsmitteln äußerlich gleicht, mag zunächst für die Annahme eines dringenden Tatverdachts sprechen. Wenn jedoch eine sachverständige Untersuchung unterbleibt und nicht   22

---

[39] *Böhm* NJW 2006, 2592 ff.; *Hackner/Schomburg/Lagodny/Gleß* NStZ 2006, 663 ff.; KMR/*Wankel* Vor § 112 Rn. 16 ff.
[40] KG v. 10. 8. 1989 – 4 Ws 182/89, NStZ 1990, 142; *Meyer-Goßner* Rn. 3; aA *Neuhaus* StraFo 2000, 13 (14).
[41] *Gatzweiler* StV 1996, 283 ff.
[42] OLG Nürnberg v. 13. 12. 2005 – 1 Ws 1348/05, StV 2006, 314; Anw-StPO/*Lammer* Rn. 35.
[43] KMR/*Wankel* Vor § 112 Rn. 29.
[44] Der rechtskräftige Abschluss eines Verfahrens führt dazu, dass der streng verfahrensakzessorische Haftbefehl gegenstandslos wird; er lebt auch im Fall einer Wiedereinsetzung in den vorigen Stand nicht wieder auf. Entsprechend § 47 Abs. 3 wird allerdings ein solches Wiederaufleben fingiert; nach § 47 Abs. 3 S. 2, 3 ist dann das Fortbestehen der Voraussetzungen der Haftanordnung durch das zuständige Gericht zu überprüfen.
[45] Zur sog. Zwischen- und Organisationshaft vgl. *Paeffgen* FS Fezer, S. 35 ff. und Rn. 4.
[46] OLG Brandenburg v. 20. 12. 1995 – 2 (3) HEs 106/95, StV 1996, 157; SK-StPO/*Paeffgen* Rn. 9 b.
[47] Anw-StPO/*Lammer* Rn. 11.
[48] OLG Köln v. 22. 12. 1998 – HEs 233/98 – 275, StV 1999, 156 (157).

festgestellt wird, ob es sich tatsächlich um Betäubungsmittel handelt, genügen die Verdachtsmomente auf Dauer nicht für eine weitere Inhaftierung.[49]

23 Praktisch nähert man sich der Verdachtsbewertung am besten mit einer Fokussierung auf die im Zeitpunkt der Haftentscheidung vorliegende **Verurteilungswahrscheinlichkeit**. Die Aufspaltung dieser Prognose in einen retrospektiven und einen prospektiven Teil[50] erscheint nicht notwendig: Für die Annahme des dringenden Tatverdachts genügt die **prospektiv ausgerichtete Überzeugung**, dass eine Verurteilung im konkreten Fall hoch wahrscheinlich ist – der Blick des Haftrichters ist in die Zukunft gewandt. Die (prospektive) hohe Verurteilungswahrscheinlichkeit impliziert einen hohen Grad an Wahrscheinlichkeit der Täterschaft und Schuld (retrospektive Prognose).[51]

24 Die richterliche Überzeugung bezieht sich bei der Haftentscheidung auf die (inter-)subjektiv plausible Prognose, dass die im Entscheidungszeitpunkt bekannte Beweislage sehr wahrscheinlich zu einer Verurteilung in einer später zu erwartenden Hauptverhandlung führen wird.

25 Im Hinblick auf die **hohe Wahrscheinlichkeit der Verurteilung** ist eine **Wertung** vorzunehmen, die sich nicht mathematisch exakt bestimmen lässt, und die der erwähnten intersubjektiv plausibel vermittelbaren richterlichen Überzeugung eine zentrale Rolle zuweist.

26 Die richterliche Entscheidung erfordert eine umfassende Würdigung des **Einzelfalls**,[52] die eine Verurteilung hoch wahrscheinlich erscheinen lassen muss – also mehr als nur näher liegt als der Freispruch.[53]

27 Ist das Vorliegen von **Rechtfertigungs-**, **Schuld-** oder **Strafaufhebungsgründen** wahrscheinlich, steht dies der Annahme eines dringenden Tatverdachts in gleichem Maße entgegen wie (derzeit) nicht behebbare **Verfahrenshindernisse**.[54] In diesen Fällen muss für die Annahme des dringenden Tatverdachts nicht das Vorliegen dieser Einwendungen hoch wahrscheinlich sein, sondern deren Fehlen[55] (naturgemäß der Regelfall).

28 Nur das zum Zeitpunkt der Haftentscheidung vorliegende **bestimmte** – möglichst tatnahe[56] – **Tatsachen**- bzw. Beweismaterial darf berücksichtigt werden. Vermutete[57] oder lediglich „erwartete" Beweisergebnisse bleiben außen vor;[58] ebenso Tatsachen, deren Einführung in den Prozess einem Beweisverwertungsverbot unterliegt.[59] Im Ergebnis ohne Bedeutung erscheint daher die Frage, ob der Rechtssatz „in dubio pro reo" gilt: Es macht keinen Unterschied, ob dieser Grundsatz unmittelbar bei der Würdigung der Beweise oder mittelbar bei der Beurteilung der Beweissituation in einer späteren Hauptverhandlung in Ansatz gebracht wird.

29 Die Beurteilungsgrundlage für das Gericht unterscheidet sich nach dem Verfahrensstadium: Im **Ermittlungsverfahren** berücksichtigt es die sich aus den Ermittlungsakten ergebenden, dem Beschuldigten bekannten Erkenntnisse. Einzubeziehen sind ggf. Äußerungen im Rahmen der mündlichen Anhörung, Vernehmung usw. Nichts anderes gilt für das **Zwischenverfahren**. Bei Haftentscheidungen in der **Hauptverhandlung** oder an ihrem Ende ist neben den im Zeitpunkt der Haftentscheidung vorliegenden und in den Akten ausgewiesenen gerichtsverwertbaren Ermittlungsergebnissen auch das Ergebnis der Beweisaufnahme zu berücksichtigen.[60] Umso wichtiger ist es, dass der Tatrichter in seiner Haftentscheidung alle wesentlichen Beweisergebnisse zum Tatverdacht und zum Haftgrund darstellt. Es genügt, die wesentlichen Ergebnisse der Bewertung der bisherigen Beweisaufnahme schlüssig mitzuteilen.[61] Dem Beschwerdegericht ist es dann verwehrt, vom Tatgericht abweichende Feststellungen zu treffen. Sind in einer aufgrund der Hauptverhand-

---

[49] Bsp. nach *Seebode* Rn. 34; vgl. auch AG Frankfurt/M. v. 14. 3. 1994 – 88 Js 10163/94 – 933 Ls 3004, StV 1994, 380; OLG Köln v. 5. 9. 1994 – 2 Ws 399/94, StV 1994, 584; Löwe/Rosenberg/*Hilger* Rn. 19; Widmaier/*König* MAH Strafverteidigung § 4 Rn. 2; *Schlothauer/Weider* Rn. 401 f.
[50] Vgl. SK-StPO/*Paeffgen* Rn. 5 ff.
[51] Vgl. auch Löwe/Rosenberg/*Hilger* Rn. 17.
[52] Weshalb – entgegen *Schlothauer/Weider* Rn. 400 – der Verteidiger auch im konkreten Fall aus den bisherigen Bemühungen um eine Definition des Tatverdachts durchaus Nutzen ziehen kann. Ein Prognosespielraum des Richters bei der Wahrscheinlichkeitsbeurteilung ist immer auch eine Chance für die Verteidigung.
[53] Insoweit gibt es eine gewisse Übereinstimmung mit dem mathematischen Ansatz von *Kühne* NJW 1979, 617 (622) der zur Verdeutlichung seiner Überlegungen den Buchstaben p (probability) für Wahrscheinlichkeit benutzt, die als Maximalwert 1 erreichen kann (absolute Sicherheit) und beim Wert 0,5 die Situation des non liquet beschreibt, in der jeweils die gleiche Wahrscheinlichkeit für zwei sich gegenseitig ausschließende Möglichkeiten spricht: Danach müssten beim dringenden Tatverdacht die belastenden Umstände von $p > 0{,}5$ gegen 1 streben.
[54] OLG München v. 15. 12. 1997 – 3 Ws 896/97, StV 1998, 270; OLG Dresden v. 26. 7. 2001 – 3 AK 56/01, StV 2001, 519 m. Anm. *Hübel*.
[55] Vgl. zu den Abstufungen auch SK-StPO/*Paeffgen* Rn. 5: „Denn bei bestehender schlichter Wahrscheinlichkeit, dass einer dieser die Strafbarkeit ausschließenden Gründe vorliegt, entfällt selbstverständlich die hohe Wahrscheinlichkeit einer Verurteilung."
[56] BGH v. 5. 5. 1992 – StB 9/92, BGHSt 38, 276 (278); KK-StPO/*Graf* Rn. 8.
[57] BGH v. 18. 10. 2007 – StB 34/07, StV 2008, 84; OLG Frankfurt v. 18. 8. 1992 – 1 Ws 144/92, StV 1992, 583.
[58] AK-StPO/*Deckers* Rn. 12.
[59] Löwe/Rosenberg/*Hilger* Rn. 21.
[60] OLG Koblenz v. 19. 11. 1993 – 22 Ws 654/93, StV 1994, 316.
[61] OLG Frankfurt v. 25. 7. 1995 – 1 Ws 120 – 123/95, StV 1995, 593.

lung ergangenen Haftentscheidung nicht alle wesentlichen tatsächlichen Umstände zum dringenden Tatverdacht gewürdigt worden, ist dem Beschwerdegericht die Überprüfung verwehrt, ob die Entscheidung auf einer vertretbaren Wertung der in der Hauptverhandlung gewonnenen Erkenntnisse beruht.[62]

Bei der besonderen Konstellation der Haftkontrolle **nach Urteilsverkündung** hat das Beschwerdegericht zu überprüfen, ob die Haftentscheidung auf einer vertretbaren Wertung der für und gegen einen dringenden Tatverdacht bzw. Haftgrund oder Verhältnismäßigkeit sprechenden Umstände beruht und ob es Anhaltspunkte dafür gibt, dass das Tatgericht wesentliche tatsächliche Umstände nicht berücksichtigt oder verkannt hat.[63] Tauchen **nach nicht rechtskräftiger Verurteilung** neue Beweismittel auf, ist zu unterscheiden, mit welchem Rechtsmittel das Urteil angegriffen wird. Wenn das Urteil mit der **Berufung** anfechtbar ist, können neue Beweismittel im Berufungsrechtszug uneingeschränkt verwertet werden (§ 323 Abs. 3). Für die Haftentscheidung müssen dann die neuen Beweismittel denen gegenübergestellt werden, auf denen die Verurteilung beruht. Auf dieser Beweisgrundlage ist dann im Rahmen einer Gesamtwürdigung der Fortbestand des dringenden Tatverdachts neu zu prüfen.[64] Unterliegt das tatrichterliche Urteil allein dem Rechtsmittel der **Revision** und wird es daher nur auf Rechtsfehler überprüft (§ 337), kommt eine Neubewertung des Tatverdachts nur in Betracht, wenn es aufgrund des neuen Beweismittels nach den Maßstäben des Wiederaufnahmerechts als wahrscheinlich anzusehen ist, dass ein hierauf gestützter Wiederaufnahmeantrag (§ 359 Nr. 5) erfolgreich sein und der Angeklagte in einer neuen Hauptverhandlung freigesprochen oder aus einem milderen Gesetz verurteilt werden wird.[65]

Rechtsfragen sind nicht vom Prognoseurteil erfasst. Sie sind nicht nach Wahrscheinlichkeit zu 31 beurteilen, sondern vom Richter zu entscheiden.[66]

Der Hinweis *Meyer-Goßners* nach der Rechtsprechung genüge es, eine sich aufdrängende Tat- 32 beteiligung des Beschuldigten anzunehmen – die Prognose, dass eine Verurteilung wahrscheinlich ist, sei jedoch nicht zu verlangen –,[67] ist **überholt** und wird auch vom BGH nicht mehr vertreten.[68] Eine solche Auslegung wäre weder mit dem Zweck der Untersuchungshaft noch mit der verfassungsrechtlich gebotenen restriktiven Auslegung der Haftvoraussetzungen zu vereinbaren. Die Untersuchungshaft ist kein Selbstzweck, sondern verfahrenssichernder Teil des Strafverfahrens. Da das Ermittlungs- und das anschließende Strafverfahren immer auf das Ziel einer Verurteilung oder eines Freispruchs des Beschuldigten respektive Einstellung des Verfahrens gerichtet ist und keinen darüber hinausgehenden Zweck verfolgt, muss der dringende Tatverdacht hierzu stets eine innere Verknüpfung aufweisen.[69]

2. Haftgründe. Neben dem dringenden Tatverdacht (und der Verhältnismäßigkeit) ist das Vor- 33 liegen eines Haftgrunds weitere Voraussetzung für einen Haftbefehl. Das Gesetz benennt als taugliche Haftgründe die **Flucht** (§ 112 Abs. 2 Nr. 1), die **Fluchtgefahr** (§ 112 Abs. 2 Nr. 2), die **Verdunkelungsgefahr** (§ 112 Abs. 2 Nr. 3), die **Wiederholungsgefahr** (§ 112a) und schließlich den Haftgrund der besonderen **Tatschwere** (§ 112 Abs. 3).

a) Flucht und Fluchtgefahr. Die „klassischen" Haftgründe der **Flucht** bzw. des Sich-Verborgen- 34 Haltens (§ 112 Abs. 2 Nr. 1) und der **Fluchtgefahr** (§ 112 Abs. 2 Nr. 2) setzen Verhaltensweisen voraus, die den Rückschluss darauf zulassen, dass der Beschuldigte sich dem Verfahren tatsächlich entzieht oder dies zumindest beabsichtigt. 83% aller Haftbefehle im Jahre 2006 wurden allein auf diese beiden Haftgründe gestützt.[70]

aa) Flucht. Als **flüchtig** gilt, wer sich von seinem bisherigen Lebensmittelpunkt absetzt, um in 35 einem gegen ihn anhängigen Strafverfahren unerreichbar zu sein und so dem Zugriff der Behörden zu entgehen.[71] Der Flüchtige **hält sich verborgen**, wenn er seinen Aufenthalt vor den Behör-

---

[62] KG v. 22. 2. 1993 – 3 Ws 74/93, StV 1993, 252.
[63] BGH v. 16. 8. 1991 – StB 16 – 17/91, StV 1991, 525 mAnm *Weider*; OLG Brandenburg v. 31. 5. 2000 – 2 Ws 152/00, StV 2000, 505.
[64] BGH v. 8. 1. 2004 – StB 20/03, NStZ 2004, 276.
[65] BGH v. 8. 1. 2004 – StB 20/03, NStZ 2004, 276.
[66] SK-StPO/*Paeffgen* Rn. 6 mwN.
[67] *Meyer-Goßner* Rn. 5 unter Hinweis auf eine vereinzelt gebliebene Entscheidung BGH v. 6. 4. 1979 – 1 BJs 205/78/StB 16/79 bei *Pfeiffer* NStZ 1981, 94, die sibyllinisch anmutet: „‚Dringender Tatverdacht' verlangt nicht die Prognose, dass eine Verurteilung wahrscheinlich ist, es genügt vielmehr, wenn aufgrund des bisherigen Ermittlungsergebnisses in seiner Gesamtheit die Wahrscheinlichkeit groß ist, dass der Verfolgte sich schuldig gemacht hat."
[68] BGH v. 5. 5. 1992 – StB 9/92, BGHSt 38, 276 (280): „Hierfür (für den dringenden Tatverdacht) genügt es nicht, daß für die Täterschaft des die Tat bestreitenden Beschuldigten eine gewisse Wahrscheinlichkeit besteht. Es müssen vielmehr gerichtsverwertbare Beweise vorhanden sein, durch die der Beschuldigte mit großer Wahrscheinlichkeit überführt werden kann."
[69] HbStrVf/*Meinen* Rn. IV.35.
[70] www.destatis.de.
[71] KK-StPO/*Graf* Rn. 10; *Meyer-Goßner* Rn. 13.

den verschleiert, indem er unangemeldet, unter falschem Namen oder an einem unbekannten Ort lebt, um für das Strafverfahren unerreichbar zu sein.[72]

36 Die (Justiz-)Praxis legt diesen Haftgrund sehr weit aus:[73] Die überwiegende Auffassung verlangt grds. kein aktives Fluchtverhalten, beispielsweise soll auch der deutsche Staatsangehörige flüchtig sein, der nicht aus dem Ausland zurückkehren will.[74] Da die Flucht ein voluntatives Element beinhaltet, reicht es nicht aus, festzustellen, dass der Wille, sich dem Verfahren zu entziehen, näher liegt als andere Erklärungen für die Unerreichbarkeit des Beschuldigten.[75] Richtigerweise muss dieser Haftgrund zur Überzeugung des Richters feststehen.[76] Grundsätzlich soll für (die Annahme beider Formen von) Flucht zudem genügen, dass der Beschuldigte (zumindest) eine hierdurch bedingte Verfahrensverzögerung für möglich hält und in Kauf nimmt.

37 Die **Erreichbarkeit** eines Beschuldigten **über** seinen **Verteidiger** reicht ggf. aus.[77] Dafür spricht, dass die Untersuchungshaft nur die Durchführung des Verfahrens sichern soll, und dieser Zweck auf diese Weise nicht vereitelt oder beeinträchtigt wird. Die StPO verlangt nicht, dass sich der Beschuldigte jederzeit für das Verfahren bereit hält. Die wenigen statuierten Anwesenheitspflichten können auch durch eine Ladung über den Verteidiger gesichert werden.

38 **Beispiele** für und gegen die Annahme von Flucht: Die verfahrensverursachte Aufgabe der Wohnung, ohne eine neue zu beziehen, gilt ebenso als Fluchtverhalten wie das zielgerichtete Absetzen ins Ausland.[78] Dass der Beschuldigte nicht auf Vorladungen reagiert, er also schlicht untätig bleibt oder sein Aufenthaltsort bloß unbekannt oder er (im Ausland) schlecht erreichbar ist, genügt hingegen nicht.[79] Wer arbeitsbedingt oder aus sonstigen Gründen häufig seinen Aufenthaltsort wechselt, ist nicht bereits schon deswegen flüchtig.[80] Flucht bzw. Verborgenhalten werden angenommen, wenn der Beschuldigte trotz seiner Wohnungsaufgabe postalisch erreichbar ist;[81] beachtlich ist demgegenüber, dass er seinem Verteidiger eine Ladungsermächtigung nach § 145a Abs. 2 erteilt hat.[82] Ein **Ausländer**, der lediglich in seinen Heimatstaat zurückkehrt und sich dort für Ladungen zur Verfügung hält, ist ebensowenig flüchtig[83] wie der Ausländer, der ohne Zusammenhang mit dem Strafverfahren seinen Wohnsitz (wieder) in seinen Heimatstaat verlegt.[84] Flüchtig soll allerdings der „pendelnde" Ausländer sein, der während der Arbeitszeit nicht wieder zu seiner deutschen Arbeitsstelle zurückkehrt und nicht mehr nur am Wochenende im Ausland verbleibt.[85]

39 Mit der Ergreifung des Betroffenen entfällt automatisch der Haftgrund der Flucht bzw. des Verborgenhaltens; die vorherige Flucht usw. wird dann allerdings als ausreichendes Indiz für die Annahme von Fluchtgefahr angesehen.[86]

40 bb) **Fluchtgefahr. Fluchtgefahr** ist der forensisch mit Abstand häufigste Haftgrund.[87] Anders als beim objektiv Flüchtigen genügt hier bereits ein Wahrscheinlichkeitsurteil als Grundlage einer Freiheitsentziehung: Fluchtgefahr besteht, wenn bei Würdigung der Umstände des Falles eine höhere Wahrscheinlichkeit dafür spricht, der Beschuldigte werde sich dem Verfahren entziehen, als für die Erwartung, er werde sich dem Verfahren stellen.[88] Im Rahmen einer **Gesamtwürdigung**[89]

---

[72] OLG Saarbrücken v. 26. 1. 2000 – 1 Ws 3/00, StV 2000, 208 f.; OLG Stuttgart v. 11. 3. 1998 – 1 Ws 28/98, NStZ 1998, 427.
[73] Die hM nimmt an, auch vor Tatbegehung sei eine „Flucht" möglich, vgl. OLG Düsseldorf v. 20. 3. 1986 – 1 Ws 1102/85, NJW 1986, 2204 f.; aA SK-StPO/*Paeffgen* Rn. 22 a mwN.
[74] OLG Frankfurt v. 9. 6. 1974 – 1 Ws 98/74, NJW 1974, 1835; *Meyer-Goßner* Rn. 13; aA LG Verden v. 25. 3. 1986 – 9 Qs 21/86, StV 1986, 256.
[75] So *Meyer-Goßner* Rn. 15.
[76] KMR-StPO/*Wankel* Rn. 4.
[77] OLG Dresden v. 5. 4. 2007 – 2 Ws 96/07, StV 2007, 587.
[78] AK-StPO/*Deckers* Rn. 15; Anw-StPO/*Lammer* Rn. 14.
[79] Vgl. OLG Bremen v. 12. 6. 1997 – Ws 42/97, StV 1997, 533; OLG Brandenburg v. 17. 1. 1996 – 2 Ws 183 u. 184/95, StV 1996, 381, (381 f.).
[80] Bei einem Nichtsesshaften schließt die Erreichbarkeit über eine soziale Anlaufstelle die Flucht aus, LG Zweibrücken v. 4. 3. 2004 – Qs 25/04, NJW 2004, 1679 (1679 f.).
[81] OLG Düsseldorf v. 20. 3. 1986 – 1 Ws 1102/85, NJW 1986, 2204 (2204 f.).
[82] OLG Dresden v. 5. 4. 2007 – 2 Ws 96/07, StV 2007, 587.
[83] OLG Naumburg v. 10. 10. 1996 – 1 Ws 101/96, StV 1997, 138; OLG Karlsruhe v. 1. 3. 2004 – 3 Ws 44/04, StV 2005, 33.
[84] OLG Bremen v. 12. 6. 1997 – Ws 42/97, StV 1997, 533 (533 f.); OLG Saarbrücken v. 26. 1. 2000 – 1 Ws 3/00, StV 2000, 208.
[85] OLG Köln v. 7. 8. 2002 – 2 Ws 358/02, NStZ 2003, 219 (219 f.); aA OLG Saarbrücken v. 27. 2. 1991 – 1 Ws 46/91, StV 1991, 266.
[86] Vgl. KK-StPO/*Graf* Rn. 15 mwN.
[87] Dass dieser Haftgrund besonders prekär ist, liegt auf der Hand: Die vom Richter als wahrscheinlich angenommene Verhaltensweise des Beschuldigten soll Grundlage eines Freiheitsentzuges sein.
[88] OLG Köln v. 10. 6. 1994 – 2 Ws 230/94, StV 1994, 582; OLG Köln v. 22. 8. 1997 – 2 Ws 459 – 460/07, StV 1997, 642; *Meyer-Goßner* Rn. 17.
[89] Berücksichtigt werden sollen alle Umstände des Falles, die Art des Vorwurfs, die Persönlichkeit des Beschuldigten, seine Lebensverhältnisse, sein Vorleben und sein Verhalten vor und nach der Tat; vgl. OLG Düsseldorf v. 16. 11. 1992 – 3 Ws 636/92, StV 1994, 85 (85 f.); OLG Köln v. 21. 7. 1995 – 1 Ws 23/95, StV 1995, 475.

sollen die auf eine Flucht hindeutenden Umstände gegenüber denjenigen abgewogen werden, die ihr entgegenstehen.[90] Bei allen Indizien, die auf eine Fluchtgefahr deuten, ist also stets die Frage zu stellen, ob sie nicht letztlich auf „neutralem" Verhalten beruhen.[91]

Die gebräuchlichsten Begründungstopoi sind: Straferwartung, Auslandskontakte, (fehlende) soziale Bindungen und charakterliche Labilität. **41**

Als **gewichtiges Indiz** für die Annahme von Fluchtgefahr gilt in der Praxis – auf der Grundlage eines nicht verifizierbaren Erfahrungssatzes – die **Straferwartung**, wobei es auf den Erwartungshorizont nicht nur des Haftrichters, sondern auch des Beschuldigten ankommt.[92] Die hohe Straferwartung **allein** kann eine Fluchtgefahr **nie** begründen,[93] und zwar selbst dann nicht, wenn der Angeklagte zB bereits zu einer erheblichen Freiheitsstrafe verurteilt worden war. Vielmehr ist die zu erwartende Freiheitsstrafe nur Ausgangspunkt für die Erwägung, ob der in ihr liegende Anreiz zur Flucht auch unter Berücksichtigung aller sonstigen Umstände so erheblich ist, dass er die Annahme rechtfertigt, der Angeklagte werde ihm nachgeben und flüchten. Entscheidend ist, wie sich aus dem eindeutigen Gesetzeswortlaut des Abs. 2 Nr. 2 ergibt, ob „bestimmte Tatsachen" vorliegen, die diesen Schluss rechtfertigen.[94] **42**

Zu berücksichtigen sind u. a. die Anrechnungsmöglichkeit nach § 51 StGB, die Möglichkeit der Strafaussetzung zur Bewährung nach § 56 StGB und die Aussetzung des Strafrestes nach § 57 StGB (sog. **Nettostraferwartung**).[95] Auch wenn nicht mehr vertreten wird, dass bei einer Straferwartung von einem Jahr per se Fluchtgefahr besteht,[96] soll namentlich eine „besonders hohe Straferwartung" in erheblichem Maße Fluchtgefahr deutlich indizieren;[97] hier sollen dann lediglich noch Gegenindizien für deren ausnahmsweisen Ausschluss zu prüfen sein.[98] Bei einer bloß „hohen Straferwartung"[99] sollen zusätzliche Umstände erforderlich sein, die für eine Fluchtgefahr sprechen.[100] Die zu berücksichtigenden Gesamtumstände sollen jedoch umso mehr an Gewicht verlieren, je höher die zu verhängende Strafe ist.[101] Nicht selten werden dann die im Fall einer Verurteilung drohenden finanziellen Konsequenzen herangezogen, die als Fluchtindizien selbst durch starke familiäre Bindungen und regionale Verwurzelungen nicht entkräftet werden können.[102] Unabhängig von der zu erwartenden Strafe setzt der Grundsatz der Verhältnismäßigkeit der Haftfortdauer Grenzen.[103] Die konkrete Prüfung des Einzelfalls kann daher nie ersetzt werden. Quasitabellarische Handreichungen erschweren nur die juristisch gebotene Gesamtwürdigung. Automatismen werden den erheblichen Grundrechtseingriffen nicht gerecht. Wird die Strafe zur Bewährung ausgesetzt, ist damit nicht vereinbar, gleichzeitig die Fortdauer der Haft wegen Fluchtgefahr anzuordnen.[104] **43**

In der Praxis wird nicht selten **vorschnell** Fluchtgefahr angenommen. Vor allem eine präsumtiv hohe Straferwartung oder Auslandskontakte des Beschuldigten setzen einen **(Haft-)Automatismus** in Gang, der argumentativ nicht stets angemessen und ausreichend unterfüttert wird. Bezugspunkt ist bislang die Erwägung, dass es angesichts der hohen zu erwartenden Strafe (und der bestehenden Auslandskontakte) für den Beschuldigten attraktiver sein könnte, sich dem Verfahren zu entziehen als eine (möglicherweise) lange Haftstrafe „abzusitzen". Dabei wird übersehen, dass sich die *Gesamt*würdigung nicht auf die Alternative „Sitzen" oder „Nichtsitzen" reduziert. Wer sich seinem Strafverfahren entzieht, gewinnt nicht nur – in aller Regel bloß kurzfristig – Freiheit. Der Beschuldigte muss ferner bereit sein, seine **gesamte bürgerliche Existenz zurückzulassen** sowie bisherige Kontakte (auch zur eigenen Familie) aufzugeben. Er muss seine Identität aufgeben und verliert möglicherweise den Zugriff auf seine Vermögenswerte. Unter seiner wahren Identität **44**

---

[90] KK-StPO/*Graf* Rn. 16.
[91] Belastende Indizien: Abmeldung des Telefons und Buchen einer Auslandsreise; entlastende Indizien: Anmeldung eines Telefons bei einem anderen (günstigeren) Anbieter, Buchen der Rückreise und Terminsvereinbarungen für die Zeit nach Reiserückkehr.
[92] OLG Hamm v. 28. 1. 2000 – 2 Ws 27/2000, StV 2001, 115 mAnm *Deckers*; *Meyer-Goßner* Rn. 23.
[93] OLG Hamm v. 17. 6. 2002 – 2 Ws 228/02, StraFo 2002, 338; OLG Hamm v. 28. 1. 2000 – 3 Ws 27/00, StV 2001, 115; OLG Hamm v. 27. 11. 1998 – 2 Ws 554/98 , StV 2000, 152 mAnm *Hohmann*; OLG Hamm v. 15. 10. 1998 – 2 Ws 474/98, StV 1999, 37.
[94] OLG Köln v. 12. 5. 1995 – 2 Ws 174/95, StV 1995, 419; *Meyer-Goßner* Rn. 24.
[95] BVerfG v. 11. 6. 2008 – 2 BvR 806/08, StV 2008, 421.
[96] OLG Düsseldorf v. 18. 3. 1991 – 2 Ws 96/91, StV 1991, 305.
[97] Die Verurteilung zu einer Freiheitsstrafe von 9 Jahren schafft zB nach Auffassung des OLG Hamm v. 15. 5. 2008 – 2 Ws 220/08 – einen sehr hohen Fluchtanreiz. Gegen solche „Fluchtvermutungen" mit Recht krit. *Münchhalffen/Gatzweiler* Rn. 89 ff.; *Schlothauer/Weider* Rn. 545.
[98] KG v. 10. 8. 1995 – 5 Ws 287/95, StV 1996, 383 mAnm *Wattenberg*; *Meyer-Goßner* Rn. 24.
[99] Eine Freiheitsstrafe von 3 Jahren und 10 Monaten stellt nach Auffassung des OLG Hamm v. 8. 12. 2006 – 3 Ws 638/06 bereits eine „hohe" Strafe dar.
[100] OLG Hamm v. 8. 12. 2006 – 3 Ws 638/06; OLG Hamm v. 23. 6. 2008 – 2 Ws 170/08; OLG Köln v. 15. 8. 2000 – 2 Ws 419/00, StV 2000, 628 f.
[101] OLG Hamm v. 8. 12. 2006 – 3 Ws 638/06.
[102] OLG Stuttgart v. 12. 9. 2007 – 4 Ws 305/07; KK-StPO/*Graf* Rn. 19.
[103] BVerfG v. 11. 6. 2008 – 2 BvR 806/08, StV 2008, 421.
[104] *Meyer-Goßner* Rn. 23.

kann er nicht mehr arbeiten, wohnen, reisen, ein Konto eröffnen usw. Er kann seine „Papiere" nicht mehr benutzen und keine neuen beantragen. Der Flüchtige kann keinen Telefonanschluss beantragen, er kann keine Geschäfte bargeldlos abwickeln – weder Miete noch Strom- und Wasserrechnungen o. Ä. Fast nirgendwo auf der Welt kann er sicher sein, dass ihn das Verfahren nicht wieder einholt. Kurzum: Es gibt kaum etwas, das stärker in die Lebensführung eines Menschen eingreifen kann, als die Flucht vor einem Strafverfahren. Die sozialen Folgen sind vielfach einschneidender als die Untersuchungshaft oder der Strafvollzug. Bei der Abwägung aller Gesichtspunkte, die für oder gegen die Annahme von Fluchtgefahr sprechen, sind alle diese Aspekte entsprechend zu würdigen. Die Frage der Fluchtgefahr reduziert sich nicht darauf, ob jemand lieber in Haft oder lieber in Freiheit sein möchte.

45 Die „**Ausländereigenschaft**" soll auch bei EU-Ausländern ein Fluchtindiz sein können;[105] der Möglichkeit zur Beantragung eines Europäischen Haftbefehls kommt dabei nach der Praxis keine Bedeutung zu.[106] Dem muss entschieden entgegengetreten werden. Die „Ausländereigenschaft" **allein** kann – ganz unabhängig von der in Rede stehenden Nationalität – **nie** eine Fluchtgefahr begründen. Die Staatsangehörigkeit gibt über die konkrete Bereitschaft, sich einem Strafverfahren zu stellen ebensowenig Auskunft, wie über Charaktereigenschaften, Aussehen etc. Wie in allen anderen Fällen ist eine umfassende Einzelfallbetrachtung samt Abwägung aller dafür und dagegen streitenden Umstände unabdingbare Voraussetzungen für den Freiheitsentzug. Die Verwurzelung eines **Ausländers** im Inland spricht gegen die Annahme von Fluchtgefahr.[107]

46 Ohnehin gelten bei EU-Ausländern Besonderheiten. Im Zusammenhang mit der Einigung zum gefassten Rahmenbeschluss der EU zur grenzüberschreitenden Überwachung untersuchungshaftvermeidender Auflagen vom 28. 11. 2008[108] hat das Bundesministerium der Justiz mit Pressemitteilung vom gleichen Tag darauf hingewiesen, „**anders als in Deutschland**" bestünde in einigen Mitgliedstaaten der EU die Möglichkeit, „einen Beschuldigten in Untersuchungshaft zu nehmen, wenn die Gefahr besteht, dass er in sein Heimatland zurückkehren könnte ... Der neue Rahmenbeschluss schafft nunmehr eine rechtliche Verpflichtung zur Überwachung derartiger Auflagen. Damit wird in Zukunft auch in solchen Fällen die Möglichkeit einer Haftaussetzung gegen Auferlegung von Auflagen erleichtert und eine eventuelle Ungleichbehandlung von Verdächtigen mit ausländischem Wohnsitz im Vergleich zu Verdächtigen mit inländischem Wohnsitz vermieden ... Allein die drohende Gefahr, dass ein Verdächtiger mit ausländischem Wohnsitz in sein Heimatland zurückkehrt, reicht in Deutschland bereits **nach geltendem Recht** nicht aus, um ihn in Haft zu nehmen. Denn die Rückkehr zum Wohnsitz bedeutet nicht zwingend, dass die betreffende Person sich dem Strafverfahren entziehen wird."[109]

47 Im Übrigen steht die soziale Integration in einem Mitgliedstaat der EU der sozialen Integration in Deutschland gleich.[110] Der (erste) Wohnsitz im **Ausland** ist daher als solcher kein Indiz für Fluchtgefahr; allerdings soll für den Fall Fluchtgefahr anzunehmen sein, dass der ins Ausland zurückreisende Beschuldigte seine angenommene „Gestellungspflicht" verletze, indem er konkludent oder explizit deutlich macht, sich dem Verfahren nicht stellen zu wollen.[111]

48 Jedes Verhalten, das darauf angelegt ist, zumindest für eine gewisse Zeit durch körperliche oder geistige Abwesenheit eine Verfahrensverzögerung zu erzielen, gilt als „**Sich-Entziehen**" und begründet damit Fluchtgefahr;[112] die Verfahrensverzögerung muss der Beschuldigte nicht beabsichtigen, es reicht aus, wenn er sie in Kauf nimmt. Das „Sich-Entziehen" verlangt nach richtiger Auffassung ein aktives zweckgerichtetes Verhalten; ein rein passives Verhalten und selbst (bloßer) Ungehorsam gegenüber Ladungen genügen nicht.[113] Die überwiegende Auffassung geht so weit, dass nicht nur Flucht und Untertauchen als Entziehungshandlungen angesehen werden, sondern auch (aktive) Einwirkungen auf den Gesundheitszustand mit der Folge länger andauernder Verhandlungsunfähigkeit zB durch Drogenkonsum oder das gezielte Absetzen ärztlich verordneter

---

[105] KK-StPO/*Graf* Rn. 22; vgl. zB OLG Oldenburg v. 8. 8. 2008 – 1 Ws 487/08 – für einen Ausländer mit Kontakten nach Lettland und Russland, dessen in Moldawien lebende Freundin nach seinen eigenen Angaben von ihm schwanger war; er war einschlägig vorbestraft und musste mit einer empfindlichen Freiheitsstrafe rechnen, hatte darüber hinaus keine festen sozialen Beziehungen in Deutschland; OLG Brandenburg v. 15. 11. 2007 – 2 Ws 281/07 – für einen Angeklagten, der in Deutschland lediglich geduldet wurde und über keinen festen Wohnsitz sowie über keine tragfähigen beruflichen oder sozialen Bindungen verfügte. Der Umstand, dass er in Deutschland ein Kind haben soll und die Vaterschaft zu diesem Kind anerkenne, sei allein nicht geeignet, dem Fluchtanreiz zu begegnen.
[106] Krit. *Bleckmann* StV 1995, 552 (554) u. *Gercke* StV 2004, 675 (678), die zutreffend darauf hinweisen, dass die „Ausländereigenschaft" als Haftgrund innerhalb der EU mit Art. 12 EGV nicht vereinbar ist.
[107] OLG Hamm v. 13. 3. 2002 – 2 Ws 60/02, StV 2002, 492 (492 f.).
[108] Das „Proposal" des Rahmenbeschlusses findet sich unter http://register.consilium.europa.eu/pdf/en/08/st17/st17002.en08.pdf
[109] Pressemitteilung Nr. 58 aus 2008 des Bundesministeriums für Justiz v. 28. 11. 2008; Hervorhebung durch *Verf.*
[110] OLG Düsseldorf v. 6. 10. 2005 – III – 4 Ws 461 – 462/05.
[111] OLG Stuttgart v. 11. 3. 1998 – 1 Ws 28/98, StV 1999, 33.
[112] KK-StPO/*Graf* Rn. 17.
[113] OLG Celle v. 22. 11. 2007 – 2 Ws 367/07, NStZ-RR 2008, 78 mwN.

Medikamente.[114] Teilweise hat die Rechtsprechung sogar die konkrete Selbstmordgefahr als Haftgrund im Sinne von § 112 Abs. 1 Nr. 2 anerkannt.[115]

Weitere **Indizien für die Annahme von Fluchtgefahr**[116] können sein: der Beschuldigte trifft (verfahrensbezogene) Fluchtvorbereitungen, kündigt Wohnung und Arbeitsplatz, „versilbert" sein Vermögen usw.; der Beschuldigte setzt Auswanderungspläne bereits teilweise um;[117] der Beschuldigte hat im Inland weder festen Wohnsitz noch Aufenthalt; der Beschuldigte ist bereits in früheren Verfahren geflohen; die charakterliche Labilität des Beschuldigten, seine Neigung zu Glücksspiel oder Drogenmissbrauch. 49

Einer ganze Reihe von belastenden Indizien kann jedoch durch Verschonungsauflagen iSd. § 116 Abs. 1 die Durchschlagskraft genommen werden, so dass der Haftbefehl außer Vollzug gesetzt werden muss (Therapie bei Suchtverhalten usw.).[118] 50

Bei der Gesamtabwägung sprechen **gegen** eine **Fluchtgefahr** indiziell in erster Linie **soziale Bindungen** aller Art, also die sozialen Folgen einer Flucht. Je deutlicher wird, was ein Beschuldigter alles aufgeben müsste, umso überzeugender ist die Prognose, er werde sich dem Verfahren stellen. In diesen Zusammenhang ist die Verteidigung besonders berufen, Tatsachen zusammenzutragen: Einerseits sind die Erkenntnismöglichkeiten für die Strafverfolger in dieser Hinsicht zT beschränkt; andererseits sind die Ermittlungsbemühungen in diese Richtung nicht immer stark ausgeprägt. Bisweilen finden sich floskelhaft formulierte Tatsachenbehauptungen in Ermittlungsakten in Form von Vermerken u. Ä., die auf Fluchtgefahr schließen lassen, aber so nicht zutreffen („Der Beschuldigte verfügt über keinerlei soziale Bindungen und bestreitet seinen Lebensunterhalt ausschließlich aus Straftaten.") 51

Der stärkste Indikator gegen Fluchtgefahr sind eheliche und familiäre **Bindungen** und auch alle anderen Formen auf Dauer angelegter gemeinschaftlicher Lebensgestaltung.[119] Ein bestehendes Arbeitsverhältnis spricht stets gegen Fluchtgefahr.[120] Gegen die Annahme von Fluchtgefahr (können) weiter sprechen:[121] Familiäre gesicherte Wohnverhältnisse; das Alter oder die Krankheit des Beschuldigten. Keinesfalls darf eine gesellschaftlich wenig akzeptierte Lebensführung sanktioniert werden. Die Untersuchungshaft dient nur der Verfahrenssicherung. Der Erlass eines Haftbefehls gegen einen Nichtsesshaften kommt jedenfalls dann nicht in Betracht, wenn die Erreichbarkeit des Betroffenen dadurch sichergestellt ist, dass er regelmäßig der Polizei bekannte konkrete Anlaufstellen mit namentlich benanntem Ansprechpartner (zB eine Drogenberatungsstelle, einen bestimmten Streetworker oder eine konkrete Übernachtungsmöglichkeit) kontaktiert.[122] 52

Das bisherige **Prozessverhalten** kann ebenfalls eine Rolle spielen (rechtstechnisch dann meist in einer geringeren Strafverwartung): der Beschuldigte hat ein umfassendes glaubhaftes Geständnis abgelegt oder in sonstiger Weise die Ermittlungen gefördert; der Beschuldigte hat sich bislang dem Verfahren ohne weiteres gestellt;[123] der Beschuldigte hat, nachdem er vorübergehend festgenommen und mit dem verfahrensgegenständlichen Vorwurf konfrontiert worden war, trotz entsprechender Gelegenheit keinen Fluchtversuch unternommen;[124] der Beschuldigte hat durch die 53

---

[114] OLG Oldenburg v. 11. 5. 1989 – 1 Ws 78/89, StV 1990, 165; krit. *Paeffgen* NStZ 1990, 430 (431).
[115] OLG Hamburg v. 27. 8. 1993 – 2 Ws 429/93, StV 1994, 142 mkritAnm *Paeffgen* NStZ 1995, 21 ff.; aA auch KMR/*Wankel* Rn. 7.
[116] Vgl. Widmaier/*König* MAH Strafverteidigung § 4 Rn. 14; *Meyer-Goßner* Rn. 20.
[117] Der Angeklagte hatte zu befürchten, dass er nach Eintritt der Rechtskraft die gegen ihn verhängte Gesamtfreiheitsstrafe von 3 Jahren verbüßen muss, was für ihn nach Auffassung des OLG Stuttgart, Beschl. v. 3. 11. 2006 – 1 Ws 314/06, einen erheblichen Fluchtanreiz begründet; dieser wurde nach Auffassung des OLG Stuttgart noch dadurch verstärkt, dass der Angeklagte und seine Ehefrau ihre Auswanderungspläne in die USA durch Kündigung mehrerer Mitgliedschaften in Deutschland, den Verkauf ihres Wohnhauses und die Verschiffung von Hausrat bereits teilweise umgesetzt hatten, dort eine repräsentative Villa und Geldbeträge von mehr als 700 000 $ besitzen.
[118] Vgl. näher § 116 Rn. 8 ff.
[119] OLG Hamburg v. 14. 7. 1987 – 1 Ws 135/87, StV 1987, 496; Fluchtgefahr ist bspw. nicht anzunehmen, wenn eine höhere Freiheitsstrafe als 2 Jahre und 8 Monate nicht zu erwarten ist und aufgrund der sozialen Integration des Verurteilten in Deutschland eine Rückkehr in seine von bürgerkriegsähnlichen Zuständen gezeichnete Heimat (Irak) nicht zu erwarten ist (KG Berlin, Beschl. v. 2. 3. 2006 – 2 AR 58/04 – 5 Ws 68/06).
[120] OLG Köln v. 31. 3. 2000 – 2 Ws 163/00, StV 2000, 508; OLG Köln v. 6. 4. 1993 – 2 Ws 170/93, StV 1993, 371.
[121] Vgl. Löwe/Rosenberg/*Hilger* Rn. 35; SK-StPO/*Paeffgen* Rn. 27.
[122] LG Zweibrücken v. 4. 3. 2004 – Qs 25/04, NJW 2004, 1679.
[123] Bereits das Verhalten des Angeklagten, der während der gesamten Dauer des Verfahrens von nahezu 2½ Jahren keinen Versuch unternommen hat, sich dem Verfahren zu entziehen, legt nach Auffassung des OLG Hamm, Beschl. v. 8. 12. 2006 – 3 Ws 638/06, nahe, dass er dem in dem konkreten Strafmaß liegenden Fluchtanreiz nicht nachgeben und fliehen wird. Der Angeklagte war zu einer Gesamtfreiheitsstrafe von 3 Jahren und 10 Monaten verurteilt worden. Demgegenüber relativiert eine Straferwartung von rund 8 Jahren nach Auffassung des OLG Hamm, Beschl. v. 23. 6. 2008 – 2 Ws 170/08, den Umstand, dass der Angeklagte sich dem Verfahren gestellt hat, erheblich.
[124] OLG Karlsruhe v. 25. 10. 2005 – 2 Ws 278/05, StV 2006, 312; OLG Hamm v. 28. 2. 2008 – 2 Ws 48/08, StV 2008, 257: der Angeklagte hatte die Zeit einer Außervollzugsetzung des Haftbefehls nicht zur Flucht genutzt, sondern sich in Kenntnis weiterer gegen ihn erhobener Vorwürfe sowohl für die Strafvollstreckung als auch für ein weiteres Strafverfahren zur Verfügung gehalten; nach Auffassung des OLG Hamm lag Fluchtgefahr nicht (mehr) vor, so dass der Haftbefehl aufzuheben war.

beanstandungsfreie Einhaltung strenger Meldeauflagen, die ihm im Haftverschonungsbeschluss aufgegeben wurden, einen Vertrauenstatbestand geschaffen.[125] In der Praxis macht vor allem die Haft-Ausschlusswirkung eines „glaubhaften" Geständnisses den Haftgrund der Fluchtgefahr anfällig für Missbräuche.

54 Maßgeblich ist die Perspektive des konkreten Verfahrens, so dass unberücksichtigt bleibt, wenn sich der Beschuldigte in einer anderen Sache in Strafhaft befindet;[126] allerdings sollen – und das ist nicht widerspruchsfrei – drohende weitere Ermittlungsverfahren oder der zu befürchtende Widerruf einer Strafaussetzung zur Bewährung die Fluchtgefahr erhöhen.[127]

55 b) **Verdunkelungsgefahr.** Der Haftgrund der Verdunkelungsgefahr nach Abs. 2 Nr. 3 besteht im Fall des dringenden Verdachts, der Beschuldigte werde durch **aktiv-prozessordnungswidrige Einwirkung**[128] auf sachliche oder persönliche Beweismittel die ordnungsgemäße Aufklärung der im Haftbefehl bezeichneten Taten beeinträchtigen. Die entsprechenden Tatsachen, die auf eine solche Einwirkungsgefahr schließen lassen, sind im Wege des Freibeweises festzustellen.[129] Unlautere Einwirkungshandlungen dürfen nicht nur als möglich, sondern müssen bei verständiger Würdigung aller Gesamtumstände mit großer Wahrscheinlichkeit[130] anzunehmen sein, wobei der Verdacht einer Erstbegehung von Verdunkelungshandlungen genügt.[131] Der jeweilige Stand der Ermittlungen (fehlender Abschluss der Ermittlungen, flüchtige Mittäter usw.) rechtfertigt grundsätzlich nicht den Rückschluss auf prozessordnungswidrige Einwirkungen durch den Beschuldigten.[132] Als Grundlage für die Annahme eines Verdunkelungsverdachts müssen Tatsachen aus dem Verhalten, den Beziehungen und den Lebensumständen des Beschuldigten herangezogen werden.[133] Dabei werden frühere Verurteilungen bspw. wegen Falschaussage und allgemein wegen solcher Delikte, die auf Irreführung angelegt sind, ebenso als belastende Indizien angesehen wie eine „auf Drohung, Täuschung und Gewalt abgestellte Lebensführung".[134] Auch die Umstände der Tat, derer der Beschuldigte dringend verdächtig ist, werden als belastende Indizien herangezogen, bspw. im Fall des dringenden Verdachts der Zuhälterei nach § 181a StGB, des dringenden Verdachts der gewerbsmäßigen Hehlerei nach § 260 StGB oder des dringenden Verdachts einer Straftat nach §§ 129, 129a StGB.[135] Der dringende Verdacht von Wirtschaftsstraftaten soll ebenfalls dazu zählen, soweit damit systematische Irreführungs- und Verschleierungshandlungen einhergehen.[136] Diese Argumentation ist absurd: „Durch eine solche Auslegung wird der Gesichtspunkt der Verdunkelungsgefahr in die Nähe einer Haftvermutung bei bestimmten Deliktsarten und/oder ‚Tätertypen' gerückt: Der typischerweise ‚verschlagene' Beschuldigte, dem ein ‚heimliches' Delikt vorgeworfen wird, muss sich der Untersuchungshaft unterwerfen, wenn er die Verdunkelungsvermutung nicht entkräften – am besten natürlich durch ein glaubhaftes und umfassendes Geständnis."[137] Lassen sich keine konkreten Verdunkelungshandlungen des Beschuldigten feststellen, ist die Anordnung von Untersuchungshaft wegen Verdunkelungsgefahr nicht gerechtfertigt; die bloße Möglichkeit von Verdunkelungshandlungen (etwa durch Einwirkung auf Mitbeschuldigte und Zeugen) reicht für die Anordnung nicht aus.[138] Beim Tatvorwurf der Bestechlichkeit besteht der Haftgrund der Verdunkelungsgefahr nicht schon deshalb, weil der Beschuldigte über einen längeren Zeitraum und

---

[125] KG Berlin v. 3. 5. 2007 – 4 Ws 56 – 58/07, StRR 2007, 237: eine Fluchtgefahr ist auch dann zu verneinen, wenn nach Abschluss der Ermittlungen eine andere rechtliche Beurteilung desselben Lebenssachverhalts zu einer höheren Straferwartung führt; vgl. auch BVerfG v. 29. 11. 2006 – 2 BvR 2342/06, StraFo 2007, 19.
[126] OLG Köln v. 15. 5. 1991 – 2 Ws 145/91, NStZ 1991, 605 mablAnm. *Möller.*
[127] OLG Düsseldorf v. 16. 11. 1992 – 3 Ws 636/92, StV 1994, 85 f.; KG v. 10. 8. 1995 – 5 Ws 287/95, StV 1996, 383; aA *Schlothauer/Weider* Rn. 222.
[128] Vgl. *Meyer-Goßner* Rn. 29; Widmaier/König MAH Strafverteidigung § 4 Rn. 26.
[129] *Krekeler* wistra 1982, 8 f.; *Schlothauer/Weider* Rn. 599; aA: hohe Wahrscheinlichkeit reicht aus, *Meyer-Goßner* Rn. 28.
[130] OLG Hamm v. 12. 1. 2004 – 2 Ws 326/03, StraFo 2004, 134 (134 f.); OLG München v. 27. 4. 1994 – 2 Ws 507/94, StV 1995, 86.
[131] KK-StPO/*Graf* Rn. 33.
[132] OLG München v. 27. 4. 1994 – 2 Ws 507/94, StV 1995, 86; OLG Köln v. 8. 5. 1998 – 2 Ws 229/98, StV 1999, 37 (38).
[133] OLG Hamm v. 8. 1. 1985 – 4 Ws 8/85, StV 1985, 114; OLG Hamm v. 12. 1. 2004 – 2 Ws 326/03, StraFo 2004, 134.
[134] OLG Köln v. 19. 12. 2002 – 2 Ws 60/02, OLG Köln v. 8. 5. 1998 – 2 Ws 229/98, StV 1999, 37.
[135] *Meyer-Goßner* Rn. 30; restriktiv bspw. für Fälle der Bestechung OLG Frankfurt v. 19. 4. 1994 – 1 Ws 11/94, StV 1994, 583; OLG Köln v. 1. 2. 2000 – 2 Ws 35/00, StraFo 2000, 135.
[136] *Böhm* NStZ 2001, 633 (634); *Meyer-Goßner* Rn. 30; zutreffend kritisch Widmaier/*König* MAH Strafverteidigung § 4 Rn. 26.
[137] *Weigend,* FS Müller, S. 739 (745).
[138] OLG Köln v. 1. 2. 2000 – 2 Ws 35/00, StraFo 2000, 135; vgl. auch KG v. 6. 10. 2008 – 4 Ws 89/08, StraFo 2009, 21: „Die Umstände, dass der Angeklagte im März 2007 in der Haftanstalt ein Mobiltelefon mit benutzte und zuletzt aus dem Krankenhaus der Berliner Justizvollzugsanstalten über eine Mitpatientin Briefkontakt zu seiner Lebensgefährtin hatte, genügen diesen hohen Anforderungen nicht. Hieraus ergibt sich lediglich, dass der Angeklagte unkontrollierte Kontakte wahrnahm, nicht jedoch liegen damit konkrete Hinweise vor, dass er diese Kontakte auch zu Beweismanipulationen genutzt hat bzw. nutzen will.".

intensiv in ein System der Korruption einbezogen gewesen sein soll, in dem ein enges Beziehungsgeflecht von Tätern bestand, die in ein System von Vorteilsgewährungen eingebettet waren.[139]

Selbst unlautere Einwirkungen auf andere sind ohne Relevanz, soweit sie wegen des bisherigen Ergebnisses der Ermittlungen keine Folgen mehr zeitigen können, bspw. im Fall „gesicherter Beweismittel" (richterlich protokollierte Aussagen von Mitbeschuldigten oder Zeugen, asservierte Tatwerkzeuge usw.).[140] Das „glaubhafte" (richterliche) Geständnis des Beschuldigten ist ein solches „gesichertes Beweismittel".[141] Der Abschluss der Ermittlungen und die Erhebung der öffentlichen Klage soll Verdunkelungsgefahr nicht ausschließen,[142] wohl aber regelmäßig der Abschluss der ersten Tatsacheninstanz.[143] Die Verhältnismäßigkeit der zeitlich unbegrenzten Inhaftierung als Folge einer Einwirkungshandlung ist bei strenger Prüfung eine hohe Hürde. Problematisch sind regelmäßig die Geeignetheit, die Erforderlichkeit und die allgemeine Angemessenheit.[144] 56

Die (erwarteten) Einwirkungshandlungen können sich auf sachliche oder persönliche Beweismittel beziehen. Im Fall der **sachlichen Beweismittel** (§ 112 Abs. 2 Nr. 3 lit. a) kommt es nicht darauf an, ob zivilrechtliche oder sonstige Befugnisse zur Einwirkung bestehen; die Einwirkung muss auch nicht als „unlauter" anzusehen sein.[145] „Beiseitegeschafft" ist ein Beweismittel bereits dann, wenn es den Ermittlungsbehörden nicht mehr jederzeit oder unverändert zur Verfügung steht. Die Anfertigung neuer Beweismittel gilt als „Fälschung" eines Beweismittels.[146] Die Übergabe eines Beweismittels an den Verteidiger zur Prüfung und anschließenden Rückgabe bzw. Aushändigung an die Ermittlungsbehörde ist kein „Beiseiteschaffen".[147] 57

Im Fall der **persönlichen Beweismittel** (§ 112 Abs. 2 Nr. 3 lit. b) muss die Gefahr einer unlauteren, unmittelbaren oder mittelbaren Beeinflussung von Tatbeteiligten, Zeugen oder Sachverständigen zu gewärtigen sein. Als typische Formen der Beeinflussung gelten Täuschung, Drohung, Gewaltanwendung, die wahrheitswidrige Absprache von Einlassungen und Zeugenaussagen[148] oder die Ausnutzung eines Abhängigkeitsverhältnisses.[149] Ausreichend soll sein, dass der Beschuldigte damit rechnet, der Bekundung des Zeugen werde prozessuale Bedeutung zukommen.[150] Nach der Prozessordnung zulässige Verhaltensweisen gelten nicht als unlautere Beeinflussung, bspw. das Bestreiten der Tat, der Widerruf eines Geständnisses, die Befragung von Zeugen oder die bloße Bitte, von einem Zeugnis- oder Aussageverweigerungsrecht usw. Gebrauch zu machen.[151] 58

Im Fall der **Veranlassung eines anderen**, Verdunkelungshandlungen zu begehen (Abs. 2 Nr. 3 lit. c) wird Vorsatz lediglich beim Beschuldigten vorausgesetzt, während der andere gutgläubig sein kann.[152] 59

c) Haftgrund der Tatschwere. Der selbständige Haftgrund der Tatschwere nach § 112 Abs. 3 lässt dem Wortlaut nach Untersuchungshaft auch dann zu, wenn beim Verdacht der dort genannten Katalogtaten kein Haftgrund nach § 112 Abs. 2 gegeben ist. Die Vorschrift gilt als unvereinbar mit dem Verhältnismäßigkeitsgrundsatz[153] bzw. der Unschuldsvermutung[154] und ist vom BVerfG frühzeitig korrigierend ausgelegt worden: Es müssen Umstände vorliegen, die die Gefahr begründen, dass ohne Verhaftung des Beschuldigten die alsbaldige Aufklärung und Ahndung der Tat in Frage gestellt sein könnte.[155] Nach den Umständen des Falles dürfen entweder Flucht- oder Verdunkelungsgefahr wenigstens nicht ausgeschlossen werden oder es muss zumindest die Begehung weiterer Taten ähnlicher Art ernstlich zu befürchten sein.[156] Von der Feststellung bestimmter Tatsachen, die hierauf hindeuten, soll der Richter im Fall von Abs. 3 also entho- 60

---

[139] OLG Köln v. 1. 2. 2000 – 2 Ws 35/00, StraFo 2000, 135.
[140] OLG Karlsruhe v. 26. 9. 2000 – 3 Ws 196/00, StV 2001, 108 (108 ff.); OLG Stuttgart v. 4. 1. 2005 – 4 Ws 367/2004, StV 2005, 225.
[141] OLG Stuttgart v. 4. 1. 2005 – 4 Ws 367/2004, StV 2005, 225.
[142] OLG Frankfurt v. 19. 4. 1994 – 1 Ws 11/94, StV 1994, 583 (583 f.).
[143] OLG Naumburg v. 2. 2. 1995 – 1 Ws 19/95, StV 1995, 259; aA KK-StPO/*Graf* Rn. 40: auch vor der erneuten Beweisaufnahme in der Berufungsinstanz.
[144] Vertiefend *Weigend*, FS Müller, S. 739 (747 ff.).
[145] Gegen die hM *Nix* StV 1992, 445 (447).
[146] OLG Zweibrücken v. 10. 6. 1992 – 1 Ws 312/92, StV 1992, 476.
[147] Widmaier/*König* MAH Strafverteidigung § 4 Rn. 27.
[148] KK-StPO/*Graf* Rn. 36; KG v. 28. 2. 2005 – 1 HEs 11/05 3/05.
[149] OLG Karlsruhe v. 26. 9. 2000 – 3 Ws 196/00, StV 2001, 118 (119 f.).
[150] *Meyer-Goßner* Rn. 33.
[151] Vgl. OLG Köln v. 10. 9. 1996 – 2 Ws 457/96, StV 1997, 27 (27 f.).
[152] KK-StPO/*Graf* Rn. 35.
[153] *Meyer-Goßner* Rn. 37.
[154] SK-StPO/*Paeffgen* Rn. 43 a.
[155] BVerfG v. 15. 12. 1965 – 1 BvR 513/65, BVerfGE 19, 342 (350); OLG Köln v. 5. 9. 1994 – 2 Ws 399/94, StV 1994, 584. Zu Recht hat *Weigend* (FS Müller, S. 739, 750 f.) darauf hingewiesen, dass sich diese „Rettungsaktion" des BVerfG auf die ursprüngliche Fassung des Abs. 3 (damals Abs. 4) bezog, der den Haft„grund" der Tatschwere ausschließlich bei dem Verdacht von Völkermord, Mord und Totschlag vorsah.
[156] OLG Köln v. 16. 1. 1996 – HEs 266/95 – 314, StV 1996, 386 f.

ben sein; die Feststellung, dass eine verhältnismäßig geringe oder auch nur entfernte Gefahr dieser Art besteht, soll ausreichen.[157]

61 De facto und de jure sind damit im – abschließend formulierten – Deliktskatalog erhebliche „Begründungserleichterungen" für den Erlass eines Haftbefehls geschaffen.[158] Ob damit rechtstechnisch eine widerlegliche Vermutung oder eine Umkehr der Beweislast für Flucht- oder Verdunkelungsgefahr bzw. Wiederholungsgefahr aufgestellt ist,[159] erscheint zweifelhaft. Zu beachten ist, dass bspw. Taten nach §§ 213, 216 StGB, die angenommene Strafvereitelung oder Begünstigung zu einer Katalogtat nach § 112 Abs. 3 oder deren Verwirklichung als Rauschtat nach § 323 a StGB, nicht von § 112 Abs. 3 erfasst sind.[160] Ebenfalls in Frage gestellt werden muss, ob beim Versuch (§ 22 StGB), dem Versuch der Beteiligung (§ 30 StGB) und allen Beteiligungsformen (§§ 25, 26, 27 StGB) der Haftgrund der Tatschwere einschlägig sein kann. Denn hier haben wir es in aller Regel mit einer obligatorischen Strafmilderung nach § 49 StGB zu tun.[161]

62 Im Einzelfall müssen gewichtige Gründe gegen die Annahme von Flucht- oder Verdunkelungsgefahr bzw. Wiederholungsgefahr sprechen, damit vom Erlass eines Haftbefehls nach dieser Vorschrift aus Gründen der Verhältnismäßigkeit abgesehen wird.[162]

63 Eine Argumentationshilfe bei Haftbefehlen, die sich auf den Haftgrund der Tatschwere stützen, kann gelegentlich die Historie sein – insb. wenn sich einerseits um eine schwere öffentlichkeitserheischende Tat handelt und andererseits stabile soziale Bindungen in Rede stehen. 1935 wurde ein Haftgrund der Erregung der Öffentlichkeit in das Gesetz eingefügt.[163] Diese Möglichkeit, einen Beschuldigten in Untersuchungshaft zu nehmen, wenn es mit Rücksicht auf die Schwere der Tat und die durch sie hervorgerufene Erregung der Öffentlichkeit nicht erträglich wäre, den Beschuldigten in Freiheit zu lassen, wurde 1946 wieder aus dem Gesetz gestrichen.[164] Seit dem gibt es kein gesetzliches Argument mehr für eine solche Vorgehensweise.

64 **3. Verhältnismäßigkeit.** Untersuchungshaft darf nach Abs. 1 S. 2 nicht verhängt werden, wenn sie zur Bedeutung der Sache und der zu erwartenden Maßregel der Besserung und Sicherung außer Verhältnis steht. Die **Verhältnismäßigkeit** der Untersuchungshaft im Einzelfall ist daher **positive Voraussetzung** für die Rechtmäßigkeit dieses erheblichen staatlichen Eingriffs – nicht etwa ist die „feststehende" Unverhältnismäßigkeit der Maßnahme (wie die überwiegende Auffassung annimmt) ein „Haftausschließungsgrund".[165]

65 **Mildere, ebenso geeignete Mittel** der Verfahrenssicherung[166] stehen der Haftanordnung entgegen. Insoweit können ggf. freiwillige Beschränkungen angeführt werden, die der Beschuldigte auf sich nimmt, zB durch Abgabe des Reisepasses oder „freiwillige" Anstaltsunterziehung im Fall von § 112a; die freiwillige Stellung einer Sicherheit kommt hingegen mangels Verfallsmöglichkeit nach § 124 Abs. 1 nicht in Betracht.

66 **Die nachteiligen Folgen und Gefahren des Freiheitsentzuges** durch Untersuchungshaft (Beeinträchtigung von Gesundheit, Familie, beruflicher und wirtschaftlicher Existenz, Ansehen) sind nicht nur gegen die Bedeutung der Sache, sondern auch gegen die zu erwartenden Rechtsfolgen abzuwägen.

67 **Verfahrensverzögerungen** durch die Ermittlungsbehörden können im Zusammenhang des Übermaßverbots Bedeutung erlangen. Strafverfolgungsbehörden und Strafgerichte müssen alle möglichen und zumutbaren Maßnahmen ergreifen, um eine rechtskräftige Entscheidung über den Tatvorwurf mit der gebotenen Schnelligkeit herbeizuführen:[167] Die **ingerenzähnliche Verpflichtung der Strafjustiz zur Verfahrensbeschleunigung** hat zur Folge, dass die Justiz alle bestehenden organisatorischen, sachlichen und personellen Möglichkeiten auszuschöpfen und der Staat inso-

---

[157] OLG Düsseldorf v. 3. 11. 1999 – 1 Ws 869/99, StraFo 2000, 67.
[158] Zutr. kritisch daher AK-StPO/*Deckers* Rn. 30; *Schlothauer/Weider* Rn. 615; *Widmaier/König* MAH Strafverteidigung § 4 Rn. 32.
[159] AK-StPO/*Deckers* Rn. 29.
[160] Vgl. KK-StPO/*Graf* Rn. 41 mwN. Gelingt es der Verteidigung, den Vorwurf idS „herunterzudefinieren" ist häufig der Weg zumindest zur Außervollzugsetzung des Haftbefehls eröffnet.
[161] *Schlothauer/Weider* Rn. 618.
[162] OLG Frankfurt v. 18. 1. 2000 – 1 Ws 3/2000, StV 2000, 374 (375); OLG Köln v. 5. 9. 1994 – 2 Ws 399/94, StV 1994, 584.
[163] RGBl. I 844.
[164] Vgl. zur Gesetzgebungsgeschichte der Untersuchungshaft Löwe/Rosenberg/*Hilger* Vor § 112 Entstehungsgeschichte.
[165] Löwe/Rosenberg/*Hilger* Rn. 60 (61); Anw-StPO/*Lammer* Rn. 38; aA die hM vgl. KK-StPO/*Graf* Rn. 46 mwN.
[166] Bspw. die Eintragung eines Suchvermerks im BZR oder die Erledigung der Sache im Strafbefehlsverfahren, vgl. OLG Rostock v. 17. 8. 2005 – 1 Ws 297/05, StV 2006, 311 (311 f.).
[167] BVerfG v. 29. 11. 2005 – 2 BvR 1737/05, NJW 2006, 668 (668 ff.); BVerfG v. 5. 12. 2005 – 2 BvR 1964/05, NJW 2006, 672 (672 ff.); BVerfG v. 29. 12. 2005 – 2 BvR 2057/05, NJW 2006, 677 (677 ff.); BVerfG v. 23. 1. 2008 – 2 BvR 2652/07, StV 2008, 198 (198 f.); BVerfG v. 11. 6. 2008 – 2 BvR 806/08; BerlVerfGH v. 25. 4. 2008 – 164/07, 164 A/07; OLG Celle v. 20. 2. 2008 – 2 Ws 77/08; OLG Naumburg v. 19. 3. 2007 – 1 Ws 132/07, StV 2007, 364 (364 f.); KG v. 13. 11. 2006 – (3) 1 HEs 168/06 (80 – 82/06), StraFo 2007, 26 (26 f.).

weit die erforderlichen Mittel zur Verfügung zu stellen hat. Übliche, vermeidbare und dem Staat zuzurechnende Verfahrensverzögerungen können daher eine bereits lang andauernde Untersuchungshaft nicht (mehr) rechtfertigen; nur in ganz besonderen Ausnahmefällen darf der Vollzug von Untersuchungshaft mehr als ein Jahr bis zum Beginn der Hauptverhandlung oder dem Erlass eines Urteils dauern.[168] Auch kann ein Haftbefehl, der nicht zügig vollstreckt wird, wegen Unverhältnismäßigkeit aufgehoben werden.[169] Bei der Anordnung und Aufrechterhaltung der Untersuchungshaft ist das Freiheitsgrundrecht (Art. 2 Abs. 2 S. 2 GG) ständig den vom Standpunkt der Strafverfolgung aus erforderlichen und zweckmäßigen Freiheitsbeschränkungen als Korrektiv entgegenzuhalten. Zudem vergrößert sich mit zunehmender Dauer der Untersuchungshaft das Gewicht des Freiheitsanspruchs gegenüber dem Interesse an einer wirksamen Strafverfolgung.[170] Der mit dem Freiheitsentzug verbundene Grundrechtseingriff muss verfahrensrechtlich kompensiert werden – vor allem durch erhöhte Anforderungen an die Begründungstiefe von Haftfortdauerentscheidungen.[171] Sie muss die voraussichtliche Gesamtdauer des Verfahrens, die für den Fall einer Verurteilung konkret im Raum stehenden Straferwartung und – unter Berücksichtigung einer etwaigen Aussetzung des Strafrestes zur Bewährung gemäß § 57 StGB – das hypothetische Ende einer möglicherweise zu verhängenden Freiheitsstrafe sowie Verzögerungen des Verfahrens berücksichtigen, in Inhalt und Umfang eine Überprüfung des Abwägungsergebnisses am Grundsatz der Verhältnismäßigkeit nicht nur für den Betroffenen selbst, sondern auch für das die Anordnung treffende Gericht im Rahmen einer Eigenkontrolle gewährleisten und in sich schlüssig und nachvollziehbar sein. Bei hinreichend wahrscheinlich zu erwartender Strafaussetzung zur Bewährung gemäß § 57 Abs. 1 StGB führt der im Rahmen der gebotenen Abwägung zwischen dem Freiheitsanspruch des Untersuchungsgefangenen und dem Interesse an einer wirksamen Strafverfolgung auch zu beachtende verfassungsrechtliche Anspruch auf Resozialisierungsmaßnahmen regelmäßig zu einer Außervollzugsetzung des Haftbefehls, wenn anderenfalls der für die Resozialisierungsbemühungen erforderliche Zeitraum durch die Untersuchungshaft verbraucht würde.[172]

Dem Beschleunigungsgebot ist – sofern nicht besondere Umstände vorliegen – nur dann Genüge getan, wenn innerhalb von drei Monaten nach Eröffnung des Hauptverfahrens mit der Hauptverhandlung begonnen wird.[173] Der Vollzug der Untersuchungshaft von mehr als einem Jahr bis zum Beginn der Hauptverhandlung oder dem Erlass des Urteils ist nur in ganz besonderen Ausnahmefällen zu rechtfertigen.[174]

Das **Beschleunigungsgebot** fordert prinzipielle Beachtung und ist daher auch dann zu beachten, wenn der Haftbefehl gem. § 116 außer Vollzug gesetzt ist[175] oder der Beschuldigte sich in anderer Sache in Straf- oder Untersuchungshaft befindet, also sog. **Überhaft** besteht.[176] Zuvor erlittene Einlieferungs- oder Abschiebehaft sollen freilich nur in beschränktem Umfang auf die Untersuchungshaft „anzurechnen" sein.[177]

Im Hinblick auf die **Bedeutung der Sache** ist eine Bewertung von angenommener Tat und angenommenem Täter erheblich, die gesetzliche Strafandrohung, die Art des verletzten Rechtsgutes, die konkrete Begehungsform der Tat (Gelegenheits- oder Serientat, Maß der Sozialschädlichkeit usw.) sowie tatrelevante Umstände der Person des Betroffenen spielen eine Rolle ebenso wie ein ggf. vorhandenes öffentliches Interesse an der Verfolgung der Tat.[178] Letzteres soll insbesondere im Bereich der Drogenkriminalität bestehen.[179] Hier ist allerdings grundsätzlich zweifelhaft, ob Kriminalstrafe und Kriminalstrafverfahren überhaupt geeignete Formen der „Problembewältigung" darstellen.

Im Hinblick auf die zu beachtenden **Rechtsfolgen** ist in entsprechender Anwendung von § 46 StGB auf die Strafzumessungserwägungen abzustellen, die im Rahmen einer Hauptverhandlung

---

[168] BVerfG v. 23. 1. 2008 – 2 BvR 2652/07, StV 2008, 198 (198 ff.).
[169] OLG Köln v. 12. 8. 2008 – 2 Ws 398/08, StraFo 2008, 468.
[170] BVerfG v. 11. 6. 2008 – 2 BvR 806/08, StV 2008, 421.
[171] BVerfG v. 11. 6. 2008 – 2 BvR 806/08, StV 2008, 421; BVerfG v. 16. 3. 2006 – 2 BvR 170/06, BVerfGK 7, 421 (429 f.); BVerfG v. 14. 12. 2000 – 2 BvR 1741/99, BVerfGE 103, 21 (35 f.).
[172] OLG Nürnberg v. 18. 5. 2009 – 1 Ws 313/09, StV 2009, 534.
[173] BVerfG v. 11. 6. 2008 – 2 BvR 806/08, StV 2008, 421; BVerfG v. 15. 2. 2007 – 2 BvR 2563/06, NStZ-RR 2007, 311 (313).
[174] BVerfG v. 11. 6. 2008 – 2 BvR 806/08, StV 2008, 421; BVerfG v. 23. 1. 2008 – 2 BvR 2652/07, StV 2008, 198 (199).
[175] BVerfG v. 29. 11. 2005 – 2 BvR 1737/05, NJW 2006, 668 (669); OLG Braunschweig v. 28. 9. 1995 – Ws 154/95, NStZ-RR 1996, 172.
[176] OLG Frankfurt v. 7. 7. 1994 – 1 Ws 151/94, StV 1994, 665.
[177] KK-StPO/*Graf* Rn. 45 mwN.
[178] OLG Frankfurt v. 16. 6. 1986 – 1 Ws 146/86, StV 1988, 392; OLG Düsseldorf v. 5. 1. 1993 – 3 Ws 734/92, StV 1994, 86.
[179] *Meyer-Goßner* Rn. 11; strikt gegen solche kriminalpolitischen usw. Erwägungen SK-StPO/*Paeffgen* Rn. 16.

maßgeblich sind/wären.[180] Steht lediglich eine Freiheitsstrafe in Rede, die wahrscheinlich zur Bewährung ausgesetzt wird, stellt die Anordnung von Untersuchungshaft regelmäßig eine unverhältnismäßige Maßnahme dar.[181] Im denkbaren Widerspruch hierzu will die hM in Fällen, in denen die Straftat nur mit Freiheitsstrafe bis zu sechs Monaten bedroht ist oder aus sonstigen Gründen im Einzelfall voraussichtlich nur eine solche Strafe ausgesprochen wird, den Verhältnismäßigkeitsgrundsatz ebenso noch gewahrt sehen wie in Fällen, in denen der Betroffene bloß mit einer Geldstrafe zu rechnen hat.[182] Das befremdet umso mehr, weil in diesen Fällen der Erlass eines Strafbefehls möglich und ggf. als milderes Mittel geboten ist.[183]

III. Jugendstrafverfahren

72 Bei **Verfahren gegen Jugendliche** hat der Verhältnismäßigkeitsgrundsatz eine besondere Ausformung gefunden. Ganz in diesem Sinne ist der Grundsatz der Subsidiarität der Untersuchungshaft in § 72 Abs. 1 JGG ausdrücklich normiert. Im Haftbefehl ist besonders zu begründen, weshalb andere Maßnahmen gegen den Jugendlichen nicht ausreichen; auch zur Verhältnismäßigkeit der Maßnahme ist vertieft auszuführen, § 72 Abs. 1 S. 3 JGG. Wenn keine Jugendstrafe zu erwarten ist, scheidet die Anordnung von Untersuchungshaft regelmäßig aus. Der Unterbringungsbefehl nach § 71 Abs. 4 JGG geht der Untersuchungshaft als mildere Maßnahme vor. Bei Jugendlichen unter sechzehn Jahren darf der Haftgrund der Fluchtgefahr nur unter besonderen weiteren Voraussetzungen angenommen werden, § 72 Abs. 2 JGG. § 72 a JGG gebietet die unverzügliche Einschaltung der Jugendgerichtshilfe.

§ 112 a [Weitere Haftgründe]

(1) ¹Ein Haftgrund besteht auch, wenn der Beschuldigte dringend verdächtig ist,
1. eine Straftat nach den §§ 174, 174 a, 176 bis 179 oder nach § 238 Abs. 2 und 3 des Strafgesetzbuches oder
2. wiederholt oder fortgesetzt eine die Rechtsordnung schwerwiegend beeinträchtigende Straftat nach § 89 a, nach § 125 a, nach den §§ 224 bis 227, nach den §§ 243, 244, 249 bis 255, 260, nach § 263, nach den §§ 306 bis 306 c oder § 316 a des Strafgesetzbuches oder nach § 29 Abs. 1 Nr. 1, 4, 10 oder Abs. 3, § 29 a Abs. 1, § 30 Abs. 1, § 30 a Abs. 1 des Betäubungsmittelgesetzes

begangen zu haben, und bestimmte Tatsachen die Gefahr begründen, daß er vor rechtskräftiger Aburteilung weitere erhebliche Straftaten gleicher Art begehen oder die Straftat fortsetzen werde, die Haft zur Abwendung der drohenden Gefahr erforderlich und in den Fällen der Nummer 2 eine Freiheitsstrafe von mehr als einem Jahr zu erwarten ist. ²In die Beurteilung des dringenden Verdachts einer Tatbegehung im Sinne des Satzes 1 Nummer 2 sind auch solche Taten einzubeziehen, die Gegenstand anderer, auch rechtskräftig abgeschlossener, Verfahren sind oder waren.

(2) Absatz 1 findet keine Anwendung, wenn die Voraussetzungen für den Erlaß eines Haftbefehls nach § 112 vorliegen und die Voraussetzungen für die Aussetzung des Vollzugs des Haftbefehls nach § 116 Abs. 1, 2 nicht gegeben sind.

I. Allgemeines

1 Die Bedeutung der Vorschrift ist in der Praxis nicht sehr hoch. Kraft ausdrücklicher Anordnung in Abs. 2 ist der Haftgrund der Wiederholungsgefahr **subsidiär** gegenüber den Haftgründen des § 112: Der Haftbefehl muss auf die Haftgründe des § 112 gestützt werden, wenn auch Wiederholungsgefahr anzunehmen ist. Der Haftgrund der Wiederholungsgefahr darf weder kumulativ noch „hilfsweise" neben den Haftgründen des § 112 als Grundlage einer Inhaftierung herangezogen werden.[1] Nur wenn ein Haftgrund nach § 112 nicht gegeben ist oder eine Haftverschonung nach § 116 Abs. 1, 2 angeordnet werden müsste, kann Wiederholungsgefahr Grundlage der Inhaftierung sein.

2 Der Subsidiarität der Vorschrift entspricht ihre normative Nachrangigkeit im Begründungszusammenhang des Strafverfahrens: Mit dem § 112 Abs. 1 zugrundeliegenden Gedanken der Ver-

---
[180] LG Hamburg v. 16. 2. 1987 – (39) Qs 9/87, StV 1987, 399 (400); Schlothauer/Weider Rn. 472.
[181] OLG Frankfurt v. 9. 2. 1989 – 1 Ws 46/89, StV 1989, 486.
[182] KK-StPO/Graf Rn. 50; SK-StPO/Paeffgen Rn. 20.
[183] OLG Rostock v. 17. 8. 2005 – I Ws 297/05, StV 2006, 311.
[1] Eine in den Akten niedergelegte Annahme, dass beim Fortfall eines Haftgrundes nach § 112 Abs. 1 oder bei einer Haftverschonung nach § 116 Abs. 1, 2 eine Prüfung von § 112 a nahe liege, ist nicht nur unproblematisch, sondern ggf. rechtlich geboten, vgl. § 114 Rn. 7.

fahrenssicherung kann der Haftgrund der Wiederholungsgefahr[2] – ebenso wie der Haftgrund des § 112 Abs. 3 – nicht ohne weiteres in Einklang gebracht werden.[3] Mit dem Haftgrund der Wiederholungsgefahr geht (zumindest tendenziell) eine Verschiebung in der Begründung von Untersuchungshaft einher, die auf den ersten Blick im Gegensatzpaar des materiellen Strafrechts, in der Alternative zwischen „Tatstrafrecht und Täterstrafrecht" ihre Entsprechung findet. Ganz in diesem Sinne ist gegen die als **Sicherungshaft** bezeichnete Maßnahme massive Kritik vorgebracht worden.[4] Sie verstößt gegen die Unschuldsvermutung und beschreibt eine präventiv-polizeiliche Maßnahme, die mangels Gesetzgebungskompetenz keine Regelung durch den Bundesgesetzgeber hätte erfahren dürfen.[5]

Das Bundesverfassungsgericht akzeptiert trotz aller Kritik die vorbeugende Verwahrung"[6] von 3 Tatverdächtigen, bei denen eine Begehung neuer erheblicher Straftaten anzunehmen ist.[7] Und Art. 5 Abs. 1 lit. c EMRK sieht ebenfalls ausdrücklich den Haftgrund der „Tatbegehungstat"[8] vor.[9]

Der normativen Nachrangigkeit der Vorschrift, die nicht zuletzt in ihrer zeitlichen **Höchstbegrenzung auf ein Jahr** zum Ausdruck kommt (§ 122 a), ist bei ihrer Anwendung Rechnung zu tragen. Da als Schutzzweck der Vorschrift nicht der Kernbereich des Strafverfahrens in Rede steht, gebieten die Freiheitsrechte des Betroffenen eine (noch) zurückhaltendere Anwendung als im Fall von § 112 Abs. 1, 2. Die Anwendung gerade dieser Vorschrift ist in ganz besonderer Weise anfällig für eigene, insbesondere rechtspolitische Vorstellungen der Rechtsakteure, medial produzierte Stimmungen usw. (Verfassungs-)Rechtlich sind an die Annahme einer Wiederholungsgefahr stets hohe Anforderungen zu stellen.[10] 4

II. Dringender Tatverdacht und Wiederholungsgefahr

In Anknüpfung an § 112 muss für eine der in Nr. 1 und Nr. 2 abschließend bezeichneten Taten 5 (sog. **Anlasstaten**) der dringende Verdacht einer rechtswidrigen und schuldhaften Begehung anzunehmen sein. Dabei genügt der dringende Verdacht des Versuchs einer Anlasstat, nach ganz überwiegender Auffassung auch der Teilnahme oder des Versuchs der Beteiligung an einer Anlasstat.[11] Im Fall einer Beihilfe oder des bloßen Versuchs der Beteiligung wird es häufig am notwendigen Schweregrad des angenommenen Unrechts fehlen.

Die Praxis lässt genügen, dass der Betroffene dringend verdächtig ist, eine Anlasstat im **Vollrausch** (§ 323 a StGB) begangen zu haben.[12] Im numerus clausus der Anlasstaten ist allerdings 6 § 323 a StGB – nach hM ein selbständiger Straftatbestand[13] – nicht erwähnt; allein der Gesetzgeber könnte etwaigen praktischen Bedürfnissen nach einer Sicherungshaft in diesen Fällen eine verfassungstaugliche Grundlage geben.[14] Die Erwägungen, die im Rahmen der Erweiterung des Katalogs von § 395 dort zur Einbeziehung von Rauschtaten nach § 323 a StGB führen,[15] können wegen der formalen Wortlautschranke hier keine Geltung beanspruchen.

Die Prognose einer Wiederholungsgefahr hat sich aus verfassungsrechtlichen Gründen auf eine 7 **hohe Wahrscheinlichkeit** zu stützen.[16] Auf der Basis bestimmter, nachprüfbarer und intersubjektiv nachvollziehbarer Tatsachen muss mit hoher Wahrscheinlichkeit anzunehmen sein, der Beschuldigte werde vor Aburteilung der Tat, derer er dringend verdächtig ist, weitere erhebliche Straftaten gleicher Art begehen oder die Straftat fortsetzen.[17] Diese Tatsachen sind im Freibeweisverfahren festzustellen.

---

[2] Zur Historie der Vorschrift SK-StPO/*Paeffgen* Rn. 1 mwN.
[3] Vgl. im Einzelnen § 112 Rn. 3 f.
[4] Ausdrückliche Bezeichnung als vorbeugende Maßnahme „präventiv-polizeilicher Natur" bei OLG Thüringen v. 21. 10. 2008 – 1 Ws 459/08, StraFo 2009, 21 (22); freilich ohne weitere Problematisierung der damit verbundenen verfassungsrechtlichen Implikationen.
[5] Ausführliche Darstellung des Streitstandes bei SK-StPO/*Paeffgen* § 112 a Rn. 3 mwN.
[6] Anw-StPO/*Lammer* Rn. 2.
[7] BVerfG v. 15. 12. 1965 – 1 BvR 513/65, BVerfGE 19, 342 (349 ff.); BVerfG v. 30. 5. 1973 – 2 BvL 4/73, BVerfGE 35, 185.
[8] Anw-StPO/*Lammer* Rn. 2.
[9] Zur Kontroverse, ob dabei der Haftgrund der Wiederholungsgefahr oder eine Präventivhaft gemeint ist, vgl. *Frowein/Peukert* Art. 5 Rn. 66; *Renzikowski* JR 2004, 271 (273).
[10] KK-StPO/*Graf* Rn. 16.
[11] *Meyer-Goßner* Rn. 3; einschränkend *Schlothauer/Weider* Rn. 625: keine Fälle von §§ 27 und 30 StGB.
[12] OLG Frankfurt v. 24. 7. 1965, HEs 41/65, NJW 1965, 1728; OLG Hamm v. 30. 4. 1974, 2 Ws 108/74, NJW 1974, 1667; *Meyer-Goßner* Rn. 4.
[13] Vgl. nur *Fischer* § 323 a StGB Rn. 2 mwN.
[14] Zutreffend kritisch daher SK-StPO/*Paeffgen* Rn. 8 a.
[15] BGH v. 5. 2. 1998, 4 StR 01/98, NStZ-RR 1998, 305.
[16] Vgl. auch BT-Drucks. VI/3248, S. 7.
[17] KK-StPO/*Graf* Rn. 19; SK-StPO/*Paeffgen* Rn. 16.

III. Anlasstaten nach Nr. 1 und Wiederholungsgefahr

8   Bei den in Nr. 1 angeführten Straftaten gegen die sexuelle Selbstbestimmung (§§ 174, 174a, 176 bis 179 StGB) bzw. qualifizierten Fällen der Nachstellung (§ 238 Abs. 2, 3 StGB)[18] ist der Verdacht einer wiederholten oder fortgesetzten Tatbegehung nicht erforderlich. Nach hM soll in diesem Deliktsbereich bereits die „einmalige Verfehlung" auf „schwere Persönlichkeitsmängel hindeuten, die weitere Taten ähnlicher Art befürchten lassen."[19] Dass solche Generalisierungen, die den Einzelfall ignorieren, im Allgemeinen nicht richtig sein können, liegt auf der Hand. Der Verdacht der Tatbegehung als solche ist eine zu schmale Tatsachenbasis für ein intersubjektiv plausibles, freiheitsbeschränkendes Prognoseurteil; diese Sicht ist mit der Gesetzessystematik im Übrigen nicht in Einklang zu bringen, der beim Verdacht von Straftaten gegen die sexuelle Selbstbestimmung (bzw. dem Straftatbestand der Nachstellung) – anders als im Fall der Bezugstaten im Rahmen von § 112 Abs. 3 – gerade keinen „Haftautomatismus" vorsieht.

9   Daher ist begrüßenswert, dass einige Obergerichte in neuerer Zeit eine Rückbesinnung auf die gesetzliche Ausgestaltung angemahnt und eine **qualifizierte Berücksichtigung der Umstände des Einzelfalls** gefordert haben.[20] Für die Annahme der gesetzlich geforderten Wiederholungsgefahr müssen bestimmte Tatsachen auf eine Neigung zur zukünftigen Begehung solcher Sexualstraftaten schließen lassen. Eine solche Gefahrenprognose hat die üblichen Risikofaktoren wie das Vorleben, die Tatumstände, das Nachtatverhalten, eine etwaige Rückfallgeschwindigkeit, das soziale Umfeld usw. einzubeziehen. Bedeutsam wird zB sein, ob der Beschuldigte Verhaltensweisen gezeigt hat oder zeigt, die den Rückschluss auf einen vorhandenen bzw. betätigten ernsthaften Vermeidewillen zur Begehung von erheblichen Delikten gleicher Art erlauben (zB freiwillige psychotherapeutische Behandlung, freiwillige Entziehungstherapie usw.).[21] Gerichtliche Maßnahmen im Sinne von § 116 Abs. 3 bzw. deren Möglichkeit sind bereits im Rahmen der Gefahrenprognose (zugunsten des Beschuldigten) zu berücksichtigen.

IV. Anlasstaten nach Nr. 2 und Wiederholungsgefahr

10 Der Straftatenkatalog von Nr. 2 versucht, dem kriminologischen Befund der sog. Serienkriminalität bei bestimmten Delikten Rechnung zu tragen. Für die Annahme einer wiederholten Tatbegehung muss zumindest der dringende Verdacht von **zwei rechtlich selbständigen Handlungen** vorliegen, die sich gegen den gleichen Tatbestand richten.[22] Dabei reicht ein Zusammentreffen von Qualifikation und Grundtatbestand grds. aus – soweit der Grundtatbestand im Katalog von Nr. 2 Erwähnung findet, was bspw. für §§ 223, 242 StGB nicht der Fall ist.

11 Der frühere Streit, ob die (wenigstens zwei) Taten Gegenstand desselben Ermittlungsverfahrens sein müssen,[23] ist durch das 2. Opferrechtsreformgesetz mit Wirkung ab dem 1. 10. 2009 geklärt.[24] Danach reicht es, wenn in der laufenden Haftsache nur eine Anlasstat in Rede steht und der Beschuldigte wegen wenigstens einer weiteren Tat in einem anderen Verfahren dringend verdächtig ist oder verurteilt wurde (§ 112a Abs. 1 S. 2). Dies wurde zwar von Gerichten teilweise schon vorher so praktiziert,[25] widersprach jedoch dem eindeutigen Wortlaut der Vorschrift.[26]

12 Für eine **fortgesetzte Anlasstat** ist nach der Entscheidung des Großen Senats zur fortgesetzten Handlung[27] nur noch in wenigen Fällen Raum.[28] Die Praxis kompensiert dies durch einen häufigeren Gebrauch der Rechtsfigur der „natürlichen Handlungseinheit".

13 Durch die Anlasstat muss eine **schwerwiegende Beeinträchtigung der Rechtsordnung** eingetreten sein. Unstreitig reichen insoweit etwa „minderschwere Fälle" von Anlasstaten, wie in §§ 224 Abs. 2, 249 Abs. 2 StGB geregelt, nicht aus. Die geläufige Rede vom „konkreten Erscheinungs-

---

[18] Kritisch zur Einbeziehung von § 238 StGB in den Katalog SK-StPO/*Paeffgen* Rn. 10 a.
[19] *Meyer-Goßner* Rn. 6; KK-StPO/*Graf* Rn. 7.
[20] OLG Bremen v. 31. 8. 2006 – Ws 174/06 StraFo 2008, 72 mAnm *Behm*; OLG Köln v. 4. 10. 2002 – HEs 190/02, NStZ 2004, 79.
[21] Vgl. OLG Köln v. 28. 8. 2007 – 2 Ws 412/07, OLGSt StPO § 112 a Nr. 2.
[22] OLG Schleswig v. 19. 12. 2001 – 1 Ws 452/01, NStZ 2002, 276 (277).
[23] So OLG Frankfurt v. 9. 4. 2008 – 1 Ws 44/08, StV 2008, 364; *Paeffgen* NStZ 2009, 134 (136) mwN.
[24] 2. Opferrechtsreformgesetz vom 29. 7. 2009 (BGBl. I S. 2280).
[25] OLG Thüringen v. 21. 10. 2008 – 1 Ws 459/08, StraFo 2009, 21 (22); OLG Thüringen v. 14. 10. 2008 – 1 Ws 448/08; OLG Karlsruhe v. 21. 4. 2006 – 1 Ws 79/07, NStZ-RR 2006, 210; OLG Hamm v. 11. 3. 1996 – 2 Ws 94/96, StV 1997, 310 mAnm. *Hohmann*; OLG Hamburg v. 2. 4. 1980 – 2 Ws 98/80 H, NJW 1980, 2367; OLG Schleswig v. 4. 7. 1978 – 1 Ws 222/78, MDR 1978, 952.
[26] OLG Frankfurt v. 20. 5. 2008 – 1 Ws 57/08, StRR 2008, 395; OLG Frankfurt v. 9. 4. 2008 – 1 Ws 44/08, StV 2008, 364; *Hohmann* StraFo 1999, 214; *Paeffgen* NStZ 2003, 76, 79.
[27] BGH v. 3. 5. 1994 – GSSt 2 u. 3/93, BGHSt 40, 138.
[28] *Meyer-Goßner* Rn. 7 und KK-StPO/*Graf* Rn. 8 sehen eine praktische Bedeutung „höchstens noch im Fall des § 125 a sowie möglicherweise bei bestimmten Verstößen gegen das BtMG".

bild"²⁹ der Anlasstaten ist zur Maßstabbildung allerdings kaum geeignet. Eine ungefähre Bestimmung dieses Kriteriums ist nur in Ausrichtung am Zweckgehalt der Vorschrift möglich.³⁰ Gemeint ist das Maß der Eignung der Anlasstaten zur normativen Verunsicherung,³¹ zu einem spürbaren „Verlust der Daseinsgewissheit" (Binding).³² Hierbei sind der – auch vom Schadens-Gewicht mitbestimmte – Unrechtsgehalt der Anlasstaten und deren Schweregrad einbezogen, die jeweils überdurchschnittlich sein müssen.³³ Eine „Addition" beider Taten etwa in Form einer Gesamtsaldierung der angerichteten Schäden (oder durch eine Zusammenschau der „Taten in ihrer Gesamtheit")³⁴ ist hingegen unzulässig.³⁵

Im Fall von Anlasstaten nach § 263 StGB ist eine Orientierung an § 263 Abs. 3 StGB geboten;³⁶ die hM lässt demgegenüber eine Orientierung an § 243 StGB genügen.³⁷ § 29 Abs. 1 Nr. 4 BtMG ist zwischenzeitlich aufgehoben und als § 29 Abs. 1 Nr. 13 in das Betäubungsmittelgesetz eingestellt worden. Damit steht die formale Wortlautschranke einem Haftbefehl wegen solcher Anlasstaten entgegen. 14

Für die verfahrensgegenständliche Tat muss **mindestens ein Jahr Freiheitsstrafe** zu erwarten sein. Die prognostische Feststellung erfolgt in Orientierung an den gesetzlich anerkannten Grundsätzen der Strafzumessung. Gesamtstrafenfähige Vorverurteilungen können dabei einbezogen werden. 15

V. Die Abwendung der Gefahr erheblicher Straftaten gleicher Art

Auf der Grundlage bestimmter objektiver, intersubjektiv plausibler und nachprüfbarer Umstände muss anzunehmen sein, dass der Beschuldigte eine besondere Neigung oder zumindest Bereitschaft³⁸ zur Begehung gleichartiger Taten besitzt. Für und wider eine solche Neigung bzw. Bereitschaft sprechende Tatsachen und Indizien sind vom Richter im Wege des Freibeweises heranzuziehen und im Rahmen einer Gesamtschau zu bewerten.³⁹ Einzubeziehen sind u. a. die Persönlichkeitsstruktur des Beschuldigten, sein soziales Umfeld, die äußeren Umstände der Tatbegehung, etwaige Vorstrafen einschließlich der Rückfallgeschwindigkeit.⁴⁰ 16

Die prognostizierte **Wiederholungstat gleicher Art** muss nicht dasselbe Strafgesetz zum Gegenstand haben. Vielmehr genügt, wenn Anlasstaten und Wiederholungstat eine „in sich gleichartige Serie darstellen" (würden).⁴¹ Einen regelmäßigen Anhaltspunkt für „gleichartige" Taten gibt die aufzählende Zusammenfassung von Straftaten-Gruppen im Gesetz selbst („eine Straftat nach ..."). Unter keinen Umständen genügt die Gefahr der Begehung anderer Katalogtaten oder sonstiger Straftaten.⁴² 17

Eine **Katalog-Vorbestrafung** ist nach geltendem Gesetz nicht mehr erforderlich.⁴³ Fehlt es an einer solchen, ist mit besonderer Zurückhaltung zu prüfen, ob genügende Tatsachen zur Annahme der Gefahr einer Wiederholung weiterer erheblicher Straftaten gleicher Art vorhanden sind.⁴⁴ In solchen Fällen müssen sonstige schwerwiegende Gründe die Wiederholung mit sehr hoher Wahrscheinlichkeit erwarten lassen.⁴⁵ 18

Wird die negative Prognose auf eine gleichartige Vorstrafe gestützt, ist die **Sperrwirkung** von § 51 BZRG zu beachten. Ob die Vorstrafe zur Bewährung ausgesetzt wurde, sollte im Rahmen der anzustellenden Gesamtbewertung nicht ohne Bedeutung bleiben. Verurteilungen im Ausland dürfen nur mit besonderer Zurückhaltung in die Gesamtbewertung einbezogen werden. 19

Dass die Sicherungshaft zur Abwendung der Gefahr einer erneuten Begehung gleichartiger Taten **erforderlich** sein muss, ist ein grundgesetzliches Gebot. Gerichtliche Auflagen und Weisungen 20

---

²⁹ So BVerfG v. 30. 5. 1973 – 2 BvL 4/73, BVerfGE 35, 185 (192).
³⁰ Kritisch zu diesem Kriterium SK-StPO/*Paeffgen* Rn. 15.
³¹ In diese Richtung auch *Meyer-Goßner* Rn. 9.
³² Das Ausmaß der Beeinträchtigung muss *allgemein objektivierbar* sein; Aspekte, die im Einzelfall das voraussichtliche Strafmaß erhöhen mögen, zB eine besondere Beziehung zum Opfer, können hier nur in Ausnahmefällen – wenn es um die spätere Gefahrenabwehr zugunsten dieser/solcher Opfer geht – eine Rolle spielen.
³³ OLG Karlsruhe v. 6. 4. 2001 – 3 Ws 31/01, StV 2002, 147 (148 f.); OLG Köln v. 21. 7. 1995 – 1 Ws 23/95, StV 1995, 475 f.; OLG Köln v. 9. 1. 1996 – 1 Ws 1/96, StV 1996, 158.
³⁴ KMR/*Wankel* Rn. 7.
³⁵ OLG Frankfurt v. 12. 1. 2000 – 1 Ws 161 u. 162/99, StV 2000, 209 (209 f.).
³⁶ SK-StPO/*Paeffgen* Rn. 13.
³⁷ OLG Stuttgart v. 26. 3. 1973 – 2 Ws 69/73, Justiz 1973, 254; *Meyer-Goßner* Rn. 7.
³⁸ OLG Dresden v. 3. 4. 2006 – 1 Ws 56/06, StV 2006, 534.
³⁹ Vgl. OLG Bremen v. 25. 8. 2000 – Qs 74/00, NStZ-RR 2001, 220; OLG Köln v. 4. 10. 2002 – HEs 190/02, StV 2003, 169.
⁴⁰ KMR/*Wankel* Rn. 11.
⁴¹ *Meyer-Goßner* Rn. 13.
⁴² *Münchhalffen/Gatzweiler* Rn. 132.
⁴³ Zur alten Rechtslage LR/*Hilger* Rn. 12, der zutreffend darauf hinweist, dass damit eine freiheitssichernde Anwendungsschranke beseitigt worden ist.
⁴⁴ *Meyer-Goßner* Rn. 15.
⁴⁵ OLG Dresden v. 3. 4. 2006 – 1 Ws 56/06, StV 2006, 534.

§ 113 1–4   Erstes Buch. Allgemeine Vorschriften

des Inhalts, sich einer ärztlichen Behandlung zu unterziehen, mit bestimmten Personen nicht zu verkehren usw., sollen nach dem systematischen Zusammenhang mit § 116 Abs. 3 allerdings lediglich die Außervollzugsetzung eines auf § 112a gestützten Haftbefehls rechtfertigen.[46] Dem ist aus verfassungsrechtlichen Erwägungen entgegenzutreten: Weniger schwerwiegende Eingriffe, die zur Gefahrabwendung ebenfalls geeignet erscheinen, sind bereits im Zusammenhang der Gefahrprognose zu berücksichtigen; ggf. besteht also keine ausreichende Grundlage für den Erlass eines Haftbefehls.

VI. Jugendstrafverfahren

21   Mit dem Erziehungsgedanken des Jugendstrafrechts ist die Vorschrift kaum zu harmonisieren. Gegenüber Jugendlichen kommt bei Wiederholungsgefahr vorrangig eine vorläufige Unterbringung nach § 71 Abs. 2 JGG in Betracht. Da § 72 Abs. 2 JGG nur den Haftgrund der Fluchtgefahr betrifft, kann eine Maßnahme nach § 112a bei Jugendlichen unter 16 Jahren Anwendung finden. Wird die negative Prognose auf eine gleichartige Vorstrafe gestützt, ist zu beachten, dass unter Freiheitsstrafe auch die Jugendstrafe nach §§ 17 ff. JGG, nicht aber der Jugendarrest nach § 16 JGG zu verstehen ist.

22   Im Hinblick auf die Straferwartung von mehr als einem Jahr Freiheitsstrafe nach § 112a Abs. 1 Nr. 2 kommt es bei zu erwartender Jugendstrafe darauf an, ob abstrakt, ohne die erweiterten Einbeziehungsmöglichkeiten nach § 31 JGG, von einer Jugendstrafe von mehr als einem Jahr auszugehen ist.[47]

§ 113 [Untersuchungshaft bei leichteren Taten]

(1) Ist die Tat nur mit Freiheitsstrafe bis zu sechs Monaten oder mit Geldstrafe bis zu einhundertachtzig Tagessätzen bedroht, so darf die Untersuchungshaft wegen Verdunkelungsgefahr nicht angeordnet werden.

(2) In diesen Fällen darf die Untersuchungshaft wegen Fluchtgefahr nur angeordnet werden, wenn der Beschuldigte
1. sich dem Verfahren bereits einmal entzogen hatte oder Anstalten zur Flucht getroffen hat,
2. im Geltungsbereich dieses Gesetzes keinen festen Wohnsitz oder Aufenthalt hat oder
3. sich über seine Person nicht ausweisen kann.

I. Allgemeines

1   Die praktisch wenig bedeutungsvolle Vorschrift[1] beschränkt die Möglichkeit von Untersuchungshaft bei Straftaten mit abstrakt geringer Strafandrohung. Sie stellt mittelbar klar, dass Untersuchungshaft auch dann angeordnet werden kann, wenn im Einzelfall lediglich eine Geldstrafe oder niedrige Freiheitsstrafe zu erwarten steht.[2] § 113 konkretisiert damit den ohnehin geltenden **allgemeinen Verhältnismäßigkeitsgrundsatz**. Im Haftbefehl sind daher ggf. gesonderte Ausführungen anzumahnen.[3]

2   Bei einer lediglich zu erwartenden Geldstrafe ist in diesen Fällen grundsätzlich auch vom Strafbefehlsverfahren (§§ 407 ff.) oder dem beschleunigten Verfahren (§§ 417 ff.) Gebrauch zu machen. Bei bloßer Geldstrafenerwartung darf die Dauer der Untersuchungshaft die zu erwartende Ersatzfreiheitsstrafe (§ 43 StGB) regelmäßig nicht überschreiten.[4]

3   Die besonderen Anforderungen des § 113 beziehen sich nur auf die Verdunkelungs- und die Fluchtgefahr. Die übrigen Haftgründe bleiben unberührt. Allerdings bleiben die der Norm zu Grunde liegenden Verhältnismäßigkeitsüberlegungen auch dort aktuell.

II. Besonderheiten bei Verdunkelungs- und Fluchtgefahr

4   **1. Verdunkelungsgefahr.** Wegen Verdunkelungsgefahr (§ 112 Abs. 2 Nr. 3) darf in den Fällen des § 113 **niemals** Untersuchungshaft angeordnet werden.

---

[46] So tatsächlich KK-StPO/*Graf* Rn. 20: „oftmals".
[47] LG Kiel v. 7. 1. 2002 – 32 Qs 1/02, StV 2002, 433.
[1] Erfasst sind im StGB lediglich die §§ 106 a Abs. 1, 107 b, 160 Abs. 1, 184 a, 284 a; im Nebenstrafrecht beispielsweise § 23 Abs. 2 Arbeitszeitgesetz, § 38 Abs. 2 Bundesjagdgesetz, § 66 Abs. 3 BNatSchG, § 15 Flaggenrechtsgesetz, §§ 31 Abs. 2, 32 Abs. 4 Heimarbeitsgesetz, § 58 Abs. 6 Jugendarbeitsschutzgesetz, § 60 Abs. 2 Luftverkehrsgesetz, § 21 Abs. 4 Mutterschutzgesetz, § 25 Versammlungsgesetz, § 41 Abs. 3 Wehrstrafgesetz.
[2] SK-StPO/*Paeffgen* Rn. 2.
[3] § 112 Abs. 1 S. 2, vgl. auch § 114 Rn. 11.
[4] SK-StPO/*Paeffgen* Rn 7.

Neunter Abschnitt. Verhaftung und vorläufige Festnahme 1 **§ 114**

2. Fluchtgefahr. Bei einer Anordnung von Untersuchungshaft wegen Fluchtgefahr müssen kumulativ die Voraussetzungen von §§ 112 Abs. 2 Nr. 2, 113 Abs. 2 erfüllt sein. 5

Eine **besondere Fluchtgefahr** nach Abs. 2 Nr. 1 wird bspw. angenommen, wenn der Beschuldigte sich in dem anhängigen Verfahren bereits durch Flucht entzogen oder Fluchtanstalten getroffen hatte, Vermögen ins Ausland transferiert, Ansätze zur Vermögensveräußerung getätigt oder einen Passantrag gestellt hatte.[5] 6

Wohnungslosigkeit nach Abs. 2 Nr. 2 liegt vor, wenn der Beschuldigte ohne Wohnung bzw. festen Aufenthalt oder zwar gemeldet, aber nicht erreichbar ist.[6] 7

Ausweislosigkeit nach Abs. 2 Nr. 3 soll auch dann – über den Wortlaut der Vorschrift hinaus – gegeben sein, wenn der Beschuldigte sich nicht ausweisen will oder falsche Personalien angibt. Nr. 3 greift nicht ein, wenn der Beschuldigte bekannt ist, obwohl er sich nicht ausweisen kann.[7] 8

III. Besondere Verfahrensarten

Die Vorschrift gilt nicht für die Fälle der sog. Ungehorsamshaft (§§ 230 Abs. 2, 236, 329 Abs. 4 S. 1); auch im **Jugendstrafverfahren** gilt § 113 bei Jugendlichen nicht, da es gem. § 18 JGG insoweit keine Strafrahmen gibt. Freiheitsstrafe iSv. Abs. 1 ist auch der Strafarrest nach §§ 9 Abs. 1, 12 Wehrstrafgesetzbuch, nicht allerdings der Jugendarrest gem. § 16 JGG. Mögliche zusätzliche Nebenstrafen (beispielsweise Einziehung) oder Nebenfolgen bleiben außer Betracht.[8] 9

§ 114 [Haftbefehl]

(1) Die Untersuchungshaft wird durch schriftlichen Haftbefehl des Richters angeordnet.

(2) In dem Haftbefehl sind anzuführen

1. der Beschuldigte,
2. die Tat, deren er dringend verdächtig ist, Zeit und Ort ihrer Begehung, die gesetzlichen Merkmale der Straftat und die anzuwendenden Strafvorschriften,
3. der Haftgrund sowie
4. die Tatsachen, aus denen sich der dringende Tatverdacht und der Haftgrund ergibt, soweit nicht dadurch die Staatssicherheit gefährdet wird.

(3) Wenn die Anwendung des § 112 Abs. 1 Satz 2 naheliegt oder der Beschuldigte sich auf diese Vorschrift beruft, sind die Gründe dafür anzugeben, daß sie nicht angewandt wurde.

Übersicht

	Rn.
I. Allgemeines	1
II. Haftbefehl	2–11
1. Form	2, 3
2. Inhalt	4–11
a) Personalien (Abs. 2 Nr. 1)	5
b) Strafrechtlicher Vorwurf (Abs. 2 Nr. 2)	6
c) Haftgrund (Abs. 2 Nr. 3)	7
d) Tatsachengrundlage (Abs. 2 Nr. 4)	8–10
e) Verhältnismäßigkeit (Abs. 3)	11
3. Verfahren	12–14
a) Antrag der Staatsanwaltschaft	12
b) Vollstreckung des Haftbefehls	13
c) Änderung des Haftbefehls	14
III. Rechtsbehelfe	15–17
IV. Jugendstrafverfahren	18

I. Allgemeines

§ 114 konkretisiert die verfassungsrechtlichen Vorgaben des Art. 104 GG. Die dezidierten Begründungserfordernisse gehen über die allgemeine Regel des § 34 hinaus und sollen den Richter zu einer gedanklichen Kontrolle der Haftvoraussetzungen veranlassen und dem Beschuldigten gewährleisten, sich umfassend und frühzeitig zu verteidigen. 1

---

[5] KK-StPO/*Graf* Rn. 6; *Meyer-Goßner* Rn. 5.
[6] Anw-StPO/*Lammer* Rn. 3.
[7] KK-StPO/*Graf* Rn. 6.
[8] *Meyer-Goßner* Rn. 2.

II. Haftbefehl

2 **1. Form.** Untersuchungshaft wird **schriftlich** angeordnet; zumindest der Originalhaftbefehl ist vom Richter zu unterzeichnen.[1] Erst die ausdrückliche schriftliche richterliche Anordnung macht den Haftbefehl vollstreckungsfähig.[2] Es genügt, wenn der Haftbefehl in ein schriftliches Protokoll eines Verhandlungstermins aufgenommen wird.[3] Aber auch in diesem Fall sind die Förmlichkeiten zu beachten und Bezugnahmen auf andere Aktenteile unzulässig. Fehlt die Bezeichnung der Tat, der gesetzlichen Merkmale der Straftat oder der anzuwendenden Strafvorschriften oder die Angabe der Tatsachen, aus denen sich Tatverdacht und Haftgrund ergeben, so ist der Haftbefehl aufzuheben. Das Beschwerdegericht behebt solche Mängel nicht.[4]

3 **Zuständig** ist gem. § 125 das Amtsgericht, in dessen Bezirk der Gerichtsstand begründet ist oder der Beschuldigte sich aufhält. Nach Erhebung der Anklage erlässt das mit der Sache befasste Gericht den Haftbefehl. Wenn Revision eingelegt ist, bleibt das Gericht zuständig, dessen Urteil angefochten wird. In dringenden Fällen kann der Vorsitzende eines Kollegialgerichts den Haftbefehl erlassen.

4 **2. Inhalt.** Der notwendige Inhalt des Haftbefehls ergibt sich aus Abs. 2 und 3. Da die spezifizierten Anforderungen der **richterlichen Selbstkontrolle** dienen, bestehen Bedenken gegen die wörtliche Übernahme von Anträgen der Staatsanwaltschaft, wie sie in der Praxis nicht selten vorkommen. Gelegentlich finden sich Entwürfe der Staatsanwaltschaft auf dem Beschlusskopf des Amtsgerichts in den Akten, die dann nur noch unterschrieben und ausgefertigt werden müssen. Zur Vermeidung „überflüssiger Schreibarbeit"[5] soll all dies zulässig sein. Pflichtwidrig ist es aber fraglos, wenn die Haftvoraussetzungen inhaltlich aus lauter Arbeitserleichterung nicht mehr eigenständig vom Gericht geprüft werden.[6] Dafür ist die Übernahme ganzer oder wesentlicher Passagen (mitsamt Rechtschreibfehlern) ein gewichtiges Indiz.[7] Manchmal lassen sich die Zeitabläufe – vom Eingang der Akte beim Haftrichter bis zur Ausfertigung des Beschlusses – rekonstruieren. Das kann ein Anhaltspunkt dafür sein, wie (wenig) vertieft die Sache bearbeitet wurde. Es ist ein Gebot der Verfassung, dass der Richter selbst – auch in Eilfällen – die Tatsachen feststellen muss, die in seinen Augen eine Freiheitsentziehung rechtfertigen.[8]

5 **a) Personalien (Abs. 2 Nr. 1).** Um Verwechslungen auszuschließen sind die Personalien so genau wie möglich anzugeben. Üblicherweise genügen Vor- und Zuname, Geburtsdatum und die letzte bekannte Wohnanschrift. Kann die Identität nicht anders eingegrenzt werden, sind weitere hilfreiche Bezugnahmen (zB Lichtbild) oder Beschreibungen (zB unveränderliche Kennzeichen) erlaubt.

6 **b) Strafrechtlicher Vorwurf (Abs. 2 Nr. 2).** Zentral ist die Schilderung der Tat, einschließlich Tatzeit und -ort, der gesetzlichen Merkmale der Straftat sowie die Angabe der anzuwendenden Vorschriften. Der Haftbefehl hat aufgrund seiner Informations- und Umgrenzungsfunktion die **Tat** so genau zu beschreiben, dass der Beschuldigte den Umfang und die Tragweite des Vorwurfs eindeutig erkennen kann. Die Schilderung hat den Ansprüchen zu genügen, die an den Anklagesatz (§ 200 Abs. 1) gestellt werden.[9] Gleiches gilt für die Benennung der anzuwendenden Strafvorschriften. In der Praxis lässt die Konkretisierung der Taten vor allem bei dem Verdacht von Serienstraftaten nicht selten zu wünschen übrig. Immer wieder werden deshalb Haftbefehle aufgehoben.[10] Ohne eine sorgfältige tatbestandsbezogene Sachdarstellung kann sich der Beschuldigte nicht verteidigen. Es verbieten sich bloße Allgemeinplätze, Wiederholungen des Gesetzestextes oder Bezugnahmen auf Ermittlungsergebnisse oder -berichte der Polizei bzw. Staatsanwaltschaft oder sonstige Aktenbestandteile.[11] Eine knappe zusammenfassende Darstellung kann aber ausrei-

---

[1] SK-StPO/*Paeffgen* Rn. 3.
[2] OLG Oldenburg v. 21. 4. 2006 – 1 Ws 233/06, NStZ 2007, 82 (82 f.).
[3] OLG Celle v. 17. 3. 1998 – 1 Ws 56/98, StV 1998, 385.
[4] OLG Oldenburg v. 21. 4. 2006 – 1 Ws 233/06, NStZ 2007, 82.
[5] HbStrVf/*Meinen* Rn. IV.141.
[6] OLG Brandenburg v. 8. 1. 1997 – 2 Ws 329/96, NStZ-RR 1997, 107 (108).
[7] BVerfG v. 13. 11. 2005 – 2 BvR 728/05, NStZ-RR 2006, 110 (zur Durchsuchung); vgl. auch *Jahn* NStZ 2007, 255 (260).
[8] BVerfG v. 30. 10. 1990 – 2 BvR 562/88, BVerfGE 83, 24 (33 f.); Schmidt-Bleibtreu/Klein/*Schmahl* Art. 104 Rn. 16 mwN.
[9] OLG Celle v. 1. 6. 2005 – 22 HEs 3/05, StV 2005, 513; OLG Karlsruhe v. 6. 4. 2001 – 3 Ws 31/01, StV 2002, 147; OLG Hamm v. 25. 10. 1999 – 2 Ws 314/99, StV 2000, 153; vgl. auch OLG Koblenz v. 21. 12. 2005 – BL 51/05, NStZ-RR 2006, 143; vgl. auch § 200 Rn. 3ff.
[10] OLG Celle v. 1. 6. 2005 – 22 HEs 3/05, StV 2005, 513; OLG Karlsruhe v. 6. 4. 2001 – 3 Ws 31/01, StV 2002, 147; OLG Hamm v. 25. 10. 1999 – 2 Ws 314/99, StV 2000, 153; OLG Köln v. 18. 12. 1998 – Ws 233/98 – 275, StV 1999, 156; OLG Brandenburg v. 8. 1. 1997 – 2 Ws 329/96, NStZ-RR 1997, 107; OLG Düsseldorf v. 23. 4. 1996 – 3 Ws 246/96, StV 1996, 440 mAnm *Weider*.
[11] OLG Frankfurt v. 18. 1. 2000 – 1 Ws 3/00, StV 2000, 374; OLG Celle v. 17. 3. 1998 – 1 Ws 56/98, StV 1998, 385; OLG Düsseldorf v. 23. 4. 1996 – 3 Ws 246/96, StV 1996, 440 mAnm *Weider*; OLG Stuttgart, Beschl. v. 29. 1. 1982 – 5 Ws 1/82, NJW 1982, 1296.

chen. Unbedingt erforderlich ist, dass für jedes gesetzliche Tatbestandsmerkmal erkennbar ist, durch welchen Teil des Geschehens es erfüllt sein soll; auch Teilnahmeformen, Straferschwerungen oder ein Tatversuch müssen verdeutlicht werden.[12] Mit dem Fortgang der Ermittlungen und der Haftdauer steigen die Anforderungen an die Konkretisierung der Tatvorwürfe.[13] Unerlässlich ist neben der Angabe des Ortes der Tat auch die Zeit, zu der sie begangen worden sein soll.[14] Wenn die Tat der Zeit nach verjährt ist, müssen auch die Handlungen, die die Verjährung unterbrochen haben, ersichtlich sein.[15]

c) **Haftgrund (Abs. 2 Nr. 3).** Der Haftgrund muss benannt werden. Nach verbreiteter Auffassung soll es nicht erforderlich sein, **alle Haftgründe** aufzuführen.[16] Dem ist entschieden entgegenzutreten. Der Beschuldigte muss die Möglichkeit haben, sich gegen alle Haftgründe zu verteidigen. In Ansehung von Art. 103 Abs. 1 GG ist es unzulässig, dass nach erfolgreicher Verteidigung gegen den aufgeführten Haftgrund unvorhergesehen der nächste nachgeschoben wird. Auch ist es unzumutbar, sich vorsorglich gegen Haftgründe verteidigen zu müssen, die im Haftbefehl nicht aufgeführt sind.[17] Eine Sonderstellung nimmt der Haftgrund der Wiederholungsgefahr nach § 112a ein, weil er kraft ausdrücklicher gesetzlicher Regelung nicht angewendet wird, solange Haftgründe nach § 112 bestehen. Er wird deshalb nicht in den Haftbefehl aufgenommen. Eine in den Akten niedergelegte Annahme, dass beim Fortfall eines Haftgrundes nach § 112 Abs. 1 oder nach einer Haftverschonung nach § 116 Abs. 1, 2 eine Prüfung von § 112a geboten sei, ist daher vorzugswürdig und keinesfalls rechtlich zu beanstanden.[18]

d) **Tatsachengrundlage (Abs. 2 Nr. 4).** Der Haftbefehl muss die **Tatsachen** enthalten, die den dringenden Tatverdacht und den Haftgrund begründen. Erforderlich ist auch die Angabe der **Beweismittel** für die im Haftbefehl angenommenen Taten. Die nichtssagende und formelhafte Angabe, dass sich der dringende Tatverdacht aus dem Ergebnis der bisherigen polizeilichen Ermittlungen ergäbe, schneidet dem Beschuldigten jede Verteidigungsmöglichkeit ab und ist insuffizient.[19] Der schriftliche Haftbefehl bietet keinen Raum zum Taktieren. Mit dem Freiheitsentzug schöpft der Staat sein Gewaltmonopol aus. Dem betroffenen Bürger müssen die Beweggründe für diesen Eingriff umfassend offenbart werden. Alle die Haft rechtfertigenden Umstände sind schriftlich darzulegen; auch die Einsicht in haftrelevante Aktenbestandteile lässt sich nicht mehr beschränken.[20]

Umstritten ist, ob der Haftbefehl **Ausführungen zur Beweiswürdigung** enthalten muss.[21] In einfach gelagerten Fällen ist dies entbehrlich – es genügt die nachvollziehbare Darstellung der Beweismittel,[22] die den Haftbefehl tragen. Bei schwierigen Beweiskonstellationen (widersprechende Indizien, Aussage gegen Aussage usw.) ist hingegen eine Beweiswürdigung unumgänglich, damit sich der Beschuldigte gegen die Vorwürfe verteidigen und den Tatverdacht entkräften kann. Nach Urteilserlass kann – anders als in laufender Hauptverhandlung – eine zumindest grobe Beweiswürdigung im Haftbefehl verlangt werden.[23]

Diese strikten Vorgaben werden teilweise durchbrochen, wenn die **Staatssicherheit** in Gefahr ist. In diesem Umfang darf von der **schriftliche Fixierung** der haftrelevanten Tatsachen abgesehen werden. Dem Beschuldigten muss aber – spätestens bei der mündlichen Anhörung nach § 115

---

[12] OLG Köln v. 22. 12. 1998 – HEs 233/98 – 275, StV 1999, 156.
[13] OLG Celle v. 1. 6. 2005 – 22 HEs 3/05, StV 2005, 513; OLG Karlsruhe v. 6. 4. 2001 – 3 Ws 31/01, StV 2002, 147 (148).
[14] OLG Oldenburg v. 2. 2. 2005 – HEs 1/05, StV 2005, 226; OLG Frankfurt v. 18. 8. 1992 – 1 Ws 144/92, StV 1992, 583.
[15] Löwe/Rosenberg/*Hilger* Rn. 9 mwN.
[16] *Meyer-Goßner* § 114 Rn 14. Einen vergleichbaren Streit gibt es darüber, ob sich der Haftbefehl auf alle Taten erstrecken muss, deren der Beschuldigte dringend verdächtig ist. Nach hL soll dies nicht bindend sein (vgl. Löwe/Rosenberg/*Hilger* Rn. 10 mwN); zutreffend kritisch dagegen SK-StPO/*Paeffgen* Rn. 7.
[17] SK-StPO/*Paeffgen* Rn. 8; Widmaier/König MAH Strafverteidigung § 4 Rn. 70; *Schlothauer/Weider*, Rn. 325; *Herrmann* Rn. 512 ff.
[18] § 112a Rn. 1.
[19] KG v. 5. 10. 1993 – 5 Ws 344/93, StV 1994, 318 mAnm *Schlothauer*.
[20] Vgl. auch § 147 Abs. 2 S. 2 aE und § 115 Rn. 9 ff.; § 147 Rn. 16 ff.
[21] Dagegen: OLG Düsseldorf v. 23. 6. 1988 – 1 Ws 547/88; StV 1988, 534 mablAnm. *Rudolphi*; OLG Düsseldorf 23. 7. 1991 – 1 Ws 588/91, StV 1991, 521 mablAnm. *Schlothauer*. Dafür: SK-StPO/*Paeffgen* Rn. 9. Vermittelnd KK-StPO/*Graf* Rn. 13 „kann aber im Einzelfall (zB bei widersprüchlichen Zeugenaussagen) angebracht sein.
[22] Ob die Beweismittel im Haftbefehl aufzuführen sind, ist ebenfalls umstritten. Dafür: Löwe/Rosenberg/*Hilger* Rn. 15; SK-StPO/*Paeffgen* Rn. 9; *Schlothauer/Weider* Rn. 415; *Kempf*, FS Rieß, 2002, 217 (219); *Schlothauer* StV 1991, 522 (523); *Rudolphi* StV 1988, 534. aA OLG Düsseldorf v. 23. 6. 1988 – 1 Ws 547/88, StV 1988, 534; *Meyer-Goßner* Rn. 11: Angabe von Beweismitteln nur soweit dies ohne Gefährdung der Ermittlungen möglich ist.
[23] OLG Hamm v. 5. 6. 2008 – 3 Ws 220/08, NStZ 2008, 649. Der Senat begründet dies u. a. damit, dass zu diesem Zeitpunkt nicht mehr die Gefahr bestünde, dass durch eine verfrühte Würdigung erhobener Beweise vor vollständiger Beendigung der Hauptverhandlung Ablehnungsgesuche „provoziert" werden. Dem scheint eine verfehlte Vorstellung des verfassungsrechtlichen Begründungserfordernis bei hoheitlichen Freiheitsentziehungen zu Grunde zu liegen. Differenzierend OLG Jena v. 30. 9. 2008 – 1 Ws 415/08, NStZ 2009, 123.

Abs. 3[24] – die Tatsachengrundlage, die seinen Freiheitsentzug rechtfertigt, wenigstens mündlich offenbart werden. Eine Untersuchungshaft ohne Bekanntgabe der Gründe ist rechtsstaatswidrig und verstößt gegen Art. 104 Abs. 3 GG und Art. 5 Abs. 2 EMRK.

11   e) **Verhältnismäßigkeit (Abs. 3).** Wenn die Verhältnismäßigkeit der Untersuchungshaft zweifelhaft ist oder durch den Beschuldigten in Frage gestellt wird, muss sich der Haftbefehl auch hierzu verhalten. Allerdings sollte in Fällen „in denen die Anwendung des § 112 Abs. 1 S. 2 naheliegt", eine Aussetzung des Vollzugs des Haftbefehls gem. § 116 möglich sein.

12   **3. Verfahren. a) Antrag der Staatsanwaltschaft.** Der Haftbefehl ergeht – soweit keine Gefahr im Verzug vorliegt – nur auf Antrag der Staatsanwaltschaft und darf vom Gericht von Amts wegen nur nach Erhebung der Anklage initiiert werden (§ 125).

13   b) **Vollstreckung des Haftbefehls.** Den Haftbefehl vollstreckt die Staatsanwaltschaft (§ 36 Abs. 2). Hierzu bedient sie sich ihrer Ermittlungspersonen (§ 152 GVG) oder der Polizei (§ 161). Umstritten ist, ob der Haftbefehl die Durchsuchung der Wohnung des Beschuldigten zu seiner Ergreifung erlaubt. In dem Haftbefehl wird teilweise eine **stillschweigende Durchsuchungsanordnung** gesehen.[25] Das mag für die Durchsuchung beim Verdächtigen noch angehen, weil die Durchsuchung gem. § 102 keine Voraussetzungen erfordert, die über die eines Haftbefehls hinausgehen. Keinesfalls ist der Haftbefehl eine stillschweigende Anordnung für eine **Ergreifungsdurchsuchung** in Wohnräumen nichtverdächtiger Personen gem. § 103. Hierzu bedürfte es zusätzlicher Tatsachen, aus denen zu schließen ist, dass sich die gesuchte Person in den zu durchsuchenden Räumen aufhält. Sie muss daher gesondert angeordnet werden.

14   c) **Änderung des Haftbefehls.** Die Dynamik des Strafprozesses führt zu neuen Erkenntnissen und Einschätzungen. Haftgründe können entfallen oder hinzukommen; ein Tatverdacht kann entkräftet oder neue Taten ermittelt werden. Der Haftbefehl muss dieser Entwicklung Rechnung tragen, denn er ist die schriftliche Grundlage für den Freiheitsentzug des Bürgers. Der Haftbefehl muss daher ggf. geändert oder neu gefasst werden. Rechtlich unterscheiden sich beide Varianten nicht, weil sowohl die **Ergänzung** als auch die **Neufassung** als **Beschluss** verkündet und jeweils wie ein neuer Haftbefehl zu behandeln sind.[26] Der Haftbefehl sollte allerdings nur ergänzt werden, wenn die Vorwürfe und ihre Darstellung dann noch für den Laien übersichtlich bleiben. Der Haftbefehl muss aus sich heraus verständlich bleiben – ansonsten muss er neu gefasst werden. In der Praxis wird der Haftbefehl spätestens mit Eröffnung des Hauptverfahrens den aktuellen Tatvorwürfen angepasst.

III. Rechtsbehelfe

15   Der Beschuldigte kann den Haftbefehl mit einem Antrag auf **Haftprüfung** nach § 117 Abs. 1[27] oder mit der Beschwerde gem. § 304 Abs. 1 (sog. **Haftbeschwerde**) angreifen.[28] Gegen eine ablehnende Beschwerdeentscheidung steht ihm die weitere Beschwerde gem. § 310 Abs. 1 Nr. 1 zu. Ein Rechtsbehelf des Nebenklägers ist nicht vorgesehen. Die Staatsanwaltschaft hat ein Beschwerderecht nach § 304 Abs. 1 und ggf. § 310 Abs. 1 Nr. 1.

16   Auch während der laufenden Hauptverhandlung kann der Haftbefehl zur Überprüfung gestellt werden. Zwar sind die Erkenntnis- und Überprüfungsmöglichkeiten des Beschwerdegerichts beschränkt, weil der dann befasste Spruchkörper nicht an der Beweisaufnahme teilnimmt. Im Haftbeschwerdeverfahren unterliegt die Beurteilung des dringenden Tatverdachts daher nur in eingeschränktem Umfang der Nachprüfung durch das Beschwerdegericht, vor allem wenn die Beweisaufnahme abgeschlossen ist oder unmittelbar vor dem Abschluss steht und sich auf Beweismittel erstreckt hat, deren potentielle Beweisbedeutung dem Beschwerdegericht aus den Akten nicht ersichtlich ist.[29] Das Tatgericht muss sich umfassend zum (dringenden) Tatverdacht äußern, sonst drohen die Aufhebung des die Haftfortdauer anordnenden Beschlusses und die Zurückverweisung.[30] Die Verteidigung wiederum kann deshalb in einem Nichtabhilfebeschluss wertvolle Hinweise über die Sicht des Tatgerichts auf das bisherige Beweisergebnis erlangen. Auch deshalb kann es in der laufenden Hauptverhandlung angezeigt sein, eine Haftbeschwerde einzulegen.

---

[24] SK-StPO/*Paeffgen* Rn. 10; *Meyer-Goßner* Rn. 12; aA KK-StPO/*Graf* Rn. 15.
[25] *Meyer-Goßner* Rn. 20; aA SK/*Paeffgen* Rn. 15.
[26] OLG Stuttgart v. 14. 7. 2005 – 4 HEs 59/2005, 4 HEs 59/05, NStZ 2006, 588; OLG Hamburg v. 24. 6. 2003 – 2 Ws 164/03, NStZ-RR 2003, 346.
[27] § 117 Rn. 2 ff.
[28] § 117 Rn. 8 ff.
[29] BGH v. 19. 12. 2003 – StB 21/03, StV 2004, 143; OLG Hamm v. 8. 2. 2006 – 2 Ws 37/06, wistra 2006, 278; OLG Karlsruhe v. 6. 12. 1996 – 3 Ws 321/96, 3 Ws 322/96, StV 1997, 312; OLG Frankfurt v. 25. 7. 1995 – 1 Ws 120 – 123/95, StV 1995, 593.
[30] OLG Jena v. 31. 5. 2005 – 1 Ws 185/05, StV 2005, 559.

Neunter Abschnitt. Verhaftung und vorläufige Festnahme 1–4 **§ 114a**

Bei geringfügigen Verstößen gegen die formellen Voraussetzungen eines Haftbefehls soll das 17
Beschwerdegericht die Mängel beheben dürfen.³¹ Die Schwelle von der Geringfügigkeit zur Erheblichkeit darf keinesfalls hoch angesetzt werden: In die materielle Freiheitsgarantie des Art. 2 Abs. 2 S. 2 GG darf nur auf Grund eines förmlichen Gesetzes und nur unter Beachtung der darin vorgeschriebenen Formen eingegriffen werden. Art. 104 Abs. 1 GG verstärkt den in Art. 2 Abs. 1. S. 3 GG enthaltenen Gesetzesvorbehalt, indem er neben der Forderung nach einem „förmlichen" freiheitsbeschränkenden Gesetz die Pflicht, dessen Formvorschriften zu beachten, zum Verfassungsgebot erhebt. Verstöße gegen die durch Art. 104 GG gewährleisteten Voraussetzungen und Formen freiheitsbeschränkender Gesetze stellen daher stets auch eine Verletzung der Freiheit der Person dar.³² Eine Behebung der Mängel durch das Beschwerdegericht kommt dann in aller Regel nicht in Betracht.³³

IV. Jugendstrafverfahren

Im Jugendstrafverfahren bestehen weitergehende Begründungsanforderungen: Wegen der in 18
§ 72 Abs. 1 S. 1 JGG normierten Subsidiarität der Untersuchungshaft im Jugendstrafrecht sind nach § 72 Abs. 1 S. 3 JGG im Haftbefehl die Gründe anzuführen, aus denen sich ergibt, dass andere Maßnahmen nicht ausreichen und die Untersuchungshaft verhältnismäßig ist.³⁴

§ 114a [Aushändigung einer Abschrift des Haftbefehls]

¹Dem Beschuldigten ist bei der Verhaftung eine Abschrift des Haftbefehls auszuhändigen; beherrscht er die deutsche Sprache nicht hinreichend, erhält er zudem eine Übersetzung in einer für ihn verständlichen Sprache. ²Ist die Aushändigung einer Abschrift und einer etwaigen Übersetzung nicht möglich, ist ihm unverzüglich in einer für ihn verständlichen Sprache mitzuteilen, welches die Gründe für die Verhaftung sind und welche Beschuldigungen gegen ihn erhoben werden. ³In diesem Fall ist die Aushändigung der Abschrift des Haftbefehls sowie einer etwaigen Übersetzung unverzüglich nachzuholen.

I. Allgemeines

Gerichtliche Entscheidungen werden dem Betroffenen nach Erlass, aber in der Regel vor ihrer 1
Vollstreckung bekanntgegeben. Diese allgemeine Regel des § 35 ergänzt der **spezielle** § 114a für den Haftbefehl.

II. Bekanntgabe

1. Bei Verhaftung. Wenn ein Haftbefehl bereits erlassen ist, wird er bei der Verhaftung ausge- 2
händigt. Nur wenn dies nicht möglich ist, genügt es, dem Beschuldigten vorläufig mündlich mitzuteilen, welcher Tat er verdächtig ist und wie die Verhaftung begründet wird. Der Beschuldigte hat einen Anspruch auf eine solche Mitteilung in einer ihm **verständlichen Sprache**: Es muss sich nicht nur um eine Sprache handeln, die der Beschuldigte versteht, die Abschrift muss auch so formuliert sein, dass sie mit dem gegeben Bildungsstand erfasst werden kann.

Die schriftliche Bekanntgabe des Haftbefehls muss **unverzüglich** – also ohne vermeidbare Ver- 3
zögerung – nachgeholt werden. Allerdings darf nicht vorschnell entschieden werden, die Bekanntgabe des Haftbefehls sei nicht möglich: Festnahmen ohne Angaben des Haftgrundes sind in einem Rechtsstaat nicht erwünscht und nur denkbar, wenn der Beschuldigte sich körperlich gegen die Bekanntgabe wehrt. Dass logistische Unzulänglichkeiten – wie zB das Fehlen einer Abschrift – ein solches Vorgehen rechtfertigen sollen,¹ wird dem massiven Grundrechtseingriff nicht gerecht und ist daher abzulehnen.

Die **mündliche Erläuterung** kann nur als letzte Möglichkeit genügen. Die mündliche Nachricht 4
allein ermöglicht es kaum, komplexe Sachverhalte und Entscheidungsvorgänge vollständig wahrzunehmen, abzuspeichern und einer angemessenen Verteidigung zu Grunde zu legen. Andernfalls bestünde ein Wertungswiderspruch zu § 114b Abs. 1. Dort ist vorgeschrieben, dass der Beschuldigte schriftlich in einer für ihn verständlichen Sprache über seine Rechte zu belehren ist. Die Gesetzesbegründung zu § 114b weist zutreffend darauf hin, dass die Gefahr besteht, dass der Be-

---

[31] OLG Koblenz v. 21. 12. 2005 – BL 51/05, NStZ-RR 2006, 143; KG v. 5. 10. 1993 – 5 Ws 344/93, StV 1994, 318 mablAnm. *Schlothauer*; offen gelassen von OLG Oldenburg v. 21. 4. 2006 – 1 Ws 233/06, StV 2006, 535 (536).
[32] BVerfG v. 20. 9. 2001 – 2 BvR 1144/01, NStZ 2002, 157.
[33] OLG Oldenburg v. 21. 4. 2006 – 1 Ws 233/06, NStZ 2007, 82; OLG Celle v. 17. 3. 1998 – 1 Ws 56/98, StV 1998, 385.
[34] OLG Köln v. 20. 7. 2007 – 2 Ws 369/07, StRR 2008, 35 mAnm *Mertens*.
[1] *Meyer-Goßner* Rn. 4.

schuldigte in der psychischen Ausnahmesituation der Inhaftierung die Belehrung nicht vollständig erfasst und nur die Schriftform ein Nachlesen „in Ruhe" gewährleistet.² Dies trifft aber erst recht auf den Inhalt des Haftbefehls zu.

5 **2. Bei vorläufiger Festnahme.** Bei vorläufiger Festnahme gelten §§ 114a bis 114c gem. § 127 Abs. 4 entsprechend.

6 **3. Bei Erlass in Anwesenheit.** Der in Anwesenheit des Beschuldigten erlassene Haftbefehl (bspw. im Vorführtermin oder in der Hauptverhandlung), wird durch Verkündung (§ 35 Abs. 1 S. 1) bekanntgegeben.

III. Abschrift

7 Unabhängig von der Form der Bekanntmachung ist dem Beschuldigten eine beglaubigte Abschrift des Haftbefehls **unverzüglich nach der Verhaftung** auszuhändigen – während dies nach allgemeinen Regeln nur auf Verlangen geschieht (§ 35 Abs. 1 S. 2). Ergänzungen und Änderungen müssen dem Beschuldigten ebenfalls ausgehändigt werden, weil sowohl die Ergänzung als auch die Neufassung als Beschlüsse verkündet werden müssen und jeweils wie ein neuer Haftbefehl zu behandeln sind.³ Beschuldigte, die der deutschen Sprache nicht hinreichend mächtig sind, haben einen **Anspruch** auf eine Übersetzung der Abschrift.

§ 114b [Belehrung]

(1) ¹Der verhaftete Beschuldigte ist unverzüglich und schriftlich in einer für ihn verständlichen Sprache über seine Rechte zu belehren. ²Ist eine schriftliche Belehrung erkennbar nicht ausreichend, hat zudem eine mündliche Belehrung zu erfolgen. ³Entsprechend ist zu verfahren, wenn eine schriftliche Belehrung nicht möglich ist; sie soll jedoch nachgeholt werden, sofern dies in zumutbarer Weise möglich ist. ⁴Der Beschuldigte soll schriftlich bestätigen, dass er belehrt wurde; falls er sich weigert, ist dies zu dokumentieren.

(2) ¹In der Belehrung nach Absatz 1 ist der Beschuldigte darauf hinzuweisen, dass er

1. unverzüglich, spätestens am Tag nach der Ergreifung, dem Gericht vorzuführen ist, das ihn zu vernehmen und über seine weitere Inhaftierung zu entscheiden hat,
2. das Recht hat, sich zur Beschuldigung zu äußern oder nicht zur Sache auszusagen,
3. zu seiner Entlastung einzelne Beweiserhebungen beantragen kann,
4. jederzeit, auch schon vor seiner Vernehmung, einen von ihm zu wählenden Verteidiger befragen kann,
5. das Recht hat, die Untersuchung durch einen Arzt oder eine Ärztin seiner Wahl zu verlangen und
6. einen Angehörigen oder eine Person seines Vertrauens benachrichtigen kann, soweit der Zweck der Untersuchung dadurch nicht gefährdet wird.

²Ein Beschuldigter, der der deutschen Sprache nicht hinreichend mächtig ist, ist darauf hinzuweisen, dass er im Verfahren die unentgeltliche Hinzuziehung eines Dolmetschers verlangen kann. ³Ein ausländischer Staatsangehöriger ist darüber zu belehren, dass er die Unterrichtung der konsularischen Vertretung seines Heimatstaates verlangen und dieser Mitteilungen zukommen lassen kann.

I. Allgemeines

1 Aus den Forderungen des **Europäischen Ausschusses zur Verhütung von Folter und unmenschlicher oder erniedrigender Behandlung oder Strafe** (European Committee for the Prevention of Torture and Inhuman or Degrading Treatment or Punishment, kurz: CPT) hat sich für den deutschen Gesetzgeber Handlungsbedarf ergeben, dem er im Wesentlichen mit der Änderung der §§ 114a bis 114e im Rahmen des Gesetzes zur Änderung des Untersuchungshaftrechts vom 29. 7. 2009[1*] nachgekommen ist. Das CPT betont in seinem „Bericht an die Deutsche Regierung" vom 28. 7. 2006 über seinen in der Zeit vom 20. 11. 2005 bis 2. 12. 2005 durchgeführten Besuch in Deutschland, „dass das Risiko der Einschüchterung und Misshandlung in dem Zeitraum unmittelbar nach der Freiheitsentziehung am größten" sei.[2*] Deshalb sei entscheidend, dass festgenommene Personen unverzüglich über ihre Rechte belehrt würden. Diese Belehrung solle gleich

---

² BT-Drucks. 16/11644, S. 16.
³ OLG Stuttgart v. 14. 7. 2005 – 4 HEs 59/2005, 4 HEs 59/05, NStZ 2006, 588; OLG Hamburg v. 24. 6. 2003 – 2 Ws 164/03, NStZ-RR 2003, 346; vgl. auch § 114 Rn. 14.
[1*] BGBl. I S. 2353.
[2*] Zum Einfluss des Bericht des CPT auf das Recht der Untersuchungshaft vgl. *Tsambikakis* ZIS 2009, 503 (506 ff.).

zu Beginn der Freiheitsentziehung mündlich erfolgen und durch die Aushändigung eines die Rechte der festgenommenen Person „klar und deutlich" aufführenden Schriftstücks ergänzt werden. Das Formblatt solle in „geeigneten" Sprachen vorgehalten werden. Ferner sollten die Betroffenen aufgefordert werden, eine Erklärung zu unterschreiben, mit der sie bestätigen, dass sie über ihre Rechte aufgeklärt worden seien. Das CPT moniert, dass von der Polizei festgehaltene Personen „in vielen Fällen überhaupt nicht über ihr Recht auf Zugang zu einem Arzt belehrt" worden seien, während „die Belehrung über andere Grundrechte (Benachrichtigung von der Inhaftierung und Zugang zu einem Rechtsanwalt) häufig nicht zu Beginn der Freiheitsentziehung" erfolgt sei.

§ 114b enthält die vom CPT geforderten **Belehrungspflichten** gegenüber Beschuldigten anlässlich der Verhaftung. Damit werden die in der Praxis bereits im Wesentlichen erfolgenden Belehrungen nunmehr ausdrücklich verpflichtend ausgestaltet. Die Belehrung soll im Regelfall schriftlich erfolgen. Sollte dies ausnahmsweise unmöglich sein, ist sie – entgegen dem Wortlaut von § 114b Abs. 1 S. 3 aE **immer** nachzuholen. Es ist kein Fall denkbar, in dem dies **unzumutbar** sein könnte.[3]

Die schriftliche Bestätigung der Belehrung bzw. die **Dokumentation** der Weigerung dient prozessualen Beweiszwecken. Sie unterstreicht die besondere Bedeutung der Belehrung.

Die Formulierung in Abs. 1 S. 2 „ist eine schriftliche Belehrung erkennbar nicht ausreichend" verdeutlicht, dass sich die Belehrung nicht in dem bloßen Übermitteln von Fakten erschöpft. Denn dem würde die schriftliche Belehrung – außer bei Leseunkundigen – stets gerecht. Dazu gehört deshalb, dass die Belehrung ihrem wesentlichen Gehalt nach auch verstanden wird. Dieser Maßstab mag bei verteidigten Personen niedriger angesetzt werden.[4]

II. Inhalt der Belehrung

Im Einzelnen statuiert § 114b Abs. 2 folgende **Belehrungspflichten:**

Richterliche Vorführung. Zunächst wird der Beschuldigte über den weiteren Verlauf informiert. Nach einer Festnahme ist für den Beschuldigten vor allem von Interesse, wann seine Festnahme von dem für den Erlass und die Aufrechterhaltung des Haftbefehls zuständigen Richter überprüft wird und er ggf. Einwendungen vortragen darf.

Aussagefreiheit/Entlastungsbeweise/freie Verteidigerwahl. Das Recht sich zur Sache zu äußern oder keine Angaben zu machen, Entlastungsbeweise zu beantragen oder jederzeit einen frei zu wählenden Verteidiger zu befragen, entspricht dem Belehrungsprogramm nach § 136 Abs. 1 S. 2 und 3 vor Beginn der ersten richterlichen Vernehmung bzw. gem. § 163a Abs. 3 S. 2 der ersten Vernehmung durch Staatsanwaltschaft oder Polizei. Hierüber ist der Beschuldigte unverzüglich zu unterrichten. Die bisher schon bestehenden Belehrungspflichten, etwa zu Beginn einer Vernehmung nach § 136 Abs. 1, § 163a Abs. 4, bleiben unberührt und müssen ggf. ergänzend herangezogen werden.

Das Recht und die Belehrung darüber, jederzeit einen von dem Beschuldigten zu wählenden Verteidiger befragen zu können, begründet für sich genommen keine Kostenübernahmepflicht des Staates. Allerdings liegt in den Fällen angeordneter Untersuchungshaft seit dem 1. 1. 2010 gem. § 140 Abs. 1 Nr. 4 ein Fall **notwendiger** Verteidigung vor.

Freie Arztwahl. Das CPT hat ausdrücklich moniert, dass Festgenommene in Deutschland nicht über ihr Recht auf Zugang zu einem Arzt ihrer Wahl belehrt würden. Dem hat der Gesetzgeber jetzt Rechnung getragen. Eine Kostenübernahmepflicht des Staates wird durch diese Bestimmung nicht begründet.

Benachrichtigung einer Person des Vertrauens. Die Belehrung bezieht sich auf das nunmehr in § 114c normierte Recht des Beschuldigten, einen Angehörigen oder eine Person seines Vertrauens zu benachrichtigen.

Dolmetscher. Beschuldigte, die der deutschen Sprache nicht in dem Maße mächtig sind, dass sie den gegen sie erhobenen Vorwurf und die ihnen zustehenden Rechte verstehen und sich gegen die Beschuldigung verteidigen können, haben einen Anspruch auf unentgeltliche Unterstützung eines Dolmetschers für das gesamte Strafverfahren. Dieser Anspruch ist durch die Rechtsprechung anerkannt[5] und ergibt sich auch aus Art. 6 Abs. 3 lit. e EMRK.

Konsularische Vertretung. Nach Art. 36 Abs. 1 lit. b S. 3 **Wiener Konsularrechtsübereinkommen (WÜK)** ist ein Festgenommener mit fremder Staatsangehörigkeit über sein subjektives Recht zu belehren, dass er die unverzügliche Benachrichtigung seiner konsularischen Vertretung einfordern darf.[6] Hierzu sind bereits die Polizeibeamten nach der Festnahme verpflichtet.[7] Die Beleh-

---

[3] Vgl. *Paeffgen* GA 2009, 450 (452).
[4] *Tsambikakis* ZIS 2009, 503 (507).
[5] BGH v. 26. 10. 2000 – 3 StR 6/00, BGHSt 46, 178.
[6] Vgl. auch Nr. 135 Abs. 1 RiVASt.

rungspflicht knüpft standardisiert an die fremde Staatsangehörigkeit des Beschuldigten und an seine Festnahmesituation an. Sie gilt daher auch für den Fall, dass der Beschuldigte seinen Lebensmittelpunkt in Deutschland hat.[8]

II. Verstoß gegen Belehrungspflichten

13 Der Gesetzgeber hat der Belehrung des festgenommen Beschuldigten ein **besonderes Gewicht** verliehen.[9] Er hat sie umfassend neu geregelt, verpflichtend gestaltet und Dokumentationsobliegenheiten statuiert, die eine prozessuale Beweisführung erleichtern. All dies spricht dafür, dass Belehrungsverstöße nicht ohne Folgen bleiben dürfen. Konsequent ist daher ein Beweisverwertungsverbot.[10] Außer zu prozessualen Zwecken lässt sich die im Gesetz vorgesehene Dokumentationsform in ihrem Aufwand kaum rechtfertigen.

14 Zu erwarten ist allerdings, dass die Gerichte differenzieren werden:

15 Eine falsche Information über den weiteren Ablauf wird ohne Folgen bleiben, soweit der Verfahrensgang dann im Übrigen dem Gesetz entspricht und die Grenze des § 136 a nicht überschritten wird.

16 Eine unterlassene oder fehlerhafte Belehrung über die Aussagefreiheit hat ein **Beweisverwertungsverbot** zur Folge.[11]

17 Die Belehrung über das Recht auf Verteidigerkonsultation und der Hinweis auf das Schweigerecht des Beschuldigten sind gleichrangig.[12] Fehlt es an der eigenständigen Belehrung über das Beratungsrecht mit dem Verteidiger hat das ein **Verwertungsverbot** zur Folge.[13]

18 Erfolgreich mit der **Verfassungsbeschwerde** kann der Verstoß gegen Art. 104 Abs. 4 GG, eine nahestehende Person über die Festnahme zu informieren, gerügt werden. Das BVerfG stellt dann aber lediglich fest, das Unterlassen der Benachrichtigung habe das genannte Grundrecht des Verhafteten verletzt. Die ergangene Entscheidung wird nicht aufgehoben, weil der Verfassungsverstoß deren sachlichen Inhalt nicht berührt.[14]

19 Die Konsequenzen einer fehlerhaften Behandlung der Pflichten nach dem WÜK im Prozess sind ebenfalls überschaubar: Zum einen ist die zu spät erteilte Belehrung über das Recht auf konsularischen Beistand nach Art. 36 Abs. 1 lit. b S. 3 WÜK von der Verteidigung in der Hauptverhandlung durch einen Widerspruch iSd. sog. (erweiterten) Widerspruchslösung zu thematisieren.[15] Selbst bei ordnungsgemäß erhobenem Widerspruch soll indes das Unterbleiben der gebotenen Belehrung über das Recht auf konsularischen Beistand kein Beweisverwertungsverbot zur Folge haben.[16] Ähnlich den Fällen der rechtsstaatswidrigen Verfahrensverzögerung und des „agent provocateurs" soll die Rechtsverletzung nach Auffassung des 5. Strafsenats des BGH zu einer Kompensation führen – und zwar in der Weise, dass ein zahlenmäßig bestimmter Teil der verhängten Freiheitsstrafe als vollstreckt gilt. Einer solchen „Vollstreckungslösung" ist jedoch der 3. Strafsenat des BGH jüngst entschieden entgegen getreten.[17] Der 3. Senat argumentiert streng revisionsrechtlich, wonach die Rechtsfolgen von Verstößen gegen das Verfahrensrecht – gleich, ob dieses nationalen oder völkerrechtlichen Ursprungs ist – in der Revisionsinstanz in §§ 337, 338, 353 und 354 StPO abschließend geregelt sind; beruhe das Urteil ganz oder teilweise auf einem Verfahrensfehler, so sei es in dem entsprechenden Umfang aufzuheben. Sei – mit Ausnahme des Vorliegens eines absoluten Revisionsgrundes – ein Beruhen dagegen auszuschließen, müsse die Revision verworfen werden; andere Möglichkeiten gebe es nicht. Die Rechtsprechung zu Konventionsverstößen gegen Art. 5 Abs. 3 Satz 1 und Art. 6 Abs. 1 Satz 1 EMRK (rechtsstaatswidrige Verfahrensverzögerung) sei auf Verfahrensverstöße gegen Art. 36 Abs. 1 lit. b S. 3 WÜK nicht übertragbar.

20 **Gesicherte Rechtsprechung** ist nun lediglich, dass ein Verstoß gegen die Belehrungspflicht aus Art. 36 Abs. 1 Buchst. b Satz 3 WÜK kein Beweisverwertungsverbot bezüglich Aussagen des aus-

---

[7] BVerfG v. 19. 9. 2006 – 2 BvR 2115/01, 2 BvR 2132/01, 2 BvR 348/03, NJW 2007, 499 (503) unter Berufung auf IGH v. 27. 6. 2001, ICJ-Reports 2001, 464 – „LaGrand" – (Übersetzung in EuGRZ 2001, 287).
[8] BVerfG v. 19. 9. 2006 – 2 BvR 2115/01, 2 BvR 2132/01, 2 BvR 348/03, NJW 2007, 499 (503); BGH, Beschl. v. 25. 9. 2007 – 5 StR 116/01, 475/02, BGHSt 52, 48.
[9] *Tsambikakis* ZIS 2009, 503 (506 f.).
[10] *Weider* StV 2010, 102 (103).
[11] BGH v. 27. 2. 1992 – 5 StR 190/91, BGHSt 38, 214; vgl. § 136 Rn. 25 f. für Einzelheiten.
[12] BGH v. 22. 11. 2001 – 1 StR 220/01, BGHSt 47, 172, 174; vgl. § 136 Rn. 27 für Einzelheiten.
[13] BGH v. 22. 11. 2001 – 1 StR 220/01, BGHSt 47, 172; *Beulke* Jura 2008, 653 (657); *Ransiek* StV 1994, 343; *Eisenberg* Rn. 568; *Meyer-Goßner* § 136 Rn. 21; *Pfeiffer* § 136 Rn. 9; einschränkend SK-StPO/*Rogall* § 136 Rn. 55.
[14] BVerfG v. 14. 5. 1963 – 2 BvR 516/62, BVerfGE 16, 119 (123); BVerfG v. 2. 7. 1974 – 2 BvR 648/73, BVerfGE 38, 32, (34 f.); VerfG Brandenburg v. 17. 2. 2000 – VfGBbg 45/99; NStZ-RR 2000, 185 (187).
[15] BGH v. 11. 9. 2007 – 1 StR 273/07, BGHSt 52, 38; offen gelassen hingegen in BGH v. 20. 12. 2007 – 3 StR 318/07, BGHSt 52, 110.
[16] BGH, Beschl. v. 25. 9. 2007 – 5 StR 116/01, 475/02, BGHSt 52, 48; BGH v. 20. 12. 2007 – 3 StR 318/07, BGHSt 52, 110.
[17] BGH v. 20. 12. 2007 – 3 StR 318/07, BGHSt 52, 110.

ländischen Beschuldigten nach sich zieht. Ob in der unterbliebenen Belehrung ein Verfahrensverstoß zu sehen ist, der jedenfalls in Fällen hoher Bestrafung durch eine Vollstreckungsanrechnung zu kompensieren ist, wird von dem 3. und dem 5. Strafsenat unterschiedlich beurteilt. Hier wird die weitere Entwicklung abzuwarten sein.

Verstöße gegen das Individualrecht des Art. 36 Abs. 1 lit. b S. 3 WÜK können iVm. Art. 59 Abs. 2, 2 Abs. 1, 20 Abs. 3 GG im Verfassungsbeschwerdeverfahren geltend gemacht werden.[18]   21

§ 114c [Benachrichtigung der Angehörigen]

(1) Einem verhafteten Beschuldigten ist unverzüglich Gelegenheit zu geben, einen Angehörigen oder eine Person seines Vertrauens zu benachrichtigen, sofern der Zweck der Untersuchung dadurch nicht gefährdet wird.

(2) [1] Wird gegen einen verhafteten Beschuldigten nach der Vorführung vor das Gericht Haft vollzogen, hat das Gericht die unverzügliche Benachrichtigung eines seiner Angehörigen oder einer Person seines Vertrauens anzuordnen. [2] Die gleiche Pflicht besteht bei jeder weiteren Entscheidung über die Fortdauer der Haft.

I. Allgemeines

§ 114c ist die einfachgesetzliche Ausformung des grundgesetzlichen Gebotes aus Art. 104   1
Abs. 4 GG, wonach von jeder richterlichen Entscheidung über die Anordnung oder Fortdauer einer Freiheitsentziehung unverzüglich ein Angehöriger des Festgehaltenen oder eine Person seines Vertrauens zu benachrichtigen ist. Einerseits wird dem Beschuldigten ein subjektives Recht mit Verfassungsrang zuerkannt, andererseits gewährleistet die Vorschrift rechtsstaatliche Mindeststandards,[1] durch die das „spurlose Verschwinden" von Personen verhindert werden soll.[2] Unbefriedigend ist jedoch, dass eine begründete Verfassungsbeschwerde wegen Verletzung des Art. 104 Abs. 4 GG nur zur **Feststellung** führt, das Unterlassen der Benachrichtigung habe das genannte Grundrecht des Verhafteten verletzt: Die ergangene Entscheidung wird aber nicht aufgehoben, weil der Verfassungsverstoß deren sachlichen Inhalt nicht berührt.[3]

II. Benachrichtigung durch den Richter

Die Benachrichtigung erfolgt bei der Verhaftung und jeder Fortdauerentscheidung.   2
Verhaftung ist die Festnahme auf Grund eines Haftbefehls – unabhängig davon, ob sich dieser   3
auf §§ 114, 230 Abs. 2 oder 236 stützt. Die vorläufige Festnahme gem. §§ 127 bzw. 127b Abs. 1 löst keine Benachrichtigungspflicht aus; anders als die evtl. anschließende Verhaftung nach §§ 128 Abs. 2 S. 2 bzw. 127b Abs. 2. In den Fällen der sog. Überhaft[4] entsteht die Pflicht zur Benachrichtigung, sobald mit der Vollstreckung des weiteren Haftbefehls begonnen wird;[5] für die Sicherungshaft gilt dies auf Grund der Verweisung in § 453c Abs. 2 S. 2. Bei Strafhaft (§ 457), Ordnungshaft (§ 70 Abs. 1) und Erzwingungshaft (§ 70 Abs. 2) besteht keine Benachrichtigungspflicht nach § 114b.

Weitere Entscheidungen über die **Fortdauer** der Haft sind solche, in denen die Haft ausdrück-   4
lich aufrechterhalten wird: Wesentlich sind hier die Entscheidungen nach §§ 115 Abs. 4, 117, 207 Abs. 4, 268b oder im Verfahren nach den §§ 121, 122.[6] Entscheidungen der Rechtsmittelgerichte, durch die eine (weitere) Beschwerde gegen den Haftbefehl oder eine die Haftfortdauer anordnende Entscheidung verworfen wird, lösen ebenfalls die Benachrichtigungspflicht aus.[7] Keiner Benachrichtigung bedarf es, wenn der Verhaftete nach Aufhebung des Haftbefehls oder dessen Aussetzung (§ 116) freigelassen wird.

Die **Form** der Benachrichtigung darf der Richter frei wählen; sie kann schriftlich oder (fern-)   5
mündlich erfolgen. Die Benachrichtigung muss **unverzüglich** erfolgen. Es ist nicht zu beanstanden, wenn der Richter die ihm obliegende Benachrichtigung durch die Staatsanwaltschaft vornehmen lässt, die ohnehin die erforderlichen Zustellungen zu veranlassen hat (§ 36 Abs. 1). Indessen muss

---

[18] BVerfG v. 19. 9. 2006 – 2 BvR 2115/01, 2 BvR 2132/01, 2 BvR 348/03, NJW 2007, 499; vgl. auch BVerfG v. 14. 10. 2004 – 2 BvR 1481/04; BVerfGE 111, 307 (329 f.).
[1] BVerfG v. 14. 5. 1963 – 2 BvR 516/62, BVerfGE 16, 119.
[2] Schmidt-Bleibtreu/Klein/*Schmahl* Art. 104 GG Rn. 1; von Mangoldt/Klein/Starck/*Gusy* Art. 104 GG Rn. 71; Dreier/Schulze-Fielitz Art. 104 GG Rn. 50.
[3] BVerfG v. 14. 5. 1963 – 2 BvR 516/62, BVerfGE 16, 119 (123); BVerfG v. 2. 7. 1974 – 2 BvR 648/73, BVerfGE 38, 32 (34 f.); VerfG Brandenburg v. 17. 2. 2000 – VfGBbG 45/99; NStZ-RR 2000, 185 (187).
[4] Vgl. § 112 Rn. 11.
[5] Löwe/Rosenberg/*Hilger* Rn. 6.
[6] BVerfG v. 2. 7. 1974 – 2 BvR 648/73, BVerfGE 38, 32 (34).
[7] BVerfG v. 14. 5. 1963 – 2 BvR 516/62, BVerfGE 16, 119 = NJW 1963, 1820.

er auch dann für eine unverzügliche Benachrichtigung Sorge tragen. Er darf sich regelmäßig nicht darauf verlassen, dass zB ein Haftfortdauerbeschluss bereits im üblichen Geschäftsgang, also nach Rückleitung der Akten an die Staatsanwaltschaft durch Bekanntgabe der Entscheidung an die Verfahrensbeteiligten früh genug zur Kenntnis einer Vertrauensperson des Festgehaltenen gelangt.[8]

6 **Zuständig** ist der Richter, der die Haftentscheidung trifft[9] – bei Kollegialgerichten der Vorsitzende. Wird der Beschuldigte nach den §§ 115, 115a oder 128 vorgeführt, ist dieser Richter für die Benachrichtigung verantwortlich.

III. Benachrichtigung durch den Beschuldigten selbst

7 Unabhängig von der amtlichen Benachrichtigungspflicht nach Abs. 1 gewährt Abs. 2 dem Beschuldigten ein **subjektives Recht**, einen Angehörigen oder eine Person seines Vertrauens von der Verhaftung zu informieren. Beide Informationswege stehen gleichrangig nebeneinander – und der eine darf dem Beschuldigten nicht unter Hinweis darauf verweigert werden, der andere wäre bereits vollzogen.

8 Die Benachrichtigung darf in jeder **Form** erlaubt werden. Da die schriftliche Form üblich ist, spricht man vom sog. Zugangsbrief. Dass der Empfängerkreis im Falle einer Gefährdung des Untersuchungszwecks begrenzt werden darf, ist dem Gesetz zu entnehmen. Darüber hinaus bestimmt der Richter Art und Weise der Mitteilung, soweit hierzu ein sachlicher Grund besteht. Dies wird häufig ein milderes Mittel zum ansonsten anstehenden Verbot der Benachrichtigung nach Abs. 2 aE sein.

9 Die erforderlichen Mittel zur Benachrichtigung (Telefonkarte, Briefpapier, Briefmarke usw.) sind dem Mittellosen zur Verfügung zu stellen.

IV. Adressat der Benachrichtigung

10 Zu benachrichtigen ist ein **Angehöriger** oder eine **Person des Vertrauens**. Der Angehörigenbegriff ist weit auszulegen und unabhängig von den Begriffsbestimmungen in § 52 Abs. 1 StPO oder in § 11 Abs. 1 Nr. 1 StGB. Der Zweck des Gesetzes, die bloße Möglichkeit des „Verschwindens" einer Person von vornherein zu unterbinden, gebietet es, jeden Verwandtschaftsgrad ausreichen zu lassen. Ohnehin fungiert die noch weitere Begrifflichkeit der „Person des Vertrauens" als Auffangtatbestand. Wichtig ist allein, dass die vom Beschuldigten benannte Person von der Freiheitsentziehung Kenntnis erlangt.

11 Das BVerfG hat entschieden, dass es der Pflicht aus Art. 104 Abs. 4 GG genügt, Haftentscheidungen dem Pflichtverteidiger des Beschuldigten mitzuteilen oder in dessen Gegenwart zu verkünden.[10] Es ist zweifelhaft, ob der von Amts wegen bestimmte Pflichtverteidiger in jedem Fall als Vertrauensperson eines Festgehaltenen angesehen werden kann. Dies wird erst durch eine ausdrückliche Befragung des Beschuldigten geklärt werden können. Eine solche Nachfrage ist auch geboten, wenn der Beschuldigte mit seinem Antrag auf Beiordnung eines Pflichtverteidigers zugleich den Wunsch auf Bestellung eines bestimmten Anwalts geäußert hat. Es kann zwar davon ausgegangen werden, dass der antragsgemäß bestellte Verteidiger das Vertrauen seines Mandanten jedenfalls solange genießt, wie dieser nichts Gegenteiliges zu erkennen gibt. Aber dieses Vertrauen ist an die Profession gekoppelt und unterscheidet sich von dem persönlichen Vertrauen nahestehender Personen, das in § 114b angesprochen ist – zumal der Verteidiger aus einer begrenzten Personenzahl ausgewählt werden muss, die ein Untersuchungsgefangener zudem häufig vorher nicht kennt.

12 Nicht richtig ist ferner die Ansicht, der Richter sei in der Entscheidung frei, ob ein Angehöriger oder eine Vertrauensperson benachrichtigt wird, selbst wenn der Beschuldigte eine Vertrauensperson benennt.[11] Das ist mit dem Gesetzeszweck nicht vereinbar: Denn nur mit der Wahl des Beschuldigten kann sich dessen subjektives Recht verwirklichen; das Rechtsstaatsprinzip, auf das § 114b u.a. beruht, gebietet keine andere Auslegung. Soweit Ausnahmen bei offensichtlichem Missbrauch vorgeschlagen werden,[12] kann auch dies nicht überzeugen, denn benachrichtigungspflichtig ist allein die Tatsache der Verhaftung. Anders als in Abs. 2 ist in Abs. 1 keine Einschränkung der Benachrichtigungspflicht bei Gefährdung des Untersuchungszwecks vorgesehen.[13] Etwaige Missbräuche sind aber nur unter diesem Aspekt denkbar. Das Gebot der Rechtsstaatlichkeit wiegt in diesem Fall schwerer: Verhaftungen, von denen niemand etwas erfährt, sind unerträglich.

---

[8] BVerfG v. 2. 7. 1974 – 2 BvR 648/73, BVerfGE 38, 32.
[9] BVerfG v. 14. 5. 1963 – 2 BvR 516/62, BVerfGE 16, 119 = NJW 1963, 1820.
[10] BVerfG v. 14. 5. 1963 – 2 BvR 516/62, BVerfGE 16, 119 (123) = NJW 1963, 1820 (1821).
[11] So Meyer-Goßner Rn. 4.
[12] LR/Hilger Rn. 22; KK-StPO/Graf Rn. 4.
[13] SK-StPO/Paeffgen Rn. 4.

Es liegt in der Hand des betroffenen Bürgers, autonom darüber zu entscheiden, in wessen Obhut er die Kenntnis über seine Verhaftung am besten gewahrt sieht.

V. Verzicht

Der Beschuldigte kann darauf verzichten, selbst einen Angehörigen oder eine Person des Vertrauens von der eigenen Verhaftung zu unterrichten. Aus der Einschränkung des Abs. 2 bei Gefährdung des Zwecks der Untersuchungshaft lässt sich bereits ableiten, dass der aufgestellte Grundsatz nicht absolut gilt.

Für die Benachrichtigungspflicht des Abs. 2 S. 1 gibt es keine normative Anknüpfung für eine Disponibilität. Es fällt auch schwer, diese im Hinblick auf den Gesetzeszweck zu begründen. Wird die Benachrichtigungspflicht gelockert, öffnet man die Pforte für das faktische Verschwinden von Personen aus der Gesellschaft.[14] Wenn auch allgemein zugestanden wird, dass Menschen freiwillig alle sozialen Kontakte abbrechen – geschieht dies im Rahmen der Untersuchungshaft nur sehr bedingt freiwillig. Aus historischen Gründen hat der Gesetzgeber in der Verfassung mit Art. 104 Abs. 4 GG eine Entscheidung gegen die persönlichen Geheimhaltungsinteressen und für den Allgemeinschutz getroffen.[15] Die Abwägung der widerstreitenden Argumente ähnelt der zur Öffentlichkeit der Hauptverhandlung, die im Allgemeinen ebenso rechtsstaatlicher Segen ist, wie sie im Einzelfall eine unerträgliche Belastung sein kann. Um die individuellen Interessen und subjektiven Rechte des Beschuldigten mit der „Sorge des Staates um sein rechtsstaatliches Ansehen"[16] in Ausgleich zu bringen, erscheint es vertretbar den Begriff der „Vertrauensperson" so weit auszulegen, dass zB Amtsträger der Kirche oder private Organisationen der Gefangenenfürsorge einbezogen werden können.[17]

VI. Beschränkung bei Gefährdung des Zwecks der Untersuchung

Dem Beschuldigten soll das Recht, einen Angehörigen oder eine Person seines Vertrauens zu benachrichtigen, nur zustehen, „sofern der Zweck der Untersuchung dadurch nicht gefährdet wird." Dies entspricht im Wesentlichen der Regelung des jetzigen § 114b Abs. 2 aF. Dieser neue Halbsatz begegnet jedoch verfassungsrechtlichen Bedenken. Die Informationspflicht, die sich aus Art. 104 Abs. 4 GG ergibt, beschränkt sich alleine auf die Tatsache der Verhaftung. Es ist kaum ein Fall denkbar, in dem die Mitteilung über die bloße Tatsache der Verhaftung geeignet ist, den Zweck der Untersuchung zu gefährden. Selbst (oder: gerade) bei hochkriminellen komplexen Strukturen, darf man sich darauf verlassen, dass diesen auch ohne staatlichen Hinweis auffallen wird, wenn (zentrale Figuren) festgenommen wurden und „nicht mehr da" sind. Die wenigen denkbaren Ausnahmen fallen gegenüber dem eindeutigen verfassungsrechtlichen Willen, dass es in unserem Rechtsstaat kein „Verschwinden von Personen" geben soll, nicht maßgeblich ins Gewicht. Das Grundgesetz ist in diesem Punkt so rigoros, dass es die Benachrichtigungspflicht auch der Disposition des Beschuldigten entzieht und dieser nicht einmal freiwillig darauf verzichten darf.[18] Hinzu kommt, dass die Wirkung der Ausnahmeregelung ohnehin nur bis zur richterlichen Benachrichtigung nach § 114c Abs. 2 greift, die eine vergleichbare Beschränkung nicht kennt.

Die Bedenken wiegen im Übrigen auch deshalb schwer, weil sich die Rechtslage für den Beschuldigten – unbemerkt(?) – verschlechtert hat. Bisher war nach § 114b Abs. 1 aF wenigstens der Richter verpflichtet, unverzüglich nach der Verhaftung eine Person des Vertrauens zu benachrichtigen. Daher waren Einschränkungen der persönlichen Benachrichtigungspflicht des Beschuldigten gerade noch hinnehmbar. Nunmehr hat nach § 114c Abs. 2 das Gericht (erst) nach der Vorführung bei vollzogener Haft die unverzügliche Benachrichtigung anzuordnen. Mit anderen Worten: Während bisher eine Vertrauensperson unverzüglich von der Festnahme benachrichtigt werden musste und die persönliche Benachrichtigungspflicht durch Gefährdung des Untersuchungszwecks entfallen konnte, gibt es in diesen Fällen jetzt zunächst gar keine Benachrichtigung. Sie erfolgt dann frühestens nach der Vorführung.

VII. Rechtsbehelfe

Der Beschuldigte und die Staatsanwaltschaft können sich wegen Verstößen gegen die Benachrichtigungspflichten aus Abs. 1 und Abs. 2 mit dem Rechtsmittel der **Beschwerde** gem. § 304

---

[14] Vgl. auch Löwe/Rosenberg/*Hilger* Rn. 17.
[15] Das lässt sich den Gesetzesmaterialien eindeutig entnehmen – vgl. hierzu und zum gesamten Streitstand SK-StPO/*Paeffgen* Rn. 4 a mwN.
[16] Schmidt-Bleibtreu/Klein/*Schmahl* Art. 104 GG Rn. 27.
[17] Schmidt-Bleibtreu/Klein/*Schmahl* Art. 104 GG Rn. 27.
[18] Rn. 14.

§§ 114d, 114e 1, 2   Erstes Buch. Allgemeine Vorschriften

Abs. 1 wehren. Die weitere Beschwerde soll nach der hL ausgeschlossen sein.[19] Eine solche Einschränkung lässt sich dem Wortlaut des § 310 Abs. 1 allerdings nicht entnehmen. Danach sind alle die „Verhaftung" betreffenden Verfahrensgegenstände mit der weiteren Beschwerde angreifbar. Das gilt auch für die Benachrichtigungspflichten des § 114 b.[20]

18   Mit der **Verfassungsbeschwerde** kann der Verstoß gegen Art. 104 Abs. 4 GG gerügt werden. Das BVerfG stellt dann aber lediglich fest, das Unterlassen der Benachrichtigung habe das genannte Grundrecht des Verhafteten verletzt. Die ergangene Entscheidung wird nicht aufgehoben, weil der Verfassungsverstoß deren sachlichen Inhalt nicht berührt.[21]

VIII. Jugendstrafverfahren

19   Bei Jugendlichen *ist* die **Jugendgerichtshilfe** unverzüglich von der Vollstreckung eines Haftbefehls zu unterrichten; ihr *soll* bereits der Erlass eines Haftbefehls mitgeteilt werden (§ 72 a S. 1 JGG). Von der vorläufigen Festnahme eines Jugendlichen ist die Jugendgerichtshilfe zu unterrichten, wenn nach dem Stand der Ermittlungen zu erwarten ist, dass der Jugendliche gem. § 128 dem Richter vorgeführt wird (§ 72 a S. 2 JGG).

§ 114 d [Datenübermittlung an die Vollzugsanstalt]

(1) ¹Das Gericht übermittelt der für den Beschuldigten zuständigen Vollzugsanstalt mit dem Aufnahmeersuchen eine Abschrift des Haftbefehls. ²Darüber hinaus teilt es ihr mit
1. die das Verfahren führende Staatsanwaltschaft und das nach § 126 zuständige Gericht,
2. die Personen, die nach § 114 c benachrichtigt worden sind,
3. Entscheidungen und sonstige Maßnahmen nach § 119 Abs. 1 und 2,
4. weitere im Verfahren ergehende Entscheidungen, soweit dies für die Erfüllung der Aufgaben der Vollzugsanstalt erforderlich ist,
5. Hauptverhandlungstermine und sich aus ihnen ergebende Erkenntnisse, die für die Erfüllung der Aufgaben der Vollzugsanstalt erforderlich sind,
6. den Zeitpunkt der Rechtskraft des Urteils sowie
7. andere Daten zur Person des Beschuldigten, die für die Erfüllung der Aufgaben der Vollzugsanstalt erforderlich sind, insbesondere solche über seine Persönlichkeit und weitere relevante Strafverfahren.

²Die Sätze 1 und 2 gelten bei Änderungen der mitgeteilten Tatsachen entsprechend. ³Mitteilungen unterbleiben, soweit die Tatsachen der Vollzugsanstalt bereits anderweitig bekannt geworden sind.

(2) ¹Die Staatsanwaltschaft unterstützt das Gericht bei der Erfüllung seiner Aufgaben nach Absatz 1 und teilt der Vollzugsanstalt von Amts wegen insbesondere Daten nach Absatz 1 Satz 2 Nr. 7 sowie von ihr getroffene Entscheidungen und sonstige Maßnahmen nach § 119 Abs. 1 und 2 mit. ²Zudem übermittelt die Staatsanwaltschaft der Vollzugsanstalt eine Ausfertigung der Anklageschrift und teilt dem nach § 126 Abs. 1 zuständigen Gericht die Anklageerhebung mit.

§ 114 e [Datenübermittlung an Gericht und Staatsanwaltschaft]

¹Die Vollzugsanstalt übermittelt dem Gericht und der Staatsanwaltschaft von Amts wegen beim Vollzug der Untersuchungshaft erlangte Erkenntnisse, soweit diese aus Sicht der Vollzugsanstalt für die Erfüllung der Aufgaben der Empfänger von Bedeutung sind und diesen nicht bereits anderweitig bekannt geworden sind. ²Sonstige Befugnisse der Vollzugsanstalt, dem Gericht und der Staatsanwaltschaft Erkenntnisse mitzuteilen, bleiben unberührt.

1   §§ 114 d und 114 e sollen gewährleisten, dass Gerichten, Staatsanwaltschaften und Vollzugsanstalten die zur Erfüllung ihrer gesetzlichen Aufgaben erforderlichen **personenbezogenen Daten** zur Verfügung stehen, und legen zu diesem Zweck wechselseitige **Informationspflichten** fest.

2   Die beiden Vorschriften genügen nicht den datenschutzrechtlichen Mindeststandards. Auch der Untersuchungsgefangene hat ein Recht auf Schutz seiner persönlichen Daten. Die Untersuchungshaft dient nicht dazu, Strafverfolgungsbehörden oder Gerichte mit erweiterten Kenntnissen über die Untersuchungsgefangenen zu versorgen. Es dürfen nur so wenige Daten übermittelt

---

[19] Meyer-Goßner Rn. 10; KK-StPO/*Graf* Rn. 11 jeweils mwN.
[20] So auch LR/*Hilger* Rn. 34; SK-StPO/*Paeffgen* Rn. 10; *Eb. Schmidt* Nachtrag Rn. 13.
[21] BVerfG v. 14. 5. 1963 – 2 BvR 516/62, BVerfGE 16, 119 (123) = NJW 1963, 1820 (1821); BVerfG v. 2. 7. 1974 – 2 BvR 648/73, BVerfGE 38, 32, (34 f.); VerfG Brandenburg v. 17. 2. 2000 – VfGBbG 45/99; NStZ-RR 2000, 185 (187).

werden, wie es für die Erfüllung ihrer Aufgaben erforderlich ist. Die Übersendung der Anklageschrift an die Haftanstalt stellt vor allem im wesentlichen Ergebnis der Ermittlungen eine Informationspalette zur Verfügung, die für den Vollzug der Untersuchungshaft nicht erforderlich ist. Die Übermittlung von Daten der Untersuchungshaftanstalt findet ihre Grenzen dort, wo die Sicherung des Verfahrens als Zweck der Untersuchungshaft aufhört und die Exploration des Untersuchungsgefangenen beginnt. Die Untersuchungshaftvollzugsanstalt darf daher nur der Haftbefehl in der jeweils aktuellen Fassung sowie die zuständige Staatsanwaltschaft und das zuständige Gericht bekanntgegeben werden.

In § 114d wird die Benachrichtigungspflicht von Gericht bzw. Staatsanwaltschaft in Richtung 3
Justizvollzugsanstalt geregelt. Es bestehen erheblich Zweifel an einer Gesetzgebungskompetenz des Bundes in diesem Zusammenhang. Diese Benachrichtigungspflichten dienen in erster Linie der Anstalt, um den Vollzug der Untersuchungshaft entsprechend zu gestalten. Der Bund ist für diese Frage nicht mehr zuständig. Dafür spricht nicht zuletzt, dass sich Regelungen hierzu bisher in der Verwaltungsvorschrift zum Vollzug der Untersuchungshaft, der Untersuchungshaftvollzugsordnung, finden. Die Begründung der Bundesregierung, die Informationspflichten des Haftgerichts seien unmittelbarer Ausfluss der gerichtlichen Entscheidung,[1] überzeugt nicht: Vollzugsangelegenheiten sind immer unmittelbarer Ausfluss gerichtlicher Entscheidungen – ansonsten wäre die Freiheitsbeschränkung unzulässig.

Auch der gesetzlich angeordnete „umgekehrte Informationsfluss" durch die Verpflichtung der 4
JVA zur Übermittlung aller beim Vollzug der Untersuchungshaft bekannt gewordenen für das anhängige Verfahren bedeutsamen Erkenntnisse an Staatsanwaltschaft oder Gericht ist hochproblematisch, erscheinen doch alle Lebensbereiche jedenfalls unter dem Blickwinkel der Strafzumessung potentiell interessant, so ist schnell eine „Totalbeobachtung"[2] des Untersuchungsgefangenen legitimierbar. Dies wäre nicht vereinbar mit Verfassungsgrundsätzen:[3] Denn das Untersuchungskonzept[4] zielt darauf ab, den Beschwerdeführer in seinem Alltagsverhalten gegenüber Personen, deren Urteil er nicht befürchten muss, oder das er für belanglos hält, zu beobachten. Er soll in seiner eigenverantwortlichen Gestaltung des Tagesablaufs, seiner persönlichen Pflege oder Vernachlässigung von Interessen und in seiner Integrationsfähigkeit in die jeweilige Umwelt bzw. Gemeinschaft beobachtet werden. Die damit angestrebte Totalbeobachtung, die Erkenntnisse über die Persönlichkeit des Beschuldigten erbringen soll, die er von sich aus nicht preisgeben will, von denen aber erhofft wird, dass sie unter der Einflussnahme Dritter offenbart, ist unzulässig. Denn eine solche Maßnahme liefe auf die Umgehung des verfassungsrechtlich garantierten Schweigerechts des Beschuldigten und einen Verstoß gegen § 136a hinaus. Verfassungsrechtlich steht einer solchen Totalüberwachung der unantastbare Kernbereich des Persönlichkeitsrechts des Beschuldigten entgegen, der dadurch zum bloßen Objekt staatlicher Wahrheitsfindung gemacht würde, dass sein Verhalten nicht mehr als Ausdruck seiner Individualität, sondern nur noch als wissenschaftliche Erkenntnisquelle verwertet würde.[5]

§ 115 [Vorführung vor den zuständigen Richter]

(1) Wird der Beschuldigte auf Grund des Haftbefehls ergriffen, so ist er unverzüglich dem zuständigen Gericht vorzuführen.

(2) Das Gericht hat den Beschuldigten unverzüglich nach der Vorführung, spätestens am nächsten Tage, über den Gegenstand der Beschuldigung zu vernehmen.

(3) ¹Bei der Vernehmung ist der Beschuldigte auf die ihn belastenden Umstände und sein Recht hinzuweisen, sich zur Beschuldigung zu äußern oder nicht zur Sache auszusagen. ²Ihm ist Gelegenheit zu geben, die Verdachts- und Haftgründe zu entkräften und die Tatsachen geltend zu machen, die zu seinen Gunsten sprechen.

(4) ¹Wird die Haft aufrechterhalten, so ist der Beschuldigte über das Recht der Beschwerde und die anderen Rechtsbehelfe (§ 117 Abs. 1, 2, § 118 Abs. 1, 2, § 119 Abs. 5, § 119a Abs. 1) zu belehren. ²§ 304 Abs. 4 und 5 bleibt unberührt.

I. Allgemeines

Jeder Beschuldigte, der aufgrund eines bestehenden Haftbefehls festgenommen wird, muss so 1
schnell wie möglich dem zuständigen Richter vorgeführt werden. Nur, wenn dies ausnahmsweise

---

[1] BT-Drucks. 16/11944 S. 18.
[2] Stellungnahme der Bundesrechtsanwaltskammer zum Referentenentwurf des Bundesministeriums der Justiz „Gesetz zur Überarbeitung des Untersuchungshaftrechts" S. 7; *Paeffgen*, GA 2009, 450 (454 f.).
[3] BVerfG v. 9. 10. 2001 – 2 BvR 1523/01, NJW 2002, 283.
[4] Im entschiedenen Fall die Verlegung in eine andere Haftanstalt zum Zweck psychiatrischer Beobachtung.
[5] BVerfG v. 9. 10. 2001 – 2 BvR 1523/01, NJW 2002, 283.

nicht möglich ist, kommt eine Vorführung bei dem Richter des nächsten Amtsgerichts in Betracht (§ 115 a). Der Beschuldigte soll sich gegen seine Freiheitsentziehung wehren und Verdachts- und Haftgründe entkräften können.

2 Bei vorläufiger Festnahme ergibt sich die Vorführungspflicht aus § 128, der im Weiteren auf § 115 Abs. 3 und 4 verweist.

II. Vorführung

3 Der Beschuldigte wird **vorgeführt**, indem er in die unmittelbare Verfügungsgewalt des Richters verbracht wird. Dieses Vorführen soll die richterliche Vernehmung (Abs. 2 und 3) ermöglichen. Nach hL erfordert dies nicht zwingend eine persönliche Begegnung mit dem Richter, so dass die Einlieferung in eine Untersuchungshaftanstalt im Zugriffsbereich des Richters oder in das Gerichtsgebäude genügen kann. Allerdings muss der Richter dann auch informiert werden, wenn der Beschuldigte eingeliefert wird.[1] Ansonsten wird der Zweck der Vorführung nicht erreicht. Unverständlich bleibt die Argumentation, es genüge, wenn dem Richter Gelegenheit gegeben wird, von der Einlieferung Kenntnis zu nehmen.[2] Aus verfassungsrechtlichen Gründen ist dem Gedanken der „unpersönlichen Vorführung" ohnehin entgegenzutreten. So ist es im verfassungsrechtlichen Schrifttum auch anerkannt, dass die Vorführung einer persönlichen Gegenüberstellung vor den Richter bedarf.[3] Diese Deutung ergibt sich klar aus den unmittelbar aus Art. 104 Abs. 3 S. 1 GG folgenden Pflichten des Richters, den Vorgeführten aufzuklären, zu vernehmen und anzuhören. Art. 104 Abs. 3 GG gilt nicht nur für die vorläufige Festnahme, sie hat Ausstrahlungswirkung auf die Festnahme nach vorgängiger richterlicher Entscheidung, die im Übrigen ebenfalls unter Art. 104 Abs. 2 GG zu subsumieren ist.[4]

4 Die Vorführung ist auch dann wirksam, wenn dem Richter die Ermittlungsakten nicht gleichzeitig vorgelegt werden. Aktenkenntnis ist keine notwendige Voraussetzung für den Zugriff auf den Beschuldigten. Das Fehlen der Ermittlungsakte verwehrt dem Haftrichter aber eine freiheitsentziehende Entscheidung: Alles andere würde dem Richtervorbehalt des Art. 104 Abs. 2 S. 1 GG nicht gerecht – eine Haftentscheidung ohne Kenntnis der Ermittlungsakten wäre willkürlich.[5]

5 **Zuständig** ist der Richter, der den Haftbefehl erlassen hat. Damit ist die institutionelle Zuständigkeit nach Geschäftsplan gemeint, nicht zwingend die gleiche Person – obwohl genau dies wünschenswert wäre. Bestimmt der Geschäftsverteilungsplan einen anderen Richter, so ist dies ausreichend.[6]

6 Die Vorführung erfolgt **unverzüglich**, also ohne vermeidbare Verzögerung. Ermittlungstaktische Erwägungen, um eventuell noch Belastungsmaterial zu sammeln, bleiben außen vor.[7] Auch darf die Freiheitsentziehung nicht länger aufrecht erhalten bleiben, ohne dass der Beschuldigte dem zuständigen Richter vorgeführt und vernommen wird.[8] Das ergibt sich bereits aus Abs. 2. Allen Interpretationen, die es zulassen, die Vorführung bis zum Folgetag zuzulassen und die Vernehmung dann wiederum bis zum nächsten Tag zu ermöglichen,[9] ist eine Absage zu erteilen. Ein solches Verständnis der Zeitabläufe lässt sich mit dem Grundgedanken des Art. 104 Abs. 2, 3 GG nicht vereinbaren. Insofern ist es unglücklich und missverständlich, wenn in Abs. 1 die unverzügliche Vorführung ohne exakte zeitliche Begrenzung und in Abs. 2 die unverzügliche Vernehmung mit zeitlicher Begrenzung eingefordert wird. Die Vorführung ist ihrem Zweck nach untrennbar mit der Vernehmung verbunden. Das gilt nicht zuletzt in den Fällen, in denen bereits ein Haftbefehl existiert – denn dieser wurde ohne rechtliches Gehör des Beschuldigten erlassen: Die unverzügliche Vernehmung verwirklicht also auch das weitere Justizgrundrecht aus Art. 103 Abs. 1 GG. Vertretbar erscheint es, ggf. die Entscheidung erst nach Ablauf der Höchstfrist ergehen zu lassen.

7 Wird der Beschuldigte zum Zweck des Vollzugs des Haftbefehls festgenommen, so ist dies unbestritten ein **Ergreifen** im Sinne des Gesetzes, wenn dies erstmalig geschieht. Die erneute Festnahme zB nach einer Flucht soll keine Vorführungspflicht hervorrufen.[10] Jedenfalls gilt § 115 Abs. 1, wenn der Haftbefehl aufgehoben und dann wieder neu beschlossen, geändert oder erweitert wird[11] und auch bei Anordnungen gem. § 116 Abs. 4.[12]

---

[1] SK-StPO/*Paeffgen* Rn. 4.
[2] Löwe/Rosenberg/*Hilger* Rn. 5 f.
[3] BK/*Rüping* Art. 104 Rn. 78; Maunz/Dürig/*Dürig* Art. 104 GG Rn. 42.
[4] Schmidt-Bleibtreu/Klein/*Schmahl* Art. 104 GG Rn. 20.
[5] Zu dem weiteren dann möglichen Procedere vgl. *Schramm/Bernsmann* StV 2006, 442 (444 ff.).
[6] *Schramm/Bernsmann* StV 2006, 442 (442 f.).
[7] So wohl BGH v. 17. 11. 1989 – 2 StR 418/89; NJW 1990, 1188.
[8] Meyer-Goßner Rn. 5.
[9] HbStrVf/*Meinen* Rn. IV.154; vgl. auch SK-StPO/*Paeffgen* Rn. 4.
[10] Meyer-Goßner Rn. 3.
[11] BVerfG v. 20. 9. 2001 – 2 BvR 1144/01, StV 2001, 691 mAnm *Hagmann*; ; OLG Stuttgart v. 14. 7. 2005 – 4 HEs 59/2005, 4 HEs 59/05, NStZ 2006, 588; OLG Hamm v. 22. 1. 1998 – 2 BL 2/98, StV 1998, 273.
[12] Löwe/Rosenberg /*Hilger* Rn. 3; SK-StPO/*Paeffgen* Rn. 3; Meyer-Goßner Rn. 2.

III. Vernehmung

Das in Abs. 2 enthaltene Gebot, den Beschuldigten von dem zuständigen Richter vor der Entscheidung über die Aufrechterhaltung des Haftbefehls vernehmen zu lassen, gehört zu den bedeutsamen Verfahrensgarantien, deren Beachtung Art. 104 Abs. 1 S. 1 GG fordert und mit grundrechtlichem Schutz versieht.[13] Der **Ablauf** der Vernehmung ergibt sich aus Abs. 3; ist die Vernehmung zugleich die erste Vernehmung in dieser Sache – was regelmäßig der Fall sein wird – ist ferner § 136 zu beachten. Letzterer setzt den Mindeststandard der Vernehmung, wonach dem Beschuldigten zu eröffnen ist, welche Tat ihm zur Last gelegt wird und welche Strafvorschriften in Betracht kommen. Er ist darauf hinzuweisen, dass es ihm freisteht, sich zur Sache zu äußern, dass er jederzeit einen von ihm zu wählenden Verteidiger befragen und er zu seiner Entlastung einzelne Beweiserhebungen beantragen kann. Diese Anforderungen übertrifft Abs. 3 in Haftsachen: Der Beschuldigte ist zusätzlich auf die ihn **belastenden Umstände** hinzuweisen und ihm ist Gelegenheit zu geben, Verdachts- oder Haftgründe zu beseitigen und entlastende Tatsachen vorzutragen.

IV. Mitteilung der belastenden Umstände und rechtliches Gehör

Diesen speziellen Anforderungen der Mitteilung der belastenden Umstände einerseits und der Gewährung rechtlichen Gehörs, sind untrennbar verknüpft mit der Frage der **Akteneinsicht**.[14] Denn die belastenden Umstände werden nur dann angemessen präsentiert, wenn dies den Beschuldigten und seinen Verteidiger tatsächlich in die Lage versetzt, sich gegen die Vorwürfe zu verteidigen. Außer in wenigen überschaubaren Fällen, in denen eine detaillierte mündliche Erläuterung genügen mag, ist alles andere als die Gewährung von Akteneinsicht unzureichend. Ein praktisches Problem ergibt sich daraus, dass die Hinweispflicht des Abs. 3 den Richter trifft, „Herrin des Ermittlungsverfahrens" und vor allem der Akten aber die Staatsanwaltschaft ist und bis zum Abschluss des Ermittlungsverfahrens auch bleibt.

Die notwendige Akteneinsicht ist der Verteidigung lange unter Berufung auf § 147 Abs. 2 StPO weitestgehend verweigert worden. Dies hatte in der Vergangenheit die Konsequenz, dass sich die Verteidigung gegen die Untersuchungshaft schwerpunktmäßig auf Fragen des Haftgrundes konzentrieren musste.[15] Das war mit Blick auf Art. 103 Abs. 1 GG immer schon bedenklich. Indessen war der EGMR dieser Praxis bereits 1989 mit der sog. Lamy-Entscheidung entgegengetreten und hat eine Verletzung von Art. 5 Abs. 4 EMRK bejaht, wenn dem Verteidiger vor dem Haftprüfungstermin nicht erlaubt war, Einsicht in die Ermittlungsakten zu nehmen.[16] Dieses Urteil des EGMR ist über viele Jahre unbekannt und unbeachtet geblieben[17] und erst 1994 hat das BVerfG nachgezogen und dem Verteidiger des inhaftierten Beschuldigten einen Anspruch auf Einsicht in die Akten zugestanden, soweit er diese benötigt, um auf die Haftentscheidung effektiv einwirken zu können und eine mündliche Mitteilung der relevanten Tatsachen und Beweismittel nicht ausreicht.[18] Um der Staatsanwaltschaft nicht die Hoheit zu nehmen, über die Akteneinsicht zu entscheiden und selbst die dadurch eintretende Gefährdungslage für den Untersuchungszweck zu beurteilen, hat das BVerfG folgende Konsequenz für die Haftentscheidung gezogen: Ist aus Gründen der Gefährdung der Ermittlungen aus der Sicht der Staatsanwaltschaft eine auch nur auf die für die Haftfrage relevanten Teile der Ermittlungsakte beschränkte Akteneinsicht nicht möglich und verweigert sie diese deshalb gem. § 147 Abs. 2, so kann das Gericht auf die Tatsachen und Beweismittel, die deshalb nicht zur Kenntnis des Beschuldigten gelangen, seine Entscheidung nicht stützen und muss gegebenenfalls den Haftbefehl aufheben.[19] Im Übrigen ist dem Beschuldigten bereits anlässlich seiner richterlichen Vernehmung gem. § 115 Abs. 2 im Anschluss an seine Festnahme mündlich das gesamte gegen ihn zusammengetragene Belastungsmaterial, das den Gegenstand des Verfahrens bildet und für die Haftfrage von Bedeutung ist, mitzuteilen. Dazu zählen die Tatsachen, Beweisanzeichen usw., die den dringenden Tatverdacht und den Haftgrund ergeben, aber auch die sich aus den Akten ergebenden entlastenden Umstände.[20]

Seitdem kann und muss die Verteidigung bereits vor der Vorführung des Beschuldigten zum Haftrichter auf die Gewährung von Akteneinsicht drängen und, soweit sie verweigert wurde, im Vorführtermin die Offenlegung sämtlicher be- und entlastenden Umstände aus den Ermittlungs-

---

[13] BVerfG v. 20. 9. 2001 – 2 BvR 1144/01, StV 2001, 691 mAnm *Hagmann*.
[14] Vgl. § 147 Rn. 16 ff.
[15] *Püschel* StraFo 2009, 134 (135).
[16] EGMR v. 30. 3. 1989 – StV 1993, 283 f.; nach *Rau* StraFo 2008, 9 (15) ein „Paradigmenwechsel"; zum Einfluss der EMRK auf das Untersuchungshaftrecht der StPO vgl. *Tsambikakis* ZIS 2009, 503 (504 ff.).
[17] *Zieger*, StV 1993, 320; Brüssow/Gatzweiler/Krekeler/Mehle/*Deckers* § 5 Rn 3; *Püschel* StraFo 2009, 134 (135).
[18] BVerfG v. 11. 7. 1994 – 2 BvR 777/94, NJW 1994, 3219.
[19] BVerfG v. 11. 7. 1994 – 2 BvR 777/94, NJW 1994, 3219.
[20] BVerfG v. 11. 7. 1994 – 2 BvR 777/94, NJW 1994, 3219.

akten fordern. Die Verteidigung ist daher nicht mehr auf die Problematisierung des Haftgrundes beschränkt. Allerdings hatte das BVerfG den Anspruch auf Akteneinsicht nur dann für unerlässlich gehalten, wenn eine mündliche Information durch den Haftrichter nicht ausreichend sei. Dies hatte in der Praxis die Folge, dass der Verteidiger regelmäßig auf diese alternative Informationsmöglichkeit verwiesen wurde. In drei – gegen die Bundesrepublik Deutschland 2001 ergangenen – Entscheidungen hat dann aber erneut der EGMR festgestellt, dass auch diese Praxis wiederum gegen Art. 5 Abs. 4 EMRK verstößt.[21] Denn zu der notwendigen kontradiktorischen Führung des gerichtlichen Verfahrens in Haftsachen gehört auch die uneingeschränkte Akteneinsicht. Eine bloß mündliche Information über den Akteninhalt ist nicht ausreichend. Denn diese mündliche Mitteilung ist das Resultat einer Zusammenfassung und von Schlussfolgerungen, die der Haftrichter anhand des Akteninhalts generiert. Der inhaftierte Beschuldigte und sein Verteidiger müssen aber in der Lage sein, eine Überprüfung vorzunehmen.

12 Dennoch gab es weiter Entscheidungen, die der Verteidigung nur eine partielle Akteneinsicht zugestehen wollten.[22] Auch dem ist der EGMR entgegengetreten und hat 2003 wieder einen Verstoß gegen Art. 5. Abs. 4 EMRK konstatiert und seine Rechtsprechung weiter gefestigt:[23] Wenn dem Verteidiger die Einsicht in diejenigen Dokumente der Untersuchungsakten verweigert wird, die für eine effektive Überprüfung der Rechtmäßigkeit der Untersuchungshaft im Sinne der EMRK wesentlich sind, ist die Waffengleichheit nicht gewahrt. Die Praxis in Deutschland folgt dem nur zögerlich, auch wenn einzelne Entscheidungen es verdienen, besonders hervorgehoben zu werden.[24] Einer nur teilweisen Gewährung von Akteneinsicht ist schließlich 2006 das BVerfG entschieden entgegengetreten, und zwar in einer Konstellation, in der „lediglich" durch eine Arrestanordnung in das Eigentumsrecht des Beschuldigten eingegriffen wurde.[25] Schließlich hat der EGMR 2007 in einer erneut gegen die Bundesrepublik gerichteten Entscheidung unter Berufung auf bereits früher von ihm gegen Deutschland entschiedene Fälle nochmals unmissverständlich darauf hingewiesen, dass der Grundsatz des fairen Verfahrens gebiete, den Beschuldigten über die Gründe der Inhaftierung ausreichend zu informieren. Nur so könne er sich sachgerecht verteidigen.[26] Nur auf den ersten Blick zurückhaltender hat der EGMR 2008 sich zurückhaltender in Bezug auf Einsicht in sichergestellte Speichermedien im Haftbeschwerdeverfahren geäußert. Dabei hat er jedoch ausdrücklich seine bisherige Rechtsprechung aufrecht erhalten und darauf hingewiesen, dass die Waffengleichheit nicht gewährleistet ist, wenn dem Verteidiger der Zugang zu denjenigen Schriftstücken in der Ermittlungsakte versagt wird, die für die wirksame Anfechtung der Rechtmäßigkeit der Freiheitsentziehung seines Mandanten wesentlich sind.[27]

13 Das Gericht darf also seine Haftentscheidung nur auf solche Tatsachen oder Beweismittel stützen, die dem Beschuldigten oder seinem Verteidiger bekannt sind. Hinsichtlich nicht offen gelegter Informationen besteht ein – aus Art. 103 Abs. 1 GG abgeleitetes – verfassungsrechtliches Verwertungsverbot.[28] Vor diesem Hintergrund ist das der Staatsanwaltschaft grundsätzlich gem. § 147 Abs. 2 eingeräumte Ermessen, die Akteneinsicht im Ermittlungsverfahren zu beschränken, in Haftsachen auf Null reduziert. Ohne vollständige Akteneinsicht für die Verteidigung darf kein Haftbefehl vollstreckt werden. Staatsanwaltschaft und Gericht stehen also nunmehr vor der Frage, ob sie die Zurückhaltung der Akten favorisieren (dann keine Untersuchungshaft) oder die Untersuchungshaft (dann keine Verweigerung der Akteneinsicht). Der Grundsatz, dass das Gericht eine Haftentscheidung nicht auf Tatsachen stützen darf, die dem Beschuldigten vorenthalten werden, gelten ebenso bei einem nicht vollstreckten[29] oder außer Vollzug gesetzten Haftbefehl.[30] Das Verwertungsverbot bezüglich der betroffenen Tatsachen und Beweismittel greift schließlich im Hinblick auf

---

[21] EGMR v. 13. 2. 2001 – Nr. 24479/94 – NJW 2002, 2013 (Lietzow ./. Deutschland); EGMR v. 13. 2. 2001 – Nr. 25116/94, NJW 2002, 2015 (Schöps ./. Deutschland); EGMR v. 13. 2. 2001 – Nr. 23541/94, NJW 2002, 2018 (Garcia Alva ./. Deutschland).
[22] ZB OLG Köln v. 29. 5. 2001 – 2 Ws 215/01, NStZ 2002, 659.
[23] EGMR v. 9. 1. 2003 – Nr. 38822/97, HRRS 2004, 398 (Shishkov ./. Bulgarien).
[24] ZB AG Halberstadt v. 8. 4. 2004 – 3 Gs 12/04, StV 2004, 549: Danach sei es dem Gericht regelmäßig nicht möglich, die Frage zu entscheiden, ob damit die „für die Haftentscheidung relevanten Tatsachen und Beweismittel" genügend mitgeteilt sind, soweit ein Verteidiger des Inhaftierten nur Teilakteneinsicht erhalten hat. Da das Gericht aber seine Haftentscheidung nicht auf Tatsachen und Beweismittel stützen darf, die nicht zur Kenntnis des Beschuldigten gelangt sind, muss ein Haftbefehl aufgehoben oder darf gar nicht erst erlassen werden, wenn der Verteidiger nicht vollständige Akteneinsicht hatte.
[25] BVerfG v. 19. 1. 2006 – 2 BvR 1075/05, NJW 2006, 1048.
[26] EGMR v. 13. 12. 2007 – Nr. 11364/03, StV 2008, 475 mAnm *Hagmann* und *Pauly* (Mooren ./. Deutschland).
[27] EGMR v. 11. 5. 2008 – 41077/04, NStZ 2009, 164 mAnm *Strafner*.
[28] Löwe/Rosenberg/*Lüderssen/Jahn* § 147 Rn. 160 a; Löwe/Rosenberg/*Hilger* § 112 Rn. 23 b.
[29] LG Aschaffenburg v. 14. 3. 1997 – Qs 35/97 – 1 Gs 999/94, StV 1997, 644; OLG Köln v. 13. 3. 1998 – 2 Ws 115/98, StV 1998, 269; aA aber BVerfG v. 27. 10. 1997 – 2 BvR 1769/97, NStZ-RR 1998, 108; OLG Hamm v. 30. 1. 2001 – 1 Ws 438/00, NStZ-RR 2001, 254; OLG München v. 27. 8. 2008 – 2 Ws 763/08, NStZ 2009, 109; differenzierend *Herrmann* Rn. 408.
[30] Löwe/Rosenberg/*Hilger* § 112 Rn 23 b.

das Beschleunigungsgebot sowie aus Gründen der Zumutbarkeit unabhängig davon, ob der Beschuldigte (zunächst) versucht hat, Rechtsschutz über §§ 147 Abs. 5, 161 a Abs. 3 zu erlangen.[31]

In der aktuellen Praxis wird dem Verteidiger leider häufig erst im Vorführtermin oder im Termin zur Verkündung des Haftbefehls Akteneinsicht gewährt. Es ist dem Verteidiger aber mitunter faktisch unmöglich, die Akten durchzuarbeiten und den Inhalt mit dem Mandanten zu erörtern. Denn die Verhandlung steht unter zeitlichem Druck (§§ 128 Abs. 1; 115 Abs. 1, 2). Innerhalb dieser gesetzlichen Fristen muss dem Verteidiger aber ausreichend Zeit zur Verfügung gestellt werden. Der Verteidiger muss darauf dringen und ggf. beantragen, den Termin zu unterbrechen, damit er sich den Akteninhalt erschließen und mit dem Mandanten erörtern kann. Wird dem Verteidiger keine ausreichende Zeit zur Verfügung gestellt, sich mit dem Akteninhalt vertraut zu machen, ist so zu verfahren, als habe er Akteneinsicht noch nicht gehabt.[32] 14

Mit dem Gesetz zur Überarbeitung des Untersuchungshaftrechts vom 29. 7. 2009[33] ist nunmehr § 147 Abs. 2 so geändert worden, dass bei Untersuchungsgefangenen dem Verteidiger die für die Beurteilung der Rechtmäßigkeit der Freiheitsentziehung wesentlichen Informationen „in geeigneter Weise" zugänglich zu machen sind; „in der Regel ist insoweit **Akteneinsicht** zu gewähren". Damit sind praktisch keine Fälle mehr denkbar, die zulässig das Akteneinsichtsrecht des Verteidigers in diesem Verfahrensstadium beschränken könnten. Sonst bliebe diese Änderung hinter der dargestellten Rechtsprechung des EGMR zurück. „In geeigneter Weise" zugänglich gemacht werden können die für die Beurteilung der Rechtmäßigkeit der Freiheitsentziehung wesentlichen Informationen nur im Wege der Gewährung von Akteneinsicht an den Verteidiger eines Beschuldigten bzw. durch Überlassung von Abschriften aus den Akten an den unverteidigten Beschuldigten. Dass keine aus der Feder der Ermittlungsbehörden stammende schriftliche Zusammenfassungen, geschweige denn mündliche Informationen über in der Akte enthaltene Tatsachen und Beweismittel geeignet sind, um die Rechtmäßigkeit einer Freiheitsentziehung zu beurteilen, ist vom EGMR bereits mehrfach betont worden.[34] Ebenso ungenügend ist der Verweis auf für die Beurteilung der Rechtmäßigkeit der Freiheitsentziehung „wesentlichen" Informationen. Denn so läge die Einschätzungsprärogative dieser genuin verteidigungsspezifischen Aufgabe bei der Staatsanwaltschaft. Im Zusammenhang mit dem Akteneinsichtsrecht hat der BGH aber bereits vielfach betont, dass es „dem Angeklagten und seinem Verteidiger überlassen bleiben (muss), selbst zu beurteilen, ob die Ermittlungsergebnisse entweder schon für sich gesehen ‚verteidigungsrelevant' sind oder zumindest Ansatzpunkte für weiteres Verteidigungshandeln bieten".[35] 15

V. Rechtsfolgen bei Verstößen

Es gibt keine Einigkeit darüber, welche Rechtsfolgen Verstöße gegen § 115 nach sich ziehen. Verschiedene Varianten sind denkbar: 16

Wird der Beschuldigte **verspätet vorgeführt**, so ist die Freiheitsentziehung spätestens mit Ablauf der Frist aufzuheben. Der Betroffene ist umgehend freizulassen. Geschieht dies nicht, sind nach diesem Zeitpunkt alle Äußerungen des Beschuldigten unverwertbar, weil er sich zu Unrecht in Haft befindet.[36] Da zur Vorführung auch die Aktenvorlage an den Richter gehört, ist konsequenterweise der Haftbefehl aufzuheben, wenn die Akten nicht rechtzeitig herbeigeschafft werden.[37] 17

Wird der Beschuldigte **verspätet vernommen** oder sonst gegen Formvorschriften der Vernehmung verstoßen, soll das die Wirksamkeit der Haftentscheidung nicht berühren, sondern nur zur Unverwertbarkeit der Vernehmung führen. Das überzeugt nicht ohne Weiteres, weil die Vernehmung auch Grundlage der Haftentscheidung sein soll und der Richter erst nach der Vernehmung entscheiden darf, ob der Haftbefehl aufrecht erhalten bleibt. 18

Das Gericht darf seine Haftentscheidung nur auf solche Tatsachen oder Beweismittel stützen, die dem Beschuldigten oder seinem Verteidiger bekannt sind. Hinsichtlich nicht offen gelegter Informationen besteht ein – aus Art. 103 Abs. 1 GG abgeleitetes – verfassungsrechtliches Verwertungsverbot.[38] 19

---

[31] EGMR v. 13. 12. 2007 – Nr. 11364/03, StV 2008, 475 (480f.); OLG Hamm v. 13. 2. 2002 – 2 BL 7/02, StV 2002, 318 mAnm *Deckers*, KK-StPO/*Schultheis* § 121 Rn. 24; Löwe/Rosenberg/*Hilger* § 112 Rn. 23 b; *Tsambikakis* ZIS 2009, 503 (506); *Schlothauer* StV 2001, 196; aA OLG Hamm v. 20. 12. 2007 – 3 Ws 676/07, wistra 2008, 195; *Meyer-Goßner* § 147 Rn 25 a.
[32] AG Halberstadt v. 8. 4. 2004 – 3 Gs 12/04, StV 2004, 549; vgl. auch *Herrmann* Rn. 394 u. 399.
[33] BGBl. I S. 2274.
[34] EGMR v. 13. 2. 2001 – Nr. 24479/94 – NJW 2002, 2013 (Lietzow ./. Deutschland); EGMR v. 13. 2. 2001 – Nr. 25116/94, NJW 2002, 2015 (Schöps ./. Deutschland).
[35] BGH v. 29. 11. 1989 – 2 StR 264/89, BGHSt 36, 305; BGH v. 21. 9. 2000 – 1 StR 634/99, StV 2001, 4; BGH v. 10. 8. 2005 – 1 StR 271/05, StV 2005, 652.
[36] *Schlothauer/Weider* Rn. 273 ff.
[37] *Schramm/Bernsmann* StV 2006, 442; aA *Meyer-Goßner* Rn. 3 für den dies ohne nähere Begründung zu „weit gehen dürfte".
[38] Löwe/Rosenberg/*Lüderssen/Jahn* § 147 Rn. 160a; Löwe/Rosenberg/*Hilger* § 112 Rn. 23 b.

VI. Belehrung und Rechtsbehelfe

20 Nach Abs. 4 ist der Beschuldigte über die ihm zustehenden Rechtsbehelfe zu belehren. Ihm steht die (Haft-)Beschwerde nach allgemeinen Grundsätzen (§ 304) zu. Darüber ist er ebenso zu belehren, wie über das Recht, jederzeit gem. § 117 Abs. 1 die gerichtliche Prüfung zu beantragen, ob der Haftbefehl aufzuheben oder dessen Vollzug nach § 116 auszusetzen ist (Haftprüfung). Auf eine mögliche weitere Beschwerde nach § 310 Abs. 1 braucht in diesem Zusammenhang nicht hingewiesen zu werden.

VII. Jugendstrafverfahren

21 Gem. § 72 Abs. 3 JGG entscheidet bei Jugendlichen über die Vollstreckung eines Haftbefehls und über die Maßnahmen zur Abwendung seiner Vollstreckung der Richter, der den Haftbefehl erlassen hat; in dringenden Fällen der Jugendrichter, in dessen Bezirk die Untersuchungshaft vollzogen werden müsste. Bezüglich der Zeitabläufe ist zu beachten, dass gem. § 72 Abs. 5 JGG das Verfahren mit besonderer Beschleunigung durchzuführen ist, wenn sich ein Jugendlicher in Untersuchungshaft befindet.

§ 115a [Vorführung vor den Richter des nächsten Amtsgerichts]

(1) Kann der Beschuldigte nicht spätestens am Tag nach der Ergreifung dem zuständigen Gericht vorgeführt werden, so ist er unverzüglich, spätestens am Tage nach der Ergreifung, dem nächsten Amtsgericht vorzuführen.

(2) [1] Das Gericht hat den Beschuldigten unverzüglich nach der Vorführung, spätestens am nächsten Tage, zu vernehmen. [2] Bei der Vernehmung wird, soweit möglich, § 115 Abs. 3 angewandt. [3] Ergibt sich bei der Vernehmung, dass der Haftbefehl aufgehoben, seine Aufhebung durch die Staatsanwaltschaft beantragt (§ 120 Abs. 3) oder der Ergriffene nicht die in dem Haftbefehl bezeichnete Person ist, so ist der Ergriffene freizulassen. [4] Erhebt dieser sonst gegen den Haftbefehl oder dessen Vollzug Einwendungen, die nicht offensichtlich unbegründet sind, oder hat das Gericht Bedenken gegen die Aufrechterhaltung der Haft, so teilt es diese dem zuständigen Gericht und der zuständigen Staatsanwaltschaft unverzüglich und auf dem nach den Umständen angezeigten schnellsten Wege mit; das zuständige Gericht prüft unverzüglich, ob der Haftbefehl aufzuheben oder außer Vollzug zu setzen ist.

(3) [1] Wird der Beschuldigte nicht freigelassen, so ist er auf sein Verlangen dem zuständigen Gericht zur Vernehmung nach § 115 vorzuführen. [2] Der Beschuldigte ist auf dieses Recht hinzuweisen und gemäß § 115 Abs. 4 zu belehren.

I. Allgemeines

1 Ist es aus tatsächlichen Gründen unmöglich, den Beschuldigten die ordnungsgemäße Vorführung und Vernehmung nach § 115 rechtzeitig zu gewährleisten, so findet § 115a einen **Kompromiss** zwischen der ansonsten gem. Art. 104 Abs. 3 S. 1 GG verfassungsrechtlich gebotenen Freilassung und dem bloßen Festhalten ohne weitere richterliche Entscheidung: Der einfacher zu erreichende Richter des Ergreifungsortes wird in die Lage versetzt, eine (beschränkte) Haftentscheidung zu fällen. Der Umfang seiner Entscheidungskompetenz ist allerdings umstritten. Das gesetzliche Leitmotiv bleibt die **schnellstmögliche Vernehmung** des Beschuldigten durch den ursprünglich **zuständigen Richter**. Die unverzügliche Vorführung und die sich daran anschließende Vernehmung durch den Haftrichter soll dem Beschuldigten eine schnelle und effektive Verteidigung ermöglichen. In aller Regel ist dies die einzige Möglichkeit, den Freiheitsentzug sofort zu beenden. Daher ist die Vorführung zum Richter des nächsten Amtsgerichts subsidiär.

II. Vorführung vor den Richter des nächsten Amtsgerichts

2 **1. Voraussetzungen.** Die Vorführung vor den Richter des nächsten Amtsgerichts ist nur dann erlaubt, wenn der Beschuldigte nicht bis zum nächsten Tag vor das ursprünglich nach § 115 zuständige Gericht[1] gestellt werden kann. Schon wegen der beschränkten Entscheidungskompetenz des nächsten Richters ist ein **strenger Maßstab** anzulegen. Der Beschuldigte ist immer im Wege des Einzeltransports zum zuständigen Richter zu bringen, wenn dies zur Wahrung der Frist des § 115 Abs. 2 erforderlich ist.[2] In der Praxis gibt es die Neigung, nach § 115a zu verfahren, wenn der Be-

---

[1] § 115 Rn. 5.
[2] *Seebode* Rn. 24; LR/*Hilger* § 115 Rn. 10; KK-StPO/*Graf* § 115 Rn. 5; AK-StPO/*Deckers* Rn. 1; SK-StPO/*Paeffgen* § 115 Rn. 6.

schuldigte nicht im (Land-)Gerichtsbezirk aufgegriffen wird, aus dem der Haftbefehl stammt. Es mag dahinstehen, ob die Ermittlungsbehörden die dann eintretenden organisatorischen Schwierig- und die persönlichen Misslichkeiten[3] des Beschuldigten manches Mal bewusst ausnutzen, um dadurch eine Geständnisbereitschaft zu evozieren.[4] Jedenfalls wird die Nachrangigkeit des § 115a nicht immer beachtet. So kommt es vor, dass Beschuldigte dem Richter des Ergreifungsortes vorgeführt werden sollen, obwohl der zuständige Richter keine zwei Autostunden entfernt und damit ohne weiteres erreichbar ist.[5]

2. Unverzügliche Vorführung. Zeitlich gelten die gleichen Rahmenbedingungen wie bei § 115; der Beschuldigte muss ohne jede vermeidbare Verzögerung vorgeführt werden.[6] Auch inhaltlich ist mit der Vorführung – wie bei § 115[7] – das Verbringen in die unmittelbare Verfügungsgewalt des Richters gemeint. Letztmöglicher Zeitpunkt für die Vorführung ist der Tag nach der Ergreifung des Beschuldigten.

3. Zuständigkeit. Zuständig ist der Richter des nächsten Amtsgerichts; also der Richter, in dessen Bezirk der Beschuldigten ergriffen wurde (Ergreifungsort), und nicht der räumlich gesehen nächste.[8] Zwar würde auch die zuletzt genannte Auslegung den Gesetzeszweck erreichen; jedoch eröffnet sie zu viel Spielraum. Das Recht auf den gesetzlichen Richter erfordert eindeutige Vorgaben.

4. Vernehmung. Der Beschuldigte ist **unverzüglich nach der Vorführung** zu vernehmen. Soweit Abs. 2 S. 1 festhält, dies müsse „spätestens am nächsten Tag" geschehen, ist damit nicht der Ablauf eines weiteren Tages gemeint. Dann würde der Beschuldigte ggf. erst zwei Tage nach seiner Verhaftung erstmalig richterlich vernommen. Das wäre mit Art. 104 Abs. 2 und 3 GG nicht zu vereinbaren.[9] Abs. 2 S. 1 ist verfassungskonform so auszulegen, dass der Beschuldigte spätestens am Tag nach der Ergreifung zu vernehmen ist.[10]

Bei der Vernehmung finden die Grundsätze des § 115 Abs. 3 Anwendung.[11] Die Einschränkung „soweit möglich", die sich in Abs. 2 S. 2 findet, unterstreicht die Insuffizienz der Zuständigkeit des Richters des nächsten Amtsgericht.

III. Kompetenzen und Entscheidung

Nach verbreiteter Ansicht sind die **Kompetenzen des nächsten Richters limitiert.** So soll dieser nach der Formulierung im Gesetz zunächst lediglich die Identität des Festgenommenen und seine Haftfähigkeit überprüfen, um sodann nach Gewährung rechtlichen Gehörs den Haftbefehl zu verkünden. Über „nicht offensichtlich unbegründete Einwendungen" gegen den Haftbefehl oder seinen Vollzug hat der Richter des nächsten Amtsgerichts den zuständigen Richter „auf schnellstem Wege" (Abs. 2 S. 4) zu informieren. Es ist höchst umstritten, ob er den Haftbefehl aufheben oder außer Vollzug setzen darf.[12] Aufgrund des Wortlautes des Abs. 2 S. 3 sind erweiterte Kompetenzen nur in Ausnahmefällen denkbar. Die Zurückhaltung, die das Gesetze dem „nächsten" Richter auferlegt, erklärt sich aus der fehlenden Aktenkenntnis und zeigt wie wenig dieser Richter dem grundgesetzlichen Leitbild von Art. 104 Abs. 3 GG entspricht. Zu Recht wird daher – neben der Menschenrechtswidrigkeit – die Verfassungswidrigkeit der Vorschrift proklamiert.[13] Das Procedere nach § 115a wurde auch schon als „unwürdige Farce"[14] beschrieben, in der ein Richter nur noch als „Urkundsbeamter"[15] tätig wird. Allerdings hat das Gesetz zur Änderung des Untersuchungshaftrechts vom 29. 7. 2009[16] die Ansichten bestärkt, die dem Gericht des nächsten

---

[3] Vgl. die Beschreibung bei *Kropp* ZRP 2005, 96.
[4] *Schlothauer/Weider* Rn. 641 ff.; *Widmaier/König* MAH Strafverteidigung § 4 Rn. 48.
[5] *Kropp* ZRP 2005, 96 (97).
[6] § 115 Rn. 6.
[7] § 115 Rn. 3.
[8] AA *Meyer-Goßner* Rn. 2: „uU auch das verkehrsmäßig am schnellsten erreichbare" Amtsgericht.
[9] § 115 Rn. 6.
[10] § 115 Rn. 6.
[11] § 115 Rn. 8.
[12] Vgl. zum Streitstand *Diehm* StraFo 2007, 231 (232 ff.), der aus verfassungs- und völkerrechtlichen Gründen eine umfassende Prüfungs- und Entscheidungskompetenz des nächsten Richters fordert. Für erweiterte Kompetenzen (in unterschiedlichen Nuancen) in jüngerer Zeit: *Huber* JuS 2006, 322; *Schröder* StV 2005, 241 (245); *Wankel* S. 45 ff.; *Heinrich* StV 1995, 660 ff.; *Sommermeyer* NJ 1992, 336 (340); *Maier* NStZ 1989, 59 (60 f.); in Ausnahmefällen auch *Meyer-Goßner* Rn. 6; *Löwe/Rosenberg/Hilger* Rn. 12; AK-StPO/*Deckers* Rn. 3; SK-StPO/*Paeffgen* Rn. 6; KMR/*Wankel* Rn. 4a; dagegen: KK-StPO/*Graf* Rn. 4; *Nibbeling* ZRP 1998, 342 (344 f.); *Schmitz* NStZ 1998, 165 (169 ff.); *Spendel* JZ 1998, 85 (87).
[13] Ausführlich KMR/*Wankel* § 115 a Rn. 4 a.
[14] *Nibbeling* ZRP 1998, 342 (343).
[15] *Ziegert* StV 1997, 439.
[16] BGBl. I S. 2274.

Amtsgerichts über den Wortlaut des Gesetzes hinaus keine Entscheidungsmöglichkeiten zubilligte. Der Gesetzgeber hat das Problem erkannt und das alte System prinzipiell beibehalten und punktuelle Erweiterungen vorgenommen.[17]

8 Wenn sich auch die Aufhebung durch den „nächsten Richter" idR verbietet, so ist eine Außervollzugsetzung schon aus verfassungsrechtlichen Verhältnismäßigkeitserwägungen jedenfalls dann möglich, wenn der zuständige Richter nicht erreichbar oder der Haftbefehl offensichtlich unbegründet ist[18] oder der zuständige Richter einer Verschonung zustimmt[19] – in dem letztgenannten Fall ist auch die Aufhebung des Haftbefehl zulässig,[20] was seit dem 1. 1. 2020 auch der Gesetzeslage entspricht.

9 Aus all dem folgt für die **Praxis** des Strafverteidigers, dass der zuständige Haftrichter, der den Haftbefehl verantwortet, nicht nur der sachkundige, sondern auch der einzig kompetente Gesprächspartner der Verteidigung ist. Gelingt es dem Verteidiger nicht, die Vorführung an den zuständigen Richter durchzusetzen, muss er darauf drängen, dass der nächste Richter telefonisch Kontakt zum Haftrichter aufnimmt und diesem die gegen den Bestand oder den Vollzug des Haftbefehls streitenden Umstände übermittelt.[21] Häufig empfiehlt es sich, dass der Verteidiger sich unmittelbar mit dem zuständigen Richter ins Benehmen setzt, um dessen Zustimmung zumindest zu einer Verschonung zu erreichen. Auch kann versucht werden, bei der (oftmals sachnäheren) Staatsanwaltschaft auf eine Aufhebung/Außervollzugsetzung hinzuwirken. Die Aufhebung/Außervollzugsetzung kann dann durch den nächsten Richter erfolgen.

10 Mit dem Gesetz zur Änderung der Untersuchungshaft vom 29. 7. 2009[22] ist § 115 a Abs. 2 leicht geändert worden. Der Gesetzgeber ist damit in Schlussphase des Gesetzgebungsprozesses einer Anregung aus der öffentlichen Anhörung im Rechtsausschuss gefolgt, um die unwürdigen Zustände für den Beschuldigten in dieser Situation zu lindern. Die Neufassung soll das Zusammenwirken von „nächstem Gericht" und „zuständigem Gericht" und der zuständigen Staatsanwaltschaft im Interesse einer schnellen Entscheidung über Einwendungen des Beschuldigten optimieren.[23] Deshalb wird das „nächste Gericht" neben dem „zuständigen Gericht" auch die zuständige Staatsanwaltschaft in gleicher Weise über die in Abs. 2 S. 4 genannten Gesichtspunkte informieren. Damit wird dem Umstand Rechnung getragen, dass auch das zuständige Gericht häufig nicht mehr die Akten vorliegen hat, weil bspw. der Haftbefehlserlass schon Wochen zurückliegt. Dann ist eine sofortige Information auch der zuständigen Staatsanwaltschaft als der im Ermittlungsverfahren aktenführenden Stelle durch das nächste Gericht sachgerecht. Die Staatsanwaltschaft hat dann ihrerseits zu prüfen und zu entscheiden, ob sei eine Aufhebung oder Außervollzugsetzung des Haftbefehls bei dem nach § 126 zuständigen Gericht beantragt. Beantragt die Staatsanwaltschaft die Aufhebung des Haftbefehls, so hat das nächste Gericht die Freilassung des vorgeführten Beschuldigten gem. § 115 a Abs. 2 S. 3 zu verfügen.

IV. Weiteres Procedere

11 Erhebt der Beschuldigte nicht offensichtlich unbegründete **Einwände** und kommt eine Aufhebung des Haftbefehls oder dessen Außervollzugsetzung nicht in Betracht, so sind die Bedenken gegen das Aufrechterhalten der Haft dem zuständigen Richter auf schnellstmögliche Weise **mitzuteilen**. Der Beschuldigte ist dann auf sein Verlangen dem zuständigen Richter zur **Vernehmung** vorzuführen. Eine zeitliche Vorgabe gibt es nicht – jedoch verlangt Art. 5 Abs. 3 S. 1 EMRK eine beschleunigte Vorgehensweise ohne schuldhaftes Zögern: Jeder, dem seine Freiheit durch Fest-

---

[17] Vgl. Rn. 10.
[18] *Meyer-Goßner* Rn. 6 „unvertretbar".
[19] Es wird häufig übersehen, dass der BGH diese Ansicht in einer Entscheidung gestützt hat, die auf den ersten Blick materiellrechtlich dem § 336 StGB zugeordnet wird (BGH v. 5. 12. 1996 – 1 StR 376/96; BGHSt 42, 343 (347) = NJW 1997, 1452): „Dem Landgericht und dem Generalbundesanwalt, die entscheidend auf die gegenteilige Rechtsauffassung abstellen, ist entgegenzuhalten, daß die rechtliche Verantwortung des Amtsgerichts B. auch in den Grenzen des § 115 a StPO fortbestand, solange der Untersuchungsgefangene im dortigen Zuständigkeitsbereich einsaß. Insofern hatte die ursprüngliche Entscheidung, ihn nach S. zu überstellen, keine rechtskraftähnliche Sperrwirkung. Vielmehr wäre es an den nachfolgenden Tagen nicht nur rechtlich möglich, sondern im Hinblick auf den gestellten Antrag auch geboten gewesen, im Benehmen mit dem zuständigen Haftrichter die zunächst getroffene Entscheidung zu überprüfen. Es erscheint rechtlich bedenklich, wenn der ursprünglich zuständige Zuführrichter es in Kenntnis der durch die Osterfeiertage verzögerten Verschiebung damit bewenden ließ, lediglich am Zuführtag einen einzigen ergebnislosen Versuch zu unternehmen, um den zuständigen Haftrichter zu erreichen. Im Hinblick auf die mit der Inhaftierung verbundenen schwerwiegenden Beschränkungen der Freiheit des Beschuldigten war es durchaus sachgerecht, sich der Sache nochmals anzunehmen. Ein solches Verständnis des § 115 a StPO entspricht auch der Regelung des Art. 9 Abs. 4 des Internationalen Paktes vom 19. Dezember 1966 über bürgerliche und politische Rechte (IPBPR), dem die Bundesrepublik Deutschland beigetreten ist (BGBl. II 1973 S. 1533)."
[20] *Meyer-Goßner* Rn. 6.
[21] *Schröder* StV 2005, 241 ff.
[22] BGBl. I S. 2274.
[23] BT-Drucks. 16/13 097 S. 27.

nahme oder Haft entzogen ist, hat das Recht, **unverzüglich** einem Gericht gegenübergestellt zu werden, das über die Rechtmäßigkeit der Freiheitsentziehung entscheiden und seine Entlassung anordnen kann, falls die Freiheitsentziehung nicht rechtmäßig ist.[24] Auf dieses besondere Recht zur unverzüglichen Vorführung nach § 115 ist der Beschuldigte hinzuweisen und nach § 115 Abs. 4 zu belehren.[25]

In der **Praxis** sind damit für den Beschuldigten erhebliche persönliche Belastungen und für die Verteidigung einige logistische Probleme verbunden: Verfangen alle Bemühungen des Verteidigers nicht, wird der Beschuldigte aufgrund des vom nächsten Richter verkündeten Haftbefehls in Untersuchungshaft genommen. Der Beschuldigte hat dann nach Abs. 3 das Recht, auf seinen Antrag hin dem zuständigen Richter unverzüglich vorgeführt zu werden. Geschieht dies mittels Sammeltransport (vgl. Nr. 5 Abs. 1 S. 1 Gefangenentransportvorschrift: „Gefangene sind grundsätzlich im Sammeltransport zu befördern"), dauert dies unvertretbar lang (zB von Aachen nach Dresden 15 Tage);[26] in dieser Zeit ist der Mandant faktisch Objekt des Verfahrens. Er wird von Anstalt zu Anstalt befördert und dort unter fragwürdigen Bedingungen in Übergangshäusern ohne die Möglichkeit des Besuches durch Angehörige untergebracht. Dies muss die Verteidigung verhindern und mit Nachdruck einen Einzeltransport verlangen.[27] Kontaktaufnahmen des Verteidigers mit dem Mandanten während dieser Odyssee sind zwar denkbar, setzen aber komplizierte Recherchen (zB zu den „Fahrplänen" der Sammeltransporte von JVA zu JVA) über den aktuellen Aufenthaltsort voraus.

12

§ 116 [Aussetzung des Vollzugs des Haftbefehls]

(1) ¹Der Richter setzt den Vollzug eines Haftbefehls, der lediglich wegen Fluchtgefahr gerechtfertigt ist, aus, wenn weniger einschneidende Maßnahmen die Erwartung hinreichend begründen, daß der Zweck der Untersuchungshaft auch durch sie erreicht werden kann. ²In Betracht kommen namentlich

1. die Anweisung, sich zu bestimmten Zeiten bei dem Richter, der Strafverfolgungsbehörde oder einer von ihnen bestimmten Dienststelle zu melden,
2. die Anweisung, den Wohn- oder Aufenthaltsort oder einen bestimmten Bereich nicht ohne Erlaubnis des Richters oder der Strafverfolgungsbehörde zu verlassen,
3. die Anweisung, die Wohnung nur unter Aufsicht einer bestimmten Person zu verlassen,
4. die Leistung einer angemessenen Sicherheit durch den Beschuldigten oder einen anderen.

(2) ¹Der Richter kann auch den Vollzug eines Haftbefehls, der wegen Verdunkelungsgefahr gerechtfertigt ist, aussetzen, wenn weniger einschneidende Maßnahmen die Erwartung hinreichend begründen, daß sie die Verdunkelungsgefahr erheblich vermindern werden. ²In Betracht kommt namentlich die Anweisung, mit Mitbeschuldigten, Zeugen oder Sachverständigen keine Verbindung aufzunehmen.

(3) Der Richter kann den Vollzug eines Haftbefehls, der nach § 112a erlassen worden ist, aussetzen, wenn die Erwartung hinreichend begründet ist, daß der Beschuldigte bestimmte Anweisungen befolgen und daß dadurch der Zweck der Haft erreicht wird.

(4) Der Richter ordnet in den Fällen der Absätze 1 bis 3 den Vollzug des Haftbefehls an, wenn

1. der Beschuldigte den ihm auferlegten Pflichten oder Beschränkungen gröblich zuwiderhandelt,
2. der Beschuldigte Anstalten zur Flucht trifft, auf ordnungsgemäße Ladung ohne genügende Entschuldigung ausbleibt oder sich auf andere Weise zeigt, daß das in ihn gesetzte Vertrauen nicht gerechtfertigt war, oder
3. neu hervorgetretene Umstände die Verhaftung erforderlich machen.

Übersicht

	Rn.
I. Allgemeines	1–3
II. Verschonung	4–32
1. Bei Fluchtgefahr	8–22
a) Voraussetzungen	9, 10
b) Gesetzliche Beispiele weniger einschneidender Maßnahmen	11
aa) Meldepflicht (Nr. 1)	12, 13
bb) Aufenthaltsbeschränkung (Nr. 2)	14
cc) Hausarrest (Nr. 3)	15–17
dd) Sicherheitsleistung (Nr. 4)	18–21
c) Sonstige Maßnahmen	22

---

[24] BGH v. 5. 12. 1996 – 1 StR 376/96; BGHSt 42, 343 (347); Löwe/Rosenberg/*Gollwitzer* Art. 5 EMRK Rn. 128.
[25] § 115 Rn. 20.
[26] *Kropp* ZRP 2005, 96.
[27] *Meyer-Goßner* Rn. 8 mwN.

	Rn.
2. Bei Verdunkelungsgefahr	23–26
3. Bei Wiederholungsgefahr	27, 28
4. Bei besonderer Tatschwere	29, 30
5. Bei Flucht	31, 32
III. Grenzüberschreitende Überwachung von Auflagen innerhalb der EU	33, 34
IV. Wiederinvollzugsetzen des Haftbefehls	35–56
1. Allgemeines	35–37
2. Vollzugsgründe	38–56
a) Gröblicher Pflichtenverstoß	39–41
b) Entfallen der Vertrauensgrundlage	42, 43
c) Nova	44
aa) Restriktive Auslegung	45
bb) „Neue Umstände"	46, 47
cc) „Saalverhaftung"	48–50
dd) Abtreten der Kaution	51–53
ee) Entsprechende Anwendungen	54–56
IV. Rechtsbehelfe	57–60
1. Verschonung	57–59
2. Wiederinvollzugsetzung	60
V. Jugendstrafverfahren	61

I. Allgemeines

1 § 116 ist eine einfachgesetzliche Ausprägung des verfassungsrechtlichen **Verhältnismäßigkeitsgrundsatzes**. Ebenso wie der Bestand des Haftbefehls hängt jede Verschonungsauflage davon ab, dass nach wie vor ein dringender Tatverdacht besteht und der legitime Anspruch der staatlichen Gemeinschaft auf vollständige Aufklärung der Tat und rasche Bestrafung des Täters nicht anders als durch freiheitsbegrenzende Maßnahmen gesichert werden kann. Die Verfolgung anderer Zwecke ist ausgeschlossen. Eine Freiheitsentziehung ist nicht verhältnismäßig, wenn weniger einschneidende Maßnahmen den Zweck der Untersuchung ebenfalls erreichen.[1]

2 Die Vorschrift gilt auch für die sog. **Ungehorsamshaft** nach §§ 230 Abs. 2, 236, 329 Abs. 4 und die **Hauptverhandlungshaft** gem. § 127b. Darüber hinaus regelt Abs. 4 **abschließend**, unter welchen Voraussetzungen ein außer Vollzug gesetzter Haftbefehl wieder **in Vollzug** gesetzt wird.

3 Ganz allgemein ist zu beachten, dass auch der außer Vollzug gesetzte Haftbefehl eine schwerwiegende Beeinträchtigung der persönlichen Freiheit des Beschuldigten darstellt. Das ergibt sich bereits aus den **freiheitsbeschränkenden Charakter** der Maßnahmen, die als milderes Mittel eingesetzt werden. Aufgrund des Gewichts des Freiheitsanspruches des Beschuldigten, das sich gegenüber dem Interesse an einer wirksamen Strafverfolgung mit zunehmender **Dauer** der Untersuchungshaft zudem vergrößert,[2] und des in Haftsachen besonders streng geltenden Beschleunigungsgebots[3] ist in jeder Phase des Verfahrens zu prüfen, ob unter besonderer Berücksichtigung des Verhältnismäßigkeitsgrundsatzes der außer Vollzug gesetzte Haftbefehl noch aufrechterhalten werden kann. Auch bei nicht vollzogenem Haftbefehl bleibt das Verfahren eine Haftsache mit allen Konsequenzen. So hat es bspw. der Beschuldigte nicht zu vertreten, wenn seine Haftsache nicht binnen angemessener Zeit zur Verhandlung gelangt, weil dem Gericht die personellen oder sächlichen Mittel fehlen, die zur ordnungsgemäßen Bewältigung des Geschäftsanfalls erforderlich wären. Ist in diesen Fällen keine Abhilfe möglich, muss der Haftbefehl wegen Unverhältnismäßigkeit aufgehoben werden.[4]

II. Verschonung

4 Der Haftbefehl kann bei **allen Haftgründen** außer Vollzug gesetzt werden. Für die Fluchtgefahr (Abs. 1), die Verdunkelungsgefahr (Abs. 2) und die Wiederholungsgefahr (Abs. 3) ist das ausdrücklich normiert. Bei dem Haftgrund der besonderen Tatschwere gem. § 112 Abs. 3 ist dies aus allgemeinen verfassungsrechtlichen Gründen geboten.[5] Nichts anderes gilt für den Haftgrund der Flucht.[6]

---

[1] BVerfG v. 28. 8. 1990 – 2 BvR 375/90, NJW 1991, 1043.
[2] BVerfG v. 22. 2. 2005 – 2 BvR 109/05, NStZ 2005, 456 (457); BVerfG v. 6. 2. 1980 – 2 BvR 1070/79, BVerfGE 53, 152; OLG Hamm 24. 3. 1998 – 2 Ws 101/98, NStZ-RR 1998, 307 (307f.).
[3] Vgl. § 112 Rn. 8.
[4] BVerfG v. 29. 11. 2005 – 2 BvR 1737/05, NJW 2006, 668; BVerfG v. 6. 2. 1980 – 2 BvR 1070/79, BVerfGE 53, 152; OLG Köln v. 21. 12. 2006 – 43 HEs 31/06, StV 2007, 371; OLG Köln v. 6. 7. 2004 – 2 Ws 301/04, StV 2005, 396; OLG Düsseldorf v. 14. 5. 2003 – III – 4 Ws 223/03, StV 2004, 82.
[5] BVerfGE 19, 351; OLG Oldenburg v. 28. 11. 2007 – 1 Ws 639/07, StV 2008, 84; OLG Celle v. 21. 9. 2005 – 2 Ws 198/05, StV 2005, 620; OLG Frankfurt v. 18. 1. 2000 – 1 Ws 3/00, StV 2000, 374; OLG Köln 16. 1. 1996 – HEs 266/95 314, NJW 1996, 1686.
[6] Löwe/Rosenberg/*Hilger* Rn. 2; *Meyer-Goßner* Rn. 4; Anw-StPO/*Lammer* Rn. 3.

Neunter Abschnitt. Verhaftung und vorläufige Festnahme 5–13 § 116

Zuständig für Verschonung ist nach § 126 Abs. 1 S. 1 der Richter, der den Haftbefehl erlassen hat. Er entscheidet von Amts wegen oder auf Antrag des Beschuldigten oder der Staatsanwaltschaft durch Beschluss. Eine Kombination verschiedener Auflagen ist möglich und in der Praxis üblich. Das Gericht hat einem Antrag der Staatsanwaltschaft auf Verschonung vom weiteren Vollzug der Untersuchungshaft zwingend zu folgen.[7] Da das Gericht auf Antrag der Staatsanwaltschaft den Haftbefehl aufheben müsste,[8] ist a maiore ad minus auch der Antrag auf Verschonung bindend. 5

In dringenden Fällen darf der Vollzug für eine **bestimmte Zeit** ausgesetzt werden, etwa um dem Beschuldigten die Wahrnehmung wichtiger Termine zu ermöglichen.[9] 6

Die Verschonungsanordnung darf weder **Strafcharakter** haben[10] noch in **uneinschränkbare Grundrechte** eingreifen oder **unzumutbare Forderungen** an den Beschuldigten stellen.[11] Unzulässig sind alle Beschränkungen, die nicht durch den Haftgrund gerechtfertigt sind.[12] Auch ein Arbeitszwang ist generell rechtswidrig.[13] Die Anordnung eines vorläufigen Berufsverbots ist unter den Voraussetzungen des § 132a zulässig.[14] 7

1. Bei Fluchtgefahr. Abs. 1 regelt die Außervollzugsetzung eines Haftbefehls wegen Fluchtgefahr. In den Nr. 1 bis 4 werden Beispiele möglicher Verschonungsauflagen genannt: Meldepflicht, Aufenthaltsbeschränkung, Hausarrest und Sicherheitsleistung. Daneben und darüber hinaus sind andere Maßnahmen zulässig, wenn sie als weniger einschneidende Maßnahme die Verschonung rechtfertigen. 8

a) Voraussetzungen. Voraussetzung ist die **hinreichend begründete Erwartung**, dass durch die weniger einschneidenden Maßnahmen der Haftzweck erreicht werden kann. Hierzu genügt die **große Wahrscheinlichkeit**, der Beschuldigte werde sich dem Verfahren nicht entziehen.[15] Es bedarf keiner Gewissheiten – allerdings einer Abwägung aller Umstände des Einzelfalles, wie der persönlichen Verhältnisse, der Straferwartung, der Folgen der Straftat, des bisherigen Verhaltens des Beschuldigten und der bisherigen Dauer der Untersuchungshaft. 9

Liegen die Voraussetzungen des Abs. 1 vor, so **ist** der Haftbefehl außer Vollzug zu setzen. 10

b) Gesetzliche Beispiele weniger einschneidender Maßnahmen. Das Gesetz benennt in Abs. 1 Nr. 1 bis 4 Beispiele für geeignete Auflagen. 11

aa) Meldepflicht (Nr. 1). Praktisch bedeutsam ist die Auflage, sich regelmäßig bei der für den Wohnort **zuständigen Polizeidienststelle** zu melden. Dort wird unter Vorlage des Verschonungsbeschlusses (notfalls ohne) ein Meldeblatt angelegt, auf dem die Beamten den Tag und die Uhrzeit der Meldung festhalten. Meist wird eine wöchentliche Meldung verlangt, in Ausnahmefällen sogar eine tägliche Meldung. Hat der Beschuldigte die Auflage geraume Zeit erfüllt, sollte eine Abänderung oder Aufhebung der Meldeauflage beantragt werden; in der Regel ist dann die Fluchtgefahr geringer geworden. Bei einer wöchentlichen Meldepflicht ist es grundsätzlich gleichgültig, an welchem Tag sie erfolgt. Das führt dazu, dass bei einer Meldung am Sonntag, 23.59 Uhr, und am darauf folgenden Montag, 0.01 Uhr, für einen Zeitraum von 13 Tagen keine Meldung erfolgen muss.[16] 12

Der Verhältnismäßigkeitsgrundsatz als allgemeine verfassungsrechtliche Richtlinie ist nicht nur bei der Frage, ob ein Untersuchungshaftbefehl überhaupt außer Vollzug zu setzen ist, sondern auch dann zu berücksichtigen, wenn es um die Entscheidung über den Fortbestand bzw. die zeitweise Aussetzung einer bei der Außervollzugsetzung des Haftbefehls angeordneten Maßnahme geht; denn diese kann den vom Haftbefehl Betroffenen noch zu stark belasten. Von daher kann die zeitweise Aussetzung einer grundsätzlich angeordneten Meldeauflage aus Verhältnismäßigkeitsgründen geboten sein.[17] 13

---

[7] BGH v. 30. 11. 1999 – 2 BGs 335/99, NJW 2000, 967 mAnm *Rinio* NStZ 2000, 547; aA OLG Düsseldorf v. 27. 9. 2000 – 2 Ws 237/00, StV 2001, 462; AG Stuttgart v. 5. 3. 2002 – 28 Gs 11 582/02, NStZ 2002, 391; *Meyer-Goßner* § 120 Rn. 13.
[8] Jedenfalls im Ermittlungsverfahren, vgl. § 120 Abs. 3 S. 1.
[9] LG Verden v. 11. 4. 1996 – 1 – 36/95, StV 1996, 387; AG Krefeld v. 28. 12. 2001 – 24/28 Ls 213/01, NStZ 2002, 559 mAnm *Neuhaus*; *Neuhaus* StraFo 2000, 13.
[10] BVerfG v. 28. 8. 1990 – 2 BvR 375/90, NJW 1991, 1043.
[11] OLG Saarbrücken v. 12. 9. 1977 – Ws 345/77, NJW 1978, 2460.
[12] OLG Celle 29. 2. 1988 – 3 Ws 61/88, StV 1988, 207.
[13] *Paeffgen* NStZ 2000, 133 (135); BeckOK-StPO/*Krauß* Rn. 4.
[14] OLG Hamm v. 11. 3. 2002 – 2 Ws 58/02, StV 2002, 315.
[15] OLG Koblenz v. 24. 9. 2002 – (2) 4420 BL – III – 94/02, NStZ 2004, 80; OLG Karlsruhe v. 23. 9. 1996 – 3 Ws 261/96, 3 Ws 262/96, StraFo 1997, 89 (91); *Meyer-Goßner* Rn. 4.
[16] *Seebode* § 3 Rn. 85.
[17] OLG Hamm v. 17. 9. 1998 – 2 Ws 402/98, StV 1999, 38: zeitweise Aussetzung einer Meldeauflage eines ausländischen Angeschuldigten, für etwa vier Wochen, um in sein Heimatland zu reisen und dort notwendige finanzielle und persönliche Angelegenheiten zu regeln und sich einer notwendig gewordenen Heilbehandlung zu unterziehen.

14 bb) **Aufenthaltsbeschränkung (Nr. 2).** Da eine Beschränkung des Aufenthaltsortes schwer zu kontrollieren ist, spielt sie in der Praxis kaum eine Rolle. Zu Entwicklungen durch Einführung einer „elektronischen Fußfessel" vgl. die folgenden Ausführungen.

15 cc) **Hausarrest (Nr. 3).** Die Weisung, die Wohnung nur unter Aufsicht zu verlassen, kommt praktisch allenfalls bei Jugendlichen in Betracht. Diskutiert worden ist in der jüngeren Vergangenheit der Einsatz einer „**elektronischen Fußfessel**". Tatsächlich eingesetzt wurde diese Maßnahme – soweit bekannt – bislang außerhalb von Modellprojekten nicht. Dem Umstand, dass der Hausarrest unter Einsatz der elektronischen Fußfessel auf den ersten Blick weniger belastend erscheint, steht die Befürchtung entgegen, dass diese Maßnahme nicht zu mehr Haftverschonungen führt, sondern lediglich als weitere Maßnahme bei ohnehin verschonungsgeeigneten Fällen angewendet würde.[18]

16 Nach Abschluss der im Mai 2000 begonnenen **Modellprojekte in Hessen** ist die Fußfessel dort – bundesweit einmalig – seit Ende 2007 im Einsatz. Konkret angewendet wird sie in allen hessischen Landgerichtsbezirken als Bewährungsweisung nach § 56c Abs. 2 Nr. 1 StGB sowie als weniger einschneidende Maßnahme nach § 116 Abs. 1 im Rahmen der Haftverschonung.[19] Nachdem die Gesetzgebungskompetenz für das Recht des Straf- und Untersuchungshaftvollzuges im Zuge der Föderalismusreform geändert wurde, steht eine Einführung der Fußfessel auf Landesebene auf der politischen Agenda. So sieht etwa § 16 Abs. 3 des neuen Hessischen Jugendstrafvollzugsgesetzes seit dem 1.1.2008 vor, die Fußfessel auch zur Entlassungsvorbereitung einzusetzen.

17 Jenseits dieser rechtspolitischen Fragestellung ergeben sich für den Verteidiger im konkreten Fall **Handlungsoptionen**, die jedenfalls als ultima ratio in Betracht gezogen werden sollten. Denn die hessischen Erfahrungen belegen, dass elektronische Überwachungsmittel Aufenthaltsbeschränkungen und -weisungen gem. Abs. 1 Nr. 2 und 3 kontrollierbar machen.[20] Die gängige Argumentation, dass eine Vollzugsaussetzung unter diesen Bedingungen mangels Überprüfbarkeit nicht in Betracht komme, kann daher nicht aufrechterhalten werden. Und auch das Fehlen sachlicher und personeller Ressourcen darf einer Haftverschonung nicht entgegenstehen.[21]

18 dd) **Sicherheitsleistung (Nr. 4).** Noch im Jahre 2008 lässt sich in einer namhaften Veröffentlichung lesen: „Die Sicherheitsleistung ist dem deutschen Strafprozess eher fremd und im Hinblick auf das Vertrauen der Rechtsgemeinschaft in die Unverbrüchlichkeit der Rechtsordnung jedenfalls dann fragwürdig, wenn der Eindruck entstehen kann, der wohlhabendere Beschuldigte könne sich von der Haft ‚freikaufen'."[22] Dem kann nicht gefolgt werden. Die Sicherheitsleistung war schon immer als Mittel zur Abwendung des Haftvollzuges in der StPO vorgesehen, und zwar bis in das Jahr 1953 als einzige Alternative. Erst durch Nr. 16 des 3. StRÄG wurde die Verschonung allgemein aufgrund von Maßnahmen zugelassen, die die Fluchtgefahr erheblich zu vermindern geeignet waren. Durch Art. 1 SPÄG 1964 ist dann der heutige Katalog des § 116 Abs. 1 S. 2 eingeführt worden. Bei „normativer Betrachtung" ist die Kaution dem deutschen Strafprozess also mitnichten fremd.[23] Es gibt sie vielmehr bereits seit mehr als einem Jahrhundert. Der Anspruch auf „schnelle" Prüfung der Aussetzung des Vollzuges des Haftbefehls gegen Sicherheitsleistung ist überdies durch Art. 5 Abs. 3 S. 2 EMRK gewährleistet.[24]

19 Beim Amtsgericht Köln, dem drittgrößten Amtsgericht Deutschlands, sind im Jahr 2005 lediglich 59 Kautionen hinterlegt worden. Nach einem Anstieg auf 75 im Jahre 2006 gab es 2007 nur 49 Kautionen.[25] Es ist keine Steigerung der Vorjahreszahlen zu erwarten. Von einer den Rechtsfrieden bedrohenden Häufung von Kautionen kann also ebenso wenig die Rede sein wie von einem fragwürdigen Freikauf wohlhabender Beschuldigter.[26] Ähnlich skrupulöse Argumente sind – soweit ersichtlich – bislang gegen die Geldstrafe nicht erhoben worden. Hier wie dort kann man die Höhe der Sicherheit respektive der Geldstrafe an den finanziellen Verhältnissen des Beschuldigten ausrichten.[27] Ein Verstoß gegen den Gleichheitssatz des Art. 3 Abs. 1 GG liegt daher fern.

---

[18] Anw-StPO/*Lammer* Rn 5; vgl. aber auch *Gatzweiler* StraFo 1999, 325 (330).
[19] Die wissenschaftlichen Begleitstudien erfolgen durch Max-Planck-Instituts für ausländisches und internationales Strafrecht in Freiburg. Auf der dortigen Homepage (www.mpicc.de) finden sich weitergehende Informationen.
[20] Zum Pro und Contra sowie den Erfahrungen in Hessen vgl. auch *Banzer/Scherzberg* ZRP 2009, 31.
[21] BVerfG v. 10.1.2008 – 2 BvR 1229/07, NStZ 2008, 521: „Grundrechte bestehen nicht nur nach Maßgabe dessen, was an Verwaltungseinrichtungen üblicherweise vorhanden oder an Verwaltungsbrauch „vorgegeben" ist. (...) Der Hinweis auf eine Üblichkeit entbindet nicht von der Beachtung des Verhältnismäßigkeitsgrundsatzes. (...) Es ist Sache des Staates, im Rahmen aller Zumutbaren alle Maßnahmen zu treffen, die geeignet und nötig sind, um Verkürzungen der Rechte von Untersuchungsgefangenen zu vermeiden; die dafür erforderlichen sächlichen und personellen Mittel hat er aufzubringen, bereitzustellen und einzusetzen."
[22] KMR/*Wankel* Rn. 3.
[23] *Püschel* StraFo 2009, 134 (138).
[24] Vgl. dazu EGMR v. 3.10.2006 – Nr. 543/03, NJW 2007, 3699 (McKay ./. Großbritannien).
[25] *Püschel* StraFo 2009, 134 (138).
[26] *Püschel* StraFo 2009, 134 (138).
[27] SK-StPO/*Paeffgen* Rn. 14.

Die Leistung einer **Kaution** ist grundsätzlich bei **allen Haftgründen** zulässig.[28] Die größte Bedeutung hat die Sicherheitsleistung in der Praxis beim Haftgrund der Fluchtgefahr. Aber auch im Falle der Verdunkelungs- oder Wiederholungsgefahr ist die Leistung einer Sicherheit ein geeignetes Mittel, weil der mit dem drohenden Vermögensverlust verbundene Druck von Verdunkelungshandlungen und wiederholter Tatbegehung abhalten kann.[29] 20

In der Regel soll die Kautionsleistung den Beschuldigten veranlassen, sich dem Verfahren und dem Strafantritt zu stellen,[30] da ansonsten die Sicherheit nach § 124 Abs. 1 der Staatskasse verfällt. Nähere Regelungen finden sich in § 116a.[31] 21

c) **Sonstige Maßnahmen.** Darüber hinaus kommen alle Maßnahmen in Betracht, die geeignet sind, als Ersatz für den Vollzug des Haftbefehls den Haftgrund auszuräumen. Bei dem Haftgrund der Verdunkelungsgefahr ist in Abs. 2 noch das Verbot der Kontaktaufnahme mit Mitbeschuldigten und Zeugen angeführt, welches indes nicht für den Verteidiger gilt.[32] Die häufigste Auflage jenseits der gesetzlichen Beispielsfälle dürfte die **Hinterlegung** der **Ausweispapiere** sein.[33] In Betracht kommen ferner **Therapiemaßnahmen**,[34] Weisungen, sich bei einer privaten Stelle zu **melden**, eine bestimmte **Wohnung** zu nehmen, den **Führerschein** zu hinterlegen,[35] oder die Sperre eines **Bankkontos**.[36] 22

2. Bei Verdunkelungsgefahr. Auch bei der Verdunkelungsgefahr ist die Möglichkeit der Außervollzugsetzung kodifiziert (Abs. 2). Das mildere Mittel muss in diesem Fall die Erwartung hinreichend begründen, dass sie die Verdunkelungsgefahr erheblich vermindern wird. Die Anforderungen sind also gegenüber Abs. 1 gemindert. Während dort der Haftzweck erreicht werden muss, genügt hier eine Annäherung. 23

Der Gesetzgeber hat Abs. 2 als „Kann-Vorschrift" ausgestaltet. Allerdings ist der Richter von Verfassungs wegen gehalten, den Haftbefehl außer Vollzug zu setzen, wenn die Voraussetzungen vorliegen. 24

Namentlich benennt das Gesetz die Möglichkeit, den Beschuldigten anzuweisen, mit **Mitbeschuldigten, Zeugen** oder **Sachverständigen keine Verbindung** aufzunehmen. Ohne nähere Eingrenzung umfasst eine solche Auflage die Kontaktaufnahme durch Briefe, Internet oder Mittelspersonen. Keinesfalls darf der Verkehr mit dem Verteidiger verboten werden. Das ergibt sich bereits aus § 148. Die Auflage, weder unmittelbar noch mittelbar und auch nicht über den Verteidiger den Haftbefehl, Vernehmungen oder sonstige Aktenstücke an Dritte zu übergeben, ohne vorher die ausdrückliche Zustimmung der Staatsanwaltschaft eingeholt zu haben, soll allerdings nicht darauf abzielen, rechtmäßiges Verteidigerhandeln zu unterbinden.[37] Im Ergebnis führt sie allerdings genau dazu; es ist der StPO – ganz abgesehen von der strafbewehrten gesetzlichen Schweigepflicht – fremd, Verteidigerhandeln von der Zustimmung der Staatsanwaltschaft abhängig zu machen. 25

Die Praxis akzeptiert in geeigneten Fällen eine **Sicherheitsleistung** als sonstige Maßnahme des Abs. 2.[38] 26

3. Bei Wiederholungsgefahr. Die Verschonung bei Wiederholungsgefahr ist in Abs. 3 gesetzlich geregelt und knüpft in ihren Voraussetzungen wiederum an Abs. 1. Darüber hinaus bedarf es der hinreichend begründeten Erwartung, dass der Beschuldigte die angeordneten Anweisungen befolgen wird. Eine beispielhafte Aufzählung naheliegender Maßnahmen führt das Gesetz – anders als in Abs. 1 und 2 nicht auf. Es kommen verschiedene Maßnahmen in Betracht, va. eine **ärztliche** oder **psychotherapeutische Behandlung** oder der Beginn einer **Drogentherapie**,[39] die Unterstel- 27

---

[28] Löwe/Rosenberg/*Hilger* Rn. 18; vgl. zur Wiederholungsgefahr: OLG Nürnberg v. 29. 11. 2002 – Ws 1485/02, StraFo 2003, 89; BeckOK-StPO/*Krauß* Rn. 11; vgl. zur Verdunkelungsgefahr: OLG Hamm v. 3. 9. 2001 – 2 BL 152/01, StraFo 2001, 397; LG Köln v. 8. 7. 1999 – 102 Qs 36/99, StV 1999, 609.
[29] AA *Meyer-Goßner* Rn. 16.
[30] *Meyer-Goßner* Rn. 10.
[31] Vgl. auch die Ausführungen dort.
[32] Widmaier/*König* MAH Strafverteidigung § 4 Rn. 170.
[33] Personalausweis: OLG Celle StV 1991, 473. Reisepass: OLG Saarbrücken NJW 1978, 2460.
[34] OLG Hamm v. 8. 6. 1999 – 5 Ws 145/99, NStZ 2001, 77: „Ein wegen schweren Raubes und anderer Straftaten wegen Fluchtgefahr erlassener Haftbefehl kann – bei Inkaufnahme eines gewissen Risikos – außer Vollzug gesetzt werden, wenn die große Wahrscheinlichkeit begründet ist, daß der Angeschuldigte sich im Falle des sofortigen Antritts und der Fortsetzung einer Drogenentwöhnungsbehandlung nach ärztlicher Weisung und der Befolgung der ihm weiter erteilten Weisungen dem Verfahren nicht entziehen wird."
[35] BeckOK-StPO/*Krauß* Rn. 9.
[36] BeckOK-StPO/*Krauß* Rn. 9.
[37] LG München v. 25. 2. 1998 – 4 Qs 75/97, StraFo 1998, 209 mkritAnm *Wüllrich*.
[38] OLG Nürnberg v. 29. 11. 2002 – Ws 1485/02, StraFo 2003, 89; OLG Hamm v. 3. 9. 2001 – 2 BL 152/01, StV 2001, 688; LG Köln v. 8. 7. 1999 – 102 Qs 36/99, StV 1999, 609; OLG Hamburg 6. 3. 1974 – 1 Ws 96/74, MDR 1974, 595; OLG Hamburg 9. 5. 1966 – 1 Ws 169/66 H; NJW 1966, 1329; aA KG v. 23. 6. 1989 – 4 Ws 57/89, JR 1990, 34; OLG Frankfurt v. 4. 7. 1977 – 3 Ws 218/77, NJW 1978, 838.
[39] OLG Hamm v. 30. 11. 1983 – 1 Ws 140/83, StV 1984, 123.

lung unter die Aufsicht eines **Bewährungshelfers**,[40] **Kontaktverbote**[41] oder eine **Sicherheitsleistung**.[42]

28   Mehr als ein Drittel der Untersuchungsgefangenen sind **drogenabhängig**. Die Sucht ist regelmäßig die Ursache ihrer Inhaftierung. Für die Behandlung suchtkranker Menschen sind Justizvollzugsanstalten weder geeignet noch bestimmt.[43] Eine ausreichende Zahl von Plätzen in Entzugs- und Therapieeinrichtungen fehlt in allen Bundesländern.[44] Krankheitseinsichtige und therapiebereite Untersuchungsgefangene müssen deshalb mit langen Wartezeiten rechnen. Sie verlängern sich, weil der Inhaftierte auf Unterstützung bei der Suche nach einem Therapieplatz und der Erlangung einer Kostenzusage angewiesen ist. Die Mittel für Stellen externer Drogenberatung in der JVA sind unzureichend. Die internen Dienste sind chronisch unterbesetzt. Dies hat – trotz Neueinstellungen für den Jugendbereich – speziell im Untersuchungshaftbereich erwachsener Männer dazu geführt, dass dort das Personal weiter verringert worden ist. In der Konsequenz sind Wartezeiten von bis zu einem halben Jahr bis zum Beginn eines Betreuungs- bzw. Vermittlungsprozesses in eine therapeutische Einrichtung keine Seltenheit.[45] Dieses beklagenswerte Betreuungsdefizit muss der Verteidiger eines suchtkranken Inhaftierten durch „sozialarbeiterische Unterstützung" kompensieren, indem er bspw. einen beschleunigten Therapieantritt ermöglicht.[46]

29   **4. Bei besonderer Tatschwere.** § 112 Abs. 3 lässt bei bestimmten Taten die Anordnung der Untersuchungshaft zu, obwohl ein Haftgrund nach § 112 Abs. 2 nicht besteht. Eine ausdrückliche Regelung zur Außervollzugsetzung eines Haftbefehls, der sich auf den Haftgrund der besonderen Tatschwere stützt, sieht die StPO nicht vor. Bei der gebotenen **verfassungskonformen Auslegung** der Vorschrift ist der Erlass eines Haftbefehls in diesen Fällen nicht unbeschränkt zulässig. Zum einen müssen auch im Rahmen des § 112 Abs. 3 Umstände vorliegen, die die Gefahr begründen, dass ohne Festnahme des Beschuldigten die alsbaldige Aufklärung und Ahndung der Tat gefährdet sein könnte.[47] Zum anderen wäre der Erlass eines Haftbefehls und die Fortdauer des Vollzugs der Untersuchungshaft verfehlt, wenn eine Flucht des Angeschuldigten ganz fernliegend und eine Wiederholung der Tat entweder ausgeschlossen ist oder dieser Gefahr durch mildernde Maßnahmen begegnet werden kann.[48]

30   Die Verschonungsauflagen in diesen Fällen entstammen meist dem Fundus der Maßnahmen bei angenommener Fluchtgefahr.

31   **5. Bei Flucht.** Schließlich kennt das Gesetz keine ausdrücklich normierte Verschonung in Fällen der Flucht. Es wird vertreten, dass bei Flucht keine Verschonung in Betracht kommt. Die Praxis sieht hingegen – zu Recht – anders aus. Auch bei Flucht gilt der Verhältnismäßigkeitsgrundsatz fort. So kann die Ankündigung der Rückkehr, die Zahlung einer Kaution o. Ä. den Willen dokumentieren, sich von nun an dem Verfahren weiter stellen zu wollen.

32   Praktisch gelingt die Außervollzugsetzung eines auf Flucht beruhenden Haftbefehls nur durch Einschaltung eines Verteidigers, der Gericht und Staatsanwaltschaft plausibel vermittelt, der Beschuldigte werde sich dem weiteren Verlauf des Verfahrens nicht entziehen. In diesen Fällen sind häufig komplexe „Pakete zu schnüren", die zB Fragen des präsumtiven Aussageverhaltens umfassen.

III. Grenzüberschreitende Überwachung von Auflagen innerhalb der EU

33   Auflagen, die gegen einen Verdächtigen als Alternative zur Untersuchungshaft verhängt wurden, können künftig EU-weit überwacht werden. Darauf haben sich die Justizminister der einzelnen Mitglieder der EU am 28. 11. 2008 verständigt.[49] Damit soll Untersuchungshaft häufiger als bisher vermieden werden. Die Einigung knüpft an einen bereits im Dezember 2007 politisch geeinigten Rahmenbeschluss an, mit dem die Möglichkeit der Überwachung von Bewährungsauflagen und alternativen Sanktionen gegenüber Straftätern nach einer Verurteilung innerhalb der EU

---

[40] OLG Celle v. 29. 9. 1995 – HEs 74/95, StV 1995, 644.
[41] OLG Celle v. 29. 9. 1995 – HEs 74/95, StV 1995, 644.
[42] BeckOK-StPO/*Krauß* Rn. 11; aA SK-StPO/*Paeffgen* Rn. 18.
[43] *Püschel* StraFo 2009, 134 (136).
[44] Im Jahr 2007 wurden in NRW 7600 Drogenabhängige gezählt (6200 illegale Drogen, 1400 legale Drogen). Die Zahl der Therapievermittlungen aus der Haft heraus liegt bei ca. 1800 Vermittlungen im Jahr. Darüber hinaus verfügen die Anstalten in NRW über 600 Behandlungsplätze in speziellen vollzugsinternen Behandlungseinrichtungen.
[45] *Püschel* StraFo 2009, 134 (136).
[46] Vgl. zu Tätigkeiten des Verteidigers im „sozialarbeiterischen" Bereich *Barton* (2007) § 2 Rn. 38.
[47] § 112 Rn. 60 ff.
[48] BVerfG v. 15. 12. 1965 – 1 BvR 513/65, BVerfGE 19, 342 = NJW 1966, 243; OLG Oldenburg v. 18. 11. 2007 – 1 Ws 639/07, StV 2008, 84; OLG Celle v. 21. 9. 2005 – 2 Ws 198/05, StV 2005, 620; OLG Frankfurt v. 18. 1. 2000 – 1 Ws 3/00, StV 2000, 374; OLG Köln 16. 1. 1996 – HEs 266/95 314, NJW 1996, 1686.
[49] Das „Proposal" des Rahmenbeschlusses findet sich unter http://register.consilium.europa.eu/pdf/en/08/st17/st17002.en08.pdf.

geschaffen wurde.⁵⁰ Der neue Rahmenbeschluss soll nun gewährleisten, dass Auflagen zur Vermeidung der Untersuchungshaft grenzüberschreitend überwacht werden.

Die Überwachung der Auflagen im EU-Ausland wird künftig durch den Staat, der die Auflagen 34 erlassen hat, mittels eines Formblattes bei dem Staat beantragt, der die Auflagen überwachen soll (Aufenthaltsstaat des Verdächtigen). Die Überwachung erfolgt dann durch den Aufenthaltsstaat wie bei inländisch erlassenen Auflagen.

IV. Wiederinvollzugsetzen des Haftbefehls

1. Allgemeines. Das in Abs. 4 zum Ausdruck kommende Gebot, die Aussetzung des Vollzuges 35 eines Haftbefehls durch den Richter nur dann zu widerrufen, wenn sich die Umstände im Vergleich zu der Beurteilungsgrundlage zur Zeit der Gewährung der Verschonung wesentlich verändert haben, gehört zu den **bedeutsamsten (Verfahrens-)Garantien**, deren Beachtung Art. 104 Abs. 1 S. 1 GG fordert und mit grundrechtlichem Schutz versieht.⁵¹ Ist ein Haftbefehl einmal unangefochten außer Vollzug gesetzt worden, so ist jede neue haftrechtliche Entscheidung, die den Wegfall der Haftverschonung zur Folge hat, nur unter den einschränkenden Voraussetzungen von § 116 Abs. 4 erlaubt.⁵²

Das Gericht ist an die Beurteilung der Umstände, auf denen die Vollzugsaussetzung beruht, ge- 36 bunden – eine lediglich andere Beurteilung bei im Übrigen gleich bleibenden Umständen kann einen Widerruf nicht rechtfertigen.⁵³ Legt der von der Untersuchungshaft verschonte Beschuldigte Beschwerde gegen den Haftbefehl ein, um diesen zu beseitigen, kommt ein Widerruf der gewährten Haftverschonung nur in Betracht, wenn sich die Umstände verändert haben und die Voraussetzungen des § 116 Abs. 4 vorliegen.⁵⁴

Als **milderes Mittel** können **Auflagen** nachträglich **geändert** bzw. verschärft werden können, 37 wenn sich die Umstände ändern. Aus Verhältnismäßigkeitsgründen kann dieser Schritt genügen, wenn die sonstigen Voraussetzungen vorliegen.⁵⁵

2. Vollzugsgründe. Die Voraussetzungen, die eine Wiederinvollzugsetzung des Haftbefehls recht- 38 fertigen, sind in Abs. 4 **abschließend** geregelt.

a) **Gröblicher Pflichtenverstoß.** Naheliegend ist, dass Pflichtenverstöße gegen Verschonungsauf- 39 lagen, den erneuten Vollzug des Haftbefehls nach sich ziehen können. Wann ein **gröblicher** Pflichtenverstoß iSd. Nr. 1 vorliegt, ist eine Frage des Einzelfalls, da nicht jeder geringfügige Verstoß, das in den Beschuldigten gesetzte Vertrauen zerstört. Gerade in weniger gewichtigen Fällen kann eine Verschärfung der bisherigen Maßnahmen genügen.

Der Schweregrad des Pflichtenverstoßes richtet sich nach der Bedeutung der betroffenen Anwei- 40 sung und den Auswirkungen auf die Prognose bezüglich des in Rede stehenden Haftgrundes. Eine gröbliche Zuwiderhandlung gegen eine Auflage des Haftverschonungsbeschlusses liegt nicht vor, wenn durch die Zuwiderhandlung der Haftgrund der Fluchtgefahr nicht wieder verstärkt worden ist.⁵⁶ Wird zB die Abgabe der Ausweispapiere zu einem bestimmten Tag gefordert, ändert die um 24 Stunden verspätete Hinterlegung kaum etwas an der von nun an verminderten Fluchtgefahr. Vielmehr manifestiert sich der Wille des Beschuldigten, sich dem Verfahren zu stellen, trotzdem.

„Gröblich" beinhaltet ein voluntatives Element, weil es sonst keinen Grund gibt, dem Beschul- 41 digten das Vertrauen zu entziehen. Absicht ist ebensowenig erforderlich, wie ein Versehen oder eine bloße Nachlässigkeit ausreicht.⁵⁷

b) **Entfallen der Vertrauensgrundlage.** Nr. 2 ist im Verhältnis zu Nr. 1, in dem es ebenfalls um 42 enttäuschtes (staatliches) Vertrauen geht, ein Auffangtatbestand. Die Norm greift schon im Vorfeld eines gröblichen Pflichtenverstoßes. Dies ist vor allem dann sinnvoll, wenn der nächste Schritt des Beschuldigten bereits den Haftzweck vereiteln würde.

Ein Verstoß gegen die Auflage, jeder Ladung Folge zu leisten, rechtfertigt einen Widerruf der 43 Haftverschonung dann nicht, wenn der Beschuldigte, der sich weigert zur Sache auszusagen, einer Ladung zur Vernehmung keine Folge leistet.⁵⁸

---

⁵⁰ Rahmenbeschluss des Rates vom 27. 11. 2008 – 2008/909/JI, Amtsblatt der Europäischen Union L 327/27.
⁵¹ BVerfG v. 15. 8. 2007 – 2 BvR 1485/07, NStZ-RR 2007, 379; OLG Düsseldorf v. 24. 5. 1993 – 1 Ws 456/93, StV 1993, 480.
⁵² OLG Düsseldorf v. 8. 11. 2001 – 4 Ws 544/01, StV 2002, 207.
⁵³ BVerfG v. 1. 2. 2006 – 2 BvR 2056/05, NJW 2006, 1787 unter Aufhebung von BGH v. 29. 10. 2005 – 2 StE 4/02 – 5 – StB 15/05, NStZ 2006, 297; BVerfG v. 26. 10. 2005 – 2 BvR 1618/05, BVerfGK 6, 295; OLG Frankfurt v. 3. 6. 2004 – 1 Ws 46/04, StV 2004, 493; Löwe/Rosenberg/*Hilger* Rn. 44.
⁵⁴ BVerfG v. 1. 2. 2006 – 2 BvR 2056/05, NJW 2006, 1787; BVerfG v. 26. 10. 2005 – 2 BvR 1618/05, BVerfGK 6, 295.
⁵⁵ BVerfG v. 1. 2. 2006 – 2 BvR 2056/05, NJW 2006, 1787.
⁵⁶ OLG Frankfurt v. 13. 7. 1995 – 5 Ws 1/95, StV 1995, 476.
⁵⁷ KG v. 9. 9. 2002 – 3 Ws 398/02, NStZ 2004, 80.
⁵⁸ OLG Frankfurt v. 18. 8. 1992 – 1 Ws 144/92, StV 1992, 583.

44 **c) Nova.** In der Praxis bereitet die Anwendung der Nr. 3 Schwierigkeiten. Vor allem Instanzgerichte, die nach langen, kontrovers geführten Verfahren, mit Urteilsverkündung eine „Saalverhaftung" durchführen, lassen manchmal die gebotene Sorgfalt bei der Prüfung vermissen, ob tatsächlich „neue Umstände" vorliegen. Solche „nova" können gegeben sein, wenn der Haftgrund verstärkt wird oder ein neuer hinzutritt. Eine Verdichtung des dringenden Tatverdachts durch weitere Ermittlungen rechtfertigt den Widerruf hingegen nicht:[59] Auch eine lediglich andere Beurteilung bei im Übrigen gleich bleibenden Umständen kann – wie bei der Nr. 1 – einen Widerruf nicht rechtfertigen.[60]

45 **aa) Restriktive Auslegung.** Die Merkmale der Nr. 3 sind in jedem Fall restriktiv auszulegen.[61] Der Beschuldigte, der mit der ihm durch den Haftbefehl bekannten und latenten Bedrohung eines Freiheitsentzugs lebt, sich dem Verfahren und allen Anordnungen stellt und die ihm auferlegten Anweisungen beanstandungslos erfüllt, genießt den Vertrauensvorschuss, in Zukunft nicht den Haftzwecken zuwider zu handeln. Der Beschuldigte muss mit der Verschonung die faire Chance erhalten, sich in Freiheit zu bewähren und eine erneute Inhaftierung abzuwenden.

46 **bb) „Neue Umstände".** Neu sind nachträglich eingetretene oder nach Außervollzugsetzung bekannt gewordene Umstände nur dann, wenn sie – bei Beurteilung sämtlicher Umstände des Einzelfalls – die Gründe des Haftverschonungsbeschlusses in einem so wesentlichen Punkt erschüttern, dass keine Aussetzung bewilligt worden wäre, wenn sie bei der Entscheidung bereits bekannt gewesen wären.[62] In die Gesamtabwägung muss einfließen, dass der Beschuldigte inzwischen Gelegenheit hatte, sein Verhalten gegenüber dem Strafverfahren zu dokumentieren und das in ihn gesetzte Vertrauen, namentlich durch strikte Beachtung der ihm erteilten Auflagen, zu rechtfertigen.[63]

47 Taugliche Umstände iSd. Nr. 3 beziehen sich allein auf die Haftgründe, weil ein dringender Tatverdacht ohnehin Voraussetzung für den außer Vollzug gesetzten Haftbefehl ist.

48 **cc) „Saalverhaftung".** Bei der sog. Saalverhaftung wird idR die greifbar gewordene hohe Straferwartung zur Begründung der Fluchtgefahr bemüht. Ein nach der Haftverschonung ergangenes (nicht rechtskräftiges) Urteil oder ein hoher Strafantrag der Staatsanwaltschaft können zwar geeignet sein, den Widerruf einer Haftverschonung und das Invollzugsetzen eines Haftbefehls zu rechtfertigen. In Betracht kommt dies allein in extrem gelagerten Einzelfällen. Zumindest muss die Prognose des Haftrichters bezüglich der Straferwartung der Rechtsfolgenausspruch des Tatrichters oder die von der Staatsanwaltschaft beantragte Strafe erheblich zum Nachteil des Angeklagten abweichen und sich die Fluchtgefahr dadurch **ganz wesentlich erhöhen**.[64] War dagegen schon zu diesem Zeitpunkt mit der später ausgesprochenen – auch höheren – Strafe zu rechnen und hat der Beschuldigte die ihm erteilten Auflagen gleichwohl korrekt befolgt, darf die Haftverschonung nicht widerrufen werden.[65] Das gilt auch, wenn bei Außervollzugsetzung des früheren Haftbefehls keine bestimmte Straferwartung im Raum stand.[66] Der hoheitliche Vertrauenstatbestand setzt sich als Ausprägung der wertsetzenden Bedeutung des Grundrechts der persönlichen Freiheit (Art. 2 Abs. 2 S. 2 GG) im Rahmen der vorzunehmenden Abwägung durch.[67] **„Der Begünstigte einer Haftverschonungsentscheidung hat grundsätzlich Anspruch, die Rechtskraft des Urteils in Freiheit zu erwarten."**[68] Hat sich die Straferwartung, von welcher der Angeklagte jedenfalls in den letzten Wochen vor dem Ergehen des Urteils ausgehen musste, realisiert, so vermag dies die Wiederinvollzugsetzung des Haftbefehls nicht zu rechtfertigen.[69] Ganz praktisch werden die streitigen Fälle meist durch einen Blick in den ursprünglichen Haftbefehl gelöst: Es findet sich wohl kaum ein Haftbefehl, bei dem nicht – jedenfalls zur ergänzenden Begründung –

---

[59] BVerfG v. 1. 2. 2006 – 2 BvR 2056/05, StraFo 2006, 108; 2007, 19; OLG München NJW 1979, 772.
[60] BVerfG v. 15. 8. 2007 – 2 BvR 1485/07, NStZ-RR 2007, 379.
[61] BVerfG v. 15. 8. 2007 – 2 BvR 1485/07, NStZ-RR 2007, 379; BVerfG v. 1. 2. 2006 – 2 BvR 2056/05, NJW 2006, 1787; OLG Frankfurt v. 3. 6. 2004 – 1 Ws 46/04, StV 2004, 493.
[62] BVerfG v. 29. 11. 2006 – 2 BvR 2342/06, StV 2007, 84; BVerfG v. 1. 2. 2006 – 2 BvR 2056/05, BVerfGK 7, 239 = NJW 2006, 1787; OLG Karlsruhe v. 11. 4. 2005 – 3 Ws 114/05, wistra 2005, 316; OLG Düsseldorf v. 8. 11. 2001 – 4 Ws 544/01, StV 2002, 207.
[63] BVerfG v. 15. 8. 2007 – 2 BvR 1485/07, NStZ-RR 2007, 379; BVerfG v. 1. 2. 2006 – 2 BvR 2056/05, BVerfGK 7, 239 = NJW 2006, 1787.
[64] BVerfG v. 15. 8. 2007 – 2 BvR 1485/07, NStZ-RR 2007, 379; OLG Frankfurt v. 3. 6. 2004 – 1 Ws 46/04, StV 2004, 493.
[65] BGH v. 16. 9. 2004 – 4 StR 84/04, NStZ 2005, 279; OLG Frankfurt v. 3. 6. 2004 – 1 Ws 46/04, StV 2004, 493; OLG Frankfurt v. 6. 11. 2000 – 1 Ws 139/00, NStZ 2002, 81; OLG Hamm v. 27. 12. 2002 – 2 Ws 474/02, StV 2003, 512; OLG Düsseldorf v. 8. 11. 2001 – 4 Ws 544/01, StV 2002, 207; OLG Düsseldorf StV 2000, 211.
[66] OLG Köln v. 23. 1. 2008 – 2 Ws 33/08, StV 2008, 258 für den Fall der Aufhebung eines zunächst außer Vollzug gesetzten Haftbefehls.
[67] BVerfG v. 15. 8. 2007 – 2 BvR 1485/07, NStZ-RR 2007, 379.
[68] BVerfG v. 15. 8. 2007 – 2 BvR 1485/07, NStZ-RR 2007, 379.
[69] OLG Frankfurt v. 3. 6. 2004 – 1 Ws 46/04, StV 2004, 493.

auf die erhebliche zu erwartende Strafe rekurriert wird. Schon dadurch lässt sich meist dokumentieren, dass der Beschuldigte von Anfang an mit einer hohen Strafe rechnen musste.[70]

Um den Erwartungshorizont des Beschuldigten zu dokumentieren, kann es in Verschonungsfällen helfen, wenn der Verteidiger den Beschuldigten schriftlich darüber belehrt, dass ggf. mit einer sehr hohen Freiheitsstrafe gerechnet werden muss. Dadurch lässt sich leichter nachweisen, dass der Beschuldigte subjektiv auf eine solche Strafe eingerichtet war. Nicht in die Irre führen lassen sollte man sich durch das Argument, die Verteidigung habe immerhin Freispruch beantragt. Zwar ist es erniedrigend und rechtlich nicht durchsetzbar, dass die Verteidigung aus dem Innenverhältnis berichten muss. In dieser delikaten Situation[71] ist es idR dennoch hilfreich, wenn sich der Verteidiger teilweise von seiner Schweigepflicht entbinden lässt und er mitteilt, dass er den Beschuldigten darüber aufgeklärt habe, dass der Antrag der Verteidigung nicht automatisch dem Urteil entspricht und durchaus mit einer anderen, schlechteren Entscheidung gerechnet werden muss, die im Einzelfall sogar den Antrag der Staatsanwaltschaft im Strafmaß überschreitet. Ein nach Haftverschonung ergangenes Urteil rechtfertigt das Invollzugsetzen eines Haftbefehls auch dann nicht, wenn der um ein günstiges Ergebnis bemühte Angeklagte seine Hoffnungen durch das Urteil enttäuscht sieht.[72] 49

In langen (Haupt-)Verfahren liegen zwischen dem Antrag der Staatsanwaltschaft und der Urteilsverkündung viele Tage. So lässt es sich hilfsweise darlegen, dass spätestens mit dem Antrag der Staatsanwaltschaft zur Strafhöhe, dem Beschuldigten die hohe Straferwartung noch einmal vor Augen geführt wurde, und er sich dennoch dem Verfahren weiter gestellt hat. „Fühlt" der Verteidiger eine „Saalverhaftung" kommen, sollte er zwischen Plädoyers und Urteilsverkündung den Beschuldigten noch einmal schriftlich darüber aufklären, dass eine Wiederinvollzugsetzung drohen kann.[73] Stellt sich der Beschuldigte dann dem weiteren Verfahren, kann dieses Dokument sehr wertvoll sein. 50

dd) Abtreten der Kaution. Nicht hinreichend diskutiert ist die Frage, ob die Zession der Sicherheitsleistung ein neu hervorgetretener Umstand ist, der gem. Abs. 4 Nr. 3 zum Widerruf der Haftverschonung berechtigt. In diesem Zusammenhang sei auf einen unveröffentlichten Beschluss des AG Hagen v. 13. 7. 2001 verwiesen:[74] „In Anbetracht des Ergebnisses des gegen die gesondert verfolgten Angeklagten X und Y durchgeführten Hauptverhandlungstermins besteht nunmehr Fluchtgefahr bezüglich des Angeklagten Z, zumal auch die im vorliegenden Verfahren geleistete Kaution inzwischen an den Verteidiger N abgetreten worden ist und somit dem Angeklagten nicht mehr ungeschmälert zu Gute kommen wird." 51

Und in einer Entscheidung des LG Gießen heißt es: „Die gesteigerte Wirkung einer Eigenzahlung als Fluchthindernis entfällt, wenn der Beschuldigte auch dann, wenn er sich dem Verfahren stellt, die Kaution nicht wiedererhalten wird. So verhält es sich, wenn er die Sicherheit tatsächlich aus eigenen Mitteln erbracht hat, den Auskehrungsanspruch später jedoch – etwa zur Tilgung einer eigenen Verbindlichkeit – an einen Dritten abtritt. Das Interesse des Beschuldigten, die Kaution nicht verfallen zu lassen, würde sich damit auf sein Interesse an einer auch materiellen Befriedigung des Zessionars beschränken. Dass dieses regelmäßig geringer sein wird als sein vormaliges Interesse an einer Rückzahlung des Betrages an ihn selbst, liegt auf der Hand."[75] 52

Dieses Evidenzerlebnis des LG Gießen kann nicht geteilt werden.[76] Die Abtretung des Auskehrungsanspruches dient regelmäßig als Erfüllungssurrogat. So erhält etwa der Verteidiger, dem die Kaution abgetreten wird, eine zusätzliche Befriedigungsmöglichkeit für seine Vergütungsansprüche. Diese Ansprüche erlöschen nur, wenn ihm die Kaution ausgekehrt wird. Verfällt die Sicherheit, bleibt seine Verbindlichkeit gegenüber dem Verteidiger bestehen. Daher hat der von der Haft verschonte Beschuldigte ein gleichbleibendes wirtschaftliches Interesse, dass die Kaution nicht verfällt. 53

ee) Entsprechende Anwendungen. Der Vorschrift liegt der Gedanke des Vertrauensschutzes zu Grunde, der bei einer ganzen Reihe ähnlicher Konstellationen nicht weniger schützenswert ist: 54

Wird der Haftbefehl aufgehoben und nicht lediglich außer Vollzug gesetzt, ist der Erlass eines neuen Haftbefehls nur unter den Voraussetzungen des Abs. 4 zulässig.[77] Das gilt auch, wenn die 55

---

[70] OLG Düsseldorf v. 8. 11. 2001 – 4 Ws 544/01, StV 2002, 207; OLG Düsseldorf v. 8. 11. 2001 – 4 Ws 544/01, StV 2000, 211; OLG Hamm v. 27. 12. 2002 – 2 Ws 474/02, StV 2003, 512 (512 f.).
[71] In vielen Bundesländer ist mit der „Selbststellung" zum Strafvollzug der Freigängerstatus begründet, so zB in Nordrhein-Westfalen.
[72] OLG Hamm v. 8. 5. 2007 – 4 Ws 201/07 u. 202/07, StV 2008, 29 mAnm *Marquardt/Petri*.
[73] Ein solche Belehrung kann aus ... Gründen keine Strafvereitelung sein.
[74] AG Hagen v. 13. 7. 2001 – 74 Ls 38/00.
[75] LG Gießen v. 29. 5. 2006 – 2 KLs 502 Js 23 635/05, StV 2006, 643 (645).
[76] *Püschel* StraFo 2009, 134 (139 f.).
[77] OLG Dresden v. 3. 3. 2009 – 2 Ws 84/09, NStZ-RR 2009, 292; OLG Hamm v. 8. 5. 2007 – 4 Ws 201/07 u. 202/07, StV 2008, 29 mAnm *Marquardt/Petri*.

Staatsanwaltschaft einen Haftbefehl beantragt und das Gericht diesen Antrag abgelehnt hat – jedenfalls soweit dieser Vorgang dem Beschuldigten bekannt ist. Denn in all diesen Fällen wurde ein staatlicher Vertrauenstatbestand geschaffen, der die erhöhten Anforderungen an den (erneuten) Erlass eines Haftbefehls rechtfertigt.

56 Bei der Aufhebung eines außer Vollzug gesetzten Haftbefehls und den gleichzeitigen Erlass eines neuen, zu vollziehenden Haftbefehls handelt es sich der Sache nach um den Widerruf einer Haftverschonung. Sie ist nur unter den Voraussetzungen des Abs. 4 zulässig.[78]

IV. Rechtsbehelfe

57 **1. Verschonung.** Gegen die Verschonung kann die Staatsanwaltschaft Beschwerde nach § 304 Abs 1 einlegen; ebenso wie der Beschuldigte Beschwerde einlegen kann, wenn ein Antrag auf Außervollzugsetzung abgelehnt wird. Das Beschwerdegericht prüft dann jeweils das Vorliegen aller Voraussetzungen des Haftbefehls.[79] Allerdings erstreckt sich das Verbot der Schlechterstellung auf die Entscheidung über die Beschwerde, mit welcher der vom Vollzug der Untersuchungshaft verschonte Beschuldigte den Bestand des Haftbefehls angreift und dessen Aufhebung anstrebt. Bei unveränderter Sachlage kommt ein Widerruf der gewährten Haftverschonung nicht in Betracht.[80]

58 Der Beschuldigte kann Beschwerde einlegen, wenn er die Weisungen und Beschränkungen für unverhältnismäßig oder obsolet hält. Auch wenn es „nur" um die Anordnung, Änderung oder Aufhebung von Auflagen geht, ist die weitere Beschwerde gem. § 310 Abs. 1 Nr. 1 zulässig.[81]

59 Nichts anderes gilt bei erstinstanzlicher Zuständigkeit des OLG und Entscheidungen des Ermittlungsrichters des BGH oder des OLG. Das ergibt sich aus § 304 Abs. 4 S. 2 Nr. 1 bzw. Abs. 5. Unstreitig gilt das, wenn das „Ob" eines Freiheitsentzugs und der Fortbestand eines außer Vollzug gesetzten Haftbefehls in Rede steht.[82] Der isolierte Angriff gegen einzelne Auflagen soll hingegen nach verbreiteter Auffassung nicht beschwerdefähig sein.[83]

60 **2. Wiederinvollzugsetzung.** Gegen die Anordnung des Vollzugs kann der Beschuldigte Beschwerde einlegen.[84] Die weitere Beschwerde ist gem. §§ 305 S. 2, 310 nach allgemeiner Ansicht zulässig.

V. Jugendstrafverfahren

61 Im Jugendstrafverfahren ist an die besondere Verhältnismäßigkeitsprüfung zu erinnern,[85] die erzieherische Maßnahmen als Alternative zum Vollzug der Untersuchungshaft in den Vordergrund rückt.

§ 116a [Sicherheitsleistung]

(1) ¹Die Sicherheit ist durch Hinterlegung in barem Geld, in Wertpapieren, durch Pfandbestellung oder durch Bürgschaft geeigneter Personen zu leisten. ²Davon abweichende Regelungen in einer auf Grund des Gesetzes über den Zahlungsverkehr mit Gerichten und Justizbehörden erlassenen Rechtsverordnung bleiben unberührt.

(2) Der Richter setzt Höhe und Art der Sicherheit nach freiem Ermessen fest.

(3) Der Beschuldigte, der die Aussetzung des Vollzugs des Haftbefehls gegen Sicherheitsleistung beantragt und nicht im Geltungsbereich dieses Gesetzes wohnt, ist verpflichtet, eine im Bezirk des zuständigen Gerichts wohnende Person zum Empfang von Zustellungen zu bevollmächtigen.

I. Allgemeines

1 Die Vorschrift regelt die Einzelheiten der Haftverschonung gegen Sicherheitsleistung. In der Regel soll die Kautionsleistung den Beschuldigten veranlassen, sich dem Verfahren und dem Strafantritt zu stellen,[1] da ansonsten die Sicherheit nach § 124 Abs. 1 der Staatskasse verfällt.

---

[78] OLG Köln v. 23. 1. 2008 – 2 Ws 33/08, StV 2008, 258; OLG Karlsruhe v. 11. 4. 2005 – 3 Ws 114/05, wistra 2005, 316.
[79] OLG Stuttgart v. 29. 1. 1982 – 5 Ws 1/82, NJW 1982, 1296.
[80] OLG Düsseldorf v. 24. 5. 1993 – 1 Ws 456/93, StV 1993, 480.
[81] OLG Nürnberg MDR 1961, 619; OLG Hamburg StV 1994, 323; aA OLG Bremen StV 2001, 689; OLG Celle NStZ-RR 2006, 222; vgl. hierzu auch BGHSt 25, 120; 26, 270; 29, 200.
[82] BGH NJW 1973, 664.
[83] BGHSt 25, 120; 34, 34, 36; 37, 347; OLG Hamm wistra 2002, 238, 240; aA SK-StPO/*Paeffgen* Rn. 22.
[84] Ausnahme: Wiederinvollzugsetzung durch Strafsenat Rechtsmittelgericht, § 304 Abs. 4 S. 2 1. Hs.
[85] § 112 Rn. 72.
[1] *Meyer-Goßner* Rn. 10.

II. Sicherheitsleistung

Das Gesetz sieht die Sicherheitsleistung durch Bargeld, Wertpapieren, Pfandbestellung und Bürgschaft geeigneter Personen vor und ist für weitere Formen offen. Der „klassische" Fall ist die Hinterlegung von Bargeld.

1. Hinterlegung von Bargeld. Für die Leistung der Sicherheit muss jeweils mit dem Verschonungsbeschluss bei der **Hinterlegungsstelle** eines Gerichts (nicht notwendig des anordnenden Gerichts, § 6 Nr. 1 HinterlO) ein Hinterlegungsvorgang angelegt werden, zu dem der Geldbetrag geleistet wird. Mit der Bestätigung der Leistung (am schnellsten durch Barzahlung bei der Gerichtskasse) wird die Auflagenerfüllung dem Haftrichter nachgewiesen.

2. Substitute. Auch die Hinterlegung von **Wertpapieren** erfolgt nach der HinterlO. Unter **Pfandbestellung** sind alle Arten der Sicherheit an beweglichen (Pfand, Sicherungsübereignung) und unbeweglichen Sachen (Grundschuld) sowie an Forderungen (Sicherungsabtretung). Bei der Sicherheitsleistung durch **Bürgschaft** geeigneter Personen handelt es sich um ein aufschiebend bedingtes Zahlungsversprechen eines Dritten, welches vom Bestehen einer „Hauptschuld" iSv. § 765 BGB gegen den Beschuldigten unabhängig ist.[2] Eine Bankbürgschaft oder Hinterlegung von Geld oder Wertpapieren bei einer Bank durch einen Dritten mit der Maßgabe, dass der Staat nach Verfall Herausgabe verlangen kann, sind zulässig. Per Rechtsverordnung[3] darf die Möglichkeit eröffnet werden, unbar Sicherheit zu leisten, etwa durch EC-Karte oder Kreditkarte.[4]

3. Sicherheitsleistung durch Dritte. Hält das Gericht die **Sicherheitsleistung eines Dritten** für ausreichend, muss das nicht zwingend im Verschonungsbeschluss zum Ausdruck kommen.[5] Die Sicherheitsleistung kann auch dann von Dritten erbracht werden, wenn dies im Beschluss nicht ausdrücklich eingeräumt ist.[6] In der Regel kann aufgrund der Beziehung des Beschuldigten zum Sicherungsgeber davon ausgegangen werden kann, der Beschuldigte werde diesen nicht dadurch schädigen, dass er den Verfall herbeiführt. Der Beschuldigte kann die Sicherheit ohnehin und unbestritten mit Mitteln leisten, die er sich von Dritten beschafft hat.[7]

Oft beauftragen Personen, die dem Beschuldigten nahe stehen, den Verteidiger, die Kaution einzuzahlen. Dieser tritt dann als **Vertreter des Beschuldigten** im fremden Namen auf. Sofern die Kaution € 15 000,- oder mehr beträgt, ist der Verteidiger gem. §§ 3, 8, 9 GWG dazu verpflichtet, die Identität des Dritten festzustellen und dies zu dokumentieren (etwa durch Erstellung einer Ausweiskopie).[8]

Der Umstand, dass insbesondere Spezial-Strafrechtsschutzversicherungen Leistungsklauseln für die Erbringung von Sicherheitsleistungen enthalten, ist bisher praktisch nicht problematisiert worden. Inwieweit durch eine solche Form der Kautionsleistung der Fluchtgefahr begegnet wird, bleibt noch offen. Prinzipiell ist der Beschuldigte jedoch nicht verpflichtet, Auskunft darüber zu geben, woher die Mittel herrühren, aus denen sich die Kaution speist. Da der Beschuldigte bei einem etwaigen Verfall der Kaution gegenüber dem Versicherer regresspflichtig ist, unterscheidet sich diese Fallgestaltung nicht von sonstigen Darlehen, die der Untersuchungsgefangene aufnimmt, um eine Sicherheitsleistung anbieten zu können. Zum Teil wird in dem Umstand, dass die Kaution nicht aus eigenen Mitteln stammt eine besondere Bindungswirkung abgeleitet. Wird die Kaution ganz oder teilweise von den Familienangehörigen aufgebracht, ist das ein zusätzliches stabilisierendes Moment, das den in der hohen Straferwartung liegenden Fluchtanreiz mildert.[9] Die Kautionsleistung durch Verwandte deutet auf eine tiefe familiäre Verwurzelung des Angeschuldigten hin, die es schwer vorstellbar macht, dass der Angeschuldigte durch eine Flucht den Verfall der Sicherheit nach § 124 Abs. 1 wirtschaftlich zu Lasten seiner Familienangehörigen riskieren wird. Dies gilt nicht nur, aber besonders bei einer Sicherheitsleistung in beträchtlicher Höhe.[10]

4. Zugriffe auf die Sicherheitsleistung. Der Beschuldigte, der sich stellen will und daher fest mit der Rückzahlung des Kautionsbetrages rechnet, muss schon vorab (durch seinen Verteidiger) auf

---

[2] OLG Karlsruhe v. 11. 8. 2000 – 3 Ws 44/00, NStZ-RR 2000, 375.
[3] Rechtsverordnung der Landesregierungen bzw. des BMJ nach dem ZahlVGJG v. 22. 12. 2006, BGBl. I 3416.
[4] BeckOK-StPO/*Krauß* Rn. 2.
[5] So aber OLG Frankfurt/M. v. 10. 3. 2005 – 2 Ws 66/04, NJW 2005, 1727; Löwe/Rosenberg/*Hilger* § 116 a Rn. 8.
[6] OLG Hamm v. 17. 6. 2002 – 2 Ws 228/02, StraFo 2002, 338; OLG Köln StraFo 1997, 93; aA OLG Düsseldorf NStZ 1990, 97; OLG Karlsruhe NStZ-RR 2000, 375; vgl. auch unten Rn. 13.
[7] Löwe/Rosenberg/*Hilger* § 116 a Rn 8 mwN; eine Ausnahme soll gelten, wenn der Beschluss eine Leistung durch Dritte ausdrücklich verbietet, s. LG München v. 8. 11. 2002 – 4 Qs 25/02, StraFo 2003, 92 mAnm *Eckstein*; OLG München 5. 8. 1997 – 2 U 2527/97, StV 2000, 509.
[8] Vgl. die „Verhaltensempfehlungen der BRAK für Rechtsanwälte im Hinblick auf die Vorschriften des GWG", abgedruckt zB bei Widmaier/*Leitner* MAH Strafverteidigung § 41 Rn. 61.
[9] OLG Hamm v. 17. 6. 2002 – 2 Ws 228/02, StraFo 2002, 338.
[10] OLG Köln v. 22. 11. 1996 – HEs 210/96 – 247/96, StraFo 1997, 93.

mögliche Enttäuschungen hingewiesen werden. Das hinterlegte Geld weckt Begehrlichkeiten sowohl bei der Justiz als auch bei privaten Gläubigern. Der Fiskus kann vielfältige fällige Forderungen gegen den Mandanten haben: aus anderen Strafverfahren resultierende Ansprüche auf Zahlung von Verfahrenskosten, Geldstrafen oder Geldauflagen aus einem Bewährungsbeschluss; der Finanzfiskus hat uU noch offene Steuerforderungen. Dem Aufrechnungsbegehren hat die Rechtsprechung allerdings einen deutlichen Riegel vorgeschoben: Das Rechtsinstitut der Hinterlegung dient „ausschließlich den **Interessen der Hinterleger** und ist nicht zum Nutzen des Staates geschaffen worden. Es darf nicht sein, dass der Staat, der das hinterlegte Geld nur erhält, weil diese Art der ‚Aufbewahrung' dem Gläubiger für seine Forderung die größtmögliche Sicherheit bietet, nicht dazu benutzt werden, sich wegen eigener Ansprüche, die mit dem Hinterlegungsverhältnis weder rechtlich noch wirtschaftlich zusammenhängen, an dem Anspruch auf Herausgabe des Hinterlegten schadlos zu halten. Es widerspricht Treu und Glauben, dass sich der Staat die ihm durch die gesetzliche Regelung zugewiesene formale Rechtsposition zunutze macht, um die in seinen Besitz gelangten Gelder aufrechnungsweise zur Tilgung eigener, dem Hinterlegungsverhältnis artfremder Forderungen zu verwenden, anstatt ihnen die vom Hinterleger beigegebene Zweckbestimmung zu belassen."[11]

9 In Betracht kommt allerdings – wie für jeden privaten Gläubiger – die Pfändung des Rückzahlungsanspruchs.[12] Möglich ist hierbei zusätzlich die Anordnung des dinglichen Arrestes, wenn im anhängigen Verfahren der Verfall oder die Einziehung von Wertersatz in Betracht kommt oder diese zum Zwecke der Rückgewinnungshilfe zugunsten des Verletzten geboten erscheint (§§ 111 b, 111 d StPO).

10 **5. Abtretung der Sicherheitsleistung.** Eine effektive **Vermeidung des Pfändungsrisikos** erfolgt durch eine Abtretung des Rückzahlungsanspruches durch den Beschuldigten an denjenigen, der die Mittel zur Verfügung stellt oder an den Verteidiger zur Sicherung der Vergütungsansprüche; die Zession sollte der Hinterlegungsstelle in der Regel umgehend mitgeteilt werden, um anderen Pfändungsversuchen zuvorzukommen. Über diese möglichen Entwicklungen hat der Verteidiger seinen Mandaten vorab aufzuklären;[13] ansonsten läuft er Gefahr, sich schadensersatzpflichtig zu machen.

11 Risiken bei einer solchen Zession dürfen dem Mandanten nicht verschwiegen werden: Befindet sich der Mandant wirtschaftlich in der Krise, kann er sich strafbar machen, wenn er sein Geld vor dem Zugriff seiner Gläubiger im eigenen Interesse schützen will. Eine „Scheinabtretung" kann den Tatbestand des Bankrotts in Form des Beiseiteschaffens von Vermögensbestandteilen (§ 283 Abs. 1 Nr. 1 StGB)[14] ebenso erfüllen wie den des § 288 Abs. 1 StGB.[15] Letztlich ist nicht ausgeschlossen, dass die Abtretung aus Sicht der Justiz das Fluchthindernis der Kaution derart herabsetzt,[16] dass der Haftbefehl grundsätzlich wieder in Vollzug gesetzt werden könnte.[17]

12 Lange Zeit haben Strafverteidiger präsumtive Pfändungsprobleme gelöst, indem sie sich selbst als Hinterleger bezeichneten.[18] Die Praxis ist – jenseits berufsrechtlicher Zweifelsfragen – nur gangbar, wenn das Gericht im Verschonungsbeschluss ausdrücklich die Sicherheitsleistung eines Dritten für ausreichend erklärt hat. Im Regelfall ist dort lediglich von der Leistung einer Sicherheit durch den Beschuldigten die Rede. Daher besteht die Gefahr, dass das Gericht die Anordnung der Haftentlassung ablehnt. Die Gestellung der Sicherheitsleistung durch Dritte kann nach richterlichem Ermessen ausgeschlossen werden, wenn nach der Persönlichkeit des Beschuldigten und seiner Beziehungen zu dem Sicherungsgeber nicht ausgeschlossen werden kann, dass ihm um eigenen Freiheit Willen der Verfall der Sicherheit gleichgültig ist, oder sonst die Erbringung der Sicherheitsleistung durch Dritte nicht mit hinreichender Wahrscheinlichkeit Gewähr dafür bietet, dass der Tatverdächtige sich dem weiteren Verfahren stellen wird. Ein gewichtiges Indiz hierfür soll sein, dass in vorangegangenen Straftaten zutage getreten ist, dass der Untersuchungsgefangene fremde Vermögenswerte gering achtet.[19] Das bewusste Abweichen von der Anordnung im Ver-

---

[11] BGH v. 24. 6. 1985 – III ZR 219/83, BGHZ 95, 109; OLG Frankfurt/M. v. 3. 2. 2000 – 20 W 409/99, StV 2000, 509 mwN.
[12] OLG Frankfurt/M. v. 10. 3. 2005 – 2 Ws 66/04, NJW 2005, 1727 (1728).
[13] BGH v. 22. 7. 2004 – IX ZR 132/03, NJW 2004, 3630; *Schlothauer/Weider* Rn. 579; *Burhoff* EV Rn. 274; Widmaier/*König* MAH Strafverteidigung § 4 Rn. 162.
[14] NK-StGB/*Kindhäuser* § 283 Rn. 21; *Fischer* § 283 Rn. 4 jeweils mwN.
[15] LK-StGB/*Schünemann* § 288 Rn. 30; zum strafrechtlichen Risiko des Verteidigers siehe OLG Frankfurt/M. v. 10. 3. 2005 – 2 Ws 66/04, NJW 2005, 1727, und dazu den Besprechungsaufsatz von *Herzog/Hoch/Warius*, StV 2007, 542.
[16] *Sättele* StV 2000, 510, 512; zur Reduzierung des Verhaltensanreiz generell: BGH v. 24. 6. 1985 – III ZR 219/83, BGHZ 95, 109 (110).
[17] So LG Gießen v. 29. 5. 2006 – 2 KLs 502 Js 23 635/05, StV 2006, 643 (645) aber auch § 116 Rn. 51 ff.
[18] Vgl. auch Widmaier/*König* MAH Strafverteidigung § 4 Rn. 162; *Püschel* StraFo 2009, 134 (139).
[19] OLG Hamm v. 9. 9. 2008 – 1 Ws 595/08, StRR 2009, 271.

schonungsbeschluss bei der Hinterlegung bringt den Verteidiger darüber hinaus uU selbst in die Rolle des Beschuldigten: Nach Ansicht des OLG Frankfurt indiziere dies den subjektiven Tatbestand der Vereitelung der Zwangsvollstreckung und der Geldwäsche. Durch die Eigenhinterlegung trete der Verteidiger aus seiner Rolle als Organ der Rechtspflege heraus. Daher könne er sich nicht auf seine verfassungsrechtliche Privilegierung berufen.[20]

Argumentativ kann der Verteidiger auf die entschiedene Kontroverse über die Bezahlung einer Geldstrafe durch Dritte zurückgreifen. Dort konstatierte der 2. Strafsenat: „Gemessen an den mit der Bestrafung verfolgten Zwecken macht es keinen Unterschied, ob ein Dritter eine Geldstrafe sogleich bezahlt, sie dem Verurteilten später erstattet oder ob er ein Darlehen gewährt, dessen Rückzahlung er erlässt. Eine Interpretation, die das eine erlauben und das andere verbieten will, läuft auf eine ‚Privilegierung von Komödien' (...) hinaus."[21]

Gelingt es dem Verteidiger, den Haftrichter zu überzeugen, ausdrücklich die Leistung eines Dritten zuzulassen, und kann die Kaution durch einen Dritten erbracht werden, sollte dieser formal als Hinterleger auftreten. Dann ist der Dritte Inhaber des Anspruchs auf Herausgabe der Kaution. Eine Pfändung – sei es in Vollziehung eines dinglichen Arrests, sei es aufgrund sonstiger titulierter Forderungen gegen den Beschuldigten, scheidet definitiv aus.

Erreicht es der Verteidiger nicht, dass die Kaution durch einen Dritten erbracht werden kann, hat der Beschuldigte diese als Eigenhinterleger zu erbringen. Da er dies nicht persönlich kann, handelt der Verteidiger als Vertreter seines Mandanten, der formell Hinterleger sein muss. In dieser Konstellation entstehen zahlreiche Probleme insbesondere dann, wenn die finanzielle Situation des Mandanten kritisch ist. Der Beschuldigte kann aber seinen Anspruch auf Rückzahlung der Kaution abtreten.[22] Die Abtretung des Rückzahlungsanspruches an den Geldgeber oder an den Verteidiger zur Sicherung von Vergütungsansprüchen gilt daher als taugliches Mittel zur Vermeidung des Pfändungszugriffs.[23]

III. Höhe der Sicherheitsleistung

Verlässliche Regeln zur Höhe der Kaution existieren nicht. Der nach § 126 zuständige Richter entscheidet nach freiem Ermessen. Die Kautionshöhe orientiert sich am Vermögen des Beschuldigten und soll einen psychischen Zwang ausüben, sich dem Verfahren zu stellen.[24] Bei finanzschwachen Mandanten können Kautionen erheblich unter € 5000,– in Betracht kommen;[25] anderen ist hingegen eine Sicherheitsleistung in Höhe von € 100 000 000,– abverlangt worden.[26] Bei völlig vermögenslosen Personen, für die niemand einzustehen bereit ist, entfällt die Möglichkeit der Sicherheitsleistung.[27]

IV. Zustellungsbevollmächtigung

Beschuldigte, die nicht in der Bundesrepublik Deutschland wohnen, müssen einen im zuständigen Gerichtsbezirk wohnenden Zustellungsbevollmächtigten bestellen. Damit soll den Schwierigkeiten bei Auslandszustellungen begegnet werden. Das Gericht kann allerdings einen **außerhalb** des Gerichtsbezirks wohnhaften Zustellungsbevollmächtigten ausdrücklich zulassen. Die **Wirksamkeit** einer Zustellungsvollmacht erfordert es, das **Einverständnis** desjenigen, der zum Zustellungsbevollmächtigten bestellt werden soll, in geeigneter Weise festzustellen und aktenkundig zu machen.[28] Der Zustellungsbevollmächtigte tritt hinsichtlich aller Zustellungen an die Stelle des Beschuldigten.[29] Die Beschränkung des § 145a Abs. 2 S. 1 gilt nicht. Voraussetzung für die wirksame Bestellung eines Zustellungsbevollmächtigten ist, dass sich der Bevollmächtigte damit einverstanden erklärt, Zustellungen für den Angeklagten anzunehmen und der Angeklagte dies nachweist.[30] Die Vollmacht besteht, solange die Aussetzung andauert. Die Vollmacht kann weder vom Beschuldigten noch vom Bevollmächtigten **widerrufen** werden; es bedarf der **Zustimmung** des Gerichts.[31]

---

[20] OLG Frankfurt/M. v. 10. 3. 2005 – 2 Ws 66/04, NJW 2005, 1727.
[21] BGH v. 7. 11. 1990 – 2 StR 439/90, BGHSt 37, 226.
[22] BGH v. 22. 7. 2004 – IX ZR 132/03, NJW 2004, 3630; aA zuvor noch OLG München 5. 8. 1997 – 25 U 2527/97, StV 2000, 509 mAnm *Sättele* für den Fall, dass der Beschuldigte die Sicherheitsleistung als Eigenhinterleger zu leisten hat.
[23] Zur Frage, ob die Zession ein neu hervorgetretener Umstand ist, der gem. § 116 Abs. 4 Nr. 3 zum Widerruf der Haftverschonung berechtigt, vgl. § 116 Rn. 51 ff.
[24] *Meyer-Goßner* Rn. 1.
[25] *Seebode* Rn. 90.
[26] LG Köln v. 19. 7. 2002 – 109 Qs 281/02.
[27] *Löwe/Rosenberg/Hilger* Rn. 2; *AnwK-StPO/Lammer* Rn. 6.
[28] LG Baden-Baden v. 1. 12. 1999 – 1 Qs 188/99, NStZ-RR 2000, 372.
[29] OLG Düsseldorf v. 18. 7. 1986 – 5 Ss (Owi) 273/86 – 197/86 I, VRS 71, 369.
[30] OLG Köln v. 24. 10. 2000 – Ss 329/00, StraFo 2001, 200.
[31] LG Baden-Baden v. 1. 12. 1999 – 1 Qs 188/99, NStZ-RR 2000, 372 (373).

§ 116b [Vorrang der Vollstreckung anderer freiheitsentziehender Maßnahmen]

¹Die Vollstreckung der Untersuchungshaft geht der Vollstreckung der Auslieferungshaft, der vorläufigen Auslieferungshaft, der Abschiebungshaft und der Zurückweisungshaft vor. ²Die Vollstreckung anderer freiheitsentziehender Maßnahmen geht der Vollstreckung von Untersuchungshaft vor, es sei denn, das Gericht trifft eine abweichende Entscheidung, weil der Zweck der Untersuchungshaft dies erfordert.

I. Allgemeines

1   Mit der mit Gesetz zur Änderung der Untersuchungshaft vom 29. 7. 2009[1] neu eingefügten Vorschrift wird das gesetzlich bisher nur in Teilbereichen geregelte Verhältnis der Vollstreckung der Untersuchungshaft zur Vollstreckung anderer freiheitsentziehender Maßnahmen **vereinheitlicht** und in eine Norm zusammengeführt. Sie stellt sicher, dass Untersuchungshaft nur dann vollstreckt wird, wenn dies **unabdingbar** ist.

II. Vorrang der Untersuchungshaft

2   Untersuchungshaft ist zur **Sicherstellung der innerstaatlichen Strafverfolgung** immer dann vorrangig zu vollstrecken, wenn es um das Verhältnis zu der Vollstreckung von Auslieferungshaft und vorläufiger Auslieferungshaft (§§ 15, 16 IRG), zur Abschiebungshaft (§ 62 AufenthG, auch iVm. § 57 Abs. 3 AufenthG) und zur Zurückweisungshaft (§ 15 Abs. 5 AufenthG) geht.

III. Vorrang anderer freiheitsentziehender Maßnahmen

3   Abgesehen von den in S. 1 genannten Ausnahmen geht die Vollstreckung anderer freiheitsentziehender Maßnahmen (die der Gefangene in jedem Fall verbüßen muss) in der Regel vor. Dieses Prinzip gebietet bereits die **Unschuldsvermutung**. Es ist im Zeitpunkt der Anordnung der Untersuchungshaft nicht abzusehen, ob später eine Freiheitsstrafe zu verbüßen sein wird.

4   Als andere **freiheitsentziehende Maßnahmen** gem. S. 2 kommen vor allem in Betracht: Freiheitsstrafe (§ 38 StGB), Ersatzfreiheitsstrafe (§ 43 StGB), Jugendstrafe (§ 17 JGG), Jugendarrest (§ 16 JGG), Unterbringung in einem psychiatrischen Krankenhaus (§ 63 StGB), Unterbringung in einer Entziehungsanstalt (§ 64 StGB), Unterbringung in der Sicherungsverwahrung (§ 66 StGB), Ordnungshaft (zB § 51 Abs. 1 Satz 2 § 70 Abs. 1 Satz 2 StPO, §§ 177, 178 GVG), Erzwingungshaft (zB § 70 Abs. 2 StPO, § 96 OWiG, § 901 ZPO), zivilrechtliche Sicherungshaft (zB § 918 ZPO), strafrechtliche Sicherungshaft (§ 453 c StPO), Unterbringung zur Beobachtung (§ 81 StPO), einstweilige Unterbringung (§ 126 a StPO), Unterbringung bei zu erwartender Sicherungsverwahrung (§ 275 a Abs. 5 StPO), Haft aufgrund einer Anordnung nach § 4 ÜAG.

5   Der Vorrang der strafrechtlichen Sicherungshaft vor der Untersuchungshaft ergibt sich daraus, dass bei ihr die Wahrscheinlichkeit, letztlich eine Freiheitsstrafe zu verbüßen, meist höher als bei der Untersuchungshaft ist. Im Verhältnis zur Untersuchungshaft kann bei der einstweiligen Unterbringung besser auf die in diesen Fällen regelmäßig bestehenden besonderen Bedürfnisse des Beschuldigten eingegangen werden kann.

6   **Ausnahmen** von dem Grundsatz des Vorrangs anderer freiheitsentziehender Maßnahmen vor der Vollstreckung der Untersuchungshaft sind in Anbetracht der für Beschuldigte mit einer Vollstreckung der Untersuchungshaft möglicherweise verbundenen schwerwiegenden Folge, dass ihnen in einem Verfahren die Freiheit entzogen wird, in dem es nicht zu einer rechtskräftigen freiheitsentziehenden Verurteilung gegen sie kommt, nach S. 2 nur zulässig, wenn die Abwehr der die Anordnung der Untersuchungshaft begründenden Gefahren (va. einer von dem Beschuldigten ausgehenden besonderen Verdunkelungsgefahr) im organisatorischen Rahmen einer offener als eine Untersuchungshaftanstalt/-abteilung organisierten Anstalt auch bei erheblicher Anstrengung mit angemessenen Mitteln nicht zu gewährleisten ist. Dies ist bei einer Jugendarrestanstalt denkbar. Vor der Anordnung der Vollstreckung der Untersuchungshaft wird allerdings als milderes Mittel stets zu prüfen sein, ob die Möglichkeit der Vollstreckung der anderen freiheitsentziehenden Maßnahme in einer Untersuchungshaftanstalt besteht.

7   Zuständig für die Entscheidung nach § 116 b ist das **Haftgericht nach § 126 Abs. 1**.

8   § 116 b stellt sich im Verhältnis zu § 455 a StPO als **lex specialis** dar. Die Unterbrechung der Vollstreckung einer Freiheitsstrafe zum Zwecke der Vollstreckung von Untersuchungshaft setzt immer eine richterliche Anordnung voraus.

---

[1] BGBl. I S. 2353.

§ 117 [Haftprüfung]

(1) Solange der Beschuldigte in Untersuchungshaft ist, kann er jederzeit die gerichtliche Prüfung beantragen, ob der Haftbefehl aufzuheben oder dessen Vollzug nach § 116 auszusetzen ist (Haftprüfung).

(2) [1]Neben dem Antrag auf Haftprüfung ist die Beschwerde unzulässig. [2]Das Recht der Beschwerde gegen die Entscheidung, die auf den Antrag ergeht, wird dadurch nicht berührt.

(3) Der Richter kann einzelne Ermittlungen anordnen, die für die künftige Entscheidung über die Aufrechterhaltung der Untersuchungshaft von Bedeutung sind, und nach Durchführung dieser Ermittlungen eine neue Prüfung vornehmen.

I. Allgemeines

Gegen den Haftbefehl stehen dem Beschuldigten zwei Rechtsbehelfe zu: die **Beschwerde** und die **Haftprüfung**. Während sich die Beschwerde im Ergebnis an den „iudex ad quem" richtet, erfolgt die Haftprüfung durch den „iudex a quo". Über diese Rechtsbehelfe ist Widersprüchliches zu lesen. Einige Rechtsanwälte bewegt die Sorge, der Gang durch die Instanzen zementiere den dringenden Tatverdacht und schreibe den Vorwurf fest; vor einem „Rechtsbehelfsautomatismus" wird nachdrücklich gewarnt;[1] die vielfältigen Handlungsoptionen der Verteidigung werden defätistisch als „stumpfe Waffen" bezeichnet.[2] Andere betrachten es als Kunstfehler, wenn nicht sämtliche Rechtsmittelmöglichkeiten ausgeschöpft werden.[3] Richtig ist, dass die Rechtsprechung des BVerfG zur Akteneinsicht[4] und zum Beschleunigungsgrundsatz[5] die Erfolgschancen im Allgemeinen heute erhöht haben, und die Chancen und Risiken im konkreten Fall sorgsam abgewogen und eingehend mit dem Beschuldigten erörtert werden müssen. 1

II. Haftprüfung

Die Haftprüfung kann schriftlich oder mündlich durchgeführt werden. 2

1. Schriftliche Haftprüfung (Abs. 1). Die schriftliche Haftprüfung ist von untergeordneter Bedeutung. Es ist kaum einzusehen, warum ein Beschuldigter, der die Aufhebung oder Außervollzugsetzung des Haftbefehls erreichen will und seine Argumente schriftlich vortragen möchte, dies nicht im Wege der Haftbeschwerde tun sollte. Denkbar wäre aber, dass der Haftrichter in der vorgegangenen Haftfortdauerentscheidung oder im Rahmen der mündlichen Haftprüfung zu verstehen gegeben hat, dass er den Haftbefehl zB bei einer Festanstellung des Beschuldigten außer Vollzug setzen wolle und das Vorliegen einer Arbeitsstelle nunmehr schriftlich vorgetragen werden soll.[6] 3

2. Antrag auf mündliche Haftprüfung (Abs. 1 iVm. § 118 Abs. 1). Der in der Praxis am häufigsten genutzte Rechtsbehelf mit den statistisch höchsten Erfolgschancen ist die mündliche Haftprüfung.[7] Daher wird dieses Rechtsmittel zumindest bei einer Verhaftung im frühen Stadium des Ermittlungsverfahrens als Rechtsmittel der Wahl empfohlen („in dubio pro Haftprüfung").[8] Die mündliche Haftprüfung ist innerhalb kurzer Frist durchzuführen.[9] Sie bietet Gelegenheit, sämtliche **tatsächlichen und rechtlichen** Argumente vorzubringen, die für die Aufhebung oder Außervollzugsetzung des Haftbefehls sprechen. Vor allem Einwendungen gegen Haftgründe, die in den persönlichen Verhältnissen des Mandanten begründet sind, lassen sich in der mündlichen Verhandlung oftmals besser vermitteln als schriftlich. Der Mensch, nicht die Akte, kann im Vordergrund stehen. 4

Sowohl durch den Haftprüfungsantrag als auch durch die Haftbeschwerde kann die Verteidigung nähere Kenntnis über den **Stand der Ermittlungen** erzwingen. Soweit das Recht auf umfassende Akteneinsicht nicht schon im Rahmen der Vorführung realisiert werden konnte, bieten sich kombinierte Anträge an, und zwar ein Akteneinsichtsantrag an die Staatsanwaltschaft unter Hinweis auf den gleichzeitig gestellten Haftprüfungsantrag sowie der an das Amtsgericht gerichtete Antrag auf mündliche Haftprüfung unter Hinweis auf den gleichzeitig bei der StA gestellten Akteneinsichtsantrag.[10] 5

Die mündliche Haftprüfung eröffnet ferner die Möglichkeit, **Beweiserhebungen** zu erzwingen. Das Recht des Beschuldigten, gem. § 166 Abs. 1 anlässlich seiner richterlichen Vernehmung Be- 6

---

[1] *Schlothauer/Weider* Rn. 699.
[2] *Dahs* Rn. 346; *Schlothauer/Weider* Rn. 695; *Herrmann* Rn. 988.
[3] *Deckers* NJW 1994, 2261 (2266); *Deckers* Rn. 75.
[4] § 115 Rn. 9 ff.
[5] § 112 Rn. 67 ff.; vgl. § 147 Abs. 2 nF.
[6] *Seebode* Rn. 162.
[7] *Schlothauer/Weider* Rn. 704.
[8] *Widmaier/König* MAH Strafverteidigung Rn. 196.
[9] Unverzüglich; ohne Zustimmung des Beschuldigten spätestens zwei Wochen noch Antragseingang, § 118 Abs. 5.
[10] *Deckers* Rn. 58; s. auch das Antragsmuster bei *Herrmann* Rn. 1085.

weiserhebungen zu beantragen, bietet im Haftprüfungstermin erstmals die Chance, die Ermittlungslinie von Polizei und StA durch konkrete Entlastungsanträge zu durchbrechen. In Betracht kommen zB Anträge auf Vernehmung von Zeugen, Anträge auf Gegenüberstellung, Anträge auf Einholung von Sachverständigen-Gutachten.

7   Auch wenn die Verteidigung keine sofortige Änderung der Haftsituation erwartet, kann die Nutzung der richterlichen Beweiserhebung dem langfristigen Verteidigungskalkül entsprechen. Richterliche Protokolle sind in der Hauptverhandlung unter erleichterten Umständen **verlesbar**. Verspricht sich zB die Verteidigung eine sachgerechte Protokollierung einer Einlassung des Beschuldigten beim Ermittlungsrichter, sollte die Erstellung eines Vernehmungsprotokolls im Hinblick darauf angestrebt werden, dass der Beschuldigte unter veränderten personellen Vorzeichen in der Hauptverhandlung möglicherweise schweigt und dennoch seine Position in die Beweisaufnahme eingeführt werden soll.

III. Haftbeschwerde

8   Die (Haft-)Beschwerde nach § 304 Abs. 1 bietet sich an, wenn komplizierte Verfahrens- und Beweisfragen oder materiellrechtliche Probleme zu erörtern sind. Sie ist vorzugswürdig, wenn eine mündliche Haftprüfung bei dem zuständigen Haftrichter von vornherein **aussichtslos** erscheint.[11]

9   Die Haftbeschwerde ist nicht fristgebunden und kann jederzeit gegen die zuletzt ergangene Haftentscheidung eingelegt werden. Sie ist auch zulässig, wenn der Haftbefehl nicht vollstreckt wird. Ihr Ziel muss nicht zwingend die Aufhebung des Haftbefehls oder dessen Außervollzugsetzung sein; sie kann vielmehr auch gegen die Annahme des dringenden Tatverdachtes bei einzelnen Taten des Haftbefehls oder das Vorliegen eines bestimmten Haftgrundes gerichtet sein;[12] bei einem außer Vollzug gesetzten Haftbefehl kann sich die Haftbeschwerde nicht nur gegen den Bestand des Haftbefehls, sondern **auch gegen einzelne Auflagen** iSd. § 116 richten.[13] Die Beschwerde führt, falls der Haftrichter der Beschwerde nicht abhilft, zu einer Sachentscheidung des übergeordneten Gerichts (sog. Devolutiveffekt).

10 Nach § 306 Abs. 1 ist die Beschwerde grundsätzlich bei dem Gericht einzulegen, dessen Haftentscheidung angefochten wird („iudex a quo"). Damit soll die Möglichkeit zur Abhilfe eröffnet werden. Anderenfalls soll die Beschwerde sofort, spätestens vor Ablauf von 3 Tagen, dem Beschwerdegericht vorgelegt werden. Schwer verständlich ist, dass der nach § 118 Abs. 2 mögliche Antrag, über die Beschwerde nach **mündlicher Verhandlung** zu entscheiden, so selten gestellt wird. In der Regel trifft das Beschwerdegericht daher eine Entscheidung nach Aktenlage, weshalb der Verteidiger die Beschwerde schriftlich begründen muss.

IV. Verhältnis von Haftprüfung und Haftbeschwerde

11 Das einzig praktisch relevante Zulässigkeitsproblem ergibt sich aus dem in Abs. 2 geregelten Vorrang der Haftprüfung. Danach ist neben dem Antrag auf Haftprüfung die Haftbeschwerde **unzulässig**. Der Verteidiger ist daher immer gehalten, seinen Mandanten zu fragen, ob er bereits einen Antrag auf Haftprüfung gestellt hat. Wäre dies der Fall, müsste der Antrag zunächst zurückgenommen werden, damit dann Beschwerde eingelegt werden kann. Die Unzulässigkeit der Beschwerde soll nämlich nach verbreiteter Auffassung selbst durch nachträgliche Rücknahme des Haftprüfungsantrages nicht geheilt werden können.[14] Umgekehrt wird auch eine bereits eingelegte Beschwerde unzulässig, sobald der Beschuldigte Haftprüfung beantragt.[15]

12 Eine noch nicht erledigte Beschwerde gegen den Haftbefehl des Amtsgerichts soll nach Erhebung der Anklage in einen Antrag auf Haftprüfung bei dem neu mit der Sache befassten Gericht **umgedeutet** werden.[16] Gleiches gilt zum Zeitpunkt des Eingangs der Akten beim Berufungsgericht für noch nicht erledigte Haftbeschwerden, die dann ebenfalls als Anträge auf Haftprüfung beim Berufungsgericht behandelt werden.[17] Im Übrigen werden Haftbeschwerden nur dann gegenstandslos, wenn sie bei Erlass der Entscheidung des OLG nach § 122 oder nach Eintritt der Urteilsrechtskraft noch nicht beschieden worden sind.

V. Ermittlungshandlungen des Richters

13 Nach Abs. 3 kann der Richter in der Haftprüfungsentscheidung einzelne Ermittlungen, die für die **künftige** Entscheidung über die Aufrechterhaltung der Untersuchungshaft von Bedeutung

---

[11] Deckers NJW 1994, 2261 (2266).
[12] Meyer-Goßner Rn. 10; Anw-StPO/Lammer Rn. 3.
[13] Löwe/Rosenberg/Hilger Rn. 36; § 116 Rn. 58.
[14] Löwe/Rosenberg/Hilger Rn. 20 mwN.
[15] OLG Karlsruhe v. 13. 10. 1993 – 3 Ws 197/93, StV 1994, 324; Löwe/Rosenberg/Hilger Rn. 18 mwN.
[16] Meyer-Goßner Rn. 12.
[17] Anw-StPO/Lammer Rn. 3.

sind, anordnen und nach Durchführung dieser Ermittlungen eine neue Haftprüfung vornehmen. Der Sinn dieser Vorschrift erschließt sich nicht ohne Weiteres. Unstreitig sind damit **keine** Ermittlungshandlungen gemeint, deren Gegenstand die Haftprüfungsentscheidung nach Abs. 1 unmittelbar beeinflussen könnte.[18] Diese wären unverzüglich vorzunehmen. Der Anwendungsradius des Abs. 3 dürfte damit recht klein ausfallen. Solche Ermittlungen wären jedenfalls nicht auf die Prüfung des dringenden Tatverdachts beschränkt und sind veranlasst, wenn einerseits ihrem Ergebnis für die jetzige Entscheidung voraussichtlich keine wesentliche Bedeutung zukommt und andererseits wegen des in Untersuchungshaftsachen geltenden besonderen Beschleunigungsgebotes eine Zurückstellung der Entscheidung nicht vertretbar erscheint.[19] Die Vorschrift ist im Haftbeschwerdeverfahren entsprechend anwendbar.[20]

VI. Notwendige Verteidigung

Wird gegen einen Beschuldigten Untersuchungshaft nach den §§ 112, 112a oder einstweilige Unterbringung nach § 126a oder § 275a Abs. 5 vollstreckt, liegt ein Fall notwendiger Verteidigung vor.[21] Zuständig für die Verteidigerbestellung ist der Haftrichter.   14

VII. Haftprüfung von Amts wegen

Abs. 5 verpflichtet das Gericht zu einer **förmlichen Haftprüfung**, wenn sich der Beschuldigte **drei Monate** in Untersuchungshaft befindet, er bzw. sein Verteidiger oder gesetzlicher Vertreter während dieser Zeit **weder** einen Antrag auf **Haftprüfung** gestellt **noch Haftbeschwerde** eingelegt haben und er **zu diesem Zeitpunkt unverteidigt** ist. Zwar muss das Gerichts stets von Amts wegen kontinuierlich prüfen, ob die Voraussetzungen für einen Haftbefehl noch vorliegen, außerhalb der 3-Monats-Frist ist für eine förmliche Haftprüfung kein Raum, weil sonst die Sperrfrist des § 118 Abs. 3 zu Lasten des Beschuldigten in Gang gesetzt würde.[22]   15

VIII. Rechtsbehelfe

Wird der Haftbefehl im Haftprüfungsverfahren nicht aufgehoben, bleiben dem Beschuldigten die **erneute Haftprüfung** nach Ablauf der Sperrfrist des § 118 Abs. 3 und die **Beschwerde**. In Haftsachen gilt die Ausnahme, dass Beschwerdeentscheidungen mit einer **weiteren Beschwerde** gem. § 310 Abs. 1 angefochten werden können. Die weitere Beschwerde ist an keine Frist gebunden. Zwischenzeitlich hat sich die Auffassung weitgehend durchgesetzt, dass der Bestand des Haftbefehls auch dann mit der weiteren Beschwerde angefochten werden kann, wenn er außer Vollzug gesetzt worden ist.[23] Hat allein der verschonte Beschuldigte Beschwerde gegen den Haftbefehl eingelegt, kommt der Widerruf einer gewährten Haftverschonung nur in Betracht, wenn sich die Umstände verändert haben. In diesen Fällen ist es unzulässig, auf die Beschwerde des Beschuldigten gegen einen einmal unangefochten außer Vollzug gesetzten Haftbefehl diesen wieder in Vollzug zu setzen, solange die Voraussetzungen von § 116 Abs. 4 nicht vorliegen.[24]   16

Gegen die auf die weitere Beschwerde hin ergangene Entscheidung des Oberlandesgerichts steht kein ordentlicher Rechtsbehelf zur Verfügung. Damit ist der Weg frei für eine **Verfassungsbeschwerde**. Insbesondere Verstöße gegen das Beschleunigungsgebot haben in der Vergangenheit einer Vielzahl von Verfassungsbeschwerden zum Erfolg verholfen. Der Verteidiger sollte sich in geeigneten Fällen nicht scheuen, diesen außerordentlichen Rechtsbehelf zu nutzen. Allerdings sind qualifizierte Begründungserfordernisse zu beachten.[25]   17

---

[18] SK-StPO/*Paeffgen* Rn. 11.
[19] SK-StPO/*Paeffgen* Rn. 11.
[20] OLG Hamburg v. 25. 1. 2002 – 2 Ws 22/02, wistra 2002, 275.
[21] Vgl. § 140 Rn. 11.
[22] HK-GS/*Laue* Rn. 11.
[23] OLG Köln StV 1994, 321; *Meyer-Goßner* § 310 Rn. 7; LR/*Hilger* § 116 Rn. 39 f. mwN.
[24] BVerfG v. 26. 10. 2005 – 2 BvR 1618/05, StV 2006, 26.
[25] In einer aktuellen Entscheidung des BVerfG heißt es hierzu (BVerfG v. 8. 8. 2007 – 2 BvR 1609/07, StRR 2007, 203): „Bei der Geltendmachung der Verletzung des Beschleunigungsgebots hat der Beschwerdeführer im Einzelnen nach dem jeweiligen Verfahrensstand gebotene Maßnahme und die damit mutmaßlich zu erzielende Beschleunigung des Verfahrens darzulegen, sofern sich dies nicht aus den sonstigen Umständen des Falles erschließt. Hier fehlt es an einer hinreichenden inhaltlichen Auseinandersetzung mit der Begründung des angegriffenen Beschlusses. So fehlt es etwa an der konkreten Darlegung, dass das Verfahren bei einem früheren gerichtsorganisatorischer Maßnahmen hätte beschleunigt werden können. Weder werden der Zeitpunkt, zu dem das Präsidium bereits hätte tätig werden müssen, auch nur ansatzweise umrissen, noch die zu ergreifenden Maßnahmen und die hieraus herzuleitenden Beschleunigungseffekte." Zur Vertiefung empfehlen sich die umfassenden Darstellungen von *Eschelbach* (Widmaier/*Eschelbach* MAH Strafverteidigung § 28) und *Sommer* (in: *Brüssow/Gatzweiler/Krekeler/Mehle*, Strafverteidigung in der Praxis, 4. Aufl. 2007, § 14.).

IX. Jugendstrafverfahren

18   Der Jugendliche hat das Recht, selbständig Haftprüfung zu beantragen oder Haftbeschwerde einzulegen.[26]

§ 118 [Verfahren]

(1) Bei der Haftprüfung wird auf Antrag des Beschuldigten oder nach dem Ermessen des Gerichts von Amts wegen nach mündlicher Verhandlung entschieden.

(2) Ist gegen den Haftbefehl Beschwerde eingelegt, so kann auch im Beschwerdeverfahren auf Antrag des Beschuldigten oder von Amts wegen nach mündlicher Verhandlung entschieden werden.

(3) Ist die Untersuchungshaft nach mündlicher Verhandlung aufrechterhalten worden, so hat der Beschuldigte einen Anspruch auf eine weitere mündliche Verhandlung nur, wenn die Untersuchungshaft mindestens drei Monate und seit der letzten mündlichen Verhandlung mindestens zwei Monate gedauert hat.

(4) Ein Anspruch auf mündliche Verhandlung besteht nicht, solange die Hauptverhandlung andauert oder wenn ein Urteil ergangen ist, das auf eine Freiheitsstrafe oder eine freiheitsentziehende Maßregel der Besserung und Sicherung erkennt.

(5) Die mündliche Verhandlung ist unverzüglich durchzuführen; sie darf ohne Zustimmung des Beschuldigten nicht über zwei Wochen nach dem Eingang des Antrags anberaumt werden.

I. Mündliche Verhandlung

1   § 118 regelt das Verfahren der Haftprüfung, das sich durch eine **mündliche Verhandlung** beim „iudex a quo" auszeichnet. Der Ablauf der Verhandlung ist in § 118a kodifiziert. Sie ist **auf Antrag** des Beschuldigten **immer** durchzuführen. Ansonsten steht sie im Ermessen des Gerichts und ist nach Abs. 2 auch bei der Haftbeschwerde nicht ausgeschlossen.

II. Sperrgründe

2   Der Beschuldigte hat das Recht jederzeit eine Haftprüfung zu beantragen. Das Gesetz kennt jedoch drei Ausnahmen bzw. Einschränkungen.

3   **1. Sperrfrist (Abs. 3).** Ist eine Haft nach mündlicher Verhandlung durch das Gericht abschlägig beschieden worden, besteht ein Anspruch auf eine erneute mündliche Verhandlung erst wieder nach **zwei Monaten** und einer Haftdauer von insgesamt wenigstens drei Monaten. In der Praxis empfiehlt es sich daher, unmittelbar vor der Verkündung einer Entscheidung mit dem Haftrichter die Erfolgsaussichten offen zu kommunizieren.[1] Durch die rechtzeitige Rücknahme des Antrags kann der Lauf der gesetzlichen Sperrfrist vermieden werden.

4   **2. Laufende Hauptverhandlung (Abs. 4, 1. Alt.) oder Abschluss der I. Instanz (Abs. 4, 2. Alt.).** Während laufender Hauptverhandlung besteht ebensowenig ein Anspruch auf mündliche Verhandlung der Haftprüfung wie nach Abschluss der I. Instanz mit einem Urteil, das auf eine Freiheitsstrafe oder eine freiheitsentziehende Maßregel der Besserung und Sicherung erkennt.

III. Terminsanberaumung

5   Die mündliche Verhandlung ist **unverzüglich** durchzuführen und darf ohne Zustimmung des Beschuldigten **nicht über zwei Wochen** nach dem Eingang des Antrags anberaumt werden. In der Praxis wird diese Frist leider häufig ausgeschöpft. Dabei ist die 2-Wochen-Frist von Gesetzes wegen die absolute Grenze. Wenig disziplinierend wirkt daher die Rechtsprechung, wonach Überschreitungen der gesetzlichen Pflicht ohne Rechtsfolgen bleiben.[2] Ein willkürlicher Verstoß gegen dieses Gesetz vermag allerdings die Besorgnis der Befangenheit zu begründen.[3]

IV. Jugendstrafverfahren

6   Bei der Terminierung der Haftprüfung ist bei Jugendlichen zusätzlich das besondere Beschleunigungsgebot gem. § 72 Abs. 5 JGG zu beachten, so dass eine zulässige Ausschöpfung der 2-Wochen-Frist des § 118 Abs. 5 kaum denkbar erscheint.

---

[26] *Eisenberg* § 72 JGG Rn. 15.
[1] *Widmaier/König* MAH Strafverteidigung Rn. 212.
[2] BGH v. 4. 12. 1976, 1 BJs 20/75 – AK 67/76; OLG Hamm v. 31. 8. 2005 – 3 Ws 381/05, NStZ-RR 2006, 17.
[3] OLG Hamm v. 31. 8. 2005 – 3 Ws 381/05, NStZ-RR 2006, 17; KK-StPO/*Graf* Rn. 6.

§ 118a [Mündliche Verhandlung]

(1) Von Ort und Zeit der mündlichen Verhandlung sind die Staatsanwaltschaft sowie der Beschuldigte und der Verteidiger zu benachrichtigen.

(2) [1] Der Beschuldigte ist zu der Verhandlung vorzuführen, es sei denn, daß er auf die Anwesenheit in der Verhandlung verzichtet hat oder daß der Vorführung weite Entfernung oder Krankheit des Beschuldigten oder andere nicht zu beseitigende Hindernisse entgegenstehen. [2] Wird der Beschuldigte zur mündlichen Verhandlung nicht vorgeführt, so muß ein Verteidiger seine Rechte in der Verhandlung wahrnehmen. [3] In diesem Falle ist ihm für die mündliche Verhandlung ein Verteidiger zu bestellen, wenn er noch keinen Verteidiger hat. [4] Die §§ 142, 143 und 145 gelten entsprechend.

(3) [1] In der mündlichen Verhandlung sind die anwesenden Beteiligten zu hören. [2] Art und Umfang der Beweisaufnahme bestimmt das Gericht. [3] Über die Verhandlung ist eine Niederschrift aufzunehmen; die §§ 271 bis 273 gelten entsprechend.

(4) [1] Die Entscheidung ist am Schluß der mündlichen Verhandlung zu verkünden. [2] Ist dies nicht möglich, so ist die Entscheidung spätestens binnen einer Woche zu erlassen.

I. Allgemeines

§ 118a regelt den Kern der Haftprüfung: die **nichtöffentliche mündliche Verhandlung**. Der Beschuldigte und sein Verteidiger haben dort die Möglichkeit mit Ihrem unmittelbaren **persönlichen Auftritt**, den Haftrichter von Ihren Argumenten zu überzeugen.

Von dem Termin zur mündlichen Verhandlung sind die Staatsanwaltschaft, der Beschuldigte und sein Verteidiger zu benachrichtigen; bei jugendlichen Beschuldigten soll die Mitteilung nach § 67 Abs. 2 JGG an den Erziehungsberechtigten und den gesetzlichen Vertreter gerichtet werden.

II. Verfahren

Der formelle Rahmen der mündlichen Verhandlung ist streng kodifiziert. Der wichtige Bereich der Beweisaufnahme ist hingegen nur rudimentär geregelt. Dem **Haftrichter** werden sehr große **Freiheiten** zugestanden, was in der Praxis dazu führt, dass **Beweisaufnahmen** in der mündlichen Verhandlungen der Haftprüfung weitgehend unterbleiben bzw. sich in der Anhörung des Beschuldigten erschöpfen.

Auf Grund der Haftsituation ist der Beschuldigte zur mündlichen Verhandlung vorzuführen. Etwas anderes gilt nur, wenn der Beschuldigte auf die Teilnahme verzichtet oder die Vorführung aus anderen Gründen faktisch unmöglich ist. In diesen Fällen muss ein Verteidiger die Rechte des Beschuldigten wahrnehmen. Abs. 2 S. 3 u. 4 sind durch den neuen § 140 Abs. 1 Nr. 4 obsolet.

In der mündlichen Verhandlung sind alle Beteiligten zu hören. Die Sitzungsniederschrift richtet sich nach den §§ 271 bis 273. Problematisch ist die gesetzliche Ausgestaltung der Beweisaufnahme, die allein in das Ermessen des Gerichts gestellt wird und im Freibeweisverfahren durchgeführt wird.[1]

Die Möglichkeit, gem. § 166 Abs. 1 Beweiserhebungen im Termin zu beantragen, wird in der Praxis ohne ersichtlichen Grund selten genutzt. Die Vorschrift ist im Haftprüfungsverfahren anwendbar.[2] Danach hat der Haftrichter einem Antrag auf Vernehmung einer entlastenden Beweisperson zu entsprechen, wenn diese zur Freilassung des Beschuldigten (Aufhebung oder Außervollzugsetzung des Haftbefehls) führen kann; sie ist dann immer erheblich im Sinne der Vorschrift.[3] Da von dem Amtsrichter nach § 166 keine Gesamterforschung des Sachverhalts verlangt werden kann, muss es sich um einzelne Beweiserhebungen handeln, die für sich allein oder zumindest in Verbindung mit dem aus der Akte sich ergebenden Sachverhalt geeignet sind, die Freilassung des Beschuldigten zu begründen. So kommt die Vernehmung einer Beweisperson namentlich dann in Betracht, wenn begründete Anhaltspunkte dafür vorliegen, dass ein Zeuge oder Mitbeschuldigter seine den Beschuldigten belastende Aussage zurücknehmen oder relativieren werde oder wenn konkrete Aussicht besteht, dass sich durch eine persönliche Vernehmung Zweifel an der Glaubwürdigkeit der Beweisperson bzw. an der Glaubhaftigkeit ihrer Angaben erhärten lassen.[4]

Wenn nicht bereits im schriftlichen Haftprüfungsantrag rechtliche Argumente gegen den dringenden Tatverdacht und die Haftgründe vorgetragen wurden, sollten sie spätestens jetzt vom Verteidiger vorgetragen werden. Am Ende des Haftprüfungstermins sollte der Haftrichter offen da-

---

[1] SK-StPO/*Paeffgen* Rn. 6.
[2] *Meyer-Goßner* § 166 Rn. 2.
[3] OLG Köln v. 22. 8. 2008 – 2 Ws 411/08; *Meyer-Goßner* § 166 Rn. 3.
[4] OLG Köln v. 22. 8. 2008 – 2 Ws 411/08.

rauf angesprochen werden, ob er den Haftbefehl aufhebt respektive außer Vollzug setzt. Verneint er die Frage, kann die Rücknahme des Haftprüfungsantrages sinnvoll sein, um die Folgen des § 118 Abs. 3 auszuschließen.[5]

8   Die Entscheidung soll am Ende der mündlichen Verhandlung verkündet werden, spätestens binnen Wochenfrist. Wird der Haftbefehl aufgehoben, ist der Beschuldigte unverzüglich auf freien Fuß zu setzen, wenn keine Überhaft notiert ist. Das Bestehen etwaiger Überhaft muss vorab geprüft werden; ein Festhalten des Beschuldigten, um in Erfahrung zu bringen, ob Überhaft notiert ist, ist rechtswidrig. Wird der Haftbefehl außer Vollzug gesetzt, ist der Mandant aus der Untersuchungshaft zu entlassen, sobald die Auflagen iSd. § 116 erfüllt bzw. nachgewiesen sind.

§ 118b [Anwendung von Rechtsmittelvorschriften]

Für den Antrag auf Haftprüfung (§ 117 Abs. 1) und den Antrag auf mündliche Verhandlung gelten die §§ 297 bis 300 und 302 Abs. 2 entsprechend.

1   § 118b rundet die Vorschriften zur Haftprüfung und mündlichen Verhandlung ab durch den Verweis auf die Rechtsmittelvorschriften zur Erweiterung der Antragsbefugnis (§§ 297, 298), zu der besonderen Antragsmöglichkeit des verwahrten Beschuldigten am Gericht des Verwahrungsortes (§ 299), zur Unschädlichkeit einer falschen Antragsbezeichnung (§ 300) und zum Erfordernis einer besonderen Ermächtigung für die Antragsrücknahme durch den Verteidiger (§ 302 Abs. 2).

§ 119 [Vollzug der Untersuchungshaft]

(1) [1] Soweit dies zur Abwehr einer Flucht-, Verdunkelungs- oder Wiederholungsgefahr (§§ 112, 112a) erforderlich ist, können einem inhaftierten Beschuldigten Beschränkungen auferlegt werden. [2] Insbesondere kann angeordnet werden, dass
1. der Empfang von Besuchen und die Telekommunikation der Erlaubnis bedürfen,
2. Besuche, Telekommunikation sowie der Schrift- und Paketverkehr zu überwachen sind,
3. die Übergabe von Gegenständen bei Besuchen der Erlaubnis bedarf,
4. der Beschuldigte von einzelnen oder allen anderen Inhaftierten getrennt wird,
5. die gemeinsame Unterbringung und der gemeinsame Aufenthalt mit anderen Inhaftierten eingeschränkt oder ausgeschlossen werden.

[3] Die Anordnungen trifft das Gericht. [4] Kann dessen Anordnung nicht rechtzeitig herbeigeführt werden, kann die Staatsanwaltschaft oder die Vollzugsanstalt eine vorläufige Anordnung treffen. [5] Die Anordnung ist dem Gericht binnen drei Werktagen zur Genehmigung vorzulegen, es sei denn, sie hat sich zwischenzeitlich erledigt. [6] Der Beschuldigte ist über Anordnungen in Kenntnis zu setzen. [7] Die Anordnung nach Satz 2 Nr. 2 schließt die Ermächtigung ein, Besuche und Telekommunikation abzubrechen sowie Schreiben und Pakete anzuhalten.

(2) [1] Die Ausführung der Anordnungen obliegt der anordnenden Stelle. [2] Das Gericht kann die Ausführung von Anordnungen widerruflich auf die Staatsanwaltschaft übertragen, die sich bei der Ausführung der Hilfe durch ihre Ermittlungspersonen und die Vollzugsanstalt bedienen kann. [3] Die Übertragung ist unanfechtbar.

(3) [1] Ist die Überwachung der Telekommunikation nach Absatz 1 Satz 2 Nr. 2 angeordnet, ist die beabsichtigte Überwachung den Gesprächspartnern des Beschuldigten unmittelbar nach Herstellung der Verbindung mitzuteilen. [2] Die Mitteilung kann durch den Beschuldigten selbst erfolgen. [3] Der Beschuldigte ist rechtzeitig vor Beginn der Telekommunikation über die Mitteilungspflicht zu unterrichten.

(4) [1] Die §§ 148, 148a bleiben unberührt. [2] Sie gelten entsprechend für den Verkehr des Beschuldigten mit
1. der für ihn zuständigen Bewährungshilfe,
2. der für ihn zuständigen Führungsaufsichtsstelle,
3. der für ihn zuständigen Gerichtshilfe,
4. den Volksvertretungen des Bundes und der Länder,
5. dem Bundesverfassungsgericht und dem für ihn zuständigen Landesverfassungsgericht,
6. dem für ihn zuständigen Bürgerbeauftragten eines Landes,
7. dem Bundesbeauftragten für den Datenschutz und die Informationsfreiheit, den für die Kontrolle der Einhaltung der Vorschriften über den Datenschutz in den Ländern zuständigen Stellen der Länder und den Aufsichtsbehörden nach § 38 des Bundesdatenschutzgesetzes,

---

[5] Widmaier/*König* MAH Strafverteidigung § 4 Rn. 214.

8. dem Europäischen Parlament,
9. dem Europäischen Gerichtshof für Menschenrechte,
10. dem Europäischen Gerichtshof,
11. dem Europäischen Datenschutzbeauftragten,
12. dem Europäischen Bürgerbeauftragten,
13. dem Europäischen Ausschuss zur Verhütung von Folter und unmenschlicher oder erniedrigender Behandlung oder Strafe,
14. der Europäischen Kommission gegen Rassismus und Intoleranz,
15. dem Menschenrechtsausschuss der Vereinten Nationen,
16. den Ausschüssen der Vereinten Nationen für die Beseitigung der Rassendiskriminierung und für die Beseitigung der Diskriminierung der Frau,
17. dem Ausschuss der Vereinten Nationen gegen Folter, dem zugehörigen Unterausschuss zur Verhütung von Folter und den entsprechenden Nationalen Präventionsmechanismen,
18. den in § 53 Abs. 1 Satz 1 Nr. 1 und 4 genannten Personen in Bezug auf die dort bezeichneten Inhalte,
19. soweit das Gericht nichts anderes anordnet,
    a) den Beiräten bei den Justizvollzugsanstalten und
    b) der konsularischen Vertretung seines Heimatstaates.

³Die Maßnahmen, die erforderlich sind, um das Vorliegen der Voraussetzungen nach den Sätzen 1 und 2 festzustellen, trifft die nach Absatz 2 zuständige Stelle.

(5) ¹Gegen nach dieser Vorschrift ergangene Entscheidungen oder sonstige Maßnahmen kann gerichtliche Entscheidung beantragt werden, soweit nicht das Rechtsmittel der Beschwerde statthaft ist. ²Der Antrag hat keine aufschiebende Wirkung. ³Das Gericht kann jedoch vorläufige Anordnungen treffen.

(6) ¹Die Absätze 1 bis 5 gelten auch, wenn gegen einen Beschuldigten, gegen den Untersuchungshaft angeordnet ist, eine andere freiheitsentziehende Maßnahme vollstreckt wird (§ 116b). ²Die Zuständigkeit des Gerichts bestimmt sich auch in diesem Fall nach § 126.

I. Allgemeines

Der Bundesgesetzgeber hat infolge der Föderalismusreform I die Kompetenz für den Untersuchungshaftvollzug verloren. In Art. 74 Abs. 1 Nr. 1 GG heißt es nunmehr seit dem 1. 9. 2006,[1] dass sich die konkurrierende Gesetzgebungskompetenz des Bundes auf „das gerichtliche Verfahren (ohne das Recht des Untersuchungshaftvollzuges)" erstrecke. Mit dem Gesetz zur Änderung der Untersuchungshaft vom 29. 7. 2009[2] ist deshalb § 119 völlig neu gefasst worden. In den Ländern laufen Arbeiten zum Erlass von Landesuntersuchungshaftvollzugsgesetzen.[3] In Niedersachsen, Nordrhein-Westfalen, Baden-Württemberg, Berlin, Brandenburg, Rheinland-Pfalz, Saarland und Thüringen sind solche Gesetz bereits in Kraft getreten.[4] Gem. § 13 EGStPO haben die Landesgesetzgeber bis zum 31. 12. 2011 Zeit, entsprechende Gesetze zu erlassen. Solange dies nicht umgesetzt ist, gilt in diesen Ländern § 119 in der alten Fassung.

Die Trennung des Vollzugs der Untersuchungshaft vom übrigen gerichtlichen Verfahren wird in Zukunft eine Reihe von Fragen aufwerfen, die aller Voraussicht nach vom BVerfG gelöst werden müssen. Es ist fraglich, was in der Gesetzgebungskompetenz verblieben ist, denn die StPO regelte in § 119 bisher nur rudimentär, wann dem Untersuchungsgefangenen Beschränkungen auferlegt werden durften.[5] Aus den Materialien ergibt sich, dass der Bund davon ausging, künftig noch jenen Bereich regeln zu dürfen, der von der Generalklausel in § 119 Abs. 3 Alt. 1 aF (Beschränkungen, die der „Zweck der Untersuchungshaft" erfordert) erfasst war.[6]

Der Zweck der Untersuchungshaft liegt nach der Gesetzesbegründung im Fall eines Haftgrundes nach § 112 Abs. 2 – Flucht- oder Verdunkelungsgefahr – in der ordnungsgemäßen Durchführung des Strafverfahrens und im Fall des Haftgrundes nach § 112a Abs. 1 – Wiederholungsgefahr – in der Abwehr erheblicher Gefahren für bedeutende Rechtsgüter.[7] Ebenso wie die Anordnung

---

[1] Gesetz zur Änderung des GG vom 28. 8. 2006, BGBl. I S. 2863.
[2] BGBl. I S. 2353.
[3] Vgl. bspw. zum Entwurf eines Untersuchungshaftvollzugsgesetzes NRW *Piel/Püschel/Tsambikakis/Wallau*, ZRP 2009, 33; ein Vergleich der (beabsichtigten) landesrechtlichen Regelungen findet sich bei *Brune/Müller* ZRP 2009, 143.
[4] Vgl. *König* NStZ 2010, 185 (186).
[5] Konkretisiert wurden die Regelungen dann in der Untersuchungshaftvollzugsordnung, einer gemeinsamen Verwaltungsanordnung der Länder.
[6] BT-Drucks. 16/11644, S. 1; die Ansicht des OLG Celle (v. 9. 2. 2010 – 1 Wv 37/10, StV 2010, 194), wonach § 119 nF in Niedersachsen für den Bereich der Untersuchungshaft keine Anwendung findet, wird singulär bleiben (vgl. a. *Kazele* StV 2010, 258).
[7] BT-Drucks. 16/11644, S. 1.

der Freiheitsentziehung selbst rechtfertige sich eine über sie hinausgehende Beschränkung, die zur Erreichung des Zwecks der Untersuchungshaft erforderlich ist, eben gerade aus diesem Zweck. Sie gehöre somit zum gerichtlichen Verfahren im Sinne von Art. 74 Abs. 1 Nr. 1 GG. Demgegenüber liege die Gesetzgebungskompetenz für die Aufrechterhaltung der Ordnung in der Vollzugsanstalt nunmehr bei den Ländern. Nur: Die Bereiche lassen sich kaum trennen.[8] Die einzelnen Beschränkungen werden künftig voraussichtlich sowohl Gegenstand der StPO als auch der Landesuntersuchungshaftvollzugsgesetze sein. Die Zuständigkeit der Anstalt nach Landesgesetz ist nur eröffnet, wenn der Grundrechtseingriff *allein* vollzuglich, also aus seiner Stellung als Inhaftierter veranlasst ist.[9]

4   Problematisch sind vor allem Anordnungen, die der Zweck der Untersuchungshaft nicht erfordert, aber aus Gründen der Anstaltssicherheit dennoch (nunmehr aufgrund landesgesetzlicher Regelungen) von der Anstalt angeordnet werden. Es stellt sich die Frage, ob eine solche Maßnahme verhältnismäßig sein kann. Nach der künstlichen Austrennung des Untersuchungshaftvollzugs erwarten den Haftrichter schwierige Entscheidungsprozesse unter Berücksichtigung des Untersuchungshaftzweckes einerseits und vollzugsrechtlicher Belange nach den jeweiligen Untersuchungshaftvollzugsgesetzen der Länder andererseits: Ein Computer wird für den Beschuldigten in einer umfangreichen Wirtschaftsstrafsache zur Vorbereitung seiner Verteidigung unentbehrlich sein (nach Einscannen der Akten durch den Verteidiger oder im Wege der Sichtung einer durch die Staatsanwaltschaft übergebenen Akten-DVD). So kann es zu Wertungswidersprüchen zwischen den Verfahrenszwecken und der Anstaltsordnung kommen, die Computer zur persönlichen Nutzung auf eigene Kosten in der Regel verbieten. Die Aufspaltung der verschiedenen Rechtsgrundlagen und Verfahrenswege wird zu Schwierigkeiten führen, die gesetzlich (wohl vom Bund!) gelöst werden müssten.[10]

5   Inhaltlich Bezug nehmend auf § 116b erweitert § 119 Abs. 6 den Anwendungsbereich der Abs. 1 bis 5 vor allem auf die Fälle vorrangig zu vollstreckender Freiheitsstrafe (§ 38 StGB), Ersatzfreiheitsstrafe (§ 43 StGB), Jugendstrafe (§ 17 JGG), Jugendarrest (§ 16 JGG), Unterbringung in einem psychiatrischen Krankenhaus (§ 63 StGB), Unterbringung in einer Entziehungsanstalt (§ 64 StGB), Unterbringung in der Sicherungsverwahrung (§ 66 StGB), Ordnungshaft (zB § 51 Abs. 1 Satz 2, § 70 Abs. 1 Satz 2 StPO, §§ 177, 178 GVG), Erzwingungshaft (zB § 70 Abs. 2 StPO, § 96 OWiG, § 901 ZPO, zivilrechtliche Sicherungshaft (zB § 918 ZPO), strafrechtliche Sicherungshaft (§ 453c StPO), Unterbringung zur Beobachtung (§ 81 StPO), einstweilige Unterbringung (§ 126a StPO), Unterbringung bei zu erwartender Sicherungsverwahrung (§ 275a Abs. 5 StPO), Haft aufgrund einer Anordnung nach § 4 des Überstellungsausführungsgesetzes.

II. Beschränkungen

6   **1. Allgemeines.** Dem Verhafteten dürfen nach Abs. 1 nur solche Beschränkungen auferlegt werden, die zur Abwehr einer Flucht-, Verdunkelungs- oder Wiederholungsgefahr erforderlich sind. Der Verhaftete ist nicht grundrechtslos und steht nicht in einem „besonderen Gewaltverhältnis".[11] Jede Einzelregelung/-beschränkung muss im Licht des jeweils eingeschränkten Grundrechts ermessen werden. Dabei ist zu beachten, dass ein Verhafteter noch nicht verurteilt ist und daher ausschließlich den unvermeidbaren Beschränkungen unterworfen werden darf.[12] Die Menschenwürde des Verhafteten und der unantastbare Kernbereich seiner privaten Lebensgestaltung sind zu respektieren.[13] Insbesondere der Grundsatz der Verhältnismäßigkeit ist zu beachten.[14] Abstrakte Gefahren für die Haftzwecke können eine Beschränkung nicht rechtfertigen; erforderlich ist vielmehr eine reale Gefahr für diese öffentlichen Interessen, die sich aus konkreten Anhaltspunkten ergeben muss.[15]

7   Nach zutreffender Ansicht durften bisher im Haftbefehl nicht angenommene Haftgründe nicht als Grundlage von Beschränkungen i. S. von § 119 Abs. 3 aF herangezogen werden;[16] die überwiegende Auffassung nahm hingegen an, dass beispielsweise eine Maßnahme zur Vermeidung

---

[8] So auch *Seebode* HRRS 2008, 236 (239); *Tsambikakis* ZIS 2009, 503; *Paeffgen* StV 2009, 46.
[9] *König* NStZ 2010, 185 (186).
[10] Vgl. auch *Buckow*, Stellungnahme zur öffentlichen Anhörung des Rechtsausschusses des Deutschen Bundestages am 22. 4. 2009 zum Gesetzentwurf der Bundesregierung Entwurf eines Gesetzes zur Änderung des Untersuchungshaftrechts, S. 8; *Tsambikakis* ZIS 2009, 503.
[11] Vgl. BVerfG v. 14. 3. 1972 – 2 BvR 41/71, BVerfGE 33, 1 (10 ff.) für Strafgefangene.
[12] BVerfG v. 6. 4. 1976 – 2 BvR 61/76, BVerfGE 42, 95 (100).
[13] BGH v. 24. 7. 1998 – 3 StR 78/98, BGHSt 44, 138 (143).
[14] BGH v. 24. 7. 1998 – 3 StR 78/98, BGHSt 44, 138 (143).
[15] BVerfG v. 27. 3. 1973 – 2 BvR 664/72, BVerfGE 35, 10; OLG Zweibrücken v. 14. 7. 1993 – 1 Ws 380/93, StV 1993, 593.
[16] *Seebode, M.*, S. 115 ff.; SK-StPO/*Paeffgen* Rn. 11; *Schlothauer/Weider* Rn. 964.

von Verdunkelungsgefahr auch dann zulässig waren, wenn der Haftbefehl ausschließlich auf Fluchtgefahr gestützt wurde.[17] Die neue Formulierung stärkt die letztgenannte Ansicht, nicht zuletzt, weil dies der Intention des Gesetzgebers entsprechen dürfte.[18] Zwar war mit der Neufassung keine sachliche Erweiterung oder Einschränkung intendiert, aber durch die gewählte Formulierung wird stärker herausgestellt, dass „die Anordnung von Beschränkungen nicht nur auf den oder die im Haftbefehl ausdrücklich genannten Haftgründe gestützt werden kann, sondern auch zur Abwehr aller anderen Gefahren in Betracht kommt, denen durch die Anordnung der Untersuchungshaft begegnet werden soll."[19] Das mag für den subsidiären Haftgrund der Wiederholungsgefahr noch angehen. Das in der Gesetzesbegründung genannte Beispiel, dass das Gericht nicht alle möglicherweise relevanten Haftgründe im Haftbefehl aufführen muss, „wenn zweifelhaft ist, ob die Voraussetzungen des einen Haftgrundes gegeben sind, jedoch klar ist, dass die eines anderen fraglos erfüllt sind",[20] veranschaulicht die Gefahren der Regelung. Wenn zweifelhaft ist, ob die Voraussetzungen eines Haftgrundes gegeben sind, darf sich der Haftbefehl darauf nicht stützen. Warum sollte der betroffene Untersuchungsgefangene denn Einschränkungen hinnehmen müssen, die ausschließlich diesen – nicht ausreichend begründbaren – Haftgrund betreffen? Das erscheint verfassungsrechtlich bedenklich. Die vom Wortlaut eröffnete Möglichkeit bei jedem Untersuchungsgefangenen ohne ausdrückliche Änderung der Haftgründe im Haftbefehl alle Haftzwecke heranzuziehen, begünstigt geradezu die undifferenzierte Universalbeschränkung aller Untersuchungsgefangenen, die mit der Unschuldsvermutung nicht zu vereinbaren ist. Im Übrigen ist richtigerweise davon auszugehen, dass der Haftbefehl ohnehin alle vorliegenden Haftgründe aufführen muss.[21]

Beachtet die anordnende Stelle die Haftzweckdifferenzierung der Beschränkungen wird sich 8 dies vor allem bei der Überwachung der Kommunikation mit der Außenwelt bemerkbar machen, weil bspw. eine akustische Überwachung der Besuche in der Regel nur beim Haftgrund der Verdunkelungsgefahr geboten ist, während sie bei Fluchtgefahr oder Wiederholungsgefahr nur in Ausnahmefällen angezeigt ist, wenn konkrete Anhaltspunkte für Fluchtvorbereitungen oder neue Straftaten vorliegen.

Mit weiteren Beschränkungen muss der Untersuchungsgefangene dann aus den in Kürze zu er- 9 wartenden Untersuchungshaftvollzugsgesetzen der Länder rechnen, die sich in erster Linie zur Legitimation auf die Ordnung der Anstalt Vollzugsanstalt beziehen werden, wie er in § 119 Abs. 3 normiert war. Der ausfüllungsbedürftige Begriff der „Ordnung in der Vollzugsanstalt" umfasst nach überwiegender Auffassung alle Voraussetzungen, die erforderlich sind, um den sachgerechten Ablauf des Betriebes in der Untersuchungshaftanstalt zu gewährleisten. Dabei geht es nicht um die Gewährleistung eines Mindestmaßes an Ordnung, sondern um die Gewährleistung eines „Normalmaßes".[22] Insgesamt sollten mit dem Rückgriff auf die „Ordnung in der Vollzugsanstalt" der Aspekt der Sicherheit des Anstaltspersonals, die Vermeidung von Spannungen zwischen Verhafteten untereinander oder mit dem Aufsichtspersonal sowie die Vermeidung von Lärmbelästigungen usw. zwischen den Verhafteten gemeint sein.[23]

2. Kein abschließender Katalog. Abs. 1 S. 2 enthält einen Katalog möglicher Beschränkungen, 10 der allerdings nicht abschließend ist. Es kann daher auf besondere im Einzelfall denkbare Gefahren flexibel reagiert werden.[24]

Abs. 3 ergänzt die Regelung des Abs. 1 S. 2 Nr. 2 bezüglich der Überwachung der Telekommu- 11 nikation. Danach ist die beabsichtigte Überwachung dem Gesprächspartner des Inhaftierten zu Beginn des Telefonats mitzuteilen. Die Mitteilung kann durch den Beschuldigten oder den mit der Überwachung betrauten Beamten erfolgen.

3. Einzelfallentscheidung. Abs. 1 Satz 1 sieht keine standardmäßige Geltung von Beschrän- 12 kungen vor. Jede Beschränkung muss ausdrücklich angeordnet und begründet (§ 34) werden, d.h. in jedem Einzelfall wird jede Beschränkung von dem Haftgericht auf ihre konkrete Erforderlichkeit geprüft und in der Begründung dokumentiert. Dies ist entspricht dem ausdrücklichen gesetzgeberischen Willen[25] und berücksichtigt angemessen die geltende Unschuldsvermutung, nach der jeder Untersuchungsgefangene als unschuldig gilt, weshalb jede Beschränkung seiner Freiheit einer besonderen, im Einzelfall zu begründenden, Rechtfertigung bedarf.

---

[17] OLG Hamm v. 5. 11. 1996 – 3 Ws 514/96, StV 1998, 35; *Meyer-Goßner* Rn. 12; KK-StPO/*Schultheis* Rn. 12.
[18] Vgl. auch *König* NStZ 2010, 185 (187).
[19] BT-Drucks. 16/11644, S. 24.
[20] BT-Drucks. 16/11644, S. 24.
[21] Vgl. § 114 Rn. 7.
[22] OLG Düsseldorf v. 7. 7. 1999 – 2 Ws 201/99, NStZ 1999, 536.
[23] *Meyer-Goßner*, Rn. 13; KK-StPO/*Schultheis*, Rn. 13.
[24] Zu den einzelnen Beschränkungen vgl. *König* NStZ 2010, 185 (188).
[25] BT-Drucks. 16/11644 S. 24.

13 **4. Anordnung.** Die erforderlichen Beschränkungen sind von dem Haftgericht (§ 126) anzuordnen. Abs. 1 S. 4 sieht eine Eilkompetenz der Staatsanwaltschaft und der Vollzugsanstalt vor, wenn das Gericht nicht rechtzeitig eingeschaltet werden kann, ohne den Zweck der Untersuchungshaft zu gefährden. Diese vorläufige Entscheidung muss innerhalb von drei Werktagen dem zuständigen Gericht zur Genehmigung vorgelegt werden.

14 **5. Vollzug.** Nach Abs. 2 S. 1 führt die Stelle die Anordnungen aus, die sie getroffen hat – nach der Gesetzeskonstruktion ist dies das Gericht. Da im Weiteren aber die unanfechtbare Delegation an die Staatsanwaltschaft bzw. deren Ermittlungspersonen und die Vollzugsanstalt vorgesehen ist, werden in der Praxis die Anordnungen entgegen dem gesetzlichen Leitbild von den Beamten der Polizei und der Anstalt vollzogen werden. Ferner stellt sich die Frage, ob nicht das rechtsstaatliche Axiom der Gewaltenteilung überstrapaziert wird, wenn die Polizei die richterliche Briefkontrolle übernimmt. Eine Briefkontrolle durch die Anstalt scheidet ohnehin aus, da diese die Ermittlungsakten nicht kennt und nicht zu entscheiden vermag, was sachverhaltsrelevant ist.[26]

15 Hat die Staatsanwaltschaft Anklage erhoben, erscheint es nicht sinnvoll, die angeordneten Beschränkungen weiter von dem Gericht an die Staatsanwaltschaft zu delegieren. Jetzt ist das Gericht „sachnäher" und sollte zB die Briefkontrolle selbst durchführen.

III. Freier Besuchsverkehr

16 Zunächst deklariert Abs. 4 S. 1, dass die Beschränkungen nach Abs. 1 den nach Maßgabe des § 148 garantierten freien Verkehr des Beschuldigten mit seinem Verteidiger nicht einschränken dürfen. Es folgt dann in S. 2 eine ausdifferenzierte Aufzählung weiterer überwachungsfrei kontaktierbarer Institutionen und Personen, die insoweit der durch die §§ 148, 148a besonders geschützten Kommunikation mit dem Verteidiger gleichgestellt werden.

IV. Rechtsbehelfe

17 Untersuchungsgefangene können gem. § 119 Abs. 5 gegen alle beschwerenden Entscheidungen oder sonstigen (faktischen) Maßnahmen der anordnenden oder vollziehenden Stellen einen Antrag auf gerichtliche Entscheidung stellen. Damit wird gewährleistet, dass dem Gericht letztlich in allen Fragen, welche die aus den Zwecken der Untersuchungshaft erforderlichen Beschränkungen betreffen, die maßgebliche Entscheidungsbefugnis verbleibt.

18 Dies gilt auch, wenn ein Oberlandesgericht oder der Ermittlungsrichter beim Bundesgerichtshof Entscheidungen nach Abs. 1 oder 2 getroffen hat.[27] Der Gesetzgeber ging unter Hinweis auf BGHSt 26, 270[28] davon aus, dass in diesen Fällen das Rechtsmittel der Beschwerde unzulässig sei, weil der Begriff „Verhaftung" in § 304 Abs. 4 S. 2 Nr. 1, Abs. 5 Beschränkungen des Beschuldigten in der Haft über die Haftanordnung hinaus nicht erfasse,[29] und hat an dieser Stelle den Rechtsweg eröffnet.

19 Gegen Entscheidungen der Amts- und Landgerichte in Anwendung von § 119 Abs. 1 oder 2 kann dagegen ordentliche Beschwerde eingelegt werden, auch wenn es sich um Entscheidungen des erkennenden Gerichts im Sinne von § 305 handelt. Denn der Begriff „Verhaftung" in § 305 S. 2 wird weitergehend verstanden als in § 304 Abs. 4 S. 2 Nr. 1, Abs. 5.[30] Nach der neuen Formulierung in § 119 Abs. 5 („soweit das Rechtsmittel der Beschwerde nicht statthaft ist") ist der Antrag auf gerichtliche Entscheidung gegen Entscheidungen der Amts- und Landgerichte durch die gegebene Beschwerdemöglichkeit folglich ausgeschlossen, ohne dass sich der Prüfungsumfang beider Rechtswege unterscheidet. Es kann jeweils eingewendet werden, dass für eine bestimmte Beschränkung oder ihre konkrete Ausführung von Anfang an die gesetzlichen Voraussetzungen nicht vorgelegen hätten oder aber eine bestimmte Beschränkung nicht mehr erforderlich sei, zB weil die angenommene Verdunkelungsgefahr durch ein Geständnis des Beschuldigten entfallen ist. Der Beschuldigte ist damit nicht auf die ohnehin von Amts wegen gebotene Aufhebung einer Beschränkung angewiesen, sondern kann diese selbst initiieren.

20 Zuständig für die Entscheidung nach Abs. 5 1. HS ist das Haftgericht nach § 126 (ggf. iVm. den speziellen Vorschriften des JGG).

21 Nach S. 2 hat der Antrag auf gerichtliche Entscheidung keine aufschiebende Wirkung. Das Gericht kann jedoch gem. S. 3 vorläufige Anordnungen treffen.

---

[26] *Paeffgen* GA 2009, 450 (457 f.).
[27] BT-Drucks. 16/11644, S. 30.
[28] BGH v. 28. 1. 1976 – 5 StE 1/75, BGHSt 26, 270.
[29] Vgl. aber auch § 304 Rn. 5.
[30] OLG Karlsruhe v. 6. 12. 1996 – 3 Ws 321/96, 3 Ws 322/96, StV 1997, 312; § 305 Rn. 9; BT-Drucks. 16/11644, S. 30; *Meyer-Goßner* § 305 Rn. 7.

V. Jugendstrafverfahren

Für den Vollzug der Untersuchungshaft für Jugendliche und Heranwachsende wurde in § 89c 22 JGG mit Gesetz zur Änderung des Untersuchungshaftrechts vom 29. 7. 2009[31] eine neue Regelung geschaffen. § 89c JGG greift Regelungsgegenstände des bisherigen § 93 Abs. 1 und 2 JGG sowie des bisherigen § 110 Abs. 2 JGG auf, soweit sich diese Vorschriften nicht auf Bereiche beziehen, für die nach der Föderalismusreform die Länder die Gesetzgebungskompetenz haben.

§ 89c JGG bestimmt für zur Tatzeit Jugendliche, die das 21. Lebensjahr noch nicht vollendet 23 haben, dass die Untersuchungshaft nach den Vorschriften für den Vollzug der Untersuchungshaft an jungen Gefangenen und nach Möglichkeit in den für junge Gefangene vorgesehenen Einrichtungen vollzogen wird. Ist die betroffene Person bei Vollstreckung des Haftbefehls 21 aber noch nicht 24 Jahre alt, kann die Untersuchungshaft nach diesen Vorschriften und in diesen Einrichtungen vollzogen werden. Die Entscheidung trifft das Gericht. Die für die Aufnahme vorgesehene Einrichtung ist vor der Entscheidung zu hören. Nach der Neufassung des § 110 Abs. 2 JGG gilt § 89c JGG entsprechend für die Vollstreckung von Untersuchungshaft an zur Tatzeit Heranwachsenden.

Die genannten Vorschriften sind vor dem Hintergrund des § 17 Abs. 1 JGG und des § 89b 24 JGG nF (früher § 91 JGG) zu sehen. Sie berücksichtigen schon beim Vollzug der Untersuchungshaft den Umstand, dass Jugendstrafe an unter 18-Jährigen stets und an 18- bis 24-Jährigen regelmäßig in einer für ihren Vollzug vorgesehenen Einrichtung und nach den Vorschriften für den Jugendstrafvollzug zu vollziehen ist.[32]

§ 119a [Rechtsschutz im Untersuchungshaftvollzug]

(1) ¹**Gegen eine behördliche Entscheidung oder Maßnahme im Untersuchungshaftvollzug kann gerichtliche Entscheidung beantragt werden.** ²**Eine gerichtliche Entscheidung kann zudem beantragt werden, wenn eine im Untersuchungshaftvollzug beantragte behördliche Entscheidung nicht innerhalb von drei Wochen ergangen ist.**

(2) ¹Der Antrag auf gerichtliche Entscheidung hat keine aufschiebende Wirkung. ²Das Gericht kann jedoch vorläufige Anordnungen treffen.

(3) **Gegen die Entscheidung des Gerichts kann auch die für die vollzugliche Entscheidung oder Maßnahme zuständige Stelle Beschwerde erheben.**

I. Allgemeines

Die Vorschrift ist allein der Grundgesetzänderung infolge der Föderalismusreform I geschuldet, 1 in der die Kompetenz für den Untersuchungshaftvollzug in Art. 74 Abs. 1 Nr. 1 GG den Ländern im Rahmen der konkurrierenden Gesetzgebung übertragen wurde. Da die Gesetzgebungskompetenz für das gerichtliche Verfahren beim Bund verblieben ist, war – bei allen Unklarheiten im Übrigen – ein gerichtlicher Rechtsbehelf in der StPO zu kreieren, der den tiefgreifenden Grundrechtseingriffen von behördlichen Entscheidungen und Maßnahmen im Untersuchungshaftvollzug gerecht wird.

§ 119a wurde mit Gesetz zur Änderung des Untersuchungshaftrechts vom 29. 7. 2009[1] in die 2 StPO eingefügt. Die Regelung gilt nicht nur für alle Fälle Untersuchungshaft, sondern auch bei der vorläufigen Unterbringung, der Sicherungshaft und bei erwarteter Unterbringung in der Sicherungsverwahrung.[2]

II. Rechtsschutz im Untersuchungshaftvollzug

Angelehnt an § 119 Abs. 5 eröffnet § 119a Abs. 1 S. 1 für den Untersuchungshaftvollzug die 3 gerichtliche Entscheidung gegen behördliche Entscheidungen und sonstige (faktische) Maßnahmen. Abs. 1 S. 2 konkretisiert das Erfordernis eines wirksamen Rechtsschutzes im Untersuchungshaftvollzug in zeitlicher Hinsicht und trägt der Unschuldsvermutung und dem Verhältnismäßigkeitsgrundsatz besonders Rechnung.

III. Zuständigkeit

Wie bei § 119 Abs. 5 bestimmt sich auch bei § 119a Abs. 1 S. 1 die gerichtliche Zuständigkeit 4 nach § 126. Dies kann dazu führen, dass bei einem Auseinanderfallen von Gerichtssitz und An-

---
[31] BGBl. I S. 2274.
[32] BT-Drucks. 11/5829, S. 39.
[1] BGBl. I S. 2274.
[2] BeckOK-StPO/*Krauß* Rn. 5.

staltssitz das zur Entscheidung berufene Gericht ein anderes Landesrecht als das örtliche anwenden muss.

IV. Zulässigkeit

5 Ungeschriebene Zulässigkeitsvoraussetzung ist das Erfordernis eines Rechtsschutzbedürfnisses,[3] was in der Regel zu bejahen sein wird. Der Rechtsbehelf muss sich gegen eine vollzugliche Maßnahme richten. Bei Beschränkungen nach § 119 richtet sich der Rechtsschutz nach § 119 Abs. 5.

V. Begründetheit

6 Die Begründetheit des Antrags auf gerichtliche Entscheidung ist an dem jeweiligen Landesrecht zu messen, soweit entsprechende Gesetze bereits in Kraft getreten sind. Sonst gilt § 119 Abs. 3 aF.[4]

VI. Verfahren

7 Wie bei § 119 Abs. 5 hat der Antrag auf gerichtliche Entscheidung keine aufschiebende Wirkung. Das Gericht kann jedoch gem. § 119a Abs. 2 S. 2 vorläufige Anordnungen treffen.
8 Das Beschwerderecht steht nach Abs. 3 ggf. auch der Vollzugsanstalt zu.

§ 120 [Aufhebung des Haftbefehls]

(1) ¹Der Haftbefehl ist aufzuheben, sobald die Voraussetzungen der Untersuchungshaft nicht mehr vorliegen oder sich ergibt, daß die weitere Untersuchungshaft zu der Bedeutung der Sache und der zu erwartenden Strafe oder Maßregel der Besserung und Sicherung außer Verhältnis stehen würde. ²Er ist namentlich aufzuheben, wenn der Beschuldigte freigesprochen oder die Eröffnung des Hauptverfahrens abgelehnt oder das Verfahren nicht bloß vorläufig eingestellt wird.

(2) Durch die Einlegung eines Rechtsmittels darf die Freilassung des Beschuldigten nicht aufgehalten werden.

(3) ¹Der Haftbefehl ist auch aufzuheben, wenn die Staatsanwaltschaft es vor Erhebung der öffentlichen Klage beantragt. ²Gleichzeitig mit dem Antrag kann die Staatsanwaltschaft die Freilassung des Beschuldigten anordnen.

I. Allgemeines

1 Die Vorschrift regelt, wann ein Haftbefehl aufzuheben ist. Das Gesetz unterscheidet zwischen von Amts wegen (andauernd) zu prüfenden Anlässen und dem formellen Grund eines entsprechenden Antrags der Staatsanwaltschaft im Ermittlungsverfahren. § 120 gilt für jede Art der Untersuchungshaft.

II. Aufhebung von Amts wegen

2 **1. Wegfall der Voraussetzungen.** Wenn die Voraussetzungen der Untersuchungshaft – dringender Tatverdacht, Haftgrund, Verhältnismäßigkeit – nicht (mehr) vorliegen, ist der Haftbefehl aufzuheben.
3 Zusätzliche Gesichtspunkte ergeben sich bei der Fluchtgefahr und bei der Verdunkelungsgefahr. Bei beiden Haftgründen kann allein der Fortschritt der Ermittlungen, die Voraussetzungen der Untersuchungshaft entfallen lassen. Bei der **Fluchtgefahr** kann die Dauer der erlittenen Untersuchungshaft dazu führen, dass nicht mehr mit längerer Strafverbüßung zu rechnen ist und ein entsprechend vorher angenommener Fluchtanreiz wegfällt. Der weitere Vollzug der Untersuchungshaft wäre überdies unverhältnismäßig, wenn seine Dauer die zu erwartende Freiheitsstrafe erreicht oder sogar überschreitet.[1]
4 Bei der **Verdunkelungsgefahr** reduziert die fortschreitende Beweissicherung im Verfahren laufend die konkreten Einwirkungsmöglichkeiten des freigelassenen Beschuldigten. Bei vollständiger Aufklärung der Tat gibt es keine Verdunkelungsgefahr. Der Untersuchungsgefangene kann diesen Status bei geständiger Einlassung häufig selbst schaffen. Spätestens nach Durchführung der Hauptverhandlung ist ein allein auf Verdunkelungsgefahr gestützter Haftbefehl aufzuheben.[2]

---

[3] BeckOK-StPO/*Krauß* Rn. 6.
[4] S. § 119 Rn. 1.
[1] OLG Hamm v. 9. 11. 2000 – 2 Ws 291/2000 NStZ-RR 2001, 123; OLG Bamberg v. 16. 8. 1995 – Ws 306/95, NJW 1996, 1222 (1223).
[2] OLG Celle v. 24. 4. 1963 – 3 Ws 254/63, NJW 1963, 1264.

2. Unverhältnismäßigkeit. Der Haftbefehl ist aufzuheben, wenn sein weiterer Bestand unverhältnismäßig wäre. Abs. 1 S. 2 betont damit etwas, das sich bereits aus Abs. 1 S. 1 ergibt, da die Verhältnismäßigkeit ohnehin Voraussetzung der Untersuchungshaft ist (§ 112 Abs. 1 S. 2): Die Untersuchungshaft ist unverhältnismäßig, wenn ihr weiterer Vollzug zur Bedeutung der Sache und den zu erwartenden Rechtsfolgen außer Verhältnis stehen würde.

Ein typischer Fall ist das **Annähern** der Dauer des **Vollzugs** an die zu erwartende, effektiv[3] abzusitzende **Freiheitsstrafe** oder gar deren Überschreiten oder die Aussicht auf eine Bewährung etc.

Praktische Relevanz haben va. Verstöße gegen das **Beschleunigungsgebot**. Das in Haftsachen geltende verfassungsrechtliche Beschleunigungsgebot umfasst das gesamte Strafverfahren.[4] Daher ist ein Haftbefehl auch aufzuheben, wenn sich zB das Rechtsmittelverfahren unverhältnismäßig verzögert.[5] Zur Durchführung eines geordneten Strafverfahrens und einer Sicherstellung der späteren Strafvollstreckung kann die Untersuchungshaft nicht mehr als notwendig anerkannt werden, wenn ihre Fortdauer durch vermeidbare Verfahrensverzögerungen verursacht ist.[6] Der weitere Vollzug von Untersuchungshaft verstößt jedenfalls dann gegen Art. 2 Abs. 2 S. 2 GG, wenn die Strafverfolgungsbehörden und die Gerichte nicht alle möglichen und zumutbaren Maßnahmen ergriffen haben, um die notwendigen Ermittlungen mit der gebotenen Schnelligkeit abzuschließen. Entsprechend dem Gewicht der zu ahndenden Straftat können zwar kleinere Verfahrensverzögerungen die Fortdauer der Untersuchungshaft rechtfertigen. Allein die Schwere der Tat und die sich daraus ergebende Straferwartung vermag aber bei erheblichen, vermeidbaren und dem Staat zuzurechnenden Verfahrensverzögerungen nicht zur Rechtfertigung einer ohnehin schon lang andauernden Untersuchungshaft zu dienen.[7]

Der sich aus Art. 2 Abs. 2 S. 2 GG ergebende Freiheitsanspruch des noch nicht verurteilten Beschuldigten ist den vom Standpunkt der Strafverfolgung aus erforderlichen und zweckmäßigen Freiheitsbeschränkungen ständig als Korrektiv entgegenzuhalten; sein Gewicht vergrößert sich gegenüber dem Strafverfolgungsinteresse mit zunehmender Dauer der Untersuchungshaft.[8] Deshalb setzt der Grundsatz der Verhältnismäßigkeit der Haftfortdauer unabhängig von der zu erwartenden Strafe **Grenzen**.[9] Mit zunehmender Dauer der Untersuchungshaft **vergrößert** sich regelmäßig das Gewicht des Freiheitsanspruchs gegenüber dem Interesse an einer wirksamen Strafverfolgung.[10]

Dem Beschleunigungsgebot ist – sofern nicht besondere Umstände vorliegen – nur dann Genüge getan, wenn innerhalb von drei Monaten nach Eröffnung des Hauptverfahrens mit der Hauptverhandlung begonnen wird.[11] Der Vollzug von Untersuchungshaft von mehr als einem Jahr bis zum Beginn der Hauptverhandlung oder dem Erlass eines Urteils findet nur in ganz besonderen Ausnahmefällen seine Rechtfertigung.[12] Bei absehbar umfangreichen Verfahren, in denen sich der Angeklagte in Untersuchungshaft befindet, fordert das Beschleunigungsgebot in Haftsachen stets eine vorausschauende, auch größere Zeiträume umgreifende **Hauptverhandlungsplanung** mit mehr als nur einem durchschnittlichen Hauptverhandlungstag pro Woche.[13] Dabei kann, je weiter eine derartige Planung in die Zukunft reicht, regelmäßig im Verlauf einer Hauptverhandlung auftretenden

---

[3] Da nach § 51 StGB die Untersuchungshaft anzurechnen ist, also bspw. unter Berücksichtigung einer Strafrestaussetzung nach § 57 StGB, vgl. BVerfG 16. 3. 2006 – 2 BvR 170/06, NJW 2006, 1336 (1338); BVerfG v. 22. 2. 2005 – 2 BvR 109/05, NJW 2005, 2612; OLG Hamm v. 9. 11. 2000 – 2 Ws 291/2000 NStZ-RR 2001, 123; OLG Frankfurt/M. v. 16. 6. 1986 – 1 Ws 146/86.
[4] BVerfG v. 29. 12. 2005 – 2 BvR 2057/05, StV 2006, 81; BVerfG v. 23. 9. 2005 – 2 BvR 1315/05, NJW 2005, 3485 (3486); BVerfG v. 22. 2. 2005 – 2 BvR 109/05, NJW 2005, 2612.
[5] KG v. 10. 9. 2007 – 3 Ws 465/07, StV 2007, 644; OLG Frankfurt/M. v. 2. 2. 2007 – 1 Ws 9/07, StV 2007, 249.
[6] BVerfG v. 23. 1. 2008 – 2 BvR 2652/07, StV 2008, 198; BVerfG v. 30. 9. 1999 – 2 BvR 1775/99, NStZ 2000, 153).
[7] BVerfG v. 23. 1. 2008 – 2 BvR 2652/07, StV 2008, 198; BVerfG, 16. 3. 2006 – 2 BvR 170/06, NJW 2006, 1336 (1338); BVerfG v. 5. 12. 2005 – 2 BvR 1964/05, NJW 2006, 672 (672).
[8] BVerfG v. 23. 1. 2008 – 2 BvR 2652/07, StV 2008, 198; BVerfG v. 6. 2. 1980 – 2 BvR 1070/79, BVerfGE 53, 152 (158 f.).
[9] BVerfG v. 11. 6. 2008 – 2 BvR 806/08, StV 2008, 421; BVerfG v. 23. 1. 2008 – 2 BvR 2652/07, StV 2008, 198; BVerfG v. 6. 2. 1980 – 2 BvR 1070/79, BVerfGE 53, 152 (158 f.); BVerfG v. 3. 5. 1966, 1 BvR 58/66, BVerfGE 20, 45 (49 f.).
[10] BVerfG v. 11. 6. 2008 – 2 BvR 806/08, StV 2008, 421; BVerfG v. 23. 1. 2008 – 2 BvR 2652/07, StV 2008, 198; BVerfG v. 5. 12. 2005 – 2 BvR 1964/05, NJW 2006, 672 (672 f.); BVerfG v. 6. 2. 1980 – 2 BvR 1070/79, BVerfGE 53, 152 (159); BVerfG v. 12. 12. 1973 – 2 BvR 558/73, BVerfGE 36, 264 (270).
[11] BVerfG v. 15. 2. 2007 – 2 BvR 2563/06, NStZ-RR 2007, 311 (313); BVerfG v. 11. 6. 2008 – 2 BvR 806/08, StV 2008, 421.
[12] BVerfG v. 11. 6. 2008 – 2 BvR 806/08, StV 2008, 421; BVerfG v. 23. 1. 2008 – 2 BvR 2652/07, StV 2008, 198 (199); BVerfG v. 5. 12. 2005 – 2 BvR 2057/05, StV 2006, 81.
[13] EGMR v. 29. 7. 2004 – 49746/99, EuGRZ 2004, 634 (637) (Čevizović ./. Deutschland); BVerfG v. 23. 1. 2008 – 2 BvR 2652/07, StV 2008, 198; BVerfG v. 29. 12. 2005 – 2 BvR 2057/05, StV 2006, 81; BVerfG v. 5. 12. 2005 – 2 BvR 1964/05, NJW 2006, 672; OLG Köln v. 18. 1. 2006 – 2 Ws 617/05, StV 2006, 143 (144); OLG Celle v. 23. 3. 2001 – 32 HEs 1/01, NdsRpfl 2001, 196 unter Hinweis auf ggf. anzuberaumende Sondersitzungstage.

Terminierungshindernissen durch entsprechende Koordinierung, beispielsweise von Urlaubsterminen, Rechnung getragen und damit ein zügiger Verlauf der Hauptverhandlung sichergestellt werden.[14] Stellt die Verteidigung sukzessiv immer neue Beweisanträge, nachdem das Gericht sein Beweisprogramm schon abgeschlossen hat, sind die durch die sachgerechte Bearbeitung der Anträge, insb. deren Stattgabe, auftretenden Verfahrensverzögerungen, der Justiz grundsätzlich nicht zuzurechnen.[15]

In einer Haftsache, die wegen ihres Umfangs oder der schwierigen Beweislage nicht in wenigen Tagen erledigt werden kann, ist regelmäßig an zwei Tagen in der Woche zu verhandeln. Verhinderungen durch Urlaub, Krankheit o. Ä. sind durch vor- oder nachgeholte Sitzungstage auszugleichen. So genannte Schiebetermine zählen nicht als Sitzungstage, denn sie sind offensichtlich nicht geeignet, die Erledigung der Sache zu fördern. Genügt die Verfahrensgestaltung nicht diesen Anforderungen, weil die Sache bei Gericht nicht mit dem gehörigen Nachdruck betrieben wurde, so ist der Haftbefehl aufzuheben.[16] Soweit für eine zu geringe Terminierungsdichte von der Verteidigung geltend gemachte Terminkollisionen eine Rolle gespielt haben sollten, entlastet dies eine Strafkammer nicht ohne Weiteres von dem Vorwurf einer der Justiz anzulastenden Verfahrensverzögerung. Denn derartige Terminkollisionen können bei einer vorausschauenden, weit in die Zukunft reichenden Terminplanung weitgehend vermieden werden.[17] Eine Terminierungsdichte von 37 Hauptverhandlungsterminen in einer rund 14,5 Monate andauernden Hauptverhandlung, was einer durchschnittlichen Verhandlungsdichte von rund 2,5 Sitzungstagen pro Monat entspricht, wobei an 27 Sitzungstagen kürzer als eine Stunde, wiederholt auch nur zehn Minuten oder weniger verhandelt und nicht an einem einzigen Sitzungstag auch nur annähernd durchgehend ganztägig verhandelt worden ist, ist aber bspw. auch nicht ausreichend.[18]

10 Unterlässt das Gericht eine hinreichende Analyse der konkreten Verfahrensabläufe und berücksichtigt die relevanten Gesichtspunkte, die für eine lange Verfahrensdauer verantwortlich sind, nur unzureichend, so mangelt es der Entscheidung über die Haftfortdauer an einer hinreichenden Begründungstiefe.[19] Denn im Hinblick auf den Grundrechtsschutz des Untersuchungsgefangenen muss das Verfahren der Haftprüfung und Haftbeschwerde so ausgestaltet sein, dass nicht die Gefahr einer Entwertung der materiellen Grundrechtsposition besteht.[20] Dem ist durch eine verfahrensrechtliche Kompensation des mit dem Freiheitsentzug verbundenen Grundrechtseingriffs, insbesondere durch erhöhte Anforderungen an die Begründungstiefe von Haftfortdauerentscheidungen, Rechnung zu tragen.[21] Die zugehörigen Ausführungen müssen die voraussichtliche Gesamtdauer des Verfahrens, die für den Fall einer Verurteilung konkret im Raum stehenden Straferwartung und – unter Berücksichtigung einer etwaigen Aussetzung des Strafrestes zur Bewährung gemäß § 57 StGB – das hypothetische Ende einer möglicherweise zu verhängenden Freiheitsstrafe sowie Verzögerungen des Verfahrens berücksichtigen, in Inhalt und Umfang eine Überprüfung des Abwägungsergebnisses am Grundsatz der Verhältnismäßigkeit nicht nur für den Betroffenen selbst, sondern auch für das die Anordnung treffende Gericht im Rahmen einer Eigenkontrolle gewährleisten und in sich schlüssig und nachvollziehbar sein.[22]

11 Die aus Art. 2 Abs. 2 S. 2 GG ableitbaren verfassungsrechtlichen Vorgaben gelten nicht nur für den vollstreckten Haftbefehl. Sie sind darüber hinaus auch für einen **außer Vollzug gesetzten Haftbefehl**[23] und bei allen Formen der sog. **Überhaft**[24] von Bedeutung. Beschränkungen, denen der Beschuldigte durch Auflagen und Weisungen nach § 116 ausgesetzt ist, dürfen nicht länger dauern, als es nach den Umständen erforderlich ist. Denn auch dann, wenn Untersuchungshaft nicht vollzogen wird, kann allein schon die Existenz eines Haftbefehls für den Beschuldigten eine erhebliche Belastung darstellen, weil sich mit ihm regelmäßig die Furcht vor einem (erneuten)

---

[14] Zur Frage, inwieweit die Verteidiger mit Blick auf das Beschleunigungsgebot verpflichtet werden können, andere – weniger dringliche – Termine zu verschieben, um eine Beschleunigung eines bereits lang dauernden Verfahrens zu erreichen, vgl. BVerfG, 17. 7. 2006 – 2 BvR 1190/06.
[15] KG v. 6. 10. 2008 – 4 Ws 89/08, StV 2009, 534.
[16] BVerfG v. 17. 7. 2006 – 2 BvR 1190/06, StV 2006, 645; BVerfG v. 29. 12. 2005 – 2 BvR 2057/05, StV 2006, 81; OLG Düsseldorf v. 16. 11. 2006 – 1 Ws 437/06, StV 2007, 92; OLG Celle v. 23. 3. 2001 – 32 HEs 1/01, NdsRpfl 2001, 196.
[17] BVerfG v. 23. 1. 2008 – 2 BvR 2652/07, StV 2008, 198.
[18] OLG Celle v. 20. 2. 2008 – 2 Ws 77/08.
[19] BVerfG v. 23. 1. 2008 – 2 BvR 2652/07, StV 2008, 198; BVerfG, 16. 3. 2006 – 2 BvR 170/06, NJW 2006, 1336.
[20] BVerfG v. 8. 2. 1983 – 1 BvL 20/81, BVerfGE 63, 131 (143).
[21] BVerfG v. 11. 6. 2008 – 2 BvR 806/08, StV 2008, 421; BVerfG v. 14. 12. 2000 – 2 BvR 1741/99, BVerfGE 103, 21 (35 f.).
[22] BVerfG v. 11. 6. 2008 – 2 BvR 806/08, StV 2008, 421; BVerfG v. 15. 2. 2007 – 2 BvR 2563/07, NStZ-RR 2007, 311 (312); BVerfG v. 16. 3. 2006 – 2 BvR 170/06, NJW 2006, 1336 (1338).
[23] BVerfG v. 29. 11. 2005 – 2 BvR 1737/05, NJW 2006, 668; OLG Köln v. 6. 7. 2004 – 2 Ws 301/04, StV 2005, 396; OLG Stuttgart v. 20. 8. 2002 – 2 HES 147/02, NStZ-RR 2003, 29.
[24] BVerfG v. 13. 9. 2002 – 2 BvR 1375/02, NStZ 2004, 82; KG v. 20. 10. 2006 – 5 Ws 569/06, StraFo 2007, 27; OLG Karlsruhe v. 28. 1. 2002 – 3 Ws 15/02, StV 2002, 317.

Vollzug verbindet.²⁵ Unabhängig von der Höhe einer zu erwartenden Strafe ist auch ein außer Vollzug gesetzter Haftbefehl aufzuheben, wenn infolge einer vom Beschuldigten nicht zu vertretenden Verletzung des Beschleunigungsgebots das Verfahren bereits längere Zeit nicht gefördert wurde und darüber hinaus ungewiss ist, wann das Hauptsacheverfahren (neu) eröffnet und Termin zur Hauptverhandlung anberaumt werden kann. Bevorstehende, aber schon jetzt absehbare Verfahrensverzögerungen von völlig ungewisser Dauer sind wegen der wertsetzenden Bedeutung des Grundrechts der persönlichen Freiheit nicht anders zu behandeln als bereits eingetretene. Bei der Entscheidung über die Aufrechterhaltung eines außer Vollzug gesetzten Untersuchungshaftbefehls bei ungewissem Verfahrensfortgang sind etwa die Dauer einer vorher vollzogenen Untersuchungshaft, die Anzahl der durchgeführten Hauptverhandlungstage und die für den Fall eines Tat- und Schuldnachweises im Raum stehende Straferwartung in die Abwägung einzubeziehen.²⁶

3. Freispruch, Nichteröffnung, Einstellung, Rechtskraft. Eine besondere Ausformung und damit ein Unterfall der Unverhältnismäßigkeit wäre der Fortbestand eines Haftbefehls nach Freispruch, Nichteröffnung oder Einstellung. In der Anordnung des Abs. S. 2 liegt die gesetzliche Vermutung, dass die Haftvoraussetzungen entfallen sind. Diese Vermutung entsteht durch den bloßen Akt des Freispruchs, ohne dass es auf dessen Richtigkeit oder Rechtskraft ankommt.²⁷ Der Haftbefehl wird in diesen Fällen nicht von selbst gegenstandslos.

Nach **rechtskräftiger Verurteilung** endet die Untersuchungshaft nach hM automatisch. Mit Rechtskraft erledigt sich der Haftbefehl, ohne dass er aufgehoben werden muss, weil die Untersuchungshaft ohne weiteres in Strafhaft übergehen soll. Diese Formen von „Zwischenhaft", „Organisationshaft" usw. haben keine gesetzliche Grundlage, auch wenn das BVerfG dem Treiben der Praxis bisher (noch) kein Ende gesetzt hat.²⁸

Wird ein Urteil rechtskräftig, in dem nicht auf freiheitsentziehende Strafen oder Maßregeln erkannt worden ist, kann sich die Untersuchungshaft naturgemäß nicht in Strafhaft fortsetzen, aber auch nicht fortbestehen, weil sie ihr Ziel, die Untersuchung zu sichern, erreicht hat. Der Haftbefehl ist dann zwingend aufzuheben, auch wenn sein Vollzug ausgesetzt war.

III. Aufhebung auf Antrag der Staatsanwaltschaft

Auf Antrag der Staatsanwaltschaft ist der Haftbefehl im Ermittlungsverfahren **stets aufzuheben**. Dies ist trägt der dominierenden Rolle der Staatsanwaltschaft im Ermittlungsverfahren Rechnung („Herrin des Ermittlungsverfahrens"). Aber auch im weiteren Verfahrensverlauf hat ein Antrag auf Aufhebung des Haftbefehls der Staatsanwaltschaft besonderes Gewicht und das Gericht wird dem nur dann nicht nachkommen, wenn dies unvertretbar wäre.

Auch ein Antrag der Staatsanwaltschaft auf **Aussetzung des Vollzugs** eines Haftbefehls bindet den Ermittlungsrichter in der Weise, dass er keinen weitergehenden Eingriff in Grundrechte des Beschuldigten anordnen darf, als er von der „Herrin des Ermittlungsverfahrens" in deren Verantwortung begehrt wird.²⁹

IV. Verfahren

Wird der Haftbefehl aufgehoben, ordnet das Gericht zugleich die Freilassung des Untersuchungsgefangenen an. Wird der Haftbefehl in der Hauptverhandlung aufgehoben, so wird der Angeklagte sofort freigelassen, wenn keine Überhaft vorgemerkt ist.

Legt die Staatsanwaltschaft gegen die Aufhebung des Haftbefehls durch das Gericht von Amts wegen Beschwerde ein, hat diese gem. § 120 Abs. 2 entgegen der allgemeinen Regel des § 307 Abs. 2 keine aufschiebende Wirkung. Das gilt auch für die weitere Beschwerde nach § 310 Abs. 1.

---

²⁵ BVerfG v. 29. 11. 2005 – 2 BvR 1737/05, NJW 2006, 668.
²⁶ BVerfG v. 29. 11. 2005 – 2 BvR 1737/05, NJW 2006, 668.
²⁷ OLG Düsseldorf v. 29. 7. 1999 – 2 Ws 227/99, NStZ 1999, 585.
²⁸ Vgl. ausführlich SK-StPO/*Paeffgen* Rn. 14 ff. und auch das BVerfG v. 26. 9. 2005 – 2 BvR 1019/01, NJW 2006, 247, wonach die sog. Organisationshaft jedenfalls bei bloßem Zuwarten auf einen gegen das Beschleunigungsgebot verstößt: Eine gesetzwidrige und dem zu vollstreckenden Urteil widersprechende Umkehrung der Vollstreckungsreihenfolge liegt bei der „Organisationshaft" dann vor, wenn die Vollstreckungsbehörde in Umsetzung des gerichtlichen Rechtsfolgenausspruchs nicht unverzüglich die Überstellung des Verurteilten in den Maßregelvollzug veranlasst und herbeiführt. Von Verfassungs wegen geboten ist es aber nicht, dass bereits im Zeitpunkt des im Einzelfall nicht vorhersehbaren Vollstreckungsbeginns ein für den jeweiligen Verurteilten geeigneter Platz in einer Maßregeleinrichtung vorgehalten wird. Verfassungsrechtlich geboten ist es indes, dass die Vollstreckungsbehörden auf den konkreten, von der Rechtskraft des jeweiligen Urteils abhängigen Behandlungsbedarf unverzüglich reagieren und in beschleunigter Weise die Überstellung des Verurteilten in eine geeignete Einrichtung, welche sich unter Umständen auch außerhalb des jeweiligen Bundeslandes befinden kann, herbeiführen.
²⁹ BGH v. 30. 11. 1999 – 2 BGs 335/99, NJW 2000, 967; aA OLG Düsseldorf v. 27. 9. 2000 – 2 Ws 237/00, StV 2001, 462 mablAnm. *Schlothauer*; AG Stuttgart v. 5. 3. 2002 – 28 Gs 11 582/02, NStZ 2002, 391.

19 Stellt die Staatsanwaltschaft im Ermittlungsverfahren den Antrag, den Haftbefehl aufzuheben, muss sie die Freilassung des Beschuldigten anordnen. Anders als der Wortlaut des § 120 Abs. 3 S. 2 vermuten lassen könnte, steht ihr insoweit kein Ermessensspielraum zu. Sie darf nicht die Aufhebung des Haftbefehls durch das Gericht abwarten und in Kauf nehmen, dass der Untersuchungsgefangene solange unnötig weiter in Haft sitzt.

§ 121 [Fortdauer der Untersuchungshaft über sechs Monate]

(1) Solange kein Urteil ergangen ist, das auf Freiheitsstrafe oder eine freiheitsentziehende Maßregel der Besserung und Sicherung erkennt, darf der Vollzug der Untersuchungshaft wegen derselben Tat über sechs Monate hinaus nur aufrechterhalten werden, wenn die besondere Schwierigkeit oder der besondere Umfang der Ermittlungen oder ein anderer wichtiger Grund das Urteil noch nicht zulassen und die Fortdauer der Haft rechtfertigen.

(2) In den Fällen des Absatzes 1 ist der Haftbefehl nach Ablauf der sechs Monate aufzuheben, wenn nicht der Vollzug des Haftbefehls nach § 116 ausgesetzt wird oder das Oberlandesgericht die Fortdauer der Untersuchungshaft anordnet.

(3) [1] Werden die Akten dem Oberlandesgericht vor Ablauf der in Absatz 2 bezeichneten Frist vorgelegt, so ruht der Fristenlauf bis zu dessen Entscheidung. [2] Hat die Hauptverhandlung begonnen, bevor die Frist abgelaufen ist, so ruht der Fristenlauf auch bis zur Verkündung des Urteils. [3] Wird die Hauptverhandlung ausgesetzt und werden die Akten unverzüglich nach der Aussetzung dem Oberlandesgericht vorgelegt, so ruht der Fristenlauf ebenfalls bis zu dessen Entscheidung.

(4) [1] In den Sachen, in denen eine Strafkammer nach § 74a des Gerichtsverfassungsgesetzes zuständig ist, entscheidet das nach § 120 des Gerichtsverfassungsgesetzes zuständige Oberlandesgericht. [2] In den Sachen, in denen ein Oberlandesgericht nach § 120 des Gerichtsverfassungsgesetzes zuständig ist, tritt an dessen Stelle der Bundesgerichtshof.

I. Allgemeines

1 § 121 begrenzt die Untersuchungshaft im Grundsatz auf sechs Monate. Die Vorschrift ist Ausdruck des besonderen **Beschleunigungsgebots** in Haftsachen, das sich aus Art. 2 Abs. 2 S. 2 GG herleitet und in Art. 5 Abs. 3 S. 2 EMRK einfachgesetzlich verankert ist. Eine Fortdauer der Untersuchungshaft über sechs Monate hinaus bedarf einer besonderen Rechtfertigung, weshalb neben den sonstigen Voraussetzungen der Untersuchungshaft (dringender Tatverdacht, Haftgrund, Verhältnismäßigkeit) die Haftverlängerungsgründe des Abs. 1 vorliegen müssen (besondere Schwierigkeit, besonderer Umfang oder ein anderer wichtiger Grund). Die Norm gilt auch für den außer Vollzug gesetzten Haftbefehl.

2 Grundlage der Haftprüfung nach §§ 121, 122 ist nur die zuletzt erlassene und prozessordnungsgemäß bekanntgegebene Haftentscheidung. Zu einer Nachbesserung, Anpassung oder Erweiterung eines bestehenden – oder gar zum Erlass eines neuen – Haftbefehls auf neuer Tatsachengrundlage ist nur das nach §§ 125, 126 zuständige Gericht befugt. Eine andere Verfahrensweise liefe nämlich faktisch auf die Schaffung einer unanfechtbaren (§ 304 Abs. 4 S. 2) neuen Haftgrundlage durch ein Gericht hinaus, dem das Gesetz insoweit überhaupt keine Zuständigkeit zuweist. Ein Haftbefehl ist im Verfahren nach §§ 121, 122 daher aufzuheben, wenn der Anklagevorwurf auf eine abweichende neue Tatsachengrundlage gestützt wird, es insoweit aber an einer Haftentscheidung des nach §§ 125, 126 zuständigen Gerichts fehlt.[1]

II. Grundsatz

3 Untersuchungshaft darf nicht länger als sechs Monate vollzogen werden, es sei denn das OLG ordnet gem. Abs. 2 Haftfortdauer an oder es ergeht ein Urteil, das eine freiheitsentziehende Maßnahme ausspricht.

4 **1. Sechs-Monats-Frist.** Die Frist des Abs. 1 beginnt nicht schon mit der vorläufigen Festnahme, sondern erst mit dem Erlass des Haftbefehls.[2] Es werden nur die Zeiten tatsächlich vollzogener Untersuchungshaft berechnet – und zwar vom ersten Tag an.

5 Die Zeit einer Unterbringung nach § 81 ist bei der Berechnung der Frist nach § 121 Abs. 1 StPO auch bei einer ausdrücklichen Unterbrechung der Untersuchungshaft zu **berücksichtigen**.[3] Das Eingerechnet wird auch die Zeit einstweiliger Unterbringung nach § 126. Nachdem der Ge-

---

[1] OLG Koblenz v. 12. 11. 2007 – (1) 4420 BL III-29/07, NStZ-RR 2008, 92.
[2] OLG Braunschweig v. 3. 12. 1965 – HEs 8/65, NJW 1996, 116.
[3] OLG Dresden v. 19. 10. 2001 – 1 AK 132/01; NStZ-RR 2002, 60.

setzgeber mit dem neuen § 126a Abs. 2 S. 2 inzwischen Verweisung auf die §§ 121, 122 geschaffen hat, ist einer früher gelegentlich anders gesinnten Rechtsprechung[4] der Boden entzogen. Die neue Regelung soll sachlich nicht gerechtfertigte Ungleichbehandlungen von Untersuchungsgefangenen und vorläufig Untergebrachten vermeiden.[5] Eine solche sachlich nicht gebotene Ungleichbehandlung wäre aber in der Nichtanrechnung von Untersuchungshaft bzw. einstweiliger Unterbringung im Rahmen der betreffenden Sechs-Monats-Prüfung zu sehen.[6]

Nicht eingerechnet werden Unterbrechungen, wie sie zB § 116b vorsieht. 6

Nach Abs. 3 gibt es verschiedene **Ruhenstatbestände**: Werden die Akten dem Oberlandesgericht 7 vor Fristablauf vorgelegt, so ruht der Fristenlauf bis zu dessen Entscheidung. Hierbei soll es sich um eine bloße Ordnungsvorschrift handeln, deren Verletzung zumindest dann nicht zur Aufhebung des Haftbefehls führt, wenn die Frist nur kurzzeitig versäumt wurde.[7] In den Fällen der Fristverletzung sind dann aber an die Prüfung der materiellen Voraussetzungen der Haftfortdauer erhöhte Anforderungen zu stellen.[8] Ob diese Position auf Dauer zu halten sein wird, darf bezweifelt werden. Denn das BVerfG judiziert im Allgemeinen anders: Verstöße gegen die durch Art. 104 GG gewährleisteten Voraussetzungen und Formen freiheitsbeschränkender Gesetze stellen stets auch eine Verletzung der Freiheit der Person dar.[9]

Nach Abs 3 S. 1 ruht der Fristlauf bis das OLG entschieden hat, wenn die Akten rechtzeitig, 8 dh. vor Ablauf der Frist vorgelegt wurden. Nach Abs. 3. S. 2 ruht der Lauf der Frist auch während der Hauptverhandlung, wenn mit ihr schon vor Fristablauf begonnen worden ist. Es wird vertreten, dass die Prüfungskompetenz des OLG auch dann entfällt, wenn die Hauptverhandlung zwar verspätet, aber vor der Entscheidung des OLG beginnt, sofern die Akten rechtzeitig innerhalb der Sechs-Monats-Frist vorgelegt wurden.[10] Für eine Entscheidung über die Fortdauer der Untersuchungshaft sei kein Raum mehr, wenn die Akten dem Oberlandesgericht vor Ablauf der Sechsmonatsfrist vorgelegt werden und noch vor Ablauf der dem Beschuldigten und seinem Verteidiger eingeräumten Frist zur Stellungnahme zu dem Antrag der Generalstaatsanwaltschaft die Hauptverhandlung begonnen hat.[11] Das soll auch gelten, wenn das BVerfG auf eine Verfassungsbeschwerde einen in diesem Verfahren ergangenen Haftfortdauerbeschluss eines Strafsenates des OLG aufgehoben und die Sache an denselben Senat zurückverwiesen hat.[12] Dem ist entgegenzuhalten, dass im Gesetz die Prüfung der Haftfortdauer ausdrücklich bis zum Erlass eines Urteils vorgesehen ist und der Beginn einer Hauptverhandlung nur dann diese Prüfungspflicht aufhebt, wenn das Fristende bei ihrem Beginn noch nicht erreicht ist. Der Ruhenstatbestand des Abs. 3 S. 2 verhindert nur den die Entscheidungspflicht auslösenden Fristablauf. Andere Mechanismen, die dem OLG vor einem Urteil die Pflicht zur Entscheidung nehmen, kennt das Gesetz nicht.[13]

Wird die Hauptverhandlung ausgesetzt und werden die Akten unverzüglich nach der Aussetzung dem Oberlandesgericht vorgelegt, so ruht der Fristenlauf ebenfalls bis zu dessen Entscheidung. 9

2. Tatidentität. Das Begriffspaar „derselben Tat" iSv. Abs. 1 ist weit auszulegen und nicht mit 10 dem Tatbegriff des § 264 gleichzusetzen.[14] Eine solche Auslegung würde dem Schutzzweck des § 121 nicht gerecht, weil es die Möglichkeit einer „Reservehaltung"[15] von Tatvorwürfen ermöglichen würde. Bereits bei Erlass eines Haftbefehls bekannte oder später im Laufe der Ermittlungen bekannt werdende weitere Taten (iSv. § 264) könnten zurückgehalten und erst kurz vor Ablauf

---

[4] OLG München v. 1. 8. 2003 – 2 Ws 744/03 H, NStZ-RR 2003, 366; OLG Schleswig v. 6. 8. 2001 – 2 HEs 50/01, NStZ 2002, 220; OLG Nürnberg v. 3. 2. 1982 – Ws 85/82 H, NStZ 1982, 297.
[5] BT-Drucks. 16/1110, S. 27.
[6] OLG Düsseldorf v. 29. 10. 2007 – III-2 Ws 357/07, NJW 2008, 867.
[7] OLG Hamm v. 20. 1. 2003 – 2 BL 3/03, NStZ-RR 2003, 143; OLG Karlsruhe v. 18. 5. 2000 – 3 HEs 112/00, StV 2000, 513.
[8] OLG Hamm v. 20. 1. 2003 – 2 BL 3/03, NStZ-RR 2003, 143; OLG Karlsruhe v. 18. 5. 2000 – 3 HEs 112/00, StV 2000, 513.
[9] BVerfG v. 20. 9. 2001 – 2 BvR 1144/01, NStZ 2002, 157.
[10] OLG Hamm v. 18. 3. 2009 – 2 OBL 4/09; OLG Dresden v. 4. 9. 2003 – 2 Ws 477/03, NStZ 2004, 644 mablAnm *Wilhelm*; OLG Düsseldorf v. 6. 5. 1992 – 3 Ws 206/92 u. 3 Ws 238/92, NStZ 1992, 402; KG NStZ-RR 2007, 207.
[11] OLG Hamm v. 26. 7. 2007 – 3 Ws 421/07, NStZ-RR 2008, 92.
[12] KG v. 8. 11. 2006 – (4) 1 HEs 59/05 (43–47, 49/06), StV 2007, 593 mablAnm *Krehl*.
[13] *Wilhelm* NStZ 2004, 645.
[14] OLG Düsseldorf v. 16. 12. 2003 – III – 3 Ws 460/03, NStZ-RR 2004, 125; OLG Koblenz v. 3. 1. 2001 – (1) 4420 BL – III – 71/00, NStZ-RR 2001, 152; OLG Karlsruhe v. 18. 5. 2000 – 3 HEs 112/00, StV 2000, 513; OLG Jena v. 22. 3. 1999 – 1 HEs 12/99, NStZ-RR 1999, 347; OLG Zweibrücken v. 26. 1. 1998 – 1 BL 4/99, NStZ-RR 1998, 182; OLG Hamm v. 21. 4. 1998 – 2 BL 62/98, NStZ-RR 1998, 277; OLG Köln, v. 15. 8. 1997 – HEs 177/97 – 208, NStZ-RR 1998, 181; OLG Bremen v. 7. 8. 1997 – BL 159/97, NStZ-RR 1997, 334; OLG Brandenburg v. 3. 3. 1997 – 2 (3) HEs 16/97, StV 1997, 536; OLG Frankfurt/M. v. 2. 3. 1990 – 1 HEs 259/88 – 1 Ws 40/90, NJW 1990, 2144; OLG Celle, v. 31. 10. 1988 – HEs 66/88, NJW 1989, 1103.
[15] *Summa* NStZ 2002, 69 (70).

der Sechs-Monats-Frist zum Gegenstand eines neuen oder erweiterten Haftbefehls gemacht werden mit dem Ziel, eine neue Frist in Gang zu setzen.

11 Die Oberlandesgerichte legen den Tatbegriff des § 121 unterschiedlich weit aus. Überwiegend wird angenommen, dass darunter alle Taten des Beschuldigten von dem Zeitpunkt an fallen, in dem sie bekannt geworden sind und in den Haftbefehl hätten aufgenommen werden können, gleichgültig, ob sie Gegenstand desselben Verfahrens oder getrennter Verfahren sind.[16] Nach dieser Ansicht beginnt die Frist des Abs. 1 nicht erneut zu laufen, sobald die Untersuchungshaft auf Grund eines neuen oder erweiterten Haftbefehls vollzogen wird, wenn dieser lediglich Tatvorwürfe enthält, die bereits bei Erlass des ersten Haftbefehls bekannt waren.

12 Wird dagegen erst nach dem Erlass des ersten Haftbefehls eine neue Tat bekannt und ergeht deswegen ein neuer oder erweiterter Haftbefehl, so wird dadurch ohne Anrechnung der bisherigen Haftdauer eine neue Frist von sechs Monaten in Gang gesetzt. Fristbeginn ist in diesem Fall der Zeitpunkt, ab dem wegen des neuen Tatvorwurfs erstmals die Voraussetzungen für den Erlass oder die Erweiterung eines Haftbefehls vorgelegen haben. Dies ist regelmäßig der Tag der neuen Haftbefehlsentscheidung, es sei denn, der neue Haftbefehl bzw. die Haftbefehlserweiterung ist verzögert ergangen.[17]

13 Andere Oberlandesgerichte (bzw. innerhalb der Oberlandesgerichte auch andere Senate) rechnen zur Fristbestimmung die jeweiligen Haftzeiten zusammen, wenn sich der Beschuldigte auf Grund verschiedener (neuer oder erweiterter) Haftbefehle in Untersuchungshaft befindet.[18] Zum Teil soll das aber nur gelten, wenn sich eine Verbindung der den verschiedenen Haftbefehlen zu Grunde liegenden Verfahren wegen des inneren – sachlichen und zeitlichen – Zusammenhangs der Tatvorwürfe tatsächlich anbietet.[19] Andere Oberlandesgerichte verlangen, dass es sich um dasselbe Ermittlungsverfahren bzw. um denselben Ermittlungskomplex handeln müsse[20] oder die verschiedenen Verfahren bei der gleichen Ermittlungsbehörde anhängig sind bzw. der Erlass eines gemeinsamen Haftbefehls möglich gewesen wäre.[21] Eine einheitliche Linie ist nicht zu erkennen.

III. Haftfortdauer

14 **1. Allgemeines.** Das Oberlandesgericht hat im Haftfortdauerbeschluss hinreichend das Vorliegen der in § 121 Abs. 1 genannten wichtigen Gründe darzulegen, die eine Fortdauer der Untersuchungshaft über sechs Monate hinaus überhaupt erst eröffnen. Die Fortdauer der Untersuchungshaft kann nicht mit der Erwägung gerechtfertigt werden, sie dauere erst gut sechs Monate an und der Betroffene habe ohnehin mit einer mehrjährigen Freiheitsstrafe ohne Bewährung zu rechnen. Im Rahmen des § 121 Abs. 1 findet eine Abwägung zwischen dem Strafverfolgungsinteresse des Staates und dem Freiheitsanspruch des inhaftierten Beschuldigten nicht statt.[22]

15 Der in Art. 2 Abs. 2 S. 2 GG verankerte Beschleunigungsgrundsatz in Haftsachen verlangt, dass die Strafverfolgungsbehörden und Strafgerichte alle möglichen und zumutbaren Maßnahmen ergreifen, um die notwendigen Ermittlungen mit der gebotenen Schnelligkeit abzuschließen und eine gerichtliche Entscheidung über die einem Beschuldigten vorgeworfenen Taten herbeizuführen.[23] Auch wenn sich für den in Haftsachen zulässigen zeitlichen Abstand zwischen Eröffnungsbeschluss und Beginn der Hauptverhandlung starre Grenzen nur schwer festlegen lassen, weil es insoweit jeweils auf die gesamten Umstände des Einzelfalls ankommt,[24] sind an einen zügigen Fortgang des Verfahrens um so strengere Anforderungen zu stellen, je länger die Untersuchungs-

---

[16] OLG Dresden v. 31. 3. 2009 – 2 AK 6/09, StV 2009, 366; OLG Naumburg v. 2. 12. 2008 – 1 Ws 674/08, StraFo 2009, 148; OLG Stuttgart v. 6. 6. 2007 – 4 HEs 86/07, StV 2008, 85; OLG Düsseldorf v. 16. 12. 2003 – III – 3 Ws 460/03, NStZ-RR 2004, 125; OLG Koblenz v. 3. 1. 2001 – (1) 4420 BL – III – 71/00, NStZ-RR 2001, 152; KG, Beschl. v. 21. 1. 2002 – (4) 1 HEs 15/02 – 17/02; OLG Karlsruhe v. 18. 5. 2000 – 1 HEs 112/00, StV 2000, 513; OLG Stuttgart v. 28. 10. 1998 – 4 HEs 184/98, NStZ-RR 1999, 318; OLG Zweibrücken v. 26. 1. 1998 – 1 BL 4/98, NStZ-RR 1998, 182; OLG Hamm v. 21. 1. 2002 – 2 Ws 11/02, NStZ-RR 2002, 382; OLG Brandenburg v. 3. 3. 1997 – 2 (3) HEs 16/97, StV 1997, 536; OLG Koblenz v. 16. 12. 2003 – III – 3 Ws 460/03, NStZ-RR 2004, 125; OLG Frankfurt/M. v. 2. 3. 1990 – 1 HEs 259/88 – 1 Ws 40/90, NJW 1990, 2144.
[17] OLG Düsseldorf v. 16. 12. 2003 – III – 3 Ws 460/03, NStZ-RR 2004, 125; OLG Koblenz (1. Senat) v. 3. 1. 2001 – (1) 4420 BL – III – 71/00, NStZ-RR 2001, 152.
[18] OLG Karlsruhe v. 14. 2. 2003 – 1 HEs 41/03, StV 2003, 517; OLG Köln v. 14. 11. 2000 – HEs 196/00 – 220, NStZ-RR 2001, 123; OLG Koblenz v. 10. 4. 2000 – (2) 4420 BL – III – 97/00, NStZ-RR 2001, 124; OLG Jena v. 22. 3. 1999 – 1 HEs 12/99, NStZ-RR 1999, 347; OLG Bremen v. 7. 8. 1997 – BL 159/97, NStZ-RR 1997, 334; OLG Celle, v. 31. 10. 1988 – HEs 66/88, NJW 1989, 1103.
[19] OLG Köln v. 14. 11. 2000 – HEs 196/00 – 220, NStZ-RR 2001, 123; OLG Jena v. 22. 3. 1999 – 1 HEs 12/99, NStZ-RR 1999, 347.
[20] OLG Koblenz v. 3. 1. 2001 – (1) 4420 BL – III – 71/00, NStZ-RR 2001, 152; OLG Bremen v. 7. 8. 1997 – BL 159/97, NStZ-RR 1997, 334; OLG Celle, v. 31. 10. 1988 – HEs 66/88, NJW 1989, 1103.
[21] OLG Karlsruhe v. 14. 2. 2003 – 1 HEs 41/03, StV 2003, 517.
[22] BVerfG v. 15. 2. 2007 – 2 BvR 2563/06, StV 2007, 366.
[23] BVerfG v. 15. 2. 2007 – 2 BvR 2563/06, StV 2007, 366.
[24] OLG Düsseldorf v. 18. 8. 1982 – 1 Ws 607/82, StV 1982, 531 (532).

haft bereits andauert.[25] Je nach Sachlage ist bereits eine Zeitspanne von drei Monaten zu beanstanden.[26] Dem Beschleunigungsgebot ist – sofern nicht besondere Umstände vorliegen – nur dann Genüge getan, wenn innerhalb von drei Monaten nach Eröffnung des Hauptverfahrens mit der Hauptverhandlung begonnen wird.[27] Eine Verletzung des Beschleunigungsgebotes kann auch gegeben sein, wenn notwendige Ermittlungshandlungen zur Aufklärung des Sachverhaltes unterlassen und die Ermittlungsakten über einen Zeitraum von ca. 2 Monaten lediglich der Bearbeitung von Haftbeschwerden zugeführt werden.[28] Das Verstreichen von sieben Wochen zwischen Eingang der Akten und Fertigung einer – recht kurzen – Anklageschrift und Geständnis des Angeklagten ist mit dem in Haftsachen geltenden Beschleunigungsgebot nicht zu vereinbaren.[29] Überhaupt ist bei besonders einfach gelagerten Haftsachen besonders kurzfristig über die Zulassung der Anklage zu entscheiden und die Hauptverhandlung durchzuführen. Der Eingang einer weiteren Anklage und eine mögliche Verfahrensverbindung rechtfertigen keine Verzögerung bei der Bearbeitung des ersten Verfahrens.[30]

Nach Abs. 1 darf, solange kein Urteil ergangen ist, das auf Freiheitsstrafe oder auf eine freiheitsentziehende Maßregel der Besserung und Sicherung erkennt, der Vollzug der Untersuchungshaft wegen derselben Tat über sechs Monate hinaus nur aufrechterhalten werden, wenn die besondere Schwierigkeit oder der besondere Umfang der Ermittlungen oder ein anderer wichtiger Grund das Urteil noch nicht zugelassen haben und die Fortdauer der Haft rechtfertigen. Die Vorschrift erfordert ihrem Wortlaut nach eine doppelte Prüfung.[31] Zum einen müssen als 1. Stufe Feststellungen darüber getroffen werden, ob die besondere Schwierigkeit oder der besondere Umfang der Ermittlungen oder andere wichtige Gründe ein Urteil bislang nicht zugelassen haben. Liegen derartige Gründe vor, ist zum anderen als 2. Stufe erforderlich, dass sie die Fortdauer der Untersuchungshaft rechtfertigen.[32] 16

2. Gründe der Haftfortdauer: Besondere Schwierigkeit, besonderer Umfang oder anderer wichtiger Grund. Die besondere Schwierigkeit oder der besondere Umfang der Ermittlungen sind durch Vergleich mit anderen Verfahren, die üblicherweise innerhalb von sechs Monaten durch ein erstinstanzliches Urteil abgeschlossen werden, festzustellen.[33] Dabei überschneiden sich Verlängerungsgründe der „besonderen Schwierigkeit" und des „besonderen Umfangs der Ermittlungen".[34] Die Auffangklausel des „anderen wichtigen Grundes" ist eng auszulegen.[35] Gemeint sind ausschließlich Umstände, die in ihrer Bedeutung den beiden benannten Verlängerungsgründen gleichstehen. Im Übrigen besteht eine fast unüberschaubare Kasuistik.[36] 17

Dem Beschleunigungsgrundsatz in Haftsachen ist nur dann Genüge getan, wenn innerhalb von drei Monaten nach Eröffnung des Hauptverfahrens mit der Hauptverhandlung begonnen wird. Ansonsten bedarf es einer besonderen Begründung für eine spätere Hauptverhandlung.[37] Von einem außergewöhnlichen Umfang und besonderer Komplexität einer Strafsache geht die Rechtsprechung zB aus, wenn wegen zahlreicher prozessualer Fragen, die auf die Anträge mehrerer Angeklagten zu prüfen waren, das Verfahren in der Sache nicht mit der gebotenen Beschleunigung gefördert werden konnte.[38] Auch die plötzliche Erkrankung des Vorsitzenden stellt sich als wichtiger Grund im Sinne der Vorschrift dar.[39] Umfangreiche Ermittlungen gegen Beschuldigte, die unter dringenden Tatverdacht stehen, Mitglieder einer terroristischen Vereinigung im Ausland zu sein, können dazu führen, dass die Untersuchungshaft über sechs Monate hinaus verlängert wird. 18

---

[25] BVerfG v. 15. 2. 2007 – 2 BvR 2563/06, StV 2007, 366; BGH v. 23. 7. 1991 – 3 StE 6/91 – 3 AK 29/91, BGHSt 38, 43 (46); OLG Düsseldorf v. 25. 3. 1996 – 2 Ws 86/96, StV 1996, 496; KG v. 30. 6. 1999 – (3) 1 HEs 299/98, StV 2000, 36 (37).
[26] OLG Naumburg, Beschl. v. 3. 9. 2007, 1 Ws 457/07; OLG Schleswig v. 2. 4. 1992 – 1 HEs 14/92, StV 1992, 525; OLG Köln v. 18. 8. 1992 – HEs 136/92, StV 1992, 524 (524 f.); OLG Hamburg v. 7. 3. 1985 – 2 Ws 90/85 H, StV 1985, 198; OLG Koblenz v. 28. 4. 2000 – (1) 4420 BL – III – 25/00, StV 2000, 515 (516): vermeidbare Verfahrensverzögerung von rund zwei Monaten mit dem Beschleunigungsgebot in Haftsachen unvereinbar.
[27] BVerfG v. 15. 2. 2007 – 2 BvR 2563/06, StV 2007, 366; BVerfG v. 5. 12. 2005 – 2 BvR 1964/05, StV 2006, 73 (78); KG v. 24. 8. 1992 – 3 Ws 240/92, StV 1992, 523 (524); OLG Köln v. 29. 12. 2005 – 40 HEs 37 – 41/05, StV 2006, 145; OLG Hamm v. 4. 5. 2006 – 2 Ws 111/06, StV 2006, 482 (484).
[28] OLG Brandenburg v. 27. 4. 2007 – 1 Ws 89/07, StV 2007, 589.
[29] OLG Hamm v. 17. 7. 2006 – 4 Ws 337 – 339/06, StraFo 2006, 409.
[30] OLG Oldenburg v. 7. 8. 2006 – HEs 10/06, StraFo 2006, 410.
[31] BVerfG v. 15. 2. 2007 – 2 BvR 2563/06, StV 2007, 366; *Schlothauer/Weider* Rn. 873.
[32] BVerfG v. 20. 10. 2006 – 2 BvR 1742/06, StraFo 2006, 494 (495).
[33] KK-StPO/*Schultheis* Rn. 14; *Meyer-Goßner* Rn. 17.
[34] *Münchhalffen/Gatzweiler* Rn. 481.
[35] BVerfG v. 12. 12. 1973 – 2 BvR 558/73, BVerfGE 36, 264 (271); SK-StPO/*Paeffgen* Rn. 13.
[36] Gute Übersicht bei *Burhoff* StRR 2009, 4.
[37] BVerfG v. 15. 2. 2007 – 2 BvR 2563/06, StV 2007, 366; OLG Nürnberg v. 11. 2. 2009 – 1 Ws 28 – 30/09, StV 2009, 367.
[38] OLG Celle v. 31. 7. 2007 – 1 Ws 298/07.
[39] OLG Celle v. 19. 12. 2006 – 21 HEs 5/06.

Dies gilt vor allem dann, wenn Auswertung und zusammenfassende Aufbereitung zahlreicher Überwachungsmaßnahmen und der beschlagnahmter Datenträger noch einige Zeit in Anspruch nehmen wird.[40]

19 Der weitere Vollzug einer bereits länger andauernden Untersuchungshaft ist als unverhältnismäßig lang angesehen worden, wenn nach Eingang einer ausschließlich auf die Verletzung sachlichen Rechts gestützten Revision des Angeklagten beim Tatrichter ein Zeitraum von sechs Monaten vergeht, bis die Akten durch die Staatsanwaltschaft an das Revisionsgericht gesendet werden.[41] Das Beschleunigungsverbot verliert seine Bedeutung nicht durch den Erlass eines erstinstanzlichen Urteils.[42] Ein Zeitraum von vier Monaten zwischen Absetzung der schriftlichen Urteilsgründe und dem Beginn der Berufungshauptverhandlung stellt eine vermeidbare Verfahrensverzögerung dar.[43]

20 Hat der Beschuldigte sowohl anlässlich seiner Festnahme, als auch bei seiner polizeilichen und richterlichen Vernehmung die ihm zur Last gelegten Taten glaubhaft gestanden, stellt es eine Verletzung des Beschleunigungsgrundsatzes dar, wenn das Verfahren in drei Monaten nach der Festnahme im Hinblick auf die dem Betroffenen zur Last gelegte Tat weder ersichtlich gefördert noch Anklage erhoben worden ist.[44]

21 Sofern nicht besondere Umstände vorliegen, wird der Beschleunigungsgrundsatz immer verletzt, wenn nicht innerhalb von wenigen Monaten nach Eröffnung des Hauptverfahrens mit der Hauptverhandlung begonnen wird.[45]

22 Wird ein Strafverfahren dadurch verzögert, dass der Sitzungsvertreter der Staatsanwaltschaft in der ersten Hauptverhandlung trotz unveränderter Beweisgrundlage eine von der Anklageschrift abweichende Rechtsauffassung vertreten und einen Beweisantrag auf Vernehmung einer in der Anklageschrift bereits als Beweismittel benannten Zeugen mit der Folge der Aussetzung der Hauptverhandlung gestellt hat, sowie dadurch, dass das Schöffengericht auf seiner offenkundig gesetzeswidrigen Verweisung an das Landgericht beharrt und eine Zuständigkeitsbestimmung durch das Oberlandesgericht veranlasst hat, so wurde dem Beschleunigungsgebot nicht in ausreichendem Maße Rechnung getragen.[46] Gleiches gilt, wenn die Anklageerhebung vor einem unzuständigen Gericht zu einer vermeidbaren und unnötigen Verzögerung des Verfahrens geführt hat.[47] Beides kann die Annahme eines wichtigen Grundes nicht rechtfertigen.

23 Auch der Wechsel des Berichterstatters zur Staatsanwaltschaft trägt die Annahme einer unvermeidbaren Verfahrensverzögerung nicht, wenn keine zwingenden Gründe für eine solche Personalmaßnahme vorliegen. Unabhängig davon ist aber bei der Absehbarkeit einer Versetzung des Berichterstatters bei Beginn der Hauptverhandlung die Bestellung eines Ergänzungsrichters in Betracht zu ziehen.[48] Das Präsidium hat bei den von ihm getroffenen gerichtsorganisatorischen Maßnahmen die effektive Weiterbearbeitung von Eilverfahren sicherzustellen.[49] Die Überlastung einer großen Strafkammer mit Haftsachen ist kein wichtiger Grund, wenn im Rahmen der vorhandenen Gerichtsausstattung mit personellen und sachlichen Mitteln die Möglichkeit besteht, durch organisatorische Maßnahmen die Erledigung aller Sachen binnen verfahrensangemessener Fristen sicherzustellen, insbesondere zu vermeiden, dass sich nach Eröffnung des Hauptverfahrens der Beginn der Hauptverhandlung erheblich verzögert; sind solche organisatorischen Maßnahmen ausgeschöpft, stellt auch eine nicht nur kurzfristige Überlastung einer großen Strafkammer mit Haftsachen keinen wichtigen Grund dar, wenn die Überlastung auf einem Geschäftsanfall beruht, der sich trotz Ausschöpfung aller Mittel und Möglichkeiten nicht mehr innerhalb angemessener Fristen bewältigen lässt.[50] Das Beschleunigungsgebot erfordert es ggf., dass ein Mitglied des erkennenden Gerichts, das zugleich auch Beisitzer in einer Strafvollstreckungskammer ist, dort anstehende Anhörungstermine aufhebt bzw. verlegt, um eine laufende Hauptverhandlung fortzuführen.[51]

24 Haftsachen sind durch Anlegen von Doppelakten beschleunigt zu bearbeiten.[52] Ermittlungsmaßnahmen müssen unverzüglich erfolgen. Soweit Zeugen im Ausland einsitzen, hat ein Rechtshil-

---

[40] BGH v. 10. 4. 2008 – 2 BJs 20/07 – 4, StRR 2008, 202.
[41] KG v. 10. 9. 2007 – 3 Ws 465/07, StV 2007, 644.
[42] BVerfG v. 13. 5. 2009 – 2 BvR 388/09, StV 2009, 479.
[43] OLG Naumburg v. 19. 3. 2009 – 1 Ws 171/09, StV 2009, 482.
[44] OLG Naumburg v. 19. 3. 2007 – 1 Ws 132/07, StV 2007, 364; LG Frankfurt/O. v. 4. 4. 2007 – 21 Qs 63/07, StV 2007, 366.
[45] BVerfG v. 11. 6. 2008 – 2 BvR 806/08, StV 2008, 421; OLG Düsseldorf v. 2. 7. 2008 – 1 Ws 200/08, StRR 2008, 403 (jeweils für drei Monate); OLG Naumburg v. 18. 7. 2008 – 1 Ws 420/08, StV 2008, 589 (fünf Monate).
[46] KG v. 25. 11. 2005 – 1 HEs 187/05, StV 2006, 253.
[47] OLG Schleswig v. 16. 5. 2007 2 HEs 5/07, StV 2007, 592.
[48] BVerfG v. 5. 10. 2006 – 2 BvR 1815/06, StV 2007, 254.
[49] BVerfG v. 5. 10. 2006 – 2 BvR 1815/06, StV 2007, 254.
[50] BVerfG v. 29. 11. 2005 – 2 BvR 1737/05, NJW 2006, 668; OLG Köln v. 27. 5. 2008 – 43 HEs 12/08.
[51] OLG Hamm v. 29. 3. 2007, StV 2007, 363.
[52] OLG Hamm v. 24. 10. 2006 – 4 OBL 96/06.

feersuchen zur audiovisuellen Vernehmung unverzüglich zu erfolgen.[53] Versäumnisse des Vorsitzenden im Zusammenhang mit der Einholung eines psychiatrischen Sachverständigengutachtens zur Schuldfähigkeit des Angeklagten und zur Frage einer möglichen Unterbringung gem. §§ 64, 63 StGB stehen der Annahme eines wichtigen Grundes entgegen.[54] Die Strafverfolgungsbehörden haben auf die zeitnahe Erstellung eines Gutachtens hinzuwirken. In einer besonders einfach gelagerten Haftsache ist besonders kurzfristig über die Zulassung der Anklage zu entscheiden und die Hauptverhandlung durchzuführen. Der Eingang einer weiteren Anklage und eine mögliche Verfahrensverbindung rechtfertigen keine Verzögerung bei der Bearbeitung des ersten Verfahrens. Bestehen schon bei der Verhaftung konkrete Hinweise auf eine wegen Drogenkonsums naheliegende geminderte Schuldfähigkeit, so ist eine erforderliche sachverständige Begutachtung umgehend anzuordnen.[55] Bei Einholung eines Sachverständigengutachtens eintretende Verzögerungen können einer Haftfortdauer allenfalls dann nicht entgegenstehen, wenn sie dem Einflussbereich der Ermittlungsbehörden und des Gerichts gänzlich entzogen sind. Die Strafverfolgungsbehörden haben auf die zeitnahe Erstellung eines Gutachtens hinzuwirken. Deshalb sind in der Regel (vorherige) Terminsvereinbarungen und Terminskontrollen ebenso unerlässlich wie die Prüfung, ob eine zeitnähere Gutachtenerstellung durch einen anderen Sachverständigen zu erreichen ist.[56]

IV. Verfahren

1. Anordnung der Haftfortdauer. Das Haftprüfungsverfahren ist in § 122 geregelt. Materiell prüft das OLG neben den allgemeinen Voraussetzungen des dringenden Tatverdachts und des Haftgrundes insb., ob der Haftbefehl aus Verhältnismäßigkeitsgründen noch aufrecht erhalten werden kann. Liegt eine der genannten Voraussetzungen nicht (mehr) vor, hebt das OLG den Haftbefehl auf. Erst danach prüft das OLG die Möglichkeit einer Außervollzugsetzung gem. § 116.[57] 25

Zur Vorbereitung der Entscheidung kann das OLG im Freibeweisverfahren ermitteln. Wird dem Verteidiger in bestimmte Aktenteile die Einsicht verweigert, besteht auch im Verfahren der besonderen Haftprüfung durch das OLG hinsichtlich dieser Aktenteile ein verfassungsrechtliches Verwertungsverbot. Dieses bezieht sich auf alle Gründe im Sinne des Abs. 1, die Voraussetzung für die Haftfortdauer sind.[58] 26

Wird der Haftbefehl aufgehoben, darf er nur bei einer wesentlichen Veränderung der Verfahrenslage neu erlassen werden. Den neuen Haftbefehl erlässt entweder das OLG selbst oder aber auch der Haftrichter, der die Akten aber dem OLG zur Genehmigung vorzulegen hat. Vor dieser Genehmigung durch das OLG darf der Haftbefehl nicht vollstreckt werden, da der neue Haftbefehl einen Widerruf der Aufhebung darstellt, der nur durch das OLG erfolgen kann.[59] 27

2. Staatsschutzsachen. In den Sachen nach § 74a GVG entscheidet das nach § 120 GVG zuständige OLG. Wenn erstinstanzlich das OLG zuständig ist, entscheidet der BGH. 28

V. Jugendstrafverfahren

Der Prüfungsumfang der besonderen Haftkontrolle durch das Oberlandesgericht gem. §§ 121, 122 umfasst auch die in § 72 Abs. 1 JGG geforderte Subsidiarität der Untersuchungshaft für Jugendliche.[60] 29

§ 122 [Haftprüfung durch das OLG]

(1) In den Fällen des § 121 legt das zuständige Gericht die Akten durch Vermittlung der Staatsanwaltschaft dem Oberlandesgericht zur Entscheidung vor, wenn es die Fortdauer der Untersuchungshaft für erforderlich hält oder die Staatsanwaltschaft es beantragt.

(2) ¹Vor der Entscheidung sind der Beschuldigte und der Verteidiger zu hören. ²Das Oberlandesgericht kann über die Fortdauer der Untersuchungshaft nach mündlicher Verhandlung entscheiden; geschieht dies, so gilt § 118a entsprechend.

(3) ¹Ordnet das Oberlandesgericht die Fortdauer der Untersuchungshaft an, so gilt § 114 Abs. 2 Nr. 4 entsprechend. ²Für die weitere Haftprüfung (§ 117 Abs. 1) ist das Oberlandesgericht

---

[53] OLG Düsseldorf v. 16. 11. 2006, StV 2007, 92.
[54] BVerfG v. 6. 6. 2007 – 2 BvR 971/07, StV 2007, 644; OLG Hamm, Beschl. v. 28. 6. 2006, 4 Ws 537/06; OLG Oldenburg v. 7. 8. 2006 – HEs 10/06, StraFo 2006, 410.
[55] OLG Oldenburg v. 7. 8. 2006 – HEs 10/06, StraFo 2006, 410.
[56] OLG Koblenz v. 29. 9. 2006 – (1) 4420 BL – III – 23/06, StV 2007, 256.
[57] AnwK-StPO/*Lammer* Rn. 15.
[58] OLG Hamm v. 13. 2. 2002 – 2 BL 7/02, NStZ 2003, 386.
[59] AnwK-StPO/*Lammer* Rn. 18.
[60] OLG Zweibrücken v. 15. 6. 2000 – 1 HPL 32/00, NStZ-RR 2001, 55.

zuständig, bis ein Urteil ergeht, das auf Freiheitsstrafe oder eine freiheitsentziehende Maßregel der Besserung und Sicherung erkennt. ³Es kann die Haftprüfung dem Gericht, das nach den allgemeinen Vorschriften dafür zuständig ist, für die Zeit von jeweils höchstens drei Monaten übertragen. ⁴In den Fällen des § 118 Abs. 1 entscheidet das Oberlandesgericht über einen Antrag auf mündliche Verhandlung nach seinem Ermessen.

(4) ¹Die Prüfung der Voraussetzungen nach § 121 Abs. 1 ist auch im weiteren Verfahren dem Oberlandesgericht vorbehalten. ²Die Prüfung muß jeweils spätestens nach drei Monaten wiederholt werden.

(5) Das Oberlandesgericht kann den Vollzug des Haftbefehls nach § 116 aussetzen.

(6) Sind in derselben Sache mehrere Beschuldigte in Untersuchungshaft, so kann das Oberlandesgericht über die Fortdauer der Untersuchungshaft auch solcher Beschuldigter entscheiden, für die es nach § 121 und den vorstehenden Vorschriften noch nicht zuständig wäre.

(7) Ist der Bundesgerichtshof zur Entscheidung zuständig, so tritt dieser an die Stelle des Oberlandesgerichts.

I. Allgemeines

1 § 122 regelt das **besondere Haftprüfungsverfahren** durch das OLG. Es findet nur bei vollzogenem Haftbefehl statt; der Beschuldigte muss sich **in Haft** befinden.

II. Aktenvorlage

2 Die Akten werden dem OLG **durch das gem. § 126 zuständige Gericht** zur Entscheidung vorgelegt. Der Senat kann aber auch dann über die Haftfortdauer nach § 121 Abs. 1 entscheiden, wenn ihm die Akten nicht zur Durchführung einer Haftprüfung nach §§ 121, 122, sondern aus einem anderen Grund vorgelegt werden.¹ Die Akten werden durch Vermittlung der Staatsanwaltschaft beim Landgericht über die Generalstaatsanwaltschaft vorgelegt. Das vorlegende Gericht prüft zunächst selbst, ob der Haftbefehl gem. § 120 Abs. 1 S. 1 oder gem. § 116 Abs. 1 bis 3 außer Vollzug zu setzen ist. Nur wenn das Haftgericht die Fortdauer der Untersuchungshaft für erforderlich hält oder die Staatsanwaltschaft dies beantragt, muss es die Akten vorlegen. Die Staatsanwaltschaft kann selbst die Aufhebung beantragen oder leitet die Akten an die Generalstaatsanwaltschaft, die ebenso wie die Staatsanwaltschaft einen Antrag nach § 120 Abs. 3 S. 1 stellen kann oder sich gem. § 33 Abs. 2 äußert. Um die Frist des § 120 Abs. 1 einzuhalten, darf die Staatsanwaltschaft zur Beschleunigung die Akten unmittelbar dem Senat vorlegen, der dann die Generalstaatsanwaltschaft anhört.²

III. Verfahren beim OLG

3 Nach Abs. 2 S. 1 sind vor der Entscheidung des OLG der Beschuldigte und sein Verteidiger zu hören. Die Stellungnahme der Generalstaatsanwaltschaft nach § 33 Abs. 2 wird dem Beschuldigten und seinem Verteidiger nur bekannt gegeben, wenn sie neue Tatsachen oder Beweisergebnisse enthält und das Gericht sie bei seiner Entscheidung zum Nachteil des Beschuldigten verwerten will.³ Zwar kann das OLG gem. Abs. 2 S. 2 eine mündliche Verhandlung anordnen, in der Praxis wird jedoch nahezu ausnahmslos im schriftlichen Verfahren entschieden.⁴ Freilich ist das OLG nicht gehindert, im letzteren Fall im Freibeweisverfahren nähere Erkundungen einzuholen. Dennoch wäre es wünschenswert, die Senate verhandelten häufiger mündlich – insb. bei der Beurteilung der Haftgründe könnte ein persönlicher Eindruck vom Beschuldigten aufschlussreich sein.

IV. Entscheidung des OLG

4 Das OLG entscheidet auf Grund des Akteninhalts, ggf. in Verbindung mit den Ergebnissen einer mündlichen Verhandlung nach Abs. 2 S. 2 oder einzelner Nachforschungen im Freibeweisverfahren.⁵

5 Materiell sind die Voraussetzungen des § 121 Abs. 1 zu prüfen, wonach – solange kein Urteil ergangen ist, das auf Freiheitsstrafe oder auf freiheitsentziehende Maßregel der Besserung und Sicherung erkennt – der Vollzug der Untersuchungshaft wegen derselben Tat über sechs Monate hinaus nur aufrechterhalten werden, wenn die besondere Schwierigkeit oder der besondere Umfang der

---

¹ OLG Naumburg v. 2. 12. 2008 – 1 Ws 674/08, StraFo 2009, 148.
² *Meyer-Goßner* Rn. 6; HK-StPO/*Lemke* Rn. 7; KK-StPO/*Schultheis* Rn. 5.
³ HK-GS/*Laue* Rn. 3; *Meyer-Goßner* Rn. 9; KK-StPO/*Schultheis* Rn. 6.
⁴ *Burhoff* StraFo 2000, 109 (118).
⁵ KK-StPO/*Schultheis* Rn. 9; HK-StPO/*Lemke* Rn. 7.

Ermittlungen oder ein anderer wichtiger Grund das Urteil noch nicht zugelassen haben und die Fortdauer der Haft rechtfertigen. Die Vorschrift erfordert ihrem Wortlaut nach eine **doppelte Prüfung**.[6] Zum einen müssen in der **1. Stufe** Feststellungen darüber getroffen werden, ob die besondere Schwierigkeit oder der besondere Umfang der Ermittlungen oder andere wichtige Gründe ein Urteil bislang noch nicht zugelassen haben. Liegen derartige Gründe vor, ist als **2. Stufe**, dass sie die Fortdauer der Untersuchungshaft rechtfertigen.[7]

Die Entscheidung ergeht als Beschluss und ist formlos bekannt zu machen. Inhaltlich hebt sie den Haftbefehl auf, setzt ihn außer Vollzug oder ordnet Haftfortdauer an. Die Entscheidung ist unanfechtbar.

V. Weitere Haftprüfung nach § 117 Abs. 1

Für Haftprüfungen gem. § 117 Abs. 1 bleibt das OLG – wenn es einmal über die Haftfortdauer entschieden hat – nach Abs. 3 S. 2 zuständig, bis ein auf Freiheitsentziehung lautendes Urteil ergeht (Abs. 3 S. 2). Es finden die allgemeinen Regeln Anwendung, jedoch steht die Durchführung einer mündlichen Verhandlung nach § 118 Abs. 1 im Ermessen des Gerichts. Nach Abs. 3 S. 3 kann das OLG, die Haftprüfung für jeweils höchstens 3 Monate auf den gem. § 126 zuständigen Richter übertragen, der die allgemeinen Voraussetzungen der §§ 112 ff. prüft, aber nicht die besonderen Voraussetzungen des § 121.[8]

Anders als im Haftbeschwerdeverfahren[9] darf das OLG im Rahmen der Haftprüfung den Haftbefehl nicht ergänzen oder erneuern. Auch eine Aufrechterhaltung der Haft bei gleichzeitiger Rückgabe der Sache an das zuständige Gericht zwecks Neufassung des Haftbefehls kommt nicht in Betracht, denn das liefe auf eine Untersuchungshaft aufgrund rechtswidrigen Haftbefehls hinaus.[10]

VI. Weitere Haftprüfung nach § 121 Abs. 1

Ordnet das OLG die Fortdauer der Untersuchungshaft an, so muss die besondere Haftprüfung des § 121 Abs. 1 in der Folgezeit nach Abs. 3 S. 2 in Abständen von drei Monaten bis zum Erlass eines Urteils wiederholt werden. Allein zuständig für **diese weitere besondere Haftprüfung** bleibt das OLG.[11] Es hat jeweils dieselben Entscheidungsmöglichkeiten wie bei der ersten Prüfung.

Die Frist beginnt mit dem Erlass des Beschlusses der vorangegangenen Prüfung. Sie erfolgt jeweils von Amts wegen und nicht erst, wenn die Akten durch den Haftrichter wieder vorgelegt werden.[12] Für das Verfahren gelten die Bestimmungen der ersten Prüfung, § 122 Abs. 1 bis 3 und § 121 Abs. 3 sind zu beachten. Während der Hauptverhandlung ruht der Fristenlauf analog § 121 Abs. 3 S. 3; wird die Untersuchungshaft während des Fristenlaufs unterbrochen, verlängert sich die Frist des § 122 Abs. 4 S. 1.[13]

VII. Mehrere Beschuldigte

Nach Abs. 6 kann das OLG über die Haftfortdauer nach § 121 Abs. 1 für alle gleichzeitig entscheiden, wenn sich in derselben Sache mehrere Beschuldigte in Untersuchungshaft befinden, der Ablauf der Sechsmonatsfrist bei wenigstens einem Beschuldigten bevorsteht und die Akten deshalb vorgelegt werden. Allerdings muss zu diesem Zeitpunkt bereits beurteilt werden können, ob für die Mitbeschuldigten die Verlängerungsvoraussetzungen bei dem zu erwartenden Ablauf der Sechsmonatsfrist vorliegen werden. Die Vorschrift findet auf die wiederholte Prüfung gem. Abs. 4 Anwendung.

VIII. Staatsschutzsachen

In Staatsschutzsachen tritt der BGH an die Stelle des OLG, soweit er nach § 121 Abs. 4 S. 2 zu entscheiden hat.

---

[6] BVerfG v. 29. 3. 2007 – 2 BvR 489/07, NStZ-RR 2008, 18; *Schlothauer/Weider* Rn. 873.
[7] BVerfG v. 29. 3. 2007 – 2 BvR 489/07, NStZ-RR 2008, 18; BVerfG v. 20. 10. 2006 – 2 BvR 1742/06, StV 2006, 703; BVerfG v. 15. 2. 2007 – 2 BvR 2563/06, NStZ-RR 2007, 311.
[8] HK-GS/*Laue* Rn. 7; *Meyer-Goßner* Rn. 22; KK-StPO/*Schultheis* Rn. 12; aA *Klein* HRRS 2006, 71 (73).
[9] OLG Köln Beschl. v. 20. 7. 2007 – 2 Ws 369/07.
[10] OLG Hamm v. 17. 3. 2009 – 3 Ws 86/09, StRR 2009, 235; OLG Oldenburg v. 2. 2. 2005 – HEs 1/05, NStZ 2005, 342; aA OLG Stuttgart v. 24. 1. 2002 – 5 HEs 20/02.
[11] Löwe/Rosenberg/*Hilger* Rn. 15; HK-GS/*Laue* Rn. 7; *Meyer-Goßner* Rn. 22; KK-StPO/*Schultheis* Rn. 13; aA *Klein* HRRS 2006, 71.
[12] SK-StPO/*Paeffgen* Rn. 13; aA Löwe/Rosenberg/*Hilger* Rn. 56.
[13] *Meyer-Goßner* Rn. 23.

§ 122a [Höchstdauer der Untersuchungshaft]

In den Fällen des § 121 Abs. 1 darf der Vollzug der Haft nicht länger als ein Jahr aufrechterhalten werden, wenn sie auf den Haftgrund des § 112a gestützt ist.

1   Die Vorschrift bestimmt eine absolute Grenze für die Dauer von Untersuchungshaft bei dem Haftgrund der Wiederholungsgefahr. Sie knüpft an § 121 Abs. 1 an, setzt das Vorliegen der dort bezeichneten Verlängerungsgründe voraus und wird erstmals bei der zweiten Haftprüfung – sog. „Neunmonatsprüfung"[1] – relevant, weil das OLG dann den möglichen Eintritt des Ablaufs der Jahresfrist berechnen und den entsprechenden Zeitpunkt benennen kann.[2]

2   Nach Ablauf der Jahresfrist wird der Haftbefehl aufgehoben. Zur Berechnung der Jahresfrist werden alle Haftzeiten, die der Beschuldigte im Vollzug eines auf § 112a gestützten Haftbefehls verbüßt hat, addiert – und zwar auch, wenn wegen derselben Sache nach zwischenzeitlicher Aufhebung des Haftbefehls ein neuer Haftbefehl erlassen wird. Bei mehreren auf § 112a gestützten Haftbefehlen wird die Jahresfrist jeweils gesondert berechnet. Die Regelung des § 121 Abs. 3 zum Ruhen des Fristenlaufs ab Aktenvorlage an das OLG bzw. ab Beginn der Hauptverhandlung gilt entsprechend.[3]

§ 123 [Aufhebung von Maßnahmen]

(1) Eine Maßnahme, die der Aussetzung des Haftvollzugs dient (§ 116), ist aufzuheben, wenn
1. der Haftbefehl aufgehoben wird oder
2. die Untersuchungshaft oder die erkannte Freiheitsstrafe oder freiheitsentziehende Maßregel der Besserung und Sicherung vollzogen wird.

(2) Unter denselben Voraussetzungen wird eine noch nicht verfallene Sicherheit frei.

(3) Wer für den Beschuldigten Sicherheit geleistet hat, kann deren Freigabe dadurch erlangen, daß er entweder binnen einer vom Gericht zu bestimmenden Frist die Gestellung des Beschuldigten bewirkt oder die Tatsachen, die den Verdacht einer vom Beschuldigten beabsichtigten Flucht begründen, so rechtzeitig mitteilt, daß der Beschuldigte verhaftet werden kann.

I. Allgemeines

1   § 123 Abs. 1 und 2 bestimmt, wann Maßnahmen nach § 116 Abs. 1 bis 3 aufgehoben bzw. Sicherheiten frei werden. Abs. 3 enthält eine Sonderregelung für Sicherungsbürgen.

II. Aufhebung von Verschonungsmaßnahmen

2   Das Gesetz unterscheidet **zwei Anlässe**, die zur Aufhebung der Verschonungsauflagen führen. Wird der **Haftbefehl aufgehoben** (Abs. 1 Nr. 1), gibt es ebensowenig Anlass für Haft-Ersatzmaßnahmen wie beim Vollzug der Untersuchungshaft oder eines andere Freiheitsentzugs (Abs. 1 Nr. 2).

3   Damit die Auflagen nach Abs. 1 Nr. 1 wirksam entfallen, muss der Haftbefehl förmlich durch Beschluss aufgehoben werden. Wird der Haftbefehl lediglich gegenstandslos[1*] – sichern die Maßnahmen solange die Vollstreckung, bis sie förmlich aufgehoben werden.

4   Der **Vollzug** iSv. Abs. 1 Nr. 2 beginnt mit Einlieferung in die betreffende Haftanstalt.[2*] Unter **Freiheitsstrafen** oder anderen freiheitsentziehenden Maßnahmen fallen die allgemeine Freiheitsstrafe (§§ 38, 39 StGB), die Jugendstrafe (§ 17 JGG) und der Strafarrest (§ 9 WStG). Der Jugendarrest ist auch in der Form des Dauerarrests (§ 16 JGG) ein Zuchtmittel und keine Strafe.[3*]

5   Die Sicherheit wird nach Abs. 2 erst mit der förmlichen Aufhebung des Haftbefehls frei – soweit sie nicht vorher schon gem. § 124 Abs. 1 verfallen ist.

III. Freigabe an den Sicherungsbürgen

6   Eine besondere Befreiungsmöglichkeit bietet das Gesetz dem **Sicherungsbürgen**. Er kann die Freigabe der Sicherheit erreichen, wenn er die **Gestellung** des Beschuldigten bewirkt oder eine

---

[1] Anw-StPO/*Lammer* Rn. 2.
[2] KK-StPO/*Schultheis* Rn. 4; Anw-StPO/*Lammer* Rn. 2.
[3] SK-StPO/*Paeffgen* Rn. 3; Löwe/Rosenberg/*Hilger* Rn. 10; Anw-StPO/*Lammer* Rn. 2; KK-StPO/*Schultheis* Rn. 3; Meyer-Goßner Rn. 2.
[1*] § 120 Rn. 12.
[2*] Löwe/Rosenberg/*Hilger* Rn. 9.
[3*] Nach Löwe/Rosenberg/*Hilger* Rn. 11 aber als Freiheitsstrafe iSd. § 123 Abs. 1 Nr. 2 zu behandeln.

Neunter Abschnitt. Verhaftung und vorläufige Festnahme 1–3 **§ 124**

Fluchtabsicht so rechtzeitig mitteilt, dass der Beschuldigte festgenommen werden kann. Unterlässt die Strafverfolgungsbehörde nach Eingang der Mitteilung die gebotene zügige Bearbeitung und hätte die Verhaftung ansonsten gelingen können, wird die Rechtzeitigkeit der Mitteilung fingiert.[4] Dieses Recht steht aber nur dem zu, der die Sicherheit **im eigenen Namen** geleistet hat, und nicht dem, der dem Beschuldigten Vermögenswerte zur Kautionsleistung zur Verfügung gestellt hat.

IV. Rechtsbehelfe

Gegen die gerichtliche Entscheidung ist die **Beschwerde** gem. § 304 zulässig,[5] die auch der Sicherungsgeber einlegen kann. Die hM[6] lehnt eine weitere Beschwerde zu Unrecht[7] ab.[8]   7

§ 124 [Verfall der Sicherheit]

(1) **Eine noch nicht frei gewordene Sicherheit verfällt der Staatskasse, wenn der Beschuldigte sich der Untersuchung oder dem Antritt der erkannten Freiheitsstrafe oder freiheitsentziehenden Maßregel der Besserung und Sicherung entzieht.**

(2) [1]**Vor der Entscheidung sind der Beschuldigte sowie derjenige, welcher für den Beschuldigten Sicherheit geleistet hat, zu einer Erklärung aufzufordern.** [2]**Gegen die Entscheidung steht ihnen nur die sofortige Beschwerde zu.** [3]**Vor der Entscheidung über die Beschwerde ist ihnen und der Staatsanwaltschaft Gelegenheit zur mündlichen Begründung ihrer Anträge sowie zur Erörterung über durchgeführte Ermittlungen zu geben.**

(3) **Die den Verfall aussprechende Entscheidung hat gegen denjenigen, welcher für den Beschuldigten Sicherheit geleistet hat, die Wirkungen eines von dem Zivilrichter erlassenen, für vorläufig vollstreckbar erklärten Endurteils und nach Ablauf der Beschwerdefrist die Wirkungen eines rechtskräftigen Zivilendurteils.**

I. Verfall

Eine Sicherheitsleistung verfällt, wenn sich der Beschuldigte der Untersuchung oder dem Antritt freiheitsentziehender Maßnahmen entzieht. Voraussetzung ist zunächst, dass die Sicherheit rechtswirksam bestellt wurde und nicht schon zuvor gem. § 123 frei geworden ist.   1

Das **Sich-Entziehen** hat eine objektive und eine subjektive Seite. Objektiv muss der Beschuldigte durch sein Verhalten (zeitweise) für die erforderlichen **Verfahrensakte nicht zur Verfügung** stehen.[1] Subjektiv muss er diesen Erfolg zumindest **billigend in Kauf nehmen**.[2] Bloßer Ungehorsam oder Verstöße gegen Haftverschonungsauflagen erfüllen nicht das Merkmal des Sich-Entziehens.[3] Andererseits setzt der Kautionsverfall keine strafrechtliche Schuld voraus. Es kommt daher nicht darauf an, ob der Beschuldigte schuldunfähig iSd. § 20 StGB ist.[4*]   2

II. Verfahren

Liegt ein Fall des Abs. 1 vor, tritt der Verfall kraft Gesetzes ein. Die Entscheidung nach Abs. 2 hat nur deklaratorische Bedeutung.[5*] Die nach Abs. 2 S. 1 vorgeschriebene vorherige Erklärungsaufforderung an den Beschuldigten und denjenigen, der die Sicherheit für den Beschuldigten geleistet hat, ist allerdings Voraussetzung für die Entscheidung über den Verfall der Sicherheit nach Abs. 1.[6*] Die Entscheidung trifft das nach § 126 zuständige Gericht.   3

---

[4] OLG Düsseldorf v. 26. 6. 1984 – 1 Ws 47/84 u. 1 Ws 520/84, NStZ 85, 38.
[5] OLG Celle v. 17. 9. 1998 – 3 Ws 200/98, NStZ 1999, 178.
[6] KK-StPO/*Schultheis* Rn. 11 mwN.
[7] So auch SK-StPO/*Paeffgen* Rn. 13.
[8] Vgl. zu dieser Kontroverse um die Auslegung des § 310 auch § 116 Rn. 58.
[1] OLG Frankfurt v. 9. 7. 2001 – 3 Ws 352/01, NStZ-RR 2001, 381.
[2] OLG Frankfurt v. 9. 7. 2001 – 3 Ws 352/01, NStZ-RR 2001, 381; OLG Karlsruhe v. 26. 7. 1991 – Ws 119/91, NStZ 1992, 204; OLG Düsseldorf v. 5. 9. 1989 – 1 Ws 788/89, NStZ 1990, 97 (98); OLG Braunschweig v. 15. 1. 1964 – Ws 230/63, NJW 1964, 1485.
[3] OLG Düsseldorf v. 5. 9. 1989 – 1 Ws 788/89, NStZ 1990, 97 (98): „Hier kann die subjektive Seite des „sich Entziehens" iS des § 124 I StPO nicht festgestellt werden. Zwar ist der Angekl. ohne gerichtliche Genehmigung und unter Verstoß gegen die Meldeauflage nach Jugoslawien gereist; doch es sind keine Anhaltspunkte dafür ersichtlich, daß er den Willen hatte, sich der Untersuchung zu entziehen. Er ist am 1. 11. 1987 freiwillig nach Düsseldorf zurückgekehrt; dies war so rechtzeitig, daß er zu dem Hauptverhandlungstermin am 17. 11. 1987 zur Verfügung stand."
[4*] BVerfG v. 28. 8. 1990 – 2 BvR 375/90, NJW 1991, 1043.
[5*] KK-StPO/*Schultheis* Rn. 7.
[6*] OLG Düsseldorf v. 8. 12. 1995 – 1 Ws 921, 972 – 973/95, NStZ 1996, 404.

III. Rechtsbehelfe

4 Gegen die Entscheidung steht dem Beschuldigten, dem Sicherheitsgeber und der Staatsanwaltschaft die sofortige Beschwerde zu.

§ 125 [Zuständigkeit für Erlaß des Haftbefehls]

(1) Vor Erhebung der öffentlichen Klage erläßt der Richter bei dem Amtsgericht, in dessen Bezirk ein Gerichtsstand begründet ist oder der Beschuldigte sich aufhält, auf Antrag der Staatsanwaltschaft oder, wenn ein Staatsanwalt nicht erreichbar und Gefahr im Verzug ist, von Amts wegen den Haftbefehl.

(2) [1] Nach Erhebung der öffentlichen Klage erläßt den Haftbefehl das Gericht, das mit der Sache befaßt ist, und, wenn Revision eingelegt ist, das Gericht, dessen Urteil angefochten ist. [2] In dringenden Fällen kann auch der Vorsitzende den Haftbefehl erlassen.

I. Allgemeines

1 Die Vorschrift regelt, welches Gericht für den Erlass des Haftbefehls zuständig ist. Vor Erhebung der Anklage ist grundsätzlich das **Amtsgericht** zuständig. Mit Anklageerhebung wechselt die Zuständigkeit zum Tatgericht.

2 Das Gesetz unterscheidet zwischen dem Erlass des Haftbefehls und weiteren Folgeentscheidungen. Letztere sollen von dem sachnächsten Gericht getroffen werden; also von dem Richter, der den Haftbefehl erlassen hat. Einzelheiten hierzu finden sich in § 126.

II. Zuständigkeit vor Anklageerhebung

3 Während die **sachliche** Zuständigkeit beim **Amtsgericht** liegt, bestimmt sich die **örtliche** Zuständigkeit nach dem Gerichtsstand (§§ 7 ff.) oder dem Aufenthaltsort[1] des Beschuldigten zur Zeit des Erlasses des Haftbefehls.

4 Der Haftbefehl bedarf eines **Antrages der Staatsanwaltschaft**[2] und darf andernfalls nur erlassen werden, wenn kein Staatsanwalt zu erreichen ist und Gefahr im Verzug vorliegt. **Gefahr im Verzug** liegt vor, wenn ohne sofortiges Handeln des Richters die Chance zur Verhaftung verringert werden würde.[3] **Unerreichbarkeit** ist gegeben, wenn eine fristgerechte Entscheidung sonst nicht möglich ist.[4]

5 Besonderheiten können sich nach § 169 Abs. 1 iVm. § 120 Abs. 1 und 2 GVG ergeben: **Neben** dem zuständigen Richter beim Amtsgericht können in Angelegenheiten, die zur Zuständigkeit des Oberlandesgerichts gehören, auch der Ermittlungsrichter des Oberlandesgerichts und derjenige des Bundesgerichtshofs den Haftbefehl erlassen.

6 Hat ein örtlich unzuständiges Gericht den Haftbefehl erlassen, muss das Beschwerdegericht – jdfs. wenn das örtlich zuständige Gericht nicht in dessen Bezirk gehört, den Haftbefehl aufheben und eine Sachentscheidung ablehnen. Eine Verweisung an das zuständige Gericht kommt nicht in Betracht.[5]

III. Zuständigkeit nach Anklageerhebung

7 Nach Anklageerhebung geht die Zuständigkeit für den Erlass des Haftbefehls auf das **Tatgericht** über. Ab diesem Zeitpunkt ist für den Erlass des Haftbefehls kein Antrag der Staatsanwaltschaft mehr vorgeschrieben. Die Zuständigkeit wechselt dann im Berufungsverfahren – also einer weiteren Tatsacheninstanz – zum Berufungsgericht. Wird gegen ein Urteil Revision eingelegt, verbleibt die Zuständigkeit für den Erlass des Haftbefehls bei dem Gericht, dessen Urteil **angefochten** wird.

8 Eine vor Anklageerhebung eingelegte, aber nicht erledigte weitere Haftbeschwerde ist als Antrag auf Haftprüfung bzw. auf Aufhebung des Haftbefehls umzudeuten. Es entscheidet das Gericht, bei dem die Anklage erhoben worden ist. An dieses Gericht hat das Beschwerdegericht die Sache abzugeben.[6]

---

[1] Zur Abgrenzung zum Gerichtsstand nach § 9 vgl. Löwe/Rosenberg/*Hilger* Rn. 7.
[2] Nach Nr. 46 Abs. 1 RiStBV ist dieser Antrag zu begründen.
[3] SK-StPO/*Paeffgen* Rn. 4.
[4] SK-StPO/*Paeffgen* § 128 Rn. 9.
[5] KG v. 3. 12. 1997 – 4 Ws 257/97, NStZ 1999, 585 mAnm *Fröhlich*.
[6] OLG Düsseldorf v. 24. 2. 1999 – 1 Ws 154/99, wistra 1999, 318.

Bei Kollegialgerichten entscheidet der gesamte Spruchkörper, also außerhalb der Hauptverhandlung ohne die Schöffen.[7] In dringenden Fällen darf auch der Vorsitzende allein den Haftbefehl erlassen. Ein dringender Fall liegt vor, wenn das Zusammentreten des Kollegiums nicht abgewartet werden kann, weil sonst die rechtzeitige Verhaftung gefährdet wäre.[8]

§ 126 [Zuständigkeit für Haftvollzug]

(1) [1] Vor Erhebung der öffentlichen Klage ist für die weiteren gerichtlichen Entscheidungen und Maßnahmen, die sich auf die Untersuchungshaft, die Aussetzung ihres Vollzugs (§ 116), ihre Vollstreckung (§ 116 b) sowie auf Anträge nach § 119 a beziehen, das Gericht zuständig, das den Haftbefehl erlassen hat. [2] Hat das Beschwerdegericht den Haftbefehl erlassen, so ist das Gericht zuständig, das die vorangegangene Entscheidung getroffen hat. [3] Wird das vorbereitende Verfahren an einem anderen Ort geführt oder die Untersuchungshaft an einem anderen Ort vollzogen, so kann das Gericht seine Zuständigkeit auf Antrag der Staatsanwaltschaft auf das für diesen Ort zuständige Amtsgericht übertragen. [4] Ist der Ort in mehrere Gerichtsbezirke geteilt, so bestimmt die Landesregierung durch Rechtsverordnung das zuständige Amtsgericht. [5] Die Landesregierung kann diese Ermächtigung auf die Landesjustizverwaltung übertragen.

(2) [1] Nach Erhebung der öffentlichen Klage ist das Gericht zuständig, das mit der Sache befaßt ist. [2] Während des Revisionsverfahrens ist das Gericht zuständig, dessen Urteil angefochten ist. [3] Einzelne Maßnahmen, insbesondere nach § 119, ordnet der Vorsitzende an. [4] In dringenden Fällen kann er auch den Haftbefehl aufheben oder den Vollzug aussetzen (§ 116), wenn die Staatsanwaltschaft zustimmt; andernfalls ist unverzüglich die Entscheidung des Gerichts herbeizuführen.

(3) Das Revisionsgericht kann den Haftbefehl aufheben, wenn es das angefochtene Urteil aufhebt und sich bei dieser Entscheidung ohne weiteres ergibt, daß die Voraussetzungen des § 120 Abs. 1 vorliegen.

(4) Die §§ 121 und 122 bleiben unberührt.

I. Allgemeines

Die Zuständigkeit für den Erlass des Haftbefehls unterscheidet sich von der Zuständigkeit für **Folgeentscheidungen**, wie zB der Außervollzugsetzung. Der Haftbefehl soll von dem Gericht erlassen werden, das die beste Verfahrenskenntnis hat. Einzelheiten regelt § 125. Für die Folgeentscheidung soll nach § 126 idR zuständig sein, wer den Haftbefehl erlassen hat.

Folgeentscheidungen iSd. § 126 sind neben der genannten Verschonung nach § 116 vor allem Entscheidungen nach §§ 116 a, 116 b, 117, 118, 118 a, 123, 124 und über Maßnahmen und Entscheidungen nach §§ 119, 119 a.

II. Zuständigkeit vor Anklageerhebung

Vor Anklageerhebung ist das Gericht zuständig, das den **Haftbefehl erlassen** hat (Abs. 1 S. 1). Nur wenn der Haftbefehl vom Beschwerdegericht stammt, bleibt nach Abs. 1 S. 2 das „Untergericht" zuständig. Wird das Ermittlungsverfahren andernorts geführt oder die Untersuchungshaft an einem anderen Ort vollzogen und erscheint ein Wechsel der örtlichen Zuständigkeit zweckmäßig, ist dies nach Abs. 1 S. 3 auf Antrag der Staatsanwaltschaft möglich.

III. Zuständigkeit nach Anklageerhebung

Nach Anklageerhebung wechselt die Zuständigkeit zum **Gericht I. Instanz** und verbleibt dort jedenfalls bis zur Urteilsverkündung. Sie ändert sich dann nur noch, wenn eine Berufung durchgeführt wird. In der Revisionsinstanz verbleibt sie bei dem Gericht, dessen Urteil **angefochten** wird.

Über einzelne Maßnahmen entscheidet der Vorsitzende allein. Außerdem steht ihm nach Abs. 2 S. 4 eine **Notkompetenz** zu, allein mit Zustimmung der Staatsanwaltschaft den Haftbefehl aufzuheben oder gegen Auflagen außer Vollzug zu setzen.[1] Dringende Fälle liegen vor, wenn das Zusammentreten des Kollegiums nicht abgewartet werden kann.

Das Revisionsgericht hat lediglich die vom Gesetz zugewiesene Kompetenz den Haftbefehl aufzuheben, wenn es das angefochtene **Urteil aufhebt** und die Voraussetzungen des § 120 Abs. 1 vor-

---
[7] OLG Hamburg v. 1. 10. 1997 – 2 Ws 220/97, NStZ 1998, 99 mablAnm *Schlothauer*; aA OLG Köln v. 13. 2. 1998 – 2 Ws 93/98 – NStZ 1998, 419 mablAnm *Foth*; vgl. zum Ganzen auch HK-GS/*Laue* Rn. 4.
[8] Anw-StPO/*Lammer* Rn. 7.
[1] Anw-StPO/*Lammer* Rn. 6.

liegen (Abs. 3). Das Procedere nach §§ 121, 122 bleibt von dieser besonderen Zuständigkeit des Revisionsgericht unberührt.

§ 126 a [Einstweilige Unterbringung]

(1) Sind dringende Gründe für die Annahme vorhanden, daß jemand eine rechtswidrige Tat im Zustand der Schuldunfähigkeit oder verminderten Schuldfähigkeit (§§ 20, 21 des Strafgesetzbuches) begangen hat und daß seine Unterbringung in einem psychiatrischen Krankenhaus oder einer Entziehungsanstalt angeordnet werden wird, so kann das Gericht durch Unterbringungsbefehl die einstweilige Unterbringung in einer dieser Anstalten anordnen, wenn die öffentliche Sicherheit es erfordert.

(2) [1] Für die einstweilige Unterbringung gelten die §§ 114 bis 115 a, 116 Abs. 3 und 4, §§ 117 bis 119 a, 123, 125 und 126 entsprechend. [2] Die §§ 121, 122 gelten entsprechend mit der Maßgabe, dass das Oberlandesgericht prüft, ob die Voraussetzungen der einstweiligen Unterbringung weiterhin vorliegen.

(3) [1] Der Unterbringungsbefehl ist aufzuheben, wenn die Voraussetzungen der einstweiligen Unterbringung nicht mehr vorliegen oder wenn das Gericht im Urteil die Unterbringung in einem psychiatrischen Krankenhaus oder einer Entziehungsanstalt nicht anordnet. [2] Durch die Einlegung eines Rechtsmittels darf die Freilassung nicht aufgehalten werden. [3] § 120 Abs. 3 gilt entsprechend.

(4) Hat der Untergebrachte einen gesetzlichen Vertreter oder einen Bevollmächtigten im Sinne des § 1906 Abs. 5 des Bürgerlichen Gesetzbuches, so sind Entscheidungen nach Absatz 1 bis 3 auch diesem bekannt zu geben.

I. Allgemeines

1   Begeht jemand **schuldunfähig** eine rechtswidrige Tat, scheidet die Anordnung der Untersuchungshaft mangels dringenden Tatverdachts aus. Es ist aber eine einstweilige Unterbringung möglich – und zwar auch, wenn dringende Gründe nur eine **verminderte Schuldfähigkeit** nahe legen. Weil in diesem Fall nicht automatisch der dringende Tatverdacht entfällt, darf dann entweder ein Haftbefehl oder ein Unterbringungsbefehl erlassen werden, wobei idR die einstweilige Unterbringung vorzuziehen ist, weil sie eine **bessere ärztliche Betreuung** des Beschuldigten ermöglicht.[1]

II. Materielle Voraussetzungen des Unterbringungsbefehls

2   Voraussetzung für den Erlass eines Unterbringungsbefehls ist das Vorliegen dringender Gründe für die Annahme einer späteren Unterbringung des Beschuldigten. Zudem muss die öffentliche Sicherheit die Maßnahme erfordern. **Dringende Gründe** sind eine Umschreibung für den dringenden Tatverdacht iSd. § 112, meinen aber nichts anderes. Die Ausführungen dort gelten für § 126 a entsprechend.[2] Die einstweilige Unterbringung ist nur **erforderlich**, wenn weitere die Allgemeinheit gefährdende schwere Straftaten zu erwarten sind. Auch ohne ausdrückliche Erwähnung gilt für § 126 a der Grundsatz der **Verhältnismäßigkeit**.

III. Verfahren

3   Das Verfahren bis zur einstweiligen Unterbringung **entspricht** in den wesentlichen Zügen dem Recht der **Untersuchungshaft**, wobei eine zusätzliche Informationspflicht über die Unterbringung besteht gegenüber dem gesetzlichen Vertreter oder dem nach § 1906 Abs. 5 BGB Bevollmächtigten, § 126 a Abs. 4. Eine etwaige Außervollzugsetzung richtet sich nach § 116 Abs. 3.

4   Bei der einstweiligen Unterbringung gilt wie bei der Untersuchungshaft der **Beschleunigungsgrundsatz**;[3] ggf. ist der Unterbringungsbefehl aufzuheben. Gleiches gilt bei Wegfall der Voraussetzungen des Abs. 1.[4]

IV. Rechtsbehelfe

5   Erlass und Ablehnung eines Unterbringungsbefehls sowie die Umwandlung der Unterbringung in Untersuchungshaft (und umgekehrt) können mit der **Beschwerde** (§ 304 Abs. 1, Abs. 4 S. 2

---

[1] KG v. 9. 3. 1989 – 4 Ws 47/89, JR 1989, 476.
[2] § 112 Rn. 21 ff.
[3] OLG Koblenz v. 8. 5. 2006 – 1 Ws 247/06, StV 2006, 653; OLG Oldenburg v. 16. 10. 2001 – HEs 62/01; OLG Naumberg v. 7. 5. 2001 – HEs 16/01; OLG Celle v. 4. 1. 1991 – HEs 78/90, NStZ 1991, 248.
[4] HK-GS/*Laue* Rn. 7.

Nr. 1, Abs. 5) und der **weiteren Beschwerde** (§ 310 Abs. 1) angefochten werden. Auch das Beschwerdegericht kann einen Haft- in einen Unterbringungsbefehl umwandeln.[5]

Einzelne Vollzugsmaßnahmen können nach Maßgabe der §§ 126a Abs. 2 S. 1 iVm. 119 Abs. 5 angegriffen werden.

V. Jugendstrafverfahren

Auch ein Jugendlicher kann nach § 126a einstweilig untergebracht werden.[6]

§ 127 [Vorläufige Festnahme]

(1) [1] Wird jemand auf frischer Tat betroffen oder verfolgt, so ist, wenn er der Flucht verdächtig ist oder seine Identität nicht sofort festgestellt werden kann, jedermann befugt, ihn auch ohne richterliche Anordnung vorläufig festzunehmen. [2] Die Feststellung der Identität einer Person durch die Staatsanwaltschaft oder die Beamten des Polizeidienstes bestimmt sich nach § 163b Abs. 1.

(2) Die Staatsanwaltschaft und die Beamten des Polizeidienstes sind bei Gefahr im Verzug auch dann zur vorläufigen Festnahme befugt, wenn die Voraussetzungen eines Haftbefehls oder eines Unterbringungsbefehls vorliegen.

(3) [1] Ist eine Straftat nur auf Antrag verfolgbar, so ist die vorläufige Festnahme auch dann zulässig, wenn ein Antrag noch nicht gestellt ist. [2] Dies gilt entsprechend, wenn eine Straftat nur mit Ermächtigung oder auf Strafverlangen verfolgbar ist.

(4) Für die vorläufige Festnahme durch die Staatsanwaltschaft und die Beamten des Polizeidienstes gelten die §§ 114a bis 114c entsprechend.

I. Allgemeines

§ 127 kennt drei Arten der vorläufigen Festnahme: 1. durch Jedermann (Abs. 1 S. 1) – und zwar sowohl zur Identitätsfeststellung, als auch zur Anwesenheitssicherung; 2. die weitergehenden Befugnisse von Polizeibeamten und Staatsanwaltschaft bei Gefahr im Verzug (Abs. 2) – sofern die Voraussetzungen eines Haft- oder Unterbringungsbefehls vorliegen, und 3. den Sonderfall zur Identitätssicherung durch Polizei und Staatsanwaltschaft (§ 127 Abs. 1 S. 2 iVm. §§ 163b, c) – bei jedem einer Straftat Verdächtigen, unabhängig vom Betreffen auf frischer Tat und den Haftbefehlsvoraussetzungen. Dabei handelt es sich jeweils aufgrund von Art. 104 Abs. 2, 3 GG um eine vorläufige Maßnahme, da die Festnahme dem Haftbefehlserlass regelmäßig vorausgeht, d.h. ohne die grds. geforderte richterliche Anordnung der Haft erfolgt. Auch sind die jeweiligen Varianten strafrechtliche Rechtfertigungsgründe.

II. Vorläufige Jedermannsfestnahme

§ 127 Abs. 1 S. 1 enthält das Recht, nicht die Pflicht, eines jeden Bürgers zur Festnahme des auf frischer Tat angetroffenen oder verfolgten Täters.

1. Festnahmelage. Voraussetzung ist zunächst das Vorliegen einer sog. Festnahmelage: Bei Vorliegen der Festnahmegründe muss jemand auf frischer Tat betroffen oder verfolgt werden.

a) **Tat.** Tat iSd. Abs. 1 S. 1 ist jede Straftat oder zumindest rechtswidrige Tat gem. § 11 Abs. 1 Nr. 5 StGB. Rechtswidrigkeit genügt, weil gegen den schuldunfähigen Täter gem. § 20 StGB im Sicherungsverfahren nach § 413 selbstständig Maßregeln der Besserung und Sicherung nach § 71 StGB angeordnet werden können.[1] Der Versuch einer Tat reicht aus, sofern er strafbar ist.[2] Prinzipiell ist keine Straftat ausgenommen; § 127 knüpft an die „Frische" und nicht an die „Schwere" der Tat[3] – Ordnungswidrigkeiten sind keine Straftaten und begründen kein Festnahmerecht.

Die Tat muss tatsächlich begangen worden sein; ein bloßer dringender Tatverdacht genügt nicht.[4] Anders als bei dem nur für Strafverfolgungsorgane geltenden Abs. 2, verweist Abs. 1 nicht auf die Vorschriften zur Untersuchungshaft und damit auf § 112 Abs. 1 S. 1.

---

[5] KG v. 9. 3. 1989 – 4 Ws 47/89, JR 1989, 476.
[6] OLG Düsseldorf v. 20. 1. 1984 – 2 Ws 21/84, MDR 1984, 603.
[1] KK-StPO/*Schultheis* Rn. 7.
[2] BGH v. 18. 11. 1980 – VI ZR 151/78, NJW 1981, 745; OLG Hamm v. 24. 11. 1976 – 4 Ss 263/76, NJW 1977, 590.
[3] BGH v. 10. 2. 2000 – 4 StR 558/99, NJW 2000, 1348 (1349).
[4] Matt/Renzikowski/*Engländer* Vor § 32 StGB Rn. 38; *Fischer* Vor § 32 Rn. 7; Lackner/*Kühl* Vor § 32 StGB Rn. 23; *Meyer-Goßner* Rn. 4; aA BGH – VI ZR 151/78, NJW 1981, 745; OLG Hamm v. 8. 1. 1998 – 2 Ss 1526/97, NStZ 1998, 370; LK-StGB/*Rönnau* Vor § 32 StGB Rn. 268; *Kargl* NStZ 2000, 8 (10).

6 **b) Betroffenheit oder Verfolgung auf frischer Tat.** Auf frischer Tat betroffen ist, wer bei Verwirklichung des Straftatbestandes oder unmittelbar danach am Tatort oder in dessen unmittelbarer Nähe gestellt wird. Verfolgt ist, wer sich bereits vom Tatort entfernt hat und mit dessen Verfolgung auf Grund konkreter, auf ihn hinweisende Anhaltspunkte unverzüglich begonnen wird.[5]

7 **c) Festnahmegrund.** Erforderlich ist zudem die **Unmöglichkeit der sofortigen Identitätsfeststellung**[6] oder der **Fluchtverdacht.** Es ist unmöglich die Identität des Angetroffenen festzustellen, wenn dieser über keine ausreichenden Identifikationspapiere verfügt oder ihre Vorlage verweigert. Fluchtverdacht liegt vor, wenn aus der Sicht eines objektiven Beobachters davon ausgegangen werden muss, dass der Täter sich der Strafverfolgung entziehen wird, wenn nicht eine Festnahme erfolgt. Eine Fluchtgefahr iSd. § 112 Abs. 2 Nr. 2 ist nicht erforderlich.[7]

8 **2. Umfang des Festnahmerechts.** Gerechtfertigt sind unstreitig alle Handlungen, die durch Festhalten eine Freiheitsberaubung oder durch Verbringen zur Polizei eine Nötigung bewirken. Das Festnahmerecht deckt eine durch festes Zupacken verwirklichte einfache Körperverletzung. Andere Maßnahmen unterhalb derartiger Gewaltausübungen – wie etwa die Wegnahme von Ausweispapieren zur Identitätsfeststellung oder von Zündschlüsseln zum Entzug des Fluchtmittels – sind ebensowenig rechtswidrig.

9 Allerdings gestattet das Recht zur Festnahme nicht die Anwendung jeden Mittels, das zur Erreichung dieses Zieles erforderlich ist, selbst wenn die Ausführung oder Aufrechterhaltung der Festnahme sonst nicht möglich wäre. Das angewendete Mittel muss vielmehr zum Festnahmezweck in einem angemessenen Verhältnis stehen. Unzulässig ist es daher, die Flucht eines Straftäters durch Handlungen zu verhindern, die zu einer ernsthaften Beschädigung seiner Gesundheit oder zu einer unmittelbaren Gefährdung seines Lebens führen.[8] Solche Handlungen sind durch § 127 nicht mehr gedeckt und deshalb nur durch andere Rechtfertigungsgründe wie Notwehr rechtfertigbar.[9] Der durch § 127 geschützte staatliche Strafanspruch tritt hinter dem Anspruch des Straftäters auf Gesundheit des zurück.[10]

10 Der Festgenommene ist unverzüglich der Polizei zu übergeben.

III. Vorläufige amtliche Festnahme bei Gefahr im Verzug

11 Das **Festnahmerecht von Polizei und Staatsanwaltschaft** nach Abs. 2 hat einen weiteren Anwendungsbereich als das Jedermannsrecht gem. Abs. 1, da alle Haftgründe der §§ 112, 112a genügenden Anlass zur Festnahme geben. Hinzutreten muss ein dringender Tatverdacht iSd. § 112 Abs. 1 S. 1 oder das Vorliegen der Voraussetzungen eines Unterbringungsbefehls nach § 126a. §§ 112 Abs. 1 S. 2 und 113 sind zu beachten.

12 **Gefahr im Verzug** liegt vor, wenn die Festnahme wegen des Zeitverlustes, der mit der vorherigen Erwirkung eines richterlichen Haft- oder Unterbringungsbefehls verbunden ist, gefährdet wäre. Die Festnahme muss nicht objektiv gefährdet sein – es genügt, wenn der Beamte auf Grund pflichtgemäßer Prüfung der Umstände des Falles ex ante eine Gefährdung des Untersuchungszwecks annehmen darf.

13 **Festnahmeberechtigt** sind alle Staatsanwälte und Amtsanwälte sowie alle Polizeibeamte, die mit der Strafverfolgung betraut sind, unabhängig davon, ob sie Ermittlungspersonen iSv. § 152 GVG sind.

14 **Andere Rechtfertigungsgründe** wie zB Notwehr oder Nothilfe bleiben neben § 127 unberührt bestehen.

IV. Strafantrag, Strafverlangen, Ermächtigung

15 Bei Antragsdelikten und Straftaten, die nur mit Ermächtigung oder auf Strafverlangen verfolgt werden können (vgl. § 77e StGB), ist eine vorläufige Festnahme gem. Abs. 3 zulässig, bevor ein Strafantrag oder ein Strafverlangen gestellt oder eine Ermächtigung erteilt ist. Aus Gründen der Verhältnismäßigkeit ist davon abzusehen, wenn ein Strafantrag wahrscheinlich nicht gestellt wird,[11] oder keiner der Berechtigten von seinem Antragsrecht Gebrauch machen wird.[12]

---

[5] HK-GS/*Laue* Rn. 3.
[6] Das gilt nach Abs. 1 S. 2 nicht für die Strafverfolgungsorgane; die Feststellung der Identität bestimmt sich für sie nach § 163b.
[7] Matt/Renzikowski/*Engländer* Vor § 32 StGB Rn. 38.
[8] BGH v. 10. 2. 2000 – 4 StR 558/99, NJW 2000, 1348 (1349); BGH v. 11. 9. 1997 – 4 StR 296/97, NStZ-RR 1998, 50.
[9] Matt/Renzikowski/*Engländer* Vor § 32 StGB Rn. 40.
[10] BGH v. 10. 2. 2000 – 4 StR 558/99, NJW 2000, 1348 (1349).
[11] KK-StPO/*Schultheis* Rn. 44; *Meyer-Goßner* Rn. 21; AK-StPO/*Krause* Rn. 23.
[12] Löwe/Rosenberg/*Hilger* Rn. 49; KK-StPO/*Schultheis* Rn. 44.

Wird wegen Verdachts einer Straftat, die nur auf Antrag verfolgbar ist, ein Haftbefehl erlassen, ist nach § 130 zu verfahren.

V. Rechte des Festgenommenen

Mit dem neu zum 1. 1. 2010 durch das Gesetz zur Änderung des Untersuchungshaftrechts vom 29. 7. 2009[13] eingefügten Abs. 4, wird klargestellt, dass die neuen Bestimmungen über die Informations-, Belehrungs- und Benachrichtigungspflichten in den §§ 114a bis 114c für die vorläufige Festnahme von Beschuldigten durch Staatsanwaltschaft oder Polizei entsprechend gelten. Damit wurde vor allem Forderungen des CPT entsprochen.[14]

V. Rechtsbehelfe

Der Festgenommene kann in entsprechender Anwendung des § 98 Abs. 2 S. 2 die richterliche Überprüfung der Rechtmäßigkeit beantragen. Auch nach der Freilassung besteht ein Rechtsschutzinteresse.[15]

§ 127a [Absehen von Festnahme]

(1) Hat der Beschuldigte im Geltungsbereich dieses Gesetzes keinen festen Wohnsitz oder Aufenthalt und liegen die Voraussetzungen eines Haftbefehls nur wegen Fluchtgefahr vor, so kann davon abgesehen werden, seine Festnahme anzuordnen oder aufrechtzuerhalten, wenn

1. nicht damit zu rechnen ist, daß wegen der Tat eine Freiheitsstrafe verhängt oder eine freiheitsentziehende Maßregel der Besserung und Sicherung angeordnet wird und
2. der Beschuldigte eine angemessene Sicherheit für die zu erwartende Geldstrafe und die Kosten des Verfahrens leistet.

(2) § 116a Abs. 1 und 3 gilt entsprechend.

I. Allgemeines

§ 127a ist eine besondere Ausprägung des Verhältnismäßigkeitsgrundsatzes[1] und soll nach hL nur greifen, wenn ein Ausländer ohne festen Wohnsitz in Deutschland eine nicht schwerwiegende Straftat begeht.[2] Der Wortlaut gebietet eine solche Beschränkung auf Ausländer nicht, weshalb sie bei wohnsitzlosen Deutschen ebenfalls anwendbar ist.[3] In der Praxis hat die Vorschrift geringe Bedeutung.

II. Voraussetzungen

Der Beschuldigte darf im Geltungsbereich der Strafprozessordnung **keinen festen Wohnsitz** haben. Wohnungslosigkeit nach Abs. 2 Nr. 2 liegt vor, wenn der Beschuldigte ohne Wohnung bzw. festen Aufenthalt oder zwar gemeldet, aber nicht erreichbar ist.

Gegen den Beschuldigten müssen die Voraussetzungen eines Haftbefehls (**dringender Tatverdacht, Haftgrund, Verhältnismäßigkeit**) vorliegen; als tauglicher Haftgrund ist aber allein die Fluchtgefahr.

Von der Festnahme kann abgesehen werden, wenn die zu erwartende **Strafe verhältnismäßig gering** ist (Nr. 1) oder eine **angemessene Sicherheit** geleistet wird (Nr. 2). Wegen der Art der Sicherheit gilt § 116a Abs. 1 (§§ 116a, 5 ff.) entsprechend.

III. Verfahren

Entscheidungsberechtigt sind Polizei, Staatsanwaltschaft und Gericht. Gegen die Entscheidung gibt es kein Rechtsmittel.[4]

Will der Beschuldigte verschont bleiben, muss er einen **Zustellungsbevollmächtigten** bestellen. In der Praxis sind das in der Regel Rechtsanwälte aus dem Gerichtsbezirk, zwingend ist dies jedoch nicht.[5] Leistet der Beschuldigte die Sicherheit wird er entlassen und kann die Bundesrepublik verlassen.

---

[13] BGBl. I S. 2274.
[14] Vgl. § 114b Rn. 1 ff.
[15] BGH v. 5. 8. 1998, – 5 ARs (VS) 1/97, BGHSt 44, 71.
[1] Löwe/Rosenberg/*Hilger* Rn. 1; KK-StPO/*Schultheis* Rn. 1.
[2] Meyer-Goßner Rn. 2; Löwe/Rosenberg/*Hilger* Rn. 3.
[3] Anw-StPO/*Lammer* Rn. 1; KK-StPO/*Schultheis* Rn. 2.
[4] Löwe/Rosenberg/*Hilger* Rn. 12.
[5] KK-StPO/*Schultheis* Rn. 6.

§ 127b [Festnahme zur Durchführung der Hauptverhandlung]

(1) ¹Die Staatsanwaltschaft und die Beamten des Polizeidienstes sind zur vorläufigen Festnahme eines auf frischer Tat Betroffenen oder Verfolgten auch dann befugt, wenn
1. eine unverzügliche Entscheidung im beschleunigten Verfahren wahrscheinlich ist und
2. auf Grund bestimmter Tatsachen zu befürchten ist, daß der Festgenommene der Hauptverhandlung fernbleiben wird.
²Die §§ 114a bis 114c gelten entsprechend.

(2) ¹Ein Haftbefehl (§ 128 Abs. 2 Satz 2) darf aus den Gründen des Absatzes 1 gegen den der Tat dringend Verdächtigen nur ergehen, wenn die Durchführung der Hauptverhandlung binnen einer Woche nach der Festnahme zu erwarten ist. ²Der Haftbefehl ist auf höchstens eine Woche ab dem Tage der Festnahme zu befristen.

(3) Über den Erlaß des Haftbefehls soll der für die Durchführung des beschleunigten Verfahrens zuständige Richter entscheiden.

I. Allgemeines

1 § 127b sieht eine sog. Hauptverhandlungshaft für Fälle vor, in denen befürchtet wird, der Festgenommene werde der Hauptverhandlung fernbleiben. Die Vorschrift gilt nur bei den (seltenen) Fällen des beschleunigten Verfahrens nach §§ 417ff. Damit knüpft die Ermächtigung zur Inhaftierung (für die StPO einzigartig) an eine besondere Verfahrensart an.

2 Die Möglichkeiten des § 127b „sperren" nicht die §§ 112ff. und den Erlass eines „normalen"[1] Haftbefehls.

II. Vorläufige Festnahme

3 Abs. 1 erlaubt Polizei und Staatsanwaltschaft die vorläufige Festnahme des auf frischer Tat Betroffenen oder Verfolgten, wenn eine unverzügliche Entscheidung im beschleunigten Verfahren zu erwarten ist und des weiteren befürchtet wird, der Festgenommene werde der Hauptverhandlung fernbleiben.

4 **1. Tat.** Tat iSd. Abs. 1 ist jede Straftat oder zumindest rechtswidrige Tat gem. § 11 Abs. 1 Nr. 5 StGB. Ordnungswidrigkeiten erfüllen diese Anforderung nicht.

5 **2. Betroffenheit oder Verfolgung auf frischer Tat.** Auf frischer Tat betroffen ist, wer bei Verwirklichung des Straftatbestandes oder unmittelbar danach am Tatort oder in dessen unmittelbarer Nähe gestellt wird. Verfolgt ist, wer sich bereits vom Tatort entfernt hat und mit dessen Verfolgung auf Grund konkreter, auf ihn hinweisender Anhaltspunkte unverzüglich begonnen wird.

6 **3. Festnahmegrund.** Unverzüglich ergeht eine Entscheidung im beschleunigten Verfahren, wenn die Hauptverhandlung innerhalb einer Woche durchgeführt wird. Das ergibt sich aus Abs. 2 S. 1.[2] Die Wahrscheinlichkeit, dass eine solche Entscheidung zeitnah ergehen wird, ist konkret im Einzelfall zu prüfen und hängt nicht zuletzt von den bei Gericht zur Verfügung stehenden Kapazitäten ab. Deshalb wird idR Rücksprache mit dem zuständigen Richter zu halten sein. Es wird vertreten, dass dieses Verfahren nur in Großstädten praktikabel sei.[3]

7 Wer ein Fernbleiben **befürchtet**, muss mit **hoher Wahrscheinlichkeit** annehmen dürfen, dass sich der Beschuldigte der Hauptverhandlung entziehen wird.[4]

8 **4. Belehrung.** Mit dem neu zum 1.1.2010 durch das Gesetz zur Änderung des Untersuchungshaftrechts vom 29.7.2009[5] eingefügten Abs. 1 S. 2, wird klargestellt, dass die neuen Bestimmungen über die Informations-, Belehrungs- und Benachrichtigungspflichten in den §§ 114a bis 114c für die vorläufige Festnahme von Beschuldigten durch Staatsanwaltschaft oder Polizei entsprechend gelten. Damit entsprach der Gesetzgeber den Forderungen des CPT.[6]

III. Haftbefehl

9 Voraussetzung für den Tatverdacht ist neben dem dringenden Tatverdacht und der nicht explizit erwähnten Verhältnismäßigkeit, dass die Hauptverhandlung innerhalb einer Woche stattfinden

---

[1] Grau NStZ 2007, 10 (14); Fülber S. 134 f.; Giring S. 107 f.
[2] Meyer-Goßner Rn. 9.
[3] Meyer-Goßner Rn. 9.
[4] SK-StPO/Paeffgen Rn. 21; aA Hellmann NJW 1997, 2145 (2149); Meyer-Goßner Rn. 10: „ernsthaft in Betracht kommen".
[5] BGBl. I S. 2274.
[6] Vgl. § 114b Rn. 1.

wird. Der Haftbefehl ist entsprechend **zeitlich zu begrenzen** und darf nicht länger als eine Woche gelten.

Während im Übrigen § 128 gilt, findet sich in § 127b Abs. 3 eine besondere Zuständigkeitsnorm, die den Richter entscheiden lässt, der für die Hauptverhandlung zuständig sein wird.

IV. Rechtsbehelfe

Die vorläufige Festnahme kann in entsprechender Anwendung des § 98 Abs. 2 S. 2 **richterlich** überprüft werden.

Gegen den Haftbefehl nach Abs. 2 kann Haftbeschwerde eingelegt oder Haftprüfung beantragt werden.[7]

§ 128 [Vorführung vor den Richter]

(1) ¹Der Festgenommene ist, sofern er nicht wieder in Freiheit gesetzt wird, unverzüglich, spätestens am Tage nach der Festnahme, dem Richter bei dem Amtsgericht, in dessen Bezirk er festgenommen worden ist, vorzuführen. ²Der Richter vernimmt den Vorgeführten gemäß § 115 Abs. 3.

(2) ¹Hält der Richter die Festnahme nicht für gerechtfertigt oder ihre Gründe für beseitigt, so ordnet er die Freilassung an. ²Andernfalls erlässt er auf Antrag der Staatsanwaltschaft oder, wenn ein Staatsanwalt nicht erreichbar ist, von Amts wegen einen Haftbefehl oder einen Unterbringungsbefehl. ³§ 115 Abs. 4 gilt entsprechend.

I. Allgemeines

§ 128 regelt gemeinsam mit der ergänzenden Vorschrift des § 129 das **Verfahren nach einer vorläufigen Festnahme** gem. § 127 Abs. 1 S. 1 oder Abs. 2. Die Vorschrift ist konkretisiert Art. 104 GG und setzt voraus, dass bisher kein Haftbefehl erlassen ist. Das Verfahren, nach Ergreifung auf Grund eines bestehenden Haftbefehls richtet sich §§ 115, 115 a.

II. Vorführung

Nach der vorläufigen Festnahme obliegt es den Strafverfolgungsbehörden, zu prüfen, ob der vorläufig Festgenommene wieder freizulassen oder dem Haftrichter vorzuführen ist. Fehlt es an einem Festnahmegrund oder ist dieser entfallen, ist der Beschuldigte **unverzüglich** freizulassen; ein längeres Zuwarten – gar bis zum Ablauf der Frist des Abs. 1 S. 1 – ist unzulässig.[1] Andernfalls wird der Beschuldigte spätestens am Tage nach seiner Festnahme dem Richter beim Amtsgericht des Festnahmeortes oder des sonst nach § 125 Abs. 1 zuständigen Gericht[2] vorgeführt. Die Dauer einer anderweitigen Freiheitsentziehung ohne richterliche Entscheidung ist ganz im Sinne von Art. 104 Abs. 2 GG in die Vorführungsfrist des Abs. 1 einzurechnen.[3] Die rechtswidrige Freiheitsentziehung kann zu einem Verwertungsverbot für alle während ihrer Dauer gemachten Äußerungen führen.[4]

In Staatsschutzsachen sollte die Vorführung unmittelbar vor den Staatsschutzsenat erfolgen während Jugendliche und Heranwachsende vorzugsweise dem zuständigen Jugendrichter vorgeführt werden (§ 34 JGG).

III. Vernehmung

Zweck der Vorführung ist die Vernehmung des Beschuldigten – nicht zuletzt, damit er sich gegen die erhobenen Vorwürfe verteidigen kann. Daher wird der Beschuldigte nicht nur **unverzüglich** vorgeführt, sondern auch ohne jede weitere vermeidbare Verzögerung vernommen, und zwar spätestens am Tag nach der Festnahme. Ermittlungstaktische Erwägungen, um zB noch Belastungsmaterial zu sammeln, bleiben außen vor.[5]

Der **Ablauf der Vernehmung** ergibt sich aus § 115 Abs. 3; ist die Vernehmung zugleich die erste Vernehmung in dieser Sache – was regelmäßig der Fall sein wird – ist ferner § 136 zu beachten. Letzterer setzt den Mindeststandard der Vernehmung, wonach dem Beschuldigten zu eröffnen ist, welche Tat ihm zur Last gelegt wird und welche Strafvorschriften in Betracht kommen. Er ist

---

[7] Vgl. § 117 Rn. 1.
[1] Anw-StPO/*Lammer* Rn. 2; *Meyer-Goßner* Rn. 2.
[2] Zur Zulässigkeit vgl. Anw-StPO/*Lammer* Rn. 2; *Meyer-Goßner* Rn. 5.
[3] BGH v. 30. 4. 1987 – 4 StR 30/87, BGHSt 34, 365.
[4] BGH v. 30. 4. 1987 – 4 StR 30/87, BGHSt 34, 365 (369).
[5] Vgl. § 115 Rn. 6.

darauf hinzuweisen, dass es ihm freisteht, sich zur Sache zu äußern, er jederzeit einen von ihm zu wählenden Verteidiger befragen und er zu seiner Entlastung einzelne Beweiserhebungen beantragen kann. Diese Anforderungen übertrifft § 115 Abs. 3 in Haftsachen: Der Beschuldigte ist zusätzlich auf die ihn belastenden Umstände hinzuweisen und ihm ist Gelegenheit zu geben, Verdachts- oder Haftgründe zu beseitigen und entlastende Tatsachen vorzutragen.

IV. Entscheidung

6   Das Haftgericht prüft das Vorliegen der Voraussetzungen für den **Erlass eines Haftbefehls** im Zeitpunkt der Vorführung, wobei der Erlass eines Haftbefehls mit einer Entscheidung nach § 116 verbunden werden kann. In beiden Fällen wird der Beschuldigte nach § 115 Abs. 4 belehrt.

7   Nur wenn die Staatsanwaltschaft unerreichbar ist, darf der Haftbefehl ohne vorherigen **Antrag** ergehen. Allerdings ist der Richter nicht an die Begründung des Antrags oder die angenommenen Haftgründe gebunden.

8   Die Staatsanwaltschaft ist **unerreichbar**, wenn ihre Stellungnahme nicht rechtzeitig bis zum Ablauf der Vorführungsfrist herbeigeführt werden kann. Ggf. muss sie fernmündlich oder -schriftlich eingeholt werden.[6] Die Staatsanwaltschaft gilt als unerreichbar, wenn ihr im Rahmen der Vorführfrist aufgrund des Umfangs des Sachverhalts keine Stellungnahme möglich ist.[7] Das ist jedenfalls bedenklich, weil die Verteidigung ihrerseits angemessen ins Bild gesetzt werden muss und nicht erkennbar ist, weshalb die Staatsanwaltschaft unter gleichen Bedingungen nicht in der Lage sein sollte, sich qualifiziert zum Verfahrensstand zu äußern. Ist die Staatsanwaltschaft erreichbar, bindet deren Entscheidung das Haftgericht. Wird kein Antrag auf Erlass eines Haftbefehls gestellt, ist der Richter am Erlass eines Haftbefehls auch dann gehindert, wenn er die dafür notwendigen Voraussetzungen als gegeben erachtet. Wenig konsequent ist es gleichwohl, wenn der Bestand eines Haftbefehls nicht in Frage gestellt wird, wenn der Richter ihn erlässt, ohne die Stellungnahme der erreichbaren Staatsanwaltschaft eingeholt zu haben.[8]

9   Liegen die Voraussetzungen des Haftbefehls nicht vor, ist der Beschuldigte **freizulassen**.

§ 129 [Vorführung nach Anklageerhebung]

Ist gegen den Festgenommenen bereits die öffentliche Klage erhoben, so ist er entweder sofort oder auf Verfügung des Richters, dem er zunächst vorgeführt worden ist, dem zuständigen Gericht vorzuführen; dieses hat spätestens am Tage nach der Festnahme über Freilassung, Verhaftung oder einstweilige Unterbringung des Festgenommenen zu entscheiden.

I. Allgemeines

1   § 129 beinhaltet eine **spezielle Regelung** für das Verfahren **nach** der **vorläufigen** Festnahme durch die Strafverfolgungsbehörden für den Fall, dass bereits die **Anklage** erhoben ist und kein Haftbefehl erlassen war.

II. Verfahren

2   **Zuständig** ist das mit der Sache befasste Gericht. Nur wenn eine fristeinhaltende Vorführung sonst ausgeschlossen wäre, darf der Angeschuldigte nach pflichtgemäßen Ermessen des vorführenden Beamten bei dem Amtsgericht des Festnahmebezirks gem. § 128 Abs. 1 S. 1 oder dem nach § 125 Abs. 1 zuständigen Gericht vorgeführt werden. Zuvor müssen alle zumutbaren Anstrengungen unternommen werden, um den Angeschuldigten vor dem mit der Sache befassten Gericht vorzuführen. Dem anderen Gericht bleibt es unbenommen, eine Vorführung vor das mit der Sache befasste Gericht anzuordnen, wenn sie noch innerhalb der Frist des § 128 Abs. 2 S. 1 durchgeführt werden kann.[1] Freilich wäre es in diesem Fall zweifelhaft, ob der vorführende Beamte sein Ermessen bei der Auswahl des Gerichts pflichtgemäß ausgeübt hat.

3   **Sofort** iSd. Vorschrift bedeutet unmittelbar.[2] Entweder wird der Festgenommene dem zuständigen Gericht unmittelbar vorgeführt oder mittelbar auf Verfügung des zunächst nach § 128 Abs. 1 oder nach § 125 Abs. 1 angegangenen.[3] Das Gesetz eröffnet beide Alternativen.

4   Der Beschuldigte muss bis zum Ende des der Festnahme folgenden Tages in der Weise vorgeführt werden, dass bis zum Fristablauf auch noch eine Entscheidung ergehen kann.

---

[6] KK-StPO/*Schultheis* Rn. 12; Anw-StPO/*Lammer* Rn. 7.
[7] *Meyer-Goßner* Rn. 10; KK-StPO/*Schultheis* Rn. 12; Anw-StPO/*Lammer* Rn. 7.
[8] KK-StPO/*Schultheis* Rn. 12; Anw-StPO/*Lammer* Rn. 7; aA SK-StPO/*Paeffgen* Rn. 9.
[1] Anw-StPO/*Lammer* Rn. 2; *Meyer-Goßner* Rn. 1.
[2] Löwe/Rosenberg/*Hilger* Rn. 3.
[3] KK-StPO/*Schultheis* Rn. 3.

III. Entscheidung

Das **mit der Sache befasste Gericht** entscheidet über den Fortbestand der Freiheitsentziehung. 5
Es erlässt einen Haft- oder Unterbringungsbefehl soweit die Voraussetzungen hierfür vorliegen.
Ggf. wird gleichzeitig die Außervollzugsetzung angeordnet. Das mit der Sache befasste Gericht
wird häufig ein Kollegialgericht sein; der Vorsitzende darf nur in dringenden Fällen gem. §§ 125
Abs. 2 S. 2, 126 a Abs. 2 S. 1 allein entscheiden.

Andere zuständige Gerichte lassen den vorläufig Festgenommenen frei, wenn keine ausreichen- 6
de Grundlage für einen Haft- oder Unterbringungsbefehl gegeben ist. Halten Sie hingegen die
Voraussetzungen für den Erlass eines Haftbefehls für ausreichend begründbar, darf lediglich der
Festnahmezustand vorübergehend aufrechterhalten werden, um eine unverzügliche Entscheidung
des mit der Sache befassten Gerichts herbeizuführen. Eine selbständige Befugnis zum Erlass des
Haftbefehls hat nur das mit der Sache befasste Gericht.[4] Überschreitungen der Frist des § 129
sollen in einem solchen Fall nicht zur Freilassung des Festgenommenen zwingen.[5]

§ 130 [Antragsstraftaten]

[1] Wird wegen Verdachts einer Straftat, die nur auf Antrag verfolgbar ist, ein Haftbefehl erlassen, bevor der Antrag gestellt ist, so ist der Antragsberechtigte, von mehreren wenigstens einer, sofort von dem Erlaß des Haftbefehls in Kenntnis zu setzen und davon zu unterrichten, daß der Haftbefehl aufgehoben werden wird, wenn der Antrag nicht innerhalb einer vom Richter zu bestimmenden Frist, die eine Woche nicht überschreiten soll, gestellt wird. [2] Wird innerhalb der Frist Strafantrag nicht gestellt, so ist der Haftbefehl aufzuheben. [3] Dies gilt entsprechend, wenn eine Straftat nur mit Ermächtigung oder auf Strafverlangen verfolgbar ist. [4] § 120 Abs. 3 ist anzuwenden.

I. Haftbefehl ohne Strafantrag

Ist bei dem Vorwurf eines **Antragsdelikts**[1] im Zeitpunkt der vorläufigen Festnahme kein Straf- 1
antrag gestellt, so ist dieses Verfahrenshindernis bis zum Ablauf der Antragsfrist behebbar. So
wird gewährleistet, dass ein Haftbefehl auch dann erlassen werden kann, wenn der erforderliche
Strafantrag noch nicht gestellt wurde oder werden konnte. § 130 ermöglicht es dem Antragsberechtigten (§§ 77, 77 a StGB), einen Strafantrag zu stellen, ohne dass sich ein Haftgrund verwirklicht. Wie bei § 127 scheidet ein Freiheitsentzug jedoch aus, wenn von vornherein erkennbar feststeht, dass kein Strafantrag gestellt werden wird. Selbst wenn dies nur unwahrscheinlich sein
sollte, rechtfertigt eine solche vage Exspektanz keine Haft.[2]

S. 3 erweitert den Anwendungsbereich der Norm auf Taten, die nur auf Strafverlangen oder 2
mit Ermächtigung verfolgt werden.

Trifft ein Antragsdelikt mit einem Offizialdelikt zusammen und wird der Haftbefehl wegen 3
beiden Taten erlassen, ist nach § 130 zu verfahren.[3]

II. Unterrichtung

Erlässt das Haftgericht einen Haftbefehl, ohne dass bislang der erforderliche Strafantrag ge- 4
stellt wurde, informiert es den Antragsberechtigten sofort nach seiner Entscheidung darüber, dass
ein Haftbefehl wegen einer bestimmten Straftat, deren Verfolgung von seinem Antrag abhängig
ist, erlassen worden ist und der Haftbefehl aufgehoben wird, wenn der Strafantrag nicht innerhalb einer bestimmten Frist gestellt wird. Die Unterrichtung umfasst die nach § 114 Abs. 2 Nr. 1,
2 erforderlichen Angaben, wobei der Haftgrund nicht mitzuteilen ist. Die Erklärungsfrist soll eine
Woche nicht überschreiten und nur verlängert werden, wenn der Strafantrag nicht schneller gestellt oder die Ermächtigung nicht zügiger eingeholt werden kann.

Grundsätzlich sind alle Antragsberechtigten zu informieren; wenigstens einer muss unterrichtet 5
werden.

III. Aufhebung des Haftbefehls

Wird innerhalb der gesetzten Frist kein Strafantrag gestellt, ist der Haftbefehl nach S. 2 aufzu- 6
heben. Strafanträge die nach Fristablauf iSv. § 130, aber noch vor Ablauf der Antragsfrist gem.

---

[4] *Meyer-Goßner* Rn. 4; SK-StPO/*Paeffgen* Rn. 4; Löwe/Rosenberg/*Hilger* Rn. 6.
[5] Anw-StPO/*Lammer* Rn. 6.
[1] Vgl. §§ 77 ff. StGB.
[2] *Meyer-Goßner* Rn. 1.
[3] *Meyer-Goßner* Rn. 1.

§ 77b StGB eingehen, führen dazu, dass ein noch nicht aufgehobener Haftbefehl aufrechterhalten und ein aufgehobener Haftbefehl bei Vorliegen der sonstigen Voraussetzungen neu erlassen werden kann. Der Verweis von § 130 S. 4 auf § 120 Abs. 3 ist überflüssig[4] und irreführend: § 120 bleibt insgesamt unberührt, weshalb zB der Haftbefehl ist aufzuheben ist, wenn alle Antragsberechtigen ihre Strafanträge zurückgenommen haben.[5]

---

[4] Löwe/Rosenberg/*Hilger* Rn. 15.
[5] KK-StPO/*Schultheis* Rn. 8.

9a. Abschnitt. Weitere Maßnahmen zur Sicherstellung der Strafverfolgung und Strafvollstreckung

§ 131 [Ausschreibung zur Festnahme]

(1) Auf Grund eines Haftbefehls oder eines Unterbringungsbefehls können der Richter oder die Staatsanwaltschaft und, wenn Gefahr im Verzug ist, ihre Ermittlungspersonen (§ 152 des Gerichtsverfassungsgesetzes) die Ausschreibung zur Festnahme veranlassen.

(2) ¹Liegen die Voraussetzungen eines Haftbefehls oder Unterbringungsbefehls vor, dessen Erlass nicht ohne Gefährdung des Fahndungserfolges abgewartet werden kann, so können die Staatsanwaltschaft und ihre Ermittlungspersonen (§ 152 des Gerichtsverfassungsgesetzes) Maßnahmen nach Absatz 1 veranlassen, wenn dies zur vorläufigen Festnahme erforderlich ist. ²Die Entscheidung über den Erlass des Haft- oder Unterbringungsbefehls ist unverzüglich, spätestens binnen einer Woche herbeizuführen.

(3) ¹Bei einer Straftat von erheblicher Bedeutung können in den Fällen der Absätze 1 und 2 der Richter und die Staatsanwaltschaft auch Öffentlichkeitsfahndungen veranlassen, wenn andere Formen der Aufenthaltsermittlung erheblich weniger Erfolg versprechend oder wesentlich erschwert wären. ²Unter den gleichen Voraussetzungen steht diese Befugnis bei Gefahr im Verzug und wenn der Richter oder die Staatsanwaltschaft nicht rechtzeitig erreichbar ist auch den Ermittlungspersonen der Staatsanwaltschaft (§ 152 des Gerichtsverfassungsgesetzes) zu. ³In den Fällen des Satzes 2 ist die Entscheidung der Staatsanwaltschaft unverzüglich herbeizuführen. ⁴Die Anordnung tritt außer Kraft, wenn diese Bestätigung nicht binnen 24 Stunden erfolgt.

(4) ¹Der Beschuldigte ist möglichst genau zu bezeichnen und soweit erforderlich zu beschreiben; eine Abbildung darf beigefügt werden. ²Die Tat, derer er verdächtig ist, Ort und Zeit ihrer Begehung sowie Umstände, die für die Ergreifung von Bedeutung sein können, können angegeben werden.

(5) Die §§ 115 und 115a gelten entsprechend.

Schrifttum: *Ranft*, Fahndungsmöglichkeiten nach Beschuldigten und Zeugen gemäß dem StVÄG 1999, StV 2002, 38; *Soiné*, Die Fahndungsvorschriften nach dem Strafverfahrensänderungsgesetz 1999, JR 2002, 137.

I. Allgemeines

Die in Abschnitt 9a stehenden Vorschriften regeln im Grundsatz die Fahndung nach **Personen** (Beschuldigte und auch Zeugen). Die einzelnen Regelungen unterscheiden sich im Fahndungszweck. § 131 regelt die Ausschreibung des Beschuldigten zur Festnahme. § 131a regelt im Wesentlichen die Fahndung nach Beschuldigten und Zeugen zum Zweck der Aufenthaltsermittlung. § 131b erlaubt die Veröffentlichung von Abbildungen von Beschuldigten und Zeugen zur Straftataufklärung oder zur Identitätsfeststellung. § 131c regelt die Anordnungskompetenz für Maßnahmen nach § 131a und § 131b. § 132 steht in diesem Normgefüge für sich. In der Gesamtbewertung ist dieser grundrechtssensible Komplex der Fahndung schwer durchschaubar und wenig anwendungsfreundlich gestaltet.[1]   1

Die Fahndungsmaßnahmen nach den §§ 131 ff. sind nicht abschließend.[2] Spezielle Ermittlungsmaßnahmen wie die Rasterfahndung (§ 98a), die Überwachung der Telekommunikation, die Fahndung nach § 163d und andere spezielle Maßnahmen können der Fahndung zwecks Strafverfolgung dienen. Weniger tief in das allgemeine Persönlichkeitsrecht des Betroffenen eingreifende Ermittlungsmaßnahmen können – angeblich – auf die **Ermittlungsgeneralklausel** nach den §§ 161, 163 gestützt werden.[3] Zu beachten jedoch ist, dass auch geringfügige Grundrechtseingriffe unter dem Gebot des rechtsstaatlichen **Gesetzesvorbehalts** stehen. Eine Abgrenzung zwischen tiefgreifenden und geringfügigen Grundrechtseingriffen ist nicht möglich. Die Ermittlungsgeneralklausel erlaubt zwar diskrete Erkundigungen im privaten Umfeld des Beschuldigten, mehr gestattet sie aber nicht.[4] Auch die Veröffentlichung eines Phantombildes in einem gegen Unbekannt gerichteten Ermittlungsverfahren richtet sich wegen der möglichen die Persönlichkeit beeinträchtigenden Folgen nach § 131b und kann nicht auf die §§ 161, 163 gestützt werden.[5]   2

---

[1] Vgl. *Ranft* StV 2002, 38, 39; anders *Soiné* JR 2002, 137, 141; Löwe/Rosenberg/*Hilger* Vor § 131 Rn. 2.
[2] So Löwe/Rosenberg/*Hilger* Vor § 131 Rn. 11 ff.; *Meyer-Goßner* Vorbemerkungen §§ 131 ff. Rn. 1.
[3] Siehe Löwe/Rosenberg/*Hilger* Vor § 131 Rn. 12.
[4] S. u. § 163 Rn. 9.
[5] So aber AG Torgau v. 29. 1. 2003 – 5 Gs 4/03, NStZ-RR 2003, 112.

3 Die §§ 131 ff. gelten auch für die Strafvollstreckung. So ist die Ausschreibung zur Festnahme nach § 131 Abs. 1 auch bei einem Vollstreckungshaftbefehl nach § 457 zulässig.[6]

II. Ausschreibung zur Festnahme

4 Die Ausschreibung des Beschuldigten zur Festnahme nach § 131 ist **akzessorisch** zu einem **Haft- oder Unterbringungsbefehl**. Ein solcher muss vorliegen (Abs. 1) oder zumindest dessen Voraussetzungen müssen gegeben sein (Abs. 2). Abs. 2 greift bereits im Vorfeld, wenn ein Haftrichter nicht – rechtzeitig – erreichbar, die Ausschreibung zur vorläufigen Festnahme jedoch erforderlich ist. Die Entscheidung über den entsprechenden Haft- oder Unterbringungsbefehl ist im Falle des Abs. 2 in Wochenfrist herbeizuführen. Wird er fristgemäß erlassen, gilt Abs. 1; wird der Erlass abgelehnt, ist jede Ausschreibung unverzüglich zu beenden.[7] Für die Staatsanwaltschaft gelten Nr. 39 ff. RiStBV.

5 Eine **Ausschreibung** ist eine amtliche Aufforderung, nach einer flüchtigen oder sich verborgen haltenden Person zu fahnden und sie festzunehmen.[8] Sie kann sich an eine unbestimmte Zahl von Behörden, Stellen und Personen richten. Als mildere Alternative kann sich die Ausschreibung zur Festnahme auch auf bestimmte Adressaten oder auf alle Fahndungshilfsmittel (Nr. 40 RiStBV[9]) beschränken. Die Ausschreibung zur Festnahme gibt dem von ihr Angesprochenen (Behörden, die Öffentlichkeit) **keine weiteren strafprozessualen Befugnisse**. Einen Haft- oder Unterbringungsbefehl dürfen nur die Strafverfolgungsorgane vollstrecken. Privatpersonen sind darauf beschränkt, den Strafverfolgungsorganen entsprechende Hinweise zum Aufenthalt der ausgeschriebenen Person zu geben, die zur Festnahme führt. Eine Ausschreibung zur Festnahme – auch in Form der Öffentlichkeitsfahndung – gibt **kein privates Festnahmerecht**.

III. Öffentlichkeitsfahndung

6 Die Ausschreibung nach Abs. 1 und 2 ist behördenintern. Die **Öffentlichkeitsfahndung** nach Abs. 3 geht über behördeninterne Maßnahmen hinaus. Sie ist ebenfalls akzessorisch zu einem vorliegenden oder möglichen Haft- oder Unterbringungsbefehl. Sie kann sich an ausgewählte Teile der Bevölkerung oder an die gesamte Bevölkerung richten. Die Öffentlichkeitsfahndung birgt die Gefahr der öffentlichen **Bloßstellung** des Beschuldigten, für den die Unschuldsvermutung spricht. Sie ist von erheblicher Grundrechtsintensität. Sie ist nur bei Verdacht einer **erheblichen Straftat** erlaubt.[10] Das gilt auch für die §§ 131 a Abs. 3 und 131 b. Der fehlende Deliktskatalog führt zu einem vermeidbaren Maß an Rechtsunsicherheit. Die gesetzgeberische Entscheidung untersagt die Anordnung nach Abs. 3 bei **geringfügigen** Straftaten.[11] Ein Computerbetrug (§ 263 a StGB) soll die Hürde überschreiten, wobei das Gewicht der Tat im konkreten Fall und der Aufwand an krimineller Energie zu berücksichtigen ist.[12] Neben der **Subsidiaritätsklausel** gilt als weitere Schranke wie bei allen strafprozessualen Ermittlungsmaßnahmen die rechtsstaatliche Schranke der **Verhältnismäßigkeit**.

7 Mögliche Mittel der Öffentlichkeitsfahndung[13] sind beispielsweise Fahndungsplakate und Lautsprecherdurchsagen. Die Öffentlichkeitsfahndung kann auch mittels der modernen **Publikationsmedien** erfolgen – Zeitungen, Rundfunk, Fernsehen, **Internet**. Bildaufnahmen von Beschuldigten entstehen beispielsweise durch Überwachungskameras in Bankfilialen und anderen Orten. Zu erinnern ist an die früheren Fahndungsplakate in Bezug auf die RAF. Heute findet man auf den Internet-Seiten des BKA öffentliche Fahndungsaufrufe. Die Verhältnismäßigkeit ist besonders zu achten. Das gilt nicht allein für das Ob der Öffentlichkeitsfahndung. Die Öffentlichkeitsfahndung kann auch im öffentlichen Adressatenkreis oder im betreffenden Medium – regional oder überregionale Zeitungen oder Rundfunksender – begrenzt werden. Eine weitere Grenze bilden die Namensnennung und Abbildung des Betroffenen. Die Öffentlichkeitsfahndung greift erheblich in die Grundrechte des Betroffenen ein und kann zu einer – medialen – **Vorverurteilung** führen. Das müssen die Strafverfolgungsorgane stets berücksichtigen: je breiter die Streuwirkung in der Öffentlichkeit, desto vorsichtiger sollten die ausschreibende Stelle sein.

8 Eine **Fernsehsendung** wie „Aktenzeichen XY – ungelöst" unterliegt nicht den Beschränkungen der §§ 131 ff., da sie als Fernsehsendung nicht von den Strafverfolgungsbehörden durchgeführt

---

[6] Siehe *Soiné* JR 2002, 137, 141; KK-StPO/*Schultheis* Rn. 4.
[7] Siehe *Ranft* StV 2002, 38, 41; *Soiné* JR 2002, 137, 138; *Meyer-Goßner* Rn. 4.
[8] Siehe *Soiné* JR 2002, 137; Löwe/Rosenberg/*Hilger* Rn. 5 ff.
[9] S. u. § 131 a Rn. 6.
[10] S. u. § 163 e Rn. 3.
[11] Dazu *Soiné* JR 2002, 137, 138; Anw-StPO/*Walther* Rn. 11; KK-StPO/*Schultheis* Rn. 16; Löwe/Rosenberg/*Hilger* Rn. 2; *Meyer-Goßner* Rn. 2.
[12] So LG Saarbrücken v. 8. 4. 2004 – 8 Qs 6/04, wistra 2004, 279; kritisch *Joecks* § 131 b Rn. 2.
[13] Siehe *Soiné* JR 2002, 137, 138; *Joecks* Rn. 4; Löwe/Rosenberg/*Hilger* Rn. 17 ff.

wird. Wenn sich jedoch die Strafverfolgungsorgane zur Personenfahndung an die Sender wenden und in einer solchen Sendung öffentliche Fahndungsaufrufe tätigen und Informationen liefern, sind sie an die Normen der StPO und daher an die §§ 131 ff. gebunden.[14]

Für die Auslobung einer **Belohnung** gelten die zivilrechtlichen Vorschriften der §§ 657 ff. BGB. § 657 BGB regelt das bindende Versprechen einer Belohnung für die Vornahme einer Handlung durch öffentliche Bekanntmachung. 9

IV. Zuständigkeit, Inhalt, Fehlerfolgen

Ermittlungsrichter und Staatsanwaltschaft sind gleichermaßen zuständig für die Ausschreibung 10 des Beschuldigten zur Festnahme nach Abs. 1.[15] Bei Gefahr im Verzug kann auch eine Ermittlungsperson nach § 152 GVG die Maßnahme anordnen. Das kommt in Betracht, wenn die Polizei von Fluchtvorbereitungen eines mit einem Haftbefehl gesuchten Beschuldigten erfährt und Sofortmaßnahmen ergriffen werden müssen. Unter den Voraussetzungen des Abs. 2 steht die Anordnung der Staatsanwaltschaft und gleichberechtigt ihren Ermittlungspersonen zu. Die Ermittlungsperson sollte aber die Verfahrensleitung der Staatsanwaltschaft achten.[16] Die **grundrechtssensible Öffentlichkeitsfahndung** (Abs. 3) können nicht nur der Richter und die Staatsanwaltschaft, sondern in Eilfällen – bedenklicherweise – auch die Ermittlungspersonen anordnen.[17] Das Gesetz schränkt jedoch deren **Kompetenz** in den Voraussetzungen und mit der erforderlichen staatsanwaltlichen Bestätigung binnen 24 Stunden (Abs. 3 Sätze 2 bis 4) ein. Diese Bestätigungsfrist ist strenger als die in § 131c Abs. 2 geregelten Bestätigungsfristen für Anordnungen nach den §§ 131a und 131b.[18] Das beweist im Kleinen die nur schwer überschaubare Gesamtsystematik der Fahndungsvorschriften.

Die **inhaltlichen** Anforderungen an die Ausschreibung nach Abs. 4 gelten als geringer als die 11 inhaltlichen Anforderungen, die nach § 114 Abs. 2 und § 126a Abs. 2 an den Haft- und Unterbringungsbefehl erhoben werden.[19] Das überzeugt auf Grund der Akzessorietät nicht.[20] Eine Abbildung darf beigefügt werden. Auch die Beifügung eines erstellten Phantombildes ist erlaubt.[21] Die Gefahr einer Verwechslung ist möglichst auszuschließen.

Wenn der Beschuldigte auf Grund der Ausschreibung ergriffen wird, wird ausschließlich nach 12 den §§ 115, 115a verfahren (§ 131 Abs. 5).

Werden die Voraussetzungen der §§ 131 ff. bei der Personenfahndung nicht eingehalten, kann 13 das ein **Beweisverwertungsverbot** zur Folge haben.[22]

V. Rechtsbehelfe/Rechtsmittel

Gegen richterliche Anordnungen ist die Beschwerde (§ 304) und gegen nichtrichterliche Anord- 14 nungen der Antrag entsprechend § 98 Abs. 2 Satz 2 gegeben. Nachdem das BVerfG[23] den nachträglichen Rechtsschutz gegen erledigte strafprozessuale Maßnahmen im Interesse des Grundrechtsschutzes des von ihnen Betroffenen gestärkt hat, gelten diese Maßstäbe auch bei Maßnahmen nach §§ 131 ff. An einer prozessualen Erledigung scheitert der nachträgliche Rechtsschutz gegen tiefgreifende Grundrechtseingriffe nicht.[24] Das Fehlen von Schadensersatzregelungen ist zu bemängeln.

§ 131a [Ausschreibung zur Aufenthaltsermittlung]

(1) **Die Ausschreibung zur Aufenthaltsermittlung eines Beschuldigten oder eines Zeugen darf angeordnet werden, wenn sein Aufenthalt nicht bekannt ist.**

(2) **Absatz 1 gilt auch für Ausschreibungen des Beschuldigten, soweit sie zur Sicherstellung eines Führerscheins, zur erkennungsdienstlichen Behandlung, zur Anfertigung einer DNA-Analyse oder zur Feststellung seiner Identität erforderlich sind.**

(3) **Auf Grund einer Ausschreibung zur Aufenthaltsermittlung eines Beschuldigten oder Zeugen darf bei einer Straftat von erheblicher Bedeutung auch eine Öffentlichkeitsfahndung angeordnet werden, wenn der Beschuldigte der Begehung der Straftat dringend verdächtig ist und die Aufenthaltsermittlung auf andere Weise erheblich weniger Erfolg versprechend oder wesentlich erschwert wäre.**

---

[14] So Löwe/Rosenberg/*Hilger* Vor § 131 Rn. 20.
[15] Dazu *Meyer-Goßner* Rn. 4.
[16] Siehe Löwe/Rosenberg/*Hilger* Rn. 15; skeptisch Anw-StPO/*Walther* Rn. 8.
[17] Kritisch *Ranft* StV 2002, 38, 41; aber KK-StPO/*Schultheis* Rn. 17.
[18] Vgl. *Soiné* JR 2002, 137, 139.
[19] So *Meyer-Goßner* Rn. 5.
[20] Ebenso Löwe/Rosenberg/*Hilger* Rn. 27.
[21] Nach Löwe/Rosenberg/*Hilger* Rn. 27; *Meyer-Goßner* Rn. 5.
[22] Siehe Löwe/Rosenberg/*Hilger* Vor § 131 Rn. 17.
[23] BVerfG v. 30. 4. 1997 – 2 BvR 817/90 ua, BVerfGE 96, 27 = NJW 1997, 2163.
[24] Vgl. Löwe/Rosenberg/*Hilger* Rn. 30; *Meyer-Goßner* Rn. 7 mit Verweis auf Rn. 17 ff. Vor § 296.

(4) ¹§ 131 Abs. 4 gilt entsprechend. ²Bei der Aufenthaltsermittlung eines Zeugen ist erkennbar zu machen, dass die gesuchte Person nicht Beschuldigter ist. ³Die Öffentlichkeitsfahndung nach einem Zeugen unterbleibt, wenn überwiegende schutzwürdige Interessen des Zeugen entgegenstehen. ⁴Abbildungen des Zeugen dürfen nur erfolgen, soweit die Aufenthaltsermittlung auf andere Weise aussichtslos oder wesentlich erschwert wäre.

(5) Ausschreibungen nach den Absätzen 1 und 2 dürfen in allen Fahndungshilfsmitteln der Strafverfolgungsbehörden vorgenommen werden.

Schrifttum: *Ranft*, Fahndung nach Beschuldigten und Zeugen gemäß dem StVÄG 1999, StV 2002, 38; *Soiné*, Die Fahndungsvorschriften nach dem Strafverfahrensänderungsgesetz 1999, JR 2002, 137.

1 § 131 a erlaubt die Ausschreibung zur **Aufenthaltsermittlung** von **Beschuldigten** und – diesbezüglich ist die Norm auf Grund ihrer anderen Zielsetzung weiter als § 131 – von **Zeugen**, wenn ihr Aufenthalt unbekannt ist. Einfacher Tatverdacht genügt. Abs. 2 erweitert die Ausschreibung des Beschuldigten hinsichtlich der genannten – sachbezogenen – Maßnahmen. Wie stets ist der **Verhältnismäßigkeitsgrundsatz**[1] zu achten. Die Ausschreibung eines Zeugen zur Aufenthaltsermittlung ist ein erheblicher Grundrechtseingriff in das allgemeine Persönlichkeitsrecht. Oftmals wird die Nachfrage bei der Meldebehörde genügen. Die Polizei kann auch in der Nachbarschaft nach der Person fragen. Gesetzliche Grundlage dafür ist § 161 Abs. 1. Abs. 1 gilt auch im Ordnungswidrigkeitsverfahren.[2]

2 Wie die **Öffentlichkeitsfahndung** zur Festnahme des Beschuldigten nach § 131 Abs. 3 verlangt auch die Öffentlichkeitsfahndung zur Aufenthaltsermittlung nach Abs. 3 den dringenden Verdacht von erheblicher Bedeutung[3] und steht unter einer Subsidiaritätsklausel. Diese und die Verhältnismäßigkeit sind natürlich beim **Zeugen** besonders zu berücksichtigen. Dessen Persönlichkeitsschutz dient auch die Regelung zum **Inhalt nach Abs. 4**.[4] Der unbeteiligte Zeuge wird mit einer Straftat in Verbindung gebracht, was durchaus rufschädigend wirken kann, zumal Verwechslungen nie auszuschließen sind. Ob die allgemeine staatsbürgerliche Zeugenpflicht diesen erheblichen Eingriff in das allgemeine Persönlichkeitsrecht durch eine Öffentlichkeitsfahndung – in den Medien, auch im Internet – rechtfertigen kann, ist bei allen zu beachtenden Risiken äußerst zweifelhaft.[5] Zur Öffentlichkeitsfahndung siehe die obigen Anmerkungen.[6]

3 Die Öffentlichkeitsfahndung nach einem Zeugen unterliegt zu Recht engen Grenzen (Abs. 3 und 4). Das kann die Wahrheitsfindung und auch die Beschuldigteninteressen beeinträchtigen. Die §§ 131 ff. richten sich an die Strafverfolgungsorgane. Der **Strafverteidiger** kann sich ohne diese Beschränkungen an Medien und Journalisten wenden, um Entlastungszeugen zu finden.[7] Die Pflicht zur Verschwiegenheit nach § 203 Abs. 1 Nr. 3 StGB fordert im Regelfall die vorherige Zustimmung des Mandanten bei der Einschaltung der Medien. Darauf ist zu achten. Aus dem Grundsatz der Waffengleichheit und dem Prinzip des fairen Verfahrens insgesamt ergibt sich für den Strafverteidiger das Recht, in allen Verfahrensabschnitten **eigene Ermittlungen**[8] zu führen, wenn ihm auch kein Ermittlungsapparat und keine Zwangsbefugnisse zustehen.

4 Zur **Kompetenz**: § 131 c Abs. 1 Satz 2 bestimmt die Regelzuständigkeit der Staatsanwaltschaft für Ausschreibungen nach § 131 a Abs. 1 und 2.[9] Bei Gefahr im Verzug sind auch ihre Ermittlungspersonen (§ 152 GVG) zuständig. Da die Öffentlichkeitsfahndung sehr grundrechtsintensiv ist, unterliegt diese dagegen einem vorrangigen Richtervorbehalt (§ 131 c Abs. 1 Satz 1). Staatsanwaltschaft und ihre Ermittlungspersonen nach § 152 GVG sind auch hier nur bei Gefahr im Verzug zuständig.

5 Für die **Rechtsbehelfe** gegen richterliche und nichtrichterliche Anordnungen nach § 131 a gelten die Grundsätze wie bei § 131. So ist für die gerichtliche Überprüfung einer von der Staatsanwaltschaft nach § 131 Abs. 1 angeordneten Ausschreibung des Beschuldigten zur Aufenthaltsermittlung nach § 98 Abs. 2 Satz 2 analog der Ermittlungsrichter beim AG als der sachnächste Richter zuständig – und eben nicht das OLG nach den §§ 23 ff. EGGVG.[10]

6 Gemäß Abs. 5 dürfen Ausschreibungen nach Abs. 1 und 2 in allen **Fahndungshilfsmittel** der Strafverfolgungsbehörden vorgenommen werden.[11] Nr. 40 RiStBV nennt eine Vielzahl von Regis-

---

[1] Siehe *Joecks* Rn. 2; KK-StPO/*Schultheis* Rn. 2; *Meyer-Goßner* Rn. 1.
[2] Siehe *Soiné* JR 2002, 137, 139; *Meyer-Goßner* Rn. 1.
[3] S. u. § 163 e Rn. 3.
[4] Dazu *Meyer-Goßner* Rn. 4.
[5] So *Ranft* StV 2002, 38, 42 f.
[6] S. o. § 131 Rn. 6 ff.
[7] Siehe *Löwe/Rosenberg/Hilger* Rn. 7.
[8] Siehe dazu Widmaier/*Neuhaus* MAH Strafverteidigung § 15 Rn. 1 ff.; *Beulke* Rn. 158.
[9] Siehe *Löwe/Rosenberg/Hilger* § 131 c Rn. 2.
[10] So OLG Brandenburg v. 14. 9. 2006 – 2 VAs 3/06, NStZ 2007, 54.
[11] Siehe *Soiné* JR 2002, 137, 140; *Löwe/Rosenberg/Hilger* Rn. 11.

tern wie beispielsweise das Bundeszentralregister, das Bundeskriminalblatt und die Landeskriminalblätter und auch das Schengener Informationssystem (SIS); wichtig ist auch das EDV-Fahndungssystem der Polizei (INPOL).

Eine fehlerhafte Ausschreibung wird eine **Revision** regelmäßig nicht stützen.[12] 7

§ 131b [Veröffentlichung von Abbildungen]

(1) Die Veröffentlichung von Abbildungen eines Beschuldigten, der einer Straftat von erheblicher Bedeutung verdächtig ist, ist auch zulässig, wenn die Aufklärung einer Straftat, insbesondere die Feststellung der Identität eines unbekannten Täters auf andere Weise erheblich weniger Erfolg versprechend oder wesentlich erschwert wäre.

(2) [1]Die Veröffentlichung von Abbildungen eines Zeugen und Hinweise auf das der Veröffentlichung zugrunde liegende Strafverfahren sind auch zulässig, wenn die Aufklärung einer Straftat von erheblicher Bedeutung, insbesondere die Feststellung der Identität des Zeugen, auf andere Weise aussichtslos oder wesentlich erschwert wäre. [2]Die Veröffentlichung muss erkennbar machen, dass die abgebildete Person nicht Beschuldigter ist.

(3) § 131 Abs. 4 Satz 1 erster Halbsatz und Satz 2 gilt entsprechend.

Schrifttum: *Ranft*, Fahndung nach Beschuldigten und Zeugen gemäß dem StVÄG 1999, StV 2002, 38.

Weder zur Festnahme (§ 131) noch zur Aufenthaltsermittlung (§ 131 a), sondern zur **Aufklärungs- und Identitätsfahndung** gestattet § 131 b die Veröffentlichung von Abbildungen von Beschuldigten und Zeugen. Jede Art von Abbildung kommt in Betracht, auch die Veröffentlichung eines **Phantombildes** eines unbekannten Täters.[1] Die Veröffentlichung kann auch in diesem Fall in den allgemeinen Publikationsorganen geschehen.[2] 1

Die Veröffentlichung muss auf die Aufklärung einer **erheblichen Straftat** gerichtet sein.[3] Ein dringender Tatverdacht ist im Gegensatz zu den Öffentlichkeitsfahndungen nach § 131 Abs. 3 und 131 a Abs. 3 bedenklicherweise nicht erforderlich. Die Veröffentlichung einer Abbildung eines Zeugen unterliegt wie in § 131 a Abs. 4 einer engeren **Subsidiaritätsklausel** („aussichtslos oder wesentlich erschwert") als die einer Abbildung des Beschuldigten. Auch der **Zeugenschutz**[4] ist bei der gebotenen Abwägung zu beachten. 2

Die Veröffentlichung einer Abbildung ist eine erhebliche Beeinträchtigung des allgemeinen Persönlichkeitsrechts und steht daher nach § 131 c Abs. 1 unter einem **Richtervorbehalt**. Bei Gefahr im Verzug kann die Anordnung durch die Staatsanwaltschaft oder ihre Ermittlungspersonen (§ 152 GVG) ergehen. Zu Bestätigung und Außerkrafttreten siehe § 131 c Abs. 2. 3

§ 131c [Anordnung und Bestätigung von Fahndungsmaßnahmen]

(1) [1]Fahndungen nach § 131 a Abs. 3 und § 131 b dürfen nur durch den Richter, bei Gefahr im Verzug auch durch die Staatsanwaltschaft und ihre Ermittlungspersonen (§ 152 des Gerichtsverfassungsgesetzes) angeordnet werden. [2]Fahndungen nach § 131 a Abs. 1 und 2 bedürfen der Anordnung durch die Staatsanwaltschaft; bei Gefahr im Verzug dürfen sie auch durch ihre Ermittlungspersonen (§ 152 des Gerichtsverfassungsgesetzes) angeordnet werden.

(2) [1]In Fällen andauernder Veröffentlichung in elektronischen Medien sowie bei wiederholter Veröffentlichung im Fernsehen oder in periodischen Druckwerken tritt die Anordnung der Staatsanwaltschaft und ihrer Ermittlungspersonen (§ 152 des Gerichtsverfassungsgesetzes) nach Absatz 1 Satz 1 außer Kraft, wenn sie nicht binnen einer Woche von dem Richter bestätigt wird. [2]Im Übrigen treten Fahndungsanordnungen der Ermittlungspersonen der Staatsanwaltschaft (§ 152 des Gerichtsverfassungsgesetzes) außer Kraft, wenn sie nicht binnen einer Woche von der Staatsanwaltschaft bestätigt werden.

Schrifttum: *Ranft*, Fahndung nach Beschuldigten und Zeugen gemäß dem StVÄG 1999, StV 2002, 38.

Für die Ausschreibung zur Festnahme nach § 131 sind die Zuständigkeiten dort abschließend geregelt. Für die Fahndungsmaßnahmen nach den §§ 131 a und 131 b gilt § 131 c: Die grundrechtssensible **Öffentlichkeitsfahndung** nach § 131 a Abs. 3 und die **Veröffentlichung** von Abbil- 1

---

[12] So Anw-StPO/*Walther* Rn. 8.
[1] So KK-StPO/*Schultheis* Rn. 3; Löwe/Rosenberg/*Hilger* Rn. 2; Meyer-Goßner Rn. 1; anders – §§ 161, 163 ausreichend – das AG Torgau v. 29. 1. 2003 – 5 Gs 4/03, NStZ-RR 2003, 112.
[2] Siehe *Ranft* StV 2002, 38, 42.
[3] S. u. § 163 e Rn. 3.
[4] So Löwe/Rosenberg/*Hilger* Rn. 8.

dungen nach § 131 b stehen vorrangig dem **Richter** zu. Die Regelung in § 131 Abs. 3, die für die Öffentlichkeitsfahndung zur Festnahme des Beschuldigten Ermittlungsrichter und Staatsanwaltschaft gleichberechtigt zur Anordnung befugt, steht dazu in einem Widerspruch. In Eilfällen sind auch die Staatsanwaltschaft und ihre – polizeilichen – Ermittlungspersonen (§ 152 GVG) anordnungsbefugt. Rechtsstaatlich bedenklich ist die Kompetenz sonstiger Ermittlungspersonen, die die erheblichen Rechtsfragen der Vorschriften zu prüfen haben, obgleich es ihnen unter Umständen am erforderlichen Maß an Neutralität im Interesse des Grundrechtsschutzes des Betroffenen fehlt.[1]

2   Die – einfache – Ausschreibung nach § 131a Abs. 1 und 2 steht grundsätzlich auf Grund der Verfahrensherrschaft im Ermittlungsverfahren der Staatsanwaltschaft zu. Warum hier im Vergleich zu § 131 kein Richtervorbehalt besteht – insbesondere im Fall des Zeugen -, ist ein gesetzgeberisches Geheimnis, da die grundrechtliche Belastungsintensität durch eine Fahndungsmaßnahme nicht gering ist.[2]

3   Satz 2 des Abs. 2 ist die Regel, Satz 1 bildet die Ausnahme: In allen Fällen, in denen eine – polizeiliche – Ermittlungsperson der Staatsanwaltschaft (§ 152 GVG) eine Fahndungsmaßnahme nach den §§ 131a oder 131b getroffen hat, bedarf es der staatsanwaltlichen **Bestätigung** binnen einer Woche. Die Staatsanwaltschaft hat die Verfahrensherrschaft im Ermittlungsverfahren und die Polizei ist ihr Ermittlungsorgan (§ 161). Satz 1 erfasst eine Form der qualifizierten Öffentlichkeitsfahndung (§ 131a Abs. 3) bzw. der Veröffentlichung einer Abbildung nach § 131b. Besonders Fahndungsmaßnahmen im **Internet**[3] sind erfasst. Es bedarf der richterlichen Bestätigung. Bei Überschreitung der Frist und natürlich auch bei Ablehnung der Bestätigung tritt die Anordnung außer Kraft.

§ 132 [Sicherheitsleistung und Zustellungsbevollmächtigung]

(1) [1] Hat der Beschuldigte, der einer Straftat dringend verdächtig ist, im Geltungsbereich dieses Gesetzes keinen festen Wohnsitz oder Aufenthalt, liegen aber die Voraussetzungen eines Haftbefehls nicht vor, so kann, um die Durchführung des Strafverfahrens sicherzustellen, angeordnet werden, daß der Beschuldigte

1. eine angemessene Sicherheit für die zu erwartende Geldstrafe und die Kosten des Verfahrens leistet und
2. eine im Bezirk des zuständigen Gerichts wohnende Person zum Empfang von Zustellungen bevollmächtigt.

[2] § 116a Abs. 1 gilt entsprechend.

(2) Die Anordnung dürfen nur der Richter, bei Gefahr im Verzuge auch die Staatsanwaltschaft und ihre Ermittlungspersonen (§ 152 des Gerichtsverfassungsgesetzes) treffen.

(3) [1] Befolgt der Beschuldigte die Anordnung nicht, so können Beförderungsmittel und andere Sachen, die der Beschuldigte mit sich führt und die ihm gehören, beschlagnahmt werden. [2] Die §§ 94 und 98 gelten entsprechend.

1   Die Vorschrift dient der **Sicherstellung der Strafverfolgung und Strafvollstreckung** von Personen, die keinen festen Wohnsitz oder Aufenthalt in Deutschland haben. Sie ergänzt § 127a. Schwerpunkt sind **Verkehrsstrafsachen**. Vor allem betrifft es Verfahren gegen durchreisende Kraftfahrer, solange sie sich noch im Inland befinden.[1*] Die Vorschrift ist nicht anwendbar auf Personen, die einen unbekannten Aufenthalt in Deutschland haben – eine wohnsitzlose durch das Staatsgebiet vagabundierende Person hat ihren Aufenthalt in der Bundesrepublik.[2*]

2   Liegen die in der Norm genau genannten Voraussetzungen[3*] vor, können die nach Abs. 2 zuständigen Strafverfolgungsbehörden eine zweifache[4] Anordnung treffen: angemessene **Sicherheitsleistung** (Nr. 1) und **Bestellung eines Zustellungsbevollmächtigten** (Nr. 2). Die Anwendung der Vorschrift hängt auch davon ab, dass eine Geldstrafe und keine freiheitsentziehende Sanktion zu erwarten ist.[5] Folgt der Beschuldigte diesen Anordnungen, kann er das Land verlassen. Das Strafverfahren wird etwa im Wege des Strafbefehlsverfahrens fortgesetzt. Folgt er den Anordnungen nicht, kommt eine Beschlagnahme nach Abs. 3 in Betracht.[6] Die Beschlagnahmungsobjekte müs-

---

[1] Siehe *Ranft* StV 2002, 38, 42 f.
[2] Vgl. SK-StPO/*Paeffgen* Rn. 4.
[3] So KK-StPO/*Schultheis* Rn. 3; Löwe/Rosenberg/*Hilger* Rn. 5.
[1*] So *Joecks* Rn. 1; Löwe/Rosenberg/*Hilger* Rn. 1; *Meyer-Goßner* Rn. 1.
[2*] Siehe LG Magdeburg v. 30. 1. 2007 – 26 Qs 14/07, NStZ 2007, 544; Löwe/Rosenberg/*Hilger* Rn. 1.
[3*] Bei Löwe/Rosenberg/*Hilger* Rn. 2 ff.; *Meyer-Goßner* Rn. 2 ff.
[4] So *Meyer-Goßner* Rn. 7.
[5] So Anw-StPO/*Walther* Rn. 3; KK-StPO/*Schultheis* Rn. 4.
[6] Einschränkend auf die Sicherheitsleistung Anw-StPO/*Walther* Rn. 13.

sen im **Alleineigentum** des Beschuldigten stehen. Das schmälert die Norm bei Mietwagen oder bei angestellten LKW-Fahrern, wenn es um die Ladung geht. Der Wert der beschlagnahmten Sache darf aus Gründen der Verhältnismäßigkeit die zu erwartende Geldstrafe und die Verfahrenskosten nicht erheblich übersteigen. Die Beschlagnahme endet beispielsweise durch nachträgliche Sicherheitsleistung, bei Zahlung der Geldstrafe oder mit Freispruch des Beschuldigten.[7]

---

[7] Siehe *Joecks* Rn. 8; *Meyer-Goßner* Rn. 17.

9b. Abschnitt. Vorläufiges Berufsverbot

§ 132a [Vorläufiges Berufsverbot]

(1) ¹Sind dringende Gründe für die Annahme vorhanden, daß ein Berufsverbot angeordnet werden wird (§ 70 des Strafgesetzbuches), so kann der Richter dem Beschuldigten durch Beschluß die Ausübung des Berufs, Berufszweiges, Gewerbes oder Gewerbezweiges vorläufig verbieten. ²§ 70 Abs. 3 des Strafgesetzbuches gilt entsprechend.

(2) Das vorläufige Berufsverbot ist aufzuheben, wenn sein Grund weggefallen ist oder wenn das Gericht im Urteil das Berufsverbot nicht anordnet.

1   Die Vorschrift erlaubt im **Vorgriff**[1] auf ein im Straf- oder Sicherungsverfahren nach den §§ 70 oder 71 StGB anzuordnendes Berufsverbot – eine Maßregel der Besserung und Sicherung – die vorläufige Anordnung eines solchen. Entsprechende Regelungen finden sich in den § 111a und § 126a für die Maßregeln der Entziehung der Fahrerlaubnis und für die freiheitsentziehenden Maßregeln nach den §§ 63 und 64 StGB. Ein vorläufiges Berufsverbot unterliegt wegen des grundrechtlichen Eingriffs in Art. 12 GG der strikten Beachtung des rechtsstaatlichen Verhältnismäßigkeitsgrundsatzes. Der Beschleunigungsgrundsatz ist zu achten.[2]

2   Voraussetzung der Maßnahme sind dringende Gründe für die Annahme, dass im Urteil ein Berufsverbot nach § 70 angeordnet wird. Erforderlich ist daher ein dringender Tatverdacht für eine einschlägige **Straftat nach § 70 StGB**. Zudem ist erforderlich die hohe Wahrscheinlichkeit, dass das Gericht im Hauptverfahren die Maßregel des Berufsverbots anordnen wird, da die **Gesamtwürdigung** des Täters und der Tat die Gefahr der Begehung weiterer einschlägiger Straftaten nach § 70 StGB begründet.[3] Das verlangt vom anordnenden Richter eine exakte Vorprüfung des § 70 StGB: Wichtig ist für den notwendigen Missbrauch des Berufs, dh. für die bewusste und planmäßige Ausnutzung des Berufs zur Begehung von Straftaten, bzw. für die Pflichtverletzung der **innere Zusammenhang** mit der beruflichen oder gewerblichen Tätigkeit, wodurch sich die Unzuverlässigkeit des Beschuldigten zeigt. Die bloße äußerliche Möglichkeit zur Begehung von Straftaten anlässlich der Berufs- oder Gewerbeausübung ist nicht ausreichend.[4] Die – begangene und die drohenden – strafbaren Handlungen müssen demnach Ausfluss der Berufstätigkeit selbst sein oder zumindest ein mit der regelmäßigen Gestaltung der Berufsausübung in Beziehung gesetztes Verhalten betreffen. Der Beruf oder das Gewerbe müssen mehr als die bloße Gelegenheit zur Begehung von Straftaten bieten. Die Verletzung steuerlicher Pflichten wird im Allgemeinen als nicht ausreichend angesehen.[5] Auch der Missbrauch von Titeln nach § 132a StGB durch einen Rechtsanwalt wird als nicht genügend für ein anwaltliches Berufsverbot nach § 70 StGB und daher auch nicht als ausreichend für eine Maßnahme nach § 132a angesehen, da ein Doktortitel zur Ausübung des Berufs des Rechtsanwalts nicht erforderlich ist.[6] Nichtsdestotrotz können auch Rechtsanwälte von der Maßnahme betroffen sein. Einzelheiten siehe bei den einschlägigen Kommentierungen zu § 70 StGB.

3   Der **Kann-Bestimmung** sind aus Gründen der Verhältnismäßigkeit und der Unschuldsvermutung Grenzen gesetzt. Es bedarf der Feststellung, dass die sofortige Unterbindung der beruflichen Tätigkeit zur **Abwehr konkreter Gefahren** für wichtige Gemeinschaftsgüter bereits vor Rechtskraft des Urteils (§ 70 Abs. 4 StGB) erforderlich ist.[7] Das verlangt deren Charakter[8] als präventivpolizeiliche Maßnahme. **Berufsrechtliche** oder ehrengerichtliche Maßnahmen gegen den Beschuldigten aus demselben Anlass hindern Maßnahmen nach den § 132a und § 70 StGB nach überwiegender Ansicht grundsätzlich nicht.[9]

4   Es gilt ein **Richtervorbehalt**.[10] Im Ermittlungsverfahren ist der Ermittlungsrichter (§ 162) zuständig, in Staatsschutzsachen ist § 169 zu beachten. Nach der Anklageerhebung ist das Gericht

---

[1] Löwe/Rosenberg/*Gless* Rn. 2; *Meyer-Goßner* Rn. 1.
[2] Siehe OLG Bremen v. 31. 7. 1996 – Ws 77 – 78/96, StV 1997, 9; *Joecks* Rn. 1; Anw-StPO/*Walther* Rn. 1.
[3] So OLG Frankfurt a. M. v. 25. 10. 2002 – 3 Ws 593/02, NStZ-RR 2003, 113; *Joecks* Rn. 2; *Meyer-Goßner* Rn. 2.
[4] Siehe OLG Frankfurt a. M. v. 25. 10. 2002 – 3 Ws 593/02, NStZ-RR 2003, 113.
[5] Siehe HK-GS/*Pflieger* § 70 StGB Rn. 5; *Joecks* Rn. 4; LK-StGB/*Hanack* § 70 Rn. 31.
[6] Nach OLG Frankfurt a. M. v. 25. 10. 2002 – 3 Ws 593/02, NStZ-RR 2003, 113.
[7] So OLG Bremen v. 31. 7. 1996 – Ws 77 – 78/96, StV 1997, 9; KK-StPO/*Schultheis* Rn. 4; Löwe/Rosenberg/*Gless* Rn. 6; Roxin/*Schünemann* § 38 Rn. 9; verneinend: BGH v. 2. 8. 1978 – 1 BJs 105/77 – StB 171/78, BGHSt 28, 84, 86; *Meyer-Goßner* Rn. 3.
[8] So OLG Bremen v. 31. 7. 1996 – Ws 77 – 78/96, StV 1997, 9; HK-GS/*Laue* Rn. 1; Löwe/Rosenberg/*Gless* Rn. 2.
[9] Siehe BGH v. 2. 8. 1978 – 1 BJs 105/77 – StB 171/78, BGHSt 28, 84, 85; LK-StGB/*Hanack* § 70 Rn. 48, 86 f.; *Meyer-Goßner* Rn. 4; anders Löwe/Rosenberg/*Gless* Rn. 10.
[10] Siehe *Meyer-Goßner* Rn. 6.

9b. Abschnitt. Vorläufiges Berufsverbot 5, 6 § 132a

zuständig, bei dem die Sache anhängig ist. Die Anordnung ergeht durch **Beschluss**, der inhaltlich die verbotene Tätigkeit genau bestimmen muss. Nicht genügende, pauschale Verbote sind unwirksam.[11] Das ist wegen des Bestimmtheitsgrundsatzes nach Art. 103 Abs. 2 GG bedeutsam für die Strafbarkeit nach § 145 c StGB.

Die **Aufhebung** der Maßnahme des vorläufigen Berufsverbots nach Abs. 2[12] ist während des 5 gesamten Verfahrens **von Amts wegen** zu prüfen. Der Beschuldigte hat einen **Entschädigungsanspruch** gegen die Staatskasse, wenn im späteren Urteil die entsprechende Maßregel nicht oder nur für einen kürzeren Zeitraum angeordnet wird (§ 2 Abs. 2 Nr. 6 und § 4 Abs. 1 Nr. 2 StrEG). Nach rechtskräftiger Feststellung der Entschädigungspflicht der Staatskasse nach den §§ 8 oder 9 StrEG ist der Anspruch auf Entschädigung innerhalb von sechs Monaten bei der Staatsanwaltschaft geltend zu machen (§ 10 StrEG). Das Betragsverfahren gehört nicht mehr zum Strafverfahren.[13] Die gerichtliche Entscheidung über Entschädigungsanspruch dem Grunde nach ist bindend.

Als **Rechtsmittel** gegen den Beschluss steht dem Beschuldigten die Beschwerde nach § 304 zu – 6 keine aufschiebende Wirkung (§ 307).

---

[11] So *Joecks* Rn. 9; *Meyer-Goßner* Rn. 9.
[12] Dazu Löwe/Rosenberg/*Gless* Rn. 18 ff.
[13] Siehe *Meyer-Goßner* § 10 StrEG Rn. 1.

Zehnter Abschnitt. Vernehmung des Beschuldigten

§ 133 [Ladung]
(1) Der Beschuldigte ist zur Vernehmung schriftlich zu laden.
(2) Die Ladung kann unter der Androhung geschehen, daß im Falle des Ausbleibens seine Vorführung erfolgen werde.

1 Die Normen des 10. Abschnitts regeln die **richterliche Vernehmung** des Beschuldigten.[1] § 133 gilt für die richterlichen Vernehmungen des Beschuldigten vor Eröffnung des Hauptverfahrens. Sie gilt auch für Vernehmungen nach § 202. Für die Ladung zur Hauptverhandlung gilt § 216. Über § 163a Abs. 3 Satz 2 finden die §§ 133 bis 136a auch bei der **staatsanwaltlichen Vernehmung** im Ermittlungsverfahren entsprechende Anwendung. Bei der **polizeilichen Beschuldigtenvernehmung** gelten nach § 163a Abs. 4 Satz 2 allein die – eingeschränkt – §§ 136 und 136a entsprechend. Die Polizei kann eine Ladung zur Beschuldigtenvernehmung – nicht zwangsweise durchsetzen – Grund: § 163a Abs. 4 Satz 1. Ein Vorführungsrecht der Polizei besteht nur unter den bereichsspezifischen Normvoraussetzungen der §§ 127, 163b, 163c.

2 Nach Nr. 44 Abs. 1 RiStBV muss die Ladung zum Ausdruck bringen, dass der Geladene als Beschuldigter vernommen werden soll. Der Gegenstand der Beschuldigung sollte auch wegen Art. 103 GG grundsätzlich genannt werden.[2]

3 Nur bei schriftlicher – auch telegrafisch oder per Telefax,[3] dann aber wohl auch per e-mail-Ladung ist eine Vorführung möglich. Sie ist bei einer auch möglichen mündlichen Ladung ausgeschlossen.[4] Der Beschuldigte ist bei richterlichen Ladungen zum Erscheinen verpflichtet. Diese **Erscheinenspflicht** gilt auch für staatsanwaltliche, nicht aber bei polizeilichen Ladungen – § 163a Abs. 3 Satz 1 und im Gegenschluss § 163a Abs. 4 Satz 1. Die Staatsanwaltschaft hat die Verfahrensherrschaft im Ermittlungsverfahren. Auf diese unterschiedliche Pflichtenstellung ist der Beschuldigte als Mandant hinzuweisen, da sie in der allgemeinen Vorstellung der Bevölkerung nicht selbstverständlich ist. Dem Mandanten muss durch seinen **Verteidiger** eindringlich verdeutlicht werden, dass er ihn von jeder Ladung sofort unterrichtet. Die Erscheinenspflicht bedarf einer schriftlichen Ladung. Anders **ausnahmsweise** bei der mündlichen Ladung eines Anwesenden für einen Fortsetzungstermin, etwa bei einer Vernehmungsunterbrechung (§ 35).[5] Der Beschuldigte muss aber auch erscheinen, wenn er von seinem Recht nach § 136 Gebrauch machen will.[6]

4 Der **Verteidiger** muss seinen Mandanten darauf hinweisen, dass er möglicherweise informell von Ermittlungspersonen in seiner Wohnung oder auch am Arbeitsplatz aufgesucht oder kontaktiert wird. Ihm muss zwingend verdeutlicht werden, dass er ohne vorherige Absprache mit seinem Verteidiger **keine Angaben** gegenüber den Strafverfolgungsorganen macht oder auch nur machen muss, unabhängig davon, ob das im Rahmen einer förmlichen Vernehmung oder einer sonstigen informellen Kontaktaufnahme geschieht.[7] Diese wichtige Unterrichtung ist auch präventiv geboten, wenn möglicherweise eine Durchsuchung droht. Das Gleiche muss für die Kontaktierung durch Sachverständige oder andere Ermittlungsgehilfen wie auch Institutionen des Täter-Opfer-Ausgleichs gelten.

5 Richterliche und staatsanwaltliche Ladungen zur Beschuldigtenvernehmung können unter der Androhung der **Vorführung** geschehen. Eine Vorführung nach – schriftlicher – Ladung mit Vorführungsandrohung verlangt neben dem Zugang der Ladung ein unentschuldigtes Ausbleiben des Beschuldigten.[8] Im Falle der staatsanwaltlichen Ladung nach § 163a Abs. 3 Satz 2 erlässt die Staatsanwaltschaft den Vorführungsbefehl.[9] Dessen Vollstreckung obliegt stets der Polizei.[10]

---

[1] S. u. § 136 Rn. 4.
[2] Siehe Nr. 44 Abs. 1 RiStBV; auch SK-StPO/*Rogall* Rn. 4; zurückhaltend *Meyer-Goßner* Rn. 4; Löwe/Rosenberg/-*Hanack*, 25. Aufl., Rn. 3.
[3] So HK-GS/*Jäger* Rn. 6; *Meyer-Goßner* Rn. 3.
[4] Siehe *Joecks* Rn. 2; SK-StPO/*Rogall* Rn. 13.
[5] Siehe Löwe/Rosenberg/*Gless* Rn. 7; SK-StPO/*Rogall* Rn. 8; SK-StPO/*Wohlers* § 163a Rn. 30.
[6] So BGH v. 4. 1. 1993 – 3 StB 27/92, BGHSt 39, 96 = NJW 1993, 868; *Joecks* Rn. 2; *Meyer-Goßner* Rn. 5; SK-StPO/*Rogall* Rn. 9.
[7] Siehe Widmaier/*Schlothauer* MAH Strafverteidigung § 3 Rn. 9 ff.; auch Widmaier/*Deckers* MAH Strafverteidigung § 44 Rn. 60.
[8] Siehe Anw-StPO/*Walther* Rn. 10; SK-StPO/*Rogall* § 134 Rn. 9.
[9] Löwe/Rosenberg/*Rieß*, 25. Aufl., § 163a Rn. 58.
[10] So SK-StPO/*Wohlers* § 163a Rn. 31.

Die richterliche Ladung unterliegt unabhängig von der im Ermessen liegenden Vorführungsandrohung der **Beschwerde** nach § 304.[11] Die Erscheinenspflicht ist entgegen der einschränkenden Ansicht bereits die erforderliche Beschwer. Zur staatsanwaltlichen Ladung siehe § 163a.

Ein Verstoß gegen § 133 begründet weder ein Beweisverwertungsverbot noch eine **Revision**.[12]

§ 134 [Vorführung]

(1) **Die sofortige Vorführung des Beschuldigten kann verfügt werden, wenn Gründe vorliegen, die den Erlaß eines Haftbefehls rechtfertigen würden.**

(2) **In dem Vorführungsbefehl ist der Beschuldigte genau zu bezeichnen und die ihm zur Last gelegte Straftat sowie der Grund der Vorführung anzugeben.**

Schrifttum: *Enzian*, Das richterliche und das staatsanwaltliche Vorführungsrecht, JR 1975, 2.

Ohne vorherige Ladung ist die **sofortige Vorführung** unter den Voraussetzungen des Abs. 1 zulässig – geringe praktische Bedeutung.[1] Das Gesetz verweist auf die §§ 112 bis 113. Aber auch die Voraussetzungen eines Unterbringungsbefehls nach § 126a sind genügend. Ein gleichzeitiger Erlass eines Haftbefehls ist nicht erforderlich. Die sofortige Vorführung ist daher ein Mittelweg zwischen dem Erlass eines Haftbefehls und einer – einfachen – Ladung nach § 133. Die sofortige Vorführung darf allein der Richter (§§ 125, 126, 162, 169) anordnen.[2] Mit der Vollstreckung – § 36 Abs. 2 – wird die Staatsanwaltschaft beauftragt, die die Polizei zum Vollzug einsetzt. Durch § 163a Abs. 3 Satz 2 wird auch der Staatsanwaltschaft das Vorführungsrecht zugewiesen.[3] Die Begründungspflicht und der Inhalt des § 134 Abs. 2 haben für beide Arten der Vorführung – § 133 Abs. 2 und § 134 – Bedeutung.[4] Eine vorherige Anhörung unterbleibt (§ 33 Abs. 4).[5]

§ 134 ermächtigt normimmanent die Polizei zur Anwendung von **Zwangsmitteln** zur Durchsetzung der sofortigen Vorführung.[6] Das ist erst nach Eröffnung des Vorführungsbefehls und dessen Nichtbefolgung zulässig.[7] Die Polizei darf eine Wohnungstür aufbrechen, die Wohnung (Art. 13 GG) des Beschuldigten betreten, den Beschuldigten festnehmen. Der Vorführungsbefehl ermächtigt nicht zum Betreten der Wohnung eines Dritten.[8] Den Dritten trifft keine Duldungspflicht.

Mit Abschluss der Vernehmung verliert der Vorführungsbefehl seine Wirksamkeit. Eine **Beschwerde** – nicht zulässig, wenn vom OLG erlassen (§ 304 Abs. 4) – hat keine aufschiebende Wirkung (§ 307). Das führt im Regelfall zur prozessualen Überholung. Die grundrechtlich gebotene Ausdehnung des gerichtlichen Rechtsschutzes gegen erledigte Maßnahmen durch das BVerfG[9] muss auch hier umgesetzt werden.

§ 135 [Unverzügliche Vorführung und Vernehmung]

¹Der Beschuldigte ist unverzüglich dem Richter vorzuführen und von diesem zu vernehmen. ²Er darf auf Grund des Vorführungsbefehls nicht länger festgehalten werden als bis zum Ende des Tages, der dem Beginn der Vorführung folgt.

Schrifttum: *Enzian*, Das richterliche und das staatsanwaltliche Vorführungsrecht, JR 1975, 277.

Mit dem **Vorführungsbefehl** wird das persönliche Erscheinen des Beschuldigten zur Vernehmung erzwungen. Sowohl im Falle des § 133 Abs. 2 als auch bei § 134 ist der Beschuldigte unverzüglich dem Richter vorzuführen und von diesem zu vernehmen. Die Regelung gilt entsprechend auch bei Ladung und Vorführung durch die Staatsanwaltschaft (§ 163a Abs. 3 Satz 2).

Die **Freiheitsbeschränkung**[1*] nach Art. 104 Abs. 1 GG ist **zeitlich beschränkt** – der Beschuldigte darf nicht länger als bis zum Ende des Tages festgehalten werden, der dem Beginn der Vorführung folgt. § 135 will durch eine schnelle Sachbehandlung den Umschlag in eine Freiheitsentziehung

---

[11] So zutreffend SK-StPO/*Rogall* Rn. 16; einschränkend, wenn sie eine Vorführungsandrohung enthält: HK-GS/*Jäger* Rn. 15; *Joecks* Rn. 3; Löwe/Rosenberg/*Hanack*, 25. Aufl., Rn. 17; Meyer-Goßner Rn. 9.
[12] So Löwe/Rosenberg/*Hanack*, 25. Aufl., Rn. 18; SK-StPO/*Rogall* Rn. 19.
[1] So Anw-StPO/*Walther* Rn. 1; Löwe/Rosenberg/*Hanack*, 25. Aufl., Rn. 3.
[2] Siehe dazu Löwe/Rosenberg/*Hanack* 25. Aufl., Rn. 5; SK-StPO/*Rogall* Rn. 7.
[3] Dazu *Enzian* JR 1975, 277; KK-StPO/*Griesbaum* § 163a Rn. 18.
[4] So Anw-StPO/*Walther* Rn. 4 ff.; Löwe/Rosenberg/*Hanack*, 25. Aufl., § 133 Rn. 14; SK-StPO/*Rogall* Rn. 1.
[5] Siehe *Enzian* JR 1975, 277, 278; Löwe/Rosenberg/*Hanack*, 25. Aufl., Rn. 2.
[6] Vgl. BGH v. 16. 7. 1980 – 2 StR 127/80, NStZ 1981, 22; HK-GS/*Jäger* Rn. 8; Löwe/Rosenberg/*Hanack*, 25. Aufl., Rn. 8 f.; SK-StPO/*Rogall* Rn. 13.
[7] BGH v. 16. 7. 1980 – 2 StR 127/80, NStZ 1981, 22.
[8] So HK-GS/*Jäger* Rn. 8; Meyer-Goßner Rn. 5; anders KK-StPO/*Diemer* Rn. 8.
[9] Siehe BVerfG v. 30. 4. 1997 – 2 BvR 817/90 u. a., BVerfGE 96, 27 = NJW 1997, 2163; vgl. Anw-StPO/*Walther* Rn. 12.
[1*] So *Enzian* JR 1975, 277, 280; HK-GS/*Jäger* Rn. 2; *Joecks* Rn. 2; Meyer-Goßner Rn. 2; SK-StPO/*Rogall* Rn. 2.

verhindern – es gilt das Beschleunigungsgebot. Der Beginn der Vorführung ist mit Blick auf den Vernehmungstermin abzustimmen. Fristbeginn ist der Zeitpunkt, zu dem der Beschuldigte ergriffen wird, um ihn dem Richter zur Vernehmung vorzuführen. Der Beschuldigte darf bereits am Vorabend –auch zur Nachtzeit-[2] festgenommen werden, wenn nur so verhindert werden kann, dass er sich der Vorführung entzieht.[3] Wurde bis zu dem genannten Zeitpunkt keine Vernehmung durchgeführt oder ist sie noch nicht abgeschlossen, muss der Beschuldigte freigelassen werden.[4] Das gilt auch, wenn der Beschuldigte in der Vernehmung von seinem Recht zur Aussageverweigerung nach § 136 Gebrauch macht.

3   Das Gericht entscheidet über die **Art und Weise des Festhaltens**. Neben der Bewachung und Einschließung im Vernehmungsraum ist auch die Unterbringung in einer Arrestzelle oder in einem Haftraum zulässig.[5]

§ 136 [Erste richterliche Vernehmung]

(1) ¹Bei Beginn der ersten Vernehmung ist dem Beschuldigten zu eröffnen, welche Tat ihm zur Last gelegt wird und welche Strafvorschriften in Betracht kommen. ²Er ist darauf hinzuweisen, daß es ihm nach dem Gesetz freistehe, sich zu der Beschuldigung zu äußern oder nicht zur Sache auszusagen und jederzeit, auch schon vor seiner Vernehmung, einen von ihm zu wählenden Verteidiger zu befragen. ³Er ist ferner darüber zu belehren, daß er zu seiner Entlastung einzelne Beweiserhebungen beantragen kann. ⁴In geeigneten Fällen soll der Beschuldigte auch darauf, dass er sich schriftlich äußern kann, sowie auf die Möglichkeit eines Täter-Opfer-Ausgleichs hingewiesen werden.

(2) Die Vernehmung soll dem Beschuldigten Gelegenheit geben, die gegen ihn vorliegenden Verdachtsgründe zu beseitigen und die zu seinen Gunsten sprechenden Tatsachen geltend zu machen.

(3) Bei der ersten Vernehmung des Beschuldigten ist zugleich auf die Ermittlung seiner persönlichen Verhältnisse Bedacht zu nehmen.

Schrifttum: *Amelung*, Zum Streit über die Lehre von den Beweisverwertungsverboten, FS Roxin, 2001, S. 1259; *Bernsmann*, Verwertungsverbot bei fehlender und mangelhafter Belehrung, StraFo 1998, 73; *Beulke*, Beweiserhebungs- und Beweisverwertungsverbote im Spannungsfeld zwischen den Garantien des Rechtsstaates und der effektiven Bekämpfung von Kriminalität und Terrorismus, Jura 2008, 653; *Beulke*, Muss die Polizei dem Beschuldigten vor der Vernehmung „Erste Hilfe" bei der Verteidigerkonsultation leisten?, NStZ 1996, 257; *Bosch*, Beschuldigtenvernehmung und Verteidigerkonsultation, JA 2006, 408; *Britz*, zu BGH, Urteil v. 10. 8. 1994 – 3 StR 53/94, NStZ 1995, 607; *Brüssow*, Verwertungsverbot in Verkehrsstrafverfahren, StraFo 1998, 294; *Dahs*, Die Ausweitung des Widerspruchserfordernisses, StraFo 1998, 253; *Dencker*, Anmerkung zu BGH v. 10. 8. 1994 – 3 StR53/94, StV 1995, 232; *Dencker*, Über Heimlichkeit, Offenheit und Täuschung bei der Beweisgewinnung im Strafverfahren, StV 1994, 667; *Fezer*, Anmerkung zu BGH v. 9. 11. 2005 – 1 StR 447/05, JZ 2006, 474; *Fezer*, Anmerkung zu BGH v. 20. 12. 1995 – 5 StR 680/94, NStZ 1996, 289; *Geppert*, Anmerkung zu BGH v. 18. 12. 2008 – 4 StR 455/08, JK 2009 StPO § 136/19; *Geppert*, Anmerkung zu BGH v. 20. 12. 2007 – 3 StR 318/07, JK 2008 WÜK Art. 36/2; *Geppert*, Anmerkung zu BGH v. 25. 9. 2007 – 5 StR 116/01 und 5 StR 475/02, JK 2008 WÜK Art. 36/1 a, b; *Geppert*, Zur Belehrung eines Beschuldigten über sein Recht zur Konsultation eines Verteidigers, FS Otto, 2007, 913; *Geppert*, Notwendigkeit und rechtliche Grenzen der „informatorischen Befragung" im Strafverfahren, FS Oehler, 1985, 323; *Geppert*, Anmerkung zu BGH v. 12. 10. 1993 – 1 StR 475/93, JK 1994 StPO § 136 I/10; *Gless/Wennekers*, Anmerkung zu BGH v. 18. 12. 2008 – 4 StR 455/08, JR 2009, 383; *Gless*, Beweisverbote in Fällen mit Auslandsbezug, JR 2008, 317; *Herrmann*, Das Recht des Beschuldigten, vor der polizeilichen Vernehmung einen Verteidiger zu befragen, NStZ 1997, 209; *Kraatz*, Aus der Praxis: Erneute Gewährung rechtlichen Gehörs im Ermittlungsverfahren nach erweitertem Tatvorwurf, JA 2006, 883; *Kreß*, Die verfassungsrechtliche Pflicht der deutschen Strafverfolgungsbehörden zur Berücksichtigung des Wiener Konsularrechtsübereinkommens, GA 2007, 296; *Kutschera*, Verwertungsverbot bei unterbliebenem Hinweis auf einen Strafverteidigernotdienst, StraFo 2001, 262; *Meyer-Mews*, Die Ratio der Widerspruchslösung, StraFo 2009, 141; *Mitsch*, Anmerkung zu BGH v. 3. 7. 2007 – 1 StR 3/07, NStZ 2008, 49; *Neuhaus*, Ungeschriebene Belehrungspflichten im Rahmen des § 136 Abs. 1 S. 2 StPO und die Folgen ihrer Verletzung, StV 2010, 45; *Ransiek*, Belehrung über die Aussagefreiheit und Recht auf Verteidigerkonsultation: Folgerungen für die Beschuldigtenvernehmung, StV 1994, 343; *Ransiek*, Die Rechte des Beschuldigten in der Polizeivernehmung, 1991; *Rieß*, Die Vernehmung des Beschuldigten im Strafprozess, JA 1980, 293; *Roxin*, Zur verdeckten Befragung des Beschuldigten, NStZ-Sonderheft 2009, 41; *Roxin*, Für ein Beweisverwertungsverbot bei unterlassener qualifizierter Belehrung, HRRS 2009, 186; *Roxin*, Zum Hörfallen-Beschluss des Großen Senats für Strafsachen, NStZ 1997, 18; *Roxin*, zu BGH, Urteil v. 29. 10. 1992 – 4 StR 126/92, JZ 1993, 426; *Roxin*, Nemo tenetur: die Rechtsprechung am Scheideweg, NStZ 1995, 465; *Trüg/Habetha*, Beweisverwertung trotz rechtswidriger Beweisgewinnung – insbesondere mit Blick auf die „Liechtensteiner Steueraffäre", NStZ 2008, 481; *Wohlers*, Anmerkung zu BGH v. 8. 11. 2006 – 1 StR 454/06, JR 2007, 126.

---

[2] Ablehnend HK-GS/*Jäger* § 134 Rn. 8.
[3] Siehe *Meyer-Goßner* Rn. 4.
[4] Siehe *Joecks* Rn. 2; Anw-StPO/*Walther* Rn. 5; Löwe/Rosenberg/*Hanack*, 25. Aufl., Rn. 8.
[5] Siehe HK-GS/*Jäger* Rn. 8; *Meyer-Goßner* Rn. 7.

Übersicht

	Rn.
I. Allgemeines	1–9
1. Grundrechtliche Bedeutung der Norm	1
2. Anwendungsbereich	2–9
a) Persönlicher Anwendungsbereich	2, 3
b) Vernehmungsbegriff	4–9
II. Vernehmungsablauf und Belehrungsinhalt	10–21
1. Vernehmungsablauf	10, 11
2. Identitätsfeststellung und Ermittlung der persönlichen Verhältnisse	12, 13
3. Belehrung über die Aussagefreiheit	14, 15
4. Belehrung über die Verteidigerkonsultation	16–21
III. Vernehmung mit Auslandsbezug	22–24
IV. Beweisverwertungsverbote	25–35
1. Fehlerhafte Belehrung über die Aussagefreiheit	25, 26
2. Fehlerhafte Belehrung über die Verteidigerkonsultation	27, 28
3. Ausnahmen vom Verwertungsverbot	29–34
a) Kenntnis	29
b) Widerspruchslösung	30, 31
c) Nachweis des Belehrungsfehlers	32, 33
d) Heilung (qualifizierte Belehrung)	34
4. Fernwirkung	35
V. Rechtsbehelfe/Rechtsmittel	36

I. Allgemeines

1. Grundrechtliche Bedeutung der Norm. § 136 ist eine die Rechtsstellung des Beschuldigten 1 prägende **Schlüsselnorm** im rechtsstaatlichen Strafverfahren.[1] Das Aussageverweigerungsrecht und das Recht auf Verteidigung sind von wesentlicher grundrechtlicher Bedeutung für den Beschuldigten und das rechtsstaatliche Strafverfahren. Die Anerkennung des Schweigerechts folgt aus der Achtung der Menschenwürde des Art. 1 GG.[2] Sie schützt demnach das Persönlichkeitsrecht des Beschuldigten und ist notwendiger Bestandteil eines fairen Verfahrens.[3] Das Recht auf effektive Strafverteidigung gehört zu den wichtigsten Rechten des rechtsstaatlichen Strafverfahrens, wie sich auch in Art. 6 Abs. 3c EMRK zeigt.[4] Die Rolle des Beschuldigten als **Prozesssubjekt** verlangt, dass er diese Rechte frei und effektiv ausüben kann. Das tatsächliche Ausüben eines Rechts erfordert dessen Kenntnis. § 136 enthält daher maßgebliche Belehrungs- und Hinweispflichten für die staatlichen Strafverfolgungsorgane. Diese sichern die **Selbstbelastungsfreiheit** des Beschuldigten, seinen Anspruch auf rechtliches Gehör aus Art. 103 Abs. 1 GG und das Recht auf eine effektive Strafverteidigung. Die Vernehmung des Beschuldigten im Ermittlungsverfahren, deren Inhalt und Ablauf § 136 regelt, hat eine **Doppelfunktion**.[5] Einerseits dient dessen Vernehmung der Gewährung des rechtlichen Gehörs – beachte auch § 163a – und den Zwecken der effektiven Verteidigung.[6] Andererseits wird auch die Sachverhaltsermittlung als Vernehmungszweck angeführt. Da die – freiwillige – Vernehmung des Angeklagten zur Sache und die Beweisaufnahme in der Hauptverhandlung gemäß der §§ 243 und 244 getrennte Vorgänge sind, ist der angenommene **Vorrang des Gehörsaspektes und des Verteidigungsgedankens** im Ermittlungsverfahren zutreffend.[7] Das Verteidigungsinteresse hat daher auch in der kriminalistischen Praxis den zu achtenden Vorrang vor dem Interesse an der Sachverhaltsaufklärung. In diesem Kontext stehen die entsprechenden strafprozessualen Belehrungs- und Informationspflichten. Im us-amerikanischen Recht sind sie unter **miranda-warnings** bekannt.[8]

2. Anwendungsbereich. a) Persönlicher Anwendungsbereich. Die Vorschrift gilt unmittelbar für 2 alle Vernehmungen durch den **Richter** vor und außerhalb der Hauptverhandlung. Für die Vernehmung in der Hauptverhandlung gilt § 243. Bei der Vorführung auf Grund eines Haftbefehls ist § 115 Abs. 3 zu beachten. Richterliche Vernehmungen im Ermittlungsverfahren finden – mit Ausnahme von § 165 – nur statt, wenn die Staatsanwaltschaft eine solche beantragt (§ 162). Hauptgrund dafür ist die gebotene Beweissicherung, da richterliche Vernehmungen in einem weiteren Maß verwertbar sind als nichtrichterliche Vernehmungen, wie sich in den §§ 251 und 254, aber auch in § 252 zeigt.

---

[1] Siehe *Joecks* Rn. 1; *Pfeiffer* Rn. 1; SK-StPO/*Rogall* Rn. 1.
[2] So BGH v. 27. 2. 1992 – 5 StR 190/91, BGHSt 38, 214, 220 = NJW 1992, 1463.
[3] So BGH v. 27. 2. 1992 – 5 StR 190/91, BGHSt 38, 214, 220 = NJW 1992, 1463.
[4] Siehe BGH v. 29. 10. 1992 – 4 StR 126/92, JZ 1993, 425, mAnm *Roxin*.
[5] Siehe *Kraatz* JA 2006, 883; *Rieß* JA 1980, 293, 297; *Roxin* Anm. zu BGH v. 29. 10. 1992 – 4 StR 126/92, JZ 1993, 426, 427; Löwe/Rosenberg/*Hanack*, 25. Aufl., Rn. 35; SK-StPO/*Rogall* Rn. 7; *Kindhäuser* § 6 Rn. 26.
[6] Einziger Zweck nach *Eisenberg* Rn. 510a.
[7] Auch Löwe/Rosenberg/*Hanack*, 25. Aufl., Rn. 35; *Rieß* JA 1980, 293, 297; SK-StPO/*Rogall* Rn. 7; SK-StPO/*Wohlers* § 163a Rn. 3f.
[8] Siehe dazu *Ransiek*, Die Rechte des Beschuldigten in der Polizeivernehmung, S. 29ff.

3   Auf Grund seines rechtsstaatlichen Charakters gelten die Pflichten des § 136 auch bei **staatsanwaltlichen** (§ 163a Abs. 3 Satz 2) und **polizeilichen** (§ 163a Abs. 4) Vernehmungen. Die Praxis lehnt eine Beachtung des § 136 durch den Sachverständigen ab.[9] Deren Befragung gilt nicht als Vernehmung. Der **Sachverständige** aber ist – wie auch die Gerichtshilfe (§ 160 Abs. 3 Satz 2, § 38 JGG), für die § 136 Abs. 1 Satz 2 bis 4 entsprechend gilt –[10] ein Hilfsorgan der Strafverfolgungsorgane und ein Bezug zum Tatgeschehen ist bei deren Befragung oft unumgänglich. Vorzugswürdig ist aus dem Gebot fairer Verfahrensführung eine Belehrungspflicht durch das die Begutachtung anordnende Strafverfolgungsorgan.[11] Rechtspraktisch und auch rechtspolitisch heikel ist die Frage, ob Verdeckte Ermittler und andere Vertrauenspersonen bei ihrer Tätigkeit an die Norm gebunden sind. § 136 gilt auch im **Bußgeldverfahren** (§ 46 OWiG). § 55 Abs. 2 OWiG schränkt die Belehrungspflicht ein: keine Belehrung über eine Verteidigerkonsultation und keine über ein Beweisantragsrecht.

4   b) **Vernehmungsbegriff.** Persönliche Normadressaten sind die Strafverfolgungsorgane und ihre Ermittlungsgehilfen. Sachlich gilt § 136 in der **Beschuldigtenvernehmung.** Klar muss im Zeitpunkt der Vernehmung die Verfahrensrolle des Vernommenen sein – Beschuldigter oder Zeuge. § 136 und §§ 52 ff. schließen sich aus. Der § 136 zugrunde liegende **Beschuldigtenbegriff** setzt nach dem BGH[12] subjektiv den Verfolgungswillen der Strafverfolgungsbehörde voraus, der sich objektiv in einem Willensakt manifestiert. Werde demnach gegen eine Person ein förmliches Ermittlungsverfahren eingeleitet, liege darin ein solcher Willensakt. Andernfalls beurteile sich dessen Vorliegen danach, wie sich das Verhalten des ermittelnden Beamten nach außen, insbesondere in der Wahrnehmung des davon Betroffenen darstelle. Bei einer Vernehmung kann sich nach Ansicht des BGH der erforderliche Verfolgungswille aus dem Ziel, der Gestaltung und den Begleitumständen der Befragung ergeben. Unabhängig von der Bestimmung des Beschuldigtenbegriffs kann der Grad des Tatverdachts so stark sein, dass eine Zeugenvernehmung eine willkürliche **Umgehung** der Beschuldigtenrechte wäre.[13] Die Rechtspraxis und überwiegend auch das Schrifttum vertreten einen **formellen Vernehmungsbegriff.** Als Vernehmung gilt eine – offene – Befragung, die von einem Staatsorgan in amtlicher Funktion mit dem Ziel der Gewinnung einer Aussage durchgeführt wird.[14] Tritt die Verhörsperson nicht offen in ihrer amtlichen Eigenschaft auf – so bei heimlichen Befragungen durch verdeckt arbeitende Ermittlungspersonen oder bei der sog. Hörfalle –, liegt keine Vernehmung vor. Ein sog. **materieller** Vernehmungsbegriff definiert dagegen jede Aussage, die durch ein Strafverfolgungsorgan auf gezielte Weise direkt oder indirekt herbeigeführt wird, als eine Vernehmung.[15] Damit wäre auch das heimliche Herumfragen durch verdeckt tätige Ermittlungspersonen unmittelbar den Pflichten des § 136 unterworfen. Eine **Umgehung** soll durch dieses weite Verständnis untersagt werden, während die Rechtsprechung über eine der Wertung entsprechende Anwendung der §§ 136 und 136a in **vernehmungsähnlichen Situationen** zu einem Schutz des Beschuldigten gelangt. Die Rechtspraxis will eine unmittelbare Einschränkung heimlich ermittelnder Personen gerade aus kriminalpolitischen Gründen vermeiden!

5   Die Bindung an § 136 darf nicht unterlaufen werden. Das Aussageverweigerungsrecht des Beschuldigten prägt das faire Strafverfahren. Bei **Spontanäußerungen**[16] und **informatorischen Befragungen** steht noch kein konkreter Beschuldigter fest. Eine informatorische Befragung im **Vorfeld** eines Anfangsverdachts will herausfinden, ob überhaupt ein genügender Anfangsverdacht für eine Straftat vorhanden ist und ob eine bestimmte Person als Beschuldigter oder als Zeuge in Betracht kommt. Wird diese Grenze eingehalten, kann eine Belehrungspflicht nicht gelten.[17] Die Grenze von bloßen Orientierungsfragen darf jedoch nicht überschritten werden. Mit der Konkretisierung eines Anfangsverdachts stellt sich die amtliche Vernehmung als Beschuldigten begründende Maßnahme dar, die jetzt eine Belehrung verlangt.[18] In der Praxis kann das sehr schnell

---

[9] BGH v. 20. 7. 1995 – 1 StR 338/95, StV 1995, 565; ablehnend im Grundsatz: Anw-StPO/*Walther* Rn. 3; *Joecks* Rn. 2; KK-StPO/*Diemer* Rn. 3; *Pfeiffer* Rn. 1.
[10] So KK-StPO/*Griesbaum* § 160 Rn 34; Löwe/Rosenberg/*Hanack*, 25. Aufl., Rn. 2; SK-StPO/*Rogall* Rn. 18.
[11] So Löwe/Rosenberg/*Gless* Rn. 3; Löwe/Rosenberg/*Hanack*, 25. Aufl., Rn. 3; auch *Rieß* JA 1980, 293, 296; SK-StPO/*Rogall* Rn. 15 ff.
[12] Nach BGH v. 3. 7. 2007 – 1 StR 03/07, NStZ 2007, 653, mAnm *Mitsch* NStZ 2008, 49; BGH v. 18. 7. 2007 – 1 StR 280/07, NStZ 2008, 48.
[13] Siehe BGH v. 9. 6. 2009 – 4 StR 170/09, NStZ 2009, 702; BGH v. 18. 7. 2007 – 1 StR 280/07, NStZ 2008, 48; BGH v. 3. 7. 2007 – 1 StR 03/07, NStZ 2007, 653.
[14] So BGH v. 18. 5. 2010 – 5 StR 51/10, BeckRS 2010, 13972, Rn. 16; BGH v. 26. 7. 2007 – 3 StR 104/07, NJW 2007, 3138, 3139 = JR 2008, 160, 161; BGH v. 13. 5. 1996 – GSSt 1/96, BGHSt 42, 139, 145 = NJW 1996, 2940; BGH v. 20. 12. 1995 – 5 StR 680/94, NStZ 1996, 200; BGH v. 21. 7. 1994 – 1 StR 83/94, BGHSt 40, 211, 213; *Roxin* NStZ 1995, 465; *Pfeiffer* Rn. 1; SK-StPO/*Rogall* Rn. 6; *Beulke* Rn. 115.
[15] Etwa Dencker StV 1994, 667, 674 f.; *Ransiek*, Die Rechte des Beschuldigten in der Polizeivernehmung, S. 61 f.; Löwe/Rosenberg/*Gless* Rn. 12; Löwe/Rosenberg/*Hanack*, 25. Aufl., Rn. 9, § 136a Rn. 13.
[16] Dazu BGH v. 9. 6. 2009 – 4 StR 170/09, NStZ 2009, 702.
[17] So *Geppert* FS Oehler, 1983, S. 323, 324; *Pfeiffer* Rn. 2; *Beulke* Rn. 118.
[18] Siehe kritisch AK-StPO/*Achenbach* § 163a Rn. 23 f.

wechseln. Freiwillige Spontanäußerungen, die ein späterer Beschuldigter aus eigener Initiative gegenüber den Strafverfolgungsorganen macht, sind grundsätzlich verwertbar. Die Verwertung von Spontanäußerungen erscheint jedoch bedenklich, wenn sich Polizeibeamte nach einem pauschalen Geständnis Einzelheiten der Tat berichten lassen, ohne den Verdächtigen zu belehren.[19] Die Beamten müssen den Redefluss des Verdächtigen unterbrechen und ihn belehren. Bei einer informatorischen Befragung sind die Folgen umstritten.

Eine **Umgehung** des § 136 ist verboten. Die staatlichen Strafverfolgungsorgane dürfen sich durch eine Art „outsourcing" nicht der rechtsstaatlichen Bindung und der Achtung der Grundrechte entledigen. Die Strafverfolgungsorgane bedienen sich wiederholt **privater Personen**, die als vermeintliche Vertrauensperson des Beschuldigten diesen gezielt und in der Gesprächsführung straff geführt heimlich befragen. Die **staatlicherseits veranlasste und überwachte Gesprächsführung** unterscheidet eine solche Befragung von einem eigenverantwortlichen **Privatgespräch**, in dem sich das allgemeine Lebensrisiko eines Vertrauensbruchs realisiert, wenn der Gesprächspartner seine Erkenntnisse als Zeuge an die Strafverfolgungsorgane weitergibt. Die Strafverfolgungsorgane setzen den Privaten hier als verlängerte Ermittlungsperson ein, deren Verhalten ihnen wie eigenes zuzurechnen ist. Einer Bindung des § 136 – und auch des § 136a – können sie sich dadurch nicht entziehen. Die Autonomie privater Kommunikation ist zu wahren.

Das trifft zuerst auf die sog. **Hörfalle** zu: Die Ermittlungsbehörden veranlassen eine Privatperson, mit einem Tatverdächtigen ohne Aufdeckung der Ermittlungsabsicht ein auf die Erlangung von Angaben zum Tatvorwurf gerichtetes – telefonisches – Gespräch zu führen, bei dem die Ermittlungsbehörden heimlich mithören. Die diese heimliche Ermittlungsmaßnahme in Grenzen erlaubende Entscheidung des GSSt vom 13. Mai 1996[20] überzeugt nicht. Unmittelbar gilt mangels einer formellen Vernehmung zwar § 136 nicht.[21] Anders die Ansicht, die einem weiten Verständnis der Vernehmung folgt und sogar direkt die §§ 136 und 136a anwendet.[22] Aber durch den gezielten Einsatz und durch das gezielte Täuschungselement über den selbstbelastenden Gesprächscharakter **umgehen** die Strafverfolgungsorgane die Bindung des § 136. Die Aussagefreiheit steht im Zusammenhang mit dem verfassungsrechtlichen (Art. 2 Abs. 1 iVm. Art. 1 Abs. 1 GG) Grundsatz des nemo-tenetur-se-ipsum-accusare. Nicht allein Zwang, sondern auch Täuschung beeinträchtigt die Freiwilligkeit des Beschuldigten, wie sich auch in den Herrschaftsformen der mittelbaren Täterschaft als Nötigungs- und der gleichstehenden Irrtumsherrschaft zeigt. Der Beschuldigte muss die Möglichkeit haben, selbstverantwortlich über seine Aussage zu entscheiden. Eine staatlich veranlasste irrtumsbedingte Selbstbelastung nimmt entgegen der Ansicht des GSSt[23] dem Beschuldigten diese Freiwilligkeit. Das sah der BGH bereits in BGHSt. 31, 304. Dem lag ein inszeniertes Telefongespräch zugrunde, das heimlich auf ein Tonband aufgenommen wurde. Der BGH spricht von einer durch Täuschung bewirkten Provokation der fernmündlichen Selbstbelastung und nimmt ein Beweisverwertungsverbot an.[24] Der Schutz der Aussagefreiheit, den § 136 wahren will, führt bei der bewussten Umgehung durch eine staatlich inszenierte Hörfalle als gezielte Ausforschung des schweigeberechtigten Beschuldigten zu einer entsprechenden Anwendung des § 136.[25] Einer solchen Vorgehensweise sind rechtsstaatliche Grenzen gesetzt, denen auch der Leitfaden des GSSt in seiner Beschränkung auf Straftaten von erheblicher Bedeutung und der Subsidiarität der heimlichen Befragung nicht umfassend gerecht wird.

Rechtsstaatlich weitaus bedenklicher sind die sog. **Polizeispitzelfälle**, denen die Rechtsprechung im Gegensatz zur vorgenannten Hörfalle erfreulicherweise einen Riegel vorgeschoben hat. Im Konflikt zwischen der Effektivität der Strafrechtspflege und den zu achtenden Individualinteressen des Beschuldigten ist nicht alles erlaubt. Verdeckt handelnde Ermittlungspersonen wie Verdeckte Ermittler gemäß §§ 110a ff. und andere sog. Vertrauenspersonen führen keine formellen Vernehmungen. Auch hier ist zu fragen, ob eine **vernehmungsähnliche Situation** vorliegt, die zu einer entsprechenden Anwendung des § 136 führt. Eine verdeckt tätige Ermittlungsperson, sei es ein Verdeckter

---

[19] Siehe BGH v. 9.6.2009 – 4 StR 170/09, NStZ 2009, 702.
[20] BGH v. 13.5.1996 – GSSt 1/96, BGHSt 42, 139 = NJW 1996, 2940.
[21] Zutreffend BGH v. 13.5.1996 – GSSt 1/96, BGHSt 42, 139, 145 = NJW 1996, 2940; anders etwa *Dencker* StV 1994, 667, 674f.
[22] So Löwe/Rosenberg/*Gless* Rn. 12, 91; Löwe/Rosenberg/*Hanack*, 25. Aufl., § 136a Rn. 13.
[23] BGH v. 13.5.1996 – GSSt 1/96, BGHSt 42, 139, 152f. = NJW 1996, 2940.
[24] Der BGH v. 17.3.1983 – 4 StR 640/82, BGHSt 31, 304 = NJW 1983, 1570 stützt sich auf die §§ 100a, 100b und auf § 201 StGB, da die Änderung der Rechtsprechung zu einem Verstoß gegen § 136 noch ausstand, wie *Roxin* NStZ 1995, 465, 467 verdeutlicht.
[25] So bereits in seinem Vorlagebeschluss BGH v. 20.12.1995 – 5 StR 680/94, NStZ 1996, 200; abl. auch *Bernsmann* StraFo 1998, 73, 77; *Fezer* Anm. zu BGH v. 20.12.1995 – 5 StR 680/94, NStZ 1996, 289; *Eisenberg* Rn. 571/ 571a; *Joecks* Einleitung Rn. 226; Löwe/Rosenberg/*Hanack*, 25. Aufl., Rn. 66 auf der Grundlage einer direkten Anwendung; auch *Roxin* NStZ-Sonderheft 2009, 41, 44; *ders.* NStZ 1997, 18; *ders.* NStZ 1995, 465. 466ff.; *Ransiek*, Die Rechte des Beschuldigten in der Polizeivernehmung, S. 62; *Beulke* Rn. 481g.

Ermittler oder eine Privatperson, wird in Freiheit oder Unfreiheit[26] zum Aushorchen über eine begangene Straftat auf einen Verdächtigen angesetzt. Im Unterschied zur Hörfalle hören die Strafverfolgungsorgane nicht direkt mit, sondern der Polizeispitzel wird als Zeuge über das Gehörte vernommen. Der tatsächliche Unterschied ist marginal. Erneut geht es um den Grenzbereich zwischen einem eigenverantwortlichen **Privatgespräch** des Beschuldigten mit einer heimlich agierenden Ermittlungsperson und einem gezielten **staatlichen Ausforschungsauftrag**, der eine **Umgehung** der formellen Vernehmung darstellt. Wer sich auf ein Gespräch mit einem nach außen privat Auftretenden einlässt und dabei von sich aus Belastendes äußert, macht das auf eigenes Risiko. Wenn dagegen die Strafverfolgungsorgane gezielt eine verdeckt handelnde Ermittlungsperson auf einen Beschuldigten ansetzen, handelt es sich um eine bewusste Umgehung des § 136.[27] Die Strafverfolgungsorgane entziehen dem Privatgespräch gleichsam die eine Verwertung begründende Geschäftsgrundlage. Das gilt, wenn sich der Beschuldigte schon zuvor in einer formellen Vernehmung auf sein Schweigerecht berufen hat, das gilt aber auch unabhängig davon. Siehe dazu auch BGH v. 26. 7. 2007,[28] wonach der nemo-tenetur-Grundsatz verletzt ist, wenn ein sein Schweigerecht in Anspruch nehmender Angeklagter von einer V-Person in vernehmungsähnlicher Weise zu einer Aussage gedrängt wird.[29]

9 Wenn die **Rechtspraxis** bei Konstellationen wie der Hörfalle oder dem sog. Polizeispitzeleinsatz[30] und anderen vergleichbaren Ermittlungsmaßnahmen aus kriminalpolitischen Gründen Ausnahmen zulässt, sollte von **Verteidigerseite** stets entgegengehalten werden, dass eine solche heimliche irrtumsbedingte Selbstbelastung des Beschuldigten seine Stellung als freiheitliches Prozesssubjekt aufgehoben wird. Er wird zum staatlichen Aushorchungsobjekt. Wenn die Strafverfolgungsorgane einen Beschuldigten gezielt auf eine heimliche Weise zu selbstbelastenden Äußerungen im Ob und Wie veranlassen, nehmen sie ihm seine freiheitliche Grundstellung.[31] Siehe dazu auch die Bemerkungen bei § 136 a.[32] Das ist anders, wenn der Beschuldigte sich von sich aus einem anderen anvertraut, mag er auch an eine verdeckt tätige Ermittlungsperson als frei gewählten Gesprächspartner geraten.

II. Vernehmungsablauf und Belehrungsinhalt

10 **1. Vernehmungsablauf.** Zu differenzieren ist zwischen der Vernehmung zur Person und der Vernehmung zur Sache und innerhalb der verschiedenen Belehrungspflichten des § 136. Jede Vernehmung des Beschuldigten muss mit der Feststellung seiner Identität beginnen. Das gilt nach § 68 für die Zeugenvernehmung und muss auch für den Beschuldigtenvernehmung gelten, da die entsprechenden Belehrungspflichten von der Verfahrensrolle abhängen. Nach der Identitätsfeststellung folgt der Hinweis nach § 136 Abs. 1 Satz 1. Dem Beschuldigten ist zu eröffnen, welche **Tat** ihm zur Last gelegt wird und welche **Strafvorschriften** in Betracht kommen. Bei der polizeilichen Vernehmung gilt als Einschränkung, dass die Polizei den Beschuldigten nicht über die in Betracht kommenden Strafvorschriften belehren muss. Grund hierfür ist, dass Polizeibeamte im Regelfall keine Volljuristen sind.[33] Tat im Sinne des § 136 ist der prozessuale Tatbegriff nach § 264.[34] Der Sachverhalt muss dem Beschuldigten so weit bekannt gemacht werden, dass er sich verteidigen kann. Ändert oder erweitert sich das Ermittlungsergebnis in tatsächlicher oder rechtlicher Hinsicht, ist der Beschuldigte in dessen Kenntnis zu setzen bzw. bei späteren Vernehmungen – auf die geänderte Beschuldigung hinzuweisen.[35] Einen Maßstab bilden die §§ 265 und 266. § 136 steht im Zusammenhang mit dem Verteidigungsinteresse des Beschuldigten. Die zwingende Belehrung über das Aussageverweigerungsrecht und das Recht zur Verteidigerkonsultation nach § 136 Abs. 1 Satz 2 schließen sich an. Es folgt die Belehrung über das Recht zur Beweiserhebung und in geeigneten Fällen die Belehrung nach § 136 Abs. 1 Satz 4. Der Beschuldigte hat daher die Wahl, ob er sich mündlich oder schriftlich äußern will. Ein geeigneter Fall liegt insbesondere vor, wenn der Beschuldigte eine mit seinem Verteidiger abgestimmte Erklärung abgeben will.[36] Eben-

---

[26] So in BGH v. 28. 4. 1987 – 5 StR 666/86, BGHSt 34, 362 = NJW 1987, 2525.
[27] Vgl. BGH v. 20. 12. 1995 – 5 StR 680/94, NStZ 1996, 200, 201; *Beulke* Rn. 481 d.
[28] BGH v. 26. 7. 2007 – 3 StR 104/07, BGHSt 52, 11 = NStZ 2007, 714 = NJW 2007, 3138.
[29] S. u. § 136 a Rn. 36.
[30] Siehe der vergleichbare Konstellation eines gezielten Einsatzes eines V-Mannes auf einen Zeugen und § 252 in BGH v. 21. 7. 1994 – 1 StR 83/94, BGHSt 40, 211 = NJW 1994, 2904; auch BGH v. 8. 6. 1995 – 1 ARs 10/95, NStZ 1995, 557.
[31] So *Fezer* Anm. zu BGH v. 20. 12. 1995 – 5 StR 680/94, NStZ 1996, 289, 290.
[32] S. u. § 136 a Rn. 30 ff.
[33] So SK-StPO/*Rogall* Rn. 2.
[34] Siehe Anw-StPO/*Walther* Rn. 10; Löwe/Rosenberg/*Hanack*, 25. Aufl., Rn. 19.
[35] So *Kraatz* JA 2006, 883, 884; HK-GS/*Jäger* Rn. 2; Löwe/Rosenberg/*Hanack*, 25. Aufl. Rn. 9 a; SK-StPO/*Rogall* Rn. 10, 26, 30; ablehnend *Meyer-Goßner* Rn. 6.
[36] So SK-StPO/*Rogall* Rn. 40.

so soll der Beschuldigte schon früh mit dem Gedanken des Täter-Opfer-Ausgleichs bekannt gemacht werden. Die Vorschrift ergänzt § 155 a. Erst jetzt beginnt die eigentliche Vernehmung zur Sache unter Beachtung des § 136 Abs. 2.

Bei jeder Vernehmung sind dem Beschuldigten die bestehenden **Verdachtsgründe** offen zu legen. Eine inhaltliche Grenze bildet die Gefährdung des Untersuchungszwecks in Parallele zu § 147 Abs. 2.[37]

2. Identitätsfeststellung und Ermittlung der persönlichen Verhältnisse. Die Vernehmung des Beschuldigten beginnt mit seiner Vernehmung zur Person. Diese dient allein der Ermittlung der Identität und des Umstands seiner Vernehmungs- und Verteidigungsfähigkeit.[38] Entgegen dem unklaren Wortlaut des § 136 Abs. 3 sind diese **Identifizierungsdaten** zu Beginn der Vernehmung festzustellen. Die strafprozessualen Maßnahmen müssen sich in jeder Verfahrenslage gegen den „Richtigen" wenden. Die übrigen persönlichen Verhältnisse gehören dagegen bei Sachrelevanz zur Vernehmung zur Sache und sind erst nach der geforderten Belehrung zu erörtern.[39] Nach überwiegender Ansicht bezieht sich die Identifizierung auf die in § 111 OWiG genannten Personaldaten. Zu umfassend ist daher Nr. 13 RiStBV. Familienstand und Beruf aber sind überflüssig.[40] Die **Staatsangehörigkeit** scheint insbesondere für den Umstand der Verteidigungsfähigkeit unter dem Aspekt der Hinzuziehung eines Dolmetschers (Art. 6 Abs. 3 Nr. e EMRK) geboten. Diese ist auch wichtig für mögliche Belehrungspflichten aus **internationalen Vereinbarungen**. So schreibt das „Wiener Übereinkommen über konsularische Beziehungen" in seinem Art. 36 Abs. 1 b) WÜK vor, dass ein ausländischer Beschuldigter über sein Recht auf konsularische Unterstützung zu informieren ist, sobald er inhaftiert wird.[41] Die deutschen Strafverfolgungsorgane müssen ihre Belehrungspraxis **völkerrechtskonform** gestalten.[42] Mit einem neuen § 114 b Abs. 2 Satz 3 wird eine entsprechende Belehrung für ausländische Staatsangehörige in die StPO eingeführt.[43] Im Konflikt mit der **Selbstbelastungsfreiheit** ist darauf zu achten, dass eine Aussagepflicht des Beschuldigten in Bezug auf seine Personalien nicht besteht, wenn diese Angabe zu einer Selbstbelastung führt.[44] § 111 OWiG greift entgegen überwiegender Ansicht[45] in diesem Fall nicht. Die Gegenansicht verneint die Aussagefreiheit bezüglich der unter § 111 OWiG fallenden Personalien im Interesse des staatlichen Interesses an einer schnellen Identitätsfeststellung. Aber: Den Strafverfolgungsorganen bleibt die Möglichkeit der §§ 163 b und 163 c.

Weitere persönliche und wirtschaftliche und soziale Verhältnisse, die für die Straf- oder Schuldfrage von Relevanz sind, gehören zur Vernehmung zur Sache, insbesondere die Erörterung der Vorstrafen.[46]

3. Belehrung über die Aussagefreiheit. Das Prinzip der Aussagefreiheit, nach dem der Beschuldigte sich zu den gegen ihn erhobenen Tatvorwürfen nicht zu äußern braucht, ist von fundamentaler grundrechtlicher und rechtsstaatlicher Bedeutung. Die entsprechende Belehrung nach § 136 Abs. 1 Satz 2 zeigt, dass die StPO die Kenntnis der Aussagefreiheit beim Staatsbürger nicht voraussetzt. Der Vernehmende sollte sich der Belehrungsformel des § 136 Abs. 1 Satz 2 bedienen. Bei abweichendem Wortlaut muss darauf geachtet werden, dass sie dem Beschuldigten seine Aussagefreiheit unmissverständlich klar macht.[47] Insgesamt gelten die Pflichten des § 136 bei der **ersten Vernehmung**.[48] Einer richterlichen Vernehmung wird im Regelfall bereits eine polizeiliche oder staatsanwaltliche (§ 163 a) Vernehmung vorangegangen sein. Das macht eine erneute Belehrung nicht entbehrlich, da dem Beschuldigten auch bei einem Wechsel der Vernehmungsperson seine Freiheit verdeutlicht werden muss. Wenn eine Vernehmung zu demselben Tatvorwurf erst nach einem langen Zeitraum fortgesetzt wird – in BGHSt. 47, 172 betrug der Zeitraum fünf Jahre –, muss bei der folgenden Vernehmung erneut belehrt werden.[49] Die Belehrung muss sich auf eine **Vernehmungseinheit** beziehen. Ist eine Vernehmung abgeschlossen und das Verfahren gegebenen-

---

[37] So HK-GS/*Jäger* Rn. 24; *Meyer-Goßner* Rn. 13.
[38] So Löwe/Rosenberg/*Hanack*, 25. Aufl., Rn. 11; *Pfeiffer* Rn. 2; SK-StPO/*Rogall* Rn. 23.
[39] So Löwe/Rosenberg/*Hanack*, 25. Aufl., Rn. 11; SK-StPO/*Rogall* Rn. 23.
[40] So Löwe/Rosenberg/*Gless* Rn. 15; SK-StPO/*Rogall* Rn. 24; weiter einschränkend Löwe/Rosenberg/*Hanack*, 25. Aufl., Rn. 11.
[41] Dazu BVerfG v. 19. 9. 2006 – 2 BvR 2115/01, 2132/01 u. 348/03, NJW 2007, 500 = NStZ 2007, 159; BGH v. 20. 12. 2007 – 3 StR 318/07, NStZ 2008, 356; *Kreß* GA 2007, 296; Löwe/Rosenberg/*Gless* Rn. 55, 105.
[42] Siehe *Kreß* GA 2007, 296, 302.
[43] Durch das Gesetz zur Änderung des Untersuchungshaftrechts vom 29. 7. 2009 (BGBl. I S. 2274).
[44] Siehe *Eisenberg* Rn. 540; HbStrVf/*Jahn* Rn. II. 88; SK-StPO/*Rogall* Vor § 133 Rn. 71; unzutreffend Anw-StPO/*Walther* Rn. 9.
[45] Vgl. BGH v. 29. 8. 1972 – 2 StR 190/72, BGHSt. 25, 13, 17 = NJW 1972, 2004; *Rieß* JA 1980, 293, 294; Löwe/Rosenberg/*Hanack*, 25. Aufl., Rn. 12 f.; *Meyer-Goßner* Rn. 5; *Pfeiffer* Rn. 3.
[46] Dazu SK-StPO/*Rogall* Rn. 44 f.
[47] Vgl. Löwe/Rosenberg/*Hanack*, 25. Aufl., Rn. 23; SK-StPO/*Rogall* Rn. 33; SK-StPO/*Wohlers* § 163 a Rn. 62.
[48] Dazu weiter Löwe/Rosenberg/*Hanack*, 25. Aufl., Rn. 23; SK-StGB/*Rogall* Rn. 10.
[49] Vgl. SK-StPO/*Wohlers* § 163 a Rn. 52.

falls nach § 170 eingestellt, ist von der aktuellen Unkenntnis bei Wiederaufnahme des Ermittlungsverfahrens auszugehen.[50]

15 Es ist ein **zwingendes Gebot** für den **Verteidiger**, seinen Mandanten darauf hinzuweisen, dass er mit Ausnahme der persönlichen Daten zur Identifizierung ohne eine Absprache mit seinem Verteidiger **keinerlei Angaben** gegenüber einer Ermittlungsperson welcher Art auch immer macht. Der Mandant muss wissen, dass jede Äußerung von ihm, ob er diese in einer förmlichen Vernehmung oder aber informell macht, später in die Hauptverhandlung eingeführt werden kann. § 252 gilt eben nicht für den Angeklagten, der sich später in der Hauptverhandlung auf sein Schweigerecht beruft. Dieser **Verhaltenshinweis** kann nicht deutlich genug sein!

16 **4. Belehrung über die Verteidigerkonsultation.** Die Frage der korrekten Belehrung über die Verteidigerkonsultation und der Folgen einer fehlerhaften Belehrung steht im Vergleich zur Belehrung über die Aussagefreiheit im unaufgelösten Streit auch der Strafsenate des BGH. Die Verbindung mit der Belehrung über die Aussagefreiheit ist darin begründet, dass gerade das Prozessverhalten von einer Beratung mit dem Strafverteidiger abhängt. Selbst wenn der Beschuldigte einen Verteidiger hat, ist er über das vorherige Beratungsrecht zu belehren.[51] Die Belehrung muss neutral und unmissverständlich die **Wahlfreiheit** im Sinne des Art. 6 Abs. 3 Nr. c) EMRK verdeutlichen: „sich selbst zu verteidigen, sich durch einen Verteidiger ihrer Wahl verteidigen zu lassen".

17 Verlangt der Beschuldigte nach einem Verteidiger, darf die Vernehmung nicht fortgesetzt werden.[52] Ein neuer Vernehmungstermin ist nach einer angemessenen Frist von einigen Tagen festzusetzen.[53] Dem Beschuldigten ist als Basispflicht die **Kontaktaufnahme** mit seinem Verteidiger zu ermöglichen. Will die Verhörsperson die Vernehmung ohne vorangegangene Konsultation fortsetzen, ist das nach Ansicht des 5. Strafsenats[54] nur zulässig, wenn sich der ordnungsgemäß belehrte Beschuldigte ausdrücklich nach erneutem Hinweis auf sein Recht auf Zuziehung eines Verteidigers mit der **Fortsetzung der Vernehmung** einverstanden erklärt. Zudem verlangt der Senat zuvor ernsthafte Bemühungen des – in diesem Fall – Polizeibeamten, dem Beschuldigten bei der Herstellung des Kontakts zu einem Verteidiger in effektiver Weise zu helfen. Die Belehrungspflicht des Abs. 1 Satz 2 verdichtet sich zur Pflicht, **effektive Hilfe** bei der Durchsetzung des geäußerten Konsultationsrechts zu leisten. Die mindeste Hilfe ist das **Telefonbuch**. Geboten ist die Nummer des anwaltlichen **Notdienstes**. Bleibt die Suche erfolglos, darf die Vernehmung nur nach einer nochmaligen Belehrung fortgesetzt werden.

18 Gelingt die – telefonische – Kontaktaufnahme mit dem **Verteidiger**, muss der Anwalt eine Vernehmung in seiner Abwesenheit verhindern.[55] **Dem Mandanten ist dringend zum Schweigen zu raten.** Dem Mandanten muss auch gesagt werden, dass er ein Recht zum Schweigen hat. Der Verteidiger sollte auch Kontakt mit der Vernehmungsperson aufnehmen, um eine Fortsetzung der Vernehmung zu verhindern.

19 Diesen strengen, aber erfreulicherweise **beschuldigtenfreundlichen** Anforderungen widerspricht der 1. Strafsenat[56] in ausdrücklicher Abgrenzung zu vorgenannter Entscheidung. Der 1. Senat betont als Gegengewicht das öffentliche Interesse an der Wahrheitsfindung. Solange nicht mit verbotenen Mitteln auf die Willensfreiheit des zu Vernehmenden und die Durchsetzbarkeit seines Aussageverweigerungsrechts eingewirkt wird, kann ein Beschuldigter selbst und frei entscheiden, inwieweit er die in der Belehrung eröffneten Rechte für sich in Anspruch nehmen will. Ein Verbot, die Vernehmung fortzusetzen, ließe sich der StPO nicht entnehmen. Die Divergenz besteht fort. Jedoch fordert auch der 5. Senat jetzt bedauerlicherweise nicht in jedem Fall einen Hinweis auf den **anwaltlichen Notdienst** als effektive Hilfestellung durch die Vernehmungspersonen, namentlich durch die Polizei. Eine Pflicht zur Hilfestellung soll nur entstehen, wenn sich der Beschuldigte auf sein Recht auf Verteidigerkonsultation beruft;[57] benennt der Beschuldigte einen bestimmten Verteidiger, beschränkt sich die Hilfe auf diesen, eines weiteren Hinweises auf einen Anwaltsnotdienst bedarf es bei gescheiterter Kontaktaufnahme nicht.[58] Insgesamt soll sich die

---

[50] Leider ist BGH v. 22. 11. 2001 – 1 StR 220/01, BGHSt 47, 172 = NJW 2002, 975 nicht zu entnehmen, wie das frühere Ermittlungsverfahren beendet wurde. Der BGH begründet die Belehrungspflicht für die nach fünf Jahren erfolgende Vernehmung mit dem Fürsorgeprinzip; kritisch *Geppert*, FS Otto, 2007, S. 913, 916 f.
[51] *Geppert,* FS Otto, 2007, S. 913, 917; SK-StPO/*Rogall* Rn. 36; anders *Pfeiffer* Rn. 5.
[52] So BGH v. 12. 1. 1996 – 5 StR 756/94, BGHSt 42, 15, 19 = NJW 1996, 1547; AK-StPO/*Achenbach* § 163 a Rn. 18 a; *Pfeiffer* Rn. 5.
[53] Siehe dazu Löwe/Rosenberg/*Gless* Rn. 43; Löwe/Rosenberg/*Hanack*, 25. Aufl., Rn. 29; SK-StPO/*Rogall* Rn. 37.
[54] BGH v. 12. 1. 1996 – 5 StR 756/94, BGHSt 42, 15 = NJW 1996, 1547; zustimmend *Beulke* NStZ 1996, 257; *Bosch* JA 2006, 408, 409; *Herrmann* NStZ 1997, 209; Anw-StPO/*Walther* Rn. 19; *Pfeiffer* Rn. 5; SK-StPO/*Wohlers* § 163 a Rn. 68.
[55] Siehe Widmaier/*Deckers* MAH Strafverteidigung § 44 Rn. 58.
[56] BGH v. 21. 5. 1996 – 5 StR 154/96, BGHSt 42, 170 = NJW 1996, 2242.
[57] So BGH v. 5. 2. 2002 – 5 StR 588/01, BGHSt 47, 233, 234 f. = NJW 2001, 1279 = StV 2002, 180.
[58] So BGH v. 11. 8. 2005 – 5 StR 200/05, NStZ 2006, 114, 115; zustimmend *Bosch* JA 2006, 408, 410.

Hilfe bei beabsichtigter Fortsetzung auf das Bereitstellen von Telefon, Telefax und Telefonbuch beschränken und nur im Ausnahmefall von Sprachschwierigkeiten oder psychischer oder intellektueller Beeinträchtigung auf den Hinweis auf einen anwaltlichen Notdienst erweitern.[59] Das ist bedauerlich. Aus Gründen der rechtsstaatlichen Fairness sollten alle Vernehmungspersonen bei Vernehmungen außerhalb der üblichen Bürozeiten bei der Belehrung über das Konsultationsrechts auf einen bestehenden **anwaltlichen Notdienst** verweisen.[60] Die Anwaltsvereine sollten entsprechende Informationen verbreiten. Die Strafverfolgungsbehörden, insbesondere die einzelnen Polizeidienststellen sollten diese stets bereithalten. Ein konkreter Strafverteidiger darf jedoch auch auf Bitten eines Beschuldigten nicht empfohlen werden (Nr. 106 RiStBV).

In der heutigen sozialen und wirtschaftlichen Lage werden viele Beschuldigte ohne die nötigen 20 finanziellen Mittel sein, um sich eine anwaltliche Beratung leisten zu können. Wenn ein Beschuldiger nach der Belehrung über die Verteidigerkonsultation mitteilt, er habe für einen Rechtsanwalt kein Geld, muss er darüber belehrt werden, dass fehlende finanzielle Mittel einen ersten Kontakt mit einem Rechtsanwalt nicht ausschließen, da dieser in Fällen der **notwendigen Verteidigung** in der Regel im Hinblick auf die später zu erwartende Pflichtverteidigerbestellung auch ohne Vorschuss sofort tätig wird.[61] Ein finanziell mittelloser Beschuldigter ist daher über die Gelegenheit, einen Verteidiger seines Vertrauens oder den anwaltlichen Notdienst anzurufen, zu belehren. Der Wunsch eines mittellosen Beschuldigten auf anwaltlichen Beistand darf in Fällen des Verdachts eines Verbrechens oder anderer Fälle des § 140 wie auch sonst nicht übergangen werden.

Die Beachtung dieser Belehrungspflichten ist für den **Verteidiger** von besonderer Bedeutung 21 und sollte im Gespräch mit dem Mandanten über den Vernehmungsablauf stets kritisch besprochen werden.

III. Vernehmungen mit Auslandsbezug

Die zunehmende Europäisierung und Internationalisierung der Verbrechensbekämpfung führen 22 dazu, dass deutsche Strafverfolgungsorgane Beschuldigtenvernehmungen aus dem Ausland verwerten oder aber dass im Wege der Rechtshilfe in Deutschland Vernehmungen für ausländische Strafverfahren durchgeführt werden. Das weckt auch Probleme mit § 136.

Wenn nach dem Strafverfahrensrecht des **ausländischen Vernehmungsorts** eine Belehrung im 23 Sinne des § 136 nicht vorgeschrieben ist, kann die Verwertung in Deutschland Bedenken ausgesetzt sein. Der BGH hatte in einem Fall, der im schweizerischen Luzern spielte, eine Verwertung – andeutungsweise – zugelassen, obgleich damals dort eine vergleichbare Belehrung nach Abs. 1 Satz 2 nicht vorgesehen war. Der BGH[62] stellte darauf ab, dass die – schweizerischen – Vernehmungen nicht grundlegenden rechtsstaatlichen Anforderungen widersprechen. Im Geltungsbereich des EuRhÜbk – des Europarats – soll das Fehlen einer Belehrungspflicht über die Aussagefreiheit des Beschuldigten grundsätzlich kein Verwertungsverbot im deutschen Strafverfahren begründen.[63] Jedoch muss bei der grundrechtlichen Bedeutung der Aussagefreiheit die **Verwertung** durch ein deutsches Strafverfolgungsorgan auch mit der deutschen StPO in Einklang stehen.[64] Die Beachtung des § 136 darf nicht dadurch umgangen werden, dass die Beweiserhebung im Ausland erfolgt. § 136 verkörpert mit seinem Inhalt gerade den Mindeststandard eines rechtsstaatlichen Verfahrens, der bei einer Beweiserhebung im Ausland zu achten ist. Was nach der einschlägigen Rechtsprechung[65] für die Belehrung über ein Zeugnisverweigerungsrecht gilt – die Nichtbelehrung über ein nach deutschem, nicht aber nach dem Recht des ausländischen Vernehmungsorts bestehendes Zeugnisverweigerungsrecht begründet ein Verwertungsverbot –, muss auch für die Beschuldigtenbelehrung gelten. Nichts spricht dagegen, die im Ausland gemachte Aussage nicht zu verwerten und die Vernehmung nach den Regeln der StPO zu wiederholen, um dem Beschuldigten die Wahrung seiner Rechte zu ermöglichen. Im **Rechtshilfeverkehr innerhalb der Europäischen Union** sieht das „Übereinkommen über die Rechtshilfe in Strafsachen zwischen den Mitgliedstaaten der EU"

---

[59] Siehe *Geppert* FS Otto, 2007, S. 913, 922; großzügiger *Beulke* NStZ 1996, 257, 260.
[60] So auch *Herrmann* NStZ 1997, 209, 212; *Kutschera* StraFo 2001, 262; *Neuhaus* StV 2010, 45, 48; SK-StPO/*Wohlers* § 163a Rn. 62, 67.
[61] So BGH v. 18. 10. 2005 – 1 StR 114/05, NStZ 2006, 236; dazu *Neuhaus* StV 2010, 45, 46 ff.
[62] BGH v. 10. 8. 1994 – 3 StR 53/94, NStZ 1994, 595, 596, wobei aber auch die dem Beschuldigten nachgewiesene Kenntnis von seinem Recht bei der Argumentation half.
[63] So BGH v. 14. 2. 2001 – 3 StR 438/00, StV 2001, 663, in dessen Leitsatz darauf hingewiesen wird, dass zumindest eine Belehrung über die Zuziehung eines Rechtsanwalts vorgesehen war. Zur Verwertung von Vernehmungen im Rechtshilfeweg ohne Beteiligung des Verteidigers siehe aktuell BGH v. 17. 3. 2010 – 2 StR 397/09, NStZ 2010, 410.
[64] Siehe dazu *Beulke* Jura 2008, 653, 662 ff.; *Britz* NStZ 1996, 607, 608; Löwe/Rosenberg/*Gless* Rn. 30, 88; Löwe/Rosenberg/*Hanack*, 25. Aufl., Rn. 62.
[65] BGH v. 4. 3. 1992 – 3 StR 460/91, NStZ 1992, 394.

vom 29. 5. 2000[66] in seinem Art. 4 vor, dass der um Rechtshilfe ersuchte Mitgliedstaat die vom ersuchenden Mitgliedstaat ausdrücklich angegebenen Formvorschriften und Verfahren einhält – „forum regit actum": ausländische Beweiserhebung und inländische Beweisverwertung folgen denselben Regeln.

24 Umgekehrt erfüllen auch deutsche Strafverfolgungsorgane ausländische Rechtshilfeersuchen. Die Vornahme der Untersuchungshandlung richtet sich im Grundsatz im internationalen Rechtshilfeverkehr nach dem Recht des ersuchten Staats[67] – „locus regit actum". Die Ergebnisse eines ausländischen Rechtshilfeersuchens sind nach dem BGH[68] auch für die deutschen Strafverfolgungsorgane im Strafverfahren verwertbar, wenn die in Deutschland verfolgte Tat in offensichtlichem Zusammenhang mit dem Gegenstand der Rechtshilfevernehmung steht. Diese **transnationale Verwertung** ist zweifelhaft. Die Vernehmung erfolgt nicht für das deutsche Strafverfahren, sondern für das ausländische Rechtshilfeverfahren. Diese zu wahrende Trennung gilt auch für die Belehrung. Der Beschuldigte mag durchaus im Rahmen der ausländischen Strafverfolgung aussagen wollen, während er im deutschen Strafverfahren von seinem Aussageverweigerungsrecht Gebrauch machen will. Das verweigert der BGH dem Beschuldigten unsachgemäß.

IV. Beweisverwertungsverbote

25 **1. Fehlerhafte Belehrung über die Aussagefreiheit.** Eine unterlassene oder fehlerhafte Belehrung über die Aussagefreiheit hat ein **Beweisverwertungsverbot** zur Folge. Seit BGHSt 38, 214 besteht über diesen Grundsatz kein Zweifel in Rechtsprechung und Schrifttum.[69] Das gilt für absichtliches und versehentliches Unterbleiben der Belehrung. Die Bedeutung für die verfahrensrechtliche Stellung des Beschuldigten als Prozesssubjekt verbietet hier jede Abwägung in der Beweisverwertung, was schon dem Schutzzweckgedanken des § 136 Abs. 1 Satz 2 eigen ist, hat doch das Gesetz selbst die Abwägung vorgenommen. Das gilt für die Beschuldigtenvernehmung durch jedes Strafverfolgungsorgan. Der Staat darf sich allein nach einer „belehrten" Vernehmung der gewonnenen Aussage bedienen. Fraglich ist, welche Folgen eine zulässigerweise bei der **informatorischen Befragung** unterlassene Belehrung hat, wenn der spätere Beschuldigte in dieser selbstbelastende Angaben macht. Bei einer amtlich veranlassten Befragung mag der Vernommene sich zu einer Aussage verpflichtet fühlen. Die mit einer Vernehmung vergleichbare Interessenlage streitet gegen eine Beweisverwertung.[70] Das überwiegende Verständnis spricht sich leider für eine Verwertung der in einer informatorischen Befragung gewonnenen Ergebnisse aus.[71] Die Verwertung geschieht im Wege des Vorhalts bei der Vernehmung des Angeklagten oder im Wege der Vernehmung der informatorischen Verhörsperson. Im Vorfeld von Ermittlungen ist der Straftäter vor eigenen unvorsichtigen Äußerungen nicht geschützt. Der Beschuldigte ist nur in den sachlichen und zeitlichen Grenzen der §§ 136, 136 a und 163 a vor der Selbstbelastung durch eine eigenverantwortliche Äußerung geschützt.

26 Das Verwertungsverbot erfasst die **gesamte Aussage**. Eine Differenzierung nach belastenden oder entlastenden Elementen ist in einer einzelnen Vernehmung unter Umständen schwierig und abhängig vom Standpunkt des Entscheidenden – und überzeugt daher nicht.[72] Der Beschuldigte kann seine entlastende Aussage wiederholen – Heilung.[73] Die **Drittwirkung** des Beweisverwertungsverbots auf andere **Mitbeschuldigte** hat der BGH in BGHSt. 38, 214[74] noch offen gelassen, inzwischen[75] aber für die Rechtspraxis negativ beantwortet. Danach bezwecke die Rege-

---

[66] Umgesetzt mit Gesetz v. 22. 7. 2005, BGBl. II 650; umfassend zur Problematik *Gless* JR 2008, 317.
[67] Vgl. Art. 3 Abs. 1 EuRhÜbk des Europarats. v. 20. 4. 1959; auch BGH v. 8. 11. 2006 – 1 StR 421/06, JR 2007, 260; BGH v. 14. 2. 2001 – 3 StR 438/00, StV 2001, 663; *Beulke* Jura 2008, 653, 662 ff.; *Gless* JR 2008, 317, 319; *Löwe/Rosenberg/Gless* Rn. 30.
[68] BGH v. 8. 11. 2006 – 1 StR 421/06, JR 2007, 260, mAnm *Lagodny*.
[69] Siehe BGH v. 3. 7. 2007 – 1 StR 3/07, NStZ 2007, 653; BGH v. 22. 11. 2001 – 1 StR 220/01, BGHSt 47, 172 = NJW 2002, 975; BGH v. 20. 12. 1995 – 5 StR 680/94, NStZ 1996, 200; BGH v. 27. 2. 1992 – 5 StR 190/91, BGHSt 38, 214 = NJW 1992, 1463; OLG Hamm v. 7. 5. 2009 – 3 Ss 85/08, NStZ-RR 2009, 283; *Bernsmann* StraFo 1998, 73, 75 f.; *Beulke* Jura 2008, 653, 656; *Rieß* JA 1980, 293, 300; *Ransiek*, Die Rechte des Beschuldigten in der Polizeivernehmung, S. 88; *Geppert*, FS Oehler, 1985, 323, 337; AK-StPO/*Achenbach* § 163 a Rn. 28; *Eisenberg* Rn. 571 ff.; *Löwe/Rosenberg/Gless* Rn. 77; *Löwe/Rosenberg/Hanack*, 25. Aufl., Rn. 53; *Meyer-Goßner* Rn. 20; *Pfeiffer* Rn. 4; SK-StPO/*Rogall* Vor § 133 Rn. 177; SK-StPO/*Wohlers* § 163 a Rn. 73; *Widmaier/Deckers* MAH Strafverteidigung § 44 Rn. 71 ff.; *Beulke* Rn. 117; *Kindhäuser* § 6 Rn. 50.
[70] So AG Tiergarten v. 15. 12. 1982 – (294) 67 Ls 139/82, StV 1983, 277, 278; *Eisenberg* Rn. 509 a; SK-StPO/*Wohlers* § 163 a Rn. 49; *Beulke* Rn. 118.
[71] So BGH v. 27. 10. 1982 – 3 StR 364/82, NStZ 1983, 86; *Geppert*, FS Oehler, 1983 S. 323, 338 ff.; SK-StPO/*Rogall* Vor § 133 Rn. 47; *Kindhäuser* § 6 Rn. 30.
[72] So *Löwe/Rosenberg/Hanack*, 24. Aufl., Rn. 55; anders dagegen SK-StPO/*Rogall* Vor § 133 Rn. 177.
[73] S. u. § 136 Rn. 34.
[74] BGH v. 27. 2. 1992 – 5 StR 190/91, BGHSt 38, 214, 228 = NJW 1992, 1463.
[75] BGH v. 10. 8. 1994 – 3 StR 53/94, NJW 1994, 3364, 3366 = NStZ 1995, 231; indirekt auch BGH v. 17. 2. 2009 – 1 StR 691/08, NStZ 2009, 345; auch BayObLG v. 1. 12. 1993 – 4 St RR 190/93, StV 1995, 237; KK-StPO/*Diemer* Rn. 26; *Meyer-Goßner* Rn. 20; *Pfeiffer* Rn. 9; SK-StPO/*Rogall* Vor § 133 Rn. 184.

lung der Beschuldigtenbelehrung allein den Schutz des jeweils betroffenen Beschuldigten und diene nicht den Interessen der Mitbeschuldigten. Deren Rechtskreis sei von einem Verstoß gegen § 136 nicht betroffen. Das überzeugt nicht.[76] Die Pflicht des § 136 gewährleistet die rechtsstaatlichen Grundlagen des Strafverfahrens. Für Normen mit diesem Charakter gilt der Gedanke des – bedenklichen – Rechtskreises nicht.[77] Oder: Jeder Beschuldigte hat das Recht auf die Einhaltung der rechtsstaatlichen Kernvorschriften, und das auch gegenüber den anderen Mitbeschuldigten. Gewinnen die Strafverfolgungsorgane ohne Belehrung eine Information von einem Beschuldigten, haben sie keinen Anspruch auf deren Verwertung, auch nicht gegen Dritte.

2. Fehlerhafte Belehrung über die Verteidigerkonsultation. Die Belehrung über das Recht auf 27
Verteidigerkonsultation und der Hinweis auf das Schweigerecht des Beschuldigten sind gleichrangig.[78] Fehlt es an der eigenständigen Belehrung über das Beratungsrecht mit dem Verteidiger hat das wie im Fall des BGH gemäß BGHSt. 38, 214 ein **Verwertungsverbot** zur Folge.[79] Wird dem Beschuldigten die Kontaktaufnahme mit seinem Verteidiger verwehrt oder wird die Vernehmung unzulässig fortgesetzt, ist die gewonnene Aussage unverwertbar. Das gilt ebenfalls, wenn dem Beschuldigten bei der ersten polizeilichen Vernehmung nicht mitgeteilt wird, dass sich bereits ein Verteidiger für ihn gemeldet hat.[80] Der BGH[81] spricht sich desgleichen für ein Verwertungsverbot aus, wenn die Vernehmung des Beschuldigten fortgeführt wird, obwohl ein Rechtsanwalt telefonisch die Übernahme der Verteidigung erklärt und sein Erscheinen in 30 Minuten angekündigt hat. Der 5. Strafsenat[82] betont – in Parallele zu BGHSt. 38, 214 – aus Gründen der Rechtssicherheit und unter Hervorhebung der Bedeutung des Rechts des Beschuldigten, sich von einem gewählten Verteidiger seines Vertrauens verteidigen zu lassen, das zu dem in Art. 2 Abs. 1 GG iVm. dem Rechtsstaatsprinzip gewährleisteten Anspruch auf ein faires Verfahren gehört, dass die Abwägung stets zugunsten der Unverwertbarkeit ausfällt. Das ist gerade von Verteidigerseite zu begrüßen, da eine Abwägungslösung gerade bei Delikten der Schwerkriminalität den Verfahrensverstoß relativieren würde. Das sieht der 1. Senat des BGH[83] bedauerlicherweise anders und will an einer Abwägung der im Rechtsstaatsprinzip angelegten gegenläufigen Gebote und Ziele festhalten.

Die unterlassene Beseitigung des Informationsdefizits eines **mittellosen Beschuldigten** über das 28
Tätigwerden von Anwälten auch ohne Vorschuss steht nach Ansicht des BGH[84] einer völlig fehlenden Belehrung nicht gleich. Die **Abwägung** mit dem Aufklärungsinteresse ist eröffnet. Das ist äußerst bedenklich, da die effektive Durchsetzbarkeit eines rechtsstaatlichen Verteidigerbeistandes bei einem Wissensdefizit unterlaufen wird. Da die gebotene Pflichtverteidiger-Belehrung inzwischen bei den Strafverfolgungsorganen hinreichend bekannt sein muss, kann man heute von einem bewussten Umgehen der Belehrung ausgehen.[85] Das spricht in der Abwägung für ein Verwertungsverbot. **Weitere Verstöße** gegen die darüber hinaus in § 136 enthaltenen Hinweise und Belehrungen sollen nach überwiegender Ansicht[86] kein Verwertungsverbot begründen, sofern nicht die Grenze des § 136a überschritten ist. Möglichen Verstößen fehlt im Regelfall die genügende Beeinträchtigung der grundrechtlichen Verfahrensstellung des Beschuldigten. Wenn es dagegen an jeglicher Konkretisierung des Verfahrensgegenstandes in der Belehrung fehlt, kann der Beschuldigte sich nicht sachgerecht einlassen. Das verletzt seine Stellung als eigenverantwortliches Verfahrenssubjekt. Ein Verwertungsverbot liegt nahe.[87] Das gilt auch bei einer schon als Täuschung erscheinenden Verschleierung des Tatvorwurfs.[88] Die konsularrechtliche Belehrungspflicht nach dem **Wiener Konsularrechtsübereinkommen** (Art. 36 Abs. 1 b) steht in ihrer Wertigkeit hin-

---

[76] So *Brüssow* StraFo 1998, 294, 298 f.; *Dencker* Anm. zu BGH v. 10. 8. 1994 – 3 StR 53/94, StV 1995, 232; HK-GS/*Jäger* Rn. 34 ff.; Löwe/Rosenberg/*Gless* Rn. 90; Löwe/Rosenberg/*Hanack*, 25. Aufl., Rn. 63.
[77] Siehe BGH v. 21. 1. 1958 – GSSt 4/57, BGHSt 11, 213, 214; *Dencker* Anm. zu BGH v. 10. 8. 1994 – 3 StR 53/94, StV 1995, 232.
[78] So BGH v. 22. 11. 2001 – 1 StR 220/01, BGHSt 47, 172, 174 = NJW 2002, 975.
[79] Siehe BGH v. 22. 11. 2001 – 1 StR 220/01, BGHSt. 47, 172 = NJW 2002, 975; *Beulke* Jura 2008, 653, 657; *Ransiek* StV 1994, 343; *Eisenberg* Rn. 568; Löwe/Rosenberg/*Hanack*, 25. Aufl., Rn. 68; *Meyer-Goßner* Rn. 21; *Pfeiffer* Rn. 9; einschränkend SK-StPO/*Rogall* Rn. 55.
[80] So BGH v. 17. 6. 1997 – 4 StR 243/97, NStZ 1997, 502; *Pfeiffer* Rn. 5.
[81] So BGH v. 11. 7. 2008 – 5 StR 202/08, NStZ 2008, 643 = StraFo 2008, 505.
[82] So BGH v. 12. 1. 1996 – 5 StR 756/95, BGHSt 42, 15, 21 = NJW 1996, 1547; ebenso BGH v. 29. 10. 1992 – 4 StR 126/92, BGHSt. 38, 372, 373 f. = NJW 1993, 338; auch *Beulke* NStZ 1996, 257, 262; *Geppert* FS Otto, 2007, S. 913, 926 ff.
[83] BGH v. 21. 5. 1996 – 1 StR 154/96, BGHSt 42, 170, 174 f. = NJW 1996, 2242.
[84] BGH v. 18. 10. 2005 – 1 StR 114/05, NStZ 2006, 236.
[85] Siehe *Neuhaus* StV 2010, 45, 50.
[86] So Anw-StPO/*Walther* Rn. 40; Löwe/Rosenberg/*Hanack*, 25. Aufl., Rn. 71 ff.; *Meyer-Goßner* Rn. 21; im Ergebnis auch SK-StPO/*Rogall* Rn. 53 f.
[87] So dann auch SK-StPO/*Wohlers* § 163 a Rn. 75.
[88] Vgl. AK-StPO/*Achenbach* § 163 a Rn. 31.

§ 136 29, 30   Erstes Buch. Allgemeine Vorschriften

ter den Belehrungspflichten nach § 136 Abs. 1 Satz 2 und bewirkt im Regelfall kein Beweisverwertungsverbot.[89]

29   **3. Ausnahmen vom Verwertungsverbot. a) Kenntnis.** Das Gesetz kennt keine Ausnahme von den Belehrungspflichten. Unabhängig von einer Kenntnis über seine Rechte des § 136 ist ein Beschuldigter von den Verhörspersonen zu belehren, um in der besonders belastenden Situation einer Vernehmung ein aktuelles Bewusstsein zu verschaffen. Insbesondere bei der ersten Vernehmung durch die Polizei ist der Beschuldigte meist unvorbereitet, ohne Ratgeber und auch sonst von der vertrauten Umgebung abgeschnitten, zudem verwirrt und verängstigt.[90] Wer aber seine Rechte des Schweigerechts und der Verteidigerkonsultation kennt, ist nicht im gleichen Maße wie ein Unwissender schutzbedürftig. Der Effektivität der Strafrechtspflege kommt Vorrang zu. Ein Verwertungsverbot greift bei nachgewiesener **Kenntnis** nicht.[91] Der Nachweis der Kenntnis des Beschuldigten ist im **Freibeweisverfahren** zu führen. Bleiben Zweifel, ist nach der Grundentscheidung des Gesetzgebers davon auszugehen, dass es dem Beschuldigten an dieser Kenntnis gefehlt hat.[92] Anders aber, wenn bei der Vernehmung ein Verteidiger anwesend war. In diesem Fall ist von der entsprechenden Kenntnis eines Schweigerechts regelmäßig auszugehen.[93] Diese Vermutung kann aber im Einzelfall widerlegbar sein.

30   **b) Widerspruchslösung.** Der BGH macht den Beruf auf ein Beweisverwertungsverbot an vielen Stellen[94] einer fehlerhaften Beschuldigtenvernehmung davon abhängig, dass ein vom Vorsitzenden informierter Angeklagter bzw. dessen Verteidiger zum Zeitpunkt des § 257 der Verwertung des verfahrensfehlerhaft gewonnenen Beweisergebnisses widerspricht. Trotz aller Einwände[95] hält der BGH an dieser außerhalb des Gesetzes geschaffenen **Widerspruchslösung** fest. Das Gericht **dehnt** dieses Institut aktuell sogar **aus**. Nach Ansicht des BGH muss sich der Angeklagte an einer nicht widersprochenen Einlassung aus dem Ermittlungsverfahren festhalten lassen. Die Nichtausübung des Widerspruchs zum Zeitpunkt des § 257 führt zum **endgültigen Rechtsverlust**. Das gilt nach dem BGH[96] für einen unterlassenen oder verspäteten Widerspruch in der ersten Hauptverhandlung nach Zurückverweisung der Sache durch das Revisionsgericht für die neue Hauptverhandlung. Das gilt auch für das folgende Berufungsverfahren.[97] Das Erfordernis eines Widerspruchs legt dem **Verteidiger** eine **Mitwirkungspflicht** auf, obgleich der Verfahrensfehler im Verantwortungsbereich der Strafverfolgungsorgane geschehen ist. Grundsätzlich sollte von Amts wegen von der Unverwertbarkeit ausgegangen werden, die nur bei Zustimmung des Beschuldigten entfällt. Wenn überhaupt ist die Präklusion auf die konkrete Hauptverhandlung zu beschränken.[98] Dem BGH ist in der **Gerichtspraxis** zwingend im Interesse des Mandanten **zu folgen**. Daher ist es besonders wichtig, dass der **Strafverteidiger** die Frage der Belehrung bei früheren Vernehmungen mit seinem Mandanten genauestens erörtert, um Belehrungsfehler durch einen rechtzeitigen - aber rücknehmbaren -[99] Widerspruch geltend zu machen. Empfohlen wird, den Widerspruch ausdrücklich und zu Protokoll bereits **vor der unverwertbaren Beweiserhebung** zu erheben, um die Beweiserhebung möglichst zu vermeiden.[100] Auf eine vergleichbar revolutionäre Wende der Rechtsprechung wie mit BGHSt 38, 214 ist zu hoffen.

---

[89] Dazu BGH v. 20. 12. 2007 – 3 StR 318/07, NStZ 2008, 356; BGH v. 25. 9. 2007 – 5 StR 116/01 und 5 StR 475/02, NJW 2008, 307; *Geppert* Anm. zu BGH v. 20. 12. 2007 – 3 StR 318/07, JK 2008 WÜK Art. 36/2; *Geppert* Anm. zu BGH v. 25. 9. 2007 – 5 StR 116/01 und 5 StR 475/02, JK 2008 WÜK Art. 36/1 a, b; *Kreß* GA 2007, 296, 304 ff.; für ein solches dagegen *Gless* JR 2008, 317, 326; Weiteres bei *Roxin/Schünemann* § 24 Rn. 36.
[90] Darauf weist BGH v. 27. 2. 1992 – 5 StR 101/91, BGHSt 38, 214, 222 = NJW 1992, 1463.
[91] So BGH v. 22. 11. 2001 – 1 StR 220/01, BGHSt 47, 172, 173 f. = NJW 2002, 975; BGH v. 10. 8. 1994 – 3 StR 53/94, NStZ 1994, 595, 596; *Eisenberg* Rn. 576; *Pfeiffer* Rn. 4, 9; *Beulke* Rn. 117.
[92] So BGH v. 22. 11. 2001 – 1 StR 220/01, BGHSt 47, 172, 173 f. = NJW 2002, 975.
[93] So BGH v. 27. 2. 1992 – 5 StR 190/91, BGHSt 38, 214, 225 = NJW 1992, 1463; auch Anw-StPO/*Walther* Rn. 34; Widmaier/*Deckers* MAH Strafverteidigung § 44 Rn. 73.
[94] Siehe BGH v. 9. 11. 2005 – 1 StR 447/05, JZ 2006, 473; BGH v. 17. 6. 1997 – 4 StR 243/97, NStZ 1997, 502; BGH v. 12. 1. 1996 – 5 StR 756/94, BGHSt 42, 15, 22 ff. = NJW 1996, 1547; BGH v. 20. 12. 1995 – 5 StR 680/94, NStZ 1996, 200, 202; BGH v. 27. 2. 1992 – 5 StR 190/91, BGHSt 38, 214, 225 f = NJW 1992, 1463; als Voraussetzung eines Beweisverwertungsverbots BGH v. 7. 3. 2006 – 1 StR 316/05, BGHSt 51, 1, 3 = NJW 2006, 1361; zaghafte Zweifel in BGH v. 20. 12. 2007 – 3 StR 318/07, NStZ 2008, 356; zustimmend: Anw-StPO/*Walther* Rn. 35; *Meyer-Goßner* Rn. 25; *Pfeiffer* Rn. 9.
[95] Bei *Bernsmann* StraFo 1998, 73, 76; *Beulke* Jura 2008, 653, 655; *Brüssow* StraFo 1998, 294, 298; *Dahs* StraFo 1998, 253; *Geppert*, FS Otto, 2007, S. 913, 929 f.; HK-GS/*Jäger* Rn. 31; Löwe/Rosenberg/*Gless* Rn. 82 ff.; Löwe/Rosenberg/*Hanack*, 25. Aufl., Rn. 57 ff.; *Meyer-Mews* StraFo 2009, 141; SK-StPO/*Wohlers* § 163 a Rn. 81; *Beulke* Rn. 150; *Putzke/Scheinfeld* Rn. 391 ff.
[96] BGH v. 9. 11. 2005 – 1 StR 447/05, BGHSt 50, 272 = NJW 2006, 707 = JZ 2006, 473, mAnm *Fezer*.
[97] So OLG Stuttgart v. 4. 3. 1997 – 4 Ss 1/97, NStZ 1997, 405; anders zutreffend OLG Bremen v. 2. 7. 1991 – Ss 22/91, StV 1992, 59.
[98] Siehe *Fezer* Anm. zu BGH v. 9. 11. 2005 – 1 StR 447/05, JZ 2006, 474.
[99] So BGH v. 12. 1. 1996 – 5 StR 756/94, BGHSt 42, 15, 23 = NJW 1996, 1547.
[100] Siehe *Brüssow* StraFo 1998, 294, 298; *Dahs* StraFo 1998, 253, 254.

Die Widerspruchslösung wendet der BGH[101] auch an, wenn der Beschuldigte infolge seines geis- 31
tig-seelischen Zustandes die Belehrung nicht verstanden hat. Ist ein solcher Beschuldigter aussagebereit, will der BGH von dessen Vernehmung nicht absehen. Wissensdefizit und Verständnisdefizit sind gleichzusetzen.[102] Über die Verwertung entscheidet der Beschuldigte mit seinem Verteidiger. Anzunehmen ist,[103] dass ein Beschuldigter mit einem geistig-seelischen Defekt **vernehmungsunfähig** ist, der im Normalverfahren – anders im Sicherungsverfahren – eben nicht vernommen werden darf.

c) Nachweis des Belehrungsfehlers. Alle Regeln über eine korrekte Belehrung sind bedeutungs- 32
los, wenn ein effektiver Nachweis nicht möglich ist. Wenn sich im **Freibeweisverfahren** nicht eindeutig klären lässt, ob der Beschuldigte korrekt nach § 136 belehrt worden ist, nimmt die Rechtsprechung eine zulässige Verwertung an. „In dubio pro reo" soll bei Verfahrensfragen – bedauerlicherweise – nicht gelten.[104] Die Strafverfolgungsorgane sollen die entsprechenden Vorgänge und Erklärungen dokumentieren[105] – § 168a und Nr. 45 RiStBV. Die Beweislast[106] liegt jedoch beim Beschuldigten. An diesem Grundsatz bestehen berechtigte Zweifel, wenn die Vermutung rechtmäßigen Verfahrensverhaltens staatlicher Verfolgungsorgane nachhaltig erschüttert ist.[107] Das sollte bei der Bedeutung der Aussagefreiheit für das rechtsstaatliche Verfahren der Fall sein. Ist die Belehrung nicht dokumentiert, ist entgegen der herrschenden Rechtspraxis davon auszugehen, dass sie nicht stattgefunden hat, wenn sich nicht auf andere Weise das Gegenteil feststellen lässt.[108] In einer **Entscheidung**, die in ihrer Bedeutung noch[109] zu wenig Beachtung erhalten hat, geht jetzt auch der BGH[110] wohl diesen Weg. Wenn keinerlei hinreichenden verlässlichen Anhaltspunkte für eine erfolgte Belehrung vorliegen und wenn hinzukommend kein Aktenvermerk nach Nr. 45 RiStBV gefertigt wurde, ist eine freibeweisliche Würdigung im Sinne einer angenommenen Belehrung nicht möglich. Es müssen daher Hinweise für eine erfolgte Belehrung vorliegen, die sich nicht näher aufklären lassen. Die **unsubstantiierte Behauptung** einer unterlassenen Belehrung begründet noch kein Verwertungsverbot.[111] Protokollierung oder Aktenvermerk sind Indizien dafür. Es müssen dann konkrete Anhaltspunkte dafür vorliegen, dass die Protokollierung inhaltlich falsch ist – Beweislast beim Beschuldigten. Fehlt es an der Protokollierung oder am Aktenvermerk, darf das Tatgericht eine Belehrung nur annehmen, wenn konkrete Anhaltspunkte für eine solche vorliegen – Beweislast bei den Strafverfolgungsorganen.

Eine Kontrolle[112] des Vernehmungsablaufs ist durch Einsatz von Bild- und Tonaufzeichnungen 33
oder durch eine zwingende Anwesenheit eines Verteidigers insbesondere bei den polizeilichen Vernehmungen möglich, um die Rechtmäßigkeit der Vernehmung im Interesse des Beschuldigten, aber auch im Interesse des fairen Verfahrens zu überwachen.

d) Heilung (qualifizierte Belehrung). Beachtenswert ist, dass zunehmend für die Heilung eines 34
Belehrungsfehlers durch **Wiederholung** der Vernehmung eine sog. **qualifizierte Belehrung** gefordert wird.[113] Dem Beschuldigten muss deutlich gemacht werden, dass seine frühere Aussage unverwertbar ist, dh., dass sie weder im Wege des Urkundsbeweises noch durch Vernehmung der Verhörsperson noch mittels Vorhalt zum Gegenstand des Verfahrens gemacht werden darf. Nur auf diese Weise wird das geforderte Maß an Entscheidungsfreiheit als Prozesssubjekt gewahrt. Der **BGH**[114] fordert jetzt auch eine qualifizierte Belehrung. Wird ein Tatverdächtiger zu Unrecht als Zeuge vernommen, ist er wegen des Belehrungsverstoßes bei Beginn der nachfolgenden Beschuldigtenvernehmung auf die Nichtverwertbarkeit der früheren Angaben hinzuweisen. Geht

---

[101] BGH v. 12. 10. 1993 – 1 StR 475/93, BGHSt 39, 349 = NJW 1994, 333.
[102] So *Geppert* Anm. zu BGH v. 12. 10. 1993 – 1 StR 475/93, JK 1994 StPO § 136 I/10.
[103] So Löwe/Rosenberg/*Hanack*, 25. Aufl., Rn. 60.
[104] So maßgeblich BGH v. 27. 2. 1992 – 5 StR 190/91, BGHSt 38, 214, 224 = NJW 1992, 1463; wichtig auch OLG Hamburg v. 14. 6. 2005 – IV-1/04, NJW 2005, 2326.
[105] So BGH v. 12. 1. 1996 – 5 StR 756/94, BGHSt 42, 15, 19 = NJW 1996, 1547.
[106] Dazu *Trüg/Habetha* NStZ 2008, 481, 487.
[107] Vgl. Löwe/Rosenberg/*Hanack*, 25. Aufl., § 136 a Rn. 69; *Beulke* Rn. 143. S. u. § 136 a Rn. 52.
[108] Siehe Löwe/Rosenberg/*Hanack*, 25. Aufl., Rn. 54; auch *Meyer-Goßner* Rn. 20.
[109] Siehe KK-StPO/*Diemer* Rn. 27; Löwe/Rosenberg/*Gless* Rn. 78; *Meyer-Goßner* Rn. 20.
[110] BGH v. 8. 11. 2006 – 1 StR 454/06, StV 2007, 65 = JR 2007, 125, mAnm *Wohlers*.
[111] Dazu *Wohlers* Anm. zu BGH v. 8. 11. 2006 – 1 StR 454/96, JR 2007, 126.
[112] Siehe die Forderung von *Ransiek* StV 1994, 343, 346 f.; *ders.* Die Rechte des Beschuldigten in der Polizeivernehmung, S. 93.
[113] Angedeutet vom BGH selbst in BGH v. 22. 11. 2001 – 1 StR 220/01, BGHSt 47, 172, 175; deutlich jetzt BGH v. 26. 7. 2007 – 3 StR 104/07, BGHSt 52, 11, 23 = NStZ 2007, 714, 716; auch OLG Hamm v. 7. 5. 2009 – 3 Ss 85/08, NStZ-RR 2009, 283; ebenso *Geppert*, FS Oehler, 1983, S. 323, 339; AK-StPO/*Achenbach* § 163 a Rn. 30; skeptisch weiterhin Anw-StPO/*Walther* Rn. 17; *Eisenberg* Rn. 577; KK-StPO/*Diemer* Rn. 27; Löwe/Rosenberg/*Gless* Rn. 106; Löwe/Rosenberg/*Hanack*, 25. Aufl., Rn. 74; *Beulke* Rn. 119; *Roxin/Schünemann* § 24 Rn. 33.
[114] Siehe BGH v. 9. 6. 2009 – 4 StR 170/09, NStZ 2009, 702; BGH v. 27. 5. 2009 – 1 StR 99/09, StV 2010, 3; BGH v. 18. 12. 2008 – 4 StR 455/08, NStZ 2009, 281 = NJW 2009, 1427 = StV 2010, 1; auch OLG Hamm v. 7. 5. 2009 – 3 Ss 85/08, NStZ-RR 2009, 283.

§ 136a   Erstes Buch. Allgemeine Vorschriften

der BGH damit einen erfreulichen Schritt, zögert er, indem er beim Unterbleiben dieser geforderten qualifizierten Belehrung trotz erhobenen Widerspruchs die nach der Belehrung gemachten Angaben nach Maßgabe einer **Abwägung im Einzelfall** für verwertbar erklärt. Die Abwägung ist unter Berücksichtigung des Interesses an der Sachaufklärung einerseits sowie des Gewichts des Verfahrensverstoßes andererseits vorzunehmen.[115] Der Verstoß gegen die Pflicht zur qualifizierten Belehrung soll nicht dasselbe Gewicht haben wie der Verstoß gegen die Belehrung nach § 136 Abs. 1. Als ein Abwägungskriterium erachtet der BGH, ob der Betreffende nach erfolgter – einfacher – Beschuldigtenbelehrung davon ausgegangen ist, von seinen früheren Angaben nicht mehr abrücken zu können. Das überzeugt nicht.[116] Die Belehrungspflicht soll eine irrtümliche Selbstbelastung verhindern. Sie ist auch Ausdruck der Achtung der Menschenwürde. Dies trifft auch auf die qualifizierte Belehrung zu. Der BGH[117] selbst spricht in diesem Zusammenhang von einem Kernstück des von Art. 6 Abs. 1 EMRK garantierten fairen Verfahrens. Ein Verwertungsverbot wäre die konsequente Folge.

35   **4. Fernwirkung.** Ob die aus § 136 folgenden Verwertungsverbote eine **Fernwirkung** besitzen, ist als **allgemeines Problem der Beweisverbotslehre** umstritten.[118] Zu unterscheiden ist, ob die fehlerhaft gewonnene Aussage zur Anknüpfung weiterer Ermittlungen oder zur Grundlage von Ermittlungsmaßnahmen gemacht werden kann und auch, ob andere Beweismittel wie Zeugen oder Augenscheinsobjekte, die durch die Aussage entdeckt worden sind, verwertet werden dürfen. Dies ist für § 136 wenig erörtert. Der BGH[119] hat in einer Entscheidung zur Hörfalle eine solche Fernwirkung im ganzen Umfang abgelehnt. Dagegen beruht das weitere Verfahren gerade auf der geschehenen Rechtsverletzung, wenn die unzulässig erlangten Beweise auch nur teilweise verwendet werden.[120] Die Strafverfolgungsorgane haben keinen Anspruch auf die Verwertung der rechtswidrig erlangten Information. Das Verwertungsverbot sollte daher auch einer Verwertung im Ermittlungsverfahren im Sinne einer Fernwirkung entgegenstehen.[121]

V. Rechtsbehelfe/Rechtsmittel

36   Das nicht geheilte relevante Unterlassen der Belehrung begründet die **Revision**, wenn das Urteil darauf beruht. Wird die verfahrensfehlerhaft gewonnene Aussage des Beschuldigten nicht im Urteil verwertet, ist das Beruhen ausgeschlossen.[122] Das gilt auch, wenn kein revisibles Verwertungsverbot besteht. Die Revisionsbegründung muss neben dem Inhalt und Verwertung der Aussage das Unterbleiben der Belehrung und den fehlenden Ausschluss des Verwertungsverbots darlegen, insbesondere den Hinweis[123] auf den rechtzeitigen Widerspruch in der Hauptverhandlung enthalten. Die Anforderungen an die Voraussetzungen des § 344 Abs. 2 Satz 2 sind bei der Verfahrensrüge, dass das Recht des Angeklagten auf Zuziehung eines Verteidigers in unzulässiger Weise beschränkt worden ist, – zu – streng: Die Revision muss die Umstände des Zustandekommens der Aussage entsprechend BGHSt. 42, 15 umfassend darlegen.[124] Insbesondere muss der Beschwerdeführer in der Revisionsrechtfertigungsschrift mitteilen, wie er sich auf die Frage der Polizei nach seiner Bereitschaft, im Anschluss an die Rücksprache mit seinem Verteidiger zu Sache auszusagen, verhalten hat.[125]

§ 136a [Verbotene Vernehmungsmethoden]

(1) ¹Die Freiheit der Willensentschließung und der Willensbetätigung des Beschuldigten darf nicht beeinträchtigt werden durch Mißhandlung, durch Ermüdung, durch körperlichen Eingriff, durch Verabreichung von Mitteln, durch Quälerei, durch Täuschung oder durch Hypnose. ²Zwang darf nur angewandt werden, soweit das Strafverfahrensrecht dies zuläßt. ³Die Drohung mit einer nach seinen Vorschriften unzulässigen Maßnahme und das Versprechen eines gesetzlich nicht vorgesehenen Vorteils sind verboten.

---

[115] So BGH v. 9. 6. 2009 – 4 StR 170/09, NStZ 2009, 702, 703; OLG Hamm v. 7. 5. 2009 – 3 Ss 85/08, NStZ 2009, 283.
[116] Siehe *Geppert* Anm. zu BGH v. 18. 12. 2008 – 4 StR 455/08, JK 2009 StPO § 136/19; *Gless/Wennekers* Anm. zu BGH v. 18. 12. 2008 – 4 StR 455/08, JR 2009, 383; *Neuhaus* StV 2010, 45, 51; *Roxin* HRRS 2009, 186.
[117] So BGH v. 18. 12. 2008 – 4 StR 455/08, StV 2010, 1, 2.
[118] S. u. § 136 a Rn. 42 ff.
[119] BGH v. 20. 12. 1995 – 5 StR 680/94, NStZ 1996, 200, 201.
[120] So *Ransiek*, Die Rechte des Beschuldigten in der Polizeivernehmung, S. 90 f.; siehe auch *Amelung*, FS Roxin, 2001, S. 1259, 1262.
[121] So SK-StPO/*Rogall* Vor § 133 Rn. 160, 177; SK-StPO/*Wohlers* § 163 a Rn. 84.
[122] Siehe *Pfeiffer* Rn. 10.
[123] Siehe BGH v. 17. 6. 1997 – 4 StR 243/97, NStZ 1997, 502; auch Anw-StPO/*Walther* Rn. 41; *Eisenberg* Rn. 579.
[124] Siehe BGH v. 28. 10. 1998 – 5 StR 294/98, NStZ 1999, 154; auch Löwe-Rosenberg/*Gless* Rn. 116.
[125] So BGH v. 16. 9. 2009 – 2 StR 299/09, NStZ 2010, 97.

(2) Maßnahmen, die das Erinnerungsvermögen oder die Einsichtsfähigkeit des Beschuldigten beeinträchtigen, sind nicht gestattet.

(3) [1] Das Verbot der Absätze 1 und 2 gilt ohne Rücksicht auf die Einwilligung des Beschuldigten. [2] Aussagen, die unter Verletzung dieses Verbots zustande gekommen sind, dürfen auch dann nicht verwertet werden, wenn der Beschuldigte der Verwertung zustimmt.

Schrifttum: *Adler*, Für die Zurückweisung eines anwaltlichen Zeugenbeistands wegen angeblicher Interessenkollision gibt es keine Rechtsgrundlage, StraFo 2002, 146; *Ambos*, Die transnationale Verwertung von Folterbeweisen, StV 2009, 151; *Ambos/Rackow*, Das Baguette des Terroristen, Jura 2006, 943; *Amelung*, Die Rechtsprechung des Bundesverfassungsgerichts seit 1990 zum Schutz der materiellen Grundrechte im Strafverfahren, StV 2002, 161; *Beulke*, Beweiserhebungs- und Beweisverwertungsverbote im Spannungsfeld zwischen den Garantien des Rechtsstaates und der effektiven Bekämpfung von Kriminalität und Terrorismus, Jura 2008, 653; *Bockemühl*, Private Ermittlungen im Strafprozess, 1996; *Bruns*, Liechtenstein oder das Beweisverwertungsverbot, StraFo 2008, 189; *Bung*, Objektiv unzulässiger oder intentionaler Zwang als Voraussetzung eines Beweisverwertungsverbots nach § 136a Abs. 1 S. 2 StPO, StV 2008, 495; *Dallinger*, Aus der Rechtsprechung des Bundesgerichtshofes in Strafsachen, MDR 1971, 15; *Esser*, EGMR in Sachen Gäfgen v. Deutschland (22978/05, Urt. v. 30. 6. 2008), NStZ 2008, 657; *Esser*, Grenzen für verdeckte Ermittlungen gegen inhaftierte Beschuldigte aus dem europäischen nemo-tenetur-Grundsatz, JR 2004, 98; *Geppert*, Anmerkung zu BGH v. 17. 12. 1998 – 1 StR 156/98, JK 1999 StPO § 136a/11; *Geppert*, Anmerkung zu OLG Frankfurt a. M. v. 11. 10. 1996 – 1 Ss 28/96, JK 1997 StPO § 81a/2; *Geppert*, Anmerkung zu BGH v. 27. 9. 1988 – 1 StR 187/88, JK 1989 StPO § 136a/6; *Hauck*, Lauschangirff in der U-Haft, NStZ 2010, 17; *Jäger, Chr.*, Das Verbot der Folter als Ausdruck der Würde des Staates, FS Herzberg, 2008, S. 539; *Jahn*, Beweiserhebungs- und Beweisverwertungsverbote im Spannungsfeld zwischen den Garantien des Rechtsstaates und der effektiven Bekämpfung von Kriminalität und Terrorismus, Gutachten C für den 67. Deutschen Juristentag 2008; *Jahn*, Ausforschung einer Beschuldigten durch Wahrsagerin in der Untersuchungshaft, JuS 2000, 441; *Jaworski*, Polygraphische Untersuchung in der polnischen Ermittlungspraxis, NStZ 2008, 195; *Jeßberger*, „Wenn Du nicht redest, füge ich Dir große Schmerzen zu.", Jura 2003, 711; *Kargl/Kirsch*, Zur Zulässigkeit eines untauglichen Beweismittels im Strafverfahren – BGHSt 44, 308, JuS 2000, 537; *Kölbel*, Die Verwerbarkeit privat-deliktisch beschaffter Bankdaten, NStZ 2008, 214; *Krack*, Der Normzweck des § 136a StPO, NStZ 2002, 120; *Kramer*, Unerlaubte Vernehmungsmethoden in der Untersuchungshaft – BGH v. 28. 4. 1987 – 5 StR 666/86 –, Jura 1988, 520; *Kühne*, Unzeitgemäße Betrachtungen zum Problem des Terrorismus, FS Schwind, 2006, S. 103; *Leipold*, Heimliche Überwachung von Besuchergesprächen in der U-Haft, NJW-Spezial 2009, 521; *Mitsch*, Tod auf Mallorca – Verwertungsverbot wegen unzulässiger verdeckter Ermittlungsmethoden, Jura 2008, 211; *Münchhalffen*, Apokryphe Haftgründe in Wirtschaftsstrafverfahren, StraFo 1999, 332; *Prittwitz*, Strafwürdigkeit und Strafbarkeit von Folter und Folterandrohung im Rechtsstaat, FS Herzberg, 2008, S. 515; *Putzke/Scheinfeld/Klein/Undeutsch*, Polygraphische Untersuchungen im Strafprozess, ZStW 121 (2009), 607; *Radbruch*, Grenzen der Kriminalpolizei, FS Sauer, 1949, S. 121; *Renzikowski*, Anmerkung zu BGH v. 26. 7. 2007 – 3 StR 104/07, JR 2008, 164; *Rogall*, Zur Zulässigkeit einer heimlichen akustischen Überwachung von Ehegattengesprächen in der Untersuchungshaft, MRRS 2010, 289; *Rogall*, Anmerkung zu BGH v. 26. 7. 2007 – 3 StR 104/07, NStZ 2008, 110; *Rogall*, Die Vergabe von Vomitivmittel als strafprozessuale Zwangsmaßnahme, NStZ 1998, 66; *Roxin*, Zur verdeckten Befragung des Beschuldigten, NStZ-Sonderheft 2009, 41; *Roxin*, Kann staatliche Folter in Ausnahmefällen zulässig oder wenigstens straflos sein?, FS Eser, 2005, S. 461; *Roxin*, Zum Hörfallen-Beschluss des Großen Senats, NStZ 1997, 18; *Roxin*, Nemo tenetur: die Rechtsprechung am Scheideweg, NStZ 1995, 465; *Safferling*, Die zwangsweise Verabreichung von Brechmittel: Die StPO auf dem menschenrechtlichen Prüfstand, Jura 2008, 100; *Satzger*, Der Einfluss der EMRK auf das deutsche Straf- und Strafprozessrecht, Jura 2009, 759; *Satzger*, Anmerkung zu BGH v. 27. 7. 2007 – 3 StR 104/07, JK 2008 StPO § 136 I/17; *Scheffler*, Freund- und Feindstrafrecht, FS Schwind, 2006, S. 123; *Schroth*, Beweisverwertungsverbote im Strafverfahren – Überblick, Strukturen, Thesen zu einem umstrittenen Thema, JuS 1998, 969; *Schünemann*, Die Liechtensteiner Steueräffäre als Menetekel des Rechtsstaats, NStZ 2008, 305; *Sieber*, Ermittlungen in Sachen Liechtenstein – Fragen und erste Antworten, NJW 2008, 881; *Trüg/Habetha*, Beweisverwertung trotz rechtswidriger Beweisgewinnung – insbesondere mit Blick auf die „Liechtensteiner Steueraffäre", NStZ 2008, 481; *Weigend*, Anmerkung zu LG Frankfurt a. M. v. 9. 4. 2003 – 5/22 Ks 3490 Js 230118/02, StV 2003, 436.

Übersicht

	Rn.
I. Allgemeines	1–4
II. Anwendungsbereich	5–9
III. Verbotene Methoden	10–39
1. Körperliche Eingriffe	11–18
a) Misshandlung	11
b) Quälerei	12
c) Verabreichung von Mitteln	13
d) Brechmitteleinsatz	14
e) Körperlicher Eingriff	15
f) Ermüdung	16, 17
g) Verbot der Folter	18
2. Täuschung	19–22
3. Seelische Einflussnahme	23–28
4. Erinnerungsvermögen	29
5. Weitere Beispiele	30–39
IV. Beweisverwertungsverbot	40–50
1. Umfang	40, 41
2. Fernwirkung	42–45
3. Private Drittwirkung?	46–50
V. Nachweis des Verfahrensverstoßes	51–55
VI. Rechtsbehelfe/Rechtsmittel	56, 57

I. Allgemeines

1 Die Norm hat eine individualrechtliche und eine überindividuelle Komponente. Der individualrechtliche Hintergrund ist der Schutz der **Menschenwürde**.[1] Der Beschuldigte ist in einem rechtsstaatlichen Strafverfahren ein eigenverantwortliches **Prozesssubjekt**. Seine Menschenwürde und die Achtung seiner Grundrechte verbieten eine willkürliche Behandlung als Objekt zu staatlichen Zwecken. Der Beschuldigte ist in seiner Freiheit und Persönlichkeit zu achten. Das verbietet jede Beeinträchtigung der Willensfreiheit. Auch ohne § 136 a folgt das aus Art. 1 GG und den im GG erwähnten weiteren Menschenrechten. Die überindividuelle Komponente liegt im **Selbstverständnis** eines **liberalen Rechtsstaats**.[2] In einem solchen gilt der allgemeine Grundsatz, dass die Wahrheit nicht um jeden Preis erforscht werden darf. Ein rechtsstaatliches Strafverfahren, das die Menschenrechte achtet, darf sich der in § 136 a verbotenen Vernehmungsmethoden in keinem Fall bedienen, wenn es nicht seinen rechtsstaatlichen Charakter verlieren will.

2 Ein Beschuldigter verwirkt seine Grundrechte in keinem Fall, egal welche Delikte ihm vorgeworfen werden. Das **rechtsstaatliche Allgemeininteresse** der effektiven Strafverfolgung steht im **Konflikt** mit dem begrenzenden **Individualinteresse der Achtung der Menschenwürde** und der Grundrechte. Im Einzelfall mag die Effektivität der Strafverfolgung zurückstehen müssen. Darin beweist sich der grundrechtliche Rechtsstaat. Jeder Gedanke an ein neben dem rechtsstaatlichen **Bürgerstrafrecht** stehendes **Feindstrafrecht**, das den grundrechtlichen Schutz des rechtsstaatlichen Strafverfahrens auflöst, ist ausnahmslos zurückzuweisen. Kriminelle, seien es auch Terroristen welcher Art auch immer, dürfen nicht zu einem Feind der Gesellschaft entmenschlicht und verdinglicht werden, um sie der rechtsstaatlichen Garantien und der Achtung ihrer Menschenrechte zu entziehen.[3]

3 Die Norm schützt faktisch auch die **Wahrheitsfindung**.[4] Eine abgezwungene, erschlichene oder sonst unfreiwillige Aussage steht nicht für die Gewähr von Wahrheit.

4 Neben der Bestimmung der verbotenen Methoden setzt Abs. 3 ein **Beweisverwertungsverbot** fest. Daneben nimmt Abs. 3 dem Beschuldigten die Dispositionsmacht. Hier zeigt sich die überindividuelle Komponente des Schutzzwecks. Die Menschenwürde und vor allem das Selbstverständnis des Rechtsstaats sind nicht disponibel.

II. Anwendungsbereich

5 Wie in § 136[5] sind die **persönlichen** Normadressaten des § 136 a die **Strafverfolgungsorgane** und ihre **Ermittlungsgehilfen**: Richter, Staatsanwälte (§ 163 a Abs. 3), Polizeibeamte (§ 163 a Abs. 4) einschließlich verdeckter Ermittler.[6] Sie verkörpern die rechtsstaatliche Strafverfolgung. Unmittelbar richtet sich § 136 a an die staatlichen Strafverfolgungsorgane der BRD. Die Strafverfolgungsorgane dürfen die Methoden weder selbst anwenden noch durch andere anwenden lassen. Durch dieses Verlagerungsverbot gilt § 136 a auch für Sachverständige und Augenscheinsgehilfen.[7] Das **Umgehungsverbot** erfasst auch die miterwähnten verdeckten Ermittler.[8] Nur soviel: In deren Kontaktaufnahme mit ihrer Zielperson liegt noch nicht zwingend eine Vernehmung oder eine vernehmungsähnliche Situation.[9]

6 § 136 a gilt im **Bußgeldverfahren** entsprechend (§ 46 OWiG). Sie gilt auch in Vernehmungen nach den **Länderpolizeigesetzen** (etwa § 18 Abs. 6 BerlinerASOG und § 15 Abs. 4 Brandenburgisches Polizeigesetz)[10] und bei Befragungen durch die Bundespolizei (§ 22 Abs. 4 BPolG).

7 Der Staat darf sich durch Auslagerung der Strafrechtspflege auf **Private** nicht seiner rechtsstaatlichen und grundrechtlichen Bindung entledigen. Wenn er **gezielt** private Personen zur Ermittlungsarbeit einsetzt, ist ihm deren Verhalten wie eigenes Verhalten **zuzurechnen**.[11] § 136 a gilt.

---

[1] Siehe: LG Hannover v. 18. 9. 1986 – KLs 82 Js 49 848/85 – 33a43/86 (nr), StV 1986, 521, 522; *Jahn* JuS 2000, 441, 442; einschränkend *Krack* NStZ 2002, 120 f; *Kramer* Jura 1988, 520, 521; *Eisenberg* Rn. 625; Löwe/Rosenberg/ Gless Rn. 3; *Pfeiffer* Rn. 1; SK-StPO/*Rogall* Rn. 3; *Beulke* Rn. 130.
[2] Siehe BGH v. 21. 7. 1998 – 5 StR 302/97, BGHSt 44, 129, 134 = NJW 1998, 3506; *Jahn* JuS 2000, 441, 442; *Kramer* Jura 1988, 520, 522; *Eisenberg* Rn. 625; Löwe/Rosenberg/Gless Rn. 3; *Pfeiffer* Rn. 1; SK-StPO/*Rogall* Rn. 4; *Beulke* Rn. 130.
[3] Siehe auch *Kühne*, FS Schwind, 2006, S. 103, 105; dazu *Scheffler*, FS Schwind, 2006, S. 123.
[4] So *Jahn* C 25; *Krack* NStZ 2002, 120, 121 f.; *Kramer* Jura 1988, 520, 521; *Joecks* Rn. 1; *Eisenberg* Rn. 625; verneinend SK-StPO/*Rogall* Rn. 5.
[5] S. o. § 136 Rn. 2 ff.
[6] Vgl. *Eisenberg* Rn. 628; *Meyer-Goßner* Rn. 2; SK-StPO/*Rogall* Rn. 7.
[7] So *Eisenberg* Rn. 629; *Meyer-Goßner* Rn. 2; Widmaier/*Deckers* MAH Strafverteidigung § 44 Rn. 97.
[8] Siehe *Joecks* Rn. 9; *Beulke* Rn. 481 e.
[9] Siehe SK-StPO/*Rogall* Rn. 7.
[10] Fassung v. 11. 10. 2006 (GVBl. 930) bzw. für Brandenburg Fassung v. 18. 12. 2008 (GVBl. I/08 355).
[11] Siehe BGH v. 21. 7. 1998 – 5 StR 302/97, BGHSt 44, 129, 134 f. = NJW 1998, 3506; *Esser* JR 2004, 98, 104; Anw-StPO/*Walther* Rn. 8; *Eisenberg* Rn. 630; SK-StPO/*Rogall* Rn. 7, 12; *Beulke* Rn. 131.

§ 136a bindet aber grundsätzlich private Personen nicht – keine Drittwirkung. Zweifelhaft ist die Verwertung von Beweisergebnissen, wenn Private ohne einen solchen staatlichen Auftrag handeln und gegen die Grundsätze des § 136a verstoßen. Die gleiche Problematik stellt sich, wenn es um die Beweisverwertung von Erkenntnissen vor deutschen Gerichten geht, die von ausländischen Staaten mit verbotenen Beweiserhebungsmethoden wie Folter oder anderen menschenrechtswidrigen Maßnahmen gewonnen wurden – als Beispiel dient der Fall „El Motassadeq".[12] Nähere Anmerkungen in Rn. 46 f.

Niemand darf den Methoden des § 136a ausgesetzt werden. **Geschützt** wird der **Beschuldigte**, und das bei richterlichen, staatsanwaltlichen (§ 163a Abs. 3) und polizeilichen (§ 163a Abs. 4) Vernehmungen. Geschützt werden auch der **Zeuge** (§ 69 Abs. 3) und der **Sachverständige** (§ 72), und auch das bei richterlichen, staatsanwaltlichen (§ 161a Abs. 1) und polizeilichen (der neue § 163 Abs. 3 durch Verweis auf § 69 Abs. 3) Vernehmungen.

Wie § 136 beschränkt sich der **sachliche** Anwendungsbereich des § 136a auf die **Vernehmungssituation**. Es ist dem Staat und seinen Organen jedoch im Ganzen und nicht allein in der Vernehmungssituation verboten, seine Bürger zu misshandeln, zu erniedrigen oder sonst unmenschlich oder entwürdigend zu behandeln. Eine Vernehmung liegt vor, wenn der Vernehmende in amtlicher Funktion dem Beschuldigten gegenübertritt und in dieser amtlichen Funktion Auskünfte verlangt (sog. formeller Vernehmungsbegriff).[13] Auf **vernehmungsähnliche Situationen** ist § 136a wie eben auch § 136 entsprechend anzuwenden, da eine **Umgehung** der grundrechtlichen Schutzvorschriften verboten ist. Eine vernehmungsähnliche Situation ist dadurch geprägt, dass sich die vernommene Person der aushorchenden Situation nicht entziehen kann. Dieser faktische Zwangscharakter nimmt dem Gespräch den Charakter des eigenen privaten Lebensrisikos. Typisch für eine vernehmungsähnliche Situation ist auch, dass sie eine förmliche Vernehmung gezielt ersetzen soll. Hier zeigt sich erneut die bekannte schwierige Abgrenzung zwischen einer **Vernehmungssituation**, die den Regeln der StPO in analoger Weise unterfällt, und einem – überwachten – **Privatgespräch**, das der Beschuldigte in eigener Verantwortung und auf eigenes Risiko führt – dazu mehr bei den einzelnen Maßnahmen. Letztendlich bleibt auch die Möglichkeit, eine strafprozessuale Maßnahme anhand allgemeiner rechtsstaatlicher Grundsätze zu überprüfen.[14]

III. Verbotene Methoden

§ 136a enthält einen **nicht abschließenden** Kernkatalog[15] verbotener Vernehmungsmethoden. Wenn es § 136a nicht gäbe, würden die genannten Vernehmungsmethoden unmittelbar aus der Achtung der Menschenwürde und aus dem rechtsstaatlichen Prinzip als verboten gelten. Im Einzelfall ist die Einordnung einer strafprozessualen Maßnahme unter die verbotenen Methoden auch durch Überschneidungen schwierig. Eine gewisse Beeinflussung des Aussageverhaltens erscheint sozialadäquat. Dem Beschuldigten muss die Freiheit genommen werden, frei über das Ob und Wie seiner Aussage zu entscheiden. Der Verhaltensspielraum der Willensfreiheit des Beschuldigten muss erheblich beeinträchtigt werden.[16] Es hat sich eine umfängliche Kasuistik zu § 136a gebildet.

1. Körperliche Eingriffe. a) Misshandlung. Als Misshandlung gilt jedes Tun und garantenpflichtwidrige Unterlassen, das die körperliche Unversehrtheit oder das körperliche Wohlbefinden nicht unerheblich beeinträchtigt.[17]

b) Quälerei. Der Übergang zur **Quälerei** ist fließend: Quälerei ist die Zufügung länger dauernder oder sich wiederholender körperlicher oder seelischer Schmerzen oder Leiden durch Tun oder Unterlassen.[18] Beispiele sind Scheinerschießungen oder Dunkelhaft. Nach dem BGH[19] stellt das Hinführen eines Beschuldigten zur Leiche des Opfers mit dem Ziel, von ihm Erklärungen zu der Beschuldigung zu erlangen, eine Quälerei oder einen seelischen Zwang dar, wenn angesichts der Persönlichkeit des Beschuldigten und der sonstigen Umstände der Anblick der Leiche für ihn besonders Schmerz bereitend und quälend und daher geeignet ist, seine Willensentschließung und

---

[12] Siehe OLG Hamburg v. 14. 6. 2005 – IV - 1/04, NJW 2005, 2326.
[13] Siehe BGH v. 18. 5. 2010 – 5 StR 51/10, BeckRS 2010, 13972, Rn. 16; BGHGrS v. 13. 5. 1996 – GSSt 1/96, BGHSt 42, 139, 145 = NJW 1996, 2940; *Roxin* NStZ 1995, 465; *Eisenberg* Rn. 510; *Joecks* Rn. 6; *Meyer-Goßner* Rn. 4.
[14] Siehe *Kramer* Jura 1988, 520, 524; *Eisenberg* Rn. 640.
[15] So BGH v. 21. 7. 1998 – 5 StR 302/97, BGHSt 44, 129, 137 = NJW 1998, 3506; *Esser* JR 2004, 98, 100; *Eisenberg* Rn. 625; *Joecks* Rn. 10.
[16] Vgl. HK-GS/*Jäger* Rn. 8; SK-StPO/*Rogall* Rn. 25.
[17] Siehe *Eisenberg* Rn. 645; *Meyer-Goßner* Rn. 7.
[18] Nach *Eisenberg* Rn. 651; KK-StPO/*Diemer* Rn. 18; *Meyer-Goßner* Rn. 11.
[19] BGH v. 7. 10. 1960 – 4 StR 342/60, BGHSt 15, 187, 191 = NJW 1961, 84; desgleichen *Eisenberg* Rn. 653; KK/*Diemer* Rn. 18.

Willensbetätigung zu beeinflussen. Das Zeigen von Fotografien des Opfers ist in der Regel zulässig.[20]

13 **c) Verabreichung von Mitteln.** Dies bedeutet die Beibringung von festen, flüssigen oder gasförmigen Stoffen in den menschlichen Körper, ohne dass es auf die konkrete Beibringungsweise ankommt.[21] Untersagt ist die Verabreichung von Stoffen, sofern diese den körperlichen oder geistigen Zustand des Vernommenen und so seine Willensfreiheit beeinträchtigen: Rausch- und Betäubungsmittel, hemmungslösende und einschläfernde Mittel, Wachmacher. Ausnahmslos verboten ist daher die Narkoanalyse (Wahrheitsserum).[22] Die Willensfreiheit wird vorübergehend aufgehoben. Normativ bedeutungslos erscheint das Reichen stärkender und erfrischender Getränke und Mittel wie Kaffee, Tee, Limonaden, Schokolade oder Zigaretten.[23] Das ist sozialadäquat und hat im Regelfall keinen Einfluss auf die Willensfreiheit. Im Einzelfall kann das anders sein.

14 **d) Brechmitteleinsatz.** Der Brechmitteleinsatz in Betäubungsmittelverfahren soll nicht gegen § 136a, die Selbstbezichtigungsfreiheit oder die Menschenwürde verstoßen.[24] Eine Grenze soll allein die Verhältnismäßigkeit bieten – nicht bei Kleindealern. Das Beibringen von Vomitivmitteln wie Ipecacuanhae-Sirup oder Apomorphin fällt zwar nicht in den sachlichen Anwendungsbereich des § 136a – keine Vernehmung –, sondern beurteilt sich nach § 81a. Jedoch bringt § 136a als Leitbild zum Ausdruck, dass der Staat seine Bürger nicht erniedrigen oder entwürdigen darf – Art. 1 GG. Mit dem zwangsweise verursachten Erbrechen wird dem Betroffenen jede Autonomie und Würde genommen.[25] Genausowenig[26] wie man gezwungen werden kann, seine Atemluft aktiv bei einer Verkehrskontrolle preiszugeben, darf man gezwungen werden, seinen Mageninhalt zu Zwecken des Strafverfahrens preiszugeben – das ist ein Verstoß gegen den Grundsatz der Passivität. Das zwangsweise verursachte Erbrechen ist ein erniedrigender Vorgang der Fremdbestimmung und daher auch als Eingriff in die Intimsphäre verfassungsrechtlich unzulässig. Der **EGMR**[27] sah in einem solchen Fall der zwangsweisen Beibringung von Brechmitteln aus Zwecken der Strafverfolgung zu Recht einen **Verstoß gegen Art. 3 EMRK**, was zu einer Verurteilung Deutschlands führte.

15 **e) Körperlicher Eingriff.** Unter körperlichen Eingriffen ist jede sich unmittelbar auf den Körper einer Person auswirkende Maßnahme zu verstehen.[28] Dazu zählen auch schmerz- und folgenlose Eingriffe. Neben den bereits erwähnten Methoden kommt dem körperlichen Eingriff kaum eine eigenständige Funktion zu.

16 **f) Ermüdung.** Wenn man in BGH v. 3. 7. 2007[29] von einer 10stündigen Vernehmung erfährt, kommen einem Bedenken an der Zulässigkeit einer solchen Vernehmung. Unter Ermüdung ist ein Zustand zu verstehen, in dem **Willenskraft** und **Konzentrationsfähigkeit** des Vernommenen auf Grund seines Schlafbedürfnisses solcherart **beeinträchtigt** sind, dass die Freiheit seiner Willensentschließung oder -betätigung ernsthaft gefährdet ist.[30] Anstrengende und ermüdende und Vernehmungen zur Nachtzeit sind unvermeidbar und sie sind auch nicht verboten. Wann der Grad der willensbeeinträchtigenden Ermüdung erreicht ist, ist eine Tatfrage. Eine Ermüdung im Sinne des § 136a wurde bei einer Beschuldigtenvernehmung bejaht, nachdem der Beschuldigte vor der Vernehmung 30 Stunden nicht geschlafen hatte.[31] Anders dagegen in einem Fall, in dem ein Schichtarbeiter vorher 24 Stunden nicht geschlafen hatte.[32] Daraus ergibt sich kein Leitfaden für die zulässige Dauer der Schlaflosigkeit. Es muss eine Erschöpfung vorliegen, die sich auf die Willensentscheidung des Betroffenen auswirkt. Das hängt von einer Gesamtwürdigung des Einzelfalls ab.

17 Bei der Ermüdung, aber auch bei der willensbeeinflussenden Beeinträchtigung durch die Verabreichung von Stoffen ist zu fragen, ob der entsprechende Zustand von der Vernehmungsperson herbeigeführt oder wenigstens erkannt werden muss. Verlangt § 136a ein **Verschulden** der Ver-

---

[20] Nach *Beulke* Rn. 134.
[21] Dazu *Eisenberg* Rn. 649; KK-StPO/*Diemer* Rn. 15 ff.
[22] So *Eisenberg* Rn. 649; KK-StPO/*Diemer* Rn. 17; *Meyer-Goßner* Rn. 10.
[23] Nach *Eisenberg* Rn. 649; *Meyer-Goßner* Rn. 10.
[24] So *Rogall* NStZ 1998, 66; *Joecks* Rn. 13; KK-StPO/*Diemer* Rn. 18; *Meyer-Goßner* § 81a Rn. 22; *Putzke/Scheinfeld* Rn. 206.
[25] Vgl. OLG Frankfurt a. M. v. 11. 10. 1996 – 1 Ss 28/96, NJW 1997, 1647; *Amelung* StV 2002, 161, 167; *Geppert* Anm. zu OLG Frankfurt a. M. v. 11. 10. 1996 – 1 Ss 28/96, JK 1997 StPO § 81 a/2.
[26] So *Geppert* Anm. zu OLG Frankfurt a. M. v. 11. 10. 1996 – 1 Ss 28/96, JK 1997 StPO § 81 a/2; auch HK-GS/*Jäger* Rn. 15.
[27] EGMR v. 11. 7. 2006 – 54810/00 (Jalloh/Deutschland), NJW 2006, 3117; dazu *Safferling* Jura 2008, 100.
[28] So *Eisenberg* Rn. 648.
[29] BGH v. 3. 7. 2007 – 1 StR 3/07, NStZ 2007, 653.
[30] Siehe *Eisenberg* Rn. 646; KK-StPO/*Diemer* Rn. 12; Löwe/Rosenberg/*Gless* Rn. 24.
[31] So BGH v. 24. 3. 1959 – 5 StR 27/59, BGHSt 13, 60 = NStZ 1959, 1142.
[32] So BGH v. 26. 4. 1983 – 5 StR 72/83, bei Pfeiffer/Miebach NStZ 1984, 15; Bedenken bei *Eisenberg* Rn. 646a.

Zehnter Abschnitt. Vernehmung des Beschuldigten **18, 19 § 136a**

hörsperson? Rechtsprechung und Schrifttum stellen sowohl bei der Ermüdung[33] als auch bei der Verabreichung von Mitteln[34] allein auf die **objektive** Sicht ab. Unzulässig ist daher die Vernehmung eines Beschuldigten, der sich selbst durch Alkohol- oder Rauschgiftkonsum in einen Zustand der verminderten Willensfreiheit versetzt hat. Wer[35] dagegen insbesondere das Ermüdungsverbot als ein Verbot der Herbeiführung eines die Willensfreiheit beeinträchtigenden Übermüdungszustandes interpretiert, kommt dennoch zu demselben Ergebnis, da Angaben im Zustand der Vernehmungsunfähigkeit unverwertbar sind. Die rechtsstaatliche Strafrechtspflege soll nicht von unfreiwilligen Erkenntnissen profitieren. § 136a dient eben auch der Wahrheitsfindung! Letztendlich geht es um die Achtung des Beschuldigten als ein eigenverantwortliches Prozesssubjekt.

g) **Verbot der Folter.** In den erwähnten Methoden spiegelt sich das **ausnahmslos** geltende **Folterverbot**[36] wider. Folter verstößt in jedem Fall in ihrer willensbrechenden und persönlichkeitszerstörenden Wirkung gegen die Menschenwürde des Art. 1 GG.[37] Was Folter ist, findet sich in dem „Übereinkommen gegen Folter und andere grausame, unmenschliche oder erniedrigende Behandlung oder Strafe" der Vereinten Nationen von 1984: „Im Sinne dieses Übereinkommens bedeutet der Ausdruck Folter jede Handlung, durch die einer Person vorsätzlich große körperliche oder seelische Schmerzen oder Leiden zugefügt werden, zum Beispiel um von ihr oder einem Dritten eine Aussage oder ein Geständnis zu erlangen, um sie für eine tatsächlich oder mutmaßlich von ihr oder einem Dritten begangene Tat zu bestrafen oder um sie oder einen Dritten einzuschüchtern oder zu nötigen, oder aus einem anderen, auf irgendeiner Art von Diskriminierung beruhenden Grund, wenn diese Schmerzen oder Leiden von einem Angehörigen des öffentlichen Dienstes oder einer anderen in amtlicher Eigenschaft handelnden Person, auf deren Veranlassung oder mit deren ausdrücklichem oder stillschweigendem Einverständnis verursacht werden." Der Gefolterte wird zum willenlosen Objekt einer staatlichen Zwangshandlung, die ihm jede Privatautonomie nimmt. Das Folterverbot ist in keinem Fall einer Abwägung zugänglich. Wenn auch der Staat verpflichtet ist, Leben und Menschenwürde seiner Bürger zu schützen, so ist ihm dieser Schutz nur in den Grenzen des Rechtsstaats erlaubt. Diese rechtsstaatliche Schranke begrenzt auch die staatliche Schutzpflicht den Verbrechensopfern gegenüber. Und zu diesen unverrückbaren Grenzen gehört das absolute Verbot der Folter in ihrer persönlichkeitszerstörenden Wirkung. Es kann keine euphemistisch so genannte Rettungsfolter geben. Das zeigen auch Art. 104 GG und Art. 3 EMRK.[38] Insbesondere ein Blick auf Art. 15 Abs. 2 EMRK betont das **Verbot jeder Abwägung**. Selbst in Krieg und im öffentlichen Notstand gilt das Folterverbot des Art. 3 EMRK. Stimmen – die hier absichtlich nicht zitiert werden –, die das Folterverbot im Einzelfall relativieren, geben nicht nur den Rechtsstaat auf, sondern verraten das Erbe der Aufklärung und die Grundsätze aller Humanität. Weder dem Staat noch dem einzelnen Beamten ist ein solches menschenrechtswidriges Handeln erlaubt. Ein Fall der Folter kann materiell-rechtlich in keinem Fall gerechtfertigt oder entschuldigt sein. Strafprozessual sympathisiere ich mit einem **Verfahrenshindernis**, um den unerträglichen Tabubruch in einem Rechtsstaat deutlich zu machen. Folter ist ein gravierender Verstoß gegen die elementaren Regeln des rechtsstaatlichen Verfahrens. Sie nimmt der Fortführung des Strafverfahrens jede rechtsstaatliche Basis. Leider nehmen Praxis und Schrifttum im einschlägigen Fall – Daschner/Gäfgen – nur eine **Beweisverwertungsverbotslösung**[39] an. Art. 15 UN-Anti-Folter-Übereinkommen bestimmt, dass jeder Vertragsstaat dafür Sorge trägt, dass Aussagen, die nachweislich durch Folter herbeigeführt worden sind, nicht als Beweis in einem Verfahren verwendet werden.

2. Täuschung. Am schwierigsten inhaltlich zu bestimmen ist das Verbot der Täuschung.[40] Sie ist eines Rechtsstaates unwürdig.[41] Eine Täuschung macht den Beschuldigten aber auch zum fremdbestimmten Werkzeug der Selbstbelastung. Eine **Täuschung** im Sinne des § 136a ist nach dem

18

19

---

[33] So LG Dortmund v. 19. 8. 1994 – Ks 9 Js 4/92, NStZ 1997, 356, 357; Anw-StPO/*Walther* Rn. 23; *Eisenberg* Rn. 646 a; KK-StPO/*Diemer* Rn. 13; *Meyer-Goßner* Rn. 8; *Beulke* Rn. 131; *Putzke/Scheinfeld* Rn. 359; anders SK-StPO/*Rogall* Rn. 33.
[34] So LG Dortmund v. 19. 8. 1994 – Ks 9 Js 4/92, NStZ 1997, 356, 357; OLG Köln v. 25. 10. 1988 – Ss 567/88, StV 1989, 520; KK-StPO/*Diemer* Rn. 16; *Meyer-Goßner* Rn. 10; *Beulke* Rn. 133.
[35] So SK-StPO/*Rogall* Rn. 33.
[36] Siehe *Ambos/Rackow* Jura 2006, 943, 948; *Esser* NStZ 2008, 657, 658; *Jahn* C 63; *Jeßberger* Jura 2003, 711, 713f.; *Chr. Jäger*, FS Herzberg, 2008, S. 539; *Prittwitz*, FS Herzberg, 2008, S. 515; *Roxin*, FS Eser, 2005, S. 461; *Satzger* Jura 2009, 759, 763ff.; HbStrVf/*Jahn* Rn. II. 313; HK-GS/*Duttge* Rn. 28; HK-GS/*Jäger* Rn. 32; *Löwe/Rosenberg/Gless* Rn. 23; *Schönke/Schröder/Lenckner/Perron* § 32 StGB Rn. 62a; *Beulke* Rn. 134a; *Volk* § 9 Rn. 14.
[37] So auch *Roxin*, FS Eser, 2005, S. 461, 463 f.
[38] Siehe das Kammerurteil des EGMR v. 30. 6. 2008 – 22978/05 in Gäfgen gegen Deutschland, NStZ 2008, 699.
[39] Siehe LG Frankfurt a. M. v. 9. 4. 2003 – 5/22 Ks 3490 Js 230 118/02, StV 2003, 436; *Satzger* Jura 2009, 759, 765; *Weigend* StV 2003, 436ff.; *Roxin*, FS Eser, 2005, S. 461, 470f.
[40] Umfassend *Löwe/Rosenberg/Gless* Rn. 39 ff.; SK-StPO/*Rogall* Rn. 45 ff.
[41] So *Joecks* Rn. 12; *Meyer-Goßner* Rn. 12.

BGH[42] anzunehmen, wenn der Vernehmungsbeamte dem Beschuldigten gegenüber pauschal von einer erdrückenden Beweislage, die ihm keine Chance lässt, spricht, ohne dass überhaupt ein dringender Tatverdacht vorliegt. Der BGH sieht darin eine **bewusste Täuschung** über die Beweis- und Verfahrenslage. Desgleichen nimmt der BGH[43] zu Recht eine Täuschung an, wenn dem Beschuldigten bei seiner Vernehmung erklärt wird, er werde in einer Vermisstensache vernommen, obgleich die Leiche bereits gefunden ist und wegen eines Tötungsdeliktes ermittelt wird. Der Beschuldigte werde bewusst über den Sinn der Vernehmung in die Irre geführt. Eine Täuschung liegt vor, wenn dem Beschuldigten – wie im Fernsehkrimis häufig dargestellt – wahrheitswidrig erklärt wird, ein Mitbeschuldigter habe die Tat gestanden[44] oder es seien Fingerabdrücke vom Beschuldigten am Tatort gefunden worden.[45] Neben **Tatsachen** kommen auch **Rechtsfragen** als Gegenstand der Täuschung in Betracht. Wenn der Vernehmende dem Beschuldigten eine Aussagepflicht vorspiegelt, liegt darin eine Täuschung über die **Rechtslage**, die zu einem Verwertungsverbot führt.[46]

20 Der Begriff der Täuschung gilt nach allgemeiner Auffassung als zu weit und bedarf der restriktiven Auslegung.[47] Das Täuschungsverbot schließt nach herkömmlichem Verständnis nicht jede **kriminalistische List** bei der Vernehmung aus.[48] Verboten aber ist eine **Lüge**, durch die der Beschuldigte bewusst irregeführt und seine Aussagefreiheit beeinträchtigt wird. Verboten sind das bewusste Vorspiegeln von Tatsachen und die bewusste Täuschung über Rechtsfragen. Für die Abgrenzung zwischen einer verbotenen Täuschung und erlaubter Vernehmungstechnik ist letztendlich entscheidend, ob die Freiheit der Willensentschließung oder –betätigung beeinträchtigt wird oder ob sie nichtsdestotrotz erhalten bleibt.

21 Im restriktiven Verständnis der Täuschung soll allein eine **bewusste Irreführung** untersagt sein, nicht aber **versehentliche**, leichtfertige **Fehlbewertungen**.[49] Das ist bedenklich. Schutzzweck des § 136a ist die Wahrung der Aussagefreiheit. Es geht nicht zwingend um die Verhinderung eines – absichtlichen – Handlungsunrechts der Strafverfolgungsorgane.[50] Für das Erfolgsunrecht der Beeinträchtigung der Willensfreiheit ist es unbeachtlich, ob der Beschuldigte bewusst oder versehentlich irregeführt wurde. Es geht um die normative Verteilung des Irrtumsrisikos. Wenn bei § 136 auch das versehentliche Unterbleiben der Belehrung als verfahrensfehlerhaft angesehen wird, sollte diese Parallele auch beim Täuschungsverbot des § 136a gezogen werden.[51] Insbesondere eine irrige Rechtsauskunft darf nicht folgenlos sein, egal, ob sie absichtlich oder versehentlich irreführend war.

22 Eine relevante Täuschung kann auch durch **Unterlassen** der Aufklärung geschehen, wenn der Vernehmende eine entsprechende **Rechtspflicht** hat.[52] Hier gilt: Es gibt keine Verpflichtung, eigenverantwortliche **Irrtümer** des Beschuldigten über **Tatsachen** zu verhindern oder aufzuklären. Einen beim Beschuldigten schon vorhandenen Irrtum darf der Vernehmende ausnutzen.[53] Er darf aber einen Irrtum über Tatsachen nicht hervorrufen, aufrechterhalten oder verstärken. Einen Irrtum über die **Rechtslage** jedoch hat die staatliche Verhörsperson stets aufzuklären. Das gilt vor allem, wenn der Beschuldigte irrigerweise von einer Aussagepflicht ausgeht.[54] Die Vermittlung von Rechtskenntnissen liegt im Verantwortungsbereich der Strafverfolgungsorgane. Daher stehen gerade auch fahrlässige – unbeabsichtigte – Fehlinformationen zu Rechtsfragen einer Täuschung gleich.[55]

23 **3. Seelische Einflussnahme. Hypnose** ist die Einwirkung auf einen anderen, durch die eine Einengung des Bewusstseins auf die von dem Hypnotisierenden gewünschte Vorstellungsrichtung herbeigeführt wird.[56] Als Beeinträchtigung der freien Willensbildung ist sie verboten.

---

[42] BGH v. 24. 8. 1988 – 3 StR 129/88, BGHSt 35, 328 = NStZ 1989, 35, 36.
[43] BGH v. 31. 5. 1990 – 4 StR 112/90, BGHSt 37, 48 = NStZ 1990, 446.
[44] So Roxin NStZ 1995, 465 f.; Eisenberg Rn. 656; KK-StPO/Diemer Rn. 19.
[45] Nach Eisenberg Rn. 656.
[46] Nach Eisenberg Rn. 570, 658.
[47] Siehe BGHGrS v. 13. 5. 1996 – GSSt 1/96, BGHSt 42, 139, 149 = NJW 1996, 2940; Kramer Jura 1988, 520, 523; kritisch Eisenberg Rn. 655; Joecks Rn. 15; KK-StPO/Diemer Rn. 19; Löwe/Rosenberg/Gless Rn. 39; Meyer-Goßner Rn. 12; Beulke Rn. 135.
[48] So BGH v. 31. 5. 1990 – 4 StR 112/90, BGHSt 37, 48 = NStZ 1990, 446, 447; BGH v. 24. 8. 1988 – 3 StR 129/88, BGHSt 35, 328 = NStZ 1989, 35; Kramer Jura 1988, 520, 523; HK-GS/Jäger Rn. 16; KK-StPO/Diemer Rn. 20.
[49] BGH v. 24. 8. 1988 – 3 StR 129/88, BGHSt 35, 328, 329 = NStZ 1989, 35, 36; Anw-StPO/Walther Rn. 30; KK-StPO/Diemer Rn. 19; SK-StPO/Rogall Rn. 48; Beulke Rn. 137.
[50] Siehe dazu Eisenberg Rn. 664 a.
[51] So Eisenberg Rn. 662 ff.; auch Löwe/Rosenberg/Gless Rn. 49 f.
[52] Dazu Eisenberg Rn. 668 ff.; KK-StPO/Diemer Rn. 21; SK-StPO/Rogall Rn. 49.
[53] So Eisenberg Rn. 669; KK-StPO/Diemer Rn. 22.
[54] So Löwe/Rosenberg/Gless Rn. 48; SK-StPO/Rogall Rn. 50.
[55] Vgl. Anw-StPO/Walther Rn. 31; Joecks Rn. 15; Meyer-Goßner Rn. 13.
[56] Siehe Eisenberg Rn. 678; KK-StPO/Diemer Rn. 28.

Die **Drohung mit einer verfahrensrechtlich unzulässigen Maßnahme** ist ein klassisches Mittel 24
der Aussagebeeinflussung. Drohung bedeutet das ausdrückliche oder konkludente Inaussichtstellen einer dem Betroffenen nachteiligen Maßnahme, auf deren Eintritt der Drohende Einfluss zu haben vorgibt.[57] Verboten ist die Drohung mit einer konkret unzulässigen Maßnahme. Erlaubt ist die Drohung mit einer konkret zulässigen Maßnahme, sofern sie nach sachlichen und eben nicht nach unzulässigen willkürlichen Maßstäben getroffen werden soll. Es ist daher verboten, einem Beschuldigten mit U-Haft zu drohen, wenn deren Voraussetzungen nach §§ 112 ff. nicht vorliegen.[58] Auch die sachlich nicht gerechtfertigte Bekanntgabe der Homosexualität des Beschuldigten ist unzulässig.[59] Wenn einem Zeugen in rechtswidriger Weise der anwaltliche Zeugenbeistand genommen wird und er unter der Drohung mit Kostenauferlegung und Ordnungsmitteln zur Aussage gezwungen wird, ist das eine verbotene Beweiserhebung nach § 136a.[60] Auch Zeugen fallen unter den Schutz der Norm (§§ 69 Abs. 3, 161a Abs. 1, 163 Abs. 3). Insgesamt ist von den Strafverfolgungsorganen zu fordern, dass sie jeden Anschein einer willensbeeinflussenden Drucksituation vermeiden.

Die Aussage des Beschuldigten darf nicht abgepresst oder erzwungen werden. Sie darf aber 25
auch nicht durch das **Versprechen von gesetzlich nicht vorgesehenen Vorteilen** als Gegenleistung für eine Aussage erkauft werden. Ein Versprechen in diesem Sinn ist eine Erklärung, die von dem Vernommenen als **bindende**[61] Erklärung aufzufassen ist. Das bloße Inaussichtstellen unberechtigter Vorteile ist nicht ausreichend.[62] Es kommt auf den Empfängerhorizont des Vernommenen an. Darin liegt ein hinreichender Schutz. Die Vorteile müssen einen das Aussageverhalten beeinflussenden Charakter haben.[63] Bei sozialadäquaten Genussmitteln ist das nicht der Fall. Gesetzlich nicht vorgesehen ist ein Vorteil, wenn er nach dem Gesetz nicht oder nicht in dem konkreten Fall gewährt werden darf. Jedoch ist es zulässig, bei aller Vorsicht und Zurückhaltung die Aussageperson darauf hinzuweisen, welche Änderung der Verfahrenslage durch eine Aussage eintreten kann. Durch ein Geständnis mag der Haftgrund der Verdunkelungsgefahr entfallen – auf die mögliche Aufhebung des Haftbefehls darf hingewiesen werden.[64]

Aber zu achten ist, dass die Einhaltung des versprochenen Vorteils in der **Kompetenz** des Ver- 26
sprechenden liegt.[65] Wenn ein vernehmender Polizeibeamter Vorteile verspricht, die er mangels Zuständigkeit nicht einhalten kann, muss er das dem Vernommenen gegenüber anzeigen. Ein Polizeibeamter kann sich bei dem zuständigen Haftrichter für eine Haftverschonung oder Haftentlassung einsetzen – das darf er versprechen –, anordnen kann er sie nicht. Solches darf er dann auch nicht versprechen. Fragen des Strafvollzugs liegen nicht in der Kompetenz der Polizei oder der Staatsanwaltschaft. Werden diese Grenzen nicht eingehalten, kann daraus ein Verstoß gegen § 136a folgen.[66] In der Praxis häufig sind Zusagen der Staatsanwaltschaft, von der Möglichkeit des Teilverzichts der Strafverfolgung nach § 154 Gebrauch zu machen.[67] Jedoch müssen die Voraussetzungen der Vorschrift eingehalten werden. Auch auf eine **strafmildernde Wirkung eines Geständnisses** kann hingewiesen werden, sofern für die Strafmilderung ein sachlicher Grund besteht.[68] Fehlt es an diesem, liegt ein unzulässiges Versprechen vor. Insgesamt ist bei dem Versprechen von Vorteilen wie auch bei allen anderen Verhaltensweisen auf Seiten der Strafverfolgungsorgane **Zurückhaltung** geboten, damit nicht schon der Anschein eines verbotenen Verhaltens entsteht.

Es bieten sich dem **Verteidiger** in Vernehmungen gewisse Möglichkeiten, im Interesse des Be- 27
schuldigten Vorteile für das Aussageverhalten von den Vernehmungspersonen zu erstreiten. Beachte die Zusage von Vorteilen im Rahmen von **Absprachen**. Die Verständigung wird jetzt erstmalig gesetzlich geregelt. Maßgebend ist der neue § 257c.

Nach § 136a Abs. 1 Satz 2 darf **Zwang** nur angewendet werden, sofern das Strafverfahrensrecht 28
das ausdrücklich zulässt, und zwar ausdrücklich allein zu dem gesetzlichen Zweck.[69] Strafprozessuale Zwangsmaßnahmen dürfen daher in keinem Fall dazu missbraucht werden, das Aussagever-

---

[57] So *Eisenberg* Rn. 682; KK-StPO/*Diemer* Rn. 30.
[58] Vgl. BGH v. 16. 9. 2004 – 4 StR 84/04, StraFo 2004, 418.
[59] Siehe OLG Naumburg v. 25. 11. 2003 – 2 b Js 50/02, StV 2004, 529.
[60] Siehe *Adler* StraFo 2002, 146, 152.
[61] So KK-StPO/*Diemer* Rn. 32; SK-StPO/*Rogall* Rn. 65.
[62] So aber *Eisenberg* Rn. 685.
[63] Dazu KK-StPO/*Diemer* Rn. 32.
[64] So KK-StPO/*Diemer* Rn. 33; SK-StPO/*Rogall* Rn. 69.
[65] Siehe *Eisenberg* Rn. 688; KK-StPO/*Diemer* Rn. 33.
[66] Vgl. AG Hannover v. 12. 9. 1986 – 238 Ls 124 Js 17 920/86 (nr), StV 1986, 523; *Eisenberg* Rn. 688.
[67] Siehe BGH v. 10. 3. 1980 – 3 StR 56/80, bei *Pfeiffer* NStZ 1982, 189; KK-StPO/*Diemer* Rn. 33; *Eisenberg* Rn. 689; SK-StPO/*Rogall* Rn. 68.
[68] Nach *Eisenberg* Rn. 690, KK-StPO/*Diemer* Rn. 33; SK-StPO/*Rogall* Rn. 69.
[69] Siehe BGH v. 28. 4. 1987 – 5 StR 666/86, BGHSt 34, 362, 363 = NStZ 1989, 33, 34; Anw-StPO/*Walther* Rn. 38 f.; *Eisenberg* Rn. 691; KK-StPO/*Diemer* Rn. 29.

halten des Beschuldigten zu beeinflussen. Da gilt natürlich ganz besonders für die „weichkochende" Untersuchungshaft. Das Stichwort ist: apokryphe Haftgründe.[70] Die Untersuchungshaft darf in keinem Fall zur Förderung der Geständnisbereitschaft eingesetzt werden. Einschränkend wird gefordert, dass der Zwang intentionell **gezielt** als Mittel zur Herbeiführung der Aussage angewandt wird.[71] In Parallele zur verbotenen Ermüdung überzeut das nicht. Allein der **objektive Verstoß**[72] genügt, da die von den Strafverfolgungsorganen zu verantwortende Zwangswirkung für den Beschuldigten die gleiche ist. Ein Verstoß gegen § 136a liegt jedoch nicht darin, dass eine rechtmäßige Zwangsmaßnahme sich auf das Aussageverhalten auswirkt.[73]

29   **4. Erinnerungsvermögen.** Das Erinnerungsvermögen ist die willensunabhängige Fähigkeit, sich vergangene Tatsachen durch Denkarbeit zu vergegenwärtigen.[74] Das Einsichtsvermögen ist die Fähigkeit des Beschuldigten, die inhaltliche und wertmäßige Bedeutung seiner Aussage zu erkennen. Neben Abs. 1 kommt Abs. 2 keine eigenständige Bedeutung zu.[75]

30   **5. Weitere Beispiele.** Werden private Personen als **Polizeispitzel** von den Strafverfolgungsorganen eingesetzt, um als Mitgefangene einen in **U-Haft** sitzenden Beschuldigten gezielt und angeleitet durch die Strafverfolgungsorgane auszuhorchen, sind die solcherart durch **Täuschung** gewonnenen Angaben unverwertbar.[76] Der BGH[77] seinerseits geht in einem solchen Fall von einer unzulässigen **Zwangswirkung** aus, da die U-Haft missbraucht würde, um das Aussageverhalten des Beschuldigten zu beeinflussen. Die Voraussetzungen der U-Haft lagen in diesem Fall jedoch vor. Die Haft allein hatte keine willensbeeinflussende Wirkung. Entscheidend war die staatliche inszenierte Gesprächssituation, in der dem Beschuldigten gezielt verschleiert wurde, dass sein Gesprächspartner gleichsam eine Marionette der Strafverfolgungsorgane war. Das fordert dann auch die entsprechende Anwendung des § 136a.[78] Zwar ist keine amtliche Vernehmung gegeben, aber eben auch kein eigenverantwortliches Privatgespräch. Der faktische Zwang und die Ersetzungsfunktion begründen die Annahme einer vernehmungsähnlichen Situation. Es entspricht gerade nicht dem allgemeinen Lebensrisiko in der unfreien Situation der U-Haft, dass ein Gesprächspartner sein Wissen an die Strafverfolgungsorgane weitergibt. Eine freie Wahl der Gesprächspartner ist situationsbedingt in der absoluten Institution der Haftanstalt aufgehoben. Die Strafverfolgungsorgane inszenieren – gegen die bisherige Nr. 9 Abs. 2 UVollzO – eine Aushorchungssituation, die sie leiten und inhaltlich steuern. Das Täuschungselement ist entscheidend für die erhebliche Beeinträchtigung der Willensfreiheit.

31   Dieser Polizeispitzel-Fall beweist die tatsächlichen und rechtlichen Schwierigkeiten um § 136a: analoge Anwendung auf vernehmungsähnliche Situationen, Einordnung als verbotene Vernehmungsmethode. Hilfreich ist im jeweiligen Einzelfall oftmals ein Rückgriff auf das Prinzip des **fairen Verfahrens** als Ausprägung des Rechtsstaatsprinzips[79] oder auf das **Verbot der Selbstbelastung**.[80] So kann sich die heimliche Überwachung von Ehegattengesprächen in der U-Haft als Verletzung des Rechts auf ein faires Verfahren darstellen[81] muss aber nicht.[82] Gegenstand des nemo-tenetur-Grundsatzes ist zum einen die **Freiheit von Zwang** zur Aussage oder zur aktiven Mitwirkung am Strafverfahren. Zum anderen aber ist dieser Grundsatz entgegen der Ansicht des die Gerichtspraxis bestimmenden Großen Senats[83] auf den Schutz vor **staatlich veranlasster irrtumsbedingter Selbstbelastung** zu erweitern.[84] Zwang und Täuschung nehmen dem Beschuldigten die Freiwilligkeit gleichermaßen. Der Betroffene wird durch staatliche Fremdbestimmung zum Werkzeug gegen sich selbst gemacht. Bei der bereits erwähnten – telefonischen – **Hörfalle** wird eine den Strafverfolgungsorganen zurechenbare ausreichende Täuschung im Sinne des § 136a in

---

[70] Siehe *Münchhalffen* StraFo 1999, 332; Widmaier/König MAH Strafverteidigung § 4 Rn. 48.
[71] So BGH v. 17.3. 2005 – 5 StR 328/04, NStZ 2005, 517, 518; Anw-StPO/*Walther* Rn. 39; KK-StPO/*Diemer* Rn. 29; Meyer-Goßner Rn. 20.
[72] So LG Bad Kreuznach v. 25.10. 1993 – 8 Js 3329/89 (W) Kls (nr), StV 1993, 629; *Bung* StV 2008, 495, 498; HbStrVf/*Jahn* Rn. II. 306.
[73] Siehe Anw-StPO/*Walther* Rn. 39; KK-StPO/*Diemer* Rn. 29.
[74] Dazu *Meyer-Goßner* Rn. 25.
[75] Dazu Löwe/Rosenberg/*Gless* Rn. 65 ff.; Meyer-Goßner Rn. 25.
[76] Siehe LG Hannover v. 18. 9. 1986 – KLs 82 Js 49 848/85 – 33a43/86 (nr), StV 1986, 521, 522; *Esser* JR 2004, 98, 100; *Roxin* NStZ 1997, 18, 19; dazu bereits *Radbruch*, FS Sauer, 1949, S. 121, 124 f.; *Eisenberg* Rn. 630, 659; KK-StPO/*Diemer* Rn. 27; SK-StPO/*Rogall* Rn. 56; Beulke Rn. 136; Volk § 9 Rn. 19.
[77] BGH v. 28. 4. 1987 – 5 StR 666/86, BGHSt 34, 362 = NJW 1987, 2525 = NStZ 1989, 33, 34.
[78] BGH v. 28. 4. 1987 – 5 StR 666/86, BGHSt 34, 362 = NJW 1987, 2525 = NStZ 1989, 33; auch HK-GS/*Jäger* Rn. 16; SK-StPO/*Rogall* Rn. 21.
[79] So *Kramer* Jura 1988, 520, 524; SK-StPO/*Rogall* Rn. 22.
[80] Siehe *Esser* JR 2004, 98, 101, 107.
[81] So BGH v. 29. 4. 2009 – 1 StR 701/08, NStZ 2009, 519.
[82] Siehe *Hauck* NStZ 2010, 17; Rogall HRRS 2010, 289, 292.
[83] Nach BGHGrS v. 13. 5. 1996 – GSSt 1/96, BGHSt 42, 139, 151 ff. = NJW 1996, 2940.
[84] Nach *Esser* JR 2004, 98, 107; *Roxin* NStZ-Sonderheft 2009, 41, 44; *Roxin* NStZ 1997, 18; *Roxin* NStZ 1995, 465, 466 f.

zweifelhafter Ansicht abgelehnt.[85] Aber neben einer Umgehung von § 136 liegt in der sog. Hörfalle eine staatlich inszenierte irrtumsbedingte Selbstbelastung.

Der **EGMR**[86] erweitert den Grundsatz der **Selbstbelastungsfreiheit** – Kernbereich des fairen Verfahrens nach Art. 6 EMRK – als Schutz vor Zwang auf Fälle der Täuschung in einem vergleichbaren Fall der sog. Polizeispitzel in U-Haft. Der Gerichtshof betont aber die besondere psychologische Haftsituation, die bei dieser Täuschung ausgenutzt wird: „Wenn das Recht, zu schweigen und der Schutz vor Selbstbelastung auch in erster Linie dazu dienen, den Beschuldigten gegen unzulässigen **Zwang** der Behörden und die Erlangung von Beweisen durch Methoden des Drucks oder des Zwangs unter Missachtung des Willens des Beschuldigten zu schützen, ist der Anwendungsbereich des Rechts nicht auf Fälle beschränkt, in denen der Beschuldigte Zwang widerstehen musste oder in denen der Wille des Beschuldigten in irgendeiner Weise direkt überwunden wurde. Das Recht (...) dient prinzipiell der Freiheit einer verdächtigen Person, zu entscheiden, ob sie in Polizeibefragungen aussagen oder schweigen will. Eine solche freie Entscheidung wird effektiv unterlaufen, wenn die Behörden in einem Fall, in dem der Beschuldigte, der sich in der Vernehmung für das Schweigen entschieden hat, eine **Täuschung** anwenden, um dem Beschuldigten Geständnisse oder andere belastende Äußerungen zu entlocken, die sie in der Vernehmung nicht erlangen konnten (...)." Daher ist es nach dem EGMR den Strafverfolgungsbehörden untersagt, dem Beschuldigten einen anderen Untersuchungsgefangenen auf die Zelle zu legen, der den Beschuldigten in Hinblick auf den erhobenen Tatvorwurf ausforschen soll und durch sein gezieltes, beständiges Fragen eine vernehmungsähnliche Situation herbeiführt. Der EGMR[87] betont die psychologische Drucksituation, in der der Beschuldigte für die – täuschenden – Überzeugungsversuche der eingeschleusten Person, ihn ins Vertrauen zu ziehen, mit dem er über mehrere Wochen eine Gefängniszelle teilte, besonders empfänglich ist.

Diese Grundsätze gelten selbstverständlich auch und erst recht, wenn ein **Polizeibeamter** selbst die Rolle des **Spitzels** in der U-Haft übernimmt. Zuletzt nahm der BGH[88] ein Verwertungsverbot für ein verdecktes Verhör eines inhaftierten Beschuldigten durch einen als Besucher getarnten nicht offen ermittelnden Polizeibeamten unter Zwangswirkung an. Anders ist die Rechtslage, wenn ein **Mitgefangener von sich** aus, ohne Anleitung der Strafverfolgungsorgane, sein in Gesprächen mit anderen Gefangenen erzieltes Wissen verrät. Das betont auch der EGMR.[89] Einen Verstoß gegen Art. 6 EMRK sieht der Gerichtshof nicht, wenn der Beschuldige spontane, nicht veranlasste, **freiwillige** Eingeständnisse macht. Verboten ist das aktive Tätigwerden durch eine staatlich gesteuerte Privatperson, nicht aber das passive Aushorchen durch eine solche. Freiwillige Äußerungen, die unaufgefordert und eigeninitiativ erfolgen, unterfallen nicht dem Schutz vor Zwang oder Täuschung. Wenn ein Mitgefangener einen anderen Mitgefangenen auf **eigene Initiative** aushorcht und ihn an die Strafverfolgungsorgane verpetzt, steht das der Verwertung der gewonnenen Beweisergebnisse nicht entgegen.[90] Die Bewertung ändert sich, wenn die Strafverfolgungsorgane erfahren, dass ein Mitgefangener sich der Methoden des § 136 a bedient, um andere Mitgefangene in U-Haft auszuhorchen. Auch ohne einen gezielten Ausforschungsauftrag dürfen solche bemakelten Beweiserkenntnisse nicht für das Strafverfahren verwertet werden. Im sog. „**Wahrsagerin-Fall**" des BGH[91] spiegelt eine Mitgefangene in U-Haft einer des Mordes beschuldigten Mitgefangenen vor, sie besitze übersinnliche Kräfte und könne die Richter im Sinne eines milden Urteils beeinflussen, sofern sie ihr den Tathergang umfassend schildere. Zudem droht sie die Bestrafung durch okkulte Kräfte an. Bei mehreren Sitzungen, bei denen es auch zu gemeinsamen Drogenkonsum kam, macht die Beschuldigte entsprechende Mitteilungen, die von der aushorchenden Mitgefangenen an die Strafverfolgungsbehörden weitergegeben werden. Zwar war die aushorchende Mitgefangene kein gezielt eingesetzter Polizeispitzel wie in BGHSt 34, 362, so dass sich eigentlich das selbst zu tragende Risiko eines Privatgesprächs verwirklicht. Aber die von der Mitgefangenen eingesetzten Mittel der Drohung, Täuschung und der Verabreichung von Drogen kommen den verbotenen Vernehmungsmethoden des § 136 a gleich. Zwar ist der Untersuchungsgefangene nicht vor einer Aushorchung auf eigene Initiative eines anderen geschützt. Aber der Staat ist verpflichtet, ihn in der staatlichen Aufsicht der U-Haft vor Methoden im Sinne des § 136 a auch vor eigeninitiativ handelnden Mitgefangenen zu schützen. Wissen die Ermittlungs-

---

[85] Siehe KK-StPO/*Diemer* Rn. 26; für eine Täuschung zutreffend: *Roxin* NStZ 1995, 465 f.; *Eisenberg* Rn. 638; HK-GS/*Jäger* Rn. 23.
[86] EGMR v. 5. 11. 2002 – Beschwerde Nr. 48539/99, Allan v. UK, JR 2004, 127 = StV 2003, 257.
[87] Siehe EGMR v. 5. 11. 2002 – Beschwerde Nr. 48539/99, Allan v. UK, JR 2004, 127, 130, § 52.
[88] BGH v. 18. 5. 2010 – 5 StR 51/10, BeckRS 2010, 13972.
[89] Siehe EGMR v. 5. 11. 2002 – Beschwerde Nr. 48539/99, Allan v. UK, JR 2004, 127, 130, § 52; auch *Esser* JR 2004, 98, 105.
[90] So BGH v. 27. 9. 1988 – 1 StR 187/88, NStZ 1989, 32; *Geppert* Anm. zu BGH v. 27. 9. 1988 – 1 StR 187/88, JK 1989 StPO § 136 a/6; SK-StPO/*Rogall* Rn. 56.
[91] BGH v. 21. 7. 1998 – 5 StR 302/97, BGHSt 44, 129 = NJW 1998, 3506.

behörden von solchen Methoden, müssen sie sich das private Verhalten nach Ansicht des BGH zurechnen lassen. Dieser Schutz verlangt strafprozessual, dass derart gewonnene Beweiserkenntnisse analog § 136 a nicht verwertet werden dürfen.[92]

34 Es zeigt sich in der **Gerichtspraxis** eine differenzierte Betrachtung zwischen sozialen Kontakten im freien Leben und in einer Haftsituation – zwischen „Hörfalle" und „Polizeispitzel". Die Eigenverantwortlichkeit und das selbst zu tragende Risiko, in seinem Vertrauen auf Schutz der Verschwiegenheit enttäuscht zu werden, sind in der Haftsituation, in welcher der Betroffene nur begrenzt ausweichen kann, geringer als in Freiheit. Das ist bei § 136 a wie auch bei § 136 im jeweiligen Einzelfall zu berücksichtigen.

35 Wenn **verdeckte Ermittler** gegenüber der Zielperson ihren repressiven Auftrag verheimlichen, liegt darin nicht ohne weiteres eine Täuschung im Sinne des § 136 a.[93] Dieses verdeckte Auftreten ist den §§ 110 a ff. normimmanent. Verdeckte Ermittler und andere V-Personen führen bei ihrer Informationsbeschaffung auch nicht zwingend Vernehmungen. Wenn verdeckte Ermittler mit Verdächtigen oder auch Zeugen – in Freiheit – abschöpfende Gespräche führen, kann das zum einen noch als ein eigenverantwortliches Privatgespräch gewertet werden, in dem der Beschuldigte keinen rechtsstaatlichen Vertrauensschutz durch die §§ 136 und 136 a verdient. Der Betroffene ist in Freiheit in der Wahl seiner Gesprächspartner frei. Die Enttäuschung des persönlichen Vertrauens entspricht dem allgemeinen Lebensrisiko. Wenn es sich jedoch um einen **gezielten Einsatz** zur Aufklärung einer bestimmten Straftat gegen einen Beschuldigten handelt, der eine offene Vernehmung gerade ersetzen soll, liegt eine vernehmungsähnliche Situation vor, die den Grenzen der §§ 136 und 136 a unterfällt.[94] Die allgemeine Geschäftsgrundlage eines Privatgesprächs fällt durch die staatliche Inszenierung weg.

36 In Rechtsprechung und Schrifttum ist noch vieles ungeklärt: Die bisherige Rechtsprechung sprach sich bisher kriminalpolitisch eher für eine Beweisverwertung aus, wie die Entscheidungen zur Hörfalle[95] oder im vergleichbaren Fall des BGHSt 40, 211 – Fall Sedlmayr – zeigen. Eine Entscheidung vom 26. 7. 2007[96] zeigt eine bedeutsame **Wende** an – ein Meilenstein.[97] In Anlehnung an den **EGMR** erweitert der **BGH** den **Grundsatz der Selbstbelastungsfreiheit auf Fälle der Täuschung**. Dabei löst er sich von der psychologischen Haftsituation, wenn auch nicht ganz, da es sich um durch einen Verdeckten Ermittler entlocktes Täterwissen während eines Hafturlaubes handelt. Der BGH: „Ein Verdeckter Ermittler darf einen Beschuldigten, der sich auf sein Schweigerecht berufen hat, nicht unter Ausnutzung eines geschaffenen Vertrauensverhältnisses beharrlich zu einer Aussage drängen und ihm in einer vernehmungsähnlichen Befragung Äußerungen zum Tatgeschehen **entlocken**. Eine solche Beweisgewinnung verstößt gegen den Grundsatz, dass niemand verpflichtet ist, sich selbst zu belasten, und hat regelmäßig ein Beweisverwertungsverbot zur Folge." Nach Ansicht des BGH haben die Strafverfolgungsbehörden die Entscheidung des Beschuldigten für das Schweigen zu respektieren. Die massive Befragung durch den Verdeckten Ermittler führt nach Ansicht des BGH zu einer vernehmungsähnlichen Lage, die durch die Haftsituation verstärkt wurde. Der BGH sieht durch das Verhalten der Ermittlungsbehörden den nemo-tenetur-Grundsatz bzw. den Grundsatz der Verfahrensfairness als verletzt an. Bedenklich ist an der Argumentation des BGH – wie auch schon an der des EGMR –, dass der Beschuldigte diesen Schutz nur genießen soll, wenn er sich zuvor auf sein Schweigerecht berufen hat. Das überzeugt nicht.[98] Der Schutz vor staatlich inszenierter irrtumsbedingter Selbstbelastung, der Schutz vor gezielter und beharrlicher Ausforschung muss bereits vorher greifen, wenn man nicht eine **Umgehung** durch die Strafverfolgungsbehörden provozieren will. In Folge dieser Rechtsprechung würden die Strafverfolgungsbehörden auf eine vorherige Vernehmung verzichten, um dem Beschuldigten erst gar keine Gelegenheit auf den Beruf des Schweigerechts zu geben.

37 **Ergänzend:** Laut **BGH**[99] besteht ein Beweisverwertungsverbot, wenn Gespräche mit angehörigen Besuchern in der U-Haft heimlich abgehört werden und dem Beschuldigten gezielt suggeriert wird, dass eine Überwachung des Gesprächs nicht stattfindet. Auch in diesem Urteil zeigt sich eine bedeutsame Erweiterung des Gebots der Selbstbelastungsfreiheit auf Fälle staatlich inszenier-

---

[92] So BGH v. 21. 7. 1998 – 5 StR 302/97, BGHSt 44, 129, 137 = NJW 1998, 3506; *Beulke* Rn. 479.
[93] Vgl. *Rogall* Anm. zu BGH v. 26. 7. 2007 – 3 StR 104/07, NStZ 2008, 110, 111; *Roxin* NStZ 1995, 465, 468; SK-StPO/*Rogall* Rn. 7, 57; *Beulke* Rn. 138.
[94] Siehe *Beulke* Rn. 481 d.
[95] BGHGrS v. 13. 5. 1996 – GSSt 1/96, BGHSt 42 139 = NJW 1996, 2940.
[96] BGH v. 26. 7. 2007 – 3 StR 104/07, BGHSt 52, 11= NStZ 2007, 714 = NJW 2007, 3138; *Rogall* Anm. zu BGH v. 26. 7. 2007 – 3 StR 104/07, NStZ 2008, 110; *Satzger* Anm. zu BGH v. 26. 7. 2007 – 3 StR 104/07, JK 2008 StPO § 136 I/17; skeptisch *Mitsch* Jura 2008, 211, 214 f.
[97] So *Mitsch* Jura 2008, 211, 213; zurückhaltend *Renzikowksi* JR 2008, 164, 165.
[98] So *Esser* JR 2004, 98, 106; *Renzikowski* JR 2008, 164, 165; *Roxin* NStZ-Sonderheft 2009, 41, 43.
[99] BGH v. 29. 4. 2009 – 1 StR 701 708, BeckRS 2009, 18662 = NStZ 2009, 519; dazu *Leipold* NJW-Spezial 2009, 521.

ter Selbstbelastung. Zuletzt löst sich der BGH[100] in der **Erweiterung des nemo-tenetur-Grundsatzes** von jeglicher Haftsituation und untersagt einem Verdeckten Ermittler das **beharrliche Drängen** zu einer Aussage und das **Entlocken** von selbstbelastenden Angaben unter Ausnutzung eines geschaffenen Vertrauensverhältnisses. Zeitnah erging eine weitere Entscheidung des **EGMR**.[101] Wenn der Beschuldigte nicht inhaftiert ist, wenn auf ihn in der Vernehmung kein Druck hin zu einer Aussage ausgeübt wird, wenn er seinen Willen zu schweigen, noch nicht geäußert hat, soll keine Verletzung der Selbstbelastungsfreiheit vorliegen, wenn der Beschuldigte durch die Umstände eines V-Mann-Einsatzes unter keinen Druck gerät, mit dem V-Mann zu sprechen und sich selbst belasten, und wenn selbstbelastende Gesprächsaufnahmen zu frei entstandenen Gesprächen nicht unvermittelt als eine Art Geständnis zur Urteilsgrundlage gemacht werden. Das ist viel „wenn". Bahnt sich da ein Konflikt zwischen BGH und EGMR an? Es geht letztendlich darum, wo das eigenverantwortliche Nochprivatgespräch endet, dessen autonomen Inhalt die Strafverfolgungsorgane abschöpfen dürfen, und wo unfaires beharrliches Drängen und Entlocken[102] in einer vernehmungsähnlichen Situation beginnt.

Polygraph: § 136a gilt in diesem Fall sinngemäß. In der Bewertung des Einsatzes eines Lügendetektors gibt es einen **Wandel in der Rechtsprechung**.[103] Galt ursprünglich der Einsatz eines Polygraphen noch als eine unzulässige Beeinträchtigung der Willensfreiheit und daher als verfassungsrechtlich unzulässig, hat sich die Bewertung einer solchen Untersuchung mit Einwilligung des Betroffenen gewandelt. Der BGH sieht in der **freiwilligen polygraphischen Untersuchung** keinen Verstoß gegen Art. 1 GG oder gegen § 136a.[104] Der BGH erachtet nach dem derzeitigen Stand der wissenschaftlichen Forschung aber die gängigen Methoden des Kontrollfragentests und des Tatwissentests als völlig **ungeeignete Beweismittel** im Sinne des § 244 Abs. 3. Es ist danach nicht möglich, eine gemessene körperliche Reaktion auf eine bestimmte Ursache zurückzuführen.[105] Jedoch unabhängig davon: Eine polygraphische Untersuchung blickt in das seelische Unterbewusstsein des Beschuldigten. Das ist unzulässig.[106] Das widerspricht der Stellung des Beschuldigten als ein eigenverantwortliches Prozesssubjekt. Die Zulassung des Verfahrens würde zudem einen mittelbaren Zwang auf den leugnenden Beschuldigten zur Zustimmung ausüben. Daher sind Forderungen, den Test im Ermittlungsverfahren oder nur zur Entlastung des Beschuldigten einzusetzen, zurückzuweisen.[107] Diese die Persönlichkeit und das Bewusstsein einer Person entblößenden Vernehmungs- und Untersuchungsmethoden sind eines liberalen Rechtsstaats unwürdig. *Radbruch*[108] hat dessen Einsatz zutreffend als Verrat am rechtsstaatlichen Prozessdenken bezeichnet. Daran hat sich nichts geändert – oder?[109]

Hier wie auch sonst – etwa bei der Hypnose oder dem Verabreichen eines Wahrheitsserums – **39** besteht Einigkeit, dass der Beschuldigte **nicht** in eine verbotene Vernehmungsmethode **einwilligen kann**[110] – § 136a Abs. 3 Satz 1. Wenn man die Disposition über die eigenen Rechtsgüter gerade als Ausdruck der Persönlichkeit versteht, erscheint das Argument, dass der Beschuldigte über seine Menschenwürde nicht disponieren darf,[111] nicht mehr zwingend.[112] Aber die Vorschrift des § 136a ist auch Ausdruck des Rechtsstaats, der sich solcher verpönter Vernehmungsmethoden nicht bedient – und dieser Wert ist für den Beschuldigten nicht disponibel.[113]

IV. Beweisverwertungsverbot

1. Umfang. Das gesetzlich niedergelegte Beweisverwertungsverbot erfasst **belastende** als auch **40** **entlastende** Beweisergebnisse.[114] Das Verwertungsverbot unterliegt **nicht** der bei § 136 – fehler-

---

[100] BGH v. 27.1.2009 – 4 StR 296/08, NStZ 2009, 343.
[101] Siehe EGMR v. 21.1.2009 – Nr. 4378/02 – Urteil der Großen Kammer (Bykov v. Russland), HRRS 2009 Nr. 360; dazu *Hauck* NStZ 2010, 17, 21.
[102] So BGH v. 27.1.2009 – 4 StR 296/08, NStZ 2009, 343.
[103] Siehe dazu *Geppert* Anm. zu BGH v. 17.12.1998 – 1 StR 156/98, JK 1999 StPO § 136 a/11; *Eisenberg* Rn. 693 ff.; HK-GS/*Jäger* Rn. 32 ff.; *Joecks* Rn. 22; Löwe/Rosenberg/*Gless* Rn. 64; Meyer-Goßner Rn. 24.
[104] BGH v. 17.12.1998 – 1 StR 156/98, BGHSt 44, 308, 317 = NJW 1999, 657 = *Geppert* Anm. zu BGH v. 17.12.1998 – 1 StR 156/98, JK 1999 StPO § 136 a/11; dazu *Kargl/Kirsch* JuS 2000, 537, 539 ff.; *Putzke/Scheinfeld/Klein/ Undeutsch* ZStW 121 (2009), 607, 628 ff.
[105] Zum aktuellen Stand der Forschung aber *Putzke/Scheinfeld/Klein/Undeutsch* ZStW 121 (2009), 607, 624 ff.
[106] So *Joecks* Rn. 22; *Beulke* Rn. 141.
[107] Ein starkes Plädoyer für einen Einsatz in diesem Sinn von *Putzke/Scheinfeld/Klein/Undeutsch* ZStW 121 (2009), 607; zur befürwortenden Rechtslage in Polen *Jaworski* NStZ 2008, 195.
[108] *Radbruch*, FS Sauer, 1949, S. 121, 123.
[109] Siehe *Putzke/Scheinfeld/Klein/Undeutsch* ZStW 121 (2009), 607; *Roxin/Schünemann* § 25 Rn. 18.
[110] Siehe *Eisenberg* Rn. 704.
[111] Siehe KK-StPO/*Diemer* Rn. 37.
[112] Bei *Eisenberg* Rn. 705; SK-StPO/*Rogall* Rn. 80.
[113] So *Eisenberg* Rn. 705; SK-StPO/*Rogall* Rn. 80.
[114] So OLG Hamburg v. 14.6.2005 – IV-1/04, NJW 2005, 2326, 2329; *Eisenberg* Rn. 704, 713; *Joecks* Rn. 25; KK-StPO/*Diemer* Rn. 37; Löwe/Rosenberg/*Gless* Rn. 71; anders *Jahn* C 112; HK-GS/*Jäger* Rn. 41; SK-StPO/*Rogall* Rn. 87.

haft – angenommenen **Widerspruchslösung**.[115] Das Verbot hat auch eine Drittwirkung auf **Mitbeschuldigte**.[116] Der Grund hierfür ist der überindividuelle Schutzcharakter der Vorschrift.

41 Die **unverwertbare** Aussage scheidet **umfassend** als Grundlage für Entscheidungen aus.[117] Das Verwertungsverbot gilt in **allen** Verfahrensstadien. Die unverwertbare Aussage darf nicht zum Teil der richterlichen Beweiswürdigung werden. Sie darf nicht zur Grundlage strafprozessualer Zwangsmaßnahmen im Ermittlungsverfahren werden. Ein unverwertbares Beweismittel darf nicht zur Begründung eines Tatverdachts herangezogen werden.[118] Sie darf auch nicht durch Verlesung des Vernehmungsprotokolls, durch Vorhalt, durch Vernehmung der Vernehmungsperson mittelbar verwertet werden. Sie ist null und nichtig. Das gilt insbesondere für durch Folter oder ähnliche Maßnahmen gewonnene Erkenntnisse, die auch nicht zur Gefahrenabwehr verwertet werden dürfen. Ein auf der Grundlage eines nach § 136a unverwertbaren Beweismittels Angeklagter ist gegebenenfalls **freizusprechen**.

42 **2. Fernwirkung.** Der Umfang eines Beweisverwertungsverbots und die spezielle Frage seiner Fernwirkung sind ein allgemeines Problem der Beweisverwertungsverbotslehre – sog. fruit-of-the-poisonous-tree-doctrine. Sie spitzt sich bei § 136a jedoch zu. § 136a Abs. 3 verlangt eine **Fernwirkung** des Beweisverbots.[119] Es wäre eine unzulässige **Umgehung** des § 136a, wenn zwar die unmittelbare Aussage des Beschuldigten unverwertbar wäre, man aber die auf Grund der unverwertbaren Aussage gewonnenen Beweismittel wie andere Zeugen oder Tatspuren wie die Leiche oder die Tatwaffe verwerten dürfte. Darin läge eine mittelbare Verwertung.[120] Der **BGH**[121] jedoch ist **zurückhaltend**. Er lehnt eine Fernwirkung im Regelfall ab. Zwei kriminalpolitische Gründe führt der BGH für seine Zurückhaltung an. Erstens: Ein Verfahrensfehler, der ein Verwertungsverbot für ein Beweismittel herbeiführt, darf nicht ohne weiteres zur Lahmlegung des gesamten Strafverfahrens führen. Zweitens: Es lässt sich kaum jemals ausschließen, dass das mittels eines unverwertbaren Beweismittels gefundene weitere Beweismittel nicht auch ohne den Verstoß gefunden worden wäre. Letztendlich fordere die wirksame Verbrechensbekämpfung eine Beschränkung des Verwertungsverbots. Beides überzeugt nicht. Es geht nicht um eine Lahmlegung des Strafverfahrens. Das Verfahren kann mit sauberen Beweismitteln weiter betrieben werden. Ein **Verfahrenshindernis** ist gerade nicht die Folge eines Verstoßes gegen § 136a.[122] Anders ist das – gegen Judikatur und Schrifttum – nach meiner Ansicht im Fall des unerträglichen Verstoßes gegen die Menschlichkeit durch staatliche Folter.

43 Der Einwand, dass man das Beweismittel auch ohne einen Verstoß gefunden hätte (**hypothetische Ermittlungsverläufe**), ist allein auf der Grundlage bedenkenswert, dass die Strafverfolgungsorgane bereits einen konkreten Anlass und eine konkrete Spur dahingehend haben.[123] Die **Beweislast** für die sichere Tatsachengrundlage und für die Prognosesicherheit des hypothetischen einwandfreien Ermittlungsverlaufs liegt bei den Strafverfolgungsorganen, die eine solche Behauptung nicht pauschal – wie BGHSt 34, 362 – aufstellen dürfen. Die präventive Kontrolle von Grundrechtseingriffen durch einen Richtervorbehalt darf dagegen durch den Aspekt des hypothetischen Ermittlungsverlaufs nicht unterlaufen werden.[124]

44 Der **Schutzzweck** des § 136a spricht **für die Fernwirkung**. Die Willensautonomie ist auch bei einer mittelbaren Verwertung missachtet. Es ist auf die Gefahr[125] hinzuweisen, dass Ermittlungsbeamte bei einer Ablehnung der Fernwirkung geneigt sein können, verbotene Vernehmungsmethoden zu anzuwenden, wenn prozessual verwertbare Beweismittel als – verbotene – Früchte erlangt sind. Ein umfassendes Verwertungsverbot führt zur Respektierung der Verfahrensregeln durch die Vernehmungsbeamten. Fraglich ist, ob die Problematik der Fernwirkung der Abwägung[126] zugänglich ist. Aber gerade im Fall der Schwerkriminalität, in Fällen des Terrorismus, der Organisierten Kriminalität oder bei Straftaten gegen Kinder – Beweis: der Fall „Daschner" – be-

---

[115] Siehe Anw-StPO/*Walther* Rn. 53; *Meyer-Goßner* Rn. 33.
[116] So BGH v. 14. 10. 1970 – 2 StR 239/70, MDR 1971, 15, 18 bei Dallinger; Anw-StPO/*Walther* Rn. 54; HK-GS/*Jäger* Rn. 43.
[117] Siehe *Kramer* Jura 1988, 520, 525; *Eisenberg* Rn. 713; SK-StPO/*Rogall* Rn. 88.
[118] Nach *Jahn* C 85; *Kramer* Jura 1988, 520, 525; *Trüg/Habetha* NStZ 2008, 481. 491; *Eisenberg* Rn. 713.
[119] So LG Hannover v. 18. 9. 1986 – KLs 82 Js 49848/85 – 33a43/86 (nr), StV 1986, 521, 522; *Adler* StraFo 2002, 146, 154; *Schroth* JuS 1998, 969, 970; *Weigend* StV 2003, 436, 439 ff.; *Roxin*, FS Eser, 2005, S. 461, 471; *Eisenberg* Rn. 408, 714 ff.; HK-GS/*Jäger* Rn. 47; *Beulke* Rn. 482; *Roxin* § 24 Rn. 47.
[120] So *Roxin* FS für Eser, 2005, S. 461, 471.
[121] So BGH v. 7. 3. 2006 – 1 StR 316/05, BGHSt 51, 1, 7 ff. = NJW 2006, 1361; BGH v. 28. 4. 1987 – 5 StR 666/86, BGHSt 34, 362, 364f. = NJW 1997, 2525 = NStZ 1989, 33, 34; auch *Roxin/Schünemann* § 24 Rn. 60; Anw-StPO/*Walther* Rn. 52; *Meyer-Goßner* Einl Rn. 57.
[122] Siehe Anw-StPO/*Walther* Rn. 53; *Eisenberg* Rn. 713; *Joecks* Rn. 31; *Meyer-Goßner* Rn. 33.
[123] Dazu *Beulke* Jura 2008, 653, 661; *Eisenberg* Rn. 410; umfassend SK-StPO/*Rogall* Rn. 97 ff.
[124] Siehe BGH v. 18. 4. 2007 – 5 StR 546/06, NJW 2007, 2269, 2273.
[125] Siehe *Eisenberg* Rn. 718 (auch Rn. 627); *Roxin* § 24 Rn. 47.
[126] So *Kramer* Jura 1988, 520, 524 f.; SK-StPO/*Rogall* Rn. 94.

steht die Gefahr, dass Vernehmungsbeamte die Grenzen des § 136a austesten und dessen Grenzen überschreiten. Dem ist im Interesse des grundrechtlichen Rechtsstaats vorzubeugen. Jede Ablehnung oder Einschränkung der Fernwirkung führt zu einer möglichen **Umgehung** des Beweisverwertungsverbots. Das **verbietet jede Abwägung** innerhalb des § 136a zwischen der Schwere des Verstoßes und dem staatlichen Strafverfolgungsinteresse.[127] Die hinter § 136a stehende Menschenwürde verbietet jede relativierende Abwägung, was dann selbst die Vertreter dieser Abwägungslehre annehmen.[128]

Jede Einschränkung des Verwertungsverbots nach § 136a – in seinen Voraussetzungen, im Umfang oder im gebotenen Nachweis – aus kriminalpolitischen Gründen schmälert den rechtsstaatlichen Charakter der Vorschrift. Die gerichtliche Rechtspraxis ist zurückhaltend in der Weite des Verwertungsverbots. Das muss ein **Strafverteidiger** bei all seinem rechtspolitischen Vorverständnis in der praktischen Tätigkeit berücksichtigen.

3. Private Drittwirkung? § 136a bindet unmittelbar die deutschen Strafverfolgungsbehörden und ihre hinzugezogenen Vernehmungsgehilfen. Problematisch ist es, wenn **Private oder gar ausländische Staaten** zu den in § 136a genannten Vernehmungsmethoden greifen. Dürfen deutsche Strafverfolgungsorgane solche bemakelten Erkenntnisse im Strafverfahren verwerten? Wenn die privaten Dritten im **gezielten Auftrag** der Strafverfolgungsorgane tätig sind, ist deren Verhalten dem Staat zuzurechnen, so dass § 136a – wie auch § 136 – direkt zur Anwendung kommt.

Anders ist die Rechtslage gegebenenfalls, wenn ein solches **Zurechnungsverhältnis** nicht vorliegt. Überwiegend wird angenommen, dass aus der rechtswidrigen Erlangung eines Beweismittels durch einen privaten Dritten grundsätzlich keine strafprozessuale Unverwertbarkeit im Strafverfahren folgt.[129] Diese Ansicht prägt die **Gerichtspraxis**. Nur ausnahmsweise wird ein Verwertungsverbot von den Gerichten angenommen, wenn die Beweisbeschaffung durch den Privaten den Makel einer besonders **krassen Verletzung der Menschenwürde**[130] trägt. Dieser Maßstab gilt auch für die Beweiserhebung durch **Angehörige ausländischer Staaten**.[131] Neben einer möglichen Strafbarkeit des privaten Dritten bedarf es im Interesse umfassenden Rechtsgüterschutzes aber einer möglichen weitergehenden prozessualen Nichtverwertung des illegal erlangten Beweisergebnisses.[132] Verletzen Private bei ihren Ermittlungen den unantastbaren Kernbereich der privaten Lebensgestaltung, verlangt die staatliche Schutzpflicht aus Art. 1 GG eine prozessuale Unverwertbarkeit.[133] Eine Abschichtung von – krassen – Menschenrechtsverstößen kann es nicht geben. Wenn der unantastbare Kernbereich nicht berührt wird, bedarf es einer umfassenden Abwägung. Das rechtsstaatliche Gegeninteresse der effektiven Strafrechtspflege führt zur **abwägenden Bewertung der widerstreitenden Interessen**.[134] Zu beachten ist, dass ein privater menschenrechtswidriger oder entwürdigender Verstoß, der einer verbotenen Vernehmungsmethode des § 136a entspricht, keiner Abwägung zugänglich ist. Das kommt der sog. Einheitslösung sehr nahe. Danach ist § 136a auf jede rechtswidrige Beweiserlangung durch Private analog anwendbar.[135] Ansonsten sind die Schwere des die Individualgüter beeinträchtigenden Eingriffs und seine Wirkung auf die Willensfreiheit gegen das Strafverfolgungsinteresse abzuwägen. Private folterähnliche Methoden jedoch sind nach allen Lösungsansätzen strafprozessual verpönt.[136] Solcher bemakelten Beweisergebnisse darf sich der Rechtsstaat nicht bedienen. Das **Verwertungsverbot** untersagt entgegen anderer Stimmen **auch die Verwertung als Ermittlungsansatz** oder zum Zweck der Gefahrenabwehr. Diese Grundsätze müssen auch für derartige Handlungen durch **ausländische Staaten** und Geheimdienste gelten.[137] Ein der Menschenwürde und den Grundrechten verpflichteter Rechtsstaat darf in keinem Fall durch eine internationale polizeiliche oder justizielle Zusammenarbeit von Erkenntnissen profitieren und sie gar zur Strafverfolgung verwerten, die durch ausländische Organe – auch Geheimdienste – durch verbotene – rechtsstaatlich geächtete – Methoden nach § 136a gewonnen sind. Das Ergebnis wird völkerrechtlich durch Art. 15 der UN-Antifolterkonvention bestätigt. Eine gesetzliche Klarstellung in § 136a ist geboten.

---

[127] Zu recht *Eisenberg* Rn. 720 f.
[128] Bei SK-StPO/*Rogall* Rn. 95.
[129] Siehe BGH v. 21. 7. 1998 – 5 StR 302/97, BGHSt 44, 129, 134 = NJW 1998, 3506; BGH v. 12. 4. 1989 – 3 StR 453/88, BGHSt 36, 167, 173; Anw-StPO/*Walther* Rn. 8; *Beulke* Rn. 478; siehe auch *Kölbel* NStZ 2008, 241; umfassende Darstellung bei *Bockemühl*, Private Ermittlungen im Strafprozess, 1996.
[130] Vgl. BGH v. 21. 7. 1998 – 5 StR 302/97, BGHSt 44, 129, 136 = NJW 1998, 3506; OLG Hamburg v. 14. 6. 2005 – IV-1/04, NJW 2005, 2326; KK-StPO/*Diemer* Rn. 3; *Meyer-Goßner* Rn. 3; *Beulke* Rn. 479.
[131] So OLG Hamburg v. 14. 6. 2005 – IV-1/04, NJW 2005, 2326, 2329.
[132] Vgl. SK-StPO/*Rogall* Rn. 13; *Putzke/Scheinfeld* Rn. 395.
[133] Auch *Beulke* Jura 2008, 653, 661; *Bockemühl*, Private Ermittlungen im Strafprozess, S. 125 f.
[134] Vgl. umfassend *Bockemühl*, Private Ermittlungen im Strafprozess, S. 115 ff.; auch SK-StPO/*Rogall* Rn. 14.
[135] So HbStrVf/*Jahn* Rn. II. 269; *ders.* JuS 2000, 441, 444 f.
[136] Siehe *Schroth* JuS 1998, 969, 979; *Joecks* Rn. 3; Löwe/Rosenberg/*Gleß* Rn. 12; SK-StPO/*Rogall* Rn. 15; *Beulke* Rn. 479.
[137] Siehe zutreffend *Ambos* StV 2009, 151, 155 ff.; *Jahn* C 103; Löwe/Rosenberg/*Gleß* Rn. 72.

48 Exkurs: Die „Liechtensteiner/Schweizer **Steueraffäre**": Im Jahr 2008 war es Liechtenstein, heute – 2010 – ist es die Schweiz. Den deutschen Strafverfolgungsorganen wurden und werden Datenträger mit Informationen über Bankdaten von Liechtensteiner oder Schweizer Banken über deutsche Bankkunden zum Kauf angeboten. Die entsprechenden Daten wurden – davon ist auszugehen – von den – anonymen – Informanten illegal nach Schweizer oder Liechtensteiner Recht erlangt. Die deutschen Steuerbehörden und die Strafverfolgungsorgane, die Steuerfahndung oder die Staatsanwaltschaft, wollen diese Datenträger erlangen und auswerten, um die gleichmäßige Besteuerung zu sichern und um anschließend Strafverfolgung wegen Steuerhinterziehung zu betreiben. Im Fall Liechtenstein wurden 4,2 Mio EUR als Kaufpreis gezahlt, in vergleichbaren Fällen flossen ebenfalls mehrere Millionen EUR, während andere Bundesländer den Kauf der illegalen Daten ablehnen. Der Ankauf der Daten könnte nach § 17 Abs. 2 Nr. 2 UWG mit § 26 oder 27 StGB als Anstiftung oder Beihilfe zur unbefugten Verwertung von Geschäftsgeheimnissen oder auch als Begünstigung nach § 257 StGB strafbar sein.[138] Anrüchig war der Fall „Liechtenstein" durch die Mitwirkung des BND. Der gezielte, möglicherweise strafbare, Ankauf illegal erlangter Daten ist **nicht gerechtfertigt**. Weder die AO noch die StPO gestatten eine solche Maßnahme. Die Generalklauseln der §§ 161 oder 244 Abs. 2 greifen bei diesen Grundrechtseingriffen in das Recht auf informationelle Selbstbestimmung nicht – keine Verwirkung der Grundrechte durch strafbares Verhalten. Der in der Diskussion gern erwähnte § 34 StGB als Rechtfertigung des staatlichen Vorgehens kann in dem abschließend geregelten Bereich der StPO keine Grundrechtseingriffe erlauben.[139] Der strafprozessual zulässige Weg zur Erlangung von Informationen wäre vorliegend die Zeugenvernehmung des Informanten oder die Beschlagnahme der Datenträger und das gegebenenfalls im Wege der internationalen Rechtshilfe. Mag auch die Belohnung von Informanten zulässig sein, so ist doch der gezielte Ankauf illegaler Daten unter Anonymisierung der Informanten mit dem Makel möglicher Strafbarkeit nicht vergleichbar.

49 Die auf diesem rechtsstaatlich fragwürdigen Weg gewonnenen Beweisdaten sind im Strafverfahren **unverwertbar**.[140] Es ist nicht allein der Rechtsverstoß durch einen privaten Dritten, der zu einem Beweisverwertungsverbot führt. Das staatliche Vorgehen greift mit Methoden in einen privaten und geschäftlichen Lebensbereich der Bürger ein, die möglicherweise strafbar, wenigstens strafprozessual nicht erlaubt sind. Mag das staatliche Vorgehen nicht verboten sein, so ist es doch nicht erlaubt. Natürlich dürfen die Strafverfolgungsorgane Informationen entgegennehmen, sie dürfen auch Belohnungen zahlen. Aber ein Kaufpreis von mehreren Millionen EUR für illegale Daten für – anonyme – Informanten überschreitet in der Gesamtwürdigung die Grenzen der rechtsstaatlichen Informationsgewinnung. Bei der „einfachen" Steuerhinterziehung sind heimliche Ermittlungsmaßnahmen nach § 100a oder § 100c oder § 110a nicht zulässig. Das Vorgehen der Strafverfolgungsorgane muss in diesem Deliktsbereich ein offenes Vorgehen sein. Damit verträgt sich das rechtsstaatlich bedenkliche Handeln nicht. An sich müssten auch die weiteren Beweismittel, die durch etwaige Durchsuchungen erlangt wurden, einem Beweisverwertungsverbot unterliegen – Fernwirkung.[141] Darauf sollte die Strafverteidigung bei Abwägung in der restriktiven Rechtsprechung[142] nicht vertrauen.

50 Bei all diesen strafrechtlich und strafprozessual begründeten Bedenken ist das **Interesse der Beschuldigten** an einer schnellen und geräuschlosen Erledigung der Verfahren zu bedenken. Selbstanzeige nach § 371 AO, das Strafbefehlsverfahren, § 153a und eine Verständigung sind erwägenswerte Schritte, die in der Praxis auch beschritten werden – daher existiert in dieser konkreten Angelegenheit keine einschlägige Rechtsprechung.[143] Die geäußerten rechtsstaatlichen Bedenken am Ankauf illegaler Datenträger können Verhandlungsmasse sein. Sie sollten auch die Strafverfolgungsorgane in ihrem rechtsstaatlichen Selbstverständnis zum Nachdenken anregen. Das Gericht sollte ein Interesse an der genauen Herkunft von Beweismitteln haben, das gehört zur richterlichen Beweiswürdigung. Ein einseitiges Abstellen auf finanzielle Interessen ist eines Rechtsstaats unwürdig.

V. Nachweis des Verfahrensverstoßes

51 Voraussetzung für ein Beweisverwertungsverbot nach § 136a ist die Feststellung, dass eine verbotene Vernehmungsmethode nach § 136a angewendet wurde. Zudem muss zwischen der verbo-

---

[138] Siehe dazu *Bruns* StraFo 2008, 189; *Schünemann* NStZ 2008, 305, 308; *Sieber* NJW 2008, 881, 883 ff.; *Trüg/Habetha* NStZ 2008, 481, 489.
[139] Siehe *Schünemann* NStZ 2008, 305, 308; *Trüg/Habetha* NStZ 2008, 481, 489.
[140] So *Bruns* StraFo 2008, 189; *Schünemann* NStZ 2008, 305, 309; *Sieber* NJW 2008, 881, 886; *Trüg/Habetha* NStZ 2008, 481, 490 f.; siehe auch *Meyer-Goßner* Rn. 3a; *Roxin/Schünemann* § 24 Rn. 54.
[141] So *Schünemann* NStZ 2008, 305, 309; *Trüg/Habetha* NStZ 2008, 481, 491.
[142] S. o. Rn. 42 ff.
[143] Siehe jetzt LG Bochum v. 7. 8. 2009 – 2 Qs 2/09, NStZ 2010, 351.

tenen Methode und dem Aussageverhalten ein **Ursachenzusammenhang** bestehen.[144] Für die Feststellung der Anwendung einer verbotenen Vernehmungsmethode gelten nach überwiegendem Verständnis die Grundsätze des **Freibeweisverfahrens**.[145]

Der Grundsatz „**in dubio pro reo**" soll bei Verfahrensfragen und daher auch bei der Feststellung eines Verstoßes gegen § 136a nach Judikatur und Schrifttum keine Anwendung finden.[146] Bestehende Zweifel am Vorliegen einer unzulässigen – rechtsstaatswidrigen – Vernehmungsmethode sind unbeachtlich.[147] Diese Beweislastverteilung ist nicht sachgerecht und genügt dem Schutz des rechtsstaatlichen Strafverfahrens nicht. Der schwerwiegende Verfahrensfehler ruht im Verantwortungsbereich der Strafverfolgungsorgane. Wer von dem Beschuldigten den vollen Nachweis fordert, verkennt diese Machtverteilung. Wenn **substantiierte** Behauptungen des Beschuldigten **begründete Zweifel** an der Rechtmäßigkeit des Verfahrens beim Gericht wecken, so dass die Vermutung der Justizmäßigkeit des staatlichen Strafverfahrens ernsthaft erschüttert ist, sollte zum Schutz der Menschenwürde und zum Schutz des Rechtsstaats von einer verbotenen Beeinflussung ausgegangen werden.[148] Bereits der begründete Anschein einer verbotenen Vernehmungsmethode beeinträchtigt das Vertrauen in das rechtsstaatliche Strafverfahren. **Unsubstantiierte** Behauptungen des Beschuldigten reichen nicht. Der Fall „El Motassadeq" des OLG Hamburg[149] zeigt die praktischen und rechtlichen Schwierigkeiten. Trotz fundierter Anhaltspunkte von Folterungen mutmaßlicher Al-Qaida-Mitglieder durch ausländische Vernehmungsbeamte wurden die entsprechenden Beweiserkenntnisse verwertet. Eine etwaige Beeinträchtigung der freien Willensentschließung von Zeugen ist bei nicht erwiesener Anwendung unzulässiger Vernehmungsmethoden nach Ansicht des OLG bei der Beweiswürdigung zu berücksichtigen. Diese Strenge im erforderlichen Nachweis von Maßnahmen nach § 136a ist rechtsstaatlich sehr bedenklich und schmälert die Achtung der Menschenrechte. Der Beschuldigte oder ein Zeuge kann den Nachweis für eine verbotene Vernehmungsmethode nicht liefern, wenn eine solche rechtsstaatswidrige Handlung von Seiten der Strafverfolgungsorgane oder inländischer oder ausländischer Geheimdienste typischerweise abgestritten oder gar verschleiert wird.

Bezogen auf den **Ursachenzusammenhang** genügt es, dass eine Kausalität nicht auszuschließen ist.[150] Die verbotene Methode indiziert die Beeinträchtigung der Willensfreiheit. Die Aussageperson muss nicht nachweisen, dass die verbotene Methode tatsächlich ihre Willensfreiheit beeinträchtigt hat.

Wie bei § 136 stellt sich auch bei § 136a die Frage der **Heilung** des Verfahrensfehlers durch eine fehlerfreie Wiederholung der Vernehmung. Es zeigt sich erfreulicherweise eine zunehmende Tendenz,[151] nach der bei heilender Wiederholung den qualifizierten Hinweis verlangt, dass die frühere Aussage nicht verwertet werden darf (sog. **qualifizierte Belehrung**). Wer diese Unverwertbarkeit nicht kennt, erachtet sein Schweigen oder Leugnen bei der erneuten Vernehmung für sinnlos und prozesstaktisch widersinnig. Nur auf dem Weg einer qualifizierten Belehrung kann die umfassende **Aussagefreiheit** wieder hergestellt werden. Eine solche qualifizierte Belehrung beseitigt die mögliche **Fortwirkung** des Verstoßes nach § 136a auf spätere Vernehmungen.

Die restriktive Rechtsprechung – Freibeweisverfahren, kein „in dubio pro reo" – zwingt den **Verteidiger** zu einem **vollständigen Nachweis** eines Verstoßes gegen § 136a.[152] Das mag schwer erscheinen, da man von den Vernehmungsbeamten als Zeugen verlangt, ein Verhalten zuzugeben, das dem rechtsstaatlichen Selbstverständnis widerspricht und eventuell strafbar ist (etwa nach den §§ 223, 240, 340, 343, 344 StGB). Zum eigenen Schutz sollten insbesondere die polizeilichen Vernehmungsbeamten die Anwesenheit des Verteidigers ermöglichen und zulassen und eine Vernehmung in Ablauf und Inhalt umfassend dokumentieren.

---

[144] So *Eisenberg* Rn. 706; KK-StPO/*Diemer* Rn. 38.
[145] Nach BGH v. 21. 7. 1998 – 5 StR 302/97, BGHSt 44, 129, 132 = NJW 1998, 3506; OLG Hamburg v. 14. 6. 2005 – IV-1/04, NJW 2005, 2326, 2328; *Joecks* Rn. 30; KK-StPO/*Diemer* Rn. 43; SK-StPO/*Rogall* Rn. 83; für Strengbeweis *Löwe/Rosenberg/Gless* Rn. 77.
[146] Siehe BGH v. 15. 5. 2008 – StB 4, 5/08, BeckRS 2008, 10809; OLG Hamburg v. 14. 6. 2005 – IV – 1/04, NJW 2005, 2326, 2330; OLG Köln v. 25. 10. 1988 – Ss 567/88, StV 1989, 520, 521; *Meyer-Goßner* Rn. 32; SK-StPO/*Rogall* Rn. 83.
[147] Siehe KK-StPO/*Diemer* Rn. 43; SK-StPO/*Rogall* Rn. 83.
[148] Siehe *Ambos* StV 2009, 151, 160 f.; *Beulke* Jura 2008, 653, 665; *Eisenberg* Rn. 709; HbStrVf/*Jahn* Rn. II 319; *Löwe/Rosenberg/Gless* Rn. 78; *Beulke* Rn. 143.
[149] OLG Hamburg v. 14. 6. 2005 – IV-1/04, NJW 2005, 2326; auch BGH v. 15. 5. 2008 – StB 4 und 5/08, NStZ 2008, 643.
[150] So *Eisenberg* Rn. 710; KK-StPO/*Diemer* Rn. 38.
[151] Bei BGH v. 18. 12. 2008 – 4 StR 455/08, NStZ 2009, 281, 282; BGH v. 26. 7. 2007 – 3 StR 104/07, BGHSt 52, 11, 23 = NStZ 2007, 724; LG Frankfurt a. M. v. 9. 4. 2003 – 5/22 Ks 3490 Js 230 118/02, StV 2003, 436; LG Dortmund v. 19. 8. 1994 – Ks 9 Js 4/92, NStZ 1997, 356, 358; *Mitsch* Jura 2008, 211, 214; *Weigend* StV 2003, 436, 438 f.; *Satzger* Anm. zu BGH v. 26. 7. 2007 – 3 StR 104/07, JK 2008 StPO § 136 I/17; *Eisenberg* Rn. 711 a; HK-GS/*Jäger* Rn. 46; KK-StPO/*Diemer* Rn. 41; SK-StPO/*Rogall* Rn. 86.
[152] Siehe Widmaier/*Deckers* MAH Strafverteidigung § 44 Rn. 112.

VI. Rechtsbehelfe/Rechtsmittel

56 Die rechtswidrige Verwertung eines nach § 136a unverwertbaren Beweisergebnisses bedarf der **Verfahrensrüge**.[153] Nach § 344 Abs. 2 Satz 2 muss der Revisionsführer die Tatsachen angeben, aus denen sich die verbotene Vernehmungsmethode sowie die Möglichkeit des Ursachenzusammenhangs ergeben. Das Revisionsgericht prüft den Verfahrensverstoß im Freibeweisverfahren – kein „in dubio pro reo".[154] Nach hiesiger Auffassung genügt ein substantiiertes Vorbringen, das bei Gericht berechtigte Zweifel an der Rechtsstaatlichkeit des Verfahrens weckt.

57 Da § 136a den rechtsstaatlichen Charakter des Strafverfahrens ausdrückt, kann der Angeklagte auch rügen, dass Mitangeklagte oder Zeugen und Sachverständige den verbotenen Vernehmungsmethoden ausgesetzt wurden.[155] Ein Beweis, dass die sog Rechtskreistheorie nicht tragend ist.

---

[153] So *Eisenberg* Rn. 723; *Jahn* C 107; HK-GS/*Jäger* Rn. 48; *Joecks* Rn. 31; *Meyer-Goßner* Rn. 33; SK-StPO/*Rogall* Rn. 107.
[154] Nach SK-StPO/*Rogall* Rn. 107.
[155] So Anw-StPO/*Walther* Rn. 54; *Joecks* Rn. 32; SK-StPO/*Rogall* Rn. 108.

Elfter Abschnitt. Verteidigung

§ 137 [Wahl eines Verteidigers]

(1) ¹Der Beschuldigte kann sich in jeder Lage des Verfahrens des Beistandes eines Verteidigers bedienen. ²Die Zahl der gewählten Verteidiger darf drei nicht übersteigen.

(2) ¹Hat der Beschuldigte einen gesetzlichen Vertreter, so kann auch dieser selbständig einen Verteidiger wählen. ²Absatz 1 Satz 2 gilt entsprechend.

Übersicht

	Rn.
A. Grundfragen der Verteidigung	1–18
I. Formelle und materielle Verteidigung	1
II. Stellung des Verteidigers im Verfahren	2–18
1. Dogmatische Grundlagen	2–11
a) Organtheorie (hM)	2, 3
b) Eingeschränkte Organtheorie	4
c) Vertragstheorie	5, 6
d) Interessenvertretertheorie	7
e) Theorie der Verteidigung als soziale Gegenmacht	8
f) Theorie des numerus clausus der Verteidigerrechte	9
g) Verfassungsrechtliche Herleitung der Verteidigerstellung und eigener Ansatz	10, 11
2. Wichtige Problemfelder des Verteidigerhandelns	12
a) Rechte und Pflichten im Verfahren	12–15
b) Rechte und Pflichten im Mandatsinnenverhältnis	16–18
B. Die Auswahl des Verteidigers	19–28
I. Geltungsbereich des § 137	19
II. Beschränkung der Zahl der Wahlverteidiger (Abs. 1 S. 2)	20–24
III. Verteidigerwahl durch den gesetzlichen Vertreter (Abs. 2)	25–27
IV. Revision	28

A. Grundfragen der Verteidigung

I. Formelle und materielle Verteidigung

In einem rechtsstaatlichen Strafverfahren muss sich der Beschuldigte gegen die Tatvorwürfe **1** angemessen verteidigen können (**Recht auf materielle Verteidigung**), was auch die Möglichkeit umfasst, sich des Beistands eines von ihm sebst gewählten Verteidigers seines Vertrauens zu bedienen (**Recht auf formelle Verteidigung**). Diese beiden Rechte sind unbestritten und ihre Tragweite ist hinreichend geklärt; sie sind verfassungsrechtlich verankert und in der StPO einfachgesetzlich umgesetzt: Ersteres in zahlreichen Einzelbestimmungen zum Schutz des Beschuldigten, letzteres in §§ 137 Abs. 1 S. 1, 138 Abs. 1, die zugleich den Art. 6 Abs. 3 lit. c 2. Alt. EMRK konkretisieren.[1] Da die materiellen Verteidigungsmöglichkeiten des Beschuldigten durch die formelle Verteidigung gestärkt werden sollen, besteht auch darüber Einigkeit, dass die Rechte und Pflichten des Verteidigers an diesem Ziel ausgerichtet sein müssen. Jenseits dieser gemeinsamen Basis aber herrscht nicht nur traditionell Streit über die Stellung und Funktion des Verteidigers im Strafverfahren, sondern seit einiger Zeit auch darüber, ob auf deren dogmatische Grundlegung nicht zugunsten einer Herleitung aus dem wandelbaren Rollenverständnis der Strafverteidiger verzichtet werden sollte.[2] Letzteres stellt jedoch keinen gangbaren Weg dar, da dabei einseitig auf die normenbildende Kraft von Rollenbildern abgestellt, die rollenbildende Kraft von Normen aber vernachlässigt wird und zudem die Notwendigkeit der rechtlichen Legitimierung von Rollenmustern aus dem Blick gerät.[3] Obwohl der Streit über die Dogmatik der Verteidigung schon wegen der sehr beschränkten Möglichkeiten, pflichtwidriges Verteidigerverhalten im laufenden Strafverfahren zu ahnden, in seiner praktischen Bedeutung nicht überschätzt werden sollte, kann er daher gleichwohl nicht unentschieden bleiben.

II. Stellung des Verteidigers im Verfahren

1. Dogmatische Grundlagen. a) Organtheorie (hM). Nach ständiger Rspr. des BVerfG[4] und der **2** Fachgerichte sowie herrschender Literaturmeinung[5] ist der Verteidiger ein unabhängiges **Organ**

---

[1] Löwe/Rosenberg/*Lüderssen/Jahn* Rn. 2.
[2] In diesem Sinne zB *Deckers* AnwBl. 1981, 316; *Hamm*, FS Lüderssen, S. 719; *Jungfer* StV 1983, 391; *Wahle*, FS Hanack, S. 107.
[3] Ähnlich SK-StPO/*Wohlers* Vor § 137 Rn. 26.
[4] S. zB BVerfG v. 12. 4. 2005 – 2 BvR 1027/02, NJW 2005, 1917 (1919); BGH v. 26. 8. 1993 – 4 StR 364/93, BGHSt 39, 310 (316) = NJW 1993, 3275 (3277).

der **Rechtspflege**, das dem Gericht und der StA gleichgeordnet ist und daher nicht unter deren Kontrolle steht.[6] Als solches hat er einerseits als Beistand des Beschuldigten dessen Interessen zu wahren und dafür zu sorgen, dass der Strafanspruch des Staates nur in prozessordnungsgemäßer Art und Weise und unter Beachtung aller für den Beschuldigten günstigen Umstände verfolgt wird.[7] Hierbei ist er zur Parteilichkeit nicht nur berechtigt,[8] sondern sogar verpflichtet,[9] jedoch nicht an den Willen des Beschuldigten gebunden, über dessen Weisungen er sich notfalls hinwegzusetzen hat.[10] Zugleich wird von ihm aber auch erwartet, dass er zum ordentlichen Funktionieren der Strafrechtspflege beiträgt[11] und dabei sogar Mitverantwortung für das Prozessgeschehen übernimmt;[12] er ist insoweit Teilhaber, nicht Gegner einer sachdienlichen Verfahrensdurchführung,[13] weshalb es ihm nicht gestattet ist, prozessuale Rechte zu verfahrenswidrigen bzw. verteidigungsfremden Zwecken einzusetzen.[14]

3   Die Organtheorie verdient aus mehreren Gründen **Kritik**: Soweit sie die Rechtsstellung des Verteidigers auf § 1 BRAO gründet,[15] trifft sie zunächst der vorwiegend formale Einwand, dass wegen §§ 138, 139 nicht alle Verteidiger notwendig auch Rechtsanwälte sind.[16] Gewichtiger ist freilich der materielle Aspekt ihrer weitgehenden inhaltlichen Beliebigkeit: Die Bezeichnung des Verteidigers als Organ der Rechtspflege ist eine bloße Chiffre,[17] die zwar einerseits – wie in der Judikatur des BVerfG auch mehrfach geschehen[18] – zur Stärkung der Verteidigerposition genutzt, andererseits aber – wie verschiedene Entscheidungen des BGH[19] zeigen – ebensogut zur Disziplinierung des Verteidigers eingesetzt werden kann. Die Organtheorie setzt sich daher leicht dem Verdacht aus, nicht der Rechtssicherheit, sondern lediglich dazu zu dienen, dem jeweils gerade vorherrschenden Umgang der Gerichte mit den Verteidigern ein pseudo-legitimatorisches Mäntelchen umzuhängen. Dieser Verdacht lässt sich auch nicht mit dem Hinweis darauf ausräumen, dass der Verteidiger an Recht und Gesetz gebunden ist und die Organtheorie auch nur dies zum Ausdruck bringe.[20] Denn das Problem liegt nicht in der – selbstverständlich zu bejahenden – Frage, ob das Verteidigerhandeln rechtlich gebunden ist, sondern in der Anschlußfrage, wie diese Bindung konkret aussehen soll. Ließe diese sich durch einen bloßen Blick in das Gesetz beantworten, wäre nicht nur die Organtheorie, sondern der gesamte Theorienstreit über die Rechtsstellung des Verteidigers hinfällig. Da dies aber nicht der Fall ist, wird mit dem Verweis auf Recht und Gesetz nur eine Leerformel durch eine andere ersetzt.

4   **b) Eingeschränkte Organtheorie.** Auch diese Theorie sieht den Verteidiger als ein (auch) im öffentlichen Interesse tätiges unabhängiges Organ der Rechtspflege, bezieht jedoch seine daraus resultierenden Pflichten nicht primär auf das Funktionieren der Rechtspflege, sondern auf die **Effektivität der Strafverteidigung**.[21] Sie will damit vermeiden, dass dem Verteidiger eine (Mit-)Verantwortung für den prozessordnungsgemäßen Ablauf des Verfahrens aufgebürdet oder seine Rechte unter Hinweise auf seine Organstellung beschnitten werden. Allerdings folgert auch sie

---

[5] S. zB KK-StPO/*Laufhütte* Vor § 137 Rn. 5; *Meyer-Goßner* Vor § 137 Rn. 1; umfassende Nachweise bei SK-StPO/*Wohlers* Vor § 137 Rn. 4.
[6] BVerfG v. 14. 2. 1973 – 2 BvR 667/72, BVerfGE 34, 293 (302) = NJW 1973, 696; BVerfG v. 8. 3. 1983 – 1 BvR 1078/80, NJW 1983, 1535 (1536); BGH v. 18. 12. 1997 – 1 StR 483/97, NStZ 1998, 311 (312); *Meyer-Goßner* Vor § 137 Rn. 1, KK-StPO/*Laufhütte* Vor § 137 Rn. 5.
[7] BVerfG v. 10. 7. 1996 – 1 BvR 873/94, NJW 1996, 3268; SK-StPO/*Wohlers* Vor § 137 Rn. 5.
[8] So aber KK-StPO/*Laufhütte* Vor § 137 Rn. 5.
[9] BGH v. 7. 11. 1991 – 4 StR 252/91, BGHSt 38, 111 (115) = NJW 1992, 1245 (1246); *Meyer-Goßner* Vor § 137 Rn. 1.
[10] Ständige Rspr.; s. zB BGH v. 26. 8. 1993 – 4 StR 364/93, BGHSt 39, 310 (313) = NJW 1993, 3275 (3276); *Bottke* ZStW 1984, 726 (727); *Hammerstein* NStZ 1990, 261 (264); KK-StPO/*Laufhütte* Vor § 137 Rn. 5 u. 7; *Meyer-Goßner* Vor § 137 Rn. 1.
[11] EGMR v. 28. 10. 2003 – 39657/98, NJW 2004, 3317; *Meyer-Goßner* Vor § 137 Rn. 1.
[12] *Basdorf* StV 1997, 488; *Maatz* NStZ 1992, 513 (514ff.); KK-StPO/*Laufhütte* Vor § 137 Rn. 6; SK-StPO/*Wohlers* Vor § 137 Rn. 9.
[13] BGH v. 7. 11. 1991 – 4 StR 252/91, BGHSt 38, 111 (115) = NJW 1992, 1245 (1246).
[14] *Dornach* NStZ 1995, 61; *Fischer* NStZ 1997, 212 (215); *Malmedier* NJW 1997, 227 (232); *Niemöller* StV 1996, 501 (502); *Senge* NStZ 2002, 225 (226); *Wagner* JuS 1972, 315 (317); *Meyer-Goßner* Vor § 137 Rn. 1
[15] So zB KK-StPO/*Laufhütte* Vor § 137 Rn. 5.
[16] *Bernsmann* StraFo 1999, 226 (228); *Beulke* JR 1994, 116 (118); *Hamm* NJW 1993, 289 Fn. 2; *Krekeler* NStZ 1989, 146 (147); *Paulus* NStZ 1992, 305 (309); *Schneider* Jura 1989, 343 (346); SK-StPO/*Wohlers* Vor § 137 Rn. 11.
[17] *Bottke* ZStW 1984, 726 (743); *Dahs* NJW 1975, 1385 (1387); *Eschen* StV 1981, 365 (366 ff.); *Geerds* GA 1975, 347: *Haffke* NJW 1975, 808 (812); *Krämer* NJW 1975, 849 (859 f.); *Krekeler* NStZ 1989, 146 (147); *Müller* AnwBl. 1981, 311, *Paulus* NStZ 1992, 305 (309); *Seelmann* NStZ 1979, 1128 (1130); *Waldowski* NStZ 1994, 448 (449); *Löwe/Rosenberg/Lüderssen/Jahn* Vor § 137 Rn. 94; SK-StPO/*Wohlers* Vor § 137 Rn. 11.
[18] So etwa in BVerfG v. 8. 10. 1974 – 2 BvR 747/73, BVerfGE 38, 105 (119) = NJW 1975, 103 bei der Begründung der Eignung des Anwalts als Zeugenbeistand.
[19] Besonders signifikant BGH v. 15. 2. 1956 – StE 1/56, BGHSt 9, 20 (22 f.) für den Fall angeblicher „sowjetzonaler Umtriebe" des Verteidigers.
[20] KK-StPO/*Laufhütte* Vor § 137 Rn. 5.
[21] *Beulke*, Der Verteidiger im Strafverfahren, S. 81 ff.; *Beulke/Ruhmannseder*, Die Strafbarkeit des Verteidigers, Rn. 14.

aus dieser Stellung ein allgemeines Verbot für den Verteidiger, die Strafrechtspflege durch einen Missbrauch seiner prozessualen Möglichkeiten und Befugnisse in ihrem Kernbereich zu unterminieren.[22] Sie bleibt damit halbherzig: Weil sich das für den Verteidiger geltende **Missbrauchsverbot** auf einen konturarmen[23] Kernbereich ordnungsgemäßen Prozedierens bezieht, fehlen ihm klar gezogene Grenzen, so dass es seinerseits missbrauchbar ist. Das Einfallstor für illegitime Verkürzungen der Verteidigerrechte ist bei ihr zwar weniger weit offen als bei der herrschenden Organtheorie; geschlossen ist es aber nicht.

c) **Vertragstheorie.** Um hoheitliche Einmischungen in das Verteidigungsverhalten möglichst von vornherein auszuschließen, löst die Vertragstheorie den Verteidiger aus den öffentlich-rechtlichen Bindungen,[24] die ihm von den Organtheorien auferlegt werden. Nach ihr bestimmt vielmehr allein der mit dem Beschuldigten bestehende zivilrechtliche Geschäftsbesorgungsvertrag gem. §§ 611 ff., 675 BGB[25] die Rechte und Pflichten des Verteidigers, weshalb dieser grundsätzlich auch die Weisungen seines Mandanten zu befolgen hat.[26] Ihre Grenzen findet diese Weisungsgebundenheit weder in dem Grundsatz der Effektivität der Strafrechtspflege noch in einem allgemeinen Missbrauchsverbot, sondern ausschließlich in zivilrechtlichen Bestimmungen, insbesondere in den §§ 134 u. 138 BGB, nach denen gesetz- bzw. sittenwidrige Weisungen unbeachtlich sind,[27] sowie in § 665 BGB, der eine Abweichung von Weisungen dann zulässt, wenn der Verteidiger nach den konkreten Umständen annehmen darf, dass sein Mandant diese bei Kenntnis der Umstände billigen würde.[28] Die rein zivilrechtliche Ausgestaltung des Innenverhältnisses zwischen Verteidiger und Beschuldigtem soll dabei auch die Fälle der Pflichtverteidigung erfassen[29] und zwar selbst dann, wenn es sich bei dieser um eine sog. Sicherungs- oder Zwangsverteidigung[30] handelt.[31]

Die Vertragstheorie überzeugt in doppelter Hinsicht nicht: Zum einen erscheint es zweifelhaft, ob sie ihr – an sich begrüßenswertes – Ziel einer Immunisierung des Verteidigers gegen hoheitliche Beschneidungen seiner Rechte zu erreichen vermag, indem sie die Bestimmung der Grenzen zulässigen Verteidigerhandelns weitgehend den zivilrechtlichen Generalklauseln überlässt. Da deren Begriffsschärfe anerkanntermaßen zu wünschen übrig lässt, können nämlich auch sie bei Bedarf leicht gegen den Verteidiger in Position gebracht werden. Zum zweiten vermag die Vertragstheorie trotz verschiedener Anstrengungen das Verhältnis des Pflicht- oder gar des Zwangsverteidigers zum Beschuldigten nicht in einer Weise zu erklären, die der Rechtswirklichkeit und den Befindlichkeiten der Beteiligten angemessen wäre. Denn dass der Vorsitzende bei der Bestellung eines Zwangsverteidigers als Stellvertreter des Beschuldigten handelt, für den sodann Kontrahierungszwang mit dem ausgewählten Anwalt bestehen soll,[32] mutet zivilrechtsdogmatisch kühn an; und dass sich in dem so zustande gekommenen Vertragsverhältnis ein durch das zivilrechtliche Synallagma gewährleistetes Vertrauensverhältnis der unfreiwillig miteinander verbundenen Vertragsparteien entwickeln soll,[33] erscheint wenig lebensnah. Mit solchen Konstrukten bestätigt die Vertragstheorie das kritische Diktum, sie sei praxisfern und könne nur im Hörsaal, nicht aber im Gerichtssaal entstanden sein.[34]

d) **Interessenvertretertheorie.** Eine weitere Literaturströmung will den Verteidiger ebenso wie die Vertragstheorie aus seiner Verpflichtung auf das öffentliche Interesse lösen, wählt dabei aber nicht den Weg der strikten Rückbindung der Verteidigerposition an das Zivilrecht, sondern erhebt den Verteidiger zum Wahrer der – naturgemäß rein partikularen – Interessen des als autonom verstandenen Beschuldigten.[35] Diese sog. Interessenvertretertheorie ist in ihren Folgerungen zwar ein Stück weit konsequenter als die Vertragstheorie, jedoch liegt hierin zugleich auch ihr Schwachpunkt. Indem sie die Autonomie des Beschuldigten zur alleinigen Richtschnur für das Handeln des Verteidigers macht, unterwirft sie letzteren vollständig dem Willen des ersteren. Dies

---

[22] *Beulke*, Der Verteidiger im Strafverfahren, S. 200 ff.; *Dornach*, Der Strafverteidiger als Mitgarant eines justizförmigen Strafverfahrens, S. 101 ff.; *Senge* NStZ 2002, 225 (227).
[23] *Heinicke*, Der Beschuldigte und Verteidiger in der Bundesrepublik Deutschland, S. 313 f.; *Jahn*, Konfliktverteidigung und Inquisitionsmaxime, S. 182 f.; *Roxin*, FS Hanack, S. 15; SK-StPO/*Wohlers* Vor § 137 Rn. 15.
[24] Löwe/Rosenberg/*Lüderssen/Jahn* Vor § 137 Rn. 34.
[25] Löwe/Rosenberg/*Lüderssen/Jahn* Vor § 137 Rn. 35; die zivilrechtliche Rspr. u. Lit. hierzu richtet ihr Augenmerk freilich ausschließlich auf das Innenverhältnis zwischen Verteider und Mandant; s. zB BGH v. 9. 12. 1982 – III ZR 182/81, NJW 1983, 1048; Staudinger/*Martinek* § 675 BGB C 1.
[26] Löwe/Rosenberg/*Lüderssen/Jahn* Vor § 137 Rn. 50 ff.
[27] Löwe/Rosenberg/*Lüderssen/Jahn* Vor § 137 Rn. 36 ff. u. 61.
[28] Löwe/Rosenberg/*Lüderssen/Jahn* Vor § 137 Rn. 52.
[29] Löwe/Rosenberg/*Lüderssen/Jahn* Vor § 137 Rn. 67 ff.
[30] Ausführlich dazu § 141 Rn. 13.
[31] Löwe/Rosenberg/*Lüderssen/Jahn* Vor § 137 Rn. 77 f.
[32] Löwe/Rosenberg/*Lüderssen/Jahn* Vor § 137 Rn. 76 f.
[33] Löwe/Rosenberg/*Lüderssen/Jahn* Vor § 137 Rn. 78.
[34] Widmaier/*Salditt*, MAH Strafverteidigung § 1 Rn. 39.
[35] *Welp* ZStW 1978, 804, 813 ff.; *Ostendorf* NJW 1978, 1345 (1348); *Seelmann* NJW 1979, 1128 (1130).

aber wird in zwei Konstellationen bedenklich: Zum einen dann, wenn der Beschuldigte – ohne an einem Autonomiedefizit zu leiden – eine objektiv schädliche Verteidigungsstrategie vorgibt, die der Verteidiger dann sehenden Auges zum Nachteil seines Mandanten umzusetzen hätte.[36] Zum anderen aber auch dort, wo der Beschuldigte seine Exemption von bestimmten Rechtspflichten ausnutzen und seinen Verteidiger hierbei als verlängerten Arm einsetzen will. Denn zwar mag der Beschuldigte legitimerweise lügen und ungestraft manipulieren dürfen. Ob der Verteidiger dies auch darf, ist freilich gerade die offene Frage, die sich angesichts der gesetzlichen Vorgaben jedenfalls nicht mit dem simplen Hinweis auf die Autonomie des Beschuldigten bejahen lässt. Da eine konsequent zu Ende gedachte Interessenvertretertheorie diese Frage aber auch schwerlich verneinen kann, gerät sie an dieser Stelle in ein kaum auflösbares Dilemma.

8 **e) Theorie der Verteidigung als soziale Gegenmacht.** In der rechtspolitischen Diskussion der 1970er Jahre wurde die These vertreten, der Verteidiger könne schon deshalb nicht für die Zwecke einer effizienten Strafrechtspflege einzustehen haben, weil er ein Stück soziale Gegenmacht verkörpere, über das der Beschuldigte verfügen könne, um die Macht des staatlichen Strafverfolgungsapparats auszubalancieren.[37] Diese Theorie ist freilich vorrangig soziologischer Natur und liefert schon aus diesem Grund keine hinreichend trennscharfen Kriterien für die Bestimmung der einzelnen Verteidigerrechte und -pflichten.[38] Vor allem aber basiert sie auf einer fragwürdigen Grundannahme: Es gehört zu den Errungenschaften des modernen Rechtsstaats, dass der Prozess des Strafens der Sphäre gesellschaftlicher Selbstregulierung entzogen und aus den Händen des Opfers in diejenigen des unparteiisch gedachten Staates übergegangen ist. Das Strafverfahren ist daher gerade nicht der geeignete Ort dafür, soziale (Gegen-)Mächte über den Umweg des Verteidigerhandelns doch wieder ins Spiel zu bringen.

9 **f) Theorie des numerus clausus der Verteidigerrechte.** Einen eigenen Weg zur Begründung und Konturierung der Rechtsstellung des Verteidigers beschreitet neuerdings *G. Wolf*, der die genuinen Verteidigerrechte einem abschließend und sehr eng verstandenen gesetzlich festgelegten Katalog entnehmen will.[39] Jenseits dieses Katalogs soll der Verteidiger allein als Vertreter des Beschuldigten agieren können[40] und demgemäß auch an dessen Weisungen gebunden sein.[41] An diesem Ansatz überzeugt bereits sein Postulat eines gesetzlichen numerus clausus eigener Verteidigerrechte nicht, das dem insoweit nur rudimentären Charakter der Bestimmungen der StPO nicht gerecht wird.[42] Zudem treffen ihn im Hinblick auf die von ihm angenommene Weisungsgebundenheit des Verteidigers dieselben Einwände, die bereits gegen die Vertrags- und Interessenvertetertheorie ins Feld geführt wurden.[43]

10 **g) Verfassungsrechtliche Herleitung der Verteidigerstellung und eigener Ansatz.** Der seit Jahrzehnten ergebnislos geführte Theorienstreit über die Stellung des Verteidigers im Strafprozess kann – wenn überhaupt – wohl nur durch eine Rückbesinnung auf die verfassungsrechtlichen Grundlagen der Verteidigung konstruktiv aufgelöst werden: Den Ausgangspunkt der Überlegungen bildet dabei das im Grundgesetz verankerte Rechtsstaatsprinzip in seiner Ausprägung als Recht auf ein faires Verfahren,[44] und innerhalb dieses Rechts wiederum konkret der Grundsatz der Waffengleichheit der Verfahrensbeteiligten.[45] Aus diesem leitet sich sowohl das Recht des Beschuldigten auf freie Verteidigerwahl[46] als auch der Maßstab für den Umfang der konkreten Verteidigerrechte und -pflichten her. Letzteres folgt schon daraus, dass die strukturellen Schwächen der Beschuldigtenstellung naturgemäß nicht durch den bloßen Formalakt der Verteidigerauswahl bzw. -bestellung, sondern erst durch das Arsenal an Rechten und Möglichkeiten ausgeglichen

---

[36] SK-StPO/*Wohlers* Vor § 137 Rn. 25; nach *Welp* ZStW 1978, 804 (821) soll der Verteidiger aber Entlastungsbeweise auch gegen den Willen des Beschuldigten vorbringen dürften; folgerichtig erscheint dies im Rahmen seiner Theorie nicht.
[37] *Holtfort*, Der Anwalt als soziale Gegenmacht, in: *ders.* (Hrsg.), Strafverteidiger als Interessenvertreter, S. 27; *ders.* KJ 1977, 313 (315).
[38] SK-StPO/*Wohlers* Vor § 137 Rn. 20.
[39] *G. Wolf*, System des Rechts der Strafverteidigung, S. 147 ff.
[40] *G. Wolf*, System des Rechts der Strafverteidigung, S. 1617 ff.
[41] *G. Wolf*, System des Rechts der Strafverteidigung, S. 173, 179 f., 378 ff., 429.
[42] *Beulke* StV 2007, 261 (262).
[43] S. o. Rn. 6 u. 7; *Beulke* StV 2007, 261 (265).
[44] Ständige Rspr. des BVerfG und der Fachgerichte; s. zB BVerfG v. 6. 11. 1984 – 2 BvL 16/83, BVerfGE 68, 237 (255) = NJW 1985, 727 (729); BGH v. 12. 1. 1996 – 5 StR 756/94, BGHSt 42, 15 (20 f.) = NJW 1996, 1547 (1548 f.); *Meyer-Goßner* Rn. 2.
[45] BVerfG v. 30. 3. 2004 – 2 BvR 1520/01 u. 2 BvR 1521/01, BVerfGE 110, 226 (253) = NJW 2004, 1305 (1307).
[46] Std. Verfassungsrechtsprechung; s. zB BVerfG v. 11. 3. 1975 – 2 BvR 135 – 139/75, BVerfGE 39, 156 (168) = NJW 1975, 1013 (1015); aA ein Teil der Lit., der den – sachfremden – Anspruch auf rechtliches Gehör gem. Art. 103 Abs. 1 GG zur Begründung heranzieht; so zB *Gusy* AnwBl. 1984, 225 (226); *Jahn*, „Konfliktverteidigung" und Inquisitionsmaxime, S. 210; *J. Schulz* StV 1991, 354 (362); *Spaniol*, Das Recht auf Verteidigerbeistand im Grundgesetz und in der Europäischen Menschenrechtskonvention, S. 220–225, 234; einschränkend auf Ausnahmefälle auch *Paulus* NStZ 1992, 305 (310 Fn. 105).

werden, das der eingeschaltete Verteidiger ins Feld führen kann. Der Grundsatz des fairen Verfahrens erfordert es daher, den Verteidiger mit all denjenigen Befugnissen auszustatten, die ihn zum effektiven Waffenhelfer[47] des Beschuldigten machen, und ihn dabei vorbehaltlos in dessen Lager zu stellen. Denn wäre er nicht nur dem Beschuldigten, sondern zugleich auch dem Staat verpflichtet, der aus der hier allein maßgeblichen Sicht des Beschuldigten der übermächtige Verfahrensgegner ist, müsste er entweder mit gespaltener Loyalität auf beiden Seiten der Front kämpfen oder sich in die Neutralität flüchten; ein nur partiell loyaler Waffenhelfer aber ist nicht verlässlich, ein neutraler verdient seinen Namen nicht; es darf getrost angenommen werden, dass das Grundgesetz den Beschuldigten weder auf den Beistand des einen noch des anderen verweisen will.

Auf der verfassungsrechtlich verankerten Waffenhelfertheorie fußt zunächst die Erkenntnis, dass der Verteidiger nicht um seiner selbst willen am Verfahren teilnimmt und – im Unterschied zum Richter oder Staatsanwalt – auch nicht eine verfahrensbeteiligte Institution personifiziert, sondern allein die Aufgabe hat, die Rechtsstellung des Beschuldigten zu wahren. Obwohl mit ihr lediglich ein grober, noch an zahlreichen Stellen ausfüllungsbedürftiger Rahmen abgesteckt ist, leistet diese Erkenntnis bereits wertvolle Dienste bei der Konkretisierung der einzelnen Verteidigerrechte und -pflichten sowohl im Verfahrens selbst wie auch im Innenverhältnis zum Beschuldigten:

2. Wichtige Problemfelder des Verteidigerhandelns. a) Rechte und Pflichten im Verfahren. Seine verfassungsrechtlich vorgegebene kämpferische Parteilichkeit stellt den Verteidiger selbstverständlich nicht über das Gesetz. Richtig verstanden bedeutet sie nicht einmal, dass der Verteidiger all das tun dürfte, was auch der Beschuldigte ungestraft tun darf: Denn die Aufgabe des Verteidigers besteht darin, die strukturellen Verfahrensnachteile des Beschuldigten auszugleichen, was dort nicht nötig ist, wo solche Nachteile gar nicht bestehen. Ein besonders augenfälliges Beispiel hierfür liefert der **Umgang mit der Wahrheit**, an den für den Beschuldigten und seinen Verteidiger jeweils unterschiedliche Maßstäbe anzulegen sind. Da es dem Beschuldigten selbst freisteht, seine Verteidigungsposition durch unwahres Vorbringen vermeintlich oder tatsächlich zu verbessern[48] und er für eine effektvolle Lüge auch nicht der Unterstützung durch seinen Verteidiger bedarf, ist für diesen weder ein Lügerecht[49] noch die Befugnis anzuerkennen, den Beschuldigten[50] oder Dritte[51] zur Unwahrheit zu verleiten; der Beschuldigte verfügt in dieser Hinsicht bereits über alle notwendigen Waffen und bedarf daher insoweit keines Waffenhelfers. Umgekehrt wäre es mit seiner Rolle als Waffenhelfer des Beschuldigten aber auch nicht zu vereinbaren, wenn der Verteidiger rechtlich zu einem Verhalten verpflichtet würde, durch welches die Lügebefugnis seines Mandanten unterlaufen wird. Er braucht daher zu einen dessen Angaben nicht auf ihre Richtigkeit hin zu überprüfen[52] und kann zum anderen bei eigenen Verlautbarungen nach dem Motto verfahren, dass zwar alles, was der Verteidiger sagt, wahr sein muss, er aber nicht alles sagen muss, was wahr ist. Ebenso wenig wie der Verteidiger verpflichtet ist, eine dem Beschuldigten abträgliche Wahrheit zu offenbaren,[53] ist er auch daran gehindert, trotz seiner eigenen Kenntnis oder Überzeugung von der Schuld seines Mandanten für diesen auf einen Freispruch oder eine Verfahrenseinstellung hinzuarbeiten.[54] Erst recht darf (wenn nicht gar: muss) der Verteidiger den Beschuldigten bzw. andere Verfahrensbeteiligte (insbesondere Zeugen) auf deren prozessuale Rechte (zB Schweige- oder Zeugnisverweigerungsrechte)[55] sowie ersteren auch auf zulässige tatsächliche Möglichkeiten zur Beeinflussung des Verfahrensausgangs (zB eine Veränderung des äußeren Erscheinungsbildes)[56] hinweisen.

Aus der Wahrheitspflicht des Verteidigers lassen sich mehrere verallgemeinernde Folgerungen ziehen, mit denen die Quintessenz der hier vertretenen „Waffenhelfertheorie" der Verteidigung beschrieben ist: Der Verteidiger soll von Verfassungs wegen lediglich die Verfahrensnachteile des Beschuldigten kompensieren, diesem aber keine unlauteren Verfahrensvorteile verschaffen. Erste-

---

[47] SK-StPO/*Wohlers* Vor § 137 Rn. 29 bezeichnet den Verteidiger als Prozesssubjektsgehilfen des Beschuldigten, was in der Sache wohl weitgehend der hier vertretenen Position entspricht.
[48] Löwe/Rosenberg-*Lüderssen/Jahn* Vor § 137 Rn. 133 c.
[49] Std. Rspr. und ganz hM; s. zuletzt BGH v. 26. 11. 1998 – 4 StR 207/98, NStZ 1999, 188 (189); KK-StPO/*Laufhütte* Vor § 137 Rn. 7; zweifelnd Löwe/Rosenberg-*Lüderssen/Jahn* Vor § 137 Rn. 133 i.
[50] *Beulke* JR 1994, 116; *Bottke* ZStW 1984, 726 (757, 758).
[51] Std. Rspr.; s. zB BGH v. 9. 5. 2000 – 1 StR 106/00, BGHSt 46, 53 (56) = NJW 2000, 2433.
[52] KK-StPO/*Laufhütte* Vor § 137 Rn. 7.
[53] KK-StPO/*Laufhütte* Vor § 137 Rn. 7.
[54] BGH v. 4. 7. 2001 – 2 StR 513/00, BGHSt 47, 68 (77) = NJW 2001, 2891 (2893).
[55] KK-StPO/*Laufhütte* Vor § 137 Rn. 7 (für den Rat an den Beschuldigten, keine Angaben zu machen); BGH v. 18. 10. 1957 – 5 StR 383/57, BGHSt 10, 393 = NJW 957, 1808 (für den Rat an einen Angehörigen des Beschuldigten, von seinem Zeugnisverweigerungsrecht Gebrauch zu machen).
[56] OLG Karlsruhe v. 6. 8. 1991 – 2 Ausschl 1/91, StV 1991, 519.

res darf das einfache Recht nicht verhindern, letzteres der Beschuldigte nicht im Weisungsweg erzwingen. Im Lichte dieses Grundsatzes ist auch ein weiteres wichtiges Problemfeld des Verteidigerhandelns, nämlich die Frage nach einem eventuellen **Missbrauchsverbot** zu behandeln: Die Ausübung von Befugnissen, die dem Verteidiger gesetzlich explizit eingeräumt sind (so zB in §§ 81 Abs. 1, 145 a, 147, 148, 168 c [auch iVm. 163 a Abs. 3 S. 2], 168 d, 217 Abs 3 iVm. 218 S. 2; 239, 240 Abs. 2, 249 Abs. 2 S. 2, 251 Abs. 1 Nr. 1 u. Abs. 2 Nr. 3, 257 Abs. 2, 297, 326 S. 1, 351 Abs. 2 S. 1, 364 b Abs. 1 Nr. 1), stellt nur dann eine unlautere Vorteilsverschaffung für den Beschuldigten dar, wenn sie im konkreten Fall durch eine ebenfalls explizite gesetzliche Regelung für rechtsmissbräuchlich erklärt ist; ein darüber hinausgehendes allgemeines Missbrauchsverbot gibt es für den Verteidiger in diesem Bereich nicht,[57] da es hier allein Sache des Gesetzgebers ist, die Vorgaben des verfassungsrechtlichen Fair-Trail-Grundsatzes im Wege der einfachrechtlichen Festlegung des Umfangs der Verteidigerrrechte umzusetzen. Im übrigen sind die Grenzen zulässigen Verteidigungshandelns dort zu ziehen, wo die Verteidigung nicht mehr defensive Waffenhilfe für den Beschuldigten ist, sondern stattdessen den Versuch darstellt, diesem oder dem Verteidiger selbst die Verfahrenshegemonie zu verschaffen; ob man insoweit von einem Missbrauch verliehener Rechte oder aber besser von einer Anmaßung gar nicht vorhandener Befugnisse sprechen sollte, ist dabei weniger eine inhaltliche als eine begriffliche Frage. Zur Bestimmung des genauen Grenzverlaufs ist zunächst auf die außerhalb des Strafprozess- und Gerichtsverfassungsrechts angesiedelten allgemeinen Gesetze einschließlich der Strafgesetze zu verweisen, die – wie bereits erwähnt – selbstverständlich auch den Verteidiger binden. Wenig gewonnen ist dabei allerdings mit der bloßen Feststellung, dass nicht strafbar oder anderweitig verboten sein muss, was strafprozessual zulässig sei. Vielmehr ist auch im Hinblick auf das Verteidigerhandeln gleichsam eine Wechselwirkungstheorie heranzuziehen, wie sie in der Verfassungsrechtsprechung zu Art. 5 GG seit langem etabliert ist. Danach begrenzen zwar die allgemeinen Gesetze den Spielraum des Verteidigers, jedoch sind diese ihrerseits im Lichte der verfassungsrechtlichen Garantie des Fair-Trial-Grundsatzes und der Waffenhelferposition des Verteidigers restriktiv auszulegen. Zu welchen konkreten Ergebnissen diese Wechselwirkungstheorie bei einzelnen Straftatbeständen, wie etwa der Strafvereitelung (§ 258 StGB), der Geldwäsche (§ 261 StGB) oder den Ehrdelikten (§§ 185 ff. StGB) führt, kann an dieser Stelle schon aus Platzgründen nicht im einzelnen ausgeführt werden; der interessierte Leser sei auf die einschlägigen monographischen Darstellungen[58] sowie die Kommentierungen zum materiellen Strafrecht verwiesen. Welche prozessualen Konsequenzen sie zeitigt, ist im folgenden aber zumindest zu skizzieren:

14 Im Hinblick auf die sog. **Konfliktverteidigung**, also das exzessive Ausnutzen von Antrags-, Rede- und Gehörsrechten sowie Rechtsmitteln,[59] ist die Lösung ganz überwiegend bereits bei den expliziten Missbrauchsregeln des Strafprozessrechts zu finden: Soweit diese einschlägig sind, können sie dem Konfliktverteidiger entgegengehalten werden. Existieren sie in einzelnen Bereichen (wie etwa im Rechtsmittelrecht) nicht, kann Exzessen des Verteidigers nur mit dem allgemeinen Reaktionsmittel einer abschlägigen Behandlung seiner Anträge und Rechtsmittel aufgrund sachlicher Erwägungen begegnet werden.[60] Dies ergibt sich nicht nur daraus, dass die insoweit vorliegende Grundentscheidung des Gesetzgebers zu respektieren ist, sondern auch aus dem Umstand, dass mit der bloßen Berufung auf ein allgemeines Missbrauchsverbot auch in der Sache wenig gewonnen wäre: Will man dem Konfliktverteidiger bestimmte Rechte nicht schon a priori entziehen (was zweifellos unverhältnismäßig wäre) bleibt ohnehin nur die Option, ihn im Einzelfall mittels einer sachlich richtigen Entscheidung in die Schranken zu weisen; ob man hierfür auf das Argument des Missbrauchs oder aber auf allgemeine Sachargumente zurückgreift, dürfte im Hinblick auf den notwendigen Ressourceneinsatz kaum einen Unterschied machen. Es bleiben daher lediglich solche Situationen anhand der allgemeinen Gesetze zu beurteilen, in denen der Verteidiger durch die Form oder den Inhalt seiner Erklärungen die forensischer Umgangsformen nicht wahrt, etwa indem der andere Verfahrensbeteiligte oder Dritte verunglimpft, das Verfahren zu Zwecken politischer Propaganda zu instrumentalisieren versucht oder grob anstößiges Verhalten an den Tag legt. Hier aber ist kein Grund für eine besondere Restriktion der in Betracht kommenden (Straf-)Tatbestände ersichtlich, da sich der Verteidiger mit seinem Verhalten selbst außerhalb der Funktionszusammenhänge des Strafverfahrens bewegt bzw. lediglich die Gelegenheit dieses Verfahrens nutzt, um über die Stränge zu schlagen.

---

[57] Löwe/Rosenberg-*Lüderssen/Jahn* Vor § 137 Rn. 165; aA eine starke Strömung in der Lit., zB *Fahl*, Rechtsmissbrauch im Strafprozess, passim; *Kudlich*, Strafprozess und allgemeines Missbrauchsverbot, S. 103 ff. und passim; *Scheffler* JR 1993, 72; in der Tendenz auch die neuere Rspr.; s. zB BGH v. 31. 8. 2006 – 3 StR 237/06, NStZ-RR 2007, 21.
[58] Insbesondere *Beulke/Ruhmannseder*, Die Strafbarkeit des Verteidigers, 2. Aufl. 2010.
[59] S. zum Begriff KK-StPO/*Laufhütte* Vor § 137 Rn. 11.
[60] *Malmendier* NJW 1997, 228; *Nehm/Senge* NStZ 1998, 377; KK-StPO/*Laufhütte* Vor § 137 Rn. 11.

Von praktischer Bedeutung werden die Wechselwirkungstheorie und die mit ihr verbundene restriktive Auslegung der allgemeinen Gesetze jedoch überall dort, wo es – jenseits einer abzulehnenden Widerspruchspflicht[61] gegen fehlerhafte Prozesshandlungen der Ermittlungsbehörden bzw. Tatsachengerichte – um eine mögliche Mitverantwortung des Verteidigers für die Justizförmigkeit des Verfahrens bzw. die Richtigkeit des Verfahrensergebnisses geht. Denn hier kommt sie zu weitgehend anderen Konsequenzen als die herrschende Rechtsprechung und Literatur: Ausgehend von der hier vertretenen Waffenhelfertheorie ist zunächst festzuhalten, dass eine Verfahrensverantwortung des Verteidigers nur einseitig zu Gunsten des Beschuldigten, nicht aber auch unabhängig von diesem oder gar gegen ihn bestehen kann. Daran anknüpfend bindet die Wechselwirkungstheorie auch die allgemeinen Tatbestände zurück, bei deren Auslegung die Loyalitätsverpflichtung des Verteidigers gegenüber dem Beschuldigten zu berücksichtigen ist. Der Verteidiger ist eben kein neutraler Dritter, der sich einer einseitigen Beeinflussung des Verfahrens zu enthalten hat, sondern hat umgekehrt gerade die Aufgabe, die Belange des Beschuldigten in dessen Sinne bestmöglich zu vertreten; ihm ist daher zwar nicht alles, jedenfalls aber mehr erlaubt als dem Verfahrensexternen. Er darf deshalb nicht nur **eigene Ermittlungen**[62] mit dem Ziel der Entlastung seines Mandanten anstellen, sondern ist entgegen der herrschenden Meinung[63] auch befugt, den Beschuldigten auf das Risiko bevorstehender Zwangsmaßnahmen oder die ihm zur Kenntnis gelangte Existenz von Haftbefehlen, Durchungsbeschlüssen, verdeckten Maßnahmen u. Ä. hinzuweisen.[64] Andererseits hat er es aber auch bei einer **neutralen Warnung** zu belassen und darf dem Beschuldigten nicht aktiv zu Flucht- oder Verdunkelungshandlungen raten oder diesen gar dazu anhalten. Im Übrigen sollte er sich auch im Einzelfall sehr gut überlegen, ob die zulässige Warnung tatsächlich im Interesse des Beschuldigten liegt oder nicht vielmehr geeignet ist, diesen zu Kurzschlusshandlungen zu verleiten, die seine Verteidigungsaussichten massiv beeinträchtigen können.

b) Rechte und Pflichten im Mandatsinnenverhältnis. Die Rechte und Pflichten des Verteidigers gegenüber seinem Mandanten werden zwar primär durch das Zivilrecht bestimmt, bis zu einem gewissen Grade aber auch durch die verfassungsrechtliche Herleitung der Verteidigerstellung überwölbt und modifiziert. Nur auf diese Überwölbungen und Modifizierungen soll im Folgenden näher eingegangen werden; die rein zivil- oder gebührenrechtlichen Fragen, insbesondere im Hinblick auf die Vergütung des Verteidigers oder seine mögliche Haftung für Pflichtverletzungen und Schlechtleistung bleiben der hierzu vorhandenen Spezialliteratur überlassen.

Eine erste Modifikation des zivilrechtlichen Innenverhältnisses zwischen dem Verteidiger und dem Beschuldigten betrifft die Begründung sowie die Beendigung des Pflichtverteidigermandats. Angesichts der geltenden Bestimmungen zur Bestellung bzw. Abberufung des notwendigen Verteidigers wird man schwerlich umhin können, in beidem einen hoheitlichen Akt zu sehen, der mit einem begünstigenden Verwaltungsakt bzw. dessen Widerruf zu vergleichen ist.[65] Hiergegen bestehen jedenfalls dann keine druchgreifenden Einwände, wenn man diese öffentlich-rechtliche Konstruktion dort belässt, wo sie hingehört, nämlich auf der rein formalen Ebene des Begründungs- und Beendigungsaktes für das Verteidigungsverhältnis. Vorgaben für die inhaltliche Ausgestaltung des hoheitlich begründeten Mandats resultieren aus ihr nicht; insbesondere ist der Pflichtverteidiger um keinen Deut weniger der Waffenhelfer des Beschuldigten als der Wahlverteidiger und dementsprechend auch in keiner Weise stärker zur Objektivität verpflichtet als dieser.

Die wichtigste inhaltliche Modifikation betrifft die Weisungsgebundenheit des Verteidigers: Diese besteht nicht absolut, sondern findet ihre Grenze dort, wo der Beschuldigte von seinem Verteidiger verlangt, zu lügen, die Beweislage zu verdunkeln oder zu manipulieren oder die Verfahrenshoheit zu usurpieren. Darauf gerichteten Weisungen hat sich der Verteidiger zu widersetzen. Im übrigen ist er jedoch an die Vorgaben seines Mandanten auch dann gebunden, wenn diese ihm unvernünftig oder unzweckmäßig erscheinen; denn der Verteidiger ist eben nur der Waffenhelfer, der Beschuldigte hingegen bleibt der Kriegsherr. Ausnahmen von diesem Grundsatz sind nur dort anzuerkennen, wo der Wille des letzteren auf schwerwiegenden Mängeln beruht und daher in concreto keine Beachtung erheischt. In allen anderen Konstellation muss der Verteidiger zB auch ein fal-

---

[61] So aber die sog. Widerspruchslösung des BGH; dazugrundlegend BGH v. 27. 2. 1992 – 5 StR 190/91, BGHSt 38, 214 (225 ff.) = NJW 1992, 1463; hiergegen *Beulke* NStZ 1996, 262; *Dornach* NStZ 1995, 57; *Fezer* StV 1997, 58; *Maul/Eschelbach* StraFo 1996, 66; *Ventzke* StV 1997, 543.
[62] Wohl einhellige Meinung; s. zB *Meyer-Goßner* Vor § 137 Rn. 2.
[63] BGH v. 3. 10. 1979 – 3 StR 264/79 (S), BGHSt 29, 99 (103) = NJW 1980, 64; *Beulke* NStZ 1983, 504; KK-StPO/*Laufhütte* Vor § 137 Rn. 7.
[64] *Krekeler* NStZ 1989, 146 (149); *Tondorf* StV 1983, 257.
[65] *Roxin*, FS Hanack, S. 1 (13); *Wahle*, FS Hanack, S. 115; *Liemersdorf* MDR 1989, 204; *Pfeiffer* DRiZ 1984, 342; aA Brüssow/Gatzweiler/Krekeler/Mehle/*Kempf*, Strafverteidigung in der Praxis, § 1 Rn. 46; Löwe/Rosenberg/*Lüderssen/Jahn* Vor § 137 Rn. 75 (hoheitlich eingeleitetes Vertragsverfahren); *Jahn* JR 1999, 1 (4 f.); *ders.* StV 2000, 432 f. (Eingreifen des Rechts der Stellvertretung).

sches Geständnis des Beschuldigten respektieren oder dessen Wunsch nach einer raschen und diskreten, aber ungünstigen Verfahrensbeendigung ebenso akzeptieren wie umgekehrt die Weigerung, auf einen vorteilhaften Deal (an dem sich der Verteidiger spätestens seit dessen positiver gesetzlicher Regelung jedenfalls beteiligen dürfte[66]) einzugehen. Dem Wahlverteidiger bleibt hier freilich regelmäßig der Ausweg, sein Mandat niederzulegen.

B. Die Auswahl des Verteidigers
I. Geltungsbereich des § 137

19 Gem. § 137 Abs. 1 S. 1 besteht das Recht auf formelle Verteidigung in jeder Lage des Verfahrens, also auch im Ermittlungsverfahren und nach rechtskräftigem Verfahrensabschluss im Bereich der Strafvollstreckung und des Strafvollzugs, der Wiederaufnahme sowie der Gnadenentscheidungen.[67] Der Begriff des Beschuldigten in § 137 meint daher jede Person, gegen die ein Strafverfahren (auch in Form eines Privatklageverfahrens) geführt wird oder mit fortwirkenden Konsequenzen geführt wurde, wobei es im Ermittlungsstadium nicht auf deren förmliche Beschuldigtenstellung, sondern lediglich auf das Vorliegen eines gegen sie bestehenden Verdachts ankommt.[68] § 137 gilt auch im Jugendstrafverfahren (§ 2 Abs. 2 JGG) sowie entsprechend im OWi-Verfahren (§ 46 OWiG). Über den Inhalt und die Grenzen des Rechts auf materielle Verteidigung besagt die Vorschrift nichts.[69]

II. Beschränkung der Zahl der Wahlverteidiger (Abs. 1 S. 2)

20 Die Bestimmung des Abs. 1 S. 2 hat zwar, nicht zuletzt wegen ihres Entstehungshintergrundes in den Terroristenprozessen der 1970er Jahre, Kritik auf sich gezogen,[70] ist aber weder verfassungsrechtlich[71] noch rechtspolitisch zu beanstanden. Das gesetzgeberische Ziel, Prozessverschleppung zu unterbinden,[72] mag zwar in Abs. 1 S. 2 nicht optimal umgesetzt sein, ist aber allemal anerkennenswert. Die Starrheit der universell gültigen Regelung ist aus Gründen der Rechtssicherheit und -gleichheit unverzichtbar und dem Argument, dass in Mammutverfahren eine spezialisierte Arbeitsteilung sinnvoll sein könne,[73] ist mit der bekannten Weisheit zu begegnen, dass viele Köche den Brei eher verderben als verbessern. Die Begrenzung auf maximal drei Wahlverteidiger gilt für sämtliche Verfahren[74] und erfasst alle Personen, die gem. § 138 Abs. 1 als Verteidiger zugelassen sind oder gem. § 138 Abs. 2 als solche zugelassen werden können,[75] soweit ihr Mandat noch nicht beendet ist; ausscheidende Verteidiger können aber durch neue ersetzt werden.[76]

21 Sofern sein Mandant hiermit einverstanden ist, kann der gewählte Verteidiger Untervollmacht für andere Personen erteilen, welche die Voraussetzungen des § 138 Abs. 1 oder Abs. 2 erfüllen und nicht durch das Mehrfachverteidigungsverbot des § 146 gesperrt sind. Das Einverständnis mit der Unterbevollmächtigung bestimmter oder durch den Verteidiger erst noch zu bestimmender Personen kann bereits in der Vollmachtsurkunde, bei konkretem Anlass aber selbstverständlich auch unabhängig von dieser, allgemein oder beschränkt auf einzelne Verfahrenshandlungen oder -abschnitte erklärt werden.[77] Der kammerbestellte (s. §§ 47 Abs. 2, 53, 161 BRAO) und der allgemeine (s. § 53 Abs. 2 S. 1 BRAO) Vertreter eines Rechtsanwalts tritt an dessen Stelle, ohne dass es hierfür einer besonderen Bevollmächtigung bedürfte.[78] Liegt ein Fall der Unterbevollmächtigung oder Vertretung vor, werden **Unterbevollmächtigte und Vertreter** nur dann auf das zulässige Wahlverteidigerkontingent angerechnet, wenn sie den Hauptbevollmächtigten ergänzen, nicht aber, wenn sie diesen ersetzen.[79]

---

[66] Zum Diskusionsstand vor dem Inkrafttreten des Gesetzes zur Regelung der Verständigung im Strafverfahren vom 29. 7. 1009 s. KK-StPO/*Laufhütte* Vor § 137 Rn. 8.
[67] Einhellige Meinung; s. zB *Meyer-Goßner* Rn. 3.
[68] BGH v. 3. 10. 1979 – 3 StR 264/79 (S), BGHSt 29, 99 (105) = NJW 1980, 64 (65).
[69] *Meyer-Goßner* Rn. 3.
[70] *Dahs* NJW 1975, 1385 (1387); *Dünnebier* NJW 1976, 1; *Krekeler* AnwBl. 1979, 212; *Niemöller/Schuppert* AÖR 1982, 389; *Quack* NJW 1975, 1337 (1339); *Schmidt-Leichner* NJW 1975, 417 (419); Löwe/Rosenberg/*Lüderssen/Jahn* Rn. 80; *Roxin* § 19 Rn. 37.
[71] BVerfG v. 11. 3. 1975 – 2 BvR 135 – 139/75, BVerfGE 39, 156 = NJW 1975, 1013.
[72] BT-Drucks. 7/2526, S. 29 f.
[73] *Roxin* § 19 Rn. 37.
[74] KK-StPO/*Laufhütte* Rn. 2.
[75] BGH v. 14. 11. 1979 – 3 StR 323/79, NStZ 1981, 94 (95); KK-StPO/*Laufhütte* Rn. 6; *Meyer-Goßner* Rn. 4.
[76] *Meyer-Goßner* Rn. 4.
[77] Wohl einhellige M; s. zB KK-StPO/*Laufhütte* Vor § 137 Rn. 14.
[78] St. Rspr.; s. zB BGH v. 5. 2. 1992 – 5 StR 673/91, NStZ 1992, 248.
[79] *Kaiser* NJW 1982, 1367 (1368); *Schmuck* PVR 2002, 354; AnwK/*Krekeler/Werner* Rn. 2; KK-StPO/*Laufhütte* Vor § 137 Rn. 14; Löwe/Rosenberg/*Lüderssen/Jahn* Rn. 81; *Meyer-Goßner* Rn. 5; nach KG v. 30. 8. 1976 – 2 Ws 232/76, NJW 1977, 912 soll der Unterbevollmächtigte hingegen stets anzurechnen sein.

Elfter Abschnitt. Verteidigung 22–27 § 137

Verteidiger iSd Abs. 1 S. 2 sind nicht **Anwaltssozietäten** als solche, sondern nur die für sie tätigen Anwälte,[80] weshalb der Beschuldigte höchstens drei Verteidiger aus einer Sozietät wählen kann.[81] Beauftragt er die gesamte Sozietät und hat diese mehr als drei Anwälte, ist ein Verstoß gegen Abs. 1 S. 2 aber nicht schon dann anzunehmen, wenn eine auf die Gesamtsozietät lautende Vollmachtsurkunde vorgelegt wird[82] oder sich der konkret handelnde Anwalt nur als „Sachbearbeiter" bezeichnet,[83] sondern erst, wenn mehr als drei Anwälte aus der Sozietät ausdrücklich oder konkludent als Verteidiger eines Beschuldigten auftreten.[84] Um Unzuträglichkeiten zu vermeiden, ist aber allen Beteiligten anzuraten, schon in der Vollmachtsurkunde durch individuelle Namensnennung klarzustellen, welche konkreten (drei) Anwälte mit der Verteidigung beauftragt sind. 22

Für Pflichtverteidiger gilt die Beschränkung des Abs. 1 S. 2 nicht,[85] so dass der Beschuldigte neben einem vom Gericht bestimmten Pflichtverteidiger noch drei Wahlverteidiger engagieren und das Gericht – was allerdings theoretisch bleiben dürfte – beliebig viele Pflichtverteidiger bestellen kann. Eine analoge Anwendung des Abs. 1 S. 2 auf den Pflichtverteidiger[86] scheitert am eindeutigen Wortlaut der Vorschrift und dem Fehlen einer planwidrigen Gesetzeslücke. 23

Der Verstoß gegen Abs. 1 S. 2 führt gem. § 146a Abs. 1 zur Zurückweisung des überzähligen Verteidigers; seine vor der Zurückweisung vorgenommenen Prozesshandlungen bleiben aber wirksam (§ 146a Abs. 2). 24

III. Verteidigerwahl durch den gesetzlichen Vertreter (Abs. 2)

Der gesetzliche Verteter hat gem. Abs. 2 ein selbständiges, dh. nicht an den Willen des Beschuldigten gebundenes, Recht zur Verteidigerwahl; Gleiches gilt gem. § 67 Abs. 3 JGG im Jugendstrafverfahren auch für den Erziehungsberechtigten. Wer gesetzlicher Vertreter ist und ob er die Verteidigerauswahl allein oder nur gemeinsam mit anderen wirksam vornehmen kann, bestimmt sich nach den Vorschriften des Zivilrechts. Auch der vom gesetzlichen Vertreter gewählte Verteidiger fungiert uneingeschränkt als Waffenhelfer[87] des Beschuldigten und ist daher allein dessen Interessen verpflichtet. Weisungen des gesetzlichen Vertreters binden ihn daher nur, soweit sie diesen Interessen nicht zuwiderlaufen und nicht in Widerspruch zu freiverantwortlich getroffenen Entscheidungen des Beschuldigten stehen.[88] 25

Das Wort „auch" in Abs. 2 S. 1 belegt, dass das eigene Verteidigerwahlrecht des Beschuldigten durch dasjenige seines gesetzlichen Vertreters nur ergänzt, nicht verdrängt wird.[89] Da sich der gesetzlich vertretene Beschuldigte – ebenso wie derjenige, für den gem. § 1903 Abs. 1 BGB Betreuung mit Einwilligungsvorbehalt besteht[90] – gegenüber dem vom ihm gewählten Verteidiger wirksam zur Honorarzahlung verpflichten kann,[91] läuft sein Wahlrecht freilich in der Praxis häufig leer. Dem ist durch die Bestellung eines Pflichtverteidigers entgegenzuwirken, sofern die Voraussetzungen des § 140 vorliegen.[92] 26

Gem. Abs. 2 S. 2 gilt die in Abs. 1 S. 2 statuierte zahlenmäßige Beschränkung der Wahlverteidiger für die Verteidigerauswahl durch den gesetzlichen Vertreter entsprechend. Der Wortlaut der unglücklich formulierten Vorschrift lässt aber offen, ob der Beschuldigte und sein Vertreter jeweils drei (also insgesamt bis zu sechs) Verteidiger beauftragen dürfen[93] oder ob die Gesamtzahl der von ihnen wählbaren Verteidiger auf drei begrenzt ist.[94] Erstere Auffassung widerspricht zwar der Intention der Begrenzungsregelung in Abs. 1 S. 2 und führt zudem zu einer fragwürdigen Privilegierung des gesetzlich vertretenen Beschuldigten, sofern sich – wie vom Gesetz vorausgesetzt – auch die vertreterseitig benannten Verteidiger strikt an seinen Interessen orientieren. Sie ist aber gleichwohl vorzugswürdig, da die Konsequenzen der Gegenmeinung noch unzuträglicher sind: Um zu verhindern, dass entweder das Verteidigerwahlrecht des Beschuldigten oder dasjenige seines Vertreters gesetzeswidrig zunichte gemacht wird, muss sie für beide die Möglichkeit reser- 27

---

[80] BVerfG v. 28. 10. 1976 – 2 BvR 23/76, BVerfGE 43, 79 (91) = NJW 1977, 99.
[81] HM; s. zB *Meyer-Goßner* Rn. 6.
[82] BGH v. 7. 6. 1994 – 5 StR 85/94, BGHSt 40, 188 (189 f.) = NStZ 1994, 490); *Meyer-Goßner* Rn. 6.
[83] KK-StPO/*Laufhütte* Rn. 3.
[84] OLG Karlsruhe v. 26. 8. 1988 – 3 Ws 205/88, NStZ 1988, 567; KK-StPO/*Laufhütte* Rn. 3.
[85] BayObLG v. 1. 12. 1987 – RReg 4 St 253/87, StV 1988, 97; AnwK/*Krekeler/Werner* Rn. 2; KK-StPO/*Laufhütte* Rn. 6; *Meyer-Goßner* Rn. 5.
[86] Löwe/Rosenberg/*Lüderssen/Jahn* Rn. 81.
[87] S. o. Rn. 10.
[88] Weitergehend HK-StPO/*Julius* Rn. 10, der wohl alleinige und unbeschränkte Bindung an die Weisungen des gesetzlichen Vertreters annimmt.
[89] Einhellige Meinung; s. zB *Meyer-Goßner* Rn. 9.
[90] OLG Koblenz v. 4. 4. 2006 – 2 Ws 48 u. 218/06, StV 2007, 420.
[91] OLG Schleswig v. 9. 9. 1980 – 1 Ws 270/80, NJW 1981, 1681.
[92] KK-StPO/*Laufhütte* Rn. 4.
[93] So *Dünnebier* NJW 1976, 1; *Herrmann* ZStW 1989, 755; Löwe/Rosenberg/*Lüderssen/Jahn* Rn. 77.
[94] So KK-StPO/*Laufhütte* Rn. 5; *Meyer-Goßner* Rn. 10.

vieren, mindestens einen Wahlverteidiger selbst zu beauftragen; hat der jeweils andere das Gesamtkontingent bereits ausgeschöpft, ist ggf. der zuletzt von ihm gewählte Verteidiger durch das Gericht zurückzuweisen.[95] Auch diese Konstruktion löst freilich das Problem der Verkürzung des Verteidigerwahlrechts eines Beteiligten nur unzureichend, weil er angesichts der ungeraden Dreizahl der wählbaren Verteidiger stets vom anderen majorisiert werden kann. Überzeugende Gründe, weshalb diese Majorität von vornherein entweder dem gesetzlichen Verteter[96] oder dem Beschuldigten zustehen soll, gibt es nicht. Eine Mehrheitsverteilung nach dem sog. Windhund-Prinzip aber wäre zufällig und rechtsunsicher und stellt daher ebenfalls keinen Ausweg dar.

IV. Revision

28 § 137 liefert für sich genommen schon deshalb keinen hinreichenden Anknüpfungspunkt für eine Revisionsrüge, weil er weder ein Verfahrenshindernis noch ein Handeln des Gerichts betrifft, das rechtfehlerhaft sein könnte. Zu Revisibilität einer unterbliebenen oder zu Unrecht vorgenommenen Zurückweisung gem. § 146 a s. dort Rn. 8 f.

§ 138 [Wahlverteidiger]

(1) Zu Verteidigern können Rechtsanwälte sowie die Rechtslehrer an deutschen Hochschulen im Sinne des Hochschulrahmengesetzes mit Befähigung zum Richteramt gewählt werden.

(2) [1] Andere Personen können nur mit Genehmigung des Gerichts gewählt werden. [2] Gehört die gewählte Person im Fall der notwendigen Verteidigung nicht zu den Personen, die zu Verteidigern bestellt werden dürfen, kann sie zudem nur in Gemeinschaft mit einer solchen als Wahlverteidiger zugelassen werden.

(3) Können sich Zeugen, Privatkläger, Nebenkläger, Nebenklagebefugte und Verletzte eines Rechtsanwalts als Beistand bedienen oder sich durch einen solchen vertreten lassen, können sie nach Maßgabe der Absätze 1 und 2 Satz 1 auch die übrigen dort genannten Personen wählen.

I. Anwendungsbereich

1 Abs. 1 und 2 betrifft nur Wahl-, nicht Pflichtverteidiger; für letztere gilt § 142. Der am 1. 10. 2009 in Kraft getretene Abs. 3 stärkt die Auswahlfreiheit von Zeugen, Privatklägern, Nebenklägern, Nebenklagebefugten und Verletzten, indem er ausdrücklich auch diejenigen in Abs. 1 und Abs. 2 S. 1 genannten Personen für wählbar erklärt, die keine Rechtsanwälte sind.

II. Zugelassene Verteidiger (Abs. 1)

2 **1. Rechtsanwälte. a) Deutsche Rechtsanwälte.** Rechtsanwälte, die bei einem deutschen Gericht zugelassen sind, können als Verteidiger vor sämtlichen deutschen Strafgerichten, nicht nur vor ihrem Zulassungsgericht auftreten; wer nur beim BGH zugelassen ist, unterliegt jedoch den Einschränkungen des § 172 BRAO, kann im eigentlichen Strafverfahren also nur vor dem BGH selbst verteidigen, soweit dieser gem. § 135 GVG zuständig ist oder in Gestalt des Ermittlungsrichters des BGH (s. § 169) tätig wird; im Revisionsrechtszug gem. § 135 Abs. 1 GVG beginnt die Verteidigungsbefugnis dabei bereits mit der Revisionseinlegung beim LG bzw. OLG oder mit revisionsbezogenen Anfragen an diese Gerichte.[1] Rechtsanwälte, die nicht (mehr) zugelassen sind, können nicht als Verteidiger gewählt werden; bei ihnen handelt es sich um sog. Scheinverteidiger, deren Prozesshandlungen unwirksam sind.[2] Ebenso wenig können Rechtsanwälte gewählt werden, die zwar noch zugelassen sind, gegen die aber durch ein Straf- oder Standesgericht ein vorläufiges oder endgültiges Vertretungs- bzw. Berufsverbot (§ 132 a; § 70 StGB; §§ 114 Abs. 1 Nr. 4, 150, 161 a BRAO) verhängt ist; freilich sind sie nur analog § 146 a zurückzuweisen, weshalb ihre vor der Zurückweisung vorgenommenen Prozesshandlungen wirksam bleiben.[3] Allgemeine Tätigkeits- oder Vertretungsbeschränkungen, wie sie insbesondere für Syndikusanwälte (§ 46 BRAO) oder Anwälte im öffentlichen Dienst (§ 47 BRAO) gelten, lassen hingegen die Fähigkeit, zum Verteidiger gewählt zu werden, ungerührt;[4] sie rechtfertigen keine Zurückweisung gem. § 146 a oder § 156 Abs. 2 BRAO.[5]

---

[95] KK-StPO/*Laufhütte* Rn. 5; *Meyer-Goßner* Rn. 10, die aber wohl beide nur die Sicherung des Auswahlrechts des Beschuldigten vor Augen haben.
[96] So KK-StPO/*Laufhütte* Rn. 5; *Meyer-Goßner* Rn. 10.
[1] Löwe/Rosenberg/*Lüderssen/Jahn* Rn. 5.
[2] BGH v. 5. 2. 2002 – 5 StR 617/01, BGHSt 47, 238 = NJW 2002, 1436 (unwirksamer Rechtsmittelverzicht mit der Folge der Wiedereinsetzung des Beschuldigten in den vorigen Stand).
[3] KK-StPO/*Laufhütte* Rn. 4; *Meyer-Goßner* Rn. 2.
[4] AA wohl *Meyer-Goßner* Rn. 2 b.
[5] *Kleine-Cosack* § 45 BRAO Rn. 42; aA *Feuerich/Weyland* § 46 BRAO Rn. 31.

b) Europäische Rechtsanwälte. Rechtsanwälte aus Mitgliedstaaten der EU, anderen Vertrags- 3
staaten des Abkommens über den Europäischen Wirtschaftsraum und der Schweiz sind zwar stets
gem. Abs. 1 als Verteidiger zugelassen (s. § 2 EuRAG: „... ist berechtigt ... auszuüben" bzw. § 25
Abs. 1 EuRAG: „darf ... die Tätigkeiten eines Rechtsanwalts ... ausüben"), jedoch ist bei ihnen
zu unterscheiden: Soweit sie als **niedergelassene europäische Rechtsanwälte** iSd. §§ 2 ff. EuRAG in
die zuständige deutsche Rechtsanwaltskammer aufgenommen sind, dürfen sie ohne Einschränkung vor sämtlichen deutschen Strafgerichten verteidigen. **Dienstleistende europäische Rechtsanwälte** iSd. §§ 25 ff. EuRAG dürfen hingegen in Fällen der notwendigen Verteidigung gem. § 140
nur zusammen mit einen deutschen Rechtsanwalt, dem sog. „Einvernehmensanwalt", als Verteidiger tätig werden (§ 28 EuRAG). Ist dem Beschuldigten die Freiheit entzogen, dürfen sie ihm nur
in Begleitung des Einvernehmensanwalts besuchen und nur über einen solchen schriftlich mit ihm
verkehren (§ 30 EuRAG). Nur in den übrigen Konstellationen dürfen sie allein und ohne Einschränkungen verteidigen.

2. Hochschullehrer. Gem. Abs. 1 können auch Rechtslehrer (nicht nur Strafrechtslehrer) an 4
Hochschulen als Verteidiger gewählt werden. Da auch sie – ebenso wie Rechtsanwälte – unabhängig und frei von heteronomen Interessen agieren sollen, müssen sie hauptberuflich tätig und
zur selbständigen Lehre befugt sein. Erfasst sind damit regelmäßig ordentliche, außerordentliche und außerplanmäßige Professoren, Juniorprofessoren, Privatdozenten und ggf. auch Hono-
rarprofessoren,[6] unabhängig davon, ob sie noch aktiv oder bereits entpflichtet sind;[7] der mit
dem 1. JuMoG in Abs. 1 eingefügte Verweis auf das HRG stellt nunmehr klar, dass auch Fachhochschullehrer zu diesem Kreis gehören. Rechtslehrer an privaten Hochschulen, die nicht
staatlich anerkannt sind, fallen schon deshalb nicht unter Abs. 1, weil sie im Verweis auf das
HRG nicht mit einbezogen sind. Für Rechtslehrer an staatlich anerkannten privaten Hochschulen verfängt dieses Argument zwar nicht, jedoch sind auch sie wegen ihrer mangelnden dienst-
rechtlichen Unabhängigkeit nicht als Verteidiger wählbar.[8] Gleiches gilt für wissenschaftliche
Assistenten und Mitarbeiter an staatlichen oder privaten Hochschulen.[9] Bei Lehrbeauftragten
ist zu differenzieren: Lehren sie hauptberuflich und selbständig, sind auch sie als Hochschullehrer iSd. Abs. 1 anzusehen, andernfalls nicht.[10] Verliert der Hochschullehrer seine Stellung
wegen eines Mangels in seiner Amtsführung, so entspricht dies in der Sache dem Verlust der
Zulassung bei einem Rechtsanwalt; er wird damit zum Scheinverteidiger, dessen Prozesshandlungen vom Zeitpunkt seines Amtsverlustes an unwirksam sind. Wechselt der Hochschullehrer
während des laufenden Verfahrens an eine ausländische Universität, lässt dies hingegen seine
Verteidigerfähigkeit unberührt; neue Mandate kann er nach diesem Wechsel aber nicht mehr
annehmen.[11]

3. Angehörige steuerberatender Berufe. Für das Steuerstrafverfahren wird Abs. 1 durch § 392 5
Abs. 1 AO ergänzt. Danach können auch Steuerberater, Steuerbevollmächtigte, Wirtschaftsprüfer
und vereidigte Buchprüfer zu Verteidigern gewählt werden, soweit die Finanzbehörde das Ermittlungsverfahren gem. § 386 AO selbständig führt. Im Übrigen können sie nur gemeinsam mir einer
nach Abs. 1 zugelassenen Person verteidigen, es sei denn, das Gericht lässt sie gem. § 392 Abs. 2
AO iVm. § 138 Abs. 2 zur Alleinverteidigung zu, was außerhalb des Bereichs der notwendigen
Verteidigung möglich ist.

4. Selbstbestellungsverbot. Ein selbst beschuldigter Rechtsanwalt oder Hochschullehrer darf 6
sich nicht zu seinem eigenen formellen Verteidiger wählen,[12] da dies zu einer unzuträglichen Kon-
fusion der unterschiedlichen Verfahrensrollen des Beschuldigten und des Verteidigers in seiner Person führen würde; er kann daher auch nicht gem. Abs. 2 als sein eigener formeller Verteidiger zugelassen werden.[13] Sofern kein Fall der notwendigen Verteidigung vorliegt, bleibt es ihm aber
unbenommen, auf einen formellen Verteidiger zu verzichten und die Durchsetzung seiner Interessen materiell in die eigenen Hände zu nehmen.

---

[6] *Meyer-Goßner* Rn. 4.
[7] Löwe/Rosenberg/*Lüderssen/Jahn* Rn. 9.
[8] Löwe/Rosenberg/*Lüderssen/Jahn* Rn. 9.
[9] *Meyer-Goßner* Rn. 4.
[10] So auch KK-StPO/*Laufhütte* Rn. 5; vgl. auch OLG Jena v. 5. 5. 1999 – 1 Ws 121/99, StraFo 1999, 349; OLG Dresden v. 3. 5. 2000 – 1 Ws 94/00, StraFo 2000, 338; aA Löwe/Rosenberg/*Lüderssen/Jahn* Rn. 9; *Meyer-Goßner* Rn. 4 (genereller Ausschluss als Verteidiger).
[11] So wohl auch OLG Koblenz v. 11. 2. 1981 – 1 Ws 59/81, NStZ 1981, 403; *Meyer-Goßner* Rn. 4.
[12] BVerfG v. 19. 3. 1998 – 2 BvR 291/98, NJW 1998, 2205.
[13] OLG Karlsruhe v. 28. 2. 1997 – 2 Ss 42/97, Die Justiz 1997, 378.

III. Zulassungsfähige Personen (Abs. 2)

7 **1. Kreis wählbarer Personen.** Gem. Abs. 2 können grundsätzlich alle natürlichen,[14] geschäftsfähigen[15] Personen, die nicht selbst (Mit-)Beschuldigte in dem jeweiligen Verfahren sind,[16] als Verteidiger gewählt werden, also insbesondere ausländische Rechtsanwälte, soweit sie nicht schon gem. Abs. 1 zugelassen sind, Rechtsbeistände, Assessoren, Angehörige steuerberatender Berufe, sofern nicht schon § 392 Abs. 1 AO eingreift, aber auch Angehörige, Freunde oder sonstige Vertrauenspersonen des Beschuldigten.[17] Die Bestimmungen des RBerG (Art. 1 §§ 1, 8), die insbesondere einer Übernahme der Verteidigung durch nicht zugelassene Rechtsbeistände entgegenstehen konnten, sind mit dem Inkrafttreten des RDG entfallen, das die sondergesetzliche Befugnis, Rechtsdienstleistungen zu erbringen – also auch den § 138 Abs. 2 – unberührt lässt (§ 1 Abs. 2 RDG).[18]

8 **2. Genehmigung des Gerichts. a) Allgemeines.** Das wirksame Zustandekommen eines Verteidigungsverhältnisses mit den von Abs. 2 erfassten Personen erfordert neben der Wahl durch den Beschuldigten auch die Genehmigung des Gerichts;[19] der mit Wirkung vom 1. 10. 2009 neugefasste Wortlaut der Vorschrift stellt klar, dass es keines darüber hinausgehenden weiteren Zulassungsaktes bedarf.

9 **b) Formalia.** Die Genehmigung erfordert einen **Antrag**, der aus Gründen der Rechtssicherheit explizit gestellt werden sollte, aber auch konkludent erfolgen kann, insbesondere indem die Person, die als Verteidiger zugelassen zu werden wünscht, eine Prozesshandlung vornimmt.[20] Abs. 1 setzt eine Entscheidung des Gerichts, nicht lediglich des Vorsitzenden, voraus, lässt im Übrigen aber offen, welches Gericht über den Antrag entscheidet. Diese Lücke ist durch die analoge und an den Wortlaut des Abs. 2 angepasste Anwendung des sachnahen § 141 Abs. 4, 1. Hs.[21] zu schließen. **Zuständig** ist somit im Ermittlungsverfahren der Spruchkörper, der auch für das Hauptverfahren zuständig wäre, im Übrigen derjenige, bei dem die Sache im Antragszeitpunkt anhängig ist; im Rechtsmittelzug ist dies bis zur Aktenvorlage gem. §§ 321 S. 2, 347 Abs. 2 das Ausgangsgericht, erst danach das Rechtsmittelgericht. Nur in Eilfällen und auch nur dann, wenn sie auf die Mitwirkung des Verteidigers an einer richterlichen Untersuchungshandlung beschränkt wird, kann die Genehmigung ausnahmsweise durch den Ermittlungsrichter erteilt werden.[22] Wird der Antrag in der Hauptverhandlung gestellt und demgemäß auch dort verbeschieden, wirken ggf. die Schöffen an der Entscheidung mit,[23] anderenfalls entscheidet das Gericht ohne sie in der außerhalb der Hauptverhandlung vorgesehenen Besetzung. Über den Antrag wird durch **Beschluss** entschieden, zu dessen Vorbereitung in der Hauptverhandlung die Beteiligten (§ 33 Abs. 1) und außerhalb davon die StA (§ 33 Abs. 2) zu hören sind. Da die stattgebende Entscheidung für die StA und die ablehnende für den Beschuldigten sowie den abgewiesenen Verteidiger beschwerdefähig ist,[24] bedarf sie gem. § 34 in beiden Fällen der Begründung. Um diesem Erfordernis zu genügen, sollte das Gericht stets ausdrücklich über den Antrag entscheiden und nicht auf die – im Grundsatz anerkannte – Möglichkeit einer konkludenten[25] Genehmigung ausweichen.

10 **c) Materielle Entscheidungskriterien.** Das Gericht entscheidet nach pflichtgemäßem Ermessen, wobei es das Interesse des Beschuldigten am Beistand einer Vertrauensperson und die Erfordernisse der Strafrechtspflege gegeneinander abzuwägen hat.[26] Es darf dabei den Ausnahmecharakter des Abs. 2 nicht dazu nutzen, die Genehmigungsvoraussetzungen[27] zu überspannen und erst

---

[14] BayObLG v. 17. 12. 1952 – Beschw(W)Reg. 1 St. 73/52, NJW 1953, 354.
[15] *Meyer-Goßner* Rn. 8.
[16] BayObLG v. 29. 1. 1953 – BeschwReg. 1 St. 247/52, BayObLGSt 1953, 15 = NJW 1953, 755; *Meyer-Goßner* Rn. 8.
[17] *Meyer-Goßner* Rn. 8.
[18] *Meyer-Goßner* Rn. 9.
[19] OLG Karlsruhe v. 8. 5. 1987 – 1 Ws 32/87, NJW 1988, 2549.
[20] *Meyer-Goßner* Rn. 11.
[21] KK-StPO/*Laufhütte* Rn. 10; Löwe/Rosenberg/*Lüderssen/Jahn* Rn. 31; *Meyer-Goßner* Rn. 16, die aber die Analogie auf die Zuständigkeit im Ermittlungsverfahren beschränken wollen.
[22] BGH v. 23. 10. 1992 – 5 StR 364/92, StV 1993, 113.
[23] KK-StPO/*Laufhütte* Rn. 10.
[24] S. u. Rn. 14.
[25] RG v. 7. 1. 1921 – IV 164/20, RGSt 55, 213; OLG Düsseldorf v. 24. 8. 2000 – 2a Ss (OWi) 242/00 – (OWi) 85/00 II, StraFo 2001, 270; KK-StPO/*Laufhütte* Rn. 8; Löwe/Rosenberg/*Lüderssen/Jahn* Rn. 27; BeckOK-StPO/*Wessing* Rn. 12.
[26] Wohl einhellige Meinung, s. zuletzt OLG Koblenz v. 29. 11. 2007 – 1 Ws 605/07, NStZ-RR 2008, 179.
[27] OLG Hamm v. 12. 1. 2006 – 2 Ws 9 – 11/06, NStZ 2007, 238 (239); BayObLG v. 13. 3. 1978 – 1 Ob OWi 749/77, MDR 1978, 862 (keine Pflicht zur Darlegung eines speziellen Interesses am Tätigwerden der gewählten Person bei Bestehen eines besonderen Vertrauensverhältnisses zu ihr); zu eng daher OLG Karlsruhe v. 8. 5. 1987 – 1 Ws 32/87, NJW 1988, 2549.

recht nicht die Genehmigung mit dem Hinweis darauf versagen, dass es die Vorschrift in ständiger Rechtsprechung restriktiv handhabt.[28] Vielmehr hat es die Genehmigung zu erteilen, wenn die gewählte Person das Vertrauen des Beschuldigten genießt, ausreichende Sachkunde für ihre Verteidigungstätigkeit im konkreten Fall besitzt und vertrauenswürdig erscheint und auch sonst keine Bedenken gegen ihr Auftreten als Verteidiger bestehen; für die Beurteilung der Frage, ob dieser Kriterienkatalog erfüllt ist, kann es sich dabei an den Erfordernissen des § 43a BRAO orientieren.[29] Da Abs. 2 ersichtlich die Möglichkeit schaffen will, auch Nichtjuristen als Verteidiger zu wählen,[30] kann die gewählte Person im Einzelfall auch dann als sachkundig angesehen werden, wenn sie nicht die juristischen Staatsexamina abgelegt und bestanden hat;[31] umgekehrt reicht dies aber allemal aus.[32] Die Vertrauenswürdigkeit des gewählten Verteidigers setzt zwar nicht voraus, dass er den Justizbehörden Wertschätzung entgegenbringt,[33] kann andererseits aber dann fehlen, wenn er in eklatanter Weise gegen die forensischen Umgangsformen verstößt, etwa indem er haltlose Schähkritik am Gericht übt,[34] oder wenn sonst begründete Zweifel an seiner sachlichen Distanz und Objektivität bestehen.[35] Obwohl die Distanz des Verteidigers zum Verfahren auch wegen seiner verwandtschaftlichen oder freundschaftlichen Nähe zum Beschuldigten fehlen kann, steht ein solches Näheverhältnis der Übernahme der Verteidigung nicht von vornherein entgegen,[36] da es häufig gerade der Grund dafür ist, weshalb der Beschuldigte ihm in besonderem Maße vertraut. Eine unbedeutende Vorstrafe disqualifiziert den gewählten Verteidiger nicht.[37]

d) Wirkung der Genehmigung. Die Genehmigung erstreckt sich regelmäßig auf das gesamte Verfahren,[38] kann aber auf entsprechenden Antrag hin ausdrücklich[39] auf einzelne Verfahrensabschnitte oder -handlungen beschränkt werden.[40] Sie kann auch nachträglich erteilt werden, solange die Sache bei dem genehmigenden Gericht anhängig und der Verfahrensabschnitt, in dem die Prozesshandlung des gewählten Verteidigers wirksam werden soll, noch nicht beendet ist.[41] Die nachträgliche Genehmigung wirkt auf den Zeitpunkt der Antragstellung – nicht aber darüber hinaus – zurück;[42] bereits vorgenommene, zunächst schwebend unwirksame[43] Prozesshandlungen werden damit ex tunc wirksam.[44] Die Rücknahme der Genehmigung darf zwar nicht zur Unzeit erfolgen,[45] ist im Übrigen aber zulässig, wenn sich zeigt, dass die Voraussetzungen für ihre Erteilung entweder von Anfang an nicht gegeben waren oder zwischenzeitlich entfallen sind.[46] Die Rücknahme wirkt nur ex nunc, berührt die Wirksamkeit bereits vorgenommener Prozesshandlungen also nicht.[47] Sie ergeht durch begründungsbedürftigen (§ 34) Beschluss[48] des Gerichts, das zu diesem Zeitpunkt auch für die Erteilung der Genehmigung zuständig wäre.[49]

3. Notwendige Verteidigung. In Fällen notwendiger Verteidigung gem. § 140 Abs. 1 u. 2 oder § 231a Abs. 4 dürfen Personen, die weder gem. Abs. 1 gewählt noch gem. § 142 Abs. 1 u. 2 bestellt werden können, nur gemeinschaftlich mit einem bestellbaren Verteidiger[50] tätig werden. Obwohl die gem. Abs. 2 zugelassenen Personen damit hinsichtlich des Inhalts ihrer Befugnisse nicht eingeschränkt sind,[51] stehen sie wegen des Erfordernisses der Gemeinschaftlichkeit bei deren Ausübung dennoch gleichsam unter der Kuratel ihres Mitverteidigers.[52] Mit Ausnahme der Akteneinsicht, des Verkehrs mit dem Beschuldigten[53] und der Befragung von Zeugen und Sachverständi-

---

[28] Löwe/Rosenberg/*Lüderssen/Jahn* Rn. 27.
[29] BVerfG v. 16. 2. 2006 – 2 BvR 951/04 u. a., NJW 2006, 1502 (1503).
[30] Löwe/Rosenberg/*Lüderssen/Jahn* Rn. 24.
[31] OLG Hamm v. 12. 1. 2006 – 2 Ws 9 – 11/06, NStZ 2007, 238 (239).
[32] AA OLG Karlsruhe v. 8. 5. 1987 – 1 Ws 32/87, NJW 1988, 2549.
[33] OLG Hamm v. 12. 1. 2006 – 2 Ws 9 – 11/06, NStZ 2007, 238 (239).
[34] OLG Koblenz v. 29. 11. 2007 – 1 Ws 605/07, NStZ-RR 2008, 179.
[35] OLG Hamm v. 12. 1. 2006 – 2 Ws 9 – 11/06, NStZ 2007, 238 (239).
[36] OLG Zweibrücken v. 31. 3. 1993 – 1 Ss 73/93, NZV 1993, 493.
[37] OLG Hamburg v. 24. 11. 1954 – Ss 171/54, NJW 1955, 644.
[38] *Meyer-Goßner* Rn. 14.
[39] OLG Düsseldorf v. 24. 8. 2000 – 2a Ss (OWi) 242/00 – (OWi) 85/00 II, StraFo 2001, 270.
[40] BeckOK-StPO/*Wessing* Rn. 14.
[41] *Meyer-Goßner* Rn. 15.
[42] Löwe/Rosenberg/*Lüderssen/Jahn* Rn. 28.
[43] *Kaiser* NJW 1982, 1367 (1369); KK-StPO/*Laufhütte* Rn. 8.
[44] BayObLG v. 13. 3. 1978 – 1 Ob OWi 749/77, MDR 1978, 862.
[45] KK-StPO/*Laufhütte* Rn. 11.
[46] BayObLG v. 29. 1. 1953 – BeschwReg. 1 St. 247/52, BayObLGSt 1953, 15 = NJW 1953, 755.
[47] OK-StPO/*Wessing* Rn. 15.
[48] Löwe/Rosenberg/*Lüderssen/Jahn* Rn. 29.
[49] *Meyer-Goßner* Rn. 17.
[50] S. dazu ausführlich § 142 Rn. 2–5.
[51] KK-StPO/*Laufhütte* Rn. 12.
[52] *Meyer-Goßner* Rn. 19; BeckOK-StPO/*Wessing* Rn. 18 rekurrieren wohl hierauf, wenn sie von einer Einschränkung der Rechte dieser Personen sprechen.
[53] KK-StPO/*Laufhütte* Rn. 12.

gen,[54] muss dieser sein ausdrückliches oder konkludentes Einverständnnis mit sämtlichen ihrer Prozesshandlungen erklären, um diese wirksam werden zu lassen;[55] auch Rechtsmittelerklärungen sind nur wirksam, wenn er sie mitunterschreibt[56] oder sich ihnen frist- und formgerecht anschließt.[57] Bei den wesentlichen Teilen der Hauptverhandlung – nicht aber bei der Urteilsverkündung[58] – muss er anwesend sein.[59] Liegen hinsichtlich einer gemeinschaftlich vorzunehmenden Prozesshandlung widersprüchliche Erklärungen vor, ist diejenige des Mitverteidigers maßgeblich.[60] Widerruft der Mitverteidiger eine Prozesserklärung der gem. Abs 2 zugelassenen Person, so ist zu unterscheiden: Soweit er damit lediglich (erneut) das anfängliche Fehlen seines Einverständnisses dokumentiert und die ohnehin bereits gegebene Unwirksamkeit der Prozesserklärung bekräftigt, ist kein Grund ersichtlich, weshalb er hierbei an Ausschlussfristen gebunden sein soll.[61] Anders liegt es dagegen, wenn er mittels des Widerrufs sein zuvor bereits ausdrücklich oder konkludent erklärtes Einverständnis wieder beseitigen will: Dies kann naturgemäß nur im zeitlichen und inhaltlichen Rahmen des prozessual allgemein Zulässigen erfolgen.

IV. Zeugenbeistände etc. (Abs. 3)

13   Mit der Einführung des Abs. 3 hat der Gesetzgeber rechtspolitische Forderungen[62] aufgegriffen und den Personenkreis der möglichen Beistände von Zeugen, Privat- und Nebenklägern, Nebenklagebefugten und Verletzten an denjenigen der möglichen Verteidiger des Beschuldigten angeglichen[63] und identische Zulassungsvoraussetzungen[64] für beide Personenkreise statuiert. Abs. 2 S. 2 ist dabei freilich nicht in Bezug genommen, weil es eine notwendige Beistandschaft für die in Abs. 3 genannten Personen nicht gibt. Die beabsichtigte Gleichstellung von Beiständen und Verteidigern bleibt allerdings im Hinblick auf die Angehörigen steuerberatender Berufe[65] unvollständig: Während diese in Steuerstrafverfahrens nach Maßgabe des § 392 Abs. 1 AO ohne weiteres als Verteidiger zugelassen sind, bedürfen sie für ihre Zulassung als Zeugenbeistand in solchen Verfahren der Genehmigung des Gerichts, da § 392 Abs. 1 AO nicht an den neuen Abs. 3 angepasst wurde.

V. Rechtsmittel

14   **1. Beschwerde.** Verteidiger iSd. Abs. 1 sind bereits von Gesetzes wegen und nicht erst aufgrund eines positiven Gerichtsbeschlusses zugelassen; insoweit fehlt es daher regelmäßig an einer rechtsmittelfähigen Entscheidung. Hingegen kann auch hinsichtlich dieser Personen ein Zurückweisungsbeschluss – meist in analoger Anwendung des § 146a[66] – ergehen, der unter den Voraussetzungen der §§ 304 ff. vom Beschuldigten und seinem Verteidiger, in dessen eigenen Rechtskreis er eingreift,[67] mit der Beschwerde angefochten werden kann. Die Genehmigung gem. Abs. 2 S. 1 (ggf. iVm. Abs. 3) kann von der StA,[68] deren Versagung vom Beschuldigten (bzw. der in Abs. 3 genannten Person) sowie von dem gewählten Verteidiger[69] ebenfalls mit der Beschwerde angefochten werden. Unanfechtbar sind die Entscheidungen des BGH und der OLGe sowie der dort angesiedelten Ermittlungsrichter[70] (§ 304 Abs. 4 u. 5). Entscheidungen gem. Abs. 2 S. 1 überprüft das Beschwerdegericht nur auf Ermessensfehler.[71]

15   **2. Revision.** In der Zurückweisung eines Verteidigers iSd. Abs. 1 oder der Versagung der Genehmigung gem. Abs. 2 S. 1 kann nur dann eine gem. § 338 Nr. 8 revisible unzulässige Beschränkung der Verteidigung liegen, wenn sie willkürlich erfolgt ist[72] oder der Angeklagte auch anderweitig nicht ordnungsgemäß verteidigt war.[73] Letzteres dürfte in der Konstellation der Genehmigungsver-

---

[54] Meyer-Goßner Rn. 19.
[55] Meyer-Goßner Rn. 19.
[56] BGH v. 28. 3. 1984 – 3 StR 95/84, BGHSt 32, 326 (328).
[57] KG v. 16. 1. 1974 – 2 Ws 248/73, NJW 1974, 916.
[58] BeckOK-StPO/Wessing Rn. 18.
[59] KK-StPO/Laufhütte Rn. 12.
[60] Meyer-Goßner Rn. 19.
[61] AA Meyer-Goßner Rn. 19; KK-StPO/Laufhütte Rn. 12.
[62] Löwe/Rosenberg/Lüderssen/Jahn Rn. 25.
[63] S. o. Rn. 2–4, 7.
[64] S. o. Rn. 2, 4, 8–10.
[65] S. o. Rn. 5.
[66] S. o. Rn. 2.
[67] BGH v. 15. 11. 1955 – StB 44/55 (2 BJs 241/55), BGHSt 8, 194.
[68] KK-StPO/Laufhütte Rn. 17.
[69] OLG Düsseldorf v. 9. 11. 1987 – 1 Ws 918/87, NStZ 1988, 91.
[70] Zur ausnahmsweisen Genehmigungszuständigkeit des Ermittlungsrichters s. o. Rn. 9.
[71] Std. Rspr.; s. zuletzt OLG Koblenz v. 29. 11. 2007 – 1 Ws 605/07, NStZ-RR 2008, 179.
[72] KK-StPO/Laufhütte Rn. 18.
[73] BGH v. 23. 3. 1977 – 1 BJs 55/75/StB 52/77, BGHSt 27, 154 (159) = NJW 1977, 1208.

Elfter Abschnitt. Verteidigung 1 § 138a

sagung gem. Abs. 2 S. 1 bei notwendiger Verteidigung kaum jemals der Fall sein, da dort stets ein Pflichtverteidiger verbleibt. Die in Abs. 3 genannten Personen sind entweder nicht revisionsbefugt oder durch § 338 Nr. 8 nicht geschützt.[74]

§ 138a [Ausschließung des Verteidigers]

(1) Ein Verteidiger ist von der Mitwirkung in einem Verfahren auszuschließen, wenn er dringend oder in einem die Eröffnung des Hauptverfahrens rechtfertigenden Grade verdächtig ist, daß er
1. an der Tat, die den Gegenstand der Untersuchung bildet, beteiligt ist,
2. den Verkehr mit dem nicht auf freiem Fuß befindlichen Beschuldigten dazu mißbraucht, Straftaten zu begehen oder die Sicherheit einer Vollzugsanstalt erheblich zu gefährden, oder
3. eine Handlung begangen hat, die für den Fall der Verurteilung des Beschuldigten Begünstigung, Strafvereitelung oder Hehlerei wäre.

(2) Von der Mitwirkung in einem Verfahren, das eine Straftat nach § 129a, auch in Verbindung mit § 129b Abs. 1, des Strafgesetzbuches zum Gegenstand hat, ist ein Verteidiger auch auszuschließen, wenn bestimmte Tatsachen den Verdacht begründen, daß er eine der in Absatz 1 Nr. 1 und 2 bezeichneten Handlungen begangen hat oder begeht.

(3) ¹Die Ausschließung ist aufzuheben,
1. sobald ihre Voraussetzungen nicht mehr vorliegen, jedoch nicht allein deshalb, weil der Beschuldigte auf freien Fuß gesetzt worden ist,
2. wenn der Verteidiger in einem wegen des Sachverhalts, der zur Ausschließung geführt hat, eröffneten Hauptverfahren freigesprochen oder wenn in einem Urteil des Ehren- oder Berufsgerichts eine schuldhafte Verletzung der Berufspflichten im Hinblick auf diesen Sachverhalt nicht festgestellt wird,
3. wenn nicht spätestens ein Jahr nach der Ausschließung wegen des Sachverhalts, der zur Ausschließung geführt hat, das Hauptverfahren im Strafverfahren oder im ehren- oder berufsgerichtlichen Verfahren eröffnet oder ein Strafbefehl erlassen worden ist.
²Eine Ausschließung, die nach Nummer 3 aufzuheben ist, kann befristet, längstens jedoch insgesamt für die Dauer eines weiteren Jahres, aufrechterhalten werden, wenn die besondere Schwierigkeit oder der besondere Umfang der Sache oder ein anderer wichtiger Grund die Entscheidung über die Eröffnung des Hauptverfahrens noch nicht zuläßt.

(4) ¹Solange ein Verteidiger ausgeschlossen ist, kann er den Beschuldigten auch in anderen gesetzlich geordneten Verfahren nicht verteidigen. ²In sonstigen Angelegenheiten darf er den Beschuldigten, der sich nicht auf freiem Fuß befindet, nicht aufsuchen.

(5) ¹Andere Beschuldigte kann ein Verteidiger, solange er ausgeschlossen ist, in demselben Verfahren nicht verteidigen, in anderen Verfahren dann nicht, wenn diese eine Straftat nach § 129a, auch in Verbindung mit § 129b Abs. 1, des Strafgesetzbuches zum Gegenstand haben und die Ausschließung in einem Verfahren erfolgt ist, das ebenfalls eine solche Straftat zum Gegenstand hat. ²Absatz 4 gilt entsprechend.

I. Allgemeines

1. **Regelungsgehalt.** Die praktisch wenig bedeutsamen[1] §§ 138a und 138b statuieren in verfassungskonformer[2] Art und Weise die strafprozessualen Gründe für die Ausschließung des Verteidigers. Ihr Katalog ist zwingend[3] und abschließend,[4] weshalb strafbares (zB beleidigendes oder parteiverräterisches),[5] standeswidriges[6] oder sonst unerlaubtes[7] Verhalten eines Verteidigers, das dort nicht aufgeführt ist, seinen Ausschluss keinesfalls rechtfertigen kann. Die Vorschriften sprechen ohne weitere Differenzierung nur von dem Verteidiger und meinen damit jeden Verteidiger,[8] also den Wahlverteidiger (und dessen mit Zustimmung des Beschuldigten eingesetzten Unterbevollmächtigten[9]) iSd. § 138 Abs. 1 einschließlich des gem. § 392 AO zugelassenen Angehörigen eines

1

---

[74] § 338 Rn. 68.
[1] *Remagen-Kemmerling*, Der Ausschluss des Strafverteidigers in Theorie und Praxis, S. 91.
[2] BVerfG v. 4. 7. 1975 – 2 BvR 482/75, NJW 1975, 2341.
[3] BGH v. 27. 5. 1991 – AnwSt(B) 2/91, BGHSt 37, 395 (396).
[4] Einhellige Meinung; s. statt aller *Meyer-Goßner* Rn. 1.
[5] OLG Nürnberg v. 9. 5. 1995 – Ws 461/95, StV 1995, 287 (289).
[6] BGH v. 8. 8. 1979 – 2 Ars 231/79, AnwBl. 1981, 115.
[7] KK-StPO/*Laufhütte* Rn. 3.
[8] Löwe/Rosenberg/*Lüderssen/Jahn* Rn. 8.
[9] *Rieß* NStZ 1981, 328 (331).

steuerberatenden Berufs,[10] daneben aber auch die nach § 138 Abs. 2 als Verteidiger zugelassene Person sowie den bestellten Pflichtverteidiger gem. § 142 Abs. 1 oder Abs. 2.[11] Dies entspricht auch der Funktion des Ausschließungsverfahrens und der Stellung eines jeden Verteidigers – unbeschadet der Art seiner Einschaltung – im Verfahren.[12] Die §§ 138a ff. gelten für sämtliche Verfahrensabschnitte, in denen sich der Beschuldigte eines Verteidigers bedienen kann,[13] also vom Beginn des Ermittlungsverfahrens bis zum Ende des Strafvollzugs oder der Strafvollstreckung sowie im Wiederaufnahme- und im Gnadenverfahren. Im Jugendstrafverfahren finden sie gem. § 2 Abs. 2 JGG und im Ordnungswidrigkeitenverfahren[14] aufgrund der Verweisung des § 46 Abs. 1 OWiG ebenfalls Anwendung. Soweit zahlreiche berufsrechtliche Verfahrensordnungen durch die Bestimmungen der StPO ergänzt werden (s. zB § 116 BRAO für das anwaltsgerichtliche Verfahren), sind die Ausschließungsregeln zudem auch dort heranzuziehen.

2 **2. Vorrang des Ausschließungsverfahrens.** Wegen der zwingenden Ausschlussgründe, der weitreichenden Folgen des Ausschlusses und der besonderen Schutzmechanismen zugunsten des Betroffenen ist das Ausschlussverfahren gem. §§ 138a ff. vorrangig gegenüber anderen Möglichkeiten, einen Verteidiger aus dem Verfahren zu entfernen. Liegt ein Ausschließungsgrund vor, ist er nicht etwa (analog) § 146a oder aufgrund außerstrafprozessualer Normen zurückzuweisen, sondern auszuschließen. Der gem. § 138 Abs. 2 zugelassenen Person kann in diesem Fall auch nicht die Genehmigung des Gerichts entzogen[15] und beim Pflichtverteidiger kann nicht analog § 143 die Bestellung aus wichtigem Grund zurückgenommen werden.[16] Bei Letzterem ist jedoch die schlichte Bestellungsrücknahme dann zulässig und als milderes Mittel auch geboten, wenn er mit dem Einverständnis des Beschuldigten vor dem gem. § 138c Abs. 5 maßgeblichen Zeitpunkt folgenlos ausscheiden will, da der Pflichtverteidiger, anders als der Wahlverteidiger, nicht die Möglichkeit hat, sein Mandat einfach – und ebenfalls folgenlos – niederzulegen. Wie sich schon aus dem Wortlaut der §§ 138a ff. ergibt, der ein bestehendes Verteidigungsverhältnis voraussetzt, hat das Ausschlussverfahren für solche Personen keine Bedeutung, die noch nicht Verteidiger sind. Liegen bei einem erst noch zu bestellenden Pflichtverteidiger oder bei einer nur gem. § 138 Abs. 2 wählbaren Person Ausschliessungsgründe vor, unterbleibt daher die Bestellung bzw. wird die notwendige Genehmigung des Gerichts versagt.

II. Ausschließungsgründe des Abs. 1

3 **1. Tatbeteiligung (Abs. 1 Nr. 1).** Der Verteidiger ist gem. Abs. 1 Nr. 1 auszuschließen, wenn er der Beteiligung an der prozessualen[17] Tat iSd. § 264 verdächtig ist, wegen der das Verfahren gegen den Beschuldigten betrieben wird. Die Beteiligung (auch als strafbarer Versuch iSd. § 30 StGB[18]) muss dabei eine der in §§ 25–27 StGB genannten Formen annehmen, sich also als unmittelbare oder mittelbare Täterschaft bzw. Mittäterschaft,[19] Anstiftung[20] oder Beihilfe[21] darstellen und dem betroffenen Verteidiger auch vorwerfbar sein;[22] um die hierfür nötigen Feststellungen treffen zu können, ist es regelmäßig erforderlich, auch das Verhalten des Beschuldigten mindestens auf seine Tatbestandsmäßigkeit und Rechtswidrigkeit hin zu überprüfen.[23] Der von der Rechtsprechung zu § 60 Nr. 2 vertretene extensive Beteiligungsbegriff ist schon wegen der diametral entgegengesetzten Funktion der beiden Vorschriften (dort ua. Schutz des betroffenen Zeugen vor einer Strafbarkeit wegen Meineids,[24] hier Eingriff in die Rechtsstellung des Verteidigers) nicht auf § 138a Abs. 1 Nr. 1 übertragbar[25] und begegnet im Übrigen auch deswegen durchgreifenden Bedenken, weil er sich in

---

[10] OLG Karlsruhe v. 14. 3. 1975 – 2 ARs 5/75, NJW 1975, 943.
[11] Nunmehr st. Rspr.; s. zB BGH v. 20. 3. 1996 – 2 ARs 20/96, BGHSt 42, 94 = NStZ 1997, 46; auch nahezu einhellige Meinung in der Lit.; s. eingehend Löwe/Rosenberg/Lüderssen/Jahn Rn. 4–9; die früher vertretene Gegenauffassung ist durch die aktuelle Fassung der §§ 138a, 138b überholt; s. dazu Meyer-Goßner Rn. 3.
[12] KK-StPO/Laufhütte Rn. 2.
[13] S. dazu § 137 Rn. 19.
[14] BGH v. 6. 5. 1992 – 2ARs 3/92, wistra 1992, 228 (229); aA Parigger, FG Koch, S. 210 (Ausschließung wäre unverhältnismäßig); zweifelnd auch HK-StPO/Julius Rn. 10.
[15] Meyer-Goßner § 138 Rn. 17.
[16] OLG Düsseldorf v. 10. 2. 1988 – 3 Ws 72/88, NStZ 1988, 519; Dencker NJW 1979, 2176; Rieß JR 1979, 37; KK-StPO/Laufhütte Rn. 2; Meyer-Goßner Rn. 3.
[17] Löwe/Rosenberg/Lüderssen/Jahn Rn. 24.
[18] KK-StPO/Laufhütte Rn. 7; Löwe/Rosenberg/Lüderssen/Jahn Rn. 23.
[19] OLG Düsseldorf v. 16. 9. 1985 – 1 Ws 768/85, AnwBl. 1986, 154.
[20] Meyer-Goßner Rn. 5.
[21] BGH v. 26. 1. 1993 – 2 ARs 548/92, wistra 1993, 181.
[22] BGH v. 8. 8. 1985 – 2 ARs 223/85, NJW 1986, 143.
[23] Löwe/Rosenberg/Lüderssen/Jahn Rn. 24; Meyer-Goßner Rn. 5 sprechen zwar von einer Strafbarkeitsprüfung, meinen aber wohl nichts anderes; aA Milzer MDR 1990, 587 (keine Strafbarkeitsprüfung hinsichtlich des Beschuldigten).
[24] S. § 60 Rn. 7.
[25] OLG Zweibrücken v. 6. 3. 1995 – 1 AR 88/94, wistra 1995, 319; KK-StPO/Laufhütte Rn. 7; Meyer-Goßner Rn. 5; Parigger, FG Koch, S. 205; aA Roxin § 19 Rn. 47; Schlüchter, Strafprozessrecht, S. 125 Fn. 392.

dogmatisch fragwürdiger Weise von den allein maßgeblichen Kriterien des materiellen Rechts entfernt.[26] Soweit dies bei verselbständigten Vortaten des Verteidigers (zB Diebstahl als Grundlage der Hehlerei durch den Beschuldigten), die weder von § 138a Abs. 1 Nr. 1 noch von Abs. 1 Nr. 3 erfasst sind, zu unerwünschten Lücken im Ausschließungsrecht der §§ 138a ff. führt, können diese nur durch den Gesetzgeber, nicht aber durch eine Überdehnung des Beteiligungsbegriffs geschlossen werden. Eine Beteiligung im hier vertretenen engeren Sinne liegt freilich auch dann vor, wenn der Verteidiger selbst der Haupttäter und der Beschuldigte lediglich Teilnehmer an seiner Tat ist.[27] Dagegen knüpft die Frage, ob die Ausschließung die strafrechtliche Verfolgbarkeit des jeweiligen Verhaltens (zB aufgrund eines rechtzeitig gestellten Strafantrags) voraussetzt, nicht an den Beteiligungs-, sondern an den Verdachtsbegriff[28] des Abs. 1 an. Ist der Verteidiger eines Mitangeklagten der Beteiligung an der Tat verdächtig, die allen Angeklagten zur Last gelegt ist, kann er nach seinem Ausschluss auch keinen der anderen Mitangeklagten verteidigen.[29]

2. **Missbräuchlicher Verkehr mit dem Beschuldigten (Abs. 1 Nr. 2).** Gem. § 148 Abs. 1 ist der Verteidiger berechtigt, mit dem Beschuldigten, der sich nicht auf freiem Fuß befindet, freien schriftlichen und mündlichen Verkehr zu pflegen. Nutzt er dieses Recht bewusst dazu aus,[30] **Straftaten** zu begehen (Abs. 1 Nr. 2, 1. Alt.) oder die **Sicherheit einer Vollzuganstalt** zu gefährden (Abs. 1 Nr. 2, 2. Alt.), ist er gem. Abs. 1 Nr. 2 auszuschließen. Abs. 1 Nr. 2, 1. Alt. erfasst unabhängig von ihrer Schwere[31] alle versuchten oder vollendeten Straftaten (auch solche, die sich gegen den Beschuldigten selbst richten), die der Verteidiger als Täter oder Teilnehmer[32] vorwerfbar begangen hat[33] oder noch begeht. Dies setzt voraus, dass mit ihnen mindestens in strafbarer Weise (auch iSd. § 30 StGB) begonnen wurde; Taten, die noch nicht über das straflose Planungs- oder Vorbereitungsstadium hinaus gediehen sind, reichen nicht aus,[34] ebenso wenig solche, von denen der Verteidiger gem. §§ 24 oder 31 StGB strafbefreiend zurückgetreten ist.[35] Ähnlich wie in Abs. 1 Nr. 1 ist auch hier die Verfolgbarkeit kein Problem des Straftatbegriffs oder der Verhältnismäßigkeit des Ausschlusses,[36] sondern ein Aspekt der Verdachtsprüfung.[37] Die Begehung von Ordnungswidrigkeiten[38] oder sonstigen unerlaubten, aber nicht strafbaren Handlungen fällt nicht unter die erste, sondern allenfalls unter die zweite Alternative von Abs. 1 Nr. 2. Diese setzt eine konkrete Gefährdung, nicht aber die aktuelle Beeinträchtigung,[39] von Personen (Insassen, Personal und Besucher), Sachen (Gebäuden oder Einrichtungen) oder der Gewahrsamsfunktion[40] einer Vollzugsanstalt, zB durch das Einschmuggeln von Waffen, Sprengstoff, Ausbruchsmaterial oder Gegenständen zur Durchführung einer Meuterei, voraus. Gleichlaufend mit der 1. Alt. darf auch die Gefährdungshandlung nicht lediglich geplant sein, sondern muss bereits durchgeführt oder zumindest begonnen worden sein. Die aus ihr resultierende Gefahr muss nach Art, Wirkung oder Dauer[41] erheblich sein, andernfalls rechtfertigt sie nach dem Wortlaut des Abs. 1 Nr. 2., 2. Alt. die Ausschließung des Verteidigers nicht. Weder die Begehung von Straftaten noch die Gefährdung der Anstaltssicherheit durch den Verteidiger setzt voraus, dass sie mit Wissen und Wollen seines Mandanten erfolgt.[42]

3. **Begünstigung, Strafvereitelung, Hehlerei.** Der Ausschlussgrund des Abs. 1 Nr. 3 ist auf die dort genannten Straftatbestände der Begünstigung (§ 257 StGB), Strafvereitelung (§ 258 StGB) und Hehlerei (§§ 259–260a StGB) beschränkt, wobei bei den beiden letztgenannten jeweils der strafbare Versuch ausreicht, der iSd. Abs. 1 Nr. 3 ebenfalls bereits begangen ist.[43] Andere Straftaten oder gar Handlungen, welche die Strafbarkeitsschwelle nicht (mehr[44]) überschreiten – also

---

[26] Rotsch/Sahan ZIS 2007, 142 (144 ff.).
[27] Löwe/Rosenberg/Lüderssen/Jahn Rn. 23; Meyer-Goßner Rn. 5.
[28] S. u. Rn. 6.
[29] BGH v. 22. 11. 1975 – 1 StE 1/74 StB 18/75, BGHSt 26, 221 = NJW 1976, 58.
[30] KK-StPO/Laufhütte Rn. 9.
[31] KK-StPO/Laufhütte Rn. 10.
[32] Meyer-Goßner Rn. 7.
[33] KK-StPO/Laufhütte Rn. 10; Meyer-Goßner Rn. 7; SK-StPO/Wohlers Rn. 16; aA Löwe/Rosenberg/Lüderssen/Jahn Rn. 95.
[34] KK-StPO/Laufhütte Rn. 10; Löwe/Rosenberg/Lüderssen/Jahn Rn. 95.
[35] KK-StPO/Laufhütte Rn. 10.
[36] So aber die hM; s. KK-StPO/Laufhütte Rn. 10; Löwe/Rosenberg/Lüderssen/Jahn Rn. 97 f.; Meyer-Goßner Rn. 7, sämtlich für den Fall des fehlenden Strafantrags.
[37] S. u. Rn. 6.
[38] KK-StPO/Laufhütte Rn. 10.
[39] Parigger, FG Koch, S. 206; KK-StPO/Laufhütte Rn. 11; Meyer-Goßner Rn. 8.
[40] Meyer-Goßner Rn. 8.
[41] Meyer-Goßner Rn. 8.
[42] Meyer-Goßner Rn. 6.
[43] KG v. 5. 7. 1982 – 1 AR 460/82 – 4 ARs 46/82, NStZ 1983, 556; KK-StPO/Laufhütte Rn. 12; Meyer-Goßner Rn. 11.
[44] S. o. Rn. 4 zum strafbefreienden Rücktritt gem. § 24 StGB.

auch bloße Vorbereitungen zu einer Katalogtat[45] – rechtfertigen die Ausschließung gem. Abs. 1 Nr. 3 dagegen nicht. Wie die Beteiligung gem. Abs. 1 Nr. 1 muss sich auch die in Abs. 1 Nr. 3 genannte Anschlusstat auf die Tat (iSd. § 264) des Beschuldigten beziehen, die den Gegenstand der Untersuchung bildet[46] und deren verurteilungsreifes Vorliegen für die Zwecke des Ausschließungsverfahrens unterstellt wird;[47] Anknüpfungspunkt ist dabei die grundsätzliche Verpflichtung des Verteidigers, nur rechtlich erlaubte Mittel einzusetzen und der Rechtsordnung nicht entgegenzutreten. Bei dem Ausschließungsgrund der (versuchten) Strafvereitelung sowie in geringerem Umfang auch bei demjenigen der Begünstigung wird die bislang nicht befriedigend gelöste und durch eine weitgehend kasuistisch geprägte Rechtsprechung bestimmte Problematik virulent, wo zulässiges Verteidigungsverhalten endet und die Strafbarkeit des Verteidigers beginnt.[48] Dies ist auch im Rahmen des Ausschließungsrechts anhand der hier vertretenen Wechselwirkungstheorie[49] zu entscheiden, wobei im Zweifel zugunsten des Verteidigers von der Zulässigkeit seines Verhaltens auszugehen ist.

6   **4. Verdachtsgrad.** Damit die Ausschließung gem. Abs. 1 möglich ist, muss der Verteidiger dringend oder in einem die Eröffnung des Hauptverfahrens rechtfertigenden Grade verdächtig sein, eine der in den Nrn. 1–3 genannten Handlungen begangen zu haben. Angesichts des Wortlauts der Vorschrift bestehen keine begründeten Zweifel daran, dass mit den beschriebenen Verdachtsgraden diejenigen des § 112[50] bzw. des § 203[51] gemeint sind, weshalb die inhaltlichen Kriterien der Verdachtsprüfung bei Abs. 1 mit den dort geltenden identisch sind; eine Einschränkung ergibt sich lediglich bei Abs. 1 Nr. 2, 2. Alt., da diese keine Straftaten erfasst und daher solche Verdachtsmomente, die sich auf das Vorliegen spezifischer Strafbarkeitskriterien beziehen, in ihrem Rahmen keine Rolle spielen. Diese Anforderungen sind weder im Hinblick auf den dringenden noch auf den hinreichenden Verdacht erfüllt, wenn die strafbare Handlung des Verteidigers iSd. Abs. 1 Nr. 1, Nr. 2, 1. Alt. oder Nr. 3 nicht (mehr) verfolgbar ist, da beide Verdachtsgrade das Vorliegen sämtlicher Prozessvoraussetzungen voraussetzen.[52] Aus diesem Grunde scheidet eine Ausschließung des Verteidigers wegen einer solchen Handlung stets auch dann aus, wenn ein notwendiger Strafantrag gegen ihn endgültig nicht gestellt ist; kann er in noch offener Frist nachgeholt werden, ist mit der Ausschließungsentscheidung zuzuwarten, bis entweder die Frist abgelaufen oder der Antrag eingegangen ist. Die hM, die das Fehlen des Strafantrags bei der Ausschließung nach Abs. 1 Nr. 1 für irrelevant[53] und die Ahndbarkeit der Tat im anwaltsgerichtlichen Verfahren für ausreichend hält,[54] bei Anwendung des Abs. 1 Nr. 2, 1. Alt. zu einer Frage der Unverhältnismäßigkeit des Ausschlusses macht[55] und im Rahmen des Abs. 1 Nr. 3 (trotz der Möglichkeit des § 259 Abs. 2 StGB) – soweit ersichtlich – überhaupt nicht thematisiert, steht nicht im Einklang mit der herkömmlichen Verdachtsdogmatik und vermag zudem nicht befriedigend zu erklären, weshalb für die einzelnen Ausschlußgründe unterschiedliche Maßstäbe gelten sollen.

7   Das Nebeneinander des dringenden und des hinreichenden Verdachts in Abs. 1 verleiht dem Gericht nicht das Recht, nach Belieben zwischen den Verdachtsgraden zu wählen.[56] Vielmehr gilt folgendes: Der höhere Verdachtsgrad des dringenden Verdachts genügt für die Ausschließung stets, unabhängig davon, ob der zugrunde liegende Sachverhalt ausermittelt wurde oder nicht.[57] Hinreichender Verdacht kann den Ausschluss hingegen nur dann tragen, wenn entweder ein Ermittlungsverfahren durchgeführt wurde und bis zur Anklagereife gediehen ist oder – was insbesondere in den Fällen des Abs. 1 Nr. 2, 2. Alt. die Regel sein dürfte – der Sachverhalt außerhalb eines solchen Verfahrens auf andere Weise ausermittelt wurde.[58]

---

[45] BGH v. 17. 3. 1982 g. K. 2 StR 314/81, BGHSt 31, 10 = NJW 1982, 1600; OLG Frankfurt/M. v. 13. 3. 1992 – 3 Ws 136/92, StV 192, 360 (beide für den Fall des erfolglosen Versuchs, einen Zeugen zur Falschaussage zu bewegen, der nur unter § 159 StGB fällt); KK-StPO/*Laufhütte* Rn. 12.
[46] *Meyer-Goßner* Rn. 9.
[47] OLG Bremen v. 4. 12. 1980 – BL 337/80, NJW 1981, 2711.
[48] S. auch § 137 Rn. 13.
[49] S. o. § 137 Rn. 13.
[50] S. § 112 Rn. 21–32.
[51] S. § 203 Rn. 2 ff.
[52] S. § 203 Rn. 2.
[53] OLG Hamburg v. 4. 5. 1983 – 3 Ausschl. 1/83, NStZ 1983, 426.
[54] BGH v. 20. 3. 2000 – 2 ARs 489/99 u. 2 AR 217/99, wistra 2000, 311.
[55] S. o. Rn. 4, Fn. 36.
[56] *Meyer-Goßner* Rn. 12.
[57] *Meyer-Goßner* Rn. 13.
[58] So im Ergebnis auch BGH v. 3. 3. 1989 g. K. 2 ARs 54/89, BGHSt 36, 133 = NStZ 1990, 91; *Fezer* JR 1990, 77; *Frye* wistra 2005, 86 (87); *Meyer-Goßner* Rn. 14; aA *Mehle* NStZ 1990, 91; *Scholderer* StV 1993, 231; HK-StPO/ *Julius* Rn. 5; KK-StPO/*Laufhütte* Rn. 6, unter Berufung auf die ältere Rspr. (Ermittlungsverfahren ist zwingend).

III. Ausschließungsgründe des Abs. 2

1. Verfahren wegen Bildung einer terroristischen Vereinigung. Die Ausschließung des Verteidigers gem. Abs. 2 setzt voraus, dass gegen den Beschuldigten ein Verfahren geführt wird, dessen Gegenstand zumindest auch der Vorwurf der Bildung einer in- oder ausländischen terroristischen Vereinigung gem. §§ 129a, 129b Abs. 1 StGB ist: Ein erhöhter Verdachtsgrad hinsichtlich dieses Vorwurfes braucht dabei ebenso wenig zu bestehen, wie Zwangsmaßnahmen gegen den Beschuldigten, insbesondere ein Haftbefehl, gerade auf ihn gestützt sein müssen; jedoch steht die willkürliche Annahme einer Tat gem. §§ 129a, 129b Abs. 1 StGB der Anwendbarkeit des Abs. 2 entgegen.[59] Unanwendbar ist Abs. 2 zudem dann, wenn das Vefahren gegen den Beschuldigten nicht mehr wegen §§ 129a, 129b Abs. 1 StGB betrieben wird, sei es weil insoweit eine Einstellung oder Verfolgungsbeschränkung (insbesondere gem. § 154a) erfolgt oder das Verfahren bereits rechtskräftig abgeschlossen ist.[60]

2. Verringerter Verdachtsgrad. Abs. 2 erfordert weder dringenden noch hinreichenden Verdacht gegen den Verteidiger, sondern lediglich bestimmte verdachtsbegründende Tatsachen, lässt also einen gegenüber Abs. 1 verringerten, der Regelung des § 100a[61] entsprechenden Verdachtsgrad ausreichen. Dieser betrifft aber nur die Verwirklichung einer Handlung gem. Abs. 1 Nrn. 1 u. 2, während hinsichtlich strafbarer Handlungen des Verteidigers iSd. Abs. 1 Nr. 3 auch in Terrorismusverfahren einer der gesteigerten Verdachtsgrade des Abs. 1 erreicht sein muss.

IV. Aufhebung der Ausschließung (Abs. 3)

1. Allgemeines. Gem. Abs. 3 „ist" die Ausschließung des Verteidigers zwingend aufzuheben, wenn die dort genannten Voraussetzungen vorliegen; der Aufhebungsgrund des Abs. 3 Nr. 3 ist allerdings durch die in S. 2 vorgesehene Möglichkeit relativiert, die Ausschließung zu verlängern. Die Aufhebung der Ausschließung tritt nicht kraft Gesetzes ein,[62] sondern erfordert stets einen Beschluss des zuständigen Gerichts, das dabei nach §§ 138c, 138d zu verfahren hat. Eine zu Unrecht nicht aufgehobene Ausschließung bleibt während der gesamten Dauer des Verfahrens wirksam.[63]

2. Wegfall der Ausschließungsvoraussetzungen (Abs. 3 Nr. 1). Nach Abs. 3 Nr. 1 ist die Ausschließung aufzuheben, wenn deren tatsächliche oder rechtliche Voraussetzungen, wie sie in Abs. 1 und Abs. 2 statuiert sind, nicht mehr vorliegen; dieser Wortlaut ist insofern zu eng, als die Aufhebung auch dann erfolgen muss, wenn sich im Nachhinein herausstellt, dass die Ausschließungsvoraussetzungen von Anfang an nicht bestanden haben. Eine auf Abs. 1 Nr. 2 gestützte Ausschließung kann aber nicht allein deshalb aufgehoben werden, weil der Beschuldigte auf freien Fuß gesetzt worden ist; dies gilt erst recht, wenn sich der Beschuldigte seine Freiheit eigenmächtig wieder verschafft hat.[64]

3. Freispruch des Verteidigers (Abs. 3 Nr. 2). Der Freispruch des Verteidigers in einem Strafverfahren, das den ausschließungsrelevanten Sachverhalt zum Gegenstand hatte, oder ein entsprechend günstiger Ausgang eines deswegen gegen ihn geführten ehren- oder berufsgerichtlichen Verfahrens zwingen gem. Abs. 3 Nr. 2 ebenfalls zur Aufhebung der Ausschließung. Nach dem Wortlaut der Vorschrift muss die freisprechende Entscheidung lediglich ergangen, nicht aber bereits rechtskräftig sein.[65] Hinsichtlich anderer, für den Verteidiger positiver Verfahrenserledigungen ist zu unterscheiden: Die Einstellung des Ermittlungsverfahrens gem. § 170 Abs. 2 und die Nichteröffnung des Hauptverfahrens gem. § 203 entfalten ebenso rehabilitierende Wirkung wie ein Freispruch und sind diesem daher gleichzustellen.[66] Opportunitätsentscheidungen gem. §§ 153ff. fallen hingegen nicht unter Abs. 3 Nr. 2, können aber bei Vorliegen der weiteren Voraussetzungen eine Aufhebungsentscheidung gem. Abs. 3 Nr. 1 oder Nr. 3 erfordern.[67]

4. Verzögerung des Verfahrens gegen den Verteidiger (Abs. 3 Nr. 3). Abs. 3 Nr. 3 enthält den Aufhebungsgrund der nicht rechtzeitigen Verfahrensdurchführung, der auf dem Gedanken der

---

[59] KK-StPO/*Laufhütte* Rn. 14.
[60] Meyer-Goßner Rn. 15.
[61] S. § 100a Rn. 1.
[62] Meyer-Goßner Rn. 20.
[63] KK-StPO/*Laufhütte* Rn. 16.
[64] KK-StPO/*Laufhütte* Rn. 16.
[65] OLG Stuttgart v. 18. 11. 1986 – 4 Ws 339/86, StV 1987, 97; KK-StPO/*Laufhütte* Rn. 18; Meyer-Goßner Rn. 18.
[66] HK-StPO/*Julius* Rn. 7 (für die Verfahrenseinstellung); Löwe/Rosenberg/*Lüderssen/Jahn* Rn. 156 (für die Nichteröffnung); SK-StPO/*Wohlers* Rn. 33 (für die Einstellung nur, sofern sie nicht auf einem Verfahrenshindernis beruht); aA Meyer-Goßner Rn. 18.
[67] HK-StPO/*Julius* Rn. 7.

Unverhältnismäßigkeit der fortdauernden Verteidigerausschließung beruht.[68] Die darin genannte Jahresfrist beginnt mit dem Wirksamwerden der Ausschließung und endet mit dem Erlass des Eröffnungsbeschlusses oder des Strafbefehls;[69] sie kann gem. Abs. 3 S. 2, dessen Voraussetzungen denjenigen des § 121 nachgebildet sind, um höchstens ein weiteres Jahr verlängert werden, wenn der Eröffnungsbeschluss bzw. der Strafbefehl wegen der besonderen Schwierigkeit der Sache oder ihres besonderen Umfanges oder aus sonstigem wichtigem Grund nicht rechtzeitig erlassen werden konnte; die Verlängerung erfordert ebenso wie die Aufhebung einen Gerichtsbeschluss.[70] Vom Wortlaut des Abs. 3 Nr. 3 sind auch die Konstellationen erfasst, in denen der Ausschließungsgrund keine Straftat darstellt und daher die Durchführung eines Strafverfahrens nicht in Betracht kommt, der betroffene Verteidiger (weil es sich um eine gem. § 138 Abs. 2 zugelassene Privatperson handelt) zugleich aber auch keiner Ehren- oder Berufsgerichtsbarkeit unterliegt. Die Anwendung der Vorschrift auf derartige Fälle würde freilich dazu führen, dass bloßer Zeitablauf automatisch zur Aufhebung der Ausschließung zwänge, was dem Sinn und Zweck der Ausschließungsregeln widerspräche. Abs. 3 Nr. 3 ist daher im Wege der teleologischen Reduktion nur dann heranzuziehen, wenn ein straf-, ehren- oder berufsgerichtliches Verfahren überhaupt möglich wäre,[71] anderenfalls ist dieser Aufhebungsgrund bedeutungslos. Es findet dann auch keine hypothetische Prüfung statt, ob gegen einen standes- oder berufsrechtlich gebundenen Verteidiger eine Sanktion verhängt worden wäre,[72] weil es in Abs. 3 Nr. 3 im Kern nicht um das Ob, sondern um das Wann einer solchen Sanktion geht, welches durch Hypothesenbildung nicht zuverlässig zu bestimmen ist.

V. Folgen der Ausschließung

14   **1. Im laufenden Verfahren.** Der Verteidiger darf in dem Verfahren, aus dem er ausgeschlossen ist, bis zu dessen vollständiger Beendigung (ggf. also bis zum Abschluss des Strafvollzugs bzw. der Strafvollstreckung oder eines Wiederaufnahme- oder Gnadenverfahrens) keinerlei[73] Tätigkeiten mehr entfalten, auch nicht in Untervollmacht[74] oder beschränkt auf einzelne Akte.[75] Seine Prozesshandlungen sind bereits von Gesetzes wegen unwirksam, so dass es einer entsprechenden Feststellung nicht mehr bedarf.[76] Diese Folge tritt aber erst mit Rechtskraft des Ausschließungsbeschlusses,[77] nicht bereits mit dessen Zustellung ein.[78]

15   **2. In anderen förmlichen Verfahren (Abs. 4 S. 1).** Gem. Abs. 4 S. 1 kann der ausgeschlossene Verteidiger den „Beschuldigten" auch in anderen gesetzlich geordneten Verfahren nicht „verteidigen". Aus dieser Wortwahl des Gesetzes ergibt sich, dass zivil-, arbeits-, verwaltungs- oder sozialgerichtliche Verfahren nicht von der Ausschlusswirkung erfasst werden, da es dort keinen Beschuldigten gibt und dieser auch nicht verteidigt wird; gleiches gilt für die private Schieds- und Verbandsgerichtsbarkeit.[79] Das Verteidigungsverbot gilt somit nur für andere Strafverfahren, zu denen auch das DNA-Identitätsfeststellungsverfahren gem. § 81g gehört, für OWi-Verfahren sowie ehren-, berufs- und disziplinargerichtliche Verfahren.[80]

16   **3. In sonstigen Angelegenheiten (Abs. 4 S. 2).** In Angelegenheiten und Verfahren, die nicht unter Abs. 4 S. 1 fallen, darf der ausgeschlossene Verteidiger tätig sein. Gem. Abs. 4 S. 2 darf er seinen Mandanten lediglich nicht aufsuchen, solange dieser sich nicht auf freiem Fuß befindet; schriftlicher, telefonischer oder elektronischer Verkehr mit ihm bleibt aber möglich.[81]

17   **4. Verteidigungsverbot für andere Beschuldigte (Abs. 5).** Abs. 5 S. 1, 1. Hs. enthält für den ausgeschlossenen Verteidiger das Verbot, in demselben Verfahren andere Beschuldigte zu verteidigen und erweitert damit das allgemeine, nur für gleichzeitige Mehrfachverteidigung geltende Verdikt des § 146 auf die sukzessive Mehrfachverteidigung;[82] gemeint sind hier naturgemäß nur Mitbeschuldigte. Aufgrund der Verweisung in Abs. 5 S. 2 dürfen diese Mitbeschuldigten auch in sämtli-

---

[68] KK-StPO/*Laufhütte* Rn. 19.
[69] *Meyer-Goßner* Rn. 19.
[70] Löwe/Rosenberg/*Lüderssen/Jahn* Rn. 159.
[71] Im Ansatz ähnlich KK-StPO/*Laufhütte* Rn. 20.
[72] So aber KK-StPO/*Laufhütte* Rn. 20.
[73] KK-StPO/*Laufhütte* Rn 5.
[74] *Meyer-Goßner* Rn. 22.
[75] OLG Karlsruhe v. 10. 7. 1981 – 4 Ws 50/81, Die Justiz 1981, 446.
[76] *Meyer-Goßner* Rn. 24.
[77] Löwe/Rosenberg/*Lüderssen/Jahn* Rn. 146; *Meyer-Goßner* Rn. 23.
[78] KMR/*Müller* Rn. 21.
[79] KK-StPO/*Laufhütte* Rn 22.
[80] BVerfG v. 14. 8. 2007 – 2 BvR 1186/07, NStZ 2008, 226.
[81] Löwe/Rosenberg/*Lüderssen/Jahn* Rn. 138.
[82] AA *Meyer-Goßner* Rn. 27 (nur vorsorgliche Regelung).

chen anderen von Abs. 4 erfassten Verfahren nicht vertreten werden. Personen, die nicht in das Ausgangsverfahren involviert, sondern lediglich Beschuldigte in anderen Strafverfahren sind, darf der ausgeschlossene Verteidiger selbstverständlich weiterhin verteidigen; alles andere käme faktisch einem Berufsverbot gleich. Allerdings ergibt sich auch hinsichtlich dieses Personenkreises aus Abs. 5 S. 1, 2. Hs. und S. 2 eine bedeutsame Einschränkung für den Verteidiger, der gem. Abs. 2 aus einem Terrorismusverfahren ausgeschlossen ist: Er kann Beschuldigte in Verfahren, die ebenfalls eine Straftat nach §§ 129a, 129b Abs. 1 StGB zum Gegenstand haben, generell nicht verteidigen, und zwar auch dann nicht, wenn es dabei um andere terroristische Vereinigungen geht als in dem Verfahren, aus dem er ausgeschlossen wurde.[83] Da auch für diese Konstellationen die Verweisung des Abs. 5 S. 2 gilt, muss er zudem für solche Mandanten auf jede Verteidigungstätigkeit in anderen förmlichen Verfahren iSd. Abs. 4 unterlassen. Ob diese – wohl einer überzogenen Terrorangst geschuldete – Einschränkung der Berufsfreiheit noch mit Art. 12 GG zu vereinbaren ist, darf freilich bezweifelt werden.[84]

5. Verfahren. Ein Verstoß des ausgeschlossenen Verteidigers gegen die in Abs. 4 und 5 statuierten Verbote führt nicht automatisch zur Unwirksamkeit seiner Prozesshandlungen für die jeweiligen Beschuldigten in den jeweiligen Verfahren. Vielmehr bedarf es hierfür der vorherigen Zurückweisung des Verteidigers analog § 146a.[85] Gründe dafür, weshalb diese in Abweichung von § 146a Abs. 1 S. 3 nicht dem Gericht des Hauptverfahrens, sondern dem Organ obliegen soll, welches für das jeweilige Verfahrensstadium zuständig ist[86] (im Ermittlungsverfahren also der StA[87]), sind nicht ersichtlich. Obwohl sich der Ausschluss des Verteidigers gem. Abs. 4 u. 5 auch auf andere Verfahren erstreckt, brauchen die in jenen Verfahren Betroffenen nicht gem. § 33 vom OLG gehört zu werden,[88] da entweder mit ihnen keine Mandatsbeziehung besteht (so in den Fällen des Abs. 5 S. 1, 1. Hs.) oder die Auswirkungen der Ausschließung auf ein bestehendes Mandat (etwa bei Abs. 5 S. 1, 2. Hs.) von ihnen hingenommen werden müssen. 18

§ 138b [Ausschließung bei Gefahr für die Sicherheit der Bundesrepublik Deutschland]

¹Von der Mitwirkung in einem Verfahren, das eine der in § 74a Abs. 1 Nr. 3 und § 120 Abs. 1 Nr. 3 des Gerichtsverfassungsgesetzes genannten Straftaten oder die Nichterfüllung der Pflichten nach § 138 des Strafgesetzbuches hinsichtlich der Straftaten des Landesverrates oder einer Gefährdung der äußeren Sicherheit nach den §§ 94 bis 96, 97a und 100 des Strafgesetzbuches zum Gegenstand hat, ist ein Verteidiger auch dann auszuschließen, wenn auf Grund bestimmter Tatsachen die Annahme begründet ist, daß seine Mitwirkung eine Gefahr für die Sicherheit der Bundesrepublik Deutschland herbeiführen würde. ²§ 138a Abs. 3 Satz 1 Nr. 1 gilt entsprechend.

I. Anwendungsbereich

§ 138b erweitert den § 138a bei Staatsschutzsachen iSd. §§ 74a Abs. 1 Nr. 3, 120 Abs. 1 Nr. 3 und 7 GVG um einen zusätzlichen Ausschließungsgrund. Er gilt wie dieser in jeder Lage des Verfahrens.[1] 1

II. Ausschließungsvoraussetzungen

1. Gefahr für die Sicherheit der Bundesrepublik Deutschland. Der Verteidiger ist auszuschließen, wenn seine Mitwirkung die innere oder äußere (vgl. § 92 Abs. 3 Nr. 2 StGB) Sicherheit der Bundesrepublik Deutschland, also deren Fähigkeit, sich nach innen oder außen gegen Störungen zur Wehr zu setzen, gefährden würde. Dies setzt voraus, dass nach den konkreten Umständen des Falles die nahe liegende Möglichkeit eines entsprechenden Schadenseintritts besteht.[2] Die bloße politische Gesinnung des Verteidigers begründet allein noch keine solche Schadenswahrscheinlichkeit.[3] Jedoch kann es ausreichen, dass Unachtsamkeiten des Verteidigers zu besorgen sind, durch die Schädigungshandlungen Dritter ermöglicht werden.[4] 2

---

[83] KK-StPO/*Laufhütte* Rn 25.
[84] AA wohl KK-StPO/*Laufhütte* Rn 26.
[85] KK-StPO/*Laufhütte* Rn 27; Löwe/Rosenberg/Lüderssen/Jahn Rn. 148; widersprüchlich *Meyer-Goßner* Rn. 28 (Zurückweisung nötig, Prozesshandlungen aber gleichwohl ohne weiteres unwirksam).
[86] So aber KK-StPO/*Laufhütte* Rn 27.
[87] *Meyer-Goßner* Rn. 28; wieder anders *Dahs* NJW 1976, 2149 (das gem. § 138c Abs. 1 zuständige Gericht).
[88] KK-StPO/*Laufhütte* Rn 28.
[1] S. § 138a Rn. 1.
[2] KK-StPO/*Laufhütte* Rn. 2; Löwe/Rosenberg/Lüderssen/Jahn Rn. 3; *Meyer-Goßner* Rn. 2.
[3] KK-StPO/*Laufhütte* Rn. 3; Löwe/Rosenberg/Lüderssen/Jahn Rn. 5; *Meyer-Goßner* Rn. 2.
[4] KK-StPO/*Laufhütte* Rn. 2 mit Fallbeispielen.

§ 138c

3　2. **Verdachtsgrad.** Der Wortlaut des § 138b („wenn auf Grund bestimmter Tatsachen die Annahme begründet ist") weicht zwar von demjenigen des § 138a Abs. 2 („wenn bestimmte Tatsachen den Verdacht begründen") ab, jedoch ist diese Diskrepanz offenbar rein sprachlicher Natur.[5] Gemeint ist beidesmal derselbe,[6] auch in § 100a[7] verwendete Verdachtsgrad, der jeweils durch Umstände begründet sein muss, die nach der kriminalistischen Erfahrung auf das Vorliegen das Ausschließungsgrundes hindeuten; bloße Vermutungen reichen hierfür nicht aus.[8]

III. Aufhebung der Ausschließung

4　Gem. S. 2 iVm. § 138a Abs. 3 S. 1 Nr. 1 ist die Ausschließung aus den dort genannten Gründen durch Gerichtsbeschluss aufzuheben. Die Aufhebungsgründe des § 138a Abs. 3 S. 1 Nr. 2 und 3 laufen hingegen im Rahmen des § 138b regelmäßig leer, weil dieser nicht auf eine strafbare oder standeswidrige Handlung abstellt, sondern auf eine Gefahr, die auch durch Verhaltensweisen (etwa unvorsichtigen Umgang mit geheimhaltungsbedürftigen Akten) herbeigeführt werden kann, die weder strafbar noch standeswidrig sind. Aufgrund des Fehlens eines Verweises auf § 138a Abs. 4 u. 5 entfaltet die Ausschließung gem. § 138b nicht die dort genannten Erstreckungswirkungen.

§ 138c [Verfahren bei Verteidigerausschließung]

(1) [1]Die Entscheidungen nach den §§ 138a und 138b trifft das Oberlandesgericht. [2]Werden im vorbereitenden Verfahren die Ermittlungen vom Generalbundesanwalt geführt oder ist das Verfahren vor dem Bundesgerichtshof anhängig, so entscheidet der Bundesgerichtshof. [3]Ist das Verfahren vor einem Senat eines Oberlandesgerichtes oder des Bundesgerichtshofes anhängig, so entscheidet ein anderer Senat.

(2) [1]Das nach Absatz 1 zuständige Gericht entscheidet nach Erhebung der öffentlichen Klage bis zum rechtskräftigen Abschluß des Verfahrens auf Vorlage des Gerichts, bei dem das Verfahren anhängig ist, sonst auf Antrag der Staatsanwaltschaft. [2]Die Vorlage erfolgt auf Antrag der Staatsanwaltschaft oder von Amts wegen durch Vermittlung der Staatsanwaltschaft. [3]Soll ein Verteidiger ausgeschlossen werden, der Mitglied einer Rechtsanwaltskammer ist, so ist eine Abschrift des Antrages der Staatsanwaltschaft nach Satz 1 oder die Vorlage des Gerichts dem Vorstand der zuständigen Rechtsanwaltskammer mitzuteilen. [4]Dieser kann sich im Verfahren äußern.

(3) [1]Das Gericht, bei dem das Verfahren anhängig ist, kann anordnen, daß die Rechte des Verteidigers aus den §§ 147 und 148 bis zur Entscheidung des nach Absatz 1 zuständigen Gerichts über die Ausschließung ruhen; es kann das Ruhen dieser Rechte auch für die in § 138a Abs. 4 und 5 bezeichneten Fälle anordnen. [2]Vor Erhebung der öffentlichen Klage und nach rechtskräftigem Abschluß des Verfahrens trifft die Anordnung nach Satz 1 das Gericht, das über die Ausschließung des Verteidigers zu entscheiden hat. [3]Die Anordnung ergeht durch unanfechtbaren Beschluß. [4]Für die Dauer der Anordnung hat das Gericht zur Wahrnehmung der Rechte aus den §§ 147 und 148 einen anderen Verteidiger zu bestellen. [5]§ 142 gilt entsprechend.

(4) [1]Legt das Gericht, bei dem das Verfahren anhängig ist, gemäß Absatz 2 während der Hauptverhandlung vor, so hat es zugleich mit der Vorlage die Hauptverhandlung bis zur Entscheidung durch das nach Absatz 1 zuständige Gericht zu unterbrechen oder auszusetzen. [2]Die Hauptverhandlung kann bis zu dreißig Tagen unterbrochen werden.

(5) [1]Scheidet der Verteidiger aus eigenem Entschluß oder auf Veranlassung des Beschuldigten von der Mitwirkung in einem Verfahren aus, nachdem gemäß Absatz 2 der Antrag auf Ausschließung gegen ihn gestellt oder die Sache dem zur Entscheidung zuständigen Gericht vorgelegt worden ist, so kann dieses Gericht das Ausschließungsverfahren weiterführen mit dem Ziel der Feststellung, ob die Mitwirkung des ausgeschiedenen Verteidigers in dem Verfahren zulässig ist. [2]Die Feststellung der Unzulässigkeit steht im Sinne der §§ 138a, 138b, 138d der Ausschließung gleich.

(6) [1]Ist der Verteidiger von der Mitwirkung in dem Verfahren ausgeschlossen worden, so können ihm die durch die Aussetzung verursachten Kosten auferlegt werden. [2]Die Entscheidung hierüber trifft das Gericht, bei dem das Verfahren anhängig ist.

---

[5] KK-StPO/*Laufhütte* Rn. 3.
[6] Parigger, FG Koch, S. 209.
[7] S. § 100a Rn. 1.
[8] KK-StPO/*Laufhütte* Rn. 3.

I. Ausschließungszuständigkeit; Gerichtsbesetzung

1. Sachliche Zuständigkeit des OLG bzw. des BGH. Die Entscheidungen gem. §§ 138a u. 1 138b, also die Beschlüsse über die Verteidigerausschließung sowie über deren Aufhebung, erlässt gem. Abs. 1 S. 2 grundsätzlich das OLG. Gem. Abs. 1 S. 2 ist jedoch dann der BGH zuständig, wenn entweder das Verfahren im Revisionsrechtszug bei ihm anhängig ist (dh. sobald die Akten zusammen mit dem Antrag des Generalbundesanwalts beim BGH eingegangen sind) oder das Ermittlungsverfahren durch den Generalbundesanwalt geführt wird. Als Ausnahmevorschrift ist die Zuständigkeitsregel des Abs. 1 S. 2 eng auszulegen und nicht erweiterungsfähig;[1] daher gehören alle Entscheidungen im Rahmen von Vollstreckungsverfahren, die durch den Generalbundesanwalt geführt werden, wieder in die Zuständigkeit des OLG.[2] Ist die Hauptsache bei einem Senat des OLG (in 1. Instanz oder im Revisionsrechtszug) oder des BGH (im Revisionsrechtszug) anhängig, so liegt die funktionale Zuständigkeit gem. Abs. 1 S. 3 bei einem anderen Senat dieses Gerichts.

2. Örtliche Zuständigkeit des OLG. Örtlich zuständig ist in den Fällen des Abs. 2 S. 1 das dem 2 vorlegenden Gericht übergeordnete OLG; entscheidend für dessen Bestimmung ist dabei der Zeitpunkt des Eingangs der Vorlage bei ihm. In Ermittlungsverfahren, in denen nicht gem. Abs. 1 S. 2 die Zuständigkeit des BGH begründet ist, liegt die örtliche Zuständigkeit bei dem OLG, welches dem späteren Gericht des Hauptverfahrens übergeordnet ist (Rechtsgedanke des § 141). Über Ausschlüsse und deren Aufhebung nach rechtskräftigem Abschluss des Ausgangsverfahrens entscheidet aus Gründen der Zuständigkeitsklarheit und -kontinuität das OLG, in dessen Bezirk die antragsberechtigte StA ihren Sitz hat;[3] nur sofern in solchen Fällen der Generalbundesanwalt antragsberechtigt ist, entscheidet das OLG, das mit der Hauptsache befasst war.[4] Im Verfahren der Wiederaufnahme oder ihrer Vorbereitung ist das dem Wiederaufnahmegericht übergeordnete OLG zuständig.[5]

3. Besetzung des Gerichts. Das OLG ist bei seinen Entscheidungen mit drei (§ 122 Abs. 1 3 GVG), der BGH mit fünf Richtern (§ 139 Abs. 1 GVG) besetzt.

II. Vorlageverfahren

1. Vorlage- und Antragsverfahren. Das OLG bzw. der BGH entscheidet nicht von Amts wegen 4 über den Verteidigerausschluss. Vielmehr bedarf es hierfür eines **Antrags der StA** (in den Verfahrensphasen vor Klageerhebung und nach Rechtskraft) oder der Vorlage durch das Gericht, bei dem die Sache anhängig ist (in dem Verfahrensabschnitt nach Klageerhebung und vor Rechtskraft).

2. Gerichtliches Vorlageverfahren. Das Vorlageverfahren erfolgt entweder auf Antrag der StA 5 oder von Amts wegen durch Vermittlung der StA, welche die Angelegenheit in dieser Phase aber nicht selbst vor das OLG bzw. den BGH bringen kann. Das vorlegende Gericht ist dabei an den Antrag der StA gebunden und darf die Vorlage daher nicht verweigern;[6] es braucht in diesen Fällen – anders als bei der Vorlage von Amts wegen – keine eigene Begründung für den Ausschließungsantrag zu liefern (die uU. wider seine eigene Überzeugung erfolgen müsste),[7] sollte aber gleichwohl seine Auffassung hierzu darlegen.[8]

Sowohl die Vorlage von Amts wegen wie auch diejenige auf Antrag der StA muss begründet 6 sein und mindestens die Tatsachen sowie die Beweismittel bezeichnen, aus denen sich das den Ausschluss rechtfertigende Verhalten ergibt;[9] die bloße Bezugnahme auf Anlagen[10] oder gar Beiakten[11] reicht dabei nicht aus. Eine unter Formmängeln leidende Vorlage kann vom OLG bzw. vom BGH entweder zur Nachbesserung an das vorlegende Gericht zurückgegeben oder als unzulässig verworfen[12] und in beiden Fällen formgerecht wiederholt werden.[13] Bei der Vorlage von

---

[1] KK-StPO/*Laufhütte* Rn. 1.
[2] BGH v. 2. 8. 1991 – 3 ARs 19/91, BGHSt 38, 52.
[3] *Meyer-Goßner* Rn. 2.
[4] KK-StPO/*Laufhütte* Rn. 2.
[5] *Meyer-Goßner* Rn. 2.
[6] OLG Karlsruhe v. 18. 11. 1982 – 3 Ws 272/82, NStZ 1983, 281; *Meyer-Goßner* Rn. 7 (hM).
[7] *Frye*, NStZ 2005, 50; *Meyer-Goßner* Rn. 7; aA OLG Jena v. 14. 10. 2002 – 1 WS 351/02, NStZ 2005, 49; wohl auch KK-StPO/*Laufhütte* Rn. 4.
[8] KK-StPO/*Laufhütte* Rn. 5.
[9] St. Rspr.; s. zuletzt OLG Brandenburg v. 12. 7. 2007 – 2 AR 49/06, StV 2008, 66.
[10] OLG Hamm v. 19. 10. 1998 – 2 Ws 481/98, NStZ-RR 1999, 50.
[11] KG v. 3. 6. 2005 – 2 AR 63/05-5 u. 5 ARs 31/05, NJW 2006, 1537.
[12] *Meyer-Goßner* Rn. 9.
[13] KK-StPO/*Laufhütte* Rn. 4.

Amts wegen muss das Gericht den Vorlagebeschluss stets über die StA dem OLG bzw. dem BGH zuleiten, und zwar auch dann, wenn es sich bei dem Gericht der Hauptsache und dem Ausschließungsgericht lediglich um zwei unterschiedliche Senate ein und desselben Gerichts (vgl. Abs. 1 S. 3) handelt. Die StA nimmt zu der Vorlage Stellung und beantragt in deren Rahmen entweder die Ausschließung des Verteidigers oder die Feststellung, dass ein Ausschlussgrund nicht vorliegt.[14]

7   Das vorlegende Gericht entscheidet durch Beschluss in der für das jeweilige Verfahrensstadium vorgeschriebenen Besetzung, abhängig davon, ob die Vorlage innerhalb (dann ggf. unter Beteiligung der Schöffen) oder außerhalb der Hauptverhandlung erfolgt. Es ist zulässig, den Vorlagebeschluss bei bereits unterbrochener Hauptverhandlung außerhalb derselben zu erlassen, nicht jedoch,[15] die Hauptverhandlung eigens zu zu diesem Zwecke zu unterbrechen.[16]

8   **3. Staatsanwaltschaftliches Antragsverfahren.** Die StA (bzw. in Verfahren gem. § 386 Abs. 2 AO die Finanzbehörde) hat in dem von ihr selbständig betriebenen Antragsverfahren dieselben Anforderungen zu beachten, wie sie auch für das vorlegende Gericht gelten.[17] Zuständig ist vor Erhebung der öffentlichen Klage die StA, welche das Ermittlungsverfahren führt, nach rechtskräftiger Entscheidung die aktuell mit der Sache befasste StA, im Vollstreckungsverfahrens also die Vollstreckungsstaatsanwaltschaft (§ 451), im Wiederaufnahmeverfahren die StA bei dem Gericht, das über die Wiederaufnahme zu befinden hat (§§ 367, § 140a GVG).

III. Mitteilungspflichten

9   **1. Mitteilung an die RAK (Abs. 2 S. 3).** Betrifft der Vorlagebeschluss des Gerichts bzw. der Vorlegungsantrag der StA einen Rechtsanwalt, ist er dem Vorstand der für den betroffenen Verteidiger zuständigen Rechtsanwaltskammer mitzuteilen (Abs. 2 S. 3), der sich hierzu äußern kann (Abs. 2 S. 4). Trotz der scheinbaren Differenzierung im Gesetz (Antrag der StA in Kopie, Vorlagebeschluss des Gerichts im Original), kann in beiden Fallen nur die Mitteilung einer Abschrift gemeint sein, weil die Originale jeweils an das OLG bzw. den BGH gehen.[18] Ergänzende Stellungnahmen der StA im weiteren Verfahren sind dem Vorstand der Rechtsanwaltskammer ebenfalls zur Kenntnis zu geben.[19]

10 **2. Mitteilung an die Verfahrensbeteiligten.** Obwohl das Gesetz dies nicht ausdrücklich regelt, ist der Ausschließungsantrag bzw. der Vorlagebeschluss (sowie ggf. auch eine ergänzende Stellungnahme der StA beim OLG bzw. des GBA[20]) wegen der Notwendigkeit, ihnen rechtliches Gehör zu gewähren,[21] auch den gem. § 138d am Verfahren Beteiligten, also dem Verteidiger selbst (ggf. auch dessen Verteidiger) und dem Beschuldigten, bekanntzugeben.

11 **3. Zuständigkeit und Mitteilungszeitpunkt.** Es erscheint zweckmäßig, die notwendigen Mitteilungen dem OLG bzw. dem BGH[22] und nicht etwa der antragstellenden StA oder dem vorlegenden Gericht zu überlassen, da sie mit Äußerungsfristen verknüpft werden sollten, die nur vom später entscheidenden Gericht sinnvoll bestimmt werden können. Im Interesse größtmöglicher Verfahrensfairness sollte die Mitteilung aber unverzüglich nach Eingang beim OLG bzw. BGH erfolgen[23] und nicht erst zusammen mit der Terminsladung gem. § 138d Abs. 2,[24] deren Frist für die Vorbereitung einer Stellung bedenklich kurz bemessen ist.

IV. Vorläufige Maßnahmen

12 **1. Ruhen der Verteidigerrechte. a) Im Ausgangsverfahren.** Gem. Abs. 3 kann zwischen Klageerhebung und Rechtskraft das Gericht, bei dem die Sache anhängig ist (Abs. 3 S. 1), im Übrigen das gem. Abs. 1 für die Ausschließung zuständige Gericht (Abs. 3 S. 2), anordnen, dass das Recht des Verteidigers auf Akteneinsicht gem. § 147 sowie auf schriftlichen oder mündlichen Verkehr

---

[14] KK-StPO/*Laufhütte* Rn. 7.
[15] *Meyer-Goßner* Rn. 8; aA *Dünnebier* NJW 1976, 1 (3).
[16] KK-StPO/*Laufhütte* Rn. 8.
[17] S. o. Rn. 6.
[18] Löwe/Rosenberg/*Lüderssen/Jahn* Rn. 16.
[19] KK-StPO/*Laufhütte* Rn. 13.
[20] S. o. Rn. 9.
[21] Löwe/Rosenberg/*Lüderssen/Jahn* Rn. 16.
[22] *Meyer-Goßner* Rn. 10; aA offenbar Löwe/Rosenberg/*Lüderssen/Jahn* Rn. 16; differenzierend wohl KK-StPO/*Laufhütte* Rn. 12 f. (Mitteilung an die RAK durch StA oder vorlegendes Gericht, andere Mitteilungen durch OLG bzw. BGH); wieder anders KMR/*Müller* Rn. 7 (Mitteilung des Vorlagebeschlusses durch vorlegendes Gericht, des Antrags der StA durch OLG bzw. BGH).
[23] Ähnlich Löwe/Rosenberg/*Lüderssen/Jahn* Rn. 16 („alsbald"); SK-StPO/*Wohlers* Rn. 16 („möglichst umgehend").
[24] So aber *Meyer-Goßner* Rn. 10.

Elfter Abschnitt. Verteidigung 13–15 § 138 c

mit dem inhaftierten Beschuldigten bis zur Rechtskraft der Ausschließungsentscheidung ruht. Zulässig ist dies nach dem Grundsatz der Verhältnismäßigkeit nur, wenn aufgrund konkreter Anhaltspunkte zu besorgen ist, der Verteidiger werde andernfalls die Aktivitäten fortsetzen, die zu seiner Ausschließung zwingen.[25] Vor der Anordnung sind die StA (falls diese nicht selbst den Ruhensantrag gestellt hat) sowie der Verteidiger (bzw. sein Verteidiger) und der Beschuldigte zu hören (§ 33 Abs. 2–4). Die Ruhensentscheidung ergeht gem. Abs. 3 S. 3 durch unanfechtbaren Beschluss und bedarf daher von Gesetzes wegen (§ 34) keiner Begründung,[26] auch wenn diese wegen ihrer Tragweite sicherlich wünschenswert wäre.

b) In anderen Verfahren. Gem. Abs. 3 S. 1, 2. Hs. kann das Gericht das Ruhen der Verteidigerrechte auch auf die Verfahren ausdehnen, in denen der Ausschluss die Verteidigungsverbote gem. § 138 a Abs. 4 und 5 zur Folge hätte. Die Auswirkungen dieser Regelung sind unklar. Da aber in diesen Verfahren schon die Verbotswirkungen des § 138 a Abs. 4 u. 5 nur nach vorheriger Zurückweisung analog § 146 a eintreten,[27] muss ähnliches erst recht für die Ruhenswirkung gelten. Diese ist daher in dem jeweiligen Verfahren durch das dort zuständige Gericht durch unanfechtbaren Beschluss (nicht durch Entscheidung des Vorsitzenden gem. § 238 Abs. 1[28]) analog § 138 c Abs. 3 S. 1, 2. Hs., Abs. 3 S. 3 gesondert festzustellen. 13

2. Pflichtverteidigerbestellung. Wie sich aus dem Wortlaut des Abs. 3 S. 4 („hat ... zu bestellen") ergibt, ist dem Beschuldigten für die Dauer des Ruhens der Rechte seines ursprünglichen Verteidigers durch das Gericht ein anderer Verteidiger zu bestellen; dies gilt auch dann, wenn er noch weitere Wahl- oder Pflichtverteidiger hat.[29] Zuständig für Auswahl und unverzügliche[30] Bestellung dieses zusätzlichen Verteidigers ist der Vorsitzende des Gerichts, welches das Ruhen der Verteidigerrechte angeordnet hat, was sich allein aus der Verweisung des Abs. 4 S. 5 auf § 142 ergibt; ein zusätzlicher – aber fehlender – Bezug zu § 141 Abs. 4 ist für diese Zuständigkeitsbestimmung schon deshalb nicht nötig,[31] weil auch § 142 vom „Vorsitzenden des Gerichts" spricht. Die Aufgabe des nach Abs. 3 S. 4 bestellten Verteidigers besteht gem. Abs. 3 S. 4 einzig darin, die Lücke in der sachgerechten Wahrnehmung der Interessen des Beschuldigten zu schließen, die daraus entsteht, dass der ursprüngliche Verteidiger seine Rechte aus §§ 147, 148 nicht mehr wahrnehmen kann.[32] Jedoch ist dies nicht als strikte Beschränkung auf das Akteneinsichts- und das Verkehrsrecht zu verstehen.[33] Vielmehr kann und muss der neu bestellte Verteidiger auch die notwendigen unaufschiebbaren Prozesshandlungen (wie Haftbeschwerden, Beweisanträge etc.) vornehmen, welche den Rechten aus den §§ 147, 148 in der konkreten Lage des Verfahrens erst ihre eigentliche Effizienz verleihen.[34] Nicht ausdrücklich geregelt ist die Frage, ob sich die Pflichtverteidigerbestellung nach Abs. 3 S. 4 auch auf die Verfahren auswirkt, auf welche die Ruhensentscheidung gem. Abs. 3 S. 1, 2. Hs. erstreckt wird. Da die Erstreckung der Ruhenswirkung einer gesonderten Feststellung in den betroffenen Verfahren bedarf, muss gleiches auch für die Folgewirkungen des Ruhens der Verteidigerrechte und damit auch für die ergänzende Pflichtverteidigerbestellung gelten.[35] 14

V. Unterbrechung oder Aussetzung der Hauptverhandlung

Legt das Gericht, bei dem das Verfahren anhängig ist, die Sache während der Hauptverhandlung vor, muss es diese gem. Abs. 4 bis zur Entscheidung durch das OLG bzw. den BGH auch dann unterbrechen oder aussetzen, wenn der Beschuldigte noch andere Wahl- oder Pflichtverteidiger hat. Die Unterbrechung, die bis zu 30 Tagen dauern kann (Abs. 4 S. 2), bzw. die Aussetzung beginnt mit dem Erlass des Vorlagebeschlusses und endet erst mit der Rechtskraft der Ausschließungsentscheidung, nicht schon mit deren Erlass.[36] Wird die Ausschließung des Verteidigers rechtskräftig abgelehnt, solange noch die Unterbrechung andauert, kann die Hauptverhandlung anschließend fortgesetzt werden; wird der Verteidiger hingegen in dieser Zeit rechtskräftig ausgeschlossen, ist dies nur dann möglich, wenn der Angeklagte trotz des Ausschlusses noch ordnungs- 15

---

[25] OLG Stuttgart v. 12. 3. 1975 – 2 ARs 81/75 und v. 27. 3. 75 – 2 ARs 90/75, jeweils AnwBl. 1975, 170; *Meyer-Goßner* Rn. 12.
[26] *Meyer-Goßner* Rn. 12; aA KK-StPO/*Laufhütte* Rn. 19; Löwe/Rosenberg/*Lüderssen/Jahn* Rn. 30.
[27] S. § 138 a Rn. 18.
[28] Diese Möglichkeit will aber KK-StPO/*Laufhütte* Rn. 20 eröffnen.
[29] *Lampe* MDR 1975, 530.
[30] *Meyer-Goßner* Rn. 13.
[31] Löwe/Rosenberg/*Lüderssen/Jahn* Rn. 33; aA KK-StPO/*Laufhütte* Rn. 17.
[32] Krit. hierzu *Dünnebier* NJW 1975, 1 (6); Löwe/Rosenberg/*Lüderssen/Jahn* Rn. 34 f. („zwei halbe Verteidiger machen keinen ganzen").
[33] So aber *Meyer-Goßner* Rn. 13.
[34] KK-StPO/*Laufhütte* Rn. 18.
[35] KK-StPO/*Laufhütte* Rn. 21.
[36] *Meyer-Goßner* Rn. 14.

gemäß verteidigt ist, also über andere, vorher gewählte oder bestellte Verteidiger verfügt, die sich rechtzeitig einarbeiten konnten und daher in der Lage sind, ihn sachgerecht zu verteidigen.[37] Ist dies nicht der Fall, muss die Verhandlung nunmehr ausgesetzt werden, bis die Verteidigung wieder sichergestellt ist.[38] Verfahren, auf welche die Ruhensentscheidung des Abs. 3 gem. Abs. 3 S. 1, 2. Hs. erstreckt wird, sind zur Wahrung der Verteidigungsrechts des Angeklagten ebenfalls zu unterbrechen oder auszusetzen; die Entscheidung trifft das Gericht, welches für das jeweils betroffene Verfahren zuständig ist.[39]

VI. Feststellungsverfahren (Abs. 5)

16   1. Allgemeines. Abs. 5 enthält die Möglichkeit eines Feststellungsverfahrens, wenn der Verteidiger aus eigenem Antrieb oder auf Veranlassung des Beschuldigten nach Vorlage bzw. Antragstellung aber vor der Entscheidung über die Ausschließung die Verteidigung niederlegt und auf diese Weise versucht, die Ausschließungsfolgen, insbesondere deren Erstreckung auf andere Verfahren und/oder andere Beschuldigte (s. § 138a Abs. 4 u. 5), zu vermeiden. Das Feststellungsverfahren steht im pflichtgemäßen Ermessen des OLG bzw. des BGH und soll nur durchgeführt werden, wenn entweder konkrete Anhaltspunkte dafür vorliegen, dass sich der Verteidiger in dem Verfahren später erneut betätigen will[40] oder wenn nach den Umständen des Falles Konflikte zu erwarten sind, denen durch das Verteidigungsverbot begegnet werden muss.[41] Steht derartiges nicht zu befürchten, ist das Ausschlussverfahren hingegen durch förmliche Einstellung zu beenden,[42] die auch noch im Beschwerdeverfahren erfolgen kann.[43] Die Feststellung gem. Abs. 5 S. 1 hat die Wirkung der Ausschließung (Abs. 5 S. 2).

17   2. Formalia. Das Feststellungsverfahren setzt voraus, dass im Zeitpunkt des Ausscheidens des Verteidigers bereits ein Ausschließungsantrag der StA gestellt oder die Sache dem OLG bzw. dem BGH zur Entscheidung vorgelegt wurde. Im Anwendungsbereich des Vorlageverfahrens ist dabei die formelle Vorlage gem. Abs. 2 S. 1 maßgeblich, nicht schon der hierauf gerichtete Antrag der StA.[44] Weitere Voraussetzung ist die Unabänderlichkeit des Vorlagebeschlusses bzw. des Ausschließungsantrages der StA, für die es nicht auf den Eingang beim OLG bzw. beim BGH ankommt, sondern vielmehr bei verkündeten Beschlüssen auf den Zeitpunkt ihrer Verkündung,[45] bei anderen Beschlüssen und bei den Anträgen der StA auf den Zeitpunkt ihrer Herausgabe durch die Geschäftsstelle.[46] Vor der Durchführung des Feststellungsverfahrens sind die StA, der Verteidiger (bzw. dessen Verteidiger) und der Beschuldigte zu hören. Im Falle der Fortsetzung empfiehlt sich ein entsprechender Gerichtsbeschluss, der nicht begründungsbedürftig ist und wieder aufgehoben werden kann, wenn der Anlass für die Weiterführung des Ausschließungsverfahrens entfallen ist.[47]

VII. Verfahren zur Aufhebung der Ausschließung

18   Für die Entscheidung über die Aufhebung des Ausschlusses gilt § 138c ebenfalls. Für sie gelten dieselben Grundsätze wie für das Ausschließungsverfahren selbst, jedoch ergibt sich eine Besonderheit im Hinblick auf die Form der Aufhebungsentscheidung des OLG bzw. des BGH: Diese ergeht im schriftlichen Verfahren,[48] da § 138d Abs. 1 die mündliche Verhandlung nur für das Ausschließungsverfahren vorsieht.

VIII. Kosten (Abs. 6)

19   Nach der Kannvorschrift des Abs. 6, die nur für das Ausschließungsverfahren, nicht aber für das Feststellungs- und Aufhebungsverfahren gilt,[49] können dem Verteidiger die durch die Aussetzung verursachten Kosten auferlegt werden, sofern er den Auschluss verschuldet hat, die Hauptverhandlung ausgesetzt (nicht nur unterbrochen[50]) wurde und es unbillig wäre, den Angeklagten

---

[37] KK-StPO/*Laufhütte* Rn. 22.
[38] *Meyer-Goßner* Rn. 14.
[39] KK-StPO/*Laufhütte* Rn. 23.
[40] BGH v. 8. 1. 1993 – 2 ARs 540/92, NStZ 1992, 23.
[41] *Meyer-Goßner* Rn. 16.
[42] OLG Düsseldorf v. 24. 1. 1995 – 1 Ws 1003/94, NJW 1995, 739.
[43] BGH v. 26. 8. 1002 – 2 ARs 349/92, NStZ 1992, 599.
[44] KK-StPO/*Laufhütte* Rn. 25.
[45] OLG Düsseldorf v. 14. 6. 1994 – 1 Ws 365 – 366/94, NStZ 1994, 450.
[46] KK-StPO/*Laufhütte* Rn. 26.
[47] *Meyer-Goßner* Rn. 17.
[48] BGH v. 20. 1. 1984 – 2 ARs 387/83, BGHSt 32, 231 (232) = NJW 1984, 935.
[49] KK-StPO/*Laufhütte* Rn. 33.
[50] KK-StPO/*Laufhütte* Rn. 33.

Elfter Abschnitt. Verteidigung 1–3 § 138 d

oder die Staatskasse mit den Kosten zu belasten.[51] Die Entscheidung trifft nicht das ausschließende Gericht, sondern dasjenige, bei dem das Verfahren anhängig ist (Abs. 6 S. 2).

IX. Beschwerde

Mit der Beschwerde kann die Kostenentscheidung des Abs. 6 angefochten werden, sofern sie 20 nicht vom OLG oder vom BGH erlassen wurde (§ 304 Abs. 4). Beschwerdeberechtigt sind die StA, der Verteidiger, wenn ihm Kosten auferlegt sind, und der Beschuldigte, sofern dieser die Kosten nur deshalb zu tragen hat, weil sie dem Verteidiger nicht auferlegt wurden.[52] Die StA kann zudem mit den Einschränkungen des § 304 Abs. 4 die unzulässige Zurückweisung ihres Vorlageantrags durch das vorlagepflichtige Gericht mit der Beschwerde angreifen.[53]

§ 138 d [Mündliche Verhandlung, Rechtsmittel bei Ausschließung]

(1) Über die Ausschließung des Verteidigers wird nach mündlicher Verhandlung entschieden.

(2) ¹Der Verteidiger ist zu dem Termin der mündlichen Verhandlung zu laden. ²Die Ladungsfrist beträgt eine Woche; sie kann auf drei Tage verkürzt werden. ³Die Staatsanwaltschaft, der Beschuldigte und in den Fällen des § 138 c Abs. 2 Satz 3 der Vorstand der Rechtsanwaltskammer sind von dem Termin zur mündlichen Verhandlung zu benachrichtigen.

(3) Die mündliche Verhandlung kann ohne den Verteidiger durchgeführt werden, wenn er ordnungsgemäß geladen und in der Ladung darauf hingewiesen worden ist, daß in seiner Abwesenheit verhandelt werden kann.

(4) ¹In der mündlichen Verhandlung sind die anwesenden Beteiligten zu hören. ²Den Umfang der Beweisaufnahme bestimmt das Gericht nach pflichtgemäßem Ermessen. ³Über die Verhandlung ist eine Niederschrift aufzunehmen; die §§ 271 bis 273 gelten entsprechend.

(5) ¹Die Entscheidung ist am Schluß der mündlichen Verhandlung zu verkünden. ²Ist dies nicht möglich, so ist die Entscheidung spätestens binnen einer Woche zu erlassen.

(6) ¹Gegen die Entscheidung, durch die ein Verteidiger aus den in § 138 a genannten Gründen ausgeschlossen wird oder die einen Fall des § 138 b betrifft, ist sofortige Beschwerde zulässig. ²Dem Vorstand der Rechtsanwaltskammer steht ein Beschwerderecht nicht zu. ³Eine die Ausschließung des Verteidigers nach § 138 a ablehnende Entscheidung ist nicht anfechtbar.

I. Mündliche Verhandlung

1. Grundsatz. Gem. Abs. 1 wird über die Ausschließung des Verteidigers nach mündlicher Verhandlung entschieden, die nicht öffentlich stattfindet, da es sich nicht um eine solche vor dem erkennenden Gericht iSd. § 169 GVG handelt;[1] zur Besetzung des Gerichts s. o. § 138 c Rn. 3.

2. Entbehrlichkeit der Verhandlung. Die Verhandlung ist nicht erforderlich, wenn die Vorlage des 2 Gerichts bzw. der Ausschließungsantrag der StA aus formellen Gründen unzulässig ist (zB weil es an der notwendigen Begründung fehlt[2] oder einem unzuständigen Gericht vorgelegt wurde[3]) oder selbst bei Wahrunterstellung der vorgebrachten Tatsachen eine Ausschließung aus Rechtsgründen nicht in Betracht kommt.[4] In diesen Fällen wird die Vorlage bzw. der Ausschließungsantrag im schriftlichen Verfahren verworfen, um unnötige Verzögerungen des Verfahrens, insbesondere die Notwendigkeit einer Aussetzung der Hauptverhandlung (s. § 138 c Abs. 4) zu vermeiden.[5] Die Gründe, die das Gericht als offensichtlich unerheblich angesehen hat, können allein keinen neuen Ausschließungsantrag rechtfertigen.

II. Ladung

1. Ladung des Verteidigers. Zur mündlichen Verhandlung ist der Verteidiger unter Einhaltung 3 der einwöchigen Ladungsfrist, die bei besonderer Dringlichkeit der Ausschließungsentscheidung (etwa wegen des Bestehens einer akuten Gefahr für die Sicherheit der Bundesrepublik Deutschland

---

[51] *Meyer-Goßner* Rn. 18.
[52] *Meyer-Goßner* Rn. 19; weitergehend KK-StPO/*Laufhütte* Rn. 34 (Beschuldigter ist stets beschwerdebefugt).
[53] OLG Karlsruhe v. 18. 11. 1982 – 3 Ws 272/82, NStZ 1983, 281.
[1] BGH v. 4. 5. 1979 – 2 ARs 88/79, NStZ 1981, 93 (95); *Meyer-Goßner* Rn. 1 (heute wohl einhellige Meinung).
[2] S. § 138 c Rn. 6.
[3] BGH v. 2. 8. 1991 – 3 ARs 19/91, BGHSt 38, 52.
[4] Std. Rspr.; s. zuletzt OLG Frankfurt/M. v. 13. 2. 2003 – 3 Ws 190/03, NStZ 2003, 238; *Meyer-Goßner* Rn. 1 (hM); aA *Rieß* JR 1976, 208; *Fezer* GS-Meyer, S. 91; KMR/*Müller* Rn. 1.
[5] KK-StPO/*Laufhütte* Rn. 1.

iSd. § 138 b)[6] auf drei Tage verkürzt werden kann (Abs. 2 S. 2), zu laden. Die Ladung ist mit dem Hinweis zu verbinden, dass ohne den Verteidiger verhandelt werden kann, wenn er trotz ordnungsgemäßer Ladung und Belehrung über die Folgen des Ausbleibens nicht erscheint (Abs. 3); die Androhung der Vorführung ist hingegen unzulässig.[7] Gegen den Verteidiger kann trotz mangelhafter Ladung verhandelt werden, wenn dieser erscheint und den Mangel nicht rügt.[8] Über die Rechtzeitigkeit der Ladung ist Zustellungsnachweis zu erbringen.[9]

4 **2. Terminsmitteilung an übrige Verfahrensbeteiligte.** Die übrigen Verfahrensbeteiligten, also die StA, der Beschuldigte und ggf. der Vorstand der Rechtsanwaltskammer (s. § 138c Abs. 2 S. 3), werden über den Termin lediglich formlos benachrichtigt. Der in Haft befindliche Beschuldigte ist auf Wunsch zur mündlichen Verhandlung vorzuführen.[10]

III. Gang der Verhandlung

5 **1. Anhörung der Beteiligten.** In der Verhandlung sind gem. Abs. 4 S. 1 die anwesenden Beteiligten zu hören, wobei stets auch in Abwesenheit der StA, des Beschuldigten oder des Vorstandes des RAK verhandelt werden kann.[11] Eine Verhandlung gegen den abwesenden Verteidiger ist dagegen nur dann möglich, wenn die Erfordernisse des Abs. 3 (ordnungsgemäße Ladung und Belehrung) beachtet wurden und der Verteidiger gleichwohl unentschuldigt[12] ausbleibt.

6 **2. Verteidigung des Verteidigers.** Der abwesende Verteidiger kann sich zwar in der mündlichen Verhandlung nicht durch einen Verteidiger vertreten lassen (arg. e. Abs. 3), jedoch steht es ihm frei, sich während des gesamten Ausschließungsverfahrens einschließlich der Verhandlung des Beistands eines Verteidigers zu bedienen,[13] da seine Rolle im Ausschließungsverfahren derjenigen eines Beschuldigten im Strafverfahren soweit vergleichbar ist, so dass aus Gründen der Verfahrensfairness eine analoge Anwendung des § 137 Abs. 1 angezeigt ist.[14]

7 **3. Beweisaufnahme.** Gem. Abs. 4 S. 2 bestimmt das Gericht den Umfang der Beweisaufnahme nach pflichtgemäßem Ermessen; es bleibt dabei zwar zur Erforschung der Wahrheit verpflichtet,[15] kann aber Beweisanträge ohne die Beschränkungen der §§ 244 Abs. 3 bis 6, 245 abgelehnt. Da nicht der vollständige Nachweis des Vorliegens der Ausschließungsgründe erbracht werden, sondern insoweit lediglich ein – je nach Ausschließungsgrund unterschiedlich intensiver – Verdacht[16] bestehen muss, gilt im Ausschließungsverfahren ebenso wie in sonstigen Verfahren zur Verdachtsprüfung nicht das Streng-, sondern das Freibeweisverfahren.[17] Dabei kann auf den Akteninhalt, dienstliche Erklärungen und sonstige schriftlich festgehaltene Äußerungen, insbesondere auf Vernehmungsprotokolle, zurückgegriffen werden. Beweiserhebungen (wie zB Zeugenvernehmungen), die den Anforderungen des Strengbeweises genügen, bleiben aber selbstverständlich zulässig, brauchen jedoch nicht zwingend vor dem zuständigen Gericht durchgeführt zu werden.[18]

8 **4. Protokollierung.** Über die mündliche Verhandlung ist gem. Abs. 4 S. 3 ein Protokoll aufzunehmen, das den Anforderungen der §§ 271–273 genügen muss. Es ist selbst dann zu erstellen, wenn wegen des entschuldigten Ausbleibens des Verteidigers nicht zur Sache verhandelt werden kann.[19]

IV. Entscheidung

9 Die Entscheidung ergeht durch begründungsbedürftigen (s. § 34) Beschluss, der möglichst am Ende der mündlichen Verhandlung zu verkünden (Abs. 5 S. 1), spätestens aber binnen einer Wo-

---

[6] Löwe/Rosenberg/*Lüderssen/Jahn* Rn. 5.
[7] Löwe/Rosenberg/*Lüderssen/Jahn* Rn. 5.
[8] *Meyer-Goßner* Rn. 3.
[9] KK-StPO/*Laufhütte* Rn. 4.
[10] KK-StPO/*Laufhütte* Rn. 4.
[11] *Meyer-Goßner* Rn. 4.
[12] Löwe/Rosenberg/*Lüderssen/Jahn* Rn. 2; *Meyer-Goßner* Rn. 4; SK-StPO/*Wohlers* Rn. 6; weitergehend KK-StPO/*Laufhütte* Rn. 4 (Verhandlung auch bei entschuldigtem Fehlen des Verteidigers).
[13] HK-StPO/*Julius* Rn. 2; Löwe/Rosenberg/*Lüderssen/Jahn* Rn. 6; AK-StPO/*Stern* Rn. 6; SK-StPO/*Wohlers* Rn. 8; einschränkend KK-StPO/*Laufhütte* Rn. 6; *Meyer-Goßner* Rn. 5 (Anwalt des Verteidigers soll nur die Rechte eines Zeugenbeistands haben).
[14] Löwe/Rosenberg/*Lüderssen/Jahn* Rn. 6.
[15] KK-StPO/*Laufhütte* Rn. 7.
[16] S. dazu § 138a Rn. 6 u. 9, § 138b Rn. 3.
[17] BGH v. 24. 8. 1978 – 2 ARs 245/78, BGHSt 28, 116 = NJW 1979, 115; *Ulsenheimer* GA 1975, 111; KK-StPO/*Laufhütte* Rn. 7; *Meyer-Goßner* Rn. 7 (hM); aA *Bottke* JR 1984, 300 (301); *Dünnebier* NJW 1976, 1 (3); HK-StPO/*Julius* Rn. 3; Löwe/Rosenberg/*Lüderssen/Jahn* Rn. 8.
[18] KK-StPO/*Laufhütte* Rn. 7.
[19] KK-StPO/*Laufhütte* Rn. 8.

che nach der mündlichen Verhandlung zu erlassen ist (Abs. 5 S. 2). Macht das Gericht von der Möglichkeit des Abs. 5 S. 2 Gebrauch, hat es den Beschluss schriftlich abzufassen und den Beteiligten, denen dagegen ein Rechtsmittel zusteht, zusammen mit der Belehrung hierüber (§ 35 a) zuzustellen; im Übrigen reicht formlose Bekanntgabe aus (§ 35 Abs. 2). Bei Verkündung der Beschlussformel am Ende der mündlichen Verhandlung gilt die Wochenfrist nicht für die Absetzung der schriftlichen Begründung.[20] Der Beschluss ist mit einer Kostenentscheidung zu versehen, wobei die Kosten entsprechend § 465 Abs. 1 dem ausgeschlossenen Verteidiger, bei Ablehnung der Ausschließung analog § 467 Abs. 1 der Staatskasse aufzuerlegen sind;[21] die Kosten eines Verteidigers des Verteidigers gehören in diesem Fall zu den notwendigen Auslagen, die ebenfalls die Staatskasse zu tragen hat.[22]

V. Aufhebung der Ausschließung

Für das Verfahren bei Aufhebung der Ausschließung gem. § 138 a Abs. 3 ist § 138 d entsprechend anzuwenden.[23] Wird die Aufhebung des Ausschlusses entgegen dem Antrag des Verteidigers abgelehnt, ist auch Abs. 6 entsprechend anwendbar, da die Ablehnung der Aufhebung in ihrer Wirkung einem weiteren Ausschluss gleichsteht.[24] Der Beschluss über die Aufhebung des Ausschlusses kann dagegen nur in den Fällen des § 138 b von der StA mit der sofortigen Beschwerde angefochten werden. 10

VI. Rechtsmittel

1. Sofortige Beschwerde bei Ausschließung. Die vom OLG erlassenen Ausschließungsbeschlüsse sind für den ausgeschlossenen Verteidiger, den Beschuldigten (für den auch der ausgeschlossene Verteidiger das Rechtsmittel einlegen kann[25]) und die StA, gem. Abs. 6 S. 2 aber nicht für den Vorstand der RAK mit der sofortigen Beschwerde anfechtbar (Abs. 6 S. 1). Über die Beschwerde entscheidet der BGH ohne mündliche Verhandlung in der Besetzung mit drei Richtern (§ 139 Abs. 2 GVG).[26] Da es kein übergeordnetes Beschwerdegericht gibt, sind entsprechende Entscheidungen des BGH dagegen nicht anfechtbar.[27] 11

2. Anfechtbarkeit der Ablehnung der Ausschließung. Bei Ablehnung der Ausschließung ist die sofortige Beschwerde zuungunsten des Verteidigers nur in den Fällen des § 138 b für die StA gegeben. Im übrigen schließt Abs. 6 S. 3 die Anfechtbarkeit einer solchen Entscheidung aus. 12

3. Revision. Die Revision kann wegen der Regelung des § 336 S. 2, 2. Alt. nicht darauf gestützt werden, dass die Ausschließung des Verteidigers rechtsfehlerhaft erfolgt ist. Möglich bleibt aber ggf. die Rüge, dass der Beschuldigte bei Fortsetzung des Verfahrens nach erfolgter Verteidigerausschließung nicht mehr ordnungsgemäß verteidigt war.[28] 13

4. Rechtskraftwirkung. Erst mit Rechtskraft des entsprechenden Beschlusses wird der Verteidigerausschluss wirksam; dem Beschuldigten ist nun gem. § 140 Abs. 1 Nr. 8 ein Pflichtverteidiger zu bestellen. Die Rechtskraft ist aber nur beschränkt, da sie selbstverständlich einer Aufhebung der Ausschließung gem. § 138 a Abs. 3 nicht entgegensteht. Ist die Ausschließung abgelehnt oder war sie zwischenzeitlich aufgehoben worden, kann das Ausschließungsverfahren jedoch nur dann erneut betrieben werden, wenn es auf neue Tatsachen oder Beweise gestützt wird; die Gründe aus dem früheren Verfahren können dabei freilich unterstützend herangezogen werden.[29] 14

§ 139 [Wahlverteidigung durch Referendare]

Der als Verteidiger gewählte Rechtsanwalt kann mit Zustimmung dessen, der ihn gewählt hat, die Verteidigung einem Rechtskundigen, der die erste Prüfung für den Justizdienst bestanden hat und darin seit mindestens einem Jahr und drei Monaten beschäftigt ist, übertragen.

---

[20] KK-StPO/*Laufhütte* Rn. 9.
[21] *Meyer-Goßner* Rn. 10.
[22] Löwe/Rosenberg/*Lüderssen/Jahn* Rn. 6; aA KG v. 1. 9. 1980 – 4 Ws 24/80, JR 1981, 121; *Meyer-Goßner* Rn. 10.
[23] KK-StPO/*Laufhütte* Rn. 17; einschränkend Löwe/Rosenberg/*Lüderssen/Jahn* Rn. 21 f. (kein Erfordernis einer mdl. Verhandlung).
[24] KK-StPO/*Laufhütte* Rn. 17; aA BGH v. 20. 1. 1984 – 2 ARs 387/83, BGHSt 32, 231 = NJW 1984, 935 (dort aber offengelassen für Verlängerungsentscheidungen gem. § 138 a Abs. 3 S. 2).
[25] KK-StPO/*Laufhütte* Rn. 14.
[26] KK-StPO/*Laufhütte* Rn. 15.
[27] Wohl einhellige Meinung; s. zB *Meyer-Goßner* Rn. 12.
[28] KK-StPO/*Laufhütte* Rn. 16.
[29] *Meyer-Goßner* Rn. 15.

I. Übertragung durch Rechtsanwalt

1   Nach dem eindeutigen Wortlaut der Vorschrift darf nur der als Wahlverteidiger tätige Rechtsanwalt, nicht jedoch der Pflichtverteidiger[1] oder ein anderer gewählter Verteidiger (dh. ein Hochschullehrer, Angehöriger steuerberatender Berufe oder eine gem. § 138 Abs. 2 zugelassene Person) die Verteidigung auf einen Referendar übertragen, sofern dieser die erste Prüfung zum Justizdienst (dh. zum Vorbereitungsdienst[2]) bestanden hat und darin seit mindestens einem Jahr und drei Monaten beschäftigt ist. Personen, die aus dem Vorbereitungsdienst ausgeschieden sind oder diesen als Assessor beendet haben,[3] fallen nicht unter § 139. Assessoren, die nicht Rechtsanwalt sind, können die Verteidigung daher nur unter den Voraussetzungen des § 138 Abs. 2 oder als kammerbestellter Vertreter eines Rechtsanwalts iSd. § 53 Abs. 4 BRAO übernehmen.

II. Zustimmung des Wählenden

2   Die Übertragung der Verteidigung auf einen Referendar ist wirksam, wenn sie mit Zustimmung der Person erfolgt, die den übertragenden Rechtsanwalt gewählt hat; dies ist im Regelfall der Beschuldigte selbst, in den Fällen des § 137 Abs. 2 jedoch dessen gesetzlicher Vertreter und bei § 67 Abs. 3 JGG der Erziehungsberechtigten. Die Zustimmung erfolgt technisch im Wege der erlaubten Unterbevollmächtigung und kann förmlich oder formlos, ausdrücklich oder konkludent, allgemein oder für einen bestimmten Referendar erteilt werden. Wirksam ist auch die nachträgliche Genehmigung sowie die formularmäßige Zustimmung in der Vollmacht.[4] Die Zustimmung ist mit Wirkung für die Zukunft jederzeit frei widerrufbar.[5] Eine Genehmigung der Übertragung durch das Gericht ist nicht erforderlich.

III. Zeitpunkt der Übertragung

3   § 139 erfordert in der seit dem StVÄG 1987 geltenden Fassung lediglich die Zustimmung dessen, der den Verteidiger gewählt hat; eine besondere Verfahrensrolle muss der Zustimmende dabei nicht innehaben. Die früher umstrittene Frage, in welchem Verfahrensstadium die Übertragung möglich ist, hat sich angesichts dieses Gesetzeswortlauts erledigt: Er stellt jetzt klar, dass der gewählte Verteidiger die Verteidigung jederzeit, also auch schon im Ermittlungsverfahren übertragen kann.[6]

IV. Umfang der Übertragung

4   Der Referendar, auf den die Verteidigung wirksam übertragen wurde, hat alle Verteidigerrechte, die er selbständig wahrnehmen kann; dies gilt in sämtlichen Verfahrensabschnitten, für die ihm die Verteidigung übertragen wurde, ggf. also auch im Rechtsmittelzug. Die Prozesshandlungen des Referendars sind ohne weiteres wirksam; Zustellungen gem. § 145a können an ihn gerichtet werden, allerdings nicht an seine Privatadresse, sondern nur an die Kanzlei des Anwalts, für den er auftritt. Die Auffassung, dass die Befugnis des Referendars, den inhaftierten Beschuldigten zu besuchen, von der Zulassung durch den zuständigen Ermittlungsrichter abhänge bzw. der Referendar dann zurückzuweisen sei, wenn zu befürchten steht, dass er Handlungen begeht, die der ordnungsgemäßen Durchführung des Ermittlungsverfahrens zuwiderlaufen,[7] steht nicht mit den vorgenannten Grundsätzen in Einklang und findet zudem auch keine Stütze im Gesetz; sie ist daher abzulehnen.

5   Der Referendar kann entweder in Vertretung des Rechtsanwalts an dessen Stelle oder aber neben ihm auftreten; im letzteren Fall wird er bei der Berechnung der Höchstzahl der Wahlverteidiger gem. § 137 Abs. 1 S. 2 mitgezählt.

6   Der übertragende Rechtsanwalt ist stets verpflichtet, den Referendar zu überwachen. Ist der Referendar zugleich der Beschuldigte, muss die Übertragung unterbleiben, weil diese nicht den Zweck hat, dem Referendar die eigene Verteidigung zu ermöglichen.[8]

---

[1] BGH v. 13. 7. 1989 – 4 StR 315/89, StV 1989, 465.
[2] KK-StPO/*Laufhütte* Rn. 1.
[3] BGH v. 30. 3. 1976 – 1 StR 30/76, BGHSt 26, 319 = NJW 1976, 1221.
[4] Zum Ganzen Löwe/Rosenberg/*Lüderssen/Jahn* Rn. 10; für formularmäßige Erteilbarkeit auch KK-StPO/*Laufhütte* Rn. 2; *Meyer-Goßner* Rn. 2; hiergegen KG v. 25. 11. 1971 – 2 Ws 171/71 GA 1972, 211; *Peter* JuS 1991, 141; HK-StPO/*Julius* Rn. 4.
[5] KK-StPO/*Laufhütte* Rn. 2.
[6] KK-StPO/*Laufhütte* Rn. 5.
[7] KK-StPO/*Laufhütte* Rn. 5.
[8] *Meyer-Goßner* Rn. 1.

V. Privat- und Nebenklageverfahren

Im Privatklageverfahren kann auch der Anwalt des Privatklägers einen Referendar beauftragen (§ 387 Abs. 2); entsprechendes gilt für den Rechtsanwalt als Nebenklägervertreter (§ 397).

VI. Nicht von § 139 erfasste Konstellationen

Unabhängig von der Regelung des § 139 steht es dem Anwalt – ebenso wie auch jedem anderen Verteidiger – frei, sich der unterstützenden Zuarbeit eines Referendars zu bedienen. Dies gilt unabhängig vom Ausbildungsstand des Referendars in jeder Phase des Verfahrens, auch in der Hauptverhandlung. Will der Referendar dort eigene Fragen stellen oder eigene Erklärungen abgeben, bedarf dies allerdings der Zulassung durch das Gericht.[9]

VII. Revision

Die Verletzung des § 338 Nr. 8 (und in Fällen der notwendigen Verteidigung auch des § 338 Nr. 5) kann dann gerügt werden, wenn das Gericht unter Verstoß gegen § 139 einen Referendar zurückgewiesen hat, dem die Verteidigung ordnungsgemäß übertragen war, und der Angeklagte deshalb nicht mehr ausreichend verteidigt war.[10]

§ 140 [Notwendige Verteidigung]

(1) Die Mitwirkung eines Verteidigers ist notwendig, wenn
1. die Hauptverhandlung im ersten Rechtszug vor dem Oberlandesgericht oder dem Landgericht stattfindet;
2. dem Beschuldigten ein Verbrechen zur Last gelegt wird;
3. das Verfahren zu einem Berufsverbot führen kann;
4. gegen einen Beschuldigten Untersuchungshaft nach den §§ 112, 112a oder einstweilige Unterbringung nach § 126a oder § 275a Abs. 5 vollstreckt wird;
5. der Beschuldigte sich mindestens drei Monate auf Grund richterlicher Anordnung oder mit richterlicher Genehmigung in einer Anstalt befunden hat und nicht mindestens zwei Wochen vor Beginn der Hauptverhandlung entlassen wird;
6. zur Vorbereitung eines Gutachtens über den psychischen Zustand des Beschuldigten seine Unterbringung nach § 81 in Frage kommt;
7. ein Sicherungsverfahren durchgeführt wird;
8. der bisherige Verteidiger durch eine Entscheidung von der Mitwirkung in dem Verfahren ausgeschlossen ist.

(2) ¹In anderen Fällen bestellt der Vorsitzende auf Antrag oder von Amts wegen einen Verteidiger, wenn wegen der Schwere der Tat oder wegen der Schwierigkeit der Sach- oder Rechtslage die Mitwirkung eines Verteidigers geboten erscheint oder wenn ersichtlich ist, daß sich der Beschuldigte nicht selbst verteidigen kann, namentlich, weil dem Verletzten nach den §§ 397a und 406g Abs. 3 und 4 ein Rechtsanwalt beigeordnet worden ist. ²Dem Antrag eines hör- oder sprachbehinderten Beschuldigten ist zu entsprechen.

(3) ¹Die Bestellung eines Verteidigers nach Absatz 1 Nr. 5 kann aufgehoben werden, wenn der Beschuldigte mindestens zwei Wochen vor Beginn der Hauptverhandlung aus der Anstalt entlassen wird. ²Die Bestellung des Verteidigers nach Absatz 1 Nr. 4 bleibt unter den in Absatz 1 Nr. 5 bezeichneten Voraussetzungen für das weitere Verfahren wirksam, wenn nicht ein anderer Verteidiger bestellt wird.

I. Allgemeines

1. Bedeutung der Vorschrift. § 140 enthält eine Konkretisierung des Rechtsstaatsprinzips in seiner Ausformung als Gebot des fair trial,[1] welches zweierlei erfordert: Zum einen, dass der Beschuldigte sich nötigenfalls unabhängig von seinen wirtschaftlichen und persönlichen Verhältnissen eines Verteidigers bedienen kann, um effektiven Einfluss auf den Gang und das Ergebnis des Verfahrens ausüben zu können (gewillkürte Pflichtverteidigung). Zum anderen aber auch, dass der Beschuldigte im objektiven Interesse der Verfahrensgerechtigkeit selbst dann ausreichend verteidigt ist, wenn er selbst dies nicht wünscht (aufgezwungene Pflichtverteidigung). Zwar ist hin-

---
[9] *Meyer-Goßner* Rn. 7.
[10] Löwe/Rosenberg/*Lüderssen/Jahn* Rn. 15.
[1] Std. Verfassungsrspr.; s. zuletzt BVerfG v. 8. 10. 1985 – 2 BvR1150/80, 2 BvR 1504/82, NJW 1986, 767 (771).

§ 140 2, 3   Erstes Buch. Allgemeine Vorschriften

sichtlich der aufgezwungenen Pflichtverteidigung sicherlich Zurückhaltung geboten,[2] da in ihr der Konflikt mit der – ebenfalls verfassungsrechtlich abgesicherten – Autonomie des Beschuldigten angelegt ist. Jedoch kann nicht gänzlich auf sie verzichtet werden, da der Beschuldigte häufig erst nach anwaltlicher Beratung wirklich autonome Verfahrensentscheidungen zu treffen vermag und die Wahrung des fair-trial-Gebots zudem nicht zu seiner freien Disposition steht. Der notwendige Ausgleich zwischen dem Recht des einzelnen auf Selbstbestimmung und dem staatlichen Interesse an einer ordnungsgemäßen Verfahrensdurchführung ist daher nicht beim „Ob" der aufgezwungenen Pflichtverteidigung, sondern bei deren „Wie" zu suchen und im Rahmen konkreter Verteidigungsentscheidungen im regelmäßigen Vorrang der Autonomie vor der Fürsorge zu finden.[3]

2   **2. Notwendigkeit der Verteidigung.** Abs. 1 enthält einen Katalog von Fällen, in denen unabhängig von der Schwierigkeit der Sach- oder Rechtslage zwingend ein Pflichtverteidiger zu bestellen ist. Dieser wird in Abs. 2 um eine – angesichts der Anforderungen des fair-trial-Gebotes extensiv auszulegende[4] – Generalklausel erweitert, die für den Einzelfall ebenfalls die Pflichtverteidigerbestellung vorsieht, sofern eine Einzelfallabwägung ergibt, dass diese wegen der Kompliziertheit des Verfahrens oder der Unfähigkeit des Beschuldigten, sich selbst zu verteidigen, erforderlich ist. Die Regelung des § 140 wird für besondere Verfahrenssituationen ergänzt durch die §§ 117 Abs. 4, 118 a Abs. 2 S. 3 (Haftprüfung), 138 c Abs. 3 S. 4 (Verteidigerausschluß); 231 a Abs. 4 (Hauptverhandlung in Abwesenheit), 350 Abs. 3 (Revisionshauptverhandlung), 364 a u. b (Wiederaufnahmeverfahren), 408 b (Strafbefehlsverfahren[5]), 418 Abs. 4 (beschleunigtes Verfahren), 463 Abs. 3 S. 5 (Vollstreckung von Maßregeln), 40 Abs. 2 u. 53 Abs. 2 IRG (Rechtshilfeangelegenheiten). § 140 gilt uneingeschränkt auch für rechtskundige Beschuldigte[6] einschließlich der nach § 138 und § 392 AO als Verteidiger in Frage kommenden Personen, da diese sich nicht selbst zum Verteidiger wählen können.[7] Die Vorschrift findet auch im Privatklageverfahren,[8] im Jugendstrafverfahren – dort ergänzt durch § 68 JGG – und im OWi-Verfahren (§§ 46, 60 OWiG) Anwendung.

3   **3. Umfang der Pflichtverteidigerbestellung. a) Pflichtverteidigerbestellung gem. Abs. 1.** Wird wegen eines Kataloggrundes des Abs. 1 ein Pflichtverteidiger bestellt, erstreckt sich dessen Beiordnung auf das gesamte Verfahren, einschließlich des Verfahrens vor dem ersuchten[9] und beauftragten Richter und des Adhäsionsverfahrens.[10] Sie gilt bis zum Eintritt der Urteilsrechtskraft, also auch bei der Einlegung und Begründung von Rechtsmitteln[11] sowie in den nachfolgenden Rechtsmittelinstanzen, jedoch nicht – wie aus § 350 Abs. 3 zu folgern ist – für die Revisionshauptverhandlung;[12] hierfür erfolgt eine gesonderte Pflichtverteidigerbestellung durch den Vorsitzenden des Revisionsgerichts, sei es gem. § 350 Abs. 3 S. 1 oder gem. § 140 Abs. 2,[13] die auch darin liegen kann, dass der Vorsitzende dem Pflichtverteidiger die Teilnahme an der Revisionsverhandlung gestattet.[14] Liegt ein Fall der notwendigen Verteidigung gem. Abs. 1 vor, ist der Angeklagte aber nach Abschluss der Hauptverhandlung 1. Instanz nicht mehr verteidigt (etwa weil sein bisheriger Verteidiger das Mandant niedergelegt hat oder zu erkennen gibt, dass er die Verteidigung im Rechtsmittelzug nicht wahrnehmen kann oder will), hat der Vorsitzende des Tatgerichts von Amts wegen schon für die Rechtsmitteleinlegung bzw. -begründung (aber auch für das gesamte weitere Verfahren) einen Pflichtverteidiger zu bestellen; der Angeklagte darf dann nicht auf die Möglichkeit verwiesen werden, das Rechtmittel selbst zu Protokoll der Geschäftsstelle einzulegen und zu begründen.[15] Versäumt der Tatrichter dies innerhalb der Rechtsmittelfristen, hat der Vorsitzende des Revisionsgerichts den Pflichtverteidiger zu bestellen, um es damit dem Angeklagten zu ermöglichen, die Revision unter Wiedereinsetzung in den vorigen Stand begründen zu lassen. Hat der Angeklagte in einem Fall nicht notwendiger Verteidigung selbst Revision eingelegt und möchte er diese nun durch einen Rechtsanwalt begründen lassen, kann die Pflichtverteidigerbestellung hingegen nicht nach Abs. 1,

---

[2] Deutlich kritisch zu ihr Löwe/Rosenberg/*Lüderssen/Jahn* Vor § 138 Rn. 68 ff; § 140 Rn. 1 ff.; vgl. auch *Schlothauer* StV 1981, 451; HK-StPO/*Julius* Rn. 1.
[3] So im Ergebnis auch Löwe/Rosenberg/*Lüderssen/Jahn* Rn. 7 ff.
[4] KK-StPO/*Laufhütte* Rn. 6 u. 25.
[5] Zu den damit verbundenen Streitfragen d. § 408 b Rn. 4–7.
[6] *Meyer-Goßner* Rn. 2.
[7] S. § 138 Rn. 6.
[8] BVerfG v. 12. 4. 1983 – 2 BvR 1304/80, 432/81, NJW 1983, 1599.
[9] BGH v. 21. 8. 1952 – 5 StR 79/52, NJW 1952, 1426.
[10] HM in Rspr. und Lit.; s. zB OLG Schleswig v. 30. 7. 1997 – 1 StR 114/97, NStZ 1998, 101; *Meyer-Goßner* Rn. 5; aA OLG München v. 26. 11. 2001 – 2 Ws 1340/01, StV 2004, 38, OLG Zweibrücken v. 11. 9. 2006 – 1 Ws 347/06, JurBüro 2006, 643.
[11] KK-StPO/*Laufhütte* Rn. 5.
[12] BGH v. 3. 3. 1964 – 5 StR 54/64, BGHSt 19, 258 = NJW 1964, 1035.
[13] S. hierzu auch u. Rn. 28 ff.
[14] BGH v. 4. 9. 2006 – 1 StR 113/06, StraFo 2006, 455.
[15] *Meyer-Goßner* Rn. 8.

Elfter Abschnitt. Verteidigung 4–6 § 140

sondern allenfalls gem. Abs. 2 erfolgen;[16] lehnt ein vorhandener Verteidiger in einem solchen Fall die Einlegung eines Rechtsmittels ab, weil er dieses für aussichtslos hält, begründet seine Weigerung allein noch keinen Anspruch auf eine Pflichtverteidigerbestellung.[17] Die einmal erfolgte tatrichterliche Beiordnung eines Pflichtverteidigers entfällt auch dann nicht, wenn sich in einem bestimmten Verfahrensstadium herausstellt, dass ihre Voraussetzungen nicht mehr vorliegen.[18] Nach rechtskräftigem Abschluss des Verfahrens kommt eine Pflichtverteidigerbestellung gem. Abs. 1 nur noch nach dessen Nr. 8 (Ausschließung des bisherigen Verteidigers) in Betracht, da die übrigen Kataloggründe ersichtlich allein auf das Erkenntnisverfahrens zugeschnitten sind;[19] häufiger werden in diesem Verfahrensstadium aber die Bestellungsvoraussetzungen des Abs. 2 oder der §§ 364a u. b vorliegen. Umgekehrt ergibt sich aus der Natur der Kataloggründe des Abs. 1 aber auch, dass eine vorgängige Beschränkung der notwendigen Verteidigung auf einzelne Verfahrensabschnitte des Erkenntnisverfahrens (etwa nur die 1. Instanz) nicht in Betracht kommt. Die Ablehnung der Bestellung wirkt gleichfalls für das gesamte Verfahren, es sei denn es treten neue Umstände zutage, welche die Verteidigung notwendig machen. Nach dem Tod des Beschuldigten gilt die Beiordnung bis zur Rechtskraft der Verfahrenseinstellung fort; der Pflichtverteidiger kann daher ggf. gegen die dabei getroffene Auslagenentscheidung sofortige Beschwerde einlegen.[20]

b) **Pflichtverteidigerbestellung gem. Abs. 2.** Erfolgt die Pflichtverteidigerbestellung gem. Abs. 2 **4** unbeschränkt, reicht sie ebenso weit wie diejenige gem. Abs. 1, also bis zum rechtskräftigen Abschluss des Verfahrens. Allerdings kann sie im Unterschied zu den Fällen des Abs. 1 von vornherein auf bestimmte Verfahrensstadien oder -handlungen beschränkt werden,[21] wenn absehbar ist, dass der Bestellungsgrund nur dort relevant sein wird; eine spätere Erstreckung auf weitere Verfahrensphasen wird hierdurch aber nicht ausgeschlossen.[22] Umgekehrt kann sie aber – ebenfalls im Gegensatz zu den meisten Fällen des Abs. 1 – auch noch für Verfahrensabschnitte erfolgen, die nach Urteilsrechtskraft beginnen[23] oder in die Geltungsdauer einer vorläufigen Einstellung gem. § 205 fallen; einer Analogiebildung bedarf es hierfür nicht.[24] Möglich ist die Beiordnung eines Pflichtverteidigers dabei insbesondere im Strafvollstreckungsverfahren bei Entscheidungen über eine Strafrestaussetzung,[25] Überprüfung einer Unterbringung oder Sicherungsverwahrung sowie schwierigen Strafzeitberechnungen.[26]

c) **Sachlicher und persönlicher Umfang der notwendigen Verteidigung.** Sind mehrere Sachen **5** gem. §§ 2 ff. verbunden und begründet nur eine von ihnen die Notwendigkeit der Verteidigung, so erstreckt sich diese auch auf die übrigen Sachen;[27] dies gilt jedoch nicht bei einer bloßen Verhandlungsverbindung gem. § 237, da dabei jede Sache weiterhin ihren eigenen Gesetzmäßigkeiten folgt.[28] Bei mehreren Mitbeschuldigten sind die Voraussetzungen des Abs. 1 für jeden von ihnen gesondert zu prüfen.[29]

d) **Anwesenheit des Pflichtverteidigers.** Der Pflichtverteidiger muss grundsätzlich bei sämtlichen **6** Verfahrensvorgängen, die in Gegenwart des Beschuldigten stattfinden, ebenfalls anwesend sein. Insbesondere darf kein wesentlicher Teil der Hauptverhandlung, der den pflichtverteidigten Angeklagten betrifft,[30] ohne ihn durchgeführt werden.[31] Einen wirksamen Verzicht auf die Anwesenheit des Verteidigers kann weder dieser selbst noch der Angeklagte erklären;[32] auch reicht nicht schon die nachträgliche Unterrichtung des Verteidigers, sondern nur die Wiederholung des versäumten Teils der Hauptverhandlung aus, um den Verfahrensmangel zu heilen.[33] Sowohl der Rechtsmittelverzicht[34] wie auch die Rechtsmittelrücknahme[35] durch den Angeklagten in Abwesenheit bzw.

---

[16] OLG Oldenburg v. 17. 5. 1984 – 2 Ws 209/84, JR 1985, 256.
[17] OLG Stuttgart v. 19. 4. 1979 – 1 Ws 122/79, NJW 1979, 1373.
[18] RG v. 22. 9. 1936 – 4 D 699/36, RGSt 70, 317 (320); *Meyer-Goßner* Rn. 5.
[19] Ähnlich, aber ohne Einschränkung bei Nr. 8 KK-StPO/*Laufhütte* Rn. 7.
[20] OLG Karlsruhe v. 3. 2. 2003 – 3 Ws 248/02, NStZ-RR 2003, 286.
[21] OLG Koblenz v. 31. 1. 1983 – 1 Ws 57/83, wistra 1983, 122.
[22] RG v. 23. 1. 1928 – II 781/27, RGSt 62, 22; *Meyer-Goßner* Rn. 6 (hM); aA *Wasserburg* GA 1982, 304 (312 f.); SK-StPO/*Wohlers* Rn. 31.
[23] Überblick bei *Meyer-Goßner* Rn. 33 a.
[24] AA *Meyer-Goßner* Rn. 33; wohl auch KK-StPO/*Laufhütte* Rn. 20.
[25] Std. Rspr.; s. zB BVerfG v. 8. 10. 1985 – 2 BvR 1150/80, 2 BvR 1504/82, StV 1986, 160.
[26] LG Heilbronn v. 23. 4. 1992 – 2 Qs 224/92, StV 1992, 509.
[27] RG v. 25. 11. 1932 – I 1097/32, RGSt 67, 3 (12); BGH v. 30. 8. 1956 – 1 StR 226/56, NJW 1956, 1766 (1767).
[28] KK-StPO/*Laufhütte* Rn. 4; s. auch § 237 Rn. 8.
[29] *Meyer-Goßner* Rn. 5.
[30] BGH v. 2. 12. 1966 – 4 StR 201/66, BGHSt 21, 180 = NJW 1967, 580.
[31] Std. Rspr.; s. zuletzt KG v. 9. 7. 1991 – 1 Ss 104/91, StV 1992, 315.
[32] BayObLG v. 8. 2. 1990 – Rreg 3 St 11/90, NStZ 1990, 250.
[33] OLG Köln v. 25. 3. 1999 – Ss 125/99, StV 2001, 330.
[34] Nahezu st. Rspr.; s. zB OLG Frankfurt/M. v. 5. 3. 1991 – 3 Ws 67/91, StV 1991, 296 mwN; einschränkend bei gerichtserfahrenen Angeklagten OLG Hamburg v. 31. 1. 1996 – 1 Ws 29/96, NStZ-RR 1997, 53.
[35] OLG Köln v. 24. 11. 2003 – 2 Ws 645/03, StV 2004, 68; aA OLG München v. 25. 3. 2009 – 2 Ws 255/09.

ohne Mitwirkung des notwendigen Verteidigers ist unwirksam; gleiches gilt auch bei dem unter Verstoß gegen § 140 unverteidigten Angeklagten.[36] Ist dem Angeklagten für die Revisionshauptverhandlung ein Verteidiger beigeordnet worden, muss dieser dort auch anwesend sein.[37] Liegt ein Fall der notwendigen Verteidigung vor und weigert sich ein vorhandener Wahlverteidiger trotz ordnungsgemäßer Ladung und Belehrung über seine Anwesenheitspflicht, an der Revisionshauptverhandlung teilzunehmen, ist dem Angeklagten für diese Verhandlung ein Pflichtverteidiger zu bestellen.[38] Der Bitte des Beschuldigten, außerhalb der Hauptverhandlung bestimmte seiner Vernehmungen in Abwesenheit des Verteidigers durchzuführen, kann zwar entsprochen werden, sofern ihr sachgerechte Erwägungen zugrundeliegen, jedoch ist insoweit Vorsicht geboten, da hiermit keine Beeinträchtigung der Sachgerechtigkeit und Effizienz der Verteidigung verbunden sein darf.[39]

II. Notwendige Verteidigung nach dem Katalog des Abs. 1

7   1. **Allgemeines.** In den Fällen des Abs. 1 ist die Bestellung eines Pflichtverteidigers unabhängig von Anträgen des Beschuldigten oder der StA von Amts wegen vorzunehmen; die amtswegige Prüfung der Notwendigkeit der Verteidigung sollte zweckmäßigerweise aktenkundig gemacht werden.[40]

8   2. **Hauptverhandlung 1. Instanz vor dem LG oder OLG (Abs. 1 Nr. 1).** Wird im ersten Rechtszug vor dem LG oder dem OLG verhandelt, ist die Verteidigung gem. Abs. 1 Nr. 1 auch dann notwendig, wenn es an der sachlichen Zuständigkeit dieses Gerichts fehlt.[41] Auch in den Fällen des Abs. 1 Nr. 1 ist die Verteidigung spätestens ab der Mitteilung der Anklageschrift (so die Bestimmung des § 141) bis zur Urteilsrechtskraft notwendig, nicht etwa nur – wie man den Wortaut der Vorschrift auch interpretieren könnte – lediglich in der Hauptverhandlung vor dem LG oder OLG. Allerdings kann die Pflichtverteidigerbestellung zurückgenommen werden, sofern das Verfahren gem. § 209 Abs. 1 vor dem AG eröffnet wird und kein sonstiger Fall des § 140 vorliegt.[42]

9   3. **Verbrechensvorwurf (Abs. 1 Nr. 2).** Gem. Abs. 1 Nr. 2 ist die Verteidigung notwendig, wenn der Tatvorwurf mindestens auch auf ein Verbrechen iSd. § 12 Abs. 1 u. 3 StGB lautet, wobei es auf die vorgeworfene Teilnahmeform ebenso wenig ankommt wie darauf, ob die Tat vollendet oder nur versucht wurde.[43] Gleichültig ist auch, ob das Verbrechen dem Beschuldigten schon in der Anklage oder erst im Eröffnungsbeschluss (vgl. § 207 Abs. 2 Nr. 2),[44] einer Nachtragsanklage gem. § 266[45] oder aufgrund eines rechtlichen Hinweises in der Hauptverhandlung gem. § 265[46] zur Last gelegt wird. Die Notwendigkeit der Verteidigung gem. Abs. 1 Nr. 2 liegt zwar nicht schon dann vor, wenn die lediglich entfernte Möglichkeit besteht, dass die vorgeworfene Tat im Laufe des Verfahrens als Verbrechen gewertet werden könnte,[47] andererseits reicht die sich abzeichnende Erforderlichkeit eines Hinweises gem. § 265 auf den Verbrechenscharakter der Tat aber aus.[48] Die Verteidigung bleibt solange gem. Abs. 1 S. 2 notwendig, wie eine Verurteilung des Betroffenen wegen eines Verbrechens möglich ist, regelmäßig also bis zum rechtskräftigen Abschluss des Verfahrens; die zwischenzeitliche Herabstufung des Vorwurfs zum Vergehen (etwa im Urteil 1. Instanz) ändert hieran nichts.[49] Da eine solche Verurteilungsmöglichkeit aber entfällt, wenn nur der wegen eines Vergehens verurteilte Angeklagte ein auf das Strafmaß beschränktes Rechtsmittel eingelegt hat, entfällt in dieser Konstellation die Voraussetzung des Abs. 1 Nr. 2;[50] allerdings ist dann im Einzelfall zu prüfen, ob nicht der fair-trial-Grundsatz oder das Vertrauensschutzprinzip es gebieten, die Beiordnung des Pflichtverteidigers aufrechtzuerhalten.[51] Abs. 1 Nr. 2 findet auch im vereinfachten Jugendverfahren Anwendung.[52]

---

[36] KK-StPO/*Laufhütte* Rn. 4; ähnlich OLG München v. 13. 12. 2005 – 5 St RR 129/05, NJW 2006, 789 (jedenfalls wenn über beantragte Beiordnung nicht entschieden wurde).
[37] BVerfG v. 18. 10. 1983 – 2 BvR 462/82, BVerfGE 65, 171 = NJW 1984 ,113.
[38] KK-StPO/*Laufhütte* Rn. 6.
[39] KK-StPO/*Laufhütte* Rn. 1.
[40] Meyer-Goßner Rn. 4.
[41] Meyer-Goßner Rn. 11 (wohl einhellige Meinung).
[42] KK-StPO/*Laufhütte* Rn. 8.
[43] KK-StPO/*Laufhütte* Rn. 9.
[44] KK-StPO/*Laufhütte* Rn. 9.
[45] Meyer-Goßner Rn. 12.
[46] KG v. 14. 2. 1985 – (4) 1 Ss 269/84 (140/84), StV 1985, 184.
[47] So aber OLG Bremen v. 3. 11. 1983 – Ss 74/83, StV 1984, 13.
[48] KK-StPO/*Laufhütte* Rn. 9.
[49] OLG Oldenburg v. 27. 12. 1994 – Ss 547/94, StV 1995, 345 (st. Rspr.).
[50] KK-StPO/*Laufhütte* Rn. 9; Meyer-Goßner Rn. 12; KMR/*Müller* Rn. 11.
[51] Löwe/Rosenberg/*Lüderssen/Jahn* Rn. 25.
[52] OLG Düsseldorf v. 8. 12. 1998 – 5 Ss 383/98 – 98/98 I, NStZ 1999, 211.

4. Möglichkeit eines Berufsverbots (Abs. 1 Nr. 3). Gem. Abs. 1 Nr. 3 macht auch die Möglichkeit der Anordnung eines Berufsverbots (§ 70 StGB) die Verteidigung notwendig. Die Vorschrift ist auf die Anordnung anderer Maßregeln, die weder durch sie selbst, noch durch Abs. 1 Nr. 1 oder Nr. 7 abgedeckt wird, nicht entsprechend anwendbar,[53] da insoweit keine planwidrige Gesetzeslücke vorliegt, jedoch kann sich in diesen Fällen die Notwendigkeit der Verteidigung aus Abs. 2 ergeben. Das Verfahren kann dann iSd. Abs. 1 Nr. 3 zu einem Berufsverbot führen, wenn die Umstände des Falls dem Gericht Anlass geben, sich mit diesem zu befassen, sei es weil § 70 StGB in der Anklage erwähnt ist, die StA das Berufsverbot in der Hauptverhandlung beantragt oder das Gericht selbst einen entsprechenden rechtlichen Hinweis gem. § 265 erteilt. Erwägt das Gericht erst in der Schlussberatung die Anordnung des Berufsverbots, sieht es aber davon ab, braucht kein Pflichtverteidiger mehr bestellt zu werden.[54]

5. Abs. 1 Nr. 4. Die längere Zeit vakante Nr. 4 ist nunmehr durch das am 1. 1. 2010 in Kraft getretene Gesetz zur Änderung des Untersuchungshaftrechts neu belegt worden. Sie regelt jetzt die Notwendigkeit der Verteidigung in U-Haft- und Unterbringungsfällen (§§ 112, 112a, 126a u. 275a), die im Unterschied zu Abs. 1 Nr. 5 unabhängig von der Dauer der Freiheitsentziehung eintritt. Die Vorschrift spricht dabei freilich fälschlich von der Vollstreckung der U-Haft bzw. einstweiligen Unterbringung, meint aber ausweislich der Gesetzesmaterialien[55] und des Sinnzusammenhangs mit § 141 Abs. 3 S. 4 nF[56] gerade nicht die Vollstreckung im technischen Sinne (also weder die zwangsweise Durchsetzung noch überhaupt den Akt der unmittelbaren Umsetzung des Haft- bzw. Unterbringungsbefehls[57]), sondern den Vollzug.[58] Abs. 1 Nr. 4 greift daher dann nicht ein, wenn der Haft- oder Unterbringungsbefehl noch nicht in oder (ggf. zeitgleich mit seiner Verkündung) bereits wieder außer Vollzug gesetzt ist;[59] Gleiches gilt erst recht dann, wenn ein Haft- oder Unterbringungsbefehl lediglich beantragt ist, dem Betroffenen aber die Freiheit noch nicht entzogen ist. Eine erweiternde Auslegung des Abs. 1 Nr. 4, durch die auch andere Arten der Freiheitsentziehung, wie insbesondere die Hauptverhandlungshaft gem. §§ 127b, 230 Abs. 2, 329 Abs. 4 oder die Sicherungshaft gem. § 453c Abs. 1, in den Geltungsbereich der Vorschrift einbezogen werden, ist nach dem ausdrücklichen Willen des Gesetzgebers nicht zulässig.[60]

Die mit dem Gesetz zur Änderung der StPO v. 17. 5. 1988 aufgehobene alte Fassung des Abs. 1 Nr. 4 betraf die notwendige Verteidigung blinder, tauber oder stummer Beschuldigter. Für hör- oder sprachbehinderte Beschuldigte gilt nunmehr Abs. 2 S. 2, für Blinde verbleibt es bei der Generalklausel des Abs. 2 S. 1, nachdem deren Verbände die alte Sonderregelung erfolgreich als diskriminierende Bevormundung bekämpft hatten.[61]

6. 3-monatiger Freiheitsentzug (Abs. 1 Nr. 5; Abs. 3). Befindet sich der Beschuldigte vor der Hauptverhandlung über einen Zeitraum von mindestens drei Monaten nicht in Freiheit, so wird die daraus resultierende Einschränkung seiner Verteidigungsmöglichkeiten durch die Pflichtverteidigerbestellung gem. Abs. 1 Nr. 5 kompensiert. Ausreichend ist dabei eine Freiheitsentziehung aufgrund in- oder ausländischer richterlicher[62] Anordnung oder Genehmigung in irgendeinem Verfahren, weshalb es nicht erforderlich ist, dass diese sich gerade auf das Verfahren bezieht, in dem die Verteidigerbestellung erfolgt.[63] In Betracht kommt der Vollzug von (Ersatz-)Freiheitsstrafe, Jugendstrafe oder Jugendarrest, Wehrstrafarrest, Auslieferungs-, Hauptverhandlungs- oder Sicherungshaft, Unterbringung in einem psychiatrischen Krankenhaus oder einer Erziehungsanstalt, Sicherungsverwahrung, Unterbringung in einem Erziehungsheim oder einer Entziehungsanstalt im Rahmen einer Haftverschonung oder einer Weisung bei der Reststrafaussetzung zur Bewährung[64] sowie der Unterbringung nach den Länderunterbringungsgesetzen oder mit vormundschaftsgerichtlicher Genehmigung gem. §§ 1631b, 1800 BGB. Auch nach dem Inkrafttreten des Abs. 1 Nr. 4 nF kann nach dem Willen des Gesetzgebers zudem der U-Haft-Vollzug und die einstweilige Unterbringung gem. §§ 126a, 275a Abs. 5 zur Notwendigkeit der Verteidigung gem. Abs. 1 Nr. 5 führen, sofern deren übrige Voraussetzungen vorliegen.[65] Die stationäre Behandlung in einer Therapieeinrichtung, etwa gem. § 35 BtMG, fällt auch bei freiwilligem Aufenthalt eben-

---

[53] KK-StPO/*Laufhütte* Rn. 10.
[54] KK-StPO/*Laufhütte* Rn. 10.
[55] BT-Drucks. 16/13 097 S. 19.
[56] S. dazu § 141 Rn. 4.
[57] Zur Begriffsdefinition s. KK-StPO/*Maul* § 36 Rn. 11.
[58] *Michalke* NJW 2010, 17; *Wohlers* StV 2010, 151 (152); wohl aA *Deckers* StraFo 2009, 441 (443 f.).
[59] *Michalke* NJW 2010, 17; *Wohlers* StV 2010, 151 (152).
[60] BT-Drucks. 16/13097, S. 19.
[61] Dazu Löwe/Rosenberg/*Lüderssen/Jahn* Rn. 2.
[62] OLG Koblenz v. 30. 5. 1984 – 1 Ws 411/84, NStZ 1984, 522.
[63] KK-StPO/*Laufhütte* Rn. 12.
[64] LG Traunstein v. 8. 2. 1994 – 6 Qs 17/94, StV 1995, 126.
[65] BT-Drucks. 16/13097, S. 19.

falls unter Abs. 1 Nr. 5.[66] Ausreichend ist auch, dass sich der Beschuldigte als „Freigänger" in einer der genannten Anstalten befindet.[67]

14 Die 3-Monats-Frist des Abs. 1 Nr. 5 läuft von dem Zeitpunkt an, in dem der Inhaftierte materiell als Beschuldigter anzusehen ist.[68] Kurze (dh. weniger als zweiwöchige) Unterbrechungen in der Freiheitsentziehung, die den Beschuldigten nicht einschränkungslos in die Lage versetzen, seine Verteidigung zu organisieren, hemmen nach dem Sinn und Zweck der Vorschrift den Fristlauf nicht;[69] in diesem Fall sind die einzelnen Zeiten des Freiheitsentzugs bei der Fristbestimmung zusammenzurechnen.[70] Das Fristende knüpft bei Abs. 1 Nr. 5 stets an den Hauptverhandlungstermin an: Ist der Beschuldigte dann noch nicht in Freiheit, wird drei Monte zurückgerechnet, andernfalls ist zu prüfen, ob er mindestens zwei Wochen vor Verhandlungsbeginn freigelassen wurde (nicht lediglich entwichen ist[71]), da damit die Voraussetzungen des Abs. 1 Nr. 5 entfallen und nur noch die Generalklausel des Abs. 2 eingreifen kann. Abs. 1 Nr. 5 meint zwar nicht nur die Hauptverhandlung 1. Instanz,[72] jedoch diejenige in einer Tatsacheninstanz, da für den Beschuldigten, dem während der Revisionsinstanz die Freiheit entzogen ist, die Spezialregelung des § 350 Abs. 3 eingreift. Daher ist die Verteidigung nicht schon gem. Abs. 1 Nr. 5, sondern allenfalls gem. Abs. 2 notwendig, wenn die 3-Monats-Frist erst nach der Befugungshauptverhandlung überschritten wird.[73]

15 Abs. 3 S. 2 verknüpft die Nrn. 4 u. 5 des Abs. 1 dergestalt miteinander, dass sich die Verteidigerbestellung gem. Abs. 1 Nr. 4 automatisch in eine solche nach Abs. 1 Nr. 5 umwandelt,[74] sofern nicht – etwa wegen der großen räumlichen Entfernung zwischen Haft- und Verhandlungsort[75] – ein anderer Verteidiger gemäß dieser Vorschrift beigeordnet wird. Ist dies der Fall, entfällt die Notwendigkeit der Verteidigung gem. Abs. 1 Nr. 4, es sei denn, der andere Verteidiger wird ausdrücklich neben dem bereits vorhandenen bestellt.[76]

16 Dem Beschuldigten kann auch schon vor dem Ablauf der 3-Monats-Frist des Abs. 1 Nr. 5 ein Pflichtverteidiger bestellt werden, was zur Sicherung eines fairen Verfahrens auch geboten ist, sobald abzusehen ist, dass die Freiheitsentziehung des Beschuldigten drei Monate oder länger dauern wird.[77] Im Ermittlungsverfahren hat die Staatsanwaltschaft einen Antrag auf frühzeitige Beiordnung eines Pflichtverteidigers zu stellen, dem durch den zuständigen Vorsitzenden auch zu entsprechen ist;[78] ab dem Eröffnungsverfahren entscheidet dieser von Amts wegen.

17 Eine bereits erfolgte Pflichtverteidigerbestellung kann gem. Abs. 3 S. 1 aufgehoben werden, wenn die Notwendigkeit der Verteidigung gem. Abs. 1 Nr. 5 entfällt, weil der Beschuldigte mindestens zwei Wochen vor Beginn der Hauptverhandlung wieder in die Freiheit entlassen wurde; dies gilt auch dann, wenn die 2-Wochen-Frist nur deshalb gewahrt ist, weil die Hauptverhandlung verlegt oder ausgesetzt wird.[79] Bei der nach pflichtgemäßem Ermessen zu treffenden Aufhebungsentscheidung ist zu berücksichtigen, dass die Verteidigung trotz des Wegfalls der Voraussetzungen des Abs. 1 Nr. 5 im Regelfall trotzdem weiterhin notwendig bleibt, weil ein Fall des Abs. 2 vorliegt.[80] Wird die Beiordnung aufgehoben, muss dem Beschuldigten aber jedenfalls genügend Zeit bleiben, um rechtzeitig einen Wahlverteidiger zu finden.[81]

18 **7. Möglichkeit der Unterbringung gem. § 81 (Abs. 1 Nr. 6).** Abs. 1 Nr. 6 greift ein, wenn eine Entscheidung nach § 81 ansteht. Dies ist der Fall, wenn der Beschuldigte einen ernst gemeinten und sachlich zu erwägenden Antrag stellt, ihn zur Vorbereitung eines Gutachtens über seinen Geisteszustand in ein psychiatrisches Krankenhaus einzuweisen.[82] Die Verteidigung bleibt für das weitere Verfahren auch dann notwendig, wenn das Gericht dem Antrag nicht stattgibt.[83]

---

[66] Std. Rspr., s. zB LG Duisburg v. 14. 5. 1999 – 50 Qs 66/99, StV 1999, 421.
[67] KG v. 3. 3. 1980 – 4 Ws 43/80, JR 1980, 348.
[68] Löwe/Rosenberg/*Lüderssen/Jahn* Rn. 37.
[69] KK-StPO/*Laufhütte* Rn. 13 (hM); aA *Meyer-Goßner* Rn. 15.
[70] Löwe/Rosenberg/*Lüderssen/Jahn* Rn. 36.
[71] So wohl auch OLG Hamburg v. 1. 2. 1994 – 1 Ws 30/94, StV 1994, 176.
[72] Löwe/Rosenberg/*Lüderssen/Jahn* Rn. 33.
[73] OLG Oldenburg v. 17. 5. 1984 – 2 Ws 209/84, NStZ 1984, 523 (hM); aA OLG Karlsruhe v. 2. 4. 1969 – 1 Ws 25/69, NJW 1969, 2028; kritisch auch *Dahs*, JR 1885, 256.
[74] KK-StPO/*Laufhütte* Rn. 16.
[75] *Meyer-Goßner* Rn. 37.
[76] KK-StPO/*Laufhütte* Rn. 16.
[77] OLG Nürnberg v. 14. 1. 1987 – Ws 58/87, StV 1987, 191.
[78] KK-StPO/*Laufhütte* Rn. 14.
[79] KK-StPO/*Laufhütte* Rn. 15.
[80] Std. Rspr.; s. zB OLG Bremen v. 9. 8. 2000 – Ws 102/00, StraFo 2002, 231.
[81] OLG Koblenz v. 19. 12. 1985 – 1 Ss 495/85, OLGSt § 140 StPO Nr. 9.
[82] RG v. 26. 6. 1933 – II 701/33, RGSt 67, 259.
[83] BGH v. 17. 4. 1952 – 5 StR 349/52, NJW 1952, 797.

Elfter Abschnitt. Verteidigung 19–23 § 140

8. Sicherungsverfahren gem. §§ 413 ff. (Abs. 1 Nr. 7). Abs. 1 Nr. 7 wird nur relevant, wenn ein 19 selbständiges Sicherungsverfahrens gem. §§ 413 ff. vor dem AG (Strafrichter oder Schöffengericht) durchgeführt wird, was nur dann der Fall ist, wenn es auf die Unterbringung in einer Entziehungsanstalt oder die Entziehung der Fahrerlaubnis abzielt. In allen übrigen Konstellationen greift bereits Abs. 1 Nr. 1 oder Nr. 3 ein.

9. Ausschließung des bisherigen Verteidigers (Abs. 1 Nr. 8). Gem. Abs. 1 Nr. 8 ist die Bestellung 20 eines Pflichtverteidigers auch dann erforderlich, wenn der einzige[84] bisherige Verteidiger des Beschuldigten gem. §§ 138 ff. rechtskräftig ausgeschlossen wurde, da die Verteidigungsposition des Beschuldigten durch diesen hoheitlichen Eingriff nicht beeinträchtigt werden soll. Darauf, ob auch ohne den Ausschluss ein Fall der notwendigen Verteidigung vorgelegen hätte, kommt es im Rahmen des Abs. 1 Nr. 8 nicht an.

III. Notwendige Verteidigung nach der Generalklausel des Abs. 2

1. Allgemeines. Die Generalklausel des Abs. 2 ist nur in solchen Konstellationen von Bedeutung, 21 in denen nicht schon ein Fall des Abs. 1 vorliegt. Dies sind insbesondere Vergehensvorwürfe, die in 1. Instanz vor dem AG oder im Berufungsrechtszug vor dem LG verhandelt werden, daneben aber zB auch Revisionshauptverhandlungen, Verfahrensabschnitte nach Urteilsrechtskraft, drohende Maßregelverhängungen, Verteidigungsdefizite aufgrund früheren Freiheitsentzugs u. a. m.[85] Soweit in diesen Fällen die Tat schwerwiegt, die Sach- oder Rechtslage schwierig ist oder sich der Beschuldigte nicht selbst verteidigen kann, wird ihm von Amts wegen oder auf Antrag ein Pflichtverteidiger bestellt, wenn dessen Mitwirkung geboten erscheint. Bei der Bestellungsentscheidung hat der Vorsitzende zwar kein Rechtsfolgenermessen,[86] jedoch einen Beurteilungsspielraum[87] bei der Ausfüllung der in Abs. 2 S. 1 verwendeten unbestimmten Rechtsbegriffe. Die Formulierung in Abs. 2 S. 2 („ist zu entsprechen") lässt nicht etwa einen anderen Umkehrschluss zu, sondern bestätigt diese Auslegung, da sie lediglich zum Ausdruck bringt, dass der Vorsitzende an den Antrag eines hör- oder sprachbehinderten Beschuldigten auch ohne nähere Prüfung der Voraussetzungen des Abs. 2 S. 1 gebunden ist. Die Beurteilung durch den Vorsitzenden muss alle Gesichtspunkte berücksichtigen, welche die Beiordnung eines Pflichtverteidigers gebieten können,[88] wobei in der Regel auf das Gesamtverfahren abzustellen ist und nicht nur auf den Verfahrensteil, für den der Verteidiger fehlt.[89] Wird vor der Hauptverhandlung ein Antrag des Angeklagten auf Beiordnung eines Verteidigers abgelehnt, ist gleichwohl in der Hauptverhandlung erneut zu prüfen, ob die Voraussetzungen des Abs. 2 vorliegen.[90]

Gem. §§ 434 Abs. 2, 442, 444 Abs. 1, deren Voraussetzungen dem Abs. 2 nachgebildet sind, 22 kann auch dem Einziehungs- oder Verfallsbeteiligten sowie der Juristischen Person bzw. Personenvereinigung, gegen die gem. § 30 OWiG eine Geldbuße verhängt werden kann, ein Verteidiger beigeordnet werden. Für den Nebenkläger bzw. den nebenklageberechtigten Verletzten gelten die §§ 397 a u. 406 g Abs. 3 u. 4; der Privatkläger kann gem. § 379 Abs. 3 iVm. § 121 Abs. 1 ZPO[91] die Beiordnung eines Rechtsanwalts verlangen.

2. Schwere der Tat. Die Schwere der Tat iSd. Abs. 2 ist primär anhand der zu erwartenden 23 Rechtsfolgenentscheidung – nicht der Natur des vorgeworfenen Delikts[92] – zu bestimmen,[93] was jedoch nicht zu einer holzschnittartigen, rein an Straftaxen orientierten Betrachtung führen darf, da die subjektiven Strafempfindlichkeiten des jeweiligen Beschuldigten ebenso zu berücksichtigen sind wie einzelfallspezifische objektive Strafwirkungen. Kein Kriterium ist in diesem Zusammenhang aber die Schwierigkeit der Sache oder die Verteidigungsunfähigkeit des Beschuldigten,[94] die in der Systematik des Abs. 2 jeweils zu einem eigenständigen Beiordnungsgrund erhoben ist.[95]

---

[84] *Meyer-Goßner* Rn. 20.
[85] Kasuistik bei *Moltekin* StraFo 2005, 52 u. 2008, 365; zur Anwendung im Jugendstrafverfahren s. *Ostendorf*, § 68 JGG Rn. 7 ff.
[86] So aber die hM; s. zB OLG Düsseldorf v. 28. 9. 1983 – 5 Ss 372/83 – 309/83 I, AnwBl. 1984, 262; AnwK-StPO/*Krekeler/Werner* Rn. 13; KK-StPO/*Laufhütte* Rn. 20; AK-StPO/*Stern* Rn. 25; unklar *Meyer-Goßner* Rn. 22 (Ermessen und Beurteilungsspielraum).
[87] Löwe/Rosenberg/*Lüderssen/Jahn* Rn. 47.
[88] BGH v. 28. 10. 1952 – 2 StR 435/52, NJW 1953, 116.
[89] KG v. 23. 12. 1982 – (4) Ss 101/82 (45/82), StV 1983, 186; *Meyer-Goßner* Rn. 22; aA *Hamm* AnwBl. 1981, 199.
[90] BGH v. 27. 1. 1955 – 3 StR 404/54, JR 1955, 189.
[91] S. § 379 Rn. 5.
[92] So aber *Herzig* NJW 1980, 164; KK-StPO/*Laufhütte* Rn. 21 (für Fälle der fahrlässigen Tötung).
[93] Std. Rspr. seit BGH v. 29. 6. 1954 – 5 StR 207/54, BGHSt 6, 199 = NJW 1954, 1415.
[94] So aber KK-StPO/*Laufhütte* Rn. 21.
[95] Löwe/Rosenberg/*Lüderssen/Jahn* Rn. 60; aA ein Teil der Rspr.; zB OLG Düsseldorf v. 11. 10. 2000 – 2 Ws 282/00, NStZ-RR 2001, 52; OLG Stuttgart v. 18. 4. 2000 – 4 Ss 172/00, StraFo 2001, 205; OLG Köln v. 29. 4. 2003 – Ss 151/03, StraFo 2003, 420; ebenso *Meyer-Goßner* Rn. 24.

Die Strafwerwartung bemisst sich nur im Vorverfahren nach der Einschätzung der StA, danach anhand der Strafvorstellungen des Gerichts; der Bestrafungsantrag der StA ist nur noch dann von Bedeutung, wenn das Gericht ihm in der Tendenz folgen will.[96] Angesichts dieser Grundsätze und des Umstandes, dass im Hinblick auf Einzelheiten noch vieles ungeklärt oder strittig ist, lassen sich zwar keine exakten Richtlinien, jedoch immerhin Faustregeln dafür aufstellen, bei welchen Sanktionsdrohungen die Verteidigung im Regelfall notwendig iSd. Abs. 2 ist:

24   **a) Geldstrafe.** Die bloße Erwartung einer Geldstrafe begründet für sich genommen niemals die Notwendigkeit der Verteidigung,[97] da diese Strafart das berufliche und sozialen Lebensumfeld des Beschuldigten unangetastet lässt und zudem schon bei ihrer Bemessung die Grenzen seiner wirtschaftlichen Leistungsfähigkeit zu beachten sind.

25   **b) Freiheitsstrafe.** Droht dem Beschuldigten eine nur als Vollzugsstrafe denkbare (Gesamt-)Freiheitsstrafe von mehr als zwei Jahren, greift Abs. 2 unstreitig ein;[98] da diese Strafwerwartung gem. §§ 24, 25 GVG zugleich die Zuständigkeit des Schöffengerichts begründet, ist somit bei Verfahren vor diesem stets ein Fall der notwendigen Verteidigung gegeben.[99] Ob auch unterhalb dieser Strafdrohung bereits die Beiordnung eines Pflichtverteidigers erforderlich sein kann, ist zwar in der Lit. und der meist kasuistischen Rspr. nach wie vor nicht vollständig geklärt, jedoch kristallisiert sich trotz mancher Abweichungen[100] im Einzelfall folgende Regel heraus: Ab einer drohenden (Gesamt-)Freiheitsstrafe von einem Jahr, sei es als Vollzugs- oder als Bewährungsstrafe, soll danach die Verteidigung wegen der Schwere der Tat notwendig sein.[101] Dem ist nicht in jeder Hinsicht zu folgen: Die Schwere drohender Freiheitsstrafen bemisst sich nicht primär nach ihrer Länge, sondern vielmehr danach, ob sie als Vollzugs- oder als Bewährungsstrafe ausgesprochen werden sollen, da meist erst der Vollzug einschneidende Folgen für die wirtschaftliche und soziale Situation des Verurteilten zeitigt. Demgemäß ist in aller Regel dann, wenn eine Vollzugsstrafe zu erwarten ist, unabhängig von deren Dauer die Tatschwere iSd. Abs. 2 zu bejahen. Bei kurzen Vollzugsstrafen von bis zu sechs Monaten ergibt sich dies auch aus der Wertung des § 56 Abs. 3 StGB, die solche Strafen nur zulässt, wenn besondere Negativumstände in der Person des Beschuldigten vorliegen, bei längeren Vollzugsstrafen[102] folgt es allein aus deren Wirkung auf den weiteren Lebensweg des Verurteilten. Lediglich bei drohenden Bewährungsstrafen ist auf die 1-Jahres-Schwelle abzustellen, da mit ihrem Überschreiten weitere Konsequenzen für den Beschuldigten verbunden sind, wie etwa die Erschwerung der Bewährungsaussetzung, die Unvermeidbarkeit einer öffentlichen Hauptverhandlung, mögliche beamtenrechtliche Konsequenzen u.a.m. Gegen die hier vorgenommene Differenzierung zwischen Vollzugs- und Bewährungsstrafen lässt sich auch nicht einwenden, dass sie wegen der Schwierigkeiten bei der prognostischen Beurteilung des Vorliegens der Bewährungsvoraussetzungen[103] und der stets vorhandenen Möglichkeit eines späteren Bewährungswiderrufs[104] nicht zweckmäßig sei. Denn zum einen ist nicht einzusehen, weshalb die ohnehin notwendige Strafprognose gleichsam auf halbem Wege abgebrochen werden sollte und zum anderen betrifft ein eventuell später erfolgender Bewährungswiderruf nicht das Verfahren, in dem die Beurteilung der Tatschwere erfolgt, sondern allein ein präsumtives späteres Verfahren, welches zudem von einem weiteren Fehlverhalten des Verurteilten abhängt.

26   **c) Maßregeln, Nebenstrafen, Nebenfolgen.** Steht eine freiheitsentziehende Maßregel, im Rahmen des Anwendungsbereichs des Abs. 2 also die Unterbringung in einer Entziehungsanstalt gem. § 64 StGB, im Raum, ist die Verteidigung ebenfalls in aller Regel schon aufgrund der Schwere der Tat notwendig; hier gelten sinngemäß die für die drohende Vollzugsstrafe angeführten Gründe.[105] Bei den übrigen Maßregeln (insbesondere der Entziehung der Fahrerlaubnis gem. § 69 StGB), der Nebenstrafe des Fahrverbots gem. § 44 StGB und den übrigen Nebenfolgen, ergibt sich die Tatschwere iSd. Abs. 2 hingegen im Normalfall nicht schon aus ihrer drohenden Verhängung als solcher, sondern allenfalls aus indirekten Sanktionsfolgen, die den Verurteilten im Einzelfall treffen können.

---

[96] So wohl auch KK-StPO/*Laufhütte* Rn. 20; aA LG Braunschweig v. 2. 2. 2004 – 3 Qs 10/04, StV 2005, 62.
[97] AA HK-StPO/*Julius* Rn. 13 (notwendige Verteidigung bei Erreichen der gesetzlichen Höchststrafe).
[98] Statt aller BayObLG v. 8. 2. 1990 – RReg 3 St 11/90, NStZ 1990, 250.
[99] OLG Hamm v. 22. 7. 1999 – 5 Ss 677/99, StV 1999, 641.
[100] S. hierzu den Überblick bei Löwe/Rosenberg/*Lüderssen/Jahn* Rn. 53 ff.
[101] OLG Nürnberg v. 14. 1. 1987 – Ws 58/87, StV 1987, 191; BayObLG v. 11. 10. 1989 – RReg 1 St 276/89, NStZ 1990, 142; OLG Celle v. 27. 12. 1990 – 2 Ss 423/90, StV 1991, 151; OLG Karlsruhe v. 4. 3. 1991 – 3 Ss 201/90, NStZ 1991, 505; OLG Koblenz v. 29. 4. 1993 – 1 Ss 72/93, StV 1993, 461; OLG Braunschweig v. 11. 5. 1995 – Ws 98/95, StV 1996, 6; KG v. 22. 1. 1998 – (4) 1 Ss 338/97 (6/98), StV 1998, 325; OLG Brandenburg v. 11. 4. 2000 – 2 Ss 19/00, StV 2000, 607; OLG Hamm v. 14. 11. 2000 – 2 Ss 1013/00, NStZ-RR 2001, 107; umfassende Nachweise bei Löwe/Rosenberg/*Lüderssen/Jahn* Rn. 57 Fn. 145; ebenso KK-StPO/*Laufhütte* Rn. 21; *Meyer-Goßner* Rn. 23.
[102] *Roxin* § 19 Rn. 16 zieht hier die Untergrenze der Tatschwere.
[103] So aber KK-StPO/*Laufhütte* Rn. 21.
[104] So jedoch OLG Frankfurt/M. v. 9. 6. 2000 – 1 Ss 134/00, StraFo 2000, 344; HK-StPO/*Julius* Rn. 13.
[105] So im Ergebnis auch HK-StPO/*Julius* Rn. 13; KK-StPO/*Laufhütte* Rn. 21.

d) Indirekte Sanktionsfolgen. Da bei der Beurteilung die Gesamtumstände des Falls zu berück- 27
sichtigen sind, zu denen auch das zu erwartende Gesamtübel zu zählen ist,[106] kann sich die Tatschwere iSd. Abs. 2 auch aus gravierenden mittelbaren Folgen einer Verurteilung ergeben, insbesondere aus der Möglichkeit einer späteren Gesamtstrafenbildung in weiteren anhängigen Verfahren,[107] dem drohenden Bewährungswiderruf in anderer Sache,[108] erheblichen disziplinarrechtlichen Folgen,[109] drohender Ausweisung,[110] dem drohenden Widerruf der Zurückstellung gem. § 35 BtMG,[111] weitreichenden zivilrechtlichen Haftungsfolgen[112] oder hohem wirtschaftlichem Verlust aufgrund von Einziehung oder Verfall.[113] Gleiches gilt auch, wenn die Entziehung der Fahrerlaubnis oder ein Fahrverbot drohen und damit zugleich die berufliche Existenz des Verurteilten auf dem Spiel steht.[114]

e) Besonderheiten im Revisionsrechtszug. Im Revisionsrechtszug ist die Schwere der Tat auch 28
dann zu bejahen, wenn der Angeklagte konkret befürchten muss, dass das Revisonsgericht unter Aufhebung des tatrichterlichen Urteils auf eine für ihn schwerwiegende Verschlechterung der Rechtsfolge erkennen könnte.[115]

3. Schwierigkeit der Sachlage. Die Sachlage ist schwierig iSd. Abs. 2, wenn die notwendigen Fest- 29
stellungen zur Tatverwirklichung oder Schuld des Angeklagten eine schwierige – nicht lediglich eine längere[116] – (Indizien-[117])Beweiserhebung erfordert, zB weil die innere Tatseite nur schwer aufzuklären ist,[118] die Schuldfähigkeit des Angeklagten[119] oder die Glaubwürdigkeit eines Kindes[120] beurteilt, Sachverständigengutachten[121] oder widersprüchliche Zeugenaussagen gewürdigt,[122] komplexe wirtschaftliche Vorgänge[123] bewertet, die Interessengegensätze verschiedener Angeklagter[124] berücksichtigt oder in der Berufung Vorhalte erstinstanzlicher Protokolle[125] vorgenommen werden müssen. In Verfahren vor dem erweiterten Schöffengericht gem. § 29 Abs. 2 GVG wird schon wegen der Zuziehung des zweiten Berufsrichters von der Schwierigkeit der Sachlage auszugehen sein,[126] ebenso in Berufungsverfahren, wenn die Berufung auf einer grundlegend unterschiedlichen Beurteilung der Sachlage durch die Verfahrensbeteiligten beruht oder von der StA gegen ein freisprechendes Urteil eingelegt ist.[127] Im Revisionsrechtszug ist die Sachlage dann als schwierig anzusehen, wenn für die Ermittlung der tatsächlichen Voraussetzungen der Verfahrensrüge besondere Nachforschungen notwendig sind.[128] Die Schwierigkeit der Sachlage ist ferner auch dann gegeben, wenn die Verteidigung ohne umfassende Aktenkenntnis nicht sachgerecht betrieben werden kann; hier ist nach dem Grundsatz des fair trial die Beiordnung eines Verteidigers schon deshalb notwendig, weil nur diesem, nicht aber dem Beschuldigten selbst, das uneingeschränkte Akteneinsichtsrecht aus § 147 Abs. 1 zusteht.[129] Betrifft der Vorwurf eine Vielzahl von Taten, so wird meist schon die Tatschwere zu bejahen sein, in den übrigen Fällen kommt es auf

---

[106] KK-StPO/*Laufhütte* Rn. 21.
[107] OLG Hamm v. 20. 11. 2003 – 2 Ws 279/03, StV 2004, 586; OLG Köln v. 29. 4. 2003 – Ss 151/03, StraFo 2003, 420 (auch unabhängig von den drohenden Einzelstrafen).
[108] Std. Rspr.; s. zB OLG Brandenburg v. 9. 8. 2004 – 1 Ss 65/04, NJW 2005, 521.
[109] KG v. 23. 12. 1982 – (4) Ss 101/82 (45/82), StV 1983, 186.
[110] Ganz überwiegende Rspr.; s zB OLG Schleswig v. 10. 5. 1994 – 2 Ws 135/94, SchlHA 1996, 93; aA LG Hamburg v. 17. 2. 1997 – 627 Qs 5/97, StV 1998, 327.
[111] OLG Hamburg v. 9. 7. 1998 – 1 Ws 123/98, StV 1999, 420.
[112] OLG Hamm v. 11. 8. 1988 – 4 Ss 716/88, StV 1989, 56.
[113] KG v. 2. 12. 1996 – (3) 1 SS 285/96 (191/96), VRS 95, 113.
[114] OLG Celle v. 26. 9. 1988 – 1 Ss 237/88, VRS 78, 286; OLG Oldenburg v. 26. 7. 1989 – Ss 291/89, VRS 78, 292; wohl weitergehend Löwe/Rosenberg/*Lüderssen/Jahn* Rn. 65 (jedoch ohne Nennung konkreter Kriterien).
[115] BVerfG v. 19. 10. 1977 – 2 BvR 462/77, BVerfGE 46, 202 = NJW 1978, 151 (für den Fall einer drohenden Verurteilung zu lebenslanger Freiheitsstrafe); allgemeiner OLG Düsseldorf v. 9. 9. 1983 – 1 Ws 757/83, NStZ 1984, 43 (44); KK-StPO/*Laufhütte* Rn. 6.
[116] *Meyer-Goßner* Rn. 26, aA OLG Stuttgart v. 8. 9. 1986 – 1 Ws 264/86, StV 1987, 8; KK-StPO/*Laufhütte* Rn. 22.
[117] HK-StPO/*Julius* Rn. 15.
[118] LG Hamburg v. 7. 6. 1985 – 40 Qs 15/85, StV 1985, 453.
[119] OLG Schleswig v. 7. 3. 1996 – 2 Ss 43/96, SchlHA 1997, 153; aA LG Osnabrück v. 10. 9. 1082 – 12 Qs 249/82, StV 1982, 515.
[120] OLG Koblenz v. 1. 4. 1976 – 1 Ss 102/76, MDR 1976, 776.
[121] OLG Karlsruhe v. 25. 2. 1991 – 2 Ss 13/91, StV 1991, 199.
[122] OLG Hamm v. 5. 11. 1984 – I Ws 273/84, StV 1985, 447; weitergehend OLG Stuttgart v. 8. 9. 1986 – 1 Ws 264/86, StV 1987, 8 (Vielzahl von Zeugen reicht aus).
[123] LG Hildesheim v. 17. 5. 1989 – 15 Qs 34/89, wistra 1989, 320.
[124] KK-StPO/*Laufhütte* Rn. 22.
[125] LG Hamburg v. 29. 6. 1995 – 602 Qs 68/95, StV 1997, 578.
[126] KK-StPO/*Laufhütte* Rn. 22; einschränkend AG Tiergarten v. 11. 8. 1992 – (215) 80 Js 429/91 (29/91), MDR 1993, 72; *Meyer-Goßner* Rn. 28 (nicht, wenn Erweiterung nur wegen der Vielzahl der Angeklagten).
[127] BayObLG v. 11. 10. 1989 – RReg 1 St 276/89 NStZ 1990, 142; *Meyer-Goßner* Rn. 26.
[128] KK-StPO/*Laufhütte* Rn. 6.
[129] St. Rspr.; s. zB OLG Koblenz v. 11. 2. 1999 – 1 Ws 43/99, NStZ-RR 2000, 176.

die konkreten Anklagesachverhalte an.[130] Ausschlaggebend für die Beurteilung der Schwierigkeit der Sachlage sind die Umstände im Zeitpunkt der Entscheidung über die Verteidigerbeiordnung.[131]

30 **4. Schwierigkeit der Rechtslage.** Die Rechtslage ist schwierig iSd. Abs. 2, wenn es bei der Anwendung des materiellen oder formellen Rechts[132] auf die Entscheidung nicht ausgetragener Rechtsfragen ankommt[133] oder die Subsumption aus anderen Gründen Probleme bereitet,[134] etwa weil strittige Abgrenzungsfragen aus dem Strafrecht[135] oder außerstrafrechtliche Vorfragen[136] zu klären oder Begriffe aus dem Nebenstrafrecht auszulegen sind,[137] über die Verwertbarkeit von Beweisergebnissen gestritten wird[138] oder ein Befangenheitsantrag im Raum steht.[139] Im Berufungsverfahren ist die Rechtslage schwierig, wenn die Berufung auf diametral unterschiedlichen Rechtsauffassungen der Verfahrensbeteiligten beruht[140] oder von der StA mit dem Ziel eingelegt ist, einen Freispruch[141] oder eine Strafaussetzung zur Bewährung[142] zu beseitigen. Im Revisionsrechtszug ist die Rechtslage regelmäßig dann als schwierig anzusehen, wenn die konkrete Möglichkeit besteht, dass das Revisionsgericht eine andere, für den Angeklagten ungünstige, rechtliche Bewertung vornimmt als der Tatrichter. Im übrigen wird die Notwendigkeit der Verteidigung aber nicht schon durch die Kompliziertheit des Revisionsrechts als solche begründet, da damit eine vom Gesetz, das für die Revisionsinstanz gerade keine obligatorische Verteidigung vorsieht, nicht gedeckte Ausdehnung der Pflichtverteidigung verbunden wäre.[143] Allerdings wird Anträgen des Angeklagten, ihm zur Erstellung der Revisionsbegründung einen Verteidiger beizuordnen, aus Gründen der Verfahrensfairness großzügig Rechnung zu tragen sein;[144] die Nichtbescheidung eines Antrags auf Pflichtverteidigerbestellung zur Revisionsbegründung kann die Wiedereinsetzung in die versäumte Revisionsbegründungsfrist erfordern.[145]

31 **5. Verteidigungsdefizite beim Beschuldigten.** Gem. Abs. 2 ist auch dann ein Pflichtverteidiger beizuordnen, wenn mindestens erhebliche Zweifel[146] bestehen, ob sich der Beschuldigte in ausreichendem Maße selbst verteidigen kann, also in der Lage ist, seine Interessen im Wege sachgerechter Verteidigungshandlungen wahrzunehmen und der Verhandlung zu folgen.[147] Diesbezügliche Einschränkungen können sich dabei sowohl aus einem persönlichen Handicap des Beschuldigten wie auch aus den Gesamtumständen des Verfahrens ergeben. Ersteres kann insbesondere der Fall sein bei körperlichen, geistigen oder seelischen Gebrechen,[148] jugendlichem[149] oder hohem Alter, Analphabetismus[150] bzw. eingeschränkter Lese- und Schreibfähigkeit,[151] erratischem Prozessverhalten[152] oder grober Verkennung der Prozesssituation.[153] Für hör- und sprachbehinderte Beschuldigte statuiert Abs. 2 S. 2 die Bindung des Vorsitzenden an deren Antrag auf Verteidigerbeiordnung. Sprachunkundige Beschuldigte sind ebenfalls in ihrer Verteidigungsfähigkeit eingeschränkt, weshalb bei ihnen die Anwendbarkeit des Abs. 2 stets sorgfältig zu prüfen ist.[154] Ihnen ist im Regelfall

---

[130] Weitergehend LG Frankfurt/M v. 15. 7. 1982 – 43 Js 17906/81, StV 1983, 69; KK-StPO/*Laufhütte* Rn. 22 (Schwierigkeit ist der Regelfall).
[131] KK-StPO/*Laufhütte* Rn. 22.
[132] OLG Stuttgart v. 22. 6. 1994 – 2 Ss 198/94, StV 1994, 644.
[133] OLG Stuttgart v. 8. 11. 2001 – 2 Ws 258/01, StV 2002, 298.
[134] KG v. 30. 7. 2008 – 2 Ws 363/08 – 1 AR 1049/08, NJW 2008, 3449.
[135] BayObLG v. 7. 11. 1990 – RReg 5 St 70/90, StV 1991, 294.
[136] LG Bremen v. 25. 10. 1993 – 14 Qs 471/93, StV 1994, 69; zu weitgehend aber LG Gera v. 29. 7. 2003 – 1 Qs 196/03, StV 2005, 84 (ergänzende Beiordnung eines Fachanwalts für Steuerrecht bei schwieriger steuerrechtlicher Vorfrage).
[137] KK-StPO/*Laufhütte* Rn. 23.
[138] LG Schweinfurt v. 14. 5. 2008 – 1 Qs 50/08, StV 2008, 462.
[139] LG Bremen v. 30. 11. 2004 – 12 Qs 474/04, StV 2005, 81; zweifelnd KK-StPO/*Laufhütte* Rn. 24.
[140] Einschränkend aber OLG Karlsruhe v. 24. 5. 2005 – 2 Ws 121/05, DAR 2005, 573.
[141] OLG Köln v. 20. 5. 2003 – 2 Ws 309/03, NStZ-RR 2003, 330.
[142] OLG Karlsruhe v. 20. 3. 2001 – 1 Ss 259/00, NStZ-RR 2002, 336.
[143] OLG Hamm v. 25. 2. 1981 – 1 Ws 15/81, NStZ 1982, 345; KK-StPO/*Laufhütte* Rn. 23; kritisch hierzu *Dahs* JR 1985, 256.
[144] KK-StPO/*Laufhütte* Rn. 23.
[145] BayObLG v. 29. 12. 1994 – 1 St RR 177/94, NStZ 1995, 300.
[146] OLG Frankfurt/M. v. 17. 4. 1984 – 2 Ss 82/94, 1984, 370; OLG Hamm v. 23. 6. 2005 – 4 Ws 267/05, StraFo 2005, 391 (einzelne Verteidigungshandlungen des Beschuldigten beseitigen nicht automatisch diese Zweifel).
[147] KK-StPO/*Laufhütte* Rn. 24.
[148] OLG Hamm v. 23. 11. 1983 – 1 Ws 172/83, StV 1984, 66; KK-StPO/*Laufhütte* Rn. 24.
[149] OLG Celle v. 27. 12. 1990 – 2 Ss 423/90, StV 1991, 151; LG Braunschweig v. 22. 7. 1996 – 33 Qs 14/94, StV 1998, 325 (schon bei Verhinderung der Eltern des jugendlichen Angeklagten; insoweit abl. KK-StPO/*Laufhütte* Rn. 24).
[150] OLG Celle v. 14. 2. 1983 – 3 Ws 45/83, StV 1983, 187.
[151] LG Hildesheim v. 9. 11. 2007 – 12 Qs 57/07, StraFo 2008, 75.
[152] OLG Zweibrücken v. 14. 2. 1985 – 1 Ss 259/84, NStZ 1986, 135.
[153] *Meyer-Goßner* Rn. 30.
[154] St. Rspr., s. zB OLG Koblenz v. 26. 4. 1994 – 1 Ws 281/94, MDR 1994, 1137.

auch ein Pflichtverteidiger beizuordnen,[155] es sei denn, ihr Verteidigungsdefizit kann ausnahmsweise bereits durch die (nötigenfalls kostenfrei zu stellende) Hinzuziehung eines Dolmetschers ausgeglichen werden.[156] Diese reicht aber jedenfalls dann nicht aus, wenn der Fall tatsächliche oder rechtliche Schwierigkeiten von Gewicht aufweist[157] oder in der Hauptverhandlung mehrere Zeugen vernommen werden sollen, von denen widersprüchliche Aussagen zu erwarten sind.[158] Aus den Umständen des Verfahrens kann sich die Einschränkung der Verteidigungsfähigkeit des Beschuldigten insbesondere dann ergeben, wenn er aus dem Familienkreis belastet wird und dadurch in Loyalitätskonflikte gerät,[159] Mitangeklagte verteidigt sind[160] oder die Beweisaufnahme in seiner Abwesenheit durchgeführt wird.[161] Ist dem Verletzten ein Rechtsanwalt beigeordnet, wird gem. Abs. 2 S. 1, letzter Hs. ein Verteidigungsdefizit beim Beschuldigten gesetzlich – widerleglich[162] – vermutet; ihm ist daher aus Gründen der Waffengleichheit in aller Regel ein Pflichtverteidiger beizuordnen. Dieselbe Notwendigkeit kann sich auch ergeben, wenn der Verletzte sich auf eigene Kosten eines Rechtsanwalts bedient.[163] Die Tatsache, dass der Privatkläger anwaltlich vertreten ist, begründet für den Beschuldigten hingegen noch nicht die Notwendigkeit der Verteidigung.[164]

Ob der Beschuldigte fähig oder willens ist, die Kosten seiner Verteidigung zu tragen, spielt im Rahmen des Abs. 2 ebenso wenig eine Rolle wie bei Abs. 1. Vielmehr ist ihm bei Vorliegen der gesetzlichen Voraussetzungen auch dann ein Pflichtverteidiger beizuordnen, wenn er diesen selbst bezahlen könnte, während umgekehrt eine wirtschaftliche Notlage des Beschuldigten allein noch nicht die Verteidigungsnotwendigkeit begründet.[165] 32

IV. Rücknahme der Pflichtverteidigerbestellung

Durch die Beiordnung eines Pflichtverteidigers, sei es gem. Abs. 1 oder gem. Abs. 2, wird ein Recht des Beschuldigten auf Verteidigerbeistand begründet und regelmäßig ein Vertrauenstatbestand[166] geschaffen, der jenseits des Abs. 3 S. 1 grundsätzlich die spätere Rücknahme der Beiordnung verbietet. Dies gilt im Regelfall auch dann, wenn sich die Beurteilung der Verteidigungsnotwendigkeit ändert.[167] Nach der Rechtsprechung kann die Rücknahme der Pflichtverteidigerbestellung aber ausnahmsweise dann zulässig sein, wenn sich die Verfahrensumstände grundlegend verändert haben und auch der Vertrauensschutz das Fortbestehen der Pflichtverteidigung nicht mehr gebietet,[168] etwa wenn beim Beschuldigten im Berufungsverfahren keine ernsthafte Verteidigungsbereitschaft mehr besteht.[169] Zuständig für die Rücknahme der Bestellung ist dann in analoger Anwendung des § 141 der Vorsitzende des Gerichts bzw. das gem. § 141 Abs. 4, 2 Hs. zuständige Gericht. Die Rücknahme der Bestellung eines Pflichtverteidigers verstößt jedenfalls dann nicht gegen § 140, wenn sofort ein neuer Pflichtverteidiger bestellt wird. 33

V. Revision

1. Revisionsgrund des § 338 Nr. 5. Die Verletzung des § 140 begründet den absoluten Revisionsgrund des § 338 Nr. 5, sofern sie einen für die Urteilsfindung wesentlichen Teil der Hauptverhandlung betrifft.[170] Dies gilt nicht nur dann, wenn ein Pflichtverteidiger bestellt war, sondern auch, wenn dessen Bestellung unter Verstoß gegen § 140 unterblieben ist;[171] darauf, ob im Zeitpunkt der Abwesenheit des Verteidigers noch die Notwendigkeit seiner Beiordnung bestanden hat, kommt es im Regelfall nicht an, weil eine einmal erfolgte Beiordnung nicht zurückgenommen werden 34

---

[155] St. Rspr.; s. zB OLG Stuttgart v. 3. 8. 2004 – 1 Ss 132/04, NStZ-RR 2004, 338.
[156] BGH v. 26. 10. 2000 – 3 StR 6/00, BGHSt 46, 178 = NJW 2001, 309.
[157] OLG Frankfurt/M. v. 23. 3. 1995 – 3 Ws 211/95, StV 1997, 573.
[158] OLG Karlsruhe v. 28. 6. 2005 – 2 Ws 166/05, StV 2005, 656.
[159] AG Bergheim v. 4. 12. 2009 – 47 Ds 173 GS 110/09 – 118/09, StV 2010, 354.
[160] LG Oldenburg v. 7. 8. 2000 – 1 Qs 118/00, StV 2001, 108.
[161] OLG Zweibrücken v. 28. 1. 1986 – 1 Ss 30/86, NStZ 1987, 89.
[162] KK-StPO/*Laufhütte* Rn. 24.
[163] St. Rspr.; s. zB OLG Saarbrücken v. 20. 3. 2006 – Ss 15/05 (25/05), NStZ 2006, 718.
[164] BVerfG v. 12. 4. 1983 – 2 BvR 1304/80, 2 BvR 432/81, BVerfGE 63, 380 = NJW 1983, 1599.
[165] KK-StPO/*Laufhütte* Rn. 25; aA OLG Düsseldorf v. 27. 10. 1982 – 2 Es 13/82, StV 1983, 11 (12); wohl auch EGMR v. 25. 4. 1983 – 2/1982/48/77, NStZ 1983, 373 (für die Revisionshauptverhandlung; Fall „Pakelli").
[166] OLG Stuttgart v. 10. 1. 2001 – 4 Ws 1/01, StV 2001, 329.
[167] BGH v. 16. 11. 1969 – 5 StR 299/54, BGHSt 7, 69 = NJW 1955, 231; OLG Düsseldorf v. 8. 6. 1994 – 3 Ws 273/94, StV 1995, 117.
[168] BGH v. 16. 11. 1969 – 5 StR 299/54, BGHSt 7, 69 = NJW 1955, 231.
[169] OLG Köln v. 19. 9. 2005 – 2 Ws 443 – 444/05, NJW 2006, 76; KK-StPO/*Laufhütte* Rn. 26 (Wegfall der Voraussetzungen des Abs. 1 Nr. 1, auf die sich der Beschuldigte auch noch nicht eingestellt hatte).
[170] Std. Rspr.; grundlegend BGH v. 24. 1. 1961 – 1 StR 132/60, BGHSt 15, 306 = NJW 1961, 740.
[171] Überwiegende Rspr.; s zB OLG Zweibrücken v. 14. 2. 1985 – 1 Ss 259/84, NStZ 1986, 135; OLG Celle v. 20. 12. 1985 – 1 Ss 461/85, wistra 1986, 233; OLG Hamm v. 4. 3. 1998 – 2 Ss 201/98, StraFo 1998, 269; aA OLG München v. 29. 3. 1979 – 3 Ws 12/79, AnwBl. 1979, 398.

kann.[172] Ob der Vorsitzende des Tatgerichts seinen Beurteilungsspielraum, der ihm gem. Abs. 2 eingeräumt ist, korrekt ausgefüllt hat, unterliegt dabei der Überprüfung durch das Revisionsgericht.[173] Ein Verstoß gegen § 140 und demgemäß auch ein Revisionsgrund gem. § 338 Nr. 5 liegt allerdings nicht vor, wenn der Beschuldigte in der Hauptverhandlung zwar verteidigt ist, sich sein Verteidiger aber weigert, einzelne Verfahrenshandlungen vorzunehmen,[174] als Zeuge vernommen wird[175] oder sich während einzelner Verhandlungsteile eigenmächtig entfernt.[176] Hingegen steht der verhandlungsunfähige Verteidiger einem abwesenden gleich, während beim abgelenkten oder schlafenden Verteidiger die für Richter entwickelten Grundsätze entsprechend gelten.[177] Rügt der Angeklagte in der Revision zur Niederschrift des Urkundsbeamten der Geschäftsstelle, dass ihm nicht von Amts wegen ein Verteidiger bestellt wurde, sind an den Inhalt dieser Verfahrensbeschwerde keine allzu strengen Anforderungen zu stellen.[178] Wird in Fällen der nicht notwendigen Verteidigung ohne den Wahlverteidiger verhandelt, liegt nicht der Revisionsgrund des § 338 Nr. 5, sondern allenfalls derjenige des § 338 Nr. 8 vor.

35   **2. Revisionsgrund des § 338 Nr. 8.** Der Revisionsgrund des § 338 Nr. 8 liegt nach dem Wortlaut der Vorschrift nur dann vor, wenn die unzulässige Beschränkung der Verteidigung auf einem Gerichtsbeschluss beruht. In den Fällen des § 140 Abs. 1 Nr. 4 nF, bei denen für die Bestellungsentscheidung gem. § 141 Abs. 4, 2 Hs. das Gericht zuständig ist, resultiert hieraus kein Problem. In den übrigen Konstellationen des § 140 ist zu berücksichtigen, dass die Bestellung und Entpflichtung des Pflichtverteidigers in die originäre Zuständigkeit des Vorsitzenden fällt, daher keine sachleitungsbezogene Anordnung iSd. § 238 Abs. 2 darstellt und deshalb in der Hauptverhandlung auch nicht zum Gegenstand einer Entscheidung des Gerichts gemacht werden kann. Diesbezügliche Rechtsverstöße sind daher – entgegen der überwiegenden Auffassung in der Rspr.[179] – auch ohne das Vorliegen eines Gerichtsbeschlusses revisibel.[180] Lösen verteidigungsbezogene Anordnungen des Vorsitzenden weitere Anträge (zB zur Aussetzung oder Unterbrechung der Hauptverhandlung) aus, über die dann Gericht zu entscheiden hat, kann der entsprechende Gerichtsbeschluss unstreitig gem. § 338 Nr. 8 gerügt werden. Eine unzulässige Beschränkung der Verteidigung iSd. Vorschrift kommt zB dann in Betracht, wenn in der Hauptverhandlung ein Pflichtverteidiger ausgetauscht, dem neuen Verteidiger aber nicht ausreichend Zeit gegeben wird, sich auf das Verfahren vorzubereiten; ebenso wenn der Pflichtverteidiger als Zeuge vernommen werden soll, für die Dauer und Würdigung seiner Vernehmung die Bestellung eines Ersatzverteidigers beantragt ist und dieser Antrag abgelehnt wird.[181]

36   **3. Revisionsmöglichkeit gem. § 336.** Entscheidungen über die Notwendigkeit der Verteidigung iSd. § 140, die vor der Hauptverhandlung ergehen, sind gem. § 336 ebenfalls revisibel; dies gilt auch für Entscheidungen des Vorsitzenden des OLG-Senats, da diese weder der Anfechtung entzogen sind noch der sofortigen Beschwerde unterliegen.[182]

VI. Verteidigungskosten

37   Für den Rechtsanwalt als Pflichtverteidiger gilt die Gebührenregelung des § 48 Abs. 5 iVm. §§ 49 ff. RVG, welche die Gebührentatbestände des Teil 4 Abschnitt 1 VVRVG für anwendbar erklärt. Der Vergütungsanspruch des Pflichtverteidigers richtet sich gegen die Staatskasse. Unter den Voraussetzungen des § 52 RVG kann der Pflichtverteidiger seine Gebühren aber auch vom leistungsfähigen(!) Beschuldigten verlangen, solange sie die gesetzlichen Wahlverteidigergebühren nicht übersteigen; dies gilt selbst dann, wenn die Bestellung gegen den Willen des Beschuldigten erfolgte.[183] Art 6 Abs. 3 c EMRK stellt den mittellosen Verurteilten auch von den staatlichen Auslagen für den Pflichtverteidiger frei. Dem Pflichtverteidiger steht es frei, mit dem Beschuldigten eine von den gesetzlichen Gebühren abweichende Honorarvereinbarung zu treffen und diese ggf. ohne Rücksicht auf § 52 RVG gerichtlich geltend zu machen. Bei einem Freispruch ist es unzuläs-

---

[172] S. o. Rn. 33; auch KK-StPO/*Laufhütte* Rn. 27; aA OLG Hamm v. 22. 5. 1980 – 2 Ws 400/80, AnwBl. 1981, 199.
[173] KG v. 23. 12. 1982 – (4) Ss 101/82 (45/82), StV 1983, 186.
[174] BGH v. 27. 11. 1979 – 5 StR 496/79, NStZ 1981, 295 (Weigerung, zu plädieren).
[175] BGH v. 18. 10. 1966 – 5 StR 477/66, NJW 1967, 404.
[176] BGH v. 26. 11. 1997 – 5 StR 561/97, NStZ 1998, 209.
[177] KK-StPO/*Laufhütte* Rn. 27.
[178] BGH v. 27. 1. 1955 – 3 StR 404/54, JR 1955, 189.
[179] OLG Hamm v. 25. 10. 1972 – 3 Ws 360/72, NJW 1973, 818; OLG Köln v. 30. 1. 1981 – 2 Ws 899/80; 2 Ws 900/80, NJW 1981, 1523; OLG Karlsruhe v. 29. 9. 1987 – 3 Ws 247/87, NStZ 1988, 287.
[180] KK-StPO/*Laufhütte* Rn. 28; Löwe/Rosenberg/*Lüderssen/Jahn* § 141 Rn. 57; KMR/*Müller* § 141 Rn. 10.
[181] BGH v. 26. 6. 1985 – 3 StR 145/85, NStZ 1985, 514.
[182] KK-StPO/*Laufhütte* Rn. 29; aA *Dünnebier*, FS Dreher, S. 669.
[183] BGH v. 9. 12. 1982 – III ZR 182/81, NJW 1983, 1047.

sig, die zu erstattenden Kosten des Wahlverteidigers um die aus der Staatskasse zu gewährende Vergütung eines Pflichtverteidigers zu kürzen.[184]

§ 141 [Verteidigerbestellung]

(1) In den Fällen des § 140 Abs. 1 Nr. 1 bis 3, 5 bis 8 und Abs. 2 wird dem Angeschuldigten, der noch keinen Verteidiger hat, ein Verteidiger bestellt, sobald er gemäß § 201 zur Erklärung über die Anklageschrift aufgefordert worden ist.

(2) Ergibt sich erst später, daß ein Verteidiger notwendig ist, so wird er sofort bestellt.

(3) [1]Der Verteidiger kann auch schon während des Vorverfahrens bestellt werden. [2]Die Staatsanwaltschaft beantragt dies, wenn nach ihrer Auffassung in dem gerichtlichen Verfahren die Mitwirkung eines Verteidigers nach § 140 Abs. 1 oder 2 notwendig sein wird. [3]Nach dem Abschluß der Ermittlungen (§ 169a) ist er auf Antrag der Staatsanwaltschaft zu bestellen. [4]Im Fall des § 140 Abs. 1 Nr. 4 wird der Verteidiger unverzüglich nach Beginn der Vollstreckung bestellt.

(4) Über die Bestellung entscheidet der Vorsitzende des Gerichts, das für das Hauptverfahren zuständig oder bei dem das Verfahren anhängig ist; im Fall des § 140 Abs. 1 Nr. 4 entscheidet das nach § 126 oder § 275a Abs. 5 zuständige Gericht.

I. Bedeutung der Norm

§ 141 ergänzt den § 140 um Verfahrensbestimmungen für die Pflichtverteidigerbestellung, insbesondere deren Zeitpunkt und die Entscheidungszuständigkeit. In den Fällen notwendiger Verteidigung ist danach dem unverteidigten Beschuldigten – unabhängig von seiner wirtschaftlichen Leistungsfähigkeit, die weder in § 141 noch in § 140 Erwähnung findet[1] – von Amts wegen ein Verteidiger zu bestellen. 1

II. Zeitpunkt der Pflichtverteidigerbestellung

1. Grundsatz. Der Grundsatz der Verfahrensfairness sowie Art. 6 Abs. 3 lit. d EMRK gebieten es, den Pflichtverteidiger möglichst frühzeitig zu bestellen, nämlich sobald abzusehen ist, dass die Mitwirkung eines Verteidgers im weiteren Verfahren notwendig ist;[2] es darf dann nicht mehr abgewartet werden, ob die Notwendigkeit der Verteidigung durch die weitere Verfahrensentwicklung wieder beseitigt wird.[3] Dieser Grundsatz ist allerdings insoweit nur unvollkommen umgesetzt, als eine Pflichtverteidigerbestellung von Amts wegen im Ermittlungsverfahren nicht möglich ist. 2

2. Bestellung mit Mitteilung der Anklage (Abs. 1). Gem. Abs. 1 ist die Bestellung des Pflichtverteidigers beim Vorliegen der Voraussetzungen des § 140 Abs. 1 Nr. 1–3, Nr. 5–8 und Abs. 2 im Regelfall bereits dann vorzunehmen, wenn dem Angeschuldigten die Anklageschrift mitgeteilt und er zur Stellungnahme hierzu aufgefordert worden ist; des Antrags eines Verfahrensbeteiligten bedarf es hierfür nicht. Der Wortlaut des Abs. 1 („sobald ... worden ist", nicht „sobald ... wird") lässt dabei erkennen, dass die Verfügung über die Anklagezustellung und die Verteidigerbestellung nicht gleichzeitig zu erfolgen brauchen.[4] Wegen der in 142 Abs. 1 S. 1 vorgesehenen Möglichkeit für den Beschuldigten, einen Pflichtverteidiger seines Vertrauens zu benennen, wäre ein solches Vorgehen auch nicht zweckmäßig.[5] Empfehlenswert erscheint es vielmehr, die Mitteilung der Anklageschrift in den Fällen der notwendigen Verteidigung mit einer gestuften Fristsetzung zu verbinden: Zunächst sollte dem Beschuldigten Gelegenheit gegeben werden, einen Verteidiger zu benennen; an den Ablauf dieser Benennungsfrist sollte sich sodann erst die Stellungnahmefrist gem. § 201 anschließen, an deren Beginn auch der Pflichtverteidiger bestellt wird.[6] Damit ist sichergestellt, dass der Angeschuldigte nicht ohne Not mit einem ihm unbekannten Verteidiger konfrontiert wird und gleichwohl ausreichend Gelegenheit erhält, sich über den im zweiten Schritt bestellten Verteidiger kompetent zur Anklageschrift zu äußern. Die Anklageschrift kann bereits gem. § 145a förmlich an den Pflichtveteidiger zugestellt werden, wenn ihre Mitteilung mit seiner Bestellung verbunden wird.[7] 3

---

[184] BVerfG v. 28. 3. 1984 – 2 BvR 275/83, NStZ 1984, 561.
[1] S. § 140 Rn. 31.
[2] OLG Düsseldorf v. 22. 3. 1991 – 2 Ws 121/91, StV 1992, 100; Löwe/Rosenberg/Lüderssen/Jahn Rn. 24 a (hM).
[3] AA wohl LG Meiningen v. 20. 5. 1997 – 3 Qs 24/97, NStZ-RR 1997, 337.
[4] So aber Löwe/Rosenberg/Lüderssen/Jahn Rn. 19.
[5] AA wohl KK-StPO/Laufhütte Rn. 4.
[6] Meyer-Goßner Rn. 3.
[7] KK-StPO/Laufhütte Rn. 4.

4 **3. Bestellung mit Vollstreckungsbeginn (Abs. 3 S. 4).** Für den Fall der notwendigen Verteidigung gem. § 140 Abs. 1 Nr. 4 nF bestimmt Abs. 3 S. 4, dass die Bestellung unverzüglich nach dem Vollstreckungsbeginn zu erfolgen hat. Diese Regelung ist in mehrerlei Hinsicht kritikwürdig: Zum ersten erscheint ihre systematische Stellung am Ende des Abs. 3 unglücklich, da hierdurch leicht der Eindruck entstehen kann, als gelte sie, wie die übrigen Bestimmungen dieses Absatzes auch, nur für das Ermittlungsverfahren. Dies ist aber nicht der Fall, da der Vollzug von U-Haft oder Unterbringung naturgemäß auch in späteren Verfahrensstadien beginnen kann und kein Grund ersichtlich ist, weshalb dort bei gleichen Voraussetzungen für die notwendige Verteidigung ein anderer Zeitpunkt für die Bestellung des Verteidigers maßgeblich sein sollte. Zum zweiten ist – wie schon in § 140 Abs. 1 Nr. 4 – auch bei § 141 Abs. 3 S. 4 die Verwendung des Begriffs „Vollsteckung" falsch, mit dem eigentlich der erst nach der Vorführung gem. §§ 115 f. beginnende Vollzug gemeint ist.[8] Und zum dritten schließlich überzeugt es im Hinblick auf das Gebot einer möglichst effektiven, Waffengleichheit schaffenden Verteidigung nicht, den Verteidiger erst nach Vollzugsbeginn zu bestellen und den Beschuldigten damit gerade in der häufig durch Überrumpelung und extreme Unsicherheit geprägten Zeit von seiner Verhaftung bis zum Ende der Vorführung vor den Richter ohne Beistand zu lassen.[9] Es dürfte sich verbieten, dieses Manko dadurch auszuräumen, dass man den Gesetzgeber schlicht bei seinem – nicht gemeinten – Wort nimmt und die Verteidigerbestellung auf den Beginn der Vollstreckung im technischen Sinne, dh. faktisch auf den Zeitpunkt der Ergreifung des Beschuldigten, vorverlegt.

5 **4. Spätere Bestellung (Abs. 2).** Ergibt sich die Notwendigkeit der Verteidigung erst nach der Mitteilung der Anklageschrift (zB weil in der Hauptverhandlung Nachtragsanklage wegen eines Verbrechens erhoben wird,[10] sich die Beurteilung der Tatschwere oder der Kompliziertheit der Sachlage verändert[11] oder das Erfordernis der Unterbringung nach § 81 zutage tritt[12]), ist gem. Abs. 2 sofort ein Pflichtverteidiger zu bestellen. Geschieht dies erst in der Hauptverhandlung, eröffnet § 145 Abs. 2 eine Aussetzungsmöglichkeit. Soweit bereits wesentliche Teile der Hauptverhandlung ohne den Pflichtverteidiger stattgefunden haben, sind diese in seiner Anwesenheit zu wiederholen.[13]

6 **5. Bestellung im Ermittlungsverfahren (Abs. 3 S. 1–3).** Unbeschadet der Sonderregelungen in § 118a Abs. 2 S. 3 (der wegen § 140 Abs. 1 Nr. 4 nF obsolet ist, aber gleichwohl fortbesteht) u. § 138c Abs. 3 S. 4, die lediglich zeitlich-sachlich beschränkte Pflichtverteidigerbestellungen vorsehen, kann gem. Abs. 3 im Vorverfahren auch bereits die unbeschränkte, das gesamte weitere Verfahren umfassende Beiordnung eines Verteidigers erfolgen. Aus dem Zusammenhang des Abs. 3 ergeben sich hierfür folgende Voraussetzungen: Immer wenn die Notwendigkeit der Verteidigung im späteren gerichtlichen Verfahren absehbar ist (also etwa bei dringendem Tatverdacht hinsichtlich eines Verbrechens[14]), hat die StA schon im Vorfahren die Beiordnung des Verteidigers zu beantragen; dies folgt nicht nur aus dem eindeutigen Wortlaut des Abs. 3 S. 2 („Die Staatsanwaltschaft beantragt dies ..."), sondern auch daraus, dass es angesichts der aktuellen Gesetzeslage eines Antrags der StA bedarf,[15] um dem allgemeinen Grundsatz der möglichst frühzeitigen Pflichtverteidigerbestellung Nachachtung[16] verschaffen zu können. Hinsichtlich der Antragstellung hat die StA kein Entschließungsermessen, jedoch bei ihrer Prognose über die künftige Notwendigkeit der Verteidigung naturgemäß einen Beurteilungsspielraum. Auch dieser Beurteilungsspielraum kann aber dann eingeschränkt oder sogar beseitigt sein,[17] wenn die Beiordnung eines Verteidigers nicht erst wegen der absehbaren weiteren Verfahrensentwicklung, sondern aufgrund solcher Umstände geboten erscheint, die bereits im Antragszeitpunkt aktuell vorliegen, wie zB bei der anstehenden ermittlungsrichterlichen Vernehmung eines Belastungszeugen, von welcher der Beschuldigte ausgeschlossen ist,[18] oder der Notwendigkeit zu einem Akteneinhalt Stellung zu nehmen, der nur dem Verteidiger zugänglich ist.[19] Dies folgt wiederum aus dem Grundsatz des fair-trial in seiner Ausprägung als Gebot möglichst frühzeitiger Verteidigerbestellung. Der Vorsit-

---

[8] BT-Drucks. 16/13097 S. 19.
[9] *Michalke* NJW 2010, 17 f.; *Wohlers* StV 2010, 151 (153).
[10] BGH v. 29. 6. 1956 – 2 StR 252/56, BGHSt 9, 243.
[11] *Meyer-Goßner* Rn. 4.
[12] KK-StPO/*Laufhütte* Rn. 5.
[13] BGH v. 29. 6. 1956 – 2 StR 252/56, BGHSt 9, 243.
[14] BGH v. 22. 11. 2001 – 1 StR 220/01, BGHSt 47, 172 (176) = NJW 2002, 975; *Eisenberg* NJW 1991, 1262; *Hamm* FS-Lüderssen, S. 717 (725); *Roxin* JZ 2002, 898; *Sowada* NStZ 2005, 5; *Teuter* StV 2005, 233; aA BGH v. 5. 2. 2002 – 5 StR 588/01, BGHSt 47, 233 = NJW 2002, 1279.
[15] S. u. Rn. 10.
[16] S. o. Rn. 2.
[17] BGH v. 22. 11. 2001 – 1 StR 220/01, BGHSt 47, 172 = NJW 2002, 975.
[18] BGH v. 25. 7. 2000 – 1 StR 169/00, BGHSt 46, 93 (99 f.) = NJW 2000, 3505.
[19] *Meyer-Goßner* Rn. 5.

Elfter Abschnitt. Verteidigung 7–11 § 141

zende des Gerichts ist erst nach dem Abschluss der Ermittlungen an den Antrag der StA gebunden (Abs. 3 S. 3), zuvor hat er einen eigenen Beurteilungsspielraum (Abs. 3 S. 1: „kann"), der jedoch ebenfalls aufgrund des fair-trail-Grundsatzes reduziert bzw. beseitigt sein kann. Hinsichtlich der Person des von der StA vorgeschlagenen Verteidigers tritt hingegen keine Bindung ein: Hier steht es dem Vorsitzenden immer frei, ob er dem Vorschlag folgt oder nicht.[20]

Obwohl Abs. 3 S. 2 auch die Verteidigerbestellung gem. § 140 Abs. 1 Nr. 4 im Ermittlungsverfahren umfasst, ist aus der vorstehend beschriebenen Systematik der S. 1–3 des Abs. 3 zu folgern, dass diese hierfür gerade nicht gelten sollen: Denn zum einen wollte der Gesetzgeber bei der Bestellung wegen § 140 Abs. 1 Nr. 4 ersichtlich auch dann keinen Beurteilungsspielraum des Gerichts (den aber Abs. 3 S. 1 vorsieht) eröffnen, wenn der Vollzug der U-Haft bzw. die einstweilige Unterbringung während des Ermittlungsverfahrens beginnt. Und zum anderen fehlt es in den Fällen des § 140 Abs. 1 Nr. 4 an dem prognostischen Element, auf das Abs. 3 S. 2 abstellt, da die Notwendigkeit der Verteidigung gem. § 140 Abs. 1 Nr. 4 im Kern nicht aus der weiteren Verfahrensentwicklung, sondern aus der aktuellen Situation des Beschuldigten resultiert. Ist bereits im Ermittlungsverfahren eine Verteidigerbestellung wegen des Vollzugs von U-Haft oder einstweiliger Unterbringung nach § 140 Abs. 1 Nr. 4 erforderlich, so hat das Gericht diese daher von Amts wegen vorzunehmen; entgegen der zu weit geratenen Fassung des Abs. 3 S. 2 bedarf es hierfür keines Antrags der StA.

Unterbleibt im Vorverfahren eine rechtzeitige, den in Rn. 6 aufgeführten Grundsätzen genügende Verteidigerbestellung und findet in der verteidigerlosen Zeit eine Beweiserhebung unter Mitwirkung des Beschuldigten (also insbesondere seine Vernehmung) statt, so sind deren Ergebnisse zwar besonders vorsichtig zu bewerten, in aller Regel aber verwertbar. Etwas anderes kann nur dann gelten, wenn im Einzelfall ein schwerwiegender Rechtsverstoß zu Lasten des besonders schutzbedürftigen Beschuldigten vorliegt;[21] eine grundsätzliche Pflicht, mit Ermittlungen, welche die Mitwirkung des Beschuldigten erfordern, solange zuzuwarten, bis ein Verteidiger bestellt ist und seine Tätigkeit aufgenommen hat, besteht schon deswegen nicht,[22] weil sie häufig mit der Pflicht zur Erforschung der materiellen Wahrheit kollidieren würde. Im Übrigen stellt die kommentarlose Hinnahme eines Irrtums des ordnungsgemäß gem. § 136 Abs. 1 S. 2 belehrten Beschuldigten über die Möglichkeit einer Verteidigerbestellung im Ermittlungsverfahren keine Täuschung iSd § 136 a dar, so dass insoweit ein Verwertungsverbot nicht in Betracht kommt.[23]

Wird unter Missachtung des Abs. 3 S. 4 iVm. § 140 Abs. 1 Nr. 4 im Vorverfahren ein Verteidiger nicht oder nicht rechtzeitig bestellt, sprechen hingegen gute Gründe für ein Verbot der Verwertung solcher Beweisergebnisse, an deren Zustandekommen der unverteidigte Beschuldigte mitgewirkt hat. Denn in diesen Fällen könnte andernfalls sanktionslos die gesetzgeberische Grundentscheidung unterlaufen werden, dem inhaftierten oder untergebrachten Beschuldigten gerade wegen seiner erhöhten Schutzbedürftigkeit stets einen Verteidiger zu bestellen.

Zuständig für die Pflichtverteidigerbestellung ist – außer in den Fällen des § 140 Abs. 1 Nr. 4 nF – auch im Vorverfahren bereits der Vorsitzende des Gerichts (Abs. 4), der jedoch hier schon deshalb nicht von Amts wegen tätig werden kann, weil die Verfahrensherrschaft in diesem Stadium bei der StA liegt und aus § 141 – wie der Vergleich mit § 118 a Abs. 2 S. 3 zeigt – keine Durchbrechung dieses Grundsatzes zu entnehmen ist. Erforderlich ist daher stets ein Antrag der StA (Abs. 3 S. 2 u. 3). Ein Antrag des Beschuldigten oder des beizuordnenden Verteidigers ist in diesem Stadium lediglich als Anregung an die StA zu verstehen, ihrerseits einen Antrag nach Abs. 3 S. 2 oder 3 zu stellen.[24] Der vordringenden Gegenauffassung, die ein eigenes Antragsrecht des Beschuldigten anerkennen will,[25] ist zwar zuzugeben, dass dies im Hinblick auf eine möglichst effektive Umsetzung des fair-trail-Grundsatzes[26] rechtspolitisch wünschenswert erscheint. Der geltenden Fassung des Abs. 3, die insoweit von anderen Bestellungsvorschriften (wie etwa dem § 350 Abs. 3) abweicht und auch im Zuge der aktuellen Reform nicht an diese angepasst wurde, muss jedoch entnommen werden, dass der Gesetzgeber ein solches Antragsrecht nicht vorgesehen hat.

6. Mögliche Rückwirkung der Verteidigerbestellung. War der Beschuldigte unter Verstoß gegen die §§ 140, 141 während einzelner Verfahrensabschnitte nicht ausreichend verteidigt, so ist ihm

---

[20] KK-StPO/*Laufhütte* Rn. 6.
[21] BGH v. 22. 11. 2001 – 1 StR 220/01, BGHSt 47, 172 (179 f.) = NJW 2002, 975; *Franke* GA 2002, 573 (577 ff.).
[22] BGH v. 19. 10. 2005 – 1 StR 117/05, NStZ-RR 2006, 181 (182).
[23] BGH v. 18. 10. 2005 – 1 StR 114/05, NStZ 2006, 236; *Beulke/Barisch* StV 2006, 569.
[24] OLG Karlsruhe v. 22. 12. 1997 – 2 VAs 49/97, NStZ 1998, 315 (316); AnwK-StPO/*Krekeler/Werner* Rn. 4; KK-StPO/*Laufhütte* Rn. 6; *Meyer-Goßner* Rn. 5.
[25] LG Heilbronn v. 1. 3. 1979 – 3 Qs 148/79, Die Justiz 1979, 444; LG Bremen v. 25. 6. 98 – 27 AR 55/98, StV 1999, 532; *Franke* GA 2002, 573; *Hamm* FS-Lüderssen S. 717 (725 f.); *Klemke* StV 2003, 413 (414); *E. Müller* NStZ 1997, 222; Löwe/Rosenberg/*Lüderssen/Jahn* Rn. 24; KMR/*Müller* Rn. 1; AK-StPO/*Stern* Rn. 7 ff.
[26] S. o. Rn. 2.

naturgemäß auch mit der Fiktion einer rückwirkenden Pflichtverteidigerbestellung kaum geholfen. Offenbar aus diesem Grund hält die herrschende obergerichtliche Rspr. eine solche Beiordnung nach Verfahrensabschluss schlechthin für unzulässig und unwirksam,[27] und zwar auch dann, wenn der Beiordnungsantrag rechtzeitig gestellt und lediglich nicht verbeschieden wurde.[28] Um zu sachgerechten Lösungen zu gelangen, ist hier aber zu differenzieren: Eine Rückwirkung der Verteidigerbestellung ist für solche Verfahrensabschnitte, in denen weder die Beiordnung beantragt noch ein Verteidiger aktuell tätig war, in der Tat zu verneinen. Denn in diesen Fällen wäre mit ihr nichts für die Sicherung einer ordnungsgemäßen Verteidigung gewonnen und allein der verfahrensfremde Zweck erreicht, dem Verteidiger nachträglich einen Vergütungsanspruch gegen die Staatskasse zu verschaffen, dessen Berechtigung zudem höchst zweifelhaft wäre.[29] Wird ein Verteidiger tatsächlich tätig, ohne ausdrücklich beigeordnet worden zu sein, stellt sich die Rückwirkungfrage nur dann, wenn nicht im Einzelfall ohnehin von einer konkludenten Bestellung[30] auszugehen ist; denn andernfalls handelt es sich bei Lichte besehen nicht um eine Beiordnung mit konstitutiver Rückwirkung, sondern lediglich um eine Bestätigung der bereits zuvor wirksam erfolgten Pflichtverteidigerbestellung.[31] Für die Fälle fehlender Konkludenz ist erneut zu unterscheiden: Agiert der Verteidiger, ohne seine Beiordnung zu beantragen (bzw. im Vorverfahren anzuregen), begibt er sich damit sehenden Auges in das Risiko, mit seinen Vergütungsansprüchen auszufallen und ist daher nicht schutzwürdig. Hat er hingegen alle notwendigen Schritte unternommen, um seine Beiordnung zu bewirken und bleibt das Gericht bzw. der Vorsitzende gleichwohl untätig, so ist nicht einzusehen, weshalb eine rückwirkende Bestellung mit dem Ziel, den Vergütungsanspruch des Verteidigers gegen den Staat zu sichern, nicht in Betracht kommen sollte.[32] Denn in dieser Konstellation geht es nur vordergründig um die Interessen des Verteidigers, in Wahrheit hingegen primär um die Sicherung der sachgerechten Interessenvertetung des Beschuldigten, deren unentgeltliche Wahrnehmung von der Verteidigerschaft nicht erwartet und vom Gericht bzw. dem Vorsitzenden nicht durch bloße Verweigerung der Beiordnungsentscheidung erzwungen werden darf.

III. Zuständigkeit und Verfahren

12 Die Pflichtverteidigerbestellung nimmt in den Fällen des § 140 Abs. 1 Nr. 1–3 u. 5–8 sowie Abs. 2 stets (also auch während der Hauptverhandlung) der Vorsitzende des Gerichts vor, bei dem die Sache anhängig ist oder zu machen ist (Abs. 4), für das Revisionsverfahren der letzte Tatrichter, solange die Sache noch nicht dem Revisionsgericht vorliegt; im Vorverfahren ergibt sich dabei die Zuständigkeit des Vorsitzenden aus der – willkürfrei getroffenen – Erklärung der StA darüber, bei welchem Gericht sie Anklage zu erheben beabsichtigt.[33] Bei notwendiger Verteidigung gem. § 140 Abs. 1 Nr. 4 entscheidet über die Verteidigerbestellung in den Fällen der U-Haft und der einstweiligen Unterbringung gem. § 126a das gem. § 126 zuständige Gericht, in den Fällen der einstweiligen Unterbringung in der Sicherungsverwahrung gem. § 275a Abs. 5 das dort genannte Gericht. Die Entscheidung sollte aus Gründen der Rechtssicherheit stets durch ausdrückliche Verfügung erfolgen, kann aber auch konkludent ergehen,[34] etwa indem das Gericht bzw. der Vorsitzende den Verteidiger widerspruchslos am Verfahren mitwirken lässt.[35] Für die Ablehnung des Bestellungsantrags sowie für die Bestellungsrücknahme gem. § 143 gelten ebenfalls die Zuständigkeiten des Abs. 4;[36] entschieden wird dabei durch begründungs- und bekanntgabebedürftigen (§§ 34, 35) Beschluss. Hat entgegen Abs. 4, 1. Hs. nicht der Vorsitzende, sondern der gesamte Spruchkörper des Gerichts entschieden, ist dies unschädlich.[37]

IV. Mehrheit von Verteidigern

13 **1. Pflichtverteidiger neben Wahlverteidiger.** Die Bestellung eines Pflichtverteidigers neben einem oder mehreren bereits vorhandenen Wahlverteidigern ist zwar in § 141 nicht ausdrücklich vorgesehen, jedoch im Grundsatz weiterum anerkannt.[38] Gegen sie bestehen von vornherein keine

---

[27] S. zuletzt OLG Hamm v. 10. 7. 2008 – 4 Ws 181/08, NStZ-RR 2009, 131.
[28] KG v- 9. 3. 2006 – 5 Ws 563/05, StV 2007, 373 mit zahlreichen Nachweisen; KK-StPO/*Laufhütte* Rn. 12.
[29] OLG Düsseldorf v. 4. 12. 1995 – 4 Ws 317/95, NStZ-RR 1996, 171.
[30] S. u. Rn. 12.
[31] *Meyer-Goßner* Rn. 8.
[32] LG Berlin v. 28. 1. 2004 – 504 Qs 8/04, StV 2005, 83; LG Potsdam v. 25. 8. 2004 – 24 Qs 90/03, StV 2005, 83; *Wohlers* StV 2007, 376, dem zuneigend auch *Meyer-Goßner* Rn. 8.
[33] KK-StPO/*Laufhütte* Rn. 12.
[34] BGH v. 19. 12. 1996 – 1 StR 76/96, NStZ 1997, 299.
[35] OLG Jena v. 26. 7. 2006 – 1 Ws 257/06, NJW 2007, 1476.
[36] OLG Karlsruhe v. 16. 10. 1973 – 2 Ws 212/73, NJW 1974, 110 (st. Rspr.).
[37] BGH v. 18. 11. 2003 – 1 StR 481/03, NStZ 2004, 632.
[38] Statt vieler BVerfG v. 28. 3. 1984 – 2 BvR 275/83, NStZ 1984, 561; ablehnend *Fezer*, Strafprozessrecht 2. Aufl. 1995. Falls 4/42 f.; *Römer* ZRP 1977, 92.

durchgreifenden Bedenken, wenn sie mit Zustimmung des Beschuldigten und seiner Wahlverteidiger erfolgt. Widerspricht sie hingegen als aufgezwungene Pflichtverteidigung deren Willen, ist im Umgang mit ihr äußerste Zurückhaltung angezeigt. Denn sie kann dann leicht zur Sprengung der einheitlichen Verteidigungsstrategie des Beschuldigten führen[39] und zu einem – der Rechtsstaatlichkeit des Verfahrens abträglichen – Disziplinierungsmittel in der Hand des Gerichts werden. Um dies zu vermeiden, ist eine strikte Orientierung am Zweck der notwendigen Verteidigung erforderlich, der darin besteht, dem Beschuldigten – wenn auch unabhängig von seinem Willen – eine ausreichende Vertretung seiner Interessen zu gewährleisten.[40] Verfügt er bereits über eine solche Interessenvertretung, ist kein Raum mehr für eine Pflichtverteidigerbestellung, selbst dann nicht, wenn das Gericht bzw. der Vorsitzende in diesem Punkt anderer Meinung sein sollte und erst recht nicht, wenn diese Interessenvertretung lediglich Konflikte mit den Vorstellungen und Zielsetzungen der übrigen Verfahrensbeteiligten erwarten lässt. Berücksichtigt man diese Grundsätze, ist für eine aufgezwungene Pflichtverteidigung neben bestehender Wahlverteidigung nur dort Raum, wo sie zwingend erforderlich ist, um im Interesse des Beschuldigten einen ordnungsgemäßen Verfahrensverlauf zu gewährleisten. Dies kann etwa dann der Fall sein, wenn es konkrete Anzeichen dafür gibt, dass der oder die vorhandenen Wahlverteidiger in Interessenkonflikte geraten,[41] die Verteidigung zur Unzeit niederlegen,[42] von Umfang, Dauer oder Schwierigkeit des Verfahrens überfordert[43] oder aus anderen Gründen nicht willens oder in der Lage sein werden, die im Interesse des Beschuldigten gebotenen Verteidigungsmaßnahmen zu ergreifen.[44] Nicht ausreichend sind hingegen bloße Obstruktionen des Wahlverteidigers, die dieser im Einvernehmen mit dem Beschuldigten vornimmt[45] und noch weniger einzelne terminliche Verhinderungen[46] oder Verspätungen[47] des Wahlverteidigers, die bloß theoretische Möglichkeit seines Ausfalls bei einem Verfahren mit lediglich vier Verhandlungstagen,[48] ein Verlassen der Hauptverhandlung durch den Wahlverteidiger, wenn hierfür ein triftiger Grund besteht,[49] oder gar der Streit über die Kleidung des Wahlverteidigers vor Gericht.[50] Kein Fall des Nebeneinanders von Pflicht- und Wahlverteidigung liegt vor, wenn der Wahlverteidiger seine eigene Beiordnung beantragt; denn darin ist in aller Regel die Erklärung zu sehen, dass die Wahlverteidigung mit der Pflichtverteidigerbestellung enden soll.[51]

2. Mehrheit von Pflichtverteidigern. Mehrere Pflichtverteidiger sollen beigeordnet werden, wenn 14 angesichts des Umfang, der Schwierigkeit oder der Dauer des Verfahrens nur auf diese Weise eine ausreichende Verteidigung des Beschuldigten sichergestellt werden kann.[52] Die Mehrfachbestellung wird hingegen nicht schon durch das abstrakte Interesse an einer Verfahrenssicherung[53] oder das Auftreten mehrerer Staatsanwälte in der Hauptverhandlung[54] gerechtfertigt. Nicht zulässig ist es, einen zweiten Pflichtverteidiger mit der Maßgabe beizuordnen, dass er nur als Ersatzverteidiger im Fall der Verhinderung des Co-Verteidigers tätig werden dürfe,[55] oder dass beiden Pflichtverteidigern insgesamt nur eine Gebühr erstattet wird[56] Allerdings kann selbstverständlich mit Zustimmung des Beschuldigten eine interne Arbeitsteilung zwischen den Pflichtverteidigern vorgenommen werden bzw. unter dieser Voraussetzung auch eine Beschränkung der Beiordnung eines der Plichtverteidiger erfolgen.[57]

V. Rechtsmittel

1. Gegen Entscheidungen der StA im Vorverfahren. Die Entscheidung der StA im Vorverfahren, 15 einen Beiordnungsantrag zu stellen oder zu unterlassen, ist nicht mit einem förmlichen Rechts-

---

[39] *Rudolph* DRiZ 1975, 210; *Welp* ZStW 1990, 122; *Meyer-Goßner* Rn. 1 a.
[40] S. § 140 Rn. 1; wohl weitergehend KK-StPO/*Laufhütte* § 142 Rn. 7 (auch Sicherung eines ordnungsgemäßen Verfahrens).
[41] KK-StPO/*Laufhütte* Rn. 8.
[42] OLG Düsseldorf v. 11. 12. 1985 – 1 Ws 1123/85, NStZ 1986, 137.
[43] OLG Hamm v. 23. 6. 1978 – 6 Ws 338/78, NJW 1978, 1986.
[44] *Meyer-Goßner* Rn. 1 a.
[45] Bedenklich daher KK-StPO/*Laufhütte* Rn. 8 („Platzenlassen" der Hauptverhandlung aus Gründen der Öffentlichkeitswirkung soll ausreichen); dagegen *Temming* StV 1982, 539 (543).
[46] OLG Celle v. 18. 12. 1987 – 3 Ws 570/87, StV 1988, 100.
[47] OLG Bamberg v. 8. 8. 2003 – Ws 509/03, StraFo 2003, 419.
[48] OLG Frankfurt/M. v. 9. 10. 1985 – 3 Ws 867/85, StV 1986, 144.
[49] BGH v. 15. 12. 1980 – AnwSt (R) 14/80, StV 1981, 133.
[50] OLG Zweibrücken v. 7. 12. 1987 – 1 Ws 576 – 577/87, NStZ 1988, 144.
[51] KK-StPO/*Laufhütte* Rn. 1.
[52] OLG Frankfurt/M. v. 21. 2. 1972 – 3 Ws 81/72, NJW 1972, 1964 (1965).
[53] OLG Düsseldorf v. 9. 6. 1999 – 1 Ws 708/99, StV 2000, 412.
[54] OLG Frankfurt/M. v. 11. 5. 2007 – 3 Ws 470/07, NStZ-RR 2007, 244.
[55] OLG Frankfurt/M. v. 5. 4. 1994 – 3 Ws 319/94, StV 1995, 68.
[56] OLG Frankfurt/M. v. 9. 1. 1980 – 3 Ws 13/80, NJW 1980, 1703.
[57] KK-StPO/*Laufhütte* Rn. 9.

§ 142   *Erstes Buch. Allgemeine Vorschriften*

mittel angreifbar, da die StPO keine Regelung hierzu enthält und die §§ 23 ff. EGGVG wegen des Prozeßhandlungscharakters dieser Entscheidungen nicht in Betracht kommen.[58]

16   **2. Gegen Entscheidungen des Vorsitzenden des Gerichts bzw. des Gerichts.** Beschlüsse, mit denen der Vorsitzende des Gerichts oder das gem. Abs. 4, 2. Hs. iVm. § 126 oder § 275 a Abs. 5 zuständige Gericht die Bestellung eines (zusätzlichen[59]) Pflichtverteidigers ablehnt, sind vom Beschuldigten – nicht jedoch von dem betroffenen Verteidiger[60] – gem. § 304 Abs. 1 mit der Beschwerde anfechtbar; dies gilt auch dann, wenn dieser Beschluss in der laufenden Hauptverhandlung ergeht,[61] da § 305 die Beschwerde nur bei Entscheidungen des erkennenden Gerichts ausschließt und dies auch nur dann, wenn diese in innerem Zusammenhang mit der späteren Urteilsfindung stehen; bei der Ablehnung der Pflichtverteidigerbestellung durch den Vorsitzenden ist beides,[62] bei der Ablehnung durch das Gericht zumindest letzteres nicht der Fall. Keine Beschwerdemöglichkeit besteht freilich dann, wenn der Beschluss vom Vorsitzenden eines OLG- oder BGH-Senats erlassen wird, da eine solche in § 304 Abs. 4 nicht vorgesehen ist. Gleiches gilt wegen § 304 Abs. 5 für Entscheidungen des gem. Abs. 4 S. 2 iVm. § 126 zuständigen Ermittlungsrichters des BGH oder eines OLG, die dieser im Hinblick auf die Verteidigerbeiordnung gem. § 140 Abs. 1 Nr. 4 trifft. Die StA ist von negativen Bestellungsentscheidungen nicht beschwert.

17   Wird ein Pflichtverteidiger bestellt, fehlt es regelmäßig an einer Beschwer des Beschuldigten, so dass seine Beschwerdebefugnis schon aus diesem Grunde entfällt.[63] Etwas anderes kann aber dann gelten, wenn die zwangsweise Pflichtverteidigung neben fortbestehender Wahlverteidigung[64] oder die Auswahl der Person des Pflichtverteidigers[65] angegriffen wird. In diesen Fällen besteht die Beschwerdemöglichkeit in demselben Umfang wie bei der Ablehnung der Bestellung. Die Bestellung des bisherigen Wahlverteidigers zum Pflichtverteidiger beschwert weder diesen noch den Beschuldigten.[66] In sämtlichen Konstellationen überprüft das Beschwerdegericht lediglich, ob sich der Vorsitzende bzw. das Gericht im Rahmen des ihm eingeräumten Beurteilungsspielraumes gehalten bzw. bei der Auswahl der Person des Pflichtverteidigers sein Ermessen korrekt ausgeübt hat.[67] Die StA kann die gesetzeswidrige Beiordnung eines Verteidigers stets mit der Beschwerde rügen.[68]

18   **3. Revision.** Zur Revisibilität von Entscheidungen gem. §§ 140, 141 s. o. § 140 Rn. 34 ff. Wird der Beiordnungsantrag des Wahlverteidigers schon vor Beginn der erstinstanzlichen Hauptverhandlung abgelehnt und weigert sich dieser daraufhin, die Revisionsbegründungsschrift zu verfassen, kann die Revision wegen fehlender Begründung auch schon dann als unzulässig verworfen werden, wenn noch nicht über seinen erneuten Beiordnungsantrag für das Revisionsverfahren entschieden ist.[69]

§ 142 [Auswahl des zu bestellenden Verteidigers]

(1) ¹Vor der Bestellung eines Verteidigers soll dem Beschuldigten Gelegenheit gegeben werden, innerhalb einer zu bestimmenden Frist einen Verteidiger seiner Wahl zu bezeichnen. ²Der Vorsitzende bestellt diesen, wenn dem kein wichtiger Grund entgegensteht.

(2) In den Fällen des § 140 Abs. 1 Nr. 2 und 5 sowie des § 140 Abs. 2 können auch Rechtskundige, welche die vorgeschriebene erste Prüfung für den Justizdienst bestanden haben und darin seit mindestens einem Jahr und drei Monaten beschäftigt sind, für den ersten Rechtszug als

---

[58] OLG Karlsruhe v. 22. 12. 1997 – 2 VAs 41/97, NStZ 1998, 315; KK-StPO/*Laufhütte* Rn. 6 (hM); aA *Beckemper* NStZ 1999, 221; *Weider* StV 1987, 317.
[59] OLG Frankfurt/M. v. 11. 5. 2007 – 3 Ws 470/07, NStZ-RR 2007, 244; aA OLG Celle v. 6. 7. 1998 – 3 Ws 151/98, NStZ 1998, 637.
[60] OLG Koblenz v. 22. 1. 1986 – 1 Ws 42/86, wistra 1986, 118 (st. Rspr.).
[61] OLG Zweibrücken v. 22. 4. 1981 – 2 Ws 53/82, StV 1981, 288; OLG München v. 30. 6. 1981 – 1 Ws 550/81, NJW 1981, 2208; OLG Koblenz v. 31. 1. 1983 – 1 Ws 57/83, wistra 1983, 122; OLG Celle v. 17. 5. 1984 – 1 Ws 161/84, MDR 1985, 603; OLG Frankfurt/M. v. 31. 1. 1985 – 3 Ws 45/85, StV 1985, 450; OLG Düsseldorf v. 2. 12. 1985 – 2 Ws 652/85, StV 1986, 239; OLG Hamm v. 23. 11. 1989 – 2 Ws 626/89, NStZ 1990, 143; KG v. 15. 3. 1990 – 1 AR 153/90 – 4 Ws 42/90, StV 1990, 298; *Gatzweiler* StV 1988, 520; Löwe/Rosenberg/*Lüderssen/Jahn* Rn. 48; *Meyer-Goßner* Rn. 10 a; aA OLG Karlsruhe v. 29. 9. 1987 – 3 Ws 247/87, NStZ 1988, 287; OLG Naumburg v. 1. 2. 1995 – 1 Ws 3/95, NStZ-RR 1996, 42; OLG Koblenz v. 31. 1. 1996 – 2 Ws 70/96, NStZ-RR 1996, 206; *Paulus* NStZ 1985, 519.
[62] KK-StPO/*Laufhütte* Rn. 13.
[63] BVerfG v. 19. 3. 1998 – 2 BvR 291/98, NStZ 1998, 363.
[64] OLG Oldenburg v. 4. 7. 2006 – 1 Ws 343/06, StraFo 2006, 378; OLG Frankfurt/M. v. 17. 3. 1987 – 3 Ws 254/87; 3 Ws 255/87, StV 1987, 379; OLG Celle v. 18. 12. 1987 – 3 Ws 570/87, StV 1988, 100; aA OLG Düsseldorf v. 18. 3. 1996 – 1 Ws 182/96, StV 1997, 576.
[65] OLG Zweibrücken v. 7. 12. 1987 – 1 Ws 576–577/87, NStZ 1988, 144.
[66] KK-StPO/*Laufhütte* Rn. 13.
[67] *Meyer-Goßner* Rn. 9.
[68] OLG Celle v. 29. 7. 2008 – 1 Ws 339/08, NStZ 2009, 56.
[69] OLG Stuttgart v. 4. 2. 2004 – 4 Ss 3/04, Die Justiz 2004, 249.

Verteidiger bestellt werden, jedoch nicht bei dem Gericht, dessen Richter sie zur Ausbildung überwiesen sind.

I. Bedeutung der Vorschrift

§ 142 ergänzt die §§ 140, 141, indem er klarstellt, dass in den Fällen der notwendigen Verteidigung gerichtsseitig nicht nur abstrakt ein Verteidiger bestellt, sondern dabei auch eine konkrete Person (bzw. mehrere Personen[1]) ausgewählt wird. Mit dem 2. Opferrechtsreformgesetz, das am 1. 10. 2009 in Kraft getreten ist, wurde der frühere Abs. 1 S. 1 ersatzlos gestrichen, da die darin enthaltene Beschränkung auf Rechtsanwälte, die im Bezirk des zuständigen Gerichts ansässig sein sollten, dem Gesetzgeber aus zwei Gründen nicht mehr sachgerecht erschien: Zum einen war nach seiner Auffassung die räumliche Beschränkung aus verschiedenen Gründen nicht mehr zeitgemäß,[2] zum anderen sollte die bislang bereits hM, wonach auch Hochschullehrer zu Pflichtverteidigern bestellt werden können, klarstellend im Gesetz verankert werden.[3] Ob Letzteres durch die Verwendung des Wortes „Verteidiger" (anstatt wie bisher „Rechtsanwalt") in Abs. 1 nF passgenau erreicht wurde, darf allerdings bezweifelt werden.[4] Schwer verständlich ist, weshalb Abs. 1 S. 2 nF nicht an das zeitgleich mit dem 2. Opferrechtsreformgesetz verkündete Gesetz zur Änderung des Untersuchungshaftrechts angepasst wurde. Denn da mit letzterem die Zuständigkeit für die abstrakte Verteidigerbestellung gem. § 140 Abs. 1 Nr. 4 nF nicht wie in den übrigen Fällen des § 140 dem Vorsitzenden, sondern dem Gericht (§ 141 Abs. 4, 2. Hs. iVm. §§ 126 u. 275 a Abs. 5) zugewiesen wurde, wäre an sich eine Ergänzung des § 142 Abs. 1 S. 2 dahin gehend zu erwarten gewesen, dass in diesem Fall auch die Auswahl der konkreten Person des Verteidigers in der Hand des bestellenden Gerichts liegt. Darüber, ob diese Ergänzung bewusst oder nur versehentlich unterblieben ist, lässt sich angesichts des Schweigens der Gesetzesmaterialien zwar nur spekulieren. Da jedoch die Notwendigkeit zweier Bestellungsentscheidungen (einer des Gerichts über die Tatsache der Verteidigerbestellung und einer weiteren des Vorsitzenden über die Person des zu bestellenden Verteidigers) gerade in den regelmäßig eilbedürftigen Fällen des § 140 Abs. 1 Nr. 4 einen bestenfalls leeren, schlimmstenfalls sinnwidrigen Formalismus darstellen würde, wird man wohl eher von einem gesetzgeberischen Versehen ausgehen müssen und Abs. 1 S. 2 wie folgt zu lesen haben: „Der Vorsitzende bzw. in den Fällen des § 140 Abs. 1 Nr. 4 das gem. § 141 Abs. 4, 2 Hs. zuständige Gericht bestellt …".

II. Bestellbare Personen

1. Rechtsanwälte. Rechtsanwälte sind nach dem Wegfall von Abs. 1 S. 1 aF nunmehr ohne weiteres als Pflichtverteidiger bestellbar, auch wenn sie nicht im Bezirk des zuständigen Gerichts ansässig sind; für die Auswahl eines konkreten Rechtsanwalts gelten allein die allgemeinen Auswahlkriterien;[5] Fachanwalt für Strafrecht braucht der ausgewählte Verteidiger nicht zu sein.[6] Gem. § 49 Abs. 1 BRAO, gegen dessen Verfassungsgemäßheit keine Bedenken bestehen,[7] ist der bestellte Rechtsanwalt grundsätzlich zur Übernahme der Verteidigung verpflichtet; nur sofern wichtige Gründe[8] vorliegen, kann er gem. § 49 Abs. 2 iVm. § 48 Abs. 2 BRAO die Aufhebung der Beiordnung beantragen. Dass der Rechtsanwalt Vormund oder Betreuer des Beschuldigten ist, steht seiner Beiordnung grundsätzlich nicht entgegen.[9] Ein verkammerter Rechtsbeistand steht einem Rechtsanwalt nicht gleich.[10]

2. Hochschullehrer. Rechtslehrer an deutschen Hochschulen iSd. § 138 Abs. 1 konnten schon nach bislang ganz hM ebenfalls zu Pflichtverteidigern bestellt werden.[11] Diese Möglichkeit hat der Gesetzgeber nunmehr durch die Verwendung des Begriffs „Verteidiger" in Abs. 1 S. 1 nF, der den gesamten in § 138 Abs. 1 genannten Personenkreis umfasst, ausdrücklich festgeschrieben.[12] Da die Intention der Gesetzesänderung wohl dahin geht, Hochschullehrer nach den für Rechtsanwälte geltenden Kriterien[13] bestellbar zu machen, ist der einschränkenden Auffassung der Boden entzogen,

---

[1] S. § 141 Rn. 13 f.
[2] BT-Drucks. 16/12098, S. 31.
[3] BT-Drucks. 16/12098, S. 32.
[4] S. u. Rn. 5.
[5] S. u. Rn. 6 ff.
[6] BGH v. 12. 8. 2007 – 1 StR 341/07, DAR 2008, 246.
[7] BVerfG v. 18. 11. 1986 – 2 BvR 1168/86, AnwBl. 1987, 194.
[8] S. dazu *Wolf* JZ 1982, 653.
[9] OLG Düsseldorf v. 13. 10. 1989 – 1 Ws 909/89, NStZ 1990, 98.
[10] KK-StPO/*Laufhütte* Rn. 2; insoweit offengelassen von BGH v. 28. 3. 1984 – 3 StR 95/84, BGHSt 32, 326 (329).
[11] Löwe/Rosenberg/*Lüderssen/Jahn* Rn. 10.
[12] S. o. Rn. 1.
[13] S. u. Rn. 6 ff.

nach der sie nur in besonderen Fallgestaltungen, namentlich bei Bestehen eines besonderen Vertrauensverhältnisses zum Beschuldigten oder der Verfahrensrelevanz ihrer Spezialkenntnisse,[14] beigeordnet werden sollten. Da es für Hochschullehrer aber nach wie vor keine dem § 49 Abs. 1 BRAO entsprechende Bestimmung gibt, sind sie weiterhin nicht zur Übernahme der Verteidigung verpflichtet; sie können daher nur mit ihrem Einverständnis zu Pflichtverteidigern bestellt werden.

4   3. **Rechtskundige.** Nach der – praktisch wenig relevanten[15] und restriktiv anzuwendenden[16] – Ausnahmevorschrift des Abs. 2 kann unter bestimmten Voraussetzungen auch ein Rechtskundiger, dh. ein Referendar ohne abgeschlossene Ausbildung, zum Verteidiger bestellt werden. Dies gilt ausdrücklich nur für den ersten Rechtszug, und – wie das Fehlen eines Verweises auf § 140 Abs. 1 Nr. 1 in Abs. 2 belegt – auch nur dann, wenn die Hauptverhandlung nicht vor dem LG oder dem OLG stattfindet.[17] Bestellt werden können Referendare, welche die erste Prüfung für den Justizdienst bestanden haben, darin seit mindestens einem Jahr und drei Monaten beschäftigt und nicht dem Richter bzw. dem Spruchkörper zugewiesen sind, der für das jeweilige Verfahren zuständig ist; eine Zuweisung an einen anderen Richter oder Spruchkörper des zuständigen Gerichts ist hingegen unschädlich,[18] da keine Weisungsabhängigkeit gegenüber dem erkennenden Gericht besteht. Wer aus dem Vorbereitungsdienst ausgeschieden ist, kann nicht beigeordnet werden.[19] Sowohl aus der abschließenden Spezialregel des Abs. 2 wie auch aus § 139[20] ergibt sich, dass der zum Pflichtverteidiger bestellte Rechtsanwalt die Verteidigung nicht auf einen unterbevollmächtigten Referendar übertragen kann. Es bleibt ihm allerdings unbenommen, sich von einem Referendar, auch in der Hauptverhandlung, unterstützen – jedoch nicht vertreten[21] – zu lassen.[22]

5   4. **Sonstige Personen.** Angesichts des Wortlautes des Abs. 1 aF war bislang klar, dass keine anderen Personen außer Rechtsanwälten, Hochschullehrern und – mit den Einschränkungen des Abs. 2 – auch Referendaren zum Pflichtverteidiger bestellt werden dürfen.[23] Dies ist nunmehr aufgrund der Verwendung des Wortes „Verteidiger" in Abs. 1 S. 1 nF zweifelhaft geworden, da darunter zwanglos auch Angehörige steuerberatender Berufe iSd. § 392 Abs. 1 AO sowie gem. § 138 Abs. 2 zugelassene Personen verstanden werden können. Da der Gesetzgeber jedoch ausweislich der Gesetzesmaterialien eine Ausdehnung des Kreises bestellbarer Personen über die Hochschullehrer hinaus nicht gewollt hat und diese im Interesse der Sicherung einer effizienten und interessengerechten Verteidigung auch nicht wünschenswert wäre, ist eine derart weite Auslegung des Abs. 1 nF nicht angebracht.

III. Vorschlagsrecht des Beschuldigten (Abs. 1 S. 1)

6   1. **Vorschlagsrecht, nicht Rechtsanspruch.** Schon unter der Geltung des Abs. 1 aF war angesichts der Einschränkung in seinem S. 3 („wenn nicht wichtige Gründe entgegenstehen") weitherum anerkannt, dass der Beschuldigte lediglich ein Vorschlagsrecht hinsichtlich des zu bestellenden Pflichtverteidigers, nicht aber einen Rechtsanspruch auf Beiordnung der vorgeschlagenen Person hat.[24] Die Ersetzung des Plurals in Abs. 1 S. 3 aF („wichtige Gründe") durch den Singular in Abs. 1 S. 2 nF („wichtiger Grund") hat an dieser Gesetzeslage ersichtlich nichts geändert, weshalb deren bisherige Auslegung weiterhin gilt. Umgekehrt ist – wie der Gesetzgeber ausdrücklich betont hat[25] – mit der Änderung aber auch keine Erweiterung der Ablehnungsmöglichkeiten des Gerichts bzw. des Vorsitzenden verbunden; die Rechtsprechung des BVerfG,[26] nach der es der fair-trial-Grundsatz gebietet, dem Vorschlag des Beschuldigten möglichst zu entsprechen,[27] beansprucht daher nach wie vor uneingeschränkte Geltung. Bei seiner Bestellungsentscheidung hat sich das Gericht bzw. der Vorsitzende demnach allein am Zweck der Vorschriften über die notwendige Verteidigung zu orientieren, der darin besteht, eine hinreichend sachkundige und effiziente Interessenvertretung des Beschuldigten zu gewährleisten. Ist dies bei der vom Beschuldigten

---

[14] KK-StPO/*Laufhütte* Rn. 3.
[15] KK-StPO/*Laufhütte* Rn. 6.
[16] Vgl. LG Berlin v. 28. 7. 1999 – 534 Qs 90/99, NStZ 2000, 51.
[17] Dazu auch BGH v. 13. 7. 1989 – 4 StR 315/89, StV 1989, 465 (dort auch keine Bestellung eines Referendars für eine Augenscheinseinnahme).
[18] Löwe/Rosenberg/*Lüderssen/Jahn* Rn. 11 (hM).
[19] BGH v. 17. 11. 1964 – 1 StR 442/64, BGHSt 20, 95 (96).
[20] S. § 139 Rn. 1.
[21] So aber OLG Stuttgart v. 4. 7. 1955 – Ws 694/54, NJW 1955, 1291.
[22] *Meyer-Goßner* Rn. 16, s. auch § 139 Rn. 8.
[23] Statt aller KK-StPO/*Laufhütte* Rn. 2.
[24] S. zuletzt BVerfG v. 2. 3. 2006 – 2 BvQ 10/06, StV 2006, 451.
[25] BT-Drucks. 16/12098, S. 32.
[26] S. insbesondere BVerfG v. 8. 4. 1975 – 2 BvR 207/75, BVerfGE 39, 238 (243) = NJW 1975, 1015 (1016).
[27] BVerfG v. 16. 12. 1958 – 1 BvR 449/55, BVerfGE 9, 36 (38) = NJW 1959, 571 (572).

Elfter Abschnitt. Verteidigung 7 § 142

vorgeschlagenen Person der Fall, ist die Beiordnung eines anderen Pflichtverteidigers im Regelfall ermessensfehlerhaft[28] und verletzt den Anspruch des Beschuldigten auf den Beistand durch einen Verteidiger seines Vertrauens.[29] Dies gilt auch dann, wenn der Beschuldigte ein besonderes Vertrauensverhältnis zu der vorgeschlagenen Person weder substantiiert darlegt[30] noch auch nur behauptet. Umgekehrt ist ein entsprechendes Vorbringen aber stets zu berücksichtigen, insbesondere dann, wenn der bisherige Wahlverteidiger um seine Beiordnung ersucht.[31] Vor diesem Hintergrund ist der wichtige Grund gem. Abs. 1 S. 2 eng zu interpretieren, der allein es rechtfertigt, von dem zuvor gem. Abs. 1 S. 1 zu ermittelnden Wunsch des Beschuldigten abzuweichen. Liegt er nicht vor, ist ggf. eine bereits erfolgte, dem Willen des Beschuldigten widersprechende Pflichtverteidigerbestellung wieder rückgängig zu machen.[32] Ein eigenes Recht des Verteidigers, in einem bestimmten Verfahren beigeordnet zu werden, besteht von vornherein nicht.[33]

2. **Wichtiger Ablehnungsgrund.** Ein wichtiger Grund, dem Wunsch des Beschuldigten auf Beiordnung eines bestimmten Verteidigers nicht zu folgen, liegt unstreitig dann vor, wenn die benannte Person überhaupt nicht bestellbar ist, weil es sich bei ihr nicht um einen Rechtsanwalt, Hochschullehrer oder Referendar handelt.[34] Im Übrigen kann ein solcher Grund zB dann gegeben sein, wenn die Bestellung zu einem Verstoß gegen das Mehrfachverteidigungsverbot gem. § 146[35] oder zu einem konkreten Interessengegensatz[36] führen würde, dem vorgeschlagenen Verteidiger die für das Verfahren erforderlichen Spezialkenntnisse oder sonst notwendigen Fähigkeiten fehlen,[37] bei ihm der (einfache[38]) Verdacht des Vorliegens von Ausschlussgründen gem. §§ 138 a oder b[39] oder die Gefahr der Wiederholung eines in anderen Verfahren erfolgten gravierenden Fehlverhaltens[40] besteht, er sich die Pflichtverteidigung zu erschleichen versucht[41] oder sich umgekehrt ernsthaft weigert, diese zu übernehmen.[42] Auch das Beschleunigungsgebot kann dem Wunsch des Beschuldigten, einen bestimmten Verteidiger beigeordnet zu erhalten, entgegenstehen, dies insbesondere dann, wenn der gewünschte Verteidiger terminlich stark belastet oder nicht in der Lage ist, sich rasch in das Verfahren einzuarbeiten und deshalb unnötig lange U-Haft-Zeiten für Mitbeschuldigte drohen.[43] Hier ist allerdings zunächst zu versuchen, Verfahrensverzögerungen möglichst durch frühzeitige Terminsabsprachen, Anberaumung zusätzlicher Verhandlungstage, Verlegung von Nicht-Haftsachen o. Ä. zu vermeiden;[44] im Übrigen ist stets eine sorgfältige Einzelfallabwägung zwischen dem Verteidigungsinteresse des Beschuldigten einerseits und dem Gebot der Haftvermeidung bzw. -verkürzung andererseits vorzunehmen.[45] Allerdings stellt sich das Problem im wesentlichen nur dann, wenn Mitbeschuldigte von den negativen Folgen einer Verteidigerbestellung betroffen wären. Gibt es nur einen Beschuldigten, erscheint es sachgerecht, diesen selbst entscheiden zu lassen, ob er der Verfahrensbeschleunigung oder der Beistandschaft durch den Verteidiger seines Vertrauens Vorrang einräumen möchte.[46] Kein wichtiger Grund iSd. Abs. 1 S. 2 ist die Neigung des vorgeschlagenen Verteidigers zur Konfliktverteidigung[47] oder zu sonstigem unbequemen Verhalten,[48] das Vorliegen behebbarer Terminschwierigkeiten,[49] sofern diese nicht zu unzumutbaren Verfahrensverzögerungen für Mitbeschuldigte führen, oder die nicht verbotene sukzessive bzw. sozietätsinterne Mehrfachverteidigung.[50] Nach dem Wegfall des Abs. 1 S. 1 aF stellt auch die räumliche Entfernung des Verteidigers vom Sitz des zuständigen Gerichts keinen wichtigen Grund mehr dar;[51]

---

[28] OLG Hamburg v. 29. 3. 1983 – 2 Ws 120/83, StV 1983, 234.
[29] BayObLG v. 1. 12. 1987 – RReg 4 St 253/87, StV 1988, 97 (98).
[30] OLG Düsseldorf v. 31. 7. 1995 – 3 Ws 410/95, StV 1995, 573.
[31] OLG Koblenz v. 21. 4. 1994 – 3 Ws 278/94, StV 1995, 118 (st. Rspr.).
[32] OLG Düsseldorf v. 11. 2. 1986 – 1 Ws 110/86, StV 1986, 239.
[33] BVerfG v. 8. 4. 1975 – 2 BvR 207/75, BVerfGE 39, 238 (243) = NJW 1975, 1015 (1016).
[34] *Meyer-Goßner* Rn. 11.
[35] *Meyer-Goßner* Rn. 13.
[36] BVerfG v. 14. 10. 1997 – 2 BvQ 32/97, NStZ 1998, 46; BGH v. 15. 1. 2003 – 5 StR 251/02, BGHSt 48, 170; BGH v. 15. 11. 2005 – 3 StR 327/05, NStZ 2006, 404.
[37] *Meyer-Goßner* Rn. 13.
[38] S. § 138 a Rn. 2.
[39] *Duncker* NJW 1979, 2176 (2180); *Rieß* JR 1979, 37 (40); KK-StPO/*Laufhütte* Rn. 7.
[40] KG v. 2. 11. 1992 – 4 Ws 211 – 212/92, StV 1993, 236; OLG Köln v. 15. 7. 2005 – 2 Ws 237 – 240/05, NJW 2005, 3588; *Meyer-Goßner* Rn. 13.
[41] OLG Koblenz v. 27. 1. 1986 – 1 Ws 42/86, MDR 1986, 604.
[42] *Meyer-Goßner* Rn. 13.
[43] St. Rspr.; s. zB BGH v. 29. 8. 2006 – 1 StR 285/06, NStZ 2007, 163.
[44] *Hilger* StV 2006, 451; ähnlich BGH v. 18. 8. 2009 – 4 StR 280/09, StV 2010, 170.
[45] OLG Hamburg v. 29. 6. 2006 – 3 Ws 100/06, NJW 2006, 2792.
[46] *Rahlf*, FS Widmaier, S. 447.
[47] OLG Köln v. 12. 5. 2006 – 2 Ws 188/06, StV 2007, 288.
[48] KK-StPO/*Laufhütte* Rn. 7.
[49] OLG Frankfurt/M. v. 19. 12. 1991 – 3 Ws 835 – 836/91, StV 1992, 151.
[50] OLG Hamm v. 1. 6. 2004 – 2 Ws 156/04, StV 2004, 641; s. auch u. § 146 Rn. 4 u. 8.
[51] *Wohlers* StV 2010, 151 (154); einschränkend OLG Oldenburg v. 21. 4. 2010 – 1 Ws 194/10, StV 2010, 351.

§ 142 8, 9   Erstes Buch. Allgemeine Vorschriften

die Frage, ob in diesem Fall das besondere Vertrauensverhältnis zwischen dem Beschuldigten und dem auswärtigen Verteidiger gleichwohl zur Beiordnung zwingen kann,[52] ist damit obsolet.

8 **3. Verfahren.** Wie schon nach Abs. 1 S. 2 aF soll auch gem. Abs. 1 S. 1 nF der Beschuldigte unter Fristsetzung aufgefordert werden, einen Verteidiger zu benennen. Die Formulierung der Vorschrift („soll" nicht „muss") lässt zwar erkennen, dass damit keine unabdingbare Verpflichtung des Gerichts bzw. des Vorsitzenden begründet wird,[53] jedoch lässt es die prozessuale Fürsorgepflicht nur in Ausnahmefällen zu, von der Aufforderung zur Verteidigerbenennung abzusehen,[54] nämlich insbesondere dann, wenn der Wunsch des Beschuldigten dem Gericht bzw. dem Vorsitzenden bereits bekannt ist (zB aus frühzeitig gestellten Beiordnungsanträgen) oder die Vorschlagsfrist zu nicht hinnehmbaren Verfahrensverzögerungen führen würde, denen auch durch eine entsprechend kurze Fristsetzung[55] nicht ausreichend begegnet werden kann; hingegen lässt der Bestellungsgrund des § 140 Abs. 1 Nr. 4 nF als solcher die Anhörungspflichten nicht entfallen.[56] Das Gebot, einen Vorschlag des Beschuldigten einzuholen, gilt auch für die Beiordnung eines zusätzlichen oder weiteren Pflichtverteidigers[57] sowie erneut dann, wenn der erste Vorschlag des Beschuldigten nicht umsetzbar ist.[58] Die Vorschlagsfrist darf nicht unangemessen kurz sein.[59] Wann dies der Fall ist, muss jeweils anhand des konkreten Einzelfalls und unter Berücksichtigung des Bestellungsgrundes[60] bestimmt werden; insbesondere in den U-Haft- und Unterbringungsfällen des § 140 Abs. 1 Nr. 4 nF wird bei der Bestimmung der Vorschlagsfrist sorgfältig zwischen den widerstreitenden Geboten abzuwägen sein, den Beschuldigten einerseits nicht unnötig lange unverteidigt zu lassen, ihm aber andererseits trotz erschwerter Kontaktmöglichkeiten zur Außenwelt eine reelle Chance zu geben, selbst einen Verteidiger zu benennen; dass diese Abwägung im Regelfall die Einräumung einer 2-Wochen-Frist erfordern soll,[61] erscheint aber zweifelhaft. Beizupflichten ist freilich der Auffassung, dass der Betroffene in den Fällen des § 140 Abs. 1 Nr. 4 nF nicht nur aufgefordert (d. h. implizit auch belehrt) werden muss, einen Verteidiger zu benennen, sondern dass er darüber hinaus in die Lage zu versetzen ist, eine verantwortliche Auswahlentscheidung zu treffen (u. a. durch Zugänglichmachen von Verteidigerlisten und Bereitstellung von Kommunikationsmitteln).[62]

9 **4. Fehlender Vorschlag des Beschuldigten.** Schlägt der Beschuldigte trotz ordnungsgemäßer Aufforderung keinen Verteidiger vor, liegt es im pflichtgemäßen Auswahlermessen des Gerichts bzw. des Vorsitzenden, einen solchen auszuwählen; es kann dann auch einem Vorschlag der StA gefolgt werden.[63] Dabei wird man dem Gericht bzw. dem Vorsitzenden zwar nicht zumuten können, weitere Nachforschungen oder Mutmaßungen über die Präferenzen des Beschuldigten anzustellen, jedoch sollten bekannte bzw. naheliegende Einwände berücksichtigt und insbesondere der bisherige Wahlverteidiger, dem der Beschuldigte mit guten Gründen das Mandat entzogen hat, nur dann beigeordnet werden, wenn hierfür unabweisbare Gründe (zB in Form des Beschleunigungsgebots) vorliegen.[64] Unbeachtlich ist jedoch der lediglich unsubstantiiert vorgebrachte Hinweis des Beschuldigten, er habe zu bestimmten Verteidigern kein Vertrauen, da er es anderfalls in der Hand hätte, die Verteidigerbestellung und damit das Verfahren mutwillig zu verzögern;[65] dies gilt erst recht, wenn es dem Beschuldigten mit seinen angeblichen Vorbehalten von vornherein ersichtlich lediglich um Verfahrensobstruktion zu tun ist. Beauftragt der Beschuldigte nach der Bestellung des Pflichtverteidigers einen Wahlverteidiger und beantragt dieser sodann seine Beiordnung unter Aufhebung der bisherigen Bestellung, braucht dem nicht stattgegeben zu werden, wenn bereits der Fortbestand der ersten Pflichtverteidigerbestellung die Verteidigung in ausreichendem Maße sichert.[66] Ein Verteidigerwechsel ist auf Wunsch des Beschuldigten aber möglich, wenn der bisherige Verteidiger zustimmt und weder Verfahrensverzögerungen noch Mehrkosten[67] entstehen.[68]

---

[52] S. hierzu KK-StPO/*Laufhütte* Rn. 5.
[53] BGH v. 3. 12. 1991 – 1 StR 456/91, NStZ 1992, 201; aA Löwe/Rosenberg/*Lüderssen/Jahn* Rn. 14 (kommt Anhörungspflicht gleich).
[54] BGH v. 25. 2. 1997 – 1 StR 600/96, NStZ 1997, 401; OLG Celle v. 30. 12. 1981 – 3 Ws 411/81, StV 1982, 360.
[55] OLG Dresden v. 1. 6. 2005 – 3 Ws 30/05, OLG-NL 2005, 188.
[56] OLG Düsseldorf v. 16. 4. 2010 – III-4 Ws 163/10, StV 2010, 350; *Wohlers* StV 2010, 151 (153).
[57] BVerfG v. 25. 9. 2001 – 2 BvR 1152/01, NJW 2001, 3695 (st. Rspr.).
[58] OLG Hamm v. 20. 7. 1993 – 1 Ws 323/93, StV 1994, 8.
[59] OLG Düsseldorf v. 5. 6. 1990 – 3 Ws 435/90, StV 1990, 536.
[60] LG Berlin v. 29. 9. 2008 – 515 Qs 171/08, StV 2009, 14 (3-Tages-Frist ist in Fällen des § 140 Abs. 2 zu kurz).
[61] So aber *Wohlers* StV 2010, 151 (153).
[62] *Wohlers* StV 2010, 151 (154).
[63] BGH v. 15. 8. 2007 – 1 StR 341/07, NStZ 2008, 231; krtisch hierzu *Gaede* HRRS 2007, 413.
[64] Vgl. BGH v. 26. 8. 1993 – 4 StR 364/93, BGHSt 39, 310.
[65] BGH v. 21. 11. 1991 – 1 StR 552/90, NStZ 1992, 292.
[66] KK-StPO/*Laufhütte* Rn. 9.
[67] OLG Köln v. 31. 3. 2006 – 2 Ws 131/06, NStZ 2006, 514.
[68] OLG Düsseldorf v. 7. 2. 2007 – III-3 Ws 48 – 50/07, StraFo 2007, 156 (st. Rspr.); OLG Oldenburg v. 21. 4. 2010 – 1 Ws 194/10, StV 2010, 351 (zur Wirksamkeit des Verzichts des neuen Verteidigers auf bereits angefallene Gebühren).

IV. Wirkung der Bestellung

Den bestellten Verteidiger trifft die öffentlich-rechtliche Pflicht, an der ordnungsgemäßen 10 Durchführung des Strafverfahrens und insbesondere der Hauptverhandlung durch seine Anwesenheit und sachdienliche Verteidigungshandlungen mitzuwirken.[69] Er muss die Verteidigung dabei grundsätzlich selbst führen und darf keine Untervollmachten erteilen.[70] Deshalb sind Rechtsmittelerklärungen und sonstige Verfahrenshandlungen unwirksam, die ein Rechtsanwalt in Untervollmacht des Pflichtverteidigers einlegt;[71] ermächtigt der Beschuldigte den Pflichtverteidiger gem. § 302 Abs. 2 zur Rechtsmittelrücknahme, kann dies aber die Zustimmung zum Tätigwerden eines Unterbevollmächtigten beinhalten.[72] Ein gem. § 53 BRAO bestellter Vertreter des beigeordneten Rechtsanwalts, der ebenfalls das Vertrauen des Beschuldigten genießt,[73] gilt ebenfalls als bestellter Pflichtverteidiger,[74] selbst wenn es sich um einen Referendar handelt, der nicht die Anforderungen des Abs. 2 erfüllt.[75] Der Sozius des Pflichtverteidigers ist nicht per se sein allgemeiner Vertreter im Sinne des § 53 BRAO und daher ebenfalls nicht berechtigt, die Verteidigung zu führen.[76] Diese Grundsätze sind in der Praxis freilich deutlich relativiert, da die meisten Gerichte eine Vertretung des Pflichtverteidigers bei dessen vorübergehender Verhinderung zulassen, sofern der Vorsitzende dies genehmigt.[77] Zur Vertretung des Angeklagten nach §§ 234, 239 Abs. 2 und 411 Abs. 2 bedarf auch der Pflichtverteidiger einer besonderen Vollmacht.

V. Rechtsmittel

1. Beschwerde. Die Auswahlentscheidung des Gerichts bzw. des Vorsitzenden unterliegt im selben Umfang wie auch die Bestellungsentscheidung der Beschwerde; zu Einzelheiten s. § 141 Rn 16 f. Hat die Beschwerde Erfolg, wird ggf. ein bestellter Pflichtverteidiger, der nicht vom Beschuldigten vorgeschlagen wurde, entpflichtet und statt dessen der Vorgeschlagene bestellt.[78]

2. Revison. Verletzungen des § 142 sind grundsätzlich revisibel, auch wenn in der Tatsacheninstanz kein Antrag auf Aussetzung der Hauptverhandlung wegen des Verteidigungsmangels gestellt wurde.[79] Erhält der Beschuldigte entgegen Abs. 1 S. 1 keine Gelegenheit, einen Verteidiger zu benennen oder wird seinem Wunsch unter Verstoß gegen Abs. 1 S. 2 nicht entsprochen, wird das Urteil aber meist nicht hierauf beruhen. Dies gilt jedenfalls dann, wenn der bestellte Verteidiger sachgerecht agiert hat. Etwas anderes kann sich aber ergeben, wenn dieser nicht bereit oder in der Lage war, die Verteidigung angemessen zu führen[80] oder seine Beiordnung ausnahmsweise den Grundprinzipien des Verfahrens, etwa dem Beschleunigungsgebot oder dem fair-trail-Grundsatz, zuwiderlief.[81] Umgekehrt kann die Revision auch dann begründet sein, wenn ein vorliegender wichtiger Grund iSd. Abs. 1 S. 2 rechtsfehlerhaft nicht berücksichtigt wurde.[82] Auch das Revisionsgericht ist an die ermessensfehlerfreie Auswahlentscheidung des Tatgerichts bzw. seines Vorsitzenden gebunden und kann kein eigenes Ermessen ausüben.[83]

§ 143 [Rücknahme der Bestellung]

Die Bestellung ist zurückzunehmen, wenn demnächst ein anderer Verteidiger gewählt wird und dieser die Wahl annimmt.

I. Rücknahmegründe

1. Wahl eines Verteidigers. § 143 knüpft an den in § 141 Abs. 1 niedergelegten Grundsatz an, 1 wonach ein Pflichtverteidiger nur dann bestellt wird, wenn der Beschuldigte (noch) keinen Wahlverteidiger hat. Allerdings lässt das Gesetz die Pflichtverteidigung nicht ohne weiteres erlöschen,

---

[69] OLG Frankfurt/M. v. 21. 2. 1972 – 3 Ws 81/72, NJW 1972, 1964.
[70] BGH v. 16. 12. 1994 – 2 StR 461/94, NStZ 1995, 356 (str. Rspr.); aA Löwe/Rosenberg/*Lüderssen/Jahn* Rn. 35.
[71] BGH v. 27. 9. 1989 – 2 stR 434/89, NStZ 1990, 230 (st. Rspr.).
[72] BGH v. 16. 12. 1994 – 2 StR 461/94, NStZ 1995, 356.
[73] KK-StPO/*Laufhütte* Rn. 10.
[74] BGH v. 5. 2. 1992 – 5 StR 673/91, NStZ 1992, 248.
[75] BayObLG v. 5. 1. 1989 – RReg 3 St 211/88, StV 1989, 469.
[76] BGH v. 10. 9. 1980 – 2 StR 275/80, StV 1981, 12.
[77] KG v. 29. 6. 2005 – 5 Ws 164/05, NStZ-RR 2005, 327; kritisch *Meyer-Goßner* Rn. 15.
[78] OLG Düsseldorf v. 16. 4. 2010 – III-4 Ws 163/10, StV 2010, 350.
[79] BGH v. 3. 12. 1991 – 1 StR 456/91, NJW 1992, 850.
[80] BGH v. 25. 2. 1992 – 5 StR 483/92, StV 1992, 406.
[81] BGH v. 17. 7. 1997 – 1 StR 781/96, BGHSt 43, 153.
[82] BGH v. 15. 11. 2005 – 3 StR 327/05, NStZ 2006, 404.
[83] KK-StPO/*Laufhütte* Rn. 12.

wenn ein Verteidiger gewählt wird und die Wahl annimmt, sondern erfordert einen eigenen Rücknahmeakt. Dieser muss zwar nach dem Wortlaut der Vorschrift („ist zurückzunehmen") – und zwar unabhängig davon, ob die Verteidigerwahl dem Gericht oder dem Vorsitzenden bei seiner Bestellungsentscheidung bekannt war oder nicht[1] – erfolgen, jedoch sind Ausnahmen von dieser Verpflichtung zurecht allgemein anerkannt: Soweit aufgrund der konkreten Verfahrensumstände die Beiordnung eines Pflichtverteidigers neben einem vorhandenen Wahlverteidiger erforderlich wäre,[2] führt naturgemäß auch die spätere Verteidigerwahl nicht zur Rücknahme der bereits vorher erfolgten Pflichtverteidigerbestellung; das Gericht bzw. der Vorsitzende hat daher auch im Rahmen des § 143 zu prüfen, ob eine solche Konstellation vorliegt.[3] Gleiches gilt, wenn ohne den hinzukommenden Wahlverteidiger weitere Pflichtverteidiger neben dem bereits vorhandenen hätten bestellt werden müssen. Eine Rücknahme der Bestellung des zusätzlichen Pflichtverteidigers kommt in diesen Fällen regelmäßig auch dann nicht in Betracht, wenn die Bestellungsgründe entfallen sind,[4] es sei denn, ein lediglich sicherheitshalber beigeordneter Verteidiger wird nach Abschluss der Hauptverhandlung nicht mehr benötigt.[5] Eine Rücknahme der Bestellung gem. § 143 scheidet zudem dann aus, wenn aufgrund konkreter Anhaltspunkte (wie zB Mittellosigkeit des Beschuldigten) anzunehmen ist, dass der neue Wahlverteidiger sein Mandat alsbald wieder niederlegen und dann entweder ganz aus dem Verfahren ausscheiden oder seine eigene Beiordnung beantragen wird.[6] Schließlich wird die Bestellung des Pflichtverteidigers auch dann nicht zurückgenommen, wenn die Verteidigerwahl ersichtlich nur den Zweck hat, diese Rücknahme herbeizuführen und anschließend das Verfahren „platzen" zu lassen. Liegen hingegen die Voraussetzungen des § 143 vor und unterbleibt die Rücknahme dennoch, ohne dass der Beschuldigte dies zu vertreten hat, sind im Falle seines Freispruchs die Kosten sowohl für den Wahl- wie für den Pflichtverteidiger zu erstatten.[7]

2 **2. Weitere Rücknahmegründe.** Da die Bestellung eines Pflichtverteidigers allein den Zweck verfolgt, die sachgerechte und effiziente Verteidigung des Beschuldigten zu sichern,[8] ist sie in analoger Anwendung des § 143 auch dann zurückzunehmen, wenn sie diesen Zweck im Einzelfall nicht mehr erfüllen kann oder sogar gefährdet;[9] die einzelnen Gründe hierfür können in der Person bzw. dem Verhalten des Pflichtverteidigers, seinem Verhältnis zum Beschuldigten oder einem fehlerhaften Vorgehen des Gerichts bzw. des Vorsitzenden zu finden sein. Eine Rücknahme zur Unzeit ist freilich nicht zulässig.[10]

3 **a) Wichtige Gründe in der Person des Verteidigers.** Die Rücknahme der Bestellung ist zunächst dann möglich, wenn nachträglich ein wichtiger Grund iSd. § 142 Abs. 1 S. 2 eintritt oder bekannt wird; bzgl. der Einzelheiten s. die Ausführungen unter § 142 Rn. 7. Zu beachten ist dabei aber, dass das Vorliegen von Ausschließungsgründen gem. §§ 138 a oder b zwar die Bestellung verhindern, wegen des Vorrangs des Ausschließungsverfahrens gem. §§ 138 c und d aber nicht deren einfache Rücknahme rechtfertigen kann.[11] Auch gravierende Pflichtverstöße des Verteidigers gegenüber dem Beschuldigten können die Rücknahme der Bestellung rechtfertigen,[12] so etwa die grundlos oder aus verfahrensfremden Gründen[13] erfolgende Weigerung, eine Revisionsbegründung zu fertigen, uU auch eine unzureichende Haftbetreuung.[14] Es reicht aber nicht jedes unzweckmäßige, prozessordnungswidrige oder sonst den Verfahrensablauf störende Verhalten des Pflichtverteidigers aus, um dessen Bestellung zurückzunehmen,[15] da die Rücknahmebestimmungen das Gericht bzw.

---

[1] OLG Karlsruhe v. 14. 1. 2010 – 3 Ws 13/10, StV 2010, 179; LG Bonn v. 28. 1. 2010 – 21 Qs 7/10, StV 2010, 180.
[2] S. § 141 Rn. 13.
[3] BGH v. 11. 9. 1986 – 1 StR 472/96, NStZ 1987, 34.
[4] OLG Bamberg v. 10. 1. 1984 – Ws 751/83, StV 1984, 235.
[5] OLG Düsseldorf v. 8. 3. 1990 – 2 Ws 80 – 81/90, StV 1990, 348.
[6] OLG Zweibrücken v. 16. 2. 1982, NStZ 1982, 298 (st. Rspr.); einschränkend KG v. 3. 11. 2008 – 4 Ws 119/08, StV 2010, 63 (Rücknahme gleichwohl, wenn die Bestellung wegen Verstoß gegen § 142 Abs. 1 S. 1 fehlerhaft war); s. auch OLG Köln v. 7. 10. 2005 – 2 Ws 469/05, NJW 2006, 389 (Fall der erzwungenen Pflichtverteidigerauswechslung).
[7] BVerfG v. 28. 3. 1984 – 2 BvR 275/83, NStZ 1984, 561 (st. Rspr.).
[8] S. § 141 Rn. 13.
[9] AllgM; s. zB BVerfG v. 8. 4. 1975 – 2 BvR 207/75, BVerfGE 39, 238 (243) = NJW 1975, 1015 (1016); *Kett-Straub* NStZ 2006, 361; *Seier*, FS Hirsch, S. 378; *Meyer-Goßner* Rn. 3.
[10] BGH v. 9. 12. 1952 – 1 StR 518/52, BGHSt 3, 327; LG Berlin v. 20. 1. 2003 – 504 Qs 6/03, StV 2003, 156.
[11] BGH v. 20. 3. 1996 – 2 ARs 20/96, NStZ 1997, 46; *Meyer-Goßner* Rn. 6 (allgM).
[12] OLG Frankfurt/M. v. 31. 1. 1985 – 3 Ws 45/85, StV 1985, 450.
[13] OLG Stuttgart v. 12. 2. 2002 – 1 Ws 21/02, StV 2002, 473; OLG Karlsruhe v. 30. 4. 2003 – 3 Ss 95/02, StV 2005, 77; anders bei aussichtsloser Revision; s. OLG Stuttgart v. 19. 4. 1979 – 1 Ws 122/79, MDR 1979, 780; OLG Düsseldorf v. 29. 3. 1984 – 1 Ws 179/84, StV 1984, 327.
[14] LG Aachen v. 12. 4. 2005 – 66 KLs 901 Js 10/05, StraFo 2005, 246.
[15] BGH v. 9. 8. 1988 – 4 StR 222/88, NStZ 1988, 510; OLG Zweibrücken v. 7. 12. 1987 – 1 Ws 576–577/87, StV 1988, 142; OLG Köln v. 21. 8. 1990 – 2 Ws 401/90, NStZ 1991, 248; OLG Nürnberg v. 9. 5. 1995 – Ws 461/95; StV 1995, 287; KG v. 2. 2. 2007 – (4) 1 Ss 332/06 (176/06), StV 2008, 68 (Weigerung auf Ladungsfristen zu verzichten).

Elfter Abschnitt. Verteidigung 4–8 § 143

dessen Vorsitzenden nicht zum Überwacher des Pflichtverteidigers werden lassen.[16] Vielmehr muss das Fehlverhalten objektiv zum Schaden des Beschuldigten[17] und zudem von einigem Gewicht sein; darüber hinaus muss in diesen Fällen der Rücknahme eine Abmahnung vorausgehen.[18] Schließlich können auch Umstände, die der Verteidiger nicht zu vertreten hat, wie insbesondere eine Erkrankung oder seine dauerhafte Verhinderung,[19] zur Rücknahme der Bestellung führen.

b) **Störungen im Vertrauensverhältnis zum Beschuldigten.** Unüberbrückbare, die sachgerechte 4 Verteidigung gefährdende Gegensätze zwischen dem Verteidiger und seinem Mandanten, insbesondere eine nachhaltige Erschütterung des notwendigen Vertrauensverhältnisses, rechtfertigen ebenfalls die Rücknahme der Bestellung.[20] Maßstab für eine derartige Erschütterung des Vertrauensverhältnisses ist dabei nicht der bloße Wunsch des Beschuldigten, einen anderen Verteidiger zu bekommen,[21] sondern die auf substantiiert vorzutragende[22] Umstände gegründete Sicht eines verständigen Angeklagten.[23] Unterschiedliche Auffassungen über das Verteidigungskonzept stellen nicht ohne weiteres solche Umstände dar,[24] ebenso wenig schlichte Meinungsverschiedenheiten weltanschaulicher Art[25] oder Beleidigungen, Bedrohungen,[26] Verdächtigungen[27] sowie tätliche Angriffe[28] des Verteidigers durch den Beschuldigten, wenn dieser damit lediglich die Bestellungsrücknahme erzwingen will.

c) **Fehlerhafte Bestellung.** Die Bestellung ist auch zurückzunehmen, wenn sie von vornherein 5 fehlerhaft war.[29]

II. Zuständigkeit und Verfahren

Obwohl sich § 143 hierzu nicht ausdrücklich äußert, liegt die Zuständigkeit für die Bestel- 6 lungsrücknahme ebenfalls beim Vorsitzenden des Gerichts[30] bzw. in den Fällen des § 140 Abs. 1 Nr. 4 beim bestellenden Gericht (vgl. § 141 Abs. 4, 2. Hs. iVm. §§ 126 u. 275 a Abs. 5). Die Rücknahme ist gem. § 34 zu begründen und gem. § 35 bekanntzumachen.

III. Rechtsmittel

1. Beschwerde. Die Rücknahme beschwert den Beschuldigten und ist daher im selben Umfang 7 mit der Beschwerde anfechtbar wie die Ablehnung der Bestellung; s. dazu im Einzelnen die Ausführungen bei § 141 Rn. 13. Nicht rechtsmittelfähig ist hingegen die einer Bestellungsrücknahme vorausgehende Abmahnung.[31] Die Ablehnung der Rücknahme unterliegt hingegen mangels Beschwer nicht der Anfechtung durch den Beschuldigten, sondern allenfalls derjenigen durch die StA.[32]

2. Revision. Auf der Rücknahme der Pflichtverteidigerbestellung beruht das Urteil dann nicht, 8 wenn der hinzukommende Wahlverteidiger oder ein neu bestellter Pflichtverteidiger sachgerecht agiert hat; s. hierzu im einzelnen die Ausführungen bei § 140 Rn. 34 ff. und § 142 Rn. 12. Die Ablehnung der Rücknahme kann nur dann die Revision begründen, wenn der im Verfahren verbleibende Pfllichtverteidiger seinerseits nicht sachgerecht agiert hat.

---

[16] BGH v. 27. 7. 2006 – 1 StR 147/06, NStZ-RR 2009, 35.
[17] Insoweit zu weitgehend daher OLG Frankfurt/M. v. 21. 2. 1972 – 3 Ws 81/72, NJW 1972, 1964 (unberechtigtes Verlangen nach Beiordnung eines zweiten Pflichtverteidigers).
[18] OLG Hamburg v. 17. 11. 1997 – 2 Ws 255/97, NJW 1998, 621; *Kudlich* NStZ 1998, 586; KK-StPO/*Laufhütte* Rn. 4; *Meyer-Goßner* Rn. 4.
[19] OLG Karlsruhe v. 21. 4. 1980 – 4 Ws 55/80, Die Justiz 1980, 338.
[20] BVerfG v. 25. 9. 2001 – 2 BvR 1152/01, NJW 2001, 3695 (3697); BGH v. 26. 8. 1993 – 4 StR 364/93, BGHSt 39, 310 (314 f.); *Kett-Straub* NStZ 2006, 361 (364); KK-StPO/*Laufhütte* Rn. 5; *Meyer-Goßner* Rn. 5; enger *Hilgendorf* NStZ 1996, 5 (nur bei Unzumutbarkeit weiterer Verteidigung).
[21] OLG Dresden v. 1. 6. 2005 – 3 Ws 30/05, OLG NL 2005, 188.
[22] Std. Rspr.; s. zuletzt BGH v. 24. 6. 1998 – 5 AR (VS) 1/98, StV 1998, 414.
[23] BGH v. 18. 11. 2003 – 1 StR 481/03, NStZ 2004, 632; OLG Düsseldorf v. 15. 7. 1992 – 2 Ws 295/92, StV 1993, 6.
[24] BGH v. 8. 2. 1995 – 3 StR 586/94, NStZ 1995, 296 (st. Rspr.).
[25] OLG Karlsruhe v. 2. 3. 1978 – 3 Ws 48/78, AnwBl. 1978, 241.
[26] BGH v. 12. 10. 1997 – 3 StR 441/97, NStZ 1998, 267; OLG Schleswig v. 25. 11. 2004 – 1 Ws 4342/04, SchlHA 2005, 260; KG v. 12. 4. 1978 – (1) 1 StE 2/77; (1) 1 StE 130/77, AnwBl. 1978, 241.
[27] BGH v. 26. 8. 1993 – 4 StR 364/93, BGHSt 39, 310.
[28] KG v. 12. 4. 1978 – (1) 1 StE 2/77; (1) 1 StE 130/77, AnwBl. 1978, 241.
[29] OLG Frankfurt/M. v. 17. 3. 1987 – 3 Ws 254–255/87, StV 1987, 379.
[30] Allg. M.; s. zB KK-StPO/*Laufhütte* Rn. 1.
[31] OLG Hamburg v. 17. 11. 1997 – 2 Ws 255/97, NJW 1998, 621.
[32] OLG Düsseldorf v. 18. 3. 1996 – 1 Ws 182/96, StV 1997, 576; KK-StPO/*Laufhütte* Rn. 6; aA OLG Oldenburg v. 4. 7. 2006 – 1 Ws 343/06, StraFo 2006, 378; kritisch auch *Barton* StV 1997, 576.

IV. Erlöschung der Bestellung

9 Die Pflichtverteidigerbestellung erlischt, ohne dass es hierfür eines Rücknahmeaktes bedürfte, mit rechtskräftigem Abschluss des Verfahrens, dem Wegfall der Bestellungsfähigkeit des Verteidigers (also dem Verlust der Zulassung bei Rechtsanwälten bzw. dem Ausscheiden aus dem Vorbereitungsdienst bei Referendaren) sowie dem Tod des Pflichtverteidigers oder des Beschuldigten, letzterenfalls aber erst, nachdem die für die endgültige Verfahrenseinstellung erforderlichen Prozesshandlungen vorgenommen wurden.

§ 144 (weggefallen)

§ 145 [Ausbleiben des Verteidigers]

(1) ¹Wenn in einem Falle, in dem die Verteidigung notwendig ist, der Verteidiger in der Hauptverhandlung ausbleibt, sich unzeitig entfernt oder sich weigert, die Verteidigung zu führen, so hat der Vorsitzende dem Angeklagten sogleich einen anderen Verteidiger zu bestellen. ²Das Gericht kann jedoch auch eine Aussetzung der Verhandlung beschließen.

(2) Wird der notwendige Verteidiger gemäß § 141 Abs. 2 erst im Laufe der Hauptverhandlung bestellt, so kann das Gericht eine Aussetzung der Verhandlung beschließen.

(3) Erklärt der neu bestellte Verteidiger, daß ihm die zur Vorbereitung der Verteidigung erforderliche Zeit nicht verbleiben würde, so ist die Verhandlung zu unterbrechen oder auszusetzen.

(4) Wird durch die Schuld des Verteidigers eine Aussetzung erforderlich, so sind ihm die hierdurch verursachten Kosten aufzuerlegen.

I. Bedeutung der Norm

1 § 145, der nur das Verfahren in der Hauptverhandlung regelt, ergänzt die §§ 140 und 231a Abs. 4 und beruht auf dem Grundsatz, dass der notwendige Verteidiger zu den Personen gehört, deren Anwesenheit in der Hauptverhandlung zwingend erforderlich ist.[1] Er soll diese Anwesenheit gewährleisten und damit gleichzeitig die Kontinuität einer ausreichenden Verteidigung sichern sowie den absoluten Revisionsgrund des § 338 Nr. 5 vermeiden helfen. Wie sein Regelungsgehalt zeigt, hält der Gesetzgeber zur Erreichung dieser Zwecke allerdings nicht die permanente Anwesenheit ein und desselben Verteidigers in der Hauptverhandlung für notwendig.[2] Dementsprechend ist es auch ausreichend, wenn von mehreren Verteidigern – etwa aufgrund interner Arbeitsteilung[3] – jeweils mindestens einer anwesend ist,[4] sofern nur sämtliche ordnungsgemäß geladen sind.[5]

II. Ausbleiben des notwendigen Verteidigers (Abs. 1)

2 **1. Allgemeines.** Die Ausbleibensregelung des Abs. 1 erfasst sämtliche Fälle der notwendigen Verteidigung gem. § 140 Abs. 1 und Abs. 2,[6] nicht aber die bloß fakultative Verteidigung. Dort kann beim Ausbleiben des Wahlverteidigers auch ohne diesen verhandelt werden (vgl. auch § 228 Abs. 2). Ist ein Pflichtverteidiger bestellt, bleibt die Verteidigung im Regelfall während der gesamten Hauptverhandlung notwendig, auch wenn sich in ihr die Beurteilung der Verteidigungsvoraussetzungen geändert hat; etwas anderes gilt ausnahmsweise dann, wenn die Pflichtverteidigerbestellung in zulässiger Weise wegen des Fehlens oder des Wegfalls der Voraussetzungen des § 140 zurückgenommen wird.[7] In diesem Fall kann die Hauptverhandlung ohne Bestellung eines neuen Pflichtverteidigers fortgesetzt werden.

3 **2. Ausbleiben des Verteidigers.** Der Verteidiger ist iSd. Abs. 1 S. 1, 1. Alt. ausgeblieben, wenn er – gleichgültig aus welchen Gründen[8] – trotz ordnungsgemäßer Ladung[9] nicht erscheint und auch nicht gem. § 231c beurlaubt ist. Lediglich verspätetes Erscheinen stellt kein Ausbleiben dar;[10]

---

[1] KG v. 9. 7. 1991 – (3) 1 Ss 104/91, StV 1992, 315.
[2] So auch die st. Rspr. des BGH; s. zuletzt BGH v. 21. 1. 1981 – 2 StR 461/81, NStZ 1981, 231.
[3] BGH v. 18. 2. 1981 – 3 StR 269/80, MDR 1981, 457; kritisch hierzu *Strate* StV 1981, 261.
[4] BGH v. 17. 12. 1965 – 5 StR 404/65, MDR 1966, 200 (201).
[5] BGH v. 9. 10. 1989 – 2 StR 352/89, BGHSt 36, 259.
[6] KG v. 23. 8. 1982 – (4) Ss 133/82 (54/82), JR 1983, 83.
[7] S. § 140 Rn. 32 u. § 143 Rn. 5.
[8] *Meyer-Goßner* Rn. 5.
[9] RG v. 30. 5. 1919 – II 152/19, RGSt 53, 264.
[10] OLG Bamberg v. 8. 8. 2003 – Ws 509/03, StraFo 2003, 419.

umgekehrt steht ein Erscheinen in verhandlungsunfähigem Zustand dem Ausbleiben gleich.[11] Ist von mehreren geladenen Verteidigern mindestens einer anwesend, greift Abs. 1 S. 1 1. Alt. nicht ein.

3. Sichentfernen zur Unzeit. Abs. 1 S. 1, 2. Alt. erfasst das Verlassen der Hauptverhandlung 4 bzw. die Nichtrückkehr nach deren Unterbrechung, obwohl noch Prozesshandlungen ausstehen, die für den Mandanten wesentlich sind.[12] Auf den Grund hierfür kommt es – wie schon bei Abs. 1 S. 1, 1. Alt. – nicht an, ein rechtfertigendes „prozessuales Notwehrrecht" des Verteidigers zum Verlassen des Sitzungssaales existiert nicht,[13] ohne die Verteidigung anderweitig, beispielsweise durch einen mit Genehmigung des Angeklagten auftretenden Unterbevollmächtigten, sicherzustellen. Das Sichentfernen ist nicht unzeitig iSd. Abs. 1 S. 1 2. Alt. wenn es von einer Beurlaubung gem. § 231c gedeckt ist und nach herrschender Praxis auch nicht, wenn der Verteidiger mit Zustimmung des Angeklagten und des Vorsitzenden für seine Vertretung durch einen Unterbevollmächtigten sorgt.[14]

4. Weigerung, die Verteidigung zu führen. Eine Weigerung iSd. Abs. 1 S. 1, 3. Alt., die Verteidi- 5 gung zu führen, liegt vor, wenn der Verteidiger in der Hauptverhandlung untätig bleibt, obwohl eine konkrete Tätigkeit geboten wäre.[15] Sie bedarf keiner ausdrücklichen Erklärung, sondern kann auch konkludent erfolgen, indem der Verteidiger seine Pflichten schlicht nicht wahrnimmt.[16] Hierbei ist allerdings Vorsicht angezeigt: Da das bloße Unterlassen einzelner, einem Dritten zweckmäßig erscheinender, Prozesshandlungen auch Teil der Verteidigungsstrategie sein kann, deren Kontrolle nicht Sache des Vorsitzenden oder des Gerichts ist,[17] darf dieses nur dann als Weigerung iSd. Abs. 1 S. 1, 3. Alt. angesehen werden, wenn sich aus den Umständen eindeutig ergibt, dass der Verteidiger die Verteidigung nicht mehr führen will, etwa weil er es nicht nur unterlässt, den Schlussvortrag zu halten, sondern dabei auch seine Robe ablegt und sich demonstrativ in den Zuschauerraum begibt.[18] Eine Weigerung, die Verteidigung zu führen, liegt nicht schon darin, dass der Verteidiger einem prozeßordnungswidrigen Verlangen des Gerichts nicht nachkommt.[19]

5. Folgen des Ausbleibens. a) Bestellung eines neuen Pflichtverteidigers. Fällt das Verhalten des 6 notwendigen Verteidigers unter eine der Alternativen des Abs. 1 S. 1, ist ein neuer Pflichtverteidiger zu bestellen, sofern nicht eine ausreichende Zahl von aktionsfähigen und -willigen Verteidigern verbleibt, der Angeklagte sich nicht sofort einen neuen Verteidiger wählt[20] oder die Hauptverhandlung gem. Abs. 1 S. 2 ausgesetzt wird. Zuständig hierfür ist nach dem Wortlaut des Abs. 1 S. 1 in allen Konstellationen der notwendigen Verteidigung, also auch in den U-Haft- und Unterbringungsfällen des § 140 Abs. 1 Nr. 4 nF, der Vorsitzende, nicht das Gericht. Da keine Gründe ersichtlich sind, weshalb die Kompetenz für die ursprüngliche Verteidigerbestellung gem. § 140 Abs. 1 Nr. 4 nF iVm. § 141 Abs. 4, 2. Hs und diejenige für die Neubestellung gem. § 140 Abs. 1 Nr. 4 nF iVm. § 145 Abs. 1 S. 1 auseinanderfallen sollten, wird man aber davon ausgehen müssen, dass insoweit ein gesetzgeberisches Versehen vorliegt und die Vorschrift mit derselben Ergänzung zu lesen ist wie der – ebenfalls nicht korrekt formulierte – § 142 Abs. 1 S. 2.[21] Die Bestellung des neuen Verteidigers hat „sogleich", dh. ohne weitere Verhandlung zur Sache,[22] zu erfolgen. Zulässig ist aber eine (kurze) Unterbrechung der Hauptverhandlung,[23] ohne die es häufig schon aus technischen Gründen nicht möglich sein wird, einen geeigneten Verteidiger zu kontaktieren. Bei dem neu zu bestellenden Pflichtverteidiger kann es sich uU auch um den bisherigen Wahlverteidiger handeln, der das Mandat niedergelegt hat oder dem es vom Angeklagten entzogen wurde.[24] Ob nach der Bestellung des neuen Pflichtverteidigers diejenigen Teile der Hauptverhandlung wiederholt werden müssen, die ohne seine Mitwirkung stattgefunden haben, ist strittig, nach richtiger Auffassung aber zu verneinen:[25] Die Regelung des § 145 geht ersichtlich

---

[11] Löwe/Rosenberg/*Lüderssen/Jahn* Rn. 14.
[12] OLG Koblenz v. 28. 8. 1981 – 1 Ws 489 – 490/81, NStZ 1982, 43.
[13] OLG Köln v. 15. 7. 2005 – 2 Ws 237 – 240/05, 2 Ws 243 – 244/05, NJW 2005, 3588; aA *Zwiehoff* JR 2006, 505.
[14] S. § 142 Rn. 10.
[15] BGH v. 18. 8. 1993 – 4 StR 413/93, StV 1993, 566.
[16] BGH v. 14. 5. 1992 – 4 StR 202/92, NJW 1993, 341.
[17] AK-StPO/*Stern* Rn. 12.
[18] BGH v. 18. 8. 1993 – 4 StR 413/93, StV 1993, 566.
[19] BGH v. 8. 2. 1957 – 1 StR 375/56, BGHSt 10, 202 (207) = NJW 1957, 881.
[20] KK-StPO/*Laufhütte* Rn. 6.
[21] S. § 142 Rn. 1.
[22] RG v. 28. 6. 1910 – V 536/10, RGSt 44, 16.
[23] *Meyer-Goßner* Rn. 3.
[24] BGH v. 25. 2. 1992 – 5 StR 483/91, NStZ 1992, 292; OLG Stuttgart v. 28. 4. 1978 – 3 Ss (3) 73/78, NJW 1979, 559; s. hierzu aber auch § 142 Rn. 9.
[25] BGH v. 30. 10. 1959 – 1 StR 418/59, BGHSt 13, 337 (340); *Meyer-Goßner* Rn. 3; aA *Fezer*, Strafprozeßrecht 11/55; einschränkend SK-StPO/*Wohlers* Rn. 15 (im Regelfall Wiederholung).

davon aus, dass es auf die Personenidentität des Verteidigers nicht ankommt, weshalb es nur konsequent ist, an einen bloßen Personenwechsel auch keine weitergehenden prozessualen Folgen zu knüpfen als die in der Vorschrift selbst vorgesehen. Da hierzu auch die Möglichkeit des neu bestellten Verteidigers gehört, sich mittels eines Aussetzungsantrags die notwendige Vorbereitungszeit für sein Verteidigungshandeln zu verschaffen (Abs. 3), resultieren daraus auch keine rechtsstaatlich bedenklichen Einschränkungen der Verteidigung.

7 b) **Aussetzung der Hauptverhandlung.** Gem. Abs. 1 S. 2 kann das Gericht nach seinem pflichtgemäßen Ermessen[26] von der Bestellung eines Verteidigers gem. Abs. 1 S. 1 absehen und stattdessen die Hauptverhandlung aussetzen. Obwohl das Gesetz dies nicht ausdrücklich vorsieht, ist daneben auch eine bloße Unterbrechung der Hauptverhandlung bzw. die Verlängerung einer bereits eingetretenen Unterbrechung zulässig, da dies gegenüber der Aussetzung die weniger gravierende Maßnahme darstellt. Aussetzung bzw. Unterbrechung sind insbesondere dann geboten, wenn dem Angeklagten hierdurch ein Verteidigerwechsel erspart werden kann, zB indem das Ende eines vorübergehenden unverschuldeten Ausfalls oder – im Falle der Weigerung, die Verteidigung weiter zu führen – das Abklingen einer erkennbaren kurzzeitigen Überreaktion des bisherigen Verteidigers abgewartet wird.[27] Wird die Hauptverhandlung lediglich unterbrochen, muss sich das Gericht ernsthaft um die Abstimmung eines Fortsetzungstermins mit dem neuen Pflichtverteidiger bemühen.[28]

8 c) **Kostentragungspflicht.** Zur Kostentragungspflicht des Verteidigers, der durch sein Verhalten iSd. Abs. 1 S. 1 eine Aussetzung verschuldet hat, s. unten Rn. 11–15.

III. Aussetzung bei erstmaliger Verteidigerbestellung in der Hauptverhandlung (Abs. 2)

9 Ergibt sich die Notwendigkeit der Verteidigung erst während der Hauptverhandlung und wird deshalb gem. § 141 Abs. 2 während dieser erstmals ein Pflichtverteidiger bestellt, kann das Gericht gem. Abs. 2 von Amts wegen deren Aussetzung beschließen. Dies ist immer dann erforderlich, wenn eine ebenfalls zulässige Unterbrechung nicht ausreicht, weil selbst deren Höchstdauer dem neu bestellten Verteidiger keine sachgerechte Vorbereitung seiner Verteidigung erlaubt oder eine – im Unterschied zu den Fällen des Abs. 1 notwendige[29] – Wiederholung der Hauptverhandlung voraussichtlich nicht möglich ist. Dass sogar auf eine Unterbrechung verzichtet werden kann, ist nur in Ausnahmefällen denkbar, da dem neuen Pflichtverteidiger Gelegenheit geben werden muss, sich mit dem Verfahren vertraut zu machen.

IV. Unterbrechung oder Aussetzung auf Erklärung des neuen Verteidigers (Abs. 3)

10 Erklärt der gem. Abs. 1 oder Abs. 2 neu bestellte Verteidiger, dass er für die ordnungsgemäße Vorbereitung der Verteidigung eine entsprechende Zeitspanne benötige, ist daraufhin die Hauptverhandlung zu unterbrechen bzw. auszusetzen (Abs. 3). Da nur der Verteidiger selbst entscheiden kann, welche Vorbereitungszeit voraussichtlich erforderlich sein wird, hat das Gericht seine Erklärung grundsätzlich nicht zu hinterfragen.[30] Es darf dann aber auch die Entscheidung darüber, ob die Hauptverhandlung ausgesetzt oder lediglich unterbrochen wird, nicht in sein eigenes Ermessen[31] legen, sondern muss dem Verteidiger auch insoweit die Wahl überlassen,[32] da andernfalls letztlich doch das Gericht darüber entscheiden würde, wie lange die Verteidigungsvorbereitung maximal dauern darf. Dem kann auch nicht entgegen gehalten werden, dass damit rechtsmissbräuchlichen Verzögerungstaktiken Tür und Tor geöffnet würde, weil diese mit Hilfe der Kostentragungsregelung des Abs. 4 wirksam sanktioniert werden können. Die Unterbrechung genügt daher nur dann, wenn sich der Verteidiger nach eigenem Bekunden in der Unterbrechungszeit zuverlässig über den Gang des bisherigen Verfahrens unterrichten kann oder sich auf die – in den Fällen des Abs. 2 erforderliche – Wiederholung der bereits durchgeführten Teile der Hauptverhandlung angemessen vorbereiten kann. Demgegenüber hält die hM die Unterbrechung wegen des Beschleunigungsgebots für vorrangig gegenüber der Aussetzung und will den neuen Verteidiger bei voraussichtlich länger dauernden Hauptverhandlungen zudem auf die Möglichkeit verweisen, sich zwischen den einzelnen Sitzungstagen ergänzend vorzubereiten.[33]

---

[26] KK-StPO/*Laufhütte* Rn. 7.
[27] *Meyer-Goßner* Rn. 9.
[28] BGH v. 6. 11. 1991 – 4 StR 515/91, NJW 1992, 849.
[29] BGH v. 29. 6. 1956 – 2 StR 252/56, BGHSt 9, 243 = NJW 1956, 1366.
[30] BGH v. 25. 2. 1997 – 1 StR 600/96 JR 1998, 251.
[31] So aber die hM; s. zB BGH v. 30. 10. 1959 – 1 StR 418/59, BGHSt 13, 337 (343) = NJW 1960, 253; KK-StPO/*Laufhütte* Rn. 10; *Meyer-Goßner* Rn. 12.
[32] Löwe/Rosenberg/*Lüderssen/Jahn* Rn. 26; SK-StPO/*Wohlers* Rn. 19.
[33] KK-StPO/*Laufhütte* Rn 10.

Elfter Abschnitt. Verteidigung 11–13 §§ 144, 145

V. Kostentragungspflicht (Abs. 4)

1. Anwendungsbereich. Nur bei einer Aussetzung aus den in Abs. 1 S. 1 genannten Gründen bzw. 11
wegen einer rechtsmissbräuchlichen Erklärung gem. Abs. 3, nicht jedoch bei einer bloßen Unterbrechung[34] oder einer Terminsaufhebung[35] und auch nur in den Fällen notwendiger (§§ 140, 231a Abs. 4), nicht jedoch bei fakultativer Verteidigung kommt eine Überbürdung der Kosten auf den Verteidiger gem. Abs. 4 in Betracht. Liegt notwendige Verteidigung vor, können die Kosten freilich auch dem Wahlverteidiger auferlegt werden, wenn die übrigen Voraussetzungen ebenfalls gegeben sind und sein Ausbleiben auch nicht durch das Erscheinen des Pflichtverteidigers kompensiert wird.[36] Eine entsprechende Anwendung des Abs. 4 bei Aussetzungen aus anderen Gründen[37] ist nicht möglich.

2. Verschulden. Die Kostenüberbürdung ist zudem nur dann möglich, wenn Verschulden des 12
Verteidigers vorliegt und die Aussetzung allein darauf beruht.[38] Verschulden setzt prozessordnungs- bzw. plichtwidriges Verhalten[39] voraus und kann nur vorliegen, wenn der Verteidiger ordnungsgemäß zum Hauptverhandlungstermin geladen war und auch die Notwendigkeit der Verteidigung, die seine Anwesenheit erst zwingend macht, gekannt hat oder kennen musste. Der bestellte Pflichtverteidiger hat diese Kenntnis naturgemäß stets, der Wahlverteidiger kann sie sich in den Fällen des § 140 Abs. 1 ohne weiteres aus der Anklageschrift bzw. dem Eröffnungsbeschluss verschaffen.[40] Ergibt sich die Notwendigkeit dagegen aus § 140 Abs. 2, ist die Kenntnis des Verteidigers hiervon im Regelfall nur dann anzunehmen, wenn ihm vor oder in der Haputverhandlung ein entsprechender richterlicher Hinweis erteilt wurde,[41] es sei denn, die Voraussetzungen des § 140 Abs. 2 sind offensichtlich[42] gegeben.

Ein Verschulden wurde von der Rechtsprechung zB bejaht, weil der Verteidiger den Hauptverhandlungstermin nicht ordnungsgemäß notiert und deshalb vergessen,[43] ohne Rückfrage beim Gericht auf eine Terminsaufhebung vertraut,[44] sich ohne Zustimmung des Angeklagten von einem Unterbevollmächtigten vertreten lassen,[45] das Mandat wegen mangelnder Bezahlung durch den Angeklagten erst kurz vor der Hauptverhandlung[46] oder während bereits laufender Hauptverhandlung ohne Angabe von Gründen[47] bzw. aus nichtigen Gründen[48] niedergelegt, eine zu kurze Vorbereitungszeit zu spät moniert,[49] die Hauptverhandlung nach abfälligen Äußerungen des Angeklagten über ihn[50] oder nach Zurückweisung eines Aussetzungsantrags gem. § 222a Abs. 2[51] verlassen, Polizeischutz für sich provoziert[52] oder den Verlust seiner Zulassung nicht rechtzeitig mitgeteilt hatte.[53] Verspätungen begründen dann kein Verschulden, wenn sie nur kurzzeitig sind und der Verteidiger daher auf ein Zuwarten des Gerichts vertrauen durfte.[54] Nicht schuldhaft sind rechtzeitig angezeigte Verhinderungen[55] bzw. solche, die ohne Zutun des Verteidigers überraschend eintreten (wie zB Erkrankungen, Todesfälle etc.), ebenso wenig die Wahrnehmung prozessualer Rechte, 13

---

[34] OLG Celle v. 1. 3. 1979 – 1 Ws 39/79, MDR 1979, 864.
[35] OLG Nürnberg v. 20. 8. 1970 – Ws 270/70, AnwBl. 1971, 25.
[36] OLG Köln v. 25. 6. 1996 – 2 Ws 298/96, StV 1997, 122.
[37] KG v. 15. 12. 1999 – 1 AR 1178/99 – 4 Ws 257/99, NStZ-RR 2000, 189 – verspäteter Beweisantrag; OLG Hamm v. 8. 10. 1982 – 6 Ws 37/79, NStZ 1983, 186 – unzulängliche Verteidigungsführung; OLG Jena v. 22. 1. 2003 – 1 Ws 18/03, StV 2003, 432 – verspäteter Aussetzungsantrag; OLG Köln v. 22. 8. 2000 – 2 Ws 405/00, StV 2001, 389 – pflichtwidriges Verhalten; aA OLG Frankfurt/M. v. 26. 11. 1976 – 2 Ws 143–144/76, NJW 1977, 913 – prozessordnungswidriges Verhalten; OLG Hamburg v. 19. 10. 1981 – 1 Ws 358/81 u. 1 Ws 263/81, NStZ 1982, 171 – schuldhafte Herbeiführung der Verhandlungsunfähigkeit des Angeklagten; LG Berlin v. 12. 11. 2002 – 511 Qs 94/02, NStZ 2003, 280 – verspätete Aktenrückgabe).
[38] OLG Hamm v. 14. 1. 1988 – 4 Ws 9/88, NStZ 1988, 240.
[39] *Meyer-Goßner* Rn. 19.
[40] *Meyer-Goßner* Rn. 20.
[41] OLG Hamm v. 31. 10. 1996 – 1 Ws 212/96, StraFo 1997, 79.
[42] KK-StPO/*Laufhütte* Rn. 11; *Meyer-Goßner* Rn. 20.
[43] OLG Düsseldorf v. 13. 7. 1982 – 1 Ws 563/82, NJW 1982, 2512.
[44] OLG Düsseldorf v. 25. 7. 1989 – 1 Ws 687/89, VRS 77, 363.
[45] OLG v. 25. 11. 1971 – 2 Ws 171/71, GA 1972, 211; einschränkend *Meyer-Goßner* Rn. 21 (nur wenn der Unterbevollmächtigte Referendar ist, nicht bei unbevollmächtigtem Sozius).
[46] OLG Koblenz v. 8. 4. 1975 – 1 Ws 198/75, MDR 1975, 773; aA OLG Bamberg v. 27. 10. 1988 – Ws 513/88, StV 1989, 470.
[47] OLG Saarbrücken v. 11. 3. 1988 – 1 Ws 76/88, StV 1989, 5.
[48] OLG Hamm v. 28. 10. 1966 – 4 Ws 436/65, NJW 1967, 897 (Spannungen mit dem Gericht).
[49] OLG Düsseldorf v. 10. 12. 1980 – 1 Ws 721/80, AnwBl. 1981, 201.
[50] OLG Köln v. 13. 1. 1977 – 2 Ws 1026/76, MDR 1977, 598; aA *Terhorst* MDR 1977, 598.
[51] OLG Frankfurt/M. v. 10. 2. 1981 – 2 Ws 21/81, StV 1981, 289.
[52] OLG Schleswig v. 13. 1. 1977 – 1 Ws 510/76, MDR 1977, 775.
[53] BVerfG v. 25. 2. 2009 – 2 BvR 2542/08, NJW 2009, 1582.
[54] OLG Düsseldorf v. 16. 4. 1984 – 1 Ws 384/84, StV 1984, 372.
[55] OLG Hamm v. 13. 7. 1995 – 2 Ws 358/95, StV 1995, 514.

§ 145a

die eine Aussetzung zur Folge hat,[56] die aus triftigem Grund erfolgende Ablehnung, am Verfahren mitzuwirken,[57] sowie das Ausbleiben bei Übertragung der Verteidigung auf den gem. § 53 BRAO bestellten Vertreter[58] oder im berechtigten Vertrauen auf das Erscheinen eines neu gewählten[59] oder zusätzlich bestellten[60] Verteidigers. Die Behauptung krankheitsbedingter Abwesenheit kann amtsärztlich überprüft werden.[61] Der ausgebliebene Verteidiger kann sich auch noch nachträglich entschuldigen.[62]

14   **3. Umfang der Kostentragungspflicht.** Zu erstatten sind die durch die Aussetzung bedingten Kosten in dem Umfang, in dem sie der Angeklagte bei Verurteilung oder die Staatskasse bei Freisprechung zu tragen hätte, wobei der wirkliche – nicht ein nur hypothetisch möglicher – Verfahrensverlauf entscheidend ist.[63] Im zivilrechtlich-technischen Sinn handelt es sich um einen Schadensersatzanspruch der Staatskasse.[64]

15   **4. Verfahren.** Die Entscheidung nach Abs. 4 wird sofort nach dem schuldhaften Verhalten des Verteidigers, nicht erst zusammen mit der abschließenden Kostenentscheidung gem. § 464 ff. getroffen; ist der betroffene Verteidiger anwesend, erhält er vorher rechtliches Gehör.[65] Die Entscheidung trifft das Gericht, nicht der Vorsitzende,[66] durch begründungs- und bekanntmachungspflichtigen (§§ 34, 35) Beschluss, in der Hauptverhandlung ggf. unter Mitwirkung der Schöffen, bei unterbrochener[67] Hauptverhandlung bzw. außerhalb davon ohne diese.

VI. Rechtsmittel

16   **1. Beschwerde.** Die Entscheidungen des Gerichts gem. Abs. 4 sind mit der Beschwerde anfechtbar. Soweit sie die Aussetzung oder die Unterbrechung der Hauptverhandlung betreffen (Abs. 1 S. 2, Abs. 2 und Abs. 3), sind sie gem. § 305 der Beschwerde entzogen. Zur Anfechtbarkeit der Entscheidungen des Vorsitzenden über die Bestellung eines neuen Verteidigers s. die Ausführungen bei § 141 Rn. 13 f.

17   **2. Revision.** Wird beim Ausbleiben des Verteidigers ohne einen neuen verhandelt, begründet dies den absoluten Revisionsgrund des § 338 Nr. 5.[68] Bei einem Verteidigerwechsel bzw. der erstmaligen Bestellung eines Pflichtverteidigers kann ein Revisionsgrund entweder dann gegeben sein, wenn der neue Verteidiger nicht sachgerecht agiert hat[69] oder einem Aussetzungs- oder Unterbrechungsantrag nicht stattgegeben wurde; in Betracht kommt hierbei entweder § 338 Nr. 8[70] oder § 337, wobei bei letzterem die Beruhensfrage regelmäßig zu bejahen sein wird.[71]

§ 145a [Zustellung an den Verteidiger]

(1) Der gewählte Verteidiger, dessen Vollmacht sich bei den Akten befindet, sowie der bestellte Verteidiger gelten als ermächtigt, Zustellungen und sonstige Mitteilungen für den Beschuldigten in Empfang zu nehmen.

(2) ¹Eine Ladung des Beschuldigten darf an den Verteidiger nur zugestellt werden, wenn er in einer bei den Akten befindlichen Vollmacht ausdrücklich zur Empfangnahme von Ladungen ermächtigt ist. ²§ 116a Abs. 3 bleibt unberührt.

(3) ¹Wird eine Entscheidung dem Verteidiger nach Absatz 1 zugestellt, so wird der Beschuldigte hiervon unterrichtet; zugleich erhält er formlos eine Abschrift der Entscheidung. ²Wird eine Entscheidung dem Beschuldigten zugestellt, so wird der Verteidiger hiervon zugleich unterrichtet, auch wenn eine schriftliche Vollmacht bei den Akten nicht vorliegt; dabei erhält er formlos eine Abschrift der Entscheidung.

---

[56] KK-StPO/*Laufhütte* Rn. 11; einschränkend OLG Hamburg v. 19. 10. 1981 – 1 Ws 358/81, 1 Ws 263/81, AnwBl. 1982, 161.
[57] BGH v. 15. 12. 1980 – AnwSt (R) 14/80, StV 1981, 133.
[58] OLG Frankfurt/M. v. 29. 12. 1987 – 3 Ws 1186–1187/87, StV 1988, 195.
[59] KG v. 16. 5. 2000 – 2 AR 45/00 – 4 Ws 93/00, StV 2000, 406.
[60] OLG Köln v. 25. 6. 1996 – 2 Ws 298/96, StV 1997, 122.
[61] OLG Hamburg v. 19. 10. 1981 – 1 Ws 358/81, 1 Ws 263/81, NStZ 1982, 172.
[62] OLG Düsseldorf v. 6. 9. 1983 – 1 Ws 753/83, StV 1984, 8.
[63] OLG Karlsruhe v. 18. 12. 1979 – 4 Ws 171–173/79, NJW 1980, 951.
[64] OLG Stuttgart v. 31. 7. 1981 – 5 Ws 9/81, NStZ 1982, 130.
[65] *Meyer-Goßner* Rn. 22.
[66] OLG Hamm v. 13. 7. 1995 – 2 Ws 358/95, StV 1995, 514.
[67] OLG Stuttgart v. 4. 11. 2008 – 1 Ws 301/08, Die Justiz 2009, 105.
[68] BGH v. 14. 5. 1992 – 4 StR 202/92, NJW 1993, 340.
[69] S. § 142 Rn. 12.
[70] KK-StPO/*Laufhütte* Rn. 15.
[71] *Meyer-Goßner* Rn. 26.

I. Zustellung an den Verteidiger (Abs. 1)

1. Allgemeines. Abs. 1 enthält eine gesetzlich fingierte Zustellungsvollmacht, die das Mitteilungswesen (sowohl im Hinblick auf Schriftstücke, die im technischen Sinne zuzustellen sind, wie auch bzgl. anderer Mitteilungen an den Beschuldigten[1]) vereinfachen[2] und dabei zugleich auch gewährleisten soll, dass der Verteidiger die Informationen erhält, die er benötigt, um die Verteidigung sachgerecht führen zu können.[3] Die gesetzliche Fiktion gilt unabhängig vom Willen des Beschuldigten und kann von diesem daher auch nicht eingeschränkt oder ausgeschlossen werden.[4] Die Regelung schließt eine Zustellungsermächtigung Dritter nicht aus[5] und enthält im Übrigen lediglich die Möglichkeit, nicht aber die Verpflichtung, Zustellungen und sonstige Mitteilungen an den Verteidiger zu bewirken.[6] Sie hindert daher auch nicht die Zustellung nur oder auch an den Beschuldigten selbst. Um dem Grundgedanken und dem Zweck des Abs. 1 zu entsprechen, sollte aber in aller Regel dem Verteidiger zugestellt werden.[7] Unterbleibt dies und kommt es dadurch zu Unklarheiten bei der Fristberechnung oder sogar zur Fristversäumnis, wird meist Wiedereinsetzung in den vorherigen Stand zu gewähren sein.[8] Im OWi-Verfahren gilt der gleichlautende § 51 Abs. 3 S. 1 OWiG.

2. Wirksames Verteidigungsverhältnis. Abs. 1 setzt ein wirksames Verteidigungsverhältnis voraus, gilt also nicht bei Personen iSd. § 138 Abs. 2, denen die Genehmigung des Gerichts (noch) nicht erteilt wurde, bei zurückgewiesenen (s. § 146 a) oder ausgeschlossenen (s. §§ 138 a ff.) Verteidigern sowie Rechtsanwälten, die nicht (mehr) über die Zulassung verfügen, jedoch bei solchen, gegen die ein Berufsverbot ausgesprochen ist, weil diese erst analog § 146 a zurückgewiesen werden müssen, bevor das mit Ihnen bestehende Verteidigungsverhältnis erlischt.[9] An gem. § 137 Abs. 1 S. 2 überzählige Verteidiger darf ebenfalls nicht zugestellt werden, ebenso an eine Sozietät mit mehr als drei Anwälten, die als solche die Verteidigung übernommen hat;[10] gleichwohl erfolgende Zustellungen sind aber wegen der Regelung des § 146 a Abs. 2 wirksam.[11]

3. Beginn und Ende der Zustellungsbevollmächtigung. Empfangsbevollmächtigt gem. Abs. 1 ist der gewählte Verteidiger von dem Zeitpunkt an, zu dem sich seine Vollmachtsurkunde[12] im Original oder in Kopie[13] bei den Akten befindet; dies ist auch dann der Fall, wenn der Angeklagte den Verteidiger in der Hauptverhandlung zu Protokoll des Gerichts mündlich bevollmächtigt, weil dann das Protokoll Aktenbestandteil ist. Hingegen genügt ein bloßes Auftreten des Verteidigers in der Hauptverhandlung nicht,[14] ebensowenig eine Blankovollmacht.[15] Verfügt der Verteidiger nachweislich über eine rechtsgeschäftliche Zustellungsvollmacht, ist eine Zustellung an ihn auch dann wirksam, wenn sich keine Vollmacht bei den Akten befindet.[16] Der Pflichtverteidiger ist zustellungsbevollmächtigt, sobald sich seine Bestellung aus den Akten ergibt; eine Vollmacht braucht er nicht nachzuweisen.[17] Zustellungen an den Sozius des bestellten Verteidigers, der keine Zustellungsvollmacht zu den Akten gegeben hat, sind hingegen unwirksam, weil sich die Bestellung nicht auf ihn bezieht.[18]

Die Zustellungsbevollmächtigung des Wahlverteidigers endet nicht automatisch mit seinem Mandat, sondern erst dann, wenn seine Vollmacht gegenüber dem Gericht widerrufen ist;[19] allerdings ist bei Stellung eines Wiederaufnahmeantrags durch einen neuen Verteidiger im Regelfall auch dann davon auszugehen, dass nur dieser bevollmächtigt sein soll, wenn der Widerruf der Vollmacht des bisherigen Verteidigers noch nicht zu den Akten gelangt ist.[20] Der Pflichtverteidiger

---

[1] KK-StPO/*Laufhütte* Rn 1.
[2] *Meyer-Goßner* Rn. 2.
[3] KK-StPO/*Laufhütte* Rn 1.
[4] OLG Dresden v. 10. 5. 2005 – Ss (OWi) 309/05, NStZ-RR 2005, 244; OLG Köln v. 2. 4. 2004 – Ss 126/4 Z – 68 Z, NJW 2004, 3196.
[5] BayObLG v. 14. 1. 2004 – 2St RR 188/03, NJW 2004, 1263.
[6] KK-StPO/*Laufhütte* Rn 2.
[7] KK-StPO/*Laufhütte* Rn 1.
[8] OLG Düsseldorf v. 7. 2. 1996 – 1 Ws 730–733/95, StV 1997, 121.
[9] S. § 138 Rn. 2.
[10] BayObLG v. 14. 10. 1975 – 6 St 142/75, NJW 1976, 861.
[11] *Meyer-Goßner* Rn. 3; KMR/*Müller* Rn. 6.
[12] BayObLG v. 14. 10. 1987 – RReg 1 St 230/87, JR 1988, 304.
[13] OLG Köln v. 2. 4. 2004 – Ss 126/04 Z – 68 Z, NJW 2004, 3196.
[14] BGH v. 24. 10. 1995 – 1 StR 474/95, BGHSt 41, 303.
[15] OLG Stuttgart v. 17. 2. 2000 – 3 Ss 87/00, NStZ-RR 2001, 24.
[16] OLG Jena v. 15. 5. 2006 – 1 Ss 99/06, VRS 111, 200.
[17] KK-StPO/*Laufhütte* Rn 1.
[18] BGH v. 14. 2. 1995 – 4 StR 649/94 (st. Rspr.).
[19] OLG Hamm v. 23. 1. 1991 – 3 Ss 1418/90, NJW 1991, 1317.
[20] OLG Düsseldorf v. 17. 2. 1993 – 1 Ws 116/93, NStZ 1993, 403.

ist bis zum Ende des notwendigen Verteidigungsverhältnisses, sei es aufgrund Urteilsrechtskraft oder wegen Rücknahme seiner Beiordnung, zustellungsbevollmächtigt.

5 **4. Mehrheit von Verteidigern.** Sind mehrere Verteidiger gewählt (sei es vom Beschuldigten selbst oder gem. § 137 Abs. 2 S. 1 von seinem gesetzlichen Vertreter) oder bestellt, so ist jeder von ihnen gem. Abs. 1 zustellungsbevollmächtigt. Die Zustellung an einen von ihnen genügt selbst dann, wenn die anderen von ihr nicht einmal unterrichtet wurden;[21] jedoch wird in solchen Fällen häufig eine Wiedereinsetzung in den vorherigen Stand in Betracht kommen.[22] Erfolgen mehrere Zustellungen (an mehrere Verteidiger oder an den Verteidiger und den Beschuldigten), gilt für die Fristberechnung § 37 Abs. 2.

6 Bei einer wirksamen (also nicht durch den Pflichtverteidiger erteilten[23]) und formgerecht angezeigten Unterbevollmächtigung kann auch dem unterbevollmächtigten Verteidiger wirksam zugestellt werden; der gem. § 53 BRAO bestellte Vertreter bedarf keiner speziellen Untervollmacht, um zustellungsbevollmächtigt zu sein.[24]

7 **5. Verfahren.** Die Zustellungsanordnung trifft gem. § 36 Abs. 1 S. 1 der Vorsitzende. Eine zwar für das konkrete Verfahren getroffene, im Übrigen aber allgemein gehaltene Anordnung (etwa: „Zustellungen künftig an den Verteidiger") reicht aus, wenn sie zweifelsfrei erkennen lässt, wann und an wen zugestellt werden soll.[25] Für das Zustellungsverfahren gelten aufgrund der Verweisung in § 37 Abs. 1 S. 1 die Vorschriften der ZPO entsprechend. Danach wird der Nachweis der Zustellung entweder durch die Zustellungsurkunde der Post oder das vom Verteidiger pflichtgemäß auszustellende Empfangsbekenntnis erbracht; einem Rechtsbeistand kann allerdings nur dann gegen Empfangsbekenntnis zugestellt werden, wenn es sich im Einzelfall um eine der in § 174 Abs. 1 ZPO genannten übrigen Personen handelt.[26] Zustellungen von unvollständigen oder mit wesentlichen Fehlern behafteten Ausfertigungen einer Entscheidung sind unwirksam.[27]

II. Zustellung von Ladungen (Abs. 2)

8 Abs. 2 enthält eine den Abs. 1 einschränkende Sonderregelung für Ladungen. Diese dürfen dem Verteidiger nur zugestellt werden, wenn er hierzu durch ausdrückliche, bei den Akten befindliche Vollmacht, die freilich auch Bestandteil der allgemeinen Vollmachturkunde sein kann,[28] ermächtigt ist; da die im Vollmachtsformular enthaltene Ladungsvollmacht eindeutig und zweifelsfrei als solche erkennbar sein muss, reicht die bloße Vollmacht zur Entgegennahme von „Zustellungen aller Art" noch nicht aus.[29] Abs. 2 gilt sowohl für den Wahl- wie auch für Pflichtverteidiger, die beide vom Beschuldigten selbst bevollmächtigt sein müssen;[30] wird der bisherige Wahlverteidiger zum Pflichtverteidiger bestellt, bedarf es seiner erneuten Bevollmächtigung.[31] Fehlt es an der ausdrücklichen Bevollmächtigung iSd. Abs. 2, ist die Zustellung der Ladung an den Verteidiger unwirksam; dies gilt aber dann nicht, wenn es um die Mitteilung von Terminen geht, zu denen der Beschuldigte nicht zu erscheinen braucht oder für die es keiner förmlichen Ladung bedarf; hier genügt eine (formlose) Benachrichtigung des Verteidigers.[32] Liegt die Vollmacht gem. Abs. 2 vor, gilt sie auch für das Berufungsverfahren, weshalb hier wegen der möglichen Säumnisfolgen für den Angeklagten aus §§ 329, 330 erhöhte Vorsicht des bevollmächtigten Verteidigers geboten ist: Er sollte bei Ladungen zu Berufungshauptverhandlungen sein besonderes Augenmerk darauf richten, den Angeklagten rechtzeitig und zuverlässig über den Termin zu informieren. Gem. Abs. 2 S. 2 bleiben Zustellungen an den Zustellungsbevollmächtigten iSd. § 116a Abs. 3 gestattet.

III. Benachrichtigung über die Entscheidung (Abs. 3)

9 Abs. 3, dessen Regelung Ausdruck der prozessualen Fürsorgepflicht des Gerichts ist[33] und insbesondere dem Verteidiger eine zuverlässige Fristenkontrolle ermöglichen soll,[34] betrifft die Un-

---

[21] BVerfG v. 20. 3. 2001 – 2 BvR 2058/00, NJW 2001, 2532.
[22] S. u. Rn. 10.
[23] S. § 142 Rn. 10.
[24] Meyer-Goßner Rn. 10 (allgM).
[25] BGH v. 20. 12. 1982 – AnwSt (B) 20/82, MDR 1983, 778.
[26] KK-StPO/*Laufhütte* Rn. 4.
[27] BGH v. 11. 7. 1990 – 2 StR 312/90, BGHR StPO § 145a Unterrichtung 1.
[28] Meyer-Goßner Rn. 12; einschränkend OLG Düsseldorf v. 3. 8. 1989 – 4 Ws 161/89, StV 1990, 536; OLG Köln v. 3.4.192 – Ss 63/92 Z, StV 1993, 402.
[29] OLG Köln v. 3. 4. 1998 – 2 Ws 177/98, NStZ-RR 1998, 240 (allgM).
[30] OLG Dresden v. 21. 7. 2005 – 2 Ss 362/05, StV 2006, 8.
[31] Meyer-Goßner Rn. 12.
[32] BGH v. 8. 4. 1992 – 2 StR 240/91, NStZ 1992, 396; KK-StPO/*Laufhütte* Rn. 5; Meyer-Goßner Rn. 12.
[33] Meyer-Goßner Rn. 13.
[34] KK-StPO/*Laufhütte* Rn. 6; s.a. KG v. 20. 11. 2001 – 1 AR 1353/01 – 5 Ws 702/01, StV 2003, 343.

Elfter Abschnitt. Verteidigung 1, 2 § 146

terrichtung desjenigen, an den im konkreten Fall nicht zugestellt wird. Nach Abs. 3 S. 1 erhält der Beschuldigte eine Zustellungsnachricht sowie formlos eine Abschrift der Entscheidung, wenn seinem Verteidiger zugestellt wird; nach Abs. 3 S. 2 verhält es sich im umgekehrten Fall entsprechend, und zwar auch dann, wenn sich die Vollmacht des Verteidigers noch nicht bei den Akten befindet, das Verteidigungverhältnis dem Gericht aber auf andere Weise bekannt geworden ist.[35] Der in Abs. 3 verwendete Begriff „Entscheidung" ist zwar weit zu verstehen und meint insbesondere auch die Anklageschrift,[36] umfasst aber Ladungen, Anträge und einfache Mitteilungen nicht, bei deren Zustellung die Vorschrift daher nicht eingreift.[37] Jedoch kann es auch hier die prozessuale Fürsorgepflicht gebieten, denjenigen zu informieren, an den sich das Schreiben bzw. die Mitteilung nicht unmittelbar richtet, wenn dieser gleichwohl Kenntnis davon erhalten sollte.[38] Soweit auch in diesen Fällen entsprechend Abs. 3 verfahren wird, sollte die Zustellungsnachricht ebenfalls mit der Übersendung einer formlosen Abschrift des zugestellten Schriftstücks verbunden werden.

Abs. 3 ist eine bloße Ordnungsvorschrift,[39] weshalb es für Fristläufe allein auf die Zustellung, 10 nicht auf die Zustellungsnachricht ankommt[40] und die Zustellung auch beim Unterbleiben der vorgesehenen Benachrichtigung (etwa des untergetauchten Beschuldigten) wirksam ist. Letzteres begründet aber im Fall von Fristversäumnissen regelmäßig die Wiedereinsetzung des Beschuldigten in den vorherigen Stand;[41] unterbleibt die Benachrichtigung des Verteidigers, ist dies jedoch ausnahmsweise dann kein Wiedereinsetzungsgrund, wenn der Beschuldigte im konkreten Fall Anlass hatte, selbst für die Einhaltung der Frist zu sorgen.[42]

§ 146 [Verbot der Mehrfachverteidigung]

¹Ein Verteidiger kann nicht gleichzeitig mehrere derselben Tat Beschuldigte verteidigen. ²In einem Verfahren kann er auch nicht gleichzeitig mehrere verschiedener Taten Beschuldigte verteidigen.

I. Bedeutung und Anwendungbereich der Norm

1. Normzweck. Das Verbot der Mehrfachverteidigung, welches erst mit dem Gesetz zur Ergän- 1 zung des Ersten Gesetzes zur Reform des Strafverfahrensrechts vom 20. 12. 1974 erstmals in die StPO aufgenommen wurde, und mit dem StVÄG 1987 seine heutige Ausgestaltung erhalten hat, dient der Vermeidung von Interessenkollisionen in der Person des Verteidigers; § 146 schützt daher primär den Beschuldigten vor den negativen Folgen eines solchen Interessenkonflikts, soll daneben aber – auf der Basis der Organtheorie der hM[1] – die objektive und neutrale Ausübung der Verteidigertätigkeit auch im öffentlichen Interesse gewährleisten.[2]

Auch wenn zumindest ihr erstgenannter Zweck ohne weiteres anzuerkennen ist und zudem 2 auch keine Bedenken an ihrer Verfassungsmäßigkeit bestehen,[3] verdient die Regelung des § 146 gleichwohl Kritik: Mit ihren derzeitigen Einschränkungen des Mehrfachverteidigungsverbots auf die Fälle der Tatidentität (S. 1) und der Verfahrensidentität (S. 2), die Reaktionen des Gesetzgebers auf die Auslegungsschwierigkeiten und die Überdehnungstendenzen bei § 146 aF darstellen,[4] greift die Vorschrift einerseits deutlich zu kurz. Denn sie erfasst nun selbst eindeutige Fälle von Parteiverrat gem. § 356 StGB nicht mehr, sofern es sich dabei um eine strafprozessual zulässige sukzessive Mehrfachverteidigung handelt.[5] Und sie bietet aufgrund ihrer insoweit fehlenden Analogiefähigkeit von vornherein keine Handhabe, wenn der Verteidiger zwar nur einen Beschuldigten vertritt, dabei aber – aus welchen Gründen auch immer – von den Interessen Dritter (etwa der

---

[35] *Meyer-Goßner* Rn. 13 (hM).
[36] KK-StPO/*Laufhütte* Rn. 7.
[37] BGH v. 3. 12. 2002 – 1 StR 327/02, StraFo 2003, 172 (st. Rspr.).
[38] KK-StPO/*Laufhütte* Rn. 8; Löwe/Rosenberg/*Lüderssen/Jahn* Rn. 14.
[39] BVerfG v. 20. 12. 2001 – 2 BvR 1356/01, NJW 2002, 1640 (allgM).
[40] BGH v. 13. 1. 1977 – 1 StR 691/76, NJW 1977, 640 (allgM).
[41] BGH v. 31. 1. 2006 – 4 StR 403/05, NStZ-RR 2006, 211; BayObLG v. 3. 11. 1999 –2St RR 190/99, StV 2000, 407; OLG Düsseldorf v. 7. 2. 1996 – 1 Ws 730–733/95, StV 1997, 121; OLG Frankfurt/M. v. 11. 12. 1981 – 3 Ws 820/81, NJW 1982, 1297.
[42] KG v. 3. 5. 2006 – 1 AR 371/06 – 5 Ws 233/06, NJ 2007, 233.
[1] S. § 137 Rn. 2.
[2] *Meyer-Goßner* Rn. 1.
[3] BVerfG v. 11. 3. 1975 – 2 BvR 135–139/75, BVerfGE 39, 156 = NJW 1975, 1013 (noch für den weiter reichenden § 146 aF).
[4] S. dazu zB *Dahs* AnwBl. 1977, 362; *ders.* ZRP 1977, 164; *Jescheck*, FS Dreher, S. 783 ff.; *Krämer* NJW 1976, 1664; *Krekeler* AnwBl. 1977, 367; *ders.* AnwBl. 1979, 212; *ders.* AnwBl. 1981, 5; *Martin*, FS Dreher, S. 647 ff.; *Schmidt* MDR 1977, 529; *Zuck* NJW 1979, 1121 (1124); *Roxin* § 19 Rn. 37.
[5] KK-StPO/*Laufhütte* Rn. 1.

Hintermänner einer kriminellen Organisation oder des Arbeitgebers des Beschuldigten einer Wirtschaftsstraftat) geleitet wird.[6] Da § 146 die Mehrfachverteidigung aber nach seinem Wortlaut auch dann verbietet, wenn sie im konkreten Fall schon objektiv nicht zu einem Interessengegensatz führt[7] und/oder vom Einverständnis der Beschuldigten[8] gedeckt ist (zu denken wäre etwa an die Verteidigung eines gemeinsam veranlagten Ehepaars, das wegen Steuerhinterziehung angeklagt und geständig ist[9]), schießt er andererseits deutlich über sein Ziel hinaus. Während sich seine Schutzlücken zumindest in den Fällen notwendiger Verteidigung durch Pflichtverteidigerbestellungen oder -abberufungen wenigstens teilweise kompensieren lassen,[10] sind die möglichen Folgen seiner Schutzzwecküberschreitungen irreparabel: Der betroffene Beschuldigte muss ggf. damit zurechtkommen, dass der am besten geeignete Verteidiger (oder in Massenverfahren á la Siemens womöglich jeder geeignete Verteidiger) wegen seines Engagements für einen Mitbeschuldigten nicht mehr zur Verfügung[11] steht, und sämtliche Verfahrensbeteiligten haben Verfahrensverteuerungen und -verzögerungen hinzunehmen, die aus der Beteiligung mehrerer Verteidiger resultieren und jedenfalls in einfachen Fällen ohne Schaden für die Qualität der Verteidigung ohne weiteres zu vermeiden wären.[12] Angesichts dieser genannten Schwächen ist die Reform des § 146 anzumahnen, nicht aber seine gänzliche Abschaffung, die einen Schritt in die falsche Richtung darstellen würde, und auch nicht seine Ersetzung durch die Möglichkeit einer richterlichen Überprüfung im Einzelfall, die der Rechtssicherheit sicher nicht zuträglich wäre.

3 2. Anwendungsbereich. § 146 gilt ohne weiteres auch für die Vertretung mehrerer Beschuldigter (nicht Kläger) im Privatklageverfahren, da er nicht durch die §§ 374 ff. ausgeschlossen ist,[13] zudem im Jugendstrafverfahren (§ 68 Abs. 2 JGG), im Ordnungswidrigkeitenverfahren (§ 46 OWiG[14]) sowie in Verfahren der standes-[15] oder wehrrechtlichen Disziplinargerichtsbarkeit.[16] Für Auslieferungsverfahren ins Ausland gilt § 146 hingegen nicht, weil es bei ihnen an einem inländischen Strafverfahren fehlt; umgekehrt findet die Vorschrift aber bei der Verteidigung mehrerer Betroffener im Einlieferungsverfahren Anwendung.[17]

II. Allgemeines

4 **1. Verbot gleichzeitiger Mehrfachverteidigung.** § 146 verbietet nach seinem eindeutigen Wortlaut sowohl bei Tat- wie auch bei Verfahrensidentität nur die gleichzeitige Mehrfachverteidigung, lässt die nacheinander erfolgende Verteidigung mehrerer Beschuldigter (sog. sukzessive Mehrfachverteidigung) aber zu.

5 **2. Verteidiger, Verteidigung.** Verteidiger iSd. § 146 ist sowohl der Wahl- wie auch der Pflichtverteidiger,[18] da die Gefahr der Interessenskollision, die durch die Vorschrift ausgeschaltet werden soll, bei beiden gleich groß ist. Die Bestellung des Pflichtverteidigers muss unterbleiben, wenn er durch sie mit dem Mehrfachverteidigungsverbot in Konflikt geraten würde;[19] ist er bereits bestellt, wird seine Bestellung nach § 143 zurückgenommen.

6 § 146 erfasst unstreitig das wirksam bestehende Verteidigungsmandat während des gesamten Erkenntnisverfahrens, also von der Begründung der materiellen Beschuldigteneigenschaft des Mandanten im Ermittlungsverfahren[20] bis zur Urteilsrechtskraft. Strittig ist hingegen, ob die Vorschrift auch bereits die Mandatsanbahnung betrifft und ob sie auch noch für Verfahrensabschnitte (wie zB das Vollstreckungs- oder das Vollzugsverfahren) gelten kann, die erst nach dem rechtskräftigen Abschluss des Erkenntnisverfahrens beginnen. Ersteres ist strikt zu verneinen: Für die Konstellationen, in denen der Verteidiger zwar mit mehreren Beschuldigten über deren künftige Verteidigung verhandelt, aber noch von niemandem mandatiert ist, folgt dies daraus, dass er schon deshalb nicht in Interessenkonflikte geraten kann, weil er noch gar nicht auf die Interessen

---

[6] Vgl. BT-Drucks. 10/1313, S. 22; BGH v. 25. 2. 1992 – 5 StR 483/91, NStZ 1992, 292; OLG Düsseldorf v. 7. 3. 1991 – 4 Ws 51/91, NStZ 1991, 352; *Meyer-Goßner* Rn. 1.
[7] Löwe/Rosenberg/*Lüderssen/Jahn* Rn. 4.
[8] *Meyer-Goßner* Rn. 1.
[9] Beispiel nach Löwe/Rosenberg/*Lüderssen/Jahn* Rn. 4.
[10] KK-StPO/*Laufhütte* Rn. 1.
[11] Löwe/Rosenberg/*Lüderssen/Jahn* Rn. 5.
[12] Löwe/Rosenberg/*Lüderssen/Jahn* Rn. 5.
[13] BVerfG v. 8. 2. 1977 – 2 BvR 74/77, AnwBl. 1977, 223; OLG Karlsruhe v. 24. 10. 1977 – 2 Ws 159/77, Die Justiz 1978, 114.
[14] AA *Franke* JZ 1978, 265.
[15] KK-StPO/*Laufhütte* Rn. 12.
[16] BVerwG v. 10. 8. 1993 – 2 WDB 5/93, 2 WDB 6/93, NJW 1994, 1019.
[17] *Meyer-Goßner* Rn. 11.
[18] *Meyer-Goßner* Rn. 6; aA KK-StPO/*Laufhütte* Rn. 3.
[19] BGH v. 12. 5. 1976 – 3 StR 100/76, BGHSt 26, 335.
[20] OLG Karlsruhe v. 23. 10. 1985 – 1 Ws 216/85, MDR 1986, 605.

Elfter Abschnitt. Verteidigung 7–9 § 146

eines bestimmten Mandanten verpflichtet ist.[21] Wurde der Verteidiger bereits von einem Beschuldigten mandatiert und führt er nun Mandatsanbahnungsgespräche mit einem oder mehreren weiteren Beschuldigten, kann im Ergebnis nichts anderes gelten. Denn zum einen ist Anbahnung der Verteidigung – die ohne weiteres auch scheitern kann – noch keine Verteidigung[22] und zum anderen setzt ein Interessenkonflikt eine Verpflichtung auf die Interessen von mindestens zwei Personen voraus, was bis zum Abschluss eines zweiten Mandatsverhältnisses nicht der Fall ist. Bei der Frage, ob das Mehrfachverteidigungsverbot auch noch nach dem rechtskräftigen Abschluss des Erkenntnisverfahrens fortbestehen kann, ist hingegen zu differenzieren:[23] Soweit aufgrund der konkreten Verfahrenslagen nicht die typische Konfliktsituation für den Verteidiger eintreten kann, in der ein Beschuldigter sich auf Kosten des anderen zu entlasten versucht, besteht kein Grund, das Mehrfachverteidigungsverbot aufrecht zu erhalten. Zulässig ist es daher, mehrere Mandanten jeweils nur im Vollstreckungsverfahren[24] oder im Vollzugsverfahren[25] zu vertreten. Unzulässig bleibt es hingegen, einen Mandanten im (laufenden oder bereits abgeschlossenen, aber wiederaufzunehmenden) Erkenntnisverfahren und den anderen im Vollstreckungs- oder Vollzugsverfahren zu verteidigen, wenn es in den einzelnen Verfahren zu unterschiedlichen Sachvorträgen über die jeweiligen Tatbeiträge kommen und die Verteidigung des einen Mandanten daher negativ auf die Verteidigung des anderen zurückwirken kann.[26]

§ 146 ist insoweit analogiefähig, als es um seine entsprechende Anwendung auf die Vertretung 7 anderer Verfahrensbeteiligter geht. Er untersagt es daher, in ein und demselben Verfahren oder wegen ein und derselben Tat gleichzeitig den Beschuldigten und andere Verfahrensbeteiligte[27] oder mehrere andere Verfahrensbeteiligte (wie zB Einziehungs- oder Verfallsbeteiligte gem. §§ 434 Abs. 1 S. 2, 442) nebeneinander vertreten, wenn diesen jeweils unmittelbare rechtliche Nachteile aus dem Verfahren drohen. Gegen die gleichzeitige Vertetung von anderen Personen (etwa mehrerer Privat-[28] oder Nebenkläger, Verletzter oder Zeugen[29]) bestehen hingegen keine Einwände, zumal hier auch schwerlich von Verteidigung gesprochen werden könnte.[30]

3. Anwaltssozietäten. Mehrere Verteidiger aus einer Anwaltssozietät können dann gleichzeitig 8 mehrere Beschuldigte verteidigen, wenn sich ihre Mandatierungen[31] in persönlicher Hinsicht nicht überschneiden, also nicht die gesamte Sozietät oder deren weitere Mitglieder umfassen, die für andere Beschuldigte auftreten.[32] Ob dies jenseits des § 146 im Hinblick auf § 43a Abs. 4 BRAO und § 3 BORA standesrechtlich bedenklich sein kann, ist eine Frage, die nur anhand des konkreten Einzelfalls zu beantworten ist.[33] Sobald sich trotz entsprechender Sicherungsmaßnahmen (wie zB der Einholung des Einverständnisses aller betroffenen Beschuldigten und gesteigerter interner Vorkehrungen für einen wechselseitigen Geheimnisschutz) ein tatsächlicher Interessenkonflikt zeigt, werden jedenfalls sämtliche in der Sozietät geführten Verteidigungen niederzulegen sein.

4. Sockelverteidigung. § 146 verbietet nicht eine inhaltlich und taktisch koordinierte Verteidi- 9 gung mehrerer Beschuldigter durch mehrere Verteidiger (sog. Block- und Sockelverteidigung).[34] Selbstverständlich haben die beteiligten Verteidiger bei einem derartigen Vorgehen aber die allgemeinen Grenzen zulässigen Verteidigerhandelns und dabei insbesondere die Vorschriften über den strafbaren Parteiverrat (§ 356 StGB) und die Strafvereitelung (§ 258 StGB) zu beachten. Zudem wird bei einem Zerbrechen des Sockels häufig das gesamte Vertrauensverhältnis zwischen

---

[21] OLG Düsseldorf v. 28. 6. 1983 – 2 Ws 332/83, StV 1984, 106; *Hassemer*, StV 1985, 405; KK-StPO/*Laufhütte* Rn. 3; Löwe/Rosenberg/*Lüderssen/Jahn* Rn. 13, SK-StPO/*Wohlers* Rn. 14; aA wohl *Meyer-Goßner* Rn. 4.
[22] *Beulke*, Strafbarkeit des Verteidigers S. 126; *Krämer*, NJW 1976, 1665; *Kratzsch*, JA 1983, 675; Löwe/Rosenberg/*Lüderssen/Jahn* Rn. 14; aA OLG München v. 29. 4. 1983 – 2 Ws 440/83 K, NJW 1983, 1688; AnwK-StPO/*Krekeler/Werner* Rn. 15.
[23] KK-StPO/*Laufhütte* Rn. 3 (kein Verbot nach Rechtskraft).
[24] Löwe/Rosenberg/*Lüderssen/Jahn* Rn. 34 f.; aA OLG Schleswig v. 4. 5. 1984 – 1 Ss 135/84, SchlHA 1985, 130; *Meyer-Goßner* Rn. 10.
[25] Löwe/Rosenberg/*Lüderssen/Jahn* Rn. 38; aA OLG Celle v. 25. 7. 1985 – 3 Ws 339/85, StV 1986, 108, (Geltung des § 146 in Strafvollzugssachen); einschränkend OLG München v. 23. 4. 1985 – 1 Ws 1100/84, NStZ 1985, 383 (Geltung in Verfahren gem. §§ 23 ff. EGGVG und §§ 109 ff. StVollzG).
[26] Ähnlich Löwe/Rosenberg/*Lüderssen/Jahn* Rn. 36.
[27] OLG Düsseldorf v. 4. 2. 1988 – 2 Ws 128/87, NStZ 1988, 289.
[28] Löwe/Rosenberg/*Lüderssen/Jahn* Rn. 39 Fn. 123.
[29] BVerfG v. 17. 4. 2000 – 1 BvR 1331/99, NJW 2000, 2660.
[30] Insgesamt (außer bei Zeugenbeiständen) aA KK-StPO/*Laufhütte* Rn. 4.
[31] S. auch § 137 Rn. 22 zu der ähnlich gelagerten Problematik der Überschreitung der Verteidigerhöchstzahl.
[32] BVerfG v. 28. 10. 1976 – 2 BvR 23/76, BVerfGE 43, 79 = NJW 1977, 99; BGH v. 7. 6. 1994 – 5 StR 85/94, BGHSt 40, 188, aA OLG Karlsruhe v. 22. 10. 1998 – 2 Ws 243/98, NStZ 1999, 212; KK-StPO/*Laufhütte* Rn. 9; *Meyer-Goßner* Rn. 8.
[33] Generell bejahend aber Henssler/Prütting/*Eylmann*, BRAO § 43a Rn. 116; Feuerich/Braun, BRAO § 43a RN. 58 (hM im standesrechtlichen Schrifttum); aA KK-StPO/*Laufhütte* Rn. 9.
[34] OLG Düsseldorf v. 20. 8. 2002 – 1 Ws 318/02, NJW 2002, 3267; *Ostendorf* JZ 1979, 252.

den Beschuldigten und ihren Verteidigern in Mitleidenschaft gezogen und eine sachgerechte weitere Verteidigung dadurch erschwert oder sogar unmöglich gemacht werden. Dieses Risiko einzuschätzen und handzuhaben ist freilich allein Sache der Beteiligten.

III. Verbot der Mehrfachverteidigung bei Tatidentität (S. 1)

10 1. **Gleichzeitige Mehrfachverteidigung.** Gem. S. 1 ist es dem Verteidiger verboten, gleichzeitig mehrere Beschuldigte zu verteidigen, wenn diese derselben Tat beschuldigt werden; es kommt dabei nicht darauf an, ob die Beschuldigten in einem oder in mehreren unterschiedlichen Verfahren verfolgt werden.[35] Sukzessive darf eine solche Mehrfachverteidigung aber erfolgen, was dann der Fall ist, wenn ein Mandat aufgrund unmissverständlicher Erklärung[36] (sei es des Verteidigers selbst, des Beschuldigten oder – im Falle der Pflichtverteidigung – des Vorsitzenden des Gerichts) beendet und der Verteidiger daher rechtlich nicht mehr in der Lage ist, den bisherigen Mandanten weiter zu vertreten.[37] Gleiches gilt zudem dann, wenn das Verteidigungsverhältnis zu dem früheren Mandanten zwar nicht beendet wurde, dessen Verfahren aber rechtskräftig abgeschlossen ist und die Verteidigungsstrategien für die verschiedenen Beschuldigten sich nicht mehr wechselseitig negativ beeinflussen können.[38]

11 2. **Tatidentität.** Maßgebend für das Vorliegen von Tatidentität iSd. S. 1 ist der prozessuale Tatbegriff des § 264.[39] Handelt es sich danach um verschiedene Taten, begründet auch ein zwischen ihnen bestehender Sachzusammenhang (wie etwa zwischen der Vortat und der anschließenden Begünstigung, Strafvereitelung oder Hehlerei gem. §§ 257 ff. StGB) noch nicht das Mehrfachverteidigungsverbot des § 146.[40] Diese Einschränkung ist insbesondere auch bei sog. Organisationsdelikten gem. §§ 129 ff. StGB von praktischer Bedeutung, da bei mehreren Beschuldigten, denen jeweils die Mitgliedschaft in ein und derselben kriminellen oder terroristischen Vereinigung vorgeworfen wird, nur dann auch ein und dieselbe prozessuale Tat vorliegt, wenn sie sich zeitgleich beteiligt haben und zudem sich ihre Beteiligungshandlungen mindestens teilweise überschneiden.[41]

IV. Verbot der Mehrfachverteidigung bei Verfahrensidentität (S. 2)

12 S. 2 erweitert das Verbot gleichzeitiger[42] Mehrfachverteidigung auf die Fälle der Verfahrensidentität, bei denen es nicht darauf ankommt, ob den Beschuldigten dieselbe oder mehrere prozessuale Taten vorgeworfen werden. Verfahrensidentität liegt dabei vor, solange eine Verbindung gem. §§ 2 ff. besteht, ggf. also bereits im Ermittlungsverfahren.[43] Die Verbindung gem. § 237 lässt die Selbständigkeit der einzelnen Sachen unberührt und begründet daher keine Verfahrensidentität iSd. S. 2.[44] Verfahrensidentität ist zudem auch dann noch nicht gegeben, wenn mehrere Ermittlungsverfahren faktisch gleichzeitig geführt werden;[45] erforderlich ist vielmehr eine eindeutige – sei es ausdrückliche oder konkludente – Verbindungsentscheidung der StA.[46] Das freie Ermessen zur Verbindung ist im Hinblick auf die Anforderungen des fair-trial-Grundsatzes dann eingeschränkt, wenn der Beschuldigte durch die Verbindung ohne zwingenden prozeßökonomischen Gewinn den Verteidiger seines Vertrauens verlieren würde.[47]

V. Folgen der Verstoßes gegen § 146

13 1. **Unzulässigkeit der Verteidigung.** Wird der Verteidiger unter Verstoß gegen § 146 gleichzeitig von mehreren Beschuldigten beauftragt bzw. für mehrere Beschuldigte bestellt, sind sämtliche Beauftragungen bzw. Bestellungen unzulässig;[48] Gleiches gilt dann, wenn diese zwar nicht gleichzeitig erfolgt sind, sich ihre Reihenfolge aber nicht mehr feststellen lässt.[49] Bei mehreren zeitlich auf

---

[35] BGH v. 23. 3. 1977 – 1 BJs 55/75 – StB 52/77, BGHSt 27, 154 (155); *Meyer-Goßner* Rn. 16 (allgM).
[36] OLG Celle v. 3. 1. 1989 – 3 Ws 394/88, StV 1989, 471.
[37] BT-Drucks. 10/1313, S. 23;
[38] BGH v. 22. 6. 1994 – 2 StR 180/94, NStZ 1994, 500; s. auch oben Rn. 6.
[39] BT-Drucks. 10/1313, S. 22.
[40] OLG Schleswig v. 5. 10. 1992 – 3 Ws 350/92, SchlHA 1993, 226.
[41] BGH v. 3. 5. 1978 – 3 StR 91/78, BGHSt 28, 26; OLG Frankfurt/M. v. 24. 7. 1995 – 4-2 StE 5/94, StV 1996, 84; *Nestler-Tremel* NStZ 1986, 534; *Rebmann* NStZ 1981, 44; KK-StPO/*Laufhütte* Rn. 7.
[42] S. o. Rn. 10.
[43] *Meyer-Goßner* Rn. 17.
[44] *Meyer-Goßner* Rn. 17; aA *Beulke* NStZ 1985, 289; KK-StPO/*Laufhütte* Rn. 8 (Identität für die Dauer der Hauptverhandlung).
[45] KK-StPO/*Laufhütte* Rn. 8.
[46] BGH v. 23. 7. 1986 – 3 StR 164/86, NStZ 1987, 83.
[47] BVerfG v. 12. 8. 2002 – 2 BvR 932/02, StV 2002, 578 (580).
[48] OLG Celle v. 25. 7. 1985 – 3 Ws 339/85, StV 1986, 108 (st. Rspr.).
[49] OLG Koblenz v. 15. 11. 1979 – 1 Ss 613/79, MDR 1980, 514.

einander folgenden Beauftragungen bzw. Bestellungen ist im Regelfall nur diejenige unzulässig, mit der gegen § 146 verstoßen wird, weshalb die Fortführung der zuerst übernommenen Verteidigung dann zulässig bleibt;[50] eine Ausnahme kann nur dann gelten, wenn es konkrete Anhaltspunkte dafür gibt, dass die später übernommene Verteidigung die frühere bereits negativ beeinflusst hat.[51] Da bei Vorliegen der Voraussetzungen des § 146 ein Interessenwiderstreit unwiderleglich vermutet wird, kommt es für die Unzulässigkeit der Verteidigung(en) nicht darauf an, ob dieser in concreto nachgewiesen werden kann oder nicht. Das Mehrfachverteidigungsverbot kann auch nicht durch eine Unterbevollmächtigung oder begrenzte Beauftragung des gesperrten Veteidigers umgangen werden;[52] dessen interne Zuarbeit für einen anderen Verteidiger bleibt aber möglich,[53] auch wenn diese standesrechtlich bedenklich erscheint.

2. **Zurückweisung des Verteidigers.** Soweit seine Mehrfachverteidigung unzulässig ist, muss der Verteidiger gem. § 146a zurückgewiesen werden; bis zur Zurückweisung bleiben seine Prozesshandlungen aber wirksam. 14

§ 146a [Zurückweisung des Wahlverteidigers]

(1) [1] Ist jemand als Verteidiger gewählt worden, obwohl die Voraussetzungen des § 137 Abs. 1 Satz 2 oder des § 146 vorliegen, so ist er als Verteidiger zurückzuweisen, sobald dies erkennbar wird; gleiches gilt, wenn die Voraussetzungen des § 146 nach der Wahl eintreten. [2] Zeigen in den Fällen des § 137 Abs. 1 Satz 2 mehrere Verteidiger gleichzeitig ihre Wahl an und wird dadurch die Höchstzahl der wählbaren Verteidiger überschritten, so sind sie alle zurückzuweisen. [3] Über die Zurückweisung entscheidet das Gericht, bei dem das Verfahren anhängig ist oder das für das Hauptverfahren zuständig wäre.

(2) Handlungen, die ein Verteidiger vor der Zurückweisung vorgenommen hat, sind nicht deshalb unwirksam, weil die Voraussetzungen des § 137 Abs. 1 Satz 2 oder des § 146 vorlagen.

I. Zurückweisung des Verteidigers (Abs. 1)

1. **Zurückweisungsakt.** In den Fällen der §§ 137 Abs. 1 S. 2 und 146 treten die Folgen der Unzulässigkeit der Verteidigung nicht schon kraft Gesetzes, sondern erst aufgrund eines konstitutiven gerichtlichen Zurückweisungsaktes ein. Dieser besteht in einem förmlichen Zurückweisungsbeschluss, vor dessen Erlass gem. § 33 Abs. 2 und Abs. 3 der betroffene Verteidiger, der Beschuldigte und die StA anzuhören sind[1] und der gem. § 34 zu begründen sowie gem. § 35 bekanntzumachen ist. Zuständig ist gem. Abs. 1 S. 3 nicht der Vorsitzende, sondern das Gericht, bei dem das Verfahren entweder anhängig ist (das Rechtsmittelgericht also erst nach Vorlage der Akten gem. §§ 321 S. 2, 347 Abs. 2) oder anhängig zu machen wäre. Im Vorverfahren ist hierfür die Erklärung der StA darüber ausschlaggebend, bei welchem Gericht sie Anklage zu erheben beabsichtigt,[2] jedoch kann das angerufene höhere Gericht analog § 209 die Entscheidung an das niedrigere Gericht abgeben, wenn es dessen spätere Zuständigkeit für gegeben hält.[3] Vor der Zurückweisung ist dem Beschuldigten und den betroffenen Verteidigern – so weit möglich – Gelegenheit zu geben (etwa indem die StA bzw. das Gericht auf den gesetzeswidrigen Zustand hinweist und unter Fristsetzung auf Abhilfe dringt), die Verteidigungsverhältnisse so zu gestalten, dass eine Zurückweisung entbehrlich wird.[4] Hierzu sowie auch für den späteren Zurückweisungsbeschluss ist die bestehende Verteidigungssituation, wenn nötig, im Freibeweisverfahren aufzuklären.[5] Sobald das Vorliegen der Voraussetzungen des § 146a erkennbar wird, ist das Gericht zur Zurückweisung verpflichtet („so ist ... zurückzuweisen"); ein Ermessensspielraum besteht hierbei nicht.[6] Die Unwirksamkeit der Prozesshandlungen des zurückgewiesenen Verteidigers tritt erst mit Rechtskraft des Zurückweisungsbeschlusses ein. 1

2. **Wahl- und Pflichtverteidiger.** § 146a gilt nach seinem eindeutigen Wortlaut („... als Verteidiger gewählt...") nur für den Wahlverteidiger. Dies rechtfertigt sich daraus, dass § 137 Abs. 1 2

---

[50] BGH v. 22. 3. 1977 – 1 BJs 20/75 – StB 41/77, BGHSt 27, 148 (150); OLG Stuttgart v. 3. 9. 1984 – 4 Ws 227/84, NStZ 1985, 326; OLG Bremen v. 28. 9. 1984 – Ws 78/84, NStZ 1985, 89; OLG Hamm v. 6. 4. 1984 – 6 Ws 137/84, NStZ 1984, 425; OLG Koblenz v. 13. 5. 1983 – 1 Ss 198/83, VRS 65, 372; *Meyer-Goßner* Rn. 23, aA *Dünnebier*, NJW 1976, 7 (Unzulässigkeit sämtlicher Verteidigungen).
[51] OLG Düsseldorf, v. 24. 9. 1982 – 2 Ss 309/82 – 207/82, NStZ 1983, 88.
[52] *Meyer-Goßner* Rn. 24.
[53] BGH v. 31. 1. 1991 – III ZR 150/88, NStZ 1991, 398.
[1] BayObLG v. 1. 12. 1987 – RReg 4 St 253/87, StV 1988, 97.
[2] *Meyer-Goßner* Rn. 5.
[3] KK-StPO/*Laufhütte* Rn. 4.
[4] KK-StPO/*Laufhütte* Rn. 4.
[5] LG Düsseldorf v. 24. 4. 1991 – 1 Qs 28/91, StV 1991, 410.
[6] H. W. *Schmidt* MDR 1977, 529; KK-StPO/*Laufhütte* Rn. 2; *Meyer-Goßner* Rn. 1.

§ 146a 3-6 Erstes Buch. Allgemeine Vorschriften

S. 2 auf den Pflichtverteidiger nicht anwendbar ist[7] und dessen Verstoß gegen das Mehrfachverteidigungsverbot des § 146 am zweckmäßigsten durch eine Rücknahme seiner Bestellung in analoger Anwendung des § 143 geahndet werden kann.[8]

3   **3. Zurückweisung bei Überschreitung der Wahlverteidigerhöchstzahl (§ 137 Abs. 1 S. 2).** Werden nacheinander mehr als drei Verteidiger gewählt, so ist – wie der Umkehrschluss aus Abs. 1 S. 2 ergibt – nur derjenige Verteidiger zurückzuweisen, mit dessen Wahl die Dreiergrenze des § 137 Abs. 1 S. 2 überschritten wird.[9] Maßgebend für die Reihenfolge der Verteidigerwahl ist dabei das Datum der Unterschrift – nicht der Vorlage – der Vollmachtsurkunde; liegen keine datierten schriftlichen Vollmachten vor, ist auf den Zeitpunkt der zu den Akten gereichten Bestellungsanzeige der einzelnen Verteidiger abzustellen.[10] Werden mehr als drei Verteidiger gleichzeitig gewählt oder zeigen mehr als drei Verteidiger gleichzeitig ihre Wahl an oder wird die Verteidigerhöchstzahl aufgrund einer Verfahrensverbindung überschritten (etwa weil der Beschuldigte in den einzelnen verbundenen Verfahren jeweils mehrere, nicht personenidentische Verteidiger hat[11]), sind gem. Abs. 1 S. 2 alle Verteidiger zurückzuweisen, da das Gericht andernfalls eine eigene Verteidigerauswahl vornehmen müsste, was gegen das Prinzip der autonomen Verteidigerwahl durch den Beschuldigten verstieße.[12] Die förmliche Zurückweisung eines oder mehrerer Verteidiger unterbleibt völlig, wenn der Beschuldigte auf einen entsprechenden Hinweis der StA oder des Gerichts[13] seine Verteidigerwahl auf drei beschränkt und die überzähligen Verteidiger ihre Mandate niederlegen.

4   **4. Zurückweisung bei Mehrfachverteidigung (§ 146).** Auch bei Zurückweisungen wegen des Verbots der Mehrfachverteidigung gilt grundsätzlich das Prioritätsprinzip: Benennt sich ein Verteidiger nacheinander für mehrere Beschuldigte, ist er in aller Regel nur hinsichtlich der Verteidigung des später hinzukommenden zurückzuweisen. Nur wenn er sich gleichzeitig für mehrere Beschuldigte benennt oder die Benennungsreihenfolge nicht mehr zu ermitteln ist, muss er für sämtliche Verteidigungen zurückgewiesen werden.[14] Dies gilt auch für den Fall, dass der Verstoß gegen das Mehrfachverteidigungsverbot erst nach seiner Wahl eintritt (Abs 1 S. 1, 2. Hs.), etwa indem die Verfahrensidentität iSd. § 146 S. 2 erst durch eine spätere Verfahrensverbindung entsteht. Auch in den Fällen der Mehrfachverteidigung unterbleibt die Zurückweisung, wenn der gesetzeswidrige Zustand rechtzeitig von den Beteiligten selbst beseitigt wird.[15]

5   **5. Zurückweisung in der Rechtsmittelinstanz.** Die Zurückweisung eines Verteidigers hat in jedem Verfahrensabschnitt zu erfolgen, sobald darin die Voraussetzungen des § 146a erkennbar werden, also auch im Berufungs- und grundsätzlich auch im Revisionsrechtszug. In Letzterem ist die Zurückweisung freilich dann entbehrlich, wenn die Revision ohnehin gem. § 349 Abs. 2 zu verwerfen ist und die unzulässige Verteidigung daher keine Auswirkungen mehr auf das Verfahren haben kann; das Revisionsgericht kann dann auch ohne vorherige Verteidigerzurückweisung die verfahrensabschließende Sachentscheidung treffen.[16]

II. Wirksamkeit der Prozesshandlungen des Zurückgewiesenen (Abs. 2)

6   Gem. Abs. 2 bleiben Prozesshandlungen, die der Verteidiger vor seiner rechtskräftigen Zurückweisung vorgenommen hat, wirksam. Dementsprechend sind auch Rechtsmitteleinlegungen und -begründungen durch später zurückgewiesene Verteidiger zu beachten.[17] Wegen der Wirksamkeit der Prozesshandlungen lässt sich auch die zivilrechtliche Unwirksamkeit des zugrundeliegenden Mandatsvertrags gem. § 134 BGB wegen eines Gesetzesverstoßes nicht überzeugend begründen;[18] dementsprechend lässt sich auch schwerlich argumentieren, der Verteidiger habe für seine bis zur Zurückweisung angefallenen Tätigkeiten keinen Vergütungsanspruch.[19]

---

[7] S. o. § 137 Rn. 23.
[8] BT-Drucks. 10/1313, S. 23.
[9] KG v. 30. 8. 1976 – 2 Ws 232/76, NJW 1977, 912.
[10] KK-StPO/*Laufhütte* Rn. 3.
[11] KK-StPO/*Laufhütte* Rn. 3.
[12] *Meyer-Goßner* Rn. 4.
[13] S. o. Rn. 1.
[14] S. zu dieser Problematik auch § 146 Rn. 13.
[15] S. o. Rn. 3.
[16] KK-StPO/*Laufhütte* Rn. 6; von BGH v. 16. 2. 1977 – 3 StR 500/76, BGHSt 27, 124 (131 f.) offengelassen für den Fall der Mehrfachverteidigung.
[17] OLG Hamm v. 21. 4. 1978 – 6 Ws 152/78, NJW 1978, 1538; kritisch *Foth*, NStZ 1987, 441.
[18] KK-StPO/*Laufhütte* Rn. 5; Löwe/Rosenberg/*Lüderssen/Jahn* Rn. 14.
[19] LG Bamberg v. 10. 10. 1988 – Qs 207/88, NStZ 1989, 387; LG Essen v. 9. 10. 1980 – 24 Qs 200/80, AnwBl. 1981, 23; HK-StPO/*Julius* Rn. 4; aA GStA Zweibrücken v. 18. 2. 2004 – 4220 E I/04, NStZ-RR 2004, 191; *Wasmuth* NStZ 1989, 348; offengelassen von BGH v. 31. 1. 1991 – III ZR 150/88, NStZ 1991, 398.

III. Rechtsmittel

1. Beschwerde. Die Zurückweisung kann von dem betroffenen Beschuldigten sowie von dem zurückgewiesenen Verteidiger mit der einfachen Beschwerde gem. § 304 Abs. 1 angegriffen werden, von letzterem sowohl in eigenem Namen[20] wie für seine Mandanten.[21] § 305 S. 1 steht dem nicht entgegen.[22] Wird der Antrag der StA auf Zurückweisung eines Verteidigers abgelehnt, so steht auch ihr die Beschwerde nach § 304 Abs. 1 zu; Mitbeschuldigte hingegen sind von einer solchen Ablehnung[23] (und erst recht von der erfolgten Zurückweisung) nicht beschwert. Zurückweisungsentscheidungen des OLG sind gem. § 304 Abs. 4 S. 2 für keinen Prozessbeteiligten anfechtbar.

7

2. Revision. Darauf, dass überzählige Wahlverteidiger nicht zurückgewiesen wurden, kann die Revision nicht gestützt werden. Für den (über-)verteidigten Angeklagten selbst ergibt sich dies daraus, dass ihn die unterbliebene Zurückweisung im Grundsatz begünstigt und ein für ihn nachteiliges Urteil im Übrigen nicht auf der Anzahl,[24] sondern allenfalls auf dem – vom Gericht nicht zu überprüfenden – Verhalten seiner Verteidiger beruht. Für Mitangeklagte gilt das Beruhensargument erst recht. Unterbleibt die Zurückweisung eines Verteidigers, obwohl dieser gegen das Mehrfachverteidigungsverbot des § 146 verstößt, kann die Revision hierauf nur dann gestützt werden, wenn im Rahmen der Verfahrensrüge Tatsachen dargelegt werden, die zeigen, dass in der Person des fälschlich nicht zurückgewiesenen Verteidigers tatsächlich ein Interessenkonflikt vorgelegen hat und die Verteidigung daher unzureichend war.[25] Ob das Tatgericht diese Tatsachen kannte, ist dabei irrelevant.[26] Mitbeschuldigte können dies aber mangels eigener Beschwer nicht rügen.

8

Wird ein Verteidiger zu Unrecht zurückgewiesen, ist dies nur dann revisibel, wenn der Angeklagte nach der Zurückweisung nicht mehr ordnungsgemäß verteidigt war;[27] die Rüge steht auch dann nur dem betroffenen Angeklagten, nicht seinen Mitangeklagten zu.

9

§ 147 [Akteneinsicht des Verteidigers]

(1) Der Verteidiger ist befugt, die Akten, die dem Gericht vorliegen oder diesem im Falle der Erhebung der Anklage vorzulegen wären, einzusehen sowie amtlich verwahrte Beweisstücke zu besichtigen.

(2) ¹Ist der Abschluss der Ermittlungen noch nicht in den Akten vermerkt, kann dem Verteidiger die Einsicht in die Akten oder einzelne Aktenteile sowie die Besichtigung von amtlich verwahrten Beweisgegenständen versagt werden, soweit dies den Untersuchungszweck gefährden kann. ²Liegen die Voraussetzungen von Satz 1 vor und befindet sich der Beschuldigte in Untersuchungshaft oder ist diese im Fall der vorläufigen Festnahme beantragt, sind dem Verteidiger die für die Beurteilung der Rechtmäßigkeit der Freiheitsentziehung wesentlichen Informationen in geeigneter Weise zugänglich zu machen; in der Regel ist insoweit Akteneinsicht zu gewähren.

(3) Die Einsicht in die Niederschriften über die Vernehmung des Beschuldigten und über solche richterlichen Untersuchungshandlungen, bei denen dem Verteidiger die Anwesenheit gestattet worden ist oder hätte gestattet werden müssen, sowie in die Gutachten von Sachverständigen darf dem Verteidiger in keiner Lage des Verfahrens versagt werden.

(4) ¹Auf Antrag sollen dem Verteidiger, soweit nicht wichtige Gründe entgegenstehen, die Akten mit Ausnahme der Beweisstücke zur Einsichtnahme in seine Geschäftsräume oder in seine Wohnung mitgegeben werden. ²Die Entscheidung ist nicht anfechtbar.

(5) ¹Über die Gewährung der Akteneinsicht entscheidet im vorbereitenden Verfahren und nach rechtskräftigem Abschluss des Verfahrens die Staatsanwaltschaft, im Übrigen der Vorsitzende des

---

[20] BGH v. 27. 2. 1976 – 1 BJs 25/75 – StB 8/76, BGHSt 26, 291; OLG Köln v. 24. 7. 1981 – 2 Ws 378/81, NStZ 1982, 129; OLG München v. 10. 2. 1976 – 1 Ws 131–132/76, NJW 1976, 863.
[21] BGH v. 22. 3. 1977 – 1 BJs 20/75 – StB 41/77, BGHSt 27, 148; OLG Stuttgart v. 3. 9. 1984 – 4 Ws 227/84, Die Justiz 1984, 430.
[22] S. im Einzelnen § 141 Rn. 13; OLG Karlsruhe v. 26. 8. 1988 – 3 Ws 305/88, AnwBl. 1989, 54: aA OLG Hamm v. 10. 6. 1987 – 4 Ws 288/87, NStZ 1987, 476.
[23] KK-StPO/*Laufhütte* Rn. 7.
[24] BGH v. 26. 2. 1998 – 4 StR 7/98, wiedergegeben bei *Neuhaus* StV 2002, 43 (44); KK-StPO/*Laufhütte* § 173 Rn. 9; aA *Neuhaus* StV 2002, 43 für den Fall einer aktuellen Gefahr einer inkompetenten Verteidigung durch den vierten Verteidiger.
[25] HM; s. zB BGH v. 13. 10. 1976 – 3 StR 100/76, BGHSt 27, 22 (24) = NJW 1977, 115; BGH v. 27. 5. 1986 – KRB 3/86, NStZ 1986, 513 (514); aA *Dünnebier*, FS Pfeiffer, S. 278 (Verstoß gegen § 146 als solcher genügt).
[26] OLG Koblenz v. 10. 12. 1979 – 2 Ss 611/79, NJW 1980, 1058 (1059); *Meyer* JR 1977, 211; KK-StPO/*Laufhütte* § 146 Rn. 11; *Meyer-Goßner* Rn. 9.
[27] Vgl. § 140 Rn. 34 ff.

§ 147 1

mit der Sache befassten Gerichts. ²Versagt die Staatsanwaltschaft die Akteneinsicht, nachdem sie den Abschluss der Ermittlungen in den Akten vermerkt hat, versagt sie die Einsicht nach Absatz 3 oder befindet sich der Beschuldigte nicht auf freiem Fuß, so kann gerichtliche Entscheidung durch das nach § 162 zuständige Gericht beantragt werden. ³Die §§ 297 bis 300, 302, 306 bis 309, 311a und 473a gelten entsprechend. ⁴Diese Entscheidungen werden nicht mit Gründen versehen, soweit durch deren Offenlegung der Untersuchungszweck gefährdet werden könnte.

(6) ¹Ist der Grund für die Versagung der Akteneinsicht nicht vorher entfallen, so hebt die Staatsanwaltschaft die Anordnung spätestens mit dem Abschluß der Ermittlungen auf. ²Dem Verteidiger ist Mitteilung zu machen, sobald das Recht zur Akteneinsicht wieder uneingeschränkt besteht.

(7) ¹Dem Beschuldigten, der keinen Verteidiger hat, sind auf seinen Antrag Auskünfte und Abschriften aus den Akten zu erteilen, soweit dies zu einer angemessenen Verteidigung erforderlich ist, der Untersuchungszweck, auch in einem anderen Strafverfahren, nicht gefährdet werden kann und nicht überwiegende schutzwürdige Interessen Dritter entgegenstehen. ²Absatz 2 Satz 2 erster Halbsatz, Absatz 5 und § 477 Abs. 5 gelten entsprechend.

Schrifttum: *Beulke*, Das Einsichtsrecht des Strafverteidigers in die polizeilichen Spurenakten, FS Dünnebier, 1982, S. 285; *Bode*, Ist ein Verteidiger berechtigt, nach Eröffnung des Hauptverfahrens dem Angeklagten einen Aktenauszug zu überlassen?, MDR 1981, 287; *Burkhard*, Zum Recht des Strafverteidigers auf Akteneinsicht in strafrechtlichen Ermittlungsverfahren, wistra 1996, 171; *Danckert*, Das Recht des Beschuldigten auf ein unüberwachtes Anbahnungsgespräch, StV 1986, 171; *Dedy*, Die Neuregelung des Akteneinsichtsrechts durch das Gesetz zur Änderung und Ergänzung des Strafverfahrensrechts (Strafverfahrensänderungsgesetz 1999) – Fortschritt oder Stillstand?, StraFo 2001, 149; *Donath/Mehle*, Akteneinsichtsrecht und Unterrichtung des Mandanten durch den Verteidiger, NJW 2009, 1399; *Dünnebier*, Anm. zu BGH, Urteil vom 26. 5. 1981 – 1 StR 48/81, StV 1981, 504; *Eisenberg*, Aspekte der Rechtsstellung des Strafverteidigers, NJW 1991, 1257; *Kempf*, Zur verfassungsrechtlichen Entwicklung des Akteneinsichtsrechts, StraFo 2004, 299; *Meyer-Goßner*, Die Behandlung kriminalpolizeilicher Spurenakten im Strafverfahren, NStZ 1982, 353; *H. Schäfer*, Die Grenzen des Rechts auf Akteneinsicht durch den Verteidiger, NStZ 1984, 203; *Schlothauer*, Zum Rechtsschutz des Beschuldigten nach dem StVÄG 1999 bei Verweigerung der Akteneinsicht durch die Staatsanwaltschaft, StV 2001, 192; *Wasserburg*, Das Einsichtsrecht des Anwalts in die kriminalpolizeilichen Spurakten, NJW 1980, 2440; *ders.*, Einsichtsrecht des Verteidigers in kriminalpolizeiliche Spurenakten, NStZ 1981, 211; *Wohlers/Schlegel*, Zum Umfang des Rechts der Verteidigung auf Akteneinsicht gemäß § 147 I StPO, NStZ 2010, 486.

Übersicht

	Rn.
I. Allgemeines	1, 2
II. Akteneinsicht	3–32
1. Einsichtsberechtigte Personen	3–6
2. Zeitpunkt	7
3. Gegenstand	8–13
4. Beschränkungen	14–24
a) Abs. 2 S. 1	14, 15
b) Abs. 2 S. 2	16–21
c) Abs. 3	22
d) Abs. 6	23
e) Abs. 4 S. 1	24
5. Beweisstücke	25
6. Zuständigkeiten (Abs. 5 S. 1)	26–29
a) Ermittlungsverfahren	26
b) Nach Anklageerhebung	27
c) Nach Verfahrensabschluss	28
d) Abs. 5 S. 4	29
7. Unterrichtung des Beschuldigten	30
8. Auskunftsrecht (Abs. 7)	31, 32
III. Rechtsbehelfe	33–36
1. Entscheidungen der Staatsanwaltschaft	33, 34
2. Richterliche Entscheidungen	35
3. Revision	36
IV. Kosten	37
IV. Besondere Verfahrensarten	38

I. Allgemeines

1   Das Akteneinsichtsrecht, welches grundsätzlich aus dem Anspruch auf rechtliches Gehör[1] und dem Recht auf ein faires Verfahren,[2] im Ermittlungsverfahren darüber hinaus aus Art. 6 Abs. 3 b EMRK folgt, ist ein **„Kernstück der Verteidigung".**[3] Die frühzeitige präzise Kenntnis sowohl des

---
[1] BVerfG v. 9. 3. 1965 – 2 BvR 176/63, BVerfGE 18, 399 (405) = NJW 1965, 1171 (1172); *H. Schäfer* NStZ 1984, 203 (204).
[2] BVerfG v. 12. 1. 1983 – 2 BvR 864/81, BVerfGE 62, 338 (343) = NJW 1983, 1043; BGH v. 29. 11. 1989 – 2 StR 264/89, BGHSt 36, 305 (309) = NJW 1990, 584 (585).
[3] *Löwe/Rosenberg/Lüderssen/Jahn* Rn. 1; *Pfeiffer* Rn. 1; vgl. auch *Dahs* Rn. 254: wichtigstes Privileg des Verteidigers.

Elfter Abschnitt. Verteidigung 2–5 § 147

Beschuldigten als auch seines Verteidigers von den Umständen, die dem Beschuldigten zur Last gelegt werden, wird allein vom Inhalt der Strafakten vermittelt[4] und ist unerlässlich, um eine effektive Verteidigungsstrategie gemeinsam zu entwickeln und erforderliche Verteidigungsmittel zu beschaffen. Mit anderen Worten: „Ohne Akteneinsicht kann es keine erfolgreiche Verteidigung geben."[5] **Zweck** des Akteneinsichtsrechts ist es also, eine „Parität des Wissens" und damit Waffengleichheit zwischen Staatsanwaltschaft und Verteidigung herzustellen[6] und Fehlurteile zu verhindern.[7]

Das Akteneinsichtsrecht des Verteidigers hat in § 147 eine **abschließende Regelung** erfahren, 2 die denjenigen des IFG des Bundes und der IFG der Länder vorgeht.[8] Die geltende Fassung der Norm geht auf das StVÄG 1999 zurück, welches namentlich mit der Einfügung von Abs. 7 die Möglichkeit geschaffen hat, dem unverteidigten Beschuldigten Auskünfte und Abschriften aus der Akte zu erteilen. Mit dieser Änderung hat der Gesetzgeber der Rechtsprechung des EGMR zu Art. 6 EMRK[9] Rechnung getragen.

II. Akteneinsicht

1. Einsichtsberechtigte Personen. Das Recht, gem. § 147 Einsicht in die Akten zu nehmen, steht 3 **ausschließlich** dem **Verteidiger** zu. Dies können neben dem Wahlverteidiger (§ 138 Abs. 1 oder 2) und dem Pflichtverteidiger (§ 141) auch ein Rechtsreferendar, dem nach § 139 die Verteidigung übertragen wurde, sowie eine nach § 138 Abs. 2 zugelassene Person sein. Ist der Verteidiger selbst in dem Verfahren als Zeuge benannt, schließt dies das Akteneinsichtsrecht nicht aus.[10] Das Recht steht hingegen weder dem gesetzlichen Vertreter noch dem Beistand (§ 140) zu, da diese keine Verteidiger sind.[11] Dies gilt entsprechend für einen beschuldigten, sich selbst verteidigenden Rechtsanwalt, der Verfahrensbeteiligter ist und keinen Verteidiger hat.[12]

Der **Verteidiger darf die Wahrnehmung** des Akteneinsichtsrechts auf juristische Mitarbeiter, 4 etwa Rechtsanwälte, Assessoren und Referendare, ebenso auf Sachverständige **übertragen**, ohne dass diese selbst in dem Verfahren als Verteidiger tätig sind. Dies gebietet der Grundsatz der Waffengleichheit,[13] da Hilfskräfte auch von den Strafverfolgungsbehörden eingesetzt werden können und regelmäßig eingesetzt werden. Die Auffassung der Rechtsprechung, eine Delegation des Rechts durch den Verteidiger auf Hilfskräfte sei nur zulässig, wenn entweder wegen des Umfangs des Verfahrensstoffes dem Verteidiger die Ausübung seines Akteneinsichtsrechts ohne Hilfskräfte nicht zumutbar sei oder die Akteneinsicht besondere Kenntnisse erfordere, über die der Verteidiger selbst nicht verfüge,[14] ist abzulehnen.[15] Der Verteidiger darf selbst den Beschuldigten zur Akteneinsicht hinzuziehen, wenn dies zur effektiven Verteidigung geboten ist.[16] Sind mehrere Verteidiger bestellt, ist jedem von ihnen Akteneinsicht zu gewähren.[17]

Der (Wahl-)Verteidiger muss **keine Vollmachtsurkunde** vorlegen, um sein Recht auf Aktenein- 5 sicht ausüben zu können.[18] Es genügt die Anzeige der Bestellung durch den Verteidiger.[19] In der Praxis empfiehlt es sich jedoch – soweit eine solche bereits ausgestellt ist –, die Vollmachtsurkunde vorzulegen, um eine Auseinandersetzung mit der Staatsanwaltschaft und damit Verzögerungen bei der Gewährung der Akteneinsicht von vornherein auszuschließen.[20] Akteneinsicht ist dem Rechtsanwalt **bereits im Vorfeld** seiner Mandatierung zu gewähren, damit dieser prüfen kann, ob einer Annahme des Mandats rechtliche Hindernisse entgegenstehen,[21] namentlich das Verbot der Vertretung widerstreitender Interessen (§ 356 StGB u. § 43a Abs. 4 BRAO).[22] Der Rechtsanwalt

---

[4] KK-StPO/*Laufhütte* Rn. 1.
[5] *Burhoff* EV Rn. 58; ähnlich *Wohlers/Schlegel* NStZ 2010, 486 (487).
[6] OLG Brandenburg v. 20. 9. 1995 – 2 Ws 174/95, NJW 1996, 67 (68); Löwe/Rosenberg/*Lüderssen/Jahn* Rn. 4.
[7] *Wasserburg* NJW 1980, 2440 (2441); *ders.* NStZ 1981, 211 (212).
[8] BGH v. 5. 4. 2006 – 5 StR 589/05, NStZ 2007, 538 (539); *Burhoff* EV Rn. 59 a.
[9] EGMR v. 13. 2. 2001 – 25116/94, NJW 2002, 2015; EGMR v. 13. 2. 2001 – 24479/94, NJW 2002, 2013; EGMR v. 13. 2. 2001 – 23541/94, NJW 2002, 2018; vgl. bereits LG Ravensburg 13. 9. 1995 – 1 Qs 240/95, NStZ 1996, 100.
[10] OLG Celle v. 21. 5. 1959 – 1 Ws 161/59, NdsRpfl. 1960, 259.
[11] Löwe/Rosenberg/*Lüderssen/Jahn* Rn. 20; *Pfeiffer* Rn. 1.
[12] LG Mainz v. 22. 10. 1998 – 1 Qs 225/98, NJW 1999, 1271; *Pfeiffer* Rn. 1.
[13] Löwe/Rosenberg/*Lüderssen/Jahn* Rn. 19.
[14] OLG Brandenburg v. 20. 9. 1995 – 2 Ws 174/95, NJW 1996, 67 (69); *Pfeiffer* Rn. 2; *Burhoff* EV Rn. 84.
[15] *Krack*, Anm. zu OLG Brandenburg v. 20. 9. 1995 – 2 Ws 174/95, JR 1996, 169; *Hiebl*, Anm. zu OLG Brandenburg v. 20. 9. 1995 – 2 Ws 174/95, StraFo 1996, 24.
[16] OLG Köln v. 2. 10. 1998 – 2 Ws 512/08, StV 1999, 12.
[17] KK-StPO/*Laufhütte* Rn. 3.
[18] LG Chemnitz v. 5. 2. 2009 – 2 Qs 117/08, StraFo 2009, 207.
[19] BGH v. 9. 10. 1989, BGHSt 36, 259 (260 f.) = NJW 1990, 586 (587); LG Oldenburg v. 18. 10. 1989 – IV Q 128/89, StV 1990, 59; *Pfeiffer* Rn. 2.
[20] *Burhoff* EV Rn. 60.
[21] *Dankert* StV 1986, 171 (172); HK-StPO/*Julius* Rn. 9.
[22] Meyer-Goßner/*Cierniak* Rn. 9.

muss in diesen Fällen die Aufforderung, das Mandat zu übernehmen, allerdings nachweisen können.[23]

6 Endet das Mandatsverhältnis oder wird die Bestellung des Verteidigers widerrufen (§ 143), erlischt das Akteneinsichtsrecht, ebenso im Falle der Zurückweisung nach § 146a, der Anordnung des Ruhens der Rechte nach §§ 147u. 148 (§ 138c Abs. 3 S. 1) und mit dem Eintritt der Rechtskraft eines Beschlusses über die Ausschließung des Verteidigers gem. §§ 138a ff.[24]

7 **2. Zeitpunkt.** Dem Verteidiger ist **im gesamten Verfahren** Akteneinsicht zu gewähren, auch wiederholt, wenn der Inhalt der Akten umfangreicher geworden ist.[25] Stets ist Voraussetzung, dass überhaupt ein Ermittlungsverfahren eingeleitet worden ist. Erst mit Beginn des Verfahrens – auch bereits bei der Einleitung von Vorermittlungen – entsteht ein Anspruch auf Akteneinsicht.[26] Allerdings erfährt das Recht in den verschiedenen Verfahrensabschnitten Einschränkungen, und zwar im Ermittlungsverfahren durch Abs. 2,[27] während der Hauptverhandlung dadurch, dass nur dem Verteidiger Akteneinsicht zu gestatten ist, der erst in ihrem Verlauf gewählt oder bestellt[28] oder der zuvor keine ausreichende Einsicht erhalten[29] hat.[30] Stets muss dem Verteidiger dann Akteneinsicht gewährt werden, wenn neue Beweismittel in die Hauptverhandlung eingeführt werden oder die Akteneinsicht zuvor nur unvollständig gewährt worden war; die Hauptverhandlung muss hierfür ggfs. unterbrochen oder ausgesetzt werden.[31] Das Akteneinsichtsrecht besteht nach rechtskräftigem Verfahrensabschluss fort, und zwar uneingeschränkt, also nicht nur zur Vorbereitung von Prozesshandlungen, wie etwa eines Antrags auf Wiederaufnahme oder Anträgen im Vollstreckungsverfahren, und eines Gnadengesuchs.[32] Hat die Staatsanwaltschaft das Verfahren eingestellt, ist dem Verteidiger ebenfalls voraussetzungslos Akteneinsicht zu gewähren, da es von der Staatsanwaltschaft jederzeit wieder aufgegriffen werden kann.[33]

8 **3. Gegenstand.** Gegenstand des Akteneinsichtsrechts sind die **Akten,** die dem Gericht vorliegen oder mit Anklageerhebung vorzulegen wären (§ 199 Abs. 2 S. 2).[34] Es gilt der **Grundsatz der Aktenvollständigkeit,** denn durch das Akteneinsichtsrecht soll, wie der BGH formuliert, „eine lückenlose Information über die im Verfahren angefallenen schriftlichen Unterlagen ermöglicht werden".[35] Akten sind dementsprechend alle vom ersten Zugriff der Polizei (§ 163) an gesammelten be- und entlastenden Schriftstücke, auch der Bundeszentralregisterauszug, alle Ton- und Bildaufzeichnungen sowie Computerausdrucke, Dateien und Datenprogramme, aus denen sich schuldspruch- oder rechtsfolgenrelevante Umstände ergeben können,[36] soweit diese nicht lediglich technische Hilfsmittel und Arbeitsmittel sind. Daher scheiden eigene Entwürfe von Urkunden, die Bestandteil der Akten erst nach Fertigstellung werden,[37] Handakten der Staatsanwaltschaft und sog. Senatshefte der Revisionsgerichte als Objekt der Akteneinsicht aus,[38] ebenfalls Notizen, die sich Mitglieder des erkennenden Spruchkörpers während der Hauptverhandlung gemacht haben.[39] Hingegen ist Einsicht in die erst nach Anklageerhebung – etwa aufgrund weiterer Ermittlungen – entstandenen Aktenteile und beigezogenen Akten anderer Gerichte oder Behörden sowie in Haftvorgänge zu gewähren.[40] Weil sich die Befugnis zur Einsicht auf sämtliche für das Verfah-

---

[23] HK-StPO/*Julius* Rn. 9; KMR/*Müller* Rn. 1.
[24] HK-StPO/*Julius* Rn. 9; Meyer-Goßner/*Cierniak* Rn. 9.
[25] OLG Hamburg v. 16. 12. 1965 – 2 b Ss 23/65, JR 1966, 274; Meyer-Goßner/*Cierniak* Rn. 12.
[26] BGH v. 22. 1. 2009 – StB 29/08, NStZ-RR 2009, 145.
[27] Vgl. hierzu u. Rn. 14f.
[28] OLG Stuttgart v. 28. 4. 1978 – 3 Ss (3) 73/78, NJW 1979, 559 (560).
[29] OLG Hamm v. 10. 10. 2003 – 2 Ss OWi 598/03, NJW 2004, 381.
[30] AA Löwe/Rosenberg/*Lüderssen/Jahn* Rn. 100.
[31] KG v. 29. 4. 1988 – 2 AR 86/87 – 4 Ws 74/88, StV 1989, 8 (9); LG Koblenz v. 6. 2. 1997 – 2113 Js 34049/94 – 9 KLs, StV 1997, 239 (240).
[32] KK-StPO/*Laufhütte* Rn. 22; aA OLG Hamm v. 5. 5. 1983 – 7 VAs 16/82, NJW 1984, 880; KMR/*Müller* Rn. 16; Meyer-Goßner/*Cierniak* Rn. 11.
[33] LG Oldenburg v. 11. 3. 1992 – V Qs 32/92, NStZ 1992, 555; KK-StPO/*Laufhütte* Rn. 21.
[34] BGH v. 24. 11. 1987 – 4 StR 586/87, StV 1988, 193, 194; BGH v. 4. 10. 2007 – KRB 59/07, NJW 2007, 3652 (3653); OLG Frankfurt v. 10. 6. 2003 – 2 Ws 01/03, NStZ 2003, 566.
[35] BGH v. 18. 6. 2009 – 3 StR 89/09, BeckRS 2009, 20293; BGH v. 10. 10. 1990 – 1 StB 14/90, BGHSt 37, 204 (205) = NJW 1991, 435.
[36] BVerfG v. 12. 1. 1983 – 2 BvR 864/81, BVerfGE 62, 338 (343) = NJW 1983, 1043 (1045); BGH v. 10. 10. 1990 – 1 StB 14/90, BGHSt 37, 204f. = NJW 1991, 435; BayObLG v. 27. 11. 1990 – 2 Ob OWi 279/90, NJW 1991, 1070; LG Itzehoe v. 9. 11. 1989 – 315 Js 20 198/86, StV 1991, 555; *Wohlers/Schlegel* NStZ 2010, 486 (490).
[37] BGH v. 29. 10. 1980 – 1 StR 43/80, BGHSt 29, 394 (395) = NJW 1981, 411.
[38] BGH v. 27. 4. 2001 – 3 StR 112/01, NStZ 2001, 551; BGH v. 5. 2. 2009 – 1 StR 697/08, BeckRS 2009, 06203; BGH v. 18. 6. 2009 – 3 StR 89/09, BeckRS 2009, 20293.
[39] OLG Karlsruhe v. 15. 9. 1981 – 4 Ws 79/81, NStZ 1982, 299; OLG Hamm v. 5. 8. 2004 – 2 Ws 200/04, StraFo 2004, 419 (420); Meyer-Goßner/*Cierniak* Rn. 13; vgl. auch RiStBV Nr. 186 Abs. 2.
[40] BGH v. 7. 3. 1996 – 1 StR 688/95, BGHSt 42, 71 (72) = NStZ 1997, 43 (44); BGH v. 10. 10. 1990 – 1 StE 8/89, BGHSt 37, 204 (205 f.) = NJW 1991, 435; BGH v. 26. 5. 1981 – 1 StR 48/81, BGHSt 30, 131 (138) = NJW 1981, 2267 (2268); Löwe/Rosenberg/*Lüderssen/Jahn* Rn. 59; *Pfeiffer* Rn. 2.

ren geschaffenen und zu Aktenbestandteilen gewordenen Unterlagen erstreckt, ist – entgegen der vom BGH vertretenen Auffassung[41] – in Fällen, in denen zunächst ein einheitliches Verfahren gegen mehrere Beschuldigten geführt worden ist, dem Verteidiger auch Einsicht in die Akten eines später zur gesonderten Verhandlung und Entscheidung abgetrennten Verfahrens gegen einen Mitbeschuldigten zu gewähren.[42]

Teil der Akten sind auch **Kopien** von **Videoaufzeichnungen**[43] und **Beweismittelordnern**,[44] in denen Ablichtungen von sichergestellten Urkunden enthalten sind, vorausgesetzt, die sichergestellten Papiere sind durchgesehen und beschlagnahmt worden, da die Originale erst dann Beweisstücke iSd. § 147 sind. **Beiakten**, etwa Steuer-, Zivil- und Personalakten, unterliegen ebenfalls der Akteneinsicht.[45] Gleiches gilt für beigezogene Strafakten, und zwar uneingeschränkt auch dann, wenn dort kein Abschlussvermerk iSd. § 169 a angebracht ist.[46] 9

Nach Auffassung vor allem der Rechtsprechung sollen sog. **Spurenakten**, die Vorgänge betreffend tatbezogene Überprüfungen eines Sachverhalts oder einer Person enthalten, nur dann Gegenstand des Akteneinsichtsrechts sein, wenn diese dem Gericht zur Kenntnis gebracht werden.[47] Bei Vorgängen, die dem Gericht nicht vorliegen und nicht aufgrund des Verfahrens gegen den Beschuldigten und des durch Tat und Täter bestimmten Prozessgegenstands entstanden sind, handelt es sich hiernach um verfahrensfremde Akten. Die Prüfung, ob die Spurenakten der Hauptakte beizufügen sind – und sich damit das Akteneinsichtsrecht auf diese erstreckt –, weil ein schuld- oder rechtsfolgenerheblicher Sachzusammenhang besteht, soll allein von der Staatsanwaltschaft gem. § 199 Abs. 2 S. 2 zu prüfen und zu entscheiden sein.[48] Diese Auffassung wird im Schrifttum zu Recht abgelehnt.[49] Akten, aus denen sich ergibt, welche Möglichkeiten der Sachaufklärung genutzt und welche Ermittlungsmaßnahmen ergriffen worden sind, sind nicht verfahrensfremd. Die Frage, welche der verfolgten Spuren für die Beweisführung Bedeutung erlangen, kann sich im Laufe des Verfahrens ändern.[50] Gerade hier kann ein Ansatzpunkt für eine effektive Verteidigung, aber auch für einen erfolgreichen Wiederaufnahmeantrag liegen. Die Staatsanwaltschaft hat daher sämtliche Spurenvorgänge dem Gericht zur Kenntnis zu bringen, dh. die Spurenakten ohne jede Einschränkung der Hauptakte beizufügen.[51] 10

Nicht zu den Verfahrensakten gehören hingegen **nach § 96 gesperrte Vorgänge**.[52] Stellt jedoch eine Behörde dem Gericht nicht nach § 96 gesperrte Akten zur Verfügung, ist deren Bitte um vertrauliche Behandlung unbeachtlich, so dass diese uneingeschränkt dem Akteneinsichtsrecht unterliegen.[53] Eine gleichwohl erfolgte Versagung der Akteneinsicht soll nach der Rechtsprechung kein Beweisverwertungsverbot zur Folge haben.[54] Eine Sperrung von Akten gem. § 96 ist weder durch die verfahrensführende noch durch eine nicht verfahrensbeteiligte Staatsanwaltschaft zulässig.[55] 11

Nicht der Akteneinsicht unterliegen die von der Staatsanwaltschaft gem. § 110d Abs. 2 S. 1 (zunächst) in Sonderakten verwahrten Vorgänge, die den **Einsatz verdeckter Ermittler** betreffen. Erst nach Wegfall der Gefährdung des Einsatzes werden diese nach § 110d Abs. 2 S. 1 zu Ermittlungsakten und können eingesehen werden, sofern nicht ihre Sperrung nach § 110b Abs. 3 S. 3 iVm. § 96 zum Schutz der Identität oder wegen der weiteren Verwendung des verdeckten Ermittlers erfolgt. Die überwiegende Auffassung will dem Wortlaut des § 110b Abs. S. 3 entnehmen, dass „andere Personen" iSd. Abs. 3 auch sog. Informanten und V-Leute sind, denen damit ein entsprechender Schutz zuteil werden kann.[56] Jedenfalls aber sind tatbezogene Erkenntnisse aus 12

---

[41] BGH v. 26. 8. 2005 – 2 StR 225/05, BGHSt 50, 224 (228) = NStZ 2006, 237; BGH v. 4. 10. 2007 – KRB 59/07, NJW 2007, 3652 (3653).
[42] OLG Karlsruhe v. 21. 5. 1980 – 2 Ss 91/79, AnwBl 1981, 18 (19); KK-StPO/*Laufhütte* Rn. 5; offengelassen bei BGH v. 23. 2. 2010 – 4 StR 599/09, NStZ 2010, 530 (531).
[43] OLG Stuttgart v. 12. 11. 2002 – 4 Ws 267/02, NJW 2003, 767.
[44] Meyer-Goßner/*Cierniak* Rn. 17.
[45] HK-StPO/*Julius* Rn. 5.
[46] OLG Schleswig v. 10. 1. 1989 – 1 Ws 22/89, StV 1989, 95 (96).
[47] BVerfG v. 10. 1. 1983 – 2 BvR 864/81, BVerfGE 63, 45 (62) = NStZ 1983, 273 (274); BGH v. 26. 5. 1981 – 1 StR 48/81, BGHSt 30, 131 (138) = NJW 1981, 2267 (2268); OLG Hamm v. 9. 1. 1984 – 1 VAs 1/84, NStZ 1984, 423 (424); *Fezer*, Rechtsprechung des Bundesgerichtshofs zum Strafverfahrensrecht – Teil 1, JZ 1996, 603 (614); Meyer-Goßner/*Cierniak* Rn. 18.
[48] *Pfeiffer* Rn. 3.
[49] *Dünnebier* StV 1981, 504; *Wasserburg* NStZ 1981, 211; HK-StPO/*Julius* Rn. 7.
[50] HK-StPO/*Julius* Rn. 7; KK-StPO/*Laufhütte* Rn. 7.
[51] *Dünnebier* StV 1981, 504; *Wasserburg* NStZ 1981, 211 (212); *Beulke*, FS Dünnebier, 1982, S. 285 (295); HK-StPO/*Julius* Rn. 7.
[52] BGH v. 7. 3. 1996 – 1 StR 688/95, BGHSt 42, 71 (72) = NStZ 1997, 43 (44).
[53] BGH v. 7. 3. 1996 – 1 StR 688/95, BGHSt 42, 71 (72) = NStZ 1997, 43 (44); HK-StPO/*Julius* Rn. 6; Löwe/Rosenberg/*Lüderssen/Jahn* Rn. 63; aA Meyer-Goßner/*Cierniak* Rn. 16: Vertraulichkeitsbitte beachtlich.
[54] BGH v. 7. 3. 1996 – 1 StR 688/95, BGHSt 42, 71 (73) = NStZ 1997, 43 (44).
[55] OLG Hamburg v. 7. 12. 1983 – VAs 15/83, StV 1984, 11 (12); aA OLG Frankfurt v. 8. 10. 1981 – 3 Ws 616/81, NJW 1982, 1408 (1409); Löwe/Rosenberg/*Lüderssen/Jahn* Rn. 60.
[56] KK-StPO/*Laufhütte* Rn. 9.

dem Einsatz verdeckter Ermittler oder von V-Leuten nach Anklageerhebung dem Gericht lückenlos zur Verfügung zu stellen und damit dem Verteidiger im Wege der Akteneinsicht zugänglich zu machen.[57]

13 Sind Informationen, die in der **Gefangenenpersonalakte** enthalten sind, wegen einer bevorstehenden Prozesshandlung dem Gericht zur Kenntnis zu bringen, so erstreckt sich das Akteneinsichtsrecht des Verteidigers auch auf diese.[58]

14 **4. Beschränkungen. a) Abs. 2 S. 1.** Eine **Ausnahme** vom Grundsatz der uneingeschränkten Akteneinsicht normiert Abs. 2 S. 1, wonach dem Verteidiger die Akteneinsicht in die Akten oder in einzelne Aktenstücke verweigert werden kann, solange der Abschluss der Ermittlungen noch nicht nach § 169a in den Akten vermerkt ist und sie den Untersuchungszweck (zutreffend: den Untersuchungserfolg) gefährden würde. Nach Auffassung des BVerfG hat der Gesetzgeber mit Abs. 2 der Staatsanwaltschaft bewusst einen Informationsvorsprung eingeräumt, was von Verfassungs wegen grundsätzlich unbedenklich sei.[59]

15 Eine Gefährdung des Untersuchungserfolgs ist allerdings nur dann anzunehmen, wenn **konkrete Anhaltspunkte** vorliegen, die objektiv geeignet erscheinen, den Eintritt des Untersuchungserfolgs in Frage zu stellen.[60] Eine nur vage Möglichkeit der Vereitelung des Untersuchungserfolgs genügt keinesfalls.[61] Die Beschränkung der Akteneinsicht ist zwingend unverzüglich aufzuheben und dem Verteidiger mitzuteilen (Abs. 6 S. 2), wenn eine Gefährdung nicht mehr eintreten kann.[62]

16 **b) Abs. 2 S. 2.** Eine erste **Gegenausnahme** zu Abs. 2 S. 1 normiert Abs. 2 S. 2, der der Rechtsprechung des EGMR Rechnung trägt. Der EGMR hatte in den letzten Jahren wiederholt auf einen Verstoß gegen **Art. 5 Abs. 4 EMRK** erkannt, weil in Deutschland inhaftierten Beschuldigten keine hinreichende Akteneinsicht gewährt worden war.[63] Nach ständiger Rechtsprechung des EGMR hat der inhaftierte Beschuldigte einen Anspruch darauf, dass ihm bzw. seinem Verteidiger zumindest diejenigen Informationen zugänglich gemacht werden, die für die Beurteilung der Rechtmäßigkeit der Freiheitsentziehung wesentlich sind. Dieser Anspruch wird aus dem in Art. 6 EMRK verankerten Recht auf ein kontradiktorisches Verfahren abgeleitet, das auch in dem Verfahren nach Art. 5 Abs. 4 EMRK (richterliche Haftkontrolle) gewährleistet sein muss und Ausfluss des Prinzips der Waffengleichheit zwischen der Staatsanwaltschaft und der Person ist, der die Freiheit entzogen wird.[64] Diesen Anforderungen genügt die Regelung des Abs. 2 S. 2 allerdings nicht in vollem Umfang.

17 Abs. 2 S. 2 schreibt in Fällen, in denen der **Beschuldigte sich nicht auf freiem Fuß befindet,** weil entweder U-Haft vollzogen wird oder er vorläufig festgenommen und die Anordnung von U-Haft beantragt ist, vor, dem Verteidiger die für die Beurteilung der Rechtmäßigkeit der Freiheitsentziehung „wesentlichen Informationen" in „geeigneter" Weise zugänglich zu machen. Ist ein Haftbefehl allerdings bereits erlassen, aber noch nicht vollstreckt, soll der Verteidiger weder einen Anspruch auf Gewährung von Akteneinsicht noch auf Mitteilung des Haftbefehls haben.[65] Dem Informationsinteresse des Beschuldigten wird nach Auffassung der hM in solchen Fällen durch andere Regelungen des Gesetzes – insbesondere zur richterlichen Vernehmung – ausreichend Rechnung getragen.[66]

18 Für die Beurteilung der Rechtmäßigkeit der Freiheitsentziehung **wesentlich** sind jedenfalls diejenigen Teile der Ermittlungsakte, welche die Haftfrage betreffen. Das sind namentlich die dort abgebildeten Ermittlungsvorgänge, die für die Annahme des dringenden Tatverdachts und des Haftgrunds relevant sind. Denn das Gericht darf seinen Entscheidungen über die Anordnung von U-Haft und über deren Rechtmäßigkeit nur solche Teile der Akte zugrunde legen, die dem Verteidiger nicht zuvor vorenthalten worden sind. Ggf. muss der Haftbefehl aufgehoben werden,[67] da

---

[57] KK-StPO/*Laufhütte* Rn. 9.
[58] OLG Koblenz v. 9. 4. 1981 – 2 Vollz (Ws) 12/81, StV 1981, 286.
[59] BVerfG v. 11. 7. 1994 – 2 BvR 777/94, NJW 1994, 3219 (3320); BVerfG v. 15. 1. 2004 – 2 BvR 1895/03, wistra 2004, 179 (180); aA *Kempf* StraFo 2004, 299 (300).
[60] *Burkhard* wistra 1996, 171 (173); *Eisenberg* NJW 1991, 1257 (1260); HK-StPO/*Julius* Rn. 14; Löwe/Rosenberg/*Lüderssen*/*Jahn* Rn. 135; Widmaier/*Schlothauer* MAH Strafverteidigung § 3 Rn. 40; aA KK-StPO/*Laufhütte* Rn. 15; KMR/*Müller* Rn. 5; Meyer-Goßner/*Cierniak* Rn. 25: konkrete Gefahr nicht vorausgesetzt.
[61] *Schlothauer* StV 2001, 192 (195); *Burhoff* EV Rn. 67; aA *Pfeiffer* Rn. 8.
[62] Meyer-Goßner/*Cierniak* Rn. 25.
[63] EGMR v.13. 12. 2007 – 11364/03, StV 2008, 475 (482); EGMR v. 13. 2. 2001 – 24479/94, NJW 2002, 2013 (2014f.); EGMR v. 13. 2. 2001 – 23541/94, NJW 2002, 2018 (2019).
[64] EGMR v.13. 12. 2007 – 11364/03, StV 2008, 475 (481f.); EGMR v. 13. 2. 2001 – 24479/94, NJW 2002, 2013 (2014f.); EGMR v. 13. 2. 2001 – 23541/94, NJW 2002, 2018 (2019).
[65] OLG München v. 27. 8. 2008 – 2 Ws 763/08, BeckRS 2008, 21804.
[66] OLG München v. 27. 8. 2008 – 2 Ws 763/08, BeckRS 2008, 21804.
[67] OLG Brandenburg v. 12. 9. 1996 – 2 Ws 170/96, OLGSt StPO § 114 Nr. 1; OLG Hamm v. 13.2. 2002 – 2 BL 7/02, StV 2002, 318 (319); OLG Köln v. 29. 5. 2001 – 2 Ws 215/01, NStZ 2002, 659; LG Magdeburg v. 1. 3. 2004 – 25 Qs 22/04, StraFo 2004, 167 (168).

Elfter Abschnitt. Verteidigung 19–23 § 147

der Beschuldigte sonst seine Rechte im Haftprüfungs- oder Haftbeschwerdeverfahren nicht wahrnehmen kann.

Dennoch ist nach Abs. 2 S. 2 **kein absoluter Anspruch** des Verteidigers auf zumindest partielle 19 **Akteneinsicht** in Fällen begründet, in denen der Beschuldigte sich nicht auf freiem Fuß befindet. In welcher Weise die erforderlichen Informationen vermittelt werden, überlässt der Gesetzgeber der **Entscheidung im Einzelfall.** Zwar soll nach dem Wortlaut von S. 2 2. HS die Gewährung von Akteneinsicht die **Regel** sein. Es steht aber zu erwarten, dass die Rechtsprechung im Widerspruch zum Gesetzeswortlaut in kürzester Zeit eine unübersehbare Kasuistik von Ausnahmefällen entwickeln wird, in denen dem Verteidiger eine Akteneinsicht verwehrt ist. Das vom Gesetzgeber vorgesehene Regel-Ausnahme-Verhältnis wird so bereits in naher Zukunft in sein Gegenteil verkehrt werden. Weil jedoch mit dem Vollzug von U-Haft und der vorläufigen Festnahme ein schwerwiegender Eingriff in die Freiheitsrechte des Beschuldigten verbunden ist, überwiegt in diesen Fällen das Informationsinteresse des Beschuldigten und seines Verteidigers das staatliche Interesse an der Erreichung des Untersuchungserfolgs.[68] Den aus Art. 6 EMRK und Art. 5 Abs. 4 EMRK folgenden Anforderungen wird ausschließlich ein unbeschränkbares Recht des Verteidigers auf Einsicht in zumindest die für die Freiheitsentziehung relevanten Aktenteile gerecht.[69] Soweit das BVerfG in der Vergangenheit eine mündliche Information nach § 115 Abs. 3 für ausreichend erachtet hat,[70] ist diese Rechtsprechung durch die Neufassung des Abs. 2 überholt.

Der Verteidiger hat dementsprechend einen Anspruch, die für die Freiheitsentziehung relevan- 20 ten Ermittlungsvorgänge zu kennen. Eine **Schilderung des Sachverhalts** und der Ermittlungsvorgänge durch die Ermittlungsbehörden oder das Gericht, der deren Verständnis des Sachverhalts zugrunde liegt, ist unter keinen Umständen eine geeignete und ausreichende Informationsvermittlung. Dem Beschuldigten wäre es auf einer solchen Grundlage faktisch unmöglich, die Zuverlässigkeit dieser Schilderungen wirksam anzugreifen. Eine ausreichende Informationsvermittlung gewährleistet ausschließlich die **Einsicht** in die für die Haftfrage relevanten Aktenteile. Allenfalls im absoluten Ausnahmefall wird eine schriftliche Auskunft über solche Ermittlungsvorgänge genügen.

Dieselben Grundsätze gelten, wenn der **dingliche Arrest** (§§ 111b Abs. 2, Abs. 5, 111 d) ange- 21 ordnet ist.[71] Nach der überwiegenden Rechtsprechung soll dies aber dann nicht gelten, wenn der Haftbefehl noch nicht vollzogen[72] oder lediglich eine bloße Beschlagnahme nach § 94[73] erfolgt ist. Im **Beschwerdeverfahren**, das eine Durchsuchung zum Gegenstand hat, darf eine Entscheidung erst dann ergehen, wenn dem Beschuldigten Akteneinsicht gewährt wurde.[74]

c) **Abs. 3.** Eine weitere **Gegenausnahme** zu Abs. 2 normiert Abs. 3,[75] nach dem in keiner Lage 22 des Verfahrens dem Verteidiger die Einsicht in die privilegierten Aktenteile versagt werden darf. Hierzu zählen die Niederschriften über die Vernehmung des Beschuldigten, und zwar unabhängig davon, ob die Vernehmung durch die Polizei, die Staatsanwaltschaft oder einen Richter erfolgt ist[76] oder welche Verfahrensrolle der Beschuldigte im Zeitpunkt der Vernehmung inne hatte.[77] Niederschriften über richterliche Untersuchungshandlungen sind privilegiert, wenn dem Verteidiger die Anwesenheit gestattet worden ist; es kommt nicht darauf an, ob er einen Anspruch hierauf hatte.[78] Falls dem Verteidiger die Originalakten nicht zur Verfügung gestellt werden können, müssen ihm Ablichtungen hiervon ausgehändigt werden.[79]

d) **Abs. 6.** Ist nach § 169a der **Abschluss der Ermittlungen** in den Akten vermerkt, steht dem 23 Verteidiger nach Abs. 6 ein uneingeschränktes und **unbeschränkbares Akteneinsichtsrecht** zu. Die Versagung der Akteneinsicht aus den Gründen des Abs. 2 oder analog zu § 33 Abs. 4 ist dann un-

---

[68] EGMR v. 13. 2. 2001 – 25116/94, NJW 2002, 2015; EGMR v. 13. 2. 2001 – 24479/94, NJW 2002, 2013; EGMR v. 13. 2. 2001 – 23541/94, NJW 2002, 2018.
[69] EGMR v. 13. 2. 2001 – 25116/94, NJW 2002, 2015; EGMR v. 13. 2. 2001 – 24479/94, NJW 2002, 2013; EGMR v. 13. 2. 2001 – 23541/94, NJW 2002, 2018.
[70] BVerfG v. 11. 7. 1994 – 2 BvR 777/94, NStZ 1994, 551 (552); einschränkend *Pfeiffer* Rn. 2: Einsicht nur, wenn mündliche Information nicht ausreicht.
[71] BVerfG v. 19. 1. 2006 – 2 BvR 1075/05, NJW 2006, 1048 f.; LG Kiel v. 14. 6. 2006 – 46 Qs 42/06, NStZ 2007, 424; LG Ravensburg v. 27. 11. 2006 – 2 Qs 160/06, NStZ-RR 2007, 114 (115); AG Kiel v. 29. 1. 2007 – 31 Gs 61/06, StV 2007, 293 f.
[72] BVerfG v. 27. 10. 1997 – 2 BvR 1769/97, NStZ-RR 1998, 108 (109); OLG Hamm v. 30. 1. 2001 – 1 Ws 438/00, NStZ-RR 2001, 254; aA OLG Köln v. 13. 3. 1998 – 2 Ws 115/98, StV 1998, 269.
[73] LG Berlin v. 16. 12. 2005 – 505 Qs 217/05, NStZ 2006, 472; LG Saarbrücken v. 24. 8. 2005 – 8 Qs 217/05, NStZ-RR 2006, 80 (81).
[74] BVerfG v. 4. 12. 2006 – 2 BvR 1290/05, NStZ 2007, 274 (275); aA LG Saarbrücken v. 24. 8. 2005 – 8 Qs 217/05, NStZ-RR 2006, 80 (81).
[75] HK-StPO/*Julius* Rn. 14; *Burhoff* EV Rn. 102.
[76] OLG Hamm v. 25. 8. 1987 – 1 VAs 37/87, NStZ 1987, 572 (573); Meyer-Goßner/*Cierniak* Rn. 26.
[77] OLG Hamm v. 21. 2. 1995 – 1 VAs 104/94, StV 1995, 571: frühere Zeugenvernehmung.
[78] HK-StPO/*Julius* Rn. 13; KK-StPO/*Laufhütte* Rn. 18.
[79] BGH v. 29. 5. 1963 – 6 BJs 497/62 – StB 5/63, BGHSt, 369 (371) = NJW 1963, 1462.

zulässig, selbst wenn verfahrensbegleitende Ermittlungen (zB Überwachung des Fernmeldeverkehrs) geführt[80] oder die Ermittlungen wieder aufgenommen[81] werden. Von der Aufhebung der Beschränkung ist der Verteidiger unverzüglich zu unterrichten (Abs. 6 S. 2). War die Akteneinsicht bereits nach Abs. 2 versagt, muss diese nach Anbringung des Abschlussvermerks gewährt werden. Erst hiernach darf Anklage erhoben werden.[82]

24   e) Abs. 4 S. 1. Wenn keine wichtigen Gründe entgegenstehen, sind dem Verteidiger auf Antrag die Akten in seine Geschäftsräume oder Wohnung mitzugeben (Abs. 4 S. 1), einen Rechtsanspruch hierauf hat er allerdings nicht. Diese Regelung genügt dem Standard des Art 6 Abs. 3 b EMRK nicht,[83] wonach grds. ein **Recht auf Mitnahme** anzuerkennen ist.[84] Ein der Mitgabe entgegenstehender Grund kommt in Betracht, wenn die Gefahr der Einsichtnahme durch nicht verfahrensbeteiligte Dritte besteht, hingegen nicht, wenn die Akte als Verschlusssache gekennzeichnet ist oder die Akten für eine beschleunigte Durchführung des Verfahrens benötigt werden – in diesen Fällen sind Aktendoppel anzulegen.[85]

25   5. Beweisstücke. Dem Verteidiger steht im Hinblick auf Beweisstücke nur ein das Akteneinsichtsrecht ergänzendes – nach Abs. 2 einschränkbares – **Besichtigungsrecht** zu, dh. er darf diese nur an ihrem Verwahrungsort in Augenschein nehmen.[86] **Beweisstücke** sind in den Akten oder an anderen Orten aufbewahrte Gegenstände, die durch Beschlagnahme oder Sicherstellung in anderer Weise in den Gewahrsam der Behörde gelangt sind. Hierzu zählen auch nach den §§ 111 b ff. sichergestellte Gegenstände, insofern als sie zugleich als Beweismittel in Betracht kommen, selbst wenn sie nicht in dieser Eigenschaft sichergestellt worden sind.[87] Beweisstücke dürfen nicht aus dem amtlichen Gewahrsam entlassen werden.[88] Deren Besichtigung ist dem Verteidiger rechtzeitig vor der Hauptverhandlung[89] zu ermöglichen und ohne Rücksicht darauf, ob diese möglicherweise einem Verwertungsverbot unterliegen.[90] Handelt es sich bei den Beweisstücken um Urkunden und wurden von den Ermittlungsbehörden Kopien hiervor gefertigt, dürfen diese dem Verteidiger zur „Besichtigung" ausgehändigt werden. Die „Integrität" der Beweismittel ist dann nicht gefährdet. Die „Besichtigung" von Tonband- und Videoaufzeichnungen sowie Filmaufnahmen erfolgt grds. dadurch, dass sie dem Verteidiger auf der Geschäftsstelle – ggf. auch mehrfach – vorgespielt werden.[91] Liegen Kopien hiervon vor, sind diese dem Verteidiger zu überlassen.[92] Einen Anspruch auf Herstellung einer amtlich gefertigten Kopie von Tonband-, Video- und Filmaufnahmen hat er stets dann, wenn das bloße Vorspielen – was regelmäßig der Fall ist – zur Informationsvermittlung nicht ausreichend ist.[93] Eine Kopie ist immer dann anzufertigen, wenn der Verteidiger ein hierfür geeignetes Medium zur Verfügung stellt.[94] Bei der Aufzeichnung einer fremdsprachlichen Unterhaltung, darf der Verteidiger zwar einen Dolmetscher hinzuziehen, ein Anspruch auf Übersetzung besteht jedoch nicht.[95]

26   6. Zuständigkeiten (Abs. 5 S. 1). a) Ermittlungsverfahren. Im Ermittlungsverfahren ist zur Entscheidung über den Antrag auf Akteneinsicht, der ausdrücklich auch die Einsicht in Strafregisterauszüge, Beiakten, Beweismittelordner und die Besichtigung von Beweisstücken umfassen sollte, ausschließlich die **Staatsanwaltschaft** berufen. Es ist unerheblich, ob die Akten wegen der Vornahme einer richterlichen Handlung dem Gericht[96] oder zur Durchführung von Ermittlungsmaßnahmen einer Polizeibehörde vorliegen. Letztere darf niemals einen Antrag auf Akteneinsicht bescheiden, auch dann nicht, wenn er Unfall- oder Tatortskizzen zum Gegenstand hat, die bei der (polizeilichen) Beschuldigtenvernehmung verwendet worden sind.[97]

---

[80] BGH v. 29. 11. 1989 – 2 StR 264/89, BGHSt 36, 305 (310 f.) = NJW 1990, 584 (585); OLG Zweibrücken v. 22. 8. 1996 – 1 Ss 96/96, StV 1996, 650 (651).
[81] Meyer-Goßner/*Cierniak* Rn. 27.
[82] Meyer-Goßner *NStZ* 1982, 353 (357); Meyer-Goßner/*Cierniak* Rn. 27.
[83] HK-StPO/*Julius* Rn. 10.
[84] *Pfeiffer* Rn. 6 unter Hinweis auf RiStBV Nr. 189 Abs. 3.
[85] BGH v. 29. 5. 1963 – 6 BJs 497/62 – StB 5/63, BGHSt 18, 369 (370) = NJW 1963, 1462; HK-StPO/*Julius* Rn. 10; *Pfeiffer* Rn. 2; aA Meyer-Goßner Rn. 29.
[86] Meyer-Goßner/*Cierniak* Rn. 30; *Pfeiffer* Rn. 9; *Burhoff* EV Rn. 71.
[87] Löwe/Rosenberg/*Lüderssen/Jahn* Rn. 107; *Pfeiffer* Rn. 9; *Burhoff* EV Rn. 72.
[88] BGH v. 24. 4. 1979 – 5 StR 496/97, NStZ 1981, 95.
[89] Vgl. OLG Düsseldorf v. 22. 3. 1991 – 2 Ws 121/91, StV 1992, 100: 1 Stunde vor Beginn der HV nicht ausreichend.
[90] Meyer-Goßner/*Cierniak* Rn. 19; aA *H. Schäfer* NStZ 1984, 203 (208).
[91] OLG Frankfurt v. 13. 9. 2001 – 3 Ws 853/01, StV 2001, 611 (612); *Burhoff* EV Rn. 73; Meyer-Goßner/*Cierniak* Rn 19; vgl. auch LG Düsseldorf v. 17. 1. 2008 – 11 KLs 60 Js 1789/07 – 28/07, StraFo 2008, 505 f.
[92] LG Bonn v. 9. 10. 1995 – 31 Qs 118/95, NStZ 1995, 632.
[93] OLG Frankfurt v. 13. 9. 2001 – 3 Ws 853/01, StV 2001, 611 (612); BayObLG v. 27. 11. 1990 – 2 Ob OWi 279/90, NJW 1991, 1070 f.; Löwe/Rosenberg/*Lüderssen/Jahn* Rn. 112.
[94] OLG Koblenz v. 17. 1. 2000 – 2 Ss 4/00, NStZ-RR 2000, 311.
[95] OLG Koblenz v. 30. 6. 1995 – 1 Ws 322/95, NStZ 1995, 611.
[96] OLG Hamm v. 12. 5. 1982 – 6 Ws 110/82, NStZ 1982, 348.
[97] Meyer-Goßner/*Cierniak* Rn. 34; *Burhoff* EV Rn. 55.

b) Nach Anklageerhebung. Vom Zeitpunkt des Eingangs der Anklage bei Gericht an ist der **Vorsitzende** des jeweils aktuell mit der Sache befassten Gerichts zuständig, über den Antrag auf Akteneinsicht zu entscheiden.[98] 27

c) Nach Verfahrensabschluss. Nach Beendigung des Verfahrens liegt die Zuständigkeit bei der **Staatsanwaltschaft** als aktenführender Behörde.[99] Im Falle der Einstellung vor Anklageerhebung bleibt deren Zuständigkeit erhalten, nach rechtskräftigem Abschluss lebt sie wieder auf. 28

d) Abs. 5 S. 4. Die Versagung der Akteneinsicht ist grundsätzlich zu begründen. Hiervon kann nur dann abgesehen werden, wenn die Offenlegung der Gründe den Untersuchungserfolg gefährden würde. 29

7. Unterrichtung des Beschuldigten. Der Verteidiger ist in dem Umfang, in dem ihm Akteneinsicht gewährt ist, nicht nur berechtigt, sondern sogar **verpflichtet**, den Beschuldigten über die durch die Akteneinsicht erlangten Erkenntnisse zu unterrichten, weil eine sachgerechte Verteidigung voraussetzt, dass der Beschuldigte weiß, auf was der gegen ihn erhobene Tatvorwurf gerichtet ist.[100] Zu diesem Zweck darf der Verteidiger den Beschuldigten nicht nur mündlich unterrichten, sondern ihm auch Abschriften und Ablichtungen der – auch vollständigen – Akten aushändigen.[101] Entgegen der Auffassung der Rechtsprechung auch dann, wenn hierdurch eine Gefährdung des Untersuchungserfolgs eintreten könnte.[102] Dies gilt grundsätzlich auch für die Unterrichtung über bevorstehende und bereits angeordnete Zwangsmaßnahmen.[103] Nach der Rechtsprechung soll nur die bloße Möglichkeit, dass der Beschuldigte Maßnahmen zur Verdunkelung des Sachverhalts ergreift, seine Unterrichtung über den Akteninhalt durch den Verteidiger nicht ausschließen.[104] Die Grenze des Zulässigen ist jedoch dann überschritten, wenn die Unterrichtung des Beschuldigten das alleinige Ziel verfolgt, den Untersuchungserfolg zu gefährden.[105] Überlässt der Verteidiger dem Beschuldigten Auszüge oder Kopien von Aktenbestandteilen, sollte er seinen Mandanten bitten, die Unterlagen nicht Dritten zugänglich zu machen.[106] Nach der Rechtsprechung des BAG darf der Beschuldigte Auszüge aus den Akten nur dann seinem Arbeitgeber überlassen, wenn diesem selbst ein Akteneinsichtsrecht gem. § 475 zusteht und die StA der Weitergabe zustimmt.[107] Zu einer Rückforderung der überlassenen Unterlagen ist der Verteidiger allerdings nicht verpflichtet. Die Originalakten dürfen dem Beschuldigten jedoch nicht überlassen werden.[108] 30

8. Auskunftsrecht (Abs. 7). Abs. 7 S. 1 räumt dem **sich selbst verteidigenden Beschuldigten**, der kein eigenes Akteneinsichtsrecht hat, einen **Anspruch** auf Erteilung von Auskünften und Überlassung von Abschriften aus den Akten auf seinen Antrag hin ein.[109] Diese Regelung steht mit der Rechtsprechung des EGMR in Einklang,[110] nach der sich selbst verteidigenden Beschuldigten Abschriften aus den Akten zur Verfügung zu stellen sind, wenn sie sich ohne Aktenkenntnis nicht angemessen verteidigen können.[111] Allerdings besteht der Anspruch nicht uneingeschränkt, sondern nur dann, wenn der Beschuldigte sich anderenfalls nicht angemessen verteidigen könnte und nur insoweit als dadurch der Untersuchungserfolg nicht gefährdet werden kann[112] sowie überwiegende schutzwürdige Interessen Dritter nicht entgegenstehen. 31

Die Zuständigkeit hierfür regelt Abs. 5 S. 1. Die jeweils zuständige Stelle hat das ihr eingeräumte **Ermessen**[113] an Art 6 Abs. 1 Nr. 3 a–c EMRK zu orientieren, so dass jedenfalls bei einfachen Strafsachen dem Antrag zu entsprechen ist.[114] Bei Zurückweisung des Ersuchens ist aber 32

---

[98] KK-StPO/*Laufhütte* Rn. 27.
[99] OLG Hamm v. 5. 5. 1983 – 7 VAs 16/82, NJW 1984, 880.
[100] KK-StPO/*Laufhütte* Rn. 14; vgl. o. Rn. 1.
[101] BGH v. 3. 10. 1979 – 3 StR 264/79 (S), BGHSt 29, 99 (103) = NJW 1980, 64; Bode MDR 1981, 287 (288); *Donath/Mehle* NJW 2009, 1399.
[102] *Dedy* StraFo 2001, 149 (152); *Donath/Mehle* NJW 2009, 1399 (1340); *Dahs* Rn. 275; Löwe/Rosenberg/*Lüderssen/Jahn* Rn. 127; aA BGH v. 3. 10. 1979 – 3 StR 264/79 (S), BGHSt 29, 99 (103) = NJW 1980, 64; Meyer-Goßner/*Cierniak* Rn. 21; *Pfeiffer* Rn. 20.
[103] HK-StPO/*Julius* Rn. 20; aA BGH v. 3. 10. 1979 – 3 StR 264/79 (S), BGHSt 29, 99 (103) = NJW 1980, 64; Meyer-Goßner/*Cierniak* Rn. 21.
[104] BGH v. 3. 10. 1979 – 3 StR 264/79 (S), BGHSt 29, 99 (103) = NJW 1980, 64.
[105] KK-StPO/*Laufhütte* Rn. 14.
[106] Weitergehend *Donath/Mehle* NJW 2009, 1399; Meyer-Goßner/*Cierniak* Rn. 23: Aufforderung an Mandanten, die Unterlagen nach Abschluss des Verfahrens zurückzugeben oder zu vernichten.
[107] BAG v. 23. 10. 2008 – 2 AZR 483/07, NJW 2009, 1897 (1898).
[108] OLG Frankfurt v. 12. 4. 1965 – 3 Ss 287/65, NJW 1965, 2312; *Dahs* Rn. 277; Löwe/Rosenberg/*Lüderssen/Jahn* Rn. 126.
[109] OLG Karlsruhe v. 28. 10. 2009 – 1 Ss 126/08.
[110] BT-Drucks. 16/11 644, S. 34.
[111] EGMR v. 17. 2. 1997 – 10/1996/629/812, NStZ 1998, 429.
[112] OLG Karlsruhe v. 28. 10. 2009 – 1 Ss 126/08.
[113] OLG Karlsruhe v. 28. 10. 2009 – 1 Ss 126/08.
[114] HK-StPO/*Julius* Rn. 21.

stets zu prüfen, ob nicht die Bestellung eines Pflichtverteidigers geboten ist.[115] In schwierigen Fällen wird die Bestellung eines Verteidigers nach § 140 Abs. 2 stets geboten sein.[116]

III. Rechtsbehelfe

33 1. **Entscheidungen der Staatsanwaltschaft.** Im Vorverfahren ist die **Anfechtung** der die Akteneinsicht ablehnenden Entscheidung der Staatsanwaltschaft **nur in drei Fällen** möglich, nämlich wenn (erstens) die Ablehnung des Antrags erfolgt, nachdem der Abschluss der Ermittlungen nach § 169a in den Akten vermerkt ist, (zweitens) die Einsicht in die in Abs. 3 genannten Niederschriften und Gutachten abgelehnt wird oder (drittens) der Beschuldigte sich nicht auf freiem Fuß, also in U-Haft oder sonstiger behördlicher Obhut,[117] befindet.[118] In diesen Fällen kann nach Abs. 5 S. 2 gerichtliche Entscheidung beantragt werden. Die Statthaftigkeit eines Antrags auf gerichtliche Entscheidung setzt stets voraus, dass überhaupt ein Ermittlungsverfahren gegen den Besch. eingeleitet worden ist, denn erst mit Beginn des Verfahrens – gegebenenfalls auch bei der Einleitung von Vorermittlungen – entsteht ein Anspruch auf Akteneinsicht.[119] Zuständig ist hierfür nach Abs. 5 S. 2 iVm. § 162 der Ermittlungsrichter beim Amtsgericht. Der Ermittlungsrichter gewährt auf einen begründeten Antrag hin entweder unmittelbar Akteneinsicht oder weist – falls die Akten dem Gericht nicht vorliegen – die Staatsanwaltschaft an, Akteneinsicht zu gewähren. Die Entscheidung des Ermittlungsrichters ist mit der Beschwerde anfechtbar (§ 304 Abs. 1); § 305 S. 1 steht dem nicht entgegen. Mit der Beschwerdemöglichkeit wird – anders als dies bis zum 31. 12. 2008 der Fall gewesen ist – eine Überprüfung der häufig komplizierten und im Hinblick auf Verstöße gegen in der EMRK garantierten Rechte relevanten Entscheidung ermöglicht. Über die Beschwerde entscheidet eine Kammer des Landgerichts, deren Beschluss nicht mit der weiteren Beschwerde angreifbar ist (vgl. § 310).

34 In anderen als den in Abs. 5 S. 2 genannten Fällen ist nach hM der Beschuldigte im Vorverfahren auf die Gegenvorstellung und die Fachaufsichtsbeschwerde verwiesen.[120] Der Rechtsweg nach den §§ 23 ff. EGGVG ist nicht eröffnet, da die Entscheidungen der Staatsanwaltschaft keine Prozesshandlungen sind.[121] Dies gilt auch nach rechtskräftigem Abschluss des Verfahrens. Allerdings sollte Rechtsschutz entsprechend Abs. 5 S. 2 zumindest dann gewährt werden, wenn die Staatsanwaltschaft die Akteneinsicht willkürlich verweigert.[122]

35 2. **Richterliche Entscheidungen.** Die Entscheidung des Vorsitzenden über die Gewährung von Akteneinsicht ist mit der Beschwerde anfechtbar (§ 304 Abs. 1, Abs. 4 S. 2 Nr. 4),[123] auch während der Hauptverhandlung; § 305 S. 1 steht dem nicht entgegen.[124] Dies gilt auch in Verfahren, in denen die erstinstanzliche Zuständigkeit des OLG gegeben ist. Regelt die Entscheidung des Vorsitzenden allerdings nur die Modalitäten der Akteneinsicht, so ist keine Beschwerde möglich.[125]

36 3. **Revision.** Revisibel nach § 338 Nr. 8 ist nur die nicht rechtzeitig gewährte oder unterbliebene Akteneinsicht in der Hauptverhandlung.[126] Wegen Abs. 4 S. 2 iVm. § 336 S. 2 kann die Revision hingegen nicht auf die Art der Ausgestaltung der Akteneinsicht gestützt werden.[127] Entscheidungen der Staatsanwaltschaft können nur dann für die Revision Bedeutung erlangen, wenn ein

---

[115] HK-StPO/*Julius* Rn. 21.
[116] BT-Drucks. 16/11 644, S. 34.
[117] ZB Strafhaft in anderer Sache: LG München I v. 26. 2. 2004 – 5 Qs 13/04, StV 2006, 11; aA LG Mannheim v. 9. 5. 2001 – 25 AR 8/01, StV 2001, 613; Auslieferungshaft im Ausland: LG Regensburg v. 17. 12. 2003 – 2 Qs 167/03, StV 2004, 369.
[118] BGH v. 22. 1. 2009 – StB 29/08, NStZ-RR 2009, 145; LG Neubrandenburg v. 16. 8. 2007 – 9 Qs 107/07, NStZ 2008, 655 (656).
[119] BGH v. 22. 1. 2009 – StB 29/08, NStZ-RR 2009, 145.
[120] OLG Frankfurt v. 19. 8. 2005 – 3 VAs 36/05, NStZ-RR 2005, 376; OLG Hamm v. 8. 4. 2003 – 1 VAs 7/03, wistra 2003, 317 (318); LG Neubrandenburg v. 16. 8. 2007 – 9 Qs 107/07, NStZ 2008, 655 (656); HK-StPO/*Julius* Rn. 26; Meyer-Goßner/*Cierniak* Rn. 40.
[121] OLG Frankfurt v. 19. 8. 2005 – 3 VAs 36/05, NStZ-RR 2005, 376; OLG Hamburg v. 3. 9. 1997 – 1 VAs 6/97, NJW 1997, 3255 (3256).
[122] BGH v. 11. 11. 2004 – 5 StR 299/03, BGHSt 49, 317 (330) = NStZ 2005, 569 (571); HK-StPO/*Julius* Rn. 26.
[123] OLG Hamburg v. 4. 1. 1963 – 1 Ws 467/62, NJW 1963, 1024; OLG Koblenz v. 30. 6. 1995 – 1 Ws 322/95, NStZ 1995, 611.
[124] OLG Brandenburg v. 20. 9. 1995 – 2 Ws 174/95, StV 1996, 7 (8); aA OLG Frankfurt v. 5. 3. 1996 – 3 Ws 131/96, NStZ-RR 1996, 238; OLG Hamm v. 5. 8. 2004 – 2 Ws 200/04, NStZ 2005, 226.
[125] BGH v. 10. 8. 1977 – 6 StE 1/77 – StB 153/77, BGHSt 27, 244 (245) = NJW 1977, 2086 (2087); OLG Karlsruhe v. 7. 6. 1979 – 4 Ws 77/79, MDR 1979, 864.
[126] BGH v. 7. 3. 1996 – 1 StR 688/95, BGHSt 42, 71 (73) = NStZ 1997, 43 (44); KK-StPO/*Laufhütte* Rn. 31.
[127] BGH v. 24. 8. 1999 – 1 StR 672/98, NStZ 2000, 46.

Elfter Abschnitt. Verteidigung § 148

von der Verteidigung zu Beginn der Hauptverhandlung wegen Beeinträchtigung der Verteidigung gestellter Vertagungsantrag abgelehnt worden ist.[128]

IV. Kosten

Nach **Nr. 9003 KV GKG** wird für die antragsgemäße Versendung der Akten an den Verteidiger 37 eine Gebühr von 12,00 € erhoben, was verfassungsrechtlich unbedenklich[129] ist. Eine Vorschusspflicht besteht nicht.[130] **Gebührenschuldner** ist ausschließlich der Verteidiger,[131] auch der Pflichtverteidiger,[132] weil das Akteneinsichtsrecht nur dem Verteidiger zusteht. Aus diesem Grund ist die Pauschale auch **umsatzsteuerpflichtig**, wenn sie dem Mandanten weiterberechnet wird oder der Vergütungsanspruch sich gem. §§ 45 Abs. 3 S. 1, 48 Abs. 5 RVG gegen die Landeskasse richtet.[133] Die Gebühr entsteht hingegen nicht, wenn die Akte dem Rechtsanwalt nicht übersandt, sondern per Gerichtsboten überbracht oder auf der Geschäftsstelle ausgehändigt wird.[134] Ein Anspruch auf unfreie Rücksendung der Akten und Erstattung der Portoauslagen für die Rücksendung besteht nicht.[135]

IV. Besondere Verfahrensarten

In **Steuerstrafverfahren** gilt das Vorstehende entsprechend, allerdings steht das Akteneinsichts- 38 recht allen nach § 392 AO wählbaren Personen zu. Zuständig für die Gewährung von Akteneinsicht ist im Ermittlungsverfahren die Finanzbehörde, wenn sie selbständig ermittelt, da sie dann die Rechte und Pflichten der Staatsanwaltschaft im Ermittlungsverfahren hat (§ 399 Abs. 1 AO). Aus erzieherischen Gründen darf im **Jugendstrafverfahren** dem Verteidiger die Akteneinsicht nicht verwehrt werden. Dem Vertreter der Jugendgerichtshilfe, dem keine dem Verteidiger entsprechende Stellung im Verfahren eingeräumt ist, steht kein Akteneinsichtsrecht zu. In **Verfahren nach dem OWiG** ist zunächst die Verwaltungsbehörde zur Entscheidung über den Antrag auf Akteneinsicht berufen, die bis zum Abschluss der Ermittlungen (§ 61 OWiG) aus den Gründen des § 147 Abs. 2 versagt werden kann. Nach Eingang der Akten bei der Staatsanwaltschaft ist diese zuständig (§ 69 Abs. 4 S. 1 OWiG), nach Vorlage der Akten beim Amtsgericht entscheidet der zuständige Richter. Gegenstand der Akteneinsicht ist in straßenverkehrsrechtlichen Bußgeldverfahren auch die Eich- und Geräteakte (sog. Lebensakte) des eingesetzten Messgeräts, die Bedienungsanleitung sowie Ausbildungsnachweise, die eine vorgeschriebene Ausbildung betreffen.[136]

§ 148 [Verkehr mit dem Verteidiger]

(1) Dem Beschuldigten ist, auch wenn er sich nicht auf freiem Fuß befindet, schriftlicher und mündlicher Verkehr mit dem Verteidiger gestattet.

(2) ¹Ist ein nicht auf freiem Fuß befindlicher Beschuldigter einer Tat nach § 129a, auch in Verbindung mit § 129b Abs. 1, des Strafgesetzbuches dringend verdächtig, soll das Gericht anordnen, dass im Verkehr mit Verteidigern Schriftstücke und andere Gegenstände zurückzuweisen sind, sofern sich der Absender nicht damit einverstanden erklärt, dass sie zunächst dem nach § 148a zuständigen Gericht vorgelegt werden. ²Besteht kein Haftbefehl wegen einer Straftat nach § 129a, auch in Verbindung mit § 129b Abs. 1, des Strafgesetzbuches, trifft die Entscheidung das Gericht, das für den Erlass eines Haftbefehls zuständig wäre. ³Ist der schriftliche Ver-

---

[128] BGH v. 24. 11. 1987 – 4 StR 586/87, StV 1988, 193 (194); BGH v. 16. 10. 1984 – 5 StR 643/84, NStZ 1985, 87; BGH v. 21. 3. 1990 – 4 StR 29/90, StV 1990, 532; zum notwendigen Revisionsvorbringen vgl. BGH v. 23. 9. 2003 – 1 StR 341/03, NStZ-RR 2004, 50; BGH v. 23. 2. 2010 – 4 StR 599/09, NStZ 2010, 530 (531); BayObLG v. 22. 4. 1992 – 4 St RR 65/92, NJW 1992, 2242 (2243); OLG Hamm v. 25. 5. 2005 – 2 Ss OWi 261/05, StraFo 2005, 468; OLG Hamm v. 22. 3. 2007 – 2 Ss OWi 202/07, NStZ-RR 2007, 209.
[129] BVerfG v. 19. 7. 1995 – 2 BvR 1023/95, NJW 1995, 3177; BVerfG v. 6. 3. 1996 – 2 BvR 386/96, NJW 1996, 2222.
[130] BVerfG v. 19. 7. 1995 – 2 BvR 1023/95, NJW 1995, 3177; OLG Koblenz v. 23. 10. 1995 – 1 Ws 555/95, NStZ-RR 1996, 96; LG Koblenz v. 2. 8. 1995 – 9 Qs 178/95, NJW 1996, 1223; HK-StPO/*Julius* Rn. 31; aA LG Göttingen v. 8. 11. 1995 – 2 Qs 170/95 , StV 1996, 166.
[131] OLG Koblenz v. 23. 10. 1995 – 1 Ws 555/95, NStZ-RR 1996, 96; LG Koblenz v. 2. 8. 1995 – 9 Qs 178/95, NJW 1996, 1223; LG Göttingen v. 8. 11. 1995 – 2 Qs 170/95, StV 1996, 166; LG Koblenz v. 10. 2. 2000 – 2101 Js 40395/96 – 3 Ks, StraFo 2001, 147; *Burhoff* EV Rn. 142; aA AG Beckum v. 23. 8. 1995 – 4 Gs 333/95, StraFo 1996, 29; AG Leverkusen v. 8. 3. 1996 – 58 Ls 161 Js 571/95, AnwBl 1996, 295.
[132] OLG Bamberg v. 2. 4. 2009 – 1 Ws 127/09, StraFo 2009, 350 (351); LG Frankenthal v. 24. 5. 1995 – 209 Js 61 969/93 – 1 Ns, NJW 1995, 2801; LG Koblenz v. 10. 2. 2000 – 2101 Js 40395/96 – 3 Ks, StraFo 2001, 147.
[133] OLG Bamberg v. 2. 4. 2009 – 1 Ws 127/09, StraFo 2009, 350 (351).
[134] LG Detmold v. 2. 3. 1995 – 4 KLs 3 Js 388/94, NJW 1995, 2801.
[135] OLG Celle v. 3. 5. 2006 – 1 Ws 222/06, StraFo 2006, 475; OLG Hamm v. 19. 12. 2005 – 2 Ws 300/05, NJW 2006, 1076; Meyer-Goßner/*Cierniak* Rn. 28.
[136] AG Bad Kissingen v. 6. 7. 2006 – 3 OWi 17 Js 7100/06, ZfS 2006, 706; *Burhoff* EV Rn. 131.

kehr nach Satz 1 zu überwachen, sind für Gespräche mit Verteidigern Vorrichtungen vorzusehen, die die Übergabe von Schriftstücken und anderen Gegenständen ausschließen.

I. Grundsatz der freien Verteidigung

1 § 148 Abs. 1, der durch die Ermittlungsbeschränkungen des § 160a flankiert wird, schützt die freie Kommunikation zwischen dem Beschuldigten und seinem Verteidiger, ohne die eine sachgerechte und effiziente Verteidigung nicht denkbar ist.[1] Dem wechselseitigen Charakter der geschützten Kommunikationsbeziehungen entsprechend, räumt die Vorschrift sowohl dem Beschuldigten – gleichgültig, ob er sich in Freiheit befindet oder nicht – wie auch dem Verteidiger jeweils ein eigenes Recht[2] darauf ein, mit dem jeweils anderen jederzeit schriftlich oder mündlich in Verbindung treten, ohne dass die Kommunikationsinhalte überwacht würden. Die ursprünglich damit verfolgte Intention, eine „völlig freie Verteidigung"[3] zu gewährleisten, wird freilich mittlerweile durch die Bestimmungen des Abs. 2 sowie durch die mit dem Kontaktsperregesetz vom 30. 9. 1977 geschaffenen §§ 31ff. EGGVG konterkariert. Fragwürdig ist auch die (Verfassungs-) Rechtsprechung, die das Verkehrrecht des § 148 ausschließlich zu unmittelbaren Verteidigungszwecken gewährt, und diese dabei strikt auf das laufende Strafverfahren bezieht,[4] und zudem die Postkontrolle durch den Insolvenzverwalter gem. § 99 InsO auch auf die Verteidigerpost erstreckt.[5] Denn ersteres erlaubt es den Strafgerichten, Tabuzonen der Verteidigungsbeziehung aufzubrechen, letzteres eröffnet den Strafverfolgungsbehörden einen rechtsstaatlich bedenklichen Umweg, auf dem sie in den geschützten Kommunikationsbereich zwischen Beschuldigtem und Verteidiger einzudringen vermögen.[6] Nichtsdestotrotz stellt § 148 aber nach wie vor die Grundnorm dar, mit der die materielle Freiheit der Verteidigung im einfachen Gesetzesrecht verankert ist. Er gilt unabhängig davon, aus welchem Grund dem Beschuldigten die Freiheit entzogen ist,[7] wird bei Strafgefangenen aber durch die Bestimmungen der StVollzG des Bundes und der Länder ergänzt. Durch die Beschränkungen des § 119 darf sein Schutzbereich nicht eingeschränkt werden, was nunmehr in § 119 Abs. 4 nF auch ausdrücklich klargestellt ist.

II. Verkehrsrecht des Abs. 1

2 **1. Bestehen eines Verteidigungsverhältnisses.** Abs. 1 spricht von dem Verkehr des Beschuldigten mit seinem Verteidiger und gilt somit grundsätzlich nur im Rahmen eines aktuell bestehenden Verteidigungsverhältnisses.[8] Das Recht auf freie Kommunikation beginnt daher für den Wahlverteidiger iSd. § 138 Abs. 1 mit der **Mandatsannahme**, für den Pflichtverteidiger mit seiner **Bestellung** und für Personen, die gem. § 138 Abs. 2 wählbar sind, mit der **Genehmigung des Gerichts**.[9] Es erlischt für den Wahlverteidiger iSd. § 138 Abs. 1 u. 2 mit der förmlichen **Kündigung** des Mandats durch ihn bzw. den Beschuldigten oder mit seiner **Zurückweisung** gem. § 146a, für die gem. § 138 Abs. 2 wählbare Person zudem mit der Rücknahme der gerichtlichen Genehmigung, für den Pflichtverteidiger mit der Rücknahme seiner Bestellung sowie für sämtliche Verteidiger auch mit ihrer **Ausschließung** gem. §§ 138a ff. Gegen sein **Fortbestehen** über diese formellen Beendigungszeitpunkte hinaus, wie es in der neueren Lit. und Rspr. bisweilen erwogen[10] bzw. anerkannt[11] wird, spricht sowohl die Systematik des Gesetzes als auch die Unmöglichkeit einer sinnvollen Missbrauchskontrolle: Dass der Gesetzgeber das einmal erworbene Verkehrsrecht aus § 148 Abs. 1 nicht ad infinitum bestehen lassen wollte, ist evident. Dementsprechend ließe sich eine Verschiebung seines Erlöschens allenfalls soweit und solange rechtfertigen, wie im Einzelfall nachlaufende Rechte und Pflichten aus dem beendeten Verteidigungsverhältnis existieren, die eine unüberwachte Kommunikation zwischen dem Beschuldigten und seinem ehemaligen Verteidiger

---

[1] BGH v. 13. 8. 1973 – 1 BJs 6/71; StB 34/73, NJW 1973, 2035 (2036); BGH v. 23. 9. 1977 – 1 BJs 80/77; StB 215/77, BGHSt 27, 260 (262) = NJW 1977, 2172; *Welp* GA 1977, 132; *ders.* NStZ 1986, 295; *Schäfer*, FS Hanack, S. 77; *Welp*, FS Gallas, S. 417 ff.
[2] Wohl einhellige M.; s. zB BGH v. 5. 11. 1985 – 2 StR 279/85, BGHSt 33, 347 (349) = NStZ 1986, 323 (324); Meyer-Goßner/*Cierniak* Rn. 2.
[3] BGH v. 23. 9. 1977 – 1 BJs 80/77; StB 215/77, BGHSt 27, 260 (262) = NJW 1977, 2172.
[4] BVerfG v. 13. 10. 2009 – 2 BvR 256/09, StV 2010, 144; s. a. BVerfG v. 4. 10. 1977 – 2 BvQ 8,9,11,15,16/77; 2 BvR 908,909/77, BVerfGE 46, 1 (12) = NJW 1977, 2157; BVerfG v. 1. 8. 1978 – 2 BvR 1013/77 u. a., BVerfGE 49, 24 (48) = NJW 1978, 2235; BGH v. 15. 3. 1976 – AnwSt (R) 6/75, BGHSt 26, 304 (307); OLG Dresden v. 17. 6. 1998 – 2 Ss (OWi) 134/98, NStZ 1998, 535.
[5] BVerfG v. 6. 11. 2000 – 1 BvR 1746/00, StV 2001, 212 (213).
[6] S. hierzu auch *Marberth-Kubicki* StV 2001, 433.
[7] Meyer-Goßner/*Cierniak* Rn. 5.
[8] Ganz hM in Rspr. und Lit.; s. zB LG Tübingen v. 14. 2. 2007 – 1 KLs 42 Js 13000/06, NStZ 2008, 653 mwN.
[9] SK-StPO/*Wohlers* Rn. 6.
[10] Löwe/Rosenberg/*Lüderssen/Jahn* Rn. 9.
[11] AG Koblenz v. 17. 3. 2006 – 20 Gs II 225/06, StV 2006, 650; *Wilhelm* StV 2006, 651; aA die hM; s. zB Meyer-Goßner/*Cierniak* Rn. 4; SK-StPO/*Wohlers* Rn. 6.

Elfter Abschnitt. Verteidigung   3, 4   § 148

erfordern. Wegen des aus § 148 Abs. 1 resultierenden Überwachungsverbotes wäre aber gerade nicht feststellbar, ob die konkrete Kommunikation tatsächlich in diesem Sinne erforderlich ist oder nicht. Der ausgeschiedene Verteidiger hätte es daher faktisch in der Hand, sein Verkehrsrecht mittels unüberprüfbarer Behauptungen in einer Weise zu perpetuieren, die sowohl dem Gesetzeswortlaut wie auch dem Gesetzeszweck zuwiderlaufen würde. Ähnliche Argumente sind auch gegen eine Ausdehnung des § 148 Abs. 1 auf die Phase der **Anbahnung eines Verteidigungsverhältnisses** anzuführen, wobei allerdings zwei Konstellationen zu unterscheiden sind: In den sog. „Anbiederungsfällen", in denen sich der mögliche Verteidiger – sei es aus eigenem Antrieb oder auf Wunsch eines Dritten – dem Beschuldigten andient, ohne von diesem hierzu aufgefordert worden zu sein, ist der Erstkontakt nicht schutzwürdig, da es dabei weniger um die Verteidigungsinteressen des Beschuldigten, als vielmehr um das wirtschaftliche Fortkommen des Kontaktsuchenden geht und Interna des ersteren zudem schwerlich Gegenstand der Kommunikation sein können.[12] Darüber hinaus könnte hier die einseitige Erklärung, die Verteidigung des Beschuldigten übernehmen zu wollen, praktisch nicht widerlegt werden und daher als wohlfeiles Deckmäntelchen für den Missbrauch des Geheimschutzes dienen. Sucht hingegen der Beschuldigte direkt oder über einen beauftragten Dritten den Kontakt zu einem möglichen Verteidiger (sog. „Anbahnungsfall"), ist dieser Kontakt zwar grundsätzlich schutzwürdig, jedoch besteht auch hier ein erhebliches Missbrauchspotential im Hinblick auf die Umgehung des Verbots, mehr als drei Wahlverteidiger zu haben (§ 137 Abs. 1 S. 2) bzw. mehrere Beschuldigte gleichzeitig zu verteidigen (§ 146).[13] Entgegen einer vor allem in der Lit. verbreiteten Ansicht[14] erscheint daher in dieser Konstellation nicht die Gewährung des Geheimschutzes des § 148, sondern die richterliche Gestattung unüberwachter Einzelgespräche zwischen Beschuldigtem und möglichem Verteidiger[15] als das Mittel der Wahl. Denn damit kann zum einen den Verteidigungsinteressen des Beschuldigten genügt, zum anderen aber auch möglicher Missbrauch verhindert werden.

Vom Bestehen eines Verteidigungsverhältnisses ist dessen **Nachweis** zu unterscheiden. Obwohl   3 letzterer nach dem Wortlaut des Gesetzes nicht für das Verkehrsrecht des § 148 Abs. 1 konstitutiv ist, dürfen Verteidiger und Beschuldigter in der Praxis gleichwohl nicht darauf hoffen, ohne ihn frei miteinander kommunizieren zu dürfen. Hiergegen ist im Interesse der Vermeidung von Mißbräuchen solange nichts einzuwenden, wie die Anforderungen an den Nachweis nicht überspannt werden. Im Regelfall genügt hierfür die (originale oder beglaubigte[16]) Vollmacht des Wahlverteidigers bzw. die gerichtliche Bestellungsanordnung für den Pflichtverteidiger, wobei darauf zu achten ist, dass diese auch der Vollzugsanstalt vorliegt. Einen Verteidigungsnachweis in Form eines sog. „Dauersprechscheins" darf die Vollzugsanstalt nur verlangen, wenn keine Vollmacht bzw. Bestellungsanordnung bekannt ist oder im Einzelfall trotz ihres Vorhandenseins konkrete Anhaltspunkte dafür bestehen, dass gleichwohl kein wirksames Verteidigungsverhältnis (mehr) besteht.[17] Strengere Maßstäbe können allerdings beim Auftreten eines ausländischen Verteidigers in einem im Ausland betriebenen Verfahren gelten; dort kann regelmäßig auch eine amtliche Bestätigung der Verteidigereigenschaft durch die zuständige ausländische Justizbehörde verlangt werden.[18]

2. **Persönlich-sachlicher Umfang des Verteidigungsverhältnisses.** Da § 148 Abs. 1 nicht nur das   4 Bestehen eines Verteidigungsverhältnisses, sondern nach ständiger Rspr. zudem voraussetzt, dass die geschützte Kommunikation in concreto gerade der Strafverteidigung des Beschuldigten dient,[19] ergeben sich in persönlich-sachlicher Hinsicht folgende Grenzen des Verkehrsrechts: Gesetzlich geschützt ist nur der Verkehr des Beschuldigten mit seinem Strafverteidiger, nicht hingegen mit anderen Anwälten, Notaren, Rechtsbeiständen oder -beratern, die außerhalb eines Strafverfahrens – und sei es auch im Rahmen eines berufsrechtlichen Disziplinarverfahrens[20] – für ihn[21] oder gar nur

---

[12] Löwe/Rosenberg/*Lüderssen/Jahn* Rn. 8; im Ergebnis auch KK-StPO/*Laufhütte* Rn. 5; Meyer-Goßner/*Cierniak* Rn. 4; SK-StPO/*Wohlers* Rn. 7; aA *Fezer* StV 1993, 255; AK-StPO/*Stern* Rn. 8.
[13] Meyer-Goßner/*Cierniak* Rn. 4.
[14] *Danckert* StV 1986, 171; *Fezer* StV 1993, 255; *Hanack* JR 1986, 36; *Hassemer* StV 1985, 406; HK-StPO/*Julius* Rn. 5; Löwe/Rosenberg/*Lüderssen/Jahn* Rn. 7; AnwK-StPO/*Krekeler/Werner* Rn. 24; AK-StPO/*Stern* Rn. 7; SK-StPO/ *Wohlers* Rn. 7; auch OLG Düsseldorf v. 5. 10. 1983 – V 5/83, StV 1984, 106.
[15] KG v. 28. 3. 1991 – 4 Ws 60/91, StV 1991, 307; KK-StPO/*Laufhütte* Rn. 5; Meyer-Goßner/*Cierniak* Rn. 4; zu restriktiv KG v. 3. 12. 1984 – ER 92/84, StV 1985, 405 (unüberwachter Verkehr nur mit dem bevollmächtigten Verteidiger).
[16] Strenger wohl Löwe/Rosenberg/*Lüderssen/Jahn* Rn. 12 (Originalvollmacht).
[17] Ähnlich KK-StPO/*Laufhütte* Rn. 6; Löwe/Rosenberg/*Lüderssen/Jahn* Rn. 11 f.; zu streng LG Würzburg v. 19. 4. 1972 – Qs 117/72, NJW 1972, 1824 (1826): Forderung nach Dauersprechschein allgemein zulässig.
[18] OLG Celle v. 18. 11. 2002 - 1 Ws 34/02, StV 2003, 62 (63); Löwe/Rosenberg/*Lüderssen/Jahn* Rn. 11; SK-StPO/ *Wohlers* Rn. 13.
[19] S. o. Rn. 1 mit Fn. 4.
[20] LG Koblenz v. 24. 9. 1980 - 105 Js (Wi) 21 389/80 – 8 Qs 74/80, MDR 1981, 72.
[21] St. Rspr. und hM in der Lit; s. zB OLG Bremen v. 21. 5. 1963 – VAs 5/63, NJW 1963, 1465; Meyer-Goßner/ *Cierniak* Rn. 3; aA *Seebode* MDR 1971, 98; *Tiedemann* NJW 1963, 184.

für Dritte[22] tätig werden; in der Praxis ist es freilich nicht unüblich, im Einzelfall unüberwachte Besuche dieses Personenkreises zuzulassen.[23] Auch der Verteidiger selbst darf nach der Rspr. des BGH ohne richterliche Genehmigung das Verkehrsrecht nicht dazu nutzen, mit dem Beschuldigten über verfahrensfremde Angelegenheiten zu kommunizieren oder sogar dessen Geschäfte mittels der Verteidigerpost aus der Haft heraus weiterzuführen.[24] Diese beiden Grundsätze können schon bei isolierter Anwendung, in verstärktem Maße aber durch ihr Zusammenspiel zu einer übermäßigen, auch durch den Zweck der Freiheitsentziehung nicht mehr erforderten Einschränkung der Privatsphäre des Beschuldigten führen und sind daher nur dann akzeptabel, wenn sie durch eine weite Definition des Verteidigungsbegriffs austariert werden. Unter diese sind daher im Rahmen des § 148 Abs. 1 alle Bemühungen der Verteidigers zu subsumieren, die in unmittelbarem Zusammenhang mit dem Strafverfahren gegen den Beschuldigten stehen, also etwa auch Geschäfte zur Aufbietung einer Kaution, Geldauflage oder Ausgleichszahlung an das Opfer sowie sanktionsrelevante Maßnahmen (zB. zur Sicherung einer günstigen Sozialprognose.)[25]

5   Das Verteidigungsverhältnis braucht nicht in der Angelegenheit zu bestehen, in der dem Beschuldigten die Freiheit entzogen ist[26] und umfasst ggf. auch die Vertretung des Betroffenen in Strafvollstreckungs-[27] oder -vollzugssachen,[28] im Wiederaufnahmeverfahren[29] sowie in Gnadenangelegenheiten.[30] Es reicht in personaler Hinsicht nicht über die Kommunikation zwischen dem Beschuldigten und seinem eigenen Verteidiger hinaus, weshalb § 148 Abs. 1 dem Verteidiger keinen Anspruch darauf gibt, etwa unüberwachte Besprechungen mit anderen Beschuldigten (sei es im Beisein seines Mandanten oder ohne ihn) durchzuführen.[31] Auch der durch den Verteidiger lediglich in der Funktion eines Boten vermittelte Verkehr des Beschuldigten mit außenstehenden Dritten – insbesondere Presseorganen – wird von § 148 nicht geschützt[32]

6   Das Verteidigungsverhältnis entfaltet keine „Fernwirkung" dergestalt, dass dem Beschuldigten in einem anderen Verfahren – insbesondere in einem Strafverfahren gegen seinen (früheren) Verteidiger – ein auf Abs. 1 gestütztes umfassendes Auskunftsverweigerungsrecht im Hinblick auf Interna der Verteidigung zustünde; er kann sich vielmehr ggf. nur auf § 55 berufen.[33]

7   **3. Unüberwachter Verkehr. a) Schriftverkehr.** Abgesehen von den Einschränkungen des Abs. 2 darf der Schriftverkehr des inhaftierten Beschuldigten mit seinem Verteidiger inhaltlich nicht überwacht, im Unfang nicht beschränkt[34] und im Ablauf nicht verzögert werden.[35] Er unterliegt daher nur insoweit der Briefkontrolle, als anhand äußerer Kennzeichen (insbondere der Bezeichnung als Verteidigerpost) geprüft werden darf, ob es sich tatsächlich um Korrespondenz mit dem Verteidiger handelt;[36] Fällt diese Prüfung positiv aus, die aus Gründen der Postbeschleunigung im allgemeinen von der Haftanstalt selbst, nicht vom zuständigen Richter vorzunehmen[37] ist, darf verschlossene Post selbst im Beisein des Beschuldigten[38] nicht geöffnet werden, auch nicht zum Zwecke der Feststellung des Absenders[39] oder der Nachschau, ob sie unerlaubte Einlagen enthält.[40] Der geschützte

---

[22] *Taschke*, FS Hamm, S. 762 (für den Unternehmensanwalt in Wirtschaftsstrafverfahren).
[23] Meyer-Goßner/*Cierniak* Rn. 3.
[24] BGH v. 21. 6. 1973 – AnwSt (R) 6/75, BGHSt 26, 304 = NJW 1976, 1700.
[25] *Eidt* AnwBl. 1976, 382; *Seebode* MDR 1971, 98 (103); Löwe/Rosenberg/*Lüderssen/Jahn* Rn. 17; SK/*Wohlers* Rn. 9; noch weiter HK-StPO/*Julius* Rn. 6 (ausreichend ist „irgendein Bezug" zur Situation als Beschuldigter); wiederum anders AnwK-StPO/*Krekeler/Werner* Rn. 6; *Schlothauer/Weider*, Untersuchungshaft Rn. 148 (Schutz des Verkehrs in allen Angelegenheiten, die den Sachverhalt betreffen, der dem Strafverfahren zugrunde liegt) aA BVerfG v. 13. 10. 2009 – 2 BvR 256/09, StV 2010, 144.
[26] OLG Celle v. 18. 11. 2002 – 1 Ws 34/02, StV 2003, 62.
[27] KG v. 8. 10. 1976 – 2 VAs 37/76, JR 1977, 213.
[28] OLG München v. 9. 12. 1977 – 1 Ws 1257/77, NJW 1978, 654.
[29] BGH v. 28. 6. 2001 – 1 StR 198/01, NJW 2001, 3793 (3794); OLG Hamm v. 7. 9. 1979 – 1 Vollz (Ws) 21, 22/79, NJW 1980, 1404.
[30] KK-StPO/*Laufhütte* Rn. 5.
[31] Meyer-Goßner/*Cierniak* Rn. 2.
[32] KK-StPO/*Laufhütte* Rn. 4 unter Hinweis auf BGH v. 6. 7. 992 – AnwSt (B) 4/92.
[33] BVerfG v. 28. 1. 2008 – 2 BvR 112/08, BeckRS 2008, 31 920; aA *Beulke*, FS Fezer, S. 10 ff; *Schäfer*, FS Hanack, S. 102.
[34] Löwe/Rosenberg/*Lüderssen/Jahn* Rn. 16; Meyer-Goßner/*Cierniak* Rn. 6; SK-StPO/*Wohlers* Rn. 20.
[35] OLG Düsseldorf v. 4. 6. 1982 – 3 Ws 29/82, NJW 1983, 186.
[36] OLG Frankfurt/M. v. 12. 11. 2004 – 3 VAs 20, 23 u. 24/04, StV 2005, 226 (227);
[37] OLG Düsseldorf v. 4. 6. 1982 – 3 Ws 29/82, NJW 1983, 186; aA Meyer-Goßner/*Cierniak* Rn. 7 (Kontrolle durch den Richter ist nur überflüssig, nicht unzulässig).
[38] St. Rspr.; s. zB OLG Koblenz v. 30. 1. 1986 – 2 Vollz (Ws) 118/85, NStZ 1986, 332; die abweichende Entscheidung des OLG Koblenz v. 2. 3. 1982 – I Ausl. 8/80, StV 1982, 427 ist vereinzelt geblieben und wohl überholt.
[39] LG München I v. 22. 2. 2005 – 12 Qs 01/05, StV 2006, 28.
[40] St. obergerichtliche Rspr.; s. zuletzt OLG Bremen v. 19. 5. 2006 – Ws 81/06, StV 2006, 650; einschränkend LG Tübingen v. 14. 2. 2007 – 1 KLs 42 Js 13 000/06, NStZ 2008, 653 (Öffnung totz der Bezeichnung als Verteidigerpost zulässig, wenn gewichtige andere äußere Anzeichen auf einen Missbrauch zu rechtswidrigen Zwecke durch den Beschuldigten hindeuten).

Elfter Abschnitt. Verteidigung 8–11 § 148

Schriftverkehr iSd § 148 Abs. 1 umfasst neben Briefen auch Pakete,[41] e-mails[42] und andere auf Datenträgern gespeicherte Korrespondenz[43] (die allerdings in der Praxis wegen des fehlenden Zugangs des inhaftierten Beschuldigten zu EDV-Geräten meist nicht relevant wird) sowie jegliches sonstige Schriftgut.[44] Er muss allerdings nach den oben genannten Grundsätzen[45] dem Zweck der Verteidigung des Beschuldigten dienen, weshalb die Korrespondenz des Verteidigers mit dem Beschuldigten in anderen (Rechts-)Angelegenheiten nicht privilegiert ist. Von Dritten stammende Schriftstücke darf der Verteidiger dem Beschuldigten daher ebenfalls nur dann übersenden, wenn sie unmittelbar der Vorbereitung oder Durchführung der Verteidigung dienen.[46]

Die Frage einer Überwachung des Schriftverkehrs zwischen dem Verteidiger und dem Beschuldigten, der sich in Freiheit befindet, stellt sich faktisch und rechtlich nur im Rahmen der Regelungen über die Beschlagnahme, innerhalb derer die Beschlagnahmeverbote des § 97 von zentraler Bedeutung sind. Diese sind aber sowohl für den inhaftierten wie auch den freien Beschuldigten dahin zu ergänzen, dass solcher Schriftverkehr, der den Schutz des Abs. 1 genießt, unabhängig davon, ob er sich in den Händen des Verteidigers oder des Beschuldigten befindet, stets beschlagnahmefrei ist.[47] 8

b) **Mündlicher Verkehr.** Der mündliche Verkehr zwischen dem Beschuldigten und seinem Verteidiger, der beim inhaftierten Beschuldigten faktisch regelmäßig im Rahmen von Verteidigerbesuchen stattfindet, jedoch im Einzelfall auch fernmündlich erfolgen kann,[48] darf gem. Abs. 1, 2. Alt. ebenfalls nicht eingeschränkt werden. Der Verteidiger darf den Beschuldigten daher beliebig oft und jeweils beliebig lange in der Haft besuchen, hat sich dabei aber an die – organisatorisch erforderlichen – allgemeinen Besuchszeiten zu halten,[49] sofern diese den Verteidigerverkehr nicht wesentlich erschweren[50] und auch im konkreten Fall kein unabweisbares Bedürfnis für eine Sonderregelung besteht.[51] Der Beschuldigte und der Verteidiger haben dabei Anspruch darauf, dass ihnen für den Besuch ein Raum zur Verfügung gestellt wird, in dem in üblicher Lautstärke kommuniziert werden kann, ohne dass Dritte von dem Kommunikationsinhalt Kenntnis erlangen;[52] regelmäßig ist ihnen daher ein eigenes Besuchszimmer zuzuweisen. Eine gezielte akustische oder optische Überwachung des Verteidigerbesuchs ist unzulässig.[53] 9

Eine Durchsuchung des Verteidigers und der von ihm mitgeführten Gegenstände bei seinem Eintritt in die Haftanstalt ist grundsätzlich unzulässig.[54] Sie kann aber dann angeordnet werden, wenn Sicherheitsgründe sie allgemein oder im konkreten Fall (insbesondere wegen erhöhter Fluchtgefahr beim Beschuldigten) erfordern;[55] auch dann ist sie aber auf die Suche nach Waffen und andere gefährliche Gegenstände zu beschränken und darf nicht die inhaltliche Durchsicht der Verteidigerakten umfassen.[56] 10

Der Verteidiger ist zwar berechtigt, einen Dolmetscher zu seinen Besuchen beim Beschuldigten mitzubringen,[57] ist jedoch bei dessen Auswahl nicht frei, sondern muss regelmäßig auf einen vereidigten und dem Gericht als zuverlässig bekannten Dolmetscher zurückgreifen.[58] Der Verteidiger darf einen Laptop[59] oder ein Diktiergerät[60] zu seinen Besuchen mitbringen, eine Schreibkaft hingegen nur mit vorheriger Genehmigung der zuständigen Kontrollinstanz.[61] Verteidigungsunterla- 11

---

[41] KK-StPO/*Laufhütte* Rn. 8; Löwe/Rosenberg/*Lüderssen/Jahn* Rn. 16; aA Meyer-Goßner/*Cierniak* Rn. 6 unter Verweis auf § 39 UVollzO.
[42] *Michalke* StraFo 2005, 93.
[43] OLG Hamm v. 21. 11. 1995 – 3 Ws 451/95, StV 1997, 199 (220); Löwe/Rosenberg/*Lüderssen/Jahn* Rn. 16.
[44] KK-StPO/*Laufhütte* Rn. 8.
[45] S. Rn. 4.
[46] KK-StPO/*Laufhütte* Rn. 8 unter zutreffendem Verweis auf BGH v. 21. 6. 1973 – AnwSt (R) 6/75, BGHSt 26, 304 (308) = NJW 1976, 1700; aA Meyer-Goßner/*Cierniak* Rn. 15 unter Berufung auf dieselbe Entscheidung.
[47] BGH v. 25. 2. 1998 – 3 StR 490/97, BGHSt 44, 46 = NJW 1998, 1963; KK-StPO/*Laufhütte* Rn. 9; Meyer-Goßner/*Cierniak* Rn. 8; s. dazu auch § 97 Rn. 31.
[48] S. u. Rn. 12.
[49] KG v. 8. 10. 1976 – 2 VAs 37/76, JR 1977, 213.
[50] OLG Stuttgart v. 23. 9. 1997 – 4 VAs 15/97, NStZ 1998, 212; OLG Karlsruhe v. 25. 4. 1997 – 2 VAs 8/97, NStZ 1997, 407; krit. hierzu *Schriever*, NStZ 1998, 159.
[51] KK-StPO/*Laufhütte* Rn. 7.
[52] OLG Hamm v. 19. 11. 1984 – 1 Vollz (Ws) 195/84, StV 1985, 241.
[53] Meyer-Goßner/*Cierniak* Rn. 14.
[54] *Calliess*, StV 2002, 675 (676); Meyer-Goßner/*Cierniak* Rn. 12.
[55] BVerfG v. 2. 7. 1974 – 2 BvR 805/72, BVerfGE 38, 26 (30); BGH v. 18. 7. 1973 – 1 BJs 6/71 StB 29/73, NJW 1973, 1656; KK-StPO/*Laufhütte* Rn. 3; Meyer-Goßner/*Cierniak* Rn. 12; einschränkend OLG Saarbrücken v. 28. 2. 1978 – V As 4/78, NJW 1978, 1446 (1448): nur beim Vorliegen konkreter Verdachtsgründe; differenzierend *Calliess*, StV 2002, 675 (677): Durchsuchung bei U-Haft unzulässig, bei Strafhaft dagegen erlaubt.
[56] BGH v. 15. 12. 2003 – 2 BGs 315/03, NJW 2004, 457.
[57] KK-StPO/*Laufhütte* Rn. 4.
[58] LG Köln v. 16. 12. 1982 – 107 Qs 1064/82, NStZ 1983, 237; Meyer-Goßner/*Cierniak* Rn. 13.
[59] BGH v. 15. 12. 2003 – 2 BGs 315/03, NJW 2004, 457.
[60] OLG Frankfurt/M. v. 17. 3. 1980 – 3 Ws 170/80, AnwBl. 1980, 307.
[61] Meyer-Goßner/*Cierniak* Rn. 13.

gen, die unüberwacht per Post versandt werden dürften, kann der Verteidiger bei seinen Besuchen auch persönlich unüberwacht übergeben oder entgegennehmen, ohne dass es hierfür einer gesonderten Erlaubnis bedürfte.[62] Andere Dokumente oder Gegenstände sind vom Schutzbereich des Abs. 1 hingegen auch insoweit nicht erfasst.[63]

12   Der mündliche Kontakt iSd. Abs. 1, 2. Alt. erfasst auch beim inhaftierten Beschuldigten den Telefonverkehr. Dieser muss daher grundsätzlich zugelassen werden, wobei freilich der Zugang zu anstaltseigenen Telefonen entsprechend den Organisationserfordernissen der Haftanstalt eingeschränkt werden kann.[64] Telefonate des Beschuldigten mit seinem Verteidiger dürfen zwar im Regelfall nicht mitgehört werden, jedoch besteht kein Anspruch des Beschuldigten, bei Telefonaten aus einem Dienstzimmer der Anstalt alleingelassen zu werden.[65]

13   Die mündliche Kommunikation mit dem freien Beschuldigten unterliegt naturgemäß von vornherein nicht den vorstehend beschriebenen Restriktionen, die durch die Haftorganisation bedingt werden. Ihr Schutz wird außer durch Abs. 1, 2. Alt. vor allem auch durch das Verbot, die Telefonanschlüsse des Verteidigers gem. § 100a zu überwachen, bewerkstelligt. Der Verwertung von Erkenntnissen aus einem nach § 100a zulässig überwachten Telefongespräch des Verteidigers mit einem Dritten steht Abs. 1, 2. Alt. jedoch nicht entgegen.[66]

III. Einschränkungen des Abs. 2

14   **1. Voraussetzungen.** Abs. 2 statuiert Beschränkungen des freien Verkehrs zwischen dem Beschuldigten und seinem Verteidiger, wenn sich ersterer nicht auf freiem Fuß befindet und Gegenstand der gegen ihn geführten Untersuchung eine Straftat nach § 129a StGB, ggf. auch in Verbindung mit § 129b Abs. 1 StGB, ist. Abs. 2 S. 1 stellt dabei in seiner seit dem 1. 1. 2010 geltenden Fassung klar, dass ein dringender Verdacht iSd. § 112 im Hinblick auf die terroristische Tat gegeben sein muss.[67] Ist dieser Verdachtsgrad gegeben, braucht der Haftbefehl bzw. die Freiheitsentziehung im konkreten Fall aber nicht auf § 129a StGB gestützt zu sein, wie sich nunmehr aus Abs. 1 S. 2 nF ergibt.[68] Die Straftat gem. § 129a StGB muss nicht den hauptsächlichen oder gar den einzigen Untersuchungsgegenstand darstellen; wird die terroristische Tat aber durch eine konkurrierende andere Tat ganz aus der Untersuchung verdrängt, ist sie nach § 154a aus dem Verfahren ausgeschieden oder bereits rechtskräftig abgeurteilt und die für sie ausgesprochene Strafe vollstreckt, kommt eine Anwendung des Abs. 2 nicht mehr in Betracht.[69] Die Vorschrift gilt über § 29 Abs. 1 S. 2 u. 3 StVollzG bzw. die entsprechenden Bestimmungen der Länder-Strafvollzugsgesetze auch für den Vollzug von Strafhaft wegen einer Tat gem. § 129a StGB sowie für den Vollzug der Strafhaft in anderer Sache, wenn sich hieran die Strafvollstreckung wegen einer terroristischen Tat anschließen wird. Schließlich ergibt sich aus § 122 Abs. 2 StVollzG bzw. den entsprechenden Länderbestimmungen ihre Anwendbarkeit auch für den Fall, dass Strafhaft unterbrochen wird, um U-Haft wegen einer Tat gem. § 129a StGB zu vollziehen.

15   Abs. 2 stellt eine Ausnahmevorschrift dar und ist als solche weder hinsichtlich der Überwachung des Schriftverkehrs (Abs. 2 S. 1) noch bzgl. der Trennscheibenregelung des S. 3 analogiefähig.[70] Die Rechtsprechung, die das für letztere in Frage stellt,[71] ist bedenklich, weil sie den Verhältnismäßigkeitsgrundsatz übersieht, der in den von ihr wahrgenommenen Missbrauchsfällen den Einsatz des milderen Mittels der Durchsuchung des Verteidigers gebietet;[72] im Übrigen entbehrt die von ihr vorgenommene Differenzierung zwischen Abs. 2 S. 1 einerseits und S. 3 andererseits einer tragfähigen dogmatischen Begründung, da die Gesamtregelung der Beschränkungen in Abs. 2 schon wegen der Bezugnahme des S. 3 auf den S. 1 nur einheitlich verstanden werden kann.[73] Untermauert wird die Analogiefeindlichkeit des gesamten Abs. 2 schließlich auch durch

---

[62] BGHSt 26, 304 = NJW 1976, 1700; speziell zur Übergabe von Datenträgern *Piel/Püschel/Tsambikakis/Wallau* ZRP 2009, 36.
[63] S. o. Rn. 4.
[64] BGH v. 15. 7. 1998 – 2 BGs 185/98, StV 1999, 39.
[65] BGH v. 15. 7. 1998 – 2 BGs 185/98, StV 1999, 39; krit. hierzu *Lüderssen*, StV 1999, 450 (451).
[66] BGH v. 11. 5. 1988 – 3 StR 563/87, NStZ 1988, 562; krit. hierzu *Taschke*, StV 1990, 436.
[67] HM bereits für das alte Recht; s. zB BGH v. 23. 5. 1989 – I BGs 151/89, BGHSt 36, 205 = NJW 1989, 2827; KK-StPO/*Laufhütte* Rn. 11; Meyer-Goßner/*Cierniak* Rn. 18; überholt BGH v. 9. 3. 1984 – 1 BJs 101/83 – 3 I BGs 109/84, StV 1984, 211 (einfacher Verdacht reicht aus).
[68] Der Streit ist damit obsolet; s. KK-StPO/*Laufhütte* Rn. 11; Meyer-Goßner/*Cierniak* Rn. 18; aA *Neufeld* NStZ 1984, 156; offengelassen von BGH v. 23. 5. 1989 – I BGs 151/89, BGHSt 36, 205 = NJW 1989, 2827.
[69] KK-StPO/*Laufhütte* Rn. 11.
[70] BGH v. 17. 2. 1981 – 5 AR (Vs) 43/80, BGHSt 30, 38 (41) = NJW 1981, 1222; *Wächtler* StV 1981, 242; KK-StPO/*Laufhütte* Rn. 12; Löwe/Rosenberg/*Lüderssen/Jahn* Rn. 31; Meyer-Goßner/*Cierniak* Rn. 17.
[71] OLG Hamm v. 7. 9. 1979 – 1 Vollz (Ws) 21, 22/79, NJW 1980, 1404 (1405); OLG Celle v. 1. 10. 1980 – 3 Ws 255/80, AnwBl. 1981, 25.
[72] KK-StPO/*Laufhütte* Rn. 12.
[73] Ähnlich KK-StPO/*Laufhütte* Rn. 12; im Ergebnis auch OLG Nürnberg v. 20. 6. 2000 – Ws 604/00, StV 2001, 39.

§ 119 Abs. 4 S. 1 nF, der den Vorrang der Sonderregelungen des § 148 klarstellt. Den Fall eines Trennscheibeneinsatzes, der ausschließlich dem Schutz des Verteidigers vor Angriffen des Beschuldigten dient, wird man über die allgemeine Notstandsregel des § 34 StGB sachgerechter lösen können als über die analoge Anwendung des Abs. 2 S. 3 (iVm. der Verweisungsregel des § 29 Abs. 1 S. 2. u. 3 StVollzG bzw. der Länder-Regelungen) oder der ebenfalls abschließenden Bestimmung des § 4 Abs. 2 S. 2 StVollzG (bzw. der Länder-Regelungen).[74]

2. Kontrolle von Schriftverkehr und anderen Gegenständen (Abs. 2 S. 1). Abs. 2 S. 1 enthält 16 eine – euphemistisch als Zustimmungserfordernis formulierte – Pflicht, den Schriftverkehr zwischen dem Beschuldigten und seinem Verteidiger sowie sonstige Gegenstände dem Gericht zur Kontrolle vorzulegen. Die Missachtung dieser Pflicht (oder in den Worten des Gesetzes: die Verweigerung der – allgemein oder im Hinblick auf einzelne Sendungen möglichen[75] – Einwilligung) hat im Regelfall (Abs. 1 S. 1 nF: „soll ...") die Zurückweisung der unkontrollierten Schriftstücke zur Folge. Die Vorlagepflicht betrifft dabei zwei Konstellationen: Zum einen den Schriftverkehr und die Übergabe sonstiger Gegenstände zwischen dem inhaftierten Beschuldigten und dem Verteidiger in den Ermittlungs- und Strafverfahren, die (auch) wegen § 129a StGB, ggf. iVm. § 129b Abs. 1 StGB, geführt werden, sofern hinsichtlich der terroristischen Tat dringender Tatverdacht[76] gegeben ist (Abs. 2 S. 1). Zum zweiten ist über die Verweisungsvorschrift des § 29 Abs. 1 S. 2 u. 3 StVollzG bzw. die entsprechenden Bestimmungen der Länder-Gesetze auch der Schriftverkehr bzw. die Übergabe von Gegenständen zwischen dem Verteidiger und einem Beschuldigten erfasst, der sich wegen Tat gem. § 129a StGB in Strafhaft befindet oder gegen den im Anschluss an die laufende Vollstreckung eine Freiheitsstrafe wegen einer solchen Tat vollstreckt werden soll; dabei ist es gleichgültig, ob dieser Schriftverkehr bzw. die Übergabe von Gegenständen das Verfahren betrifft, in welchem die Strafe vollstreckt wird oder werden soll oder sich aber auf ein anderes gesetzlich geordnetes Verfahren bezieht.

3. Trennscheibenregelung (Abs. 2 S. 3). Unterliegt der Schriftverkehr den Einschränkungen des 17 Abs. 2 S. 1, sind gem. Abs. 2 S. 3 auch für den mündlichen Kontakt technische[77] Vorrichtungen (in der Praxis also Trennscheiben) vorzusehen, welche die wechselseitige Übergabe von Schriftstücken und anderen Gegenständen unmöglich machen sollen. Eine optische oder akustische Überwachung neben solchen Vorrichtungen ist nicht zulässig.[78] Das vom BGH für zulässig gehaltene ergänzende Verbot für den Verteidiger, Diktiergeräte und Tonbandgeräte in den Gesprächsraum zu bringen,[79] mit dem ausgeschlossen werden soll, dass der Beschuldigte mit eigener Stimme und unter Umgehung von Abs. 2 S. 1 Nachrichten an die Außenwelt übermittelt, verstößt gegen das für den gesamten Abs. 2 geltende Analogieverbot und ist daher abzulehnen.[80]

IV. Anordnungsverfahren, Rechtsmittel

1. Anordnungskompetenz. Da § 148a nur die Durchführung der Überwachungsmaßnahmen 18 gem. § 148 Abs. 2, nicht aber deren Anordnung regelt und § 148 Abs. 2 aF dazu ebenfalls keine Bestimmung enthielt, bedurfte es hierfür (sowie auch im Hinblick auf andere Maßnahmen, die den Schutzbereich des Abs. 1 tangieren können) des Rückgriffs auf allgemeine Bestimmungen. Diese Lücke ist durch § 148 Abs. 2 S. 2 nF nur teilweise geschlossen worden, weshalb noch zwischen U-Haft- und Strafhaftfällen zu unterscheiden ist: In ersteren trifft die Anordnungen, welche geeignet sein könnten, in die Rechte aus Abs. 1 einzugreifen, in analoger Anwendung des § 119 Abs. 6 nF der Haftrichter (s. § 126),[81] der auch vorläufige Maßnahmen genehmigen muss (§ 119 Abs. 6 S. 2 u. 3 nF), die von der StA, der Anstaltsleitung oder einzelnen Vollzugsbeamten angeordnet wurden. Bei Strafhaft liegt – von der Ausnahmekonstellation des § 122 StVollzG abgesehen, in der wiederum der Haftrichter zuständig ist – die Anordnungskompetenz grundsätzlich beim Anstaltsleiter. Die Anordnung der Maßnahmen gem. Abs. 2 erfolgt stets durch den Haftrichter,[82] was Abs. 2 S. 2 nF freilich nur für den Fall eindeutig klarstellt, dass noch kein Haftbefehl besteht. Eine konkludente Anordnung im Haftbefehl ist durch Abs. 2 S. 1 nF nicht mehr ge-

---

[74] AA BGH v. 3. 2. 2004 – 5 ARs (Vollz) 78/03, BGHSt 49, 61 = NJW 2004, 1398; KK-StPO/*Laufhütte* Rn. 12; Meyer-Goßner/*Cierniak* Rn. 17; krit. hierzu auch *Beulke/Swoboda*, NStZ 2005, 67, allerdings ohne Erwähnung des § 34 StGB.
[75] Meyer-Goßner/*Cierniak* Rn. 20.
[76] S. o. Rn. 14.
[77] KK-StPO/*Laufhütte* Rn. 17.
[78] Löwe/Rosenberg/*Lüderssen/Jahn* Rn. 43; Meyer-Goßner/*Cierniak* Rn. 22.
[79] BGH v. 17. 11. 1978 – 1 BJs 208/78/StB 218/78, mitgeteilt bei KK-StPO/*Laufhütte* Rn. 17.
[80] Im Ergebnis auch OLG Frankfurt/M. v. 17. 3. 1980 – 3 Ws 170/80, AnwBl. 1980, 307.
[81] Ganz hM; s. zB BGH v. 14. 12. 1983 – 2 ARs 374/83, NStZ 1984, 177 (178); KK-StPO/*Laufhütte* Rn. 18; zusammenfassend *Holtz* MDR 1985, 185.
[82] BGH v. 14. 12. 1983 – 2 ARs 374/83, NStZ 1984, 177 (178).

§ 148a 1–4   Erstes Buch. Allgemeine Vorschriften

deckt.[83] Der Ermittlungsrichter prüft selbst, ob der dringende Verdacht einer Tat gem. § 129a StGB vorliegt und ist dabei an die Auffassung der StA nicht gebunden. Seine Zuständigkeit umfasst auch die Prüfung der Art und Weise der Ausführung einer Maßnahme gem. Abs. 2.

19   **2. Rechtsmittel.** Gegen Anordnungen des Anhaltsleiters, seien diese nun allgemeiner Natur oder einzelfallbezogen, kann zunächst der Haftrichter angerufen werden, da es stets um mögliche Einschränkungen in einem konkreten Verteidigungsverhältnis geht, in dem nur der Haftrichter wirksame Anordnungen treffen kann.[84] Dies gilt freilich nicht in reinen Strafhaftfällen (etwa wenn von einer Durchsuchungsanordnung in der Strafhaft ein Verteidiger betroffen ist, der den Gefangengen nur in Vollzugsangelegenheiten vertritt); hier ist der Rechtsweg des § 109 StVollzG eröffnet.

20   Die Entscheidungen des Haftrichters sind mit der Beschwerde anfechtbar, soweit sie nicht vom Vorsitzenden eines OLG-Senats oder dem Ermittlungsrichter getroffen werden; für diese gilt der Beschwerdeausschluss des § 304 Abs. 4 S. 2 bzw. Abs. 5.

§ 148a [Durchführung von Überwachungsmaßnahmen]

(1) [1]Für die Durchführung von Überwachungsmaßnahmen nach § 148 Abs. 2 ist der Richter bei dem Amtsgericht zuständig, in dessen Bezirk die Vollzugsanstalt liegt. [2]Ist eine Anzeige nach § 138 des Strafgesetzbuches zu erstatten, so sind Schriftstücke oder andere Gegenstände, aus denen sich die Verpflichtung zur Anzeige ergibt, vorläufig in Verwahrung zu nehmen; die Vorschriften über die Beschlagnahme bleiben unberührt.

(2) [1]Der Richter, der mit Überwachungsmaßnahmen betraut ist, darf mit dem Gegenstand der Untersuchung weder befaßt sein noch befaßt werden. [2]Der Richter hat über Kenntnisse, die er bei der Überwachung erlangt, Verschwiegenheit zu bewahren; § 138 des Strafgesetzbuches bleibt unberührt.

I. Allgemeines

1   § 148a ergänzt die in § 148 Abs. 2 enthaltenen Regelungen zur Einschränkung des freien Verkehrsrechts aus § 148 Abs. 1, indem er die dort nicht näher behandelte Überwachungskompetenz festlegt. Wie sein Wortlaut zeigt, betrifft er weder die Anordnung der Überwachungsmaßnahmen als solche noch die Prüfung der Rechtmäßigkeit der Kontrolle selbst (wozu der Überwachungsrichter mangels Aktenkenntnis auch gar nicht sinnvoll in der Lage wäre[1]); hierfür ergeben sich die Zuständigkeiten vielmehr aus den allgemeinen Vorschriften zum Haft- bzw. Strafvollzugsrecht.[2] Gleiches gilt auch für Maßnahmen, die nicht unter § 148 Abs. 2 fallen, gleichwohl aber das Verkehrsrecht des § 148 Abs. 1 tangieren können. § 148a findet über die Verweisungsnorm des § 29 Abs. 1 S. 2 StVollzG auch im Strafvollzug Anwendung.

II. Zuständigkeit des Überwachungsrichters

2   **1. Örtliche (Abs. 1 S. 1) und funktionale Zuständigkeit.** Örtlich zuständig für die Überwachungsmaßnahmen des § 148 Abs. 2 ist gem. Abs. 1 S. 1 der Richter bei dem AG, in dessen Bezirk die Vollzugsanstalt liegt, in welcher sich der Beschuldigte in U-Haft oder Strafhaft befindet. Funktional zuständig ist dort der durch die interne Geschäftsverteilung mit den Aufgaben aus § 148 Abs. 2 betraute Richter (s. § 21e Abs. 1 S. 1 GVG).

3   **2. Sachliche Zuständigkeit.** Soweit es um Kontrollmaßnahmen iSd. § 148 Abs. 2 S. 1 u. 2 geht, also um Post- und Übergabekontrolle, beschränkt sich die Kompetenz des Überwachungsrichters auf die inhaltlich-qualitative Prüfung der ihm im Einverständnis des Verteidigers oder Beschuldigten vorgelegten Schriftstücke bzw. Gegenstände; verweigert der jeweilige Absender der Schriftstücke bzw. Gegenstände eine solche Kontrolle, werden sie a limine durch die Haftanstalt zurückgewiesen und gelangen gar nicht erst in den Kompetenzbereich des Überwachungsrichters.

4   Im Rahmen der sog. „Trennscheibenregelung" des § 148 Abs. 2 S. 3 wird der Überwachungsrichter überhaupt nicht tätig: Die Anordnung, dass eine Vorrichtung iSd. § 148 Abs. 2 S. 3 im konkreten Fall anzubringen ist, trifft der Haftrichter,[3] deren physische Umsetzung obliegt naturgemäß der Haftanstalt. Der Haftrichter – und nicht der Überwachungsrichter – ist schließlich

---

[83] Meyer-Goßner/*Cierniak* Rn. 13; aA für Abs. 1 aF KK-StPO/*Laufhütte* Rn. 18.
[84] KK-StPO/*Laufhütte* Rn. 3 u. 18; aA Meyer-Goßner/*Cierniak* Rn. 24f. (bei Einzelfallmaßnahmen Entscheidung des Haftrichters, bei allgemeinen Anordnungen Rechtsweg gem. § 23 EGGVG).
[1] KK-StPO/*Laufhütte* Rn. 1.
[2] S. § 148 Rn. 18f.
[3] S. § 148 Rn. 18.

auch für Entscheidungen zuständig, die Einwendungen gegen die Art und Weise der Durchführung der Trennscheibenregelung betreffen.[4] Hält man – entgegen der hier vertretenen Auffassung[5] – Verbote für zulässig, welche die Trennscheibenregelung flankieren und deren Umgehung verhindern sollen, wäre zu deren Verhängung ebenfalls nur der Haftrichter befugt.

3. Entscheidungsmöglichkeiten. Der Überwachungsrichter hat drei Entscheidungsmöglichkeiten, die jeweils vom Ergebnis seiner Kontrolle abhängen: Bleiben die überprüften Schriftstücke bzw. Gegenstände ohne Beanstandung, gibt er diese (soweit möglich verschlossen[6]) an die Haftanstalt zurück und ordnet zugleich an, sie unverzüglich an den Adressaten weiterzuleiten. Wirkt sich eine grundsätzlich erlaubte Verteidigungshandlung günstig auf den Fortbestand oder die Zielerreichung der terroristischen Vereinigung aus, um die es im Verfahren gegen den Beschuldigten geht, ist dies allein noch kein Grund, sie zu beanstanden; denn es liegt in der Natur der Sache, dass eine erfolgreiche Verteidigung des Beschuldigen gegen Terrorismusverdacht häufig zumindest mittelbar auch günstige Auswirkungen auf die betroffene terroristische Vereinigung hat.[7]

Erlangt der Überwachungsrichter bei der Kontrolle von dem Vorhaben oder der Ausführung einer Katalogtat des § 138 StGB Kenntnis, besteht gem. Abs. 1 S. 2 für ihn eine diesbezügliche Anzeigepflicht; die verdachtsbegründenden Schriftstücke oder Gegenstände hat er vorläufig in Beschlag zu nehmen (Abs. 1 S. 2, letzter Hs.), bis im Rahmen des einzuleitenden Ermittlungsverfahrens der dort gem § 98 zuständige Richter (mangels Gefahr im Verzug aber nicht die StA oder deren Ermittlungspersonen[8]) über die ordentliche Beschlagnahme entscheidet. Ordnet er diese binnen angemessener Frist[9] an, gibt der Überwachungsrichter die vorläufig in Beschlag genommenen Gegenstände an die StA heraus, anderfalls gibt er sie frei und leitet sie an den Adressaten (im Ausnahmefall der zulässigen Zurückweisung[10] an den Absender) weiter. Die vorläufige Beschlagnahme durch den Überwachungsrichter ist auch in einem bereits anhängigen Terrorismusverfahren wegen des Verdachts des § 129 a (iVm. § 129 b Abs. 1) StGB zulässig; für sie sowie für die evtl. später erfolgende ordentliche Beschlagnahme gilt naturgemäß nicht das Beschlagnahmeverbot des § 97.[11]

Nicht explizit geregelt und daher umstritten ist die Frage, wie der Überwachungsrichter zu reagieren hat, wenn er im Rahmen seine Kontrolltätigkeit Schriftstücke oder andere Gegenstände entdeckt, deren Beförderung nicht durch des Verkehrsrecht des § 148 Abs. 1 gedeckt ist: Die Rspr. gibt ihm dabei jedenfalls in Fällen eines (ggf. unter Hinzuziehung eines sachverständigen Gehilfen festgestellten[12]) evidenten Missbrauchs des Verkehrsrechts[13] die Befugnis, solche Schriftstücke und andere Gegenstände durch Beschluss zurückzuweisen und an den jeweiligen Absender zurückzugeben; sie stützt sich dabei auf das Argument, dass es nicht der Zweck des § 148 a sein könne, außerhalb der Anzeigefälle gem. § 138 StGB einen Missbrauch sehenden Auges zulassen zu müssen.[14] Obwohl dieser Gedanke zunächst bestechend erscheint, trägt er gleichwohl nicht. Denn es war offenbar die Grundentscheidung des Gesetzgebers, die Kontrollmöglichkeit des § 148 Abs. 2 nur bei Terrorverdacht und dann auch nur wegen dieses Verdachts zu eröffnen. Daraus ist dann aber zu folgern, dass Vorgänge außerhalb des Terrorbereichs eben nicht der Kontrolle unterliegen, und zwar auch dann nicht, wenn unabhängig von ihnen Terrorverdacht besteht. Eine Zurückweisungsmöglichkeit wegen einfachen Missbrauchs des Verkehrsrechts in Form der schlichten Verfolgung verteidigungsfremder Zwecke besteht daher auch in Evidenzfällen nicht.[15] Anders liegt es nur, wenn Schriftstücke oder Gegenstände (wie etwa Fluchtpläne, Waffen, Ausbruchswerkzeuge, Drogen o. Ä.) betroffen sind, die geeignet sind, die Sicherheit der Haftanstalt unmittbar zu gefährden. Denn hier sind zwei widerstreitende Rechtsgüter gegeneinander abzuwägen, wobei das – ohnehin nicht oder nur am Rande tangierte – Verteidigungsrecht schon des-

---

[4] S. § 148 Rn. 19.
[5] S. § 148 Rn. 17.
[6] KK-StPO/*Laufhütte* Rn. 7.
[7] KK-StPO/*Laufhütte* Rn. 8.
[8] KK-StPO/*Laufhütte* Rn. 9.
[9] Meyer-Goßner/*Cierniak* Rn. 5.
[10] S. u. Rn. 7.
[11] BGH v. 13. 11. 1989 – I BGs 351/89 GBA 1 BJs 33/89 – 6 –, NStZ 1990, 93; aA *Nester-Tremel* StV 1990, 147.
[12] OLG Stuttgart v. 24. 3. 1983 – 5 – 1 StE 2/82, NStZ 1983, 384 (Zuziehung der Vollzugsanstalt); LG Köln v. 3. 5. 1988 – 107 Qs 225/88, StV 1988, 536 (Zuziehung eines Dolmetschers).
[13] LG Frankfurt/M. v. 25. 8. 1995 – 5/1 Qs 9/95, StV 1995, 645; LG Berlin v. 27. 7. 1988 – 526 Qs 15/88, StV 1988, 538 (539); LG Regensburg v. 5. 4. 1988 – 1 Qs 32/88, StV 1988, 538; LG Stuttgart v. 10. 4. 1987 – 60 Qs 10/87, StV 1987, 540; ähnlich auch KK-StPO/*Laufhütte* Rn. 8 (keine Zurückweisung, wenn sich das Verhalten des Verteidigers im Rahmen des Vertretbaren hält); Meyer-Goßner/*Cierniak* Rn. 3; weniger restriktiv die ältere Rspr.; s. zB OLG Hamburg v. 13. 2. 1979 – 5 Ws 1/79, NJW 1979, 1724 (Zurückweisung schon, wenn Verteidigerzweck nicht erkennbar).
[14] OLG Hamburg v. 13. 2. 1979 – 5 Ws 1/79, NJW 1979, 1724.
[15] *Beulke*, Der Verteidiger im Strafverfahren, S. 196, *Welp* GA 1977, 13 (142).

§ 148a 8–10 Erstes Buch. Allgemeine Vorschriften

halb zurückstehen muss, weil es letztlich nur um eine geringfügige zeitliche Vorverlagerung ohnehin bestehender Konfiskationsmöglichkeiten geht; § 148a erfordert es nicht, dem Beschuldigten mit einer Hand Gegenstände und Schriftstücke zu übergeben, die ihm mit der anderen Hand sofort wieder weggenommen werden dürften.[16]

8 4. **Formalia.** Sowohl die vorläufige Beschlagnahme gem. Abs. 1 S. 2, letzter Hs. wie auch eine ausnahmsweise zulässige Zurückweisung von Schriftstücken oder Gegenständen erfolgt durch förmlichen, begründungsbedürftigen (s. § 34) Beschluss; wegen des Verschwiegenheitsgebots des Abs. 2 S. 2 unterbleibt vor dessen Erlass aber eine Anhörung der StA,[17] bei beabsichtigter Zurückweisung aber nicht diejenige des betroffenen Absenders, da diesem gegenüber kein Geheimhaltungsbedürfnis besteht. Die unbeanstandete Weiterleitung von Schriftstücken und Gegenständen erfolgt durch formlose Verfügung.

III. Befassungsverbot für den Überwachungsrichter (Abs. 2 S. 1)

9 Der betraute (also nicht nur abstrakt oder konkret zuständige, sondern mindestens einmal prüfend tätig gewordene[18]) Überwachungsrichter darf gem. Abs. 2 S. 1 mit dem Gegenstand der Untersuchung, derentwegen die Kontrollmaßnahmen des § 148 Abs. 2 angeordnet wurden, weder aktuell befasst sein noch zukünftig befasst werden; nach dem eindeutigen, aber nicht unbedenklichen Wortlaut des Abs. 2 S. 1 hindert aber eine bereits abgeschlossene Vorbefassung (zB als früherer Haft- bzw. Ermittlungsrichter vor Übergang der Untersuchung in ein neues Verfahrensstadium) die Tätigkeit als Überwachungsrichter nicht. Unbeschadet der soeben dargestellten Einschränkung ist der Überwachungsrichter iSd. Abs. 2 S. 1 mit der Untersuchung befasst, wenn er in ihr wegen derselben prozessualen Tat,[19] die auch Anlass für seine Kontrolltätigkeit war, gegen den Beschuldigten oder andere Tatbeteiligte[20] Entscheidungen in der Sache schon getroffen oder noch zu treffen hat bzw. künftig zu treffen haben würde oder haben könnte; es kommt dabei nicht darauf an, in welcher Phase des Verfahrens diese Entscheidungen anstehen bzw. anstünden.[21] Um möglichst jede Form von Voreingenommenheit zu vermeiden, die aus der Tätigkeit als Überwachungsrichter resultieren könnte, ist dessen Befassung mit der Untersuchung nicht nur in seiner Rolle als Richter, sondern auch als Staatsanwalt, Ermittlungsbeamter oder Verteidiger untersagt.[22] Der Überwachungsrichter darf aber in derselben Sache – und selbstverständlich erst recht in anderen Sachen – erneut als solcher tätig werden.[23] Der Richter, der über Beschwerden gegen die Entscheidungen des Überwachungsrichters zu entscheiden hat, ist mit denselben Befassungsverboten belegt wie letzterer, da die – wenn auch etwas abgemilderte – Gefahr der Voreingekommenheit, die Abs. 2 S. 1 ausräumen möchte, auch aufgrund seiner Tätigkeit besteht.[24] Beim Ausschluss eines Überwachungsrichters aus der Untersuchung gelten die §§ 22, 24 u. 28 entsprechend.

IV. Verschwiegenheitspflicht des Überwachungsrichters (Abs. 2 S. 2)

10 Der Überwachungsrichter ist, außer im Hinblick auf die gem. Abs. 1 S. 2 von ihm zu erstattende Strafanzeige, zur absoluten Verschwiegenheit gegenüber jedermann verpflichtet. Diese Verschwiegenheitspflicht erstreckt sich entgegen der hM[25] nicht nur auf den Inhalt bzw. die Qualität der geprüften Schriftstücke und sonstigen Gegenstände, sondern auch auf sämtliche äußeren Umstände der Kontrolle wie zB deren Zeitpunkt und Häufigkeit sowie die Art und Zahl der kontrollierten Schriftstücke und Gegenstände. Nur so kann – wie vom Gesetzgeber intendiert – jeder Rückschluss Dritter auf das konkrete Verteidigungsverhalten eliminiert werden.[26] Sie gilt auch für Gehilfen (Geschäftsstellenbeamte, Schreibkräfte, Dolmetscher u.a.) derer sich der Überwachungsrichter bei seiner Tätigkeit bedient.[27]

---

[16] Im Ergebnis wohl unstreitig; wie hier Löwe/Rosenberg/*Lüderssen/Jahn* Rn. 6; SK-StPO/*Wohlers* Rn. 9.
[17] Meyer-Goßner/*Cierniak* Rn. 4 u. 12.
[18] Meyer-Goßner/*Cierniak* Rn. 7.
[19] KK-StPO/*Laufhütte* Rn. 6.
[20] Meyer-Goßner/*Cierniak* Rn. 8.
[21] Wohl einhellige Meinung; s. zB Löwe/Rosenberg/*Lüderssen/Jahn* Rn. 15.
[22] HM. S. zB Löwe/Rosenberg/*Lüderssen/Jahn* Rn. 16; aA im Hinblick auf seine Tätigkeit als Verteidiger KMR/*Müller* Rn. 8.
[23] KK-StPO/*Laufhütte* Rn. 5.
[24] Löwe/Rosenberg/*Lüderssen/Jahn* Rn. 17; SK-StPO/*Wohlers* Rn. 18; *Schlüchter*, Strafprozessrecht Rn. 114; aA die hH.; so zB BGH v. 23.12.1981 – 3 StR 345/81 (S), NStZ 1983, 209; Meyer-Goßner/*Cierniak* Rn. 9; KK-StPO/*Laufhütte* Rn. 12.
[25] KK-StPO/*Laufhütte* Rn. 10; Meyer-Goßner/*Cierniak* Rn. 10.
[26] Löwe/Rosenberg/*Lüderssen/Jahn* Rn. 12, SK-StPO/*Wohlers* Rn. 14.
[27] Wohl einhellige Meinung; s. zB Meyer-Goßner/*Cierniak* Rn. 11.

V. Rechtsmittel

1. Beschwerde. Gegen die Entscheidungen des Überwachungsrichters ist gem. § 304 Abs. 1 die Beschwerde des Beschuldigten und seines Verteidigers zulässig; die StA ist schon faktisch von der Beschwerdemöglichkeit ausgeschlossen, weil sie von dem Ergebnis der Kontrolltätigkeit des Überwachungsrichters wegen Abs. 2 S. 2 keine Kenntnis erlangt. Auch im Beschwerdeverfahren wird die StA nicht gehört.[28] Zuständig für die Beschwerdeentscheidung ist das LG.[29]

2. Revision. Wirkt ein gem. Abs. 2 S. 1 ausgeschlossener Richter an der Hauptverhandlung mit, begründet dies den absoluten Revisionsgrund des § 338 Nr. 2. Die Verwertung von Erkenntnissen, die unter Bruch der Verschwiegenheitspflicht des Überwachungsrichters aus Abs. 2 S. 2 in das Verfahren eingeführt wurden, kann ggf. gem. § 337 gerügt werden. Die Entscheidungen des Überwachungsrichters selbst sind nur unter den Voraussetzungen des § 336 revisibel.

§ 149 [Beistände]

(1) ¹Der Ehegatte oder Lebenspartner eines Angeklagten ist in der Hauptverhandlung als Beistand zuzulassen und auf sein Verlangen zu hören. ²Zeit und Ort der Hauptverhandlung sollen ihm rechtzeitig mitgeteilt werden.

(2) Dasselbe gilt von dem gesetzlichen Vertreter eines Angeklagten.

(3) Im Vorverfahren unterliegt die Zulassung solcher Beistände dem richterlichen Ermessen.

I. Mögliche Beistände

Gem. Abs. 1 S. 1 kann der Ehegatte oder eingetragene Lebenspartner iSd. § 1 LPartG der angeklagten Person, ggf. auch neben einem Verteidiger, als Beistand auftreten, solange die Ehe bzw. Lebenpartnerschaft besteht.[1] Mit deren Ende erlischt auch die Fähigkeit, Beistand zu sein; eine bereits erfolgte Zulassung ist dann von Amts wegen oder auf Antrag (des Beistandes oder der angeklagten Person) zu widerrufen. Abs. 2 erstreckt die Beistandsfähigkeit auch auf den gesetzlichen Vertreter des Angeklagten; in Betracht kommen dabei insbesondere die Erziehungsberechtigten (jeweils auch einzeln) des minderjährigen Angeklagten oder der Betreuer eines Volljährigen, soweit er nach den Bestimmungen des Zivilrechts als dessen gesetzlicher Vertreter anzusehen ist.[2] Abs. 2 ergänzt § 137 Abs. 2, so dass dem gesetzlichen Vertreter drei Handlungsalternativen offenstehen: Er kann entweder für den Angeklagten einen Verteidiger wählen, oder selbst als Beistand fungieren, oder schließlich auch neben einem von ihm gewählten Verteidiger als Beistand auftreten. Im Jugendstrafverfahren gegen Minderjährige (wegen § 109 Abs. 1 S. 1 u. Abs. 2 JGG aber nicht im Verfahren gegen Heranwachsende) bleiben die aus §§ 67 u. 69 JGG resultierenden Rechte des Erziehungsberechtigten bzw. gesetzlichen Vertreters durch § 149 unberührt. Andere als die in Abs. 1 S. 1 u. Abs. 2 genannten Personen (zB. Verwandte oder Vertraute des Angeklagten) kommen nicht als Beistände in Betracht. Die Privilegierung des Ehegatten bzw. Lebenspartners durch Abs. 1 S. 1 rechtfertigt sich dabei aus dem mit der Ehe bzw. Lebenspartnerschaft einhergehenden besonderen Fürsorgeverhältnis.

II. Zulassung als Beistand

Die Zulassung als Beistand erfolgt nicht von Amts wegen, sondern nur auf Antrag der beizuordnenden Person; der Angeklagte selbst kann keinen entsprechenden Antrag stellen,[3] die Zulassung des Beistandes aber – ebenso wie die StA oder das Gericht selbst – formlos anregen. Im Unterschied zur Zulassung des gesetzlichen Vertreters bedarf diejenige des Ehegatten bzw. Lebenspartners der – jederzeit widerruflichen[4] – Zustimmung der angeklagten Person, da es unter geschäftsfähigen Erwachsenen keinen aufgedrängten Beistand geben kann;[5] die gegenteilige Auffassung[6] beruht wohl auf einem patriarchalischen Eheverständnis, das sowohl den rechtlichen wie auch den tatsächlichen Verhältnissen nicht mehr gerecht wird. Die Zulassung gem. Abs. 1

---
[28] Meyer-Goßner/*Cierniak* Rn. 12.
[29] BGH v. 30. 1. 1980 – 3 ARs 2/80, BGHSt 29, 196 = NJW 1980, 1175.
[1] Wohl einhellige Meinung; s. zB KK-StPO/*Laufhütte* Rn. 1.
[2] Löwe/Rosenberg/*Lüderssen/Jahn* Rn. 1 Fn. 4; den Beteuer pauschal als gesetzlichen Verteter anssehend KK-StPO/ *Laufhütte* Rn. 1; Meyer-Goßner/*Cierniak* Rn. 1; pauschal verneinend dagegen BGH v. 23. 4. 2008 – 1 StR 165/08, NStZ 2008, 524.
[3] OLG Düsseldorf v. 2. 11. 1978 – 5 Ss (OWi) 536, 600/78 I, NJW 1979, 938.
[4] AK-StPO/*Stern* Rn. 6.
[5] Löwe/Rosenberg/*Lüderssen/Jahn* Rn. 4; AK-StPO/*Stern* Rn. 5; SK-StPO/*Wohlers* Rn. 7.
[6] KK-StPO/*Laufhütte* Rn. 1; Meyer-Goßner/*Cierniak* Rn. 1.

S. 2 bezieht sich nach dem Wortlaut des Abs. 1 S. 1 nur auf die Hauptverhandlung, worunter jede Verhandlung zur Sache, einschließlich auswärtiger Vernehmungs- (s. §§ 223, 233 Abs. 2 u. 3) oder Augenscheinstermine (s. § 225) zu verstehen ist, unabhängig davon, in welcher Instanz sie stattfindet.[7] Abs. 1 S. 1 gilt über § 46 Abs. 1 OWiG auch für die Hauptverhandlung im Ordnungswidrigkeitenverfahren, jedoch nicht im Strafbefehlsverfahren, solange dort kein Einspruch eingelegt ist.[8] In der Hauptverhandlung besteht für den Beistand ein Rechtsanspruch auf Zulassung, sofern seine Beistandsfähigkeit gegeben und er verhandlungsfähig ist;[9] weitergehende Ablehnungsgründe gibt es nicht, weshalb auch Mitangeklagte oder Zeugen (selbst wenn sie durch die vorgeworfene Tat verletzt sind) als Beistände zuzulassen sind.[10]

3 Im Vorverfahren steht die Zulassung des Beistandes gem. Abs. 3 im pflichtgemäßen Ermessen der Richters, weshalb deren Ablehnung hier auch auf die Gefahr einer unsachgemäßen Einflussnahme des Beistandes auf den weiteren Verfahrensverlauf, insbesondere in Form einer Verdunkelung[11] gestützt werden kann. Das Eröffnungsverfahren ist im Hinblick auf die Zulassung von Beiständen dem Vorverfahren gleichzustellen.[12] Nach Abschluss des Erkenntnisverfahrens, zu dem auch noch der Revisionsrechtszug zu zählen ist, findet § 149 keine Anwendung mehr.[13]

4 § 149 regelt nicht, wer für die Zulassungsentscheidung zuständig ist. Sachgerecht erscheint es aber, sie dem Vorsitzenden des Gerichts, im Vorverfahren in analoger Anwendung des § 141 Abs. 4, 1. Hs. dem Vorsitzenden des Gerichts der Hauptsache zuzuweisen.[14] Die Zulassung erfolgt unverzüglich[15] nach Antragstellung durch ausdrücklichen[16] und gem. § 34 begründungsbedürftigen Beschluss. Sie ist auf demselben Wege widerrufbar.

III. Rechtsstellung des zugelassenen Beistandes

5 Gem. Abs. 1 S. 1 ist der zugelassene Beistand, dessen Funktion in der Beratung des Angeklagten besteht, auf sein Verlangen in der Hauptverhandlung zu hören. Er hat dort also nicht nur ein Anwesenheitsrecht, sondern auch die Befugnis, sich zur Sache oder zu Rechtsfragen (in der Revisionshauptverhandlung nur zu diesen) zu äußern; ihm steht daher auch das Fragerecht des § 240 Abs. 2 zu, ohne das seine Sachäußerungsbefugnis ins Leere liefe.[17] Zur Ausübung der prozessualen Rechte des Angeklagten ist er aber nicht befugt,[18] es sei denn, dies ergibt sich aus Sonderregelungen außerhalb des § 149 (wie zB § 298 oder §§ 67, 69 JGG). Das Gericht kann aus den Gründen des § 247 anordnen, dass sich der Beistand aus der Hauptverhandlung zu entfernen hat; ist der Beistand zugleich Zeuge, trifft ihn zudem die Pflicht aus den §§ 58 Abs. 1, 243 Abs. 2 S. 1, sich aus dem Verhandlungssaal zu entfernen; um die Zeit seiner Abwesenheit möglichst kurz zu halten, wird er aber – sofern dies mit der Pflicht zur Erforschung der materiellen Wahrheit vereinbart werden kann – in der Regel als erster Zeuge zu hören sein. Das Verkehrsrecht des § 148 Abs. 1 steht dem Beistannd nicht zu.[19] Der Beistand kann sich selbst des Beistandes eines Rechtsanwalts bedienen und sich in seiner Funktion (aber nicht darüber hinaus[20]) von diesem vertreten lassen; ein Anspruch auf Beiordnung eines Anwalts besteht für ihn jedoch nicht.[21]

6 Ob der Beistand vor der Hauptverhandlung zu einzelnen Untersuchungshandlungen (insbesondere Vernehmungen) zugelassen wird, steht – wie schon die Zulassung als solche – im Ermessen des Gerichts, nicht der StA. Letztere kann ihm aber formlos die Anwesenheit gestatten,[22] die freilich dann nicht mit Äußerungs- oder Fragerechten verbunden ist. Solche bestehen – im selben Umfang wie in der Hauptverhandlung – nur bei förmlicher Zulassung durch das Gericht.

7 Da der Beistand seine Rechte nur sinnvoll wahrnehmen kann, wenn er auch rechtzeitig über den Verhandlungstermin informiert wird, konstituiert Abs. 1 S. 2 eine entsprechende Mittei-

---

[7] Löwe/Rosenberg/*Lüderssen/Jahn* Rn. 2.
[8] Löwe/Rosenberg/*Lüderssen/Jahn* Rn. 2.
[9] Löwe/Rosenberg/*Lüderssen/Jahn* Rn. 14.
[10] Löwe/Rosenberg/*Lüderssen/Jahn* Rn. 15.
[11] Löwe/Rosenberg/*Lüderssen/Jahn* Rn. 10.
[12] Differenzierend Löwe/Rosenberg/*Lüderssen/Jahn* Rn. 12: Soweit dort die Hauptverhandlung vorweggenommen wird, Anwendung des Abs. 1 S. 1, ansonsten des Abs. 3.
[13] KK-StPO/*Laufhütte* Rn. 12 a.
[14] KK-StPO/*Laufhütte* Rn. 4.
[15] BGH v. 8. 5. 1953 – 2 StR 690/52, BGHSt 4, 205 (206): „alsbald".
[16] Meyer-Goßner/*Cierniak* Rn. 2.
[17] HM in Lit. u. Rspr.; s. zuletzt BGH v. 27. 6. 2001 – 3 StR 29/01, BGHSt 47, 62 (64) = NJW 2001, 3349; Wollweber NJW 1999, 620; KK-StPO/*Laufhütte* Rn. 6; aA BayObLG v. 15. 12. 1997 – 2 St RR 244 – 97, NJW 1998, 1655.
[18] OLG Düsseldorf v. 6. 5. 1997 – 3 Ws 221 – 222/97 u. a., NJW 1997, 2533.
[19] BGH v. 23. 4. 1998 – 4 StR 57/98, BGHSt 44, 82 (87) = NJW 1998, 2296 (2297).
[20] Löwe/Rosenberg/*Lüderssen/Jahn* Rn. 5.
[21] BGH v. 21. 2. 1978 – 1 StR 624/77, MDR 1978, 626.
[22] Löwe/Rosenberg/*Lüderssen/Jahn* Rn. 10.

lungspflicht.[23] Diese entsteht aber erst, nachdem der Beistand seine Zulassung beantragt hat[24] und ist keine Pflicht zur förmlichen Ladung.[25]

IV. Rechtsmittel

1. Beschwerde. Die Versagung und der Widerruf der Zulassung können vom Beistand und vom Angeklagten mit der Beschwerde angefochten werden, sofern nicht der Beschwerdeausschluss des § 304 Abs. 4 eingreift. Der Beschuldigte, dem gegen seinen Willen ein Beistand aufgedrängt wurde, sowie die StA haben zudem auch die Möglichkeit, gegen die Zulassung Beschwerde einzulegen (auch dies aber nur außerhalb der Fälle des § 304 Abs. 4). § 305 S. 1 steht diesen beiden Beschwerdemöglichkeiten nicht entgegen, da die Entscheidung über die Beistandszulassung keinen inneren Zusammenhang mit der späteren Urteilsfindung ausweist.[26] 8

2. Revision. Fehlerhafte Entscheidungen gem. Abs. 1 S. 1 (insbesondere die unterbliebene oder verspätete Zulassung und der nicht gerechtfertigte Zulassungswiderruf) können gem. § 337 die Revision begründen. Gleiches gilt für Einzelfallentscheidungen in oder vor der Hauptverhandlung (soweit auf Letzteren das Urteil überhaupt beruhen kann; s. § 336), durch welche die Rechte des zugelassenen Beistandes in unzulässiger Weise eingeschränkt werden, wie etwa sein Ausschluss aus der Verhandlung, die Beschneidung seines Äußerungs- oder Fragerechts sowie auch die mangelhafte Terminsmitteilung[27] gem. Abs. 1 S. 2.[28] 9

§ 150 (weggefallen)

---

[23] BGH v. 27. 6. 2001 – 3 StR 29/01, BGHSt 47, 62 (64) = NJW 2001, 3349; Löwe/Rosenberg/*Lüderssen/Jahn* Rn. 8.
[24] Löwe/Rosenberg/*Lüderssen/Jahn* Rn. 8.
[25] Wohl einhellige Meinung; s. zB Meyer-Goßner/*Cierniak* Rn. 4.
[26] Meyer-Goßner/*Cierniak* Rn. 5.
[27] Insoweit offengelassen von BGH v. 23. 4. 1998 – 4 StR 57/98, BGHSt 44, 82 (84 f.) = NJW 1998, 2296.
[28] Meyer-Goßner/*Cierniak* Rn 5.

ZWEITES BUCH. VERFAHREN IM ERSTEN RECHTSZUG

Erster Abschnitt. Öffentliche Klage

§ 151 [Anklagegrundsatz]
Die Eröffnung einer gerichtlichen Untersuchung ist durch die Erhebung einer Klage bedingt.

Schrifttum: *Ambos*, Zum heutigen Verständnis von Akkusationsprinzip und -verfahren aus historischer Sicht, Jura 2008, 586; *Bohnert*, Die Abschlußentscheidung des Staatsanwaltes, 1992; *Huber*, Grundwissen – Strafprozessrecht: Der Anklagegrundsatz, JuS 2008, 779; *Strauß*, Das Ende der Ermittlungsbefugnis der Staatsanwaltschaft, NStZ 2006, 556; *Wohlers*, Entstehung und Funktion der Staatsanwaltschaft, 1994.

I. Zweck der Vorschrift

Der Zweck der Vorschrift erschöpft sich in der **Statuierung des Anklagegrundsatzes (Akkusationsprinzip)** für sämtlichen Verfahrensarten[1] des deutschen Strafverfahrens. Der Anklagegrundsatz legt fest, dass jede gerichtliche Untersuchung, die auf die Entscheidung über Schuld oder Unschuld des Beschuldigten gerichtet ist, von der Erhebung einer Klage abhängt (Wo kein Kläger, da kein Richter).[2] Eine auf eine entsprechende Entscheidung zielende gerichtliche Untersuchung, von Amts wegen durch das Gericht selbst eingeleitet, ist ausgeschlossen. Die Einhaltung des Anklagegrundsatzes sichert das deutsche Strafverfahrensrecht durch ein **Verfahrenshindernis** ab, das eingreift, wenn eine gerichtliche Untersuchung in prozessualer Tat gegen einen Beschuldigten ohne eine vorherige Anklageerhebung durchgeführt wird. Fehlt es an der Klageerhebung ist das Verfahren gemäß 206a oder § 260 Abs. 3 einzustellen (allgM). Die Vorschrift trifft keine Regelung darüber, durch wen und in welcher Form die entsprechende Klageerhebung zu erfolgen hat. Erst recht schreibt § 151 allein keine bestimmte Verfahrensform in Bezug auf die Rollen der Verfahrensbeteiligten vor. Der Regelungszweck geht aber eindeutig dahin, die für den Inquisitionsprozess typische personale Identität von Ermittlungsführer/Ankläger und Richter zu beseitigen.[3]

II. Bedeutung und Reichweite des Anklagegrundsatzes

Von dem Anklagegrundsatz geht in zweierlei Richtung eine **Schutzwirkung zugunsten des** in einem Strafverfahren **Beschuldigten** aus. Einerseits schließt das Akkusationsprinzip – wie angesprochen – die Personenidentität von (An-)Kläger und Richter aus. Damit wird die mit den Verteidigungsinteressen des Beschuldigten und dem Fairnessprinzip schwerlich vereinbare Gefahr der Voreingenommenheit des bereits die Ermittlungen durchführenden Richters, der dann anschließend über die Schuldfrage entscheiden soll, beseitigt.[4] Andererseits bewirkt der Anklagegrundsatz im Zusammenhang mit §§ 155, 264, 266 die Beschränkung des Verfahrensgegenstandes auf den durch die Anklage unterbreiteten Verfahrensstoff.[5] Das Gericht ist nicht befugt, seine Untersuchungs- und Aburteilungspflicht (Kognitionspflicht)[6] auf außerhalb der angeklagten verfahrensgegenständlichen Tat (im prozessualen Sinne) liegenden Verfahrensstoff auszudehnen. Die insoweit von dem Anklagegrundsatz ausgehende Schutzwirkung wird allerdings durch den Umfang der zulässigen Umgestaltung der Strafklage[7] relativiert, weil diese Umgestaltungsbefugnis auch mit partiellem Auswechseln des der Anklage zugrunde liegenden Tatsachenstoffs verbunden sein kann.

Das Akkusationsprinzip bezieht sich auf richterliche Handlungen mit der Intention, eine Entscheidung über die Verurteilung einer der Begehung einer Straftat beschuldigten Person zu treffen.[8] Das schließt **richterliche** bzw. gerichtliche **Handlungen vor Anklageerhebung nicht vollständig aus**. So bedarf es zur Vornahme bestimmter **strafprozessualer Zwangsmaßnahmen** vor Anklageerhebung sogar regelmäßig oder durchgängig einer richterlichen Anordnung, wie etwa

---

[1] SK-StPO/*Weßlau* Rn. 1.
[2] M. *Huber* JuS 2008, 779; HK-StPO/*Gercke* Rn. 1; Löwe/Rosenberg/*Kühne* Einl. I Rn. 9 f.; Löwe/Rosenberg/*Beulke* Rn. 1; SK-StPO/*Weßlau* Rn. 1; vgl. auch *Ambos* Jura 2008, 586 f. „nur in Bezug auf die Einleitungsform des Strafverfahrens verwendet".
[3] Ausführlich *Wohlers*, Entstehung und Funktion der Staatsanwaltschaft, 1994, S. 185 ff. und 208 ff.
[4] Siehe nur *Ambos* Jura 2008, 586 (591 f. mit zahl. Nachw.); vgl. auch Löwe/Rosenberg/*Beulke* Rn. 1 mwN.
[5] Wie hier SK-StPO/*Weßlau* Rn. 2.
[6] Näher § 264 Rn. 63 ff.
[7] § 264 Rn. 71 ff.
[8] Löwe/Rosenberg/*Beulke* Rn. 6 mwN.

bei dem Erlass eines Haftbefehls (§ 114), der Anordnung einer Überwachung der Telekommunikation etc. Allerdings bedürfen derartige richterliche Maßnahmen in der ganz überwiegenden Zahl eines entsprechenden Antrages anderer Verfahrensbeteiligter. Lediglich in den von § 125 Abs. 1, § 128 Abs. 2 S. 2 und § 165 erfassten Konstellationen sind richterliche Handlungen im Ermittlungsverfahren ohne entsprechende Antragstellung möglich.

4 Der in § 151 statuierte Anklagegrundsatz regelt selbst nicht unmittelbar, welche Personen oder Institutionen zur Klageerhebung berechtigt oder möglicherweise verpflichtet sind. Die entsprechende Festlegung erfolgt für die öffentliche Klage seitens Staatsanwaltschaft in § 152 Abs. 1[9] und für die Privatklage in § 374 Abs. 1. Die Entscheidung für das Akkusationsprinzip determiniert auch nicht die Ausgestaltung der Rollen und Funktionen der Verfahrensbeteiligten im Strafprozess. Das Anklageprinzip ist sowohl mit einem adversatorischen Parteiverfahren als auch mit einem durch die Amtsaufklärungspflicht des Gerichts geprägten und insoweit noch inquisitorischen Verfahren kompatibel.[10]

5 Das Akkusationsprinzip legt auch nicht fest, unter welchen sachlichen Voraussetzungen eine Berechtigung oder Verpflichtung zur Erhebung der Anklage besteht. Soweit die Anklageerhebung durch öffentliche Klage seitens eines öffentlichen Anklägers erfolgt, kann dessen Entscheidung über die Anklageerhebung sowohl durch das Legalitätsprinzip als auch durch das Opportunitätsprinzip geleitet sein.

6 Die mit dem Anklagegrundsatz verbundene Übertragung der Zuständigkeit und Verantwortung für die Klageerhebung auf einen von dem Gericht verschiedenen Ankläger wird im Rahmen des Klageerzwingungsverfahrens (§§ 172 ff.) eingeschränkt.[11] Auf einen zulässigen und begründeten Antrag des Verletzten auf gerichtliche Entscheidung hin weist das zuständige OLG die Staatsanwaltschaft nach § 175 an, Anklage zu erheben. Dagegen liegt in der grundsätzlich durch § 156 bewirkten zeitlichen Begrenzung der Klagerücknahme keine materielle Einschränkung des Anklagegrundsatzes.[12]

III. Formen der Anklageerhebung

7 Die von § 151 für die Durchführung einer gerichtlichen Untersuchung verlangte Klageerhebung kann durch öffentliche Klage (§ 170 Abs. 1) oder durch Privatklage (§ 374) vorgenommen werden. In beiden Fällen erfolgt die Klageerhebung grundsätzlich durch Einreichung einer Anklageschrift bei Gericht (§ 199 Abs. 2, § 200; §§ 374, 381). In den Fällen der öffentlichen Klage sieht das Gesetz zahlreiche Surrogate der schriftlichen Anklage vor. Das beschleunigte Verfahren (§§ 417 ff.) verlangt keine schriftliche Anklage, diese kann nach einem (schriftlichen oder mündlichen) Antrag auf Entscheidung im beschleunigten Verfahren vielmehr in der Hauptverhandlung mündlich erhoben werden (§ 418 Abs. 3 S. 1); ihr Inhalt ist dann in die Sitzungsniederschrift aufzunehmen. Dem entspricht weitgehend das vereinfachte Jugendverfahren nach §§ 76 ff. JGG. Im Fall der Nachtragsanklage (§ 266) erfolgt die Anklageerhebung ebenfalls mündlich in der Hauptverhandlung;[13] der Inhalt der Nachtragsanklage wird protokolliert, eine eventuell schriftlich formulierte Nachtragsanklage, die aber mündlich vorgetragen worden sein muss, wird als Anlage zur Sitzungsniederschrift genommen.[14] Im Strafbefehlsverfahren (§§ 407 ff.) entspricht der Antrag auf Erlass des Strafbefehls der schriftlichen Anklagerhebung im Regelverfahren. Im Sicherungsverfahren (§§ 413 ff.) tritt die Antragsschrift nach § 414 Abs. 2 S. 2 an die Stelle der schriftlichen Anklage im Sicherungsverfahren.

IV. Wirkungen der Anklageerhebung im betroffenen Verfahren

8 Der Eintritt der nachfolgend zu beschreibenden Wirkungen der Erhebung der Anklage oder ihrer Surrogate[15] hängt regelmäßig von der Wirksamkeit der Anklageerhebung als Prozesshandlung ab. Die Anklage wird mit dem Eingang der entsprechenden Schrift bei Gericht wirksam;[16] bei Surrogaten, die eine mündliche Erhebung zulassen,[17] kommt es auf den Zeitpunkt der entsprechenden mündlichen Antragstellung an.

9 Die Erhebung der Klage begründet die Anhängigkeit des entsprechenden Verfahrens bei Gericht (hM); die Rechtshängigkeit tritt dagegen erst mit der Eröffnung des Hauptverfahrens oder

---

[9] Zu den Surrogaten der öffentlichen Klage unten Rn. 7; siehe auch M. Huber JuS 2008, 779.
[10] Löwe/Rosenberg/Beulke Rn. 4; SK-StPO/Weßlau Rn. 3.
[11] Löwe/Rosenberg/Beulke Rn. 7; SK-StPO/Weßlau Rn. 3 aE.
[12] Anders offenbar SK-StPO/Weßlau Rn. 3.
[13] § 266 Rn. 11.
[14] § 266 Rn. 11 mwN.
[15] Oben Rn. 7.
[16] Löwe/Rosenberg/Beulke Rn. 9; Pfeiffer Rn. 1.
[17] Oben Rn. 7.

durch äquivalente gerichtliche Entscheidungen in besonderen Verfahrensformen[18] ein.[19] Die vorstehende Unterscheidung von Anhängigkeit und Rechtshängigkeit knüpft an das durch § 156 markierte Ende der Klagerücknahmemöglichkeit seitens der Staatsanwaltschaft an. Erst mit der Rechtshängigkeit geht die **Verfahrensherrschaft** vollständig auf das Gericht über; bis zur Eröffnungsentscheidung oder ihren Äquivalenten kann die Staatsanwaltschaft die Verfahrensherrschaft durch Klagerücknahme wieder an sich ziehen.

Trotz der Möglichkeit der Klagerücknahme bis zu dem in § 156 bestimmten Zeitpunkt gehen bereits mit Klageerhebung bestimmte **Befugnisse auf das zuständige Gericht über**: so wird anstelle des Ermittlungsrichters das angerufene Gericht für **Haftentscheidungen** zuständig (§ 126 Abs. 2); § 120 Abs. 3 hebt zugleich die bis dahin bestehende Bindungswirkung eines staatsanwaltschaftlichen Antrages auf Entlassung des Untersuchungshäftlings auf. Die Zuständigkeit für eine Vielzahl von **Einstellungsentscheidungen** (etwa § 153 Abs. 2, § 153a Abs. 2) liegt ab Klageerhebung bei dem Gericht, das allerdings für die entsprechende Verfahrenserledigung regelmäßig der Zustimmung des Angeschuldigten/Angeklagten und der Staatsanwaltschaft bedarf. Angesichts der mit der Klageerhebung erfolgenden Übersendung der Akten an das angerufene Gericht (§ 199 Abs. 2 S. 2)[20] liegt die Zuständigkeit für die Gewährung von **Akteneinsicht** bei dem Vorsitzenden des zuständigen Gerichts (§ 147 Abs. 5). Ob jenseits der ausdrücklichen Anordnung in § 126 die Zuständigkeit für die **Anordnung bzw. Vornahme von Ermittlungshandlungen** nach Anklageerhebung vollständig auf das angerufene Gericht übergeht oder partiell bei Staatsanwaltschaft bzw. Ermittlungsrichter verbleibt, wird **nicht einheitlich beurteilt**. Teils wird eine staatsanwaltschaftliche Befugnis zu eigenständigen Ermittlungshandlungen nach Anklageerhebung vollständig verneint.[21] Dementsprechend existiert dann auch keine Zuständigkeit des Ermittlungsrichters für die Anordnung von beantragten Ermittlungshandlungen mehr; diese Zuständigkeit ginge dann vollständig auf das mit der Sache befasste Gericht über.[22] Während Letzteres weitgehend konsentiert ist, wird dagegen in Rspr. und Schrifttum auch nach Anklageerhebung die Vornahme eigenständiger staatsanwaltschaftlicher Ermittlungshandlungen dann für zulässig erachtet, „wenn sie keinen störenden Eingriff in den Gang des nunmehr in der Hand des Gerichts liegenden Verfahrens enthalten."[23] Der eine – rudimentär – fortbestehende eigenständige Ermittlungsbefugnis der Staatsanwaltschaft leugnenden Auffassung[24] ist zuzugeben, dass nach Abschluss der staatsanwaltschaftlichen Ermittlungen (vgl. § 169a) eine ausdrückliche Befugnisnorm zu weiteren Ermittlungen fehlt. Allerdings ist die Gegenerwägung, die Möglichkeiten der Präsentation weiterer Beweismittel (vgl. § 245) setzt die Zulässigkeit weiterer Ermittlungen voraus,[25] nicht zu gering zu gewichten. Soweit es sich um Ermittlungshandlungen mit Richtervorbehalt handelt, bedarf es allerdings einer entsprechenden Anordnung des mit der Sache befassten Gerichts. Praktische Bedeutung wird der Frage nur selten zukommen.

Auf formaler Ebene führt die Anklageerhebung zu einem Wechsel in der Bezeichnung des bisherigen Beschuldigten. Dieser wird nunmehr zum **Angeschuldigten** (§ 157). Erst die Eröffnung des Hauptverfahrens macht ihn zum Angeklagten.

Die Anklageerhebung **unterbricht die Verjährung** (§ 78c Nr. 6 StGB). Anders als die vorgenannten Wirkungen der Anklageerhebung entfällt die verjährungsunterbrechende Wirkung der Anklage selbst im Fall der wirksamen Rücknahme (§ 156) nicht.[26] Ansonsten hebt die Rücknahme die Wirkungen ex tunc auf.[27]

V. Wirkungen der Anklageerhebung außerhalb des betroffenen Verfahrens

Nach der hier vertretenen Auffassung[28] begründet nicht bereits die Erhebung der Klage die Rechtshängigkeit sondern erst die Eröffnung des Hauptverfahrens. Dementsprechend führt auch

---

[18] Vgl. dazu § 156 Rn. 5–9.
[19] HM; siehe nur KK-StPO/*Schoreit* Rn. 6; Löwe/Rosenberg/*Beulke* Rn. 12; SK-StPO/*Weßlau* Rn. 5; aA etwa AK-StPO/*Schöch* Rn. 5, der die Rechtshängigkeit bereits mit Klageerhebung annimmt.
[20] Zum Umfang der zu übersendenden Akten § 199 Rn. 5f.
[21] *Strauß* NStZ 2006, 556 (558ff.); SK-StPO/*Weßlau* Rn. 7; siehe auch *Strate* StV 1985, 337 und *Wohlers*, Entstehung der Staatsanwaltschaft, S. 216ff.
[22] So im Ergebnis BGH v. 15. 9. 1977 – 1 StE 2/77 – StB 196/77, BGHSt 27, 253; vgl. aber auch § 202 Rn. 5.
[23] BGH v. 1. 2. 1955 – 1 StR 691/54; in der Sache ebenso bereits RG v. 3. 6. 1926 – II 403/26, RGSt 60, 263; OLG Stuttgart v. 3. 5. 1983 – 1 Ws 131/83, MDR 1983, 955 (956); *Bohnert*, Die Abschlußentscheidung des Staatsanwaltes, 1992, S. 90 f.; AK-StPO/*Schöch* Rn. 7; *Meyer-Goßner* § 162 Rn. 16; ausführliche Nachw. bei *Strauß* NStZ 2006, 556 (557 Fn. 13 und 14).
[24] Nachw. wie Fn. 21.
[25] *Bohnert*, Abschlußentscheidung, S. 90.
[26] Dazu *Fischer* § 78c StGB Rn. 7; Löwe/Rosenberg/*Beulke* Rn. 11.
[27] § 156 Rn. 17.
[28] Oben Rn. 9.

§ 152

erst die **Eröffnungsentscheidung** oder ihr Äquivalent in anderen Verfahrensarten das **Verfahrenshindernis der Rechtshängigkeit** herbei. Ist Rechtshängigkeit eingetreten, so schließt dies ein weiteres Verfahren über dieselbe prozessuale Tat (iSv. §§ 155, 264) gegen denselben Beschuldigten von Verfassungs wegen (Art. 103 Abs. 3 GG)[29] aus.

§ 152 [Offizial- und Legalitätsprinzip]

(1) Zur Erhebung der öffentlichen Klage ist die Staatsanwaltschaft berufen.

(2) Sie ist, soweit nicht gesetzlich ein anderes bestimmt ist, verpflichtet, wegen aller verfolgbaren Straftaten einzuschreiten, sofern zureichende tatsächliche Anhaltspunkte vorliegen.

Schrifttum: *Ahrens*, Die Einstellung in der Hauptverhandlung gemäß §§ 153 II, 153 a II StPO. Eine empirische Analyse über neue Formen der Bekämpfung der Bagatellkriminalität, 1978; *Ambs*, Das Legalitätsprinzip auf dem Prüfstand der Rechtswirklichkeit, insbesondere im Bereich der Umweltkriminalität, Gedächtnisschrift für Meyer, 1990, S. 7; *Artzt*, Die verfahrensrechtliche Bedeutung polizeilicher Vorfeldermittlungen, 2000; *Bach*, Der Verdacht im Strafverfahren, Jura 2007, 12; *Baumann*, Grabgesang auf das Legalitätsprinzip, ZRP 1972, 273; *Bloy*, Zur Systematik der Einstellungsgründe im Strafverfahren, GA 1980, 161; *Bohnert*, Die Abschlußentscheidung des Staatsanwalts, 1992; *Bottke*, Zur Anklagepflicht der Staatsanwaltschaft, GA 1986, 298; *Deiters*, Legalitätsprinzip und Normgeltung, 2006; *Dencker/Hamm*, Der Vergleich im Strafprozeß, 1988; *Döhring*, Ist das Strafverfahren vom Legalitätsprinzip beherrscht?, 1999; *Dölling*, Polizeiliche Ermittlungstätigkeit und Legalitätsprinzip, 1987 (2 Bände); *Ebert*, Der Tatverdacht im Strafverfahren unter spezieller Berücksichtigung des Tatnachweises im Strafbefehlsverfahren, 2000; *Eisenberg/Cohnen*, § 152 Abs. 2 StPO: Legalitätsprinzip im gerichtsfreien Raum?, NJW 1998, 2241; *Erb*, Legalität und Opportunität, 1999; *Eser*, Funktionswandel strafrechtlicher Prozeßmaximen: Auf dem Weg zur „Reprivatisierung" des Strafverfahrens?, ZStW 104 (1992), S. 561; *Fezer*, Richterliche Kontrolle der Ermittlungstätigkeit der Staatsanwaltschaft vor der Anklageerhebung?, Gedächtnisschrift für Schröder, 1978, S. 407; *Füßer/Viertel*, Der Anspruch auf Abschlußverfügung im Ermittlungsverfahren und seine Durchsetzung, NStZ 1999, 116; *Geppert*, Das Legalitätsprinzip, Jura 1982, 139; *ders.*, Das Opportunitätsprinzip, Jura 1986, 309; *Großjean*, Der Beginn der Beschuldigteneigenschaft, 1999; *Hanack*, Das Legalitätsprinzip und die Strafrechtsreform, Festschrift für Gallas, 1973, S. 339; *Hassemer*, Legalität und Opportunität im Strafverfahren, in: Strafverfolgung und Strafverzicht, Festschrift zum 125jährigen Bestehen der Staatsanwaltschaft Schleswig-Holstein, 1992, S. 529; *B. Heinrich*, Die gerichtliche Nachprüfbarkeit von Entscheidungen der Staatsanwaltschaft im Zusammenhang mit der Anklageerhebung, NStZ 1996, 110; *Herrmann*, Legalitäts- und Opportunitätsprinzip aus deutscher Sicht, in: Krise des Strafrechts und der Kriminalwissenschaften, 2001, S. 305; *Hertwig*, Die Einstellung des Strafverfahrens wegen Geringfügigkeit, 1982; *M. Huber*, Grundwissen – Strafprozessrecht: Tatverdacht, JuS 2008, 21; *Jahn*, Die Ermittlungsverfahrensanfechtungs"Klage". Der Rechtsschutz des Beschuldigten gegen die Einleitung und Fortführung eines Ermittlungsverfahrens nach geltendem Strafverfahrensrecht, Festschrift zu Ehren des Strafrechtsausschusses der BRAK, 2006, S. 335; *Jeutter*, Sinn und Grenzen des Legalitätsprinzips, 1976; *Jung*, Legalität und Opportunität im Strafverfahren, in: Recht und Gesetz im Dialog III, 1986, S. 55; *Kapahnke*, Opportunität und Legalität im Strafverfahren, 1982; *Keller*, Die Rolle der Staatsanwaltschaft im Strafverfahren, ZStW 118 (2006), S. 389; *Keller*, Zur gerichtlichen Kontrolle prozessualer Ermessensentscheidungen der Staatsanwaltschaft, GA 1983, 497; *Keller/Griesbaum*, Das Phänomen der vorbeugenden Bekämpfung von Straftaten, NStZ 1990, 416; *Kühne*, Die Definition des Verdachts als Voraussetzung strafprozessualer Zwangsmaßnahmen, NJW 1979, 677; *Kunz*, Die Einstellung wegen Geringfügigkeit durch die Staatsanwaltschaft, 1980; *Lagodny*, Strafrecht vor den Schranken der Grundrechte, 1996; *N. Lange*, Staatsanwaltschaftliche Vorermittlungen – ohne rechtliche Grundlage?, DRiZ 2002, 264; *Lilie*, Verwicklungen im Ermittlungsverfahren, ZStW 111 (1999), S. 807; *Lohner*, Der Tatverdacht im Ermittlungsverfahren, 1994; *Lorenzen*, Legalitätsprinzip und Opportunitätsprinzip, in: Strafverfolgung und Strafverzicht. Festschrift zum 125jährigen Bestehen der Staatsanwaltschaft Schleswig-Holstein, 1992, S. 541; *Matheis*, Strafverfahrensänderungsgesetz 1999, 2006; *Mertes*, Legalitätsprinzip oder Opportunitätsprinzip im Strafverfahren, in: Recht und Gesetz im Dialog III, 1986, S. 73; *Pommer*, Das Legalitätsprinzip im Strafprozess, Jura 2007, 662; *Pott*, Die Außerkraftsetzung der Legalität durch das Opportunitätsprinzip in der Vorschriften des §§ 154, 154 a StPO. Zugleich ein Beitrag zu einer kritischen Strafverfahrensrechtstheorie, 1996; *Reisch*, Der Polizeivollzugsbeamte als Ermittlungsperson der Staatsanwaltschaft im Spannungsverhältnis zwischen Strafprozessrecht und Polizeirecht, 2007; *Rieß*, Die Zukunft des Legalitätsprinzips, NStZ 1981, 2; *ders.*, Legalitätsprinzip – Interessenabwägung – Verhältnismäßigkeit, Festschrift für Dünnebier, 1982, S. 149; *ders.*, Prozeßmaximen und Ermittlungsverfahren, Festschrift für Rebmann, 1989, S. 381; *Schmidt-Jortzig*, Möglichkeiten einer Aussetzung des strafverfolgerischen Legalitätsprinzips bei der Polizei, NJW 1989, 129; *Schulenburg*, Legalitäts- und Opportunitätsprinzip im Strafverfahren, JuS 2004, 765; *L. Schulz*, Normiertes Mißtrauen – Der Verdacht im Strafverfahren, 2001; *Steinberg*, Verdacht als quantifizierbare Prognose, JZ 2006, 1045; *Weigend*, Anklagepflicht und Ermessen, 1978; *ders.*, Das „Opportunitätsprinzip" zwischen Einzelfallgerechtigkeit und Systemeffizienz; ZStW 109 (1997), S. 103; *Werner*, Die Rechtsstellung des Verletzten im Strafverfahren bei staatsanwaltschaftlichen Verfahrenseinstellungen aus Opportunitätsgründen, NStZ 1984, 401; *Weßlau*, Vorfeldermittlungen – Probleme der Legalisierung „vorbeugender Verbrechensbekämpfung" aus strafprozessualer Sicht, 1989; *dies.*, Vor(feld)ermittlungen, Datentransfer und Beweisrecht, Festgabe für Hilger, 2003, S. 57; *Zipf*, Kriminalpolitische Überlegungen zum Legalitätsprinzip, Festschrift für Peters, 1974, S. 487.

Übersicht

	Rn.
I. Zweck und Bedeutung der Vorschrift im Allgemeinen	1
II. Offizialprinzip im Einzelnen (Abs. 1)	2–4
III. Grundlagen des als Einschreitenspflicht verstandenen Legalitätsprinzips (Abs. 2)	5–15
1. Begriffliche Klärungen	5, 6
2. Verfassungsrechtliche Vorgaben	7
3. Zweck und Bedeutung der Einschreitenspflicht	8

---

[29] Zur Bedeutung von Art. 103 Abs. 3 GG als Verbot mehrfacher Strafverfolgung *Radtke/Hagemeier*, in: Epping/Hillgruber (Hrsg.), GG, 2009, Art. 103 Rn. 45 mwN.

	Rn.
4. Anwendungsbereich der Einschreitenspflicht nach Abs. 2	9–15
a) Adressaten	9–11
b) Anwendbarkeit in zeitlicher Hinsicht	12, 13
c) Anwendungsbereich in sachlicher Hinsicht	14, 15
IV. Voraussetzungen der Einschreitenspflicht („zureichende tatsächliche Anhaltspunkte")	16–23
1. Begriff des Anfangsverdachts	16–18
2. Tatsachengrundlage der Annahme eines Anfangsverdachts	19, 20
3. Entscheidung über das Vorliegen des Anfangsverdachts	21–23
V. Grenzen der Einschreitenspflicht	24, 25
VI. Mittel der Pflichterfüllung	26
VII. „Sperrwirkung" des Anfangsverdachts? (Vorermittlungen/Vorfeldermittlungen)	27–30
VIII. Rechtsbehelfe	31–36
1. Allgemeines	31
2. Verneinung eines Anfangsverdachts	32, 33
3. Einleitung des Ermittlungsverfahrens (Annahme eines Anfangsverdachts)	34
4. Revision	35
5. Amtshaftungsansprüche	36

I. Zweck und Bedeutung der Vorschrift im Allgemeinen

Der Regelungszweck von § 152 kann lediglich im systematischen Zusammenhang mit anderen Vorschriften, insb. §§ 151, 160 Abs. 1 und § 170 sowie den §§ 153 ff., bestimmt werden. Insofern erweist sich die Vorschrift eher als **Programmsatz**[1] denn als eine solche mit detailliertem Regelungsgehalt. § 152 Abs. 1 statuiert das sog. **Offizialprinzip**. Dieses weist der Staatsanwaltschaft die Aufgabe der Erhebung der öffentlichen Klage zu. Erst aus der Verknüpfung mit § 151, der den Anklagegrundsatz regelt,[2] folgt aber die eigentliche Bedeutung von § 152 Abs. 1: Anklage- und Offizialprinzip machen die Durchführung einer strafgerichtlichen Untersuchung von einer Anklageerhebung abhängig, die grundsätzlich (Ausnahme: Privatklage, § 374) der Staatsanwaltschaft als öffentlicher Anklagebehörde überantwortet ist (**Anklagemonopol der Staatsanwaltschaft**).[3] Abs. 2 bringt neben anderen Vorschriften das in diesem Kontext als Pflicht zum Einschreiten (Verfolgungspflicht) verstandene **Legalitätsprinzip** zum Ausdruck.[4] Aufgrund dieses Prinzips wird die Staatsanwaltschaft als vorrangiger Adressat[5] zu einem Einschreiten verpflichtet, wenn dafür genügende tatsächliche Anhaltspunkte gegeben sind. Welche Art des Einschreitens das Legalitätsprinzip in diesem Zusammenhang von der Staatsanwaltschaft fordert und mit welchen Mitteln diese die Einschreitenspflicht zu erfüllen hat, legt § 152 Abs. 2 selbst nicht näher fest. Auch Abs. 2 hat einen durchaus erheblichen programmatischen Charakter, weil mit der Wendung „soweit nicht ein anderes gesetzlich bestimmt ist" Begrenzungen des Legalitätsprinzips bereits vorausgesetzt sind. Einen gewissen **Schutzzweck** verfolgte Abs. 2 mit dem Abstellen auf „zureichende tatsächliche Anhaltspunkte" als Voraussetzung der Einschreitenspflicht der Staatsanwaltschaft allerdings dann, wenn strafrechtliche, unterhalb der Schwelle der zureichenden Anhaltspunkte angesiedelte Vorermittlungen oder Vorfeldermittlungen ausgeschlossen wären, was unterschiedlich beurteilt wird.[6]

II. Offizialprinzip im Einzelnen (Abs. 1)

Abs. 1 erweist sich im Wesentlichen als **Zuständigkeitsnorm**, indem er die Befugnis zur Erhebung der öffentlichen Klage der Staatsanwaltschaft überträgt. Das **Anklagemonopol der Staatsanwaltschaft** wird durch die Möglichkeit der **Privatklage** in § 374 durchbrochen. Eine Begrenzung des staatsanwaltschaftlichen Monopols, öffentliche Klage (oder ihre Surrogate) zu erheben, findet sich zudem in der durch § 399 Abs. 1, § 400 AO den Finanzbehörden im Steuerstrafverfahren eingeräumten eigenständigen Kompetenz, auf Erlass eines Strafbefehls anzutragen. Mit der Übertragung der Zuständigkeit zur Erhebung der öffentlichen Klage auf die Staatsanwaltschaft als eigenständige Anklagebehörde wird die durch § 151 vorgegebene Trennung von Richter und Ankläger verfestigt. Zugleich schließt Abs. 1 eine Kompetenz der Polizei, selbständig Anklage zu erheben, aus. Der Charakter als Zuständigkeitsnorm drückt sich auch in dem Umstand aus, dass die Voraussetzungen für eine Anklageerhebung nicht in § 152 sondern erst in § 170 Abs. 1 mit dem Abstellen auf einen „genügenden Anlass" statuiert sind.

---

[1] Im Kern so bereits KK-StPO/*Schoreit* Rn. 1; Löwe/Rosenberg/*Beulke* Rn. 1.
[2] § 151 Rn. 1.
[3] Vgl. AK-StPO/*Schöch* Rn. 2; KMR/*Plöd* Rn. 1; Löwe/Rosenberg/*Beulke* Rn. 1; *Meyer-Goßner* Rn. 1; SK-StPO/*Weßlau* Rn. 1.
[4] Vgl. zur Bedeutung des Legalitätsprinzips insgesamt ausführlich *Erb*, Legalität und Opportunität, 1999, S. 87 ff. und passim; knapp *Pommer* Jura 2007, 262 f.; *Schulenburg* JuS 2004, 765 ff.
[5] Zu weiteren Adressaten unten Rn. 9–11.
[6] Unten Rn. 27–30.

3 Programmatisch enthält die Entscheidung für das lediglich über die engen Voraussetzungen der Privatklage begrenzte Anklagemonopol für eine öffentliche Anklagebehörde, die von Amts wegen tätig wird, zugleich die Absage an eine von privater Initiative abhängige und möglicherweise durch private Interessen geleitete Eröffnung der Strafverfolgung. Das Offizialprinzip trägt dadurch zu einer relativ gleichmäßigen, jedenfalls **willkürfreien Durchführung strafrechtlicher Ermittlungen** bei. Zudem bildet das Offizialprinzip ein Instrument zur Erfüllung der staatlichen Justizgewährungspflicht.

4 Die durch § 374 in engen Grenzen eröffnete Möglichkeit der **Privatklage hebt** die Geltung des **Offizialprinzips nicht auf.** Letztlich enthalten die Regelungen über die Privatklage aus der Perspektive des Offizialprinzips lediglich eine Ermächtigung zugunsten der Staatsanwaltschaft, ihrer Einschreitenspflicht (§ 152 Abs. 2) nicht nachkommen zu müssen (vgl. § 376, § 377 Abs. 1). Das Offizialprinzip bleibt jedoch aufrechterhalten, weil die Staatsanwaltschaft in jeder Lage des (Privatklage-)Verfahrens berechtigt ist, durch eine entsprechende Erklärung die Verfolgung zu übernehmen (§ 377 Abs. 2 S. 1). Das Offizialprinzip und die in § 152 Abs. 2 verankerte Einschreitenspflicht werden zudem in den Fällen der **Antrags- und Ermächtigungsdelikte** (etwa §§ 90, 90b, 123, 185 ff.; §§ 230, 247, 248a, 303 c) modifiziert, weil die Durchführung des Ermittlungsverfahren mit dem Ziel der Anklageerhebung von dem nicht ersetzbaren Antrag des durch die Straftat Verletzten oder einer Ermächtigung des betroffenen Organs abhängig ist.

III. Grundlagen des als Einschreitenspflicht verstandenen Legalitätsprinzips (Abs. 2)

5 **1. Begriffliche Klärungen.** Abs. 2 formuliert eine an die Staatsanwaltschaft adressierte, inhaltlich nicht näher konkretisierte **Pflicht zum Einschreiten**, die durch das Vorliegen „zureichender tatsächlicher Anhaltspunkte" für die Begehung einer verfolgbaren Straftat ausgelöst wird. Die für die in Abs. 2 formulierte Pflicht zum Einschreiten gebräuchliche Terminologie „**Legalitätsprinzip**" steht vor dem Hintergrund, dass Abs. 2 die Pflichterfüllung ausschließlich von der Existenz zureichender tatsächlicher Anhaltspunkte für eine verfolgbare Straftat abhängig macht. Soweit nicht gesetzlich etwas anderes bestimmt ist, darf die Staatsanwaltschaft die Erfüllung der Einschreitenspflicht nicht von andern Kriterien als den in Abs. 2 enthaltenen abhängig machen. Ein Abs. 2 so verstandenes Legalitätsprinzip lässt sich begrifflich als „**Verfolgungszwang**" fassen.[7] Soweit das Legalitätsprinzip allein auf Abs. 2 bezogen ist, erscheint der Begriff „Anklagezwang"[8] weniger treffend. Die Vorschrift schreibt lediglich ein Einschreiten vor, legt dieses Einschreiten aber nicht auf ein solches durch Anklageerhebung (oder Surrogate der Anklage) fest. Erst das Zusammenspiel von § 152 Abs. 2 und § 170 Abs. 1 trägt die Rede von einem Anklagezwang. Dem Verfolgungszwang des Abs. 2 wird üblicherweise das „**Verfolgungsermessen**"[9] gegenüber gestellt und dieses regelmäßig mit den Regelungen über das sog. **Opportunitätsprinzip** in §§ 153 ff. in Verbindung gebracht. Bezogen auf die positivrechtlichen Regelungen in § 152 Abs. 2, § 170 Abs. 1 einerseits und §§ 153 ff. andererseits ist der Terminus „Verfolgungsermessen" insoweit berechtigt, als die §§ 153 ff. der Staatsanwaltschaft im Kern gestatten, die Einschreitenspflicht des § 152 Abs. 2 nicht zwingend auf das Ziel der Klärung eines genügenden Anlasses zur Erhebung der öffentlichen Klage (§ 170 Abs. 1) hin auszurichten. Allerdings sind die in den §§ 153 ff. gestatteten Verfahrensweisen inhaltlich so heterogen, dass sie sich teils als Begrenzungen der in § 152 Abs. 2 iVm. § 160 Abs. 1 resultierenden Einschreitenspflicht teils als Begrenzungen der in § 170 Abs. 1 verankerten Anklagepflicht erweisen.[10]

6 Auf der Grundlage des geltenden Rechts der StPO wirken sich die Unterschiede zwischen dem mit dem Legalitätsprinzip verknüpften Verfolgungszwang und dem mit dem Opportunitätsprinzip verbundenen Verfolgungsermessen vor allem in den unterschiedlichen Rechtsbehelfen zur Überprüfung der von der Staatsanwaltschaft im Rahmen der Erfüllung der Einschreitenspflicht getroffenen Entscheidungen am Ende des Ermittlungsverfahrens aus.[11]

7 **2. Verfassungsrechtliche Vorgaben.** Das BVerfG deutet das **Legalitätsprinzip als Ausprägung des Rechtsstaatsprinzips** und verleiht ihm dadurch Verfassungsrang.[12] Die Ableitung aus dem Rechtsstaatsprinzip sieht das Gericht darin begründet, dass dieses Prinzip eine Pflicht des Staates zum Gegenstand habe, die Sicherheit seiner Bürger sowie deren Vertrauen in die Funktionsfähig-

---

[7] Siehe *Endriß*, FS Friebertshäuser, 1997, S. 115; *Schmidt-Jortzig* NJW 1989, 129 (131); *Weigend* ZStW 109 (1997), S. 103 („Verfolgungspflicht"); HK-StPO/*Gercke* Rn. 5; *Meyer-Goßner* Rn. 2; vgl. bzgl. des Verfolgungszwangs auch BGH v. 23. 9. 1960 – 3 StR 28/60, BGHSt 15, 155 (159).
[8] Vgl. Löwe/Rosenberg/*Beulke* Rn. 8.
[9] *Weigend*, Anklagepflicht und Ermessen, 1978, S. 17 ff.; *Geppert* Jura 1986, 309 (310); *Schulenburg* JuS 2004, 765 f.; AK-StPO/*Schöch* Rn. 5; Löwe/Rosenberg/*Beulke* Rn. 8.
[10] Insoweit wie hier SK-StPO/*Weßlau* Rn. 11.
[11] Unten Rn. 31–36.
[12] BVerfG v. 20. 10. 1977 – 2 BvR 631/77, BVerfGE 46, 214 (223).

keit der staatlichen Institutionen zu schützen.[13] Darüber hinaus verknüpft das BVerfG das Legalitätsprinzip mit dem **allgemeinen Gleichheitssatz** und formuliert diesbezüglich einen Anspruch aller in Strafverfahren Beschuldigter auf Gleichbehandlung, der jedenfalls im Grundsatz eine Durchsetzung des staatlichen Strafanspruchs in allen Fällen gebietet, in denen dieser Anspruch besteht.[14] Aus den Anknüpfungen des Legalitätsprinzips im Rechtsstaatsprinzip, dem allgemeinen Gleichheitssatz und der aus den Grundrechten der Bürger abgeleiteten Schutzpflicht des Staates ergeben sich allerdings recht weite **Gestaltungsspielräume für den Gesetzgeber** bei der Organisation und Ausgestaltung der Strafverfolgung.[15] Die verfassungsrechtlichen Vorgaben zwingen nicht zu gesetzlichen Regelungen mit einer ausnahmslosen Einschreitens- und Anklagepflicht der Staatsanwaltschaft in sämtlichen Konstellationen, in denen zureichende tatsächliche Anhaltspunkte für eine verfolgbare Tat bestehen. Das BVerfG erkennt die Erledigungsformen der §§ 153, 153 a als verfassungskonform an; erforderlich sind aber gesetzliche Regelungen über die Ausnahmen vom Verfolgungs- und Anklagezwang sowie deren gleichmäßige Anwendung in der Strafverfolgungspraxis.[16] Mit diesen Vorgaben ist § 152 Abs. 2 mit dem Hinweis auf „soweit nicht gesetzlich ein anderes bestimmt ist" und der Ausformulierung der anderen gesetzlichen Bestimmung in den §§ 153 ff. kompatibel.

3. Zweck und Bedeutung der Einschreitenspflicht. Der Zweck eines auf Einschreitens- und Anklagepflicht[17] der Staatsanwaltschaft bezogenen Legalitätsprinzips wird ungeachtet des verfassungsrechtlichen Rahmens[18] **nicht einheitlich bestimmt**.[19] Unbestreitbar dürfte schon aufgrund der Vorgaben des BVerfG die letztlich im allgemeinen Gleichheitssatz und im Rechtsstaatsprinzip wurzelnde Zwecksetzung sein, eine **von Willkür freie** und wegen der Leitung durch Rechtsregeln weitgehend gleichmäßige **Verfolgung von** verfolgbaren **Straftaten** zu gewährleisten.[20] Die Verwirklichung dieses Zwecks wird durch die Vorschriften des Opportunitätsprinzips[21] nicht in Frage gestellt, weil auch die darüber ermöglichten Modifikationen des Verfolgungs- und Anklagezwanges von Rechtsregeln geleitet sind und Willkür bei der Strafverfolgung ausschließen. Die bekannten regionalen Unterschiede in der tatsächlichen Anwendung der §§ 153 ff.[22] ändern an einer von Rechtsregeln geleiteten von Willkür freien Strafverfolgung nichts. Allerdings würde die Willkürfreiheit auch bei der Anwendung des Opportunitätsprinzips deutlicher hervortreten, wenn die in diesem Kontext getroffenen staatsanwaltschaftlichen Entscheidungen einem §§ 172 ff. entsprechenden gerichtlichen Überprüfungsverfahren unterlägen.[23] Darüber hinaus bezweckt das Legalitätsprinzip in dem hier gemeinten Sinn[24] eine **Kompensation für** den mit dem staatlichen **Anklagemonopol** verbundenen weitgehenden Verlust des Rechts des Verletzten auf Erhebung einer Anklage, um eine gerichtliche Untersuchung einzuleiten.[25]

4. Anwendungsbereich der Einschreitenspflicht nach Abs. 2. a) Adressaten. Die Pflicht zum Einschreiten trifft die **Staatsanwälte** und **Amtsanwälte** (vgl. § 142 GVG) sowie die zuständigen **Beamten der Finanzbehörden**, soweit Letztere die Aufgaben der Staatsanwaltschaft **im Steuerstrafverfahren** selbständig wahrnehmen (siehe § 399 Abs. 1 AO). Die **Beamten des Polizeidienstes** (vgl. § 163 Abs. 1 S. 1)[26] sind zwar **nicht unmittelbar Adressaten** der Einschreitenspflicht des § 152 Abs. 2; dementsprechend können sie auch nicht selbst auf die Begrenzungen der Einschreitenspflicht aus den §§ 153 ff. zugreifen.[27] Allerdings unterliegen die Beamten des Polizeidienstes wegen der ihnen obliegenden Erforschungspflicht aus § 163 Abs. 1 dem Legalitätsprinzip,[28] ver-

---

[13] BVerfG v. 20. 10. 1977 – 2 BvR 631/77, BVerfGE 46, 214 (223).
[14] BVerfG v. 20. 10. 1977 – 2 BvR 631/77, BVerfGE 46, 214 (223); siehe zu dem Aspekt der Gleichbehandlung aller in einem Strafverfahren Beschuldigter auch BVerfG v. 9. 3. 1994 – 2 BvL 43, 51, 63, 64, 70, 80/92, 2 BvR 2031/92, BVerfGE 90, 145 (189 ff.).
[15] Siehe dazu *Erb*, Legalität, S. 95 ff. sowie bereits von *Weigend*, Anklagepflicht, S. 72 ff.
[16] Vgl. BVerfG v. 9. 3. 1994 – BvL 43, 51, 63, 64, 70, 80/92, 2 BvR 2031/92, BVerfG 90, 145 (190 f.).
[17] Vgl. Oben Rn. 5.
[18] Oben Rn. 7.
[19] Siehe *Erb*, Legalität, S. 94 ff.; *Weigend*, Anklagepflicht, S. 63 ff.
[20] Etwa BVerfGE v. 20. 10. 1997 – 2 BvR 631/77, BVerfGE 46, 222; BVerfG v. 23. 7. 1982 – 2 BvR 8/82, NStZ 1982, 430; *Pott*, Die Außerkraftsetzung der Legalität durch das Opportunitätsdenken in den §§ 154, 154a StPO, 1996, S. 14; *Eisenberg/Conen* NJW 1989, 2241; *Kelker* ZStW 118 (2006), S. 389 (395); *Schmidt-Jortzig* NJW 1989, 129 (132 f.); *Weigend* ZStW 109 (1997), S. 103 (111); *Endriß*, FS Friebertshäuser, S. 115 (116); siehe auch bereits oben Rn. 3 aE.
[21] Zum Begriffsverständnis oben Rn. 5.
[22] Dazu BVerfG v. 9. 3. 1994 – 2 BvL 43, 51, 63, 64, 70, 80/92, 2 BvR 2031/92, BVerfGE 90, 145 (188 ff.).
[23] Dazu *Werner* NStZ 1984, 401 ff.
[24] Oben Rn. 5.
[25] Etwa BGH v. 23. 9. 1960 – 3 StR 28/60, BGHSt 15, 155 (159); *Eckl* ZRP 1973, 139; *Pommer* Jura 2007, 662; HK-StPO/*Gercke* Rn. 4; *Meyer-Goßner* Rn. 2; siehe auch *Pott*, Außerkraftsetzung, S. 15.
[26] Zum Personenkreis § 163 Rn. 3 f.
[27] Siehe die Einzelerläuterungen zu §§ 153 ff.
[28] Vgl. KK-StPO/*Schoreit* Rn. 18; Löwe/Rosenberg/*Beulke* Rn. 13 jeweils mwN.

standen als Pflicht zur Aufnahme von Ermittlungen zum Zwecke der Aufklärung verfolgbarer Straftaten bei ausreichenden tatsächlichen Anhaltspunkten. Ungeachtet der ausdrücklichen Regelung in § 163 Abs. 1 ist die **Aufklärungszuständigkeit der** Behörden und **Beamten des Polizeidienstes** eine aus der Einschreitenspflicht der Staatsanwaltschaft **abgeleitete Aufgabe** der Polizei, die nach der Konzeption der StPO im Auftrag der Staatsanwaltschaft erfüllt wird,[29] damit diese die ihr durch § 152 Abs. 2, § 170 Abs. 1 sowie durch §§ 153 ff. zugewiesene Kompetenz, Ermittlungen mit dem Ziel, eine Entscheidung über Fortgang oder Erledigung des Ermittlungsverfahrens zu treffen, ausüben kann.

10 Die **Dienstvorgesetzten** der Amtsanwälte und Staatsanwälte innerhalb der Staatsanwaltschaften, also die im Gesetz „erste Beamte" genannten Behördenleiter (Leitender Oberstaatsanwalt, Generalstaatsanwalt; Generalbundesanwalt) sind Staatsanwälte (§ 142 GVG) und unterliegen dementsprechend auch bei der Ausübung ihrer Rechte aus §§ 145, 146 GVG der Pflicht aus § 152 Abs. 2, der Einschreitenspflicht. Die **Justizminister und -senatoren** als weisungsbefugte **Dienstvorgesetzte der Staatsanwälte außerhalb der Staatsanwaltschaften** (vgl. §§ 142, 146 GVG) unterliegen zwar selbst nicht der Pflicht aus § 152 Abs. 2. Wegen ihrer allgemeinen Pflicht, durch Ausübung ihres Weisungsrechts für die Einhaltung der recht- und gesetzmäßigen Erfüllung der Aufgaben der Staatsanwaltschaften zu sorgen, müssen sich die entsprechenden Dienstvorgesetzten (einschließlich der von den Ministern oder Senatoren mit der Wahrnehmung der Dienst- und Fachaufsicht beauftragten Beamten der Ministerien oder Justizbehörden) bei der Wahrnehmung ihrer Aufsichtsrechte und -pflichten aber an die Vorgaben des Legalitätsprinzips halten.[30]

11 Die **Strafgerichte** sind mit Ausnahme der Fälle des § 165 (Notstaatsanwalt) **nicht Adressaten der Einschreitenspflicht** aus § 152 Abs. 2. Soweit sie im Zwischen- und Hauptverfahren von den Erledigungsformen des § 153 Abs. 2, § 153a Abs. 2, § 153b Abs. 2, § 153e Abs. 2, § 154 Abs. 2, § 154a Abs. 2, § 154b Abs. 4; § 154e Abs. 2 weitgehend unter denselben Voraussetzungen wie bei den korrespondierenden staatsanwaltschaftlichen Einstellungen Gebrauch machen können, dient dies der Verwirklichung der jeweils mit den Einstellungsvorschriften verfolgten kriminalpolitischen, justizökonomischen oder außenpolitischen Zwecke. Die außerhalb der vorgenannten Vorschriften für die jeweiligen Entscheidungen der Strafgerichte maßgeblichen Vorschriften (etwa § 203, §§ 261, 264) legen diese aber ebenfalls auf eine willkürfreie und gleichmäßige Entscheidung über den durch Anklage (oder Surrogate) unterbreiteten Verfahrensgegenstand fest. Das mag als Legalitätsprinzip im weiteren Sinne bezeichnet werden können.[31]

12 b) **Anwendbarkeit in zeitlicher Hinsicht.** Die in Abs. 2 statuierte Einschreitenspflicht bezieht sich unmittelbar ausschließlich auf das **Ermittlungsverfahren**[32] und endet dementsprechend mit dem Herbeiführen einer Entscheidung über Einstellung des Ermittlungsverfahrens oder Anklageerhebung (bzw. Surrogate). Der systematische Zusammenhang von § 152 Abs. 2 und § 170 zeigt, dass die Einschreitenspflicht der Staatsanwaltschaft mit der – verkürzt – Entscheidung über Anklage oder Einstellung erfüllt ist. Soweit teilweise eine gesetzlich nicht geregelte **Untätigkeitsbeschwerde der Staatsanwaltschaft** zugelassen wird, wenn das vom Eröffnung des Hauptverfahrens angegangene Gericht keine entsprechende Entscheidung herbeiführt, so dass Verjährung droht und deshalb nicht mehr zugewartet werden kann,[33] lässt sich eine Pflicht der Staatsanwaltschaft zur Einlegung eines solchen Rechtsmittels wohl eher aus ihrer allgemeinen Pflicht, für die Einhaltung des Rechts zu sorgen (hier: Beschleunigungsgrundsatz), als aus der nachwirkenden Einschreitenspflicht des § 152 Abs. 2 ableiten. Vergleichbares gilt für die streitig diskutierte Zulässigkeit von **eigenständigen staatsanwaltschaftlichen Ermittlungshandlungen nach Eröffnung des Hauptverfahrens** und während dessen Verlauf.[34] Eine Berechtigung dazu lässt sich allenfalls auf die Erwägung stützen, dass anderenfalls bestimmte prozessuale Möglichkeiten (etwa die aus § 245) nicht wahrgenommen werden könnten. Als Ausfluss der Einschreitenspflicht lassen sich solche Ermittlungshandlungen jedenfalls nicht verstehen.

13 Die Einschreitenspflicht lebt unter den in Abs. 2 geregelten Voraussetzungen **nach Erledigung des ursprünglichen Verfahrens** wieder auf. Ungeachtet des Umstandes, ob die Verfahrenserledigung durch eine mit oder ohne Strafklageverbrauch ausgestattete Entscheidung erfolgt ist, muss die Staatsanwaltschaft bei zureichenden tatsächlichen Anhaltspunkten einschreiten, wenn sich

---

[29] Ebenso *Schmidt-Jortzig* NW 1989, 129 (131); KK-StPO/*Schoreit* Rn. 17; SK-StPO/*Weßlau* Rn. 13 mwN.
[30] Ebenso *Bohnert*, Die Abschlußentscheidung des Staatsanwaltes, 1992, S. 317; *Krey/Pföhler* NStZ 1985, 146 (152); Löwe/Rosenberg/*Beulke* Rn. 14; im Ergebnis wohl allgM; siehe etwa *Geppert* Jura 1982, 140 (147); *Kretschmer* Jura 2004, 452 (457); KK-StPO/*Schoreit* Rn. 20; KMR/*Plöd* Rn. 6; *Meyer-Goßner*, § 146 GVG Rn. 3.
[31] Vgl. AK-StPO/*Schöch* Rn. 7; Löwe/Rosenberg/*Beulke* Rn. 16.
[32] Insoweit allgM, siehe nur Löwe/Rosenberg/*Beulke* Rn. 17; SK-StPO/*Weßlau* Rn. 14.
[33] OLG Frankfurt v. 29. 10. 2001 – 3 Ws 987/01, NJW 2002, 453; *Hoffmann* NStZ 2006, 257; KK-StPO/*Schoreit* Rn. 14a; Löwe/Rosenberg/*Beulke* Rn. 17; ablehnend OLG Dresden v. 20. 6. 2005 – 2 Ws 182/05, NJW 2005, 2791; *Gimbel* ZRP 2004, 37; *Wirringer* NStZ 2002, 389.
[34] Nachw. zum Streitstand § 151 Rn. 10 Fn. 21–25.

nunmehr Anhaltspunkte dafür ergeben, dass entgegen dem Inhalt der Erledigungsentscheidung doch eine verfolgbare Straftat vorlag. In diesen Konstellationen umfasst die Verfolgbarkeit das Vorliegen der jeweiligen Voraussetzungen der Wiederaufnahme bzw. des Wiederaufgreifens des Verfahrens zu Lasten des ursprünglich Beschuldigten/Angeklagten (etwa § 153a Abs. 1 S. 5; § 174 Abs. 2, § 211; § 362).

c) **Anwendungsbereich in sachlicher Hinsicht.** Die in Abs. 2 statuierte Einschreitenspflicht erstreckt sich lediglich auf „verfolgbare Straftaten". Wegen der im Wortlaut eineindeutigen Beschränkung auf **Straftaten** unterliegt der Verdacht der Begehung von Ordnungswidrigkeiten oder Disziplinarverstößen nicht der Einschreitenspflicht (allgM).[35] Die Straftat muss zudem **tatbestandsmäßig, rechtswidrig und schuldhaft** verwirklicht sein. Bei von vornherein ersichtlicher Schuldunfähigkeit des Täters wird die Einschreitenspflicht nicht ausgelöst. Ob die Staatsanwaltschaft gegen den schuldunfähigen Täter ein Sicherungsverfahrens nach §§ 413ff. einleitet, steht in ihrem pflichtgemäßen Ermessen.[36] Die schuldhafte Straftat ist dann nicht **verfolgbar**, wenn persönliche Strafausschließungsgründe oder nicht behebbare Verfahrenshindernisse vorliegen.[37] **Aufhebbare Verfahrenshindernisse** suspendieren nicht von der Erfüllung der Einschreitenspflicht sondern verpflichten die Staatsanwaltschaft, Maßnahmen zur Überwindung des Hindernisses (etwa Antrag auf Aufhebung der Immunität eines Abgeordneten) zu ergreifen.[38] 14

Ob eine verfolgbare Straftat bzw. der Anfangsverdacht[39] einer solchen vorliegt, hat die **Staatsanwaltschaft in eigener Kompetenz zu beurteilen.** Dabei ist sie unmittelbar **nicht an** eine selbst gefestigte **höchstrichterliche Rechtsprechung gebunden** (strg.),[40] weil weder das Verfassungsrecht noch das einfache Gesetzesrecht eine Vorschrift mit dem Inhalt einer entsprechenden Bindungswirkung enthalten. Allerdings sollte die Staatsanwaltschaft im Hinblick auf das Verfassungsgebot einer gleichmäßigen Strafverfolgung Ermittlungen aufnehmen und ggf. Anklage erheben, wenn sich auf der Basis der höchstrichterlichen Rspr. ein Anfangs- und später hinreichender Tatverdacht ergibt, selbst wenn die Staatsanwaltschaft das Verhalten aufgrund einer abweichenden Rechtsauffassung als nicht strafbar bewertet.[41] Die praktische Bedeutung solcher Konstellationen dürfte ohnehin gering sein und allenfalls dann auftreten, wenn der konkrete Dezernent und der Behördenleiter übereinstimmend eine von der höchstrichterlichen Rspr. abweichende Rechtsansicht vertreten. 15

IV. Voraussetzungen der Einschreitenspflicht („zureichende tatsächliche Anhaltspunkte")

1. Begriff des Anfangsverdachts. Nach dem Wortlaut von Abs. 2 wird die staatsanwaltschaftliche Pflicht zum Einschreiten durch „zureichende tatsächliche Anhaltspunkte" für das Vorliegen einer verfolgbaren Straftat[42] ausgelöst. Diese **zureichenden tatsächlichen Anhaltspunkte** werden regelmäßig als **Anfangsverdacht** bezeichnet.[43] Der Anfangsverdacht hat wie die übrigen Verdachtsgrade der StPO auch[44] eine **Wahrscheinlichkeitsaussage** zum Gegenstand, die sich auf das Vorliegen einer verfolgbaren Straftat bezieht. Die Wahrscheinlichkeitsaussage umfasst **vier Komponenten**: (1.) die Wahrscheinlichkeit einer Tatbegehung, (2.) die rechtliche Einordnung dieser Tat als strafbar, (3.) die Wahrscheinlichkeit des Nachweises der Straftatbegehung durch eine Person mit den im Strafverfahren zulässigen Beweismitteln und (4.) die Wahrscheinlichkeit des Fehlens von Verfahrenshindernissen.[45] Im Rahmen des Anfangsverdachts sind die Anforderungen an alle vier Komponenten, insbesondere aber die der Nachweiswahrscheinlichkeit, gering anzusetzen. Der Anfangsverdacht markiert allein die Schwelle der Zulässigkeit der Vornahme von Er- 16

---

[35] HK-StPO/*Gercke* Rn. 6; KK-StPO/*Schoreit* Rn. 26; KMR/*Plöd* Rn. 22; Löwe/Rosenberg/*Beulke* Rn. 29; SK-StPO/*Weßlau* Rn. 20.
[36] HK-StPO/*Schoreit* Rn. 26; KMR/*Plöd* Rn. 22, Löwe/Rosenberg/*Beulke* Rn. 29; SK-StPO/*Weßlau* Rn. 20.
[37] AK-StPO/*Schöch* Rn. 8; KK-StPO/*Schoreit* Rn. 27; KMR/*Plöd* Rn. 22; Löwe/Rosenberg/*Beulke* Rn. 30; SK-StPO/*Weßlau* Rn. 20.
[38] AK-StPO/*Schöch* Rn. 8; KMR/*Plöd* Rn. 22; Löwe/Rosenberg/*Beulke* Rn. 30; *Meyer-Goßner* Rn. 10; SK-StPO/*Weßlau* Rn. 20.
[39] Unten Rn. 16ff.
[40] Wie hier etwa *Bottke* GA 1980, 298, (305ff.); AK-StPO/*Schöch* Rn. 9; HK-StPO/*Gercke* Rn. 12; KK-StPO/*Schoreit* Rn. 35; SK-StPO/*Weßlau* Rn. 22; aA zB BGH v. 23. 9. 1960 – 3 StR 28/60, BGHSt 15, 155 (158); *Krey/Pföhler* NStZ 1985, 145, (150f.); *Meyer-Goßner* Vor § 141 GVG Rn. 11.
[41] Vgl. HK-StPO/*Gercke* Rn. 12; KK-StPO/*Schoreit* Rn. 35.
[42] Oben Rn. 14f.
[43] Siehe nur *L. Schulz*, Normiertes Mißtrauen – Der Verdacht im Strafverfahren, 2001, S. 527f.; *Braun* JuS 2008, 21; *Pommer* Jura 2007, 661 (662); *Steinberg* JZ 2006, 1045 (1048); AK-StPO/*Schöch* Rn. 10; HK-StPO/*Gercke* Rn. 7; KK-StPO/*Schoreit* Rn. 28; KMR/*Plöd* Rn. 17; Löwe/Rosenberg/*Beulke* Rn. 21; *Meyer-Goßner* Rn. 4; SK-StPO/*Weßlau* Rn. 15.
[44] Zu diesen ausführlicher *Lohner*, Der Tatverdacht im Ermittlungsverfahren, 1994, S. 65ff. und passim; *L. Schulz*, Normiertes Mißtrauen, passim; *Kühne* NJW 1979, 677ff.; *Steinberg* JZ 2006, 1045 (1048f.); überblicksartig *Huber* JuS 2008, 21f.
[45] *Steinberg* JZ 2006, 1045 (1047).

mittlungsmaßnahmen zur Klärung des Vorliegens der Voraussetzungen einer verfolgbaren Straftat. Soweit die zur Klärung erforderlichen Ermittlungsmaßnahmen spezifischen Eingriffscharakter aufweisen, bedarf es regelmäßig des Vorliegens eigener Eingriffsvoraussetzungen, die mit einem höherem Verdachtsgrad als dem des Anfangsverdachts verbunden sein können.[46]

17 Anfangsverdacht ist dann gegeben, wenn auf der Grundlage konkreter Tatsachen[47] eine **gewisse Wahrscheinlichkeit**[48] besteht, dass nach kriminalistischer Erfahrung eine **verfolgbare Straftat**[49] begangen worden ist.[50] Die damit an den Anfangsverdacht gestellten Anforderungen sind in Bezug auf die Komponenten des Verdachts[51] in mehrfacher Hinsicht gering: die Wahrscheinlichkeit der Begehung einer verfolgbaren Tat kann deutlich unterhalb von 50% liegen.[52] Es bedarf noch nicht der Wahrscheinlichkeit der Begehung der verfolgbaren Tat durch eine bereits identifizierte Person.[53] Insbesondere aber darf die **Beurteilung der** geringen **Wahrscheinlichkeit** der Begehung einer verfolgbaren Straftat **auf** einer noch **relativ ungesicherten Tatsachengrundlage** erfolgen.

18 Der Anfangsverdacht einer verfolgbaren Straftat verlangt nicht den Tatverdacht gegen eine bestimmte individualisierte Person. Das bei zureichenden tatsächlichen Anhaltspunkten einzuleitende **Ermittlungsverfahren** kann sich auch **gegen Unbekannt** richten, wenn die sonstigen Voraussetzungen des Anfangsverdachts vorliegen (allgM).[54] Ergeben sich im Verlaufe der Ermittlungsverfahren Erkenntnisse, die auf eine oder mehrere Personen als Tatverdächtige hindeuten, werden diese zu Beschuldigten.

19 2. Tatsachengrundlage der Annahme eines Anfangsverdachts. Das Gesetz stellt als Auslöser für die Einschreitenspflicht des Abs. 2 auf „zureichende tatsächliche Anhaltspunkte" ab und verlangt damit eine auf tatsächliche Erkenntnisse gestützte Beurteilung des Anfangsverdachts. Trotz der Einbeziehung der „kriminalistischen Erfahrung" in die Definition des Anfangsverdachts[55] muss das Wahrscheinlichkeitsurteil auf **konkreten tatsächlichen Erkenntnissen** beruhen, die über statistisch gewonnenes Wissen von Straftaten in bestimmten Lebenszusammenhängen und/oder Örtlichkeiten hinausgehen.[56] Letzteres sind bloße **Vermutungen**, die keinen Bezug zu einem einzelnen, individualisierbaren Geschehen aufweisen und daher **nicht** zur Begründung ausreichen können.[57] Dagegen **genügen** über solche auf allgemeinen statistischen Erfahrungen gestützte, nicht auf einen individuellen Sachverhalt bezogene Vermutungen hinausgehende tatsächliche Angaben zur Begründung eines Anfangsverdachts selbst dann, wenn es sich um **inhaltlich wenig präzise, ungeprüfte einseitige Angaben** handelt.[58] Diese müssen aber den Schluss auf das (wahrscheinliche) Vorliegen einer verfolgbaren Straftat zulassen. Unter dieser Voraussetzung kann auch ein bloßes **Gerücht** einen zureichenden tatsächlichen Anhaltspunkt bilden.[59] Umgekehrt **fehlt** es an einem **Anfangsverdacht**, wenn die individuellen tatsächlichen Umstände als **offensichtlich unrichtig** erscheinen, was auch dann in Betracht kommen soll, wenn die (konkrete) Quelle als unzuverlässig bekannt ist (etwa notorischer Querulant).[60] Hier ist mit besonderer Sorgfalt zu erwägen, ob die mitgeteilten bzw. sonst bekannt gewordenen Umstände einen Rückschluss auf eine möglicherweise verfolgbare Straftat zulassen. Trotz der bisher als trüb bekannten Quelle sollten außerhalb von Evidenzfällen (etwa: schon der mitgeteilte Sachverhalt lässt keine verfolgbare Straftat erkennen) Ermittlungen mit geringer Eingriffsintensität vorgenommen werden, um die Tatsachengrundlage abzusichern.

---

[46] Vgl. *Huber* JuS 2008, 21 (22); KK-StPO/*Schoreit* Rn. 30; Löwe/Rosenberg/*Beulke* Rn. 21; *Meyer-Goßner* Rn. 4; SK-StPO/*Weßlau* Rn. 15.
[47] Unten Rn. 19 f.
[48] Näher zum Wahrscheinlichkeitsbegriff in diesem Kontext *Steinberg* JZ 2006, 1045 (1046 f.).
[49] Oben Rn. 14 f.
[50] Im Kern ebenso BGH v. 21. 4. 1988 – III ZR 255/86, NJW 1989, 96 (97); OLG Karlsruhe v. 16. 12. 2002 – 1 Ws 85/02, Justiz 2003, 270 (271 f.); *Huber* JuS 2008, 21; *Kuhlmann* NStZ 1983, 130; AK-StPO/*Schöch* Rn. 10; KK-StPO/*Schoreit* Rn. 28; SK-StPO/*Weßlau* Rn. 15.
[51] Oben Rn. 16.
[52] Vgl. *Kühne* NJW 1979, 677; AK-StPO/*Schöch* Rn. 10; HK-StPO/*Gercke* Rn. 7; Löwe/Rosenberg/*Beulke* Rn. 23; *Meyer-Goßner* Rn. 4.
[53] SK-StPO/*Weßlau* Rn. 16; siehe auch *Walder* ZStW 95 (1983), 862 (868); KMR/*Plöd* Rn. 18; Löwe/Rosenberg/*Beulke* Rn. 23; *Pfeiffer* Rn. 3.
[54] Siehe nur Löwe/Rosenberg/*Beulke* Rn. 23; *Meyer-Goßner* Rn. 5.
[55] Oben Rn. 17.
[56] Zutreffend SK-StPO/*Weßlau* Rn. 17.
[57] Im Ergebnis allgM; siehe BGH v. 1. 6. 1994 – 1 BfS 182/83 StB 10/94, NStZ 1994, 500; Hans.OLG Hamburg v. 8. 2. 1984 – 1 Ws 26/84, NJW 1984, 1635; OLG Karlsruhe v. 16. 12. 2002 – 1 Ws 85/02, Justiz 2003, 270 (271 f.); *Bach* Jura 2007, 12, (13); *Eisenberg/Conen* NJW 1998, 2241 (2243); *Huber* JuS 2008, 21; *Pommer* Jura 2007, 661 (662); HK-StPO/*Gercke* Rn. 8; KK-StPO/*Schoreit* Rn. 31; Löwe/Rosenberg/*Beulke* Rn. 22; *Meyer-Goßner* Rn. 4.
[58] Vgl. *Zöller*, Informationssysteme und Vorfeldmaßnahmen von Polizei, Statasanwaltschaft und Nachrichtendiensten, 2002, S. 128; *Keller/Griesbaum* NStZ 1990, 416; HK-StPO/*Gercke* Rn. 8; Löwe/Rosenberg/*Beulke* Rn. 23.
[59] RG v. 19. 6. 1936, RGSt 70, 252; *Zöller*, Informationssysteme, S. 128; HK-StPO/*Gercke* Rn. 8; KMR/*Plöd* Rn. 18; Löwe/Rosenberg/*Beulke* Rn. 23.
[60] HK-StPO/*Gercke* Rn. 8; KK-StPO/*Schoreit* Rn. 29; Löwe/Rosenberg/*Beulke* Rn. 24.

Die Frage, ob bestimmte **Tatsachen**, die Anhaltspunkte für eine verfolgbare Straftat enthalten, **20**
in dem Wahrscheinlichkeitsurteil über den Anfangsverdacht **aus Rechtsgründen unbeachtet bleiben müssen**, wird **nicht einheitlich** beantwortet. Die Frage stellt sich, wenn die den Anfangsverdacht begründenden Tatsachen **aufgrund** eines **Verfahrensfehlers gewonnen** worden sind, der zu einem **Beweisverwertungsverbot** hinsichtlich der fraglichen Tatsache führen würde. Über die Antwort besteht selbst **innerhalb der höchstrichterlichen Rechtsprechung keine Einigkeit**. Der BGH hat zunächst die Berücksichtigung so gewonnener Tatsachen im Sinne einer Fernwirkung eines Beweisverwertungsverbotes als Grundlage für den Anfangsverdacht ausgeschlossen.[61] In jüngerer Zeit neigt der BGH jedoch dazu, eine Berücksichtigung im Rahmen der Beurteilung des Anfangsverdachts trotz verfahrensfehlerhafter Erhebung des Beweises zuzulassen.[62] In der Strafverfahrenswissenschaft wird von einigen die Berücksichtigungsfähigkeit einer durch verfahrensfehlerhafte Beweiserhebung gewonnenen Tatsache zwar grundsätzlich zugelassen, aber in concreto von einer Abwägung zwischen Art und Ausmaß des Verfahrensfehlers bei der Beweiserhebung einerseits und dem Gewicht der ggf. aufzuklärenden Tat andererseits abhängig gemacht.[63] Wiederum andere differenzieren zwischen selbständigen und unselbständigen Beweisverwertungsverboten und halten lediglich Erstere einer Abwägung für zugänglich, während die Berücksichtigungsfähigkeit bei unselbstständigen Verboten stets ausgeschlossen sein soll.[64] Eine durchgängige Zugriffssperre auf rechtsfehlerhaft erlangte Beweise, die einen Anfangsverdacht begründen können, wird aber weder dem Zweck der § 152 Abs. 2 noch der Bedeutung von Beweisverwertungsverboten gerecht. Letztere schließen die Berücksichtigungsfähigkeit eines fehlerhaft erhobenen Beweises im tatrichterlichen Urteil am Ende des Verfahrens der Beweiserhebung aus. Im Stadium des (möglichen) Beginns des Prozesses der Beweisaufnahme lässt sich wegen der ansonsten noch völlig ungesicherten Tatsachengrundlage nicht beurteilen, ob rechtmäßig noch zu gewinnende Beweise eine Verurteilung bzw. die ihr vorausgehenden Verfahrensentscheidungen (Eröffnungsbeschluss) werden tragen können. Die in § 152 Abs. 2 getroffene Regelung stellt sich letztlich als Ermächtigungsgrundlage für die Vornahme von Ermittlungshandlungen dar, wobei die einzelne Handlung, wenn sie mit einem Eingriff in Grundrechtspositionen verbunden ist, selbst wiederum einer gesetzlichen Grundlage bedarf. Angesichts dieser Zusammenhänge dürfen auch solche fehlerhaft erhobenen Tatsachen in die Beurteilung des Anfangsverdachts einbezogen werden, selbst wenn im späteren Urteil diese Tatsache nicht verwertet werden dürfte. Die darauf gestützte Annahme eines Anfangsverdachts begründet jedenfalls die Befugnis zur Vornahme von Ermittlungshandlungen ohne Eingriff in Grundrechtspositionen des Betroffenen.[65] Dagegen sind für Ermittlungshandlungen mit Eingriffscharakter auf die jeweiligen Voraussetzungen der Ermächtigungsgrundlage abzustellen. Die jeweilige Ermittlungsmaßnahme kann nur dann zulässig vorgenommen werden, wenn weitere Tatsachen, als die einem (späteren) Verwertungsverbot unterliegende Tatsache, die jeweiligen Voraussetzungen der Ermächtigungsgrundlage zu tragen vermögen.

3. Entscheidung über das Vorliegen des Anfangsverdachts. Die **Entscheidung** über das Vorliegen einer die Einschreitenspflicht aus Abs. 2 auslösenden Anfangsverdachts hat die **Staatsanwaltschaft** zu treffen. Die materielle Voraussetzung der „**zureichenden tatsächlichen Anhaltspunkte**" für eine verfolgbare Straftat wird dabei vielfach als **unbestimmter Rechtsbegriff** verstanden.[66] Mit dieser Einordnung ist nach ganz überwiegend vertretener Auffassung die Einräumung eines (**weiten**) **Beurteilungsspielraums der Staatsanwaltschaft** verbunden.[67] Gelegentlich wird die Beurtei- **21**

---

[61] BGH v. 30. 4. 1968 – 1 StR 625/67, BGHSt 22, 129 (135); zustimmend *Störmer*, Dogmatische Grundlage der Verwertungsverbote, 1992, S. 252 f. und SK-StPO/*Weßlau* Rn. 18; wohl auch *Lohberger*, FS Hanack, 1999, S. 253 (275 f.).
[62] BGH v. 22. 2. 1978 – 2 StR 334/77, BGHSt 27, 355 = JR 1979, 163 mAnm *Rieß*; BGH v. 26. 9. 1980, BGHSt 29, 342 (348); BGH v. 17. 3. 1983 – 4 StR 640/82, BGHSt 31, 304; BGH v. 24. 8. 1983 – 3 StR 136/83, BGHSt 32, 68 (70) = NJW 1984, 2772 f.; ebenso OLG München v. 21. 8. 2006 – 4 StR 148/06, wistra 2006, 472; weitgehend zustimmend HK-StPO/*Gercke* Rn. 9; KK-StPO/*Schoreit* Rn. 32; KMR/*Plöd* Rn. 21; zurückhaltender dagegen OLG Karlsruhe v. 3. 6. 2004 – 2 Ss 188/03, NJW 2004, 2687, dazu *Kudlich* JuS 2004, 1019 f.
[63] Etwa AK-StPO/*Schöch* Rn. 11; Löwe/Rosenberg/*Gleß* § 136 a Rn. 75; siehe auch BGH v. 15. 4. 1980 – 15. 4. 1980 – 5 StR 135/80, BGHSt 29, 239 (242) = NJW 1980, 2204 f.
[64] Vor allem Löwe/Rosenberg/*Beulke* Rn. 27 mwN.
[65] Vgl. bereits KK-StPO/*Schoreit* Rn. 32.
[66] Etwa BVerfG v. 8. 11. 1983 – 2 BvR 1138/83, BVerfG NJW 1984, 1451; BGH v. 21. 4. 1988 – III ZR 255/86, NStZ 1988, 510; *Kniesel* ZRP 1987, 380; HK-StPO/*Gercke* Rn. 10; KMR/*Plöd* Rn. 21; Löwe/Rosenberg/*Beulke* Rn. 28.
[67] BGH v. 21. 4. 1988 – III ZR 255/86, NStZ 1988, 510; vorausgesetzt auch von BGH v. 12. 1. 2005 – 5 StR 191/04, NStZ 2005, 519 f. = JR 2005, 300 mAnm *Lesch*; OLG München v. 3. 4. 1985 – 2 Ws 232/85, NStZ 1985, 549; vorausgesetzt auch von OLG Rostock v. 12. 3. 2004 – I Ws 120/03 (juris – Abs. 37 – 54); *Grosjean*, Beschuldigteneigenschaft, S. 8 ff.; *Beulke* StV 1990, 180; *Hund* ZRP 1991, 464; HK-StPO/*Gercke* Rn. 10; KK-StPO/*Schoreit* Rn. 28; KMR/*Plöd* Rn. 21; Löwe/Rosenberg/*Beulke* Rn. 28; *MeyerGoßner* Rn. 4; ablehnend *Störmer* ZStW 108 (1996), S. 495 (517); gegen die damit verbundene Einschränkung der gerichtlichen Kontrolldichte auch SK-StPO/*Weßlau* Rn. 19 und 56.

lung des hinreichenden Tatverdachts gar als Ermessensentscheidung betrachtet.[68] Bedeutung erlangt die Einordnung als unbestimmter Rechtsbegriff mit Beurteilungsspielraum oder als Ermessensvorschrift letztlich allein für die Frage einer **gerichtlichen Kontrolle der** von der Staatsanwaltschaft getroffenen **Entscheidung**.[69] Betrachtet man das insoweit einschlägige Rechtsschutzsystem des geltenden Rechts, kann von einer Ermessensentscheidung nicht sachgerecht gesprochen werden. Unterbleiben Ermittlungen, weil die Staatsanwaltschaft keine zureichenden tatsächlichen Anhaltspunkte dafür gesehen hat, kann die Entscheidung für die Untätigkeit allenfalls im Rahmen einer (analogen) Anwendung des Verfahrens nach §§ 172 ff. überprüft werden.[70] Schreitet die Staatsanwaltschaft ein, erledigt das Verfahren aber auf der Grundlage der §§ 153 ff., so kann diese Vorgehensweise de legal lata wegen des weitergehenden Ausschlusses des Klageerzwingungsverfahrens (§ 172 Abs. 2 S. 3) letztlich gar nicht überprüft werden. Das ist mit der für eine Ermessensentscheidung ansonsten üblichen gerichtlichen Kontrollmöglichkeit (vollständige Aufklärung des relevanten Sachverhaltes und Fehlen von Ermessensfehlern) kaum zu vereinbaren. Insofern sollte die Wendung „zureichende tatsächliche Anhaltspunkte" als **unbestimmter Rechtsbegriff** verstanden werden, dessen staatsanwaltschaftliche Anwendung im Grundsatz gerichtlich überprüft werden kann.[71] Ob bei der Handhabung der Staatsanwaltschaft ein Beurteilungsspielraum zusteht oder nicht, ergibt sich aus der für das Verfahren der §§ 172 ff. vorgegebenen Kontrolldichte,[72] soweit nicht die Anwendung auf die Situation der Einschreitenspflicht Anpassungen erfordert. Ein vielfach angenommener Beurteilungsspielraum steht allenfalls der Staatsanwaltschaft zu nicht aber der Polizei.[73]

22 Im Rahmen der Einschreitenspflicht hat die Staatsanwaltschaft zunächst zu prüfen, ob deren Voraussetzung („zureichende tatsächliche Anhaltspunkte") gegeben ist. Entschließt sie sich zum Einschreiten, müssen die Ermittlungen (§ 160) nicht notwendig mit dem Ziel der Entscheidung über die Erhebung der Anklage (oder Surrogate) geführt werden. Diese dürfen in dem durch §§ 153 ff. eröffneten Umfang auch darauf abzielen, die Voraussetzungen der in den vorgenannten Vorschriften vorgesehenen Erledigungsarten zu ermitteln.

23 Eine besondere **Form der Entscheidung** über die Aufnahme der Ermittlungen bei „zureichenden tatsächlichen Anhaltspunkten" ist nicht vorgeschrieben. Materiell liegt die Entscheidung in der Anordnung oder Vornahme von Ermittlungshandlungen; richten sich diese bereits gegen eine bestimmte Person, wird dadurch deren Beschuldigteneigenschaft begründet. Lehnt die Staatsanwaltschaft die Aufnahme von Ermittlungen ab, geschieht dies durch entsprechende Verfügung in den Akten.

V. Grenzen der Einschreitenspflicht

24 Abs. 2 stellt die Einschreitenspflicht ausdrücklich unter den Vorbehalt **anderer gesetzlicher Bestimmungen**. Soweit damit die Regelungen der §§ 153 ff. erfasst sind, handelt es sich nicht um Grenzen der Einschreitenspflicht im eigentlichen Sinne. Denn in diesen Konstellationen führt die Staatsanwaltschaft Ermittlungen durch, diese haben aber nicht zwingend das Ziel, eine Entscheidung über die Anklagerhebung herbeizuführen. Bei **Privatklagedelikten** ist die Staatsanwaltschaft zum Einschreiten nicht verpflichtet, sondern darf den Verletzten auf den Privatklagedelikt verweisen.[74] In den Fällen der **Antrags- und Ermächtigungsdelikte** ist die Staatsanwaltschaft an der Ausübung der Einschreitenspflicht gehindert, sobald feststeht, dass es an einem (nicht ersetzbaren) Strafantrag oder der erforderlichen Ermächtigung seitens des Berechtigten fehlt.[75]

25 Auf einer ganz anderen Ebene liegen mögliche Grenzen der Erfüllung der Einschreitenspflicht, die sich insbesondere in **Lagen noch aktuell stattfindender Straftaten** (etwa andauernde Geiselnahme) im Hinblick auf **Kollisionen mit** den Anforderungen der **Gefahrenabwehr** ergeben können. Nach nahezu allgemeiner Auffassung darf von der Erfüllung der Einschreitenspflicht (zunächst) nur dann abgesehen werden, wenn die Voraussetzungen des § 34 StGB vorliegen.[76] Ein allgemeiner Vorrang der präventiv-polizeilichen Aufgabenerfüllung vor der Durchführung strafrechtlicher Ermittlungen im Konfliktfall der Verhaltensanforderungen lässt sich aber nicht begründen.[77] Zulässig ist es allerdings für die Staatsanwaltschaft (und im Rahmen des § 163 Abs. 1

---

[68] Vgl. *Bach* Jura 2007, 12, (14 f.).
[69] Näher unten Rn. 31 ff.
[70] Unten Rn. 32 f.
[71] Näher unten Rn. 31 ff.
[72] Unten Rn. 32 aE.
[73] Ganz zutreffend SK-StPO/*Weßlau* Rn. 19.
[74] Oben Rn. 4.
[75] Oben Rn. 4.
[76] BGH v. 23. 9. 1977 – 1 BJs 80/77 StB 215/77, BGHSt 27, 260 (263 ff.); BGH v. 17. 3. 1983 – 4 StR 640/82, BGHSt 31, 304 (307); AK-StPO/*Schöch* Rn. 20; *Meyer-Goßner* § 163 Rn. 30; SK-StPO/*Weßlau* Rn. 38.
[77] KK-StPO/*Schoreit* Rn. 18 c; SK-StPO/*Weßlau* Rn. 38; teilw. abweichend *Reisch*, Der Polizeivollzugsbeamte, 2007, S. 126 ff.

für die Polizei) mit der **Erfüllung der Einschreitenspflicht zuzuwarten**, wenn dies aus kriminaltaktischen Gründen erforderlich ist.[78] Dagegen darf die Ermittlungsbehörde nicht deshalb die Einleitung eines Ermittlungsverfahrens aufschieben, weil sie noch das Umschlagen einer nur versuchten in eine vollendete Tat abwarten will. Ein Missbrauch des vielfach angenommenen Beurteilungsspielraums[79] kann sich als Verstoß gegen den fair trial-Grundsatz darstellen und auf Verfahrensrüge hin im Rahmen der Strafzumessung zu berücksichtigen sein.[80]

VI. Mittel der Pflichterfüllung

Abs. 2 beschränkt sich auf die Anordnung der Einschreitenspflicht, ohne Vorgaben hinsichtlich der zur Pflichterfüllung zur Verfügung stehenden Mittel zu treffen. Staatsanwaltschaft und Polizei greifen zur Aufklärung des Sachverhaltes auf die durch die StPO gestatteten Ermittlungsmethoden zurück. Bei den eingriffsintensiven Ermittlungsmaßnahmen ist regelmäßig ein höherer Verdachtsgrad als der Anfangsverdacht erforderlich. Maßgeblich sind stets die Eingriffsvoraussetzungen der fraglichen Ermittlungsmaßnahme. 26

VII. „Sperrwirkung" des Anfangsverdachts? (Vorermittlungen/Vorfeldermittlungen)

Abs. 2 verpflichtet die Staatsanwaltschaft zur Aufnahme von Ermittlungen erst bei Vorliegen eines Anfangsverdachts. Ob aus dem Erfordernis der „zureichenden tatsächlichen Anhaltspunkte" als Auslöser der Pflicht in der Umkehrung ein **Verbot** folgt, **ohne** einen **Anfangsverdacht** auf strafprozessualer Grundlage **Ermittlungen zu führen**, wird unterschiedlich beurteilt.[81] Die Divergenzen in der Bewertung betreffen unterschiedliche Aspekte: Zum einen sind bereits die verwendeten **Begrifflichkeiten nicht vollständig geklärt**. Häufig findet sich eine Unterscheidung von **Vorermittlungen** einerseits und **Vorfeldermittlungen** andererseits.[82] Zum anderen ist die Berechtigung zur Durchführung von Ermittlungen ohne Vorliegen von zureichenden tatsächlichen Anhaltspunkten (Anfangsverdacht) für die Begehung einer verfolgbaren Tat umstritten. In Ergänzung der Divergenz in der Sache wird zudem darüber gestritten, ob die Schwelle des Anfangsverdachts auch für strafprozessuale polizeiliche Ermittlungen gemäß § 163 Abs. 1 erreicht sein muss, obwohl die genannte Vorschrift eine ausdrückliches Erfordernis zureichender tatsächlicher Anhaltspunkte nicht enthält.[83] 27

Bei der **Lösung des Sachproblems** besteht in der Sache weitgehend Einigkeit darüber, dass die **StPO keine rechtliche Grundlage für verdachtslose und** (in konkreter Hinsicht) **anlasslose Ermittlungen** bietet.[84] Mit Ermittlungen ohne konkreten Anlass und Verdacht sind hier solche Konstellationen gemeint, in denen nicht mehr als die Alltagserfahrung besteht, dass etwa in einem bestimmten räumlichen Bereich (etwa sog. Rotlichtviertel) häufiger Straftaten (bestimmter Art) begangen werden als in anderen räumlichen Bereichen. Maßnahmen, die darauf abzielen, ohne einen über die Alltagserfahrung hinausgehenden konkreten Anlass Informationen zu gewinnen, aus denen sich der Anfangsverdacht einer verfolgbaren Straftat ergibt, lassen sich als **Vorfeldermittlungen** bezeichnen.[85] Soweit man nicht die Vorsorge für eine zukünftige Strafverfolgung durchgängig als repressive Aufgabe deutet,[86] können Vorfeldermittlungen ihre Grundlage ausschließlich im Gefahrenabwehrrecht haben. Ob auf diesem Wege gewonnene Erkenntnisse in einem späteren Strafverfahren verwertet werden dürfen (etwa gestützt auf § 483 Abs. 3 oder § 484 Abs. 4) ist u. a. angesichts des schwer erfassbaren Regelungsinhaltes der genannten Vorschriften[87] bisher ist noch nicht geklärt.[88] 28

---

[78] *Rieß*, FS Dünnebier, S. 149 (153 f.); HK-StPO/*Gercke* Rn. 13; KK-StPO/*Schoreit* Rn. 38; *Meyer-Goßner* Rn. 6; SK-StPO/*Weßlau* Rn. 39 mwN.
[79] Oben Rn. 21.
[80] BGH v. 12. 1. 2005 – 5 StR 191/04, NStZ 2005, 519 f. = JR 2005, 300 mAnm *Lesch*; vgl. auch *Buse* wistra 2008, 51 ff.
[81] Knapper Überblick zum Streitstand bei *N. Lange* DRiZ 2002, 264 (265 f.); ausführlich zu der Problematik *Haas*, Vorermittlungen und Anfangsverdacht, 2003; *N. Lange*, Vorermittlungen – Die Behandlung des staatsanwaltschaftlichen Vorermittlungsverfahrens unter besonderer Berücksichtigung von Abgeordneten, Pollitikern und Prominenten, 1999; *Weßlau*, Vorfeldermittlungen, 1989, S. 278 ff.
[82] Exemplarisch *Meyer-Goßner* Rn. 4 a.
[83] Vgl. zum Streitstand *Dölling*, Polizeiliche Ermittlungstätigkeit und Legalitätsprinzip, 1987, Band 1, S. 272 ff.; *Weigend* ZStW 109 (1997), S. 103 ff.; KK-StPO/*Schoreit* Rn. 18 c; SK-StPO/*Weßlau* Rn. 21.
[84] Siehe nur *Meyer-Goßner* Rn. 4 a; SK-StPO/*Weßlau* Rn. 21; die von *N. Lange* DRiZ 2002, 264 (265) behandelten Konstellationen sind solche mit einem – wenn auch noch unzureichenden – Anhaltspunkt für eine verfolgbare Tat.
[85] In der Begrifflichkeit ebenso *Meyer-Goßner* Rn. 4 a.; vgl. auch SK-StPO/*Wolter* Vor § 151 Rn. 156 a.
[86] Zum Streitstand etwa *Matheis*, Strafverfahrensänderungsgesetz 1999, 2006, S. 328 m. Fn. 953; *Paeffgen* StV 1999, 625 (626); SK-StPO/*Wolter* Vor § 151 Rn. 160 ff.
[87] Vgl. dazu *Matheis*, Strafverfahrensänderungsgesetz 1999, S. 329–333 mwN.
[88] *Weßlau*, FG Hilger, 2003, S. 57, (72).

29 Von solchen anlass- und verdachtslosen Vorfeldermittlungen lassen sich sachlich und begrifflich solche Konstellationen unterscheiden, in denen erste konkrete Anhaltspunkte Anlass geben, das Vorliegen eines Anfangsverdachts zu prüfen.[89] Das kommt etwa dann in Betracht, wenn sich die in einer Strafanzeige enthaltenen Angaben nicht von vornherein als offensichtlich unrichtig einordnen lassen,[90] aber auf der Grundlage der mitgeteilten Tatsachen noch nicht einmal der schwache Wahrscheinlichkeitsgrad in Bezug auf das Vorliegen einer verfolgbaren Straftat beurteilt werden kann. Akzeptiert man die Möglichkeit solcher Konstellationen, dürfen im Rahmen von **Vorermittlungen** Ermittlungshandlungen ohne Eingriffscharakter vorgenommen worden, um das Vorliegen der Voraussetzungen des Anfangsverdachts klären zu können.[91] Im Stadium der Vorermittlungen besteht noch kein Beschuldigtenstatus.[92]

30 Eine eigenständige Ermittlungsbefugnis der Polizei auch unter den Bedingungen von Vorermittlungen lässt sich aus § 163 Abs. 1 nicht ableiten.[93] Die repressive Ermittlungszuständigkeit der Polizei ist lediglich aus der Einschreitens- und Ermittlungspflicht der Staatsanwaltschaft abgeleitet[94] und kann daher nicht weiter reichen als die staatsanwaltschaftlichen Ermittlungsbefugnisse.

VIII. Rechtsbehelfe

31 **1. Allgemeines.** Während der Phase des Ermittlungsverfahrens stehen den Verfahrensbeteiligten unterschiedlichste Rechtsbehelfe zur Verfügung, die sich sowohl auf Entscheidungen über Aufnahme und Abschluss der Ermittlungen als auch auf die Durchführung einzelner Ermittlungshandlungen erstrecken. Die Einhaltung des in § 152 Abs. 2, § 170 enthaltenen **Legalitätsprinzips** in Gestalt einer Einschreitenspflicht (§ 152 Abs. 2) und einer durch §§ 153 ff. aufgelockerten Pflicht, über das Vorliegen eines hinreichenden Tatverdachts zu entscheiden, wird im Wege gerichtlicher Kontrolle **durch** das **Klageerzwingungsverfahren (§§ 172 ff.) im Kern** gewährleistet. Ungeachtet der Begrenzung des Antragsrechts auf den Verletzten (vgl. § 172 Abs. 1 und 2) und der relativ hohen Anforderungen an die Zulässigkeitsvoraussetzungen (§ 172 Abs. 3 S. 1 und 2) genügt dieser Rechtsbehelf an sich, um eine willkürfreie und relativ gleichmäßige Durchsetzung des materiellen Strafrechts zu ermöglichen. Im Hinblick auf das Vorgenannte ist allerdings die de lege lata weitgehend ausgeschlossene gerichtlicher Kontrolle von auf §§ 153 ff. gestützter staatsanwaltschaftlicher Verfahrenserledigungen (siehe § 172 Abs. 2 S. 3) bedenklich.[95] Gegen solche Entscheidungen steht lediglich die Dienstaufsichtsbeschwerde zur Verfügung. In Bezug auf die Beurteilung des in § 152 Abs. 2 vorgegebenen Maßstabs der „zureichenden tatsächlichen Anhaltspunkte" können sich Rechtsbehelfe sowohl gegen die Ablehnung als auch gegen die Annahme des Anfangsverdachts richten.

32 **2. Verneinung eines Anfangsverdachts.** Verneint die Staatsanwaltschaft das Vorliegen von „zureichenden tatsächlichen Anhaltspunkten" (Anfangsverdacht) und führt deshalb keine Ermittlungen durch, kann diese Entscheidung an sich lediglich mit der **Dienstaufsichtsbeschwerde** überprüft werden. Das **Klageerzwingungsverfahren** (§§ 172 ff.) steht bei Verneinung bereits eines Anfangsverdachts selbst dem durch die behauptete Straftat Verletzten **lediglich in einer bestimmten Konstellation** als **zulässiger Rechtsbehelf** zur Verfügung. Aus § 175 folgt, dass das OLG auf einen zulässigen Klageerzwingungsantrag hin über die Erhebung der öffentlichen Anklage entscheidet; das setzt ein durchgeführtes Ermittlungsverfahren voraus.[96] § 173 Abs. 3 sieht lediglich die Anordnung ergänzender Beweiserhebungen seitens des OLG vor. Die Durchführung eines vollständigen Ermittlungsverfahrens ist dagegen nicht Aufgabe des OLG (allgM).[97] Angesichts dessen und einer erst durch das 1. StVRG entstandenen Regelungslücke als Folge der Abschaffung der gerichtlichen Voruntersuchung[98] lässt die im Kern übereinstimmende Rspr. der OLG'e

---

[89] Siehe N. Lange DRiZ 2002, 264 (266).
[90] Oben Rn. 19 aE.
[91] Näher N. Lange DRiZ 2002, 264 (270 f.); im Ergebnis weitgehend übereinstimmend BGH v. 27. 2. 1992 – 5 StR 190/91, BGHSt 38, 214 (227 f.) = NJW 1992, 1463 (1465 f.); Lohner, Der Tatverdacht im Ermittlungsverfahren, 1994, S. 143; Geppert, FS Oehler, 1985, S. 323 f.; Keller/Griesbaum NStZ 1990, 416 (417); KK-StPO/Schoreit Rn. 16 und 18 c; Meyer-Goßner Rn. 4 a; SK-StPO/Wolter Vor § 151 Rn. 156 a.
[92] Zu den Konsequenzen N. Lange DRiZ 2002, 264 (268 ff.).
[93] Siehe die Nachw. in Fn. 81.
[94] Oben Rn. 9.
[95] Oben Rn. 8 aE.
[96] OLG Celle v. 26. 4. 2002 – 2 Ws 94/02, (juris Abs. 7).
[97] OLG Braunschweig v. 23. 9. 1992 – Ws 48/91, wistra 1993, 31 (33 f.) unten Zielinski wistra 1953, 3; Hans.OLG Bremen v. 27. 8. 1982 Ws 71/82, MedR 1984, 112 mAnm. Lippert; OLG Celle v. 26. 4. 2002 – 2 Ws 94/02, (juris Abs. 7); KG v. 26. 3. 1990 – 4 Ws 220/89, NStZ 1990, 355 = JZ 1991, 46 mAnm Eisenberg; OLG Koblenz v. 5. 9. 1994 – 1 Ws 164/94, NStZ 1995, 50; OLG Zweibrücken v. 5. 2. 1980 – 1 Ws 424/79, NStZ 1981, 193 mAnm Kuhlmann; siehe auch Stoffers NStZ 1993, 497 (499); Löwe/Rosenberg/Graalmann-Scherer, § 175 Rn. 16 ff.
[98] Dazu OLG Celle v. 26. 4. 2002 – 2 Ws 94/02, (juris Abs. 7); OLG München v. 27. 6. 2007 – 2 Ws 494 – 496, 501/96, NStZ 2008, 403 (404); Rieß NStZ 1986, 433 (437 f.).

einen Klageerzwingungsantrag als „**Ermittlungserzwingungsantrag**" dann unter den allg. Voraussetzungen des § 172 zu, wenn die Staatsanwaltschaft einen **Anfangsverdacht** bereits **aus Rechtsgründen verneint und daher überhaupt keine Ermittlungen** durchgeführt hat.[99] Ob Rechtsgründe den Anfangsverdacht einer verfolgbaren Tat ausschließen, unterliegt in vollem Umfang der gerichtlichen Nachprüfung. Unterbleiben Ermittlungen, weil die Staatsanwaltschaft die von einem Anzeigenerstatter vorgebrachten Tatsachen für offensichtlich unrichtig hält,[100] wird angesichts des Evidenzmaßstabes auch hier eine gerichtliche Nachprüfung in Betracht kommen. Raum für einen Beurteilungsspielraum ist in Bezug auf die offensichtliche Unrichtigkeit nicht anzunehmen.[101]

Vereinzelt ist in der Rspr. erwogen worden, einen **Ermittlungserzwingungsantrag unter weiteren Voraussetzungen** auch dann zuzulassen, wenn die Staatsanwaltschaft „völlig unzulänglich ermittelt hat", „grobe, den Kernbereich der zu ermittelnden Tatbestände betreffende Ermittlungsfehler begangen" oder „abwegige Schlussfolgerungen aus den ermittelten Tatsachen gezogen hat".[102] Die erwogenen Erweiterungen des Ermittlungserzwingungsantrages sind vor dem Hintergrund einer durch das Legalitätsprinzip gewährleisteten willkürfreien und gleichmäßigen Strafverfolgung an sich sachgerecht, zumal es sich um Fallgestaltungen handelt, bei denen selbst ein verbreitet angenommener Beurteilungsspielraum der Staatsanwaltschaft bei der Entscheidung über das Vorliegen des Anfangsverdachts[103] überschritten sein dürfte. Allerdings verschwimmen in den fraglichen Konstellationen die Übergänge von einem Ermittlungserzwingungsantrag in dem vorgenannten Sinne zu dem eigentlichen Klageerzwingungsverfahren. Sind nämlich Ermittlungen durchgeführt worden, die über Vorermittlungen[104] hinausgehen, kann die Staatsanwaltschaft das Ermittlungsverfahren außerhalb der §§ 153 ff. nur noch mit einer Entscheidung über das Bestehen hinreichenden Tatverdachts abschließen. Fällt diese negativ aus, steht das Klageerzwingungsverfahren offen, innerhalb dessen das OLG ergänzende einzelne Ermittlungen anordnen oder selbst vornehmen kann (§ 173 Abs. 3). Für eine Ermittlungserzwingung ist dann kein Raum mehr.

3. Einleitung des Ermittlungsverfahrens (Annahme eines Anfangsverdachts). Ob die Entscheidung der Staatsanwaltschaft, wegen der Annahme eines Anfangsverdachts ein Ermittlungsverfahren einzuleiten, eigenständig gerichtlich überprüft werden kann, wird **nicht einheitlich beurteilt**.[105] Einige ordnen die staatsanwaltschaftliche Entscheidung über die Durchführung des Ermittlungsverfahrens als **Justizverwaltungsakt** ein und sehen dementsprechend den Rechtsweg nach § 23 EGGVG als eröffnet an.[106] Die Anwendbarkeit von § 23 EGGVG stützen die Befürworter auf die mit dem Beschuldigtenstatus verbundenen Grundrechtseingriffe und die vom Ermittlungsverfahren ausgehenden Belastungen sowie auf die aus Art. 19 Abs. 4 GG herrührenden Vorgaben eines umfassenden gerichtlichen Rechtsschutzes.[107] Ganz überwiegend wird jedoch eine **Überprüfung** der staatsanwaltschaftlichen Entscheidungen über die Einleitung (und Fortführung) eines Ermittlungsverfahren **nicht** – weder mit dem Antrag nach § 23 EGGVG noch mit einem sonstigen Rechtsbehelf – für **statthaft** gehalten.[108] Dem ist im Ergebnis zuzustimmen. Zwar schließt nicht die formale Einordnung der Entscheidung über die Einleitung des Ermittlungsverfahrens als Prozesshandlung die Anwendung von § 23 EGGVG aus. Allerdings lässt sich die gesonderte Anfechtbarkeit kaum mit der Funktion des Ermittlungsverfahrens, die Entscheidung über die Anklageerhebung (oder Surrogate) herbeizuführen, vereinbaren.[109] Verneint die Staatsanwaltschaft nach Durchermittlung des Sachverhaltes einen hinreichenden Tatverdacht (vgl.

---

[99] OLG Braunschweig v. 23. 9. 1992 – Ws 48/91, wistra 1993, 31 ff. mAnm. *Zielinski* wistra 1993, 3; OLG Celle v. 26. 4. 2002 – 2 Ws 94/02, (juris Abs. 7); OLG Hamm v. 29. 9. 1998 – 1 Ws 227/98, StV 2002, 128; OLG Karlsruhe v. 16. 12. 2002 – 1 Ws 85/02, Justiz 2003, 270 (271 f.); OLG Koblenz v. 5. 9. 1994 – 1 Ws 164/94, NStZ 1995, 50; OLG München v. 27. 6. 2007 – 2 Ws 494 – 496, 501/96, NStZ 2008, 403 (404); OLG Zweibrücken v. 1. 3. 2001 – 1 Ws 83/01, NStZ-RR 2001, 308; siehe auch OLG Brandenburg v. 17. 3. 2008 – 1 Ws 125/07, VRS 114 (2008), 373; OLG Rostock v. 12. 3. 2004 – I Ws 120/03 (juris) sowie HK-StPO/*Zöller* § 172 Rn. 27; Löwe/Rosenberg/*Graalmann-Scherer* § 172 Rn. 16.
[100] Oben Rn. 19 aE.
[101] Im Ergebnis wegen der vollständigen Ablehnung eines Beurteilungsspielraums ebenso *Eisenberg/Conen* NJW 1998, 2241 (2249); SK-StPO/*Weßlau* Rn. 56.
[102] OLG Rostock v. 12. 3. 2004 – I Ws 120/03 (juris Abs. 37–54, jeweils nicht tragend).
[103] Oben Rn. 21.
[104] Oben Rn. 29.
[105] Siehe *Rieß* NStZ 1982, 435 einerseits und *Eisenberg/Conen* NJW 1998, 2241 (2246–2249); SK-StPO/*Weßlau* Rn. 55 mwN. andererseits.
[106] So vor allem *Eisenberg/Conen* NJW 1998, 2241 (2246–2249); SK-StPO/*Weßlau* Rn. 55; siehe auch *Nagel* StV 2001, 185.
[107] *Eisenberg/Conen* NJW 1998, 2241 (2248); SK-StPO/*Weßlau* Rn. 55.
[108] *Rieß* NStZ 1982, 435; *ders.*, FS Geerds, 1995, S. 501, (503 f., 506, 508 ff.); Meyer-Goßner § 23 EGGVG Rn. 9 mwN.
[109] Vgl. BVerfG v. 2. 10. 2003 – 2 BvR 660/03, NStZ 2004, 447.

§ 170 Abs. 2), wird der vormals Beschuldigte durch die Einstellung rehabilitiert und unter den Voraussetzungen des StrEG für erlittene Strafverfolgungsmaßnahmen entschädigt. Bei Anklageerhebung erfolgt die Überprüfung deren Berechtigung im Zwischen- und ggf. im Hauptverfahren. Ablehnung der Eröffnung des Hauptverfahrens oder Freispruch im Hauptverfahren führen die vorstehenden Wirkungen zugunsten des ehemals Beschuldigten/Angeklagten ebenfalls herbei. Angesichts dessen ist die Überprüfung bereits der Einleitung des Ermittlungsverfahrens und deren weiterer Durchführung **nicht durch Art. 19 Abs. 4 GG verfassungsrechtlich geboten**.[110] Etwas anderes kann sich allenfalls wegen des Willkürverbots ergeben, wenn sich die Einleitung des Ermittlungsverfahrens als schlechthin unvertretbar und damit objektiv willkürlich erweist.[111]

35 **4. Revision.** Soweit der Staatsanwaltschaft (oder im Steuerstrafverfahren den Finanzbehörden)[112] ein **Beurteilungsspielraum** bei der Entscheidung über die Einleitung eines Ermittlungsverfahrens eingeräumt ist,[113] kann sich die **missbräuchliche Ausnutzung** dieses Spielraums als Verletzung des **fair trial-Gebotes** erweisen. Der BGH hat einen solchen Missbrauch im Rahmen eines Steuerstrafverfahrens in einem Zuwarten mit dem Ziel, den Beschuldigten nicht nur wegen versuchter sondern wegen vollendeter Tat verfolgen zu können, gesehen.[114] Der Rechtsfehler muss mit der **Verfahrensrüge** geltend gemacht werden.[115]

36 **5. Amtshaftungsansprüche.** Die rechtsfehlerhafte Einleitung eines Ermittlungsverfahrens kann unter den allgemeinen Voraussetzungen Amtshaftungsansprüche auslösen.[116] Das steht nicht in Widerspruch zu einer gerichtlichen Überprüfung im Strafverfahren selbst, weil die zivilgerichtliche Entscheidung im Rahmen des Amtshaftungsverfahrens keine Rückwirkungen auf das Strafverfahren hat.

§ 152a [Strafverfolgung von Abgeordneten]

Landesgesetzliche Vorschriften über die Voraussetzungen, unter denen gegen Mitglieder eines Organs der Gesetzgebung eine Strafverfolgung eingeleitet oder fortgesetzt werden kann, sind auch für die anderen Länder der Bundesrepublik Deutschland und den Bund wirksam.

Schrifttum: *Brocker*, Umfang und Grenzen der Immunität des Angeordneten im Strafverfahren, GA 2002, 44; *Butzer*, Immunität im demokratischen Rechtsstaat, 1991; *Kreicker*, Die strafrechtliche Indemnität und Immunität der Mitglieder des Europäischen Parlaments, GA 2004, 643; *Wiefelspütz*, Die Immunität und Zwangsmaßnahmen gegen Abgeordnete, NVwZ 2003, 38; *ders.*, Das Immunitätsrecht der Abgeordneten des Bundestages nach dem Pofalla-Urteil des Bundesverfassungsgerichts, ZParl 2003, 754.

I. Zweck und Bedeutung der Vorschrift

1 Der eigentliche Regelungsgehalt der Vorschrift selbst ist marginal und erschöpft sich in der Anordnung, dass die Vorschriften der Verfassungen der Bundesländer über die sog. **Immunität** von Angeordneten der Landesparlamente[1] auch dann gelten, wenn die Strafverfolgung[2] gegen solche Abgeordnete durch Behörden eines anderen Bundeslandes oder des Bundes geführt werden.[3] Die Notwendigkeit für eine solche Regelung ergibt sich aus dem engen, auf Angeordnete des Bundestages beschränkten Schutzbereich des **Art. 46 Abs. 2 GG**[4] einerseits und der auf das jeweilige Staatsgebiet des Bundeslandes begrenzten Geltung der Landesverfassungen andererseits. § 152a wirkt lediglich im Hinblick auf die **Ausdehnung des räumlichen Schutzbereichs** der landesverfassungsrechtlichen Bestimmungen über die Immunität von Abgeordneten der Landesparlamente **konstitutiv**; der von den Immunitätsregelungen im Grundgesetz und den Landesverfassungen ausgehend **Schutz in gegenständlicher, persönlicher und zeitlicher Hinsicht** ergibt sich allein und ausschließlich aus dem Verfassungsrecht. Soweit der verfassungsrechtliche Schutz der Immunität reicht, wirkt dieser **im Strafverfahren als Verfahrenshindernis** (allgM).[5] Das **Verfahrenshindernis**

---

[110] BVerfG v. 2. 10. 2003 – 2 BvR 660/03, NStZ 2004, 447; siehe auch bereits BVerfG v. 19. 12. 1983 – 2 BvR 1731/82, NStZ 1984, 228 f.
[111] Siehe dazu *Jahn*, Strauda-FS, 2006, S. 335–349.
[112] Oben Rn. 9.
[113] Zum Streitstand darüber oben Rn. 21.
[114] BGH v. 12. 1. 2005 – 5 StR 191/04, NStZ 2005, 519 f. = JR 2005, 300 mAnm *Lesch*; siehe auch bereits oben Rn. 25 aE.
[115] Nachw. wie Fn. zuvor.
[116] Vgl. BGH v. 21. 4. 1988 – III ZR 255/86, StV 1988, 441; AK-StPO/*Schöch* Rn. 26; SK-StPO/*Weßlau* Rn. 57.
[1] Auflistung der entsprechenden Artikel der Landesverfassungen bei KK-StPO/*Schoreit* Rn. 5; Löwe/Rosenberg/*Beulke* Rn. 6 Fn. 15.
[2] Zum sachlichen Umfang des Immunitätsschutzes unten Rn. 9 ff.
[3] AllgM; siehe nur AK-StPO/*Schöch* Rn. 1; HK-StPO/*Gercke* Rn. 1; KK-StPO/*Schoreit* Rn. 1; KMR/*Plöd* Rn. 1; Löwe/Rosenberg/*Beulke* Rn. 4.
[4] Dazu BeckOK-GG/*Butzer*, GG, 2009, Art. 46 Rn. 11 mwN.
[5] *Meyer-Goßner* Rn. 2; SK-StPO/*Weßlau* Rn. 18.

ist jedoch nach Maßgabe der jeweiligen verfassungsrechtlichen Bestimmungen insoweit **begrenzt**, als es zum einen mit der Dauer des Mandats verknüpft ist[6] und zum anderen das jeweilige Parlament die Strafverfolgung gegen den einzelnen Abgeordneten gestatten kann (vgl. Art. 46 Abs. 2 Hs. 1 GG „nur mit Genehmigung des Bundestages").[7]

Der durch Immunitätsregelungen vor der Durchführung von Strafverfahren gegen sie **geschützte Personenkreis** ist wegen weiterer rechtlicher Regelungen über die Gewährung von Immunität größer als der durch Art. 46 Abs. 2 GG sowie die korrespondierenden Vorschriften der Landesverfassungen erfasste.[8] Auch das folgt jedoch nicht aus dem Regelungsgehalt von § 152 a sondern ergibt sich aus den einzelnen Vorschriften über die parlamentarische Immunität im Verfassungsrecht oder dieses ergänzendes einfaches Gesetzesrecht.

§ 152 a bezieht sich gegenständlich allein auf die **Immunität von Abgeordneten**, dh. auf die durch die Verfassungen statuierten Beschränkungen bei der Verfolgung von „mit Strafe bedrohten Handlungen" (vgl. Art. 46 Abs. 2 Hs. 1 GG). **Nicht erfasst** sind die regelmäßig als **Indemnität** bezeichneten Vorschriften über die (weitgehend) Straflosigkeit von Abstimmungsverhalten und Äußerungen von Angeordneten im Parlament (siehe Art. 46 Abs. 1 GG).

II. Umfang des Immunitätsschutzes

1. Rechtscharakter der (parlamentarischen) Immunität. Die Immunität als Schutz der Abgeordneten vor Strafverfolgung während der Dauer ihres Mandats dient der **Gewährleistung der äußeren Parlamentsautonomie** (insoweit allgM).[9] Das BVerfG sieht darüber hinaus aber auch den **Schutz des einzelnen Abgeordneten** gewährleistet.[10] Die kontrovers diskutierte Schutzrichtung wirkt sich – auch für die Immunität im Strafverfahren bedeutsam – auf die Möglichkeiten des Rechtschutzes gegen die Immunität betreffende Akte aus.[11] Unabhängig davon besteht wegen der Zugehörigkeit der Verfassungsregelungen über die Immunität eine **Prärogative des Parlaments**, gegenüber den anderen Gewalten **für eine Konkretisierung** der Voraussetzungen und Reichweite **der Immunität zu sorgen**.[12] Der Bundestag nimmt diese Prärogative über Geschäftsordnungsregelungen in Gestalt der „Grundsätze in Immunitätsangelegenheiten" (§ 107 Abs. 2 iVm. Anlage 6 zur GO-BT) wahr; die Länderparlamente verfahren entsprechend.

2. Persönlicher Anwendungsbereich. Der parlamentarische Immunitätsschutz erfasst nach Maßgabe der jeweiligen verfassungsrechtlichen Regelungen die **Abgeordneten der Parlamente**, dh. des Bundestages und der Landesparlamente. Durch einfachgesetzliche Anordnung gilt der verfassungsrechtliche Immunitätsschutz des Art. 46 GG auch für **Mitglieder der Bundesversammlung**.[13] Dem kommt letztlich allein für solche Mitglieder Bedeutung zu, die weder Abgeordnete des Bundestages noch eines Landesparlaments sind. Art. 60 Abs. 4 GG erstreckt den Anwendungsbereich von Art. 46 GG auch auf den **Bundespräsidenten**. Für die Genehmigungsentscheidungen[14] ist in Bezug auf den Bundespräsidenten der Bundestag zuständig.[15] Der Schutz betrifft stets nur Verfahren gegen die Begünstigten selbst nicht etwa (Personenhandels- oder Kapital-)Gesellschaften, an denen diese beteiligt sind.[16] In einem gegen Abgeordnete gerichteten Verfahren wirkt die Immunität ausschließlich zugunsten des Abgeordneten selbst; sonstige Tatbeteiligte können ohne jede Beschränkung verfolgt werden. **Keine Immunität** genießen die **Mitglieder der Bundesregierung** und **Mitglieder des Bundesrates**, soweit sie nicht jeweils zugleich Abgeordnete des jeweiligen Parlaments sind. Die Abgeordneten in den **Vertretungskörperschaften kommunaler Gebietskörperschaften** genießen **keine Immunität**.[17]

Für **Abgeordnete des Europäischen Parlaments** gilt der **Immunitätsschutz** ebenfalls (siehe § 5 Abs. 1 S. 2 EuAbG) dergestalt, dass diese innerhalb des Staatsgebiet ihres eigenen Staates im

---

[6] Näher unten Rn. 7 f.
[7] Näher unten Rn. 19 ff.
[8] Unten Rn. 5 f.
[9] Siehe nur BVerfG v. 17. 12. 2001 – 2 BvE 2/00, BVerfGE 104, 310 (325 ff.) = NJW 2002, 1111 (1113 f.); Sachs/*Magiera* Art. 46 GG Rn. 11.
[10] BVerfG v. 17. 12. 2001 – 2 BvE 2/00, BVerfGE 104, 310 (325 und 332) = NJW 2002, 1111 (1114), ebenso etwa Maunz/Dürig/*Klein* Art. 46 GG Rn. 51 mwN; abweichend *Butzer*, Immunität im demokratischen Rechtsstaat, 1991, S. 93 f. (Statusrecht des Parlaments).
[11] Unten Rn. 30.
[12] *Butzer*, Immunität, S. 106 ff.; knapp BeckOK-GG/*Butzer* Art. 46 GG Rn. 10.
[13] § 7 des Gesetzes über die Wahl des Bundespräsidenten durch die Bundesversammlung vom 25. 4. 1959; BGBl. I S. 230; Einzelheiten bei *Winkelmann* ZParl 2008, 61 ff.
[14] Unten Rn. 19 ff.
[15] Löwe/Rosenberg/*Beulke* Rn. 11.
[16] Vgl. BVerfG v. 13. 9. 1993 – 2 BvR 1666/93 und 2 BvR 1667/93, NVwZ 1994, 54 (56); siehe auch BeckOK-GG/*Butzer* Art. 46 GG Rn. 11 mwN.
[17] Löwe/Rosenberg/*Beulke* Rn. 11 mwN.

§ 152a   7–9   Zweites Buch. Verfahren im ersten Rechtszug

Schutzumfang den Angehörigen des nationalen Parlaments gleichgestellt sind.[18] In den übrigen Mitgliedstaaten ist eine Strafverfolgung außerhalb der Fälle des Betroffenseins auf frischer Tat ebenfalls ausgeschlossen.[19] Entsprechendes gilt für die Angehörigen der **Beratenden Versammlung des Europarates**.[20] Eine lediglich prozessuale Immunität genießen für die Dauer der Zugehörigkeit zu den jeweiligen Streitkräften **NATO-Angehörige**.[21]

7   3. **Zeitlicher Anwendungsbereich.** Der verfassungsrechtliche Immunitätsschutz für Abgeordnete beginnt mit der **Annahme des Mandats** und dauert jedenfalls bis zum Ende der Wahlperiode.[22] Auch die Landesverfassungen gewähren auf unterschiedlichem regelungstechnischen Wege den Schutz für die gesamte Wahlperiode.[23] Der Schutz erstreckt sich auch auf sog. **mitgebrachte Verfahren**, dh. solche, die bereits vor der Annahme des Mandats gegen den jetzigen Abgeordneten anhängig waren (mittlerweile allgM).[24] Auf der Ebene des Strafverfahrensrechts ist bei mitgebrachten Verfahren das Strafverfahren **von Amts wegen auszusetzen** und jegliche freiheitsbeschränkenden Maßnahmen im Erkenntnisverfahren zu beenden.[25] Gleiches gilt auch für die Strafvollstreckung.[26] Aus dem jeweiligen Landesverfassungsrecht kann sich anderes ergeben.[27] Der Diskontinuitätsgrundsatz erfordert eine erneute Genehmigung der Strafverfolgung durch das jeweilige Parlament in den Fällen sog. **fortgesetzter Verfahren**, das sind solche, bei denen die Strafverfolgung gegen einen nunmehr wiedergewählten Angeordneten bereits in der vorausgegangenen Wahlperiode durch das Parlament gestattet worden war.[28]

8   Der Immunitätsschutz **endet** entweder durch **Ablauf des Mandats** oder wird durch die **Erteilung der Genehmigung zur Strafverfolgung** des Abgeordneten durch das Parlament eingeschränkt.[29] Der Ablauf des Mandats kann auf dem Ende der Wahlperiode oder auf dem Verzicht auf das Mandat bzw. dem Verlust des Mandats beruhen. Gegen Abgeordnete des in der vorherigen Wahlperiode gewählten Bundestages wird die Strafverfolgung erst mit dem Zusammentritt des neuen Bundestages zulässig, weil bis zu diesem Zeitpunkt die frühere Wahlperiode andauert (vgl. Art. 39 Abs. 1 S. 2 GG). Im Fall der Wiederwahl besteht vorbehaltlich der Genehmigung damit ein zeitlich lückenloser Schutz. Einzelne landesverfassungsrechtliche Bestimmungen gewähren in Bezug auf (frühere) Parlamentarier in bestimmten Funktionen (etwa Parlamentspräsident) sogar einen über das Ende des Mandats hinaus wirkenden Schutz.[30]

9   4. **Gegenständlicher Anwendungsbereich.** a) **Verfahrensarten** („mit Strafe bedrohten Handlung", Art. 46 Abs. 1 Hs. 1 GG). Der Schutzbereich der parlamentarischen Immunität in gegenständlicher Hinsicht richtet sich **nach der** jeweils **einschlägigen verfassungsrechtlichen Regelung**. Für Bundestagsabgeordnete schließt **Art. 46 Abs. 2 GG** aus, dass diese „wegen einer **mit Strafe bedrohten Handlung** ... zur Verantwortung gezogen oder verhaftet" werden. Die Formulierung ist wenig geglückt, weil an die Sanktionsart statt an die Verfahrensart angeknüpft wird. Vor dem Hintergrund des Schutzzwecks von Art. 46 Abs. 2 GG besteht Einigkeit darüber, den Begriff „**Strafe**" nicht auf **Kriminalstrafen** im eigentlichen Sinne zu beschränken sondern **auch Maßregeln der Besserung der Sicherung** (vgl. § 61 StGB) einzubeziehen.[31] Dementsprechend steht die Immunität sowohl der Einleitung eines Strafverfahrens als auch der eines Sicherungsverfahrens (§§ 413 ff.) entgegen. Im Strafverfahren ist die Immunität **auch im Privatklageverfahren** zu beachten; allerdings greift das Verfahrenshindernis erst ein, wenn im Rahmen dieses Verfahrenstyps hoheitliche Maßnahmen, regelmäßig die gerichtliche Zustellung der Privatklage, ergriffen werden (arg.: „zur Verantwortung gezogen").[32]

---

[18] Art. 10 Abs. 1 lit. a des Protokolls über die Vorrechte und Befreiungen der Europäischen Gemeinschaften vom 8. 4. 1965, ABl. EG Nr. 152/1867 S. 13; siehe auch *Kreicker* GA 2004, 643 ff.; Dreier/*Schulze-Fielitz* Art. 46 GG Rn. 4.
[19] Art. 10 Abs. 1 lit. b des Protokolls über die Vorrechte und Befreiungen der Europäischen Gemeinschaften vom 8. 4. 1965, ABl EG Nr. 152/1867 S. 13; Einzelheiten bei *Kreiker* GA 2004, 643 ff.
[20] Näher Löwe/Rosenberg/*Beulke* Rn. 12 mit Fn. 39.
[21] SK-StPO/*Weßlau* Rn. 5 mwN.; auch zu den entsprechenden Rechtsgrundlagen.
[22] BGH v. 25. 10. 1991 – StB 24/91, 3 StE 7/91, NJW 1992, 701 f.; BeckOK-GG/*Butzer* Art. 46 GG Rn. 19; Sachs/ *Magiera* Art. 46 GG Rn. 12.
[23] Löwe/Rosenberg/*Beulke* Rn. 13 aE.
[24] Siehe nur Sachs/*Magiera* Art. 46 GG Rn. 11; v. Mangoldt/Klein/Stark/*Achterberg/Schulte* Art. 46 GG Rn. 41 mwN.; zum früheren Streitstand Löwe/Rosenberg/*Beulke* Rn. 13 mit Fn. 43.
[25] KK-StPO/*Schoreit* Rn. 15; KMR/*Plöd* Rn. 5; *Meyer-Goßner* Rn. 10; SK-StPO/*Weßlau* Rn. 6.
[26] *Butzer*, Immunität, S. 285 f.; *Brocker* GA 2002, 44 (50 f.); Dreier/*Schulze-Fielitz* Art. 46 GG Rn. 26.
[27] Für die Verfassung von Berlin näher SK-StPO/*Weßlau* Rn. 6.
[28] BeckOK-GG/*Butzer* Art. 46 GG Rn. 20 mwN.
[29] Zu Letzterem näher unten Rn. 19 ff.
[30] Vgl. Löwe/Rosenberg/*Beulke* Rn. 14 aE.
[31] Näher *Butzer*, Immunität, S. 161 ff.
[32] Vgl. Löwe/Rosenberg/*Beulke* Rn. 22; SK-StPO/*Weßlau* Rn. 9 mwN.

Die **Praxis des Bundestages** bezieht die im **Ordnungswidrigkeitenverfahren** möglichen Sanktionen **nicht** in den Schutzbereich von Art. 46 Abs. 2 GG ein.[33] Unter Verweis auf die in den Wirkungen vergleichbare Beeinträchtigungen der Arbeitsfähigkeit des Bundestages und der lediglich graduellen Abstufung zwischen Straftaten und Ordnungswidrigkeiten wird vielfach jedoch eine Einbeziehung von Sanktionen des Ordnungswidrigkeitenrechts gefordert;[34] ausgenommen sollen aber gebührenpflichtige Verwarnungen (vgl. § 56 OWiG).[35] In **Landesverfassungen** (zB Baden-Württemberg, Berlin) finden sich von Art. 46 Abs. 2 GG abweichende Regelungen, die eindeutig eine Einbeziehung von Ordnungswidrigkeiten bzw. des auf deren Ahndung gerichteten Verfahrens gestatten bzw. erfordern.[36] 10

Auch die Einbeziehung von **Disziplinarverfahren** sowie **Berufs- und Ehrengerichtsverfahren** und der in diesen Verfahren in Frage kommenden Sanktionen in den Schutzbereich von Art. 46 Abs. 2 GG wird **nicht einheitlich beurteilt**. Das BVerwG[37] lehnt angesichts des nicht schuldvergeltenden Charakters von Disziplinarmaßnahmen eine Einordnung als „Strafe" ab, während die Gegenauffassung unter Verweis auf die mit Strafverfahren gegen Abgeordnete vergleichbare Beeinträchtigung der Funktionsfähigkeit des Parlaments ungeachtet des engeren Wortlautes Art. 46 Abs. 2 GG auf die entsprechenden Verfahren erstreckt.[38] Vorbehaltlich der Auslegungsprärogative des jeweiligen Parlaments[39] sprechen die jeweils vergleichbaren Wirkungen sämtlicher vorgenannter Verfahrensarten in der Anwendung gegen Abgeordnete auf die Arbeit des Parlaments ungeachtet des Wortlautes für eine Einbeziehung von Ordnungswidrigkeiten-, Disziplinar- sowie Berufs- bzw. Ehrengerichtsverfahren in den gegenständlichen Schutzbereich der jeweiligen verfassungsrechtliche Immunitätsregelungen. 11

Dagegen ist die **Einziehung** von **zivilgerichtlichen Verfahren** in den gegenständlichen Schutzbereich von Art. 46 Abs. 2 GG (und entsprechender Regelungen der Landesverfassungen) selbst dann **ausgeschlossen**, wenn es zu der Anwendung von Beugemaßnahmen kommen kann oder das Zivilverfahren einen deliktischen Anspruch (etwa § 823 Abs. 2 BGB iVm. § 263 StGB) zum Gegenstand hat, der auf einer mit Strafe bedrohten Handlungen beruht.[40] Soweit in einem zivilgerichtlichen Verfahren **freiheitsentziehende Maßnahmen** angeordnet werden dürfen, greift aber der Schutzbereich von **Art. 46 Abs. 3 GG** ein (allgM).[41] 12

b) Umfang der erfassten Maßnahmen („zur Verantwortung gezogen oder verhaftet", Art. 46 Abs. 2 Hs. 1 GG). In Bezug auf Bundestagsabgeordnete knüpft Art. 46 Abs. 2 GG den Immunitätsschutz innerhalb der erfassten Verfahrensarten[42] daran, dass die Parlamentarier „zur Verantwortung gezogen" oder „verhaftet" werden sollen. Die Wendungen lassen den Umfang der von der Genehmigung des Bundestages abhängigen Maßnahmen nicht ohne Weiteres erkennen. Im Grundsatz besteht Einigkeit dahingehend, ein „Zur Verantwortung ziehen" **bei jeder Untersuchungshandlung** anzunehmen, die im Rahmen eines gerichtlichen oder behördlichen Verfahrens **mit dem Ziel** vorgenommen wird, eine **Strafverfolgung** bzw. die **Verhängung einer Sanktion**[43] gegen den Angeordneten durch Polizeibehörden, durch die Staatsanwaltschaft oder die mit disziplinarischen, ehren- oder berufsgerichtlichen Verfahren betrauten Behörden **herbeizuführen**.[44] Dementsprechend ist grundsätzlich bereits die **Einleitung eines Ermittlungsverfahrens** gegen einen Abgeordneten vom Immunitätsschutz erfasst und bedarf der Genehmigung durch das Parlament.[45] Das gilt bei zureichenden tatsächlichen Anhaltspunkten im Sinne von § 152 Abs. 2 StPO selbst dann, wenn zu erwarten ist, dass die Ermittlungen zu einer Einstellung des Verfahrens gemäß § 170 Abs. 2 führen werden.[46] Auf ein „Zur Verantwortung Ziehen" zielende Ermittlungsmaßnahmen sind auch **Durchsuchungen** und **Beschlagnahmen** auf strafverfahrensrechtlicher 13

---

[33] Siehe Nr. 2 b des Beschlusses betreffend die Aufhebung der Immunität von Mitgliedern des Bundestages (Anl. 6 zur GO-BT), vgl. auch OLG Düsseldorf v. 6. 7. 1988 – 5 Ss (Owi) 223/88, NJW 1989, 2207.
[34] Etwa *Butzer*, Immunität, S. 175 ff.; *Brocker* GA 2002, 44 (48 ff.); *Kreicker* GA 2004, 643 (647); Dreier/*Schulze-Fielitz* Art. 46 GG Rn. 24.
[35] *Butzer*, Immunität, S. 184 f.
[36] Näher AK-StPO/*Schöch* Rn. 3; KK-StPO/*Schoreit* Rn. 6 f.; SK-StPO/*Weßlau* Rn. 4.
[37] BVerwG v. 23. 4. 1985 – 2 WD 42/84, BVerwGE 83, 1 (8 f.) = NJW 1986, 2520 (2521 f.); ebenso *Bornemann* DÖV 1986, 93 (95).
[38] *Butzer*, Immunität, S. 193 f.; *Kemper* DÖV 1985, 880 (881); Dreier/*Schulze-Fielitz* Art. 46 GG Rn. 26; Sachs/*Magiera* Art. 46 GG Rn. 14 jeweils mwN.
[39] Oben Rn. 4.
[40] AllgM; siehe nur BeckOK-GG/*Butzer* § 46 GG Rn. 13 mwN; Jarass/*Pieroth* Art. 46 GG Rn. 6; Sachs/*Magiera* Art. 46 GG Rn. 15.
[41] Ausführlich *Butzer*, Immunität, S. 236 ff.; Dreier/*Schulze-Fielitz* Art. 46 GG Rn. 33.
[42] Oben Rn. 9–11.
[43] Zum Umfang oben Rn. 9–11.
[44] Etwa RG v. 16. 4. 1892 – 1578/91, RGSt 23, 184 (193); RG v. 9. 6. 1893 – 3806/92, RGSt 24, 205 (209); BeckOK-GG/*Butzer* Art. 46 GG Rn. 14 mwN; Sachs/*Magiera* Art. 46 GG Rn. 15 mwN.
[45] Siehe nur KMR/*Plöd* Rn. 6; Löwe/Rosenberg/*Beulke* Rn. 16; SK-StPO/*Weßlau* Rn. 10.
[46] Siehe Nachw. wie Fn. zuvor sowie AK-StPO/*Schöch* Rn. 9; KK-StPO/*Schoreit* Rn. 13; Meyer-Goßner Rn. 5.

§ 152a 14–16 *Zweites Buch. Verfahren im ersten Rechtszug*

Grundlage.[47] Wegen der Erstreckung der „mit Strafe bedrohten Handlung" auf Maßregeln der Besserung und Sicherung[48] unterfallen Maßnahmen, die auf die vorläufige Anordnung einer Maßregel abzielen (etwa vorläufige Entziehung der Fahrerlaubnis, § 111 a), dem Immunitätsschutz und bedürfen der parlamentarischen Genehmigung.[49]

14 **Keine genehmigungsbedürftigen Maßnahmen** liegen vor, soweit die Staatsanwaltschaft – regelmäßig nach Eingang einer Anzeige – lediglich das **Vorliegen eines Anfangsverdachts** nach § 152 Abs. 2 **prüft**[50] oder offensichtlich unzulässige oder unbegründete Verfahren einstellt.[51] Zur Klärung der vorstehend angesprochenen Konstellationen dürfen genehmigungsfrei Stellungnahmen seitens des betroffenen Abgeordneten eingeholt werden.[52] Bei **Einstellungen nach § 153 Abs. 1 und § 154 Abs. 1** soll – anders als bei der mit Quasi-Sanktionen verbundenen Erledigung nach § 153 a Abs. 1 – mangels „Zur Verantwortung Ziehens" jedenfalls dann keine Genehmigung eingeholt werden müssen, wenn die Einstellung ohne weitere Ermittlungen erfolgen kann.[53] Für die Einstellung nach § 154 Abs. 1 ist das wegen der jedenfalls von der Rechtsprechung gestatteten Berücksichtigung eingestellter prozessualer Taten in anderen Verfahren gegen denselben Täter[54] nicht völlig unproblematisch. Insoweit mag aber der Schutz durch die Immunität in Bezug auf mögliche weitere (Straf)Verfahren gegen denselben Angeordneten genügen.

15 Wie sich aus dem systematischen Zusammenhang von Art. 46 Abs. 2 GG einerseits und Art. 46 Abs. 3 GG andererseits ergibt, meint der Begriff „verhaftet" in Art. 46 Abs. 2 GG lediglich solche **Freiheitsentziehungen**, die **wegen einer „mit Strafe bedrohten Handlung"** erfolgen (allgM).[55] Das erfasst neben allen Formen der **Untersuchungshaft** (§§ 112 ff.), die **vorläufige Unterbringung** nach §§ 81, 126a, die **Festnahmen nach § 127 Abs. 2, § 127b Abs. 1** sowie die Sistierung zum Zwecke der Durchführung einer Blutentnahme (§ 81 a) oder von erkennungsdienstlichen Maßnahmen nach § 81b (strg.).[56] Soweit freiheitsbeschränkende Maßnahmen gegen einen Abgeordneten in einem nicht gegen diesen geführten Verfahren angeordnet werden sollen, folgt der Umfang des Immunitätsschutzes aus Art. 46 Abs. 3 GG.[57]

16 **c) Keine genehmigungsbedürftige Strafverfolgung aufgrund Festnahme bei Begehung der Tat oder am Folgetag (Art. 46 Abs. 2 Hs. 2 GG).** Innerhalb des Regelungsbereichs der parlamentarischen Immunität[58] hängt die Zulässigkeit der (Straf)Verfolgung von Abgeordneten grundsätzlich von einer entsprechenden Genehmigung des Parlaments ab.[59] Für Bundestagsabgeordnete gestattet Art. 46 Abs. 2 Hs. 2 GG eine genehmigungsfreie Strafverfolgung, wenn der Abgeordnete entweder bei der Begehung der Tat oder im Verlaufe des darauf folgenden Tages bis Mitternacht festgenommen wird. Mit **Festnahme** sind im Hinblick auf die gleichartigen Wirkungen auf die Funktionsfähigkeit des Parlaments nicht nur die vorläufige Festnahme (§§ 127, 127b) und Anordnung bzw. Vollzug von Untersuchungshaft gemeint sondern auch **jede sonstige**, aus Anlass der Strafverfolgung erfolgende **freiheitsentziehende oder freiheitsbeschränkende**[60] **Maßnahme (strg.)**;[61] dazu gehören dann etwa die Sistierungen zum Zwecke der Blutentnahme oder der Durchführung erkennungsdienstlicher Maßnahmen.[62]

---

[47] BVerfG v. 17. 12. 2001 – 2 BvE 2/00, BVerfGE 104, 310 (334 ff.) = NJW 2002, 1111 (1114 f.); BeckOK-GG/*Butzer* Art. 46 GG Rn. 14 mwN; zu dem möglichen Eingreifen von Art. 46 Abs. 3 GG bei entsprechenden Maßnahmen auf präventiv-polizeilicher Grundlage siehe BeckOK-GG/*Butzer* Art. 46 GG Rn. 17.1. mit umfang. Nachw. zum Streitstand.
[48] Oben Rn. 9.
[49] KMR/*Plöd* Rn. 20; SK-StPO/*Weßlau* Rn. 11.
[50] *Butzer*, Immunität, S. 206 ff.; Sachs/*Magiera* Art. 46 GG Rn. 15.
[51] BeckOK-GG/*Butzer* Art. 46 GG Rn. 14.1; Jarass/*Pieroth* Art. 46 GG Rn. 6; Sachs/*Magiera* Art. 46 GG Rn. 15 jeweils mwN; im Ergebnis ebenso auf strafverfahrensrechtliche Schriftum AK-StPO/*Schöch* Rn. 9; KK-StPO/*Schoreit* Rn. 13; Löwe/Rosenberg/*Beulke* Rn. 16; *Meyer-Goßner* Rn. 5; SK-StPO/*Weßlau* Rn. 16; anders – aber im Hinblick auf fehlende Auswirkungen auf die Funktionsfähigkeit des Parlaments nicht überzeugend – *Brocker* GA 2002, 43 (46).
[52] Siehe Teil A Nr. 5 ImmsGr.
[53] HK-StPO/*Gercke* Rn. 6; KMR/*Plöd* Rn. 6; Löwe/Rosenberg/*Beulke* Rn. 16 aE; *Meyer-Goßner* Rn. 5; SK-StPO/*Weßlau* Rn. 10.
[54] § 154 Rn. 46 ff.
[55] Etwa Sachs/*Magiera* Art. 46 GG Rn. 16 mwN.
[56] BeckOK-GG/*Butzer* Art. 46 GG Rn. 15; v. Mangoldt/Klein/Stark/*Achterberg*/Schulte Art. 46 GG Rn. 15 einerseits; *Winterstein*, Die Polizei 2002, 284 (292) andererseits.
[57] Dazu ausführlich *Butzer*, Immunität, S. 236 ff. sowie knapp zusammenfassend BeckOK-GG/*Butzer* Art. 46 GG Rn. 17–18.1.
[58] Oben Rn. 5–15.
[59] Zum Genehmigungsverfahren unten Rn. 20 f.
[60] Zur Unterscheidung BeckOK-GG/*Radtke* Art. 104 GG Rn. 3 mwN.
[61] BeckOK-GG/*Butzer* Art. 46 GG Rn. 16.1; Jarass/*Pieroth* Art. 46 GG Rn. 7; Löwe/Rosenberg/*Beulke* Rn. 24; enger KK-StPO/*Schoreit* Rn. 12; *Meyer-Goßner* Rn. 7; wohl auch SK-StPO/*Weßlau* Rn. 12.
[62] Siehe bereits oben Rn. 15 sowie Hans.OLG Bremen v. 12. 1. 1966 – Ss 79/65, NJW 1966, 743; OLG Oldenburg v. 7. 6. 1966 – 1 Ss 103/66, NJW 1966, 1764.

Bezüglich des **zeitlichen Elements** wird die Wendung „bei Begehung der Tat" in einer dem Merkmal „auf frischer Tat betroffen" (siehe § 127 Abs. 1) entsprechenden Weise verstanden (allgM).[63] Ungeachtet dieser grundsätzlichen Verständigung ist insbesondere das Verhältnis zwischen dem zeitlich-räumlichen Moment „bei Begehung der Tat" und dem allein zeitlichen Moment „im Laufe des folgenden Tages" wenig geklärt.[64] Schon im Hinblick auf die mit Art. 46 Abs. 2 Hs. 2 GG verbundene Ausnahme von dem parlamentarischen Genehmigungserfordernis und dem Zweck der Immunität, primär die Funktionsfähigkeit des Parlaments zu gewährleisten, ist dem Vorschlag *Beulkes*[65] entsprechend die genehmigungsfreie Festnahme bei Tatspuren zuzulassen, die innerhalb des eröffneten Zeitfensters zur Sistierung des Tatverdächtigen führen. Das vorhandene Spurenbild muss dann aber grundsätzlich einen dringenden Tatverdacht gegen den Abgeordneten begründen.[66]

Das Vorliegen der Voraussetzungen von Art. 46 Abs. 2 Hs. 2 GG hebt das ansonsten bestehende Genehmigungserfordernis auf.[67] Die **Durchführung des weiteren Ermittlungsverfahrens** bleibt dann genehmigungsfrei.[68] Die Strafverfolgungsbehörden sind lediglich gehalten, den **Parlamentspräsidenten** zu **unterrichten** (RiStBV Nr. 191); die Unterrichtung ermöglicht dem Parlament das sog. **Reklamationsrecht aus Art. 46 Abs. 4 GG** auszuüben. Ist zwischenzeitlich eine Freilassung des unter den Voraussetzungen von Art. 46 Abs. 2 Hs. 2 GG festgenommenen Abgeordneten erfolgt, bedürfen neuerliche Freiheitsbeschränkungen allerdings der Genehmigung; gleiches gilt für die Vollstreckung der rechtskräftig ausgeurteilten Strafe.[69]

III. Aufhebung des Immunitätsschutzes durch Genehmigung des Parlaments

1. Allgemeines. Die jeweiligen Parlamente können die Durchführung von Ermittlungsverfahren bzw. einzelnen Ermittlungshandlungen gegen einen ihnen angehörenden Abgeordneten genehmigen. Art. 46 Abs. 2 GG setzt diese Möglichkeit voraus. Die Ausgestaltung der inhaltlichen Anforderungen der Genehmigung und das dabei einzuhaltende Verfahren obliegt dem Parlament im Rahmen seiner Parlamentsautonomie selbst.[70] Mit dem Begriff **Genehmigung** ist eine **ausdrückliche vorherige Zustimmung des Parlaments** gemeint.

2. Genehmigungsentscheidung. Die Entscheidung über die Genehmigung trifft grundsätzlich das Plenum selbst. Allerdings entspricht es der langjährigen parlamentarischen „Tradition" des Bundestages – aber auch der Landesparlamente[71] – zu Beginn der Legislaturperiode eine **generelle Genehmigung für inländische Ermittlungsverfahren** gegen seine Mitglieder zu beschließen.[72] Diese generelle Genehmigung ist jedoch mit Einschränkungen in Bezug auf die im Strafverfahren gegenständlichen Delikte sowie bestimmte eingriffsintensive Ermittlungshandlungen versehen.[73] Die Genehmigungsentscheidungen werden auf der Grundlage von Empfehlungen des Ausschusses für Wahlprüfung, Immunität und Geschäftsordnung vorgenommen.[74] Verfassungsrechtlich nicht geklärt ist bisher die Zulässigkeit der **Delegation der Entscheidungszuständigkeit** auf den vorgenannten Ausschuss oder gar den Parlamentspräsidenten.[75] Für das Strafverfahren kommt dem vor allem bezüglich der Genehmigung von Durchsuchungen von Büros und Wohnungen beschuldigter Abgeordneter erhebliche Bedeutung zu.

Bei der Entscheidung über die Erteilung der Genehmigung steht dem Entscheidungsträger, regelmäßig dem Plenum, ein **umfänglicher Entscheidungsspielraum** zu.[76] Inhaltlich muss das Parlament eine **Abwägung** zwischen den Interessen der Strafverfolgung einerseits und den Interessen des Parlaments andererseits selbst vornehmen; in Letztere fließen – ohne vorrangig zu sein[77] –

---

[63] BeckOK-GG/*Butzer* Art. 46 GG Rn. 16.1; Sachs/*Magiera* Art. 46 GG Rn. 17; Löwe/Rosenberg/*Beulke* Rn. 25; *Meyer-Goßner* Rn. 7; SK-StPO/*Weßlau* Rn. 12 jeweils mwN.
[64] Näher Löwe/Rosenberg/*Beulke* Rn. 25 f.
[65] Löwe/Rosenberg/*Beulke* Rn. 26.
[66] Vgl. Jarass/*Pieroth* Art. 46 GG Rn. 7; Sachs/*Magiera* Art. 46 GG Rn. 18.
[67] Ausführlich *Butzer*, Immunität, S. 225 ff.
[68] *Butzer*, Immunität, S. 225 ff.; BeckOK-GG/*Butzer* Art. 46 GG Rn. 46.1; Sachs/*Magiera* Art. 46 GG Rn. 18; KMR/*Plöd* Rn. 11; Löwe/Rosenberg/*Beulke* Rn. 29.
[69] BeckOK-GG/*Butzer* Art. 46 GG Rn. 16.
[70] Dazu Jarass/*Pieroth* Art. 46 GG Rn. 8 mwN.
[71] Vgl. Löwe/Rosenberg/*Beulke* Rn. 30 mit Einzelheiten.
[72] Dazu BeckOK-GG/*Butzer* Art. 46 GG Rn. 22.1; Sachs/*Magiera* Art. 46 GG Rn. 20; v. Mangoldt/Stein/Stark/*Achterberg/Schulte* Art. 46 GG Rn. 44 und 49.
[73] Einzelheiten BeckOK-GG/*Butzer* Art. 46 GG Rn. 23.1 und Löwe/Rosenberg/*Beulke* Rn. 30.
[74] Siehe dazu näher *Butzer* ZParl 1993, 384 ff.; *Wiefelspütz* ZParl 2003, 754 ff.
[75] *Butzer*, Immunität, S. 381 ff.; *Wiefelspütz* NVwZ 2003, 38 (41); Dreier/*Schulze-Fielitz* Art. 46 GG Rn. 37 mwN.
[76] BVerfG v. 17. 12. 2001 - 2 BvE 2/00, BVerfGE 104, 310 (332 f.) = NJW 2002, 1111 (1114).
[77] BVerfG v. 17. 12. 2001 - 2 BvE 2/00, BVerfGE 104, 310 (332 f.) = NJW 2002, 1111 (1113 f.); BVerfG v. 30. 7. 2003 - 2 BvR 508/01 und 2 BvE 1/01, BVerfGE 108, 251 (276) = NJW 2003, 3401 (3404); siehe auch *Brocker* DVBl. 2003, 1321 ff.; *Ohler* NVwZ 2004, 696 ff.

auch die Belange des betroffenen **Abgeordneten** ein. Dieser hat im Hinblick auf den weiten Entscheidungsspielraum des Parlaments lediglich einen **Anspruch auf eine willkürfreie Entscheidung**; eine allein politisch motivierte, sachfremde Strafverfolgung muss das Parlament unterbinden.[78]

22 **3. Wirkungen der Entscheidung über die Genehmigung. Erteilt** das Parlament eine beantragte **Genehmigung**, so bezieht sich diese auf die Verfolgung der im Antrag genannten prozessualen Tat (iSv. §§ 155, 264) und **gestattet die Durchführung der Ermittlungen in dem genehmigten Umfang**.[79] Der Umfang der erteilten Genehmigung ergibt sich in der Regel nicht aus dem entsprechenden Beschluss des Parlaments sondern aus dem von der Staatsanwalt gestellten Antrag in Verbindung mit den dazu im Plenum oder in dem zuständigen Ausschuss geführten Verhandlungen.[80] Die Erteilung der Genehmigung hebt nicht die Immunität als solche auf,[81] sondern ermächtigt lediglich zu der Vornahme einzelner prozessualer Maßnahmen.[82]

23 In zeitlicher Hinsicht reicht die Genehmigung, ein Strafverfahren gegen einen Abgeordneten durchzuführen, grundsätzlich **bis zum rechtskräftigen Abschluss** des Strafprozesses;[83] anderes gilt, wenn und soweit lediglich die Vornahme einzelner Ermittlungshandlungen oder verfahrenssichernder Maßnahmen gestattet worden war. Die Erhebung der öffentlichen Klage und das sich daran anschließende Zwischen- und Hauptverfahren bedürfen dann einer weiteren Genehmigung. Nach einer mit Strafklageverbrauch versehenen Verfahrenserledigung bedarf es **bei Wiederaufnahme oder Wiederaufgreifen des Verfahrens** im Hinblick auf die Prüfung der jeweiligen Voraussetzungen und im Hinblick auf die (erneute) Beeinträchtigung der Funktionsfähigkeit des Parlaments stets einer erneuten Genehmigung des Parlaments.[84] Das gilt im Hinblick auf das Vorgenannte selbst für die Vornahme von Ermittlungshandlungen, die auf die Prüfung der Wiederaufnahme- bzw. Wiederaufgreifensvoraussetzungen abzielen.

24 Lehnt das Parlament die beantragte **Genehmigung ab**, bleibt das Verfahrenshindernis der Immunität bestehen. Ist ein strafrechtliches **Ermittlungsverfahren** in dem vor Erteilung der Genehmigung erteilten Umfang[85] bereits eingeleitet, muss dieses **eingestellt werden**.[86] Ob aus der Durchführung von strafverfahrensrechtlichen Maßnahmen ohne die erforderliche parlamentarische Genehmigung oder entgegen deren Verweigerung gewonnene Erkenntnisse einem Beweisverwertungsverbot unterliegen, wird unterschiedlich beurteilt.[87]

25 **4. Herbeiführung der Genehmigungsentscheidung.** Solange die Verfahrensherrschaft bei der Staatsanwaltschaft liegt, ist diese verpflichtet, eine Entscheidung des Parlaments über die Genehmigung der Strafverfolgung des betroffenen Abgeordneten herbeizuführen.[88] Eine entsprechende Pflicht des Gerichts kann nach Anklagerhebung bestehen, wenn eine im Ermittlungsverfahren erteilte Genehmigung nicht die weitere Durchführung des Strafverfahrens beinhaltete oder der Immunitätsschutz – etwa bei einem mitgebrachten Verfahren[89] – erst nach Übergang der Verfahrensherrschaft auf das Gericht entstanden ist.[90] Die entsprechenden Anträge sind auf dem Dienstweg, bei Bundestagsabgeordneten über das BMJ, an das Parlament zu richten (vgl. RiStBV Nr. 192 Abs. 3).

IV. Wirkungen der Immunität

26 Die verfassungsrechtlich begründetet Immunität stellt sich verfahrensrechtlich als **Verfahrenshindernis** dar (allgM).[91] Dessen Umfang ergibt sich aus dem jeweils einschlägigen Verfassungsrecht. Soweit das Verfahrenshindernis besteht, dürfen grundsätzlich keine Prozesshandlungen auf strafverfahrensrechtlicher Grundlage ergriffen werden. Die Immunität steht bereits der Einleitung eines Ermittlungsverfahrens gegen den Abgeordneten entgegen, wenn und soweit nicht bereits eine generelle oder im Einzelfall erteilte Genehmigung des Parlaments vorliegt oder einer der wenigen Konstellationen genehmigungsfreier Verfahrensmaßnahmen[92] gegeben ist.

---

[78] BVerfG wie Fn. zuvor; siehe auch *Trute* JZ 2003, 148 ff.
[79] Einzelheiten über den jeweiligen Genehigungsumfang bei Löwe/Rosenberg/*Beulke* Rn. 39.
[80] Siehe auch *Meyer-Goßner* Rn. 11.
[81] KMR/*Plöd* Rn. 19: Löwe/Rosenberg/*Beulke* Rn. 38 mwN; vgl. auch Jarass/*Pieroth* Art. 46 GG Rn. 8.
[82] BeckOK-GG/*Butzer* Art. 46 GG Rn. 22.1; Jarass/*Pieroth* Art. 46 GG Rn. 8.
[83] Löwe/Rosenberg/*Beulke* Rn. 39.
[84] Zurückhaltender Löwe/Rosenberg/*Beulke* Rn. 40 aE.
[85] Siehe oben Rn. 13 f.
[86] BeckOK-GG/*Butzer* Art. 46 GG Rn. 24.
[87] Unten Rn. 27.
[88] Zu den Konsequenzen des Unterbleibens unten Rn. 31.
[89] Oben Rn. 7.
[90] Vgl. Löwe/Rosenberg/*Beulke* Rn. 35.
[91] Oben Rn. 1 aE.
[92] Oben Rn. 14 und 16.

Führen die Strafverfolgungsbehörden Ermittlungsmaßnahmen durch, obwohl die Voraus- 27
setzungen der Genehmigungsfreiheit nicht vorliegen und die erforderliche Genehmigung nicht erteilt ist, sollen nach gelegentlich vertretener Auffassung die dadurch gewonnenen Erkenntnisse in dem Verfahren gegen den (evtl. früheren) Angeordneten einem **Beweisverwertungsverbot** unterliegen.[93] Dem kann nicht zugestimmt werden.[94] Die verfassungsrechtlichen Regelungen über die parlamentarische Immunität dienen auch, wenn nicht sogar vorrangig dem Schutz der äußeren Parlamentsautonomie in Gestalt der Abwehr von Eingriffen in die Funktionsfähigkeit des Parlaments.[95] Unter Schutzzweckerwägungen lässt sich daher ein Beweisverwertungverbot nicht begründen. Das gilt erst recht, wenn sich – naheliegend – die Frage des Verwertungsverbotes im Strafverfahren erst nach dem Ende des Abgeordnetenmandats stellt.[96] Fortbestehende Beeinträchtigungen der äußeren Parlamentsautonomie liegen dann nicht mehr vor. Soweit sich die Frage des Verwertungsverbotes (Fortwirkung) in einem Verfahren gegen einen amtierenden Abgeordneten stellen kann, etwa weil die fragliche Beweiserhebung noch ohne erforderliche Genehmigung erfolgte, die Durchführung des Verfahrens aber mittlerweile genehmigt ist, spricht der auf die Wahrung der Parlamentsautonomie zielende Schutzzweck der Immunität ebenfalls gegen ein Verwertungsverbot. Allenfalls bei einer willkürlichen Umgehung des parlamentarischen Genehmigungsvorbehaltes seitens der Strafverfolgungsbehörden oder bei einer ihrerseits willkürlichen Entscheidung des Parlaments unter Verletzung seines Entscheidungsspielraums, eine sachfremde, politisch motivierte Strafverfolgung nicht zu unterbinden,[97] ließe sich ein Verwertungsverbot annehmen, weil unter diesen Voraussetzungen eine Verletzung des Rechts auf ungestörte Mandatsausübung (Art. 38 Abs. 1 S. 2 GG) gegeben ist.

Das von der Immunität ausgehende Verfahrenshindernis ist **von Amts wegen bis zum rechts- 28 kräftigen Abschluss des Verfahrens zu beachten**. Unter Verletzung der Immunitätsvorschriften zustande gekommene verfahrenserledigende Entscheidungen sind nicht nichtig sondern erwachsen, wenn sie nicht mit Rechtsmitteln angefochten werden, in **materielle Rechtskraft**.[98] Soweit auf freiheitsentziehende Sanktionen erkannt worden ist, steht deren Vollstreckung aber Art. 46 Abs. 3 GG entgegen, wenn und soweit dessen Voraussetzungen noch bestehen.

Während der Dauer des Verfahrenshindernisses **ruht** gemäß § 78b Abs. 1 und 2 StGB die **Ver- 29 jährung**. Das gilt nicht, wenn die Voraussetzungen einer genehmigungsfreien Verfolgung (etwa Art. 46 Abs. 2 Hs. 2)[99] vorliegen oder diese von einer allgemeinen Genehmigung[100] gedeckt wäre.[101]

V. Rechtsbehelfe

1. Rechtsbehelfe des Abgeordneten. Der von einem Strafverfahren betroffene Abgeordnete 30 kann sich im Wege des **Organstreitverfahrens** (Art. 93 Abs. 1 Nr. 1 GG) vor dem BVerfG gegen die Genehmigungsentscheidung wenden; die Kontrolldichte durch das Gericht ist jedoch auf die Prüfung der Willkürfreiheit beschränkt.[102] Soweit ein Strafverfahren gegen ihn unter Verletzung der jeweiligen verfassungsrechtlichen Immunitätsregelungen durchgeführt wird, stehen dem Abgeordneten die allgemeinen strafprozessualen Rechtsmittel und Rechtsbehelfe zur Verfügung.

2. Rechtsbehelfe anderer Beteiligter. Staatsanwaltschaft oder Gericht[103] haben **keinerlei Rechts- 31 behelf**, um eine die Genehmigung zur Strafverfolgung ablehnende Entscheidung des Parlaments zu überprüfen. Der durch die (angeblich) von einem Angeordneten begangene Straftat **Verletzte** kann das **Klageerzwingungsverfahren** mit dem Ziel betreiben, die Staatsanwaltschaft zur Herbeiführung einer Entscheidung des Parlaments über die Genehmigung der Strafverfolgung anzuhalten.

---

[93] Vor allem *Brocker* GA 2002, 44 (52 ff.); im Ergebnis zustimmend BeckOK-GG/*Butzer* Art. 46 GG Rn. 24; Dreier/*Schulze-Fielitz* Art. 46 GG Rn. 41.
[94] Wie hier bereits Löwe/Rosenberg/*Beulke* Rn. 52; *Meyer-Goßner* Rn. 14.
[95] Siehe bereits oben Rn. 5 mit Fn. 10.
[96] Vgl. auch BGH v. 25. 10. 1991 – StB 24/91 und 3 StE 7/91, NJW 1992, 701 f.
[97] Siehe oben Rn. 21 sowie BVerfG v. 17. 12. 2001 – 2 BvE 2/00, BVerfGE 104, 310 (332 f.) = NJW 2002, 1111 (1113 f.); BVerfG v. 30. 7. 2003 – 2 BvR 508/01 und 2 BvE 1/01, BVerfGE 108, 251 (276) = NJW 2003, 3401 (3404).
[98] *Butzer*, Immunität, S. 385 ff.; BeckOK-GG/*Butzer* Art. 46 GG Rn. 24 aE.; Löwe/Rosenberg/*Beulke* Rn. 50 mwN.
[99] Oben Rn. 16–18.
[100] Oben Rn. 20.
[101] OLG Oldenburg v. 7. 6. 1966 – 1 Ss 103/66, NJW 1966, 1764; Löwe/Rosenberg/*Beulke* Rn. 50 mwN.
[102] BVerfG 17. 12. 2001 – 2 BvE 2/00, BVerfGE 104, 310 (311 und 325 ff.) = NJW 2002, 1111 (1113 f.); Dreier/*Schulze-Fielitz* Art. 46 GG Rn. 41; BeckOK-GG/*Butzer* Art. 46 GG Rn. 23.1; Jarass/*Pieroth* Art. 46 GG Rn. 8; Sachs/*Magiera* Art. 46 GG Rn. 21; aA v. Mangoldt/Klein/Stark/*Achterberg/Schulte* Art. 46 GG Rn. 51.
[103] Oben Rn. 25.

§ 153 [Einstellung wegen Geringfügigkeit]

(1) ¹Hat das Verfahren ein Vergehen zum Gegenstand, so kann die Staatsanwaltschaft mit Zustimmung des für die Eröffnung des Hauptverfahrens zuständigen Gerichts von der Verfolgung absehen, wenn die Schuld des Täters als gering anzusehen wäre und kein öffentliches Interesse an der Verfolgung besteht. ²Der Zustimmung des Gerichts bedarf es nicht bei einem Vergehen, das nicht mit einer im Mindestmaß erhöhten Strafe bedroht ist und bei dem die durch die Tat verursachten Folgen gering sind.

(2) ¹Ist die Klage bereits erhoben, so kann das Gericht in jeder Lage des Verfahrens unter den Voraussetzungen des Absatzes 1 mit Zustimmung der Staatsanwaltschaft und des Angeschuldigten das Verfahren einstellen. ²Der Zustimmung des Angeschuldigten bedarf es nicht, wenn die Hauptverhandlung aus den in § 205 angeführten Gründen nicht durchgeführt werden kann oder in den Fällen des § 231 Abs. 2 und der §§ 232 und 233 in seiner Abwesenheit durchgeführt wird. ³Die Entscheidung ergeht durch Beschluß. ⁴Der Beschluß ist nicht anfechtbar.

Schrifttum: *Ahrens*, Die Einstellung in der Hauptverhandlung gemäß §§ 153 Abs. 2, 153a Abs. 2 StPO, 1978; *Bär*, Bedeutung und Anwendung des § 153a StPO in Verkehrsstrafsachen, DAR 1984, 129; *Bibbo*, Kriterien zur Konkretisierung des Opportunitätsprinzips im Bußgeldverfahren, 2006, *Bloy*, Zur Systematik der Einstellungsgründe im Strafverfahren, GA 1980, 161; *Bohnert*, Die Reichweite staatsanwaltschaftlicher Einstellung im Jugendstrafverfahren, NJW 1980, 1927; *Boxdorfer*, Das öffentliche Interesse an der Strafverfolgung trotz geringer Schuld des Täters, Grenzen der Anwendung des § 153a StPO, NJW 1976, 317; *Britz/Jung*, Anmerkungen zur „Flexibilisierung" des Katalogs von § 153a Abs. 1 StPO, Festschrift Meyer-Goßner, 2001, S. 307; *Fezer*, Vereinfachte Verfahren im Strafprozeß, ZStW 106 (1994), S. 1; *Fünfsinn*, Die „Zumessung" der Geldauflage nach § 153a Abs. 1 Nr. 2 StPO, NStZ 1987, 97; *Goeckenjan*, Neuere Tendenzen in der Diversion, 2005; *Götz*, Anmerkungen zum Mannesmann-Prozess, NJW 2007, 419; *Grohmann*, Zustimmung der Staatsanwaltschaft zur Einstellung nach § 153a Abs. 2 StPO, DRiZ 1983, 365; *Grote*, Diversion im Jugendstrafrecht, 2006; *Haack*, Die Systematik der vereinfachten Strafverfahren, 2009; *Hertwig*, Die Einstellung des Verfahrens wegen Geringfügigkeit, 1983; *Herzog*, Die Rechtskraft strafgerichtlicher Beschlüsse und ihre Beseitigung. Juristische Dissertation Freiburg, 1971; *Hirsch*, Zur Behandlung der Bagatellkriminalität in der Bundesrepublik Deutschland, ZStW 92 (1980) S. 218; *Hobe*, „Geringe Schuld" und „öffentliches Interesse" in den §§ 153 und 153a StPO, Festschrift Leferenz, 1983, S. 629; *Hohendorf*, § 153a Abs. 1 als Radikalmittel zur Bewältigung der „Massen-Bagatellkriminalität"?, NJW 1987, 1177; *Homann*, Der Begriff des „öffentlichen Interesses" in den §§ 376, 153 StPO und § 232 StGB, Juristische Dissertation Göttingen, 1971; *Horstmann*, Zur Präzisierung und Kontrolle von Opportunitätsentscheidungen, 2002; *Hünerfeld*, Kleinkriminalität und Strafverfahren, ZStW 90 (1978), S. 905; *Jostes*, Leistungsstörungen und Fehlverhalten von Gericht und Staatsanwaltschaft bei der Einstellung des Verfahrens gemäß § 153a StPO, 2004; *Kaiser/Meinberg*, „Tuschelverfahren" und „Millionärsschutzparagraph"? – Empirische Erkenntnisse zur Einstellung nach § 153a Abs. 1 StPO am Beispiel der Wirtschaftskriminalität, NStZ 1984, 343; *Kargl/Sinner*, Der Öffentlichkeitsgrundsatz und das öffentliche Interesse in § 153a StPO, Jura 1998, 231; *Kausch*, Der Staatsanwalt – Ein Richter vor dem Richter?, 1980; *Keller*, Zur gerichtlichen Kontrolle prozessualer Ermessensentscheidungen der Staatsanwaltschaft, JR 1983, 497; *Klussmann*, Welche Bedeutung hat eine Einstellungsverfügung der Staatsanwaltschaft nach § 153 Abs. 2 StPO für das Privatklageverfahren bei Tateinheit zwischen Offizialdelikt und Privatklagedelikt?, MDR 1974, 362; *Krick*, § 153a StPO: Rückerstattung erbrachter Leistungen bei späterer Verfolgung wegen eines Verbrechens oder Kompensation im Rahmen der Strafzumessung?, NStZ 2003, 68; *Kruse*, Aus der Praxis: Die Rechtsmittelbelehrung im staatsanwaltschaftlichen Einstellungsbescheid, JuS 2007, 822; *Kühl*, Zur Beurteilung der Unschuldsvermutung bei Einstellungen und Kostenentscheidungen, JR 1978, 94; *ders.*, Unschuldsvermutung und Einstellung des Strafverfahrens, NJW 1980, 1834; *Kuhlmann*, Die Einstellungsverfügung nach § 153 Abs. 2 StPO bei taineinheitlichem Zusammentreffen von Offizial- und Privatklagedelikten, MDR 1974, 898; *Kunz*, Die Einstellung wegen Geringfügigkeit durch die Staatsanwaltschaft, 1980; *ders.*, Das strafrechtliche Bagatellprinzip; 1984; *Liemersdorf/Miebach*, Strafprozessuale Kostenentscheidung und Unschuldsvermutung, NJW 1980, 371; *Loos*, Probleme der beschränkten Sperrwirkung strafprozessualer Entscheidungen, JZ 1978, 592; *Meinberg*, Geringfügigkeitseinstellungen von Wirtschaftsstrafsachen, 1985; *M.-K. Meyer*, Das „Fehlen des öffentlichen Interesses" in § 153 Abs. 1 StPO – eine überflüssige und überdies gefährliche Leerformel?, GA 1997, 404; *Meyer-Goldau*, Der Begriff der „geringen Schuld" in § 153 StPO der Strafprozeßordnung, Juristische Dissertation Kiel 1972; *Minthe*, Sofortinbehalt bei Ladendiebstahl – Begleitforschung eines Modellversuchs in Nürnberg, DRiZ 2004, 20; *Murmann*, Über den Zweck des Strafprozesses, GA 2004, 65; *Naucke*, Der Begriff der „geringen Schuld" (§ 153 StPO) im Straftatsystem, Festschrift Maurach, 1972, S. 197; *Paeffgen*, Irrungen und Wirrungen im Bereich der Strafzumessungskürzung bei Verstößen gegen das Verfahrensgerechtigkeit, namentlich das Beschleunigungsgebot, StV 2007, 487; *Paschmanns*, Die staatsanwaltschaftliche Verfahrenseinstellung wegen Geringfügigkeit nach §§ 153, 153a – Entscheidungsgrenzen und Entscheidungskontrolle, 1988; *Pommer*, Das Legalitätsprinzip im Strafprozess, Jura 2007, 662; *Radtke*, Zur Systematik des Strafklageverbrauchs verfahrenserledigender Einstellungen im Strafprozeß, 1994; *ders.*, Bestandskraft staatsanwaltschaftlicher Einstellungsverfügungen und die Indentität des wiederaufgenommenen Verfahrens, NStZ 1999, 481; *Rose*, Der Rechtsschutz des Beschuldigten gegen die Einstellung des Strafverfahrens nach den Opportunitätsvorschriften der Strafprozessordnung, 2006; *Rieß*, Überlegungen zur zukünftigen Ausgestaltung der Verfahrenseinstellung gegen Auflagen, Festschrift Koch, 1999, S. 215; *ders.*, Entwicklung und Bedeutung der Einstellungen nach § 153a StPO, ZRP 1983, 93; *ders.*, Zur weiteren Entwicklung der Einstellungen nach § 153a StPO, ZRP 1985, 212; *Rössner*, Bagatelldiebstahl und Verbrechenskontrolle, 1976; *Saliger*, Grenzen der Opportunität: § 153a StPO und der Fall Kohl, GA 2005, 155; *Sander*, Zur analogen Anwendung von Opportunitätsvorschriften bei geringem Verschulden des ausgebliebenen Zeugen, GA 1995, 569; *Schlothauer*, Die Einstellung des Verfahrens gemäß §§ 153, 153a StPO nach Eröffnung des Hauptverfahrens, StV 1982, 449; *M. J. Schmid*, Teilweise oder verspätete Auflagenerfüllung nach § 153a StPO JR 1979, 53; *ders.*, Zur Frage der Auslagen des Nebenklägers bei Einstellung des Verfahrens nach den §§ 153ff. StPO JR 1980, 404; *Jens Schmidt*, Verfahrenseinstellungen beim Zusammentreffen von Straftat und Ordnungswidrigkeit, wistra 1998, 211; *Schulenburg*, Legalitäts- und Opportunitätsprinzip im Strafverfahren, JuS 2004, 765; *Sieg*, Fehlerhafte Einstellung nach § 153a StPO, MDR 1981, 200; *Sojka*, Entschädigung auch bei Einstellung nach § 153a StPO möglich, MDR 1983, 948; *Terbach*, Einstellungserzwingungsverfahren, 1996; *ders.*, Rechtsschutz gegen die staatsanwaltschaftliche Zustimmungsverweigerung nach §§ 153 Abs. 2, 153a Abs. 2 StPO, NStZ 1998, 172; *Teske*, Die Bedeutung der Unschuldsvermutung bei Einstellungen gemäß §§ 153, 153a StPO im Steuerstrafverfahren, wistra 1989, 131;

Trepper, Zur Rechtskraft strafprozessualer Beschlüsse, 1996; *Waller*, Empfiehlt es sich § 153a StPO zu erweitern?, DRiZ 1986, 47; *Weigend*, Strafzumessung durch den Staatsanwalt?, KrimJ 1984, 8; *ders.*, Unverzichtbares im Strafverfahrensrecht ZStW 113 (2001), S. 271; *Werner*, Der Einfluß des Verletzten auf Verfahrenseinstellungen der Staatsanwaltschaft, 1986; *Wissgott*, Probleme rechtsstaatlicher Garantien im Ermittlungsverfahren, Juristische Dissertation Göttingen 1983; *Wolter*, Informelle Erledigungsarten und summarische Verfahren bei geringfügiger und minderschwerer Kriminalität, GA 1989, 397.

Übersicht

	Rn.
A. Zweck und Bedeutung der Vorschrift	1–5
B. Anwendungsbereich	6–8
I. Anwendbarkeit in den Verfahrensstadien	7, 8
1. Staatsanwaltschaftliche Einstellung (Abs. 1)	7
2. Gerichtliche Einstellung (Abs. 2)	8
II. Anwendbarkeit in sachlicher Hinsicht	9–13
III. Anwendbarkeit in persönlicher Hinsicht	14
IV. Analoge Anwendung	15
V. Verhältnis zu anderen Erledigungsarten	16, 17
C. Gemeinsame Einstellungsvoraussetzungen	18–31
I. Grundstruktur	18
II. Geringe Schuld	19–24
1. Inhalt des Schuldbegriffs	19, 20
2. Maß der Schuld	21, 22
3. Einzelkriterien	23
III. Fehlendes öffentliches Interesse	24–28
1. Begriffsinhalt	24
2. Einzelkriterien	25–27
3. Sonderfälle	28
IV. Ermittlungsgrad der Tat	29–31
1. Allgemeines	29
2. Staatsanwaltschaftliche Einstellung (Abs. 1)	30
3. Gerichtliche Einstellung (Abs. 2)	31
D. Absehen von der Verfolgung (Abs. 1)	32–46
I. Zuständigkeit	32
II. Voraussetzungen	33
III. Verfahren der staatsanwaltschaftlichen Einstellung	34–46
1. Einstellung mit gerichtlicher Zustimmung (Abs. 1 S. 1)	34–39
a) Zuständigkeit	35
b) Gerichtlicher Entscheidungsmaßstab	36
c) Entscheidungsart des Gerichts	37
d) Wirkungen der Zustimmung	38, 39
2. Einstellung ohne gerichtliche Zustimmung (Abs. 1 S. 2)	40–44
a) Nicht im Mindestmaß erhöhte Strafe	41
b) Geringe Tatfolgen	42, 43
c) Beurteilung der Voraussetzungen zustimmungsfreier Einstellung	44
3. Art und Inhalt der staatsanwaltschaftlichen Einstellung nach Abs. 1	45
4. Zustimmungs-/Anhörungs- und Benachrichtigungserfordernisse	46
E. Gerichtliche Verfahrenseinstellung nach Abs. 2	47–57
I. Zuständigkeit	47
II. Voraussetzungen	48
III. Entscheidungsart und -inhalt	49–51
IV. Zustimmungs-/Anhörungs- und Benachrichtigungserfordernisse	52–57
1. Zustimmung der Staatsanwaltschaft	52–54
a) Allgemeines	52
b) Zuständigkeit	53
c) Wirkungen	54
2. Zustimmung des Angeschuldigten/Angeklagten	55–57
a) Allgemeines	55
b) Zustimmungsfreie Einstellung (Abs. 2 S. 2)	56
3. Anhörung weiterer Beteiligter	57
F. Wirkungen und Folgen der Einstellung	58–60
I. Allgemeines	58
II. Folgen für verfahrenssichernde Maßnahmen	59
III. Berücksichtigung der eingestellten Tat in Strafverfahren über andere Taten	60
G. Wiederaufgreifen des Verfahrens und Strafklageverbrauch	61–68
I. Allgemeines	61
II. Staatsanwaltschaftliche Einstellung (Abs. 1)	62–66
1. Strafklageverbrauch und materielle Wiederaufnahmegründe	63, 64
a) Diskussionsstand	62, 63
b) Stellungnahme	64
2. Verfahren des Wiederaufgreifens	65–68
III. Gerichtlicher Einstellungsbeschluss (Abs. 2)	66–68
1. Diskussionsstand	66, 67
2. Stellungnahme	68
H. Rechtsbehelfe	69–79
I. Staatsanwaltschaftliche Einstellung (Abs. 1)	69–72
1. Einstellungsverfügung	69–71
a) Einstellungsverfügung	69

	Rn.
b) Ablehnung der Einstellung seitens der Staatsanwaltschaft	70
c) Nebenentscheidungen	71
2. Gerichtliche Zustimmung	72
II. Gerichtliche Einstellung (Abs. 2)	73–79
1. Gerichtlicher Einstellungsbeschluss	73–75
2. Ablehnung des Antrags auf Einstellung	76
3. Nebenentscheidungen des Einstellungsbeschlusses	77
4. Verweigerung der staatsanwaltschaftlichen Zustimmung	78
III. Revision	79

A. Zweck und Bedeutung der Vorschrift

1   Die Vorschrift dient mit den Möglichkeiten des staatsanwaltschaftlichen Absehens von der Verfolgung (Abs. 1) und der gerichtlichen Einstellung (Abs. 2) in Bezug auf Bagatelldelikte **zwei unterschiedlichen Zwecken**. Zum einen bezweckt sie aus **justizökonomischen Gründen** die **Entlastung der Strafverfolgsbehörden**, vor allem der Staatsanwaltschaften. Zum anderen verfolgt der Gesetzgeber mit den Einstellungsmöglichkeiten bei Geringfügigkeit des verfahrensgegenständlichen Vorwurfs **diversionelle Zwecke**,[1] indem durch die Einstellung des Verfahrens ansonsten möglicherweise eintretende stigmatisierende Effekte durch die öffentliche Hauptverhandlung, die förmliche Sanktionierung und die Eintragung im Zentralregister vermieden werden. § 153 ist damit zugleich ein **strafverfahrensrechtliches Instrument der** auf der Ebene des materiellen Strafrechts offenbar nicht zu bewältigenden **Entkriminalisierung**.[2] Die Vorschrift ist insoweit „**Teil eines Gesamtkonzepts abgestufter strafrechtlicher Reaktion"**.[3] Die doppelte Zwecksetzung wirkt sich auf das Verständnis der Einstellungsvoraussetzungen vor allem in Bezug auf das zentrale Merkmal der „geringen Schuld" aus.[4]

2   Der **justizökonomische Zweck** des § 153 wird auf unterschiedliche Weise erreicht. Im Vordergrund steht die Entlastung der Staatsanwaltschaft durch die Einstellungsmöglichkeit nach Abs. 1. Die Entlastung erfolgt zum einen durch die **Einschränkung der** aus § 170 Abs. 1 folgenden grundsätzlich bestehenden **Anklagepflicht** und zum anderen durch eine erhebliche **Modifikation der** Mittel zur Erfüllung der in § 152 Abs. 2 verankerten **Einschreitens- und Ermittlungspflicht** der Staatsanwaltschaft.[5] § 153 Abs. 1 gestattet der Staatsanwaltschaft, die Erfüllung der fortbestehenden Einschreitenspflicht nicht zwingend auf das Ziel der Klärung hinreichenden Tatverdachts (vgl. § 170 Abs. 1) sondern auf das Vorliegen der Voraussetzungen der Einstellung wegen Geringfügigkeit hin auszurichten.[6] Bei der gerichtlichen Einstellung kommt diesem Aspekt wegen des bereits angenommenen hinreichenden Tatverdachts geringere Bedeutung zu. Allerdings darf ungeachtet dessen auch im Hauptverfahren die Amtsaufklärungspflicht auf die Einstellungsvoraussetzungen gerichtet werden, wenn Anhaltspunkte für die Einstellungsmöglichkeit bestehen.[7] Eine weitere Schonung von Justizressourcen bewirkt der Ausschluss des Klageerzwingungsverfahrens (§ 172 Abs. 2 S. 3) bei Verfahrenserledigung nach § 153 Abs. 1. Der Effekt beschränkt sich im Wesentlichen auf die Oberlandesgerichte. Die Staatsanwaltschaften werden wegen der stets bestehenden Möglichkeit der Dienstaufsichtsbeschwerde kaum entlastet.

3   Der **diversionelle Zweck** der Vorschrift tritt vor allem durch den **Verzicht auf** die **formelle Sanktionierung** der Tat sowie – in den Fällen von Abs. 1 – das Fehlen der öffentliche Hauptverhandlung und die günstigen registerrechtlichen Folgen ein. Die Tragfähigkeit des kriminalpolitischen Konzepts der Entkriminalisierung durch strafprozessuale Instrumente ist allerdings angesichts der Vagheit der Einstellungsvoraussetzungen des § 153[8] und der notorischen erheblichen regionalen Anwendungsunterschiede[9] nicht frei von Zweifeln.[10] Auch der mit § 172 Abs. 2 S. 3 weitreichende Ausschluss des Klageerzwingungsverfahrens für den durch die verfahrensgegenständliche Tat Verletzten, dem allein die Information nach § 171 S. 1 über den Verfahrensaus-

---

[1] Siehe nur *Radtke*, Die Systematik des Strafklageverbrauchs verfahrenserledigender Entscheidungen im Strafprozeß, S. 165; AK-StPO/*Schöch* Rn. 2; Löwe/Rosenberg/*Beulke* Rn. 1; SK-StPO/*Weßlau* Rn. 2.
[2] Vgl. *Rössner*, Bagatelldiebstahl und Verbrechenskontrolle, 1976, S. 215 ff.; Löwe/Rosenberg/*Beulke* Rn. 1; kritisch gegenüber einer mit Instrumenten des Verfahrensrechts betriebenen Entkriminalisierung SK-StPO/*Weßlau* Rn. 7 f.
[3] Löwe/Rosenberg/*Rieß*, 24. Aufl., Rn. 2 und 20.
[4] Unten Rn. 19 f.
[5] Dazu § 152 Rn. 5.
[6] Näher unten Rn. 16 und 29 sowie § 152 Rn. 5 aE.
[7] Unten Rn. 31.
[8] Löwe/Rosenberg/*Beulke* Rn. 3 mwN.
[9] Dazu vor allem *Heinz*, in: Geisler (Hrsg.): Das Ermittlungsverhalten der Polizei und die Einstellungspraxis der Staatsanwaltschaften, 1999, S. 181 ff.; entsprechende Ergebnisse auch bereits bei *Ahrens*, Die Einstellung in der Hauptverhandlung, 1978, S. 67 ff.; *Hertwig*, Die Einstellung des Verfahrens wegen Geringfügigkeit, 1983, S. 43 ff.; *Rössner*, Bagatelldiebstahl und Verbrechenskontrolle, S. 99 ff.
[10] Zusammenfassende Kritik bei SK-StPO/*Weßlau* Rn. 7 f.

gleich bleibt, ruft Bedenken hervor.[11] Die gesetzgeberische Konzeption hält sich aber eindeutig innerhalb eines dem Gesetzgeber bei dem Einsatz von Strafrecht und Strafverfahrensrecht zum Rechtsgüterschutz zustehenden Gestaltungsspielraums, so dass das kriminalpolitische Konzept verfassungsgemäß ist. Auch haben die bisherigen rechtstatsächlichen Untersuchungen zur praktischen Handhabung ungeachtet der angesprochenen regionalen Unterschiede keine Ergebnis hervorgebracht, die die Anwendung der Vorschrift als nicht mit Verfassung in Einklang stehend erscheinen lassen.[12]

Ungeachtet der Einordnung des § 153 als Teil eines Gesamtkonzepts abgestufter strafrechtlicher Reaktion handelt es sich bei diesem um eine **verfahrensrechtliche** und nicht um eine materiell-rechtliche **Vorschrift**.[13] Die häufig diskutierte Frage, ob es sich bei der Einstellung nach § 153 um eine **Ermessensentscheidung** oder eine **rechtlich gebundene Entscheidung** handelt,[14] die bei Vorliegen der Einstellungsvoraussetzungen mir einer entsprechenden Einstellungspflicht einherginge, ist müßig. Angesichts des Ausschlusses einer (rechtsmittel)gerichtlichen Überprüfung sowohl der staatsanwaltschaftlichen (§ 172 Abs. 2 S. 3) als auch der gerichtlichen Einstellungsentscheidung (Abs. 2 S. 4) folgt aus der Charakterisierung nichts.[15] Als Kompensation für das Fehlen der Überprüfung der Einstellung sieht das Gesetz im Grundsatz sowohl für die staatsanwaltschaftlichen als auch die gerichtlichen Einstellungen die mittels Zustimmungserfordernis (Abs. 1 S. 1/Abs. 2 S. 1) prozedural gesicherte inhaltlich **übereinstimmende Beurteilung der Einstellungsvoraussetzungen durch Staatsanwaltschaft und Gericht** vor. Diese Verfahrenssicherung fehlt bei der in Abs. 1 S. 2 gestatteten, von einer gerichtlichen Zustimmung unabhängigen Einstellung. Das Fehlen einer über die Dienstaufsichtsbeschwerde hinaus gehenden Überprüfung dieser Einstellungen legt eine restriktive Anwendung der zustimmungsfreien Einstellung nahe.[16]

Die **rechtstatsächliche Bedeutung** der Vorschrift ist erheblich; rund 450 000 Strafverfahren werden jährlich auf der Grundlage von § 153 erledigt[17] Angesichts dessen ist die Erledigung von Bagatellkriminalität auf diesem Wege, um Ressourcen für die Verfolgung gewichtigerer Straftaten zu gewinnen, in praktischer Hinsicht derzeit alternativlos.

B. Anwendungsbereich

Die durch § 153 eröffnete Möglichkeit des Absehens von der Verfolgung bzw. der Einstellung des Verfahrens kann **im Grundsatz** lediglich **einheitlich auf die gesamte Tat im prozessualen Sinne** (§§ 155, 264) angewendet werden.[18] Auf das materiell-rechtliche Verhältnis der von der prozessualen Tat umfassten Straftatbestände kommt es nicht an,[19] wenn und soweit die Einstellungsvoraussetzungen in Bezug auf die prozessuale Tat insgesamt vorliegen. Eine fehlerhaft auf § 153 gestützte Einstellung von bloßen Teilen einer einheitlichen prozessualen Tat kann unter den dann maßgeblichen Voraussetzungen als wirksame Stoffbeschränkung nach § 154a behandelt werden.[20] Umfasst der Verfahrensgegenstand mehrere Taten im prozessualen Sinne, ist die Anwendung von § 153 auf einzelne prozessuale Taten zulässig.[21]

I. Anwendbarkeit in den Verfahrensstadien

1. **Staatsanwaltschaftliche Einstellung (Abs. 1).** Die Möglichkeit der Verfahrenseinstellung nach Abs. 1 steht der Staatsanwaltschaft lediglich **bis zur Erhebung der öffentlichen Klage** bzw. ihrer Surrogate zur Verfügung. Mit der Anklageerhebung erlangt ausschließlich das dann zuständige Gericht die Befugnis, das Verfahren unter den sachlichen Voraussetzungen von Abs. 1 einzustellen. Die Staatsanwaltschaft erlangt die Zuständigkeit für die Verfahrenseinstellung zurück, wenn

---

[11] Vgl. *Werner*, Der Einfluß des Verletzten auf Verfahrenseinstellungen der Staatsanwaltschaft, 1986, S. 311 ff. und passim.
[12] Letztlich ebenso SK-StPO/*Weßlau* Rn. 8 aE.
[13] *Kunz*, Die Einstellung wegen Geringfügigkeit, S. 15; Löwe/Rosenberg/*Beulke* Rn. 2; aA vor allem *Naucke*, FS Maurach, S. 197 ff. (pers. Strafausschließungsgrund).
[14] Zum Streitstand etwa *Radtke*, Systematik des Strafklageverbrauchs, S. 172 ff.; KK-StPO/*Schoreit* Rn. 2 und 32; KMR/*Plöd* Rn. 1.
[15] Siehe nur *Radtke*, Systematik des Strafklageverbrauchs, S. 174 mN. in Fn. 54; SK-StPO/*Weßlau* Rn. 5.
[16] Unten Rn. 40–44.
[17] Zahlenmaterial bei Löwe/Rosenberg/*Beulke* Rn. 3 mwN in Fn. 9; siehe zum rechtstatsächlichen Stand in der 90er Jahren AK-StPO/*Schöch* Rn. 66–68.
[18] AK-StPO/*Schöch* Rn. 9; KK-StPO/*Schoreit* Rn. 11; Löwe/Rosenberg/*Beulke* Rn. 8; zu möglichen Ausnahmen unten Rn. 12.
[19] OLG Frankfurt v. 19.10.1999 – 2 Ws 123/99, NStZ-RR 2001, 20; KG v. 2.2.1984 – 3 Ss 251/83 – 78/83, VRS 67 (1984), 123; *Kuhlmann* MDR 1974, 898 f.; Löwe/Rosenberg/*Beulke* Rn. 8.
[20] KG v. 2.2.1984 – 3 Ss 251/83 – 78/83, VRS 67 (1984), 123; Löwe/Rosenberg/*Beulke* Rn. 8; Meyer-Goßner Rn. 1 aE.
[21] Löwe/Rosenberg/*Beulke* Rn. 8; Meyer-Goßner Rn. 1.

sie die öffentliche Klage unter den Voraussetzungen von § 156 oder den Strafbefehlsantrag zurücknimmt.[22]

8 **2. Gerichtliche Einstellung (Abs. 2).** Nach Erhebung der öffentlichen Klage (nicht erst mit Eröffnungsbeschluss oder einem Surrogat) kann das jeweils zuständige Gericht[23] von der Einstellungsmöglichkeit nach Abs. 2 **in jeder Lage des Verfahrens** Gebrauch machen. Abs. 2 ist daher auch in allen Rechtsmittelinstanzen, dh. durch die **Berufungsgerichte** und die **Revisionsgerichte**, anwendbar, wenn und solange das Verfahren, das die fragliche prozessuale Tat zum Gegenstand hat, bei ihnen anhängig ist.[24] Allerdings ist das Revisionsgericht hinsichtlich seiner Entscheidung über die Einstellung auf die im angefochten tatrichterlichen Urteil getroffenen Feststellungen beschränkt; in deren Anwendung auf die Einstellungsvoraussetzungen ist es frei.[25] Eingetretene Teilrechtskraft (etwa bei Rechtmittelbeschränkung) steht der Einstellungsbefugnis nicht entgegen,[26] die Anwendbarkeit von Abs. 2 **endet erst mit vollständigem Eintritt der Rechtskraft** der Entscheidung über die Tat, auf die sich die Einstellung beziehen soll. Im **Wiederaufnahmeverfahren** kann die Einstellung nach dem Beschluss gemäß § 370 Abs. 2 erfolgen.

II. Anwendbarkeit in sachlicher Hinsicht

9 Die Einstellung ist nur auf solche prozessualen Taten anwendbar, innerhalb derer ausschließlich materiell-rechtlich **Vergehen** (§ 12 Abs. 2) verwirklicht worden sind. Für die Würdigung der prozessualen Tat in sachlich-rechtlicher Hinsicht ist der Zeitpunkt der Einstellungsentscheidung maßgeblich.[27] Dementsprechend kann eine gerichtliche Einstellung nach Abs. 2 selbst dann erfolgen, wenn die Tat als Verbrechen angeklagt war, das zuständige Gericht diese aber ausschließlich als Vergehen wertet und die Staatsanwaltschaft dem nunmehr folgt (vgl. Abs. 2 S. 1). Vor der Einstellung bedarf es wegen des Wechsels in der Beurteilung eines rechtlichen Hinweises nach § 265 Abs. 1.[28]

10 Verwirklicht der Beschuldigte bzw. Betroffene mit der verfahrensgegenständlichen Tat sowohl als Vergehen zu wertende Straftaten als auch **Ordnungswidrigkeiten**, erfasst die Einstellung gemäß § 153 angesichts des Grundsatzes der Einheitlichkeit der Tat[29] an sich auch die Ordnungswidrigkeit. In Übereinstimmung mit der staatsanwaltschaftlichen Praxis lässt jedoch die ganz überwiegend vertretene Auffassung unter Berufung auf den Rechtsgedanken in § 21 Abs. 2 OWiG eine **Einstellung** nach § 153 **unter Beschränkung auf die Straftat**(en) bei gleichzeitiger Abgabe des Verfahrens zur Verfolgung der Ordnungswidrigkeit an die zuständige Verwaltungsbehörde gemäß § 43 OWiG zu.[30] Die Gestattung einer solchen rechtlichen Teileinstellung unterschätzt die praktischen Schwierigkeiten, die sich nach einem durch Einspruch des Betroffenen gegen den Bußgeldbescheid ausgelösten Übergang in das gerichtliche Bußgeldverfahren ergeben können.[31] Immerhin enthält aber § 21 Abs. 2 OWiG einen gewissen Hinweis darauf, dass das Gesetz eine gespaltene Beurteilung der Sanktionsnotwendigkeit innerhalb einer einheitlichen prozessualen Tat zulässt. Insofern ist die auf die Straftat beschränkte Einstellung nach § 153 akzeptabel, wenn auch auf der Grundlage der lex lata nicht zwingend. Im **Bußgeldverfahren** selbst gilt § 153 wegen des dort ohnehin geltenden Verfolgungsermessens der Verwaltungsbehörde nach § 47 OWiG **nicht**.[32]

11 Stellt sich die verfahrensgegenständliche prozessuale Tat materiell **ausschließlich** als **Privatklagedelikt** dar, ist § 153 **nicht anwendbar**; § 376 geht als lex specialis vor, so dass bei fehlendem öffentlichen Strafverfolgungsinteresse das Verfahren unter Verweisung des Verletzten auf den Privatklagedelikt einzustellen ist (allgM).[33] Eine entgegen dem Vorgenannten erfolgende staatsanwaltschaftliche Einstellung des Privatklagedelikts gemäß § 153 Abs. 1 hindert den Verletzten nicht an der Erhebung der Privatklage, denn die Staatsanwaltschaft hat mit der Einstellung ja ge-

---

[22] SK-StPO/*Weßlau* Rn. 45.
[23] Unten Rn. 47.
[24] Löwe/Rosenberg/*Beulke* Rn. 59.
[25] AK-StPO/*Schöch* Rn. 42; KK-StPO/*Schoreit* Rn. 49; Löwe/Rosenberg/*Beulke* Rn. 60 mwN auch zur früher vertretenen Gegenauffassung.
[26] KMR/*Plöd* Rn. 27; Löwe/Rosenberg/*Beulke* Rn. 61; Meyer-Goßner Rn. 25.
[27] Löwe/Rosenberg/*Beulke* Rn. 9.
[28] Löwe/Rosenberg/*Beulke* Rn. 10 mwN.
[29] Oben Rn. 6.
[30] BGH v. 19. 12. 1995 – KRB 33/95, BGHSt 41, 385, 390 (bzgl. einer Stoffbeschränkung nach § 154 Abs. 1); *Jens Schmidt* wistra 1998, 211, 213; AK-StPO/*Schöch* Rn. 11; KK-StPO/*Schoreit* Rn. 14; KMR/*Plöd* Rn. 8; *Meyer-Goßner* Rn. 6; SK-StPO/*Weßlau* Rn. 13 jeweils mwN; im Ergebnis auch Löwe/Rosenberg/*Beulke* Rn. 16–18, aA vor allem KK-OWiG/*Bohnert* § 21 Rn. 29 ff.; siehe auch *Bohnert* GA 2001, 16.
[31] Dazu Löwe/Rosenberg/*Beulke* Rn. 17 f.
[32] *Göhler* § 47 OWiG Rn. 1; Löwe/Rosenberg/*Beulke* Rn. 16; der von KK-OWiG/*Bohnert* § 47 Rn. 107 geforderten analogen Anwendung von § 153 kann durch eine Berücksichtigung der hier maßgeblichen Grundsätze bei der Anwendung von § 47 OWiG Rechnung getragen werden.
[33] Siehe nur SK-StPO/*Weßlau* Rn. 10.

rade das Fehlen des öffentlichen Verfolgungsinteresses ausgedrückt.[34] Nach Erhebung der Privatklage ist § 153 ebenfalls **unanwendbar**; § 383 Abs. 2 und § 390 Abs. 5 gehen vor.

Enthält die prozessuale Tat **sowohl ein Offizialdelikt als auch ein Privatklagedelikt**, ist § 153   12
grundsätzlich **anwendbar** (allgM). Die sich daraus ergebenden Konsequenzen im Hinblick auf den Grundsatz der einheitlichen Erledigung der gesamten prozessualen Tat **nicht vollständig geklärt**. Für die **Einstellung nach Abs. 1** verneint die ganz überwiegende Auffassung eine auf das Offizialdelikt beschränkte (Teil)Einstellung bei gleichzeitiger Verweisung der Verfolgung des Privatklagedelikts auf dem Weg der Privatklage.[35] Das Festhalten an einer einheitlichen Einstellung der gesamten prozessualen Tat schließt dann die Erhebung der Privatklage bezüglich des Privatklagedelikts nach Einstellung gemäß Abs. 1 aus.[36] Die Gegenauffassung will trotz Einstellung die Erhebung der Privatklage zulassen, weil die zunächst wegen der prozessualen Tatidentität mit dem Offizialdelikt ausgeschlossene Privatklagebefugnis durch den Wegfall der Verfolgung unter dem Aspekt des Offizialdelikts wieder auflebe.[37] Wäre dem zu folgen, implizierte dies die Möglichkeit einer von vornherein auf das Offizialdelikt begrenzten Einstellung nach § 153. Weder eine solche Beschränkung noch die Zulassung der Privatklage nach Geringfügigkeitseinstellung sind auf der Grundlage der lex lata rechtlich möglich. Die Aufspaltung der Verfahrenserledigung anhand der Einordnung als Offizial- und Privatklagedelikt bedürfte angesichts des Grundsatzes der einheitlichen Erledigung des gesamten Verfahrensgegenstandes einer Gestattung im Gesetz. Anders als § 21 Abs. 2 OWiG für das Zusammentreffen von Straftat und Ordnungswidrigkeit fehlt es in der Relation Offizial-/Privatklagedelikt daran. Der kriminalpolitische Wunsch, die schwache Position des Nebenklägers zu stärken,[38] genügt dafür im geltenden Recht nicht. Ein Einstellungsbeschluss nach **Abs. 2** schließt die Erhebung einer Privatklage wegen eines in der prozessualen Tat enthaltenen Privatklagedelikts dementsprechend ebenfalls aus.

Im **Sicherungsverfahren** der §§ 413 ff. ist § 153 insgesamt unanwendbar.[39]   13

III. Anwendbarkeit in persönlicher Hinsicht

Die Anwendbarkeit von § 153 im **Jugendstrafverfahren gegen Jugendliche und Heranwachsen-**   14
de ist angesichts der Regelungen in § 45 Abs. 1 und § 47 Abs. 1 S. 1 Nr. 1 JGG, die staatsanwaltschaftliche bzw. gerichtliche Einstellung sachlich übereinstimmend bei geringer Schuld und fehlendem öffentlichen Interesse gestatten, **nicht völlig geklärt**. Die Divergenzen stehen vor dem Hintergrund der günstigeren registerrechtlichen Folgen der Einstellung nach § 153, die lediglich in das staatsanwaltschaftliche Verfahrensregister aufgenommen werden, nicht aber im Zentralregister erscheinen, während die jugendstrafrechtlichen Einstellungen über die Eintragung in das Erziehungsregister Eingang in das Zentralregister finden (siehe § 60 Abs. 1 Nr. 7 BZRG). Um Jugendlichen oder Heranwachsenden, auf deren Taten Jugendstrafrecht Anwendung findet, nicht mit dem registerrechtlichen Nachteil zu belasten, wird von Teilen in der (instanzgerichtlichen) Rechtsprechung und in der Wissenschaft der Zugriff auf § 153 zugelassen.[40] Das Argument trägt nicht. Der Gesetzgeber hat §§ 45, 47 JGG bei bewusst abweichender registerrechtlicher Behandlung als **abschließende Spezialvorschriften** bei Anwendung von Jugendstrafrecht (also auch in Verfahren gegen Heranwachsende unter den Voraussetzungen von § 108 JGG) kreiert;[41] der Zugriff auf § 153 ist damit ausgeschlossen. § 45 Abs. 1 JGG gestattet der Staatsanwaltschaft die Einstellung des Verfahrens unter den sonstigen Voraussetzungen des § 153 **stets ohne Zustimmung** des Gerichts. Im **Jugendstrafverfahren gegen Heranwachsende** muss die Einstellung auf § 153 gestützt werden, wenn gegen den Angeschuldigten allgemeines Strafrecht zur Anwendung käme (§ 109 Abs. 1 S. 1 JGG).[42]

IV. Analoge Anwendung

In den Fällen der Verhängung eines **Ordnungsgeldes** gegen unentschuldigt ausgebliebene Zeu-   15
gen oder Sachverständige (§§ 51 Abs. 1 S. 2 und § 77 Abs. 1 S. 2) hält die ganz hM eine analoge

---

[34] Löwe/Rosenberg/*Beulke* Rn. 12.
[35] *Kuhlmann* MDR 1974, 897; KK-StPO/*Schoreit* Rn. 13 und 67; KMR/*Plöd* Rn. 7; Löwe/Rosenberg/*Beulke* Rn. 12; Meyer-Goßner Rn. 5; SK-StPO/*Weßlau* Rn. 10.
[36] Nachw. wie Fn. zuvor.
[37] AK-StPO/*Schöch* Rn. 10; im Ergebnis ebenso *Klussmann* MDR 1974, 362.
[38] Siehe AK-StPO/*Schöch* Rn. 10 aE.
[39] Näher Löwe/Rosenberg/*Beulke* Rn. 19.
[40] LG Itzehoe v. 23. 12. 1999 – 9 Qs 167/92 jug III, StV 1993, 537 mAnm *Ostendorf*; Bohnert NJW 1980, 1927, 1930; *Eisenberg* NStZ 1991, 450 f.; *Nothacker* JZ 1982, 61; *Eisenberg* § 45 JGG Rn. 9 f.; *Ostendorf* § 45 JGG Rn. 5.
[41] *Burscheidt*, Das Verbot der Schlechterstellung Jugendlicher und Heranwachsender, 2000, S. 75; AK-StPO/*Schöch* Rn. 12; KK-StPO/*Schoreit* Rn. 8; KMR/*Plöd* Rn. 17; Löwe/Rosenberg/*Beulke* Rn. 14; Meyer-Goßner Rn. 12; Brunner/ Dölling § 45 JGG Rn. 3.
[42] KMR/*Plöd* Rn. 17; Löwe/Rosenberg/*Beulke* Rn. 14 aE.

Anwendung bzgl. des Ordnungsgeldes selbst für möglich.[43] Die methodische Berechtigung der Analogie ist jedenfalls für den Zeugen angesichts der differenzierten Reglung über die rechtzeitige und nachträgliche Entschuldigung in § 51 Abs. 2 zweifelhaft.[44] Die **Säumniskosten** können in diesen Fällen erst recht nicht durch analoge Anwendung von § 153 vermieden werden, weil es insoweit eindeutig an der Rechtsähnlichkeit fehlt.[45] Näher liegend ist die analoge Anwendung bei **Ungebühr** nach §§ 178 ff. GVG, während bei dem **Ordnungsgeld gegen den ausgebliebenen Schöffen** (§ 78 GVG)[46] die Voraussetzungen der entsprechenden Anwendung wegen der Entschuldigungsregelungen in § 78 Abs. 2 GVG wiederum zweifelhaft sind. Keine Bedenken bestehen dagegen gegen die entsprechende Heranziehung im **anwaltsgerichtlichen Verfahren**.[47]

V. Verhältnis zu anderen Erledigungsarten

16   Im Anwendungsbereich von **Abs. 1** kommt bei **liquider Einstellunglage § 170 Abs. 2 Vorrang** zu (im Ergebnis allgM).[48] Ebenso ist bereits die Aufnahme von Ermittlungen abzulehnen, wenn es an einem genügenden Anlass im Sinne von **§ 152 Abs. 2** fehlt. Wegen des justizökonomischen Zwecks bedarf es aber **keiner Durchermittlung des Sachverhalts** mit dem Ziel, den hinreichenden Tatverdacht zu klären, wenn und sobald die Einstellungsvoraussetzungen nach Abs. 1 feststehen.[49] Der Hinweis der Gegenauffassung auf die Unschuldsvermutung und die Kostenregelung in § 467 Abs. 4[50] geht fehl, weil die Unschuldsvermutung auch bei der Einstellung nach § 153 aufrechterhalten bleibt und die Kostenfolge einer bewussten Entscheidung des Gesetzgebers entspricht. Im Übrigen würde eine Pflicht zur Durchermittlung den justizökonomischen Zweck der Vorschrift erheblich beeinträchtigen. Die Befugnis, das Verfahren bei Überzeugung vom Vorliegen der Voraussetzungen auch ohne weitere Sachverhaltsaufklärung einzustellen, bezieht sich allein auf das tatsächliche Geschehen; das **Vorliegen** der **rechtlichen Strafbarkeitvoraussetzungen muss geklärt** werden.[51] Das Verhältnis zu der Einstellung nach § 153a bestimmt sich danach, ob von vornherein das öffentliche Strafverfolgungsinteresse fehlt oder ein zunächst vorhandenes durch die Erfüllung von Auflagen und Weisungen beseitigt werden muss. Bei der Einstellung nach **Abs. 2** gilt der **Vorrang des Freispruchs bei liquider Freispruchslage** entsprechend dem zum Vorrang der Einstellung nach § 170 Abs. 2 Gesagten. In der Sache ist das Gericht daher bei Vorliegen der Einstellungsvoraussetzungen trotz Amtaufklärungspflicht nicht gehalten, weitergehende Sachverhaltsaufklärung mit dem Ziel zu betreiben, ggf. freisprechen zu können.

17   Stellt sich die verfahrensgegenständliche Tat materiell-rechtlich als Straftat nach dem **BtMG** dar, geht § **31a Abs. 1 und 2 BtMG** als lex speciales vor; wegen des allein geringe Mengen betreffenden Anwendungsbereichs der Vorschrift, bleibt außerhalb dessen § 153 anwendbar.[52]

C. Gemeinsame Einstellungsvoraussetzungen

I. Grundstruktur

18   Die Einstellungsvoraussetzungen für das staatsanwaltschaftliche Absehen von Strafe nach Abs. 1 und die gerichtliche Einstellung nach Abs. 2 sind weitestgehend identisch. Unterschiede bestehen lediglich in Bezug auf den Grad der Sachverhaltsaufklärung und den dazu zur Verfügung stehenden Aufklärungsmethoden.[53] Für die Einstellung müssen **drei Voraussetzungen** gegeben sein: (1.) die verfahrensgegenständliche Tat darf sich materiellrechtlich ausschließlich **als Vergehen** darstellen;[54] (2.) es darf für den Fall vollständiger Sachverhaltsaufklärung allenfalls ei-

---

[43] OLG Düsseldorf v. 22. 10. 1992 – 1 Ws 940/92, NJW 1993, 546; OLG Düsseldorf v. 1. 9. 1993 – 2 Ws 337/93, wistra 1994, 77; OLG Düsseldorf v. 24. 8. 1993 – 1 Ws 605 – 606/95, NJW 1996, 138 f.; OLG Koblenz v. 13. 1. 1988 – 1 Ws 605/87, NStZ 1988, 192 f.; OLG Köln v. 7. 9. 1990 – 2 Ws 347/90, MDR 1991, 275; *Grüneberg* MDR 1992, 326; *Sander* GA 1995, 569; Löwe/Rosenberg/*Beulke* Rn. 20; SK-StPO/*Weßlau* Rn. 14.
[44] Zutreffend HK-StPO/*Krehl*, 3. Aufl., Rn. 6; im Ergebnis ablehnend auch KK-StPO/*Schoreit* Rn. 69.
[45] Näher *Sander* GA 1995, 569, 575 f.; Löwe/Rosenberg/*Beulke* Rn. 20 jeweils mwN zum Streitstand.
[46] Für analoge Anwendung OLG Karlsruhe v. 23. 10. 1995 – 3 Ws 120/95, NJW 1996, 608 mAnm *Foth* JR 1996, 129 f. und Bespr. *Lisken* NJW 1997, 341; Löwe/Rosenberg/*Beulke* Rn. 20 aE; SK-StPO/*Weßlau* Rn. 14; aA KK-StPO/*Schoreit* Rn. 11.
[47] Löwe/Rosenberg/*Beulke* Rn. 20; SK-StPO/*Weßlau* Rn. 14.
[48] Vgl. BVerfG v. 29. 5. 1990 – 2 BvR 254/88. 2 BvR 1343/88, BVerfGE 82, 118; *Paulus* NStZ 1990, 600; *Wagner* ZStW 109 (1997) 586; KK-StPO/*Schoreit* Rn. 6; KMR/*Plöd* Rn. 4; Löwe/Rosenberg/*Beulke* Rn. 35; *Meyer-Goßner* Rn. 3; SK-StPO/*Weßlau* Rn. 15.
[49] *Kühl* JR 1978, 94, 97; HK-StPO/*Gercke* Rn. 7; *Meyer-Goßner* Rn. 3; KK-StPO/*Schoreit* Rn. 11; Löwe/Rosenberg/*Beulke* Rn. 36 mwN.
[50] *Vogler* ZStW 89 (1977) 785; AK-StPO/*Schöch* Rn. 6.
[51] *Beulke/Fahl* NStZ 2001, 428; *Saliger* GA 2005, 155 ff.; aA zu Unrecht LG Bonn v. 28. 2. 2001 – 27 AR 2/01, NStZ 2001, 377 (Fall Kohl).
[52] Näher Löwe/Rosenberg/*Beulke* Rn. 15 mwN.
[53] Unten Rn. 29–31.
[54] Oben Rn. 9.

ne **geringe Schuld** zu prognostizieren sein und es darf (3.) von vornherein **kein öffentliches Interesse** an der Strafverfolgung bestehen. Aus den gesetzlich geregelten Anforderungen ergibt sich im Umkehrschluss, dass überhaupt ein (als Vergehen) strafbares und verfolgbares Verhalten vorliegen muss; fehlt es daran gilt der Vorrang der Einstellung nach § 170 Abs. 2 oder der des Freispruchs.[55] Die Schwierigkeiten im Umgang mit § 153 betreffen die Inhalte der beiden Zentralbegriffe „geringe Schuld" und „fehlendes Interesse" sowie ihr Verhältnis zueinander.[56] Gerade in Bezug auf Letzteres ist zu akzeptieren, dass angesichts der Einordnung des § 153 in ein Gesamtkonzept abgestufter strafrechtlicher Reaktion beide Merkmale auch darauf bezogen werden müssen, ob es in Bezug auf den konkreten Beschuldigten etc. und das konkrete verfahrensgegenständliche Vergehen einer über die folgenlose Einstellung hinausgehenden staatlichen Reaktion auf die Straftat bedarf.[57]

II. Geringe Schuld

1. Inhalt des Schuldbegriffs. Der Inhalt des von § 153 (aber auch § 153a) verwendeten Begriffs **19** Schuld ist nicht vollständig geklärt.[58] Die mittlerweile ganz **überwiegende Auffassung** bezieht den Begriff auf die **Strafzumessungsschuld**, dh. auf sämtliche auf die Schuld bezogenen Merkmale, die § 46 Abs. 2 StGB bei der Strafzumessung für berücksichtigungsfähig erklärt.[59] Der Bezug auf die Strafzumessungsschuld im Sinne von § 46 Abs. 2 StGB eröffnet die Möglichkeit, in die Prüfung des für § 153 relevanten Schuldgehaltes auch Nachtatentwicklungen sowie in weitem Umfang präventive Bestrafungsbedürfnisse mit zu berücksichtigen. Eine Abgrenzung zu dem Merkmal „öffentliche Interesse", das an sich auf die Berücksichtigung präventiver Straf- bzw. Verfolgungszwecke ausgerichtet ist, lässt sich nur schwer vornehmen.[60] Angesichts dessen bezieht die **Gegenauffassung** die „geringe Schuld" auf die materiell-strafrechtliche **Einzeltatschuld**[61] und weist präventive Strafzweckkriterien der Berücksichtigung bei dem „öffentlichen Interesse" zu. Der Schuldumfang im Sinne der Einzelstaatschuld bestimmt sich über das durch die Tat selbst hervorgerufene Ausmaß des verschuldeten Unrechts.[62]

Die Kontroverse wirkt sich vor allem in solchen Konstellationen aus, in denen das Quantum **20** der Einzeltatschuld bei Tatbegehung nicht gering war, nach der Tatbegehung bis zu der Entscheidung über die Einstellung aber strafzumessungsrelevante Umstände eintreten, die die Schuld (im Sinne von Strafzumessungsschuld) nunmehr als gering bewerten lassen. Die hM sieht bei **nunmehr geringer Schuld** die Einstellungsvoraussetzungen als gegeben an.[63] Ungeachtet solcher Fallgestaltungen sollte der Streit nicht überschätzt werden. Er würde im Kontext des § 153 weitestgehend überflüssig, wenn es gelänge, im materiellen Recht die Inhalte der Strafbegründungsschuld einerseits und der Strafzumessungsschuld andererseits stärker einander anzunähern.[64] In der Sache sollte entgegen der hM die „Schuld" in § 153 als **Strafbegründungsschuld iSv. § 46 Abs. 1 S. 1 StGB** verstanden werden.[65] Schuld in diesem Sinne meint das individuelle Maß des Vorwurfs, der dem Täter für die konkrete Tat zu machen ist;[66] es bestimmt sich im Wesentlichen nach dem Ausmaß des verschuldeten Unrechts. Eine solche Deutung entspricht durchaus den Zwecken des § 153.[67] Das Gesetz legt den grundsätzlich zum Verzicht auf eine formelle Reaktion berechtigenden bagatellarischen Charakter der Tat abstrakt durch die Begrenzung auf Vergehen

---

[55] Oben Rn. 16.
[56] Dazu *M.-K. Meyer* GA 1997, 404 ff.; siehe auch bereits *Radtke*, Systematik des Strafklageverbrauchs, S. 164 ff.
[57] In der Sache weitgehend übereinstimmend *Kunz*, Bagatellprinzip, S. 311 ff.; *Fezer* ZStW 106, (1994), S. 1, 30; *Rieß* NStZ 1981, 1, 7; Löwe/Rosenberg/*Beulke* Rn. 23; SK-StPO/*Weßlau* Rn. 16 aE.
[58] Vgl. *Radtke*, Systematik des Strafklageverbrauchs, S. 164 f.; siehe auch *Meinberg*, Geringfügigkeitseinstellungen, S. 23 ff.
[59] Etwa *Bohnert*, Die Abschlussentscheidung des Staatsanwalts, S. 147 f. insb. S. 148 Fn. 68; *Meinberg*, Geringfügigkeitseinstellungen, S. 26 ff.; *Kunz*, Bagatellprinzip, S. 271 ff., *Meyer-Goldau*, Der Begriff der „geringen Schuld" in § 153 der Strafprozeßordnung, S. 86 f.; *Trepper*, Zur Rechtskraft strafprozessualer Beschlüsse, S. 97; *Wissgott*, Probleme strafrechtlicher Garantien im Ermittlungsverfahren, S. 370; *Boxdorfer* NJW 1976, 317, 318; *Fezer* ZStW 106 (1994), 1, 28; *Hobe* FS Leferenz, S. 629, 634; *Hünerfeld* ZStW 90 (1978), 905, 920; *Keller/Schmid* wistra 1984, 205; *M.-K. Meyer* GA 1997, 404 (408); AK-StPO/*Schöch* Rn. 15; KK-StPO/*Schoreit* Rn. 18; Löwe/Rosenberg/*Beulke* Rn. 24; SK-StPO/*Weßlau* Rn. 17.
[60] Siehe Löwe/Rosenberg/*Beulke* Rn. 28; *M.-K. Meyer* GA 1997, 404 ff. hält das Merkmal neben der strafzumessungsrechtlich ausgerichteten Schuld sogar für überflüssig.
[61] Vor allem *Krümpelmann*, Die Bagatelldelikte, 1966, S. 213 ff.; *Paschmanns*, Die staatsanwaltschaftliche Verfahrenseinstellung wegen Geringfügigkeit, S. 132 f.; *Bloy* GA 1980, S. 161, 172; im Ergebnis ähnlich *Radtke*, Systematik des Strafklageverbrauchs, S. 166 f. „Schuldvergeltungsschuld im Sinne von § 46 Abs. 1 S. 1 StGB".
[62] Näher MünchKommStGB/*Radtke*, Vor §§ 38 ff. Rn. 53 ff.
[63] Vgl. BGH v. 31. 8. 1994 – 2 StR 256/94, StV 1994, 653; KK-StPO/*Schoreit* Rn. 15; KMR/*Plöd* Rn. 10; Löwe/Rosenberg/*Beulke* Rn. 24 und 34; *Meyer-Goßner* Rn. 4; SK-StPO/*Weßlau* Rn. 17.
[64] Dazu MünchKommStGB/*Radtke* Vor §§ 38 ff. Rn. 16–18 mwN.
[65] Siehe bereits *Radtke*, Systematik des Strafklageverbrauchs, S. 166 f.
[66] Vgl. *Frisch*, FS Müller-Dietz, S. 237 ff.
[67] Oben Rn. 1.

und über den konkret niedrigen Grad verschuldeten Unrechts fest. Gerade das Verständnis des Schuldbegriffs in § 153 als Strafbegründungsschuld iSv. § 46 Abs. 1 S. 1 StGB erklärt plausibel, warum es sich bei der strafverfahrensrechtlichen Vorschrift um eine Stufe innerhalb des Gesamtsystems abgestufter strafrechtlicher Reaktion handelt. Auf allen Stufen dieses Gesamtsystems, von der Nichtreaktion (§ 153 StPO) bis hin zur Verurteilung zu Strafe, wird die Grundlage für Art und Ausmaß der strafrechtlichen Reaktion nach demselben Maßstab, dem des § 46 Abs. 1 S. 1 StGB, bestimmt. Präventiven Strafzwecken kommt jeweils eine ergänzende Funktion zu.

21　**2. Maß der Schuld.** Die nach dem vorgenannten Maßstab bestimmt Schuld ist dann **gering**, wenn sie in Relation zu dem **Schuldgehalt** bei Vergehen gleicher Art **deutlich unter dem Durchschnitt liegt**.[68] In die Beurteilung des Schuldgehaltes sind alle im Rahmen von § 46 Abs. 1 S. 1 StGB berücksichtigungsfähigen Aspekte einzubeziehen. Auf der Grundlage einer vor allem bei Abs. 1 möglicherweise wenig umfänglichen Sachverhaltsaufklärung ist eine **Prognose** (arg: „wäre") darüber anzustellen, ob für den Fall der Sanktionierung die **Sanktion im unteren Bereich des in Frage kommenden Spektrums** liegen würde.[69]

22　Die Möglichkeit konkreterer Quantifizierung des in Frage kommenden Spektrums durch Angabe von Höchstgrenzen hypothetischer Sanktionen (etwa Geldstrafe bis zu 30 Tagessätzen)[70] hängt im Wesentlichen davon ab, ob das **Quantum der Schuld deliktsspezifisch** zu beurteilen ist oder nicht. Die **überwiegend** vertretene **Auffassung** plädiert für eine solche deliktsspezifische Betrachtung[71] und belässt es dann notwendigerweise bei der durch den unteren Bereich des jeweiligen Deliktsspektrums markierten Obergrenze. Die **Gegenansicht** fordert eine den gesamten Anwendungsbereich des § 153 erfassende **allgemeine Obergrenze**, die im Geldstrafenbereich beispielsweise 30 Tagessätze betragen sowie die §§ 59, 60 StGB einbeziehen könnte.[72] Für § 153a werden in entsprechender Weise allgemein geltende Obergrenzen gefordert.[73] Eine deliktsspezifische Bestimmung der „geringen" Schuld ist mit der Gefahr einer Ausweitung des Anwendungsbereichs von § 153 über den eigentlichen Bagatellbereich hinaus verbunden. Umgekehrt würde eine Orientierung an festen Obergrenzen klarere Abgrenzungen zu anderen diversionellen Erledigungsarten erleichtern und könnte dazu beitragen, die regionalen Anwendungsunterschiede zu verringern. Als Obergrenze ist dem Vorschlag *Schöchs* folgend im Geldstrafenbereich von 30 Tagessätzen auszugehen.[74]

23　**3. Einzelkriterien.** Auf der Grundlage der hier vertretenen Anknüpfung der geringen Schuld an die Strafbegründungsschuld kommt eine Anwendung vor allem bei **Vorliegen von vertypten Unrechts- und Schuldmilderungsgründen** in Betracht. Das kann grundsätzlich in allen Konstellationen vorliegen, in denen über § 49 StGB eine **Strafmilderung** vorgenommen werden muss oder kann;[75] etwa bei verminderter Schuldfähigkeit (§ 21 StGB), vermeidbarem Verbotsirrtum (§ 17 StGB) oder Irrtum über das Vorliegen der Voraussetzungen eines entschuldigenden Notstandes (§ 35 Abs. 2 StGB).[76] Maßgeblich ist der **Grad des verschuldeten Unrechts**. Es ist allgemein auf den Umfang des **Handlungs- und Erfolgsunrechts** der Tat abzustellen; erhebliches Erfolgsunrecht schließt die geringe Schuld nicht aus, wenn und soweit die Herbeiführung des Erfolges nur in geringem Umfang schuldhaft ist (etwa leicht fahrlässige Herbeiführung einer erheblichen körperlichen Beeinträchtigung). Das **Nachtatverhalten** des Beschuldigten ist – entgegen der überwiegenden Auffassung[77] – lediglich insoweit für das Schuldquantum von Bedeutung, als dieses indizielle Bedeutung für den Umfang des Handlungsunrechts hat (zB Rückschlusse auf die Einstellung des Beschuldigten zur Achtung der Rechtsgüter Dritter zulässt). Lediglich in diesem Kontext ist auch ein **Geständnis** relevant; notwendige Voraussetzung für die Anwendung von § 153 ist es nicht.[78] **Zulässiges Prozessverhalten** ist für das Schuldquantum völlig ohne Bedeutung (allgM),[79] weil sich

---

[68] *Eisele* NZV 1999, 232; *Fezer* ZStW 106 (1994), S. 1 (28); *Hobe*, FS Leferenz, S. 629 (633); *Pommer* Jura 2007, 662 (665); *Rieß* NStZ 1981, 1 (8); Löwe/Rosenberg/*Beulke* Rn. 24; *Meyer-Goßner* Rn. 4; SK-StPO/*Weßlau* Rn. 18.
[69] Zutreffend Löwe/Rosenberg/*Beulke* Rn. 24 und 25.
[70] Vgl. AK-StPO/*Schöch* Rn. 17.
[71] Etwa *Fezer* ZStW 106 (1994), S. 1 (28); *Hobe*, FS Leferenz, S. 629 (634); *Rieß* NStZ 1981, 1 (8); KK-StPO/*Schoreit* Rn. 20; Löwe/Rosenberg/*Beulke* Rn. 25; SK-StPO/*Weßlau* Rn. 17.
[72] Dafür – mit Unterschieden bzgl. der Quantifizierung der Obergrenzen – etwa *Boxdorfer* NJW 1976, 317 (319); AK-StPO/*Schöch* Rn. 17 aE; s. auch *Kunz*, Bagatellprinzip, S. 206 ff.
[73] § 153 a Rn. 17 aE.; beispielsweise *Bannenberg u. a.*, Alternativentwurf zur Reform des Ermittlungsverfahrens, 2001; *Haack*, Systematik der vereinfachten Strafverfahren, S. 78 ff. mwN; *Fünfsinn* NStZ 1981, 97 (101); *Loos*, FS Remmers, S. 565 (570 f.); *Weigend* KrimJ 1984, 8 (26).
[74] AK-StPO/*Schöch* Rn. 17.
[75] Zutreffend Löwe/Rosenberg/*Beulke* Rn. 26.
[76] Vgl. *Kunz*, Bagatellprinzip, S. 229 f.; *Meyer-Goldau*, Der Begriff der „geringen Schuld", S. 103.
[77] Siehe nur Löwe/Rosenberg/*Beulke* Rn. 27 mwN.
[78] AK-StPO/*Schöch* Rn. 19; Löwe/Rosenberg/*Beulke* Rn. 27; SK-StPO/*Weßlau* Rn. 17.
[79] AK-StPO/*Schöch* Rn. 19; KMR/*Plöd* Rn. 10; Löwe/Rosenberg/*Beulke* Rn. 27; SK-StPO/*Weßlau* Rn. 18.

daraus keinerlei Rückschlüsse auf das Maß des durch die Straftat verschuldeten Unrechts ziehen lassen.

III. Fehlendes öffentliches Interesse

1. Begriffsinhalt. Es besteht Einigkeit darüber, das **öffentliche Interesse** nicht auf die **Strafverfolgung** sondern auf die **Bestrafung des Beschuldigten** etc. zu beziehen;[80] die Strafverfolgung berechtigt zur Fortführung des Verfahrens allein gerade nicht.[81] Das öffentliche Interesse an der Bestrafung des Beschuldigten trotz lediglich geringer Schuld kann sich allein **aus spezialpräventiven oder generalpräventiven Strafzweckerwägungen** ergeben (allgM).[82] Die Bedeutung des Kriteriums „öffentliches Interesse" lässt sich vor dem Hintergrund des diversionellen Zwecks des § 153[83] verstehen. Grundsätzlich genügt bereits das Vorliegen eines im (Tat-)Schuldumfang geringen Vergehens iSv. § 12 StGB, um ein öffentliches Bestrafungsinteresse auszuschließen. Als **Korrektiv** können aber **präventive Strafzwecke** trotz der vorgenannten Voraussetzungen **ausnahmsweise** ein **Bestrafungsinteresse** begründen.[84] Da § 153 Teil eines Gesamtsystems abgestufter strafrechtlicher Reaktion ist und diversionelle Zwecke verfolgt,[85] kann sich das **öffentliche Interesse** an der Strafverfolgung lediglich aus **solchen Aspekten** ergeben, die **im Rahmen der Strafzumessung zulässig** berücksichtigt werden dürfen.[86] Begreift man § 153 als einen hypothetischen, die Schuldfrage im Ergebnis offen lassenden „Strafzumessungsakt", dürfen präventive Strafzwecke nicht in anderer Weise berücksichtigt werden als bei der eigentlichen Strafzumessung auch.[87] Entgegen vielfach vertretener Auffassung[88] haben generalpräventive Strafzwecke hier kein größeres Gewicht als bei der Strafzumessung. Sprechen spezial- oder – soweit berücksichtigungsfähig – generalpräventive Erwägungen für eine Durchführung des Strafverfahrens mit dem Ziel der Sanktionierung, ist die Anwendung von § 153 dennoch gestattet, wenn im Rahmen einer Gesamtabwägung mit dem justizökonomischen Zweck der Vorschrift Letzterer überwiegt.[89]

2. Einzelkriterien. Trotz (hypothetisch) geringer Schuld kann aus **spezialpräventiven Gründen** ein öffentliches Interesse an der Bestrafung bestehen, wenn der Verzicht auf formelle Sanktionierung mit der Gefahr zukünftig weiterer Straffälligkeit verbunden ist. Das kann vor allem bei Tätern mit mehreren **früheren Verurteilungen** oder zahlreichen bereits außerhalb von § 170 Abs. 2 eingestellten Verfahren der Fall sein.[90] Insoweit ist aber bei einer insgesamt fehlenden Bereitschaft, sich an strafbewehrte Verhaltensnormen zu halten, bereits der Schuldgehalt der Tat näher zu prüfen. Im Übrigen kann für die spezialpräventiv begründete Notwendigkeit formeller Sanktionierung eine gewisse Orientierung an den für § 47 StGB maßgeblichen Kriterien erfolgen. **Generalpräventive Gründe** können lediglich in dem durch das Strafzumessungsrecht gestatteten Umfang ein öffentliches Interesse begründen.[91] Das ist lediglich unter dem Aspekt der **Verteidigung der Rechtsordnung** (§ 47, § 56 Abs. 3 StGB) der Fall; dies kommt bei einem gravierenden Umfang der Begehung bestimmter Delikte in Betracht, wenn aus den rechtstatsächlichen Verhältnissen der Schluss auf eine mangelnde Bereitschaft in der Gesamtbevölkerung oder Teilen davon geschlossen werden kann, der zugrunde liegenden Verhaltensnorm nachzukommen; etwa bei Steuerhinterziehung von durch ausländische Kapitalanlagen erzielten Zinseinkünften. Generelle Aussagen über Delikte, deren Nichtverfolgung mit negativen Konsequenzen für die positive Generalprävention verbunden ist, lassen nicht treffen.[92]

---

[80] *Radtke*, Systematik des Strafklageverbrauchs, S. 167; Löwe/Rosenberg/*Beulke* Rn. 28.
[81] *Radtke*, Systematik des Strafklageverbrauchs, S. 167; *Boxdorfer* NJW 1976, 317 (318); *Hanack*, FS Gallas, S. 339 (353).
[82] Vgl. *Bohnert*, Die Abschlussentscheidung des Staatsanwalts, S. 150 ff.; *Paschmanns*, Die staatsanwaltschaftliche Verfahrenseinstellung, S. 178 ff.; *Radtke*, Systematik des Strafklageverbrauchs, S. 167 f.; *Bloy* GA 1980, 161 (174 f.); *Boxdorfer* NJW 1976, 317 (319 f.); KK-StPO/*Schoreit* Rn. 22; KMR/*Plöd* Rn. 11; Löwe/Rosenberg/*Beulke* Rn. 28 f.; Meyer-Goßner Rn. 7; SK-StPO/*Weßlau* Rn. 19.
[83] Oben Rn. 1.
[84] AA diejenigen, die eine eigenständige Bedeutung des „öffentlichen Interesses" negieren; M.-K. Meyer GA 1997, 404 ff.; in der Sache ähnlich *Bohnert*, Die Abschlussentscheidung des Staatsanwalts, S. 159 ff.
[85] Oben Rn. 1.
[86] AA SK-StPO/*Weßlau* Rn. 20, die darauf abstellt, ob der Verdachtsfall eine derartige Rechtsfriedensstörung ausgelöst hat, die der Durchführung eines Strafverfahrens bedarf.
[87] Zu den bei der Strafzumessung berücksichtigungsfähigen Aspekten MünchKommStGB/*Radtke* Vor §§ 38 ff. Rn. 33 ff.
[88] Exemplarisch AK-StPO/*Schöch* Rn. 21; Löwe/Rosenberg/*Beulke* Rn. 28 aE.
[89] *Bloy* GA 1980, 161 (175), *Rieß* NStZ 1981, 1 (8); Löwe/Rosenberg/*Beulke* Rn. 29.
[90] Vgl. *Bär* DAR 1984, 129 (132); *Hobe*, FS Leferenz, S. 629 (642); AK-StPO/*Schöch* Rn. 22; KK-StPO/*Schoreit* Rn. 23; Löwe/Rosenberg/*Beulke* Rn. 31.
[91] Oben Rn. 24.
[92] Näher Löwe/Rosenberg/*Beulke* Rn. 31 mwN.

26 Nicht strafzumessungsrelevante Aspekte können **kein öffentliches Interesse** begründen. Damit scheiden aus: soweit nicht die Voraussetzungen der vorstehenden Randnummer vorliegen der Grad der Aufmerksamkeit, den die Tat in der **medialen Berichterstattung** erlangt hat.[93] Öffentliche Aufmerksamkeit kann lediglich dann als Kriterium bedeutsam sein, wenn damit berücksichtigungsfähige generalpräventive Aspekte einhergehen. Entsprechendes gilt auch für die **Person von Beschuldigtem und Opfer** sowie deren Stellung im öffentlichen Leben.[94] Das Interesse an der **Klärung einer bestimmten Rechtsfrage** kann ein öffentliches Interesse, weil nicht strafzumessungsrelevant, an sich ebenfalls nicht begründen.[95] Anderes kann gelten, wenn ohne die Klärung der Rechtsfrage der Anwendungsbereich einer Strafvorschrift offen bliebe und dadurch eine Beeinträchtigung des Normvertrauens drohte (etwa Unklarheit, ob offenes „Schwarzfahren" [zB Kleidungsaufdruck] unter § 265 a StGB subsumiert werden kann).

27 Bestrafungs- oder **Genugtuungsinteressen des Verletzten** werden an sich nicht für geeignet gehalten, das öffentliche Interesse an der Strafverfolgung zu begründen.[96] Das ist im Grundsatz im Hinblick auf die Wertung in § 376 richtig. Allerdings hat der Gesetzgeber in § 153a Abs. 1 S. 1 iVm. S. 2 Nr. 5 selbst eine gewisse Verknüpfung zwischen dem öffentlichen Interesse an der Strafverfolgung bzw. Bestrafung und Verletzteninteressen in Gestalt des Täter-Opfer-Ausgleichs hergestellt und letztlich die Wertung aus § 46a StGB prozessual aufgenommen. Die Berücksichtigung von Verletzteninteressen kann daher, soweit sie strafzumessungsrelevant sind, erfolgen.

28 3. Sonderfälle. Besondere Schwierigkeiten wirft die Anwendung von § 153 in Konstellationen auf, die das Vorliegen von schuldunabhängigen Strafmilderungsgründen betreffen, vor allem bei **tatprovozierendem Lockspitzel-Einsatz** und **überlanger Verfahrensdauer**.[97] Die **Rspr.** misst sowohl dem zeitlichen Abstand zwischen der Tat und deren Aburteilung als auch der Dauer des Strafverfahrens Bedeutung für die Strafzumessung zu.[98] Die Länge des Abstandes zwischen Tat und Urteil ist regelmäßig Strafzumessungsfaktor.[99] Dagegen wird die konventionswidrige Verletzung des Beschleunigungsgebotes aus Art. 6 Abs. 1 S. 1 MRK nunmehr regelmäßig über die **Vollstreckungslösung**[100] durch Festlegung eines bereits verbüßten Teils der an sich verwirkten Freiheitsstrafe kompensiert. Für die Anwendung von § 153 hat die Rspr. – allerdings auf der Grundlage der lange verfochtenen sog. **Strafzumessungslösung**[101] – bei **überlanger Verfahrensdauer** angenommen, dass eine im Zeitpunkt der Tatbegehung nicht geringe Schuld sich wegen der Verfahrenslänge als (nunmehr) gering erweist und auch ein ursprünglich vorhandenes öffentliches Interesse erlischt.[102] Das kann allenfalls dann plausibel sein, wenn der von § 153 verwendete Schuldbegriff als Strafzumessungsschuld im Sinne von § 46 Abs. 2 StGB verstanden wird.[103] Auf der Basis der hier vertretenen Ansicht, § 153 auf die Strafbegründungsschuld zu beziehen, ist der zeitliche Abstand zwischen Tatbegehung kein für das Schuldquantum relevanter Aspekt. Das wird letztlich auch in der Rspr. des BGH selbst anerkannt, weil die überlange Verfahrensdauer gerade als „schuldunabhängiger Strafzumessungsgrund"[104] betrachtet wird, der eine Unterschreitung der an sich schuldangemessenen Strafe zuließe. Die nunmehr vom BGH vertretene Vollstreckungslösung[105] bestätigt die Unabhängigkeit der Verfahrensdauer vom Schuldgehalt der (materiellen) Tat erst recht. § 153 kann daher bei langer oder überlanger Verfahrensdauer **grundsätzlich** nur zur Anwendung gelangen, wenn die **Schuld** des Täters bei einem Vergehen **von Anfang an gering** war und die mit der langen Verfahrensdauer verbundenen, bereits durch den Beschuldigten etc. erlit-

---

[93] *Hobe*, FS Leferenz, S. 629 (646); AK-StPO/*Schöch* Rn. 23; KK-StPO/*Schoreit* Rn. 26; Löwe/Rosenberg/*Beulke* Rn. 33; siehe aber auch BGH v. 8. 4. 1957 – GSSt 3/56, BGHSt 10, 259 und SK-StPO/*Weßlau* Rn. 22.
[94] AK-StPO/*Schöch* Rn. 23; KK-StPO/*Schoreit* Rn. 23f.; Löwe/Rosenberg/*Beulke* Rn. 33.
[95] LG Aachen v. 18. 12. 1970 – 4 KMs 1/68, 55 – 115/67, JZ 1971, 507 (520) – sog. Contergan-Fall; *Meinberg*, Geringsfügigkeitseinstellungen. S. 49 f.; *Hobe*, FS Leferenz, S. 629 (646); KMR/*Plöd* Rn. 13; Löwe/Rosenberg/*Beulke* Rn. 33; *Meyer-Goßner* Rn. 8; aA AK-StPO/*Schöch* Rn. 21 mwN.; siehe auch KK-StPO/*Schoreit* Rn. 27.
[96] Vgl. KK-StPO/*Schoreit* Rn. 25; KMR/*Plöd* Rn. 12; Löwe/Rosenberg/*Beulke* Rn. 33; *Meyer-Goßner* Rn. 7; SK-StPO/*Weßlau* Rn. 23.
[97] Ausführlich Löwe/Rosenberg/*Beulke* Rn. 34.
[98] *Fischer* § 46 StGB Rn. 61 mwN.
[99] Vgl. BGH 20. 12. 1995 – 2 StR 468/95, BGHR StGB § 46 Abs. 2 Zeitablauf 1; BGH v. 20. 9. 1997 – 5 StR 363/97, NStZ-RR 1998, 207; BGH v. 15. 5. 1996 – 2 StR 119/96, NStZ 1997, 29 mAnm *Scheffler*.
[100] BGH v. 17. 1. 2008 – GSSt 1/07, BGHSt 52, 124ff. = NJW 2008, 860f. dazu u. a. *Bußmann* NStZ 2008, 236; *Gaede* JZ 2008, 422; *Ignor/Bertheau* NJW 2008, 2209; *Scheffler* ZIS 2008, 269 siehe auch Art. 6 MRK Rn. 19ff.
[101] Vgl. *Fischer* § 46 StGB Rn. 129 mwN.
[102] BGH v. 23. 9. 1960 – 3 StR 28/60, BGHSt 15, 159 (163 und 169) mAnm *Ostendorf/Radtke* JZ 2001, 109; *Roxin* JZ 2001, 48 f. BGH v. 4. 5. 2004 – 5 StR 588/03, StV 2004, 420; BGH v. 30. 5. 2006 – 3 StR 65/06, StraFo 2006, 379; siehe auch HK-StPO/*Gercke* Rn. 8; *Joecks* Rn. 6; KK-StPO/*Schoreit* Rn. 15; KMR/*Plöd* Rn. 10; Löwe/Rosenberg/*Beulke* Rn. 34; *Meyer-Goßner* Rn. 4.
[103] Oben Rn. 19.
[104] Exemplarisch BGH v. 4. 1. 1994 – 1 StR 749/93, NStZ 1004, 289; näher MünchKommStGB/*Radtke* Vor §§ 38ff. Rn. 57 mwN.
[105] Nachw. wie Fn. 100.

tenen Belastungen ein darüber hinausgehendes öffentliches Bestrafungsinteresse in Wegfall gebracht haben. Etwas anders kann unter Heranziehung des Grundgedankens der Vollstreckungslösung nur vertreten werden, wenn die durch die Verfahrensdauer erlittenen Belastungen als partielle Sühne für die Tatschuld verstanden werden, so dass die noch verbliebene Schuld als gering anzusehen wäre. Keinesfalls kann nach eine lediglich drohende lange Verfahrensdauer geringe Schuld und damit die Anwendung von § 153 begründen. In Konstellationen des **tatprovozierenden Lockspitzeleinsatzes** kommt die Anwendung von § 153 schon deshalb grundsätzlich zur Anwendung, weil sich der Umstand des durch den Staat provozierten Entschlusses zur Tat deren Schuldgehalt reduziert[106] und das Bestrafungsinteresse von vornherein gering ist, weil gerade der Umstand der staatlichen Tatprovokation das Vertrauen der Bevölkerung in die Normgeltung nachhaltiger beeinträchtigen kann als die Begehung der „provozierten" Tat selbst.

IV. Ermittlungsgrad der Tat

1. Allgemeines. Die Verfahrenserledigung nach § 153 weist durch die **konjunktivische Formulierung** „Schuld als gering anzusehen wäre" eine Besonderheit innerhalb der Einstellungsvorschriften der StPO auf. Die Formulierung steht vor dem Hintergrund des justizökonomischen Zwecks der Vorschrift und ermöglicht eine Einstellungsentscheidung **ohne eine vorherige Durchermittlung des Sachverhaltes** bis zu einer Beurteilung über den hinreichenden Tatverdacht (allgM).[107] Die Einstellung ist daher bereits dann möglich, wenn sich auf der Grundlage eines gewissen Ermittlungsgrades der Tat die **Prognose** stellen lässt, die Schuld des Beschuldigten würde auch bei Ausermittlung des Sachverhaltes allenfalls gering sein. Zudem darf trotz der prognostisch geringen Schuld kein Bestrafungsinteresse bestehen. Die Befugnis, von einer Durchermittlung des Sachverhaltes bei wahrscheinlich nur geringem Schuldquantum abzusehen, bezieht sich allein auf die tatsächlichen Voraussetzungen des hinreichenden Tatverdachts. Über die rechtlichen Voraussetzungen muss sich Staatsanwaltschaft oder Gericht Gewissheit verschaffen.[108] 29

2. Staatsanwaltschaftliche Einstellung (Abs. 1). Rechtstatsächlich hat der geforderte geringe Ermittlungsgrad der Tat lediglich für das staatsanwaltschaftliche Absehen von der Verfolgung nach Abs. 1 Bedeutung.[109] Hier ist deshalb der justizökonomische Effekt am größten, weil auf weitere Ermittlungen verzichtet werden darf und die Abschlussentscheidung regelmäßig weniger aufwändig ist als die Einstellung nach § 170 Abs. 2 oder die Anklageerhebung und ihre Surrogate. 30

3. Gerichtliche Einstellung (Abs. 2). Die konjunktivische Formulierung in Bezug auf das Schuldquantum der Tat („wäre") gilt auch für die gerichtliche Einstellung. Hier hat sie aber geringere Bedeutung als bei Einstellungen nach Abs. 1, weil der Sachverhalt angesichts der Anklageerhebung bereits durchermittelt ist und – soweit nicht vor Eröffnungsbeschluss die Einstellung erfolgt – auch durch das Gericht hinreichender Tatverdacht angenommen worden ist.[110] Das Genügen einer Prognose über den Schuldumfang enthebt das Gericht aber einer vollständigen Erfüllung seiner Kognitionspflicht in tatsächlicher Hinsicht. Diesem ist eine **summarische Prüfung** gestattet,[111] ohne gezwungen zu sein, die (prozessuale) Tat bis zur Sachentscheidungsreife aufzuklären, wenn prognostisch geringe Schuld anzunehmen ist. Dem justizökonomischen Zweck entsprechend dispensiert § 153 gerade von der Vollständigkeit Erfüllung der Kognitionspflicht; selbst auf zusätzliche, wenig umfängliche Ermittlungen mit dem Ziel, die Freispruchsvoraussetzungen aufzuklären, hat der Angeschuldigte/Angeklagte keinen Anspruch.[112] Die Unschuldsvermutung bleibt ihm vollständig erhalten. 31

D. Absehen von der Verfolgung (Abs. 1)

I. Zuständigkeit

Die Zuständigkeit zum Absehen von der Verfolgung hat allein die **Staatsanwaltschaft** (allgM); im **Steuerstrafverfahren** steht sie auch der **Finanzbehörde** zu, wenn und soweit sie das Ermittlungsverfahren eigenständig betreibt.[113] Die Polizei ist nicht berechtigt, unter Berufung auf das 32

---

[106] MünchKommStGB/*Radtke* Vor §§ 38 ff. Rn. 57.
[107] Oben Rn. 16.
[108] Oben Rn. 16.
[109] Vgl. *Radtke*, Systematik des Strafklageverbrauchs, S. 168 f. und S. 241 f.
[110] *Radtke*, Systematik des Strafklageverbrauchs, S. 169.
[111] *Loos* JZ 1978, 592 (596).
[112] Oben Rn. 16 aE; HK-StPO/*Gercke* Rn. 7; Löwe/Rosenberg/*Beulke* Rn. 36 mwN; aA etwa AK-StPO/*Schöch* Rn. 6.
[113] Löwe/Rosenberg/*Beulke* Rn. 40.

angenommene Vorliegen der Voraussetzungen von § 153 die Aufnahme von Ermittlungen oder gar die Aufnahme einer Strafanzeige abzulehnen.[114] In der Praxis scheinen dennoch solche (Nicht-)Verfolgungsstrategien der Polizei vorzukommen.[115]

II. Voraussetzungen

33 Materiell setzt das Absehen der Verfolgung das Vorliegen eines **Vergehens mit prognostisch geringem Schuldgehalt bei** (deswegen) **fehlendem öffentlichen Interesse** an der Bestrafung des Täters voraus.[116] Formell bedarf es zusätzlich der Zustimmung des Gerichts soweit nicht die Voraussetzungen von Abs. 1 S. 2 gegeben sind.[117]

III. Verfahren der staatsanwaltschaftlichen Einstellung

34 **1. Einstellung mit gerichtlicher Zustimmung (Abs. 1 S. 1).** Angesichts der Unzulässigkeit des Klageerzwingungsverfahrens gegen Einstellungsentscheidungen nach § 153 (§ 172 Abs. 2 S. 3) gewährleistet das Gesetz eine gewisse Kontrolle der **Einhaltung der Einstellungsvoraussetzungen** des Abs. 1 **durch die übereinstimmende Beurteilung seitens Staatsanwaltschaft und Gericht.** Regelungstechnisch erfolgt diese Kontrolle über das **gerichtliche Zustimmungserfordernis**.

35 a) **Zuständigkeit.** Für die Entscheidung über die Zustimmung ist das **Gericht** zuständig, welches bei Anklageerhebung **für** die Entscheidung über die **Eröffnung des Hauptverfahrens** zuständig wäre. Wegen der Beschränkung des sachlichen Anwendungsbereichs auf Vergehen werden regelmäßig lediglich die Spruchkörper an den Amtsgerichten dafür in Frage kommen; LG und OLG lediglich bei den in §§ 74 a, 120 GVG genannten Vergehen. Bei Zuständigkeitskonflikten gelten §§ 209, 209 a entsprechend.[118] Hält das angegangene Gericht sich für **unzuständig**, so erlässt es einen anfechtbaren[119] und deshalb mit Gründen zu versehenen **Beschluss**.[120] Bei mehreren begründeten Gerichtsständen hat die Staatsanwaltschaft ein Auswahlermessen wie bei der Anklageerhebung auch. Lehnt das um Zustimmung angegangene (zuständige) Gericht diese ab, ist die Staatsanwaltschaft gehindert, ohne triftige Gründe bei einem anderen Gericht, dessen Gerichtsstand begründet ist, um Zustimmung nachzusuchen (allgM).[121] Anderes gilt aber nach einem die eigene Zuständigkeit ablehnenden Beschluss; außer diesen mit der Beschwerde anzugreifen,[122] kann die Staatsanwaltschaft bei einem anderen, aus ihrer Sicht zuständigen Gericht erneut um Zustimmung nachsuchen.[123]

36 b) **Gerichtlicher Entscheidungsmaßstab.** Das zuständige **Gericht** beurteilt das Vorliegen der materiellen **Einstellungsvoraussetzungen**[124] eigenständig und unabhängig von der Staatsanwaltschaft. Nur so kann eine wirksame Kontrolle einer vorgelagerten Strafzumessungsentscheidung der Staatsanwaltschaft (unter Schuld- und präventiven Gesichtspunkten keine Bestrafung erforderlich) angesichts des ausgeschlossenen Klageerzwingungsverfahrens gewährleistet werden.

37 c) **Entscheidungsart des Gerichts.** Anders als in Abs. 2 S. 2 für die eigene Einstellungsentscheidung des Gerichts schreibt das Gesetz eine bestimmte Entscheidungsform nicht vor. Da das Gericht über einen Antrag der Staatsanwaltschaft entscheidet, wird die zustimmende oder ablehnende Entscheidung durch **Beschluss** zu erfolgen haben.[125] Dieser braucht lediglich bei Ablehnung des Antrags mit Gründen versehen zu sein, auch wenn **weder der zustimmende noch der ablehnende Beschluss anfechtbar** sind.[126]

38 d) **Wirkungen der Zustimmung.** Trotz antragsgemäßer Entscheidung **verpflichtet** die Zustimmung des Gerichts die **Staatsanwaltschaft nicht zum Absehen von der Verfolgung**; diese darf das Ermittlungsverfahren mit dem Ziel der Anklageerhebung fortsetzen (allgM).[127] Ein Anspruch des Beschuldigten auf Einstellung nach Abs. 1 nach gerichtlicher Zustimmung besteht schon wegen der ohnehin aufrechterhaltenen Unschuldsvermutung nicht. Dagegen tritt eine Bindung des Ge-

---

[114] KK-StPO/*Schoreit* Rn. 10; SK-StPO/*Weßlau* Rn. 26.
[115] *Dölling*, in: *Geisler* (Hrsg.), Das Ermittlungsverhalten der Polizei und die Einstellungspraxis der Staatsanwaltschaften, 1999, S. 39 ff.
[116] Dazu oben Rn. 19–28.
[117] Unten Rn. 40 ff.
[118] Löwe/Rosenberg/*Beulke* Rn. 43.
[119] Löwe/Rosenberg/*Beulke* Rn. 44.
[120] Vgl. LG Itzehoe v. 23. 12. 1992 – 9 Qs 167/92 jug III, StV 1993, 537.
[121] AnwK-StPO/*Walther* Rn. 12; HK-StPO/*Gercke* Rn. 10; KK-StPO/*Schoreit* Rn. 28.
[122] Löwe/Rosenberg/*Beulke* Rn. 44.
[123] Zutreffen SK-StPO/*Weßlau* Rn. 30.
[124] Rn. 19–28.
[125] Einschränkend Löwe/Rosenberg/*Beulke* Rn. 45 „jedenfalls bei Kollegialgerichten".
[126] Unten Rn. 72.
[127] AK-StPO/*Schöch* Rn. 27; KK-StPO/*Schoreit* Rn. 29; Löwe/Rosenberg/*Beulke* Rn. 47; SK-StPO/*Weßlau* Rn. 32.

richts insofern ein, als die erteilte Zustimmung auch vor der Einstellungsentscheidung der Staatsanwaltschaft nicht widerrufen werden kann.[128] Dies ergibt sich aus dem Charakter der Zustimmung als Prozesserklärung.

Die Ablehnung der Zustimmung soll die Staatsanwaltschaft **bei veränderter Sachlage** nicht an **erneuter Antragsstellung** hindern.[129] Bei entsprechend veränderter Sachlage darf die Staatsanwaltschaft auch die Voraussetzungen der zustimmungsfreien Einstellung (Abs. 1 S. 2) annehmen, wenn sie zuvor um gerichtliche Zustimmung nachgesucht hatte und diese verweigert worden war. 39

2. Einstellung ohne gerichtliche Zustimmung (Abs. 1 S. 2). Abs. 1 S. 2 hebt den Kontrollmechanismus der übereinstimmenden Beurteilung der Einstellungsvoraussetzungen durch Staatsanwaltschaft und Gericht bei Vergehen mit **nicht im Mindestmaß erhöhter Strafe** und **geringen Tatfolgen** auf. Justizökonomische Zwecke können diese Regelung kaum legitimieren. Versteht man § 153 insgesamt als Teil eines abgestuften Gesamtsystems staatlicher Reaktion auf die Begehung von Straftaten,[130] ist die Übertragung der Beurteilung, ob Schuldquantum und präventive Zwecke eine formelle strafrechtliche Reaktion erfordern, durch die Staatsanwaltschaft allein vor dem Hintergrund der an sich den Gerichten anvertrauten Rechtsprechung nicht ohne Bedenken. Das gilt erst recht, weil Abs. 1 S. 2 über **§ 153 a Abs. 1 S. 7** auch für Einstellung bei relativer Geringfügigkeit gilt.[131] Inhaltlich mit Abs. 1 S. 2 **vergleichbare Einstellungsmöglichkeiten ohne gerichtliche Zustimmung** finden sich in **§ 31 a Abs. 1 BtMG** und **§ 398 AO**.[132] 40

a) Nicht im Mindestmaß erhöhte Strafe. Die zustimmungsfreie Einstellung kommt nur bei solchen Vergehen in Betracht, deren abstrakte Strafdrohung **keine über das gesetzliche Mindestmaß von einem Monat (§ 38 Abs. 2 StGB)**[133] **hinausgehende Strafuntergrenze** vorsehen. Maßgeblich ist der jeweilige abstrakte Strafrahmen des Grunddelikts und seiner selbständigen Abwandlungen (Qualifikationen, Privilegierungen, Erfolgsqualifikationen), nicht dagegen bloße Strafzumessungsregelungen (allgM)[134] wie bei Regelbeispielen (etwa § 243) oder unbenannten minderschweren Fällen oder Strafmilderungsmöglichkeiten des Allgemeinen Teils (etwa § 21 iVm. § 49 Abs. 1 StGB). 41

b) Geringe Tatfolgen. Ist das verfahrensgegenständliche Vergehen ein **Vermögensdelikt**, bietet sich eine Orientierung an der im materiellen Recht maßgeblichen **Wertgrenze des § 248 a StGB** an.[135] Dafür spricht bereits, dass in den Fällen des § 248 a der Gesetzgeber für den Regelfall das Fehlen eines öffentlichen Bestrafungsinteresses zum Ausdruck bringt. Bei Tatobjekten, die einen Verkaufswert (**Verkehrswert**) haben, dürfte die **Wertgrenze** des § 248 a StGB bei **50 €** anzusetzen sein (strg.).[136] Bei Tatobjekten ohne Verkehrswert wird überwiegend der **Herstellungswert** für maßgeblich gehalten.[137] Die im materiellen Strafrecht von einigen vertretene Auffassung, bei fehlendem Verkehrswert stets von dem Fehlen der Geringwertigkeit auszugehen,[138] ist für § 153 Abs. 1 S. 2 kaum von Bedeutung, weil die geringen Folgen sich hier aus den für Nichtvermögensdelikte maßgeblichen Aspekten ergeben können. Liegt bei Vermögensdelikten ein geringer Schaden vor, können sich allenfalls in seltenen Ausnahmefällen nicht geringe Tatfolgen ergeben.[139] 42

Bei **Nichtvermögensdelikten** bestimmen sich – wie bei Vermögensdelikten – die geringen Tatfolgen nach **Art und Umfang der verschuldeten Tatfolgen** (allgM).[140] Maßgeblich ist damit vor allem das **Ausmaß der** bewirkten **Rechtsgutsbeeinträchtigung.** Dementsprechend sind die Tatfolgen bei vollendeter Rechtsgutsverletzung regelmäßig höher als bei deren **Versuch** und als bei **konkreter Rechtsgutsgefährdung.** Innerhalb der konkreten Gefahr für Individualrechtsgüter lassen sich möglicherweise noch Abstufungen nach dem Grad der Gefährdung und (damit zusammenhängend) dem Ausmaß des drohenden Schadens vornehmen. Kaum plausibel ist es dagegen, 43

---

[128] Wie hier bereits Löwe/Rosenberg/*Beulke* Rn. 47; aA AK-StPO/*Schöch* Rn. 27; KK-StPO/*Schoreit* Rn. 29.
[129] Löwe/Rosenberg/*Beulke* Rn. 47; SK-StPO/*Weßlau* Rn. 32.
[130] Oben Rn. 1.
[131] Zu den Bedenken näher *Hirsch* ZStW 92 (1980), S. 218, (222 f.); *Wolter* GA 1985, 49, (74 f.).
[132] Näher Löwe/Rosenberg/*Beulke* Rn. 49.
[133] Vgl. MünchKommStGB/*Radtke* § 38 Rn. 10.
[134] AK-StPO/*Schöch* Rn. 31; HK-StPO/*Gercke* Rn. 17; KK-StPO/*Schoreit* Rn. 41; KMR/*Plöd* Rn. 21; Löwe/Rosenberg/*Beulke* Rn. 50; *Meyer-Goßner* Rn. 15.
[135] Ebenso *Böttcher*/*Mayer* NStZ 1993, 154; *Siegismund*/*Wickern* wistra 1993, 81 (84); AK-StPO/*Schöch* Rn. 32 (zur früheren Fassung „geringer Schaden"); KMR/*Plöd* Rn. 22; Löwe/Rosenberg/*Beulke* Rn. 51; SK-StPO/*Weßlau* Rn. 37; aA KK-StPO/*Schoreit* Rn. 43 für über § 248 a StGB hinausgehenden Anwendungsbereich.
[136] Vgl. OLG Hamm v. 23. 9. 2003 – 3 Ss 526/03, wistra 2004, 34; *Henseler* StV 2007, 323 (326); MünchKommStGB/*Hohmann* § 248 a Rn. 6; krit. mit bedenkenswerten Argumenten *Fischer* § 248 a StGB Rn. 3 (bei 50 € halber Wochenlohn eines geringfügig Beschäftigten) für eine Wertgrenze von max. 30 €.
[137] HK-StPO/*Gercke* Rn. 18; KMR/*Plöd* Rn. 22; Löwe/Rosenberg/*Beulke* Rn. 51 mwN.
[138] Etwa *Fischer* § 248 a StGB Rn. 4.
[139] Vgl. Löwe/Rosenberg/*Beulke* Rn. 52.
[140] *Siegismund*/*Wickern* wistra 1993, 81 (83 Fn. 26); HK-StPO/*Gercke* Rn. 18; Löwe/Rosenberg/*Beulke* Rn. 52; SK-StPO/*Weßlau* Rn. 38.

bei **abstrakten Gefährdungsdelikten** „auf Art und Ausmaß der verursachten abstrakten Gefahr" abzustellen.[141] Der missverständliche Begriff „abstrakte Gefahr" bezeichnet anders als die konkrete Individualgefahr keinen Gefahrenzustand sondern beschreibt lediglich abstrakt gefährliche Handlungen. Maßgeblich kann daher im Hinblick auf „Tatfolgen" allenfalls sein, unter welchen konkreten Bedingungen die abstrakt gefährliche Handlung vorgenommen worden ist. Das Führen eines Kfz in absolut fahruntüchtigem Zustand auf einer stark befahrenen Straße zur Hauptverkehrszeit ist im Gefährlichkeitspotential anders zu beurteilen als die gleiche Handlung auf einer abgelegenen Landstraße zur Nachtzeit. Von geringen Tatfolgen ist auszugehen, wenn diese im **deliktsspezifischen Spektrum** im unteren Bereich liegen.[142]

44   c) **Beurteilung der Voraussetzungen zustimmungsfreier Einstellung.** Ob die Voraussetzungen zustimmungsfreier Einstellungen vorliegen, hat allein die **Staatsanwaltschaft zu beurteilen**. Ihre Entscheidung unterliegt lediglich insoweit der Überprüfung als die Einstellung nach Abs. 1 als solche überprüft werden kann.[143] Hat die Staatsanwaltschaft die Voraussetzungen von Abs. 1 S. 2 zu Unrecht angenommen, begründet dies nicht die Unwirksamkeit der Einstellungsentscheidung;[144] das Verfahren kann lediglich unter den allgemeinen Voraussetzungen[145] fortgesetzt werden. Hält die Staatsanwaltschaft die Voraussetzungen von Abs. 1 S. 2 für nicht gegeben und beantragt die Zustimmung, ist das **Gericht** insoweit **gebunden**, als es eine Zustimmung nicht mit der Begründung ablehnen darf, es handele sich um eine zustimmungsfreie Einstellung.[146] Anderenfalls könnte die Staatsanwaltschaft trotz übereinstimmender Annahme der Einstellungsvoraussetzungen das Verfahren nicht nach Abs. 1 einstellen, ohne aus ihrer Sicht wegen Verletzung von Abs. 1 S. 2 gesetzwidrig zu handeln.[147]

45   **3. Art und Inhalt der staatsanwaltschaftlichen Einstellung nach Abs. 1.** Die Einstellung erfolgt durch in den Akten zu vermerkende **Verfügung**; diese ist wegen § 171 Abs. 2 bei Vorhandensein eines Anzeigenerstatters **mit Gründen zu versehen** (vgl. Nr. 89 Abs. 2 RiStBV). Unabhängig davon ist eine aktenkundige Begründung wünschenswert, um eine sachgerechte Überprüfung der Voraussetzungen der (untechnisch verstandenen) Wiederaufnahme[148] zu gewährleisten. In der Sache sollten dementsprechend die die Annahme von (hypothetisch) geringer Schuld und fehlendem Bestrafungsinteresse tragenden Gründe genannt werden. Die Einstellungsverfügung enthält **keine Kostenentscheidung**; gerichtliche Entscheidung über die Kosten erfolgt nur bei Einstellung im Anschluss nach eine Rücknahme (§ 156) der bereits erhobenen Anklage (vgl. § 467a). Über evtl. Entschädigung für Strafverfolgungsmaßnahmen ist gerichtlich zu entscheiden (vgl. § 9 StrEG).

46   **4. Zustimmungs-/Anhörungs- und Benachrichtigungserfordernisse.** Die Einstellungsverfügung setzt – soweit nicht Abs. 1 S. 2 eingreift – die **Zustimmung** des zuständigen **Gerichts** voraus.[149] Dagegen bedarf es keiner Zustimmung des Beschuldigten oder des Anzeigenden, selbst wenn er Verletzter ist. Gleiches gilt für die **Anhörung**. Lediglich in Steuerstrafverfahren muss die zuständige **Finanzbehörde** zuvor angehört werden (§ 403 Abs. 4 AO). Bei Anzeigeerstattung durch Behörden oder Körperschaften des öffentlichen Rechts hat die Staatsanwaltschaft nach **Nr. 90 Abs. 1 und 2** diesen vor der Einstellung Gelegenheit zur Stellungnahme zu geben; die Nichtbeachtung ist für die Wirksamkeit der Verfahrenserledigung ohne Bedeutung. In den Fällen des § 170 Abs. 2 S. 2 erhält der **Beschuldigte** eine **Einstellungsnachricht**. Der Anzeigerstatter ist nach § 171 S. 1 ebenfalls mit einer mit Gründen versehenen Einstellungsmitteilung zu benachrichtigen. Da das Klageerzwingungsverfahren gegen die Einstellung nach Abs. 1 nicht statthaft ist (vgl. § 172 Abs. 2 S. 3), enthält die Einstellungsnachricht selbst an den verletzten Anzeigerstatter **keine Rechtsmittelbelehrung**.

E. Gerichtliche Verfahrenseinstellung nach Abs. 2

I. Zuständigkeit

47   Die Zuständigkeit für die Einstellung des Verfahrens nach § 153 geht mit der **Erhebung der öffentlichen Klage** oder ihren Surrogaten[150] von der Staatsanwaltschaft auf das Gericht über. Die

---

[141] So aber *Siegismund/Wickern* wistra 1993, 81 (84); Löwe/Rosenberg/*Beulke* Rn. 52.
[142] Vgl. Löwe/Rosenberg/*Beulke* Rn. 52; SK-StPO/*Weßlau* Rn. 38.
[143] Unten Rn. 69 f.
[144] SK-StPO/*Weßlau* Rn. 39.
[145] Unten Rn. 62–64.
[146] Wie hier bereits AK-StPO/*Schöch* Rn. 35; HK-StPO/*Gercke* Rn. 19; Löwe/Rosenberg/*Beulke* Rn. 54; SK-StPO/*Weßlau* Rn. 39; aA KMR/*Plöd* Rn. 23; *Meyer-Goßner* Rn. 18.
[147] Löwe/Rosenberg/*Beulke* Rn. 54.
[148] Unten Rn. 61 ff.
[149] Oben Rn. 34–39.
[150] Vgl. § 156 Rn. 3 ff.

Erster Abschnitt. Öffentliche Klage 48–51 § 153

Staatsanwaltschaft kann die Kompetenz lediglich durch Rücknahme der Anklage oder ihrer Surrogate innerhalb des durch § 156 vorgegebenen Rahmens wiedererlangen.[151] Für die Einstellung ist nach Anklageerhebung jeweils das **Gericht** zuständig, das **in dem jeweiligen Verfahrensstadium** („in jeder Lage des Verfahrens") **gerade mit der Sache befasst** ist. Das gilt auch für die **Rechtsmittelgerichte**.[152] Voraussetzung für die Zuständigkeitsbegründung bei diesen ist die Einlegung eines zulässigen Rechtsmittels; die Verwerfung des Rechtsmittels wegen Unzulässigkeit (etwa § 349 Abs. 1) hat Vorrang.[153] Die Möglichkeit der Verfahrenseinstellung **endet** erst **mit** einer **rechtskräftigen Entscheidung** über die betroffene Tat im prozessualen Sinne **insgesamt**. Teilrechtskraft steht nicht entgegen.[154]

II. Voraussetzungen

Materiell müssen die allgemeinen **Einstellungsvoraussetzungen des Abs. 1 S. 1**[155] vorliegen. Zusätzlich bedarf es der Zustimmung des Angeschuldigten/Angeklagten und der Staatsanwaltschaft. 48

III. Entscheidungsart und -inhalt

Die gerichtliche Einstellungsentscheidung ergeht, wie Abs. 2 S. 3 klarstellt, als **Beschluss**. Umfasst der Verfahrensgegenstand mehrere Taten im prozessualen Sinne muss aus dem die Einstellung des Verfahrens aussprechenden Beschluss hervorgehen, auf welche der Taten er sich bezieht. Das Gesetz schreibt eine **Begründung nicht** vor; im Hinblick auf die einem Einstellungsbeschluss nach Abs. 2 im Grundsatz übereinstimmend zugeschriebene strafklageverbrauchende Wirkung[156] ist eine **Begründung** aber **empfehlenswert**.[157] Ansonsten kann das Vorliegen der materiellen Wiederaufgreifensvoraussetzungen nur mit Schwierigkeiten geprüft werden. Lehnt das Gericht einen auf Einstellung gerichteten Antrag der Staatsanwaltschaft ab, ergibt sich die Pflicht zur Begründung des **Ablehnungsbeschlusses** aus § 34 Alt. 2. 49

Der Beschluss ist mit einer **Kosten- und Auslagenentscheidung** (vgl. § 464 Abs. 1) sowie ggf. einer Entscheidung über die **Entschädigung für Strafverfolgungsmaßnahmen** (§ 8 Abs. 1 StrEG) zu versehen. Der **Inhalt der Kosten- und Auslagenentscheidung** richtet sich nach § **467 Abs. 1 und Abs. 4** (bei Nebenklage ggf. iVm. § 472); die **Kosten** des Verfahrens trägt gemäß § 467 Abs. 1 die Staatskasse. Dagegen gestattet § 467 Abs. 4, von der Auferlegung der notwendigen Auslagen des Angeschuldigten/Angeklagten auf die Staatskasse abzusehen. Welche **Kriterien in die Auslagenentscheidung** nach § 467 Abs. 4 einbezogen werden dürfen, ist im Hinblick auf die Berücksichtigungsfähigkeit des Verdachtsgrades **nicht vollständig** geklärt.[158] § 467 Abs. 4 eröffnet – verfassungskonform[159] – dem Gericht eine Ermessensentscheidung. Bei der Ausübung des Ermessens darf das Gericht wegen der aufrechterhaltenen Unschuldsvermutung **keine Schuldzuweisung oder Schuldfeststellung** vornehmen, um von der Auslagenerstattung abzusehen (allgM).[160] Dagegen soll es von Verfassungs wegen nicht unzulässig sein, in die Erwägungen zur Auslagenentscheidung die **Stärke des Tatverdachts** einzubeziehen (strg).[161] Auch der EGMR sieht in der Berücksichtigung des Tatverdachtsgrades keinen Verstoß gegen die MRK.[162] Für die Entscheidung über Entschädigung für Strafverfolgungsmaßnahmen gilt § 3 StrEG. Die bzgl. § 467 Abs. 4 dargestellten Probleme des Entscheidungsmaßstabes stellen sich hier entsprechend. 50

Ergeht der **Beschluss in der Hauptverhandlung**, wirken bei entsprechendem Spruchkörper die Schöffen an der Entscheidung mit. Die Bekanntgabe erfolgt durch Verkündung, zu der die eventuell ausgeschlossene Öffentlichkeit wiederherzustellen ist.[163] Bei **Beschlussfassung außerhalb der Hauptverhandlung** ist dieser den Verfahrensbeteiligten bekannt zu machen (§ 35); förmlicher Zustellung bedarf es dagegen nicht (§ 35 Abs. 2 S. 2). 51

---

[151] Zu den jeweils maßgeblichen Zeiträumen § 156 Rn. 3 ff.
[152] Oben Rn. 8.
[153] Zutreffend Löwe/Rosenberg/*Beulke* Rn. 59.
[154] Oben Rn. 8.
[155] Oben Rn. 19–28.
[156] Unten Rn. 66–68.
[157] Ebenso AK-StPO/*Schöch* Rn. 50; HK-StPO/*Gercke* Rn. 24; KK-StPO/*Schoreit* Rn. 56; KMR/*Plöd* Rn. 32; Löwe/Rosenberg/*Beulke* Rn. 78; SK-StPO/*Weßlau* Rn. 54.
[158] § 467 Rn. 18; vgl auch Löwe/Rosenberg/*Beulke* Rn. 80 mwN.
[159] BVerfG v. 6. 2. 1995 – 2 BvR 2588/93, BVerfGE 82, 108, (119 f.); BVerfG v. 7. 7. 2002 – 2 BvR 9/02 (juris).
[160] BVerfG v. 6. 2. 1995 – 2 BvR 2588/93, BVerfGE 82, 108, (119 f.); BVerfG v. 7. 7. 2002 – 2 BvR 9/02 (juris); sowie exemplarisch *Kühl* JR 1978, 94; *ders.* NStZ 1981, 114; Löwe/Rosenberg/*Beulke* Rn. 80.
[161] BVerfG v. 6. 2. 1995 – 2 BvR 2588/93, BVerfGE 82, 108, (119 f.); BVerfG v. 7. 7. 2002 – 2 BvR 9/02 (juris); zur Kritik Löwe/Rosenberg/*Beulke* Rn. 80 m. zahlr. N.
[162] EGMR v. 25. 8. 1987 – 8/1986/106/154, EuGRZ 1987, 399; dazu krit. *Kühl* NJW 1988, 3233 ff.
[163] Vgl. BGH v. 2. 2. 1999 – 1 StR 636/98, StV 2000, 248 mAnm *Ventzke* (zu § 154 Abs. 2).

IV. Zustimmungs-/Anhörungs- und Benachrichtigungserfordernisse

52 **1. Zustimmung der Staatsanwaltschaft. a) Allgemeines.** Die Zustimmung der Staatsanwaltschaft zu der gerichtlichen Einstellung (Abs. 2) ist nach der gesetzlichen Konzeption an sich **stets erforderlich**. Bislang ist lediglich in einer Konstellation erheblicher, überlanger Verfahrensdauer ein auf Abs. 2 gestützter **zustimmungsfreier „Verfahrensabbruch"** durch den BGH zugelassen worden.[164] Eine Pflicht zur Erteilung der Zustimmung besteht nicht,[165] weil die Staatsanwaltschaft die Einstellungsvoraussetzungen unabhängig von dem Gericht zu beurteilen hat. Ebensowenig besteht eine Pflicht, die Gründe für die Ablehnung darzulegen.[166] Die Zustimmung kann schriftlich oder in **mündlicher Form** durch den Sitzungsvertreter in der Hauptverhandlung erklärt werden; sie ist auch dann wirksam, wenn sie entgegen den Weisungen des Dienstvorgesetzten erklärt worden ist.[167] Die **mündliche Erklärung** in der Hauptverhandlung ist **als wesentliche Förmlichkeit zu protokollieren.** Die **Zustimmungserklärung** der Staatsanwaltschaft soll als Prozesserklärung an sich **bedingungsfeindlich** sein.[168] Das gilt auch für die Bedingung, von der Erstattung der notwendigen Auslagen des Angeschuldigten/Angeklagten abzusehen (§ 467 Abs. 4); eine entsprechende Formulierung kann aber als Anregung an das Gericht verstanden werden, die Kostenentscheidung entsprechend zu treffen. Die Staatsanwaltschaft darf auch dann der Einstellung zustimmen, wenn sie im Klageerzwingungsverfahren zur Erhebung der öffentlichen Klage verpflichtet worden ist.[169] Sie ist auch nicht gehindert, nach zunächst verweigerter Zustimmung diese später bei geänderter Sachlage zu erteilen.[170]

53 **b) Zuständigkeit.** Zuständig ist die dem **mit der Sache befassten Gericht zugeordnete Staatsanwaltschaft**, bei Einstellungen in der Revisionsinstanz also entweder die jeweilige Generalstaatsanwaltschaft oder der Generalbundesanwalt.

54 **c) Wirkungen.** Die Zustimmungserklärung ist **notwendige Voraussetzung**[171] für die gerichtliche Einstellung. Selbst wenn das Gericht die Zustimmung angeregt hat, bindet es die Erteilung nicht. Die Zustimmung kann sich ohnehin nur auf die jeweilige Verfahrenslage beziehen; verändert sich diese, entfaltet die Zustimmung keine Wirkungen mehr;[172] jedenfalls kann die Staatsanwaltschaft **bei veränderter Sachlage** die erteilte **Zustimmung** bis zum Erlass des Einstellungsbeschlusses **widerrufen.** Abgesehen von möglichen unterschiedlichen Zuständigkeiten wird wegen der Änderung der Verfahrenslage die erteilte Zustimmung Wirkung nur für die jeweilige Instanz entfalten.[173]

55 **2. Zustimmung des Angeschuldigten/Angeklagten. a) Allgemeines.** Die Zustimmung des Angeschuldigten bzw. Angeklagten ist **außer** den in **Abs. 2 S. 2** geregelten Konstellationen ebenfalls **notwendige Voraussetzung** für eine Einstellung. Wegen des Zustimmungserfordernisses kann er durch Weigerung eine Sachentscheidung erzwingen. Die Zustimmungserklärung kann mündlich oder schriftlich erteilt werden; bei Abgabe in der Hauptverhandlung ist sie wie bei staatsanwaltschaftlicher Zustimmung als **wesentliche Förmlichkeit** in die Sitzungsniederschrift aufzunehmen. Die von dem Angeschuldigten/Angeklagten oder seinem Verteidiger gegebene Anregung, das Verfahren einzustellen, wird regelmäßig als Zustimmung zu verstehen sein. Der mit Vertretungsmacht nach § 234 ausgestattete **Verteidiger** kann für den abwesenden Angeschuldigten/Angeklagten die Zustimmung erklären.[174] Die Zustimmungserklärung wird bis zum Erlass des Einstellungsbeschlusses für **widerruflich** gehalten.[175] Ob die Zustimmungserklärung des Angeschuldigten/Angeklagten unter eine **Bedingung**, insb. unter die, die Kosten und Auslagen der Staatskasse aufzuerlegen, gestellt werden kann, ist **umstritten**. Die wohl überwiegende Auffassung geht, dem Charakter der Prozesserklärung entsprechend, von Bedingungsfeindlichkeit aus.[176] Die Gegenmeinung weist auf den zulässigen prozessualen Zweck hin, auf eine Sachentscheidung nur bei Entbindung von der Kostenlast zu verzichten, und hält jedenfalls die genannte Bedingung für rechtlich zulässig und daher der Wirksamkeit der (bedingten) Zustimmungserklärung nicht für

---
[164] BGH v. 9. 12. 1987 – 3 StR 104/87, BGHSt 35, 142 ff. = NJW 1988, 2188 ff.; dazu *Hassemer* JuS 1989, 147 f.
[165] Zur Frage der (fehlenden) Erzwingbarkeit unten Rn. 78.
[166] KMR/*Plöd* Rn. 28.
[167] Löwe/Rosenberg/*Beulke* Rn. 64.
[168] HK-StPO/*Gercke* Rn. 22; Löwe/Rosenberg/*Beulke* Rn. 66 mwN; wohl auch SK-StPO/*Weßlau* Rn. 48.
[169] AK-StPO/*Schöch* Rn. 45; HK-StPO/*Gercke* Rn. 20; Löwe/Rosenberg/*Beulke* Rn. 64 mwN. zum früheren Streitstand; *Meyer-Goßner* Rn. 23.
[170] Löwe/Rosenberg/*Beulke* Rn. 68; SK-StPO/*Weßlau* Rn. 47.
[171] Siehe aber zu einem extremen Ausnahmefall Rn. 52.
[172] Löwe/Rosenberg/*Beulke* Rn. 67; *Meyer-Goßner* Rn. 31; vgl. auch KMR/*Plöd* Rn. 28.
[173] Löwe/Rosenberg/*Beulke* Rn. 67.
[174] Näher Löwe/Rosenberg/*Beulke* Rn. 72.
[175] Vgl. KG v. 31. 3. 1978 – 2 Ws 33/78, JR 1978, 524; AK-StPO/*Schöch* Rn. 49; AnwK-StPO/*Walther* Rn. 23; KMR/*Plöd* Rn. 29 aE; Löwe/Rosenberg/*Beulke* Rn. 69; *Meyer-Goßner* Rn. 27; SK-StPO/*Weßlau* Rn. 50.
[176] OLG Schleswig v. 12. 7. 1982 – 1 Ws 291/82, bei Ernesti/Lorenzen SchlHA 1983, 111; AK-StPO/*Schöch* Rn. 49; HK-StPO/*Gercke* Rn. 22; KK-StPO/*Schoreit* Rn. 53; KMR/*Plöd* Rn. 29; *Meyer-Goßner* Rn. 31.

entgegenstehend.¹⁷⁷ Die Zulassung einer entsprechenden Bedingung schränkt allerdings umgekehrt die Handlungsmöglichkeiten des Gerichts ein, weil es trotz Vorliegens der materiellen Voraussetzungen nur einstellen kann, wenn es ohnehin die Auslagen des Angeklagten der Staatskasse auferlegen will. Nicht anders als bei der staatsanwaltschaftlichen Erklärung führt die Verknüpfung der Zustimmung mit einer **Bedingung nicht zur Unwirksamkeit**;[178] vielmehr bleibt die Zustimmung wirksam und die „Bedingung" wird als Anregung, von einer Auslagenerstattung abzusehen, verstanden.[179]

b) **Zustimmungsfreie Einstellung (Abs. 2 S. 2).** Unter den in Abs. 2 S. 2 genannten Konstellationen von § 205, § 231 Abs. 2 und §§ 232, 233 bedarf es keiner Zustimmung des nicht erreichbaren bzw. abwesenden Angeschuldigten/Angeklagten. Ist bei Einstellung in der Hauptverhandlung ein nach § 234 vertretungsberechtigter Verteidiger anwesend, so ist dessen Zustimmung einzuholen.[180] Eine **analoge Anwendung von Abs. 2 S. 2** (etwa auf die Fallgestaltung der in Abwesenheit des Angeklagten durchgeführten Revisionshauptverhandlung) kommt wegen des aus der Entziehung der Möglichkeit, eine Sachentscheidung zu erzwingen, resultierenden Ausnahmecharakters der Vorschrift **nicht** in Betracht (strg.).[181] 56

3. **Anhörung weiterer Beteiligter.** Der Umfang der zu gewährenden **Anhörungen** richtet sich nach dem Verfahrensstadium, in dem die Einstellungsentscheidung ergeht. Bei Einstellungsbeschluss **in der Hauptverhandlung** sind die anwesenden Verfahrensbeteiligten, soweit sie nicht ohnehin eine Anhörung mit dem Zustimmungserfordernis verknüpft ist, gemäß § 33 Abs. 1 zu hören. Liegt eine **Anschlusserklärung des Nebenklägers** vor, muss vor dem Einstellungsbeschluss nach § 153 Abs. 2 über die Anschlussberechtigung entschieden werden (arg.: § 396 Abs. 3). Dem Nebenkläger ist auch bei Einstellung außerhalb der Hauptverhandlung gemäß § 33 Abs. 3 stets rechtliches Gehör zu gewähren, wenn die zur Einstellung anstehende Tat (im prozessualen Sinne) seine Anschlussberechtigung begründet.[182] Einer **Zustimmung des Nebenklägers** bedarf es nach mittlerweile allgM **nicht**.[183] In **Steuerstrafverfahren** begründet § 407 Abs. 1 S. 2 AO die Notwendigkeit der **Anhörung** der zuständigen **Finanzbehörde**; deren Zustimmung bedarf es dagegen **nicht**. 57

F. Wirkungen und Folgen der Einstellung

I. Allgemeines

Nach der Einstellungsverfügung der Staatsanwaltschaft (Abs. 1) und dem gerichtlichen Einstellungsbeschluss (Abs. 2) ist die betroffene Tat nicht mehr Gegenstand des bzw. eines Verfahrens. Bildete die eingestellte Tat allein den Gegenstand des Verfahrens, so ist dieses **nicht mehr anhängig**. Ob und in welchem Umfang aus der Erledigung nach Abs. 1 oder Abs. 2 ein **Verfahrenshindernis** in Bezug auf die Verfolgung der vormals verfahrensgegenständlichen Tat folgt, hängt von dem der jeweiligen Einstellungsentscheidung zugemessenen Strafklageverbrauch ab.[184] Sowohl staatsanwaltschaftliche als auch gerichtliche Einstellung werden gemäß § 492 Abs. 1 Nr. 5 in das staatsanwaltschaftliche **Verfahrensregister** nicht aber in das Bundeszentralregister **eingetragen**. 58

II. Folgen für verfahrenssichernde Maßnahmen

Mit der die Anhängigkeit beendenden Einstellung entfällt die Berechtigung, verfahrenssichernde Maßnahmen auf den Verdacht der Begehung der Tat zu stützen, die Gegenstand der staatsanwaltschaftlichen oder gerichtlichen Einstellung ist. Dementsprechend ist ein **Haftbefehl**, der sich auf eine nach § 153 eingestellte Tat bezieht, **aufzuheben** (vgl. § 120 Abs. 1 S. 2).[185] Entsprechendes gilt für vorläufige Maßnahmen im Vorgriff späterer Anordnung von Maßregeln der Besserung und Sicherung. Auch eine bereits angeordnete isolierte Sperrfrist für die Wiedererteilung der 59

---

[177] LG Neuruppin v. 12. 3. 2002 – 12 Qs 8/02, NJW 2002, 1967; Löwe/Rosenberg/*Beulke* Rn. 70 mwN in Fn. 225; SK-StPO/*Weßlau* Rn. 50.
[178] AA AK-StPO/*Schöch* Rn. 49; *Meyer-Goßner* Rn. 27.
[179] Im Ergebnis so bereits OLG Düsseldorf v. 10. 2. 1989 – 1 Ws 162/89, MDR 1989, 932.
[180] Löwe/Rosenberg/*Beulke* Rn. 74; SK-StPO/*Weßlau* Rn. 51 aE; aA OLG Düsseldorf v. 17. 10. 1991 – V 21/88, MDR 1992, 1174; *Meyer-Goßner* Rn. 27.
[181] AK-StPO/*Schöch* Rn. 48; HK-StPO/*Gercke* Rn. 22; KK-StPO/*Schoreit* Rn. 54; Löwe/Rosenbeg/*Beulke* Rn. 73; *Meyer-Goßner* Rn. 27; aA KMR/*Plöd* Rn. 30.
[182] Vgl. OLG Celle v. 30. 12. 1982 – 2 Ws 199/82, NStZ 1983, 329 (zu § 154).
[183] AK-StPO/*Schöch* Rn. 44; AnwK-StPO/*Walther* Rn. 25; KK-StPO/*Schoreit* Rn. 55; Löwe/Rosenberg/*Beulke* Rn. 75 mit Nachw. zur älteren Rspr. in Fn. 238.
[184] Unten Rn. 61 ff.
[185] Löwe/Rosenberg/*Beulke* Rn. 86.

Fahrerlaubnis (§ 69 a Abs. 1 S. 3 StGB) muss aufgehoben werden.[186] Ansonsten können verfahrenssichernde Maßnahmen lediglich insoweit aufrechterhalten bleiben, als sie der Durchführung eines eventuellen **objektiven Verfahrens** (vgl. §§ 440, 442) dienen.

III. Berücksichtigung der eingestellten Tat in Strafverfahren über andere Taten

60 Die in dem staatsanwaltschaftlichen Verfahrensregister über die Einstellung nach Abs. 1 und Abs. 2 gespeicherten Daten können nach Maßgabe der §§ 492 ff. grundsätzlich auch in anderen Strafverfahren genutzt werden. So können sich vor allem aus der Anzahl der bereits nach § 153 (ggf. sich auch § 153 a) erfolgten Erledigungen unter Berücksichtigung der aufrechterhaltenen Unschuldsvermutung möglicherweise Rückschlüsse auf das öffentliche Bestrafungsinteresse ergeben. Darüber hinaus können sich die zu § 154 breit diskutierten Fragen der Berücksichtigungsfähigkeit eingestellter Verfahren bei der Beweiswürdigung oder Strafzumessung in anderen Verfahren stellen.[187] Die zu § 154 (und § 154 a) entwickelten Grundsätze der zulässigen Berücksichtigung[188] gelten für § 153 entsprechend.

G. Wiederaufgreifen des Verfahrens und Strafklageverbrauch

I. Allgemeines

61 § 153 enthält anders als § 153 a Abs. 1 S. 5 und § 210 keine Regelung über den Umfang des Strafklageverbrauchs und die Wiederaufnahme nach gerichtlichem Einstellungsbeschluss und erst recht nicht nach staatsanwaltschaftlicher Einstellungsverfügung. Auch wenn sich das Problem des Strafklageverbrauchs in praktischer Hinsicht selten stellen wird,[189] sind auf der rechtlichen Ebene die **materiellen Wiederaufnahmegründe** und dementsprechend der **Umfang des Strafklageverbrauchs** weithin im Unklaren.[190] Dagegen ist **für die Art der Wiederaufnahme** eindeutig, dass diese sich selbst nach gerichtlicher Einstellung gemäß § 153 Abs. 2 nicht in den Formen der §§ 359 ff. vollzieht, sondern durch die **Aufnahme erneuter Ermittlungen seitens der Staatsanwaltschaft**.[191] Das dreistufige Wiederaufnahmeverfahren ist ausschließlich für durch Urteil erledigte Strafverfahren konzipiert. In Bezug auf den Umfang des Strafklageverbrauchs und damit die materiellen Wiederaufnahmegründe wird ganz überwiegend zwischen dem staatsanwaltschaftlichen Absehen von der Verfolgung nach Abs. 1 und der gerichtlichen Einstellung gemäß Abs. 2 differenziert.

II. Staatsanwaltschaftliche Einstellung (Abs. 1)

62 **1. Strafklageverbrauch und materielle Wiederaufnahmegründe. a) Diskussionsstand.** Die staatsanwaltschaftliche Einstellungsverfügung nach Abs. 1 soll nach ganz **überwiegend** vertretener **Auffassung nicht** zu einem **Strafklageverbrauch** führen;[192] die Fortsetzung des Verfahrens dementsprechend an sich uneingeschränkt möglich sein. In einem gewissen Gegensatz zu diesem Ausgangspunkt soll die Fortsetzung aber eines „**sachlich einleuchtenden Grundes**" bedürfen.[193] Dessen Notwendigkeit wird teils aus dem allgemeinen Willkürverbot,[194] teils aus der rechtsfriedenstiftenden Funktion der Rechtssicherheit[195] oder dem Vertrauensschutz[196] hergeleitet. Welche Konsequenzen sich für eine Verfahrensfortsetzung bei Fehlen eines solchen sachlich einleuchtenden Grundes ergeben sollen, wird selten erörtert. *Beulke*[197] hält den sachlich einleuchtenden Grund lediglich für eine gerichtlich nicht überprüfbare Frage der innerstaatsanwaltschaftlichen Willensbildung.

---

[186] BGH v. 19. 9. 2000 – 4 StR 320/00, NJW 2000, 3654 (zu § 154).
[187] Zutreffend Löwe/Rosenberg/*Beulke* Rn. 87.
[188] § 154 Rn. 46 ff.
[189] *Schroeder* NStZ 1996, 319 (320).
[190] Überblick zum Diskussionsstand bei *Radtke*, Systematik des Strafklageverbrauchs, S. 152 ff., 243 ff.; Löwe/Rosenberg/*Beulke* Rn. 88 f.
[191] *Radtke* NStZ 1999, 481 (483 ff.).
[192] Exemplarisch *Pommer* Jura 2007, 662 (665); *Schroeder* NStZ 1999, 319 f.; AK-StPO/*Schöch* Rn. 40; HK-StPO/*Gercke* Rn. 14; KK-StPO/*Schoreit* Rn. 44; KMR/*Plöd* Rn. 36; Löwe/Rosenberg/*Beulke* Rn. 56 mwN in Fn. 187; SK-StPO/*Weßlau* Rn. 43; siehe auch die Nachw. bei *Radtke*, Systematik des Strafklageverbrauchs, S. 152 ff., 243 ff.
[193] Siehe nur *Rieß* NStZ 1981, 2 (9); HK-StPO/*Gercke* Rn. 14; KK-StPO/*Schoreit* Rn. 44; Löwe/Rosenberg/*Beulke* Rn. 56; SK-StPO/*Weßlau* Rn. 43; siehe ergänzend AG Gießen v. 24. 10. 1983 – 5 Ls 9 Js 19 306/82 (nr), StV 1984, 238 (239) aufgehoben durch LG Gießen v. 23. 2. 1984 – 2 Qs 783/83, StV 1984, 327.
[194] *Rieß* NStZ 1981, 2 (9).
[195] Vgl. Löwe/Rosenberg/*Beulke* Rn. 56.
[196] Erstmals *Loos* JZ 1978, 592 (594 f.); *Schroeder* NStZ 1996, 319 (320).
[197] Löwe/Rosenberg/*Beulke* Rn. 56.

Aufgrund von den transnationalen Strafklageverbrauch nach Art. 54 SDÜ betreffenden Entscheidungen wird von einer **Gegenauffassung** mittlerweile auch der Verfahrensbeendigung nach § 153 Abs. 1 grundsätzlich ein **strafklageverbrauchender Charakter** zugesprochen.[198] Die Forderung ist durch die **Rspr. des EuGH** mit beeinflusst, der die staatsanwaltschaftliche Verfahrenseinstellung nach § 153a Abs. 1 (ohne gerichtliche Zustimmung) als eine „rechtskräftige Aburteilung" nach Art. 54 SDÜ mit transnational strafklageverbrauchender Wirkung bewertet;[199] zuvor hatte ein niederländisches Gericht im Rahmen der Anwendung von Art. 54 SDÜ auch eine Einstellung nach § 153 Abs. 1 als die Strafklage verbrauchend angesehen.[200] In welchem Umfang eine solche Einstellung auf der Ebene des nationalen Rechts zum Strafklageverbrauch führen soll, ist allerdings unklar.[201]

63

b) **Stellungnahme.** Keine der beiden Ansichten überzeugt vollständig. Die **hM ist in sich widersprüchlich** und lässt eine Rückkoppelung an die für Art und Umfang des Strafklageverbrauchs maßgeblichen Kriterien[202] vermissen. Wenn es für die Fortsetzung des Verfahrens nach Einstellung gemäß Abs. 1 eines sachlich einleuchtenden Grundes bedarf, impliziert dies jedenfalls im Grundsatz eine strafklageverbrauchende Wirkung der Verfahrenserledigung, die aber gerade geleugnet wird. Selbst der auf ein Willkürverbot zurückgeführte „sachlich einleuchtende Grund" stellt sich als materielle Wiederaufnahmevoraussetzung dar, ohne dessen Vorliegen das Verfahren gegen denselben Beschuldigten über dieselbe Tat nicht fortgesetzt werden darf. Soll das Willkürverbot einer „grundlosen" Fortsetzung entgegen stehen, muss im Umfang des Willkürverbotes ein Verfahrenshindernis bestehen. Gerade das wird von der hM wenig folgerichtig in Abrede gestellt. Im Übrigen gestattet die Anknüpfung des „sachlich einleuchtenden Grundes" an das Willkürverbot oder das Vertrauensschutzprinzip keine Aussagen zu dem Umfang des implizit behaupteten Strafklageverbrauchs.[203] Die **Gegenauffassung** bleibt ebenfalls konkrete **Aussagen zur Reichweite des Strafklageverbrauchs** bei Einstellungen nach Abs. 1 **schuldig. Maßgeblich** können nur die **für den Umfang des Strafklageverbrauchs** allgemein relevanten Kriterien sein.[204] Deren Anwendung führt im Hinblick auf den Vergleich mit verfahrenserledigenden Entscheidungen nach § 170 Abs. 2 sowie Rechtskraftregelungen in § 174 Abs. 2, § 211 einerseits und § 153a Abs. 1 S. 5 andererseits dazu, ein Wiederaufgreifen **in analoger Anwendung von § 153a Abs. 1 S. 5** nur dann zuzulassen, wenn sich entweder durch Vorliegen von Nova oder aufgrund einer abweichenden rechtlichen Bewertung (ohne Nova) die vormals verfahrensgegenständliche **Tat** nunmehr materiell **als Verbrechen** erweist.[205]

64

2. Verfahren des Wiederaufgreifens. Liegen die materiellen Wiederaufnahmevoraussetzungen vor, bedarf es **keiner förmlichen Wiederaufnahmeentscheidung** seitens der Staatsanwaltschaft.[206] Das Wiederaufgreifen erfolgt durch Aufnahme erneuter Ermittlungen und führt zu einer Abschlussentscheidung in Gestalt der Anklageerhebung oder Surrogaten; es handelt sich dabei um die Fortsetzung des früheren Verfahrens.[207]

65

III. Gerichtlicher Einstellungsbeschluss (Abs. 2)

1. Diskussionsstand. Die gerichtliche Verfahrenserledigung nach **Abs. 2 führt** nach inzwischen allgM zu einem **Strafklageverbrauch** bzgl. der vormals verfahrensgegenständlichen Tat;[208] **keine Einigkeit** besteht aber über den **Umfang des Strafklageverbrauchs** und damit über die materiellen **Wiederaufnahmegründe.**[209] Der **Dissens** besteht **im Kern** darin, ob ein **Wiederaufgreifen** lediglich

66

---

[198] Vgl. etwa *Böse* GA 2003, 750 (763); *Kühne* Anm. zu EuGH v. 11. 2. 2003 – C-187/01 und C-385/01, JZ 2003, 305, (306).
[199] EuGH v. 11. 2. 2003 – verbundene Rs C-187/91 und C-385/01, NJW 2003, 1173 (Gözütok/Brügge); dazu einerseit *Radtke/Busch* NStZ 2003, 281 ff.; *Radtke*, Seebode-FS, 2008, S. 297, (304 f.); *Vogel/Nourozi* JuS 2003, 1059, (1060 f.) andererseits.
[200] Gericht Erster Instanz Eupen v. 27. 1. 1999 – 37.22. 1. 1157.94, StraFo 1999, 119; zustimmend *Stange/Rilinger* StV 2001, 540; ablehnend *Radtke/Busch* EuGRZ 2000, 421 (428 f.).
[201] Zum Verhältnis von Strafklageverbrauch und materiellen Wiederaufnahmegründen knapp einführend *Radtke/Busch* NStZ 2003, 281 (286 f.).
[202] Zu diesen *Radtke*, Systematik des Strafklageverbrauchs, S. 323 ff., 371 ff.
[203] *Loos* JZ 1978, 592 (594 f.).
[204] Zu diesen ausführlich *Radtke*, Die Systematik des Strafklageverbrauchs verfahrenserledigender Entscheidungen, 1993, S. 323 ff. (gerichtliche Entscheidungen) und 371 ff. (staatsanwaltliche Entscheidungen).
[205] Ausführliche Begründung bei *Radtke*, Systematik des Strafklageverbrauchs, S. 380 ff.; krit. bzgl. des Vorliegens der Voraussetzungen der Analogie *Löwe/Rosenberg/Beulke* Rn. 89.
[206] Vgl. BGH v. 25. 1. 2006 – 1 StR 438/06, NStZ-RR 2007, 20 (21) bzgl. § 154.
[207] *Radtke* NStZ 1999, 481 (484 f.).
[208] Siehe nur BGH v. 26. 8. 2003, BGHSt 48, 331, (333 ff.) = NJW 2004, 375 mAnm *Beulke* JR 2005, 33 und *Heghmanns* NStZ 2004, 633 ff.; *Löwe/Rosenberg/Beulke* Rn. 88; SK-StPO/*Weßlau* Rn. 57 jeweils mwN.
[209] Nachw. wie Fn. zuvor; ausführlich zum Streitstand *Radtke*, Systematik des Strafklageverbrauchs, S. 174 ff.; *Trepper*, Zur Rechtskraft strafprozessualer Beschlüsse, 1997, S. 102 ff.

dann zulässig ist, **wenn** sich die **Tat** später als **Verbrechen** erweist **oder** unter bestimmten Voraussetzungen auch bei fortbestehender Bewertung als **Vergehen** ein **Wiederaufgreifen** in Frage kommt. Angesichts der in § 153a Abs. 1 S. 5 getroffenen Regelungen besteht **Konsens**, die **Fortsetzung** des Verfahrens stets zu gestatten, **wenn** sich die verfahrensgegenständliche Tat nunmehr materiellrechtlich als **Verbrechen** darstellt.[210] Ob sich der **Verbrechenscharakter** aus **Nova** oder aufgrund einer abweichenden rechtlichen Würdigung auf unveränderter Tatsachengrundlage ergibt, ist **irrelevant**.[211] Erweist sich die **verfahrensgegenständliche Tat** als **Verbrechen** sind damit auch **Subsumtionsfehler** der ersten Verfahrenserledigung **korrigierbar**.[212]

67   **Kontrovers** wird dagegen die Frage diskutiert, ob ein Wiederaufgreifen auch dann zulässig ist, wenn sich **aufgrund neuer Tatsachen und Beweismittel** (Nova) eine von der des Einstellungsbeschlusses **abweichende rechtliche Bewertung** der Tat ergibt,[213] **ohne** dass sich diese als **Verbrechen** herausstellen muss. Diejenigen, die ein Wiederaufgreifen auch im Vergehensbereich zulassen wollen, formulieren unterschiedliche Voraussetzungen für die Fortsetzung des Verfahrens; teils wird eine **andere** (materiell) **rechtliche Qualifikation** der Tat gefordert,[214] andere gestatten die Fortsetzung bereits dann, wenn aufgrund der Nova sich der **Unrechts- und Schuldgehalt** so erhöht,[215] dass die Einstellungsvoraussetzungen entfallen. Die **Gegenauffassung** schließt dagegen unter Berufung auf eine analoge Anwendung von § 153a Abs. 1 S. 5 ein **Wiederaufgreifen im Vergehensbereich** aus.[216]

68   2. **Stellungnahme**. Die auch vom BGH[217] herangezogene **analoge Anwendung** von § 153a Abs. 1 S. 5, die eine **Fortsetzung** des nach § 153 Abs. 2 erledigten Verfahrens **ausschließlich bei** hervorgetretenem **Verbrechenscharakter** zulässt, ist **vorzugswürdig**.[218] Die methodischen Voraussetzungen der Analogie lassen sich angesichts des weitgehenden Fehlens aufeinander abgestimmter gesetzlicher Regelungen über den Strafklageverbrauch verfahrenserledigender Entscheidungen außerhalb des Sachurteils kaum leugnen.[219] Nach Maßgabe der für den Strafklageverbrauch insgesamt relevanten Kriterien entspricht die Heranziehung der Rechtskraftregelung des § 153a Abs. 1 S. 5 am Ehesten den Gegebenheiten des Einstellungsbeschlusses gemäß § 153 Abs. 2. Die Kritik der Gegenansicht, das in § 153a enthaltene Sanktionselement unterscheide diese Vorschrift deutlich von § 153,[220] übersieht, dass beide Regelungen lediglich unterschiedliche Stufen innerhalb eines Gesamtsystems strafrechtlicher Reaktion des Staates markieren und strukturell gerade nicht in für die Kriterien des Strafklageverbrauchs relevanter Weise divergieren.

H. Rechtsbehelfe

I. Staatsanwaltschaftliche Einstellung (Abs. 1)

69   1. **Einstellungsverfügung**. a) **Einstellungsverfügung**. Die auf Abs. 1 gestützte staatsanwaltschaftliche **Einstellungsverfügung** ist für den **Beschuldigten** mangels Beschwer **nicht** mit einem Rechtsbehelf **angreifbar**. § 172 Abs. 2 S. 3 schließt das dagegen gerichtete **Klageerzwingungsverfahren** für den **Verletzten** ausdrücklich **aus**. Der **Ausschluss** ist **umfassend** und erfasst selbst Einstellungsverfügungen, die ohne Vorliegen der gesetzlichen Voraussetzungen erfolgt sind.[221] Möglich sind allein die **Dienstaufsichtsbeschwerde** und die **Gegenvorstellung (allgM)**.[222] Verfassungsrechtlich ist die Beschränkung auf die beiden genannten Rechtsbehelfe trotz Art. 19 Abs. 4 GG unbedenklich, weil keine Beeinträchtigung eines subjektiven Rechts des Verletzten vorliegt.[223] Angesichts dessen kann die Einstellungsentscheidung auch nicht im Rechtsweg nach § 23 EGGVG überprüft werden.

70   b) **Ablehnung der Einstellung seitens der Staatsanwaltschaft**. Der Beschuldigte kann sich auch nicht gegen eine **Ablehnung der Verfahrenseinstellung** auf der Grundlage von Abs. 1 wenden.

---

[210] BGH v. 26. 8. 2003 – 5 StR 145/03, BGHSt 48, 331 (334 f.) = NJW 2004, 375; Löwe/Rosenberg/*Beulke* Rn. 88 mwN.
[211] *Radtke*, Systematik des Strafklageverbrauchs, S. 349 f.
[212] *Radtke*, Systematik des Strafklageverbrauchs, S. 349 f.; Löwe/Rosenberg/*Beulke* Rn. 90 mwN.
[213] Löwe/Rosenberg/*Beulke* Rn. 88; SK-StPO/*Weßlau* Rn. 57.
[214] Exemplarisch *Meyer-Goßner* Rn. 38.
[215] Löwe/Rosenberg/*Beulke* Rn. 91; SK-StPO/*Weßlau* Rn. 57.
[216] *Radtke*, Systematik des Strafklageverbrauchs, S. 346–351; *Trepper*, Rechtskraft strafprozessualer Beschlüsse, S. 116 f.; *Loos* JZ 1978, 592 (597 f.); KMR/*Plöd* Rn. 37.
[217] Nachw. wie Fn. 215.
[218] Zur näheren Begründung *Radtke*, Systematik des Strafklageverbrauchs, S. 346 ff.
[219] AA Löwe/Rosenberg/*Beulke* Rn. 89.
[220] SK-StPO/*Weßlau* Rn. 57.
[221] AK-StPO/*Schöch* Rn. 38; HK-StPO/*Gercke* Rn. 11; KK-StPO/*Schoreit* Rn. 43; *Meyer-Goßner* Rn. 9; SK-StPO/*Weßlau* Rn. 64.
[222] Nachw. wie Fn. zuvor; ergänzend Löwe/Rosenberg/*Beulke* Rn. 55; *Pommer* Jura 2007, 662 (665).
[223] BVerfG v. 5. 11. 2001 – 2 BvR 1551/01, NStZ 2002, 211.

Mangels eines Rechts auf diversionelle Entscheidung hat er noch nicht einmal einen Anspruch auf ermessensfehlerfreie Entscheidung über das Vorliegen der Voraussetzungen nach Abs. 1.

c) Nebenentscheidungen. Die mit der Einstellungsverfügung ggf. in Verbindung stehenden (gerichtlichen) **Nebenentscheidungen**[224] sind nach den allgemeinen Regeln anfechtbar; dementsprechend kann die evtl. nach § 467a getroffene **Kostenentscheidung** nicht angefochten werden (§ 467a Abs. 3). Dagegen unterliegt die Entscheidung über **Entschädigung für Strafverfolgungsmaßnahmen** (§ 9 StrEG) der sofortigen Beschwerde (siehe § 9 Abs. 2 StrEG). 71

2. Gerichtliche Zustimmung. Der Beschluss über die **Erteilung der Zustimmung** ist für die Staatsanwaltschaft und den Beschuldigten **nicht anfechtbar** (hM).[225] Für den Beschuldigten gilt das selbst dann, wenn eine liquide Einstellungslage besteht,[226] weil angesichts der aufrechterhaltenen Unschuldsvermutung kein auf Einstellung nach § 170 Abs. 2 gerichtetes Rehabilitierungsinteresse besteht. Auch für den durch die verfahrensgegenständliche Tat **Verletzten** gibt es **kein Anfechtungsrecht**; anderenfalls entstünde ein Wertungswiderspruch zu dem Ausschluss des Klageerzwingungsverfahrens. Im Übrigen handelt es sich ohnehin lediglich um eine Prozesserklärung.[227] Aus diesem Grund kann auch die **Weigerung, die Zustimmung zu erteilen,** weder durch die **Staatsanwaltschaft** noch durch den **Beschuldigten angefochten** werden.[228] Die Staatsanwaltschaft kann jedoch bei geänderter Sachlage erneut um Zustimmung nachsuchen oder ohne Zustimmung einstellen, wenn wegen der Änderung nunmehr die Voraussetzungen von Abs. 1 S. 2 vorliegen.[229] 72

II. Gerichtliche Einstellung (Abs. 2)

1. Gerichtlicher Einstellungsbeschluss. Abs. 2 S. 4 schließt die **Anfechtung** des gerichtlichen Einstellungsbeschlusses **aus.** Die Reichweite des Ausschlusses wird **restriktiv** allein auf die materiellen Wiederaufnahmevoraussetzungen der (hypothetisch) **geringen Schuld** und des **fehlenden öffentlichen Interesses** bezogen.[230] Der **Staatsanwaltschaft** steht danach die einfache **Beschwerde** (§ 304) zu, wenn es sich bei der verfahrensgegenständlichen Tat um ein **Verbrechen** handelt[231] **oder** die erforderlichen **Zustimmungen** von Staatsanwaltschaft und Angeschuldigtem **fehlen.**[232] Die vorgenannte Unterscheidung bei den Einstellungsvoraussetzungen ist zutreffend und sowohl dem Regelungszweck des § 153,[233] insb. seinem justizökonomischen Zweck, als auch den sachlogischen Strukturen der Einstellungsvoraussetzungen selbst geschuldet.[234] 73

Die vorgenannten Begrenzungen des Ausschlusses des Beschwerderechts gelten auch für die Anfechtung durch den **Angeschuldigten/Angeklagten.**[235] Dieser kann die **Beschwerde** auf den **Verbrechenscharakter** der Tat und auf das **Fehlen seiner** (erforderlichen) **Zustimmung** (also nicht in den Fällen von Abs. 2 S. 2) nicht aber auf die der Staatsanwaltschaft stützen; in Bezug darauf ist er nicht beschwert.[236] 74

Dagegen **schließt § 400 Abs. 2 S. 2**, der § 153 Abs. 2 S. 4 als **lex specialis** vorgeht, die Statthaftigkeit der **Beschwerde des Nebenklägers** stets **aus.**[237] Er kann den Einstellungsbescheid selbst bei fehlerhafter Einordnung als Vergehen statt zutreffend als Verbrechen und bei fehlender staatsanwaltschaftlicher Zustimmung nicht anfechten. Eventuell auftretende Wertungswidersprüche zwischen dem Anfechtungsrecht des Nebenklägers gegen Sachurteile einerseits und Einstellungsbeschlüsse andererseits[238] sind als gesetzgeberische Entscheidung hinzunehmen.[239] 75

---

[224] Oben Rn. 45.
[225] Vgl. BGH v. 29. 10. 1992 – 4 StR 353/92, BGHSt 38, 381 (382) = NJW 1993, 605, (606); exemplarisch AnwK-StPO/*Walther* Rn. 14; AK-StPO/*Schöch* Rn. 26; KK-StPO/*Schoreit* Rn. 30; Löwe/Rosenberg/*Beulke* Rn. 46; Meyer-Goßner Rn. 38; SK-StPO/*Weßlau* Rn. 62; aA *Wagner* ZStW 109 (1987), 545, (587).
[226] AA *Wagner* ZStW 109 (1997), 545, (587).
[227] BGH v. 29. 10. 1992 – 4 StR 353/92, BGHSt 38, 381 (382) = NJW 1993, 605, (606).
[228] Nachw. wie Fn. 224.
[229] Oben Rn. 35.
[230] Ausführlich *Radtke* JR 2003, 127 (128 f.); Löwe/Rosenberg/*Beulke* Rn. 82.
[231] BGH v. 22. 3. 2002 – 4 StR 485/01; BGHSt 47, 270 ff. = NJW 2002, 491 ff. mAnm *Radtke* JR 2003, 127 ff.; OLG Hamm v. 13. 11. 2003 – 4 Ws 576 – 578/03, NJW 2004, 3134; AK-StPO/*Schöch* Rn. 53; AnwK-StPO/*Walther* Rn. 27; KK-StPO/*Schoreit* Rn. 34; Löwe/Rosenberg/*Beulke* Rn. 82; Meyer-Goßner Rn. 34; SK-StPO/*Weßlau* Rn. 66.
[232] Nachw. wie Fn. zuvor.
[233] Oben Rn. 1.
[234] Näher *Radtke* JR 2003, 127 (128 f.).
[235] OLG Düsseldorf v. 5. 5. 1999 – 2 Ws 127/99, 2 Ws 129/99, StraFo 1999, 277; OLG Frankfurt v. 16. 10. 1997 – 3 Ws 811/97, NStZ-RR 1998, 52; OLG Hamm v. 8. 2. 2005 – 2 Ws 30/05, VRS 108 (2005), 265; Löwe/Rosenberg/*Beulke* Rn. 82, *Meyer-Goßner* Rn. 34.
[236] Zutreffend Löwe/Rosenberg/*Beulke* Rn. 82.
[237] Zu den Gründen *Radtke* JR 2003, 127 (130).
[238] Auf die BGH v. 22. 3. 2002 – 4 StR 485/01; BGHSt 47, 270 ff. = NJW 2002, 491 ff. zu Recht hinweist.
[239] *Radtke* JR 2003, 127 (130).

§ 153a

76 **2. Ablehnung des Antrags auf Einstellung.** Gegen die Ablehnung eines auf gerichtliche Einstellung nach Abs. 2 gerichteten Antrags ist die Beschwerde **nicht statthaft**.[240] Im Stadium nach Eröffnung des Hauptverfahrens ergibt sich dies aus § 305. Ein sachlicher Grund, die Anfechtung lediglich zwischen Anklageerhebung und Eröffnungsbeschluss zuzulassen, ist nicht ersichtlich.[241]

77 **3. Nebenentscheidungen des Einstellungsbeschlusses.** § 464 Abs. 3 S. 1 erklärt die **Kosten- und Auslagenentschädigung** des Einstellungsbeschlusses für **nicht anfechtbar**. Allerdings kann der Ausschluss der Überprüfung der Nebenentscheidung nicht weiter reichen als der der Entscheidung in der Sache. Soweit daher bei Fehlen der gesetzlichen Voraussetzungen (Vergehen, Zustimmungen von Staatsanwaltschaft und grds. Angeschuldigtem/Angeklagten) ausnahmsweise der Einstellungsbeschluss selbst anfechtbar ist,[242] erstreckt sich die **Beschwerde** auch auf die Entscheidung über die **Kosten und Auslagen**.[243] Die Entscheidung über **Entschädigung für Strafverfolgungsmaßnahmen** ist stets mit der Beschwerde anfechtbar (§ 8 Abs. 3 StrEG).

78 **4. Verweigerung der staatsanwaltschaftlichen Zustimmung.** Die Zustimmung der Staatsanwaltschaft zu der gerichtlichen Einstellung **kann nicht erzwungen werden**,[244] weil anderenfalls das Kontrollinstrument der übereinstimmenden Beurteilung der Staatsanwaltschaft und Gericht an Bedeutung verlieren würde. Selbst in Fällen einer willkürlichen Zustimmungsverweigerung kann das Gericht aus dem vorgenannten Grund die fehlende staatsanwaltschaftliche Zustimmung nicht ersetzen;[245] lediglich in einem Einzelfall hat der BGH einen zustimmungsfreien „Verfahrensabbruch" gestattet.[246]

III. Revision

79 Weder die Anwendung von Abs. 2 noch das Unterbleiben einer darauf gestützten Einstellung können mit der Revision gerügt werden. Im Fall der **Fortsetzung des Ermittlungsverfahrens** trotz einer Einstellung nach Abs. 1 oder Abs. 2, ohne die dafür erforderliche jetzige Beurteilung als Verbrechen, besteht allerdings ein **Verfahrenshindernis**, das auf eine zulässige Revision hin von dem Revisionsgericht zu überprüfen ist. Werden nach § 153 eingestellte Taten unter Missachtung der dafür erforderlichen Voraussetzungen[247] in anderen Verfahren verwertet, kann der Angeklagte dieses Verfahrens das mit der Verfahrensrüge geltend machen; insoweit gelten dieselben Grundsätze wie bei der Berücksichtigung nach § 154 ausgeschiedener Taten.[248]

§ 153a [Einstellung nach Erfüllung von Auflagen und Weisungen]

(1) ¹Mit Zustimmung des für die Eröffnung des Hauptverfahrens zuständigen Gerichts und des Beschuldigten kann die Staatsanwaltschaft bei einem Vergehen vorläufig von der Erhebung der öffentlichen Klage absehen und zugleich dem Beschuldigten Auflagen und Weisungen erteilen, wenn diese geeignet sind, das öffentliche Interesse an der Strafverfolgung zu beseitigen, und die Schwere der Schuld nicht entgegensteht. ²Als Auflagen oder Weisungen kommen insbesondere in Betracht,
1. zur Wiedergutmachung des durch die Tat verursachten Schadens eine bestimmte Leistung zu erbringen,
2. einen Geldbetrag zugunsten einer gemeinnützigen Einrichtung oder der Staatskasse zu zahlen,
3. sonst gemeinnützige Leistungen zu erbringen,
4. Unterhaltspflichten in einer bestimmten Höhe nachzukommen,
5. sich ernsthaft zu bemühen, einen Ausgleich mit dem Verletzten zu erreichen (Täter-Opfer-Ausgleich) und dabei seine Tat ganz oder zum überwiegenden Teil wieder gut zu machen oder deren Wiedergutmachung zu erstreben, oder
6. an einem Aufbauseminar nach § 2b Abs. 2 Satz 2 oder § 4 Abs. 8 Satz 4 des Straßenverkehrsgesetzes teilzunehmen.

---

[240] Siehe AK-StPO/*Schöch* Rn. 50; HK-StPO/*Gercke* Rn. 13; KK-StPO/*Schoreit* Rn. 32; Löwe/Rosenberg/*Beulke* Rn. 47; SK-StPO/*Weßlau* Rn. 52; aA KMR/*Plöd* Rn. 26.
[241] Näher Löwe/Rosenberg/*Beulke* Rn. 47.
[242] Oben Rn. 73 f.
[243] *Rieß/Hilger* NStZ 1987, 204 (206 Fn. 303); Löwe/Rosenberg/*Beulke* Rn. 82.
[244] Vgl. OLG Hamm v. 25. 4. 1985 – 1 VAs 148/84, NStZ 1985, 472; AK-StPO/*Schöch* Rn. 46; KMR/*Plöd* Rn. 28; Löwe/Rosenberg/*Beulke* Rn. 68; aA vor allem *Terbach* NStZ 1998, 172 (174) mwN.
[245] Löwe/Rosenberg/*Beulke* Rn. 82 mwN; aA *Terbach* NStZ 1998, 172 (176).
[246] Oben Rn. 52 Fn. 164.
[247] Rn. 60 iVm. § 154 Rn. 46 ff.
[248] § 154 Rn. 92.

³ Zur Erfüllung der Auflagen und Weisungen setzt die Staatsanwaltschaft dem Beschuldigten eine Frist, die in den Fällen des Satzes 2 Nr. 1 bis 3, 5 und 6 höchstens sechs Monate, in den Fällen des Satzes 2 Nr. 4 höchstens ein Jahr beträgt. ⁴ Die Staatsanwaltschaft kann Auflagen und Weisungen nachträglich aufheben und die Frist einmal für die Dauer von drei Monaten verlängern; mit Zustimmung des Beschuldigten kann sie auch Auflagen und Weisungen nachträglich auferlegen und ändern. ⁵ Erfüllt der Beschuldigte die Auflagen und Weisungen, so kann die Tat nicht mehr als Vergehen verfolgt werden. ⁶ Erfüllt der Beschuldigte die Auflagen und Weisungen nicht, so werden Leistungen, die er zu ihrer Erfüllung erbracht hat, nicht erstattet. ⁷ § 153 Abs. 1 Satz 2 gilt in den Fällen des Satzes 2 Nr. 1 bis 5 entsprechend.

(2) ¹ Ist die Klage bereits erhoben, so kann das Gericht mit Zustimmung der Staatsanwaltschaft und des Angeschuldigten das Verfahren bis zum Ende der Hauptverhandlung, in der die tatsächlichen Feststellungen letztmals geprüft werden können, vorläufig einstellen und zugleich dem Angeschuldigten die in Absatz 1 Satz 1 und 2 bezeichneten Auflagen und Weisungen erteilen. ² Absatz 1 Satz 3 bis 6 gilt entsprechend. ³ Die Entscheidung nach Satz 1 ergeht durch Beschluß. ⁴ Der Beschluß ist nicht anfechtbar. ⁵ Satz 4 gilt auch für eine Feststellung, daß gemäß Satz 1 erteilte Auflagen und Weisungen erfüllt worden sind.

(3) Während des Laufes der für die Erfüllung der Auflagen und Weisungen gesetzten Frist ruht die Verjährung.

Schrifttum: *Elsner*, Entlastung der Staatsanwaltschaft durch Übertragung von Einstellungsbefugnissen auf die Polizei?, ZRP 2010, 49; *Krumm*, Geldbußenzuweisung im Strafverfahren – oder: Wer bekommt das Geld des Angeklagten, NJW 2008, 1420–1422; *Loos*, Zur „schadensbegrenzenden" Auslegung strafprozessualer Vorschriften des Justizentlastungsgesetzes, FS Remmers, 1995; S. 565; im Übrigen Nachw. wie zu § 153.

Übersicht

	Rn.
A. Zweck und Bedeutung der Vorschrift	1–8
I. Zweck	1–3
II. Bedeutung	4–7
III. Besonderheiten des Verfahrenstypus	8
B. Anwendungsbereich	9
I. Anwendbarkeit in den Verfahrensstadien	10–22
1. Staatsanwaltschaftliche Einstellung (Abs. 1)	10
2. Gerichtliche Einstellung (Abs. 2)	11
II. Anwendbarkeit in sachlicher Hinsicht	12–17
III. Anwendbarkeit in persönlicher Hinsicht	18, 19
1. Strafverfahren gegen Jugendliche und Heranwachsende	18
2. Strafverfahren gegen Betäubungsmittelabhängige	19
IV. Analoge Anwendung	20
V. Verhältnis zu anderen Erledigungsarten	21
C. Gemeinsame Einstellungsvoraussetzungen	23–51
I. Grundstruktur	23
II. Schwere der Schuld	24–26
1. Bedeutung und Inhalt der Schuldschwereklausel	24, 25
2. Maßstab der Schwere der Schuld	26
III. Öffentliches Interesse	27–29
1. Begriffsinhalt und Verhältnis zur Erfüllung der Auflagen und Weisungen	27
2. Einzelkriterien	28
IV. Ermittlungsgrad der Tat	29–31
1. Allgemeines	29
2. Staatsanwaltschaftliche Einstellung (Abs. 1)	30
3. Gerichtliche Einstellung (Abs. 2)	31
V. Auflagen und Weisungen (Abs. 1 S. 2)	32–51
1. Allgemeines	32–34
2. Gesetzlich benannte Auflagen und Weisungen (Abs. 1 S. 2 Nr. 1–6)	35–44
3. Unbenannte Auflagen und Weisungen	45, 46
4. Fristen zur Erfüllung der Auflagen und Weisungen (Abs. 1 S. 3)	47
5. Nachträgliche Änderungen und Aufhebungen der Auflagen oder Weisungen (Abs. 1 S. 4)	48–50
6. Kontrolle der Auflagen und Weisungen	51
D. Absehen von der Erhebung der öffentlichen Klage (Abs. 1)	52–65
I. Zuständigkeit	52
II. Voraussetzungen	53
III. Verfahren der staatsanwaltschaftlichen Einstellung	54–64
1. Allgemeines	54
2. Zustimmung durch den Beschuldigten	55–57
3. Zustimmung des Gerichts	58–62
4. Sonstige Zustimmungs-/Anhörungs- und Benachrichtigungserfordernisse	63
5. Art und Inhalt der staatsanwaltschaftlichen Einstellung nach Abs. 1	64, 65
E. Gerichtliche Verfahrenseinstellung nach Abs. 2	66–74
I. Zuständigkeit	66
II. Voraussetzungen	67

§ 153a 1, 2

	Rn.
III. Entscheidungsart und -inhalt	68
1. Vorläufige Einstellung (Abs. 2 S. 1)	68, 69
2. Endgültige Einstellung (Abs. 2 S. 5)	70, 71
IV. Zustimmungs-/Anhörungs- und Benachrichtigungserfordernisse	72, 73
1. Zustimmung der Staatsanwaltschaft	72
2. Zustimmung des Angeschuldigten/Angeklagten	73
3. Anhörung weiterer Beteiligter	74
F. Wirkungen und Folgen der Einstellung	75–80
I. Vorläufige staatsanwaltschaftliche oder gerichtliche Einstellung (bedingte Sperrwirkung)	75–77
1. Allgemeines	75, 76
2. Auswirkungen auf Zwangsmaßnahmen	77
II. Endgültige staatsanwaltschaftliche oder gerichtliche Einstellung	78, 79
1. Strafklageverbrauch (Abs. 1 S. 5, Abs. 2 S. 3)	78
2. Berücksichtigung der eingestellten Tat in Strafverfahren über andere Taten	79
III. Ruhen der Verjährung (Abs. 3)	80
G. Wiederaufgreifen des Verfahrens und Strafklageverbrauch (Abs. 1 S. 5 und Abs. 2 S. 3)	81–86
I. Allgemeines	81
II. Voraussetzungen des Strafklageverbrauchs	82
III. Umfang des Strafklageverbrauchs	83, 84
IV. Wiederaufgreifen des Verfahrens	85
V. Fortsetzung des Verfahrens	86
H. Rechtsbehelfe	87–98
I. Staatsanwaltschaftliche Einstellung (Abs. 1)	87–90
1. Einstellungsverfügung	87
2. Gerichtliche Zustimmung	91
II. Gerichtliche Einstellung (Abs. 2)	92–97
1. Gerichtlicher Einstellungsbeschluss (Abs. 2 S. 4 und S. 5)	92–95
2. Ablehnung des Antrags auf Einstellung	96
3. Nebenentscheidungen des Einstellungsbeschlusses	97
III. Revision	98

A. Zweck und Bedeutung der Vorschrift

I. Zweck

1   Die Vorschrift verfolgt – insoweit wie § 153[1] – sowohl mit dem staatsanwaltschaftlichen Absehen von der Erhebung der öffentlichen Klage (Abs. 1) als auch mit der gerichtlichen Einstellung (Abs. 2) wenigstens **zwei** unterschiedliche **Zwecke**. Einerseits intendiert und bewirkt sie aus **Gründen der Justizökonomie die Entlastung der Strafverfolgungsbehörden**, insbesondere die der Staatsanwaltschaften. Andererseits bildet § 153 a mit der Verfahrenserledigung bei Erfüllung vom Beschuldigten akzeptierter Auflagen und Weisungen das im geltenden Recht tatsächlich wohl wichtigste Instrument der **Diversion**.[2] Der diversionelle Effekt tritt dabei nicht allein durch das regelmäßige Fehlen der Erörterung der Strafsache in öffentlicher Hauptverhandlung ein sondern vor allem durch den **Verzicht auf** eine **formelle Sanktionierung** einer Straftat. § 153 a bildet zusammen mit § 153 zugleich das **strafverfahrensrechtliche Instrumentarium** der materiell ausgebliebenen **Entkriminalisierung** im Bereich der unteren und teilweise der mittleren Kriminalität.[3] Die Vorschrift ist damit ein weiterer „**Teil eines Gesamtkonzepts abgestufter strafrechtlicher Reaktion**".[4]

2   Die durch Erledigung nach § 153 a erstrebten **justizökonomischen Effekte** realisieren sich vor allem bei der staatsanwaltschaftlichen Einstellung nach Abs. 1. Die Entlastung tritt sowohl durch die **Einschränkung der** aus § 170 Abs. 1 folgenden grundsätzlich bestehenden **Anklagepflicht** als auch durch die **Modifikation der** Mittel zur Erfüllung der in § 152 Abs. 2 verankerten **Einschreitens- und Ermittlungspflicht** der Staatsanwaltschaft ein.[5] Die Effekte fallen geringer aus als bei § 153, weil die Tat bei § 153 a bis zur Anklagereife aufgeklärt werden muss (Durchermittlung).[6] Für die gerichtliche Einstellung gemäß Abs. 2 beschränkt sich die Ressourcenersparnis im Wesentlichen auf eine Abkürzung der Hauptverhandlung und das Entfallen eines Urteils. Darüber

---

[1] S. o. § 153 Rn. 1.
[2] Siehe nur *Haack*, Die Systematik der vereinfachten Strafverfahren, 2009, S. 48 m.w.N.; Löwe/Rosenberg/*Beulke* Rn. 3; siehe auch SK-StPO/*Weßlau* Rn. 1.
[3] Relativierend aber Löwe/Rosenberg/*Beulke* Rn. 3; siehe auch *Wissgott*, Probleme rechtsstaatlicher Garatien im Ermittlungsverfahren, 1983, S. 361.
[4] *Radtke*, Zur Systematik des Strafklageverbrauchs verfahrenserledigender Entscheidungen im Strafprozeß, 1993, S. 203; siehe auch bereits § 153 Rn. 1; *Rieß* ZRP 1983, 93 (95) vgl. auch Löwe/Rosenberg/*Rieß*, 24. Aufl., § 153 Rn. 4 sowie *Meyer-Goßner* Rn. 2.
[5] Näher § 153 Rn. 2.
[6] Unten Rn. 29 f.

hinaus kommt dem Ausschluss des Klageerzwingungsverfahrens gegen die Einstellung nach Abs. 1 eine gewisse justizentlastende Wirkung zu.[7]

Der **diversionelle Zweck** der Vorschrift tritt im Hinblick auf die zu erfüllenden Auflagen und Weisungen weniger deutlich hervor als bei der folgenlosen Verfahrenserledigung nach § 153. Die nicht Strafcharakter tragenden Auflagen und Weisungen,[8] die formale Freiwilligkeit deren Übernahme und nicht zuletzt die unterschiedlichen registerrechtlichen Folgen der Erledigung nach § 153a einerseits sowie der durch Sachurteil andererseits verdeutlichen aber den **informellen Charakter des Vorgehens**. Gegenüber der ursprünglichen Fassung der Vorschrift hat sich mit der Erweiterung des Anwendungsbereichs über die Ersetzung der Klausel „geringe Schuld" durch „die Schwere der Schuld nicht entgegensteht" im RpflEntlG[9] der diversionelle Aspekt der Erledigung gemäß § 153a verstärkt. Auf die formale Sanktionierung und die Erörterung der Strafsache in öffentlicher Hauptverhandlung kann unter den gesetzlichen Voraussetzungen nunmehr bis in den unteren Grenzbereich der mittleren Kriminalität hinein verzichtet werden.[10]

II. Bedeutung

Mit § 153a hat ein **eigenständiger Verfahrenstypus** in das deutsche Strafprozessrecht Einzug gehalten, der die **Verfahrenserledigung aufgrund** formal **freiwilliger Übernahme von Belastungen** (Auflagen und Weisungen) **durch den Beschuldigten** etc. ermöglicht.[11] Die für diese Art des Verfahrens häufig gebrauchte Charakterisierung als „**Selbstunterwerfung**"[12] trifft die mit § 153a verbundenen Neuerungen gegenüber dem überkommenen Strafverfahrenstypus nur teilweise. Neuartig ist bei § 153a zum einen vielmehr die Einführung sanktionsähnlicher Maßnahmen, die bis dahin als (alleinige) staatliche Reaktion auf den Verdacht einer Straftat im allgemeinen Strafrecht unbekannt waren. Zum anderen beruht die Verhängung dieser Quasi-Sanktionen nicht auf einer richterlichen Entscheidung über die Schuld des Angeklagten sondern auf einer formal freiwilligen Übernahme und Erfüllung von dessen Seite. Das führt zu einer Veränderung des die Verhängung legitimierenden Grundes. Die Freiwilligkeit der Übernahme ersetzt den Wahr- und Schuldspruch. Mit dem Verfahrenstypus § 153a ist daher Folgendes verbunden: (1.) Der **Beschuldigte** etc. kann die **Art des Verfahrens** (mit)bestimmen;[13] erfüllt er die Auflagen oder Weisungen, wendet es sich bei der informellen Erledigung des Verfahrens durch Einstellungsverfügung oder -beschluss. Ist er dazu nicht bereit, verbleibt es bei dem Regelverfahren mit Anklage und ggf. Urteil. (2.) Der **Konsens** zumindest eines Teils der Verfahrensbeteiligten[14] über die Art der „Rechtsfolge" und über die Gestaltung des Verfahrens **ersetzt** zu einem erheblichen Teil die qua Amtsermittlung zu betreibende **Erforschung der materiellen Wahrheit** als Grundlage der ansonsten zu treffenden Entscheidung über die Anklageerhebung, die Eröffnung des Hauptverfahrens und die Schuld des Angeklagten. Die grundsätzliche Anerkennung des Konsensprinzips als zweites Fundamentalprinzip des deutschen Strafverfahrens neben dem der Amtsaufklärung ist damit bei Einhaltung der Einstellungsvoraussetzungen aber angesichts des begrenzten Anwendungsbereichs von § 153a nicht verbunden.[15]

§ 153a ist trotz der in ihren Wirkungen Sanktionen des Strafrechts nicht völlig unähnlichen Auflagen und Weisungen keine materiellrechtliche sondern eine **verfahrensrechtliche Vorschrift**.[16] Sie hat ein **eigenständiges**, den Maximen des Regelverfahrens nur teilweise folgendes **Sanktionierungsverfahren**[17] zum Gegenstand. Abweichend vom Regelverfahren findet die staatliche Reaktion bereits auf den Verdacht einer Straftat hin durch die „Verhängung" von Auflagen und Weisungen statt und beruht anders als bei Sachurteil und Strafbefehl nicht auf einem Schuldspruch sondern auf der Zustimmung des Beschuldigten bzw. Angeklagten. Ungeachtet dieses Legitimierungsgrundes ist der **Sanktionscharakter der Auflagen und Weisungen** nicht zu leugnen.[18] Aller-

---

[7] § 153 Rn. 2 aE.
[8] Näher unten Rn. 32 ff.
[9] Unten Rn. 24–26.
[10] Näher unten Rn. 26.
[11] Vgl. *Haack*, Vereinfachte Strafverfahren, S. 49; *Wolter*, Aspekte einer Strafprozeßreform bis 2007, 1991, S. 61; *Rieß*, FG Koch, 1989, S. 215 (218); *Bandemer* NStZ 1988, 297 ff.; Löwe/Rosenberg/*Beulke* Rn. 1 und 9 f.; Meyer-Goßner Rn. 2 und 12; siehe auch SK-StPO/*Weßlau* Rn. 2 jeweils mwN.
[12] BGH v. 11. 7. 1978 – 1 StR 232/78, BGHSt 28, 69 (70); AK-StPO/*Schöch* Rn. 4; KK-StPO/*Schoreit* Rn. 4; Meyer-Goßner Rn. 12; vorsichtiger SK-StPO/*Weßlau* Rn. 4.
[13] Zutreffend SK-StPO/*Weßlau* Rn. 2.
[14] Zur Beteiligung von Verletzten oder anderen Verfahrensbeteiligten unten Rn. 63 und 74.
[15] Teilweise anders Löwe/Rosenberg/*Beulke* Rn. 2 aE und 10 „Verfahrenstyp kooperativer Verfahrensbeendigung".
[16] Siehe bereits § 153 Rn. 4; im Ergebnis wie hier auch SK-StPO/*Weßlau* Rn. 2.
[17] *Haack*, Vereinfachte Strafverfahren, S. 49 mwN.; SK-StPO/*Weßlau* Rn. 2.
[18] *Kausch*, Der Staatsanwalt. Ein Richter vor dem Richter?, 1980, S. 51 f.; *Kunz*, Das strafrechtliche Bagatellprinzip, 1984, S. 60 f.; *Wissgott*, Rechtsstaatliche Garantien, S. 382; *Fezer* ZStW 106 (1994), S. 1 (32); *Weigend* ZStW 109 (1997), S. 103 (106); Löwe/Rosenberg/*Beulke* Rn. 8 f.; Meyer-Goßner Rn. 12; SK-StPO/*Weßlau* Rn. 7 f.

dings handelt es sich trotz deren Anknüpfung an den Verdacht einer Straftat, die Ausrichtung der Quasi-Sanktion am Grad des Verdachts bzgl. der Unrechts- und Schuldschwere der Tat und des Zwecks der Auferlegung der Auflagen und Weisungen, das öffentliche Strafverfolgungsinteresse zu beseitigen, **nicht um Sanktionen mit Strafcharakter** (strg.).[19] Gegen diesen Charakter sprechen trotz aller Unsicherheiten über die Abgrenzung der Kriminalstrafe von anderen Formen staatlicher Reaktion auf die Begehung einer Straftat[20] mehrere Aspekte: Auflagen und Weisungen hängen von der Zustimmung des Beschuldigten etc. ab. Selbst die Erfüllung von diesem konsentierter Auflagen und Weisungen kann nicht mit Mitteln der Vollstreckung durchgesetzt werden; erfüllt der Beschuldigte etc. diese nicht, bewendet es vielmehr bei der Fortführung der Strafverfolgung im Regelverfahren. Die Bereitschaft von Staatsanwaltschaft und/oder Gericht, gemäß § 153a zu verfahren, setzt keine Überzeugung von der Schuld des Beschuldigten oder Angeklagten voraus;[21] dementsprechend bleibt die Unschuldsvermutung aufrecht erhalten. Die Ähnlichkeit in der Wirkungsweise von Auflagen/Weisungen einerseits und Strafen andererseits (etwa bei Geldauflage und Geldstrafe) sowie die von der Verfahrensweise nach § 153a erwarteten spezialpräventiven Wirkungen genügen angesichts der zentralen Bedeutung der formal freiwilligen Zustimmung des Beschuldigten zu den Quasi-Sanktionen nicht, um diese als Sanktionen mit Strafcharakter einzuordnen.[22]

6 Fehlt den Auflagen und Weisungen der Charakter von Kriminalstrafe, sind gegen das mit § 153a etablierte vereinfachte, durch konsensuale Erledigung geprägte Verfahren **durchgreifende verfassungsrechtliche Einwände nicht** zu erheben.[23] Sogar die teils alleinige (§ 153a Abs. 1 S. 7 iVm § 153 Abs. 1 S. 2) Zuständigkeit der Staatsanwaltschaft zur Verfahrensrledigung gegen Erfüllung von Auflagen und Weisungen ist mit Art. 92 GG vereinbar, weil die Quasi-Sanktionen sich vor allem wegen der freiwilligen Übernahme nicht als mit Strafcharakter versehen erweisen. **Unschuldsvermutung** und **verfassungsrechtliches Schuldprinzip** sind daher **nicht betroffen**. Diese sichern gegen zwangsweise Verhängung von Sanktionen seitens des Staates aus Anlass der Straftatbegehung. Bei formal freiwilliger Übernahme taugen sie – zumindest bei ausreichender Sicherung formaler Freiwilligkeit – als Maßstab nicht.[24] Soweit in Einzelfällen der Wirtschaftskriminalität exorbitant hohe Geldauflagen (Abs. 1 S. 2 Nr. 2) bekannt geworden sind, liegt kein Verstoß gegen den Schuldgrundsatz vor sondern eine Umgehung der gesetzlichen Anwendungsvoraussetzungen des § 153a („die Schwere der Schuld nicht entgegensteht"). Bedenken gegen die Verfahrensledigung nach § 153a ergeben sich nicht aus einer angeblichen Unvereinbarkeit mit den angesprochenen Prinzipien sondern unter dem Aspekt der Gleichheitswidrigkeit im Hinblick auf die notorischen regionalen Anwendungsunterschiede.[25] Angesichts des weitgehend fehlenden Rechtsschutzes gegen die Erledigung § 153a[26] lässt sich eine Korrektur auf der Anwendungsebene auch nur schwer erreichen. **Rechtlich zweifelhaft** ist zudem die **punktuelle Heranziehung des Konsensprinzips** als Grundlage des Verfahrenstypus § 153a innerhalb einer ansonsten weiterhin der Aufklärung der materiellen Wahrheit von Amts wegen verpflichteten Strafverfahrensordnung. Der Gesetzgeber hat es – wie jüngst bei der Einfügung der gesetzlichen Regelungen über die Verständigung[27] – versäumt, die Kompatibilität an sich gegenläufiger Verfahrensmaximen und -ziele innerhalb einer Verfahrensordnung ausreichend zu bedenken.

7 Die **rechtstatsächliche Bedeutung** der Vorschrift ist **beträchtlich**.[28] Ungeachtet der vorgebrachten Bedenken ist der Verfahrenstypus § 153a aus justizökonomischen Gründen unverzichtbar und im Hinblick auf die durch seine Anwendung eintretenden diversionellen Effekte auch kriminalpolitisch wünschenswert. Eine Begrenzung des Anwendungsbereichs auf die allenfalls unterste

---

[19] BGH v. 11. 7. 1978 – 1 StR 232/78, BGHSt 28, 69 (70); BGH v. 13. 11. 1978 – AnwSt (R) 13/78, BGHSt 28, 174 (176); KK-StPO/*Schoreit* Rn. 1: Löwe/Rosenberg/*Beulke* Rn. 8; *Meyer-Goßner* Rn. 12; wohl auch AK-StPO/*Schöch* Rn. 1; aA *Frister*, Schuldprinzip, 1988, S. 96 f. mwN.
[20] Dazu umfassend *Jung*, Was ist Strafe?, 2002, insb. S. 33 ff.
[21] Siehe auch Löwe/Rosenberg/*Beulke* Rn. 9; SK-StPO/*Weßlau* Rn. 7 f. mwN.
[22] AA *Frister*, Schuldprinzip, S. 96 f.
[23] Ausführlich zu den erörterten verfassungsrechtlichen Bedenken SK-StPO/*Weßlau* Rn. 5-17 mwN.
[24] Ganz zutreffend SK-StPO/*Weßlau* Rn. 15, siehe auch BGH v. 13. 11. 1978 – AnwSt (R) 13/78, BGHSt 28, 174 (176); aA etwa *Kunz*, Bagatellprinzip, S. 72; *Kuhlen*, Diversion im Jugendstrafverfahren, 1988, S. 44 ff.; *Weigend* ZStW 109 (1997), S. 103 (109), wohl auch *Stuckenberg*, Untersuchungen zur Unschuldsvermutung, 1998, S. 566 f.
[25] Siehe dazu *Heinz*, in: Geisler (Hrsg.): Das Ermittlungsverhalten der Polizei und die Einstellungspraxis der Staatsanwaltschaften, 1999, S. 181 ff.; entsprechende Ergebnisse auch bereits bei *Ahrens*, Die Einstellung in der Hauptverhandlung, S. 67 ff.; *Hertwig*, Die Einstellung des Verfahrens wegen Geringfügigkeit, S. 43 ff.; *Rössner*, Bagatelldiebstahl und Verbrechenskontrolle, S. 99 ff.
[26] Unten Rn. 87 ff.
[27] Vgl. *Radtke*, Mitteilungsblatt NRB 2010, S. 45 (47 ff.); *ders.*, OLG Celle-FS, 2010 (im Erscheinen begriffen).
[28] Statistisches Material bei *Haack*, Vereinfachte Verfahren, S. 64–67; Löwe/Rosenberg/*Beulke* Rn. 29 mwN.; ausführliches Zahlenmaterial bezogen auf die 70er und 80er Jahre bei *Paschmanns*, Die staatsanwaltschaftliche Verfahrenseinstellung nach §§ 153, 153a StPO – Entscheidungsgrenzen und Entscheidungskontrolle, 1988, S. 10 ff.

Grenze der mittleren Kriminalität[29] sowie die Einführung von Rechtsbehelfsmöglichkeiten gegen diese Art der Erledigung zumindest für den Verletzten sollte aber nicht aus dem Blickfeld des Gesetzgebers geraten.

III. Besonderheiten des Verfahrenstypus

Anders als die Einstellung nach § 153 oder § 170 Abs. 2 erfolgt die **Verfahrenserledigung** gemäß **§ 153a in zwei Schritten**. Im Anschluss an die Zustimmung des Beschuldigten bzw. Angeklagten zu den Auflagen und Weisungen erfolgt eine **vorläufige Einstellung**; je nach Verfahrensstadium ergeht diese entweder als Einstellungsverfügung oder -beschluss. Mit dieser wird dem Beschuldigten etc. eine **Erfüllungsfrist** gesetzt. Mit der konsentierten Auferlegung der Auflagen und Weisungen tritt ein **vorläufiges Verfahrenshindernis** ein.[30] Auf die **fristgerechte Erfüllung** der Auflagen und Weisungen hin **stellen** je nach Verfahrensstadium die **Staatsanwaltschaft** durch entsprechende Verfügung nach Abs. 1 **oder** das zuständige **Gericht** durch Beschluss nach Abs. 2 das **Verfahren endgültig ein** (arg. § 467 Abs. 5, § 153a Abs. 1 S. 5, Abs. 2 S. 5). Die endgültige Verfahrenseinstellung bewirkt im Umfang von Abs. 1 S. 5 **Strafklageverbrauch**.[31] Ungeachtet der gesetzlichen Konzeption verzichtet die Praxis bei knappen Erfüllungsfristen im Einzelfall auf die (formelle) vorläufige Einstellung.[32] Das vorläufige Verfahrenshindernis tritt dennoch mit der Auferlegung der Auflagen und Weisungen ein.

8

B. Anwendungsbereich

Das Absehen von der Erhebung der öffentlichen Klage (Abs. 1) und die gerichtliche Einstellung des Verfahrens (Abs. 2) erstrecken sich **im Grundsatz einheitlich auf die gesamte Tat im prozessualen Sinne** (§§ 155, 264).[33] Liegen für diese die Einstellungsvoraussetzungen insgesamt vor, kommt es auf die materiell-rechtliche Würdigung nicht an. Erstreckt sich der Verfahrensgegenstand auf mehrere Taten im prozessualen Sinne, sind die Voraussetzungen auf jede einzelne Tat gesondert zu beziehen.

9

I. Anwendbarkeit in den Verfahrensstadien

1. Staatsanwaltschaftliche Einstellung (Abs. 1). Die Befugnis zur Einstellung nach Abs. 1 steht der Staatsanwaltschaft lediglich **bis zur Erhebung der öffentlichen Klage** bzw. ihrer Surrogate zu. Danach kann sie die Zuständigkeit nur zurückerlangen, wenn sie die öffentliche Klage oder den Strafbefehlsantrag zurücknimmt (§ 156).

10

2. Gerichtliche Einstellung (Abs. 2). Mit Anklageerhebung (Abs. 2 S. 1) oder Surrogaten (nicht erst mit Eröffnungsbeschluss oder dessen Surrogaten) kann das **zuständige Tatgericht** bis zum Ende der jeweiligen Hauptverhandlung das Verfahren nach Abs. 2 einstellen. Die Einstellungsmöglichkeit steht wegen des auf Hauptverhandlungen, in denen Tatsachen überprüft werden können (Abs. 2 S. 1), begrenzten Wortlautes **in den Rechtsmittelinstanzen** lediglich den **Berufungsgerichten** nicht aber **den Revisionsgerichten** zur Verfügung. Eine Gesetzesinitiative einiger Bundesländer, § 153a auf die Revisionsgerichte auszudehnen,[34] hat in der 16. Legislaturperiode bislang keinen Erfolg gehabt. Nach Aufhebung eines mit der Revision angegriffenen Urteils und Zurückverweisung steht dem neuen Tatgericht die Einstellung nach Abs. 2 wieder zur Verfügung. Eingetretene Teilrechtskraft (etwa bei Rechtmittelbeschränkung) hebt die Einstellungsbefugnis nicht auf. Im **Wiederaufnahmeverfahren** kann die Einstellung nach dem Beschluss gemäß § 370 Abs. 2 erfolgen.

11

II. Anwendbarkeit in sachlicher Hinsicht

Die Einstellung ist nur bei prozessualen Taten gestattet, die sich materiell-rechtlich **ausschließlich als Vergehen** (§ 12 Abs. 2) darstellen;[35] maßgeblich für die Bewertung ist der Zeitpunkt der Einstellungsentscheidung.

12

---

[29] Näher unten Rn. 26.
[30] Löwe/Rosenberg/*Beulke* Rn. 7; *Meyer-Goßner* Rn. 3.
[31] Unten Rn. 75 ff.
[32] AK-StPO/*Schöch* Rn. 3; Löwe/Rosenberg/*Beulke* Rn. 6 aE mwN.
[33] Ausführlicher § 153 Rn. 6; siehe auch OLG Hamm v. 14. 9. 2009 – 2 Ss 319/09, BA 47 (2010), 39 f. = NStZ-RR 2010, 154 (nur LS); OLG Oldenburg v. 9. 4. 2009 – SsBs 48/09, NdsRpfl. 2009, 395 f.; Thüring.OLG v. 27. 8. 2009 – 1 Ss 213/09, wistra 2010, 39 f.
[34] Vgl. BR-Drucks. 120/10.
[35] Näher § 153 Rn. 9.

13 Umfasst die verfahrensgegenständliche Tat sowohl Vergehen als auch **Ordnungswidrigkeiten**, erstreckt sich die Erledigung nach § 153a auch auf die Ordnungswidrigkeit. Der „Strafklageverbrauch" nach Abs. 1 S. 5 hindert dann die Verfolgung als Ordnungswidrigkeit ebenfalls.[36] Eine **Einstellung unter Beschränkung auf die Straftat**(en) bei gleichzeitiger Abgabe des Verfahrens zur Verfolgung der Ordnungswidrigkeit an die zuständige Verwaltungsbehörde gemäß § 43 OWiG ist anders als bei § 153 nicht möglich.[37] Im **Bußgeldverfahren** selbst gilt § 153a nicht,[38] auch nicht analog.

14 Ist die verfahrensgegenständliche Tat **ausschließlich Privatklagedelikt**, kann § 153a – anders als § 153 – **angewendet werden (allgM)**.[39] Das Bestehen eines öffentlichen Strafverfolgungsinteresses ist gerade Anwendungsvoraussetzung, erst die Erfüllung der Auflagen und Weisungen beseitigt dieses. **Nach Erhebung der Privatklage** ist § 153a **unanwendbar**[40] (arg: § 383 Abs. 2). Dagegen ist eine Übernahme der Verfolgung seitens der Staatsanwaltschaft (§ 377 Abs. 2) und eine anschließende Anregung an das Gericht, nach § 153a Abs. 2 zu erledigen, rechtlich nicht ausgeschlossen.

15 Treffen innerhalb einer einheitlichen prozessualen Tat **Offizialdelikt und Privatklagedelikt** zusammen, ist § 153a auf den gesamten Verfahrensgegenstand einheitlich anwendbar (allgM).[41] Die für § 153 Abs. 1 von einigen (zu Unrecht) erwogene Teileinstellung[42] kommt bei § 153a erst recht nicht in Betracht Dementsprechend tritt die strafklageverbrauchende Wirkung nach Abs. 1 S. 5 für die gesamte Tat unter Einschluss des Privatklagedelikts ein.[43]

16 Die Einstellung gemäß § 153a kann auch im **Steuerstrafverfahren** erfolgen; im Anwendungsbereich von Abs. 1 steht die Einstellungszuständigkeit der die Ermittlungen führenden Finanzhörde zu (vgl. § 399 AO). Der Zustimmung des Gerichts bedarf es unter den in § 153 Abs. 1 S. 2 (auf den Abs. 1 S. 7 verweist) genannten Voraussetzungen selbst bei der Einstellung durch die Finanzbehörde nicht. Neben § 153a hat die abgabenrechtliche Einstellung gemäß § 398 AO kaum praktische Bedeutung.[44]

17 Im **Sicherungsverfahren** der §§ 413 ff. ist § 153a unanwendbar; die hinter der Vorschrift stehenden Regelungszwecke sind hier nicht erreichbar.

III. Anwendbarkeit in persönlicher Hinsicht

18 1. **Strafverfahren gegen Jugendliche und Heranwachsende**. Wird das **Jugendstrafverfahren gegen Heranwachsende** geführt, ist § 153a anwendbar, wenn gegen den Beschuldigten etc. für den Fall der weiteren Durchführung des Verfahrens allgemeines Strafrecht zur Anwendung käme (§ 109 Abs. 1 S. 1 JGG).[45] Im **Jugendstrafverfahren gegen Jugendliche und Heranwachsende**, auf die Jugendstrafrecht anzuwenden wäre, bilden §§ 45, 47 JGG abschließende **Spezialvorschriften**, die die Heranziehung von § 153a ausschließen (strg.).[46]

19 2. **Strafverfahren gegen Betäubungsmittelabhängige.** In Strafverfahren, die aufgrund einer Betäubungsmittelabhängigkeit begangene Straftaten zum Gegenstand haben, eröffnet § 37 BtMG sowohl für die Staatsanwaltschaft (§ 37 Abs. 1 BtMG) als auch das zuständige Gericht (§ 37 Abs. 2 BtMG) eine weitere Möglichkeit der Verfahrenseinstellung. Die **Einstellungsvoraussetzungen** von § 153a und § 37 BtMG sind lediglich **teilkongruent**. So gestattet § 37 BtMG anders als § 153a die Erledigung auch bei Verbrechen (bei einer 2 Jahre nicht übersteigenden konkreten Straferwartung), setzt aber stets die gerichtliche Zustimmung sowie eine bereits begonnene Behandlung des abhängigen Beschuldigten etc. voraus. Angesichts der bloßen Teilkongruenz der Voraussetzungen sind die **Vorschriften** dergestalt **nebeneinander anwendbar,** dass auf diejenige

---

[36] Ganz hM; etwa OLG Frankfurt v. 21. 3. 1985 – 3 Ws (B) 13/85 OWiG, NJW 1985, 1850; OLG Hamm v. 6. 4. 1981 – 3 Ss OWi 2901/80, MDR 1981, 871; Göhler NStZ 1982, 14; Jens Schmidt wistra 1998, 211 (212); AK-StPO/*Schöch* Rn. 7; KK-StPO/*Schoreit* Rn. 7; KMR/*Plöd* Rn. 6; Löwe/Rosenberg/*Beulke* Rn. 27; *Meyer-Goßner* Rn. 35; SK-StPO/*Weßlau* Rn. 23; aA KK-OWiG/*Bohnert*, § 21 Rn. 33.
[37] Löwe/Rosenberg/*Beulke* Rn. 27 mwN; zu den mit der abweichenden Handhabung bei § 153 verbundenen Schwierigkeiten § 153 Rn. 10.
[38] AK-StPO/*Schöch* Rn. 7; KK-StPO/*Schoreit* Rn. 7; KK-StPO/*Bohnert* § 47 Rn. 117; Löwe/Rosenberg/*Beulke* Rn. 27; SK-StPO/*Weßlau* Rn. 23.
[39] Rieß NStZ 1981, 2 (8); Löwe/Rosenberg/*Beulke* Rn. 17; SK-StPO/*Weßlau* Rn. 17.
[40] AK-StPO/*Schöch* Rn. 9; KK-StPO/*Schoreit* Rn. 9; KMR/*Plöd* Rn. 7; Löwe/Rosenberg/*Beulke* Rn. 18.
[41] AK-StPO/*Schöch* Rn. 9; KMR/*Plöd* Rn. 7; Löwe/Rosenberg/*Beulke* Rn. 17; *Meyer-Goßner* Rn. 34; SK-StPO/*Weßlau* Rn. 19.
[42] Dazu § 153 Rn. 12.
[43] Nachw. wie Fn. 42.
[44] Löwe/Rosenberg/*Beulke* Rn. 26 mwN.
[45] Wie hier etwa Löwe/Rosenberg/*Beulke* Rn. 19.
[46] Zum Streitstand und den Gründen der hier vertretene Position § 153 Rn. 14.

zugegriffen werden darf, deren Voraussetzungen vorliegen.⁴⁷ Kann im **Überschneidungsbereich** die Erledigung an sich auf jede der beiden Regelungen gestützt werden, besteht für Staatsanwaltschaft und Gericht ein **Auswahlermessen**.⁴⁸ Dessen Ausübung ist daran zu orientieren, welche Erledigungsart dem konkreten Einzelfall unter Berückschtigung der individuellen Verhältnisse des betroffenen Abhängigen am besten gerecht wird.⁴⁹

IV. Analoge Anwendung

Anders als bei § 153⁵⁰ bestehen gegen eine analoge Heranziehung im **anwaltsgerichtlichen Verfahren und in beamtenrechtlichen Disziplinarverfahren Bedenken (strg.)**.⁵¹ Die mit § 153a bezweckte Diversion durch informelle Sanktionierung ist in den genannten Verfahren wegen der dortigen Vielfalt der Sanktionsmöglichkeiten von deutlich geringerer Bedeutung, so dass sowohl das Vorliegen der planwidrigen Regelungslücke als auch der Rechtsähnlichkeit zweifelhaft sind. Gleiches gilt für die bei § 153 erwogenen sonstigen Analogien.⁵²

V. Verhältnis zu anderen Erledigungsarten

Bei **liquider Einstellungslage** kommt § 170 Abs. 2 Vorrang gegenüber § 153a Abs. 1 zu. Fehlt ein genügenden Anlass im Sinne von § 152 Abs. 2, ist die Aufnahme von Ermittlungen abzulehnen; § 153a ist dann unanwendbar. Das Verhältnis zu § 153 wird dadurch bestimmt, ob von vornherein das öffentliche Strafverfolgungsinteresse fehlt oder ein zunächst vorhandenes durch die Erfüllung von Auflagen und Weisungen beseitigt werden kann. Bei der Einstellung nach **Abs. 2** gilt der **Vorrang des Freispruchs bei liquider Freispruchslage** entsprechend dem zum Vorrang der Einstellung nach § 170 Abs. 2 Gesagten. Das Gericht muss bei Vorliegen der Einstellungsvoraussetzungen trotz Amtsaufklärungspflicht keine weitergehende Sachverhaltsaufklärung betreiben, um ggf. freisprechen zu können. Soweit bei § 153a Abs. 1 S. 2 Nr. 5 Überschneidungen mit § 153b auftreten können, bestimmt sich die Abgrenzung im Wesentlichen anhand des noch bestehenden oder bereits entfallenen öffentlichen Strafverfolgungsinteresses.⁵³

§§ 45, 47 JGG haben Vorrang in Strafverfahren gegen Jugendliche oder Heranwachsende, wenn auf diese (hypothetisch) Jugendstrafrecht zur Anwendung käme.⁵⁴ § 37 BtMG ist in Strafverfahren gegen betäubungsmittelabhängige Beschuldigte etc. neben § 153a anwendbar.⁵⁵

C. Gemeinsame Einstellungsvoraussetzungen

I. Grundstruktur

Wie bei § 153 sind die Voraussetzungen für die staatsanwaltschaftliche Einstellung nach Abs. 1 und die gerichtliche Einstellung nach Abs. 2 weitestgehend identisch. Unterschiede bestehen allein bzgl. des Grades der Sachverhaltsaufklärung und der dazu verfügbaren Aufklärungsmethoden.⁵⁶ Die **Erledigung** hat – ungeachtet der Zweistufigkeit des Verfahrens⁵⁷ **drei Voraussetzungen**: (1.) die verfahrensgegenständliche Tat ist materiellrechtlich ausschließlich **Vergehen**; (2.) das an sich vorhandene **öffentliches Strafverfolgungsinteresse** muss durch die in S. 2 vorgesehenen, nicht abschließend benannten Auflagen und Weisungen beseitigt werden können; (3.) die **Schwere der Schuld** darf der Einstellung **nicht entgegen stehen**. Im Grundsatz nicht anders als bei § 153 kommt es darauf an, ob in Bezug auf den konkreten Beschuldigten etc. und das konkrete verfahrensgegenständliche Vergehen auf eine formelle staatliche Sanktion der Straftat verzichtet werden kann.⁵⁸ Anhand dieser Fragestellung ist auch die **Abgrenzung zu anderen vereinfachten Strafverfahrensformen** wie dem Strafbefehlsverfahren und dem beschleunigten Verfahren vorzunehmen, die im Fall der Verurteilung beide zu einer formellen Sanktionierung führen.⁵⁹

---

⁴⁷ Löwe/Rosenberg/*Beulke* Rn. 21 mwN.; SK-StPO/*Weßlau* Rn. 21; aA offenbar *Körner* § 37 BtMG Rn. 30 „§ 37 BtMG ist Spezialvorschrift gegenüber § 153a StPO".
⁴⁸ Löwe/Rosenberg/*Beulke* Rn. 23; SK-StPO/*Weßlau* Rn. 21.
⁴⁹ Einzelheiten bei Löwe/Rosenberg/*Beulke* Rn. 23–25.
⁵⁰ Dort § 153 Rn. 15.
⁵¹ Wie hier Löwe/Rosenberg/*Beulke* Rn. 28; aA etwa KMR/*Plöd* Rn. 24, SK-StPO/*Weßlau* Rn. 24 mwN.
⁵² Dazu § 153 Rn. 15.
⁵³ Ausführlich § 153b Rn. 8.
⁵⁴ Oben Rn. 18.
⁵⁵ Einzelheiten oben Rn. 19 mwN.
⁵⁶ Unten Rn. 29–31.
⁵⁷ Oben Rn. 8.
⁵⁸ Insoweit ähnlich SK-StPO/*Weßlau* Rn. 27.
⁵⁹ Zu der Abgrenzung im Einzelnen *Haack*, Vereinfachte Verfahren, S. 63 ff.

II. Schwere der Schuld

24 **1. Bedeutung und Inhalt der Schuldschwereklausel.** Mit der Reform durch das Rechtspflegeentlastung G[60] hat der Gesetzgeber die bis dahin weitgehende Übereinstimmung in der Struktur der Einstellungsvoraussetzungen von § 153 und § 153a aufgegeben, indem die zuvor auch in § 153a erforderliche geringe Schuld durch die Negativklausel „Schwere der Schuld nicht entgegen steht" ersetzt worden ist. Mit der Änderung sollte der Anwendungsbereich des § 153a „behutsam" bis in die **„mittlere Kriminalität"** hinein erweitert werden.[61] Die Umstellung hat erhebliche **Unklarheiten über die Reichweite des Anwendungsbereichs** aufgeworfen. Diese Unklarheiten haben ihre Ursachen einerseits im Inhalt der Schuldschwereklausel selbst sowie deren Funktion und andererseits in deren Verhältnis zu dem (der Beseitigung zugänglichen) öffentlichen Interesse. Der Wortlaut der Vorschrift deutet auf eine die Anwendung von § 153a **begrenzende Funktion der Schuldschwereklausel** hin,[62] die ab einem bestimmten Quantum der Einzeltatschuld eine Beseitigung des vorhandenen öffentlichen Strafverfolgungsinteresses durch die Erfüllung von Auflagen und Weisungen von vornherein ausschließt.

25 Mit dem **Begriff „Schuld"** ist in § 153a nicht anders als bei § 153 die **Strafbegründungsschuld** iSv. § 46 Abs. 1 S. 1 StGB gemeint.[63] Schuld in diesem Sinne ist das **individuelle Maß des Vorwurfs**, der dem Täter für die konkrete Tat zu machen ist.[64] Es wird im Wesentlichen durch das Ausmaß des verschuldeten Unrechts festgelegt. Mit der Wendung **„Schwere der Schuld"** hat der Gesetzgeber eine aus anderen Zusammenhängen vertraute Formulierung gewählt; sowohl § 57a StGB als auch § 17 Abs. 2 JGG verwenden die Formel. Angesichts der völlig unterschiedlichen Kontexte kann trotz Identität der Formulierung Übereinstimmung der Begriffsinhalte nicht gemeint sein.[65] Die Intention des Reformgesetzgebers von 1993 einer lediglich behutsamen Erweiterung der Anwendbarkeit von § 153a spricht ebenfalls gegen eine Inhaltsbestimmung entsprechend den genannten Schuldschwereklauseln. Mit der „Schwere der Schuld" bringt das Gesetz damit lediglich zum Ausdruck, den Verfahrenstypus § 153a bei Vergehen ab einem bestimmten Quantum der Einzeltatschuld unabhängig von präventiven Bestrafungserwägungen nicht zuzulassen. Wo diese Grenze verläuft, lässt sich der Formel „Schwere der Schuld" allein jedenfalls nicht unmittelbar entnehmen.

26 **2. Maßstab der Schwere der Schuld.** Die **Schuldschwereklausel** kann neben dem Kriterium des beseitigungsfähigen öffenlichen Strafverfolgungsinteresses eine **eigenständige**, negativ formulierte **Anwendungsvoraussetzung** nur dann bilden, wenn (1.) der Begriff Schuld Inhalte aufweist, die von den präventiven Bestrafungsinteressen verschieden sind, und (2.) ein handhabbares Schuldquantum angegeben werden kann, ab dessen Erreichen der Verfahrenstypus § 153a selbst bei Vergehen ausgeschlossen ist. Erste Forderung ist mit dem Abstellen auf die Strafbegründungsschuld,[66] die präventive Strafzweckerwägungen nicht umfasst, eingelöst. Eine praktizierbare, die gleichmäßige Anwendung der Vorschrift fördernde Quantifizierung des der Einstellung maximal zugänglichen Schuldgehalts kann bei vagen Formeln wie „leichter oder mittlerer Schuldvorwurf bis zur Grenze der schweren Schuld"[67] oder „nicht allzu schwer"[68] nicht stehenbleiben.[69] Ansonsten wäre weder die gleichmäßige Handhabung noch eine Abgrenzung der Anwendbarkeit gegenüber anderen vereinfachten Verfahren, insb. dem Strafbefehlsverfahren, zu erreichen."[70] Das die Schuldschwereklausel ausfüllende höchst zulässige Schuldquantum muss in Kategorien nach dem Maß der Einzeltatschuld[71] bestimmter höchstzulässiger (hypothetischer) Strafen ausgedrückt werden.[72] Die Grenze kann wegen der zusätzlichen Voraussetzung des öffentlichen Interesses nicht, wie von *Beulke*[73] vorgeschlagen, bei dem Höchstmaß aussetzungsfähiger Freiheitsstrafe

---

[60] Vom 11. 1. 1993, BGBl. I. S. 50.
[61] BT-Drucks. 12/1217 S. 34; BR-Drucks. 314/91 S. 97; vgl auch *Haack*, Vereinfachte Strafverfahren, S. 74 f.; *Loos*, FS Remmers, S. 565 (559 f.); Löwe/Rosenberg/*Beulke* Rn. 31.
[62] Insoweit ebenso Löwe/Rosenberg/*Beulke* Rn. 32; anders SK-StPO/*Weßlau* Rn. 27 „bloße Richtigkeitskontrolle der anhand des öffentlichen Interesses getroffenen Entscheidung".
[63] Ausführlich § 153 Rn. 20 mN auch zur Gegenauffassung; siehe auch bereits *Radtke*, Systematik des Strafklageverbrauchs, S. 166 f.; zustimmend *Haack*, Vereinfachte Strafverfahren, S. 74 mit Fn. 350.
[64] Vgl. *Frisch*, FS Müller-Dietz, S. 237 ff.
[65] Näher *Radtke*, Systematik des Strafklageverbrauchs, S. 204 f.; *Loos*, FS Remmers, S. 565 (571); zustimmend Löwe/Rosenberg/*Beulke* Rn. 32.
[66] Oben Rn. 25.
[67] KK-StPO/*Schoreit* Rn. 11; in der Sache ähnlich *Meyer-Goßner* Rn. 7.
[68] KMR/*Plöd* Rn. 12.
[69] Siehe bereits § 153 Rn. 21 f.
[70] Vgl. *Haack*, Vereinfachte Strafverfahren, S. 78-81.
[71] Berücksichtigungsfähige Einzelkriterien wie § 153 Rn. 23.
[72] § 153 Rn. 22.
[73] Löwe/Rosenberg/*Beulke* Rn. 32.

(2 Jahre; § 56 Abs. 2 S. 1 StGB) angesetzt werden. Das ist mit den Voraussetzungen des Strafbefehlsverfahrens, das zu auf richterlicher Schuldüberzeugung beruhendem Schuld- und Strafausspruch führt, aber höchstens eine aussetzungsfähige Freiheitsstrafe von 1 Jahr zulässt, nicht kompatibel.[74] Die Anwendbarkeit des § 153a ist im Hinblick auf die Schuldschwere darauf zu beschränken, dass eine Einstellung nur erfolgen kann, wenn bei Durchführung des gerichtlichen Verfahrens bis zum Urteil eine **Geldstrafe von höchstens 360 Tagessätzen zu erwarten wäre**.[75]

III. Öffentliches Interesse

1. Begriffsinhalt und Verhältnis zur Erfüllung der Auflagen und Weisungen. Der Begriff **öffentliches Interesse** bezieht sich wie im Kontext von § 153 nicht auf die **Strafverfolgung** sondern auf die **Bestrafung des Beschuldigten** etc. und ist im Übrigen mit dem zu § 153 entwickelten begrifflichen Inhalten identisch.[76] Anders als bei § 153 besteht im Anwendungsbereich von § 153a schon wegen des Schuldgehaltes der Tat ein öffentliches Interesse an der formalen Bestrafung des Täters. Dieses Interesse kann aber durch die Erfüllung der Auflagen und Weisungen beseitigt werden. Da das öffentliche Bestrafungsinteresse auf die präventiven Strafzwecke gerichtet ist,[77] kommt es innerhalb des durch die Schuldschwereklausel eröffneten Rahmens[78] darauf an, ob die **berücksichtigungsfähigen Strafzwecke**[79] statt durch Verhängung und Vollzug einer Kriminalstrafe auch **durch die** formal freiwillige **Erfüllung von Auflagen und Weisungen erreicht werden können** (in der Sache allgM).[80] Soweit nicht ohnehin der Schuldgehalt der Tat der Ausgleichsfähigkeit entgegensteht, wird diese grundsätzlich lediglich durch die Unzumutbarkeit der Auflagen und Weisungen begrenzt.[81]

2. Einzelkriterien. Ob im Einzelfall die Möglichkeit der Beseitigung des Bestrafungsinteresses besteht, richtet sich im Wesentlichen nach den auch für die Einstellung nach § 153 geltenden, dem **Strafzumessungsrecht** entlehnten **Einzelkriterien**.[82] So spricht insbesondere **einschlägige Straffälligkeit** aber auch die bereits früher erfolgte Erledigung nach § 153a in nicht zu großem zeitlichem Abstand zur neuen Tat gegen die Möglichkeit, (erneut) gemäß § 153a zu verfahren.[83] Dagegen müssen frühere Erledigungen auf der Grundlage von § 153 der Einstellung nach § 153a nicht unbedingt entgegenstehen.[84] In den zu § 153 erörterten Sonderfällen[85] kommt bei Vorliegen der Voraussetzungen auch die Einstellung auf der Grundlage von § 153a in Betracht.

IV. Ermittlungsgrad der Tat

1. Allgemeines. Der Gesetzgeber hat bei § 153a bewusst nicht die auf den Schuldgehalt bezogene konjunktivische Formulierung „Schuld als gering anzusehen wäre" des § 153 gewählt.[86] Daher und wegen der Verknüpfung mit den sanktionsähnlichen Auflagen und Weisungen bedarf es für die Anwendung des § 153a einer **umfassenderen Aufklärung** der verfahrensgegenständlichen Tat (einschließlich der Einstellungsvoraussetzungen) **als bei § 153** (allgM).[87] Die Zustimmung des Beschuldigten etc. zu der Einstellung ersetzt die amtswegige Sachverhaltsaufklärung nicht.[88] Der jeweils erforderliche **Grad der Ermittlung der Tat** und der darauf gestützten Überzeugung von dem Vorliegen der Einstellungsvoraussetzungen (nicht Überzeugung von der Schuld)[89] ist bei Abs. 1 und Abs. 2 je **unterschiedlich**.[90] **Erforderlich** ist jedoch bei den gesetzlichen Anforderungen genügender Anwendung **stets**, dass **die an dem Ende des jeweiligen Verfahrensstadiums stehende Sachentscheidung (Anklageerhebung, Eröffnungsbeschluss, Sachurteil) ge-

---

[74] Siehe auch *Haack*, Vereinfachte Strafverfahren, S. 77.
[75] So bereits *Radtke*, Systematik des Strafklageverbrauchs, S. 207 f.; *Loos*, FS Remmers, S. 265 (270).
[76] KMR/*Plöd* Rn. 11; Löwe/Rosenberg/*Beulke* Rn. 34; SK-StPO/*Weßlau* Rn. 26; zu den Begriffsinhalten und den maßgeblichen Einzelkriterien § 153 Rn. 24 f.
[77] § 153 Rn. 24.
[78] Oben Rn. 26.
[79] Dazu § 153 Rn. 25 f.
[80] *Haack*, Vereinfachte Verfahren, S. 51; *Rieß*, FG Koch, S. 215 (223 f.); Löwe/Rosenberg/*Beulke* Rn. 35 f.; SK-StPO/*Weßlau* Rn. 27.
[81] Unten Rn. 32 und 45.
[82] § 153 Rn. 25 f.
[83] Näher Löwe/Rosenberg/*Beulke* Rn. 38.
[84] Restriktiver KK-StPO/*Schoreit* Rn. 14; siehe auch KMR/*Plöd* Rn. 11.
[85] § 153 Rn. 28.
[86] BT-Drucks. 7/550 S. 298.
[87] Siehe nur Löwe/Rosenberg/*Beulke* Rn. 39; ausführlich *Radtke*, Systematik des Strafklageverbrauchs, S. 208 ff. und 249 f.
[88] *Haack*, Vereinfachte Strafverfahren, S. 50; KK-StPO/*Schoreit* Rn. 10; in der Sache ebenso SK-StPO/*Weßlau* Rn. 25.
[89] *Radtke*, Systematik des Strafklageverbrauchs, S. 209–212; zustimmend Löwe/Rosenberg/*Beulke* Rn. 40.
[90] *Radtke*, Systematik des Strafklageverbrauchs, S. 208 ff. und 249 f.

troffen werden könnte, wenn nicht von der Einstellung Gebrauch gemacht würde und die Sachentscheidung daher gerade nicht zu fällen ist. Fehlt es daran, darf § 153a nicht angewendet werden. Darauf beruht der Vorrang von § 170 Abs. 2, § 204 und Freispruch bei jeweils liquider Einstellungs- oder Freispruchsreife.[91] Für die ansonsten zu treffende Sachentscheidung relevante **Rechtsfragen dürfen nicht offenbleiben**.[92]

30 **2. Staatsanwaltschaftliche Einstellung (Abs. 1).** Dem Vorgenannten entsprechend muss die Staatsanwaltschaft den Sachverhalt vor einer Einstellungsverfügung „**durchermittelt**" haben (allgM).[93] D. h. die Sachverhaltsaufklärung muss im Hinblick auf die ansonsten zu treffende Entscheidung über die Anklageerhebung so weit betrieben sein, dass anderenfalls nach Beurteilung der Staatsanwaltschaft der Beschuldigte in einer Hauptverhandlung wegen eines Vergehens mit allenfalls mittlerem Schweregrad[94] verurteilt würde, falls sich der bislang ermittelte Sachverhalt als wahr und prozessual beweisbar erwiese.[95]

31 **3. Gerichtliche Einstellung (Abs. 2).** Der einer Einstellung nach Abs. 2 zugrunde liegende **Ermittlungsgrad divergiert** sowohl nach den rechtlichen Anforderungen als auch in tatsächlicher Hinsicht je nach Verfahrensstadium.[96] Bei Einstellung **im Zwischenverfahren** und **im Hauptverfahren** vor Durchführung der Beweisaufnahme unterscheidet er sich nicht von dem der Erledigung nach Abs. 1.[97] Selbst eine gerichtliche Einstellung **in der Hauptverhandlung nach abgeschlossener Beweisaufnahme** setzt **keine Überzeugung** des Gerichts **von der Schuld des Angeklagten** voraus (**strg.**).[98] Im Falle des Vorliegens der Einstellungsvoraussetzungen – mit Ausnahme der liquiden Freispruchslage – wird gerade keine umfassende Beweiswürdigung mit dem Ziel der Beantwortung der Schuldfrage rechtlich abverlangt.[99] Die Unschuldsvermutung bleibt dem Angeklagten auf bei Erledigung nach Abs. 2 in diesem Stadium vollständig erhalten.

V. Auflagen und Weisungen (Abs. 1 S. 2)

32 **1. Allgemeines.** Die **Auflagen und Weisungen** sind seit 1999[100] in der Vorschrift nicht mehr abschließend sondern lediglich noch **exemplarisch aufgeführt**. Die damit verbundene Flexibilisierung der Anwendbarkeit des § 153a ist vom Gesetzgeber nicht vollständig bedacht worden.[101] Im Hinblick auf die angestrebten diversionellen Zwecke kann der größere Gestaltungsspielraum günstig wirken;[102] bezüglich der Gleichmäßigkeit der Anwendung ergeben sich Bedenken.[103] **Grenzen zulässiger** gesetzlich benannter wie der unbenannten **Auflagen und Weisungen** ergeben sich einerseits **aus ihrer Funktion**, das bestehende Strafverfolgungsinteresse zu beseitigen, **und der Unzumutbarkeit** der Erfüllung.[104] Innerhalb der genannten Grenzen können **unterschiedliche Auflagen und Weisungen miteinander verbunden** werden.[105] Wegen der formal freiwilligen Zustimmung des Beschuldigten etc. kommt es auf die Unterscheidung zwischen Auflagen und Weisungen nicht an (allgM.).[106] Die Auflagen und Weisungen müssen **inhaltlich bestimmt** sein; anderenfalls weiß der der Beschuldigte etc. nicht, was er innerhalb welcher Frist zu erbringen hätte

---

[91] Oben Rn. 21.
[92] Zutreffend *Beulke/Fahl* NStZ 2001, 426, 428; Löwe/Rosenberg/*Beulke* Rn. 39; aA zu Unrecht LG Bonn v. 28. 2. 2001 – 27 AR 2/01 NJW 2001, 1736.
[93] *Haack*, Vereinfachte Strafverfahren, S. 49 f.; *Radtke*, Systematik des Strafklageverbrauchs, S. 249; *Wissgott*, Garantien im Ermittlungsverfahren, S. 363; *Beulke/Fahl* NStZ 2001, 426 (428); *Eckl* JR 1975, 99 (101); *Saliger* GA 2005, 155 (169); *Schulenburg* JuS 2004, 765 (768); AK-StPO/*Schöch* Rn. 11; HK-StPO/*Gercke* Rn. 13; KMR/Plöd Rn. 5 Löwe/Rosenberg/*Beulke* Rn. 39; *Meyer-Goßner* Rn. 7; SK-StPO/*Weßlau* Rn. 25.
[94] Näher zur Obergrenze oben Rn. 26.
[95] *Radtke*, Systematik des Strafklageverbrauchs, S. 249.
[96] Ausführlich *Radtke*, Systematik des Strafklageverbrauchs, S. 208-213; siehe auch Löwe/Rosenberg/*Rieß*, 24. Aufl., Rn. 31 f.
[97] *Radtke*, Systematik des Strafklageverbrauchs, S. 210; ebenso Löwe/Rosenberg/*Rieß*, 24. Aufl., Rn. 31.; im Ergebnis nicht anders *Britz/Jung*, FS Meyer-Goßner/*Beulke* Rn. 40.
[98] Näher *Radtke*, Systematik des Strafklageverbrauchs, S. 212; *Beulke/Fahl* NStZ 2001, 426 (428); Löwe/Rosenberg/*Beulke* Rn. 40; aA etwa *Wissgott*, Garantien im Ermittlungsverfahren, S. 363; *Eckl* JR 1975, 99 (101); *Rüth* DAR 1975, 1 (6); *Hanack*, FS Gallas, 1973, S. 339 (349); *Hellmann* § 8 Rn. 23; wohl auch Löwe/Rosenberg/*Rieß* 24. Aufl., Rn. 32.
[99] Ausführlicher *Radtke*, Systematik des Strafklageverbrauchs, S. 212.
[100] Aufgrund der Änderungen durch das „Gesetz zur verfahrensrechtlichen Verankerung des Täter-Opfer-Ausgleichs ..."; BGBl. 1999 I, S. 2491.
[101] *Britz/Jung*, FS Meyer-Goßner, 2001, S. 307 (308 m. Fn. 5).
[102] Zu der Bandbreite der Möglichkeiten Löwe/Rosenberg/*Beulke* Rn. 76-78.
[103] Näher *Britz/Jung*, FS Meyer-Goßner, S. 306 (311 ff.); weniger kritisch Löwe/Rosenberg/*Beulke* Rn. 69.
[104] In Bezug auf Letzteres allgM; KK-StPO/*Schoreit* Rn. 15; Löwe/Rosenberg/*Beulke* Rn. 48 und 70; *Meyer-Goßner* Rn. 25; SK-StPO/*Weßlau* Rn. 33 aE.
[105] AK-StPO/*Schöch* Rn. 22; HK-StPO/*Gercke* Rn. 23; KK-StPO/*Schoreit* Rn. 15; KMR/Plöd Rn. 18; Löwe/Rosenberg/*Beulke* Rn. 48; *Meyer-Goßner* Rn. 14.
[106] Exemplarisch SK-StPO/*Weßlau* Rn. 33.

und der Eintritt des von der Erfüllung abhängigen Strafklageverbrauchs (Abs. 1 S. 5) bliebe unklar.[107] Grundsätzlich ist eine Verknüpfung der Auflagen und Weisungen mit dem (wahrscheinlichen) Unrecht der Tat nicht zwingend; allerdings kann die Aufgabe, das an sich vorhandene Bestrafungsinteresse zu beseitigen, für eine solche Verknüpfung sprechen.

Umfasst der Verfahrensgegenstand **mehrere Taten** im prozessualen Sinne und liegen für alle die Einstellungsvoraussetzungen vor, sollen **einheitliche Auflagen oder Weisungen** erfolgen.[108] 33

Für die Erfüllung der vom Beschuldigten etc. konsentierten **Auflagen oder Weisungen** sind diesem innerhalb des durch **Abs. 1 S. 3** (ggf. iVm. Abs. 2 S. 2) eröffneten Rahmens **Fristen** zu setzen. Bei der Bestimmung der Dauer ist auch innerhalb der gesetzlichen Höchstfristen die Zumutbarkeit zu beachten. Bei **Kombination** verschiedener Auflagen und Weisungen **dürfen unterschiedliche Fristen** gesetzt werden; maßgeblich für die Wirkungen der Erfüllung ist die längste Frist.[109] **Abs. 1 S. 4** gestattet die Fristverlängerung um drei Monate. Besteht die Quasi-Sanktion in einer **Geldleistung** (etwa Abs. 1 S. 2 Nr. 1 und 2) kann innerhalb der dennoch festzulegenden Erfüllungsfrist **Ratenzahlung** gewährt werden. Die nicht fristgerechte Zahlung von Raten bleibt ohne rechtliche Wirkungen, wenn insgesamt fristgerechte Erfüllung erfolgt.[110] Bleibt diese aus, werden dennoch erbrachte Teilleistungen nicht erstattet (**Abs. 1 S. 6**); auf diese Konsequenz sollte der Beschuldigte hingewiesen werden. 34

2. Gesetzlich benannte Auflagen und Weisungen (Abs. 1 S. 2 Nr. 1–6). a) Schadenswiedergutmachung (Nr. 1). Sie ist insoweit grundsätzlich **zivilrechtsakzessorisch** als ein **nach bürgerlichem Recht zu ersetzender Schaden vorhanden** sein muss.[111] Die Art der wiedergutmachungsfähigen Schäden richtet sich ebenfalls nach Zivilrecht, umfasst mithin **Vermögens- wie Nichtvermögensschäden**. Dementsprechend muss die Auflage/Weisung auch **nicht zwingend als Geldzahlung** ausgestaltet sein sondern kann, wenn zivilrechtlich geschuldet, auch in Naturalrestitution bestehen. Unter den Voraussetzungen von § 847 BGB kann die Auflage/Weisung **Schmerzensgeld** zum Inhalt haben (allgM). Die Berücksichtigung von Nichtvermögensschäden gestattet auch, unter den Voraussetzungen von §§ 165, 200 StGB, eine öffentliche Bekanntmachung.[112] Soweit eine Geldzahlung auferlegt werden soll, können Staatsanwaltschaft oder Gericht **innerhalb des zivilrechtlich Geschuldeten**[113] die Höhe frei bestimmen. Hat der Beschuldigte etc. den Schaden zivilrechtlich bereits ausgeglichen, kommt die Nr. 1 nicht mehr zur Anwendung. Die Erledigung kann dann aber auf § 153 b iVm. § 46 a StGB gestützt werden.[114] Bei von dritter Seite erfolgtem Schadensausgleich (etwa durch eine Versicherung) kann bei Forderungsübergang die Auflage/Weisung auf Ersatz an den Dritten lauten.[115] Zivilrechtlich ist der Anspruchsinhaber auch nach Erfüllung der Auflage/Weisung nicht gehindert, einen aus seiner Sicht noch nicht ausgeglichenen Schaden geltend zu machen. Umgekehrt soll die **Verjährung des Schadensersatzanspruchs** die Auflage/Weisung nach Nr. 1 nicht hindern[116] (zweifelhaft). Wegen der Begrenzung auf das zivilrechtlich Geschuldete können dem Beschuldigten etc. **nicht** die **Verfahrenskosten** sowie die Übernahme der **notwendigen Auslagen des Nebenklägers** als Schadenswiedergutmachung auferlegt werden (hM).[117] 35

Die zu erfüllende Wiedergutmachungsleistung muss stets **inhaltlich bestimmt** sein (allgM);[118] bei Geldzahlungen muss genau beziffert werden; bei sonstigen Leistungen sind diese inhaltlich exakt zu beschreiben. 36

Wegen der ihr zugeschriebenen günstigen präventiven Effekte wird gefordert, von der Schadenswiedergutmachung (Nr. 1) in möglichst großem Umfang (vorrangig) Gebrauch zu machen.[119] Mehr als ein Appell an die Rechtsanwender ist damit nicht verbunden. Das geltende Recht enthält kein Rangverhältnis der Auflagen/Weisungen.[120] Im Übrigen bedarf es einer trans- 37

---

107 Löwe/Rosenberg/*Beulke* Rn. 49.
108 Löwe/Rosenberg/*Beulke* Rn. 48; SK-StPO/*Weßlau* Rn. 34.
109 *Meyer-Goßner* Rn. 23.
110 Löwe/Rosenberg/*Beulke* Rn. 49; SK-StPO/*Weßlau* Rn. 36; abweichend *Meyer-Goßner* Rn. 24.
111 Löwe/Rosenberg/*Beulke* Rn. 52; siehe auch AK-StPO/*Schöch* Rn. 56 f.
112 AK-StPO/*Schöch* Rn. 27; *Meyer-Goßner* Rn. 17.
113 HK-StPO/*Gercke* Rn. 24; KK-StPO/*Schoreit* Rn. 16; KMR/*Plöd* Rn. 19; *Meyer-Goßner* Rn. 16; SK-StPO/*Weßlau* Rn. 40.
114 Vgl. § 153 b Rn. 8.
115 Löwe/Rosenberg/*Beulke* Rn. 52.
116 KMR/*Plöd* Rn. 19; Löwe/Rosenberg/*Beulke* Rn. 52 aE; *Meyer-Goßner* Rn. 16; siehe auch Schall NJW 1977, 1045.
117 OLG Frankfurt v. 27.9. 1979 – 3 Ws 740/79, MDR 1980, 515; AK-StPO/*Schöch* Rn. 20 und 28; KK-StPO/*Schoreit* Rn. 16; KMR/*Plöd* Rn. 19; Löwe/Rosenberg/*Beulke* Rn. 53; *Meyer-Goßner* Rn. 16; SK-StPO/*Weßlau* Rn. 41.
118 Siehe nur AK-StPO/*Schöch* Rn. 25; HK-StPO/*Gercke* Rn. 24; KK-StPO/*Schoreit* Rn. 16; *Meyer-Goßner* Rn. 16.
119 Etwa KMR/*Plöd* Rn. 19; Löwe/Rosenberg/*Beulke* Rn. 51; *Meyer-Goßner* Rn. 15; SK-StPO/*Weßlau* Rn. 37.
120 Zu einem auf Wiedergutmachung ausgerichteten Modell der §§ 153 ff. de lege ferenda *Walther*, Vom Rechtsbruch zum Realkonflikt, 2000, S. 362 ff.

parenteren Abgrenzung der Anwendungsbereiche von § 153a Abs. 1 S. 2 Nr. 1, § 153a Abs. 1 S. 2 Nr. 5 und § 153b iVm § 46a StGB jeweils zueinander,[121] die in je unterschiedlicher Form TOA-Aspekte berücksichtigen. Innerhalb des § 153a wird Abs. 1 S. 2 Nr. 1 dann anzuwenden sein, wenn ausgleichfähige Schäden vorhanden sind und ein Ausgleich zwischen Beschuldigten und (mußmaßlichem) Opfer nicht zu erreichen ist.

38 b) **Geldzahlung (Nr. 2).** Die Zahlung eines **bestimmten Geldbetrages** an die **Staatskasse** oder an eine **gemeinnützige Einrichtung**, die Staatsanwaltschaft bzw. Gericht, nach ihrem Ermessen auswählen kann,[122] ist die in der Praxis auf häufigsten angewendete Auflage/Weisung. Ein Rangverhältnis zwischen den Staatskasse und Einrichtung besteht nicht.[123] Die begünstigte Einrichtung muss nicht die steuerrechtliche Anerkennung als gemeinnützig aufweisen.[124] Im Rahmen der Ausübung des Auswahlermessens, das für die Staatsanwaltschaften durch eine Vereinbarung der Landsjustizverwaltungen[125] geleitet ist, kann eine Beziehung der Einrichtung zu der Tat (etwa Zahlung an den Bund gegen Alkohol im Straßenverkehr bei Trunkenheitsfahrt) oder dem Beschuldigten etc. hergestellt werden. Zwingend ist dies nicht. Die Verteilung auf mehrere Begünstigte, die keine eigenen Ansprüche gegen den Beschuldigten erwerben, ist zulässig; die Begünstigung von Einzelpersonen dagegen nicht.[126]

39 Die **Höhe des Geldbetrages** und die **Bemessungsgrundsätze** sind **nicht** unmittelbar gesetzlich festgelegt.[127] Nach der hier vertretenen Auffassung ergibt sich eine gewisse, aber lediglich grobe Begrenzung der Höhe über die Schuldschwereklausel allgemein.[128] Unterhalb dessen beschränken die allgemeine **Unzumutbarkeit**, die Raum für die Berücksichtigung der wirtschaftlichen Leistungsfähigkeit des Beschuldigten etc. gibt, und der **Verhältnismäßigkeitgrundsatz** die zulässige Höhe.[129] Auch wenn die Auflage/Weisung allein der Beseitigung des öffentlichen Bestrafungsinteresses und nicht der Schuldvergeltung dient, kann bei der Bemessung der Höhe wegen der Verhältnismäßigkeit eine Orientierung auch an dem Unrechtsgehalt der Tat erfolgen, die begangen zu haben der Beschuldigte in Verdacht steht.[130] **Ratenzahlung** ist nach den allgemeinen Regeln möglich.[131]

40 c) **Gemeinnützige Leistungen Nr. 3.** Im Hinblick auf den Umkehrschluss aus Nr. 2 handelt es sich um **Dienstleistungen**. **Verfassungsrechtliche Bedenken** im Hinblick auf Art. 12 Abs. 3 GG bestehen wegen der formal freiwilligen Zustimmung nicht.[132] Bei der Auswahl der Einrichtungen existiert wiederum Ermessen; auf den hinsichtlich **Art. 293 EGStGB** iVm. mit den einschlägigen landesrechtlichen Regelungen[133] geschaffenen organisatorischen Rahmen für die Erbringung gemeinnütziger Arbeit als Surroat für die Vollstreckung von Ersatzfreiheitsstrafe (§ 43 StGB)[134] kann zurückgegriffen werden. Der **zeitliche Umfang** der Dienstleistungen und deren **Art** sind wiederum nicht gesetzlich bestimmt. Als **Grenzen** kommen lediglich **Unzumutbarkeit** und **Verhältnismäßigkeit** in Betracht (allgM).[135] Eine gewisse Orientierung können der (wahrscheinliche) Unrechtsgehalt und die berücksichtigungsfähigen präventiven Strafzweckerwägungen bieten.

41 d) **Erfüllung von Unterhaltspflichten (Nr. 4).** Es handelt sich um eine **spezielle Konstellation der Schadenswiedergutmachung** iSv. Nr. 1.[136] Dementsprechend gilt auch hier die Orientierung an dem **Bestehen zivilrechtlicher Ansprüche** auf Unterhalt sowie an deren Inhalt. Was der Unterhaltsverpflichtete zivilrechtlich nicht schuldet, darf ihm auch nicht über Weisung nach Nr. 4 auferlegt werden. Sachliche Gründe, die Erfüllung von Unterhaltspflichten auch außerhalb solcher Strafverfahren aufzuerlegen, die eine **Straftat nach § 170 StGB** zum Gegenstand haben, sind

---

[121] Siehe breits § 153b Rn. 8 und § 155a Rn. 2 und 4.
[122] Näher *Krumm* NJW 2008, 1420ff.; siehe auch HK-StPO/*Gercke* Rn. 29; Löwe/Rosenberg/*Beulke* Rn. 55; SK-StPO/*Weßlau* Rn. 43.
[123] Löwe/Rosenberg/*Beulke* Rn. 55 mwN.
[124] SK-StPO/*Weßlau* Rn. 43.
[125] *Meyer-Goßner* Rn. 19 mwN.
[126] Siehe aber unten Rn. 46 aE.
[127] Ausführlicher *Fünfsinn* NStZ 1987, 97 ff.
[128] Oben Rn. 26.
[129] Insoweit allgM; HK-StPO/*Gercke* Rn. 25; Löwe/Rosenberg/*Beulke* Rn. 57; *Meyer-Goßner* Rn. 19; SK-StPO/*Weßlau* Rn. 42.
[130] Wie hier im Wesentlichen auch *Fünfsinn* NStZ 1987, 97, 101 f.; KMR/*Plöd* Rn. 21; enger KH-StPO/*Gercke* Rn. 25; Löwe/Rosenberg/*Beulke* Rn. 57; SK-StPO/*Weßlau* Rn. 42.
[131] Oben Rn. 34.
[132] BVerfG v. 13. 1. 1987 – 2 BvR 209/84, BVerfGE 74, 102 (109); BVerfG v. 14. 11. 1990 – 2 BvR 1462/87, NJW 1991, 1043 (1044).
[133] Vgl. MünchKommStGB/*Radtke* § 43 Rn. 4.
[134] Ausführlich *Feuerhelm*, Gemeinnützige Arbeit als Alternative zur Geldstrafenvollstreckung, 1991; *ders*. Stellung und Ausgestaltung der gemeinnützigen Arbeit im Strafrecht, 1997.
[135] HK-StPO/*Gercke* Rn. 26; Löwe/Rosenberg/*Beulke* Rn. 58.
[136] Löwe/Rosenberg/*Beulke* Rn. 59.

schwer ersichtlich, sollen aber bei einem **sachlichen Bezug zur Nichterfüllung der Unterhaltspflichten** möglich sein.[137]

e) Täter-Opfer-Ausgleich (Nr. 5). Die zusammen mit § 155 a im Jahr 1999 in das Gesetz ge- 42 langte Auflage/Weisung richtet sich **inhaltlich im Wesentlichen an den Voraussetzungen des § 46 a Abs. 1 Nr. 1 StGB** aus.[138] Die verfahrensrechtlichen Regelungen über den Täter-Opfer-Ausgleich (TOA) § 153 a Abs. 1 S. 2 Nr. 1, § 153 a Abs. 1 S. 2 Nr. 5, § 153 b iVm. § 46 a StGB sowie § 155 a (insb. dessen S. 3) sind wenig aufeinander abgestimmt.[139] Das zeigt sich u. a. darin, dass § 155 a S. 3 einen (erfolgreichen) TOA gegen den erklärten Willen des Verletzten auszuschließen scheint, sich § 153 a Abs. 1 S. 2 Nr. 5 aber mit einem ernsthaften Bemühen um den Ausgleich begnügt.[140] Unüberwindlich können daraus resultierende Probleme aber wohl nur dann sein, wenn der Täter sich ernsthaft um Ausgleich bemüht und die Verweigerung des Opfers sich im Einzelfall nicht als „Verfolgung rechtlich schützenswerter Interessen" erweist.[141] Problematischer ist, dass hier – anders als bei § 153 b, der einen durchgeführten TOA voraussetzt – u.a. bereits vor der Aufnahme eines echten Dialogs mit dem Opfer[142] für den Beschuldigten deutlich wird, das bloße Bemühen um Ausgleich könne die Einstellung herbeiführen.[143]

Aus der notwendigen Abgrenzung zu Nr. 1, der den Ausgleich materieller und immaterieller 43 Schäden zum Gegenstand hat, ergibt sich, dass Nr. 5 die **immaterielle Wiedergutmachung** im Sinne einer Verständigung zwischen Täter und Opfer auf der Grundlage eines „**kommunikativen Prozesses**" zwischen beiden voraussetzt.[144] Umfasst die verfahrensgegenständliche Tat lediglich opferlose Delikte, kann Nr. 5 nicht herangezogen werden. Das Verhältnis zu § 153 b, der insgesamt auf § 46 a StGB bezogen ist, bestimmt sich im Wesentlichen danach, ob im Einstellungszeitpunkt ein öffentliches Bestrafungsinteresse noch besteht oder nicht.[145]

f) Teilnahme an einem Aufbauseminar (Nr. 6). Der Anwendungsbereich der Auflage, an einem 44 Aufbauseminar teilzunehmen, ist wegen der Beschränkung der Verweisung auf § 2b Abs. 2 S. 2 und § 4 Abs. 8 S. 4 StVG gering. Die damit in Bezug genommenen **besonderen Aufbauseminare** kommen letztlich nur bei den in § 69 Abs. 2 Nr. 1 bis 4 StGB genannten Delikten in Betracht;[146] das sind § 315 c Abs. 1 Nr. 1 a, § 316 sowie §§ 142, 323 a StGB bei alkoholbedingter Tat im Straßenverkehr. Allerdings soll in den Konstellationen von § 69 Abs. 2 StGB nach den Vorstellungen des Gesetzgebers die Einstellung nicht bereits aufgrund der Teilnahme an dem Aufbauseminar allein erfolgen können.[147] Ungeachtet dessen kommt aber die ausschließlich auf Nr. 5 gestützte Einstellung in Betracht, wenn trotz einer Katalogtat die Regelwirkung des § 69 Abs. 2 StGB entfiele.[148]

3. Unbenannte Auflagen und Weisungen. a) Allgemeines. Dem Gesetz lassen sich unmittelbar 45 **kaum Vorgaben und Begrenzungen** der Zulässigkeit der unbenannten Auflagen/Weisungen entnehmen. Der Reformgesetzgeber des Jahres 1999 hat das im Hinblick auf die stets notwendige Zustimmung des Beschuldigten etc. für unbedenklich erhalten.[149] Überzeugend ist das nur dann, wenn die wenigstens formale Freiwilligkeit der Zustimmung gesichert ist. Das ist wegen der fehlenden Vorhersehbarkeit unbenannten Auflagen/Weisungen und dem damit möglicherweise einhergehenden höheren „Drohpotential" seitens der auf Einstellung drängenden Strafverfolgungsbehörden weniger gesichert als bei den im Gesetz genannten Quasi-Sanktionen.[150] Umso bedeutsamer sind **sichtbare Grenzen** unbestimmter Auflagen/Weisungen; solche lassen sich teilweise aus dem Telos des § 153 a teils aus allgemeinen rechtsstaatlichen Anforderungen gewinnen: (1.) Die Auflage/Weisung muss **geeignet sein**, das vorhandene **öffentliche Bestrafungsbedürfnis zu beseitigen**. Da dieses vor allem durch die **präventiven Strafzwecke** bestimmt wird,[151] muss die Erfüllung der **Auflagen/Weisungen** ihrerseits einen Bezug zu diesen Zwecken aufweisen. (2.) Auch wenn diese als bloße sanktionsähnliche Maßnahmen nicht Schuldvergeltung bezwecken, so dass

---

[137] AK-StPO/*Schöch* Rn. 33; HK-StPO/*Gercke* Rn. 27; KMR/*Plöd* Rn. 24; Löwe/Rosenberg/*Beulke* Rn. 59; Meyer-Goßner Rn. 22; SK-StPO/*Weßlau* Rn. 47.
[138] BT-Drucks. 14/1928 S. 6; Löwe/Rosenberg/*Beulke* Rn. 60; SK-StPO/*Weßlau* Rn. 48.
[139] Siehe § 153 b Rn. 8; § 155 a Rn. 4.
[140] AA HK-StPO/*Krehl*, 3. Aufl., Rn. 27 a.
[141] § 155 a Rn. 4; näher zur Auflösung der Problematik Löwe/Rosenberg/*Beulke* Rn. 61.
[142] Unten Rn. 43.
[143] Dazu *Tolmein* ZRP 1999, 408, 410 f.
[144] Vgl. BGH v. 18. 11. 1999 – 4 StR 435/99, NStZ 2000, 205 (206); *Schöch*, 50 Jahre BGH-FG, Band 4, S. 323; Löwe/Rosenberg/*Beulke* Rn. 63; vgl. auch § 155 a Rn. 4.
[145] § 153 b Rn. 8 und oben Rn. 21.
[146] Löwe/Rosenberg/*Beulke* Rn. 66; SK-StPO/*Weßlau* Rn. 49.
[147] BT-Drucks. 13/6914 S. 94; siehe auch KMR/*Plöd* Rn. 27.
[148] Löwe/Rosenberg/*Beulke* Rn. 68; *Meyer-Goßner* Rn. 22 b aE.; SK-StPO/*Weßlau* Rn. 49.
[149] Vgl. BT-Drucks. 14/1928 S. 8; dem zustimmend Löwe/Rosenberg/*Beulke* Rn. 69; KMR/*Plöd* Rn. 4.
[150] Näher im fraglichen Kontext *Britz/Jung*, Meyer-Goßner-FS, S. 307 (313 ff. mwN.); siehe auch SK-StPO/*Weßlau* Rn. 50.
[151] § 153 Rn. 24–26.

der Gedanke der straflimitierenden Funktion der Schuld[152] nicht fruchtbar gemacht werden kann, unterliegen die Auflagen/Weisungen dem **Verhältnismäßigkeitsgrundsatz**.[153] (3.) Es gilt zudem die Grenze der **Unzumutbarkeit**.[154] Das schließt die formal freiwillige Übernahme von Auflagen/Weisungen aus, die sich bei staatlicher Anordnung als entwürdigende Behandlung (shame sanctions) darstellen würden. (4.) Im Zusammenwirken aller drei genannten Aspekte ergibt sich als grobe Orientierung, **keine unbenannten Auflagen/Weisungen** auferlegen zu können, **die staatlicherseits nicht rechtmäßig mit Mitteln des Zwangs durchgesetzt werden könnten**.

46 b) **Einzelbeispiele**. Bei Einhaltung der vorgenannten Grenzen bietet die Aufgabe des abschließenden Katalogs der Auflagen/Weisungen Chancen für (spezial)präventiv sinnvolle Quasi-Sanktionen. Das gilt etwa für **Beratungsauflagen** bei bestimmten, durch interpersonelle Konflikte im sozialen Nahraum ausgelöste Delikte.[155] Ebenso verhält es sich mit der in der Gesetzesbegründung ausdrücklich angesprochenen Auflage, an einem **sozialen Trainungskurs** teilzunehmen[156] oder sich einer **psychotherapeutischen Behandlung** oder **Entziehungskur** zu unterziehen. In Bezug auf die beiden letztgenannten Quasisanktionen ist allerdings strikt auf einen sachlichen Konnex zur verfahrensgegenständlichen Tat zu achten und im Hinblick auf die Höchstfristen der Erfüllung zu bedenken, ob präventive Effekte in dem zur Verfügung stehenden Zeitraum überhaupt eintreten können. Nicht mehr grundsätzlich ausgeschlossen ist die **Auflage einer Geldzahlung an eine bestimmte** andere **Person** als den Verletzten. Das schließt die Möglichkeit einer die notwendigen Auslagen umfassenden Zahlung an den Nebenkläger ein.[157] Zulässig ist auch die Auflage/Weisung des **Nachweises der Erfüllung einer anderen Auflage**. Im Übrigen sollte bei der Auswahl der unbenannten Auflagen/Weisungen eine **Orientierung an §§ 56b und c StGB, § 68b StGB sowie §§ 10, 15 JGG** erfolgen.[158]

47 **4. Fristen zur Erfüllung der Auflagen und Weisungen (Abs. 1 S. 3).** Abs. 1 S. 3 setzt Höchstfristen zur Erfüllung der Auflagen und Weisungen, die einmal verlängert werden können. Diese **Höchstfristen** gelten **auch für die unbenannten Auflagen/Weisungen;**[159] das setzt vor allem den an sich zulässigen Therapieauflagen faktische Grenzen. Die für Abs. 1 S. 2 Nr. 4 vorgesehene Jahresfrist könnte allenfalls auf eine der Erbringung von Unterhaltspflichten (rechts)ähnliche unbenannte Auflage angewendet werden. Ansonsten bewendet es auch insoweit bei der allgemeinen Sechsmonatsfrist.

48 **5. Nachträgliche Änderungen und Aufhebungen der Auflagen oder Weisungen (Abs. 1 S. 4).** a) **Allgemeines**. Abs. 1 S. 4 eröffnet die Möglichkeit, die Auflagen/Weisungen in inhaltlicher und zeitlicher Hinsicht gewandelten tatsächlichen oder persönlichen Verhältnissen des Beschuldigten etc. anzupassen. Die **Änderung** oder **Aufhebung** sowie die **Fristverlängerung** dienen vor allem der Reaktion auf Veränderungen bei der Fähigkeit des Beschuldigten, die konsentierten Auflage und Weisungen zu erfüllen. Das ist insbesondere bei von diesem **unverschuldetem Verlust oder Einschränkung der Leistungsfähigkeit** von Bedeutung. Zum einen kann durch die Änderung der Auflage/Weisung auf eine unter den neuen Gegebenheiten erfüllbare der Verfahrenstypus § 153a fortgeführt werden. Zum anderen kann, sollten keine erfüllbaren, zur Beseitigung des Bestrafungsinteresses geeigneten Auflagen/Weisungen (mehr) vorhanden sein, die mit Abs. 1 S. 6 verbundene Härte gemildert werden.[160] Auf die Veränderung der relevanten Verhältnisse ist regelmäßig mit einer **Änderung** der Auflagen und Weisungen zu reagieren. Die **Aufhebung** der Auflagen und Weisungen kann **nur in engen Ausnahmefällen** erfolgen.[161] Denn ursprünglich war deren Erfüllung für erforderlich gehalten worden, um das öffentliche Bestrafungsinteresse zu beseitigen. Soll dieses nunmehr ohne die Erfüllung weggefallen sein, müssen Gegebenheiten eingetreten sein, die in ihren Wirkungen der Erfüllung gleichkommen. Das folgt aus dem Umstand, dass die **Aufhebung der Erfüllung gleichsteht**, mithin die Rechtsfolge des Abs. 1 S. 5 auslöst.[162] Die **Fristverlängerung** kann lediglich **einmal angeordnet** werden. Die **maximale Frist** der Verlängerung beträgt **3 Monate**; das gilt auch bei der Auflage nach Abs. 1 S. 2 Nr. 4. Die Verlängerung

---

[152] MünchKommStGB/*Radtke* Vor §§ 38 ff. Rn. 14 mwN.
[153] *Britz/Jung*, FS Meyer-Goßner, S. 307 (316) mwN.
[154] Löwe/Rosenberg/*Beulke* Rn. 70.
[155] Näher *Theerkorn*, Gewalt im sozialen Nahraum, 1995; *Beulke/Theerkorn* NStZ 1995, 474.
[156] BT-Drucks. 14/1928 S. 7 f.; zustimmend *Britz/Jung*, FS Meyer-Goßner, S. 307 (320), Löwe/Rosenberg/*Beulke* Rn. 77.
[157] Näher Löwe/Rosenberg/*Beulke* Rn. 75.
[158] Ausführlich zu zulässigen und unzulässigen unbenannten Auflagen/Weisungen Löwe/Rosenberg/*Beulke* Rn. 74-78.
[159] Löwe/Rosenberg/*Beulke* Rn. 79 aE.
[160] Zutreffend SK-StPO/*Weßlau* Rn. 62 aE.
[161] Näher Löwe/Rosenberg/*Beulke* Rn. 86; siehe auch HK-StPO/*Gercke* Rn. 18.
[162] Wie hier Löwe/Rosenberg/*Beulke* Rn. 87; unklar *Meyer-Goßner* Rn. 40.

wird stets der konkreten ursprünglichen Erfüllungsfrist zugeschlagen. Auch wenn diese die maximalen Fristen des Abs. 1 S. 3 nicht ausschöpfte, bleibt die Verlängerungsfrist auf 3 Monate begrenzt.

b) **Verfahren/Zustimmungserfordernisse.** Die **Zuständigkeit** für die Entscheidung über die Änderung, Aufhebung oder Fristverlängerung liegt bei dem Justizorgan, das die vorläufige Einstellung[163] mit der Festlegung der ursprünglichen Auflagen/Weisungen angeordnet hat. Abs. 1 S. 4 sieht eine **Zustimmung** lediglich in Bezug auf den **Beschuldigten** etc. bei der **Änderung oder nachträglichen Auferlegung** von Auflagen/Weisungen vor. Das Zustimmungserfordernis besteht auch bei dem Beschuldigten etc. lediglich vorteilhaften Änderungen (allgM).[164] Dagegen bedürfen die **Fristverlängerung** und die **Aufhebung** keiner Zustimmung des Beschuldigten. Die **Zustimmungserfordernisse der Staatsanwaltschaft** und/oder **des Gerichts** zu der Änderungs-/Aufhebungs- oder Fristverlängerungsentscheidung des jeweils anderen Organs werden angesichts des Fehlens einer gesetzlichen Regelung **kontrovers diskutiert.** Die noch hM hält wegen des Schweigens des Gesetzes eine Zustimmung nicht für erforderlich.[165] Dagegen spricht jedoch, dass die Einstellungsentscheidungen – außer in den Bagatellkonstellationen in des Abs. 1 S. 7 iVm. § 153 Abs. 1 S. 2 – **stets** eine **übereinstimmende Beurteilung** der tatsächlichen und rechtlichen Voraussetzungen durch Gericht und Staatsanwaltschaft verlangen. Da Änderung/Aufhebung und Fristverlängerung eine Neubewertung erfordern, gilt dieser Grundsatz auch für die nachträglichen Entscheidungen.[166] War daher **für die vorläufige Einstellung die Zustimmung erforderlich,** gilt das **auch für nachträgliche Veränderungen** und die Verlängerung der Erfüllungsfrist.[167] 49

c) **Fristfragen.** Alle Formen der **Veränderung** (inhaltliche Änderung, Aufhebung, Fristverlängerung) können **auch nach Ablauf der ursprünglichen Frist** angeordnet werden (hM).[168] Das ergibt sich schon daraus, dass eine erneute Einstellung mit den auch im Wege der Änderung möglichen Inhalt ohnehin unter denselben Voraussetzungen (einschließlich der Zustimmungserfordernisse)[169] bewirkt werden könnte. 50

6. Kontrolle der Auflagen und Weisungen. Die **Zuständigkeit** für die Überprüfung der ursprünglichen oder geänderten Auflagen und Weisungen liegt stets bei dem Justizorgan, das die entsprechende Einstellungsentscheidung getroffen hatte, also in den Fällen des Abs. 1 bei der Staatsanwaltschaft, in den Fällen des Abs. 2 bei dem zuständigen Gericht. Soweit durch die Erfüllung der Auflagen/Weisungen – wie etwa bei der Geldauflage zugunsten gemeinnütziger Einrichtungen oder bei gemeinnütziger Arbeit – konkrete Institutionen begünstigt werden, können diese zur **Mitteilung der Erfüllung** angehalten werden. Eine Mitteilungspflicht besteht außerhalb von § 155 b Abs. 2 S. 3 im Rahmen des TOA nicht (allgM). Soweit dem **Beschuldigten** etc. neben der eigentlichen Auflagen/Weisungen aufgegeben ist, die **Erfüllung nachzuweisen,** bleibt die Nichterfüllung dieser Auflage folgenlos, verhindert bei Erfüllung der eigentlichen Auflage/Weisung also nicht den Eintritt des Strafklageverbrauchs aus Abs. 1 S. 5.[170] Umgekehrt besteht keine die Justizorgane treffende Pflicht, gegenüber dem Beschuldigten auf die Erfüllung der Auflagen/Weisungen hinzuwirken. 51

D. Absehen von der Erhebung der öffentlichen Klage (Abs. 1)

I. Zuständigkeit

Die Zuständigkeit zum Absehen von der Verfolgung hat allein die **Staatsanwaltschaft** (allgM); im **Steuerstrafverfahren** bei selbständigem Betreiben auch die **Finanzbehörde** (§ 386 Abs. 2, § 399 Abs. 1 AO). Die Staatsanwaltschaft bei dem Revisionsgericht hat keine Einstellungszuständigkeit, weil § 153a in der Revisionsinstanz nicht anwendbar ist.[171] Die **Polizei** verfügt über **keine Einstellungskompetenz** und muss den Sachverhalt bis zur Abschlussreife ermitteln. Modellversuche 52

---

[163] Oben Rn. 8.
[164] Löwe/Rosenberg/*Beulke* Rn. 85; *Meyer-Goßner* Rn. 41; SK-StPO/*Weßlau* Rn. 63.
[165] Etwa KK-StPO/*Schoreit* Rn. 37; KMR/*Plöd* Rn. 38; *Meyer-Goßner* Rn. 42; (jeweils unterschiedlich) differenzierend AK-StPO/*Schöch* Rn. 34 und HK-StPO/*Gercke* Rn. 18.
[166] Löwe/Rosenberg/*Beulke* Rn. 83; SK-StPO/*Weßlau* Rn. 61; siehe auch OLG Düsseldorf v. 18. 1. 1995 – 3 Ws 735/94, VRS 88 (1995), 437f.
[167] Nachw. wie Fn. zuvor.
[168] *Eckl* JR 1975, 99 (101); HK-StPO/*Gercke* Rn. 18; KMR/*Plöd* Rn. 38; Löwe/Rosenberg/*Beulke* Rn. 82; *Meyer-Goßner* Rn. 40; SK-StPO/*Weßlau* Rn. 64; enger KK-StPO/*Schoreit* Rn. 36 „nur bei Aufhebung".
[169] Oben Rn. 49.
[170] Löwe/Rosenberg/*Beulke* Rn. 80; SK-StPO/*Weßlau* Rn. 80.
[171] Oben Rn. 11.

einer **Polizeidiversion**[172] sind mit der lex lata nicht zu vereinbaren[173] und rechtspolitsch nicht wünschenswert.[174]

II. Voraussetzungen

53   Materiell setzt die Einstellung ein durch die Erfüllung der Auflagen und Weisungen zu beseitigendes **öffentliches Bestrafungsinteresse**[175] bei Vergehen voraus, soweit die **Schwere der Schuld**[176] nicht entgegensteht. Formell bedarf es **stets der Zustimmung des Beschuldigten** und zusätzlich der **Zustimmung des Gerichts** soweit nicht die Voraussetzungen von Abs. 1 S. 7 iVm § 153 Abs. 1 S. 2 gegeben sind.[177] Liegen die Voraussetzungen vor, ist von der Einstellung Gebrauch zu machen.[178] Rechtlich steht Staatsanwaltschaft oder Gericht **kein Ermessen** zu. Mangels Überprüfbarkeit der Nichtanwendung wirkt die Entscheidung aber dennoch wie eine ermessensähnliche Entscheidung.[179]

III. Verfahren der staatsanwaltschaftlichen Einstellung

54   **1. Allgemeines.** Das Gesetz gewährleistet eine gewisse Kontrolle der **Einhaltung der Einstellungsvoraussetzungen** des Abs. 1 grundsätzlich **durch** deren **übereinstimmende Beurteilung seitens Staatsanwaltschaft und Gericht**; dessen Kontrollfunktion erfolgt über das **gerichtliche Zustimmungserfordernis**. Wegen der sanktionsähnlichen Wirkung der Auflagen und Weisungen bedarf es zusätzlich **immer der Zustimmung durch den Beschuldigten**. Die Reihenfolge der Einholung der Zustimmungserklärungen ist im Gesetz **nicht geregelt**; für den Regelfall ist es sachgerecht, sich zunächst an das zuständige Gericht zu wenden (im Ergebnis allgM).[180]

55   **2. Zustimmung durch den Beschuldigten.** Die Zustimmung des Beschuldigten ist in jeder Verfahrenslage, in der § 153a angewendet werden kann,[181] **notwendige Voraussetzung der Einstellung**. Das erklärte **Einverständnis** bezieht sich auf die von dem für die Einstellungsentscheidung zuständigen Justizorgan vorgeschlagenen **Auflagen und Weisungen einschließlich der Erfüllungsfrist**. Mit der Zustimmungserklärung ist **kein Schuldeingeständnis** verbunden (allgM).[182] Regelmäßig wird die Zustimmung durch **ausdrückliche Erklärung** auf entsprechende Anfrage erteilt. Die Abgabe der Erklärung erfolgt grundsätzlich durch den Beschuldigten/Angeklagten selbst. Die vom bevollmächtigten **Verteidiger**, an den auch die Anfrage gerichtet werden kann (§ 145a),[183] für den Mandanten erklärte Zustimmung ist als für den Beschuldigten abgegebene Erklärung wirksam.[184] Soweit der Beschuldigte etc. nicht von sich aus die Einstellung (mit bereits konkret benannten Auflagen und Weisungen) angeregt hat, ist ihm mit der Anfrage auf Einstellung gegen Auflagen/Weisungen eine **Erklärungsfrist** einzuräumen, damit er Rechtsrat einholen kann.[185] In der Anfrage muss das für die Einstellung zuständige Justizorgan eindeutig zum Ausdruck bringen, für den Fall der Zustimmungserteilung das Verfahren einstellen zu wollen.[186] Eine **konkludente Zustimmungserklärung** ist möglich und liegt regelmäßig in einer fristgerechten Erfüllung der angebotenen Auflagen/Weisungen.[187] Ohne ausdrückliche Zustimmungserklärung entfällt notwendigerweise die vorläufige Einstellung.

56   Die mit **veränderten Auflagen/Weisungen** verbundene Zustimmung stellt sich als **Verweigerung** des Einverständnisses dar (allgM).[188] Das zuständige Justizorgan ist an der Übernahme der Veränderung nicht gehindert und kann die Einstellung darauf stützen. Eine der vorläufigen Einstellung vorausgehende Verständigung über die Auflagen/Weisungen ist ohnehin rechtlich zulässig.

---

[172] Vgl. *Sprenger/Fischer* DRiZ 2000, 111 (112).
[173] *Weßlau* DRiZ 2000, 118 (119), SK-StPO/*Weßlau* Rn. 53; Vorschläge für eine Ermächtigungnorm für die Polizeidiversion bei Elsner ZRP 2010, 49 ff.
[174] Insoweit aA *Elsner* ZRP 2010, 49 (50 ff.).
[175] Oben Rn. 27 f.
[176] Oben Rn. 24-26.
[177] Zu diesen Voraussetzungen § 153 Rn. 40 ff.
[178] *Radtke*, Systematik des Strafklageverbrauchs, S. 213.
[179] Nachw. wie zuvor.
[180] AK-StPO/*Schöch* Rn. 43; KK-StPO/*Schoreit* Rn. 26; Löwe/Rosenberg/*Beulke* Rn. 108; *Meyer-Goßner* Rn. 32; SK-StPO/*Weßlau* Rn. 58.
[181] Oben Rn. 11.
[182] BVerfG v. 16. 1. 1991 – 1 BvR 1326/90, NJW 1991, 1530; BVerfG v. 6. 12. 1995 – 2 BvR 1732/95, StV 1996, 163.
[183] *Meyer-Goßner* Rn. 30
[184] Löwe/Rosenberg/*Beulke* Rn. 45.
[185] KK-StPO/*Schoreit* Rn. 29; *Meyer-Goßner* Rn. 30; SK-StPO/*Weßlau* Rn. 29.
[186] Vgl. BayObLG v. 11. 3. 1990 – 1 St RR 257/98; KMR/*Plöd* Rn. 13; SK-StPO/*Weßlau* Rn. 29; siehe allerdings auch Rn. 59.
[187] Löwe/Rosenberg/*Beulke* Rn. 43.
[188] Siehe nur HK-StPO/*Gercke* Rn. 12; KMR/*Plöd* Rn. 13.

Erster Abschnitt. Öffentliche Klage 57–64 § 153a

Der **Beschuldigte** kann seine Zustimmungserklärung **bis zur** vollständigen **Erfüllung der Auflagen/Weisungen** widerrufen (allgM).[189] Er könnte ohnehin durch das Unterlassen der Erfüllung dem Regelverfahren Fortgang geben. Nach dem genannten Zeitpunkt ist die Erklärung schon vor dem Hintergrund des Strafklageverbrauchs nach Abs. 1 S. 5 weder widerruflich noch anfechtbar. 57

3. **Zustimmung des Gerichts.** Die Kompetenz liegt bei dem **Gericht**, welches bei Anklageerhebung **für** die Entscheidung über die **Eröffnung des Hauptverfahrens** zuständig wäre. Für Zuständigkeitskonflikte und die vom angegangenen Gericht angenommene Unzuständigkeit gelten die Ausführungen zu § 153 entsprechend.[190] 58

Das zuständige **Gericht** beurteilt das Vorliegen der materiellen **Einstellungsvoraussetzungen eigenständig** und unabhängig von der Staatsanwaltschaft. Beurteilung und **Zustimmung** durch das Gericht erstrecken sich **auch auf die vorgeschlagenen Auflagen und Weisungen** (allgM). Nur so kann eine wirksame Kontrolle einer „vorgelagerten Strafzumessungsentscheidung" der Staatsanwaltschaft angesichts des ausgeschlossenen Klageerzwingungsverfahrens[191] gewährleistet werden. Hält das Gericht andere Auflagen/Weisungen für geboten, kann sie diese gegenüber der Staatsanwaltschaft vorschlagen.[192] Bleibt eine Verständigung aus, ist die Zustimmung nicht erteilt. Ablehnung oder Erteilung der Zustimmung ergehen als **Beschluss**, der in beiden Fällen **keiner Anfechtung** unterliegt.[193] 59

Die **Erteilung der Zustimmung verpflichtet** die Zustimmung die **Staatsanwaltschaft nicht zum Absehen von der Verfolgung**; diese darf das Verfahren durch Anklageerhebung bzw. Surrogate fortsetzen oder durch andere Einstellungsvorschriften erledigen (allgM).[194] 60

Wird die **Zustimmung verweigert**, setzt die Staatsanwaltschaft das Verfahren fort. Da die Einstellung nach § 153a hinreichenden Tatverdacht voraussetzt, wird **typischerweise Anklageerhebung** oder ein Surrogat (etwa Strafbefehlsantrag) erfolgen. Die Ablehnungsentscheidung kann aber Veranlassung für die Staatsanwaltschaft sein, wegen veränderter Bewertung nunmehr zu einer Verfahrenseinstellung etwa nach § 153 oder gar § 170 Abs. 2 zu gelangen.[195] Die Ablehnung der Zustimmung hindert die Staatsanwaltschaft **bei veränderter Sachlage** nicht an **erneuter Antragsstellung**.[196] Bei entsprechend veränderter Sachlage darf die Staatsanwaltschaft auch die Voraussetzungen der zustimmungsfreien Einstellung (Abs. 1 S. 7 iVm § 153 Abs. 1 S. 2) annehmen, wenn sie zuvor um gerichtliche Zustimmung nachgesucht hatte und diese verweigert worden ist. 61

Unter den Voraussetzungen von § 153 Abs. 1 S. 2[197] ist **keine gerichtliche Zustimmung** (Abs. 1 S. 7) erforderlich. 62

4. **Sonstige Zustimmungs-/Anhörungs- und Benachrichtigungserfordernisse.** Es bedarf grundsätzlich **keiner Zustimmung des Anzeigenden**, selbst wenn er **Verletzter** ist; **anders** verhält es sich nur bei der Auflage/Weisung nach **Abs. 1 S. 2 Nr. 5**. Gleiches gilt für die **Anhörung**. In Steuerstrafverfahren muss die zuständige **Finanzbehörde** zuvor angehört werden (§ 403 Abs. 4 AO). Bei Anzeigerstattung durch Behörden oder Körperschaften des öffentlichen Rechts hat die Staatsanwaltschaft nach **Nr. 90 Abs. 1 und 2 RiStBV** diesen bereits vor **der vorläufigen Einstellung Gelegenheit zur Stellungnahme** zu geben; die Nichtbeachtung ist ohne rechtliche Bedeutung. Der Anzeigeerstatter ist nach § 171 S. 1 durch eine mit Gründen versehene Einstellungsmitteilung bereits über die vorläufige Einstellung zu benachrichtigen. Da das Klageerzwingungsverfahren gegen die Einstellung nach Abs. 1 insgesamt nicht statthaft ist (vgl. § 172 Abs. 2 S. 3),[198] enthält die Einstellungsnachricht **keine Rechtsmittelbelehrung**. 63

5. **Art und Inhalt der staatsanwaltschaftlichen Einstellung nach Abs. 1.** a) **Vorläufige Einstellung.** Sie erfolgt durch in den Akten zu vermerkende **Verfügung nach Eingang der erforderlichen Zustimmungserklärungen**; wegen § 171 Abs. 2 ist bereits diese bei Vorhandensein eines Anzeigenerstatters **mit Gründen zu versehen** (vgl. Nr. 89 Abs. 2 RiStBV). Die Verfügung **beinhaltet die konsentierten Auflagen/Weisungen einschließlich der Erfüllungsfrist(en)**. Bezüglich weiterer In- 64

---

[189] KMR/*Plöd* Rn. 15; Löwe/Rosenberg/*Beulke* Rn. 44; SK-StPO/*Weßlau* Rn. 32.
[190] § 153 Rn. 35.
[191] Unten Rn. 86 f.
[192] AK-StPO/*Schöch* Rn. 45; Löwe/Rosenberg/*Beulke* Rn. 105; SK-StPO/*Weßlau* Rn. 55; aA KK-StPO/*Schoreit* Rn. 28; differenzierend *Meyer-Goßner* Rn. 31 aE „kleinere Änderungen"
[193] Näher § 153 Rn. 37.
[194] Siehe nur Löwe/Rosenberg/*Beulke* Rn. 110.
[195] Löwe/Rosenberg/*Beulke* Rn. 109; SK-StPO/*Weßlau* Rn. 56.
[196] Siehe bereits § 153 Rn. 39.
[197] § 153 Rn. 40–44.
[198] Unten Rn. 86 f.

§ 153a 65–69 Zweites Buch. Verfahren im ersten Rechtszug

halte der Verfügung gilt das zu § 153 Gesagte.[199] In der Praxis fehlt die vorläufige Einstellung gelegentlich bei sehr kurzen Erfüllungsfristen oder bei konkludenter Zustimmungserklärung des Beschuldigten.[200]

65 b) **Endgültige Einstellung.** Im Anschluss an die **vollständige und fristgerechte Erfüllung der Auflagen/Weisungen** verfügt die zuständige Staatsanwaltschaft die endgültige Einstellung. Ihr kommt insoweit lediglich noch **deklaratorische Wirkung** zu,[201] als bereits mit der Festlegung der Auflagen/Weisungen und den Zustimmungserklärungen ein **bedingtes Verfahrenshindernis** eintritt.[202] Ihre **Rechtsgrundlage** findet die endgültige Einstellung in § 153a selbst (mittlerweile ganz hM).[203] Inhaltlich ordnet die Verfügung die endgültige Einstellung des Verfahrens an. Der Beschuldigte enthält eine formlose Einstellungsnachricht.[204] An den Anzeigeerstatter ergeht ein mit Gründen versehener Einstellungsbescheid ohne Rechtsmittelbelehrung.[205]

E. Gerichtliche Verfahrenseinstellung nach Abs. 2

I. Zuständigkeit

66 Die Einstellungszuständigkeit geht mit der **Erhebung der öffentlichen Klage** oder ihren Surrogaten auf das Gericht über. Für die Einstellung ist nach Anklageerhebung grundsätzlich **das gerade mit der Sache befasste Gericht** zuständig. Das gilt **nicht** für die **Revisionsgerichte**,[206] durchaus aber für den neuen Tatrichter nach Aufhebung und Zurückverweisung durch das Revisionsgericht sowie für den neuen Tatrichter im Wiederaufnahmeverfahren. Die Möglichkeit der Verfahrenseinstellung **endet** erst **mit** einer **rechtskräftigen Entscheidung** über die betroffene Tat im prozessualen Sinne **insgesamt**. Teilrechtskraft steht nicht entgegen.[207] In diesem Fall ist das über die Einstellung entscheidende Gericht allerdings an die der Überprüfung entzogenen Feststellungen gebunden.

II. Voraussetzungen

67 Materiell müssen die allgemeinen **Einstellungsvoraussetzungen des Abs. 1** vorliegen. Zusätzlich bedarf es bei der **vorläufigen Einstellung nach Abs. 2 S. 1** stets der Zustimmung des Angeschuldigten/Angeklagten und der Staatsanwaltschaft. Für die Zustimmung des Angeschuldigten etc. gilt das zur staatsanwaltschaftlichen Einstellung Gesagte.[208] Bei der **endgültigen Einstellung (Abs. 2 S. 5)** kommt noch die **Erfüllung der Auflagen/Weisungen** hinzu.

III. Entscheidungsart und -inhalt

68 1. **Vorläufige Einstellung (Abs. 2 S. 1).** Die Einstellungsentscheidung ergeht als **Beschluss (Abs. 2 S. 3)**. Der Beschluss muss die **erteilten Auflagen und Weisungen sowie die Fristen zu deren Erfüllung genau bezeichnen**; einer Begründung bedarf es **nicht**. Umfasst der Verfahrensgegenstand mehrere Taten im prozessualen Sinne muss aus dem der vorläufige Einstellung des Verfahrens aussprechenden Beschluss hervorgehen, auf welche der Taten er sich bezieht. Da keine endgültige Verfahrenserledigung erfolgt, enthält der Beschluss **keine Kostenentscheidung** und **keine** über etwaige **Entschädigung wegen Strafverfolgungsmaßnahmen** (allgM). Lehnt das Gericht einen auf Einstellung gerichteten Antrag der Staatsanwaltschaft oder des Angeschuldigten/Angeklagten durch nicht vorgeschriebenen Beschluss ab, kann sich Pflicht zur Begründung des **Ablehnungsbeschlusses** aus § 34 Alt. 2 ergeben.[209]

69 Ergeht der **Beschluss in der Hauptverhandlung**, wirken bei entsprechendem Spruchkörper die Schöffen an der Entscheidung mit. Er ist als **wesentliche Förmlichkeit** in die Niederschrift (§ 273)

---

[199] § 153 Rn. 46; insb. zu Kostenentscheidungen.
[200] Oben Rn. 55 aE.
[201] Siehe AK-StPO/*Schöch* Rn. 38; HK-StPO/*Gercke* Rn. 22; KMR/*Plöd* Rn. 40; Löwe/Rosenberg/*Beulke* Rn. 101; Meyer-Goßner Rn. 45.
[202] Unten Rn. 75 f.
[203] OLG Frankfurt v. 27. 9. 1979 – 3 Ws 740/79, MDR 1980, 515; *Seier* NStZ 1982, 274; AK-StPO/*Schöch* Rn. 40; KK-StPO/*Schoreit* Rn. 43; KMR/*Plöd* Rn. 40; Löwe/Rosenberg/*Beulke* Rn. 101; Meyer-Goßner Rn. 53; SK-StPO/ *Weßlau* Rn. 65; aA etwa *Eckl* JR 1975, 99 (101), siehe auch BT-Drucks. 7/550 S. 299.
[204] KK-StPO/*Schoreit* Rn. 43.
[205] Rn. 62 aE.
[206] Oben Rn. 11.
[207] Löwe/Rosenberg/*Beulke* Rn. 121; aA *Gössel* JR 1982, 273.
[208] Oben Rn. 55–57.
[209] Anders SK-StPO/*Weßlau* Rn. 78.

aufzunehmen. Die Bekanntgabe erfolgt durch Verkündung. Bei **Beschlussfassung außerhalb der Hauptverhandlung** ist dieser den Verfahrensbeteiligten bekannt zu machen (§ 35); förmlicher Zustellung bedarf es dagegen nicht (§ 35 Abs. 2 S. 2).

2. Endgültige Einstellung (Abs. 2 S. 5). Wie bei der staatsanwaltschaftlichen Einstellung[210] ergeht **bei vollständiger und fristgemäßer Erfüllung** der Auflagen eine **Entscheidung über die endgültige Einstellung**. Diese ergeht als **Beschluss** (arg. Abs. 2 S. 5), der sich im Hinblick auf den Wortlaut von Abs. 2 S. 5 in einem **feststellenden Charakter** erschöpft. Zuständig ist das Gericht, das die vorläufige Einstellung beschlossen hat. Die **Verfahrenserledigung** mit dem Strafklageverbrauch des Abs. 1 S. 5 (iVm. Abs. 2 S. 3) tritt bereits **mit der Erfüllung selbst** ein.[211] Typischerweise ergeht er außerhalb der Hauptverhandlung in der dafür vorgesehenen Besetzung. Dieser Beschluss ist den Verfahrensbeteiligten **formlos mitzuteilen** (strg.);[212] anderes gilt nur für den Ausnahmefall (vgl. Abs. 2 S. 5 iVm S. 4) der Anfechtbarkeit des Beschlusses mit der sofortigen Beschwerde. Das wird regelmäßig nur der Fall sein, wenn über die Entschädigung für Strafverfolgungsmaßnahmen zu entscheiden war.[213]

Der Beschluss über die endgültige Einstellung ist mit einer **Kosten- und Auslagenentscheidung** (vgl. § 464 Abs. 1) sowie ggf. einer Entscheidung über die **Entschädigung für Strafverfolgungsmaßnahmen** (§ 8 Abs. 1 StrEG) zu versehen. Der **Inhalt der Kosten- und Auslagenentscheidung** richtet sich nach **§ 467 Abs. 1 und Abs. 5** (bei Nebenklage ggf. iVm. § 472); die **Kosten** des Verfahrens trägt gemäß § 467 Abs. 1 die **Staatskasse**. § 467 Abs. 5 schließt aus, die notwendigen Auslagen des Angeschuldigten/Angeklagten der Staatskasse aufzuerlegen.[214] Die **Auslagen des Nebenklägers** werden dem Angeschuldigten/Angeklagten regelmäßig auferlegt, soweit dies nicht unbillig ist (§ 472 Abs. 2 S. 2 iVm Abs. 1 S. 2). Die Billigkeitserwägungen können an dem zu § 153 Entwickeltem ausgerichtet werden.[215] Für die Entscheidung über Entschädigung für Strafverfolgungsmaßnahmen gilt § 3 StrEG.

IV. Zustimmungs-/Anhörungs- und Benachrichtigungserfordernisse

1. Zustimmung der Staatsanwaltschaft. Für die stets – auch bei Änderungen/Aufhebungen/Fristverlängerungen – erforderliche Zustimmung der Staatsanwaltschaft gelten die entsprechenden Ausführungen zu § 153;[216] allerdings besteht anders als bei § 153 mangels Anwendbarkeit des § 153a in der Revisionsinstanz keine Zuständigkeit der Staatsanwaltschaft bei dem Revisionsgericht. Wird die **Zustimmung in der Hauptverhandlung** erklärt, ist sie als wesentliche Förmlichkeit **zu protokollieren**.

2. Zustimmung des Angeschuldigten/Angeklagten. Für die auch bei Abs. 2 stets erforderliche Zustimmung des Angeschuldigten bzw. Angeklagten gilt grundsätzlich das zur Zustimmung bzgl. der staatsanwaltschaftlichen Einstellung Gesagte.[217] Die Erklärung ist wie bei staatsanwaltschaftlicher Zustimmung als **wesentliche Förmlichkeit** in die Sitzungsniederschrift aufzunehmen. Der mit Vertretungsmacht nach § 234 ausgestattete **Verteidiger** kann für den abwesenden Angeschuldigten/Angeklagten die Zustimmung erklären.

3. Anhörung weiterer Beteiligter. Vorläufige Einstellung. Den Umfang zu gewährender Anhörungen richtet sich nach dem jeweiligen Verfahrensstadium. Bei **in der Hauptverhandlung** gefasstem Beschluss über die vorläufige Einstellung sind die anwesenden Verfahrensbeteiligten, soweit die Anhörung nicht ohnehin mit dem Zustimmungserfordernis verknüpft ist, gemäß § 33 Abs. 1 zu hören. Liegt eine **Anschlusserklärung des Nebenklägers** vor, muss vor dem Einstellungsbeschluss über die Anschlussberechtigung entschieden werden (arg.: § 396 Abs. 3). Dem **Nebenkläger** ist auch bei Einstellung außerhalb der Hauptverhandlung gemäß § 33 Abs. 3 stets rechtliches Gehör zu gewähren, wenn die zur Einstellung anstehende Tat (im prozessualen Sinne) seine Anschlussberechtigung begründet;[218] seiner **Zustimmung** bedarf es **nicht**. In **Steuerstrafverfahren** begründet § 407 Abs. 1 S. 2 AO die Notwendigkeit der **Anhörung** der zuständigen **Finanzbehörde**; **Zustimmung** ist ebenfalls **nicht** erforderlich.

---

[210] Oben Rn. 64.
[211] Siehe bereits oben Rn. 64.
[212] KMR/*Plöd* Rn. 55; Löwe/Rosenberg/*Beulke* Rn. 128; aA KK-StPO/*Schoreit* Rn. 60 „keine Mitteilung"
[213] Siehe unten Rn. 70.
[214] Vgl. auch LG Dresden v. 23. 1. 2006 – 3 Qs 52/05 (Tod des Angeklagten nach Einstellung gemäß § 153a).
[215] § 153 Rn. 50.
[216] § 153 Rn. 52–54.
[217] Oben Rn. 55–57.
[218] Siehe bereits § 153 Rn. 57 mwN.

F. Wirkungen und Folgen der Einstellung

I. Vorläufige staatsanwaltschaftliche oder gerichtliche Einstellung (bedingte Sperrwirkung)

75   **1. Allgemeines.** Das Gesetz knüpft nach dem **eindeutigen Wortlaut von Abs. 1 S. 5** bei staatsanwaltschaftlicher Einstellung ein auf die Verfolgung der verfahrensgegenständlichen Tat als Verbrechen **begrenzten Strafklageverbrauch** an die **Erfüllung der Auflagen und Weisungen** durch den Beschuldigten. **Abs. 2 S. 3** erstreckt diese Wirkung auf die Erfüllung auf der Grundlage einer (vorläufigen) gerichtlichen Einstellung. Es besteht aber Einigkeit darüber, dass eine im Umfang dem Strafklageverbrauch nach Abs. 1 S. 5 **bedingte Sperrwirkung** bereits **mit** dem **Eingang der** jeweils erforderlichen (inhaltlich übereinstimmenden) **Zustimmungserklärungen** der Staatsanwaltschaft bzw. des Gerichts und des Beschuldigten etc. eintritt (allgM).[219] Soweit teilweise die bedingte Sperrwirkung erst an die Entscheidung, das Verfahren vorläufig einzustellen, angeknüpft wird,[220] so wäre dem nicht zu folgen, falls damit die Entscheidung als konstitutiv für den Eintritt der Sperrwirkung erachtet würde. Zweifelhaft ist allerdings, ob die **bedingte Sperrwirkung** umgekehrt selbst dann eintritt, wenn zwar die vorläufige Einstellung verfügt (Abs. 1) oder beschlossen (Abs. 2) worden ist, die formalen Voraussetzungen in Gestalt der erforderlichen **Zustimmungserklärungen** von Gericht oder Staatsanwaltschaft aber **fehlten**.[221] Gegen eine dennoch ausgelöste Sperrwirkung spricht, dass damit der fundamentale Grundsatz der übereinstimmenden Beurteilung der Einstellungsvoraussetzungen durch beide Justizorgane verletzt wird. Dennoch kann aus Gründen des **Vertrauensschutzes** eine begrenzte Sperrwirkung angenommen werden, wenn der Beschuldigte etc. wegen der ihm bekannt gemachten (vorläufigen) Einstellungsentscheidung auf diese vertrauen durfte und ihm zulässige Auflagen/Weisungen erteilt wurden, deren Erfüllung trotz fehlender Zustimmung des anderen Justizorgans den Strafklageverbrauch aus Abs. 1 S. 5 auslöst.[222]

76   Die **bedingte Sperrwirkung** bleibt **grundsätzlich bis zum Ablauf der gesetzten Erfüllungsfristen** bestehen. Werden die **Auflagen/Weisungen fristgerecht erfüllt**, tritt der **Strafklageverbrauch nach Abs. 1 S. 5 (ggf. iVm. Abs. 2 S. 3) ein**.[223] Ergibt sich während der Laufs der Erfüllungsfrist aufgrund Nova oder aufgrund einer anderen rechtlichen Bewertung[224] der verfahrensgegenständlichen Tat deren materiellrechtliche Bewertung als **Verbrechen**, wird die vorläufige Einstellung widerrufen und **das Verfahren fortgesetzt**. Die bedingte **Sperrwirkung entfällt** auch **bei nicht fristgerechter Erfüllung** der Auflagen oder bei **Widerruf der Zustimmung** durch den Beschuldigten etc. Allerdings soll aus Gründen des **Vertrauensschutzes** die endgültige **Sperrwirkung des Abs. 1 S. 5 trotz nicht fristgerechter Erfüllung** eintreten, wenn die Staatsanwaltschaft das vorläufig eingestellte Verfahren vor dem Ablauf der dem Beschuldigten gewährten Erfüllungsfrist rechtswidrig fortsetzt und dieser im Hinblick auf die Fortsetzung die Auflage/Weisung zunächst nicht weiter erfüllt.[225]

77   **2. Auswirkungen auf Zwangsmaßnahmen.** Mit der bedingten Sperrwirkung **entfällt** grundsätzlich die **Berechtigung, verfahrenssichernde Maßnahmen** auf den Verdacht der Begehung der Tat zu stützen, die Gegenstand der staatsanwaltschaftlichen oder gerichtlichen Einstellung ist. Dementsprechend ist ein **Haftbefehl** grundsätzlich **aufzuheben, zumindest aber außer Vollzug zu setzen**.[226] Entsprechendes gilt für vorläufige Maßnahmen im Vorgriff späterer Anordnung von Maßregeln der Besserung und Sicherung. Ansonsten können verfahrenssichernde Maßnahmen lediglich insoweit aufrechterhalten bleiben, als sie der Durchführung eines eventuellen **objektiven Verfahrens** (vgl. §§ 440, 442) oder bei Anhaltspunkten für das Vorliegen einer zur Annahme eines Verbrechens führenden rechtlichen Würdigung der Tat dienen.

II. Endgültige staatsanwaltschaftliche oder gerichtliche Einstellung

78   **1. Strafklageverbrauch (Abs. 1 S. 5, Abs. 2 S. 3).** Durch die **fristgerechte Erfüllung** der Auflagen/Weisungen durch den Beschuldigten etc. tritt **Strafklageverbrauch** in dem durch **Abs. 1 S. 5**

---

[219] KMR/*Plöd* Rn. 45; Löwe/Rosenberg/*Beulke* Rn. 92.
[220] Etwa AK-StPO/*Schöch* Rn. 39; KK-StPO/*Schoreit* Rn. 39.
[221] Näher Löwe/Rosenberg/*Beulke* Rn. 93.
[222] Vgl. OLG Stuttgart v. 11. 4. 2007 – 2 Ws 41/07, NStZ 2007, 540 f. = NJW 2007, 2649 (nur LS); Löwe/Rosenberg/*Beulke* Rn. 93.
[223] Dazu näher unten Rn. 78 ff.
[224] Unten Rn. 83.
[225] OLG Stuttgart v. 11. 4. 2007 – 2 Ws 41/07, NStZ 2007, 540 f. = NJW 2007, 2649 (nur LS).
[226] AK-StPO/*Schöch* Rn. 54; KK-StPO/*Schoreit* Rn. 47 f.; KMR/*Plöd* Rn. 45; Löwe/Rosenberg/*Beulke* Rn. 95; Meyer-Goßner Rn. 44; SK-StPO/*Weßlau* Rn. 68.

vorgegebenen Umfang ein.[227] Das gilt mittels Verweisung in Abs. 2 S. 3 in gleicher Weise auch für die gerichtliche Einstellung. Unter besonderen Umständen kann auch eine **nicht fristgerechte Erfüllung** den endgültigen Strafklageverbrauch auslösen.[228]

2. Berücksichtigung der eingestellten Tat in Strafverfahren über andere Taten. Die in dem 79 staatsanwaltschaftlichen Verfahrensregister über die Einstellung nach Abs. 1 und Abs. 2 gespeicherten Daten können nach Maßgabe der §§ 492 ff. grundsätzlich auch in anderen Strafverfahren genutzt werden. Im Übrigen gelten die zu § 154 (und § 154 a) entwickelten Grundsätze der zulässigen Berücksichtigung in anderen Strafverfahren[229] für § 153 a entsprechend.

III. Ruhen der Verjährung (Abs. 3)

Abs. 3 bestimmt das **Ruhen der Verjährung** (§ 78 b StGB) während des **Laufs der für die Erfül-** 80 **lung der Auflagen/Weisungen gesetzten Frist.** Das gilt unabhängig davon, ob die vorläufige Einstellung durch die Staatsanwaltschaft verfügt oder das Gericht beschlossen wird. Das Ruhen erfasst allerdings **nicht** die materiell-rechtliche Würdigung der **Tat als Verbrechen** wohl aber die Würdigung als Ordnungswidrigkeit.[230] Das Ruhen setzt mit dem Beginn der Erfüllungsfrist ein und endet (spätestens) mit dem vollständigen Ablauf dieser Frist.[231]

G. Wiederaufgreifen des Verfahrens und Strafklageverbrauch (Abs. 1 S. 5 und Abs. 2 S. 3)

I. Allgemeines

Abs. 1 S. 5 enthält eine ausdrückliche Regelung über einen **auf die Verfolgung der verfahrens-** 81 **gegenständlichen Tat als Vergehen sachlich begrenzten Strafklageverbrauch** bei staatsanwaltschaftlicher Einstellung gemäß Abs. 1. Die Vorschrift hat insoweit **Ausnahmecharakter** als sie die einzige gesetzliche Regelung über eine solche Wirkung im Kontext einer **staatsanwaltschaftlichen Verfahrenserledigung** darstellt. Im Hinblick auf die für den Strafklageverbrauch allgemein relevanten Parameter[232] systematisch wenig stimmig erstreckt **Abs. 2 S. 3** diesen Strafklageverbrauch in demselben Umfang auch auf die gerichtliche Verfahrenserledigung nach Abs. 2. Staatsanwaltschaftliche und gerichtliche Verfahrenserledigung nach Abs. 1 oder Abs. 2 **unterscheiden sich** zudem auch **nicht in den sachlichen Voraussetzungen** des Eintritts des Strafklageverbrauchs und **nicht** in der der **Form des Wiederaufgreifens** des Verfahrens bei fehlendem Strafklageverbrauch.

II. Voraussetzungen des Strafklageverbrauchs

Der (nicht bedingte)[233] Strafklageverbrauch tritt bereits mit der vollständigen **fristgerechten Er-** 82 **füllung zulässiger Auflagen oder Weisungen** durch den Beschuldigten etc. ein (allgM).[234] Die Erfüllung vollständig oder teilweise **unzulässiger Auflagen/Weisungen** löst dagegen diese Wirkung **nicht** aus;[235] dem Umstand der Erfüllung kann aber geeignetenfalls über § 153 Rechnung getragen werden. Auch die **verspätete Erfüllung** löst die Sperrwirkung **grundsätzlich nicht** aus; **anderes** kann sich aber im Einzelfall aus **Gründen des Vertrauensschutzes** ergeben.[236] Das Fehlen von gesetzlich erforderlichen Zustimmungen hindert den Eintritt des Strafklageverbrauchs nicht, wenn der Beschuldigte etc. die Auflagen/Weisungen erfüllt hat.[237]

III. Umfang des Strafklageverbrauchs

Die Wirkung von Abs. 1 S. 5 erstreckt sich auf die **gesamte verfahrensgegenständliche Tat im** 83 **prozessualen Sinne** (mittlerweile allgM);[238] dementsprechend kann diese auch nicht mehr unter

---

[227] Näher unten Rn. 81 und 83.
[228] Siehe OLG Stuttgart v. 11. 4. 2007 – 2 Ws 41/07, NStZ 2007, 540 f. = NJW 2007, 2649 (nur LS); dazu bereits oben Rn. 76 aE.
[229] § 154 Rn. 46 ff.
[230] Ganz überwiegende Auffassung; etwa AK-StPO/*Schöch* Rn. 70; KK-StPO/*Schoreit* Rn. 68; Löwe/Rosenberg/*Beulke* Rn. 139 mwN.
[231] Näher Löwe/Rosenberg/*Beulke* Rn. 140 f.
[232] *Radtke*, Systematik des Strafklageverbrauchs, S. 323 ff.
[233] Dazu oben Rn. 75 f.
[234] Oben Rn. 76.
[235] Löwe/Rosenberg/*Beulke* Rn. 96 mwN.
[236] Siehe OLG Stuttgart v. 11. 4. 2007 – 2 Ws 41/07, NStZ 2007, 540 f. = NJW 2007, 2649 (nur LS); näher oben Rn. 76 aE und Rn. 78.
[237] Oben Rn. 75 aE.
[238] Siehe nur OLG Hamm v. 14. 9. 2009 – 2 Ss 319/09, BA 47 (2010), 39 f. = NStZ-RR 2010, 154 (nur LS); OLG Oldenburg v. 9. 4. 2009 – SsBs 48/09, NdsRpfl. 2009, 395 f.; Thüring.OLG v. 27. 8. 2009 – 1 Ss 213/09, wistra 2010, 39 f.

§ 153a 84–88

dem Aspekt einer Ordnungswidrigkeit verfolgt werden.[239] Solange diese Tat sich materiell ausschließlich als Vergehen erweist, steht Abs. 1 S. 5 (ggf. iVm. Abs. 2 S. 3) einem Wiederaufgreifen des Verfahrens selbst dann entgegen, wenn sich nachträglich ein **deutlich höherer Unrechts- und Schuldgehalt** der Tat erweist, der eine Anwendung von § 153 a eigentlich ausgeschlossen hätte.[240] Der **Strafklageverbrauch** ist allerdings auf die materiell-rechtliche **Würdigung** der Tat **als Vergehen begrenzt**. Erweist sich die von der Einstellung erfasste verfahrensgegenständliche Tat als **Verbrechen**, kann und muss (§ 151) die Tat erneut verfolgt werden. Der Verbrechenscharakter kann sich auch durch eine abweichende rechtliche Bewertung bei unveränderter Tatsachen- und Beweislage ergeben; **Nova** sind **nicht erforderlich** (inzwischen allgM).[241] **Abs. 1 S. 5** (ggf. iVm. Abs. 2 S. 3) steht damit der **Korrektur von Subsumtionsfehlern** des die Einstellung aussprechenden Justizorgans **nicht entgegen**.

84   Die **strafklageverbrauchende Wirkung** von Abs. 1 S. 5 wirkt nach der **Rspr.** des **EuGH** nicht nur national sondern **auch transnational** im Rahmen von **Art. 54 SDÜ**.[242] Das soll sowohl für die staatsanwaltschaftliche als auch die gerichtliche Einstellung gelten.

IV. Wiederaufgreifen des Verfahrens

85   Soweit Abs. 1 S. 5 nicht entgegensteht, erfolgt das Wiederaufgreifen des Verfahrens selbst nach gerichtlicher Einstellung gemäß Abs. 2 nicht in den Formen der §§ 359 ff. sondern durch die **Aufnahme erneuter Ermittlungen seitens der Staatsanwaltschaft**.[243] Es bedarf keiner förmlichen Wiederaufnahmeentscheidung seitens der Staatsanwaltschaft.[244] Das Wiederaufgreifen führt zu einer Abschlussentscheidung in Gestalt der Anklageerhebung oder Surrogaten; es handelt sich dabei um die Fortsetzung des früheren Verfahrens.[245]

V. Fortsetzung des Verfahrens

86   Erfüllt der Beschuldigte etc. die konsentierten **Auflagen/Weisungen nicht** bzw. nicht vollständig, wird das **Verfahren** ohne eine erneute Entscheidung seitens der Staatsanwaltschaft **fortgesetzt**. Da bei nicht fristgerechter Erfüllung die mit der Zustimmungserklärung eintretende bedingte Sperrwirkung entfällt, handelt es sich nicht um einen Fall des Wiederaufgreifens nach Eintritt des Strafklageverbrauchs aus Abs. 1 S. 5. Etwaig erbrachte **Teilleistungen** werden nach der ausdrücklichen gesetzlichen Anordnung des **Abs. 1 S. 6 nicht erstattet**. Setzt die Staatsanwaltschaft das Verfahren rechtwidrig vor Ablauf der gesetzten Erfüllungsfrist fort, kann der Beschuldigte selbst durch Erfüllung nach Verstreichen der ursprünglichen Frist den (endgültigen) Strafklageverbrauch nach Abs. 1 S. 5 herbeiführen.[246]

H. Rechtsbehelfe

I. Staatsanwaltschaftliche Einstellung (Abs. 1)

87   1. Einstellungsverfügung. a) Einstellungsverfügung. Weder die vorläufige noch die **endgültige Einstellungsverfügung** sind für den **Beschuldigten** mangels Beschwer mit einem Rechtsbehelf **angreifbar**.

88   § 172 Abs. 2 S. 3 schließt das **Klageerzwingungsverfahren** für den Verletzten ausdrücklich **aus**. Der Gesetzgeber wollte den Ausschluss allerdings lediglich auf die **vorläufige Einstellung** bezogen wissen.[247] Diese Vorstellung findet im Gesetz keinen Ausdruck und ist im Übrigen systematisch verfehlt. Wegen des Strafklageverbrauchs nach Abs. 1 S. 5 könnte im Rahmen eines Klageerzwingungsverfahrens gegen die endgültige Einstellung ohnehin lediglich das Fehlen der Voraus-

---

[239] Zutreffend KMR/*Plöd* Rn. 47; Löwe/Rosenberg/*Beulke* Rn. 97; SK-StPO/*Weßlau* Rn. 70 aE.
[240] Etwa OLG Düsseldorf v. 11. 9. 1996 – 4 Ws 140/96, StV 1997, 344; OLG Frankfurt v. 21. 3. 1985 – 3 Ws (B) 13/85 OWiG, NJW 1985, 1850; *Radtke*, Systematik des Strafklageverbrauchs, S. 341 ff.; Loos JZ 1978, 592 (597); AK-StPO/*Schöch* Rn. 37; KK-StPO/*Schoreit* Rn. 42; KMR/*Plöd* Rn. 47; Löwe/Rosenberg/*Beulke* Rn. 97; Meyer-Goßner Rn. 52; SK-StPO/*Weßlau* Rn. 70; zum früheren Streitstand ausführlich *Radtke*, Systematik des Strafklageverbrauchs, S. 215 ff.
[241] Zu den Gründen ausführlich *Radtke*, Systematik des Strafklageverbrauchs, S. 337-339; Loos JZ 1978, 592 (600); Löwe/Rosenberg/*Beulke* Rn. 99.
[242] EuGH v. 11. 2. 2003 – verbundene Rs C-187/91 und C-385/01, NJW 2003, 1173 (Gözütok/Brügge); dazu einerseits ablehnend *Radtke/Busch* NStZ 2003, 281 ff.; *Radtke*, Seebode-FS, 2008, S. 297, (304 f.); andererseits zustimmend *Vogel/Nourozi* JuS 2003, 1059, (1060 f.).
[243] *Radtke* NStZ 1999, 481 (483 ff.).
[244] Vgl. BGH v. 25. 1. 2006 – 1 StR 438/06, NStZ-RR 2007, 20 (21) bzgl. § 154.
[245] *Radtke* NStZ 1999, 481 (484 f.).
[246] OLG Stuttgart v. 11. 4. 2007 – 2 Ws 41/07, NStZ 2007, 540 f. = NJW 2007, 2649 (nur LS); näher oben Rn. 76 aE und Rn. 78.
[247] Vgl. BT-Drucks. 7/1261 S. 29; siehe auch AK-StPO/*Schöch* Rn. 53; KK-StPO/*Schoreit* Rn. 31; KMR/*Plöd* Rn. 44.

setzungen der Sperrwirkung (Tat ist Verbrechen; Auflagen/Weisungen sind nicht erfüllt) überprüft werden. Dazu bedarf es der Klageerzwingung nicht. Denn das (behauptete) Ausbleiben des Strafklageverbrauchs kann der Verletzte mittels erneuter Anzeigeerstattung geltend machen.[248] Der Klageerzwingungsantrag ist daher **gegen die endgültige Einstellung** ebenfalls **nicht statthaft**. Möglich sind allein die **Dienstaufsichtsbeschwerde** und die **Gegenvorstellung (allgM)**.[249] Im Hinblick auf Abs. 1 S. 5 ist der Prüfungsumfang allerdings auf das Fehlen der Voraussetzungen des Strafklageverbrauchs begrenzt.[250] Diese Beschränkung ist verfassungsrechtlich unbedenklich.[251]

b) **Ablehnung der Einstellung seitens der Staatsanwaltschaft.** Der Beschuldigte hat gegen die **Ablehnung der Verfahrenseinstellung** nach Abs. 1 keinen Rechtsbehelf. Angesichts des auch justizökonomischen Zwecks der Vorschrift mangelt es an einem ein subjektives Recht verbürgenden Einstellungsanspruch.[252]

c) **Nebenentscheidungen.** Die mit der Einstellungsverfügung ggf. in Verbindung stehenden (gerichtlichen) **Nebenentscheidungen**[253] sind nach den allgemeinen Regeln anfechtbar.[254]

2. **Gerichtliche Zustimmung.** Die Beschlüsse über die **Erteilung der Zustimmung** oder deren **Verweigerung** sind für die Staatsanwaltschaft und den Beschuldigten **nicht anfechtbar** (hM).[255]

II. Gerichtliche Einstellung (Abs. 2)

1. **Gerichtlicher Einstellungsbeschluss (Abs. 2 S. 4 und S. 5).** a) Anfechtung der vorläufigen Einstellungsentscheidung. Abs. 2 S. 4 schließt die **Anfechtung** des gerichtlichen Beschlusses über die **vorläufige Einstellung** aus. Der Ausschluss wird wie bei § 153 Abs. 2 S. 4 restriktiv verstanden;[256] er erfasst nicht das Vorliegen eines Verbrechens, das **Fehlen der erforderlichen Zustimmungserklärungen** sowie das **Fehlen des Konsenses über die Auflagen oder Weisungen**. Entsprechende Mängel kann die **Staatsanwaltschaft** mit der einfachen **Beschwerde** (§ 304) geltend machen. Das Fehlen der eigenen Zustimmung wird wegen des zugunsten des Angeschuldigten/Angeklagten wirkenden Vertrauensschutzes der Beschwerde allerdings regelmäßig nicht zum Erfolg verhelfen; anderes gilt nur, wenn es an einem schutzwürdigen Vertrauen des Angeschuldigten/Angeklagten in die gerichtliche Einstellungsentscheidung fehlt.

Die Beschränkungen des Ausschlusses des Beschwerderechts gelten auch für die Anfechtung durch den **Angeschuldigten/Angeklagten**. Dieser kann die **Beschwerde** auf das **Fehlen seiner** (erforderlichen) **Zustimmung** und auf das des Konsenses über den Auflagen/Weisungen nicht aber die fehlende Zustimmung der Staatsanwaltschaft stützen; in Bezug darauf ist er nicht beschwert.[257]

Eine **Beschwerde des Nebenklägers** gegen die vorläufige Einstellung ist **nicht statthaft (strg.)**.[258] Bei fehlerhafter Einordnung der Tat als Vergegen statt zutreffend als Verbrechen kann er allerdings erneut Strafanzeige erstatten und diese auf das Fehlen des Strafklageverbrauchs nach Abs. 1 S. 5 stützen. Bei Unterbleiben seiner Anhörung greift § 33a.[259] Seine **Beschwerde ist auch dann nicht statthaft**, wenn das Gericht entgegen § 472 in dem Einstellungsbeschluss **nicht über seine Kosten- und Auslagen** entschieden hat, hierüber ist nachträglich ebenfalls im Wege der Nachholung rechtlichen Gehörs gemäß § 33a zu entscheiden (mittlerweile ganz hM).[260]

b) **Anfechtung der endgültigen Einstellungsentscheidung.** Abs. 2 S. 5 entzieht den (deklaratorischen) gerichtlichen Beschluss über die Erfüllung der Auflagen und Weisungen der Anfechtung

---

[248] Löwe/Rosenberg/*Beulke* Rn. 117 f.; SK-StPO/*Weßlau* Rn. 67, insoweit nicht abweichend die in Fn. 237 genannten Autoren.
[249] Vgl. *Pommer* Jura 2007, 662 (665).
[250] Vgl. Löwe/Rosenberg/*Beulke* Rn. 119; Meyer-Goßner Rn. 38; unklar BT-Drucks. 7/1261 S. 29.
[251] Näher § 153 Rn. 69.
[252] Dazu BGH v. 26. 5. 1961 – 2 StR 40/61, BGHSt 16, 227 (231); BayObLG v. 29. 11. 1990 – RReg. 3 St 168/90, NJW 1991, 1765.
[253] Oben Rn. 64.
[254] Näher § 153 Rn. 70 f.
[255] Näher § 153 Rn. 72; vgl. auch BGH v. 29. 10. 1992 – 4 StR 353/92, BGHSt 38, 381 (382) = NJW 1993, 605, (606).
[256] § 153 Rn. 73.
[257] § 153 Rn. 74.
[258] Wie hier etwa KMR/*Plöd* Rn. 51; Löwe/Rosenberg/*Beulke* Rn. 134 iVm. § 153 Rn. 83; SK-StPO/*Weßlau* Rn. 87 aE; aA OLG Frankfurt v. 29. 9. 1999 – 2 Ws 115/09, NStZ-RR 2000, 256 (aufgegeben durch OLG Frankfurt v. 23. 7. 2008 – 2 Ws 109/08); KK-StPO/*Schoreit* Rn. 53; siehe ausführlicher bereits § 153 Rn. 75 sowie bzgl. des Parallelproblems bei § 153 *Radtke* JR 2003, 127 (130).
[259] *Meyer-Goßner* Rn. 57.
[260] OLG Düsseldorf v. 2. 3. 1993 – 1 Ws 166/93, MDR 1993, 786; OLG Frankfurt v. 23. 7. 2008 – 2 Ws 109/08 (unter Aufgabe von OLG Frankfurt v. 29. 9. 1999 – 2 Ws 115/99, NStZ-RR 2000, 256); OLG Stuttgart v. 29. 3. 2004 – 4 Ws 65/04, NStZ-RR 2004, 320; Pfälz.OLG Zweibrücken v. 4. 12. 2009 – 1 Ws 244/09; siehe aber auch OLG Oldenburg v. 2. 3. 2006 – 1 Ws 123/06, NStZ-RR 2006, 191.

§ 153b

durch eine Beschwerde. Für den **Angeschuldigten/Angeklagten** ist dieser Beschluss ohnehin mangels Beschwer nicht angreifbar.[261] Die Regelung schließt daher für die **Staatsanwaltschaft** und den **Nebenkläger** eine auf das Fehlen der Erfüllung der Auflagen und Weisungen gestützte Beschwerde aus (strg.).[262] Anders als bei Abs. 2 S. 4 bedarf es **keiner restriktiven Auslegung des Beschwerdeausschlusses.** Die fehlende Zustimmung der Staatsanwaltschaft zur endgültigen Einstellung kann nicht gerügt werden, weil es in diesem Stadium einer (weiteren) Zustimmung nicht bedarf. Ergibt sich aus Sicht der Staatsanwaltschaft **nachträglich der Verbrechenscharakter** der verfahrensgegenständlichen Tat oder wurden die konsentierten **Auflagen/Weisungen nicht erfüllt**, erhebt diese (erneut) Anklage. In dem **(fortgesetzten) Verfahren** ist dann das Eingreifen des **Verfahrenshindernisses aus Abs. 1 S. 5 iVm. Abs. 2 S. 3 zu überprüfen**.[263] Der Nebenkläger kann das durch (weitere) Anzeigeerstattung anstoßen.

96   2. **Ablehnung des Antrags auf Einstellung.** Gegen die Ablehnung eines auf gerichtliche Einstellung nach Abs. 2 gerichteten Antrags ist die Beschwerde **nicht statthaft**.[264]

97   3. **Nebenentscheidungen des Einstellungsbeschlusses.** Für die Anfechtung der **Kosten- und Auslagenentschädigung** sowie die der Entscheidung über **Entschädigung für Strafverfolgungsmaßnahmen** gilt das zu § 153 Ausgeführte.[265] Eine „außerordentliche Beschwerde" soll selbst in Fällen einer **greifbaren Gesetzwidrigkeit** (grob fehlerhafte Anwendung von § 467 Abs. 5) **nicht** in Betracht kommen.[266]

III. Revision

98   Die Anwendung von § 153a kann regelmäßig ebenso wenig mit der Revision gerügt werden wie die Nichtanwendung; es gelten auch insoweit die Ausführungen zu § 153.[267]

§ 153b [Einstellung bei Absehen von Strafe]

(1) Liegen die Voraussetzungen vor, unter denen das Gericht von Strafe absehen könnte, so kann die Staatsanwaltschaft mit Zustimmung des Gerichts, das für die Hauptverhandlung zuständig wäre, von der Erhebung der öffentlichen Klage absehen.

(2) Ist die Klage bereits erhoben, so kann das Gericht bis zum Beginn der Hauptverhandlung mit Zustimmung der Staatsanwaltschaft und des Angeschuldigten das Verfahren einstellen.

Schrifttum: *Dallinger*, Das Strafrechtsänderungsgesetz. II. Gerichtsverfassung und Strafverfahren, JZ 1951, 620; *Maiwald*, Das Absehen von Strafe nach § 16 StGB, ZStW 83 (1971), S. 663.

Übersicht

	Rn.
I. Zweck der Vorschrift	1
II. Anwendungsbereich	2–12
1. Allgemeines	2–4
2. Anwendbarkeit in den Verfahrensstadien	5
3. Verhältnis zu anderen Möglichkeiten der Verfahrenserledigung	6–9
4. Anwendbarkeit in besonderen Verfahrensarten	10–12
III. Einstellung durch die Staatsanwaltschaft (Abs. 1)	13–19
1. Zuständigkeit und Voraussetzungen	13–18
2. Einstellungsentscheidung	19
IV. Einstellung durch das zuständige Gericht (Abs. 2)	20–24
1. Zuständigkeit und Voraussetzungen	20–22
2. Entscheidungsform und -inhalt	23, 24
V. Rechtsbehelfe	25–30
1. Absehen von der Erhebung der öffentlichen Klage (Abs. 1)	25
2. Gerichtlicher Einstellungsbeschluss (Abs. 2)	26–30
a) Beschwerde	26–29
b) Revision	30
VI. Strafklageverbrauch	31–33
1. Staatsanwaltschaftliche Einstellungsverfügung (Abs. 1)	31
2. Gerichtliche Einstellungsbeschlüsse (Abs. 2)	32, 33

---

[261] Vgl. aber die Konstellation OLG Karlsruhe v. 25. 5. 2000 – 2 Ws 289/99, Justiz 2000, 404.
[262] Insoweit wie hier LG Kiel v. 31. 3. 1998 – 37 Qs 52/98, NStZ-RR 1998, 343; Löwe/Rosenberg/*Beulke* Rn. 135; *Meyer-Goßner* Rn. 57; SK-StPO/*Weßlau* Rn. 88; aA KK-StPO/*Schoreit* Rn. 64.
[263] In der Sache weitgehend allgM; siehe AK-StPO/*Schöch* Rn. 38; KK-StPO/*Schoreit* Rn. 66; Löwe/Rosenberg/*Beulke* Rn. 136; *Meyer-Goßner* Rn. 57; SK-StPO/*Weßlau* Rn. 88; vgl. auch BT-Drucks. 10/1313 S. 24.
[264] Näher § 153 Rn. 76.
[265] § 153 Rn. 77.
[266] Pfälz.OLG Zweibrücken v. 26. 2. 2003 – 1 Ws 55/03, StV 2004, 30 mAnm. *Duttge* StV 2004, 31 f. und *Meyer-Goßner* NZV 2003, 436.
[267] § 153 Rn. 79.

I. Zweck der Vorschrift

Die Vorschrift **ergänzt die materiell-rechtlichen Reglungen** über die im materiellen Strafrecht vielfach eröffnete Möglichkeit, bei Ergehen eines gerichtlichen Schuldspruchs **von einem Strafausspruch abzusehen**[1] und verstärkt zugleich die damit angestrebten kriminalpolitischen Zwecke. Sie verfolgt damit einen **doppelten Zweck**.[2] Zum einen trägt die Möglichkeit der Einstellung des Verfahrens anstelle eines Urteils zur **Entlastung der Strafjustiz** bei, indem bereits auf die Durchführung eines Hauptverfahrens (Abs. 1) oder jedenfalls der Hauptverhandlung einschließlich des an deren Ende stehenden Urteils verzichtet wird (Abs. 2).[3] Zum anderen wird durch die Einstellungsmöglichkeiten für Staatsanwaltschaft und Gericht den **Interessen des Beschuldigten bzw. Angeschuldigten gedient**. Die bereits mit den Absehen von Strafe ermöglichenden Regelungen des materiellen Rechts angestrebte **Diversion** wird auf der prozessualen Ebene auf zweierlei Weise verstärkt.[4] Beide Einstellungen **vermeiden** den ansonsten trotz des Absehens von Strafe erfolgenden Schuldspruch gegen den Angeklagten, durch den allein bereits **ein sozialethisches Unwerturteil über den Täter** gesprochen wird.[5] Die staatsanwaltschaftliche Einstellung erhöht den diversionellen Effekt noch durch die Vermeidung der möglicherweise stigmatisierenden öffentlichen Hauptverhandlung.

II. Anwendungsbereich

1. Allgemeines. Die Einstellungsmöglichkeit erfordert das **Vorliegen** der Voraussetzungen **einer Vorschrift des materiellen Strafrechts**, die das **Absehen von Strafe gestattet**. Bei entsprechender Gestaltung der materiell-rechtlichen Norm kommt § 153b auch dann zur Anwendung, wenn die verfahrensgegenständliche Tat ein **Verbrechen** zum Gegenstand hat.[6] Das materielle Strafrecht gestattet ein Absehen von Strafe derzeit im **Allgemeinen Teil** in § 23 Abs. 3, §§ 46a, 60 StGB sowie im **Besonderen Teil** in §§ 83a, 84 Abs. 4, § 85 Abs. 3, § 86 Abs. 4, § 86a Abs. 3, § 87 Abs. 3; § 89 Abs. 3, § 98 Abs. 2 S. 1, § 99 Abs. 3, § 113 Abs. 4, § 129 Abs. 5 und 6; § 129a Abs. 4, § 129b, § 139 Abs. 1, § 142 Abs. 4; § 157 Abs. 1 und 2, § 158 Abs. 1, § 174 Abs. 4, § 182 Abs. 4, § 218a Abs. 4 S. 2, § 236 Abs. 5; § 261 Abs. 10; § 266a Abs. 5; § 306a Abs. 1, § 314a Abs. 2; § 320 Abs. 2, § 330b StGB; im **Nebenstrafrecht** enthalten u. a. § 29 Abs. 5, § 31 BtMG und § 20 Abs. 2 VereinsG einschlägige Regelungen. Nach allgM fällt auch die **Straffreiheitserklärung nach § 199 StGB** unter die die Anwendung von § 153b eröffnenden Vorschriften.[7]

Vorschriften des materiellen Rechts, die obligatorisch oder fakultativ Strafausschluss im Sinne eines **persönlichen Strafaufhebungsgrundes** vorsehen, etwa §§ 24, 31, § 98 Abs. 2 S. 2, § 129 Abs. 6 S. 2; § 266a Abs. 5 S. 2; § 306e Abs. 2, § 314a Abs. 2; § 330b Abs. 1 S. 2 StGB, eröffnen den **Anwendungsbereich von § 153b** angesichts des eindeutigen Wortlauts **nicht** (allgM).[8] Ergibt sich das Eingreifen solcher Strafaufhebungsgründe bereits im Ermittlungsverfahren, stellt die Staatsanwaltschaft dieses gemäß § 170 Abs. 2 ein; zeigt sich das Vorliegen der Voraussetzungen des Strafaufhebungsgrundes erst im Hauptverfahren, erfolgt Freispruch, soweit die prozessuale Tat nicht unter irgendeinem materiellen Gesichtspunkt strafbar bleibt (etwa Rücktritt vom Tötungsversuch bei verbleibender Strafbarkeit wegen vollendeter Körperverletzung).

Die Anwendbarkeit von § 153b ist zudem nur dann gegeben, wenn in Bezug auf die **gesamte verfahrensgegenständliche prozessuale Tat** die Voraussetzungen des Absehens von Strafe wegen der verwirklichten Straftatbestände gegeben sind.[9] Fehlt es daran, kommt allerdings in Betracht, solche Tatteile gemäß § 154a von der Verfolgung auszunehmen.[10]

2. Anwendbarkeit in den Verfahrensstadien. Die Verfahrenseinstellung nach **Abs. 1** durch die Staatsanwaltschaft ist lediglich im Ermittlungsverfahren bis zur Erhebung der Anklage (oder dem

---

[1] Löwe/Rosenberg/*Beulke* Rn. 1; SK-StPO/*Weßlau* Rn. 1.
[2] Ebenso AK-StPO/*Schöch* Rn. 1; Löwe/Rosenberg/*Beulke* Rn. 2; SK-StPO/*Weßlau* Rn. 1.
[3] AK-StPO/*Schöch* Rn. 1; KMR/*Plöd* Rn. 2; Löwe/Rosenberg/*Beulke* Rn. 2; SK-StPO/*Weßlau* Rn. 1.
[4] Zutreffend AK-StPO/*Schöch* Rn. 1; Löwe/Rosenberg/*Beulke* Rn. 2 aE.
[5] Zu dem im Schuldspruch ausgedrückten sozial-ethischen Unwerturteil exemplarisch BVerfG v. 9. 7. 1997 – 2 BvR 1371/96, BVerfGE 96, 249 = NJW 1998, 443.
[6] Siehe nur Löwe/Rosenberg/*Beulke* Rn. 3; gegen die Anwendung auf Verbrechen de lege ferenda *Maiwald* ZStW 83 (1971), S. 663 (696) und *ders*. JZ 1974, 774 (775).
[7] KK-StPO/*Schoreit* Rn. 2; KMR/*Plöd* Rn. 2 aE; Löwe/Rosenberg/*Beulke* Rn. 3; *Meyer-Goßner* Rn. 1; SK-StPO/*Weßlau* Rn. 3.
[8] HK-StPO/*Gercke* Rn. 2; KK-StPO/*Schoreit* Rn. 2; KMR/*Plöd* Rn. 2 aE; Löwe/Rosenberg/*Beulke* Rn. 3; SK-StPO/*Weßlau* Rn. 3.
[9] Vgl. BayObLG v. 27. 10. 1971 – RReg. 1 St 71/71, NJW 1972, 696 (zu § 153a aF); *Pfeiffer* Rn. 1; Löwe/Rosenberg/*Beulke* Rn. 5; SK-StPO/*Weßlau* Rn. 4.
[10] Löwe/Rosenberg/*Beulke* Rn. 5; SK-StPO/*Weßlau* Rn. 4.

Zugriff auf Surrogate wie Strafbefehlsantrag, Antrag auf Entscheidung im beschleunigten Verfahren etc.) möglich. Bereits **mit der Erhebung der öffentlichen Klage** und nicht erst mit Eröffnung des Hauptverfahrens geht die Zuständigkeit zur Einstellung – nunmehr – nach **Abs. 2** auf das Gericht über.[11] Das Gericht kann von der Einstellungsmöglichkeit gemäß Abs. 2 lediglich bis zum Beginn der (erstinstanzlichen) Hauptverhandlung (§ 243 Abs. 1 S. 1) Gebrauch machen. Damit ist die Anwendbarkeit von § 153b auch nach einer Aussetzung der Hauptverhandlung ausgeschlossen.[12] § 153b ist angesichts dessen **in der Berufungs- und Revisionsinstanz unanwendbar**;[13] Gleiches gilt auch für eine erneute Hauptverhandlung nach Aufhebung des tatrichterlichen Urteils durch das Revisionsgericht und im Rahmen der Wiederaufnahme. In allen diesen Konstellationen sind die mit § 153b angestrebten diversionellen und justizökonomischen Zwecke ohnehin kaum noch erreichbar. Stellt sich das Vorliegen der materiellen Voraussetzungen des Absehens von Strafe[14] erst **nach dem Beginn der erstinstanzlichen Hauptverhandlung** heraus, wird das Absehen von Strafe durch **Urteil** ausgesprochen.[15] Das gilt auch für die Rechtsmittelinstanzen; **§ 354 Abs. 1** ermöglicht dem **Revisionsgericht** bei ausreichenden tatrichterlichen Feststellungen selbst auf Absehen von Strafe zu erkennen;[16] die Grundlage der revisionsgerichtlichen Entscheidung ist dann nicht § 153b.[17]

6   **3. Verhältnis zu anderen Möglichkeiten der Verfahrenserledigung.** Angesichts der recht weiten Anwendungsbereiche und der Heterogenität der materiellen Vorschriften über das Absehen von Strafe[18] einerseits sowie der (auch) diversionellen Zwecksetzung von § 153b[19] andererseits ergeben sich in zahlreichen Konstellationen Überschneidungen mit den Anwendungsbereichen anderer Arten von Verfahrenserledigungen. Handgreiflich ist die mindestens partielle Überschneidung zwischen einer auf § 46a StGB gestützten Anwendung von § 153b und der von § 153a Abs. 1 S. 2 Nr. 5, die jeweils die Erledigung auf einen Täter-Opfers-Ausgleich gründen.[20] Eine **gesetzgeberische Konzeption** für das systematische Verhältnis von § 153b zu anderen Erledigungsmöglichkeiten ist kaum zu erkennen. Die Handhabung in der Praxis ist empirisch nicht aufgeklärt.[21] In der Wissenschaft sind die Fragen allenfalls teilweise geklärt.

7   Im Verhältnis zu der Einstellung nach **§ 170 Abs. 2** und dem Nichteröffnungsbeschluss nach § 204 kommt diesen jedenfalls dann Vorrang zu, wenn der bis zur Beurteilung der Frage des hinreichenden Tatverdachts aufgeklärte Sachverhalt diesen Verdachtsgrad nicht zu begründen vermag.[22] Keine Frage des Verhältnisses zu § 170 Abs. 2 sondern eine der Einstellungsvoraussetzungen des § 153b Abs. 1 ist es dagegen, ob für Letzteren die Durchermittlung bis zur Anklagereife erforderlich ist.[23] Nur wenn dieses nicht der Fall wäre, könnte § 153b Abs. 1 zur Anwendung gelangen, wenn ohne Klärung des hinreichenden Tatverdachts jedenfalls die Voraussetzungen des Absehens von Strafe vorliegen.[24]

8   **§ 153** wird nach vielfach vertretener Auffassung neben § 153b für anwendbar gehalten.[25] Daran ist richtig, dass die Anwendungsvoraussetzungen beider Vorschriften in Bezug auf dieselbe prozessuale Tat vorliegen können, zumal die Voraussetzungen des Absehens von Strafe regelmäßig zu einem geringeren Schuldgehalt der Tat führen werden. Über ein Rangverhältnis ist damit aber nichts gesagt. Richtigerweise besteht ein **Vorrang von § 153**, weil hier von vornherein kein öffentliches Interesse an der Strafverfolgung besteht.[26] Auch im Verhältnis zu **§ 153a** findet sich häufig lediglich der Hinweis, die Einstellung nach § 153b könne anstelle der nach § 153a erfolgen.[27] Das impliziert offenbar eine Art Auswahlermessen der Staatsanwaltschaft (Abs. 1) oder des Gerichts (Abs. 2), auf welche Vorschrift die Einstellung bei Vorliegen der Voraussetzungen beider

---

[11] Siehe nur Löwe/Rosenberg/*Beulke* Rn. 16 mwN.
[12] Löwe/Rosenberg/*Beulke* Rn. 16; SK-StPO/*Weßlau* Rn. 12.
[13] Löwe/Rosenberg/*Beulke* Rn. 16 aE.
[14] Zu den einschlägigen materiellen Vorschriften oben Rn. 2.
[15] *Pfeiffer* Rn. 3; SK-StPO/*Weßlau* Rn. 12; unklar KK-StPO/*Schoreit* Rn. 6.
[16] Insoweit zutreffend *Pfeiffer* Rn. 3; KK-StPO/*Schoreit* Rn. 6; Löwe/Rosenberg/*Beulke* Rn. 22 aE; siehe auch BayObLG v. 27. 10. 1971 – RReg. 1 St 71/71, NJW 1972, 696 (zu § 153a aF); OLG Karlsruhe v. 7.3. 1974 – 1 Ss 314/73, JZ 1974, 772 (773) mAnm *Maiwald*.
[17] Daher missverständlich KK-StPO/*Schoreit* Rn. 6.
[18] Oben Auflistung Rn. 2.
[19] Oben Rn. 1.
[20] Näher unten Rn. 7.
[21] Siehe zu den wenigen rechtstatsächlichen Erkenntnissen zur Anwendungshäufigkeit bei § 153b bei AK-StPO/*Schöch* Rn. 2 und Löwe/Rosenberg/*Beulke* Rn. 1 aE mit Fn. 5 und 6.
[22] HK-StPO/*Gercke* Rn. 2; KK-StPO/*Schoreit* Rn. 4; Löwe/Rosenberg/*Beulke* Rn. 6.
[23] Dazu unten Rn. 15f.
[24] In diesem Sinne vor allem Löwe/Rosenberg/*Beulke* Rn. 13.
[25] *Dallinger* JZ 1951, 620 (623); AK-StPO/*Schöch* Rn. 4; HK-StPO/*Gercke* Rn. 3; KK-StPO/*Schoreit* Rn. 3; KMR/Plöd Rn. 4; Löwe/Rosenberg/*Beulke* Rn. 6 aE.
[26] So zutreffend bereits SK-StPO/*Weßlau* Rn. 7.
[27] HK-StPO/*Gercke* Rn. 4; KK-StPO/*Schoreit* Rn. 3; KMR/Plöd Rn. 4; Meyer-Goßner Rn. 2.

gestützt werden soll. Nach welchen Kriterien die Auswahl erfolgen soll, bleibt allerdings völlig offen. Die Klärung des (komplexen)[28] systematischen Verhältnisse hängt im Wesentlichen von den jeweiligen Zwecken der Einstellungsvorschriften ab. In den Fällen des § 153 b bringt das Gesetz wegen des Rückbezugs auf das (wahrscheinliche) Absehen von Strafe zum Ausdruck, dass es einer Sanktionierung der Tat weder aus Gründen des Schuldausgleichs noch der Prävention bedarf.[29] Bei § 153 a entfällt das (präventive) Verfolgungsbedürfnis endgültig erst aufgrund der Übernahme und Erbringung einer Quasi-Sanktion.[30] Wenn dieses Verfolgungsbedürfnis im Einstellungszeitpunkt nicht (mehr) besteht, kommt **§ 153 b Vorrang** zu; das ist in den überschneidungsträchtigen Fällen des Täter-Opfer-Ausgleichs (§ 46 a StGB iVm. § 153 b) vor allem dann der Fall, wenn der Beschuldigte etc. seine Leistung im Bereich des Ausgleichs bereits erbracht hat.[31] Anderenfalls kommt § 153 a zur Anwendung. Im Kern bestimmt sich damit die Abgrenzung der Anwendungsbereiche von § 153 a und § 153 b anhand des (Fort-)Bestehens eines öffentlichen Interesses an der Strafverfolgung und damit in den Fällen des Täter-Opfers-Ausgleichs letztlich von den zeitlichen Abläufen dieses Ausgleich in Relation zum jeweiligen Verfahrensstadium her.[32] **Keine Überschneidung** mit § 153 a besteht **bei Verbrechen**; hier ist **allein § 153 b** anwendbar. Soweit bei Staatsschutzdelikten (vgl. § 74 a, 120 GVG), die nicht selten Vorschriften über das Absehen von Strafe enthalten (exemplarisch § 129 Abs. 6 StGB), Überschneidungen zu § 153 e auftreten, dürfte trotz der dortigen Zuständigkeitskonzentration bei dem Generalbundesanwalt den Staatsanwaltschaften der Länder die Möglichkeit, nach § 153 b zu verfahren, ohne Vorlage an den Generalbundesanwalt verbleiben.[33]

Im Verhältnis zur Einstellung nach **§ 154** wird vielfach von einer alternativen Anwendbarkeit beider Vorschriften ausgegangen.[34] Allerdings dürfte es dem diversionellen Zweck von § 153 b[35] eher entsprechen, einen **Vorrang** seiner Anwendung anzunehmen.[36] Ungeachtet dessen kann aber von § 154 Gebrauch gemacht werden, wenn der Verfahrensgegenstand mehrere prozessuale Taten erfasst, in Bezug auf deren materielle Bewertung nicht sämtlich die Voraussetzungen des Absehens von Strafe gegeben sind.[37] Gleiches gilt für **§ 154 a**, wenn innerhalb einer Tat im prozessualen Sinne nicht sämtliche materiellen Straftaten ein Absehen von Strafe zulassen.[38]

4. Anwendbarkeit in besonderen Verfahrensarten. Die Anwendbarkeit von § 153 b bei der Verhängung von **Sanktionen des Jugendstrafrechts** ist in mehrfacher Hinsicht **umstritten**. Teils wird im Hinblick auf die Einstellungsmöglichkeiten nach §§ 45, 47 JGG der Rückgriff auf § 153 b gänzlich ausgeschlossen,[39] teils die Zweckmäßigkeit der Anwendung von § 153 b bezweifelt.[40] Überwiegend wird aber zutreffend von einer generellen Anwendbarkeit ausgegangen, die wegen des Vorrangs der spezielleren §§ 45, 47 JGG nur dann zum Tragen kommt, wenn eine Einstellung auf der Grundlage der jugendstrafrechtlichen Einstellungsvorschriften nicht möglich ist.[41] Für die Einstellung aufgrund Täter-Opfer-Ausgleichs dürfte aber §§ 45, 47 JGG die Anwendung von § 153 b iVm. § 46 a StGB vollständig sperren.[42] Soweit Raum für § 153 b im Kontext jugendstrafrechtlicher Sanktionen verbleibt, kann dieser aber wegen des Wortlauts „Absehen von Strafe" und dem hinter diesem Institut stehenden kriminalpolitischen Zwecken nur zur Anwendung gelangen, wenn von Jugendstrafe abgesehen werden soll.[43]

Soweit die verfahrensgegenständliche Tat (auch) ein **Privatklagedelikt** umfasst, wird es regelmäßig bei Vorliegen der Voraussetzungen des Absehens von Strafe an einem öffentlichen Interesse an der Strafverfolgung fehlen.[44] Zu einer Einstellung auf der Grundlage von § 153 b kann es daher allenfalls kommen, wenn die Staatsanwaltschaft ausnahmsweise ein öffentliches Verfolgungsin-

---

[28] Löwe/Rosenberg/*Beulke* Rn. 7.
[29] Vgl. insoweit exemplarisch bzgl. § 60 StGB *Meier*, Strafrechtliche Sanktionen, 3. Aufl., 2009, Teil 3 2.2.
[30] § 153 a Rn. 23.
[31] SK-StPO/*Weßlau* Rn. 7; im Ergebnis ebenso Löwe/Rosenberg/*Beulke* Rn. 7 mit weiteren Differenzierungen im Verhältnis zu § 153 a Abs. 1 S. 2 Nr. 5 in Rn. 8 f.
[32] Einzelheiten bei Löwe/Rosenberg/*Beulke* Rn. 8 f.
[33] *Müller/Wache*, FS Rebmann, 1989, S. 321 (336); SK-StPO/*Weßlau* Rn. 7 aE.
[34] *Dallinger* JZ 1951, 620 (623); Löwe/Rosenberg/*Beulke* Rn. 6 aE.
[35] Oben Rn. 1.
[36] Im Ergebnis ebenso SK-StPO/*Weßlau* Rn. 7 aE.
[37] HK-StPO/*Gercke* Rn. 3.
[38] Oben Rn. 4 aE.
[39] *Dallinger* JZ 1951, 620 (623); ebenso Löwe/Rosenberg/*Meyer-Goßner*, 23. Aufl., Rn. 22.
[40] KK-StPO/*Schoreit* Rn. 13; KMR/*Plöd* Rn. 4.
[41] *Bohnert* NJW 1980, 1927 (1929); AK-StPO/*Schöch* Rn. 3; HK-StPO/*Gercke* Rn. 4; Löwe/Rosenberg/*Beulke* Rn. 6; SK-StPO/*Weßlau* Rn. 8; Brunner/Dölling § 45 JGG Rn. 3; *Ostendorf* § 45 JGG Rn. 7; im Ergebnis auch *Eisenberg* § 45 JGG Rn. 13.
[42] Löwe/Rosenberg/*Beulke* Rn. 6 mwN.
[43] *Meyer-Goßner* Rn. 3; SK-StPO/*Weßlau* Rn. 8; aA *Eisenberg* § 45 JGG Rn. 13; siehe dazu auch BayObLG v. 13. 7. 1961 – RReg. 4 St 174/61, NJW 1961, 2029.
[44] SK-StPO/*Weßlau* Rn. 9.

§ 153b 12–16 *Zweites Buch. Verfahren im ersten Rechtszug*

teresse angenommen hat. Trotz einer solchen Einstellung soll der Privatkläger aber nicht gehindert sein, die Privatklage zu betreiben;[45] ein Hinweis der Staatsanwaltschaft darauf ist zumindest nobile officium.

12 Im **anwaltgerichtlichen Verfahren** ist § 153b unanwendbar.[46]

III. Einstellung durch die Staatsanwaltschaft (Abs. 1)

13 **1. Zuständigkeit und Voraussetzungen.** Die Zuständigkeit für ein Absehen von der Erhebung der Anklage nach Abs. 1 liegt bei der **Staatsanwaltschaft**. Soweit im Steuerstrafverfahren die zuständige Finanzbehörde dieses selbständig betreibt (§ 386 Abs. 2, § 399 Abs. 1 AO), stünde ihr diese Kompetenz zu; es ist aber kaum denkbar, dass im Kontext von Steuerstraftaten die Voraussetzungen des Absehens von Strafe gegeben sein können.[47]

14 Das Absehen von der Erhebung der Klage verlangt das Vorliegen der **Voraussetzungen**, unter denen das für die Durchführung des Hauptverfahrens zuständige Gericht (Abs. 1 vorletzter Hs.) von Strafe nach den einschlägigen Vorschriften des materiellen Strafrechts[48] absehen könnte. Welche Anforderungen damit an die Prüfung dieser Voraussetzungen im Ermittlungsverfahren verbunden sind, ist nicht vollständig geklärt. Die **Unklarheiten** betreffen einerseits die Frage nach dem vor einer Einstellung nach § 153b erforderlichen **Ermittlungsgrad** des tatsächlichen Geschehens und andererseits die nach dem **Grad der Wahrscheinlichkeit des Absehens von Strafe** in der (hypothetischen) Hauptverhandlung.[49]

15 In Bezug auf den einer Einstellung nach Abs. 1 zugrunde liegenden **Ermittlungsgrad** geht es im Kern darum, ob im Verhältnis zu § 170 Abs. 2 der Sachverhalt so weit aufgeklärt werden muss, dass das Vorliegen oder Fehlen hinreichenden Tatverdachts beurteilt werden kann oder ob von weiteren darauf abzielenden Ermittlungen abgesehen werden kann, wenn aus Sicht der Staatsanwaltschaft jedenfalls die Voraussetzungen des Absehens von Strafe vorliegen.[50] Der auf das Absehen von der „Erhebung der öffentlichen Klage" abstellende Wortlaut deutet auf die Notwendigkeit einer Durchermittlung des Sachverhalts bis zur vollständigen Beurteilung des hinreichenden Tatverdachts hin.[51] Dem steht aber der justizökonomische Zweck des Abs. 1[52] entgegen, der verspielt würde, wenn das Ermittlungsverfahren mit dem Ziel der Entlastung des Beschuldigten vom Anfangsverdacht weiter geführt werden müsste, obwohl die Voraussetzung des Absehens von Strafe aus Sicht der Staatsanwaltschaft feststehen.[53] Rechtspositionen des Beschuldigten werden damit nicht beeinträchtigt, weil ihm die Unschuldsvermutung auch bei der Einstellung nach Abs. 1 erhalten bleibt und die Einstellung nicht mit weiteren Belastungen (anders als bei § 153a Abs. 1) verbunden ist. Der Vorrang von § 170 Abs. 2[54] hat daher lediglich in den Konstellationen Bedeutung, in denen zum Zeitpunkt der Einstellungsentscheidung die Voraussetzungen von § 170 Abs. 2 und § 153b Abs. 1 gegeben sind.

16 Hinsichtlich des erforderlichen **Grades an Wahrscheinlichkeit über das Absehen von Strafe** in einer (hypothetischen) Hauptverhandlung wird der **Staatsanwaltschaft** nach mittlerweile ganz überwiegender Auffassung **eine Prognose** abverlangt: die Einstellung nach Abs. 1 kommt in Betracht, wenn es – iSv. § 203 – hinreichend wahrscheinlich ist, dass das für die Hauptverhandlung zuständige Gericht auf der Grundlage des durch die Beweiserhebung in der Hauptverhandlung bestätigten Beweisergebnisses des Ermittlungsverfahrens von Strafe absehen würde.[55] Abweichende Bewertungen die einen höheren Grad an Wahrscheinlichkeit[56] oder gar Gewissheit[57] über das Absehen von Strafe in der hypothetischen Hauptverhandlung verlangen, werden soweit ersichtlich nicht mehr vertreten. Die der Staatsanwaltschaft abverlangte Prognose über das wahrscheinliche Verhalten des zuständigen Gerichts über das Absehen von Strafe in einer nicht stattfindenden Hauptverhandlung orientiert sich ersichtlich stark an der Deutung des hinreichenden Tatverdachts in § 203 als „Verurteilungswahrscheinlichkeit",[58] bringt aber die Einstellungsvoraussetzung in Abs. 1 nicht präzise zum Ausdruck und trägt vor allem den völlig unterschiedli-

---

[45] KMR/*Plöd* Rn. 4 aE; *Meyer-Goßner* Rn. 2; SK-StPO/*Weßlau* Rn. 9; siehe aber auch unten Rn. 31.
[46] Löwe/Rosenberg/*Beulke* Rn. 6 aE mN in Fn. 25.
[47] KMR/*Plöd* Rn. 5; Löwe/Rosenberg/*Beulke* Rn. 12.
[48] Oben Rn. 2.
[49] Vgl. KK-StPO/*Schoreit* Rn. 4; Löwe/Rosenberg/*Beulke* Rn. 13; SK-StPO/*Weßlau* Rn. 5.
[50] Siehe die Nachw. wie Fn. zuvor sowie bereits oben Rn. 7.
[51] Zweifel an der Aussagekraft des Wortlauts in diesem Kontext bei Löwe/Rosenberg/*Beulke* Rn. 13.
[52] Oben Rn. 1.
[53] Zutreffend insoweit Löwe/Rosenberg/*Beulke* Rn. 5; SK-StPO/*Weßlau* Rn. 5.
[54] Oben Rn. 7.
[55] Im Ergebnis übereinstimmend so etwa AK-StPO/*Schöch* Rn. 5; HK-StPO/*Gercke* Rn. 3; KK-StPO/*Schoreit* Rn. 4; KMR/*Plöd* Rn. 4; Löwe/Rosenberg/*Beulke* Rn. 4 und 13; SK-StPO/*Weßlau* Rn. 5.
[56] Löwe/Rosenberg/*Meyer-Goßner*, 23. Aufl., Rn. 7.
[57] *Eb. Schmidt* II Rn. 4.
[58] § 203 Rn. 2.

chen Voraussetzungen der verschiedenen materiell-rechtlichen Regelungen über das Absehen von Strafe nicht genügend Rechnung. Abs. 1 stellt eindeutig darauf ab, ob auf der Grundlage der Ergebnisse des Ermittlungsverfahrens die Voraussetzungen des materiellen Rechts gegeben sind, unter denen das zuständige Gericht von Strafe absehen „könnte"; das Gesetz fragt nicht danach, ob das zuständige Gericht von Strafe absehen „würde". Der Verweis bezieht sich daher auf die Absehensvoraussetzungen und nicht auf deren hypothetische Anwendung durch das Gericht. Maßgeblich ist somit für die Einstellung, ob die **Staatsanwaltschaft** auf der Basis der Ergebnisse des Ermittlungsverfahrens nach **eigener rechtlichen Würdigung** von dem **Vorliegen der Voraussetzungen des Absehens von Strafe überzeugt** ist.[59] Ein prognostisches Element ist darin lediglich insoweit enthalten, als die Staatsanwaltschaft – wie bei der Anklage und ihren Surrogaten auch – von der Bestätigung der tatsächlichen Erkenntnisse des Ermittlungsverfahrens in einem (hier hypothetischen) Hauptverfahren ausgeht. Eine **Prognose der Staatsanwaltschaft über die mögliche Entscheidung des zuständigen Gerichts** für den Fall der Hauptverhandlung **verlangt** das Absehen von der Anklageerhebung nach **Abs. 1 nicht**. Die Abweichung von der üblichen Betrachtung ist nicht ohne praktische Bedeutung im Hinblick auf die divergierenden Voraussetzungen der materiell-rechtlichen Vorschriften über das Absehen von Strafe. So gewährt eine Vielzahl der einschlägigen Normen das Absehen von Strafe lediglich fakultativ (meist neben einer ebenfalls fakultativen Strafmilderung; exemplarisch § 306e Abs. 1 StGB).[60] Ob das zuständige Gericht für den Fall der in der Hauptverhandlung konsolidierten Tatsachengrundlage von dieser Möglichkeit wahrscheinlich Gebrauch machen würde, ist Spekulation. Maßgeblich ist allein, dass die Staatsanwaltschaft die Voraussetzungen der entsprechenden materiell-rechtlichen Norm als gegeben erachtet und nach ihrer rechtlichen Würdigung von der Absehensmöglichkeit Gebrauch machen würde. Will das zuständige Gericht dem nicht folgen, wird es die für Abs. 1 erforderliche Zustimmung verweigern.[61]

Selbst wenn aber nach der eigenständigen rechtlichen Wertung der Staatsanwaltschaft die Voraussetzungen des Abs. 1 an sich vorliegen, kann diese nicht von der Anklageerhebung absehen, wenn der im **Schuldspruch** eines Urteils zum Ausdruck kommene sozial-ethische Tadel gegenüber dem Täter für **erforderlich** gehalten wird oder die Anordnung von **Maßregeln der Besserung und Sicherung** in Betracht kommen.[62] 17

Das Absehen von der Erhebung der öffentlichen Klage bedarf der **Zustimmung des** für die Durchführung der Hauptverhandlung **zuständigen Gerichts**.[63] § 153 Abs. 1 S. 2 findet keine Anwendung[64] (arg. e contrario § 153a Abs. 1 S. 7). Die Zustimmung des Gerichts **beruht auf einer eigenen Bewertung des Gerichts** darüber, ob auf der Grundlage der Ermittlungsergebnisse die Voraussetzungen des Absehens von Strafe gegeben sind und ob nicht eine liquide Einstellungslage eine Verfahrenserledigung nach § 170 Abs. 2 erforderlich macht. Zustimmungserklärungen weiterer Verfahrensbeteiligter sind nicht erforderlich. Selbst der Anhörung des Beschuldigten oder des Anzeigeerstatters, auch wenn er Verletzter iSv. § 172 ist, bedarf es nicht (allgM). 18

2. Einstellungsentscheidung. Die Anwendung von Abs. 1 seitens der Staatsanwaltschaft erfolgt durch entsprechende **Abschlussverfügung**, aus der sich die Gründe für das Absehen von der Anklageerhebung ergeben. Der Beschuldigte erhält unter den Voraussetzungen von § 170 Abs. 2 S. 2[65] von der Einstellung Kenntnis. Der Anzeigeerstatter ist entsprechend § 171 S. 1 zu bescheiden; der Einstellungsbescheid enthält, selbst wenn der Anzeigeerstatter zugleich Verletzter ist, keine Rechtbehelfsbelehrung nach § 171 S. 2, weil das Klageerzwingungsverfahren gegen die Einstellung nach § 153b Abs. 1 nicht statthaft ist.[66] 19

IV. Einstellung durch das zuständige Gericht (Abs. 2)

1. Zuständigkeit und Voraussetzungen. Für den Zeitraum von der Erhebung der Anklage bis zu dem Beginn der (erstinstanzlichen)[67] Hauptverhandlung (§ 243 Abs. 1 S. 1) geht die **Zuständigkeit** für die Einstellung wegen zu erwartenden Absehens von Strafe auf das für das die Hauptverhandlung zuständige Gericht über. Dieses entscheidet wegen der zeitlichen Grenze („Beginn 20

---

[59] Vgl. *Dallinger* JZ 1951, 620 (623) „Ermessen der Staatsanwaltschaft"; siehe auch bereits *Radtke*, Die Systematik verfahrenserledigender Entscheidungen im Strafprozeß, 1993, S. 208–213.
[60] Zu dessen Voraussetzungen MünchKommStGB/*Radtke* § 306e Rn. 10–21.
[61] Dazu unten Rn. 18.
[62] Löwe/Rosenberg/*Beulke* Rn. 4 aE; SK-StPO/*Weßlau* Rn. 6.
[63] Zu den Anforderungen der Zustimmung § 153 Rn. 35–37.
[64] KMR/*Plöd* Rn. 6; Löwe/Rosenberg/*Beulke* Rn. 14.
[65] § 170 Rn. 16.
[66] Unten Rn. 25; HK-StPO/*Gercke* Rn. 6.
[67] Dazu oben Rn. 5.

§ 153b 21–24   Zweites Buch. Verfahren im ersten Rechtszug

der Hauptverhandlung") in der außerhalb der Hauptverhandlung maßgeblichen Besetzung des Spruchkörpers.[68]

21   Die **sachlichen Voraussetzungen** der Einstellung nach Abs. 2 entsprechen denen des Abs. 1. Das Gericht muss auf der Grundlage der im Ermittlungsverfahren erhobenen Beweise und ggf. im Zwischenverfahren durchgeführter ergänzender Beweiserhebungen (vgl. § 202 S. 1) bewerten, ob **nach seiner Überzeugung** die Voraussetzungen einer materiell-rechtlichen Vorschrift, die das Absehen von Strafe gestattet, vorliegen und soweit fakultativ das Absehen von Strafe zugelassen ist, ob es sein Ermessen in Richtung des Absehens ausübt. Da die Zuständigkeit des Gericht für die Einstellung bereits mit der Erhebung der Anklage begründet wird, muss das Gericht keine weiteren Ermittlungen in Bezug auf das Vorliegen eines hinreichenden Tatverdacht anstellen, wenn auf der Grundlage der Ergebnisse des Ermittlungsverfahrens aus seiner Sicht die Voraussetzungen des Absehens von Strafe gegeben sind. Der Vorrang von § 204[69] gilt also lediglich dann, wenn zum Zeitpunkt der Entscheidung des Gerichts – ohne die Notwendigkeit weitergehender Ermittlungen – sowohl die Voraussetzungen des § 204 als auch die des § 153 b Abs. 2 vorliegen. Um die Rechtsposition des Angeschuldigten nicht zu schwächen, bedarf es dann bei der Entscheidung nach § 153 b Abs. 2 eines Strafklageverbrauchs, der im Umfang nicht hinter dem des § 211 zurückbleibt.[70] Anderenfalls müsste das Gericht im Zwischenverfahren zwingend den hinreichenden Tatverdacht klären, was den justizökonomischen Zweck des § 153 b konterkarieren würde.

22   Die Einstellung bedarf der vorherigen **Zustimmung der Staatsanwaltschaft**[71] und **des Angeschuldigten**.[72] Für Letzteren gilt mangels Verweisungsnorm die Ausnahme in § 153 Abs. 2 S. 2 nicht (allgM),[73] so dass die Zustimmung stets vorliegen muss. Eine Zustimmungserklärung des Anzeigeerstatters ist **nicht** erforderlich; das gilt selbst dann, wenn er als Verletzter dem Verfahren als **Nebenkläger** beigetreten ist.[74] Dieser ist aber gemäß § 33 Abs. 3 vor der Einstellung zu hören; über seine Anschlusserklärung muss ebenfalls vor der Einstellung entschieden werden (§ 396 Abs. 3).[75]

23   **2. Entscheidungsform und -inhalt.** Die gerichtliche Einstellungsentscheidung ergeht durch **Beschluss**. Wegen des auf den Beginn der erstinstanzlichen Hauptverhandlung zeitlich begrenzten Anwendungsbereichs von § 153 b wird der stets außerhalb der Hauptverhandlung ergehende schriftliche Beschluss den übrigen Verfahrensbeteiligten gemäß § 35 Abs. 2 S. 1 **formlos bekannt gegeben** (allgM). Eine **Begründung** ist gesetzlich **nicht vorgeschrieben** und wird daher nach allgM nicht für erforderlich gehalten.[76] Da allerdings wiederum nach allgemein geteilter Ansicht dem Beschluss ein begrenzter Strafklageverbrauch zugeschrieben wird,[77] ist schwer ersichtlich, wie die Voraussetzungen für das zulässige Wiederaufgreifen des Verfahrens[78] – durch neue Anklage – beurteilt werden sollen, wenn das einstellende Gericht nicht offenlegt, auf welcher tatsächlichen Grundlage es zu seiner Entscheidung gekommen ist. Es dürfte daher ein zumindest nobile officium des Gerichts sein, seinen Beschluss zu begründen. Hat ein Verfahrensbeteiligter die Einstellung des Verfahrens formal beantragt, bedarf ein dies ablehnender Beschluss ungeachtet seiner Unanfechtbarkeit mit der Beschwerde[79] gemäß § 34 der Begründung, weil das Unterbleiben des Absehens von Strafe durch das Revisionsgericht überprüft werden kann.[80]

24   Der Beschluss ist mit **Nebenentscheidungen** zu versehen. Die Entscheidung über die **Kosten** richtet sich nach § 467 Abs. 1 und Abs. 4,[81] so dass regelmäßig die Staatskasse die Verfahrenskosten trägt, aber davon absehen kann, dieser die notwendigen Auslagen des Angeschuldigten aufzuerlegen. § 465 Abs. 1 S. 2 gelangt als Kostenvorschrift nicht zur Anwendung,[82] weil diese lediglich Sachentscheidungen über das Absehen von Strafe betrifft,[83] nicht aber die Einstellung. Die **notwendigen Auslagen des Nebenklägers** können dem Angeschuldigten gemäß § 472 Abs. 2 S. 1 auferlegt werden.[84] Soweit notwendig wird in dem Beschluss auch über die **Entschädigung**

---

[68] *Dallinger* JZ 1951, 620 (623 mit Fn. 24).
[69] Oben Rn. 7.
[70] Dazu unten Rn. 32.
[71] Dazu im Einzelnen § 153 Rn. 52–54.
[72] Dazu im Einzelnen § 153 Rn. 55.
[73] Siehe nur SK-StPO/*Weßlau* Rn. 13.
[74] Löwe/Rosenberg/*Beulke* Rn. 17; SK-StPO/*Weßlau* Rn. 13.
[75] AK-StPO/*Schöch* Rn. 9; HK-StPO/*Gercke* Rn. 7; KK-StPO/*Schoreit* Rn. 7; KMR/*Plöd* Rn. 9; Löwe/Rosenberg/ *Beulke* Rn. 17; *Meyer-Goßner* Rn. 3, *Pfeiffer* Rn. 3.
[76] Siehe nur HK-StPO/*Gercke* Rn. 7; KMR/*Plöd* Rn. 10; SK-StPO/*Weßlau* Rn. 14.
[77] Unten Rn. 32.
[78] Zu den Voraussetzungen unten Rn. 32.
[79] Unten Rn. 26.
[80] Unten Rn. 30 aE.
[81] KK-StPO/*Schoreit* Rn. 8; SK-StPO/*Weßlau* Rn. 14.
[82] Löwe/Rosenberg/*Beulke* Rn. 18.
[83] § 465 Rn. 2.
[84] HK-StPO/*Gercke* Rn. 8; KK-StPO/*Schoreit* Rn. 8 aE; *Pfeiffer* Rn. 3; SK-StPO/*Weßlau* Rn. 14.

V. Rechtsbehelfe

1. Absehen von der Erhebung der öffentlichen Klage (Abs. 1). Die Einstellungsentscheidung der Staatsanwaltschaft ist **nicht** mit einem Rechtsbehelf **anfechtbar** (allgM).[86] Das **Klageerzwingungsverfahren** ist nach der lex lata **nicht eröffnet** (vgl. § 172 Abs. 2 S. 3).[87] Möglich bleibt allein die **Dienstaufsichtsbeschwerde** an den vorgesetzten Beamten der Staatsanwaltschaft. Hat die Staatsanwaltschaft das Absehen von der Erhebung der Klage trotz eines entsprechenden Antrags des Beschuldigten abgelehnt, steht dagegen ebenfalls keinerlei Rechtsbehelf zur Verfügung. Gleiches gilt auch für den Fall, dass das zuständige Gericht die Zustimmung zu einer von der Staatsanwaltschaft angestrebten Einstellung abgelehnt hat.[88] Hat die Staatsanwaltschaft nach Abs. 1 von der Erhebung der Klage abgesehen, obwohl die gerichtliche Zustimmung nicht vorlag, kommt – anders als für das Fehlen von Zustimmungen bei gerichtlicher Einstellung[89] – eine Beschwerde nach § 304 mangels Beschlusscharakters der Entscheidung nicht in Betracht. Eine Korrektur der fehlerhaften Einstellungsentscheidung kann wiederum allenfalls durch eine Dienstaufsichtsbeschwerde und ein Eingreifen des vorgesetzten Beamten erfolgen.

2. Gerichtlicher Einstellungsbeschluss (Abs. 2). a) Beschwerde. Der Einstellungsbeschluss ist grundsätzlich **nicht** mit der **Beschwerde anfechtbar** (allgM).[90] Eine § 153 Abs. 2 S. 4 entsprechende ausdrückliche Regelung hat der Gesetzgeber für den Angeschuldigten und die Staatsanwaltschaft wegen ihres jeweiligen Zustimmungserfordernisses (danach keine Beschwer) für überflüssig gehalten.[91] Da die Zustimmung des Nebenklägers keine Voraussetzung des Einstellungsbeschlusses ist,[92] bestimmt das Gesetz für diesen die Unanfechtbarkeit in **§ 400 Abs. 2 S. 2** ausdrücklich.

Ausnahmsweise ist die **Beschwerde** nach § 304 für den Angeschuldigten und die Staatsanwaltschaft aber statthaft, wenn das Gericht **irrtümlich von Zustimmungen** der Genannten zu der Verfahrenseinstellung ausgegangen ist.[93] Darüber hinausgehend die Beschwerde auch dann zuzulassen, wenn auf der Grundlage von § 153b eingestellt worden ist, die verfahrensgegenständliche Tat aber ein materielles Delikt zum Gegenstand hat, das kein Absehen von Strafe gestattet,[94] käme allenfalls dann in Betracht, wenn entgegen der nahezu allgemeinen Auffassung[95] der Einstellungsbeschluss zu begründen wäre.

Die **Nebenentscheidungen** des Beschlusses unterliegen ebenfalls **nicht der Anfechtung**, soweit die Entscheidung über die Kosten und Auslagen betroffen ist.[96] Dagegen unterliegt die eventuell getroffene **Entscheidung über Entschädigungen** für Strafverfolgungsmaßnahmen der **sofortigen Beschwerde** (§ 8 Abs. 3 StrEG).[97]

Soweit das Gericht einen **Antrag** eines Verfahrensbeteiligten **auf Einstellung** des Verfahrens gemäß § 153b Abs. 2 durch Beschluss **abgelehnt** hat, ist eine **Beschwerde** dagegen **nicht statthaft**.[98] Auch die Weigerung der Staatsanwaltschaft einer Einstellung nach Abs. 2 zuzustimmen, unterliegt nicht der Überprüfung durch Rechtsbehelfe.[99] Ebensowenig kann die Staatsanwaltschaft die Verweigerung der Zustimmung seitens des Gerichts mit der Beschwerde angreifen.[100]

---

[85] HK-StPO/*Gercke* Rn. 8; KK-StPO/*Schoreit* Rn. 8; KMR/*Plöd* Rn. 10; Löwe/Rosenberg/*Beulke* Rn. 18; Meyer/Goßner Rn. 3 iVm. § 153 Rn. 30.
[86] Siehe nur Löwe/Rosenberg/*Beulke* Rn. 18; SK-StPO/*Weßlau* Rn. 16.
[87] HK-StPO/*Gercke* Rn. 6; *Pfeiffer* Rn. 2; SK-StPO/*Weßlau* Rn. 16.
[88] Vgl. insoweit Löwe/Rosenberg/*Beulke* Rn. 19; aA *Dallinger* JZ 1951, 620 (623).
[89] Unten Rn. 27.
[90] BGH v. 21. 12. 1956 – 1 StR 337/56, BGHSt 10, 88 (91); Hans.OLG Bremen v. 5. 7. 1974 – Ws 94/74, NJW 1975, 273; *Giesler*, Der Ausschluss der Beschwerde gegen richterliche Entscheidungen im Strafverfahren, 1981, S. 211; AK-StPO/*Schöch* Rn. 11; HK-StPO/*Gercke* Rn. 9; KK-StPO/*Schoreit* Rn. 9; KMR/*Plöd* Rn. 11; Löwe/Rosenberg/*Beulke* Rn. 20.
[91] Zutreffend AK-StPO/*Schöch* Rn. 11; KK-StPO/*Schoreit* Rn. 9 aE; siehe auch *Dallinger* JZ 1951, 620 (623 mit Fn. 26).
[92] Oben Rn. 22.
[93] AK-StPO/*Schöch* Rn. 11; HK-StPO/*Gercke* Rn. 9; KK-StPO/*Schoreit* Rn. 9; KMR/*Plöd* Rn. 11; Löwe/Rosenberg/*Beulke* Rn. 20; Meyer-Goßner Rn. 6; *Pfeiffer* Rn. 5.
[94] So *Schlüchter* Rn. 406.5.
[95] Oben Rn. 23.
[96] Hans.OLG Bremen v. 5. 7. 1974 – Ws 94/74, NJW 1975, 273; KK-StPO/*Schoreit* Rn. 10; Löwe/Rosenberg/*Beulke* Rn. 20.
[97] KK-StPO/*Schoreit* Rn. 10; KMR/*Plöd* Rn. 11; Löwe/Rosenberg/*Beulke* Rn. 20; SK-StPO/*Weßlau* Rn. 16.
[98] Siehe unten Rn. 30; aA *Dallinger* JZ 1951, 620 (623).
[99] Löwe/Rosenberg/*Beulke* Rn. 19; siehe auch § 153 Rn. 70.
[100] AA *Dallinger* JZ 1951, 620 (623).

30 b) Revision. Mit dieser kann das Unterbleiben einer Einstellung nach Abs. 2 nicht gerügt werden, weil ein Anspruch auf eine Einstellung nach Opportunitätsvorschriften nicht besteht.[101] Statthaft ist aber nach den allgemeinen Regeln die Revision gegen ein Urteil, das nicht auf Absehen von Strafe erkannt hat. Liegen die Voraussetzungen des Absehens von Strafe auf der Grundlage rechtsfehlerfreier tatrichterlicher Feststellungen vor, kann das **Revisionsgericht gemäß § 354 Abs. 1 selbst darauf erkennen.**[102]

VI. Strafklageverbrauch

31 1. Staatsanwaltschaftliche Einstellungsverfügung (Abs. 1). Nach allgM kommt der staatsanwaltschaftlichen Einstellungsverfügung gemäß Abs. 1 **keinerlei strafklageverbrauchende Wirkung** zu.[103] Die Staatsanwaltschaft kann dementsprechend zu jeder Zeit aus jedem Grund das Ermittlungsverfahren weiterbetreiben;[104] es bedarf nicht des Hervortretens neuer Tatsachen, die zu einer abweichenden rechtlichen Bewertung des Vorliegens der Voraussetzungen des Absehens von Strafe führen. Auch eine – in der Praxis sicherlich nicht häufig vorkommende – neue rechtliche Bewertung der Voraussetzungen von Abs. 1 ohne Veränderung der tatsächlichen Grundlagen genügt für ein Wiederaufgreifen des Ermittlungsverfahrens. Diese **Auffassung** ist **systematisch wenig konsequent** und steht in einem gewissen Gegensatz zu der einer gerichtlichen Einstellung nach Abs. 2 zugeschriebenen strafklageverbrauchenden Wirkung.[105] Zwar enthält § 153b anders als § 153a Abs. 1 S. 5 keine Regelung über eine Sperrwirkung der Einstellungsentscheidung. Wenn aber die gerichtliche Einstellung nach § 153b Abs. 2 wegen der sachlichen Prüfung der Einstellungsvoraussetzungen auf der Grundlage eines bis zum hinreichenden Tatverdacht ausermittelten Sachverhalts mit einer begrenzten Sperrwirkung versehen ist, gibt es kaum Gründe, der Einstellung nach Abs. 1 eine solche abzusprechen. Da auch die Einstellungsverfügung auf einem Sachverhalt beruht, der bis zur sicheren Beurteilung der Absehensvoraussetzungen ausermittelt ist,[106] gibt es in Bezug auf die für den Umfang des Strafklageverbrauchs relevanten Kriterien[107] keine signifikanten Unterschiede zu der gerichtlichen Entscheidung. Denn auch diese beruht im Hinblick auf die zeitliche Anwendungsgrenze („Beginn der Hauptverhandlung") ebenfalls nur auf aktenkundigen Ermittlungsergebnissen, die im Umfang nicht über die von der Staatsanwaltschaft bei ihrer Einstellung nach Abs. 1 zugrunde gelegten hinaus gehen. Das Wiederaufgreifen des Verfahrens nach Abs. 1 sollte daher ebenfalls **lediglich dann gestattet** sein, **wenn neue Tatsachen oder Beweismittel hervortreten**, die zu einer von der Einstellungsverfügung abweichenden rechtlichen Bewertung der Absehensvoraussetzungen führen.

32 2. Gerichtlicher Einstellungsbeschluss (Abs. 2). Wie bereits angedeutet schreibt – zutreffend – die allgM einem Einstellungsbeschluss nach Abs. 2 einen **begrenzten Strafklageverbrauch** zu. Das Verfahren wegen der ursprünglich verfahrensgegenständlichen Tat darf nur dann seitens der Staatsanwaltschaft wiederaufgegriffen werden, wenn **neue Tatsachen oder Beweismittel** zu der Erkenntnis führen, dass nunmehr wegen der veränderten materiell-rechtlichen Würdigung der Tat oder wegen eines höheren Unrechts- und Schuldgehalt die **Voraussetzungen eines Absehens von Strafe** (aus der Sicht der Staatsanwaltschaft) **nicht mehr gegeben** sind.[108] Abweichend von § 153a Abs. 1 S. 5 genügt das Hervortretens des Verbrechenscharakters der Tat für das Wiederaufgreifen allein nicht, weil § 153b grundsätzlich auch bei Verbrechen zur Anwendung kommen kann.[109]

33 Die **selbständige Anordnung von Verfall und Einziehung** im Rahmen des objektiven Verfahrens nach §§ 440ff. bleibt ungeachtet des Strafklageverbrauchs der staatsanwaltschaftlichen und gerichtlichen Einstellung stets zulässig.[110]

---

[101] Siehe § 153 Rn. 79 sowie Löwe/Rosenberg/*Beulke* Rn. 22 iVm. § 153 Rn. 96.
[102] Oben Rn. 5 aE.
[103] *Dallinger* JZ 1951, 620 (623), AK-StPO/*Schöch* Rn. 7; HK-StPO/*Gercke* Rn. 6; KK-StPO/*Schoreit* Rn. 5; KMR/*Plöd* Rn. 7; Löwe/Rosenberg/*Beulke* Rn. 15; *Meyer-Goßner* Rn. 2; *Pfeiffer* Rn. 2; SK-StPO/*Weßlau* Rn. 11.
[104] Zur Wahrung der Verfahrensidentität nach einem Wiederaufgreifen eines durch Einstellung erledigten Verfahrens *Radtke* NStZ 1999, 481 (483–485).
[105] Zu dieser Rn. 32.
[106] Oben Rn. 16.
[107] Zu diesen ausführlich *Radtke*, Systematik des Strafklageverbauchs, S. 371 ff.
[108] Siehe nur AK-StPO/*Schöch* Rn. 12; KK-StPO/*Schoreit* Rn. 11; KMR/*Plöd* Rn. 10; Löwe/Rosenberg/*Beulke* Rn. 21; SK-StPO/*Weßlau* Rn. 15.
[109] Vgl. KK-StPO/*Schoreit* Rn. 11; SK-StPO/*Weßlau* Rn. 15.
[110] KK-StPO/*Schoreit* Rn. 12; Löwe/Rosenberg/*Beulke* Rn. 21; *Meyer-Goßner* Rn. 4.

§ 153c [Nichtverfolgung von Auslandstaten]

(1) ¹Die Staatsanwaltschaft kann von der Verfolgung von Straftaten absehen,

1. die außerhalb des räumlichen Geltungsbereichs dieses Gesetzes begangen sind oder die ein Teilnehmer an einer außerhalb des räumlichen Geltungsbereichs dieses Gesetzes begangenen Handlung in diesem Bereich begangen hat,
2. die ein Ausländer im Inland auf einem ausländischen Schiff oder Luftfahrzeug begangen hat,
3. wenn in den Fällen der §§ 129 und 129a, jeweils auch in Verbindung mit § 129b Abs. 1, des Strafgesetzbuches die Vereinigung nicht oder nicht überwiegend im Inland besteht und die im Inland begangenen Beteiligungshandlungen von untergeordneter Bedeutung sind oder sich auf die bloße Mitgliedschaft beschränken.

²Für Taten, die nach dem Völkerstrafgesetzbuch strafbar sind, gilt § 153f.

(2) Die Staatsanwaltschaft kann von der Verfolgung einer Tat absehen, wenn wegen der Tat im Ausland schon eine Strafe gegen den Beschuldigten vollstreckt worden ist und die im Inland zu erwartende Strafe nach Anrechnung der ausländischen nicht ins Gewicht fiele oder der Beschuldigte wegen der Tat im Ausland rechtskräftig freigesprochen worden ist.

(3) Die Staatsanwaltschaft kann auch von der Verfolgung einer Straftaten absehen, die im räumlichen Geltungsbereich dieses Gesetzes durch eine außerhalb dieses Bereichs ausgeübte Tätigkeit begangen sind, wenn die Durchführung des Verfahrens die Gefahr eines schweren Nachteils für die Bundesrepublik Deutschland herbeiführen würde oder wenn der Verfolgung sonstige überwiegende öffentliche Interessen entgegenstehen.

(4) Ist die Klage bereits erhoben, so kann die Staatsanwaltschaft in den Fällen des Absatzes 1 Nr. 1, 2 und des Absatzes 3 die Klage in jeder Lage des Verfahrens zurücknehmen und das Verfahren einstellen, wenn die Durchführung des Verfahrens die Gefahr eines schweren Nachteils für die Bundesrepublik herbeiführen würde oder wenn der Verfolgung sonstige überwiegende öffentliche Interessen entgegenstehen.

(5) Hat das Verfahren Straftaten der in § 74a Abs. 1 Nr. 2 bis 6 und § 120 Abs. 1 Nr. 2 bis 7 des Gerichtsverfassungsgesetzes bezeichneten Art zum Gegenstand, so stehen diese Befugnisse dem Generalbundesanwalt zu.

Schrifttum: *Altvater*, Das 34. Strafrechtsänderungsgesetz – § 129b StGB, NStZ 2003, 179; *Faller*, Verfassungsrechtliche Grenzen des Opportunitätsprinzips im Strafprozeß, Festgabe Maunz, 1971, S. 69; *Krauth/Kurfess/Wulf*, Zur Reform des Staatsschutz-Strafrechts durch das Achte Strafrechtsänderungsgesetz, JZ 1968, 731; *Landau*, Verwirklichung eines europaweiten „ne bis in idem" im Rahmen der Anwendung des § 153c Abs. 1 Nr. 3 StPO, Festschrift Söllner, 2000, S. 627; *Lüttger*, Lockerung des Verfolgungszwangs bei Staatsschutzdelikten, JZ 1964, 569; *Müller/Wache*, Opportunitätserwägungen bei der Verfolgung von Straftaten gegen die äußere Sicherheit, Festschrift Rebmann, 1989, S. 321; *Wille*, Die Verfolgung strafbarer Handlungen an Bord von Schiffen und Luftfahrzeugen, 1974.

I. Zweck der Vorschrift

Die Vorschrift weist **keinen einheitlichen Regelungszweck** auf. Sie vereinigt ein Konglomerat von Einzelregelungen mit im Detail unterschiedlichen Zwecken. Der – trotz aller Heterogenität – gemeinsame Kern dieser Einzelregelungen besteht in der Eröffnung der Möglichkeit des Absehens von der Verfolgung bzw. der Verfahrenseinstellung aus Gründen der Opportunität in Verfahren, die **Straftaten mit Auslandsbezug** zum Gegenstand haben.[1] Sieht man von der letztlich **auf Gerechtigkeitserwägungen beruhenden** Einstellungsmöglichkeit bei Doppelverfolgung nach **Abs. 2**[2] ab, gestattet § 153c insgesamt den Verzicht auf die qua Legalitätsprinzip gebotene inländische Strafverfolgung entweder wegen **von vornherein aufgrund des Auslandsbezugs geringen inländischen Verfolgungsinteresses** oder **dem Zurücktreten dieses Interesses gegenüber anderen überwiegenden öffentlichen Interessen**. In dem erstgenannten Zweck überschneidet sich § 153c mit dem spezielleren § 153f;[3] beide Einstellungsmöglichkeiten erlauben die prozessuale Korrektur der durch die §§ 3–9 StGB weit ausgedehnten inländischen Strafgewalt bei außerhalb des Territoriums der Bundesrepublik begangener Straftaten. Der zweitgenannte Normzweck entspricht weitgehend der Lockerung des Verfolgungszwangs in § 153d bei Verfahren, die politische Straftaten zum Gegenstand haben. Mit den in **Abs. 1 S. 1** eröffneten Einstellungsmöglichkeiten werden **zugleich justizökonomische Zwecke** verfolgt. Da es sich insoweit um unter die deutsche Strafgewalt fallende Auslandstaten handelt, wäre die Vornahme von Ermittlungshandlungen wegen des ausländischen Begehungsortes einerseits besonders aufwändig und andererseits regelmäßig weni-

---

[1] Vgl. *Bloy* GA 1980, 161 (177); KK-StPO/*Schoreit* Rn. 1; Löwe/Rosenberg/*Beulke* Rn. 1; SK-StPO/*Weßlau* Rn. 1.
[2] Dazu ausführlich *Landau*, FS Söllner, 2000, S. 627 (insb. 638ff.).
[3] Näher unten Rn. 6.

§ 153c 2–7   Zweites Buch. Verfahren im ersten Rechtszug

ger erfolgsversprechend als inländische Ermittlungshandlungen.[4] Insoweit gelten die zu § 153f angestellten Erwägungen erst recht,[5] zumal in Bezug auf die von § 153c erfassten Straftaten – anders als bei § 153f – eine Verfolgungspflicht regelmäßig nicht völkervertragsrechtlich übernommen worden ist[6] und der für § 153f gelegentlich relevante Aspekt der antizipierten Rechtshilfe,[7] etwa für den Tatortstaat, hier selten tragen wird. Kriminalpolitisch **diversionelle Zwecke** wie in §§ 153, 153a, 153b werden mit der Einstellung nach § 153c **nicht verfolgt**.

II. Anwendungsbereich

2   1. **Anwendbarkeit in den Verfahrensstadien.** Der Zugriff auf die verschiedenen durch § 153c eröffneten Einstellungsmöglichkeiten ist für die verschiedenen Verfahrensstadien unterschiedlich geregelt. In den **Fällen von Abs. 1 Nr. 1 und 2 sowie Abs. 3** ist die Anwendung von § 153c „in jeder Lage des Verfahrens" **bis zum** (vollständigen) **Eintritt der Rechtskraft** möglich; Teilrechtskraft steht nicht entgegen.[8] § 153c geht insoweit § 156 vor und lässt die Rücknahme der Anklage auch nach der Eröffnung des Hauptverfahrens zu, so dass die zuständige Staatsanwaltschaft[9] **auch im Berufungs- und Revisionsinstanz** sowie nach Zurückverweisung vor dem neuen Tatrichter Gebrauch machen kann. Die in den genannten Fällen gestattete Möglichkeit der Klagrücknahme steht selbst dann offen, wenn die Anklageerhebung auf der Durchführung des Klageerzwingungsverfahrens beruht.[10] Soweit überhaupt der Anfangsverdacht einer Straftat besteht, kann – bei Vorliegen der Voraussetzungen – von § 153c Gebrauch gemacht werden, ohne weitere Sachermittlungen durchzuführen.[11]

3   Dagegen kommt in den **Fällen von Abs. 1 Nr. 3 und Abs. 2** eine darauf gestützte Einstellung **lediglich bis** zu dem durch § 156 bestimmten Zeitpunkt der **Eröffnung des Hauptverfahrens**[12] bei Verbindung mit der Rücknahme der erhobenen Anklage in Betracht.

4   2. **Anwendbarkeit in sachlicher Hinsicht.** Grundsätzlich ist die **Anwendbarkeit** von § 153c **nicht von der materiellen Bewertung der verfahrensgegenständlichen Tat abhängig.** Der materiellen Einordnung der prozessualen Tat kommt lediglich im Kontext von Abs. 1 S. 1 Nr. 3 und für die Bestimmung der staatsanwaltschaftlichen Zuständigkeit (Abs. 5)[13] Bedeutung zu. Anders als etwa § 153, 153a **erfasst § 153c** auch solche prozessualen Taten, die sich in der materiell-rechtlichen Bewertung als **Verbrechen** darstellen. Er gilt auch im **Jugendstrafverfahren**.[14]

5   3. **Anwendbarkeit in persönlicher Hinsicht.** Die Anwendbarkeit der durch § 153c zugelassenen Einstellungsmöglichkeiten hängt trotz des an sich auf einen Auslandsbezug rekurrierenden Regelungszwecks der Vorschrift[15] **grundsätzlich nicht von der Staatsangehörigkeit** des in dem entsprechenden Verfahren Beschuldigten etc. ab. Eine **Ausnahme** bildet insoweit **Abs. 1 Nr. 2**, der in persönlicher Hinsicht lediglich Taten von ausländischen Staatsangehörigen betrifft.[16]

6   4. **Verhältnis zu anderen Einstellungsvorschriften.** Bei **liquider Einstellungslage** gelangen allein §§ 170 Abs. 2, 204 zur Anwendung; dies gilt im spezifischen Kontext von § 153c vor allem dann, wenn die verfahrensgegenständliche Tat nach dem maßgeblichen Strafanwendungsrecht der §§ 3–9 StGB nicht dem deutschen Strafrecht unterfällt[17] oder wenn aufgrund einer ausländischen rechtskräftigen Aburteilung derselben prozessualen Tat Strafklageverbrauch (zB aufgrund Art. 54 SDÜ) eingetreten ist.[18] Soweit § 153c auch noch nach Eröffnung des Hauptverfahrens anwendbar ist,[19] ist in den vorstehend genannten Fällen entweder freizusprechen oder das Verfahren gemäß § 206a, § 260 Abs. 3 einzustellen.

7   Mit §§ 153, 153a und b werden sich selten Überschneidungen ergeben. Bei den von § 153c Abs. 5 erfassten Staatsschutzdelikten handelt es sich regelmäßig um Verbrechen, so dass der An-

---

[4] Zutreffend SK-StPO/*Weßlau* Rn. 1.
[5] § 153f Rn. 2.
[6] Vgl. aber Löwe/Rosenberg/*Beulke* Rn. 8; Meyer-Goßner Rn. 3; SK-StPO/*Weßlau* Rn. 10 sowie unten Rn. 8.
[7] § 153f Rn. 2.
[8] KMR/*Plöd* Rn. 13; Löwe/Rosenberg/*Beulke* Rn. 30; SK-StPO/*Weßlau* Rn. 28.
[9] Unten Rn. 27 f.
[10] Löwe/Rosenberg/*Beulke* Rn. 29; SK-StPO/*Weßlau* Rn. 28.
[11] Näher unten Rn. 10.
[12] AllgM, siehe HK-StPO/*Gercke* Rn. 8; KMR/*Plöd* Rn. 8; Löwe/Rosenberg/*Beulke* Rn. 28; *Meyer-Goßner* Rn. 16 u. 18; ebenso wohl auch AK-StPO/*Schöch* Rn. 10.
[13] Unten Rn. 27 f.
[14] HK-StPO/*Gercke* Rn. 3; Löwe/Rosenberg/*Beulke* Rn. 6; in der jugendstrafrechtlichen Literatur ebenso Brunner/ Dölling § 45 JGG Rn. 2; *Eisenberg* § 45 JGG Rn. 14.
[15] Oben Rn. 1.
[16] Näher unten Rn. 14.
[17] Zutreffend Löwe/Rosenberg/*Beulke* Rn. 3 mwN.
[18] Unten Rn. 19 f.
[19] Oben Rn. 2.

wendungsbereich von §§ 153, 153a ohnehin nicht eröffnet ist. Soweit in den übrigen Fällen des § 153c ein Zusammentreffen mit den Voraussetzungen von §§ 153, 153a denkbar ist, dürfte das vor allem in Abs. 3 und 4 zum Ausdruck kommende Primat der Politik § 153c Vorrang einräumen. Im Verhältnis von § 153c zu **§ 153d** kommt Letzterem eine ergänzende Funktion insoweit zu, als dieser eine Einstellung von Staatsschutzdelikten betreffenden Verfahren (vgl. § 153c Abs. 5) auch dann ermöglicht, wenn diese keinen Auslandsbezug aufweisen.[20] Das Verhältnis der beiden Vorschriften zueinander bestimmt sich vor allem nach den **Regeln des Strafanwendungsrechts**.[21] Stellt sich die verfahrensgegenständliche Tat als Völkerstraftat nach §§ 6–14 VStGB dar, ist **§ 153f die speziellere Vorschrift** (siehe § 153c Abs. 1 S. 2). Sind mit der Begehung der Völkerstraftat tateinheitlich dem deutschen Strafrecht unterfallende andere (Auslands-)Taten im materiell-rechtlichen Sinne verwirklicht, ist dennoch § 153f auf die gesamte prozessuale Tat anzuwenden, weil bei der Völkerstraftat regelmäßig das Schwergewicht liegt.[22] Nach Maßgabe von § 154a kann nach den allgemeinen Regeln von der Verfolgung einzelner Tatteile abgesehen werden; sollte der Verfahrensgegenstand mehrere Taten im prozessualen Sinne umfassen, kann § 154 neben § 153c Anwendung finden.

III. Voraussetzungen

1. Allgemeines. Angesichts des nicht einheitlichen Regelungszwecks von § 153c enthält die Vorschrift so gut wie keine für sämtliche hier eröffneten Einstellungsmöglichkeiten einheitlichen Voraussetzungen. Gemeinsam ist allen Konstellationen lediglich, dass das Absehen von der Verfolgung, die ggf. mit der Rücknahme der erhobenen Klage verbundene Einstellung des Verfahrens von einer **Ermessensentscheidung der Staatsanwaltschaft** abhängt;[23] die das Ermessen leitenden Gesichtspunkte sind bereits für die einzelnen Einstellungsmöglichkeiten jeweils unterschiedlich.[24] Die Anwendung von § 153c ist allerdings ausgeschlossen, wenn und soweit die Bundesrepublik aufgrund (bilateraler oder multilateraler) Vereinbarungen völkerrechtlich zur Verfolgung der entsprechenden Tat verpflichtet ist.[25]

2. Tat im prozessualen Sinne. Die Befugnis, aus Opportunitätserwägungen auf der Grundlage von § 153c von der Verfolgung abzusehen oder das Verfahren einzustellen, betrifft jeweils die gesamte **prozessuale Tat**.[26] Hat das Verfahren mehrere prozessuale Taten zum Gegenstand, sind die Voraussetzungen der Vorschrift für jede Tat gesondert zu prüfen. Entsprechendes gilt im Hinblick auf die persönliche Dimension des prozessualen Tatbegriffs[27] für die Prüfung auf jeden einzelnen Beschuldigten etc. gesondert. Die materiell-rechtliche Bewertung der verfahrensgegenständlichen Tat ist lediglich bei Abs. 1 S. 1 Nr. 3 und im Kontext der Zuständigkeitsregelung von Abs. 5 von Bedeutung.[28]

3. Grad der Sachverhaltsaufklärung. Im Verfahrensgang kann von den durch § 153c eröffneten Absehens- bzw. Einstellungsmöglichkeiten bereits Gebrauch gemacht werden, wenn ein **Anfangsverdacht** gegen einen konkreten Beschuldigten besteht **und** die jeweils spezifischen **Bedingungen der Einstellung** zur Überzeugung der zuständigen Staatsanwaltschaft[29] **feststehen**. Einer weiteren Aufklärung der prozessualen Tat etwa bis zur Klärung des hinreichenden Tatverdachts bedarf es nicht (allgM).[30] Anderenfalls ließe sich weder die mit § 153c auch erfolgende Rücksichtnahme auf überwiegende öffentliche Interessen außerhalb der Strafverfolgung noch die mit intendierte Ressourcenschonung[31] sinnvoll erreichen. In den Fällen von **Abs. 1 S. 1 Nr. 3** muss jedoch der Grad der Sachverhaltsaufklärung die Beurteilung des Schwerpunkts der Aktivitäten der Vereinigung und der Umfang der fraglichen Beteiligung ermöglichen.[32] Ebenso muss der Sachverhalt im Hinblick auf die Zuständigkeitsregelung in **Abs. 5** zumindest soweit aufgeklärt werden, dass das Vorliegen einer **Katalogtat** beurteilt werden kann. Fehlt der Anfangsverdacht, etwa weil auf die Tat deutsches Strafrecht nicht anwendbar oder weil durch ausländische Aburteilung derselben

---

[20] AK-StPO/*Schöch* Rn. 1; Löwe/Rosenberg/*Beulke* Rn. 2; SK-StPO/*Weßlau* Rn. 2.
[21] Ausführlich § 153d Rn. 5.
[22] Siehe auch § 153f Rn. 6.
[23] Näher unten Rn. 30.
[24] Zu den für § 153c Abs. 2 maßgeblichen Ermessenskriterien ausführlich *Landau*, FS Söllner, S. 627 (638–641).
[25] Löwe/Rosenberg/*Beulke* Rn. 8; Meyer-Goßner Rn. 3; SK-StPO/*Weßlau* Rn. 10; vgl. auch Nr. 94 Abs. 2 RiStBV.
[26] Löwe/Rosenberg/*Beulke* Rn. 6.
[27] § 264 Rn. 8.
[28] Unten Rn. 27 f.
[29] Unten Rn. 27 f.
[30] KK-StPO/*Schoreit* Rn. 3; KMR/*Plöd* Rn. 4; Löwe/Rosenberg/*Beulke* Rn. 7; SK-StPO/*Weßlau* Rn. 7.
[31] Oben Rn. 1.
[32] Unten Rn. 15.

Tat Strafklageverbrauch eingetreten ist, ist nach §§ 170 Abs. 2, 204, 206a oder § 260 Abs. 3 zu verfahren.[33]

11   **4. Einstellung nach Abs. 1 S. 1. a) Auslandstaten (Nr. 1).** Die Vorschrift gestattet das Absehen von der Verfolgung jeglicher Taten, die **außerhalb des räumlichen Geltungsbereichs der StPO** begangen worden sind; der Geltungsbereich erfasst das **gesamte Staatsgebiet** der Bundesrepublik Deutschland einschließlich der Eigen- und Küstengewässer, wenn und soweit diese staatsrechtlich zum Staatsgebiet gehören; gleiches gilt auch für den Luftraum über dem Staatsgebiet (allgM).[34] **Nicht zum Staatsgebiet** gehören **deutsche Schiffe und Luftfahrzeuge**; auf Straftaten an deren Bord findet über § 4 materielles deutsches Strafrecht Anwendung,[35] prozessual kann aber wegen der Auslandstat nach § 153c Abs. 1 S. 1 Nr. 1 verfahren werden.

12   Ob eine Tat im In- oder Ausland begangen worden ist, bestimmt sich nach **§ 9 StGB** über den **Handlungs-** und den **Erfolgsort**. Die Einstellung auf der Grundlage von § 153c Abs. 1 S. 1 Nr. 1 ist allerdings nur dann gestattet, wenn sämtliche Handlungs- und Erfolgsorte außerhalb des Geltungsbereichs der StPO liegen (allgM).[36] Dementsprechend ist die Vorschrift unanwendbar, wenn bei mehreren Handlungs- und/oder Erfolgsorten auch nur einer von ihnen im Inland liegt. Waren an der Tatbegehung mehrere Personen **täterschaftlich beteiligt**, ist Abs. 1 S. 1 Nr. 1 ausgeschlossen, wenn auch nur einer von ihnen im Inland gehandelt hat.[37] Bei **Teilnahme ieS** (§§ 26, 27 StGB; ggf. § 30 Abs. 1 StGB) wertet auf der Ebene des Strafanwendungsrechts § 9 Abs. 2 StGB die Tat bereits dann aus Inlandstat, wenn der Teilnehmer zu einer Auslandstat seinen Tatbeitrag im Inland erbracht hat.[38] Abs. 1 S. 1 Nr. 1 Hs. 2 übernimmt diese Wertung als Inlandstat nicht sondern gestattet die Einstellung dennoch als Auslandstat. Die Staatsangehörigkeit sämtlicher Beteiligter ist im Kontext des gesamten Abs. 1 S. 1 Nr. 1 ohne Bedeutung.

13   **b) Inlandstat auf ausländischen Schiffen oder Luftfahrzeugen (Nr. 2).** Die Vorschrift weicht in zweierlei Hinsicht von Abs. 1 S. 1 Nr. 1 ab; zum einen erfasst sie **Inlandstaten**, zum anderen ist sie **lediglich auf Tatbeteiligte mit ausländischer Staatsangehörigkeit** anwendbar. Die verfahrensgegenständliche Tat muss sich innerhalb des Geltungsbereichs der StPO[39] aber **an Bord eines ausländischen Schiffes oder Luftfahrzeuges** zugetragen haben. Ausländische Schiffe sind solche, die nach dem Flaggenrechtsgesetz nicht die Bundesflagge führen dürfen; ausländische Luftfahrzeuge sind diejenigen, die nicht in die deutsche Luftfahrzeugrolle eingetragen worden sind.[40]

14   Die Bestimmung der Ausländereigenschaft erfolgt durch negative Definition; **Ausländer** ist jeder, der nicht die deutsche Staatsangehörigkeit aufweist oder nicht Deutscher im Sinne von Art. 116 GG ist. Dementsprechend fallen **Staatenlose** unter den Begriff „Ausländer".[41] Im Hinblick auf die Zwecke von § 153c[42] ist für den Status auf den Zeitpunkt der Einstellungs- oder Rücknahmeentscheidung der Staatsanwaltschaft abzustellen. Sind an der einschlägigen Tat sowohl deutsche als auch nichtdeutsche Tatverdächtige beteiligt, gilt Abs. 1 S. 1 Nr. 2 lediglich für Letztere.

15   **c) Terroristische Straftaten mit geringem Inlandsbezug (Nr. 3).** Der Zweck dieser Einstellungsmöglichkeit ähnelt dem von § 153f; die mit der Ausweitung deutscher Strafgewalt an sich verbundene Ausdehnung des Verfolgungszwangs wird prozessual durch die Einstellungsmöglichkeit nach Opportunität bei geringem inländischem Strafverfolgungsinteresse wieder zurückgeführt.[43] Die Einstellung kann **sowohl bei im Inland als auch im Ausland erbrachten** strafbaren **Beteiligungshandlungen** in Betracht kommen. Allerdings ist das inländische Strafverfolgungsinteresse in den verschiedenen Konstellationen jeweils unterschiedlich groß.[44]

16   Abs. 1 S. 1 Nr. 3 bezieht sich grundsätzlich auf jedes nach §§ 129, 129a StGB strafbare Verhalten, wenn die fragliche kriminelle oder terroristische Vereinigung gar **nicht oder nicht überwiegend im Inland** besteht. Im Hinblick auf die tatbestandlichen Anforderungen der Organisationsdelikte wird darauf abzustellen sein, wo die organisatorischen Strukturen der jeweiligen Vereinigung räumlich zusammenlaufen.[45] Die näheren Anforderungen lassen sich kaum generali-

---

[33] Oben Rn. 6.
[34] Ausführlich *Wille*, Die Verfolgung strafbarer Handlungen an Bord von Schiffen und Luftfahrzeugen, 1974, S. 12 ff.; LK-StGB/*Werle/Jeßberger* § 3 Rn. 51 ff. jeweils mwN.
[35] *Wille*, Die Verfolgung strafbarer Handlungen, S. 22 ff.; *Meyer-Goßner* Rn. 4.
[36] Siehe nur Löwe/Rosenberg/*Beulke* Rn. 10.
[37] HK-StPO/*Gercke* Rn. 4; KK-StPO/*Schoreit* Rn. 4; KMR/*Plöd* Rn. 5; SK-StPO/*Weßlau* Rn. 12.
[38] LK-StGB/*Werle/Jeßberger* § 9 Rn. 42 ff.
[39] Oben Rn. 11.
[40] Näher Löwe/Rosenberg/*Beulke* Rn. 13 mwN.
[41] KK-StPO/*Schoreit* Rn. 10; KMR/*Plöd* Rn. 7; *Meyer-Goßner* Rn. 7.
[42] Oben Rn. 1.
[43] Vgl. dazu auch BT-Drucks. 14/8893, S. 10.
[44] Unten Rn. 17.
[45] In der Sache wohl ebenso Löwe/Rosenberg/*Beulke* Rn. 14 b.

sieren sondern hängen wiederum von der konkreten Gestalt der Organisation ab; bei netzwerkartigen Strukturen dürfte auf die einzelnen Zellen abzustellen sein.

Besteht die Vereinigung ganz oder überwiegend im Ausland, kommt die Einstellung in Betracht, wenn die Beteiligungshandlung des einzelnen Beschuldigten sich als **von untergeordneter Bedeutung** erweist. Wie der Begriff inhaltlich zu verstehen ist, bleibt weithin unklar. Regelmäßig wird unter Bezugnahme auf die Gesetzesmaterialien[46] von **einfachen Hilfsdiensten** oder bloßer **Zahlung von Mitgliedsbeiträgen** geschrieben.[47] Erfolgte die Beteiligungshandlung im Inland, soll nach den Vorstellungen des Gesetzgebers im Regelfall nicht von lediglich untergeordneter Bedeutung auszugehen sein.[48] Dem kann im Hinblick auf die von § 153c verfolgten Zwecke und die im materiellen Recht getroffenen – rechtspolitisch zweifelhafte – Entscheidung für eine Ausdehnung der Anwendbarkeit nationalen Strafrechts zugestimmt werden. Beschränkt sich die Beteiligung auf die bloße **passive Mitgliedschaft**[49] kann auch bei inländischer Mitgliedschaft eingestellt werden. 17

Lässt sich das Verhalten des Beschuldigten innerhalb derselben prozessualen Tat auch als Beteiligung an einer **Völkerstraftat** (§§ 6–14 VStGB) werten, was angesichts der tatbestandlichen Weite beider materiellen Regelungskomplexe nicht ausgeschlossen ist, wird das materielle Schwergewicht der Tat bei der Völkerstraftat liegen. § 153f geht dann wegen der ausdrücklichen Anordnung in § 153c Abs. 1 S. 2 vor.[50] 18

5. Einstellung bei ausländischer Strafverfolgung derselben Tat (Abs. 2). Abs. 2 gestattet die Einstellung etc. des inländischen Verfahrens wegen **einer Inlands- oder Auslandstat** bei vorausgegangener **ausländischer Aburteilung derselben Tat** (im prozessualen Sinne).[51] Die Vorschrift normiert zwei Fallgestaltungen ausländischer Aburteilung: zum einen die rechtskräftige **Verurteilung**, wenn die ausgeurteilte Strafe zudem (weitgehend) vollstreckt ist und zum anderen den **rechtskräftigen Freispruch** im Ausland. Die Einstellung nach Abs. 2 gehört in den Kontext des § 153c, weil sie wie die Vorschrift insgesamt an ein aufgrund des Auslandsbezugs geringes inländisches Strafverfolgungsinteresse anknüpft, das hier aus der bereits erfolgten ausländischen Strafverfolgung resultiert. Jenseits des allgemeinen Telos von § 153c eröffnet Abs. 2 zudem die Möglichkeit, eine mit Gerechtigkeits- und Schuldaspekten schwer zu vereinbarende Mehrfachsanktionierung derselben (prozessualen) Tat durch mehrere Verfolgungsstaaten zu vermeiden. Das Bedürfnis nach einem solchen prozessualen Mechanismus besteht aus mehreren Gründen. Zum einen schützt das nationale Verfassungsrecht durch Art. 103 Abs. 3 lediglich vor der innerstaatlichen Mehrfachverfolgung, gewährleistet auf der horizontalen Ebene bei bereits erfolgter ausländischer Verfolgung aber keinen Schutz.[52] Auch das einfache nationale Gesetzesrecht sieht, anders als einige ausländische Rechtsordnungen (zB in den Niederlanden Art. 68 Wetboek van Strafrecht),[53] kein Verbot eines inländischen Strafverfahrens nach rechtskräftigem ausländischem Verfahrensabschluss vor. Mit der Billigkeit unvereinbare Ergebnisse verhindert für den Fall der Vollstreckung einer im Ausland erfolgten Verurteilung lediglich die Anrechnungsregelung in § 51 Abs. 3 StGB. Zum anderen ist der Grundsatz **ne bis in idem** zumindest im horizontalen Verhältnis zwischen verschiedenen Nationalstaaten noch nicht als allgemeiner Grundsatz des Völkerrechts (vgl. Art. 25 GG) anerkannt.[54] Art. 20 IStGH-Statut betrifft allein das ne bis in idem bei der Verfolgung von Völkerstraftaten. Auf horizontaler Ebene wird eine Doppelverfolgung bisher lediglich durch völkerrechtliche Verträge ausgeschlossen; die praktische wichtigste Regelung über ein ne bis in idem auf europäischer Ebene ist **Art. 54 SDÜ**.[55] Liegen die Voraussetzungen eines auf internationaler Ebene angesiedelten vertikalen oder horizontalen Verbots der Mehrfachverfolgung vor, besteht für die inländische Strafverfolgung ein Verfahrenshindernis, dem je nach Verfahrensstand entsprechend Rechnung zu tragen ist.[56] § 153c Abs. 2 ist dann unanwendbar. 19

Soweit nach dem Vorgenannten die inländische Strafverfolgung nicht gehindert ist, gestattet Abs. 2 die Einstellung, wenn **nach einer Anrechung (§ 51 Abs. 3 StGB)** der in einer **ausländischen** 20

---

[46] BT-Drucks. 14/8893, S. 10.
[47] Siehe nur Löwe/Rosenberg/*Beulke* Rn. 14c.
[48] BT-Drucks. 14/8893, S. 10.
[49] Löwe/Rosenberg/*Beulke* Rn. 14d.
[50] Oben Rn. 7; ausführlicher Löwe/Rosenberg/*Beulke* Rn. 14e und 14f.
[51] Zum Tatbegriff unten Rn. 22.
[52] Siehe nur BVerfG v. 17.1. 1961 – 2 BvL 17/60, BVerfGE 12, 62 (66); BVerfG v. 31.3. 1987 – 2 BvM 2/86, BVerfGE 75, 1 (15f.); *Landau*, FS Söllner, S. 627 (630f.); *Jarras/Pieroth* Art. 103 GG Rn. 63; BeckOK-GG/*Radtke/Hagemeier*, Art. 103 Rn. 48.
[53] Dazu *Radtke/Busch* EuGrZ 2000, 421 (422).
[54] Zutreffend *Landau*, FS Söllner, S. 627 (633ff.).
[55] Zum Verständnis dieser Norm und ihrer Voraussetzungen ausführlich und jeweils mit zahlr. Nachw. *Radtke/Busch* EuGrZ 2000, 421ff.; *dies.* NStZ 2003, 281ff.; *Radtke* NStZ 2008, 362ff.; *ders.*, FS Seebode, 2008, S. 297ff.
[56] Oben Rn. 6 und 10 aE.

Verurteilung ausgesprochenen Strafe die im Inland zu erwartende Strafe nicht mehr beträchtlich ins Gewicht fiele. Die in Bezug genommene ausländische Strafe muss nicht vollständig vollstreckt sein,[57] so dass auch bei einer im Ausland zur Bewährung ausgesetzten Strafe die Anwendung von Abs. 2 grundsätzlich möglich ist.[58] Eine Ausdehnung auf nichtrichterliche verfahrenserledigende Entscheidungen, die mit einer Sanktion verbunden sind, wie dies der EuGH etwa für § 153a Abs. 1 im Kontext von Art. 54 SDÜ annimmt,[59] kommt schon wegen des zusätzlichen Erfordernissen der Anrechnung nach § 51 Abs. 3 StGB nicht in Betracht.

21 Der mit Abs. 2 auch verfolgte Zweck, aus dem Fehlen einer durchgängigen internationalen Geltung des ne bis in idem resultierende Härten zu mildern, legt eine **analoge Anwendung** der Vorschrift nahe, wenn der ausländische Erstverfolgungsstaat im Rahmen des Strafverfahrens auf die Tat nicht mit Strafe sondern mit **anderen Sanktionen**, wie etwa den deutschen Maßregeln vergleichbaren, reagiert hat.[60] Für die Frage, ob nach Anrechnung der ausländischen Sanktionierung der Tat die in Deutschland zu erwartende Sanktion noch ins Gewicht fällt, gelten die für § 154 maßgeblichen Grundsätze.[61] Ob bei Vorliegen der Voraussetzungen die Einstellung erfolgt, steht im Ermessen der zuständigen Staatsanwaltschaft.

22 Auch bei einem **im Ausland erfolgten Freispruch** in Bezug auf dieselbe Tat,[62] die den Gegenstand des inländischen Verfahrens bildet, ermöglicht Abs. 2 die Einstellung dieses Verfahrens. Die Anwendungsvoraussetzungen sind im Gesetz nur unvollkommen geregelt. So lässt sich im Hinblick auf den Rekurs auf eine vorausgegangene ausländische Entscheidung nicht ohne Weiteres klären, was unter einem „Freispruch" zu verstehen ist. Der Wortlaut legt an sich eine Beschränkung auf eine gerichtliche Sachentscheidung mit freisprechendem Charakter im Rahmen einer Hauptverhandlung nahe. Ein solches Verständnis wird aber weder den möglichen Spezifika der in Bezug genommenen ausländischen Rechtsordnungen gerecht noch dem auf Billigkeit und Gerechtigkeit abzielenden Zweck von Abs. 2. Vergleichbare Auslegungsprobleme sind aus der Anwendung von Art. 54 SDÜ hinsichtlich der dortigen Wendung „rechtskräftig abgeurteilt" (in der deutschen [ursprünglichen] Vertragsfassung)[63] bekannt. So ist etwa in Deutschland streitig diskutiert worden, ob eine im Rahmen des Anklageverfahrens des französischen Verfahrensrechts ergehende gerichtliche „non lieue"-Entscheidung sich als rechtskräftiger Freispruch verstehen lässt.[64] Ungeachtet der notwendigen Berücksichtigung der Besonderheiten der jeweils einschlägigen ausländischen Verfahrensordnung kann im Hinblick auf den Regelungszweck von Abs. 2 als Freispruch jede (gerichtliche) Entscheidung verstanden werden, die im Erstverfolgungsstaat mit Rechtskraft verbunden ist und das ausländische Strafverfahren endgültig ohne Verurteilung des Beschuldigten etc. beendet.[65] Es muss sich dann nicht zwingend um eine formal als Sachurteil erscheinende Entscheidung handeln. Keinesfalls deckt der Wortlaut „Freispruch" aber die Einbeziehung lediglich staatsanwaltschaftlicher verfahrenserledigender Entscheidungen (etwa ein ausländisches Pendant zu der Einstellung nach § 170 Abs. 2).

23 Der **Begriff der Tat** lässt sich gerade im zwischenstaatlichen Kontext lediglich als faktischer, **auf die Einheitlichkeit des Lebensvorgangs abstellender Begriff** in einem prozessualen Sinne verstehen. Anderenfalls wäre nicht nur die Anwendbarkeit der Anrechnungsregel in § 51 Abs. 3 StGB und in der Konsequenz auch die von § 153c Abs. 2 letztlich von aus nationalen Besonderheiten resultierenden Unterschieden in der Gestaltung des materiellen Strafrechts abhängig. Insoweit sprechen dieselben Erwägungen für ein weites prozessuales Verständnis des Tatbegriffs wie sie der EuGH[66] zutreffend für den Begriff „dieselbe Tat" in Art. 54 SDÜ angestellt hat.[67] Der Gerichtshof stellt auf die „Indentität der materiellen Tat, verstanden als das Vorhandensein eines Komplexes unlösbar miteinander verbundener Tatsachen, unabhängig von der rechtlichen Qualifizierung dieser Tatsachen oder von dem geschützten rechtlichen Interesse" ab.[68]

---

[57] *Müller/Wache*, FS Rebmann, S. 321 (338).
[58] Vgl. KMR/*Plöd* Rn. 8; *Meyer-Goßner* Rn. 12.
[59] EuGH v. 11. 2. 2003 – verbundene Rechtssachen C-187/01 und C-385/01 (Gözütok und Brügge), NJW 2003, 1173 f.; dazu *Radtke/Busch* NStZ 2003, 281 (283 ff.); *S. Stein* NJW 2003, 1162; *Vogel/Nourouzi* JuS 2003, 1059.
[60] Zutreffend Löwe/Rosenberg/*Beulke* Rn. 25 aE.
[61] Siehe zu diesen § 154 Rn. 15 ff.
[62] Zum Tatbegriff unten Rn. 23.
[63] Ausführlich *Radtke/Busch* EuGrZ 2000, 421 (424) siehe auch *Böse* GA 2003, 744 (747–749) und *Specht*, Die zwischenstaatliche Geltung des Grundsatzes ne bis in idem, 1999, S. 134 ff.
[64] BGH v. 10. 6. 1999 – 4 StR 87/98, BGHSt 45, 123 (130) mAnm *Kühne* StV 1999, 480 f.
[65] Zutreffend Löwe/Rosenberg/*Beulke* Rn. 26; im Ergebnis ebenso AK-StPO/*Schöch* Rn. 8; HK-StPO/*Gercke* Rn. 6; SK-StPO/*Weßlau* Rn. 23.
[66] Grundlegend EuGH v. 9. 3. 2006 – Rs. C-436-04 (van Esbroeck), ABl. EU 2006 Nr. 131, 18 = NJW 2006, 1781 – 1783 mAnm *Kühne* JZ 2006, 1019 und *Radtke* NStZ 2008, 162 ff.; umfassende Nachweise zu der einschlägigen Rspr. des EuGH bei *Radtke*, FS Seebode, S. 297 (300 Fn. 14).
[67] Ausführlich *Radtke*, FS Seebode, S. 297 (306 ff. und 310 ff.).
[68] EuGH v. 9. 3. 2006 – Rs. C-436-04 (van Esbroeck), ABl. EU 2006 Nr. 131, 18 = NJW 2006, 1781 (1783 Abs. 42); seitdem st. Rspr.

6. Einstellung bei Distanztaten (Abs. 3). Die Vorschrift, die Berührungen mit § 153d aufweist,[69] gestattet bei das inländische Strafverfolgungsinteresse überwiegenden sonstigen öffentlichen Interessen die Einstellung solcher Verfahren, die **Distanztaten** zum Gegenstand haben. Bei diesen handelt es sich um solche, bei denen nach Maßgabe von § 9 StGB der **Handlungsort im Ausland der Erfolgsort** dagegen **im Inland** liegt. Wegen der Rechtsgutsbeeinträchtigung (Verletzung oder Gefährdung) im Inland besteht an sich ein starkes inländisches Strafverfolgungsinteresse. Das Absehen von der Verfolgung bzw. die Einstellung des Verfahrens kommt daher nur bei einer aus der Durchführung der inländischen Strafverfolgung resultierenden **Gefahr von schweren Nachteilen** für die Bundesrepublik oder unbenannten **sonstigen**, das Strafverfolgungsinteresse **überwiegenden Interessen** in Betracht. Die Begriffe sind wie in § 153d zu verstehen.[70] Sind an der Distanztat mehrere Personen in strafbarer Weise beteiligt, kann § 153c Abs. 2 lediglich auf diejenigen **Tatbeteiligten** angewendet werden, die im Ausland gehandelt haben.[71]

IV. Rücknahme der Anklage (Abs. 4)

Abweichend von § 156[72] gestattet § 153c Abs. 4 der zuständigen Staatsanwaltschaft[73] unter den sachlichen Voraussetzungen von **Abs. 1 S. 1 Nr. 1 und 2** sowie **Abs. 3** die **Rücknahme der** bereits erhobenen öffentlichen Klage **in jeder Lage des Verfahrens**; dh. bis zum vollständigen rechtskräftigen Abschluss des Verfahrens.[74] In den Fällen von Abs. 1 S. 1 Nr. 1 und 2 hängt die Rücknahmemöglichkeit allerdings zusätzlich davon ab, dass aus der weiteren Durchführung des Strafverfahrens die Gefahr von schweren Nachteilen für die Bundesrepublik Deutschland resultiert oder sonstige überwiegende öffentliche Interessen dem Fortgang des Verfahrens entgegenstehen. Bei den Distanztaten iSv. Abs. 3 ist das Vorhandensein der benannten oder unbenannten sonstigen überwiegenden öffentlichen Interessen bereits selbst Einstellungsvoraussetzung. Die Inhalte der das Strafverfolgungsinteresse überwiegenden sonstigen Interessen stimmen auch im Kontext der Klagerücknahme nach Abs. 4 mit den in § 153d verwendeten entsprechenden Begrifflichkeiten[75] überein.

Die Zulässigkeit der Rücknahme der Anklage hängt nicht von dem Zeitpunkt des Auftretens oder Bekanntwerdens der überwiegenden öffentlichen Interessen ab. Sie kann daher sowohl erfolgen, wenn diese erst nach Erhebung der Anklage aufgetreten oder erkannt sind[76] als auch wenn diese bereits vor der Anklageerhebung vorlagen und der Staatsanwaltschaft bekannt waren.[77]

V. Verfahren bei Einstellung vor Anklageerhebung

1. Zuständigkeit. Die Zuständigkeit für das Absehen von der Verfolgung bzw. der Einstellung des Verfahrens liegt mit Ausnahme der in Abs. 5 getroffenen Regelung bei der Staatsanwaltschaft, die das fragliche Verfahren nach den allgemeinen Regeln führt. **Abs. 5** überträgt die Zuständigkeit auf den **Generalbundesanwalt**, wenn der Verfahrensgegenstand in materiell-rechtlicher Bewertung eine der in § 74a Abs. 1 Nr. 2 bis 6 oder § 120 Abs. 1 Nr. 2 bis 7 GVG abschließend normierten **Staatsschutzdelikte** zum Gegenstand hat. Diese Zuständigkeit ist auch dann begründet, wenn der Generalbundesanwalt das Verfahren nicht nach § 74a Abs. 2, § 142a GVG selbst führt, sondern dieses bei der zuständigen Landesstaatsanwaltschaft verbleibt.[78] Kommt aus deren Sicht die Einstellung nach Abs. 1 S. 1 Nr. 1 und 2 oder Abs. 3 in Betracht, legt diese die Akten oder ggf. Ablichtungen davon dem Generalbundesanwalt unter Benachrichtigung des zuständigen Generalstaatsanwaltes des Landes vor. Für das staatsanwaltschaftliche Vorgehen bestimmt Nr. 97 RiStBV die Einzelheiten. Für die Vornahme der Einstellungsentscheidung durch den Generalbundesanwalt bedarf es nicht der vorherigen Ausübung des Evokationsrechts aus § 74a Abs. 2 GVG oder der Rückübernahme aus § 142a Abs. 2 GVG;[79] Abs. 5 verleiht die Kompetenz dem Generalbundesanwalt unmittelbar. Da der Verweis auf das GVG die beiden Friedensverratsdelikte §§ 80, 80a StGB nicht erfasst, bleibt hier stets die Zuständigkeit der Landesstaatsanwaltschaft

---

[69] Ausführlich § 153d Rn. 5.
[70] Näher § 153d Rn. 6–8.
[71] KMR/*Plöd* Rn. 10; Löwe/Rosenberg/*Beulke* Rn. 27; SK-StPO/*Weßlau* Rn. 25.
[72] Verfassungsrechtliche Bedenken wegen des damit verbundenen Eingriffs in die gerichtliche Verfahrensherrschaft *Faller*, FG Maunz 1971, S. 69 (85 f.).
[73] Unten Rn. 27 f.
[74] Oben Rn. 2.
[75] § 153d Rn. 6–8.
[76] Siehe *Krauth/Kurfess/Wulf* JZ 1968, 731 (733); Löwe/Rosenberg/*Beulke* Rn. 29.
[77] KMR/*Plöd* Rn. 13.
[78] Löwe/Rosenberg/*Beulke* Rn. 32; vgl. auch *Krauth/Kurfess/Wulf* JZ 1968, 731 (734); Meyer-Goßner Rn. 19.
[79] Zutreffend Löwe/Rosenberg/*Beulke* Rn. 33.

erhalten, wenn und soweit nicht der Generalbundesanwalt das Verfahren ohnehin nach § 74a Abs. 2, § 142a GVG führt. Die Gründe für die Entscheidungszuständigkeit des Generalbundesanwaltes in den Fällen von Abs. 5 entsprechen denen zu § 153d Erörterten.[80] Die **Zuständigkeitsregelung** in Abs. 5 erfasst lediglich die Entscheidung über **Einstellung und Klagerücknahme** sowie die Kompetenz zu einem eventuellen Wiederaufgreifen des Verfahrens;[81] die Zuständigkeit zur Durchführung des objektiven Verfahrens nach §§ 440, 442 verbleibt bei der das Verfahrens führenden Staatsanwaltschaft.[82]

28 Hat das Verfahren mehrere Taten im prozessualen Sinne zum Gegenstand oder erweist die allein verfahrensgegenständliche Tat sich in ihrer materiell-rechtlichen Wertung nicht nur als von Abs. 5 erfasste Katalogtat, hängt die Entscheidungszuständigkeit des Generalbundesanwaltes davon ab, dass das deliktische Schwergewicht bei der Katalogtat liegt. Das wird regelmäßig der Fall sein. Es gelten insoweit die zu § 153d – dort unter dem Aspekt der Anwendbarkeit der Vorschrift – entwickelten Leitlinien entsprechend.[83]

29 **2. Entscheidungsart und -inhalt.** Die jeweils zuständige Staatsanwaltschaft trifft die Einstellungsentscheidung durch entsprechende **Verfügung**. Eine Begründung ist nicht vorgeschrieben und wäre zumindest in den Fällen von Abs. 3 (sowie der Klagerücknahme nach Abs. 4) auch untunlich, weil bereits aus der Bekanntgabe der Gründe Beeinträchtigungen öffentlicher Interessen außerhalb der Strafverfolgung resultieren könnten. Eine Entscheidung über notwendige Auslagen des Beschuldigten erfolgt nicht.

30 Der eigentliche inhaltliche Kern der staatsanwaltschaftlichen Einstellungsverfügung besteht bei sämtlichen durch § 153c eröffneten Möglichkeiten der Beendigung des inländischen Verfahrens in einer **Ermessensentscheidung**; wobei der Begriff insoweit irreführend ist, als die im Verwaltungsrecht und Verwaltungsprozessrecht damit verbundene gerichtliche Überprüfung auf das Vorliegen von Ermessensfehlern damit hier gerade nicht verbunden ist.[84] Die maßgeblichen Leitlinien für die Ermessensausübung variieren für die einzelnen Fallgruppen der Einstellung. In den Fällen von **Abs. 1 S. 1 Nr. 1–3** geht es im Kern um die Abwägung des Ausmaßes des inländischen Strafverfolgungsinteresses in Relation zu dem Aufwand und dem erwartbaren Nutzungen der Ermittlungshandlungen, die in der überwiegenden Zahl im Ausland durchgeführt werden müssen. Bei Nr. 3 wird aber wegen des Inlandsbezuges der erforderlichen Unterstützung der jeweiligen Vereinigung regelmäßig das Verfolgungsinteresse überwiegen. Für die Fälle der ausländischen Erstverfolgung in **Abs. 2** fordert *Landau* im Grundsatz zu Recht, die Bedeutung der in Art. 103 Abs. 3 GG speziell zum Ausdruck gebrachten Verhältnismäßigkeit und – bei entsprechender verfassungsrechtlicher Verortung – des Schutzes der Menschenwürde bei der Ermessensausübung zu berücksichtigen.[85] Im Einzelfall von einer Ermessensreduzierung auf Null auszugehen,[86] führte allerdings nur dann zu Konsequenzen, wenn die Ermessensentscheidung der Staatsanwaltschaft gerichtlich nachprüfbar wäre, was sich – entgegen *Landau*[87] – aber auf der Grundlage des geltenden Rechts nicht annehmen lässt.[88] In den Fällen von **Abs. 3** (und bei Klagerücknahme nach Abs. 4) besteht die Ermessensausübung in der Durchführung einer konkreten Interessensabwägung nach den für § 153d entwickelten Regeln.[89]

31 **3. Zustimmungs- und Anhörungserfordernisse.** Die Staatsanwaltschaft bedarf für ihre Einstellungsentscheidung **weder der Zustimmung des Gerichts noch die des Beschuldigten**. Dessen Anhörung ist ebensowenig vorgesehen wie die anderer Verfahrensbeteiligter. Nr. 97 gibt lediglich interne Beteiligungsnotwendigkeiten vor.

32 **4. Wirkungen der Einstellungsverfügung.** Die Einstellung auf der Grundlage von § 153c **beendet das Verfahren**. Ungeachtet dessen bleibt die Durchführung des **objektiven Verfahrens** nach §§ 440, 442 unter den sachlichen Voraussetzungen von § 76a StGB möglich (allgM). Die Zuständigkeit zur Antragstellung bleibt bei der das Verfahren nach den allgemeinen Regeln führenden Staatsanwaltschaft;[90] die Gegenansicht[91] übergeht den Wortlaut, um eine als sachgerechter empfundene Regelung vorzugeben.

---

[80] § 153d Rn. 10.
[81] Unten Rn. 40.
[82] Unten Rn. 37.
[83] § 153d Rn. 4.
[84] Unten Rn. 38 f.
[85] *Landau*, FS Söllner, S. 627 (639 ff.).
[86] *Landau*, FS Söllner, S. 627 (644).
[87] FS Söllner, S. 627 (642 ff.).
[88] Unten Rn. 38.
[89] Dazu § 153d Rn. 9.
[90] Zutreffend Löwe/Rosenberg/*Beulke* Rn. 34, zustimmend SK-StPO/*Weßlau* Rn. 34.
[91] Etwa KK-StPO/*Schoreit* Rn. 20; *Meyer-Goßner* Rn. 21.

VI. Verfahren bei Klagerücknahme (Abs. 4)

1. Zuständigkeit und Rücknahmeerklärung. Nach Eröffnung des Hauptverfahrens kann die 33
zuständige Staatsanwaltschaft die Anklage in den von Abs. 4 normierten Fällen und unter den
dort genannten Voraussetzungen zurücknehmen.[92] Die **Zuständigkeit** bestimmt sich nach denselben Regeln wie bei der Einstellung des Verfahrens.[93] Aus der direkten Zuweisung der Kompetenz
an den Generalbundesanwalt durch Abs. 5 folgt, dass dieser bei einem durch die Landesstaatsanwaltschaft geführten Verfahren ohne vorherige Ausübung der Rechte aus § 74a Abs. 2 GVG,
§ 142a GVG die **Rücknahme** unmittelbar gegenüber dem erkennenden Gericht **erklärt und nach
der Rücknahme** der Anklage das **Verfahren** selbst einstellt. Ungeachtet der Rücknahme- und Einstellungszuständigkeit des Generalbundesanwaltes nach Abs. 5 bleibt das Verfahren, soweit es
nicht ohnehin durch ihn geführt wird, bis zum Zeitpunkt der Einstellung ein bei der Landesstaatsanwaltschaft anhängiges Verfahren.[94] Außerhalb von Abs. 5 **erklärt** die zuständige Landesstaatsanwaltschaft **Klagerücknahme** und **stellt** das **Verfahren anschließend** durch entsprechende
Verfügung **ein**.[95] Die Klagerücknahme und anschließende Einstellungsverfügung stellen sich
ebenso wie die Einstellung vor Klageerhebung als **Ermessensentscheidung** dar; für die Ausübung
des Ermessens gilt das bereits Gesagte.[96]

2. Zustimmungs- und Anhörungserfordernisse. Die Rücknahme bedarf **keiner Zustimmung** des 34
Gerichts, des Angeschuldigten bzw. Angeklagten oder des Nebenklägers. Auch eine vorherige Anhörung des Angeschuldigten etc. oder des Nebenklägers findet sich statt. Das Gericht hat keine
Kompetenz zur Überprüfung der spezifischen Rücknahmevoraussetzungen nach Abs. 4.[97] Die
vielfach angenommene Zulässigkeit der gerichtlichen Überprüfung des Vorliegens von Fällen
nach Abs. 1 S. 1 Nr. 1 und 2 sowie Abs. 3[98] lässt sich mit der in Abs. 4 getroffenen Regelung nur
schwer vereinbaren und könnte allenfalls auf allgemeine Grundsätze der Wirksamkeit von Prozesshandlungen, zu denen die Klagerücknahme gehört, gestützt werden.[99]

3. Wirkungen und Folgen der Klagerücknahme. Die Rücknahme der Klage **beendet die Rechts-** 35
hängigkeit der Sache, so dass sich das Verfahren unabhängig von dem Stadium, in dem die Rücknahme erklärt worden ist, wieder im Stand des Ermittlungsverfahrens befindet.[100] Dementsprechend stellt die zuständige Staatsanwaltschaft[101] das Verfahren im Anschluss an die Rücknahme
auf der Grundlage der einschlägigen Einzelregelung nach § 153c ein.

Nach erfolgter Klagerücknahme entscheidet das (vormals zuständige) Gericht trotz des Endes 36
der Rechtshängigkeit der Sache über die **notwendigen Auslagen des Beschuldigten** (§ 467a).[102]
Grundsätzlich werden diese der Staatskasse auferlegt, soweit dies nicht von einer Auferlegung
nach den über § 467a Abs. 1 S. 2 anwendbaren § 467 Abs. 2 bis 5 davon abgesehen werden
kann. Im Hinblick auf den Ermessenscharakter der Einstellung nach § 153c ist die Anwendung
von § 467 Abs. 4 nicht zwingend ausgeschlossen.[103] Soweit die Voraussetzungen vorliegen, ist
zudem gemäß § 9 StrEG über **Entschädigungsleistungen** zu entscheiden.

Die Durchführung des **objektiven Verfahrens** (§§ 440, 442) ist wie nach der bloßen Einstellung 37
des Verfahrens auch weiterhin möglich.[104]

VII. Rechtsbehelfe

1. Staatsanwaltschaftliche Einstellungsverfügung (Abs. 1–3). Gegen die staatsanwaltschaftliche 38
Einstellungsverfügung ist das **Klageerzwingungsverfahren** aufgrund der ausdrücklichen Anordnung in § 172 Abs. 2 S. 3 Hs. 2 nicht statthaft; möglich ist allein die **Dienstaufsichtsbeschwerde**
(allgM).[105] Umgekehrt kann der Angeklagte mit der **Revision** nicht das Unterbleiben der Anwen-

---

[92] Oben Rn. 25 f.
[93] Oben Rn. 27 f.
[94] *Krauth/Kurfess/Wulf* JZ 1968, 731 (734); Löwe/Rosenberg/*Beulke* Rn. 33; *Meyer-Goßner* Rn. 19; SK-StPO/
Weßlau Rn. 31.
[95] Zur Einstellungsverfügung oben Rn. 27–31.
[96] Oben Rn. 30.
[97] Insoweit allgM; siehe nur HK-StPO/*Gercke* Rn. 8; KMR/*Plöd* Rn. 13; Löwe/Rosenberg/*Beulke* Rn. 30.
[98] HK-StPO/*Gercke* Rn. 8; Löwe/Rosenberg/*Beulke* Rn. 30.
[99] Vgl. § 156 Rn. 3 ff.
[100] Löwe/Rosenberg/*Beulke* Rn. 31; § 156 Rn. 17.
[101] Oben Rn. 27 f.
[102] OLG Düsseldorf v. 4. 12. 1995 – IV 18 – 20/95, NStZ 1996, 245; KMR/*Plöd* Rn. 15; SK-StPO/*Weßlau* Rn. 33.
[103] AA KMR/*Plöd* Rn. 15.
[104] Oben Rn. 32.
[105] Siehe nur AK-StPO/*Schöch* Rn. 4; KK-StPO/*Schoreit* Rn. 13; KMR/*Plöd* Rn. 16; Löwe/Rosenberg/*Beulke* Rn. 36;
SK-StPO/*Weßlau* Rn. 35.

dung von § 153c rügen.[106] Die ganz überwiegende Auffassung sieht auch keinen anderen statthaften Rechtsbehelf, mit dem der Beschuldigte die ausgebliebene Einstellung gemäß § 153c geltend machen kann.[107] Davon abweichend will *Landau* jedenfalls für die Fälle des Abs. 2 unter Berufung auf die Rechtsweggarantie über den Rechtsbehelf nach § 23 EGGVG[108] eine Überprüfung der staatsanwaltschaftlichen Ermessensentscheidung zulassen und in Konstellationen einer „Ermessensreduzierung auf Null", etwa bei Verurteilung und Vollstreckung durch einer der Europäischen Menschrechtskonvention angehörigem Erstverfolgungsstaat, eine Pflicht zur Verfahrenseinstellung annehmen.[109] Bleibt die Einstellung dennoch aus, soll dies offenbar sogar noch mit der Revision geltend gemacht werden können.[110] Der Vorschlag vermag aus zweierlei Gründen nicht zu überzeugen. Zum einen ist die Eröffnung des Rechtsweges gemäß § 23 EGGVG zweifelhaft;[111] zum anderen läuft die Annahme einer Ermessensreduzierung auf Null der in Art. 103 Abs. 3 GG betroffenen Wertentscheidung entgegen, lediglich Schutz vor inländischer Mehrfachverfolgung verfassungsrechtlich zu gewährleisten. Jenseits der Problematik der Ermessensreduzierung auf Null würde die vorgeschlagene gerichtliche Überprüfung eine Kompetenzzuweisung vornehmen, die der im Gesetz getroffenen diametral entgegenstünde, wie sich aus dem Umstand des Ausschlusses sogar eines gerichtlichen Zustimmungserfordernisses ergibt. Auf der Basis der lex lata lässt sich eine gerichtliche Überprüfung daher selbst unter dem Aspekt einer verfassungskonformen Auslegung nicht annehmen.

39 2. Rücknahme der öffentlichen Klage (Abs. 4). Auch gegen die Rücknahme der öffentlichen Klage selbst seitens der zuständigen Staatsanwaltschaft[112] nach Eröffnung des Hauptverfahrens steht ein **Rechtsbehelf nicht zur Verfügung**. Eine auch nur partielle gerichtliche Überprüfung des Vorliegens der Rücknahme- bzw. Einstellungsvoraussetzungen lässt sich kaum begründen. Soweit bei der Klagerücknahme einige[113] dem Gericht die Beurteilung überlassen, ob die angeklagten Tat eine Abs. 1 S. 1 Nr. 1 oder 2 bzw. Abs. 3 unterfallende ist, kann dem nur insoweit gefolgt werden als die Wirksamkeit der Prozesshandlung „Klagerücknahme" von den allgemeinen Kriterien abhängt.[114] Deren Vorliegen wird im Hinblick auf den Schweregrad des (möglichen) Mangels bei der Einordnung der Tat etwa als Auslandstat nach Abs. 1 S. 1 Nr. 1 und dessen Offenkundigkeit nur selten in Betracht kommen.[115]

VIII. Strafklageverbrauch

40 Der staatsanwaltschaftlichen Einstellungsverfügung und der Erklärung der Klagerücknahme kommt **keine strafklageverbrauchende Wirkung** zu (allgM).[116] Für das Fehlen eines Strafklageverbrauchs spricht, dass in den Fällen der Einstellung bzw. des Absehens die entsprechende Entscheidung ohne Ausermittlung des Sachverhalts erfolgen kann und zudem die Einstellungsvoraussetzungen – anders als etwa bei §§ 153, 153a – keinen oder in den Fällen von Abs. 2 lediglich einen geringen Rückbezug auf den Unrechts- und Schuldgehalt der Tat haben. Das Verfahren kann weiterbetrieben werden, ohne dass neue Tatsachen und/oder Beweismittel zu einer neuen Bewertung der Einstellungsvoraussetzungen geführt haben müssen. Hat wegen der Kompetenzregelung in **Abs. 5** der Generalbundesanwalt das Verfahren eingestellt, bedarf das Wiederaufgreifen seiner Zustimmung,[117] wenn und soweit er das Verfahren nicht ohnehin selbst führt.

§ 153d [Absehen von Strafverfolgung bei politischen Straftaten]

(1) Der Generalbundesanwalt kann von der Verfolgung von Straftaten der in § 74a Abs. 1 Nr. 2 bis 6 und in § 120 Abs. 1 Nr. 2 bis 7 des Gerichtsverfassungsgesetzes bezeichneten Art absehen, wenn die Durchführung des Verfahrens die Gefahr eines schweren Nachteils für die Bun-

---

[106] Vgl. BGH v. 8. 4. 1987 – 3 StR 11/87, BGHSt 34, 334 (341); insoweit nicht anders *Landau*, FS Söllner, S. 627 (642 ff.).
[107] KK-StPO/*Schoreit* Rn. 13; Löwe/Rosenberg/*Beulke* Rn. 36; SK-StPO/*Weßlau* Rn. 35.
[108] *Landau*, FS Söllner, S. 627 (645).
[109] *Landau*, FS Söllner, S. 627 (645).
[110] Siehe *Landau*, FS Söllner, S. 627 (646).
[111] Vgl. SK-StPO/*Weßlau* Rn. 35; siehe auch bereits § 153f Rn. 32 aE.
[112] Oben Rn. 27 f.
[113] HK-StPO/*Gercke* Rn. 8; Löwe/Rosenberg/*Beulke* Rn. 30.
[114] Einl. Rn. 39.
[115] Siehe auch § 153f Rn. 32.
[116] LG Gießen v. 23. 2. 1984 – 2 Qs 783/83, StV 1984, 327; HK-StPO/*Gercke* Rn. 11; KMR/*Plöd* Rn. 13; Löwe/Rosenberg/*Beulke* Rn. 35; Meyer-Goßner Rn. 1; SK-StPO/*Weßlau* Rn. 32; aA unzutreffend AG Gießen v. 24. 10. 1983 – 51 Ls 9 Js 19 306/82, StV 1984, 238.
[117] HK-StPO/*Gercke* Rn. 11; Löwe/Rosenberg/*Beulke* Rn. 35; SK-StPO/*Weßlau* Rn. 32.

desrepublik Deutschland herbeiführen würde oder wenn der Verfolgung sonstige überwiegende öffentliche Interessen entgegenstehen.

(2) Ist die Klage bereits erhoben, so kann der Generalbundesanwalt unter den in Absatz 1 bezeichneten Voraussetzungen die Klage in jeder Lage des Verfahrens zurücknehmen und das Verfahren einstellen.

Schrifttum: *Krauth/Kurfess/Wulf*, Zur Reform des Staatsschutz-Strafrechts durch das Achte Strafrechtsänderungsgesetz, JZ 1968, 731; *Müller/Wache*, Opportunitätserwägungen bei der Verfolgung von Straftaten gegen die äußere Sicherheit, Festschrift Rebmann, 1989, S. 321.

I. Zweck der Vorschrift

Die Vorschrift ermöglicht die Einstellung eines auch Staatsschutzdelikte betreffenden Strafverfahrens, wenn dessen Durchführung das Strafverfolgungsinteresse überwiegende öffentliche Interessen entgegenstehen. In ihrem Kern beruht diese **Durchbrechung des Legalitätsprinzips** auf dem den **Notstandsregelungen** zugrunde liegenden **Prinzip des überwiegenden Interesses** insoweit, als die Durchsetzung des staatlichen Strafanspruchs im Einzelfall anderen (legitimen) staatlichen Interessen entgegenlaufen kann, statt diesen – wie im Regelfall – zu dienen.[1] Der Gesetzgeber räumt über den Verzicht auf Strafverfolgung **politischen Interessen** den Vorrang ein, wobei bei Einführung der Vorschrift vor allem an gesamtdeutsche und außenpolitische Interessen gedacht war.[2] Die Aufgabe des Verfolgungszwangs allein im Hinblick auf vage „überwiegende" allgemeinpolitische Interessen ist bedenklich.[3] Kriminalpolitisch **diversionelle Zwecke** wie in §§ 153, 153a, 153b werden mit der Einstellung nach § 153c dagegen ebensowenig verfolgt wie **justizökonomische Zwecke**. Der Regelungszweck weist eine gewisse Nähe zu § 153c (Abs. 2–4) auf, erfordert aber anders als letztgenannte Vorschrift nicht zwingend einen Auslandsbezug der verfahrensgegenständlichen Tat. 1

II. Anwendungsbereich

1. Anwendbarkeit in den Verfahrensstadien. Das Absehen von der Erhebung der öffentlichen Klage (Abs. 1) bzw. die mit der Verfahrenseinstellung gekoppelte Rücknahme der Anklage (Abs. 2) ist angesichts der Wendung „in jeder Lage des Verfahrens" **bis zum (vollständigen) Eintritt der Rechtskraft** möglich. § 153d geht § 156 vor und lässt die Rücknahme der Anklage auch nach der Eröffnung des Hauptverfahrens zu. Die auf § 153d gestützte Einstellung erfasst damit neben dem **Ermittlungsverfahren** das **erstinstanzliche Verfahren** entweder vor der Staatsschutzkammer (in den Fällen von § 74a Abs. 1 Nr. 2–6 GVG) oder dem Oberlandesgericht (in den Fällen des § 120 Abs. 1 Nr. 2–7 GVG) und im **Revisionsverfahren** vor dem BGH. Befindet sich das Verfahren in der Revisionsinstanz, steht eine eventuell bereits eingetretene Teilrechtskraft (z. B. bei Beschränkung der Revision auf den Rechtsfolgenausspruch) der Anwendung von § 153d nicht entgegen. 2

2. Anwendbarkeit in sachlicher Hinsicht. Von § 153d kann lediglich Gebrauch gemacht werden, wenn die verfahrensgegenständliche prozessuale Tat sich (auch) als eines der in § 74a Abs. 1 Nr. 2 bis 6 GVG oder § 120 Abs. 1 Nr. 2–7 GVG normierten **Staatsschutzdelikte** erweist. Wegen der Beschränkung in den Verweisungen auf das GVG sind die Friedensverratsdelikte in § 80 und § 80a StGB jeweils nicht erfasst. Gleiches gilt – wegen der von der Bundesrepublik eingegangenen völkervertraglichen Bindungen des Rom-Statuts – auch für die Verfolgung von Verbrechen nach dem VStGB. 3

Schwierigkeiten in der Anwendung von § 153d können sich ergeben, wenn der Verfahrensgegenstand **mehrere prozessuale Taten** umfasst oder bei lediglich einer verfahrensgegenständlichen Tat **mehrere materiell-rechtliche Straftaten** vorliegen, die sich nicht ausschließlich als vom Anwendungsbereich erfasste Staatsschutzdelikte erweisen. Bilden mehrere Taten im prozessualen Sinne den Verfahrensgegenstand, werden die Voraussetzungen von § 153d für jede Tat gesondert geprüft.[4] Problematischer ist die Handhabung bei lediglich einer prozessualen Tat, deren materielle Würdigung sowohl zu der Annahme von erfasstem Staatsschutzdelikten und nicht erfassten Delikten führt. Solche Konstellationen können vor allem bei §§ 129, 129a und b StGB eintreten, wenn etwa die Begehung eines Tötungsdelikts zugleich ein Beteiligungsakt an der jeweiligen Or- 4

---

[1] Vgl. *Rieß* NStZ 1981, 2 (6 Fn. 58); Löwe/Rosenberg/*Beulke* Rn. 1; siehe auch ähnlich *Bloy* GA 1980, 161 (178); SK-StPO/*Weßlau* Rn. 1.
[2] Dazu ausführlicher *Kraut/Kurfess/Wulf* JZ 1968, 731 (733); zu den in der Praxis vorkommenden Fallgruppen *Müller/Wache*, FS Rebmann, 1989, S. 321 (326).
[3] Siehe dazu ausführlicher *Faller*, FS Maunz, 1971, S. 69 (84 ff.) sowie Löwe/Rosenberg/*Beulke* Rn. 1 mit Fn. 3.
[4] Löwe/Rosenberg/*Beulke* Rn. 4.

ganisation ist. **Ob und Wie der Anwendung von § 153 d** werden in dieser Konstellation **unterschiedlich beurteilt.** Von einigen wird eine nach den jeweils verwirklichten materiellen Straftaten getrennte Anwendung der Einstellung nach § 153 d nicht nur für zulässig sondern sogar für erforderlich gehalten.[5] Es würde dann lediglich von der Verfolgung des erfassten Staatsschutzdelikts abgesehen und im Übrigen die prozessuale Tat im Hinblick auf die übrigen Straftatbestände weiter verfolgt. Dem ist im Hinblick auf Wortlaut und Regelungszweck zu widersprechen.[6] Das Absehen von der Verfolgung einer prozessualen Tat unter einem bestimmten materiellrechtlichen Aspekt gestattet das Gesetz lediglich in § 154 a und bringt diese Ermächtigung dort sprachlich eindeutig zum Ausdruck. § 153 d enthält gerade keine entsprechende Formulierung,[7] so dass schon deshalb nur von dem Absehens- bzw. Einstellungsmöglichkeit in § 153 d nur **einheitlich für die gesamte prozessuale Tat Gebrauch** gemacht werden kann.[8] Eine andere, an der materiellen Straftat ausgerichtete Handhabung ginge auch an dem Zweck des § 153 d vorbei; für die (überwiegenden) allgemeinpolitischen Interessen der Bundesrepublik wäre kaum etwas gewonnen, würde eine einheitliche prozessuale Tat unter dem rechtlichen Aspekt einer Nichtkatalogtat weiter verfolgt werden können. Die für die gesamte prozessuale Tat einheitliche Handhabung des § 153 d führt bei tatmehrheitlichem Zusammentreffen von erfasstem Staatsschutzdelikt und nicht erfasstem Delikt lediglich dann zur Anwendbarkeit von § 153 d, wenn das **Schwergewicht bei der Katalogtat** nach § 74 a Abs. 1 Nr. 2–6 oder § 120 Abs. 1 Nr. 2–7 liegt.[9] Ob diese Voraussetzung gegeben ist, richtet sich nach dem jeweiligen Unrechts- und Schuldgehalt der materiellen Tat.[10] Typische Begleitdelikte von Verratsdelikten (etwa Urkundenfälschung) werden daher der Anwendung des § 153 d regelmäßig nicht entgegen stehen; anders dagegen bei schweren Straftaten (etwa Tötungsdelikten) im Rahmen der Organisationsdelikte (§§ 129 ff. StGB).

5 **3. Verhältnis zu anderen Einstellungsvorschriften.** Mit **§§ 153, 153 a und b** ergeben sich regelmäßig keine Überschneidungen. Soweit es sich bei den von § 153 d erfassten Staatsschutzdelikten um Verbrechen handelt, ist der Anwendungsbereich von §§ 153, 153 a ohnehin nicht eröffnet; die Voraussetzungen des § 153 b können kaum jemals gegeben sein. Soweit die einschlägigen Staatsschutzdelikte Vergehenscharakter haben, wird bei – praktisch schwer vorstellbarem – Zusammentreffen der Voraussetzungen von §§ 153, 153 a einerseits und § 153 d andererseits die in letztgenannter Vorschrift zum Ausdruck kommende Primat der Politik zu beachten sein, so dass der Entscheidung des Generalbundesanwaltes Vorrang zukommt. Hat dieser nach Prüfung von § 153 d keinen Gebrauch gemacht, sind die Staatsanwaltschaften der Länder nicht gehindert, das Verfahren nach §§ 153, 153 a und b zu erledigen, soweit die jeweiligen Voraussetzungen gegeben sein sollten. In Bezug auf **§ 153 c** kommt § 153 d eine ergänzende Funktion insoweit zu, als Letzterer eine Einstellung des Staatsschutzdelikte betreffenden Verfahrens auch dann ermöglicht, wenn diese keinen Auslandsbezug aufweisen.[11] Das Verhältnis der beiden Vorschriften zueinander bestimmt sich vor allem nach den **Regeln des Strafanwendungsrechts.** Bei reiner Inlandstat, dh. bei inländischen Handlungs- und Erfolgsort (vgl. § 9 Abs. 1 und 2 StGB), ist auf die verwirklichten Staatsschutzdelikte ausschließlich § 153 d anwendbar; gleiches gilt bei ausländischem Handlungsort.[12] Bei sog. **Distanzdelikten,** Straftaten mit ausländischem Handlungsort aber Eintritt des Erfolges im Inland, kommt die Einstellung nach **§ 153 c Abs. 3 und Abs. 4** der Vorrang zu.[13] Auf reine Auslandstaten (ausländischer Handlungs- und Erfolgsort) ist § 153 c Abs. 1 Nr. 1, Abs. 4 anwendbar. Überschneidungen der Anwendungsbereiche der beiden Vorschriften können sich vor allem bei den Organisationsdelikten §§ 129, 129 a iVm. § 129 b StGB ergeben. Selbst wenn hier die Tathandlung im Inland vorgenommen worden ist, können sowohl die Voraussetzungen von § 153 d als auch die von § 153 c Abs. 1 Nr. 3 c vorliegen. Worauf das Absehen von der Verfolgung bzw. die Einstellung des Verfahrens dann gestützt wird, hängt davon ab, ob es aus den Gründen des § 153 c Abs. 1 Nr. 3 am Strafverfolgungsinteresse fehlt oder ob die von § 153 d umfassten (außerstrafrechtlichen) Gründe das an sich vorhandene Strafverfolgungsinteresse überwiegen.[14] Nach Maßgabe von **§§ 154, 154 a** kann nach den allgemeinen Regeln von der Verfolgung einzelner Taten oder Tatteile abgesehen werden. Praktische Bedeutung kann das vor allem bei § 154 a

---

[5] Siehe etwa KMR/*Plöd* Rn. 2; *Meyer-Goßner* § 153 e Rn. 7 für das dort parallele Problem.
[6] Ebenso AK-StPO/*Schöch* Rn. 3; HK-StPO/*Gercke* Rn. 2; KK-StPO/*Schoreit* § 153 e Rn. 11; Löwe/Rosenberg/*Beulke* Rn. 5; SK-StPO/*Weßlau* Rn. 3; siehe auch *Jerousceck/Kölbel* NJW 2001, 1601 (1605 Fn. 49).
[7] Siehe dazu Löwe/Rosenberg/*Beulke* Rn. 5 aE.
[8] Nachw. wie Fn. 6.
[9] AK-StPO/*Schöch* Rn. 3; HK-StPO/*Gercke* Rn. 2; KK-StPO/*Schoreit* § 153 e Rn. 11; Löwe/Rosenberg/*Beulke* Rn. 6; SK-StPO/*Weßlau* Rn. 3.
[10] Löwe/Rosenberg/*Beulke* Rn. 6.
[11] AK-StPO/*Schöch* Rn. 1; Löwe/Rosenberg/*Beulke* Rn. 2; SK-StPO/*Weßlau* Rn. 2.
[12] SK-StPO/*Weßlau* Rn. 2.
[13] KMR/*Plöd* Rn. 1; Löwe/Rosenberg/*Beulke* Rn. 2; SK-StPO/*Weßlau* Rn. 2.
[14] Ebenso SK-StPO/*Weßlau* Rn. 2.

in den Konstellationen haben, in denen innerhalb einer einheitlichen prozessualen Tat neben einer Katalogtat nach § 153c tatmehrheitlich Nichtkatalogtaten verwirklicht sind.[15] Liegt hier das Schwergericht gerade nicht bei der Katalogtat, kann unter den Voraussetzungen von § 154a von deren Verfolgung abgesehen werden.

III. Voraussetzungen

1. **Schwerer Nachteil für die Bundesrepublik/sonstige öffentliche Interessen.** Die Nichtverfolgung der Tat beruht auf einer **Abwägung unterschiedlicher öffentlicher Interessen** gegeneinander und erfordert, dass die (1.) **Befriedigung des öffentlichen Strafverfolgungsinteresses mit einer Beeinträchtigung anderer öffentlicher Interessen verbunden wäre** und (2.) diesen (außerstrafrechtlichen) öffentlichen Interessen im konkreten Fall ein **höheres Gewicht zukommt als dem Interesse an der Strafverfolgung**. Das Gesetz bringt dieses Prinzip des überwiegendes Interesses nur recht vage zum Ausdruck, weil einerseits explizit auf einen „schweren Nachteil" für die Bundesrepublik Deutschland abgestellt wird, andererseits aber nur von überwiegenden sonstigen Interessen ohne eine ausdrückliche Bezug auf eine Gefährdung dieser Interessen die Rede ist. Dennoch werden nach zutreffender allgM die „sonstigen öffentlichen Interessen" als Oberbegriff der berücksichtigungsfähigen, für den Fall der Strafverfolgung bedrohten Gegeninteressen aufgefasst.[16] Die Gefahr des „schweren Nachteils" hat als ein benanntes öffentliches Interesse vor allem dahingehend Bedeutung, den erforderlichen Schweregrad der betroffenen Gegeninteressen exemplarisch zu beschreiben.[17]

Der Wortlaut enthält keine Einschränkungen für die abwägungsfähigen „**sonstigen öffentlichen Interessen**". Die Formulierung „öffentlich" nimmt allerdings bloße Interessen einzelner Rechtsgutsinhaber aus und beschränkt die **Interessen** auf solche **der Rechtsgemeinschaft**.[18] Das in §§ 153, 153a angesprochene „öffentliche Interesse" an der Strafverfolgung gehört ebenfalls nicht zu den von § 153d erfassten „öffentlichen Interessen". Vielmehr bildet das öffentliche Strafverfolgungsinteresse gerade den konkurrierenden Abwägungsfaktor gegen die in § 153d gemeinten außerstrafrechtlichen öffentlichen Interessen.[19] Eine weitere substantielle Eingrenzung der abwägungsfähigen außerstrafrechtlichen öffentlichen Interessen lässt sich vor allem über den Vergleich mit dem benannten „Interesse" der Abwendung eines schweren Nachteils für die Bundesrepublik erreichen.[20] Die Durchführung des Strafverfahrens muss mit der Möglichkeit der Gefährdung von öffentlichen Interessen verbunden sein, die in ihrer Intensität einem schweren Nachteil gleichkommt. Das kann etwa der Fall sein, wenn im Rahmen der Durchführung des Strafverfahrens Staatsgeheimnisse erörtert werden müssten.[21] Dagegen lässt sich die gelegentlich diskutierte Konstellation einer auf § 153d gestützten „großen Kronzeugenregelung"[22] nicht unter die Vorschrift subsumieren. Denn das Interesse an der Gewinnung von „Kronzeugen" ist ein strafrechtliches Interesse, mag sich dieses auch erst in einem anderen Strafverfahren gegen einen anderen Beschuldigten zum Tragen kommt.

Auch der Begriff „**schwerwiegender Nachteil für die Bundesrepublik Deutschland**" lässt sich nicht ohne Weiteres bestimmen. Eine ausdrückliche Einschränkung auf die Gefahr des schweren Nachteils für die äußere Sicherheit wie im die Staatsschutzstrafrecht (siehe § 93 Abs. 1, §§ 94, 95, 97, 97a StGB) häufiger enthalten ist, weist der Wortlaut nicht auf. Eine solche entspräche auch nicht den Vorstellungen des Gesetzgebers, der gesamtdeutsche und allgemeinpolitische Interessen insgesamt berücksichtigen wollte.[23] Der drohende Nachteil kann daher sowohl den **äußeren und den inneren Frieden** als auch die **äußere und die innere Sicherheit** betreffen.[24] Im Hinblick auf den „schwerwiegenden" Nachteil muss die drohende Beeinträchtigung der erfassten Interessen über bloße atmosphärische Störungen des außen- oder innenpolitischen Klimas hinausgehen.[25] Trotz des Rekurses auf den Nachteil für die Bundesrepublik Deutschland werden Auswirkungen auf den Gesamtstaat nicht für zwingend erforderlich gehalten; es soll genügen, wenn die Nachteile einem einzelnen Bundesland drohen.[26] Angesichts der föderalen Struktur der Bundesrepublik

---

[15] Siehe dazu bereits oben 4.
[16] Löwe/Rosenberg/*Beulke* Rn. 7; SK-StPO/*Weßlau* Rn. 4.
[17] BT-Drucks. V/2860, S. 29; vgl. *Lüttger* JZ 1954, 573; SK-StPO/*Weßlau* Rn. 4; siehe auch *Müller/Wache*, FS Rebmann, S. 321 (339 f.).
[18] Löwe/Rosenberg/*Beulke* Rn. 7 aE.
[19] Zutreffend Löwe/Rosenberg/*Beulke* Rn. 7.
[20] Siehe bereits oben Rn. 6 aE.
[21] Vgl. *Müller/Wache*, FS Rebmann, S. 321 (340 f.).
[22] *Bernsmann* JZ 1988, 543 ff.; SK-StPO/*Weßlau* Rn. 6.
[23] Oben Rn. 1.
[24] Löwe/Rosenberg/*Beulke* Rn. 9; SK-StPO/*Weßlau* Rn. 5.
[25] Löwe/Rosenberg/*Beulke* Rn. 9.
[26] KK-StPO/*Schoreit* § 153c Rn. 15; Löwe/Rosenberg/*Beulke* Rn. 9; SK-StPO/*Weßlau* Rn. 5.

mag diese Auslegung noch durch den Wortlaut gedeckt sein. Im Hinblick auf den „einzigartigen Charakter" der Europäischen Union und die Mitgliedschaft darin selbst schwere Nachteile für deren Institutionen für erfasst zu halten,[27] ist weder mit dem Wortlaut noch der Entstehungsgeschichte des § 153c vereinbar.

2. Interessenabwägung. Die Anwendung von § 153d setzt eine **einzelfallbezogene, konkrete Abwägung der betroffenen gegenläufigen Interessen** voraus (allgM).[28] Das Gewicht des Strafverfolgungsinteresses richtet sich dabei im Wesentlichen nach dem Unrechts- und Schuldgehalt der verfahrensgegenständlichen Tat(en), während auf der Seite der gegenläufigen Interessen es auf Art und Umfang der drohenden Nachteile ankommt.[29] Innerhalb der konkreten Interessenabwägung muss berücksichtigt werden, ob die durch die Durchführung des Strafverfahrens eintretende **Gefahr für sonstige öffentliche Interessen durch andere Maßnahmen** als durch den Verzicht auf die Strafverfolgung **abgewendet werden kann**.[30] So ist etwa zu erwägen, ob der in einem Verratsdelikte betreffenden Strafverfahren drohenden Gefahr der Erörterung von Staatsgeheimnissen als notwendige Feststellungen für die Verurteilung durch einen prozessual zulässigen Ausschluss der Öffentlichkeit für den entsprechenden Teil der Hauptverhandlung begegnet werden kann.[31] Auch diese Erwägung der möglichen Abwendung der Gefahren für öffentliche Interessen außer denen an der Strafverfolgung selbst durch „mildere Mittel" entspricht dem auf dem Notstandsgedanken beruhenden Grundgedanken der in § 153d getroffenen Regelung. Den Notstandsregeln des materiellen Rechts folgend ist allerdings stets zu prüfen, ob die Abwehr der Gefahr für das Strafverfolgungsinteresse überwiegende sonstige öffentliche Interessen durch andere Mittel als durch Verzicht auf die Strafverfolgung in gleicher Weise zur Abwendung der Gefahr geeignet ist.

IV. Einstellungsentscheidung

1. Zuständigkeit. Die Zuständigkeit für die Einstellungsentscheidung hat in jeder Lage des Strafverfahrens[32] der **Generalbundesanwalt**. Wird das Verfahren nicht von dem Generalbundesanwalt betrieben, regeln Nr. 98 iVm. Nr. 97 RiStBV die intern von den Staatsanwaltschaften der Länder vorzunehmenden Maßnahmen zur Unterrichtung des Generalbundesanwaltes, um diesem die Entscheidung zu ermöglichen. Die ausschließliche Entscheidungszuständigkeit der Staatsanwaltschaft in Gestalt des Generalbundesanwaltes **ohne jegliche Beteiligung eines Gerichts** oder sonstiger Verfahrensbeteiligter findet ihren Grund darin, dass die Einstellungsvoraussetzungen allein von dem Vorliegen das Strafverfolgungsinteresse überwiegender sonstiger öffentlicher Interessen, dh. vor allem allgemeinpolitische Interessen, abhängt und der Einstellung allenfalls eine schwach ausgeprägte Wertung im Hinblick auf die in Frage kommenden Staatsschutzdelikte und ihr Gewicht im Einzelfall aufweist.[33] Das in § 153d zum Ausdruck kommende **Primat der Politik** setzt sich insoweit auf der Ebene der Entscheidungszuständigkeit fort.

2. Entscheidungsart und -inhalt. Erachtet der Generalbundesanwalt die Voraussetzungen des § 153d für gegeben, stellt er das entsprechende Verfahren durch **Verfügung** ein. Da § 153d dem Generalbundesanwalt unmittelbar die Einstellungszuständigkeit überträgt, bedarf es keiner vorherigen Ausübung des Evokationsrechts nach § 74a Abs. 2 GVG oder der Rückübernahme einer nach § 142a Abs. 2 GVG an die Landesstaatsanwaltschaft übertragenen Sache.[34] Ist die öffentliche Klage bereits erhoben worden, **erklärt** der Generalbundesanwalt **gegenüber dem zuständigen Gericht die Rücknahme der Klage** und stellt das Verfahren wiederum durch entsprechende Verfügung ein. Wird das Verfahren nach Rücknahme der bereits erhobenen Klage eingestellt, bedarf es unter Umständen einer Entscheidung über die Auslagen nach § 476a und über die Entschädigung wegen Strafverfolgungsmaßnahmen (§ 9 StrEG).

3. Wirkung. Die Einstellungsentscheidung des Generalbundesanwaltes **beendet das Verfahren**.

---

[27] Löwe/Rosenberg/*Beulke* Rn. 9.
[28] BT-Drucks. V/898 S. 43; *Müller/Wache*, FS Rebmann, S. 321 (340); *Krauth/Kurfess/Wulf* JZ 1968, 731 (734); KMR/*Plöd* Rn. 3; Löwe/Rosenberg/*Beulke* Rn. 8; SK-StPO/*Weßlau* Rn. 4.
[29] Nachw. wie Fn. zuvor.
[30] *Müller/Wache*, FS Rebmann, S. 321 (340); Löwe/Rosenberg/*Beulke* Rn. 8.
[31] *Müller/Wache*, FS Rebmann, S. 321 (340); Löwe/Rosenberg/*Beulke* Rn. 8.
[32] Oben Rn. 2.
[33] Vgl. *Krauth/Kurfess/Wulf* JZ 1968, 731 (733); *Lüttger* JZ 1964, 569 (572); *Müller/Wache*, FS Rebmann, S. 321 (326).
[34] Siehe auch § 153c Rn. 27.

V. Anfechtung

Gegen eine Einstellung gemäß § 153 d ist das **Klageerzwingungsverfahren nicht statthaft** (§ 172 Abs. 2 S. 3), selbst wenn die verfahrensgegenständliche prozessuale Tat neben dem einstellungsrelevanten Staatsschutzdelikt ein Delikt umfassen sollte, bei dem ein individueller Verletzter vorhanden ist. Möglich bleibt allein die Dienstaufsichtsbeschwerde.[35] Eine gerichtliche Überprüfung der Einstellungsentscheidung existiert nicht.[36] Die von *Landau* vorgeschlagene Möglichkeit der Überprüfung der Einstellungsentscheidung im Rahmen des Rechtswegs nach § 23 EGGVG[37] trägt zwar dem politischen Charakter des Einstellungsgrundes Rechnung, lässt sich aber de leg lata mit der gesetzgeberischen Entscheidung, Einstellungen nach den §§ 153 ff. dem Klageerzwingungsverfahren zu entziehen, kaum vereinbaren.

VI. Strafklageverbrauch

Die Einstellungsentscheidung des Generalbundesanwaltes bewirkt nach allgM **keinerlei Strafklageverbrauch**.[38] Dem ist zuzustimmen, weil die Einstellungsentscheidung – selbst dann wenn sie erst nach Klagerücknahme nach Eröffnung des Hauptverfahrens erfolgt – keinerlei Erwägungen zu der materiellen Bewertung der Tat und der Schuldfrage beinhaltet, sondern allein auf einer Abwägung unterschiedlicher öffentlicher Interessen gegeneinander beruht. Auch der Unrechts- und Schuldgehalt einer verfahrensgegenständlichen Katalogtat wird lediglich als Abwägungsfaktor in Relation zu außerstrafrechtlichen öffentlichen Interessen gewürdigt. Das ist keine mit den Entscheidungen nach §§ 153, 153 a und b vergleichbare Grundlage der Einstellung; die für den Strafklageverbrauch staatsanwaltschaftlicher Einstellungsentscheidungen maßgeblichen Sachkriterien[39] sind unanwendbar. Das Verfahren kann daher jederzeit bei einer neuen Einschätzung der Einstellungsvoraussetzungen wieder aufgegriffen werden. Ein nachträgliches **objektives Verfahren** nach §§ 440, 442 bleibt ohnehin auch ohne Wiederaufgreifen unter den sachlichen Voraussetzungen des § 76 a StGB stets möglich.

§ 153e [Absehen von der Strafverfolgung bei tätiger Reue]

(1) ¹Hat das Verfahren Straftaten der in § 74a Abs. 1 Nr. 2 bis 4 und in § 120 Abs. 1 Nr. 2 bis 7 des Gerichtsverfassungsgesetzes bezeichneten Art zum Gegenstand, so kann der Generalbundesanwalt mit Zustimmung des nach § 120 des Gerichtsverfassungsgesetzes zuständigen Oberlandesgerichts von der Verfolgung einer solchen Tat absehen, wenn der Täter nach der Tat, bevor ihm deren Entdeckung bekanntgeworden ist, dazu beigetragen hat, eine Gefahr für den Bestand oder die Sicherheit der Bundesrepublik Deutschland oder die verfassungsmäßige Ordnung abzuwenden. ²Dasselbe gilt, wenn der Täter einen solchen Beitrag dadurch geleistet hat, daß er nach der Tat sein mit ihr zusammenhängendes Wissen über Bestrebungen des Hochverrats, der Gefährdung des demokratischen Rechtsstaates oder des Landesverrats und der Gefährdung der äußeren Sicherheit einer Dienststelle offenbart hat.

(2) Ist die Klage bereits erhoben, so kann das nach § 120 des Gerichtsverfassungsgesetzes zuständige Oberlandesgericht mit Zustimmung des Generalbundesanwalts das Verfahren unter den in Absatz 1 bezeichneten Voraussetzungen einstellen.

Schrifttum: Wie § 153 d.

I. Zweck der Vorschrift

Die über § 153e eröffnete Möglichkeit des Absehens von der Verfolgung bzw. der Einstellung des Verfahrens lässt sich auf **keinen einheitlichen Grundgedanken** und **keinen einheitlichen Zweck** zurückführen.¹ Vielmehr erfasst die Vorschrift **zwei unterschiedliche Konstellationen**: zum einen wird ein **materielles Rücktrittsverhalten** des Tatverdächtigen nach Abschluss seiner Beteiligung an einem in § 153e aufgeführten Staatsschutzdelikt privilegiert; zum anderen handelt es sich der Sache nach um eine spezifische Ausprägung einer **Kronzeugenregelung**.² Lediglich bei der Anwendung der Vorschrift aufgrund eines materiellen Rücktrittsverhaltens – oft wird von einer

---

[35] Siehe § 153 c Rn. 38.
[36] Vgl. *Müller/Wache*, FS Rebmann, S. 321 (326); Löwe/Rosenberg/*Beulke* Rn. 11 iVm. § 153 c Rn. 36.
[37] *Landau*, FS Söllner, 200, S. 627 (645).
[38] Vgl. nur Löwe/Rosenberg/*Beulke* Rn. 10 iVm. § 153 c Rn. 35.
[39] Zu diesen *Radtke*, Die Systematik des Strafklageverbrauchs verfahrenserledigender Entscheidungen im Strafprozeß, 1993, S. 371 ff.
¹ Vgl. insoweit KMR/*Plöd* Rn. 1 aE; Löwe/Rosenberg/*Beulke* Rn. 1; SK-StPO/*Weßlau* Rn. 1 und 2.
² Im Ergebnis ebenso Löwe/Rosenberg/*Beulke* Rn. 1; SK-StPO/*Weßlau* Rn. 2.

Ausgleichshandlung gesprochen³ – besteht eine inhaltliche Nähe zu dem materiellen Rücktritt ieS. der §§ 24, 31 StGB sowie der zahlreichen materiell-rechtlichen Vorschriften über die tätige Reue.⁴ Soweit es um ein solches von § 153e Abs. 1 S. 1 erfasstes materielles Rücktrittsverhalten in Gestalt eines Beitrages des Tatverdächtigen zur Abwendung einer Gefahr für im Gesetz näher bezeichnete Interessen der Bundesrepublik geht, ergänzt und erweitert die Vorschrift die materiellen und prozessualen Möglichkeiten, eine Bestrafung des materiell Zurücktretenden zu vermeiden, über die Strafaufhebung qua Rücktritt oder (fakultativ) tätige Reue (exemplarisch § 306e Abs. 1 StGB) hinaus. Bei Anwendung auf materielles Rücktrittsverhalten (Abs. 1 S. 1) lässt sich die prozessuale Privilegierung auf den Gedanken der **Gefährdungsumkehr** stützen, wie er mittlerweile in unterschiedlichen Ausprägungen auch als Grund für die Strafaufhebung bei §§ 24, 31 StGB von einigen Autoren postuliert wird.⁵ Dagegen weist die in § 153e Abs. 1 S. 2 normierte Einstellung bei Preisgabe von Wissen um bestimmte Staatsschutzdelikte allenfalls einen schwach ausgeprägten Zusammenhang mit einer Gefährdungsumkehr auf⁶ und stellt der Sache nach primär eine **Aufklärungshilfe** zugunsten der Strafverfolgungsbehörden dar.⁷ Lediglich mittelbar über diese Aufklärungshilfe trägt der Tatverdächtige in den Konstellationen von Abs. 1 S. 2 zur Abwendung von bestimmten Gefahren für die Bundesrepublik bei.

2   **Diversionelle Zwecke** verfolgt die Vorschrift **nicht**; Diversion kann allenfalls als Nebeneffekt eintreten, wenn in einer frühen Phase des Verfahrens dieses ohne Sanktion und öffentliche Hauptverhandlung beendet wird. **Justizökonomische Effekte** sind von § 153e letztlich schon wegen seiner verschwindend geringen praktischen Bedeutung⁸ **nicht** zu erwarten. Theoretisch ergibt sich ein Entlastungseffekt im Ermittlungsverfahrens lediglich aufgrund des Umstandes, dass das Verfahren bei Feststehen der Voraussetzungen des Abs. 1 eingestellt werden darf, ohne die Ermittlungen bis zur Klärung hinreichenden Tatverdachts betreiben zu müssen.⁹

II. Anwendungsbereich

3   1. **Anwendbarkeit in den Verfahrensstadien.** Auf der Grundlage von **Abs. 1** kann während des **gesamten Ermittlungsverfahrens** dessen Einstellung verfügt werden.¹⁰ Die Einstellung gemäß **Abs. 2** kann nach Erhebung der Anklage bis zum rechtskräftigen Abschluss des Verfahrens durch das zuständige Gericht beschlossen werden.¹¹ Nach mittlerweile allgM findet Abs. 2 **auch in der Revisionsinstanz** Anwendung.¹² Eventuell eingetretene **Teilrechtskraft steht** der Einstellung im Revisionsrechtszug **nicht entgegen**.¹³

4   2. **Anwendungsbereich in sachlicher Hinsicht.** Die Einstellung kann auf der Grundlage von § 153e nur erfolgen, wenn der Verfahrensgegenstand zumindest auch eines der in § 74a Abs. 1 Nr. 2 bis 4 und § 120 Abs. 1 Nr. 2 bis 7 GVG genannten **Staatsschutzdelikte** umfasst. Der **Katalog** dieser Delikte ist **abschließend**.¹⁴ Darüber hinaus ist § 153e auch auf prozessuale Taten anwendbar, die **Straftaten zum Nachteil von NATO-Vertragsstaaten** zum Gegenstand haben.¹⁵

5   Die Anwendung von § 153e kann jeweils **nur einheitlich für die gesamte verfahrensgegenständliche prozessuale Tat** erfolgen (strg.).¹⁶ Beschränkt sich der Verfahrensgegenstand auf eine prozessuale Tat und sind durch diese neben wenigstens einem in § 153e aufgeführten Staatsschutzdelikt **Nichtkatalogtaten** materiell tatmehrheitlich **mit verwirklicht**, darf nach § 153e nur dann eingestellt werden, wenn das am Unrechts- und Schuldgehalt zu messende **Schwergewicht bei der Katalogtat** liegt.¹⁷ Ein von manchen befürwortetes, auf § 153e gestütztes Ausscheiden der nicht das Schwergewicht bildenden Katalogtaten ist angesichts des eindeutig entgegenstehenden Wortlautes ausgeschlossen.¹⁸ Besteht der Verfahrensgegenstand aus mehreren prozessualen Taten, sind

---

³ *Müller/Wache*, FS Rebmann, 1989, S. 321 (335); AK-StPO/*Schöch* Rn. 4; KK-StPO/*Schoreit* Rn. 3; Löwe/Rosenberg/*Beulke* Rn. 4 ff.; *Meyer-Goßner* Rn. 5.
⁴ Siehe die Übersicht der einschlägigen Vorschriften § 153b Rn. 2.
⁵ So für das materielle Recht vor allem *Ch. Jäger*, Der Rücktritt vom Versuch als zurechenbare Gefährdungsumkehr, 1996, S. 62 ff. und *Scheinfeld*, Der Tatbegriff des § 24 StGB, 2006, S. 15 ff.
⁶ Näher zu den Anforderungen unten Rn. 12 f.; 16–18.
⁷ AK-StPO/*Schöch* Rn. 1; KMR/*Plöd* Rn. 1; Löwe/Rosenberg/*Beulke* Rn. 1; SK-StPO/*Weßlau* Rn. 2.
⁸ Siehe dazu *Müller/Wache*, FS Rebmann, S. 321 (336).
⁹ Unten Rn. 19.
¹⁰ Zur staatsanwaltschaftlichen Zuständigkeit für die Einstellungsverfügung unten Rn. 21.
¹¹ Zur gerichtlichen Zuständigkeit für den Einstellungsbeschluss unten Rn. 26–28.
¹² *Kleinknecht* JZ 1957, 407 (410); AK-StPO/*Schöch* Rn. 7; HK-StPO/*Gercke* Rn. 6; KK-StPO/*Schoreit* Rn. 13; KMR/*Plöd* Rn. 12; Löwe/Rosenberg/*Beulke* Rn. 21; SK-StPO/*Weßlau* Rn. 17 und 23.
¹³ Vgl. Löwe/Rosenberg/*Beulke* Rn. 16.
¹⁴ AK-StPO/*Schöch* Rn. 2; Löwe/Rosenberg/*Beulke* Rn. 2; *Pfeiffer* Rn. 1.
¹⁵ Dazu ausführlich Löwe/Rosenberg/*Beulke* Rn. 22–27.
¹⁶ Zu der entsprechenden Kontroverse bei § 153d ausführlich dort Rn. 4.
¹⁷ § 153d Rn. 4 mit Fn. 7, 9 und 10.
¹⁸ Näher § 153d Rn. 4.

die **Voraussetzungen des § 153e für jede Tat**, ggf. unter Berücksichtigung des Vorgenannten, **gesondert** zu prüfen.

3. Verhältnis zu anderen Arten der Verfahrenserledigung. Im Verhältnis zu der Einstellung gemäß § 170 Abs. 2 und dem Nichteröffnungsbeschluss nach § 204 kommt – wie bei § 153b[19] – diesen Vorrang zu, wenn zum Zeitpunkt der Entscheidung deren Voraussetzungen feststehen,[20] mithin eine **liquide Einstellungslage** aufgrund fehlenden hinreichenden Tatverdachts gegeben ist. Gleiches gilt in der Hauptverhandlung für den **Freispruch**, wenn eine **liquide Freispruchslage** besteht. Die Vorrangfrage kann sich hier theoretisch stellen, weil das § 153e erfasste materielle Rücktrittsverhalten im Einzelfall auch bereits die Voraussetzung eines obligatorischen oder fakultativen Strafaufhebungsgrundes erfüllen kann. Außerhalb dessen darf aber auf der Grundlage von § 153e eingestellt werden, sobald dessen Voraussetzungen zur Überzeugung des jeweils zuständigen Entscheidungsträgers feststehen, es aber noch weiterer Sachverhaltsaufklärung bedürfte, um zu einem Freispruch oder einer Entscheidung nach § 170 Abs. 2 bzw. § 204 zu gelangen.[21]

Mit §§ 153, 153a sind kaum Überschneidungen denkbar, selbst wenn einzelne der in § 153e genannten Staatsschutzdelikte Vergehenscharakter aufweisen. Sollte dies der Fall sein und zugleich die Voraussetzungen von §§ 153, 153a und § 153e vorliegen, wird jenen der Vorrang einzuräumen sein, weil es dann von vornherein am Strafverfolgungsinteresse fehlt oder dieses durch Erfüllung der Auflagen und Weisungen beseitigt ist. Liegen neben denen des § 153e auch die Voraussetzungen des **§ 153b** vor, kann die Einstellung auf das erwartete Absehen von Strafe gestützt werden, ohne dass die in § 153e angeordnete Zuständigkeitskonzentration bei dem Generalbundesanwalt entgegensteht.[22]

III. Gemeinsame Einstellungsvoraussetzungen

1. Allgemeines. Die Einstellung gemäß § 153e Abs. 1 und 2 setzt stets ein aktives **Verhalten des Beschuldigten** voraus, das meist als **Ausgleichshandlung** bezeichnet wird.[23] Die Anforderungen an die Ausgleichshandlung im Einzelnen variieren je nach dem Zeitpunkt, zu dem diese Handlung durch den Beschuldigten etc. erbracht wird.[24] Die für die inhaltlichen Anforderungen der Ausgleichshandlung maßgebliche **zeitliche Zäsur** bildet das Kriterium der **Kenntnis des Beschuldigten von der Entdeckung der Tat**.[25] Die prozessuale Vergünstigung des § 153e kommt – insoweit dem Charakter des Rücktritts nach § 24 StGB als persönlichem Strafaufhebungsgrund vergleichbar – lediglich **dem Beschuldigten** zugute, der die Ausgleichshandlung **persönlich** erbracht hat.[26] Besteht der Verdacht der Beteiligung mehrerer an der Begehung der verfahrensgegenständlichen Katalogtat, können gemeinschaftlich vorgenommene Ausgleichshandlungen jedem einzelnen Mitbeschuldigten als persönliche Leistung zugerechnet werden.[27]

Nach dem Wortlaut des Gesetzes führen lediglich solche Ausgleichshandlungen zur Einstellung, die „**nach der Tat**" erbracht wurden. Was mit der Formulierung zum Ausdruck gebracht werden soll, lässt sich nicht ohne Weiteres erkennen. Nach allgM soll jedenfalls die materiell-rechtliche **Vollendung oder gar Beendigung der Katalogtat keine Voraussetzung** für die Ausfüllung der Wendung „nach der Tat" sein.[28] Da es zumindest bei der Ausgleichshandlung nach Abs. 1 S. 1 um materielles Rücktrittsverhalten geht,[29] kann mit „nach der Tat" lediglich gemeint sein, dass der Beschuldigte die Ausgleichshandlung zeitlich nach seinem eigenen Tatbeitrag für die verfahrensgegenständliche Katalogtat erbracht hat.[30] Aus diesem zeitlichen Verhältnis von eigenem Tatbeitrag und eigener Ausgleichshandlung wird im Ergebnis zu Recht geschlossen, § 153e gelange nicht zur Anwendung, wenn der Beschuldigte wiederum zeitlich nach seiner Ausgleichshandlung noch weitere Tathandlungen zu der Katalogtaten erbringt.[31] Der Grund für den Ausschluss der Anwendung von § 153e liegt nicht in dem vagen Aspekt des „widersprüchlichen Verhaltens"[32]

---

[19] § 153b Rn. 7.
[20] Ebenso Löwe/Rosenberg/*Beulke* Rn. 3; SK-StPO/*Weßlau* Rn. 4; offenbar auch KMR/*Plöd* Rn. 2.
[21] Siehe bereits § 153d Rn. 7 iVm. Rn. 15 f.
[22] § 153b Rn. 8 aE.
[23] Siehe bereits oben Rn. 1 sowie Löwe/Rosenberg/*Beulke* Rn. 4; SK-StPO/*Weßlau* Rn. 5.
[24] Näher unten Rn. 13 und Rn. 16–18.
[25] Unten Rn. 14 f.
[26] Löwe/Rosenberg/*Beulke* Rn. 4; SK-StPO/*Weßlau* Rn. 5 aE.
[27] Löwe/Rosenberg/*Beulke* Rn. 4.
[28] Vgl. AK-StPO/*Schöch* Rn. 5; HK-StPO/*Gercke* Rn. 3; KK-StPO/*Schoreit* Rn. 3; KMR/*Plöd* Rn. 4; Löwe/Rosenberg/*Beulke* Rn. 5.
[29] Oben Rn. 1.
[30] So offenbar auch KK-StPO/*Schoreit* Rn. 3 aE „Tathandlung muss abgeschlossen sein, wenn die Ausgleichshandlung beginnt".
[31] Im Ergebnis allgM; siehe AK-StPO/*Schöch* Rn. 5; HK-StPO/*Gercke* Rn. 3; KK-StPO/*Schoreit* Rn. 3; Löwe/Rosenberg/*Beulke* Rn. 5; *Pfeiffer* Rn. 2; SK-StPO/*Weßlau* Rn. 6.
[32] Siehe aber KK-StPO/*Schoreit* Rn. 3 aE.

sondern in der in solchen Konstellationen **fehlenden Gefährdungsumkehr**.[33] Sollte sich die Gefahr für die in § 153 e genannten Interessen der Bundesrepublik bereits realisiert haben,[34] kommt eine Einstellung grundsätzlich nicht in Betracht; allenfalls könnte in Anlehnung an die materiell-rechtlichen Regelungen über Versuch und tätige Reue ein ernsthaftes Bemühen des Beschuldigten um Gefährdungsumkehr genügen.

10   **In der Sache** muss die geforderte Ausgleichshandlung einen (ursächlichen) **Beitrag zur Abwendung einer Gefahr** für den Bestand oder die Sicherheit der Bundesrepublik oder für die verfassungsmäßige Ordnung leisten. Das gilt sowohl für die eigentliche Gefährdungsumkehr in Abs. 1 S. 1 als auch für die Aufklärungshilfe nach Abs. 1 S. 2 (arg. „einen solchen Beitrag dadurch geleistet hat, ..."). Die bedrohten **Interessen** der Bundesrepublik in Gestalt **ihres Bestandes** (siehe § 92 Abs. 1 StGB), **ihrer** (äußeren und inneren) **Sicherheit** (siehe §§ 87–89 StGB) **und der verfassungsmäßigen Ordnung** (siehe § 82 Abs. 1 StGB) werden ebenso verstanden wie dieselben Begriffe der vorstehend aufgelisteten Staatsschutzdelikte des materiellen Strafrechts.[35]

11   Dagegen ist der verwendete Begriff der „**Gefahr**" weitgehend unklar. Regelmäßig findet sich allein der Hinweis, die Gefahr müsse tatsächlich bestehen, eine nur vom Beschuldigten vorgestellte Gefahr genüge nicht.[36] Dass eine bloße Putativgefahr nicht genügen kann, folgt bereits aus dem Aspekt der Gefährdungsumkehr; wenn keine Beeinträchtigung der genannten Interessen der Bundesrepublik droht, kann der Beschuldigte etc. keinen zu deren Abwendung wenigstens mitursächlichen Beitrag erbringen. In die umgekehrte Richtung ist ebenso klar, dass mit dem Begriff der Gefahr nicht eine solche im Sinne der konkreten Gefahr der konkreten Gefährdungsdelikte des materiellen Strafrechts[37] gemeint sein kann. Da dieser Gefahrbegriff im Kern durch die Zufallsabhängigkeit des Umschlagens der (konkreten) Gefahr in die Rechtsgutsverletzung charakterisiert ist, kommt eine beeinflussbare Gefährdungsumkehr ohnehin nicht mehr in Frage. Zudem passt die „konkrete Gefahr" in dem vorgenannten Sinne nur auf Individualrechtsgütern drohenden Gefahren und ist strukturell nicht auf Kollektivrechtsgüter schützende Staatsschutzdelikte, die den sachlichen Anwendungsbereich von § 153 e bilden, zugeschnitten. Gefahr im Sinne von § 153 e kann daher lediglich ein Zustand sein, bei dem auf der Grundlage bereits erbrachter Tatbeiträge eine (schwache) Wahrscheinlichkeit besteht, dass es bei unbeeinflusstem Fortgang des bereits angelegten Geschehens zu einer Beeinträchtigung der geschützten Interessen der Bundesrepublik kommen kann. Wenn § 153 e überhaupt ein sinnvoller Anwendungsbereich eröffnet sein soll,[38] dürfen die Anforderungen an die Gefahr nicht hoch angesetzt werden.[39] Die **Ursache der Gefahr** soll für die Anwendbarkeit von § 153 e bedeutungslos sein; diese soll nur aus der Katalogtat resultieren müssen, derer Begehung bzw. Beteiligung daran der Beschuldigte etc. verdächtig ist.[40] Wenn dem so wäre, hätte § 153 e allerdings mit materiellem Rücktrittsverhalten oder tätiger Reue nicht zu tun, sondern reduzierte sich auf eine reine Aufklärungshilfe. Das lässt sich aber mit der Differenzierung in den Anforderungen von Abs. 1 S. 1 und 2 schlecht vereinbaren. Die Gefahr muss daher jedenfalls in den Fällen von Abs. 1 S. 1 ihre Ursache auch in der verfahrensgegenständlichen Katalogtat haben.

12   Die Ausgleichshandlung muss einen **Beitrag zur der Abwendung einer Gefahr** für die in § 153 e genannten Interessen der Bundesrepublik geleistet haben. Hierfür genügt jegliche **Mitursächlichkeit** für die Abwehr der Gefahr.[41] Insoweit können keine höheren Anforderungen gestellt werden, als sie der BGH im Kontext der Vollendungsverhinderung beim Rücktritt vom beendeten Versuch nach § 24 StGB verlangt.[42] Über die Mitursächlichkeit für die Abwendung der Gefahr hinaus soll auch bereits deren zeitweilige Abwendung oder Verringerung genügen.[43] Das ist mit dem Gedanken der Gefährdungsumkehr und erst recht dem der Aufklärungshilfe kompatibel. Zumal zu berücksichtigen ist, dass die Beurteilung des Vorliegens einer Gefahr und deren Abwendung angesichts der Charakteristik der von § 153 e erfassten Straftaten erhebliche Spielräume eröffnet.

---

[33] Zu diesem Kriterium oben Rn. 1.
[34] Was immer das inhaltlich eigentlich bedeuten mag.
[35] Löwe/Rosenberg/*Beulke* Rn. 6.
[36] Löwe/Rosenberg/*Beulke* Rn. 6 mwN.
[37] Zu dem Begriff der konkreten Gefahr iSd. materiellen Strafrechts knapp einführend MünchKommStGB/*Radtke* Vor §§ 306 ff. Rn. 7 mwN.
[38] Zu den bislang offenbar allein praktisch gewordenen Fällen des Überlaufens früherer Mitarbeiter der Auslandsspionageabteilung des MfS siehe *Müller/Wache*, FS Rebmann, S. 321 (336 f.).
[39] Insoweit ebenso Löwe/Rosenberg/*Beulke* Rn. 6.
[40] Vgl. KK-StPO/*Schoreit* Rn. 6.
[41] Der Sache nach ebenso HK-StPO/*Gercke* Rn. 4; Löwe/Rosenberg/*Beulke* Rn. 7; SK-StPO/*Weßlau* Rn. 9.
[42] Zu dieser siehe grundlegend BGH v. 20. 12. 1002 – 2 StR 251/02, BGHSt 48, 147 ff. = NJW 2003, 1058 ff.; Schönke/Schröder/*Eser* § 24 StGB Rn. 59; *Fischer* § 24 StGB Rn. 32.
[43] *Kleinknecht* JZ 1957, 407 (408); HK-StPO/*Gercke* Rn. 3; Löwe/Rosenberg/*Beulke* Rn. 7.

Nähere **inhaltliche Anforderungen an die Ausgleichshandlung** stellt lediglich Abs. 1 S. 2,[44] 13
während **Abs. 1 S. 1** jedes beliebige Verhalten genügen lässt, das einen (mit)ursächlichen Beitrag
zur Abwendung der Gefahr erbringt. Dementsprechend bedarf es für eine Ausgleichshandlung
nach Abs. 1 S. 1 nicht zwingend der Information von Dienststellen oder Behörden der Bundesrepublik; entscheidend ist allein die Mitursächlichkeit für die Abwendung der Gefahr mit beliebigen Mitteln.[45]

2. Gefahrabwendung vor dem Bekanntwerden der Entdeckung der Tat (Abs. 1 S. 1). Abwei- 14
chend von den materiell-strafrechtlichen Regelungen über Rücktritt und tätige Reue, die als Voraussetzung der Begünstigung auf das subjektive Freiwilligkeitskriterium abstellen, rekurriert
§ 153 e für die Differenzierung zwischen Ausgleichshandlungen nach Abs. 1 S. 1 und S. 2 auf das
früher auch im materiellen Strafrecht verwendete Kriterium der Entdeckung der Tat, kombiniert
dies aber mit der Kenntnis des Beschuldigten von der Entdeckung. Eine **Tat ist entdeckt**, wenn
diese in ihren wesentlichen kriminellen Eigenschaften von einem an der Tatbegehung Unbeteiligten wahrgenommen worden ist.[46] Bei der „Tat" muss es sich um diejenige verfahrensgegenständliche Katalogtat handeln, in Bezug auf die Einstellung erfolgen soll. Ob sich die Ausgleichshandlung, die bei Abs. 1 S. 1 beliebigen Inhalts sein kann,[47] auf diese Tat bezieht, wird von der
ganz überwiegenden Auffassung dagegen für irrelevant gehalten.[48]

Die maßgebliche Grenze zu den engeren Ausgleichshandlungen nach Abs. 1 S. 2 bildet die 15
Kenntnis des „Täters" von der Entdeckung der Tat. Mit dem „Täter" ist wie im gesamten Kontext von § 153 e der Beschuldigte bzw. Angeschuldigte oder Angeklagte des Verfahrens gemeint.
Kenntnis von der Entdeckung bedeutet **positive Kenntnis** hiervon; rechnet der Täter lediglich mit
der Entdeckung der Tat oder bleibt offen, ob ihm zum Zeitpunkt der Vornahme der Ausgleichshandlung diese bekannt war, kommt allein Abs. 1 S. 1 zur Anwendung.[49] Spätester Zeitpunkt für
das Umschlagen der Anwendung von Abs. 1 S. 1 in S. 2 ist die Vernehmung des Beschuldigten in
dieser Prozessrolle oder als Zeuge, weil ihm dadurch die Entdeckung der Tat sicher bekannt wird
(allgM).

3. Gefahrabwendung nach dem Bekanntwerden der Entdeckung der Tat (Abs. 1 S. 2). Nach 16
Kenntniserlangung des Beschuldigten von der Entdeckung der Tat **reduziert das Gesetz die tauglichen Ausgleichshandlungen** in mehrfacher Hinsicht. Als **Adressat der Ausgleichshandlung**, die
sich auf die Mitteilung von bestimmtem Wissen beschränkt,[50] kommt ausschließlich eine
„Dienststelle" in Betracht. Der Begriff wird nicht organisationsrechtlich sondern material im
Hinblick auf die Gefahrabwendung verstanden. „Dienststelle" in diesem Sinne ist jede behördliche Einrichtung der Bundesrepublik Deutschland, von der zu erwarten ist, auf der Grundlage des
vom Beschuldigten erlangten Wissens, Maßnahmen zur Abwendung der Gefahr für von § 153 e
erfasste Interessen der Bundesrepublik vorzunehmen oder zu veranlassen.[51] Erfolgt die Wissensübermittlung an Stellen, die nicht den vorgenannten Anforderungen entsprechen, liegen die Voraussetzungen von Abs. 1 S. 2 erst dann vor, wenn das mitgeteilte Wissen von dieser an eine taugliche „Dienststelle" weitergeleitet worden ist. Das gilt jedenfalls dann, wenn der Beschuldigte etc.
sein Wissen gerade mit dem (wenigstens Zwischen-)Ziel preisgegeben hat, es einer tauglichen
Stelle zur Kenntnis zu bringen.[52] Wählt er eine nicht erfasste Stelle, trägt er das Risiko des Unterbleibens der Weiterleitung an eine geeignete „Dienststelle".

Bestimmte Mittel der Wissensmitteilung oder **bestimmte Formen der Kommunikation** mit einer 17
entsprechenden „Dienststelle" schreibt das Gesetz nicht vor. Die Einschaltung von Mittelspersonen, um relevantes Wissen an geeignete Adressaten weiter zu geben, ist daher möglich.[53]

Die Ausgleichshandlung nach Abs. 1 S. 2 muss **inhaltlich** die Preisgabe **des Wissens** des Be- 18
schuldigten etc. in Bezug auf die verfahrensgegenständliche prozessuale Tat in ihrer materiellrechtlichen Würdigung als **Katalogtat** zum Inhalt haben (im Ergebnis wohl allgM).[54] Anders lässt
sich die Wendung „sein mit der Tat zusammenhängendes Wissen" nicht verstehen. Einschränkend
stellt der Wortlaut auf die Offenbarung von Wissen in Bezug auf Bestrebungen des Hochverrats,

---

[44] Unten Rn. 16–18.
[45] Zutreffend AK-StPO/*Schöch* Rn. 4.
[46] Vgl. HK-StPO/*Gercke* Rn. 3; KK-StPO/*Schoreit* Rn. 4; KMR/*Plöd* Rn. 4; Löwe/Rosenberg/*Beulke* Rn. 8.
[47] Oben Rn. 12.
[48] Oben Rn. 12.
[49] HK-StPO/*Gercke* Rn. 3; KK-StPO/*Schoreit* Rn. 5; Löwe/Rosenberg/*Beulke* Rn. 9.
[50] Dazu unten Rn. 16.
[51] *Müller/Wache*, FS Rebmann, S. 321 (336); AK-StPO/*Schöch* Rn. 4; KMR/*Plöd* Rn. 4; Löwe/Rosenberg/*Beulke* Rn. 10; *Pfeiffer* Rn. 3; SK-StPO/*Weßlau* Rn. 10.
[52] Zutreffend Löwe/Rosenberg/*Beulke* Rn. 10.
[53] Löwe/Rosenberg/*Beulke* Rn. 10; SK-StPO/*Weßlau* Rn. 10.
[54] Siehe nur KK-StPO/*Schoreit* Rn. 7; Löwe/Rosenberg/*Beulke* Rn. 11.

des Landesverrats, der Gefährdung des demokratischen Rechtsstaates oder der Gefährdung der äußeren Sicherheit der Bundesrepublik ab. Diese inhaltliche Beschränkung des relevanten Wissens schließt die Anwendung von § 153e Abs. 1 S. 2 auf einen Teil der hier genannten Katalogtaten (nämlich die in § 74a Abs. 1 Nr. 4 und § 120 Abs. 1 Nr. 4–6 GVG aufgelisteten) regelmäßig aus.[55] Die nahezu allgM verlangt von dem zu begünstigenden Beschuldigten etc. eine **vollständige Preisgabe seines relevanten Wissens**.[56] Ob sich dieses Erfordernis bereits aus dem Wortlaut „sein Wissen"[57] ergibt, erscheint zweifelhaft. Bei einer nur partiellen Offenlegung vorhandenen Wissens mangelt es aber jedenfalls an der erforderlichen Gefährdungsumkehr bzw. einer zur Gefahrenabwehr genügenden Aufklärungshilfe.

19   **4. Grad der Sachverhaltsaufklärung.** Angesichts der während des gesamten Verfahrens bis zu dessen rechtskräftigem Abschluss bestehenden Anwendbarkeit von § 153e[58] ist der Grad der Aufklärung der verfahrensgegenständlichen Tat in tatsächlicher Hinsicht sowie hinsichtlich der spezifischen Anwendungsvoraussetzungen des § 153e höchst unterschiedlich. Soweit eine Einstellung des Ermittlungsverfahrens gemäß Abs. 1 durch den Generalbundesanwalt erfolgen soll, müssen die **Einstellungsvoraussetzungen zu dessen Überzeugungen feststehen**[59] und das Ermessen[60] entsprechend ausgeübt werden. Verhält es sich so, bedarf es keiner Fortführung der Ermittlungen mit dem Ziel, die Frage des hinreichenden Tatverdachts wegen der verfahrensgegenständlichen Tat zu klären (insoweit allgM).[61] Entsprechendes gilt für die übrigen Verfahrensstadien. Soweit nach Auffassung des zuständigen Gerichts[62] die Einstellungsvoraussetzungen gegeben sind und das Ermessen in Richtung auf die Einstellung ausgeübt werden soll, muss keine weitere Sachverhaltsaufklärung erfolgen, um zu einem Nichteröffnungsbeschluss oder einem Freispruch gelangen zu können.[63] Anderes gilt lediglich im Fall einer liquiden Einstellungs- oder Freispruchslage.[64] Befindet sich Verfahren in der **Revisionsinstanz**, kommt eine Einstellung entsprechend dem Vorgenannten nicht in Betracht, wenn nach § 354 Abs. 1 auf Freispruch zu erkennen wäre.

20   **5. Ermessensausübung.** Ob bei Vorliegen der Voraussetzungen von § 153e auf dessen Grundlage das Verfahren eingestellt wird, steht im **pflichtgemäßen Ermessen** (allgM).[65] Die Ausübung des Ermessens ist auf der einen Seite an dem Unrechts- und Schuldgehalt der fraglichen Tat und auf der anderen Seite anhand der Art und dem Zeitpunkt der Ausgleichshandlung unter Berücksichtigung ihrer Bedeutung für die Abwendung der Gefahr für von § 153e erfasste Interessen der Bundesrepublik auszurichten.[66]

IV. Absehen von der Verfolgung (Abs. 1)

21   **1. Zuständigkeit und Verfahren.** Für die Entscheidung über das Absehen von der Verfolgung gemäß Abs. 1 vor der Erhebung der öffentlichen Klage ist ausschließlich der **Generalbundesanwalt zuständig**. Das gilt dann, wenn das Verfahren, das eine Katalogtat zum Gegenstand hat, nicht gemäß § 142a GVG durch diesen sondern die zuständige Landesstaatsanwaltschaft geführt wird. Ergeben sich bei dieser Verfolgungszuständigkeit Anhaltspunkte für das Vorliegen der Voraussetzungen von § 153e ist die Landesstaatsanwaltschaft nach **Nr. 100 Abs. 2 RiStBV** gehalten, die **Akten dem Generalbundesanwalt vorzulegen**. Sieht die Staatsanwaltschaft eines Landes keine Anhaltspunkte für die Anwendung von § 153e, lässt sich schon aus praktischen Gründen keine Vorlagepflicht begründen. Sieht der Generalbundesanwalt trotz Verfolgung durch die Staatsanwaltschaft eines Landes von sich aus Anhaltspunkte für eine mögliche Einstellung gemäß § 153e, ist dieser berechtigt, die Landesstaatsanwaltschaft aufzufordern, ihm die Akten zur Prüfung vorzulegen;[67] diese Befugnis dürfte sich auf den in § 142a Abs. 1 S. 2 GVG enthaltenen Rechtsgedanken stützen lassen.

22   **2. Zustimmungs- und Anhörungserfordernisse.** Die Einstellung des Ermittlungsverfahrens durch den Generalbundesanwalt bedarf stets der **Zustimmung des nach § 120 GVG zuständigen**

---

[55] Näher Löwe/Rosenberg/*Beulke* Rn. 11 auch zu den daraus resultierenden Konsequenzen.
[56] HK-StPO/*Gercke* Rn. 5; KK-StPO/*Schoreit* Rn. 7; Löwe/Rosenberg/*Beulke* Rn. 11; SK-StPO/*Weßlau* Rn. 10.
[57] So Löwe/Rosenberg/*Beulke* Rn. 11.
[58] Oben Rn. 3.
[59] Siehe dazu im Einzelnen § 153b Rn. 16; die dortigen Ausführungen gelten entsprechend.
[60] Unten Rn. 20.
[61] AK-StPO/*Schöch* Rn. 3; HK-StPO/*Gercke* Rn. 3; KK-StPO/*Schoreit* Rn. 8; KMR/*Plöd* Rn. 2; Löwe/Rosenberg/*Beulke* Rn. 3; SK-StPO/*Weßlau* Rn. 3.
[62] Dazu unten Rn. 26–28 und 37.
[63] Vgl. auch bereits oben Rn. 6.
[64] Oben Rn. 6.
[65] HK-StPO/*Gercke* Rn. 3; KK-StPO/*Schoreit* Rn. 9; Löwe/Rosenberg/*Beulke* Rn. 12; SK-StPO/*Weßlau* Rn. 12.
[66] Siehe auch Löwe/Rosenberg/*Beulke* Rn. 12; SK-StPO/*Weßlau* Rn. 12.
[67] Wie hier KK-StPO/*Schoreit* Rn. 10.

Oberlandesgerichts. Die Zustimmung durch das Oberlandesgericht ist auch dann erforderlich, wenn das Verfahren durch die Staatsanwaltschaft eines Landes geführt wird und das für das Hauptverfahren zuständige Gericht die Staatsschutzkammer nach § 74a GVG ist. Da die Einstellungszuständigkeit ausschließlich bei dem Generalbundesanwalt liegt,[68] führt dieser – ggf. nach Vorlage der Akten durch die Landesstaatsanwaltschaft – die Entscheidung des Oberlandesgerichts über die Zustimmung zur Einstellung herbei.[69]

Das Oberlandesgericht **entscheidet** über die Ablehnung oder Erteilung der Zustimmung **durch Beschluss**[70] in der durch § 122 Abs. 1 GVG vorgesehenen Dreierbesetzung; § 122 Abs. 2 S. 1 ist nicht anwendbar,[71] weil es sich nicht um eine Entscheidung über die Eröffnung des Verfahrens handelt. Die Erteilung der Zustimmung erfolgt, wenn der Strafsenat ebenfalls von dem Vorliegen der Voraussetzungen des § 153e überzeugt ist und nach seinem eigenem pflichtgemäßen Ermessen[72] eine Einstellung für angezeigt hält. 23

Das Gesetz sieht **weder eine Zustimmung des Beschuldigten noch dessen Anhörung** vor.[73] Aus § 33 ergibt sich ebenfalls kein Anhörungsrecht, weil es weder um eine gerichtliche Entscheidung in der Hauptverhandlung geht noch um eine solche, bei der Tatsachen oder Beweisergebnisse zu seinem Nachteil verwertet werden. Eine Pflicht zur Belehrung des Beschuldigten über die Möglichkeit der Verfahrenseinstellung nach § 153e Abs. 1 schreibt das Gesetz nicht vor (siehe aber Nr. 100 Abs. 1 RiStBV). 24

3. Entscheidungsart und -inhalt. Liegt die erforderliche Zustimmung des Oberlandesgerichts vor, stellt der Generalbundesanwalt durch **Verfügung** das Verfahren unter Darlegung der Voraussetzungen des § 153e ein. Damit ist das Verfahren beendet. Hat das angegangene Oberlandesgericht die Zustimmung zur Einstellung abgelehnt, gibt der Generalbundesanwalt die Akten, soweit er das Verfahren nicht selber führt, an die zuständige Staatsanwaltschaft des Landes zum Zwecke der Fortsetzung des Verfahrens zurück. 25

V. Einstellung des Verfahrens nach Anklageerhebung (Abs. 2)

1. Zuständigkeit und Verfahren. Mit der Erhebung der Anklage geht die Kompetenz zur Anwendung von § 153e auf das **nach § 120 GVG zuständige Oberlandesgericht** über. Dessen Zuständigkeit ist auch dann begründet, wenn das Verfahren vor der Staatsschutzkammer nach § 74a GVG geführt wird (allgM).[74] 26

Die Aufspaltung der Zuständigkeit für die Durchführung des Verfahrens vor der Kammer nach § 74a GVG einerseits und die Einstellungsentscheidung durch das nach § 120 GVG zuständige Oberlandesgericht andererseits kann zu Schwierigkeiten bei der Herbeiführung einer Entscheidung über die Einstellung nach § 153e führen. In Bezug auf das erforderliche Procedere wird vielfach der missverständliche Begriff „Zwischenverfahren" verwendet.[75] Dieses Procedere dient dazu, die Entscheidung des Oberlandesgerichts über die Einstellung und die dazu erforderliche Zustimmung des Generalbundesanwaltes[76] zu ermöglichen.[77] Dieses sog. „Zwischenverfahren" ist im Hinblick auf die Konzentration der Einstellungszuständigkeit bei dem Generalbundesanwalt und dem Oberlandesgericht lediglich dann rechtlich unbedenklich, wenn die Staatsschutzkammer die Voraussetzungen des § 153e für gegeben erachtet und daraufhin die Akten über die Landesstaatsanwaltschaft und den Generalbundesanwalt dem Oberlandesgericht zur Entscheidung über die Einstellung vorlegt. Die **Vorlage erfolgt durch Kammerbeschluss**.[78] Ergeht dieser in der Hauptverhandlung, bedarf es deren Unterbrechung oder Aussetzung. Mangels Anfechtbarkeit des Vorlagebeschlusses und mangels Ablehnung eines Antrages erfordert § 34 keine Begründung; diese kann aber zweckmäßig sein, um den Anlass für die Vorlage zu verdeutlichen. Der Generalbundesanwalt legt nach einem entsprechenden Vorlagebeschluss der Kammer die Akten dem zuständigen Oberlandesgericht nur dann vor, wenn er der Einstellung auf der Grundlage eigener 27

---

[68] Oben Rn. 21.
[69] KK-StPO/*Schoreit* Rn. 9; Löwe/Rosenberg/*Beulke* Rn. 14.
[70] Zu dessen Anfechtbarkeit unten Rn. 35.
[71] Löwe/Rosenberg/*Beulke* Rn. 14.
[72] Zu den Kriterien oben Rn. 20.
[73] HK-StPO/*Gercke* Rn. 2; KMR/*Plöd* Rn. 6; Löwe/Rosenberg/*Beulke* Rn. 13; Meyer-Goßner Rn. 3.
[74] BGH v. 5. 11. 1957 – 1 StE 8/56, BGHSt 11, 52 f. (zu § 153c aF); *Kleinknecht* JZ 1957, 407 (410); KMR/*Plöd* Rn. 12; Löwe/Rosenberg/*Beulke* Rn. 17 mwN.
[75] Siehe bereits BGH v. 5. 11. 1957 – 1 StE 8/56, BGHSt 11, 52 (54) (zu § 153c aF); *Kleinknecht* JZ 1957, 407 (410); Löwe/Rosenberg/*Beulke* Rn. 17; SK-StPO/*Weßlau* Rn. 18.
[76] Dazu unten Rn. 29.
[77] Vgl. SK-StPO/*Weßlau* Rn. 18.
[78] Löwe/Rosenberg/*Beulke* Rn. 17 mwN.

Ermessensausübung zustimmen will; ansonsten gibt er die Akten vermittels der Staatsanwaltschaft des Landes an die Kammer zurück.[79]

28 Das „Zwischenverfahren" führt aber nach bisher ganz überwiegend vertretener Auffassung zu einer **Aushebelung der Zuständigkeitskonzentration**, wenn die Staatsschutzkammer einen **Antrag** der Landesstaatsanwaltschaft (ggf. auch des Angeschuldigten bzw. Angeklagten) **auf Aktenvorlage** bei dem zuständigen Oberlandesgericht **ablehnt**. Zwar ist der Antrag zu bescheiden[80] und der ablehnende Beschluss wegen der Ablehnung nach § 34 zu begründen. Da die ganz überwiegende Auffassung jedoch die Anfechtbarkeit des die Vorlage ablehnenden Beschlusses verneint,[81] wird zumindest **faktisch der Staatsschutzkammer die Macht eingeräumt, die Anwendung von § 153e auszuschließen**,[82] weil zugleich auch keine Möglichkeit für den Generalbundesanwalt oder das Oberlandesgericht bestehen soll, die Vorlage durch die Staatsschutzkammer zu erzwingen. Der BGH hat allerdings versucht, die der Kammer von der überwiegenden Auffassung eingeräumte Entscheidungsmacht zu begrenzen, indem eine Ablehnung der Vorlage nur bei „zweifelsfreiem" Fehlen der Voraussetzungen des § 153e in Betracht kommen soll.[83] Auch diese Einschränkung löst aber das Grundproblem einer Umgehung der Entscheidungskompetenz in Bezug auf § 153e bei den Oberlandesgerichten und dem Generalbundesanwalt nicht. Da sich dem Gesetz eine Vorlagepflicht der Kammer nicht entnehmen lässt, kann die Zuständigkeitskonzentration nur durch die Einräumung eines Rechtsbehelfs gegen den die Vorlage ablehnenden Beschluss gewährleistet werden.[84]

29 **2. Zustimmungs- und Anhörungserfordernisse.** Vor der Einstellungsentscheidung des Oberlandesgerichts bedarf es stets der **Zustimmung des Generalbundesanwalts**. Soweit dieser nicht ohnehin gemäß § 142a GVG in Verfahren vor dem Oberlandesgericht das Amts des Staatsanwaltes ausübt, führt bei Verfahren vor der Kammer nach § 74a GVG die dort amtierende Landesstaatsanwaltschaft die Entscheidung des Generalbundesanwaltes herbei, wenn die Kammer die Anwendung von § 153e anregt.

30 Der **Zustimmung des Angeschuldigten bzw. Angeklagten** bedarf es **nicht**; auch nicht die eines etwaigen Nebenklägers. Ob es vor der Einstellungsentscheidung einer **Anhörung des Angeklagten** bedarf, bestimmt sich nach § 33 (strg.).[85] Bei einer Einstellung in der Hauptverhandlung durch das Oberlandesgericht erzwingt § 33 Abs. 1 seine Anhörung; ansonsten lässt sich lediglich nach dem Rechtsgedanken von § 33 Abs. 3 die Anhörung des Angeklagten annehmen, wenn der Generalbundesanwalt die Einstellung angeregt hat, das Oberlandesgericht dem aber nicht folgen will.

31 Dem Vorgenannten entsprechend legt § 33 Abs. 3 die Anhörung des Angeklagten auch dann nahe, wenn das Verfahren gegen diesen vor der Kammer nach § 74a geführt wird, diese im Rahmen des sog. „Zwischenverfahrens"[86] die Vorlage an das zuständige Oberlandesgericht beschlossen hat, der zuständige Strafsenat aber nicht einstellen will.[87] Ob die Anhörung durch die Kammer oder ihrer Vorlageentscheidung genügt, ist zweifelhaft und lediglich dann ausreichend, wenn der Strafsenat seiner ablehnenden Entscheidung ausschließlich Tatsachen und Beweismittel zugrunde legen will, zu denen der Angeklagte hat bereits Stellung nehmen können.

32 **3. Entscheidungsart/-inhalt und Wirkungen.** Das Oberlandesgericht entscheidet über die Einstellung des Verfahrens nach § 153e Abs. 2 durch **Beschluss**. Ist es mit der Einstellungsentscheidung im Rahmen des sog. „Zwischenverfahrens"[88] befasst, ergeht die **Entscheidung** in **Dreierbesetzung (§ 122 Abs. 1 GVG)**. Lediglich in den Konstellationen des § 120 GVG, in denen das Oberlandesgericht selbst erkennendes Gericht ist, wird in Fünferbesetzung beschlossen, falls nicht von § 122 Abs. 2 S. 2 GVG Gebrauch gemacht worden ist. Der auf **Einstellung** lautende **Beschluss** muss keine Begründung enthalten, weil § 34 eine solche nicht vorschreibt. In Hinblick auf den dem Beschluss zugeschriebenen begrenzten Strafklageverbrauch[89] empfiehlt sich eine solche aber. Lehnt der Senat die vom Generalbundesanwalt oder dem Angeklagten beantragte Verfah-

---

[79] BGH v. 5. 11. 1957 – 1 StE 8/56, BGHSt 11, 52 (54) (zu § 153c aF); AK-StPO/*Schöch* Rn. 8; Löwe/Rosenberg/*Beulke* Rn. 17.
[80] Zutreffend Löwe/Rosenberg/*Beulke* Rn. 17.
[81] *Kleinknecht* JZ 1957, 407 (409); KMR/*Plöd* Rn. 14; Löwe/Rosenberg/*Beulke* Rn. 20; wohl auch SK-StPO/*Weßlau* Rn. 18; siehe auch BGH v. 5. 11. 1957 – 1 StE 8/56, BGHSt 11, 52 (54) (zu § 153c aF) sowie unten Rn. 36.
[82] Vgl. Löwe/Rosenberg/*Beulke* Rn. 17.
[83] BGH v. 5. 11. 1957 – 1 StE 8/56, BGHSt 11, 52 (54) (zu § 153c aF).
[84] So bereits *Wagner* GA 1958, 210; näher unten Rn. 36.
[85] Zutreffend Löwe/Rosenberg/*Beulke* Rn. 16 mwN.
[86] Oben Rn. 27f.
[87] Ebenso AK-StPO/*Schöch* Rn. 9; Löwe/Rosenberg/*Beulke* Rn. 18.
[88] Oben Rn. 27f.
[89] Unten Rn. 39.

renseinstellung ab, folgt eine Begründungspflicht aus § 34. Die Bekanntmachung bestimmt sich nach § 35. Ergeht ein Einstellungsbeschluss, endet das Verfahren.[90]

Der Beschluss über die **Einstellung des Verfahrens** ist mit **Nebenentscheidungen** zu versehen. Die Kostenentscheidung richtet sich nach § 467 Abs. 1 und 4.[91] Entscheidungen über die Auslagen eines Nebenklägers werden kaum jemals in Frage kommen. Ggf. ist über die Entschädigung für Strafverfolgungsmaßnahmen zu entscheiden (§ 8 StrEG); der Inhalt bestimmt sich nach § 3 StrEG. 33

VI. Rechtsbehelfe

1. **Absehen von der Verfolgung (Abs. 1).** Gegen die Einstellungsverfügung des Generalbundesanwaltes ist das **Klageerzwingungsverfahren nicht statthaft** (§ 172 Abs. 2 S. 3).[92] Möglich ist lediglich die **Dienstaufsichtsbeschwerde**. Selbst dann, wenn die Einstellung (versehentlich) ohne die erforderliche Zustimmung des Oberlandesgerichts verfügt worden ist, steht ein anderer Rechtsbehelf nicht zur Verfügung. Da die Einstellungsverfügung aber keinen Strafklageverbrauch herbeiführen soll,[93] kann der Generalbundesanwalt das Verfahren wiederaufgreifen und falls die Zustimmung des Oberlandesgerichts ausbleibt, Anklage erheben bzw. die Akten an die zuständige Landesstaatsanwaltschaft zurückgeben. 34

2. **Einstellung des Verfahrens (Abs. 2). a) Beschwerde.** Gegen die von dem Oberlandesgericht getroffenen Entscheidungen über die Einstellung ist die **Beschwerde gemäß § 304 Abs. 4 S. 2 ausgeschlossen**. Das gilt sowohl für den Einstellungsbeschluss als auch für den die Zustimmungserteilung ablehnenden Beschluss. Wegen § 304 Abs. 4 S. 2 kommt eine Beschwerde – anders als bei §§ 153, 153 a und b[94] – selbst dann nicht in Betracht, wenn irrtümlich die Einstellung ohne die erforderliche Zustimmung des Generalbundesanwaltes beschlossen worden ist.[95] Der Ausschluss der Beschwerde erfasst auch die Entscheidung über Kosten- und Auslagen sowie über die Gewährung von Entschädigung für Strafverfolgungsmaßnahmen.[96] 35

Findet das Verfahren vor der Staatsschutzkammer statt und muss deshalb zur Herbeiführung der Entscheidung des Oberlandesgerichts das sog. **Zwischenverfahren**[97] betrieben werden, soll nach ganz überwiegender Auffassung die Entscheidung der Kammer, die Akten dem Generalbundesanwalt zur Entscheidung des Oberlandesgericht vorzulegen, nicht anfechtbar sein.[98] Dem ist nicht zuzustimmen. Der Ausschluss eines Rechtsbehelfs hebelt die Konzentration der Zuständigkeit der Entscheidung über die Einstellung nach § 153 e bei dem Oberlandesgericht und dem Generalbundesanwalt aus.[99] Um die Zuständigkeitskonzentration zu wahren, ist daher eine **Beschwerde zuzulassen,**[100] wenn die Staatsschutzkammer den Antrag eines Verfahrensbeteiligten auf Vorlage der Akten an das Oberlandesgericht ablehnt. Soweit die Staatsschutzkammer eigenständig das Verfahren, ohne zuständig zu sein, einstellt, steht der Staatsanwaltschaft ohnehin die Beschwerde zu.[101] 36

b) **Revision.** Das Ausbleiben einer Einstellung nach § 153 e Abs. 2 kann nicht mit der Revision gegen das Urteil der Staatsschutzkammer (§ 74 a GVG) oder des Staatsschutzsenats (§ 120 GVG) geltend gemacht werden.[102] Allerdings kann in der **Revisionsinstanz** selbst § 153 e Abs. 2 angewendet werden.[103] Abweichend vom Wortlaut ist der **BGH** dann für den Einstellungsbeschluss **zuständig** (allgM).[104] 37

VII. Strafklageverbrauch

Der **Einstellungsverfügung** des Generalbundesanwaltes **nach Abs. 1** wird nach allgM **keine strafklageverbrauchende Wirkung** zugemessen.[105] Diese Bewertung scheint im Hinblick auf das 38

---
[90] KK-StPO/*Schoreit* Rn. 13.
[91] Siehe näher § 153 b Rn. 24.
[92] HK-StPO/*Gercke* Rn. 2; KK-StPO/*Schoreit* Rn. 10; KMR/*Plöd* Rn. 14; Löwe/Rosenberg/*Beulke* Rn. 15; SK-StPO/ *Weßlau* Rn. 23.
[93] Unten Rn. 38.
[94] Siehe § 153 b Rn. 27.
[95] Löwe/Rosenberg/*Beulke* Rn. 20.
[96] Näher § 304 Rn. 10.
[97] Oben Rn. 27 f.
[98] *Kleinknecht* JZ 1957, 407 (409); KMR/*Plöd* Rn. 14; Löwe/Rosenberg/*Beulke* Rn. 20; wohl auch SK-StPO/*Weßlau* Rn. 18; siehe auch BGH v. 5. 11. 1957 – 1 StE 8/56, BGHSt 11, 52 (54) (zu § 153 c aF); siehe auch oben Rn. 28.
[99] Oben Rn. 28.
[100] Ebenso bereits *Wagner* GA 1958, 210.
[101] Löwe/Rosenberg/*Beulke* Rn. 20.
[102] Löwe/Rosenberg/*Beulke* Rn. 21.
[103] Siehe oben Rn. 3 mit Fn. 12.
[104] AK-StPO/*Schöch* Rn. 7; HK-StPO/*Gercke* Rn. 6; KK-StPO/*Schoreit* Rn. 13; KMR/*Plöd* Rn. 12; Löwe/Rosenberg/*Beulke* Rn. 21; SK-StPO/*Weßlau* Rn. 17 und 23.
[105] Siehe nur KMR/*Plöd* Rn. 14 mwN.

§ 153f 1   Zweites Buch. Verfahren im ersten Rechtszug

Fehlen einer § 153a Abs. 1 S. 5 entsprechenden Regelung und den möglicherweise geringen Ermittlungsgrad[106] nahe zu liegen. Die im Ergebnis übereinstimmende rechtliche Beurteilung der Einstellungsvoraussetzungen durch den Generalbundesanwalt und das Oberlandesgericht sprechen jedoch dafür, der Einstellungsverfügung einen **begrenzten Strafklageverbrauch** zuzusprechen und ein Wiederaufgreifen des Verfahrens nur dann zuzulassen, wenn neue Tatsachen und Beweismittel zu einer abweichenden Bewertung der für die Ausübung des Einstellungsermessens relevanten Kriterien[107] führen.[108]

39 Der **gerichtliche Einstellungsbeschluss** nach Abs. 2 verbraucht in einem begrenzten Umfang die **Strafklage** (allgM).[109] Für das Wiederaufgreifen des Verfahrens kann es allerdings nicht allein darauf ankommen, dass neue Tatsachen und Beweismittel zu einer anderen rechtlichen Qualifizierung oder einer erheblich höheren Schuld führen;[110] vielmehr kommt es darauf an, dass die Nova zu einer anderen rechtlichen Bewertung der für die Ausübung des Einstellungsermessens maßgeblichen Kriterien und damit zu einer anderen Abwägung der konkurrierenden Kriterien führen. Dafür ist der Unrechts- und Schuldgehalt ein Faktor, aber nicht der einzige.

§ 153f [Absehen von der Verfolgung einer nach VStGB strafbaren Tat]

(1) ¹Die Staatsanwaltschaft kann von der Verfolgung einer Tat, die nach den §§ 6 bis 14 des Völkerstrafgesetzbuches strafbar ist, in den Fällen des § 153c Abs. 1 Nr. 1 und 2 absehen, wenn sich der Beschuldigte nicht im Inland aufhält und ein solcher Aufenthalt auch nicht zu erwarten ist. ²Ist in den Fällen des § 153c Abs. 1 Nr. 1 der Beschuldigte Deutscher, so gilt dies jedoch nur dann, wenn die Tat vor einem internationalen Gerichtshof oder durch einen Staat, auf dessen Gebiet die Tat begangen oder dessen Angehöriger durch die Tat verletzt wurde, verfolgt wird.

(2) ¹Die Staatsanwaltschaft kann insbesondere von der Verfolgung einer Tat, die nach den §§ 6 bis 14 des Völkerstrafgesetzbuches strafbar ist, in den Fällen des § 153c Abs. 1 Nr. 1 und 2 absehen, wenn

1. kein Tatverdacht gegen einen Deutschen besteht,
2. die Tat nicht gegen einen Deutschen begangen wurde,
3. kein Tatverdächtiger sich im Inland aufhält oder ein solcher Aufenthalt auch nicht zu erwarten ist und
4. die Tat vor einem internationalen Gerichtshof oder durch einen Staat, auf dessen Gebiet die Tat begangen wurde, dessen Angehöriger der Tat verdächtig ist oder dessen Angehöriger durch die Tat verletzt wurde, verfolgt wird.

²Dasselbe gilt, wenn sich ein wegen einer im Ausland begangenen Tat beschuldigter Ausländer im Inland aufhält, aber die Voraussetzungen nach Satz 1 Nr. 2 und 4 erfüllt sind und die Überstellung an einen internationalen Gerichtshof oder die Auslieferung an den verfolgenden Staat zulässig und beabsichtigt ist.

(3) Ist in den Fällen des Absatzes 1 oder 2 die öffentliche Klage bereits erhoben, so kann die Staatsanwaltschaft die Klage in jeder Lage des Verfahrens zurücknehmen und das Verfahren einstellen.

Schrifttum: *Ambos*, Völkerrechtliche Kernverbrechen, Weltrechtsprinzip und § 153f StPO, NStZ 2006, 434; *Basak*, Der Fall Rumsfeld – Ein Begräbnis Dritter Klasse für das Völkerstrafgesetzbuch, KritV 2007, 333; *Gierhake*, Das Prinzip der Weltrechtspflege und seine prozessuale Umsetzung in § 153f der Strafprozessordnung, ZStW 120 (2008), S. 375; *Hoyer*, Internationaler Strafgerichtshof und nationalstaatliche Souveränität, GA 2004, 321; *Keller*, Grenzen, Unabhängigkeit und Subsidiarität der Weltrechtspflege, GA 2006, 25; *Kreß*, Völkerstrafrecht und Weltrechtspflegeprinzip im Blickfeld des Internationalen Gerichtshofs, ZStW 114 (2002), S. 818; *ders.*, Nationale Umsetzung des Völkerstrafgesetzbuches, ZIS 2007, 515; *Singelnstein/Stolle*, Völkerstrafrecht und Legalitätsprinzip – Klageerzwingungsverfahren bei Opportunitätseinstellungen und Auslegung des § 153f StPO, ZfS 2006, 118; *Weigend*, Grund und Grenzen universaler Gerichtsbarkeit, Festschrift Eser, 2005, S. 955.

I. Zweck der Vorschrift

1 Die Vorschrift ermöglicht ein **Absehen von der Verfolgung** bzw. eine **Einstellung** des Verfahrens, das (auch) den Verdacht der **Begehung von Völkerstraftaten** nach den §§ 6–14 VStGB zum

---

[106] Vgl. Rn. 19.
[107] Oben Rn. 20.
[108] Siehe zu parallelen Erwägungen bzgl. der Einstellung nach § 153 Abs. 1 *Radtke*, Die Systematik des Strafklageverbruchs verfahrenserledigender Entscheidungen, 1993, S. 383 ff.
[109] AK-StPO/*Schöch* Rn. 10; HK-StPO/*Gercke* Rn. 6; KK-StPO/*Schoreit* Rn. 15; KMR/*Plöd* Rn. 14; *Meyer-Goßner* Rn. 8.
[110] So aber AK-StPO/*Schöch* Rn. 10.

Gegenstand hat, durch die zuständige Staatsanwaltschaft[1] **in jeder Lage des Verfahrens** (vgl. Abs. 3). Der Gesetzgeber bezweckt mit § 153 f auf der Ebene des Strafverfahrensrechts einen **Ausgleich von unterschiedlichen,** teils gegenläufigen staatlichen **Interessen im Zusammenhang mit der Verfolgung von Völkerrechtsverbrechen.** Durch § 1 VStGB hat der deutsche Gesetzgeber für die Verbrechenstatbestände des VStGB[2] die deutsche Strafgerichtsbarkeit und in Gestalt des VStGB sein materielles Strafrecht[3] auf der Grundlage des **Weltrechtsprinzips** auch auf Straftaten ohne jeglichen Inlandsbezug (keine Inlandstat, kein Inländer auf Täter- oder Opferseite, kein im Inland befindlicher Tatverdächtiger) erstreckt. Mit der Anwendbarkeit materiellen deutschen Strafrechts und des Bestehens deutscher Gerichtsbarkeit in solchen Konstellationen ginge verfahrensrechtlich eigentlich eine **Verfolgungspflicht des Generalbundesanwaltes** (vgl. § 142 a Abs. 1 iVm. § 120 Abs. 1 Nr. 8 GVG) nach dem Legalitätsprinzip einher. Handelte es sich bei Völkerrechtsverbrechen betreffende Taten (im prozessualen Sinne) um Auslandstaten, eröffnet § 153 c der Staatsanwaltschaft in recht weitgehendem Umfang Möglichkeiten, von der Verfolgung entsprechender Taten abzusehen. Die Weite des Anwendungsbereich von § 153 c[4] harmoniert jedoch nicht mit Grundentscheidung des Gesetzgeber, über die Statuierung des Weltrechtsprinzips in § 1 VStGB das bislang bei der Verfolgung von Völkerstraftaten häufig zu beobachtende Ausbleiben einer Bestrafung der Verantwortlichen(„the perpetrators of international crimes should not go unpunished")[5] zu vermeiden.[6] Insofern **schränkt § 153 f** bei sich nach den §§ 3–9 StGB als Auslandstaten darstellenden Völkerstraftaten die durch § 153 c an sich **eröffneten Einstellungsmöglichkeiten der Staatsanwaltschaft ein.**[7] Indem aber § 153 f in einem gegenüber § 153 c begrenzteren Umfang bei Auslandstaten selbst das Absehen von der Verfolgung bzw. die Einstellung des Verfahrens gestattet, trägt es zugleich den tatsächlichen und rechtlichen Schwierigkeiten Rechnung, die sich bei einem schrankenlosen Verfolgungszwang der deutschen Staatsanwaltschaft für Völkerstraftaten ohne jeglichen Inlandsbezug ergeben können.[8]

Vor dem Hintergrund des vorstehend angesprochenen Ausgleichs divergierender innerstaatlichen Interessen im Kontext der Verfolgung von Völkerrechtsverbrechen verfolgt der Gesetzgeber mit § 153 f insgesamt **drei teils einander überlappende, teils gegenläufige Zwecke:** (1.) Die Vorschrift **ergänzt** die mit § 1 VStGB getroffene Entscheidung für die Ausübung deutscher Gerichtsbarkeit und die Anwendung materiellen deutschen Strafrechts nach dem Weltrechtsprinzip in seinem unumstrittenen Kern ohne jeden Inlandsbezug,[9] indem das prozessual ansonsten über § 153 c eröffnete Einstellungsermessen der Staatsanwaltschaft bei der Verfolgung von Völkerstraftaten eingeschränkt wird. (2.) Zugleich **grenzt** § 153 f den an sich aufgrund §§ 152, 170 Abs. 1 bestehenden **Verfolgungszwang** in solchen Konstellationen **ein,** in denen die Verfolgung einer reinen Auslandstat durch deutsche Strafverfolgungsbehörden diese durch „unzweckmäßige Ermittlungsarbeit" überlasten würde;[10] das kommt grundsätzlich dann in Betracht, wenn aus tatsächlichen Gründen nicht davon ausgegangen werden kann, der Beschuldigte werde in Deutschland vor Gericht gestellt oder wenn Ermittlungshandlungen etwa wegen der Verhältnisse im Tatortstaat nicht erfolgversprechend durchgeführt werden können oder wenn eine anderweitige, vorrangige Strafverfolgung gewährleistet ist.[11] In Bezug auf die Möglichkeit der Durchführbarkeit des Strafverfahrens in Deutschland ist allerdings zu bedenken, dass Ermittlungsmaßnahmen durch deutsche Strafverfolgungsbehörden als antizipierte Völkerrechtshilfe der Ermöglichung eines Strafverfahrens in einem tatnäheren Staat dienen können.[12] (3.) Zugleich bezweckt § 153 f die Umsetzung eines **Rangverhältnisses von Verfolgungszuständigkeiten** in Bezug auf Völkerrechts-

---

[1] Dazu unten Rn. 25.
[2] Zu diesen unten Rn. 5.
[3] Bzgl. der Unterscheidung von Gerichtsbarkeit und anwendbarem materiellen Recht siehe lediglich *Weigend,* FS Eser, 2005, S. 955 f.
[4] Zu den dort maßgeblichen Erwägungen der Ausübung des staatsanwaltschaftlichen Ermessens § 153 c Rn. 30.
[5] International Court of Justice, Case Concerning the Arrest Warrant of 11 April 2000 (Democratic Republic of Congo vs. Kingdom of Belgium), Judgement of 14 February 2002, Joint Separate Opinion of Judges *Higgins, Kooijmans* und *Buergenthal,* I. C. J. 2002, Ziff. 51 (S. 78).
[6] Dazu BT-Drucks. 14/8524, S. 37; *Kreß* ZIS 2007, 515; Löwe/Rosenberg/*Beulke* Rn. 4.
[7] Insoweit ebenso Löwe/Rosenberg/*Beulke* Rn. 4.
[8] Vgl. BT-Drucks. 14/8524, S. 37; siehe auch *Ambos* NStZ 2006, 434 (435); *Kreß* ZIS 2007, 515; *Singelnstein/Stolle* ZIS 2006, 118 (119); Löwe/Rosenberg/*Beulke* Rn. 4; SK-StPO/*Weßlau* Rn. 1.
[9] Zu diesem ausführlich *Weigend,* FS Eser, S. 955 ff. („Sachverhalte, die sich nicht auf seinem Territorium abgespielt haben, die seine staatlichen Eigeninteressen nicht unmittelbar berührt haben und an denen seine Staatsangehörigen weder auf Täter- noch auf Opferseite beteiligt waren", aaO S. 955 f.
[10] BT-Drucks. 14/8524, S. 37; *Ambos* NStZ 2006, 434 (435); *Kreß* ZIS 2007, 515; *Singelnstein/Stolle* ZIS 2006, 118 (119); Löwe/Rosenberg/*Beulke* Rn. 5; SK-StPO/*Weßlau* Rn. 1.
[11] Vgl. insoweit lediglich *Singelnstein/Stolle* ZIS 2006, 118 (119).
[12] *Kreß* ZIS 2007, 516 (517).

verbrechen;[13] primär besteht die Gerichtsbarkeit solcher Staaten, deren Strafrecht aufgrund der Anknüpfungskriterien Tatort bzw. aktive oder passive Personalität begründet ist;[14] auf der zweiter Stufe steht die Verfolgungszuständigkeit durch internationale Strafgerichtshöfe und erst auf der dritten Stufe kommt die Ausübung der Strafgerichtsbarkeit solcher (Dritt)Staaten in Betracht, deren Gerichtsbarkeit und die Anwendung deren materiellen Strafrechts lediglich auf dem Weltrechtsprinzip beruht (vgl. insoweit § 153f Abs. 2 S. 1 Nr. 4 und Abs. 2).[15] Dabei ist allerdings – jenseits aller generellen Schwierigkeiten eines Rangverhältnisses von Anknüpfungskriterien der Strafanwendung[16] – zu bedenken, dass der im Statut des IStGH verankerte **Grundsatz der Komplementarität** (siehe Präambel Abs. 9 sowie Art. 1 S. 2 Hs. 2, Art. 17 IStGH-Statut) bei der Bestimmung der (vorrangigen) Gerichtsbarkeit zwischen IStGH und einem lediglich als Drittstaat betroffenen Vertragsstaat nicht einfach zu handhaben ist.

3 § 153 f bezweckt dagegen – anders als § 153 d[17] – **nicht, außenpolitische Interessen** der Bundesrepublik **Vorrang** vor dem Interesse an der Strafverfolgung von Völkerstraftaten **zu geben**.[18] Ebenso wenig verfolgt die Einstellung auf der Grundlage dieser Vorschrift diversionelle Zwecke; im Gegenteil geht es gerade um die Sicherung der Strafverfolgung von Völkerstraftaten. Justizökonomischen Zwecken ist lediglich insoweit gedient, als die Staatsanwaltschaft mittels § 153 f auf unzweckmäßige und nicht erfolgversprechende Ermittlungshandlungen bei vollständig fehlendem Inlandsbezug der Tat verzichten darf.[19]

II. Anwendungsbereich

4 **1. Anwendbarkeit in den Verfahrensstadien.** Wie sich aus den sachlichen Voraussetzungen der Vorschrift einerseits und der in Abs. 3 ausdrücklich gestatteten Rücknahme der öffentlichen Klage „in jeder Lage Verfahrens" ergibt, findet § 153 f **in allen Verfahrensstadien bis zum vollständigen rechtskräftigen Abschlusses des Prozesses** Anwendung. Auf die Vorschrift kann damit bereits die Ablehnung der Aufnahme von Ermittlungen gestützt werden, wenn die Anwendungsvoraussetzungen in diesem Stadium feststehen und die zuständige Staatsanwaltschaft[20] ihr Ermessen[21] in Richtung auf die Anwendung von § 153 f ausübt. Allerdings wird insoweit im Rahmen der Ermessensausübung die Möglichkeit einer antizipierten Rechtshilfe[22] zugunsten einer vorrangig zuständigen Gerichtsbarkeit zu bedenken sein. Von § 153 f kann **auch noch in der Revisionsinstanz** Gebrauch gemacht werden; evtl. eingetretene Teilrechtskraft steht nicht entgegen.[23]

5 **2. Anwendbarkeit in sachlicher Hinsicht.** Die durch § 153 f eröffnete Einstellungsmöglichkeit bezieht sich ausschließlich auf solche prozessualen Taten, die (zumindest auch)[24] **Völkerstraftaten nach §§ 6 bis 14 VStGB** zum Gegenstand haben. Im Einzelnen handelt es sich dabei um die Verbrechen des **Völkermordes** (§ 6 VStGB), der **Verbrechen gegen die Menschlichkeit** (§ 7 VStGB) sowie die im VStGB über fünf einzelne Tatbestände „verteilten" **Kriegsverbrechen** (§ 8–12 VStGB). Die Form der Beteiligung an den entsprechenden Völkerrechtsverbrechen (vgl. §§ 25–27 StGB; Art. 25 IStGH-Statut) ist nicht maßgeblich. Auf die als Vergehen ausgestaltete **Verletzung der Aufsichtspflicht militärischer und ziviler Vorgesetzter** (§ 13 VStGB) und das **Unterlassen der Meldung einer Straftat** von Untergebenen (§ 14 VStGB) findet § 153 f zwar grundsätzlich auch Anwendung. Allerdings besteht in Bezug auf die beiden Vergehenstatbestände insoweit eine Besonderheit, als die Ausübung deutscher Gerichtsbarkeit und die Anwendung des VStGB hier nicht auf dem Weltrechtsprinzip des § 1 VStGB beruht, sondern die allgemeinen Regelungen des nationalen Strafanwendungsrechts (§§ 3 ff. StGB) den Zugriff auf materielles deutsches Strafrecht gestatten (vgl. § 2 VStGB). Ob die mit §§ 13, 14 VStGB geschaffenen Strafvorschriften die Regelung

---

[13] Dazu *Ambos* NStZ 2006, 434 (435 f.); *Gierhake* ZStW 120 (2008), S. 375 (396 f.); *Keller* GA 2006, 25 (34 ff.); *Weigend*, Eser-FS, S. 955 (976); KK-StPO/*Schoreit* Rn. 3; Löwe/Rosenberg/*Beulke* Rn. 5; SK-StPO/*Weßlau* Rn. 2.
[14] Aufgrund völkerrechtlicher Regelungen kann sich Anderes ergeben; so begründen Art. 9 JStGH-Statut und Art. 8 RStGH-Statut eine vorrangige Gerichtsbarkeit selbst vor der Gerichtsbarkeit der Tatortstaaten.
[15] Nachw. wie Fn. 13.
[16] Dazu auf der horizontalen Ebene des Verhältnisses der Verfolgungszuständigkeiten mehrerer Nationalstaaten zueinander *Radtke/Mahler*, FS Rüping, 2009, S. 49 ff.
[17] § 153 d Rn. 1.
[18] *Kreß* ZIS 2007, 515 (517); *Kreicker*, in: *Kreicker/Eser* (Hrsg.), Nationale Strafverfolgung völkerrechtlicher Verbrechen, Band 1, 2003, S. 433 f.
[19] Vgl. BT-Drucks. 14/8524, S. 37; *Singelnstein/Stolle* ZIS 2006, 118 (119); *Kreicker*, in: Kreicker/Eser (Hrsg.), Nationale Strafverfolgung völkerrechtlicher Verbrechen, S. 261; Löwe/Rosenberg/*Beulke* Rn. 5.
[20] Unten Rn. 25.
[21] Zur Ermessensausübung unten Rn. 27 f.
[22] Oben Rn. 2; *Kreß* ZIS 2007, 515 (517).
[23] Löwe/Rosenberg/*Beulke* Rn. 44; siehe auch § 153 d Rn. 2.
[24] Siehe unten Rn. 6.

in Art. 28 IStGH-Statut über die sog. Vorgesetztenverantwortlichkeit[25] völkervertragsrechtlich genügend umsetzen, ist für die Anwendbarkeit von § 153 f ohne Belang.

§ 153 f erfasst die **gesamte verfahrensgegenständliche prozessuale Tat**,[26] wenn diese sich auch 6 als Völkerstraftat gemäß §§ 6 bis 14 VStGB materiell würdigen lässt. Verwirklicht innerhalb derselben prozessualen Tat ein Beschuldigter etc. tateinheitlich oder tatmehrheitlich Straftatbestände des StGB oder des sonstigen nationalen Strafrechts außerhalb des StGB,[27] so bezieht sich die auf § 153 f gestützte Einstellung des Verfahrens regelmäßig auch auf die diese Straftatbestände.[28] In solchen Konstellationen wird das **Schwergewicht der Tat**[29] typischerweise bei der Völkerstraftat liegen. Wegen des bei den Völkerrechtsverbrechen[30] erforderlichen Kontextelements (zB der ausgedehnte und systematische Angriff auf die Zivilbevölkerung bei den Menschlichkeitsverbrechen des § 7 VStGB) kann selbst bei schweren Einzeltaten (etwa § 211 StGB) das Schwergewicht kaum jemals bei der Straftat nach allgemeinem Strafrecht liegen; anderes könnte allenfalls für Beschuldigte etc. gelten, gegen die völkerstrafrechtlich lediglich ein Tatvorwurf wegen Vorgesetztenverantwortlichkeit besteht, die aber nach allgemeinem Strafrecht strafbare schwerere Einzelhandlungen vorgenommen haben mögen. Hat das Verfahren mehrere prozessuale Taten zum Gegenstand, ist das Vorliegen der Voraussetzungen von § 153 f für jede einzelne Tat im prozessualen Sinne gesondert zu prüfen.[31]

3. Anwendbarkeit in persönlicher Hinsicht. Die Vorschrift ist grundsätzlich sowohl auf deut- 7 sche als auch auf ausländische Staatsangehörige anwendbar. Allerdings unterscheiden die Voraussetzungen des Absehens von der Verfolgung im Einzelnen nach der Staatsangehörigkeit des Beschuldigten (vgl. Abs. 1 S. 2). Darüber hinaus ist die Anwendbarkeit von § 153 f ausgeschlossen, wenn sich das Verfahren gegen Beschuldigte richtet bzw. richten würde, die **Immunität** nach §§ 18–20 GVG genießen und aus diesem Grund nicht der nationalen deutschen Gerichtsbarkeit unterliegen.[32] Genießen die Beschuldigten bzw. Tatverdächtigen Immunität[33] als Ausfluss der völkerrechtlichen Staatenimmunität, ist das inländische Strafverfahren, soweit es überhaupt eingeleitet worden ist, gemäß § 170 Abs. 2 einzustellen. Die durch §§ 18–20 GVG gewährte Immunität betrifft aber lediglich die **Durchführung eines nationalen Strafverfahrens**. § 21 GVG lässt im Hinblick auf die nach Art. 27 IStGH-Statut gerade ausgeschlossene Immunität bei Handeln als Organ des Staates[34] die **Überstellung** von solchen Tatverdächtigen **an den IStGH** und die Gewährung von Rechtshilfe **zu**.[35]

4. Verhältnis zu anderen Einstellungsmöglichkeiten. Angesichts der spezifischen, allein auf Völ- 8 kerstraftaten bezogenen Anwendungsvoraussetzungen von § 153 f werden – mit Ausnahme von § 153 c – selten Fragen der Abgrenzung zu Verfahrenserledigungen auf anderer rechtlicher Grundlage virulent. Im Verhältnis zu **§ 170 Abs. 2** und zu **§ 204** kommt dem Verfahrensabschluss mangels hinreichenden Tatverdachts jedenfalls dann der Vorrang zu, wenn dessen Fehlen zum Zeitpunkt der Einstellung-/Nichteröffnungsentscheidung feststeht (**liquide Einstellungslage**). Wie bei anderen Einstellungen auf der Grundlage des Opportunitätsprinzips auch bedarf es aber keiner Fortführung des Verfahrens mit dem Ziel der Klärung des hinreichenden Tatverdachts, wenn zur Überzeugung der zuständigen Staatsanwaltschaft die Voraussetzungen für die Einstellung nach § 153 f vorliegen und das Ermessen entsprechend ausgeübt wird. In der Ermessensausübung ist allerdings der Aspekt einer möglichen antizipierten Rechtshilfe[36] einzubeziehen. Nach § 170 Abs. 2 oder § 204 ist aber jedenfalls zu verfahren, wenn sich ergibt, dass die verfahrensgegenständliche Tat materiell allein als Völkerrechtsvergehen nach §§ 13, 14 VStGB zu würdigen ist und die deutsche Gerichtsbarkeit nicht nach §§ 3–7 StGB eröffnet ist.[37] Im Verhältnis zu § 153 c hat § 153 f als speziellere Vorschrift innerhalb seines Anwendungsbereichs Vorrang; Gleiches gilt auch im Verhältnis zu **§ 154 b**.[38]

---

[25] Zu dieser siehe *Radtke*, FS Egon Müller, 2008, S. 577 ff. mit zahlr. wN.
[26] Löwe/Rosenberg/*Beulke* Rn. 13; SK-StPO/*Weßlau* Rn. 6.
[27] Was vor allem bei Anwendbarkeit aufgrund aktiver und/oder passiver Personalität der Fall sein kann.
[28] Im Ergebnis ebenso Löwe/Rosenberg/*Beulke* Rn. 13.
[29] Zu diesem Kriterium näher § 153 d Rn. 4.
[30] Oben Rn. 4.
[31] Siehe § 153 d Rn. 4.
[32] Näher KK-StPO/*Schoreit* Rn. 3.
[33] Zur Reichweite der Immunität ausführlich und überzeugend *Kreß* ZIS 2007, 517 (519 f.); siehe auch der *ders*. GA 2003, 25.
[34] Im Einzelnen *Triffterer*, in: Triffterer (Edit.), Commentary on the Rome Statute of the International Criminal Court, 2. Edit., 2008, Art. 27 Rn. 9 ff.; *Werle*, Völkerstrafrecht, 2. Aufl. 2007, Rn. 604 ff.
[35] § 21 GVG Rn. 1.
[36] Oben Rn. 2.
[37] Insoweit ebenso SK-StPO/*Weßlau* Rn. 5 aE.
[38] § 154 b Rn. 5.

9 Besteht in der erstinstanzlichen **Hauptverhandlung** eine **liquide Freispruchslage**, hat der Freispruch Vorrang vor einer an sich nach § 153f Abs. 3 zulässigen Klagerücknahme und anschließenden Einstellung des Verfahrens.[39] Wie im Ermittlungsverfahren braucht das Hauptverfahren aber nicht fortgeführt zu werden, um die Schuldfrage zu klären, wenn die Voraussetzungen des § 153f zur Überzeugung der zuständigen Staatsanwaltschaft feststehen und diese von der Opportunitätseinstellung Gebrauch machen will. Entsprechendes gilt für die **Revisionsinstanz**; würde der BGH nach § 354 Abs. 1 freisprechen, hat der Freispruch Vorrang, ansonsten bleibt die Möglichkeit der Klagerücknahme und Einstellung erhalten.

III. Voraussetzungen

10 1. **Allgemeine Voraussetzungen. a) Auslandstat.** Die Einstellungsmöglichkeit nach § 153f in sämtlichen Konstellationen besteht innerhalb des sachlichen Anwendungsbereichs[40] ausschließlich für **Auslandstaten**.[41] Sind an der Tat mehrere Personen beteiligt, so ist die Anwendung von § 153f ausgeschlossen, wenn im Fall der Mittäterschaft einer von diesen seinen Tatbeitrag im Inland erbracht hat.[42] Anders verhält es sich dagegen bei der Teilnahme im engeren Sinne; wird die Teilnahmehandlung im Inland erbracht schließt dies die Einstellung nach § 153f nicht aus, wenn der Tatort der Haupttat im Ausland liegt.

11 b) **Grad der Sachverhaltsaufklärung.** Soll vor Erhebung der öffentliche Klage von § 153f Gebrauch gemacht werden, bedarf es zumindest eines Anfangsverdachts einer im Ausland begangenen Straftat nach §§ 6–14 VStGB. Fehlt es – etwa wegen der Immunität der Tatverdächtigen (§§ 18–20 GVG)[43] – an der Verfolgbarkeit des möglichen Völkerrechtsverbrechens, ist das Verfahren nach § 170 Abs. 2 einzustellen; Ermittlungen mit dem Ziel der Verfahrenseinstellung nach § 153f kommen dann nicht in Betracht.[44] Soweit nicht eine liquide Einstellungslage gegeben ist,[45] bedarf es im Ermittlungsverfahren **keiner Aufklärung** des Sachverhalts **bis zur Klärung des hinreichenden Tatverdachts**;[46] maßgeblich ist allein, dass bei Anfangsverdacht eines verfolgbaren Völkerrechtsverbrechens die **Einstellungsvoraussetzungen** des § 153f in der jeweils einschlägigen Variante **zu der Überzeugung der zuständigen Staatsanwaltschaft vorliegen**. Diese Beurteilung kann vor allem in den Konstellationen schwierig sein, in denen die Einstellungsvoraussetzungen an die Auslieferung des Tatverdächtigen an einen (anderen, tatnäheren) Verfolgungsstaat oder einen internationalen Gerichtshof anknüpfen. Das gilt insbesondere für die Bestimmung des Verhältnis der insoweit einschlägigen Varianten des § 153f zu dem im Statut des IStGH verankerten Grundsatz der Komplementarität.[47]

12 2. **Systematik.** Das Verhältnis der in § 153f Abs. 1 und Abs. 2 geregelten Einstellungsmöglichkeiten zueinander lässt sich der Vorschrift nur schwer entnehmen. Das Verständnis wird zusätzlich dadurch erschwert, dass § 153f wie § 153c Einstellungsmöglichkeiten bei Auslandstaten einräumt und § 153f regelungstechnisch die in § 153c getroffenen Regelungen bei Auslandstaten, die sich materiell als Völkerstraftaten nach §§ 6 bis 14 VStGB erweisen, modifiziert.[48] Vergröbernd lässt sich die Systematik so beschreiben, dass **Abs. 1** im sachlichen Anwendungsbereich des § 153f der zuständigen Staatsanwaltschaft die **Einstellungsmöglichkeit** – abweichend von § 153c – **eröffnet**, während **Abs. 2** im Sinne einer **Anleitung der Ermessensausübung** der Staatsanwaltschaft das Gebrauchmachen von der **Einstellung nahe legt**.[49]

13 3. **Einstellung nach Abs. 1 S. 1.** Abs. 1 S. 1 knüpft die Einstellung bzw. Nichtverfolgung bei einer im Ausland begangenen Völkerstraftat nach §§ 6 bis 14 VStGB an den **fehlenden inländischen Aufenthalt** des Tatverdächtigen. In dieser Anknüpfung liegt auch der Unterschied zu § 153c Abs. 1 Nr. 1 und 2, die bei Auslandstaten die Einstellung selbst bei im Inland befindlichen Tatverdächtigen gestatten.[50] Der Begriff „**Inland**" umfasst das Staatsgebiet der Bundesrepublik einschließlich der staatsrechtlich zugehörigen Gewässer und des zugehörigen Luftraums. Der Begriff „**Aufenthalt**" wird funktional von der (inländischen) Ergreifungsmöglichkeit her gedeutet; es ge-

---

[39] Siehe auch bereits § 153e Rn. 6.
[40] Oben Rn. 5.
[41] Zu Begriff und Inhalt näher § 153c Rn. 11 f.
[42] Vgl. Löwe/Rosenberg/*Beulke* Rn. 11.
[43] Dazu oben Rn. 7.
[44] Im Ergebnis ebenso SK-StPO/*Weßlau* Rn. 7.
[45] Oben Rn. 7.
[46] SK-StPO/*Weßlau* Rn. 7.
[47] Unten Rn. 18.
[48] Siehe insoweit bereits oben Rn. 1 aE.
[49] In der Sache weitgehend übereinstimmend KK-StPO/*Schoreit* Rn. 7 und SK-StPO/*Weßlau* Rn. 5; siehe auch Löwe/Rosenberg/*Beulke* Rn. 8.
[50] KK-StPO/*Schoreit* Rn. 4.

nügt jede vorübergehende Anwesenheit im Inland, wenn sie faktisch ausreicht, um den Tatverdächtigen ergreifen zu können (allgM).[51] Ob der zeitweilige Aufenthalt freiwillig oder unfreiwillig erfolgt, ist unerheblich. Einen **zukünftigen Aufenthalt** des Tatverdächtigen **im Inland** wird die Staatsanwaltschaft bereits dann prognostisch ausschließen dürfen, wenn dieser aktuell keine beruflichen, familiären oder sonstigen persönlichen Bindungen im Inland aufweist.[52] Grundlage der Prognose sind **tatsächliche konkrete Anhaltspunkte** für einen zukünftigen Aufenthalt.[53] Ob der Umstand, dass etwa ein ausländisches Regierungsmitglied in der Vergangenheit regelmäßig an einer bestimmten inländischen Veranstaltung teilgenommen hat, als Anhaltspunkt für einen zukünftigen inländischen Aufenthalt genügt,[54] ist jedenfalls dann zweifelhaft, wenn man berücksichtigt, dass eine drohende inländische Strafverfolgung (vorbehaltlich der möglichen Immunität aus §§ 18–20 GVG) oder eine Überstellung an den IStGH zu einer zukünftigen Verhaltensänderung führen kann.

Abs. 1 S. 1 differenziert selbst nicht nach der **Staatsangehörigkeit** desjenigen, der im Verdacht steht, Auslandsstraftaten nach §§ 6 bis 14 VStGB begangen zu haben. Die Bedeutung der Unterscheidung nach diesem Kriterium ergibt sich aber mittelbar aus der Bezugnahme auf § 153 c Abs. 1 Nr. 1 und 2, weil die dortige Nr. 2 lediglich ausländische Staatsangehörige als Täter erfasst. Für die Anwendung von § 153 f Abs. 1 S. 1 resultiert daraus folgendes: Ist der **Tatverdächtige einer Auslandstat** nach §§ 6 bis 14 VStGB **Deutscher**, darf die Staatsanwaltschaft nur dann das Verfahren einstellen, wenn ein Inlandsaufenthalt nicht besteht und ein solcher auch nicht zu erwarten ist. Liegt dieser dagegen vor oder ist er zu erwarten, besteht nach dem Legalitätsprinzip **Verfolgungszwang**.[55] Ist die ein Völkerrechtsverbrechen nach §§ 6 bis 14 VStGB zum Gegenstand habende **Auslandstat** dagegen **von einem Ausländer** begangen, stellt sich die Lage wie folgt dar: An sich erlaubt Abs. 1 S. 1 das Absehen von der Verfolgung dieser Tat nur dann, wenn sich der ausländische Tatverdächtige nicht im Inland aufhält und ein solcher Aufenthalt auch nicht zu erwarten ist.[56] Fehlt es an diesen Voraussetzungen, bestünde eigentlich wegen eines ausreichenden Inlandsbezuges Verfolgungszwang. Diesen Verfolgungszwang hebt jedoch **Abs. 2 S. 2** für den **im Inland befindlichen ausländischen Tatverdächtigen** auf, wenn die Voraussetzungen von Abs. 2 S. 1 Nr. 2–4[57] erfüllt sind und eine Überstellung an einen internationalen Gerichtshof[58] oder einen (vorrangig) verfolgenden Staat zu erwarten ist.[59] Abs. 2 S. 2 leitet dann die Ermessensausübung der Staatsanwaltschaft auf ein Absehen von der Verfolgung hin.

4. Einstellung nach Abs. 1 S. 2. Die Vorschrift betrifft ausschließlich die Frage des Absehens von der Verfolgung von **deutschen Beschuldigten**, gegen die der Tatverdacht einer im Ausland begangenen (§ 153 c Abs. 1 Nr. 1) Völkerstraftat besteht. § 153 c Abs. 1 Nr. 1 gestattete bei solchen Auslandstaten trotz der deutschen Staatsangehörigkeit des Beschuldigten die Einstellung des Verfahrens ohne weitere Voraussetzungen. Hat die Auslandstat des nicht im Inland befindlichen Deutschen Völkerstraftaten zum Gegenstand, schränkt Abs. 2 S. 1 die durch § 153 c Abs. 1 Nr. 1 eröffnete Möglichkeit der Einstellung ein.[60] Diese ist nur zulässig, wenn die(selbe) Tat durch einen internationalen Gerichtshof oder den Tatortstaat bzw. den Heimatstaat des Opfers verfolgt wird.

Unter den Begriff „internationaler Gerichtshof" lassen sich neben dem (ständigen) Internationalen Strafgerichtshof (**IStGH/ICC**) die beiden noch tätigen ad-hoc-Gerichtshöfe für das ehemalige Jugoslawien (**JStGH/ICTY**) und für Ruanda (**RStGH/ICTR**) fassen.[61] Sog. **Hybrid-Gerichte**, wie etwa der Special Court for Sierra Leone oder die Extraordinary Chambers in the Courts of Cambodia, können angesichts ihrer jeweiligen Rechtsgrundlagen kaum als „internationaler Gerichtshof" verstanden werden können.[62] Warum das Gesetz in § 153 f von „internationaler Gerichtshof" spricht in § 154 b dagegen von „internationaler Strafgerichtshof", ist schwer nachvollziehbar. Unterschiede in der Sache dürften damit nicht verbunden sein.

---

[51] BT-Drucks. 14/8524, S. 38; *Ambos* NStZ 2006, 434 (436); *Löwe/Rosenberg/Beulke* Rn. 15; *Meyer-Goßner* Rn. 5; SK-StPO/*Weßlau* Rn. 3.
[52] *Singelnstein/Stolle* ZIS 2006, 118 (120 f.); SK-StPO/*Weßlau* Rn. 9 aE; näher *Löwe/Rosenberg/Beulke* Rn. 16.
[53] *Singelnstein/Stolle* ZIS 2006, 118 (120).
[54] Vgl. *Ambos* NStZ 2006, 434 (436); *Kurth* ZIS 2006, 81 (84); *Singelnstein/Stolle* ZIS 2006, 118, 121; siehe auch OLG Stuttgart v. 13. 9. 2005 – 5 Ws 109/05, NStZ 2006, 117 (118).
[55] Siehe auch SK-StPO/*Weßlau* Rn. 8.
[56] Dazu oben Rn. 13.
[57] Unten Rn. 19 f.
[58] Unten Rn. 16.
[59] Unten Rn. 17.
[60] *Ambos* NStZ 2006, 434 (435); KK-StPO/*Schoreit* Rn. 4.
[61] *Löwe/Rosenberg/Beulke* Rn. 20; siehe auch § 154 b Rn. 9.
[62] Siehe auch bereits § 154 b Rn. 9.

17 **Tatortstaat** ist derjenige Staat, auf dessen Staatsgebiet der tatbestandliche Erfolg eingetreten ist oder auf dessen Territorium der Tatverdächtige gehandelt hat. Der **Heimatstaat des Opfers** richtet sich allein nach dessen Staatsangehörigkeit.

18 Die Einstellung nach Abs. 1 S. 2 verlangt, dass die Tat durch einen internationalen Gerichtshof oder den Tatortstaat bzw. den Heimatstaat des Opfers „verfolgt wird". Bei der **Verfolgung** der Tat[63] **durch** den vorrangig zuständigen **anderen Nationalstaat** kann die Verfolgung der prozessualen Tat unter irgendeinem materiell-rechtlichen Gesichtspunkt nicht genügen.[64] Gefordert ist eine **effektive Strafverfolgung** der Tat materiell **als Völkerstraftat** durch den ausländischen Nationalstaat; bei der Prüfung der Voraussetzungen wird sich die zuständige deutsche Staatsanwaltschaft an den für Art. 17 IStGH-Statut entwickelten Grundsätzen im Rahmen des Prinzips der Komplementarität[65] orientieren können. Soll die Einstellung im Hinblick auf die **Verfolgung durch den IStGH** erfolgen, ergibt sich eine Schwierigkeit aus den Regelungen über die Komplementarität (Art. 17 IStGH-Statut).[66] § 153f Abs. 1 S. 2 setzt an sich die Aufnahme der Verfolgung durch den anderen Staat bzw. den IStGH voraus. Art. 17 IStGH-Statut begründet die Gerichtsbarkeit des Gerichtshofs wegen der an sich vorrangigen nationalen Verfolgungszuständigkeit aber erst nach einer Einstellung des durch einen zuständigen Nationalstaat betriebenen Strafverfolgung. Soll trotz der deutschen Staatsangehörigkeit des Täters das Verfahren in Deutschland nicht betrieben werden, stellt die zuständige Staatsanwaltschaft das Verfahren nach § 153f Abs. 1 S. 2 ein, wenn die Bundesrepublik den IStGH um die Übernahme der Verfolgung ersucht (vgl. § 68 IStGHG). Übernimmt dieser die Verfolgung nicht, kann das nationale Strafverfahren weiter betrieben werden, weil jedenfalls bei Wegfall der Einstellungsvoraussetzungen (hier: Erwartung der internationalen Strafverfolgung) Strafklageverbrauch nicht entgegensteht.[67] Im Verhältnis zu der Gerichtsbarkeit von JStGH und RStGH stellt sich das Problem so nicht; die Statuten ordnen hier den Vorrang der internationalen Strafverfolgung an (Art. 9 JStGH-Statut; Art. 8 RStGH-Statut).

19 **5. Einstellung nach Abs. 2 S. 1.** Die Regelung in Abs. 2 S. 1 dient der **Leitung der Ermessensausübung** der zuständigen Staatsanwaltschaft bei einem Verfahren, dessen **Gegenstand eine nach §§ 6 bis 14 VStGB strafbare Auslandstat** bildet, die (an sich) keinerlei Inlandsbezug aufweist. Abs. 2 S. 1 leitet damit die staatsanwaltschaftliche Ermessensausübung für die von Abs. 1 S. 1 erfassten Taten. Fehlt es im Hinblick auf die in den Nr. 1–3 statuierten Aspekte an einem Inlandsbezug und wird die Tat[68] von einem internationalen Gerichtshof[69] oder einem vorrangig zuständigen Staat (Nr. 4) verfolgt, gibt das Gesetz der Staatsanwaltschaft vor, von der Verfolgung der der deutschen Gerichtsbarkeit unterfallenden Völkerstraftat **im Regelfall abzusehen**.[70] Anderes kann sich dann ergeben, wenn über die Grundentscheidung für die Verfolgung von Völkerrechtsverbrechen nach dem Weltrechtsprinzip hinaus inländische Strafverfolgungsinteressen bestehen, für die als Beispiel der Aufenthalt einer größeren Opfergruppe in der Bundesrepublik genannt wird.[71] Die im Regelfall vorzunehmende Einstellung in den von Abs. 1 S. 1 erfassten Taten hängt von folgenden, **kumulativ erforderlichen Voraussetzungen** (allgM)[72] ab:

20 a) **Fehlender Inlandsbezug (Abs. 2 S. 1 Nr. 1–3).** Die Ermessensleitung betrifft, wie der Umkehrschluss aus **Nr. 1** ergibt („keine Tatverdacht gegen einen Deutschen"), lediglich **gegen ausländische Beschuldigte**, die sich zudem nicht im Inland aufhalten, **gerichtete Verfahren**. Der Begriff „Deutscher" stellt auf die Staatsangehörigkeit ab (Art. 116 GG). Ein Tatverdacht setzt die nahe liegende Möglichkeit der strafbaren Beteiligung an einer Straftat voraus.[73] Nach **Nr. 2** darf das Opfer der Straftat ebenfalls nicht deutscher Staatsangehörigkeit sein. Zudem darf sich kein Tatverdächtiger im Inland aufhalten und ein solcher Aufenthalt auch zukünftig nicht zu erwarten sein (**Nr. 3**).[74] Die Anwendbarkeit von Abs. 2 S. 1 ist bereits dann ausgeschlossen, wenn auch nur eine Person, die in strafbarerer Weise an der verfahrensgegenständlichen Tat beteiligt sein kann, sich im Inland aufhält oder ein solcher Aufenthalt zukünftig zu erwarten ist.[75]

---

[63] Zum Begriff der Tat in diesem Kontext näher unten Rn. 22.
[64] Vgl. BT-Drucks. 14/8524, S. 38; siehe auch *Singelnstein/Stolle* ZIS 2006, 118 (119).
[65] Ausführlich dazu *Williams/Schabas*, in: Triffterer (Edit.), Commentary on the Rome Statute of the International Criminal Court, 2. Edit. Art. 17 Rn. 21 ff.; *Satzger*, Internationales und Europäisches Strafrecht, 3. Aufl., 2009, § 13 Rn. 17 f.; *Werle*, Völkerstrafrecht, Rn. 227.
[66] Ausführlich Löwe/Rosenberg/*Beulke* Rn. 23 f.
[67] Ebenso Löwe/Rosenberg/*Beulke* Rn. 24; siehe auch unten Rn. 34.
[68] Zum Begriff unten Rn. 22.
[69] Oben Rn. 16.
[70] Vgl. KK-StPO/*Schoreit* Rn. 7; Löwe/Rosenberg/*Beulke* Rn. 25; *Meyer-Goßner* Rn. 8.
[71] BT-Drucks. 14/8892, S. 6; Löwe/Rosenberg/*Beulke* Rn. 25; *Meyer-Goßner* Rn. 8.
[72] Siehe nur KMR/*Plöd* Rn. 12; Löwe/Rosenberg/*Beulke* Rn. 26; *Meyer-Goßner* Rn. 8.
[73] § 152 Rn. 16 f.
[74] Zum Aufenthalt und erwartbaren zukünftigen Aufenthalt oben Rn. 13.
[75] Zutreffend *Fischer-Lescano* KJ 2005, 72 (84 f.).

b) Anderweitige internationale oder nationale Strafverfolgung (Abs. 2 S. 1 Nr. 4). Zu dem fehlenden Inlandsbezug muss eine anderweitige internationale oder nationale Strafverfolgung des Beschuldigten bzw. Tatverdächtigen hinzutreten. Die anderweitige nationale Strafverfolgung der Tat erfolgt durch Staaten, deren Gerichtsbarkeit entweder auf dem Gebietsgrundsatz oder dem Prinzip der aktiven oder passiven Personalität[76] beruht. Die internationale Strafverfolgung ist solche durch „internationale Gerichtshöfe".[77] Die anderweitige Strafverfolgung muss sich auf die verfahrensgegenständliche Tat beziehen.

Schwierigkeiten bereitet die Auslegung des Begriffs der **Tat** in dem hier wie überhaupt in § 153f verwendeten Zusammenhang.[78] Da Abs. 2 S. 1 Nr. 4 sowohl das vertikale Verhältnis der Verfolgungszuständigkeiten zwischen internationaler und nationaler Ebene betrifft als auch das horizontale zwischen verschiedenen Nationalstaaten, lässt sich der Tatbegriff nicht ohne Weiteres als Tat im prozessualen Sinne der §§ 155, 264 StPO deuten. Angesichts dessen hat der Generalbundesanwalt auf eine u. a. gegen den damaligen US-Verteidigungsminister *Rumsfeld* gerichtete Strafanzeige den Tatbegriff nicht „auf einen einzelnen Tatverdächtigen und seinen speziellen Tatbeitrag bezogen" ausgelegt sondern auf den Gesamtkomplex hin und sich zur Begründung auf Art. 14 Abs. 1 IStGH-Statut gestützt.[79] Dem kann jedoch aus mehreren Gründen nicht gefolgt werden.[80] Zum einen trägt der Rückgriff auf Art. 14 Abs. 1 IStGH-Statut ersichtlich nicht, weil es dort um eine Regelung der Auslösung des Verfahrens vor dem IStGH (trigger mechanism) geht nicht aber um das Verhältnis von internationaler und nationaler Strafverfolgung zueinander.[81] Methodisch ist es ohnehin fragwürdig eine Vorschrift des nationalen Strafverfahrensrechts vom Verständnis einer völkervertraglichen Regelung her auslegen zu wollen, denn völkerrechtsfreundliche Auslegung steht hier nicht in Rede. Zum anderen sprechen jedenfalls der Wortlaut „Tat" in Verbindung mit der systematischen Stellung innerhalb der StPO dafür, Tat in Abs. 2 S. 1 Nr. 4 als **Tat im prozessualen Sinne der §§ 155, 264 StPO**[82] zu verstehen. Deutet man den Begriff der prozessualen Tat sowohl im nationalen Kontext der StPO[83] als auch in einem internationalen Kontext[84] faktisch, dh. bezogen auf die **Einheitlichkeit des konkreten Lebensvorgangs unabhängig von der materiell-rechtlichen Bewertung**, kommt es bei Abs. 2 S. 1 Nr. 4 darauf an, ob derselbe Lebenssachverhalt Gegenstand der internationalen oder nationalen Strafverfolgung in einem Staat ist und ob das Verfahren gegen denselben Beschuldigten betrieben wird.[85] Ob die anderweitige Verfolgung derselben Tat durch einen vorrangig zuständigen Staat effektiv und unter Ausschöpfung des eigentlichen Unrechtsgehalt der Tat erfolgt, sollte die inländische Staatsanwaltschaft nach den für Art. 17 IStGH relevanten Kriterien prüfen.[86] Grundsätzliche Bedenken, jedenfalls die dort positivierten Aspekte dem Rechtsgedanken nach auf der horizontalen Ebene zur Anwendung zu bringen, bestehen nicht. Anders als auf der vertikalen Ebene im Verhältnis zum IStGH ist mit der Prüfung der Voraussetzungen von Abs. 2 S. 1 Nr. 4 durch die inländische Staatsanwaltschaft in die Ausübung der Gerichtsbarkeit eines anderen souveränen Staates verbunden. Allerdings kann die Prüfungspflicht im Hinblick auf die Art und Weise der Strafverfolgung derselben Tat durch den vorrangig zuständigen Staat jedenfalls dann nicht umfänglich sein, wenn es sich um einen Vertragsstaat des IStGH-Statuts handelt. Die dort eingegangenen völkervertragsrechtlichen Bindungen dürften eine Vermutung effektiver Verfolgung von Völkerrechtsverbrechen tragen.

6. Einstellung nach Abs. 2 S. 2. Die Vorschrift hat trotz der systematischen Stellung als vermeintliche Abwandlung von Abs. 2 S. 1 einen **eigenständigen Regelungsgehalt**,[87] der sich klar von dem sonstigen Inhalt von § 153f unterscheidet. Abs. 2 S. 2 eröffnet die Einstellung einer **durch einen Ausländer begangenen Auslandstat**, die sich als Völkerrechtsverbrechen nach §§ 6 bis 14

---

[76] Über die Anknüpfungsgrundsätze des jeweiligen nationalen Strafanwendungsrechts ausführlich *Radtke/Mahler*, FS Rüping, S. 49 (57 ff.).
[77] Dazu oben Rn. 16.
[78] Knapp einführend *Kreß* ZIS 2007, 515 (520); siehe auch *Singelnstein/Stolle* ZIS 2006, 118 (121 f.).
[79] JZ 2005, 311 (312); in diesem Sinne auch OLG Stuttgart v. 13. 9. 2005 – 5 Ws 109/05, NStZ 2006, 117 (118).
[80] Im Ergebnis ebenfalls ablehnend die ganz hM; *Ambos* NStZ 2006, 434 (436 f.); *Basak*, in: Inst. Für Kriminalwissenschaften und Rechtsphilosphie Frankfurt a. M. (Hrsg.), Jenseits des rechtsstaatlichen Strafrechts, 2007, S. 499 (510 f.), *Delmas-Marty* JICJ 4 (2006), 1 (5); *Keller* GA 2006, 25 (35 f.); *Kreß* ZIS 2007, 515 (520); *Singelnstein/Stolle* ZIS 2006, 118 (120 f.).
[81] *Kreß* ZIS 2007, 515 (520).
[82] Dazu näher § 264 Rn. 9 ff. und 20 ff.
[83] § 264 Rn. 19.
[84] Für den Begriff „dieselbe Tat" in Art. 54 SDÜ ausführlich *Radtke*, FS Seebode, 2008, S. 297 (306 ff.) und *ders.* NStZ 2008, 162 ff.
[85] Zu der persönlichen Dimension des prozessualen Tatbegriffs § 264 Rn. 8.
[86] Oben Rn. 18; zurückhaltender *Ambos* NStZ 2006, 434 (437).
[87] Siehe *Singelnstein/Stolle* ZIS 2006, 115 (119); KK-StPO/*Schoreit* Rn. 7; Löwe/Rosenberg/*Beulke* Rn. 33; SK-StPO/*Weßlau* Rn. 4.

§ 153f 24–27   *Zweites Buch. Verfahren im ersten Rechtszug*

VStGB darstellt, **trotz eines starken Inlandsbezugs** in Gestalt des inländischen Aufenthalts des Beschuldigten bzw. Tatverdächtigen. Durch diesen Inlandsbezug unterscheidet sich Abs. 2 S. 2 von den übrigen Regelungen in § 153 f, bei denen der Inlandsbezug ansonsten allenfalls über die deutsche Staatsangehörigkeit von Täter und/oder Opfer hergestellt wird. Die Einstellung kommt unter folgenden **Voraussetzzungen** in Betracht:

24 (1) Der tatverdächtige Ausländer hat im Ausland eine der deutschen Gerichtsbarkeit unterfallende Straftat nach §§ 6 bis 14 VStGB begangen. (2) Der Tatverdächtige hält sich im Inland auf.[88] (3) Das Opfer der verfahrensgegenständlichen Tat darf kein deutscher Staatsangehöriger sein (Abs. 2 S. 1 Nr. 2). (4) Die **Überstellung** des Beschuldigten an einen internationalen Gerichtshof[89] oder seine **Auslieferung** an einen anderen (vorrangig zuständigen) Verfolgungsstaat[90] muss rechtlich zulässig und beabsichtigt sein. Bei der Überstellung an einen internationalen Gerichtshof genügt die **bestandskräftige Anordnung der Überstellungshaft** durch das zuständige OLG (vgl. §§ 10 ff. und § 6 IStGHG).[91] Die Überstellung an den IStGH ist rechtlich zulässig, wenn dieser um die Überstellung ersucht und diese durch das zuständige OLG diese für zulässig erklärt (§§ 6, 20 ff. IStGHG); alternativ steht das vereinfachte Überstellungsverfahren zur Verfügung.[92] Für die **Auslieferung** an den verfolgenden ausländischen Staat (Tatortstaat; Heimatstaat von Täter oder Opfer) genügt die **bestandskräftige Anordnung der Auslieferung** durch das zuständige OLG.[93]

IV. Verfahren der Einstellung und ihre Wirkungen

25 **1. Zuständigkeit.** Für sämtliche im Rahmen von § 153 f möglichen **Entscheidungen**, also das Absehen von der Verfolgung und die Einstellung des Verfahrens sowie die Rücknahme einer bereits erhobenen Klage (Abs. 3) und die anschließende Einstellung des Verfahrens ist gemäß § 142 a Abs. 1 iVm. § 120 Abs. 1 Nr. 8 GVG ausschließlich der **Generalbundesanwalt** zuständig.[94] Ob er das Verfahren nach § 142 a GVG führt, ist nicht von Bedeutung.[95]

26 **2. Entscheidungsart und -inhalt.** Ist die öffentliche Klage noch nicht erhoben, stellt der Generalbundesanwalt das Verfahren durch entsprechende **Verfügung** ein. Eine **Begründung** ist **nicht vorgeschrieben**, kann aber tunlich sein, um ggf. zu prüfen, ob die Voraussetzungen eines Wiederaufgreifens des Verfahrens, etwa weil eine anderweitige internationale oder nationale Verfolgung der Tat erwartungswidrig nicht stattgefunden hat, vorliegen. Einer Darlegung der Ermessenserwägungen,[96] auf denen die Einstellung bzw. die Rücknahme der Anklage beruhen, bedarf es nicht, weil ungeachtet der streitigen Frage der gerichtlichen Überprüfbarkeit der staatsanwaltschaftlichen Einstellungsentscheidung[97] die Ermessensausübung als solche jedenfalls nicht Gegenstand einer gerichtlichen Überprüfung sein kann.[98] Soweit eine partielle gerichtliche Überprüfung für zulässig gehalten wird,[99] müsste eine Begründung der Einstellungsentscheidung in einem der Überprüfungsmöglichkeit korrespondierenden Maß gefordert werden. Eine **Kostenentscheidung** enthält die staatsanwaltliche Einstellungsentscheidung **nicht** (§ 464 Abs. 1); über etwaige Entschädigungen nach StrEG kann gerichtliche Entscheidung nach § 9 StrEG ergehen.

27 Soweit die in den einzelnen Einstellungstatbeständen[100] normierten Voraussetzungen (etwa Auslandstat, die sich als Völkerrechtsverbrechen nach §§ 6–14 VStGB darstellt) gegeben sind, steht die Beendigung oder Fortführung des Verfahrens grundsätzlich im **Ermessen des Generalbundesanwaltes**. Der wichtigste Regelungszweck des § 153 f besteht gerade in der **Leitung der Ausübung dieses Ermessens**, mit der zugleich möglicherweise konträr verlaufende staatliche Interessen (zB Entscheidung für die Verfolgung von Völkerstraftaten nach dem Weltrechtsprinzip vs. geringe faktische Aufklärungsmöglichkeiten bei Taten ohne jeden Inlandsbezug) zum Ausgleich gebracht werden können.[101] Die durch § 153 f erfolgende Orientierung bei der Ausübung des Ermessens geht im Kern dahin, die durch § 153 c bei Auslandstaten in recht weitem Umfang

---

[88] Näher zum Aufenthalt im Inland Rn. 13.
[89] Oben Rn. 16.
[90] Oben Rn. 17.
[91] Löwe/Rosenberg/*Beulke* Rn. 38; siehe auch § 154 b Rn. 7 f.
[92] Näher Löwe/Rosenberg/*Beulke* Rn. 38.
[93] § 154 b Rn. 7 mwN.
[94] KK-StPO/*Schoreit* Rn. 11; Löwe/Rosenberg/*Beulke* Rn 43 f.; SK-StPO/*Weßlau* Rn. 16.
[95] Zutreffend SK-StPO/*Weßlau* Rn. 16.
[96] Unten Rn. 27.
[97] Unten Rn. 32.
[98] Vgl. insoweit *Kreß* ZIS 2007, 515 (523).
[99] Unten Rn. 32.
[100] Oben Rn. 13–24.
[101] Näher oben Rn. 1 f.

eröffnete Einstellung nach Opportunitätsgrundsätzen zu begrenzen und im Einzelfall bei starkem Inlandsbezug (deutscher Beschuldigter oder ausländischer Beschuldigter bei Inlandsaufenthalt) der Auslandstat sogar zu einer Verfolgungspflicht zu gelangen, wenn eine anderweitige internationale oder nationale Strafverfolgung durch einen an sich tatnäheren Staat nicht stattfindet oder beabsichtigt ist.[102] Für die **Ermessensausübung im Einzelnen** lassen sich folgende **Leitlinien** angeben:

Je ausgeprägter der Inlandsbezug des im Ausland begangenen Völkerrechtsverbrechens ist, desto weniger kommt eine Einstellung des Verfahrens in Betracht. Ist der Beschuldigte deutscher Staatsangehöriger oder hält sich der Beschuldigte ausländischer Staatsangehörigkeit im Inland auf, ist die Einstellung des Verfahrens nur gestattet, wenn eine effektive Verfolgung der Tat durch einen internationalen Gerichtshof oder einen (primär zuständigen) anderen Staat gewährleistet ist. Fehlt ein über den Aufenthalt oder die Staatsangehörigkeit des Beschuldigten hergestellter Inlandsbezug der Auslandstat, kommt eine Verfolgung insbesondere dann in Betracht, wenn ein anderweitiger Inlandsbezug (etwa bei größerer Opfergruppe mit inländischem Aufenthalt) besteht oder Ermittlungshandlungen im Inland erfolgversprechend sind, die ggf. dann auch für eine anderweitige internationale oder nationale Strafverfolgung herangezogen werden können.[103]

3. Zustimmungs- und Anhörungserfordernisse. Nach der lex lata setzt die Entscheidung über das Absehen von der Verfolgung bzw. die Einstellung des Verfahrens **keinerlei Zustimmung** seitens eines Gerichts, des Beschuldigten oder des durch die verfahrensgegenständliche Tat Verletzten, selbst wenn dieser bereits Nebenkläger sein sollte, voraus. Auch eine **Anhörung** des Beschuldigten oder sonstiger Verfahrensbeteiligter ist **nicht vorgesehen**. Die derzeitige Rechtslage steht u. a. im Hinblick auf die Weisungsabhängigkeit des Generalbundesanwaltes (§§ 146, 147 GVG) in der Kritik,[104] wobei die Kritiker uneins sind, ob de lege ferenda ein gerichtliches Zustimmungserfordernis oder die Öffnung des Klageerzwingungsverfahrens vorzugswürdig ist.[105]

4. Wirkung der Einstellung. Mit der staatsanwaltschaftlichen Einstellungsverfügung **endet das Strafverfahren** endgültig. Soweit eine partielle Überprüfung der Einstellungsentscheidung durch das für das Klageerzwingungsverfahren zuständige Gericht für zulässig gehalten wird,[106] träte die Beendigungswirkung erst mit der Verkündung der gerichtlichen Entscheidung ein, die ihrerseits nach § 304 Abs. 4 S. 2 unanfechtbar ist. Die Möglichkeit der Staatsanwaltschaft, das Verfahren nach einer Einstellungsverfügung wieder aufzugreifen und fortzuführen, ändert an der Beendigungswirkung nichts. Soweit die Einstellung im Hinblick auf eine Überstellung des Beschuldigten an einen internationalen Gerichtshof oder auf die Auslieferung an einen ausländischen Verfolgungsstaat erfolgt, bei deutschen Beschuldigten innerhalb des durch Art. 116 Abs. 2 S. 2 GG gezogenen Rahmens, sind die erforderlichen Folgemaßnahmen wie etwa die Vollstreckung eines Auslieferungshaftbefehls zu bedenken.[107]

5. Verfahren bei Klagerücknahme (Abs. 3). Abweichend von § 156 kann der **Generalbundesanwalt**[108] auch nach der Erhebung der öffentlichen **Klage** diese **zurücknehmen**. Die Rücknahmemöglichkeit besteht in der jeder Lage des Verfahrens nach Anklageerhebung und damit **bis zum vollständigen Eintritt der Rechtskraft**; Teilrechtskraft steht nicht entgegen.[109] Die Rücknahme der öffentlichen Klage erfolgt durch eine entsprechende **Erklärung** gegenüber dem Gericht, bei dem das Verfahren anhängig ist.[110] Das ist gemäß § 120 Abs. 1 Nr. 8 GVG das örtliche zuständige OLG, in der Revisionsinstanz der BGH. Für die Rücknahme bedarf der Generalbundesanwalt **weder der Zustimmung** des zuständigen **Gerichts** noch des Angeschuldigten bzw. **Angeklagten** oder des etwaigen Nebenklägers. Mit der Rücknahme der Klage **entfällt die Rechtshängigkeit** der Sache. Für das Ergreifen von Folgemaßnahmen im Hinblick auf eine Überstellung oder Auslieferung des Angeschuldigten bzw. Angeklagten gilt das zur staatsanwaltschaftlichen Einstellung Gesagte.[111]

---

[102] Der Sache ebenso Löwe/Rosenberg/*Beulke* Rn. 42.
[103] Ausführlicher Löwe/Rosenberg/*Beulke* Rn. 41 f.
[104] Exemplarisch *Ambos* NStZ 2006, 434 (437 f.); *Kreß* ZIS 2007, 515 (523).
[105] Siehe einerseits *Kreß* ZIS 2007, 515 (523) sowie *Kreicker*, in: *Kreicker/Eser* (Hrsg.), Nationale Strafverfolgung völkerrechtlicher Verbrechen, Band 1, S. 433 (438) andererseits; vgl. auch *Ambos* NStZ 2006, 434 (438).
[106] Unten Rn. 32.
[107] Siehe § 154 b Rn. 16.
[108] Siehe oben Rn. 25.
[109] Oben Rn. 4.
[110] Löwe/Rosenberg/*Beulke* Rn. 44; siehe auch § 153 d Rn. 11.
[111] Oben Rn. 30 aE; näher § 154 b Rn. 16.

V. Rechtsbehelfe

32 **1. Staatsanwaltschaftliche Einstellungsverfügung (Abs. 1 und 2).** Das **Klageerzwingungsverfahren** ist gegen eine staatsanwaltschaftliche Einstellungsverfügung nach Abs. 1 oder 2 gemäß § 172 Abs. 2 S. 3 letzter Hs. **nicht statthaft.**[112] Der Wortlaut der genannten Vorschriften, der ausdrücklich die Statthaftigkeit des Klageerzwingungsverfahrens „in den Fällen der §§ 153c bis § 154 Abs. 1" ausschließt, umfasst eineindeutig auch die Einstellung nach § 153f.[113] Entgegen teilweise geäußerter Auffassung[114] ist der Verzicht des Gesetzgebers auf eine Änderung von § 172 Abs. 2 S. 3 bei Einfügung des § 153f im Jahr 2002[115] als bewusste gesetzgeberische Entscheidung zu sehen;[116] für ein bloßes Redaktionsversehen gibt es keinerlei Anhaltspunkte. Ungeachtet der Unzulässigkeit des Antrags auf gerichtliche Entscheidung nach § 172 will die ganz überwiegend vertretene Auffassung in Anlehnung an zur Reichweite von § 172 Abs. 2 S. 3 letzter Hs. allgemein vertretene Positionen[117] jedoch eine **begrenzte gerichtliche Überprüfung der staatsanwaltschaftlichen Einstellungsentscheidung** zulassen.[118] Der zulässige Umfang der Prüfung soll auf die „gesetzlichen Voraussetzungen des § 153f" bezogen sein, worunter offenbar das Vorliegen einer unter § 153f fallenden Auslandsstraftat, das Fehlen eines vorhandenen oder zu erwartenden Inlandsaufenthaltes sowie die zu erwartende Überstellung oder Auslieferung gefasst werden soll.[119] Wie weit die überprüfbaren „gesetzlichen Voraussetzungen" im Detail zu ziehen sein sollen, ist nicht vollständig geklärt.[120] Eine solche gerichtliche Überprüfung der staatsanwaltschaftlichen Einstellungsverfügung ist rechtspolitisch wünschenswert sowie verfassungsrechtlich und völkerrechtlich möglicherweise zukünftig geboten. **Über welchen Rechtsbehelf diese Überprüfung de lege lata statthaft** sein soll, ist allerdings **unklar.** Eine verfassungskonforme Auslegung (Reduktion) des § 172 Abs. 2 S. 3, gestützt auf die Erwägung, es bedürfe einer einfachgesetzlichen Kontrolle des Willkürverbots, stößt an methodische Grenzen der verfassungskonformen Auslegung. Diese darf gerade nicht dazu führen, den im Gesetz erkennbaren Willen in sein Gegenteil zu verkehren.[121] Gerade dies wäre aber angesichts der bewussten Entscheidung des Gesetzgebers, das Klageerzwingungsverfahren gegen Entscheidungen nach § 153f nicht zu eröffnen, der Fall. Aus entsprechenden Gründen kann der Ausschluss des Klageerzwingungsverfahrens auch nicht mittels einer völkerrechtsfreundlichen Auslegung[122] von § 172 Abs. 2 S. 3 erreicht werden. Allenfalls scheint ein außerordentlicher Rechtsbehelf denkbar, der auf eine Willkürprüfung beschränkt ist, weil ansonsten allein die Verfassungsbeschwerde zur Verfügung stünde. Der Rechtsbehelf nach § 23 EGGVG kommt nicht in Betracht; es geht nicht um Justizverwaltung sondern eine Entscheidung im Rahmen der Strafverfolgung selbst. Die Dienstaufsichtsbeschwerde steht stets offen.

33 **2. Rücknahme der öffentlichen Klage (Abs. 3).** Auch gegen die Rücknahme der öffentlichen Klage seitens des Generalbundesanwaltes nach Anklageerhebung steht ein **Rechtsbehelf nicht zur Verfügung.** Eine auch nur partielle gerichtliche Überprüfung des Vorliegens der Rücknahme- bzw. Einstellungsvoraussetzungen lässt sich kaum begründen. Soweit *Beulke*[123] im Kontext der Klagerücknahme dem Gericht die Beurteilung überlassen will, ob es sich bei der angeklagten Tat „um eine solche, wie sie in § 153f gefordert wird, handelt" und für den Fall der Verneinung von einer unwirksamen Klagerücknahme ausgeht, ist die rechtliche Tragfähigkeit dieser Erwägung zweifelhaft. Als Prozesshandlung hängt die Wirksamkeit der Klagerücknahme von den allgemeinen Kriterien ab,[124] deren Vorliegen im Hinblick auf den Schweregrad des (möglichen) Mangels und dessen Offenkundigkeit nicht gesichert ist.

---

[112] OLG Stuttgart v. 13. 9. 2005 – 5 Ws 109/05, NStZ 2006, 117 (118 Abs. 5); *Kreß* ZIS 2007, 515 (521); KMR/ *Plöd* Rn. 13; *Löwe/Rosenberg/Beulke* Rn. 45; *Meyer-Goßner* Rn. 10; wohl auch *Singelnstein/Stolle* ZIS 2006, 118; aA selbst auf der Grundlage der lex lata wohl *Ambos* NStZ 2006, 434 (437).

[113] Zutreffend OLG Stuttgart v. 13. 9. 2005 – 5 Ws 109/05, NStZ 2006, 117 (118 Abs. 7); zustimmend *Kreß* ZIS 2007, 515 (521).

[114] *Ambos* NStZ 2006, 434 (437).

[115] BGBl. I S. 2254.

[116] Wiederum zutreffend OLG Stuttgart v. 13. 9. 2005 – 5 Ws 109/05, NStZ 2006, 117 (118 Abs. 8).

[117] *Löwe/Rosenberg/Graalmann-Scheerer*, § 172 Rn. 26 mwN.

[118] OLG Stuttgart v. 13. 9. 2005 – 5 Ws 109/05, NStZ 2006, 117 (118 Abs. 9); *Ambos* NStZ 2006, 434 (438); *Basak*, in: Inst. Für Kriminalwissenschaften und Rechtsphilosophie Frankfurt a. M. (Hrsg.), Jenseits des rechtsstaatlichen Strafrechts, S. 499 (504), *Kreß* ZIS 2007, 515 (521); *Singelnstein/Stolle* ZIS 2006, 118 (120); siehe aber demgegenüber *Löwe/Rosenberg/Beulke* Rn. 45.

[119] Nachw. wie Fn. zuvor.

[120] Exemplarisch *Singelnstein/Stolle* ZIS 2006, 118 (120).

[121] Siehe nur BVerfG v. 22. 10. 1985 – 1 BvL 44/83, BVerfGE 71, 81, 105; BVerfG v. 16. 8. 2001 – 1 BvL 6/01, NVwZ-RR 2002, 117 f.

[122] Vgl. *Kreß* ZIS 2007, 515 (523), der unter Berufung auf das Urteil des ICJ vom 14. 2. 2002 (oben Fn. 5) aus völkerrechtlichen Gründen eine gerichtliche Mitwirkung im Kontext von Entscheidungen, die die Strafverfolgung auf der Grundlage des Weltrechtsprinzips betreffen, für erforderlich hält.

[123] *Löwe/Rosenberg/Beulke* Rn. 44.

[124] Einl. Rn. 39.

VI. Strafklageverbrauch

Der staatsanwaltschaftlichen Einstellungsverfügung und der Erklärung der Klagerücknahme 34 kommt **keine strafklageverbrauchende Wirkung** zu.[125] Für das Fehlen eines Strafklageverbrauchs spricht, dass in den Fällen der Einstellung bzw. des Absehens die entsprechende Entscheidung ohne Ausermittlung des Sachverhalts erfolgen kann und zudem die Einstellungsvoraussetzungen – anders als etwa bei §§ 153, 153a – keinen Rückbezug auf den Unrechts- und Schuldgehalt der Tat haben. Das Verfahren kann weiterbetrieben werden, ohne dass neue Tatsachen und/oder Beweismittel zu einer neuen Bewertung der Einstellungsvoraussetzungen geführt haben müssen. Insbesondere soweit die Einstellung auf Überstellung des Beschuldigten an einen internationalen Gerichtshof oder Auslieferung an einen vorrangig zuständigen Verfolgungsstaat gestützt war, ist vor der Wiederaufnahme von Ermittlungen zu prüfen, ob möglicherweise **Strafklageverbrauch** durch die **anderweitige** internationale oder nationale **Aburteilung der Tat** eingetreten ist (siehe Art. 20 IStGH-Statut).[126]

§ 154 [Mehrfachtäter]

(1) Die Staatsanwaltschaft kann von der Verfolgung einer Tat absehen,

1. wenn die Strafe oder die Maßregel der Besserung und Sicherung, zu der die Verfolgung führen kann, neben einer Strafe oder Maßregel der Besserung und Sicherung, die gegen den Beschuldigten wegen einer anderen Tat rechtskräftig verhängt worden ist oder die er wegen einer anderen Tat zu erwarten hat, nicht beträchtlich ins Gewicht fällt oder
2. darüber hinaus, wenn ein Urteil wegen dieser Tat in angemessener Frist nicht zu erwarten ist und wenn eine Strafe oder Maßregel der Besserung und Sicherung, die gegen den Beschuldigten rechtskräftig verhängt worden ist oder die er wegen einer anderen Tat zu erwarten hat, zur Einwirkung auf den Täter und zur Verteidigung der Rechtsordnung ausreichend erscheint.

(2) Ist die öffentliche Klage bereits erhoben, so kann das Gericht auf Antrag der Staatsanwaltschaft das Verfahren in jeder Lage vorläufig einstellen.

(3) Ist das Verfahren mit Rücksicht auf eine wegen einer anderen Tat bereits rechtskräftig erkannten Strafe oder Maßregel der Besserung und Sicherung vorläufig eingestellt worden, so kann es, falls nicht inzwischen Verjährung eingetreten ist, wieder aufgenommen werden, wenn die rechtskräftig erkannte Strafe oder Maßregel der Besserung und Sicherung nachträglich wegfällt.

(4) Ist das Verfahren mit Rücksicht auf eine wegen einer anderen Tat zu erwartende Strafe oder Maßregel der Besserung und Sicherung vorläufig eingestellt worden, so kann es, falls nicht inzwischen Verjährung eingetreten ist, binnen drei Monaten nach Rechtskraft des wegen der anderen Tat ergehenden Urteils wieder aufgenommen werden.

(5) Hat das Gericht das Verfahren vorläufig eingestellt, so bedarf es zur Wiederaufnahme eines Gerichtsbeschlusses.

Schrifttum: *Appl*, Die strafschärfende Verwertung von nach §§ 154, 154a StPO eingestellten Nebendelikten und ausgeschiedenen Tatteilen bei der Strafzumessung, 1987; *Bandemer*, Einstellung hinter der Einstellung, NStZ 1988, 297; *Bohnert*, Sortierte Einstellung – Vom unerlaubten Surfen im Ahndungsrecht, GA 2000, 117; *Dauster*, Absehen von der Strafverfolgung in Hinsicht auf ausländische Strafverfahren gemäß § 154 StPO, NStZ 1986, 145; *Drees*, Einfluss von Teileinstellungen nach § 154 StPO auf die Anwendbarkeit von formellem und materiellem Jugendstrafrecht, NStZ 1995, 481; *Gallandi*, Analoge Anwendung der §§ 154 ff. StPO auf ausländische Strafverfahren oder Gesetzesänderung?, NStZ 1987, 353; *Keller/Schmid*, Möglichkeiten der Verfahrensbeschleunigung in Wirtschaftsstrafsachen, wistra 1984, 201; *Maatz*, Anfechtbarkeit von Einstellungsbeschlüssen nach § 154 Abs. 2 StPO bei Maßnahmen ausländischer Gerichte, MDR 1986, 884; *Momberg*, Die Wiederaufnahme bei Einstellungen nach § 154 StPO und ihre rechtliche Kontrolle, NStZ 1984, 535; *Pickert*, Verfolgungsbeschränkung gemäß § 154 StPO und das Problem des Strafklageverbrauchs, 1984; *Pott*, Außerkraftsetzung der Legalität durch das Opportunitätsdenken in den Vorschriften der §§ 154, 154a StPO, 1996; *Vogler*, Die strafschärfende Verwertung strafbarer Vor- und Nachtaten bei der Strafzumessung und die Unschuldsvermutung (Art. 6 Abs. 2 MRK), Festschrift für Kleinknecht, 1985, S. 429.

Übersicht

	Rn.
A. Zweck der Vorschrift	1–4
B. Anwendungsbereich	5–12
I. Anwendbarkeit in den Verfahrensstadien	6, 7
1. Staatsanwaltschaftliche Einstellung (Abs. 1)	6
2. Gerichtliche Einstellung (Abs. 2)	7

---

[125] *Ambos* NStZ 2006, 434 (438); Löwe/Rosenberg/*Beulke* Rn. 43.
[126] Zu den Voraussetzungen dieses internationalen ne bis in idem *Tallgreen/Reisinger Coracine*, in: *Triffterer* (Edit.), Commentary on the Rome Statute oft he International Criminal Court, 2. Edit., Art. 20 Rn. 19 ff.

	Rn.
II. Anwendbarkeit in sachlicher Hinsicht	8, 9
III. Anwendbarkeit in persönlicher Hinsicht	10
IV. Verhältnis zu anderen Erledigungsarten	11, 12
C. Einstellungsvoraussetzungen	13–30
I. Grundstruktur	13
II. Einstellung nach Abs. 1 Nr. 1	14–21
1. Bezugssanktion	15–17
a) Art der Bezugssanktion	15, 16
b) Stadium der Bezugssanktion	17
2. Hypothetischer Sanktionsvergleich	18–21
III. Einstellung nach Abs. 1 Nr. 2	22–28
1. Allgemeines	22–24
2. Aburteilung in angemessener Frist	25
3. Einwirkung auf den Täter und Verteidigung der Rechtsordnung	26, 27
4. Fehlen anderweitiger Möglichkeiten der Verfahrensgestaltung	28
IV. Einstellung nach Abs. 2	29
V. Ermittlungsgrad der Tat	30
D. Verfahren der staatsanwaltschaftlichen Einstellung nach Abs. 1	31–35
I. Zuständigkeit	31
II. Entscheidungsart und -inhalt	32–34
III. Zustimmungs-/Anhörungs- und Benachrichtigungserfordernisse	35
E. Verfahren der gerichtlichen Einstellung nach Abs. 2	36–42
I. Zuständigkeit	36
II. Entscheidungsart und -inhalt	37–39
III. Antrags-/Zustimmungs- und Anhörungserfordernisse	40–42
F. Wirkungen und Folgen der Einstellung	43–50
I. Staatsanwaltschaftliche Einstellung nach Abs. 1	43
II. Gerichtliche Einstellung nach Abs. 2	44
III. Folgen für verfahrenssichernde Maßnahmen	45
IV. Berücksichtigung der eingestellten Tat in Strafverfahren über andere Taten	46–50
1. Allgemeines	46
2. Berücksichtigung bei der Beweiswürdigung	47
3. Berücksichtigung bei der Strafzumessung	48–50
G. Wiederaufnahme und Strafklageverbrauch	51–77
I. Allgemeines	51, 52
II. Wiederaufgreifen nach staatsanwaltschaftlicher Einstellung	53–57
1. Materielle Wiederaufnahmevoraussetzungen (Umfang des Strafklageverbrauchs)	53
2. Verfahren des Wiederaufgreifens	54, 55
3. Fortsetzung der Verfolgung ohne Wiederaufgreifen	56, 57
III. Wiederaufnahme nach gerichtlichem Einstellungsbeschluss (Abs. 3–5)	58–77
1. Regelungsbereich	58
2. Wiederaufnahme bei Wegfall der rechtskräftig verhängten Bezugssanktion (Abs. 3)	59–62
3. Wiederaufnahme wegen Änderungen bei der erwarteten Bezugssanktion (Abs. 4)	63–68
a) Rechtskraft des wegen der anderen Tat ergehenden Urteils	64, 65
b) Bedeutung der Frist des Abs. 4	66
c) Mehrere Bezugstaten	67
d) Ermessensentscheidung	68
4. Wiederaufnahme außerhalb der von Abs. 3 und 4 normierten Konstellationen	69
5. Verfahren der gerichtlichen Wiederaufnahme	70–77
a) Zuständigkeit	70, 71
b) Entscheidungsart und -inhalt	72, 73
c) Antrags-/Zustimmungs-/Anhörungserfordernisse	74–76
d) Wirkungen des Wiederaufnahmebeschlusses	77
H. Rechtsbehelfe	78–91
I. Staatsanwaltschaftliche Einstellung (Abs. 1)	78–80
II. Gerichtliche Einstellung (Abs. 2)	81–87
1. Gerichtlicher Einstellungsbeschluss	81–85
2. Ablehnung des Antrags auf Einstellung	86
3. Nebenentscheidungen des Einstellungsbeschlusses	87
III. Wiederaufnahme des Verfahrens (Abs. 3–5)	88, 89
1. Wiederaufnahmebeschluss (Abs. 5)	88
2. Ablehnung eines Antrags auf Wiederaufnahme	89
IV. Sonderfälle	90
V. Revision	91

A. Zweck der Vorschrift

1   Die Vorschrift dient mit den Möglichkeiten des staatsanwaltschaftlichen Absehens von der Verfolgung (Abs. 1) und der gerichtlichen Einstellung (Abs. 2) bei Vorliegen mehrerer Taten (im prozessualen Sinne) eines Beschuldigten/Angeklagten der **Verfahrensökonomie**.[1] Durch den partiellen Verzicht auf die Strafverfolgung bei mehrfacher Tatbegehung gestattet § 154 bei sachgerechter

---

[1] Insoweit allgM; siehe nur AK-StPO/*Schöch* Rn. 2 f.; KK-StPO/*Schoreit* Rn. 1; Löwe/Rosenberg/*Beulke* Rn. 1; SK-StPO/*Weßlau* Rn. 1.

Anwendung eine **Konzentration des Verfahrensgegenstandes** oder der Verfahrensgegenstände auf die gewichtigeren Tatvorwürfe bei Mehrfachtätern. Insofern dient die Vorschrift der **Einhaltung des Beschleunigungsgebots**[2] **auf Kosten der Durchsetzung des Legalitätsprinzips.** Ohne die durch § 154 ermöglichte Konzentration des Verfahrensstoffs ließen sich weder Großverfahren mit einer Vielzahl von prozessualen Taten noch die Verfolgung von Mehrfachtätern in der staatsanwaltschaftlichen und gerichtlichen Praxis handhaben.

Mit dem Teilverzicht werden **keine diversionellen Zwecke** verfolgt.[3] Erst recht ist § 154 kein Ausdruck von Abolition.[4] Das Absehen von der Verfolgung bzw. die Einstellung des Verfahrens gewährleisten die Handbarkeit des Verfahrens bei der verschiedenen Verfahren bei Mehrfachtätern, ohne dass sich aus dem Unrechts- und Schuldgehalt der jeweils erfassten materiellen Taten Anlass für einen Sanktionsverzicht ergäbe. Anders als bei §§ 153, 153a, die auf die Geringfügigkeit des Tatvorwurfs rekurrieren, ist der Verfolgungsverzicht bei § 154 lediglich auf die Relation zu der Sanktionserwartung wegen einer anderen Tat desselben Beschuldigten etc. gestützt; der Teilverzicht kann daher selbst dann erfolgen, wenn der Unrechts- und Schuldgehalt der Tat im Spektrum der durchschnittlichen Tatschwere der betroffenen materiellen Delikte hoch ist, aber demselben Beschuldigten eine noch schwerere Tat vorgeworfen wird. Soweit im Kontext von § 154 von „relativer Geringfügigkeit" gesprochen wird,[5] hat dies daher eine andere Bedeutung als bei § 153a. Eine „gewisse kriminalpolitische Verwandtschaft" zu § 153a lässt sich nicht annehmen.[6] Wegen der fehlenden Beschränkung bei den erfassten Deliktstypen und dem Fehlen einer Quasisanktion besteht bei den von der Einstellung nach § 154 erfassten Taten durchaus ein Sanktionsbedürfnis und ein Strafverfolgungsinteresse; beides wird jedoch der Verfahrensökonomie im Hinblick auf die wegen wenigstens einer anderen Tat zu erwartenden schwereren Sanktion untergeordnet.

Die **Grenzen** der zulässigen Konzentration des Verfahrens mittels § 154 sind – wie sich auch Abs. 1 Nr. 2 ergibt – jedenfalls dann erreicht, wenn allein durch die Sanktionierung der weiter verfolgten Taten die **Strafzwecke nicht mehr verwirklicht** werden könnten.[7] Ob angesichts der lediglich auf die Relation zu der wegen einer anderen prozessualen Tat zu erwartenden Sanktion abstellenden Voraussetzungen des § 154 die Vorschrift auch als Ausprägung des Gebots verhältnismäßigen Strafens gedeutet werden kann,[8] ist zweifelhaft. Nimmt man die Voraussetzung von § 154 „nicht beträchtlich ins Gewicht fallen" ernst, liegt eine Rückanbindung an die Verhältnismäßigkeit des Strafens nicht nahe. Die für die Gesamtstrafenbildung maßgeblichen Grundsätze genügen auch bei Mehrfachtätern, um die Vorgaben des verfassungsrechtlichen Schuldprinzips zu gewährleisten.

Die gegen die Vorschrift im Hinblick auf das **Tatschuldprinzip**,[9] regionale Ungleichheiten in der Anwendung sowie die Gefahr einer „missbräuchlichen" Verwendung im Rahmen von Absprachen[10] erhobenen Bedenken, wiegen schwer. **Rechtspraktisch** ist die durch § 154 eröffnete Möglichkeit der (frühzeitigen)[11] Verfahrensstoffbegrenzung insbesondere für die Staatsanwaltschaften jedoch **unverzichtbar**.

B. Anwendungsbereich

Die Vorschrift setzt zwingend voraus, dass gegen **denselben Beschuldigten** etc. wenigstens zwei **unterschiedliche Taten im prozessualen Sinne** (§§ 155, 264) Gegenstand eines oder mehrerer Strafverfahren sind. Nicht maßgeblich ist, ob die mehreren prozessualen Taten in einem oder mehreren Strafverfahren anhängig sind. Soll **innerhalb einer prozessualen Tat** eine Stoffbegrenzung durch Ausscheiden der Verfolgung bestimmter verwirklichter materieller Straftatbestände und damit verknüpften tatsächlichen Geschehens erfolgen, kann dies nur durch Anwendung von § 154a geschehen. Die **Abgrenzung der Anwendbarkeit von § 154 einerseits und § 154a andererseits** verläuft daher anhand der Frage nach **Einheitlichkeit oder Verschiedenheit der prozessualen Tat**. Beide Vorschriften können nebeneinander angewendet werden, indem bei mehreren prozessualen Taten zunächst durch § 154 die Beschränkung auf die Verfolgung einer Tat erfolgt und innerhalb dieser dann eine weitere Stoffbegrenzung über § 154a vorgenommen wird. Letzteres darf

---

[2] Ebenso *Fezer* 1/46; *Volk*, Strafprozessrecht, § 12 Rn. 38.
[3] Zutreffend SK-StPO/*Weßlau* Rn. 1.
[4] Anders *Pott*, Außerkraftsetzung der Legalität durch das Opportunitätsdenken in den Vorschriften der §§ 154, 154a StPO, 1996, S. 101 ff.; zu recht ablehnend KK-StPO/*Schoreit* Rn. 1 aE.
[5] Etwa AK-StPO/*Schöch* Rn. 3; Löwe/Rosenberg/*Beulke* Rn. 3; *Hellmann*, Strafprozessrecht, § 8 Rn. 32.
[6] Anders Löwe/Rosenberg/*Beulke* Rn. 3.
[7] Siehe BGH v. 19. 12. 1995 – KRB 33/95, BGHSt 41, 385 (391).
[8] Exemplarisch AK-StPO/*Schöch* Rn. 2.
[9] Dazu SK-StPO/*Weßlau* Rn. 3 f.
[10] Siehe AK-StPO/*Schöch* Rn. 4 mwN.
[11] Unten Rn. 30.

aber nicht dazu führen, die Relation der Sanktionserwartung zwischen der ausgeschiedenen und der weiter verfolgten Tat so zu verschieben, dass die Sanktion der ausgeschiedenen Tat nun doch beträchtlich ins Gewicht fallen würde.

I. Anwendbarkeit in den Verfahrensstadien

6   **1. Staatsanwaltschaftliche Einstellung (Abs. 1).** Die Möglichkeit der Verfahrenseinstellung nach Abs. 1 steht der Staatsanwaltschaft lediglich **bis zur Erhebung der öffentlichen Klage** bzw. ihrer Surrogate zur Verfügung. Mit der Anklageerhebung erlangt ausschließlich das dann zuständige Gericht die Befugnis, das Verfahren unter den sachlichen Voraussetzungen von Abs. 1 einzustellen.

7   **2. Gerichtliche Einstellung (Abs. 2).** Nach Erhebung der öffentlichen Klage (nicht erst mit Eröffnungsbeschluss oder einem Surrogat) kann das jeweils zuständige Gericht[12] von der Einstellungsmöglichkeit nach Abs. 2 **in jeder Lage des Verfahrens** Gebrauch machen. Abs. 2 ist daher auch in allen Rechtsmittelinstanzen, dh. durch die **Berufungsgerichte** und die **Revisionsgerichte** anwendbar, wenn und solange das Verfahren, das die fragliche prozessuale Tat zum Gegenstand hat, bei ihnen anhängig ist.[13] Wendet das Revisionsgericht Abs. 2 in Bezug auf eine Tat an, deren Sanktionierung in eine Gesamtstrafe eingegangen war, bedarf es einer Zurückverweisung zum Zwecke der Bildung einer neuen Gesamtstrafe nicht, wenn ausgeschlossen werden kann, dass die Strafe für die nun nicht mehr verfahrensgegenständliche Tat sich auf die Höhe der Gesamtstrafe ausgewirkt hat.[14] Die Einstellungsentscheidung des Revisionsgerichts kann dann mit der **eigenen Sachentscheidung** nach § 354 Abs. 1 a oder 1 b verknüpft sein.[15] Umgekehrt kann das Instanzgericht von Abs. 2 nach Erlass seines Urteils nicht mehr Gebrauch machen; die Zuständigkeit liegt dann allein bei dem Rechtmittelgericht.[16] Nach Aufhebung und Zurückverweisung durch das Revisionsgericht erlangt das dann zuständige Tatgericht die Befugnis zur Anwendung von Abs. 2; entsprechendes gilt für den neuen Tatrichter nach erfolgreichem Wiederaufnahmeverfahren. Eingetretene Teilrechtskraft (bei Rechtsmittelbeschränkung) steht der Einstellungsbefugnis nicht entgegen, die Anwendbarkeit von Abs. 2 **endet** erst **mit vollständigem Eintritt der Rechtskraft** der Entscheidung über die Tat, auf die sich die Einstellung bezogen hat.

II. Anwendbarkeit in sachlicher Hinsicht

8   Die Vorschrift ist **auf sämtliche Taten** unabhängig von deren materiell-rechtlicher Bewertung anwendbar; die Einstellung erfasst daher **auch** solche Taten, die sich materiell als **Verbrechen** erweisen (allgM). Verwirklicht der Beschuldigte bzw. Betroffene mit der verfahrensgegenständlichen Tat sowohl Straftaten als auch **Ordnungswidrigkeiten**, so soll nach überwiegender aber stark bestrittener Ansicht ungeachtet der Einstellung nach § 154 die Verfolgung als Ordnungswidrigkeit zulässig bleiben.[17] Trotz der Einheitlichkeit des Lebenssachverhalts ist dem wegen der allein auf die Sanktionserwartung als Straftat bezogenen Einstellungsvoraussetzung zuzustimmen. Im **Bußgeldverfahren** selbst gilt § 154 nicht. Allerdings wird § 154 verfolgte Regelungszweck im Rahmen der Ermessensausübung nach § 47 OWiG berücksichtigt.[18]

9   Beschränkt sich die fragliche prozessuale Tat auf ein **Privatklagedelikt**, ist die Anwendbarkeit von § 154 weithin unklar.[19] Die Frage beschränkt sich letztlich auf die nach der Anwendung von Abs. 2, weil vor Erhebung der Privatklage durch den Privatkläger die Staatsanwaltschaft von Abs. 1 Gebrauch machen darf, ohne damit Rechtspositionen des Privatklägers zu beeinträchtigen. **Nach Erhebung der Privatklage** kann das Gericht nach Abs. 2 jedenfalls dann einstellen, wenn die Staatsanwaltschaft die Verfolgung übernimmt (§ 377 Abs. 2 S. 1) und auf Einstellung anträgt. Fehlt es an der Übernahme, wird Abs. 2 im Privatklageverfahren von der hM für unanwendbar gehalten.[20] Räumt man dagegen ungeachtet des Wortlautes dem **Privatkläger** das **Antragsrecht**

---

[12] Unten Rn. 36.
[13] KK-StPO/*Schoreit* Rn. 11; Löwe/Rosenberg/*Beulke* Rn. 37.
[14] Vgl. BGH v. 16. 11. 2004 – 4 StR 392/04, NJW 2005, 376 f. = NStZ 2005, 223; BGH v. 14. 2. 2007 – 2 StR 479/06, NStZ 2007, 193; Löwe/Rosenberg/*Beulke* Rn. 37.
[15] Exemplarisch BGH v. 16. 11. 2004 – 4 StR 392/04, NJW 2005, 376 f. = NStZ 2005, 223; BGH v. 14. 2. 2007 – 2 StR 479/06, NStZ 2007, 193.
[16] HK-StPO/*Gercke* Rn. 11; *Meyer-Goßner* Rn. 19.
[17] BGH v. 19. 12. 1995 – KRB 33/95, BGHSt 41, 385 (391); *Göhler* wistra 1996, 133 f.; *Kindhäuser* JZ 1997, 102; KMR/*Plöd* Rn. 14; Löwe/Rosenberg/*Beulke* Rn. 6; *Meyer-Goßner* Rn. 15; aA OLG Frankfurt v. 4. 5. 1995 – 11 Ws (Kart) 2/95, StV 1997, 344; *Bohnert* GA 2000, 112; *Schmidt* wistra 1998, 211.
[18] Siehe nur KK-OWiG/*Bohnert*, § 47 Rn. 42 ff.
[19] Vgl. *Hilger* JR 1990, 256 f.; Löwe/Rosenberg/*Beulke* Rn. 7–9.
[20] KK-StPO/*Schöch* Rn. 9; KK-StPO/*Schoreit* Rn. 27; KK-StPO/*Senge* § 385 Rn. 9; *Pfeiffer* Rn. 1; *Meyer-Goßner* § 385 Rn. 10; vgl. auch OLG Celle v. 30. 12. 1982 – 2 Ws 199/82, NStZ 1983, 329; LG Regensburg v. 2. 8. 1989 – 3 Qs 34/89, NJW 1990, 1743 mAnm *Hilger* JR 1990, 256 ff.

aus Abs. 2 ein, bestehen keine durchgreifenden Bedenken gegen die gerichtliche Einstellung nach Abs. 2 auch im Privatklageverfahren.[21]

III. Anwendbarkeit in persönlicher Hinsicht

§ 154 erfordert stets, dass **demselben Beschuldigten mehrere Taten im prozessualen Sinne** vorgeworfen werden. Ob diese Taten in einem oder in mehreren Verfahren verfolgt werden, ist unerheblich.[22] Die Einstellungsmöglichkeit besteht auch im **Jugendstrafverfahren gegen Jugendliche und Heranwachsende** (hM).[23] Besonderheiten des Jugendstrafrechts und des Jugendstrafverfahrensrechts stehen nicht entgegen. Soweit die Einstellung von einzelnen Taten (im prozessualen Sinne) an sich zu einer Unanwendbarkeit von § 32 JGG führen würden (Einstellung betrifft gerade die Tat, die zur Anwendung des Jugendstrafrechts führt), lassen sich etwaige Nachteile durch die analoge Heranziehung von § 32 JGG lösen.[24]

IV. Verhältnis zu anderen Erledigungsarten

Angesichts des auf Verfahrensökonomie und damit Justizentlastung ausgerichteten Regelungszwecks einerseits sowie der an die in Relation zu den für andere Taten drohenden Sanktionen ausgerichteten Einstellungsvoraussetzungen andererseits bestehen durchaus Überschneidungen mit anderen Erledigungsarten, die die Beendigung des Verfahrens an andere Voraussetzungen knüpfen und andere Zwecke verfolgen. Im Anwendungsbereich von **Abs. 1** kommt bei **liquider Einstellungslage § 170 Abs. 2 Vorrang** zu.[25] Wegen des justizökonomischen Zwecks bedarf es aber keiner Durchermittlung des Sachverhalts mit dem Ziel, den hinreichenden Tatverdacht zu klären, wenn und sobald die Einstellungsvoraussetzungen nach Abs. 1 feststehen.[26] Allerdings ist ungeachtet der rechtstatsächlichen Notwendigkeit einer möglichst frühen Einstellung eine Sachaufklärung erforderlich, die einen (hypothetischen) Vergleich mit den für andere Taten desselben Beschuldigten etc. zu erwartenden Sanktionen verlässlich vornehmen lässt.[27] Wegen der ausschließlich justizökonomischen Zwecksetzung von § 154 und der nur bedingt auf das Maß des Unrechts- und Schuldgehalts der einzelnen Tat bezogenen Einstellungsvoraussetzungen kommt den auf Diversion abzielenden Einstellungen nach §§ 153, 153a ebenfalls **Vorrang** zu.[28] Soweit eine Einstellung auf eine Sanktion aus einem **ausländischen Urteil** etc. gestützt werden soll, gehen **§ 153c Abs. 2 und § 154b Abs. 2** als speziellere Regelungen vor, so dass eine ausländische Verurteilung nicht als Bezugssanktion in Frage kommt (strg.).[29] Nicht ausgeschlossen ist es dagegen, bei mehreren Taten § 154 und § 153c Abs. 2 nebeneinander anzuwenden, wenn ungeachtet einer Einstellung wegen einer im Ausland abgeurteilten prozessualen Tat bei mehreren der inländischen Strafverfolgung unterliegenden Taten in Bezug auf eine oder mehrere von ihnen noch die Voraussetzungen von § 154 vorliegen.[30] Zu **§ 154a** besteht ein klares Abgrenzungskriterium über die Identität der prozessualen Tat bzw. das Vorhandensein mehrerer Taten im prozessualen Sinne;[31] innerhalb der nach einer Einstellung gemäß § 154 weiter verfolgten Taten kann die Verfolgung einzelner rechtlicher Gesichtspunkte aber über § 154a beschränkt werden.[32]

Soweit die vorstehend erörterten Erledigungsarten auch für das jeweils zuständige Gericht zur Verfügung stehen, gilt für das Verhältnis zu **Abs. 2** das Gleiche. Im Zwischenverfahren hat bei liquider Nichteröffnungslage der Beschluss nach **§ 204 Vorrang**; Entsprechendes gilt bei liquider Freispruchslage für den **Freispruch** in den Tatsacheninstanzen.

---

[21] Ausführlich Löwe/Rosenberg/*Beulke* Rn. 7 f.
[22] Oben Rn. 5.
[23] *Seiser* NStZ 1997, 375; HK-StPO/*Gercke* Rn. 2; KMR/*Plöd* Rn. 1; Löwe/Rosenberg/*Beulke* Rn. 6; *Meyer-Goßner* Rn. 1; Brunner/Dölling § 45 JGG Rn. 3; *Ostendorf* § 45 JGG Rn. 7; aA *Bohnert* NJW 1980, 1930.
[24] *Drees* NStZ 1995, 481; *Ostendorf* § 32 JGG Rn. 5.
[25] Im Ergebnis ebenso AK-StPO/*Schöch* Rn. 8; KK-StPO/*Schoreit* Rn. 22; SK-StPO/*Weßlau* Rn. 25.
[26] *Rieß* wistra 1997, 139; *Volk* NJW 1996, 880; KK-StPO/*Schoreit* Rn. 22; KMR/*Plöd* Rn. 14; Löwe/Rosenberg/*Beulke* Rn. 29; *Meyer-Goßner* Rn. 6.
[27] Noch enger SK-StPO/*Weßlau* Rn. 25.
[28] SK-StPO/*Weßlau* Rn. 11 aE.
[29] AK-StPO/*Schöch* Rn. 12; HK-StPO/*Gercke* Rn. 2; KK-StPO/*Schoreit* Rn. 7; KMR/*Plöd* Rn. 5; Löwe/Rosenberg/ *Beulke* Rn. 10; *Meyer-Goßner* Rn. 1; SK-StPO/*Weßlau* Rn. 10; aA LG Aachen v. 13. 5. 1993 – 67 KLs 32 Js 818/87 – 86/90, NStZ 1993, 505; LG Essen v. 13. 11. 1991 – (21) 51/91, StV 1992, 223; *Dauster* NStZ 1986, 145.
[30] § 153c Rn. 7.
[31] Oben Rn. 5.
[32] Oben Rn. 5.

C. Einstellungsvoraussetzungen

I. Grundstruktur

13   Die Einstellung nach § 154 kommt in ihren sämtlichen Konstellationen nur gegen Personen in Betracht, denen die **Begehung mehreren Taten** (im prozessualen Sinne) vorgeworfen werden. Ob die Strafverfolgung dieser Taten in einem Verfahren oder in verschiedenen Verfahren erfolgt, ist ebenso wenig von Bedeutung wie das jeweilige Stadium, in dem sich – bei getrennter Verfolgung – die jeweiligen Verfahren gerade befinden.[33] Der **materielle Einstellungsgrund** besteht, ungeachtet einer gewissen Modifikation in Abs. 1 Nr. 2, in dem Ergebnis eines **hypothetischen Vergleichs** zwischen den zu erwartenden Sanktionen wegen der prozessualen Tat, in Bezug auf die die Einstellung in Betracht gezogen wird, und der Sanktion bzw. den Sanktionen, die wegen einer anderen Tat oder anderen Taten gegen denselben Beschuldigten zu erwarten oder bereits verhängt sind. Die Einstellung kommt nach der vagen gesetzlichen Formulierung stets in Betracht, wenn die für die zur Einstellung anstehende Tat zu erwartende Sanktion in Relation zu der Bezugssanktion nicht beträchtlich ins Gewicht fallen würde.

II. Einstellung nach Abs. 1 Nr. 1

14   Nach der vorstehend beschriebenen Grundstruktur der Einstellung nach § 154 erfordert das auf Abs. 1 Nr. 1 gestützte Absehen von der Verfolgung **außer** dem Vorliegen von **wenigstens zwei** dem Beschuldigten vorgeworfenen **Taten im prozessualen Sinne zwei weitere Bedingungen:** (1.) aus der wenigstens einen weiteren Tat des Beschuldigten muss eine als Vergleich heranziehbare Sanktion zu erwarten oder bereits verhängt sein (**Bezugssanktion**); (2.) neben dieser Bezugssanktion darf die wegen der eventuell einzustellenden Tat drohende Sanktion nicht beträchtlich ins Gewicht fallen (**hypothetischer Sanktionsvergleich**).

15   1. **Bezugssanktion. a) Art der Bezugssanktion.** Der Wortlaut des Gesetzes beschränkt die im hypothetischen Sanktionsvergleich einbeziehungsfähigen Bezugssanktionen auf **Strafen und Maßregeln der Besserung und Sicherung.** Der Kreis der **Maßregeln** ist in **§ 61 StGB** abschließend beschrieben. Allerdings sollen auch die übrigen in § 11 Abs. 1 Nr. 8 StGB genannten Maßnahmen[34] berücksichtigungsfähig sein.[35] Das ist im Hinblick auf den entgegenstehenden Wortlaut zweifelhaft; ein praktisches Bedürfnis für die Ausweitung lässt sich im Übrigen kaum erkennen. Unter den Begriff der **Strafe** fallen eindeutig die Haupt- und Nebenstrafen des StGB; auch die Verwarnung mit Strafvorbehalt (§ 59 StGB) ist wegen Verurteilung und dem Vorbehalt der Strafe noch darunter zu fassen.[36] Das Absehen von Strafe hat dagegen keinen Strafcharakter. Bei Anwendung im **Jugendstrafverfahren**[37] ist jedenfalls die Jugendstrafe (§ 17 JGG) einschließlich der vorbehaltenen Jugendstrafe (§ 27 JGG) und der sog. Vorbewährung, die in § 57 JGG eine schwache positivrechtliche Verankerung erfahren hat, berücksichtigungsfähig. Angesichts des faktischen Strafcharakters gilt das auch für den Jugendarrest (§ 16 JGG) in seinen sämtlichen Erscheinungsformen. Den übrigen Zuchtmitteln und erst recht den Erziehungsmaßregeln lässt sich Strafcharakter nicht zuschreiben. Soll im Hinblick auf solche Sanktionen des Jugendstrafrechts eine Einstellung des Verfahrens wegen anderer Taten desselben Täters erfolgen, wäre das allenfalls durch eine analoge Anwendung von § 154 möglich.

16   Nach ganz überwiegend vertretener Auffassung kommen die im Rahmen von § 153a seitens des Beschuldigten übernommenen Quasi-Sanktionen **nicht als Bezugssanktionen** in Betracht.[38] Unter den Begriff „Strafe" sind solche Quasi-Sanktionen nicht subsumierbar. Ein praktisches Bedürfnis für eine Einbeziehung ist zudem nicht erkennbar.[39] Eine Erweiterung des Anwendungsbereichs über die jetzt erfassten „Strafen und Maßregeln der Besserung und Sicherung" bedürfte einer gesetzgeberischen Entscheidung.[40]

17   b) **Stadium der Bezugssanktion.** Die in den hypothetischen Vergleich einzubeziehende Bezugssanktion braucht noch nicht verhängt zu sein. Es genügt, dass diese ihrerseits zu erwarten ist. In diesen Fall beruht der hypothetische Vergleich der Sanktionen auf einer noch unsicheren tatsäch-

---

[33] SK-StPO/*Weßlau* Rn. 12.
[34] Zu diesen näher MünchKommStGB/*Radtke* § 11 Rn. 99 ff.
[35] Löwe/Rosenberg/*Beulke* Rn. 16.
[36] LG Berlin v. 22. 3. 1994 – 521 Qs 2/94, NStZ 1994, 450; HK-StPO/*Gercke* Rn. 2; Löwe/Rosenberg/*Beulke* Rn. 16; *Meyer-Goßner* Rn. 7
[37] Zur generellen Anwendbarkeit oben Rn. 10.
[38] AK-StPO/*Schöch* Rn. 11; KMR/*Plöd* Rn. 5; Löwe/Rosenberg/*Beulke* Rn. 16; *Meyer-Goßner* Rn. 2; SK-StPO/*Weßlau* Rn. 15; aA *Bandemer* NStZ 1988, 297.
[39] Zutreffend und näher erläuternd SK-StPO/*Weßlau* Rn. 15.
[40] Zu Reformüberlegungen und deren Bewertung *Herzog* StV 2000, 447.

lichen Grundlage, nämlich zwei Prognosen, eine über die zu erwartende Bezugssanktion und eine andere über die für die fragliche Tat zu erwartende Sanktion. Ist die Bezugssanktion bereits **rechtskräftig verhängt**, steht weder der Beginn ihrer **Vollstreckung** noch deren vollständiger Abschluss der Berücksichtigungsfähigkeit entgegen (hM).[41] Das kommt vor allem in Konstellationen ansonsten erforderlicher nachträglicher Gesamtstrafenbildung oder – wegen der vollständigen Vollstreckung – des sonst notwendigen Härteausgleichs in Betracht. Die **Berücksichtigungsfähigkeit** der vollstreckten Bezugssanktion **endet**, wenn die zur Einstellung in Betracht gezogene Tat **nach dem Ende der Vollstreckung der Bezugssanktion begangen** wurde (allgM). Angesichts des offensichtlichen Ausbleibens präventiver Effekte der vollstreckten Strafe wäre eine Einstellung ein fatales Signal an den Mehrfachtäter und vor dem Hintergrund des Legalitätsprinzips nicht zu rechtfertigen.

2. Hypothetischer Sanktionsvergleich. Soweit eine geeignete Bezugssanktion wegen einer anderen dem Beschuldigten vorgeworfenen Tat vorliegt, hängt die Möglichkeit der Einstellung davon ab, dass im Vergleich zu für die Tat zu erwartenden oder bereits verhängten Sanktion diejenige, die für die ggf. zur Einstellung anstehende Tat zu prognostizierende Sanktion **nicht beträchtlich ins Gewicht fällt**. Was damit inhaltlich gemeint ist, lässt sich dem Gesetz nicht unmittelbar entnehmen. Nach allgM können die inhaltlichen Anforderungen an das Kriterium kaum verallgemeinerungsfähig formuliert werden; als jeweils maßgeblich werden die **Besonderheiten des Einzelfalles** betrachtet.[42] Die Anwendung lässt sich jedenfalls nicht auf mathematisch-quantitative Betrachtungen reduzieren.[43] Die mathematischen Verhältnisse sind lediglich insoweit von Bedeutung als der Wortlaut „beträchtlich" eine **Anwendung von § 154 ausschließt**, wenn wegen des Wegfalls der für die eingestellte Tat zu erwartenden Sanktion die **verbleibende Sanktion auf die Hälfte absinken** würde (allgM).[44]

Der sehr offene Wortlaut und das Fehlen eines klaren hinter § 154 stehenden kriminalpolitischen Konzepts gestatten die Formulierung eines sich nicht in Tautologien zu der Wendung „nicht beträchtlich ins Gewicht fallen" erschöpfenden, allgemeinen inhaltlichen Maßstabs nicht. Aus Abs. 1 Nr. 2, der eindeutig als Sonderfall statuiert ist („darüber hinaus"), lassen sich ebenfalls keine inhaltlichen Vorgaben gewinnen, die über die Erkenntnis hinausgehen, § 154 jedenfalls dann nicht anwenden zu können, wenn allein durch die Sanktionierung der in der Verfolgung verbleibenden Taten ein gerechter Schuldausgleich unterbliebe und präventiven Bestrafungsbedürfnissen nicht mehr Rechnung getragen würden. Die Möglichkeiten der inhaltlichen Konkretisierung der Wendung „nicht beträchtlich ins Gewicht fällt" beschränken sich daher darauf, **an der Art der zu erwartenden Sanktion ausgerichtete Leitlinien** der Anwendung aufzustellen (im Ergebnis allgM).[45] Die Handhabung dieser Leitlinien unterliegt der Anpassung an die besonderen Verhältnisse des Einzelfalles; **im Einzelnen:**

Ist wegen der auszuscheidenden Tat lediglich **Geldstrafe zu erwarten**, fällt diese gegenüber einer drohenden oder bereits verhängten – auch ausgesetzten – Freiheitsstrafe regelmäßig nicht beträchtlich ins Gewicht. Das kann bei außergewöhnlicher Höhe oder bei Vorliegen der Voraussetzungen von § 41 StGB[46] anders sein.[47] Ebenso ist zu erwartende Geldstrafe in Relation zu freiheitsentziehenden Maßregeln regelmäßig nicht von beträchtlichem Gewicht. Umgekehrt fällt eine für die einzustellende Tat **prognostizierte Freiheitsstrafe** gegenüber einer verbleibenden Geldstrafe stets ins Gewicht; entsprechendes gilt auch für eine prognostizierte nicht ausgesetzte Freiheitsstrafe gegenüber einer Freiheitsstrafe, deren Vollstreckung zur Bewährung ausgesetzt ist (für zu erwartende ausgesetzte Freiheitsstrafe kann sich die Frage bei sachgerechter Legalprognose in den betroffenen Verfahren kaum stellen). Drohen in den fraglichen Verfahren jeweils – nicht gesamtstrafenfähige[48] – Freiheitsstrafen, fällt die für das einzustellende Verfahren zu erwartende lediglich dann nicht beträchtlich ins Gewicht, wenn erhebliche Unterschiede in den Höhen der Strafen bestehen. Droht für das zur Einstellung anstehende Verfahren **langjährige zeitige Freiheitsstrafe**, fällt diese lediglich dann nicht beträchtlich ins Gewicht, wenn die Bezugssanktion lebenslange Freiheitsstrafe ist. Besteht die Bezugssanktion in Freiheitsstrafe und Sicherungsverwahrung, kommt es auf die Verhältnisse des Einzelfalles an. Droht **lebenslange Freiheitsstrafe**, fällt diese

---

[41] AK-StPO/*Schöch* Rn. 11; HK-StPO/*Gercke* Rn. 3; KK-StPO/*Schoreit* Rn. 3; Löwe/Rosenberg/*Beulke* Rn. 15; *Meyer-Goßner* Rn. 19; SK-StPO/*Weßlau* Rn. 19; aA KMR/*Plöd* Rn. 3.
[42] Etwa AK-StPO/*Schöch* Rn. 13; KK-StPO/*Schoreit* Rn. 10; KMR/*Plöd* Rn. 6; Löwe/Rosenberg/*Beulke* Rn. 18; *Meyer-Goßner* Rn. 7; in der Sache nicht abweichend SK-StPO/*Weßlau* Rn. 16.
[43] AK-StPO/*Schöch* Rn. 13; KK-StPO/*Schoreit* Rn. 7; Löwe/Rosenberg/*Beulke* Rn. 18; *Meyer-Goßner* Rn. 7; SK-StPO/*Weßlau* Rn. 16.
[44] Siehe nur KK-StPO/*Schoreit* Rn. 10.
[45] Exemplarisch Löwe/Rosenberg/*Beulke* Rn. 19 f.; SK-StPO/*Weßlau* Rn. 17 f.
[46] Zu diesen MünchKommStGB/*Radtke* § 41 Rn. 16 ff.
[47] KK-StPO/*Schoreit* Rn. 9; KMR/*Plöd* Rn. 6; Löwe/Rosenberg/*Beulke* Rn. 19.
[48] Dazu Rn. 21.

selbst dann beträchtlich ins Gewicht, wenn es sich bei der Bezugssanktion ebenfalls um eine solche Sanktion handelt.[49] **Drohen freiheitsentziehende Maßregeln** wegen der einzustellenden Tat, so fallen diese im Regelfall selbst neben langjährigen zeitigen Freiheitsstrafen beträchtlich ins Gewicht.[50] Für die Sicherungsverwahrung und die Unterbringung in einem psychiatrischen Krankenhaus lassen sich kaum Ausnahmen von diesem Regelfall denken; anders kann es im Hinblick auf die Höchstdauer bei der Unterbringung in einer Entziehungsanstalt sein. Bei **drohenden ambulanten Maßregeln** lassen sich kaum allgemeine Regeln formulieren;[51] jedenfalls bei langjährigen zeitigen Freiheitsstrafen und stationären Maßregeln als Bezugssanktionen werden ambulante Maßregeln nicht stets beträchtlich ins Gewicht fallen.

21 Wäre aus der für die einzustellende Tat zu erwartenden Strafe und aus der Bezugssanktion **eine Gesamtstrafe** zu bilden, kommt es darauf an, ob die für die einzustellende Tat zu erwartende(n) Einzelstrafe/n die Gesamtstrafe erhöhen würden (allgM).[52] Die Anwendung von § 154 ist zwingend ausgeschlossen, wenn erst die Berücksichtigung der Tat, deren Einstellung erwogen wird, überhaupt die Verhängung einer (Gesamt-)Freiheitsstrafe ermöglicht.[53] Das Bestreben nach Verfahrensökonomie durch Stoffbegrenzung darf zudem nicht dazu führen, lediglich die Taten mit hoher Verurteilungswahrscheinlichkeit zu verfolgen, wenn dadurch der eigentliche Schweregrad der dem Beschuldigten vorgeworfenen Taten nicht mehr erkennbar wäre.[54]

III. Einstellung nach Abs. 1 Nr. 2

22 **1. Allgemeines.** Die Einstellungsvoraussetzungen nach Abs. 1 Nr. 2 weichen erheblich von denen des Abs. 1 Nr. 1 ab. Es wird **nicht auf einen hypothetischen Sanktionsvergleich** abgestellt. Nach allgM gestattet Nr. 2 das Absehen von der Verfolgung einer solchen Tat bzw. solcher Taten, für die schwerere Sanktionen drohen als für diejenigen, die weiter verfolgt werden sollen.[55] Mit der Einstellungsvoraussetzung, dass die Sanktionierung der weiter verfolgten Taten unter Strafzweckgesichtspunkten ausreichend ist, lässt sich das schwer vereinbaren, entspricht aber den Vorstellungen des Gesetzgebers.[56] Der im Wortlaut von Nr. 2 zum Ausdruck spezifische Regelungszweck wird in der **Wahrung des Beschleunigungsgebots** auch in Großverfahren gesehen.[57] Ungeachtet der jeweiligen Sanktionserwartungen für die verschiedenen, einem Beschuldigten vorgeworfenen Taten soll das Verfahren eingestellt werden dürfen, wenn dessen Ermittlungsaufwand einer Aburteilung in angemessener Frist entgegensteht. Da Abs. 1 Nr. 2 ohne Rücksicht auf die Schwere der erwarteten Sanktion ein Absehen von der Verfolgung gestattet und damit einen gravierenden, nicht durch kriminalpolitische Gründe motivierten Eingriff in das Legalitätsprinzip enthält, wird diese Einstellungsmöglichkeit einheitlich als **ultima ratio** gedeutet.[58] Andere Wege, wie etwa Verfahrenstrennung, um zu einer Aburteilung in angemessener Frist zu gelangen, sind vorrangig.

23 Abs. 1 Nr. 2 kann sowohl angewendet werden, wenn die einem Beschuldigten vorgeworfenen **Taten Gegenstand eines Verfahrens** sind, als auch bei Verfolgung der mehreren **Taten in unterschiedlichen Verfahren.** Im ersten Fall sind unter Berücksichtigung des ultima-ratio-Charakters[59] diejenigen Taten einzustellen, die einer Aburteilung des Beschuldigten in angemessener Frist entgegenstehen. Maßgeblich ist dafür allein eine Prognose darüber, welcher Ermittlungsaufwand erforderlich wäre, um die Aburteilung der fraglichen Tat zeitnah zu ermöglichen.[60]

24 Die Einstellung nach Abs. 1 Nr. 2 enthält damit neben dem Vorliegen mehrerer Taten desselben Beschuldigten **drei weitere Voraussetzungen:** (1.) eine Aburteilung des dem Beschuldigten Vorgeworfenen darf nicht innerhalb **angemessener Frist** erreichbar sein; (2.) die Sanktionierung der verbliebenen Tat genügt zur **Einwirkung auf den „Täter"** oder der Verteidigung der Rechtsordnung; (3.) als negative Voraussetzung muss die Aburteilung in angemessener Frist **nicht durch andere** prozessuale **Maßnahmen** als die (Teil)Einstellung **erreichbar** sein.

---

[49] HK-StPO/*Gercke* Rn. 4; KMR/*Plöd* Rn. 6; *Meyer-Goßner* Rn. 7; SK-StPO/*Weßlau* Rn. 17; aA KK-StPO/*Schoreit* Rn. 9; Löwe/Rosenberg/*Beulke* Rn. 19 (nur wenn für den Entlassungszeitpunkt nach § 57a StGB relevant).
[50] Für die Sicherungsverwahrung ebenso KK-StPO/*Schoreit* Rn. 9; KMR/*Plöd* Rn. 6; Löwe/Rosenberg/*Beulke* Rn. 19.
[51] Anders *Meyer-Goßner* Rn. 7 (regelmäßig beträchtlich ins Gewicht fallend).
[52] Siehe bereits BT-Drucks. 8/976, S. 39; *Kurth* NJW 1978, 2482; AK-StPO/*Schöch* Rn. 16; HK-StPO/*Gercke* Rn. 4; KK-StPO/*Schoreit* Rn. 11; Löwe/Rosenberg/*Beulke* Rn. 20; *Meyer-Goßner* Rn. 8.
[53] KMR/*Plöd* Rn. 7; *Meyer-Goßner* Rn. 7; SK-StPO/*Weßlau* Rn. 18.
[54] Vgl. *Rieß* NStZ 19 984, 427.
[55] KK-StPO/*Schoreit* Rn. 13; Löwe/Rosenberg/*Beulke* Rn. 22.
[56] Vgl. BT-Drucks. 8/976 S. 19 f.
[57] Siehe BT-Drucks. 8/976 S. 19.
[58] Exemplarisch KK-StPO/*Schoreit* Rn. 12; Löwe/Rosenberg/*Beulke* Rn. 23.
[59] Oben Rn. 22.
[60] Teilweise abweichend Löwe/Rosenberg/*Beulke* Rn. 23, der eine Gesamtabwägung vornehmen will, in die aber außerhalb des Regelungszwecks von Abs. 1 Nr. 2 stehende Kriterien einbezogen werden.

2. Aburteilung in angemessener Frist. In dem zur Einstellung nach Abs. 1 Nr. 2 anstehenden 25
Verfahren darf ein **Urteil** in angemessener Frist nicht zu erwarten sein. Damit sind sowohl **Sachurteile** als auch **Einstellungsurteile** gemeint (hM).[61] Für die Bestimmung der **Länge der angemessenen Frist** lassen sich keine verallgemeinerungsfähigen Vorgaben formulieren, maßgeblich sind – wie bei dem hypothetischen Sanktionsvergleich – die Umstände des Einzelfalles.[62] Die Angemessenheit der Frist, innerhalb derer ein Urteil zu erwarten ist, muss aufgrund einer **Gesamtbewertung** aller für die Prognose über die Dauer bis zum Verfahrensabschluss relevanten Umstände (vor allem Umfang und Schwierigkeitsgrad der Ermittlungen)[63] und der für den Fall einer Verurteilung von der erwarteten Sanktion ausgehenden Wirkungen auf den Mehrfachtäter bestimmt werden.[64] Eine gewisse Orientierung bei der Bewertung der Angemessenheit kann der durchschnittliche zeitliche Aufwand bieten, der in Verfahren mit vergleichbarem Umfang und vergleichbarem Tatvorwurf anfällt.[65] Die Anforderungen an die Unangemessenheit der Frist dürfen nicht zu gering angesetzt werden, weil ansonsten der ultima ratio-Charakter von Abs. 1 Nr. 2 umgangen würde.[66] Ungeachtet dessen ist die Frist jedenfalls dann unangemessen, wenn die Verfahrensdauer sich vor dem Hintergrund von Art. 6 Abs. 1 EMRK als rechtsstaatswidrige Verfahrensverzögerung[67] erweisen würde.

3. Einwirkung auf den Täter und Verteidigung der Rechtsordnung. Abs. 1 Nr. 2 enthält eine 26
gewisse Rückkoppelung an die Strafzwecke des materiellen Strafrechts und an den Abs. 1 Nr. 1 charakterisierenden Sanktionsvergleich als die Sanktionierung der weiteren Taten (im prozessualen Sinne) des Täters nach Einstellung der fraglichen Tat zur Einwirkung auf den Täter und zur Verteidigung der Rechtsordnung genügen muss. Der **Sinn** dieser Einstellungsvoraussetzung ist weithin **unklar**. Würden spezial- oder generalpräventive Gründe die Notwendigkeit der Sanktionierung der verfahrensgegenständlichen Tat in dem Verfahren gebieten, in dem ein Urteil nicht in angemessener Frist zu erwarten ist, müsste dieses Verfahren weiterbetrieben werden. Bestätigt sich aber die Prognose über die Dauer dieses Verfahrens, besteht selbst unterhalb der Schwelle einer rechtsstaatswidrigen Verfahrensverzögerung mit den bekannten Folgen (Vollstreckungslösung)[68] die nahe liegende Möglichkeit, den zeitlichen Abstand zwischen Tat und Aburteilung als Strafzumessungsaspekt zugunsten des Verurteilten berücksichtigen zu müssen. Neben den anderen Taten des betroffenen Mehrfachtäters wird dann diese Sanktion möglicherweise nicht mehr beträchtlich ins Gewicht fallen (vgl. Abs. 1 Nr. 1). Welchen eigenständigen Anwendungsbereich Abs. 1 Nr. 2 haben kann, ist angesichts dessen schwer zu bestimmen.

Die Begrifflichkeiten „Einwirkung auf den Täter" und „Verteidigung der Rechtsordnung" sind 27
aus dem materiellen Strafrecht entnommen (siehe vor allem § 47 Abs. 1 und § 56 Abs. 3 StGB). Sie sind auch entsprechend auszulegen. Bei der **Einwirkung auf den Täter** geht es um die Legalprognose, ob dieser sich auch ohne Wirkung durch die Sanktion für die zur Einstellung anstehende Tat zukünftig legal verhalten wird. Bei der **Verteidigung der Rechtsordnung** muss bewertet werden, ob das Ausbleiben der Bestrafung einzelner Taten von Mehrfachtätern zu einer Beeinträchtigung des Normvertrauens in der Bevölkerung führen kann, weil gerade gegenüber Tätern mit hoher Kriminalitätsbelastung (vermeintlich) Rücksicht geübt wird. Ob in die Beurteilung der Notwendigkeit der Sanktionierung auch der Gedanke des **Schuldausgleichs** einfließen kann, wird uneinheitlich beurteilt.[69] Die Relevanz der Streitfrage ist gering. In der Sache ist eine mittelbare Berücksichtigung des Schuldgehaltes der Tat schon deshalb unumgänglich, weil zumindest der generalpräventive Aspekt der Verteidigung der Rechtsordnung nicht ohne Rekurs auf den Schweregrad der Tat beurteilt werden kann.[70] Letztlich gilt aber für die Spezialprävention nichts anderes.

4. Fehlen anderweitiger Möglichkeiten der Verfahrensgestaltung. Im Hinblick auf den ultima 28
ratio-Charakter von Abs. 1 Nr. 2 dürfen keine anderen Möglichkeiten der Verfahrensgestaltung zur Verfügung stehen, um ein Urteil in angemessener Frist zu erreichen. In erster Linie steht bei Verfahren, die mehrere Taten desselben Täters zum Gegenstand haben, die **Verfahrenstrennung** zur Verfügung und ist **vorrangig** zu ergreifen (allgM). Allerdings ist getrennte Verfolgung nicht

---

[61] *Rieß* NStZ 1984, 427; KMR/*Plöd* Rn. 11; Löwe/Rosenberg/*Beulke* Rn. 25; *Meyer-Goßner* Rn. 12; SK-StPO/*Weßlau* Rn. 21; aA LG Kaiserslautern v. 11. 1. 1984 – 2 Js 651/75 – Wi – KLs, NStZ 1984, 426.
[62] Löwe/Rosenberg/*Beulke* Rn. 26; SK-StPO/*Weßlau* Rn. 21.
[63] Vgl. BT-Drucks. 8/976, S. 39.
[64] Zutreffend und näher Löwe/Rosenberg/*Beulke* Rn. 26.
[65] Vgl. AK-StPO/*Schöch* Rn. 20; KK-StPO/*Schoreit* Rn. 15; Löwe/Rosenberg/*Beulke* Rn. 26.
[66] SK-StPO/*Weßlau* Rn. 21.
[67] Dazu Art. 6 MRK Rn. 19-26.
[68] Siehe BGH v. 17. 1. 2008 – GSSt 1/07, BGHSt 52, 124 = NJW 2008, 860 ff.
[69] Dafür etwa *Kurth* NJW 1978, 2482; HK-StPO/*Gercke* Rn. 7; Löwe/Rosenberg/*Beulke* Rn. 27; *Meyer-Goßner* Rn. 12; dagegen AK-StPO/*Schöch* mwN.
[70] Wie hier SK-StPO/*Weßlau Rn.* 22.

angeraten, wenn die Trennung zu mehrfacher Beweiserhebung über weitgehend identische tatsächliche Geschehnisse führen würde.[71]

IV. Einstellung nach Abs. 2

29 Die gerichtliche Einstellung nach Abs. 2 weist **keine eigenen spezifischen Einstellungsvoraussetzungen** auf, sondern verweist inhaltlich vollumfänglich auf die Voraussetzungen des staatsanwaltschaftlichen Absehens von der Verfolgung gemäß Abs. 1.

V. Ermittlungsgrad der Tat

30 Allerdings unterscheiden sich staatsanwaltschaftliche und gerichtliche Einstellung regelmäßig in dem Umfang der Sachverhaltsaufklärung, der der jeweiligen Entscheidung zugrunde liegt. Die Einstellung nach **Abs. 1** setzt eine Durchermittlung des Sachverhalts bis zur Klärung des hinreichenden Tatverdachts nicht voraus.[72] Um den hypothetischen Sanktionsvergleich vornehmen zu können, bedarf es aber stets eines gewissen Ermittlungsgrades, um die Sanktionserwartung überhaupt beurteilen zu können. Die gerichtliche Einstellung nach **Abs. 2** beruht stets zumindest auf einem durchermittelten Sachverhalt, in Bezug auf den die Staatsanwaltschaft hinreichenden Tatverdacht gegen den Angeschuldigten/Angeklagten angenommen hat.

D. Verfahren der staatsanwaltschaftlichen Einstellung nach Abs. 1

I. Zuständigkeit

31 Die Zuständigkeit zum Absehen von der Verfolgung bzw. der Einstellung steht allein der **Staatsanwaltschaft** zu; die **Finanzbehörde** hat diese Befugnis in den Fällen des § 386 AO, in denen sie das Verfahren eigenständig führt.[73] Führen unterschiedliche Staatsanwaltschaften Verfahren gegen den Mehrfachtäter, bedarf es der sorgfältigen Abstimmung im Hinblick auf die Einstellungsvoraussetzungen. Die **Polizei** darf **nicht** eigenständig von vornherein bei ihren Ermittlungen eine Stoffkonzentration nach Abs. 1 vornehmen.

II. Entscheidungsart und -inhalt

32 Die Einstellung erfolgt durch in den Akten zu vermerkende **Verfügung**; diese ist wegen § 171 Abs. 2 bei Vorhandensein eines Anzeigenerstatters **mit Gründen zu versehen** (vgl. Nr. 89 Abs. 2 RiStBV). Unabhängig davon empfiehlt sich aber eine aktenkundige Begründung um klarzustellen, auf welche prozessuale Tat die Beschuldigten sich die Einstellung bezieht und im Hinblick auf welche Bezugssanktion (Abs. 1 Nr. 1) sie erfolgt. Das allein ermöglicht eine sachgerechte Handhabung der Wiederaufnahmevoraussetzungen (Abs. 3 und 4). Die Staatsanwaltschaft muss sich allerdings im Zeitpunkt der Einstellungsentscheidung **nicht festlegen**, ob diese auf § 154 Abs. 1 oder auf § 154a Abs. 1 gestützt wird, wenn im Hinblick auf den Ermittlungsgrad das Vorliegen einer oder mehreren Taten im prozessualen Sinne nicht sicher beurteilt werden kann.[74] Zwingend erforderlich ist die Festlegung der Rechtsgrundlage erst bei einer evtl. Wiederaufnahme; ob dann § 154 Abs. 3–5 oder § 154a Abs. 3 einschlägig sind, hat das für den Wiederaufnahmebeschluss zuständige Gericht zu entscheiden.[75]

33 Den inhaltlichen Kern der Entscheidung bildet eine – der Sache nach – **Ermessensausübung** der Staatsanwaltschaft. In deren Rahmen sind vor allem die Interessen an einer Konzentration des Verfahrensstoffs einerseits sowie mögliche negative Auswirkungen der Beschränkung auf den gerechten Schuldausgleich und mögliche Interessen des Beschuldigten an der Aufklärung des relevanten tatsächlichen Geschehens andererseits abzuwägen.[76]

34 Die Einstellungsverfügung enthält **keine Kostenentscheidung**; anderes gilt nur bei Einstellung im Anschluss nach eine Rücknahme (§ 156) der bereits erhobenen Anklage (vgl. § 467a). Über evtl. Entschädigung für Strafverfolgungsmaßnahmen ist zu entscheiden (vgl. § 9 StrEG).

---

[71] Zutreffend Löwe/Rosenberg/*Beulke* Rn. 23.
[72] Oben Rn. 11.
[73] *Kurth* NJW 1978, 2483; KK-StPO/*Schoreit* Rn. 21; KMR/*Plöd* Rn. 14.
[74] Löwe/Rosenberg/*Beulke* Rn. 12 mwN.
[75] BGH v. 24. 10. 1974 – 4 StR 453/74, BGHSt 25, 388 (390); BGH v. 16. 1. 1985 – 2 StR 590/84, BGHSt 33, 122; OLG Düsseldorf v. 30. 5. 1984 – 5 Ss 67/84 – 64/84 I, StV 1984, 426.
[76] Siehe auch SK-StPO/*Weßlau* Rn. 24.

III. Zustimmungs-/Anhörungs- und Benachrichtigungserfordernisse

Die Einstellungsverfügung setzt **keine Zustimmung** seitens des Gerichts, des Beschuldigten oder 35
des Anzeigenden, selbst wenn er Verletzter ist, voraus. Gleiches gilt für die **Anhörung**. Lediglich in
Steuerstrafverfahren muss die zuständige **Finanzbehörde** zuvor angehört werden (§ 403 Abs. 4
AO). In den Fällen des § 170 Abs. 2 S. 2 erhält der **Beschuldigte eine Einstellungsnachricht**. Der
Anzeigeerstatter ist nach § 171 S. 1 ebenfalls mit einer mit Gründen versehenen Einstellungsmitteilung zu benachrichtigen; aus den Gründen[77] sollten sich aber keine Einzelheiten über die Bezugstaten ergeben (allgM). Da das Klageerzwingungsverfahren gegen die Einstellung nach Abs. 1
nicht statthaft ist (vgl. § 172 Abs. 2 S. 3), enthält die Einstellungsnachricht selbst an den verletzten Anzeigeerstatter **keine Rechtsmittelbelehrung**.

E. Verfahren der gerichtlichen Einstellung nach Abs. 2

I. Zuständigkeit

Für die Einstellung ist nach Anklageerhebung jeweils das Gericht zuständig, dass in dem jewei- 36
ligen Verfahrensstadium gerade mit der Sache befasst ist. Das gilt auch für die **Rechtsmittelgerichte**.[78] Die Möglichkeit der Verfahrenseinstellung endet erst mit einer insgesamt rechtskräftigen
Entscheidung über die betroffene Tat im prozessualen Sinne.

II. Entscheidungsart und -inhalt

Die gerichtliche Einstellungsentscheidung ergeht als **Beschluss**. Aus der im Gesetz nicht vorge- 37
schriebenen **Begründung** muss hervorgehen, auf welche dem Angeschuldigten/Angeklagten vorgeworfene prozessuale Tat sich die Einstellung bezieht. In den sachlich auf Abs. 1 Nr. 1 gestützten
Fällen muss zudem das Bezugsverfahren und die dort erwartete oder verhängte Bezugssanktion
so bezeichnet werden, dass die Wiederaufnahmevoraussetzungen nach Abs. 3 und 4 beurteilt werden können (allgM). Im Tenor des Beschlusses sollte trotz der entsprechenden gesetzlichen Formulierung **nicht** von einer „**vorläufigen Einstellung**" gesprochen werden. Der Vorbehalt „vorläufig" bezieht sich allein auf die über Abs. 3–5 eröffneten Möglichkeiten der Wiederaufnahme. Der
Einstellungsbeschluss führt zu einer rechtskräftigen Erledigung des Verfahrens über die betroffene
Tat (mittlerweile allgM).[79] Lehnt das Gericht einen auf Einstellung gerichteten Antrag der Staatsanwaltschaft ab, ergibt sich die Pflicht zur Begründung des **Ablehnungsbeschlusses** aus § 34
Alt. 2. Allerdings bedarf es keines gesonderten Ablehnungsbeschlusses, wenn die Staatsanwaltschaft ihren entsprechenden Antrag erst im Schlussplädoyer gestellt hat und das Gericht in Bezug
auf die fragliche Tat auf Freispruch erkennt.[80] Inhaltlich haben Einstellungs- und Ablehnungsbeschluss jeweils eine **Ermessensausübung** zum Gegenstand, die sich an denselben Kriterien wie bei
der staatsanwaltschaftlichen Einstellung orientiert.[81]

Ob der Beschluss mit Nebenentscheidungen, insb. mit einer **Kostenentscheidung**, zu versehen 38
ist, wurde **lange Zeit streitig** diskutiert und in der Rechtsprechung unterschiedlich betrachtet.[82]
Die **obergerichtliche Rechtsprechung** hält überwiegend mittlerweile eine Kostenentscheidung und
eine solche über Entschädigung für Strafverfolgungsmaßnahmen **für erforderlich**.[83] In Bezug auf
den **Zeitpunkt** der Kostenentscheidung wird allerdings häufig **differenziert**: Ist die Bezugssanktion bereits verhängt, soll die Entscheidung über die Kosten mit dem Einstellungsbeschluss verknüpft werden können.[84] Erfolgt die Einstellung dagegen im Hinblick auf eine erwartete Be-

---

[77] Oben Rn. 32.
[78] Ausführlich oben Rn. 7.
[79] Siehe nur BGH v. 21. 12. 1956 – 1 StR 337/56, BGHSt 10, 88 (93); OLG Stuttgart v. 5. 2. 1981 – 1 Ws 19/81, Justiz 1981, 137; AK-StPO/*Schöch* Rn. 30; HK-StPO/*Gercke* Rn. 12; KK-StPO/*Schoreit* Rn. 27 f.; Löwe/Rosenberg/*Beulke* Rn. 42; Meyer-Goßner Rn. 17.
[80] BGH v. 27. 6. 1984 – 3 StR 176/84, NStZ 1984, 468.
[81] Dazu oben Rn. 33.
[82] Zum Streitstand ausführlich Löwe/Rosenberg/*Beulke* Rn. 44 f. mN. in Fn. 141–145.
[83] Etwa OLG Celle v. 30. 12. 1982 – 2 Ws 199/82, NStZ 1983, 328; OLG Düsseldorf v. 4. 2. 1983 – 3 Ws 22/87, MDR 1988, 164; OLG Koblenz v. 27. 3. 1980 – 1 Ws 147/80, MDR 1980, 779; OLG Stuttgart v. 30. 5. 1973 – 1 Ws 143/73, MDR 1973, 868; aA OLG München v. 4. 12. 1980 – 2 Ws 1199, 1200/80 K, NStZ 1981, 234 mAnm *Meyer-Goßner*.
[84] Vgl. OLG Celle v. 30. 12. 1982 – 2 Ws 199/82, NStZ 1983, 328; OLG Celle v. 19. 10. 2007 – 32 Ss 90/07; NStZ-RR 2008, 76 f.; KG v. 18. 11. 2008 – 1 Ws 354/08 (juris); siehe auch BGH v. 23. 3. 1996 – 1 StR 685/95, NJW 1996, 2519; BGH v. 16. 11. 2004 – 4 StR 392/04, NJW 2005, 376 f. = NStZ 2005, 223; BGH v. 14. 2. 2007 – 2 StR 479/06, NStZ-RR 2007, 193.

zugssanktion, wird eine isolierte **Kosten- und Entschädigungsentscheidung** nach Ablauf der Dreimonatsfrist des Abs. 4 befürwortet.[85] Der **BGH** trifft soweit ersichtlich in seiner neueren Rspr. bei Einstellungen nach Abs. 2 durchgängig eine Kosten- und Auslagenentscheidung.[86] In der Strafverfahrenswissenschaft wird die Notwendigkeit einer Kostenentscheidung ebenfalls ganz überwiegend bejaht.[87] Dem ist im Hinblick auf die rechtskräftige Entscheidung über die Einstellung zuzustimmen. Einer Differenzierung bzgl. des Zeitpunkts der Kosten- und Auslagenentscheidung nach erwarteter und bereits verhängter Bezugssanktion bedarf es nicht. In beiden Fällen ist die Erledigung rechtskräftig, allein die Voraussetzungen der Wiederaufnahme sind in Abs. 3 und 4 unterschiedlich gestaltet. Der **Inhalt der Kosten- und Auslagenentscheidung** richtet sich nach § 467 (bei Nebenklage ggf. in Verbindung mit § 472); die Kosten des Verfahrens trägt gemäß § 467 Abs. 1 die Staatskasse, die Entscheidung über die notwendigen Auslagen des Angeschuldigten/Angeklagten bestimmt § 467 Abs. 4. Für die Entscheidung über Entschädigung für Strafverfolgungsmaßnahmen gilt § 3 StrEG.

39 Ergeht der **Beschluss in der Hauptverhandlung** wirken bei entsprechendem Spruchkörper die Schöffen an der Entscheidung mit. Die Bekanntgabe erfolgt durch Verkündung, zu der die eventuell ausgeschlossene Öffentlichkeit wiederherzustellen ist.[88] Bei **Beschlussfassung außerhalb der Hauptverhandlung** ist dieser den Verfahrensbeteiligten bekannt zu machen (§ 35). Im Fall der Nebenklage ist vor Beschlussfassung zunächst über die Anschlussberechtigung des Nebenklägers zu entscheiden.[89] Bei Ablehnung eines staatsanwaltschaftlichen Einstellungsantrages gilt für Besetzung und Bekanntgabe das Vorgenannte entsprechend.

III. Antrags-/Zustimmungs- und Anhörungserfordernisse

40 Der gerichtliche Einstellungsbeschluss setzt einen darauf gerichteten **Antrag der Staatsanwaltschaft** voraus. Zuständig ist die dem mit der Sache befassten Gericht zugeordnete Staatsanwaltschaft, bei Einstellungen in der Revisionsinstanz also entweder die jeweilige Generalstaatsanwaltschaft oder der Generalbundesanwalt. Die Anregung zur Antragstellung kann von dem zuständigen Gericht ausgehen, allerdings müssen Antrag und Einstellungsbeschluss inhaltlich korrespondieren.[90] Möchte das Gericht die Einstellung auf einen anderen Grund als den von der Staatsanwaltschaft genannten stützen, bedarf es einer (erneuten) entsprechenden Antragstellung. Dem **Angeschuldigten/Angeklagten** steht **kein Antragsrecht** zu. Bei einer Privatklage, die die Staatsanwaltschaft nicht übernommen hat, kommt es auf einen Antrag des Privatklägers an.[91] Eine von ihm ausgehende Anregung auf Einstellung nach Abs. 2 schließt das nicht aus.[92]

41 Der Einstellungsbeschluss bedarf **keiner Zustimmung** des Angeschuldigten/Angeklagten.[93] Auch die **Zustimmung des Nebenklägers** ist **nicht erforderlich** (allgM).[94]

42 Der Umfang der zu gewährenden **Anhörungen** richtet sich nach dem Verfahrensstadium, in dem die Einstellungsentscheidung ergeht. Bei Einstellungsbeschluss **in der Hauptverhandlung** sind die anwesenden Verfahrensbeteiligten zu dem Antrag der Staatsanwaltschaft gemäß § 33 Abs. 1 zu hören. **Außerhalb der Hauptverhandlung** bedarf es jedenfalls bei einem Einstellungsbeschluss der Anhörung des Angeschuldigten/Angeklagten nicht.[95] Dagegen ist dem Nebenkläger gemäß § 33 Abs. 3 stets rechtliches Gehör zu gewähren, wenn die zur Einstellung anstehende Tat (im prozessualen Sinne) seine Anschlussberechtigung begründet.[96]

---

[85] So OLG Karlsruhe v. 28. 2. 1980 – 2 Ws 23/80, Justiz 1980, 209; OLG Karlsruhe v. 26. 3. 1984 – 4 Ws 42/84, NStZ 1984, 330; siehe auch OLG Frankfurt v. 6. 1. 1984 – 1 Ws 240/83, JR 1984, 389 mAnm *Baukelmann*; OLG Stuttgart v. 17. 10. 1991 – 3 Ws 239/91, NStZ 1992, 137.
[86] Aus jüngerer Zeit BGH v. 16. 11. 2004 – 4 StR 392/04, NJW 2005, 376 f. = NStZ 2005, 223; BGH v. 14. 2. 2007 – 2 StR 479/06, NStZ-RR 2007, 193.
[87] Exemplarisch *Meyer-Goßner* NStZ 1981, 235; *Seier* NStZ 1982, 271; AK-StPO/*Schöch* Rn. 50; HK-StPO/*Gercke* Rn. 12; KK-StPO/*Schoreit* Rn. 29; KMR/*Plöd* Rn. 18; Löwe/Rosenberg/*Beulke* Rn. 45; *Meyer-Goßner* Rn. 20; SK-StPO/*Weßlau* Rn. 35.
[88] BGH v. 2. 2. 1999 – 1 StR 636/98, StV 2000, 248 mAnm *Ventzke*.
[89] Löwe/Rosenberg/*Beulke* Rn. 40 mwN.
[90] Näher *Rieß* NStZ 1984, 427.
[91] Oben Rn. 9.
[92] Löwe/Rosenberg/*Beulke* Rn. 39.
[93] Vgl. BGH v. 12. 4. 1994 – 4 StR 765/93, bei *Kusch* NStZ 1995, 18.
[94] BGH v. 23. 1. 1979 – 5 StR 748/78, BGHSt 28, 272; OLG Celle v. 30. 12. 1982 – 2 Ws 199/82, NStZ 1983, 329; AK-StPO/*Schöch* Rn. 29; HK-StPO/*Gercke* Rn. 11; KMR/*Plöd* Rn. 17; *Meyer-Goßner* Rn. 16; SK-StPO/*Weßlau* Rn. 32.
[95] BGH v. 12. 4. 1994 – 3 StR 628/93, bei *Kusch* NStZ 1995, 18.
[96] Vgl. OLG Celle v. 30. 12. 1982 – 2 Ws 199/82, NStZ 1983, 329; Löwe/Rosenberg/*Beulke* Rn. 40.

F. Wirkungen und Folgen der Einstellung

I. Staatsanwaltschaftliche Einstellung nach Abs. 1

Mit der Einstellungsverfügung der Staatsanwaltschaft ist die betroffene Tat nicht mehr Gegenstand des bzw. eines Verfahrens. Bildete die eingestellte Tat allein den Gegenstand des Verfahrens, so ist dieses **nicht mehr anhängig**.[97] Ein **Verfahrenshindernis** resultiert aus der staatsanwaltschaftlichen Einstellung nach ganz überwiegend vertretener Auffassung **nicht**.[98] Etwas anders ließe sich allenfalls annehmen, wenn die Fortsetzung des Verfahrens nach staatsanwaltschaftlicher Einstellung den materiellen Wiederaufnahmevoraussetzungen von Abs. 3 und 4 unterliegen würde.[99] Unabhängig davon kann die Staatsanwaltschaft die von der Einstellung betroffene Tat bei Vorliegen der (streitigen) Wiederaufnahmevoraussetzungen lediglich im Wege der Nachtragsanklage (§ 266) zum Gegenstand eines gegen denselben Beschuldigten etc. geführten Verfahrens machen. Andernfalls bleibt allein die Erhebung der regulären öffentlichen Klage oder eines Surrogats.

43

II. Gerichtliche Einstellung nach Abs. 2

Der gerichtliche Einstellungsbeschluss **beendet die gerichtliche Anhängigkeit** der Tat im prozessualen Sinne, die von ihm erfasst wird.[100] Insoweit besteht ein **von Amts wegen zu beachtendes Verfahrenshindernis**,[101] das im Umfang der Einstellung ohne einen vorherigen Wiederaufnahmebeschluss nach Abs. 5 jegliche weitere Entscheidung ausschließt.[102] Das gilt sowohl für eine Sachentscheidung als auch für eine (weitere) Einstellungsentscheidung, die sich auf die bereits eingestellte Tat bezieht.[103] Soweit *Beulke*[104] – gestützt auf eine Entscheidung des BayObLG[105] – trotz der Einstellung eine „latente Rechtshängigkeit" annehmen will,[106] ist das mit der auch von ihm angenommenen materiellen Rechtskraft des Beschlusses nach Abs. 2, die nur im Wege des Wiederaufnahmebeschlusses nach Abs. 5 und unter den materiellen Voraussetzungen nach Abs. 3 und 4 beseitigt werden kann, nicht vereinbar. Im Übrigen geht die Bezugnahme auf das BayObLG fehl. Das Gericht hat in der fraglichen Entscheidung eine „latente Gerichtshängigkeit" gerade verneint. Das Verfahrenshindernis schließt auch aus, dass ohne Wiederaufnahmebeschluss von der Einstellung erfasste Tat erneut zum Gegenstand eines Verfahrens gemacht wird; die Staatsanwaltschaft kann nicht von sich aus das Verfahren wiederaufgreifen oder die eingestellte Tat erneut anklagen.[107] Mangels gerichtlicher Anhängigkeit der eingestellten Tat, sind auch etwaige Prozesshandlungen der Verfahrensbeteiligten, wie etwa die Rücknahme eines auf diese Tat bezogenen Rechtsmittels, ohne Wirkung.[108]

44

III. Folgen für verfahrenssichernde Maßnahmen

Mit der Einstellung entfällt die Berechtigung verfahrenssichernde Maßnahmen auf den Verdacht der Begehung der Tat zu stützen, die Gegenstand der staatsanwaltschaftlichen oder gerichtlichen Einstellung ist. Dementsprechend ist ein **Haftbefehl**, der sich auf eine nach § 154 eingestellte Tat bezieht, **aufzuheben** (vgl. § 120 Abs. 1 S. 2).[109] Entsprechendes gilt für vorläufige Maßnahmen im Vorgriff späterer Anordnung von Maßregeln der Besserung und Sicherung. Auch eine bereits angeordnete isolierte Sperrfrist für die Wiedererteilung der Fahrerlaubnis (§ 69a Abs. 1 S. 3 StGB) muss aufgehoben werden.[110] War ein auf die jetzt eingestellte Tat gestützter Haftbefehl vor der Einstellungsentscheidung vollzogen worden, muss die erlittene Untersuchungshaft nach § 51 StGB angerechnet werden, wenn die jetzt eingestellte Tat und eine Tat, die

45

---

[97] BGH v. 21. 12. 1956 – 1 StR 337/56, BGHSt 10, 88; AK-StPO/*Schöch* Rn. 31; Löwe/Rosenberg/*Beulke* Rn. 51.
[98] Siehe nur Löwe/Rosenberg/*Beulke* Rn. 51; vgl. aber auch AK-StPO/*Schöch* Rn. 28 und 40.
[99] Dazu unten Rn. 51 f.
[100] BGH v. 21. 12. 1956 – 1 StR 337/56, BGHSt 10, 88; BGH v. 9. 9. 1981 – 3 StR 290/81, BGHSt 30, 197 (198); BGH v. 30. 4. 1980 – 2 StR 104/80, GA 1981, 36; BayObLG v. 24. 3. 1992 – RReG 4 St 159/91, BayObLGSt 1992, 32 (36) = NStZ 1992, 403 f.; OLG Düsseldorf v. 10. 5. 1999 – 2b Ss 64 – 99 I, NStZ-RR 1999, 306; OLG Frankfurt v. 9. 11. 1987 – 3 Ws1026/87, NStZ 1988, 329; AK-StPO/*Schöch* Rn. 31; *Meyer-Goßner* Rn. 17.
[101] Nachw. wie Fn. zuvor; siehe auch SK-StPO/*Weßlau* Rn. 37.
[102] BGH v. 20. 3. 1980 – 2 StR 5/80 (bei *Rieß* GA 1981, 37); BayObLG v. 24. 3. 1992 – RReG 4 St 159/91, BayObLGSt 1992, 32 (36) = NStZ 1992, 403 f.
[103] BayObLG v. 24. 3. 1992 – RReG 4 St 159/91, BayObLGSt 1992, 32 (36) = NStZ 1992, 403 f.
[104] Löwe/Rosenberg/*Beulke* Rn. 52 m. Fn. 175.
[105] BayObLG v. 24. 3. 1992 – RReG 4 St 159/91, BayObLGSt 1992, 32 ff. = NStZ 1992, 403 f.
[106] Vgl. auch *Dörr/Taschke* NStZ 1988, 330.
[107] BGH v. 9. 9. 1981 – 3 StR 290/81, BGHSt 30, 197 (198); BGH v. 20. 2. 1990 – 5 StR 48/90, NJW 1990, 1676.
[108] Zutreffend OLG Frankfurt v. 9. 11. 1987 – 3 Ws1026/87, NStZ 1988, 328.
[109] Löwe/Rosenberg/*Beulke* Rn. 54; SK-StPO/*Weßlau* Rn. 38.
[110] BGH v. 19. 9. 2000 – 4 StR 320/00, NJW 2000, 3654.

zu einer Freiheitsstrafenverurteilung geführt hat, (zeitweilig) in einem Verfahren verbunden waren.[111] Selbst ohne eine solche zeitweilige Verbindung ist die Anrechnung verfassungsrechtlich geboten, wenn über die fraglichen Taten in einer einheitlichen Hauptverhandlung hätte entschieden werden können.[112]

IV. Berücksichtigung der eingestellten Tat in Strafverfahren über andere Taten

46 **1. Allgemeines.** Trotz des durch die Einstellung bewirkten Endes der Anhängigkeit bzw. Rechtshängigkeit der ursprünglich verfahrensgegenständlichen Tat (im prozessualen Sinne) wird in der Praxis regelmäßig auf die eingestellte Tat bzw. den sie konstituierenden Lebenssachverhalt[113] zurückgegriffen. Dieser Rückgriff betrifft zum einen die Berücksichtigung als Indiztatsachen **im Rahmen der Beweiswürdigung** in andere Taten betreffenden Strafverfahren und zum anderen die Berücksichtigung im **Rahmen der Strafzumessung** wiederum in auf andere Taten (desselben Täters) bezogenen Strafverfahren. Beide Bereiche der **Berücksichtigung** durch Einstellung ausgeschiedener Taten werden **streitig** diskutiert. Grundlegende rechtliche Einwände lassen sich gegen die Berücksichtigung auf beiden Feldern nicht erheben.[114] Sollen allerdings den Anforderungen des Strengbeweisverfahrens und des Gebots des rechtlichen Gehörs Rechnung getragen werden, droht der mit dem Vorgehen nach § 154 intendierte verfahrensökonomische Vorteil zu einem Gutteil wieder verspielt zu werden.[115]

47 **2. Berücksichtigung bei der Beweiswürdigung.** Zu dem Lebenssachverhalt einer eingestellten Tat gehörende Geschehnisse können vor allem als **Indiztatsachen** im Rahmen der Beweiswürdigung in anderen Verfahren eine Rolle spielen. Im Hinblick auf die Amtsaufklärungspflicht lässt die höchstrichterliche **Rspr.** die **Berücksichtigung** solcher eine andere als die verfahrensgegenständliche Tat betreffende Tatsachen zu, wenn diese den **Regeln des Strengbeweises** entsprechend prozessordnungsgemäß festgestellt sind und dem Angeklagten ein **rechtlicher Hinweis** über die Verwertung von Tatgeschehen aus einer eingestellten Tat erteilt worden ist.[116] Die Hinweispflicht beruht auf der Erwägung, es entstehe durch die Einstellung ein schutzwürdiges Vertrauen bei dem Angeklagten, dass die ausgeschiedenen Tatteile nicht mehr in dem verbliebenen Verfahren verwertet werden. Dementsprechend ist die Verwertung im Rahmen der Beweiswürdigung auch ohne Hinweis gestattet, wenn es an einem Vertrauenstatbestand fehlt.[117] Mit der Unschuldsvermutung ist das kompatibel.[118]

48 **3. Berücksichtigung bei der Strafzumessung.** Die höchstrichterliche **Rspr. gestattet** unter den zur Beweiswürdigung ausgeführten Voraussetzungen (Feststellung im Wege des Strengbeweises/ rechtlicher Hinweis auf die Verwertung) auch die **Berücksichtigung** der eingestellten Tat(en) **im Rahmen der Strafzumessung** hinsichtlich der weiterverfolgten Tat(en) desselben Angeklagten.[119] Das gilt unabhängig davon, ob eine staatsanwaltschaftliche Einstellung nach Abs. 1 oder eine gerichtliche nach Abs. 2 vorausgegangen war. In der Strafrechts- bzw. Strafverfahrensrechtswissenschaft wird die Verwertung ausgeschiedener Taten unter den genannten Voraussetzungen überwiegend ebenfalls für zulässig gehalten.[120]

49 Für die von der Rspr. und der überwiegenden Auffassung gestattete – in der Regel strafschärfend wirkende – **Berücksichtigung** nach § 154 ausgeschiedener Taten sprechen auf der einfachgesetzlichen Ebene die **Grundregeln der Strafzumessung** in § 46 StGB. Da eine andere Tat als die eingestellte Gegenstand des fraglichen Verfahrens ist, handelt es sich strafzumessungsrechtlich bei der eingestellten Tat entweder um Vor- bzw. Nachtatverhalten. Dessen Berücksichtigung lässt

---

[111] Löwe/Rosenberg/*Beulke* Rn. 55.
[112] BVerfG v. 25. 4. 2001 – 2 BvQ 15/01, NStZ 2001, 501; BGH v. 26. 6. 1997 – StB 30/96, BGHSt 43, 112 (116); Löwe/Rosenberg/*Beulke* Rn. 55; SK-StPO/*Weßlau* Rn. 39.
[113] Zum faktischen Tatbegriff ausführlich § 264 Rn. 20 ff.
[114] AA etwa *Pott*, Außerkraftsetzung der Legalität durch das Opportunitätsdenken in den Vorschriften der §§ 154, 154 a StPO, 1995, S. 142 ff.; *Ostendorf* StV 1990, 231 f.; AK-StPO/*Schöch* Rn. 38 f.; siehe auch SK-StPO/*Weßlau* Rn. 55 und 57.
[115] Wie hier bereits SK-StPO/*Weßlau* Rn. 55.
[116] Siehe BGH v. 16. 3. 1983 – 2 StR 826/82, BGHSt 31, 302 (303) = NJW 1983, 1504; BGH v. 3. 4. 1996 – 2 StR 590/95, NJW 1996, 2585 (2586); BGH v. 20. 3. 2001 – 1 StR 543/00, StraFo 2001, 236 f.; OLG Hamm v. 19. 7. 2001 – 3 Ss 478/01, StV 2002, 187 (188); näher § 265 Rn. 80.
[117] Siehe § 265 Rn. 80.
[118] Ausführlich *Frister* Jura 1988, 356 ff.; SK-StPO/*Weßlau* Rn. 55.
[119] Aus jüngerer Zeit BGH v. 20. 3. 2001 – 1 StR 543/00, StraFo 2001, 236; BGH v. 23. 9. 2003 – 1 StR 292/03, NStZ 2004, 277 f. jeweils mwN.; siehe auch § 265 Rn. 80 sowie Löwe/Rosenberg/*Beulke* Rn. 59 Fn. 197.
[120] Etwa *Bruns* NStZ 1981, 81; *Karl* NStZ 1988, 170; *Maatz* MDR 1984, 715; HK-StPO/*Gercke* Rn. 15; KK-StPO/*Schoreit* Rn. 48; KMR/*Plöd* Rn. 29; *Meyer-Goßner* Rn. 25; aA *Pott*, Außerkraftsetzung der Legalität durch das Opportunitätsdenken in den Vorschriften der §§ 154, 154 a StPO, 1995, S. 142 ff., 153; *Geppert* NStZ 1996, 63; *Gillmeister* NStZ 2000, 346; AK-StPO/*Schöch* Rn. 37; Löwe/Rosenberg/*Beulke* Rn. 60; SK-StPO/*Weßlau* Rn. 57; siehe auch *Fezer* JZ 1996, 656.

grundsätzlich Rückschlüsse sowohl auf das Ausmaß der Tatschuld der abzuurteilenden Tat als auch auf spezial- und (soweit zulässigerweise berücksichtigungsfähig)[121] generalpräventive Strafzumessungserwägungen zu;[122] davon geht im Kern auch § 154 Abs. 1 Nr. 2 aus. Soll trotz dieser einfachgesetzlichen Lage eine Berücksichtigung ausgeschlossen werden, kann der Ausschluss lediglich auf entgegenstehendem höherrangigem Recht beruhen. Solches steht der Berücksichtigung jedoch nicht entgegen. Die **Unschuldsvermutung** ist nicht verletzt,[123] weil zum einen über die eingestellte Tat nicht entschieden wird und zum anderen das der eingestellten Tat zugrundeliegende tatsächliche Geschehen aufgrund strengbeweislicher Beweisaufnahme zur Überzeugung des Gerichts feststeht. Auch der **fair trial-Grundsatz** ist nicht wegen eines vermeintlich widersprüchlichen Verhaltens der Strafverfolgungsorgane verletzt.[124] Wegen des für die Verwertung unabdingbaren Hinweises bleibt der Angeklagte nicht im Unklaren über die Berücksichtigung des zur eingestellten Tat gehörenden Lebenssachverhaltes. Zugleich stellt das im Kontext der Erfüllung der Hinweispflicht einzuhaltende Verfahren[125] sicher, dass der Angeklagte sich zu dem gesamten relevanten Tatsachenstoff hat äußern können. Rechtlich ist eine (strafschärfende) **Berücksichtigung** des **der eingestellten Tat** zugrunde liegenden Lebenssachverhalts **im Rahmen der Strafzumessung** für eine andere Tat unter den in der Rspr. aufgestellten Voraussetzungen **zulässig**. Die Bedeutung der Berücksichtigung beschränkt sich aber darauf, Strafzumessungsfaktoren für die Aburteilung der verfahrensgegenständlichen Tat bereit zu stellen.

Das eigentliche Problem der Berücksichtigung ausgeschiedener Taten bei Strafzumessung bezüglich einer anderen Tat ist letztlich ein psychologisches. Die auch hier vertretene überwiegende Auffassung traut dem Tatrichter zu, sich der begrenzten Bedeutung der Berücksichtigung[126] bewusst zu sein und zu vermeiden, die Verwertung des Lebenssachverhaltes der eingestellten Tat als unzulässige „nachgeholte" Sanktionierung der ausgeschiedenen Tat zu verwenden. 50

G. Wiederaufnahme (Abs. 3–5) und Strafklageverbrauch

I. Allgemeines

Die Vorschrift normiert in **Abs. 3 und 4** der Sache nach **materielle Wiederaufnahmegründe** und regelt in **Abs. 5** rudimentär das **Verfahren der Wiederaufnahme** für den Fall einer vorherigen gerichtlichen Einstellung nach Abs. 2. Die in **Abs. 3 und 4** nehmen insoweit eine **Sonderstellung** ein, als gesetzliche Anordnungen über den Umfang des Strafklageverbrauchs und die Wiederaufnahme bei Einstellungsbeschlüssen und erst recht bei staatsanwaltschaftlichen Einstellungsverfügungen regelmäßig fehlen (Ausnahmen etwa § 153a Abs. 1 S. 5 und § 210). Der Wortlaut von Abs. 3 und 4 sowie die gesamte innere Systematik von § 154 lassen allerdings den **Anwendungsbereich der materiellen Wiederaufnahmegründe** der Abs. 3 und 4 weitgehend **im Unklaren**. Der Wortlaut dieser beiden Absätze nimmt keine Differenzierung zwischen staatsanwaltschaftlicher und gerichtlicher Einstellung vor. Eine solche enthält lediglich Abs. 5, der für den Fall einer gerichtlichen Einstellung nach Abs. 2 einen gerichtlichen Wiederaufnahmebeschluss[127] verlangt. Ua. aus der fehlenden Differenzierung bei den materiellen Wiederaufnahmegründen ist gelegentlich der Schluss gezogen worden, auch nach einer staatsanwaltschaftlichen Einstellungsverfügung sei eine Wiederaufnahme nur unter den materiellen Voraussetzungen von Abs. 3 oder 4 zulässig.[128] Die ganz überwiegende Auffassung will die **materiellen Wiederaufnahmegründe** der Abs. 3 und 4 dagegen **lediglich auf** die vorangegangene **gerichtliche Einstellung nach Abs. 2 erstrecken**[129] und die „Wiederaufnahme" nach staatsanwaltschaftlicher Einstellung eigenen Regeln unterwerfen.[130] 51

Im Ergebnis lassen sich die **materiellen Wiederaufnahmegrüne aus Abs. 3 und 4 nicht auf** die **staatsanwaltschaftliche Einstellung nach Abs. 1 stützen**. Wortlaut und innere Systematik sind für 52

---

[121] Dazu MünchKommStGB/*Radtke* Vor §§ 38 ff. Rn. 64 ff.
[122] Siehe dazu *Appl*, Die strafschärfende Verwertung von nach §§ 154, 154a eingestellten Nebendelikten und ausgeschiedenen Tatteilen bei der Strafzumessung, 1987, S. 153 ff.
[123] *Appl*, Die strafschärfende Verwertung, S. 153 ff.; im Ergebnis ebenso *Stuckenberg*, Untersuchungen zur Unschuldsvermutung, 1998, S. 530 ff.; *Frister* Jura 1988, 356 (357); SK-StPO/*Weßlau* Rn. 57.
[124] AA insoweit *Appl*, Die strafschärfende Verwertung, S. 180; AK-StPO/*Schöch* Rn. 37; Löwe/Rosenberg/*Beulke* Rn. 60.
[125] Näher § 265 Rn. 74 ff., 83.
[126] Oben Rn. 49 aE.
[127] Zu diesem näher unten Rn. 72 ff.
[128] *Momberg* NStZ 1984, 535 (536 f.); AK-StPO/*Schöch* Rn. 28.
[129] BGH v. 26. 6. 1981 – 3 StR 83/81, BGHSt 30, 165; BGH v. 18. 4. 1990 – 3 StR 252/88, BGHSt 37, 10 (13); BGH v. 25. 1. 2006 – 1 StR 438/05, NStZ-RR 2007, 20 f.; siehe auch BGH v. 30. 4. 2009 – 1 StR 745/08 (juris-Kurzwiedergabe in NJW-Spezial 2009, 488); OLG Hamm v. 30. 4. 1986 – 11 U 281/85, MDR 1986, 679 (680); HK-StPO/*Gercke* Rn. 10; KK-StPO/*Schoreit* Rn. 24; KMR/*Plöd* Rn. 15; Löwe/Rosenberg/*Beulke* Rn. 35; SK-StPO/*Weßlau* Rn. 29; zum älteren Schrifttum siehe die Nachw. bei *Momberg* NStZ 1984, 535.
[130] Dazu unten Rn. 53 ff.

die Auslegung allerdings unergiebig; die fehlende Differenzierung nach der Art der vorausgegangenen Einstellung in Abs. 3 und 4 spricht sogar eher für die Gegenauffassung. Die Entstehungsgeschichte ist gleichfalls nicht fruchtbar zu machen; die einschlägigen Materialien verhalten sich zu der Frage nicht.[131] **Maßgeblich** müssen deshalb die **für den Umfang des Strafklageverbrauchs allgemein relevanten Kriterien** sein.[132] Diese sprechen insbesondere im Hinblick auf die Kriterien Ermittlungsgrad und Mittel der Sachverhaltsaufklärung für eine Differenzierung zwischen staatsanwaltschaftlicher und gerichtlicher Einstellung. Die staatsanwaltschaftliche Einstellungsverfügung beruht regelmäßig, schon um den verfahrensökonomischen Zweck von § 154 möglichst optimal erreichen zu können, auf einem nicht bis zur Klärung des hinreichenden Tatverdachts aufgeklärten Sachverhalt. Es genügt eine Sachverhaltsaufklärung, die den für Abs. 1 Nr. 1 ausschlaggebenden hypothetischen Sanktionsvergleich ermöglicht. Zudem unterliegt die Sachverhaltsaufklärung im Ermittlungsverfahren nicht strengbeweislichen Regeln. Demgegenüber beruht ein Einstellungsbeschluss nach Abs. 2 zumindest auf einem durchermittelten Sachverhalt; erfolgt die Einstellung gar erst im Hauptverfahren werden typischerweise bereits strengbeweisliche Beweiserhebungen stattgefunden haben. Angesichts dessen muss der Einstellung nach Abs. 2 ein umfänglicherer Strafklageverbrauch zukommen als der nach Abs. 1. Dieser Unterschied im Umfang des Strafklageverbrauchs spiegelt sich in den unterschiedlichen materiellen Wiederaufnahmegründen wider.[133]

II. Wiederaufgreifen des Verfahrens nach staatsanwaltschaftlicher Einstellung

53   1. **Materielle Wiederaufnahmevoraussetzungen (Umfang des Strafklageverbrauchs).** Da Abs. 3 und 4 auf das Wiederaufgreifen nach staatsanwaltschaftlicher Einstellung nicht anwendbar sind, ist die Staatsanwaltschaft nicht auf die dortigen Wiederaufnahmegründe beschränkt.[134] Vielmehr soll ein **Wiederaufgreifen** der Verfolgung durch diese „jederzeit" möglich und zulässig sein.[135] Die Formulierung von der jederzeitigen Wiederaufnahme ist missverständlich. In der zeitlichen Perspektive geht es allenfalls darum, dass die zeitliche Grenze in Abs. 4 für ein Wiederaufgreifen nach staatsanwaltschaftlicher Einstellung keine Bedeutung hat.[136] Das gilt auch bei sich als eigenständige Taten erweisenden Serienstraftaten.[137] Ungeachtet der Nichtanwendung von Abs. 3 und 4 besteht aber weitgehend Einigkeit darüber, dass die **Staatsanwaltschaft an materielle Wiederaufnahmegründe** dergestalt gebunden ist, das Verfahren nur bei einem **sachlich einleuchtenden Grund** wiederaufzugreifen.[138] Der BGH begründet die Beschränkung der Wiederaufnahme auf einen solchen Grund mit dem Vertrauen des Beschuldigten und der Allgemeinheit in eine gewisse Beständigkeit auch staatsanwaltschaftlicher Entscheidungen.[139] Im Kern bringt die Formel vom sachlich einleuchtenden Grund letztlich nicht mehr als das **Willkürverbot** zum Ausdruck.[140] Die Anknüpfung des Strafklageverbrauchs an das Vertrauensschutzprinzip enthält einen im Kern richtigen Ansatz,[141] vermag aber den Umfang des von der jeweiligen Abschlussentscheidung ausgehenden Strafklageverbrauchs nur grob zu bestimmen. Mehr als die Erkenntnis, bei unveränderter Sach- und Rechtslage das Verfahren nicht erneut oder weiter betreiben zu dürfen,[142] lässt sich so kaum gewinnen. Letztlich kann die Umfangsbestimmung nur anhand der allgemein relevanten

---

[131] Zutreffend *Momberg* NStZ 1984, 535.
[132] Zu diesen ausführlich *Radtke*, Die Systematik des Strafklageverbrauchs verfahrenserledigender Entscheidungen, 1993, S. 323 ff. (gerichtliche Entscheidungen) und 371 ff. (staatsanwaltliche Entscheidungen).
[133] Zum Verhältnis von Strafklageverbrauch und Wiederaufnahmegründen *Radtke*, Systematik des Strafklageverbrauchs, S. 313 ff. und 367 ff.
[134] Vgl. etwa BGH v. 26. 6. 1981 – 3 StR 83/81, BGHSt 30, 165; BGH v. 18. 4. 1990 – 3 StR 252/88, BGHSt 37. 10 (13); BGH v. 25. 1. 2006 – 1 StR 438/05, NStZ-RR 2007, 20 f.; siehe auch BGH v. 30. 4. 2009 – 1 StR 745/08 (juris – Kurzwiedergabe in NJW-Spezial 2009, 488); OLG Karlsruhe v. 30. 1. 1996 – 1 AK 4/96, NStZ-RR 1997, 14; OLG Hamm v. 30. 4. 1986 – 11 U 281/85, MDR 1986, 679 (680); Löwe/Rosenberg/*Beulke* Rn. 35 f.; *Meyer-Goßner* Rn. 15; SK-StPO/*Weßlau* Rn. 29.
[135] Stdg. Rspr. siehe nur BGH v. 26. 6. 1981 – 3 StR 83/81, BGHSt 30, 165; BGH v. 18. 4. 1990 – 3 StR 252/88, BGHSt 37, 10 (13); BGH v. 25. 1. 2006 – 1 StR 438/05, NStZ-RR 2007, 20 f.; siehe auch BGH v. 30. 4. 2009 – 1 StR 745/08 (juris – Kurzwiedergabe in NJW-Spezial 2009, 488).
[136] BGH v. 3. 6. 1986 – 4 StR 152/86, NStZ 1986, 469; unklar BGH v. 7. 10. 1983 – 1 StR 615/83, NJW 1984, 2169 f.
[137] KK-StPO/*Schoreit* Rn. 37; aA Meyer-Goßner Rn. 21 a.
[138] BGH v. 18. 4. 1990 – 3 StR 252/88, BGHSt 37, 10 (13); BGH v. 30. 4. 2009 – 1 StR 745/08 (juris – Kurzwiedergabe in NJW-Spezial 2009, 488); *Rieß* NStZ 1981, 2 (9); *Momberg* NStZ 1984, 535 (537 f.); KK-StPO/*Schoreit* Rn. 24; KMR/*Plöd* Rn. 15; Löwe/Rosenberg/*Beulke* Rn. 35; SK-StPO/*Weßlau* Rn. 29.
[139] Ausführlich BGH v. 30. 4. 2009 – 1 StR 745/08 (juris Abs. 15 – Kurzwiedergabe in NJW-Spezial 2009, 488) mwN.
[140] Vgl. BGH v. 18. 4. 1990 – 3 StR 252/88, BGHSt 37, 10 (13); BGH v. 30. 4. 2009 – 1 StR 745/08 (juris Abs. 15 – Kurzwiedergabe in NJW-Spezial 2009, 488).
[141] Siehe *Loos* JZ 1978, 592 (598).
[142] *Loos* JZ 1978, 592 (598).

Kriterien unter Berücksichtigung der spezifischen Einstellungsvoraussetzungen bestimmt werden. Im Einzelnen:

Liegen die materiellen **Voraussetzungen** für eine auf **Abs. 3** gestützte gerichtliche Wiederaufnahme vor, so kann die Staatsanwaltschaft die Verfolgung einer von ihr nach Abs. 1 eingestellten Tat erneut betreiben. Unterhalb der Schwelle des Wegfalls der Bezugssanktion (Fall des Abs. 3) kommt ein Wiederaufgreifen auch bereits dann in Betracht, wenn **neue Tatsachen und Beweismittel** zu einer **Neubewertung** des hypothetischen Sanktionsvergleichs (Abs. 1 Nr. 2) oder der Sanktionierungsnotwendigkeit bzw. der Erwartung eines Urteils in angemessener Frist (Abs. 1 Nr. 2) führen.[143] Zumindest bei Vorliegen der materiellen Voraussetzungen von Abs. 3 gebietet das Legalitätsprinzip die erneute Verfolgung der eingestellten Tat; anderes gilt nur, wenn das neue Verfahren sogleich etwa wiederum einzustellen wäre. Wegen des nur geringen Ermittlungsgrades der Tat vor der Einstellung nach Abs. 1[144] und wegen der in den maßgeblichen Kriterien nicht relevant von § 153 Abs. 2, § 153a Abs. 2 iVm. Abs. 1 S. 5[145] abweichenden Lage könnte auch eine **bloße rechtliche Neubewertung** der eingestellten prozessualen Tat **ohne Nova** das Wiederaufgreifen gestatten. Angesichts der Ähnlichkeit bei den für den Strafklageverbrauch relevanten Kriterien mit § 153, § 153a wird ohne das Vorliegen von Nova allerdings erforderlich sein, dass sich die Tat nunmehr als Verbrechen erweist. Ungeachtet des begrenzten Strafklageverbrauchs im nationalen Recht lässt sich die staatsanwaltschaftliche Einstellung nach Abs. 1 nicht als „rechtskräftige Aburteilung" iSv. Art. 54 SDÜ verstehen.[146]

2. Verfahren des Wiederaufgreifens. Liegen die materiellen Wiederaufnahmevoraussetzungen 55 vor, bedarf es **keiner förmlichen Wiederaufnahmeentscheidung** seitens der Staatsanwaltschaft.[147] Das Wiederaufgreifen erfolgt durch Wiederaufnahme der Ermittlungen und führt zu einer Abschlussentscheidung in Gestalt der Anklageerhebung oder Surrogaten. Einer vorherigen Anhörung des Beschuldigten bedarf es nicht.[148] Soll die erneut verfolgte Tat zum Gegenstand eines anhängigen Verfahrens gegen denselben Angeschuldigten/Angeklagten gemacht werden, bedarf es der Nachtragsanklage (§ 266).[149]

3. Fortsetzung der Verfolgung ohne Wiederaufgreifen. Kein Fall des Wiederaufgreifens liegt 56 vor, wenn sich – mit oder ohne Nova – erweist, dass das von der Einstellung nach Abs. 1 betroffene Verfahren nicht eine eigenständige prozessuale Tat bildet sondern es sich lediglich um einen **Teilakt einer anderen Tat** handelt; bei noch anhängigem Verfahren über die Tat, der der Teilakt zugehört, gelangt § 154a Abs. 3 zur Anwendung.

Ebenfalls **kein Fall des Wiederaufgreifens** stellen die Konstellationen **nicht eingehaltener Ein-** 57 **stellungszusagen** der Staatsanwaltschaft dar. Die Rspr. sieht darin einen Strafmilderungsgrund[150] aber kein auf einen Verstoß gegen das fair-trial Prinzip begründetes Verfahrenshindernis.[151] Allenfalls dann, wenn eine Kompensation auf der Strafzumessungsebene zum Ausgleich eines Fairnessverstoßes nicht genügen sollte, will der BGH ein Verfahrenshindernis in Betracht ziehen.[152]

III. Wiederaufnahme nach gerichtlichem Einstellungsbeschluss (Abs. 3-5)

1. Regelungsbereich. Abs. 3 und 4 sind nicht nur im Hinblick auf ihren Anwendungsbereich 58 unklar[153] sondern enthalten selbst bei der gesicherten Anwendung auf die Wiederaufnahme im Anschluss an einen Einstellungsbeschluss nach Abs. 2 allenfalls eine **Teilregelung der berücksichtigungsfähigen materiellen Wiederaufnahmegründe.**[154] Beide Vorschriften knüpfen die **Wiederaufnahme in der Sache** – bei Abs. 4 dem Wortlaut kaum zu entnehmen – an eine gegenüber dem Einstellungszeitpunkt **erwartungswidrige Entwicklung der Bezugssanktion**. Abs. 3 stellt auf den Wegfall der bei Einstellung bereits verhängten Bezugssanktion ab,[155] Abs. 4 auf die bei Einstellung lediglich erwartete Bezugssanktion.[156] § 154 enthält dagegen **keine ausdrückliche Regelung**

---

[143] Im Ergebnis ebenso KK-StPO/*Schoreit* Rn. 24; Löwe/Rosenberg/*Beulke* Rn. 37; SK-StPO/*Weßlau* Rn. 29.
[144] Oben Rn. 30.
[145] Zum Umfang des Strafklageverbrauchs inoweit *Radtke*, Systematik des Strafklageverbrauchs, S. 350 f.
[146] OLG Nürnberg v. 23. 6. 2009 – 1 OLG Ausl 130/07 (juris).
[147] Vgl. BGH v. 25. 1. 2006 – 1 StR 438/06, NStZ-RR 2007, 20 (21).
[148] Von BGH v. 25. 1. 2006 – 1 StR 438/06, NStZ-RR 2007, 20 (21) offen gelassen („jedenfalls kein Beruhen").
[149] SK-StPO/*Weßlau* Rn. 29.
[150] BGH v. 18. 4. 1990 – 3 StR 252/88, BGHSt 37, 10 (13); BGH v. 17. 7. 1996 – 5 StR 121/96, BGHSt 42, 191 (194); vgl. auch BGH v. 12. 3. 2008 – 3 StR 433/07, BGHSt 52, 165 (171 ff.) = NJW 2008, 1752 (1754 f.) mAnm *Fezer* JZ 2008, 1059 f., *Lindemann* JR 2009, 82 ff.; *Sauer* wistra 2009, 141 ff.
[151] Nachw. wie Fn. zuvor; aA etwa SK-StPO/*Weßlau* Rn. 30; siehe auch *Weigend* JR 1991, 257 ff.
[152] Siehe BGH v. 12. 3. 2008 – 3 StR 433/07, BGHSt 52, 165 (171 ff.) = NJW 2008, 1752 (1754 f.).
[153] Oben Rn. 50-52.
[154] In der Sache weitgehend übereinstimmend Löwe/Rosenberg/*Beulke* Rn. 63; SK-StPO/*Weßlau* Rn. 44.
[155] Näher unten Rn. 59.
[156] Näher unten Rn. 63 ff.

für den Fall der gegenüber der Einstellungsentscheidung geänderten Bewertung der eingestellten Tat.[157] Für letztere Konstellation gelten die allgemeinen Regeln des Strafklageverbrauchs bei verfahrenserledigenden Beschlüssen.[158] Betrachtet man die Gründe für eine Wiederaufnahme nach gerichtlicher Einstellung zusammenfassend, kommt eine Wiederaufnahme immer dann in Betracht, wenn sich **die Erwartung, durch die Bezugssanktion** eine unter Schuld- und Präventionsgründen **genügende Sanktionierung** des Mehrfachtäters **zu bewirken, nicht erfüllt hat.** Das kann seine Ursache entweder in Änderungen bei der Bezugssanktion gegenüber dem Zeitpunkt der Einstellungsentscheidung oder in Änderungen der Bewertung der eingestellten Tat haben.

59 **2. Wiederaufnahme bei Wegfall der rechtskräftig verhängten Bezugssanktion.** Abs. 3 knüpft die Wiederaufnahme materiell an den nachträglichen Wegfall einer zum Zeitpunkt des Einstellungsbeschlusses nach Abs. 2 rechtkräftig verhängten Strafe oder Maßregel der Besserung und Sicherung. Erfasst ist damit lediglich der **vollständige Wegfall** der Bezugssanktion; ihr teilweiser Wegfall genügt nicht (allgM).[159] **Kein Wegfall** liegt bei **Vollstreckung der Strafe** sowie bei **Erledigung der Maßregel durch Zweckerreichung** oder nach **Ablauf der Höchstfrist** (etwa § 67d Abs. 1 S. 1, Abs. 4 StGB) vor,[160] weil es hier nicht um einen erwartungswidrigen Verlauf der Bezugssanktion geht. Auch das Fehlen der Möglichkeit die verhängte Bezugssanktion (derzeit) zu vollstrecken, weil der Verurteilte geflohen ist, kann keinen Wegfall der Bezugssanktion bedeuten.[161] Dagegen ist eine auf § 67d Abs. 6 StGB gestützte Erledigung einer Unterbringung nach § 63 StGB (bei Fehleinweisung) als Wegfall zu bewerten; anderes gilt, wenn zugleich nachträgliche Sicherungsverwahrung nach § 66b Abs. 3 StGB angeordnet wird.

60 Die **Gründe des Wegfalls** sind für die Anwendung von Abs. 3 an sich ohne Bedeutung; in Frage kommen Amnestie, Begnadigung aber vor allem eine erfolgreiche **Wiederaufnahme** (§§ 359ff.) des die verhängte Bezugssanktion betreffenden Verfahrens. Im Fall der Wiederaufnahme fällt die Bezugssanktion wegen der Wirkung des Beschlusses nach § 370 Abs. 2 bereits mit diesem weg. Im Hinblick auf den Ermessenscharakter von Abs. 3[162] und den materiellen Wiederaufnahmegrund der erwartungswidrigen Entwicklung der Bezugssanktion sollte mit einem Beschluss nach Abs. 5 bis zum rechtskräftigen Abschluss des erneuten Verfahrens zugewartet werden.[163] Führt dieses zu einer der ursprünglichen Bezugssanktion weitgehend entsprechenden Rechtsfolge, besteht kein materieller Grund für einen Beschluss nach Abs. 5.

61 Für einen auf Abs. 3 gestützten Wiederaufnahmebeschluss nach Abs. 5 gilt die **Dreimonatsfrist des Abs. 4 nicht.**

62 Einen inhaltlichen Entscheidungsmaßstab für die Wiederaufnahme nach Abs. 3 gibt das Gesetz lediglich insoweit vor, als das Verfahren wiederaufgenommen werden „kann". Den dadurch an sich eröffneten Ermessensspielraum für das zuständige Gericht[164] schränkt die hM jedoch ein, indem bei Vorliegen der Voraussetzungen von Abs. 3 eine **grundsätzliche Pflicht zur Wiederaufnahme** angenommen wird.[165] Dem kann allenfalls mit erheblichen Einschränkungen zugestimmt werden. Der spätere Wegfall der ursprünglich verhängten Bezugssanktion ist lediglich ein Anzeichen für eine erwartungswidrige Entwicklung der Bezugssanktion, aus dem sich Konsequenzen für eine neue Einschätzung des Verfolgungs- und Sanktionierungsbedürfnis der ursprünglich eingestellten Tat ergeben können.[166] Wie bei der Einstellungsentscheidung selbst hat das Gericht auf der nunmehr maßgeblichen Tatsachenlage nach Wegfall der Bezugssanktion zu prüfen, ob auf eine Verfolgung der eingestellten Tat verzichtet werden kann oder nicht. Es bleibt damit eine **Ermessensentscheidung** des zuständigen Gerichts, das Verfahren bezüglich der eingestellten Tat wiederaufzunehmen oder nicht. Letztlich erkennt das auch die hM an, indem die „Pflicht" zur Wiederaufnahme verneint wird, wenn etwa die verhängte Bezugssanktion vor ihrem Wegfall bereits weitgehend vollstreckt war,[167] die Voraussetzungen für eine Einstellung des wiederaufzunehmenden Verfahrens nach § 153 vorlägen[168] oder dieses Verfahrens prognostisch zu einem

---

[157] Näher unten Rn. 69.
[158] Dazu ausführlich *Radtke*, Systematik des Strafklageverbrauchs, S. 341ff.
[159] Siehe nur AK-StPO/*Schöch* Rn. 44; KK-StPO/*Schoreit* Rn. 38; SK-StPO/*Weßlau* Rn. 41.
[160] Ebenso Löwe/Rosenberg/*Beulke* Rn. 71.
[161] Vgl. OLG Hamm v. 5. 6. 2008 – 1 Ws 254/08, StV 2009, 119f. (bzgl. § 154 Abs. 4).
[162] Unten Rn. 61.
[163] Vgl. KMR/*Plöd* Rn. 20; Löwe/Rosenberg/*Beulke* Rn. 71; SK-StPO/*Weßlau* Rn. 41.
[164] Zu diesem unten Rn. 72.
[165] AK-StPO/*Schöch* Rn. 44ff.; KK-StPO/*Schoreit* Rn. 38; KMR/*Plöd* Rn. 21; SK-StPO/*Weßlau* Rn. 42; vorsichtiger Löwe/Rosenberg/*Beulke* Rn. 65.
[166] Vgl. oben Rn. 58 aE.
[167] Löwe/Rosenberg/*Beulke* Rn. 65.
[168] KMR/*Plöd* Rn. 21; SK-StPO/*Weßlau* Rn. 42.

Freispruch führen würde.[169] Für die Wiederaufnahme nach Abs. 4 ist – bei gleichem inhaltlichen Entscheidungsmaßstab[170] – der Ermessenscharakter ohnehin anerkannt.[171]

3. Wiederaufnahme wegen Änderungen bei der erwarteten Bezugssanktion (Abs. 4). Abs. 4 legt 63 den eigentlichen Grund der Wiederaufnahme kaum offen. Die Vorschrift betrifft solche Einstellungen, die im Hinblick auf eine **im Einstellungszeitpunkt lediglich erwartete** noch nicht aber verhängte **Bezugsanktion erfolgte**. Die Wiederaufnahme kommt materiell in Betracht, wenn sich in diesen Konstellationen die **erwartete Bezugssanktion erwartungswidrig entwickelt hat**,[172] dh. vor allem in Fallgestaltungen, in denen die Bezugssanktion weniger schwer oder von anderer Art ausgefallen ist, als im Einstellungszeitpunkt angenommen. Der **inhaltliche Maßstab** für die Wiederaufnahme **nach Abs. 4** besteht darin zu prüfen, ob wegen der erwartungswidrigen Entwicklung der Bezugssanktion **nunmehr** die **für die eingestellte Tat zu erwartende Strafe** iSv. Abs. 1 Nr. 1 doch beträchtlich **ins Gewicht fällt** (in der Sache allgM).[173] Diese Voraussetzung ist nicht gegeben, wenn die in dem Bezugsverfahren verhängte Bezugssanktion wegen Flucht des Verurteilten derzeit nicht vollstreckt werden kann.[174]

a) Rechtskraft des wegen der anderen Tat ergehenden Urteils. Anders als für Abs. 3 und für die 64 Fälle der Wiederaufnahme wegen veränderter Bewertung der eingestellten Tat[175] beschränkt Abs. 4 die Wiederaufnahme wegen erwartungswidriger Entwicklung der erwarteten Bezugssanktion aber auf einen Zeitraum von **drei Monaten nach Rechtskraft des Urteils über die Bezugssanktion.** Ungeachtet des auf ein **Urteil** über die erwartete Bezugssanktion bezogenen Wortlautes von Abs. 4 besteht Einigkeit darüber, die Frist des Abs. 4 auch auf andere verfahrenserledigende Entscheidungen auszudehnen, wenn und soweit ihnen (zumindest ein beschränkter) Strafklageverbrauch zukommt;[176] akzeptiert ist dies vor allem für die **Nichteröffnungsbeschluss** (vgl. § 204); Verfahrenseinstellungen nach **§§ 153, 153 a** sowie einen **Einstellungsbeschluss nach § 206 a** wegen eines endgültigen Verfahrenshindernisses.[177] Im Hinblick auf die Rechtskraftregelung in § 174 Abs. 2 gehört auch der oberlandesgerichtliche **Beschluss nach § 174** im Rahmen des Klageerzwingungsverfahrens dazu, wenn dieser den zulässigen **Klageerzwingungsantrag als unbegründet** verwirft.[178]

Die hM will auch die staatsanwaltschaftliche **Einstellung nach § 170 Abs. 2** unter Berufung auf 65 den Regelungszweck von § 154 unter den Begriff „**Urteil**" fassen (**strg.**) und den Beginn der Frist des Abs. 4 entweder auf das Verstreichen der Frist des § 172 für den Klageerzwingungsantrag oder den Beschluss nach § 174 legen.[179] Das OLG Düsseldorf verneint dagegen die Anwendung der Frist des Abs. 4 auf die staatsanwaltschaftliche Einstellung gemäß § 170 Abs. 2 und den auf Unzulässigkeit des Klageerzwingungsantrags gestützten Beschlusses nach § 174 mit dem Argument fehlender (materieller) Rechtskraft der jeweiligen Erledigungsarten.[180] Dafür spricht sowohl die mit dem Wortlaut evident unvereinbare Erstreckung zumindest auf die Einstellungsverfügung gemäß § 170 Abs. 2 als auch der Hinweis auf den fehlenden Strafklageverbrauch. Dennoch ist der hM wegen Vertrauensschutzes des Angeklagten zuzustimmen. Die Nichtanwendung der Frist aus Abs. 4 wirkte sich erheblich zu dessen Lasten aus. Denn auch in den Fällen der Einstellung gemäß § 170 Abs. 2 oder der Verwerfung des Klageerzwingungsantrages als unzulässig, hat sich wegen dieses Ausgangs des Bezugsverfahrens die Erwartung an die Bezugssanktion nicht erfüllt. Die Wiederaufnahme des eingestellten Verfahrens wäre daher wegen des nur begrenzten Strafklageverbrauchs des Beschlusses gemäß Abs. 2[181] aus einem sachlich gerechtfertigten Grundes zulässig; allerdings ohne die Ausschlussfrist des Abs. 4.[182] Ein unterschiedliches Niveau des Schutzbedürfnisses des Angeklagten ist jedoch nicht zu erkennen, so dass eine analoge Anwendung von Abs. 4 zu erwägen ist.

---

[169] SK-StPO/*Weßlau* Rn. 42.
[170] Oben Rn. 58 aE.
[171] Siehe nur OLG Düsseldorf v. 29. 10. 2007 – 2 Ss 168/07, StraFo 2008, 75 f.; OLG Hamm v. 5. 6. 2008 – 1 Ws 254/08, StV 2009, 119 f.; siehe auch unten Rn. 72.
[172] Vgl. Löwe/Rosenberg/*Beulke* Rn. 65; anders offenbar KK-StPO/*Schoreit* Rn. 40 f.
[173] Exemplarisch OLG Hamm v. 5. 6. 2008 – 1 Ws 254/08, StV 2009, 119 f.; OLG Oldenburg v. 20. 9. 2006 – 1 Ws 465/06, NStZ 2007, 167 (168); Löwe/Rosenberg/*Beulke* Rn. 65 u. 75.
[174] OLG Hamm v. 5. 6. 2008 – 1 Ws 254/08, StV 2009, 119 f.; siehe auch bereits oben Rn. 59.
[175] Dazu unten Rn. 69.
[176] Siehe OLG Düsseldorf v. 29. 10. 2007 – 2 Ss 168/07, StraFo 2008, 75 f.; *Beulke* JR 1986, 51; HK-StPO/*Gercke* Rn. 18; KK-StPO/*Schoreit* Rn. 42; KMR/*Plöd* Rn. 22; Löwe/Rosenberg/*Beulke* Rn. 73; *Meyer-Goßner* Rn. 23; SK-StPO/*Weßlau* Rn. 43.
[177] Nachw. wie Fn. zuvor.
[178] Offen gelassen von OLG Düsseldorf v. 29. 10. 2007 – 2 Ss 168/07, StraFo 2008, 75 f.
[179] KMR/*Plöd* Rn. 22; Löwe/Rosenberg/*Beulke* Rn. 73; SK-StPO/*Weßlau* Rn. 43.
[180] OLG Düsseldorf v. 29. 10. 2007 – 2 Ss 168/07, StraFo 2008, 75 f.
[181] Siehe bereits oben Rn. 58.
[182] Zutreffend gesehen von OLG Düsseldorf v. 29. 10. 2007 – 2 Ss 168/07, StraFo 2008, 75 f.

66 **b) Bedeutung der Frist des Abs. 4.** Die 3-Monats-Frist ist eine **Ausschlussfrist zugunsten des Angeklagten**.[183] Mit dem ungenutzten Verstreichen der Frist steht einer erneuten Verfolgung der nach Abs. 2 eingestellten Tat das Verfahrenshindernis des Strafklageverbrauchs entgegen.[184] Angesichts des Charakters als Ausschlussfrist soll eine auf Abs. 4 gestützte Wiederaufnahme auch bereits **vor einer rechtskräftigen Entscheidung über die** (im Einstellungszeitpunkt erwartete) **Bezugssanktion** zulässig sein.[185] Der Wortlaut von Abs. 4 schließt eine solche zeitige Wiederaufnahme nicht aus. Angesichts des materiellen Wiederaufnahmegrundes der erwartungswidrigen Entwicklung der Bezugssanktion ist eine solche Vorgehensweise nicht ratsam. Ohne die rechtskräftige Festsetzung der Bezugssanktion lässt sich die Erwartungswidrigkeit nicht ohne Weiteres beurteilen.

67 **c) Mehrere Bezugsanktionen.** Ist die Einstellung wegen mehrerer Bezugsanktionen erfolgt, die teils im Zeitpunkt der Einstellung bereist rechtskräftig verhängt teils noch erwartet wurden, findet die Frist des Abs. 4 nur auf die (im Einstellungszeitpunkt) erwarteten Bezugssanktionen Anwendung. Dementsprechend kann bei späterem Wegfall der rechtskräftig verhängten Bezugssanktion auf der Grundlage von Abs. 3 ohne zeitliche Begrenzung durch Abs. 4 die Wiederaufnahme beschlossen werden.[186]

68 **d) Ermessensentscheidung.** Liegen die materiellen Voraussetzungen des Abs. 4[187] vor, so steht die Wiederaufnahmeentscheidung innerhalb der 3-Monatsfrist im **pflichtgemäßen Ermessen** des zuständigen Gerichts.[188] Das hat Auswirkungen auf die Anfechtbarkeit der Entscheidung über die Wiederaufnahme und – für den Fall der Statthaftigkeit der Anfechtung – auf den Umfang der rechtsmittelgerichtlichen Kontrolldichte.[189] Inhaltlich hat sich die Ermessensentscheidung daran zu orientieren, ob wegen der erwartungswidrigen Entwicklung der erwarteten Bezugssanktion die für die eingestellte Tat erwartete Sanktion nunmehr doch erheblich ins Gewicht fällt.[190]

69 **4. Wiederaufnahme außerhalb der von Abs. 3 und 4 normierten Konstellationen.** Abs. 3 und 4 normieren – zudem unvollkommen und unvollständig – materielle Wiederaufnahmegründe, die an Änderungen bei der Bezugssanktion anknüpfen. Dabei bleibt außer Betracht, dass die im Kern an einen hypothetischen Sanktionsvergleich abstellenden Einstellungsvoraussetzungen nach Abs. 1 nicht allein durch Änderungen der Bezugssanktion(en) wegfallen können sondern auch durch (nachträgliche) **Änderungen der Bewertung der eingestellten Tat**.[191] Entsprechend dem bereits zu dem Wiederaufgreifen nach staatsanwaltschaftlicher Einstellung Ausgeführten[192] kommt eine Wiederaufnahme nach gerichtlicher Einstellung außerhalb der Voraussetzungen von Abs. 3 oder 4 in Betracht, wenn die eingestellte Tat sich nachträglich als erheblich schwerer, als bei der Einstellung angenommen, erweist. Das ist jedenfalls bei dem Übergang von einem Vergehen zu einem Verbrechen stets der Fall;[193] auf das Vorliegen von Nova kommt es nicht zwingend an, obwohl diese regelmäßig gegeben sein werden. Die Frist des Abs. 4 gilt nicht; eine Analogie kommt hier[194] nicht in Betracht, weil das Vertrauen des Angeklagten in die zunächst fehlerhafte rechtliche Bewertung der Tat nicht schutzwürdig ist, eine Rechtsähnlichkeit mit der Konstellation des Abs. 4 insoweit nicht vorliegt.

70 **5. Verfahren der gerichtlichen Wiederaufnahme. a) Zuständigkeit.** Für die Entscheidung (vgl. Abs. 5) über die Wiederaufnahme in den Fällen der Einstellung nach Abs. 2 ist stets das Gericht zuständig, das den **Einstellungsbeschluss getroffen hat** (allgM).[195] Das gilt auch für in den Rechtsmittelinstanzen getroffene Einstellungsentscheidungen. Umgekehrt kann ein Rechtsmittel-

---

[183] OLG Hamm v. 3. 4. 2008 – 5 Ss 103/08 (juris).
[184] KK-StPO/*Schoreit* Rn. 22; KMR/*Plöd* Rn. 22; SK-StPO/*Weßlau* Rn. 43; siehe auch bereits oben Rn. 44.
[185] OLG Celle v. 4. 4. 1984 – 1 Ss 117/84, NStZ 1985, 218; *Beulke* JR 1986, 51; AK-StPO/*Schöch* Rn. 46; KK-StPO/*Schoreit* Rn. 41; Löwe/Rosenberg/*Beulke* Rn. 74; SK-StPO/*Weßlau* Rn. 43; zweifelnd offenbar KMR/*Plöd* Rn. 22.
[186] KK-StPO/*Schoreit* Rn. 44; Löwe/Rosenberg/*Beulke* Rn. 74.
[187] Oben Rn. 63.
[188] OLG Hamm v. 5. 6. 2008 – 1 Ws 254/08, StV 2009, 119 f.; OLG Oldenburg v. 20. 9. 2006 – 1 Ws 465/06, NStZ 2007, 167 f.; insoweit ebenso OLG Frankfurt/M. v. 3. 8. 1983 – 3 Ws 503/83, NStZ 1985, 39; im Ergebnis ebenso Löwe/Rosenberg/*Beulke* Rn. 65 f.
[189] Unten Rn. 84.
[190] Oben Rn. 58.
[191] Oben Rn. 54 und 58.
[192] Oben Rn. 54.
[193] Im Ergebnis ebenso BGH v. 12. 6. 1985 – 3 StR 35/85, NStZ 1986, 36 mAnm Rieß, Löwe/Rosenberg/*Beulke* Rn. 63; Meyer-Goßner Rn. 22.
[194] Vgl. aber oben Rn. 65 aE.
[195] BGH v. 30. 4. 1980 – 2 StR 104/80, GA 1981, 36; OLG Koblenz v. 25. 4. 2001 – 1 Ws 244/01, StraFo 2001, 242 (243); AK-StPO/*Schöch* Rn. 43; HK-StPO/*Gercke* Rn. 16; KK-StPO/*Schoreit* Rn. 44; Löwe/Rosenberg/*Beulke* Rn. 67; Meyer-Goßner Rn. 22; SK-StPO/*Weßlau* Rn. 45.

gericht nicht die Wiederaufnahme in Bezug auf eine Tat beschließen, wenn der Einstellungsbeschluss durch ein niederrangiges Gericht innerhalb des Instanzenzuges ergangen ist.[196] In welcher Besetzung das zuständige Gericht entscheidet, bestimmt sich wie stets nach dem Verfahrensstadium; bei Beschlussfassung in der Hauptverhandlung wirken die Schöffen bei entsprechenden Kollegialgerichten mit.

Das zuständige Gericht hat bei Vorliegen der Voraussetzungen[197] über die Wiederaufnahme **von Amts wegen** zu entscheiden.[198] Um dem nachkommen zu können, bedarf es organisatorischer Maßnahmen, die dem zuständigen Gericht Kenntnis von dem Ausgang des Bezugsverfahrens verschaffen. Unabhängig von dem Fehlen eines Antragserfordernisses hat die das eingestellte Verfahren (vormals) führende Staatsanwaltschaft durch ihre Aktenführung und die Zusammenarbeit mit der das Bezugsverfahren führenden Staatsanwaltschaft die Erlangung der Kenntnis des Ausgangsverfahrens sicherzustellen, um bei dem zuständigen Gericht die Wiederaufnahme anregen zu können. 71

b) Entscheidungsart und -inhalt. Wie Abs. 5 klarstellt, ordnet das zuständige Gericht die Wiederaufnahme durch einen entsprechenden formellen **Beschluss** an. Eine lediglich **stillschweigende, konkludente Wiederaufnahme** genügt **nicht**.[199] Ob das zuständige Gericht bei Vorliegen der in Abs. 3 und 4 normierten Voraussetzungen[200] die Wiederaufnahme beschließt, liegt in seinem **Ermessen**.[201] Lehnt das Gericht die **Wiederaufnahme** trotz einer entsprechenden Anregung bzw. eines Antrages der Staatsanwaltschaft (oder des Nebenklägers) **ab**, ist der Beschluss **mit Gründen** zu versehen (§ 34). 72

Der Wiederaufnahmebeschluss muss den Verfahrensbeteiligten **bekannt gemacht** werden (vgl. § 35 Abs. 1); die förmliche Zustellung ist jedoch nicht erforderlich (§ 35 Abs. 2 S. 2). 73

Ein **Wiederaufnahmebeschluss** nach Abs. 5 kann **nicht** ergehen, wenn sich nunmehr herausstellt, dass der aus der Verfolgung ausgeschiedene Gegenstand keine eigenständige Tat im prozessualen Sinne sondern lediglich Teil einer Tat ist, die Gegenstand in einem noch nicht rechtskräftig abgeschlossen Verfahren ist. Die Wiedereinbeziehung richtet sich in solchen Konstellationen nach § 154a Abs. 3 (allgM).[202] 74

c) Antrags-/Zustimmungs-/Anhörungserfordernisse. Die Entscheidung des zuständigen Gerichts über die Wiederaufnahme erfolgt **von Amts wegen**. Eines **Antrags der Staatsanwaltschaft** bedarf es dementsprechend **nicht** (mittlerweile allgM);[203] diese kann aber ebenso wie die sonstigen Vefahrensbeteiligten die Wiederaufnahme beantragen. Der Einstellungsbeschluss bedarf **keiner Zustimmung** seitens der Staatsanwaltschaft, des Angeschuldigten/Angeklagten oder des Nebenklägers. 75

Vor dem Wiederaufnahmebeschluss muss die **Staatsanwaltschaft** jedenfalls nach § 33 Abs. 2 **angehört** werden; die Pflicht zur **Anhörung des Angeschuldigten/Angeklagten** ergibt sich aus § 33 Abs. 3.[204] Dagegen bedarf es der Anhörung des **Nebenklägers nicht**, wenn das Verfahren wegen der zum Anschluss berechtigenden Tat wiederaufgenommen wird (vgl. § 33 Abs. 3).[205] 76

d) Wirkungen des Wiederaufnahmebeschlusses. Die Anordnung der Wiederaufnahme versetzt das Verfahren in den Stand zurück, in dem es sich zum Zeitpunkt Einstellungsentscheidung befand.[206] Die mit dem **Einstellungsbeschluss** nach Abs. 2 getroffenen **Nebenentscheidungen**[207] verlieren durch den Wiederaufnahmebeschluss nicht ihre Wirkung. Über ihre Aufhebung ist geson- 77

---

[196] Vgl. BGH v. 28. 9. 1972 – 1 StR 364/72 bei *Dallinger* MDR 1973, 192; BGH v. 30. 4. 1980 – 2 StR 104/80, GA 1981, 36; OLG Hamm v. 10. 9. 1968 – 1Ss 1036/68, JMBl. NW 1969, 258; ausführlich Löwe/Rosenberg/*Beulke* Rn. 67.
[197] Oben Rn. 59–69.
[198] Siehe auch unten Rn. 75.
[199] BGH v. 26. 10. 2006 – 3 StR 290/06, NStZ-RR 2007, 83; BayObLG v. 24. 3. 1992 – RReg. 4 St 159/91, NStZ 1992, 403; *Beulke* JR 1986, 51 f.; HK-StPO/*Gercke* Rn. 16; KK-StPO/*Schoreit* Rn. 36; KMR/*Plöd* Rn. 19; Löwe/Rosenberg/*Beulke* Rn. 69; *Meyer-Goßner* Rn. 22; SK-StPO/*Weßlau* Rn. 46; aA OLG Celle v. 4. 4. 1984 – 1 Ss 117/84, NStZ 1985, 218 mAnm *Schoreit*; siehe auch AK-StPO/*Schöch* Rn. 43.
[200] Oben Rn. 59–69.
[201] Oben Rn. 62 und 68.
[202] Siehe nur AK-StPO/*Schöch* Rn. 42; KK-StPO/*Schoreit* Rn. 37; Löwe/Rosenberg/*Beulke* Rn. 62; *Meyer-Goßner* Rn. 22; SK-StPO/*Weßlau* Rn. 48.
[203] BGH v. 11. 3. 1959 – 2 StR 58/59, BGHSt 13, 44; BGH v. 9. 9. 1981 – 3 StR 290/81, BGHSt 30, 197 (198); AK-StPO/*Schöch* Rn. 43; HK-StPO/*Gercke* Rn. 16; KK-StPO/*Schoreit* Rn. 39; Löwe/Rosenberg/*Beulke* Rn. 64; *Meyer-Goßner* Rn. 22; SK-StPO/*Weßlau* Rn. 46.
[204] BGH v. 11. 3. 1959 – 2 StR 58/59, BGHSt 13, 44 (45); HK-StPO/*Gercke* Rn. 16; KMR/*Plöd* Rn. 21; Löwe/Rosenberg/*Beulke* Rn. 69; *Meyer-Goßner* Rn. 22; SK-StPO/*Weßlau* Rn. 46 aE.
[205] Zutreffend Löwe/Rosenberg/*Beulke* Rn. 69.
[206] Vgl. BGH v. 3. 10. 1967 – 1 StR 355/67, BGHSt 21, 330 = NJW 1968, 117; BGH v. 12. 3. 1968 – 5 StR 115/68, BGHSt 22, 108; KK-StPO/*Schoreit* Rn. 45; Löwe/Rosenberg/*Beulke* Rn. 70.
[207] Oben Rn. 38.

§ 154 78–82 *Zweites Buch. Verfahren im ersten Rechtszug*

dert zu entscheiden (insoweit allgM), was sachgerechterweise erst am Ende des Verfahrens über die wiederaufgenommene Tat erfolgt.[208]

H. Rechtsbehelfe

I. Staatsanwaltschaftliche Einstellung (Abs. 1)

78   Die auf Abs. 1 gestützte staatsanwaltschaftliche **Einstellungsverfügung** ist für den **Beschuldigten nicht** mit einem Rechtsbehelf **angreifbar**. § 172 Abs. 2 S. 3 schließt das dagegen gerichtete **Klageerzwingungsverfahren** für den Verletzten ausdrücklich aus. Angesichts dessen kann die Einstellungsentscheidung auch nicht im Rechtsweg nach § 23 EGVGV überprüft werden.[209] Möglich ist allein die **Dienstaufsichtsbeschwerde**.

79   Der Beschuldigte kann sich auch nicht gegen eine **Ablehnung der Verfahrenseinstellung** auf der Grundlage von Abs. 1 wenden. Im Hinblick auf den (primär) justizökonomischen Regelungszweck[210] hat er noch nicht einmal einen Anspruch auf ermessensfehlerfreie Entscheidung über das Vorliegen der Voraussetzungen nach Abs. 1.

80   Die mit der Einstellungsverfügung ggf. in Verbindung stehenden (gerichtlichen) **Nebenentscheidungen**[211] sind nach den allgemeinen Regeln anfechtbar; dementsprechend kann die evtl. nach § 467a getroffene **Kostenentscheidung** nicht angefochten werden (§ 467a Abs. 3). Dagegen unterliegt die Entscheidung über **Entschädigung für Strafverfolgungsmaßnahmen** (§ 9 StrEG) der sofortigen Beschwerde (siehe § 9 Abs. 2 StrEG).

II. Gerichtliche Einstellung (Abs. 2)

81   **1. Gerichtlicher Einstellungsbeschluss.** Die **Anfechtbarkeit** des auf Abs. 2 gestützten gerichtlichen Einstellungsbeschlusses **ist wenig geklärt**. Die mittlerweile **überwiegende Auffassung** schließt **die Beschwerde (§ 304) im Grundsatz** für sämtliche Verfahrensbeteiligten **aus**.[212] Die für den Ausschluss angegebenen Begründungen variieren. Teils wird auf die durch Abs. 3 und 4 eröffneten Wiederaufnahmemöglichkeiten hingewiesen, die an die Stelle eines Rechtsmittelzuges treten,[213] oder es wird zumindest der Sache nach auf den Ermessenscharakter abgestellt.[214] Teils wird in Bezug auf den Ausschluss den Anfechtung für den Angeschuldigten/Angeklagten auf dessen fehlende Beschwer abgestellt, weil dieser wegen der aufrechterhaltenen Unschuldsvermutung keinen Anspruch auf eine (weitergehende) Rehabilitation habe.[215]

82   Von dem Grundsatz des Ausschlusses der Beschwerde werden jedoch vielfach **Ausnahmen** zugelassen, in denen die **Beschwerde** gegen den Einstellungsbeschluss **statthaft und zulässig** sein soll. Der **Staatsanwaltschaft** soll die einfache Beschwerde zur Verfügung stehen, wenn der Einstellungsbeschluss erlassen worden ist, obwohl dessen gesetzliche **Voraussetzungen fehlten**.[216] Das ist für die fehlende Zustimmung der Staatsanwaltschaft,[217] das Fehlen der Zuständigkeit des Gerichts[218] sowie für bereits eingetretenen Strafklageverbrauch angenommen worden.[219] Für den **Angeschuldigten/Angeklagten** ist trotz der aufrechterhaltenen Unschuldvermutung die aus-

---

[208] Löwe/Rosenberg/*Beulke* Rn. 70; SK-StPO/*Weßlau* Rn. 47; aA (bereits mit Anordnung der Wiederaufnahme) HK-StPO/*Gercke* Rn. 16; KK-StPO/*Schoreit* Rn. 45.
[209] Zutreffend Löwe/Rosenberg/*Beulke* Rn. 34 mwN in Fn. 106.
[210] Oben Rn. 1 f.
[211] Oben Rn. 34.
[212] Grdlg. BGH v. 21. 12. 1956 – 1 StR 337/56, BGHSt 10, 88 (91 ff.); BGH v. 3. 6. 1986 – 4 StR 152/86, NStZ 1986, 469; OLG Bamberg v. 6. 5. 1981 – Ws 213/81, StV 1981, 402; OLG Celle v. 30. 12. 1982 – 2 Ws 199/82, NStZ 1983, 328 (329); OLG Düsseldorf v. 9. 11. 1999 – 3 Ws 433/93, JMBlNW 1994, 58; OLG Frankfurt v. 6. 1. 1984 – 1 Ws 240/83, JR 1984, 389; OLG München v. 4. 12. 1980 – 2 Ws 1199 u. 1200/80 K, NStZ 1981, 234 (235) mAnm *Meyer-Goßner*; *Baukelmann* JR 1984, 391 (392); *Maatz* MDR 1986, 884; AK-StPO/*Schöch* Rn. 33; KK-StPO/*Schoreit* Rn. 31; KMR/*Plöd* Rn. 26; Löwe/Rosenberg/*Beulke* Rn. 48; *Meyer-Goßner* Rn. 20; SK-StPO/*Weßlau* Rn. 50.
[213] Löwe/Rosenberg/*Beulke* Rn. 48.
[214] In diese Richtung BGH v. 21. 12. 1956 – 1 StR 337/56, BGHSt 10, 88 (92); *Baukelmann* JR 1984, 391 (392).
[215] Etwa Löwe/Rosenberg/*Beulke* Rn. 48; SK-StPO/*Weßlau* Rn. 50; in der Sache insoweit ebenso OLG Zweibrücken v. 16. 11. 1995 – 1 Ws 205/95, NJW 1996, 866 (867).
[216] Siehe etwa BGH v. 21. 12. 1956 – 1 StR 337/56, BGHSt 10, 88 (93); BGH v. 3. 6. 1986 – 4 StR 152/86, NStZ 1986, 469; OLG Celle v. 30. 12. 1982 – 2 Ws 199/82, NStZ 1983, 328 (329); OLG Düsseldorf v. 1. 8. 1978 – 2 Ws 633/78, AnwBl. 1979, 40; *Maatz* MDR 1986, 884; AK-StPO/*Schöch* Rn. 33; HK-StPO/*Gercke* Rn. 13; KK-StPO/*Schoreit* Rn. 31; KMR/*Plöd* Rn. 26; Löwe/Rosenberg/*Beulke* Rn. 49; SK-StPO/*Weßlau* Rn. 50; siehe auch den Überblick bei OLG Zweibrücken v. 16. 11. 1995 – 1 Ws 205/95, NJW 1996, 866.
[217] BGH v. 21. 12. 1956 – 1 StR 337/56, BGHSt 10, 88 (93); OLG Düsseldorf v. 1. 8. 1978 – 2 Ws 633/78, AnwBl. 1979, 40.
[218] OLG Hamm v. 6. 1. 1971 – 4 Ss 552/70, 4 Ws 381/70, JMBlNW 1971, 235 (236).
[219] Siehe BGH v. 12. 6. 1985 – 3StR 35/85, NStZ 1986, 36 sowie *Maatz* MDR 1986, 884.

nahmsweise Beschwerde in Konstellationen **willkürlicher Einstellung** in Erwägung gezogen worden.[220]

Abweichend von der vorstehend referierten überwiegenden Auffassung sieht das OLG Zweibrücken[221] die Beschwerde gegen den gerichtlichen Einstellungsbeschluss als statthaft an, nimmt aber nur wenige Konstellationen an, in denen eine Beschwer der einzelnen Verfahrensbeteiligten gegeben sein kann;[222] das gilt etwa bei Einstellungsbeschlüssen ohne erforderliche Zustimmung der Staatsanwaltschaft und bei einer Einstellung durch ein unzuständiges Gericht.[223] Das Interesse des Angeklagten an einer Rehabilitierung mittels Freispruch genügt dagegen auch dem OLG Zweibrücken nicht, um eine Beschwer des Angeklagten zu begründen.[224] Unabhängig von der divergierenden Beurteilung der Statthaftigkeit der Beschwerde ergeben sich in den praktischen Ergebnissen letztlich keine Unterschiede gegenüber der überwiegenden Auffassung. 83

Entgegen der hM ist die **Beschwerde** (§ 304 StGB) gegen den Einstellungsbeschluss **statthaft**.[225] Die Beschwerdemöglichkeit wird durch das Gesetz nicht ausdrücklich ausgeschlossen (vgl. § 304 Abs. 1).[226] Selbst wenn man einen konkludenten Ausschluss der Beschwerdemöglichkeit im Hinblick auf die Gewährung anderweitiger Rechtsbehelfe oder den Sinn und Zweck der Vorschrift, um derer Anfechtbarkeit es geht, zulässt,[227] kann die Statthaftigkeit der Beschwerde nicht in Frage gestellt werden. Die durch Abs. 3 und 4 eröffneten Möglichkeiten der Wiederaufnahme sind kein anderweitiger Rechtsbehelf. Die genannten Regelungen erfassen ohnehin nur einen Teilbereich von materiellen Wiederaufnahmegründen, die sich auf die **erwartungswidrige Entwicklung der Bezugssanktion beschränken**[228] und betreffen die ursprünglich fehlerhafte Anwendung der Einstellungsvoraussetzungen nicht. Auch der auf Verfahrensökonomie ausgerichtete Regelungszweck steht der Statthaftigkeit der Beschwerde nicht entgegen, denn bei Anwendung von § 154 erst im Stadium nach Anklageerhebung ist der mit der Regelung erfolgte Effekt ohnehin bereits zu einem guten Teil verspielt. 84

Im Übrigen kann wegen des Ermessenscharakter von § 154 das Beschwerdegericht lediglich mit einer reduzierten Kontrolldichte die Einhaltung der gesetzlichen Voraussetzungen der Einstellung prüfen, nicht aber seine eigene Entscheidung an die des zuständigen Gerichts setzen. Insoweit ist mit der Durchführung des Beschwerdeverfahrens keine nachhaltige Einbuße an Verfahrensökonomie verbunden. Aus dem Vorstehenden ergibt sich zudem, dass der Ermessenscharakter der Vorschrift der Statthaftigkeit der Beschwerde nicht entgegensteht sondern lediglich zu einer **Reduktion der Kontrolldichte des Beschwerdegerichts** führt.[229] Wegen des allgemeinen Erfordernisses der Beschwer ist die statthafte Beschwerde gegen den Einstellungsbeschluss regelmäßig nur dann zulässig, wenn dieser ohne Vorliegen der gesetzlichen Voraussetzungen ergangen ist. Das entspricht in den Ergebnis dem von der hM als Ausnahmen von dem Grundsatz der Unanfechtbarkeit des Einstellungsbeschlusses anerkannten Konstellationen.[230] Ein „Anspruch" auf Rehabilitierung des Angeklagten durch Freispruch[231] begründet die Beschwer jedenfalls wegen der Aufrechterhaltung der Unschuldsvermutung nicht. 85

2. Ablehnung der Antrags auf Einstellung. Gegen die Ablehnung eines auf gerichtliche Einstellung nach Abs. 2 gerichteten Antrages ist die Beschwerde **nicht statthaft**.[232] Im Stadium nach Eröffnung des Hauptverfahrens ergibt sich dies aus § 305. Ein sachlicher Grund, die Anfechtung lediglich zwischen Anklageerhebung und Eröffnungsbeschluss zuzulassen, ist nicht ersichtlich.[233] 86

3. Nebenentscheidungen des Einstellungsbeschlusses. Die Entscheidung über die **Kosten und Auslagen**[234] ist grundsätzlich[235] – auch für den Fall ihres Unterbleibens[236] **nicht** mit der Be- 87

---

[220] BGH v. 21. 12. 1956 – 1 StR 337/56, BGHSt 10, 88 (93) – nicht tragend; OLG Düsseldorf v. 9. 11. 1993 – 3 Ws 433/93, JMBlNW 1994, 58.
[221] OLG Zweibrücken v. 16. 11. 1995 – 1 Ws 205/95, NJW 1996, 866 f.
[222] OLG Zweibrücken v. 16. 11. 1995 – 1 Ws 205/95, NJW 1996, 866.
[223] Nachw. wie Fn. zuvor.
[224] OLG Zweibrücken v. 16. 11. 1995 – 1 Ws 205/95, NJW 1996, 866 (867).
[225] Ebenso OLG Zweibrücken v. 16. 11. 1995 – 1 Ws 205/95, NJW 1996, 866.
[226] Insoweit nicht abweichend BGH v. 21. 12. 1956 – 1 StR 337/56, BGHSt 10, 88 (91).
[227] BGH v. 21. 12. 1956 – 1 StR 337/56, BGHSt 10, 88 (91); siehe auch Löwe/Rosenberg/*Beulke* Rn. 48.
[228] Siehe oben Rn. 58 ff.; insb. Rn. 58 und 69.
[229] Zu der parallelen Bewertung bei der Beschwerde gegen den Beschluss, das Verfahren nach gerichtlicher Eimstellung wiederaufzunehmen unten Rn. 89.
[230] Siehe auch bereits oben Rn. 83.
[231] Dazu allgemein *Krack,* Die Rehabilitierung des Beschuldigten im Strafverfahren, 2002, S. 28 ff. und passim.
[232] Siehe AK-StPO/*Schöch* Rn. 50; HK-StPO/*Gercke* Rn. 13; KK-StPO/*Schoreit* Rn. 32; Löwe/Rosenberg/*Beulke* Rn. 47; SK-StPO/*Weßlau* Rn. 52; aA KMR/*Plöd* Rn. 26.
[233] Näher Löwe/Rosenberg/*Beulke* Rn. 47.
[234] Oben Rn. 38.
[235] Siehe aber BVerfG v. 15. 8. 1996 – 2 BvR 662/95, NJW 1997, 46 f.
[236] OLG Hamm v. 30. 4. 1986 – 1 Ws 514/86, MDR 1986, 1048 f.; KK-StPO/*Schoreit* Rn. 35; SK-StPO/*Weßlau* Rn. 51.

schwerde anfechtbar (§ 463 Abs. 3 S. 1 Hs. 2). Dagegen ist die Entscheidung über **Entschädigung für Strafverfolgungsmaßnahmen** mit der sofortigen Beschwerde anfechtbar (§ 8 Abs. 3 StrEG).

III. Wiederaufnahme des Verfahrens (Abs. 3–5)

88 1. **Wiederaufnahmebeschluss (Abs. 5).** Der die **Wiederaufnahme anordnende gerichtliche Beschluss** (Abs. 5) ist **unanfechtbar** (mittlerweile allgM).[237] Eine dagegen gerichtete Beschwerde ist wegen § 305 nicht statthaft; im Stadium vor dem Eröffnungsbeschluss ergibt sich dies aus dem Rechtsgedanken von § 210.[238] Ist der Wiederaufnahmebeschluss ohne Vorliegen der gesetzlichen Voraussetzungen ergangen, besteht das durch den Einstellungsbeschluss nach Abs. 2 bewirkte Verfahrenshindernis fort; das kann von allen Verfahrensbeteiligten geltend gemacht werden.[239]

89 2. **Ablehnung eines Antrags auf Wiederaufnahme.** Gegen den Beschluss, die beantragte Wiederaufnahme des Verfahrens abzulehnen,[240] ist nach inzwischen überwiegender und zutreffender Auffassung die **Beschwerde nach § 304 statthaft**.[241] Ein nach § 304 Abs. 1 erforderlicher Ausschluss der Beschwerde ist nicht ersichtlich und auch durch Sinn und Zweck der Wiederaufnahmevoraussetzungen nicht geboten. Das dem zuständigen Gericht[242] eingeräumte Ermessen, bei Vorliegen der Voraussetzungen das Verfahren wiederaufzunehmen, schließt nicht die Statthaftigkeit der Beschwerde aus sondern führt lediglich zu einer **Reduktion der Kontrolldichte des Beschwerdegerichts**.[243] Dieses kann den (ablehnenden) Beschluss des zuständigen Gerichts lediglich auf Rechtsfehler bei der Ermessensausübung überprüfen, mithin ob von einem zutreffenden Sachverhalt ausgegangen und die Grenzen des Ermessens eingehalten worden sind.[244] Dementsprechend kann das Beschwerdegericht nicht selbst die Wiederaufnahme beschließen sondern lediglich den angefochtenen Ablehnungsbeschluss aufheben, so dass das zuständige Gericht erneut über den Wiederaufnahmeantrag zu entscheiden hat.[245] Die **Staatsanwaltschaft** und der **Nebenkläger**, soweit die eingestellte Tat ihn zur Nebenklage berechtigt, sind durch den Ablehnungsbeschluss regelmäßig beschwert. Dagegen fehlt es für den **Angeschuldigten/Angeklagten** an der Beschwer; seine (statthafte) **Beschwerde** ist daher **unzulässig**.[246]

IV. Sonderfälle

90 Eine **Untätigkeitsbeschwerde** gegen das Unterbleiben der Entscheidung über die Eröffnung des Hauptverfahrens soll im Fall von Serienstraftaten wegen der in §§ 154, 154a enthaltenen Rechtsgedanken lediglich dann erhoben werden können, wenn eine wesentliche Anzahl der angeklagten Taten zu verjähren droht.[247]

V. Revision

91 Weder die Anwendung von Abs. 2 noch das Unterbleiben einer darauf gestützten Einstellung können mit der Revision gerügt werden.[248] Im Fall der **erfolgten Wiederaufnahme** kann die **Unwirksamkeit des Wiederaufnahmebeschlusses**[249] gerügt werden, so dass es bei dem durch den Einstellungsbeschluss hervorgerufenen Verfahrenshindernis verbleibt; auf eine zulässige Revision

---

[237] Siehe nur OLG Düsseldorf v. 27. 8. 1982 – 1 Ws 865 – 866/81, JR 1983, 471 mAnm *Meyer-Goßner,* OLG Frankfurt v. 3. 8. 1983 – 3 Ws 503/83, NStZ 1985, 39; OLG Stuttgart v. 8. 7. 1983 – 1 Ws 214/83, MDR 1984, 73; *Beulke* JR 1986, 51; *Momberg* NStZ 1984, 538; *Rieß* NStZ 1985, 40; AK-StPO/*Schöch* Rn. 47; HK-StPO/*Gercke* Rn. 19; KK-StPO/*Schoreit* Rn. 46; KMR/*Plöd* Rn. 27f.; Löwe/Rosenberg/*Beulke* Rn. 77; *Meyer-Goßner* Rn. 24; SK-StPO/*Weßlau* Rn. 53.
[238] Zutreffend Löwe/Rosenberg/*Beulke* Rn. 77.
[239] Näher *Rieß* GA 1981, 37.
[240] Vgl. Rn. 72 aE.
[241] OLG Bamberg v. 14. 6. 1996 – Ws 277/96, NStZ-RR 1997, 44; OLG Oldenburg v. 20. 9. 2006 – 1 Ws 465/06, NStZ 2007, 167f.; OLG Hamm v. 5. 6. 2008 – 1 Ws 254/08, StV 2009, 119f.; *Rieß* NStZ 1985, 40f.; AK-StPO/*Schöch* Rn. 48; KMR/*Plöd* Rn. 28; Löwe/Rosenberg/*Beulke* Rn. 79; SK-StPO/*Weßlau* Rn. 54; aA OLG Düsseldorf v. 27. 8. 1982 – 1 Ws 865 – 866/81, JR 1983, 471; OLG Frankfurt v. 3. 8. 1983 – 3 Ws 503/83, NStZ 1985, 39; OLG Stuttgart v. 8. 7. 1983 – 1 Ws 214/83, MDR 1984, 73; HK-StPO/*Gercke* Rn. 19; KK-StPO/*Schoreit* Rn. 46.
[242] Dazu oben Rn. 70.
[243] OLG Oldenburg v. 20. 9. 2006 – 1 Ws 465/06, NStZ 2007, 167f.; OLG Hamm v. 5. 6. 2008 – 1 Ws 254/08, StV 2009, 119f.; *Rieß* NStZ 1985, 40f.; Löwe/Rosenberg/*Beulke* Rn. 79; SK-StPO/*Weßlau* Rn. 53; vgl. auch bereits oben Rn. 85.
[244] Nachw. wie Fn. zuvor.
[245] *Rieß* NStZ 1985, 40; Löwe/Rosenberg/*Beulke* Rn. 79 aE; SK-StPO/*Weßlau* Rn. 54.
[246] *Rieß* NStZ 1984, 40; AK-StPO/*Schöch* Rn. 48; Löwe/Rosenberg/*Beulke* Rn. 79; SK-StPO/*Weßlau* Rn. 54.
[247] OLG Dresden v. 20. 6. 2005 – 2 Ws 182/05, NStZ 2005, 652 (653), krit. dazu *Hoffmann* NStZ 2006, 256 (257); vgl. auch § 296 Rn. 6 mwN.
[248] Siehe nur Löwe/Rosenberg/*Beulke* Rn. 80 mwN.
[249] Zu den Gründen der Unwirksamkeit Löwe/Rosenberg/*Beulke* Rn. 82.

Erster Abschnitt. Öffentliche Klage § 154a

hin, ist das Verfahrenshindernis von Amts wegen zu beachten. Das Unterbleiben der Wiederaufnahme kann nicht mit der Revision geltend gemacht werden.[250]

Die Verletzung der Regeln über die **Berücksichtigung** nach § 154 **ausgeschiedener Taten** im Rahmen der Beweiswürdigung oder der Strafzumessung in Bezug auf andere Taten[251] kann mit der Revision genügt gemacht werden. Dafür bedarf es nach inzwischen überwiegend vertretener Ansicht der Erhebung einer entsprechenden **Verfahrensrüge**.[252] Die in der früheren Rspr. des BGH[253] vorgenommene Prüfung auf die Sachrüge hin überzeugt nicht, weil auf Sachrüge hin das Revisionsgericht nicht freibeweislich den Gang der Hauptverhandlung ermitteln darf.[254] 92

§ 154a [Beschränkung der Strafverfolgung]

(1) ¹Fallen einzelne abtrennbare Teile einer Tat oder einzelne von mehreren Gesetzesverletzungen, die durch dieselbe Tat begangen worden sind,
1. für die zu erwartende Strafe oder Maßregel der Besserung und Sicherung oder
2. neben einer Strafe oder Maßregel der Besserung und Sicherung, die gegen den Beschuldigten wegen einer anderen Tat rechtskräftig verhängt worden ist oder die er wegen einer anderen Tat zu erwarten hat,

nicht beträchtlich ins Gewicht, so kann die Verfolgung auf die übrigen Teile der Tat oder die übrigen Gesetzesverletzungen beschränkt werden. ²§ 154 Abs. 1 Nr. 2 gilt entsprechend. ³Die Beschränkung ist aktenkundig zu machen.

(2) Nach Einreichung der Anklageschrift kann das Gericht in jeder Lage des Verfahrens mit Zustimmung der Staatsanwaltschaft die Beschränkung vornehmen.

(3) ¹Das Gericht kann in jeder Lage des Verfahrens ausgeschiedene Teile einer Tat oder Gesetzesverletzungen in das Verfahren wiedereinbeziehen. ²Einem Antrag der Staatsanwaltschaft auf Einbeziehung ist zu entsprechen. ³Werden ausgeschiedene Teile einer Tat wieder einbezogen, so ist § 265 Abs. 4 entsprechend anzuwenden.

Schrifttum: Siehe die Nachweise bei § 154; *Sander*, Verteidigung gegen die Berücksichtigung verjährter und ausgeschiedener Taten oder Tatteile bei der Strafzumessung, StraFo 2004, 47; *Stuckenberg*, Strafschärfende Verwertung früherer Einstellungen und Freisprüche – doch ein Verstoß gegen die Unschuldsvermutung?, StV 2007, 655.

Übersicht

	Rn.
A. Zweck der Vorschrift	1–3
B. Anwendungsbereich	4–11
I. Anwendbarkeit in den Verfahrensstadien	5, 6
1. Staatsanwaltschaftliche Einstellung (Abs. 1)	5
2. Gerichtliche Einstellung (Abs. 2)	6
II. Anwendbarkeit in besonderen Verfahrensarten	7
III. Anwendbarkeit in sachlicher Hinsicht	9
IV. Anwendbarkeit in persönlicher Hinsicht	10
V. Verhältnis zu anderen Erledigungsarten	11
C. Einstellungsvoraussetzungen	12–21
I. Grundstruktur	12
II. Gemeinsame Voraussetzungen	13–17
1. Abtrennbare Teile	14–16
2. Mehrere Gesetzesverletzungen	17
III. Einstellung nach Abs. 1 S. 1 Nr. 1 und Nr. 2	18
IV. Einstellung nach Abs. 1 S. 2	19
V. Einstellung nach Abs. 2	20
VI. Ermittlungsgrad der Tat	21
D. Verfahren der staatsanwaltschaftlichen Einstellung nach Abs. 1	22–26
I. Zuständigkeit	22
II. Entscheidungsart und -inhalt	23–25
III. Zustimmungs-/Anhörungs- und Benachrichtigungserfordernisse	26
E. Verfahren der gerichtlichen Einstellung nach Abs. 2	27–33
I. Zuständigkeit	27, 28
II. Entscheidungsart und -inhalt	29–31
III. Antrags-/Zustimmungs- und Anhörungserfordernisse	32, 33
F. Wirkungen und Folgen der Beschränkung des Verfahrensstoffs	34–40
I. Allgemeine Wirkungen	34, 35
II. Berücksichtigung ausgeschiedenen Verfahrensstoffs bei Beweiswürdigung und Strafzumessung	36

---

[250] BGH v. 21. 11. 1969 – 2 StR 240/69, bei *Dallinger* MDR 1970, 383; AK-StPO/*Schöch* Rn. 51.
[251] Oben Rn. 46–49.
[252] BGH v. 4. 6. 1993 – 2 StR 70/93, NStZ 1993, 501; siehe auch BGH v. 25. 1. 2006 – 1 StR 438/06, NStZ-RR 2007, 20 f.; *Jähnke*, FS Meyer-Goßner, 2001, S. 559 (563 f.); *Rieß* NStZ 1987, 135; *Schimansky* MDR 1986, 283; KK-StPO/*Schoreit* Rn. 48 a; KMR/*Plöd* Rn. 29; Löwe/Rosenberg/*Beulke* Rn. 82; SK-StPO/*Weßlau* Rn. 58.
[253] Etwa BGH v. 9. 9. 1981 – 3 StR 290/81, BGHSt 30, 197; BGH v. 16. 3. 1983 – 2 StR 826/82, BGHSt 31, 303.
[254] Zutreffend *Jähnke*, FS Meyer-Goßner, S. 559 (564).

	Rn.
III. Auswirkungen auf die gerichtliche Zuständigkeit	37–40
1. Fallgruppen und rechtliche Zulässigkeit	37, 38
2. Verfahren bei zuständigkeitswirksamer Verfahrensstoffbeschränkung	39, 40
G. Wiedereinbeziehung (Abs. 3) und Strafklageverbrauch	41–59
I. Allgemeines	41
II. Gründe und Voraussetzungen der Wiedereinbeziehung durch das Gericht	42–49
1. Wiedereinsetzungspflicht	43–46
a) Staatsanwaltschaftlicher Wiedereinbeziehungsantrag (Abs. 3 S. 2)	44, 45
b) Wiedereinbeziehungspflicht aus anderen Gründen	46
2. Grenzen einer Wiedereinbeziehungspflicht	47, 48
3. Wiedereinbeziehung nach Ermessen des Gerichts	49
III. Verfahren bei Wiedereinbeziehung	50–59
1. Zuständigkeit	50
2. Entscheidungsart und -inhalt	51–53
3. Antrags-/Zustimmungs-/Anhörungserfordernisse	54, 55
4. Wirkungen der Wiedereinbeziehung	56–58
IV. Strafklageverbrauch	59
H. Rechtsbehelfe	61–65
I. Staatsanwaltschaftliche Stoffbegrenzung (Abs. 1)	61
II. Gerichtliche Stoffbegrenzung (Abs. 2)	62
III. Revision	63–65

A. Zweck der Vorschrift

1 Die Vorschrift dient mit der sowohl der Staatsanwaltschaft (Abs. 1) als auch dem Gericht (Abs. 2) eröffneten Möglichkeit der Beschränkung der Strafverfolgung der **Verfahrensökonomie**.[1] Insoweit mit § 154 übereinstimmend wird dieser Zweck durch **Konzentration des Verfahrensgegenstandes** auf die materiell-rechtlich gewichtigeren Vorwürfe gegen den Beschuldigten erreicht. Abweichend von § 154 erfolgt bei § 154a die Verfahrensstoffkonzentration aber nicht durch Ausschluss einzelner Taten im prozessualen Sinne von der Verfolgung sondern durch **Beschränkung innerhalb einer einheitlichen prozessualen Tat** (iSv. §§ 155, 164). Dadurch dient auch diese Vorschrift der **Einhaltung des Beschleunigungsgebots**.[2] Anders als bei § 154 ist mit der Verfolgungsbeschränkung **keine Einschränkung des Legalitätsprinzips** verbunden,[3] denn die betroffene prozessuale Tat wird gerade weiterverfolgt. Die Anwendung von § 154a führt lediglich zu einer – zumindest zeitweiligen (vgl. Abs. 3 S. 1 und 2) – **Beschränkung der Ausübung der umfassenden gerichtlichen Kognitionspflicht**.[4]

2 Mit der Beschränkung der Verfolgung werden **keinerlei diversionellen Zwecke** verfolgt.[5] Die **Grenzen** der mittels § 154a gestatteten Konzentration des Verfahrensstoffs sind erreicht, wenn ohne die Berücksichtigung der ausgeschiedenen Tatteile oder Gesetzesverletzungen die **Strafzwecke nicht mehr verwirklicht** werden könnten. Diese Grenze lässt sich sowohl aus der Verweisung auf § 154 Abs. 1 Nr. 2 (siehe Abs. 1 S. 2) als auch aus den Fallgruppen einer Wiedereinbeziehungspflicht[6] ableiten. Ähnlich wie bei § 154 kann die Rechtspraxis in bestimmten Konstellationen (etwa bei zahlreichen zu einer Bewertungseinheit zusammengefassten Einzelhandlungen) ohne die Möglichkeit der Verfahrensstoffbegrenzung mittels § 154a kaum auskommen.

3 Die durch § 154a ermöglichte Begrenzung des Verfahrensstoffs ist ungeachtet der mit § 154 vergleichbaren Zwecksetzung durch einige **Besonderheiten** gekennzeichnet. Diese Besonderheiten beruhen auf dem Umstand, dass die aus der Verfolgung **ausgeschiedenen Tatteile** wegen der Zugehörigkeit zu einer einheitlichen und als solche weiterhin verfahrensgegenständlichen prozessualen Tat ihrerseits **anhängig bleiben**. Das wirkt sich etwa bei der Reichweite des Strafklageverbrauchs von verfahrenserledigenden Entscheidungen über die fragliche Tat[7] oder die im Einzelfall bestehende Pflicht zur Wiedereinbeziehung ausgeschiedenen Verfahrensstoffs aus.[8]

B. Anwendungsbereich

4 § 154a gestattet ausschließlich die **Verfahrenstoffbegrenzung innerhalb einer prozessualen Tat** durch Ausscheiden der Verfolgung bestimmter verwirklichter materieller Straftatbestände oder

---
[1] AllgM; siehe nur BGH v. 3. 10. 1967 – 1 StR 355/67, BGHSt 21, 326 (328); BGH v. 28. 2. 1984 – 1 StR 870/83 NJW 1984, 1365; AK-StPO/*Schöch* Rn. 1; KK-StPO/*Schoreit* Rn. 1; Löwe/Rosenberg/*Beulke* Rn. 1; *Meyer-Goßner* Rn. 1; SK-StPO/*Weßlau* Rn. 1.
[2] Vgl. BGH v. 21. 10. 2008 – 3 StR 400/08, NStZ-RR 2009, 51; siehe auch bereits § 154 Rn. 1.
[3] Zutreffend SK-StPO/*Weßlau* Rn. 1; aA offenbar KK-StPO/*Schoreit* Rn. 1.
[4] Zur umfassenden Kognitionspflicht näher § 264 Rn. 63 ff.
[5] Siehe bereits § 154 Rn. 2.
[6] Unten Rn. 43–48.
[7] Unten Rn. 59 f.
[8] Unten Rn. 43–48; siehe zum Ganzen auch Löwe/Rosenberg/*Beulke* Rn. 2.

abtrennbarer Tatteile und damit jeweils verknüpften tatsächlichen Geschehens. Die sachlichen Voraussetzungen der Beschränkung können aber auch aus einer anderen als der verfahrensgegenständlichen prozessualen Tat resultieren (vgl. Abs. 1 S. 1 Nr. 2). Die **Abgrenzung** der Anwendbarkeit **von § 154a einerseits und § 154 andererseits** verläuft anhand der **Einheitlichkeit oder Verschiedenheit der prozessualen Tat.**[9] Beide Vorschriften können nebeneinander angewendet werden.[10]

I. Anwendbarkeit in den Verfahrensstadien

1. Staatsanwaltschaftliche Einstellung (Abs. 1). Von der Verfahrensstoffbeschränkung nach 5 Abs. 1 kann die Staatsanwaltschaft[11] lediglich **bis zur Einreichung der Anklageschrift**, dh. der Erhebung der öffentlichen Klage bzw. ihrer Surrogate (Strafbefehlsantrag, Antrag auf Entscheidung im beschleunigten Verfahren oder Antrag im Sicherungsverfahren) Gebrauch machen. Nach diesem Zeitpunkt geht die Kompetenz zur Stoffbeschränkung auf das zuständige Gericht[12] über (Abs. 2). Die Möglichkeit mittels § 154a über den Verfahrensstoff zu disponieren, verliert die Staatsanwaltschaft allerdings auch nach Anklagerhebung nicht vollständig, weil sie mittels Abs. 3 S. 2 jedenfalls grundsätzlich die Wiedereinbeziehung zuvor ausgeschiedenen Stoffs erzwingen kann.

2. Gerichtliche Einstellung (Abs. 2). Mit Einreichung der Anklageschrift[13] – nicht erst mit Eröffnungsbeschluss oder einem Surrogat – geht die Kompetenz zur Verfahrenstoffbegrenzung nach Abs. 2 auf das jeweils zuständige Gericht[14] über. Diese Kompetenz bleibt „in jeder Lage des Verfahrens", dh. im Grundsatz bis zur rechtskräftigen Entscheidung über die prozessuale Tat, der der ausgeschiedene Tatteil oder die Gesetzesverletzung zugehört, erhalten.[15] Die Beschränkungsbefugnis des jeweiligen Gerichts endet, wenn das Verfahren nicht mehr bei ihm anhängig ist.[16] Abs. 2 ist auch durch die **Berufungsgerichte**[17] und **Revisionsgerichte**[18] anwendbar, wenn und solange das Verfahren, das die fragliche prozessuale Tat zum Gegenstand hat, bei ihnen anhängig ist.[19] Nach Aufhebung und Zurückverweisung durch das Revisionsgericht und in der erneuten Hauptverhandlung nach § 373 steht die Beschränkungsmöglichkeit dem dann zuständigen Tatrichter zu.[20] Bei der **Anwendung** von Abs. 2 **durch die Berufungs- und Revisionsgerichte** sind aus der regelmäßig zugleich erfolgenden Entscheidung über das Rechtsmittel resultierende **Besonderheiten** zu beachten.[21]

II. Anwendbarkeit in besonderen Verfahrensarten

Auch wenn Abs. 2 in schwer nachvollziehbarer Abweichung von § 154 Abs. 2 von „Einrei- 7 chung der Anklageschrift" spricht, bestehen an der **Anwendbarkeit** der Vorschrift **im Strafbefehlsverfahren, im beschleunigten Verfahren** und **im Sicherungsverfahren** keinerlei Zweifel.[22] Für das **Privatklageverfahren** ergibt der Umkehrschluss aus § 385 Abs. 4 die Anwendbarkeit von Abs. 2;[23] anderenfalls ginge die in § 385 angeordnete Aufhebung des zwingenden Charakters von § 154a Abs. 3 S. 2 ins Leere. Das Vorliegen der Voraussetzungen für eine **Nebenklage** schließt die Stoffbeschränkung nach § 154a nicht aus (e contrario § 397 Abs. 2 S. 1). Hat die **Anschlusserklärung** allerdings Wirksamkeit erlangt, verliert die bereits nach Abs. 1 oder 2 vorgenommene Beschränkung ihre Wirkung und steht einer zukünftigen Beschränkung grundsätzlich entgegen (§ 397 Abs. 2 S. 2), wenn und soweit zur Nebenklage berechtigende Tatteile/Gesetzesverletzungen betroffen sind.[24] Nach Anschlusserklärung kann der Nebenkläger aber in Bezug auf den zur Nebenklage berechtigenden Stoff seine Zustimmung erteilen und damit die Anwendbarkeit von

---

[9] Siehe nur BGH v. 25. 1. 2006 – 1 StR 438/05, NStZ-RR 2007, 20.
[10] Näher § 154 Rn. 5.
[11] Siehe auch unten Rn. 22.
[12] Unten Rn. 27 f.
[13] Oben Rn. 5.
[14] Unten Rn. 27 f.
[15] Zu Auswirkungen des Eintritts von Teilrechtskraft unten Rn. 28 und 47.
[16] Vgl. AK-StPO/*Schöch* Rn. 17; KK-StPO/*Schoreit* Rn. 14; Löwe/Rosenberg/*Beulke* Rn. 23.
[17] Näher dazu unten Rn. 50.
[18] Exemplarisch BGH v. 12. 5. 2009 – 4 StR 18/09, StRR 2009, 243.
[19] Siehe nur AK-StPO/*Schöch* Rn. 17; SK-StPO/*Weßlau* Rn. 26.
[20] Vgl. AK-StPO/*Schöch* Rn. 17.
[21] Unten Rn. 50 und 65.
[22] Löwe/Rosenberg/*Beulke* Rn. 23; siehe auch bereits oben Rn. 5 zu den Surrogaten der Anklageschrift.
[23] Im Ergebnis ebenso Löwe/Rosenberg/*Beulke* Rn. 5; siehe auch BT-Drucks. IV/178, S. 44 f. sowie die Argumentation bei § 154 Rn. 9.
[24] Siehe AK-StPO/*Schöch* Rn. 3; KK-StPO/*Schoreit* Rn. 4; Löwe/Rosenberg/*Beulke* Rn. 5 und 26; SK-StPO/*Weßlau* Rn. 10 und 27.

§ 154a ermöglichen,[25] wenn auch nach der dann erfolgenden Beschränkung die Anschlussbefugnis erhalten bleibt.

8 Im **Bußgeldverfahren** gelangt § 154a, ebensowenig wie § 154,[26] **nicht zur Anwendung**. Der verfahrensökonomische Regelungszweck der Vorschrift kann aber bei der Ermessensausübung nach § 47 OWiG berücksichtigt werden.[27] Stellt der ausgeschiedene Tatteil zugleich auch eine Ordnungswidrigkeit dar, bleibt die Verfolgung unter diesem Aspekt dennoch möglich (strg.).[28]

III. Anwendbarkeit in sachlicher Hinsicht

9 Die Vorschrift ist **auf sämtliche Taten** unabhängig von deren materieller Bewertung anwendbar; die Einstellung erfasst daher **auch solche Taten**, die sich materiell-rechtlich als **Verbrechen** erweisen (allgM).[29]

IV. Anwendbarkeit in persönlicher Hinsicht

10 Abweichend von § 154 bezieht sich die Stoffbeschränkung nach § 154a auf eine **einheitliche prozessuale Tat eines Beschuldigten/Angeschuldigten oder Angeklagten**. Lediglich in den Fällen von Abs. 1 S. 1 Nr. 2 muss eine Bezugssanktion aus einer anderen prozessualen Tat desselben Beschuldigten etc. vorliegen. Ob diese Tat in demselben oder einem anderen Verfahren verfolgt wird, ist unerheblich.[30] Im gegen **Jugendliche oder Heranwachsende** gerichteten **Jugendstrafverfahren** ist § 154a grundsätzlich anwendbar.[31] Die Rspr. des BGH lässt dessen Anwendung selbst dann zu, wenn die Beschränkung allein im Heranwachsendenalter begangenes strafbares Verhalten betrifft und die in der Verfolgung verbleibenden Tatteile ausschließlich im Erwachsenenalter begangen worden sind, so dass die Zuständigkeit der Jugendgerichte nicht besteht (strg.).[32] Eine relevante Beeinträchtigung des mit der Zuständigkeit der Jugendgerichte verbundenen Schutzzwecks ist damit lediglich verbunden, wenn später eine Wiedereinbeziehung der im Heranwachsendenalter begangenen Tatteile erfolgt, es aber bei der einmal begründeten Zuständigkeit der Erwachsenengerichte verbleibt. Im Übrigen handelt es sich lediglich um eine Konstellation aus einer Palette von **Zuständigkeitsänderungen**, die aus der Verfahrensstoffbegrenzung mittels § 154a resultieren können.[33]

V. Verhältnis zu anderen Erledigungsarten

11 Wegen der durch § 154a allein ermöglichten Stoffbeschränkung innerhalb einer einheitlichen prozessualen Tat ergeben sich keine Abgrenzungsschwierigkeiten zu solchen Verfahrenserledigungen, die die gesamte prozessuale Tat erfassen. Neben § 154 kann § 154a angewendet werden.[34]

C. Einstellungsvoraussetzungen

I. Grundstruktur

12 Die Einstellung nach § 154a setzt eine einheitliche prozessuale Tat voraus, die abtrennbare Tatteile oder materiell-rechtlich mehrere Gesetzesverletzungen zum Gegenstand hat. **Materiell** knüpft die Vorschrift – insoweit im Kern mit § 154 vergleichbar – an einem **hypothetischen Vergleich** zwischen den zu erwartenden Sanktionen unter Berücksichtigung der auszuscheidenden Tatteile oder Gesetzesverletzungen einerseits und sowie den Sanktionen, die sich ohne Berücksichtigung des aus der Verfolgung zu nehmenden Verfahrensstoffs für die zugehörige prozessuale Tat (Abs. 1

---

[25] BGH v. 15. 5. 1973 – 4 StR 177/73, VRS 45 (1973), 181; BGH v. 12. 6. 2001 – 1 StR 190/01 (juris); AK-StPO/*Schöch* Rn. 18; HK-StPO/*Gercke* Rn. 2; KK-StPO/*Schoreit* Rn. 4; Löwe/Rosenberg/*Beulke* Rn. 26; *Meyer-Goßner* Rn. 16; SK-StPO/*Weßlau* Rn. 10.
[26] § 154 Rn. 8.
[27] Siehe nur KK-OWiG/*Bohnert* § 47 Rn. 42 ff.
[28] § 154 Rn. 8 mit Fn. 18.
[29] SK-StPO/*Weßlau* Rn. 3.
[30] KMR/*Plöd* Rn. 6; Löwe/Rosenberg/*Beulke* Rn. 11; SK-StPO/*Weßlau* Rn. 8.
[31] Vgl. BGH v. 26. 9. 1980 – StB 32/80, BGHSt 29, 341 (349) – nicht tragend; BGH v. 3. 5. 1991 – 3 StR 483/90, NStZ 1991, 530 – bezgl. § 154; BGH v. 20. 4. 2005 – 3 StR 106/05, NStZ 2005, 650; Löwe/Rosenberg/*Beulke* Rn. 15; insoweit nicht anders *Eisenberg/Sieveking* NStZ 1992, 295 (296).
[32] BGH v. 26. 9. 1980 – 26. 9. 1980, BGHSt 29, 341 (349) – nicht tragend; BGH v. 3. 5. 1991 – 3 StR 483/90, NStZ 1991, 530 – bezgl. § 154; BGH v. 20. 4. 2005 – 3 StR 106/05, NStZ 2005, 650; aA *Drees* NStZ 1995, 481 f. bzgl. § 154; *Eisenberg/Sieveking* NStZ 1992, 295 (296); Brunner/*Dölling* Vor § 102 JGG Rn. 3; SK-StPO/*Weßlau* Rn. 12 näher unten Rn. 37 f.
[33] Unten Rn. 37 f.
[34] § 154 Rn. 5 und 11.

S. 1 Nr. 1) oder für eine andere prozessuale Tat (Abs. 1 S. 1 Nr. 2) ergeben (**Bezugssanktion**) andererseits, an. Die Möglichkeit der Beschränkung des Verfahrensstoffs ist eröffnet, wenn die Berücksichtigung des von der Verfolgung ausgenommenen Verfahrenstoffs im Verhältnis zu der Bezugssanktion nicht beträchtlich ins Gewicht fiele.

II. Gemeinsame Voraussetzungen

Die Vorschrift setzt innerhalb der einheitlichen verfahrensgegenständlichen Tat stets das Vorhandensein **abtrennbarer Teile** oder die Verwirklichung **mehrerer Gesetzesverletzungen** voraus. Was mit den beiden Wendungen inhaltlich erfasst werden soll, ist insbesondere hinsichtlich der Abtrennbarkeit der Tatteile nicht vollständig geklärt. Mit „abtrennbare Teile der Tat" stellt das Gesetz primär auf die faktischen Verhältnisse ab, die „mehreren Gesetzesverletzungen" beziehen sich dagegen vor allem auf die materiell-rechtliche Bewertung der prozessualen Tat. 13

1. Abtrennbare Teile. Abtrennbare Teile des die prozessuale Tat bildenden einheitlichen Lebenssachverhalts sind durch **zwei Aspekte** charakterisiert: (1.) von der Tat abtrennbar sind solche Handlungen, die **in tatsächlicher Hinsicht** in einem gewissen Umfang **in sich abgeschlossen sind**; (2.) das abgrenzbare tatsächliche Geschehen muss einer **eigenständigen Bewertung** insoweit **zugänglich** sein, dass nach seiner Herausnahme aus der Verfolgung die rechtliche Gesamtwürdigung der einheitlichen prozessualen Tat nicht gravierend beeinträchtigt wird.[35] 14

Einzelfälle: Die vorgenannten Voraussetzungen liegen regelmäßig bei einzelnen **Teilen einer Bewertungseinheit** oder einer **natürlichen Handlungseinheit** vor.[36] Gleiches gilt für **materiell-rechtliche Tatmehrheit** (§ 53 StGB), wenn diese in bestimmten wenigen Konstellationen **in einer prozessualen Tat zusammengefasst** werden.[37] 15

Keine abtrennbaren Teile sind dagegen einzelne Tatbestandsmerkmale oder einzelne Rechtsfolgen der Tat, die lediglich mit einer bestimmten Gesetzesverletzung verbunden sind (allgM).[38] 16

2. Mehrere Gesetzesverletzungen. Die Herausnahme der Verfolgung einzelner von mehreren Gesetzesverletzungen ist in den Fällen der **materiell-rechtlichen Tateinheit** (§ 52 StGB) möglich.[39] Dagegen kann § 154a in den Konstellationen der **Gesetzeskonkurrenz nicht** angewendet werden, weil die gesetzeskonkurrierend zurücktretenden Delikte für die jeweiligen Sachentscheidungen ohnehin bedeutungslos sind.[40] Die Anwendbarkeit von § 154a in den Fällen materiell-rechtlicher Tateinheit setzt nicht notwendig eine Beschränkung des damit verbundenen tatsächlichen Verfahrensstoffs voraus; allerdings erbringt das Ausscheiden tateinheitlich verwirklichter Delikte nur dann den vom Gesetz angestrebten verfahrensökonomischen Effekt, wenn die Notwendigkeit zur Feststellung des die Tatbestandsmerkmale der ausgeschiedenen Gesetzesverletzungen ausfüllenden Tatsachenstoffs entfällt (allgM).[41] Ein materiell-rechtlich tateinheitlich verwirklichtes Delikt kann selbst dann von der Verfolgung ausgenommen werden, wenn es den abstrakt höheren Strafrahmen aufweist oder die Verhängung von Sanktionen zulässt, die auf der Grundlage der weiter verfolgten Delikte nicht angeordnet werden können.[42] In solchen Fällen wird aber besonders sorgfältig zu prüfen sein, ob die für die aus der Verfolgung ausgeschiedene Gesetzesverletzung in Frage kommende Sanktion neben der verbleibenden Sanktion nicht beträchtlich ins Gewicht fällt. 17

III. Einstellung nach Abs. 1 S. 1 Nr. 1 und Nr. 2

Soweit abtrennbare Teile oder aus der Verfolgung ausscheidbare einzelne Gesetzesverletzungen vorliegen, hängt die Anwendbarkeit von Abs. 1 S. 1 Nr. 1 und 2 von dem aus § 154 übernommenen **hypothetischen Sanktionsvergleich** ab. Die unter Berücksichtigung des herauszunehmenden Verfahrensstoffs zu erwartende Sanktion darf gegenüber der für dieselbe Tat zu prognostizierenden Sanktion (Nr. 1) oder gegenüber der aus einer anderen prozessualen Tat demselben Beschuldigten drohenden Sanktion (Nr. 2) **nicht beträchtlich ins Gewicht fallen**. Welche Bezugssanktio- 18

---

[35] KK-StPO/*Schoreit* Rn. 5; KMR/*Plöd* Rn. 2; Löwe/Rosenberg/*Beulke* Rn. 6; SK-StPO/*Weßlau* Rn. 4.
[36] Nachw. wie Fn. zuvor.
[37] Zu diesen Konstellationen § 264 Rn. 49–53.
[38] Siehe nur AK-StPO/*Schöch* Rn. 4; SK-StPO/*Weßlau* Rn. 4.
[39] AK-StPO/*Schöch* Rn. 4; KK-StPO/*Schoreit* Rn. 5; KMR/*Plöd* Rn. 2; Löwe/Rosenberg/*Beulke* Rn. 7; SK-StPO/*Weßlau* Rn. 5.
[40] Vgl. nur BGH v. 16. 7. 1980 – 3 StR 232/80, NStZ 1981, 23; Löwe/Rosenberg/*Beulke* Rn. 6.
[41] KK-StPO/*Schoreit* Rn. 6; KMR/*Plöd* Rn. 3; Löwe/Rosenberg/*Beulke* Rn. 7; *Meyer-Goßner* Rn. 8; SK-StPO/*Weßlau* Rn. 5.
[42] Vgl. BGH v. 19. 12. 1995 – KRB 33/95, BGHSt 41, 385 (392); KMR/*Plöd* Rn. 4; Löwe/Rosenberg/*Beulke* Rn. 10; *Meyer-Goßner* Rn. 6; SK-StPO/*Weßlau* Rn. 5; im Ergebnis ebenso *Kurth* NJW 1978, 2483; AK-StPO/*Schöch* Rn. 9; KK-StPO/*Schoreit* Rn. 7; siehe auch bereits BT-Drucks. 8/976, S. 8.

nen in den anzustellenden hypothetischen Sanktionsvergleich einzubeziehen sind, richtet sich nach **denselben Grundsätzen wie bei** § 154.[43] Auch für den hypothetischen Sanktionsvergleich gelten im Kern die Erwägungen zu § 154 entsprechend.[44] **Besonderheiten** können sich im Kontext von § 154a allerdings ergeben, wenn die Anordnung bestimmter Rechtsfolgen von an sich ausscheidbarem Verfahrensstoff abhängt (zB die Entziehung der Fahrerlaubnis von den Regelbeispielen des § 69 Abs. 2 StGB). In solchen Konstellationen wird die Herausnahme des jeweiligen Verfahrensstoffs regelmäßig ausscheiden, weil die entsprechende Sanktion, hier die Maßregel der Fahrerlaubnisentziehung, beträchtlich ins Gewicht fällt.[45] In den Konstellationen des **Abs. 1 S. 1 Nr. 2** kann es sich bei der Bezugssanktion sowohl um eine bereits verhängte als auch eine erst zu erwartende Sanktion für eine andere prozessuale Tat handeln; auch insoweit gelten die für § 154 geltenden Grundsätze[46] entsprechend.

IV. Einstellung nach Abs. 1 S. 2

19   Die Verfahrensstoffbeschränkung nach Abs. 1 S. 2, die auf § 154 Abs. 1 Nr. 2 verweist, knüpft **nicht an einen hypothetischen Sanktionsvergleich** an sondern an eine Relation zwischen den allgemeinen Strafzwecken und dem Gebot der Verfahrensbeschleunigung.[47] Der materielle Grund für die Einstellung besteht in diesen Konstellationen darin, dass die Berücksichtigung eines an sich abtrennbaren Verfahrensstoffs einer prozessualen Tat unter Verletzung des Beschleunigungsverbots dazu führen würde, eine **verfahrensbeendende Entscheidung** über die gesamte verfahrensgegenständliche Tat **nicht in angemessener Frist**[48] herbeiführen zu können. Besteht eine solche Prognose und machen spezial- oder generalpräventive Gründe (Einwirkung auf den Täter oder Verteidigung der Rechtsordnung)[49] die Verfolgung der gesamten Tat nicht erforderlich, kann die Verfahrensstoffbegrenzung sogar dann erfolgen, wenn die für den auszuscheiden Tatteil zu erwartenden Sanktionen beträchtlich ins Gewicht fielen.[50] Anders als bei § 154 Abs. 1 Nr. 2 kommt bei § 154a Abs. 1 S. 2 regelmäßig keine anderweitige Verfahrensgestaltung durch Trennung der Verfahren[51] in Betracht, weil § 154a lediglich Stoffbegrenzungen innerhalb einer einheitlichen prozessualen Tat zulässt.

V. Einstellung nach Abs. 2

20   Die gerichtliche Einstellung nach Abs. 2 weist **keine eigenen spezifischen Einstellungsvoraussetzungen** auf, sondern verweist inhaltlich vollumfänglich auf die Voraussetzungen des staatsanwaltschaftlichen Absehens von der Verfolgung gemäß Abs. 1. Soweit die Anwendung von Abs. 2 durch Berufungs- und Revisionsgerichte erfolgt, ergeben sich Besonderheiten, die vor allem bei den Revisionsgerichten aus den begrenzten Möglichkeiten zu eigener Sachentscheidung (vgl. § 354) resultieren.[52] Aber auch bei der Einstellung nach Abs. 2 in der Berufungsinstanz können sich Spezifika ergeben. Die Anschlusserklärung des Nebenklägers macht vorgenommene Stoffbegrenzungen unwirksam (§ 397 Abs. 3);[53] allerdings kann der Nebenkläger seinerseits dem Vorgehen nach Abs. 2 zustimmen, wenn und soweit trotz Stoffbegrenzung seine Nebenklagebefugnis noch erhalten bleibt.[54]

VI. Ermittlungsgrad der Tat

21   Wie bei § 154 unterscheiden sich staatsanwaltschaftliche und gerichtliche Einstellung regelmäßig in dem Umfang der Sachverhaltsaufklärung, der der jeweiligen Entscheidung zugrunde liegt. Schon um den angestrebten verfahrensökonomischen Effekt zu erreichen, setzt die Einstellung nach **Abs. 1** eine **Durchermittlung** des Sachverhalts bis zur Klärung des hinreichenden Tatverdachts **nicht voraus**.[55] Es genügt eine die Beurteilung der Einstellungsvoraussetzungen erlaubende Aufklärung der Tat. Eine sorgfältige Prüfung der Absehensvoraussetzungen ist trotz der damit möglicherweise einhergehende Einbuße an Verfahrensökonomie geboten, weil wegen der Einheit-

---

[43] § 154 Rn. 15–17.
[44] § 154 Rn. 18–21.
[45] Siehe bereits Rn. 17 sowie KMR/*Plöd* Rn. 4; Löwe/Rosenberg/*Beulke* Rn. 10.
[46] § 154 Rn. 17.
[47] Vgl. § 154 Rn. 22.
[48] Dazu § 154 Rn. 25.
[49] Dazu § 154 Rn. 26 f.
[50] Siehe auch KK-StPO/*Schoreit* Rn. 8.
[51] Vgl. § 154 Rn. 28.
[52] Dazu unten Rn. 65.
[53] Zu den Besonderheiten der Stoffbegrenzung bei Nebenklage ausführlich oben Rn. 7 aE.
[54] Oben Rn. 7.
[55] Siehe nur SK-StPO/*Weßlau* Rn. 17.

lichkeit der verfahrensgegenständlichen Tat der Strafklageverbrauch einer über diese Tat ergehenden verfahrenserledigenden Entscheidung auch den ausgeschiedenen Verfahrensstoff erfasst,[56] wenn und soweit nicht zuvor Wiedereinbeziehung nach Abs. 3 erfolgt ist. Die gerichtliche Einstellung nach **Abs. 2** beruht immer wenigstens auf einem durchermittelten Sachverhalt, in Bezug auf den die Staatsanwaltschaft hinreichenden Tatverdacht gegen den Angeschuldigten/Angeklagten angenommen hat.

D. Verfahren der staatsanwaltschaftlichen Einstellung nach Abs. 1
I. Zuständigkeit

Die Zuständigkeit zum Absehen von der Verfolgung bzw. der Einstellung steht allein der 22 Staatsanwaltschaft zu; die **Finanzbehörde** hat diese Befugnis in den Fällen des § 386 AO, in denen sie das Verfahren eigenständig führt.[57] Führen unterschiedliche Staatsanwaltschaften Verfahren gegen den Mehrfachtäter bedarf es der sorgfältigen Abstimmung im Hinblick auf die Einstellungsvoraussetzungen. Die **Polizei** darf **nicht** eigenständig von vornherein bei ihren Ermittlungen eine Stoffkonzentration nach Abs. 1 vornehmen.[58]

II. Entscheidungsart und -inhalt

Die Einstellung erfolgt durch in den Akten zu vermerkende **Verfügung**, für die das Gesetz keine 23 Begründung vorschreibt. Unabhängig davon empfiehlt sich aber eine aktenkundige Begründung, um klarzustellen, welche Tatteile der dem Beschuldigten vorgeworfenen Tat von der Verfolgung ausgenommen werden und im Hinblick auf welche Bezugssanktion (Abs. 1 Nr. 1) dies erfolgt. Das allein ermöglicht eine sachgerechte Handhabung der Wiedereinbeziehung (Abs. 3). Im Übrigen würde eine lediglich konkludente, nicht aktenkundig gemachte Stoffbegrenzung eine solche mit Bindungswirkung für das Gericht herbeiführen.[59] Selbst eine zwar verfügte, aber die ausgeschiedenen Tatteile oder Gesetzesverletzungen nicht hinreichend konkret bezeichnende Verfügung, kann deren **Wirksamkeit** in Frage stellen.[60] Die Staatsanwaltschaft muss sich allerdings im Zeitpunkt der Einstellungsentscheidung **nicht festlegen**, ob diese auf § 154 Abs. 1 oder auf § 154a Abs. 1 gestützt wird, wenn im Hinblick auf den Ermittlungsgrad das Vorliegen einer oder mehreren Taten im prozessualen Sinne nicht sicher beurteilt werden kann.[61] Zwingend erforderlich ist die Festlegung der Rechtsgrundlage erst bei einer evtl. Wiederaufnahme; ob dann § 154 Abs. 3–5 oder § 154a Abs. 3 einschlägig sind, hat das für den Wiederaufnahmebeschluss zuständige Gericht zu entscheiden.[62]

Wenn die Voraussetzungen der Stoffbegrenzung zur Überzeugung der Staatsanwaltschaft auf 24 der Grundlage eines zur Beurteilung hinreichend aufgeklärten Sachverhaltes feststehen, bleibt Raum für eine staatsanwaltschaftliche **Ermessensausübung,**[63] ob sie von der Möglichkeit Gebrauch macht. Wie bei § 154 Abs. 1 müssen innerhalb der Ermessenausübung die Interessen an einer Konzentration des Verfahrensstoffs einerseits sowie Konsequenzen der Beschränkung auf den gerechten Schuldausgleich und auf mögliche Interessen des Beschuldigten an der Aufklärung des relevanten tatsächlichen Geschehens andererseits gegeneinander abgewogen werden.[64]

Die entsprechende Verfügung über die Verfahrensstoffbegrenzung enthält **keine Kostenent-** 25 **scheidung**; die gesamte verfahrensgegenständliche Tat bleibt anhängig. Über evtl. Entschädigung für Strafverfolgungsmaßnahmen (vgl. § 9 StrEG) kann erst nach dem Abschluss des Verfahrens über diese Tat im prozessualen Sinne entschieden werden.[65]

III. Zustimmungs-/Anhörungs- und Benachrichtigungserfordernisse

Die Stoffbegrenzung erfordert **keine Zustimmung** des Gerichts, des Beschuldigten oder des An- 26 zeigenden; sogar wenn er Verletzter nicht. Gleiches gilt für die **Anhörung**. Hat der nebenklageberechtigte Verletzte allerdings bereits ein Anschlusserklärung abgegeben, wäre ein das zur **Neben-**

---

[56] Unten Rn. 59 f.
[57] *Kurth* NJW 1978, 2483; KK-StPO/*Schoreit* Rn. 21; KMR/*Plöd* Rn. 14.
[58] AK-StPO/*Schöch* Rn. 13; KK-StPO/*Schoreit* Rn. 12; KMR/*Plöd* Rn. 12; Löwe/Rosenberg/*Beulke* Rn. 17; siehe auch *Kurth* NJW 1978, 2483.
[59] Löwe/Rosenberg/*Beulke* Rn. 20.
[60] BGH v. 4. 4. 2002 – 3 StR 405/01, NStZ 2002, 489 (nicht tragend).
[61] Löwe/Rosenberg/*Beulke* § 154 Rn. 12 mwN.
[62] BGH v. 24. 10. 1974 – 4 StR 453/74, BGHSt 25, 388 (390); BGH v. 16. 1. 1985 – 2 StR 590/84, BGHSt 33, 122; OLG Düsseldorf v. 30. 5. 1984 – 5 Ss 67/84 – 64/84 I, StV 1984, 426.
[63] KMR/*Plöd* Rn. 12; Löwe/Rosenberg/*Beulke* Rn. 17; SK-StPO/*Weßlau* Rn. 16.
[64] SK-StPO/*Weßlau* Rn. 16; siehe auch § 154 Rn. 32.
[65] Siehe OLG Düsseldorf v. 16. 9. 1983 – 1 Ws 501/83, JurBüro 1984, 84 (85).

§ 154a 27–30 Zweites Buch. Verfahren im ersten Rechtszug

klage berechtigende Delikt erfassendes Absehen von der Verfolgung nicht sachgerecht, weil dieses aufgrund der gesetzlichen Anordnung in § 397 Abs. 3 nach Anklagerhebung in Bezug auf die fraglichen Tat keinen Bestand hätte. Abweichend von dem Verfahren bei der Einstellung nach § 154 muss in **Steuerstrafverfahren** die zuständige **Finanzbehörde nicht** angehört werden,[66] weil es nicht zu einer Einstellung des Verfahrens führt, für die § 403 Abs. 4 AO allein eine Anhörung fordert. Mangels Verfahrenserledigung schreibt das Gesetz zu Recht **keine Einstellungsnachricht** an den **Beschuldigten** oder den **Anzeigeerstatter** vor. Zulässig ist sie allemal (allgM). Allerdings muss sich die auf der Grundlage von Abs. 1 vorgenommene **Stoffbegrenzung aus der Anklageschrift** oder ihren Surrogaten (Strafbefehlsantrag, Antrag auf Entscheidung im beschleunigten Verfahren) ergeben (vgl. Nr. 101 a Abs. 3 RiStBV).[67]

E. Verfahren der gerichtlichen Einstellung nach Abs. 2

I. Zuständigkeit

27 Für die Einstellung ist nach Anklageerhebung jeweils das **Gericht** zuständig, **das** in dem jeweiligen Verfahrensstadium **gerade mit der Sache befasst ist.** Ungeachtet des auf die „Einreichung der Anklageschrift" abstellenden Wortlautes steht dem zuständigen Gericht die Anwendung von Abs. 2 auch in den besonderen Verfahrensarten[68] Strafbefehlsverfahren,[69] beschleunigtes Verfahren, Sicherungsverfahrens sowie bei Nachtragsanklage offen. Die Zuständigkeit des jeweils mit der Sache befassten Gerichts endet erst mit einem diesen Rechtszug abschließenden Urteil.[70] Die Zuständigkeit des Gerichts besteht noch, wenn die Stoffbegrenzung in einem gemeinsam mit dem den jeweiligen Rechtszug abschließenden Urteil erlassenen Beschluss erfolgt.[71]

28 Die Zuständigkeit für die Anwendung von Abs. 2 steht auch den **Rechtsmittelgerichten** zu,[72] wenn und solange das Verfahren aufgrund zulässigen Rechtsmittels bei ihnen anhängig ist. Erfolgt eine Verfahrensstoffbeschränkung durch das **Revisionsgericht** selbst, ist damit regelmäßig eine **Schuldspruchänderung** verbunden.[73] Die Möglichkeit der Verfahrensstoffbegrenzung endet grundsätzlich erst mit einer rechtskräftigen Entscheidung über die betroffene Tat im prozessualen Sinne. Erwächst aber der Schuldspruch in **horizontale Teilrechtskraft**, kann von Abs. 2 nicht mehr Gebrauch gemacht werden, weil jede noch erfolgende Stoffbeschränkung durch Ausscheiden von Tatteilen oder einzelnen Gesetzesverletzungen mit einem Eingriff in den bereits bindenden Schuldspruch und den ihn tragenden Feststellungen verbunden wäre.[74]

II. Entscheidungsart und -inhalt

29 Die gerichtliche Entscheidung über die Stoffbeschränkung ergeht als **Beschluss.** Eine **Begründung** schreibt das Gesetz **nicht** vor; allerdings bietet sich eine kurze Begründung dennoch an, um eine spätere sachgerechte Handhabung der Regeln über die Wiedereinbeziehung (Abs. 3) zu ermöglichen.[75] Hat die Staatsanwaltschaft auf Verfahrensstoffbegrenzung nach Abs. 2 angetragen und lehnt das Gericht ab, ergibt sich die Pflicht zur Begründung des **Ablehnungsbeschlusses** aus § 34 Alt. 2. Die Entscheidung über die Stoffbegrenzung hat eine **Ermessensausübung** zum Gegenstand. Diese orientiert sich an denselben Kriterien wie die staatsanwaltschaftliche Verfügung nach Abs. 1.[76]

30 Da die verfahrensgegenständliche Tat selbst bei Anwendung von Abs. 2 anhängig bleibt, enthält der entsprechende Beschluss grundsätzlich **keine Kostenentscheidung** (hM);[77] diese erfolgt

---

[66] Löwe/Rosenberg/*Beulke* Rn. 19 aE; SK-StPO/*Weßlau* Rn. 20; aA *Franzen/Gast/Joecks* § 403 AO Rn. 15.
[67] BGH v. 11. 7. 1985 – 4 StR 274/85, NStZ 1985, 515; KK-StPO/*Schoreit* Rn. 12; Löwe/Rosenberg/*Beulke* Rn. 20; *Meyer-Goßner* Rn. 18; SK-StPO/*Weßlau* Rn. 22.
[68] Oben Rn. 5 f.
[69] Zur konkreten Handhabung näher AK-StPO/*Schöch* Rn. 46; Löwe/Rosenberg/*Beulke* Rn. 23 mit Fn. 45.
[70] OLG Hamm v. 6. 1. 1971 – 4 Ss 552/70, MDR 1971, 1028 (bezogen auf § 154 Abs. 2); AK-StPO/*Schöch* Rn. 17; KK-StPO/*Schoreit* Rn. 14; KMR/*Plöd* Rn. 15; Löwe/Rosenberg/*Beulke* Rn. 23; SK-StPO/*Weßlau* Rn. 25.
[71] BGH v. 5. 12. 1995 – 1 StR 140/95, bei *Kusch* NStZ 1996, 324; KK-StPO/*Schoreit* Rn. 14; KMR/*Plöd* Rn. 15; Löwe/Rosenberg/*Beulke* Rn. 23; SK-StPO/*Weßlau* Rn. 25 aE.
[72] Oben Rn. 6.
[73] Siehe etwa BGH v. 16. 5. 2002 – 1 StR 98/01, NStZ-RR 2002, 103; BGH v. 12. 5. 2009 – 4 StR 18/09, StRR 2009, 243.
[74] OLG Köln v. 27. 12. 2005 – 83 Ss 72/05, VRS 110 (2006), 120 (121 f.); ebenso AK-StPO/*Schöch* Rn. 17; Löwe/Rosenberg/*Beulke* Rn. 24; SK-StPO/*Weßlau* Rn. 26.
[75] Vgl. oben Rn. 23.
[76] Dazu oben Rn. 24.
[77] BGH v. 17. 3. 1992 – 4 StR 34/92, StV 1993, 135; OLG Stuttgart v. 5. 2. 1981 – 1 Ws 19/81, Justiz 1981, 137; AK-StPO/*Schöch* Rn. 18; HK-StPO/*Gercke* Rn. 8; KK-StPO/*Schoreit* Rn. 16; KMR/*Plöd* Rn. 17; Löwe/Rosenberg/*Beulke* Rn. 27; *Meyer-Goßner* Rn. 22; SK-StPO/*Weßlau* Rn. 29; aA *Lemke* NJW 1971, 1248.

regelmäßig erst mit der jeweiligen verfahrensabschließenden Entscheidung.[78] In deren Rahmen kann die Stoffbegrenzung über § 465 Abs. 2 S. 2 berücksichtigt werden.[79] **Ausnahmsweise** ist mit dem Beschluss nach Abs. 2 eine **Kostenentscheidung** verbunden, wenn – etwa wegen bereits eingetretener Teilrechtskraft bzgl. der übrigen Tat – das Verfahren mit der Entscheidung nach Abs. 2 insgesamt erledigt wird.[80]

Bei **Beschlussfassung in der Hauptverhandlung** wirken bei entsprechendem Spruchkörper die 31 Schöffen mit. Die Bekanntgabe erfolgt durch Verkündung; diese und der Inhalt des Beschlusses sind als wesentliche Förmlichkeit **zu protokollieren.**[81] Bei **Beschlussfassung außerhalb der Hauptverhandlung** ist dieser den Verfahrensbeteiligten bekannt zu machen (§ 35). Der Zustellung bedarf es nicht. Bei Ablehnung eines staatsanwaltschaftlichen Antrages auf Anwendung von Abs. 2 gilt für Besetzung und Bekanntgabe das Vorgenannte entsprechend.

III. Antrags-/Zustimmungs- und Anhörungserfordernisse

Der Beschluss nach Abs. 2 erfordert die **Zustimmung der Staatsanwaltschaft**. Ein auf Verfahrens- 32 stoffbegrenzung lautender Antrag der Staatsanwaltschaft wird als Zustimmung gewertet.[82] Zuständig ist die dem mit der Sache befassten Gericht zugeordnete Staatsanwaltschaft, bei Einstellungen in der Revisionsinstanz also entweder die jeweilige Generalstaatsanwaltschaft oder der Generalbundesanwalt.[83] Eine Zustimmung des anschlussberechtigten **Nebenklägers** setzt das Gesetz an sich selbst dann **nicht** voraus, wenn dieser seinen Anschluss bereits erklärt hat. § 397 Abs. 3 ordnet allerdings die Unwirksamkeit einer die Anschlussberechtigung betreffenden Verfahrensstoffbeschränkung an. Stimmt der Nebenkläger einer solchen dennoch zu, obwohl sie den Verfahrensstoff betrifft, auf dem seine Anschlussberechtigung beruht, soll die Zustimmungserklärung in einen Widerruf der Anschlusserklärung umgedeutet werden können.[84] Die Zustimmung des **Angeklagten** ist **nicht** erforderlich.

Der Umfang der zu gewährenden **Anhörungen** richtet sich nach dem Verfahrensstadium, in 33 dem die Einstellungsentscheidung ergeht; es gelten die zu der gerichtlichen Verfahrenseinstellung nach § 154 Abs. 2 dargelegten Regelungen entsprechend.[85] Bei Einstellungsbeschluss **in der Hauptverhandlung** sind die anwesenden Verfahrensbeteiligten neben dem Antrag der Staatsanwaltschaft gemäß § 33 Abs. 1 zu hören. **Außerhalb der Hauptverhandlung** bedarf es jedenfalls bei einem Einstellungsbeschluss der Anhörung des Angeschuldigten/Angeklagten nicht.[86] Dagegen ist dem Nebenkläger gemäß § 33 Abs. 3 stets rechtliches Gehör zu gewähren, wenn die zur Einstellung anstehende Tat seine Anschlussberechtigung begründet.[87]

F. Wirkungen und Folgen der Beschränkung des Verfahrensstoffs

I. Allgemeine Wirkungen

Anders als bei der Einstellung eigenständiger Taten nach § 154 bleiben die über § 154a Abs. 1 34 oder 2 von der Verfolgung ausgenommenen **Tatteile** oder **Gesetzesverletzungen** (und der zugehörige Tatsachenstoff) **anhängig** bzw. **rechtshängig**.[88] Sie können dementsprechend wegen des Verfahrenshindernisses anderweitiger Rechtshängigkeit nicht in einem Verfahren durch Anklageerhebung oder Surrogate zum Gegenstand gemacht werden. Der von der das Verfahren über die prozessual Tat, dem der ausgeschiedene Verfahrensstoff zugehört, abschließenden Entscheidung ausgehende Strafklageverbrauch erstreckt sich auch auf das Ausgeschiedene.[89] In dem Verfahren, in dem die Verfahrensstoffbeschränkung vorgenommen worden ist, kann der Schuldspruch nicht ohne Wiedereinbeziehung gemäß Abs. 3 auf die ausgeschiedenen Tatteile oder einzelnen Ge-

---

[78] Nachw. wie Fn. zuvor.
[79] OLG Düsseldorf v. 14. 3. 1988 – 2 Ws 69/88, MDR 1988, 796; Löwe/Rosenberg/*Beulke* Rn. 27; siehe auch § 465 Rn. 8.
[80] BGH v. 15. 6. 1993 – 4 StR 287/93, BGHR StPO § 154a Kostenentscheidung 1; OLG Frankfurt/M. v. 19. 3. 1982 – 2 Ws 75/82, MDR 1982, 1042; KMR/*Plöd* Rn. 17; Löwe/Rosenberg/*Beulke* Rn. 27.
[81] SK-StPO/*Weßlau* Rn. 28.
[82] Ebenso SK-StPO/*Weßlau* Rn. 27 aE.
[83] Exemplarisch BGH v. 16. 5. 2001 – 1 StR 98/01, NStZ 2002, 103; BGH v. 12. 5. 2009 – 4 StR 18/09, StRR 2009, 243.
[84] AK-StPO/*Schöch* Rn. 18; Löwe/Rosenberg/*Beulke* Rn. 26 aE mwN.
[85] § 154 Rn. 40 f.
[86] BGH v. 12. 4. 1994 – 3 StR 628/93, bei *Kusch* NStZ 1995, 18.
[87] Vgl. OLG Celle v. 30. 12. 1982 – 2 Ws 199/82, NStZ 1983, 329; Löwe/Rosenberg/*Beulke* Rn. 40.
[88] BGH v. 12. 8. 1980 – 1 StR 422/80, BGHSt, 315 (316); BayObLG v. 11. 8. 1989 – 2 StR RReg 88/89, JR 1990, 382 (383) mAnm *Geerds*; Löwe/Rosenberg/*Beulke* Rn. 29; SK-StPO/*Weßlau* Rn. 44; siehe auch bereits oben Rn. 3.
[89] Näher unten Rn. 89 f.

setzesverletzungen gestützt werden. Allerdings treten die vorgenannten Wirkungen der Verfahrensstoffbeschränkung nach § 154a auch dann ein, wenn die Staatsanwaltschaft zu Unrecht eine Einstellung nach § 154 Abs. 1 verfügt hat, obwohl es sich bei der „eingestellten Tat" lediglich um einen Teil einer umfassenderen einheitlichen Tat handelte.[90] Die gerichtliche Kognitionspflicht umfasst weiterhin auch den vermeintlich durch Einstellung ausgeschiedenen Verfahrensstoff.[91] **Rechtsfolgen** (etwa die Maßregel der Entziehung der Fahrerlaubnis), deren Anordnung allein aufgrund einer ausgeschiedenen Gesetzesverletzung zulässig ist, können nicht verhängt werden. Ansonsten bleiben die von dem aus der Verfolgung genommenen Verfahrensstoff ausgehenden materiell-rechtlichen Wirkungen erhalten; eine ausgeschiedene einzelne Gesetzesverletzung hat weiterhin Klammerwirkung für zwei ansonsten nicht idealkonkurrierende materielle Taten, selbst wenn die Stoffbeschränkung gerade das verklammernde Delikt umfasst.[92] Die Anordnung **dinglichen Arrests** soll aufrechterhalten bleiben können, selbst wenn der Verfahrensstoff, auf dem Anordnung beruht, gemäß § 154a (oder § 154) aus der Verfolgung herausgenommen worden ist.[93]

35   Wegen der fortbestehenden Anhängigkeit des von der Verfolgung ausgenommenen Verfahrensstoffs erstreckt sich die **Unterbrechung der Verjährung** gemäß § 78c StGB auch auf diesen, selbst wenn es sich dabei um materiell-rechtlich eigenständige Handlungen darstellt.[94] Das gilt allerdings nicht mehr, wenn – wegen des unterschiedlichen Laufs von Verjährungsfristen – bzgl. der ausgeschiedenen Gesetzesverletzung bereits vor der Unterbrechungshandlung Verjährung eingetreten war.[95]

II. Berücksichtigung ausgeschiedenen Verfahrensstoffs bei Beweiswürdigung und Strafzumessung

36   Der fair trial-Grundsatz **schließt** im Hinblick auf das Vertrauen des Beschuldigten etc., die ausgeschiedenen Tatteile oder Gesetzesverletzungen seien nicht mehr Gegenstand des Verfahrens, **an sich eine Berücksichtigung** des ausgeschiedenen Verfahrensstoffs sowohl bei der Beweiswürdigung als auch bei der Strafzumessung in Bezug auf die verfahrensgegenständliche Tat **aus**.[96] Das gilt nicht nur in Bezug auf die gerichtliche Beschränkung nach Abs. 2 sondern auch für die staatsanwaltschaftliche gemäß Abs. 1, weil das Gericht durch die Zulassung der (die Beschränkung enthaltenden) Anklage diese übernommen (vgl. § 207 Abs. 2 Nr. 2 und 4) hat (allgM).[97] Nicht anders als bei § 154[98] hebt aber die **Rspr.** diese **Verwendungssperre**[99] dann **auf**, wenn das Gericht prozessordnungsgemäß zu der Überzeugung von der Schuld des Angeklagten gelangt ist und dieser zuvor auf die Verwertung hingewiesen worden ist.[100] Unter den vorgenannten Voraussetzungen ist eine solche Vorgehensweise mit der Unschuldsvermutung auch unter Beachtung der aktuellen Rspr. des EGMR vereinbar.[101] Das gilt jedenfalls bei der Berücksichtigung durch das Gericht, das die Verfahrensstoffbeschränkung selbst vorgenommen oder im Rahmen der unveränderten Zulassung der die Beschränkung enthaltenden Anklage. Angesichts der geringen Anforderungen an die Wiedereinbeziehung gemäß Abs. 3 besteht allerdings kaum ein Bedürfnis für eine Berücksichtigung von ausgeschiedenem Verfahrensstoff ohne vorherige Wiedereinbeziehung.[102] Im Übrigen hält die Rspr. eine Verwertbarkeit ausgeschiedenen Verfahrensstoffs für zulässig, wenn bei dem Angeklagten kein schutzwürdiges Vertrauen darauf, dass solcher Verfahrensstoff unberücksichtigt bleibt, entstanden sein kann.[103] Unabhängig von dem Vorgenannten schließt eine Verfahrensstoffbeschränkung nach § 154a jedenfalls aus, allein bei dem ausgeschiedenen Verfahrensstoff vorliegende **qualifizierende Umstände** (etwa das Beisichführen einer Waffe) bei der

---

[90] BGH v. 24. 11. 2004 – 5 StR 206/04, BGHSt 49, 359 (361 f.) mAnm Otto NStZ 2005, 515 ff. und *Kudlich* JR 2005, 170 f.
[91] BGH v. 24. 11. 2004 – 5 StR 206/04, BGHSt 49, 359 (361 f.).
[92] BGH v. 3. 2. 1984 – 4 StR 17/84, NStZ 1984, 262; BGH v. 6. 9. 1988 – 1 StR 481/88, NStZ 1989, 20; Löwe/Rosenberg/*Beulke* Rn. 29; SK-StPO/*Weßlau* Rn. 45.
[93] OLG Schleswig v. 30. 7. 2002 – 1 Ws 22/02, SchlHA 2003, 187.
[94] BGH v. 12. 8. 1980 – 1 StR 422/88, BGHSt 29, 315 (316); *Bohnert* NStZ 2001, 192 (193); AK-StPO/*Schöch* Rn. 27; KK-StPO/*Schoreit* Rn. 20; KMR/*Plöd* Rn. 21; Löwe/Rosenberg/*Beulke* Rn. 30; SK-StPO/*Weßlau* Rn. 45.
[95] Zutreffend Löwe/Rosenberg/*Beulke* Rn. 30.
[96] Zum Aspekt des Vertrauens auf nicht widersprüchliches Verhalten der Justiz BGH v. 23. 9. 2003 – 1 StR 292/03; NStZ 2004, 277.
[97] BGH v. 1. 6. 1981 – 3 StR 173/81, BGHSt 30, 147 f.; *Sander* StraFo 2004, 47 (48); AK-StPO/*Schöch* Rn. 30; KK-StPO/*Schoreit* Rn. 21.
[98] § 154 Rn. 46–50.
[99] AK-StPO/*Schöch* Rn. 30 f.
[100] Nachw. bei § 154 Rn. 47 und 48; siehe auch *Sander* StraFo 2004, 47 f.
[101] Vgl. ausführlich *Stuckenberg* StV 2007, 655 (662 und 663); skeptischer *Sander* StraFo 2004, 47 (49 f.).
[102] Insoweit zutreffend AK-StPO/*Schöch* Rn. 31 aE.
[103] BGH v. 23. 9. 2003 – 1 StrR 292/03, NStZ 2004, 277.

rechtlichen Beurteilung einer anderen Tat zu berücksichtigen, in Bezug auf die solche qualifizierenden Umstände gerade nicht festgestellt worden sind.[104]

III. Auswirkungen auf die gerichtliche Zuständigkeit

1. Fallgruppen und rechtliche Zulässigkeit. Erfolgt die **Verfahrensstoffbeschränkung** bereits **im Ermittlungsverfahren** durch die Staatsanwaltschaft **oder im Zwischenverfahren** durch das dort zuständige Gericht, **kann** dies eine **Änderung der** ansonsten begründeten **gerichtlichen Zuständigkeit** für die Durchführung des Hauptverfahrens **bewirken**. Der eine solche Zuständigkeitsänderung gestattenden stdg. Rspr. des BGH[105] hat sich die mittlerweile ganz hM in der Strafverfahrensrechtswissenschaft angeschlossen.[106] Solche Zuständigkeitsänderungen können sich immer dann ergeben, wenn die an sich bestehende gerichtliche Zuständigkeit auf dem ausgeschiedenen Verfahrensstoff beruht; das kommt in **drei Konstellationen** in Betracht:[107] (1.) Ausscheiden von Gesetzesverletzungen, die die **Zuständigkeit von Spezialkammern** wie der Staatsschutzkammer nach § 74 GVG oder der Wirtschaftsstrafkammer nach § 74c Abs. 1 Nrn. 1–5 GVG begründen. (2.) Ausscheiden von Gesetzesverletzungen, aus denen sich die **erstinstanzliche Zuständigkeit des OLG** in Staatsschutzsachen nach § 120 Abs. 1 Nr. 6 GVG ergibt. (3.) Ausscheiden solcher Tatteile, die der Angeschuldigte oder Angeklagte im Heranwachsendenalter begangen hat und die daher die Zuständigkeit der Jugendgerichte begründet hätten. 37

Im Ermittlungs- oder Zwischenverfahren vorgenommene Verfahrensstoffbegrenzungen mit „zuständigkeitswirksamen" Konsequenzen sind unter **zwei Gesichtspunkten nicht ohne Bedenken**. Zum einen geben sie der Staatsanwaltschaft die Möglichkeit, die gerichtliche Zuständigkeit zu bestimmen, so dass das Gebot des gesetzlichen Richters verletzt sein könnte. Zum anderen können bei dem Zuständigkeitsverlust der Jugendgerichte bei Herausnahme der im Heranwachsendenalter begangenen Tatteile oder Gesetzesverletzungen spezifische Schutzzwecke des Jugendstrafrechts und Jugendstrafverfahrensrechts ausgehebelt werden. Im Hinblick auf Letzteres wird für diese Konstellation eine Zuständigkeitsänderung aufgrund von Verfahrensstoffbeschränkung nicht für zulässig gehalten,[108] selbst wenn diese grundsätzlich in den übrigen Fallgruppen zugelassen wird. **Im Ergebnis** tragen die Bedenken nicht. Im Hinblick auf die Anforderungen an das verfassungsrechtliche Gebot des gesetzlichen Richters (Art. 101 Abs. 1 S. 2 GG) ist eine durch die Staatsanwaltschaft beeinflussbare gerichtliche Zuständigkeit jedenfalls dann wie bei den eigentlichen beweglichen Zuständigkeiten (etwa § 74a Abs. 2 iVm. § 120 Abs. 1 GVG) mit diesem Gebot vereinbar, wenn die staatsanwaltschaftliche Auswahlentscheidung gerichtlicher Kontrolle unterliegt.[109] Das ist durch die Möglichkeit jederzeitiger Wiedereinbeziehung und die sich anschließende Überweisung an das dann zuständige Gericht der Fall.[110] Auch in der Konstellation der zum Verlust der Zuständigkeit der Jugendgerichte führenden Verfahrensstoffbegrenzung schließt der spezifische Schutzzweck des Jugendstrafverfahrens die Anwendung von § 154a nicht aus.[111] Der das Heranwachsendenalter betreffende Verfahrensstoff ist zwar noch anhängig, aber nicht Gegenstand der gerichtlichen Kognitionspflicht; er unterliegt dieser erst nach Wiedereinbeziehung. Diese ist dann aber mit einer Verweisung an das zuständige Jugendgericht verbunden.[112] Im Übrigen sollte die praktische Bedeutung des Problems nicht überschätzt werden. Die genannten Fallgruppen werden wegen der materiellen Beschränkungsvoraussetzung („nicht beträchtlich ins Gewicht fallen") jedenfalls bei den Staatsschutz- und Wirtschaftsstrafsachen selten vorliegen.[113] 38

2. Verfahren bei zuständigkeitswirksamer Verfahrensstoffbeschränkung. Die Verfahrensweise bei zuständigkeitswirksamer Verfahrensstoffbeschränkung richtet sich nach dem Zeitpunkt der Anwendung von § 154a. Nimmt bereits die **Staatsanwaltschaft** gemäß Abs. 1 Tatteile oder ein- 39

---

[104] BGH v. 1. 5. 2005 – 2 StR 405/04, NStZ 2006, 455 (456).
[105] Grundlegend BGH v. 26. 9. 1980 – StB 32/80, BGHSt 29, 341 (343 f.) = NStZ 1981, 151 mAnm *Dünnebier*; BGH v. 19. 12. 1995 – KRB 33/95, BGHSt 41, 392 f.
[106] Etwa *Dünnebier* NStZ 1981, 152 f.; *Kurth* NJW 1978, 2483 f.; AK-StPO/*Schöch* Rn. 25; HK-StPO/*Gercke* Rn. 9; KK-StPO/*Schoreit* Rn. 9; KMR/*Plöd* Rn. 9; Löwe/Rosenberg/*Beulke* Rn. 14 f.; Meyer-Goßner Rn. 17; SK-StPO/*Weßlau* Rn. 11; aA Löwe/Rosenberg/*Rieß*, 23. Aufl., Ergänzungsband Rn. 8.
[107] Vgl. auch KK-StPO/*Schoreit* Rn. 10; Löwe/Rosenberg/*Beulke* Rn. 14.
[108] BayObLG v. 22. 7. 1996 – 3 ObOWi 78/96, BayObLGSt 1996, 121; *Drees* NStZ 1995, 481; *Eisenberg/Sieveking* NStZ 1992, 295 f.; *Brunner/Dölling* Vor § 102 JGG Rn. 2; SK-StPO/*Weßlau* Rn. 12 aE; siehe auch bereits oben Rn. 10.
[109] Vgl. BVerfG v. 19. 7. 1967 – 2 BvR 489/66, BVerfGE 22, 254 (260 f.); *Sachs/Degenhart* Art. 101 GG Rn. 12.
[110] Zur Verfahrensweise unten Rn. 51 ff.
[111] BGH v. 26. 9. 1980 – StB 32/80, BGHSt 29, 341 (349) – nicht tragend; BGH v. 3. 5. 1991 – 3 StR 483/90, NStZ 1991, 530 – bzgl. § 154; BGH v. 20. 4. 2005 – 3 StR 106/05, NStZ 2005, 650; siehe auch oben Rn. 10; aA die in Fn. 108 Nachgewiesenen.
[112] Unten Rn. 57.
[113] Bsp. für eine Anwendung von § 154a in Bezug auf den Vorwurf § 129a StGB bei KK-StPO/*Schoreit* Rn. 10.

zelne Gesetzesverletzungen von der Verfolgung aus, die die Zuständigkeit eines bestimmten Gerichts[114] begründen, erfolgt die Anklageerhebung bei dem nunmehr nach den allgemeinen Regeln zuständigen Gericht.[115] Erfolgt die entsprechende Verfahrensstoffbegrenzung **vor dem Eröffnungsbeschluss oder in diesem** (vgl. § 207 Abs. 2 Nr. 2 und 4) durch das **Gericht**, so eröffnet das Gericht das Hauptverfahren vor dem nunmehr zuständigen Gericht niedriger Ordnung bzw. vor dem gemäß § 74c GVG nachrangigen Spruchkörper.[116] Verfahrensstoffbegrenzungen nach der Eröffnung des Hauptverfahrens wirken sich auf die gerichtliche Zuständigkeit nicht mehr aus (vgl. § 269 und § 47a JGG).

40 Die Verfahrensweise bei einer wiederum möglicherweise zuständigkeitswirksamen **Wiedereinbeziehung** (Abs. 3) von ausgeschiedenem Verfahrensstoff richtet sich ebenfalls nach dem Zeitpunkt, zu dem das aktuell zuständige Gericht die Wiedereinbeziehung beschließt. Soll die Wiedereinbeziehung **vor Eröffnung des Hauptverfahrens** erfolgen, bedarf es bei Vorliegen hinreichenden Tatverdachts hinsichtlich des bisher ausgeschiedenen Verfahrensstoffs[117] regelmäßig einer Vorlage nach § 209 Abs. 2, wenn der wiedereinzubeziehende Verfahrensstoff die Zuständigkeit eines höherrangigen Gerichts oder eines vorrangigen Spruchkörpers (§ 209a) begründet.[118] Für den Wiedereinbeziehungsbeschluss[119] ist das derzeit noch mit der Sache befasste Gericht und nicht das, dem vorgelegt wird, zuständig.[120] Entsprechendes gilt für die Zuständigkeit für den Wiedereinbeziehungsbeschluss **nach Eröffnung des Hauptverfahrens**; begründet der einzubeziehende Verfahrensstoff die Zuständigkeit eines höherrangigen Gerichts oder eines nach § 209a vorrangigen Spruchkörpers, erfolgt Verweisung nach §§ 225a, 270 an dieses Gericht oder an diesen Spruchkörper.[121] Begründet die Wiedereinbeziehung die Zuständigkeit einer Spezialkammer (§ 74e GVG), kann die Verweisung nur erfolgen, wenn der Wiedereinbeziehungsbeschluss vor dem Beginn der Vernehmung des Angeklagten zur Sache ergeht und dieser die Rüge der Unzuständigkeit erhebt (vgl. § 6a S. 3).[122] Das gilt nicht bei der neu begründeten Zuständigkeit eines Jugendgerichts gleicher Ordnung;[123] auch angesichts dessen tragen die Bedenken gegen eine die Zuständigkeit des Jugendgerichts ausschließende Verfahrensstoffbegrenzung nicht.[124]

G. Wiedereinbeziehung (Abs. 3) und Strafklageverbrauch

I. Allgemeines

41 Abs. 3 regelt lediglich die **Wiedereinbeziehung** von Verfahrensstoff für die Konstellationen, in denen die prozessuale Tat, dem der ausgeschiedene **Verfahrensstoff** angehört, **bei einem Gericht anhängig ist**. Dagegen erfasst Abs. 3 nicht die Möglichkeit der Staatsanwaltschaft, Tatteile oder einzelne Gesetzesverletzungen, die sie gemäß Abs. 1 von der Verfolgung ausgenommen hatte, wieder in das Verfahren einzubeziehen. Wegen des Abs. 2 angeordneten Übergangs der „Beschränkungskompetenz" auf das (jeweils zuständige) Gericht bereits mit Erhebung der Anklage oder Surrogaten[125] kann die **Staatsanwaltschaft** selbst durch Verfügung nach Abs. 1 ausgeschiedenen Verfahrensstoff lediglich vor Anklageerhebung wieder einbeziehen und zum Gegenstand der Anklage machen. Eine Pflicht dazu besteht, falls vor dem genannten Zeitpunkt Anhaltspunkte dafür vorliegen, dass die Voraussetzungen einer Stoffbegrenzung nicht mehr vorliegen. Nach Anklageerhebung kann die Staatsanwaltschaft allerdings durch einen entsprechenden Antrag die Wiedereinbeziehung zuvor von der Verfolgung ausgenommenen Verfahrensstoffs erzwingen (Abs. 3 S. 2).[126] Für das jeweils zuständige Gericht[127] besteht die **Möglichkeit** und ggf. die Pflicht **zur Wiedereinbeziehung**, solange das betreffende Verfahren bei ihm anhängig ist. Dementsprechend **endet** die Wiedereinbeziehung mit dem Ergehen des jeweiligen Urteils in der fraglichen Instanz.

---

[114] Oben Rn. 37.
[115] Löwe/Rosenberg/*Beulke* Rn. 15.
[116] BGH v. 26. 9. 1980 – StB 32/80, BGHSt 29, 341; BGH v. 19. 12. 1995 – KRB 33/95, BGHSt 41, 385 (392); *Kurth* NJW 1978, 2484; Löwe/Rosenberg/*Beulke* Rn. 15; SK-StPO/*Weßlau* Rn. 14.
[117] BGH v. 26. 9. 1980 – StB 32/80, BGHSt 29, 341 (348).
[118] Löwe/Rosenberg/*Beulke* Rn. 16; SK-StPO/*Weßlau* Rn. 15.
[119] Unten Rn. 51-53.
[120] BGH v. 26. 9. 1980 – StB 32/80, BGHSt 29, 341 (348); AK-StPO/*Schöch* Rn. 26; KK-StPO/*Schoreit* Rn. 11; KMR/*Plöd* Rn. 10; Löwe/Rosenberg/*Beulke* Rn. 16; *Pfeiffer* Rn. 4; SK-StPO/*Weßlau* Rn. 15.
[121] BGH v. 26. 9. 1980 – StB 32/80, BGHSt 29, 341 (348); AK-StPO/*Schöch* Rn. 26; KK-StPO/*Schoreit* Rn. 11; KMR/*Plöd* Rn. 10; Löwe/Rosenberg/*Beulke* Rn. 16; *Meyer-Goßner* Rn. 17; SK-StPO/*Weßlau* Rn. 15.
[122] BGH v. 26. 9. 1980 – StB 32/80, BGHSt 29, 341 (349); *Dünnebier* NStZ 1981, 152 (153); Löwe/Rosenberg/*Beulke* Rn. 16; SK-StPO/*Weßlau* Rn. 15.
[123] AK-StPO/*Schöch* Rn. 26; Löwe/Rosenberg/*Beulke* Rn. 16.
[124] Dazu bereits oben Rn. 10 und 38.
[125] Oben Rn. 4.
[126] Näher unten Rn. 44.
[127] Unten Rn. 50.

Ist hinsichtlich der prozessualen Tat, der der ausgeschiedene Verfahrensstoff zugehört, insgesamt Strafklageverbrauch eingetreten,[128] kann eine Wiedereinbeziehung nicht mehr vorgenommen werden. Das gilt auch bereits bei horizontaler Teilrechtskraft, wenn die Wiedereinbeziehung zu einem Eingriff in den rechtskräftigen Schuldspruch führen würde.[129]

II. Gründe und Voraussetzungen der Wiedereinbeziehung durch das Gericht

Abweichend von § 154 Abs. 3 und 4, die im Kern materielle Wiederaufnahmegründe normieren, nennt § 154a Abs. 3 keine materiellen Gründe für die Wiederaufnahme, sondern beschränkt sich letztlich auf **Zuständigkeits- und Verfahrensregelungen**. Einen schwachen materiellen Gehalt weist lediglich Abs. 3 S. 2 mit der Wiedereinbeziehungspflicht nach entsprechendem staatsanwaltschaftlichen Antrag auf. Angesichts des weitgehenden Fehlens im Gesetz geregelter materieller Gründe des Wiederaufgreifens lassen sich diese einerseits lediglich im Umkehrschluss aus den Voraussetzungen des Ausschlusses und andererseits aus allgemeinen Grundsätzen wie der Amtsaufklärungspflicht (vgl. § 244 Abs. 2) und der damit eng verbundenen Pflicht zur umfassenden gerichtlichen Kognition[130] ableiten. Aus dem Zusammenspiel der beiden vorgenannten Kriterien der Wiedereinbeziehung leiten sich nach im Ergebnis allgM Konstellationen einer **Wiedereinbeziehungspflicht** und einer lediglich **im Ermessen des Gerichts stehenden Wiedereinbeziehung** ab.[131] In beiden Konstellationen kann die **Wiedereinbeziehung** auf **einzelne** ausgeschiedene **Tatteile** oder **einzelne Gesetzesverletzungen** beschränkt werden.[132] 42

1. Wiedereinsetzungspflicht. Die Pflicht zur Wiedereinbeziehung wird entweder durch den für das Gericht (grundsätzlich) bindenden Antrag der Staatsanwaltschaft ausgelöst (Abs. 3 S. 2) oder in bestimmten Konstellationen aufgrund der Anforderungen der gerichtlichen Kognitions- und Amtsaufklärungspflicht; in den letztgenannten Fällen handelt es sich **der Sache nach um Fälle der Ermessensreduzierung auf Null**. 43

a) **Staatsanwaltschaftlicher Wiedereinbeziehungsantrag (Abs. 3 S. 2).** Einem von der zuständigen Staatsanwaltschaft gestellten Antrag, den nach Abs. 1 oder 2 von der Verfolgung ausgenommenen Verfahrensstoff wieder einzubeziehen, muss das jeweils mit der Sache befasste Gericht entsprechen. Das gilt wegen der Staatsanwaltschaft insoweit eingeräumten Dispositionsbefugnis sogar dann, wenn das Gericht eine Verurteilung des Angeklagten für ausgeschlossen hält.[133] Die Bindung gilt auch bei – was zulässig ist – lediglich **bedingt gestellten Einbeziehungsanträgen**.[134] Die Staatsanwaltschaft kann den Wiedereinbeziehungsantrag in jeder Lage des Verfahrens und damit auch in den Rechtsmittelinstanzen stellen. Im **Revisionsrechtszug** ist dafür die **Staatsanwaltschaft bei dem Revisionsgericht** zuständig. Für **im Revisionsverfahren gestellte Wiedereinbeziehungsanträge** soll allerdings die von Abs. 3 S. 2 angeordnete **Bindungswirkung nicht in vollem Umfang** gelten.[135] Fasst das Gericht trotz der Bindungswirkung des staatsanwaltschaftlichen Antrages keinen Wiedereinbeziehungsbeschluss,[136] kann die Staatsanwaltschaft diesen in der weiteren Instanzen wiederholen oder die Missachtung der Bindungswirkung von Abs. 3 S. 2 mit der Revision rügen.[137] Die durch den staatsanwaltschaftlichen Antrag ausgelöste **Wiedereinbeziehungspflicht** besteht **auch dann, wenn fehlerhaft** eine **Einstellung nach § 154 erfolgte**, sich nunmehr aber herausstellt, dass es sich bei dem eingestellten Verfahrensstoff aber nicht um eine eigenständige Tat sondern lediglich um Tatteile oder einzelne Gesetzesverletzungen handelt. Umgekehrt kann keine Wiedereinbeziehung erfolgen, wenn eine Beschränkung nach § 154a vorgenommen worden war, es sich bei dem ausgeschiedenen Verfahrensstoff aber um eine eigenständige prozessuale Tat handelt, bzgl. derer § 154 hätte angewendet werden müssen; Einbeziehung in das laufende Verfahren ist hier nur über § 266 möglich.[138] Maßgeblich für die Anwendung von § 154 oder § 154a ist stets die Auffassung des Gerichts bei Entscheidung über die Wiedereinbeziehung des ausgeschiedenen oder eingestellten Verfahrensstoffs (allgM).[139] 44

---

[128] Unten Rn. 59 f.
[129] Oben Rn 10 und unten Rn. 47.
[130] Ausführlich § 264 Rn. 60–70.
[131] Siehe nur Löwe/Rosenberg/*Beulke* Rn. 34 ff.
[132] BGH v. 15. 9. 1982 – 2 StR 29/82, NStZ 1982, 518; Löwe/Rosenberg/*Beulke* Rn. 31 und 36.
[133] BGH v. 3. 10. 1967 – 1 StR 355/67, BGHSt 21, 326 (327); BGH v. 15. 11. 1980 – 5 StR 356/80, BGHSt 29, 396 (397); KMR/*Plöd* Rn. 23; Löwe/Rosenberg/*Beulke* Rn. 36; SK-StPO/*Weßlau* Rn. 38.
[134] BGH v. 15. 11. 1980 – 5 StR 356/80, BGHSt 29, 396 (397), AK-StPO/*Schöch* Rn. 20; KK-StPO/*Schoreit* Rn. 23; Löwe/Rosenberg/*Beulke* Rn. 36; Meyer-Goßner Rn. 25.
[135] Unten Rn. 47.
[136] Unten Rn. 51 f.
[137] Unten Rn. 63 f.
[138] BGH v. 11. 11. 2003 – 4 StR 445/03, StraFo 2004, 98; siehe auch unten Rn. 48.
[139] SK-StPO/*Weßlau* Rn. 42; vgl. auch BGH v. 11. 11. 2003 – 4 StR 445/03, StraFo 2004, 98.

§ 154a 45–48 *Zweites Buch. Verfahren im ersten Rechtszug*

45 **Wiedereinbeziehungsanträge anderer Verfahrensbeteiligter** lösen die Bindungswirkung nach Abs. 3 S. 2 nicht aus. Für das **Privatklageverfahren** schließt § 385 Abs. 4 die Geltung von § 154a Abs. 3 S. 2 ausdrücklich aus. Für die **Nebenklage** enthält das Gesetz keine explizite Regelung. Da im Hinblick auf die Anordnung von § 397 Abs. 2 S. 2 nach Anschlusserklärung Verfahrensstoffbegrenzungen nur mit der Zustimmung des Nebenklägers möglich sind, wird – offenbar wegen widersprüchlichen Verhaltens – dessen Wiedereinbeziehungsantrag keine Bindungswirkung zugesprochen.[140] Dem ist jedenfalls im Hinblick auf den eindeutigen, auf Anträge der Staatsanwaltschaft beschränkten Wortlaut zuzustimmen.

46 b) **Wiedereinbeziehungspflicht aus anderen Gründen.** Auch ohne einen staatsanwaltschaftlichen Einbeziehungsantrag nimmt die stdg. Rspr. des BGH eine auf die Amtsaufklärungspflicht und die umfassende Kognitionspflicht gestützte **Wiedereinbeziehungspflicht** an, wenn ohne Wiedereinbeziehung im Hinblick auf den verbliebenen Verfahrensstoff **Freispruch**[141] erfolgen würde oder – wegen unterschiedlicher Verjährungsfristen – das **Verfahren wegen Verjährung einzustellen** wäre.[142] Die vorgenannte Wiedereinbeziehungspflicht bei zu erwartendem Freispruch wegen des verbliebenen Verfahrensstoffs gilt aber nicht, wenn die Beweislage zum Zeitpunkt der Wiedereinbeziehungsentscheidung zu der Einschätzung führt, dass der Angeklagte auch von dem den ausgeschiedenen Verfahrensstoff betreffenden Vorwurf freizusprechen wäre.[143] Zweifelhaft ist dagegen eine Wiedereinbeziehungspflicht, wenn sich entweder die Sanktion für den verbliebenen Verfahrensstoff als erwartungswidrig niedrig erweist oder das deliktische Gewicht des ausgeschiedenen Verfahrensstoffs nachträglich als höher erweist.[144] Solche erwartungswidrigen Entwicklungen oder Veränderungen in der rechtlichen Bewertung sind lediglich Gründe für eine im Ermessen des Gerichts stehende Wiedereinbeziehung, weil die bei Ausschluss des Verfahrensstoffs angenommenen Voraussetzungen nicht mehr gegeben sind. Solche erwartungswidrigen Entwicklungen sind notwendige Konsequenz des prognostischen Elements, das in den Voraussetzungen des § 154a enthalten ist. Eine zu einer Wiedereinbeziehungspflicht führende Ermessensreduzierung auf Null lässt sich allenfalls in den anerkannten Konstellationen des ohne Wiedereinbeziehung anstehenden Ausbleibens jeglicher Sanktionierung annehmen.

47 **2. Grenzen einer Wiedereinbeziehungspflicht.** Trotz des einschränkungslosen Wortlauts von Abs. 3 S. 2 weist die durch einen Antrag der Staatsanwaltschaft ausgelöste Wiedereinbeziehungspflicht Grenzen auf. So scheidet eine Wiedereinbeziehung von zuvor ausgeschiedenem Verfahrensstoff aus, wenn bei (horizontaler) **Teilrechtskraft des Schuldspruchs** in diesen eingegriffen würde.[145] Darüber hinaus ist das Revisionsgericht bei **erst in der Revisionsinstanz gestelltem Antrag** zur Wiedereinbeziehung nicht verpflichtet, wenn durch diese eine das Verfahren abschließende Entscheidung des Revisionsgerichts oder die Bestätigung eines rechtsfehlerfreien Schuldspruchs verhindert würde.[146] Die durch den Wortlaut nicht gedeckte Durchbrechung der Bindungswirkung des Antrages ist in der Sache berechtigt und ergibt sich aus einer teleologischen Reduktion, denn in den fraglichen Konstellationen würde bei Wiedereinbeziehung der verfahrensökonomische Regelungszweck des § 154a in sein Gegenteil verkehrt. Dagegen bleibt die Bindungswirkung erhalten, wenn das Revisionsgericht das angefochtene, den beschränkten Verfahrensstoff betreffende Urteil ohnehin aufhebt und die Sache zurückverweist; mit der Aufhebung und Zurückverweisung ist dann auch die Wiedereinbeziehung angeordnet.[147]

48 Ein Wiedereinbeziehungsantrag der Staatsanwaltschaft verpflichtet das Gericht nicht zur Wiedereinbeziehung, wenn es von vornherein **an einer wirksamer Verfahrensstoffbeschränkung fehlt**, etwa weil die Staatsanwaltschaft diese nicht in die Anklageschrift aufgenommen hat.[148] Gleiches

---

[140] Löwe/Rosenberg/*Beulke* Rn. 36 aE.
[141] BGH v. 12. 3. 1968 – 5 StR 115/68, BGHSt 22, 105 (106); BGH v. 12. 8. 1980 – 1 StR 422/80, BGHSt 29, 315; BGH v. 15. 9. 1983 – 4 StR 535/83, BGHSt 32, 84 (85); BGH v. 8. 9. 1982 – 3 StR 241/82, NStZ 1982, 517; BGH v. 18. 7. 1995 – 1 StR 320/95, NStZ 1995, 540 f.; BGH v. 4. 4. 2002 – 3 StR 405/01, NStZ 2002, 489; BGH v. 7. 6. 2006 – 2 StR 72/06, NStZ-RR 2006, 311; BayObLG v. 11. 8. 1989 – 2 St RReg 88/89, JR 1990, 383; zustimmend AK-StPO/*Schöch* Rn. 21; KK-StPO/*Schoreit* Rn. 19; KMR/*Plöd* Rn. 20; Löwe/Rosenberg/*Beulke* Rn. 35; Meyer-Goßner Rn. 24; siehe auch SK-StPO/*Weßlau* Rn. 33.
[142] BGH v. 15. 9. 1983 – 4 StR 535/83, BGHSt 29, 315; BGH v. 26. 2. 1988 – 3 StR 477/87, NStZ 1988, 322; HK-StPO/*Gercke* Rn. 12; Löwe/Rosenberg/*Beulke* Rn. 35; vorsichtiger SK-StPO/*Weßlau* Rn. 33 aE.
[143] BGH v. 29. 3. 1989 – 2StR 55/89, NJW 1989, 2481 f.; BGH v. 30. 1. 1991 – 2 StR 428/90 (juris); BGH v. 19. 2. 1997 – 2 StR 561/96, StV 1997, 566; BGH v. 7. 5. 2006 – 2 StR 72/06, NStZ-RR 2006, 311.
[144] Für eine Einbeziehungspflicht aber offenbar Löwe/Rosenberg/*Beulke* Rn. 35; das Vorliegen einer Wiedereinbeziehungspflicht ausdrücklich offenlassend BGH v. 4. 4. 2002 – 3 StR 405/01, NStZ 2002, 489.
[145] OLG Köln v. 27. 12. 2005 – 83 Ss 72/05, VRS 110 (2006), 120 (121 f.) sowie oben Rn. 28.
[146] BGH v. 3. 10. 1967 – 1 StR 355/67, BGHSt 21, 323; BGH v. 28. 2. 1984 – 1 StR 870/83, NJW 1984, 1365; BGH v. 22. 1. 1988 – 3 StR 533/87, bei *Miebach* NStZ 1988, 447; HK-StPO/*Gercke* Rn. 14; KK-StPO/*Schoreit* Rn. 19; SK-StPO/*Weßlau* Rn. 38; siehe auch Löwe/Rosenberg/*Beulke* Rn. 42.
[147] Vgl. KK-StPO/*Schoreit* Rn. 19; Löwe/Rosenberg/*Beulke* Rn. 41 aE; SK-StPO/*Weßlau* Rn. 38 aE.
[148] Siehe BGH v. 1. 6. 1981 – 3 StR 173/81, StV 1981, 398.

gilt bei **zu Unrecht angenommener Verfahrensstoffbeschränkung nach § 154a**, obwohl es sich bei den ausgeschiedenen Tatteilen oder Gesetzesverletzungen um eigenständige Taten im prozessualen Sinne handelte.[149] Die Tat kann dann lediglich durch Nachtragsanklage gemäß § 266 mit Zustimmung des Angeklagten einbezogen werden.[150] Umgekehrt ist eine **zu Unrecht als Teileinstellung** nach § 154 Abs. 1 vorgenommene Verfahrensstoffbeschränkung, die tatsächlich lediglich Tatteile bzw. einzelne Gesetzesverletzungen betrifft, als Beschränkung nach § 154a zu behandeln.[151]

3. Wiedereinbeziehung nach Ermessen des Gerichts. Außerhalb der Fallgruppen der Wiedereinbeziehungspflicht steht die Wiedereinbeziehung im Ermessen des jeweils zuständigen Gerichts.[152] Abweichend von der gerichtlichen Pflicht zur Wiedereinbeziehung setzt die im Ermessen des Gerichts stehende Entscheidung voraus, dass dieses **hinreichenden Tatverdacht** in Bezug auf den bisher aus der Verfolgung ausgenommenen Stoff bejaht (allgM).[153] Die Entscheidung über die Einbeziehung orientiert sich in erster Linie an Veränderungen der Voraussetzungen der Beschränkung des Verfahrensstoffs.[154] Solche Veränderungen können entweder in der **erwartungswidrigen Entwicklung der Bezugssanktion**, so dass die für den ausgeschiedenen Verfahrensstoff in Betracht kommende Sanktion nunmehr beträchtlich ins Gewicht fällt, oder in einer **neuen rechtlichen Bewertung des entsprechenden Verfahrensstoffs** bestehen. In Bezug auf Letzteres kommt es auf das Vorliegen neuer Tatsachen nicht an. Ob zur Wiedereinbeziehung drängende Veränderungen der Beschränkungsvoraussetzungen vorliegen, hat das zuständige Gericht zu prüfen, dem ein erheblicher unüberprüfbarer Beurteilungsspielraum zukommt.[155] Darüber hinaus sollte eine Wiedereinbeziehung erfolgen, um den bisher ausgeschiedenen Verfahrensstoff **im Rahmen der Beweiswürdigung oder der Strafzumessung** berücksichtigen zu können. Insoweit kann allerdings nach hM die Berücksichtigung auch nach entsprechendem Hinweis selbst ohne formale Wiedereinbeziehung erfolgen (strg.).[156] In die Ermessensentscheidung ist unter Berücksichtigung des Vorgenannten einerseits das Strafverfolgungsinteresse des Staates und andererseits das Vertrauen des Angeschuldigten/Angeklagten auf das Ausscheiden des Verfahrensstoffs zu berücksichtigen.

III. Verfahren bei Wiedereinbeziehung

1. Zuständigkeit. Die Zuständigkeit für die Entscheidung über die Wiedereinbeziehung hat **das zum Entscheidungszeitpunkt mit der Sache befasste Gericht** unabhängig davon, durch wen die Verfahrensstoffbeschränkung vorgenommen worden ist (allgM).[157] Soll die Wiedereinbeziehung bereits im **Zwischenverfahren erfolgen,** geschieht dies durch eine Eröffnungsentscheidung nach § 207 Abs. 2 Nr. 2 und 4 mit der Konsequenz des § 207 Abs. 3.[158] Die Zuständigkeit des jeweiligen Gerichts endet mit der die Instanz abschließenden Entscheidung. Auf entsprechende zulässige Rechtsmittel hin geht die Zuständigkeit, über die Wiedereinbeziehung zu entscheiden, auf das **Berufungs- oder Revisionsgericht** über. Legt die Staatsanwaltschaft Berufung ein und stellt zugleich einen Antrag auf Wiedereinbeziehung, muss das **Berufungsgericht** eine **eigene Sachentscheidung** über die wiedereinzubeziehenden Tatteile treffen; eine Zurückverweisung an das Amtsgericht, das mit dem angefochtenen Urteil nur über den beschränkten Verfahrensstoff entschieden hat, kommt nicht in Betracht.[159] Die Wiedereinbeziehung kann durch Entscheidung des **Revisionsgerichts** erfolgen;[160] das kommt vor allem dann in Betracht, wenn durch dessen Sachentscheidung ein bisher verfolgtes Delikt in Wegfall kommt und deshalb der bisher ausgeschiedene Verfahrensstoff eine andere rechtliche Bewertung erhält und die dafür drohende Sanktion nicht mehr nur unbeträchtlich ist. Wie im Zusammenhang mit der gelockerten Bindung der Revisionsgerichte an einen staatsanwaltschaftlichen Wiedereinbeziehungsantrag ausgeführt[161] wird eine Wiedereinbeziehung

---
[149] Oben Rn. 44 aE; im Ergebnis ebenso Löwe/Rosenberg/*Beulke* Rn. 13; SK-StPO/*Weßlau* Rn. 42.
[150] BGH v. 11. 11. 2003 – 4 StR 445/03, StraFo 2004, 98.
[151] BGH v. 24. 11. 2004 – 5 StR 206/04, BGHSt 49, 359 ff. mAnm *Otto* NStZ 2005, 515 f. und *Kudlich* JR 2005, 170 f.
[152] Oben Rn. 42.
[153] BGH v. 3. 10. 1967 – 1 StR 355/67, BGHSt 21, 326 (327); BGH v. 25. 11. 1980 – 5 StR 356/80, BGHSt 29, 396 (397); BGH v. 29. 3. 1989 – 2 StR 55/89, NJW 1989, 2481 (2482); AK-StPO/*Schöch* Rn. 21; KMR/*Plöd* Rn. 20; Löwe/Rosenberg/*Beulke* Rn. 35; SK-StPO/*Weßlau* Rn. 32.
[154] Vgl. § 154 Rn. 54 f.
[155] BGH v. 15. 11. 1980 – 5 StR 356/80, BGHSt 21, 326 (327); BGH v. 25. 11. 1980 – 5 StR 356/80, BGHSt 29, 396 (397); AK-StPO/*Schöch* Rn. 19; KMR/*Plöd* Rn. 23; Löwe/Rosenberg/*Beulke* Rn. 34.
[156] Oben Rn. 36.
[157] SK-StPO/*Weßlau* Rn. 31.
[158] Löwe/Rosenberg/*Beulke* Rn. 33; SK-StPO/*Weßlau* Rn. 31.
[159] OLG Karlsruhe v. 22. 5. 2005 – 2 Ss 236/04, NStZ-RR 2005, 208; OLG Karlsruhe v. 9. 2. 2005 – 2 Ws 15/05, NStZ 2005, 402.
[160] Oben Rn. 6.
[161] Oben Rn. 44 aE.

§ 154a 51–57 Zweites Buch. Verfahren im ersten Rechtszug

durch das Revisionsgericht nur dann in Betracht kommen, wenn ohnehin eine Aufhebung und Zurückverweisung erfolgt.[162]

51 **2. Entscheidungsart und -inhalt.** Ein auf Wiedereinbeziehung gerichteter **Antrag der Staatsanwaltschaft** erzwingt (Abs. 3 S. 2) eine entsprechende Entscheidung des zuständigen Gericht; ansonsten entscheidet dieses bei Vorliegen der Voraussetzungen[163] **von Amts wegen** über eine Wiedereinbeziehung. Das Gesetz ordnet eine bestimmte Entscheidungsart nicht an; anderes gilt nur bei einer im Rahmen der Eröffnungsentscheidung erfolgenden Wiedereinbeziehung, § 207 Abs. 2 iVm. Abs. 1 schreibt dann die Beschlussform vor. Auch außerhalb dessen besteht Einigkeit darüber, **grundsätzlich** einen **gerichtlichen Beschluss** über die Wiedereinbeziehung zu fordern.[164] Eine lediglich **stillschweigende**, konkludente **Wiedereinbeziehung** genügt **nicht**.[165] Die Entscheidung über die Wiedereinbeziehung ist stets eine des Gerichts, so dass eine bloße **Anordnung des Vorsitzenden** bei kollegialem Spruchkörper **nicht genügt**.[166] **Ausnahmsweise** soll aber ein bloßer **Hinweis nach § 265 als Wiedereinbeziehungsentscheidung genügen**, wenn damit dem Angeklagten unmissverständlich zum Ausdruck gebracht werden kann, dass das Gericht den ausgeschiedenen Verfahrensstoff nunmehr wiedereinbezieht.[167] Dem ist nicht nur wegen der fehlenden gesetzlichen Vorgabe zur Entscheidungsart zuzustimmen, sondern vor allem im Hinblick darauf, dass die Berücksichtigung bisher ausgeschiedenen Verfahrensstoffs entweder durch formelle Wiedereinbeziehung oder – soweit die Beweiswürdigung oder die Strafzumessung betroffen ist – durch einen entsprechenden Hinweis erfolgen kann.[168] Eine durch die Wiedereinbeziehung gehinderte Verfahrenserledigung durch das Revisionsgericht stünde mit dem verfahrensökonomischen Regelungszweck von § 154a kaum in Einklang, zumal der BGH jüngst die Möglichkeit der Verfahrensstoffbeschränkung als Mittel zur Einhaltung des Beschleunigungsgebots hervorgehoben hat.[169]

52 Lehnt das Gericht das **Wiederaufgreifen** trotz eines entsprechenden Antrages der Staatsanwaltschaft unter Verletzung der Bindungswirkung von Abs. 3 S. 2 **ab**, ist der Beschluss **mit Gründen** zu versehen (§ 34).

53 Der **Beschluss** über das Wiedereinbeziehen darf **nicht erst zusammen mit** dem die Instanz abschließenden **Urteil** ergehen, weil dies zu einer Verkürzung des rechtlichen Gehörs des Angeklagten führen würde.[170] Er muss den Verfahrensbeteiligten **bekannt gemacht** werden (vgl. § 35 Abs. 1); die förmliche Zustellung ist jedoch nicht erforderlich (§ 35 Abs. 2 S. 2). Bei in der Hauptverhandlung ergangenem Beschluss erfolgt die Bekanntgabe durch Verkündung.

54 **3. Antrags-/Zustimmungs-/Anhörungserfordernisse.** Erfolgt die Wiedereinbeziehung nach Ermessen des Gerichts[171] ohne einen dieses bindenden Antrag (Abs. 3 S. 2) der zuständigen Staatsanwaltschaft bedarf diese **keiner Zustimmung** seitens der Staatsanwaltschaft, des Angeschuldigten/Angeklagten oder des Nebenklägers.

55 Vor dem Wiederaufnahmebeschluss muss die **Staatsanwaltschaft** jedenfalls nach § 33 Abs. 2 **angehört** werden; die Pflicht zur **Anhörung des Angeschuldigten/Angeklagten** ergibt sich aus § 33 Abs. 3.[172] Dagegen bedarf es der Anhörung des **Nebenklägers nicht**, wenn zum Anschluss berechtigende Tatteile oder Gesetzesverletzungen wiedereinbezogen werden (vgl. § 33 Abs. 3).

56 **4. Wirkungen der Wiedereinbeziehung.** Mit der wirksamen Wiedereinbeziehung wird die Beschränkung der Ausübung der gerichtlichen Kognitionspflicht aufgehoben. Dieser unterliegt nunmehr der gesamte Verfahrensstoff, so dass auch solche Sanktionen verhängt werden können, die lediglich bei einer bis dato ausgeschiedenen Gesetzesverletzung vorgesehen sind. Ein **erneutes Ausscheiden der entsprechenden Tatteile** nach Wiedereinbeziehung ist **zulässig**,[173] wenn die Voraussetzungen von Abs. 2 vorliegen.

57 Die **Wiedereinbeziehung** kann sich ebenso wie die Verfolgungsbeschränkung **auf die gerichtliche Zuständigkeit auswirken**.[174]

---

[162] Wie hier Löwe/Rosenberg/*Beulke* Rn. 41.
[163] Oben Rn. 49.
[164] BGH v. 14. 12. 1995 – 4 StR 370/95, NStZ 1996, 241; HK-StPO/*Gercke* Rn. 14; KK-StPO/*Schoreit* Rn. 22; KMR/*Plöd* Rn. 24; Löwe/Rosenberg/*Beulke* Rn. 37; Meyer-Goßner Rn. 24; SK-StPO/*Weßlau* Rn. 40.
[165] *Beulke* JR 1986, 51; Löwe/Rosenberg/*Beulke* Rn. 51; SK-StPO/*Weßlau* Rn. 40.
[166] Wie hier Löwe/Rosenberg/*Beulke* Rn. 37; SK-StPO/*Weßlau* Rn. 40.
[167] BGH v. 18. 5. 1984 – 2 StR 169/94, NStZ 1994, 495; AK-StPO/*Schöch* Rn. 22; KK-StPO/*Schoreit* Rn. 22; KMR/*Plöd* Rn. 24; Löwe/Rosenberg/*Beulke* Rn. 37; SK-StPO/*Weßlau* Rn. 40.
[168] Oben Rn. 36.
[169] BGH v. 21. 10. 2008 – 3 StR 400/08, NStZ-RR 2009, 51.
[170] Löwe/Rosenberg/*Beulke* Rn. 37.
[171] Oben Rn. 49.
[172] Wie hier Löwe/Rosenberg/*Beulke* Rn. 37.
[173] Löwe/Rosenberg/*Beulke* Rn. 39; SK-StPO/*Weßlau* Rn. 41 aE.
[174] Ausführlich oben Rn. 40.

Erfolgt die Entscheidung über die Wiedereinbeziehung in der Hauptverhandlung, ordnet **Abs. 3** 58 **S. 3** die **entsprechende Anwendung von § 265 Abs. 4** an. Angesichts der für diese Vorschrift maßgeblichen Grundsätze ist das die Wiedereinbeziehung beschließende Gericht nicht zu einer Aussetzung verpflichtet.[175] Vielmehr liegt die Entscheidung darüber, ob es einer Aussetzung bedarf oder ob eine Unterbrechung genügt sowie die über die Dauer einer Aussetzung im **Ermessen des zuständigen Gerichts**. Für die inhaltlichen Kriterien der Ermessensausübung sowie für das Verfahren der Entscheidung über eine Aussetzung oder Unterbrechung gelten die für § 265 Abs. 4 relevanten Maßstäbe.[176] Die **Entscheidung muss als Beschluss** ergehen.[177]

IV. Strafklageverbrauch

Die **auf der Grundlage von § 154 a getroffenen Entscheidungen**, weder die über die Beschränkung des Verfahrensstoffs noch die über dessen Wiedereinbeziehung, **selbst** führen **keinerlei Strafklageverbrauch** herbei. Ein solcher ist ausgeschlossen, weil die Stoffbeschränkung die Anhängigkeit der ausgeschiedenen Tatteile nicht beendet und den Umfang der gerichtlichen Kognitionspflicht lediglich temporär begrenzt aber nicht aufhebt.

Strafklageverbrauch in Bezug aus den ausgeschiedenen Verfahrensstoff resultiert damit allein 60 aus einer **verfahrenserledigenden Entscheidung über die prozessuale Tat**, der die aus der Verfolgung genommenen Tatteile oder einzelnen Gesetzesverletzungen angehören (allgM).[178] Der Umfang dieses Strafklageverbrauchs bestimmt sich nach dem Typus der verfahrenserledigenden Entscheidung über die Tat; erfolgt diese etwa durch Sachurteil tritt vollumfänglich Strafklageverbrauch ein, endete das Verfahren durch Einstellungsentscheidung nach § 153 a, tritt lediglich die sachlich begrenzte Sperrwirkung des § 153 a Abs. 1 S. 5 ein. Unabhängig davon erfasst der Strafklageverbrauch stets die gesamte prozessuale Tat einschließlich des ausgeschiedenen Verfahrensstoffs. Das gilt auch bei einem **Freispruch** des Angeklagten, selbst wenn das zuständige Gericht unter Verstoß gegen die Wiedereinbeziehungspflicht[179] den ausgeschiedenen Verfahrensstoff nicht wieder einbezogen hat, der eine Verurteilung ermöglicht hätte.[180] Strafklageverbrauch in dem vorstehend beschriebenen Sinne setzt aber voraus, dass es sich bei dem aus der Verfolgung herausgenommenen Verfahrensstoff tatsächlich um bloße Tatteile oder einzelne Gesetzesverletzungen innerhalb einer einheitlichen prozessualen Tat handelte. Erweist sich der fragliche Verfahrensstoff als eigenständige prozessuale Tat, verbraucht die über eine andere prozessuale Tat ergangene verfahrenserledigende Entscheidung die Strafklage insoweit nicht.[181] Ob nach dem Vorgenannten Strafklageverbrauch eingetreten ist oder nicht, ist im Rahmen eines neuen Verfahrens über den vormals ausgeschiedenen Verfahrensstoff zu entscheiden (im Ergebnis allgM).[182]

H. Rechtsbehelfe

I. Staatsanwaltschaftliche Stoffbegrenzung (Abs. 1)

Die auf Abs. 1 gestützte staatsanwaltschaftliche **Stoffbeschränkung** ist *nicht* mit Rechtsbehelfen 61 **angreifbar**. Gleiches gilt für eine Ablehnung der Anwendung von Abs. 1, falls der Beschuldigte diese angeregt hat.

II. Gerichtliche Stoffbegrenzung (Abs. 2)

Gegen eine gerichtliche Verfahrensstoffbegrenzung nach Abs. 2 ist **kein Rechtsbehelf zulässig** 62 (allgM).[183] Gleiches gilt für die die Anwendung von Abs. 2 ablehnende gerichtliche Entscheidung.[184] Einer Beschwerde der **Staatsanwaltschaft** steht § 305 S. 1 entgegen, soweit die jeweilige Entscheidung durch das erkennende Gericht erfolgt ist. Für einen gegen die Verfahrensstoffbegrenzung gerichteten Rechtsbehelf der Staatsanwaltschaft besteht zudem kein Bedürfnis, weil diese die Wiedereinbeziehung jederzeit erzwingen kann (Abs. 3 S. 2). Missachtet das Gericht die

---

[175] Siehe *Meyer-Goßner* Rn. 26; SK-StPO/*Weßlau* Rn. 41.
[176] § 265 Rn. 117–119.
[177] § 265 Rn. 117.
[178] Löwe/Rosenberg/*Beulke* Rn. 43; SK-StPO/*Weßlau* Rn. 47.
[179] Oben Rn. 46.
[180] Im Ergebnis ebenso Löwe/Rosenberg/*Beulke* Rn. 43 aE.
[181] Löwe/Rosenberg/*Beulke* Rn. 45; SK-StPO/*Weßlau* Rn. 48.
[182] Vgl. BGH v. 16. 1. 1985 – 2 StR 530/84, BGHSt 33, 122; AK-StPO/*Schöch* Rn. 24; SK-StPO/*Weßlau* Rn. 48.
[183] *Giesler*, Der Ausschluß der Beschwerde gegen richterliche Entscheidungen im Strafverfahren, 1981, S. 223; *Drees* NStZ 1995, 481; AK-StPO/*Schöch* Rn. 28; KK-StPO/*Schoreit* Rn. 18; KMR-Plöd Rn. 18; Löwe/Rosenberg/ *Beulke* Rn. 28; *Meyer-Goßner* Rn. 23; SK-StPO/*Weßlau* Rn. 30.
[184] Nachw. wie Fn. zuvor.

Bindungswirkung, kann die Staatsanwaltschaft in den Rechtsmittelinstanzen den Wiedereinbeziehungsantrag wiederholen oder die Verletzung von Abs. 3 S. 2 mit der Revision rügen.[185] Der **Nebenkläger** hat kein Rechtsschutzbedürfnis für einen gegen die Verfahrensstoffbegrenzung gerichteten Rechtsbehelf, weil nach Anschlusserklärung die Beschränkung wegfällt (§ 397 Abs. 2 S. 2). Durch eine Ablehnung der Stoffbegrenzung ist er nicht beschwert. Bei dem Angeschuldigten oder **Angeklagten** fehlt dagegen die Beschwer bei Vornahme der Stoffbeschränkung. Umgekehrt wird seine Rechtsposition bei Ablehnung der Stoffbegrenzung angesichts des allein verfahrensökonomischen Regelungszwecks von § 154a nicht berührt.[186]

III. Revision

63 Eine Revision kann **nicht auf das Unterlassen einer Verfahrensstoffbegrenzung** durch den Tatrichter gestützt werden (allgM).[187] Auch **die rechtsfehlerhaft vorgenommene gerichtliche Verfahrensstoffbeschränkung** wird an sich **für nicht revisibel gehalten**.[188] Ein Revisionsgrund liegt auch nicht darin, dass bei in verschiedenen Altersstufen (Heranwachsender/Erwachsener) begangenen Straftaten eine Verfahrensstoffbegrenzung die Zuständigkeit der Jugendgerichte entfallen lässt.[189] Allerdings besteht Einigkeit darüber, dass die **Staatsanwaltschaft** das **Unterbleiben der Wiedereinbeziehung** mit der Revision geltend machen kann, wenn eine **Wiedereinbeziehungspflicht** des Gerichts[190] bestand, die das Gericht **nicht erfüllt** hat.[191] In den Fällen einer lediglich im **Ermessen des Gerichts stehenden Wiedereinbeziehung**[192] soll die Ermessenentscheidung gar nicht überprüft werden können.[193] Das ist lediglich deshalb akzeptabel, weil der Staatsanwaltschaft in der Rechtsmittelinstanz die Möglichkeit der (erneuten) Antragsstellung mit grundsätzlicher Bindungswirkung nach Abs. 3 S. 2 zusteht. In der Revisionsinstanz ist die Antragsmöglichkeit allerdings kein vollständiges Äquivalent für die Beschränkung der Revision, weil die Rspr. des BGH den vom Gesetz vorgegebenen Grad der Bindung des Revisionsgerichts an einen Wiedereinbeziehungsantrag gelockert hat.[194] Der revisible **Verstoß gegen die Wiedereinbeziehungspflicht** ist mit der **Verfahrensrüge** geltend zu machen;[195] das gilt sowohl bei der Verletzung der Bindung an den Wiedereinbeziehungsantrag der Staatsanwaltschaft als auch bei Verstoß gegen die materielle Wiedereinbeziehungspflicht.

64 In den Fällen der Verletzung der materiellen Wiedereinbeziehungspflicht wird sich wegen der Voraussetzungen dieser Pflicht das **Beruhen** des Urteils auf dem Rechtsfehler kaum verneinen lassen.[196] Anders kann es sich bei Verstößen gegen die durch Abs. 3 S. 2 vorgegebene Antragsbindung verhalten, weil wegen der formalen Bindung die Einbeziehung selbst dann zu erfolgen gehabt hätte, wenn das zuständige Gericht bereits im Antragszeitpunkt eine auf den bisher ausgeschiedenen Verfahrensstoff gegründete Verurteilung für ausgeschlossen hält.

65 Selbst bei einer durchgreifenden Rüge der Verletzung der Wiedereinbeziehungspflicht ist das Revisionsgericht – ungeachtet der Möglichkeiten des § 354 – nicht gezwungen, das angefochtene Urteil aufzuheben und die Sache zurückzuverweisen. Möglich ist auch eine **eigene Wiedereinbeziehungsentscheidung des Revisionsgerichts**.[197] Allerdings kommt eine solche Wiedereinbeziehung durch das Revisionsgericht nicht in Betracht, wenn dadurch dem angegriffenen Urteil des Tatgericht nachträglich die Grundlage entzogen würde, ohne dass das Revisionsgericht selbst über den wiedereinbezogenen Tatteil entscheiden kann.[198]

§ 154b [Auslieferung und Ausweisung]

(1) **Von der Erhebung der öffentlichen Klage kann abgesehen werden, wenn der Beschuldigte wegen der Tat einer ausländischen Regierung ausgeliefert wird.**

---

[185] Unten Rn. 63.
[186] Vgl. § 154 Rn. 79.
[187] Siehe nur KMR/*Plöd* Rn. 27; Löwe/Rosenberg/*Beulke* Rn. 46; SK-StPO/*Weßlau* Rn. 49.
[188] Löwe/Rosenberg/*Beulke* Rn. 46; SK-StPO/*Weßlau* Rn. 49.
[189] BGH v. 20. 4. 2005 – 3 StR 106/05, NStZ 2005, 650; siehe auch zu solchen Zuständigkeitsänderungen oben Rn. 10.
[190] Oben Rn. 44–46.
[191] BGH v. 14. 12. 1995 – 4 StR 470/95, BGHR StPO § 154a Abs. 3 Wiedereinbeziehung 3; AK-StPO/*Schöch* Rn. 33; KMR/*Plöd* Rn. 28; Löwe/Rosenberg/*Beulke* Rn. 47.
[192] Oben Rn. 49.
[193] Siehe BGH v. 25. 8. 1983 – 4 StR 331/83, JR 1984, 477; weit. Nachw. bei Löwe/Rosenberg/*Beulke* Rn. 47.
[194] Oben Rn. 44.
[195] BGH v. 8. 9. 1982 – 3 StR 241/82, NStZ 1982, 517; KK-StPO/*Schoreit* Rn. 23; Löwe/Rosenberg/*Beulke* Rn. 47.
[196] Anders möglicherweise Löwe/Rosenberg/*Beulke* Rn. 48.
[197] Weitere Einzelheiten bei Löwe/Rosenberg/*Beulke* Rn. 49.
[198] BGH v. 3. 10. 1967 – 1 StR 355/67, BGHSt 21, 326 (329 f.); BGH v. 1. 6. 2005 – 2 StR 405/04, NStZ 2006, 455.

(2) Dasselbe gilt, wenn er wegen einer anderen Tat einer ausländischen Regierung ausgeliefert oder an einen internationalen Strafgerichtshof überstellt wird und die Strafe oder die Maßregel der Besserung und Sicherung, zu der die inländische Verfolgung führen kann, neben der Strafe oder der Maßregel der Besserung und Sicherung, die gegen ihn im Ausland rechtskräftig verhängt worden ist oder die er im Ausland zu erwarten hat, nicht ins Gewicht fällt.

(3) Von der Erhebung der öffentlichen Klage kann auch abgesehen werden, wenn der Beschuldigte aus dem Geltungsbereich dieses Bundesgesetzes ausgewiesen wird.

(4) ¹Ist in den Fällen der Absätze 1 bis 3 die öffentliche Klage bereits erhoben, so stellt das Gericht auf Antrag der Staatsanwaltschaft das Verfahren vorläufig ein. ²§ 154 Abs. 3 bis 5 gilt mit der Maßgabe entsprechend, daß die Frist in Absatz 4 ein Jahr beträgt.

Schrifttum: *Jung*, Die Strafverteidigung eines Ausländers nach seiner Abschiebung und einige Hinweise zum geltenden Ausweisungsrecht, StV 2007, 106.

I. Zweck der Vorschrift

Die Vorschrift ermöglicht die (wenigstens vorläufige) Einstellung des Verfahrens in solchen Konstellationen, in denen sich der Beschuldigte aufgrund Auslieferung oder Ausweisung nach Maßgabe des Aufenthaltsrechts sich nicht mehr im Bundesgebiet aufhält bzw. zukünftig aufhalten wird. Der gemeinsame Kern dieser ansonsten recht heterogenen Regelung über die **Durchbrechung des Legalitätsprinzips** beruht auf dem Wegfall oder der **Verminderung des nationalen Strafverfolgungsinteresses** gerade wegen des fehlenden Verbleibs des Beschuldigten im Bundesgebiet.[1] Der Verzicht auf die Durchführung der nationalen Strafverfolgung hat in den verschiedenen von der Vorschrift erfassten Konstellationen unterschiedliche Gründe. In den Fällen von **Abs. 1** ist die Auslieferung an eine „ausländische Regierung" wegen **derselben (prozessualen) Tat** und damit die Erwartung der Verfolgung der Tat durch diese maßgeblich. In den Fällen von **Abs. 2** entfällt das inländische Strafverfolgungsinteresse dagegen, weil neben der erwarteten oder bereits erfolgten Sanktionierung einer **anderen** als der im Inland verfahrensgegenständlichen **prozessualen Tat** durch eine „ausländische Regierung" oder einen internationalen Strafgerichtshof[2] die Sanktion für die inländische verfahrensgegenständliche Tat nicht ins Gewicht fällt. Insoweit trägt derselbe Verzichtsgedanke wie in § 154.[3] Bei **Abs. 3** fehlt dagegen jeglicher Rückbezug auf eine anderweitige Sanktionierung oder zumindest Verfolgung des Beschuldigten. Die Einstellung beruht in diesen Fällen der Ausweisung aufgrund verwaltungsbehördlicher, ausländerrechtlich fundierter Anordnung letztlich allein auf dem Umstand des erzwungenen (zukünftigen) Verlassens des Bundesgebietes durch den Beschuldigten.[4] Ein den Verfolgungsverzicht ausreichend legitimierender Grund liegt in Letzterem nicht.[5] Im Rahmen der konkreten Anwendung von Abs. 3 wird daher zu berücksichtigen sein, dass der zukünftig fehlende Aufenthalt des Beschuldigten im Bundesgebiet lediglich einen Aspekt im Rahmen der Beurteilung des Bestehens eines inländischen Strafverfolgungsinteresses darstellt.[6] Mit den Einstellungsmöglichkeiten der Vorschrift werden zugleich **justizökonomische Zwecke** verfolgt,[7] was sich insbesondere an der mit § 154 übereinstimmenden Zielsetzung von Abs. 2 zeigt. Abs. 1, der vor allem Auslandstaten[8] erfasst, ergänzt zudem die bereits über § 153c bestehenden Möglichkeiten der Verfahrenserledigung solcher Taten. **Diversionelle Zwecke** werden mit der Vorschrift **nicht** verfolgt. Bei bereits verhängter Strafe eröffnet § 456a (vgl. auch § 17 StVollstrO) mit gleicher Zwecksetzung wie § 154b bei Auslieferung und Ausweisung von der Vollstreckung der Sanktion abzusehen. 1

II. Anwendungsbereich

1. Anwendbarkeit in den Verfahrensstadien. Das Absehen von der Erhebung der öffentlichen Klage (Abs. 1–3) bzw. die mit der Verfahrenseinstellung nach Anklageerhebung (Abs. 4 S. 1) ist in jeder Lage des Verfahrens **bis zum** (vollständigen) **Eintritt der Rechtskraft** möglich.[9] Auf Antrag der Staatsanwaltschaft ist[10] das Verfahren durch das jeweils zuständige Gericht auch in den 2

---

[1] *Bloy* GA 1980, 161 (181); Löwe/Rosenberg/*Beulke* Rn. 1; SK-StPO/*Weßlau* Rn. 1.
[2] Zum Begriff unten Rn. 9.
[3] Siehe § 154 Rn. 1.
[4] Vgl. auch *Jung* StV 2007, 106.
[5] Zutreffend SK-StPO/*Weßlau* Rn. 1 aE.
[6] Im Ergebnis weitgehend ebenso Löwe/Rosenberg/*Beulke* Rn. 8 und SK-StPO/*Weßlau* Rn. 1 und 10; siehe auch unten Rn. 11.
[7] *Jung* StV 2007, 106; siehe auch AK-StPO/*Schöch* Rn. 1; KK-StPO/*Schoreit* Rn. 1 „unkomplizierte Verfahrenserledigung"; KMR/*Plöd* Rn. 1 „einfache Verfahrenserledigung".
[8] § 153c Rn. 11 f.
[9] KMR/*Plöd* Rn. 4; Löwe/Rosenberg/*Beulke* Rn. 10.
[10] Zur Bindung des Gerichts an den Antrag unten Rn. 14.

Rechtsmittelinstanzen sowie vom neuen Tatrichter nach Aufhebung und Zurückverweisung durch das Revisionsgericht einzustellen.

3 **2. Anwendbarkeit in sachlicher Hinsicht.** In sachlicher Hinsicht verlangt die Anwendbarkeit von § 154 b keine speziellen Voraussetzungen, sondern kann auf jeden Verfahrensgegenstand unabhängig von dessen materiell-rechtlicher Bewertung angewendet werden, wenn und soweit eine nach **der inländischen Strafgewalt unterliegende Tat** gegeben ist. Umfasst der Verfahrensgegenstand mehrere Taten im prozessualen Sinne, sind die Anwendungsvoraussetzungen von Abs. 1–3 für jede der Taten gesondert zu prüfen.

4 **3. Anwendbarkeit in persönlicher Hinsicht.** Auch in persönlicher Hinsicht unterliegt der Anwendungsbereich an sich keiner Einschränkung nach der Staatsangehörigkeit des Beschuldigten. Im Hinblick auf das im Grundsatz bestehende verfassungsrechtliche Verbot, deutsche Staatsangehörige auszuliefern (Art. 16 Abs. 2 S. 1 GG) wird die Vorschrift in sämtlichen Konstellationen **in der überwiegenden Zahl gegen Beschuldigte nichtdeutscher Staatsangehörigkeit** zur Anwendung gelangen.[11] Abs. 3 ist wegen der Anknüpfung an die aufenthaltsrechtliche Ausweisung auf deutsche Beschuldigte stets unanwendbar. In den Konstellationen von Abs. 1 und 2 kann sich das Verfahren **auch gegen deutsche Staatsangehörige** richten, wenn die Auslieferung an die „ausländische Regierung" eines anderen EU-Mitgliedstaates[12] oder die Überstellung an einen Internationalen Strafgerichtshof erfolgt; Art. 16 Abs. 2 S. 2 GG gestattet hier die Auslieferung oder Überstellung Deutscher. § 154 b ist aber **unanwendbar**, wenn der Beschuldigte den **Geltungsbereich der StPO freiwillig verlassen** hat (inzwischen allgM).[13] Es fehlt dann an der erzwungenen und damit durch den Betroffenen nicht ohne Weiteres revidierbaren Abwesenheit sowie in den Fällen von Abs. 1 und 2 an der Erwartung anderweitiger Sanktionierung.

5 **4. Verhältnis zu anderen Einstellungsvorschriften.** Das Verhältnis zu anderen Einstellungsmöglichkeiten auf der Grundlage des Opportunitätsprinzips ist kaum geklärt. Soweit sich mit §§ 153 und 153 a Überschneidungen ergeben können (etwa bei Abs. 1 bagatellarische Inlandstat eines Ausländers, die auch der Heimatstaat durch Anknüpfung an die aktive Personalität verfolgt), wird regelmäßig §§ 153, 153 a Vorrang zukommen, weil das Strafverfolgungsinteresse entweder von vornherein fehlt oder durch die Übernahme der Quasi-Sanktion und nicht erst wegen der Verlassens der Bundesrepublik entfällt. Soweit bei einer Auslandstat eines Ausländers, die auch der deutschen Strafgewalt unterfällt (etwa aufgrund Anknüpfung an die passive Personalität) auch **§ 153 c** (vor allem Abs. 1 Nr. 1) anwendbar ist, handelt es sich bei diesem um die speziellere Vorschrift für Auslandstaten.[14] Bei der Begehung von Völkerstraftaten nach dem VStGB ist § 153 f lex speciales. Ergibt sich im Ermittlungs- oder Zwischenverfahren eine **liquide Einstellungslage**, haben §§ 170 Abs. 2, 204 Vorrang; entsprechendes gilt bei liquider Freispruchslage für das entsprechende Urteil im Hauptverfahren.

III. Einstellung durch die Staatsanwaltschaft (Absehen von der Verfolgung, Abs. 1–3)

6 **1. Voraussetzungen. a) Einstellung bei Auslieferung wegen derselben Tat (Abs. 1).** Abs. 1 erfordert eine Auslieferung des Beschuldigten an eine ausländische Regierung wegen „der Tat". Aus dem systematischen Zusammenhang mit Abs. 2 (andere Tat) und dem Regelungszweck ergibt sich, dass mit **Tat** die **im prozessualen Sinne von §§ 155, 264** gemeint ist. Maßgeblich ist damit die Einheitlichkeit des Lebensvorgangs bei faktischer Betrachtung.[15]

7 Die von Abs. 1 (und Abs. 2) erfasste **Auslieferung** erfolgt entweder auf der Grundlage des **IRG** (vgl. §§ 12 f., 41 IRG), eines **völkerrechtlichen Auslieferungsabkommens** bilateraler bzw. multilateraler Art oder aufgrund eines **Europäischen Haftbefehls**, dessen Regelung in der Umsetzung des Rahmenbeschlusses der Rates der EU vom 13. 6. 2002[16] §§ 80 ff. IRG enthalten. Entgegen dem durch den Wortlaut „ausgeliefert wird" hervorgerufenen Anschein hängt die Einstellung nach Abs. 1 **nicht von der Vollzug der Auslieferung ab** (mittlerweile allgM);[17] es genügt vielmehr die **bestandskräftige Anordnung** der Auslieferung.[18] Die Bestandskraft der Auslieferung erfordert

---

[11] Zu apodiktisch Löwe/Rosenberg/*Beulke* Rn. 2 „im Allgemeinen nicht auf Deutsche anwendbar".
[12] Vgl. OLG Karlsruhe v. 20. 12. 2006 – 1 AK 46/08, NJW 2007, 617 f.
[13] AK-StPO/*Schöch* Rn. 6; HK-StPO/*Gercke* Rn. 1; KK-StPO/*Schoreit* Rn. 2; KMR/*Plöd* Rn. 2; Löwe/Rosenberg/*Beulke* Rn. 2 aE; SK-StPO/*Weßlau* Rn. 3.
[14] Unklar SK-StPO/*Weßlau* Rn. 1 „Abs. 1 ergänzt § 153 c".
[15] Ausführlich § 264 Rn. 20 ff.
[16] Rahmenbeschluss 2002/584/JI des Rates; ABl. EG Nr. L 190 vom 18. 7. 2002 S. 1.
[17] OLG Karlsruhe v. 20. 12. 2006 – 1 AK 46/06, NJW 2007, 617 (618); AK-StPO/*Schöch* Rn. 7; KMR/*Plöd* Rn. 2; Löwe/Rosenberg/*Beulke* Rn. 4; Meyer-Goßner Rn. 3; SK-StPO/*Weßlau* Rn. 3.
[18] Nachw. wie Fn. zuvor.

aber zwingend eine Entscheidung des nach § 13 IRG zuständigen OLG.[19] Der Auslieferung steht die **Durchlieferung** gleich.[20]

Anders als Abs. 2 erfasst der Wortlaut von Abs. 1 lediglich Auslieferungen an einen ausländischen Staat nicht aber Überstellungen an einen Internationalen Gerichtshof. Allerdings wird Abs. 1 insoweit durch § 28 IStGHG ergänzt, der das Absehen von der Verfolgung gestattet, wenn wegen derselben Tat der IStGH gegenüber einer zuständigen inländischen Behörde erklärt hat, für den Fall der inländischen Verfahrenseinstellung (vgl. § 153 f) um Überstellung des Beschuldigten nachzusuchen. Die Voraussetzungen des Absehens von der Verfolgung von Völkerstraftaten ergeben sich aus § 153 f.[21] 8

b) Einstellung bei Auslieferung oder Überstellung wegen einer anderen Tat (Abs. 2). Der in Abs. 2 verwendete Begriff der Tat meint ebenso wir in Abs. 1 die **Tat im prozessualen Sinne.** Abweichend von Abs. 1 muss die Auslieferung[22] an eine ausländische Regierung oder die Überstellung (vgl. §§ 2 ff. IStGHG) an einen internationalen Gerichtshof eine andere prozessuale Tat betreffen, als die im Inland verfahrensgegenständliche. Als **internationaler Strafgerichtshof** kommt nicht nur der ständige Internationale Strafgerichtshof (**IStGH/ICC**) in Betracht sondern auch die beiden ad hoc-Gerichtshöfe für das ehemalige Jugoslawien (**JStGH/ICTY**) und für Ruanda (**RStGH/ICTR**);[23] angesichts der in räumlich-zeitlicher Hinsicht begrenzten Gerichtsbarkeit der beiden Gerichtshöfe, dürfte insoweit jedoch kaum eine praktische Bedeutung bestehen. Die Überstellung an den IStGH kann auch Beschuldigte mit deutscher Staatsangehörigkeit betreffen (Art. 16 Abs. 2 S. 2 GG; §§ 2 ff. IStGHG).[24] Sog. **Hybrid-Gerichte**, wie etwa der Special Court for Sierra Leone oder die Extraordinary Chambers in the Courts of Cambodia, werden sich nicht unter den Terminus „internationaler Strafgerichtshof" fassen lassen. Soweit eine Auslieferung oder Überstellung (nichtdeutscher) Beschuldigter an solche Gerichte zulässig ist, wird Abs. 2 aber analog angewendet werden können. 9

Die Einstellung nach Abs. 2 hängt davon ab, dass die wegen der inländisch verfolgten Tat zu erwartende Sanktion neben der wegen der anderen Tat bereits verhängten **nicht ins Gewicht fällt.** Der gewählte Vergleichsmaßstab stimmt mit § 153 c Abs. 2 überein[25] und bleibt hinter § 154 Abs. 1 Nr. 1 („beträchtlich") zurück; das ist wenig sachgerecht, weil § 153 c Abs. 2 auf dieselbe Tat bezogen ist, während § 154 wie § 154 b den Vergleich von Sanktionen aus unterschiedlichen prozessualen Taten zum Gegenstand hat.[26] In praktischer Hinsicht ergeben sich aus den Formulierungsunterschieden angesichts der fehlenden Justiziabilität der Maßstäbe ohnehin keine relevanten Konsequenzen. Da die Überstellung an internationale Strafgerichtshöfe notwendig allein wegen der Begehung von Völkerstraftaten oder der Beteiligung und damit um schwerste Straftaten (core crimes) erfolgt, bedarf es einer gewichtigen Tat, die den Gegenstand der inländischen Verfolgung bildet, damit der dafür zu erwartenden Sanktion Gewicht zukommt. 10

c) Einstellung bei Ausweisung (Abs. 3). Die Einstellung nach Abs. 3 verlangt allein die **Ausweisung** des Beschuldigten. Die verwaltungsrechtlichen Voraussetzungen der Ausweisung bestimmen sich nach AufenthG, insb. **§§ 53, 54, 55 AufenthG.** Wie in den Fällen der Auslieferung (Abs. 1 und 2) kommt es allein auf die bestandskräftige Anordnung der – hier verwaltungsbehördlichen – Ausweisungsentscheidung an.[27] Die Staatsanwaltschaft ist rechtlich nicht gehindert, bei der zuständigen Verwaltungsbehörde, die Ausweisung eines ausländischen Beschuldigten anzuregen,[28] um damit die Voraussetzungen für die Anwendung von Abs. 3 zu schaffen. Weitere Voraussetzungen als die bestandskräftig angeordnete Abschiebung verlangt der Wortlaut von Abs. 3 nicht.[29] Im Hinblick auf das Legalitätsprinzip sowie den Regelungszweck von Abs. 1 und 2 ist dennoch von der Staatsanwaltschaft zu prüfen, ob allein die erwartete Ausweisung des Beschuldigten das inländische Strafverfolgungsinteresse entfallen lässt.[30] Die äußerste Grenze zulässiger Anwendung von Abs. 3 hat *Beulke* zutreffend mit der Schwere der Schuld und der gebotenen Verteidigung der Rechtsordnung (vgl. § 154 Abs. 1 Nr. 2) gezogen;[31] Gegenfaktoren können sich aus § 153 c 11

---

[19] OLG Karlsruhe v. 20. 12. 2006 – 1 AK 46/06, NJW 2007, 617 (618) mwN.
[20] KMR/*Plöd* Rn. 2 aE.
[21] Siehe vor allem § 153 f Rn. 10 ff.
[22] Oben Rn. 8.
[23] KK-StPO/*Schoreit* Rn. 1; SK-StPO/*Weßlau* Rn. 5.
[24] Oben Rn. 4.
[25] Siehe § 153 c Rn. 20 f.
[26] Ebenso SK-StPO/*Weßlau* Rn. 9.
[27] Löwe/Rosenberg/*Beulke* Rn. 7 aE.
[28] Löwe/Rosenberg/*Beulke* Rn. 9; SK-StPO/*Weßlau* Rn. 10.
[29] Siehe bereits oben Rn. 1.
[30] Zutreffend Löwe/Rosenberg/*Beulke* Rn. 9; SK-StPO/*Weßlau* Rn. 10.
[31] Löwe/Rosenberg/*Beulke* Rn. 8 aE.

Abs. 3 und § 153 d (insb. Gefahr des schweren Nachteils für die Bundesrepublik bei Durchführung der Strafverfolgung) ergeben.[32]

12 **2. Entscheidungsart und -inhalt/Wirkungen.** Die zuständige Staatsanwaltschaft trifft auf Abs. 1 bis 3 gestützte Einstellungsentscheidungen durch **Einstellungsverfügung**, die regelmäßig die Gründe erkennen lässt.[33] Sie allein beurteilt das Vorliegen der sachlichen Einstellungsvoraussetzungen; ob sie bei deren Annahme von der Einstellungsmöglichkeit Gebrauch macht, liegt in ihrem **Ermessen**.[34] Im Hinblick auf den auch justizökonomischen Regelungszweck von § 154 b besteht Einigkeit darüber, dass es vor der Einstellungsentscheidung einer **Ausermittlung** des Sachverhaltes bis zur Beurteilung des hinreichenden Tatverdachts **nicht bedarf**.[35] Die Staatsanwaltschaft muss aufgrund des Ermittlungsstandes aber von dem Vorliegen der Einstellungsvoraussetzungen überzeugt sein. **Zustimmungen** des Gerichts, des Beschuldigten oder anderer Verfahrensbeteiligter sieht das Gesetz **nicht** vor. Die der Einstellungsverfügung endet das **Strafverfahren** gegen den Beschuldigten.[36] Ungeachtet des für die gerichtliche Einstellung nach Abs. 4 S. 1 verwendeten Wortlauts handelt es sich **nicht um eine vorläufige Einstellung**, wie sie etwa bei § 153 a Abs. 1 erfolgt. Ob die Staatsanwaltschaft das Verfahren später wieder aufgreift, ist eine davon zu trennende Frage. Eine Kostenentscheidung enthält die staatsanwaltschaftliche Einstellungsentscheidung nicht (§ 464 Abs. 1); über etwaige Entschädigungen nach StrEG kann gerichtliche Entscheidung nach § 9 StrEG ergehen.

IV. Einstellung durch das Gericht (Abs. 4 S. 1)

13 **1. Voraussetzungen.** Abs. 4 S. 1 regelt für die gerichtliche Einstellung des Verfahrens keine eigenständigen materiellen Voraussetzungen sondern verweist auf diejenigen der Abs. 1–3. Formal hängt Möglichkeit des erkennenden Gerichts nach Abs. 4 S. 1 einzustellen aber von einem entsprechenden **Antrag der Staatsanwaltschaft** ab.

14 **2. Zuständigkeit.** Die Zuständigkeit für die Einstellungsentscheidung geht **nach der Erhebung der öffentlichen Klage** auf das im jeweiligen Verfahrensstadium **zuständige Gericht** über. Die Zuständigkeit der jeweiligen Gerichte bleibt bis zum rechtskräftigen Abschluss des Verfahrens erhalten.[37] Auch in der Revisionsinstanz kann daher der Antrag gestellt werden, über den dann das Revisionsgericht zu entscheiden hat. Die Zuständigkeit des Gerichts beschränkt sich auf die formale Entscheidung. Material soll das Gericht nach allgM **an den Antrag der Staatsanwaltschaft gebunden** sein, so dass es diesem grundsätzlich **entsprechen muss**.[38] Allerdings soll das zuständige Gericht berechtigt sein, das **Vorliegen der gesetzlichen Voraussetzungen** zu **prüfen**.[39] Zählt man dazu nicht nur das Vorhandensein bestandskräftiger Entscheidungen über die Auslieferung bzw. Überstellung (Abs. 1 und 2) oder die Abschiebung (Abs. 3) sondern in den Fällen von Abs. 2 auch das Verhältnis der erwarteten Sanktion bei inländischer Verfolgung einerseits und ausländischer/internationaler Verfolgung andererseits,[40] bleibt von dem formulierten Grundsatz der Bindung nicht mehr viel übrig. Letztlich verbliebe allein ein nicht gerichtlich überprüfbares Ermessen der Staatsanwaltschaft in den Fällen von Abs. 3 bezüglich der Frage, ob allein wegen der Ausweisung eingestellt werden soll.

15 **3. Entscheidungsart und -inhalt.** Das zuständige Gericht entscheidet durch **Beschluss**; bei Kollegialgerichten hängt die Besetzung davon ab, ob die Entscheidung innerhalb oder außerhalb der Hauptverhandlung ergeht. In der Hauptverhandlung ist der Beschluss mündlich zu verkünden, ansonsten wird er bekannt gegeben (§ 35). Wird der auf Einstellung lautende Antrag der Staatsanwaltschaft abgelehnt,[41] ist der entsprechende Beschluss mit einer Begründung zu versehen (§ 34). Ergeht der Beschluss antragsgemäß, muss in diesem sowohl über die **Kosten** und Auslagen **entschieden** werden (wobei § 467 Abs. 4 gilt)[42] als auch ggf. über Entschädigungen nach StrEG.[43]

---

[32] Ebenso Löwe/Rosenberg/*Beulke* Rn. 8; SK-StPO/*Weßlau* Rn. 10.
[33] AK-StPO/*Schöch* Rn. 9.
[34] KMR/*Plöd* Rn. 3.
[35] KK-StPO/*Schoreit* Rn. 4; Löwe/Rosenberg/*Beulke* Rn. 9; *Pfeiffer* Rn. 2; SK-StPO/*Weßlau* Rn. 7.
[36] Zum Strafklageverbrauch unten Rn. 21 f.
[37] Oben Rn. 2.
[38] OLG Düsseldorf 30. 11. 1989 – 3 Ws 873/89, MDR 1990, 568; HK-StPO/*Gercke* Rn. 6; KK-StPO/*Schoreit* Rn. 7; KMR/*Plöd* Rn. 4; Löwe/Rosenberg/*Beulke* Rn. 10; *Meyer-Goßner* Rn. 3; SK-StPO/*Weßlau* Rn. 12.
[39] Löwe/Rosenberg/*Beulke* Rn. 10; SK-StPO/*Weßlau* Rn. 12.
[40] So Löwe/Rosenberg/*Beulke* Rn. 10.
[41] Oben Rn. 14.
[42] Zutreffend Löwe/Rosenberg/*Beulke* Rn. 11; siehe auch KK-StPO/*Schoreit* Rn. 9; dafür spricht die in Rn. 14 dargestellte Prüfungsreichweite des Gerichts.
[43] OLG Düsseldorf v. 30. 11. 1989 – 3 Ws 873/89, MDR 1990, 568; HK-StPO/*Gercke* Rn. 6; KK-StPO/*Schoreit* Rn 9; KMR/*Plöd* Rn. 4; Löwe/Rosenberg/*Beulke* Rn. 11; *Meyer-Goßner* Rn. 5; SK-StPO/*Weßlau* Rn. 12.

4. Wirkungen und Folgemaßnahmen. Mit dem Einstellungsbeschluss **endet** das Verfahren entgegen dem Wortlaut von Abs. 4 S. 1 **endgültig**.[44] Die Möglichkeit der Wiederaufnahme (vgl. Abs. 4 S. 2) steht dem nicht entgegen, sondern bestätigt gerade die endgültige Erledigung. Soweit Haftbefehl gegen den Angeschuldigten oder Angeklagten bestand, ist dieser im Anschluss an die Einstellungsentscheidung aufzuheben.[45] Um die Auslieferung oder Ausweisung zu sichern, bedarf es regelmäßig der Vollstreckung eines Auslieferungshaftbefehls (§§ 15 ff. IRG) oder der Abschiebehaft (§ 62 AufenthG).[46] Die Aufrechterhaltung und der Vollzug eines Untersuchungshaftbefehls verletzten Art 2 Abs. 2 GG und Art. 104 Abs. 1 GG. 16

Hat die Staatsanwaltschaft im Stadium der Hauptverhandlung einen Antrag nach Abs. 4 S. 1 angekündigt, ist unter den Voraussetzungen von § 228 ein Zuwarten mit der Entscheidung über den Antrag zulässig, bis dessen gesetzliche Voraussetzungen, dh. vor allem die Bestandskraft der Auslieferungsentscheidung etc., vorliegen (allgM).[47] 17

V. Rechtsbehelfe

1. Staatsanwaltschaftliche Einstellung (Abs. 1–3). Gegen die staatsanwaltschaftliche Einstellungsverfügung ist das **Klageerzwingungsverfahren** nicht statthaft (§ 172 Abs. 2 S. 3). Ebenso wenig besteht ein Rechtsbehelf, mit dem der Beschuldigte die Anwendung von Abs. 1–3 durchsetzen könnte bzw. den Verzicht auf die Anwendung rügen kann. Möglich ist jeweils allein die Dienstaufsichtsbeschwerde. 18

2. Gerichtliche Entscheidung über die Einstellung. Hat das Gericht den **Einstellungsantrag** der Staatsanwaltschaft nach Abs. 4 S. 1 **abgelehnt**,[48] so kann diese dagegen **Beschwerde** (§ 304) einlegen.[49] Das lässt sich dem Umstand entnehmen, dass nach Abs. 4 S. 1 das Gericht als dem Einstellungsantrag der Staatsanwaltschaft zu entsprechen hat („stellt … ein"). Dem Angeschuldigten oder Angeklagten steht dagegen gegen eine ablehnende Entscheidung kein Rechtsbehelf zu, weil es ihm an einem Anspruch auf eine Einstellung nach dem Opportunitätsprinzip fehlt. Auch eine Revision kann nicht auf das Ausbleiben einer Einstellungsentscheidung gestützt werden. 19

Gegen den gerichtlichen **Einstellungsbeschluss** sieht das geltende Recht selbst für den Verletzten **keinen Rechtsbehelf** vor; das gilt unabhängig von dem Fehlen einer § 153 Abs. 2 S. 4 entsprechenden Regelung. Allerdings steht der **Staatsanwaltschaft** die einfache **Beschwerde** zur Verfügung, wenn der **Einstellungsbeschluss ohne** den prozessual zwingend erforderlichen diesbezüglichen **Antrag** der Staatsanwaltschaft ergangen ist.[50] Die Entscheidung über die Kosten und Auslagen ist nicht mit der sofortigen Beschwerde anfechtbar (§ 464 Abs. 3 S. 1);[51] anders dagegen bei der Entscheidung über Entschädigungen nach StrEG (arg. § 8 Abs. 3 S. 1 StrEG). 20

VI. Strafklageverbrauch

1. Staatsanwaltschaftliche Entscheidung. Die Einstellungsentscheidung der Staatsanwaltschaft soll **nach allgM keinerlei Strafklageverbrauch** herbeiführen.[52] Dem ist de lege lata zuzustimmen, wenn auch das Negieren jeglichen Strafklageverbrauchs zumindest in den Fällen von Abs. 2 nicht zweifelsfrei ist, weil die Verfahrenserledigung hier immerhin auf einer Bewertung des Unrechts- und Schuldgehalts der Tat, die sich in der angenommenen Strafbewertung ausdrückt („nicht beträchtlich ins Gewicht fällt"), beruht. Ungeachtet dessen darf nach wiederum allgM die Staatsanwaltschaft ein durch sie auf der Grundlage von Abs. 1–3 eingestelltes Verfahren aus jeglichem Grund auch ohne Veränderungen in den tatsächlichen Grundlagen wiederaufgreifen. Das gilt selbst dann, wenn zum Zwecke der Durchführung des inländischen Verfahrens nunmehr das Rechtshilfeverfahren betrieben werden muss. Gesperrt ist das Wiederaufgreifen des Verfahrens seitens der Staatsanwaltschaft zum einen lediglich durch mögliche **Verfahrenshindernisse**, etwa zwischenzeitlich eingetretene Verjährung oder in den Fällen von Abs. 1 Strafklageverbrauch durch eine rechtskräftige ausländische/internationale Verfahrenserledigung (zB Art. 54 SDÜ, Art. 19 IStGH-Statut) und zum anderen bei einer gerichtlichen Einstellung nach Abs. 4 S. 1, in Bezug auf die eine Wiederaufnahme lediglich unter den sachlichen Voraussetzungen von Abs. 4 21

---

[44] Siehe nur KMR/*Plöd* Rn. 4 mwN.
[45] SK-StPO/*Weßlau* Rn. 14.
[46] Vgl. AK-StPO/*Schöch* Rn. 11; Löwe/Rosenberg/*Beulke* Rn. 12.
[47] Siehe nur Löwe/Rosenberg/*Beulke* Rn. 10; SK-StPO/*Weßlau* Rn. 13.
[48] Dazu bereits oben Rn. 14.
[49] AK-StPO/*Schöch* Rn. 10; HK-StPO/*Gercke* Rn. 6; Löwe/Rosenberg/*Beulke* Rn. 10.
[50] Insoweit gelten die Erwägungen § 153 Rn. 73 zur Beschwerde bei fehlender Zustimmung in den Fällen von § 153 Abs. 2 erst recht.
[51] KK-StPO/*Schoreit* Rn. 9.
[52] Siehe nur SK-StPO/*Weßlau* Rn. 11.

S. 2 iVm. § 154 Abs. 3, 4 und durch Gerichtsbeschluss (Abs. 4 S. 2 iVm. § 154 Abs. 5) erfolgen kann. Formal erfolgt das Wiederaufgreifen, indem das Verfahren weiterbetrieben wird, etwa im Wege neuer Ermittlungshandlungen oder durch Anklageerhebung.

22 **2. Gerichtlicher Einstellungsbeschluss.** Dem gerichtlichen Einstellungsbeschluss kommt ein **begrenzter Strafklageverbrauch** zu, dessen Umfang sich aus dem Umkehrschluss der Wiederaufnahmevoraussetzungen nach Abs. 4 S. 2 iVm. § 154 Abs. 3 und 4 ergibt, soweit diese auf die Einstellungsgründe nach Abs. 4 S. 1 angewendet werden können. Im Übrigen ist bei entsprechenden Verfahrenshindernissen[53] auch nach gerichtlicher Einstellung ein neues Verfahren gesperrt.

VII. Wiederaufnahme des Verfahrens durch das Gericht (Abs. 4 S. 2)

23 **1. Verfahren der Wiederaufnahme.** Entsprechend der Verweisung in Abs. 4 S. 2 auf § 154 Abs. 5 kann die Wiederaufnahme des Verfahrens lediglich durch einen entsprechenden **Beschluss des Gerichts** erfolgen, das die **Einstellungsentscheidung** getroffen hat.[54] Da Abs. 4 S. 2 lediglich eine Fristmodifikation vornimmt, bedarf wegen der für § 154 Abs. 5 geltenden Regeln der Wiederaufnahmebeschluss nicht der Zustimmung der Staatsanwaltschaft[55] sondern lediglich deren Anhörung (§ 33 Abs. 2). Der Umstand, dass abweichend von § 154 Abs. 2 bei § 154b Abs. 4 S. 1 auf den Antrag der Staatsanwaltschaft (grundsätzlich) die Einstellung zu beschließen ist, könnte bei sinngemäßer Anwendung von § 154 Abs. 5 Anlass sein, eine Zustimmung der Staatsanwaltschaft zu dem Wiederaufnahmebeschluss für erforderlich zu halten.

24 **2. Materielle Wiederaufnahmevoraussetzungen.** Die materiellen Wiederaufnahmevoraussetzungen sollen nach der gesetzlichen Konzeption denen von § 154 Abs. 3 und 4[56] entsprechen. Diese **Verweisung** geht aber **teilweise ins Leere**, weil die Einstellungen auf der Grundlage von Abs. 1 und Abs. 3 anders als in § 154b keinen Rückbezug auf eine anderweitige Sanktionierung aufweisen. Eine **entsprechende Anwendung** kommt daher lediglich **in den Fällen von Abs. 2** sachgerecht in Betracht.[57] Insoweit gelten dann die für § 154 Abs. 3 und 4 maßgeblichen Erwägungen. Beruhte die Einstellung auf **Abs. 1**, ist vor einer Wiederaufnahme zunächst zu prüfen, ob durch die Verfolgung derselben Tat im Ausland Strafklageverbrauch eingetreten ist, was im Rechtsraum der EU wegen Art. 54 SDÜ durchaus der Fall sein kann.[58] Besteht ein solches Verfahrenshindernis nicht, ist zu erwägen, ob im Hinblick auf die Durchführung des Strafverfahrens im Ausland und dessen Ausgang nunmehr ein bei Einstellung noch verneintes inländisches Strafverfolgungsinteresse besteht. Im Rahmen dieser Erwägungen ist die in § 153c Abs. 2 getroffene Wertung zu beachten.[59] Da Abs. 3 die Einstellung grundsätzlich allein im Hinblick auf die Ausweisung ohne Rückbezug auf eine anderweitige Strafverfolgung gestattet, kann bei den Wiederaufnahmevoraussetzungen lediglich an einen **erneuten Aufenthalt** des vormals Beschuldigte etc. **im Inland** abgestellt werden. Soweit die früher verfahrensgegenständliche Tat noch verfolgbar ist, kann Wiederaufnahmebeschluss ergehen, wenn nunmehr ein inländisches Strafverfolgungsinteresse angenommen wird. Das kommt regelmäßig bei neuen Tatsachen und Beweismitteln in Betracht. Ergeben sich solche Nova, wird eine Wiederaufnahme sogar dann in Betracht kommen, wenn sich der frühere Angeschuldigte etc. noch im Ausland aufhält;[60] parallel zu dem Wiederaufnahmebeschluss des Gerichts wird die Staatsanwaltschaft dann das Auslieferungsverfahren betreiben.

25 **3. Fristen der Wiederaufnahme (Abs. 4 S. 2 Hs. 2).** Auch die Verweisung auf die Wiederaufnahmefrist des § 154 Abs. 4 wie die Anordnung der Fristverlängerung auf ein Jahr gehen teilweise ins Leere. War die ursprüngliche Einstellung auf **Abs. 1 oder 2** gestützt, kommt der **Jahresfrist** nur dann zur Anwendung, wenn die Auslieferung oder Überstellung **zum Zwecke der Strafverfolgung** erfolgte.[61] Die Fristberechnung ist nur dann möglich, wenn nach der inländischen Einstellung eine rechtskräftige ausländische Verurteilung erfolgt. Wurde zum Zwecke der Vollstreckung einer bereits vor der inländischen Einstellung verhängten ausländischen Verurteilung ausgeliefert, kommt der Frist keinerlei Bedeutung zu. Beruhte die Einstellung auf **Abs. 3**, kann an sich die Frist aus Abs. 4 S. 2 ebenfalls keinerlei Bedeutung zukommen, weil hier von vornherein nicht an ein ausländisches Urteil angeknüpft wird, das wegfallen oder rechtskräftig werden kann.

---

[53] Oben Rn. 21.
[54] Näher § 154 Rn. 70 ff.
[55] § 154 Rn. 75 f.
[56] Dazu § 154 Rn. 54 ff.
[57] Löwe/Rosenberg/*Beulke* Rn. 13; SK-StPO/*Weßlau* Rn. 15.
[58] Zu Anwendung und Reichweite von Art. 54 SDÜ siehe *Radtke*/*Busch* NStZ 2003, 281 ff. und *Radtke*, FS Seebode, 2008, S. 297 ff.
[59] HK-StPO/*Gercke* Rn. 7; Löwe/Rosenberg/*Beulke* Rn. 13; SK-StPO/*Weßlau* Rn. 15.
[60] SK-StPO/*Weßlau* Rn. 15; siehe auch Löwe/Rosenberg/*Beulke* Rn. 15.
[61] Löwe/Rosenberg/*Beulke* Rn. 14; SK-StPO/*Weßlau* Rn. 16.

Nach nahezu allgM soll allerdings die Frist des Abs. 4 S. 2 auf die Fällen von Abs. 3 dergestalt angewendet werden, dass bei ansonsten unveränderter Sach- und Rechtslage das Verfahren lediglich dann wiederaufgenommen werden kann, wenn der vormals Beschuldigte etc. innerhalb eines Jahres nach Vollzug der Ausweisung wieder in der Bundesgebiet einreist.[62] Führen jenseits des erneuten Aufenthalts Nova zu einer anderen Beurteilung des inländischen Strafverfolgungsinteresses,[63] kann ohne Rücksicht auf die Frist wiederaufgenommen werden, wenn die Tat noch verfolgbar ist.

§ 154c [Nötigung oder Erpressung]

(1) Ist eine Nötigung oder Erpressung (§§ 240, 253 des Strafgesetzbuches) durch die Drohung begangen worden, eine Straftat zu offenbaren, so kann die Staatsanwaltschaft von der Verfolgung der Tat, deren Offenbarung angedroht worden ist, absehen, wenn nicht wegen der Schwere der Tat eine Sühne unerlässlich ist.

(2) Zeigt das Opfer einer Nötigung oder Erpressung (§§ 240, 253 des Strafgesetzbuches) diese an (§ 158) und wird hierdurch bedingt ein vom Opfer begangenes Vergehen bekannt, so kann die Staatsanwaltschaft von der Verfolgung des Vergehens absehen, wenn nicht wegen der Schwere der Tat eine Sühne unerlässlich ist.

Schrifttum: *Krause,* Gedanken zur Nötigung und Erpressung durch Rufgefährdung (Chantage), Festschrift für Spendel, 1992, 547.

I. Zweck der Vorschrift

Die Vorschrift weist **keinen einheitlichen Regelungszweck** auf sondern verfolgt mehrere Zwecke, deren Verhältnis und Rang zueinander nicht vollständig klar sind. Einerseits zielt die Einstellungsmöglichkeit auf eine **bessere Strafverfolgung von** Tätern einer **Nötigung oder Erpressung,** indem den Opfern solcher Taten die Chance einer Einstellung wegen eigener Straftaten, deren Offenbaren das Drohmittel des Erpressers bildet, eröffnet wird.[1] Dieser Regelungszweck wird durch den mit 37. StrafrechtsänderungsG vom 11. 2. 2005[2] eingefügten Abs. 2 besonders deutlich. Das Erpressungs- oder Nötigungsopfer soll ermuntert werden, die zu seinen Lasten begangene Tat anzuzeigen, selbst wenn dadurch eine eigene Straftatbegehung bekannt wird. Wegen der Verknüpfung des Bekanntwerdens des eigenen strafbaren Verhaltens des Erpressungs-/Nötigungsopfers mit der durch es erstatteten Strafanzeige gegen den Erpresser etc. trägt **Abs. 2** gewisse **Züge einer Kronzeugenregelung.** Für Abs. 1 lässt sich solches dagegen nicht annehmen;[3] wie sich aus den von Abs. 2 abweichenden Voraussetzungen ergibt, erfordert die Einstellung nach Abs. 1 keinen vom Erpressungs-/Nötigungsopfer ausgehenden Aufklärungsbeitrag.[4] Andererseits weist § 154c neben der Verbesserung der Aufklärungsmöglichkeiten auch einen **diversionellen Zweck** insoweit auf, als die aus der Erpressungssituation resultierenden Belastungen für das Erpressungs- bzw. Nötigungsopfer in der Tendenz zu einer Minderung des Strafverfolgungsinteresses führen[5] und deshalb auf eine formelle Sanktionierung der Tat des Erpressungsopfers selbst verzichtet werden kann. **Justizökonomische Effekte** sind mit der Einstellung nach § 154c lediglich insoweit verbunden, als die Durchführung von Zwischen- und Hauptverfahren entfällt.

II. Anwendungsbereich

1. Anwendbarkeit in den Verfahrensstadien, in sachlicher und persönlicher Hinsicht. Die Anwendbarkeit der Vorschrift ist auf das **Ermittlungsverfahrens beschränkt,** wie sich aus der ausschließlichen Kompetenzzuweisung an die Staatsanwaltschaft[6] ergibt. Stellt sich das Vorliegen der Voraussetzungen von § 154c erst nach Anklageerhebung heraus, kann im Hinblick auf das geringere Strafverfolgungsinteresse[7] das zuständige Gericht das Verfahren gegen den Erpressungs-/Nötigungsopfer lediglich auf der Grundlage von § 153 Abs. 2, § 153a Abs. 2 unter den dann ein-

---

[62] AK-StPO/*Schöch* Rn. 12; HK-StPO/*Gercke* Rn. 7; KK-StPO/*Schoreit* Rn. 8; Löwe/Rosenberg/*Beulke* Rn. 15; SK-StPO/*Weßlau* Rn. 16.
[63] Oben Rn. 24 aE.
[1] AK-StPO/*Schöch* Rn. 1; Löwe/Rosenberg/*Beulke* Rn. 1; SK-StPO/*Weßlau* Rn. 1; siehe auch *Meyer-Goßner* Rn. 3.
[2] BGBl. I S. 239.
[3] Zutreffend *Krause,* FS Spendel, S. 547 (555); SK-StPO/*Weßlau* Rn. 1; anders Löwe/Rosenberg/*Beulke* Rn. 1.
[4] Unten Rn. 8.
[5] *Radtke,* Die Systematik des Strafklageverbrauchs verfahrenserledigender Entscheidungen im Strafprozess, 1993, S. 251; AK-StPO/*Schöch* Rn. 1 aE; Löwe/Rosenberg/*Beulke* Rn. 1; SK-StPO/*Weßlau* Rn. 1 aE; siehe auch *Krause,* Spendel-FS, S. 547 (555).
[6] Näher unten Rn. 14.
[7] Oben Rn. 1 aE.

schlägigen Voraussetzungen einstellen.[8] Im **Ordnungswidrigkeitenverfahren** gegen das Opfer der Erpressung/Nötigung findet der in § 154c enthaltene Rechtsgedanke im Rahmen der Ermessensausübung der Verwaltungsbehörde nach § 47 OWiG Anwendung (im Ergebnis allgM).[9]

3 In **sachlicher Hinsicht** ist der Anwendungsbereich von § 154c nicht einheitlich. **Abs. 1** enthält im Hinblick auf die materiell-rechtliche Würdigung der verfahrensgegenständlichen Tat keine Beschränkung; die Einstellung kann daher grundsätzlich auch dann auf Abs. 1 gestützt werden, wenn die prozessuale Tat des Erpressten/Genötigten materiell ein **Verbrechen** umfasst.[10] **Abs. 2** gestattet dagegen die Einstellung nur solcher Verfahren, in denen dem Erpressungs-/Nötigungsopfer lediglich **Vergehen** zur Last gelegt werden.

4 In **persönlicher Hinsicht** ist Abs. 2 gleichfalls enger gefasst als Abs. 1, indem die Einstellung nach Abs. 2 ausschließlich in einem Ermittlungsverfahren erfolgen kann, das ein vom Erpressungs-/Nötigungsopfer selbst begangenes Vergehen zum Gegenstand hat. Ingesamt erweist sich **Abs. 2** als im Verhältnis zu Abs. 1 **spezieller**. Dies wird sich typischerweise dahingehend auswirken, im Rahmen der Ermessensentscheidung der Staatsanwaltschaft[11] über die Einstellung in den Fällen von Abs. 2 wegen des eigenen Aufklärungsbeitrages des Erpressungs-/Nötigungsopfers und des auf Vergehen begrenzten Anwendungsbereichs regelmäßig das Verfahren nach Abs. 2 zu erledigen. In den Fällen von Abs. 1 kommt dagegen der Relation zwischen der Schwere der Straftat, mit deren Offenbarung gedroht worden ist, und der Tat des Erpressers etc. größere Bedeutung zu, so dass nicht zwangsläufig eine Einstellung erfolgen wird.[12]

5 **2. Verhältnis zu anderen Einstellungsvorschriften.** Angesichts der engen und recht spezifischen Voraussetzungen der Vorschrift können sich kaum Überschneidungen mit anderen Einstellungsvorschriften nach dem Opportunitätsprinzip ergeben. Denkbar sind solche im Hinblick auf den auch diversionellen Charakter[13] lediglich mit §§ 153, 153a.[14] Soweit die verfahrensgegenständliche Tat im Verfahren gegen das Erpressungs-/Nötigungsopfer sich materiell (auch) als Verbrechen erweist, kommt ohnehin nur § 154c in Betracht. Trifft das Opfer der Erpressung/Nötigung materiell lediglich der Vorwurf eines Vergehens, gebührt **§ 153 Abs. 1** der **Vorrang**, wenn wegen der hypothetisch geringen Schuld von vornherein ein Verfolgungsinteresse fehlt. **§ 153a Abs. 1** ist im Verhältnis zu § 154c Abs. 1 und 2 **nachrangig**, wenn im Sonderfall der Chantage das Strafverfolgungsinteresse nach den für § 154c geltenden Maßstäben[15] auch ohne Erfüllung von Auflagen und Weisungen so gering ist, dass eine Einstellung des Verfahrens möglich ist. Ist im Ermittlungsverfahren von § 154c kein Gebrauch gemacht worden, kann in den späteren Verfahrensstadien dem Vorliegen der sachlichen Voraussetzungen der Vorschrift nur durch Rückgriff auf § 153 Abs. 2 oder § 153a Abs. 2 Rechnung getragen werden.[16]

III. Voraussetzungen

6 **1. Allgemeines.** Beide Absätze von § 154c setzen die Begehung einer **Nötigung** (§ 240 StGB) oder **Erpressung** (§ 253 StGB) voraus, die zumindest das Versuchsstadium erreicht hat.[17] Es genügt das Vorliegen einer entsprechenden Straftat; die Feststellung des Täters ist keine Anwendungsvoraussetzung.[18] Bei strafbarer, wenigstens versuchter Nötigung oder Erpressung steht der Einstellung nach § 154c die tateinheitliche Verwirklichung weiterer Delikte nicht entgegen.[19] Hat sich dagegen das „Opfer" der Nötigung oder Erpressung eine solche Tat lediglich irrtümlich vorgestellt, kommt eine unmittelbare Anwendung von § 154c eindeutig nicht in Betracht. Im Hinblick auf die von der Vorschrift vor allem bezweckte Verbesserung der Aufklärung von Nötigungen/Erpressungen liegen die Voraussetzungen einer Analogie ebenfalls nicht vor. Sollte eine eigene Tat des Genötigten/Erpressten einen geringen Schweregrad aufweisen und von der irrtümlich angenommen Nötigung oder Erpressung relevante psychische Belastungen ausgegangen sein, kann ggf. nach §§ 153, 153a verfahren werden. Auch bei Unaufklärbarkeit einer Nötigung oder Er-

---

[8] Ebenso SK-StPO/*Weßlau* Rn. 5.
[9] Siehe nur AK-StPO/*Schöch* Rn. 3; HK-StPO/*Gercke* Rn. 2; KMR/*Schoreit* Rn. 2; Löwe/Rosenberg/*Beulke* Rn. 3; Meyer-Goßner Rn. 3; *Pfeiffer* Rn. 1.
[10] Löwe/Rosenberg/*Beulke* Rn. 6.
[11] Unten Rn. 16.
[12] Näher unten Rn. 16.
[13] Oben Rn. 1 aE.
[14] Siehe in Bezug auf § 153 Abs. 2 und § 153a Abs. 2 bereits oben Rn. 2.
[15] Unten Rn. 10 f.
[16] Oben Rn. 2 mit Fn. 8.
[17] *Radtke*, Systematik des Strafklageverbrauchs, S. 252; AK-StPO/*Schöch* Rn. 3; HK-StPO/*Gercke* Rn. 2; KK-StPO/*Schoreit* Rn. 1; KMR/*Plöd* Rn. 2; Löwe/Rosenberg/*Beulke* Rn. 2; Meyer-Goßner Rn. 1; SK-StPO/*Weßlau* Rn. 2.
[18] Löwe/Rosenberg/*Beulke* Rn. 2.
[19] Zutreffend Löwe/Rosenberg/*Beulke* Rn. 2.

pressung wird in Bezug auf den evtl. Genötigten/Erpressten eher auf die genannten Vorschriften zuzugreifen sein als auf eine analoge Heranziehung von § 154 c.[20]

2. Voraussetzungen nach Abs. 1. Das **Drohmittel** der zumindest versuchten Erpressung oder 7 Nötigung muss die **Ankündigung** sein, eine **Straftat zu offenbaren**. Bei dieser Straftat muss es sich nicht um eine von dem Erpressten/Genötigten selbst begangene Straftat handeln. Es genügt auch das drohende Offenlegen einer Straftat, die eine dem Erpressten/Bedrohten nahestehende Person begangen hat (allgM).[21] Wegen der insoweit vergleichbaren Zwangslage bietet sich das Heranziehen der für §§ 253, 255 StGB geltenden Grundsätze bei Ankündigung der Realisierung des Angedrohten an Rechtsgütern einer anderen Person als des Genötigten selbst an.[22] Die Drohung mit dem **Offenbaren** der fraglichen Straftat erfordert **nicht die Inaussichtstellen einer Strafanzeige**, es genügt vielmehr **jede Kundgabe des Sachverhalts**, aus dem sich das strafbare Verhalten ergibt, **gegenüber** einem **beliebigen Adressaten** (allgM).[23] Ob der Täter der Erpressung oder Nötigung den Sachverhalt, den er zu offenbaren ankündigt, selbst zutreffend als Straftat würdigt, ist nicht maßgeblich.

Eine zu Abs. 1 häufig vertretene Auffassung verlangt ohne entsprechenden Hinweis im Wort- 8 laut der Vorschrift, dass jedenfalls für den Regelfall eine **Strafanzeige gegen den Täter der Erpressung/Nötigung** gestellt worden sein muss.[24] Dabei soll es sich nicht zwingend um eine Strafanzeige des Erpressten/Genötigten handeln müssen, ausreichend sei auch eine solche einer beliebigen Person.[25] Die Forderung nach einer Strafanzeige steht offenbar vor dem Hintergrund des Zwecks von § 154 c die Möglichkeiten der Aufklärung bestimmter Arten von Erpressungen/Nötigungen zu erleichtern.[26] Diesem Zweck werde bei einer von Amts wegen bekannt gewordenen Erpressung/Nötigung nicht gedient.[27] Bereits zu der bis 2005 geltenden Fassung war die referierte Auffassung wenig konsequent, wenn auch die dem Erpressten/Genötigten nicht ohne Weiteres zurechenbare Strafanzeige eines Dritten als Voraussetzung genügen sollte. Wenn ein Aufklärungsbeitrag überhaupt für erforderlich gehalten wird, können Wirkungen für das Strafverfolgungsinteresse eigentlich nur von einem solchen ausgehen, der von dem Erpressten/Genötigten wenigstens veranlasst worden ist. Unabhängig von der fehlenden Konsequenz lässt sich nach der Einfügung von Abs. 2 ein ungeschriebenes Erfordernis der Strafanzeige in Abs. 1 kaum noch überzeugend vertreten. Da Abs. 2 ausdrücklich ein Anzeigeerfordernis enthält, wäre eine ausdrückliche Aufnahme einer solchen Voraussetzung auch in Abs. 1 zu erwarten gewesen, wenn der Gesetzgeber eine Anzeige in diesen Fällen ebenfalls für erforderlich hielte. Da es daran fehlt, bedarf es **bei Abs. 1 keiner Strafanzeige**.[28]

3. Voraussetzungen nach Abs. 2. Die Voraussetzungen von Abs. 2 weichen in mehrfacher Hin- 9 sicht von denen des Abs. 1 ab.[29] Die Einstellung betrifft ausschließlich **Vergehen**, die das **Opfer der Erpressung/Nötigung** selbst in strafbarer Weise **verwirklicht** hat; der Gesetzgeber hat sich vor allem Vergehenstatbestände des AufenthaltsG im Kontext von Zwangsprostitution vorgestellt.[30] Das **Drohmittel** des Erpressers etc. muss anders als bei Abs. 1 nicht in der Ankündigung, dieses Vergehen zu offenbaren, bestehen; vielmehr kommt **jede für § 240/§ 253 einschlägige Tathandlung** in Betracht. Wiederum abweichend von Abs. 1 setzt Abs. 2 zwingend eine den Anforderungen von § 158 entsprechende **Strafanzeige des erpressten/genötigten Opfers** voraus. Diese Strafanzeige muss zugleich ursächlich dafür werden, dass den Strafverfolgungsorganen das vom Erpressten/Genötigten selbst begangene Vergehen bekannt wird. Eine Erstattung der Strafanzeige durch das erpresste/genötigte Opfer in eigener Person ist nicht erforderlich, vielmehr genügt eine von diesem veranlasste und auf dieses rückführbare Strafanzeige. War die Straftat des Erpressten/Genötigten bereits vor der Erstattung der Anzeige gegen den Erpresser etc. den Strafverfolgungsbehörden bekannt, ohne dass das anzeigende Opfer dies wusste, sollte eine Einstellung nach § 153 oder § 153 a erwogen werden.

4. Unerlässlichkeit der Sühne wegen Schwere der Tat. Die **Einstellung** des Verfahrens **nach** 10 **Abs. 1 und 2 scheidet aus**, wenn trotz Vorliegens der jeweiligen Voraussetzungen die **Schwere der**

---

[20] Insoweit anders Löwe/Rosenberg/*Beulke* Rn. 2 aE.
[21] HK-StPO/*Gercke* Rn. 2; KK-StPO/*Schoreit* Rn. 2; Löwe/Rosenberg/*Beulke* Rn. 3; SK-StPO/*Weßlau* Rn. 2.
[22] Zu den im materiellen Recht maßgeblichen Grundsätzen MünchKommStGB/*Sander*, § 253 Rn. 7 mwN.
[23] AK-StPO/*Schöch* Rn. 3; HK-StPO/*Gercke* Rn. 2; KK-StPO/*Schoreit* Rn. 2; Löwe/Rosenberg/*Beulke* Rn. 4; *Meyer-Goßner* Rn. 1; SK-StPO/*Weßlau* Rn 2 aE.
[24] Etwa AK-StPO/*Schöch* Rn. 4; KK-StPO/*Schoreit* Rn. 3.
[25] Wie Fn. zuvor; siehe insoweit auch Löwe/Rosenberg/*Beulke* Rn. 5; SK-StPO/*Weßlau* Rn. 4.
[26] Dazu oben Rn. 1.
[27] Siehe AK-StPO/*Schöch* Rn. 4.
[28] Im Ergebnis ebenso bereits HK-StPO/*Gercke* Rn. 2; Löwe/Rosenberg/*Beulke* Rn. 5; SK-StPO/*Weßlau* Rn. 4.
[29] Siehe auch bereits oben Rn. 4.
[30] BT-Drucks. 15/3045, S. 10; vgl. KMR/*Plöd* Rn. 3 a; *Meyer-Goßner* Rn. 2.

Tat eine **Sühne unerlässlich** macht. Der Inhalt des den Ausschlussgrund zentral beschreibenden Aspekts der Unerlässlichkeit der Sühne ist nicht vollständig geklärt. Die Unklarheiten betreffen primär die Bedeutung des Begriffs der **Sühne** und hier vor allem die Frage, ob damit allein auf den Gedanken des **Schuldausgleichs**[31] rekurriert wird oder ob sämtliche Strafzwecke des materiellen Rechts,[32] möglicherweise sogar vorrangig die Generalprävention,[33] erfasst werden. Der Wortlaut „Sühne" spricht an sich eher für eine Begrenzung auf den Schuldausgleich. Relevante Anwendungsunterschiede werden sich ohnehin selten ergeben. Selbst wenn man die Berücksichtigung generalpräventiver Bestrafungsbedürfnisse für zulässig hielte, könnte dies jedenfalls nicht in anderem Rahmen und Umfang erfolgen als bei der Strafzumessung selbst auch. Dort kommt der Generalprävention jedoch nur marginale Bedeutung zu.[34] Die Ausschlussklausel steht einer Anwendung daher regelmäßig dann entgegen, wenn unter Berücksichtigung der von der Erpressung/Nötigung ausgehenden Belastungen der Schuldgehalt der von dem Erpressten/Genötigten (oder in Abs. 1 von einer ihm nahestehenden Person) begangenen Straftat so hoch ist, dass auf eine Bestrafung nicht verzichtet werden kann. Schließt der Schuldgehalt eine Einstellung nicht aus, wird sich aus spezialpräventiven Gründen nur selten eine formelle Sanktionierung als unerlässlich erweisen. Denkbar wäre dies etwa bei Tätern, die spezialpräventiv relevante Merkmale aufweisen, die bei § 47 Abs. 1 StGB eine kurze Freiheitsstrafe unerlässlich machen würden. Gebieten weder Schuldgehalt noch spezialpräventive Aspekte eine Bestrafung, könne Gründe der Generalprävention allein kaum jemals einer Einstellung nach § 154c entgegenstehen.

11 Die Ausschlussklausel lässt sich **nicht wie in Nr. 102 Abs. 1 RiStBV** intern vorgegeben dahingehend **auslegen**, eine Einstellung nach § 154c auszuschließen, wenn die Erpressung oder Nötigung weniger strafwürdig erscheint als die Straftat des Erpressten oder Genötigten.[35] Die Unerlässlichkeit der Sanktionierung beziehen Abs. 1 und 2 jeweils allein auf die Tat des Erpressten/Genötigten. Eine Relation zu der Erpressung oder Nötigung wird insoweit nicht hergestellt. Gerade der für die Einbeziehung von Verbrechen grundsätzlich offene Anwendungsbereich von Abs. 1 würde contra legem eingeschränkt, wenn im Sinne der RiStBV auf einen Vergleich der Vergehen der Erpressung/Nötigung und der Straftat des Erpressungs-/Nötigungsopfers abgestellt würde.

12 **5. Tat im prozessualen Sinne.** Soweit die Staatsanwaltschaft sich auf der Grundlage von § 154c zur der **Einstellung** des Verfahrens gegen das Opfer der Erpressung/Nötigung entschließt, **erfasst** diese Erledigung die gesamte verfahrensgegenständliche **Tat im prozessualen Sinne**. Bei der Anwendung der Ausschlussklausel[36] ist deshalb die prozessuale Tat in ihrem vollständigen materiellen Gehalt zu bedenken. Das Absehen von der Verfolgung einzelner Straftaten innerhalb der prozessualen Tat gemäß § 154a mit dem Ziel, dadurch die Einstellungsvoraussetzungen nach § 154c zu schaffen, ist nicht zulässig.

13 **6. Grad der Sachverhaltsaufklärung.** Die Einstellung nach Abs. 1 und Abs. 2 erfordert eine Sachverhaltsaufklärung, die eine Beurteilung auch der Voraussetzungen der Ausschlussklausel gestattet.[37] Dazu wird regelmäßig eine Ermittlung des zugrunde liegenden tatsächlichen Geschehens – bei Erstreckung der Ausschlussklausel auch auf die Prävention[38] auch der strafzumessungsrelevanten Verhältnisse des Beschuldigten – so weit erforderlich sein, dass der Schweregrad der von dem Erpressten/Genötigten begangenen Tat beurteilt werden kann. Eine **Durchermittlung des Sachverhalts bis zur Anklagereife** muss damit **nicht zwingend** verbunden sein; meist werden sich aber ohne eine solche die Einstellungsvoraussetzungen schwerlich beurteilen lassen.

IV. Verfahren der Einstellung

14 **1. Zuständigkeit.** Die Möglichkeit der Verfahrenserledigung nach § 154c steht allein der **Staatsanwaltschaft** zur Verfügung; das zuständige Gericht kann auf das Vorliegen der sachlichen Voraussetzungen der Vorschrift nach Eröffnung des Hauptverfahrens allenfalls mit der Anwendung von § 153 Abs. 2, § 153a Abs. 2 reagieren.[39] Bei einem von der **Finanzbehörde** nach § 386 Abs. 2 AO eigenständig geführten Verfahren, steht dieser die Einstellungsbefugnis zu.[40] Wegen

---

[31] So AK-StPO/*Schöch* Rn. 3.
[32] *Rieß* NStZ 1981, 2 (6); HK-StPO/*Gercke* Rn. 3; KK-StPO/*Schoreit* Rn. 3; Löwe/Rosenberg/*Beulke* Rn. 6; SK-StPO/*Weßlau* Rn. 6.
[33] Vgl. die entsprechenden Hinweise bei Löwe/Rosenberg/*Beulke* Rn. 6.
[34] Ausführlicher MünchKommStGB/*Radtke* Vor §§ 38 ff. Rn. 65–67.
[35] Ablehnend bereits *Radtke*, Systematik des Strafklageverbrauchs, S. 252; Löwe/Rosenberg/*Beulke* Rn. 8.
[36] Oben Rn. 10 f.
[37] Näher *Radtke*, Systematik des Strafklageverbrauchs, S. 253.
[38] Oben Rn. 10.
[39] Oben Rn. 2.
[40] KMR/*Plöd* Rn. 4; Löwe/Rosenberg/*Beulke* Rn. 10.

der Verbindung der Tat des Erpressten/Genötigten mit der des Erpressers etc. wird sich aber regelmäßig eine Abgabe des Verfahrens an die Staatsanwaltschaft anbieten.

2. Entscheidungsart und -inhalt. Das Verfahren wird durch **Einstellungsverfügung** beendet; zumindest aus einem Vermerk in der Begleitverfügung ergeben sich die Gründe, die die Staatsanwaltschaft zur Einstellung bewogen haben. Einstellungsnachricht erhalten sowohl der Beschuldigte als auch der Anzeigeerstatter.[41]

Ob die Einstellung des Verfahrens bei Vorliegen der Voraussetzungen[42] erfolgt, steht im **pflichtgemäßen Ermessen** der Staatsanwaltschaft (allgM).[43] Selbst wenn also eine Unerlässlichkeit der Sühne im Sinne der Ausschlussklausel nicht gegeben ist, besteht keine Pflicht zur Einstellung. Auch wenn die Wendung von der Unerlässlichkeit der Sühne als unbestimmter Rechtsbegriff gedeutet würde,[44] änderte das an dem Vorgenannten nichts, weil weder die Anwendung noch die Nichtanwendung der Vorschrift einer gerichtlichen Nachprüfung unterliegt. Selbst wenn die weitere Strafverfolgung der Tat des Erpressten/Genötigten nach der Wertung der Staatsanwaltschaft nicht unerlässlich ist, folgt daraus kein Zwang zur Einstellung. An sich besteht ein legitimes Strafverfolgungsinteresse, weil die allgemeinen Strafzwecke gerade nicht weggefallen sind.[45] In die **Ermessensausübung** fließen neben dem Umfang der durch das Erpressungs-/Nötigungsopfer geleisteten Hilfe bei der Unterstützung der Aufklärung der Erpressung/Nötigung auch der Unrechts- und Schuldgehalt der eigenen Tat sowie präventive Strafzweckerwägungen ein. Erst auf dieser Ebene, nicht aber bei der Anwendung der Ausschlussklausel, kann auf die Relation zum Schweregrad der Erpressung/Nötigung abgestellt werden. Die von Nr. 102 Abs. 1 RiStBV vorgesehene Leitung der Ermessensausübung ist aber auch auf dieser Ebene nicht mit den gesetzlichen Vorgaben vereinbar. Ein hohes Maß an Aufklärungsmitwirkung kann einen hohen Schweregrad des Gewichts der eigenen Tat kompensieren. Wegen der Beschränkung auf den Vergehensbereich und des stets erforderlichen eigenen Aufklärungsbeitrages kommt in den Fällen von **Abs. 2** regelmäßig die **Einstellung** in Betracht.

3. Zustimmungs- und Anhörungserfordernisse. Die Staatsanwaltschaft bedarf zu ihrer Einstellung **keiner Zustimmung** des Gerichts, des Beschuldigten oder eines sonstigen Verfahrensbeteiligten. Ebensowenig schreibt das Gesetz die **Anhörung** irgendwelcher Beteiligter vor.

4. Zusicherung der Einstellung nach § 154c. Ob die Staatsanwaltschaft vor ihrer Einstellungsverfügung dem Opfer einer Erpressung/Nötigung in Bezug auf seine eigene Straftat eine Einstellungszusicherung geben darf und welche Wirkungen bzw. Bindungen von einer solchen **Zusicherung** ausgehen können, wird **uneinheitlich beurteilt**.[46] Das Gesetz sieht eine solche Zusicherung – anders als etwa § 38 VwVfG – nicht vor. **Nr. 102 Abs. 2 RiStBV** setzt dennoch deren Zulässigkeit voraus, behält die behördeninterne Entscheidung darüber aber der Behördenleitung vor. Im Denkmuster der RiStBV argumentiert auch die überwiegende Auffassung und gestattet die Zusicherung mit dem Hinweis auf das Fehlen eines entsprechenden Verbotes im Gesetz.[47] Dagegen weist namentlich *Schoreit* auf die Gefahr eines mit dem fair-trial-Grundsatz unvereinbaren Wortbruchs der Staatsanwaltschaft hin, wenn sich nach einer auf nicht ausermittelter Tatsachengrundlage erteilten Zusage die Unerlässlichkeit der Sühne herausstellt.[48] Wiederum andere lassen eine Zusicherung zu, negieren aber eine von dieser ausgehende Bindungswirkung und wollen die gegebene Zusicherung nur im Rahmen der staatsanwaltschaftlichen Ermessensausübung berücksichtigen, um so der „Gefahr" einer Bindung bei Änderung der tatsächlichen Grundlagen zu entgehen.[49] Einige nehmen dagegen eine Bindungswirkung an, wenn der Staatsanwaltschaft alle für die Einstellung relevanten Tatsachen bekannt waren.[50] Die Einhaltung der Zusicherung soll sogar im Rechtsweg nach § 23 EGGVG überprüft werden können.[51]

Die Diskussion leidet an der Vermischung unterschiedlicher Aspekte. In der Sache sind folgende Fragen zu bedenken: 1. Ist eine Zusicherung seitens der Staatsanwaltschaft zulässig? 2. Ist die Staatsanwaltschaft an eine solche Zusicherung dergestalt gebunden, dass sie ihr eine Einstel-

---

[41] Siehe auch AK-StPO/*Schöch* Rn. 7.
[42] Oben Rn. 6–11.
[43] Siehe nur AK-StPO/*Schöch* Rn. 5; HK-StPO/*Gercke* Rn. 4; Löwe/Rosenberg/*Beulke* Rn. 9; SK-StPO/*Weßlau* Rn. 6.
[44] Vgl. die Nachw. bei Löwe/Rosenberg/*Beulke* Rn. 9 Fn. 27.
[45] *Radtke*, Systematik des Strafklageverbrauchs, S. 253 f.
[46] Siehe *Radtke*, Systematik des Strafklageverbrauchs, S. 254 f.; *Krause* MschKrim 52 (1969), S. 214 (217); Löwe/Rosenberg/*Beulke* Rn. 11; aber auch KK-StPO/*Schoreit* Rn. 4.
[47] Etwa Löwe/Rosenberg/*Beulke* Rn. 11.
[48] KK-StPO/*Schoreit* Rn. 4.
[49] SK-StPO/*Weßlau* Rn. 7.
[50] Löwe/Rosenberg/*Beulke* Rn. 11.
[51] *Kühne* Rn. 312 ff.; dagegen umfassend *Radtke*, Systematik des Strafklageverbrauchs, S. 260 ff.

§ 154c 20, 21

lungsverfügung nachfolgen lassen muss? 3. Kann der Beschuldigte die Einhaltung einer Zusicherung mit einem Rechtsbehelf gerichtlich einfordern? 4. Kann die Staatsanwaltschaft sich von einer gegebenen Zusicherung lösen, wenn sich entweder die Tatsachenlage, die der Zusicherung zugrunde lag, geändert hat oder sie bei unveränderter Tatsachenlage zu einer abweichenden rechtlichen Bewertung gelangt ist? Die Frage nach der Zulässigkeit einer Zusicherung ist müßig, wenn mit der Zusicherung keine wie auch immer geartete Bindung der Staatsanwaltschaft verknüpft ist. Wäre die Zusicherung eine unverbindliche Absichtserklärung, die sich allenfalls auf die spätere – nicht gerichtlich überprüfbare – Ermessensausübung auswirkte, wäre sie selbstverständlich zulässig, für den Beschuldigten fehlte aber jedes Interesse, mit den Strafverfolgungsbehörden zu kooperieren, weil er nicht sicher sein kann, dass es zur späteren Einstellung kommt. Wäre die Staatsanwaltschaft dagegen an eine einmal gegebene Zusicherung zumindest bei unveränderter Tatsachengrundlage gebunden, bedürfte es an sich einer gesetzlichen Anordnung einer solchen Bindungswirkung. Es wäre verwunderlich, ohne eine solche von einer Bindungswirkung auszugehen, von der sich die Staatsanwaltschaft lediglich bei nova wieder lösen könnte. Denn von der später und damit regelmäßig auf einer verlässlicheren Tatsachengrundlage erfolgenden Einstellung selbst, soll an sich keine Bindungswirkung ausgehen.[52]

20 Die vorstehend angedeuteten Inkonsistenzen lassen sich bei Beachtung folgender Rechtsgrundsätze vermeiden: Von der **Zusicherung** der Verfahrenseinstellung können **keine weiterreichenden Rechtswirkungen** ausgehen als von der späteren **Verfahrenseinstellung selbst**.[53] In den Konstellationen von § 154c vertraut sich der Beschuldigte den Strafverfolgungsbehörden an und verzichtet der Sache nach auf sein Recht aus § 55 StPO in dem Verfahren gegen den Erpresser etc. Allein dieser Umstand gestattet es, der Verfahrenseinstellung nach § 154c Abs. 1 und 2 einen beschränkten Strafklageverbrauch zuzusprechen.[54] Die Staatsanwaltschaft darf das Verfahren gegen den Beschuldigten nur bei Vorliegen von Nova, die zu einer anderen Bewertung der Einstellungsvoraussetzungen führen, wieder aufgreifen. Hat sich der Beschuldigte – regelmäßig anonym über einen Verteidiger[55] – im Vorfeld der Einstellung offenbart, darf die Staatsanwaltschaft eine auf die bis dahin bestehende Tatsachenlage gestützte Einstellungszusicherung abgeben. Zu der Umsetzung dieser Zusicherung ist sie bei unveränderter tatsächlicher Lage gebunden.[56] Das jedenfalls lässt sich bei aller Unschärfe dem fair-trial-Grundsatz entnehmen. Bereits die **Zusicherung** begründet ein **Verfahrenshindernis**. Dieses entfällt unter denselben Voraussetzungen, unter denen auch das eingestellte Verfahren selbst wieder aufgegriffen werden darf.[57]

V. Rechtsbehelfe

21 Gegen die Einstellungsverfügung ist das **Klageerzwingungsverfahren nicht statthaft** (§ 172 Abs. 2 S. 3); möglich ist **allein die Dienstaufsichtsbeschwerde**. Da der Weg der Klageerzwingung nicht eröffnet ist, unterliegt die staatsanwaltschaftliche Ermessensausübung keinerlei gerichtlicher Kontrolle. In den Fällen von Abs. 2 steht jenseits der Dienstaufsichtsbeschwerde selbst dann kein Rechtsbehelf zur Verfügung, wenn die Tat des Erpressten/Genötigten sich als Verbrechen erweist.[58] Hat die Staatsanwaltschaft eine Einstellungszusicherung abgegeben, so kann diese entgegen teilweise vertretener Auffassung[59] diese nicht im Wege von **§ 23 EGGVG** eingeklagt werden.[60] Hat die Staatsanwaltschaft trotz Vorliegens der Voraussetzungen nicht von § 154c Gebrauch gemacht, kann das angeklagte Erpressungs-/Nötigungsopfer dies nicht mit der **Revision** rügen. Auf eine zulässige Revision hin ist das Verfahren aber einzustellen, wenn entgegen einer Zusicherung, deren Bindungswirkung nicht entfallen ist, der Prozess gegen das Erpressungs-/Nötigungsopfer aber bis zur Verurteilung weiter betrieben worden ist.[61] Gleiches gilt bei Wiederaufgreifen eines zunächst nach § 154c eingestellten Verfahrens, wenn und soweit der von der Einstellung ausgehende beschränkte Strafklageverbrauch[62] nicht entfallen ist. Je nach Verfahrenslage ist auf das Vorliegen des Verfahrenshindernisses zu reagieren.

---

[52] Unten Rn. 22.
[53] *Radtke*, Systematik des Strafklageverbrauchs, S. 260 ff.
[54] Unten Rn. 22 f. sowie *Radtke*, Systematik des Strafklageverbrauchs, S. 262 f.
[55] Dazu *Radtke*, Systematik des Strafklageverbrauchs, S. 261 mwN in Fn. 128.
[56] Im Ergebnis ebenso Löwe/Rosenberg/*Beulke* Rn. 11.
[57] Dazu unten Rn. 22 f.
[58] Ausführlich § 153 f Rn. 32.
[59] *Kühne* Rn. 312 ff.
[60] *Radtke*, Systematik des Strafklageverbrauchs, S. 260 ff.
[61] Oben Rn. 20 aE.
[62] Unten Rn. 23.

VI. Strafklageverbrauch

Die ganz überwiegend vertretene Auffassung spricht der Einstellungsverfügung nach § 154c 22
keine **strafklageverbrauchende Wirkung** zu.[63] Die Staatsanwaltschaft soll das Verfahren jederzeit wiederaufgreifen können.[64] Allerdings wird, gestützt auf das Willkürverbot und den fair-trial-Grundsatz, das **Wiederaufgreifen** von dem Vorliegen einer **veränderten Sachlage**, gelegentlich verknüpft mit dem Erfordernis neuer Tatsachen, abhängig gemacht.[65] Die beiden Aussagen sind ersichtlich schwer miteinander zu vereinbaren. Hängt die Zulässigkeit des Wiederaufgreifens von bestimmten sachlichen Voraussetzungen ab, so kommt der ursprünglich verfahrenserledigenden Entscheidung in dem Umfang eben dieser Wiederaufgreifensvoraussetzungen Strafklageverbrauch zu. Der Umfang der materiellen Rechtskraft und damit verbunden des Strafklageverbrauchs lassen sich überhaupt nur im Umkehrschluss von den Wiederaufnahmevoraussetzungen her bestimmen.

In der Sache ist die Verfahrenseinstellung nach § 154c mit einem **beschränkten Strafklageverbrauch** 23
versehen.[66] Das Wiederaufgreifen – insoweit liegt die überwiegende Auffassung im Ergebnis weitgehend richtig – kommt nur dann in Betracht, wenn sich nach Verfahrenserledigung **neue Tatsachen und Beweismittel** ergeben, die nunmehr zu der Annahme der Ausschlussklausel („Unerlässlichkeit der Sühne") führen.[67] Eine bloß veränderte Bewertung der Ausschlussklausel bei unveränderter Tatsachengrundlage genügt dagegen nicht; entsprechendes gilt auch für eine bloß geänderte Ermessensausübung. Erweist sich dagegen in den Fällen des **Abs. 2**, dass die prozessuale Tat des Erpressten/Genötigten materiell als Verbrechen zu werten ist, entfällt der Strafklageverbrauch ebenfalls.

§ 154d [Entscheidung einer Vorfrage]

¹Hängt die Erhebung der öffentlichen Klage wegen eines Vergehens von der Beurteilung einer Frage ab, die nach bürgerlichem Recht oder nach Verwaltungsrecht zu beurteilen ist, so kann die Staatsanwaltschaft zur Austragung der Frage im bürgerlichen Streitverfahren oder im Verwaltungsstreitverfahren eine Frist bestimmen. ²Hiervon ist der Anzeigende zu benachrichtigen. ³Nach fruchtlosem Ablauf der Frist kann die Staatsanwaltschaft das Verfahren einstellen.

Schrifttum: *Bloy*, Zur Systematik der Einstellungsgründe, GA 1980, 161; *Groß*, Gegen den Mißbrauch strafrechtlicher Ermittlungen zur Vorbereitung eines Zivilverfahrens – Abgebrochene gesetzgeberische Vorüberlegungen, GA 1996, 151; *Haas*, Ein Beitrag zur Auslegung des § 154d StPO, MDR 1990, 684; *F. Knauer*, Pilotverfahren im Strafprozess, ZStW 120 (2008), S. 826; *Jörgensen*, Die Aussetzung des Strafverfahrens zur Klärung außerstrafrechtlicher Rechtsverhältnisse, 1991; *Meyer*, Gedanken zur Nachrangigkeit strafrechtlicher Ermittlungen, wenn wegen des gleichen Sachverhaltes ein Zivilrechtsstreit geführt wird, JurBüro 1990, 1403; *Reese*, Die Erstattung einer Strafanzeige gegen den Prozessgegner: Taktische und praktische Überlegungen, JR 2006, 225.

I. Zweck der Vorschrift

Die Vorschrift gestattet in S. 1 der Staatsanwaltschaft im Ermittlungsverfahren den auch hier 1
an sich geltenden **Beschleunigungsgrundsatz zu durchbrechen** und eröffnet in S. 3 als weitere **Einschränkung des Legalitätsprinzips** eine Möglichkeit der Einstellung des Ermittlungsverfahrens außerhalb der Voraussetzungen von § 170 Abs. 2.[1] Die Zwecksetzung der Vorschrift, die für das Ermittlungsverfahren mit der im Hauptverfahren geltenden Regelung in § 262 Abs. 2[2] korrespondiert, ist auf die Schonung justizieller Ressourcen gerichtet und steht letztlich vor einem materiell-rechtlichen und einem prozessualen Hintergrund. Das materielle Strafrecht enthält – meist sog. normative – Tatbestandsmerkmale, die inhaltlich durch den Rückgriff auf außerstrafrechtliche Regelungen ausgefüllt werden müssen. Das Merkmal „fremd" in den Eigentumsdelikten §§ 242, 246 StGB bildet das klassische Beispiel eines solchen zivilrechtsakzessorischen Straftatbestandsmerkmals. Die Zahl solcher Deliktsmerkmale geht jedoch weit darüber hinaus und kann mit dem Auftreten schwieriger außerstrafrechtlicher Rechtsfragen verbunden sein.[3] Wie § 262 Abs. 1 in Bezug auf das Gericht ausdrücklich anordnet, sich aber ohnehin aus der **umfassenden**

---

[63] *Krause*, FS Spendel, S. 547 (555); AK-StPO/*Schöch* Rn. 9; HK-StPO/*Gercke* Rn. 5; KK-StPO/*Schoreit* Rn. 5; KMR/*Plöd* Rn. 5; Löwe/Rosenberg/*Beulke* Rn. 12; Meyer-Goßner Rn. 4; SK-StPO/*Weßlau* Rn. 9.
[64] Exemplarisch KMR/*Plöd* Rn. 5; Löwe/Rosenberg/*Beulke* Rn. 12; SK-StPO/*Weßlau* Rn. 9.
[65] AK-StPO/*Schöch* Rn. 9; HK-StPO/*Gercke* Rn. 5; KMR/*Plöd* Rn. 5; Löwe/Rosenberg/*Beulke* Rn. 12; SK-StPO/*Weßlau* Rn. 9.
[66] Ausführlich *Radtke*, Systematik des Strafklageverbrauchs, S. 386 ff.
[67] *Radtke*, Systematik des Strafklageverbrauchs, S. 386 ff.
[1] Wie hier Löwe/Rosenberg/*Beulke* Rn. 2; SK-StPO/*Weßlau* Rn. 1.
[2] Siehe § 262 Rn. 8.
[3] Lediglich exemplarisch OLG Stuttgart v. 10. 12. 2002 – 1 Ws 249/02, NStZ-RR 2003, 145 f.

gerichtlichen **Kognitionspflicht**[4] ergibt, müssen die Strafverfolgungsorgane im Rahmen der Anwendung des Straftatbestandes diese außerstrafrechtlichen Vorfragen eigenständig und ohne jegliche Bindungswirkung entscheiden. Diese Pflicht hebt weder die Fristsetzungsmöglichkeit in S. 1 noch die Einstellungsmöglichkeit nach S. 3 auf,[5] sondern gibt der Staatsanwaltschaft aus **Gründen der Justizökonomie** zunächst lediglich die Befugnis, das Ermittlungsverfahren nicht weiter zu betreiben, bis eine (außerstrafrechtlich) berechtigte Person eine Klärung der außerstrafrechtlichen Vorfrage in Angriff genommen hat. Wenn trotz der Möglichkeit der Klärung der dazu Berechtigte keine Initiative ergriffen hat, kann auch das öffentliche Strafverfolgungsinteresse gemindert sein und eine Einstellung nach S. 3 gestatten.

2   S. 1 und S. 3 beinhalten dagegen **keine Zwecksetzung, widersprüchliche Entscheidungen** derselben Rechtsfrage durch die Fachgerichtsbarkeit einerseits und die Strafgerichtsbarkeit bzw. Staatsanwaltschaft andererseits zu vermeiden.[6] Eine solches Gebot der Widerspruchsfreiheit existiert grundsätzlich (anders im Hinblick auf § 190 StGB in den Fällen von § 154e) nicht und könnte durch § 154d angesichts seines engen Anwendungsbereichs sowie des Ermessenscharakters ohnehin nicht gewährleistet werden.

3   Vielfach wird der Zweck von § 154d (offenbar S. 1 und 3) auch in den Zusammenhang mit dem Gedanken des **Missbrauchs des Strafverfahrens** für die Vorbereitung von Zivil- oder Verwaltungsrechtsstreitigkeiten gebracht.[7] Ohne die durch § 154d eröffneten Möglichkeiten bestehe die Gefahr, dass eine Partei von Zivil- oder Verwaltungsstreitverfahren sich mittelbar die Sachaufklärungskompetenzen der Strafverfolgungsbehörden zu Nutze machen, um die Durchführbarkeit eines Zivil- oder Verwaltungsgerichtsverfahrens überhaupt erst zu schaffen oder zu verbessern.[8] Dem geltenden Recht[9] lässt sich der Vorschrift eine auf Abwehr von Missbräuchen zielende Zwecksetzung nicht entnehmen. Die gelegentlich vorgeschlagene Interpretation von § 154d vom Gedanken des (Rechts)Missbrauchs her[10] verdient daher keine Zustimmung.[11]

II. Anwendungsbereich

4   **1. Anwendbarkeit in den Verfahrensstadien.** Die Vorschrift ist nur im **Ermittlungsverfahren** anwendbar, wie sich aus der ausdrücklich verlangten Abhängigkeit der „Erhebung der öffentlichen Klage" von der präjudiziellen außerstrafrechtlichen Rechtsfrage ergibt. Im Hauptverfahren eröffnet aber § 262 Abs. 2 dem Gericht die der Staatsanwaltschaft durch § 154d S. 1 gestattete Möglichkeit der Fristsetzung. Stellt sich das Vorliegen der Voraussetzungen von § 154d erst nach Anklageerhebung heraus, kann zudem im Hinblick auf das geringere Strafverfolgungsinteresse[12] das zuständige Gericht das Verfahren nach § 153 Abs. 2, § 153a Abs. 2 unter den dann einschlägigen Voraussetzungen einstellen.[13] Im **Ordnungswidrigkeitenverfahren** gegen das Opfer der Erpressung/Nötigung findet der in § 154d enthaltene Rechtsgedanke im Rahmen der Ermessensausübung der Verwaltungsbehörde nach § 47 OWiG Anwendung (im Ergebnis allgM).[14]

5   **2. Anwendbarkeit in sachlicher Hinsicht.** In sachlicher Hinsicht ist die Anwendbarkeit auf solche Verfahren beschränkt, deren Gegenstand sich in materieller Bewertung als **Vergehen** erweist. Diese Beschränkung hat ihre Berechtigung darin, dass in den von § 154d erfassten Konstellationen ein geringe(re)s öffentliches Strafverfolgungsinteresse im Kern lediglich auf dem Interesse des von dem präjudiziellen Rechtsverhältnis unmittelbar Betroffenen an der Rechtsverfolgung innerhalb der dafür zuständigen Fachgerichtsbarkeit beruht. Das öffentliche Interesse an der Verfolgung der Straftat ist dadurch aber lediglich in maßvollem Umfang betroffen. Bei der staatsanwaltschaftlichen Ermessensausübung[15] wird daher Fristsetzung und vor allem vorläufi-

---

[4] § 264 Rn. 63 ff.
[5] Löwe/Rosenberg/*Beulke* Rn. 2; SK-StPO/*Weßlau* Rn. 2 aE.
[6] Zutreffend SK-StPO/*Weßlau* Rn. 3; siehe demgegenüber aber *Bloy* GA 1980, 161 (182) sowie in Bezug auf § 262 Abs. 2 auch *Jörgensen*, Die Aussetzung des Strafverfahrens zur Klärung außerstrafrechtlicher Rechtsverhältnisse, 1991, S. 12 ff.; KK-StPO/*Engelhardt* § 262 Rn. 8; KMR/*Stuckenberg* § 262 Rn. 2.
[7] Vgl. etwa *Bloy* GA 1980, 161 (182); *Groß* GA 1996, 151 (153); *Haas* MDR 1990, 684 (dagegen *Meyer* JurBüro 1990, 1403) AK-StPO/*Schöch* Rn. 1; HK-StPO/*Gercke* Rn. 1; KK-StPO/*Schoreit* Rn. 1; *Meyer-Goßner* Rn. 1; wohl auch Löwe/Rosenberg/*Beulke* Rn. 1.
[8] Nachw. wie Fn. zuvor.
[9] Überlegungen de lege ferenda bei *Groß* GA 1996, 151 (155 ff.).
[10] *Haas* MDR 1990, 684 f.
[11] *Meyer* JurBüro 1990, 1403 f.; siehe auch SK-StPO/*Weßlau* Rn. 2.
[12] Oben Rn. 1 aE.
[13] Ebenso SK-StPO/*Weßlau* Rn. 5.
[14] Siehe nur AK-StPO/*Schöch* Rn. 3; HK-StPO/*Gercke* Rn. 2; KMR/*Schoreit* Rn. 2; Löwe/Rosenberg/*Beulke* Rn. 3; *Meyer-Goßner* Rn. 3; *Pfeiffer* Rn. 1.
[15] Unten Rn. 17.

ge/endgültige Einstellung bei im Unrechts- und Schuldgehalt schwerer wiegenden Vergehen nur ausnahmsweise in Betracht kommen.[16]

3. Verhältnis zu anderen Einstellungsmöglichkeiten. Die in S. 1 eröffnete Fristsetzung mit ihrer Einschränkung des Beschleunigungsgrundsatzes findet lediglich in § 154e Abs. 1 ein gewisses Pendant wegen der dort ebenfalls zugelassenen Möglichkeit, mit der Durchführung des Ermittlungsverfahrens im Hinblick auf ein anderes Verfahren zuzuwarten. Überschneidungen sind angesichts der je sehr spezifischen Voraussetzungen nicht ersichtlich. Die (endgültige) Einstellung nach S. 3 setzt die vorherige Fristsetzung nach S. 1 und das fruchtlose Verstreichen der Frist voraus. Angesichts dessen sind auch insoweit kaum Schnittbereiche mit anderen Möglichkeiten der Verfahrenserledigung vorstellbar. Soweit das öffentliche Interesse an der Verfolgung des verfahrensgegenständlichen Vergehens aber ohnehin gering oder relativ gering ist, etwa weil der Schuldgehalt der Tat wegen der Komplexität außerstrafrechtlicher Vorfragen gering ist, ist vorrangig auf §§ 153, 153a zuzugreifen. Schwieriger ist das Verhältnis zu **§ 170 Abs. 2**. Bei einer nach dem Stand des Ermittlungsverfahrens liquiden Einstellungslage ist das Verfahren nach § 170 Abs. 2 einzustellen,[17] ohne zuvor eine Frist nach S. 1 zu setzen. Fehlt es an einer solchen Lage und ist die nach S. 1 gesetzte Frist ungenutzt verstrichen, wird der Einstellung nach S. 3 Vorrang zukommen. Allerdings muss die Staatsanwaltschaft prüfen, ob zum Zeitpunkt der Einstellungsentscheidung Anhaltspunkte vorhanden sind, die einer Einstellung des Verfahrens ohne Klärung des hinreichenden Tatverdachts entgegenstehen.[18] Im **Steuerstrafverfahren** ist § 154d nicht anwendbar; hier geht die inhaltlich im Kern übereinstimmende Sonderregelung des **§ 396 AO**,[19] die der Staatsanwaltschaft eine Aussetzungsmöglichkeit bis zum rechtskräftigen Abschluss des Besteuerungsverfahren eröffnet, vor.

4. Grad der Sachverhaltsaufklärung/Tat im prozessualen Sinne. Da die Möglichkeit der Fristsetzung nach S. 1 und die Einstellungsmöglichkeit nach S. 3 u. a. auch der Schonung justizieller Ressourcen dienen,[20] setzt die Anwendung selbst von S. 1 **nicht zwingend** eine **Durchermittlung** des Verfahrensgegenstandes bis zur vollständigen Beurteilung des hinreichenden Tatverdachts voraus.[21] Da aber S. 1 auf die Abhängigkeit der Erhebung der öffentlichen Klage von der Beantwortung der außerstrafrechtlichen Vorfrage abstellt,[22] kann eine normkonforme Handhabung kaum jemals erfolgen, bevor nicht **feststeht**, dass die **Anklageerhebung** (nur) noch **von der Klärung der Vorfrage abhängt**. Insofern wird die Staatsanwaltschaft den zugrunde liegenden Sachverhalt in einem Umfang aufklären und rechtlich würdigen müssen, der das Fehlen hinreichenden Tatverdachts aus anderen Gründen als der offenen außerstrafrechtlichen Vorfrage ausschließen lässt. Liegen nach dieser Maßgabe die Voraussetzungen von S. 1/S. 3 vor, so erfassen die von der Fristsetzung und der Einstellung ausgehenden Rechtswirkungen[23] die **gesamte Tat im prozessualen Sinne**. Sind innerhalb der verfahrensgegenständlichen prozessualen Tat mehrere materielle Straftatbestände verwirklicht, stellt sich aber nur bei einem von diesem eine § 154d unterfallende außerstrafrechtliche Vorfrage, kann nach dieser Vorschrift nur verfahren werden, wenn das **Schwergewicht der Tat** bei diesem Delikt liegt. Fehlt es daran, wird in Bezug auf den von der Beantwortung der außerstrafrechtlichen Vorfrage abhängigen Straftatbestand gemäß § 154a Abs. 1 zu verfahren sein, um dem Beschleunigungsgebot zu genügen.

III. Fristsetzung (S. 1)

1. Voraussetzungen. a) Präjudizielle außerstrafrechtliche Rechtsfrage. Die Erhebung der öffentlichen Klage und damit das Vorliegen eines hinreichenden Tatverdachts muss von einer bürgerlichrechtlichen oder verwaltungsrechtlichen Rechtsfrage abhängen. Die Bedeutung der **außerstrafrechtliche Rechtsfrage** bezieht sich dabei nicht nur auf die **Voraussetzungen der Strafbarkeit** selbst sondern **auch** auf die **Verfolgbarkeit der Tat**.[24] Im Ergebnis besteht Einigkeit darüber § 154d auch dann anzuwenden, wenn es nicht um außerstrafrechtliche Rechtsfragen des Bürgerlichen Rechts oder des Verwaltungsrechts im eigentlichen Wortsinn geht sondern um präjudizielle Rechtsfragen aus dem **Arbeits- und Sozialrecht**.[25] Ob in Bezug auf Letztere eine unmittelbare

---
[16] Siehe auch AK-StPO/*Schöch* Rn. 3; Löwe/Rosenberg/*Beulke* Rn. 2.
[17] Im Ergebnis ebenso Löwe/Rosenberg/*Beulke* Rn. 6.
[18] Siehe auch unten Rn. 24.
[19] Dazu näher Löwe/Rosenberg/*Beulke* Rn. 7 mwN.
[20] Oben Rn. 1.
[21] Wie hier Löwe/Rosenberg/*Beulke* Rn. 6.
[22] Unten Rn. 12.
[23] Unten Rn. 19 und 21.
[24] Löwe/Rosenberg/*Beulke* Rn. 4 mwN.
[25] AK-StPO/*Schöch* Rn. 5; HK-StPO/*Gercke* Rn. 2; KK-StPO/*Schoreit* Rn. 4; KMR/*Plöd* Rn. 3; Löwe/Rosenberg/*Beulke* Rn. 4; *Meyer-Goßner* Rn. 3; SK-StPO/*Weßlau* Rn. 5.

oder analoge Anwendung befürwortet wird, ist belanglos. Bei **steuerrechtlichen Vorfragen** gilt nicht § 154d S. 1 sondern § 396 AO.[26]

9 Eine außerstrafrechtliche Rechtsfrage, deren vorherigen Klärung der Zivilgerichtsbarkeit überantwortet werden kann, ist jedenfalls dann gegeben, wenn ein (normatives) Tatbestandsmerkmal einen Rechtsbegriff verwendet, dessen Inhaltsausfüllung ausschließlich durch eine außerstrafrechtliche Regelung erfolgt wie etwa die Zivilrechtsordnung bei dem Merkmal „fremd" in §§ 242, 246, 249 StGB (insoweit allgM). Letztlich wird aber von einer präjudiziellen außerstrafrechtlichen Rechtsfrage stets bei strafrechtlichen Merkmalen auszugehen sein, deren Auslegung **akzessorisch zu der jeweiligen außerstrafrechtlichen Regelungsmaterie** erfolgt. Dazu gehört dann auch etwa der Begriff „Arbeitgeber" in § 266a StGB, der nach nahezu allgM sozial- bzw. zivilrechtsakzessorisch zu verstehen ist.[27] Ebenso wäre das für § 266 StGB in Missbrauchs- und Treuebruchstatbestand bedeutsame Merkmal der Pflichtwidrigkeit regelmäßig nach dem durch außerstrafrechtliche Rechtsregeln determinierten Pflichtenkreis des Vermögensbetreuungspflichtigen ebenso als außerstrafrechtliche Rechtsfrage zu behandeln wie etwa die Wirksamkeit eines tatbestandsausschließenden Einverständnisses bei einer durch die Anteilseigner konsentierten Untreue zu Lasten einer Kapitalgesellschaft. Das gälte jedenfalls dann, wenn als Grenzen der Zustimmungsfähigkeit seitens der Anteilseigner oder anderer zuständiger Gesellschaftsorgane die Verletzung gesellschaftsrechtlicher Regeln (wie etwa Missachtung des Gebots der Stammkapitalerhaltung, § 30 GmbHG)[28] oder das nunmehr als Unterfall der sittenwidrigen Schädigung nach § 826 BGB gedeutete Verbot der Existenzgefährdung[29] angenommen werden. Im Bereich des Insolvenzstrafrechts (§§ 283ff. StGB) gehörten die Krisenmerkmale Überschuldung, drohende und eingetretene Zahlungsunfähigkeit hierher, wovon man diese im Hinblick auf die insolvenzrechtlichen Legaldefinitionen in §§ 17–19 InsO streng insolvenzrechtsakzessorisch interpretierte.[30] In den vorgenannten Fällen wären auch jeweils Anspruchsberechtigte vorhanden, die die außerstrafrechtliche Vorfrage innerhalb der entsprechenden Fachgerichtsbarkeit klären lassen könnten. So etwa hat im Fall der Existenzgefährdung einer Kapitalgesellschaft diese selbst die Möglichkeit im Rahmen einer Klage nach § 826 Abs. 1 BGB gegen die Anteilseigner klären zu lassen, ob die Voraussetzungen einer Existenzgefährdung durch konkretes Verhalten, zB die Zustimmung zu vermögensschädigendem Verhalten des Vertretungsorgans, gegeben sind. Die vorstehend aufgeführten Beispiele zeigen die mögliche Reichweite der Anwendbarkeit von § 154 d. Angesichts dessen muss die Staatsanwaltschaft im Rahmen ihrer Ermessensausübung[31] sorgfältig das am Schweregrad der Tat zu orientierende öffentliche Verfolgungsinteresse und den Beschleunigungsgrund in Relation setzen zu den Möglichkeiten der Klärung der Vorfragen im Rahmen der zuständigen Fachgerichtsbarkeit. § 154d ist keine Instrument, der Staatsanwaltschaft die eigenständige Kognition des gesamten Verfahrensstoffes in tatsächlicher und rechtlicher Hinsicht zu ersparen.

10 Weist ein Straftatbestandsmerkmal eine **spezifisch strafrechtliche Bedeutung** auf, wie etwa der Begriff „Fahrlässigkeit", ist der Anwendungsbereich von § 154d selbst dann **nicht eröffnet**, wenn auch außerstrafrechtliche Regelungsmaterien den Begriff als Merkmal verwenden (etwa §§ 276, 823 Abs. 1 BGB) und dasselbe tatsächliche Geschehen (zB ein Verkehrsunfall) Rechtswirkungen in beiden Regelungskomplexen zeitigen kann. Eine solche spezifisch strafrechtliche Bedeutung weist etwa auch das Merkmal „Vermögensschaden" in § 263 StGB oder „Vermögensnachteil" in § 266 StGB auf. Hinsichtlich dieser Merkmale kann § 154d S. 1 daher lediglich insoweit zur Anwendung gelangen, als der Eintritt eines Vermögensschadens nach strafrechtlichen Maßstäben etwa von der (zivil)rechtlichen Existenz einer Gegenforderung abhängt.[32] Nicht das Bestehen des Vermögensschadens ist dann die präjudizielle außerstrafrechtliche Rechtsfrage sondern das Bestehen einer zivilrechtlichen Forderung, deren Wert in die strafrechtliche Bewertung Schadensbestimmung einfließt.

11 Keine zur Anwendung von S. 1 führenden **präjudiziellen Rechtsfragen** liegen in den Fällen der **Bindung** der Staatsanwaltschaft **an Hoheitsakte** vor.[33] Wie weit der Ausschluss der Heranziehung von S. 1 in den Konstellationen der Bindung an die Entscheidung anderer Hoheitsträger reicht, wird insbesondere für Gestaltungsurteile (negative Abstammungsklage) im Rahmen eines die Ver-

---

[26] Oben Rn. 6 aE.
[27] Siehe insoweit nur MünchKommStGB/*Radtke*, § 266a Rn. 9 mwN.
[28] Dazu etwa BGH v. 24. 8. 1988 – 3 StR 232/88, BGHSt 35, 333 (336 f.); BGH v. 20. 7. 1999 – 1 StR 668/98, NJW 2000, 154 (155).
[29] BGH 16. 7. 2007 – II ZR 3/04, BGHZ 173, 246 ff. (Trihotel), zu den Auswirkungen auf das Strafrecht ausführlich *Radtke/Hoffmann* GA 2008, 535 ff.
[30] Zum Streitstand über den Grad der Insolvenzrechtsakzessorietät des Insolvenzstrafrechts *Achenbach*, GedS Schlüchter, 2002, S. 257 ff. einerseits und MünchKommStGB/*Radtke* Vor §§ 283 ff. Rn. 5–7 andererseits jeweils mwN.
[31] Unten Rn. 17.
[32] Zutreffend AK-StPO/*Schöch* Rn. 4; weniger deutlich auf den Vermögensschaden als solchen abstellend Löwe/Rosenberg/*Beulke* Rn. 4.
[33] HK-StPO/*Gercke* Rn. 2; Löwe/Rosenberg/*Beulke* Rn. 5; SK-StPO/*Weßlau* Rn. 5.

letzung der Unterhaltspflicht betreffenden Strafverfahrens nicht einheitlich beurteilt.[34] In den Bindungsfällen greift an sich der Regelungszweck von § 154 d nicht, weil dieser von einer eigenständigen rechtlichen Kognition des Strafrechtsanwenders ausgeht, woran es in den fraglichen Fällen aber fehlt. Im Ermittlungsverfahren ist aber die Analogie zu § 154 d und nach Anklageerhebung zu § 262 Abs. 2 zuzulassen.[35]

b) Erheblichkeit der präjudiziellen Rechtsfrage. Die Entscheidung über die Erhebung der öffentlichen Anklage muss von der Beantwortung der außerstrafrechtlichen Rechtsfrage **abhängen**. Das gilt sowohl in Bezug auf die **Voraussetzungen der Straftatbestandsmäßigkeit** selbst als auch in Bezug auf die **Verfolgbarkeit der Tat**. Die Anklageerhebung hängt nur dann von der Rechtsfrage ab, wenn **ohne ihre Beantwortung der hinreichende Tatverdacht nicht beurteilt werden kann**.[36] Die Frage der Abhängigkeit ist dabei auf den Ermittlungsstand zum Zeitpunkt der Entscheidung über die Fristsetzung zu beziehen.[37] Mangelt es außerhalb der Beantwortung der außerstrafrechtlichen Rechtsfrage aus tatsächlichen oder rechtlichen Gründen an den Voraussetzungen des hinreichenden Tatverdachts, hat die Einstellung nach § 170 Abs. 2 Vorrang.[38]

Die Abhängigkeit der Anklageerhebung von der Beantwortung der außerstrafrechtlichen Rechtsfrage schließt es aus, § 154 d lediglich deshalb anzuwenden, weil in dem bürgerlichrechtlichen Streitverfahren etc. tatsächliches Geschehen aufzuklären ist, das auch für das strafrechtliche Ermittlungsverfahren von Bedeutung ist.[39] Eine zu großzügige Handhabung der Fristsetzung und der daran anknüpfenden Möglichkeit der Einstellung des Verfahrens nach Abs. 3 ist angesichts des an sich bestehenden öffentlichen Strafverfolgungsinteresses nicht zu rechtfertigen.

2. Verfahren bei Fristsetzung. a) Zuständigkeit. Die Möglichkeit der Fristsetzung nach S. 1 besteht ausschließlich während des Ermittlungsverfahrens und steht allein der **Staatsanwaltschaft** zur Verfügung; im Steuerstrafverfahren ist § 396 AO einschlägig. Nach Anklageerhebung kann das zuständige Gericht im Hinblick auf eine präjudizielle Rechtsfrage aber nach § 262 Abs. 2 verfahren.

b) Adressat der Fristsetzung kann nach allgM derjenige sein, der auf die Einleitung des präjudiziellen Rechtsstreits hinwirken kann; nicht notwendig sei, dass der Adressat selbst als Partei in dem „präjudiziellen" Verfahren auftreten könne.[40] Das ist sowohl in der Formulierung als auch in der Sache zumindest missverständlich. Die bloß faktische Möglichkeit, den Klagebefugten zu einer Einleitung des entsprechenden Klagverfahrens zu bewegen, kann mangels rechtlicher Durchsetzbarkeit die Eigenschaft als **Adressat** der Fristsetzung nicht begründen. Maßgeblich ist vielmehr, ob derjenige nach den rechtlichen Gegebenheiten des einschlägigen Klageverfahrens die **rechtliche Möglichkeit hat,** ein solches **einzuleiten.**

c) Entscheidungsart und -inhalt. Die Staatsanwaltschaft setzt durch entsprechenden Bescheid dem Adressaten[41] eine Frist, innerhalb derer er das bürgerliche oder Verwaltungs**streitverfahren**[42] **einleiten** muss. Entgegen dem Wortlaut von S. 1 kann es nur auf die Einleitung des Streitverfahrens nicht aber auf dessen Abschluss ankommen (allgM),[43] weil auf diesen der aufgeforderte „Kläger" anders als auf die Einleitung keinen unmittelbaren Einfluss mehr hat. Sachgerecht ist es, mit der Fristsetzung die Aufforderung an den Adressaten zu verbinden, innerhalb der Frist einen **Nachweis über die erfolgte Einleitung** zu erbringen (allgM). Die Länge der gesetzten Frist sollte so bemessen sein, dass einerseits dem Adressaten genügend Gelegenheit bleibt, das Streitverfahren einzuleiten, andererseits aber das Beschleunigungsgebot nicht völlig vernachlässigt wird. **Fristverlängerung** ist bei zureichenden Gründen (etwa besondere Schwierigkeit der Materie) **möglich**.

Die auf S. 1 gestützte Fristsetzung beruht **auf einer Ermessensentscheidung der Staatsanwaltschaft**.[44] Bei der Ausübung des Ermessens wird sie sich auf der einen Seite von dem sich abzeichnenden Unrechts- und Schuldgehalt des Vergehens sowie den Konsequenzen für das Beschleunigungsgebot leiten lassen und auf der anderen Seite die Zumutbarkeit der Einleitung bzw. Durchführung des Streitverfahrens durch den dazu Berechtigten bedenken.[45] Angesichts der ge-

---

[34] Gegen eine (direkte) Anwendung von § 154 d HK-StPO/*Gercke* Rn. 2; Löwe/Rosenberg/*Beulke* Rn. 5; SK-StPO/ *Weßlau* Rn. 5; aA AK-StPO/*Schöch* Rn. 4 aE; KK-StPO/*Schoreit* Rn. 2; KMR/*Plöd* Rn. 3; *Meyer-Goßner* Rn. 3.
[35] Ebenso HK-StPO/*Gercke* Rn. 2; Löwe/Rosenberg/*Beulke* Rn. 5; SK-StPO/*Weßlau* Rn. 5.
[36] Löwe/Rosenberg/*Beulke* Rn. 6 mwN.
[37] *Meyer* JurBüro 1990, 403; siehe auch AK-StPO/*Schöch* Rn. 4.
[38] Oben Rn. 6.
[39] Zutreffend OLG Stuttgart v. 10. 12. 2002 – 1 Ws 249/02, NStZ-RR 2003, 145 (146); *Meyer* JurBüro 1990, 1403 (1404); AK-StPO/*Schöch* Rn. 4; Löwe/Rosenberg/*Beulke* Rn. 6; *Meyer-Goßner* Rn. 3.
[40] KMR/*Plöd* Rn. 4; Löwe/Rosenberg/*Beulke* Rn. 9; SK-StPO/*Weßlau* Rn. 11.
[41] Oben Rn. 15.
[42] Oben Rn. 7.
[43] Siehe nur KMR/*Plöd* Rn. 4; SK-StPO/*Weßlau* Rn. 10.
[44] Löwe/Rosenberg/*Beulke* Rn. 11; SK-StPO/*Weßlau* Rn. 12.
[45] Nachw. wie Fn. zuvor.

setzgeberischen Wertung, Verbrechen aus dem Anwendungsbereich von § 154 d gänzlich auszunehmen, kann bei Vergehen mit einem (konkret) hohen Schweregrad kaum jemals von § 154 d Gebrauch gemacht werden. Lässt sich auf der Grundlage des erforderlichen Ermittlungsstandes[46] eine Straferwartung von mehr als einem Jahr prognostizieren, sollte im Hinblick auf die vorgenannte Wertung allenfalls bei Besonderheiten des Einzelfalles von der Fristsetzung Gebrauch gemacht werden.

18 d) **Benachrichtigungspflicht (S. 2).** Die Fristsetzung bedarf **keinerlei Zustimmung** seitens anderer Verfahrensbeteiligter. Auch eine vorherige Anhörung des Anzeigeerstatters, selbst wenn er Verletzter ist, schreibt das Gesetz nicht vor. S. 2 erzwingt lediglich eine **formlose Nachricht** an den **Anzeigeerstatter.** Die Benachrichtigungspflicht entfällt, wenn der Anzeigende zugleich der Adressat der Fristsetzung selbst ist. In diesem Fall wird die Funktion der Benachrichtigung bereits durch die Fristsetzung selbst, für deren Bekanntgabe ebenfalls keine Form vorgeschrieben ist, erfüllt. Die Benachrichtigung **des Beschuldigten** ist **nicht vorgeschrieben** aber dennoch sachgerecht.

19 **3. Wirkungen der Fristsetzung.** Durch die Verfügung der Fristsetzung **ruht das Ermittlungsverfahren** einstweilen (allgM). Ein **Ruhen der Verjährung** ist damit allerdings **nicht** verbunden. Eine Bindung der Staatsanwaltschaft an ihre Entscheidung nach S. 1 tritt nicht ein, das Verfahren darf jederzeit und aus jeden Anlass, auch bei lediglich abweichender rechtlicher Würdigung des bekannten Ermittlungsstandes weiter betrieben werden.[47]

IV. Vorläufige Einstellung

20 **1. Voraussetzungen.** Das Gesetz regelt lediglich die Fristsetzung (S. 1) und die Einstellung nach fruchtlosem Fristablauf (S. 3), enthält aber keine ausdrückliche Normierung der Phase, in der – sei es ausgelöst durch die Fristsetzung oder aus eigenem Antrieb des Klageberechtigten – das **präjudizielle Streitverfahren** betrieben wird. Aus der Möglichkeit der Fristsetzung und dem dadurch ausgelösten Ruhen des Ermittlungsverfahrens[48] wird sich auch ohne explizite Anordnung in § 154 d die Befugnis der Staatsanwaltschaft zu einer **vorläufigen Einstellung des Ermittlungsverfahrens** ableiten lassen.[49] Alleinige Voraussetzung dafür ist die Einleitung des Streitverfahrens, in dessen Rahmen die für das Strafrecht präjudizielle Rechtsfrage geklärt werden soll. Nach fruchtlosem Ablauf der Frist nach S. 3 ist die vorläufige Einstellung nicht mehr zulässig.

21 **2. Verfahren und Wirkungen.** Die vorläufige Einstellung erfolgt durch entsprechende **Verfügung.** Ob die Staatsanwaltschaft vorläufig einstellt, steht wiederum in ihrem **pflichtgemäßen Ermessen.** Wie bei der Fristsetzung selbst wird sie die Schwere des verfahrensgegenständlichen Vergehens, das Beschleunigungsgebot, möglicherweise drohende Verfolgungsverjährung sowie die Möglichkeit bedenken, dass das außerstrafrechtliche Streitverfahrens seinerseits ausgesetzt wird, um den Ausgang des Strafverfahrens abzuwarten.[50] Die **Benachrichtigungspflicht** aus S. 2 wird zumindest dann entsprechend gelten, wenn die Einleitung des präjudiziellen Streitverfahrens nicht auf einer Fristsetzung beruhte. Die Benachrichtigung des Beschuldigten, der nicht unbedingt Partei des präjudiziellen Rechtsstreits sein muss, ist wie bei der Benachrichtigung von der Fristsetzung selbst nobile officium.

22 Anders als § 396 Abs. 3 AO führt die vorläufige Einstellung **kein Ruhen der Verjährung** herbei.[51] Auch **Strafklageverbrauch** geht von ihr **nicht** aus. Ändern sich die Faktoren, die für die Ausübung des staatsanwaltschaftlichen Ermessens maßgeblich sind,[52] besteht im Hinblick auf Legalitätsprinzip und Beschleunigungsgebot sogar eine **Pflicht** das **Ermittlungsverfahren weiter zu betreiben.** Das gilt erst recht, **nach Abschluss des präjustiziellen Streitverfahrens.**[53] Die Staatsanwaltschaft hat durch entsprechende Aktenführung sicherzustellen, rechtzeitig Kenntnis von dessen Ausgang zu erlangen. Die Fortsetzung des Ermittlungsverfahrens ist in den Akten zu vermerken.

---

[46] Oben Rn. 7.
[47] Im Ergebnis wie hier Löwe/Rosenberg/*Beulke* Rn. 12; SK-StPO/*Weßlau* Rn. 14.
[48] Oben Rn. 19.
[49] KMR/*Plöd* Rn. 5; Löwe/Rosenberg/*Beulke* Rn. 13; SK-StPO/*Weßlau* Rn. 14.
[50] Zutreffend Löwe/Rosenberg/*Beulke* Rn. 14 m. Hinw. auf entsprechende Regelungen der außerstrafrechtlichen Verfahrensordnungen.
[51] KMR/*Plöd* Rn. 5; Löwe/Rosenberg/*Beulke* Rn. 13; SK-StPO/*Weßlau* Rn. 14.
[52] Oben Rn. 21.
[53] Löwe/Rosenberg/*Beulke* Rn. 14.

V. Endgültige Einstellung (S. 3)

1. Voraussetzungen. S. 3 eröffnet der Staatsanwaltschaft eine endgültige[54] Einstellungsmöglichkeit nach fruchtlosem Ablauf der gemäß S. 1 gesetzten Frist, ohne sachliche Voraussetzungen über den **fruchtlosen Fristablauf** hinaus zu benennen. Ein solcher liegt vor, wenn der Adressat der Fristsetzung[55] innerhalb der gesetzten Frist das präjudizielle Streitverfahren nicht eingeleitet hat oder er vor Fristablauf erklärt hat, das Streitverfahren nicht einleiten zu wollen.[56] Als fruchtloser Fristablauf wird auch das **Unterbleiben notwendiger Mitwirkungshandlungen** im präjudiziellen Streitverfahren jenseits dessen Einleitung verstanden werden können.[57]

Ob die Staatsanwaltschaft das Verfahren nach dem ungenutzten Verstreichen der Frist einstellt, hat sie nach **pflichtgemäßem Ermessen** zu prüfen (insoweit allgM). Mit dieser Grundannahme ist die verbreitete Auffassung, es könne nach Fristablauf ohne weitere sachliche Prüfung eingestellt werden,[58] nicht ohne Weiteres zu vereinbaren. Vor der endgültigen Einstellung muss die Staatsanwaltschaft jedenfalls **prüfen, ob** sich die zur Fristsetzung nach S. 1 führenden **Umstände verändert** haben und nunmehr das öffentliche Verfolgungsinteresse so gewichtig ist, dass eine Einstellung (allein) wegen des unterbliebenen Betreibens des präjudiziellen Streitverfahrens in Frage kommt. In diese Erwägungen fließt auch die Bewertung der Gründe ein, die zu dem Ausbleiben des Streitverfahrens geführt haben.[59] Fehlt es aus anderen Gründen als der Entscheidung der präjudiziellen Rechtsfrage an einem hinreichenden Tatverdacht, ist nach § 170 Abs. 2 einzustellen.[60]

2. Verfahren. Die endgültige Einstellung nach S. 3 erfolgt durch entsprechende **Verfügung**, aus der sich die Gründe dafür[61] ergeben. Hält die Staatsanwaltschaft die Voraussetzungen nach S. 3 nicht für gegeben, muss sie das Verfahren weiter betreiben bzw. bei zwischenzeitlicher vorläufiger Einstellung wieder aufgreifen. Das eingetretene Ruhens des Verfahrens einfach fortdauern zu lassen, ist unzulässig.[62]

Eine Pflicht, dem **Adressaten der Fristsetzung**[63] vor der endgültigen Einstellung nochmals rechtliches Gehör zu gewähren, besteht jedenfalls dann **nicht**, wenn mit der Fristsetzung die Aufforderung, die Einleitung des Streitverfahrens nachzuweisen, verbunden war.[64] Um eine fehlerfreie Ermessensausübung zu gewährleisten, sind aber Erkundigungen über die Gründe des Verstreichens im Einzelfall anzuraten. **Zustimmungserfordernisse** seitens des Gerichts, des Beschuldigten, des Anzeigenden oder – falls mit diesem nicht identisch – des Adressaten der Fristsetzung **bestehen nicht**. Gleiches gilt für deren Anhörung.

Dem **Beschuldigten** ist aber die **Einstellungsverfügung** nach § 170 Abs. 2 S. 2 **mitzuteilen**. Gleiches gilt für den **Anzeigenden** (§ 171), bei gleichzeitiger Verletzteneigenschaft muss die Mitteilung mit der Rechtsbehelfsbelehrung nach § 171 S. 2 verbunden werden. Mitteilungspflichten über das eventuell trotz Fristablaufs erfolgende Weiterbetreiben des Ermittlungsverfahrens bestehen nicht.

VI. Rechtsbehelfe

1. Fristsetzung (S. 1) und vorläufige Einstellung. Gegen die Fristsetzung nach S. 1 und die vorläufig Einstellung[65] ist das **Klageerzwingungsverfahren nicht statthaft** (allgM), weil es an der dafür erforderlichen endgültigen Ablehnung der Klageerhebung fehlt.[66] Möglich ist lediglich die **Dienstaufsichtsbeschwerde**.[67]

2. Endgültige Einstellung (S. 3). Da in § 172 Abs. 2 S. 3 die Einstellung nach § 154d nicht aufgeführt wird, ist das **Klageerzwingungsverfahren** gegen die endgültige Einstellung nach S. 3 **statthaft** (allgM). Die **Kontrolldichte** des OLG ist allerdings **auf das Vorliegen der gesetzlichen**

---

[54] Siehe aber unten Rn. 30.
[55] Oben Rn. 15.
[56] Löwe/Rosenberg/*Beulke* Rn. 15; SK-StPO/*Weßlau* Rn. 16.
[57] Zutreffend KMR/*Plöd* Rn. 5; SK-StPO/*Weßlau* Rn. 16.
[58] KK-StPO/*Schoreit* Rn. 5; KMR/*Plöd* Rn. 5; vorsichtiger SK-StPO/*Weßlau* Rn. 16 „regelmäßig".
[59] Weitgehend übereinstimmend AK-StPO/*Schöch* Rn. 6; Löwe/Rosenberg/*Beulke* Rn. 16.
[60] Oben Rn. 6.
[61] Oben Rn. 23 f.
[62] Löwe/Rosenberg/*Beulke* Rn. 15 aE.
[63] Oben Rn. 15.
[64] KMR/*Plöd* Rn. 5; Löwe/Rosenberg/*Beulke* Rn. 17; SK-StPO/*Weßlau* Rn. 17.
[65] Oben Rn. 20–22.
[66] AK-StPO/*Schöch* Rn. 6; KMR/*Plöd* Rn. 6; Löwe/Rosenberg/*Beulke* Rn. 19; Meyer-Goßner Rn. 4; SK-StPO/*Weßlau* Rn. 19.
[67] Nachw. wie Fn. zuvor.

Voraussetzungen des § 154d beschränkt (allgM).[68] Diese umfasst auch die rechtsfehlerfreie Ausübung des Ermessens der Staatsanwaltschaft,[69] so dass nicht nur überprüft wird, ob der Verfahrensgegenstand allein Vergehen umfasst, eine anklagerelevante außerstrafrechtliche Rechtsfrage vorhanden und die angemessene Frist fruchtlos verstrichen ist sondern auch, ob die Staatsanwaltschaft auf einer vollständige Tatsachengrundlage eine rechtsfehlerfreie Ermessensentscheidung getroffen hat. Da vor der Anwendung von § 154d eine Durchermittlung bis zur Anklagereife nicht zwingend erfolgt sein muss,[70] wird das OLG allenfalls im Ausnahmefall eine Erhebung der Anklage beschließen können, sich ansonsten auf die Anordnung weiterer Ermittlungen (ggf. unter Berücksichtigung der Rechtsauffassung des OLG) seitens der Staatsanwaltschaft beschränken müssen.[71] Der (vormals) Beschuldigte kann eine **Revision** nicht auf das Ausbleiben der Einstellung nach § 154d stützen.

VI. Strafklageverbrauch

30   Selbst der endgültigen Einstellung nach S. 3 kommt **keine strafklageverbrauchende Wirkung** zu (allgM). Die Staatsanwaltschaft kann das Verfahren wieder aufgreifen, wenn und solange die materielle Tat noch verfolgbar ist. Ein auch nur begrenzter Strafklageverbrauch lässt sich trotz eines nicht unerheblichen Grades der Sachverhaltsaufklärung[72] vor der Fristsetzung nicht annehmen, weil S. 3 nach fruchtlosem Fristablauf eine Einstellung weitgehend ohne erneute Sachprüfung zulässt. Die für den Strafklageverbrauch maßgeblichen Kriterien sind hier sogar noch schwächer ausgeprägt als bei § 170 Abs. 2.

§ 154e [Falsche Verdächtigung; Beleidigung]

(1) Von der Erhebung der öffentlichen Klage wegen einer falschen Verdächtigung oder Beleidigung (§§ 164, 185 bis 188 des Strafgesetzbuches) soll abgesehen werden, solange wegen der angezeigten oder behaupteten Handlung ein Straf- oder Disziplinarverfahren anhängig ist.

(2) Ist die öffentliche Klage oder eine Privatklage bereits erhoben, so stellt das Gericht das Verfahren bis zum Abschluß des Straf- oder Disziplinarverfahrens wegen der angezeigten oder behaupteten Handlung ein.

(3) Bis zum Abschluß des Straf- oder Disziplinarverfahrens wegen der angezeigten oder behaupteten Handlung ruht die Verjährung der Verfolgung der falschen Verdächtigung oder Beleidigung.

Schrifttum: *Kuhlmann*, Anmerkung zu BVerfG v. 23. 7. 1982 – 2 BvR 8/82, NStZ 1983, 130; *Milzer*, Ist die falsche Verdächtigung mit einem Privatklagedelikt immer von Amts wegen zu verfolgen?, MDR 1990, 20.

I. Zweck der Vorschrift

1   Die ursprünglich in § 164 Abs. 6 StGB weitgehend inhaltsgleich angesiedelte Vorschrift gestattet in **Abs. 1** der Staatsanwaltschaft und in **Abs. 2** dem Gericht eine **Einschränkung des Beschleunigungsgebots**[1] in solchen Verfahren, die materiell (zumindest auch) eine falsche Verdächtigung oder Beleidigungsdelikte zum Gegenstand haben. Der Sache nach ist der auf das Beschleunigungsgebot gemünzte Regelungszweck weitgehend anerkannt, indem § 154e Abs. 1 und 2 als Sonderfälle der in § 205 allgemein geregelten vorläufigen Einstellung des Strafverfahrens gewertet werden.[2] In der Möglichkeit bzw. Pflicht, mit dem Fortgang des Verfahrens bis zur Klärung einer Tatsachen- oder Rechtsfrage in einem anderen Verfahren zuzuwarten, findet sich eine gewisse Parallele zu § 154d. Mit der Einräumung der Befugnis, das Verfahren gegen den Verdächtigten oder Beleidigten vorläufig einzustellen, bringt das Gesetz zugleich den grundsätzlichen **Vorrang des Bezugsverfahrens**,[3] innerhalb dessen die Berechtigung des gegen ihn erhobenen Vorwurfs überprüft wird, zum Ausdruck. Dieser Vorrang des Bezugsverfahrens findet im Hinblick auf Beleidigungsdelikte zum Gegenstand habende Strafverfahren seine Berechtigung in der **Beweisregel des § 190 StGB**. Wegen dieser Beweisregel ist es zutreffend, den Zweck von § 154e Abs. 1 und 2

---

[68] Siehe nur AK-StPO/*Schöch* Rn. 6; Löwe/Rosenberg/*Beulke* Rn. 20.
[69] Zutreffend AK-StPO/*Schöch* Rn. 6; Löwe/Rosenberg/*Beulke* Rn. 20.
[70] Oben Rn. 7.
[71] Weitgehend übereinstimmend AK-StPO/*Schöch* Rn. 6; Löwe/Rosenberg/*Beulke* Rn. 20.
[72] Oben Rn. 7.
[1] Zutreffend SK-StPO/*Weßlau* Rn. 2; im Ergebnis ebenso AK-StPO/*Schöch* Rn. 2 aE; siehe auch *Kuhlmann* NStZ 1983, 130 (131).
[2] AK-StPO/*Schöch* Rn. 2; Löwe/Rosenberg/*Beulke* Rn. 2.
[3] Hans.OLG Bremen v. 14. 5. 1990 – Ss 9/90, StV 1991, 252; AK-StPO/*Schöch* Rn. 1; KMR/*Plöd* Rn. 1; Löwe/Rosenberg/*Beulke* Rn. 1.

(auch) in der **Vermeidung sich widersprechender Feststellungen und Entscheidungen über einen identischen Lebenssachverhalt** in verschiedenen Verfahren zu sehen.[4]

Da die Anwendung der Vorschrift lediglich zu einer vorläufigen Verfahrenseinstellung führt, ist mit ihr **keine Einschränkung des Legalitätsprinzips** verbunden.[5] Dementsprechend gibt es auch keinen diversionellen Regelungszweck. Dagegen dient die Einstellungsmöglichkeit in gewisser Weise der **Schonung der Justizressourcen**, weil nicht in zwei Parallelverfahren der (weitgehend) identische Lebenssachverhalt aufgeklärt werden muss. 2

Abs. 3 weist keinen nennenswerten eigenständigen Regelungsgehalt auf sondern **ergänzt** lediglich § 78b Abs. 1 S. 1 StGB, der § 154e Abs. 1 wegen der hier nur fakultativen Einstellung[6] nicht erfasst. 3

II. Anwendungsbereich

1. Anwendbarkeit in den Verfahrensstadien. a) Einstellung nach Abs. 1. Die Möglichkeit der Einstellung des Verfahrens nach Abs. 1 besteht **ausschließlich im Ermittlungsverfahren** bis zur Erhebung der öffentlichen Anklage oder Surrogaten wie dem Strafbefehl. Wie sich aus Abs. 2 ergibt, ist nach Erhebung der öffentlichen Klage oder der Privatklage lediglich noch die gerichtliche Einstellung nach Abs. 2 möglich. 4

b) Einstellung nach Abs. 2. Die vorläufige Einstellung nach Abs. 2 durch das zuständige Gericht steht diesem ab dem Zeitpunkt der Erhebung der öffentlichen Klage oder der Privatklage zur Verfügung. Die Vorschrift ist nicht nur im Verfahren vor dem **erstinstanzlichen Tatrichter** sondern **auch** in der **Berufungsinstanz anwendbar**.[7] Dafür kommt es nicht darauf an, ob die sachlichen Voraussetzungen von Abs. 2 erst während des Berufungsrechtszuges eintreten oder ob diese vorher vorlagen, vom ersten Tatrichter aber übersehen worden waren (allgM).[8] Bei einer wirksamen Beschränkung der Berufung auf den Rechtsfolgenausspruch scheidet allerdings in dieser Instanz die Einstellung nach Abs. 2 aus,[9] weil dem Gericht jegliche Entscheidung zu der rechtskräftig geklärten Schuldfrage über die verfahrensgegenständliche Tat versagt ist. In der **Revisionsinstanz** ist Abs. 2 **nicht anwendbar** (im Ergebnis allgM).[10] Das gilt sowohl für die Konstellation eines bereits in der Tatsacheninstanz vorliegenden vorläufigen Verfahrenshindernisses durch Anhängigkeit des Bezugsverfahrens als auch für die Fallgestaltungen, in denen das Bezugsverfahren erst während des Revisionsrechtszugs anhängig wird. Jeweils kann der Zweck von § 154e, einander widersprechende tatsächliche Feststellungen in unterschiedlichen Verfahren zu verhindern, in der Revisionsinstanz selbst nicht erreicht werden. Das Revisionsgericht entscheidet damit jeweils über das Rechtsmittel. Der Zeitpunkt des Eintritts der Voraussetzungen des vorläufigen Verfahrenshindernisses (Anhängigkeit des Bezugsverfahrens) wird erst für den Inhalt der revisionsgerichtlichen Entscheidung relevant. War das Verfahrenshindernis vom Tatrichter übersehen wird, so hebt das Revisionsgericht – entweder von Amts wegen oder auf entsprechende Verfahrensrüge hin[11] – dessen Urteil wegen des Übergehens des vorläufigen Verfahrenshindernisses auf und verweist die Sache zurück.[12] Der neue Tatrichter stellt dann das Verfahren nach Abs. 2 ein wenn das Bezugsverfahren noch anhängig ist.[13] Tritt das vorläufige Verfahrenshindernis in Gestalt der Anhängigkeit des Bezugsverfahrens erst während des Revisionsrechtszuges ein, ist das für die Entscheidung des Revisionsgerichts ohne jede Bedeutung.[14] 5

---

[4] BGH v. 12. 7. 1955 – 1 StR 167/55, BGHSt 8, 133 (135) – zu § 164 Abs. 6 StGB aF.; BGH v. 17. 1. 1979 – 3 StR 402/78, GA 1979, 223 (224); Hans.OLG Bremen v. 14. 5. 1990 – Ss 9/90, StV 1991, 252; *Milzer* MDR 1990, 20; AK-StPO/*Schöch* Rn. 1; HK-StPO/*Gercke* Rn. 1; KK-StPO/*Schoreit* Rn. 1; KMR/*Plöd* Rn. 1; Löwe/Rosenberg/*Beulke* Rn. 1; *Meyer-Goßner* Rn. 1; SK-StPO/*Weßlau* Rn. 1 aE.

[5] AK-StPO/*Schöch* Rn. 2; HK-StPO/*Gercke* Rn. 1; Löwe/Rosenberg/*Beulke* Rn. 2; SK-StPO/*Weßlau* Rn. 2.

[6] Näher unten Rn. 20.

[7] Vgl. AK-StPO/*Schöch* Rn. 12; HK-StPO/*Gercke* Rn. 5; KK-StPO/*Schoreit* Rn. 15; Löwe/Rosenberg/*Beulke* Rn. 16; *Meyer-Goßner* Rn. 13; SK-StPO/*Weßlau* Rn. 16.

[8] Nachw. wie Fn. zuvor.

[9] Im Ergebnis wie hier Löwe/Rosenberg/*Beulke* Rn. 16; SK-StPO/*Weßlau* Rn. 16.

[10] BGH v. 17. 1. 1979 – 3 StR 402/78, GA 1979, 223; RG v. 11. 1. 1895 – Rep. 4228/94, RGSt 26, 365 (366); BayObLG v. 17. 12. 1958 – 1 St 535/58, BayObLGSt 1958, 313 (315); vgl. auch Hans.OLG Bremen v. 14. 5. 1990 – Ss 9/90, StV 1991, 252; AK-StPO/*Schöch* Rn. 12; KK-StPO/*Schoreit* Rn. 15; Löwe/Rosenberg/*Beulke* Rn. 17; SK-StPO/*Weßlau* Rn. 16.

[11] Offen gelassen von BGH v. 17. 1. 1979 – 3 StR 402/78, GA 1979, 223 (224) und Hans.OLG Bremen v. 14. 5. 1990 – Ss 9/90, StV 1991, 252; dazu näher unten Rn. 32.

[12] BGH v. 12. 7. 1955 – 1 StR 167/55, BGHSt 8, 133 f.; BGH v. 20. 9. 1955 – 5 StR 263/55, BGHSt 8, 151 (154); BGH v. 17. 1. 1979 – 3 StR 402/78, GA 1979, 223 (224); Hans.OLG Bremen v. 14. 5. 1990 – Ss 9/90, StV 1991, 252; OLG Karlsruhe v. 6. 8. 1987 – 1 Ss 122/877, JR 1989, 82 f.; KK-StPO/*Schoreit* Rn. 15; KMR/*Plöd* Rn. 7; Löwe/Rosenberg/*Beulke* Rn. 17; SK-StPO/*Weßlau* Rn. 17.

[13] Näher unten Rn. 13–18.

[14] BGH v. 17. 1. 1979 – 3 StR 402/78, GA 1979, 223 (224); RG v. 11. 1. 1895 – Rep. 4228/94, RGSt 26, 365 (366).

6 2. **Anwendbarkeit in sachlicher Hinsicht.** § 154e ist ausschließlich in Verfahren anwendbar, die bei materiell-rechtlicher Bewertung eine der in Abs. 1 genannten **Vergehen der falschen Verdächtigung** (§ 164 StGB) oder **der Beleidigung** (§§ 185–187 StGB) **zum Gegenstand haben.** Sind innerhalb der verfahrensgegenständlichen prozessualen Tat nicht in Abs. 1 genannte Straftatbestände mit verwirklicht, darf nach § 154e das Verfahren nur eingestellt werden, wenn das **Schwergericht der Tat bei den „Katalogtaten"** liegt. Denn nur für diese gestattet § 154e eine Einschränkung des Beschleunigungsgrundsatzes. Die vorläufige Einstellung erfasst dann die **gesamte prozessuale Tat**,[15] also auch die mitverwirklichten Delikte, die in § 154e nicht aufgeführt sind. § 154e soll auch in Fällen **ungleichartiger Wahlfeststellung** zwischen einer Katalogtat und einem nicht von Abs. 1 genannten Delikt in Frage kommen.[16] Dem kann nur gefolgt werden, wenn der wahldeutigen Anklage eine einheitliche prozessuale Tat zugrunde liegt und die Katalogtat schwerer wiegt. Erweisen sich dagegen die mit verwirklichten, in § 154e nicht erfassten Delikte als im Unrechts- und Schuldgehalt schwerer, kann von der Verfolgung der falschen Verdächtigung oder Beleidigung nach § 154a abgesehen und das Verfahren wegen der nicht in Abs. 1 aufgeführten Delikte fortgeführt werden.[17] Hat das Verfahren **mehrere Taten im prozessualen Sinne** zum Gegenstand, findet § 154e nur auf die Tat Anwendung, die sich materiell als „Katalogtat" erweist. Die übrigen prozessualen Taten werden abgetrennt und eigenständig weiterverfolgt (insoweit allgM);[18] in Bezug auf diese wird regelmäßig nicht nach § 154 verfahren werden können, weil eine Prognose über den Ausgang des vorläufig einzustellenden Verfahrens gegen den Verdächtigenden bzw. Beleidigenden wegen der Abhängigkeit vom Bezugsverfahren kaum zu treffen sein wird.

7 Eine **analoge Anwendung** von § 154e auf Taten, die dort nicht genannte Delikte zum Gegenstand haben, bei denen sich ebenfalls präjudizielle Rechtsfragen stellen können, ist **ausgeschlossen**.[19] Es fehlt an einer planwidrigen Gesetzeslücke.[20]

8 3. **Anwendbarkeit in persönlicher Hinsicht.** Die Einstellung nach Abs. 1 und 2 ist lediglich in Verfahren eröffnet, die sich gegen einen Beschuldigten/Angeklagten wegen des Vorwurfs der falschen Verdächtigung oder der Beleidigung (§§ 185–187 StGB) richten. Wird das Verfahren gegen **mehrere Beschuldigte/Angeklagte** geführt, bedarf es der Verfahrenstrennung, wenn die Voraussetzungen von § 154e nicht in Bezug auf sämtliche Beschuldigte/Angeklagte vorliegen.

9 4. **Verhältnis zu anderen Einstellungsmöglichkeiten.** Wegen der spezifischen Voraussetzungen der Vorschrift und ihrer nicht mit einer Einschränkung des Legalitätsprinzips einhergehenden Zwecksetzung[21] werden Abgrenzungen und Überschneidungen mit anderen Einstellungsvorschriften selten in Betracht kommen. Bei liquider Einstellungslage hat **§ 170 Abs. 2** Vorrang, wenn auf der Grundlage der bis zum möglichen Einstellungszeitpunkt[22] gewonnenen Ermittlungsergebnisse das Fehlen eines hinreichenden Tatverdachts gegen den „Verdächtiger" oder Beleidiger feststeht.[23] Entsprechendes gilt nach Anklageerhebung für den Beschluss nach § 204. Dagegen ist das Vorliegen der Voraussetzungen des § 154e kein die Staatsanwaltschaft berechtigender Grund § 170 Abs. 2 und die Gerichte im Zwischen- und Hauptverfahren **nach §§ 206a, 260 Abs. 3** zu verfahren.[24] Gegenüber der allgemeinen Regelung über die vorläufige Einstellung in § 205 ist § 154e spezieller.

10 Wegen der nicht nur vorläufigen Einstellung werden dagegen **§§ 153, 153a** (jeweils Abs. 1 und 2) vorrangig anzuwenden sein,[25] wenn unabhängig vom Ausgang des Bezugsverfahrens der Unrechts- und Schuldgehalt der Tat des „Verdächtigeres" oder Beleidigers gering oder relativ gering ist. § 154a kann zur Anwendung gelangen, wenn das Verfahren gegen den Verdächtigten oder Beleidigten innerhalb derselben verfahrensgegenständlichen Tat sich materiell nicht nur als eine der in § 154e aufgeführten Delikte erweist.[26]

---

[15] Unten Rn. 11; AK-StPO/*Schöch* Rn. 3; HK-StPO/*Gercke* Rn. 2; KK-StPO/*Schoreit* Rn. 3; Löwe/Rosenberg/*Beulke* Rn. 4; der Sache nach auch OLG Karlsruhe v. 6. 8. 1977 – 1 Ss 122/87, JR 1989, 82.
[16] OLG Karlsruhe v. 6. 8. 1977 – 1 Ss 122/87, JR 1989, 82 f.; zustimmend SK-StPO/*Weßlau* Rn. 4.
[17] KK-StPO/*Schoreit* Rn. 3; KMR/*Plöd* Rn. 2; Löwe/Rosenberg/*Beulke* Rn. 4; SK-StPO/*Weßlau* Rn. 4.
[18] AK-StPO/*Schöch* Rn. 3; HK-StPO/*Gercke* Rn. 2; KK-StPO/*Schoreit* Rn. 3; KMR/*Plöd* Rn. 2; Löwe/Rosenberg/*Beulke* Rn. 4; *Meyer-Goßner* Rn. 6.
[19] AK-StPO/*Schöch* Rn. 4; KK-StPO/*Schoreit* Rn. 4; Löwe/Rosenberg/*Beulke* Rn. 4; SK-StPO/*Weßlau* Rn. 4.
[20] Zur Begründung näher Löwe/Rosenberg/*Beulke* Rn. 4 mit Nachw. dort in Fn. 6.
[21] Oben Rn. 1.
[22] Unten Rn. 11.
[23] AK-StPO/*Schöch* Rn. 8; HK-StPO/*Gercke* Rn. 4; Löwe/Rosenberg/*Beulke* Rn. 10.
[24] Vgl. AK-StPO/*Schöch* Rn. 11; HK-StPO/*Gercke* Rn. 5; Löwe/Rosenberg/*Beulke* Rn. 15; *Meyer-Goßner* Rn. 11.
[25] Im Ergebnis wohl auch KK-StPO/*Schoreit* Rn. 8 aE; Löwe/Rosenberg/*Beulke* Rn. 7 aE.
[26] Oben Rn. 6.

Erster Abschnitt. Öffentliche Klage **11–14 § 154e**

5. Ermittlungsgrad/Tat im prozessualen Sinne. Im Hinblick auf die Regelungszwecke[27] bedarf 11 es bei der staatsanwaltschaftlichen Einstellung nach **Abs. 1 nicht der Durchermittlung** bis zur Klärung des hinreichenden Tatverdachts gegen den Verdächtigen oder Beleidigten.[28] Die Einstellung kann erfolgen, wenn und sobald deren Voraussetzungen[29] feststehen. Anderes gilt nur bei einer liquiden Einstellungslage.[30] Die gerichtliche Einstellung nach **Abs. 2** beruht dagegen stets auf einem durchermittelten Sachverhalt. Das jeweils zuständige Gericht ist berechtigt, **im Wege des Freibeweises** das Vorliegen der **Einstellungsvoraussetzungen** zu klären.[31] Staatsanwaltschaftliche und gerichtliche Einstellung betreffen stets die **gesamte verfahrensgegenständliche prozessuale Tat**.[32] Umfasst diese nicht nur in § 154e aufgeführte Delikte ist ggf. nach § 154a zu verfahren.[33]

III. Gemeinsame Voraussetzungen von Abs. 1 und 2

1. Bezugsverfahren. Die auf § 154e gestützte Einstellung des gegen den Verdächtigen oder Be- 12 leidigten geführten Verfahrens setzt voraus, dass wegen des den Gegenstand der Verdächtigung oder Beleidigung bildenden Sachverhalts ein Straf- oder Disziplinarverfahren (sog. **Bezugsverfahren**) anhängig ist. **Strafverfahren** ist jedes staatsanwaltschaftliche oder gerichtliche Verfahren, das den Vorwurf der Begehung einer Straftat zum Gegenstand hat. Auf die Verfolgung einer Ordnungswidrigkeit gerichtete **Bußgeldverfahren scheiden** damit **ebenso aus wie anwalts- oder sonstige berufsgerichtliche Verfahren**.[34] **Disziplinarverfahren** sind lediglich solche Verfahren, die auf der Grundlage des Disziplinargesetzes des Bundes oder der Länder sowie des Soldatengesetzes gegen unter diese Gesetze fallende Personen geführt werden. Eine **analoge Anwendung** auf nicht unter die Begriffe Straf- oder Disziplinarverfahren subsumierbare Verfahren, die das verdächtigende oder beleidigende Geschehen zum Gegenstand haben, **scheidet** mangels planwidriger Regelungslücke[35] **aus**.

2. Anhängigkeit des Bezugsverfahrens. a) Strafverfahren. aa) Beginn der Anhängigkeit. Die An- 13 hängigkeit des Strafverfahrens als Bezugsverfahren beginnt **mit der Aufnahme von Ermittlungshandlungen** durch ein Strafverfolgungsorgan auf der Grundlage eines Anfangsverdachts (§ 152 Abs. 2) gegen den Verdächtigen oder Beleidigten (insoweit allgM). Diese Voraussetzung ist in jedem Fall gegeben, wenn die Polizei eine Strafanzeige zusammen mit einer Beschuldigtenvernehmung an die Staatsanwaltschaft übersendet.[36] Ob die Anhängigkeit auch vorher bei der Staatsanwaltschaft (noch) nicht bekannten Ermittlungen der Polizei (siehe § 163 Abs. 1) eintritt, wird unterschiedlich beurteilt.[37] Der Streit hat letztlich keinerlei praktische Bedeutung, weil die Staatsanwaltschaft ohne Kenntnis von der (möglichen) Anhängigkeit des Bezugsverfahrens dieses im Verfahren gegen den Verdächtigenden/Beleidigenden ohnehin nicht berücksichtigen kann. Im **Steuerstrafverfahren** beginnt die Anhängigkeit mit Aufnahme des finanzbehördlichen Ermittlungsverfahrens nach §§ 386, 402 AO. Hat das Bezugsverfahren ein **Privatklagedelikt** zum Gegenstand, beginnt die Anhängigkeit erst **mit der Erhebung der Privatklage**.[38] Entgegen vereinzelt vertretener Ansicht[39] begründet die bloße Möglichkeit der Privatklageerhebung die Rechtsanhängigkeit nicht; auch eine analoge Anwendung führte zu keinem anderen Ergebnis.[40]

bb) Ende der Anhängigkeit. Die Anforderungen an das Ende der Anhängigkeit richten sich da- 14 nach, ob das Bezugsverfahren auf der Ebene des **staatsanwaltschaftlichen Ermittlungsverfahrens** verblieben ist oder durch Anklageerhebung oder ihre Surrogate die gerichtliche Ebene erreicht hat.[41] Erledigt die Staatsanwaltschaft das Bezugsverfahren durch Einstellung nach §§ 153 ff, einschließlich § 154, so beendet die entsprechende Verfügung die Rechtshängigkeit (allgM),[42] wobei

---

[27] Oben Rn. 1–3.
[28] Löwe/Rosenberg/*Beulke* Rn. 10.
[29] Unten Rn. 12 ff.
[30] Oben Rn. 9.
[31] Vgl. BayObLG v. 17. 12. 1958 – 1 St 535/58, BayObLGSt 1958, 313 (314).
[32] Oben Rn. 6.
[33] Näher oben Rn. 6.
[34] AK-StPO/*Schöch* Rn. 5; KMR/*Plöd* Rn. 3; Löwe/Rosenberg/*Beulke* Rn. 5 f.; SK-StPO/*Weßlau* Rn. 5.
[35] Zur Begründung näher Löwe/Rosenberg/*Beulke* Rn. 6.
[36] BGH v. 20. 9. 1955 – 5 StR 263/55, BGHSt 8, 151 (153); vgl. auch BGH v. 17. 1. 1979 – 3 StR 402/78, GA 1979, 78; KK-StPO/*Schoreit* Rn. 6.
[37] AK-StPO/*Schöch* Rn. 6; HK-StPO/*Gercke* Rn. 3; KMR/*Plöd* Rn. 3; Löwe/Rosenberg/*Beulke* Rn. 7; SK-StPO/*Weßlau* Rn. 6 einerseits und KK-StPO/*Schoreit* Rn. 6 andererseits.
[38] KK-StPO/*Schoreit* Rn. 8; KMR/*Plöd* Rn. 3; Löwe/Rosenberg/*Beulke* Rn. 7a; *Meyer-Goßner* Rn. 2; SK-StPO/*Weßlau* Rn. 7.
[39] *Milzer* MDR 1990, 20.
[40] Zu den Gründen ausführlich Löwe/Rosenberg/*Beulke* Rn. 7a und SK-StPO/*Weßlau* Rn. 7.
[41] Grundlegend dazu BGH v. 21. 12. 1956 – 1 StR 337/56, BGHSt 10, 88 (90).
[42] Siehe nur BGH v. 21. 12. 1956 – 1 StR 337/56, BGHSt 10, 88 (90); KK-StPO/*Schoreit* Rn. 8; Löwe/Rosenberg/*Beulke* Rn. 8; SK-StPO/*Weßlau* Rn. 8.

Radtke

in den Fällen von § 153a erst der endgültigen Einstellung[43] diese Wirkung zukommt. Der regelmäßig allenfalls beschränkte Strafklageverbrauch dieser Erledigungsarten steht dem nicht entgegen, weil allein die faktische Erledigungswirkung maßgeblich ist. In den Fällen von § 154d endet die Anhängigkeit des Ermittlungsverfahrens mit der Entscheidung nach S. 3.[44] Bei der Einstellung nach § 170 Abs. 2 ist zu unterscheiden: Ist das Klageerzwingungsverfahren mangels eines durch die Tat Verletzten nicht statthaft, endet die Anhängigkeit mit der Einstellung; bei grundsätzlich statthaftem Klageerzwingungsantrag ist dagegen entweder das ungenutzte Verstreichen der Frist aus § 172 Abs. 1 bzw. Abs. 2 S. 1 oder die rechtskräftige Verwerfung des Antrags gemäß § 174 durch das OLG maßgeblich (allgM).[45]

15   Hat das Bezugsverfahren die gerichtliche Ebene erreicht, endet dessen Anhängigkeit je nach Verfahrensstadium durch die entsprechenden endgütigen Abschlussentscheidungen, also rechtskräftiger Nichteröffnungsbeschluss, unanfechtbare Einstellung nach §§ 206a oder b, durch rechtskräftiges Urteil bzw. rechtskräftigen Strafbefehl. Wegen der fehlenden Anfechtbarkeit und der faktischen Erledigungswirkung zählen auch die gerichtlichen Einstellungen auf der Grundlage von §§ 153 ff. dazu; selbst die Einstellung nach § 154 Abs. 2 genügt (allgM).[46]

16   Ist die Anhängigkeit des Bezugsverfahrens durch eine der vorgenannten Entscheidungen beendet worden, so lässt eine erneute, auf dasselbe Verhalten bezogene Strafanzeige, ein vorläufiges Verfahrenshindernis aus § 154e nicht wiederaufleben.[47] Anderenfalls könnte der im Verfahren wegen falscher Verdächtigung oder Beleidigung Beschuldigte das Verfahren gegen sich auf unabsehbare Zeit hinaus verschleppen.[48]

17   b) Disziplinarverfahren. aa) Beginn der Anhängigkeit setzt nach allgM jedenfalls mit der Einleitung des gerichtlichen Disziplinarverfahrens (§§ 52 ff. BDG und entsprechende Regelungen der LDG) gegen den Verdächtigten oder Beleidigten ein. Darüber hinaus begründet nach inzwischen nahezu allgemeiner Auffassung auch bereits der Beginn des behördlichen Disziplinarverfahrens (§§ 17 ff. BDG und entsprechende Regelungen der LDG) die Anhängigkeit.[49] Das ergibt sich aus der dem staatsanwaltschaftlichen Ermittlungsverfahren entsprechenden, teils sogar darüber hinausgehenden Funktion des behördlichen Disziplinarverfahrens.[50] Im Rahmen des Disziplinarverfahrens darf der Eintritt des vorläufigen Verfahrenshindernisses aus § 154e nicht durch Aussetzung der disziplinarischen Verfolgung (nach § 22 BDG und entsprechende Regelungen der LDG) im Hinblick auf das Strafverfahren ausgesetzt werden; § 154e hat Vorrang.[51]

18   bb) Das Ende der Anhängigkeit des Disziplinarverfahrens tritt im behördlichen Verfahren mit der Einstellungsverfügung (§ 32 BDG und entsprechende Regelungen der LDG) oder durch Disziplinarverfügung (§ 33 BDG und entsprechende Regelungen der LDG) sowie im gerichtlichen Disziplinarverfahren mit dem Beschluss nach § 59 BDG oder Urteil gemäß § 60 BDG (und entsprechende Regelungen der LDG) ein.

IV. Verfahren

19   1. Staatsanwaltschaftliche Einstellung (Abs. 1). a) Zuständigkeit. Die Einstellungskompetenz kommt allein der Staatsanwaltschaft zu; der Ermittlungsrichter darf nicht die Vornahme von beantragten Ermittlungshandlungen unter Hinweis auf das seiner Meinung nach Vorliegen der Voraussetzungen von § 154e ablehnen.[52] Erst recht ist die Polizei nicht berechtigt, die Aufnahme von Ermittlungen nach § 163 Abs. 1 im Hinblick auf ein Bezugsverfahren zu unterlassen (allgM).[53]

20   b) Einstellungsart und -inhalt. Die vorläufige Einstellung erfolgt durch eine entsprechende Verfügung in den Akten, aus der sich schon im Hinblick auf das Ruhen der Verjährung nach Abs. 3

---

[43] § 153a Rn. 78 f.
[44] AK-StPO/*Schöch* Rn. 6; HK-StPO/*Gercke* Rn. 3; Löwe/Rosenberg/*Beulke* Rn. 8; im Ergebnis auch KK-StPO/*Schoreit* Rn. 8.
[45] BGH v. 20. 9. 1955 – 5 StR 263/55, BGHSt 8, 151 (153); BGH v. 17. 1. 1979 – 3 StR 402/78, GA 1979, 223 (224); AK-StPO/*Schöch* Rn. 6; HK-StPO/*Gercke* Rn. 3; KK-StPO/*Schoreit* Rn. 8; Löwe/Rosenberg/*Beulke* Rn. 8; Meyer-Goßner Rn. 2; SK-StPO/*Weßlau* Rn. 8.
[46] Grundlegend bereits BGH v. 20. 9. 1955 – 5 StR 263/55, BGHSt 8, 151 (153).
[47] BGH v. 17. 1. 1979 – 3 StR 402/78, GA 1979, 223 (224).
[48] Nachw. wie Fn. zuvor.
[49] Hans.OLG Bremen v. 14. 5. 1990 – Ss 9/90, StV 1991, 252 (253); AK-StPO/*Schöch* Rn. 7; KK-StPO/*Schoreit* Rn. 10; KMR/*Plöd* Rn. 5; Löwe/Rosenberg/*Beulke* Rn. 9; Meyer-Goßner Rn. 3; SK-StPO/*Weßlau* Rn. 9.
[50] Zutreffend und mit näherer Begründung Hans.OLG Bremen v. 14. 5. 1990 – Ss 9/90, StV 1991, 252 (253).
[51] BayObLG v. 14. 3. 1961 – 2 St 14/61, BayObLGSt 1961, 80; Löwe/Rosenberg/*Beulke* Rn. 9; SK-StPO/*Weßlau* Rn. 9 aE.
[52] Löwe/Rosenberg/*Beulke* Rn. 12; Meyer-Goßner Rn. 6; SK-StPO/*Weßlau* Rn. 12.
[53] Löwe/Rosenberg/*Beulke* Rn. 12; Meyer-Goßner Rn. 6; SK-StPO/*Weßlau* Rn. 12.

neben den Gründen für die vorläufige Einstellung des Verfahrens (Anhängigkeit des Bezugsverfahrens) auch deren Zeitpunkt eindeutig ergibt (allgM).[54] Abs. 1 eröffnet – anders als Abs. 2 – die allerdings als Sollvorschrift gefasste Befugnis zur vorläufigen Einstellung, begründet aber keine entsprechende Pflicht. Aus der Einstellungsverfügung sollte daher auch hervorgehen, dass die Staatsanwaltschaft ihr **Ermessen** ausgeübt hat. Da die vorläufige Einstellung während der Anhängigkeit des Bezugsverfahrens der gesetzliche Regelfall ist („soll"), bedarf es aber **besonderer Gründe**, wenn die Staatsanwaltschaft den Verdächtiger/Beleidiger **anklagt**, obwohl das Bezugsverfahren schon bzw. noch anhängig ist.[55] Soweit eine liquide Einstellungslage besteht, geht § 170 Abs. 2 vor.[56] Für den Ausnahmefall der Anklageerhebung muss die Staatsanwaltschaft die durch Abs. 2 begründete Pflicht des Gerichts zur vorläufigen Verfahrenseinstellung bedenken. Bedarf es in dem Verfahren gegen den „Verdächtiger" bzw. Beleidiger trotz der Anhängigkeit des Bezugsverfahrens der **Sicherung von Beweisen**, sollte die Staatsanwaltschaft diese erst erheben und anschließend die vorläufige Einstellung verfügen.

c) **Zustimmungs-/Anhörungs-/Benachrichtigungserfordernisse.** Für die vorläufige Einstellung nach Abs. 1 bestehen **keine Zustimmungserfordernisse**, weder seitens des für Eröffnung zuständigen Gerichts noch seitens des Beschuldigten oder des Anzeigeerstatters. Auch eine vorherige **Anhörung** von Beschuldigten oder Anzeigeerstatter ist **nicht** vorgeschrieben. Durch Nr. 103 RiStBV ist die Staatsanwaltschaft aber gehalten, den **Anzeigeerstatter zu benachrichtigen**. Der Rechtsgedanke von § 170 Abs. 2 S. 2 legt unter den dort genannten Voraussetzungen eine Pflicht zur Benachrichtigung des Beschuldigten nahe.[57]

d) **Wirkungen.** Die vorläufige Einstellung führt aufgrund der ausdrücklichen Anordnung in Abs. 3 zu einem **Ruhen der Verjährung** in Bezug auf sämtliche von der verfahrensgegenständlichen Tat erfassten materiell-rechtlichen Delikte.[58] Das Verfahrenhindernis besteht lediglich während der Dauer des Bezugsverfahrens; Strafklageverbrauch geht von der nur vorläufigen Entscheidung dementsprechend nicht aus.[59]

2. **Gerichtliche Einstellung (Abs. 2). a) Zuständigkeit.** Die Einstellungsentscheidung nach Abs. 2 obliegt dem jeweils **zuständigen Gericht in den Tatsacheninstanzen**.[60] Im **Revisionsrechtszug** ist § 154e **nicht anwendbar**;[61] das gilt unabhängig von dem Zeitpunkt des Eintritts des vorläufigen Verfahrenshindernisses. Das Übergehen von § 154e Abs. 2 durch den zuständigen Tatrichter kann aber zu einem darauf beruhenden Erfolg der Revision führen.[62]

b) **Entscheidungsart- und -inhalt.** Liegen die Voraussetzungen von Abs. 2 in Gestalt der Anhängigkeit des Bezugsverfahrens vor, stellt das jeweils zuständige Gericht das Verfahren gegen den „Verdächtiger" oder Beleidiger durch **Beschluss** vorläufig ein. Dieser ist im Hinblick auf die Anfechtungsmöglichkeit[63] mit Gründen zu versehen (arg.: § 34), aus denen sich die Anhängigkeit des Bezugsverfahrens ergeben muss. Ob diese **Voraussetzung** gegeben ist, darf das zuständige Gericht selbst dann **im Wege des Freibeweises** klären, wenn der Einstellungsbeschluss in der Hauptverhandlung ergeht.[64] Bei diesem in diesem Stadium wirken die Schöffen mit.[65] Als lediglich vorläufige Entscheidung enthält der Beschluss **keinen Ausspruch über die Kosten** oder über eine **Entschädigung** für erlittene Strafverfolgungsmaßnahmen.[66]

c) **Zustimmungs-/Anhörungs- oder Benachrichtigungserfordernisse.** Der Beschluss über die vorläufige Einstellung bedarf **nicht** der Zustimmung von Verfahrensbeteiligten. Allerdings begründet § 33 die **Pflicht**, die **Verfahrensbeteiligten** vor der Entscheidung **anzuhören**. Zu diesen gehört der Beleidigte oder Verdächtigte nur dann, wenn er sich als Nebenkläger angeschlossen hat.[67] Soweit der **Beschluss** nicht in der Hauptverhandlung verkündet wird, ist dieser den Verfahrensbeteiligten **bekanntzugeben** (§ 35 Abs. 2 S. 1); dafür genügt eine formlose Mitteilung (vgl. § 35 Abs. 2 S. 2).

---

[54] Siehe nur AK-StPO/*Schöch* Rn. 9; KK-StPO/*Schoreit* Rn. 12; *Meyer-Goßner* Rn. 7; SK-StPO/*Weßlau* Rn. 12.
[55] Vgl. KMR/*Plöd* Rn. 5; Löwe/Rosenberg/*Beulke* Rn. 11; *Meyer-Goßner* Rn. 5.
[56] Oben Rn. 9.
[57] Löwe/Rosenberg/*Beulke* Rn. 12; SK-StPO/*Weßlau* Rn. 12 aE.
[58] Näher unten Rn. 28.
[59] Unten Rn. 34 f.
[60] Ausführlich oben Rn. 5.
[61] Oben Rn. 5.
[62] Unten Rn. 33.
[63] Unten Rn. 31.
[64] Vgl. BayObLG v. 17. 12. 1958 – 1 St 535/58, BayObLGSt 1958, 313 (314); siehe auch Hans.OLG Bremen v. 14. 5. 1990 – Ss 9/90, StV 1991, 252 (253), Löwe/Rosenberg/*Beulke* Rn. 14.
[65] Löwe/Rosenberg/*Beulke* Rn. 14.
[66] KK-StPO/*Schoreit* Rn. 14; KMR/*Plöd* Rn. 7; Löwe/Rosenberg/*Beulke* Rn. 14; SK-StPO/*Weßlau* Rn. 14.
[67] Löwe/Rosenberg/*Beulke* Rn. 14.

26 **d) Wirkungen.** Nach Erhebung der öffentliche Klage oder der Privatklage gegen den „Verdächtiger" oder Beleidiger begründet nach soweit ersichtlich allgM die **Anhängigkeit des Bezugsverfahrens** gegen den Verdächtigten oder Beleidigten ein **vorläufiges Verfahrenshindernis**.[68] Dieses tritt in dem Stadium nach Anklageerhebung bereits mit der Anhängigkeit des Bezugsverfahrens[69] ein und endet auch mit dessen Anhängigkeit; dem gerichtlichen **Beschluss** über die Einstellung kommt demnach im Hinblick auf das vorläufige Verfahrenshindernis – anders als bei dem Ruhen der Verjährung nach Abs. 3 – lediglich eine **deklaratorische Wirkung** zu.[70] Ist dem Gericht die Anhängigkeit des Bezugsverfahrens bekannt, **muss** es das **bei ihm anhängige Verfahren** wegen falscher Verdächtigung oder Beleidigung **einstellen.** Ein Ermessen steht ihm nicht zu (allgM).

27 Die **weiteren** aus dem vorläufigen Verfahrenshindernis und dem darauf bezogenen Beschluss nach Abs. 2 resultierenden **Wirkungen** sind **nicht vollständig geklärt**, weil die sachliche Reichweite des „vorläufigen Verfahrenshindernisses" – anders als dessen zeitliche Geltung – wenig klar ist. Eindeutig ist lediglich, dass auf die Anhängigkeit des Bezugsverfahrens gestützte **Entscheidungen** **§ 204, § 205, § 206a und § 206 Abs. 3 unzulässig** sind.[71] **Sachentscheidungen** in dem Verfahren gegen den „Verdächtiger" oder Beleidiger sind während der Dauer des vorläufigen Verfahrenshindernisses ebenfalls **ausgeschlossen**.[72] Dennoch sollen **Prozesshandlungen** des Gerichts, die einer **Sachentscheidung vorausgehen** (etwa Eröffnungsbeschluss), **wirksam** bleiben, selbst wenn sie nach Anhängigkeit des Bezugsverfahrens ergangen sind.[73] Das konterkariert zwar in gewisser Weise die Annahme eines Verfahrenshindernisses, ist aber in der Sache wegen des auf Vermeidung sich widersprechender Feststellungen in Abschlussentscheidungen gerichteten Regelungszwecks hinzunehmen.[74] Wie bei der staatsanwaltschaftlichen Einstellung auch bleiben nach der Einstellungsentscheidung **Maßnahmen zur Beweissicherung zulässig**.[75] Das **Ruhen der Verjährung** durch die gerichtliche Einstellung nach Abs. 2 ergibt sich für diese eigentlich bereits aus § 78b Abs. 1 S. 1 StGB; § 154e Abs. 3 hat lediglich für Abs. 1 Bedeutung.[76]

V. Ruhen der Verjährung (Abs. 3)

28 Der **Anordnung des Ruhens** der Verjährung bedarf es eigentlich lediglich im Hinblick auf die staatsanwaltschaftliche Einstellung nach Abs. 1; für die gerichtliche Einstellung nach Abs. 2 ist diese Wirkung an sich bereits in § 78b Abs. 1 S. 1 StGB angeordnet.[77] Das **Ruhen beginnt** sowohl bei Abs. 1 als auch bei Abs. 2 mit dem **Ergehen der jeweiligen Entscheidung** in Gestalt der Verfügung oder des Beschlusses (allgM).[78] Das **Ruhen endet** mit dem **Ende der Rechtshängigkeit des Bezugsverfahrens**.[79] Soweit das (bisher) eingestellte Verfahren trotz fortbestehender Anhängigkeit des Bezugsverfahrens fortgesetzt wird, endet das Ruhen bereits mit der Vornahme der zeitlich ersten neuen Verfolgungsmaßnahme.[80]

29 Das Ruhen der Verjährung soll sich auf die **gesamte prozessuale Tat** beziehen.[81] Dem ist trotz des an sich auf den einzelnen Straftatbestand bezogenen Laufs der Verjährungsfristen deshalb zuzustimmen, weil die für den Beginn des Ruhens der Verjährung herangezogene Einstellungsentscheidung nach Abs. 1 oder 2 selbst die gesamte prozessuale Tat erfasst.[82] Bei sachgerechter Anwendung von § 154e kann ohnehin kaum eine Divergenz zwischen dem Umfang der verfahrensgegenständlichen Tat und ihrer materiell-rechtlichen Würdigung als von § 154e erfasste Delikte ergeben, wenn lediglich bei einer Tat mit dem Schwergewicht bei den in § 154e genannten Straftaten eingestellt wird.[83]

---

[68] In der Sache BGH v. 12. 7. 1955 – 1 StR 167/55, BGHSt 8, 133 (134 u. 136f.); BGH v. 20. 9. 1955 – 5 StR 263/55, BGHSt 8, 151 (153 und 154); BGH v. 17. 1. 1979 – 3 StR 402/78, GA 1979, 223 (224); Hans.OLG Bremen v. 14. 5. 1990 – Ss 9/90, StV 1991, 252; AK-StPO/*Schöch* Rn. 10; HK-StPO/*Gercke* Rn. 5; KK-StPO/*Schoreit* Rn. 13; KMR/*Plöd* Rn. 7; Löwe/Rosenberg/*Beulke* Rn. 13; Meyer-Goßner Rn. 11f.; SK-StPO/*Weßlau* Rn. Rn. 14.
[69] Dazu oben Rn. 13–18.
[70] Siehe aber unten Rn. 27.
[71] Oben Rn. 9.
[72] Zu den Konsequenzen für einschlägige Rechtsbehelfe Rn. 31 ff.
[73] AK-StPO/*Schöch* Rn. 11; Löwe/Rosenberg/*Beulke* Rn. 15; Meyer-Goßner Rn. 12; SK-StPO/*Weßlau* Rn. 15.
[74] Weitgehend übereinstimmend Löwe/Rosenberg/*Beulke* Rn. 15.
[75] Oben Rn. 20 aE; Löwe/Rosenberg/*Beulke* Rn. 15.
[76] Vgl. BT-Drucks. 7/550 S. 300.
[77] Oben Rn. 22 und 27; siehe auch BT-Drucks. 7/550, S. 300.
[78] AK-StPO/*Schöch* Rn. 14; HK-StPO/*Gercke* Rn. 6; KMR/*Plöd* Rn. 10; Löwe/Rosenberg/*Beulke* Rn. 21; Meyer-Goßner Rn. 14; SK-StPO/*Weßlau* Rn. 19.
[79] Zu diesen Voraussetzungen oben Rn. 14 und 16–18.
[80] AK-StPO/*Schöch* Rn. 14; KK-StPO/*Schoreit* Rn. 18; Löwe/Rosenberg/*Beulke* Rn. 21; Meyer-Goßner Rn. 14.
[81] HK-StPO/*Gercke* Rn. 6; KMR/*Plöd* Rn 10; Löwe/Rosenberg/*Beulke* Rn. 19; SK-StPO/*Weßlau* Rn. 19.
[82] Oben Rn. 6 und 11.
[83] Oben Rn. 6.

VI. Rechtsbehelfe

1. Einstellung nach Abs. 1. Obwohl § 172 Abs. 2 S. 3 die Einstellung nach § 154e Abs. 1 nicht 30 aufführt, ist die Durchführung des **Klageerzwingungsverfahrens nicht zulässig** (allgM).[84] Dies ergibt sich aus der lediglich vorläufigen Natur der Einstellung, die allein mit einer Einschränkung des Beschleunigungsgebots nicht aber des Legalitätsprinzips verbunden ist.[85] Möglich ist die **Dienstaufsichtsbeschwerde**.[86] Hat die Staatsanwaltschaft das Verfahren gegen den „Verdächtiger" oder Beleidiger trotz Anhängigkeit des Bezugsverfahrens und der „Soll"-Formulierung in Abs. 1 ermessensfehlerhaft nicht eingestellt, kann darauf eine spätere Revision nicht gestützt werden, weil darauf das angefochtene tatrichterliche Urteil nicht beruhen kann. Revisibel ist ausschließlich das rechtsfehlerhafte Ausbleiben der gerichtlichen Einstellung nach Abs. 2.[87]

2. Einstellung nach Abs. 2. a) Beschwerde. Lehnt das zuständige Gericht eine Einstellung nach 31 Abs. 2 ab, so kann unter den allgemeinen Voraussetzungen **Beschwerde** (§ 304 StGB) **gegen den Ablehnungsbeschluss** erhoben werden soweit nicht § 305 entgegensteht,[88] so dass die Beschwerde zeitlich nach dem Eröffnungsbeschluss nicht mehr statthaft ist. **Gegen den Einstellungsbeschluss** nach Abs. 2 steht die **Beschwerde uneingeschränkt** zur Verfügung,[89] weil § 305 insoweit keine Beschränkung vorgibt.

b) Revision. Hat das Tatgericht das Verfahren **trotz Vorliegens der Voraussetzungen nicht** ge- 32 mäß Abs. 2 eingestellt und durch Urteil in der Sache entschieden, so liegt darin ein **mit der Revision rügbarer Rechtsfehler** (insoweit allgM).[90] Ob dieser Rechtsfehler durch das Revisionsgericht nur auf eine zulässige **Verfahrensrüge** hin geprüft werden kann oder ob es sich um ein **von Amts wegen** zu berücksichtigendes Verfahrenshindernis handelt, ist in der **höchstrichterlichen Rechtsprechung** bislang **nicht geklärt**. In der älteren Rechtsprechung ist gelegentlich eine Berücksichtigung von Amts wegen angenommen worden,[91] in späteren Entscheidungen ist die Frage jeweils mangels Entscheidungserheblichkeit offen geblieben.[92] Die Literatur verlangt überwiegend die Notwendigkeit einer Verfahrensrüge.[93] Für die Berücksichtigung von Amts wegen spricht immerhin die Einordnung der Anhängigkeit des Bezugsverfahrens als – wenn auch vorläufiges – Verfahrenshindernis. Da der von § 154e vor allem verfolgte Regelungszweck, einander widersprechende Feststellungen und Entscheidungen über denselben Lebenssachverhalt zu vermeiden,[94] in der Revisionsinstanz selbst nicht mehr erreichbar ist, das Revisionsgericht daher über das Rechtsmittel nach den allgemeinen Regeln entscheidet,[95] spricht dies gegen ein Verfahrenshindernis im eigentlichen Sinne und umgekehrt für eine Berücksichtigung des Rechtsfehlers allein auf eine entsprechende **Verfahrensrüge** hin.

Ob das Urteil gegen den wegen falscher Verdächtigung oder Beleidigung Verurteilten auf der 33 rechtsfehlerhaften Nichtanwendung von § 154e **beruht**, kann – wie stets – nur im Einzelfall bewertet werden. Bei **noch anhängigem Bezugsverfahren** wird sich das Beruhen kaum je ausschließen lassen, weil die Möglichkeit neuer Erkenntnisse aus dem Bezugsverfahren für den Vorwurf der falschen Verdächtigung oder Beleidigung besteht.[96] Umgekehrt schließt **der rechtskräftige Abschluss des Bezugsverfahrens** das Beruhen nicht stets aus. Dies wird nur dann anzunehmen sein, wenn widersprüchliche Feststellungen im Urteil des Bezugsverfahrens einerseits und dem angefochtenen Urteil andererseits ausgeschlossen werden kann.[97] Kann das Beruhen nicht ausgeschlossen werden, hebt das Revisionsgericht das angefochtene Urteil auf und verweist die Sache

---

[84] Siehe nur AK-StPO/*Schöch* Rn. 9; KK-StPO/*Schoreit* Rn. 12; *Meyer-Goßner* Rn. 15; SK-StPO/*Weßlau* Rn. 13.
[85] Oben Rn. 1 f.
[86] AK-StPO/*Schöch* Rn. 9; KK-StPO/*Schoreit* Rn. 12; *Meyer-Goßner* Rn. 15; SK-StPO/*Weßlau* Rn. 13.
[87] Unten Rn. 32 f.
[88] AK-StPO/Schöch Rn. 13; KK-StPO/*Schoreit* Rn. 16; *Meyer-Goßner* Rn. 15.
[89] Nachw. wie Fn. zuvor; siehe auch SK-StPO/*Weßlau* Rn. 17.
[90] Siehe BGH v. 12. 7. 1955 – 1 StR 167/55, BGHSt 8, 133 (134 f.); BGH v. 20. 9. 1955 – 5 StR 263/55, BGHSt 8, 151 (154); BGH v. 17. 1. 1979 – 3 StR 402/78, GA 1979, 223 (224); Hans.OLG Bremen v. 14. 5. 1990 – Ss 9/90, StV 1991, 252; Löwe/Rosenberg/*Beulke* Rn. 22; SK-StPO/*Weßlau* Rn. 17 jeweils mwN.
[91] Offenbar von BGH v. 20. 9. 1955 – 5 StR 263/55 (siehe die entspr. Mitteilung in BGH v. 17. 1. 1979 – 3 StR 402/78, GA 1979, 223 [224], in BGHSt 8, 151 ff. ist die entsprechende Passage nicht abgedruckt; BayObLGSt v. 14. 3. 1961 – 2 St 14/61; BayObLGSt 1961, 80.
[92] BGH v. 17. 1. 1979 – 3 StR 402/78, GA 1979, 223 (224); Hans.OLG Bremen v. 14. 5. 1990 – Ss 9/90, StV 1991, 252.
[93] KK-StPO/*Schoreit* Rn. 16; Löwe/Rosenberg/*Beulke* Rn. 22; SK-StPO/*Weßlau* Rn. 17.
[94] Oben Rn. 1 f.
[95] Oben Rn. 5 aE.
[96] Zutreffend Löwe/Rosenberg/*Beulke* Rn. 23.
[97] Löwe/Rosenberg/*Beulke* Rn. 23.

an einen anderen Tatrichter zurück.⁹⁸ Eine eigene Entscheidung des Revisionsgerichts nach § 354 Abs. 1 kann aufgrund der in § 190 StGB enthaltenen Beweisregel in Betracht kommen.⁹⁹

VI. Strafklageverbrauch

34 **1. Staatsanwaltschaftliche Einstellung (Abs. 1).** Da die Einstellung lediglich vorläufigen Charakter hat und lediglich auf dem Abwarten der Ergebnisse des Bezugsverfahrens beruht, geht von einer auf Abs. 1 gestützten Einstellungsverfügung **keinerlei Strafklageverbrauch** aus (allgM). Die Staatsanwaltschaft darf das Verfahren auch vor dem Ende der Anhängigkeit des Bezugsverfahrens fortsetzen, wenn Sachgründe dafür vorhanden sind.¹⁰⁰ Wie bei der Einstellungsentscheidung auch ist aber zu bedenken, dass das nach Anklageerhebung zuständige Gericht während der Anhängigkeit des Bezugsverfahrens zur Einstellung nach Abs. 2 verpflichtet ist. Die Staatsanwaltschaft muss ihrerseits nach dem Ende der Anhängigkeit des Bezugsverfahrens das Verfahren fortsetzen; das vorläufige Verfahrenshindernis besteht nicht mehr. Im Hinblick auf das Ruhen der Verjährung nach Abs. 3 ist eine ausdrückliche Entscheidung über die Fortsetzung ratsam, vorgeschrieben ist eine solche nicht.¹⁰¹

35 **2. Gerichtliche Einstellung (Abs. 2).** Wegen des vorläufigen Charakters des Verfahrenshindernisses führt auch der gerichtliche Einstellungsbeschluss nach Abs. 2 **keinen Strafklageverbrauch** herbei. Dem Gericht ist anders als der Staatsanwaltschaft eine **Fortsetzung des Verfahrens** vor dem Ende der Anhängigkeit des Bezugsverfahrens verwehrt.¹⁰² Nach diesem Zeitpunkt muss das Verfahren fortgesetzt werden; die Verfahrensbeteiligten können darauf antragen und einen die Fortsetzung ablehnenden Beschluss mit der Beschwerde angreifen.¹⁰³ Eine ausdrückliche Entscheidung des über die Fortsetzung schreibt das Gesetz nicht vor, sie bietet sich aber aus dem zu Abs. 1 genannten Grund an.¹⁰⁴

§ 154 f [In der Person des Beschuldigten liegendes Hindernis]

Steht der Eröffnung oder Durchführung des Hauptverfahrens für längere Zeit die Abwesenheit des Beschuldigten oder ein anderes in seiner Person liegendes Hindernis entgegen und ist die öffentliche Klage noch nicht erhoben, so kann die Staatsanwaltschaft das Verfahren vorläufig einstellen, nachdem sie den Sachverhalt so weit wie möglich aufgeklärt und die Beweise so weit wie nötig gesichert hat.

I. Zweck und Bedeutung der Vorschrift

1 Die durch das Gesetz zur Stärkung der Rechte von Verletzten und Zeugen im Strafverfahren (2. Opferrechtsreformgesetz) vom 29. 7. 2009¹ in die StPO eingefügte Vorschrift steht **im sachlichen Zusammenhang mit** dem in Art. 6 Abs. 1 S. 1 MRK sowie in zahlreichen Einzelregelungen enthaltenen **Beschleunigungsgrundsatz**. Wie bisher § 205 für die Verfahrensstadien nach Anklageerhebung ist die Vorschrift als Ausdruck des allgemeinen Rechtsgedankens zu verstehen, dass ein Verfahren bei absehbar vorübergehenden (aber nicht mehr ganz kurzzeitigen) Hindernissen einer förmlichen vorläufigen Einstellungsentscheidung bedarf und auf das Hindernis nicht durch bloße Untätigkeit „reagiert" werden darf.² § 154 f schafft eine **originäre Befugnis für die Staatsanwaltschaft, mit dem Fortgang des Verfahrens** materiell vorübergehend **innezuhalten** und dieses formell vorübergehend einzustellen.³ Insoweit normiert § 154 f Konstellationen zulässiger Einschränkungen des Beschleunigungsgrundsatzes.

2 Der **Gesetzgeber** wollte mit der Einfügung von § 154 f eine **Regelungslücke schließen**, die bisher darin bestand, dass § 205 in seinem unmittelbaren Anwendungsbereich lediglich die vorläufige Einstellung bei vorübergehenden, in der Person des Angeklagten liegenden Hindernissen im Stadium nach Anklageerhebung gestattet.⁴ Da jedoch die von § 205 erfassten Hindernisse auch

---

⁹⁸ Oben Rn. 5 aE.
⁹⁹ Löwe/Rosenberg/*Beulke* Rn. 23.
¹⁰⁰ AK-StPO/*Schöch* Rn. 9; KK-StPO/*Schoreit* Rn. 12; KMR/*Plöd* Rn. 6; Löwe/Rosenberg/*Beulke* Rn. 19; Meyer-Goßner Rn. 9.
¹⁰¹ KK-StPO/*Schoreit* Rn. 17 (bzgl. der gerichtlichen Einstellung); Löwe/Rosenberg/*Beulke* Rn. 20.
¹⁰² AllgM; siehe nur SK-StPO/*Weßlau* Rn. 17.
¹⁰³ Löwe/Rosenberg/*Beulke* Rn. 19 aE.
¹⁰⁴ Nachw. wie Fn. 101 sowie SK-StPO/*Weßlau* Rn. 18.
¹ BGBl. I 2009, S. 2280 (2281).
² Vgl. zu § 205 etwa AK-StPO/*Loos* § 205 Rn. 2; Löwe/Rosenberg/*Stuckenberg* § 205 Rn. 2; Meyer-Goßner Rn. 3; siehe aber auch SK-StPO/*Paeffgen* § 205 Rn. 2.
³ Für § 205 wird der Charakter als eigenständige Befugnis streitig bewertet; siehe dazu AK-StPO/*Loos* § 205 Rn. 1 einerseits und SK-StPO/*Paeffgen* § 205 Rn. 1 andererseits jeweils mwN.
⁴ BT-Drucks. 178/09 S. 33.

bereits im Ermittlungsverfahren auftreten können, hat sich die Praxis bislang mit dessen analoger Anwendung im Ermittlungsverfahren beholfen.[5] Diese „der Sache nach bewährt(e)" Praxis wollte der Gesetzgeber im Interesse der Rechtssicherheit gesetzlich festschreiben.[6] Bei der Bestimmung des Anwendungsbereichs und der Voraussetzungen ist allerdings zu beachten, dass die für § 205 geltenden Grundsätze nicht unreflektiert auf § 154f übertragen werden können. Die Bedeutung eines vorläufigen Hindernisses kann sich in der Phase des Ermittlungsverfahrens schon wegen der Rechtswirkungen der hier maßgeblichen Abschlussentscheidungen anders darstellen als in den Verfahrensstadien nach Anklageerhebung.[7]

II. Anwendungsbereich

1. Anwendbarkeit in den Verfahrensstadien. § 154f gestattet der Staatsanwaltschaft die vorläufige Einstellung lediglich **im Ermittlungsverfahren** bis zur Anklageerhebung sowie nach zulässiger Klagerücknahme (§ 156). Mit der Anklageerhebung und nicht erst mit der Eröffnungsentscheidung geht die Befugnis zur vorläufigen Verfahrenseinstellung – unter den sachlichen Voraussetzungen von § 205 – auf das dann zuständige Gericht über.[8]

2. Verhältnis zu anderen Erledigungsarten. Die neu eingefügte Vorschrift ist auf solche Konstellationen zugeschnitten, in denen bestimmte in der Person des Beschuldigten liegende Hindernisse einer Fortführung des Ermittlungsverfahrens entgegenstehen. So kann es sich etwa bei einem Beschuldigten mit aktuell unbekanntem Aufenthaltsort verhalten, der noch nicht zu dem gegen ihn erhobenen Tatvorwurf hat vernommen werden können.[9] Obwohl § 154f auf in zeitlicher Hinsicht vorübergehende und in personaler Hinsicht in der Person des Beschuldigten liegende Hindernisse abzielt, können sich Abgrenzungsfragen zu anderen Arten der Verfahrenserledigung ergeben. So kann trotz von § 154f erfasster vorläufiger Hindernisse eine Einstellung nach **§ 153 Abs. 1** erfolgen, wenn dessen Voraussetzungen nach Maßgabe der bereits durchgeführten Ermittlungen vorliegen. Auch eine solche **§ 153a Abs. 1** ist nicht ausgeschlossen, soweit der Beschuldigten nicht unbekannten Aufenthaltes ist, die Hindernisse für die anderweitige Fortführung des Ermittlungsverfahrens sich also aus anderen tatsächlichen Umständen in seiner Person ergeben. Im Verhältnis zu **§ 170 Abs. 2** kommt dieser Einstellung Vorrang zu, wenn unabhängig von einem in der Person des Beschuldigten liegenden Hindernis kein hinreichender Tatverdacht besteht. Ebenso ist nach § 170 Abs. 2 einzustellen, wenn **endgültige Verfahrenshindernisse** bestehen. Dagegen ist bei in der Person des Beschuldigten liegenden Hindernissen für den Fortgang des Ermittlungsverfahren dieses nach § 154f einzustellen. Wie sich aus dem Klageerzwingungsverfahren ableiten lässt, ist die Einstellung nach § 170 Abs. 2 ungeachtet der fehlenden Rechtskraftwirkung an sich auf eine abschließende Entscheidung über den hinreichenden Tatverdacht gerichtet.[10] Steht dem Abschluss des Ermittlungsverfahrens die fehlende Erreichbarkeit von Beweismitteln (etwa vorübergehende Abwesenheit eines Zeugen) entgegen, hat regelmäßig eine Einstellung nach § 170 Abs. 2 zu erfolgen.[11]

III. Voraussetzung der vorläufigen Einstellung

1. Allgemeines. Die Vorschrift stellt wie § 205 in ihrem unmittelbaren Anwendungsbereich lediglich auf **in der Person des Beschuldigten liegende Hindernisse** ab. Dessen Abwesenheit für längere Zeit ist lediglich ein besonders benanntes Hindernis. Aus dem Charakter des § 154f als vorläufige Einstellung ergibt sich, dass die **Hindernisse** lediglich **vorübergehender Natur** sein dürfen. Allerdings meint vorübergehend nicht Hindernisse von absehbar kurzer Zeitdauer (etwa akute Erkrankung des Beschuldigten; kurzzeitige Urlaubsabwesenheit). Für die Abwesenheit stellt dies § 154f durch die Formulierung „für längere Zeit" klar.

2. In der Person des Beschuldigten liegende Hindernisse. Die von § 154f erfassten Hindernisse können schon wegen der lediglich vorübergehender Natur nicht vollständig mit den eigentlichen Verfahrenshindernissen deckungsgleich sein.[12] **Hindernisse in der Person des Beschuldigten** sind solche tatsächlichen oder rechtlichen Umstände, die dem Fortgang des konkreten Ermittlungsver-

---

[5] Siehe BT-Drucks. 178/09, S. 33; *Krause* GA 1969, 97 (99); Löwe/Rosenberg/*Stuckenberg* § 205 Rn. 5; *Meyer-Goßner* § 205 Rn. 3 jeweils mwN.
[6] BT-Drucks. 178/09, S. 33.
[7] Unten Rn. 4.
[8] Vgl. BT-Drucks 178/09, S. 33 f.
[9] Beispiel nach BT-Drucks. 178/09, S. 33.
[10] Im Ergebnis ebenso Löwe/Rosenberg/*Stuckenberg* § 205 Rn. 5.
[11] Wie unten Rn. 10.
[12] Vgl. AK-StPO/*Loos* § 205 Rn. 4; Löwe/Rosenberg/*Stuckenberg* § 205 Rn. 11; *Meyer-Goßner* § 205 Rn. 1; SK-StPO/*Paeffgen* § 205 Rn. 1 mwN.

fahrens für einen gewissen, **mehr als kurzzeitigen Zeitraum** entgegenstehen. Der Wegfall des Hindernisses muss als solcher absehbar sein. Bei endgültigen Verfahrenshindernissen wird das Ermittlungsverfahren nach § 170 Abs. 2 eingestellt. Die **Dauer des maßgeblichen Zeitraums** lässt sich nicht abstrakt generell bestimmen.[13] Eine Orientierung für die Bestimmung der maßgeblichen Dauer bietet das Beschleunigungsgebot selbst. Jedenfalls dann, wenn sich ein informelles Zuwarten mit dem Fortgang des Verfahrens, etwa wegen einer absehbar zweiwöchigen Erkrankung des Beschuldigten, nicht als Verletzung des Beschleunigungsgebots erwiese, bedarf es keiner förmlichen vorläufigen Einstellung. Hindernisse, deren Dauer mehrere Monate umfasst, werden regelmäßig als nicht mehr nur kurzzeitig anzusehen sein.

7   **Einzelfälle:** Die **längere Abwesenheit des Beschuldigten** wird als Hindernis ausdrücklich im Gesetz genannt. Ein weiteres Hindernis kann die parlamentarische **Immunität** (vgl. Art. 46 Abs. 2 und 4 GG) sein, weil hier die Möglichkeit der Aufhebung der Immunität des Abgeordneten durch Entscheidung des jeweiligen Parlaments besteht. Entsprechendes gilt für die im Völkerrecht wurzelnde (diplomatische) Immunität, wenn deren Wegfall rechtlich und tatsächlich möglich ist (vgl. §§ 18–20 GVG). Auch **Verhandlungsunfähigkeit** kommt als solches Hindernis in Betracht, wenn diese nicht von dauerhafter Natur ist. In letztgenanntem Fall ist gemäß § 170 Abs. 2 einzustellen. Verhandlungsfähigkeit[14] muss in allen Verfahrensstadien gegeben sein (allgM). Sie setzt voraus, dass der Beschuldigte die Fähigkeit zu autonomer Interessenwahrnehmung besitzt.[15] Diese kann auch bereits im Ermittlungsverfahren vorübergehend fehlen. Eine mehr als nur kurzzeitige Verhandlungsunfähigkeit führt selbst dann zu einer Einstellung nach § 154 f, wenn der Zeitpunkt der Wiederherstellung der Verhandlungsfähigkeit unsicher ist, eine dauerhafte Verhandlungsunfähigkeit aber ausgeschlossen werden kann.[16]

8   **3. Sachverhaltsaufklärung und Beweissicherung.** Vor der Entscheidung über die vorläufige Einstellung muss der verfahrensgegenständliche Sachverhalt zumindest soweit aufgeklärt werden, dass die Einstellungsvoraussetzungen beurteilt werden können. Das umfasst auch und gerade die Aufklärung der tatsächlichen Umstände des in der Person des Beschuldigten liegenden Hindernisses und dessen vorübergehende Natur. Darüber hinaus verlangt das Gesetz die **Sachverhaltsaufklärung „so weit wie möglich".** Im Zusammenhang mit dem zugleich erteilten Auftrag zur Beweissicherung ergibt sich eine – in Legalitätsprinzip und Amtsaufklärung ohnehin angelegte – Pflicht der Staatsanwaltschaft, sämtliche Ermittlungshandlung vorzunehmen, denen das Hindernis nicht entgegensteht und die erforderlich sind, um das Verfahren nach dem Wegfall des Hindernisses ohne weiteren Zeitverzug und ohne Beweismittelverlust weiterführen zu können. Als **Mittel** zur Sachverhaltsaufklärung und vor allem **zur Beweissicherung** kommen vor allem die Beantragung (ermittlungs-)richterlicher Vernehmungen sowie die Sicherstellung von Beweismitteln in Betracht.

9   **4. Ermessensausübung.** Liegen die vorgenannten Voraussetzungen vor, steht die Entscheidung über eine vorläufige Einstellung im **Ermessen der Staatsanwaltschaft.** Angesichts der Anforderungen des Beschleunigungsgrundsatzes wird diese **regelmäßig** die vorläufige **Einstellung verfügen.**[17] Allerdings soll eine Anklageerhebung in Frage kommen, wenn deren Voraussetzungen vorliegen, aber absehbar ist, dass das Hauptverfahren nicht eröffnet werden oder die Hauptverhandlung nicht durchgeführt werden kann.[18] Nach den Vorstellungen des Gesetzgebers kann dies u.a. dann der Fall sein, wenn dem im Ermittlungsverfahren vernommenen, mittlerweile unbekannt verzogenen Angeschuldigten die Anklage nicht zugestellt werden könnte oder der Angeklagte krankheitsbedingt nicht an der Hauptverhandlung teilnehmen könnte. Die dennoch erfolgende Anklageerhebung kann dann dadurch motiviert sein, die verjährungsunterbrechende Wirkung des Beschlusses nach § 205 herbeizuführen (vgl. § 78c Abs. 1 S. 1 Nr. 10 StGB).

IV. Analoge Anwendung

10 Ausweislich des Wortlautes bezieht sich der unmittelbare Anwendungbereich von § 154 f lediglich auf vorübergehende, in der Person des Beschuldigten liegende Hindernisse. Dem Fortgang des Ermittlungsverfahrens mit dem Ziel, eine Entscheidung über den hinreichenden Tatverdacht zu treffen, kann allerdings auch die **vorübergehende Unerreichbarkeit von Beweismitteln** (etwa vorübergehende Unerreichbarkeit eines Zeugen) entgegenstehen. Bei der vorläufigen Einstellung

---

[13] Zutreffend Löwe/Rosenberg/*Stuckenberg* § 205 Rn. 12.
[14] Zu den Anforderungen näher § 205 Rn. 3.
[15] Vgl. *Rath* GA 1997, 219 (227).
[16] Vgl. zu § 205 BGH v. 14. 12. 1995 – 5 StR 208/95, NStZ 1996, 242.
[17] Siehe auch BT-Drucks. 178/09, S. 34.
[18] BT-Drucks. 178/09, S. 34.

nach § 205 wird dessen (analoge) Anwendung auf solche Konstellationen streitig diskutiert.[19] Unabhängig von dem Diskussionsstand zu § 205 lässt sich eine **analoge Anwendung von § 154f** auf Fälle der vorübergehenden Unerreichbarkeit von Beweismitteln **nicht** annehmen. Es fehlt an einer Regelungslücke. Soweit die Unerreichbarkeit nicht über einen längeren Zeitraum andauert (etwa feststehende Rückkehr eines Zeugen nach sechs Wochen), kann mit dem Fortgang des Ermittlungsverfahrens zugewartet werden, ohne gegen den Beschleunigungsgrundsatz zu verstoßen. Bei längerer Unerreichbarkeit ist gemäß § 170 Abs. 2 zu verfahren.[20] Wird das Beweismittel wieder erreichbar, ist das Verfahren fortzusetzen. Strafklageverbrauch geht von der Einstellung nach § 170 Abs. 2 jedenfalls bei Vorliegen von Nova nicht aus.[21] Selbst wenn ein Klageerzwingungsverfahren stattgefunden hätte, stünde § 174 Abs. 2 nach der Erreichbarkeit des Beweismittels einem erneuten Verfahren nicht entgegen. De lege ferenda wäre allerdings erwägenswert, sowohl § 205 als auch § 154f auf vorübergehende Hindernisse außerhalb der Person des Beschuldigten etc. auszudehnen.

V. Verfahren und Wirkungen der Einstellung

Die Staatsanwaltschaft trifft die Entscheidung über die vorläufige Einstellung durch entsprechende **Verfügung**, die aktenkundig zu machen ist. Aus der Verfügung sollte das zur Einstellung führende vorläufige Hindernis deutlich hervorgehen, um eine Überwachung des Wegfalls des Hindernisses zu ermöglichen. **Nebenentscheidungen** sind mit der Einstellungsverfügung **nicht** verbunden. **Zustimmungs- oder Anhörungspflichten** sieht das Gesetz **nicht** vor. Unter den Voraussetzungen des § 170 Abs. 2 S. 2 sollte die Staatsanwaltschaft den Beschuldigten von der vorläufigen Einstellung benachrichtigen, wenn und soweit das vorläufige Hindernis nicht gerade in dessen vorübergehender Unerreichbarkeit besteht. Angesichts des vorläufigen Charakters der Einstellung erfordert § 171 S. 1 **keinen Einstellungsbescheid** an den Anzeigeerstatter. An einer Benachrichtigung ist die Staatsanwaltschaft aber nicht gehindert. Nimmt sie eine solche gegenüber dem anzeigenden Verletzten vor, ist die **Rechtsmittelbelehrung** § 171 S. 2 **nicht** zu erteilen. Wegen der lediglich vorläufigen Einstellung ist das Klageerzwingungsverfahren nicht eröffnet.[22] 11

Wie sich aus dem Umkehrschluss aus § 78c Abs. 1 Nr. 10 StGB ergibt, bewirkt wie Einstellungsverfügung auf der Grundlage von § 154f **keine Unterbrechung der Verjährung**.[23] Soll eine solche erreicht werden, bedarf es – bei Vorliegen der Voraussetzungen – der Anklageerhebung und einer anschließenden vorläufigen Einstellung durch das Gericht nach § 205.[24] Die vorläufige Einstellung löst auch **keine strafklageverbrauchende Wirkung** aus. 12

Die Staatsanwaltschaft hat durch geeignete Aktenführung und Aktenvorlage Sorge für **Kenntniserlangung** von dem **Wegfall** des vorläufigen Hindernisses zu tragen. Nach dem Wegfall des Hindernisses ist sie sowohl aufgrund des Legalitätsprinzips als auch des Beschleunigungsgebotes verpflichtet, das Verfahren unverzüglich fortzusetzen. 13

VI. Rechtsbehelfe

§ 172 Abs. 2 S. 3 bezieht die Unzulässigkeit des Klageerzwingungsverfahrens nicht ausdrücklich auf § 154f. Der **Antrag auf gerichtliche Entscheidung** ist aber wegen des vorläufigen Charakters der Einstellung **nicht statthaft**. Insoweit gilt nichts anderes als bei anderen vorläufigen Einstellungen auch.[25] Möglich ist allein die **Dienstaufsichtsbeschwerde**. 14

§ 155 [Umfang der Untersuchung]

(1) Die Untersuchung und Entscheidung erstreckt sich nur auf die in der Klage bezeichnete Tat und auf die durch die Klage beschuldigten Personen.

(2) Innerhalb dieser Grenzen sind die Gerichte zu einer selbständigen Tätigkeit berechtigt und verpflichtet; insbesondere sind sie bei Anwendung des Strafgesetzes an die gestellten Anträge nicht gebunden.

Schrifttum: Siehe die Nachw. bei § 264.

---

[19] § 205 Rn. 4; siehe vor allem auch *Loos* JR 1998, 435 f. und *Meyer-Goßner* JR 1986, 436 f.
[20] Vgl. auch *Rieß*, FS Roxin, S. 1319 ff.
[21] Ausführlich *Radtke*, Die Systematik des Strafklageverbrauchs verfahrenserledigender Entscheidungen im Strafprozeß, 1993, S. 376 ff.
[22] Unten Rn. 14.
[23] Siehe auch BT-Drucks. 178/09, S. 34.
[24] Siehe oben Rn. 9 aE.
[25] Exemplarisch § 154d Rn. 28 mit Fn. 66.

I. Zweck der Vorschrift

1 Die Vorschrift bringt im Zusammenspiel mit anderen Regelungen, insb. §§ 151, 206, 244 Abs. 2 und § 264, sowohl das **Anklageprinzip** (Akkusationsprinzip) als auch den **Ermittlungsgrundsatz** zum Ausdruck (allgM)[1] und konkretisiert die beiden Prinzipien in mehrfacher Hinsicht. Sie hat Bedeutung für die **Festlegung des Verfahrensgegenstandes** nach Anklageerhebung durch die in **Abs. 1** getroffenen Anordnung. Zugleich bringt **Abs. 2** die **umfassende gerichtliche Kognitionspflicht** zum Ausdruck, innerhalb des durch den Verfahrensgegenstand gesteckten Rahmens den durch Anklage unterbreiteten Lebenssachverhalt ohne jegliche Bindung an rechtliche Bewertungen anderer und ohne Bindung an deren Anträge eigenständig materiell-rechtlich zu bewerten. In Bezug auf das Letztgenannte stimmt die in Abs. 2 getroffene Regelung mit dem in § 264 Abs. 2 für das Urteil Angeordneten vollständig überein.

2 **Abs. 1** bewirkt durch die Begrenzung des Prozessgegenstandes auf die durch die Anklage unterbreitete (prozessuale) Tat und auf den von der Anklage erfassten Angeschuldigten dessen **Schutz vor** einer nicht absehbaren **Erweiterung der** gegen ihn erhobenen **Vorwürfe** in tatsächlicher Hinsicht.[2] Insoweit erfasst der von Abs. 1 ausgehende Schutz die sachliche Dimension des prozessualen Tatbegriffs.[3] Darüber hinaus bezieht sich der Schutz des Abs. 1 auch auf die persönliche Dimension des Tatbegriffs,[4] in dem eine Erstreckung der gerichtlichen Untersuchung auf Personen, die in der öffentliche Klage nicht angeschuldigt werden, ausgeschlossen wird. Die Schutzfunktion des Abs. 1 in sachlicher Hinsicht wird jedoch durch die in **Abs. 2** zugrunde gelegte umfassende gerichtliche Kognitionspflicht zu einem Teil wieder aufgehoben, weil bei Erfüllung dieser Pflicht die zuständigen Gerichte berechtigt sind, den durch die Tat im prozessualen Sinne[5] gebildeten Verfahrensgegenstand zu verändern (sog. **Umgestaltung der Strafklage**).[6] Die Befugnis zur Umgestaltung der Strafklage erschöpft sich nicht in der Unabhängigkeit des Gerichts bei der rechtlichen Bewertung des unterbreiteten Lebenssachverhaltes und der von den Verfahrensbeteiligten zu dessen Nachweis angebotenen Beweismitteln, sondern gestattet zumindest Modifikationen des die prozessuale Tat bildenden Lebenssachverhalts. Eine zu großzügige Gestattung der Umgestaltung der Strafklage auf der Grundlage von § 264 Abs. 2 kann zu einer Verurteilung des Angeklagten auf der Grundlage eines anderen Sachverhaltes als dem in der Anklage angenommenen führen und dadurch den Schutzzweck von § 155 Abs. 1 konterkarieren.[7]

II. Anwendungsbereich

3 Die Bindung an den durch die Anklage (oder Surrogate) festgelegten Verfahrensgegenstand (Abs. 1) erstreckt sich auf den Zeitraum der gerichtlichen Tätigkeit nach der Erhebung der öffentlichen Klage oder von Surrogaten.[8] Für den Entscheidungsgegenstand des Urteils enthält § 264 StGB sowohl im Hinblick auf die Bindung an die Anklage als auch auf die Freiheit der rechtlichen Bewertung eine entsprechende Anordnung. Im Ermittlungsverfahren gelten abweichende Regelungen;[9] teils sind diese mit einer engeren Bindung an Anträge der Staatsanwaltschaft verbunden wie etwa im Kontext der Aufhebung von Haft- oder Unterbringungsbefehlen (siehe § 120 Abs. 3, § 126 Abs. 3 S. 3).

III. Bindungswirkungen durch das Anklageprinzip (Abs. 1)

4 **1. Bindungswirkung in sachlicher Hinsicht.** Abs. 1 begrenzt die Befugnis und die Pflicht des zuständigen Gerichts, den verfahrensgegenständlichen Sachverhalt in tatsächlicher Hinsicht umfassend aufzuklären und in rechtlicher Hinsicht umfassend zu würdigen auf die durch die Anklage unterbreitete Tat. Der in **§ 155** verwendete Tatbegriff ist nach ganz überwiegender Auffassung mit dem **Begriff der Tat im prozessualen Sinne des § 264** identisch.[10] Ungeachtet des dynamischen Charakters eines Strafverfahrens und den damit verbundenen Modifikationen des verfah-

---

[1] Siehe etwa AK-StPO/*Schöch* Rn. 1; KK-StPO/*Schoreit* Rn. 1; Löwe/Rosenberg/*Beulke* Rn. 1; *Pfeiffer* Rn. 1 und 2; SK-StPO/*Weßlau* Rn. 1; im Ergebnis ebenso KMR/*Plöd* Rn. 1.
[2] Ebenso HK-StPO/*Gercke* Rn. 1; KK-StPO/*Schoreit* Rn. 1; KMR/*Plöd* Rn. 1; Löwe/Rosenberg/*Beulke* Rn. 1; SK-StPO/*Weßlau* Rn. 1.
[3] Zu den verschiedenen Dimensionen des prozessualen Tatbegriffs § 264 Rn. 8.
[4] § 264 Rn. 8 aE.
[5] Ausführlich dazu § 264 Rn. 20 ff.
[6] Einzelheiten § 264 Rn. 71 ff.
[7] Zutreffend SK-StPO/*Weßlau* Rn. 1.
[8] Löwe/Rosenberg/*Beulke* Rn. 2; SK-StPO/*Weßlau* Rn. 2.
[9] Näher Löwe/Rosenberg/*Beulke* Rn. 2; siehe auch SK-StPO/*Weßlau* Rn. 2.
[10] Siehe auch BGH v. 26. 6. 1981 – 3 StR 83/81, BGHSt 30, 165 (166) = NStZ 1981, 389; *Beulke*, BGH-Festgabe, Band IV, 2008, S. 781 (782); AK-StPO/*Loos* Anhang zu § 264 Rn. 27; KK-StPO/*Schoreit* Rn. 1; KMR/*Plöd* Rn. 3; Löwe/Rosenberg/*Beulke* Rn. 3; *Meyer-Goßner* Rn. 1; SK-StPO/*Weßlau* Rn. 3; siehe aber auch *Marxen* StV 1985, 472.

Erster Abschnitt. Öffentliche Klage 5–9 **§ 155**

rensgegenständlichen Lebenssachverhaltes gibt es keinen sachlich tragenden Grund, § 155 für den Untersuchungsgegenstandes einen umfänglicheren Tatbegriff zu Grunde zu legen als für den Urteilsgegenstand (§ 264).[11]

Die Anklageschrift oder ihre Surrogate bestimmen den Verfahrensgegenstand und dadurch den Umfang der gerichtlichen Kognitionspflicht. **Welche prozessuale Tat** angeklagt und damit Gegenstand der Strafverfahrens ist, ergibt sich regelmäßig aus dem **Anklagesatz** (allgM). Zur Klärung, welcher einheitliche tatsächliche Lebenssachverhalt (Tat im prozessualen Sinne) angeklagt ist, kann über den Anklagesatz hinausgehend auf das **wesentliche Ergebnis der Ermittlungen als Auslegungshilfe** zugegriffen werden.[12] Bildet lediglich eine prozessuale Tat den Verfahrensgegenstand, kommt es auf einen Verfolgungswillen der Staatsanwaltschaft nicht an;[13] dieser ist nur von Bedeutung, wenn die Anklageschrift oder ihre Surrogate mehrere Taten im prozessualen Sinne erfasst.[14] Ob sich dann der Verfolgungswille auf sämtliche von der Anklage umfassten Taten bezieht, muss durch Auslegung der Anklageschrift ermittelt werden.[15] Die von § 155 Abs. 1 ausgehende Bindungswirkung für den Umfang der gerichtlichen Untersuchung erstreckt sich in diesen Konstellationen lediglich auf die vom Verfolgungswillen der Staatsanwaltschaft umfassten Taten. 5

Die von Abs. 1 ausgehende sachliche Beschränkung der gerichtlichen Untersuchung auf die angeklagte Tat oder die angeklagten Taten erstreckt sich **nicht auf den Strafzumessungssachverhalt**.[16] Die Rechtsprechung hält das Heranziehen von strafzumessungsrelevantem Geschehen außerhalb der verfahrensgegenständlichen Tat grundsätzlich für zulässig.[17] Gehört dieses Geschehen zu einer Tat, deren Verfolgung nach § 154 eingestellt wurde oder handelt es sich um Tatteile, bezüglicher derer nach § 154a verfahren wurde, bedarf die Berücksichtigung in einem anderen Strafverfahren eines vorherigen gerichtlichen Hinweises.[18] 6

Soll der sachliche **Verfahrensgegenstand** im Stadium nach Anklageerhebung über die bereits angeklagte(n) Tat(en) hinaus **erweitert** werden, kann dies entweder durch von der Zustimmung des Angeklagten abhängige Nachtragsanklage (§ 266) oder durch weitere Anklageerhebung im Regelverfahren bei anschließender Verbindung mit dem bereits anhängigen Verfahren unter den Voraussetzungen von §§ 3, 6 erfolgen. 7

2. Bindungswirkung in persönlicher Hinsicht. Die gerichtliche Untersuchungs- und Aburteilungsbefugnis sowie die korrespondierenden Pflichten erfassen ausschließlich die **in der Anklageschrift angeschuldigten Personen** (allgM).[19] Soweit die Identität der Angeschuldigten feststeht, sind Namensverwechselungen oder sonstige Falschbezeichnungen des Namens unschädlich, wenn die durch die Anklage identifizierte Person im gerichtlichen Verfahren auftritt.[20] Welche Rechtswirkungen eintreten, wenn die vorgenannten Voraussetzungen nicht vorliegen und unter Verletzung von Abs. 1 eine Person verurteilt wird, die fälschlich für die in der Anklage angeschuldigte Person gehalten worden ist, wird unterschiedlich beurteilt.[21] Soll der Gegenstand des Verfahrens auf nicht in der Anklageschrift oder Surrogaten erfasste Personen erweitert werden, kann dies lediglich durch eine entsprechende Erhebung einer weiteren Anklage und spätere Verfahrensverbindung erfolgen, wenn und soweit die Voraussetzungen (§§ 3, 6) vorliegen.[22] 8

IV. Ermittlungs- und Entscheidungsfreiheit durch das Untersuchungsprinzip (Abs. 2)

1. Bedeutung der Ermittlungs- und Entscheidungsfreiheit. Abs. 2 bringt die umfassende **gerichtliche Kognitionsbefugnis** und die korrespondierende **gerichtliche Kognitionspflicht**[23] zum Ausdruck.[24] Die Regelung steht in engem Zusammenhang mit der Amtsaufklärungspflicht des § 244 Abs. 2 und enthält **zwei unterschiedliche Komponenten**: zum einen wird die **Freiheit** des Gerichts bei der Bestimmung des **Umfangs der Beweisaufnahme** und der **Auswahl** der zur Aufklärung he- 9

---

[11] *Radtke*, Die Systematik des Strafklageverbrauchs verfahrenserledigender Entscheidungen im Strafprozeß, 1993, S. 116 ff.; aA *Peters*, Der Strafprozeß, § 36 III S. 280 f.
[12] Vgl. dazu AK-StPO/*Loos* § 264 Rn. 3; KMR/*Stuckenberg* § 264 Rn. 39; siehe auch BGH v. 15. 5. 1997 – 1 StR 233/96, BGHSt 43, 96 (100).
[13] Vgl. § 264 Rn. 61.
[14] Ausführlicher § 264 Rn. 62.
[15] § 264 Rn. 62.
[16] BGH v. 12. 7. 1951 – 4 StR 339/51, NJW 1951, 770; Löwe/Rosenber/*Beulke* Rn. 4 mwN.
[17] Siehe etwa BGH v. 2. 7. 1991 – 1 StR 302/91, NStZ 1991, 591; BGH v. 22. 3. 1994 – 4 StR 117/94, StV 1994, 423; BGH v. 3. 7. 1996 – 2 StR 260/96, NStZ-RR 1997, 130.
[18] § 154 Rn. 48–50; § 154a Rn. 31.
[19] AK-StPO/*Schöch* Rn. 6; KK-StPO/*Schoreit* Rn. 7; Löwe/Rosenber/*Beulke* Rn. 5; SK-StPO/*Weßlau* Rn. 5.
[20] Vgl. OLG Köln v. 16. 3. 1983 – 2 Ws 176/83, MDR 1983, 865; KK-StPO/*Schoreit* Rn. 3; KMR/*Plöd* Rn. 3; Löwe/Rosenber/*Beulke* Rn. 5; *Pfeiffer* Rn. 5.
[21] Unten Rn. 15.
[22] AK-StPO/*Schöch* Rn. 5; HK-StPO/*Gercke* Rn. 2; SK-StPO/*Weßlau* Rn. 6.
[23] Dazu ausführlich § 264 Rn. 60–70.
[24] Ebenso SK-StPO/*Weßlau* Rn. 7; siehe auch AK-StPO/*Schöch* Rn. 10.

§ 155 10–15   *Zweites Buch. Verfahren im ersten Rechtszug*

ranzuziehenden **Beweismittel** normiert;[25] zum anderen bestimmt Abs. 2 die **Freiheit der materiellrechtlichen Würdigung** des unterbreiteten Lebenssachverhaltes.

10   Die **Ermittlungsfreiheit** in Bezug auf Beweisumfang und Beweismittel drückt sich darin aus, dass das Gericht in keinerlei Weise an Beweisantritte der Verfahrensbeteiligten gebunden ist. Den Angeschuldigten oder Angeklagten entlastende Beweise sind sogar gegen dessen erklärten Widerspruch zu erheben, wenn das Gericht eine entsprechende Sachverhaltsaufklärung für geboten erachtet.[26] Außerhalb der durch §§ 154, 154a eröffneten Möglichkeiten können die Verfahrensbeteiligten nicht über den Umfang der gerichtlichen Pflicht zur Aufklärung des verfahrensgegenständlichen Sachverhaltes und der dazu zur Verfügung stehenden Beweismittel disponieren.

11   Die durch Abs. 2 eingeräumte **Entscheidungsfreiheit** wirkt sich in **zweierlei Hinsicht** aus. Zum einen ist das Gericht in der **materiell-rechtlichen Würdigung** des durch die Anklage unterbreiteten tatsächlichen Geschehens frei und nicht an Anträge der übrigen Verfahrensbeteiligten gebunden. Die Freiheit der rechtlichen Bewertung bezieht sich auch auf die Verhängung der **Rechtsfolgen der Straftat**.[27] Die Freiheit in der Entscheidung schließt eine Pflicht zur Bescheidung von gestellten Anträgen nicht aus (vgl. § 267 Abs. 3 und 4). Zum anderen wirkt sich die Entscheidungsfreiheit auch auf den der rechtlichen Würdigung **zugrunde liegenden Lebenssachverhalt** aus. Innerhalb des durch die prozessuale Tat gebildeten Rahmens darf und muss das Gericht das tatsächliche Geschehen modifizieren, um seine rechtliche Würdigung auf den ggf. veränderten Lebenssachverhalt beziehen („Umgestaltung der Strafklage").[28]

12   Die Entscheidungsfreiheit und die fehlende Bindung an Anträge der Verfahrensbeteiligten nach Abs. 2 beschränkt sich auf die materiell-rechtliche Würdigung in dem vorgenannten Sinne; sie erfasst **nicht das Verfahren** und den weiteren Verfahrensablauf **betreffende Anträge**.[29] Ob bei diesen eine Abs. 2 inhaltlich vergleichbare Entscheidungsfreiheit besteht, bestimmt sich nach den entsprechenden Vorschriften des Verfahrensrechts.[30]

13   **2. Einschränkungen der Entscheidungsfreiheit.** Einschränkungen der durch Abs. 2 umrissenen Entscheidungsfreiheit können sich aus rechtlichen Gründen, die einer umfassenden Ausübung der Kognitionspflicht entgegenstehen,[31] sowie aus besonderen prozessualen Lagen ergeben. Das gilt etwa bei der eingetretenen **Teilrechtskraft** oder bei der Entscheidung über die Rechtsfolgen der Straftat durch das **Verschlechterungsverbot** (Verbot der reformatio in peius) bei der Einlegung von Rechtsmitteln. Darüber hinaus kann im Einzelfall die Entscheidung des Gerichts von einem entsprechenden Antrag der Staatsanwaltschaft abhängen (etwa § 153 Abs. 2, § 154a Abs. 2).

V. Rechtsbehelfe

14   **1. Verletzungen von Abs. 1.** Erstreckt das Gericht seine Untersuchung auf einen nicht durch die Anklage unterbreitete Tat im prozessualen Sinne oder auf eine Person, die in der Anklage nicht angeschuldigt ist, fehlt es an der Verfahrensvoraussetzung der Anklageerhebung. Das **Strafverfahren** ist dann je nach Verfahrensstadium durch Beschluss nach § 206a oder durch Urteil gemäß § 260 Abs. 3 von Amts wegen **einzustellen** (allgM).[32] Im Rechtsmittelverfahren setzt die Möglichkeit der Einstellung ein zulässig erhobenes Rechtsmittel voraus. Die Einstellungsentscheidung kann mit einem Freispruch verbunden sein, wenn das Tatgericht nicht zu einem Schuldspruch wegen der angeklagten Tat gekommen ist, stattdessen aber wegen einer nicht angeklagten Tat verurteilt hat. Das Rechtsmittelgericht stellt dann das Verfahren insoweit ein und spricht wegen der angeklagten Tat unter den Voraussetzungen von § 354 Abs. 1 frei.[33]

15   Keinerlei Einigkeit besteht über die rechtlichen Konsequenzen eines Urteils, das **gegen eine unter falscher Identität** vor Gericht **aufgetretene Person** in der irrtümlichen Annahme, es handele sich um die in der Anklage angeschuldigte Person, ergangen ist.[34] Teils wird von einem nichtigen Urteil ausgegangen.[35] Andere wollen das Urteil stets auf die vor Gericht erschienene Person be-

---

[25] Vgl. AK-StPO/*Schöch* Rn. 7.
[26] Siehe nur AK-StPO/*Schöch* Rn. 7; KK-StPO/*Schoreit* Rn. 8 f.; Löwe/Rosenberg/*Beulke* Rn. 7.
[27] AK-StPO/*Schöch* Rn. 9; KK-StPO/*Schoreit* Rn. 10; KMR/*Plöd* Rn. 5; Löwe/Rosenberg/*Beulke* Rn. 8; SK-StPO/ *Weßlau* Rn. 8.
[28] Dazu ausführlich § 264 Rn. 72 und 79.
[29] AK-StPO/*Schöch* Rn. 9; KMR/*Plöd* Rn. 5; Löwe/Rosenberg/*Beulke* Rn. 8 aE; *Meyer-Goßner* Rn. 4; vgl. auch SK-StPO/*Weßlau* Rn. 8.
[30] Siehe bereits oben Rn. 3 aE.
[31] Ausführlich § 264 Rn. 67 f.
[32] Siehe nur Löwe/Rosenberg/*Beulke* Rn. 10 mwN.
[33] Etwa BGH v. 16. 10. 1987 – 2 StR 258/87, BGHSt 35, 80 f. = NStZ 1988, 37; ausführlich *Beulke/Fahl* Jura 1998, 262 (264).
[34] Siehe bereits oben Rn. 8.
[35] Etwa Löwe/Rosenberg/*Beulke* Rn. 10 mwN.

ziehen;[36] da dieser nicht angeklagt war, fehlt es zwar an einer Verfahrensvoraussetzung, die aber nur auf ein zulässiges Rechtsmittel hin zur Einstellung führen kann. In direktem Gegensatz dazu sollen nach weiterer Auffassung die Rechtwirkungen des Urteils, die in der Anklage bezeichnete Person treffen,[37] die dann durch das Urteil beschwert ist und dieses anfechten kann. Die letztgenannten Möglichkeiten erfordern allerdings stets die Einlegung eines Rechtsmittels, um das Urteil zu beseitigen. Selbst wenn ein solches aber ausbleibt, darf von dem rechtskräftigen Urteil aber keine Vollstreckungswirkung ausgehen. Denn gegen die angeklagte Person ist in Abwesenheit ohne Vorliegen der gesetzlichen Voraussetzungen verhandelt worden. Bei der erschienenen Person mangelt es an der Anklagerhebung. Dem kann durch die Erklärung der Nichtvollstreckbarkeit nach § 458 begegnet werden.[38] Materielle Rechtskraftwirkung kann dann dem Urteil nicht zugesprochen werden, so dass ein Verfahren gegen die angeschuldigte Person nicht gehindert ist.

2. Verletzungen von Abs. 2. Die unterbliebene Ausschöpfung der Ermittlungs- und Entscheidungsfreiheit des Gerichts kann sich sowohl als mit der Revision rügbarer Verfahrensfehler als auch als sachlich-rechtlicher Mangel des darauf beruhenden Urteils darstellen.[39] Das Ausbleiben einzelner Ermittlungshandlungen, deren Vornahme die Sachaufklärungspflicht geboten hätte, ist ein Verfahrensfehler, der unter Beachtung der Anforderungen von § 344 Abs. 2 S. 2 mit der Aufklärungsrüge geltend gemacht werden muss. Eine unzureichende Erfüllung der Kognitionspflicht erweist sich dagegen regelmäßig als sachlich-rechtlicher Mangel, der bereits auf die allgemeine Sachrüge hin revisionsgerichtlich überprüft werden kann. 16

§ 155a [Täter-Opfer-Ausgleich]

¹Die Staatsanwaltschaft und das Gericht sollen in jedem Stadium des Verfahrens die Möglichkeiten prüfen, einen Ausgleich zwischen Beschuldigtem und Verletztem zu erreichen. ²In geeigneten Fällen sollen sie darauf hinwirken. ³Gegen den ausdrücklichen Willen des Verletzten darf die Eignung nicht angenommen werden.

Schrifttum: *Baumann u. a.*, Alternativ-Entwurf Wiedergutmachung (AE-WGM), 1992; *Busch*, Täter-Opfer-Ausgleich und Datenschutz, NJW 2002, 1326; *Dölling u. a.*, in: BMJ (Hrsg.), Täter-Opfer-Ausgleich – Bestandsaufnahme und Perspektiven, 1998; *Finger*, Die strukturellen und finanziellen Voraussetzungen einer umfassenden Anwendung des Täter-Opfer-Ausgleichs, ZRP 2002, 514; *Hirsch*, Wiedergutmachung und Schaden im Rahmen des materiellen Strafrechts, ZStW 102 (1992), 534; *Janke*, Der Täter-Opfer-Ausgleich im Strafverfahren. Zugleich ein Beitrag zu einer kritischen Strafverfahrensrechtstheorie, 2005; *H. Jung* Täter-Opfer-Ausgleich – Anmerkungen zu seiner Bedeutung für das Rechtssystem, MSchrkrim 1993, 50; *Kilchling*, Aktuelle Perspektiven für Täter-Opfer-Ausgleich und Schadenswiedergutmachung im Erwachsenenstrafrecht, NStZ 1996, 309; *Loos*, Zur Kritik des „Alternativentwurfs Wiedergutmachung", ZRP 1993, 51; *ders.*, Bemerkungen zu § 46a StGB, FS Hirsch, 1999, 851; *Meier*, Täter-Opfer-Ausgleich und Wiedergutmachung im allgemeinen Strafrecht, JuS 1996, 436; *ders.*, Konstruktive Tatverarbeitung im Strafrecht – Bestandsaufnahme und Reformperspektiven, GA 1999, 1; *Michaelis*, Mediation im Strafrecht – der Täter-Opfer-Ausgleich, JA 2005, 820; *Püschel*, Täter-Opfer-Ausgleich – Gestaltungsmöglichkeiten der Verteidigung, StraFo 2006, 261; *Schädler*, Nicht ohne das Opfer? Der Täter-Opfer-Ausgleich und die Rechtsprechung des BGH, NStZ 2005, 366; *Schöch*, Täter-Opfer-Ausgleich und Schadenswiedergutmachung gemäß § 46a StGB, 50 Jahre Bundesgerichtshof, Festgabe aus der Wissenschaft, Band IV, 309; *ders.*, Wege und Irrwege der Wiedergutmachung, FS Roxin, 2001, 1044; *W. Stein*, Täter-Opfer-Ausgleich und Schuldprinzip, NStZ 2000, 393; *Tolmein*, Neue Hoffnung für den Täter-Opfer-Ausgleich, ZRP 1999, 408; *Weimer*, Probleme mit der Handhabung des § 155a StPO in der strafgerichtlichen Praxis, NStZ 2002, 349.

I. Zweck und Bedeutung der Vorschrift

Der Gesetzgeber hat mit der 1999[1] erfolgten Einfügung der Vorschrift bezweckt, den Regelungen über den **Täter-Opfer-Ausgleich** (insb. § 46a StGB) **zu einer umfänglicheren Anwendung** in der Rechtspraxis zu verhelfen.[2] Nach dem gesetzgeberischen Verständnis handelt es sich bei § 155a um die „**prozessuale Grundnorm**" der Anwendung des Täter-Opfer-Ausgleichs im Strafverfahrensrecht, durch die der bis dahin vor allem im materiellen Strafrecht statuierte Täter-Opfer-Ausgleich einerseits „verfahrensrechtlich verankert" und andererseits gestärkt werden soll.[3] Diese **Zwecksetzung findet** in Struktur und Wortlaut **der Norm** kaum Ausdruck.[4] § 155a 1

---

[36] OLG Köln v. 16. 3. 1983 – 2 Ws 176/83, MDR 1983, 865; AK-StPO/*Loos* § 264 Rn. 26.
[37] Löwe/Rosenberg/*Rieß*, 25. Aufl., Einl. J Rn. 133 mwN.
[38] KG v. 23. 3. 2004 – 5 Ws 100/04, NStZ-RR 2004, 240; ebenso SK-StPO/*Weßlau* Rn. 11.
[39] AK-StPO/*Schöch* Rn. 10, Löwe/Rosenberg/*Beulke* Rn. 11.
[1] Durch das Gesetz zur strafverfahrensrechtlichen Verankerung des Täter-Opfer-Ausgleichs und zur Änderung des Gesetzes über Fernmeldeanlagen vom 20. 12. 1999, BGBl. I S. 2491.
[2] BT-Drucks. 14/1928, S. 1.
[3] BT-Drucks. 14/1928, S. 7f.; siehe auch BGH v. 19. 12. 2002 – 1 StR 405/02, BGHSt 48, 134 (139) = NJW 2003, 1466 (1469) mAnm *Götting* StraFo 2003, 251 und *Kaspar* JR 2003, 426; *Janke*, Der Täter-Opfer-Ausgleich im Strafverfahren, S. 53 f.
[4] Vgl. auch *Tolmein* ZRP 1999, 408 (409), *Schöch*, FS Roxin, 2001, S. 1044 (1062); *W. Stein* NStZ 2000, 394; KMR/*Plöd* Rn. 1; anders *Weimer* NStZ 2002, 349 (350f.).

§ 155a 2, 3

enthält lediglich eine an Staatsanwaltschaften und Gerichte adressierte **Überprüfungs-** (S. 1) und **Hinwirkungspflicht** (S. 2) in Bezug auf den Täter-Opfer-Ausgleich.[5] Konsequenzen der Nichterfüllung der Pflicht lassen sich der Norm nicht unmittelbar entnehmen. Sie legt auch keine inhaltlichen Anforderungen an einen Täter-Opfer-Ausgleich (etwa Schadenswiedergutmachung) fest und gibt praktisch keine prozeduralen Vorgaben für das Ausgleichsverfahren. Auch § 155b enthält lediglich Datenschutzregelungen, normiert aber nicht das Prozedere des Täter-Opfer-Ausgleichs insgesamt. Für das materielle Strafrecht gibt im Wesentlichen § 46a StGB die **Voraussetzungen des Täter-Opfer-Ausgleichs und die Rechtsfolgen** (Strafmilderung, Absehen von Strafe) bei dessen Gelingen vor. Die Durchführung eines Täter-Opfer-Ausgleichs kann zur Verfahrenserledigung durch Einstellung bereits im Ermittlungsverfahren entweder auf der Grundlage von § 153b (iVm. § 46 StGB) oder § 153a Abs. 1 S. 2 Nr. 5 führen. Prozedurale Vorgaben für die Durchführung des Täter-Opfers-Ausgleichs selbst enthält das Bundesrecht nicht; maßgeblich sind insoweit die landesrechtlichen Regelungen.[6]

2 Ungeachtet der in § 155a statuierten, an Staatsanwaltschaft und Gericht adressierten Überprüfungs- und Hinwirkungspflicht enthält die Vorschrift auch keine Vorgaben über verfahrensrechtliche Konsequenzen bei Erfüllung der Pflicht. Trotz etwaiger Annahme der Eignung einer Strafsache für den Täter-Opfer-Ausgleich erst im Stadium der Hauptverhandlung folgt aus § 155a **kein Anspruch** des Angeklagten **auf Aussetzung der Hauptverhandlung zum Zwecke der Durchführung des Ausgleichsverfahrens**,[7] mag auch das Gericht zu einer solchen berechtigt sein. Da der Gesetzgeber bei der Einfügung des § 155a die Regelung in § 265 Abs. 3 unverändert gelassen hat, kann ein Anspruch auf Aussetzung zur Durchführung des Täter-Opfer-Ausgleichs in der Hauptverhandlung nicht darauf gestützt werden.[8] Angesichts des vorstehend referierten marginalen Regelungsgehalts erschöpft sich die **Bedeutung von § 155a** in einem **Appell**[9] an die Verfahrensbeteiligten, von den vorhandenen Möglichkeiten des Täter-Opfer-Ausgleichs in allen dafür geeigneten Fällen Gebrauch zu machen. Soweit § 155a S. 3 die Eignung einer Sache für den Täter-Opfer-Ausgleich bei entgegenstehendem Willen des Verletzten ausschließt, kann angesichts des ansonsten fehlenden Regelungsgehaltes von § 155a nicht angenommen werden, dass die Anforderungen an den Täter-Opfer-Ausgleich in § 46a StGB[10] oder § 153a Abs. 1 S. 2 verschärft werden sollen.

II. Anwendungsbereich

3 **1. Anwendbarkeit in den Verfahrensstadien.** Nach dem Wortlaut sollen die Adressaten[11] „in jedem Stadium des Verfahrens" das Vorliegen einer für den Täter-Opfer-Ausgleich geeigneten Strafsache prüfen und bei positivem Prüfungsausgang auf einen solchen hinwirken. **Der Wortlaut ist zu weit geraten; die** in § 155a formulierten Pflichten bestehen **in der Revisionsinstanz nicht mehr**,[12] weil die Durchführung eines bis dahin noch nicht erfolgten Täter-Opfers-Ausgleichs dort angesichts des revisionsrechtlichen Prüfungsumfangs nicht bewirkt werden kann, die Revisionsgerichte selbst deshalb §§ 153a, 153b auch nicht anwenden können.[13] Auf der Grundlage ausreichender tatrichterlicher Feststellungen kann das Revisionsgericht allerdings im Rahmen von § 354 das Absehen von Strafe gemäß §§ 46a, 60 StGB aussprechen.[14] Nach Aufhebung und Zurückverweisung durch das Revisionsgericht können die Prüfungs- und die Hinwirkungspflicht für den neuen Tatrichter wieder aufleben. Im **Ermittlungsverfahren** entstehen die Pflichten nicht, bevor der Sachverhalt nicht so weit aufgeklärt ist, dass die Voraussetzungen für das Vorliegen eines Täter-Opfer-Ausgleichs beurteilt werden können. In den Fällen des § 153a setzt das eine Durchermittlung des Sachverhaltes voraus;[15] ähnliches gilt für § 153b.[16] Im **beschleunigten Verfahren**

---

[5] Zum Inhalt der Pflichten unten Rn. 6 f.
[6] Überblick zu den entsprechenden Regelungen bei KK-StPO/*Schoreit* Rn. 6.
[7] BGH v. 19.12.2002 – 1 StR 405/02, BGHSt 48, 134 (145) = NJW 2003, 1466 (1469); vgl. aber auch *Weimer* NStZ 2002, 349 (353) und KK-StPO/*Schoreit* Rn. 19 aE.
[8] BGH v. 19.12.2002 – 1 StR 405/02, BGHSt 48, 134 (145) = NJW 2003, 1466 (1469).
[9] Zutreffend KMR/*Plöd* Rn. 1; vgl. auch Löwe/Rosenberg/*Beulke* Rn. 2 aE sowie BT-Drucks. 12/1928 S. 8; anders – aber zu Unrecht – *Weimer* NStZ 2002, 349 (350 f.), keine der von ihm aufgeworfenen Fragen wird von der Norm beantwortet.
[10] Zur Bedeutung einer fehlenden Mitwirkungsbereitschaft des Opfers bei § 46a Nr. 1 StGB BGH v. 19.12.2002 – 1 StR 405/02, BGHSt 48, 134 (143) = NJW 2003, 1466 (1467 f.).
[11] Unten Rn. 9.
[12] Vgl. BT-Drucks. 14/2258, S. 8; Löwe/Rosenberg/*Beulke* Rn. 5.
[13] § 153a Rn. 11; § 153b Rn. 5.
[14] § 153b Rn. 5.
[15] *Meier* GA 1999, 1 (10); SK-StPO/*Weßlau* Rn. 5; aA Löwe/Rosenberg/*Beulke* Rn. 5.
[16] Ausführlich § 153b Rn. 16.

ist die Durchführung eines Täter-Opfer-Ausgleichs kaum mit der „Eignung zur sofortigen Hauptverhandlung"[17] zu vereinbaren.

2. Anwendbarkeit in sachlicher Hinsicht („geeignete Fälle"). § 155a enthält so gut wie **keine** 4 **inhaltlichen Vorgaben** über die für einen Täter-Opfer-Ausgleich „geeigneten" Fälle.[18] Maßgeblich für die Beurteilung der **Eignung** sind deshalb die **sachlichen Voraussetzungen des § 46a StGB**,[19] dessen Anwendungsbereich (prozessual in Verbindung mit § 153b) weiter ist als der des § 153a Abs. 1 S. 2 Nr. 5, weil die materielle rechtliche Regelung des Täter-Opfer-Ausgleichs anders als § 153a auch auf Verbrechen anwendbar ist. Lediglich § 155a S. 3 enthält eine negativ formulierte Vorgabe, als **gegen den geäußerten Willen des Verletzten** die Eignung der Sache für den Täter-Opfer-Ausgleich **nicht** angenommen werden darf. Prozedural kann daraus geschlossen werden, dass (1.) bei artikuliertem entgegenstehenden Willen eine Überweisung an eine Täter-Opfer-Ausgleichstelle[20] nicht erfolgen darf und eine Datenübermittlung (§ 155b) ausscheidet sowie (2.) Staatsanwaltschaft und Gericht die Willensrichtung des Verletzten durch Nachfrage aufzuklären haben.[21] Der über den entgegenstehenden Willen grob umrissene sachliche Anwendungsbereich von § 155a ist auf den von § 46 (vor allem Nr. 1) StGB und auf den von § 153a Abs. 1 S. 2 Nr. 5 nicht vollständig abgestimmt. Zwar hält die Rspr. zu § 46a Nr. 1 StGB grundsätzlich eine Kommunikation zwischen Täter und Opfer sowie eine Zustimmung des Opfers zum Ausgleich für erforderlich;[22] Ausnahmen sollen aber in Frage kommen, wenn der Täter sich ernsthaft um Ausgleich bemüht und die Verweigerung des Opfers sich im Einzelfall nicht als „Verfolgung rechtlich schützenswerter Interessen" erweist.[23] Dabei dürfte es aber um seltene Ausnahmen gehen, so dass keine Unvereinbarkeit mit § 155a bestehen dürfte. Entsprechendes gilt für das Verhältnis zu § 153a Abs. 1 S. 2 Nr. 5.

Das Gesetz **normiert** mit Ausnahme der Datenschutzregelung in § 155b **auch das Verfahren** 5 des Täter-Opfer-Ausgleichs selbst **nicht**. Dementsprechend wird kontrovers diskutiert, ob der Ausgleich stets unter Einschaltung eines Dritten in einem zumindest ansatzweise formalisierten Verfahren erfolgen muss oder ob ein Ausgleich direkt ohne Mediation von dritter Seite durch die am Konflikt als Täter und Opfer Beteiligten erfolgen kann.[24]

3. Pflichtenkreis und Adressat der Pflichten. S. 1 formuliert eine **Prüfungspflicht** und S. 2 eine 6 **Hinwirkungspflicht**. Die **Prüfungspflicht** legt den Adressaten in den relevanten Verfahrensstadien[25] auf, die Eignung der Strafsache für einen Täter-Opfer-Ausgleich nach den vorhandenen gesetzlichen Regelungen (für das allgemeine Strafrecht vor allem § 46a StGB) daraus ergebenden verfahrensrechtlichen Handlungsmöglichkeiten (§ 153a Abs. 1 S. 2 Nr. 5, § 153b) zu klären. Die Erfüllung dieser Pflicht verlangt die Aufklärung des Sachverhaltes sowohl im Hinblick auf den gegen den Beschuldigten etc. bestehenden Tatverdacht als auch hinsichtlich der Eignung der Sache für den Täter-Opfer-Ausgleich unter Einbeziehung der Willensrichtung des Opfers (S. 3).[26] Im Kontext der Aufklärung der möglichen Eignung durch Kontaktaufnahme mit dem Verletzten sollten Staatsanwaltschaft und/oder Gericht diesen über die sachlichen Voraussetzungen des Täter-Opfers-Ausgleichs sowie über die in dem jeweiligen Gerichtsbezirk üblichen Verfahrensabläufe unterrichten. Um dem Verletzten aber zumindest die formale Freiheit bei der Entscheidung über die Mitwirkung am Täter-Opfer-Ausgleich zu belassen, darf ungeachtet der rechtspolitischen Vorstellungen des Gesetzgebers eine solche „Beratung" nicht auf das Ziel der Bereitschaft zum Ausgleich gerichtet sein.[27] Das Scheitern eines Täter-Opfer-Ausgleichs in einem früheren Verfahrensstadium schließt die Eignung der Sache für einen solchen Ausgleich in einem späteren Stadium insbesondere dann nicht aus, wenn sich die tatsächlichen Gegebenheiten geändert haben, etwa der Angeschuldigte nunmehr ein Geständnis abgelegt, eine Entschuldigung ausgesprochen oder Ausgleichszahlungen angeboten hat.

---

[17] Zu den Anforderungen *Haack*, Die Systematik der vereinfachten Strafverfahren, S. 26 f.; *Radtke* JR 2001, 133 (134).
[18] Oben Rn. 1.
[19] Näher *Meier* GA 1999, 1 ff. sowie die Kommentierungen zu § 46a StGB.
[20] Zum Ablauf des Täter-Opfer-Ausgleichverfahrens *Janke*, Täter-Opfer-Ausgleich im Strafverfahren. S. 65 ff.; KK-StPO/*Schoreit* Rn. 13 ff.
[21] Vgl. SK-StPO/*Weßlau* Rn. 6; siehe auch Löwe/Rosenberg/*Beulke* Rn. 14.
[22] BGH v. 19. 12. 2002 – 1 StR 405/02, BGHSt 48, 134 (143) = NJW 2003, 1466 (1468); BGH v. 27. 8. 2002 – 1 StR 204/02, NStZ 2003, 29 (31); BGH v. 7. 12. 2005 – 1 StR 287/05, NStZ 2006, 275 (276); *Fischer*, StGB, § 46a Rn. 10d mwN.; vgl. aber auch BGH v. 25.52001 – 2 StR 78/01, NStZ 2002, 364 mAnm *Dölling/Hartmann* NStZ 2002, 366; *Kühl/Heger* JZ 2002, 363.
[23] Vgl. *Fischer* § 46 a StGB Rn. 10d; noch weitergehend *Kilchling* NStZ 1996, 309 (314).
[24] Nachw. zum Streitstand *Meier* GA 1999, 1 (3); SK-StPO/*Weßlau* Rn. 9.
[25] Oben Rn. 3.
[26] Zur Notwendigkeit die Willensrichtung des Opfers zu erforschen oben Rn. 4.
[27] Anders insoweit Löwe/Rosenberg/*Beulke* Rn. 14.

7 Ergibt die Ausübung der Prüfungspflicht die Eignung der Sache, schließt sich die **Hinwirkungspflicht** an. Der **Inhalt dieser Pflicht** ist wegen des Fehlens von Regelungen über das Täter-Opfer-Ausgleichsverfahrens selbst **unklar**.[28] Aus den Gesetzesmaterialien und § 155b ergibt sich, dass der Gesetzgeber im **Grundsatz** von der **Überweisung** geeigneter Fälle **an Ausgleichstellen** ausgegangen ist.[29] Diese Erwartung hat sich in der Rechtspraxis erfüllt.[30] Darüber hinaus soll nach den Vorstellungen des Gesetzgebers – wohl ausnahmsweise – die Durchführung eines Täter-Opfer-Ausgleichs durch die Staatsanwaltschaft und das Gericht unmittelbar ohne Einschaltung von externen Mediatoren in Frage kommen.[31] In der Praxis scheinen gerade im Hinblick auf eine materielle Wiedergutmachung über die Zahlung eines Schmerzensgeldes in der gerichtlichen Hauptverhandlung Elemente eines Täter-Opfer-Ausgleichs vorzukommen.[32] Soll sich der Täter-Opfer-Ausgleich nicht in einem finanziellen Ausgleich erschöpfen, kann dieser nur in seltenen Ausnahmefällen durch die Staatsanwaltschaft oder das Gericht selbst durchgeführt werden. Angesichts der stärkeren Berücksichtigung der Mediation in der Justiz und der Erfahrung einzelner Angehöriger des höheren Justizdienstes damit ist ein unmittelbarer Täter-Opfer-Ausgleich durch Staatsanwaltschaft und Gericht aber nicht völlig ausgeschlossen.[33] Davon zu unterscheiden ist die verfahrensmäßige Reaktion der Justizorgane auf ohne ihre Einschaltung durchgeführte Täter-Opfer-Ausgleichsbemühungen durch Beschuldigten etc. und Verletzten selbst, etwa unter Einschaltung in der Mediation erfahrener Rechtsanwälte.[34] Werden Staatsanwaltschaft oder Gericht solche tatsächlichen Umstände bekannt, haben diese zu klären, ob dadurch bereits die Voraussetzungen eines Täter-Opfer-Ausgleichs gegeben sind. Ergeben sich solche Anhaltspunkte erst während laufender Hauptverhandlung, folgt daraus kein Anspruch auf deren Aussetzung zum Zwecke der Durchführung des Täter-Opfer-Ausgleichs.[35]

8 Erfolgt in Ausübung der Hinwirkungspflicht eine **Überweisung der Sache an eine Ausgleichstelle**, haben Staatsanwaltschaft oder Gericht je nach Verfahrensstadium eine umfassende **Fristenüberwachung** zu gewährleisten, um Verletzungen des Beschleunigungsgrundsatzes wegen der Durchführung eines Täter-Opfer-Ausgleichs zu vermeiden. Nach Rückkehr der Sache von der Ausgleichsstelle kommt bei erfolgreichem Täter-Opfer-Ausgleich prozedural je nach Sach- und Verfahrenslage die Einstellung gemäß § 153a Abs. 1 S. 2 Nr. 5 oder § 153b iVm. § 46a StGB sowie ein Sachurteil unter Berücksichtigung der in § 46a StGB genannten Rechtsfolgen in Betracht. Zu den verfahrensrechtlichen Konsequenzen eines gescheiterten Täter-Opfer-Ausgleichs verhält sich das Gesetz nicht.[36]

9 Als **Adressaten** der Prüfungs- und Hinwirkungspflicht nennt das Gesetz die **Staatsanwaltschaft** und das **Gericht**. Das **schließt Initiativen anderer Verfahrensbeteiligter**, namentlich des **Verteidigers**, zu einem Täter-Opfer-Ausgleich zu kommen und sich aus diesem Grund mit dem durch die Tat Verletzten in Verbindung zu setzen, **nicht aus.**[37]

10 4. Verhältnis zu anderen verfahrenserledigenden Regelungen. Die in § 155a S. 2 angeordnete Hinwirkungspflicht setzt eine zum Täter-Opfer-Ausgleich geeignete Sache voraus. Diese **Eignung fehlt bei liquider Einstellungs- oder Freispruchslage**; § 170 Abs. 2 und ein freisprechenden Sachurteil haben zwingend Vorrang vor dem Täter-Opfer-Ausgleich. **§ 153 geht** ebenfalls den auf den Täter-Opfer-Ausgleich bezogenen Einstellungsmöglichkeiten nach § 153b (iVm. § 46a StGB) und § 153a Abs. 1 S. 2 Nr. 5 vor.[38]

III. Rechtsbehelfe

11 Verletzungen der Prüfungs- und der Hinweispflicht (S. 1 und S. 2) können einer **Revision** weder mit einer entsprechenden **Verfahrens-** noch mit der **Sachrüge zum Erfolg** verhelfen.[39] Wird der Angeklagte trotz Vorliegens der Voraussetzungen des § 46a verurteilt, ohne dass sich der Tatrichter mit dem Eingreifen dieser Vorschrift ausreichend auseinandergesetzt hat, kann ein Ver-

---

[28] Vgl. *Tolmein* ZRP 1999, 408 (409); KK-StPO/*Schoreit* Rn. 15.
[29] BT-Drucks. 14/1928 S. 8.
[30] Zu den rechtstatsächlichen Verhältnissen *Janke*, Täter-Opfer-Ausgleich im Strafverfahren, S. 194 ff. mit einer Zusammenschau zahlreicher empirischer Untersuchungen.
[31] BT-Drucks. 14/1928 S. 8; strikt ablehnend SK-StPO/*Weßlau* Rn. 4 und 9; weniger krit. Löwe/Rosenberg/*Beulke* Rn. 4 „in Ausnahmefällen möglich".
[32] Exemplarisch BGH v. 19. 12. 2002 – 1 StR 405/02, BGHSt 48, 134 (136 f.) = NJW 2003, 1466 f. (Zahlung von Schmerzensgeld [für eine Vergewaltigung] in der Hauptverhandlung).
[33] Weitgehend wie hier HK-StPO/*Gercke* Rn. 2; KMR/*Plöd* Rn. 4; Löwe/Rosenberg/*Beulke* Rn. 4.
[34] Vgl. dazu *Püschel* StraFo 2006, 261 ff.
[35] Oben Rn. 2 mit Fn. 7.
[36] Dazu ausführlich und krit. *Janke*, Täter-Opfer-Ausgleich im Strafverfahren, S. 231 ff.
[37] Löwe/Rosenberg/*Beulke* Rn. 6.
[38] Näher § 153b Rn. 8.
[39] Im Ergebnis ebenso KMR/*Plöd* Rn. 2; Löwe/Rosenberg/*Beulke* Rn. 15; aA *Weimer* NStZ 2002, 349 (351).

stoß gegen § 46a vorliegen;[40] auf die dem Urteil möglicherweise vorausgegangenen Nichterfüllung der in § 155a genannten Pflichten kann der Rechtsfolgenausspruch des Urteils keinesfalls beruhen.

Eine mögliche **Verletzung von S. 3** kann der Angeklagte mangels Beschwer nicht rügen; die **Staatsanwaltschaft** kann ein Urteil mit der Sachrüge bei Annahme des Absehens von Strafe (§ 46a iVm. § 60 StGB) oder Strafmilderung (§§ 46a, 49 Abs. 1 StGB) angreifen, wenn ein Täter-Opfer-Ausgleich trotz entgegenstehenden Willens des Verletzten angenommen worden ist, ohne dass ein Ausnahmefall der Unbeachtlichkeit des entgegenstehenden Willens[41] vorliegt. Die Revision beruht dann aber auf der **Verletzung von § 46a StGB** nicht auf der des § 155a S. 3. Der **verletzte Nebenkläger** kann wegen § 400 Abs. 1 keine auf die Verletzung von § 46a StGB (wegen seines entgegenstehenden Willens) gegründete zulässige Sachrüge erheben.[42] Eine mit der Verletzung von § 155a S. 3 begründete Verfahrensrüge des verletzten Nebenklägers bleibt erfolglos, weil das einen Täter-Opfer-Ausgleich trotz Weigerung der Mitwirkung des Verletzten annehmende Urteil nicht auf der Verletzung von S. 3 sondern auf der materiell-rechtlich fehlerhaften Anwendung von § 46a StGB beruht. 12

Eine auf § 153b Abs. 1 (iVm. § 46a StGB) oder § 153a Abs. 1 S. 2 Nr. 5 gestützte **Einstellungsverfügung** wegen eines Täter-Opfer-Ausgleichs ist durch § 172 Abs. 2 S. 3 dem **Klageerzwingungsverfahren** entzogen.[43] Die entsprechenden gerichtlichen **Einstellungsbeschlüsse** nach § 153b Abs. 2 oder § 153a Abs. 2 sind grundsätzlich nicht mit der Beschwerde anfechtbar; Ausnahmen bestehen nur bei Fehlen der gesetzlichen Voraussetzungen.[44] 13

§ 155b [Datenübermittlung bei Täter-Opfer-Ausgleich]

(1) ¹Die Staatsanwaltschaft und das Gericht können zum Zweck des Täter-Opfer-Ausgleichs oder der Schadenswiedergutmachung einer von ihnen mit der Durchführung beauftragten Stelle von Amts wegen oder auf deren Antrag die hierfür erforderlichen personenbezogenen Daten übermitteln. ²Die Akten können der beauftragten Stelle zur Einsichtnahme auch übersandt werden, soweit die Erteilung von Auskünften einen unverhältnismäßigen Aufwand erfordern würde. ³Eine nicht-öffentliche Stelle ist darauf hinzuweisen, dass sie die übermittelten Daten nur für Zwecke des Täter-Opfer-Ausgleichs oder der Schadenswiedergutmachung verwenden darf.

(2) ¹Die beauftragte Stelle darf die nach Absatz 1 übermittelten personenbezogenen Daten nur verarbeiten und nutzen, soweit dies für die Durchführung des Täter-Opfer-Ausgleichs oder der Schadenswiedergutmachung erforderlich ist und schutzwürdige Interessen des Betroffenen nicht entgegenstehen. ²Sie darf personenbezogene Daten nur erheben sowie die erhobenen Daten verarbeiten und nutzen, soweit der Betroffene eingewilligt hat und dies für die Durchführung des Täter-Opfer-Ausgleichs oder der Schadenswiedergutmachung erforderlich ist. ³Nach Abschluss ihrer Tätigkeit berichtet sie in dem erforderlichen Umfang der Staatsanwaltschaft oder dem Gericht.

(3) Ist die beauftragte Stelle eine nicht-öffentliche Stelle, finden die Vorschriften des Dritten Abschnitts des Bundesdatenschutzgesetzes auch Anwendung, wenn die Daten nicht in oder aus Dateien verarbeitet werden.

(4) ¹Die Unterlagen mit den in Absatz 2 Satz 1 und 2 bezeichneten personenbezogenen Daten sind von der beauftragten Stelle nach Ablauf eines Jahres seit Abschluss des Strafverfahrens zu vernichten. ²Die Staatsanwaltschaft oder das Gericht teilt der beauftragten Stelle unverzüglich von Amts wegen den Zeitpunkt des Verfahrensabschlusses mit.

Schrifttum: *Busch*, Datenschutz beim Täter-Opfer-Ausgleich – teleologische Reduktion einer hypertrophen Regelung (§ 155b StPO), JR 2003, 94; im Übrigen Nachw. wie vor § 155a.

I. Zweck und Bedeutung der Vorschrift

Die Vorschrift **ergänzt die in § 155a statuierte Appelnorm**, Staatsanwaltschaften und Gerichte eine Prüf- und ggf. Hinwirkungspflicht aufzugeben,[1] ob die Voraussetzungen eines Täter-Opfer-Ausgleichs vorliegen. § 155b konkretisiert die in § 155a enthaltenen Pflichten prozedural dahingehend, dass in ausgleichsgeeigneten Fällen die Durchführung des Täter-Opfer-Ausgleichs exter- 1

---

[40] Vgl BGH v. 22. 2. 2001 – 3 StR 41/01, StV 2001, 457; BGH v. 21. 9. 2006 – 4 StR 386/06, NStZ-RR 2006, 373; Hans.OLG Bremen v. 26. 1. 2006 – Ss 47/05, StV 2007, 84.
[41] Oben Rn. 4 aE.
[42] Zutreffend Löwe/Rosenberg/*Beulke* Rn. 15.
[43] § 153a Rn. 87ff.; § 153b Rn. 25.
[44] § 153a Rn. 92, § 153b Rn. 27.
[1] Vgl. § 155a Rn. 1 und 6ff.

nen Stellen[2] überlassen werden darf. Insoweit verdichtet sich die in § 155a normierte Hinwirkungspflicht zu einer **Mitwirkungspflicht**[3] der genannten Adressaten in Gestalt der Datenübermittlung. Da das Ausgleichverfahren durch die externen Stellen nicht ohne Kenntnis des Verfahrensgegenstandes, einschließlich **personenbezogener Daten** im Sinne des Grundrechts auf informationelle Selbstbestimmung zumindest von Beschuldigtem und Verletztem, durchgeführten werden kann, stellt § 155b die **verfassungsrechtlich gebotene**[4] bereichsspezifische Rechtsgrundlage für die Übermittlung der entsprechenden Daten dar.[5]

2 § 155b enthält jedoch **keine umfassende prozedurale Regelung des Täter-Opfers-Ausgleichs** selbst. Der Gesetzgeber gibt lediglich zu erkennen, dass der Ausgleich vor externen Ausgleichstellen, die sowohl öffentlich-rechtlich als auch nicht-öffentlich-rechtlich (arg. Abs. 3) organisiert sein können, stattfinden darf. Andere Formen des Ausgleichs sind damit nicht ausgeschlossen, mögen sie im Hinblick auf möglicherweise fehlende Qualifikationen der mit dem Ausgleich befassten Personen auch untunlich sein. Im Übrigen beschränkt sich der **Regelungsgehalt** von § 155b **weitgehend** auf **datenschutzrechtliche Bestimmungen**. Eine das Verfahren des Täter-Opfer-Ausgleichs selbst und vor allem die Rückführung in das Strafverfahren[6] betreffende Vorschrift bildet Abs. 2 S. 3 mit dem Erfordernis eines Abschlussberichts über das Ausgleichsverfahrens an die beauftragende Stelle.

II. Anwendungsbereich

3 Die in § 155b enthaltene Mitwirkungspflicht von Staatsanwaltschaft und Gericht sowie die in der Vorschrift enthaltenen datenschutzrechtlichen Regelungen richten sich in ihrem **Anwendungsbereich** nach dem **von § 155a Vorgegebenen**,[7] setzen also grundsätzlich eine positive Eignungsbeurteilung durch Staatsanwaltschaft oder Gericht voraus. Vermögen diese die Eignung nicht ohne fachkundige Beratung (durch eine Täter-Oper-Ausgleichstelle) zu beurteilen, soll eine Datenübermittlung ausnahmsweise auch bereits zur Klärung der Eignungsfrage zulässig sein (strg.).[8]

III. Inhalt der Einzelregelungen

4 **1. Rechte und Pflichten von Staatsanwaltschaft und Gericht (Abs. 1). Abs. 1 S. 1** berechtigt und verpflichtet Staatsanwaltschaft und Gericht bei positiver Eignungsbeurteilung **zur Übermittlung personenbezogener Daten** (vgl. § 3 Abs. 1 BDSG) an öffentliche und nicht-öffentliche Ausgleichstellen. Die Vorschrift stellt die erforderliche Rechtsgrundlage für die Datenübermittlung dar; einer **Zustimmung** durch die Inhaber der betroffenen Daten **bedarf es daher nicht**.[9] Die Übermittlung erfolgt von Amts wegen oder – falls die „Konfliktparteien sich direkt an eine Ausgleichstelle gewandt haben – auf Antrag der Ausgleichstelle.[10] Das Gesetz geht als Regelfall der Datenübermittlung von der **Auskunftserteilung** aus (Abs. 1 S. 1); die **Übersendung** der **vollständigen Akten** lässt § 155b lediglich bei **unverhältnismäßigen Aufwand der Auskunfterteilung** zu (Abs. 1 S. 2). Ein solcher wird immer bei komplexeren Sachverhalten und mehreren Beteiligten anzunehmen sein.[11] Das gesetzlich vorgesehene Regel-Ausnahme-Verhältnis[12] spiegelt sich in der staatsanwaltschaftlichen und gerichtlichen **Praxis** wohl nicht wider; hier dürfte die **Aktenübersendung der Regelfall** sein. Das ist schon deshalb sachgerecht, weil sich nicht immer im Vorhinein beurteilen lässt, welche Information die Ausgleichstelle für die Durchführung des Ausgleichs benötigt.[13] Im Übrigen ist zumindest die Aktenübersendung als Regelfall bei Beauftragung öffentlicher Stellen unbedenklich,[14] zumal das Gesetz selbst in Abs. 1 S. 3 zwischen öffentlichen und nicht-öffentlichen Stellen differenziert. In der genannten Regelung wird Staatsanwaltschaft und

---

[2] Überblick zu den in Frage kommenden Stellen bei Löwe/Rosenberg/*Beulke* Rn. 2; zu den maßgeblichen landesrechtlichen Regelungen KK-StPO/*Schoreit* § 155a Rn. 6.
[3] Löwe/Rosenberg/*Beulke* Rn. 1 und 5.
[4] Grundlegend BVerfG v. 15. 12. 1983 – 1 BvR 207/83 u. a. BVerfGE 65, 1 (41 ff.) = NJW 1984, 419 (424 f.).
[5] BT-Drucks. 14/1928 S. 14; siehe auch *Meier* GA 1999, 1 (17); *Schöch*, FS Roxin, 2001, S. 1044 (S. 1064 Fn. 138).
[6] Zu der ansonsten verfahrensrechtlich ungeregelten „Rückkehrproblematik" nach Durchführung des Täter-Opfer-Ausgleichs *Janke*, Der Täter-Opfer-Ausgleich im Strafverfahren, 2005, S. 231 ff.
[7] § 155a Rn. 3–5.
[8] BT-Drucks. 14/1928, S. 8 und 10; HK-StPO/*Gercke* Rn. 1 (aA die Vorauff.); KMR/*Plöd* Rn. 1; Löwe/Rosenberg/*Beulke* Rn. 7; *Meyer-Goßner* Rn. 3; aA KK-StPO/*Schoreit* Rn. 2; SK-StPO/*Weßlau* Rn. 1.
[9] *Busch* NJW 2002, 1326; HK-StPO/*Gercke* Rn. 1; SK-StPO/*Weßlau* Rn. 1 aE.
[10] Vgl. BT-Drucks. 14/1928, S. 8; *Joecks* Rn. 2; Löwe/Rosenberg/*Beulke* Rn. 3; *Meyer-Goßner* Rn. 3; siehe aber auch KK-StPO/*Schoreit* Rn. 2.
[11] *Busch* NJW 2002, 1326.
[12] Vgl. SK-StPO/*Weßlau* Rn. 2.
[13] HK-StPO/*Gercke* Rn. 1; Löwe/Rosenberg/*Beulke* Rn. 4.
[14] Im Ergebnis ebenso *Busch* JR 2003, 94 f.

Gericht auferlegt, **nicht-öffentliche Stellen auf** die Zweckbindung der Verwendung der übermittelten Daten **hinzuweisen** (vgl. § 16 Abs. 4 S. 2 BDSG).

2. Rechte und Pflichten der Ausgleichstelle (Abs. 2). Abs. 2 S. 1 legt die beauftragten **Ausgleichstellen auf** die Einhaltung der datenschutzrechtlichen Zweckbindung der Verarbeitung und Nutzung der übermittelten Daten fest. Die Begriffe „verarbeiten" und „nutzen" sind **im Sinne von § 3 Abs. 4 und 5 BDSG** auszulegen. Die Reichweite der Zweckbindung bestimmt sich nach Art und Inhalt des konkreten Täter-Opfer-Ausgleichs und kann sich danach unterscheiden, ob dieser verfahrensmäßig nach § 153 b iVm. § 46 a StGB oder nach § 153 a Abs. 1 S. 2 Nr. 5 umgesetzt wird.[15] Das Gesetz begrenzt Verarbeitung und Nutzung zudem durch **entgegenstehende Interessen von Beschuldigtem und Verletzten** (allgM);[16] bei diesen Interessen geht es vorrangig um die Vermeidung des öffentlichen Bekanntwerdens des Ausgleichsverfahrens und der zugrunde liegenden Tat. **Abs. 2 S. 2** gestattet als **Rechtsgrundlage** allen Ausgleichstellen über die Nutzung und Verarbeitung der übermittelten Daten hinaus auch die eigene **Erhebung weiterer personenbezogener Daten** der Betroffenen (also Beschuldigtem und Verletztem; allgM), macht diese aber nicht nur von der strengen Zweckbindung für den Ausgleich sondern von der **Einwilligung des jeweils Betroffenen abhängig.** Das Einwilligungserfordernis besteht auch, wenn die Ausgleichstelle die von ihr erhobenen personenbezogenen Daten weiter **nutzen und verarbeiten** will.[17] Die Einwilligung ist **regelmäßig schriftlich** zu erklären, im Einzelfall kann eine mündliche Erklärung genügen.[18] Der Beschuldigte muss entsprechend § 136 a Abs. 1 S. 2 belehrt werden;[19] bei unzulässiger Täuschung oder Zwang ist die Einwilligung unwirksam.

Abs. 2 S. 3 statuiert eine **Berichtspflicht der Ausgleichstelle** gegenüber der beauftragenden Staatsanwaltschaft oder dem Gericht über das Ausgleichsverfahren. Sie besteht lediglich bei Beauftragung der Ausgleichstelle von Amts wegen. **Art und Inhalt des Berichts** werden durch das Gesetz **nicht näher geregelt.** Datenschutzrechtlich ist jedoch das Einwilligungserfordernis aus Abs. 2 S. 2 zu beachten, so dass bei durch die **Ausgleichstelle selbst erhobenen personenbezogenen Informationen** diese lediglich mit **Einwilligung des Betroffenen Gegenstand des** an Staatsanwaltschaft oder Gericht zu übersenden **Berichts** sein dürfen (allgM.).[20] Zur Sicherung des Einwilligungserfordernisses bedarf es eines Verwertungsverbotes, falls durch die Ausgleichstelle erhobene personenbezogene Informationen in Bezug auf den Beschuldigten ohne dessen Zustimmung weitergegeben worden sind.[21] Im Übrigen hängen **Inhalt und Umfang** des Berichts **wesentlich von der angestrebten verfahrensmäßigen Umsetzung des Täter-Opfer-Ausgleichs ab.**[22] Bei bereits erfolgter vorläufiger Einstellung nach § 153 a Abs. 1 S. 2 Nr. 5 kommt es auf die fristgerechte Erfüllung der Auflage an. Bei geplanter Einstellung nach § 153 b iVm. § 46 a StGB oder bei Anwendung von § 46 a StGB im Rechtsfolgenausspruch des Urteils wird dagegen regelmäßig ausführlicher zu berichten sein, damit Staatsanwaltschaft oder Gericht das Vorliegen der Voraussetzungen des materiell-rechtlichen Täter-Opfer-Ausgleichs prüfen können. War der Ausgleich nicht erfolgreich, muss der Bericht zu einem eventuellen ernsthaften Bemühen des Beschuldigten etc. Stellung nehmen, soweit § 46 a auch dann für anwendbar gehalten wird.[23]

3. Nicht-datenverarbeitungsmäßige Informationsverarbeitung (Abs. 3). Abs. 3 erweitert das ansonsten durch § 38 BDSG gewährleistete **Schutzniveau** bei der aktenmäßigen Verarbeitung von personenbezogenen Informationen. Das BDSG unterscheidet im Schutzniveau bei der Verarbeitung personenbezogener Daten zwischen der in oder aus Dateien einerseits (§ 27 BDSG) und der aktenmäßigen Verarbeitung. Nicht-öffentliche Stelle unterliegen der Kontrolle nach § 38 BDSG (anders als öffentliche Stellen) lediglich bei der Verarbeitung in und aus Dateien. § 155 b Abs. 3, insoweit **lex specialis zu** den Regelungen des **BDSG**,[24] dehnt das datenschutzrechtlich für öffentliche Stelle ohnehin geltende Schutzniveau bei der aktenmäßigen Verarbeitung personenbezogener Informationen auf die durch nicht-öffentliche Stellen aus.

4. Vernichtung von Unterlagen der Ausgleichsstelle (Abs. 4). Abs. 4 S. 1 schreibt die **Vernichtung der bei der Ausgleichstelle vorhandenen Unterlagen** über das Ausgleichsverfahren binnen Jahresfrist nach Abschluss des Strafverfahrens vor. In den Fällen der Verfahrenserledigung nach

---

[15] Näher/Löwe/Rosenberg/*Beulke* Rn. 6 aE.
[16] *Busch* NJW 2002, 1326 (1327).
[17] *Busch* NJW 2002, 1326 (1328); HK-StPO/*Gercke* Rn. 2; SK-StPO/*Weßlau* Rn. 5.
[18] *Busch* JR 2003, 94 (96); großzügiger AnwK-StPO/*Walther* Rn. 3; Löwe/Rosenberg/*Beulke* Rn. 9.
[19] HK-StPO/*Gercke* Rn. 2; *Meyer-Goßner* Rn. 4.
[20] HK-StPO/*Gercke* Rn. 2 aE; *Joecks* Rn. 3; Löwe/Rosenberg/*Beulke* Rn. 13; SK-StPO/*Weßlau* Rn. 6.
[21] SK-StPO/*Weßlau* Rn. 6.
[22] Zutreffend Löwe/Rosenberg/*Beulke* Rn. 12.
[23] Vgl. dazu § 155 a Rn. 4 mwN.
[24] HK-StPO/*Gercke* Rn. 3.

§ 153a Abs. 1 S. 2 Nr. 5 beginnt die Frist erst mit der endgültigen nicht bereits der vorläufigen Einstellung (allgM);[25] in den sonstigen Fällen mit der Rechts- bzw. Bestandskraft der verfahrenserledigenden Entscheidung. Die **Vernichtungspflicht** betrifft allein die bei der Ausgleichstelle verbliebenen Unterlagen **nicht** den an Gericht oder Staatsanwaltschaft zu übermittelnden **Bericht** (**Abs. 2 S. 3**), der Bestandteil der Verfahrensakten wird. Nicht ausgeschlossen ist die Aufbewahrung von Unterlagen, die keine personenbezogenen Informationen enthalten, bei den Ausgleichstellen.[26] Damit diese ihrer Vernichtungspflicht nachkommen können, legt **Abs. 4 S. 2** den Gerichten und Staatsanwaltschaften eine **Mitteilungspflicht** über den Abschluss des Strafverfahrens auf.

IV. Rechtsbehelfe

9   Soweit in verfahrenserledigende, mit der **Revision** überprüfbare Entscheidungen ein Täter-Opfer-Ausgleich Eingang gefunden hat oder die Entscheidung auf diese gestützt ist (etwa auf Absehen von Strafe lautendes Sachurteil), kann diese Entscheidung auf einer isolierten Verletzung der in § 155b getroffenen Regelungen regelmäßig nicht beruhen.[27] Etwas anderes kann sich nur ergeben, wenn die Ausgleichstelle eigenständig personenbezogene Informationen ohne die nach Abs. 2 S. 2 erforderliche Zustimmung des Betroffenen erhoben und weitergegeben hat und diese Informationen zu Lasten des Betroffenen in einer mit der Revision angreifbaren Entscheidung entgegen einem Verwertungsverbot[28] verwertet worden sind.

§ 156 [Klagerücknahme]
Die öffentliche Klage kann nach Eröffnung des Hauptverfahrens nicht zurückgenommen werden.

I. Zweck der Vorschrift

1   Der eigentliche Zweck der Vorschrift besteht in der **Festlegung des Zeitpunktes**, zu dem die **Staatsanwaltschaft** die **Befugnis zur Disposition** über die erhobene Anklage **verliert**.[1] Die Festlegung auf den Zeitpunkt der Eröffnung des Hauptverfahrens korrespondiert nicht mit dem des Übergangs vom Ermittlungs- zum Zwischenverfahren, das bereits mit der Anklageerhebung beginnt. Die Festlegung eines spätesten Zeitpunktes für die Klagerücknahme dient der Sicherung der Zuständigkeiten für die Aufklärung des den Verfahrensgegenstandes bildenden Geschehens und dessen autoritativer rechtlichen Würdigung. Diese Zuständigkeit hat die Staatsanwaltschaft im Grundsatz lediglich während des Ermittlungsverfahrens, bereits mit dem Zwischenverfahren geht sie auf das jeweilige Gericht über. Bis zu einer gerichtlichen Entscheidung über den mit der Anklage verbundenen Antrag der Staatsanwaltschaft oder Surrogaten, dem Verfahren Fortgang zu geben (durch Eröffnung des Hauptverfahrens, Erlass eines Strafbefehls, Anberaumung eines Termins zur Hauptverhandlung im beschleunigten Verfahren etc.), bleibt dieser jedoch die Dispositionsbefugnis über die erhobene Klage erhalten. Ob die Regelung eine notwendige Ergänzung des Legalitätsprinzips bildet,[2] ist zweifelhaft für die Erfassung des Regelungszwecks des § 156 jedenfalls ohne Bedeutung. Die **Festlegung des Zeitpunktes auf die Eröffnung des Hauptverfahrens** bildet den **Grundsatz**, der durch **zahlreiche Ausnahmen** relativiert wird. Die gesetzlich normierten Ausnahmefälle einer zulässigen Klagerücknahme zeitlich nach der gerichtlichen Eröffnungsentscheidung (etwa § 153c Abs. 4: § 153d Abs. 2; § 153f Abs. 3)[3] beruhen jeweils primär auf außerstrafrechtlichen Gründen für eine Rücknahme der Klage.[4] Auch die Vielfalt der möglichen Gründe für eine zulässige Klagerücknahme[5] trägt die Annahme einer das Legalitätsprinzip (notwendig) ergänzenden Funktion der Vorschrift kaum.

2   Die unterschiedlichen Zeitpunkte für den Beginn des Zwischenverfahrens einerseits und den Verlust der Klagerücknahme andererseits gehen mit unterschiedlichen Zeitpunkten von gerichtlicher **Anhängigkeit** und **Rechtshängigkeit der öffentlichen Klage** einher. Mit Klagehebung wird die Strafsache bei dem Gericht anhängig. Rechtshängigkeit tritt jedoch erst mit dem Erlass des Er-

---

[25] AnwK-StPO/*Walther* Rn. 7; KMR/*Plöd* Rn. 6; Löwe/Rosenberg/*Beulke* Rn. 18; SK-StPO/*Weßlau* Rn. 9.
[26] Vgl. HK-StPO/*Gercke* Rn. 4; SK-StPO/*Weßlau* Rn. 9.
[27] Löwe/Rosenberg/*Beulke* Rn. 19.
[28] Oben Rn. 6.
[1] Im Ergebnis ebenso SK-StPO/*Weßlau* Rn. 2 aE.
[2] So etwa AK-StPO/*Schöch* Rn. 1 aE.
[3] Siehe auch unten Rn. 11.
[4] Vgl. exemplarisch § 153d Rn. 1 und 6ff.
[5] Näher unten Rn. 13f.

öffnungsbeschlusses oder sachlich äquivalenten Entscheidungen im Rahmen besonderer Verfahrensarten ein (hM).[6]

II. Zeitpunkt der Klagerücknahme

1. Regelverfahren (Anklageerhebung). Bei Anklageerhebung endet die Möglichkeit der Staatsanwaltschaft zur Rücknahme der öffentlichen Klage mit dem **Erlass des gerichtlichen Eröffnungsbeschlusses** (insoweit allgM).[7] Der Zeitpunkt des Erlasses wird allerdings unterschiedlich beurteilt (Unterschrift des Richters; Zugang des Beschlusses in der Geschäftsstelle, Zustellung des Beschlusses).[8] Hat das Gericht vor dem Erlass des Eröffnungsbeschlusses Maßnahmen auf der Grundlage von §§ 201, 202 angeordnet oder vorgenommen, steht dies der Klagerücknahme nicht entgegen.[9] Dagegen hindert selbst ein **unwirksamer Eröffnungsbeschluss**[10] die zulässige Rücknahme der Klage.[11] Mit der Entscheidung über die Zulassung der Anklage ist die Zuständigkeit für das weitere Verfahren auf das Gericht übergegangen. Wegen der Unwirksamkeit des Eröffnungsbeschlusses ist allerdings das gerichtliche Verfahren von Amts wegen einzustellen. Unterbleibt versehentlich ein Eröffnungsbeschluss, kann die Staatsanwaltschaft die Klage weiterhin zurücknehmen (allgM).

Obwohl der Wortlaut von § 156 sich dazu nicht verhält, **hindert auch der Erlass eines die Eröffnung des Hauptverfahrens ablehnenden Beschlusses (§ 204)** die Klagerücknahme.[12] Das gilt selbst vor Eintritt der (begrenzten) materiellen Rechtskraft des Beschlusses.[13] Anderenfalls würde die Rechtskraftregelung des § 211 umgangen.

2. Besondere Verfahrensarten und Anklagesurrogate. Der maßgebliche Zeitpunkt für die Rücknahme der **Antragsschrift im Sicherungsverfahren** (§§ 413 ff.) bestimmt sich nach den für die Anklageerhebung geltenden Kriterien; die Befugnis zur Rücknahme endet mit dem Erlass einer gerichtlichen Entscheidung über den Antrag.

Für das **beschleunigte Verfahren** (§§ 417 ff.) ist der die Rücknahme der Anklage und des damit verbundenen Antrages auf Entscheidung in dieser Verfahrensart ausschließende **Zeitpunkt umstritten**. Teils wird eine Rücknahme noch bis zum Beginn der Verkündung des Urteils zugelassen.[14] Diese Auffassung beruht jedoch auf einer Verkennung des in § 419 Abs. 1 S. 1 vorgegebenen Maßstabs der Eignung der Sache für das beschleunigte Verfahren. Die Eignung, die nach der Konzeption des beschleunigten Verfahrens notwendige Voraussetzung für das Prozedieren in dieser Verfahrensart ist, umfasst auch die Prüfung des hinreichenden Tatverdachts auf der summarischen Grundlage der Akten ohne die Möglichkeiten der §§ 201, 202.[15] Angesichts der sachlichen Gleichwertigkeit mit der Entscheidung über die Eröffnung des Hauptverfahrens im Regelverfahren endet die Rücknahmebefugnis der Staatsanwaltschaft **jedenfalls mit dem Beginn der Vernehmung des Angeklagten zur Sache** (hM).[16] Entsprechendes gilt auch für das vereinfachte Jugendverfahren.[17]

Im Fall der Erhebung einer **Nachtragsanklage** (§ 266) tritt der gerichtliche Einbeziehungsbeschluss[18] an die Stelle des Eröffnungsbeschluss. Ist der Einbeziehungsbeschluss erlassen worden, endet – unabhängig von seiner Wirksamkeit[19] – die Rücknahmebefugnis der Staatsanwaltschaft.

---

[6] Vgl. BGH v. 6. 11. 1959 – 4 StR 376/59, BGHSt 14, 11 (17); HK-StPO/*Gercke* Rn. 1; KK-StPO/*Schoreit* Rn. 5; Löwe/Rosenberg/*Beulke* Rn. 1; *Meyer-Goßner* Rn. 1; SK-StPO/*Weßlau* Rn. 2.
[7] Siehe BGH v. 24. 6. 1980 – 1 StR 36/80, BGHSt 29, 298 (299); KK-StPO/*Schoreit* Rn. 5; KMR/*Plöd* Rn. 2; Löwe/Rosenberg/*Beulke* Rn. 2; SK-StPO/*Weßlau* Rn. 3.
[8] Vgl. auch KMR/*Plöd* Rn. 2; Löwe/Rosenberg/*Beulke* Rn. 2; SK-StPO/*Weßlau* Rn. 3.
[9] RG v. 26. 2. 1925 – II 847/24, RGSt 59, 57 (60); AK-StPO/*Schöch* Rn, 2; Löwe/Rosenberg/*Beulke* Rn. 2.
[10] Zu möglichen Gründen der Unwirksamkeit § 203 Rn. 7 f.
[11] Löwe/Rosenberg/*Beulke* Rn. 2; SK-StPO/*Weßlau* Rn. 3; aA KMR/*Plöd* Rn. 2.
[12] OLG Frankfurt/M. v. 14. 2. 1986 – 1 Ws 271/85, JR 1986, 470 mAnm *Meyer-Goßner* und *Temming* StV 1986, 331; AK-StPO/*Schöch* Rn. 2; HK-StPO/*Gercke* Rn. 1; Löwe/Rosenberg/*Beulke* Rn. 7; *Meyer-Goßner* Rn. 1; SK-StPO/ *Weßlau* Rn. 10.
[13] Zutreffend Löwe/Rosenberg/*Beulke* Rn. 7.
[14] BayObLG v. 18. 12. 1997 – 5 St RR 147/96, BayObLGSt 1997, 174 = NJW 1998, 2152; OLG Celle v. 10. 11. 1982 – 2 Ss 348/82, NStZ 1983, 233; *Fülber/Putzke* DRiZ 1999, 196 (197 f.); KK-StPO/*Schoreit* Rn. 5; KK-StPO/ *Tolksdorf* § 418 Rn. 4; Löwe/Rosenberg/*Beulke* Rn. 3; siehe auch BGH v. 31. 1. 1961 – 2 ARs 1/61, BGHSt 15, 314 (316).
[15] Näher *Loos/Radtke* NStZ 1995, 569 (573), siehe auch *Haack*, Die Systematik der vereinfachten Verfahren, 2009, S. 38.
[16] *Mayer* JuS 1993, 498; *Meyer-Goßner* JR 1984, 76; *Treier* NStZ 1983, 234; AK-StPO/*Loos* § 418 Rn. 4; KMR/ *Fezer* § 417 Rn. 8; KMR/*Plöd* Rn. 5; *Meyer-Goßner* § 417 Rn. 13; SK-StPO/*Weßlau* Rn. 5.
[17] Wie hier im Ergebnis Brunner/*Dölling*, JGG §§ 76–78 Rn. 9; *Eisenberg*, JGG, §§ 76 bis 78 Rn. 13; aA Löwe/ Rosenberg/*Beulke* Rn. 3.
[18] Näher § 266 Rn. 17–21.
[19] Vgl. oben Rn. 3 zur Parallele beim Eröffnungsbeschluss.

8 Auf die Klage im **Privatklageverfahren** findet § 156 keine Anwendung; hier gilt § 391, der die Klagrücknahme (mit Zustimmung des Angeklagten) in weiterem Umfang zulässt (vgl. § 391 Abs. 1 S. 1) als die Rücknahme der öffentlichen Klage.

9 Für die Rücknahme des Antrags im **Strafbefehlsverfahren** lässt sich ein **einheitlicher Zeitpunkt**, nach dessen Verstreichen die Rücknahme ausgeschlossen ist, **nicht** angeben. Maßgeblich ist vor allem, ob gegen den erlassenen Strafbefehl Einspruch eingelegt wird. An sich endet die Möglichkeit der Antragsrücknahme mit dem **Erlass des Strafbefehls** (allgM). In Bezug auf die Anforderungen an den Erlass und die Frage der Wirksamkeit des Strafbefehls gilt das zum Eröffnungsbeschluss Gesagte entsprechend.[20] Für den Fall des **Einspruches gegen den Strafbefehl** wird der Zeitpunkt durch Anordnung in § 411 Abs. 3 S. 1 auf den **Beginn der Verkündung des** erstinstanzlichen **Urteils** ausgedehnt. Anders als in den übrigen Konstellationen der Klagerücknahme ist dann die Rücknahme allerdings von der **Zustimmung des Angeklagten** abhängig (siehe § 411 Abs. 3 S. 2). Vor der in zeitlicher Hinsicht ausgedehnten Rücknahmemöglichkeit kann die Staatsanwaltschaft erst Gebrauch machen, nachdem Einspruch eingelegt worden ist.[21] Eine Rücknahme ist stets **ausgeschlossen**, wenn das zunächst als Regelverfahren durchgeführte Verfahren gemäß § 408 a in das Strafbefehlsverfahren überführt worden ist (§ 411 Abs. 3 S. 3).

10 Ist ein Ordnungswidrigkeitenverfahren nach Einspruch gegen den Bußgeldbescheid in das **gerichtliche Bußgeldverfahren** übergeleitet worden, gelten für die Rücknahme der Klage qua Verweisung in § 71 OWiG die für die Rücknahme von Strafbefehlsanträgen maßgeblichen Regelungen entsprechend.[22]

11 **3. Erweiterungen der Möglichkeiten zur Klagrücknahme.** Das Gesetz gestattet in **einzelnen Regelungen** die Möglichkeit der **Rücknahme** der öffentlichen Klage auch **nach Eröffnung des Hauptverfahrens** oder den vorstehend erörterten Äquivalenten. Die einschlägigen Regelungen § 153c Abs. 4, § 153d Abs. 2 und § 153f Abs. 3 lassen die Klagerücknahme und die damit (in den vorgenannten Fällen) verbundene Einstellung des Verfahrens regelmäßig in jeder Lage des Verfahrens selbst unter Zustimmung des Angeklagten und des Gerichts zu. Das gründet auf das Strafverfolgungsinteresse überwiegenden politischen Interessen der Bundesrepublik oder auf schwer überwindlichen Schwierigkeiten der Strafverfolgung, die ihrerseits aus der Ausdehnung der deutschen Strafgewalt auf reine Auslandstaten qua Weltrechtsprinzip bei der Verfolgung von Völkerstraftaten herrühren.

12 Dagegen können die Verfahrensbeteiligten **nicht** außerhalb der gesetzlich normierten Fälle und nach den jeweils maßgeblichen Zeitpunkten **konsensual** eine **Klagerücknahme** vereinbaren.[23] Mit der Rechtshängigkeit hat die Staatsanwaltschaft ihre Dispositionsbefugnis verloren und dem Gericht ist die Erfüllung seiner Kognitionspflicht gerade nicht freigestellt.

III. Gründe der Klagerücknahme

13 Die **Gründe** für eine zulässige Klagerücknahme sind **vielfältig** und unterliegen keiner Einschränkung im Hinblick auf die Anforderungen des Legalitätsprinzips; sie können auch in Zweckmäßigkeitserwägungen wie etwa dem Wechsel von der Erhebung der öffentlichen Klage zum Strafbefehlsantrag oder umgekehrt liegen. Ebenso kann die Rücknahme dadurch motiviert sein, die Klage nunmehr vor einem anderen (zuständigen) Gericht zu erheben. Darüber hinaus wird eine Klagerücknahme insbesondere dann in Betracht kommen, wenn sich Anhaltspunkte für eine abweichende Bewertung des bisher angenommenen hinreichenden Tatverdachts ergeben oder sich aufgrund einer (nachträglichen) Einlassung des Angeschuldigten die Notwendigkeit umfangreicher weiterer Ermittlungen ergibt, für deren Vornahme § 202 nicht den geeigneten Rahmen bildet. Die Klagerücknahme kann auch durch Einflussnahme des Angeschuldigten, vor allem im Wege der Dienstaufsichtsbeschwerde,[24] ausgelöst sein. Wenn und soweit die jeweiligen gesetzlichen Voraussetzungen vorliegen, kann die Rücknahme ebenso dazu dienen, bei erwarteter Zustimmungsverweigerung des Gerichts zur Einstellung nach § 153 Abs. 2, § 153a Abs. 2 eine zustimmungsfreie Verfahrenserledigung vornehmen zu können.[25] Erst recht ist die Klagerücknahme möglich, wenn sich nach Anklageerhebung herausstellt, dass eine Verfahrenserledigung nach dem Opportunitätsprinzip in Betracht kommt.[26]

---

[20] Oben Rn. 3.
[21] Strg.; vgl. § 411 Rn. 22.
[22] Einzelheiten bei Löwe/Rosenberg/*Beulke* Rn. 5.
[23] Ebenso Löwe/Rosenberg/*Beulke* Rn. 9.
[24] AK-StPO/*Schöch* Rn. 5; Löwe/Rosenberg/*Beulke* Rn. 10.
[25] Siehe Löwe/Rosenberg/*Beulke* Rn. 10 mwN.
[26] AK-StPO/*Schöch* Rn. 5; HK-StPO/*Gercke* Rn. 4; KK-StPO/*Schoreit* Rn. 3; Meyer-Goßner Rn. 2; SK-StPO/*Weßlau* Rn. 11.

Ist die Rücknahme dadurch motiviert, dass die Staatsanwaltschaft von dem zuständigen Gericht eine ungünstige Entscheidung erwartet, werden Bedenken gegen die Zulässigkeit der Klagrücknahme erhoben, wenn dadurch der Angeschuldigte seinem gesetzlichen Richter entzogen würde.[27] Richtigerweise wirkt sich das jedoch nicht auf die Zulässigkeit der Rücknahme aus, sondern kommt erst zum Tragen, wenn eine erneute Anklagerhebung (oder Surrogate) zu einem nicht zuständigen Gericht erfolgen sollte.

IV. Verfahren der Klagrücknahme

1. Rechtscharakter, Form, Umfang und Zuständigkeit. Die Erklärung der Rücknahme der öffentlichen Klage (oder die Rücknahme von funktionsentsprechenden Surrogaten) ist eine **einseitige empfangsbedürftige Prozesshandlung**.[28] Sie kann **mündlich oder schriftlich** erklärt werden.[29] Bei mündlicher Rücknahme ist die Abgabe der Erklärung aktenkundig zu machen. Kann diese noch in der Hauptverhandlung erklärt werden (etwa bei Hauptverhandlung auf Einspruch gegen einen Strafbefehl) ist die Abgabe der Erklärung eine zu protokollierende wesentliche Förmlichkeit.[30] **Erklärungsempfänger** ist das jeweilige **Gericht**, bei dem die Strafsache anhängig oder rechtshängig ist; ob dieses für die Sachentscheidung zuständig wäre, ist nicht maßgeblich.[31] Die Rücknahmeerklärung muss nicht notwendig den gesamten Verfahrensgegenstand betreffen. Soweit der Verfahrensgegenstand mehrere Taten im prozessualen Sinne umfasst und/oder sich gegen mehrere Angeschuldigte/Angeklagte richtet, kann die Rücknahme auf einzelne Taten oder einzelne Angeschuldigte/Angeklagte beschränkt werden.[32]

Für die Abgabe der Rücknahmeerklärung ist die mit der Sache befasste **Staatsanwaltschaft zuständig**. Im Steuerverfahren steht diese Befugnis unter den Voraussetzungen von §§ 400, 406 Abs. 1 AO auch der das Verfahren führenden **Finanzbehörde** zu.

2. Wirkungen der Klagrücknahme. Die wirksame Rücknahme der öffentlicher Klage oder funktionsäquivalenter Anträge versetzt das Strafverfahren **in den Stand des Ermittlungsverfahrens zurück** (allgM).[33] Die gerichtliche Anhängigkeit oder – soweit bereits eingetreten – Rechtshängigkeit des Verfahrens wird aufgehoben. Wegen der bloßen Rückversetzung in das Ermittlungsverfahren hat die Rücknahme aber **keine verfahrensbeendende oder verfahrenserledigende Wirkung**; eine solche kann und muss ggf. durch die Staatsanwaltschaft durch weitere Maßnahmen herbeigeführt werden.[34] Erfolgt die **Klagerücknahme** erst **nach dem** jeweils maßgeblichen Zeitpunkt, so ist diese wirkungslos. Das Verfahren bleibt bei dem Gericht anhängig bzw. rechtshängig. Das Verfahren wird fortgesetzt, ohne dass es einer die Unwirksamkeit feststellenden Entscheidung des Gerichts bedarf.

3. Nebenentscheidungen. Nebenentscheidungen wie insb. die Entscheidung über Kosten und notwendige Auslagen oder über die Gewährung von Entschädigung für Strafverfolgungsmaßnahmen sind mit der Klagerücknahme selbst **nicht** verbunden, weil diese nach dem Vorgenannten das Strafverfahren nicht beendet. Nebenentscheidungen sind allenfalls zu treffen, wenn es nach der Klagerrücknahme zu verfahrenserledigenden Entscheidungen kommt.[35]

V. Verfahren der Erklärung der Klagerücknahme

Das **Gericht** als Empfänger der Rücknahmeerklärung **unterrichtet** die **übrigen Verfahrensbeteiligten** von der Rücknahme, wenn und soweit diese bereits von der Anklageerhebung Kenntnis haben.[36] Erfasst die Rücknahme den gesamten Verfahrensgegenstand in persönlicher und sachlicher Hinsicht, leitet das Gericht die Verfahrensakten der zuständigen Staatsanwaltschaft zu.[37] Bei einer Teilrücknahme, die nur einzelne Taten im prozessualen Sinne oder einzelne Angeschuldigte/Angeklagte erfasst, werden – soweit nicht bereits geschehen – Duplo-Akten anzulegen sein, damit die Staatsanwaltschaft das Verfahren wegen der nicht mehr anhängigen Taten weiterbetreiben kann.

---

[27] Vgl. BGH v. 6. 11. 1959 – 4 StR 376/59, BGHSt 14, 11 (17); BGH v. 6. 9. 1983 – 1 StR 505/83, NStZ 1984, 132 mAnm *Hilger*.
[28] Zutreffend Löwe/Rosenberg/*Beulke* Rn. 14; zu den Prozesshandlungen Einl. Rn. 38 f.
[29] KK-StPO/*Schoreit* Rn. 1; KMR/*Plöd* Rn. 1; Löwe/Rosenberg/*Beulke* Rn. 14; SK-StPO/*Weßlau* Rn. 14.
[30] Ebenso Löwe/Rosenberg/*Beulke* Rn. 14 aE.
[31] AK-StPO/*Schöch* Rn. 4; Löwe/Rosenberg/*Beulke* Rn. 14.
[32] Löwe/Rosenberg/*Beulke* Rn. 13.
[33] Siehe nur Löwe/Rosenberg/*Beulke* Rn. 15; SK-StPO/*Weßlau* Rn. 14.
[34] Unten Rn. 21.
[35] Unten Rn. 21.
[36] SK-StPO/*Weßlau* Rn. 14.
[37] AK-StPO/*Schöch* Rn. 4; HK-StPO/*Gercke* Rn. 2; KK-StPO/*Schoreit* Rn. 1; Löwe/Rosenberg/*Beulke* Rn. 15; SK-StPO/*Weßlau* Rn. 14.

20 Nach der Klagrücknahme muss die Staatsanwaltschaft nach Maßgabe der für das Ermittlungsverfahren relevanten Regelungen, insb. des Legalitätsprinzips und des Beschleunigungsgebotes, das **Verfahren zu einem Abschluss bringen** oder ihm auf einem anderen als dem vor der Rücknahme eingeschlagenen Weg Fortgang geben. Dieser Abschluss kann entsprechend der Vielfalt der Gründe, die zu einer Rücknahme führen können, vor allem in der Einstellung gemäß § 170 Abs. 2 oder §§ 153 ff. erfolgen. Ebenso kann die Staatsanwaltschaft bei Vorliegen der entsprechenden Voraussetzungen **erneut Anklage** erheben oder Surrogate wie Strafbefehlsantrag etc. nutzen. Lediglich die Art der Anklageerhebung oder von Surrogaten, die vor der Klagrücknahme gewählt worden war, wird nicht wieder gewählt werden. Rechtlich unzulässig ist selbst dies aber nicht.

21 Kommt es zu einer Verfahrensbeendigung durch Einstellung, sind auf entsprechenden Antrag des jeweils Berechtigten **Nebenentscheidungen** (vgl. § 467a, § 9 Abs. 3 StrEG) durch das dafür zuständige Gericht zu treffen.

VI. Rechtsbehelfe

22 Gegen die Erklärung der Rücknahme seitens der Staatsanwaltschaft besteht **kein Rechtsbehelf**. Die **Erklärung** ist als Prozesshandlung mit Bewirkungscharakter (Aufhebung der gerichtlichen Anhängigkeit oder Rechtshängigkeit) auch **nicht widerruflich**.

23 Verkennt das Gericht die Wirksamkeit der Klagrücknahme und setzt das Verfahren wegen dieses Irrtums fort, liegt das Verfahrenshindernis der fehlenden Anklage vor. Das Verfahren ist daher in jeder Lage des Verfahrens von Amts wegen einzustellen (§§ 206a, 260 Abs. 3).[38] In den Rechtsmittelinstanzen kann die Einstellung nur auf ein zulässig eingelegtes Rechtsmittel hin erfolgen. Für den umgekehrten Fall einer irrtümlichen Behandlung einer unwirksamen (weil verspäteten) Rücknahme als wirksam, bleibt das Verfahren bei dem Gericht, demgegenüber die Rücknahme erklärt worden ist, anhängig. Verfahrensbeendigung kann hier erst nach einer Aufdeckung des Irrtums erfolgen. Der Verfahrensfortsetzung können dann andere Verfahrenshindernisse (etwa Verjährung) entgegenstehen.[39]

§ 157 [Angeschuldigter, Angeklagter]

Im Sinne dieses Gesetzes ist

Angeschuldigter der Beschuldigte, gegen den die öffentliche Klage erhoben ist,

Angeklagter der Beschuldigte oder Angeschuldigte, gegen den die Eröffnung des Hauptverfahrens beschlossen ist.

I. Zweck der Vorschrift und Regelungsumfang

1 Der **Regelungszweck** erschöpft sich in **Begriffsbestimmungen** von Bezeichnungen für die Person, gegen die ein Strafverfahren betrieben wird. Die jeweilige Bezeichnung der betroffenen Person ist für das Regelverfahren von dem jeweiligen Verfahrensstadium abhängig. Adressat der Regelung sind vor allem Gericht und Staatsanwaltschaft, die gehalten sind, in ihrer Entscheidungen die jeweils korrekten Bezeichnung zu verwenden.[1] Fehlbezeichnungen heben die Wirksamkeit der jeweiligen Entscheidung oder Prozesshandlung nicht auf.[2] Die **Reichweite** der in § 157 getroffenen Regelung ist **begrenzt**. Die Begriffsbestimmungen orientieren sich lediglich an den Stadien des Regelverfahrens. Bei Prozedieren in besonderen Verfahrensarten können die durch § 157 vorgegebenen Bezeichnungen teils gar nicht teils nur mit Abwandlungen im Hinblick auf das den Bezeichnungswechsel auslösende Verfahrensstadium angewendet werden.[3] Die Regelung erweist sich zudem als unvollständig, weil sie das Stadium nach rechtskräftigem Abschluss des Erkenntnisverfahrens nicht berücksichtigt. Regelmäßig wird in diesem Stadium vom Verurteilten oder Freigesprochenen, gelegentlich aber auch noch vom „Angeklagten" (etwa §§ 450, 453) gesprochen.[4]

2 Die **Regelung** ist **unvollkommen**, weil sie die Bezeichnungen Angeschuldigter und Angeklagter vom Begriff Beschuldigter her ableitet, den Beschuldigtenbegriff selbst aber nicht definiert[5] sondern voraussetzt. Im Kontext von § 157 fungiert „**Beschuldigter**" als **Oberbegriff**, der die Be-

---

[38] Löwe/Rosenberg/*Beulke* Rn. 19; SK-StPO/*Weßlau* Rn. 15.
[39] Vgl. Löwe/Rosenberg/*Beulke* Rn. 19 aE.
[1] Löwe/Rosenberg/*Beulke* Rn. 6; *Pfeiffer* Rn. 1.
[2] Unten Rn. 7.
[3] Unten Rn. 4 f.
[4] Näher unten Rn. 6.
[5] Siehe R. *Gundlach*, Die Vernehmung des Beschuldigten im Ermittlungsverfahrens, 1984, S. 5 ff.

zeichnungen Angeschuldigter und Angeklagter mit umfasst.[6] In diesem Sinne ist Beschuldigter diejenige Person, gegen die ein Strafverfahren geführt wird. Welche Voraussetzungen gegeben sein müssen, um den Status eines Beschuldigten zu begründen, wird durch § 157 nicht geregelt und ist in der Sache nicht völlig geklärt. Bedeutung hat das jedoch nicht primär auf der rein begrifflichen Ebene des § 157 sondern vor allem für die Anforderungen an die Zulässigkeit von Ermittlungshandlungen und einzuhaltende Belehrungspflichten gegenüber Beschuldigten (im engeren Sinne).[7]

II. Angeschuldigter und Angeschuldigter

1. Regelverfahren. Die an das jeweilige Verfahrensstadium anknüpfenden Bezeichnungen Angeschuldigten und Angeklagter beziehen sich primär auf die Abläufe des Regelverfahrens. **Angeschuldigter** ist derjenige Beschuldigte, gegen die Staatsanwaltschaft die öffentliche Klage erhoben hat. Der Begriff Angeschuldigter umfasst mit Ausnahme des Privatklageverfahrens den des Angeklagten.[8] **Angeklagter** ist derjenige vormals Beschuldigte oder Angeschuldigte, in Bezug auf den am Ende des Zwischenverfahrens die Eröffnung des Hauptverfahrens beschlossen worden ist.

2. Besondere Verfahrensarten. Im **beschleunigten Verfahren** (§§ 417 ff.) wird der Beschuldigte mit der (ggf. mündlichen) Anklageerhebung und dem damit verbundenen Antrag auf Entscheidung in dieser Verfahrensart zum Angeschuldigten. Die Bezeichnung Angeklagter kann erst mit dem Eintritt der Rechtshängigkeit verwendet werden, deren Zeitpunkt bei dem beschleunigten Verfahren streitig ist.[9] Nach zutreffender Auffassung tritt diese wegen des die Prüfung des hinreichenden Tatverdachts umfassenden Eignungsmerkmals in § 419 Abs. 1 spätestens mit dem Beginn der Vernehmung des nunmehr Angeklagten ein.[10] Im **Strafbefehlsverfahren** löst der staatsanwaltschaftliche Antrag auf Erlass eines Strafbefehls den Wechsel in der Bezeichnung zum Angeschuldigten aus. Zum Angeklagten wird der vormals Angeschuldigte entweder mit dem Erlass des Strafbefehls oder mit der gerichtlichen Entscheidung, gemäß § 408 Abs. 2 Termin zur Hauptverhandlung anzusetzen.

Auf das **Privatklageverfahren** findet die Begriffsbestimmung „Angeschuldigter" des § 157 wegen des auf die Erhebung der „öffentlichen Klage" beschränkten Wortlautes keine Anwendung, so dass diese Verfahrensart die Bezeichnung „Angeschuldigter" nicht kennt. Ist in dieser Verfahrensart Eröffnungsbeschluss ergangen, wird der bis dahin Beschuldigte als Angeklagter bezeichnet (vgl. § 157 vorletzter und letzter Hs.; § 386 Abs. 2 § 387 Abs. 2 und 3; § 391). §§ 413 ff. verwenden für das **Sicherungsverfahren** durchgängig die Bezeichnung Beschuldigter;[11] die des Angeschuldigten oder Angeklagten werden nicht verwendet.

III. Bezeichnung nach Abschluss des Erkenntnisverfahrens

Außerhalb des Regelungsbereichs von § 157 nach rechtskräftigem Abschluss des Erkenntnisverfahrens sieht das Gesetz keine einheitliche Bezeichnung der Person, gegen die vormals das Erkenntnisverfahren geführt worden war, vor. Überwiegend wird die Bezeichnung **Verurteilter** während des Vollstreckungsverfahrens verwendet (etwa §§ 359, 364a, 371, 373, 450a, 453b, 462a), teilweise findet sich aber trotz des jetzigen Stadiums auch die Bezeichnung **Angeklagter** (etwa §§ 366, 369, 450, 453). § 362 Nr. 4 spricht im einschlägigen Kontext sachlich korrekt vom **Freigesprochenen.**

IV. Fehlerhafte Bezeichnungen

Werden im Rahmen von staatsanwaltschaftlichen und gerichtlichen Entscheidungen oder Prozesshandlungen § 157 nicht berücksichtigende Bezeichnungen der Person, gegen die das Strafverfahren geführt wird, verwendet, ist die **ohne Bedeutung für die Wirksamkeit** der jeweiligen Maßnahme. Rechtsbehelfe, um fehlerhafte Bezeichnungen korrigieren zu lassen, bestehen nicht. Die Verwendung der § 157 entsprechenden Bezeichnung ist allerdings ein nobile officium von Gerichten und Staatsanwaltschaften, so dass der Sitzungsvertreter der Staatsanwaltschaft bei der Verlesung der Anklageschrift die dort noch korrekt benutzte Bezeichnung Angeschuldigter durch Angeklagter ersetzen sollte (allgM).[12]

---

[6] AK-StPO/*Schöch* Rn. 2; KK-StPO/*Schoreit* Rn. 1; Löwe/Rosenberg/*Beulke* Rn. 2; *Meyer-Goßner* Rn. 4; SK-StPO/*Weßlau* Rn. 2.
[7] Näher § 163 Rn. 14.
[8] Zutreffend Löwe/Rosenberg/*Beulke* Rn. 3.
[9] Siehe § 418 Rn. 4; § 156 Rn. 6.
[10] § 156 Rn. 6; vgl. auch *Loos/Radtke* NStZ 1995, 569 (573); AK-StPO/*Loos* § 418 Rn. 4.
[11] Bedenken gegen diese Terminologie bei SK-StPO/*Weßlau* Rn. 6.
[12] Siehe nur Löwe/Rosenberg/*Beulke* Rn. 6 aE mwN.

Zweiter Abschnitt. Vorbereitung der öffentlichen Klage

§ 158 [Strafanzeige und -antrag]

(1) ¹Die Anzeige einer Straftat und der Strafantrag können bei der Staatsanwaltschaft, den Behörden und Beamten des Polizeidienstes und den Amtsgerichten mündlich oder schriftlich angebracht werden. ²Die mündliche Anzeige ist zu beurkunden.

(2) Bei Straftaten, deren Verfolgung nur auf Antrag eintritt, muß der Antrag bei einem Gericht oder der Staatsanwaltschaft schriftlich oder zu Protokoll, bei einer anderen Behörde schriftlich angebracht werden.

(3) ¹Zeigt ein im Inland wohnhafter Verletzter eine in einem anderen Mitgliedstaat der Europäischen Union begangene Straftat an, so übermittelt die Staatsanwaltschaft die Anzeige auf Antrag des Verletzten an die zuständige Strafverfolgungsbehörde des anderen Mitgliedstaats, wenn für die Tat das deutsche Strafrecht nicht gilt oder von der Verfolgung der Tat nach § 153 c Absatz 1 Satz 1 Nummer 1, auch in Verbindung mit § 153 f, abgesehen wird. ²Von der Übermittlung kann abgesehen werden, wenn
1. die Tat und die für ihre Verfolgung wesentlichen Umstände der zuständigen ausländischen Behörde bereits bekannt sind oder
2. der Unrechtsgehalt der Tat gering ist und der verletzten Person die Anzeige im Ausland möglich gewesen wäre.

Schrifttum: *Bannenberg*, Handbuch des Wirtschafts- und Steuerstrafrechts, 3. Aufl. 2007, § 10: Korruption; *Barnsdorf*, Unwirksamkeit des Strafantrags, NStZ 1985, 67; *Cziongalla*, E-Mail-Sicherheit/Signatur – Anträge ohne Unterschrift, StraFo 2001, 257; *Fahl*, Freiheitsberaubende Kindesentziehung ohne Strafantrag, GA 1996, 476; *Naucke*, Anmerkung zu BGH v. 3. 11. 1987 – 5 StR 579/87, NStZ 1988, 564.

I. Strafanzeige und Strafantrag (Abs. 1)

1   Abs. 1 betrifft die Straftaten, die keine echten Antragsdelikte sind. Straftaten werden grundsätzlich als Offizialdelikte unabhängig vom Willen des Verletzten strafrechtlich verfolgt. Weder Inhalt und Form der Strafanzeige nach Abs. 1 sind Voraussetzung der Strafverfolgung. Nur wenige Delikte setzen als Prozessvoraussetzung einen Antrag nach Abs. 2 voraus. Bei diesen ist der Antrag eine Prozessvoraussetzung.

2   Die Strafanzeige ist eine bloße **Wissensmitteilung**. Der Anzeigende teilt einen Sachverhalt mit, der nach Ansicht des Anzeigenden Anlass für die Strafverfolgung gibt. Der Strafantrag im Sinne des Abs. 1 drückt darüber hinaus das **Begehren** nach Strafverfolgung aus. Das ist wichtig für einen Bescheid nach § 171 (Klageerzwingungsverfahren). Mit Strafanzeige und Strafantrag wird noch kein Ermittlungsverfahren ausgelöst. Sie verpflichten die Staatsanwaltschaft und die Polizei infolge des **Legalitätsprinzips** zum Tätigwerden. Inhaltlich sollte eine Anzeige **substantiiert** sein, so dass die Sachverhaltsmitteilung die Hürde des Anfangsverdachts nach § 152 Abs. 2 nimmt.[1] Die Strafverfolgungsorgane sind zur Aufnahme eines Ermittlungsverfahrens verpflichtet. Genügen die Angaben nicht für die Begründung eines Anfangsverdachts, müssen die Behörden ein sog. Überprüfungsverfahren (AR-Register)[2] einleiten, sofern die Anzeige allein oder in Verbindung mit bereits vorliegenden Erkenntnissen Ansätze für weitere Nachforschungen ergibt. Ziel ist die Klärung, ob ein genügender Anfangsverdacht gegeben ist. Fehlt jede substantiierte Angabe, besteht keine Verpflichtung zur Tätigkeit.[3] Der Eingang einer Anzeige ist zu bestätigen (auch Nr. 9 RiStBV).

3   **Jedermann** kann eine Anzeige oder einen Strafantrag nach Abs. 1 stellen. Grenzen setzen die Strafgesetze (§§ 145 d, 164, 185 ff. StGB) und auch das allgemeine Persönlichkeitsrecht (§ 823 BGB). Weder Prozessfähigkeit noch Handlungsfähigkeit sind erforderlich. Auch die Anonymität des Anzeigenden hindert nicht.[4] Das staatsbürgerliche Recht zur Strafanzeige nach § 158 stellt keinen Rechtfertigungsgrund für die **Preisgabe von Geheimnissen** dar (§§ 203 StGB, 17 UWG).[5] Deren Preisgabe in einer Strafanzeige unterliegt der Güter- und Pflichtenkollision des § 34 StGB.[6] Im Strafverfahren dürfen Schweigepflichtige als Geschädigte Anzeige erstatten. Die allgemeine

---

[1] Siehe KK-StPO/*Griesbaum* Rn. 15.
[2] So KK-StPO/*Griesbaum* Rn. 1, 15; zu den Registerzeichen siehe *Artkämper* u. a. Rn. 38 ff.
[3] Siehe KK-StPO/*Griesbaum* Rn. 15.
[4] Nr. 8 RiStBV.
[5] Siehe Löwe/Rosenberg/*Rieß*, 25. Aufl., Rn. 9 b; Schönke/Schröder/*Lenckner* § 203 StGB Rn. 32; SK-StGB/*Hoyer* § 203 Rn. 85.
[6] Siehe dazu LK-StGB/*Schünemann* § 203 Rn. 134, 141.

staatliche Pflicht zur Strafverfolgung nach begangenen Straftaten ist dagegen nicht rechtfertigend. Einwand: Was man im Rahmen seiner Zeugenpflicht offenbaren darf und muss – es gibt keinen umfassenden Schutz von Geschäftsgeheimnissen im Sinn des § 17 UWG in den §§ 52, 53 –, muss man auch unbestraft zur Anzeige bringen können. **Anonyme** oder pseudonyme Anzeigen bzw. solche von Personen mit psychischen Störungen sollten von den Strafverfolgungsbehörden mit Vorsicht gehandhabt werden, um eine Bloßstellung des Beschuldigten zu vermeiden.[7] Nachforschungen zur Begründung oder Bestätigung des Anfangsverdachts sollten vor Aufnahme des Ermittlungsverfahrens und vor einer Beschuldigtenvernehmung sehr sorgfältig sein. Vorsicht ist auch bei amtsbekannten **Querulanten** geboten.[8] Auch deren Anzeigen sind auf einen substantiierten Anfangsverdacht zu überprüfen. Fehlt der Anzeige aber jede inhaltliche Grundlage, kann sie ohne Nachricht an den Anzeigenden abgelegt werden.[9] Die Annahme einer mündlichen – querulatorischen – Anzeige kann verweigert werden. Dem Anwalt ist bei solchen Personen besondere Aufmerksamkeit empfohlen.

Die Anzeige muss sich nicht gegen eine individuelle Person richten. Sie kann sich gegen **unbekannt** richten. Möglich ist auch eine **Selbstanzeige** – wichtig für den Bereich des Steuerstrafrechts nach § 371 AO. Eine Selbstanzeige nach § 371 AO bewirkt auch nach vollendeter Tat Straffreiheit. Neben anderen in der Norm genannten Voraussetzungen erfordert das aber auch die Nachentrichtung der hinterzogenen Steuern. Beachte jetzt BGH v. 20. 5. 2010 – 1 StR 577/09. 4

Die in Abs. 1 genannten Stellen sind unabhängig von ihrer Zuständigkeit im Einzelfall verpflichtet, Anzeigen entgegenzunehmen, zu bearbeiten oder weiterzuleiten. Als Behörden und Beamte den Polizeidienstes gelten nur solche mit allgemeinpolizeilichen und sicherheitspolizeilichen Aufgaben.[10] Verfassungsschutzbehörden und Nachrichtendienste – wegen des Trennungsgrundsatzes – zählen nicht dazu. Behörden mit speziellen Polizeiaufgaben wie etwa die Wasserschutzpolizei oder die Bundespolizei sind nur im Rahmen ihres speziellen Aufgabenkreises betroffen. Diese müssen aber den Anzeigenden oder die Anzeige an die zuständige Stelle weiterleiten. Bei **Steuerstraftaten** kann Adressat auch die Finanzbehörde sein (§§ 369, 386, 399 Abs. 1 AO) Eine Anzeige nach Abs. 1 erfordert **keine bestimmte Form**. Sie kann mündlich oder schriftlich, fernmündlich oder telegrafisch und auch **per e-mail**[11] angebracht werden. Das ist für eine Anzeige nach Abs. 1 sachgerecht, da sich eine e-mail nicht wesentlich von den nicht weniger manipulationsanfälligen Formen unterscheidet. Eine Identifizierung des Anzeigenden ist nicht notwendig. 5

Von besonderem Interesse für den Anzeigenden ist die Frage der **Vertraulichkeit** der Anzeige und seiner Mitwirkung. Das ist etwa bei der Mitteilung von Insiderwissen bei Korruptionsdelikten[12] aus einem Unternehmen von Bedeutung, aber auch in den Deliktsbereichen der Organisierten Kriminalität oder der Staatsschutzdelikte. Diesem Punkt muss der Anwalt besondere Aufmerksamkeit widmen, insbesondere muss er seinem Mandanten auf die möglichen **Beschränkungen** einer **Vertraulichkeitszusage** hinweisen: Die Zusage vertraulicher Behandlung einer Anzeige ist nach überwiegender Ansicht zulässig.[13] Sie beschränkt sich im Grundsatz darauf, den Namen des Anzeigenden dem Betroffenen nicht kundzutun. Sie hat nicht den Inhalt, dass von den mitgeteilten Tatsachen bei den weiteren Ermittlungen kein Gebrauch gemacht wird. Um deren Erkenntnis und Verwertung geht es doch gerade gegen Zusicherung der Vertraulichkeit. Eine Vertraulichkeitszusage für den Fall, dass der Hinweisgeber auch später als Zeuge entbehrlich ist, begegnet keinen Bedenken. Wenn jedoch bei vorläufiger Bewertung des Sachstandes nicht ausgeschlossen werden kann, dass der Anzeigende als Zeuge zum Schutze höherwertiger Rechtsgüter in das Verfahren einzuführen ist, ist eine uneingeschränkte Zusage unzulässig. Unter diesen Voraussetzungen darf sogar eine solche Zusage gebrochen werden.[14] Sie ist nicht bindend. Legalitätsprinzip und Amtsaufklärungspflicht führen zur **Einschränkung** einer Vertraulichkeitszusage.[15] Das verpflichtet zur Ausschöpfung aller notwendigen Beweismittel zur Klärung des Sachverhalts. 6

Nach den §§ 62 iVm. 54 BBG und den entsprechenden Beamtengesetzen der Länder kann die oberste Aufsichtsbehörde die Genehmigung zur Aussage über die Person des Anzeigenden nach einer Vertraulichkeitszusage durch ihren Beamten versagen. Wichtig für den **Anwalt** ist wiederum, dass eine solche Sperre als Verwaltungsakt der **verwaltungsgerichtlichen Überprüfung** unterliegt. 7

---

[7] Vgl. *Heghmanns* Rn. 182; KK-StPO/*Griesbaum* Rn. 6; Meyer-Goßner/*Cierniak* § 160 Rn. 9.
[8] Siehe Anw-StPO/*Walther* Rn. 6; HK-GS/*Pflieger* Rn. 4; KK-StPO/*Griesbaum* Rn. 7.
[9] Vgl. *Heghmanns* Rn. 186; KK-StPO/*Griesbaum* Rn. 7.
[10] So KK-StPO/*Griesbaum* Rn. 12.
[11] Vgl. zum Strafantrag nach Abs. 2 Schönke/Schröder/Stree/Sternberg-Lieben § 77 StGB Rn. 36.
[12] Dazu *Bannenberg*, Handbuch des Wirtschafts- und Steuerstrafrechts, 10. Kapitel. Korruption, Rn. 156.
[13] Siehe Anw-StPO/*Walther* Rn. 6 ff.; *Joecks* Rn. 10; KK-StPO/*Griesbaum* Rn. 18; Löwe/Rosenberg/*Erb* Rn. 12 ff.: Meyer-Goßner/*Cierniak* Rn. 16.
[14] Siehe HK-GS/*Pflieger* Rn. 14; KK-StPO/*Griesbaum* Rn. 19; Löwe/Rosenberg/*Erb* Rn. 12 b.
[15] So KK-StPO/*Griesbaum* Rn. 20.

Insgesamt kommt es für die Bindung an eine Vertraulichkeitszusage auf eine konkrete **Interessenabwägung** an. Auf der einen Seite steht die öffentliche Aufgabe der effektiven Strafverfolgung, auf der anderen Seite steht im Beschuldigteninteresse und im Interesse effektiver Verteidigung das Interesse an der Offenbarung der Identität des Informanten, um dessen Glaubwürdigkeit zu prüfen. Siehe dazu auch das Recht, nach Art. Art. 6 Abs. 3 lit. d EMRK Fragen an den Belastungszeugen zu stellen. Die Überprüfung der Glaubwürdigkeit des Zeugen ist im Interesse von Wahrheit und Gerechtigkeit aber auch die ureigenste Aufgabe des Gerichts. Allein die zugesagte Vertraulichkeit kann eben das Einhalten der Zusage nicht rechtfertigen.[16] Die Zusicherung der Vertraulichkeit durch Polizei oder Staatsanwaltschaft bindet das Gericht nicht.[17] Hierfür ist eine Sperrerklärung nach § 96 analog durch die oberste Dienstbehörde erforderlich. Das zeigt für den Hinweisgeber das zu tragende Risiko. Jede frühere, uneingeschränkte Zusage ist mit der Gefahr behaftet, das sie später im vorrangigen Interesse der Strafverfolgung unter Ausschöpfung aller Beweismittel nicht eingehalten werden kann. Wer aber in diesen Schranken für seinen Mandanten eine Vertraulichkeitszusage erreichen will, muss sich an die **Staatsanwaltschaft** wenden.[18] Ihr obliegt als Trägerin der Verfahrensherrschaft im einheitlichen Ermittlungsverfahren die umfassende und schwierige Interessenabwägung, die Inhalt und Umfang der Vertraulichkeitszusage bestimmt.

8 Der Hinweisgeber kann trotz zugesicherter Vertraulichkeit auch als Zeuge vernommen werden, wenn andere Umstände auf seine Identität hinweisen.[19] Das Einhalten einer Zusage verwirkt auch der, der den Angezeigten bewusst wahrheitswidrig oder leichtfertig belastet hat. Zuletzt ist sie hinfällig, wenn der Hinweisgeber sich als Tatbeteiligter herausstellt.[20] Das alles zeigt, dass eine Vertraulichkeitszusage keinen absoluten Schutz für den Anzeigenden gewährt. Dem vertraulichen Hinweisgeber sind diese Risiken klar zu eröffnen, während der **Verteidiger** des Beschuldigten um die Gegeninteressen und Einschränkungen wissen muss. Siehe zur Inanspruchnahme von Informanten und zu Voraussetzungen, Umfang und Folgen der Zusicherung der Vertraulichkeit die Gemeinsamen Richtlinien der Länder Anlage D zu RiStBV.

II. Strafantrag (Abs. 2)

9 Der *echte* Strafantrag nach Abs. 2 ist **Prozessvoraussetzung**[21] für die im materiellen Strafrecht genannten Antragsdelikte. Bei den **absoluten Antragsdelikten** wie § 123 StGB ist der Strafantrag zwingend erforderlich, bei den **relativen Antragsdelikten** wie § 223 StGB kann alternativ die Bejahung des besonderen öffentlichen Interesses durch die Staatsanwaltschaft die Strafverfolgung ermöglichen. Abs. 2 bestimmt Form und Adressaten des Antrags. Im Übrigen gelten die §§ 77 ff. StGB. Das Vorliegen ist in jeder Phase des Strafverfahrens **von Amts wegen** zu prüfen. Innerhalb der Frist des § 77b StGB kann der Strafantrag im Laufe des Strafverfahrens nachgeholt werden. Sein Fehlen ist jedoch kein absolutes Verfahrenshindernis. Die Staatsanwaltschaft kann, wenn die Behebung des Mangels zu erwarten ist, bereits vorher mit den Ermittlungen beginnen.[22] Das zeigen auch die §§ 127 Abs. 3 und 130. Wenn der Antragsberechtigte innerhalb der Antragsfrist des § 77b StGB keinen Strafantrag stellt – und wenn bei den einschlägigen Delikten kein besonderes öffentliches Interesse angenommen wird – ist das Ermittlungsverfahren nach § 170 Abs. 2 einzustellen.[23]

10 Im Gegensatz zur Strafanzeige nach Abs. 1 verlangt ein Strafantrag nach Abs. 2 der **Antragsmündigkeit**. Siehe § 77 Abs. 3 StGB. Den Strafantrag für **Minderjährige** müssen daher grundsätzlich die Eltern gemeinsam stellen. Es genügt, wenn ein Elternteil die Erklärung nach Abs. 2 abgibt und der andere Elternteil dem zustimmt.[24] Entscheidend ist die gemeinsame Entschließung, nicht die gemeinsame Ausführung. Wer jedoch der Beteiligung an der Straftat verdächtigt wird, ist als Gegner des Verletzten von der Antragsbefugnis ausgeschlossen.[25] Praktisch bedeutsam ist die Frage, ob bei der Tatbeteiligung eines vertretungsberechtigten Elternteils auch der andere – unverdächtige – Elternteil ausgeschlossen ist. Zu denken ist an eine Kindesentziehung nach § 235 StGB durch ein Elternteil und den Antrag nach § 238 StGB. Das Vormundschaftsgericht müsste einen Pfleger bestellen. Diesen Ausschluss kann man aus dem Gedanken des § 1795 BGB anneh-

---

[16] Siehe KK-StPO/*Griesbaum* Rn. 22.
[17] So BGH v. 3. 11. 1987 – 5 StR 579/87, BGHSt 35, 83 = NStZ 1988, 563; *Naucke* Anm. zu BGH v. 3. 11. 1987 – 5 StR 579/87, NStZ 1988, 564.
[18] Näher Anw-StPO/*Walther* Rn. 11; KK-StPO/*Griesbaum* Rn. 22.
[19] So BGH v. 3. 11. 1987 – 5 StR 579/87, BGHSt 35, 83 = NStZ 1988, 563; KK-StPO/*Griesbaum* Rn. 23; *Meyer-Goßner/Cierniak* Rn. 16.
[20] Siehe OLG Hamm v. 5. 4. 2005 – 1 VAs 77/04, wistra 2005, 318.
[21] So KK-StPO/*Griesbaum* Rn. 33; Meyer-Goßner/*Cierniak* Rn. 4; SK-StGB/*Rudolphi*/*Wolter* Rn. 9 Vor § 77.
[22] So KK-StPO/*Griesbaum* Rn. 33; Meyer-Goßner/*Cierniak* Rn. 4.
[23] So KK-StPO/*Griesbaum* Rn. 33.
[24] Vgl. KK-StPO/*Griesbaum* Rn. 35.
[25] Siehe KK-StPO/*Griesbaum* Rn. 35; Schönke/Schröder/Stree/Sternberg-Lieben § 77 StGB Rn. 21.

men,²⁶ während die überwiegende Gegenansicht²⁷ diesen Ausschluss nicht annimmt. Wird bei Trennung der Eltern einem Elternteil die elterliche Sorge allein übertragen (§ 1671, 1672 BGB), ist dieser allein vertretungs- und antragsberechtigt. In Fällen gemeinsamer Sorge nach § 1687 BGH liegt das Antragsrecht bei beiden gemeinsam. Weitere Einzelheiten bei den Kommentierungen zu § 77 StGB.

Die **Frist** des § 77b StGB ist nur gewahrt, wenn der Antrag rechtzeitig bei einer der in Abs. 2 genannten Stellen eingegangen ist. Der Strafantrag kann über Abs. 1 hinaus bei jedem mit der Sache befassten **Gericht** gestellt werden, also auch noch beim Revisionsgericht.²⁸ Andere Behörden im Sinne des Abs. 2 sind nur **Behörden des Polizeidienstes**.²⁹ Der einzelne Beamte, der auf der Straße Streife geht, ist im Gegensatz zu Abs. 1 nicht Adressat eines echten Strafantrags.³⁰ Der Strafantrag, der diesem übergeben wird, wird erst wirksam, wenn er an die Behörde als solche gelangt ist. Als Adressat kommen allein deutsche Gerichte und Behörden in Betracht. Bei Steuerstraftaten besteht die ergänzende Zuständigkeit der Finanzbehörde (§§ 386 Abs. 2, 399 AO).

11

Der Zweck der engeren **Förmlichkeit** nach Abs. 2 im Vergleich zu Abs. 1 liegt darin, den Strafverfolgungsorganen hinreichende Klarheit über die Identität des Antragstellers und über dessen Verfolgungswillen zu verschaffen. Dafür ist eine Unterschrift nicht zwingend.³¹ Es genügen für die Schriftform ein Telegramm, Fernschreiben, Telefax³² und auch ein Antrag per **E-mail**, und das unabhängig von der Verwendung einer digitalen Signatur.³³ § 41a zeigt, dass auch die StPO sich dem elektronischen Datenverkehr öffnet. Ein nur mündlich – telefonisch – gestellter Antrag genügt nicht. Anders, wenn der Antragsberechtigte bei seiner Zeugenvernehmung den Antrag zu Protokoll erklärt und dieses – eher nicht zwingend erforderlich – unterschreibt. Bei all der Vielzahl der möglichen schriftlichen Formen ist dem Antragsteller und seinem Anwalt zu raten, die klare und eindeutige Form eines vom Antragsteller selbst **unterschriebenen Schriftstücks** zu wählen, um alle Streitigkeiten zu vermeiden. Beispiel: Ein von einem Polizeibeamten allein unterzeichneter Vermerk nach mündlicher Anzeige des Verletzten soll dem **Schriftlichkeitserfordernis** genügen.³⁴ Dadurch wird eine Aushöhlung der Schriftlichkeit befürchtet, so dass in diesem Beispiel teilweise auch die Unterschrift des Verletzten gefordert wird, um der Schriftlichkeit zu genügen.³⁵ Wenn aber ein von der Polizei mit einem Beglaubigungsvermerk schriftlich niedergelegter, zuvor vor demselben Polizeibeamten vom Antragsteller selbst auf Tonträger wortgleich gesprochener Strafantrag dem Schriftlichkeitserfordernis des § 258 Abs. 2 entspricht,³⁶ kann das bei dem vorgenannten Verfahren nicht anders sein. Die meisten Antragsdelikte sind gleichzeitig Privatklagedelikte. In der Erhebung der Privatklage innerhalb der Antragsfrist liegt die Antragstellung.³⁷ Es gilt: **Keine Experimente!** Ein Strafverfahren sollte nicht an einem fehlerhaften Strafantrag scheitern. Das wäre ein peinlicher Berufsfehler des **Anwalts**, der zur Haftung führen kann. Wer bei einem Strafantrag zu einer anderen Form als der einer unterschriebenen schriftlichen Erklärung greift, muss sich sicherheitshalber über die Rechtsprechung erkundigen.

12

Innerhalb einer prozessualen Tat können Antrags- und Offizialdelikte zusammenfallen. Grundsätzlich ist die **Wirkung** des Strafantrags auf das betroffene **Antragsdelikt** beschränkt. Ein zugleich verwirklichtes Offizialdelikt bleibt davon unberührt. Ein fehlender Strafantrag für die Verfolgung einer Körperverletzung (§§ 223, 230 StGB) hindert nicht die unabhängige Verfolgung wegen des tateinheitlichen Tötungsversuchs. Eine Ausnahme kann sich ergeben, wenn eine Strafverfolgung des Offizialdeliktes dem Sinn und **Zweck des Antragserfordernisses** widersprechen würde.³⁸ Zum einen erscheint die Verfolgung wegen des geringen Allgemeininteresses nicht geboten, wenn der Verletzte eine Strafverfolgung verlangt. Zum anderen stehen berechtigte Interessen des Verletzten wie etwa dessen Intimsphäre oder der Familienfrieden einer Verfolgung entgegen. Dem BGH³⁹ ist darin zuzustimmen, dass das Fehlen eines Strafantrages wegen – damaliger – Kindesentziehung (§ 235 StGB) die Verfolgung des Täters wegen einer tateinheitlich begangenen

13

---

26 So Schönke/Schröder/*Stree*/*Sternberg-Lieben* § 77 StGB Rn. 21.
27 OLG Celle v. 5. 2. 1996 – 1 Ss 350/95, NJW 1996, 2666; SK-StGB/*Rudolphi*/*Wolter* § 77 Rn. 11.
28 Siehe Meyer-Goßner/*Cierniak* Rn. 7.
29 So HK-GS/*Pflieger* Rn. 21; KK-StPO/*Griesbaum* Rn. 41.
30 Anders Anw-StPO/*Walther* Rn. 25.
31 Siehe BayObLG v. 9. 4. 1997 – 5 St RR 18/97, NStZ 1997, 453; Schönke/Schröder/*Stree*/*Sternberg-Lieben* § 77 StGB Rn. 36; anders *Joecks* Rn. 8; KK-StPO/*Griesbaum* Rn. 45; Meyer-Goßner/*Cierniak* Rn. 11; *Pfeiffer* Rn. 7.
32 So Anw-StPO/*Walther* Rn. 27; Meyer-Goßner/*Cierniak* Rn. 11.
33 So Schönke/Schröder/*Stree*/*Sternberg-Lieben* § 77 StGB Rn. 36; einschränkend *Cziongalla* StraFo 2001, 257.
34 Nach OLG Düsseldorf v. 23. 6. 1982 – 2 Ws 414/82, NJW 1982, 2566 = MDR 1982, 847; OLG Hamm v. 8. 2. 1990 – 2 Ws 568/89, MDR 1990, 847.
35 Vgl. BayObLG v. 21. 7. 1993 – 2 St RR 91/93, NStZ 1994, 86; HBStrVf/*Dallmeyer* Rn. I. 19; *Pfeiffer* Rn. 7; Schönke/Schröder/*Stree*/*Sternberg-Lieben* § 77 StGB Rn. 36.
36 So BayObLG v. 9. 4. 1997 – 5 St RR 18/97, NStZ 1997, 453; Anw-StPO/*Walther* Rn. 28.
37 Meyer-Goßner § 374 Rn. 6.
38 Vgl. SK-StGB/*Rudolphi*/*Wolter* Vor § 77 Rn. 5a.
39 BGH v. 23. 6. 1993 – 3 StR 89/93, BGHSt 39, 239.

Freiheitsberaubung zum Nachteil des Kindes nicht hindert. Entgegen der Ansicht des BGH ist diese Frage unabhängig von Tateinheit oder Gesetzeskonkurrenz.[40] Entscheidend ist einzig, ob die im Antragserfordernis liegende Privilegierung bei einem fehlenden Antrag einen Rückgriff auf das Offizialdelikt zulässt. Die Eltern als Verletzte können mittels des Strafantrags über die Strafverfolgung nach § 235 StGB disponieren, darin kann aber wegen der verschiedenen Rechtsgüter keine Privilegierung des Täters für die Verfolgung der gegen das Kind begangenen Freiheitsentziehung liegen. Bei einem fehlenden Strafantrag nach § 248b Abs. 3 StGB darf jedoch nicht auf einen Diebstahl am Benzin zurückgegriffen werden.[41] Das fehlende Verfolgungsinteresse der Allgemeinheit darf nicht ausgehöhlt werden.

14 Im Rahmen seiner Wirkung ist der Strafantrag im Sinne des Abs. 2 auf einzelne Täter, aber auch sachlich und rechtlich auf abtrennbare Teile einer Tat oder einzelnen von mehreren Rechtsverletzungen **beschränkbar**.[42] Hinsichtlich Tat und Täter ist der Antrag eine **auslegungs- und ergänzungsfähige Willenserklärung**. Im Zweifel bezieht sich ein Strafantrag auf die gesamte prozessuale Tat im Sinne des § 264 StPO mitsamt aller Tatbeteiligten.[43] Eine Beschränkung der Anzeige nach Abs. 1 hat dagegen wegen des Legalitätsprinzips keine Wirkung.

15 Die **Rücknahme** des Strafantrags richtet sich nach § 77d StGB. Er ist bis zum rechtskräftigen Abschluss des Strafverfahrens möglich. Er kann nach Rücknahme nicht nochmals gestellt werden. Die – formfreie – Rücknahme ist bei der Stelle zu erklären, die mit dem Verfahren befasst ist. Bis zum Ablauf der Antragsfrist des § 77b StGB kann gegenüber einer Stelle nach Abs. 2 oder der Sühnebehörde (§ 380) in der dort geforderten Förmlichkeit der **Verzicht**[44] eines Strafantrags erklärt werden.

16 Bei berechtigten Anzeigen oder Strafanträgen kann es geboten sein, eine **Einigung** mit dem Geschädigten zu erreichen, damit dessen Strafverfolgungsinteresse erlischt. Ziel solcher Ausgleichsverhandlungen ist bei den Antragsdelikten die **Rücknahme** des Strafantrags. Zu beachten ist, dass in der Anzeigeerstattung die Drohung mit einem empfindlichen Übel liegen kann, was zu einer Strafbarkeit nach den §§ 240 oder 253 StGB führen kann.[45]

17 Fehlt der erforderliche Strafantrag, ist das Strafverfahren **einzustellen**. Das gilt auch, wenn nicht mit Sicherheit festgestellt werden kann, ob ein Strafantrag – fristgerecht – gestellt wurde.[46]

18 Für die Praxis bedeutsam ist, ob ein Strafantrag als unwirksam zu bewerten ist, wenn der Verletzte bereits außerstrafrechtlich eine Wiedergutmachung über den Schadensausgleich hinaus erlangt hat oder ihm ein Mitverschulden an der Begehung der Tat trifft. Das Gesetz stellt keine Einschränkungen dieser Art auf, eine Missbrauchskontrolle ist nicht vorgesehen.[47] Eine **außerstrafrechtliche Wiedergutmachung** bewirkt nicht zwingend, dass das Interesse des Verletzten an Strafverfolgung durch Versöhnung erloschen ist. In Betracht kommt eher ein Verweis auf die Privatklage bzw. eine Einstellung nach § 153.[48]

III. Anzeige von Auslandsstraftaten

19 Das 2. OpferrechtsreformG vom 29. 7. 2009 bringt mit einem neuen § 158 Abs. 3[49] für den Verletzten die Möglichkeit, eine Auslandsstraftat in Deutschland anzuzeigen. Diese Vorschrift dient der Umsetzung des Rahmenbeschlusses des Rates der Europäischen Union vom 15. 3. 2001 über die Stellung des Opfers im Strafverfahren (2001/220/JI). In zwei Konstellationen begründet die Norm eine Übermittlungspflicht für die deutsche Staatsanwaltschaft an die ausländische Strafverfolgungsbehörde. Das ist Ausdruck eines europaweiten Raums der Freiheit, der Sicherheit und des Rechts (Art. 67 AEUV – ehemals Art. 29 EUV). Alle heute 27 Mitgliedstaaten müssen eine vergleichbare Regelung erlassen. Zum eine hat eine **Übermittlung** zu erfolgen, wenn das deutsche Strafrecht für die angezeigte Straftat nicht gilt. Das beurteilt sich nach dem Strafanwendungsrecht (§§ 3 ff. StGB). Beispiel: Ein in Deutschland wohnender Grieche wird in Frankreich von einem Iren verprügelt. Der Verletzte zeigt die Straftat in Berlin an. Das deutsche Strafrecht erfasst diese Straftat nicht. § 7 StGB ist nicht einschlägig. Zum anderen besteht eine Übermitt-

---

[40] So *Fahl* GA 1996, 476, 487; SK-StGB/*Rudolphi*/*Wolter* Vor § 77 StGB Rn. 5a.
[41] So *Fahl* GA 1996, 476, 477.
[42] Siehe KK-StPO/*Griesbaum* Rn. 49.
[43] So KK-StPO/*Griesbaum* Rn. 49.
[44] Dazu KK-StPO/*Griesbaum* Rn. 55.
[45] Siehe BGH v. 13. 1. 1983 – 1 StR 737/81, BGHSt 31, 195, 196; Lackner/*Kühl* § 240 StGB Rn. 13; Schönke/Schröder/*Eser* § 240 StGB Rn. 9.
[46] So BGH v. 16. 8. 1984 – 1 StR 406/84, StV 1984, 509; Schönke/Schröder/*Stree*/*Sternberg-Lieben* § 77 StGB Rn. 48; SK-StGB/*Rudolphi*/*Wolter* Vor § 77 StGB Rn. 9.
[47] Siehe Lackner/*Kühl* § 77 StGB Rn. 17; SK-StGB/*Rudolphi*/*Wolter* § 77 StGB Rn. 20a; anders *Barnstorf* NStZ 1985, 67.
[48] So SK-StGB/*Rudolphi*/*Wolter* § 77 Rn. 20a.
[49] Siehe BGBl. I S. 2280; auch BT-Drucks. 16/12098, S. 34 ff.

lungspflicht, wenn der Verletzte eine Straftat erst in Deutschland zur Anzeige bringen möchte und die Staatsanwaltschaft von ihrer Strafverfolgungskompetenz – etwa nach § 7 StGB- nach den in den §§ 153c Abs. 1 Satz 1 Nr. 1 und 153f erfassten Gründen keinen Gebrauch macht. Beispiel: Ein Engländer verprügelt in Spanien einen Deutschen. § 153c Abs. 1 Satz 1 Nr. 1 setzt voraus, dass Handlungs- und Erfolgsort außerhalb des Geltungsbereichs der deutschen Rechtsordnung liegen.[50] Das deutsche Strafrecht ist über § 7 Abs. 1 StGB für diese Auslandstat anwendbar. Die Übermittlung erfordert einen **Antrag** des Verletzten.

Die erste **Einschränkung** der Übermitlungspflicht dient der Vermeidung eines unnötigen Aufwands, wenn die ausländische Strafverfolgungsbehörde bereits hinreichende Kenntnis von der Straftat hat. In der zweiten Alternative werden **leichte Straftaten** von der Übermittlungspflicht ausgenommen. Diese Einschränkung für Straftaten von einem geringen Unrechtsgehalt gilt nur, wenn der Verletzte in der Lage war, die Tat im Ausland anzuzeigen. Zu beachten ist, dass sich § 158 Abs. 3 auf den Rechtsraum der Europäischen Union bezieht, in dem ein einheitlicher Mindeststandard an rechtsstaatlichen Regeln herrscht. Allein Sprachbarrieren genügen nicht. Diese Ausnahme gilt nicht für **schwere Straftaten**. Bei diesen erscheint nach der Gesetzesbegründung[51] eine gewisse Scheu beim Verletzten vor einer Anzeige nachvollziehbar, insbesondere wenn ihm in einem anderen Staat die Landessprache fremd ist und er dessen Institutionen und Aufgaben nicht kennt. Als Beispiel für eine leichte Straftat führt die Gesetzesbegründung einen Diebstahl im Werte von 20 Euro an. Parallel zu geringwertigen Sachen sollte man bei Vermögensdelikten an einen Wert von 50 Euro denken. Straftaten gegen die körperliche oder sexuelle Integrität dagegen sind stets schwere Straftaten. Die persönliche Betroffenheit des Verletzten legt eine Überlegungsfrist und auch die Kontaktaufnahme mit der eigenen Justiz nahe. 20

Der Grundgedanke des § 158 Abs. 3 – europaweite Zusammenarbeit, wenn die nationale Strafverfolgung nicht zuständig ist bzw. von ihrer Kompetenz keinen Gebrauch machen will – greift auch in anderen **vergleichbaren Fällen**. Praxisrelevant ist das in der Gesetzesbegründung[52] neben anderen angeführte Beispiel eines europaweiten Internetbetrugs, bei dem ein Vermögensschaden auch in Deutschland eintritt. Das deutsche StGB wäre über die §§ 3, 9 StGB anwendbar. § 153c Abs. 1 Satz 1 Nr. 1 erfasst diese Situation nicht. Liegt der Schwerpunkt der Straftat im Ausland, kann es im Interesse einer effektiven Strafrechtspflege sinnvoll sein, die Tat dort zu verfolgen. Die rechtshilferechtlichen Vorgaben sind zu achten (§ 61a Abs. 1 und § 92 Abs. 1 IRG). Das gilt erst recht für Staftaten außerhalb der Europäischen Union. 21

§ 159 [Unnatürlicher Tod]

(1) Sind Anhaltspunkte dafür vorhanden, daß jemand eines nicht natürlichen Todes gestorben ist, oder wird der Leichnam eines Unbekannten gefunden, so sind die Polizei- und Gemeindebehörden zur sofortigen Anzeige an die Staatsanwaltschaft oder an das Amtsgericht verpflichtet.

(2) Zur Bestattung ist die schriftliche Genehmigung der Staatsanwaltschaft erforderlich.

Entgegen dem Wortlaut ist die Anzeige des § 159 keine Anzeige im Sinne des § 158 Abs. 1.[1] Sie ist die Meldung eines ungewöhnlichen Todesfalls an die Staatsanwaltschaft oder das AG. Die Meldung an das AG ist geboten, wenn die Staatsanwaltschaft nicht erreichbar ist. Es geht um die Funktion des AG als Notstaatsanwalt (§ 165). Zweck der Meldung ist es, der Staatsanwaltschaft möglichst frühzeitig die Prüfung zu ermöglichen, ob ein Ermittlungsverfahren wegen eines Tötungsdelikts einzuleiten ist. Die Meldung erfolgt auch in Blick auf die Maßnahmen nach den §§ 87 ff. Die Leichensache nach § 159 (iVm. § 87) ist noch **kein Ermittlungsverfahren** nach § 160.[2] Ein nicht natürlicher Tod oder ein unbekannter Leichnam begründen keinen zwingenden Anfangsverdacht.[3] 1

Als **nicht natürlich** ist neben der Selbsttötung der Tod durch Unfall, durch eine rechtswidrige Tat oder sonst durch Einwirkung von außen anzusehen.[4] Auf den unnatürlichen Tod müssen konkrete Anhaltspunkte hinweisen. Es kann sich um Spuren handeln, die auf eine Gewaltanwendung hinweisen, oder um den Fundort der Leiche.[5] **Unbekannt** ist ein Toter, der nicht alsbald 2

---

[50] Siehe KK-StPO/*Schoreit* § 153c Rn. 4; *Meyer-Goßner* § 153c Rn. 3.
[51] BT-Drucks. 16/12098, S. 36.
[52] Siehe BT-Drucks. 16/12098, S. 36 f.
[1] So KK-StPO/*Griesbaum* Rn. 5; Meyer-Goßner/*Cierniak* Rn. 7; *Pfeiffer* Rn. 3.
[2] So BGH v. 2. 12. 2003 – 1 StR 102/03, BGHSt 49, 29, 32 = NJW 2004, 865; HBStrVf/*Jahn* Rn. I. 75; anders AnwStPO/*Walther* Rn. 1; KK-StPO/*Griesbaum* Rn. 1; Meyer-Goßner/*Cierniak* Rn. 1.
[3] So Löwe/Rosenberg/*Dahs* Rn. 1.
[4] So *Joecks* Rn. 2; KK-StPO/*Griesbaum* Rn. 2; *Pfeiffer* Rn. 1; Widmaier/*Eisenmenger* MAH Strafverteidigung § 58 Rn. 41.
[5] Siehe *Joecks* Rn. 4.

§ 160 1

identifiziert werden kann.⁶ Wer nach einem längeren Krankenhausaufenthalt dort verstirbt, wird nicht im Sinne der Norm gefunden. Hier entsteht die Anzeigepflicht, wenn konkrete Anhaltspunkte dafür bestehen, dass ärztliches Fehlverhalten zum nicht natürlichen Tod geführt hat. Die Anzeigepflicht bedarf noch nicht des Verdachts einer Straftat. Diesen gilt es erst zu untersuchen. Es handelt sich in § 159 um ein gesetzlich geregeltes Vorermittlungsverfahren.

3   Nur die **Polizei** und die **Gemeindebehörden** unterliegen der Anzeigepflicht. Daher trifft die Pflicht auch die Krankenhausleitung – nicht den leitenden Arzt – eines gemeindlichen Krankenhauses, wenn sie zur Vertretung der Gemeinde berechtigt ist.⁷ Andere Behörden, Private und auch Ärzte fallen nicht unter § 159.⁸ Ärzte, die die Leichenschau nach § 87 vornehmen, müssen jedoch auf Grund landesrechtlicher Vorschriften Anhaltspunkte für einen unnatürlichen Tod der Gemeinde oder einer Polizeidienststelle mitteilen, die ihrerseits der Pflicht des § 159 nachkommt. Beipielhaft regelt das § 22 Abs. 2 Gesetz über das Friedhofs- und Leichenwesen v. 21. 7. 1970 (GBl. 395) von Baden-Württemberg. Die Erfüllung der Anzeigepflicht fällt nicht unter § 203 Abs. 1 Nr. 1 StGB, da sie nicht unbefugt ist.

4   In der Praxis wird bei auffälligen Todesfällen oder dem Auffinden unbekannter Toter regelmäßig die Polizei gerufen. Nach § 163 hat sie die Pflicht, die Leiche zu sichern und dafür zu sorgen, dass am Fundort und an der Leiche keine Veränderungen vorgenommen werden. Vor Überführung der Leiche an einen anderen Ort muss die Polizei die erforderlichen Ermittlungen durchführen: Spurensicherung, Lichtbilder. Die benachrichtigte Staatsanwaltschaft prüft, ob und welche weiteren Ermittlungen zu veranlassen sind. Eine **Leichenschau** (§ 87) sollte möglichst am Fundort der Leiche durchgeführt werden. Sie ist erforderlich, wenn eine Straftat als Todesursache nicht von vornherein ausgeschlossen werden kann. Sie prüft gegebenenfalls eine **Leichenöffnung** (§ 87). Diese ist erforderlich, wenn fremdes Verschulden am Tod in Betracht kommt und Todesursache und -zeit festgestellt werden muss.⁹ Nicht jeder Fall des § 159 führt zu einer Leichenöffnung. Die Leichenöffnung kann bei einer zweifelsfrei feststehenden Todesursache unterbleiben.¹⁰ Eine erforderliche Beschlagnahme richtet sich nach den §§ 94 ff.

5   Die **schriftliche Bestattungsgenehmigung** nach Abs. 2 ist unverzüglich zu erteilen, wenn feststeht, dass die Leiche nicht oder nicht mehr für weitere Ermittlungen benötigt wird.

§ 160 [Ermittlungsverfahren]

(1) Sobald die Staatsanwaltschaft durch eine Anzeige oder auf anderem Wege von dem Verdacht einer Straftat Kenntnis erhält, hat sie zu ihrer Entschließung darüber, ob die öffentliche Klage zu erheben ist, den Sachverhalt zu erforschen.

(2) Die Staatsanwaltschaft hat nicht nur die zur Belastung, sondern auch die zur Entlastung dienenden Umstände zu ermitteln und für die Erhebung der Beweise Sorge zu tragen, deren Verlust zu besorgen ist.

(3) ¹Die Ermittlungen der Staatsanwaltschaft sollen sich auch auf die Umstände erstrecken, die für die Bestimmung der Rechtsfolgen der Tat von Bedeutung sind. ²Dazu kann sie sich der Gerichtshilfe bedienen.

(4) Eine Maßnahme ist unzulässig, soweit besondere bundesgesetzliche oder entsprechende landesgesetzliche Verwendungsregelungen entgegenstehen.

Schrifttum: *Heghmanns*, Die prozessuale Rolle der Staatsanwaltschaft, GA 2003, 433; *Geppert*, Anmerkung zu BVerfG v. 2. 10. 2003 – 2 BvR 660/03, JK 2005 EGGVG § 23 ff./6; *Geppert*, Anmerkung zu OLG Köln v. 18. 3. 1981 – 3 Ss 1111/80, JK 1982 StGB § 258 a/1; *Geppert*, Anmerkung zu BGH v. 30. 4. 1997 – 2 StR 670/96, JK 1998 StGB § 258/10; *J. Kretschmer*, Die Staatsanwaltschaft, Jura 2004, 452; *Lange*, Staatsanwaltliche Vorermittlungen – ohne rechtliche Grundlage?, DRiZ 2002, 264; *Laubenthal*, Strafrechtliche Garantenhaftung von Polizisten und außerdienstliche Kenntniserlangung – BGH, NJW 1993, 544, JuS 1993, 907; *Nagel*, Rechtsschutz gegen verfahrenseinleitende und -fortführende Maßnahmen der Strafverfolgungsbehörden im Ermittlungsverfahren, StV 2001, 185; *Pommer*, Das Legalitätsprinzip im Strafprozess, Jura 2007, 662; *Schwind*, Kriminologie, 20. Aufl. 2010.

I. Ermittlungspflicht

1   In § 160 findet sich das **Legalitätsprinzip**. Die Staatsanwaltschaft ist verpflichtet, jedem **Anfangsverdacht** nachzugehen und bei hinreichendem Tatverdacht Anklage zu erheben. Die sachliche und örtliche **Zuständigkeit** der Staatsanwaltschaft folgt aus der Zuständigkeit des Gerichts des Hauptverfahrens (§§ 142, 142 a, 143 GVG). Der Verfolgungszwang folgt aus dem staatlichen

---

⁶ So KK-StPO/*Griesbaum* Rn. 3.
⁷ Nach Löwe/Rosenberg/*Rieß*, 25. Aufl., Rn. 5; Meyer-Goßner/*Cierniak* Rn. 6; SK-StPO/*Wohlers* Rn. 6.
⁸ Dazu Löwe/Rosenberg/*Rieß*, 25. Aufl., Rn. 6.
⁹ So LG Mainz v. 25. 9. 2001 – 5 Qs 73/01, NStZ-RR 2002, 43.
¹⁰ Siehe KK-StPO/*Senge* § 87 Rn. 2.

Zweiter Abschnitt. Vorbereitung der öffentlichen Klage   2, 3   § 160

Gewalt- und Anklagemonopol. Die Ermittlungspflicht beginnt mit dem Vorliegen eines Anfangsverdachts nach § 152 Abs. 2. Eine **Kenntnis** davon erhält die Staatsanwaltschaft durch eine Anzeige im Sinne des § 158 Abs. 1 oder 2[1] oder auf anderem Wege. Anzeigen bei der Polizei werden der Staatsanwaltschaft zugeleitet (§ 163). Es ist ratsam, eine Anzeige stets auch bei der Staatsanwaltschaft zu machen. Die überwiegende Anzahl von Delikten wird den Strafverfolgungsbehörden durch Anzeigen mitgeteilt. Nur 2 bis 5 % aller registrierten Delikte werden Polizei und Justiz von Amts wegen bekannt.[2] Zu den anderen Wegen der Kenntniserlangung gehören auch Berichte in den Medien.

In engen Grenzen sind die Strafverfolgungsorgane zu **Vorermittlungen** berechtigt, um das Vorliegen der tatsächlichen Voraussetzungen eines Anfangsverdachts zu klären.[3] Kennzeichnend für solche Vorermittlungen ist, dass die Strafverfolgungsorgane verdachtsunabhängige Ermittlungen im tatsächlichen Vorstadium des Anfangsverdachts führen. Tiefgreifende Grundrechtseingriffe, die das Vorliegen eines Anfangsverdachts verlangen, sind in dieser Verfahrensphase nicht statthaft. Maßnahmen mit Zwangs- oder Eingriffscharakter dürfen nicht vorgenommen werden.[4] Eine gesetzliche[5] Regelung und Beschränkung ist wünschenswert, um einer Ausdehnung in der Praxis entgegenzuwirken. Unzulässig sind dagegen **sog. Vorfeldermittlungen**, die dazu dienen, überhaupt irgendwelche tatsächlichen Anhaltspunkte für ein strafbares Verhalten zu ermitteln.[6] Beachte aber § 208 Abs. 1 Nr. 3 AO, der eine entsprechende Kompetenz der Steuerfahndung zur Aufdeckung und Ermittlung noch unbekannter Steuerfälle regelt.   2

Außerdienstlich – privat – erlangtes Wissen beim Angehörigen der Strafverfolgungsorgane – nicht bei Strafvollzugsbeamten – führt in Grenzen zur strafrechtlichen Pflicht der Strafverfolgung. Ein absoluter Schutz der Privatsphäre, der eine strafrechtliche Pflicht bei außerdienstlich gewonnenen Erkenntnissen über Straftaten generell verneint,[7] ist im rechtsstaatlichen Gegeninteresse der Strafverfolgung abzulehnen. Die Rechtsprechung folgt einer **Abwägungslösung**. Eine strafrechtliche Garantenstellung nimmt der BGH[8] im Konflikt mit dem grundrechtlich geschützten Bereich des allgemeinen Persönlichkeitsrechts an, „wenn ein Polizeibeamter außerdienstlich Kenntnis von Straftaten erlangt, die – wie Dauerdelikte, fortgesetzte oder auf ständige Wiederholung angelegte Handlungen – während seiner Dienstausübung fortwirken". In diesem Fall bedarf es nach Ansicht des BGH der Abwägung, ob das öffentliche Interesse privaten Belangen vorgeht. Von entscheidender Bedeutung sei, ob durch die Straftat Rechtsgüter der Allgemeinheit oder des Einzelnen betroffen seien, denen jeweils ein besonderes Gewicht zukomme. Das könne auch außerhalb des Kataloges des § 138 StGB bei schweren Straftaten wie z. B. schweren Körperverletzungen, erheblichen Straftaten gegen die Umwelt oder Delikten mit hohem wirtschaftlichem Schaden der Fall sein. Beispielhaft nennt der BGH darüber hinaus Verstöße gegen das Waffengesetz mit Dauercharakter, den nicht auf den Einzelfall beschränkten Handel mit harten Drogen oder Schutzgelderpressung und allgemein Straftaten aus dem Bereich der Organisierten Kriminalität, die erfahrungsgemäß auf Wiederholung angelegt sind. Diese Kombination aus – oft vernachlässigtem – **Fortwirkungselement** und folgender **Abwägung** eröffnet dem Strafverteidiger einen Argumentationsspielraum für seinen beschuldigten Mandanten, dem als Beamten Strafvereitelung durch ein Unterlassen vorgeworfen wird. Es erscheint aber fraglich, ob der BGH dieser starken Restriktion wirklich folgt, wenn es einmal um die Nichtverfolgung einer schweren Straftat wie Mord oder Vergewaltigung ohne den Fortwirkungscharakter gehen wird, von der das Strafverfolgungsorgan außerdienstlich erfährt. So erscheint wiederholt[9] auch die Formel, dass außerdienstliche Kenntnisse zur Strafverfolgung verpflichten, wenn die Straftat nach Art und Umfang die Belange der Öffentlichkeit und der „Volksgesamtheit"[10] in besonderem Maße berührt. Ob diese Rechtsprechung wirklich dem verfassungsrechtlichen Bestimmtheitsgrundsatz entspricht, ist fraglich.[11] Daher knüpfen Stimmen im Schrifttum daran an, dass das Legalitätsprinzip bei Ver-   3

---

[1] Siehe *Pfeiffer* Rn. 3.
[2] Nach *Schwind* Kriminologie § 2 Rn. 34.
[3] Dazu *Lange* DRiZ 2002, 264; HBStrVf/*Jahn* Rn. I. 74 ff.; kritisch HdbStA/*Eschelbach* 4. Teil. 1. Kapitel. A. Rn. 6 ff.; *Joecks* § 152 Rn. 7; *Meyer-Goßner* § 152 Rn. 4 a.
[4] Dazu *Lange* DRiZ 2002, 264, 270; *Joecks* § 152 Rn. 8.
[5] So *Lange* DRiZ 2002, 264, 272 f.
[6] So *Joecks* § 152 Rn. 9; *Meyer-Goßner* § 152 Rn. 4 a.
[7] Vgl. *Laubenthal* JuS 1993, 907, 911; Löwe/Rosenberg/*Rieß*, 25. Aufl., Rn. 29; Meyer-Goßner/*Cierniak* Rn. 10; SK-StGB/*Hoyer* § 258 a Rn. 6; *Volk* § 8 Rn. 11.
[8] BGH v. 29. 10. 1992 – 4 StR 358/92, BGHSt 38, 388; auch BGH v. 3. 11. 1999 – 2 StR 326/99, NStZ 2000, 147.
[9] Bei OLG Karlsruhe v. 9. 8. 1988 – 2 Ss 83/88, NStZ 1988, 503; OLG Köln v. 18. 3. 1981 – 3 Ss 1111/80, NJW 1981, 1794; *Pommer* Jura 2007, 662, 663; Anw-StPO/*Walther* Rn. 8; *Joecks* Rn. 4; *Pfeiffer* Rn. 3; *Beulke* Rn. 91.
[10] Der Begriff stammt aus der stets zitierten Entscheidung des RG v. 19. 6. 1936 – 4 D 402/36, RGSt 70, 251, 252 und sollte wie viele Entscheidungen und Aufsätze aus dieser Zeit nicht unbefangen zitiert werden.
[11] Zu unbestimmt bei KK-StPO/*Griesbaum* § 158 Rn. 29; *Laubenthal* JuS 1993, 907, 911.

J. Kretschmer

brechen im Sinne des § 12 StGB[12] oder bei den in § 138 StGB[13] genannten Straftaten eingreift. Ein weiterer Vorschlag[14] geht dahin, den Schweregrad regelmäßig bei allen Straftaten anzunehmen, die vom Gesetzgeber mit einer höheren Höchststrafe als fünf Jahre Freiheitsstrafe bewehrt sind. Die Rechtsprechung bietet dem Verteidiger insbesondere unter dem Gebot der Fortwirkung eine beschuldigtenfreundliche Argumentationsbasis, während aus Opfersicht Ansätze im Interesse der Strafverfolgung möglich sind. Ungeachtet der Weite der strafrechtlichen Garantenstellung bleiben disziplinarrechtliche Folgen für den Beamten.[15]

4 Liegt der Verdacht einer **Steuerstraftat** (§ 369 AO) vor, führt anstelle der Staatsanwaltschaft die Finanzbehörde das Ermittlungsverfahren gemäß § 386 AO. Sie führt das Ermittlungsverfahren in den Grenzen der §§ 399 Abs. 1, 400, 401 AO insbesondere in dem Fall selbständig, wenn die Tat ausschließlich eine Steuerstraftat darstellt (§ 386 Abs. 2 AO). Zur Anklageerhebung ist die Finanzbehörde nicht befugt (§ 400 AO).

5 Ziel der Ermittlungen ist die Entscheidung, ob ein **hinreichender Tatverdacht** besteht, der nach § 170 Abs. 1 zur Anklageerhebung führt. Andernfalls ist das Ermittlungsverfahren nach § 170 Abs. 2 einzustellen. Siehe auch die Einstellungsmöglichkeiten nach den §§ 153 ff. aus Opportunitätsgründen.

6 Als sog. **Herrin des Ermittlungsverfahrens** ist die Staatsanwaltschaft an Recht und Gesetz gebunden. Es fehlt ihr aber auf Grund eines internen und externen Weisungsrechts an der richterlichen Unabhängigkeit. Sie ist jedoch gemäß § 150 GVG von den Gerichten unabhängig. In ihrer Aufgabe und Funktionsweise ist die Staatsanwaltschaft weniger ein Organ der Exekutive, sondern ein unabhängiges **Organ der Rechtspflege**.[16] In ihrer Ermittlung und Verfolgung bestimmt die Staatsanwaltschaft den sachlichen und personellen Inhalt und Umfang und die Grenzen der Strafverfolgung (§§ 151, 155), wobei Staatsanwaltschaft und Gericht in der rechtlichen Bewertung unabhängig sind (§§ 155 Abs. 2, 264 Abs. 2).

7 Gegen die Einleitung und die Durchführung des – nicht öffentlichen –[17] Ermittlungsverfahrens an sich steht dem Beschuldigten weder nach der StPO noch nach dem EGGVG **Rechtsschutz** gegen die Staatsanwaltschaft zu. Als **Prozesshandlung** gilt die Einleitung/Durchführung des Ermittlungsverfahrens als nicht justiziabel.[18] Eine Ausnahme mit dem Rechtsweg nach den §§ 23 ff. EGGVG ist bei einem objektiv willkürlichen Handeln der Staatsanwaltschaft möglich.[19]

II. Objektivität und aktive Verteidigung

8 In ihrer Funktion als unabhängiges Justizorgan ist die Staatsanwaltschaft verpflichtet, **belastende und entlastende Umstände** zu ermitteln. Diese Verpflichtung zur Gerechtigkeit und Objektivität der Strafverfolgung ist Element des fairen Verfahrens. Es ist jedoch zu vermuten, dass die Ermittlung von Belastungsbeweisen und die Anklagerhebung im Zweifel Vorzug haben.[20]

9 Das **Ermittlungsverfahren** prägt rechtlich und tatsächlich eine spätere Hauptverhandlung weitgehend vor.[21] Schon in diesem Verfahrensstadium bedarf es einer **aktiven Verteidigung**, um eine staatsanwalts- und polizeiorientierte Beurteilung im Interesse des Beschuldigten zu beeinflussen. Es ist der Gefahr entgegenzuwirken, dass wesentliche Entlastungsmomente rechtlicher oder tatsächlicher Art in der späteren Hauptverhandlung nicht mehr berücksichtigt oder erhoben werden. Bei allem Vertrauen in das rechtsstaatliche Handeln der Strafverfolgungsorgane hat die Verteidigung bereits im Ermittlungsverfahren die tatsächlichen und rechtlichen Auslegungs- und Bewertungsspielräume im Interesse des Beschuldigten durch aktive Verteidigung geltend zu machen. Das kann in Form einer **Verteidigungsschrift**[22] an die Staatsanwaltschaft geschehen, in der die zugunsten des Mandanten sprechenden Umstände in tatsächlicher und rechtlicher Hinsicht dargelegt werden und in der auch die Vornahme weiterer Ermittlungshandlungen angeregt wird. Das darf aber im Grundsatz nur nach erfolgter Akteneinsicht geschehen. Bei der rechtlichen Be-

---

[12] So *J. Kretschmer* Jura 2004, 452, 455; ein schwerwiegendes Delikt fordert *Heghmanns* Rn. 184; siehe auch *Artkämper* u. a. Rn. 78.
[13] So *Geppert* Anm. zu OLG Köln v. 18. 3. 1981 – 3 Ss 1111/80, JK StGB § 258 a/1; Löwe/Rosenberg/*Erb* Rn. 29 a; Schönke/Schröder/*Stree* § 258 a StGB Rn. 11.
[14] Von HbStrVf/*Jahn* Rn. I. 110.
[15] Siehe *Laubenthal* JuS 1993, 907, 912; Meyer-Goßner/*Cierniak* Rn. 10.
[16] Vgl. dazu *Heghmanns* GA 2003, 433, 441; HK-GS/*Böttcher* § 141 Rn. 2; KK-StPO/*Griesbaum* Rn. 1; *Beulke* Rn. 88 (Zwitterstellung).
[17] Siehe Löwe/Rosenberg/*Erb* Rn. 42 a.
[18] So BVerfG v. 2. 10. 2003 – 2 BvR 660/03, NStZ 2004, 447; *Geppert* Anm. zu BVerfG v. 2. 10. 2003 – 2 BvR 660/03, JK 2005 EGGVG §§ 23 ff./6; HK-GS/*Pflieger* Rn. 16; Meyer-Goßner/§ 23 EGGVG Rn. 9; *Pfeiffer* Rn. 1; *Beulke* Rn. 321.
[19] Siehe HbStrVf/*Jahn* Rn. I. 152 ff.; weiter: *Nagel* StV 2001, 185, 191 f.; Löwe/Rosenberg/*Erb* Rn. 67 ff.
[20] Zu den vielfältigen Gründen siehe *Heghmanns* GA 2003, 433, 442 ff.
[21] Siehe Widmaier/*Schlothauer* MAH Strafverteidigung § 3 Rn. 1.
[22] Siehe dazu HbStrVf/*Jahn* Rn. II. 92 ff.; Widmaier/*Schlothauer* MAH Strafverteidigung § 3 Rn. 111 ff.

wertung ist grundsätzlich von der die Praxis beherrschenden ständigen Rechtsprechung auszugehen. Nichtsdestotrotz kann und sollte diese von Verteidigerseite sachlich – aber illusionslos – kritisiert werden, wenn die herrschende Rechtsüberzeugung in der Kritik steht. Auch eine persönliche Kontaktaufnahme mit dem ermittelnden Staatsanwalt kann geboten sein, um beispielsweise eine Lösung nach § 170 Abs. 2 oder den §§ 153 ff. oder den Erlass eines Strafbefehls zu erreichen. Im Ermittlungsverfahren hat der Beschuldigte keine Rechtsmacht zur Durchsetzung von Ermittlungsanträgen. Lehnt etwa die Staatsanwaltschaft einen bei einer Vernehmung gestellten Beweisantrag ab,[23] kann der Beschuldigte diesen spätestens in der Hauptverhandlung wiederholen.[24] Problematisch ist, dass bei einer durch den Verteidiger im Ermittlungsverfahren angeregten Zeugenvernehmung durch die Staatsanwaltschaft kein Anwesenheitsrecht des Beschuldigten und seines Verteidigers besteht (§ 161 a). Daher scheint ein entsprechender Beweisantrag manchmal erst in der Hauptverhandlung geboten. Wird im Ermittlungsverfahren die Gelegenheit verpasst, das Strafverfahren in einer für den Beschuldigten vorteilhaften Weise zu beeinflussen, wird sich diese Gelegenheit im späteren Verfahrensverlauf nur schwer wiederholen.[25]

Die Staatsanwaltschaft hat mit Blick auf das Hauptverfahren auch die **Beweissicherung** vorzunehmen. Bei erkrankten Zeugen ist gegebenenfalls eine richterliche Vernehmung im Ermittlungsverfahren herbeizuführen (§ 251 Abs. 2); das gilt in Hinblick auf die unbefriedigende Rechtsprechung des BGH zu § 252 gegebenenfalls auch für angehörige Zeugen, von denen zu befürchten ist, dass sie in der Hauptverhandlung vom ihrem Recht auf Zeugnisverweigerung Gebrauch machen. Sachbeweise sind durch Beschlagnahmeanordnungen zu sichern. 10

III. Abs. 3 und Abs. 4

Der Vorbereitung des Rechtsfolgenspruchs dient die Ermittlungspflicht nach Abs. 3. Intensive Ermittlungen sind erst gerechtfertigt, wenn mit einem hinreichenden Tatverdacht eine Anklage und eine Verurteilung aus Sicht der Staatsanwaltschaft wahrscheinlich ist.[26] Der gebotene Umfang ergibt sich aus den §§ 46, 47, 56 StGB, bei Jugendlichen aus § 43 JGG. Bei einer wahrscheinlichen Verhängung einer Geldstrafe sind die wirtschaftlichen Verhältnisse des Beschuldigten von Bedeutung. Die Ermittlung der für den Rechtsfolgenspruch erforderlichen persönlichen, sozialen und wirtschaftlichen Lebensumstände gehört im Rahmen einer Vernehmung zur Vernehmung zur Sache und unterliegt der Aussagefreiheit des Beschuldigten. 11

Während die Beauftragung der **Gerichtshilfe**[27] im Ermessen der Staatsanwaltschaft steht, ist die Hinzuziehung der Jugendgerichtshilfe zwingend (§ 38 Abs. 3 JGG). Aufgabe der Gerichtshilfe ist es, den Strafverfolgungsorganen „ein klares Bild von der Persönlichkeit, der Entwicklung und der Umwelt des Beschuldigten" zu vermitteln (RiJGG 1 zu § 38 JGG). Der Strafverteidiger sollte seinen beschuldigten Mandanten darauf hinweisen, dass die Gerichtshilfe eventuell Kontakt mit ihm aufnimmt. Für die Gerichtshilfe gilt § 136 entsprechend.[28] **Wichtig:** Auch hier sollte vom Strafverteidiger der **dringende Rat an den Beschuldigten** erfolgen, sich **ohne vorherige Absprache mit seinem Verteidiger nicht zu äußern**. 12

Die Datenschutzregelung des Abs. 4 dient dem Schutz des Grundrechts auf informationelle Selbstbestimmung. Die bereichsspezifische Regelung, die die Erhebung der Daten regelt, hat für die Verwendung der erhobenen Daten Vorrang vor der StPO.[29] 13

§ 160a [Schutz zeugnisverweigerungsberechtigter Berufsgeheimnisträger]

(1) ¹Eine Ermittlungsmaßnahme, die sich gegen eine in § 53 Abs. 1 Satz 1 Nr. 1, 2 oder Nr. 4 genannte Person richtet und voraussichtlich Erkenntnisse erbringen würde, über die diese Person das Zeugnis verweigern dürfte, ist unzulässig. ²Dennoch erlangte Erkenntnisse dürfen nicht verwendet werden. ³Aufzeichnungen hierüber sind unverzüglich zu löschen. ⁴Die Tatsache ihrer Erlangung und der Löschung der Aufzeichnungen ist aktenkundig zu machen. ⁵Die Sätze 2 bis 4 gelten entsprechend, wenn durch eine Ermittlungsmaßnahme, die sich nicht gegen eine in § 53 Abs. 1 Satz 1 Nr. 1, 2 oder Nr. 4 genannte Person richtet, von einer dort genannten Person Erkenntnisse erlangt werden, über die sie das Zeugnis verweigern dürfte.

(2) ¹Soweit durch eine Ermittlungsmaßnahme eine in § 53 Abs. 1 Satz 1 Nr. 3 bis 3b oder Nr. 5 genannte Person betroffen wäre und dadurch voraussichtlich Erkenntnisse erlangt würden,

---

[23] S. u. § 163 a Rn. 17.
[24] Siehe KK-StPO/*Griesbaum* § 163 a Rn. 9; *Pfeiffer* § 163 a Rn. 3.
[25] Siehe Widmaier/*Schlothauer* MAH Strafverteidigung § 3 Rn. 113.
[26] Siehe *Joecks* Rn. 8; KK-StPO/*Griesbaum* Rn. 26.
[27] Dazu Anw-StPO/*Walther* Rn. 21 ff.; KK-StPO/*Griesbaum* Rn. 32 ff.
[28] So Anw-StPO/*Walther* Rn. 23; *Meyer-Goßner* § 136 Rn. 2.
[29] So *Joecks* Rn. 11; *Pfeiffer* Rn. 8.

über die diese Person das Zeugnis verweigern dürfte, ist dies im Rahmen der Prüfung der Verhältnismäßigkeit besonders zu berücksichtigen; betrifft das Verfahren keine Straftat von erheblicher Bedeutung, ist in der Regel nicht von einem Überwiegen des Strafverfolgungsinteresses auszugehen. ²Soweit geboten, ist die Maßnahme zu unterlassen oder, soweit dies nach der Art der Maßnahme möglich ist, zu beschränken. ³Für die Verwertung von Erkenntnissen zu Beweiszwecken gilt Satz 1 entsprechend.

(3) Die Absätze 1 und 2 sind entsprechend anzuwenden, soweit die in § 53a Genannten das Zeugnis verweigern dürften.

(4) ¹Die Absätze 1 bis 3 sind nicht anzuwenden, wenn bestimmte Tatsachen den Verdacht begründen, daß die zeugnisverweigerungsberechtigte Person an der Tat oder an einer Begünstigung, Strafvereitelung oder Hehlerei beteiligt ist. ²Ist die Tat nur auf Antrag oder nur mit Ermächtigung verfolgbar, ist Satz 1 in den Fällen des § 53 Abs. 1 Satz 1 Nr. 5 anzuwenden, sobald und soweit der Strafantrag gestellt oder die Ermächtigung erteilt ist.

(5) Die §§ 97 und 100c Abs. 6 bleiben unberührt.

Schrifttum: *Glaser/Gedeon*, Dissonante Harmonie: Zu einem zukünftigen „System" strafprozessualer verdeckter Ermittlungsmaßnahmen, GA 2007, 415; *Gola/Klug/Reif*, Datenschutz- und presserechtliche Bewertung der „Vorratsdatenspeicherung, NJW 2007, 2599; *Ignor*, Der rechtliche Schutz des Vertrauensverhältnisses zwischen Rechtsanwalt und Mandat im Visier des Gesetzgebers, NJW 2007, 3403; *J. Kretschmer*, Der Schutz des Persönlichkeitsrechts im Strafverfahren, in: Japanisches Recht, Band 46, Persönlichkeitsschutz und Eigentumsfreiheit in Japan und Deutschland, hrsg. *v. Kunig/Nagata*, 2009, S. 167; *Puschke/Singelnstein*, Telekommunikationsüberwachung, Vorratsdatenspeicherung und (sonstige) heimliche Ermittlungsmaßnahmen nach StPO nach der Neuregelung zum 1. 1. 2008, NJW 2008, 113; *Reiß*, Der strafprozessuale Schutz verfassungsrechtlich geschützter Kommunikation von verdeckten Ermittlungsmaßnahmen, StV 2008, 539; *Rogall*, Kernbereichsmystik im Strafverfahren, FS Fezer, 2008, S. 61; *Roggan*, Das neue BKA-Gesetz – Zur weiteren Zentralisierung der deutschen Sicherheitsarchitektur, NJW 2009, 257; *Zöller*, Heimlichkeit als System, StraFo 2008, 15.

I. Allgemeines

1 § 160a wurde durch das „Gesetz zur Neuregelung der Telekommunikationsüberwachung und anderer verdeckter Ermittlungsmaßnahmen sowie zur Umsetzung der Richtlinie 2006/24/EG" v. 21. 12. 2007 in die StPO eingeführt.[1] Die Vorschrift, die ursprünglich im Gesetzentwurf v. 27. 6. 2007[2] noch als § 53b geplant war, soll ein harmonisiertes System zur Berücksichtigung der von den Zeugnisverweigerungsrechten der Berufsgeheimnisträger geschützten Interessen außerhalb der Vernehmungssituation einführen.[3] Dem Gesetz liegt eine differenzierende Regelung zugrunde. **Geistliche, Strafverteidiger** und **Abgeordnete** werden absolut geschützt, während Abs. 2 für die weiteren Berufsgeheimnisträger des § 53 ein relatives Beweisverbot vorsieht. Das trifft namentlich auf Rechtsanwälte, Ärzte und Pressemitarbeiter zu. Die Verstrickungsklausel nach Abs. 4 schränkt den Schutz ein.

2 Die Schutzvorschrift des § 160a gilt für **alle Ermittlungsmaßnahmen**.[4] Sie schränkt die Beweiserhebung und Beweisverwertung nicht nur bei den geheimen Ermittlungsmaßnahmen nach den §§ 100a ff. ein, sondern auch bei den offenen Maßnahmen wie etwa der Durchsuchung. Die §§ 97 und 100c Abs. 6 bleiben unberührt (Abs. 5). § 160a erfasst **Zeugenvernehmungen** selbst **nicht**. Hier gilt weiterhin umfassend der § 53. Die Zeugnisverweigerungsrechte werden nicht durch die Verhältnismäßigkeit nach Abs. 2 relativiert.[5]

3 Die – absolute und relative – Schutzvorschrift greift nur im Rahmen der **Reichweite** des jeweiligen Zeugnisverweigerungsrechts **nach § 53**. Wird der berufliche Zeugnisverweigerungsberechtigte nach § 53 Abs. 2 von der Verpflichtung zur Verschwiegenheit entbunden, entfällt die Schutzwirkung.[6] Berufshelfer (§ 53a) knüpfen an den jeweiligen Schutz an (Abs. 3).

4 Geklärt ist mit der Norm auch die Frage nach der prozessualen Verwertbarkeit, wenn der Zeugnisverweigerungsberechtigte die vertraulichen Informationen freiwillig weitergibt. Neben einer möglichen Strafbarkeit nach § 203 StGB ist umstritten, ob derartige Erkenntnisse im Strafverfahren verwertbar sind. Jetzt fallen solche Erkenntnisse unter den Anwendungsbereich des § 160a Abs. 1 und 2.[7] Das schutzwürdige Interesse des Beschuldigten besteht

---

[1] BGBl. I, S. 3198. Beachte die einstweilige Anordnung zur Vorratsdatenspeicherung durch das BVerfG v. 11. 3. 2008 – 1 BvR 256/08, NStZ 2008, 290 und siehe jetzt das Urteil des BVerfG v. 2. 3. 2010 – 1 BvR 256, 263, 586/08, in dem die konkrete Ausgestaltung der Vorratsdatenspeicherung für nicht verfassungsgemäß erklärt wird.
[2] Gesetzentwurf der Bunderegierung, BT-Drucks. 16/5846.
[3] BT-Drucks. 16/5846, 1, 2.
[4] Siehe BT-Drucks. 16/5846, S. 1, 35; *Glaser/Gedeon* GA 2007, 415, 423; *Puschke/Singelnstein* NJW 2008, 113, 117; Meyer-Goßner/*Cierniak* Rn. 1.
[5] Siehe BT-Drucks. 16/5846, S. 1, 26.
[6] Siehe HK-GS/*Pflieger* Rn. 1; Meyer-Goßner/*Cierniak* Rn. 1.
[7] Siehe BT-Drucks. 16/5846, S. 1, 37 zu Abs. 2; Meyer-Goßner/*Cierniak* Rn. 1; SK-StPO/*Wolter* Rn. 12; vgl. dazu *Glaser/Gedeon* GA 2007, 415, 427.

fort. Dieses Prinzip muss aber dann auch für die Erkenntnisse der Zeugenvernehmung selbst gelten, wenn der Berufsgeheimnisträger sich nicht auf § 53 beruft.[8]

II. Der absolute Schutz nach Abs. 1

Geistliche, Strafverteidiger und Abgeordnete dürfen **nicht zu Adressaten von staatlichen Strafverfolgungsmaßnahmen** werden. Die Reichweite des Ermittlungsverbots hängt vom Umfang des Zeugnisverweigerungsrechts nach § 53 ab. Bei entsprechender positiver Prognose ist bereits die Anordnung einer entsprechenden Maßnahme unzulässig. Wenn für die Unzulässigkeit der Beweiserhebung gefordert wird,[9] dass auf Grund konkreter tatsächlicher Anhaltspunkte zweifelsfrei erkannt wird, dass absolut geschützte Erkenntnisse zu erwarten sind, ist dieser **Prognosemaßstab** zu großzügig. Im grundrechtlichen Individualinteresse ist in Parallele zu § 100c Abs. 4 zu fordern, dass eine Ermittlungsmaßnahme nur angeordnet werden darf, wenn tatsächlich anzunehmen ist, dass durch die Maßnahme geschützte Erkenntnisse nicht erfasst werden. Im Zweifelsfall ist die Maßnahme zu unterlassen.[10] Die Kommunikation mit einem Verteidiger, Seelsorger oder Abgeordneten darf im Wirkbereich des § 53 durch keinerlei Ermittlungsmaßnahme zielgerichtet beeinträchtigt werden. Aber auch wenn die Maßnahme im Zeitpunkt ihrer Anordnung zulässig war, sind dennoch erlangte Erkenntnisse unverwertbar. Beweiserhebung und Beweisverwertung sind eigenständige Grundrechtseingriffe. Dieser Schutz ist **absolut**. Das bedeutet: Unabhängig davon, ob die Ermittlungsmaßnahme im Zeitpunkt ihrer Anordnung rechtmäßig war oder nicht, unterliegen die Erkenntnisse, über die diese privilegierten Personen das Zeugnis verweigern dürften, einem Beweisverwertungsverbot. Das Gesetz lässt keine Abwägung mit dem rechtsstaatlichen Interesse der Strafrechtspflege zu. Hintergrund ist zum größten Teil der absolute Kernbereich privater Lebensgestaltung dieser Verhältnisse, die staatsfrei und **abwägungsfest** sind. Die Regelung ist natürlich auch Ausdruck von § 148.

Das BVerfG[11] betont, dass auch die Kommunikation mit Personen des besonderen Vertrauens zum **Schutz des Kernbereichs privater Lebensgestaltung** gehört. Bezogen auf die Berufsgeheimnisträger des § 53, der das Vertrauensverhältnis zwischen Zeugen und Beschuldigen schützt, folgt nach Ansicht des Gerichts nicht jedes Verhältnis aus dem Schutz der Menschenwürde. Seelsorgerische Gespräche, die Beichte gehörten zu dem verfassungsrechtlichen Menschenwürdegehalt der Religionsausübung. Das trifft nach dem BVerfG auch auf Gespräche mit dem Strafverteidiger zu, da es zur Wahrung der Menschenwürde gehört, dass der Beschuldigte nicht zum bloßen Objekt im Strafverfahren wird. Zuletzt können nach Ansicht des Gerichts auch Arztgespräche im Einzelfall zum unantastbaren Bereich der privaten Lebensgestaltung gehören. Im Unterschied dazu will das BVerfG Gespräche mit Presseangehörigen oder Parlamentsabgeordneten keinen unmittelbaren Bezug zum Kernbereich privater Lebensgestaltung zuweisen. Es gehe in diesem Fall nicht um den Persönlichkeitsschutz, sondern um die Funktionsfähigkeit der Institutionen. Das mandatsbezogene Vertrauensverhältnis soll dennoch zum Schutz des freien Mandats und der ungestörten parlamentarischen Arbeit in den absoluten Schutz einbezogen werden.[12]

Der Schutz gilt auch bei einer **mittelbaren – zufälligen – Betroffenheit**. Ergibt etwa die zulässige Überwachung der Telekommunikation des Beschuldigten oder eines Dritten Erkenntnisse, die von einem der genannten Berufsgeheimnisträger stammen, unterliegen auch diese zufälligen Erkenntnisse nach Abs. 1 Satz 5 einem absoluten Beweisverwertungsverbot.

Das **Beweisverwertungsverbot** gilt **absolut**. Erkenntnisse aus dem nach § 53 Abs. 1 Satz 1 Nr. 1, 2, 4 geschützten Bereich dürfen weder zu Beweiszwecken noch als Spurenansätze verwendet werden.[13] Die **Löschungspflicht** und die Pflicht der **Dokumentation** runden den Schutz ab.

III. Der relative Schutz (Abs. 2)

Den übrigen Berufsgeheimnisträgern gewährt Abs. 2 ein **relatives Beweiserhebungs- und -verwertungsverbot**. Wie bei Abs. 1 betrifft der Schutz alle Ermittlungsmaßnahmen und erfasst im Schutzbereich die unmittelbare als auch die zufällige Betroffenheit.[14] Deren Reichweite wird durch eine **Verhältnismäßigkeitsprüfung** bestimmt. Abzuwägen ist das Interesse der Allgemeinheit an einer effektiven Strafrechtspflege gegen das öffentliche Interesse an den von den Berufsge-

---

[8] Siehe dazu *Beulke* Rn. 462; *Roxin* § 26 Rn. 22; anders: HK-GS/*Trüg* § 53 Rn. 3; KK-StPO/*Senge* § 53 Rn. 9; *Roxin/Schünemann* § 24 Rn. 45.
[9] So Anw-StPO/*Walther* Rn. 7; KK-StPO/*Griesbaum* Rn. 6.
[10] So SK-StPO/*Wolter* Rn. 22; anders KK-StPO/*Griesbaum* Rn. 6.
[11] Siehe BVerfG v. 3. 3. 2004 – 1 BvR 2378/98, 1084/99, BVerfGE 109, 279, 322 = NJW 2004, 999, 1004.
[12] Nach BT-Drucks. 16/5846, S. 1, 35.
[13] Nach *Glaser/Gedeon* GA 2007, 415, 429; KK-StPO/*Griesbaum* Rn. 9; Meyer-Goßner/*Cierniak* Rn. 4.
[14] Siehe Meyer-Goßner/*Cierniak* Rn. 9.

heimnisträgern wahrgenommenen Aufgaben und das individuelle Interesse an der Geheimhaltung der ihm anvertrauten Tatsachen.[15] Grundsätzlicher Maßstab ist eine Straftat von erheblicher Bedeutung.[16] Die Verhältnismäßigkeit setzt somit der Beweiserhebung und der Beweisverwertung nach Abs. 2 Schranken.

10 Das Gesetz unterscheidet wie in Abs. 1 auch hier die **Beweiserhebung** und die **Beweisverwertung** (Abs. 2 Satz 3) als jeweils selbständige Eingriffe. Mag die Anordnung der Ermittlungsmaßnahme rechtmäßig gewesen sein, so kann doch die Verwertung der gewonnenen Erkenntnisse unverhältnismäßig werden, da sie sich jetzt nur auf unerhebliche Straftaten beziehen.[17] Fragwürdig ist es dagegen im umgekehrten Fall: War die Erhebung unverhältnismäßig und daher rechtswidrig, stellt sich dann aber heraus, dass es sich um eine beachtliche Straftat handelt, so soll die Verwertung der zunächst rechtswidrig erhobenen Erkenntnisse gleichwohl zulässig sein.[18] Das führt zu einem Unterlaufen der gesetzlichen Voraussetzungen und Schranken in der Anordnung einer Ermittlungsmaßnahme. War bereits die Erhebung rechtswidrig, unterliegt die Frage der Verwertung der Beweisverbotslehre und daher nach der Rechtsprechung der eigenständigen Abwägung.[19]

11 Abs. 2 Satz 3 unterstellt allein die Verwertung von Erkenntnissen zu **Beweiszwecken** der gesonderten Prüfung der Verhältnismäßigkeit. Mit diesem unterschiedlichen Wortlaut zu Abs. 1 untersagt die Vorschrift die mittelbare Verwertung, dass die Erkenntnisse zur Grundlage weiterer Ermittlungen gemacht werden, – bedauerlicherweise – nicht.[20]

12 Die in Abs. 2 normierte Prüfung der **Verhältnismäßigkeit** täuscht nur einen zusätzlichen gesetzlichen Schutz vor.[21] Die Verhältnismäßigkeit bildet sowieso aus dem Rechtsstaatsprinzip eine Schranke für staatliche Grundrechtseingriffe. Auch auf der Grundlage des bisherigen Rechts waren die von den Zeugnisverweigerungsberechtigten geschützten Interessen bei allen Ermittlungsmaßnahmen als Gegenmoment im jeweiligen Einzelfall zu berücksichtigen. Abs. 2 hat allein die Bedeutung, dass den Strafverfolgungsorganen die einschränkende Bedeutung der Verhältnismäßigkeit noch einmal verdeutlicht wird.

13 Die **Differenzierung in Abs. 1 und Abs. 2** überzeugt nicht.[22] Nach § 100c Abs. 6 sind die Berufsgeheimnisträger des § 53 umfassend vor einer akustischen Wohnraumüberwachung geschützt. Dieser Schutz gilt fort (Abs. 5). Es gilt für diese sehr grundrechtsintensive Maßnahme ein absolutes Beweiserhebungs- und -verwertungsverbot. Wenn es bei dieser grundrechtsschweren Maßnahme – zutreffend – keine Differenzierung zwischen den Berufsgeheimnisträgern gibt, sollte das auch für die anderen Ermittlungsmaßnahmen gelten. Insbesondere die Herausnahme der Presseangehörigen nach § 53 Abs. 1 Satz 1 Nr. 5 aus dem absoluten Schutzbereich ist sachwidrig. Die **Freiheit der Medien** ist konstituierend für die freiheitliche demokratische Grundordnung.[23] Im Fall „Cicero" betont das BVerfG,[24] dass Durchsuchungen und Beschlagnahmen in einem Ermittlungsverfahren verfassungsrechtlich unzulässig sind, wenn sie ausschließlich oder vorwiegend dem Zweck dienen, die Person des Informanten zu ermitteln. Im Interesse der Pressefreiheit darf der Zugriff nicht von – praktisch immer leicht darzustellenden –[25] Verhältnismäßigkeitserwägungen abhängen. Aber auch die Unterscheidung zwischen **Strafverteidiger und Rechtsanwalt** überzeugt nicht.[26] Das Vertrauensverhältnis zwischen Rechtsanwalt und Mandanten ist konstituierend für das Mandatsverhältnis und für eine wirksame und rechtsstaatlich geordnete Rechtspflege. Es muss von einem staatlichen Zugriff frei sein. Die Unterscheidung ist praxisfern. Ein Referentenentwurf des BJM „Gesetz zur Stärkung des Schutzes von Vertrauensverhältnissen zu Rechtsanwälten im Strafprozessrecht" (Stand 17. 12. 2009) spricht sich für eine Gleichbehandlung von Verteidigern und Rechtsanwälten in Abs. 1 aus (dem folgt ein Kabinettssbeschluss vom 31. 3. 2010).

---

[15] Siehe *Puschke/Singelnstein* NJW 2008, 113, 117; Meyer-Goßner/*Cierniak* Rn. 9.
[16] S. u. § 163e Rn. 3.
[17] So Meyer-Goßner/*Cierniak* Rn. 11.
[18] So BT-Drucks. 16/5846, S. 1, 37; zustimmend HK-GS/*Pflieger* 13; Meyer-Goßner/*Cierniak* Rn. 11.
[19] Dazu *Puschke/Singelnstein* NJW 2008, 113, 117.
[20] Nach *Glaser/Gedeon* GA 2007, 415, 429; KK-StPO/*Griesbaum* Rn. 16; Meyer-Goßner/*Cierniak* Rn. 12; einschränkend SK-StPO/*Wolter* Rn. 41.
[21] Kritisch *Gola/Klug/Reif* NJW 2007, 2599, 2602; *Puschke/Singelnstein* NJW 2008, 113, 117; SK-StPO/*Wolter* Rn. 2.
[22] Vgl. *Gola/Klug/Reif* NJW 2007, 2599, 2602 (Pressemitarbeiter); *Ignor* NJW 2007, 3403 (Verteidiger – Rechtsanwalt); *Puschke/Singelnstein* NJW 2008, 113, 117; *Reiß* StV 2008, 539; *Roggan* NJW 2009, 257, 259 (für § 20 u BKA-G); *Zöller* StraFo 2008, 15, 23; SK-StPO/*Wolter* Rn. 4 ff.; beachte den Gesetzenwurf des Deutschen Bundestags v. 2. 12. 2008, BT-Drucks. 16/11170.
[23] Siehe nur BVerfG v. 27. 2. 2007 – 1 BvR 538/06 u. a., NJW 2007, 1117, 1118; auch SK-StPO/*Wolter* Rn. 37.
[24] Siehe BVerfG v. 27. 2. 2007 – 1 BvR 538/06 u. a., NJW 2007, 1117.
[25] Siehe *Gola/Klug/Reif* NJW 2007, 2599, 2602.
[26] So *Ignor* NJW 2007, 3403, 3404 ff.; *Puschke/Singelnstein* NJW 2008, 113, 117; *Reiß* StV 2008, 539, 547; *Roggan* NJW 2009, 257, 259; siehe auch die Stellungnahme des DAV zum Referentenentwurf des BJM AnwBl 2010, 242.

Zu bedauern ist desgleichen, dass der Gesetzgeber in § 160a keine Regelung aufgenommen **14** hat, die umfassend für alle Ermittlungsmaßnahmen den **Schutz des Kernbereichs privater Lebensgestaltung**[27] einem Beweiserhebungs- und -verwertungsverbot unterstellt. Das zeigt sich insbesondere bei Gesprächen und Kontakten mit den in § 52 genannten Personen. In diesem Punkt erscheint die neue gesetzliche Regelung unvollständig.[28] Regelungen zum Schutz des Kernbereichs privater Lebensgestaltung finden sich in § 100a Abs. 4 und § 100c Abs. 4 und 5. Darunter fallen auch Arztgespräche oder Verteidigergespräche. Insbesondere anhand der **Arztgespräche**[29] lässt sich die Zweifelhaftigkeit der Differenzierung beweisen: Laut BVerfG[30] können derartige Gespräche im Einzelfall unter den Kernbereich privater Lebensgestaltung fallen. Eine Abwägung findet nicht statt. § 160a Abs. 2 setzt keine Schranke. Im Regelfall wird es sich bei ärztlichen Angaben um sensible Informationen handeln, die dem Kernbereich der Privat- und Intimsphäre zuzurechnen sind. Welche ärztlichen Informationen sollen daher noch unter Abs. 2 fallen? Und überwiegt dann nicht stets das schutzwürdige Individualinteresse?[31] **Gespräche mit dem Rechtsanwalt** berühren desgleichen oftmals den unantastbaren Kernbereich privater Lebensgestaltung des Mandanten – etwa bei Mandaten im Familien- oder Erbrecht.[32] Welcher Schutz soll greifen? Die Regelung des § 160a Abs. 2 kann diesen abwägungsfesten Bereich nicht der Verhältnismäßigkeit öffnen. Auch durch andere Ermittlungsmaßnahmen wie die Beschlagnahme und eine Durchsuchung oder die Observation können potentiell Erkenntnisse aus dem unantastbaren Kernbereich privater Lebensgestaltung gewonnen werden. Hier ist ein weitergehender Schutz für alle Ermittlungsmaßnahmen erforderlich.[33] Der absolute Schutz des Kernbereichs privater Lebensgestaltung aus Art. 1 GG ist dem § 160a vorrangig.[34]

IV. Verstrickungsklausel

Wie § 97 Abs. 2 Satz 3 enthält auch § 160a in Abs. 4 eine **Verstrickungsklausel**. § 100c Abs. 6 **15** Satz 3 verweist auf diese Vorschrift. Der Verdacht der Beteiligung sowie der Verdacht der Begünstigung, Strafvereitelung oder Hehlerei lassen die Privilegierung der Absätze 1 bis 3 entfallen. Fällt der Verdacht nachträglich weg, folgt allein aus der ursprünglichen Zulässigkeit der Beweiserhebung nicht die zulässige Verwertung. Die Beweisverwertung als eigenständiger Grundrechtseingriff muss stets auf ihren Zeitpunkt hin anhand des Abs. 1 oder Abs. 2 selbständig bewertet werden.[35] Bei **Medienangehörigen** ist eine – unzureichende – zusätzliche Schranke mit dem Erfordernis des Antrags oder der Ermächtigung eingebaut. Zu beachten ist auch § 108 Abs. 3.

Die Verstrickungsklausel, die bei einem **einfachen Tatverdacht**, den absoluten und relativen **16** Schutz in Gänze aushebelt, ist zu weit gefasst. Insbesondere bei Strafverteidigern mag der Verdacht der Strafvereitelung schnell konstruiert sein. Das Interesse an einer effektiven Strafverteidigung wird vorschnell unterlaufen.[36] § 148 steht dem entgegen.[37] Es ist bedauerlich, dass das ursprüngliche Erfordernis der Einleitung eines Ermittlungsverfahrens[38] nicht in das Gesetz aufgenommen wurde. Dadurch sollte gerade die Umgehung der Schutzregelungen auf Grund bloßer Vermutung ausgeschlossen werden. Dass sich ein Verdacht auf Tatsachen stützen muss, ist eine strafprozessuale Selbstverständlichkeit.[39]

V. Rechtsbehelfe/Rechtsmittel

Werden Erkenntnisse verwertet, obgleich sie einem Verwertungsverbot nach § 160a unterliegen, **17** begründet das die Revision.[40] Besteht die ernsthafte Möglichkeit einer Verstrickung nach Abs. 4, muss die Revisionsbegründung darauf eingehen.[41]

---

[27] Dazu weiter *J. Kretschmer* S. 167; siehe auch SK-StPO/*Wolter* Rn. 7 f.; kritisch *Rogall*, FS Fezer, 2008, S. 61, der von einer Fehlentwicklung spricht.
[28] So *Glaser/Gedeon* GA 2007, 415, 429 f; *Reiß* StV 2008, 539, 542; *Zöller* StraFo 2008, 15, 22.
[29] Dazu KK-StPO/*Griesbaum* Rn. 12; Meyer-Goßner/*Cierniak* Rn. 13; *Reiß* StV 2008, 539, 543 ff.; unklar BT-Drucks. 16/5846, S. 1, 36 f.
[30] So BVerfG v. 3. 3. 2004 – 1 BvR 2378/98, 1084/99, BVerfGE 109, 279, 322 = NJW 2004, 999, 1004.
[31] So Meyer-Goßner/*Cierniak* Rn. 13.
[32] So *Ignor* NJW 2007, 3403, 3404.
[33] So *Puschke/Singelstein* NJW 2008, 113, 119; auch *Roggan* NJW 2009, 257, 258.
[34] Siehe SK-StPO/*Wolter* Rn. 9.
[35] Nach Meyer-Goßner/*Cierniak* Rn. 15.
[36] Vgl. *Ignor* NJW 2007, 3403, 3405; *Puschke/Singelstein* NJW 2008, 113, 117.
[37] So SK-StPO/*Wolter* Rn. 14, 44.
[38] In BT-Drucks. 15/5846, S. 1, 37.
[39] Daher bloße gesetzgeberische Augenwischerei vom Rechtsausschuss in BT-Drucks. 16/6979, S. 1, 67 f.; andere Einschätzung bei SK-StPO/*Wolter* Rn. 45.
[40] So KK-StPO/*Griesbaum* Rn. 22; Meyer-Goßner/*Cierniak* Rn. 18; SK-StPO/*Wolter* Rn. 49.
[41] Vgl. BGH v. 28. 11. 1990 – 3 StR 170/90, BGHSt 37, 245, 248 zu § 97 Abs. 2 Satz 3.

§ 160b [Erörterung des Verfahrensstandes]

¹Die Staatsanwaltschaft kann den Stand des Verfahrens mit den Verfahrensbeteiligten erörtern, soweit dies geeignet erscheint, das Verfahren zu fördern. ²Der wesentliche Inhalt dieser Erörterung ist aktenkundig zu machen.

Schrifttum: *Fischer*, Absprache-Regelung: Problemlösung oder Problem?, StraFo 2009, 177; *Schlothauer/Weider*, Das „Gesetz zur Regelung der Verständigung im Strafverfahren" vom 3. August 2009, StV 2009, 600.

1 Mit dem **Gesetz zur Regelung der Verständigung im Strafverfahren** vom 29. 7. 2009[1] wird ein neuer § 160b in die StPO eingeführt. Im Mittelpunkt des Gesetzes steht der neue § 257c, der Inhalt, Zustandekommen und Folgen der Verständigung in der Hauptverhandlung erstmalig gesetzlich regelt. Daneben werden mit den §§ 160b, 202a, 212 und 257b die kommunikativen Elemente im Strafverfahren im Interesse eines **transparenten Verfahrensstils** gestärkt.

2 Die Zielsetzung des § 160b ist die Förderung der Gesprächsmöglichkeiten zwischen der Staatsanwaltschaft und den Verfahrensbeteiligten.[2] Ein offener Verhandlungsstil soll das Verfahren fördern. Der Begriff der **Verfahrensbeteiligten** findet sich an mehreren Stellen des Gesetzes; er ist für jeden Verfahrensabschnitt gesondert zu bestimmen. Verfahrensbeteiligte sind die Personen und Stellen, die eine Prozessrolle ausüben, die durch eigene Willenserklärungen im prozessualen Sinn gestaltend als Prozesssubjekt mitwirken müssen oder dürfen.[3] Das sind in jedem Verfahrensabschnitt der Beschuldigte (§ 157) und sein Verteidiger und die Staatsanwaltschaft, wenn die Verfahrensherrschaft auf das Gericht übergeht. Verfahrensbeteiligte ist auch die Finanzbehörde im Steuerstrafverfahren.[4]

3 Nach dem Gesetzentwurf sollen auch die **nebenklageberechtigten Personen** bereits im Ermittlungsverfahren zu den unter § 160b fallenden Verfahrensbeteiligten gehören, obgleich ihre Anschlusserklärung gemäß § 396 Abs. 1 Satz 2 erst mit Erhebung der öffentlichen Klage wirksam wird. Das verfahrensfördernde Gespräch in diesem frühen Verfahrensstadium kann bereits Interessen der späteren Nebenkläger berühren, so dass ihr Einbezug[5] in das Gespräch unabhängig von ihrer Erklärung im geeigneten Fall sachgerecht ist. Im Gegensatz dazu müssen die nebenklageberechtigten Personen bei den Erörterungen nach den §§ 202a, 212, 257b und insbesondere bei § 257c ihre Anschlusserklärung abgegeben haben, um Verfahrensbeteiligte zu werden. Verletzte und Zeugen sind keine Verfahrensbeteiligten.[6]

4 **Inhalt des Gesprächs**, dessen Teilnehmerkreis und Form der sachgerechten Gestaltung der Staatsanwaltschaft obliegt, ist der Stand und der Fortgang der Ermittlungen, ebenso Fragen der Einstellung und der Täter-Opfer-Ausgleich.[7] Der wesentliche Inhalt ist **aktenkundig** zu machen. Wenn sich die Staatsanwaltschaft oder ein anderer Verfahrensbeteiligter später von einer verbindlichen Vereinbarung löst, muss auch der Partner der Vereinbarung diese nicht mehr einhalten.[8] Solche Gespräche waren auch vor der gesetzlichen Regelung in § 160b erlaubt und fanden insbesondere mit der Verteidigung statt. Insofern erscheint die gesetzliche Regelung überflüssig.[9] Sie vermag vielleicht einen kommunikativen Stil dort zu fördern, wo er noch nicht herrscht, und hat so eine Appellfunktion.

5 § 160b steht nicht in einem unmittelbaren Zusammenhang mit der Verfahrensabsprache im Strafprozess.[10] Zu diesem frühen Zeitpunkt ohne gerichtliche Beteiligung ist eine solche nicht zulässig. Gespräche mit dem direkten Ziel der Verständigung werden von den neuen Regelungen in den §§ 202a, 212 mit § 243 Abs. 4 und § 257c erfasst.

§ 161 [Ermittlungen]

(1) ¹Zu dem in § 160 Abs. 1 bis 3 bezeichneten Zweck ist die Staatsanwaltschaft befugt, von allen Behörden Auskunft zu verlangen und Ermittlungen jeder Art entweder selbst vorzunehmen oder durch die Behörden und Beamten des Polizeidienstes vornehmen zu lassen, soweit nicht andere gesetzliche Vorschriften ihre Befugnisse besonders regeln. ²Die Behörden und Beamten des Polizeidienstes sind verpflichtet, dem Ersuchen oder Auftrag der Staatsanwaltschaft zu genügen, und in diesem Falle befugt, von allen Behörden Auskunft zu verlangen.

---

[1] BGBl. I S. 2353; siehe auch BT-Drucks. 16/11736.
[2] So BT-Drucks. 16/11736, S. 11.
[3] So *Meyer-Goßner* Einl. Rn. 71.
[4] Siehe BT-Drucks. 16/11736, S. 11 f.; auch Anw-StPO/*Walther* Rn. 3.
[5] So auch Anw-StPO/*Walther* Rn. 2.
[6] So BT-Drucks. 16/11736, S. 12; siehe auch *Meyer-Goßner* Einl. Rn. 75.
[7] Siehe Anw-StPO/*Walther* Rn. 7; *Meyer-Goßner* Rn. 6.
[8] Siehe *Meyer-Goßner* Rn. 9.
[9] Siehe kritisch *Fischer* StraFo 2009, 177, 186; positiv *Schlothauer/Weider* StV 2009, 600, 606.
[10] So BT-Drucks. 16/11736, S. 12.

(2) ¹Ist eine Maßnahme nach diesem Gesetz nur bei Verdacht bestimmter Straftaten zulässig, so dürfen die auf Grund einer entsprechenden Maßnahme nach anderen Gesetzen erlangten personenbezogenen Daten ohne Einwilligung der von der Maßnahme betroffenen Personen zu Beweiszwecken im Strafverfahren nur zur Aufklärung solcher Straftaten verwendet werden, zu deren Aufklärung eine solche Maßnahme nach diesem Gesetz hätte angeordnet werden dürfen. ² § 100d Abs. 5 Nr. 3 bleibt unberührt.

(3) In oder aus einer Wohnung erlangte personenbezogene Daten aus einem Einsatz technischer Mittel zur Eigensicherung im Zuge nicht offener Ermittlungen auf polizeirechtlicher Grundlage dürfen unter Beachtung des Grundsatzes der Verhältnismäßigkeit zu Beweiszwecken nur verwendet werden (Artikel 13 Abs. 5 des Grundgesetzes), wenn das Amtsgericht (§ 162 Abs. 1), in dessen Bezirk die anordnende Stelle ihren Sitz hat, die Rechtmäßigkeit der Maßnahme festgestellt hat; bei Gefahr in Verzug ist die richterliche Entscheidung unverzüglich nachzuholen.

Schrifttum: *Gatzweiler*, Medienberichterstattung und hieraus resultierende Verteidigungsmöglichkeiten, StraFo 1995, 64; *Hohmann*, Verdachtsberichterstattung und Strafverteidigung – Anwaltsstrategie im Umgang mit den Medien, NJW 2009, 881; *J. Kretschmer*, Das Bankgeheimnis in der deutschen Rechtsordnung – ein Überblick, wistra 2009, 180; *Lehr*, Grenzen für die Öffentlichkeitsarbeit der Ermittlungsbehörden, NStZ 2009, 409; *Lindner*, Der Schutz des Persönlichkeitsrechts des Beschuldigten im Ermittlungsverfahren, StV 2008, 210; *Roggan*, Das neue BKA-Gesetz – Zur weiteren Zentralisierung der deutschen Sicherheitsarchitektur, NJW 2009, 257; *Tipke/Lang*, Steuerrecht, 18. Aufl., 2005; *Ziegler*, Risiken und prozessuale Folgen staatsanwaltlicher und richterlicher Medienkontakte, StraFo 1995, 68.

I. Allgemeines

Abs. 1 beinhaltet den Grundsatz der **freien Gestaltung des Ermittlungsverfahrens**. Neben dem 1 organisatorischen Charakter und dem Aspekt der Amtshilfe enthält Abs. 1 auch eine sog. **Ermittlungsgeneralklausel**. Die Absätze 2 und 3 enthalten eine spezifische Verwendungsregelung für präventiv gewonnene Daten. Abs. 2 ist durch das Gesetz zur Neuregelung der Telekommunikationsüberwachung und anderer verdeckter Ermittlungsmaßnahmen sowie zur Umsetzung der Richtlinie 2006/24/EG vom 21. 12. 2007 (BGBl. I S. 3198) in die Norm eingeführt worden.

II. Ermittlungstaktik

Der **Grundsatz der freien Gestaltung** des Ermittlungsverfahrens erlaubt, alle zulässigen Maß- 2 nahmen zu ergreifen, die zur Aufklärung der Straftat erforderlich sind.[1] Kriminaltaktische Aspekte machen es gegebenenfalls erforderlich, Ermittlungen, auch heimliche, durchzuführen, ohne dass der Beschuldigte davon erfährt. Der Beschuldigte hat zwar einen Anspruch auf rechtliches Gehör (§ 163a Abs. 1 und Art. 103 Abs. 1 GG). Es macht aus ermittlungstaktischen Gründen aber eventuell Sinn, den Beschuldigten erst bei seiner Vernehmung mit dem Ermittlungsmaterial zu konfrontieren. Zu den Ermittlungsmaßnahmen gehören Vernehmungen des Beschuldigten, von Zeugen oder Sachverständigen und weitere strafprozessuale Ermittlungsmaßnahmen, welche die StPO im Einzelnen regelt. Zu beachten ist auch die **Ermittlungsgeneralklausel** in den §§ 161 Abs. 1 und 163 Abs. 1.[2]

Die Staatsanwaltschaft kann die erforderlichen Ermittlungsmaßnahmen selbst vornehmen. Die 3 Staatsanwaltschaft kann zu dem in § 160 genannten Zweck Ermittlungen jeder Art auch durch die Behörden oder Beamten des Polizeidienstes vornehmen lassen. Diese sind verpflichtet, den Anweisungen der Staatsanwaltschaft zu folgen. Der **Auftrag** richtet sich an die Ermittlungspersonen gemäß § 152 GVG, das **Ersuchen** an alle übrigen Beamten und Behörden des Polizeidienstes. Die Staatsanwaltschaft richtet ihre Anordnung grundsätzlich an die zuständige Polizeidienststelle, wenn nicht ein bestimmter Beamter mit der Bearbeitung der Sache befasst ist.[3] In Eilfällen kann das Ersuchen oder der Auftrag auch an einen einzelnen Beamten ergehen. Die Staatsanwaltschaft muss die ihr zustehenden Leitungs- und Kontrollbefugnisse im Ermittlungsverfahren auch effektiv ausüben. Mit Blick auf mögliche Beweisverwertungsverbote wegen fehlender oder nicht rechtzeitiger Belehrung nach § 136 oder mangels qualifizierter Belehrung nach zunächst zu Unrecht erfolgter Zeugenvernehmung durch die Polizei muss die Staatsanwaltschaft den Status des zu Vernehmenden als Zeuge oder Beschudligten klarstellen und auf eine ordnungsgemäße Belehrung durch die Polizei hinwirken.[4] Zum **Verhältnis** von Staatsanwaltschaft und Polizei und zur rechtlichen und tatsächlichen Aufgabenverteilung in der **Strafverfolgung** siehe weitere Erläute-

---
[1] Siehe Anw-StPO/*Walther* Rn. 14 ff.; *Joecks* Rn. 9.
[2] S. u. § 163 Rn. 9.
[3] Siehe KK-StPO/*Griesbaum* Rn. 28.
[4] Siehe BGH v. 27. 5. 2009 – 1 StR 99/09, NStZ 2009, 648 = StV 2010, 3.

rungen[5] – beachte auch Nr. 3 RiStBV. Dieses Verhältnis bezieht sich allein auf die Strafverfolgung. Die Staatsanwaltschaft kann keine Weisungen auf dem Gebiet der **Gefahrenabwehr** geben. Prävention ist alleinige Polizeiaufgabe nach den entsprechenden Ländergesetzen. Das Gesetz zur Abwehr von Gefahren des internationalen Terrorismus durch das Bundeskriminalamt vom 25. 12. 2008[6] gibt auch dem Bundeskriminalamt in einem neuen § 4a BKA-G Kompetenzen zur spezifischen Gefahrenabwehr und stattet das BKA in den neuen §§ 20 a ff. mit weitreichenden Ermittlungsbefugnissen aus.[7] Grundlage dafür ist Art. 73 Nr. 9a GG. Die Abgrenzung der Sachbereiche erfolgt nach dem **Schwerpunkt**[8] der Tätigkeit. Bei mehrdeutigen Maßnahmen sind RiStBV Anl. A Abschnitt B III Abs. 1 bis 4 zu beachten.

4   Die Verfahrensbeteiligten wenden sich im zunehmenden Maße an die **Medienöffentlichkeit**. Zur Tätigkeit der Staatsanwaltschaft gehört auch die **Pressearbeit**.[9] Die Aufklärung der Straftat darf dadurch nicht beeinträchtigt werden. Die aktuelle Berichterstattung über schwere Straftaten hat in der gegenwärtigen Praxis einen regelmäßigen Vorrang vor den Persönlichkeitsrechten des Beschuldigten. Näheres ist den **Landespressegesetzen** zu entnehmen. Die Veröffentlichung eines Lichtbildes des Verdächtigen in der Presse wird regelmäßig nur bei dringendem Tatverdacht wegen einer schwerwiegenden Straftat für zulässig angesehen.[10] Beachte für Fahndungsmaßnahmen die speziellen §§ 131 ff. Die Information der Öffentlichkeit muss auf das allgemeine Persönlichkeitsrecht des Betroffenen im Rahmen der Verhältnismäßigkeit Rücksicht nehmen. Zurückhaltung und Objektivität sind geboten.[11] Beachte Nr. 23 RiStBV. Die Unschuldsvermutung ist zu achten. Eine Vorverurteilung ist zwingend zu vermeiden.[12] Die Staatsanwaltschaft kann mit der Öffentlichkeitsarbeit auch die Polizei beauftragen. Persönlichkeitsrelevante Auskünfte der Strafverfolgungsorgane im Ermittlungsverfahren an die Presse stellen jedoch eine Verletzung der Grundrechte des Beschuldigten dar. Die Staatsanwaltschaft ist keine allgemein zugängliche Informationsquelle nach Art. 5 Abs. 1 Satz 1 GG.[13] Die einfachgesetzlichen Auskunftsrechte der Landespressegesetze oder auch nach § 475 StPO müssen bei personenbezogenen Auskünften regelmäßig zurückstehen.[14] Gegen **Presseerklärungen** über laufende Ermittlungsverfahren der Staatsanwaltschaft ist der Rechtsweg nach den §§ 23 ff. EGGVG eröffnet.[15] Beachte die Möglichkeit, Richter – oder mit Besonderheiten den Staatsanwalt – wegen Befangenheit abzulehnen, wenn sie in Medienkontakten die Grenzen der Unschuldsvermutung oder der Unparteilichkeit verletzen.[16]

5   Der **Strafverteidiger** darf sich wie jedermann an die Medien wenden.[17] Auch darin liegt ein Stück Waffengleichheit. Rechtliche Grenzen sind die §§ 203 Abs. 1 Nr. 3 und § 353d Nr. 3 StGB. Verteidigungstaktische Gründe wie die Suche nach Zeugen können für einen Kontakt zu den Medien sprechen. Die **Pressearbeit** muss aber dem Mandanten nützlich sein und darf nicht der Werbung in eigener Sache dienen. Wenn ein Mandant sich im Strafverfahren auf sein Schweigerecht beruft, muss ein Verteidiger strikt darauf achten, gegenüber den Medien nicht über die Tat und deren – entlastende – Hintergründe zu reden. Bildmaterial der Medien kann etwa bei Demonstrationsdelikten zur Entlastung des Beschuldigten beitragen.[18] Die Strafverteidigung muss sich heutzutage auch mit der sog. **Verdachtsberichterstattung** in den Medien befassen. Eine presserechtliche Beratung und Vertretung des Mandanten gehört zur Strafverteidigung.[19]

III. Amtshilfe

6   Die Staatsanwaltschaft ist ermächtigt, von allen öffentlichen Behörden **Auskunft** zu verlangen. Diese sind zur Auskunft verpflichtet.[20] Das ergibt sich bereits aus § 161 und auch aus den

---

[5] S. u. § 163 Rn. 4.
[6] BGBl. I 3083; siehe den entprechenden Gesetzentwurf in BT-Drucks. 16/9588.
[7] Siehe *Roggan* NJW 2009, 257.
[8] Siehe *Joecks* Rn. 11.
[9] Dazu *Joecks* Rn. 12; KK-StPO/*Griesbaum* Rn. 18; Meyer-Goßner/*Cierniak* Rn. 16; Ziegler StraFo 1995, 68.
[10] So OLG Hamm v. 12. 10. 1982 – 7 VAs 24/81, NStZ 1982, 82; *Joecks* Rn. 12.
[11] Siehe *Gatzweiler* StraFo 1995, 64, 65 f.
[12] Siehe *Lehr* NStZ 2009, 409; Widmaier/*Lehr* MAH Strafverteidigung § 20 Rn. 22 ff.; Ziegler StraFo 1995, 68, 69.
[13] Siehe *Lindner* StV 2008, 210, 214; dazu BVerfG v. 24. 1. 2001 – 1 BvR 2623/96, 622/99, BVerfGE 103, 44, 59 f.
[14] Dazu *Lindner* StV 2008, 210, 215 f.
[15] So OLG Stuttgart v. 21. 6. 2001 – 4 VAs 3/01, NJW 2001, 3797; KK-StPO/*Schmidt/Schoreit* § 141 GVG Rn. 3 e; *Beulke* Rn. 328.
[16] Bei *Gatzweiler* StraFo 1995, 64, 65; Ziegler StraFo 1995, 68, 70 ff.
[17] Vgl. Widmaier/*Lehr* MAH Strafverteidigung § 20 Rn. 72 ff.; Widmaier/*Neuhaus* MAH Strafverteidigung § 15 Rn. 108 f.; *Gatzweiler* StraFo 1995, 64.
[18] So der Hinweis bei Widmaier/*Neuhaus* MAH Strafverteidigung § 11 Rn. 109.
[19] Dazu *Hohmann* NJW 2009, 881.
[20] So KK-StPO/*Griesbaum* Rn. 2.

Zweiter Abschnitt. Vorbereitung der öffentlichen Klage 7–11 **§ 161**

Grundsätzen der Amtshilfe. Die Auskunftspflicht besteht auch gegenüber der Finanzbehörde, wenn sie die Aufgaben der Staatsanwaltschaft in Steuerstrafsachen übernimmt (§§ 386, 399 AO). Eine **Grenze** des Auskunftsverlangens besteht, wenn die Auskunft „dem Wohle des Bundes oder eines deutschen Landes Nachteile bereiten oder die Erfüllung öffentlicher Aufgaben ernstlich gefährden oder erheblich erschweren würde" (§ 39 Abs. 3 BRRG, § 96). Die Weigerung der Behörde stellt keinen Verwaltungsakt dar. Als **Rechtsweg** steht allein die Dienstaufsicht zur Verfügung.[21] Eine weitere Beschränkung des Auskunftsverlangens der Staatsanwaltschaft kann sich aus der speziellen Regelungsmaterie ergeben.

Das **Brief-, Post- und Fernmeldegeheimnis** des Art. 10 GG setzt dem Auskunftsverlangen nach 7 § 161 Grenzen. Es gelten abschließend die §§ 99 und 100 g.[22] Im Übrigen sind nur Behörden zur Auskunft verpflichtet. Mit der zunehmenden Privatisierung öffentlich-rechtlicher Institutionen entfällt die Verpflichtung der entsprechenden Institutionen. „Behördliche" Auskunft kann von privaten Stellen nicht verlangt werden.

Ein **Bankgeheimnis** besteht gegenüber den Strafverfolgungsorganen nicht.[23] Öffentlich-recht- 8 liche Kreditinstitute sind daher als Behörden zur Auskunft verpflichtet. Das trifft etwa Landesbanken oder öffentlich-rechtlich organisierte Sparkassen. Öffentlich-rechtliche Kreditanstalten sind auch als solche zu behandeln, wenn sie allgemeine Bankgeschäfte tätigen.[24] Gegenüber privaten Kreditinstituten kommen die strafprozessualen Maßnahmen der Durchsuchung und Beschlagnahme und Zeugenvernehmungen von Mitarbeitern in Betracht. Das kann eine Bank durch freiwillige Auskünfte vermeiden.[25] Unzulässig ist dagegen der Zugriff auf Unterlagen eines Kreditinstituts über **Rechtsanwaltsanderkonten**. Diese sind beschlagnahmefrei (§§ 53, 53 a, 97 Abs. 2, 4).[26]

Das **Sozialgeheimnis** des § 35 SGB I schließt im Grundsatz eine Auskunft der Leistungsträger 9 und der gleichgestellten Behörden über Sozialdaten aus und entwertet das Recht der Staatsanwaltschaft auf behördliche Auskunft.[27] § 35 Abs. 3 SGB I gewährt der Sozialbehörde ein Zeugnisverweigerungsrecht und ein Beschlagnahmeverbot. § 161 gilt nicht. Eine Offenbarung ist allein nach den §§ 67 ff. SGB X zulässig.[28] Ein eigenes Auskunftsrecht haben Staatsanwaltschaft – und Polizei – grundsätzlich nach § 68 SGB X über die dort genannten **persönlichen** Daten (Name, Vorname, Geburtsdatum, Geburtsort, derzeitige Anschrift des Betroffenen, seinen derzeitigen oder künftigen Aufenthalt sowie Namen und Anschrift seiner derzeitigen Arbeitgeber). Ein Zugriff auf **empfindliche Sozialdaten** ist zulässig, wenn nach § 69 Abs. 1 Nr. 2 SGB X die Offenbarung für die Durchführung eines gerichtlichen Verfahrens einschließlich des Strafverfahrens erforderlich ist, das mit der Erfüllung einer gesetzlichen Aufgabe nach dem SGB durch eine in § 35 SGB I genannte Stelle in einem Zusammenhang steht. Dieser sozialleistungsrelevante Sachzusammenhang ist beispielhaft anzunehmen bei einem Ermittlungsverfahren wegen des Erschleichens von Sozialleistungen (§ 263 StGB) oder wegen § 266 a StGB.[29] Auch in diesem Fall hat die Staatsanwaltschaft einen eigenen Auskunftsanspruch.[30] Zu beachten ist jedoch § 76 SGB X – besonders schutzwürdige Sozialdaten. Eine Einwilligung des Betroffenen hebt jede Einschränkung der Datenweitergabe auf.

Ansonsten bedarf die Übermittlung von Sozialdaten einer **richterlichen** Anordnung (§ 73 10 SGB X). Zuständig ist der Ermittlungsrichter (§ 162). Die Übermittlung ist dann bei einem Strafverfahren wegen eines Verbrechens oder wegen einer Straftat von erheblicher Bedeutung unbeschränkt möglich (§ 73 SGB X Abs. 1). Wegen einer anderen Straftat ist die Übermittlung auf die in § 72 Abs. 1 Satz 2 SGB X genannten Angaben und die Angaben über erbrachte oder demnächst zu erbringende Geldleistungen beschränkt. Es gilt eine strenge Zweckbindung (§ 78 SGB X).

§ 30 AO regelt das **Steuergeheimnis**.[31] § 161 Abs. 1 ist keine Durchbrechung im Sinne des § 30 11 Abs. 4 Nr. 2 AO. Die dem Steuergeheimnis unterliegenden Daten unterliegen einem Auskunfts-

---

[21] So KK-StPO/*Griesbaum* Rn. 5.
[22] Nach Meyer-Goßner/*Cierniak* Rn. 3.
[23] Siehe J. *Kretschmer* wistra 2009, 180 f.; KK-StPO/*Griesbaum* Rn. 8; Meyer-Goßner/*Cierniak* Rn. 4; SK-StPO/*Wohlers* Rn. 23.
[24] So SK-StPO/*Wohlers* Rn. 23; anders Löwe/Rosenberg/*Rieß*, 25. Aufl. Rn. 28.
[25] Nach KK-StPO/*Griesbaum* Rn. 8; Löwe/Rosenberg/*Rieß*, 25. Aufl. Rn. 28 a; Meyer-Goßner/*Cierniak* Rn. 4.
[26] Siehe LG Darmstadt v. 9.6.1989 – 9 Qs 238/89, WM 1990, 12; AG Münster v. 8.8.1997 – 23 Gs 459/97, NStZ-RR 1998, 283; J. *Kretschmer* wistra 2009, 180, 181; Meyer-Goßner § 97 Rn. 12; *Stahl*, wistra 1990, 94; SK-StPO/*Wohlers* Rn. 23; anders LG Chemnitz v. 2.7.2001 – 4 Qs 13/01, wistra 2001, 399.
[27] Siehe KK-StPO/*Griesbaum* Rn. 9.
[28] Einzelheiten bei Anw-StPO/*Walther* Rn. 9; KK-StPO/*Griesbaum* Rn. 9; Meyer-Goßner/*Cierniak* Rn. 6; SK-StPO/*Wohlers* Rn. 35 ff.
[29] Siehe SK-StPO/*Wohlers* Rn. 40.
[30] LG Stuttgart v. 11.5.1993 – 14 Qs 23/93, NStZ 1993, 552, 553; SK-StPO/*Wohlers* Rn. 39.
[31] Siehe dazu *Tipke/Lang* § 4 Rn. 201 ff.

verbot, das allein von Abs. 4 und Abs. 5 des § 30 AO durchbrochen wird. Im Wesentlichen ist eine Auskunft daher möglich, wenn sie der Durchführung eines Steuerstrafverfahrens dient (Abs. 4 Nr. 1) oder wenn nach Nr. 5 ein zwingendes öffentliches Interesse an der Offenbarung besteht. § 30 Abs. 4 Nr. 5 AO bestimmt dieses Interesse näher, wenn beispielhaft die Strafverfolgung wegen eines Verbrechens oder schwerwiegende Wirtschaftsstraftaten erwähnt werden. Weitere Mitteilungen der Finanzbehörden an die Strafverfolgungsorgane sind zur Bekämpfung der illegalen Beschäftigung und des Leistungsmissbrauchs nach § 31a AO und zur Bekämpfung der Geldwäsche nach § 31b AO verpflichtend; siehe auch § 4 Abs. 5 Nr. 10 EStG.

12 Zu den auskunftspflichtigen Behörden gehören auch die **Polizeibehörden**.[32] § 161 Abs. 1 bezieht sich auf das Gebiet der Gefahrenabwehr. Auskünfte über Erkenntnisse, welche die Polizei bei ihrer strafverfolgenden Tätigkeit gewinnt, kann die Staatsanwaltschaft auf Grund ihrer strafprozessualen Verfahrensherrschaft vollumfänglich verlangen. § 152 GVG gilt insoweit.

13 Die Auskunftsverlangen können auch von der **Polizei** eingeholt werden, wenn sie die Ermittlungen führt. Im Gegensatz zum Verlangen der Staatsanwaltschaft muss die Behörde dem Ersuchen regelmäßig nicht folgen.[33]

IV. Verwendungsregelung (Abs. 2 und 3)

14 Abs. 2 wurde mit dem erwähnten Gesetz vom 21.12.2007 aufgenommen. Er regelt bereichsspezifisch die Verwendung von Daten, die durch nicht strafprozessuale hoheitliche Maßnahmen gewonnen wurden. Die Norm regelt die Zweckbindung, wenn intensive Grundrechtseingriffe nur bei einem Verdacht bestimmter Straftaten zulässig sind. Das trifft auf die Mehrzahl verdeckter Ermittlungsmaßnahmen zu: §§ 100a, 100c, 100f, 100g, 100h Abs. 1 Nr. 2, aber auch in § 163f. Werden personenbezogene Daten aus den entsprechenden Maßnahmen nach den Polizeigesetzen oder nach den Gesetzen über die Nachrichtendienste gewonnen, dürfen sie im Strafverfahren zu Beweiszwecken verwendet werden, wenn die entsprechende Maßnahme auch auf strafprozessualer Grundlage zu erlangen gewesen wäre. Das basiert auf dem **Grundsatz des hypothetischen Ersatzeingriffs**. Einer Umgehung der engen strafprozessualen Anordnungsvoraussetzungen mit Bindung an den Verdacht bestimmter Katalogtaten wird dadurch vorgebeugt.[34] Ein Beispiel: Erkenntnisse, welche die Polizei durch die Überwachung und Aufzeichnung der Telekommunikation nach Art. 34a des Bayerischen PolizeiaufgabenG gewonnen hat, dürfen im Strafverfahren zu Beweiszwecken nur verwendet werden, wenn sich die Erkenntnisse auf in § 100a genannte Katalogtaten beziehen. Die Beschränkung bezieht sich im Wortlaut auf eine Verwendung zu **Beweiszwecken**. Daher können die gewonnenen Daten uneingeschränkt als weiterer Ermittlungsansatz oder zur Ermittlung des Aufenthalts eines Beschuldigten verwendet werden.[35] Dieses gesetzgeberische Ergebnis ist zu bedauern. § 100d Abs. 5 Nr. 3 bleibt unberührt.

15 Das BKA-G enthält in § 20v Abs. 5 Nr. 3 eine spezielle Weitergaberegelung zur Strafverfolgung für personenbezogene Daten, die das BKA auf dem Feld der Abwehr der Gefahren des internationalen Terrorismus gewonnen hat. Der Gleichlauf mit den jeweiligen Ermittlungsbefugnissen wird auch hier gewährt.[36] Bedenklich ist jedoch die Beschränkung des § 161 Abs. 2 auf die Weitergabe zu Beweiszwecken. Personenbezogene Daten, die präventiv durch verfassungsrechtlich bedenkliche Maßnahmen wie einen verdeckten Eingriff in ein informationstechnisches System (= online-Durchsuchung) nach § 20k BKA-G oder durch eine visuelle Wohnraumüberwachung (§ 20h BKA-G) gewonnen wurden, dürfen demnach vom BKA als weiterer Ermittlungsansatz zur Strafverfolgung übermittelt werden.[37] Das hebt die Zweckbindung auf und unterläuft strafprozessuale Eingriffsschranken.

16 Abs. 3 enthält eine weitere Regelung in der StPO, die eine Zweckentfremdung präventiver Daten für das Strafverfahren gestattet.[38] Sie bezieht sich spezifisch auf **Wohnraumüberwachung**. Geregelt wird die Umwidmung zu Beweiszwecken im Strafverfahren. Mit Blick auf Art. 13 Abs. 5 GG ist die Regelung auch auf die Verwendung als Spurenansatz für weitere Ermittlungsmaßnahmen anzuwenden. In Art. 13 Abs. 5 GG ist in einem weiter gefassten Sinn von der anderweitigen Verwertung zum Zwecke der Strafverfolgung die Rede. Siehe weitere Anmerkungen bei § 163.[39]

---

[32] So SK-StPO/*Wohlers* Rn. 21.
[33] So HK-GS/*Pflieger* Rn. 16; KK-StPO/*Griesbaum* Rn. 31; Meyer-Goßner/*Cierniak* § 163 Rn. 1a.
[34] Siehe BT-Drucks. 16/5846, S. 1, 64.
[35] So BT-Drucks. 16/5846, S. 1, 64; HK-GS/*Pflieger* Rn. 19; Meyer-Goßner/*Cierniak* Rn. 18c.
[36] Siehe Meyer-Goßner/*Cierniak* Rn. 18d.
[37] So Meyer-Goßner/*Cierniak* Rn. 18d.
[38] Dazu *Soiné* Kriminalistik 2001, 245, 246f.; SK-StPO/*Wohlers* Rn. 53ff.
[39] S. u. § 163 Rn. 11.

§ 161a [Zeugen- und Sachverständigenvernehmung durch die Staatsanwaltschaft]

(1) ¹Zeugen und Sachverständige sind verpflichtet, auf Ladung vor der Staatsanwaltschaft zu erscheinen und zur Sache auszusagen oder ihr Gutachten zu erstatten. ²Soweit nichts anderes bestimmt ist, gelten die Vorschriften des sechsten und siebenten Abschnitts des ersten Buches über Zeugen und Sachverständige entsprechend. ³Die eidliche Vernehmung bleibt dem Richter vorbehalten.

(2) ¹Bei unberechtigtem Ausbleiben oder unberechtigter Weigerung eines Zeugen oder Sachverständigen steht die Befugnis zu den in den §§ 51, 70 und 77 vorgesehenen Maßregeln der Staatsanwaltschaft zu. ²Jedoch bleibt die Festsetzung der Haft dem nach § 162 zuständigen Gericht vorbehalten.

(3) ¹Gegen Entscheidungen der Staatsanwaltschaft nach Absatz 2 Satz 1 kann gerichtliche Entscheidung durch das nach § 162 zuständige Gericht beantragt werden. ²Gleiches gilt, wenn die Staatsanwaltschaft Entscheidungen im Sinne des § 68b getroffen hat. ³Die §§ 297 bis 300, 302, 306 bis 309, 311a und 473a gelten jeweils entsprechend. ⁴Gerichtliche Entscheidungen nach den Sätzen 1 und 2 sind unanfechtbar.

(4) Ersucht eine Staatsanwaltschaft eine andere Staatsanwaltschaft um die Vernehmung eines Zeugen oder Sachverständigen, so stehen die Befugnisse nach Absatz 2 Satz 1 auch der ersuchten Staatsanwaltschaft zu.

Schrifttum: *Adler*, Für die Zurückweisung eines anwaltlichen Zeugenbeistands wegen angeblicher Interessenkollision gibt es keine Rechtsgrundlage, StraFo 2002, 146; *J. Kretschmer*, Der strafrechtliche Parteiverrat (§ 356), 2005; *Minoggio*, Der Firmenmitarbeiter als Zeuge im Ermittlungsverfahren – Der Rechtsanwalt als sein Zeugenbeistand-, AnwBl 2001, 584.

§ 161a bewekct die **Konzentration** des Ermittlungsverfahrens in der Hand der Staatsanwaltschaft.¹ Die Norm hat allein Geltung für die Verfahrensabschnitte **bis zur Anklageerhebung**. Den in der Norm gewährten Befugnissen entspricht zwecks Beschleunigung des Ermittlungsverfahrens die Pflicht² der Staatsanwaltschaft zu deren Gebrauch. In der Praxis lässt die Staatsanwaltschaft Zeugen regelmäßig durch die Polizei vernehmen.³ Die polizeiliche Zeugenvernehmung stellt in der Praxis den Regelfall dar.

Das **2. OpferrechtsreformG**⁴ vom 29. 7. 2009 bringt in § 161a wichtige Änderungen. Neu gefasst wird mit dem Gesetz Abs. 2 Satz 2 und vor allem Abs. 3 wird wesentlich geändert. Die gerichtliche Zuständigkeit gegen staatsanwaltliche Entscheidungen wird durch Verweis auf § 162 konzentriert. § 162 seinerseits wurde bereits mit dem „Gesetz zur Neuregelung der Telekommunikationsüberwachung und anderer verdeckter Ermittlungsmaßnahmen sowie zur Umsetzung der Richtlinie 2006/24/EG" v. 21. 12. 2007 geändert und erhält mit dem „Gesetz zur Änderung des Untersuchungshaftrechts" eine weitere Ergänzung durch einen neuen Abs. 3. § 162 wird durch eine vielfache Verweisung zu einer Schlüsselnorm im gerichtlichen Rechtsschutz. Eine derartige stückweise erfolgende Gesetzesänderung ist keine vorbildliche Gesetzgebung.

Es gilt bei der staatsanwaltlichen Ladung zur Zeugen- und Sachverständigenvernehmung die **Erscheinenspflicht**. Diese Pflicht gilt auch, wenn der Zeuge ein Auskunfts- oder Zeugnisverweigerungsrecht hat.⁵ Die Norm verweist umfassend auf die Vorschriften für Zeugen und Sachverständige im 1. Buch. Ausnahme: Alle Vorschriften, die sich auf die **Vereidigung** beziehen, sind nicht anwendbar (Abs. 1 Satz 3). Daher sind Zeugenaussagen vor der Staatsanwaltschaft und auch vor der Polizei – der neue § 163 Abs. 3 verweist gerade nicht auf die §§ 59ff. – nicht von den Strafvorschriften der §§ 153ff. StGB erfasst. Übrigens: Das **2. OpferrechtsreformG** vom 29. 7. 2009 bestimmt in einem neuen § 48 Abs. 1, dass Zeugen verpflichtet sind, zu dem zu ihrer Vernehmung bestimmten Termin vor dem Richter zu erscheinen und auszusagen. Eine solche gesetzliche Regelung dient nach der Gesetzesbegründung⁶ der Rechtsklarheit und auch dem Schutz von Zeugen. Eine solche Pflicht gilt für polizeiliche Zeugenvernehmungen nicht. Der neue § 163 Abs. 3 enthält in Übereinstimmung mit dem bisherigen Recht keine derartige Pflichtenstellung. Aus Gründen der Rechtsklarheit sollte das Gesetz in § 163 Abs. 3 feststellen, dass Zeugen einer Ladung der Polizei nicht folgen müssen. Das dient auch dem Zeugenschutz.

Da sich das Strafverfolgungsorgan stets im Klaren über die **Verfahrensrolle** des zu Vernehmenden sein muss, verlangt Nr. 64 RiStBV, dass der Ladung eines Zeugen erkennen lassen muss, dass

---

¹ So *Joecks* Rn. 1; Meyer-Goßner/*Cierniak* Rn. 1.
² Nach Meyer-Goßner/*Cierniak* Rn. 1.
³ So SK-StPO/ *Wohlers* Rn. 3.
⁴ BGBl. I S. 2280; siehe BT-Drucks. 16/12098.
⁵ So SK-StPO/*Wohlers* Rn. 5.
⁶ Siehe BT-Drucks. 16/12098, S. 16.

er eben als Zeuge vernommen werden soll. Nr. 44 fordert das für die Vernehmung des Beschuldigten. Die Ladung nach § 48 nennt auch die gesetzlichen Folgen des Ausbleibens. Bei Zeugen in U-Haft oder Strafhaft ordnet die Staatsanwaltschaft die Vorführung aus der Strafanstalt an. § 36 Abs. 2 Satz 2 StVollzG gilt auch hier[7] – beachte jetzt die entsprechenden Ländergesetze wie beispielsweise in § 38 Abs. 3 BayStVollzG.

5   Eines zwingenden Hinweises auf eine zwangsweise durchgeführte Vorführung nach § 51 Abs. 1 Satz 3 bedarf es im Gegensatz zur richterlichen Ladung eines Zeugen nicht.[8] Die freie Gestaltung des Ermittlungsverfahrens erlaubt den Verzicht auf die Zeugenvernehmung und den Gebrauch anderer Beweismittel.

6   Die Durchführung der Vernehmung richtet sich durch Verweis auf die Zeugen- und Sachverständigenvorschriften nach den dortigen Regeln.[9] Zu den Belehrungspflichten und deren Folgen siehe die dortigen Kommentierungen. Bleibt der Zeuge nach der Ladung unberechtigt aus oder verweigert er sein Zeugnis ohne einen berechtigten Grund stehen der Staatsanwaltschaft die Befugnisse nach § 51 oder nach § 70 zu. Die Auferlegung von Kosten und Ordnungsgeld nach § 51 ist zwingend.[10] Wegen Art. 104 GG stehen **Haftsachen** unter einem Richtervorbehalt. Der durch das 2. OpferrechtsreformG neu gefasste Abs. 2 Satz 2 verweist auf § 162. Das trifft auf die Ersatzordnungshaft und die Erzwingungshaft zu.

7   **Zeugenbeistand:** Es ist in bestimmten Deliktsfeldern inzwischen Verfahrensnormalität, dass Zeugen bei ihrer Vernehmung einen Rechtsanwalt mitbringen. Das trifft im Wesentlichen auf Wirtschaftsstrafverfahren und auf Sexualdelikte zu. Zeugen sind im Regelfall juristische Laien. Die Vernehmungssituation ist belastend und der Zeuge befindet sich oftmals in einer Konfliktsituation. Der Zeuge ist berechtigt, zu seiner Vernehmung – auf eigene Kosten – einen Rechtsanwalt seiner Wahl als **Zeugenbeistand** mitzubringen.[11] Das folgt aus dem rechtsstaatlichen Grundsatz des **fairen Verfahrens**. Für den Verletzten und den Nebenklageberechtigten ergibt sich das aus den §§ 406 f und g. Nach dem BVerfG ermöglicht ein unabhängiger und vom Zeugen selbst gewählter Rechtsbeistand, dass der Zeuge seine prozessualen Rechte sachgerecht wahrnehmen kann. Das gilt für Zeugenvernehmungen durch jede Verhörsperson. Das ist insbesondere auch von den Finanzbehörden und Steuerfahndungsstellen in Steuerstrafsachen zu achten. Auch § 3 Abs. 3 BRAO zeigt die Berechtigung des Instituts eines Zeugenbeistands. Wie der Beschuldigte ist auch der Zeuge ein Verfahrenssubjekt. Eine gesetzliche Grundlage für einen Ausschluss oder für eine **Zurückweisung** eines anwaltlichen Zeugenbeistands bei einer etwaigen Interessenkollision existierte bisher **nicht**.[12] § 164 (Festhalten von Störern) erfordert eine Störung im polizeirechtlichen Sinn und genügt als gesetzliche Grundlage nicht.

8   Das alles und noch viel mehr regelt jetzt ein **neuer § 68 b**. Das 2. **OpferrechtsreformG** vom 29. 7. 2009 enthält eine umfassende Regelung des Instituts des Zeugenbeistands.[13] Neben der bisherigen Beiordnung eines Zeugenbeistands – jetzt in Abs. 2 – normiert Abs. 1 die allgemeine Befugnis des Zeugen, sich eines anwaltlichen Beistands zu bedienen. Das Gesetz enthält nun auch eine verfassungsrechtliche geforderter Ausschlussregelung. § 68 b und somit auch das Anwesenheitsrecht des Zeugenbeistands gelten nicht allein bei der richterlichen Zeugenvernehmung. Über Abs. 1 Satz 2 und über den Verweis im neuen § 163 Abs. 3 gilt die Vorschrift auch für die staatsanwaltliche und für die polizeiliche Zeugenvernehmung. Über die Beiordnung eines Zeugenbeistands entscheidet die Staatsanwaltschaft auch bei der polizeilichen Zeugenvernehmung (§ 163 Abs. 3 Satz 2). Darin zeigt sich ihre Verfahrensherrschaft im Ermittlungsverfahren.

9   Die Aufgaben des Zeugenbeistands sind gesetzlich auch mit dem 2. **OpferrechtsreformG** nicht umfassend geregelt. Nach § 68 b Abs. 1 Satz 1 hat er bei der Zeugenvernehmung ein Anwesenheitsrecht. Sodann erfolgt sogleich eine Ausschlussregelung. Der Zeugenbeistand hat **keine originären Verfahrensrechte**. Er unterstützt den Zeugen bei der sachgerechten Wahrnehmung der ihm zustehenden Rechte.[14] Weder hat er selbständige Antragsrechte noch ein Recht auf Akteneinsicht noch ein besonderes Anwesenheitsrecht außerhalb der Vernehmung des Zeugen. In den Worten des BVerfG[15] hat der Rechtsbeistand des Zeugen nicht mehr Befugnisse als dieser selbst. Ein

---

[7] So Meyer-Goßner/*Cierniak* Rn. 3.
[8] So Anw-StPO/*Walther* Rn. 5; *Joecks* Rn. 4; Meyer-Goßner/*Cierniak* Rn. 5; nach SK-StPO/*Wohlers* Rn. 6 zwingend.
[9] Dazu SK-StPO/*Wohlers* Rn. 16 ff.
[10] Siehe Anw-StPO/*Walther* Rn. 13; *Meyer-Goßner* § 51 Rn. 14 und 16.
[11] Siehe BVerfG v. 17. 4. 2000 – 1 BvR 1313/99, AnwBl 2000, 450; BVerfG v. 8. 10. 1974 – 2 BvR 747, 748, 749, 750, 751, 752, 753/73; BVerfGE 38, 105 = NJW 1975, 103; *Adler* StraFo 2002, 146; *Meyer-Goßner* Vor § 48 Rn. 11; *Minoggio* AnwBl. 2001, 584; SK-StPO/*Wohlers* Rn. 19; Widmaier/*Lesch* MAH Strafverteidigung § 54 Rn. 43.
[12] Siehe BVerfG v. 17. 4. 2000 – 1 BvR 1/1313/99, AnwBl. 2000, 450; *Adler* StraFo 2002, 146, 149 ff.
[13] Siehe BGBl. I S. 2280: auch BT-Drucks. 16/12098, S. 22 ff.
[14] Siehe dazu *Minoggio* AnwBl. 2001, 584, 587 ff.
[15] BVerfG v. 8. 10. 1974 – 2 BvR 747 bis 752/73, BVerfGE 38, 105, 116.

Recht auf **Akteneinsicht** ergibt sich jedoch für den verfahrensunbeteiligten Zeugenbeistand in den dortigen Grenzen aus § 475.[16] Der Zeugenbeistand kann als Teil der Öffentlichkeit als Zuhörer an der gesamten Hauptverhandlung teilnehmen.[17] Auf die persönliche Mitwirkung an der Zeugenvernehmung selbst sollte der anwaltliche Zeugenbeistand nie verzichten. Ein Anspruch auf Ladung zum Termin soll dagegen nicht bestehen.[18] Aus Gründen rechtsstaatlicher Fürsorge ist es geboten, den Zeugen auf sein Recht eines Zeugenbeistands während der Zeugenvernehmung hinzuweisen.[19] Ist der anwaltliche Zeugenbeistand an der Wahrnehmung des Termins gehindert, besteht nach der Rechtsprechung[20] kein Anspruch auf Verlegung der Vernehmung. Der Zeuge hat nach diesem Verständnis nicht das Recht, bei terminlicher Verhinderung seines Rechtsbeistands der Vernehmung fernzubleiben. All diese Fragen regelt der neue § 68b im 2. OpferrechtsreformG leider nicht. Das unterläuft den rechtsstaatlichen Anspruch auf einen Zeugenbeistand.[21] Im Interesse einer fairen und ausgewogenen Verfahrensführung sollen die Verfolgungsbehörden die Vernehmungen so terminieren, dass ein Zeuge von einer von ihm gewünschten anwaltlichen Begleitung auch Gebrauch machen kann.[22] Die Staatsanwaltschaft muss in ihrem rechtsstaatlichen Selbstverständnis den Vernehmungstermin verschieben, wenn ein Zeugenbeistand an der Wahrnehmung gehindert ist. Die gebotene Kontaktaufnahme darf der Anwalt nicht auf seinen Mandanten schieben. Das LG Zweibrücken[23] gewährt dem Zeugen im Ergebnis ein Recht, ohne vorherige Anwesenheit seines Zeugenbeistands die Aussage folgenlos zu verweigern. Selbstverständlich hat der Zeuge ein vollständiges **Schweigerecht** über sämtliche Gespräche, die er mit seinem anwaltlichen Zeugenbeistand führt. Grundlage ist das allgemeine Persönlichkeitsrecht,[24] aber auch das Rechtsstaatprinzip als Grundlage für den Zeugenbeistand.

Wie soll auf eine – rechtswidrige – **Zurückweisung** eines anwaltlichen Zeugenbeistands durch das vernehmende Strafverfolgungsorgan reagiert werden? Insbesondere in Steuerstrafsachen wird dem anwaltlichen Zeugenbeistand mit Misstrauen – gar Feindseligkeit – entgegengetreten.[25] Zuerst ist die amtliche Verhörsperson nach einer gesetzlichen Grundlage für eine solche Maßnahme der Zurückweisung zu fragen. Fehlte bisher eine gesetzliche Regelung, liegt jetzt mit § 68b Abs. 1 Satz 3 und 4 eine Ausschlussregelung vor. Es handelt sich jedoch um eine Ermessensvorschrift, die unter Beachtung des rechtsstaatlichen Interesses an einem Zeugenbeistand anzuwenden ist. Ohne einen Ausschluss ist eine Zurückweisung nicht zulässig. Der Zeugenbeistand sollte ansonsten seinem Mandanten empfehlen, ohne seine Anwesenheit nicht auszusagen.[26] Bei rechtswidriger Zurückweisung ist die Erscheinens- und Aussagepflicht des Zeugen suspendiert.[27] Bei einer polizeilichen Zeugenvernehmung ist das alles mangels einer Erscheinens- und Aussagepflicht folgenlos. Bei einer richterlichen und staatsanwaltlichen Zeugenvernehmung drohen Ordnungsmittel nach § 70. Die Hinzuziehung eines anwaltlichen Zeugenbeistands nach eigener Wahl folgt jedoch aus dem Rechtsstaatsprinzip und ist jetzt in § 68b Abs. 1 gesetzlich normiert. Daher besteht ein gesetzlicher Grund für die Zeugnisverweigerung, da dem Zeugen ein rechtsstaatlicher Anspruch verwehrt wird. Gegen Ordnungsmittel der Staatsanwaltschaft ist der Rechtsweg nach Abs. 3 zu beschreiten. Dieser Konflikt besteht fort: Nach § 68b Abs. 3 ist eine richterliche Entscheidung über einen Ausschluss von der Vernehmung oder über die Beiordnung unanfechtbar, um Verzögerungen im Ermittlungsverfahren zu vermeiden,[28] Bei einer staatsanwaltlichen Entscheidung über einen Ausschluss – und auch bei einer polizeilichen über § 163 Abs. 3 Satz 3 – besteht mit der Neuregelung durch das 2. OpferrechtsreformG zwar der Rechtsweg nach § 161a Abs. 3. Die Vernehmung kann aber fortgesetzt werden (§ 307). Es bleibt somit die Frage, wie ein Zeuge auf eine rechtswidrige Zurückweisung reagieren soll.

Für einen Anwalt ist von Bedeutung, ob er als Zeugenbeistand tätig sein darf, wenn er bereits in derselben Rechtssache als Verteidiger tätig war oder ist. Von Bedeutung ist auch, ob er mehreren Zeugen als anwaltlicher Zeugenbeistand gleichzeitig helfen darf. § 146 erfasst diesen Fall nicht. Diese **Kollisionsfrage** richtet sich nach § 45 Nr. 2 BRAO und § 356 StGB.[29] Als Bei-

---

[16] So Widmaier/Lesch MAH Strafverteidigung § 54 Rn. 61.
[17] So AG Neuss v. 9. 11. 1998 – 14 Ls 375/96, StraFo 1999, 139, 140; Widmaier/Lesch MAH § 54 Rn. 69.
[18] So Anw-StPO/Walther Rn. 28; Meyer-Goßner Vor § 48 Rn. 11; SK-StPO/Wohlers Rn. 23.
[19] So auch SK-StPO/Wohlers Rn. 23; ablehnend Meyer-Goßner Vor § 48 Rn. 11.
[20] BGH v. 19. 5. 1989 – StB 19/89 – 1 BJs 72/87, NStZ 1989, 484, 485.
[21] Siehe SK-StPO/Wohlers Rn. 23.
[22] Siehe BT-Drucks. 16/12098, S. 23.
[23] LG Zweibrücken v. 23. 9. 1999 – 1 Qs 123/99, NJW 1999, 3792.
[24] So Minoggio AnwBl 2001, 584, 589.
[25] Nach Adler StraFo 2002, 146, 152.
[26] So Adler StraFo 2002, 146, 152.
[27] Nach Widmaier/Lesch MAH Strafverteidigung § 54 Rn. 63.
[28] Siehe BT-Drucks. 16/12098, S. 27.
[29] Dazu J. Kretschmer, Der strafrechtliche Parteiverrat (§ 356), S. 215 ff.; Widmaier/Lesch MAH Strafverteidigung § 54 Rn. 56.

stand des Belastungszeugen handelt der Anwalt regelmäßig interessengegensätzlich, wenn er dem Beschuldigten als Verteidiger dient. Die Gefahr einer Interessenkollision ist auch sonst nicht auszuschließen und verlangt daher nach anwaltlicher Zurückhaltung. Zu beachten ist nunmehr auch der Ausschlussgrund in § 68 b Abs. 1 Satz 4 Nr. 2. Dieser gewährt der jeweiligen Vernehmungsperson einen weiten Beurteilungsspielraum.

12 Bei der richterlichen Zeugenvernehmung ist dem Beschuldigten und dem Verteidiger nach § 168 c Abs. 2 die Anwesenheit rechtlich gestattet. Bei Zeugenvernehmungen durch die Staatsanwaltschaft und die Polizei fehlt ein Verweis auf diese Norm. Es besteht kein **Anwesenheitsrecht**.[30] Die Staatsanwaltschaft kann jedoch deren Anwesenheit gestatten, sofern der Untersuchungszweck nicht gefährdet ist.[31] Im Interesse der Verteidigungsrechte sollten die Strafverfolgungsorgane das auch tun. Die Verteidigung sollte stets bestimmt auf diese Möglichkeit im Interesse eines fairen Verfahrens drängen. Die Strafverfolgungsorgane sollten sich dem nicht pauschal widersetzen.

13 Im Ermittlungsverfahren beauftragt die Staatsanwaltschaft den **Sachverständigen**. Im Bereich des § 163 gegebenenfalls auch die Polizei. Zweckmäßigerweise gibt die Staatsanwaltschaft einem vorhandenen Strafverteidiger die vorherige Gelegenheit zur Stellungnahme.[32] Eine förmliche Vernehmung des Sachverständigen in diesem Verfahrensabschnitt ist die Ausnahme. Es genügt oft, dass der Sachverständige sein Gutachten zu den Akten gibt.[33] Die Staatsanwaltschaft kann sich auch mit einem mündlichen Gutachten begnügen.

14 Gegen die von der Staatsanwaltschaft angeordneten Ordnungs- und Zwangsmittel nach Abs. 2 steht dem Beschwerten der Antrag auf **gerichtliche Entscheidung** zu (Abs. 3). Das **2. OpferrechtsreformG** vom 29. 7. 2009[34] brachte eine umfassende Änderung der Zuständigkeitsregelung mit sich. Gegen staatsanwaltliche Entscheidungen nach Abs. 2 Satz 1 kann der betroffene Zeuge eine gerichtliche Entscheidung bei dem nach § 162 zuständigen Gericht beantragen. Als anfechtbar werden auch die Anordnung der zwangsweisen Vorführung und bereits die Androhung der zwangsweisen Vorführung angesehen.[35] Analog § 161 a Abs. 3 ist bereits gegen die staatsanwaltliche Ladung selbst Rechtsschutz zu gewähren.[36] Die Beschwer liegt in der Pflicht des Abs. 1. Der gerichtliche Rechtsschutz gilt auch für Zeugen, die von staatsanwaltlichen Entscheidungen nach § 68 b Abs. 1 Satz 3 und Abs. 2 Satz 1 betroffen sind. Erfasst sind dadurch die staatsanwaltliche Entscheidung über den Ausschluss eines Zeugenbeistands von der staatsanwaltlichen Zeugenvernehmung und die staatsanwaltliche Entscheidung über die Beiordnung eines Zeugenbeistands bei der staatsanwaltlichen Zeugenvernehmung. Diese Gewährleistung des Rechtsschutzes gegen staatsanwaltliche Entscheidungen im Zusammenhang mit § 68 b folgt aus Art. 19 Abs. 4 GG. Zu beachten ist, dass auch bei der polizeilichen Zeugenvernehmung die Staatsanwaltschaft über die Beiordnung eines Zeugenbeistands nach § 68 b Abs. 2 entscheidet. Das bestimmt der neue § 163 Abs. 3 Satz 2. Im Übrigen, vor allem über einen Ausschluss nach § 68 b Abs. 1 Satz 3 entscheidet die vernehmende Person. Für die staatsanwaltliche Entscheidung über einen Zeugenbeistand sowohl bei der staatsanwaltlichen als auch bei der polizeilichen Zeugenvernehmung nach § 68 b Abs. 2 gilt direkt der gerichtliche Rechtsschutz nach § 161 a Abs. 3 Satz 2.[37] Konsequenterweise – wegen § 68 b Abs. 3 – sind alle entsprechenden gerichtlichen Entscheidungen im Interesse eines schleunigen Verfahrens unanfechtbar (Abs. 3 Satz 4).

15 Die gerichtliche Zuständigkeit für die Entscheidung über solche staatsanwaltlichen Entscheidungen wird durch den **Verweis auf § 162** konzentriert. Diese Konzentration dient der Effektivierung und Vereinfachung des Rechtsbehelfsverfahrens. Die bisherige Zuständigkeitsregelung mit der Regelzuständigkeit des Landgerichts gilt als unnötig kompliziert und wenig sachgerecht.[38] Verhängt die Staatsanwaltschaft ein Ordnungsgeld gegen einen nicht erschienen Zeugen, entschied über die Rechtmäßigkeit bisher das Landgericht, jetzt ist nach § 161 a Abs. 3 Satz 1 das Amtsgericht am Sitz der Staatsanwaltschaft (§ 162) zuständig. Das steht im Einklang mit der Entscheidung über die Ordnungshaft gemäß § 161 Abs. 2 Satz 2. Durch den Verweis auf die Zuständigkeit des amtsgerichtlichen Ermittlungsrichters nach § 162 wird auch die Sonderzuständigkeit des Ermittlungsrichters beim OLG bzw. BGH nach § 169 erfasst. Der Regelungsgehalt des Satzes 3 mit dem Verweis auf Verfahrensvorschriften des Beschwerdeverfahrens bleibt im Wesentlichen unverändert. Zu beachten ist der Ausschluss einer aufschiebenden Wirkung gemäß § 307.

---

[30] So HK-GS/*Pflieger* Rn. 3; Meyer-Goßner/*Cierniak* Rn. 3.
[31] Löwe/Rosenberg/*Rieß*, 25. Aufl., Rn. 32; SK-StPO/*Wohlers* Rn. 25.
[32] Siehe Meyer-Goßner/*Cierniak* Rn. 12.
[33] So Meyer-Goßner/*Cierniak* Rn. 15; siehe insgesamt SK-StPO/*Wohlers* Rn. 39 ff.
[34] BGBl. I S. 2280.
[35] Siehe Anw-StPO/*Walther* Rn. 20 ff.; SK-StPO/*Wohlers* Rn. 49.
[36] So SK-StPO/*Wohlers* Rn. 49.
[37] Siehe BT-Drucks. 16/12098, S. 43.
[38] Siehe insgesamt BT-Drucks. 16/12098, S. 37 ff.

Abs. 4 dient desgleichen der Konzentration der Ermittlungen. Es handelt sich um einen speziellen Fall der **Amtshilfe** von Staatsanwaltschaften untereinander. Die ersuchte Staatsanwaltschaft führt zwar nicht das Ermittlungsverfahren, sie erhält aber die dort genannten Befugnisse bei den Zeugen- und Sachverständigenvernehmungen.

§ 162 [Ermittlungsrichter]

(1) ¹Erachtet die Staatsanwaltschaft die Vornahme einer gerichtlichen Untersuchungshandlung für erforderlich, so stellt sie ihre Anträge vor Erhebung der öffentlichen Klage bei dem Amtsgericht, in dessen Bezirk sie oder den Antrag stellende Zweigstelle ihren Sitz hat. ²Hält sie daneben den Erlass eines Haft- oder Unterbringungsbefehls für erforderlich, so kann sie, unbeschadet der §§ 125, 126a, auch einen solchen Antrag bei dem in Satz 1 bezeichneten Gericht stellen. ³Für gerichtliche Vernehmungen und Augenscheinnahmen ist das Amtsgericht zuständig, in dessen Bezirk diese Untersuchungshandlungen vorzunehmen sind, wenn die Staatsanwaltschaft dies zur Beschleunigung des Verfahrens oder zur Vermeidung von Belastungen Betroffener dort beantragt.

(2) Das Gericht hat zu prüfen, ob die beantragte Handlung nach den Umständen des Falles gesetzlich zulässig ist.

(3) ¹Nach Erhebung der öffentlichen Klage ist das Gericht zuständig, das mit der Sache befasst ist. ²Während des Revisionsverfahrens ist das Gericht zuständig, dessen Urteil angefochten ist. Nach rechtskräftigem Abschluss des Verfahrens gelten die Absätze 1 und 2 entsprechend. ³Nach einem Antrag auf Wiederaufnahme ist das für die Entscheidungen im Wiederaufnahmeverfahren zutändige Gericht zuständig.

Schrifttum: *Bittmann*, Gesetz zur Änderung des Untersuchungshaftrechts, NStZ 2010, 13; *Ebsen*, Bericht aus der Praxis. Immer noch unklar: Begründungspflicht und Prüfungsrecht bei Anträgen auf richterliche Untersuchungshandlungen im Ermittlungsverfahren (§ 162 StPO), NStZ 2007, 501; *Geppert*, Kontroll- und Förderungspflicht des Ermittlungsrichters, DRiZ 1992, 405; *Nehm*, Umfang der Bindung des Ermittlungsrichters an Anträge der Staatsanwaltschaft, FS Meyer-Goßner, 2001, S. 277; *Rieß*, Die Prüfungskompetenz des Ermittlungsrichters, NStZ 1991, 513; *Schellenberg*, Zur Zulässigkeit staatsanwaltlicher Vernehmungsersuchen im Ermittlungsverfahren, NStZ 1991, 72.

I. Allgemeines

Das Gesetz zur Neuregelung der Telekommunikationsüberwachung und anderer verdeckter Ermittlungsmaßnahmen sowie zur Umsetzung der Richtlinie 2006/24/EG vom 21. 12. 2006[1] hat die Zuständigkeit des **Ermittlungsrichters** zu einer Konzentrationsregelung umgestaltet. Eine weitere Änderung brachte das **Gesetz zur Änderung des Untersuchungshaftrechts** vom 29. 7. 2009 mit dem neuen Abs. 3.[2] Ermittlungsbehörde im Strafverfahren ist die **Staatsanwaltschaft** (§§ 152, 160, 161). Sie hat die Verfahrensherrschaft im strafprozessualen Ermittlungsverfahren. § 162 räumt ihr die Möglichkeit ein, richterliche Untersuchungshandlungen im Ermittlungsverfahren zu beantragen. Der Begriff der richterlichen Untersuchungshandlung umfasst alle im Ermittlungsverfahren zu treffenden Anordnungen oder durchzuführenden Verhandlungen, die der Förderung des Verfahrens sowie der Sicherung oder Vorwegnahme einer im Straferkenntnis zu erwartenden Maßnahme dienen.[3] Zwei Arten von **gerichtlichen Untersuchungshandlungen** sind zu unterscheiden:[4] Ermittlungshandlungen, die wie die Vernehmung des Beschuldigten oder des Zeugen der Richter wie gleichermaßen auch der Staatsanwalt vornehmen kann, sind im Fall des § 162 besondere Formen der **Amtshilfe**. Die richterliche Anordnung von strafprozessualen Zwangsmaßnahmen, die in ihrer Grundrechtsrelevanz unter einem Richtervorbehalt stehen und zu deren Anordnung die Staatsanwaltschaft nicht oder nur bei Gefahr im Verzug zuständig ist, sind **materielle Rechtsprechungstätigkeit**. Zum einen ist die Einschaltung des Richters im Ermittlungsverfahren durch die Staatsanwaltschaft obligatorisch und zum anderen fakultativ. Die Unterscheidung ist für den Umfang der richterlichen Prüfungskompetenz wichtig. Der Ermittlungsrichter ist in seiner auch kontrollierenden Funktion **kein bloßes Hilfsorgan** der Staatsanwaltschaft.[5]

Eine **zuständige Staatsanwaltschaft** ist befugt, **bundesweit**[6] bei jeder Polizeibehörde Ersuchen nach § 161 zu stellen und unter den durch das „Gesetz zur Neuregelung der Telekommunika-

---

[1] BGBl. I S. 3198.
[2] BGBl. I S. 2274; dazu der Gesetzentwurf der Bundesregierung zur Änderung des Untersuchungshaftrechts v. 21. 1. 2009, BT-Drucks. 16/11644, S. 10, 35; siehe *Bittmann* NStZ 2010, 13.
[3] So Meyer-Goßner/*Cierniak* Rn. 4; SK-StPO/*Wohlers* Rn. 2.
[4] Siehe *Nehm*, FS Meyer-Goßner, 2001, S. 277, 278 ff.; AK-StPO/*Achenbach* Rn. 2 ff.; KK-StPO/*Griesbaum* Rn. 1; SK-StPO/*Wohlers* Rn. 3 ff.
[5] So SK StPO/*Wohlers* § 160 Rn. 7.
[6] So KK-StPO/*Schmidt/Schoreit* § 143 GVG Rn. 3.

tionsüberwachung und anderer verdeckter Ermittlungsmaßnahmen sowie zur Umsetzung der Richtlinie 2006/24/EG" vom 21. 12. 2007[7] neu gestalteten Voraussetzungen des § 162 bei jedem AG entsprechende richterliche Untersuchungshandlungen nach Abs. 1 Satz 2 und Satz 3 zu beantragen. Einen Antrag nach § 162 darf nur die Staatsanwaltschaft stellen. Die **Polizei** darf sich nach § 163 Abs. 2 direkt an das Gericht wenden, wenn eine schleunige Vornahme einer Untersuchungshandlung erforderlich ist. Der Richter wird auf diese Anregung als Notstaatsanwalt (§ 165) tätig.[8] Ein Antragsrecht der Polizei nach § 162 besteht nicht.[9]

II. Bedeutung des Antrags

3   Der Richter wird nach § 162 grundsätzlich nur auf Antrag tätig. Die Tätigkeit des Richters als Notstaatsanwalt nach § 165 ist selten. Der Staatsanwalt darf den Ermittlungsrichter nicht allgemein um die Sachverhaltsaufklärung bitten. Die Verantwortung der Ermittlungstätigkeit liegt bei ihm. Die Untersuchungshandlung muss **konkretisiert** sein.[10] Bei einer beantragten Vernehmung muss die Rolle des zu Vernehmenden als Beschuldigter oder als Zeuge gekennzeichnet sein. Ergibt sich im Laufe einer Zeugenvernehmung, dass der zu Vernehmende als Beschuldigter zu behandeln ist, darf der Richter die Vernehmung nicht als **Zeugenvernehmung** fortsetzen. Wenn der Antrag der Staatsanwaltschaft ihn wahl- oder hilfsweise dazu ermächtigt oder wenn die Staatsanwaltschaft nach – telefonischer – Rückfrage diesen umstellt, geht der Ermittlungsrichter zu einer **Beschuldigtenvernehmung** (§ 136) über. Ob der Richter aus eigener Rechtsmacht diesen **Wechsel** vollziehen darf, ist umstritten. Die Struktur des Strafverfahrens mit der Verfahrensherrschaft der Staatsanwaltschaft behält die Entscheidung über die Beschuldigteneigenschaft dieser vor.[11] In diesem Fall einen mutmaßlichen Willen der Staatsanwaltschaft anzunehmen,[12] ist unsachgemäß. Eine Rückfrage bei dieser ist geboten und bei den heutigen modernen Kommunikationsmitteln auch ohne Zeit verzögernde Schwierigkeiten möglich und zumutbar. Ansonsten bleibt der Weg nach § 165. Umgekehrt: Der Richter darf einen Beschuldigten nicht als Zeugen vernehmen, weil er dessen Tatverdacht verneint.[13] Zu einer Prüfung des Tatverdachts ist der Richter nicht berechtigt.

4   Der Ermittlungsrichter ist nicht streng an den staatsanwaltlichen Antrag gebunden. Er darf davon abweichen und andere Untersuchungshandlungen vornehmen, die dem **mutmaßlichen Willen der Staatsanwaltschaft** bei Kenntnis der Sachlage entsprechen.[14] Er darf aber keine Untersuchungshandlungen – außer als Notstaatsanwalt – vornehmen, die die Staatsanwaltschaft nicht beantragt hat. Die Staatsanwaltschaft bestimmt das Ermittlungsverfahren und trägt dafür die Verantwortung. Diese justizielle Machtverteilung darf der Ermittlungsrichter nicht eigenmächtig unterlaufen.

5   Einzelne strafprozessuale Untersuchungshandlungen sind einem **Richtervorbehalt** unterworfen: etwa ein Haftbefehl (§ 114) oder der Lauschangriff auf die Wohnung (§ 100c, d). Andere Zwangsmaßnahmen haben eine richterliche Regelzuständigkeit und der Staatsanwalt ist allein bei Gefahr in Verzug zur Anordnung zuständig. Typisch ist § 105 für das Durchsuchung. Nachdem das BVerfG[15] den Richtervorbehalt verfassungsrechtlich gestärkt hat und erhöhte Anforderungen an die Voraussetzung von Gefahr in Verzug stellt, wird sich die Staatsanwaltschaft häufiger mit einem Antrag nach § 162 an den Ermittlungsrichter wenden müssen. Die gesetzliche Regel-Ausnahme-Zuständigkeit – Richter – Staatsanwaltschaft – muss auch in der Praxis in der Anordnung der Zwangsmaßnahmen nach dem BVerfG befolgt werden. Eine bewusste Missachtung des Richtervorbehaltes rechtfertigt die Annahme eines Beweisverwertungsverbots.[16]

6   Eine kurze **rechtspolitische Bemerkung**: Das BVerfG[17] weist auf die häufig bemängelte Mangelhaftigkeit der richterlichen Kontrolle hin. Angeführt werden dafür Arbeitsüberlastung, Zeitdruck, unzureichende Kenntnis des Sachstandes, fehlendes Fachwissen in Spezialgebieten. Die

---

[7] BGBl. I S. 3198.
[8] Siehe KK-StPO/*Griesbaum* Rn. 2; Meyer-Goßner/*Cierniak* § 163 Rn. 26.
[9] So LG Freiburg v. 4. 9. 2000 – VIII Qs 9/00, StV 2001, 268; HK-GS/*Pflieger* § 163 Rn. 17; KK-StPO/*Griesbaum* Rn. 2.
[10] So KK-StPO/*Griesbaum* Rn. 5.
[11] So *Geppert* DRiZ 1992, 405, 406 f.; *Nehm*, FS Meyer-Goßner, 2001, S. 277, 283; Löwe/Rosenberg/*Rieß*, 25. Aufl., Rn. 34.
[12] So Löwe/Rosenberg/*Gless* § 136 Rn. 11; Löwe/Rosenberg/*Hanack*, 25. Aufl., § 136 Rn. 8; siehe auch AK-StPO/*Achenbach* Rn. 6.
[13] Siehe *Nehm*, FS Meyer-Goßner, 2001, S. 277, 286; Anw-StPO/*Walther* § 136 Rn. 6; Löwe/Rosenberg/*Gless* § 136 Rn. 11; Löwe/Rosenberg/*Rieß*, 25. Aufl., Rn. 34; Löwe/Rosenberg/*Hanack*, 25. Aufl., § 136 Rn. 8.
[14] Vgl. KK-StPO/*Griesbaum* Rn. 6.
[15] BVerfG v. 20. 2. 2001 – BvR 1444/00, BVerfGE 103, 142; siehe *Beulke* Rn. 258.
[16] So jetzt BGH v. 18. 4. 2007 – 5 StR 546/06, NJW 2007, 2269.
[17] Siehe hierzu BVerfG v. 20. 2. 2001 – 2 BvR 1444/00, BVerfGE 102, 142, 152 f.; auch: *Geppert* DRiZ 1992, 405, 410.

verfassungsrechtlich gebotene eigenverantwortliche Prüfung der Anordnung einer grundrechtseingreifenden Maßnahme kann nur bei entsprechender Ausstattung, Fortbildung und Information seitens der Strafverfolgungsbehörden gewährt werden. Das verlangt nach einem Umdenken, das dem freiheitlichen Grundrechtsschutz durch einen präventiven richterlichen Rechtsschutz entspricht. Ein Appell an den Rechtsstaat!

Anders stellt sich die Situation bei solchen Untersuchungshandlungen dar, die von Staatsanwaltschaft und Richter gleichermaßen durchgeführt werden können. Das konzentriert sich auf **Vernehmungen** im Ermittlungsverfahren. Es soll tägliche Praxis sein, dass die Staatsanwaltschaft eine ermittlungsrichterliche Vernehmung eines Zeugen nach § 162 beantragt, wenn dieser einer vorherigen polizeilichen Ladung nicht gefolgt ist.[18] Dem Ermittlungsrichter ist es in solchen Fällen gestattet, die Staatsanwaltschaft auf die §§ 161 a ff. zu verweisen.[19] Eine staatsanwaltliche Vernehmung hat Vorrang in der gesetzlich vorgegebenen Verfahrensstruktur. Die dort der Staatsanwaltschaft erteilten Befugnisse entsprechen einer Pflicht, davon im Interesse der Verfahrenskonzentration auch Gebrauch zu machen. Die Staatsanwaltschaft trägt daher eine Begründungspflicht für ihren Antrag auf Vernehmung und der Ermittlungsrichter hat ein Prüfungsrecht. § 162 gibt der Staatsanwaltschaft **nicht** die Möglichkeit, **ohne besondere Gründe** um richterliche Untersuchungshandlungen zu ersuchen. Die in den §§ 161 a ff. zugrunde liegende gesetzgeberische Wertung ist zu berücksichtigen. Im Ermittlungsverfahren liegt die **Hauptrolle** nach der Verfahrensstruktur bei der Staatsanwaltschaft. Diese hat auf Grund des Legalitätsprinzips die Tat durch eigene Ermittlungen oder durch die Polizei aufzuklären und das Verfahren einzustellen oder aber anzuklagen. Im Regelfall muss die Vernehmung des Beschuldigten oder des Zeugen im Ermittlungsverfahren durch die Staatsanwaltschaft oder die Polizei erfolgen.

Daher hat der Ermittlungsrichter das Recht, das Ersuchen um eine richterliche Vernehmung nach § 162 als **unzulässig** zurückzuweisen, wenn dem Ersuchen eine Verkennung der Aufgabenverteilung im Ermittlungsverfahren zugrunde liegt.[20] Die **starke Gegenansicht**,[21] die keine begründeten Gründe für ein Vernehmungsersuchen der Staatsanwaltschaft beim Ermittlungsrichter verlangt und eine Bindung des Richters an den Antrag der Staatsanwaltschaft annimmt, überzeugt nicht. Die freie Gestaltung des Ermittlungsverfahrens durch den Staatsanwalt geht nicht verloren.[22] Diese verliert er nicht, wenn er die Notwendigkeit richterlicher Vernehmung begründen muss. Eine Vernehmung kann – und muss – die Staatsanwaltschaft selbst oder durch die Polizei führen. Wenn sie dazu über § 162 im Wege der Amtshilfe den Ermittlungsrichter einschalten will, ist das nur möglich, wenn der ersuchenden Stelle die Durchführung der Handlung selbst rechtlich oder tatsächlich unmöglich ist. Die Antwort weist Nr. 10 RiStBV: Der Staatsanwaltschaft beantragt richterliche Untersuchungshandlungen, wenn er sie aus besonderen Gründen für erforderlich erachtet. Das kann der Fall sein bei einer erforderlichen Beweissicherung, bei einem Geständnis (§ 254) oder wenn ein zeugnisverweigerungsberechtigter Zeuge zu vernehmen ist (wegen § 252 im Verständnis der Rechtsprechung). Eine Vereidigung des Zeugen ist dem Richter vorbehalten. Arbeitsüberlastung oder Arbeitsunlust sind solche Gründe nicht. Willkürlichen oder sachfremden Ersuchen muss der Ermittlungsrichter nicht folgen.[23] Die Staatsanwaltschaft sollte ihrer Rolle als unabhängiges Organ der Rechtspflege in rechtsstaatlicher Verantwortung nachkommen.

III. Zuständigkeit

Sachlich zuständig ist der Richter beim AG als sog. **Ermittlungsrichter**. Eine besondere zusätzliche ermittlungsrichterliche Zuständigkeit in Staatsschutzsachen eröffnet § 169. Der Geschäftsverteilungsplan bestimmt den einzelnen Richter als Ermittlungsrichter (§ 21 e GVG).

Gegenüber der früheren Regelung, nach der die Staatsanwaltschaft ihre Anträge bei dem örtlichen Gericht zu stellen hatte, in dessen Bezirk die Handlung vorzunehmen war, bestimmt das bereits erwähnte Gesetz zur Neuregelung der Telekommunikationsüberwachung[24] eine **Konzentration der Zuständigkeit**. Nach Abs. 1 Satz 1 ist das **Amtsgericht** grundsätzlich zuständig, **in dessen Bezirk die Staatsanwaltschaft** ihren Sitz hat. Darin liegt eine einfache und vernünftige Rege-

---

[18] So *Ebsen* NStZ 2007, 501, 504 mit Beispielen.
[19] So *Ebsen* NStZ 2007, 501, 502; anders: AK-StPO/*Achenbach* Rn. 18; KK-StPO/*Griesbaum* Rn. 17; Meyer-Goßner/*Cierniak* Rn. 17.
[20] Vgl. OLG Düsseldorf v. 5.6.1989 – OGs 12/89, NStZ 1990, 144; LG Köln v. 14.9.1988 – 115 Qs 1/88, NStZ 1989, 41; *Ebsen* NStZ 2007, 501, 502; *Schellenberg* NStZ 1991, 72.
[21] Vgl. LG Düsseldorf v. 15.4.1985 – XIV Qs 43/85, NStZ 1985, 377; *Geppert* DRiZ 1992, 405, 407; *Rieß* NStZ 1991, 513, 516 f.; *Nehm*, FS Meyer-Goßner, 2001, S. 277, 285; AK-StPO/*Achenbach* Rn. 17; Meyer-Goßner/*Cierniak* Rn. 17.
[22] So *Ebsen* NStZ 2007, 501, 503; anders *Rieß* NStZ 1991, 513, 517.
[23] So OLG Düsseldorf v. 5.6.1989 – OGs 12/89, NStZ 1990, 144; *Schellenberg* NStZ 1991, 72.
[24] BGBl. I S. 3198.

lung.²⁵ Zugleich soll dadurch eine Spezialisierung in der ermittlungsgerichtlichen Tätigkeit gefördert werden und damit eine gesteigerte Effektivität der mit einem Richtervorbehalt bezweckten rechtsstaatlichen Kontrolle.²⁶

12   Bei einem Erlass eines **Haft- oder Unterbringungsbefehls** tritt daneben das nach den §§ 125, 126 zuständige Gericht (Satz 2).²⁷ Die Zuständigkeit des Gerichts nach Satz 1 ist praxisnah, da das Gericht unter Umständen auf Grund anderer Anträge bereits mit der Sache befasst ist.²⁸ Bei **richterlichen Vernehmungen und Augenscheinsnahmen** ist daneben auch das Amtsgericht zuständig, in dessen Bezirk die Untersuchungshandlung vorzunehmen ist (Satz 3), wenn die Staatsanwaltschaft dies aus Gründen der Beschleunigung des Verfahrens oder zur Vermeidung von Belastungen Betroffener beantragt. So kann vermieden werden, dass ein Zeuge an den Sitz der Staatsanwaltschaft reisen muss. Bei einer **Video-Vernehmung** kommt es auf den Wohnort der zu vernehmenden Person an, nicht auf den Ort, an dem sich das Video-Vernehmungszimmer befindet.²⁹ Das steht im Einklang mit dem gesetzgeberischen Zweck, belastende Reisen des Betroffenen zu vermeiden.³⁰ Im Ermittlungsverfahren richtet sich eine Video-Vernehmung nach den §§ 58 a, 168 e.

13   Mit **Erhebung der öffentlichen Klage** entfällt die Zuständigkeit des Ermittlungsrichters nach § 162.³¹ Zuständig ist von nun an das mit der Sache befasste Gericht. Das **Gesetz zur Änderung des Untersuchungshaftsrechts** vom 29. 7. 2009³² bringt in einem neuen Abs. 3 eine solche Regelung. Dort ist auch die Regelung enthalten, dass während des Revisionsverfahrens das Gericht zuständig ist, dessen Urteil angefochten wird. Es wird im Übrigen angenommen, dass die Staatsanwaltschaft weiterhin berechtigt ist, belastende und entlastende Spuren zu verfolgen, ohne die gerichtliche Untersuchung zu stören.³³ Hält sie in diesem Zusammenhang eine richterliche Untersuchungshandlung für erforderlich, wendet sie sich an das mit der Sache befasste Gericht.

IV. Prüfungskompetenz (Abs. 3)

14   Überwiegend³⁴ heißt es, dass der Ermittlungsrichter, der im Wege der Amtshilfe um die Durchführung von Untersuchungshandlungen ersucht wird, nicht die Notwendigkeit, Zweckmäßigkeit und Angemessenheit des Antrags prüfen darf. Zur Prüfungskompetenz gehört jedoch die **Verhältnismäßigkeit**. Dazu gehört wie bereits erwähnt der Gesichtspunkt, ob für die richterliche Vernehmung eines Beschuldigten ein besonderer Grund besteht. Darüber hinaus wird im Rahmen der **Verhältnismäßigkeit** auch zu prüfen sein, ob Anhaltspunkte für die Annahme bestehen, dass der bei der polizeilichen Vernehmung nicht erschienene Beschuldigte vor dem Ermittlungsrichter eine Aussage macht. Das ist natürlich nicht auszuschließen. Die beantragte richterliche Vernehmung ist als unverhältnismäßig abzulehnen, wenn zu erwarten ist, dass sie keine weitere Sachaufklärung erbringen wird.³⁵ Den Umstand, dass der Beschuldigte nicht bereit zu Sachangaben war und jetzt vor dem Ermittlungsrichter auch nicht sein wird, sollte der **Verteidiger** dem Ermittlungsrichter vor Anberaumung einer richterlichen Vernehmung deutlich und unmissverständlich mitteilen. Wenn die Aussageperson wohlüberlegt und glaubhaft erklärt, keine Angaben zur Sache machen zu wollen, erscheint eine Ladung rechtsmissbräuchlich.³⁶

15   Bei den in Amtshilfe beantragten Untersuchungshandlungen der **Vernehmungshilfe** ist der Ermittlungsrichter nach Abs. 2 auf eine bloße **Zulässigkeitskontrolle** beschränkt. Er prüft seine Zuständigkeit. Sodann prüft er, ob die beantragte Untersuchungshandlung nach den für sie in der StPO aufgestellten Voraussetzungen vorgenommen werden kann. Es geht dabei um die Zulässigkeit der einzelnen Untersuchungshandlung, nicht um die Berechtigung des Ermittlungsverfahrens als Ganzes.³⁷ Ob ein Anfangsverdacht besteht oder ob die Prozessvoraussetzungen vorliegen, unterliegt nicht dem richterlichen Prüfungsrecht. Das hat sich bereits bei dem unzulässigen Wechsel

---

²⁵ Vgl. BT-Drucks. 16/5846, S. 1, 65; Meyer-Goßner/*Cierniak* Rn. 8.
²⁶ Siehe BT-Drucks. 16/5846, S. 1, 26, 65.
²⁷ Siehe Meyer-Goßner/*Cierniak* Rn. 10.
²⁸ Siehe die Stellungnahme des Bundesrates, BT-Drucks. 16/5846, S. 1, 80, 84.
²⁹ So OLG München v. 17. 12. 2003 – 2 Ws 1217/03, NStZ 2004, 642; Meyer-Goßner/*Cierniak* Rn. 11; anders: LG München II v. 23. 3. 2003 – 4 Qs 2/05, NStZ-RR 2005, 317; HK-GS/*Pflieger* Rn. 7.
³⁰ Nach BT-Drucks. 16/5846, S. 1, 65.
³¹ Siehe AK-StPO/*Achenbach* Rn. 13; *Joecks* Rn. 7; KK-StPO/*Griesbaum* Rn. 14; Meyer-Goßner/*Cierniak* Rn. 16.
³² BGBl. I S. 2274; BT-Drucks. 16/11644 v. 21. 1. 2009, S. 10, 35.
³³ Siehe *Artkämper* u. a. Rn. 334; *Joecks* Rn. 7; Meyer-Goßner/*Cierniak* Rn. 16.
³⁴ Siehe OLG Düsseldorf v. 5. 6. 1989 – OGs 12/89, NStZ 1990, 144; AK-StPO/*Achenbach* Rn. 17; KK-StPO/ *Griesbaum* Rn. 17; Meyer-Goßner/*Cierniak* Rn. 14.
³⁵ So OLG Düsseldorf v. 5. 6. 1989 – OGs 12/89, NStZ 1990, 144; *Schellenberg* NStZ 1991, 72, 73; *Nehm*, FS Meyer-Goßner, 2001, S. 277, 286 f.
³⁶ So *Geppert* DRiZ 1992, 405, 407; Meyer-Goßner/*Cierniak* Rn. 14; *Nehm*, FS Meyer-Goßner, 2001, S. 277, 286 f.
³⁷ Siehe *Geppert* DRiZ 1992, 405, 406; *Nehm*, FS Meyer-Goßner, 2001, S. 277, 285; KK-StPO/*Griesbaum* Rn. 16.

von einer beantragten Beschuldigtenvernehmung zu einer Zeugenvernehmung und umgekehrt gezeigt.[38]

Bei der beantragten Anordnung von strafprozessualen Zwangsmaßnahmen handelt es sich um einen Akt der **rechtsprechenden Gewalt**.[39] Der **Richtervorbehalt** dient dem präventiven Rechtsschutz. Hier ist der Ermittlungsrichter Kontrollorgan staatsanwaltlicher Tätigkeit. Es besteht keine Bindung an die Rechtsauffassung der Staatsanwaltschaft. Der Ermittlungsrichter entscheidet in richterlicher Unabhängigkeit. Der Umfang des richterlichen **Prüfungsrechts** ergibt sich aus den formellen und materiellen Voraussetzungen der beantragten Maßnahme. Neben Notwendigkeit und Verhältnismäßigkeit prüft der Ermittlungsrichter die Zulässigkeit des Ermittlungsverfahrens als Ganzes.[40] Er prüft auch die allgemeinen und besonderen Verfahrensvoraussetzungen wie etwa das Vorliegen eines Anfangsverdachts. Hier kann der Strafverteidiger argumentativ für seinen Mandanten wirken. 16

V. Rechtsbehelfe/Rechtsmittel

Lehnt der Ermittlungsrichter die Vornahme der Untersuchungshandlung ab, hat die Staatsanwaltschaft das Recht der Beschwerde nach § 304. Beim ersuchten Amtsrichter entscheidet das übergeordnete LG. Eine Zwangsmaßnahme ordnet das Beschwerdegericht bei Begründetheit selbst an (§ 309 Abs. 2). Bei Untersuchungshandlungen, die der Ermittlungsrichter als Amtshilfehandlung vornehmen soll, gibt das Beschwerdegericht die Sache zurück und weist den Ermittlungsrichter zur Vornahme etwa der Vernehmung an.[41] 17

§ 163 [Erster Zugriff der Polizei]

(1) ¹Die Behörden und Beamten des Polizeidienstes haben Straftaten zu erforschen und alle keinen Aufschub gestattenden Anordnungen zu treffen, um die Verdunkelung der Sache zu verhüten. ²Zu diesem Zweck sind sie befugt, alle Behörden um Auskunft zu ersuchen, bei Gefahr im Verzug auch, die Auskunft zu verlangen, sowie Ermittlungen jeder Art vorzunehmen, soweit nicht andere gesetzliche Vorschriften ihre Befugnisse besonders regeln.

(2) ¹Die Behörden und Beamten des Polizeidienstes übersenden ihre Verhandlungen ohne Verzug der Staatsanwaltschaft. ²Erscheint die schleunige Vornahme richterlicher Untersuchungshandlungen erforderlich, so kann die Übersendung unmittelbar an das Amtsgericht erfolgen.

(3) ¹Bei der Vernehmung eines Zeugen durch Beamte des Polizeidienstes sind § 52 Absatz 3, § 55 Absatz 2, § 57 Satz 1 und die §§ 58, 58 a, 68 bis 69 entsprechend anzuwenden. ²Über eine Gestattung nach § 68 Absatz 3 Satz 1 und über die Beiordnung eines Zeugenbeistands entscheidet die Staatsanwaltschaft; im Übrigen trifft die erforderlichen Entscheidungen die die Vernehmung leitende Person. ³Bei Entscheidungen durch Beamte des Polizeidienstes nach § 68b Absatz 1 Satz 3 gilt § 161a Absatz 3 Satz 2 bis 4 entsprechend. ⁴Für die Belehrung des Sachverständigen durch Beamte des Polizeidienstes gelten § 52 Absatz 3 und § 55 Absatz 2 entsprechend. ⁵In den Fällen des § 81c Absatz 3 Satz 1 und 2 gilt § 52 Absatz 3 auch bei Untersuchungen durch Beamte des Polizeidienstes sinngemäß.

Schrifttum: *Ambos,* Staatsanwaltliche Kontrolle der Polizei, Verpolizeilichung des Ermittlungsverfahrens und organisierte Kriminalität, Jura 2003, 674; *Bernsmann,* Verwertungsverbot bei fehlender und mangelnder Belehrung, StraFo 1998, 73; *Beukelmann,* Die Online-Durchsuchung, StraFo 2008, 1; *Beulke,* Beweiserhebungs- und Beweisverwertungsverbote im Spannungsfeld zwischen den Garantien des Rechtsstaates und der effektiven Bekämpfung von Kriminalität und Terrorismus, Jura 2008, 653; *Bockemühl,* Private Ermittlungen im Strafprozess, 1996; *Fezer,* Anmerkung zu BGH v. 31. 1. 2007 – StB 18/06 (Ermittlungsrichter des BGH), NStZ 2007, 535; *Grasnick,* Anmerkung zu BGH v. 27. 5. 2009 – 1 StR 99/09, NStZ 2010, 158; *Hecker,* Europäisches Strafrecht, 2005; *Heghmanns,* Die prozessuale Rolle der Staatsanwaltschaft, GA 2003. 433; *Hefendehl,* Die neue Ermittlungsgeneralklausel der §§ 161, 163 StPO: Segen oder Fluch?, StV 2001, 700; *Hilger,* Zum Strafverfahrensänderungsgesetz 1999 (StVÄG 1999) – 1. Teil, NStZ 2000, 561; *Jahn,* Automatisierte Abfrage von Kreditkartendaten im Auftrag der Staatsanwaltschaft, JuS 2009, 664; *Jahn/Kudlich,* Die strafprozessuale Zulässigkeit der Online-Durchsuchung, JR 2007, 57; *J. Kretschmer,* BKA, BND und BfV – was ist das und was dürfen die?, Jura 2006, 336; *Minoggio,* Der Firmenmitarbeiter als Zeuge im Ermittlungsverfahren – Der Rechtsanwalt als sein Zeugenbeistand –, AnwBl 2001, 584; *Rieß,* Die Vernehmung des Beschuldigten im Strafprozess, JA 1980, 293; *Schaefer,* Rasterfahndung „light" – Abfrage von Kreditkartendaten, NJW-spezial 2009, 280; *Schünemann,* Die Liechtensteiner Steueraffäre als Menetekel Rechtsstaats, NStZ 2008, 305; *Sieber,* Ermittlungen in Sachen Liechtenstein – Fragen und erste Antworten, NJW 2008, 881; *Soiné,* Erkenntnisverwertung von Informanten und V-Personen der Nachrichtendienste in Strafverfahren, NStZ 2007, 247; *Soiné,* Strafverfahrensänderungsgesetz

---

[38] S. o. § 162 Rn. 3.
[39] So *Geppert* DRiZ 1992, 405, 409; AK-StPO/*Achenbach* Rn. 3; KK-StPO/*Griesbaum* Rn. 1; SK-StPO/*Wohlers* Rn. 3.
[40] Vgl. *Nehm,* FS Meyer-Goßner, 2001, S. 277, 288 f.; AK-StPO/*Achenbach* Rn. 16; KK-StPO/*Griesbaum* Rn. 19; Meyer-Goßner/*Cierniak* Rn. 14.
[41] Siehe HK-GS/*Pflieger* Rn. 13; KK-StPO/*Griesbaum* Rn. 20.

1999 Teil 2, Kriminalistik 2001, 245; *Welp,* Anmerkung zu BGH v. 7. 6. 1995 – 2 BJs 127/93 – StB 16/95, NStZ 1995, 602; *Wagner,* Die Bundespolizei – wer ist das, was darf das und was macht das?, Jura 2009, 96.

I. Organisation und Rolle der Polizei

1 Das 2. OpferrechtsreformG vom 29. 7. 2009 bringt einen neuen § 163 Abs. 3, der den bisherigen § 163a Abs. 5 ersetzt.[1] Wenn der Gesetzgeber[2] behauptet, dass die Materie der polizeilichen Zeugenvernehmung an eine systematisch passendere Stelle verschoben wird, überzeugt das nicht. Wenn § 163a einheitlich die staatsanwaltliche und die polizeiliche Beschuldigtenvernehmung regelt, wäre die passendere Gesetzesstelle für den neuen Abs. 3 die Vorschrift des § 161a gewesen.

2 Um ihre strafprozessuale Ermittlungspflicht zu erfüllen, bedient sich die Staatsanwaltschaft der Polizei, da ihr zur Ausführung der Ermittlungsarbeit eine eigene Justizpolizei nicht zur Verfügung steht. Die **Polizei** ist in ihrer Funktion **Helfer der Staatsanwaltschaft**. Sie ist den Ersuchen und Aufträgen der Staatsanwaltschaft verpflichtet (§ 161). Die Polizei wird jedoch auch ohne Auftrag der Staatsanwaltschaft tätig. § 163 regelt die – unbeschränkte – Erforschungspflicht und das Recht des **ersten Zugriffs**. Das **Legalitätsprinzip** verpflichtet die Polizei, Straftaten zu erforschen, wenn tatsächliche Anhaltspunkte für eine Straftat vorliegen. Auch die Polizei gewinnt diese Anhaltspunkte eines Anfangsverdachts durch Anzeige oder auf anderem Wege (§ 160). Bei **außerdienstlich** erlangten Kenntnissen gilt für die Polizei dasselbe wie für die Staatsanwaltschaft.[3]

3 Die Organisation der Polizei ist **Ländersache** (Art. 30, 70 ff. GG). Auf Bundesebene gibt es das Bundeskriminalamt (BKA)[4] als polizeiliche Zentralstelle (§ 2 BKA-Gesetz) und die Bundespolizei (BPol). Das BKA hat bei Straftaten überregionaler, gar internationaler Bedeutung nach § 4 BKA-Gesetz auch eine polizeiliche Strafverfolgungsaufgabe. Die Ermittlungsherrschaft liegt weiterhin bei der Staatsanwaltschaft (§ 4 Abs. 3 BKA-Gesetz). Mit dem „Gesetz zur Abwehr von Gefahren des internationalen Terrorismus durch das Bundeskriminalamt" v. 25. 12. 2008 hat das BKA mit § 4a auch eine spezielle Aufgabe der terroristischen Gefahrenabwehr erhalten.[5] Zur Bundespolizei[6] siehe das BPol-Gesetz und den dortigen § 12 (Verfolgung von Straftaten). Es gilt § 163.[7] Die Nachrichtendienste wie der Bundesnachrichtendienst (BND) und das Bundesamt für Verfassungsschutz (BfV) haben keine polizeilichen Befugnisse (§ 2 Abs. 3 BNDG, § 8 Abs. 3 BVerfSchG) – es gilt das Trennungsgebot.[8] Während die Staatsanwaltschaft dem Justizministerium untersteht, ist die Polizei den Innenministerien unterstellt. Die Polizeivollzugsbeamten der vertragsschließenden Bundesländer sind befugt, neben dem Recht zur Nacheile nach § 167 GVG Amtshandlungen auch in anderen Bundesländern vorzunehmen, wenn einheitliche Ermittlungen notwendig erscheinen. Grundlage ist das **Abkommen über die erweiterte Zuständigkeit der Polizei** der Länder bei der Strafverfolgung vom 8. 11. 1991. Im Rahmen der Europäischen Union ist die grenzüberschreitende Ermittlung in den Art. 40 und 41 **Schengener Durchführungsübereinkommen (SDÜ)** v. 19. 6. 1990 geregelt. Das SDÜ dient der Umsetzung der im Schengener Abkommen v. 14. 6. 1985 beschlossenen Abschaffung der Grenzkontrollen an den Binnengrenzen und sieht Ausgleichsmaßnahmen für befürchtete Sicherheitsverluste vor. Art. 40 SDÜ regelt die grenzüberschreitende Observation und Art. 41 SDÜ die grenzüberschreitende Nacheile.[9] Normadressaten des § 163 sind auch andere Behörden und Beamten des Polizeidienstes im Rahmen ihres Aufgabenbereichs (etwa Finanzbehörden, die Steuerfahndung und Zollfahndungsämter).

II. Verhältnis zur Staatsanwaltschaft

4 Die Polizei muss den Weisungen der Staatsanwaltschaft auf dem Gebiet der Strafverfolgung folgen (§ 161). Wird die Polizei im Rahmen des ersten Zugriffs tätig, muss sie nach Abs. 2 den Vorgang unverzüglich an die Staatsanwaltschaft weiterleiten. Zum anderen aber hat sie nach § 163 Abs. 1 Satz 1 Straftaten zu erforschen. Die **Erforschungspflicht** wird durch § 163 Abs. 1 Satz 1 Halbsatz 2, nach dem die Polizei alle keinen Aufschub gestattenden Anordnungen zu treffen hat, nicht eingeschränkt.[10] Trotz der organisatorischen Selbständigkeit der Polizei bilden die Ermittlungen der Staatsanwaltschaft und der Polizei eine Einheit.[11] Dem Gesetz nach ist und

---
[1] BGBl. I S. 2280.
[2] Siehe BT-Drucks. 16/12098, S. 41.
[3] S. o. § 160 Rn. 3.
[4] Dazu *J. Kretschmer* Jura 2006, 336, 337 ff.
[5] BGBl. I S. 3083.
[6] Dazu *Wagner* Jura 2009, 96.
[7] So KK-StPO/*Griesbaum* Rn. 5; Meyer-Goßner/*Cierniak* Rn. 14.
[8] Siehe *Soiné* NStZ 2007, 247.
[9] Dazu *Hecker* § 5 Rn. 37 ff.
[10] So KK-StPO/*Griesbaum* Rn. 4; Meyer-Goßner/*Cierniak* Rn. 20.
[11] So Anw-StPO/*Walther* Rn. 1; Meyer-Goßner/*Cierniak* Rn. 1.

bleibt die Staatsanwaltschaft sog. „Herrin des Ermittlungsverfahrens". Die Staatsanwaltschaft ist das **Kontrollorgan** der Polizei.[12] Sie ist zur justizmäßigen Sachleitung der polizeilichen Ermittlungen verpflichtet und trägt die Rechtskontrolle. Sie trägt die Grundverantwortung für die Beschaffung und Zuverlässigkeit des Beweismaterials. Auf Grund der staatsanwaltlichen Verfahrensherrschaft ist allein die Staatsanwaltschaft zu den bereits erwähnten Vertraulichkeitszusagen an Zeugen ermächtigt.[13] In der Praxis hat sich eine **polizeiliche Dominanz** des Ermittlungsverfahrens entwickelt.[14] Die Sachverhaltsaufklärung und Informationsbeschaffung im Ermittlungsverfahren im Bereich der kleinen und mittleren Kriminalität wird selbständig von der Polizei durchgeführt. Erst das polizeiliche Ermittlungsergebnis wird der Staatsanwaltschaft zur Entscheidung über Anklage oder Einstellung vorgelegt. Eine durchlaufende Verfahrensherrschaft durch die Staatsanwaltschaft ist nicht gegeben. Vielmehr ist die staatsanwaltliche Entscheidung vom polizeilich selbständig gewonnenen Ermittlungsergebnis abhängig. Dieser Widerspruch zwischen der Gesetzeslage in den §§ 160 und 161 und der Verfahrensrealität ist auch in Nr. 3 RiStBV angelegt. Der Staatsanwalt soll nach dem dortigen Abs. 1 in bedeutsamen oder in rechtlich oder tatsächlich schwierigen Fällen den Sachverhalt vom ersten Zugriff an **selbst** aufklären. Daher übt die Staatsanwaltschaft ihre Sachleitungsbefugnis bei Kapitaldelikten und auch im Bereich der Wirtschaftskriminalität aus. Nr. 3 Abs. 2 RiStBV verpflichtet die Staatsanwaltschaft in den anderen Fällen aber auch dazu, die Ermittlungen zu leiten. Diese rechtsstaatlich gebotene Kontrolle der polizeilichen Ermittlungstätigkeit durch die Staatsanwaltschaft geschieht contra legem in weiten Bereichen der Kriminalität nicht. Aber: Auf Grund ihrer Verfahrensherrschaft kann sich die Staatsanwaltschaft jederzeit auf jedem Kriminalitätsfeld durch einzelne Anordnungen (§§ 160, 161) in die Ermittlungsarbeit der Polizei einschalten oder das Ermittlungsverfahren an sich ziehen. Insbesondere mit Blick auf mögliche Beweisverwertungsverbote durch Belehrungsfehler durch die Polizei im Ermittlungsverfahren muss die Staatsanwaltschaft ihre Leitungs- und Kontrollbefugnis effektiv ausüben.[15]

Wichtig ist, wie man als **Strafverteidiger** auf diese Entwicklung der **Verpolizeilichung des Ermittlungsverfahrens** reagiert. Direkter **Ansprechpartner** sollte für den Strafverteidiger die **Staatsanwaltschaft** sein.[16] Diese trägt die Entscheidungsbefugnis. Die Staatsanwaltschaft entscheidet über die Akteneinsicht (§ 147 Abs. 5). Polizeiliche Ladungen zu Beschuldigtenvernehmungen sollten im Regelfall höflich zurückgewiesen werden. Erscheinen muss der beschuldigte Mandant bei der Polizei nicht. Nie darf der beschuldigte Mandant allein dorthin geschickt werden! Die Anzeige einer Bestellung als Verteidiger sollte gegenüber der Staatsanwaltschaft erfolgen. Die Polizei kann und sollte man darüber informieren. In Fällen, in denen die Staatsanwaltschaft der Polizei – etwa den Landeskriminalämtern – die Ermittlungsarbeit eigenständig überlässt, ist auch die Kontaktaufnahme mit dieser geboten.[17] Der Beschuldigte hat aber nicht das Recht, seine Vernehmungsperson zu wählen.[18] Folgen der Beschuldigte und sein Verteidiger der polizeilichen Ladung nicht, kann die Staatsanwaltschaft auch nach Aktenlage entscheiden.

III. Eingriffsrechte

Die Ermittlungspflicht der Polizei dient wie die der Staatsanwaltschaft der Vorbereitung der von der Staatsanwaltschaft zu treffenden Entscheidung nach § 170. Die polizeiliche und die staatsanwaltliche Erforschungspflicht nach § 160 entsprechen sich.[19]

§ 163 enthält in Abs. 2 Satz 2 eine **Ermittlungsgeneralklausel**. Ansonsten ist die Vorschrift keine gesetzliche Grundlage für polizeiliche Zwangsbefugnisse. Die Befugnisse richten sich nach den speziellen Eingriffsnormen der StPO, die die Zuständigkeit jeweils auch mit Blick auf die Grundrechtsintensivität des Eingriffs regeln. Daneben sollen den Strafverfolgungsorganen auch die materiell-rechtlichen Vorschriften der §§ 32 und 34 StGB als öffentlich-rechtliche Eingriffsnorm zur Verfügung stehen, wenn die allgemeine Bestimmung nicht abschließend durch spezielle Regelung verdrängt wird.[20] Hier wird verkannt, dass die StPO als Ganzes das speziellere Gesetz ist, das abschließend die zulässigen strafprozessualen Zwangsmaßnahmen regelt.

---

[12] Siehe *Ambos* Jura 2003, 674, 676; Meyer-Goßner/*Cierniak* Rn. 3.
[13] So *Artkämper* u. a. Rn. 323; *Joecks* Rn. 4.
[14] Vgl. *Ambos* Jura 2003, 674, 677 f.; *Heghmanns* GA 2003, 433, 434 ff.; *Artkämper* u.a. Rn. 13, 28; *Beulke* Rn. 106.
[15] Siehe BGH v. 27. 5. 2009 – 1 StR 99/09, NStZ 2009, 648 = StV 2010, 3; dazu *Grasnick* Anm. zu BGH v. 27. 5. 2009 – 1 StR 99/09, NStZ 2010, 158.
[16] Siehe Widmaier/*Richter II*/*Tsambikakis* MAH Strafverteidigung § 2 Rn. 126 ff., 130; dazu auch *Artkämper* u. a. Rn. 24 ff.
[17] Siehe auch Widmaier/*Schlothauer* MAH Strafverteidigung § 3 Rn. 120.
[18] So *Eisenberg* Rn. 511; Meyer-Goßner/*Cierniak* § 163 a Rn. 2.
[19] So KK-StPO/*Griesbaum* Rn. 9; Meyer-Goßner/*Cierniak* Rn. 20.
[20] So Anw-StPO/*Walther* Rn. 13; KK-StPO/*Griesbaum* Rn. 12; Meyer-Goßner/*Cierniak* Rn. 30.

8 Die StPO differenziert zwischen der Ermächtigung **aller Polizeibeamten** und der Begrenzung auf sog. **Ermittlungspersonen** (früher: Hilfsbeamten) nach § 152 GVG. Alle Polizeibeamten sind ermächtigt zur vorläufigen Festnahme nach § 127, zur Identitätsfeststellung nach §§ 81 b, 163 b, zu den technischen Maßnahmen nach § 100 h (Bildaufnahmen und Verwendung sonstiger technischer Mittel der Observation außerhalb von Wohnungen) und zur Vernehmung des Beschuldigten, Zeugen und Sachverständigen (§§ 163 Abs. 3, 163 a Abs. 1, 4). Niemand muss vor der Polizei zur Vernehmung erscheinen; die Polizei hat keine Rechtsmacht zur Durchsetzung der Anwesenheit der Verhörspersonen. Der **Verteidiger** hat bei polizeilichen Vernehmungen nach überwiegender Ansicht kein Recht auf Anwesenheit. Die Staatsanwaltschaft dagegen hat ein Recht zur Teilnahme an allen polizeilichen Ermittlungsmaßnahmen.[21] Grund dafür ist ihre umfassende Verfahrensherrschaft. Nur die Ermittlungspersonen der Staatsanwaltschaft (§ 152 GVG) und das auch nur bei **Gefahr in Verzug** sind befugt zur Anordnung von körperlichen Untersuchungen beim Beschuldigten (§ 81 a), Untersuchungen anderer Personen gemäß § 81 c Abs. 5, Beschlagnahmen (§ 98) und Durchsuchungen (§ 105), der Einrichtung von Kontrollstellen (§ 111 Abs. 2) und der Ausschreibung zur Fahndung nach § 131 wie der Observation nach § 163 f. Andere grundrechtssensible Zwangsmaßnahmen stehen unter einem absoluten Richtervorbehalt (etwa der Erlass eines Haftbefehls in § 114 oder die akustische Wohnraumüberwachung nach §§ 100 c, d) oder ermächtigen bei Gefahr in Verzug nur die Staatsanwaltschaft, nicht aber die Polizei (die Überwachung der Telekommunikation nach § 100 b Abs. 1 und die akustische Überwachungen außerhalb der Wohnung nach § 100 f Abs. 4 wie auch die Erhebung von Verkehrsdaten nach § 100 g und die Maßnahme nach § 100 i: je durch Verweis auf die Zuständigkeitsregel in § 100 b Abs. 1).

9 § 163 enthält wie auch § 161 Abs. 1 seit dem StVÄG[22] von 1999 eine strafprozessuale **Ermittlungsgeneralklausel**. Grundrechtsrelevante Ermittlungsmaßnahmen bedürfen einer strafprozessualen speziellen Ermächtigungsgrundlage. Siehe die Diskussion um die **online-Durchsuchung**.[23] Zu Voraussetzung und Schranken einer solchen Maßnahme auf der Grundlage eines Grundrechts auf Gewährleistung der Vertraulichkeit und Integrität informationstechnischer Systeme ist die Entscheidung des BVerfG v. 27. 2. 2008 zu berücksichtigen.[24] Mit Gesetz v. 25. 12. 2008[25] erhielt das BKA übrigens mit § 20 k BKA-G die Kompetenz zu einem verdeckten Eingriff in informationstechnische Systeme – zur Abwehr von Gefahren des internationalen Terrorismus. Eine **Generalklausel für Ermittlungsmaßnahmen** der Staatsanwaltschaft oder der Polizei, die weniger intensiv in die Grundrechte des Bürgers eingreifen, wird anerkannt.[26] Grund dafür sind die sich ständig ändernden Erscheinungsformen der Kriminalität, auf welche die Strafverfolgungsorgane schnell und flexibel reagieren müssen. Die Klausel ist kein Ersatz für „tiefer" in die Grundrechte eingreifende Maßnahmen, die dem rechtsstaatlichen Gesetzesvorbehalt unterfallen und eine hinreichend bestimmte Einzelermächtigung verlangen. Nach dem BGH[27] gestattet die Generalklausel nur geringfügige Grundrechtseingriffe. Die Lehre vom rechtsstaatlichen Gesetzesvorbehalt fordert jedoch auch bei nur geringfügigen **Grundrechtseingriffen** eine gesetzliche Ermächtigungsgrundlage für den Hoheitsträger. Die Abgrenzung bereitet Schwierigkeiten. Hier ist an die grundrechtliche Sensibilisierung des Gesetzgebers und der Strafverfolgungsorgane zu appellieren. Als Maßstab kann gelten, dass die strafprozessuale Maßnahme unter Zwang zum Einsatz kommt, eine heimliche Maßnahme darstellt, die ohne Wissen des Betroffenen vorgenommen wird, oder der Informationserhebung privater Daten dient.[28] Das BVerfG[29] erlaubt auf dieser Grundlage eine heimliche automatisierte Abfrage von Kreditkartendaten im Auftrag der Staatsanwaltschaft. Die Heimlichkeit soll dem nicht entgegenstehen. Wenn das BVerfG die hinreichende Eingriffsintensität für eine Spezialermächtigung in diesem Fall ablehnt, ist das angesichts der gezielten Verdachtsverfolgung sehr zweifelhaft. Die Ermittlungsgeneralklausel mag für eine kurzfristige Überwachung des Beschuldigten und für die Einholung von Erkundigungen in seinem privaten Umfeld

---

[21] Siehe *Joecks* Rn. 5.
[22] BGBl. I 2000 S. 1253.
[23] BGH v. 31. 1. 2007 – StB 18/06 (Ermittlungsrichter des BGH), NStZ 2007, 279, mit Anm. *Fezer* NStZ 2007, 535; siehe auch *Beukelmann* StraFo 2008, 1; *Jahn/Kudlich* JR 2007, 57.
[24] BVerfG v. 27. 2. 2008 – 1 BvR 370/07, 1 BvR 595/07, NJW 2008, 822; dazu *Eisenberg* Rn. 2540 ff.
[25] BGBl. I S. 3083.
[26] Siehe BVerfG v. 17. 2. 2009 – 1372 und 1745/07, NJW 2009, 1405, 1407; BGH v. 18. 5. 2010 – 5 StR 51/10, Beck RS 2010, 13972, Rn. 18; *Hefendehl* StV 2001, 700, 703; *Hilger* NStZ 2000, 561, 563 f.; *Jahn* JuS 2009, 664 f.; *Soinè* Kriminalistik 2001, 245; KK-StPO/*Griesbaum* § 161 Rn. 1; *Beulke* Rn. 104.
[27] BGH v. 31. 1. 2007 – StB 18/06 (Ermittlungsrichter des BGH), NStZ 2007, 279.
[28] Vgl. *Fezer* Anm. zu BGH v. 31. 1. 2007 – StB 18/06 (Ermittlungsrichter des BGH), NStZ 2007, 535; *Hefendehl* StV 2001, 700, 704.
[29] BVerfG v. 17. 2. 2009 – 1372 und 1745/07, NJW 2009, 1405; dazu *Jahn* JuS 2009, 664; *Schaefer* NJW-Spezial 2009, 280.

Verlagerung der Polizeiarbeit in ein präventives Vorfeld zeigt. Die umgekehrte Umwidmung personenbezogener Daten von der Strafverfolgung zu Zwecken der Gefahrenabwehr regeln die §§ 477 Abs. 2 Satz 3[42] und 481.[43]

VI. Polizeiliche Zeugenvernehmung

12 Die polizeiliche Zeugenvernehmung ist seit dem 2. OpferrechtsreformG vom 29. 7. 2009 nicht mehr in § 163a Abs. 5 geregelt, sondern findet sich in Abs. 3 des § 163.[44] Die Normen, auf die durch Verweis Bezug genommen wird, werden erweitert. Das dient einerseits der Verbesserung der Stellung des Zeugen, aber auch der Rechtsklarheit für die vernehmenden Beamten des Polizeidienstes. Grundsätzlich sollen Zeugen bei der polizeilichen Vernehmung dieselben Rechte zustehen wie bei einer richterlichen Vernehmung. Ein Grundsatz, der für die staatsanwaltliche Zeugenvernehmung gemäß § 161a Abs. 1 Satz 2 ebenfalls gilt.

13 Niemand muss einer Ladung der Polizei folgen. Es besteht vor der Polizei **weder eine Pflicht zum Erscheinen noch eine Pflicht zur Aussage**. Das gilt im Umkehrschluss zu § 48 Abs. 1 – neu durch das 2. OpferrechtsreformG – und zu § 161a Abs. 1 auch für Zeugen und Sachverständige. In obrigkeitsgläubiger Tradition ist diese Tatsache in der Bevölkerung wenig bekannt und wird auch von der Polizei wenig propagiert. Das Gesetz sollte diesen Unterschied in der Pflichtenstellung klarstellen. Der Grund für diese Tatsache ist auch hier die Verfahrensherrschaft der Staatsanwaltschaft im Ermittlungsverfahren, die über die notwendige Beweiserhebung zu entscheiden hat. Die Polizei hat daher auch keine Zwangsmittel. Für den Fall des Nichterscheinens kann dem Zeugen und Sachverständigen eine Ladung zur staatsanwaltlichen oder richterlichen Vernehmung angedroht werden.

14 Bei der Zeugen- und Sachverständigenvernehmung gelten aber in deren grundrechtlichem Interesse alle **Belehrungsvorschriften** und natürlich auch § 136a. § 136a wird im Gegensatz zum bisherigen § 163a Abs. 5 nicht mehr ausdrücklich genannt. Das ist bedauerlich. Er gilt jetzt über § 69 Abs. 3. Eine Belehrung nach § 55 Abs. 2 soll erst erforderlich sein, wenn während der Vernehmung konkrete Anhaltspunkte dafür entstehen, dass der zu Vernehmende sich oder einen Angehörigen belasten könnte.[45] Aus dem rechtsstaatlichen Fürsorgeprinzip sollte aber eine Belehrung nach § 55 bereits zu Beginn der Vernehmung erfolgen.[46] Wenn sich Anhaltspunkte dafür ergeben, dass sich der Zeuge in demselben Verfahrensgegenstand selbst belasten könnte, wenn sich also ein Tatverdacht ergibt, müssen die Vernehmungspersonen zu einer Beschuldigtenvernehmung mit den erforderlichen Belehrungsregeln des § 136 wechseln.[47] Eine **Umgehung** der Beschuldigtenrechte ist verboten. Eine Klarstellung bringt Satz 5 mit Hinweis auf die Fälle des § 81c Abs. 3 Satz 1 und 2.

15 Ein Belehrungsfehler nach § 52 Abs. 3 begründet ein **Beweisverwertungsverbot**; ein Belehrungsfehler nach § 55 Abs. 2 desgleichen, wenn auch insbesondere der BGH auf Grund des zweifelhaften Rechtskreisgedankens dem Beschuldigten eine Berufung auf einen Belehrungsfehler nach § 55 Abs. 2 in einer Zeugenvernehmung untersagt.[48] Aber der Beschuldigte hat einen Anspruch auf ein justizförmiges Verfahren, zu dem im Interesse der Wahrheitsfindung auch die Beachtung des § 55 Abs. 2 bei ihn belastenden Zeugenvernehmungen zählt. Nähere Einzelheiten bei den Anmerkungen zu den §§ 52, 55.

16 Die Neuregelung in § 163 Abs. 3 durch das 2. OpferrechtsreformG stellt durch einen umfassenden Verweis klar, welche Verfahrensvorschriften auch für die polizeiliche Zeugenvernehmung gelten. Die Frage, ob und welche Vorschriften einen Richtliniencharakter[49] haben, stellt sich daher nicht mehr.

17 **Weder** bei der **staatsanwaltlichen noch** bei der **polizeilichen** – verfassungsrechtlich nach Ansicht des BVerfG[50] nicht zu beanstanden – Zeugen- und Sachverständigenvernehmung haben der Beschuldigte und sein **Verteidiger** ein **Anwesenheitsrecht**. § 168c Abs. 2 gewährt dieses allein bei entsprechenden richterlichen Vernehmungen. Staatsanwaltschaft und Polizei können jedoch die Anwesenheit gestatten. Es gilt kein Anwesenheitsverbot. Das rechtsstaatliche Verteidigungsinteresse spricht auch hier dafür, deren Anwesenheit grundsätzlich zu erlauben, wenn nicht das Ge-

---

[42] S. u. § 477.
[43] S. u. § 481.
[44] BGBl. I S. 2280; siehe BT-Drucks. 16/12098, S. 41 ff.
[45] Siehe Löwe/Rosenberg/*Rieß*, 25. Aufl. § 163a Rn. 91.
[46] So SK-StPO/*Wohlers* § 163a Rn. 95.
[47] Vgl. *Rieß* JA 1980, 293, 298; SK-StPO/*Wohlers* § 163a Rn. 95.
[48] Dazu *Beulke* Jura 2008, 653, 654 f.; *Bersmann* StraFo 1998, 73, 74 f.; SK-StPO/*Wohlers* § 163a Rn. 96; zu § 55 siehe BGH v. 21. 1. 1958 – GSSt 4/57, BGHSt 11, 213.
[49] Siehe Meyer-Goßner/*Cierniak* § 163a Rn. 23.
[50] BVerfG v. 5. 7. 2006 – 2 BvR 1317/05, NJW 2007, 204.

genügen.³⁰ Der Einsatz von V-Leuten erscheint wegen der – kumulativen – heimlichen Erkundung privater Daten auf der Grundlage der Klausel eher bedenklich.³¹ Eine besondere gesetzliche Grundlage wie die §§ 110 a ff. für den Verdeckten Ermittler ist rechtsstaatlich geboten.

IV. Vorlage nach Abs. 2

Die **Polizei** hat **keine eigene Entscheidungsbefugnis** in der Strafverfolgung. Die Polizei hat daher ihre Verhandlungen, den bei ihr entstandenen Ermittlungsvorgang, ohne Verzug der Staatsanwaltschaft zu übersenden.³² Die Vorlagepflicht entsteht, wenn überhaupt etwas verhandelt, dh. ermittelt worden ist. „Ohne Verzug" bedeutet daher nach der unaufschiebbaren Beweissicherung, den gebotenen Untersuchungshandlungen und deren schriftlicher Festlegung.³³ Wie bereits erwähnt wird die Polizei in den überwiegenden Fällen den Ermittlungsvorgang selbständig führen, um das Ermittlungsergebnis der Staatsanwaltschaft zur Entscheidung vorzulegen. Jedoch auf Grund ihrer Verfahrensherrschaft im Ermittlungsverfahren kann die Staatsanwaltschaft in Ausübung ihrer Kontroll- und Leitungsbefugnis³⁴ von der Polizei eine sofortige und ständige Unterrichtung von bestimmten Straftaten verlangen. Sie kann jederzeit von der Polizei die Unterrichtung über deren Ermittlungsarbeit fordern. Die Polizei muss sämtliche Spurenakten der Staatsanwaltschaft vorlegen, sofern sie irgendeinen Bezug zu Tat und Täter haben können.³⁵

V. Verwendung präventiv-polizeilicher Erkenntnisse

Zweifelhaft ist, ob polizeirechtlich gewonnene Daten uneingeschränkt im Strafverfahren verwendet werden dürfen. Die Problematik beruht auf der **Doppelfunktion** der Polizei. Sie ist **repressiv** zur Aufklärung begangener Straftaten zuständig. Es gilt das Strafprozessrecht. Sie ist **präventiv** zur Verhinderung von Störungen der öffentlichen Sicherheit und Ordnung – Gefahrenabwehr – zuständig, wozu auch die Verhinderung von Straftaten gehört. Rechtliche Grundlage für die präventive Tätigkeit sind die Polizei- und Sicherheitsgesetze der Länder. Die Abgrenzung der Tätigkeitsfelder erfolgt überwiegend auf der Basis des **Schwerpunkts** der Tätigkeit.³⁶ Unkritisch wird die grundsätzliche Verwertung von rechtmäßig gewonnenen Erkenntnissen aus präventiv-polizeilichen Maßnahmen im Strafverfahren als Beweismittel insbesondere vom BGH bejaht.³⁷ Diese Sichtweise verkennt, dass Erhebung und Verwendung bzw. Verwertung personenbezogener Daten je einen selbständigen Eingriffscharakter haben.³⁸ Bezogen auf § 100d Abs. 5 Nr. 3 stellt der BGH³⁹ jetzt klar, dass die zu verwendenden Daten polizeirechtlich rechtmäßig erhoben sein müssen. Ist das nicht der Fall, folgt der BGH der Abwägungstheorie. Es gilt die **Zweckbindung** erhobener Daten. Die Umwidmung oder Zweckentfremdung präventiv-polizeilicher Daten durch eine Verwertung im repressiven Strafverfahren bedarf einer gesetzlichen Regelung im **bundesrechtlich** geregelten Verfahrensrecht (Art. 74 Abs. 1 Nr. 1 GG). Diese Verwertungsregeln existieren inzwischen in einem weiten Teilbereich mit den speziellen §§ 161 Abs. 2 und 3 und 100d Abs. 5 Nr. 3, aber mittelbar auch in den Übermittlungsregelungen der §§ 19 Abs. 1, 20, 21 BVerfSchG und § 9 BND-Gesetz für die strafprozessuale Verwertung von Erkenntnissen der Nachrichtendienste.⁴⁰ Nicht das Verwertungsverbot muss geregelt werden, sondern die zweckentfremdende – von der Gefahrenabwehr zur Strafverfolgung – Verwertungsregel muss positiv gegeben sein. Das gilt, weil die sachbezogenen Eingriffe zur Gefahrenabwehr auf Grundlage der verschiedenen Länderpolizeigesetze die grundrechtlichen Individualinteressen weniger berücksichtigen (müssen) als die strafprozessuale Ermittlungsmaßnahmen, denen auch die grundrechtliche Unschuldsvermutung widerstreitet. Die unkritische – kriminalpolitische – Sichtweise des BGH ist daher unzutreffend.⁴¹ Das ist bedeutsam, da sich derzeit durch ein bedenkliches Sicherheitsdenken eine zunehmende

---

³⁰ So *Hefendehl* StV 2001, 700, 704; *Beulke* Rn. 104.
³¹ Befürwortend KK-StPO/*Griesbaum* § 161 Rn. 1; *Hilger* NStZ 2000, 561, 564; *Beulke* Rn. 424; ablehnend: *Hefendehl* StV 2001, 700, 704; *Bockemühl*, Private Ermittlungen im Strafprozess, S. 26 ff.; HK-GS/*Jäger* § 136 a Rn. 21.
³² Dazu KK-StPO/*Griesbaum* Rn. 24.
³³ Siehe *Ambos* Jura 2003, 674, 676; *Pfeiffer* Rn. 10.
³⁴ Siehe KK-StPO/*Griesbaum* Rn. 3.
³⁵ So *Joecks* Rn. 25; *Pfeiffer* Rn. 10.
³⁶ So *Welp* Anm. zu BGH v. 7. 6. 1995 – 2 BJs 127/93 – StB 16/95, NStZ 1995, 602; Anw-StPO/*Walther* Rn. 19; *Beulke* Rn. 103.
³⁷ Siehe BGH v. 7. 6. 1995 – 2 BJs 127/93 – StB 16/95, NStZ 1995, 601, mAnm *Welp*; BGH v. 14. 5. 1991 – 1 StR 699/90, StV 1991, 403; kritisch *Hilger* NStZ 2000, 561, 564; zustimmend Anw-StPO/*Walther* § 161 Rn. 23.
³⁸ So *Hefendehl* StV 2001, 700, 705; *J. Kretschmer* Jura 2006, 336, 341; *Welp* Anm. zu BGH v. 7. 6. 1995 – 2 BJs 127/93 – StB 16/95, NStZ 1995, 602, 603.
³⁹ BGH v. 14. 8. 2009 – 3 StR 552/08, NJW 2009, 3448.
⁴⁰ Einzelheiten bei: kritisch *Schünemann* NStZ 2008, 305, 306 f.; *Sieber* NJW 2008, 881, 882 f.; *Soiné* NStZ 2007, 247.
⁴¹ Siehe *Hefendehl* StV 2001, 700, 704 ff.; kritisch *Hilger* NStZ 2000, 561, 564; auch SK-StPO/*Wohlers* § 161 Rn. 52; *Volk* § 7 Rn. 8.

geninteresse, der Untersuchungszweck, konkret gefährdet ist.⁵¹ Die Polizei hat aber die Entscheidungshoheit der Staatsanwaltschaft zu achten. Der **Verteidiger** sollte gegenüber Staatsanwaltschaft und Polizei höflich, aber bestimmt auf seine rechtsstaatlich gebotene Mitwirkung an einer Zeugenvernehmung drängen. An die Strafverfolgungsorgane ist zu appellieren, die Verteidigungsrechte des Beschuldigten zu achten. Der Staatsanwaltschaft ist natürlich in ihrer Ermittlungshoheit bei allen polizeilichen Handlungen die Anwesenheit gestattet.

Da der Zeuge nicht vor der Polizei erscheinen muss, verweist Abs. 3 gerade nicht auf die Vorschriften der §§ 48 ff. Aus dem Grundsatz des fairen Verfahrens folgt auch bei der polizeilichen Zeugenvernehmung ein **Anwesenheitsrecht** des anwaltlichen **Zeugenbeistands**.⁵² Dessen Anwesenheit kann der Zeuge dadurch erzwingen, dass er ansonsten nicht erscheint oder aussagt. Dieses Recht gewährt nunmehr direkt § 68 b über § 163 Abs. 3. Die Rechtsstellung des Zeugen wird verbessert. Bedeutsam ist, dass über die Beiordnung eines Zeugenbeistands auch bei der polizeilichen Vernehmung die Staatsanwaltschaft entscheidet, während über einen möglichen Ausschluss wegen einer Gefährdung des Untersuchungszwecks der vernehmende Polizeibeamte entscheiden kann. In beiden Fällen besteht für den Betroffenen die Möglichkeit einer gerichtlichen Entscheidung zum nach § 162 zuständigen Richter (§ 161 a Abs. 3 Satz 2 und § 163 Abs. 3 Satz 3 mit Verweis auf § 161 a Abs. 3 Satz 2 bis 4). 18

§ 168 b gilt entsprechend für polizeiliche Vernehmungen.⁵³ Überwiegend wird die Aushändigung einer **Kopie der Vernehmungsniederschrift** als unzulässig angesehen, weil der Zeuge bei späteren Vernehmungen aus seiner Erinnerung aussagen soll.⁵⁴ Aber auch der Zeuge ist ein eigenständiges Verfahrenssubjekt. Wenn es ihm möglich ist, selbst Aufzeichnungen während der Vernehmung zu machen – ein gesetzliches Verbot besteht nicht –, gibt es keinen sachgerechten Grund, ihm eine Aushändigung eines Vernehmungsprotokolls zu versagen. Es gibt auch keine Rechtsgrundlage dafür, dem Zeugen einen akustischen Mitschnitt seiner Vernehmung zu untersagen. Hier kann und muss ein anwaltlicher Zeugenbeistand helfen. Der Zeuge ist gesetzlich nicht verpflichtet, das Vernehmungsprotokoll zu genehmigen oder zu unterschreiben. 19

§ 163a [Vernehmungen im Ermittlungsverfahren]

(1) ¹Der Beschuldigte ist spätestens vor dem Abschluß der Ermittlungen zu vernehmen, es sei denn, daß das Verfahren zur Einstellung führt. ²In einfachen Sachen genügt es, daß ihm Gelegenheit gegeben wird, sich schriftlich zu äußern.

(2) Beantragt der Beschuldigte zu seiner Entlastung die Aufnahme von Beweisen, so sind sie zu erheben, wenn sie von Bedeutung sind.

(3) ¹Der Beschuldigte ist verpflichtet, auf Ladung vor der Staatsanwaltschaft zu erscheinen. ²Die §§ 133 bis 136a und § 168c Abs. 1 und 5 gelten entsprechend. ³Über die Rechtmäßigkeit der Vorführung entscheidet auf Antrag des Beschuldigten das nach § 162 zuständige Gericht. ⁴Die §§ 297 bis 300, 302, 306 bis 309, 311a und 473a gelten entsprechend. ⁵Die Entscheidung des Gerichts ist unanfechtbar.

(4) ¹Bei der ersten Vernehmung des Beschuldigten durch Beamte des Polizeidienstes ist dem Beschuldigten zu eröffnen, welche Tat ihm zur Last gelegt wird. ²Im übrigen sind bei der Vernehmung des Beschuldigten durch Beamte des Polizeidienstes § 136 Abs. 1 Satz 2 bis 4, Abs. 2, 3 und § 136a anzuwenden.

Schrifttum: Eckpunkte einer Reform des Strafverfahrens, Diskussionspapier der Regierungskoalition, Stand: 6. 4. 2001, StV 2001, 314; *Bernsmann*, Verwertungsverbot bei fehlender und mangelnder Belehrung, StraFo 1998, 73; *Gillmeister*, Rechtliches Gehör im Ermittlungsverfahren, StraFo 1996, 114; *Nelles*, Der Einfluss der Verteidigung auf Beweiserhebungen im Ermittlungsverfahren, StV 1986, 74; *Rieß*, Die Vernehmung des Beschuldigten im Strafprozess, JA 1980, 293.

I. Allgemeines

In den Absätzen 1 bis 4 ist die Vernehmung des Beschuldigten im Ermittlungsverfahren durch die Staatsanwaltschaft und die Polizei geregelt. Die richterliche Vernehmung findet sich in den §§ 133 ff. Der bisherige Abs. 5, der die polizeiliche Zeugenvernehmung geregelt hat, wird mit dem 1

---

⁵¹ Nach AK-StPO/*Achenbach* § 163 a Rn. 46 und § 161 a Rn. 11; Löwe/Rosenberg/*Rieß*, 25. Aufl., § 163 a Rn. 93; SK-StPO/*Wohlers* § 163 a Rn. 98.
⁵² So *Minoggio* AnwBl 2001, 584, 586; AK-StPO/*Achenbach* § 163 a Rn. 47; SK-StPO/*Wohlers* § 163 a Rn. 98; Widmaier/*Lesch* MAH Strafverteidigung § 54 Rn. 46; ablehnend KK-StPO/*Griesbaum* Rn. 19; Meyer-Goßner/*Cierniak* Rn. 16.
⁵³ So SK-StPO/*Wohlers* § 163 a Rn. 99.
⁵⁴ Nach *Minoggio* AnwBl 2001, 584, 590; Anw-StPO/*Walther* § 163 a Rn. 35; Meyer-Goßner/*Cierniak* § 163 a Rn. 32; SK-StPO/*Wohlers* § 163 a Rn. 99.

2. **OpferrechtsreformG** vom 29. 7. 2009[1] durch einen neuen § 163 Abs. 3 ersetzt. Die staatsanwaltliche Vernehmung von Zeugen richtet sich nach § 161a. Insgesamt beweist die Norm die eigenständige Stellung des Beschuldigten als Prozesssubjekt bereits im Ermittlungsverfahren.

2 Als vorrangiger Zweck der Beschuldigtenvernehmung gelten die Gewährung rechtlichen Gehörs und die Gelegenheit zur Verteidigung.[2] Die Tatsachenfeststellung zum Zwecke der Wahrheitsermittlung (**Doppelfunktion**) ist auch wegen der freiwilligen Mitwirkung des Beschuldigten nachrangig.

II. Regelungsgehalt der Norm

3 Die Vernehmung des Beschuldigten ist **obligatorisch**. Der **Zeitpunkt** unterliegt ermittlungstaktischen Erwägungen. Sie ist spätestens vor Abschluss des Ermittlungsverfahrens vorzunehmen. Siehe dazu den Abschlussvermerk der Staatsanwaltschaft nach § 169a. Ein früher Vernehmungstermin ist geboten, wenn eine Entkräftung des Tatvorwurfs durch den Beschuldigten zu erwarten ist. Ein später Termin ist geboten, wenn man den Beschuldigten mit allen Verdachtsmomenten konfrontieren will. Die grundrechtliche Achtung vor der Stellung eines Prozesssubjektes spricht für eine frühzeitige Vernehmung des Beschuldigten.[3] Die Gefahr von Verdunkelungshandlungen bei frühzeitiger Kenntnis kann dem widerstreiten. Erneut zeigt sich der abzuwägende Konflikt zwischen dem grundrechtlichen Individualinteresse und dem rechtsstaatlichen Allgemeininteresse an der Effektivität der Strafverfolgung.

4 Ausnahmsweise ist eine Beschuldigtenvernehmung **entbehrlich**, wenn die Strafsache einstellungsreif ist. Allgemein gilt es als unbeachtlich, aus welchen Gründen das Strafverfahren eingestellt wird (§§ 153 ff., 170).[4] Um die Gefahr zu vermeiden, dass ein Beschuldigter überhaupt nicht erfährt, dass gegen ihn ein Ermittlungsverfahren geführt wurde, wird teilweise – und zutreffend – seine Vernehmung allein in den Fällen einer Einstellung nach § 170 Abs. 2 Satz 1 als entbehrlich angesehen.[5] Zumindest bei einer Einstellung nach § 153a Abs. 1 ist eine Vernehmung des Beschuldigten erforderlich.[6] Ein Vorgehen nach § 153a erfordert einen anklagereifen Sachverhalt.

5 Welche **Folgen** hat eine **unterbliebene Vernehmung** des Beschuldigten für die erhobene Anklage? Die Anklage ist wirksam.[7] Vor Eröffnung des Hauptverfahrens sollte das Gericht die Rücknahme der Anklage und dadurch die Nachholung der Beschuldigtenvernehmung veranlassen. Ansonsten ist die Eröffnung des Hauptverfahrens abzulehnen.[8] Darauf sollte der Verteidiger hinweisen. Wenn die überwiegende Gegenansicht[9] eine unterbliebene Beschuldigtenvernehmung vor der Anklageerhebung durch eine Erklärung nach § 201 bzw. durch eine Vernehmung im Eröffnungsverfahren nach § 202 als geheilt ansieht, entspricht das nicht dem Beschuldigteninteresse. Das rechtliche Gehör vor der Anklageerhebung kann wichtige Weichen für das laufende Strafverfahren stellen. Der Verteidiger kann auf eine Einstellung nach § 170 oder nach den §§ 153 ff. hinarbeiten oder die Vorteile eines Strafbefehlsverfahrens nutzen. Der eigenständige Charakter des § 163a Abs. 1 ist zu betonen, wenn auch die Nachholung nach bereits erfolgter Anklageerhebung wenig Erfolg versprechend ist.

6 Die Verfahrensherrschaft der Staatsanwaltschaft im Ermittlungsverfahren bestimmt, dass ihr die Auswahl der **Vernehmungsperson** obliegt.[10] Führt die Staatsanwaltschaft das Ermittlungsverfahren, vernimmt die Staatsanwaltschaft den Beschuldigten selbst (Abs. 3). Sie kann auch die Polizei mit der Vernehmung beauftragen. Es gilt Abs. 4. Ausnahmsweise ersucht die Staatsanwaltschaft den Ermittlungsrichter (§ 162). Der Beschuldigte hat kein Wahlrecht. In der Verfahrensrealität führt die Polizei die Ermittlungen im Rahmen des ersten Zugriffs eigenständig und führt dann auch die Beschuldigtenvernehmung. In Steuerstrafsachen kann die Finanzbehörde an die Stelle der Staatsanwaltschaft treten (§§ 385 ff. AO).

7 Die Vernehmung ist grundsätzlich eine **mündliche** Vernehmung. Nur bei einfachen Sachen ist eine Ersetzung der mündlichen Vernehmung durch eine **schriftliche** Stellungnahme möglich (Abs. 1 Satz 2). Wenn jedoch der Beschuldigte auch in diesem Fall eine mündliche Stellungnahme

---

[1] BGBl. I S. 2280.
[2] Siehe *Rieß* JA 1980, 293, 297; SK-StPO/*Wohlers* Rn. 3 f.
[3] Auch *Gillmeister* StraFo 1996, 114, 115 f.; AK-StPO/*Achenbach* Rn. 4; SK-StPO/*Wohlers* Rn. 10.
[4] So *Joecks* Rn. 3; Löwe/Rosenberg/*Rieß*, 25. Aufl., Rn. 32; Meyer-Goßner/*Cierniak* Rn. 3; *Pfeiffer* Rn. 1.
[5] So AK-StPO/*Achenbach* Rn. 5; SK-StPO/*Wohlers* Rn. 8.
[6] So *Gillmeister* StraFo 1996, 114, 115; *Rieß* JA 1980, 293, 297; Löwe/Rosenberg/*Rieß*, 25. Aufl., Rn. 32; Meyer-Goßner/*Cierniak* Rn. 3.
[7] Siehe *Rieß* JA 1980, 293, 300; KK-StPO/*Griesbaum* Rn. 37; Löwe/Rosenberg/*Erb* Rn. 118; SK-StPO/*Wohlers* Rn. 11.
[8] So Löwe/Rosenberg/*Erb* Rn. 118; SK-StPO/*Wohlers* Rn. 11.
[9] Siehe *Rieß* JA 1980, 293, 300; HK-GS/*Pflieger* Rn. 2; KK-StPO/*Griesbaum* Rn. 37; Meyer-Goßner/*Cierniak* Rn. 1.
[10] Dazu *Joecks* Rn. 3; SK-StPO/*Wohlers* Rn. 16.

wünscht, ist dem aus prozessualer Fürsorge zu entsprechen.[11] Hier zeigt sich bereits im Ermittlungsverfahren das Element der Mündlichkeit der späteren Hauptverhandlung. Stets ist zur Ergänzung der mündlichen Vernehmung eine ergänzende schriftliche Stellungnahme erlaubt. Der **Verteidiger** sollte und muss seinem beschuldigten Mandanten dabei stets eine umfassende Hilfe leisten. Er darf ihn bei dieser Aufgabe nicht alleine lassen. Bei Vernehmungen im **Rechtshilfeverkehr** ist eine schriftliche Vernehmung üblich.

Eine **einfache Sache** ist nur gegeben, wenn der Sachverhalt in tatsächlicher Hinsicht überschaubar ist, nicht dagegen wenn es sich um rechtlich schwierig gelagerte Sachverhalte handelt oder wenn es um Vorwürfe von nicht unerheblichem Gewicht geht.[12] Stets ist aber eine intellektuelle und sprachliche Reife des Beschuldigten geboten. Der Beschuldigte kann sich selbst äußern. In diesem Fall kann seine schriftliche Stellungnahme später als Urkunde nach § 249 in die Hauptverhandlung verwertet werden.[13] Das gilt auch, wenn er in der Hauptverhandlung von seinem Aussageverweigerungsrecht Gebrauch macht. § 252 erfasst die Beschuldigtenvernehmung nicht. Nicht verlesbar ist dagegen eine Erklärung, die der Strafverteidiger für den Beschuldigten in dessen Namen abgegeben hat.[14] Schriftsätzliche Äußerungen des Verteidigers, in denen er Angaben des Angeklagten in dessen Namen wiedergibt, sind in aller Regel nicht als schriftliche Erklärung des Angeklagten verlesbar. Auf diese Weise kann von Verteidigerseite das die Hauptverhandlung vorprägende Ermittlungsverfahren im Interesse des Beschuldigten im Tatsächlichen und im Rechtlichen beeinflusst werden, ohne dass der Beschuldigte an seine Äußerungen gebunden ist.

III. Rechte und Pflichten bei der Staatsanwaltschaft (Abs. 3) und der Polizei (Abs. 4)

Nach Abs. 3 Satz 1 muss der Beschuldigte einer förmlichen Ladung der Staatsanwaltschaft Folge leisten. Erscheint er nicht, kann er zwangsweise vorgeführt werden. Satz 2 verweist auf die §§ 133 ff. Die durch das 2. OpferrechtsreformG vom 29. 7. 2009 erfolgende Zuständigkeitsänderung zu § 162 und die Ergänzung des Abs. 3 um die Sätze 4 und 5 sind eine Folgeänderung zur Neuregelung des § 161 a Abs. 3. Im Gegenschluss gibt es keine **Erscheinenspflicht** für den Beschuldigten bei einer polizeilichen Vernehmung. In Abs. 4 fehlt eine entsprechende Regelung und konsequenterweise auch ein Verweis auf die Zwangsrechte der §§ 133 ff. Grund ist die Verfahrensherrschaft der Staatsanwaltschaft und die Abhängigkeit der Polizei von ihr auf dem Gebiet der Strafverfolgung. Der Verteidiger muss seinem Mandanten diese unterschiedliche Pflichtenstellung vermitteln. Er sollte ihm trotz aller staatlichen Belehrungspflichten auch stets verdeutlichen, dass eine Anwesenheitspflicht **keine Aussagepflicht** bedeutet! Bei allem gebotenen höflichen Auftreten gegenüber der Polizei ist der Kontakt mit der Staatsanwaltschaft in der Vernehmungssituation auf Grund deren Entscheidungs- und Erledigungsmacht vorzuziehen.

Der in **Haft** befindliche Beschuldigte kann in der Justizvollzugsanstalt vernommen werden. Ansonsten ist mit der staatsanwaltlichen Ladung zur Vernehmung der an die Anstalt gerichtete Vorführungsbefehl gemäß § 36 Abs. 2 Satz 2 StVollzG zu verbinden.[15] Jetzt finden sich entsprechende Regelungen in des Strafvollzugsgesetzen der Länder (so § 38 Abs. 3 BayStVollzG). Bei Vernehmungen in der Justizvollzugsanstalt ist zwingend zu berücksichtigen, dass der Beschuldigte nicht verpflichtet ist, auf Ladung vor der Polizei zu erscheinen. Wenn der inhaftierte Beschuldigte der polizeilichen Ladung nicht folgen will, darf er in keinem Fall zwangsweise in den Vernehmungsraum der Justizvollzugsanstalt zu dem polizeilichen Vernehmungsbeamten gebracht werden. Eine diesem Umstand widersprechende Praxis ist rechtswidrig.

Wie sich aus der Verweisung auf die §§ 133 ff. in Abs. 3 zeigt, kann die Staatsanwaltschaft unter den dort genannten und kommentierten Voraussetzungen das Erscheinen durch einen eigenen **Vorführungsbefehl** erzwingen. Das setzt – nur knapp – im Regelfall eine schriftliche Ladung und die Androhung der Vorführung voraus. Daneben ist ein unentschuldigtes Ausbleiben des Beschuldigten notwendig. Auch eine sofortige Vorführung nach § 134 ist der Staatsanwaltschaft erlaubt. Die Vorführung darf nicht rechtsmissbräuchlich sein. Druck und Schikane sind unzulässig. Wenn der Beschuldigte nicht zur Vernehmung erscheint und wenn sichergestellt ist, dass er die – schriftliche – Ladung erhalten hat, kann man sein Nichterscheinen als Erklärung verstehen, keine Angaben machen zu wollen.[16] Die Staatsanwaltschaft kann in diesem Fall auch auf die Vernehmung

---

[11] So SK-StPO/*Wohlers* Rn. 15.
[12] Dazu SK-StPO/*Wohlers* Rn. 22.
[13] So Löwe/Rosenberg/*Rieß*, 25. Aufl., Rn. 46; SK-StPO/*Wohlers* Rn. 24.
[14] So BGH v. 24. 8. 1993 – 1 StR 380/93, BGHSt 39, 305, 306 = NJW 1993, 3337; KK-StPO/*Griesbaum* Rn. 14; SK-StPO/*Wohlers* Rn. 24.
[15] Siehe HK-GS/*Pflieger* Rn. 8; KK-StPO/*Griesbaum* Rn. 16.
[16] So SK-StPO/*Wohlers* Rn. 17.

verzichten. Es ist eben nicht erforderlich, dass die Vernehmung tatsächlich stattgefunden hat.[17] Es ist ausreichend, dass dem Beschuldigten die Möglichkeit geboten wird, sich zu äußern. Der Beschuldigte kann auch erklären, er sei zu einer Aussage vor der Polizei oder der Staatsanwaltschaft nicht bereit. Dann kann die Staatsanwaltschaft eine Vernehmung vor dem Ermittlungsrichter (§ 162) veranlassen.

12 Gegen die **staatsanwaltliche** Anordnung der Vorführung hat der Beschuldigte das **Rechtsmittel** eines **Antrags auf richterliche Entscheidung** (Abs. 3 Satz 3). Auf Grund der Verfahrensstruktur wird allein die Rechtmäßigkeit und nicht die Zweckmäßigkeit der Maßnahme richterlich überprüft.[18] Anfechtbar ist bereits die Androhung der Vorführung.[19] Ein erst gegen die Vorführung selbst gewährter Rechtsschutz wäre kein hinreichender Schutz gegen möglicherweise rechtswidrige Vorführungen der Staatsanwaltschaft. Über den Wortlaut der Vorschrift hinaus ist in Parallele[20] zu der richterlichen Ladung ein Antrag auf gerichtliche Entscheidung schon gegen die Ladung selbst angebracht, da die Beschwer in der Pflicht zum Erscheinen vor der Staatsanwaltschaft liegt. Nach Erledigung ist ein Antrag auf nachträgliche Feststellung der Rechtswidrigkeit zulässig.[21] Das BVerfG[22] hat in den letzten Jahren den nachträglichen Rechtsschutz gegen prozessual erledigte Maßnahmen ausgebaut. Diese Grundsätze gelten auch hier. Das 2. Opferrechtsreformgesetz enthält an dieser Stelle eine Folgeänderung, indem es in Abs. 3 Satz 3 auf das nach § 162 zuständige Gericht verweist. Der Antrag hat keine aufschiebende Wirkung (§ 307).

13 Jede Vernehmungsperson muss unabhängig von früheren Vernehmungen in der **aktuellen Vernehmungssituation** den Beschuldigten über dessen Verteidigungsrechte belehren. Die Belehrung bei Vernehmungen ist besonders wichtig für die Selbstbestimmung des Beschuldigten.[23] Der BGH[24] weist darauf hin, dass die erste Vernehmung den Beschuldigte „meist unvorbereitet, ohne Ratgeber und auch sonst von der vertrauten Umgebung abgeschnitten, nicht selten auch durch die Ereignisse verwirrt und durch die ungewohnte Umgebung bedrückt oder verängstigt" trifft. Die **Belehrung des Beschuldigten** durch die Staatsanwaltschaft unterscheidet sich in nichts von der richterlichen Belehrung. Eine leichte Differenzierung gilt für die polizeiliche Belehrung. Es fehlt bei der Verweisung in Abs. 4 die Verpflichtung einer Belehrung über die in Betracht kommenden Strafvorschriften. Grund sollen die möglicherweise mangelnden Rechtskenntnisse der Polizeibeamten sein.[25] Wenn jedoch in der Verfahrensrealität bei der kleinen und mittleren Kriminalität die Polizei das Ermittlungsverfahren bis zur Entscheidungsreife selbständig führt, ist eine solche herabgestufte Belehrung im Beschuldigteninteresse unzureichend. Zu beachten ist die wichtige Entscheidung des BGH v. 3. 7. 2007.[26] Danach ist im Rahmen einer Zeugenvernehmung die Belehrung eines eigentlich Beschuldigten dahingehend, – als Zeuge – bei der Polizei überhaupt nichts sagen und sich nach § 55 nicht selbst belasten zu müssen, nicht genügend und kann die gebotene Belehrung über das vollumfängliche Aussageverweigerungsrecht nicht ersetzen. Wie bereits bei der Erläuterung zu § 136 angeführt, ist insgesamt an die Strafverfolgungsorgane zu appellieren, ihre rechtsstaatlichen Belehrungspflichten in grundrechtlicher Achtung der Beschuldigteninteressen ernst zu nehmen. Bei Polizeibediensteten wird teilweise eine reservierte Haltung gegenüber der gebotenen Belehrungspflicht beobachtet.[27] Insbesondere außerhalb von Kanzleiöffnungszeiten sollte stets der Hinweis auf einen bestehenden **Verteidigernotdienst** erfolgen.[28]

14 Eine Differenzierung der Rechte besteht auch bei den **Anwesenheitsrechten der Verfahrensbeteiligten**. Bei der **staatsanwaltlichen** Beschuldigtenvernehmung ist durch Verweis auf § 168c Abs. 1 und 5 ein uneingeschränktes Anwesenheitsrecht des Verteidigers gegeben. Dieser ist vom Termin zu unterrichten. Da der Beschuldigte stets zu laden ist, erfährt auch dessen Verteidiger vom Vernehmungstermin. Der **Verteidiger** muss seinem Mandanten unmissverständlich klar machen, dass er ihn von jeder Ladung unterrichtet und dass er in keinem Fall ohne den Verteidiger Angaben zur Sache macht. Eine Ausnahme von der Benachrichtigung nach § 168c Abs. 5 kann daher nie gegeben sein.[29] Die Staatsanwaltschaft kann auch anderen Personen die Anwesenheit

---

[17] So Meyer-Goßner/*Cierniak* Rn. 2; SK-StPO/*Wohlers* Rn. 14.
[18] Siehe dazu SK-StPO/*Wohlers* Rn. 33.
[19] Dazu KK-StPO/*Griesbaum* Rn. 20; Meyer-Goßner/*Cierniak* Rn. 22; *Rieß* JA 1980, 293, 298.
[20] S.o. § 133 Rn. 6; auch SK-StPO/*Wohlers* Rn. 33 mit Verweis auf § 161a Rn. 49; dagegen Löwe/Rosenberg/*Erb* Rn. 67.
[21] So Löwe/Rosenberg/*Erb* Rn. 68/69; Meyer-Goßner Vor § 296 Rn. 18a; SK-StPO/*Wohlers* Rn. 33.
[22] BVerfG v. 30. 4. 1997 – 2 BvR 817/90 u. a., BVerfGE 96, 27 = NJW 1997, 2163.
[23] So *Bernsmann* StraFo 1998, 73, 76.
[24] BGH v. 27. 2. 1992 – 5 StR 190/91, BGHSt 38, 214, 221 = NJW 1992, 1463.
[25] Nach KK-StPO/*Griesbaum* Rn. 25; kritisch SK-StPO/*Wohlers* Rn. 59.
[26] BGH v. 3. 7. 2007 – 1 StR 1/07, NStZ 2007, 653.
[27] Nach *Eisenberg* Rn 573.
[28] Auch SK-StPO/*Wohlers* Rn. 62; dagegen BGH v. 5. 2. 2002 – 5 StR 588/01, BGHSt 47, 233, 234f. = StV 2002, 180.
[29] Siehe SK-StPO/*Wohlers* Rn. 69.

gestatten.³⁰ Die Beschuldigteninteressen und dessen Verteidigungsrechte dürfen dadurch nicht beeinträchtigt werden. Letztendlich kann der Beschuldigte sich weigern, in Anwesenheit anderer Personen zur Sache auszusagen.

Ein **Anwesenheitsrecht** der Verteidigung besteht an sich im Gegenschluss zu Abs. 3 bei **polizeilichen Beschuldigtenvernehmungen** nicht.³¹ Abs. 4 verweist bedenklicherweise nicht auf § 168c. Nach Ansicht des BVerfG ist das verfassungsrechtlich nicht zu beanstanden.³² Die Polizei kann dessen Anwesenheit gestatten. Der Beschuldigte kann die Anwesenheit des Verteidigers durchsetzen, in dem er ohne diesen **keine Angaben** macht. Das muss ihm zwingend bereits vorbeugend im **anwaltlichen Beratungsgespräch** verdeutlicht werden! Ohne Absprache mit dem Verteidiger muss der beschuldigte Mandant gegenüber jeder Vernehmungsperson **schweigen** – das muss der Anwalt seinem Mandanten eindringlich sagen.³³ Alles andere wäre eine grobe Verletzung der anwaltlichen Berufspflicht. Der unterlassene Verweis auf § 168c Abs. 1 bei der Vernehmung des Beschuldigten durch die Polizei verkennt die rechtsstaatliche Bedeutung des Rechts auf eine effektive Verteidigung. Die Subjektstellung des Beschuldigten verlangt in jeder Phase des Strafverfahrens den Beistand eines Verteidigers. Das gewährt § 137. Bei der rechtstatsächlichen Bedeutung des – polizeilichen – Ermittlungsverfahrens ist ein originäres Anwesenheitsrecht des Verteidigers daher geboten.³⁴ Das wird durch Art. 6 Abs. 3 lit. c EMRK unterstützt. Die Eckpunkte einer nicht umgesetzten Reform des Strafverfahrens sehen ein Beteiligungsrecht des Verteidigers bei der polizeilichen Beschuldigtenvernehmung vor.³⁵

Über die staatsanwaltliche Vernehmung ist ein **Protokoll** zu fertigen. § 168b gilt für polizeiliche Vernehmungen entsprechend.³⁶ Nach Nr. 45 RiStBV empfiehlt es sich für bedeutsame Teile der Vernehmung, die Fragen, Vorhalte und Antworten möglichst wörtlich in die Niederschrift aufzunehmen. Über ein **Recht zur Aushändigung** der Vernehmungsniederschrift sagt das Gesetz bedauerlicherweise nichts. Dem Beschuldigten soll auf dessen Verlangen und dessen Kosten eine Abschrift auszuhändigen sein, wenn damit keine Gefährdung des Untersuchungszwecks verbunden ist.³⁷ Die Einschränkungen überzeugen nicht.³⁸ Wenn der Beschuldigte sich in freier Selbstverantwortung zur Sache äußert, hat er auch aus seinem Recht auf informationelle Selbstbestimmung einen Anspruch auf kostenfreie Überlassung der schriftlichen Fixierung. Es ist zu hoffen, dass die Staatsanwaltschaft, die darüber zu entscheiden hat,³⁹ keine sachwidrigen Einschränkungen unternimmt.

IV. Beweisantragsrecht des Beschuldigten im Ermittlungsverfahren (Abs. 2)

Beweisanträge des Beschuldigten sind nach Abs. 2 zu erheben, wenn sie von Bedeutung sind. Darin zeigt sich die bereits aus § 160 Abs. 2 bekannte Objektivität des staatsanwaltlichen Ermittlungsverfahrens. Im Beweisantragsrecht des Beschuldigten beweist sich seine Behandlung als ein eigenständiges Verfahrenssubjekt. Der Begriff des Beweisantrags entspricht dem des § 244 Abs. 3 bis 6.⁴⁰ Die strengen Ablehnungsregeln des § 244 Abs. 3 bis 6 gelten jedoch im Ermittlungsverfahren nicht.⁴¹ Die Staatsanwaltschaft bewegt sich im Rahmen des § 244 Abs. 2.⁴² Ein **Beweiserhebungsanspruch** im Ermittlungsverfahren besteht nach wesentlicher – die **Praxis** prägender – Ansicht **nicht**.⁴³ Die Beweiserheblichkeit bewertet die Staatsanwaltschaft nach pflichtgemäßem Ermessen.⁴⁴ Das bezieht sich auf das Ob und auch auf die Art und Weise der Beweiserhebung. Im nicht öffentlichen Ermittlungsverfahren gilt das **Freibeweisverfahren** und nicht der Strengbeweis. Wenn die Polizei – im Rahmen des § 163 kann sie einem Beweisantrag nachgehen – einem Beweisantrag des Beschuldigten nicht stattgeben will, muss sie diesen dokumentieren und mit den Akten der Staatsanwaltschaft zur Entscheidung zuleiten. Das **alleinige Entscheidungsrecht** liegt bei der **Staatsanwaltschaft** als Trägerin der Verfahrensherrschaft. Die Ablehnung bedarf auf Seiten

---

30 Dazu SK-StPO/*Wohlers* Rn. 70.
31 So dann *Rieß* JA 1980, 293, 298; HK-GS/*Pflieger* Rn. 7; KK-StPO/*Griesbaum* Rn. 28; Meyer-Goßner/*Cierniak* § 163 Rn. 16; *Beulke* Rn. 156.
32 BVerfG v. 5. 7. 2006 – 2 BvR 1317/05, NJW 2007, 204.
33 Siehe Widmaier/*Richter II*/*Tsambikakis* MAH Strafverteidigung § 2 Rn. 37; Widmaier/*Schlothauer* MAH Strafverteidigung § 3 Rn. 9.
34 So AK-StPO/*Achenbach* Rn. 32; SK-StPO/*Wohlers* Rn. 72; vgl. auch SK-StPO/*Rogall* § 136 Rn. 46.
35 StV 2001, 314, 315.
36 Nach KK-StPO/*Griesbaum* Rn. 35.
37 Siehe Anw-StPO/*Walther* Rn. 35; KK-StPO/*Griesbaum* Rn. 36; SK-StPO/*Wohlers* Rn. 65.
38 Siehe Löwe/Rosenberg/*Rieß*, 25. Aufl. Rn. 104; Löwe/Rosenberg/*Erb* Rn. 104.
39 Siehe KK-StPO/*Griesbaum* Rn. 36.
40 Siehe SK-StPO/*Wohlers* Rn. 87.
41 Siehe KK-StPO/*Griesbaum* Rn. 8; Meyer-Goßner/*Cierniak* Rn. 15.
42 So KK-StPO/*Griesbaum* Rn. 8.
43 So Anw-StPO/*Walther* Rn. 15; HK-GS/*Pflieger* Rn. 5; KK-StPO/*Griesbaum* Rn. 8; Meyer-Goßner/*Cierniak* Rn. 15.
44 So KK-StPO/*Griesbaum* Rn. 8; Meyer-Goßner/*Cierniak* Rn. 15.

der Staatsanwaltschaft zwar keines förmlichen Bescheides.[45] Aber die Staatsanwaltschaft muss den Beschuldigten unter Darlegung der ablehnenden Gründe darüber unterrichten. **Rechtsmittel** dagegen sind **nicht** gegeben.[46] Der Beschuldigte kann den Antrag im Zwischenverfahren wiederholen oder diesen in der Hauptverhandlung stellen, in der, aber eben auch erst dann, die strengen Regeln des § 244 gelten. Die Möglichkeit der Wiederholung bestätigt, dass § 163a Abs. 2 entgegen anderen gewichtigen Ansichten[47] – die in dem Merkmal der Bedeutung einen unbestimmten Rechtsbegriff sehen – keinen Beweiserhebungsanspruch gewähren will. Einen Anspruch auf Beweiserhebung hat der Beschuldigte dagegen unter den Voraussetzungen des § 166 im Rahmen einer richterlichen Vernehmung im Ermittlungsverfahren. Richterlich abgelehnte Beweisanträge behandelt die Staatsanwaltschaft ebenfalls nach Abs. 2. **Beweisermittlungsanträge** im Ermittlungsverfahren werden ebenfalls nach Abs. 2 behandelt. Insgesamt zeigt sich auch hier die Verfahrenshoheit der Staatsanwaltschaft. Diese sollte daher erster und direkter Kontakt der Verteidigung im Ermittlungsverfahren sein. Zu beachten ist, dass eine vom Beschuldigten initiierte Beweiserhebung eventuell zu einer polizeilichen oder staatsanwaltlichen Zeugenvernehmung führt. Nach derzeitigem Recht haben der Beschuldigte und sein Verteidiger kein Anwesenheitsrecht (§§ 161a, 163 Abs. 3) bei nichtrichterlichen Zeugenvernehmungen. Das bedarf der Reform. Siehe die Eckpunkte einer Reform des Strafverfahrens.[48]

§ 163b [Identitätsfeststellung]

(1) [1] Ist jemand einer Straftat verdächtig, so können die Staatsanwaltschaft und die Beamten des Polizeidienstes die zur Feststellung seiner Identität erforderlichen Maßnahmen treffen; § 163a Abs. 4 Satz 1 gilt entsprechend. [2] Der Verdächtige darf festgehalten werden, wenn die Identität sonst nicht oder nur unter erheblichen Schwierigkeiten festgestellt werden kann. [3] Unter den Voraussetzungen von Satz 2 sind auch die Durchsuchung der Person des Verdächtigen und der von ihm mitgeführten Sachen sowie die Durchführung erkennungsdienstlicher Maßnahmen zulässig.

(2) [1] Wenn und soweit dies zur Aufklärung einer Straftat geboten ist, kann auch die Identität einer Person festgestellt werden, die einer Straftat nicht verdächtig ist; § 69 Abs. 1 Satz 2 gilt entsprechend. [2] Maßnahmen der in Absatz 1 Satz 2 bezeichneten Art dürfen nicht getroffen werden, wenn sie zur Bedeutung der Sache außer Verhältnis stehen; Maßnahmen der in Absatz 1 Satz 3 bezeichneten Art dürfen nicht gegen den Willen der betroffenen Person getroffen werden.

Schrifttum: *Geerds*, Strafprozessuale Personenidentifizierung, Jura 1986, 7; *Kurth*, Identitätsfeststellung, Einrichtung von Kontrollstellen und Gebäudedurchsuchung nach neuem Recht, NJW 1979, 1377.

I. Allgemeines

1   Zusammen mit § 81b und § 127 Abs. 1 Satz 2 enthält § 163b eine abschließende Regelung der **Identitätsfeststellung** durch die Strafverfolgungsorgane zum **Zweck der Strafverfolgung**. Dieser Normenkatalog regelt abschließend auch die zur Identitätsfeststellung zulässigen Maßnahmen, insbesondere die Zulässigkeit erkennungsdienstlicher Maßnahmen. § 81b ist in der Zwecksetzung der Norm weiter als § 163b. § 81b dient sowohl repressiven als auch in seiner 2. Alt. präventiven Zwecken.[1] Im Unterschied zu § 163b Abs. 1 ist **§ 81b** nur bei **Beschuldigten** anwendbar, während **§ 163b Abs. 1** unter den engeren Voraussetzungen bereits bei dem **Verdächtigen** eingreift. Abs. 2 betrifft unter weiteren Einschränkungen den **Unverdächtigen**. § 163b erlaubt allein die **Personenidentifizierung**. Die erkennungsdienstliche Behandlung nach § 81b zum Zweck des Strafverfahrens kann auch darauf gerichtet sein, ob die beschuldigte Person Verursacher von Tatspuren – Fingerabdrücke – ist. Zuständig sind die **Staatsanwaltschaft** oder die **Polizei** bzw. vergleichbare Stellen wie die Finanzbehörde und die Steuerfahndung (§§ 399, 404 AO). **Richterliche Maßnahmen** sieht § 163b **nicht** vor.[2] Polizeirechtliche Vorschriften auf Länderebene zur Gefahrenabwehr bleiben unberührt.

II. Maßnahmen gegen den Tatverdächtigen

2   Es genügt ein personenbezogener **Tatverdacht**. Ein bestimmter Verdachtsgrad ist nicht erforderlich. Der Verdacht besteht bereits, wenn der Schluss auf die Begehung einer Straftat gerecht-

---

[45] So KK-StPO/*Griesbaum* Rn. 9.
[46] So *Eisenberg* Rn. 561; Löwe/Rosenberg/*Rieß* Rn. 117; SK-StPO/*Wohlers* Rn. 92.
[47] Bei *Nelles* StV 1986, 74, 77; *Eisenberg* Rn. 555; HBStrVf/*Jahn* Rn. II. 151; AK-StPO/*Achenbach* Rn. 8; Löwe/Rosenberg/*Erb* Rn. 112; SK-StPO/*Wohlers* Rn. 86.
[48] StV 2001, 314, 315.
[1] Siehe *Geerds* Jura 1986, 7, 8; *Kindhäuser* § 8 Rn. 12.
[2] Dazu KK-StPO/*Griesbaum* Rn. 34; Meyer-Goßner/*Cierniak* Rn. 21.

fertigt ist und tatsächliche Anhaltspunkte vorliegen, welche die Täterschaft oder Teilnahme des Betroffenen als möglich erscheinen lassen.[3] Das entspricht inhaltlich dem **Anfangsverdacht**. Der Verdächtige ist der „potentiell Beschuldigte".[4] Die Feststellung der Identität eines Verdächtigen bezweckt die Aufklärung einer Straftat und die Durchführung eines Strafverfahrens. Eine Identitätsfeststellung ist daher **unzulässig**, wenn es trotz festgestellter Identität gar nicht zu einem Strafverfahren kommen kann. Liegt also eindeutig ein Fall der Notwehr oder ein sonstiger Rechtfertigungsgrund vor, ist eine Maßnahme nach § 163 b unzulässig. Schuldunfähige können auch tatverdächtig sein – wegen eines Sicherungsverfahrens nach § 413. **Strafunmündige** Kinder dagegen dürfen nicht wie Verdächtige behandelt werden.[5] Maßnahmen nach Abs. 1 können gegen Kinder nicht getroffen werden. Wenn weitere strafmündige Personen an der Straftat eines **Kindes** beteiligt sind, kann die Identität eines Kindes nach Abs. 2 zur Aufklärung einer Straftat festgestellt werden.[6] Losgelöst von einem strafprozessualen Tatverdacht sind die Rechtsgrundlagen in den **Polizeigesetzen** der Länder zur Gefahrenabwehr zu beachten (etwa Art. 13 Bayerisches PolizeiaufgabenG oder § 21 BerlinerASOG).

Abs. 1 Satz 1 enthält eine Art **Generalklausel**, wenn der Staatsanwaltschaft und allen Beamten des Polizeidienstes die erforderlichen, dh. aber eben auch die geeigneten Maßnahmen erlaubt werden. In Betracht kommen: Der Verdächtige wird angehalten, nach seinen Personalien gefragt und aufgefordert sich auszuweisen. Der Beamte kann die Aushändigung der Ausweispapiere verlangen. Deren Echtheit ist gegebenenfalls zu überprüfen. Die Identitätsfeststellungspflicht ist über § 111 OWiG sanktionsbewehrt. Legt der Betroffenen einen gültigen Pass oder Ausweis vor und gibt es keinen Anhaltspunkt für eine Fälschung, ist die Identität festgestellt. 3

Satz 2 und Satz 3 ergänzen und schränken die Generalklausel für **schwerwiegendere Eingriffe** ein. **Festhalten, Durchsuchen** und **erkennungsdienstliche Maßnahmen** sind nur zulässig, wenn die Identität sonst nicht oder nur unter erheblichen Schwierigkeiten festgestellt werden kann. Diese Schwierigkeiten können entstehen, wenn weitere Unterlagen hinzugezogen werden müssen oder wenn der Betroffene keine oder widersprüchliche Angaben macht.[7] Die Beamten sind verpflichtet, die Identitätsfeststellung möglichst schonend und ohne schwerwiegende Eingriffe an Ort und Stelle durchzuführen. Wenn als Schwierigkeiten nach Satz 2 und 3 auch ungünstige Witterungsverhältnisse angeführt werden,[8] überzeugt das nicht. Die Schwierigkeiten müssen einen Sachbezug haben und dürfen nicht durch äußere Unannehmlichkeiten begründet werden. Ist der Betroffene bereits Beschuldigter, gibt § 81 b ohne die erwähnten Schranken das Recht zur Durchführung erkennungsdienstlicher Maßnahmen. 4

Das bloße Anhalten der Person ist noch nicht der Beginn des **freiheitsentziehenden Festhaltens**. Dieses beginnt erst, wenn verhindert wird, dass die Person sich entfernt, und zwar mit der Aufforderung dazu.[9] Das ist wichtig für die Frist des § 163 c. Der Verdächtige kann an Ort und Stelle festgehalten werden, dort auch in einem Dienstwagen. Die nächste Stufe der Kontrollmaßnahme ist das Verbringen zur Dienststelle, wenn erst dort die sichere Feststellung der Identität möglich ist. Das Verbot, sich zu entfernen, und der Transport zur polizeilichen Dienststelle können mittels unmittelbaren Zwanges durchgesetzt werden.[10] 5

Als personenbezogene Maßnahme ist auch die **Durchsuchung** der verdächtigen Person und der mitgeführten Sachen subsidiär. Eine Wohnungsdurchsuchung ist zur Identitätsfeststellung nicht erlaubt. Auch die Durchsuchung muss auf die Identitätsfeststellung gerichtet sein. Sie dient dem Auffinden von Gegenständen oder von Körpermerkmalen wie Tätowierungen oder Narben, die der Identifikation der Person dienen. Bei einem **Fahrzeug** ist darauf zu achten, dass der Verdächtige an dem Gewahrsam haben muss.[11] Ist er nur Beifahrer in einem fremden Fahrzeug, kann die Durchsuchung allein auf § 103 – der Inhaber als nichtverdächtige, andere Person – oder gegebenenfalls nach Polizeirecht gestützt werden. 6

Die **erkennungsdienstlichen Maßnahmen** nach Satz 3 – Lichtbilder und Fingerabdrücke – sind ebenfalls subsidiär. Das gilt nicht beim Beschuldigten (§ 81 b). Zu deren Durchführung soll die Verbringung zu einer Polizeidienststelle mit den erforderlichen Einrichtungen notwendig sein.[12] Beim heutigen Stand der Technik überzeugt das nicht. Die Vornahme erkennungsdienstlicher 7

---

[3] Vgl. *Geerds* Jura 1986, 7, 10; *Kurth* NJW 1979, 1377, 1378; *Joecks* Rn. 4; KK-StPO/*Griesbaum* Rn. 9; Meyer-Goßner/*Cierniak* Rn. 4; SK-StPO/*Wolter* Rn. 16 f.
[4] So SK-StPO/*Wolter* Rn. 17.
[5] Siehe *Kurth* NJW 1979, 1377, 1378; Anw-StPO/*Walther* Rn. 5; HK-GS/*Pflieger* Rn. 2; *Joecks* Rn. 4.
[6] So *Joecks* Rn. 4; KK-StPO/*Griesbaum* Rn. 10; Meyer-Goßner/*Cierniak* Rn. 4.
[7] So KK-StPO/*Griesbaum* Rn. 14; Meyer-Goßner/*Cierniak* Rn. 8.
[8] Bei *Kurth* NJW 1979, 1377, 1378 Fn. 30.
[9] So *Kurth* NJW 1979, 1377, 1380; KK-StPO/*Griesbaum* Rn. 16; Meyer-Goßner/*Cierniak* Rn. 7.
[10] So KK-StPO/*Griesbaum* Rn. 16.
[11] Bei *Joecks* Rn. 6; Meyer-Goßner/*Cierniak* Rn. 11.
[12] So KK-StPO/*Griesbaum* Rn. 24; Meyer-Goßner/*Cierniak* Rn. 13.

Maßnahmen wie Fingerabdrücke sollte auch bereits an Ort und Stelle in einem technisch ausgerüsteten Dienstwagen möglich sein. Sobald die Personalien ermittelt sind und jeder vernünftige Zweifel an der Identität ausgeschlossen ist, ist jede Form der Identitätsfeststellung umgehend zu **beenden**.

8   Zu diesem Zeitpunkt ist die Belehrungspflicht noch restriktiv. Sie bezieht sich allein auf § 163a Abs. 4 Satz 1: Belehrung über die Tat (§ 264). Das Fehlen der Belehrung macht die Maßnahme regelmäßig rechtswidrig.[13] Das ist wichtig für § 113 Abs. 3 StGB. Die Belehrung gilt im Rahmen des strafrechtlichen Rechtmäßigkeitsbegriffs als eine wesentliche Förmlichkeit. Ihr Fehlen macht die Vollstreckungsmaßnahme rechtswidrig und Widerstand dagegen fällt nicht unter § 113 StGB. Es bedarf noch keiner Belehrung nach § 136 – weder Beschuldigter noch Vernehmung. Ausnahme von der Belehrungspflicht: Bei Gefährdung des Vollstreckungszwecks und in den Fällen, in denen der Zweck der Identifizierung offensichtlich ist.

III. Maßnahmen gegen den Unverdächtigen

9   Die Identitätsfeststellung gegen einen **Unverdächtigen** ist an enge Grenzen geknüpft. Das ist in der Bevölkerung – auch vermittelt durch Kriminalfilme – weitgehend unbekannt und birgt die Gefahr des staatlichen Missbrauchs. Die Duldungspflicht des Abs. 2 ähnelt der **Zeugenpflicht**. Die Maßnahme ist im Aufklärungsinteresse geboten, wenn im Zeitpunkt der Identitätsfeststellung konkrete Anhaltspunkte dafür bestehen, dass die betroffene Person als Zeuge oder als Augenscheinsobjekt für das Strafverfahren benötigt wird.[14]

10 Eine erste Schranke – neben der Voraussetzung nach Abs. 1 Satz 2 – erhält das **Festhalten** des Unverdächtigen. Das Festhalten darf zur **Bedeutung der Sache** nicht außer Verhältnis stehen. Die Bedeutung der Strafsache ist entscheidend. In Bagatellfällen[15] sind daher die Möglichkeiten der Identitätsfeststellung bei unverdächtigen Personen beschränkt. Als freiheitsentziehende Maßnahme kann man daran denken, ein Festhalten nur bei schweren Straftaten zu erlauben. Der potentielle Zeuge, der sich entgegen § 111 OWiG weigert, Angaben zu seiner Person zu machen, begründet zwar einen Verdacht hinsichtlich des § 111 OWiG. Das könnte es legitimieren, gegen den Betroffenen jetzt über § 46 OWiG nach § 163b Abs. 1 vorzugehen.[16] Aber bei einer OWiG sind Durchsuchung und erkennungsdienstliche Maßnahmen regelmäßig unverhältnismäßig.[17] Ansonsten kann sich während des Identifizierungsvorgangs durchaus ein Verdacht gegen einen vorher Unverdächtigen ergeben. Dann greift Abs. 1.

11 **Gegen den Willen** des Unverdächtigen darf **weder** die **Durchsuchung noch** eine **erkennungsdienstliche Maßnahme** durchgeführt werden. Hier ist eine andere Sicht in der Bevölkerung zu vermuten. Ein solches grundrechtsrelevantes Sonderopfer kann in einem liberalen Strafverfahren von Unbeteiligten nicht gefordert werden. Eine positive Einwilligung soll nicht erforderlich sein.[18] Eine Belehrung wird nicht gefordert.[19] Der entgegenstehende Wille kann auch in seinem schlüssigen Verhalten liegen. Von den Strafverfolgungsorganen ist rechtsstaatliche Sensibilität und Fairness zu fordern. Die bloße Unwissenheit darf nicht ausgenutzt werden. Es kann von einem Unverdächtigen nicht verlangt werden, dass er seinen entgegenstehenden Willen gegenüber der Staatsmacht zum Ausdruck bringt. Rechtsstaatliche **Fürsorge** verlangt einen **Hinweis** auf die Freiwilligkeit. Staatsanwaltschaft und Polizei können an den „guten Willen" appellieren.[20] Hier ist – mehr – rechtsstaatliche Fairness gefordert.

12 Der Unverdächtige ist im Sinne des § 69 über den Gegenstand der Untersuchung zu **belehren**. Der Name des Beschuldigten muss nicht genannt werden.[21] Auch hier gilt, dass eine fehlende Belehrung die Maßnahme grundsätzlich rechtswidrig macht.[22] Das ist wichtig für den Fall des Widerstands (§ 113 Abs. 3 StGB).

IV. Sonstiges

13 Wenn bei der Durchsuchung der Person oder der Sachen **Beweismittel** gefunden werden, die sich auf die einschlägige Straftat bezieht, so werden diese nach § 94 sichergestellt. Deuten die ge-

---

[13] Siehe KG Berlin v. 31. 8. 2000 – (4) 1 Ss 161/00, StV 2001, 260, 261; Meyer-Goßner/*Cierniak* Rn. 3; *Pfeiffer* Rn. 4.
[14] So *Joecks* Rn. 8; KK-StPO/*Griesbaum* Rn. 27; Meyer-Goßner/*Cierniak* Rn. 15.
[15] So *Kurth* NJW 1979, 1377, 1379; KK-StPO/*Griesbaum* Rn. 28.
[16] So Meyer-Goßner/*Cierniak* Rn. 17.
[17] So *Kurth* NJW 1979, 1377, 1379 Fn. 40; auch *Joecks* § 81b Rn. 7; KK-StPO/*Griesbaum* Rn. 5 (erhebliche Ordnungswidrigkeiten).
[18] So Anw-StPO/*Walther* Rn. 20 f.; Meyer-Goßner/*Cierniak* Rn. 19.
[19] So HK-GS/*Pflieger* Rn. 8; KK-StPO/*Griesbaum* Rn. 31.
[20] So *Joecks* Rn. 10; KK-StPO/*Griesbaum* Rn. 31; Meyer-Goßner/*Cierniak* Rn. 18.
[21] Siehe *Joecks* Rn. 3; Meyer-Goßner/*Cierniak* Rn. 3.
[22] Siehe KG Berlin v. 31. 8. 2000 – (4) 1 Ss 161/00, StV 2001, 260, 261; *Pfeiffer* Rn. 4.

fundenen Beweismittel auf eine andere Straftat hin, werden sie einstweilen in Beschlag genommen und die Staatsanwaltschaft wird unterrichtet (§ 108).[23]

Sowohl der Verdächtige als auch der Unverdächtige darf sich bei den Maßnahmen nach § 163b und insbesondere im Fall des Festhaltens eines **Rechtsanwalts** als **Beistand** bedienen.[24]

Gegen die originäre staatsanwaltliche oder polizeiliche Anordnungskompetenz nach § 163b ist der **Rechtsweg** nach den §§ 23 ff. EGGVG gegeben.[25]

§ 163c [Festhalten zur Identitätsfeststellung]

(1) ¹Eine von einer Maßnahme nach § 163b betroffene Person darf in keinem Fall länger als zur Feststellung ihrer Identität unerläßlich festgehalten werden. ²Die festgehaltene Person ist unverzüglich dem Richter bei dem Amtsgericht, in dessen Bezirk sie ergriffen worden ist, zum Zwecke der Entscheidung über Zulässigkeit und Fortdauer der Freiheitsentziehung vorzuführen, es sei denn, daß die Herbeiführung der richterlichen Entscheidung voraussichtlich längere Zeit in Anspruch nehmen würde, als zur Feststellung der Identität notwendig wäre. ³Die §§ 114a bis 114c gelten entsprechend.

(2) Eine Freiheitsentziehung zum Zwecke der Feststellung der Identität darf die Dauer von insgesamt zwölf Stunden nicht überschreiten.

(3) Ist die Identität festgestellt, so sind in den Fällen des § 163b Abs. 2 die im Zusammenhang mit der Feststellung angefallenen Unterlagen zu vernichten.

Der bisherige Abs. 2 der Norm wird durch das **Gesetz zur Änderung des Untersuchungshaftrechts** aufgehoben.[1] Die Vorschrift verweist jetzt in Abs. 1 Satz 3 auf die gleichzeitig mit diesem Gesetz eingeführten Mitteilungs-, Belehrungs- und Benachrichtigungspflichten in den §§ 114a bis 114c. Die Vorschrift ergänzt § 163b und beschränkt im Interesse der Freiheit die Freiheitsentziehung einerseits auf die **Höchstdauer** von 12 Stunden (Abs. 2), wenn das anderseits unerläßlich ist. Sobald die Identität feststeht, ist der Betroffene zwingend vor Ablauf dieser Frist frei zu lassen. § 163b hat keinen Straf- oder Beugecharakter. Die absolute Höchstdauer ist für Identitätsfeststellungen auf **polizeirechtlicher Grundlage** nach dem exemplarischen BerlinerASOG gleichermaßen auf 12 Stunden festgelegt (§ 33 Abs. 2 BerlinerASOG).

Eine **unverzügliche** Vorführung vor dem – stets – zuständigen **Richter des AG** ist heute auch zu Nachtzeiten und am Wochenende möglich und geboten, nachdem das BVerfG[2] zur Stärkung des Ermittlungsrichters die Einrichtung richterlicher Bereitschaftsdienste von den Justizorganisationen gefordert hat. Der Richter entscheidet über Zulässigkeit und Fortdauer der Freiheitsentziehung im gegenwärtigen Zeitpunkt.[3] Es gilt auch hier die Höchstfrist des Abs. 2. Die Frist umfasst die Dauer „insgesamt". Das Festhalten auf polizeilicher oder staatsanwaltlicher und richterlicher Anordnung ist zusammenzuzählen.[4] Nach Abs. 1 Satz 2 ist die Vorführung entbehrlich, wenn die Anrufung des Richters zu einer sachlich nicht mehr gebotenen Verlängerung der Freiheitsentziehung führen würde.

Das **Verfahren** vor dem AG ist gesetzlich nicht geregelt. Es gelten die allgemeinen Grundsätze für richterliche Untersuchungshandlungen im Ermittlungsverfahren.[5] Die Entscheidung ergeht auf Grund einer mündlichen Verhandlung, in der dem Betroffenen rechtliches Gehör zu gewähren ist. Über die Verhandlung ist ein **Protokoll** (§§ 168, 168a) zu erstellen. Der Betroffene hat das Recht, einen **Rechtsanwalt** hinzuziehen.[6] Auch hier ist zu fordern, dass die Strafverfolgungsorgane aus Gründen der rechtsstaatlichen Fairness auf dieses Recht hinweisen. Die Entscheidung erfolgt in einem richterlichen Beschluss.

Die festgehaltene Person hatte bisher nach Abs. 2 a.F., ein **Recht**, einen Angehörigen oder eine vertraute Person benachrichtigen zu lassen oder als Nichtverdächtiger selbst zu **benachrichtigen**. Dieses Recht findet man jetzt in § 114b Abs. 2 Nr. 6, auf den Abs. 1 Satz 3 verweist. Die bisherigen differenzierenden Grundsätze gelten fort. Darauf kann der Betroffene verzichten. Das gilt nur für das staatsanwaltlich oder polizeilich initiierte Festhalten. Eine Benachrichtigungspflicht von

---

[23] Dazu *Kurth* NJW 1979, 1377, 1379 Fn. 38; KK-StPO/*Griesbaum* Rn. 21; Meyer-Goßner/*Cierniak* Rn. 22.
[24] Siehe KK-StPO/*Griesbaum* Rn. 18, 29; Löwe/Rosenberg/*Rieß*, 25. Aufl., Rn. 34; *Pfeiffer* Rn. 7.
[25] So HK-GS/*Pflieger* Rn. 11; SK-StPO/*Wolter* Rn. 55.
[1] BGBl. I S. 2274; siehe BT-Drucks. 16/11644 v. 21. 1. 2009, S. 10, 35; auch BR-Drucks. 829/08 v. 7. 11. 2008.
[2] BVerfGE 103, 142.
[3] Siehe *Kurth* NJW 1979, 1377, 1380; Anw-StPO/*Walther* Rn. 10.
[4] So KK-StPO/*Griesbaum* Rn. 2; Meyer-Goßner/*Cierniak* Rn. 15.
[5] Dazu KK-StPO/*Griesbaum* Rn. 11; Meyer-Goßner/*Cierniak* Rn. 11; *Pfeiffer* Rn. 3.
[6] So Anw-StPO/*Walther* Rn. 8; Löwe/Rosenberg/*Rieß*, 25. Aufl., Rn. 15.

Amts wegen soll nicht bestehen.[7] Voraussetzung ist stets ein entsprechendes Verlangen des Betroffenen. Das stellt zu hohe Anforderungen an den Bürger. Ordnet der Richter des AG die Fortdauer an, begründet Art. 104 Abs. 4 GG eine **Benachrichtigungspflicht**. Ein Verzicht auf diese verfassungsrechtliche Benachrichtigungspflicht ist nicht möglich. Niemand darf spurlos in einem Rechtsstaat verschwinden.

5   Im Gegensatz zu den Unterlagen des Unverdächtigen werden die Identifizierungsunterlagen einer Verdächtigenüberprüfung zu den Strafakten genommen.[8] Die **Vernichtungspflicht** trifft insbesondere die durch eine freiwillig gestattete erkennungsdienstliche Behandlung angefallenen Daten des **Unverdächtigen** – Rechtsweg nach §§ 23 ff. EGGVG.[9] Diese dürfen nicht zu den polizeilichen Sammlungen genommen werden. Die für die Identifizierung selbst unerlässlichen Daten werden natürlich nicht vernichtet.[10]

§ 163d [Netzfahndung]

(1) [1] Begründen bestimmte Tatsachen den Verdacht, daß

1. eine der in § 111 bezeichneten Straftaten
oder
2. eine der in § 100a Abs. 2 Nr. 6 bis 9 und 11 bezeichneten Straftaten

begangen worden ist, so dürfen die anläßlich einer grenzpolizeilichen Kontrolle, im Falle der Nummer 1 auch die bei einer Personenkontrolle nach § 111 anfallenden Daten über die Identität von Personen sowie Umstände, die für die Aufklärung der Straftat oder für die Ergreifung des Täters von Bedeutung sein können, in einer Datei gespeichert werden, wenn Tatsachen die Annahme rechtfertigen, daß die Auswertung der Daten zur Ergreifung des Täters oder zur Aufklärung der Straftat führen kann und die Maßnahme nicht außer Verhältnis zur Bedeutung der Sache steht. [2] Das gilt auch, wenn im Falle des Satzes 1 Pässe und Personalausweise automatisch gelesen werden. [3] Die Übermittlung der Daten ist nur an Strafverfolgungsbehörden zulässig.

(2) [1] Maßnahmen der in Absatz 1 bezeichneten Art dürfen nur durch den Richter, bei Gefahr im Verzug auch durch die Staatsanwaltschaft und ihre Ermittlungspersonen (§ 152 des Gerichtsverfassungsgesetzes) angeordnet werden. [2] Hat die Staatsanwaltschaft oder eine ihrer Ermittlungspersonen die Anordnung getroffen, so beantragt die Staatsanwaltschaft unverzüglich die richterliche Bestätigung der Anordnung. [3] § 100b Abs. 1 Satz 3 gilt entsprechend.

(3) [1] Die Anordnung ergeht schriftlich. [2] Sie muß die Personen, deren Daten gespeichert werden sollen, nach bestimmten Merkmalen oder Eigenschaften so genau bezeichnen, wie dies nach der zurzeit der Anordnung vorhandenen Kenntnis von dem oder den Tatverdächtigen möglich ist. [3] Art und Dauer der Maßnahmen sind festzulegen. [4] Die Anordnung ist räumlich zu begrenzen und auf höchstens drei Monate zu befristen. [5] Eine einmalige Verlängerung um nicht mehr als drei weitere Monate ist zulässig, soweit die in Absatz 1 bezeichneten Voraussetzungen fortbestehen.

(4) [1] Liegen die Voraussetzungen für den Erlaß der Anordnung nicht mehr vor oder ist der Zweck der sich aus der Anordnung ergebenden Maßnahmen erreicht, so sind diese unverzüglich zu beenden. [2] Die durch die Maßnahme erlangten personenbezogenen Daten sind unverzüglich zu löschen, sobald sie für das Strafverfahren nicht oder nicht mehr benötigt werden; eine Speicherung, die die Laufzeit der Maßnahmen (Absatz 3) um mehr als drei Monate überschreitet, ist unzulässig. [3] Über die Löschung ist die Staatsanwaltschaft zu unterrichten.

Schrifttum: *Riegel*, Einführung der Schleppnetzfahndung – behutsame Fortentwicklung des Rechts?, CuR 1986, 138; *Rogall*, Frontalangriff auf die Bürgerrechte oder notwendige Strafverfolgungsmaßnahme? – Zur Regelung der Schleppnetzfahndung in § 163d StPO, NStZ 1986, 385.

I. Allgemeines

1   Das Grundrecht auf informationelle Selbstbestimmung fordert für die elektronische Datenverarbeitung auf dem Gebiet des Strafverfahrens spezifische gesetzliche Grundlagen. Diese finden sich heute im Wesentlichen in den §§ 98a, 163d, 163e und 474ff. § 163d regelt die sog. **Schleppnetzfahndung**. Dabei handelt es sich um eine computergestützte Fahndungsmethode, die in der automatischen Speicherung und Verarbeitung der bei den genannten Massenkontrollen anfallenden Daten von Personen mit bestimmten Suchkriterien besteht. Da die Auswertung an Ort und Stelle der Personenkontrolle oftmals nicht möglich ist, gestattet die Norm die Errichtung von

---

[7] So *Kurth* NJW 1979, 1377, 1380; Anw-StPO/*Walther* Rn. 13; KK-StPO/*Griesbaum* Rn. 14.
[8] Siehe dazu *Kurth* NJW 1979, 1377, 1381; *Joecks* Rn. 6; KK-StPO/*Griesbaum* Rn. 19.
[9] So KK-StPO/*Griesbaum* Rn. 19; Meyer-Goßner/*Cierniak* Rn. 19.
[10] Siehe Anw-StPO/*Walther* Rn. 20.

Kurzzeit-Dateien[1] ausschließlich zu **Strafverfolgungszwecken**. Eine Übermittlung an die Nachrichtendienste ist daher unzulässig – auch bei der automatischen Ablesung von Personalpapieren.

Der gesetzlichen Regelung liegt eine strenge **Zweckbeschränkung** der Datenverarbeitung auf das verfahrensgegenständliche Strafverfahren zugrunde. Die nach § 163 d eingerichteten Kurzzeit-Dateien sind darauf beschränkt, den der Anordnung zugrunde liegenden Verdacht der Katalogtat aufzuklären.[2] Die anfallenden Daten dürfen demnach nicht zur weiteren Ermittlung noch nicht bekannter Tatvorwürfe genutzt werden. Einen generellen Datenaustausch zwischen den Strafverfolgungsbehörden erlaubt auch Abs. 1 Satz 3 nicht.[3] Ob die Praxis dem wirklich folgt?

II. Anwendungsbereich und Bedeutung

Sachliche Voraussetzung für eine Anordnung nach § 163 d ist der auf bestimmte Tatsachen gestützte **Verdacht**, dass ein noch nicht ermittelter Straftäter die genannten Katalogtaten wenigstens im strafbaren Versuch[4] begangen hat. Vorbereitungshandlungen genügen demnach nicht („begangen"). Gemeint sind durch Verweis auf § 111 die dort genannten Delikte nach § 129 a, 250 Abs. 1 Nr. 1 StGB und auch die in § 129 a StGB genannten Straftaten, zudem die in § 100 a Abs. 2 Nr. 6 bis 9 und 11 genannten Delikte, insbesondere die dort erwähnten Waffen- und Betäubungsmitteldelikte. Die Zurückhaltung des Gesetzgebers bei den genannten Katalogtaten ist im grundrechtlichen Interesse im Gegensatz zu Forderungen nach einer Ausdehnung[5] zu begrüßen. Weitere Voraussetzung ist die konkrete **Erfolgserwartung**. Die **Verhältnismäßigkeit** einer strafprozessualen Maßnahme ist stets zu achten.

Die Schleppnetzfahndung beschränkt sich auf zwei Formen der **Massenkontrolle**. Zum einen bezieht sie Personenkontrollen nach **§ 111** ein. § 163 d erfasst in diesem Fall allein die anfallenden Daten, die gemäß § 111 erhoben werden dürfen. Das sind aber allein die Katalogtaten nach § 111.[6] Mit den **grenzpolizeilichen** Kontrollen zum anderen sind im Gebiet des Schengener Abkommens vornehmlich die der **Bundespolizei** nach dem BundespolizeiG zugewiesenen Kontrollbefugnisse gemeint (siehe etwa § 22 BundespolizeiG). Bei grenzpolizeilichen Kontrollen dürfen Aufzeichnungen und Auswertungen mit Blick auf jede mögliche Katalogtat erfolgen. Bei der individuellen Identitätsfeststellung (§ 163 b) anfallende Personaldaten dürfen nicht gespeichert werden.

Die Norm erlaubt die **Speicherung** der anfallenden Daten in einer Datei. Das Gesetz sagt nichts darüber, wer die datenführende Stelle ist – die Staatsanwaltschaft oder die Polizei? Die Speicherung und Auswertung der Daten steht unter einer strikten strafprozessualen Zweckbindung (§ 163 d Abs. 1 Satz 3). Diese wird bei einer polizeilichen Datei auf Grund deren repressiver und präventiver Doppelzuständigkeit aufgehoben.[7] Die **Staatsanwaltschaft** muss ihrer Aufgabe nach § 163 d nachkommen. Wenn die Staatsanwaltschaft mangels eigener Datensysteme sich der Datensysteme der Polizei bedient, müssen abgeschlossene einzelne Daten für den staatsanwaltlichen Auftraggeber geschaffen werden.[8] Alle Dateneingaben und Verarbeitungsvorgänge müssen von der Staatsanwaltschaft verantwortet werden. In ihrer Verfahrensherrschaft muss sie die strafverfahrensrechtliche Zweckbindung der anfallenden Daten gegenüber der Polizei wahren. Der Polizei steht keine eigenständige Verfügungsmacht zu präventiven Zwecken zu.

Erlaubt ist die **Auswertung** der gespeicherten Daten. Gemeint ist die Verarbeitung der Daten in einem automatischen Informationssystem, und zwar im Wesentlichen in der Form eines Abgleichs mit anderen Dateien der Strafverfolgungsbehörden.[9] Die Daten dürfen nur zu Zwecken der Strafverfolgung in dem betreffenden Verfahren ausgewertet werden.[10] Eine Nutzung zu präventiven Zwecken erlaubt § 163 d nicht.[11] Die auf Grund von § 163 d anfallenden Daten dürfen nicht zur Auswertung für andere Datenbestände genutzt werden. Die Auswertung geschieht daher stets in Richtung auf den anhängigen Verfahrensgegenstand und nicht zu verfahrensfremden Zwecken. Die abgleichende Stelle darf die Daten nicht in ihren Bestand übernehmen. Mit **privaten** Registern darf kein Abgleich vorgenommen werden.[12] Siehe dazu die **Rasterfahndung in § 98 a ff.**

---

[1] Siehe *Rogall* NStZ 1986, 385, 391; *Joecks* Rn. 1; KK-StPO/*Schoreit* Rn. 1; *Pfeiffer* Rn. 1.
[2] Siehe Anw-StPO/*Walther* Rn. 2, 13; KK-StPO/*Schoreit* Rn. 7.
[3] Siehe *Pfeiffer* Rn. 3.
[4] Nach *Rogall* NStZ 1986, 385, 388; *Joecks* Rn. 2; KK-StPO/*Schoreit* Rn. 8; *Pfeiffer* Rn. 2.
[5] Von *Rogall* NStZ 1986, 385, 389.
[6] Siehe *Rogall* NStZ 1986, 385, 389 f.; KK-StPO/*Schoreit* Rn. 11.
[7] Siehe KK-StPO/*Schoreit* Rn 15 ff. (Rn. 21).
[8] Dazu *Rogall* NStZ 1986, 385, 390; KK-StPO/*Schoreit* Rn. 21; Meyer-Goßner/*Cierniak* Rn. 6.
[9] Siehe *Rogall* NStZ 1986, 385, 389; KK-StPO/*Schoreit* Rn. 23.
[10] Siehe Anw-StPO/*Walther* Rn. 13; Meyer-Goßner/*Cierniak* Rn. 13; *Pfeiffer* Rn. 3.
[11] Dazu Anw-StPO/*Walther* Rn. 2, 10; KK-StPO/*Schoreit* Rn. 7, 27; Meyer-Goßner/*Cierniak* Rn. 13.
[12] Siehe KK-StPO/*Schoreit* Rn. 24; Meyer-Goßner/*Cierniak* Rn. 7.

7 Betroffen sind **Personen**, die bestimmte **Suchkriterien** aufweisen, die in der richterlichen Anordnung genau zu bezeichnen sind (Abs. 3). Zur Zeit der Anordnung sind die Kenntnisse über Tat und Täter noch nicht so genau, dass eine individuelle Person als Tatverdächtiger erkennbar ist – daher die Schleppnetzfahndung. Es geht um Merkmale und Eigenschaften des Betroffenen, deren Vorhandensein es als möglich erscheinen lässt, dass er als Beteiligter der Katalogtat in Frage kommt. Nach der Anordnung kann und wird die Datenspeicherung auch eine Zahl unverdächtiger Bürger treffen, welche die spezifischen Suchkriterien aufweisen. Die gesuchten Personen müssen so genau wie möglich bestimmt werden.[13] Ist eine hinreichend konkrete Beschreibung der Merkmale und Eigenschaften nicht möglich, muss die Anordnung unterbleiben.[14] In ihrer drohenden Uferlosigkeit und in ihrem **Generalverdacht** aller von den Massenkontrollen betroffenen Bürger liegt – noch immer – die rechtsstaatliche Fragwürdigkeit dieser Fahndungsmaßnahme.[15] Der Ermittlungsrichter (§ 162) muss sich der rechtsstaatlichen Bedeutung der Eingrenzung bewusst sein.

8 Abs. 2 regelt die **Zuständigkeit** und Fragen der richterlichen **Bestätigung**.[16] Wird die nichtrichterliche Anordnung nicht innerhalb von drei Werktagen bestätigt, tritt sie außer Kraft (§ 100b Abs. 1 Satz 3). Die Maßnahme ist sofort zu beenden, die bis dahin erfassten Daten sind zu vernichten.[17] Das soll anders sein, wenn die Staatsanwaltschaft vor Ablauf der Frist die angeordnete Schleppnetzfahndung selbst aufhebt.[18] Eine Verwertung für das Strafverfahren nach Abs. 4 soll in diesem Fall erlaubt sein.[19]

9 Abs. 3 regelt **Form** und **Inhalt** der Anordnung und **Fristen** (mit einmaliger Verlängerung maximal sechs Monate).[20] Die Anordnung ist räumlich zu begrenzen. Eine flächendeckende bundesweite Schleppnetzfahndung ist rechtsstaatlich bedenklich.

10 Abs. 4 enthält Bestimmungen für die Beendigung der Maßnahme und für die Löschung[21] der Daten. Es darf im Wege des § 163d **kein Dauerdatenbestand** geschaffen werden. Die gespeicherten Daten dürfen nach Satz 4 nur für das Strafverfahren genutzt werden – Zweckbindung. Das bezieht sich auf das Strafverfahren, das wegen der Katalogtat, die Anlass für die Anordnung nach § 163d war, eingeleitet ist. Nur darauf dürfen sich die Verarbeitungsvorgänge beziehen.[22] Mit Gesetz vom 21. 12. 2007 (BGBl. I S. 3198) wurden nun die Sätze 4 und 5 und Abs. 5 in § 163d aufgehoben. An deren Stelle treten als **Verwendungsregel** die §§ 161 Abs. 2 und 477 Abs. 2 und 3. Die bisherige und zu[23] weite Regelung des bisherigen Satzes 5 wird mit der Bindung an die Katalogtat – siehe § 477 Abs. 2 – bei der Verwertung zu Beweiszwecken in anderen Strafverfahren eingeschränkt. Diese Schranke gilt nicht bei der Verwertung als Spurenansatz und daher auch bei der Ermittlung einer Person, die zum Zweck der Strafverfolgung oder Strafvollstreckung zur Fahndung ausgeschrieben ist.[24] Aber weiterhin darf nicht nach **Zufallsfunden** gesucht werden.[25]

11 Die bisherige **Benachrichtigungspflicht** des Abs. 5 wird durch die allgemeine Regelung in § 101 ersetzt. Die in § 101 Abs. 4 Nr. 10 vorgenommene Beschränkung der Benachrichtigung auf Personen, gegen die nach Auswertung der Daten in herkömmlicher Weise weiter ermittelt wird, mag praktikabel sein. Unter grundrechtlichen Aspekten ist jede Speicherung und Auswertung der Personaldaten ein grundrechtlicher Eingriff, der mitteilungspflichtig sein sollte.

III. Rechtsbehelfe/Rechtsmittel

12 Maßnahmen nach § 163d sind mit der **Beschwerde** (§§ 304, 305) anfechtbar. Bei nichtrichterlichen Anordnungen greift § 98 Abs. 2 Satz 2 analog.[26] War die Anordnung rechtswidrig und bestätigt daher der Richter die staatsanwaltlich angeordnete Schleppnetzfahndung nicht, ist die Maßnahme sofort einzustellen und alle Datenbestände sind zu löschen.[27] Eine Datenverarbeitung nach § 163d dient der Personenidentifizierung. Eine **Revision** ist mit einer Verletzung des § 163d im Ermittlungsverfahren nicht zu begründen.[28]

---

[13] So *Rogall* NStZ 1986, 385, 391; KK-StPO/*Schoreit* Rn. 33.
[14] Nach KK-StPO/*Schoreit* Rn. 33; Meyer-Goßner/*Cierniak* Rn. 17.
[15] Siehe *Riegel* CuR 1986, 138.
[16] Siehe *Rogall* NStZ 1986, 385, 391; KK-StPO/*Schoreit* Rn. 28 ff.
[17] So Anw-StPO/*Walther* Rn. 14; HK-GS/*Pflieger* Rn. 4; *Joecks* Rn. 5; *Pfeiffer* Rn. 4.
[18] So Anw-StPO/*Walther* Rn. 14; KK-StPO/*Schoreit* Rn. 31; *Pfeiffer* Rn. 4.
[19] Siehe HK-GS/*Pflieger* Rn. 4; zurückhaltend *Joecks* Rn. 6; KK-StPO/*Schoreit* Rn. 31.
[20] Näher KK-StPO/*Schoreit* Rn. 32 ff.
[21] Zum Umfang siehe KK-StPO/*Schoreit* Rn. 39.
[22] Siehe *Rogall* NStZ 1986, 385, 392; KK-StPO/*Schoreit* Rn. 41; Meyer-Goßner/*Cierniak* Rn. 13.
[23] So *Riegel* CR 1986, 138, 144; *Rogall* NStZ 1986, 385, 392.
[24] Siehe Meyer-Goßner/*Cierniak* Rn. 24.
[25] Siehe KK-StPO/*Schoreit*, 5. Aufl., Rn. 42 f.; Meyer-Goßner/*Cierniak* Rn. 24.
[26] Siehe KK-StPO/*Schoreit* Rn. 45.
[27] So *Rogall* NStZ 1986, 138, 391; KK-StPO/*Schoreit* Rn. 31, 38.
[28] Nach KK-StPO/*Schoreit* Rn. 45; Löwe/Rosenberg/*Erb* Rn. 85; *Pfeiffer* Rn. 8.

§ 163e [Polizeiliche Beobachtung]

(1) ¹Die Ausschreibung zur Beobachtung anläßlich von polizeilichen Kontrollen, die die Feststellung der Personalien zulassen, kann angeordnet werden, wenn zureichende tatsächliche Anhaltspunkte dafür vorliegen, daß eine Straftat von erheblicher Bedeutung begangen wurde. ²Die Anordnung darf sich nur gegen den Beschuldigten richten und nur dann getroffen werden, wenn die Erforschung des Sachverhalts oder die Ermittlung des Aufenthaltsortes des Täters auf andere Weise erheblich weniger erfolgversprechend oder wesentlich erschwert wäre. ³Gegen andere Personen ist die Maßnahme zulässig, wenn auf Grund bestimmter Tatsachen anzunehmen ist, daß sie mit dem Täter in Verbindung stehen oder eine solche Verbindung hergestellt wird, daß die Maßnahme zur Erforschung des Sachverhalts oder zur Ermittlung des Aufenthaltsortes des Täters führen wird und dies auf andere Weise erheblich weniger erfolgversprechend oder wesentlich erschwert wäre.

(2) Das Kennzeichen eines Kraftfahrzeuges, die Identifizierungsnummer oder äußere Kennzeichnung eines Wasserfahrzeuges, Luftfahrzeuges oder eines Containers kann ausgeschrieben werden, wenn das Fahrzeug auf eine nach Absatz 1 ausgeschriebene Person zugelassen ist oder das Fahrzeug oder der Container von ihr oder einer bisher namentlich nicht bekannten Person genutzt wird, die einer Straftat von erheblicher Bedeutung verdächtig ist.

(3) Im Falle eines Antreffens können auch personenbezogene Daten eines Begleiters der ausgeschriebenen Person, des Führers eines nach Absatz 2 ausgeschriebenen Fahrzeuges oder des Nutzers eines nach Absatz 2 ausgeschriebenen Containers gemeldet werden.

(4) ¹Die Ausschreibung zur polizeilichen Beobachtung darf nur durch das Gericht angeordnet werden. ²Bei Gefahr im Verzug kann die Anordnung auch durch die Staatsanwaltschaft getroffen werden. ³Hat die Staatsanwaltschaft die Anordnung getroffen, so beantragt sie unverzüglich die gerichtliche Bestätigung der Anordnung. ⁴§ 100b Abs. 1 Satz 3 gilt entsprechend. ⁵Die Anordnung ist auf höchstens ein Jahr zu befristen. ⁶Eine Verlängerung um jeweils nicht mehr als drei Monate ist zulässig, soweit die Voraussetzungen der Anordnung fortbestehen.

Schrifttum: *Geppert,* Anmerkung zu BGH v. 24. 1 2001 – 3 StR 324/00, JK 2001 StPO § 100 c/4; *Hilger,* Neues Strafverfahrensrecht durch das OrgKG – 1. Teil, NStZ 1992, 457 und 2. Teil, NStZ 1992, 523; *Krahl,* Der Anwendungsbereich der polizeilichen Beobachtung nach § 163e StPO als strafprozessuale Ermittlungsmaßnahme, NStZ 1998, 339; *Rieß,* Die „Straftat von erheblicher Bedeutung" als Eingriffsvoraussetzung – Versuch einer Inhaltsbestimmung, GA 2004, 623.

Die **polizeiliche Beobachtung**, eingeführt mit dem OrgKG von 1992, zielt auf die unauffällige und heimliche Erstellung eines **punktuellen Bewegungsbildes** einer Person.[1] Infolge der Ausschreibung der Zielperson wird sein Antreffen anlässlich einer **polizeilichen Kontrolle** einschließlich weiterer Umstände, die für die Aufklärung von Bedeutung sein können, erfasst – mitgeführte Gegenstände, Reiseweg, Begleitpersonen (Abs. 3). Die anfallenden Daten werden an die ausschreibende Stelle weiter gegeben. Die Kontrollstellen, die unabhängig von der Ausschreibung auf ihren strafprozessualen oder präventiven Grundlagen (§ 111, Grenzkontrollen, Kontrollstellen nach den Polizeigesetzen) eingerichtet sind, werden zu Beobachtungszwecken genutzt. Ziel ist es, Zusammenhänge und Verbindungen zwischen verschiedenen Personen zu ermitteln, um personelle Verflechtungen im Bereich der Organisierten Kriminalität zu entdecken. Zu beachten ist, dass es strafprozessual und verfassungsrechtlich nicht erlaubt ist, ein allumfassendes Persönlichkeits- und Bewegungsprofil von dem Beschuldigten – „**Totalüberwachung**" – zu erstellen, auch nicht durch Kumulation verschiedener Ermittlungsmaßnahmen.[2] Vor dem Risiko der Bildung von Verhaltens- und Kommunikationsprofilen durch staatlichen Datenzugriff und der dadurch entstehenden **Furcht der Bürger** vor einer allumfassenden Überwachung warnt zunehmend das BVerfG.[3] Die Relevanz der Maßnahme für die Strafverfolgung ist tatsächlich umstritten.[4]

Die Sonderregelung des § 463a Abs. 2 erlaubt die Ausschreibung zur Beobachtung zur Überwachung der **Führungsaufsicht**. Im **Bußgeldverfahren** findet die Maßnahme keine Anwendung, weil Ordnungswidrigkeiten keine erheblichen Straftaten sind.

Die Ausschreibung richtet sich gegen den **Beschuldigten** oder unter engeren Voraussetzungen gegen eine sog. **Kontaktperson**. Eine Ausschreibung verlangt einen namentlich identifizierbaren Beschuldigten.[5] Darin liegt ein Unterschied zu § 163d. Strafverteidiger als Kontaktperson sind

---
[1] Siehe *Hilger* NStZ 1992, 523, 525; *Krahl* NStZ 1998, 339; *Joecks* Rn. 1; Meyer-Goßner/*Cierniak* Rn. 1; *Pfeiffer* Rn. 1.
[2] Siehe BGH v. 24. 1. 2001 – 3 StR 324/00, BGHSt 46, 266, 277 = NJW 2001, 1658; dazu *Geppert* Anm. zu BGH v. 24. 1. 2001 – 3 StR 324/2001, JK 2001 StPO § 100 c/4; *Joecks* § 163f Rn. 2.
[3] Siehe BVerfG v. 27. 2. 2008 – 1 BvR 370, 595/07, NJW 2008, 822, 830.
[4] Dazu *Krahl* NStZ 1998, 339, 341.
[5] Siehe Löwe/Rosenberg/*Rieß,* 25. Aufl., Rn. 8, 21.

durch § 148 geschützt – das macht auch § 160a Abs. 1 deutlich. Es muss der Anfangsverdacht einer **Straftat von erheblicher Bedeutung** vorliegen. Der Begriff erscheint auch an anderen Stellen in der StPO (beispielsweise in §§ 81g, 98a, 100g Abs. 1 Nr. 1, 100h Abs. 1 Satz 1 Nr. 2 mit Satz 2, 100i, 110a, 131 Abs. 3, 131a Abs. 3, 131b, 160a Abs. 2, 163 f):[6] Straftaten von erheblicher Bedeutung sind solche, die den Rechtsfrieden empfindlich stören oder geeignet sind, das Gefühl der Rechtssicherheit erheblich zu beeinträchtigen. Das Maß **mittlerer Kriminalität** muss erreicht sein.[7] In diesem Fall ist das besondere Maß des Unrechts im Einzelfall entscheidend – Art und Schwere der jeweiligen konkreten Tat gemäß der Verdachtslage bei Anordnung der Maßnahme. In einzelfallbezogener Beurteilung soll bei einer zu erwartenden Freiheitsstrafe von mindestens sechs Monaten im Unrechts- und Schuldgehalt eine Straftat von erheblicher Bedeutung gegeben sein.[8] Das ist gewiss eine zu niedrige Schwelle. Die wiederholte Begehung sonstiger Straftaten kann in der Gesamtschau diesen Grad der Erheblichkeit nicht erreichen.[9] Eine derartige Klausel wie in § 81g Abs. 1 Satz 2 fehlt hier. Ein Verbrechenstatbestand hat angeblich die erhebliche Bedeutung.[10] Bei Vergehen wird eine Strafrahmenobergrenze über 2[11] oder auch 3[12] Jahren Freiheitsstrafe gefordert. Bei dem BVerfG[13] klingt gar ein noch höherer Maßstab an, wenn das Gericht behauptet, dass zu den Straftaten, die im Höchstmaß mit Freiheitsstrafe unter 5 Jahren bedroht sind und die deshalb nicht mehr ohne weiteres dem Bereich der Straftaten von erheblicher Bedeutung zuzurechnen sind, beispielsweise die Straftatbestände der §§ 142, 185 bis 187, 202a, 229, 240 und zudem 184 und 184a StGB gehören. Ergänzend erfolgt bei Vergehen eine einzelfallbezogene Bewertung des Unrechtsgehalts der konkreten Tat.[14] Das alles ist äußerst unbestimmt und lässt den anordnenden Strafverfolgungsorganen eine zu große Definitionsmacht. Ein bestimmter Straftatenkatalog – wie in § 100a Abs. 2 und § 100c Abs. 2 – wäre rechtsstaatlicher als eine solche einzelfallbezogene Generalklausel. Beachte zudem die jeweilige **Subsidiaritätsklausel**. Die Ausschreibung verlangt bereits einen Beschuldigten. Das unterscheidet sie von der Maßnahme nach § 163d, die naturgemäß in einem frühen Stadium des Ermittlungsverfahrens angeordnet wird.

4   Abs. 2 regelt im Einzelnen eine sachbezogene Ausschreibung eines **Kennzeichens** eines Kraftfahrzeugs und jetzt auch anderer Fahrzeuge und Container. Diese sachliche Erweiterung erfolgte mit „Gesetz zum Schengener Informationssystem der zweiten Generation" (SIS-II-Gesetz) vom 6. 6. 2009.[15] Sie ist auch ohne jeden Bezug zu einer bekannten Person erlaubt, wenn ansonsten kein Ermittlungsansatz vorhanden ist. Abs. 3 erlaubt es, auch Beobachtungen über **Begleiter** der ausgeschriebenen Person oder des Führers eines ausgeschriebenen Kraftfahrzeugs der ausschreibenden Stelle zu melden. Der Einbezug nichtverdächtiger Begleitpersonen ist in seiner unbestimmten Weite verfassungsrechtlich sehr bedenklich.[16]

5   Zu **Zuständigkeit, Bestätigung** und **Fristen** siehe Abs. 4. Wie bei § 163d muss die nichtrichterliche Anordnung – nur die Staatsanwaltschaft ist befugt – binnen drei Werktagen richterlich bestätigt werden (§ 100b Abs. 1 Satz 3). Ansonsten tritt sie außer Kraft. Die widersprüchliche Annahme, zwischenzeitlich erlangte Erkenntnisse dürften grundsätzlich verwertet werden,[17] überzeugt mit Blick auf das gegenteilige Ergebnis bei der Schleppnetzfahndung nicht. Form und Inhalt der Anordnung richten sich nach § 163d Abs. 3: schriftlich, räumlich begrenzt und zeitlich bestimmt, die ausgeschriebene Person ist genau zu bezeichnen.[18] Die **Behandlung** der anfallenden **Daten** richtet sich nach §§ 474 ff.[19]

6   Der Forderung,[20] eine gesetzliche Regelung für eine nachträgliche **Benachrichtigung** zu schaffen, ist der Gesetzgeber mit dem Gesetz zur Neuregelung der Telekommunikationsüberwachung und anderer verdeckter Ermittlungshandlungen sowie zur Umsetzung der Richtlinie 2006/24/EG vom 21. 12. 2007 in einem neu gefassten § 101 gefolgt.[21] Nach dessen Abs. 4 Nr. 11 sind die

---

[6] Siehe insgesamt Hilger NStZ 1992, 457, 462 **Fn.** 93; Rieß GA 2004, 623; HBStrVf/*Murmann* Rn. III. 28 ff.; Anw-StPO/*Walther* Rn. 4 und § 131 Rn. 11; HK-GS/*Hartmann* § 100g Rn. 5; *Joecks* § 81g Rn. 6; KK-StPO/*Schoreit* Rn. 12 ff.; Löwe/Rosenberg/*Rieß*, 25. Aufl., Rn. 13; *Meyer-Goßner* § 98a Rn. 5.
[7] Siehe BVerfG v. 16. 6. 2009 – 2 BvR 902/06, NJW 2009, 2431, 2435; BVerfG v. 3. 3. 2004 – 1 BvR 2378/98, 1084/99, BVerfGE 109, 279, 344.
[8] So HbStrVf/*Murmann* Rn. III. 33.
[9] Anders Anw-StPO/*Walther* Rn. 4.
[10] So Rieß GA 2004, 623, 636; Meyer-Goßner § 98a Rn. 5.
[11] So *Meyer-Goßner* § 98a Rn. 5.
[12] So HK-GS/*Hartmann* § 100g Rn. 5.
[13] So BVerfG v. 16. 6. 2009 – 2 BvR 902/06, NJW 2009, 2431, 2435.
[14] Siehe Rieß GA 2004, 623, 638 f.
[15] BGBl. I 2009 1226.
[16] Dazu Krahl NStZ 1998, 339, 341; Löwe/Rosenberg/*Rieß*, 25. Aufl., Rn. 5, 27 f.
[17] So *Joecks* Rn. 5; Meyer-Goßner/*Cierniak* Rn. 13; *Pfeiffer* Rn. 5.
[18] Vgl. Löwe/Rosenberg/*Rieß*, 25. Aufl., Rn. 42; Meyer-Goßner/*Cierniak* Rn. 14; *Pfeiffer* Rn. 5.
[19] Siehe Löwe/Rosenberg/*Rieß*, 25. Aufl., Rn. 33 ff.
[20] Bei Löwe/Rosenberg/*Rieß*, 25. Aufl., Rn. 45.
[21] BGBl. I S. 3198.

Zielperson und die Person, deren personenbezogene Daten gemeldet worden sind, nach den Regeln der folgenden Absätze des § 101 zu benachrichtigen.

§ 163f [Längerfristige Observation]

(1) ¹Liegen zureichende tatsächliche Anhaltspunkte dafür vor, dass eine Straftat von erheblicher Bedeutung begangen worden ist, so darf eine planmäßig angelegte Beobachtung des Beschuldigten angeordnet werden, die
1. durchgehend länger als 24 Stunden dauern oder
2. an mehr als zwei Tagen stattfinden

soll (längerfristige Observation).
²Die Maßnahme darf nur angeordnet werden, wenn die Erforschung des Sachverhalts oder die Ermittlung des Aufenthaltsortes des Täters auf andere Weise erheblich weniger Erfolg versprechend oder wesentlich erschwert wäre. ³Gegen andere Personen ist die Maßnahme zulässig, wenn auf Grund bestimmter Tatsachen anzunehmen ist, dass sie mit dem Täter in Verbindung stehen oder eine solche Verbindung hergestellt wird, dass die Maßnahme zur Erforschung des Sachverhalts oder zur Ermittlung des Aufenthaltsortes des Täters führen wird und dies auf andere Weise erheblich weniger Erfolg versprechend oder wesentlich erschwert wäre.

(2) Die Maßnahme darf auch durchgeführt werden, wenn Dritte unvermeidbar betroffen werden.

(3) ¹Die Maßnahme darf nur durch das Gericht, bei Gefahr im Verzug auch durch die Staatsanwaltschaft und ihre Ermittlungspersonen (§ 152 des Gerichtsverfassungsgesetzes) angeordnet werden. ²Die Anordnung der Staatsanwaltschaft oder ihrer Ermittlungspersonen tritt außer Kraft, wenn sie nicht binnen drei Werktagen von dem Gericht bestätigt wird. ³§ 100b Abs. 1 Satz 4 und 5, Abs. 2 Satz 1 gilt entsprechend.

Schrifttum: *Bernsmann*, Anmerkung zu BGH v. 24. 1. 2001 – 3 StR 324/00, StV 2001, 382; *Paeffgen*, Zeugnisverweigerungsrechte und heimliche Informationserhebung, FS Rieß, 2002, S. 413; *Puschke/Singelnstein*, Telekommunikationsüberwachung, Vorratsdatenspeicherung und (sonstige) heimliche Ermittlungsmaßnahmen der StPO nach der Neuregelung zum 1. 1. 2008, NJW 2008, 113; *Singelnstein*, Rechtsschutz gegen heimliche Ermittlungsmaßnahmen nach Einführung des § 101 VII 2–4 StPO, NStZ 2009, 481; *Zöller*, Heimlichkeit als System, StraFo 2008, 15.

Von der vorgenannten Maßnahme der polizeilichen Beobachtung ist die bisher nicht ausdrücklich geregelte **kurzfristige** (als anerkannte[1] Grundlage gelten die §§ 161 und 163) und die hier in § 163 f geregelte **längerfristige Observation** einer Person zu unterscheiden. Mit § 163 f wurde mit dem StVÄndG von 1999 eine notwendige gesetzliche Grundlage für eine grundrechtsintensive heimliche Ermittlungsmaßnahme auf dem Gebiet des Strafverfahrens geschaffen. Eine längerfristige Observation dauert durchgehend länger als 24 Stunden (Nr. 1) oder findet mit Unterbrechungen mehr als an zwei Tagen statt (Nr. 2). Zu beachten ist, dass eine längerfristige Observation nach § 163 f nicht nur dann vorliegt, wenn diese von Anfang an auf die Überschreitung der in der Norm genannten Fristen gerichtet ist. Sobald sich während einer kurzfristigen Observation herausstellt, dass eine Fristüberschreitung notwendig ist, ist eine entsprechende Anordnung einzuholen.[2] Anders dagegen ist die Rechtslage, wenn sich in einem Ermittlungsverfahren in nicht vorhersehbarer Weise mehrfach die Notwendigkeit einer nur vorübergehenden und kurzfristigen Beobachtung ergibt. Die längerfristige Observation findet sich auch in § 23 Abs. 2 Nr. 1 BKA-Gesetz und im BundespolizeiG (§ 28 Abs. 2 Nr. 1) und in den **Landespolizeigesetzen** (etwa § 25 BerlinerASOG). Art. 40 Schengener Durchführungsübereinkommen (SDÜ) regelt im Gebiet der Schengenstaaten eine transnationale Observation. 1

Eine längerfristige Observation fällt im Regelfall mit der Anordnung anderer, insbesondere technischer – heimlicher – Ermittlungsmaßnahmen zusammen: §§ 100a, 100c, 100f, 100h. Deren formelle und materielle Anordnungsvoraussetzungen werden durch § 163 f nicht ersetzt.[3] Die Strafverfolgungsbehörden müssen im Rahmen der Verhältnismäßigkeit zwingend darauf achten, dass durch Kumulation heimlicher Überwachungsmaßnahmen ein Eingriff in den Kernbereich des Persönlichkeitsrechts durch eine **Totalüberwachung** vermieden wird.[4] Eine Rundumüberwachung, die lückenlos alle Bewegungen und Lebensäußerungen des Betroffenen registriert und zur möglichen Grundlage für ein Persönlichkeitsprofil verwendet werden könnte, verstößt gegen die Menschenwürde.[5] Der Gesetzgeber folgt den verfassungsrechtlichen Vorgaben, wenn er in § 100a 2

---

[1] So KK-StPO/*Schoreit* Rn. 5; Löwe/Rosenberg/*Rieß*, 25. Aufl., Rn. 3.
[2] Nach OLG Hamburg v. 29. 6. 2007 – 3 – 30/07, NStZ-RR 2008, 144.
[3] Siehe BGH v. 24. 1. 2001 – 3 StR 324/00, BGHSt 46, 266 = NJW 2001, 1658; Meyer-Goßner/*Cierniak* Rn. 2.
[4] Siehe *Bernsmann* Anm. zu BGH v. 24. 1. 2001 – 3 StR 324/00, StV 2001, 382, 385.
[5] So BVerfG v. 3. 3. 2004 – 1 BvR 2378/98, 1084/99, BVerfGE 109, 279, 323.

§ 163f

Abs. 4 und in § 100c Abs. 4 den **Kernbereich der privaten Lebensgestaltung** von heimlichen Ermittlungshandlungen frei hält. Das muss aber auch für alle anderen staatlichen Maßnahmen gelten.

3 Wie § 163e verlangt auch § 163f tatsächliche Anhaltspunkte für eine **erhebliche Straftat**.[6] Es gilt die übliche Subsidiaritätsklausel, der in der Praxis kaum Wirkung zugesprochen wird.[7]

4 Zu Zuständigkeit, Bestätigung, Inhalt, Befristung siehe die Einzelheiten in Abs. 3. Mit „Gesetz zur Neuregelung der Telekommunikationsüberwachung und anderer verdeckter Ermittlungsmaßnahmen sowie zur Umsetzung der Richtlinie 2006/24/EG" vom 21. 12. 2007[8] wurde die Anordnung endlich dem **Richtervorbehalt** unterstellt.[9] Nach der Gesetzesbegründung[10] ist die längerfristige Observation im Einzelfall mit erheblichen Eingriffen in das Recht auf informationelle Selbstbestimmung verbunden. Der Richtervorbehalt (§ 162) wird auch mit Blick auf die Kumulierung von Ermittlungsmaßnahmen eingeführt. Die Maßnahme ist auf höchstens drei Monate zu befristen; im Übrigen erfolgt der Verweis auf § 100b Abs. 1 Satz 4 und 5 und auf § 100b Abs. 2 Satz 1.

5 Betroffene sind der **Beschuldigte** und mögliche Kontaktpersonen. Gesetzlich geklärt ist jetzt die Frage, ob sich eine Observation zielgerichtet gegen Personen richten darf, die ein – berufliches – **Zeugnisverweigerungsrecht** haben.[11] § 163f sagt dazu nichts. Regelungen wie § 97 Abs. 2 und § 100c Abs. 6 fehlen in diesem Zusammenhang. Die Beobachtung von Verteidigern, Rechtsanwälten, Ärzten oder Journalisten ist nicht zu vermeiden. Bedenklich ist gewiss die dauerhafte Beobachtung von Verteidigern als Kontaktperson der Beschuldigten – § 148. Bei der Observation geht es nicht um eine Beweiserhebung von Kommunikationsinhalten, sondern um äußere Umstände. Umstände wie die Kontaktaufnahme zu einer zeugnisverweigerungsberechtigten Person sind auch der zufälligen – verwertbaren – Wahrnehmung durch Dritte zugänglich. Aber der Rechtsanwalt oder der Arzt müssen sich selbst nicht darüber äußern, ob und mit wem sie Kontakt haben.[12] Insbesondere für Journalisten hat der Umstand der Kontaktaufnahme im Interesse des Informantenschutzes einen eigenen Beweiswert, so dass diese, aber auch Abgeordnete, nicht observiert werden dürfen.[13] Der **neue § 160a** gewährt nicht allein Schutz gegen die direkte Anordnung einer strafprozessualen Ermittlungsmaßnahme. Auch eine mittelbare Betroffenheit ist nach § 160a Abs. 1 Satz 5 unzulässig. Dieser Schutz gilt absolut[14] für die in § 53 Abs. 1 Nr. 1, 2 und 4 genannten Berufsgruppen. Für die anderen Berufsträger verlangt § 160a Abs. 2 eine spezielle Prüfung der Verhältnismäßigkeit bei der Verwertung zu Beweiszwecken. Wird im Rahmen einer Observation die Kontaktaufnahme des Beschuldigten zu seinem Verteidiger oder Geistlichen entdeckt, fällt diese Erkenntnis in den schützenswerten Bereich des § 53 ist und ist daher nach § 160a Abs. 1 unverwertbar. Ob der Schutz des journalistischen Informantenschutzes im Interesse der Pressefreiheit als Bestandteil der Verhältnismäßigkeit in § 160a Abs. 2 sich in der Praxis bewähren wird, muss sich beweisen. Die Bedeutung des Informantenschutzes für die Pressefreiheit hat zuletzt das BVerfG[15] nochmals hervorgehoben. Die zielgerichtete, aber auch die zufällige Observation kann dieses Interesse erheblich beeinträchtigen. Zumal eine mittelbare Verwertung als Ermittlungsansatz erlaubt sein soll.[16] Die Differenzierung in § 160a überzeugt im Übrigen nicht.[17]

6 In einschlägigen Ermittlungsverfahren muss der **Strafverteidiger** den Beschuldigten auf die **Möglichkeit heimlicher strafprozessualer Ermittlungsmaßnahmen** wie einer Überwachung der Telekommunikation oder einer Observation gegen ihn und sein Umfeld **hinweisen** und ihn zu Vorsicht mahnen. Gespräche zwischen Verteidiger und beschuldigtem Mandanten sind gegebenenfalls unmittelbar, nicht telefonisch in der Kanzlei zu führen. Außerdem: Der Verteidiger muss fordern, dass die **Observationsberichte** zu den Akten genommen werden.

7 Die durch eine langfristige Observation gewonnenen Erkenntnisse können einem **Beweisverwertungsverbot** unterliegen. Das ist denkbar, wenn die gesetzlichen Voraussetzungen des § 163f gänzlich umgangen werden, es an einer Anordnung fehlt oder es an einer Straftat von erheblicher

---

[6] S. o. § 163e Rn. 3.
[7] So Anw-StPO/*Walther* Rn. 7.
[8] BGBl. I S. 3198.
[9] Dazu Meyer-Goßner/*Cierniak* Rn. 6.
[10] Siehe BT-Drucks. 16/5846, S. 1, 65.
[11] Dazu Anw-StPO/*Walther* Rn. 20; *Joecks* Rn. 4; KK-StPO/*Schoreit* Rn. 32; Meyer-Goßner/*Cierniak* Rn. 4.
[12] So KK-StPO/*Senge* § 53 Rn. 18; *Paeffgen*, FS Rieß, 2002, S. 413, 433 f.
[13] Siehe *Paeffgen*, FS Rieß, 2002, S. 413, 435 f.; *Joecks* Rn. 4; auch Verteidiger einbeziehend SK-StPO/*Wolter* Rn. 19.
[14] Siehe *Meyer-Goßner* § 160a Rn. 4.
[15] So BVerfG v. 27. 2. 2007 – 1 BvR 538/06 u. a., NJW 2007, 1117 („Cicero").
[16] Nach *Meyer-Goßner* § 160a Rn. 12.
[17] S. o. § 160a Rn. 13.

Bedeutung fehlt, letztendlich stets bei einer willkürlichen Observation.[18] Die **Rechtsprechung**[19] macht das Beweisverwertungsverbot – wie stets – von einer umfassenden **Abwägung** der widerstreitenden Interessen abhängig. Für das Gericht ist ein Beweisverwertungsverbot eine Ausnahme, die nur nach ausdrücklicher gesetzlicher Vorschrift oder aus übergeordneten wichtigen Gründen im Einzelfall anzuerkennen ist. Ein rechtzeitiger **Widerspruch** in der Hauptverhandlung ist dem Verteidiger dringend zu empfehlen. Werden derart unverwertbare Erkenntnisse im Urteil verwertet, begründet das die **Revision**. Das Revisionsgericht überprüft die tatsächlichen Voraussetzungen für die Anordnung der Observation allein auf objektive Willkür.[20]

Rechtsmittel:[21] Gegen die gerichtliche Anordnung oder Bestätigung steht dem Betroffenen die 8 Beschwerde (§ 304) zu. Gegen staatsanwaltliche Anordnungen kann der von der Maßnahme Betroffene eine gerichtliche Entscheidung nach § 98 Abs. 2 Satz 2 analog beantragen. Da der Betroffene von der heimlichen Maßnahme im Regelfall erst nach deren Erledigung erfährt – rechtsstaatlich bedenklich bestand bisher keine **Mitteilungspflicht** –, kann der Antrag auch auf nachträgliche Feststellung der Rechtswidrigkeit gehen. Siehe auch bei dieser Maßnahme jetzt die – erstmalige – Neuregelung der Benachrichtigungspflicht in § 101 durch das Gesetz vom 21. 12. 2007[22] und dort die Nr. 12. Der dort in § 101 Abs. 7 Satz 2 speziell ausgestaltete nachträgliche gerichtliche Rechtsschutz mit einer Zweiwochenfrist tritt neben die bisher bestehenden Rechtsbehelfe.[23] Dagegen sieht der BGH[24] inzwischen in § 101 Abs. 7 eine abschließende Sonderregelung für bereits beendete Maßnahmen.

§ 164 [Festhalten von Störern]

Bei Amtshandlungen an Ort und Stelle ist der Beamte, der sie leitet, befugt, Personen, die seine amtliche Tätigkeit vorsätzlich stören oder sich den von ihm innerhalb seiner Zuständigkeit getroffenen Anordnungen widersetzen, festnehmen und bis zur Beendigung seiner Amtsverrichtungen, jedoch nicht über den nächstfolgenden Tag hinaus, festhalten zu lassen.

Die Vorschrift gibt dem zuständigen Beamten die **Zwangsbefugnis**, Störer festzunehmen und 1 festzuhalten, um Amtshandlungen strafprozessualer Art gegen Störungen und Widersetzlichkeiten zu schützen. Sie gilt in **allen Verfahrensabschnitten** und passt daher besser in das Erste Buch.[1]

Zur Anordnung der Maßnahme befugt ist der Beamte, der die Amtshandlung leitet. Das kann 2 ein – jeder – Polizeibeamter, der Staatsanwalt, die Finanzbehörde (§ 399 AO) oder der Steuerfahndung (§ 404 AO) sein. Die Norm ist auch auf **richterliche Amtshandlungen** im Strafverfahren anwendbar. Während der **Sitzung** gelten jedoch die sitzungspolizeilichen Vorschriften der §§ 176 ff. GVG. § 180 GVG erweitert diese gegenüber § 164 spezielleren Vorschriften bei der richterlichen Vornahme von Amtshandlungen außerhalb der Sitzung. § 180 GVG setzt in Beziehung auf die **§§ 176 ff.** GVG eine sitzungsähnliche richterliche Verhandlung voraus. Das entspricht den protokollierungspflichtigen Verhandlungen nach § 168.[2] Wenn daher der Ermittlungsrichter nach § 162 die Vernehmung in Amtshilfe durchführt, gelten über § 180 GVG die sitzungspolizeilichen Vorschriften. Zwischen § 164 und den §§ 176 ff. GVG einschließlich § 180 GVG herrscht ein **Ausschließlichkeitsverhältnis**.[3]

Der von der Untersuchungshandlung Betroffene darf grundsätzlich nicht den Maßnahmen des 3 § 164 unterworfen werden. Wenn sich der Verdächtige der Wohnungsdurchsuchung nach § 102 widersetzt, wird die strafprozessuale Maßnahme mittels unmittelbaren Zwangs, der dem § 102 normimmanent ist, durchgesetzt.[4] Anders, wenn der Betroffene sich nicht der Untersuchungshandlung selbst, sondern sich störend einer Begleitmaßnahme widersetzt. Die von der Maßnahme betroffene Person kann ansonsten nur ein **Dritter** sein.[5] Als Verfahrensbeteiligter darf der **Verteidiger** nicht festgenommen und festgehalten werden. Das gilt auch, wenn er im herkömmlichen

---

[18] Siehe *Joecks* Rn. 9; Meyer-Goßner/*Cierniak* Rn. 10; Widmaier/*Deckers* MAH Strafverteidigung § 18 Rn. 84.
[19] Siehe OLG Hamburg v. 29. 6. 2007 – 3 – 30/07, NStZ-RR 2008, 144.
[20] So KK-StPO/*Schoreit* Rn. 35; Löwe/Rosenberg/*Rieß*, 25. Aufl., Rn. 23; Meyer-Goßner/*Cierniak* Rn. 10; anders SK-StPO/*Wolter* Rn. 22.
[21] Dazu *Joecks* Rn. 8; Löwe/Rosenberg/*Rieß*, 25. Aufl., Rn. 21; Meyer-Goßner/*Cierniak* Rn. 9.
[22] BGBl. I S. 3198.
[23] Siehe BT-Drucks. 16/5846, S. 1, 62; *Puschke/Singelnstein* NJW 2008, 113, 116; HK-GS/*Hartmann* § 101 Rn. 13; Zöller StraFo 2008, 15, 23.
[24] BGH v. 8. 10. 2008 – StB 12 – 15/08, NStZ 2009, 104 = NJW 2009, 454; ähnlich *Singelnstein* NStZ 2009, 481, 483; *Meyer-Goßner* § 101 Rn. 26.
[1] Siehe *Joecks* Rn. 1; KK-StPO/*Griesbaum* Rn. 1; SK-StPO/*Wolter* Rn. 2.
[2] So *Meyer-Goßner* § 180 GVG Rn. 1; SK-StPO/*Wolter* Rn. 3.
[3] So *Pfeiffer* Rn. 5; SK-StPO/*Wolter* Rn. 3; anders: KK-StPO/*Griesbaum* Rn. 10; *Meyer-Goßner* § 180 GVG Rn. 1.
[4] Dazu KK-StPO/*Griesbaum* Rn. 4 f.; Meyer-Goßner/*Cierniak* Rn. 2.
[5] Siehe Meyer-Goßner/*Cierniak* Rn. 1; SK/StPO-*Wolter* Rn. 15 f.

Verständnis kein Anwesenheitsrecht hat. Dem steht neben dem rechtsstaatlichen Interesse entgegen, dass auch die sitzungspolizeilichen Maßnahmen sich nicht gegen den **Verteidiger** richten (§ 177 GVG). Wer – bei freiwillig zugelassenen Verteidigern – anderer Ansicht ist,[6] verkennt, dass § 164 angesichts der §§ 137 ff. solche grundrechtsintensiven Befugnisse nicht gewährt. Auch für die Zurückweisung eines anwaltlichen **Zeugenbeistands** wegen möglicher Interessenkollision liefert § 164 nicht die gesetzliche Grundlage.

4   Eine **Störung**[7] erfordert, dass die ordnungsgemäße, auf einen bestimmten Erfolg abzielende Durchführung der konkreten Maßnahme ernstlich behindert oder erschwert wird. Der Störer muss vorsätzlich und rechtswidrig handeln. Prozessual zulässiges Verhalten ist keine Störung. Eine – vorsätzliche und rechtswidrige – **Widergesetzlichkeit**[8] gegen eine Anordnung liegt nicht allein bei Widerstand durch Gewalt oder Drohung vor. Es soll auch passiver Widerstand ausreichen, der nur durch physische Anstrengung überwunden werden kann.[9] Wenn als Beispiel das Wegtragen der am Boden sitzenden Störer angeführt wird, sollte jedoch die Grenze der verfassungsrechtlichen Gewalt geachtet werden. Präventive Maßnahmen erlaubt § 164 nicht.

5   § 164 gilt bei **strafprozessualen Amtshandlungen** (etwa: Durchsuchungen, Beschlagnahmen, Vollstreckung von Haftbefehlen, Vernehmungen, Augenschein). Bei einem Einschreiten nach polizeirechtlichen Vorschriften nach den Ländergesetzen gilt die Norm nicht. Eine Amtshandlung an **„Ort und Stelle"** ist nicht allein die am Tatort, in Räumen Dritter oder die sonst **außerhalb der Diensträume** vorgenommene Amtshandlung – störende Zuschauer oder Demonstranten bei einer staatsanwaltlichen Augenscheinsnahme. Auch innerhalb des **Gerichtsgebäudes** oder sonstiger Diensträume der Strafverfolgungsorgane kann es zu Störungen kommen, die zu Maßnahmen nach § 164 ermächtigen.[10] Die sitzungspolizeilichen Maßnahmen nach den §§ 176 ff. GVG sind auf Sitzungen und nach § 180 GVG auf sitzungsähnliche Verhandlungen beschränkt und beziehen sich zudem allein auf richterliche Amtshandlungen. Wenn es während einer staatsanwaltlichen Vernehmung in den Diensträumen der Staatsanwaltschaft zu einer Störung kommt oder wenn eine richterliche Vernehmung von außerhalb – Lärm auf dem Flur, Steinwürfe von der Straße durch Demonstranten – gestört wird, sind Maßnahmen nach § 164 ebenfalls zulässig.

6   Der Hinweis auf das **Hausrecht** innerhalb der Räumlichkeiten der Strafverfolgungsorgane spricht nicht dagegen.[11] Das Hausrecht des Behördenleiters gibt nur die Befugnis, den Zutritt zum Dienstgebäude zu untersagen. Der Behördenleiter ist zudem selten die Person, die die gestörte Amtshandlung vornimmt. Die Störung muss an Ort und Stelle der Amtshandlung stattfinden oder sich dort auswirken. Der gesetzliche Schutz der Amtshandlung innerhalb und außerhalb der Diensträume ist gleich. Für eine Differenzierung gibt es keinen Grund. Im Rahmen der stets zu beachtenden Verhältnismäßigkeit darf der Beamte erst von den Zwangsbefugnissen des § 164 Gebrauch machen, wenn ein Hausverbot nicht genügend ist.

7   Der bereits erwähnte Grundsatz der **Verhältnismäßigkeit** zwingt den Beamten auch, eine Störung durch weniger einschneidende Maßnahmen als durch Festnahme und Festhalten zu beseitigen – Zurechtweisung, Belehrung, Androhung. Mit **Beendigung** der Amtshandlung ist die Zwangsmaßnahme aufzuheben. Wird die Amtshandlung für längere Zeit unterbrochen, ist die Festnahme ebenso aufzuheben.[12] Versichert der Störer glaubhaft, dass er nicht mehr stören wird, ist die Maßnahme desgleichen aufzuheben.[13] § 164 ist keine Strafmaßnahme. Das Ausreizen der absoluten Zeitgrenze – Ende des nächstfolgenden Tages – ist kaum vorstellbar.

8   Zum **Rechtsbehelf:**[14] Gegen eine richterliche Maßnahme nach § 164 steht dem Betroffenen die Beschwerde (§ 304) zu. Gegen polizeiliche oder staatsanwaltliche Anordnungen, die insbesondere im Ermittlungsverfahren die Regel sein werden, muss der Betroffene den Weg zum OLG nach den §§ 23 ff. EGGVG beschreiten. Der noch immer erfolgende Hinweis[15] auf die prozessuale Überholung und damit auf eine regelmäßige Unzulässigkeit des Rechtsbehelfs missachtet den vom BVerfG[16] zuletzt gestärkten Rechtsschutz gegen erledigte Zwangsmaßnahmen bei tiefgreifenden Grundrechtseingriffen. Das muss auch bei Dritten gelten, die zum Opfer einer freiheitseinschränkenden Maßnahme nach § 164 geworden sind. Ein berechtigtes Feststellungsinteresse wird daher

---

[6] Siehe KK-StPO/*Griesbaum* Rn. 4; Meyer-Goßner/*Cierniak* Rn. 1; wie hier *Pfeiffer* Rn. 8; SK-StPO/*Wolter* Rn. 4, 15.
[7] Dazu Anw-StPO/*Walther* Rn. 5; KK-SPO/*Griesbaum* Rn. 6.
[8] Nach KK-StPO/*Griesbaum* Rn. 6.
[9] So KK-StPO/*Griesbaum* Rn. 6; SK-StPO/*Wolter* Rn. 14.
[10] So *Joecks* Rn. 2; KK-StPO/*Griesbaum* Rn. 3; SK-StPO/*Wolter* Rn. 8.
[11] So KK-StPO/*Griesbaum* Rn. 3; SK-StPO/*Wolter* Rn. 9.
[12] Vgl. Meyer-Goßner/*Cierniak* Rn. 5; SK-StPO/*Wolter* Rn. 19.
[13] Siehe KK-StPO/*Griesbaum* Rn. 9.
[14] Siehe Anw-StPO/*Walther* Rn. 11; *Joecks* Rn. 5; KK-StPO/*Griesbaum* Rn. 11; Meyer-Goßner/*Cierniak* Rn. 6.
[15] KK-StPO/*Griesbaum* Rn. 11; Meyer-Goßner/*Cierniak* Rn. 6.
[16] BVerfG v. 30. 4. 1997 – 2 BvR 817/90 u. a., BVerfGE 96, 27 = NJW 1997, 2163.

in der Regel gegeben sein. Gegen Maßnahmen der Polizei oder der Staatsanwaltschaft sind auch Gegenvorstellung und Dienstaufsichtsbeschwerde möglich.

§ 165 [Notstaatsanwalt]
Bei Gefahr im Verzug kann der Richter die erforderlichen Untersuchungshandlungen auch ohne Antrag vornehmen, wenn ein Staatsanwalt nicht erreichbar ist.

Im Grundsatz wird der Ermittlungsrichter nicht ohne Antrag der Staatsanwaltschaft tätig. Bei Gefahr in Verzug und kumulativer Nichterreichbarkeit eines Staatsanwalts – in der Praxis wohl eher selten – kann der Richter die staatsanwaltliche Leitungsbefugnis im **Ermittlungsverfahren** als **Notstaatsanwalt** ausüben. Vorrangig gilt die Kompetenzverteilung, dass die Staatsanwaltschaft im Ermittlungsverfahren Anträge nach § 162 stellt oder die Untersuchungshandlungen selbst vornimmt. Soweit die Staatsanwaltschaft auch im Zwischen- und Hauptverfahren noch weitere Ermittlungen vornehmen darf, besteht eine solche Eilkompetenz auch für den Richter nach § 165.[1] Nach der Anklageerhebung ist die Staatsanwaltschaft auf Beweissicherungsmaßnahmen bei Gefahr in Verzug beschränkt; zu umfassenden eigenständigen Ermittlungsmaßnahmen ist sie nicht mehr berechtigt, nachdem die Verfahrensherrschaft auf das Gericht übergegangen ist.[2] 1

Der Richter darf nicht als Notstaatsanwalt tätig werden, wenn er weiß, dass die Staatsanwaltschaft im konkreten Einzelfall eine solche Untersuchungshandlung gerade nicht vornehmen will.[3] Die Verfahrensherrschaft im Ermittlungsverfahren liegt bei der Staatsanwaltschaft. Aus diesem Grund darf der Richter bei einer von der Staatsanwaltschaft beantragten Zeugenvernehmung ohne vorherige Absprache mit der Staatsanwaltschaft nicht zu einer Beschuldigtenvernehmung wechseln. Die Staatsanwaltschaft hat doch gerade durch die beantragte Zeugenvernehmung die Beschuldigteneigenschaft zu diesem Zeitpunkt verneint. Wenn die erreichbare Staatsanwaltschaft die Untersuchungshandlung ablehnt, fehlt es an der kumulativen Voraussetzung der Unerreichbarkeit.[4] Eine dem Richter bekannte allgemeine Praxis der Staatsanwaltschaft bindet nicht. 2

Zuständig ist das **AG**, in dessen Bezirk die Untersuchungshandlung vorgenommen wird. Es gelten in Staatsschutzsachen daneben auch die Zuständigkeiten der Ermittlungsrichter am OLG und BGH.[5] 3

Auch als Notstaatsanwalt nimmt der Richter eine **richterliche Maßnahme** vor, so dass die Vorschriften für richterliche Untersuchungshandlungen gelten (§§ 168, 168 a, 168 c, 168 d).[6] Für die **Strafverteidigerpraxis** ist **zu beachten**, dass eine Tätigkeit als Notstaatsanwalt eine staatsanwaltliche Tätigkeit nach § 22 Nr. 4 ist.[7] 4

Ordnet eine unzuständige Stelle die Untersuchungshandlung an – etwa das LG –, ist die Anordnung zwar rechtswidrig, aber nicht unwirksam.[8] **Beschwerdebefugt** sind Staatsanwaltschaft und Beschuldigter. 5

Ein **Beweisverwertungsverbot** folgt aus einem Verstoß gegen § 165 **nicht**.[9] Die Kompetenzanmaßung des Richters beschwert den Beschuldigten nicht, da auch die Staatsanwaltschaft eine solche Untersuchungshandlung hätte anordnen können. 6

§ 166 [Beweisanträge]
(1) Wird der Beschuldigte von dem Richter vernommen und beantragt er bei dieser Vernehmung zu seiner Entlastung einzelne Beweiserhebungen, so hat der Richter diese, soweit er sie für erheblich erachtet, vorzunehmen, wenn der Verlust der Beweise zu besorgen ist oder die Beweiserhebung die Freilassung des Beschuldigten begründen kann.

(2) Der Richter kann, wenn die Beweiserhebung in einem anderen Amtsbezirk vorzunehmen ist, den Richter des letzteren um ihre Vornahme ersuchen.

---
[1] So SK-StPO/*Wohlers* Rn. 4.
[2] Siehe SK-StPO/*Wohlers* § 162 Rn. 9; großzügiger: KK-StPO/*Schneider* § 202 Rn. 9 f.; Meyer-Goßner § 202 Rn. 5.
[3] So AK-StPO/*Achenbach* Rn. 9; *Joecks* Rn. 1; Meyer-Goßner/*Cierniak* Rn. 1; SK-StPO/*Wohlers* Rn. 14.
[4] Dazu SK-StPO/*Wohlers* Rn. 14.
[5] So *Pfeiffer* Rn. 2; SK-StPO/*Wohlers* Rn. 6.
[6] So Meyer-Goßner/*Cierniak* Rn. 4; SK-StPO/*Wohlers* Rn. 16.
[7] So HK-GS/*Pflieger* Rn. 2; Meyer-Goßner/*Cierniak* 4; SK-StPO/*Wohlers* Rn. 17; anders: Anw-StPO/*Walther* Rn. 4; Meyer-Goßner § 22 Rn. 18.
[8] So LG Freiburg v. 4. 9. 2000 – VII Qs 9/00, StV 2001, 268; *Joecks* Rn. 3; Meyer-Goßner/*Cierniak* Rn. 5.
[9] So LG Freiburg v. 4. 9. 2000 – VII Qs 9/00, StV 2001, 268; HK-GS/*Pflieger* Rn. 3; KK-StPO/*Griesbaum* Rn. 6; SK-StPO/*Wohlers* Rn. 18.

§ 166 1–6   *Zweites Buch. Verfahren im ersten Rechtszug*

Schrifttum: *Schlothauer,* Der Beweiserhebungsanspruch des Beschuldigten gegenüber dem Ermittlungsrichter (§ 166 Abs. 1 StPO), StV 1995, 158; *Wohlers,* Anmerkung zu LG Berlin v. 10. 3. 2003 – 521 Qs 11/03, StV 2004, 10.

1   Die Norm bezweckt als **Notbeweisaufnahme** die Beschleunigung des Strafverfahrens. Der Beschuldigte hat einen **Anspruch** darauf, bestimmte eilbedürftige Beweiserhebungen zu seiner Entlastung unabhängig vom Willen der Staatsanwaltschaft veranlassen zu können.[1] Der Beschuldigte hat jedoch keinen Anspruch auf eine richterliche Vernehmung im Ermittlungsverfahren, um gerade diesen Beweiserhebungsanspruch geltend zu machen.[2]

2   Der Anwendungsbereich ist auf **richterliche** Vernehmungen des Beschuldigten im Ermittlungsverfahren beschränkt. Der Anlass der richterlichen Vernehmung ist unbeachtlich.[3] Erfasst sind daher nicht allein Vernehmungen nach § 162 auf Initiative der Staatsanwaltschaft und als Notstaatsanwalt gemäß § 165, sondern auch nach den §§ 115 Abs. 2, 115a Abs. 2, 118 Abs. 1,[4] 126a Abs. 2, 128 Abs. 1; anwendbar ist die Vorschrift auch im Falle des § 169. Der Einbezug von Vernehmungen im Haftbeschwerdeverfahren (§ 118 Abs. 2) und bei Haftprüfungen vor dem OLG (§ 122) ist interessengerecht.[5]

3   Im Gegensatz zu § 163a Abs. 2 hat der Beschuldigte bei richterlichen Vernehmungen einen **Beweiserhebungsanspruch**,[6] wenn der zuständige Ermittlungsrichter die Beweiserhebung im Sinne der Norm für erheblich hält. Das ist der Fall, soweit die Beweiserhebung nach seiner Beurteilung zur Sache gehört und geeignet erscheint, die prozessuale Lage des Beschuldigten zu verbessern.[7] Unter den Voraussetzungen des § 166 hat der Richter die Beweiserhebung vorzunehmen, und zwar auch gegen den Willen der Staatsanwaltschaft und unabhängig davon, ob sie erreichbar ist.

4   Die selbständige Ermittlungstätigkeit des Ermittlungsrichters ist eingeschränkt, um die Verfahrensherrschaft der Staatsanwaltschaft nicht zu unterminieren. Der Richter darf von der Kompetenz nach § 166 nur Gebrauch machen, wenn ein **Beweisverlust** droht. Das ist in einem weiten Verständnis zu bestimmen. Das Gesetz spricht eben nicht nur vom drohenden Verlust des Beweismittels.[8] Nicht allein das Verschwinden von Tatspuren oder die schwere Krankheit eines Zeugen, die zum Tode vor der Hauptverhandlung führen könnte, sind von Bedeutung. § 166 ist auch einschlägig, wenn das Erinnerungsvermögen des Entlastungszeugen bis zur späteren Hauptverhandlung verloren gehen könnte. § 166 ist zudem anwendbar, wenn es um die Begründung der **Freilassung** geht. Jedes Beweisbegehren, das sich entlastend bezüglich des Tatverdachts, der Haftgründe und der Verhältnismäßigkeit auswirkt, gibt dem Beschuldigten die Möglichkeit der Beweiserhebung. Hier zeigt sich die Bedeutung der Freiheit für den Beschuldigten und die dadurch gebotene Beschleunigung. Der Ermittlungsrichter ist nicht zur umfassenden Sachverhaltsaufklärung oder umfassenden Beweiserhebung befugt.[9]

5   § 166 führt zu einer **richterlichen Beweiserhebung**. Das ist bedeutsam für die §§ 251, 252 – im Verständnis der Rechtsprechung – und begründet auch ein Anwesenheitsrechts des Beschuldigten und des Verteidigers nach § 168c Abs. 2 bei richterlichen Zeugenvernehmungen. § 166 eröffnet dem Beschuldigten durchaus Möglichkeiten, bereits im Ermittlungsverfahren auf die polizeilich oder staatsanwaltlich orientierte Sachverhaltsermittlung Einfluss zu nehmen.[10] Das hat der **Verteidiger** zu beachten. In der **Praxis** hat die Notbeweisaufnahme wenig Anwendung.[11] Richterliche Vernehmungen im Ermittlungsverfahren sind – außer in Haftsachen – nach der Verfahrensstruktur und der Rollenverteilung der Verfahrensbeteiligten die Ausnahme und der Beschuldigte hat eben – de lege lata – keinen Anspruch[12] auf die Durchführung einer richterlichen Vernehmung.

6   Der Richter, der die Vernehmung führt, ist nicht automatisch der zuständige Haftrichter. Ist er nicht auf Grund anderer Vorschriften zugleich für die Haftfrage zuständig, muss er die Beweiserhebung durchführen, um die Sache dann umgehend dem zuständigen Haftrichter oder – vorrangig –[13] der Staatsanwaltschaft (wegen § 120 Abs. 3 und § 167) zuleiten.[14]

---

[1] Siehe KK-StPO/*Griesbaum* Rn. 1; SK-StPO/*Wohlers* Rn. 1.
[2] Anders *Schlothauer* StV 1995, 158, 164; so: Löwe/Rosenberg/*Rieß,* 25. Aufl., Rn. 3a; Meyer-Goßner/*Cierniak* Rn. 1; SK-StPO/*Wohlers* Rn. 2.
[3] So SK-StPO/*Wohlers* Rn. 4.
[4] Siehe OLG Köln v. 22. 8. 2008 – 2 Ws 411/08, NStZ-RR 2009, 123.
[5] So *Wohlers* Anm. zu LG Berlin v. 10. 3. 2003 – 521 Qs 11/03, StV 2004, 10; SK-StPO/*Wohlers* Rn. 5; anders: HK-GS/*Pflieger* Rn. 2; Löwe/Rosenberg/*Rieß,* 25. Aufl. Rn. 2; Meyer-Goßner/*Cierniak* Rn. 2.
[6] So AK-StPO/*Achenbach* Rn. 7; KK-StPO/*Griesbaum* Rn. 4; SK-StPO/*Wohlers* Rn. 13.
[7] So *Schlothauer* StV 1995, 158, 160; KK-StPO/*Griesbaum* Rn. 4; Löwe/Rosenberg/*Rieß,* 25. Aufl., Rn. 5.
[8] Siehe *Schlothauer* StV 1995, 158, 160.
[9] Siehe KK-StPO/*Griesbaum* Rn. 6.
[10] Vgl. *Schlothauer* StV 1995, 158, 161.
[11] Dazu *Schlothauer* StV 1995, 158, 161f.
[12] Aber *Schlothauer* StV 1995, 158, 164.
[13] So AK-StPO/*Achenbach* Rn. 10.
[14] So HK-GS/*Pflieger* Rn. 3; KK-StPO/*Griesbaum* Rn. 7.

Fehlerfolgen und **Rechtsbehelf:** Eine Beweiserhebung unter Verletzung des § 166 bewirkt **kein Beweisverwertungsverbot.**[15] Die überwiegende, die Praxis beherrschende Ansicht lehnt eine Beschwerde gegen eine die Beweiserhebung ablehnende Entscheidung ab.[16] Sachgerecht ist jedoch das Gegenteil,[17] insbesondere weil ein Verweis auf die mögliche Wiederholung des Antrags bei der Staatsanwaltschaft nach § 163a Abs. 2 keinen äquivalenten Anspruch begründet.

Zuständig ist der Ermittlungsrichter, der die Vernehmung führt. Amtshandlungen außerhalb des eigenen Gerichtsbezirks sind nach § 166 GVG jetzt ohne Beschränkungen möglich – auch § 169 gilt. Ansonsten kann der Richter auch um Rechtshilfe ersuchen (Abs. 2).

§ 167 [Weitere Verfügung]

In den Fällen der §§ 165 und 166 gebührt der Staatsanwaltschaft die weitere Verfügung.

Der Richter handelt in den Fällen der §§ 165 und 166 in Vertretung der Staatsanwaltschaft.[1] Dieser bleibt die Verfahrensherrschaft im Ermittlungsverfahren. Wie die Polizei nach § 163 hat daher auch der Ermittlungsrichter seine Verhandlungen ohne Verzug der Staatsanwaltschaft zur weiteren Verfügung zu übersenden.[2] Die Staatsanwaltschaft bewertet die Ergebnisse der nach §§ 165, 166 vorgenommenen Untersuchungshandlung in eigener Verantwortung mit Blick auf die Entscheidung nach § 170.

§ 168 [Protokoll]

¹Über jede richterliche Untersuchungshandlung ist ein Protokoll aufzunehmen. ²Für die Protokollführung ist ein Urkundsbeamter der Geschäftsstelle zuzuziehen; hiervon kann der Richter absehen, wenn er die Zuziehung eines Protokollführers nicht für erforderlich hält. ³In dringenden Fällen kann der Richter eine von ihm zu vereidigende Person als Protokollführer zuziehen.

Schrifttum: *Brenner,* Schwache Vernehmungsprotokolle im Strafverfahren, Kriminalistik 1981, 142.

Jede richterliche Untersuchungshandlung im Ermittlungsverfahren ist zu beurkunden. Diese Pflicht gilt auch im Zwischenverfahren und bei kommissarischen Vernehmungen. In der Hauptverhandlung gelten die spezielleren §§ 271 ff. Für staatsanwaltliche und polizeiliche Untersuchungshandlungen hat die Vorschrift keine Bedeutung. Aber auch dort werden Protokolle und Aktenvermerke angefertigt. Siehe § 168b, der entsprechend auch für die Polizei gilt.[1]

Der Begriff der **Untersuchungshandlung** ist enger als der in § 162 genannte Begriff. Er entspricht dem in § 168a erwähnten Begriff der **Verhandlung.**[2] Erfasst werden richterliche Handlungen, durch die der Richter selbst ermittelnd tätig wird. Das meint Vernehmungen und die Augenscheinseinnahme. Die §§ 168, 168a gelten aber auch bei der Vorführung nach § 163c.[3] Nicht dagegen bezieht sich die Vorschrift auf Entscheidungen und Anordnungen, die auf Grund von Akten und ohne Verhandlungen ergehen können. Das meint die Maßnahmen, die der Richter im Wege präventiver Rechtskontrolle trifft – etwa eine Durchsuchungsanordnung oder die Überwachung der Telekommunikation.

Nach § 168 führt in der Regel ein **Urkundsbeamter** der Geschäftsstelle (§ 153 GVG) das richterliche Protokoll. Der Richter kann nach seinem Ermessen ganz oder auch nur teilweise auf die Hinzuziehung eines Protokollführers verzichten. Soweit der Richter das Protokoll selbst führt, trägt er die volle Verantwortung.[4] Aus der Niederschrift muss hervorgehen, wer in welchem Abschnitt der Verhandlung das Protokoll gefertigt hat.

Erforderlichenfalls kann der Richter auch eine **andere Person** als einen Urkundsbeamten der Geschäftsstelle als Protokollführer hinzuziehen. Neben anderen Gerichtsbediensteten und Angehörigen des öffentlichen Dienstes können das auch Privatpersonen sein. Zu denken ist auch an Gerichtsreferendare, Gerichtspraktikanten oder Polizeibeamte. Die gebotene spezielle Vereidigung dieser anderen Personen als Protokollführer (Satz 3) muss sich auf die konkrete Untersuchungs-

---

[15] So Anw-StPO/*Walther* Rn. 7; SK-StPO/*Wohlers* Rn. 18.
[16] Nach LG Berlin v. 10. 3. 2003 – 521 Qs 11/03, StV 2004, 10; KK-StPO/*Griesbaum* Rn. 8; Meyer-Goßner/*Cierniak* Rn. 5.
[17] Ausführlich *Schlothauer* StV 1995, 158, 164 f.; *Wohlers* Anm. zu LG Berlin v. 10. 3. 2003 – 521 Qs 11/03, StV 2004, 10; SK-StPO/*Wohlers* Rn. 20.
[1] So Meyer-Goßner/*Cierniak* Rn. 1.
[2] Siehe KK-StPO/*Griesbaum* Rn. 1; SK-StPO/*Wohlers* Rn. 1.
[1] So SK-StPO/*Wohlers* § 168b Rn. 2.
[2] Siehe AK-StPO/*Achenbach* Rn. 2; KK-StPO/*Griesbaum* Rn. 2; SK-StPO/*Wohlers* Rn. 2.
[3] KK-StPO/*Griesbaum* § 163c Rn. 11; *Pfeiffer* § 163c Rn. 3.
[4] So KK-StPO/*Griesbaum* Rn. 4.

§ 168a   Zweites Buch. Verfahren im ersten Rechtszug

handlung beziehen.[5] Sie wird demnach nicht durch eine anderweitige oder frühere Vereidigung ersetzt. Ausnahmsweise können mehrere Vernehmungen einen dringenden Fall bilden, so dass eine Vereidigung ausreicht.[6] Die Vereidigung ist eine wesentliche Förmlichkeit, die im Protokoll zu vermerken ist (§ 168 a).

5   Das Gesetz schweigt zur Aushändigung von Vernehmungsabschriften. Die Einschränkungen bei der **Aushändigung von Vernehmungsabschriften** überzeugen nicht. Bei **Zeugen** soll die Aushändigung grundsätzlich unzulässig sein, da es auf deren konkretes Erinnerungsvermögen in der späteren Hauptverhandlung ankommen soll.[7] **Beschuldigte** sollen nur einen Anspruch auf Aushändigung einer Abschrift haben, wenn der Untersuchungszweck dem nicht widerspricht. Zudem soll die vernommene Person die **Kosten** tragen. Diese Einschränkungen widersprechen der grundrechtlichen Stellung als Prozesssubjekt.[8] Es darf den Vernommenen nicht untersagt sein, sich während der Vernehmung eigene Aufzeichnungen zu machen. Eine gesetzliche Grundlage für ein solches Verbot existiert nicht. Eine Aushändigung einer Abschrift ist dann nur sachgerecht. Der Beschuldigte könnte andererseits schweigen. Ein Zeuge, der seiner Pflicht als Staatsbürger im Interesse der Strafrechtspflege nachkommt, ist fair zu behandeln. Der **Strafverteidiger** und der **Zeugenbeistand** sollten bereits vor der Vernehmung die Frage einer Aushändigung ansprechen. Bei Vernehmungen im Ermittlungsverfahren ist die Staatsanwaltschaft entscheidungsbefugt.[9]

6   Nur ein nach den §§ 168 ff. ordnungsgemäß zustande gekommenes Protokoll kann als **richterliches** Protokoll im Wege des richterlichen **Urkundsbeweises** nach den §§ 232 Abs. 3, 249, 251 Abs. 2, 254 in das Hauptverfahren eingeführt werden.[10] Unterlässt der Richter die spezielle Vereidigung einer anderen Person als Protokollführer, leidet die Niederschrift an einem wesentlichen Fehler, der die Verlesung als richterliches Protokoll nach § 251 Abs. 2 oder § 254 untersagt.[11] Eine Niederschrift über eine richterliche Untersuchungshandlung, die eine wesentliche Förmlichkeit nicht erfüllt, kann jedoch nach herrschender Gerichtspraxis gemäß § 251 Abs. 1 verlesen werden.[12] Die Verlesung eines fehlerhaft zustande gekommenen richterlichen Protokolls nach § 251 Abs. 2 im Strengbeweis begründet die Revision.[13]

§ 168a [Art der Protokollierung]

(1) [1] Das Protokoll muß Ort und Tag der Verhandlung sowie die Namen der mitwirkenden und beteiligten Personen angeben und ersehen lassen, ob die wesentlichen Förmlichkeiten des Verfahrens beachtet sind. [2] § 68 Abs. 2, 3 bleibt unberührt.

(2) [1] Der Inhalt des Protokolls kann in einer gebräuchlichen Kurzschrift, mit einer Kurzschriftmaschine, mit einem Tonaufnahmegerät oder durch verständliche Abkürzungen vorläufig aufgezeichnet werden. [2] Das Protokoll ist in diesem Fall unverzüglich nach Beendigung der Verhandlung herzustellen. [3] Die vorläufigen Aufzeichnungen sind zu den Akten zu nehmen oder, wenn sie sich nicht dazu eignen, bei der Geschäftsstelle mit den Akten aufzubewahren. [4] Tonaufzeichnungen können gelöscht werden, wenn das Verfahren rechtskräftig abgeschlossen oder sonst beendet ist.

(3) [1] Das Protokoll ist den bei der Verhandlung beteiligten Personen, soweit es sie betrifft, zur Genehmigung vorzulesen oder zur Durchsicht vorzulegen. [2] Die Genehmigung ist zu vermerken. [3] Das Protokoll ist von den Beteiligten zu unterschreiben oder es ist darin anzugeben, weshalb die Unterschrift unterblieben ist. [4] Ist der Inhalt des Protokolls nur vorläufig aufgezeichnet worden, so genügt es, wenn die Aufzeichnungen vorgelesen oder abgespielt werden. [5] In dem Protokoll ist zu vermerken, daß dies geschehen und die Genehmigung erteilt ist oder welche Einwendungen erhoben worden sind. [6] Das Vorlesen oder die Vorlage zur Durchsicht oder das Abspielen kann unterbleiben, wenn die beteiligten Personen, soweit es sie betrifft, nach der Aufzeichnung darauf verzichten; in dem Protokoll ist zu vermerken, daß der Verzicht ausgesprochen worden ist.

(4) [1] Das Protokoll ist von dem Richter sowie dem Protokollführer zu unterschreiben. [2] Ist der Inhalt des Protokolls ohne Zuziehung eines Protokollführers ganz oder teilweise mit einem Ton-

---

[5] Siehe BGH v. 17. 1. 1978 – 5 StR 554/77, BGHSt 27, 339 = NJW 1978, 955; KK-StPO/*Griesbaum* Rn. 6; SK-StPO/*Wohlers* Rn. 8 f.
[6] So KK-StPO/*Griesbaum* Rn. 6.
[7] Dazu KK-StPO/*Griesbaum* § 163 a Rn. 36; Löwe/Rosenberg/*Erb* § 163 a Rn. 104; Meyer-Goßner § 163 a Rn. 32; SK-StPO/*Wohlers* Rn. 13.
[8] S. o. § 163 a Rn. 16.
[9] So KK-StPO/*Griesbaum* § 163 a Rn. 36; Meyer-Goßner § 163 a Rn. 32.
[10] Siehe AK-StPO/*Achenbach* Rn. 2; KK-StPO/*Griesbaum* Rn. 9; Meyer-Goßner Rn. 11; SK-StPO/*Wohlers* Rn. 14.
[11] So BGH v. 17. 1. 1978 – 5 StR 554/77, BGHSt 27, 339 = NJW 1978, 955; KK-StPO/*Griesbaum* Rn. 9; Meyer-Goßner Rn. 11.
[12] S. u. § 168 c Rn. 21 ff.
[13] So SK-StPO/*Wohlers* Rn. 14.

Zweiter Abschnitt. Vorbereitung der öffentlichen Klage 1–5 **§ 168a**

aufnahmegerät vorläufig aufgezeichnet worden, so unterschreiben der Richter und derjenige, der das Protokoll hergestellt hat. ³Letzterer versieht seine Unterschrift mit dem Zusatz, daß er die Richtigkeit der Übertragung bestätigt. ⁴Der Nachweis der Unrichtigkeit der Übertragung ist zulässig.

§ 168a regelt genauestens die Art der richterlichen Protokollierung. Die **wesentlichen Förmlichkeiten** erfassen die Fakten und Umstände, die für die Gesetzmäßigkeit des einwandfreien Protokolls und daher auch für seine Verlesbarkeit in der Hauptverhandlung von Bedeutung sind.[1] Gemeint sind daher beispielsweise der Verzicht auf einen Protokollführer, die Zuziehung einer anderen Person und deren Vereidigung, die Tatsache der vorläufigen Aufzeichnung, die Genehmigung des Protokolls, die Unterschrift der Beteiligten oder die Angabe, weshalb die Unterschrift unterblieben ist. Wesentlich sind darüber hinaus die Förmlichkeiten, die für die entsprechende Verhandlung vorgeschrieben sind. Bei Vernehmungen sind daher die erforderlichen Hinweise und Belehrungen nach §§ 52 Abs. 2, 136 (siehe Nr. 45 RiStBV) sowie die Frage der Vereidigung zu protokollieren.[2] 1

Der – wichtigere – **sachliche Inhalt** des Protokolls ist dagegen nicht gesetzlich geregelt. Dieser richtet sich nach der jeweiligen Untersuchungshandlung und dem Zweck der Niederschrift, als Beweismittel für die spätere Hauptverhandlung herangezogen zu werden.[3] Das Ergebnis einer Vernehmung oder eines Augenscheins ist festzuhalten.[4] Die Aussagen des Beschuldigten, Zeugen oder Sachverständigen sind genau wiederzugeben, ebenso der Verlauf der Untersuchungshandlung und die Entstehung der Aussage. Nr. 45 Abs. 2 RiStBV empfiehlt für bedeutsame Teile der Vernehmung eine **wörtliche Niederschrift**. Anlagen wie Schriftstücke oder Gutachten können zum Bestandteil des Protokolls gemacht werden. Sachliche Mängel mindern den Beweiswert des richterlichen Protokolls. 2

Unabhängig von einer späteren Verwertung im Urkundenbeweis sind die richterlichen und sonstigen Vernehmungsprotokolle Bestandteil der Akten und bilden die inhaltliche Grundlage für die Vernehmung durch den Richter in der Hauptverhandlung. Sowohl formell ordnungsgemäß zustande gekommene als auch fehlerhafte Protokolle können zur Grundlage des Vorhalts gemacht werden. Der Einfluss auf die Vernehmung und daher auch auf das Ergebnis der Vernehmung des Angeklagten oder der Beweisaufnahme ist nicht gering zu schätzen.[5] Die Entstehung der Aussage und deren Ergebnis sind umfassend niederzulegen. Aus dem Protokoll muss ersichtlich sein, ob die Angaben in einem zusammenhängenden Bericht der Verhörsperson, als spontane Bekundung, als Antwort auf eine konkrete Frage oder erst nach Vorhalt entstanden sein. Sorgfalt bei der wahrheitsgemäßen und vollständigen Wiedergabe ist geboten. Die **aktive Mitwirkung des Verteidigers** ist wichtig. 3

Nach Abs. 2 ist eine **vorläufige Aufzeichnung** zulässig.[6] Insbesondere bei umfangreichen Vernehmungen dient sie der Beschleunigung. Es bedarf keiner Zustimmung der mitwirkenden oder beteiligten Personen. Für richterliche und über § 161a Abs. 1 für staatsanwaltliche Zeugenvernehmungen ist die Möglichkeit der Videovernehmung eines Zeugen nach § 58a zu beachten. Nach Herstellung des Protokolls sind die vorläufigen Aufzeichnungen aufzubewahren. Gehen sie verloren, bleibt das Protokoll als gerichtliches verwertbar.[7] 4

Das **Genehmigungsverfahren** nach Abs. 3 unterscheidet zwischen dem unmittelbar während der Untersuchungshandlung gefertigtem Protokoll und der vorläufigen Aufzeichnung nach Abs. 2. Die Genehmigung soll gewährleisten, dass der Protokollinhalt den Angaben der Verhörsperson entspricht. Die Genehmigung bezieht sich auf die bei der Verhandlung **beteiligten Personen**. Das sind diejenigen Personen, die Gegenstand des Augenscheins gewesen sind, und die als Zeuge oder Sachverständiger oder Beistand eines Zeugen Erklärungen zu Protokoll gegeben haben.[8] Der Beschuldigte ist bei der Beschuldigtenvernehmung als vernommene Person Beteiligter. Bei einer richterlichen Zeugenvernehmung ist er auf Grund seines Anwesenheitsrechts nach § 168c Abs. 2 Mitwirkender. Ferner sind Beteiligte diejenigen Personen, die während einer Vernehmung Erklärungen abgegeben haben, die sich auf den Inhalt der Untersuchungshandlung beziehen und die zu protokollieren sind, also Fragen oder Vorhalte des Verteidigers oder der Staatsanwaltschaft. 5

---

[1] Dazu KK-StPO/*Griesbaum* Rn. 2; *Meyer-Goßner* Rn. 2; SK-StPO/*Wohlers* Rn. 2.
[2] Siehe *Meyer-Goßner* Rn. 2.
[3] Siehe KK-StPO/*Griesbaum* § 168 Rn. 8; *Meyer-Goßner* Rn. 3.
[4] Dazu AK-StPO/*Achenbach* Rn. 6; Löwe/Rosenberg/*Rieß*, 25. Aufl., Rn. 14; SK-StPO/*Wohlers* Rn. 4 ff.
[5] Siehe *Brenner* Kriminalistik 1981, 142.
[6] Siehe KK-StPO/*Griesbaum* Rn. 4 ff.
[7] So KK-StPO/*Griesbaum* Rn. 9; SK-StPO/*Wohlers* § 168 Rn. 15.
[8] So KK-StPO/*Griesbaum* Rn. 10; Löwe/Rosenberg/*Rieß*, 25. Aufl., Rn. 33; SK-StPO/*Wohlers* Rn. 14.

J. Kretschmer

6   Während der Verhandlung können die Verfahrensbeteiligten auf die Formulierung Einfluss nehmen. Das sollte von Seiten der Strafverfolgungsorgane berücksichtigt werden. Werden diese nicht in der Niederschrift berücksichtigt, sind etwaige Einwendungen im Protokoll festzuhalten (Abs. 3 Satz 5). Die **Genehmigung** oder gar die **Unterschrift** durch die zu vernehmende Person ist nicht gesetzlich vorgeschrieben. Der Grund für die Unterschriftsverweigerung ist zu vermerken (Satz 3). Aber auch ohne Genehmigung oder Unterschrift des Beschuldigten handelt es sich um ein richterliches Protokoll.[9] Jedoch kann der Beweiswert gemindert sein.

7   Die nach Abs. 4 geforderte **Unterzeichnung** des Protokolls durch die Urkundspersonen gehört zu den wesentlichen Förmlichkeiten des Verfahrens. Richter und Protokollführer bestätigen die inhaltliche Richtigkeit und Vollständigkeit der Niederschrift. Die Unterschrift ist nicht fristgebunden. Nach Verlesung in der Hauptverhandlung kann sie jedoch nicht nachgeholt werden.[10]

8   Fehlt es an einer gebotenen Unterschrift, kann das Protokoll nicht als richterliches Protokoll verlesen werden.[11] Bei einer vorläufigen Aufzeichnung auf Tonträger ist auch die Unterschrift der übertragenden Person, die von dem Tonträger eigenverantwortlich das Protokoll herstellt, notwendig. Das Fehlen verhindert die Verlesung als richterliches Protokoll.[12]

9   Das Protokoll nach den §§ 168, 168a hat weder für den Verfahrensgang noch für den sachlichen Inhalt die **Beweiskraft** eines Hauptverhandlungsprotokolls nach § 274. Der Einwand der Unrichtigkeit kann erhoben und der Einwand kann im Freibeweisverfahren überprüft werden.[13]

§ 168b [Niederschriften der Staatsanwaltschaft]

(1) **Das Ergebnis staatsanwaltlicher Untersuchungshandlungen ist aktenkundig zu machen.**

(2) **Über die Vernehmung des Beschuldigten, der Zeugen und Sachverständigen soll ein Protokoll nach den §§ 168 und 168 a aufgenommen werden, soweit dies ohne erhebliche Verzögerung der Ermittlungen geschehen kann.**

1   Die Pflicht, Ermittlungshandlungen aktenkundig zu machen, gilt für alle Strafverfolgungsorgane. Alle für das Ermittlungsverfahren bedeutsamen Maßnahmen sind zu dokumentieren – Grundsatz der **Aktenwahrheit** und **-vollständigkeit**.[1] Die Pflicht gilt auch für die Finanzbehörde im Steuerstrafverfahren und für die **Polizei**.[2] Erfasst von der Dokumentationspflicht sind nicht allein Untersuchungshandlungen im Sinn des § 168 a, sondern darüber hinaus die Anordnung von strafprozessualen Zwangsmaßnahmen, die Ersuchen und Anträge und Vollstreckungsmaßnahmen und deren Ergebnisse.

2   Kommt es bereits im Ermittlungsverfahren zu einem **Vorgespräch** oder zu einer Vereinbarung zwischen der Staatsanwaltschaft und dem Verteidiger und Beschuldigten, handelt es sich nicht um eine die Erforschung des Sachverhalts betreffende Untersuchungshandlung.[3] Die von der Rechtsprechung für die Absprache geforderte Offenlegung bezieht sich auf die Hauptverhandlung. Ergebnis und Inhalt einer Absprache müssen in der Hauptverhandlung offen gelegt und protokolliert werden.[4] Siehe dazu jetzt die neuen §§ 257c und 273. Das **Ermittlungsverfahren** ist **nicht öffentlich**. Nichtsdestotrotz sollte aus Gründen der Transparenz eine Absprache aktenkundig gemacht werden, wenn sie Einfluss auf das gerichtliche Verfahren hat, damit auch das Gericht Kenntnis erlangt (§§ 153 Abs. 1, 153a Abs. 1, Strafbefehlverfahren).[5] Zu beachten ist der neue § 160b, der mit dem „Gesetz zur Regelung der Verständigung im Strafverfahren" vom 29. 7. 2009[6] eingeführt wurde. Dadurch sollen die kommunikativen Elemente im Strafverfahren gestärkt werden.

3   Bei **Vernehmungen** soll ein **Protokoll** nach richterlichen Regeln erstellt werden. Der Staatsanwalt erstellt das Protokoll selbst oder bedient sich eines Urkundsbeamten der Staatsanwaltschaft. Zur Vereidigung anderer Personen ist der Staatsanwaltschaft nicht befugt.[7] Der Verzicht auf die

---

[9] So Meyer-Goßner Rn. 8; SK-StPO/Wohlers Rn. 19.
[10] Siehe KK-StPO/Griesbaum Rn. 15; SK-StPO/Wohlers Rn. 25.
[11] So SK-StPO/Wohlers Rn. 26.
[12] So OLG Stuttgart v. 15. 10. 1985 – 4 Ss 549/85, NStZ 1986, 41; anders SK-StPO/Wohlers Rn. 26.
[13] So AK-StPO/Achenbach Rn. 7; Anw-StPO/Walther Rn. 18 f.; KK-StPO/Griesbaum Rn. 19; Meyer-Goßner Rn. 12.
[1] S. o. § 147 Rn. 8.
[2] So Anw-StPO/Walther Rn. 3; Löwe/Rosenberg/Erb Rn. 2a; SK-StPO/Wohlers Rn. 1.
[3] Siehe Löwe/Rosenberg/Erb Rn. 5a.
[4] So BGH v. 19. 8. 2004 – 3 StR 380/03, BGHSt 49, 255; BGH v. 28. 8. 1997 – 4 StR 240/97, BGHSt 43, 195, 206.
[5] So SK-StPO/Wolter Vor § 151 Rn. 78.
[6] BGBl. I S. 2353; siehe auch den „Entwurf eines Gesetzes zur Regelung der Verständigung im Strafverfahren" v. 27. 1. 2009, BT-Drucks. 16/11736.
[7] Siehe SK-StPO/Wohlers Rn. 4.

Protokollierung ist die gesetzliche Ausnahme. Eine wortlautgetreue vollständige Vernehmungsniederschrift gewährt eine akustische Aufzeichnung.[8]

Die Sollvorschrift von Abs. 2 gilt auch für die **Polizei**.[9] 4

Protokolle über staatsanwaltliche oder polizeiliche Vernehmungen können als nichtrichterliche 5 Protokolle nach § 251 Abs. 1 verlesen werden. Ihr Beweiswert[10] hängt zum einen von der Form nach §§ 168, 168a und zum anderen von ihrem sachlichen Gehalt ab.

§ 168c [Anwesenheitsrechte]

(1) Bei der richterlichen Vernehmung des Beschuldigten ist der Staatsanwaltschaft und dem Verteidiger die Anwesenheit gestattet.

(2) Bei der richterlichen Vernehmung eines Zeugen oder Sachverständigen ist der Staatsanwaltschaft, dem Beschuldigten und dem Verteidiger die Anwesenheit gestattet.

(3) ¹Der Richter kann einen Beschuldigten von der Anwesenheit bei der Verhandlung ausschließen, wenn dessen Anwesenheit den Untersuchungszweck gefährden würde. ²Dies gilt namentlich dann, wenn zu befürchten ist, daß ein Zeuge in Gegenwart des Beschuldigten nicht die Wahrheit sagen werde.

(4) Hat ein nicht in Freiheit befindlicher Beschuldigter einen Verteidiger, so steht ihm ein Anspruch auf Anwesenheit nur bei solchen Terminen zu, die an der Gerichtsstelle des Ortes abgehalten werden, wo er in Haft ist.

(5) ¹Von den Terminen sind die zur Anwesenheit Berechtigten vorher zu benachrichtigen. ²Die Benachrichtigung unterbleibt, wenn sie den Untersuchungserfolg gefährden würde. ³Auf die Verlegung eines Termins wegen Verhinderung haben die zur Anwesenheit Berechtigten keinen Anspruch.

Schrifttum: *Ambos,* Europarechtliche Vorgaben für das (deutsche) Strafverfahren – Teil II – Zur Rechtsprechung des EGMR von 2000–2002, NStZ 2003, 14; *Becker,* Aus der Rechtsprechung des BGH zum Strafverfahrensrecht, NStZ-RR 2006, 257; Eckpunkte einer Reform des Strafverfahrens, Diskussionspapier der Regierungskoalition – Stand: 6. 4. 2001, StV 2001, 314; *Geppert,* Anmerkung zu BGH v. 26. 11. 1986 – 3 StR 390/86, JK 1987 StPO § 168 c/1; *Gless,* Anmerkung zu BGH v. 17. 2. 2009 – 1 StR 691/08, NStZ 2010, 98; *Kudlich,* Anmerkung zu BGH v. 17. 2. 2009–1 StR 691/08, JR 2009, 303; *Küpper/Mosbacher,* Anwesenheitsrechte bei der richterlichen Vernehmung des Mitbeschuldigten – BGHSt 42, 391, JuS 1998, 690; *Meyer-Goßner,* Anmerkung zu BGH v. 2. 5. 1979 – 2 StR 99/79, JR 1980, 254; *Pauly,* Anmerkung zu EGMR v. 20. 12. 2001 – Nr. 33900/96 (Fall P. S. gegen Deutschland), StV 2002, 290; *Satzger,* Anmerkung zu BGH v. 17. 2. 2009 – 1 StR 691/08, JK StPO § 168 c/2; *Schlothauer,* Die Flucht aus der Justizförmigkeit durch die europäische Hintertür, StV 2001, 127; *Sowada,* Zur Notwendigkeit der Verteidigerbestellung im Ermittlungsverfahren, NStZ 2005, 1; *von Dellingshausen,* Zum Anwesenheitsrecht eines Mitbeschuldigten bei der richterlichen Vernehmung des anderen Mitbeschuldigten im Ermittlungsverfahren, FS Stree und Wessels, 1993, S. 685; *Zaczyk,* Das Anwesenheitsrecht des Verteidigers bei richterlichen Vernehmungen im Ermittlungsverfahren (§ 168c StPO), NStZ 1987, 535.

I. Allgemeines

Die Verfahrensbeteiligten sind im Strafverfahren eigenständige Prozeßsubjekte. Das gebietet 1 eine umfassende Mitwirkung in den einzelnen Verfahrensabschnitten. Mitwirkung erfordert Anwesenheit. § 168c regelt die Anwesenheitsrechte bei **richterlichen Vernehmungen** des Beschuldigten, des Zeugen oder des Sachverständigen. § 168c gilt während des **Ermittlungsverfahrens**. Zum richterlichen Augenschein siehe folgend § 168d. Für die Staatsanwaltschaft folgt das umfassende Anwesenheitsrecht aus deren Verfahrensherrschaft im Ermittlungsverfahren. Dieses Recht kann gar zur Pflicht für die Staatsanwaltschaft erstarken. Für den Beschuldigten und dessen Verteidiger folgt das Anwesenheitsrechts aus dem Anspruch auf rechtliches Gehör (Art. 103 Abs. 1 GG) bzw. auch aus dem Prinzip der Waffengleichheit.[1] Letztendlich verlangt die rechtsstaatlich zu achtende Effektivität der Verteidigung eine umfassende Mitwirkungsmöglichkeit des Beschuldigten und des Verteidigers bereits im den weiteren Verfahrensverlauf vorprägenden Ermittlungsverfahren.[2]

Bei **staatsanwaltlichen Beschuldigtenvernehmungen** gilt § 168c Abs. 1 und 5 nach § 163a 2 Abs. 3 entsprechend: Anwesenheitsrecht – und Anwesenheitspflicht – des Verteidigers. Bei der polizeilichen Beschuldigtenvernehmung enthält § 163a Abs. 4 keine Verweisung. Die Staatsanwaltschaft ist auf Grund ihrer Verfahrensherrschaft und ihrer Weisungsbefugnis gegenüber der Polizei (§ 161) zur steten Anwesenheit bei allen Maßnahmen der Polizei befugt. Der Beschuldigte kann

---

[8] Zu den Vorteilen siehe *Eisenberg* Rn. 617 ff.
[9] So BGH v. 19. 6. 1997 – 1 StR 168/97, NStZ 1997, 611; *Eisenberg* Rn. 610 ff.; *Meyer-Goßner* Rn. 2; SK-StPO/*Wohlers* Rn. 6.
[10] Dazu Löwe/Rosenberg/*Erb* Rn. 13; SK-StPO/*Wohlers* Rn. 7.
[1] Vgl. AK-StPO/*Achenbach* Rn. 2; KK-StPO/*Griesbaum* Rn. 1.
[2] So *von Dellingshausen,* FS Stree und Wessels, 1993, S. 685, 695; SK-StPO/*Wohlers* Rn. 1.

zwar mittelbar die Anwesenheit seines Verteidigers bei seiner polizeilichen Vernehmung durchsetzen, da er nicht dort erscheinen muss. Aus § 137 ist aber auf ein **originäres** Anwesenheitsrecht des Verteidigers zu schließen.[3] Die Niederschrift über eine polizeiliche Beschuldigtenvernehmung gehört zu den nach § 147 Abs. 3 privilegierten Unterlagen. Es gibt keinen sachgerechten Grund, ein solches anwaltliches Anwesenheitsrecht abzulehnen. Dem **Mandanten ist dringend zu raten**, sich nicht ohne Beistand und Beratung seines Verteidigers von der Polizei vernehmen zu lassen, weder formell noch informell. Das gilt auch gegenüber der der Polizei gleichgestellten Steuerfahndung (§ 404 AO). **Ohne anwaltliche Beratung ist jede Angabe zur Sache zu unterlassen!**

3   Die Vorschriften zu der **staatsanwaltlichen** und der **polizeilichen Zeugen- und Sachverständigenvernehmungen** (§§ 161a und 163 Abs. 3) schweigen zu möglichen Anwesenheitsrechten anderer Verfahrensbeteiligter. Die Staatsanwaltschaft hat ein solches. Der Beschuldigte und der Verteidiger haben ein solches derzeit nicht. Die gebotene umfassende Mitwirkung des Beschuldigten an richterlichen Zeugenvernehmungen ist durch eine umfassende Verwertungsmöglichkeit des richterlichen Vernehmungsprotokolls als Urkundenbeweis begründet. Siehe § 251 Abs. 2, aber auch insbesondere § 255a Abs. 2 bei Bild-Ton-Aufzeichnungen; zu beachten ist auch § 254. Richterliche Untersuchungshandlungen im Ermittlungsverfahren sind auf Grund ihrer Verwertbarkeit vorweggenommene Teile der Hauptverhandlung.[4] In der Praxis ist die richterliche Zeugen- oder Sachverständigenvernehmung im Ermittlungsverfahren eher die Ausnahme (§§ 162, 165). Die wesentliche Bedeutung des Ermittlungsverfahrens und die zu achtende Effektivität der rechtsstaatlich gebotenen Strafverteidigung verlangen de lege ferenda nach einer stärkeren Möglichkeit des Beschuldigten und seines Verteidigers zur Mitwirkung bei staatsanwaltlichen und polizeilichen Zeugen- und Sachverständigenvernehmungen. Die nichtrichterliche Vernehmungsperson kann und sollte die Anwesenheit des Beschuldigten und insbesondere die seines Verteidigers im Verteidigungsinteresse gestatten (siehe die Anmerkungen bei §§ 161a Rn. 12, 163 Rn. 17). Auch rechtspolitisch wird der Ausbau der Verteidigungsrechte im Ermittlungsverfahren als berechtigt angesehen (beachte die Eckpunkte einer – nicht umgesetzten – Reform des Strafverfahrens).[5]

II. Richterliche Vernehmungen

4   Das Gesetz gestattet in Abs. 1 und 2 die Anwesenheit der Staatsanwaltschaft, des Beschuldigten bzw. des Verteidigers bei richterlichen Vernehmungen des Beschuldigten, des Zeugen und des Sachverständigen. Dem **Verteidiger** ist dringend **zu raten**, sein **Anwesenheitsrecht** bei den richterlichen Ermittlungshandlungen **auszuüben**. Die Beistandsfunktion des Verteidigers begündet im Interesse einer effektiven Verteidigung eine Pflicht zur Teilnahme.

5   Das Gesetz schweigt zum Anwesenheitsrecht des Beschuldigten und des Verteidigers bei der **richterlichen Vernehmung** eines **Mitbeschuldigten**. Die ständige **ablehnende Rechtsprechung**, welche die Praxis beherrscht, findet vielfache Zustimmung.[6] Für die Praxis ist die Frage daher im negativen Sinn entschieden. Natürlich ist es dem Ermittlungsrichter gestattet, deren Anwesenheit zu gestatten. Geboten ist jedoch eine entsprechende Anwendung des Abs. 2 bis 5.[7] Für ein Anwesenheitsrecht bei der Vernehmung eines Mitbeschuldigten spricht das Verteidigungsinteresse des Beschuldigten. Der Untersuchungserfolg ist nicht zwingend gefährdet. Einflussnahme und Repressalien drohen wohl weniger während der Anwesenheit, sondern außerhalb der Vernehmungssituation. Die Möglichkeit, die eigene Aussage dem Vernehmungsergebnis anzupassen, besteht auch bei – tatverdächtigen – Zeugen, und dort ist zumindest die Anwesenheit des Verteidigers gestattet.[8] Für ein Anwesenheitsrecht spricht auch die Gleichbehandlung richterlicher Vernehmungsniederschriften von Zeugen und Mitbeschuldigten in § 251 Abs. 2. Die Gleichbehandlung im Anwesenheitsrecht bei richterlichen Vernehmungen von Zeugen und Mitbeschuldigten nach Abs. 2 löst auch den Konflikt, ob der Vernommene tatverdächtiger Zeuge oder bereits Mitbeschuldigter ist – Gefahr der Rollenmanipulation. Der Fall BGHSt 42, 391 ist beispielhaft. Ein Diskussionspapier der Regierungskoalition von 2001[9] sieht ein Beteiligungsrecht des Verteidigers

---

[3] S. o. § 163a Rn. 15.
[4] So AK-StPO/*Achenbach* Rn. 2.
[5] In StV 2001, 314.
[6] BGH v. 6. 10. 2009 – 4 StR 299/09, NStZ 2010, 159; BGH v. 17. 2. 2009 – 1 StR 691/08, NStZ 2009, 345, 346 = JR 2009, 300, 302; BGH v. 20. 2. 1997 – 4 StR 598/96, BGHSt 42, 391 = NStZ 1997, 351; Anw-StPO/*Walther* Rn. 10; HK-GS/*Pflieger* Rn. 3; *Joecks* Rn. 4; KK-StPO/*Griesbaum* Rn. 11; Löwe/Rosenberg/*Erb* Rn. 14; *Meyer-Goßner* Rn. 1.
[7] Dazu *Küpper/Mosbacher* JuS 1998, 690, 694; *Satzger* Anm. zu BGH v. 17. 2. 2009 – 1 StR 691/08, JK 2009 StPO § 168 c/2; *von Dellingshausen*, FS Stree und Wessels, 1993, S. 685, 694 ff.; AK-StPO/*Achenbach* Rn. 4; Löwe/Rosenberg/*Rieß*, 25. Aufl. Rn. 14; SK-StPO/*Wohlers* Rn. 11 ff.; Widmaier/*Schlothauer* MAH Strafverteidigung § 3 Rn. 54; *Beulke* Rn. 156; *Roxin/Schünemann* § 39 Rn. 31.
[8] So SK-StPO/*Wohlers* Rn. 13.
[9] StV 2001, 314, 315.

bei richterlichen und staatsanwaltlichen Vernehmungen des Mitbeschuldigten vor. Das Reformbestreben scheint erstorben.

Die in § 168 c genannten Verfahrensbeteiligten haben aus ihrem Recht zur Anwesenheit auch 6 ein Mitwirkungsrecht in Form des **Fragerechts**.[10] Das folgt auch aus Art. 6 Abs. 3 lit. d EMRK. Eine Grenze bildet natürlich § 241 Abs. 2; auch § 241 a gilt analog.

III. Ausschluss von der Anwesenheit (Abs. 3 und 4)

Die Ausschlussklausel nach Abs. 3 ist **restriktiv** zu verstehen und zu handhaben.[11] Das überwiegende Verständnis dagegen ist eher extensiv. Tatsächliche Momente müssen eine konkrete Gefährdung des Untersuchungszwecks durch die Anwesenheit des Beschuldigten bei der Zeugenoder Sachverständigenvernehmung zur Folge haben.[12] Abs. 3 Satz 2 benennt das **Gefährdungsmoment** näher. Die Gefährdung des Untersuchungszwecks – die Gewinnung einer wahrheitsgemäßen Aussage, die in einem späteren Verfahrensabschnitt verwertet werden kann – muss aber gerade durch die **Anwesenheit** des Beschuldigten während der Zeugenvernehmung begründet sein. Wenn konkret zu befürchten ist, dass der Beschuldigte seine Anwesenheit zu Repressalien oder Drohungen gegen den Zeugen ausnutzt, wird ein solcher Grund angenommen. Das soll in zweifelhafter Ansicht schon der Fall sein,[13] wenn konkret zu befürchten ist, der Zeuge werde aus Angst vor Repressalien durch den Beschuldigten bei dessen Anwesenheit von seinem Zeugnisverweigerungsrecht Gebrauch machen. Das BayObLG[14] erlaubt dann bereits die Nichtbenachrichtigung des Beschuldigten vom Termin zur richterlichen Zeugenvernehmung. Da das Motiv für die Ausübung eines Zeugnisverweigerungsrechts unbeachtlich ist, kann daraus auch keine Einschränkung der Rechte des Beschuldigten folgen. Es genügt entgegen der überwiegenden Ansicht auch keineswegs[15] die Befürchtung, der Beschuldigte werde sein Wissen aus der Zeugenvernehmung zur Anpassung seiner eigenen Einlassung oder zu irgendwelchen Verdunkelungsmaßnahmen ausnutzen. In diesem Fall ist es gerade nicht die Anwesenheit des Beschuldigten, die eine Gewinnung einer wahrheitsgemäßen Aussage durch den Zeugen verhindert.

Eine spätere **Unterrichtung** des ausgeschlossenen Beschuldigten sieht das Gesetz nicht vor. Sie 8 ist nicht nur zulässig,[16] sondern in Anlehnung an § 247 aus Fürsorgegründen auch geboten.

Dem **inhaftierten Beschuldigten** werden neben Abs. 3 besondere Beschränkungen auferlegt.[17] Abs. 4 gilt nicht, wenn der Beschuldigte keinen Verteidiger hat. Aber auch der inhaftierte Beschuldigte ist nach Abs. 5 zu benachrichtigen, damit er sein trotz allem weiter bestehendes Anwesenheitsrecht dennoch durchsetzen kann. Wenn demnach keine Fluchtgefahr besteht, ist dem Beschuldigten die Möglichkeit zu geben, von seinem Anwesenheitsrecht Gebrauch zu machen.[18]

Eine nicht seltene Konstellation: Der zahlreicher Sexualstraftaten Beschuldigte ist in U-Haft. 10 Die Staatsanwaltschaft beantragt zur Beweissicherung die ermittlungsrichterliche (§ 162) Vernehmung eines zeugnisverweigerungsberechtigten „Opferzeugen", um gegebenenfalls auf die Vernehmung des Ermittlungsrichters als Zeugen vom Hörensagen zurückgreifen zu können (als gerichtspraktische Ausnahme zu § 252). Der Beschuldigte wurde nach § 168 c Abs. 3 von der Anwesenheit ausgeschlossen – Abs. 3 gilt neben Abs. 4. Von einer Benachrichtigung wurde nach Abs. 5 abgesehen. Der Beschuldigte hat keinen Verteidiger, so dass die Zeugenvernehmung weder in Anwesenheit des Beschuldigten noch in der eines Verteidigers stattfindet. In der Hauptverhandlung schweigt der Zeuge wie erwartet. Der Ermittlungsrichter wird in der Hauptverhandlung über das damalige Vernehmungsergebnis vernommen. Diese Vorgehensweise in der ermittlungsrichterlichen Vernehmung eines Belastungszeugen ist unzulässig.[19] Es handelt sich gleichsam um die **Vorwegnahme der Hauptverhandlung**. In dieser Konstellation verlangt der BGH[20] die Bestellung eines notwendigen Verteidigers. Ist abzusehen, dass die Mitwirkung eines Verteidigers im gerichtlichen Verfahren notwendig ist, ist nach Ansicht des BGH § 141 Abs. 3 im Lichte des in Art. 6 Abs. 3 lit. d EMRK garantierten Fragerechts dahin auszulegen, dass dem unverteidigten Beschuldigten vor der zum Zwecke der Beweissicherung durchgeführten ermittlungsrichterlichen

---

[10] Siehe AK-StPO/*Achenbach* Rn. 3; *Eisenberg* Rn. 1307; *Meyer-Goßner* Rn. 1, 2; SK-StPO/*Wohlers* Rn. 40.
[11] So SK-StPO/*Wohlers* Rn. 21.
[12] Siehe SK-StPO/*Wohlers* Rn. 21.
[13] Vgl. verneinend AK-StPO/*Achenbach* Rn. 6; bejahend KK-StPO/*Griesbaum* Rn. 6; SK-StPO/*Wohlers* Rn. 22.
[14] BayObLG v. 27. 7. 1977 – RReg. 5 St 138/77, NJW 1978, 232.
[15] So aber AK-StPO/*Achenbach* Rn. 6; Anw-StPO/*Walther* Rn. 6; KK-StPO/*Griesbaum* Rn. 6; *Meyer-Goßner* Rn. 3; wie hier SK-StPO/*Wohlers* Rn. 22.
[16] So KK-StPO/*Griesbaum* Rn. 6.
[17] Dazu SK-StPO/*Wohlers* Rn. 26.
[18] Siehe *Sowada* NStZ 2005, 1, 2.
[19] So SK-StPO/*Wohlers* Rn. 26.
[20] BGH v. 25. 7. 2000 – 1 StR 169/00, BGHSt 46, 93 = NStZ 2001, 212; zustimmend: SK-StPO/*Wohlers* Rn. 31.

Vernehmung des zentralen Belastungszeugen ein Verteidiger zu bestellen ist, wenn der Beschuldigte von der Anwesenheit bei dieser Vernehmung ausgeschlossen ist. Der BGH stärkt in menschenrechtskonformer Auslegung das Fragerecht des Beschuldigten durch einen Verteidiger, das ein Element des fairen rechtsstaatlichen Strafverfahrens ist.

11 Das Unterlassen der notwendigen Bestellung eines Verteidigers mindert nach Ansicht des BGH[21] den Beweiswert des Vernehmungsergebnisses: „Auf die Angaben des Vernehmungsrichters kann eine Feststellung regelmäßig nur dann gestützt werden, wenn diese Bekundungen durch andere wichtige Gesichtspunkte außerhalb der Aussage bestätigt werden." In dieser Verfahrenskonstellation ist bereits der Rückgriff auf den Ermittlungsrichter als Zeuge vom Hörensagen im gerichtlichen Verständnis des § 252 mehr als bedenklich. Die Konsequenz der Verletzung des direkten Konfrontationsrechts des Beschuldigten mit dem Belastungszeugen sollte ein **Beweisverwertungsverbot**[22] sein. Beeinträchtigt ist zum einen das Fragerecht aus der EMRK und zum anderen das Teilhaberecht an der ermittlungsrichterlichen Zeugenvernehmung im Zusammenhang mit §§ 141 Abs. 3, 168c – ein „Doppelfehler".[23] Der Beweiswert eines Zeugen vom Hörensagen ist eh herabgemindert.[24] Daher kann die vom BGH propagierte **Beweiswürdigungslösung** die Verfahrensfehler nicht ausgleichen. In der ermittlungsrichterlichen Vernehmung eines zeugnisverweigerungsberechtigten Zeugen zur Beweissicherung liegt die **Vorwegnahme der Hauptverhandlung**. In dieser ist die Anwesenheit eines Verteidigers nach den §§ 140 und 338 Nr. 5 geboten. Das kann in einem solchen Fall der Auslagerung eines Teils der Hauptverhandlung in das Ermittlungsverfahren nicht anders sein.

12 Der **Verteidiger** darf nach Abs. 3 **nicht ausgeschlossen** werden. Beachte das Kontaktsperregesetz und den dortigen § 34 Abs. 3 Nr. 3 EGGVG.[25] Ansonsten entfällt das Anwesenheitsrecht erst mit der Ausschließung nach den §§ 138a ff.

13 Der Ausschluss wird vom vernehmenden Richter durch Beschluss angeordnet. **Beschwerde** ist möglich. Nach Durchführung der Vernehmung ist die Beschwerde auf Feststellung der Rechtswidrigkeit des richterlichen Beschlusses gerichtet.[26] Die fortdauernde Beschwer liegt in der möglichen Verwertung des richterlichen Vernehmungsprotokolls.

IV. Benachrichtigung

14 Abs. 5 Satz 1 soll verhindern, dass im Ermittlungsverfahren unter Verletzung des Anspruchs des Beschuldigten auf rechtliches Gehör ein für den weiteren Verlauf des Strafverfahrens möglicherweise entscheidendes Beweisergebnis herbeigeführt werden kann, ohne dass der Beschuldigte und sein Verteidiger die Möglichkeit hatten, hierauf Einfluss zu nehmen.[27]

15 Die **Benachrichtigung** der zur Anwesenheit **Berechtigten** unterbleibt, wenn die Benachrichtigung den **Untersuchungserfolg** gefährden würde. Unter dieser Bedingung kann auch die Benachrichtigung des Verteidigers[28] unterbleiben, der von der Anwesenheit jedoch nicht ausgeschlossen werden kann. Wenn die infolge der Benachrichtigung eintretende **zeitliche Verzögerung** zu einem Verlust des Beweismittels führen könnte – tödliche Krankheit, Auswanderung –, liegt eine Gefährdung des Untersuchungserfolges vor.[29] Darüber hinaus wird ein solcher angenommen, wenn die konkrete Besorgnis besteht, der Anwesenheitsberechtigte werde die Benachrichtigung zur Vornahme von Verdunkelungsmaßnahmen ausnutzen, indem er etwa den Zeugen mit Nachdruck zu einer Falschaussage drängt.[30] Ebenso, wenn wie bei Abs. 3 zu vermuten ist, dass der Beschuldigte, sein Verteidiger oder ein anderer Anwesenheitsberechtigter sein in der späteren Vernehmung erlangtes Wissen zu Verdunkelungsmaßnahmen ausnutzen wird.[31] Und auch die Annahme, dass ein Zeuge aus Angst vor Repressalien des Beschuldigten von seinem Zeugnisverweigerungsrecht Gebrauch machen könnte, soll die Nichtbenachrichtigung erlauben.[32] Diese materielle Aus-

---

[21] BGH v. 25. 7. 2000 – 1 StR 169/00, BGHSt 46, 93, 103 ff. = NStZ 2001, 212.
[22] Vgl. *Ambos* NStZ 2003, 14, 17; *Pauly* StV 2002, 290, 292; *Schlothauer* StV 2001, 127, 130 f.; *Sowada* NStZ 2005, 1, 6 f.; *Joecks* Rn. 9; *Meyer-Goßner* Rn. 9.
[23] Nach *Schlothauer* StV 2001, 127, 130.
[24] So dann auch BGH v. 25. 7. 2000 – 1 StR 169/00, BGHSt 46, 93, 105 = NStZ 2001, 212.
[25] Siehe KK-StPO/*Schoreit* § 34 EGGVG Rn. 8.
[26] So AK-StPO/*Achenbach* Rn. 21; SK-StPO/*Wohlers* Rn. 27; anders KK-StPO/*Griesbaum* Rn. 7; *Meyer-Goßner* Rn. 3.
[27] So BGH v. 24. 7. 2003 – 3 StR 212/02, NJW 2003, 3142.
[28] Siehe KK-StPO/*Griesbaum* Rn. 19.
[29] So BGH v. 24. 7. 2003 – 3 StR 212/02, NJW 2003, 3142, 3143; AK-StPO/*Achenbach* Rn. 10; *Roxin/Schünemann* § 39 Rn. 32.
[30] Siehe BGH v. 24. 7. 2003 – 3 StR 212/02, NJW 2003, 3142, 3143; BGH v. 2. 5. 1979 – 2 StR 99/79, BGHSt 29, 1, 3; Anw-StPO/*Walther* Rn. 16; *Meyer-Goßner* Rn. 5.
[31] Siehe *Meyer-Goßner* Anm. zu BGH v. 2. 5. 1979 – 2 StR 99/79, JR 1980, 254; KK-StPO/*Griesbaum* Rn. 17.
[32] Nach BayObLG v. 27. 7. 1977 – RReg 5 St 138/77, NJW 1978, 232; *Meyer-Goßner* Anm. zu BGH v. 2. 5. 1979 – 2 StR 99/79, JR 1980, 254, 255; KK-StPO/*Griesbaum* Rn. 18.

dehnung des Abs. 5 durch Rechtsprechung und Schrifttum auf eine inhaltliche Störung überzeugt nicht.[33] Der Dispens von der wichtigen Benachrichtigungspflicht ist restriktiv zu handhaben. Da im Regelfall die unzulässige Einflussnahme vom Beschuldigten zu vermuten ist, muss in diesem Fall der Verteidiger benachrichtigt werden. Die **Benachrichtigung des Verteidigers** darf nicht aus Gründen unterlassen werden, die allein in der Person des Beschuldigten liegen. Dadurch wiederum erfährt auch der Beschuldigte zulässigerweise vom Termin, da sein Verteidiger diesen ihm gegenüber nicht verschweigen muss, nicht einmal wegen seiner Beistandsfunktion verschweigen darf.

Es gilt zudem zwischen den **Gefährdungen des Untersuchungszwecks** bzw. **-erfolges** durch **An‑ 16 wesenheit** und durch die **Benachrichtigung** genauestens zu unterscheiden. Während sich Abs. 3 auf eine inhaltliche Störung einer wahrheitsgemäßen Zeugenaussage bei Anwesenheit eines Verfahrensbeteiligten bezieht, erfasst Abs. 5 allein den Fall zeitlicher Verzögerung durch die Benachrichtigung eines Anwesenheitsberechtigten. Der verfassungsrechtliche Hintergrund des § 168 c verlangt nach einer restriktiven und klaren Unterscheidung. Der materielle Ausschlussgrund nach Abs. 3 gilt eben nicht für den Strafverteidiger.[34] Das darf man durch ein ausdehnendes Verständnis des Abs. 5 im Sinne des Abs. 3[35] nicht unterlaufen.[36] Das Recht auf effektive Verteidigung, aber auch das dem Strafverteidiger auf Grund seiner Funktion und Rechtsstellung entgegenzubringende Vertrauen von Seiten der Strafverfolgungsorgane verlangen grundsätzlich dessen Benachrichtigung. Einen rechtsstaatlich einwandfreien Ausweg bietet allein die Ausschließung nach den §§ 138 a ff.

Wenn bereits abzusehen ist, dass nicht die Benachrichtigung, sondern die Anwesenheit nach 17 Abs. 3 den Untersuchungszweck konkret gefährdet, ist der Beschuldigte bereits bei der Benachrichtigung darauf hinzuweisen.

Der anwaltliche **Zeugenbeistand** eines Zeugen, dem von den Strafverfolgungsorganen **Vertrau‑ 18 lichkeit** zugesichert wurde, muss seinen Mandanten darauf hinweisen, dass ein Ermittlungsrichter nicht an diese Zusage gebunden ist, wenn die Vernehmung des Zeugen auf Grund des Aufklärungsinteresses oder zwecks Beweissicherung erforderlich ist. In diesem Fall kann die Benachrichtigung des Beschuldigten und des Verteidigers bei einer richterlichen Zeugenvernehmung allein nach Abs. 5, nicht aber auf Grund der Vertraulichkeitszusage unterbleiben.[37]

Die **Verletzung** der Benachrichtigungspflicht hat ein **Beweisverwertungsverbot** zur Folge. Dafür 19 ist es unbeachtlich, ob die erforderliche Benachrichtigung absichtlich, versehentlich oder unter Verkennung der gesetzlichen Voraussetzungen unterblieben ist.[38] Das Verwertungsverbot ist **verschuldensunabhängig**. Die Beurteilung der Gefährdung obliegt dem Ermittlungsrichter, der einen gewissen Beurteilungsspielraum hat.[39] Seine Entschließung und die tragenden Gründe muss er aktenkundig machen. Fehlt eine Entscheidung oder ist sie nicht dokumentiert, prüft das entscheidende Instanzgericht in eigener Verantwortung, ob die Benachrichtigung objektiv zu Unrecht unterblieben ist.[40] Der BGH[41] hat zuletzt angedeutet, dass ein Beschuldigter, dem das Recht auf Hinzuziehung eines Verteidigers zweifelsfrei bekannt ist, **nicht schutzbedürftig** ist. Abs. 5 soll aber nicht diese Kenntnis vermitteln, sondern die Mitwirkung des Strafverteidigers zwecks effektiver Verteidigung ermöglichen. Eine **Kenntnis** des Beschuldigten ersetzt die Benachrichtigung des Verteidigers nicht.[42]

Praktisch wichtig für den Verteidiger ist Abs. 5 Satz 2. Entgegen dieser Regelung ist eine **Verle‑ 20 gung** natürlich rechtlich zulässig. Sie ist wegen der rechtsstaatlichen Bedeutung des Anwesenheitsrechts im Interesse effektiver **Strafverteidigung** auch geboten, wenn nicht durch eine zeitliche Verlegung der Untersuchungszweck gefährdet ist.[43] Anträgen des Beschuldigten und insbesondere des Verteidigers auf Verlegung einer richterlichen Vernehmung sind daher grundsätzlich zu entsprechen. Wird ein solcher Antrag abgelehnt, ohne das für diese Ablehnung ein genügender

---

[33] Kritisch *Zaczyk* NStZ 1987, 535; AK-StPO/*Achenbach* Rn. 11; SK-StPO/*Wohlers* Rn. 35; *Roxin/Schünemann* § 39 Rn. 32; zustimmend Löwe/Rosenberg/*Erb* Rn. 45.
[34] Siehe *Meyer-Goßner* Anm. zu BGH v. 2. 5. 1979 – 2 StR 99/79, JR 1980, 254; *Zaczyk* NStZ 1997, 535, 536; AK-StPO/*Achenbach* Rn. 3; KK-StPO/*Griesbaum* Rn. 19.
[35] So aber KK-StPO/*Griesbaum* Rn. 17 mit Verweis auf seine Rn. 6.
[36] Dazu *Zaczyk* NStZ 1987, 535, 538; *Roxin/Schünemann* § 39 Rn. 32.
[37] Siehe BGH v. 24. 7. 2003 – 3 StR 212/02, NJW 2003, 3142, 3144; HK-GS/*Pflieger* Rn. 7.
[38] Siehe BGH v. 24. 7. 2003 – 3 StR 212/02, NJW 2003, 3142, 3143; BGH v. 20. 2. 1997 – 4 StR 598/96, BGHSt 42, 391 = NStZ 1997, 351, 352.
[39] Siehe BGH v. 24. 7. 2003 – 3 StR 212/02, NJW 2003, 3142, 3143.
[40] Siehe BGH v. 24. 7. 2003 – 3 StR 212/02, NJW 2003, 3142, 3143 f.
[41] Siehe BGH v. 17. 2. 2009 – 1 StR 691/08, JR 2009, 300 = NJW 2009, 1619.
[42] So *Gless* Anm. zu BGH v. 17. 2. 2009 – 1 StR 691/08, NStZ 2010, 98; *Kudlich* Anm. zu BGH v. 17. 2. 2009 – 1 StR 691/08, JR 2009, 303; *Satzger* Anm. zu BGH v. 17. 2. 2009 – 1 StR 691/08, JK 2009 StPO § 168 c/2.
[43] Siehe OLG München v. 23. 5. 2000 – 1 WS 310/00, StV 2000, 352; AK-StPO/*Achenbach* Rn. 16; SK-StPO/*Wohlers* Rn. 38 f.

Grund besteht, hat das ein Verwertungsverbot zur Folge – Verstoß gegen die Grundsätze des fairen Verfahrens.[44] Wenn der Verteidiger terminlich verhindert ist, sollte er es vermeiden, seinen beschuldigten Mandanten ohne Rechtsbeistand zu der Vernehmung zu schicken. Er muss sich um eine Verlegung bemühen[45] oder eine Vertretung suchen oder den Mandanten eindringlich darauf hinweisen, von seinem Schweigerecht Gebrauch zu machen, egal, wie die richterliche Belehrung nach § 136 lautet und wie sehr er von Seiten der Vernehmungsperson zu einer Aussage gedrängt wird.

V. Beweisverwertungsverbot

21 Wird dem Beschuldigten oder einem anderen Anwesenheitsberechtigten die Anwesenheit zu Unrecht verwehrt, da die Gründe der Abs. 3 oder 4 nicht erfüllt sind, ist für die gewonnenen Erkenntnisse ein **Beweisverwertungsverbot** anzunehmen. Das gilt auch für eine fehlerhafte unterlassene Benachrichtigung nach Abs. 5. Der verfassungsrechtliche Normzweck des § 168c spricht dafür. Ein Verstoß gegen § 168c führt zu einem **umfassenden** Beweisverwertungsverbot.[46] Der **BGH** sieht das **anders**. Unzulässig soll die Verlesung als richterliches Protokoll nach § 251 Abs. 2 und auch die Vernehmung des vernehmenden Ermittlungsrichters als Zeuge vom Hörensagen.[47] Zulässig soll nach der **Gerichtspraxis**[48] jedoch die Verlesung als anderes – nichtrichterliches – Protokoll nach § 251 Abs. 1 unter dessen Voraussetzungen mit einem herabgeminderten Beweiswert sein. Auf diese Änderung der Verwertungsgrundlage muss das Gericht den Angeklagten gemäß § 265 hinweisen. Diesem Prinzip folgt der BGH auch, wenn es um Vernehmungen im Rechtshilfeverkehr geht und eine nach dem ausländischen Recht erforderliche Terminsnachricht bei einer richterlichen Zeugenvernehmung unterblieben ist.[49] Auch ein Vorhalt als Vernehmungsbehelf soll im Übrigen zulässig sein.[50]

22 Aber: Eine richterliche Vernehmung bleibt trotz eines Verfahrensfehlers eine richterliche Vernehmung, in der die §§ 153 ff. StGB Geltung hatten. § 168c hat einen wesentlichen rechtsstaatlichen Gehalt, der durch jede Form der Verwertung mit welchem Beweiswert auch immer oder des Vorhalts in der Hauptverhandlung umgangen würde.[51]

23 Die vom **Verteidiger** zu beachtende Rechtsprechung[52] fordert für das Beweisverwertungsverbot aus einem Verstoß gegen § 168c den **Widerspruch** des Angeklagten oder seines Verteidigers gegen die Verwertung in der Hauptverhandlung.

24 Konsequent ist der **BGH**[53] darin, dass er bei einem Verstoß gegen die Benachrichtigungspflicht aus § 168c Abs. 5 **kein Verwertungsverbot** hinsichtlich eines **Mitbeschuldigten** annimmt. Die Norm diene allein dem Schutz des vernommenen Beschuldigten. Die Verwertung einer dergestalt fehlerhaften Vernehmung ist nach Ansicht des Gerichts zu Gunsten und zu Lasten eines Mitangeklagten zulässig. Parallel zur Argumentation bei § 136[54] ist eine Drittwirkung anzunehmen, da jeder Beschuldigte einen Anspruch auf die Einhaltung der wesentlichen Verfahrensvorschriften hat, und zwar aus dem Gebot des fairen Verfahrens auch auf Einhaltung gegenüber Mitbeschuligten. Im Übrigen besteht auch für einen Mitbeschuldigten ein Rechtsinteresse daran, dass eine Mitbeschuldigtenvernehmung nicht gänzlich ohne Verteidiger stattfindet.

V. Rechtsbehelfe/Rechtsmittel

25 Die Nichtbeachtung der Vorschrift kann den Erfolg einer **Verfahrensrüge** begründen. Eine unzulässige Form der Verwertung des nach § 168c fehlerhaft gewonnenen Beweisergebnisses be-

---

[44] Nach OLG München v. 23. 5. 2000 – 1 WS 310/00, StV 2000, 352.
[45] Siehe Widmaier/*Schlothauer* MAH Strafverteidigung § 3 Rn. 52.
[46] So AK-StPO/*Achenbach* Rn. 18; *Eisenberg* Rn. 525; SK-StPO/*Wohlers* Rn. 45; *Roxin/Schünemann* § 24 Rn. 42.
[47] Siehe BGH v. 3. 11. 1982 – 2 StR 434/82, BGHSt 31, 140, 144; *Küpper/Mosbauer* JuS 1998, 690, 691; AK-StPO/*Achenbach* Rn. 18; KK-StPO/*Griesbaum* Rn. 22; *Meyer-Goßner* Rn. 6; SK-StPO/*Wohlers* Rn. 44.
[48] BGH v. 9. 7. 1997 – 5 StR 234/96, NStZ 1998, 312, 313; BGH v. 26. 11. 1986 – 3 StR 390/86, BGHSt 34, 231, 235 = NJW 1987, 1652; auch Anw-StPO/*Walther* Rn. 19; HK-GS/*Pflieger* Rn. 8; *Meyer-Goßner* Rn. 6.
[49] Bei *Becker*, BGH v. 27. 1. 2005 – 1 StR 495/03, NStZ-RR 2006, 257, 258.
[50] Nach BGH v. 26. 11. 1986 – 3 StR 390/86, BGHSt 34, 231, 235 = NJW 1987, 1652 gegen BGH v. 3. 11. 1982 – 2 StR 434/82, BGHSt 31, 140, 144 = NJW 1983, 1006; zustimmend Anw-StPO/*Walther* Rn. 19; *Meyer-Goßner* Rn. 6; ablehnend *Geppert* Anm. zu BGH v. 3. 11. 1982 – 2 StR 434/82, JK 1987 StPO § 168 c/1; AK-StPO/*Achenbach* Rn. 18; KK-StPO/*Griesbaum* Rn. 22; *Roxin/Schünemann* § 24 Rn. 42.
[51] Vgl. AK-StPO/*Achenbach* Rn. 18; SK-StPO/*Wohlers* Rn. 45 f.
[52] Siehe BGH v. 20. 11. 2001 – 1 StR 470/01, NStZ-RR 2002, 110; zustimmend KK-StPO/*Griesbaum* Rn. 22; *Meyer-Goßner* Rn. 9; ablehnend AK-StPO/*Achenbach* Rn. 17; SK-StPO/*Wohlers* Rn. 43.
[53] BGH v. 17. 2. 2009 – 1 StR 691/08, NStZ 2009, 345 = JR 2009, 300; kritisch: *Gless* Anm. zu BGH v. 17. 2. 2009 – 1 StR 691/08; NStZ 2010, 98, 100; *Kudlich* Anm. zu BGH v. 17. 2. 2009 – 1 StR 691/08, JR 2009, 303; *Satzger* Anm. zu BGH v. 17. 2. 2009 – 1 StR 691/08, JK 2009 StPO § 168 c/2.
[54] S. o. § 136 Rn. 26.

gründet die **Revision**, sofern nicht auszuschließen ist, dass das Urteil auf dem Verstoß gegen das Verwertungsverbot beruht.[55] Das Revisionsgericht prüft eingeschränkt, ob das Tatgericht, das über die Verwertung des gewonnenen Beweisergebnisses entscheidet, seine Entscheidung nach Abs. 3, 4 oder Abs. 5 Satz 2 rechtsfehlerfrei im Rahmen seines tatrichterlichen Beurteilungsspielraums getroffen hat.[56]

§ 168d [Teilnahme am richterlichen Augenschein]

(1) [1]Bei der Einnahme eines richterlichen Augenscheins ist der Staatsanwaltschaft, dem Beschuldigten und dem Verteidiger die Anwesenheit bei der Verhandlung gestattet. [2]§ 168c Abs. 3 Satz 1, Abs. 4 und 5 gilt entsprechend.

(2) [1]Werden bei der Einnahme eines richterlichen Augenscheins Sachverständige zugezogen, so kann der Beschuldigte beantragen, daß die von ihm für die Hauptverhandlung vorzuschlagenden Sachverständigen zu dem Termin geladen werden, und, wenn der Richter den Antrag ablehnt, sie selbst laden lassen. [2]Den vom Beschuldigten benannten Sachverständigen ist die Teilnahme am Augenschein und an den erforderlichen Untersuchungen insoweit gestattet, als dadurch die Tätigkeit der vom Richter bestellten Sachverständigen nicht behindert wird.

Der **richterliche Augenschein** wird in den Anwesenheitsrechten und in der Benachrichtigung 1
der richterlichen Zeugenvernehmung gleichgestellt.[1] Die Nichtgeltung des § 168c Abs. 3 Satz 2 folgt konsequent aus dem Charakter des Augenscheins als sachliche Beweisaufnahme. Beachte die Verlesbarkeit von Protokollen richterlichen Augenscheins (§ 249 Abs. 1 Satz 2). Beim **staatsanwaltlichen** Augenschein steht die Anwesenheit anderer Verfahrensbeteiligter im Ermessen des Staatsanwalts.

Zweck[2] des Abs. 2 ist die Wahrung der Verteidigungsrechte des Beschuldigten. Er soll die Mög- 2
lichkeit haben, die Tätigkeit des gerichtlich hinzugezogenen Sachverständigen zu kontrollieren. Der Richter kann den Antrag auf Ladung des vom Beschuldigen vorgeschlagenen Sachverständigen ablehnen, wenn durch dessen Mitwirkung die Tätigkeit des richterlich bestellten Sachverständigen behindert würde. Auch dem nach §§ 220, 38 selbst geladenen oder den im Termin präsentierten Sachverständigen kann aus diesem Grund die Anwesenheit beim Augenschein verwehrt werden.

Der Beschluss, den benannten Sachverständigen nicht zu laden oder dem Sachverständigen die 3
Anwesenheit beim Augenschein zu untersagen, ist mit der **Beschwerde**[3] anfechtbar.

§ 168e [Getrennte Durchführung der Zeugenvernehmung]

[1]Besteht die dringende Gefahr eines schwerwiegenden Nachteils für das Wohl des Zeugen, wenn er in Gegenwart der Anwesenheitsberechtigten vernommen wird, und kann sie nicht in anderer Weise abgewendet werden, so soll der Richter die Vernehmung von den Anwesenheitsberechtigten getrennt durchführen. [2]Die Vernehmung wird diesen zeitgleich in Bild und Ton übertragen. [3]Die Mitwirkungsbefugnisse der Anwesenheitsberechtigten bleiben im übrigen unberührt. [4]Die §§ 58a und 241a finden entsprechende Anwendung. [5]Die Entscheidung nach Satz 1 ist unanfechtbar.

Schrifttum: *Geppert,* Anmerkung zu BGH v. 26. 9. 2002 – 1 StR 111/02, JK 2003 StPO § 247 a/2; *J. Kretschmer,* Einige Eckpunkte in der Entwicklung der Videoaufzeichnung von strafprozessualen Zeugenvernehmungen, JR 2006, 453; *Rieß,* Das neue Zeugenschutzgesetz, insbesondere Video-Aufzeichnungen von Aussagen im Ermittlungsverfahren und in der Hauptverhandlung, StraFo 1999, 1.

I. Allgemeines

§ 168e regelt zusammen mit den §§ 58a, 247a und 255a die Herstellung und strafprozessuale 1
Verwertung von Bild-Ton-Aufzeichnungen bei Zeugenvernehmungen. § 168e gilt für **richterliche** Vernehmungen im **Ermittlungsverfahren**. Die Norm hat auch Geltung für richterliche Vernehmungen im Zwischenverfahren nach § 202 und für Vernehmungen im Hauptverfahren nach

---

[55] Siehe KK-StPO/*Griesbaum* Rn. 22.
[56] So BGH v. 24. 7. 2003 – 3 StR 212/03, NJW 2003, 3142, 3144; BGH v. 2. 5. 1979 – 2 StR 99/79, BGHSt 29, 1, 3; KK-StPO/*Griesbaum* Rn. 23; *Meyer-Goßner* Rn. 9; *Pfeiffer* Rn. 7.
[1] Dazu *Meyer-Goßner* Rn. 1; SK-StPO/*Wohlers* Rn. 1 ff.
[2] Dazu SK-StPO/*Wohlers* Rn. 6.
[3] Siehe *Meyer-Goßner* Rn. 3; SK-StPO/*Wohlers* Rn. 15.

den §§ 223, 224.[1] In der **Hauptverhandlung** gilt § 247 a. Die Beschränkung des § 168 e auf richterliche Zeugenvernehmungen ist darin begründet, dass bei den staatsanwaltlichen und polizeilichen Zeugenvernehmungen nach § 161 a und § 163 Abs. 3 der Beschuldigte und der Verteidiger kein möglicherweise gefährdendes Anwesenheitsrecht haben. Daher ist der Zeuge bei **nichtrichterlichen Vernehmungen** vor einer belastenden Begegnung mit diesen bewahrt. Für den Fall, dass die nichtrichterliche Vernehmungsperson deren Anwesenheit dennoch gestattet, was nicht verboten ist,[2] kann nach § 168 e vorgegangen werden.

Vorrangig dient die Vorschrift dem **Schutz kindlicher Opferzeugen**, die durch die Anwesenheit einer Vielzahl von Verfahrensbeteiligten einem erheblichen psychischen Druck ausgesetzt sein können.[3] Aber auch andere Opfer von Sexual- und Gewaltdelikten sind schutzwürdig. § 168 e soll keine Anwendung auf schutzwürdige V-Leute, Observanten, verdeckte Ermittler finden, die als Zeugen von den Behörden gesperrt sind.[4] Die nach § 168 e vorgesehene Videosimultanübertragung soll dem Interesse an deren Geheimhaltung zuwiderlaufen. Wenn jedoch in der Hauptverhandlung bei der Videosimultanübertragung in § 247 a eine **optische und akustische Verfremdung** des zu schützenden Zeugen erlaubt ist,[5] kann man diese Vorgehensweise auch in der vergleichbaren Situation der richterlichen Zeugenvernehmung im Ermittlungsverfahren anwenden, um den gänzlichen Ausfall des Zeugen durch Sperrung nach § 96 analog zu vermeiden. Es gilt – wie stets –, die rechtsstaatlichen und grundrechtlichen Interessen des Beschuldigten und die gleichermaßen schützenswerten Interessen des Zeugen und Opfers in Ausgleich zu bringen.

II. Voraussetzungen

Wie in § 247 a verlangt das Gesetz die **dringende Gefahr eines schwerwiegenden Nachteils** für das Wohl des Zeugen, die gerade durch die Anwesenheit der Verfahrensbeteiligten verursacht wird. Das Wohl des Zeugen umfasst sowohl das körperliche als auch das seelische Befinden.[6] Die Bewertung mag bei Kindern/Jugendlichen und Erwachsenen unterschiedlich sein. **Beispiele** sind die hohe Wahrscheinlichkeit eines Nervenzusammenbruchs, die Gefahr der sekundären Viktimisierung, auch eine tiefgreifende Belastung auf Grund der Minderung des Selbstwertgefühls.[7] Die üblichen Unannehmlichkeiten einer Zeugenvernehmung sind nicht ausreichend. Die hohe Hürde bestätigt den **Ausnahmecharakter**[8] der Vorgehensweise. Als **Zeugenbeistand** sollte man die dringende Gefahr durch tatsächliche Umstände belegen.

Die getrennte Durchführung der Vernehmung ist gegenüber anderen Maßnahmen **subsidiär**. Der Ausschluss des Beschuldigten von der richterlichen Zeugenvernehmung nach § 168 c Abs. 3 und die Nichtbenachrichtigung des Beschuldigten und seines Verteidigers nach dem dortigen Abs. 5 gelten als vorrangig.[9] Nachdem die vergleichbare Subsidiaritätsklausel in § 247 a weggefallen ist, sollte das auch baldigst in § 168 e geschehen. Das Beschuldigteninteresse des rechtlichen Gehörs und der Waffengleichheit, an der richterlichen Zeugenvernehmung im Ermittlungsverfahren wenigstens mittelbar teilzunehmen, kann für eine vorrangige Vorgehensweise nach § 168 e sprechen, wenn dadurch die Zeugeninteressen genügend gewahrt sind. Nach dem derzeitigen Wortlaut ist eine solche Auslegung nicht möglich.[10]

III. Durchführung

Bei der Durchführung der getrennten Zeugenvernehmung befindet sich der Ermittlungsrichter **mit dem Zeugen** in einem **anderen Raum** – anders als die Situation nach § 247 a. Der Zeuge darf sich von seinem anwaltlichen Zeugenbeistand begleiten lassen.[11] Für den Verletzten gilt § 406 f. Einer Vertrauensperson nach § 406 f Abs. 3 kann die Anwesenheit gestattet werden.[12] Die übrigen Verfahrensbeteiligten, auch der Staatsanwalt können der Vernehmung zeitgleich durch eine Videosimultanübertragung in einem anderen Raum verfolgen und daran mitwirken. Aber auch in das Vernehmungszimmer sollten zum Ermittlungsrichter wenigstens eine akustische und eventuell

---

[1] So J. Kretschmer JR 2006, 453, 455; Rieß StraFo 1999, 1, 7; Löwe/Rosenberg/Erb Rn. 6.
[2] S. o. § 161 a Rn. 12 und § 163 Rn. 17.
[3] Dazu Eisenberg Rn. 1306; Meyer-Goßner Rn. 1; SK-StPO/Wolter Rn. 35 f.
[4] Nach Eisenberg Rn. 1306; Anw-StPO/Walther Rn. 4; SK-StPO/Wolter Rn. 36; KK-StPO/Griesbaum Rn. 4; Meyer-Goßner Rn. 1.
[5] Siehe BGH v. 26. 9. 2002 – 1 StR 111/02, BGHSt 49, 72 = NJW 2003, 74; Geppert Anm. zu BGH v. 26. 9. 2002 – 1 StR 111/02, JK 2003 StPO § 247 a/2; J. Kretschmer JR 2006, 453, 458 f.
[6] Vgl. Eisenberg Rn. 1305; SK-StPO/Wolter Rn. 38.
[7] Bei SK-StPO/Wolter Rn. 38.
[8] Nach Eisenberg Rn. 1305; Meyer-Goßner Rn. 2.
[9] Vgl. Meyer-Goßner Rn. 2.
[10] Aber: Eisenberg Rn. 1305; KK-StPO/Griesbaum Rn. 6; Löwe/Rosenberg/Erb Rn. 13; SK-StPO/Wolter Rn. 40.
[11] So Meyer-Goßner Rn. 5.
[12] Siehe Meyer-Goßner Rn. 5; SK-StPO/Wolter Rn. 32.

auch eine optische Verbindung bestehen, damit der Ermittlungsrichter seine Befugnisse ausüben kann (§ 164). Auf diesem Weg können die anderen Verfahrensbeteiligten ihre Mitwirkungsrechte, insbesondere ihr Fragerecht ausüben. Für die Ausübung des Fragerechts ist § 241a zu beachten.

Bei der audiovisuellen Zeugenvernehmung nach § 168e kann der Beschuldigte **zusätzlich** nach 6 **§ 168c Abs. 3** von der Teilnahme ausgeschlossen werden.[13] Auch § 168c Abs. 5 gilt. Das kommt namentlich in Betracht, wenn zu befürchten ist, dass der Zeuge nicht die Wahrheit sagen werde, wenn der Beschuldigte dessen Aussage am Bildschirm mitverfolgt. Zurückhaltung ist bei einer solchen Vorgehensweise geboten.

Durch Verweis – in Satz 4 – auf § 58a ist die **Aufzeichnung** einer Videoaufzeichnung aus dem 7 Ermittlungsverfahren gestattet. Bedeutung hat das für eine spätere Verwertung als strafprozessuales Beweismittel in der Hauptverhandlung – die Vermeidung wiederholender belastender Zeugenvernehmungen oder Gründe der Beweissicherung sprechen dafür. Siehe dazu die Kommentierung von § 255a.[14] § 255a Abs. 2 enthält eine besondere Schutzvorschrift für Zeugen unter 18 Jahren. Das 2. OpferrechtsreformG vom 29.7.2009[15] brachte diese neue Altersgrenze. Deren Vernehmung als Zeuge in der Hauptverhandlung kann in den genannten Deliktsbereichen durch die Vorführung einer Bild-Tonaufzeichnung einer **richterlichen** (§ 168e!) Bild-Ton-Aufzeichnung ersetzt werden. Der ermittelnde Staatsanwalt muss daher zur Vermeidung der Mehrfachvernehmung den Ermittlungsrichter einschalten (§ 162). Voraussetzung für eine Verwertung ist die Gelegenheit der Mitwirkung des Beschuldigten und seines vorhandenen Verteidigers an dieser früheren Vernehmung. Es gilt ein kumulatives Verständnis. Wenn der Beschuldigte bei einer getrennten Durchführung der Zeugenvernehmung nach § 168e gemäß § 168c Abs. 3 oder 4 von der Teilnahme ausgeschlossen war, hatte er keine Gelegenheit zur Mitwirkung. Eine Verwertung nach § 255a Abs. 2 ist unzulässig.[16] Darauf müssen die beteiligten Strafverfolgungsorgane im Interesse des Zeugenschutzes achten. Darauf muss der **Verteidiger** im Beschuldigteninteresse achten.

IV. Rechtsbehelfe/Rechtsmittel

Nach Satz 5 ist die Entscheidung – anordnend und ablehnend – des Ermittlungsrichters über 8 die getrennte Durchführung der Zeugenvernehmung unanfechtbar und damit gemäß § 336 nicht revisibel.[17]

§ 169 [Ermittlungsrichter des OLG und des BGH]

(1) ¹In Sachen, die nach § 120 des Gerichtsverfassungsgesetzes zur Zuständigkeit des Oberlandesgerichts im ersten Rechtszug gehören, können die im vorbereitenden Verfahren dem Richter beim Amtsgericht obliegenden Geschäfte auch durch Ermittlungsrichter dieses Oberlandesgerichts wahrgenommen werden. ²Führt der Generalbundesanwalt die Ermittlungen, so sind an deren Stelle Ermittlungsrichter des Bundesgerichtshofes zuständig.

(2) Der für eine Sache zuständige Ermittlungsrichter des Oberlandesgerichts kann Untersuchungshandlungen auch dann anordnen, wenn sie nicht im Bezirk dieses Gerichts vorzunehmen sind.

Durch die Konzentration der ermittlungsrichterlichen Zuständigkeit in Staatsschutzsachen 1 wird sichergestellt, dass die Entscheidungen in diesen freiheits- und sicherheitssensiblen Sachen von Ermittlungsrichtern mit **Spezialwissen** und beruflicher Erfahrung getroffen werden.[1]

Die Zuständigkeit betrifft allein das **vorbereitende** Ermittlungsverfahren. Für den Ermittlungs- 2 richter des OLG und des BGH besteht die Aufgabe wie im Fall des § 162 in der Anordnung von **Zwangsmaßnahmen** als Akte der Rechtsprechung und in der Durchführung richterlicher **Untersuchungshandlungen** im Wege der Amtshilfe (Vernehmungen und Durchsuchungen) sowie aus **Haftentscheidungen**.

Der **Ermittlungsrichter des BGH** ist nur zuständig, wenn das Ermittlungsverfahren vom **GBA** 3 geführt wird. Die Zuständigkeit des Ermittlungsrichters des BGH ist **akzessorisch** zur Verfahrensführung durch den GBA. § 142a GVG regelt die Primärzuständigkeit der GBA in den Fällen der Zuständigkeit des OLG nach § 120 GVG. Bei den in § 120 Abs. 1 GVG genannten Staatsschutz-

---

[13] So Anw-StPO/*Walther* Rn. 7; Meyer-Goßner Rn. 4.
[14] Auch *Rieß* StraFo 1999, 1, 4 f.; *J. Kretschmer* JR 2006, 453, 457 f.
[15] BGBl. I 2280, 2284.
[16] So *J. Kretschmer* JR 2006, 453, 458; *Rieß* StraFo 1999, 1, 4 in Fn. 56; KK-StPO/*Griesbaum* Rn. 7; Meyer-Goßner Rn. 4.
[17] Dazu Anw-StPO/*Walther* Rn. 12; Meyer-Goßner Rn. 10; SK-StPO/*Wolter* Rn. 60 ff.
[1] Siehe KK-StPO/*Griesbaum* Rn. 1; SK-StPO/*Wohlers* Rn. 1.

§ 169a 1 *Zweites Buch. Verfahren im ersten Rechtszug*

delikten ist der GBA primär zuständig. Bei den in § 120 Abs. 2 GVG genannten Fällen bestimmt sich die Zuständigkeit des OLG danach, dass der GBA in den genannten Fällen – insbesondere den in § 74a Abs. 1 GVG bezeichneten Straftaten – wegen der besonderen Bedeutung des Falles die Verfolgung übernimmt. Deliktsspezifische Schranken aus den §§ 129a und 129 StGB beschränken die Zuständigkeit der GBA und damit auch die – akzessorische – Strafverfolgungskompetenz des Ermittlungsrichters des BGH.[2]

4   Der GBA gibt das Verfahren an die **Landesstaatsanwaltschaft** ab[3] – bei der Primärzuständigkeit des § 120 Abs. 1 GVG in den Fällen des § 142a Abs. 2 Nr. 1 GVG und in Sachen von minderer Bedeutung (§ 142a Abs. 2 Nr. 2, Abs. 3 GVG). Die Sache bleibt gemäß § 120 Abs. 1 GVG beim OLG. Der **Ermittlungsrichter des OLG** ist zuständig. In den Fällen des § 120 Abs. 2 GVG gibt der GBA die Sache an die Landesstaatsanwaltschaft ab, wenn eine besondere Bedeutung des Falles nicht mehr vorliegt (§ 142a Abs. 4 GVG). Die gerichtliche Zuständigkeit liegt in diesen Fällen beim LG (§ 74a Abs. 1 GVG) oder bei den Nr. 2 bis Nr. 4 des § 120 Abs. 2 GVG beim AG oder LG. In diesem Fall ist allein der Richter am AG nach § 162 der zuständige Ermittlungsrichter.

5   Die **Zuständigkeit** des **Ermittlungsrichters am AG** nach § 162 besteht stets neben dem Ermittlungsrichter am OLG und BGH **fort**.[4] Dessen Inanspruchnahme ist nur sachgerecht, wenn es im konkreten Fall nicht auf ein Spezialwissen in Staatsschutzangelegenheiten ankommt. Der Ermittlungsrichter am AG darf aber ein Tätigwerden nicht ablehnen, indem er auf die alternative Zuständigkeit des § 169 verweist.[5] Solange der GBA die Verfolgung nicht nach § 74a Abs. 2 GVG übernommen hat, ist der Ermittlungsrichter am AG ausschließlich zuständig.

6   **Beschwerden** gegen Verfügungen und Beschlüsse des Ermittlungsrichters des AG und des OLG sind in Sachen, in denen das OLG erstinstanzlich zuständig ist, nur in den Fällen des § 304 Abs. 5 statthaft. Zuständig ist nach § 120 Abs. 3 GVG das OLG. Das gilt auch für die Entscheidungen, die in diesen Sachen der neben dem Ermittlungsrichter am OLG weiterhin zuständige Ermittlungsrichter am AG getroffen hat[6] – Konzentration am OLG (§§ 120 Abs. 3, 73 Abs. 1 GVG). Über die nach § 304 Abs. 5 beschwerdefähigen Entscheidungen des Ermittlungsrichters am BGH entscheidet ein Strafsenat des BGH (135 Abs. 2 GVG). Siehe zuletzt den Beschluss des BGH v. 20. 12. 2007 in einem Ermittlungsverfahren wegen des Verdachts der Mitgliedschaft in einer terroristischen Vereinigung.[7] Das gilt nicht bei Beschwerden gegen den auch weiterhin zuständigen Ermittlungsrichter am AG – unzulässige Bundesgerichtsbarkeit. Mit Abgabe der Sache durch den GBA an die LandesStA (§ 142a Abs. 2 und 4 GVG) entfällt die Zuständigkeit des BGH als Beschwerdegericht.[8]

§ 169a [Abschluß der Ermittlungen]

Erwägt die Staatsanwaltschaft, die öffentliche Klage zu erheben, so vermerkt sie den Abschluß der Ermittlungen in den Akten.

Schrifttum: *Hildenstab*, Das Ende der Ermittlungsbefugnis der Staatsanwaltschaft – Eine Entgegnung zu Strauß, NStZ 2006, 556 ff. –, NStZ 2008, 249; *Strauß*, Das Ende der Ermittlungsbefugnis der Staatsanwaltschaft, NStZ 2006, 556.

1   Der Abschluss der Ermittlungen markiert eine **Zäsur**.[1] Die Staatsanwaltschaft dokumentiert mit ihrem Abschlussvermerk, dass sie die Erforschung des Sachverhalts beendet hat und das Verfahren für abschlussreif im Sinne des § 170 hält. Ermittlungs- und Entschließungsteil werden getrennt. Nach dem Abschlussvermerk müssen **weitere staatsanwaltliche Ermittlungen** grundsätzlich **unterbleiben**.[2*] § 169a trennt das staatsanwaltliche Ermittlungsverfahren vom folgenden gerichtlichen Zwischenverfahren. § 202 weist die weitere Ermittlungsbefugnis jetzt dem Gericht zu. Mit der Zweckerreichung der Anklageerhebung würde sich die Staatsanwaltschaft mit weiteren Nachermittlungen in Widerspruch setzen. Die Staatsanwaltschaft ist daher angehalten, umfassend und sorgfältig zu ermitteln, bevor sie Anklage erhebt. Nach Anklageerhebung ist die Staatsanwaltschaft nicht zu weiteren be- oder entlastenden Ermittlungen berechtigt.[3] Einzig bei-

---

[2] Bei BGH v. 20. 12. 2007 – StB 12, 13, 47/07, NStZ 2008, 146.
[3] Siehe weitere Einzelheiten bei KK-StPO/*Griesbaum* Rn. 3; SK-StPO/*Wohlers* Rn. 6.
[4] So Anw-StPO/*Walther* Rn. 7; *Joecks* Rn. 1; KK-StPO/*Griesbaum* Rn. 8; *Meyer-Goßner* Rn. 1; SK-StPO/*Wohlers* Rn. 8.
[5] *Meyer-Goßner* Rn. 4.
[6] So *Joecks* Rn. 4; KK-StPO/*Griesbaum* Rn. 9; *Meyer-Goßner* Rn. 7; SK-StPO/*Wohlers* Rn. 10.
[7] BGH v. 20. 12. 2007 – StB 12, 13, 47/07, NStZ 2008, 146.
[8] So BGH v. 26. 10. 1972 – 1 BJs 6/71 – StB 37/72, NJW 1973, 477.
[1] Siehe *Strauß* NStZ 2006, 556; *Meyer-Goßner* Rn. 1.
[2*] Dazu *Strauß* NStZ 2006, 556, 560; anders: *Hildenstab* NStZ 2008, 249; *Meyer-Goßner* Rn. 2.
[3] So SK-StPO/*Wohlers* § 162 Rn. 9; weiter dagegen: KK-StPO/*Griesbaum* Rn. 1, § 162 Rn. 14; *Meyer-Goßner* Rn. 2.

Gefahr in Verzug zur Beweissicherung ist ihr eine weitere Beweiserhebung gestattet.[4] Das gilt aber auch nur, wenn das im jeweiligen Verfahrensabschnitt zuständige Gericht (§§ 202, 221, 244 Abs. 2) die Beweiserhebung nicht rechtzeitig durchführen kann. Wer dagegen eine weitere Ermittlungsarbeit unbegrenzt[5] oder solange, wie diese die gerichtliche Tätigkeit nicht stört,[6] zulässt, verkennt die unterschiedliche Verfahrensherrschaft. Mit dem Abschlussvermerk endet daher die eigenständige Ermittlungsbefugnis der Staatsanwaltschaft. Es bleibt ihr unbenommen und gegebenenfalls ist sie aus § 160 Abs. 2 dazu verpflichtet, dem Gericht gegenüber weitere Ermittlungen anzuregen bzw. auch einen Beweisantrag nach § 244 zu stellen.

Mit dem Abschlussvermerk muss dem Beschuldigten gegebenenfalls ein Verteidiger bestellt werden (§ 141). Der **Verteidiger** hat nun ein uneingeschränktes Akteineinsichtsrecht (§ 147 Abs. 2). Er kann nach Anklageerhebung auf einen Strafbefehl nach Rücknahme der Anklage oder auf einen Hauptverfahrensstrafbefehl nach § 408a hinwirken.

Auch bei einer Einstellung nach § 153a Abs. 1 gilt § 169a analog.[7] Das Vorgehen nach § 153a Abs. 1 setzt eine vollständige Ermittlung voraus und eine Entscheidung des Beschuldigten kann nur auf Grundlage des uneingeschränkten Akteneinsichtsrechts geschehen.

Eine Anklageerhebung ist auch ohne Vermerk wirksam.[8] Das **Fehlen** eines Abschlussvermerks begründet **keine Revision**.[9]

§ 170 [Abschluß des Ermittlungsverfahrens]

(1) Bieten die Ermittlungen genügenden Anlaß zur Erhebung der öffentlichen Klage, so erhebt die Staatsanwaltschaft sie durch Einreichung einer Anklageschrift bei dem zuständigen Gericht.

(2) ¹Andernfalls stellt die Staatsanwaltschaft das Verfahren ein. ²Hiervon setzt sie den Beschuldigten in Kenntnis, wenn er als solcher vernommen worden ist oder ein Haftbefehl gegen ihn erlassen war; dasselbe gilt, wenn er um einen Bescheid gebeten hat oder wenn ein besonderes Interesse an der Bekanntgabe ersichtlich ist.

Schrifttum: *Gillmeister*, Rechtliches Gehör im Ermittlungsverfahren, StraFo 1996, 114; *J. Kretschmer*, Die Staatsanwaltschaft, Jura 2004, 452; *Radtke*, Bestandskraft staatsanwaltlicher Einstellungsverfügungen und die Identität des wiederaufgenommenen Verfahrens, NStZ 1999, 481; *Roxin*, Zur Rechtsstellung der Staatsanwaltschaft damals und heute, DRiZ 1997, 109.

I. Allgemeines

Am Ende des Ermittlungsverfahrens muss die Staatsanwaltschaft eine Abschlussentscheidung treffen: Klageerhebung nach Abs. 1 oder Einstellung nach Abs. 2. Auch andere – im Folgenden angesprochene – Abschlussentscheidungen sind möglich. Die Klageerhebung ist Teil des **Legalitätsprinzips**. Die Entscheidung trifft die **Staatsanwaltschaft**, die daher im Ermittlungsverfahren auf Grund ihrer Entscheidungsmacht auch – neben der Polizei – **vorrangiger Ansprechpartner** des Strafverteidigers ist. Ohne Erhebung der Klage durch die Staatsanwaltschaft gibt es keine strafgerichtliche Untersuchung – **Akkusationsprinzip** des § 151.

In **Steuerstrafsachen** kann die Finanzbehörde an die Stelle der Staatsanwaltschaft treten (§§ 386, 399 AO). Sie stellt das Verfahren ein. Mit Ausnahme eines Strafbefehls ist die Finanzbehörde aber nicht zur Klageerhebung befugt. Nach § 400 AO muss sie in diesem Fall die Sache an die Staatsanwaltschaft abgeben.

Trifft eine Straftat mit einer **Ordnungswidrigkeit** zusammen, gibt die Staatsanwaltschaft bei bestehendem Anfangsverdacht das Verfahren an die Verwaltungsbehörde ab (§ 43 OWiG), wenn sie das Verfahren wegen der Straftat nach § 170 Abs. 2 einstellt.

Das Statistische Bundesamt nennt für 2006 folgende **Zahlen**: Die Staatsanwaltschaften (beim Landgericht einschließlich der Amtsanwaltschaften) haben 4 876 989 Ermittlungsverfahren erledigt. Knapp 1,19 Mio Verfahren führten zur Anklage oder zu einem Antrag auf Strafbefehl bzw. auf ein beschleunigtes Verfahren oder ein vereinfachtes Jugendverfahren. Etwa 2,6 Mio. – 53 % – Ermittlungsverfahren wurden eingestellt. Davon 1 301 803 Verfahren nach § 170 Abs. 2 und 1 294 747 Mio. Verfahren aus Opportunitätsgründen. Die verbleibenden 1,09 Mio. Verfahren wurde auf „sonstige Weise" erledigt (Abgabe an einen andere Behörde, Verbindung mit anderen Verfahren, Verweisung auf die Privatklage o. Ä.).

---

[4] So SK-StPO/*Wohlers* § 162 Rn. 9.
[5] So *Hildenstab* NStZ 2008, 249.
[6] Siehe *Artkämper* u. a. Rn. 334; KK-StPO/*Schneider* § 202 Rn. 10; Löwe/Rosenberg/*Rieß*, 25. Aufl., Rn. 4; *Meyer-Goßner* Rn. 2, § 202 Rn. 5.
[7] So *Meyer-Goßner* Rn. 1; Löwe/Rosenberg/*Rieß*, 25. Aufl., Rn. 3.
[8] So HK-GS/*Pflieger* Rn. 1; SK-StPO/*Wohlers* Rn. 1.
[9] So *Joecks* Rn. 2.

II. Genügender Anlass

5 Mit Blick auf § 203 liegt ein genügender Anlass zur Klageerhebung vor, wenn die Ermittlungen ergeben, dass der Beschuldigte der Straftat **hinreichend verdächtig** ist. Bei vorläufiger Tatbewertung muss die Verurteilung des Beschuldigten **wahrscheinlich** sein.[1] Entscheidend für diese Prognose ist, ob die Staatsanwaltschaft in der folgenden Hauptverhandlung wahrscheinlich eine Verurteilung des Beschuldigten beantragen würde. Das verlangt eine **eigene Prognose der Staatsanwaltschaft**.[2] Der rechtsstaatliche Grundsatz „in dubio pro reo" gilt in diesem Stadium des Verfahrens nicht. Auftretende Widersprüche zwischen Angaben des Beschuldigten und vorhandenen Beweisergebnissen dürfen der Klärung in der Hauptverhandlung überlassen werden. Mittelbar spielt der Grundsatz „im Zweifel für den Angeklagten" bei der Wahrscheinlichkeitsprognose eine Rolle.[3] Wenn es sich bei der anzustellenden Beweisbarkeitsprognose geradezu aufdrängt, dass auf Grund des Zweifelssatzes ein Freispruch in der Hauptverhandlung wahrscheinlich ist, kann die Staatsanwaltschaft das Verfahren einstellen. Ansonsten verlangt das **Legalitätsprinzip** eine Anklage.

6 Eine besondere Frage ist die nach der **Bindung der Staatsanwaltschaft** an eine gefestigte **höchstrichterliche Rechtsprechung**. Rechtsprechung und viele Stimmen im Schrifttum bejahen eine solche Bindung. Wenn auf Grund einer solchen gefestigten Rechtsprechung sich ein Verhalten als strafbar darstellt, soll die Anklagebehörde trotz entgegen gesetzter Auffassung zur Klageerhebung verpflichtet sein.[4] Die Einheitlichkeit der Rechtsordnung und die Gleichheit vor dem Gesetz sollen dafür sprechen. Die Strafverfolgung soll nicht von der Rechtsauffassung der Exekutive abhängen – Gewaltenteilung.[5] Das ist **falsch**.[6] Der Strafprozessordnung liegt eine Doppelsicherung zugrunde. Sowohl die Staatsanwaltschaft als auch das zuständige Gericht müssen unabhängig voneinander eine wahrscheinliche Verurteilung annehmen. Diese Eigenständigkeit der Staatsanwaltschaft betont auch § 150 GVG. Diese ist ein Organ der Strafrechtspflege. Die Staatsanwaltschaft maßt sich mit dieser Kompetenz zur eigenständigen Rechtsbewertung keine Rechtsprechungsgewalt an. Das Legalitätsprinzip verpflichtet die Staatsanwaltschaft zur Strafverfolgung. Die Strafbarkeit und die Anklagereife beurteilt sie aber selbst. Der Staatsanwaltschaft wird zuerkannt, dass sie ein Verhalten anklagen darf, das die Rechtsprechung für straflos hält. Dann muss es ihr auch zustehen, ihre eigene Rechtsauffassung zugunsten des Beschuldigten geltend zu machen. Letztendlich ist das eher ein akademisches Problem: Die eigene staatsanwaltliche Beurteilung wird wohl selten zwischen Strafbarkeit und Straflosigkeit schwanken. Solange die Staatsanwaltschaft eine prozessuale Tat – etwa als fahrlässige Tötung – anklagt, ist dem Legalitätsprinzip genügt. In der rechtlichen Bewertung sind die Gerichte nicht an die staatsanwaltliche Sichtweise gebunden (§ 155 Abs. 2), so dass das Gericht im Gegensatz zur staatsanwaltlichen Sicht einen bedingten Tötungsvorsatz annehmen kann.

7 Ein genügender Anlass für eine Klageerhebung besteht auch nicht, wenn ein nicht behebbares **Verfahrenshindernis** besteht oder aber, wenn das Strafverfahren nach den **§§ 153 ff.** aus Opportunitätsgründen eingestellt wird.

8 Neben der Klageerhebung durch Einreichung einer Anklageschrift kommt beispielsweise auch in Betracht der Strafbefehlsantrag (§ 407), die Klageerhebung im beschleunigten Verfahren (§ 418 Abs. 3) wie auch die Nachtragsanklage nach § 266. Mit Erhebung der öffentlichen Klage hat die Staatsanwaltschaft ihre Ermittlungsergebnisse dem Gericht vorzulegen (§ 199 Abs. 2).[7] Es gilt der Grundsatz der Aktenvollständigkeit.

III. Einstellung

9 Eine Einstellung nach § 170 Abs. 2 kann aus **tatsächlichen, rechtlichen** und **prozessualen** Gründen erfolgen.[8] Sie kommt maßgeblich in Betracht, wenn sich kein hinreichender Tatverdacht ge-

---

[1] Siehe Anw-StPO/*Walther* Rn. 4; *Joecks* Rn. 1; KK-StPO/*Schmid* Rn. 3; Löwe/Rosenberg/*Graalmann-Scheerer* Rn. 24; *Meyer-Goßner* Rn. 1.
[2] So *Roxin* DRiZ 1997, 109, 114; AK-StPO/*Achenbach* Rn. 9; Löwe/Rosenberg/*Graalmann-Scheerer* Rn. 25; *Meyer-Goßner* Rn. 2.
[3] Dazu OLG Bamberg v. 25. 10. 1990 – Ws 223/84, NStZ 1990, 252; *Meyer-Goßner* Rn. 1.
[4] So BGH v. 23. 9. 1960 – 3 StR 28/60, BGHSt 15, 155 = NJW 1960, 2346; siehe auch OLG Zweibrücken v. 8. 3. 2007 – 1 Ws 47/07, NStZ 2007, 420; *Artkämper* u. a. Rn. 333; Anw-StPO/*Walther* Rn. 6; HK-GS/*Pflieger* Rn. 2; KK-StPO/*Schmid* Rn. 6; *Beulke* Rn. 90; *Putzke/Scheinfeld* Rn. 61.
[5] So KK-StPO/*Schmid* Rn. 6.
[6] Siehe *J. Kretschmer* Jura 2004, 452, 454; *Roxin* DRiZ 1997, 109, 114 ff.; HbStrVf/*Heghmanns* Rn. V. 11; AK-StPO/*Achenbach* Rn. 12; Löwe/Rosenberg/*Graalmann-Scheerer* Rn. 27; *Roxin/Schünemann* § 9 Rn. 14.
[7] Dazu KK-StPO/*Schmid* Rn. 10 ff.
[8] Siehe HdbStA/*Vordermayer* 3. Teil. B. Rn. 26; *Joecks* Rn. 4; KK-StPO/*Schmid* Rn. 13 ff.; Löwe/Rosenberg/*Graalmann/Scheerer* Rn. 32; *Meyer-Goßner* Rn. 6.

gen den Beschuldigten ergibt. Das Verhalten ist aus rechtlichen Gründen nicht strafbar oder verfolgbar. Die strafrechtliche Beteiligung ist nicht wahrscheinlich oder mit prozessualen Mitteln nicht beweisbar. Beweisverwertungsverbote sind bei der Prognose zu beachten. Der Beschuldigte ist unschuldig oder Rechtfertigungs- bzw. Entschuldigungsgründe sind nicht widerlegbar.

Ein nicht behebbares **Verfahrenshindernis** führt desgleichen zu einer endgültigen Einstellung 10 nach § 170 Abs. 2.[9] Wenn der Beschuldigte während des Ermittlungsverfahrens verstirbt, bedarf es einer konstitutiven Einstellungsverfügung.[10]

Das Strafverfahren kann auch nach den §§ 153 ff. eingestellt werden. Zu diesen Vorschriften 11 siehe die dortige Kommentierung. Auch bei einer Einstellung nach diesen Vorschriften fehlt es an dem genügenden Anlass zur Klageerhebung. Die folgenden Bestimmungen, die die Einstellungsmitteilung regeln, die §§ 170 Abs. 2 und 171 Satz 1 gelten zumindest entsprechend.[11]

Wird bei einem **Privatklagedelikt** das öffentliche Interesse nach § 376 verneint, erfolgt eine Einstellungsverfügung mit eben dieser Begründung (Nr. 87, 89 Abs. 2 RiStBV). Die Verneinung eines öffentlichen Interesses nach § 376 begründet ein Verfahrenshindernis für das Offizialverfahren. Der Verletzte wird auf den Privatklageweg verwiesen. 12

Vor der Einstellung muss die Staatsanwaltschaft in besonderen Fällen andere Behörden **anhören**. Eine solche Pflicht begründet § 403 Abs. 4 AO, falls die Staatsanwaltschaft das Steuerstrafverfahren selbst durchführt. Die Finanzbehörde ist anzuhören. Zu beachten ist Nr. 90 RiStBV. 13

Die Einstellung erfolgt durch eine **Verfügung**, die zu begründen und zu unterschreiben ist. Bei einer Privatanzeige sollten die Einstellungsgründe ausführlich sein, wenn mit einem Klageerzwingungsverfahren zu rechnen ist.[12] 14

IV. Folgen

Eine Einstellung nach Abs. 2 hat **keinen Strafklageverbrauch** zur Folge. Das Ermittlungsverfahren kann – bei geringer praktischer Bedeutung – jederzeit erneut aufgenommen werden.[13] Eine Grenze bildet das **Willkürverbot**[14] – de lege ferenda ist die Einführung einer § 174 Abs. 2 entsprechenden Sperrwirkung geboten.[15] 15

Das Gesetz verlangt eine **Mitteilung** an den Beschuldigten eingeschränkt nur in den genannten Fällen des Abs. 2 Satz 2. Eingeschränkt ist auch die **Begründungspflicht**. Beachte dazu Nr. 88 RiStBV. Der Verteidiger sollte stets einen Antrag um Bescheid und Begründung stellen. Im Einzelfall bleibt die Durchführung eines Ermittlungsverfahrens gegebenenfalls für den davon Betroffenen unentdeckt. Ein solches Geheimverfahren ergibt sich im Zusammenspiel mit § 163 a, wenn bei einer Einstellung gesetzlich keine Vernehmung des Beschuldigten gefordert ist. Wenn man jedoch auch bei einer Einstellung nach § 153 a Abs. 1 eine Vernehmung für notwendig hält,[16] ist auch eine Mitteilung erforderlich. Ein **Geheimverfahren** steht im Widerspruch zu einem rechtsstaatlichen Strafverfahren. In Achtung vor der Stellung des Beschuldigten als ein Prozesssubjekt ist dem Beschuldigten stets Mitteilung zu machen.[17] Das gilt erst recht, da der Betroffene angeblich keinen Anspruch darauf hat, dass die bei der Staatsanwaltschaft gespeicherten personenbezogenen Daten nach der Einstellung gelöscht werden.[18] Außerdem: **Art. 6 Abs. 3 lit. a EMRK** spricht im Gegenteil für ein unverzügliches Recht auf Unterrichtung des Beschuldigten bereits über die Einleitung des Ermittlungsverfahrens, sobald dies ohne eine Gefährdung des Ermittlungszwecks möglich ist.[19] Zur Belehrung über einen **Entschädigungsanspruch** nach Einstellung durch die Staatsanwaltschaft siehe § 9 Abs. 1 Satz 4 und 5 StrEG. Von besonderem Interesse ist, dass nach einer Einstellung nach § 170 Abs. 2 der Beschuldigte im Rahmen der Entschädigung wegen einer Durchsuchung auch die Kosten der Verteidigung als Vermögensschaden geltend machen kann (§ 2 Abs. 2 Nr. 4 StrEG).[20] 16

---

[9] Siehe KK-StPO/*Schmid* Rn. 15.
[10] Nach BGH v. 8. 6. 1999 – 4 StR 595/97, BGHSt 45, 108; Anw-StPO/*Walther* Rn. 10; KK-StPO/*Schmid* Rn. 15.
[11] So Löwe/Rosenberg/*Graalmann/Scheerer* Rn. 33.
[12] Siehe HdbStA/*Vordermayer* 3. Teil. B. Rn. 30 mit Formular einer Einstellungsverfügung gemäß § 170 Abs. 2 in Rn. 32.
[13] Siehe HdbStA/*Vordermayer* 3. Teil. B. Rn. 28; AK-StPO/*Achenbach* Rn. 17; *Joecks* Rn. 6; *Meyer-Goßner* Rn. 9.
[14] Vgl. HbStrVf/*Jahn* Rn. I. 133; Löwe/Rosenberg/*Graalmann-Scheerer* Rn. 51.
[15] So *Radtke* NStZ 1999, 481, 483 in Fn. 20.
[16] Siehe Löwe/Rosenberg/*Erb* Rn. 32; Löwe/Rosenberg/*Rieß*, 25. Aufl., § 163 a Rn. 32; *Meyer-Goßner* § 163 a Rn. 3.
[17] Siehe *Gillmeister* StraFo 1996, 114, 115.
[18] So OLG Zweibrücken v. 9. 8. 2006 – 1 VAs 14/06, NStZ 2007, 55; siehe *Meyer-Goßner* Rn. 13.
[19] Nach Widmaier/*Schlothauer* MAH Strafverteidigung § 3 Rn. 49; dafür auch HbStrVf/*Jahn* Rn. I. 115.
[20] Siehe GenStA Bamberg v. 15. 9. 1993 – 3 Rs 28/93 (E), NStZ 1994, 39.

17 Zum Bescheid an den Antragsteller siehe § 171. Zur Beschwerde und zum Antrag auf gerichtliche Entscheidung siehe sogleich das Klageerzwingungsverfahren. Die Einstellung ist ansonsten nicht anfechtbar. §§ 23 ff. EGGVG gelten nicht.[21]

18 Dem **Strafverteidiger** bietet sich bereits im Ermittlungsverfahren auf Grund des weiten **Beurteilungsspielraums**[22] der Staatsanwaltschaft die vorrangige Möglichkeit, mit dieser über Einstellungen nach den §§ 153 ff. oder § 170 Abs. 2 zu verhandeln.[23] Auch die Möglichkeit eines Strafbefehlsverfahrens ist auszuloten. Kommt es zu einer Anklageerhebung, können die Möglichkeiten der §§ 154, 155 zur Beschränkung des Anklagestoffes genutzt werden. Das kommunikative Element ist zuletzt durch das „Gesetz zur Regelung der Verständigung im Strafverfahren" gestärkt worden. Für das Ermittlungsverfahren siehe den neuen § 160 b.

§ 171 [Einstellungsbescheid]

¹Gibt die Staatsanwaltschaft einem Antrag auf Erhebung der öffentlichen Klage keine Folge oder verfügt sie nach dem Abschluß der Ermittlungen die Einstellung des Verfahrens, so hat sie den Antragsteller unter Angabe der Gründe zu bescheiden. ²In dem Bescheid ist der Antragsteller, der zugleich der Verletzte ist, über die Möglichkeit der Anfechtung und die dafür vorgesehene Frist (§ 172 Abs. 1) zu belehren.

Schrifttum: *Solbach*, Zu drei Fragen aus der staatsanwaltlichen Praxis, NStZ 1987, 350.

1 Die Norm ist bereits der erste **Einstieg** in das **Klageerzwingungsverfahren**. Kommt es zu einer Einstellung des Verfahrens, muss die Staatsanwaltschaft demjenigen, der die Strafverfolgung verlangt, einen begründeten Bescheid erteilen (Satz 1). Der Bürger hat insoweit einen Anspruch, auf seine Anzeigen hin sachgemäß unterrichtet zu werden. Der anzeigende Verletzte ist zudem zu belehren (Satz 2), und hier liegt der mögliche Einstieg in das Klageerzwingungsverfahren.

2 Der **Antrag auf Erhebung der öffentlichen Klage** ist mehr als eine bloße Strafanzeige durch Wissensmitteilung. Diese Unterscheidung zeigt auch § 158 Abs. 1, der von Anzeige und Strafantrag spricht. Der Antrag muss den eindeutigen **Willen auf strafrechtliche Verfolgung** erkennen lassen.[1] Nur die über die bloße Wissensmitteilung hinausgehende im Strafantrag liegende Willensäußerung löst den Einstellungsbescheid aus. Die Auslegung ist entscheidend. Die Strafanzeige des Verletzten wird im Regelfall auch im Sinne eines solchen Verlangens zu verstehen sein.[2] Wenn ein Ermittlungsverfahren unabhängig von einem derartigen Antrag eingeleitet wird, kann dieser auch noch zeitlich nach der Einstellung gestellt werden.[3] Das verlangt § 172 – ohne Bescheid nach § 171 kann der Verletzte das Klageerzwingungsverfahren nicht beschreiten.

3 Jede – endgültige – **Verfahrenseinstellung** wegen einer prozessualen Tat (§ 264) ruft die Pflicht zur **begründeten Bescheidung** des Antragstellers hervor. Er muss nicht Verletzter sein. Der Grund der Einstellung ist unbeachtlich.[4] Die Pflicht entsteht, wenn die Staatsanwaltschaft das Verfahren nach § 170 Abs. 2 einstellt, wenn sie das Verfahren nach § 43 OWiG an die Verwaltungsbehörde abgibt oder wenn sie das öffentliche Interesse nach § 376 ablehnt. Das Gleiche gilt – zumindest analog –, wenn die Staatsanwaltschaft das Verfahren nach den §§ 153 ff. einstellt.[5] Diese Pflicht eines begründeten Bescheids legt auch Nr. 89 Abs. 3 RiStBV der Staatsanwaltschaft auf. Die wahren Gründe der Einstellung müssen im Bescheid genannt werden – Nr. 89 RiStBV. Allgemeine und nichtssagende Redewendungen genügen nicht.

4 Eine **Teileinstellung** erfordert auch einen Einstellungsbescheid. Klagt die Staatsanwaltschaft innerhalb der strafprozessualen Tat (§ 264) nicht wegen aller strafrechtlichen Delikte an, wird die strafprozessuale Tat dennoch als Ganzes zum Prozessgegenstand (§ 155): keine **Teileinstellung** – keine Einstellungsverfügung. In diesem Fall kann die Fürsorgepflicht der Staatsanwaltschaft eine Mitteilung an den Anzeigerstatter gebieten, insbesondere wenn das nicht verfolgte Delikt diesen betrifft.[6] Das ist anders, wenn die Staatsanwaltschaft von mehreren prozessualen Taten des Beschuldigten oder mehrerer Beschuldigter allein eine oder einen zur Anklage bringt: Teileinstellung[7] – Einstellungsbescheid.[8]

---

[21] So Anw-StPO/*Walther* Rn. 19; *Joecks* Rn. 9; *Meyer-Goßner* Rn. 13.
[22] Vgl. *Meyer-Goßner* Rn. 1; Löwe/Rosenberg/*Graalmann-Scheerer* Rn. 3.
[23] Siehe *Meyer-Goßner* Rn. 14.
[1] Nach KK-StPO/*Schmid* Rn. 1.
[2] So Löwe/Rosenberg/*Rieß*, 25. Aufl., § 158 Rn. 8.
[3] So KK-StPO/*Schmid* Rn. 2; Löwe/Rosenberg/*Graalmann-Scheerer* Rn. 4.
[4] Siehe KK-StPO/*Schmid* Rn. 4; Löwe/Rosenberg/*Graalmann-Scheerer* Rn. 5; SK-StPO/*Wohlers* Rn. 4 ff.
[5] Siehe *Solbach* NStZ 1987, 350, 352; Anw-StPO/*Walther* Rn. 4; Löwe/Rosenberg/*Graalmann-Scheerer* Rn. 5.
[6] Vgl. *Solbach* NStZ 1987, 350, 352 f.
[7] So Anw-StPO/*Walther* § 170 Rn. 12; *Meyer-Goßner* § 170 Rn. 8.
[8] So *Solbach* NStZ 1987, 350, 352; *Meyer-Goßner* Rn. 1.

Wie bei § 158[9] bedarf ein rechtsmissbräuchlicher, **querulatorischer** Antrag besonderer Vorsicht 5
und Beachtung. Derartige Anzeigen und Anträge, auch solche mit beleidigendem Inhalt sind unzulässig und gelten gerade nicht als „Anträge" im Sinne des § 158 oder des § 171.[10] Der querulatorische Antragsteller muss keinen Bescheid erhalten.[11]

Eine förmliche **Zustellung** ist im Gesetz nicht vorgeschrieben. Nach Nr. 91 Abs. 2 RiStBV soll 6
die Staatsanwaltschaft eine förmliche Zustellung an den Antragsteller vornehmen, wenn mit einem Klageerzwingungsverfahren zu rechnen ist. Es geht um die Beweisbarkeit für den Ablauf der Beschwerdefrist. In der Praxis wird überwiegend die formlose Übersendung aus Kostengründen praktiziert.[12]

Der Antragsteller, der auch **Verletzter** ist, muss im Einstellungsbescheid zudem über die Mög- 7
lichkeit der Anfechtung und die dafür vorgesehene Frist (§ 172 Abs. 1) **belehrt** werden. Die Belehrungspflicht besteht nicht, wenn ein Klageerzwingungsverfahren gemäß § 172 Abs. 2 Satz 3 nicht zulässig ist: Privatklagedelikte, Einstellungen nach dem Opportunitätsprinzip der §§ 153 ff. Die Belehrung unterbleibt auch in den häufigen Fällen, wenn die Staatsanwaltschaft das Verfahren einstellt, da der Täter nicht ermittelt werden konnte.[13] Das Klageerzwingungsverfahren wäre auf einen unmöglichen Erfolg gerichtet und daher unzulässig. Eine unterbliebene oder eine im Wesentlichen fehlerhafte Belehrung setzt die zweiwöchige Beschwerdefrist des § 172 Abs. 1 nicht in Gang (§ 172 Abs. 1 Satz 3).

§ 172 [Klageerzwingungsverfahren]

(1) ¹Ist der Antragsteller zugleich der Verletzte, so steht ihm gegen den Bescheid nach § 171 binnen zwei Wochen nach der Bekanntmachung die Beschwerde an den vorgesetzten Beamten der Staatsanwaltschaft zu. ²Durch die Einlegung der Beschwerde bei der Staatsanwaltschaft wird die Frist gewahrt. ³Sie läuft nicht, wenn die Belehrung nach § 171 Satz 2 unterblieben ist.

(2) ¹Gegen den ablehnenden Bescheid des vorgesetzten Beamten der Staatsanwaltschaft kann der Antragsteller binnen einem Monat nach der Bekanntmachung gerichtliche Entscheidung beantragen. ²Hierüber und über die dafür vorgesehene Form ist er zu belehren; die Frist läuft nicht, wenn die Belehrung unterblieben ist. ³Der Antrag ist nicht zulässig, wenn das Verfahren ausschließlich eine Straftat zum Gegenstand hat, die vom Verletzten im Wege der Privatklage verfolgt werden kann, oder wenn die Staatsanwaltschaft nach § 153 Abs. 1, § 153a Abs. 1 Satz 1, 7 oder § 153b Abs. 1 von der Verfolgung der Tat abgesehen hat; dasselbe gilt in den Fällen der §§ 153c bis 154 Abs. 1 sowie der §§ 154b und 154c.

(3) ¹Der Antrag auf gerichtliche Entscheidung muß die Tatsachen, welche die Erhebung der öffentlichen Klage begründen sollen, und die Beweismittel angeben. ²Er muß von einem Rechtsanwalt unterschrieben sein; für die Prozeßkostenhilfe gelten dieselben Vorschriften wie in bürgerlichen Rechtsstreitigkeiten. ³Der Antrag ist bei dem für die Entscheidung zuständigen Gericht einzureichen.

(4) ¹Zur Entscheidung über den Antrag ist das Oberlandesgericht zuständig. ²§ 120 des Gerichtsverfassungsgesetzes ist sinngemäß anzuwenden.

Schrifttum: *Hamm/Lohberger,* Beck'sches Formularbuch für den Strafverteidiger, 4. Aufl., 2002; *Bischoff,* Die Praxis des Klageerzwingungsverfahrens, NStZ 1988, 63; *Bischoff,* Die Begründung des Klageerzwingungsantrags, NJW 1988, 1308; *Küpper,* Das Klageerzwingungsverfahren, Jura 1989, 281; *Peglau,* Der Begriff des „Verletzten" iS von § 172 I StPO, JA 1999, 55; *Rackow,* Die Darstellung der Verletzteneigenschaft durch den Anwalt im Antrag auf gerichtliche Entscheidung im Klageerzwingungsverfahren, GA 2001, 482.

Übersicht

	Rn.
I. Allgemeines	1–5
II. Ablauf: 3 Schritte	6–8
III. Der Verletzte	9–12
IV. Einstellungsbeschwerde	13–22
V. Der Klageerzwingungsantrag	23–42
1. Inhalts des Antrags	23–37
2. Prozesskostenhilfe	38
3. Entscheidung des OLG	38–42
VI. Wiederholung des Klageerzwingungsverfahrens	43

---

[9] S. o. § 158 Rn. 3.
[10] Siehe KK-StPO/*Schmid* Rn. 7; *Meyer-Goßner* Rn. 1.
[11] Siehe HdbStA/*Vordermayer* 3. Teil B. Rn. 12 ff.; HK-GS/*Pflieger* Rn. 1; *Joecks* Rn. 3.
[12] Nach HbStrVf/*Dallmeyer* Rn. I. 177.
[13] So KK-StPO/*Schmid* Rn. 12; *Meyer-Goßner* Rn. 9.

I. Allgemeines

1 § 172 ist die zentrale Vorschrift für das **Klageerzwingungsverfahren**. Die Anklageerhebung ist Aufgabe der Staatsanwaltschaft – eine Ausnahme ist das Privatklageverfahren (§§ 374 ff.). Mittels des erfolgreichen Klageerzwingungsverfahrens hat der Strafantrag stellende Verletzte die Möglichkeit, die Staatsanwaltschaft durch eine gerichtliche Entscheidung zur Anklagerhebung zu zwingen (§ 175). Das Klageerzwingungsverfahren dient der Wahrung des **Legalitätsprinzips**.[1] In der Praxis hat das Klageerzwingungsverfahren eine äußerst geringe Bedeutung. Stets erfolgt der Hinweis, dass die Erfolgsaussichten eines solchen Verfahrens in der Praxis äußerst gering sind.[2] Über 80% aller Anträge werden bereits als unzulässig verworfen, da sie nicht dem – überzogenen – Inhalt des Abs. 3 entsprechen. Der bloßen Existenz des Klageerzwingungsverfahrens wird eine präventive Wirkung zugeschrieben.[3]

2 Das Klageerzwingungsverfahren ist nicht zulässig bei Einstellungen nach dem **Opportunitätsprinzip** (§§ 153 ff.) sowie in den Fällen, in denen die Straftat vom Verletzten selbst im **Privatklageverfahren** verfolgt werden kann (§ 172 Abs. 2 Satz 3). Bei Einstellungen nach den §§ 153 ff. kann das Klageerzwingungsverfahren jedoch mit der Begründung vom Verletzten betrieben werden, dass die materiellen Einstellungsvoraussetzungen nicht vorgelegen haben.[4] Das wäre etwa der Fall, wenn die Staatsanwaltschaft das Verfahren nach § 153 a trotz eines Verbrechensverdachts eingestellt hätte. Das Legalitätsprinzip wäre berührt. Es mag daher für den **Strafverteidiger** von vorrangigem Interesse sein, ein Ermittlungsverfahren nach § 153 Abs. 1 oder § 153 a Abs. 1 zu beenden, da der Beschuldigte dann nicht den drohenden Folgen eines Klageerzwingungsverfahrens ausgesetzt ist. Diesen prozessualen Vorteil gegenüber einer Einstellung nach § 170 Abs. 2 muss er seinem Mandanten verdeutlichen.

3 Das Klageerzwingungsverfahren ist unzulässig, wenn es **ausschließlich** um die Verfolgung von **Privatklagedelikten** geht. Das gilt auch, wenn die Staatsanwaltschaft zunächst das öffentliche Interesse nach § 376 bejaht und das Verfahren später nach § 170 Abs. 2 einstellt.[5] Der Ermessensspielraum der Staatsanwaltschaft bei der Beurteilung des öffentlichen Interesses ist nicht im Klageerzwingungsverfahren gerichtlich überpüfbar.

4 Wenn **innerhalb einer prozessualen Tat** des § 264 ein **Offizialdelikt** und ein **Privatklagedelikt** zusammentreffen, ist das Klageerzwingungsverfahren für beide Delikte zulässig, wenn der Antragsteller auch durch das Offizialdelikt verletzt ist.[6] Ergibt sich ein hinreichender Tatverdacht wegen des Offizialdeliktes wird das Privatklagedelikt einheitlich mitverfolgt. Das Klageerzwingungsverfahren wird hinsichtlich des Privatklagedeliktes unzulässig,[7] wenn der hinreichende Tatverdacht bezüglich des Offizialdeliktes nicht gegeben ist. Ein Beispiel: Die Staatsanwaltschaft stellt ein Ermittlungsverfahren wegen versuchten Mordes mangels jeglichen Vorsatzes nach § 170 Abs. 2 ein. Der Verletzte betreibt das Klageerzwingungsverfahren, um eine Anklage wegen versuchten Mordes – Offizialdelikt – zu erreichen. Wenn nun das OLG den hinreichenden Tatverdacht wegen des versuchten Mordes nach sachlicher Prüfung ablehnt – kein Tötungsvorsatz –, verwirft es den Antrag als unbegründet. Eine Prüfung des Privatklagedeliktes unterbleibt. Die versuchte Körperverletzung kann im Privatklageweg (§ 374 Abs. 1 Nr. 4) vom Verletzten verfolgt werden. Was aber ist, wenn innerhalb der strafprozessualen Tat der Antragsteller nicht durch das Offizialdelikt, sondern allein durch das Privatklagedelikt verletzt ist? In diesem Fall muss nichtsdestotrotz ein Klageerzwingungsantrag statthaft sein,[8] da ein Ausweichen auf den Privatklageweg bei einem Zusammentreffen von Offizial- und Privatklagedelikt nicht möglich ist.[9] Es gelten die vorigen Grundsätze. Bilden Offizialdelikt und Privatklagedelikt jedoch selbständige prozessuale Taten im Sinne des § 264, kann der Verletzte bezogen auf das Privatklagedelikt sogleich auf diesen Weg verwiesen werden.

5 Gegen **Jugendliche** ist ein Privatklageverfahren unzulässig (§ 80 JGG). Sofern die Staatsanwaltschaft das Ermittlungsverfahren gegen den Jugendlichen nach § 170 Abs. 2 und nicht nach dem

---

[1] Siehe OLG Celle v. 1. 2. 2008 – 1 Ws 32/08, NStZ 2008, 423; OLG Stuttgart v. 13. 9. 2005 – 5 Ws 109/05, NStZ 2006, 117, 118; *Küpper* Jura 1989, 281; Anw-StPO/*Walther* Rn. 1; KK-StPO/*Schmid* Rn. 1; *Meyer-Goßner* Rn. 1; *Beulke* Rn. 344.
[2] So *Bischoff* NStZ 1988, 63; HbStrVf/*Dallmeyer* Rn. I. 166; Anw-StPO/*Walther* Rn. 1; KK-StPO/*Schmid* Rn. 1.
[3] So *Küpper* Jura 1989, 281; *Beulke* Rn. 344; *Roxin/Schünemann* § 41 Rn. 3.
[4] So OLG Stuttgart v. 13. 9. 2005 – 5 Ws 109/05, NStZ 2006, 117; Anw-StPO/*Walther* Rn. 30; *Meyer-Goßner* Rn. 3.
[5] Siehe AK-StPO/*Moschüring* Rn. 74; KK-StPO/*Schmid* Rn. 39; SK-StPO/*Wohlers* Rn. 40.
[6] Siehe Anw-StPO/*Walther* Rn. 28; KK-StPO/*Schmid* Rn. 40; *Meyer-Goßner* Rn. 2.
[7] So HK-GS/*Pflieger* Rn. 2; KK-StPO/*Schmid* Rn. 40; Löwe/Rosenberg/*Graalmann-Scheerer* Rn. 24; *Meyer-Goßner* Rn. 2.
[8] So Löwe/Rosenberg/*Graalmann-Scheerer* Rn. 25; SK-StPO/*Wohlers* Rn. 41; anders OLG Stuttgart v. 20. 12. 1996 – 1 Ws 189/96, NStZ 1997, 254, 255.
[9] Siehe KK-StPO/*Senge* § 374 Rn. 9.

Opportunitätsprinzip (§§ 153 ff., §§ 80 Abs. 1 Satz 2, 45 JGG) eingestellt hat, ist daher auch bei Privatklagedelikten das Klageerzwingungsverfahren zur Sicherung des Legalitätsprinzips statthaft.[10]

II. Ablauf: 3 Schritte

Bereits der Verfahrensgang des Klageerzwingungsverfahrens ist kompliziert. **1. Schritt:** Die Staatsanwaltschaft stellt ein Ermittlungsverfahren nach den §§ 170 Abs. 2, 171 ein. Für den Einstellungsbescheid ist Voraussetzung, dass der Anzeigende seinen eindeutigen Willen zur strafrechtlichen Verfolgung deutlich macht. Nur der **Antragsteller** kann das Klageerzwingungsverfahren betreiben. Um diese Voraussetzung zu erfüllen, ist anerkannt, dass dieser Antrag auch noch während eines Ermittlungsverfahrens, das von Amts wegen oder durch die Anzeige eines anderen eingeleitet wurde, gestellt werden kann.[11] Selbst nach einer Einstellung gemäß § 170 Abs. 2 ist die Antragstellung noch möglich.[12] Ein erst mit der Beschwerde oder sogar ein erst mit dem Klageerzwingungsantrag gestelltes Verlangen nach Strafverfolgung ist nicht genügend.[13] Die drei einzelnen Schritte müssen genau eingehalten werden.

2. Schritt: Der Antragsteller, der zugleich der **Verletzte** ist, kann gegen den Einstellungsbescheid nach § 171 Beschwerde an den vorgesetzten Beamten der Staatsanwaltschaft erheben (§ 172 Abs. 1). Die Zweiwochenfrist läuft nur bei einer hinreichenden Belehrung nach § 171 Satz 2. Eine mangelhafte Belehrung steht einer fehlenden gleich. Die Belehrung darf unterbleiben, wenn das Klageerzwingungsverfahren unzulässig ist. Der vorgesetzte Beamte der Staatsanwaltschaft ist der Generalstaatsanwalt am OLG. Die **Einstellungsbeschwerde** ist an diesen zu richten. Sie kann aber auch bei der Staatsanwaltschaft eingelegt werden, die den ablehnenden Bescheid erlassen hat.

3. Schritt: Gegen den ablehnenden Bescheid des Generalstaatsanwalts ist binnen einem Monat nach der Bekanntmachung gerichtliche Entscheidung zu beantragen (§ 172 Abs. 2). Es entscheidet das OLG (Abs. 4). Übrigens: Der **Antragsteller** im Klageerzwingungsverfahren muss prozessfähig im Sinne des § 51 ZPO sein.[14] Ist der Antragsteller nicht **prozessfähig**, handelt für ihn der gesetzliche Vertreter. Für den Fall, dass eine ausländische Gesellschaft das Klageerzwingungsverfahren betreibt, muss sie ihre Prozessfähigkeit darlegen.[15] Es gilt § 293 ZPO entsprechend.

III. Der Verletzte

Es zeigt sich, dass das Klageerzwingungsverfahren persönliche Eigenschaften verlangt. Der Antragsteller muss ein Verletzter im Sinne des § 172 sein. Zum wichtigen Begriff des **Verletzten**, der allein ein Klageerzwingungsverfahren betreiben kann, hat sich eine kaum überschaubare Rechtsprechung entwickelt. **Verletzter** ist jede natürliche oder juristische Person, die durch die behauptete Straftat – ihre Begehung vorausgesetzt – **unmittelbar in ihren Rechtsgütern, Rechten oder rechtlich anerkannten Interessen beeinträchtigt** ist.[16] Verletzter kann auch eine Personenvereinigung, eine Behörde oder sonstige Stelle, die Aufgaben der öffentlichen Verwaltung wahrnimmt, eine Behörde einer Kirche oder einer anderen Religionsgesellschaft oder die Regierung oder ein Gesetzgebungsorgan sein.[17] Im Interesse des Legalitätsprinzips wird der Begriff des Verletzten in einem **weiten Sinn** ausgelegt. Nur mittelbar betroffene Personen scheiden aus dem Kreis der Berechtigten aus. Das Gesetz will **keine Popularklage**. Die Rechtsprechung hat eine umfassende deliktsbezogene Kasuistik[18] entwickelt, an der sich der Anwalt orientieren muss. Der entscheidende Gedanke ist, dass die übertretene Vorschrift auch die Rechte dieser Person schützen will (Schutzzweckgedanke).[19] Verletzter kann daher sein, wer dem Schutzbereich der verletzten Norm unterfällt. Im Wesentlichen ist das durch den Straftatbestand geschützte Rechtsgut entscheidend. Dabei ist es ausreichend, dass die Strafvorschrift wenigstens nachrangig oder als Nebenzweck ein indi-

---

[10] Dazu Anw-StPO/*Walther* Rn. 33; KK-StPO/*Schmid* Rn. 46.
[11] Siehe HbStrVf/*Dallmeyer* Rn. I. 170; Anw-StPO/*Walther* § 171 Rn. 2.
[12] Siehe Anw-StPO/*Walther* § 171 Rn. 2; HK-GS/*Pflieger* § 171 Rn. 1.
[13] So HbStrVf/*Dallmeyer* Rn. I. 170; Anw-StPO/*Walther* Rn. 14; *Joecks* Rn. 3.
[14] So OLG Stuttgart v. 4. 8. 2009 – 1 Ws 139/09, wistra 2009, 448; *Meyer-Goßner* Rn. 7.
[15] So OLG Stuttgart v. 4. 8. 2009 – 1 Ws 139/09, wistra 2009, 448.
[16] Siehe OLG Celle v. 1. 2. 2008 – 1 Ws 32/08, NStZ 2008, 423; OLG Stuttgart v. 23. 1. 2002 – 1 Ws 9/02, NJW 2002, 2893; OLG Stuttgart v. 4. 12. 2000 – 1 Ws 222/00, NJW 2001, 840; HansOLG Bremen v. 1. 10. 1987 – Ws 118/87, NStZ 1988, 39; HbStrVf/*Dallmeyer* Rn. I. 171; HK-GS/*Pflieger* Rn. 4; KK-StPO/*Schmid* Rn. 19; *Meyer-Goßner* Rn. 9; *Beulke* Rn. 346.
[17] Siehe *Küpper* Jura 1989, 281; *Meyer-Goßner* Rn. 10.
[18] Bei Anw-StPO/*Walther* Rn. 16; KK-StPO/*Schmid* Rn. 21 ff.; Löwe/Rosenberg/*Graalmann-Scheerer* Rn. 63 ff.
[19] Nach OLG Celle v. 10. 1. 2007 – 1 Ws 1/07, NStZ 2007, 483, mAnm *Iburg*; OLG Stuttgart v. 4. 12. 2000 – 1 Ws 222/00, NJW 2001, 840 = wistra 2001, 198; OLG Braunschweig v. 23. 9. 1992 – Ws 48/91, wistra 1993, 31; HansOLG Bremen v. 1. 10. 1987 – Ws 118/87, NStZ 1988, 39; *Küpper* Jura 1989, 281, 282; *Peglau* JA 1999, 55, 56; AK-StPO/*Moschüring* Rn. 6; Anw-StPO/*Walther* Rn. 15; KK-StPO/*Schmid* Rn. 19; *Roxin/Schünemann* § 41 Rn. 5.

viduelles Rechtsgut schützt.[20] Darin liegt eine Parallele zur Schutzgesetzlehre nach § 823 Abs. 2 BGB.[21] Wird der Begriff der unmittelbaren Beeinträchtigung weit ausgelegt, bedarf es anderer Leitideen wie ein Genugtuungs- oder Vergeltungsbedürfnis zur Bestimmung des Verletzten nicht.

10 **Beispiele:** Bei **Tötungsdelikten** sind die Angehörigen der getöteten Person als Verletzte anzusehen, die nach § 395 Abs. 2 Nr. 1 nebenklageberechtigt sind.[22] Verletzte sind daher die Eltern, Kinder, Geschwister,[23] Ehepartner und Lebenspartner der getöteten Person. Bei einem versuchten Tötungsdelikt ist das Opfer die verletzte Person im Sinne des § 172. Bei **Sexualdelikten** ist allein das Tatopfer unmittelbar durch das jeweilige Sexualdelikt in seiner sexuellen Selbstbestimmung verletzt.[24] Die Annahme,[25] dass auch der Ehemann der sexuell genötigten Ehefrau als Verletzter gilt, entspricht nicht dem Rechtsgut der sexuellen Selbstbestimmung und ist nicht zeitgemäß. Bei den **Aussagedelikten** als Rechtspflegedelikte ist derjenige unmittelbar verletzt, zu dessen Nachteil die Entscheidung des Gerichts beeinflusst war.[26] Die Verschlechterung der Beweislage durch die Aussage ist dazu ausreichend. Die Verletzteneigenschaft entfällt jedoch, wenn sich das Rechtspflegedelikt überhaupt nicht auf die ergangene Entscheidung ausgewirkt hat.[27] Bei der Verletzung der **Unterhaltspflicht** (§ 170 StGB) ist neben den gesetzlich Unterhaltsberechtigten auch der Träger der Sozialhilfe oder ein anderer öffentlicher Versorgungsträger, der an Stelle des an sich unterhaltspflichtigen Täters die Unterhaltsleistungen erbringt, als Verletzter anzusehen.[28] Der durch eine Straftat nach § 315c StGB konkret Gefährdete soll dagegen nicht als Verletzter gelten, es sei denn, es habe ein tödlicher Unfall nahe gelegen.[29] Bei **Gefährdungsdelikten**[30] ergibt sich die Problematik, dass das im Einzelfall mitgeschützte Individualrechtsgut im Falle der Verletzung gegebenenfalls im Wege der Privatklage zu verfolgen ist. Das wäre bei einem tödlichen Ausgang natürlich nicht der Fall. Beim **Diebstahl** gilt neben dem Eigentümer auch der Gewahrsamsinhaber als Verletzter; beim **Betrug** gilt neben dem Geschädigten in der Konstellation des Dreiecksbetrugs auch der Getäuschte als verletzte Person.[31] Beim **Prozessbetrug** ist Verletzter die jeweilige Gegenpartei des Prozessbetrügers.[32] Bei **juristischen Personen** wird durch einen Betrug oder ein sonstiges Vermögensdelikt nur die juristische Person unmittelbar in ihren Rechtsgütern geschädigt und ist daher alleinige Verletzte, nicht das einzelne Mitglied.[33] Die Aktionäre einer geschädigten Aktiengesellschaft und die Gesellschafter einer etwa durch Untreue geschädigten GmbH gehören daher nicht zu den unmittelbar Verletzten.[34]

11 **Nicht verletzt** ist derjenige, der nur als Teil der durch die Norm geschützten **Allgemeinheit** betroffen ist. Der einzelne Bürger ist daher nicht bei Untreue zu Lasten des Staates, bei **Steuerdelikten**, bei **Korruptionsdelikten**,[35] bei **Staatsschutzdelikten** beeinträchtigt.[36] Verletzt sind in diesem Fall auch nicht die Behörden, die diese Allgemeininteressen wahrnehmen.[37] Demnach sind im Bereich des Staatsschutzes weder der BND noch das Bundesamt für Verfassungsschutz zum Klageerzwingungsverfahren ermächtigt. Als nicht verletzt gelten bei einer **Straftat nach § 130 StGB** die Angehörigen der betroffenen Religionsgruppe oder des betroffenen Teils der Gesellschaft.[38] Das überzeugt nicht. Der Angriff auf die Menschenwürde bedeutet die Verletzung eines berechtigten Interesses des Einzelnen.[39] Aus dem Nebenstrafrecht sei allein auf das **TierschutzG** verwiesen.

---

[20] Siehe *Peglau* JA 1999, 55, 57.
[21] So *Küpper* Jura 1989, 281, 282.
[22] So *Küpper* Jura 1989, 281, 282f.; Anw-StPO/*Walther* Rn. 16; KK-StPO/*Schmid* Rn. 21; Löwe/Rosenberg/*Graalmann-Scheerer* Rn. 82.
[23] So *Küpper* Jura 1989, 281, 282f.; HbStrVf/*Dallmeyer* Rn. I. 172; Löwe/Rosenberg/*Graalmann-Scheerer* Rn. 82; nicht ohne weiteres OLG Koblenz v. 2. 6. 1977 – 1 Ws 123/77, MDR 1977, 950, 951 und Meyer-Goßner Rn. 11.
[24] So *Küpper* Jura 1989, 281, 283; Anw-StPO/*Walther* Rn. 16; Löwe/Rosenberg/*Graalmann-Scheerer* Rn. 76.
[25] Bei OLG Celle v. 15. 9. 1958 – 1 Ws 188/57, NJW 1960, 835; AK-StPO/*Moschüring* Rn. 11; HK-GS/*Pflieger* Rn. 4.
[26] So HansOLG Bremen v. 1. 10. 1987 – Ws 118/87, NStZ 1988, 39; Anw-StPO/*Walther* Rn. 16; KK-StPO/*Schmid* Rn. 26.
[27] Nach HansOLG Bremen v. 1. 10. 1987 – Ws 118/87, NStZ 1988, 39; *Küpper* Jura 1989, 281, 283.
[28] So OLG Hamm v. 6. 1. 2003 – Ws 434/02, NStZ-RR 2003, 116.
[29] Nach OLG Celle v. 30. 8. 2004 – 2 Ws 181/04, NStZ-RR 2004, 369; OLG Stuttgart v. 20. 12. 1996 – 1 Ws 189/96, NStZ 1997, 254, 255; *Meyer-Goßner* Rn. 12.
[30] Vgl. *Peglau* JA 1999, 55, 57; Löwe/Rosenberg/*Graalmann-Scheerer* Rn. 58, 97.
[31] Siehe OLG Celle v. 1. 2. 2008 – 1 Ws 32/08, NStZ 2008, 423; Anw-StPO/*Walther* Rn. 16; KK-StPO/*Schmid* Rn. 27.
[32] Nach OLG Celle v. 1. 2. 2008 – 1 Ws 32/08, NStZ 2008, 423.
[33] Siehe Anw-StPO/*Walther* Rn. 16; KK-StPO/*Schmid* Rn. 27.
[34] Siehe OLG Stuttgart v. 4. 12. 2000 – 1 Ws 222/00, NJW 2001, 840 = wistra 2001, 198; OLG Braunschweig v. 23. 9. 1992 – Ws 48/91, wistra 1993, 31; *Meyer-Goßner* Rn. 12.
[35] So Löwe/Rosenberg/*Graalmann-Scheerer* Rn. 99.
[36] Siehe KK-StPO/*Schmid* Rn. 28.
[37] So KK-StPO/*Schmid* Rn. 29.
[38] Siehe HbStrVf/*Dallmeyer* Rn. I. 173.
[39] So OLG Stuttgart v. 23. 1. 2002 – 1 Ws 9/02, NJW 2002, 2893; OLG Karlsruhe v. 10. 2. 1986 – 1 Ws 7/86, NJW 1986, 1276; *Küpper* Jura 1989, 281, 283; Anw-StPO/*Walther* Rn. 16; KK-StPO/*Schmid* Rn. 23.

Der Halter eines Tieres ist hinsichtlich eines Verstoßes gegen das TierschutzG nicht Verletzter im Sinne von Abs. 1.[40] Das TierschutzG ist zutreffend Ausdruck eines auf den Schutz des Tieres gerichteten ethischen Tierschutzes.

Bei **juristischen Personen** wird durch ein Vermögensdelikt nur die juristische Person unmittelbar in ihren Rechtsgütern geschädigt und ist daher alleinige Verletzte, nicht das einzelne Mitglied.[41] Als das entscheidende Argument gilt, dass die juristische Person eine eigene Rechtspersönlichkeit bildet und eine Schädigung durch ein Vermögensdelikt unmittelbar nur diese betrifft.[42] Der einzelne **Aktionär** gilt bei Vermögensstraftaten von Vorstands- oder Aufsichtratsmitgliedern zum Nachteil der Aktiengesellschaft – Untreue – nicht als Verletzter.[43] Das ist bei der Verletzung aktienrechtlicher Informationspflichten anders. Ebenso sind die einzelnen **Gesellschafter einer GmbH** nur mittelbar in ihren rechtlichen Interessen beeinträchtigt, wenn der Geschäftsführer die Gesellschaft durch Untreue schädigt.[44] Unmittelbar verletzt ist die GmbH. Als Argument heißt es: Wem die Zivilrechtsordnung einen eigenen Schadensersatzanspruch gegen den Schädiger einräumt, ist auch der unmittelbar Verletzte im Sinne des § 172. § 43 Abs. 2 GmbHG gewährt der Gesellschaft Ansprüche gegen die schädigenden Geschäftsführer. Eine Ausnahme soll bei einer Einmann-GmbH gelten, bei der faktisch die juristische und die natürliche Person identisch sind.[45] Zuletzt: **Tatbeteiligte** sind keine Verletzten.[46]

IV. Einstellungsbeschwerde

Die **Einstellungsbeschwerde** nach Abs. 1 ist die Vorschaltbeschwerde, die zum OLG führt. Diese Beschwerde geht an den vorgesetzten Beamten der Staatsanwaltschaft. Das ist der **Generalstaatsanwalt** am OLG (§§ 145, 147 GVG). Dieser ist **Adressat** der Einstellungsbeschwerde. Die zweiwöchige **Beschwerdefrist** beginnt mit dem Zeitpunkt, in dem der Antragsteller von der Entscheidung der Staatsanwaltschaft Kenntnis nehmen kann – Zugang der formlosen Mitteilung oder mit der förmlichen Zustellung des Einstellungsbescheids. Die Frist wird auch gewahrt, wenn die Beschwerde bei der ablehnenden Staatsanwaltschaft eingelegt wird (Abs. 1 Satz 2). Eine **Form** ist gesetzlich nicht vorgeschrieben. Sie ist sogar mündlich möglich; einer Begründung bedarf es nicht. Ein Rechtsanwalt sollte jedoch eine schriftliche und begründete Beschwerde abfassen, um die Staatsanwaltschaft oder den Generalstaatsanwalt zu überzeugen. **Inhaltlich** muss die Beschwerde den Willen des Beschwerdeführers erkennen lassen, dass er eine förmliche Sachentscheidung des vorgesetzten Beamten der Staatsanwaltschaft verlangt. Die Vorschaltbeschwerde entfällt in **Staatsschutzsachen**, in denen der Generalstaatsanwalt oder die GBA die zuständige Staatsanwaltschaft ist (§§ 120 Abs. 1 und 2, 142a GVG).[47] In diesem Fall ist gegen den Einstellungsbescheid der Generalstaatsanwaltschaft bzw. des GBA unmittelbar der Antrag auf gerichtliche Entscheidung nach § 172 Abs. 2 zu stellen.

Zur Nachweis der Bekanntmachung und zum Lauf der Beschwerdefrist ist die Staatsanwaltschaft nach Nr. 91 Abs. 2 RiStBV zur förmlichen Zustellung angehalten, wenn mit einem Klageerzwingungsverfahren zu rechnen ist. Im Gegensatz dazu wird in der **Praxis** die formlose Übersendung praktiziert.[48]

Gegen die Versäumung der zweiwöchigen Beschwerdefrist ist in entsprechender Anwendung der §§ 44 ff. **Wiedereinsetzung in den vorigen Stand** zulässig.[49] Wenn im gerichtlichen Klageerzwingungsverfahren (3. Schritt) ein Wiedereinsetzungsverfahren zulässig ist, muss ein solches auch auf der Ebene der Vorschaltbeschwerde (2. Schritt) zulässig sein. Über die Wiedereinsetzung **entscheidet das OLG**[50] – andere[51] erklären den Generalstaatsanwalt für zuständig. Anders als beim Strafverteidiger muss sich der verletzte Antragsteller das Verschulden seines Rechtsanwalts zurechnen lassen.[52]

---

[40] So OLG Celle v. 10. 1. 2007 – 1 Ws 1/07, NStZ 2007, 483, mAnm *Iburg*.
[41] Siehe OLG Celle v. 15. 2. 2007 – 1 Ws 33/07, NStZ 2007, 604; Anw-StPO/*Walther* Rn. 16; KK-StPO/*Schmid* Rn. 27.
[42] So zuletzt das OLG Celle v. 15. 2. 2007 – 1 Ws 33/07, NStZ 2007, 604.
[43] So OLG Braunschweig v. 23. 9. 1992 – Ws 48/91, wistra 1993, 31; KK-StPO/*Schmid* Rn. 30 a.
[44] Nach OLG Celle v. 15. 2. 2007 – 1 Ws 33/07, NStZ 2007, 604; OLG Stuttgart v. 4. 12. 2000 – 1 Ws 222/00, NJW 2001, 840 = wistra 2001, 198.
[45] Nach OLG Stuttgart v. 4. 12. 2000 – 1 Ws 222/00, NJW 2001, 840, 841 = wistra 2001, 198.
[46] Siehe *Peglau* JA 1999, 55, 58; HK-GS/*Pflieger* Rn. 4; *Meyer-Goßner* Rn. 12.
[47] Siehe OLG Stuttgart v. 13. 9. 2005 – 5 Ws 109/05, NStZ 2006, 117; AK-StPO/*Moschüring* Rn. 54; *Meyer-Goßner* Rn. 6.
[48] Nach HbStrVf/*Dallmeyer* Rn. I. 177.
[49] Siehe dazu: Anw-StPO/*Walther* Rn. 8; *Meyer-Goßner* Rn. 17.
[50] Siehe Löwe/Rosenberg/*Graalmann-Scheerer* Rn. 134; *Meyer-Goßner* Rn. 17.
[51] Vgl. HbStrVf/*Dallmeyer* Rn. I. 188; KK-StPO/*Schmid* Rn. 11.
[52] So HbStrVf/*Dallmeyer* Rn. I. 188; KK-StPO/*Schmid* Rn. 32; *Meyer-Goßner* Rn. 25.

16 Die Staatsanwaltschaft kann der Beschwerde **abhelfen**. Sie kann die Ermittlungen wieder aufnehmen. Das kann eine wiederholte Einstellung zur Folge haben. Es ergeht ein neuer Einstellungsbescheid. Es geht von neuem los. Oder aber die Staatsanwaltschaft erhebt Anklage. Weitere Einzelheiten für die Vorgehensweise bestimmt für die Staatsanwaltschaft die Nr. 105 RiStBV.

17 Hilft die Staatsanwaltschaft der Beschwerde nicht ab, wird der **Generalstaatsanwalt** zuständig. Er entscheidet darüber, ob die bisherigen Ermittlungen einen hinreichenden Verdacht für eine Anklageerhebung begründen. Er kann daher die Wiederaufnahme der Ermittlungen anordnen. Oder aber er kann die Staatsanwaltschaft zur Anklageerhebung verpflichten. Die Einstellungsbeschwerde war damit erfolgreich.

18 Der Generalstaatsanwalt kann die Beschwerde auch als **unzulässig** verwerfen.[53] Gründe dafür können sein: Der Antragsteller hat nicht die Stellung eines Verletzten. Die Beschwerdefrist wurde nicht eingehalten. Das Klageerzwingungsverfahren ist nach § 172 Abs. 2 Satz 3 unzulässig. Auch gegen Unbekannt ist ein Klageerzwingungsverfahren nicht statthaft.[54] Die Zielsetzung eines Klageerzwingungsverfahrens ist die spätere Anklageerhebung durch die Staatsanwaltschaft. Das geht gegen einen Unbekannten nicht.

19 Auch bei einer **unzulässigen Beschwerde** muss der Generalstaatsanwalt eine **Sachentscheidung** treffen. In der – unzulässigen – Einstellungsbeschwerde ist stets **subsidiär** eine **Dienstaufsichtsbeschwerde** zu sehen.[55] Die Sachentscheidung, die bei einer unzulässigen Beschwerde, in der Dienstaufsichtsbeschwerde ergeht, ist dem Klageerzwingungsverfahren nicht zugänglich.

20 Eine zulässige Beschwerde wird als **unbegründet** zurückgewiesen, wenn der Generalstaatsanwalt wie auch die zuvor einstellende Staatsanwaltschaft einen hinreichenden Tatverdacht nach § 170 Abs. 2 ablehnt. Die Zurückweisung der Beschwerde bedarf der **Begründung**, aus der sich die Gründe dafür ergeben, dass die Einstellungsentscheidung bestehen bleibt. Der Beschwerdeführer muss erkennen können, ob die Vorschaltbeschwerde als unzulässig erachtet worden ist. Das OLG prüft im Klageerzwingungsverfahren auch, ob die formellen Voraussetzungen, die zu dem ablehnenden Beschwerdebescheid geführt haben, zutreffen.[56] Das OLG ist nicht an die staatsanwaltliche Entscheidung gebunden, so dass der Beschwerdeführer seine die Unzulässigkeit der Beschwerde bestreitende Auffassung in seinem fristgerechten Antrag auf gerichtliche Entscheidung vortragen kann.[57]

21 Der ablehnende Bescheid des Generalstaatsanwalts ist dem Antragsteller bekannt zu machen. Dieser Bescheid muss eine **Rechtsmittelbelehrung** nach § 172 Abs. 2 Satz 2 enthalten. Der Antragsteller muss über den Klageerzwingungsantrag, die Einmonatsfrist, den Adressaten des Antrags – das OLG – und die Form – anwaltliche Unterschrift – belehrt werden. Das gilt sowohl für den Fall, dass die Beschwerde als unbegründet, als auch für den Fall, dass die Beschwerde als unzulässig, abgewiesen wurde.[58] Bedeutsam ist, dass die Belehrung sich nicht auf das inhaltliche Erfordernis nach Abs. 3 bezieht. Um diese inhaltlichen Erfordernisse muss der Anwalt wissen.

22 Der **Strafverteidiger** des Beschuldigten sollte bei der Staatsanwaltschaft nach Ablauf der Beschwerdefrist nachfragen, ob der Verletzte die Beschwerde gegen den Einstellungsbescheid erhoben hat, da ihm dies regelmäßig nicht von der Staatsanwaltschaft mitgeteilt wird.

V. Der Klageerzwingungsantrag

23 **1. Inhalt des Antrags.** Die gerichtliche Antragsbefugnis hat nur der **Verletzte**. Dieser muss auch den Antrag auf Erhebung der öffentlichen Klage und die Beschwerde eingelegt haben. Der Antragsteller muss prozessfähig sein.[59] Ansonsten muss der gesetzliche Vertreter handeln.

24 **Frist und Form:** Nach Bekanntmachung des ablehnenden Bescheids des Generalstaatsanwalts beginnt eine – knappe – einmonatige Antragsfrist. Für den Fristbeginn ist nach Abs. 2 Satz 2 eine ordnungsgemäße Belehrung erforderlich. Innerhalb dieser Frist ist der Antrag auch zu begründen. **Adressat** ist das **OLG** (Abs. 3 Satz 3, Abs. 4). Nur die Einlegung beim OLG ist fristwahrend. Das Verschulden des Rechtsanwalts wird dem Antragsteller zugerechnet.[60] Für die Form ist wichtig, dass der Antrag auf gerichtliche Entscheidung in jedem Fall **eigenhändig** von einem **Rechtsanwalt unterzeichnet** werden muss. Es muss zum Ausdruck gebracht werden, dass der Rechtsanwalt nach erfolgter Sachprüfung die Verantwortung für den Inhalt übernimmt.[61] Dem genügt es nicht,

---

[53] Siehe Anw-StPO/*Walther* Rn. 10.
[54] So *Gillmeister* in Beck'sche Formularbuch für den Strafverteidiger XIII. A. 2. (S. 1058).
[55] So HbStrVf/*Dallmeyer* Rn. I. 182, 192 f.; Anw-StPO/*Walther* Rn. 10; *Joecks* Rn. 8.
[56] So *Meyer-Goßner* Rn. 20.
[57] Siehe Löwe/Rosenberg/*Graalmann-Scheerer* Rn. 120.
[58] Nach Anw-StPO/*Walther* Rn. 12; *Meyer-Goßner* Rn. 20.
[59] So Anw-StPO/*Walther* Rn. 14; *Meyer-Goßner* Rn. 7.
[60] So *Gillmeister* in Beck'sche Formularbuch für den Strafverteidiger XIII. A. 2. (S. 1056).
[61] Nach HbStrVf/*Dallmeyer* Rn. I. 191; Anw-StPO/*Walther* Rn. 20.

wenn der Rechtsanwalt einen vom Antragsteller selbst verfassten Antrag lediglich abstempelt und unterschreibt oder sich gar nur auf ein solches Schreiben bezieht.[62] Die Unterschrift eines Hochschullehrers genügt nicht.[63]

Die **schwierigste Hürde** für das Klageerzwingungsverfahren liegt in **Abs. 3**. Das BVerfG[64] betont, dass Art. 19 Abs. 4 GG nicht nur den Rechtsweg im Rahmen der jeweiligen einfachgesetzlichen Verfahrensordnungen, sondern auch die Effektivität des Rechtswegs garantiert. Der **Zugang** zu den Gerichten dürfe daher nicht in unzumutbarer Weise erschwert werden. Der Richter dürfe bei der Auslegung prozessualer Normen ein eröffnetes Rechtsmittel nicht durch eine überstrenge Handhabung ineffektiv machen. 25

Wichtig für den **Rechtsanwalt**: Keine Experimente – lieber zu viel als zu wenig schreiben. Mag man die strengen Anforderungen an einen Klageerzwingungsantrag vielleicht für übertrieben halten und kritisieren,[65] dennoch muss sich der Rechtsanwalt den hohen inhaltlichen Anforderungen fügen. Alles andere wäre ein schwerer Berufsfehler, solange die Rechtsprechung sich nicht endlich in den nach Abs. 3 gestellten – abschreckenden – Anforderungen mäßigt. Es ergibt sich ein grobes Muster für Schriftsätze, die den Anforderungen des Abs. 3 entsprechen.[66] Der Klageerzwingungsantrag ist an das OLG zu richten, in dessen Bezirk die Staatsanwaltschaft ihren Sitz hat, die das Verfahren eingestellt hat. Der Antrag ist auf die Erhebung der öffentlichen Klage gegen den Beschuldigten gerichtet. Anfangs erfolgt die Darstellung des Sachverhalts mit allen objektiven und subjektiven Merkmalen. Daran schließt sich die chronologische Darstellung des Ermittlungsverfahrens (Sachdarstellung) an. Auf einen entsprechenden Strafantrag als Begehren der Strafverfolgung sollte hingewiesen werden. Wichtig sind die Daten des Einstellungsbescheids der Staatsanwaltschaft, des Zugangs des Bescheids und der fristgemäßen Beschwerde (Abs. 1). Der Inhalt der Einstellungsverfügung und die Begründung der Beschwerde sind verständlich und als geschlossene Darstellung wiederzugeben – keine bloße Ablichtung. Der ablehnende Bescheid des Generalstaatsanwalts ist mit den entsprechenden Daten seines Erlasses und seiner Bekanntmachung (Frist nach § 172 Abs. 2) und mit seinem geschilderten Inhalt wiederzugeben. An der ausreichenden Schilderung des Ermittlungsverfahrens und der gebotenen Auseinandersetzung mit den staatsanwaltlichen Bescheiden scheitern die meisten Anträge.[67] Der Einstellungsbescheid und der Beschwerdebescheid können zu Beweis als Anlage dem Beschwerdeschriftsatz beigegeben werden. Ein Ersatz für die **geschlossene Sachdarstellung** ist das nicht. 26

Im Einzelnen gelten **hohe Anforderungen**:[68] Notwendig ist eine aus sich heraus verständliche und in sich geschlossene Schilderung des vollständigen **Sachverhalts**, der die Erhebung der Anklage in materieller und formeller Hinsicht rechtfertigen würde. Die **Sachdarstellung** muss den Gang des Ermittlungsverfahrens, den Inhalt der angegriffenen Bescheide (Einstellungsverfügung nach § 171 und ablehnender Bescheid des Generalstaatsanwalts nach § 172 Abs. 2) und die Gründe für ihre behauptete Unrichtigkeit mitteilen. Bei der Darstellung des Ermittlungsverfahrens wird die vollständige Wiedergabe der Aussage des Geschädigten und aller Zeugen dagegen nicht gefordert.[69] Der Gang des Ermittlungsverfahrens ist in groben Zügen zu schildern.[70] 27

Diese hohen Anforderungen an einen Klageerzwingungsantrag werden damit begründet, dass das OLG ohne irgendeinen Rückgriff auf Ermittlungsakten oder Beiakten befähigt werden soll, eine Schlüssigkeitsprüfung vorzunehmen.[71] Durch die Darlegungsanforderungen soll das OLG vor unsachgemäßen und unsubstantiierten Anträgen bewahrt werden. Aus der unmittelbaren Lektüre des anwaltlichen Schriftsatzes soll die Beurteilung möglich sein, ohne dass irgendwelche Anlagen zum Antrag zur Kenntnis genommen werden müssen. 28

Eine **wörtliche Wiedergabe** der Bescheide wird **nicht** verlangt.[72] Deren Inhalt muss sich jedoch aus dem Klageerzwingungsantrag selbst ergeben. **Anlagen genügen nicht**. Wer die einzelnen Bescheide in die Antragsschrift hineinkopiert und sich auf verbindende Sätze beschränkt, soll den 29

---

[62] Siehe OLG Frankfurt v. 6. 8. 2001 – 3 Ws 735/01, NStZ-RR 2002, 15; *Joecks* Rn. 22.
[63] Nach *Joecks* Rn. 22.
[64] Etwa BVerfG v. 14. 1. 2005 – 3 Ws 261/04, NStZ-RR 2005, 176.
[65] Vgl. *Bischoff* NStZ 1988, 63, 64; *Bischoff* NJW 1988, 1308; AK-StPO/*Moschüring* Rn. 80; *Joecks* Rn. 17; Löwe/Rosenberg/*Graalmann-Scheerer* Rn. 146.
[66] Ein Muster bei *Gillmeister*, in: Beck'sches Formularbuch für den Strafverteidiger XIII. A. 2. (S. 1053 ff.).
[67] Siehe *Bischoff* NStZ 1988, 63, 64.
[68] Vgl. *Küpper* Jura 1989, 281, 284; HbStrVf/*Dallmayer* Rn. I. 194 ff.; *Gillmeister*, in: Beck'sches Formularbuch für den Strafverteidiger XIII. A. 2. (S. 1055 ff.); *Joecks* Rn. 15; KK-StPO/*Schmid* Rn. 34 ff.; *Meyer-Goßner* Rn. 27 ff.
[69] Siehe SächsVerfGH v. 18. 3. 2004 – Vf. 77-IV-03, NJW 2004, 2729.
[70] So OLG Frankfurt a. M. v. 19. 5. 2005 – 3 Ws 405/04, NStZ-RR 2005, 237; OLG Düsseldorf v. 23. 9. 1999 – 1 Ws 780/99, StraFo 2000, 22; HbStrVf/*Dallmayer* Rn. I. 196.
[71] Siehe BVerfG v. 14. 1. 2005 – 3 Ws 261/04, NStZ-RR 2005, 176; SächsVerfGH v. 18. 3. 2004 – Vf. 77-IV-03, NJW 2004, 2729; OLG Frankfurt a. M v. 19. 5. 2005 – 3 Ws 405/05, NStZ-RR 2005, 237; OLG Stuttgart v. 8. 9. 2003 – 1 Ws 242/03, NStZ-RR 2003, 331; HbStrVf/*Dallmayer* Rn. I. 194; *Joecks* Rn. 16; KK-StPO/*Schmid* Rn. 34.
[72] So *Meyer-Goßner* Rn. 27 a.

inhaltlichen Anforderungen nicht genügen.[73] Das ist gewiss übertrieben. Dennoch: Verlangt wird eine geschlossene und aus sich heraus verständliche Sachverhalts- und Sachdarstellung.[74] Der Anwalt muss sich daher der Mühe unterziehen, eine eigene Darstellung des für die strafrechtliche Beurteilung erheblichen Sachverhalts und der Sachdarstellung zu erarbeiten. Es genügt nicht, wenn der Anwalt durch eine pauschale Verweisung auf umfangreiche, überwiegend zu den Ermittlungsakten gehörende Anlagen dem Gericht nur die Möglichkeit gibt, sich diesen Sachverhalt durch Aktenstudium zu erschließen.[75]

30 Weiterhin muss der Antragsschrift die Einhaltung der **Beschwerdefrist nach Abs. 1** zu entnehmen sein.[76] Es unterliegt nach Ansicht des BVerfG keinen verfassungsrechtlichen Bedenken, dass der Antragsteller in einem Klageerzwingungsverfahren für einen zulässigen Antrag auf gerichtliche Entscheidung auch die Einhaltung der Beschwerdefrist nach § 172 Abs. 1 darlegen muss. Das BVerfG erachtet es jedoch als mit Art. 19 Abs. 4 GG nicht vereinbar, wenn die Einhaltung der Beschwerdefrist allein mit der Angabe des Eingangsdatum der Beschwerdeschrift bei der Generalstaatsanwaltschaft schlüssig darzulegen ist. Dieses Datum ist allein durch Akteneinsicht zu erfahren. Um diese sollte sich der Anwalt nichtsdestotrotz bemühen. Für den Nachweis der Beschwerdefrist genügt nach Ansicht des BVerfG[77] Folgendes: Der Antragsteller gibt das Datum des Posteinwurfs der Beschwerdeschrift an, wenn danach noch zwei Postbeförderungstage bis zum Ablauf der Beschwerdefrist bleiben. Zudem wird es als ausreichend angesehen, wenn nur das Datum der Abfassung der Beschwerdeschrift angegeben wird und nach Abfassung der Schrift noch eine hinreichend lange Zeit verbleibt, bei der unter Berücksichtigung normaler Postlaufzeiten davon auszugehen ist, dass die Beschwerde fristgerecht bei der Staatsanwaltschaft eingegangen ist. Das BVerfG nennt fünf Tage. Wenn ein OLG – wie in dem dem BVerfG zugrunde liegenden Verfahren – die Auffassung vertritt, dass aus der verbleibenden Zeit von acht Tagen bis zum Ablauf der Beschwerdefrist nach Abfassung der Beschwerdeschrift nicht schlüssig auf die Einhaltung dieser Frist zu schließen ist, kommt das einer willkürlichen Rechtsversagung gleich.

31 Die Einhaltung der Frist nach **Abs. 2** muss sich aus der Darstellung ergeben.[78]

32 Auch die **Antragsbefugnis** und die **Verletzteneigenschaft** müssen dargelegt und begründet werden.[79] Der wiederholte Zusatz[80] „wenn sie nicht ohne weiteres ersichtlich sind" sollte nicht zu vermeidbaren Flüchtigkeiten führen. Bei einem Klageerzwingungsantrag an das OLG sollte kein Anwalt sich auf irgendetwas Offensichtliches verlassen. Allein die Angabe, dass der Antragsteller ein Angehöriger des Getöteten sei, genügte nicht.[81] Bei **Antragsdelikten** ist auch die Wahrung der Frist des § 77b StGB erforderlich. Dies ist darzulegen.

33 Wenn vor der Einstellung des Ermittlungsverfahrens bereits der Erlass eines **Strafbefehls** rechtskräftig abgelehnt worden ist, weil der Beschuldigte der ihm zur Last gelegten Tat nicht hinreichend verdächtig ist, müssen im Klageerzwingungsantrag die tragenden Gründe für diese Ablehnung mitgeteilt werden.[82] Es müssen Tatsachen genannt werden, die die Sperrwirkung der §§ 408 Abs. 2, 211 durchbrechen.

34 Zu den Anforderungen nach Abs. 3 gehört auch die Darstellung eines über den Gegenstand des Klageerzwingungsverfahrens anhängigen oder anhängig gewesenen **Zivilprozesses** oder Verwaltungsgerichtsverfahrens, an dem der Anzeigeerstatter und der Beschuldigte beteiligt sind oder waren.[83]

35 Nochmals, damit unnötige Fehler vermieden werden: Der Antrag muss aus sich heraus verständlich sein! Jeder **Bezug auf Anlagen**, frühere Schriftsätze und frühere Eingaben sind **untersagt**. Selbst auf Anlagen zum Schriftsatz darf nicht verwiesen werden, sofern erst durch die Kenntnisnahme der Anlagen das OLG eine hinreichende Sachdarstellung erreicht wird.[84] Das gilt insbesondere für die Mitteilung der Einstellungsbescheide. Diese müssen inhaltlich unmittelbar im Schriftsatz wiedergegeben werde. Bloße Ablichtungen im Text genügen nicht. Auf diese stren-

---

[73] So BerlVerfGH v. 30. 4. 2004 – VerfGH 128/03, NJW 2004, 2728, 2729; OLG Celle v. 16. 4. 1997 – 3 Ws 95/97, NStZ 1997, 406; *Meyer-Goßner* Rn. 30; anders: Löwe/Rosenberg/*Graalmann-Scheerer* Rn. 147.
[74] So OLG Frankfurt a. M v. 19. 5. 2005 – 3 Ws 405/05, NStZ-RR 2005, 237; OLG Stuttgart v. 8. 9. 2003 – 1 Ws 242/03, NStZ-RR 2003, 331.
[75] So BerlVerfGH v. 30. 4. 2004 – VerfGH 128/03, NJW 2004, 2728, 2729; OLG Celle v. 16. 4. 1997 – 3 Ws 95/97, NStZ 1997, 406; siehe auch SK-StPO/*Wohlers* Rn. 76.
[76] Siehe BVerfG v. 14. 1. 2005 – 3 Ws 261/04, NStZ-RR 2005, 176; OLG Düsseldorf v. 23. 9. 1999 – 1 Ws 780/99, StraFo 2000, 22.
[77] So BVerfG v. 14. 1. 2005 – 3 Ws 261/04, NStZ-RR 2005, 176; auch HbStrVf/*Dallmeyer* Rn. I. 197.
[78] Siehe OLG Düsseldorf v. 23. 9. 1999 – 1 Ws 780/99, StraFo 2000, 22.
[79] Siehe OLG Hamm v. 6. 1. 2003 – 2 Ws 434/02, NStZ-RR 2003, 116; auch *Rackow* GA 2001, 482.
[80] Bei *Dallmeyer* in HbStrVf Rn. I. 196; *Meyer-Goßner* Rn. 27c.
[81] Siehe OLG Koblenz v. 2. 6. 1977 – 1 Ws 123/77, MDR 1977, 950; *Meyer-Goßner* Rn. 27c.
[82] So OLG Frankfurt a. M. v. 23. 11. 2001 – 3 Ws 662/01, NStZ 2002, 78.
[83] Nach OLG Stuttgart v. 8. 9. 2003 – 1 Ws 242/03, NStZ-RR 2003, 331.
[84] Siehe *Joecks* Rn. 20.

gen Anforderungen herabsetzende Stellungnahmen im Schrifttum[85] darf sich der Anwalt in der Gerichtspraxis der Oberlandesgerichte nicht verlassen.

Abschließend begründet der Rechtsanwalt den Antrag auf gerichtliche Entscheidung. Er begründet das Vorliegen des hinreichenden Tatverdachts im Gegensatz zu den bisherigen staatsanwaltlichen Bescheiden. Dabei muss sich der Antragsteller inhaltlich mit diesen auseinandersetzen. Der Antragsteller muss die Tatsachen schildern, auch neue, die einen hinreichenden Tatverdacht begründen.[86] Diese Tatsachen müssen der Erfüllung der Tatbestandsmerkmale dienen; ebenso muss sich das Fehlen von Rechtfertigungs- oder Entschuldigungsgründen ergeben, wenn der Sachverhalt dazu Anlass gibt. 36

Es müssen nach Abs. 3 die **Beweismittel** angegeben werden, mit denen der hinreichende Tatverdacht zu beweisen ist. Aus dem Antrag muss erkennbar sein, dass für alle Tatsachen des Sachverhalts Beweismittel vorhanden sind. Neue Tatsachen und Beweismittel sind zulässig. Der verletzte Antragsteller muss das OLG von einem hinreichenden Tatverdacht überzeugen. Das kann mit dem bisherigen Ermittlungsmaterial gelingen, sofern die tatsächliche und rechtliche Würdigung des Antragstellers das OLG überzeugt. Oder aber der Antragsteller überzeugt durch neue Tatsachen und neue Beweismittel, welche die Wahrscheinlichkeit einer späteren Verurteilung begründen. **Neue Tatsachen und Beweismittel,** die der Staatsanwaltschaft bei Zurückweisung der Vorschaltbeschwerde noch nicht bekannt waren, können während des Klageerzwingungsverfahrens vorgebracht werden.[87] Sie sind vom OLG bei der Schlüssigkeitsprüfung zu berücksichtigen. 37

2. Prozesskostenhilfe. Im Klageerzwingungsverfahren kann **Prozesskostenhilfe** beantragt und gewährt werden. Der Antrag auf **PKH** nach Abs. 3 Satz 2 muss vor Ablauf der Frist des Abs. 2 gestellt werden.[88] Wenn die PKH rechtzeitig beantragt wurde, jedoch vom OLG zu spät beschieden wird, so dass die Frist des Abs. 2 für den Klageerzwingungsantrag nicht einzuhalten ist, ist Wiedereinsetzung zu gewähren.[89] Maßgebend für die Nachholung des Klageerzwingungsantrags ist nicht die Frist des § 45, sondern es gilt § 172 Abs. 2 Satz 1.[90] Es gelten für die PKH die §§ 114 ff. ZPO. Die Bewilligung der Kosten umfasst außer den Kosten des Verfahrens auch die Beiordnung eines Rechtsanwalts.[91] Es gilt § 78b ZPO entsprechend.[92] Macht der Antragsteller glaubhaft, dass er trotz intensiver Suche keinen zu seiner Vertretung bereiten Rechtsanwalt finden kann, darf bei dem vorgegebenen **Anwaltszwang** der Rechtsschutz nicht scheitern. 38

3. Entscheidung des OLG. Das OLG entscheidet über den Klageerzwingungsantrag durch Beschluss. Das OLG muss über den hinreichenden Tatverdacht entscheiden. Eine Einstellung aus Opportunitätsgründen ist nicht erlaubt.[93] 39

Der Antrag ist **unzulässig,** wenn die Förmlichkeiten nicht eingehalten sind. Das gilt für die Fristen des Abs. 1 und des Abs. 2; das gilt für die Form des Abs. 3 und ferner auch für eine nicht fristgerechte Begründung.[94] Ist der Antragsteller kein Verletzter im Sinne des § 172, ist der Antrag desgleichen unzulässig. Die Unzulässigkeit ergibt sich auch aus § 172 Abs. 2 Satz 3: Privatklagedelikte und Einstellungen nach den dortigen Opportunitätsvorschriften. Wird in einem vermögensrechtlichen Verfahrensgegenstand in einem **Zivilprozess ein Vergleich** getroffen, sollte der Anwalt des Schädigers auf die Aufnahme einer Klausel achten, nach der der – geschädigte – Antragsteller kein Interesse an einer Strafverfolgung des Beschuldigten mehr hat. Dem Klageerzwingungsantrag fehlt dann das **Rechtsschutzinteresse** aus dem Grundsatz des widersprüchlichen Verhaltens.[95] 40

Wenn der Antrag begründet ist, ordnet das OLG ausnahmsweise die Wiederaufnahme weiterer Ermittlungen an, wenn die bisherigen Ermittlungen der Staatsanwaltschaft nicht ausreichend waren.[96] Im Regelfall ordnet das OLG die Anklageerhebung an (§ 175). 41

---

[85] Etwa *Bischoff* NJW 1988, 1308; Löwe/Rosenberg/*Graalmann-Scheerer* Rn. 146.
[86] Siehe OLG Koblenz v. 21. 5. 2007 – 2 Ws 272/07, NStZ-RR 2007, 317.
[87] Siehe Löwe/Rosenberg/*Graalmann-Scheerer* Rn. 150; SK-StPO/*Wohlers* Rn. 75.
[88] So *Joecks* Rn. 13; Löwe/Rosenberg/*Graalmann-Scheerer* Rn. 173.
[89] So *Joecks* Rn. 14; *Meyer-Goßner* Rn. 25.
[90] So HansOLG v. 30. 10. 2006 – 3 Ws 134/06, StraFo 2007, 157; *Meyer-Goßner* Rn. 25; anders Löwe/Rosenberg/ *Graalmann-Scheerer* Rn. 173.
[91] Siehe dazu *Joecks* Rn. 13.
[92] So OLG Bamberg v. 7. 5. 2007 – 3 Ws 113/06, NJW 2007, 2274; *Gillmeister,* in: Beck'sches Formularbuch für den Strafverteidiger XIII. A. 2. (S. 1057); *Küpper* Jura 1989, 281, 284 f; HK-GS/*Pflieger* Rn. 9; *Joecks* Rn. 13; KK-StPO/*Schmid* Rn. 55; *Meyer-Goßner* Rn. 23; *Roxin/Schünemann* § 41 Rn. 13; ablehnend OLG Hamm v. 8. 5. 2003 – 2 Ws 85/03, NStZ 2003, 683; AK-StPO/*Moschüring* Rn. 101.
[93] So HbStrVf/*Dallmeyer* Rn. I. 199.
[94] So OLG Hamm v. 4. 7. 2002 – 2 Ws 213/02, DAR 2003, 87.
[95] Siehe OLG Stuttgart v. 4. 1. 2002 – 1 Ws 270/01, NJW 2002, 2191; Anw-StPO/*Walther* Rn. 18; *Joecks* Rn. 23.
[96] Siehe OLG München v. 27. 6. 2007 – 2 Ws 494 – 496, 501/06, NStZ 2008, 403, 404; OLG Köln v. 14. 2. 2003 – 1 Zs 1656/02, NStZ 2003, 682, 683; OLG Hamm StV 2002, 128, 129. S. u. § 175 Rn. 3.

42 Der **Strafverteidiger** des Beschuldigten muss durch eigene Bemühungen in Erfahrung bringen, ob ein Klageerzwingungsverfahren beim OLG läuft. Die Beteiligung des Beschuldigten ist eine Ermessenssache (§ 173 Abs. 2) – außer bei Stattgabe (§ 175). Der Verteidiger kann die Entscheidung beeinflussen, indem er auf formelle und sachliche Fehler hinweist.

§§ 173, 174
VI. Wiederholung des Klageerzwingungsverfahrens

43 Verwirft das OLG einen Klageerzwingungsantrag als unzulässig, kann die Staatsanwaltschaft das Ermittlungsverfahren in derselben Strafsache erneut aufnehmen. Bei einer folgenden Einstellung nach § 170 Abs. 2 ist die Wiederholung des Klageerzwingungsverfahrens statthaft.[97] Das ist dagegen nicht möglich, wenn die Staatsanwaltschaft bereits die Wiederaufnahme von Ermittlungen ablehnt.[98] Wird der Klageerzwingungsantrag dagegen als unbegründet verworfen, bedarf eine Wiederaufnahme nach § 174 Abs. 2 neuer Tatsachen und Beweismittel. Nur wenn der Antragsteller die Wiederaufnahme durch solche **Nova** veranlasst hat, ist er befugt, nach erneuter Einstellung das Klageerzwingungsverfahren zu betreiben.[99]

§ 173 [Verfahren des Gerichts]

(1) Auf Verlangen des Gerichts hat ihm die Staatsanwaltschaft die bisher geführten Verhandlungen vorzulegen.

(2) Das Gericht kann den Antrag unter Bestimmung einer Frist dem Beschuldigten zur Erklärung mitteilen.

(3) Das Gericht kann zur Vorbereitung seiner Entscheidung Ermittlungen anordnen und mit ihrer Vornahme einen beauftragten oder ersuchten Richter betrauen.

1 Das OLG bestimmt das **Verfahren** nach seinem pflichtgemäßen Ermessen.[1] Der Klageerzwingungsantrag ist für das OLG die Entscheidungsgrundlage. Der Generalstaatsanwalt übersendet in der Praxis dem OLG die Akten.[2] § 33 Abs. 2 zwingt zur Anhörung der **Generalstaatsanwaltschaft**.

2 Die **Beteiligung des Beschuldigten** steht desgleichen im Ermessen des Gerichts. Ist der Klageerzwingungsantrag unzulässig, bedarf es einer Anhörung des **Beschuldigten** nicht. Seine Anhörung ist dagegen gemäß § 175 erforderlich, bevor dem Antrag stattgegeben wird. Eine unterlassene Anhörung des Beschuldigten kann im Klageerzwingungverfahren nach § 33a nachgeholt werden.[3]

3 Abs. 3 ermächtigt das OLG ausschließlich zur Anordnung **lückenschließender Beweiserhebungen**, wenn zu erwarten ist, dass sich dadurch ein hinreichender Tatverdacht ergibt.[4]

§ 174 [Verwerfungsbeschluß]

(1) Ergibt sich kein genügender Anlaß zur Erhebung der öffentlichen Klage, so verwirft das Gericht den Antrag und setzt dem Antragsteller, die Staatsanwaltschaft und den Beschuldigten von der Verwerfung in Kenntnis.

(2) Ist der Antrag verworfen, so kann die öffentliche Klage nur auf Grund neuer Tatsachen oder Beweismittel erhoben werden.

1 § 174 regelt die Verwerfung als **unbegründet**. Unbegründet ist der Antrag, wenn das OLG keinen hinreichenden Tatverdacht erkennt. Die Wahrscheinlichkeit einer Verurteilung als hinreichender Tatverdacht prüft das OLG aus eigener Rechtsmacht ohne eine Bindung an die bisherigen staatsanwaltlichen Verfügungen.[1*] Trifft innerhalb der strafprozessualen Tat ein **Offizialdelikt** mit einem **Privatklagedelikt** zusammen, ist zu unterscheiden:[2*] Ergibt sich bereits aus dem Klageerzwingungsantrag, dass ein Offizialdelikt gar nicht in Betracht kommt, ist der Antrag unzulässig (§ 172 Abs. 2 Satz 3). Tritt das OLG dagegen bei schlüssiger Begründung in die Sachprüfung ein,

---

[97] So *Joecks* Rn. 25; KK-StPO/*Schmid* Rn. 58; *Meyer-Goßner* Rn. 37.
[98] So *Meyer-Goßner* Rn. 37.
[99] Siehe AK-StPO/*Moschüring* Rn. 110 ff.; *Meyer-Goßner* Rn. 37.
[1] Siehe *Joecks* Rn. 1; *Meyer-Goßner* Rn. 1.
[2] Nach Anw-StPO/*Walther* Rn. 2.
[3] So Anw-StPO/*Walther* Rn. 3; *Meyer-Goßner* Rn. 2.
[4] Vgl. KG v. 26. 3. 1990 – 4 Ws 220/89, NStZ 1990, 355, mAnm *Wohlers*; ohne Einschränkung Anw-StPO/*Walther* Rn. 4; wie hier: HK-GS/*Pflieger* Rn. 2; *Joecks* Rn. 3; *Meyer-Goßner* Rn. 3.
[1*] Siehe Anw-StPO/*Walther* Rn. 3.
[2*] Nach Anw-StPO/*Walther* Rn. 4; KK-StPO/*Schmid* Rn. 3; *Meyer-Goßner* Rn. 2; *Pfeiffer* Rn. 2.

ob ein hinreichender Tatverdacht bezüglich des Offizialdeliktes gegeben ist, wird der Antrag bei negativem Ergebnis als unbegründet verworfen. Der Verletzte kann den Privatklageweg beschreiten.

Ist der Klageerzwingungsantrag dagegen **unzulässig** – auch wegen mangelnden Inhalts nach § 172 Abs. 3 –, gilt § 174 nicht – keine beschränkte Rechtskraft bei Verwerfung wegen Unzulässigkeit. Der Beschluss, der den Antrag als unzulässig verwirft, wird dem Antragsteller und dem Generalstaatsanwalt bekannt gegeben; dem Beschuldigten, wenn er am gerichtlichen Verfahren beteiligt war.[3]

Der Beschluss nach § 174 ist der Staatsanwaltschaft, dem Antragsteller und dem Beschuldigten bekannt zu machen. Das gilt auch, wenn der Beschuldigte bisher weder vom Ermittlungsverfahren noch vom Klagerzwingungsverfahren wusste.[4] Ein derartiges Geheimverfahren sollte jedoch von vornherein vermieden werden.[5]

Das OLG ist **nicht befugt**, das Verfahren entsprechend § 153 Abs. 2 oder § 153a Abs. 2 einzustellen.[6] Nachdem bereits die Staatsanwaltschaft und der Generalstaatsanwalt keinen Gebrauch von diesen Vorschriften gemacht haben, wäre ein solches Vorgehen durch das OLG widersprüchlich.

Der Beschluss, der den Klageerzwingungsantrag als unbegründet verwirft, bewirkt einen beschränkten **Strafklageverbrauch**. Nur **neue Tatsachen und Beweismittel** berechtigen zur erneuten Klageerhebung. Das betrifft allein die **Offizialdelikte**, da Privatklagedelikte vom Klageerzwingungsverfahren nicht berührt werden.[7] Mangels einer Sachentscheidung tritt ein Strafklageverbrauch wegen konkurrierender Privatklagedelikte nicht ein. Neu im Sinne des Abs. 2 sind alle Tatsachen und Beweismittel, die dem OLG bei seinem ablehnenden Beschluss nicht bekannt waren.[8] Verändert ein bereits vernommener Zeuge seine Aussage, liegen neue Tatsachen und Beweismittel vor.

§ 175 [Beschluß auf Anklageerhebung]

¹Erachtet das Gericht nach Anhörung des Beschuldigten den Antrag für begründet, so beschließt es die Erhebung der öffentlichen Klage. ²Die Durchführung dieses Beschlusses liegt der Staatsanwaltschaft ob.

Schrifttum: *Küpper,* Das Klageerzwingungsverfahren, Jura 1989, 281; *Rieß,* Kostenfolgen des Klageerzwingungsverfahrens, NStZ 1990, 6; *Wohlers,* Anmerkung zu KG v. 26. 3. 1990 – 4 Ws 220/89, NStZ 1991, 300.

Erwägt das OLG, dem Antrag stattzugeben, ist die **Anhörung des Beschuldigten** als Teil des rechtlichen Gehörs zwingend. Der Antrag ist begründet, wenn sich ein hinreichender Tatverdacht wegen eines Offizialdeliktes ergeben hat.

Die Anordnung der öffentlichen Klage erfolgt durch Beschluss. Dieser muss inhaltlich die Angaben enthalten, die einer Anklageschrift nach § 200 entsprechen.[1] Der Beschluss wird der Staatsanwaltschaft, dem Antragsteller und auch dem Beschuldigten mitgeteilt.[2]

Das OLG kann als **Minus** zur Anordnung der Anklageerhebung der Staatsanwaltschaft die **Einleitung oder Fortführung eines Ermittlungsverfahrens** aufgeben, wenn die Staatsanwaltschaft bisher rechtsirrtümlich von der Durchführung von Ermittlungen abgesehen hat.[3*] Das Klageerzwingungsverfahren wird zu einem **Ermittlungserzwingungsverfahren**. § 173 Abs. 3 steht dem nicht entgegen. Danach sind dem OLG allein ergänzende Ermittlungen erlaubt. Das OLG soll aber nicht das vollständige Ermittlungsverfahren führen.[4*] Dagegen steht die Ansicht, nach der das im Klageerzwingungsverfahren zuständige OLG die für die Entscheidung nach den §§ 174 und 175 notwendigen Ermittlungen ohne Einschränkung selbst betreibt.[5*]

Wenn die Staatsanwaltschaft während des Klageerzwingungsverfahrens von selbst die Anklage erhebt, tritt eine **prozessuale Erledigung** des Antrags ein. Das gerichtliche Begehren des An-

---

[3] Siehe *Meyer-Goßner* Rn. 1.
[4] So Anw-StPO/*Walther* Rn. 7; *Meyer-Goßner* Rn. 4.
[5] S. o. § 170 Rn. 16.
[6] So *Joecks* Rn. 2; HK-GS/*Pflieger* Rn. 3; *Meyer-Goßner* Rn. 3; *Pfeiffer* Rn. 3.
[7] So *Joecks* Rn. 3; KK-StPO/*Schmid* Rn. 6; *Meyer-Goßner* Rn. 6.
[8] Nach Anw-StPO/*Walther* Rn. 8; KK-StPO/*Schmid* Rn. 6; *Meyer-Goßner* Rn. 6.
[1] So *Meyer-Goßner* Rn. 2; *Pfeiffer* Rn. 2.
[2] Nach Anw-StPO/*Walther* Rn. 6; HK-GS/*Pflieger* Rn. 2; *Pfeiffer* Rn. 3.
[3*] Siehe OLG München v. 27. 6. 2007 – 2 Ws 494 – 496, 501/06, NStZ 2008, 403, 404; OLG Köln v. 14. 2. 2003 – 1 Zs 1656/02, NStZ 2003, 682, 683; KG v. 26. 3. 1990 – 4 Ws 220/89, NStZ 1990, 355, mAnm *Wohlers; Küpper* Jura 1989, 281, 285; *Meyer-Goßner* Rn. 2; *Pfeiffer* § 172 Rn. 12; *Roxin/Schünemann* § 41 Rn. 15.
[4*] Siehe *Pfeiffer* § 172 Rn. 12; *Roxin/Schünemann* § 41 Rn. 15.
[5*] So *Wohlers* Anm. zu KG v. 26. 3. 1990 – 4 Ws 220/89, NStZ 1991, 300; Anw-StPO/*Walther* Rn. 4; KK-StPO/*Schmid* Rn. 3.

tragstellers wird als Fortsetzungsfeststellungsantrag fortgeführt.[6] Das OLG München[7] knüpft an die feststellende Entscheidung des OLG, dass der Antrag ursprünglich erfolgreich war, die Nebenklagebefugnis nach dem heutigen[8] § 395 Abs. 2 Nr. 2. Das wiederum hat Bedeutung für § 472. Darin liegt das berechtigte Interesse für das Fortsetzungsfeststellungsbegehren.

5 Die Staatsanwaltschaft hat die Anordnung umzusetzen. Sie ist rechtlich und tatsächlich an den Beschluss des OLG **gebunden**.[9] Eine Einstellung nach § 153 Abs. 1 und § 153 a Abs. 1 ist nicht zulässig. Sie darf die erhobene Anklage auch nicht später zurücknehmen. Ein **Strafbefehlsverfahren** ist nach Anordnung der Klageerhebung **ausgeschlossen**.[10] Nach der Klageerhebung ist jedoch eine Einstellung nach § 153 Abs. 2 und § 153 a Abs. 2 zulässig.

6 Der Beschluss bei einem begründeten Klageerzwingungsantrag enthält **keine Kostenentscheidung**. Die im Klageerzwingungsverfahren anfallenden Kosten gehören zu den Kosten des Verfahrens.[11] Die dem Nebenkläger – § 395 Abs. 2 Nr. 2 – erwachsenden notwendigen Auslagen fallen bei einer Verurteilung dem Angeklagten zu (§ 472).

7 Der verletzte **Antragsteller**, der im Klageerzwingungsverfahren erfolgreich ist, ist zur **Nebenklage** befugt (§ 395 Abs. 2 Nr. 2). Diese verfahrensrechtliche Möglichkeit besteht im Strafbefehlsverfahren nicht. Daher ist dessen Anordnung nach § 175 nicht zulässig.[12]

§§ 176, 177

§ 176 [Sicherheitsleistung]

(1) ¹Durch Beschluß des Gerichts kann dem Antragsteller vor der Entscheidung über den Antrag die Leistung einer Sicherheit für die Kosten auferlegt werden, die durch das Verfahren über den Antrag voraussichtlich der Staatskasse und dem Beschuldigten erwachsen. ²Die Sicherheitsleistung ist durch Hinterlegung in barem Geld oder in Wertpapieren zu bewirken. ³Davon abweichende Regelungen in einer auf Grund des Gesetzes über den Zahlungsverkehr mit Gerichten und Justizbehörden erlassenen Rechtsverordnung bleiben unberührt ⁴Die Höhe der zu leistenden Sicherheit wird vom Gericht nach freiem Ermessen festgesetzt. ⁵Es hat zugleich eine Frist zu bestimmen, binnen welcher die Sicherheit zu leisten ist.

(2) Wird die Sicherheit in der bestimmten Frist nicht geleistet, so hat das Gericht den Antrag für zurückgenommen zu erklären.

1 Die Norm ist in der Praxis **nahezu bedeutungslos**.[1] Die Forderung nach ihrer Abschaffung ist verständlich.[2] Sie soll einen Missbrauch des Klageerzwingungsverfahrens verhindern. Der nach § 177 mögliche Kostenerstattungsanspruch soll gesichert werden. Der Beschluss über die Sicherheitsleistung ist unanfechtbar (§ 304 Abs. 4 Satz 2).[3] Wegen der Frist bedarf es einer förmlichen Zustellung.

2 Wird dem Antragsteller Prozesskostenhilfe gewährt (§ 172 Abs. 3), darf ihm keine Sicherheitsleistung abverlangt werden (§ 122 Abs. 1 Nr. 2 ZPO).

§ 177 [Kosten]

Die durch das Verfahren über den Antrag veranlaßten Kosten sind in den Fällen der §§ 174 und 176 Abs. 2 dem Antragsteller aufzuerlegen.

Schrifttum: *Rieß*, Kostenfolgen des Klageerzwingungsverfahrens, NStZ 1990, 6.

1 Die **Kosten** werden dem Antragsteller nur in den genannten beiden Fällen auferlegt. Der Antrag wird vom OLG nach § 174 als unbegründet verworfen. Der Antrag wird nach dem Sonderfall des § 176 Abs. 2 für zurückgenommen erklärt. Wird der Antrag vom OLG als **unzulässig** verworfen – und das geschieht bekanntlich in der Praxis mit der weitaus überwiegenden Zahl der Klageer-

---

[6] Siehe Anw-StPO/*Walther* Rn. 5; KK-StPO/*Schmid* Rn. 3.
[7] OLG München v. 4. 12. 1985 – 2 Ws 1145/84, NStZ 1986, 376; zustimmend *Rieß* NStZ 1990, 6, 10; AK-StPO/*Moschüring* Rn. 8.
[8] Das 2. OpferrechtsreformG vom 29. 7. 2009 (BGBl. I S. 2280) hat den Straftatenkatalog des § 395 neu gefasst und erweitert (BT-Drucks. 16/12098, S. 45 ff.).
[9] Siehe dazu Anw-StPO/*Walther* Rn. 7; *Joecks* Rn. 2; *Meyer-Goßner* Rn. 3; *Pfeiffer* Rn. 2; *Roxin/Schünemann* § 41 Rn. 16.
[10] So HK-GS/*Pflieger* Rn. 3; *Meyer-Goßner* Rn. 3; *Pfeiffer* Rn. 3.
[11] Siehe Anw-StPO/*Walther* Rn. 6; *Joecks* § 177 Rn. 3.
[12] Anders Anw-StPO/*Walther* Rn. 7, 9.
[1] So AK-StPO/*Moschüring* Rn. 8; Anw-StPO/*Walther* Rn. 1.
[2] Siehe AK-StPO/*Moschüring* Rn. 8; KK-StPO/*Schmid* Rn. 6.
[3] Siehe *Joecks* Rn. 1.

zwingungsanträge –, werden dem Antragsteller keine Kosten auferlegt.[1] Seine eigenen Auslagen hat er ohnehin selbst zu tragen. Eine Gerichtsgebühr fällt nicht an. Wenn der Antragsteller den Antrag selbst zurücknimmt, ist § 177 nicht anwendbar.[2] Er regelt die besondere prozessuale Situation des § 176 Abs. 2. Diese ist nicht analogiefähig. Bei der wirklichen **Antragsrücknahme** soll das OLG mit der überflüssigen Prüfung der Zulässigkeit und Begründetheit verschont bleiben. Anders dagegen, wenn das OLG bereits mit der Sachprüfung begonnen hat.[3] Eine Kosten- und Auslagenentscheidung hat zu dann zu ergehen. Der Antragsteller soll einer drohenden Verwerfung als unbegründet nicht durch eine Rücknahme zuvorkommen.

Als **Kosten** sind gemeint:[4] die Gerichtsgebühr nach Nr. 3200 KV-GKG, die Kosten – ergänzender – Ermittlungen nach § 173 Abs. 3 und auch die notwendigen Auslagen des Beschuldigten im Verfahren vor dem OLG (§ 464a Abs. 2). Verteidigerkosten sind nur in dem Fall durch den Antrag veranlasst, wenn der Beschuldigte nicht bereits im Ermittlungsverfahren einen Verteidiger hatte.[5] Unabhängig davon können beispielsweise Reisekosten des Beschuldigten und seines Verteidigers zu Vernehmungsterminen im Klageerzwingungsverfahren anfallen.

Der **Beschluss nach § 175** enthält keine Entscheidung über die Kosten. Die Kosten des Klageerzwingungsverfahrens gehören zu den Kosten des Verfahrens. Im Falle der Verurteilung trägt der Angeklagte grundsätzlich die dem Nebenkläger (§ 395 Abs. 2 Nr. 2) erwachsenen notwendigen Kosten nach § 472.[6]

---

[1] Siehe Anw-StPO/*Walther* Rn. 5; KK-StPO/*Schmid* Rn. 1; *Meyer-Goßner* Rn. 1.
[2] So Anw-StPO/*Walther* Rn. 2; KK-StPO/*Schmid* Rn. 1; anders: *Rieß* NStZ 1990, 6, 9; *Meyer-Goßner* Rn. 1.
[3] Siehe Anw-StPO/*Walther* Rn. 3; KK-StPO/*Schmid* Rn. 1.
[4] Vgl. *Rieß* NStZ 1990. 6, 7f.; Anw-StPO/*Walther* Rn. 6; *Joecks* Rn. 2; KK-StPO/*Schmid* Rn. 3; *Meyer-Goßner* Rn. 2.
[5] So *Rieß* NStZ 1990, 6, 8; Anw-StPO/*Walther* Rn. 6.
[6] So *Rieß* NStZ 1990, 6, 8f.; Anw-StPO/*Walther* Rn. 7; *Meyer-Goßner* Rn. 3.

Dritter Abschnitt

§§ 178–197 (weggefallen)

Vierter Abschnitt. Entscheidung über die Eröffnung des Hauptverfahrens

§ 198 (weggefallen)

§ 199 [Entscheidung über Eröffnung des Hauptverfahrens]

(1) Das für die Hauptverhandlung zuständige Gericht entscheidet darüber, ob das Hauptverfahren zu eröffnen oder das Verfahren vorläufig einzustellen ist.

(2) ¹Die Anklageschrift enthält den Antrag, das Hauptverfahren zu eröffnen. ²Mit ihr werden die Akten dem Gericht vorgelegt.

I. Bedeutung der Vorschrift

1 § 199 ist die **Grundnorm**[1] des (auch als Zwischenverfahren bezeichneten) Eröffnungsverfahrens. Er weist die Entscheidung über die Durchführung einer Hauptverhandlung grundsätzlich dem Gericht zu und verpflichtet die StA, diesem die verfahrensrelevanten Akten vorzulegen.

2 Das Eröffnungsverfahren und die **Eröffnungsentscheidung** entfällt im beschleunigten Verfahren (§ 418 Abs. 1 S. 1), im Strafbefehlsverfahren (§§ 407 ff.), im vereinfachten Jugendverfahren (§§ 76 ff. JGG) sowie bei Nachtragsanklage (§ 266).

II. Entscheidung des Gerichts (Abs. 1)

3 **1. Zuständigkeit, Form, Besetzung.** Zuständig ist der Spruchkörper, der auch für das Hauptverfahren zuständig ist, nicht der Ermittlungsrichter oder ein der StPO unbekannter Eröffnungsrichter.[2] Die Entscheidung ergeht durch **Beschluss**, der zur Wahrung der Filterfunktion des Eröffnungsverfahrens bei Kollegialgerichten der mündlichen Beratung bedarf.[3] Beim AG entscheidet der Richter beim Amtsgericht allein, auch über die Eröffnung vor dem (erweiterten) Schöffengericht (§ 30 Abs. 2 GVG); beim LG entscheiden drei (§ 76 Abs. 1 GVG), beim OLG fünf Richter (§ 122 Abs. 2 S. 1 GVG). Schöffen wirken nicht mit. Die **Besetzung** für die Eröffnungsentscheidung bleibt unverändert, selbst wenn diese erst in der Hauptverhandlung nachgeholt wird, in der das Gericht anders besetzt ist.[4]

4 **2. Unzuständigkeit des Gerichts.** Bei örtlicher Unzuständigkeit ist der Inhalt der Entscheidung weder durch das Gesetz noch durch gesicherte höchstrichterliche Rechtsprechung[5] vorgegeben und dementsprechend umstritten: Nach einer Mindermeinung in der Literatur lehnt das Gericht auch in diesem Fall die Eröffnung des Hauptverfahrens ab,[6] nach hM trifft es lediglich eine Prozessentscheidung über die eigene Unzuständigkeit.[7] Trotz gewisser Friktionen, die sie im Rechtsmittelsystem des Eröffnungsverfahrens auslöst,[8] verdient die hM den Vorzug, da es dogmatisch stimmiger erscheint, angesichts der fehlenden Prozessvoraussetzung der Gerichtszuständigkeit auf eine Sachentscheidung zu verzichten.[9] Zudem vermeidet sie die wenig sachgerechte und allenfalls mittels kühner Argumentation[10] unregelbare Konsequenz der Mindermeinung, dass nach erfolgter Ablehnung der Eröffnung wegen bloßer Unzuständigkeit ein bestehender Haftbefehl gem.

---

[1] *Pfeiffer* Rn. 1; Löwe/Rosenberg/*Stuckenberg* Rn. 1.
[2] *Pfeiffer* Rn. 1; KK-StPO/*Schneider* Rn. 6.
[3] *Kohlhaas* GA 102 (1955), 65 (69 f.); SK-StPO/*Paeffgen* Rn. 15; *Eb. Schmidt*, Lehrkommentar, Nachtr. I § 203 Rn. 3; Löwe/Rosenberg/*Stuckenberg* Rn. 4.
[4] BGH v. 2. 11. 2005 – 4 StR 418/05, BGHSt 50, 267 = NJW 2006, 240.
[5] S. dazu Löwe/Rosenberg/*Stuckenberg* § 204 Rn. 6 Fn. 11.
[6] *Pfeiffer* § 16 Rn. 1 u. § 204 Rn. 1; Löwe/Rosenberg/*Stuckenberg* § 204 Rn. 7.
[7] *Meyer-Goßner* § 204 Rn. 1; SK-StPO/*Paeffgen*, § 204, Rn. 8; KK-StPO/*Schneider* § 204 Rn. 3.
[8] S. § 210 Rn. 3 ff.
[9] Ähnlich KK-StPO/*Schneider* § 204 Rn. 3.
[10] S. *Krey*, Deutsches Strafverfahrensrecht, Bd. II, Rn. 66 (wortlautwidrige Einschränkung des § 120).

Vierter Abschnitt. Entscheidung über die Eröffnung des Hauptverfahrens 5–8 **§ 199**

§ 120 Abs. 1 S. 2 aufgehoben werden müsste. Bei **sachlicher und funktioneller Unzuständigkeit** eröffnet ein unzuständiges Gericht höherer Ordnung das Hauptverfahren vor dem zuständigen Gericht niedrigerer Ordnung (§ 209 Abs. 1), ein vorrangiger Spruchkörper gleicher Ordnung vor dem zuständigen nachrangigen Spruchkörper (§ 209 a); eröffnendes und erkennendes Gericht sind in diesen Fällen ausnahmsweise nicht identisch. Im umgekehrten Fall erfolgt die Aktenvorlage an das höhere Gericht bzw. den vorrangigen Spruchkörper (§§ 209 Abs. 1, 209 a). Bei nur aus dem Geschäftsverteilungsplan resultierender funktioneller Unzuständigkeit kann regelmäßig[11] eine formlose Abgabe an den zuständigen gleichrangigen Spruchkörper desselben Gerichts erfolgen.[12]

III. Aktenvorlage, Eröffnungsantrag (Abs. 2)

1. Vorlage der Akten. Dem Gericht sind – unabhängig von ihrer physischen Beschaffenheit – 5 sämtliche Erkenntnisse vorzulegen, die seit der ersten Aktion der Ermittlungsbehörden in den eigentlichen Ermittlungs- sowie den Beweismittel-, Bei- und Spurenakten gesammelt wurden und sich auf den Anklagegegenstand beziehen.[13] Der Umfang der Vorlagepflicht deckt sich dabei schon deshalb mit demjenigen des Akteneinsichtsrechts der Verteidigers aus § 147,[14] weil das Gericht diesem Recht andernfalls nicht Genüge tun könnte und daher dessen rechtsstaatswidrige Verkürzung zu befürchten stünde. Um ihr eine sinnvolle Teilnahme am weiteren Verfahren zu ermöglichen, verbleiben die Handakten jedoch stets bei der Staatsanwaltschaft.[15]

Die StA hat dem Gericht die Akten zugänglich zu machen. Die physische Übergabe ist nur 6 dann erforderlich, wenn das Gericht diese ausdrücklich verlangt; Beweisstücke bleiben daher in der Praxis häufig bei der StA oder einer anderen Behörde asserviert.[16] Sind die zugänglich gemachten Akten unvollständig, wird das Gericht die StA zur Vervollständigung aufzufordern; erzwingen kann es diese nicht,[17] jedoch bleibt als faktische Sanktion die Ablehnung der Eröffnung des Hauptverfahrens, sofern die unvollständigen Akten keinen hinreichenden Tatverdacht ergeben.[18]

2. Eröffnungsantrag. Der Eröffnungsantrag ist Voraussetzung für das Tätigwerden des Ge- 7 richts.[19] Er bewirkt, dass mit Eingang der Anklage die **Verfahrensherrschaft** auf das Gericht übergeht; dieses bzw. sein Vorsitzender ist nun zuständig für Haftentscheidungen und -maßnahmen (§ 126 Abs. 2 S. 1) sowie für die Gewährung von Akteneinsicht (§§ 147 Abs. 5 S. 1; 406 e Abs. 4 S. 1). Obwohl der Eröffnungsantrag in die Anklageschrift aufzunehmen ist, stellt er eine rechtlich selbständige,[20] wenngleich zur Anklageerhebung akzessorische,[21] **Prozesshandlung** dar. Er kann daher unabhängig von der Anklage zurückgenommen werden,[22] um zB ins beschleunigte Verfahren zu wechseln oder einer ohne ihn erhobenen Anklage nachgeschoben werden, um das beschleunigte Verfahren zu verlassen.[23] Umgekehrt umfasst die Rücknahme der Anklage auch die Rücknahme des Eröffnungsantrags,[24] während ein isolierter Eröffnungsantrag ohne Anklageerhebung praktisch kaum vorstellbar und rechtlich bedeutungslos ist.

IV. Rechtsmittel

Zu den Rechtsmitteln gegen die Entscheidung nach Abs. 1 siehe § 210. Die **Revision** kann nicht 8 unmittelbar auf eine Verletzung des § 199 gestützt werden.[25] Die Unvollständigkeit der Aktenvorlage gem. Abs. 2 kann dann als Verstoß gegen § 244 Abs. 2 o. 3 sowie uU auch gem. § 338 Nr. 8 revisibel sein, wenn das Gericht sich diese zueigen macht, indem es die fehlenden Akten in der Hauptverhandlung nicht beizieht.

---

[11] S. § 209 Rn. 4.
[12] BGH v. 30. 10. 1973 – 5 StR 496/73, BGHSt 25, 242 = NJW 1974, 154; *Meyer-Goßner* § 209 Rn. 4; Löwe/Rosenberg/*Stuckenberg* § 209 Rn. 9 f.; KMR/*Seidl* § 209 Rn. 5.
[13] BGH v. 26. 5. 1981 – 1 StR 48/81, BGHSt 30, 131 (138) = NJW 1981, 2267 (2268).
[14] S. dazu im einzelnen die Kommentierung zu § 147.
[15] Wohl einhellige M.; s. zB *Meyer-Goßner* Rn. 2.
[16] KK-StPO/*Schneider* Rn. 7; Löwe/Rosenberg/*Stuckenberg* Rn. 26.
[17] AK/*Loos* Rn. 9; *Pfeiffer* Rn. 2; Löwe/Rosenberg/*Stuckenberg* Rn. 27.
[18] *Krekeler/Löffelmann* Rn. 2; AK/*Loos* Rn. 9; SK-StPO/*Paeffgen* Rn. 6; *Pfeiffer* Rn. 2; Löwe/Rosenberg/*Stuckenberg* Rn. 27.
[19] HK-StPO/*Julius* Rn. 3; *Krekeler/Löffelman* Rn. 2; Löwe/Rosenberg/*Stuckenberg* Rn 2.
[20] KK-StPO/*Schneider* Rn. 2; Löwe/Rosenberg/*Stuckenberg* Rn. 2.
[21] SK-StPO/*Paeffgen* Rn. 8; wohl auch Löwe/Rosenberg/*Stuckenberg* Rn. 2.
[22] SK/*Paeffgen* Rn. 8; Löwe/Rosenberg/*Stuckenberg* Rn 2; aA KMR/*Seidl* Rn. 2: Antragsrücknahme ist Anklagerücknahme; so wohl auch HK-StPO/*Julius* Rn. 3.
[23] Löwe/Rosenberg/*Stuckenberg* Rn. 2.
[24] Löwe/Rosenberg/*Stuckenberg* Rn. 2.
[25] KMR/*Seidl* Rn. 21.

§ 200 [Inhalt der Anklageschrift]

(1) ¹Die Anklageschrift hat den Angeschuldigten, die Tat, die ihm zur Last gelegt wird, Zeit und Ort ihrer Begehung, die gesetzlichen Merkmale der Straftat und die anzuwendenden Strafvorschriften zu bezeichnen (Anklagesatz). ²In ihr sind ferner die Beweismittel, das Gericht, vor dem die Hauptverhandlung stattfinden soll, und der Verteidiger anzugeben. ³Bei der Benennung von Zeugen ist deren Wohn- oder Aufenthaltsort anzugeben, wobei es jedoch der Angabe der vollständigen Anschrift nicht bedarf. ⁴In den Fällen des § 68 Absatz 1 Satz 2, Absatz 2 Satz 1 genügt die Angabe des Namens des Zeugen. ⁵Wird ein Zeuge benannt, dessen Identität ganz oder teilweise nicht offenbart werden soll, so ist dies anzugeben; für die Geheimhaltung des Wohn- oder Aufenthaltsortes des Zeugen gilt dies entsprechend.

(2) ¹In der Anklageschrift wird auch das wesentliche Ergebnis der Ermittlungen dargestellt. ²Davon kann abgesehen werden, wenn Anklage beim Strafrichter erhoben wird.

I. Allgemeines

1 Die Anklage bestimmt hinsichtlich der Person des Angeschuldigten und der Tat als historischem Lebensvorgang den Gegenstand des Eröffnungs- und Hauptverfahrens und legt damit bindend (vgl. §§ 155, 264) die Grenzen der gerichtlichen Untersuchung und Entscheidung fest (**Umgrenzungsfunktion**);[1] sie ist daher Prozessvoraussetzung. Daneben unterrichtet die gesamte Anklage die Berufsrichter und den Angeschuldigten über die für das Verfahren relevanten Umstände und ermöglicht Letzterem damit eine sachgerechte Verteidigung; der Anklagesatz orientiert zudem die Schöffen über den Tatvorwurf (**Informationsfunktion**).[2]

2 Abs. 1 legt den **Mindestinhalt** jeder Anklage fest, auch der im beschleunigten Verfahren (§ 418 Abs. 3) erhobenen, der Nachtragsanklage (§ 266 Abs. 2 S. 2) und des anklageersetzenden mündlichen Antrags im beschleunigten Jugendverfahren (§ 76 S. 1 JGG).[3] Dieselben Anforderungen gelten auch für die Privatklage (§ 381 S. 2), den Antrag im Sicherungsverfahren (§ 414 Abs. 2 S. 2) und den Antrag im objektiven Einziehungsverfahren (§ 440 Abs. 2).

II. Der Anklagesatz (Abs. 1 Satz 1)

3 1. **Allgemeines.** Der Anklagesatz als Kernstück der Anklage ist in Abs. 1 S. 1 nur hinsichtlich seines Inhalts legaldefiniert. In Form und Aufbau folgt er unterschiedlichen regionalen Gepflogenheiten. Er muss knapp, präzise[4] und verständlich sein (vgl. RiStBV Nr. 110 Abs. 1) und darf insbesondere keine Beweiswürdigung enthalten.[5]

4 2. **Angaben zur Person.** Soweit bekannt, sind anzugeben: Familienname (ggf. auch der abweichende Geburtsname), sämliche Vornamen (Rufname hervorgehoben, nicht volkstümlich abgekürzt), etwaige Alias-Namen, ausgeübter Beruf, Wohnanschrift, Familienstand, Geburtstag und -ort, Staatsangehörigkeit, bei Minderjährigen auch Namen und Anschriften der gesetzlichen Vertreter (vgl. RiStBV Nr. 110 Abs. 2 lit. a). Auch ist an dieser Stelle auffällig zu vermerken, seit wann, weshalb und an welchem Ort dem Angeschuldigten die **Freiheit entzogen** ist, wann der nächste Haftprüfungstermin ansteht und wann die Frist zur Vorlage an das OLG endet. Üblich und nützlich ist es, unmittelbar nach den Angaben zur Person (nicht erst an späterer Stelle, wie scheinbar durch Abs. 1 Satz 2, 3. Alt. vorgegeben) den **Verteidiger** zu nennen. Persönliche Umstände (zB Religion oder Vorstrafen), die nicht der Identifizierung des Angeschuldigen dienen, gehören nicht hierher, sondern – falls nötig – in die Tatbeschreibung, ansonsten allenfalls in das wesentliche Ermittlungsergebnis.[6]

5 3. **Angaben zur Tat. a) Allgemeines.** Eine wirksame Anklage erfordert Angaben zu den Umständen, die die verfolgbare Straftat konstituieren sollen, und zur **Individualisierung der angeklagten Tat.** Dazu muss die Tat im prozessualen Sinne (§ 264 Abs. 1) durch bestimmte Umstände, namentlich Tatzeit, -ort und -objekt, Ausführungsweise sowie angestrebten oder verwirklichten Erfolg, so genau gekennzeichnet werden, „dass keine Unklarheit darüber möglich ist, welche Handlungen

---

[1] BGH v. 25. 1. 1995 – 3 StR 448/94, BGHSt 40, 390 (392) = NStZ 1995, 297.
[2] BayObLG v. 29. 1. 1991 – Reg. 4 St 9/91, wistra 1991, 195; *Danckert* Anm. zu BGH v. 2. 12. 1986 – 1 StR 433/86, StV 1988, 282 sieht in der Orientierung der Schöffen eine eigenständige Prozessfunktion des Anklagesatzes, die aber „auf die gesetzlich vorgesehene Information der Schöffen" reduziert sei.
[3] SK/*Paeffgen* Rn. 2; Löwe/Rosenberg/*Stuckenberg* Rn. 1; einschränkend für den Antrag gem. § 76 JGG *Brunner/Dölling* §§ 76–78 JGG Rn. 8; *Eisenberg* §§ 76–78 JGG Rn. 12: Angabe der Beweismittel zweckmäßig, nicht zwingend.
[4] *Rieß* Anm. zu BGH v. 2. 12. 1986 – 1 StR 433/86, JR 1987, 389.
[5] BGH v. 2. 12. 1986 – 1 StR 433/86, NJW 1987, 1209.
[6] Löwe/Rosenberg/*Stuckenberg* Rn. 10.

dem Angeschuldigten zur Last gelegt werden".[7] Sie muss sich von anderen gleichartigen strafbaren Handlungen desselben Täters unterscheiden lassen,[8] wobei die Tatschilderung umso konkreter sein muss, je größer die Möglichkeit ist, dass der Angeschuldigte verwechselbare weitere Straftaten verübt hat.[9] Mit welchen tatsächlichen Angaben eine Tat genügend umrissen ist, kann nur **einzelfall- und deliktsbezogen bestimmt** werden,[10] weshalb entgegen dem Gesetzeswortlaut auch hinsichtlich Tatzeit und -ort keine absoluten Vorgaben zu machen sind: Ist die Tat durch die Bezeichnung des Tatopfers ausreichend konkretisiert (so häufig bei Tötungsdelikten) oder aufgrund des Tatobjekts örtlich zweifelsfrei bestimmt (zB bei Brandstiftung an Gebäuden), kann das Fehlen von Zeit- und/ oder Ortsangaben unschädlich sein oder die Nennung eines Tatzeitraums oder Tatgebiets ausreichen.[11] Um Fehlerquellen im Hinblick auf die Aburteilungsbefugnis des angerufenen Gerichts und den Umfang des Strafklageverbrauchs zu vermeiden, sollte aber gleichwohl stets auf Vollständigkeit und größtmögliche Präzision bei allen tatkonkretisierenden Angaben geachtet werden.[12]

Für **jedes Merkmal** des objektiven und subjektiven Tatbestands (ggf. jeder Tatbestandsvariante)[13] ist ein innerer oder äußerer Vorgang oder Zustand anzugeben, durch den dieses Merkmal erfüllt sein soll; Gleiches gilt für qualifizierende und privilegierende Merkmale. Mitzuteilen sind auch die Umstände, die die Täterschafts-[14] oder Beteiligungsform,[15] die Garantenstellung,[16] die Sorgfaltspflichtwidrigkeit[17] und ggf. die objekte Strafbarkeitsbedingung[18] begründen. Das Fehlen von Umständen, die die Strafbarkeit des angeklagten Geschehens ausschließen (wie der Rechtfertigungsvoraussetzungen oder des Rücktritts vom Versuch), bracht nur aufgeführt zu werden, wenn dies im Einzelfall (zB wegen des Verteidigungsvorbringens) veranlasst ist.[19] Angaben zu Prozessvoraussetzungen gehören in das wesentliche Ermittlungsergebnis.[20]

b) **Einzelheiten. aa) Mehrzahl von Taten und/oder Opfern.** Auch bei Tatserien gegen dasselbe Opfer müssen die einzelnen Handlungen deutlich voneinander abzugrenzen sein, vorrangig indem die konkreten Tatbilder der Einzeltaten deutlich beschrieben werden. Nur wenn die Taten stets in derselben Weise am selben Ort begangen wurden, reicht allein eine exakte zeitliche Bestimmung für ihre Konkretisierung aus. Ist auch diese nicht möglich, ist die Mindestzahl von Einzeltaten (nicht deren Höchstzahl, die gerade unbekannt ist)[21] in einem möglichst genau umgrenzten Zeitraum anzugeben. Mehrere Opfer sind namentlich aufzuzählen oder anderweitig zu individualisieren; eine Generalklausel reicht nicht,[22] bei Massenverbrechen kann aber die Angabe einer Mindestopferzahl in einem bestimmten Zeitraum genügen.[23] Wird **wahldeutige Verurteilung** erstrebt, sind im Anklagesatz beide Taten, die im Verhältnis exklusiver Alternativität stehen müssen,[24] hinreichend zu konkretisieren.[25]

bb) **Rechtsfolgenrelevante Tatsachen.** Tatsachen, die ausschließlich für die Rechtsfolgen relevant sind (zB ein Täter-Opfer-Ausgleich; § 46a StGB),[26] konstituieren oder individualisieren nicht die Tat und werden daher im Anklagesatz nicht genannt.[27] Hingegen sind Umstände, die sowohl

---

[7] BGH v. 15. 12. 1953 – 5 StR 294/53, BGHSt 5, 226 (227), insoweit in NJW 1954, 1009 nicht abgedruckt; seither übereinstimmend oder sinngleich die ständige Rechtsprechung, s. aus jüngerer Zeit BGH v. 11. 1. 1994 – 5 StR 682/ 93, BGHSt 40, 44 (45) = NStZ 1994, 350; auch die hL, zB HK-StPO/*Julius* Rn. 5; AnwK-StPO/*Kirchhof* Rn. 3; *Meyer-Goßner* Rn. 7; SK/*Paeffgen* Rn. 8; KK/*Schneider* Rn. 3; KMR/*Seidl* Rn. 8; Löwe/Rosenberg/*Stuckenberg* Rn. 18.
[8] BGH v. 11. 1. 1994 – 5 StR 682/93, BGHSt 40, 44 (45) = NStZ 1994, 350.
[9] BGH v. 14. 6. 1993 – 4 StR 288/93, BGHR Tat 4.
[10] BGH v. 26. 2. 1957 – 5 StR 411/56, BGHSt 10, 137 (139) = NJW 1957, 719 (720); BGH V. 21. 12. 1983 – 3 StR 330/83, NStZ 1984, 229; BGH v. 29. 11. 1994 – 4 StR 648/94, NStZ 1995, 245.
[11] *Puppe* NStZ 1982, 230; Löwe/Rosenberg/*Stuckenberg* Rn. 19; für die Tatzeitangaben auch BGH v. 21. 3. 1995 – 1 StR 789/94, BGHR Tat 14; *Krause/Thon* StV 1985, 253; *Krekeler/Löffelmann* Rn. 4; *Meyer-Goßner* Rn. 7.
[12] In der Tendenz ebenso Löwe/Rosenberg/*Stuckenberg* Rn. 15.
[13] BGH v. 15. 11. 1983 – 5 StR 657/83, NStZ 1984, 133.
[14] BGH v. 1. 4. 1998 – 3 StR 22/98, StV 1998, 469; Löwe/Rosenberg/*Stuckenberg* Rn. 16.
[15] SK/*Paeffgen* Rn. 9; Löwe/Rosenberg/*Stuckenberg* Rn. 16.
[16] *Schneider* JZ 1956, 496; SK/*Paeffgen* Rn. 9; KMR/*Seidl*, Rn. 12; Löwe/Rosenberg/*Stuckenberg* Rn. 16.
[17] *Solbach* DRiZ 1972, 236; SK/*Paeffgen* Rn. 9; Löwe/Rosenberg/*Stuckenberg* Rn. 16.
[18] SK/*Paeffgen* Rn. 9, aA *Solbach* MDR 1978, 900.
[19] So wohl auch KMR/*Seidl* Rn. 13 für den Rücktritt vom Versuch.
[20] Löwe/Rosenberg/*Stuckenberg* Rn. 63; aA AnwK/*Kirchhof* Rn. 5; SK/*Paeffgen* Rn. 12; KMR/*Seidl* Rn. 22; differenzierend KK/*Schneider* Rn. 22: Tatsächliche Angaben zum Strafantrag und Bejahung des öffentlichen Interesses in den Anklagesatz, Rechtsausführungen zu den Prozessvoraussetzungen in das Ermittlungsergebnis.
[21] Methodisch verfehlt daher BGH v. 11. 1. 1994 – 5 StR 682/93, BGHSt 40, 44 (45) = NStZ 1994, 350.
[22] BGH v. 26. 2. 1957 – 5 StR 411/56, BGHSt 10, 137 (140 f.) = NJW 1957, 719 (720).
[23] BGH v. 21. 12. 1983 – 3 StR 330/83, NStZ 1984, 229 (230).
[24] OLG Stuttgart v. 12. 7. 1996 – 2 Ss 292/96, NJW 1996, 2879.
[25] BGH v. 3. 11. 1983 – 1 StR 178/83, BGHSt 32, 146 = NJW 1984, 2109 (für gleichartige Wahlfeststellung); OLG Celle v. 12. 8. 1986 – 1 Ss 270/86, NJW 1988, 1225 (für ungleichartige Wahlfeststellung).
[26] AA Löwe/Rosenberg/*Stuckenberg* Rn. 30.
[27] BGH v. 5. 3. 1969 – 4 StR 610/68, BGHSt 22, 336 (338) = NJW 1969, 941; *Kinnen* MDR 1978, 634; AnwK/ *Kirchhof* Rn. 5; *Pfeiffer* Rn. 3; differenzierend HK/*Julius* Rn. 6 (zu prüfen, ob nicht erst im wesentlichen Ermittlungsergebnis anzuführen?).

für die Schuld- wie für die Straffrage bedeutsam sind (sog. doppelrelevante Tatsachen),[28] für die Tat in ihrer konkreten Gestalt konstitutiv und daher in den Anklagesatz aufzunehmen; dies betrifft insbesondere Darlegungen zu den tatsächlichen Voraussetzungen der verminderten Schuldfähigkeit (§ 21 StGB), der Schuldschwere (§ 57a StGB), aber auch von Regelbeispielen und unbenannten minder oder besonders schweren Fällen.[29]

9   cc) **Einzelne Delikte.** Die **Bedrohung** verlangt eine nähere Beschreibung der Drohung (zB nicht nur „Morddrohungen"); werden mehrere Personen mehrfach in gleicher Weise bedroht, sind zahlenmäßig umgrenzte Handlungen den einzelnen Opfern zuzuordnen.[30] **Bestechung** ist nicht durch die einzelnen Pflichtwidrigkeiten, sondern erst durch weitere Angaben zu den einzelnen Tathandlungen und zu Art und Zahl der Vorteilsgewährungen hinreichend konkretisiert.[31] Für **Eingehungsbetrug** ist anzugeben, wann mit wem in einem Vertrag über welche Leistung zu welchem Preis geschlossen wurde und wie und wann dieser erfüllt wurde; bei einer Betrugsserie genügt es grundsätzlich nicht, nur den Tatzeitraum einzugrenzen, die gleichartige Begehungsweise allgemein zu schildern und den Gesamtschaden aller Opfer zu beziffern.[32] Wird im Rahmen eines sog. Organisationsdelikts ein auf die Begehung einer Vielzahl von gleichartigen strafbaren Einzelakten angelegter Geschäftsbetrieb aufgebaut, sind Defizite in der Konkretisierung der Einzelakte aber unschädlich, solange das Organisationsdelikt als solches hinreichend umgrenzt ist.[33] Das **Handeltreiben mit BtM** erfordert die Angabe des Tatorts und des Tatzeitraums, der Mindestzahl der Verkaufshandlungen, der Art des erworbenen Betäubungsmittels und der Person des Käufers; die neuere Rspr hält damit die Tat auch dann für ausreichend konkretisiert, wenn Angaben zu der im Einzelfall erworbenen (Mindest-)Menge oder zum Wirkstoffgehalt fehlen.[34] Bei **Diebstahl** und **Unterschlagung** ist der Tatgegenstand genau zu bezeichnen, eine abstrakte Gattungsbezeichnung (zB „Firmenunterlagen") reicht nicht.[35] **Fahren ohne Fahrerlaubnis** bedarf einer Individualisierung nach Tatort und Tatzeit, bei mehreren Taten ist Anfang und Ende des Tatzeitraums sowie die Mindestanzahl der Fahrten zu nennen; die Angabe „in nicht rechtsverjährter Zeit in ... und anderenorts ein Kraftfahrzeug geführt zu haben", reicht nicht.[36] **Hehlerei** erfordert die Darstellung der Vortat, aus der die Hehlerware stammt, die Umschreibung der konkreten Tatmodalität des § 259 StGB sowie mindestens die Angabe des Tatorts und des Tatzeitraums.[37] **Sexuelle Übergriffe**, insbesondere auf Kinder, sind mit der Angabe des Tatopfers, seines Alters zur Tatzeit, der Grundzüge der Art und Weise der Tatbegehung, eines bestimmten Tatzeitraums und der Mindestanzahl der vorgeworfenen Taten ausreichend konkretisiert.[38] Die Rspr. stellt umso geringere Anforderungen an die Individualisierung der Einzeltaten, je jünger das missbrauchte Kind zum Tatzeitpunkt war (ebenso bei geistig behinderten kindlichen Opfern) und je länger die Taten zurückliegen,[39] was angesichts der Wahrnehmungs- und Erinnerungsfähigkeit auch junger Kinder nicht ohne weiteres nötig[40] ist und daher im Einzelfall bedenklich sein kann. Bei **Steuerstraftaten** sind die tatsächlichen Grundlagen des materiellen Steueranspruchs anzugeben, um dessen Verkürzung es geht, das Täterverhalten, die Steuerart, der Besteuerungszeitraum und die Höhe der Steuerverkürzung, nicht aber deren Berechnung,[41] die der Verständlichkeit des Anklagesatzes häufig abträglich wäre. Beim **Vollrausch** ist auch die Rauschtat zu konkretisieren.[42]

10   **4. Gesetzliche Merkmale der Straftat.** Sie umfassen die abstrakten objektiven und subjektiven gesetzlichen Tatbestandsmerkmale des vorgeworfenen Delikts, die Teilnahme- und Erscheinungsform der Tat (Vollendung, Versuch, Unternehmen) sowie die Konkurrenzen. Soweit rechtsfolgen-

---

[28] Näher dazu § 318 Rn. 5.
[29] Im Ergebnis ebenso, aber mit anderer Begründung (Erfüllung der Informationsfunktion der Anklage) und zT nur auf die Praxis verweisend, die hL: Kaiser NJW 1981, 1028, Solbach DRiZ 1972, 235; ders. MDR 1978, 900; AK/Loos Rn. 11; Meyer-Goßner Rn. 10; SK/Paeffgen Rn. 11; KK/Schneider Rn. 15; KMR/Seidl Rn. 21; Löwe/Rosenberg/Stuckenberg Rn. 30 ff.
[30] BGH v. 8. 8. 1996 – 4 StR 344/96, NStZ 1997, 331.
[31] BGH v. 3. 2. 1995 – 2 StR 630/94, BGHR Tat 10.
[32] BGH v.28. 4. 2006 – 2 StR 174/05, NStZ 2006, 649.
[33] OLG Oldenburg v. 14. 2. 2006 – 1 Ws 33/06, NStZ 2006, 467 (468).
[34] OLG Düsseldorf v. 12. 1. 1998 – 5 Ss 355/97 – 108/97 I, NStZ-RR 1998, 373; OLG Hamm v. 22. 11. 2000 – 2 Ss 908/00, StraFo 2001, 92; anders nach BGH v. 20. 2. 1980 – 2 StR 828/79, GA 1980, 468.
[35] OLG Jena v. 1. 12. 1997 – 1 Ss 160/97, NStZ-RR 1998, 144 (145).
[36] OLG Köln v. 2. 12. 1994 – Ss 521/94, VRS 90, 288 (289).
[37] OLG Hamm v. 7. 3. 2001 – 2 Ss 1058/00, wistra 2001, 236 (237).
[38] BGH v. 11. 1. 1994 – 5 StR 682/93, BGHSt 40, 44 (47) = NStZ 1994, 350.
[39] OLG Bamberg v. 18. 11. 1994 – Ws 575/94, NJW 1995, 1167.
[40] Deckers NJW 1996, 3110.
[41] BayObLG v. 24. 3. 1992 – RReg. 4 St 159/91, NStZ 1992, 403; aA OLG Düsseldorf v. 26. 5.1988 – 3 Ws 85/87, NJW 1989, 2145 (ständige Rspr. dieses Gerichts).
[42] Solbach MDR 1978, 960; Löwe/Rosenberg/Stuckenberg Rn. 16.

seitige Umstände als doppelrelevante Tatsachen in die Tatbeschreibung aufgenommen werden,[43] sind auch ihnen die entsprechenden abstrakten gesetzlichen Merkmale zuzuordnen.

5. Anzuwendende Strafvorschriften. Zu nennen ist die **rechtliche Bezeichnung** der Straftat laut ihrer gesetzlichen Überschrift; fehlt diese oder ist sie für die angeklagte Tatvariante unpassend, ist die übliche Bezeichnung der Tat zu verwenden. Ebenfalls zu bezeichnen sind auch hier die Teilnahme- und Erscheinungsform der Tat sowie die Konkurrenzen; Vorsatz, Fahrlässigkeit und Leichtfertigkeit nur dann, wenn mehrere Schuldformen der Tat möglich sind. Die Einordnung der Tat als Verbrechen oder Vergehen sollte unterbleiben,[44] um eine Fehlerquelle zu vermeiden, der kein entsprechender Nutzen gegenüber steht. 11

Die **maßgeblichen gesetzlichen Bestimmungen** sind zweckmäßig am Ende des Anklagesatzes in Form einer Paragraphenkette aufzulisten, in die auch Rechtsfolgenregelungen aufgenommen werden, die doppelrelevante Tatsachen betreffen (zB §§ 57a, § 243 StGB).[45] Vorschriften über bloße Rechtsfolgen im konkreten Fall (zB §§ 44, 69, 73 ff. StGB) werden in der Praxis häufig aufgelistet, zwingend ist dies nicht.[46] Allgemeine Straf- und Nebenfolgenbemessungsvorschriften (zB §§ 38 ff., 46, 56 ff., 62 StGB) gehören nicht in die Liste. 12

III. Weitere Angaben in der Anklageschrift

1. Beweismittel (Abs. 1 Satz 2, 1. Alt, Satz 3 u. 4.). Die Auflistung der Beweismittel informiert das Gericht (ohne es zu binden) und den Angeschuldigten darüber, wie sich aus Sicht der StA die Beweislage nach Abschluss der Ermittlungen darstellt und ermöglicht es letzterem, schon im Eröffnungsverfahren die präsentierten Beweise anzugreifen und die Erhebung neuer zu beantragen. Anzugeben sind die be- und entlastenden persönlichen (Zeugen, einschließlich des Gerichtshelfers und des Vertreters der Jugendgerichtshilfe,[47] sowie Sachverständige) und sachlichen (Urkunden, Augenscheinsobjekte) Mittel des Strengbeweises, soweit sie verwertbar sind und nach Auffassung der StA in der Hauptverhandlung benötigt werden (RiStBV Nr. 111). Die (angekündigte) glaubhafte geständige Einlassung des Angeschuldigten ist kein Beweismittel ieS, wird aber in durchgängiger Praxis gleichwohl in die Beweismittelliste aufgenommen, was auch deren Funktion entspricht.[48] Von mehreren Beweismitteln ist grundsätzlich das sachnähere zu benennen (zB der Zeuge selbst, nicht die Verhörsperson), jedoch können unter den Voraussetzungen der §§ 251, 256 Urkunden (auch die Berichte der Gerichts- und Jugendgerichtshilfe[49]) an die Stelle von Zeugen oder Sachverständigen treten. 13

Bei Zeugen ist gem. Abs. 1 S. 3 nF lediglich der Wohn- oder Aufenthaltsort, hingegen nicht mehr die vollständige Anschrift anzugeben. Mit diesem Verlust an präzisen Kontaktdaten des Zeugen kann im Einzelfall eine spürbare Erschwerung der Verteidigung verbunden sind (zB wenn ein Täter-Opfer-Ausgleich gesucht werden soll), die bei gefährdeten Zeugen noch hinnehmbar sein mag, nach der aktuellen Fassung der Vorschrift aber auch dann eintreten kann, wenn eine Gefährdung des Zeugen von vornherein nicht in Rede steht; Abs. 1 S. 3 muss daher wegen seiner Pauschalität als missglückt bezeichnet werden. Unter den Voraussetzungen des § 68 Abs. 1 Satz 2, Abs. 2 Satz 1 genügt nunmehr die Angabe des Namens des Zeugen, was gerade im Hinblick auf den vom Gesetzgeber bezweckten Zeugenschutz wenig überzeugend erscheint: Es dürfte leichter sein, mittels des Namens die Anschrift des Zeugen zu ermitteln als den Zeugen unter einer „Tarnadresse" anzutreffen bzw. von dieser auf seinen wahren Aufenthaltsort zu schließen. Erfordert der Zeugenschutz die Geheimhaltung der Identität (ganz oder teilweise) oder des Wohn- oder Aufenthaltsort eines Zeugen (vgl. § 68 Abs. 3 Satz 1), ist dies gem. Abs. 1 S. 5 anzugeben, damit sich die Verfahrensbeteiligten frühzeitig auf den Umgang mit dem geschützten Zeugen einstellen können. Trotz des praktisch seltenen Schutzbedürfnisses besteht kein rechtlicher Grund, Sachverständige, für die § 68 ebenfalls gilt, in der Anwendung von Abs. 1 S. 3–5 anders zu behandeln als Zeugen.[50] 14

---

[43] S. o. Rn. 9.
[44] AA die hM: *Meyer-Goßner* Rn. 13; *Pfeiffer* Rn. 5; KK/*Schneider* Rn. 17; KMR/*Seidl* Rn. 26; Löwe/Rosenberg/*Stuckenberg* Rn. 33.
[45] S. o. Rn. 9.
[46] *Meyer-Goßner* Rn. 14; Löwe/Rosenberg/*Stuckenberg* Rn. 35; weitergehend KK/*Schneider* Rn. 18 (sind nicht zu erwähnen); aA *Hanack* JZ 1971, 220; KMR/*Seidl* Rn. 28.
[47] KK-StPO/*Schneider* Rn. 25; einschränkend *Meyer-Goßner* Rn. 16 (Gerichtshelfer nur in besonderen Ausnahmefällen).
[48] *Solbach* NStZ 1987, 351; kritisch Löwe/Rosenberg/*Stuckenberg* Rn. 46, der stattdessen die Formulierung im wesentlichen Ermittlungsergebnis vorschlägt: „Keine Beweismittel, da der Angeschuldigte geständig ist."
[49] Im Ergebnis wohl ebenso SK-StPO/*Paeffgen* Rn. 14.
[50] Zweifelnd Löwe/Rosenberg/*Stuckenberg* Rn. 44.

15 2. **Gericht** (Abs. 1 Satz 2, 2. Alt.). Anzugeben ist der für die Hauptverhandlung gesetzlich zuständige Spruchkörper. Dagegen ist die Auswahl unter gleichrangigen Spruchkörpern gemäß der gerichtsinternen Geschäftsverteilung durch die StA unnötig[51] und fehlerträchtig; sie sollte unterbleiben.

16 3. **Nebenbeteiligte.** In der Anklage sind Einziehungs- (§ 431 Abs. 1 Satz 1) und Verfallsbeteiligte (§ 442 Abs. 1 Satz 1) sowie bei Festsetzung einer Geldbuße gem. § 444 auch juristische Personen und Personenvereinigungen zu identifizieren, die durch gerichtliche Anordnung zu Nebenbeteiligten gemacht werden können; zudem ist die tatsächliche und rechtliche Grundlage der gegen sie in Betracht kommenden Maßnahme zu benennen.[52] Zur bereits erfolgten oder angekündigten Anschlusserklärung eines Nebenklägers nimmt die StA in der Anklage Stellung,[53] auf die Geltendmachung zivilrechtlicher Ansprüche im Adhäsionsverfahren weist sie im Regelfall nur hin (vgl. RiStBV Nr. 174).

17 4. **Anträge.** Die Anklage enthält den Antrag auf Eröffnung des Hauptverfahrens (§ 199 Abs. 2 Satz 1), stattdessen ggf. den Antrag auf Aburteilung im beschleunigten Verfahren (§ 417). Hinzukommen können ggf. weitere Anträge zur Haft, Verteidigerbestellung, Beweisaufnahme, Erstreckung des Verfahrens auf Nebenbeteiligte, Verbindung mit einem anderen Verfahren oder Hinzuziehung eines zweiten Berufsrichters beim Schöffengericht gem. § 29 Abs. 2 GVG. Die Mitwirkung eines dritten Berufsrichters am LG gem. § 76 Abs. 2 GVG wird angeregt (RiStBV Nr. 113 Abs. 3).

18 5. **Geheimvermerk.** Ein Vermerk zum Schutz von Staatsgeheimnissen, der mit Auflagen und dem Hinweis auf die Schweigepflicht gem. § 174 Abs. 3 GVG sowie einschlägige Strafbestimmungen verbunden werden kann, ist zulässig,[54] soweit hierbei die Verteidigung nicht eingeschränkt wird.[55]

19 6. **Formalia.** Die Anklage muss die StA benennen, von der sie herrührt. Sie muss datiert und von einem zeichnungsberechtigten Staatsanwalt, jedoch nicht zwingend vom Sachbearbeiter, unterschrieben sein.

IV. Wesentliches Ergebnis der Ermittlungen

20 Das wesentliche Ermittlungsergebnis informiert die Berufsrichter, den Angeschuldigten, seinen Verteidiger und den Sitzungsstaatsanwalt über alle tat- und verfahrensrelevanten Umstände, die nicht bereits im Anklagesatz aufgeführt sind. Hierzu gehört eine **Beweiswürdigung**, die den hinreichenden Tatverdacht plausibel macht. Die Leerformel, der Angeschuldigte bestreite die Tat, werde aber durch die Beweismittel überführt, reicht hierfür nicht aus;[56] liegt ein Geständnis vor oder ist es angekündigt, reicht jedoch die Begründung dafür aus, weshalb dieses glaubhaft ist. Desweiteren erfolgen Angaben zu den **persönlichkeitsbezogenen Rechtsfolgenumständen** (zB Lebenslauf des Angeschuldigten, seine wirtschaftlichen und sozialen Verhältnisse, Basistatsachen für die Anordnung einer Maßregel, Nebenfolge oder Nebenstrafe, relevante Vorstrafen), ggf. auch Ausführungen zu den **Prozessvoraussetzungen** (zB Strafantrag, öffentliches Interesse, Verjährungsunterbrechung) und zur **Verfahrensentwicklung** (zB Verfolgungsbeschränkungen gem. § 154a), materielle oder prozessuale **Rechtsausführungen** nur auf besondere Veranlassung, zB um ungeklärte oder außerstrafrechtliche Fragen zu erörtern. Die Darstellung erfolgt sachlich-neutral und vermeidet diskriminierende, herabsetzende und der Resozialisierung abträgliche Formulierungen (vgl. für das Jugendstrafrecht auch § 46 JGG).[57] Ihr Aufbau folgt der Zweckmäßigkeit, nicht festen Regeln.[58]

21 Bei **Anklagen zum Strafrichter** (auch als Jugendrichter) kann gem. Abs. 2 Satz 2 auf das wesentliche Ermittlungsergebnis verzichtet werden, was aber nur bei einfacher Sach- und Rechtslage geschehen soll (RiStBV Nr. 112 Abs. 1). Die Vorschrift gilt analog für Nachtragsanklagen bei höheren Gerichten[59] und für die Anklage im beschleunigten Verfahren vor dem Schöffengericht,[60] im Übrigen ist das wesentliche Ermittlungsergebnis zwingend.

---

[51] Hilger NStZ 1984, 132; SK/*Paeffgen* Rn. 15; KK-StPO/*Schneider* Rn. 27; Löwe/Rosenberg/*Stuckenberg* Rn. 47.
[52] Meyer-Goßner Rn. 15; Löwe/Rosenberg/*Stuckenberg* Rn. 71.
[53] Löwe/Rosenberg/*Stuckenberg* Rn. 67 f.
[54] Lösdau MDR 1962, 773.
[55] Meyer-Goßner Rn. 24; einschränkend KMR/*Seidl* Rn. 49: nur keine unverhältnismäßige Beschneidung des Akteneinsichtsrechts.
[56] Meyer-Goßner Rn. 18; KK-StPO/*Schneider* Rn. 20; KMR/*Seidl* Rn. 43; Löwe/Rosenberg/*Stuckenberg* Rn. 54.
[57] Löwe/Rosenberg/*Stuckenberg* Rn. 55 u. 57.
[58] Löwe/Rosenberg/*Stuckenberg* Rn. 56; aA Meyer-Goßner Rn. 17: Reihenfolge der Beweisaufnahme.
[59] BGH v. 25. 1. 1995 – 3 StR 448/94, BGHSt 40, 390 (392) = NJW 1996, 1221; Löwe/Rosenberg/*Stuckenberg* Rn. 53.
[60] Meyer-Goßner § 417 Rn. 11; Löwe/Rosenberg/*Stuckenberg* Rn. 53.

Der Streit, ob das wesentliche Ermittlungsergebnis den **Schöffen** zugänglich gemacht werden darf,[61] betrifft nicht die Gestaltung der Anklage, sondern den Umgang mit ihr, da unbestritten ist, dass wesentliches Ermittlungsergebnis und Anklagesatz inhaltlich und äußerlich zu trennen sind.

V. Mängel der Anklageschrift, Revision

1. Umgrenzungsmängel. Die **mangelnde Identifizierung** des Angeschuldigten oder der Tat begründet ein **Verfahrenshindernis**, da eine Anklage, die ihre Umgrenzungsfunktion nicht erfüllt keine wirksame Prozeßvoraussetzung darstellt.[62] Ein beachtlicher Umgrenzungsmangel liegt nicht vor, wenn trotz einzelner Falschangaben zur Tat[63] oder zum Angeschuldigten[64] feststeht, welcher Vorgang bzw. welche Person gemeint ist. Die Personenverwechslung führt zu einer wirksamen Anklage gegen die zwar falsche, aber ausreichend bezeichnete Person.[65]

2. Informationsmängel, formelle Mängel. Mängel in der Informationsfunktion, wie die fehlende Angabe der gesetzlichen Merkmale der Straftat[66] bzw. der anzuwendenden Strafvorschriften oder die unzulängliche Darstellung des wesentlichen Ermittlungsergebnisses,[67] berühren die Wirksamkeit der Anklage ebenso wenig wie formale Fehler (zB fehlende Unterschrift;[68] Anklage durch eine unzuständige StA).[69] Die Auffassungen, nach denen bei schweren Informationsmängeln, insbesondere bei vollständigem Fehlen des wesentlichen Ermittlungsergebnisses, die Anklage unwirksam[70] bzw. das Gericht befugt sein soll, ihre Nichtzulassung zu beschließen,[71] sind abzulehnen: Erstere macht die Nichtgewährung des rechtlichen Gehörs systemwidrig zum Prozesshindernis,[72] Letztere stellt den Gehörsverstoß faktisch einem Verfahrenshindernis gleich, was kaum weniger systemfremd ist. Dem Vorsitzenden bleibt in diesen Fällen nur die Möglichkeit, eine informelle Verständigung mit der StA herbeizuführen.

3. Heilungsmöglichkeiten. Ein Umgrenzungs- oder Informationsmangel im Anklagesatz kann unter Rückgriff auf das wesentliche Ermittlungsergebnis[73] (nicht aber auf den Akteninhalt)[74] durch Auslegung geheilt werden. Scheitert dies, wird der Vorsitzende die Anklage zur Nachbesserung an die StA zurückgeben, ggf. auch mehrfach; gleiches geschieht bei anderen Informations- sowie bei Formmängeln.[75] Führt dies nicht weiter, wird bei Umgrenzungsmängeln die Eröffnung des Hauptverfahrens abgelehnt, bei anderen Mängeln notfalls auch die mangelhafte Anklage zur Hauptverhandlung zugelassen und der Mangel dort geheilt.[76] Die auch von der Rechtsprechung uneinheitlich beurteilte Frage, ob ein Umgrenzungsmangel nach dennoch erfolgter Eröffnung des Hauptverfahrens noch durch das Gericht oder die StA geheilt werden kann,[77] ist zu verneinen.[78]

4. Revision, Rechtsmittel. Die Unwirksamkeit der Anklage wegen eines Umgrenzungsmangels stellt ein Prozeßhindernis dar, das im Revisionsrechtszug von Amts wegen zu beachten ist und zur Einstellung des Verfahrens führt. Andere Mängel sind revisionsrechtlich von Bedeutung, wenn sie

---

[61] S. § 30 GVG Rn. 4.
[62] Std. Rspr.; s. zB BGH v. 11. 1. 1994 – 5 StR 682/93, BGHSt 40, 44 (45) = NStZ 1994, 350.
[63] OLG Celle v. 12. 6. 1997 – 22 Ss 110/97, NStZ-RR 1997, 367.
[64] Löwe/Rosenberg/*Stuckenberg* Rn. 86.
[65] BGH v. 31. 1. 1990 – 2 ARs 51/90, NStZ 1990, 290; wohl missverstanden von KMR/*Seidl* Rn. 5.
[66] BGH v. 17. 2. 1999 – 3 StR 28/99, BGHR Anklagesatz 5.
[67] BGH v. 25. 1. 1995 – 3 StR 448/94, BGHSt 40, 390 (392) = NStZ 1995, 297; aA OLG Schleswig v. 3. 5. 1995 – 1 Ws 456 u. 457/94, NStZ-RR 1996, 111; der in LG Dresden v. 20. 12. 1995 – 3 Qs 16/95, NStZ-RR 1996, 208 geschilderte Sachverhalt deutet eher auf einen Umgrenzungs- als auf einen Informationsmangel hin.
[68] OLG Düsseldorf v. 19. 8. 1993 – 1 Ws 676/93, MDR 1994, 85.
[69] OLG Düsseldorf v. 19. 8. 1996 – 1 Ws 552/96, NStZ-RR 1997, 110: jedenfalls bei nicht objektiv willkürlicher Annahme der Zuständigkeit.
[70] OLG Düsseldorf v. 22. 10. 1996 – 3 Ws 555 u. 556/96, JR 1998, 37; *Krause/Thon* StV 1985, 256; HK/*Julius* Rn. 19; KMR/*Seidl* Rn. 61; für Extremfälle angedeutet in BGH v. 25. 1. 1995 – 3 StR 448/94, BGHSt 40, 390 (392) = NStZ 1995, 297.
[71] SK-*Paeffgen* Rn. 28; Löwe/Rosenberg/*Stuckenberg* Rn. 92 (schon die Zustellung gem. § 201 darf abgelehnt werden); s. auch *Meyer-Goßner* Rn. 27: letzte Eskalationsstufe nach Nachbesserungsverlangen und Nichtzustellungsentscheidung.
[72] *Rieß* Anm. zu OLG Düsseldorf v. 22. 10. 1996 – 3 Ws 555 u. 556/96, JR 1998, 38 (39).
[73] Std. Rspr. seit BGH v. 15. 1. 1953 – 5 StR 294/53, BGHSt 5, 226 (227) = NJW 1954, 1009.
[74] BGH v. 17. 8. 2000 – 4 StR 245/00, NJW 2000, 3293.
[75] LG Potsdam v. 21. 8. 1998 – 25 Qs 6 – 98, NStZ-RR 1999, 55.
[76] BGH v. 15. 11. 1983 – 5 StR 657/83, NStZ 1984, 133.
[77] Dafür OLG Karlsruhe v. 19. 12. 1985 – 4 Ws 256/85, StV 1986, 336; wohl auch BGH v. 17. 8. 2000 – 4 StR 245/00, NJW 2000, 3293; dagegen OLG Jena v. 1. 12. 1997 – 1 Ss 160/97, NStZ-RR 1998, 144; wohl auch BGHSt 40, 44 (45) = NStZ 1994, 350.
[78] *Krause/Thon* StV 1985, 252 (257); SK-StPO/*Paeffgen* Rn. 29; KK-StPO/*Schneider* Rn. 32; Löwe/Rosenberg/*Stuckenberg* Rn. 88; aA *Meyer-Goßner* Rn. 26.

in der Hauptverhandlung nicht geheilt werden. Zu rügen ist dann das Unterlassen der notwendigen prozessualen Maßnahmen (zB der Klarstellung des verlesenen Anklagesatzes entsprechend § 243 Abs. 3 oder eines Hinweises gem. § 265)[79] durch das Gericht, nicht lediglich der Mangel der Anklage als solcher. Für Dritte, die sich durch die Darstellung im wesentlichen Ermittlungergebnis in ihren Rechten verletzt fühlen, ist nicht der Rechtsweg gem. §§ 23 ff. EGGVG eröffnet.[80]

§ 201 [Mitteilung der Anklageschrift]

(1) [1] Der Vorsitzende des Gerichts teilt die Anklageschrift dem Angeschuldigten mit und fordert ihn zugleich auf, innerhalb einer zu bestimmenden Frist zu erklären, ob er die Vornahme einzelner Beweiserhebungen vor der Entscheidung über die Eröffnung des Hauptverfahrens beantragen oder Einwendungen gegen die Eröffnung des Hauptverfahrens vorbringen wolle. [2] Die Anklageschrift ist auch dem Nebenkläger und dem Nebenklagebefugten, der dies beantragt hat, zu übersenden; § 145 a Absatz 1 und 3 gilt entsprechend.

(2) [1] Über Anträge und Einwendungen beschließt das Gericht. [2] Die Entscheidung ist unanfechtbar.

I. Allgemeines

1   § 201 gewährleistet dem Angeschuldigten das gem. Art. 103 Abs. 1 GG und Art. 6 Abs. 3 lit. a, b MRK erforderliche **rechtliche Gehör**. Diese Gewährleistung erstarkt zwar nicht zur Prozessvoraussetzung,[1] ist jedoch insofern absolut, als die Vorschrift keine Ausnahmen nennt und ihr Schutzzweck keinen Anlass für eine teleologische Reduktion bietet.[2] Auch wenn beabsichtigt ist, das Hauptverfahren nicht zu eröffnen, ist die Anklage daher stets mitzuteilen.[3] Wurde eine mangelhafte Anklage vor der Mitteilung zur Nachbesserung an die StA zurückgegeben,[4] wird aber nur die Fassung (ob nachgebessert oder nicht) mitgeteilt, die die StA für endgültig erklärt hat. Der **Verzicht des Angeschuldigten** auf die Mitteilung ist unbeachtlich,[5] bei Sprachunkundigen auch der Verzicht auf die Übersetzung.[6]

II. Mitteilung der Anklageschrift

2   **1. Inhalt.** Mitgeteilt wird – auch in Jugend- und Staatsschutzsachen – stets die **komplette Anklage**, Geheimnisschutz ist nötigenfalls mittels eines Schweigegebots analog § 174 Abs. 3 GVG, nicht durch Auslassungen oder Schwärzungen, zu gewährleisten. Deutschunkundige Angeschuldigte erhalten zudem eine schriftliche **Übersetzung** in eine ihnen verständliche Sprache, regelmäßig ihre Muttersprache (vgl. Art 6 Abs. 3 lit. a MRK). Die mündliche Übersetzung in der Hauptverhandlung reicht auch in einfach gelagerten Fällen nicht aus,[7] da die Anklage dem Sprachunkundigen erst mit der Übersetzung verständlich wird. Deren Fehlen stellt daher faktisch ein Unterlassen der Mitteilung dar, das bei deutschen Angeschuldigten nicht vorgesehen und gem. Art. 3 Abs. 3 GG auch bei Ausländern unzulässig ist.[8]

3   **2. Durchführung.** Der Vorsitzende verfügt die Mitteilung, der Urkundsbeamte vollzieht sie und weist dabei darauf hin, dass er auf richterliche Anordnung handelt; das Fehlen dieses Hinweises ist jedoch folgenlos.[9] Teilt der Urkundsbeamte die Anklage eigenmächtig mit, ist zwar die Mitteilung wirksam,[10] eine von ihm gesetzte Erklärungsfrist jedoch unbeachtlich, da die Fristsetzung eine richterliche Entscheidung iSd. § 35 darstellt. Ihretwegen ist auch **förmliche Zustellung** (ggf.

---

[79] BGH v. 15. 11. 1983 – 5 StR 657/83, NStZ 1984, 133; BGH v. 19. 12. 1995 – 4 StR 691/95, NStZ 1996, 295.
[80] OLG Karlsruhe v. 11. 11. 1993 – 2 VAs 23/93, NStZ 1994, 142.
[1] BGH v. 19. 4. 1985 – 2 StR 317/84, BGHSt 183 (186) = NJW 1985, 2960.
[2] AA offenbar Löwe/Rosenberg/*Stuckenberg* Rn. 7 ff.
[3] HK-StPO/*Julius* Rn. 4; AnwK-StPO/*Kirchhof* Rn. 2; *Meyer-Goßner* Rn. 1; SK-StPO/*Paeffgen* Rn. 4; KMR/*Seidl* Rn. 2; aA OLG Frankfurt/M. v. 20. 12. 2002 – 3 Ws 1368/02, NStZ-RR 2003, 146; Löwe/Rosenberg/*Stuckenberg* Rn. 7 f.
[4] S. § 200 Rn. 25.
[5] OLG Hamburg v. 14. 9. 1992 – 2 Ws 396/92 H, NStZ 1993, 53 sowie die nahezu einhellige Literatur; zweifelnd nur KMR/*Julius* Rn. 4.
[6] AnwK-StPO/*Kirchhof* Rn. 1.
[7] AA OLG Hamburg v. 14. 9. 1992 – 2 Ws 396/92 H, NStZ 1993, 53; OLG Düsseldorf v. 2. 7. 2003 – III – 2 Ss 88/03 – 41/03 II, NJW 2003, 2766; AnwK-StPO/*Kirchhof* Rn. 1; *Pfeiffer* Rn. 1; wohl auch KK-StPO/*Schneider* Rn. 4.
[8] *Kühne*, Anm. zu OLG Hamburg v. 14. 9. 1992 – 2 Ws 396/92 H, StV 1994, 66; HK-StPO/*Julius* Rn. 11; SK-StPO/*Paeffgen* Rn. 5; KMR/*Seidl* Rn. 4; unter Hinweis auf Art. 6 Abs. 3 MRK auch OLG Hamm v. 27. 11. 2003 – 3 Ss 626/03, StV 2005, 659.
[9] OLG Bremen v. 10. 9. 1954 – Ws 215/54, JZ 1955, 680.
[10] AnwK-StPO/*Kirchhof* Rn. 2; KMR/*Seidl* Rn. 3.

Vierter Abschnitt. Entscheidung über die Eröffnung des Hauptverfahrens 4–8 § 201

unter Beachtung von § 35 Abs. 3) erforderlich, wobei Ersatzzustellung zulässig ist,[11] die selten zu einer aktuellen Kenntnisnahme führende und zudem diskriminierende öffentliche Zustellung hingegen nicht.[12]

3. **Adressat.** Adressat ist gem. Abs. 1 S. 1 stets der **Angeschuldigte**, nur bei Jugendlichen (nicht aber bei Heranwachsenden oder sonstigen Volljährigen) zusätzlich der gesetzliche Vertreter und der Erziehungsberechtigte (§ 67 Abs. 3 JGG). Gem. Abs. 1 S. 2 ist nunmehr auch die Mitteilung an den **Nebenkläger** bzw. den Nebenklageberechtigten – bei letzterem aber nur, sofern er die Mitteilung beantragt hat – zwingend; der bislang hierüber in der Lit. geführte Streit[13] ist damit obsolet. Sonstige **Verletzte** erhalten keine Mitteilung von Amts wegen. **Nebenbeteiligten** wird die Anklage gem. §§ 435 Abs. 2, 440 Abs. 3, 444 Abs. 2 S. 2 erst mit der Terminsnachricht mitgeteilt. Beim verteidigten Angeschuldigten erfolgt die förmliche Zustellung entweder an ihn selbst oder seinen Verteidiger, der jeweils Andere erhält eine formlose Abschrift (§ 145 a Abs. 1 u. 3); Gleiches gilt gem. Abs. 1 S. 2, 2. Hs. auch beim anwaltlich vertretenen Nebenkläger bzw Nebenklagebefugten. 4

4. **Erklärungsfrist.** Sie muss dem Umfang und der Schwierigkeit der Sache angemessen sein; eine Frist von weniger als einer Woche ist selbst in einfachen Fällen zu kurz.[14] Die Frist kann auf Antrag oder von Amts wegen (stillschweigend) verlängert werden. Da es sich nicht um eine Ausschlussfrist handelt, sind Einwendungen und Anträge, die nach Fristablauf, aber vor einer Entscheidung nach §§ 203, 204 eingehen, zu berücksichtigen und zu verbescheiden.[15] 5

III. Beweisanträge und Einwendungen des Angeschuldigten

1. **Inhalt.** Erfasst sind nur Beweisanträge und Einwendungen (ggf. verbunden mit einem Einstellungsantrag gem. §§ 153 ff.), welche die rechtlichen oder tatsächlichen Grundlagen der unveränderten Eröffnung des Hauptverfahrens vor dem angerufenen Gericht betreffen, wie zB den Tatverdacht, die Zuständigkeit des Gerichts oder die Verfahrensvoraussetzungen. Anträge oder Erklärungen zu anderen Verfahrensaspekten (etwa zur U-Haft oder zum Ablauf der Hauptverhandlung), können im Eröffnungsverfahren ebenfalls erfolgen, jedoch unterliegt die Entscheidung über sie nicht Abs. 2, sondern eigenen Bestimmungen.[16] Wie der von § 219 Abs. 1 S. 1 und § 244 Abs. 3 abweichende Wortlaut des Abs. 1 zeigt, ist die Angabe bestimmter Beweismittel und -tatsachen in Beweisanträgen nicht zwingend;[17] sie ist gleichwohl anzuraten. 6

2. **Form, Taktik.** Der Angeschuldigte kann Erklärungen selbst oder durch sonstige Dritte, auch formlos, abgeben, vorzuziehen sind jedoch **schriftliche Äußerungen** durch seinen Verteidiger, da die Entscheidung, ob und ggf. welche Anträge bzw. Einwendungen erfolgen sollen, primär **taktischer Natur** ist. Abzuwägen ist die Chance, beim Gericht frühzeitig Zweifel am Anklagevorwurf zu wecken und idealiter eine rasche Verfahrensbeendigung zu erwirken, gegen die Gefahr, die Verteidigungsargumente in einem Verfahrensstadium zu vergeuden, in dem ungünstige Gerichtsbeschlüsse nicht anfechtbar, Fehler des Gerichts nicht revisibel und Nichteröffnungsentscheidungen bei vielen Spruchkörpern kaum zu erreichen sind. Wegen dieser Gefahr wird der Nutzen einer Verteidigungsschrift im Eröffnungsverfahren in der Literatur tendenziell zurückhaltend beurteilt,[18] entscheidend bleiben aber stets die Umstände des Einzelfalls.[19] 7

IV. Beschluss des Gerichts

1. **Besetzung, Entscheidungszeitpunkt, Zustellung.** Das Gericht entscheidet nach Anhörung der StA (§ 33 Abs. 2) und ggf. des Nebenklägers (§ 397 Abs. 1 S. 2 iVm. § 385 Abs. 1 S. 1) in der o. § 199 Rn. 3 genannten Besetzung, das OLG jedoch nur dann mit fünf Richtern, wenn es zugleich 8

---

[11] *Janetzke* NJW 1956, 620 (621); AnwK-StPO/*Kirchhof* Rn. 2; SK-StPO/*Paeffgen* Rn. 5; *Pfeiffer* Rn. 2; KMR/*Seidl* Rn. 3; Löwe/Rosenberg/*Stuckenberg* Rn. 17.
[12] AnwK-StPO/*Kirchhof* Rn. 2; SK-StPO/*Paeffgen* Rn. 5; KMR/*Seidl* Rn. 3; aA *Mosenheuer* wistra 2002, 409 für den Fall, dass kumulativ absolute Verfolgungsverjährung droht, Haftbefehl wegen Flucht besteht und kein Grund für den Ausschluß der Öffentlichkeit gem. § 171 a GVG vorliegt; ähnlich Löwe/Rosenberg/*Stuckenberg* Rn. 17.
[13] Für bloße Zweckmäßigkeit der Übersendung die bislang hM; s. zB KK-StPO/*Schneider* Rn. 3; für zwingende Mitteilung schon nach altem Recht SK-StPO/*Paeffgen* Rn. 6.
[14] *Meyer-Goßner* Rn. 4 für die heute wohl einhellige Meinung.
[15] HM, zB Löwe/Rosenberg/*Stuckenberg* Rn. 21; aA BayObLG v. 11. 4. 1951 – BeschwReg. Nr. III 99/51, BayObLGSt 1949/1951, 379 (380) u. *Meyer-Goßner* Rn. 4, beide ohne Begründung.
[16] Insoweit missverständlich HK-StPO/*Julius* Rn 6 u. KMR/*Seidl* Rn 16.
[17] HK-StPO/*Julius* Rn. 13; Löwe/Rosenberg/*Stuckenberg* Rn. 27; aA *Meyer-Goßner* Rn. 6; *Pfeiffer* Rn. 4; KMR/*Seidl* Rn. 15; offengelassen von KK-StPO/*Schneider* Rn. 12, der den Streit für bedeutungslos hält.
[18] Überblick und Nachweise bei HK-StPO/*Julius* Rn 5.
[19] Löwe/Rosenberg/*Stuckenberg* Rn. 24; zu apodiktisch AnwK-StPO/*Kirchhof* Rn. 5: keine Verteidigerschriftsätze veranlasst.

über die Eröffnung des Hauptverfahrens beschließt (§ 122 Abs. 2 GVG), andernfalls in der Dreierbesetzung des § 122 Abs. 1 GVG.[20] Lässt der Angeschuldigte unzweifelhaft erkennen, dass eine bereits erfolgte Äußerung abschließend ist, kann (in besonders beschleunigungsbedürftigen Verfahren: soll) die Entscheidung schon vor Ablauf der gem. Abs. 1 bestimmten Frist ergehen. Wird der Beschluss mit der Eröffnungsentscheidung verbunden,[21] ist er zusammen mit dieser zuzustellen, andernfalls genügt formlose Bekanntgabe (§ 35 Abs. 2 S. 2).

2. Form, Begründung. Der Wortlaut des Abs. 2 S. 1 gibt vor, dass durch förmlichen, nicht aber, dass durch eigenständigen **Beschluss** zu entscheiden ist; Letzteres folgt lediglich bei stattgebenden Entscheidungen über Beweisanträge aus der Natur der Sache. **Stattgebende Beschlüsse** über Einwendungen können daher **inzident** im Rahmen des Nichteröffnungs- bzw. modifizierenden Eröffnungsbeschlusses (bei Einwendungen gegen die örtliche Zuständigkeit im Rahmen des Unzuständigkeitsbeschlusses) ergehen, da beide Entscheidungen materiell identisch sind; dies vermeidet Förmeleien, ohne Begründungsdefizite zu schaffen, da die Nichteröffnungsbeschlüsse etc. für die StA beschwerdefähig und daher begründungspflichtig sind (§ 34). Hingegen können **ablehnende Beschlüsse** über Beweisanträge sowie über Einwendungen zwar äußerlich mit dem Eröffnungsbeschluss verbunden werden, müssen aber im Interesse eines fairen, die Verteidigungsinteressen in der Hauptverhandlung angemessen berücksichtigenden Verfahrens **explizit** erfolgen und gesondert **begründet**[22] werden; für die von der hM zugelassene Ausnahme der inzidenten Ablehnung von Einwendungen gegen den Tatverdacht im nicht begründungsbedürftigen Eröffnungsbeschluss[23] existiert kein sachlicher Grund.[24]

3. Ablehnung von Beweisanträgen. Die restriktiven Ablehnungsgründe des § 244 Abs. 3 u. 4 sind nicht auf die Freibeweissituation im Eröffnungsverfahren zugeschnitten,[25] und daher hier nicht verbindlich. Beweisanträge können demgemäß mit der Begründung abgelehnt werden, die Beweiserhebung sei für die Eröffnungsentscheidung irrelevant.[26] Nicht ausreichend ist hingegen die Begründung, die Beweiserhebung bleibe dem Vorsitzenden (§ 219)[27] oder dem Gericht der Hauptverhandlung vorbehalten.[28] Die Wahrunterstellung der Beweistatsache für die Zwecke der Eröffnungsentscheidung ist wegen des verringerten Beweismaßstabs in diesem Verfahrensstadium unzweckmäßig, aber möglich,[29] im Hinblick auf das Hauptverfahren hingegen unzulässig; erfolgt sie dennoch und will das erkennende Gericht von ihr abweichen, bedarf es eines entsprechenden Hinweises.[30] Die Ablehnung erledigt den Beweisantrag für das Eröffnungsverfahren, er muss daher ggf. im Hauptverfahren erneut gestellt werden (vgl. §§ 219, 244 Abs. 3). Die Pflicht, hierauf hinzuweisen, hat der Vorsitzende[31] bzw. das erkennende Gericht nur, wenn ihm unzulässigerweise die Beweiserhebung vorbehalten wurde; im Übrigen soll der Hinweis an den nicht verteidigten Angeschuldigten aus Fürsorgegründen erfolgen.[32]

V. Rechtsmittel

1. Unanfechtbarkeit. Der weit auszulegende Abs. 2 S. 2 erfasst alle im Rahmen des § 201 getroffenen oder unterlassenen Maßnahmen und Entscheidungen, auch solche über Zuständigkeitsrügen und Fristverlängerungsanträge[33] nach Abs. 1. Entscheidungen außerhalb des § 201, insbesondere zur Verteidigerbestellung und zur U-Haft, bleiben anfechtbar.

2. Revision. Verstöße gegen § 201 sind schon wegen § 336 S. 2, 1. Alt. nicht selbständig revisibel. Als eigenständiger Folgeverstoß gerügt werden kann ggf. aber die Ablehnung einer gem. § 228 beantragten Aussetzung der Hauptverhandlung wegen eines Mitteilungs-[34] oder Überset-

---

[20] HM, zB KK-StPO/*Schneider* Rn. 16; aA *Meyer-Goßner* Rn. 7; SK-StPO/*Paeffgen* Rn. 14.
[21] S. u. Rn. 9.
[22] KK-StPO/*Schneider* Rn. 17; zwischen der Ablehnung von Anträgen (begründungspflichtig) und derjenigen von Einwendungen (nicht begründungspflichtig, aber Begründung zweckmäßig) differenzierend Löwe/Rosenberg/*Stuckenberg* Rn. 40.
[23] *Meyer-Goßner* Rn. 7.
[24] *Eb. Schmidt*, Lehrkommentar, Nachtr. I Rn. 18.
[25] Dazu eingehend *Paeffgen* NStZ 2002, 281.
[26] HM, zB KK-StPO/*Schneider* Rn. 18; aA KMR/*Seidl* Rn. 26.
[27] RG v. 31. 5. 1938 – 4 D 338/38, RGSt 72, 231.
[28] *Meyer-Goßner* Rn. 8.
[29] Löwe/Rosenberg/*Stuckenberg* Rn 36.
[30] RG v. 11. 5. 1939 – 2 D 105/39, RGSt 73, 193 (194).
[31] RG v. 31. 5. 1938 – 4 D 338/38, RGSt 72, 231 (233).
[32] Löwe/Rosenberg/*Stuckenberg* Rn. 36; ähnlich *Meyer-Goßner* Rn. 8 (Hinweis zweckmäßig); weitergehend AnwK-StPO/*Kirchhof* Rn. 4 (Hinweispflicht beim nicht verteidigten Angeschuldigten), HK-StPO/*Julius* Rn. 8, KMR/*Seidl* Rn. 28 (generelle Hinweispflicht); aA KK-StPO/*Schneider* Rn. 19.
[33] OLG Hamm v. 30. 8. 1976 – 2 Ws 238/76, NJW 1977, 210.
[34] OLG Celle v. 24. 6. 1997 – 21 Ss 73/97, StV 1998, 531.

IV. Durchführung der Anordnung

4 Beweis erheben kann das Gericht selbst, sei es durch einen beauftragten Richter oder in Vollbesetzung, ein ersuchter Richter im Wege der Rechtshilfe sowie auch die StA und in deren Auftrag die Polizei. Wird die Beweisaufnahme delegiert, bleibt die Unbefangenheit des Gerichts in der Hauptverhandlung sicher gewahrt. Andererseits können die vom Gericht wahrgenommenen Beweisdefizite oftmals durch dessen eigenes Tätigwerden am besten behoben werden. Welche Verfahrensweise vorzugswürdig ist, entscheiden daher die Umstände des Einzelfalls.[11] Auf richterliche Untersuchungsmaßnahmen wendet ein Teil der Lit. §§ 223 ff. entsprechend an,[12] dogmatisch stimmiger ist jedoch eine **Analogie zu §§ 168c u. 168d**, da im Verfahren gem. § 202 Fehler aus dem Ermittlungsverfahrens behoben, nicht aber Teile der Hauptverhandlung vorweggenommen werden.[13] Über eine richterliche Zeugenvernehmung ist in jedem Fall ein Protokoll zu fertigen.[14] Zu den Ergebnissen der Beweiserhebung ist dem Angeschuldigen (§ 33 Abs. 1), der StA (§ 33 Abs. 2) und ggf. dem Nebenkläger (§ 397 Abs. 1 S. 2 iVm. § 385 Abs. 1) vor der Entscheidung über die Eröffnung des Hauptverfahrens rechtliches Gehör zu gewähren.

V. Ermittlungspflichten und -rechte der StA

5 Dem Ersuchen des Gerichts – nicht aber des Vorsitzenden[15] – um Beweisaufnahme muss die StA nach den **Grundsätzen der Amtshilfe** nachkommen;[16] die Gegenmeinung, die eine solche Bitte für unverbindlich hält,[17] ist schwerlich mit der imperativischen Formulierung des § 202 („anordnen") in Einklang zu bringen. Umgekehrt ist die StA aufgrund ihrer allgemeinen Stellung auch ohne gerichtliches Ersuchen befugt, jedenfalls bis zur Eröffnung des Hauptverfahrens weiterhin von sich aus zu ermitteln, solange hierdurch das gerichtliche Verfahren nicht gestört wird.[18] Hält sie hierbei richterliche Untersuchungsmaßnahmen für nötig, muss sie diese als Maßnahmen gem. § 202 beim zuständigen Gericht beantragen, nicht beim Ermittlungsrichter, dessen Zuständigkeit mit der Anklageerhebung erloschen ist[19] und auch nicht als subsidiäre Notzuständigkeit bei Gefahr im Verzug fortlebt.[20]

VI. Rechtsmittel

6 Beschlüsse über zulässige Beweismaßnahmen, einschließlich der Auswahl eines bestimmten Sachverständigen,[21] sind nach S. 2 **unanfechtbar**, beschwerdefähig bleibt hingegen die Anordnung unzulässiger Beweiserhebungen.[22] Verstöße gegen § 202, insbesondere das Unterlassen des Gerichts, im Eröffnungsverfahren Entlastungsbeweise zu erheben, sind nicht revisibel, weil auf ihnen das Urteil nicht beruht.

§ 202a [Erörterung des Verfahrensstandes]

¹Erwägt das Gericht die Eröffnung des Hauptverfahrens, kann es den Stand des Verfahrens mit den Verfahrensbeteiligten erörtern, soweit dies geeignet erscheint, das Verfahren zu fördern. ²Der wesentliche Inhalt dieser Erörterung ist aktenkundig zu machen.

I. Allgemeines

1 Die Vorschrift wurde mit dem Gesetz zur Regelung der Verständigung im Strafverfahren vom 29.7.2009 eingefügt und trat zum 4.8.2009 in Kraft. Sie ist Teil einer Gesamtregelung des sog. „Deals" im Strafverfahren, über die seit Jahren engagiert gestritten wurde, wobei die Standpunkte in dieser Diskussion im wesentlichen durch die Grundhaltung der jeweiligen Diskutanten zur

---

[11] AA SK-StPO/*Paeffgen* Rn. 7 (Delegation ist stets vorzugswürdig); *Schäfer*, Praxis des Strafverfahrens Rn. 770 (eigenes Handeln des Gerichts ist vorzuziehen).
[12] *Meyer-Goßner* Rn. 3 mwN.
[13] SK-StPO/*Paeffgen* Rn. 8; Löwe/Rosenberg/*Stuckenberg* Rn. 17.
[14] OLG Hamburg v. 24.4.1996 – 2 Ws 82/96, StV 1996, 418.
[15] S. o. Rn. 3.
[16] OLG Celle v. 3.6.1910, GA 1912, 365 (367); LG Münster v. 7.3.1978 – 7 Qs 177/78 VII, JR 1979, 40; SK-StPO/*Paeffgen* Rn. 7; Löwe/Rosenberg/*Stuckenberg* Rn. 16; mit anderer Begründung (Rechtsgedanke des § 160 Abs. 3) auch KMR/*Seidl* Rn. 12.
[17] KG v. 9.111 964 – 1 Ws 409/64, JR 1966, 230; AnwK-StPO/*Kirchhof* Rn. 1; *Meyer-Goßner* Rn. 3; *Pfeiffer* Rn. 2.
[18] HM; s. zB *Meyer-Goßner* Rn. 5. aA *Strauß* NStZ 2006, 556.
[19] HM; s. zB KK-StPO/*Schneider* Rn. 10.
[20] So aber SK-StPO/*Paeffgen* Rn. 4; KMR/*Seidl* Rn. 5; Löwe/Rosenberg/*Stuckenberg* Rn. 8.
[21] OLG Düsseldorf v. 19.11.1990 – 1 Ws 1032/90, VRS 80, 353.
[22] OLG Hamm v. 10.1.1974 – 1 WS 13/74, NJW 1974, 713; allg. Meinung.

zungsmangels³⁵ der Anklageschrift. Unterlässt der verteidigte Angeklagte einen solchen Antrag, soll darin nach ständiger,³⁶ aber fragwürdiger³⁷ Rechtsprechung ein Rügeverzicht zu sehen sein; demgemäß ist die Tatsache der Antragstellung auch in der Revisionbegründung mitzuteilen.³⁸ Revisibel sein kann auch der Verstoß gegen Hinweispflichten, die aus der fehlerhaften Behandlung von Beweisanträgen resultieren.³⁹

§ 202 [Anordnung einzelner Beweiserhebungen]

¹ Bevor das Gericht über die Eröffnung des Hauptverfahrens entscheidet, kann es zur besseren Aufklärung der Sache einzelne Beweiserhebungen anordnen. ² Der Beschluß ist nicht anfechtbar.

I. Allgemeines

Das Eröffnungsverfahren ist nicht der Ort für eine umfassende Erforschung der materiellen Wahrheit und unterliegt daher nur einem eingeschränkten gerichtlichen Amtsermittlungsgrundsatz. § 202 begrenzt entsprechend die Ermittlungsbefugnis des Gerichts auf **einzelne**, ihrer Art nach zulässige¹ **Beweiserhebungen**, durch die ein von der StA bereits weitgehend aufgeklärter Sachverhalt lediglich punktuell ergänzt wird.² Die Vorschrift ist restriktiv zu interpretieren und dient nicht dazu, erhebliche Teile des Ermittlungsverfahrens nachzuholen³ oder die umfassende Vernehmung des Angeschuldigten zur Sache aus der Hauptverhandlung vorzuziehen.⁴ Nach seinem Wortlaut konstituiert § 202 ein **Ermittlungsermessen**, keine Ermittlungspflicht.⁵

II. Form und Inhalt der Anordnung, Entscheidungszeitpunkt

Die Beweisanordnung ergeht durch Beschluss des Gerichts in der o. § 201 Rn. 8 genannten Besetzung. In ihm sind Beweisthema und -mittel möglichst genau zu bezeichnen; der **Freibeweis** ist möglich. Eine Entscheidung schon vor Mitteilung der Anklageschrift⁶ oder Ablauf der Erklärungsfrist des § 201 Abs. 1 ist zulässig, jedoch sollte eine Erklärung des Angeschuldigten abgewartet werden, um unökonomische (Mehrfach-)Anordnungen zu vermeiden. Da der Beschluss keine Entscheidung iSd. § 33 darstellt, erfolgt keine Anhörung der Verfahrensbeteiligten.⁷

III. Kompetenzen des Vorsitzenden

Der hM, die bei Kollegialgerichten dem Vorsitzenden eine eigene Kompetenz zum Tätigwerden zuerkennt,⁸ kann nur insoweit beigepflichtet werden, als **informelle Ermittlungs- oder Nachbesserungsanregungen**⁹ sowie Auskunftsbitten ohne Verpflichtungswirkung für die angefragte Stelle gemeint sind. Diese verbietet das Gesetz nicht. Der Vergleich zwischen § 202 und § 221 zeigt aber, dass Entscheidungen mit Außenwirkung erst im Hauptverfahren in die Kompetenz des Vorsitzenden übergehen, im Eröffnungsverfahren hingegen dem Gericht vorbehalten sind.¹⁰

---

³⁵ Vgl. OLG Karlsruhe v. 27. 6. 2005 – 1 Ss 184/04, StraFo 2005, 370; dort bestand der gerügte Mangel allerdings nicht in einer unterbliebenen Aussetzung, sondern in einer unterlassenen Pflichtverteidigerbestellung.
³⁶ BGH v. 3. 12. 1981 – 4 StR 564/81, NStZ 1982, 125; OLG Düsseldorf v. 31. 10. 2000 – 2 b Ss 268/00 – 75 /00 I, StV 2001, 498; OLG Stuttgart v. 23. 4. 2003 – 4 Ss 117/03, StV 2003, 490; OLG Hamm v. 27. 11. 2003 – 4 StVK 3/04, StV 2004, 364 (365).
³⁷ Löwe/Rosenberg/*Stuckenberg* Rn. 46.
³⁸ OLG Düsseldorf v. 29. 10. 1984 – 5 Ss 369/84 – 289/84 I, JZ 1985, 200.
³⁹ S. o. Rn 10.
¹ OLG Hamm v. 10. 1. 1974, NJW 1974, 713.
² OLG Karlsruhe v. 1. 9. 2003 – 1 Ws 235/03, wistra 2004, 276 (279).
³ Allg. M.; z. B. LG Berlin v. 12. 3. 2003 – 534 Qs 31/03, NStZ 2003, 504.
⁴ *Meyer-Goßner*, StV 2002, 394; aA *Koch*, StV 2002, 222; die von *Fischer* StV 2003, 109 propagierte Anhörung der Verfahrensbeteiligten im Eröffnungsverfahren soll nicht der Beweiserhebung dienen und ist daher nicht sub specie § 202 zu beurteilen.
⁵ LG Berlin v. 12. 3. 2003 – 534 Qs 31/03, NStZ 2003, 504; LG Köln v. 29. 11. 2006 – 111 Qs 355/06, StV 2007, 572; *Rieß*, Anm. z. LG Köln v. 29. 11. 2006, StV 2007, 572 (573); unterschiedliche differenzierende Ansätze bei HK-StPO/*Julius* Rn. 1 u. KMR/*Seidl* Rn. 2 (kein Ermittlungsrecht zur Herstellung hinreichenden Tatverdachts); *Meyer-Goßner* Rn. 1 (Pflicht zur Ermittlung vor Nichteröffnung des Hauptverfahrens); aA *Eisenberg*, Beweisrecht, Rn. 746; KK-StPO/*Schneider* Rn. 3; Löwe/Rosenberg/*Stuckenberg* Rn. 5 (kein Rechtsfolgenermessen, aber weiter Beurteilungsspielraum auf Tatsachenebene).
⁶ OLG Celle v. 17. 5. 1966 – 2 Gen 2/66, MDR 1966, 781.
⁷ KK-StPO/*Schneider* Rn. 5.
⁸ S. zB KK-StPO/*Schneider* Rn. 6.
⁹ S. o. § 200 Rn. 24.
¹⁰ Wie hier wohl auch *Meyer-Goßner* Rn. 1.

strafprozessualen Absprache im allgemeinen und deren Formalisierung im besonderen bestimmt wurden. Der Streit über die Zulässigkeit von Absprachen als solcher ist nunmehr durch den Gesetzgeber entschieden und soll daher hier nicht erneut aufgegriffen werden. Anzumerken ist aber, dass mit der gesetzlichen Regelung zwangsläufig eine Formalisierung des Informellen einhergeht, die der Sache nicht durchgehend dienlich sein dürfte. Bei der Auslegung der neuen Vorschriften zum „Deal" sollte daher im Zweifel stets für einen weiten Handlungsspielraum der Beteiligten optiert werden.

§ 202 a soll nach seinem Wortlaut und dem Willen des Gesetzgebers für die Verfahrensbeteiligten schon im Eröffnungsverfahren die Möglichkeit, nicht aber die Obliegenheit oder gar die Pflicht eröffnen, die Chancen für eine einvernehmliche Verfahrenserledigung, sei es im aktuellen Stadium oder in einer späteren Hauptverhandlung,[1] auszuloten. Angesichts dieses Zwecks ist die Vorschrift nicht dahin zu verstehen, dass die Initiative für Verständigungsgespräche stets vom Gericht ausgehen müsste. Vielmehr kann der Deal von jedem Verfahrensbeteiligten angestoßen werden,[2] umgekehrt ein solcher Vorstoß aber auch von allen anderen Beteiligten, einschließlich des Gerichts, zurückgewiesen werden.

II. Erörterung des Verfahrensstandes

Erörtert werden soll der Verfahrensstand, freilich nicht bloß als solcher,[3] sondern mit dem Ziel der Förderung des weiteren Verfahrens, also seiner besseren Strukturierung oder beschleunigten Beendigung.[4] Dem Gericht, aber selbstverständlich auch allen übrigen Verfahrensbeteiligten, ist dabei in mehrerlei Hinsicht ein Ermessen eingeräumt: Zum einen steht es ihnen frei, solche Erörterungen überhaupt einzuleiten oder zu führen, zum zweiten können Sie die Zielrichtung selbst bestimmen und zum dritten liegt auch der konkrete Zeitpunkt der Gespräche sowie der Kreis der jeweiligen Gesprächspartner und die ggf. zu wählende Reihenfolge mehrerer Einzelgespräche in ihrer Hand.[5] § 202 a erfordert es zudem nicht, überhaupt mit allen Beteiligten oder sogar gleichzeitig mit ihnen zu sprechen,[6] wobei allerdings klar sein dürfte, dass eine sinnvolle Verständigung kaum zu erreichen ist, wenn einzelne Beteiligte hierzu gar nicht angehört werden. Die zutreffenden dogmatischen Bedenken gegen einen taktisch motivierten Ausschluss einzelner Beteiligter von anstehenden Deal-Gesprächen[7] dürften daher durch die praktische Übung weitgehend relativiert werden.

§ 202 a S. 1 setzt nach seinem Wortlaut voraus, dass das Gericht die Eröffnung des Hauptverfahrens lediglich erwägt, sich hierüber also noch in keine Richtung eine abschließende Meinung gebildet hat. Dies ist auch sachgerecht, soweit es um die Nichteröffnung des Hauptverfahrens geht: Steht diese für das Gericht bereits fest, ist für eine Absprache kein Raum mehr, sondern nach § 204 zu verfahren.[8] Die Gesetzesformulierung erweist sich aber für den umgekehrten Fall bereits bestehender Klarheit über eine positive Eröffnungsentscheidung als zu eng: Denn auch in dieser Situation können Verständigungsgespräche im Hinblick auf die zeitliche und inhaltliche Strukturierung des weiteren Verfahrens noch sinnvoll sein; sie sollten daher im Wege einer erweiternden Auslegung des § 202 a S. 1 weithin zugelassen werden. Da das Gericht auch schon vor dem Ablauf der Erklärungsfrist gem. § 201 Abs. 1 oder einer Beweiserhebung gem. § 202 die Eröffnung des Hauptverfahrens erwägen kann, ist es nicht gehindert, bereits zu einem solchen frühen Zeitpunkt in Verständigungsgespräche einzutreten, sofern diese im Einzelfall sinnvoll erscheinen. Er sollte dann aber Bedacht darauf nehmen, dass § 202 a der Vermeidung, nicht aber der Ersetzung von Beweiserhebungen dient.[9]

III. Verfahrensbeteiligte

Der Begriff der Verfahrensbeteiligten in § 202 a ist identisch mit demjenigen in § 160 b und meint alle Personen oder Stellen, die durch eigene Willenserklärungen im prozessualen Sinn gestaltend als Subjekt am Prozess mitwirken müssen oder dürfen.[10] Verfahrensbeteiligt in diesem Sinne ist im Eröffnungsverfahren neben dem Gericht auch der Angeschuldigte und sein Verteidi-

---

[1] BT-Drucks. 16/11736, S. 10.
[2] So wohl auch OK-StPO/*Graf* Rn. 2.
[3] BT-Drucks. 16/11736, S. 9.
[4] BeckOK-StPO/*Graf* Rn. 4.
[5] BeckOK-StPO/*Graf* Rn. 5.
[6] BT-Drucks. 16/11736, S. 10.
[7] *Schünemann* ZRP 2009, 104; BeckOK-StPO/*Graf* Rn. 5.
[8] BeckOK-StPO/*Graf* Rn. 6.
[9] BeckOK-StPO/*Graf* Rn. 6; Meyer-Goßner Rn. 3.
[10] BT-Drucks. 16/11736, S. 9; Meyer-Goßner Einl. Rn. 71.

§ 203 1, 2 *Zweites Buch. Verfahren im ersten Rechtszug*

ger, die StA, der Nebenklageberechtigte, sofern er bereits wirksam seinen Anschluss erklärt hat,[11] und in Steuerstrafverfahren auch die Finanzbehörde.[12] Der nicht nebenklagebrechtigte Verletzte ist kein Verfahrensbeteiligter iSd. § 202a S. 1.[13]

IV. Gerichtszuständigkeit und -besetzung

6 Der Gesetzgeber hat sich nicht explizit darüber geäußert, ob die Erörterungen iSd. § 202a durch das für die Eröffnungsentscheidung oder das für das Hauptverfahren zuständige Gericht[14] geführt werden, das wegen der §§ 209 Abs. 1 u. 209a nicht mit ersterem identisch sein muss. Soweit Eröffnungs- und Hauptverfahrenszuständigkeit bei ein und demselben Gericht liegen, stellt dies von vornherein kein Problem dar. Beim Auseinanderfallen der beiden Zuständigkeiten wird sich das eröffnende Gericht in der Praxis nicht auf Deal-Gespräche einlassen, sofern bereits vorher abzusehen ist, dass das Hauptverfahren vor einem anderen Gericht stattfinden soll; dennoch getroffene Absprachen sind für das Gericht des Hauptverfahrens nicht bindend und laufen daher ins Leere. Um einerseits diese missliche Situation zu vermeiden, andererseits aber die Möglichkeit einer Absprache im Eröffnungsverfahren zu bewahren, kann es sich im Einzelfall anbieten, das Gericht des Hauptverfahrens frühzeitig in die Erörterungen gem. § 202a einzubeziehen. Das Gericht agiert bei den Erörterungen in der allgemein für das Eröffnungsverfahren vorgesehenen Besetzung,[15] also ohne Schöffen.[16]

V. Dokumentationspflicht

7 Gem. § 202a S. 2 ist der wesentliche Inhalt der Erörterungen aktenkundig zu machen, um zum einen die Einhaltung der gesetzlichen Regeln für die strafprozessuale Absprache überprüfbar zu machen[17] und zum anderen nach Möglichkeit jeden Streit über das Ob und Wie von Deal-Gesprächen von vornherein zu vermeiden.[18] Die Dokumentationspflicht trifft das Gericht, jedoch steht es den übrigen Verfahrensbeteiligten frei, ihre ggf. abweichende Sicht der Gespräche ebenfalls zu den Akten zu bringen. Weder das Unterbleiben der Dokumentation noch deren inhaltliche Fehlerhaftigkeit oder Unvollständigkeit ist rechtsmittelfähig, da es jeweils an einer Beschwer der Beteiligten fehlt. Sind einzelne Verfahrensbeteiligte nicht in die Erörterungen einbezogen worden, müssen sie gem. § 243 Abs. 4 nF. in der späteren Hauptverhandlung durch den Vorsitzenden über deren Inhalt unterrichtet werden.

§ 203 [Eröffnungsvoraussetzung]

Das Gericht beschließt die Eröffnung des Hauptverfahrens, wenn nach den Ergebnissen des vorbereitenden Verfahrens der Angeschuldigte einer Straftat hinreichend verdächtig erscheint.

I. Bedeutung und Anwendungsbereich

1 Die Vorschrift regelt die **Voraussetzung für die Eröffnung** des Hauptverfahrens und die **Beurteilungsgrundlage** für ihr Vorliegen. Für den Inhalt des Eröffnungsbeschlusses gilt § 207 (s. dort auch zu dessen formellen Anforderungen), für die Ablehnung der Eröffnung § 204. Die Eröffnungsvoraussetzung des § 203 ist auch zu beachten bei Nachtragsanklage, im beschleunigten Verfahren und im vereinfachten Jugendverfahren nach §§ 76ff. JGG sowie im Strafbefehls- und im Privatklageverfahren. Im objektiven Sicherungs- (§§ 413ff.) und Einziehungsverfahren (§§ 440ff.) muss die nach den Grundsätzen des § 203 zu beurteilende Wahrscheinlichkeit der Anordnung der Maßregel bzw. der Einziehung gegeben sein.[1]

II. Hinreichender Verdacht

2 **1. Verdachtsbegriff:** Dem übergeordneten Zweck des Strafprozessrechts sowie der Filterfunktion des Eröffnungsverfahrens entsprechend, ist der Verdacht als ein Wahrscheinlichkeitsurteil darüber zu verstehen, ob der staatliche Strafanspruch im konkreten Fall besteht und mit rechtsstaatlichen Mitteln justizförmig durchgesetzt werden kann. Im Sinne des § 203 ist der Verdacht

---
[11] BT-Drucks. 16/11736, S. 9; *Jahn/Müller* NJW 2009, 2625 (2627).
[12] BT-Drucks. 16/11736, S. 9.
[13] BT-Drucks. 16/11736, S. 9.
[14] So OK-StPO/*Graf* Rn. 7.
[15] S. o. § 199 Rn. 3.
[16] BT-Drucks. 16/11736, S. 10.
[17] BeckOK-StPO/*Graf* Rn. 8.
[18] BT-Drucks. 16/11736, S. 10.
[1] BGH v. 26. 9. 1967 – 1 StR 378/67, BGHSt 22, 1 (4) = NJW 1968, 412 (413) für das Sicherungsverfahren.

daher nur dann hinreichend (in Bezug auf die Eröffnung des Hauptverfahrens), wenn eine überzufällige **Verurteilungswahrscheinlichkeit**[2] besteht, die dreierlei voraussetzt: Aufgrund einer retrospektiven vorläufigen Tatbewertung[3] muss es wahrscheinlich sein, dass der Angeschuldigte tatsächlich eine (nicht aber zwingend die in der Anklage bezeichnete) Straftat oder OWi (vgl. § 82 OWiG) begangen hat. Eine prospektive Betrachtung muss darüber hinaus die Wahrscheinlichkeit begründen, dass diese Tat in der Hauptverhandlung mit den zugelassenen Mitteln des Strengbeweises wird nachgewiesen werden können. Schließlich müssen im Entscheidungszeitpunkt die Prozessvorausetzungen vorliegen.[4] Mit diesen Voraussetzungen entspricht der hinreichende Verdacht dem „genügenden Anlass" in § 170 Abs. 1.[5]

2. **Wahrscheinlichkeitsgrad:** Die Gleichsetzung des hinreichenden Verdachts mit der Wahrscheinlichkeit der Verurteilung bedeutet nicht, dass auch die Umstände, die dieses Wahrscheinlichkeitsurteil begründen, selbst lediglich wahrscheinlich zu sein brauchen. Vielmehr ist hier zu unterscheiden: Soweit es um die Tatsachen geht, die den objektiven und subjektiven Tatbestand sowie das Fehlen von Rechtfertigungs-, Schuldausschließungs-, Strafausschließungs- oder Strafaufhebungsgründen konstituieren, genügt ein bloßes Wahrscheinlichkeitsurteil, weil ihr Nachweis der Hauptverhandlung vorbehalten ist. Auch darüber, ob dieser Nachweis im Rahmen der künftigen Beweisaufnahme gelingen wird, reicht eine positive Prognose aus, da Sicherheit im Voraus nicht zu gewinnen ist. Da es hingegen die originäre Aufgabe des Gerichts ist, sich auch zu zweifelhaften Rechtsfragen eine eigene Überzeugung zu bilden, muss die rechtliche Bewertung der strafbarkeitsbegründenden Tatsachen feststehen. Gleiches gilt für die tatsächlichen und rechtlichen Grundlagen der Prozessvorausetzungen, weil diese im Entscheidungszeitpunkt gegeben sein müssen und für Prognosen daher kein Raum ist; bestehende Zweifel sind im Freibeweisverfahren auszuräumen, andernfalls ist die Eröffnung des Hauptverfahrens abzulehnen. Jedoch genügt ausnahmsweise das Wahrscheinlichkeitsurteil, dass in der Hauptverhandlung keine verfahrenshindernden Tatsachen zutage treten werden, wenn diese Tatsachen – wie etwa bei dem Prozesshindernis der anderweitigen Rechtshängigkeit – zugleich für die Tatbewertung maßgeblich sind.[6] Soweit hinsichtlich des Vorliegens von Tatsachen oder Umständen **Wahrscheinlichkeit** ausreicht, muss diese **überwiegend** sein, dh. 50% übersteigen; die gesteigerte Wahrscheinlichkeit des dringenden Tatverdachts iSd. §§ 112 Abs. 1 S. 1, 126 a Abs. 1 S. 1 oder gar von an Sicherheit grenzende Wahrscheinlichkeit ist nicht erforderlich.[7] Hinsichtlich des zu treffenden Wahrscheinlichkeitsurteils besteht ein Beurteilungsspielraum des Gerichts,[8] jedoch gilt naturgemäß nicht der Grundsatz „in dubio pro reo".[9] Dieser kann nur mittelbar Bedeutung erlangen, sofern das Gericht annimmt, dass Beweisschwierigkeiten, zB wegen bestehender Beweisverwertungsverbote, in der Hauptverhandlung nicht zu überwinden sind und daher nach dem Zweifelssatz Freispruch oder Verfahrenseinstellung erfolgen würde; in diesem Fall ist die Beweisbarkeitsprognose negativ und daher die Eröffnung des Hauptverfahrens abzulehnen.[10] Die Bestimmung des Verdachts orientiert sich weder an der Person des Täters[11] oder der Natur des angeklagten Delikts,[12] noch an außerprozessualen Erwägungen, wie zB dem Interesse an einer öffentlichen Erörterung des Verfahrensgegenstands oder der höchstrichterlichen Klärung strittiger Rechtsfragen.[13]

III. Beurteilungsgrundlage

Grundlage der Verdachtsbeurteilung und damit des Eröffnungsbeschlusses ist nicht nur die Anklageschrift, sondern der **gesamte**, dem Gericht vorliegende **Akteninhalt**, einschließlich der Ergebnisse etwaiger Beweiserhebungen gem. §§ 201, 202, soweit er sich auf den Anklagegegenstand bezieht.

---

[2] HM; BVerfG v. 28. 3. 2002 – 2 BvR 2104/01, NJW 2002, 2859 (2860); BGH v. 18. 3. 1980 – 1 StR 213/79, BGHSt 29, 224 (229) = NJW 1980, 1858; KH-StPO/*Julius* Rn. 3; AnwK-StPO/*Kirchhof* Rn. 2; *Meyer-Goßner* Rn. 2; *Pfeiffer* Rn. 2; KMR/*Seidl* Rn. Löwe/Rosenberg/*Stuckenberg* Rn. 9; 14; KK-StPO/*Schneider* Rn. 4.
[3] St. Rspr.; zB BGH v. 22. 7. 1970 – 3 StR 237/69, BGHSt 23, 304 (306) = NJW 1970, 2071 (2072).
[4] AA mit Unterschieden im Detail *Miehe*, FS Grünwald, S. 379 (388); *Roxin* Strafverfahrensrecht § 40 Rn. 8; *Volk* Strafprozessrecht § 16 Rn. 10; SK-StPO/*Paeffgen* Rn. 9.
[5] HM; zB Löwe/Rosenberg/*Stuckenberg* Rn. 2; aA *Miehe*, FS Grünwald, S. 379 (388).
[6] BGH v. 30. 3. 2001 – StB 4 und 5/01, BGHSt 46, 350 (351 f.) = NJW 2001, 1734.
[7] HM; zB KK-StPO/*Schneider* Rn. 4; aA SK-StPO/*Paeffgen* Rn. 11 (hohe Wahrscheinlichkeit nötig); Löwe/Rosenberg/*Stuckenberg* Rn. 14 setzt hinreichenden und dringenden Verdacht gleich, reduziert dabei aber wohl die Anforderungen an Letzteren.
[8] BGH v. 18. 6. 1970 – III ZR 95/68, NJW 1970, 1543; aA *Störmer* ZStW 1996 (108), 517.
[9] KG v. 20. 5. 1996 – 1 AR 217/96 – 3 Ws 110 – 111/96, NJW 1997, 69.
[10] OLG Bamberg v. 25. 10. 1990 – Ws 223/84, NStZ 1991, 252.
[11] KMR/*Seidl* Rn. 19; stark einschränkend Löwe/Rosenberg/*Stuckenberg* Rn. 19 (Persönlichkeit und Vorleben des Angeschuldigten können den Tatverdacht beeinflussen).
[12] HK-StPO/*Julius* Rn. 3.
[13] HK-GS/*Böttcher* Rn. 3.

§ 204 [Ablehnung der Eröffnung]

(1) Beschließt das Gericht, das Hauptverfahren nicht zu eröffnen, so muss aus dem Beschluß hervorgehen, ob er auf tatsächlichen oder auf Rechtsgründen beruht.
(2) Der Beschluß ist dem Angeschuldigten bekanntzumachen.

I. Abwendungsbereich

1 § 204, der im Zusammenhang mit §§ 210 Abs. 2 und 211 zu sehen ist, gilt nur für die **endgültige (Teil-)Nichteröffnung** des Hauptverfahrens, nicht für vorläufige Verfahrenseinstellungen gem. §§ 154b Abs. 4, 154e Abs. 2, 205, 262 Abs. 2. Die Zurückweisung der Privatklage erfolgt gem. § 383 Abs. 1 S. 1 iVm. § 204; die Ablehung des Erlasses eines Strafbefehls wegen nicht hinreichenden Verdachts steht dem Nichteröffnungsbeschluss des § 204 gleich (§ 408 Abs. 2 S. 2). Bei Erhebung einer Nachtragsanklage ist weder deren Einbeziehung gem. § 266 Abs. 1 noch die negative Entscheidung hierüber begründungsbedürftig, weshalb sich die Frage der Anwendung des § 204 regelmäßig nicht stellt;[1] gibt das Gericht dennoch eine Begründung, besteht kein Grund, hieraus die Sperrwirkung des § 211 abzuleiten und demgemäß auch § 204 für anwendbar zu erklären.[2] Bei der auch im Eröffnungsverfahren möglichen Verfahrensbeendigung durch Opportunitätsentscheidung gem. §§ 153 Abs. 2, 153a Abs. 2, 153b Abs. 2, 153e Abs. 2, 154 Abs. 2, 154a Abs. 2, 47 JGG oder 37 Abs. 2 BtMG ist § 204 nicht einschlägig, da kein Nichteröffnungsbeschluss ergeht. Ein sachlich bzw. funktionell unzuständiges Gericht verfährt nach §§ 209, 209a, ein örtlich unzuständiges lehnt nicht die Eröffnung des Hauptverfahrens ab, sondern stellt lediglich seine Unzuständigkeit fest;[3] ein gerichtsintern als zuständig bestimmter Spruchkörper darf die Eröffnung nicht ablehnen, weil er, sich weiterhin für funktionell unzuständig hält.[4] Die abweichende rechtliche Bewertung der angeklagten prozessualen Taten durch das Gericht ist keine (teilweise) Ablehnung der Eröffnung iSd. § 204, sondern eine modifizierte Eröffnung gem. § 207 Abs. 2 Nr. 3 und daher für die StA nicht beschwerdefähig.[5]

II. Zusammentreffen von Straftaten und Ordnungswidrigkeiten

2 Wertet das Gericht **eine prozessuale Tat** nur als Ordnungswidrigkeit, so eröffnet es wegen letzterer das Verfahren (ggf. gem. § 209 Abs. 1 vor dem zuständigen Bußgeldrichter des AG), das damit in ein Bußgeldverfahren übergeht (§ 82 Abs. 2 OWiG); bei Katellordnungswidrigkeiten iSd. § 83 GWB werden die Akten gem. § 209 Abs. 2 dem Kartellsenat des zuständigen OLG zur Entscheidung vorgelegt.[6] Hält das Gericht die Verfolgung der verbleibenden Ordnungswidrigkeit jedoch nicht für geboten, kann es mit Zustimmung der StA gem. § 47 Abs. 2 OWiG die Eröffnung des Hauptverfahrens ablehnen und zugleich das Ordnungswidrigkeitenverfahren einstellen. Hat die StA die Verfolgung einer Ordnungswidrigkeit übernommen, die mit einer **anderen prozessualen Straftat** im Zusammenhang steht (§§ 42 Abs. 1, 64 OWiG), und verneint nun das Gericht das Vorliegen dieser Straftat, so lehnt es die Eröffnung des Hauptverfahrens ab, weil ohne die Straftat auch kein Zusammenhang mit ihr gegeben sein kann und die Voraussetzungen für ein selbständiges gerichtliches Ordnungswidrigkeitenverfahren (Bußgeldbescheid, Klagebefugnis der StA) fehlen.

III. Begründung des Ablehnungsbeschlusses

3 Der Beschluss muss den Anklagestoff erschöpfend und gleichzeitig behandeln[7] und eindeutig erkennen lassen, welche prozessuale Tat er betrifft.[8] Fehlen Verfahrensvoraussetzungen, ergeht der Ablehnungsbeschluss als Prozessentscheidung, im Übrigen als Sachentscheidung. In beiden Fällen kann der Beschluss auf **Rechtsgründen** (zB Umgrenzungsmangel der Anklage,[9] anderweitige Rechtshängigkeit, Strafklageverbrauch, Straflosigkeit des angeklagten Sachverhalts, Eingreifen von Rechtsfertigungs-, Schuldausschließungs- Strafausschließungs- oder Strafaufhebungsgründen) oder auf **Sachgründen** (fehlende Beweisbarkeit der tatsächlichen Grundlagen der Prozessvoraus-

---

[1] Ähnlich KK-StPO/*Schneider* Rn. 2.
[2] *Meyer-Goßner* § 266 Rn. 18; aA *Hilger* JR 983, 441.
[3] HM; s. § 16 Rn. 3 u. § 199 Rn. 4.
[4] OLG Düsseldorf v. 7. 7. 1983 – 1 Ws 560/83, MDR 1984, 73.
[5] BGH v. 5. 1. 1989 – 1 StE 5/88 – StB 45/88, NStZ 1989, 190; OLG Düsseldorf v. 18. 10. 1993 – 4 Ws 244/93, NJW 1994, 398.
[6] *Göhler* § 82 OWiG Rn. 5.
[7] OLG Köln v. 21. 10. 1994 – 2 Ws 168 – 372/94, StraFo 1995, 55.
[8] *Meyer-Goßner* Rn. 7.
[9] S. o. § 200 Rn. 23.

Vierter Abschnitt. Entscheidung über die Eröffnung des Hauptverfahrens **§ 205**

setzungen oder der angeklagten Tat) beruhen. Für das Zusammentreffen mehrerer Ablehnungsgründe gilt: Das rechtliche oder sachliche Fehlen von Prozessvoraussetzungen hat für die Ablehnungsentscheidung stets Vorrang vor materiellen Mängeln,[10] weil dem Gericht in diesem Fall eine Sachentscheidung verwehrt ist.[11] Materiellen Mängeln rechtlicher Natur gebührt wegen ihrer weiter reichenden Sperrwirkung iSd. § 211 wiederum Vorrang vor Beweislücken;[12] Gleiches gilt bei prozessualen Mängeln. Tragende **Doppel- oder Mehrfachbegründungen** sind unzulässig, es sei denn, sie beziehen sich auf mehrere Mängel derselben Gruppe (zB materielle Rechtsmängel);[13] der vordringenden Gegenauffassung[14] steht der Wortlaut des Abs. 1 entgegen, mit dem wohl nur „entweder – oder" gemeint sein kann, da ein „oder/und" auf die wegen § 34 überflüssige Klarstellung hinausliefe, dass der Ablehnungsbeschluss zu begründen ist. Explizit als solche bezeichnete Hilfsbegründungen sind hingegen möglich und zweckmäßig.[15]

IV. Nebenentscheidungen

Der (Teil-)Ablehnungsbeschluss muss eine **Kostenentscheidung** enthalten (§ 464), für die 4 §§ 467, 469, 470 zu beachten sind. Weiterhin kann die Aufhebung eines **Haftbefehls** (§ 120 Abs. 1 S. 2), der **vorläufigen Entziehung der Fahrerlaubnis** (§ 111a Abs. 2) oder des **vorläufigen Berufsverbots** (§ 132a Abs. 2) sowie der **Beschlagnahme** erforderlich sein, sofern letztere nicht für ein anderes Strafverfahren[16] oder ein objektives Einziehungsverfahren gem. §§ 440ff. aufrechterhalten wird. Ein **Unterbringungsbefehl** ist aufzuheben (§ 126a Abs. 3), sofern nicht ein Sicherungsverfahren gem. §§ 413ff. wahrscheinlich ist. Auch eine **Entschädigungsentscheidung** gem. § 8 StrEG kann veranlasst sein.

V. Bekanntmachung

Wegen der Beschwerdefrist des § 210 Abs. 2 ist der Beschluss nach § 204 der StA (§§ 35 Abs. 1 5 S. 1, 36 Abs. 1, 41) sowie ggf. dem Neben- und dem Privatkläger (den beiden letzteren samt Rechtsmittelbelehrung; §§ 397 Abs. 1 S. 2, 385 Abs. 1 S. 2, 35 a) zuzustellen. Die Zustellung an den Angeschuldigten ist nur zwingend, wenn der Beschluss selbständig anfechtbare Nebenentscheidungen enthält (arg. e § 35 Abs. 2 S. 2),[17] ansonsten aber wegen seiner Bedeutung empfehlenswert.[18] Der Verletzte wird nur auf Antrag unterrichtet (§ 406 d).

VI. Rechtsbehelfe, Bestandskraft

Der Angeschuldigte kann ihn belastende Nebenentscheidungen (zB über Kosten oder Entschä- 6 digung) mit der sofortigen Beschwerde angreifen;[19] im Übrigen ist der Beschluss für ihn mangels Beschwer unanfechtbar. Der StA, dem Nebenkläger (§ 400 Abs. 2) und dem Privatkläger (§ 385 Abs. 1) steht die sofortige Beschwerde gem. § 210 Abs. 2 zu. Erschöpft der Ablehnungsbeschluss die Anklage nicht, kann die StA seine Ergänzung beantragen.[20] Schon nach dem Erlass des Ablehnungsbeschlusses, nicht erst nach Zustellung[21] oder Ablauf der Rechtsmittelfrist, kann die StA die Anklage[22] und das Gericht den Beschluss selbst nicht mehr zurücknehmen.[23]

§ 205 [Vorläufige Einstellung]

¹Steht der Hauptverhandlung für längere Zeit die Abwesenheit des Angeschuldigten oder ein anderes in seiner Person liegendes Hindernis entgegen, so kann das Gericht das Verfahren durch Beschluß vorläufig einstellen. ²Der Vorsitzende sichert, soweit nötig, die Beweise.

---

[10] HK-StPO/*Julius* Rn. 4; *Pfeiffer* Rn. 2; KK-StPO/*Schneider* Rn. 6; aA *Meyer-Goßner* Rn. 4; SK-StPO/*Paeffgen* Rn. 4.
[11] Relativierend SK-StPO/*Paeffgen* Rn. 4 (Darstellung materieller Mängel im Rahmen einer Hilfsbegründung).
[12] *Radtke*, Strafklageverbrauch, S. 221; AK-StPO/*Loos* Rn. 3; SK-StPO/*Paeffgen* Rn. 4; aA Löwe/Rosenberg/*Stuckenberg* Rn. 16 (Rückgriff auf den liquidesten Grund); KK-StPO/*Schneider* Rn. 7 (welche Gründe tragend sind, ist Frage ressourcenschonenden Begründungsaufwands).
[13] HM; zB KK-StPO/*Schneider* Rn. 6.
[14] *Martin* NStZ 1995, 528; KMR/*Seidl* Rn. 12; einschränkend auch Löwe/Rosenberg/*Stuckenberg* Rn. 17 (Doppelbegründungen mit mehreren prozessualen oder materiellen Mängeln sind möglich).
[15] *Meyer-Goßner* Rn. 4.
[16] HM; zB *Meyer-Goßner* Rn. 10; aA HK-StPO/*Julius* Rn. 5.
[17] HM; zB *Meyer-Goßner* Rn. 12; aA HK-StPO/*Julius* Rn. 6; KMR/*Seidl* Rn. 17; SK-StPO/*Paeffgen* Rn. 12.
[18] Löwe/Rosenberg/*Stuckenberg* Rn. 20.
[19] LG Freiburg v. 12. 3. 1991 – IV Qs 30/91, MDR 1992, 179.
[20] *Meyer-Goßner* Rn. 6.
[21] So aber OLG Frankfurt/M. v. 14. 2. 1986 – 1 Ws 27/85, JR 1986, 470 für die Rücknahme der Anklage.
[22] HM; zB Löwe/Rosenberg/*Stuckenberg* Rn. 23.
[23] S. auch u. § 207 Rn. 17.

I. Allgemeines

1. Bedeutung und Anwendungsbereich der Vorschrift. § 205 steht nicht im Spannungsfeld zwischen Justizgewährung und Verfahrensbeschleunigung,[1] sondern betrifft Situationen, in denen das Beschleunigungsgebot wegen der temporären objektiven Unmöglichkeit, das Verfahren prozessordnungskonform weiterzuführen, suspendiert ist. Hier besteht die **allgemeine Pflicht** (nicht nur das Ermessen),[2] das Verfahren aus Gründen der Rechtssicherheit durch förmlichen Beschluss vorläufig einzustellen, anstatt es lediglich nicht mehr aktiv zu betreiben. Da der Wortlaut des § 205 diese Pflicht nur partiell ausdrückt, ist die Vorschrift in doppelter Hinsicht analogiefähig: Zum einen gilt sie **für sämtliche Verfahrensstadien** (im Ermittlungsverfahren somit für die StA; vgl. RiStBV Nr. 104 Abs. 1),[3] zum anderen greift sie auch **bei Verfahrenshemmnissen ein, die nicht in der Person des Angeschuldigten liegen**.[4] Beschränkt man mit der hier vertretenen Auffassung die analoge Anwendung des § 205 auf die Fälle der akuten Unmöglichkeit des Prozedierens,[5] bleiben hierbei die praktischen Unterschiede zur Rechtsprechung[6] und den Teilen der Literatur,[7] welche die letztgenannte Analogie ablehnen, gering.

2. Subsidiarität des § 205. Bestehen neben einem vorübergehenden Verfahrenshemmnis zugleich Gründe für die Ablehnung der Eröffnung des Hauptverfahrens oder eine endgültige Verfahrenseinstellung, ist nicht nach § 205, sondern nach § 204 bzw. – abhängig vom konkreten Verfahrensstand – nach §§ 170 Abs. 2, 206a oder 260 Abs. 3 zu entscheiden; bei Freispruchreife ist freizusprechen. Vorrang vor der vorläufigen Einstellung hat auch ein zulässiger, tat- und schuldangemessener Verfahrensabschluss nach den Oppotunitätsregeln der §§ 153 ff. oder durch Strafbefehl.[8]

II. Einstellungsgründe

1. In der Person des Angeschuldigten. Sofern nicht gem. §§ 231 Abs. 2, 231a 232, 233, 329, 350, 412 ohne den Angeklagten verhandelt werden kann, ist gem. § 205 zu verfahren, wenn er abwesend ist, sich also an unbekanntem Ort aufhält oder die Gestellung von seinem bekannten Aufenthaltsort im Ausland nicht möglich ist (vgl. § 276).[9] Vorübergehend einzustellen ist auch, wenn der Angeschuldigte verhandlungsunfähig ist, ihn die Durchführung der Hauptverhandlung in die **konkrete Gefahr des Todes oder der schwerwiegenden Gefährdung seiner Gesundheit** bringen würde, er parlamentarische oder diplomatische **Immunität** (Art. 46 GG, § 152a; § 18 GVG) oder den Schutz des auslieferungsrechtlichen Spezialitätsgrundsatz genießt.[10]

2. Außerhalb der Person des Angeschuldigten: Fehlt ein noch fristgerecht möglicher **Strafantrag**[11] oder der gem. § 380 notwendige **Sühneversuch**,[12] ist das Verfahren gem. § 205 einzustellen. Unzulässig ist die Einstellung hingegen, um die obergerichtliche Klärung einer Rechtsfrage, eine angekündigte Gesetzesänderung oder eine Amnestie abzuwarten,[13] sowie bei Arbeitsüberlastung der Strafverfolgungsorgane;[14] bei Zweifeln an der Verfassungsmäßigkeit eines Gesetzes ist nach Art. 100 Abs. 1 S. 1 GG auszusetzen. Ebenfalls kein Einstellungsgrund ist die bloße Beweisnot, zB wegen **Unerreichbarkeit** von Zeugen,[15] **Sachverständigen**[16] oder **Mitbeschuldigten**[17] oder des **Fehlens von Beiakten**,[18] da diese nicht – wie in § 205 vorausgesetzt – die Fortführung des Verfahrens als solche unmöglich macht, sondern allenfalls die Erreichung eines (von den Strafverfolgungsor-

---

[1] So aber HK-StPO/*Julius* Rn. 1; AnwK-StPO/*Kirchhof* Rn. 1; SK-StPO/*Paeffgen* Rn. 2.
[2] HM; zB Löwe/Rosenberg/*Stuckenberg* Rn. 37.
[3] AllgM; zB *Meyer-Goßner* Rn. 3.
[4] *Meyer-Goßner* Rn. 8; SK-StPO/*Paeffgen* Rn. 13; Löwe/Rosenberg/*Stuckenberg* Rn. 32 ff.; *Roxin* § 40 Rn. 15.
[5] S. u. Rn. 4.
[6] BGH v. 15. 1. 1985 – 5 StR 758/84, NStZ 1985, 230; OLG Düsseldorf v. 18. 7. 1983 – 3 Ws 83 – 84/83, JR 1984, 436; OLG Frankfurt a. M. v. 11. 11. 1981 – 3 Ws 733/81, NStZ 1982, 218; OLG Koblenz v. 9. 10. 1992 – 2 Ws 507/92, StV 1993, 513; OLG München v. 23. 8. 1977 – 1 Ws 926/77, NJW 1978, 176; OLG Stuttgart v. 12. 6. 2001 – 1 Ws 101/01, Die Justiz 2001, 552.
[7] *Bloy* GA 1980, 167; HK-StPO/*Julius* Rn. 2; AnwK-StPO/*Kirchhof* Rn. 1.
[8] SK-StPO/*Paeffgen* Rn. 3.
[9] BGH v. 25. 7. 1990 – 3 StR 172/90, BGHSt 37, 145 (146) = NJW 1991, 114 (115).
[10] Löwe/Rosenberg/*Stuckenberg* Rn. 31.
[11] *Roxin* § 40 Rn. 15.
[12] Löwe/Rosenberg/*Stuckenberg* Rn. 36.
[13] Löwe/Rosenberg/*Stuckenberg* Rn. 14.
[14] KMR/*Seidl* Rn. 21.
[15] OLG Hamm v. 11. 7. 1997 – 1 Ws 181 – 97, NJW 1998, 1088 (1089).
[16] *Pfeiffer* Rn. 2.
[17] OLG München v. 23. 8. 1977 – 1 Ws 926/77, NJW 1978, 176.
[18] Krause GA 1969, 97 (102); SK-StPO/*Paeffgen* Rn. 13.

ganen) erwünschten Ergebnisses erschwert.[19] In diesen Fällen ist zunächst auf die Möglichkeit der Verlesung von Aussagen gem. § 251[20] oder der Vernehmung der Vernehmungsperson[21] zurückzugreifen, im übrigen unter Anwendung des Grundsatzes „in dubio pro reo" weiter zu prozedieren.[22]

3. **Dauer des Verfahrenshemmnisses:** § 205 erfasst nur **vorübergehende Hemmnisse von einiger Dauer.** Werden hieraus endgültige Verfahrenshindernisse, ist das Verfahren endgültig abzuschließen. Bei kurzfristigen Hemmnissen ist außerhalb der Hauptverhandlung schlicht abzuwarten, bis sie behoben sind, in der Hauptverhandlung ist von §§ 228, 229 Gebrauch zu machen. Hinsichtlich der Einzelfallfrage, ob ein Hemmnis schon dauerhaft iSd. § 205, aber noch nicht endgültig ist, besteht ein erheblicher Beurteilungsspielraum des Gerichts.[23] Fragwürdig erscheint es jedoch, einen unbefristet abgeschobenen Angeschuldigten allein wegen der abstrakten Möglichkeit seiner illegalen Rückkehr ins Inland als nur vorübergehend abwesend anzusehen.[24]

4. **Feststellung des Hemmnisses.** Tatsächliche Hemmnisse sind von Amts wegen im **Freibeweiswege** festzustellen.[25] Geht es um die Verhandlungsunfähigkeit des Angeklagten, ist im Regelfall ein Sachverständiger hinzuziehen;[26] Maßnahmen nach § 81a sind zulässig,[27] die Unterbringung gem. § 81 darf nur erfolgen, wenn sie verhältnismäßig und unerlässlich ist.[28] Lassen sich konkrete Zweifel an der Verhandlungsfähigkeit des Angeschuldigten nicht ausräumen, ist ebenso nach § 205 zu verfahren, wie im Falle feststehender Verhandlungsunfähigkeit bei gleichzeitiger Ungewissheit über ihre Endgültigkeit.[29]

III. Einstellungsentscheidung

Im Ermittlungsverfahren verfügt die StA die Einstellung, die sie dem Anzeigenden mitteilt (RiStBV Nr. 104 Abs. 3 iVm. Nr. 103). In späteren Verfahrensstadien entscheidet das Gericht durch Beschluss, in der Hauptverhandlung unter Beteiligung der Schöffen, ansonsten ohne sie. Der Beschluss, vor dessen Erlass die Beteiligten gem. § 33 zu hören sind, ist gem. § 34 zu begründen, enthält aber keine Kostenentscheidung, weil er das Verfahren nicht endgültig abschließt.[30] Er wird den Beteiligten formlos (§ 35 Abs. 2 S. 2) oder durch Verkündung (§ 35 Abs. 1) bekanntgemacht; Mitteilung an den Verletzten, der nicht Neben- oder Privatkläger ist, erfolgt nur nach Antrag (§ 406d Abs. 1).

IV. Beweissicherung; weitere Maßnahmen

Bei eingestelltem Verfahren sichert der Vorsitzende (nicht das Gericht) nach S. 2 die Beweise in einer für die Hauptverhandlung verwertbaren Form. Er kann dabei selbst oder durch den ersuchten Richter Vernehmungen und Augenscheinseinnahmen durchführen oder Beweisgegenstände sicherstellen; Zeugen kann er analog §§ 62, 63 vereidigen. Für die Inanspruchnahme der StA gelten dieselben Regeln wie bei § 202.[31] Erfolgt die Einstellung im Ermittlungsverfahren, übernimmt die StA die Beweissicherung, wobei sie ggf. richterliche Untersuchungshandlungen gem. § 162 beantragt. Die vorläufige Einstellung hindert einerseits nicht den Erlass eines Haftbefehls[32] oder die Durchführung von Fahndungsmaßnahmen, andererseits auch nicht die Beiordnung eines Verteidigers.[33]

V. Verjährungsunterbrechung

Die Einstellung unterbricht die Verjährung nur, wenn sie durch das Gericht (nicht die StA) wegen Abwesenheit oder Verhandlungsunfähigkeit des Angeschuldigten (nicht aus anderen Gründen) erfolgt; § 78c I Nr. 10 und 11 StGB. Bei eingestelltem Verfahren unterbrechen Anordnungen

---

[19] AA wohl *Meyer-Goßner* Rn. 8.
[20] BGH v. 15. 1. 1985 – 5 StR 759/84, NStZ 1985, 230.
[21] OLG Hamm v. 11. 7. 1997 – 1 Ws 181 – 97, NJW 1998, 1088 (1089).
[22] Löwe/Rosenberg/*Stuckenberg* Rn. 34, der freilich eine Verfahrenseinstellung in eng umgrenzten Ausnahmefällen gleichwohl zulassen will.
[23] Löwe/Rosenberg/*Stuckenberg* Rn. 37.
[24] So aber OLG Brandenburg v. 26. 5. 2004 – 2 Ws 97/04, NStZ-RR 2005, 49 (50).
[25] BGH v. 14. 12. 1995 – 5 StR 208/95, NStZ 1996, 242 (243).
[26] BVerfG v. 24. 2. 1995 – 2 BvR 345/95, NJW 1995, 1951 (1952 f.).
[27] OLG Düsseldorf v. 26. 5. 1988 – 1 Ws 459/88, StV 1989, 194.
[28] BVerfG v. 7. 3. 1995 – 2 BvR 1509/95, NStZ-RR 1996, 38.
[29] BGH v. 14. 12. 1995 – 5 StR 208/95, NStZ 1996, 242.
[30] KK-StPO/*Schneider* Rn. 18.
[31] S. o. § 202 Rn. 5.
[32] *Hanack* JR 1977, 435.
[33] LG Heilbronn v. 23. 4. 1992 – 2 Qs 224/92, StV 1992, 509.

§§ 206, 206a   Zweites Buch. Verfahren im ersten Rechtszug

zur Ermittlung des Aufenthalts oder zur Überprüfung der Verhandlungfähigkeit des Angeschuldigten sowie Beweissicherungsmaßnahmen gem. S. 2 die Verjährung erneut.

VI. Fortsetzung des Verfahrens

10   Ergibt die – in regelmäßigen Abständen vorzunehmende – Überprüfung, dass der Einstellungsgrund nicht mehr besteht, ist das Verfahren unverzüglich durch förmlichen Beschluss[34] fortzusetzen. Eine – von der hM für zulässig gehaltene – formlose bzw. konkludente Fortsetzung,[35] widerspräche der Funktion des § 205, Klarheit des Verfahrensganges und damit Rechtssicherheit zu schaffen.

VII. Rechtsmittel

11   Der gerichtliche Einstellungsbeschluss ist in jedem Verfahrensstadium für den Angeschuldigten und die StA, nicht aber für den Nebenkläger (Umkehrschluss aus § 400 Abs. 2 S. 1),[36] mit der einfachen Beschwerde anfechtbar. Beschwerdeziel kann sowohl die Fortsetzung des Verfahrens wie auch eine endgültige Verfahrensbeendigung, etwa nach § 206 a,[37] sein. Die Beschwerde ist auch gegen die gerichtliche Ablehnung eines Einstellungsantrags im Eröffnungsverfahren gegeben; im Hauptverfahren steht ihr § 305 entgegen, jedoch kann der Revisionsgrund des § 338 Nr. 5[38] oder Nr. 8[39] vorliegen. Die Fortsetzung des eingestellten Verfahrens kann auch formlos beantragt werden; lehnt das Gericht diese ab, ist auch dagegen die Beschwerde eröffnet. Nicht beschwerdefähig sind hingegen Verfügungen, mit denen die StA das Verfahren einstellt oder einen Einstellungs- oder Fortsetzungsantrag ablehnt.

§ 206 [Keine Bindung des Gerichts]

Das Gericht ist bei der Beschlußfassung an die Anträge der Staatsanwaltschaft nicht gebunden.

1   § 206 stellt klar, dass der Grundsatz des § 155 Abs. 2 letzter Halbsatz auch im Eröffnungsverfahren gilt. Danach ist das Gericht zwar an die Bestimmung der Tat und des Angeschuldigten in der Anklage gebunden (vgl. § 155 Abs. 1), innerhalb dieses Rahmens aber in der Würdigung der Beweise, der rechtlichen Bewertung der angeklagten Taten und der zwischen ihnen bestehenden Konkurrenzverhältnisse sowie der Beurteilung verfahrensrechtlicher Fragen frei. Dies gilt jedoch nicht, soweit der StA bei solchen Fragen – zB beim Vorliegen des (besonderen) öffentlichen Interesses an der Strafverfolgung (etwa gem. § 248a StGB) bzw. der Erhebung der öffentlichen Klage (§ 376) oder der Auswahl zwischen mehreren Gerichtsständen nach §§ 7ff. – eine Beurteilungsprärogative eingeräumt ist, deren Ausübung gerichtlich nicht oder nur eingeschränkt überprüfbar ist.

§ 206a [Einstellung bei Verfahrenshindernis]

(1) **Stellt sich nach Eröffnung des Hauptverfahrens ein Verfahrenshindernis heraus, so kann das Gericht außerhalb der Hauptverhandlung das Verfahren durch Beschluß einstellen.**

(2) **Der Beschluß ist mit sofortiger Beschwerde anfechtbar.**

I. Bedeutung der Vorschrift; Allgemeines

1   § 206a normiert den Grundsatz, dass verfahrenserledigende Formalentscheidungen aus Gründen der Prozessökomie und des Schutzes des Angeklagten vor den Belastungen einer Hauptverhandlung durch Beschluss ergehen können. Er steht systemwidrig im Abschnitt über das Eröffnungsverfahren, da er nur für das Hauptverfahren gilt; treten Verfahrenshindernisse bereits im

---

[34] HK-StPO/*Julius* Rn. 9; Löwe/Rosenberg/*Stuckenberg* Rn. 41.
[35] AnwK-StPO/*Kirchhof* Rn. 4; *Meyer-Goßner* Rn. 5; *Pfeiffer* Rn. 4; einschränkend KMR/*Seidl* Rn. 32 (Beschluss nicht notwendig, aber zweckmäßig).
[36] HM; zB *Meyer-Goßner* Rn. 4.; KK-StPO/*Schneider* Rn. 21; aA *Rieß* NStZ 2001, 355; *Pfeiffer* Rn. 6.
[37] KK-StPO/*Schneider* Rn. 21; einschränkend OLG Celle v. 29. 9. 1977 – 2 Ws 153/77, MDR 1978, 161.
[38] BGH v. 17. 7. 1984 – 5 StR 449/84, NStZ 1984, 520.
[39] *Meyer-Goßner* Rn. 4.

Vierter Abschnitt. Entscheidung über die Eröffnung des Hauptverfahrens 2–4 § 206a

Ermittlungsverfahren auf, stellt die StA das Verfahren ein (§ 170 Abs. 2), im Eröffnungsverfahren lehnt das Gericht die Eröffnung des Hauptverfahrens ab (§ 204). Die Vorschrift setzt Verfahrenshindernisse im technischen Sinn[1] voraus, dh. Umstände, die nach dem ausdrücklich erklärten oder aus dem Zusammenhang ersichtlichen Willen des Gesetzes für das Strafverfahren so schwer wiegen, dass von ihrem Nichtvorhandensein die Zulässigkeit des Verfahrens im ganzen abhängig gemacht werden muss.[2] § 206a statuiert ebenso wie § 205 nicht nur das Ermessen, sondern die Pflicht, das Verfahren bei Vorliegen eines Prozesshindernisses einzustellen,[3] ist im Unterschied zu diesem jedoch nicht analogiefähig, da der Gesetzgeber die endgültige, mit partieller Rechtskraft versehene Verfahrensbeendigung in der „kleinen Münze" des Beschlusswegs auf Verfahrenshindernisse begrenzen und dabei nicht den Anspruch des Angeklagten auf hauptverhandlungsförmige Erledigung der Schuldfrage bei Wegfall des hinreichenden Tatverdachts beschneiden wollte.[4]

II. Verhältnis zu anderen Vorschriften

Da es nur in unabweisbaren Fällen hinehmbar ist, das Verfahren endgültig zu beenden, dabei aber die Schuldfrage in der Schwebe zu lassen, darf nicht gem. § 206a eingestellt werden, wenn **spezielle Vorschriften** – wie etwa im Falle der Unzuständigkeit des Gerichts – die Behebung des Hindernisses vorsehen (vgl. §§ 225a, 269, 270). Vorrang hat auch die Einstellung gem. § 206b, die materiell ein freisprechendes Erkenntnis darstellt.[5] § 206a kommt zudem nur bei Hindernissen in Betracht, die im anhängigen Verfahren trotz entsprechender Bemühungen (die aufgrund der Prozessförderungspflicht des Gerichts unternommen werden müssen)[6] nicht zu heilen sind. Bei (möglicherweise) heilbaren Hindernissen ist abzuwarten oder von § 205 Gebrauch zu machen.[7] Sobald mit der Hauptverhandlung begonnen wurde und solange diese andauert – was auch bei ihrer Unterbrechung gem. § 229 der Fall ist[8] – wird § 206a durch § 260 **Abs. 3** verdrängt, im Übrigen verhält es sich umgekehrt, sofern die tatsächlichen Entscheidungsgrundlagen für den Einstellungsbeschluss ohne Hauptverhandlung zu gewinnen sind;[9] zur Anwendbarkeit des § 206a im Rechtsmittelzug s. u. Rn. 7 f.

2

III. Feststellung des Verfahrenshindernisses

Verfahrenshindernisse werden außerhalb der Hauptverhandlung im **Freibeweisverfahren** festgestellt.[10] Bleiben dabei unüberwindliche **Zweifel** am Vorliegen der Prozessvoraussetzungen, ist ebenfalls gem. § 206a einzustellen, da rechtsstaatliches Prozedieren nur dann möglich ist, wenn seine Voraussetzungen feststehen, nicht schon, wenn sie möglich sind;[11] die Auseinandersetzung darüber, ob dieses Prinzip eine Ausprägung des Grundsatzes „in dubio pro reo" darstellt,[12] ist im wesentlichen ein Streit um Begriffe, dessen praktischer und dogmatischer Nutzen zweifelhaft ist.

3

IV. Umfang der Einstellung

Vollumfängliche Einstellung erfolgt, wenn das vorliegende Hindernis das komplette Verfahren erfasst; dies gilt auch, wenn bereits ein horizontal teilrechtskräftiges Urteil vorliegt.[13] Andernfalls wird nur hinsichtlich der betroffenen Angeklagten und/oder prozessualen Taten eingestellt.[14] Nicht durch Einstellung, sondern durch bloße Klarstellung im Urteil werden Hindernisse behandelt, die lediglich innerhalb einer prozessualen Tat tateinheitlich mitverwirklichte Delikte betreffen; ein gleichwohl ergangener Einstellungsbeschluss ist unwirksam.[15] Die Einstellung gem. § 206a wegen Umständen, die in der Person des Angeklagten liegen, hindert nicht den Übergang

4

---

[1] Übersicht über die einzelnen Verfahrenshindernisse bei KK-StPO/*Schneider* Rn. 7 f.
[2] BGH v. 23. 5. 1984 – 1 StR 148/84, BGHSt 32, 345 (350) = NJW 1984, 2300 (2301).
[3] SK-StPO/*Paeffgen* Rn. 26.
[4] HM; s. zB Meyer-Goßner Rn. 1; aA SK-StPO/*Paeffgen* Rn. 14; s. auch LG Ellwangen v. 5. 2. 1993 – Ns 318/87, JR 1993, 257 (Einstellung wg. Unzumutbarkeit der Hauptverhandlung).
[5] HK-StPO/*Julius* Rn. 6; näher dazu u. § 206b Rn. 1.
[6] Löwe/Rosenberg/*Stuckenberg* Rn. 3.
[7] S. o. § 205 Rn. 5 u. 6.
[8] KG v. 28. 12. 1992 – 4 Ws 217/92, 4 Ws 218/92 u. 4 Ws 248/92, NStZ 1993 297 (298); aA Hohmann NJ 1993, 296; SK-StPO/*Paeffgen* Rn. 5.
[9] Löwe/Rosenberg/*Stuckenberg* Rn. 5; aA Bohnert GA 1982, 166 (167, 173: Wahlrecht des Gerichts).
[10] Wohl einhellige Meinung; zB KK-StPO/*Tolkdorf* Rn. 10; str. für die Hauptverhandlung; s. § 260 Rn. 40.
[11] AllgM; zB Meyer-Goßner Rn. 7.
[12] S. zum Streitstand Löwe/Rosenberg/*Stuckenberg* Rn. 37 ff.
[13] Meyer-Goßner Rn. 5.
[14] AllgM; zB Meyer-Goßner Rn. 4.
[15] OLG Düsseldorf v. 13. 1. 1983 – 5 Ss OWi 472/82 – 14/83 I, VRS 65, 39.

in ein objektives Verfahren gem. §§ 413 ff. oder §§ 440 ff.[16] Eine Beschränkung der Einstellung auf einzelne Verfahrensabschnitte ist unzulässig.[17]

V. Beschluss

5   Der Einstellungsbeschluss ergeht nach Anhörung der Beteiligten (§ 33) in der außerhalb der Hauptverhandlung vorgesehenen Besetzung des Gerichts, also beim AG durch den Richter beim Amtsgericht allein (§ 30 Abs. 2 GVG), beim LG in erster Instanz durch drei, in zweiter Instanz durch einen Richter (§ 76 Abs. 1 GVG), beim OLG in erster Instanz je nach zuvor bestimmter Besetzung durch drei oder fünf (§ 122 Abs. 2 S. 3 GVG), in der Rechtsmittelinstanz durch drei Richter (§ 122 Abs. 1 GVG) und beim BGH stets durch fünf Richter (§ 139 Abs. 1 u. Abs. 2 S. 2 GVG). Er ist wegen § 34 zu begründen, wegen seines verfahrensbeendenden Charakters mit denselben Nebenentscheidungen zu versehen wie der Ablehnungsbeschluss gem. § 204[18] und wegen seiner Beschwerdefähigkeit an die StA, den Nebenkläger und den Angeklagten (der zumindest[19] hinsichtlich der Kosten- und der Entschädigungsentscheidung beschwerdebefugt sein kann) zuzustellen. Der Beschluss sollte aus Gründen der Rechtssicherheit und -klarheit auf sämtliche vorliegenden Verfahrenshindernisse gleichermaßen gestützt werden,[20] was der Gesetzeswortlaut – anders als bei § 204 – zulässt. Ergeht in der Hauptverhandlung fälschlich Einstellungsbeschluss statt eines Einstellungsurteils, ist Umdeutung möglich,[21] da ein bloßer Formfehler vorliegt. Hingegen kann ein außerhalb der Hauptverhandlung ergangener Beschluss gem. § 206 a nicht als Urteil gem. § 260 Abs. 3 gedeutet werden, da dies zu Friktionen bei Besetzungs- und Rechtmittelfragen führen würde.[22]

VI. Einstellung nach Urteil erster Instanz

6   **1. Durch das Ausgangsgericht.** Entsteht ein Verfahrenshindernis nach Urteilserlass, macht das Ausgangsgericht von § 206 a Gebrauch, sofern das Verfahren noch bei ihm anhängig und nicht rechtskräftig ist;[23] das ergangene Urteil wird dann gegenstandslos.[24] Bestand das Hindernis hingegen vor Erlass des Urteils, ist das Erstgericht nicht mehr zur Verfahrenseinstellung befugt, da diese materiell – dem Rechtsmittelgericht vorbehaltene – Beseitigung eines fehlhaften Urteils darstellt.[25] Stets ausgeschlossen ist die Einstellung auch, sobald das Urteil rechtskräftig geworden ist.[26]

7   **2. Durch das Rechtsmittelgericht.** Nach wohl einheilliger Meinung stellt das Rechtsmittelgericht das Verfahren gem. § 206 a ein, wenn ein Rechtsmittel eingelegt wurde, das alle Zulässigkeitsvoraussetzungen mit Ausnahme einer ordungsgemäßen Begründung[27] erfüllt, und ein Verfahrenshindernis erst nach Erlass des erstinstanzlichen Urteils entstanden ist;[28] auch hier wird das Urteil des Erstgerichts mit der Einstellung wirkungslos. Entgegen einer vordringenden Meinung, die § 206 a für unanwendbar hält,[29] und der hM, die dem Rechtsmittelgericht die Wahl lässt,[30] hat die Einstellung Vorrang gegenüber der Rechtsmittelentscheidung, wenn vom Ausgangsgericht ein bestehendes Verfahrenshindernis übersehen wurde.[31] Hierfür spricht der Wortlaut des § 206 a, die Prozeßökonomie, die Dogmatik[32] und zumindest bei der Berufung auch der Gedanke, dass es schwerlich deren Zweck sein kann, dem Angeklagten nur deshalb eine zweite Hauptverhandlung zuzumuten, weil schon die erste nicht vermieden bzw. zum richtigen Abschluss gebracht wurde.

---

[16] *Meyer-Goßner* Rn. 9.
[17] BayObLG v. 19. 4. 1985 – RReg 5 St 4/85, BayOBLGSt 85, 52 (56).
[18] S. § 204 Rn. 4.
[19] S. auch unten Rn. 8.
[20] Einschränkend KMR/*Seidl* Rn. 29; Löwe/Rosenberg/*Stuckenberg* Rn. 92 (Wahlrecht zwischen Einzel- und Mehrfachbegründung); aA HK-StPO/*Julius* Rn. 4 (Begründung mit am wenigsten präjudizierend belastendem Hindernis).
[21] Löwe/Rosenberg/*Seidl* Rn. 5.
[22] Hohmann NJ 1993, 297; *Jahntz* NStZ 1993, 299; *Meyer-Goßner* Rn. 1; wohl aA KG v. 13. 1. 1993 – 4 Ws 7 u. 8/93, NJW 1993, 673 (675).
[23] BGH v. 17. 7. 1968 – 3 StR 117/68, BGHSt 22, 213 (217 f.) = NJW 1968, 2253 (2254).
[24] *Meyer-Goßner* Rn. 1.
[25] BGH v. 16. 6. 1961 – 1 StR 95/61, BGHSt 16, 115 (116) = NJW 1961, 1684.
[26] HM. zB Löwe/Rosenberg/*Stuckenberg* Rn. 13; aA BayObLG v. 31. 1. 1974 – RReg 1 St 1/74, BayObLGSt 1974, 8 (für den Fall der Rechtmittelrücknahme).
[27] BGH v. 17. 7. 1968 – 3 StR 117/68, BGHSt 22, 213 (217 f.).
[28] KK-StPO/*Schneider* Rn. 4.
[29] OLG Celle v. 22. 2. 2007 – 32 Ss 20/07, NStZ 2008, 118; *Meyer-Goßner* GA 1973, 366.
[30] Seit BGH v. 16. 9. 1971 – 1 StR 284/71, BGHSt 24, 208, 212 = NJW 1971, 2272 (2273) st. Rechtsprechung; KMR/*Seidl* Rn. 18.
[31] BayObLG v. 19. 4. 1985 – RReg 5 St 14/85, JR 1986, 430 (431); HK-StPO/*Julius* Rn. 1; Löwe/Rosenberg/*Stuckenberg* Rn. 17.
[32] Löwe/Rosenberg/*Stuckenberg* Rn. 17.

VII. Sofortige Beschwerde

Gem. Abs. 2 ist gegen den Einstellungsbeschluss die sofortige Beschwerde möglich. Beschwerdebefugt ist die StA, der Nebenkläger (vgl. § 400 Abs. 2 S. 1) und der Privatkläger (§ 390 Abs. 1), nicht aber der Anzeigeerstatter, der am Hauptverfahren nicht beteiligt ist. Nach hM soll der Angeklagte durch die Einstellung nicht beschwert und daher lediglich hinsichtlich ihn belastender Nebenentscheidungen (Kosten, Auslagen, Entschädigung) beschwerdebefugt sein.[33] Dem ist im Grundsatz, aber nicht ausnahmslos zu folgen: Wird trotz liquider Freispruchslage[34] oder dem Vorliegen der Voraussetzungen des § 206 b[35] nach § 206 a verfahren, ist der Angeklagte durch die Missachtung seines Rehabilitationsinteresses in rechtsmittelfähiger Weise beschwert. Ein Beschluss, mit dem eine beantragte Einstellung gem. § 206 a abgelehnt wird, ist nicht anfechtbar, weil das angebliche Verfahrenshindernis in der Hauptverhandlung erneut geltend gemacht werden kann (vgl. § 305).

VIII. Sperrwirkung des Einstellungsbeschlusses

Mit dem formell rechtskräftigen Beschluss ist das Vorliegen des Verfahrenshindernisses bindend festgestellt, weshalb das eingestellte Verfahren auch dann nicht durch den Widerruf des Einstellungsbeschlusses fortgesetzt werden darf, wenn dieser sich später als unrichtig erweist.[36] Auch ein neues Verfahren ist in diesen Fällen nur zulässig, soweit die Sperrwirkung des § 206 a, die aus systematischen Gründen mit derjenigen des § 260 Abs. 3[37] gleichzusetzen ist,[38] dem nicht entgegensteht. Wird die fehlende Prozessvoraussetzung nachträglich geschaffen oder ein bestehendes Hindernis beseitigt, sperrt die Einstellung jedoch nicht die Fortführung bzw. Neuauflage des Verfahrens.[39]

§ 206 b [Einstellung wegen Gesetzesänderung]

¹ Wird ein Strafgesetz, das bei Beendigung der Tat gilt, vor der Entscheidung geändert und hat ein gerichtlich anhängiges Strafverfahren eine Tat zum Gegenstand, die nach dem bisherigen Recht strafbar war, nach dem neuen Recht aber nicht mehr strafbar ist, so stellt das Gericht außerhalb der Hauptverhandlung das Verfahren durch Beschluß ein. ² Der Beschluß ist mit sofortiger Beschwerde anfechtbar.

I. Allgemeines, Kritik

Die Vorschrift lässt aus Gründen der Verfahrensvereinfachung in systemwidriger Weise eine Einstellung aus materiell-rechtlichen Gründen (§ 2 Abs. 3 StGB) zu.[1] Sie beschneidet damit das Interesse des Angeklagten an öffentlicher Rehabilitation durch den an sich gebotenen Freispruch, weshalb es paternalistisch anmutet, wenn zu ihrer Begründung auch angeführt wird, sie erspare dem Angeklagten eine unnötige Hauptverhandlung.[2] Wegen ihres immerhin materiellen Freispruchscharakters ist die Einstellung gem. § 206 b vorrangig vor derjenigen gem. § 206 a.[3]

II. Wegfall der Strafbarkeit

§ 206 b setzt voraus, dass die prozessuale Tat unter keinem rechtlichen Gesichtspunkt mehr strafbar ist und auch keine OWi mehr darstellt. Ist letzteres der Fall wird das Verfahren entsprechend § 82 OWiG in ein Bußgeldverfahren übergeleitet.[4] Ist die OWi wegen eines Prozesshindernisses nicht mehr verfolgbar, erfolgt sodann eine Einstellung gem. § 206 a.[5] Entfallen innerhalb

---

[33] KK-StPO/*Schneider* Rn. 13.
[34] OLG Hamburg v. 13. 6. 1961 – Ws 290/61, JR 1962, 268; OLG Hamburg v. 2. 5. 1967 – 1 Ws 316/67, MDR 1967, 688; *Vogler* ZStW 89 (1977), 785 f.; SK-StPO/*Paeffgen* Rn. 28; Löwe/Rosenberg/*Stuckenberg* Rn. 104.
[35] *Meyer-Goßner* Rn. 10 (als Ausnahme von seiner Grundposition).
[36] BayObLG v. 6. 5. 1970 – 5 Ws (B) 21/70, BayObLGSt 1970, 115, aABGH v. 21. 12. 2007 – 2 StR 485/06, NJW 2008, 1008 (für eine durch Täuschung erschliche Einstellung).
[37] S. § 260 Rn. 44.
[38] *Roxin* § 50 Rn. 20; *Meyer-Goßner* Rn. 11; SK-StPO/*Paeffgen* Rn. 31; Löwe/Rosenberg/*Stuckenberg* Rn. 113; aA KMR/*Seidl* Rn. 47; differenzierend KK-StPO/*Schneider* Rn. 15 (bei neuen Tatsachen oder Beweismitteln nur Sperrwirkung wie § 211).
[39] *Meyer-Goßner* Rn. 11 (einhellige Meinung).
[1] OLG München v. 11. 3. 1974 – 2 Ws 119/74, NJW 1974, 873 (hM); aA BayObLG v. 17. 10. 1969 – RReg 4 a St 78/69. BayObLGSt 1969, 143.
[2] *Meyer-Goßner* Rn. 1 (ganz hM).
[3] Löwe/Rosenberg/*Stuckenberg*, Rn. 15 (heute wohl allgM).
[4] OLG Saarbrücken v.7. 1. 1974 – Ss 99/73, NJW 1974, 1009.
[5] *Meyer-Goßner* Rn. 7.

einer prozessualen Tat lediglich einzelne, in Tateinheit (§ 52 StGB) oder -mehrheit (§ 53 StGB) mit anderen Delikten stehende Tatbestände, erfolgt keine (Teil-)Einstellung.[6]

III. Anwendbarkeit in den einzelnen Verfahrensstadien

3 **1. Vor dem Hauptverfahren.** Im Ermittlungsverfahren gilt § 206 b schon seinem Wortlaut nach nicht; dort erfolgt ggf. Einstellung gem. § 170 Abs. 2. Auch im Eröffnungsverfahren ist die Vorschrift nicht anwendbar, da dort ihr Zweck (die Vermeidung der Hauptverhandlung) schon durch die Ablehnung der Eröffnung gem. § 204 erreicht wird.[7] Bei der Verwendung des Wortes „anhängig" (statt „rechtshängig") in S. 1 handelt es sich nur um eine nachlässige Formulierung,[8] die nichts anderes nahe legt.

4 **2. In 1. Instanz.** Hier greift § 206 b außerhalb der Hauptverhandlung ein, auch noch nach Urteilserlass, sofern die Gesetzesänderung erst zu diesem Zeitpunkt erfolgt[9] und die Sache noch beim Erstgericht anhängig und nicht rechtskräftig ist; die Wendung „vor der Entscheidung" in S. 1 meint nur das rechtskräftige Urteil. In der Hauptverhandlung erfolgt stets Freispruch, auch wenn vor ihrem Beginn § 206 b hätte angewendet werden können.[10]

5 **3. In der Berufung.** Im Berufungsrechtszug ist für § 206 b nur Raum, wenn rechtzeitig zulässige Berufung eingelegt ist. In diesem Fall erfolgt – auch bei bereits eingetretener Teilrechtskraft[11] – außerhalb der Hauptverhandlung Verfahrenseinstellung (in der Hauptverhandlung hingegen Freispruch), sofern die Strafbarkeit erst im Berufungsrechtszug entfallen ist. Wurde der Wegfall der Strafbarkeit in erster Instanz übersehen, ist es vorzugswürdig, das Ersturteil aufzuheben und den Angeklagten freizusprechen, anstatt nach § 206 b zu verfahren,[12] da dieser dogmatische Fremdkörper möglichst restriktiv gehandhabt werden sollte. Anders als bei § 206 a spricht für seine Anwendung auch nicht das Argument, dass damit der Angeklagten am besten geschützt werde, weil es sich hier bei der freispruchersetzenden Einstellung um eine durchaus zweifelhafte Wohltat handelt.

6 **4. In der Revision.** Entgegen der hM hat § 206 b in diesem Verfahrensabschnitt keine Bedeutung: War die Strafbarkeit bereits bei Erlass des angefochtenen Urteils entfallen, ist hier – wie im Berufungsrechtszug – Urteilsaufhebung und Freispruch (§§ 349 Abs. 4, 354 Abs. 1) das adäqute Mittel zur Fehlerkorrektur.[13] Entfällt sie dagegen erst im Revisionsrechtszug, stellt § 354 a die dogmatisch stimmigere Lösung dar.[14]

IV. Beschluss

7 Der zu begründende (§ 34) Beschluss ergeht in der Besetzung des Gerichts außerhalb der Hauptverhandlung, wobei das OLG stets mit drei Richtern entscheidet, da § 122 Abs. 2 S. 3 die Einstellung gem. § 206 b nicht erfasst. Er enhält eine Kostenentscheidung (für die § 467 Abs. 3 S. 2 Nr. 2 GVG nicht gilt) und ggf. eine Etscheidung gem. §§ 2, 8 StrEG, da die Entschädigung für die Strafverfolgung bei Anwendung des § 206 b – auch wenn dies unbillig erscheinen mag –[15] nicht gesetzlich ausgeschlossen ist.[16] Vor seinem Erlass muss die StA angehört werden (§ 33 Abs. 2), nicht aber der Angeklagte,[17] da der Beschluss nicht zu seinem Nachteil wirkt.

V. Sofortige Beschwerde

8 Die sofortige Beschwerde gem. S. 2 steht der StA, dem Nebenkläger (§ 400 Abs. 2 S. 1) und dem Privatkläger (§ 390 Abs. 1) zu, nicht aber dem Anzeigeerstatter und – hinsichtlich der Hauptsacheentscheidung – auch nicht dem Angeklagten, der durch die Einstellung nicht be-

---

[6] Löwe/Rosenberg/*Stuckenberg* Rn. 13.
[7] *Meyer-Goßner* Rn. 3 (heute wohl allgM).
[8] Vgl. BT-Drucks. V 4094, S. 65.
[9] S. o. § 206 a Rn. 6.
[10] Löwe/Rosenberg/*Stuckenberg* Rn. 7.
[11] *Meyer-Goßner* Rn. 5 (allgM).
[12] So aber AnwK-StPO/*Kirchhof* Rn. 4; *Meyer-Goßner* Rn. 5; KMR/*Seidl* Rn. 6; KK-StPO/*Schneider* Rn. 5; aA Löwe/Rosenberg/*Stuckenberg* Rn. 9 (Anwendung des § 206 b).
[13] Ähnlich *Meyer-Goßner* Rn. 6; KMR/*Seidl* Rn. 8; KK-StPO/*Schneider* Rn. 7; aA die hM; zB SK-StPO/*Paeffgen* Rn. 8; *Pfeiffer* Rn. 1; Löwe/Rosenberg/*Stuckenberg* Rn. 10 (Wahlrecht zwischen § 206 b und §§ 349, 354).
[14] AnwK-StPO/*Kirchhof* Rn. 4; *Meyer-Goßner* Rn. 6; KK-StPO/*Schneider* Rn. 7; für Wahlrecht auch hier die in Fn. 13 genannten Vertreter der hM; für Vorrang des § 354 a KMR/*Seidl* Rn. 8.
[15] SK-StPO/*Paeffgen* Rn. 13.
[16] Für Ausschluss gem. § 5 Abs. 2 StrEG analog: *Schätzler/Kunz*, StrEG, § 5 Rn. 63; für Ausschluss nach dem allg. Rechtsgedanken des Art. 9 d. 4. StrRG: KG v. 14. 2. 1977 – (2) Ss 126/75 (21/75), JR 1977, 334; KMR/*Seidl* Rn. 15.
[17] *Meyer-Goßner* Rn. 8 (hM); aA HK-StPO/*Julius* Rn. 3; SK-StPO/*Paeffgen* Rn. 12.

schwert ist. Ausgeschlossen ist gem. § 304 Abs. 4 Hs. 1 die Beschwerde gegen die Einstellungsentscheidung des OLG in erster Instanz[18] oder (was es nach hier vertr. Auffassung nicht geben dürfte) eines Revisionsgerichts sowie gem. § 305 auch diejengie gegen einen Beschluss, mit dem die Einstellung abgelehnt wird.

VI. Strafklageverbrauch

Da die Einstellung gem. § 206 b materiell einem freisprechenden Urteil gleichsteht, entfaltet sie im selben Umfang wie dieses materielle Rechtskraft, führt also zum Strafklageverbrauch und nicht nur zur begrenzten Sperrwirkung des § 211.[19]   9

§ 207 [Eröffnungsbeschluß]

(1) In dem Beschluß, durch den das Hauptverfahren eröffnet wird, läßt das Gericht die Anklage zur Hauptverhandlung zu und bezeichnet das Gericht, vor dem die Hauptverhandlung stattfinden soll.

(2) Das Gericht legt in dem Beschluß dar, mit welchen Änderungen es die Anklage zur Hauptverhandlung zuläßt, wenn
1. wegen mehrerer Taten Anklage erhoben ist und wegen einzelner von ihnen die Eröffnung des Hauptverfahrens abgelehnt wird,
2. die Verfolgung nach § 154a auf einzelne abtrennbare Teile einer Tat beschränkt wird oder solche Teile in das Verfahren wieder einbezogen werden,
3. die Tat rechtlich abweichend von der Anklageschrift gewürdigt wird oder
4. die Verfolgung nach § 154a auf einzelne von mehreren Gesetzesverletzungen, die durch dieselbe Straftat begangen worden sind, beschränkt wird oder solche Gesetzesverletzungen in das Verfahren wieder einbezogen werden.

(3) [1]In den Fällen des Absatzes 2 Nr. 1 und 2 reicht die Staatsanwaltschaft eine dem Beschluß entsprechende neue Anklageschrift ein. [2]Von der Darstellung des wesentlichen Ergebnisses der Ermittlungen kann abgesehen werden.

(4) Das Gericht beschließt zugleich von Amts wegen über die Anordnung oder Fortdauer der Untersuchungshaft oder der einstweiligen Unterbringung.

I. Allgemeines

Liegen die materiellen Voraussetzungen des § 203 vor, ergeht eine positive Entscheidung über die Eröffnung des Hauptverfahrens, deren Inhalt § 207 im einzelnen regelt. Der Eröffnungsbeschluss macht die Sache bei dem darin bezeichneten Gericht rechtshängig und schafft ein Verfahrenshindernis für ein weiteres Verfahren wegen derselben Tat; zudem unterbricht er die Verjährung (§ 78c Abs. 1 Nr. 7 StGB). Die Rücknahme der Anklage durch die StA ist nun nicht mehr möglich (§ 156); die Verfahrensherrschaft geht endgültig auf das bezeichnete Gericht über, das zum erkennenden Gericht wird. Der Angeschuldigte wird zum Angeklagten (§ 157).   1

II. Zulassung der Anklage; Bezeichnung des Gerichts

1. Unveränderte Zulassung der Anklage. Bei ihr begnügt sich das Gericht (der Intention des Gesetzes entsprechend)[1] in der Praxis mit dem Satz: „Die Anklage der Staatsanwaltschaft ... vom ... gegen ... wegen ... wird zur Hauptverhandlung zugelassen." Es macht damit den Anklagesatz zum integralen Bestandteil des Eröffnungsbeschlusses.[2] Enthält jener eine unzulässige Beweiswürdigung[3] oder Mängel, die ihn zwar nicht unwirksam machen, aber seine Informationsfunktion beeinträchtigen, ist freilich seine Neuformulierung durch das Gericht nicht nur zulässig, sondern empfehlenswert;[4] hierin liegt keine Änderung iSd. Abs. 2 Nr. 1 oder Nr. 3, sofern die beschriebene Tat und deren rechtliche Würdigung gleich bleibt.   2

2. Bezeichnung des Gerichts. Im Eröffnungsbeschluss ist das aufgrund einer umfassenden Zuständigkeitsprüfung ermittelte erkennende Gericht, bei einer Strafkammer auch deren Charakter als allgemeine oder als Spezialkammer (§§ 74 Abs. 1, 74a, 74c GVG, § 41 JGG), anzugeben. Ist   3

---

[18] Zweifelnd Löwe/Rosenberg/*Stuckenberg* Rn. 19.
[19] KK-StPO/*Schneider* Rn. 12 (hM); aAAK-StPO/*Loos* Rn. 9; KMR/*Seidl* Rn. 16.
[1] SK-StPO/*Paeffgen* Rn. 2.
[2] BGH v. 3. 10. 1979 – 3 StR 327/79 (S), GA 1980, 108.
[3] S. § 200 Rn. 3.
[4] Löwe/Rosenberg/*Stuckenberg* Rn. 12 f.

eröffendes und erkennendes Gericht identisch, ist der nach der Geschäftsordnung konkret zuständige Spruchkörper zu bezeichnen; mangels entsprechender Kenntnis entfällt dies bei der Eröffnung durch ein höherrangiges Gericht.[5]

III. Zulassung mit Änderungen

4   1. **Teileröffnung (Abs. 2 Nr. 1).** Betrifft die Anklage mehrere prozessuale Taten oder Angeschuldigte, so kann die Eröffnung auf einzelne von ihnen beschränkt, für die übrigen aber abgelehnt werden. Dies geschieht technisch durch die Verbindung eines Eröffnungs- mit einem Ablehnungsbeschluss gem. § 204. Aus Gründen der Rechtssicherheit müssen beide Beschlüsse zusammen den Anklagestoff in sachlicher und personeller Hinsicht erschöpfend behandeln; soll nur über einen Teil der Anklage entschieden werden, ist der verbleibende Rest gem. § 2 abzutrennen.[6] Behandelt das Gericht einzelne Taten vor oder gleichzeitig mit dem Eröffnungsbeschluss nach §§ 153 ff., § 154 Abs. 2, liegt kein (für die StA beschwerdefähiger!) Fall des Abs. 2 Nr. 1 vor, sondern eine konsensuale Beschränkung des Verfahrensstoffes.[7] Ebenfalls nicht unter Abs. 2 Nr. 1 (sondern unter Nr. 3), fällt die Ablehnung der Eröffnung wegen einzelner tateinheitlich verwirklichter Delikte innerhalb einer prozessualen Tat.[8] Wegen des Anklagemonpols kann das Gericht nach Abs. 2 Nr. 1 den Verfahrensstoff lediglich einschränken, nicht jedoch durch Aufnahme einer weiteren Tat oder eines weiteren Angeklagten in den Eröffnungsbeschluss erweitern.

5   2. **Anwendung des § 154 a (Abs. 2 Nr. 2 und Nr. 4).** Das Gericht kann hinsichtlich abtrennbarer Teile einer prozessualen Tat (Abs. 2 Nr. 2) oder einzelner von mehreren in einer prozessualen Tat liegenden Gesetzesverletzungen (Abs. 2 Nr. 4) die Verfolgung beschränken oder eine bestehende Beschränkung aufheben; Abs. 2 Nr. 2 und Abs. 2 Nr. 4 entsprechen dabei den beiden Alternativen des § 154 a Abs. 1 S. 1, wodurch auch klargestellt ist, dass mit dem Begriff der Straftat in Nr. 4 die prozessuale Tat gem. § 264 Abs. 1 gemeint ist. Die Beschränkung bedarf der Zustimmung der StA (§ 154 a Abs. 2), ihre Aufhebung, vor der der Angeschuldigte gem. § 33 Abs. 3 zu hören ist, beschließt das Gericht von Amts wegen oder auf bindenden (§ 154 a Abs. 3 S. 2) Antrag der StA. Entfällt aufgrund der Verfolgungsbeschränkung die Zuständigkeit des eröffnenden Gerichts, hat es gem. § 209 Abs. 1 zu verfahren.[9] Eines abändernden Eröffnungsbeschlusses bedarf es nicht, wenn eine bereits von der StA vorgenommene Beschränkung aufrechterhalten wird.

6   3. **Andere rechtliche Würdigung (Abs. 2 Nr. 3).** Das Gericht ist frei (§ 206), den Anklagestoff rechtlich abweichend von der Auffassung der StA zu würdigen. In diesem Fall muss der Eröffnungsbeschluss iVm. der Anklageschrift erkennen lassen, welche Tatsachen die gesetzlichen Merkmale des vom Gericht herangezogenen Tatbestands erfüllen sollen;[10] Gleiches gilt für die Annahme bzw. die abweichende Würdigung doppelrelevanter Rechtsfolgenumstände.[11] Hält das Gericht eine andere rechtliche Würdigung der Tat oder der Rechtsfolgenumstände (bzw. das Vorliegen solcher Umstände, die in der Anklage nicht genannt sind) nur für möglich, sollte es die unveränderte Zulassung der Anklage zur Vermeidung späterer Belehrungsfehler und zur Orientierung der Verteidigung mit dem Hinweis gem. § 265 Abs. 1 oder Abs. 2 verbinden.[12] Begründet die abweichende rechtliche Würdigung die Zuständigkeit eines anderen Gerichts im Hauptverfahren, gelten die §§ 209, 209 a. Zum Verfahren beim Zusammentreffen von Straftaten und OWi s. § 204 Rn. 2.

IV. Neue Anklage

7   Nach der ausdrücklichen Regelung in Abs. 3 reicht die StA ausschließlich[13] in den Fällen des Abs. 2 Nr. 1 und Nr. 2 eine neue Anklageschrift ein, die jedoch nicht die konstitutiven Wirkungen einer Anklage entfaltet, sondern lediglich die Vorgaben des Gerichts in Bezug auf den Prozessstoff deklaratorisch klarstellt, um Verwirrungen bei den Verfahrensbeteiligten zu vermeiden.[14] Sie wird daher dem Angeklagten lediglich zugestellt (§ 215 S. 2), nicht aber gem. § 201 mitgeteilt.[15] Sie

---

[5] Löwe/Rosenberg/*Stuckenberg* Rn. 24.
[6] OLG Düsseldorf v. 4. 7. 1985 – 1 Ws 107/85, GA 1986, 37 (hM) einschränkend Löwe/Rosenberg/*Stuckenberg* Rn. 9 (vorzugswürdig, nicht zwingend); aA SK-StPO/*Paeffgen* Rn. 7; wohl auch OLG Frankfurt/M. v. 4. 12. 2002 – 3 Ws 1144/02, NStZ-RR 2003, 117 (Zulässigkeit „faktischer" Abtennung hinsichtlich eines Angeschuldigten).
[7] SK-StPO/*Paeffgen* Rn. 11; Löwe/Rosenberg/*Stuckenberg* Rn. 10; KK-StPO/*Schneider* Rn. 7; aA Meyer-Goßner Rn. 3; *Pfeiffer* Rn. 3; KMR/*Seidl* Rn. 14.
[8] BGH v. 5. 1. 1989 – 1 StE 5/88 – StB 45/88, NStZ 1989, 190.
[9] BGH v. 26. 9. 1980 – 1 BJs 202/79 – 5 – StB 32/80, BGHSt 29, 341 = NJW 1981, 180.
[10] BGH v. 22. 7. 1970 – 3 StR 237/69, BGHSt 23, 304 = NJW 1970, 2071.
[11] S. § 200 Rn. 8.
[12] SK-StPO/*Paeffgen* Rn. 6 u.13; Löwe/Rosenberg/*Stuckenberg* Rn. 28.
[13] Für eine Ausdehnung des Abs. 3 auf alle Varianten des Abs. 2 de lege ferende SK-StPO/*Paeffgen* Rn. 14.
[14] Kritisch SK-StPO/*Paeffgen* Rn. 14 („Collage-Technik").
[15] Meyer-Goßner Rn. 9 (allgM).

V. Haft- und Unterbringungsentscheidung; verbundene Entscheidungen

1. Haft- und Unterbringungsentscheidung. Einer ausdrücklichen Entscheidung gem. Abs. 4 bedarf es naturgemäß, wenn ein Haft- der Unterbringungsbefehl erlassen oder ein darauf gerichteter Antrag der StA abgelehnt werden soll. Daneben aber auch immer dann, wenn ein Haft- oder Unterbringungsbefehl besteht, und zwar unabhänig davon, ob er aktuell vollzogen wird oder nicht.[16] Denn die Vorschrift will sicherstellen, dass die Auswirkungen der (veränderten) Anklagezulassung auf die Haft- bzw. Unterbringungsfrage vom Gericht stets von Amts wegen geprüft werden, wenn diese Frage akut ist, weshalb nur dann keine Entscheidung veranlasst ist, wenn der Erlass eines Haft- oder Unterbringungsbefehls von vornherein nicht in Betracht kommt. Da die Entscheidung bei vollzogener Haft oder Unterbringung eine Sonderform der Haftprüfung darstellt, gelten für sie § 117 Abs. 3 u. 4, § 118 entsprechend.[17]

2. Verbundene Entscheidungen. Entscheidungen zur Besetzung des Gerichts (§§ 29 Abs. 2, 76 Abs. 2, 122 Abs. 2 S. 2), zur Verbindung oder Trennung von Verfahren (§§ 2, 4, 237, § 103 Abs. 1 JGG) sowie die Terminsbestimmung samt Ladung oder die vorläufige Einstellung gem. § 205 sind zwar nicht Teil des Eröffnungsbeschlusses, können aber mit ihm verbunden werden.

VI. Formalia

1. Schriftform. Der Eröffnungsbeschluss muss schriftlich ergehen,[18] wobei die Protokollierung eines mündlich ergangenen Beschlusses der Schriftform gleichsteht.[19] Für die Frage, ob eine schriftlich vorliegende Entscheidung einen Eröffnungsbeschluss darstellt, ist nicht deren Wortlaut und äußere Form, sondern der durch Auslegung zu ermittelnde eindeutige Eröffnungswille des Gerichts entscheidend.[20] Dabei hat die Rechtsprechung den Verbindungsbeschluss mit gleichzeitiger Terminsbestimmung,[21] die Terminsbestimmung für die Hauptverhandlung bei Anordnung der Fortdauer der U-Haft[22] und den Besetzungsbeschluss gem. § 76 Abs. 2 GVG mit gleichzeitig ergangenem Haftbefehl[23] als konkludente Eröffnungsentscheidung angesehen. Nicht als Eröffnungsbeschluss gilt hingegen im Regelfall die Termins- oder Ladungsverfügung,[24] die bloße Übernahme eines Verfahrens vom AG durch das LG[25] oder die Verfügung des Richters zur Vorbereitung der Abfassung des Eröffnungsbeschlusses,[26] ein bloßer Verbindungs- oder ein Verweisungsbeschluss gem. § 270 nur dann, wenn deutlich wird, dass das beschließende Gericht die Eröffnungsvoraussetzungen geprüft hat.[27] Vordrucke für den Eröffnungsbeschluss müssen so ausgefüllt sein, dass sie eindeutig und klar den Willen des Gerichts erkennen lassen, nach Prüfung der Voraussetzungen das Hauptverfahren in der konkreten Sache zu eröffnen.[28] Zur Problematik fehlender Unterschriften s. u. Rn. 14.

2. Begründung. Mangels Rechtsmittelfähigkeit bedarf der Eröffnungsbeschluss keiner Begründung, wenn die Anklage unverändert oder mit den in Abs. 2 Nr. 2–4 genannten Änderungen zugelassen wird,[29] auch wenn dies bei einer abweichenden Tatbeurteilung gem. Abs. 2 Nr. 3 zweckmäßig sein mag.[30] Zu begründen (§ 34) ist hingegen die Teileröffnung gem. Abs. 2 Nr. 1, die Eröffnung vor einem Gericht niedrigerer Ordnung gem. §§ 209 Abs. 1 und die Haft- bzw. Unterbringungsentscheidung gem. Abs. 3, die jeweils beschwerdefähig sind.

---

[16] SK-StPO/*Paeffgen* Rn. 19; *Pfeiffer* Rn. 8, Löwe/Rosenberg/*Stuckenberg* Rn. 26; KK-StPO/*Schneider* Rn. 13; aA HK-StPO/*Julius* Rn. 11; AnwK-StPO/*Kirchhof* Rn. 9; *Meyer-Goßner* Rn. 10.
[17] Löwe/Rosenberg/*Stuckenberg* Rn. 26 (allgM).
[18] OLG Düsseldorf v. 8. 12. 1999 – 2 Ws 358 – 362/99, NStZ-RR 2000, 114 (st. Rspr. u. allgM).
[19] BGH v. 3. 5. 2001 – 4 StR 59/01, NStZ-RR 2002, 68.
[20] BGH v. 17. 12. 1999 – 2 StR 376/99, NStZ 2000, 442; *Meyer-Goßner* Rn. 8 (hM); zweifelnd Löwe/Rosenberg/ *Stuckenberg* Rn. 33.
[21] OLG Düsseldorf v. 8. 12. 1999 – 2 Ws 358 – 362/99, NStZ-RR 2000, 111.
[22] OLG Hamm v. 5. 12. 1989 – 1 Ss 604/89, NStZ 1990, 146.
[23] BGH v. 5. 12. 1998 – 4 StR 606/97, BGHR § 203 StPO Beschluss 4.
[24] BayObLG v. 24. 11. 2000 – 4 St RR 134/00, BayObLGSt 2000, 161.
[25] BGH v. 15. 5. 1984 – 5 StR 283/84, NStZ 1984, 520.
[26] OLG Hamburg v. 31. 1. 1962 – B Ss 320/61, NJW 1962, 1360.
[27] BGH v. 20. 11. 1987 – 3 StR 493/87, NStZ 1988, 236 (st. Rspr.).
[28] Näher Löwe/Rosenberg/*Stuckenberg* Rn. 34.
[29] S. aber § 201 Rn. 9 zur Begründungspflicht bei ablehnenden Entscheidungen nach dieser Vorschrift.
[30] *Pfeiffer* Rn. 6; Löwe/Rosenberg/*Stuckenberg* Rn. 36; weitergehend HK-StPO/*Julius* Rn. 11, SK-StPO/*Paeffgen* Rn. 17 (Begründung geboten).

12   **3. Bekanntmachung.** Dem Angeklagten ist der Eröffnungsbeschluss stets zuzustellen (§ 215 S. 1), wobei die Zustellung an den Verteidiger genügt (§ 145a Abs. 1); für das Jugendstrafverfahren ist § 67 Abs. 2 JGG zu beachten. Den übrigen Beteiligten wird der Beschluss formlos bekanntgemacht, zugestellt wird aber im Fall der Teileröffnung gem. Abs. 2 Nr. 1 und der Eröffnung vor einem Gericht niedrigerer Ordnung (§ 35 Abs. 2 S. 2).

VII. Mängel des Eröffnungsbeschlusses

13   **1. Arten von Mängeln. a) Allgemeines.** Der Eröffnungsbeschluss kann sowohl eigene formale, inhaltliche oder verfahrensmäßige Mängel aufweisen, als auch solche, die mit dem Anklagesatz in ihn integriert wurden. Sämtliche dieser Mängel sind danach zu unterscheiden, ob sie seine Funktion als Prozessvoraussetzung beeinträchtigen und ihn insoweit unwirksam machen, oder ob der Fehler entweder unbeachtlich oder der fehlerhafte Eröffnungsbeschluss allenfalls anfechtbar ist. Die dabei vertretene Auffassung, dass auch funktionale Mängel den Eröffnungsbeschluss nicht in jeder Hinsicht unwirksam oder nichtig machen, sondern zunächst nur seine Tauglichkeit als Verfahrensgrundlage beseitigen,[31] ist im Ansatz zutreffend, lässt bislang aber zahlreiche Detailfragen offen.

14   **b) Funktionale Mängel.** Diese können zunächst darin bestehen, dass ein funktional mangelhafter und damit unwirksamer Anklagesatz in den Eröffnungsbeschluss integriert wird.[32] Dagegen liegt ein originärer Mangel des Eröffnungsbeschlusses vor, wenn dieser (ganz oder für einzelne Teile des Anklagestoffes) fehlt,[33] da es dann keine Grundlage für das Hauptverfahren gibt;[34] ein Verzicht auf den Eröffnungsbeschluss durch die Verfahrensbeteiligten ist unwirksam und beseitigt diesen Mangel daher nicht.[35] Der Verlust eines ordnungsgemäß erlassenen Eröffnungsbeschlusses steht seinem Fehlen nur dann gleich, wenn seine Existenz und sein Inhalt nicht freibeweislich zweifelsfrei geklärt werden kann;[36] andernfalls liegt überhaupt kein Mangel vor.[37] Unwirksam ist auch ein Eröffnungsbeschluss, der nicht schriftlich abgefasst ist (auch wenn der Richter später erklärt, er habe die Eröffnung beschlossen,[38] und erst recht, wenn ein rückdatierter, „möglicherweise schriftlich erlassener" Beschluss nachgereicht wird[39]) oder an dem nicht die erforderliche Anzahl von Richtern mitgewirkt hat.[40] In beiden Fällen ist nicht das Vorhandensein der notwendigen Unterschriften entscheidend,[41] sondern das Vorliegen eines endgültigen und ordnungsgemäß beratenen Beschlusses, für das die Unterschriften zwar ein gewichtiges Indiz sind, das sich aber – außer bei Beschlussfassung im Umlaufverfahren[42] – auch aus anderen Umständen ergeben kann; dementsprechend kann auch ein nicht unterschriebener Eröffnungsbeschluss des AG wirksam sein, wenn feststeht, dass es sich nicht nur um einen Entwurf handelt.[43] Verfahrenstechnische Fehler, die den Eröffnungsbeschluss unwirksam machen, sind das Fehlen der Verfahrensvoraussetzungen, insbesondere das Nicht- bzw. Nichtmehr-Vorliegen einer Anklage zum eröffnenden Gericht,[44] der Mangel der deutschen Gerichtsbarkeit[45] und der Verstoß gegen den auslieferungsrechtlichen Spezialitätsgrundsatz.[46] Perplexes Verhalten des Gerichts, zB durch Eröffnung des Hauptverfahrens bei gleichzeitiger Unzuständigkeitserklärung[47] oder Erlass widersprüchlicher Beschlüsse, führt ebenfalls zu unwirksamen Eröffnungsbeschlüssen.

15   **c) Sonstige Mängel.** Mängel, die schon die Anklage nicht unwirksam machen,[48] beseitigen durch ihre Integration in den Eröffnungsbeschluss auch dessen Wirksamkeit nicht. Wirksam ist

---

[31] *Meyer-Goßner* JR 1981, 380; *Nelles* NStZ 1982, 102; Löwe/Rosenberg/*Stuckenberg* Rn. 48; KK-StPO/*Schneider* Rn. 26; aA wohl BGH v. 16. 10. 1980 – 3 StB 29 – 31/80, 1 BJs 80/78, BGHSt 29, 351 = NJW 1981, 134.
[32] S. § 200 Rn. 23.
[33] Nach KMR/*Seidl* Rn. 30 auch bei – nicht näher ausgeführter – objektiver Willkürlichkeit des Eröffnungsbeschlusses.
[34] BGH v. 14. 5. 1957 – 5 StR 145/57, BGHSt 10, 278 (279) = NJW 1957, 1244 (1245).
[35] BGH v. 5. 2. 1998 – 4 StR 606/97, NStZ-RR 1999, 14 (15).
[36] OLG Oldenburg v. 11. 8. 2005 – Ss 408/04 (I 83), NStZ 2006, 119.
[37] RG v. 13. 12. 1920 – III 1579/20, RGSt 55, 159 (160).
[38] BGH v. 9. 6. 1981 – 4 StR 263/81, NStZ 1981, 448.
[39] BGH v. 1. 3. 1977 – 1 StR 771/76, MDR 1977, 639.
[40] BGH v. 5. 2. 1998 – 4 StR 606/97, NStZ-RR 1999, 14 (15).
[41] BGH v. 8. 6. 1999 – 1 StR 87/99, NStZ-RR 2000, 34 (für die Schriftform); LG Darmstadt v. 11. 1. 2005 – 4 KLs 21 Js 16443/96, StV 2005, 123 (für die Mitwirkung der Richter); aA HK-StPO/*Julius* Rn. 17.
[42] BGH v. 15. 12. 1986 – StbSt (R) 5/86, BGHSt 34, 248 (249) = NJW 1987, 2752.
[43] BayObLG v. 27. 6. 1989 – RReg 4 St 34/89, BayObLGSt 1989, 102; OLG Düsseldorf v. 1. 12. 1982 – 2 Ss 531/82 – 398/82 II , StV 1983, 408; OLG Zweibrücken v. 7. 11. 1997 – 1 Ss 220/97, NStZ-RR 1998, 75; aA OLG Frankfurt a. M. v. 28. 5. 1991 – 1 Ss 43/91, NJW 1991, 2849.
[44] BGH v. 7. 4. 2005 – 3 StR 347/04, NStZ 2005, 464.
[45] AnwK-StPO/*Kirchhof* Rn. 12.
[46] BGH v. 15. 8. 1979 – 2 StR 465/79, BGHSt 29, 94 = NJW 1979, 2483.
[47] *Meyer-Goßner* Rn. 11.
[48] S. § 200 Rn. 24.

Vierter Abschnitt. Entscheidung über die Eröffnung des Hauptverfahrens 16–18 § 207

ein Eröffnungsbeschluss auch, wenn das Gericht ihn in unrichtiger Besetzung[49] oder unter Mitwirkung eines nach §§ 22, 23 ausgeschlossenen Richters erlässt,[50] dessen Entscheidungen auch sonst nicht unwirksam sind. Ebenso, wenn ein unzuständiges Gericht entscheidet[51] oder das zuständige im Beschluss nicht genannt ist,[52] die Anklage von einer unzuständigen StA stammt,[53] der Beschluss auf unvollständiger Aktenbasis[54] oder nach unzulässiger Würdigung der Ermittlungen[55] getroffen wird, oder die gem. § 141 gebotene Verteidigerbestellung unterbleibt.[56]

2. Heilung von Mängeln. Einigkeit besteht darin, dass behebbare Mängel des Eröffnungsbeschlusses im weiteren Verfahren geheilt werden können und das Gericht hierauf hinzuwirken hat.[57] Unbestritten ist des weiteren, dass eine Heilung jedenfalls bis zum Beginn der Hauptverhandlung in erster Instanz[58] und keinesfalls nach dem Erlass des erstinstanzlichen Urteils möglich ist.[59] Streit herrscht bzgl. des Zeitraums zwischen diesen Ereignissen: Während die Rechtsprechung und ein Teil der Literatur insbesondere die Nachholung eines fehlenden Eröffnungsbeschlusses auch noch in der Hauptverhandlung, jedenfalls bis zur Vernehmung des Angeklagten zur Sache,[60] zT auch noch später,[61] zulässt, lehnt die wohl hL dies ab.[62] Für die Heilung von Mängeln, die zur Unwirksamkeit des Eröffnungsbeschlusses führen – also auch für seine Nachholung[63] – ist der hL zu folgen, da die Rechtsprechung den Eröffnungsbeschluss als zwingende Prozessvoraussetzung entwertet und zu der eigenartigen Konsequenz führt, dass der Verfahrensmangel geheilt werden kann, solange noch kein Gericht die Überzeugung von der Schuld des Angeklagten gewonnen hat, danach (nämlich im Rechtsmittelzug) aber einzustellen ist. Gegen die Korrektur von sonstigen Mängeln (zB durch Klarstellung eines schlecht formulierten Anklagesatzes während seiner Verlesung[64]) spricht hingegen nichts. Offensichtliche äußere Fehler, wie Schreibversehen u. ä., können mittels eines Berichtigungsbeschlusses behoben werden.[65]

3. Rücknahme und Änderung des Eröffnungsbeschlusses. Eine inhaltliche Änderung oder gar die Rücknahme eines erlassenen Eröffnungsbeschlusses ist – auch bei nachträglichem Entfallen des hinreichenden Tatverdachts – nicht nur dogmatisch schwer begründbar, sondern auch unzulässig, weil sie das Interesse des Angeklagten an (öffentlicher) Rehabilitation und vollem Schutz durch die Rechtskraftwirkung des Urteils verkürzt.[66] Eine Ausnahme von diesem Grundsatz sieht § 33a nur für den Fall vor, dass dem Angeschuldigten im Eröffnungsverfahren das rechtliche Gehör versagt wurde.

VIII. Rechtsmittel

Zur Möglichkeit der Beschwerde s. § 210. Daneben steht gegen die Haft- bzw. Unterbringungsentscheidung des Abs. 4 die einfache Beschwerde gem. § 304 offen. Das Vorliegen eines funktionalen Mangels des Eröffnungsbeschlusses begründet ein Verfahrenshindernis, das vom Rechtsmittelgericht von Amts wegen zu beachten ist; das Verfahren ist dann einzustellen.[67] Ein fehlerhafter, aber wirksamer Eröffnungsbeschluss ist wegen § 336 S. 2 nicht unmittelbar revisibel,[68] jedoch können Folgefehler (zB Verhandlung vor einem unzuständigen Gericht, Beschneidung der Verteidigung durch verspätete Nachholung des Eröffnungsbeschlusses), die sich in der Hauptverhandlung auswirken, als solche selbständig mit der Revision angegriffen werden.[69]

---

[49] BGH v. 18. 2. 1981 – 3 StR 269/80, NStZ 1981, 447.
[50] BGH v. 21. 3. 1985 – 1 StR 417/84, NStZ 1985, 464; *Meyer-Goßner* Rn. 11 (hM); zweifelnd HK-StPO/*Julius* Rn. 18; aA *Nelles* NStZ 1982, 96; Löwe/Rosenberg/*Stuckenberg* Rn. 67 ff.; KK-StPO/*Schneider* Rn. 30.
[51] BayObLG v. 22. 11. 1974 – RReg 4 St 64/74, JR 1975, 202.
[52] Löwe/Rosenberg/*Stuckenberg* Rn. 65.
[53] S. § 200 Rn. 24, aA Löwe/Rosenberg/*Stuckenberg* Rn. 78.
[54] *Meyer-Goßner* Rn. 11.
[55] BGH v. 18. 1. 1983 – 5 StR 746/82, NStZ 1984, 15.
[56] OLG Düsseldorf v. 25. 9. 1991 – 5 Ss 361/91 – 118/91 I, VRS 82, 126.
[57] SK-StPO/*Paeffgen* Rn. 26.
[58] KK-StPO/*Schneider* Rn. 21.
[59] BGH v. 4. 4. 1985 – 5 StR 193/85, BGHSt 33, 167 = NJW 1985, 1720.
[60] BGH v. 18. 3. 1980 – 1 StR 213/79, BGHSt 29, 224 = NJW 1980, 1858.
[61] OLG Köln v. 22. 1. 1980 – 1 Ss 1064/79, JR 1981, 213 (vor dem letzten Hauptverhandlungstag); Löwe/Rosenberg/*Stuckenberg* Rn. 61 (noch am letzten Hauptverhandlungstag).
[62] *Beulke* Rn. 284; *Roxin* § 40 Rn. 13; HK-StPO/*Julius* Rn. 16; *Meyer-Goßner* § 203 Rn. 4; SK-StPO/*Paeffgen* Rn. 27.
[63] S. o. Rn. 14.
[64] *Meyer-Goßner* Rn. 12.
[65] BayObLG v. 30. 7. 1998 – 5St RR 105/98, BayObLGSt 1998, 127 = NStZ-RR 1999, 111.
[66] Löwe/Rosenberg/*Stuckenberg* Rn. 43–47 (hM); aA LG Nürnberg-Fürth v. 20. 12. 1982 – 13 KLs 342 Js 32400/82, NStZ 1983, 136; LG Kaiserslautern v. 28. 4. 1999 – 350 Js 1748/93 Ks, StV 1999, 13; LG Konstanz v. 15. 12. 1999 – 1 Qs 60/99, JR 2000, 306; HK-StPO/*Julius* Rn. 7; SK-StPO/*Paeffgen* § 206a Rn. 14.
[67] BGH v. 14. 5. 1957 – 5 StR 145/57, 10, 278 (279) = NJW 1957, 1244 (st. Rspr.); aA die insoweit vereinzelte Entscheidung des BGH v. 18. 3. 1980 – 1 StR 213/73, BGHSt 13, 224 (228).
[68] BGH v. 18. 2. 1981 – 3 StR 269/80, NStZ 1981, 447 (hM); aA *Nelles* NStZ 1982, 96 (99 f.).
[69] Hierzu HK-StPO/*Julius* Rn. 23.

§§ 208, 209

§ 208 (weggefallen)

§ 209 [Eröffnungszuständigkeit]

(1) Hält das Gericht, bei dem die Anklage eingereicht ist, die Zuständigkeit eines Gerichts niedrigerer Ordnung in seinem Bezirk für begründet, so eröffnet es das Hauptverfahren vor diesem Gericht.

(2) Hält das Gericht, bei dem die Anklage eingereicht ist, die Zuständigkeit eines Gerichts höherer Ordnung, zu dessen Bezirk es gehört, für begründet, so legt es die Akten durch Vermittlung der Staatsanwaltschaft diesem zur Entscheidung vor.

I. Allgemeines, Anwendungsbereich

1 § 209 gehört zu einem System von Regeln,[1] die dem Gericht eine verfahrensökonomisch effiziente Reaktion ermöglichen, wenn es feststellt, dass seine Zuständigkeit nicht (mehr) gegeben ist. Die Vorschrift fußt dabei auf der Kompetenz des höheren Gerichts, selbst über Kompetenzkonflikte mit ihm nachgeordneten Gerichten zu entscheiden und gilt daher nur bei sachlicher Unzuständigkeit; zur örtlichen Unzuständigkeit s. § 199 Rn. 4, zur funktionellen die Regelung in § 209 a sowie unten Rn. 4. Anwendbar ist § 209 im Eröffnungsverfahren und analog auch im Ermittlungsverfahren, soweit bereits dort Entscheidungen des erkennenden Gerichts zu treffen sind (§§ 81 Abs. 3, 141 Abs. 4, 153 Abs. 1, 153 a Abs. 1, 153 b Abs. 1); im Hauptverfahren gelten §§ 225 a, 269 u. 270. Die §§ 408 Abs. 1 (für das Strafbefehlsverfahren), 120 Abs. 2 S. 2 GVG (für die Eröffnung durch das OLG), 40 Abs. 2 iVm. 41 Abs. 1 Nr. 2 JGG (für das Verhältnis zwischen Jugendschöffengericht und Jugendkammer) sind als Spezialnormen gegenüber § 209 vorrangig. Die Rangfolge der Gerichte, von der § 209 ausgeht, lautet aufsteigend: Strafrichter, Schöffengericht (wobei das erweiterte mit dem normalen Schöffengericht auf einer Stufe steht[2]), Strafkammer des LG, Strafsenat des OLG.

II. Eröffnung vor einem Gericht niedrigerer Ordnung

2 Die Eröffnung kann vor jedem Gericht erfolgen, das eine oder mehrere Rangstufen tiefer steht; ausreichend ist die Bezeichnung dieses Gerichts im Eröffnungsbeschluss, der Angabe eines bestimmten Spruchkörpers oder einer Abteilung bedarf es nicht. Grund für die neue Zuständigkeitsbeurteilung durch das eröffnende Gericht kann sein, dass die diesbezügliche Prüfung der StA (vgl. § 170 Abs. 1) fehlerhaft war, das Gericht einzelne Verfahrensteile abgetrennt oder eingestellt oder von den Möglichkeiten des § 207 Abs. 2 Gebrauch gemacht hat, die Rechtsfolgenprognose der StA nicht teilt oder die – seiner Nachprüfung unterliegenden[3] – besonderen Umstände des Falles iSd. § 24 Abs. 1 Nr. 3 GVG nicht gegeben sieht. Der Erlass des Eröffnungsbeschlusses macht die Sache bei dem bezeichneten Gericht rechtshängig; der Beschluss bindet dieses selbst dann, wenn das eröffnende Gericht seine Zuständigkeit objektiv willkürlich verneint hat.[4] Dass das bezeichnete Gericht nicht seinerseits gem. Abs. 2 verfahren kann, ergibt sich schon daraus, dass das Hauptverfahren nunmehr eröffnet ist und die Vorschrift dort nicht gilt. Da rechtliche Streitigkeiten zwischen den Gerichten mit der Zuweisung der Kompetenz-Kompetenz an das höhere Gericht gerade vermieden werden sollen, kommt auch Vorlage gem. § 225 a oder Verweisung gem. § 270 aus bloßen Rechtsgründen nicht in Betracht. Möglich ist beides nur bei einer Veränderung der tatsächlichen Umstände, welche die sachliche Zuständigkeit begründen.[5]

III. Vorlage an ein Gericht höherer Ordnung

3 Die Aktenvorlage erfolgt erst bei Entscheidungsreife, also nach Durchführung des Verfahrens gem. § 201;[6] jedoch prüft das vorlegende Gericht den hinreichenden Tatverdacht nicht selbst, sondern unterstellt diesen bei der Vorlageentscheidung.[7] Die Gründe für die Vorlage sind kom-

---

[1] Löwe/Rosenberg/*Stuckenberg* Rn. 1 f.
[2] RG v. 5. 10. 1928 – I 100/28, RGSt 62, 265 (270).
[3] BVerfG v. 19. 3. 1959 – 1 BvR 295/58, BVerfGE 9, 223 = NJW 1959, 871 (872).
[4] KK-StPO/*Schneider* Rn. 12 (hM).
[5] OLG Karlsruhe v. 24. 8. 1989 – 2 AR 21/89, NStZ 1990, 100 (101); HK-StPO/*Julius* Rn. 4; AnwK-StPO/*Kirchhof* Rn. 3; *Meyer-Goßner* Rn. 7; KMR/*Seidl* Rn. 15; Löwe/Rosenberg/*Stuckenberg* Rn. 31; (die beiden letzteren nur für § 225 a; § 270 dagegen uneingeschränkt möglich); aA BGH v. 23. 5. 2002 – 3 StR 58/02, BGHSt 47, 311 = NStZ 2002, 47 (§ 270 uneingeschränkt möglich, § 225 a offengelassen); SK-StPO/*Paeffgen* Rn. 12 (§ 225 a uneingeschränkt möglich); *Pfeiffer* Rn. 3; KK-StPO/*Schneider* Rn. 12 (§ 225 a gänzlich ausgeschlossen, § 270 uneingeschränkt möglich).
[6] BGH v. 1. 4. 1954 – StE 4/54, BGHSt 6, 109 (113 f.) = NJW 1954, 1375 (1376).
[7] KK-StPO/*Schneider* Rn. 14.

plementär zu denjenigen für die Eröffnung bei einem Gericht niedrigerer Ordnung; unzulässig ist die Vorlage zu dem Zweck der Verbindung mit einem beim LG anhängigen Berufungsverfahren und anschließender Durchführung eines einheitlichen Verfahrens erster Instanz.[8] Die StA vermittelt – selbst bei Personenidentität zwischen dem vorlegenden Strafrichter und dem Vorsitzenden des zuständigen Schöffengerichts[9] – die Aktenvorlage, hat dabei die Möglichkeit, zum Vorlagebeschluss Stellung zu nehmen und ergänzt die Anklage ggf. um eine wesentliches Ermittlungsergebnis.[10] In Staatsschutzsachen ist zu unterscheiden: In Fällen des § 120 Abs. 1 GVG wird an das OLG vorgelegt, wobei die Vermittlung der GBA übernimmt, der gleichzeitig entscheidet, ob er gem. § 142 a GVG das Amt der Staatsanwaltschaft beim OLG übernimmt. Hält die Staatsschutzkammer wegen der besonderen Bedeutung iSd. § 74 a Abs. 2 GVG die Zuständigkeit des OLG gem. § 120 Abs. 2 Nr. 1 GVG für gegeben, legt sie analog Abs. 2 unter Vermittlung der Landesstaatsanwaltschaft die Sache dem GBA zur Entscheidung darüber vor, ob dieser die Verfolgung übernimmt.[11] Das Gericht höherer Ordnung ist an die Vorlage nicht gebunden; es kann das Hauptverfahren, sei es unverändert oder unter Anwendung des § 207 Abs. 2, vor sich selbst (was auch im Fall objektiver Willkür wirksam ist[12]) oder gem. Abs. 1 vor einem Gericht niedrigerer Ordnung – auch dem vorlegenden – eröffnen oder seinerseits nach Abs. 2 verfahren.

IV. Verfahren bei geschäftsplanmäßiger Unzuständigkeit

Im Verhältnis gleichrangiger Spruchkörper eines Gerichts zueinander gilt § 209 nicht. Hier erfolgt eine formlose Abgabe[13] bzw. Übernahme der Sache, im Streitfall gelten die Konfliktlösungsregeln des Geschäftsverteilungsplans, gibt es solche nicht, entscheidet das Präsidium.[14]   4

V. Gerichtsbezirk

§ 209 ermöglicht eine Zuständigkeitsverschiebung nur innerhalb eines Gerichtsbezirks, der durch örtliche Zuständigkeitskonzentrationen (beim gemeinsamen Schöffengericht gem. § 58 GVG und dem gemeinsamen Jugendschöffengericht gem. § 33 Abs. 3 JGG, bei den Staatsschutzkammern gem. § 74 a Abs. 1 u. 5 GVG, bei der gemeinsamen Wirtschaftsstrafkammer gem. § 74 c Abs. 3 GVG, dem gemeinsamen Schwurgericht gem. § 74 d GVG und bei der länderübergreifenden erstinstanzlichen Zuständigkeit des OLG gem. § 120 Abs. 5 S. 2 GVG) erweitert sein kann. In diesem Fall können die höheren Gerichten bei allen Gerichten niedrigerer Ordnung in ihrem erweiterten Bezirk eröffnen und diese umgekehrt zu ihnen vorlegen.   5

VI. Beschlüsse

1. Beschluss gem. Abs. 1. Hierbei handelt es sich um einen vollwertigen Eröffnungsbeschluss, der dessen sämtliche Formalia[15] aufweisen muss. Auch bei im übrigen unveränderter Zulassung der Anklage bedarf er aber hinsichtlich der Entscheidung nach Abs. 1 wegen § 34 einer Begründung, es sei denn, die StA, die gem. § 33 Abs. 2 zu hören ist,[16] hat die Zuständigungsverschiebung selbst beantragt oder ihr vorab zugestimmt.   6

2. Beschluss gem. Abs. 2. Zur Vorlage an das höhere Gericht ergeht förmlicher Beschluss, mit dem der Antrag der StA auf Eröffnung durch das vorlegende Gericht (vorläufig) abgelehnt wird und der deshalb (§ 34. 2. Alt.) sowie zur Orientierung des höheren Gerichts der Begründung bedarf.[17] Der Beschluss stellt einerseits keine inhaltliche Entscheidung über den Anklagestoff dar, weshalb eine Anhörung der Beteiligten unterbleiben kann, ist anderseits aber eine Entscheidung mit Bedeutung für den Verfahrensverlauf, die dem Angeschuldigten und der StA gem. § 35 Abs. 2 S. 2 durch formlose Mitteilung bekanntzumachen ist.[18]   7

VII. Beschwerde, Revision

Zur den Beschwerdemöglichkeiten gegen den Eröffnungsbeschluss gem. Abs. 1 s. § 210. Der Vorlagebeschluss beschwert niemanden und ist daher auch für keinen Beteiligten beschwerde-   8

---

[8] BGH v. 24. 4. 1990 – 4 StR 159/90, BGHSt 37, 15 (19 f.) = NJW 1991, 239 (240).
[9] Für ein vereinfachtes Vorlageverfahren in diesem Fall Löwe/Rosenberg/*Stuckenberg* Rn. 36.
[10] Löwe/Rosenberg/*Stuckenberg* Rn. 44.
[11] S. im einzelnen KK-StPO/*Schneider* Rn. 16.
[12] Löwe/Rosenberg/*Stuckenberg* Rn. 51.
[13] BGH v. 30. 10. 1973 – 5 StR 496/73, BGHSt 25, 242 = NJW 1974, 154.
[14] Eingehend SK-StPO/*Paeffgen* Rn. 5.
[15] S. § 207 Rn. 10–12.
[16] SK-StPO/*Paeffgen* Rn. 8; KMR/*Seidl* Rn. 13; aA Löwe/Rosenberg/*Stuckenberg* Rn. 28.
[17] KMR/*Seidl* Rn. 19 (hM).
[18] Meyer-Goßner Rn. 8 (hM).

fähig.[19] Eine rechtsfehlerhafte Zuständigkeitsbestimmung im Eröffnungsbeschluss ist als solche wegen § 336 S. 2 nicht revisibel. Gerügt werden kann allenfalls der Folgeverstoß gegen die Pflicht zur Zuständigkeitsprüfung im Hauptverfahren gem. § 6, wegen § 269 jedoch regelmäßig nicht, dass vor einem Gericht niedrigerer Ordnung verhandelt hätte werden müssen. Eine Ausnahme hiervon besteht nur bei objektiver Willkür, weil dann gleichzeitig das Recht auf den gesetzlichen Richter gem. Art. 101 Abs. 1 S. 2 GG verletzt ist.[20]

§ 209a [Besondere funktionelle Zuständigkeiten]

Im Sinne des § 4 Abs. 2, des § 209 sowie des § 210 Abs. 2 stehen
1. die besonderen Strafkammern nach § 74 Abs. 2 sowie den §§ 74a und 74c des Gerichtsverfassungsgesetzes für ihren Bezirk gegenüber den allgemeinen Strafkammern und untereinander in der in § 74e des Gerichtsverfassungsgesetzes bezeichneten Rangfolge und
2. die Jugendgerichte für die Entscheidung, ob Sachen
   a) nach § 33 Abs. 1, § 103 Abs. 2 Satz 1 und § 107 des Jugendgerichtsgesetzes oder
   b) als Jugendschutzsachen (§ 26 Abs. 1 Satz 1, § 74b Satz 1 des Gerichtsverfassungsgesetzes) vor die Jugendgerichte gehören, gegenüber den für allgemeine Strafsachen zuständigen Gerichten gleicher Ordnung

Gerichten höherer Ordnung gleich.

I. Anwendungsbereich

1   Zur Vermeidung verfahrensverzögernder Zuständigkeitskonflikte fingiert[1] § 209a den Vorrang der besonderen Strafkammern und der Jugendgerichte vor den allgemeinen Spruchkörpern gleicher Stufe. Die komplette Vorschrift gilt im Eröffnungsverfahren, bei der Verbindung oder Trennung von Strafsachen gem. § 4 auch im Hauptverfahren. Gem. § 225a Abs. 1 S. 1, 2. Hs. und § 270 Abs. 1 S. 1, 2. Hs. gilt dort auch für Vorlage- und Verweisungsentscheidungen die Fiktion des Vorrangs der Jugendgerichte nach Nr. 2 a) weiter, der Rest der Vorschrift hingegen nicht. Analog anzuwenden ist § 209a bei Beschwerdeentscheidungen[2] und Entscheidungen des erkennenden Gerichts[3] im Ermittlungsverfahren, im Berufungsverfahren und bei Zurückverweisungen gem. § 354 Abs. 3[4] sowie in der Wiederaufnahme.[5] Eröffnen die in § 209a genannten Spruchkörper vor einem Gericht niedrigerer Ordnung (zB die Wirtschaftsstrafkammer vor dem Schöffengericht) oder legen sie einem Gericht höherer Ordnung vor (etwa das Jugendschöffengericht der allgemeinen Strafkammer) bedarf es nicht des Rückgriffs auf die Vorrangfiktion des § 209a, da § 209 hier unmittelbar gilt.

II. Vorrangfiktion für die besonderen Strafkammern

2   § 209a führt in Verbindung mit § 74e GVG zu folgenden Eröffnungsmöglichkeiten für die besonderen Strafkammern: Das Schwurgericht (§ 74 Abs. 2 GVG) kann vor der Wirtschaftsstrafkammer (§ 74e Nr. 2), der Staatsschutzkammer (§ 74e Nr. 3) oder der allgemeinen Strafkammer eröffnen; die Wirtschaftsstrafkammer (§ 74c GVG) kann vor der Staatsschutzkammer oder der allgemeinen Strafkammer eröffnen; die Staatsschutzkammer (§ 74a GVG) schließlich kann vor der allgemeinen Strafkammer eröffnen. Wie in den Fällen des § 209 Abs. 1 bezeichnet die vorrangige Kammer auch dabei im Eröffnungsbeschluss nur das Gericht, nicht aber den konkreten, nach der Geschäftsordnung zuständigen Spruchkörper.[6] Gegenüber dem Verfahren gem. § 209 Abs. 2 ergeben sich keine Besonderheiten; insbesondere hat auch die gem. § 209a vorrangige Kammer die Möglichkeit, ihrerseits weiter vorzulegen oder bei der vorlegenden Kammer als dem Gericht niedrigerer Ordnung zu eröffnen.[7]

III. Vorrangfiktion für die Jugendgerichte

3   **1. Allgemeines.** Nr. 2a) fingiert den Vorrang der Jugendgerichte vor den Erwachsenengerichten gleicher Ordnung, Nr. 2b) auch den der Jugendgerichte als Jugendschutzgerichte (§§ 26 Abs. 1

---

[19] *Meyer-Goßner* Rn. 9 (allgM).
[20] BGH v. 27. 2. 1992 – 4 StR 23/92, BGHSt 38, 212 = NJW 1992, 2104.
[1] Löwe/Rosenberg/*Stuckenberg* Rn. 1.
[2] OLG Koblenz v. 28. 11. 1985 – 1 Ws 783/85, NStZ 1986, 327.
[3] § 209 Rn. 1.
[4] *Pfeiffer* Rn. 1.
[5] OLG München v. 20. 2. 1980 – 2 Ws 116/80, MDR 1980, 601.
[6] BGH v. 7. 12. 1989 – 4 StR 598/89, StV 1990, 97 f.
[7] *Rieß* NJW 1979, 1536; s.a. § 209 Rn. 3.

Vierter Abschnitt. Entscheidung über die Eröffnung des Hauptverfahrens 1 § 210

S. 1, 74b S. 1 GVG) vor den Erwachsenengerichten. Aufgrund dieser zweiten Fiktion ist die Jugendkammer als Jugendschutzkammer auch gegenüber dem Schwurgericht vorrangig,[8] nicht hingegen gegenüber der Wirtschaft- und der Staatsschutzstrafkammer, da dies zu einem Systembruch mit § 103 Abs. 2 JGG führen würde.[9] In Jugendschutzsachen prüft das Jugendgericht sämtliche Voraussetzungen des § 26 Abs. 1 u. Abs. 2 GVG; fehlt eine davon, eröffnet es in unmittelbarer Anwendung des § 209 Abs. 1 vor dem Erwachsenengericht.[10] Im Übrigen resultieren aus § 209a auch für das Verhältnis der Jugendgerichte zu den Erwachsenengerichten im Vergleich zu § 209 keine Besonderheiten.

2. Verbindung und Trennung von Sachen des Jugend- und Erwachsenenrechts. Verbunden anhängig gemachte Sachen gegen Jugendliche oder Heranwachsende und Erwachsene können im Eröffnungsverfahren gem. § 2 Abs. 2 durch das Jugendgericht getrennt werden, das dann aber zugleich den abgetrennten (gem. §§ 209a, 209 Abs. 1 vor dem Erwachsenengericht) und den behaltenen Teil (gem. § 207 vor sich selbst) zu eröffnen hat, da § 103 Abs. 3 JGG nicht den Grundsatz suspendiert, dass das befasste Gericht soweit über den Anklagestoff entscheidet, wie seine eigene und seine Kompetenz-Kompetenz reicht.[11] Beim Jugendgericht rechtshängige verbundene Sachen gegen Jugendliche bzw. Heranwachsende und Erwachsene verbleiben wegen des Vorrangs des § 47a JGG vor § 103 Abs. 3 JGG stets auch dann beim Jugendgericht, wenn aufgrund der Erledigung oder Abtrennung des Verfahrens gegen den Jugendlichen nur die Erwachsenensache übrig bleibt.[12] 4

IV. Rechtsmittel

Zu den Rechtsmitteln s. zunächt § 209 Rn. 8. Zu beachten ist, dass die besondere Strafkammer im Hauptverfahren ihre Zuständigkeit nur nach Maßgabe des § 6a prüft und daher die Möglichkeit, ihre Unzuständigkeit zu rügen, eingeschränkt ist. § 6a gilt jedoch nicht im Verhältnis der Jugend- zu den Erwachsenengerichten,[13] weshalb die – notwendige[14] – Revisionsrüge des § 338 Nr. 4 uneingeschränkt offensteht, wenn das Erwachsenengericht zu Unrecht sein Zuständigkeit bejaht hat. Zur Beschwerdemöglichkeit bei Tennung bzw. Verbindung von Jugend- und Erwachsenenstrafsachen s. § 2 Rn. 16 u. 19 u. § 4 Rn. 17 u. 19. 5

§ 210 [Rechtsmittel]

(1) Der Beschluß, durch den das Hauptverfahren eröffnet worden ist, kann von dem Angeklagten nicht angefochten werden.

(2) Gegen den Beschluß, durch den die Eröffnung des Hauptverfahrens abgelehnt oder abweichend von dem Antrag der Staatsanwaltschaft die Verweisung an ein Gericht niederer Ordnung ausgesprochen worden ist, steht der Staatsanwaltschaft sofortige Beschwerde zu.

(3) ¹Gibt das Beschwerdegericht der Beschwerde statt, so kann es zugleich bestimmen, daß die Hauptverhandlung vor einer anderen Kammer des Gerichts, das den Beschluß nach Absatz 2 erlassen hat, oder vor einem zu demselben Land gehörenden benachbarten Gericht gleicher Ordnung stattzufinden hat. ²In Verfahren, in denen ein Oberlandesgericht im ersten Rechtszug entschieden hat, kann der Bundesgerichtshof bestimmen, daß die Hauptverhandlung vor einem anderen Senat dieses Gerichts stattzufinden hat.

I. Regelungsinhalt und Anwendungsbereich

§ 210 regelt nach seinem Wortlaut und dem Willen des historischen Gesetzgebers abschließend[1] die Rechtsmittelbefugnis der Verfahrensbeteiligten bei Entscheidungen über die Eröffnung des Hauptverfahrens. Die Entscheidung über die Eröffnung ist danach für den Angeklagten 1

---

[8] BGH v. 31. 1. 1996 – 2 StR 621/95, BGHSt 42, 39 = NStZ 1996, 346 (hM); aA *Katholnigg* NStZ 1996, 346.
[9] KK-StPO/*Schneider* Rn. 9 (hM); zweifelnd SK-StPO/*Paeffgen* Rn. 10.
[10] KK-StPO/*Schneider* Rn. 13.
[11] OLG Düsseldorf v. 7. 11. 1990 – 3 Ws 936/90, NStZ 1991, 145.
[12] BGH v. 4. 11. 1981 – 2 StR 242/81, BGHSt 30, 260 = NJW 1982, 454.
[13] BGH v. 4. 11. 1981, o. Fn. 12.
[14] *Pfeiffer* Rn. 5.
[1] Rieß NStZ 1981, 447; *Roxin* § 40 Rn. 17; *Volk* § 16 Rn. 14; AnwK-StPO/*Kirchhof* Rn. 2; AK-StPO/*Loos* Rn. 7; KK-StPO/*Schneider* Rn. 3; KMR/*Seidl* Rn. 4 (anders aber in Rn. 6); Löwe/Rosenberg/*Stuckenberg* Rn. 8; dem wohl zuneigend BGH v. 17. 3. 1999 – 3 ARs 2/99, BGHSt 45, 26 (31) = NJW 1999, 1876); aA mit unterschiedlichen Konsequenzen: HK-StPO/*Julius* Rn. 6; *Meyer-Goßner* Rn. 4; SK-StPO/*Paeffgen* Rn. 4 ff. (der aber eine Lösung des zugrundeliegenden Sachproblems über die Aufhebbarkeit des Eröffnungsbeschlusses vorzieht); *Pfeiffer* Rn. 1.

Reinhart 1017

nie[2] und für die StA ausschließlich in den Fällen des Abs. 2[3] beschwerdefähig. Die Möglichkeit der einfachen Beschwerde ist für die Beteiligten auch dann nicht eröffnet, wenn die Eröffnung objektiv willkürlich erfolgt,[4] der Eröffnungsbeschluss unwirksam oder mit schweren Mängeln behaftet ist,[5] etwa den Anklagestoff nicht ausschöpft[6] oder aber in sachlicher oder personeller[7] Hinsicht über ihn hinausgeht, oder nach Eröffnung des Hauptverfahrens der hinreichende Tatverdacht entfallen ist;[8] diese Fälle sind anderweitig, zB mittels einer Verfahrenseinstellung gem. § 206a oder im Rechtsmittelzug, zu bereinigen. Da § 210 aber solche Vorgehensweisen des Gerichts (etwa bloße Unzuständigkeitserklärungen) nicht erfasst, in denen keine materielle Entscheidung über die Eröffnung liegt, gelten insoweit für die Beschwerdebefugnis die allgemeinen Grundsätze.[9] Demgemäß ist die Beschwerde gegen Besetzungentscheidungen gem. §§ 29 Abs. 2, 76 Abs. 2, 122 Abs. 2 S. 2 GVG, § 33b Abs. 2 JGG nicht wegen § 210, sondern wegen § 305 S. 1 ausgeschlossen.[10] Umgekehrt gilt § 210 gem. § 225a Abs. 3 S. 3 u. Abs. 4 S. 2, 2. Hs., 270 Abs. 3 S. 2 auch für Übernahme- und Verweisungsbeschlüsse im Hauptverfahren, Abs. 2 zudem bei der Ablehnung des Erlasses eines Strafbefehls wegen fehlenden hinreichenden Tatverdachts (§ 408 Abs. 2 S. 2). § 210 lässt § 33a unberührt.[11]

II. Rechtsmittel des Angeklagten

2 **1. Beschwerdeausschluss bei Eröffnungsbeschluss.** Die Beschwerde des Angeklagten gegen die positive erstmalige Eröffnungsentscheidung ist gem. Abs. 1 stets ausgeschlossen. Die Verfassungsbeschwerde hiergegen scheitert am Subsidiaritätsgrundsatz des § 90 Abs. 2 S. 1 BVerfGG.[12] Bei verfassungskonformer Auslegung des Abs. 1 ist aber die Beschwerde gegen die Eröffnung eines Zweitverfahrens unter Verstoß gegen § 211 möglich; wird sie versagt, kann wegen des Verstoßes gegen Art. 103 Abs. 3 GG unmittelbar Verfassungsbeschwerde erhoben werden.[13]

3 **2. Einfache Beschwerde in anderen Fällen.** Die Haft- bzw. Unterbringungsentscheidung nach § 207 Abs. 4 ist von Abs. 1 nicht erfasst, weshalb hiergegen die einfache Beschwerde offen steht.[14] Gleiches gilt, wenn das Gericht nicht eröffnet, sondern sich lediglich für sachlich,[15] örtlich[16] oder geschäftsplanmäßig[17] unzuständig erklärt oder das höhere Gericht die Sache formlos an ein Gericht niedrigerer Ordnung abgibt, anstatt von § 209 Abs. 1 Gebrauch zu machen;[18] die Beschwer des Angeschuldigten liegt in diesen Fällen in der eintretenden Verfahrensverzögerung.[19]

III. Rechtsmittel der StA

4 **1. Sofortige Beschwerde.** Die StA kann zum einen dann sofortige Beschwerde erheben, wenn das Gericht die Eröffnung des Hauptverfahrens – aus welchen Gründen auch immer – ablehnt. Bei einer Teileröffnung gem. § 207 Abs. 2 Nr. 1 besteht die Beschwerdebefugnis nur hinsichtlich des ablehnenden Teils, in den Fällen des § 207 Abs. 2 Nr. 2–4 überhaupt nicht. Eine Verfahrenserweiterung gem. § 207 Abs. 2 Nr. 2 u. 4 stellt schon keine Nichteröffnung dar; eine Verfahrensstoffbeschränkung kann die StA verhindern, indem sie ihre Zustimmung verweigert oder durch Antrag gem. § 154a Abs. 3 die Wiedereinbeziehung erzwingt, falls das Gericht ohne ihre Zustimmung entschieden hat. Einer abweichenden rechtlichen Beurteilung gem. § 207 Abs. 2 Nr. 3

---

[2] S. u. Rn. 2.
[3] S. u. Rn. 4.
[4] So aber *Meyer-Goßner* NStZ 1989, 88; HK-StPO/*Julius* Rn. 6; aA OLG Hamm v. 14. 7. 1981 – 5 Ws 110/81, MDR 1982, 691 (für die Eröffnung gem. § 209 Abs. 1 bei einem Gericht außerhalb des Gerichtsbezirks).
[5] So aber *Pfeiffer* Rn. 1.
[6] So aber *Meyer-Goßner* Rn. 4.
[7] So aber OLG Karlsruhe v. 19. 5. 2000 – 3 Ws 35/00, StV 2002, 184; aA OLG Frankfurt/M. v. 7. 11. 2002 – 3 Ws 1171/02, NStZ-RR 2003, 81.
[8] So aber SK/*Paeffgen* Rn. 5.
[9] S. u. Rn. 3 u. 5.
[10] Löwe/Rosenberg/*Stuckenberg* Rn. 4.
[11] KG v. 12. 3. 2007 – 1 AR 227/07 – 4 Ws 23/07, StraFo 2007, 241 (allgM).
[12] BVerfG v. 22. 8. 1994 – 2 BvR 1547/94, NJW 1995, 316; aA *Eschelbach* GA 2004, 241 unter Hinweis auf BVerfG v. 30. 4. 2003 – 1 PBvU 1/02, BVerfGE 107, 395 = NJW 2003, 1924.
[13] BVerfG v. 3. 9. 2004 – 2 BvR 2001/02, StV 2005, 196.
[14] S. § 207 Rn. 18.
[15] RG v. 20. 2. 1899 – 5100/98, RGSt 32, 50 (52).
[16] S. § 16 Rn. 3.
[17] OLG Düsseldorf v. 9. 3. 1982 – 1 Ws 840/81, MDR 1982, 690.
[18] OLG Koblenz v. 9. 2. 1982 – 1 Ws 44/82, JR 1982, 479.
[19] Löwe/Rosenberg/*Stuckenberg* Rn. 39 (allgM).

muss die StA im Hauptverfahren und ggf. im Rechtsmittelzug argumentativ entgegentreten.[20] Sofortige Beschwerde der StA ist ferner möglich, wenn das Verfahren gem. §§ 209 Abs. 2, 209a entgegen dem Antrag der StA vor einem Gericht niedrigerer Ordnung eröffnet wird; mangels Beschwer entfällt diese Möglichkeit, wenn die StA diese Eröffnung nach Anklageerhebung entweder selbst beantragt oder ihr zugestimmt hat.[21] Im übrigen ist die sofortige Beschwerde für die StA nicht eröffnet, auch nicht bei analoger Anwendung des § 209a,[22] da in diesen Konstellation entweder nicht von einem Antrag der StA abgewichen wird oder sich ein solcher Antrag nicht auf das Tätigwerden eines bestimmten Spruchkörpers, sondern lediglich auf eine bestimmte Sachentscheidung bezieht.[23]

2. Einfache Beschwerde. Die einfache Beschwerde der StA ist sowohl bei Vorliegen einer positiven wie auch einer negativen Entscheidung über die Eröffnung ausgeschlossen. Möglich ist sie nur, wenn das Gericht sich einer Eröffnungsentscheidung gerade enthalten hat,[24] wegen fehlender Beschwer allerdings nicht in den Vorlagefällen der §§ 209 Abs. 2, 209a sowie bei formloser Abgabe innerhalb eines Gerichts.[25] Bei der neuerdings erwogenen Untätigkeitsbeschwerde im Falle drohender Verjährung,[26] die wegen des fehlenden Anknüpfungspunkt für den Fristbeginn iSd. § 311 Abs. 2 keine sofortige, sondern allenfalls eine einfache Beschwerde sein könnte, sind sowohl die Zulässigkeitsvoraussetzungen wie auch der mögliche Entscheidungsinhalt ungeklärt;[27] sie muss daher einer positiven Regelung durch den Gesetzgeber vorbehalten bleiben.

IV. Rechtsmittel anderer Beteiligter

Dem Nebenkläger steht gem. § 400 Abs. 2 S. 1 nur bei Ablehnung der Eröffnung, nicht aber bei Eröffnung vor einem Gericht niedrigerer Ordnung, die sofortige Beschwerde offen; bei Teilablehnung jedoch nur, soweit diese ein Nebenklagedelikt betrifft.[28] Der Privatkläger ist gem. § 390 Abs. 1 S. 1 beschwerdebefugt, dem Verletzten, der weder Neben- noch Privatkläger ist, steht die Beschwerde nicht zu.[29]

V. Beschwerdeentscheidung

In beiden Alternativen des Abs. 2 ist die Beschwerde der StA eine solche gegen den gesamten Eröffnungsbeschluss. Das Beschwerdegericht prüft daher auch dann sämtliche tatsächliche und rechtliche Voraussetzungen der Eröffnung, einschließlich des hinreichenden Tatverdachts (wobei insoweit ein rechtlich unbedenklicher Entscheidungsmassstab des OLG vom Tatgericht zu beachten sein soll),[30] wenn lediglich die Eröffnung vor einem Gericht niedrigerer Ordnung gerügt wurde.[31] Auf dieser Basis trifft es bei begründeter Beschwerde eine eigene Entscheidung über die Eröffnung vor dem zuständigen (ggf. einem niedrigeren als dem in der Anklage bezeichneten)[32] Gericht, die in ihrem Umfang – mit Ausnahme der Terminsbestimmung – derjenigen des judex a quo entspricht (vgl. § 309 Abs. 2).[33] Eine Zurückverweisung an das Ausgangsgericht erfolgt nur, wenn dieses die Eröffnung wegen eines Prozesshindernisses abgelehnt hatte[34] oder wenn das Beschwerdegericht eine Sachentscheidung außerhalb seines Kompenzrahmens treffen müsste. Erste-

---

[20] BGH v. 5. 1. 1989 – 1 StE 5/88 – StB 45/88, NJW 1989, 1101.
[21] S. § 209 Rn. 6.
[22] § 209a Rn. 1.
[23] OLG Koblenz v. 30. 10. 1985 – 1 Ws 717/85, NStZ 1986, 425 (für die Abgabe zum Zwecke einer Beschwerdeentscheidung im Ermittlungsverfahren); aA OLG Stuttgart v. 17. 11. 1981 – 1 Ws 339/81, MDR 1982, 252 (für die Abgabe im Berufungsverfahren).
[24] S. o. Rn. 3.
[25] *Meyer-Goßner* Rn. 4.
[26] OLG Frankfurt/M. v. 17. 9. 2001 – 3 Ws 905/01 und v. 29. 10. 2001 – 3 Ws 987/01, NJW 2002, 454; OLG Dresden v. 20. 6. 2005 – 2 Ws 182/05, NJW 2005, 2791.
[27] Löwe/Rosenberg/*Stuckenberg* Rn. 12.
[28] KK-StPO/*Schneider* Rn. 7.
[29] *Meyer-Goßner* Rn. 6 (allgM).
[30] BGH v. 24. 8. 1987 – 1 BJs 279/86 – 4 StB 9/87, BGHSt 35, 39 = NJW 1988, 1680.
[31] BayObLG v. 7. 11. 1986 – 3 St ObWs 1/86, BayObLGSt 1986, 125 = NJW 1987, 511; HK-StPO/*Julius* Rn. 1; SK-StPO/*Paeffgen* Rn. 12; *Pfeiffer* Rn. 4; KK-StPO/*Schneider* Rn. 10; KMR/*Seidl* Rn. 21; Löwe/Rosenberg/*Stuckenberg* Rn. 30; aA KG v. 27. 9. 2004 – 5 Ws 255/04, NStZ-RR 2005, 26 (27); OLG Hamburg v. 4. 3. 2005 – 2 Ws 22/05, NStZ 2005, 654 f.; OLG Saarbrücken v. 30. 10. 2001 – 1 Ws 151/01; wistra 2002, 118; AnwK-StPO/*Kirchhof* Rn. 4; *Meyer-Goßner* Rn. 2.
[32] KMR/*Seidl* Rn. 21; KK-StPO/*Schneider* Rn. 11 (einschränkend aber für das Verhältnis der allg. StrK zum Jugendgericht).
[33] Löwe/Rosenberg/*Stuckenberg* Rn. 28.
[34] BGH v. 27. 6. 1997 – StB 8/97 – 2 BJs 148/93, BGHSt 43, 122 (124 f.) = NJW 1997, 2828 (2829); KK-StPO/*Schneider* Rn. 11 (hM).

res dient der Nachholung der bislang unterbliebenen Verdachtsprüfung durch das Erstgericht.³⁵ Letzteres ist der Fall, wenn das Beschwerdegericht das Verfahren vor einem höheren als dem in der Anklage bezeichneten Gericht (zB vor sich selbst) eröffnen müsste. Hieran ist es gehindert, weil das Verfahren nicht, wie von § 209 Abs. 2 zwingend vorgeschrieben, durch Vorlagebeschluss bei ihm anhängig gemacht wurde und im übrigen auch der judex a quo, an dessen Stelle das Beschwerdegericht tritt, eine solche Entscheidung nicht treffen dürfte.³⁶ Hält das Beschwerdegericht ein noch höheres Gericht als sich selbst für zuständig, legt es diesem gem. §§ 209 Abs. 2, 209a vor,³⁷ was auch das Ausganggericht bereits hätte tun können. Die Beschwerdeentscheidung ist unanfechtbar, jedoch gilt für sie nicht § 358, weshalb das erkennende Gericht nur hinsichtlich der Eröffnung als solcher, nicht aber im Übrigen an die Rechtsauffassung des Beschwerdegerichts gebunden ist; es kann weiterhin nach §§ 225a, 270 verfahren.³⁸ Ein Richter, der an der aufgehobenen Entscheidung mitgewirkt hat, ist weder von der Mitwirkung im Hauptverfahren ausgeschlossen, noch besteht schon deshalb die Besorgnis seiner Befangenheit.³⁹

VI. Wahlrecht des Beschwerdegerichts (Abs. 3)

8   Die Wahlmöglichkeit des Beschwerdegerichts ist zwar nicht verfassungswidrig,⁴⁰ bedarf aber zur Wahrung des Rechts auf den gesetzlichen Richter (Art. 101 Abs. 1 S. 2 GG) einer restriktiven, nicht analogiefähigen,⁴¹ Handhabung. Von ihr darf daher nur bei Vorliegen besonderer Gründe Gebrauch gemacht werden, insbesondere wenn nur an einem anderen Gerichtsort eine unvoreingenommene Verhandlung gewährleistet erscheint⁴² oder sich das Gericht in dem erfolgreich angefochtenen Beschluss in einer Weise festgelegt hat, die seine Obstruktion gegen die Beschwerdeentscheidung befürchten lässt.⁴³ Diese Gründe sind in der Beschwerdeentscheidung darzulegen, sofern sie nicht offensichtlich sind,⁴⁴ und binden das bestimmte Gericht.⁴⁵ Sie ermöglichen, da Abs. 3 wie § 354 Abs. 2 zu lesen ist,⁴⁶ die Eröffnung vor einer anderen Kammer (beim LG) oder einer anderen Abteilung (beim AG) des Ausgangsgerichts oder auch vor einem „benachbarten" Gericht, das zwar im Bezirk des Beschwerdegerichts⁴⁷ und auch in der Nähe des Ausgangsgerichts liegen, jedoch nicht unmittelbar an letzteres angrenzen muss.⁴⁸ Für den BGH als Beschwerdegericht besteht ausschließlich die Möglichkeit nach Abs. 3 S. 2 zu verfahren. Die Gerichte haben die Möglichkeit des Abs. 3 durch Bildung eines Auffangspruchkörpers in ihrer Geschäftsverteilung zu berücksichtigen. Fehlt ein solcher, wird er nicht durch das Beschwerdegericht bestimmt, sondern nachträglich durch das hierfür ausschließlich zuständige Präsidium des Ausgangsgerichts eingerichtet;⁴⁹ ist dies nicht möglich, wird nach § 15 verfahren.⁵⁰ Das bestimmte Gericht bleibt bis zum Abschluss des Hauptverfahrens erster Instanz zuständig, danach lebt die die ursprüngliche Zuständigkeit wieder auf.⁵¹

§ 211 [Wiederaufnahme nach Ablehnungsbeschluß]

Ist die Eröffnung des Hauptverfahrens durch einen nicht mehr anfechtbaren Beschluß abgelehnt, so kann die Klage nur auf Grund neuer Tatsachen oder Beweismittel wieder aufgenommen werden.

---

[35] AnwK-StPO/*Kirchhof* Rn. 4.
[36] *Meyer-Goßner* Rn. 2; AnwK-StPO/*Kirchhof* Rn. 4; KK-StPO/*Schneider* Rn. 11 (beide aber mit anderer Konsequenz: Eröffnung vor dem – unzuständigen – Ausgangsgericht, das dann nach §§ 225a, 270 verfährt); aA Löwe/Rosenberg/*Stuckenberg* Rn. 29.
[37] OLG Frankfurt/M. v. 14. 2. 1986 – 1 Ws 27/85, StV 1986, 330; HK-StPO/*Julius* Rn. 12; Löwe/Rosenberg/*Stuckenberg* Rn. 31; aA *Meyer-Goßner* JR 1986, 472.
[38] BGH v. 25. 8. 1975 – 2 StR 309/75, BGHSt 26, 191 (192) = NJW 1975, 2304); KMR/*Seidl* Rn. 22 (allgM).
[39] KK-StPO/*Schneider* Rn. 15.
[40] BVerfG v. 30. 6. 1999 – 2 BvR 1067/99, StV 2000, 537; aA *Seier* StV 2000, 586; Löwe/Rosenberg/*Stuckenberg* Rn. 32.
[41] KMR/*Seidl* Rn. 28; *Meyer-Goßner* Rn. 10 (allerdings mit einer Ausnahme für das Wiederaufnahmeverfahren).
[42] *Meyer-Goßner* Rn. 10 (hM).
[43] Weitergehend OLG Düsseldorf v. 21. 5. 1985 – 2 Ss 132/85 – 52/85 III, StV 1985, 407; AnwK-StPO/*Kirchhof* Rn. 5; *Meyer-Goßner* Rn. 10;(schon wenn anzunehmen ist, dass sich das Ausgangsgericht die Beschwerdeentscheidung innerlich nicht voll zu eigen machen wird); insgesamt kritisch *Marcelli* NStZ 1986, 59.
[44] KK-StPO/*Schneider* Rn. 12.
[45] *Meyer-Goßner* JR 1979, 385; aA *Marcelli* NStZ 1986, 59.
[46] KK-StPO/*Schneider* Rn. 13.
[47] OLG Hamm v. 14. 7. 1981 – 5 Ws 110/81, MDR 1982, 691.
[48] *Meyer-Goßner* Rn. 9 (hM); aA *Sowada*, StPO, Rn. 805 Fn. 244.
[49] *Meyer-Goßner* Rn. 8; KK-StPO/*Schneider* Rn. 13; Löwe/Rosenberg/*Stuckenberg* Rn. 33; aA BGH v. 11. 3. 1970 – 1 StR 412/70; SK-StPO/*Paeffgen* Rn. 14.
[50] OLG Oldenburg v. 19. 10. 1984 – 2 Ws 475/84, NStZ 1985, 473.
[51] *Meyer-Goßner* Rn. 9.

Vierter Abschnitt. Entscheidung über die Eröffnung des Hauptverfahrens 1–3 § 211

I. Allgemeines, Anwendungsbereich

Während andere Personen unbeschränkt verfolgbar bleiben,[1] gestattet § 211 eine erneute Strafverfolgung des ursprünglich Angeschuldigten wegen derselben prozessualen Tat nach Ablehnung der Eröffnung des Hauptverfahrens nur beim Vorliegen neuer Tatsachen oder Beweismittel (sog. „Nova"). Im Unterschied zu dem rechtskräftigen freisprechenden Urteil, für dessen Aufhebung § 362 strenge Voraussetzungen enthält, entfaltet der Ablehnungsbeschluss damit lediglich beschränkte Sperrwirkung, was sich in verfassungsrechtlich unbedenklicher Weise[2] daraus erklärt, dass er nicht auf einer förmlichen Beweisaufnahme, sondern im wesentlichen auf einer freibeweislichen Würdigung des Akteninhalts beruht.[3] § 211 erfasst nur Entscheidungen, mit denen die Eröffnung ganz oder teilweise[4] abgelehnt wird,[5] nicht hingegen bloße Unzuständigkeitserklärungen[6] oder die Ablehnung der Einbeziehung einer Nachtragsanklage gem. § 266.[7] Er gilt gem. § 408 Abs. 2 S. 2 auch im Strafbefehlsverfahren, wird hingegen im Jugendgerichtsverfahren durch die Sonderregelung des § 47 Abs. 3 JGG verdrängt. § 211 sperrt auch die Privatklage[8] und die Durchführung eines Ordnungswidrigkeitenverfahrens,[9] nicht aber das objektive Sicherungsverfahren gem. §§ 413 ff., sofern die Eröffnung nur wegen Schuld- oder Verhandlungsunfähigkeit des Angeschuldigten abgelehnt wurde,[10] und ggf. auch nicht das Einziehungsverfahren gem. §§ 440 ff.[11] 1

II. Grundlage der Sperrwirkung

§ 211 setzt zunächst voraus, dass die Eröffnung des Hauptverfahrens, aus welchen Gründen auch immer,[12] wirksam abgelehnt wurde, was zB dann nicht der Fall ist, wenn keine Anklage vorgelegen hat[13] oder bereits vor Erlass des Ablehnungsbeschluss zurückgenommen war.[14] Der Ablehnungsbeschluss muss zudem unanfechtbar sein, weil entweder keine rechtzeitige Beschwerde eingelegt oder diese verworfen wurde. 2

III. Nova

Nur erhebliche Nova, dh. solche, die zusammen mit den alten Tatsachen und Beweismitteln der Ablehnungsentscheidung die Grundlage entziehen,[15] führen zu einer neuen Anklage. Für die insoweit notwendige Beurteilung – und nur für sie – sind die Gründe der ursprünglichen Ablehnung von Belang: Waren diese tatsächlicher Art, liegen erhebliche Nova vor, wenn diese nun den hinreichenden Tatverdacht begründen oder die Beweisbarkeitsprognose entscheidend positiv verändern, wie etwa neue Indiztatsachen, Zeugenaussagen oder Sachverständigengutachten (auch wenn diese nur eine Neubewertung bereits bekannter Tatsachen enthalten[16]), die nachträgliche Feststellung der Schuldfähigkeit des Angeschuldigten im Tatzeitpunkt oder auch ein verspätetes Geständnis.[17] Bei einer Ablehnung wegen eines Prozesshindernisses müssen die Nova entweder die Annahme des Hindernisses in tatsächlicher Hinsicht widerlegen (etwa indem ein verlorener Strafantrag wieder aufgefunden wird[18]) oder das Hindernis beseitigen (zB bei Ersetzung einer zunächst unwirksamen Anklage durch eine wirksame[19] oder nachträglicher Bejahung des öffentlichen Interesses an der Strafverfolgung durch die StA[20]). Wurde die Eröffnung aus materiellen Rechtsgründen abgelehnt, reichen nur solche Nova hin, die auch diese rechtliche Beurteilung verändern. Tatsachen oder Beweismittel sind dann neu iSd. § 211, wenn sie dem Gericht bei Erlass 3

---

[1] Löwe/Rosenberg/*Stuckenberg* Rn. 9.
[2] BVerfG v. 18. 12. 1953 – 1 BvR 230/51, BVerfGE 3, 248 = NJW 1954, 69.
[3] KK-StPO/*Schneider* Rn. 1.
[4] AnwK-StPO/*Kirchhof* Rn. 1.
[5] S. u. Rn. 2.
[6] *Meyer-Goßner* Rn. 1 (allgM).
[7] *Meyer-Goßner* JR 1984, 53; SK-StPO/*Paeffgen* Rn. 3; Löwe/Rosenberg/*Stuckenberg* Rn. 3; aA *Hilger* JR 1983, 441.
[8] OLG Köln v. 8. 7. 1952 – Vs 5/52, NJW 1952, 1152.
[9] KK-StPO/*Schneider* Rn. 3 (allgM).
[10] BGH v. 6. 6. 2001 – 2 StR 136/01, BGHSt 47, 52 (54) = NJW 2001, 3560.
[11] OLG Celle v. 24. 10. 1994 – OJs 47/92, NStZ-RR 1996, 209.
[12] KK-StPO/*Schneider* Rn. 2 (allgM).
[13] RG v. 8. 2. 1918 – IV 31/18, RGSt 51, 371 (374).
[14] KK-StPO/*Schneider* Rn. 2.
[15] KK-StPO/*Schneider* Rn. 5 (allgM).
[16] RG v. 1. 12. 1922 – IV 457/22, RGSt 57, 158; HK-StPO/*Julius* Rn. 5; KK-StPO/*Schneider* Rn. 6; KMR/*Seidl* Rn. 10; Löwe/Rosenberg/*Stuckenberg* Rn. 13; aA BGH v. 21. 12. 1988 – 3 StR 460/88, NStE § 211 StPO Nr. 1.
[17] Löwe/Rosenberg/*Stuckenberg* Rn. 13.
[18] BGH v. 8. 12. 1954 – 6 StR 272/54, BGHSt 7, 64 = NJW 1955, 232.
[19] OLG Düsseldorf v. 23. 12. 1981 – 3 Ws 601 – 605/81, NStZ 1982, 335.
[20] Löwe/Rosenberg/*Stuckenberg* Rn. 14.

§§ 212a–212b

seiner Ablehnungsentscheidung nicht bekannt waren, unabhängig davon, wann sie entstanden sind; dass sie dem Gericht hätten bekannt sein können, beseitigt ihre Qualität als Nova nicht.[21] Ob erhebliche Nova vorliegen, ist von der Rechtsauffassung des ablehnenden Gerichts aus zu beurteilen,[22] weshalb diese das neu beschließende Gericht auch dann bindet, wenn es sie als falsch erkennt.[23] Eine neue Anklage ist daher nur dann zulässig, wenn nicht nur die richtige, sondern auch die falsche Rechtsauffassung des Erstgerichts sie ermöglicht; in diesem Fall wird freilich für das neue Verfahren die richtige Auffassung zugrunde gelegt.[24] In jeder Phase des neuen Verfahrens ist von Amts wegen zu prüfen, ob das eröffnende Gericht vom Vorliegen der Nova ausgehen durfte, erwiesen werden müssen diese in der neuen Hauptverhandlung aber nicht.[25]

IV. Neue Anklage

4   Für ihre Erhebung gilt ebenso wie bei jeder anderen Anklage uneingeschränkt das Legalitätsprinzip des § 152 Abs. 2, so dass der Verletzte sie notfalls auch im Verfahren nach § 172 erzwingen kann.[26] In ihr ist auf den früheren Ablehnungsbeschluss Bezug zu nehmen und sind die Nova ausdrücklich zu bezeichnen, die dessen Sperrwirkung beseitigen.[27] Die neue Anklage ist bei dem Gericht zu erheben, das aufgrund der veränderten Sach- und Rechtslage zuständig ist.[28] Sie kann bis zum Erlass eines Eröffnungsbeschlusses zurückgenommen werden (§ 156).[29]

V. Neues Eröffnungsverfahren

5   Die neue Anklage führt zu einem Eröffnungsverfahren, für das in vollem Umfang die §§ 199 ff. gelten. Seine einzige Verbindung mit dem früheren Verfahren besteht darin, dass die Nova zur Überwindung der Sperrwirkung des § 211 eine zusätzliche Eröffnungsvoraussetzung darstellen,[30] im Übrigen sind beide Verfahren voneinander unabhängig.[31] Das alte Verfahren bleibt daher abgeschlossen, der fühere Ablehnungsbeschluss wird durch den neuen Eröffnungsbeschluss nicht aufgehoben, sondern hat weiterhin Bestand, was schon im Interesse einer Rechtssicherheit schaffenden Dokumentation des Verfahrensverlaufs sinnvoll erscheint. Hat der Ablehnungsbeschluss eine Nebenentscheidung über die Entschädigung enthalten, gilt nunmehr § 14 Abs. 1 StrEG; die frühere Kostenentscheidung ist wegen des Fehlens einer entsprechenden gesetzlichen Regelung nicht korrigierbar.[32] Eine im alten Verfahren begründete Nebenklägerstellung lebt nicht automatisch wieder auf, sondern bedarf einer erneuten Anschlusserklärung gem. § 396 Abs. 1 S. 1.[33]

VI. Rechtsmittel

6   Wegen seiner unmittelbaren Relevanz für das verfassungsrechtlich abgesicherte Verbot der Doppelbestrafung (Art. 103 Abs. 3 GG), ist gegen den Eröffnungsbeschluss im neuen Verfahren für den Angeklagten die einfache Beschwerde eröffnet.[34] Auf die Revision hin ist von Amts wegen zu prüfen, ob das Gericht das Vorliegen der Nova richtig beurteilt hat, falls ein entsprechender Fehler nicht im Zuge der Hauptverhandlung geheilt wurde;[35] eine entsprechende ausdrückliche Verfahrensrüge ist rechtlich nicht erforderlich,[36] aber anzuraten.

§§ 212a–212b (aufgehoben)[1]

---

[21] BGH, o. Fn. 18.
[22] BGH v. 21. 12. 1988 – 3 StR 460/88, StV 1990, 7.
[23] BGH v. 18. 1. 1963 – 4 StR 385/63, BGHSt 18, 225 = NJW 1963, 1019 (hM).
[24] *Hanack* JZ 1971, 218; *Meyer-Goßner* Rn. 4.
[25] BGH v. 18. 1. 1963 – 4 StR 385/62, NJW 1963, 1019 (1020); KK-StPO/*Schneider* Rn. 13.
[26] KG v. 14. 2. 1983 – 4 Ws 10/83, JR 1983, 345, OLG Braunschweig v. 9. 1. 1961 – Ws 9/60, NJW 1961, 934; OLG Hamburg v. 17. 1. 1963 – 1 Ws 157/62, NJW 1963, 1121; *Meyer-Goßner* Rn. 5 (hM); aA OLG Bamberg v. 12. 11. 1951 – Ws 155/51, NJW 1952, 239; OLG Düsseldorf v. 21. 4. 1961 – 1 Ws 111/61, NJW 1961, 1594.
[27] *Meyer-Goßner* Rn. 6.
[28] KK-StPO/*Schneider* Rn. 8.
[29] *Meyer-Goßner* Rn. 5.
[30] KK-StPO/*Schneider* Rn. 10.
[31] *Meyer-Goßner* Rn. 7 (hM); aA RG v. 29. 11. 1909 – I 636/09, RGSt 43, 150; *Radtke* NStZ 1999, 481 (484).
[32] *Meyer-Goßner* Rn. 8 (heute wohl einhellige M).
[33] Löwe/Rosenberg/*Stuckenberg* Rn. 23 (hM); aA *Radtke* NStZ 1999, 481 (484).
[34] S. § 210 Rn. 2.
[35] Löwe/Rosenberg/*Stuckenberg* Rn. 29.
[36] BGH v. 18. 1. 1963 – 4 StR 385/62, NJW 1963, 1019 (1020).
[1] Reihenfolge der §§ 212–212 b amtlich.

Fünfter Abschnitt. Vorbereitung der Hauptverhandlung

§ 212 [Erörterung nach der Eröffnung des Hauptverfahrens]
Nach Eröffnung des Hauptverfahrens gilt § 202 a entsprechend.

I. Einführung

Mit dem am 28. 5. 2009 vom Bundestag beschlossenen und am 29. 7. 2009 eingeführten „Gesetz zur Regelung der Verständigung im Strafverfahren" fand nach langen und kontrovers geführten Diskussionen der sog. deal Aufnahme in die Strafprozessordnung.[1] Nach einem die verfahrenstatsächlichen Verhältnisse decouvrierenden Beitrag von „Detlev Deal aus Mauschelhausen" im Jahre 1982[2] über die „informelle Neben-StPO"[3] hatte der BGH in verschiedenen Entscheidungen und (Entwicklungs-)Etappen die wohl nicht mehr einzudämmende Absprachenpraxis durch eine vornehmlich an Verfahrensgrundsätzen orientierte Formgebung kanalisiert und maßgeblich konturiert, vor Allem aber frühzeitig legalisiert.[4] Mit der Entscheidung vom 3. 3. 2005 wurde schließlich durch den Großen Senat für Strafsachen mit keinesfalls überzeugender methodischer Begründung[5] ein Appell an den Gesetzgeber formuliert.[6] Die nunmehr vorhandene gesetzliche Regelung reflektiert – auch ausweislich der Motive[7] – überwiegend auf die in der höchstrichterlichen Rspr. entwickelten Vorgaben.[8] Zentrale Bausteine bilden die Vorschriften der §§ 257 b, 257 c, 160 b, 202 a, 212.

Die Regelung des sog. deals im Strafprozess wird – trotz der hohen Akzeptanz der Verständigung in der Verfahrenspraxis – in der Lit. überwiegend kritisch gesehen.[9] In der Tat lässt sich die Implementierung der Verständigung und die damit verbundene Anerkennung eines wie auch immer gearteten Konsensualverfahrens geradezu als Kontrapunkt zur sonstigen Konzeption der StPO begreifen. Es erscheint daher absehbar, dass gerade diese nahezu fremdkörperhafte Binnenmodifikation[10] des Verfahrens, welche tief in das Gefüge des Strafprozesses eingreift,[11] die künftige Entwicklung des Strafprozessrechts sowie die Verfahrenskultur negativ beeinflussen kann.

II. Voraussetzungen für die Erörterung nach der Eröffnung des Hauptverfahrens

Die Vorschrift verweist für den Verfahrensabschnitt der Vorbereitung der Hauptverhandlung auf die für das Zwischenverfahren geltende Norm des § 202 a. Nach dem Willen des Gesetzgebers handelt es sich nämlich bei den Vorschriften der §§ 160 b, 202 a, 212, 257 b um abschließende Glieder einer Kette, „die nicht zuletzt darauf zielen, dass sich die Verfahrensbeteiligten nicht voneinander abschotten, sondern da, wo es für das Verfahren geeignet erscheint, eine gemeinsame Aussprache zu suchen".[12] Dies bedeutet, dass in der Auslegung aller erwähnten Verfahrensvorschriften grundsätzlich von Konstanten und Parallelen auszugehen ist.

Die Vorschrift des § 212 kontrastiert allerdings insoweit der bisherigen Praxis der Absprachen – vor Allem in sog. Großverfahren –, weil die Rechtsgespräche mit dem Ziel einer Verständigung im Strafverfahren in diesem Stadium auf Initiative des Gerichts üblicherweise vor Eröffnung des Verfahrens stattgefunden haben bzw. stattfinden. Sedes materiae dürfte demnach weiterhin § 202 a sein; zumal nach Eröffnung des Verfahrens mit Blick auf § 203 und den von Seiten des Gerichts zu bejahenden dringenden Tatverdacht sich der Erörterungsbedarf reduziert, jedenfalls strategische Potentiale auf Seiten des Gerichts verloren gehen. Umgekehrt erscheint es natürlich konzeptionell grundsätzlich konsequent, bei einer Implementierung der Verständigung in das Strafverfahren alle Verfahrensabschnitte gleichermaßen zu fokussieren.

---

[1] Instruktiv zur Gesetzgebungsgeschichte: *Jahn* JA 2006, 681 ff.
[2] *Deal* StV 1982, 545 ff.; vgl. auch: *Schmidt-Hieber* NJW 1982, 1017 ff.
[3] *Hamm* FS Egon Müller, S. 245.
[4] BGH v. 28. 8. 1997 – 4 StR 240/97, BGHSt 43, 195 (196 ff.); BGH v. 3. 3. 2005 – GSSt 1/04, BGHSt 50, 40 (64 ff.).
[5] Hierzu: *Schünemann* ZRP 2009, 104 f.
[6] BGH v. 3. 3. 2005 – GSSt 1/04, BGHSt 50, 40 (55 f., 63); hierzu: *Satzger* JA 2005, 684 ff.
[7] BT-Drucks. 65/09, S. 7.
[8] *Satzger* JK 7/09, StPO § 244 II/1; *Schünemann* ZRP 2009, 104 (105).
[9] *Schünemann* ZRP 2009, 104 ff.; *Meyer-Goßner* ZRP 2009, 107 ff.; *Volk* NJW-Spezial 2009, 422; Anw-StPO/*Kirchhof* § 212.
[10] Zu den Vorschlägen der Schaffung einer neuen Verfahrensordnung für „besondere Verfahren" neben dem Standard- bzw. Normalverfahren der StPO: *Altenhain/Hagemeier/Haimerl* NStZ 2007, 71 (78); *Fischer* NStZ 2007, 433 ff.; *Satzger/Höltkemeier* NJW 2004, 2490 ff.; *Meyer-Goßner* NStZ 2007, 423 f.
[11] *Meyer-Goßner* Ergänzungsheft zur 52. Aufl., Vorbem Rn. 2.
[12] BT-Drucks. 65/09, S. 9.

5   Wegen der Einzelheiten – Initiativrecht, Verfahrens- und Erörterungsbeteiligte, Verständigung – kann auf die Kommentierung zu § 202a verwiesen werden; mit der Besonderheit, dass das Hauptverfahren eröffnet ist und die Hauptverhandlung ansteht. Während in der Hauptverhandlung sodann die Vorschriften der §§ 257b, c gelten, ist **außerhalb der Hauptverhandlung** etwa bei Unterbrechungen oder Aussetzungen weiterhin § 212 relevant.[13] Indessen wird es hierbei in Verschiebung des ansonsten intendierten Schwerpunkt darum gehen, eine Verständigung nach § 257c vorzubereiten.[14]

§ 213 [Terminsbestimmung]
Der Termin zur Hauptverhandlung wird von dem Vorsitzenden des Gerichts anberaumt.

I. Einführung

1   Bei der Vorschrift, die sich auf das Verfahren erster Instanz und auf das Berufungs- nicht aber auf das Revisionsverfahren bezieht, handelt es sich um eine Kompetenznorm mit organisatorischem Inhalt. Denn dem Vorsitzenden wird nach dem Abschluss des Zwischenverfahrens im Rahmen der Vorbereitung der Hauptverhandlung[1] die originäre Aufgabe zugewiesen, den Hauptverhandlungstermin zu bestimmen. In der formal-organisatorischen Dimension des Ansetzens des Termins zur Durchführung der Hauptverhandlung nebst flankierender, gesetzlich indes nicht weiter erfassten Aufgaben[2] erschöpft sich die Bedeutung der Norm indessen nicht. Die Anberaumung des Hauptverhandlungstermins tangiert nämlich Verfahrensgrundsätze (Beschleunigungsgrundsatz, Grundsatz des fairen Verfahrens) sowie Rechte von Verfahrensbeteiligten (Recht auf freie Verteidigerwahl); wobei nicht zuletzt europarechtliche Vorgaben nach Art. 6 Abs. 1 S. 1, Abs. 3c EMRK zur aktuellen Konturierung der Vorschrift wesentlich beitragen.

2   Die kaum zu unterschätzende praktische Relevanz der Vorschrift des § 213 ist hinter dem dürftigen Wortlaut der gesetzlichen Vorschrift verborgen. Die seit Kodifizierung der StPO nahezu unveränderte Vorschrift entspricht weder modernen Vorstellungen von Verfahrensabläufen innerhalb des Strafprozesses noch der nicht abgeschlossenen theoretischen Durchdringung ihrer selbst. Insgesamt ist daher das hinter der Norm vorhandene Potential bislang ersichtlich nicht ausgeschöpft. Dies dokumentieren nicht zuletzt der zunehmende Einfluss der EMRK und die damit verbundene Konturierung des Ermessens des Vorsitzenden bei der Terminsbestimmung wie -verlegung. Als Zwischenergebnis einer nicht abgeschlossenen Entwicklung lässt sich festhalten, dass Auffassungen, welche eine wie auch immer geartete „Terminshoheit" ausschließlich beim Vorsitzenden sehen und dessen Entscheidungen mit Blick auf § 305 S. 1 für sakrosant erachten, mehr als überkommen sind.

II. Voraussetzungen

3   **1. Aufgabe des Vorsitzenden.** Die Aufgabe der Terminsbestimmung ist dem **Vorsitzenden** des Gerichts zugewiesen.[3] Während auf amtsgerichtlicher Ebene demnach der Strafrichter (§ 25 GVG) bzw. der Amtsrichter als Vorsitzender des Schöffengerichts (§ 29 Abs. 1 GVG) sachlich-funktional zuständig sind, sind dies beim Land- und beim Oberlandesgericht die Kammer- bzw. Senatsvorsitzenden (§§ 59 Abs. 1, 115 GVG). In jedem Fall ist daher die Anberaumung des Termins zur Hauptverhandlung Sache eines Berufsrichters. Ferner entscheidet alleine der Vorsitzende des für die Haupt- bzw. Berufungs-(haupt-)verhandlung zuständigen Gerichts. Demzufolge greift auch die verfassungsrechtliche Verbürgung des gesetzlichen Richters nach Art. 101 Abs. 1 S. 2 GG.[4]

4   **2. Terminsbestimmung.** Unter **Anberaumung des Termins zur Hauptverhandlung** ist allgemein – unter Berücksichtigung von Nrn. 116, 124 Abs. 1 RiStBV – die Festlegung von Ort, Tag und Stunde der Hauptverhandlung zu verstehen.[5]

5   Ort der Hauptverhandlung ist gewöhnlich ein Sitzungssaal in einem Gerichtsgebäude am Sitz des Gerichts. Zulässig ist es aber auch bei Vorliegen sachlicher Gründe, die Hauptverhandlung

---

[13] Graf/*Ritscher* Rn. 1; Anw-StPO/*Kirchhof* § 212.
[14] Anw-StPO/*Kirchhof* § 212.
[1] Zur Zweiteilung des Hauptverfahrens: *Roxin*, Strafverfahrensrecht, § 41 Rn. 1.
[2] Graf/*Ritscher* Rn. 1.
[3] Anw-StPO/*Kirchhof* Rn. 1; Graf/*Ritscher* Rn. 1.
[4] BGH v. 3. 2. 1961 – 4 StR 424/60, BGHSt 15, 390 (391).
[5] *Meyer-Goßner* Rn. 2; Graf/*Ritscher* Rn. 2.

ganz oder teilweise an einem anderen Ort[6] – zB in der JVA,[7] am Tatort, in einer Wohnung oder in einem „außergerichtliche Massensaal"[8] – stattfinden zu lassen, wobei jedoch Verfahrensgrundsätze sowie Individualgrundrechte dergestalt Beachtung finden müssen, dass im Einzelfall hieraus abzuleitende Restriktionen eingreifen. Die Hauptverhandlung kann im Übrigen auch an einen Ort außerhalb des Gerichtsbezirks verlegt werden.[9]

Als Hauptverhandlungstage kommen grundsätzlich alle Werktage in Betracht. Ein Ausweichen auf Sonn- und Feiertage ist indessen unter Berücksichtigung und Abwägung etwaiger entgegenstehender religiöser oder weltanschaulicher Implikationen nicht ausgeschlossen; insbesondere, wenn hierfür sachliche Gründe vorhanden sind. 6

Bei der Festlegung der Zeit für den Beginn und die Dauer der Hauptverhandlung – es handelt sich um die sog. Terminsstunde – stehen verfahrenspraktische Erwägungen im Vordergrund, um einen ebenso reibungslosen wie effektiven Ablauf zu gewährleisten. Dies schließt es nicht aus, dass mitunter außerhalb der Dienstzeiten des Gerichts[10] oder zur Nachtzeit[11] verhandelt wird. 7

3. Ermessensausübung. Obwohl dies aus dem Wortlaut der Vorschrift nicht unmittelbar zu entnehmen ist, steht die Anberaumung des Termins zur Hauptverhandlung nach ganz hM im **Ermessen** des Vorsitzenden.[12] Hierbei handelt es sich nicht um ein freies, sondern um ein pflichtgemäßes Ermessen.[13] 8

a) **Ermessenskriterien.** Vorgaben und Bindungen, die das Ermessen gewissermaßen modulieren, resultieren zunächst aus weichen – da primär unverbindlichen – internen wie externen Faktoren. Zu beachten sind die Anzahl der zur Verfügung stehenden Sitzungstage,[14] die (Arbeits-)Belastung des Gerichts, die Bedeutung der Strafsache, die Reihenfolge nach Rechtshängigkeit.[15] Hinzu kommen die berechtigten Interessen der Verfahrensbeteiligten,[16] wie zB Anreisezeiten[17] oder ein Verteidigerwechsel.[18] 9

Streitig ist in diesem Zusammenhang die Frage, ob und inwiefern der Vorsitzende unter dem Gesichtspunkt des rechtlichen Gehörs gesetzlich verpflichtet sein kann, den Hauptverhandlungstermin mit den Verfahrensbeteiligten – insbesondere mit dem Verteidiger – vorab abzustimmen. Die (noch) hM lehnt eine entsprechende **Kooperationspflicht** ab,[19] wenngleich es andererseits aus verfahrensökonomischen Gründen als zweckmäßig angesehen wird[20] und jedenfalls in umfangreicheren Strafsachen (zB Wirtschaftsstrafsachen, Großverfahren) die übliche Praxis darstellt,[21] sodass eine Terminsabstimmung nicht gänzlich zu einer bloßen Stilfrage degeneriert. Eine im Vordringen befindliche Auffassung bejaht demgegenüber – gestützt vor Allem auf obergerichtliche Rspr.[22] – mit beachtlichen Argumenten eine gerichtliche Kooperationspflicht vor Allem in Bezug auf die Verteidigung.[23] Hingewiesen wird auf die prozessuale Fürsorgepflicht einerseits und auf den Anspruch des Angeklagten auf die freie Wahl eines Verteidigers seines Vertrauens andererseits;[24] ein Anspruch, welcher aus dem rechtsstaatlich fundierten Grundsatz des fairen Verfahrens resultiert.[25] Letzterer gebiete eine vorherige Terminsabstimmung des Vorsitzenden mit der Verteidigung einschließlich einer vorausschauenden Planung in Form der Aufstellung eines Verhandlungsplans, da 10

---

[6] *Pfeiffer* Rn. 1.
[7] OLG Hamm v. 3. 4. 1974 – 4 Ss 17/74, NJW 1974, 1780.
[8] *Bockelmann* NJW 1960, 220; *Sarsted* JR 1956, 122; *Ule* DVBl. 1979, 805; *Weidemann* DRiZ 1970, 114 f.; *Roxin*, FS Peters, S. 398 ff.; *ders.*, Strafverfahrensrecht, § 45 A Rn. 2.
[9] BGH v. 15. 10. 1968 – 2 ARs 291/68, BGHSt 22, 250.
[10] *Meyer-Goßner* Rn. 4.
[11] BGH v. 16. 1. 1959 – 4 StR 468/58, BGHSt 12, 332.
[12] *Meyer-Goßner* Rn. 6; *Pfeiffer* Rn. 2; *Graf/Ritscher* Rn. 3.
[13] HK-GS/*Schulz* Rn. 2; OLG Bamberg v. 10. 10. 2005 – 2 Ss OWi 269/05 = NJW 2006, 2341 (2342).
[14] BGH v. 3. 2. 1961 – 4 StR 424/60, BGHSt 15, 390 (392).
[15] *Meyer-Goßner* Rn. 6.
[16] BGH v. 18. 12. 1997 – 1 StR 483/97, NStZ 1998, 311; BGH v. 9. 11. 2006 – 1 StR 474/06, NStZ-RR 2007, 81.
[17] OLG Bamberg v. 10. 10. 2005 – 2 Ss OWi 269/05= NJW 2006, 2341 (2342).
[18] OLG München v. 6. 2. 2007 – 3 Ws 68/07, NStZ-RR 2008, 205.
[19] *Löwe/Rosenberg/Gollwitzer*, Rn. 11; *Meyer-Goßner* Rn. 6; *Pfeiffer* Rn. 2; *Graf/Ritscher* Rn. 4; OLG Nürnberg v. 5. 4. 2005 – 1 Ws 361/05, StV 2005, 491.
[20] *Neuhaus* StraFo 1998, 84; *Pfeiffer* Rn. 2; *Graf/Ritscher* Rn. 4; *Meyer-Goßner* Rn. 6.
[21] OLG Frankfurt v. 10. 2. 1997 – 3 Ws 111/97, NStZ-RR 1997, 177.
[22] OLG Frankfurt v. 27. 10. 1994 – 3 Ws 728/94, StV 1995, 9, 10; OLG Frankfurt v. 24. 10. 2000 – 3 Ws 1101/00, StV 2001, 157; OLG Frankfurt v. 28. 4. 1997 – 3 Ws 315/97, StV 1997, 402 f.; OLG Nürnberg v 5. 4. 2005 – 1 Ws 361/05, StV 2005, 491 f.; OLG Oldenburg v. 18. 10. 2007 – 1 Ws 557/07, 1 Ws 558/07, StraFo 2008, 26; LG Darmstadt v. 30. 9. 2005 – 12 Qs 577/05, NZV 2006, 442 f.; LG Braunschweig v. 16. 12. 1996 – 33 Qs 34/96, StV 1997, 403 (404).
[23] HK-GS/*Schulz* Rn. 3.
[24] HK-GS/*Schulz* Rn 3; OLG Braunschweig v. 17. 3. 2008 – Ss 33/08, StraFo 2008, 244; vgl. auch: Graf/*Ritscher* Rn. 4.
[25] OLG Braunschweig, StraFo 2008, 245.

ansonsten die Gefahr bestehe, dass der Angeklagte im Falle einer Terminskollision – zu ergänzen: oder sonstiger anzuerkennender Hinderungsgründe (Fortbildung,[26] Urlaub) – nicht durch den Verteidiger seines Vertrauens in der Hauptverhandlung vertreten werden könne.[27] Nicht zuletzt wegen der verfahrensrechtlichen Gewährleistungen der EMRK, welche die strafprozessual nur undeutlich verankerten Rechte der Verteidigung gleichermaßen extrapolieren wie aufwerten, erscheint diese Auffassung vorzugswürdig.

11 **b) Beschleunigungsgrundsatz und Anspruch auf rechtliches Gehör.** Rechtlich verbindliche Vorgaben bei der Anberaumung des Hauptverhandlungstermins durch den Vorsitzenden ergeben sich aus dem die gesamte Vorbereitung der Hauptverhandlung insofern dominierenden Beschleunigungsgrundsatz sowie dem Grundsatz des rechtlichen Gehörs.

12 Aus dem **Beschleunigungsgrundsatz** folgt zunächst allgemein, dass die Hauptverhandlung schnellstmöglich nach Eröffnung des Hauptverfahrens zu terminieren ist. Besondere Bedeutung hat die Konzentrationsmaxime nach den Vorgaben des BVerfG und des BGH insbesondere in Haftsachen.[28] Übergreifend sind die Strafgerichte danach gehalten, alle möglichen und zumutbaren verfahrensfördernden – auch organisatorischen[29] – Maßnahmen zu ergreifen, um mit der gebotenen Schnelligkeit zu einem Urteil bzw. Verfahrensabschluss zu gelangen.[30] Obwohl definitive zeitliche Vorgaben ansonsten nicht existieren, ist unter Berücksichtigung der Umstände des Einzelfalls und vor Allem der Dauer der U-Haft eine zeitnahe Terminierung vorzunehmen, sodass mit der Hauptverhandlung grundsätzlich innerhalb von drei Monaten nach Eröffnung des Hauptverfahrens zu beginnen ist;[31] bei einer U-Haft von einem Jahr kann allerdings die Verzögerung um einen Monat bereits einen Verstoß gegen den Beschleunigungsgrundsatz begründen.[32]

13 Der **Anspruch auf Gewährung rechtlichen Gehörs** gewinnt insoweit Einfluss auf die Anberaumung des Termins durch den Vorsitzenden, als dass die Verfahrensbeteiligten die Möglichkeit haben müssen, sich in ausreichender Zeit auf die Hauptverhandlung effektiv vorbereiten zu können.[33]

14 **c) Anspruch auf Terminsverlegung.** Nach hM haben die Verfahrensbeteiligten – im Zentrum stehen der Angeklagte und die Verteidigung – keinen Anspruch auf eine **Verlegung des Termins**.[34] Über solche Anträge entscheidet wiederum der Vorsitzende als Konnex qua der ihm auch ansonsten zugewiesenen (Allein-)Kompetenz, den Termin zur Hauptverhandlung anberaumen zu dürfen. Die Entscheidung steht in seinem pflichtgemäßen Ermessen, wobei die bereits erwähnten Parameter (Beschleunigungsgrundsatz, Terminplanung des Gerichts, Arbeitsbelastung, Interessen der Beteiligten, Recht des Angeklagten auf freie Verteidigerwahl) gegeneinander abzuwägen sind.[35] Weitgehend anerkannt ist, dass ein erstmaliger, begründeter und rechtzeitig gestellter Verlegungsantrag eines Verteidigers[36] – zB wegen Urlaubs[37] oder wegen zu berücksichtigender Anreisezeiten[38] – grundsätzlich zur Terminsverlegung führt und lediglich ausnahmsweise[39] abgelehnt werden kann;[40] zumal, wenn keine verfahrenstatsächlichen Besonderheiten bestehen und die eintretende Verzögerung nicht gravierend ist.[41] Umgekehrt gebietet es der Grundsatz des fairen Verfahrens nicht, einen Anspruch des Angeklagten anzuerkennen, eine Hauptverhandlung durchweg mit allen seinen Wahlverteidigern durchzuführen.[42]

---

[26] OLG Celle v. 4. 7. 1996 – 3 Ss 126/96, zfs 1997, 152.
[27] HK-GS/*Schulz* Rn. 3.
[28] BGH v. 20. 6. 2006 – 1 StR 169/06, NStZ 2006, 513 (514); Graf/*Ritscher* Rn. 5.
[29] BVerfG, NJW 1974, 304.
[30] BVerfG v. 5. 12. 2005 – 2 BvR 1964/05, StV 2006, 73 (78); BVerfG v. 5. 10. 2006 – 2 BvR 1815/06, StraFo 2007, 18 f.
[31] BVerfG, aaO; Graf/*Ritscher* Rn. 5.
[32] BVerfG v. 5. 12. 2005 – 2 BvR 1964/05, StV 2006, 73 (78); BVerfG v. 15. 2. 2007 – 2 BvR 2563/06, StV 2007, 366 (367).
[33] Löwe/Rosenberg/*Gollwitzer* Rn. 12.
[34] *Pfeiffer* Rn. 3; Meyer-Goßner Rn. 7; Graf/*Ritscher* Rn. 6; OLG Braunschweig v. 17. 3. 2008 – Ss 33/08, StraFo 2008, 244; OLG Bamberg v. 10. 10. 2005 – 2 Ss OWi 269/05 = NJW 2006, 2341 (2342).
[35] BGH v. 20. 6. 2006 – 1 StR 169/06, NStZ 2006, 513; OLG Braunschweig v. 17. 3. 2008 – Ss 33/08, StraFo 2008, 244; OLG Hamm v. 14. 11. 2000 – 2 Ss 1013/2000, 2 Ss 1013/00, NStZ-RR 2001, 109; OLG Frankfurt 14. 10. 1994 – 3 Ws 697/94, StV 1995, 11; OLG Bamberg v. 10. 10. 2005 – 2 Ss OWi 269/05 = NJW 2006, 2341 (2342); LG Oldenburg v. 21. 8. 2008 – 1 Qs 314/08, StraFo 2008, 471.
[36] Instruktiv zu den Gründen: *Neuhaus* StraFo 1998, 87.
[37] OLG Köln v. 22. 10. 2004 – 8 Ss – OWi 48/04, DAR 2005, 576.
[38] OLG Bamberg v. 10. 10. 2005 – 2 Ss OWi 269/05 = NJW 2006, 2341 (2342).
[39] OLG Oldenburg v. 23. 10. 2008 – 1 Ws 630/08, 1 Ws 635/08, StraFo 2008, 509.
[40] BayObLG v. 31. 5. 1994 – 2 ObOWi 194/94, StV 1995, 10 f.
[41] LG Oldenburg v. 21. 8. 2008 – 1 Qs 314/08, StraFo 2008, 471.
[42] OLG Frankfurt v. 10. 2. 1997 – 3 Ws 111/97, NStZ-RR 1997, 177.

III. Anfechtbarkeit der Terminierung

Thematisch mit der Frage eng verwandt, ob und inwieweit eine Pflicht zur Terminsabstimmung 15 im Vorfeld der Hauptverhandlung oder ein Anspruch auf Terminsverlegung besteht, ist die Problematik der **Anfechtbarkeit** der Festlegung oder der (Nicht-)Aufhebung von Hauptverhandlungsterminen. Während zum Teil mit Blick auf § 305 S. 1 StPO vornehmlich in der Rspr. der Instanzgerichte die **Beschwerde** ausnahmslos für unzulässig gehalten wird,[43] erachtet die (noch) hM den Rechtsbehelf grundsätzlich für unstatthaft, will die Beschwerde aber in Ausnahmefällen zulassen: dies dann, wenn die Entscheidung des Vorsitzenden ermessensfehlerhaft und hierdurch eine selbständige Beschwer für den betroffenen Prozessbeteiligten gegeben ist.[44] In diesen Fällen wird durch das Beschwerdegericht bei Begründetheit des Rechtsmittels die Rechtswidrigkeit der angefochtenen Entscheidung festgestellt[45] und gegebenenfalls der anberaumte Hauptverhandlungstermin aufgehoben;[46] weitergehende Befugnisse hat das Beschwerdegericht nicht, insbesondere nicht die Möglichkeit zur Terminierung.[47]

Demgegenüber wird mit gewichtigen Argumenten eine grundsätzliche Zulässigkeit der Beschwerde vertreten.[48] Begründet ist dies mit dem aus Art. 6 Abs. 3 c EMRK iVm. § 137 Abs. 1 16 S. 1 abgeleiteten Recht des Beschuldigten auf freie Verteidigerwahl – dh. dem Anspruch, in jeder Lage des Verfahren einen Verteidiger seines Vertrauens konsultieren zu können – und dessen außerordentlicher Gewichtung dergestalt, dass in dieses Recht nur aus schwerwiegenden Gründen eingegriffen werden kann[49] mit der weiteren Konsequenz, dass in Kollisionsfällen der – für disponibel erachtete[50] – Beschleunigungsgrundsatz als insofern nachrangig eingeordnet wird.[51] Vor diesem Hintergrund liegt ein zur Rechtswidrigkeit der Entscheidung des Vorsitzenden führender Ermessenfehlgebrauch unter Anderem vor, wenn der Hauptverhandlungstermin nicht mit dem Verteidiger abgestimmt wurde und sodann der begründete Antrag auf Terminsverlegung zurückgewiesen wird,[52] wenn das Gericht selbst Maßnahmen zur Verfahrensbeschleunigung unterlassen hat,[53] wenn ein Antrag auf Terminverlegung unter Hinweis auf die Möglichkeit, ein anderer Berufsträger der Kanzlei könne den Termin wahrnehmen, abgelehnt wird,[54] oder wenn wichtige Gründe[55] in Form von kollidierenden Verteidigungen,[56] Krankheit,[57] Fortbildung[58] und Urlaub[59] nicht beachtet werden. Dem Ermessensfehlgebrauch steht schließlich der Ermessensausfall gleich, wenn zB der Antrag auf Terminsverlegung ohne[60] oder mit substanzlosformelhafter Begründung[61] zurückgewiesen wird. Hingegen stellt es keinen Ermessensfehlgebrauch dar, wenn eine effektive Verteidigung etwa durch Beiordnung eines Pflichtverteidigers gewährleistet ist.[62]

---

[43] OLG Hamm v. 22. 9. 1988 – 4 Ws 436/88, NStZ 1989, 133; OLG Celle v. 2. 1. 1984 – 1 Ws 6/84, NStZ 1984, 282 L; OLG Karlsruhe v. 4. 5. 1982 – 4 Ws 64/82, StV 1982, 560; OLG Stuttgart v. 29. 5. 1980 – 1 Ws 160/80, MDR 1980, 954; LG Zweibrücken v. 14. 7. 2008 – Qs 88/08.
[44] OLG München v. 25. 4. 1994 – 2 Ws 550/94, NStZ 1994, 451; OLG München v. 6. 2. 2007 – 3 Ws 68/07, StV 2007, 518; OLG Frankfurt v. 24. 10. 2000 – 3 Ws 1101/00, StV 2001, 157; OLG Dresden v. 28. 6. 2004 – 1 Ws 121/04, NJW 2004, 3196; OLG Nürnberg v. 5. 4. 2005 – 1 Ws 361/05, StV 2005, 491; LG Düsseldorf v. 29. 7. 2003 – X Qs 90/03, NStZ 2004, 168; LG Görlitz 9. 9. 2005 – 2 Qs 154/05, NStZ-RR 2006, 315; *Meyer-Goßner* Rn. 8; Graf/*Ritscher* Rn. 7; KK/*Gmel* Rn. 6.
[45] OLG Bamberg v. 9. 3. 1999 – 3 Ws 169/99, StraFo 1999, 237; OLG Braunschweig v. 28. 9. 1995 – Ws 154/95, NStZ-RR 1996, 172 f.; OLG Frankfurt v. 24. 10. 2000 – 3 Ws 1101/00, StV 2001, 157; OLG Oldenburg v. 23. 10. 2008 – 1 Ws 630/98, 1 Ws 635/08, StraFo 2008, 509.
[46] OLG Dresden v. 28. 6. 2004 – 1 Ws 121/04, NJW 2004, 3196; OLG Frankfurt v. 19. 12. 1991 – 3 Ws 835/91, 3 Ws 836/91, StV 1992, 151; OLG Hamm v. 26. 8. 1997 – 2 Ws 329/97, wistra 1998, 38; OLG München v. 6. 2. 2007 – 3 Ws 68/07, StV 2007, 518.
[47] Graf/*Ritscher* Rn. 7; KK/*Gmel* Rn. 6.
[48] HK-GS/*Schulz* Rn. 4.
[49] OLG München v. 6. 2. 2007 – 3 Ws 68/07, StV 2007, 518; OLG München v. 25. 4. 1994 – 2 Ws 550/94, NStZ 1994, 451; OLG Frankfurt v. 28. 4. 1997 – 3 Ws 315/97, StV 1997, 402 (403); OLG Frankfurt v. 27. 10. 1994 – 3 Ws 728/94, StV 1995, 9.
[50] *Burhoff* StraFo 2008, 62 ff. (68).
[51] HK-GS/*Schulz* Rn. 4.
[52] LG Darmstadt v. 30. 9. 2005 – 12 Qs 577/05, NZV 2006, 442 f.
[53] LG Bremen v. 22. 11. 1993 – 12 Qs 509/93, StV 1994, 11.
[54] HK-GS/*Schulz* Rn. 4.
[55] Vgl. die Übersicht bei *Neuhaus* StraFo 1998, 84 (87) mwN.
[56] OLG Nürnberg v. 5. 4. 2005 – 1 Ws 361/05, StV 2005, 491.
[57] KG Berlin v. 31. 1. 2003 – 2 Ss 10/03 – 3 Ws (B) 39/03, 2 Ss 10/03, 3 Ws (B) 39/03, NZV 2003, 433.
[58] OLG Celle v. 12. 6. 1997 – 22 Ss 100/97 (OWi), zfs 1998, 115; OLG Hamm v. 10. 1. 2003 – 2 Ss OWi 1135/02, zfs 2004, 383.
[59] LG Tübingen v. 21. 5. 1996 – 1 Qs 156/96, StV 1996, 658.
[60] LG Koblenz v. 25. 1. 1996 – 9 Qs 24/96, StV 1996, 254 f.
[61] LG Frankfurt v. 4. 3. 2004 – 5/26 Qs 8/04, 5 – 26 Qs 8/04, StV 2004, 420.
[62] BGH v. 20. 6. 2006 – 1 StR 169/06, StV 2006, 625; BGH v. 9. 11. 2006 – 1 StR 474/06, StV 2007, 169 ff.

IV. Rechtsmittel

17 **1. Revision.** Nach hM kann eine **Revision** nicht unmittelbar damit begründet werden, dass der Vorsitzende Hauptverhandlungstermine im Vorfeld nicht abgestimmt oder Verlegungsanträge abgelehnt hat.[63] Die Revisibilität eines Verstoßes gegen die Vorschrift des § 213 ergibt sich in diesen Konstellationen aber mittelbar: Die Revision kann nämlich im Rahmen des § 338 Nr. 8 darauf gestützt werden, dass ein in der Hauptverhandlung gestellter Aussetzungsantrag, begründet mit einer (ermessens-)fehlerhaften Terminsansetzung, rechtsfehlerhaft abgelehnt wurde.[64] Weiterhin bildet es einen absoluten Revisionsgrund nach § 338 Nr. 5, wenn bei einer kurzfristigen Terminierung ein rechtzeitiger Verlegungsantrag derart spät abgelehnt wird, dass der Angeklagte oder sein Verteidiger nicht mehr in der Lage sind, am Termin teilzunehmen.[65] Ferner vermag es die Revision unter dem Gesichtspunkt der Befangenheit des Vorsitzenden (§ 338 Nr. 3) zu begründen, wenn sich die Zurückweisung einer beantragten Terminsverlegung als willkürlicher Eingriff in das Recht des Angeklagten auf freie Verteidigerwahl darstellt.[66] Revisibel ist nicht zuletzt, wenn zu kurzfristig terminiert wird und sich dies in der Hauptverhandlung auswirkt,[67] wenn eine zugesagte Terminsverlegung nicht eingehalten wird oder wenn ein Verlegungsantrag nicht beschieden wurde mit der Konsequenz des Ausbleibens des Angeklagten.[68]

18 Die Gegenauffassung hebt primär auf einen relativen Revisionsgrund nach § 337 bei einem Verstoß gegen die Vorschrift des § 213 ab[69] und gelangt damit zu einer unmittelbaren Revisibilität des Verfahrensverstoßes. Unter der Voraussetzung, dass damit das Recht des Angeklagten auf freie Verteidigerwahl beeinträchtigt wurde, stellt sich die Ablehnung eines begründeten Antrages auf Terminsverlegung als Verletzung von Art. 6 Abs. 3 c EMRK sowie als Verstoß gegen den Grundsatz des fairen Verfahrens dar: In diesen Fällen sei nämlich nicht auszuschließen, dass die Anwesenheit des gewählten Verteidigers für den Angeklagten zu einem günstigern Ergebnis geführt hätte.[70]

19 **2. Sonstiger Rechtsschutz.** Neben Revision und Beschwerde werden – wenn auch nicht auf gleicher Ebene – weitere Rechtsbehelfe bzw. Möglichkeiten des Rechtsschutzes thematisiert. Es handelt sich um die Verfassungsbeschwerde, die Dienstaufsichtsbeschwerde sowie die Anfechtung als Justizverwaltungsakt nach §§ 23 ff. EGGVG. Während bei der Verfassungsbeschwerde deren Subsidiarität zu beachten ist,[71] wird der Antrag nach §§ 23 ff. EGGVG bislang für nicht statthaft erachtet.[72] Für die Dienstaufsichtsbeschwerde ist § 26 Abs. 2 DRiG maßgeblich.[73] Im Übrigen kann eine Befangenheit gegeben sein, wenn durch die Ablehnung eines Antrags auf Terminsverlegung in willkürlicher Art und Weise in das Recht des Beschuldigten, sich durch einen Rechtsanwalt seines Vertrauens verteidigen zu lassen, eingegriffen wird.[74]

§ 214 [Ladungen durch den Vorsitzenden]

(1) ¹Die zur Hauptverhandlung erforderlichen Ladungen ordnet der Vorsitzende an. ²Zugleich veranlasst er die nach § 397 Absatz 2 Satz 3 und § 406g Absatz 1 Satz 4, Absatz 2 Satz 2 erforderlichen Benachrichtigungen vom Termin; § 406d Absatz 3 gilt entsprechend. ³Die Geschäftsstelle sorgt dafür, dass die Ladungen bewirkt und die Mitteilungen versandt werden.

(2) Ist anzunehmen, daß sich die Hauptverhandlung auf längere Zeit erstreckt, so soll der Vorsitzende die Ladung sämtlicher oder einzelner Zeugen und Sachverständigen zu einem späteren Zeitpunkt als dem Beginn der Hauptverhandlung anordnen.

(3) Der Staatsanwaltschaft steht das Recht der unmittelbaren Ladung weiterer Personen zu.

(4) ¹Die Staatsanwaltschaft bewirkt die Herbeischaffung der als Beweismittel dienenden Gegenstände. ²Diese kann auch vom Gericht bewirkt werden.

---

[63] *Meyer-Goßner* Rn. 9; *Graf/Ritscher* Rn. 8; KK/*Gmel* Rn. 9.
[64] BayObLG v. 31. 5. 1994 – 2 ObOWi 194/94, StV 1995, 10; OLG Braunschweig v. 17. 3. 2008 – Ss 33/08, StraFo 2008, 244; *Pfeiffer* Rn. 4; KK/*Gmel* Rn. 9.
[65] OLG Hamm v. 14. 5. 1971 – 4 Ss OWi 948/70, JR 1971, 471 f.; Löwe/Rosenberg/*Gollwitzer* Rn. 10.
[66] OLG Bamberg v. 10. 10. 2005 – 2 Ss OWi 269/2005 = NJW 2006, 2341; SK-StPO/*Schlüchter* Rn. 19.
[67] KK/*Gmel* Rn. 9.
[68] Löwe/Rosenberg/*Gollwitzer* Rn. 19.
[69] HK-GS/*Schulz* Rn. 6.
[70] OLG Braunschweig v. 4. 5. 2004 – 1 Ss (S) 5/04, StV 2004, 366; HK-GS/*Schulz* Rn. 6; *Graf/Ritscher* Rn. 8.
[71] BVerfG v. 22. 11. 2001 – 2 BvQ 46/01, NStZ-RR 2002, 113.
[72] OLG Brandenburg v. 12. 1. 1995 – 2 Ws 10/95, OLG-NL 1996, 71; *Graf/Ritscher* Rn. 7.
[73] BGH v. 3. 1. 1969 – RiZ (R) 6/68, DRiZ 1969, 124 f.
[74] Anw-StPO/*Kirchhof* Rn. 8; OLG Bamberg v. 10. 10. 2005 – 2 Ss OWi 269/05 = NJW 2006, 2341 (2342).

Fünfter Abschnitt. Vorbereitung der Hauptverhandlung 1–9 **§ 214**

I. Einführung

Die Vorschrift regelt – iVm. RiStBV 116 Abs. 4 u. 5, 117 – die Zuständigkeit des Vorsitzenden 1
für Ladungen und Mitteilungen und enthält darüber hinaus Regieempfehlungen. Geregelt werden weiterhin die Ladungsbefugnis der Staatsanwaltschaft sowie das Herbeischaffen der Beweismittel für die Hauptverhandlung.

II. Anordnung von Ladungen und Mitteilungen

In Abs. 1 der Vorschrift sind die Anordnung und Ausführung der Ladungen sowie die gleich- 2
falls vorzunehmenden Mitteilungen geregelt.

1. Ladung. Unter der **Ladung** zur Hauptverhandlung ist die Aufforderung an eine bestimmte 3
Person zu verstehen, an einem bestimmten Tag zu einer bestimmten Zeit an einem bestimmten Ort in einer bestimmten Funktion zur Verhandlung einer bestimmten Strafsache zu erscheinen.[1] Mithin müssen in der Ladung das Gericht mit Adresse, der Verhandlungsort (Sitzungssaal), der Zeitpunkt der Verhandlung, die zu verhandelnde Strafsache sowie die Eigenschaft, in welcher die Person zugegen sein soll, angeführt sein.[2] Unter Umständen ist bei Sprachproblemen eine Übersetzung beizufügen.[3]

Die Vorschrift erfasst die **Ladung sämtlicher Verfahrensbeteiligten**: Angeklagter (§ 216), Ver- 4
teidiger (§ 218), Zeuge (§ 48), Sachverständiger (§§ 72, 48), Privatkläger (§ 385 Abs. 1 S. 1, Abs. 2), Nebenkläger (§ 397 Abs. 1 S. 2 iVm. § 385 Abs. 1 S. 1, Abs. 2), Nebenbeteiligte (§§ 453, 442 Abs. 1, Abs. 2 S. 1, 444 Abs. 1 S. 1). Sie bedarf nur dann einer bestimmten **Form**, wenn dies gesetzlich vorgesehen ist und kann ansonsten daher grundsätzlich mündlich erfolgen; zB bei Zeugen und Sachverständigen.[4]

Die **Anordnung** der Ladung trifft der Vorsitzende, wobei er nicht an Anträge der Staatsanwalt- 5
schaft, der Verteidigung oder des Angeklagten gebunden ist. Die Anordnung erfolgt grundsätzlich in Schriftform; soweit sie mündlich erfolgt, ist sie aktenkundig zu machen. Im Rahmen der Ladung ergehen seitens des Vorsitzenden auch die spezifischen gesetzlich vorgesehen Hinweise nach §§ 48, 216 Abs. 1, 232. Erfolgt eine Ladung, ohne dass dieser eine entsprechende Anordnung des Vorsitzenden zugrunde liegt, können die gesetzlichen Säumnisfolgen (§§ 51 Abs. 1, 230 Abs. 2, 329 Abs. 1, 412) nicht eintreten.

Befindet sich der Angeklagte in Strafhaft und damit nicht auf freiem Fuß, greifen flankierend 6
die Regelungen der Vorschrift des § 36 StVollzG bzw. entsprechender landesgesetzlicher Regelungen iVm. § 216 Abs. 2 ein. Demnach ist es möglich, dass eine Bekanntgabe des Termins erfolgt und der Strafgefangene zur Teilnahme an der Verhandlung vom Anstaltsleiter Ausgang oder Urlaub erhält. Ist dies aus Sicherheitsgründen ausgeschlossen, bestehen die Möglichkeit der Ausführung und sodann der Vorführung. Für Angeklagte in U-Haft ist nach umstrittener Ansicht die Norm des § 36 Abs. 2 S. 2 StVollzG analog anzuwenden.[5]

2. Mitteilung. In Abs. 1 S. 2, 3 sind zur Verbesserung der Informations- und Teilhaberechte der 7
Opfer von Straftaten spezifische Benachrichtigungspflichten geregelt. Eine **Mitteilung vom Termin** hat der nebenklageberechtigte Verletzte unter der Voraussetzung zu erhalten, dass ein entsprechender Antrag – an den keine übertriebenen inhaltlichen Forderungen zu stellen sein dürften – aktenkundig vorliegt. Gleiches gilt für anwesenheitsberechtigte Verletzte. Die Vorsitzende ordnet wiederum die Mitteilung an. Die Mitteilung unterscheidet sich von der Ladung dadurch, dass die Aufforderung, vor Gericht zu erscheinen, nicht enthalten ist.[6]

Über die Verweisung in § 214 Abs. 1 S. 4 auf § 406 d Abs. 3 wird hinsichtlich der Benachrichti- 8
gungspflichten zur Vermeidung eines inadäquaten Verwaltungsaufwand klargestellt, dass die Mitteilung unterbleibt, wenn sie unter der vom Verletzten angegebenen Anschrift nicht möglich ist. Allerdings eröffnen §§ 214 Abs. 1, S. 4, 406 d Abs. 3, 145 a die Möglichkeit, die Mitteilung an einen als Vertreter bestellten, als Beistand gewählten oder beigeordneten Rechtsanwalt zu richten.

3. Ausführung von Ladungen und Mitteilungen. Die **Ausführung** sowohl der Ladungen als auch 9
der Mitteilungen, die vom Vorsitzenden angeordnet worden sind, ist originäre Aufgabe der Geschäftsstelle; was wiederum ein Tätigwerden des Vorsitzenden allerdings nicht ausschließt und die Ausführung durch die Geschäftsstelle entbehrlich macht. Weiterhin können die Ladungen unterbleiben, wenn sie gegenüber den Adressaten mündlich angeordnet worden sind. Aufgabe der Ge-

---

[1] Löwe/Rosenberg/*Gollwitzer* Rn. 1.
[2] *Meyer-Goßner* Rn. 2.
[3] *Pfeiffer* Rn. 1.
[4] BGH v. 13. 7. 1989 – 4 StR 315/89, NStZ 1990, 226.
[5] *Meyer-Goßner* Rn. 8; aA: OLG Düsseldorf v. 14. 4. 1981 – 2 Ws 111/81, NJW 1981, 2768.
[6] Löwe/Rosenberg/*Gollwitzer* Rn. 1.

schäftsstelle bei der Ausführung der Ladung ist es, die Einhaltung der Ladungsfristen (§§ 217, 218 S. 2 §§ 48, 51, 72, 77) und die gesetzlich vorgesehen spezifischen Hinweise für einzelne Verfahrensbeteiligte (§§ 216 Abs. 1, 48, 51, 77, 435 Abs. 3, 442 Abs. 1, Abs. 3 S. 1, 444 Abs. 2 S. 2) zu beachten; wobei hierfür in der Regel entsprechende Formblätter zur Verfügung stehen.

10 Eine bestimmte **Form** für die Ladung ist grundsätzlich nicht vorgeschrieben (vgl. auch RiStBV 117 Abs. 1), sodass insbesondere die Ladung von Zeugen und Sachverständigen mündlich erfolgen kann.[7] Mit Blick auf einen unter Umständen erforderlichen Ladungsnachweis sollen der nicht inhaftierte Angeklagte, die Zeugen und die Sachverständigen durch förmliche Zustellung geladen werden; eine einfache Form kann jedoch gewählt werden. Gleiches gilt im Übrigen für sonstige Prozessbeteiligte, sofern gesetzliche Regelungen dem nicht entgegenstehen (RiStBV 117 Abs. 2 S. 1).

11 Die Geschäftsstelle erledigt ferner die vom Vorsitzenden angeordneten **Vorführungen** durch Zuleitung des entsprechenden Ersuchens an die zuständigen Behörden (Polizei, JVA, Justiz). Gleiches gilt für die **Mitteilung vom Termin**, welche an die StA und an solche Behörden zu richten sind, welche am Verfahren beteiligt sind (RiStBV 117 Abs. 2 S. 2) sowie die **Terminsmitteilung** an die Jugendgerichtshilfe (§§ 50 Abs. 3 S. 1, 109 Abs. 1 S. 1 JGG) und den als Beistand zugelassenen Ehegatten/Lebenspartner oder gesetzlichen Vertreter des Angeklagten (§ 149 Abs. 1, 2).

III. Ladungsplan

12 Nach Abs. 2 soll der Vorsitzende bei absehbar längerer Hauptverhandlung die Ladung sämtlicher oder einzelner Zeugen und Sachverständigen zu einem späteren Zeitpunkt als dem Beginn der Hauptverhandlung anordnen. Es handelt sich um eine Empfehlung für ganz- oder mehrtägige Hauptverhandlungen, um die Beweispersonen erst zu dem Zeitpunkt, da sie benötigt werden, präsent zu haben; unter Umständen auch auf Abruf (vgl. RiStBV 116 Abs. 4). Die Regieempfehlung ist unverbindlich. Intendiert ist bei umfangreicheren Strafsachen eine frühzeitige Festlegung der Reihenfolge der Vernehmung von Zeugen und Sachverständigen. Das Instrument hierfür ist der sog. **Ladungsplan**.

13 Einen Einfluss oder eine **Mitwirkung** von Staatsanwaltschaft oder Verteidigung bei der Erstellung des Ladungsplans durch den Vorsitzenden – insbesondere auf die Festlegung der Reihenfolge der Ladung von Zeugen und Sachverständigen – sieht das Gesetz nicht vor; zumal der Vorsitzende nach hM bei der Anordnung der Ladung nicht an Anträge gebunden ist. Umgekehrt steht die gesetzliche Regelung der Berücksichtigung von entsprechenden Anregungen seitens der Staatsanwaltschaft oder der Verteidigung bzw. des Angeklagten etwa in Form von **Ladungsanträgen** nicht entgegen. Da die Reihenfolge vor Allem von Zeugen in der Beweisaufnahme von nicht zu unterschätzender Relevanz für das Ergebnis einer Hauptverhandlung sein kann, ist der gänzlich fehlende Einfluss von Staatsanwaltschaft, Verteidigung, aber auch des Angeklagten nur sehr bedingt durch deren eigene Befugnis, Ladungen vorzunehmen (§§ 214 Abs. 3, 220 Abs. 1) oder Beweisanträge zu stellen, zu kompensieren. Zumindest zweckmäßig ist es daher, dass der Vorsitzende im Rahmen der Vorbereitung der Hauptverhandlung der Verteidigung bzw. dem Angeklagten sowie der Staatsanwaltschaft den Entwurf eines Ladungsplanes zur Stellungnahme zuleitet und auf diese Weise zur Gewährleistung eines fairen Verfahrens rechtliches Gehör in einer für die Gestaltung der Beweisaufnahme relevanten Frage frühzeitig gewährt.

IV. Ladung durch die Staatsanwaltschaft

14 Die Vorschrift nach Abs. 3 ermächtigt die Staatsanwaltschaft, selbst weitere Personen (Zeugen und Sachverständigen) unmittelbar zum Hauptverhandlungstermin zu laden bzw. auch im Fall ihrer Inhaftierung vorführen[8] zu lassen. Geschieht dies, sind diese Personen nach § 222 Abs. 1 S. 2 dem Gericht und dem Angeklagten rechtzeitig unter Angabe von Wohn- und Aufenthaltsort – unter Berücksichtigung von § 200 Abs. 1 S. 3, 4 (vgl. § 222 abs. 1 S. 3) – namhaft zu machen. Eine unmittelbare **Ladung durch die Staatsanwaltschaft** kommt in Frage, wenn der Vorsitzende beispielsweise nicht alle in der Anklageschrift aufgeführten Zeugen und Sachverständigen zu laden beabsichtigt (vgl. hierzu: § 222 Abs. 1 S. 1), oder wenn sich nachträglich ergibt, dass weitere Personen in die Beweisaufnahme eingebracht werden müssen. Die Staatsanwaltschaft hat damit Einfluss auf den Umfang der Beweisaufnahme (§ 245 Abs. 2).

V. Herbeischaffung der Beweismittel

15 Nach Abs. 4 sind sowohl die Staatsanwaltschaft als auch das Gericht zum Zweck der Verfahrensbeschleunigung und -erleichterung[9] für die **Herbeischaffung der (dinglichen) Beweismittel** zu-

---

[7] BGH v. 13. 7. 1989 – 4 StR 315/89, NStZ 1990, 226.
[8] § 36 Abs. 2 S. 2 StVollzG (analog).
[9] KK/*Gmel* Rn. 12.

Fünfter Abschnitt. Vorbereitung der Hauptverhandlung 1, 2 § 215

ständig. In Abgrenzung zu § 221 bezieht sich dies auf die bei Anklageerhebung und Verfahrenseröffnung bereits vorliegenden Beweismittel, auf welche sich die Beweisaufnahme grundsätzlich zunächst erstreckt (vgl. § 245 Abs. 1 S. 1). Befinden sich die Beweismittel nicht bei den Akten, sondern im Asservatenraum oder in sonstiger amtlicher Verwahrung, so sind sie durch die StA – unter Umständen auf Ersuchen des Vorsitzenden – zum Termin herbeizuschaffen.

VI. Rechtsmittel

Nach ganz hM ist eine **Beschwerde** gegen die Anordnung einer Ladung nach § 305 S. 1 nicht statthaft.[10] Gleiches gilt für die Anfechtung einer Verfügung, mit welcher ein (Ladungs-)Antrag, eine bestimmte Beweisperson zum Hauptverhandlungstermin zu laden, abgelehnt wird. Begründet wird dies mit der Befugnis, selbst Ladungen vornehmen (§§ 214 Abs. 3, 220 Abs. 1) oder schließlich in der Hauptverhandlung vom Beweisantragsrecht Gebrauch machen zu können.[11] Dies vermag allerdings lediglich insofern zu überzeugen, als es um die Beweisperson als solche und deren generelle Einführung in die Hauptverhandlung geht. Problematisch wird es hingegen, wenn die Reihenfolge von Beweispersonen und damit der Ladungsplan des Vorsitzenden gleichfalls oder alleine zur Debatte stehen. Ob in diesen Konstellationen unter dem Gesichtspunkt der Effektivität der Verteidigung und den Grundsätzen des „fair trial" sowie der Waffengleichheit jedenfalls dem Angeklagten bzw. der Verteidigung keinerlei Beschwerderecht zustehen sollen, muss bezweifelt werden. 16

Zeugen und Sachverständige steht gegen die Anordnung der Ladung der Rechtsbehelf der Beschwerde nicht zu; dies gilt auch unter der Voraussetzung, dass ihnen ein Zeugnis- oder Aussageverweigerungsrecht zusteht.[12] 17

§ 215 [Zustellung des Eröffnungsbeschlusses]

¹Der Beschluß über die Eröffnung des Hauptverfahrens ist dem Angeklagten spätestens mit der Ladung zuzustellen. ²Entsprechendes gilt in den Fällen des § 207 Abs. 3 für die nachgereichte Anklageschrift.

I. Einführung

Spätestens mit der Ladung zur Hauptverhandlung (§ 214 Abs. 1) ist dem Angeklagten der Eröffnungsbeschluss zuzustellen; wobei für den Angeklagten, der einen Verteidiger hat, § 145a Abs. 1, 3 gilt.[1] Die „rechtsstaatlich wichtige"[2] Verfahrensnorm fixiert für die Zustellung des Eröffnungsbeschlusses die zeitliche Grenze. Während der Beschuldigte nach § 201 über die Mitteilung der Anklageschrift lediglich über die Anklagebehauptungen der Staatsanwaltschaft in Kenntnis gesetzt wurde, erhält er nunmehr die Eröffnungsentscheidung des Gerichts. Diese beinhaltet eine zwar nur vorläufige, indessen immerhin durch das für die Hauptverhandlung zuständige Gericht vorgenommene Bewertung des Tatverdachts; eine Bewertung primär auf der Grundlage der Verfahrensakten sowie unter Umständen auch auf den Ergebnissen einer ergänzenden Beweiserhebung (§§ 201, 202). Der sich nunmehr durch Ladungsfrist definierte Zeitraum stellt sich demnach als für die Verteidigung wichtige Vorbereitungsphase dar.[3] Zu Recht wird daher unter Rekurs auf Art. 6 Abs. 3b EMRK darauf hingewiesen, dass insbesondere in sog. Umfangssachen – es wird sich hierbei zumeist um komplexe Wirtschaftsstrafsachen handeln – eine Zustellung des Eröffnungsbeschlusses vor abschließender Terminierung oder vor der Zustellung einer nachgereichten Anklage erfolgen soll, um dem Beschuldigten bzw. der Verteidigung die zur Vorbereitung notwendige Zeit zu verschaffen.[4] 1

1. Zustellung des Eröffnungsbeschlusses. Die Zustellung des Eröffnungsbeschlusses erfolgt förmlich nach §§ 35 Abs. 2, S. 1, 37 Abs. 1.[5] Sie wird vom Vorsitzenden – ausdrücklich[6] – angeordnet und von der Geschäftsstelle ausgeführt (§ 36 Abs. 1). Auf die Zustellung kann gerade unter Berücksichtigung der Nachholbarkeit des Eröffnungsbeschlusses in der Hauptverhandlung[7] **verzich-** 2

---

[10] OLG Hamm v. 20. 3. 1978 – 6 Ws 177/78, MDR 1978, 690; OLG Köln v. 8. 5. 1981 – 2 Ws 187/81, NJW 1981, 2480.
[11] *Meyer-Goßner* Rn. 15.
[12] OLG Köln v. 8. 5. 1981 – 2 Ws 187/81, NJW 1981, 2480.
[1] Anw-StPO/*Kirchhof* Rn. 1; Graf/*Ritscher* Rn. 4.
[2] SK-StPO/*Schlüchter* Rn. 1; zustimmend: HK/*Julius* Rn. 1.
[3] SK-StPO/*Schlüchter* Rn. 2; HK/*Julius* Rn. 1; ähnlich: *Meyer-Goßner* Rn. 3.
[4] HK/*Julius* Rn. 3.
[5] Graf/*Ritscher* Rn. 1; HK/*Julius* Rn. 2.
[6] *Meyer-Goßner* Rn. 3.
[7] *Pfeiffer* Rn. 2; BGH v. 18. 3. 1980 – 1 StR 213/79, BGHSt 29, 224.

§ 216

tet werden,[8] wobei eine entsprechende Disposition nach hA auch konkludent erfolgen kann:[9] zB durch Unterlassen eines Aussetzungsantrags in der Hauptverhandlung.[10]

3 **Mängel der Zustellung** in Form von deren Fehlen oder im Falle der Verspätung führen nicht zu einem Verfahrenshindernis.[11] Solche Mängel können geheilt werden, indem der Eröffnungsbeschluss in der Hauptverhandlung bekannt gegeben wird;[12] wobei der Angeklagte im Hinblick auf § 217 Abs. 2, 3 und die Möglichkeit eines Aussetzungsantrages zu belehren ist.[13] Im Übrigen ist zu berücksichtigen, dass die Ladung nicht die Zustellung des Eröffnungsbeschlusses ersetzen kann.[14]

4 Die Ladung stellt den **spätesten Zeitpunkt** für die Zustellung des Eröffnungsbeschlusses dar, sodass es ausgeschlossen bzw. fehlerhaft ist, den Eröffnungsbeschluss im Anschluss an die Ladung zuzustellen. Umgekehrt ist der gesetzlichen Regelung zu entnehmen, dass mit der Zustellung des Eröffnungsbeschlusses grundsätzlich nicht bis zur Ladung zugewartet werden soll, obwohl diese Vorgehensweise in der Praxis vorzuherrschen scheint.[15] Vielmehr muss der Angeklagte frühzeitig in die Lage versetzt werden, seine Verteidigung vorbereiten zu können.[16] Das zeitliche Zusammenfallen von Ladung und Zustellung des Eröffnungsbeschlusses bezieht sich demnach nur auf sog. einfache Sachen;[17] unter diesem Blickwinkel erscheint die gesetzliche Regelung unpräzise, wenn nicht sogar verunglückt.

5 **2. Mitteilung und Bekanntgabe des Eröffnungsbeschlusses.** Der Eröffnungsbeschluss ist der Staatsanwaltschaft mitzuteilen (§§ 35 Abs. 2, 41). Außerdem hat eine Bekanntgabe an den Privatkläger und die Nebenkläger zu erfolgen (§§ 385 Abs. 1, S. 2, 397 Abs. 1 S. 2, 5). In Jugendgerichtsverfahren ist den Erziehungsberechtigten und gesetzlichen Vertretern des Beschuldigten eine Mitteilung vom Eröffnungsbeschluss zu machen.

6 **3. Eröffnungsbeschluss und nachgereichte Anklage.** Die Regelung in § 215 S. 1 gilt nach S. 2 auch in den Fällen der nachgereichten Anklageschrift nach § 207 Abs. 3; dh. die nachgereichte Anklageschrift muss wie der Eröffnungsbeschluss zugestellt werden. Im Fall, dass der Eröffnungsbeschluss bislang noch nicht zugestellt wurde, können die Zustellung der nachgereichten Anklageschrift und die des Eröffnungsbeschlusses gemeinsam erfolgen.[18] Ansonsten ist bei der Zustellung die zeitliche Vorgabe von S. 1 nicht zwingend, da der nachgereichten Anklageschrift lediglich deklaratorische Bedeutung[19] zukommt, sodass insbesondere die Ladung vor der Zustellung liegen kann.[20]

II. Revision

7 Mängel der Zustellung – insbesondere deren Fehlen – können mit der **Revision** nicht erfolgreich gerügt werden. Die Revision kann nach § 338 Nr. 8 nur erfolgreich darauf gestützt werden, dass ein wegen Fehlens oder Verspätung des Eröffnungsbeschlusses angebrachter Aussetzungsantrag – unter Hinweis auf eine unzureichende Vorbereitung der Verteidigung[21] – rechtsfehlerhaft zurückgewiesen wurde.[22] Dies scheidet aber im Fall einer verspäteten oder fehlenden Zustellung des Eröffnungsbeschlusses wiederum aus, wenn die Anklageschrift zugestellt war und unverändert zugelassen wurde.[23]

§ 216 [Ladung des Angeklagten]

(1) ¹Die Ladung eines auf freiem Fuß befindlichen Angeklagten geschieht schriftlich unter der Warnung, daß im Falle seines unentschuldigten Ausbleibens seine Verhaftung oder Vorführung erfolgen werde. ²Die Warnung kann in den Fällen des § 232 unterbleiben.

---

[8] RG v. 13. 12. 1920 – III 1579/20, RGSt 55, 159; Anw-StPO/*Kirchhof* Rn. 2; KK/*Gmel* Rn. 2; *Meyer-Goßner* § 337 Rn. 45, § 215 Rn. 6.
[9] *Meyer-Goßner* Rn. 6.
[10] BGH v. 15. 7. 1960 – 4 StR 542/59, BGHSt 15, 40 (45); Anw-StPO/*Kirchhof* Rn. 2; Graf/*Ritscher* Rn. 5; aA: SK-StPO/*Schlüchter* Rn. 10; HK/*Julius* Rn. 5.
[11] BGH v. 19. 4. 1985 – 2 StR 317/84, BGHSt 33, 183 (186); BGH v. 30. 7. 1974 – 1 StR 200/74, MDR [D] 1975, 197; Anw-StPO/*Kirchhof* Rn. 2; Graf/*Ritscher* Rn. 6.
[12] OLG Karlsruhe v. 18. 12. 1969 – 2 Ws 168/69, MDR 1970, 438; Löwe/Rosenberg/*Gollwitzer* Rn. 7.
[13] *Pfeiffer* Rn. 2.
[14] Anw-StPO/*Kirchhof* Rn. 2.
[15] Graf/*Ritscher* Rn. 3; *Pfeiffer* Rn. 1.
[16] *Meyer-Goßner* Rn. 3.
[17] HK/*Julius* Rn. 3.
[18] *Meyer-Goßner* Rn. 7.
[19] *Eb. Schmidt*, Nachträge und Ergänzungen zu Teil II des Lehrkommentars, Rn. 17.
[20] *Pfeiffer* Rn. 4.
[21] Hierzu: HK/*Julius* Rn. 5.
[22] RG v. 13. 12. 1920 – III 1579/20, RGSt 55, 159; BGH v. 15. 7. 1960 – 4 StR 542/59, BGHSt 15, 40 (45); Graf/*Ritscher* Rn. 8; Anw-StPO/*Kirchhof* Rn. 4; kritisch: HK/*Julius* Rn. 7.
[23] Löwe/Rosenberg/*Gollwitzer* Rn. 9; Anw-StPO/*Kirchhof* Rn. 4; Graf/*Ritscher* Rn. 8; *Meyer-Goßner* Rn. 8.

Fünfter Abschnitt. Vorbereitung der Hauptverhandlung 1–10 **§ 216**

(2) ¹Der nicht auf freiem Fuß befindliche Angeklagte wird durch Bekanntmachung des Termins zur Hauptverhandlung gemäß § 35 geladen. ²Dabei ist der Angeklagte zu befragen, ob und welche Anträge er zu seiner Verteidigung für die Hauptverhandlung zu stellen habe.

I. Einführung

Differenzierend zwischen freiem und inhaftiertem Angeklagten regelt die Vorschrift iVm. RiStBV 117, 120 die jeweiligen Besonderheiten seiner Ladung zum Termin der Hauptverhandlung. Die Vorgaben beziehen sich indessen nur auf den ersten Termin zur Hauptverhandlung, nicht aber auf Fortsetzungstermine.[1] 1

II. Ladung des freien Angeklagten

1. Schriftliche Ladung. Der **auf freiem Fuß befindliche Angeklagte** ist zum Termin der Hauptverhandlung **schriftlich** zu laden, was grundsätzlich wegen der hieran anknüpfenden Rechtsfolgen unter Berücksichtigung von § 35 Abs. 2 S. 1 die förmliche Zustellung der Ladung beinhaltet. Ersatzzustellungen und Ladungen durch Niederlegung sind nach § 37 Abs. 1 gleichfalls zulässig. Die schlichte Mitteilung der Ladung ist allerdings nur dann zulässig, wenn die Ladungsfrist des § 217 Abs. 1 nicht beachtet zu werden braucht.[2] Voraussetzung ist hier jedoch, dass der Beschuldigte schriftlich über Zeit und Ort der Hauptverhandlung genau unterrichtet wird;[3] wobei ein entsprechendes Schriftstück auszuhändigen ist.[4] 2

Hat sich für den Beschuldigten ein (Wahl-)**Verteidiger** ordnungsgemäß bestellt, kann unter den weiteren Voraussetzungen nach § 145 a Abs. 2 die Ladung an ihn zugestellt werden. 3

Ein **Verzicht** auf die Zustellung seitens des Beschuldigten ist möglich und zulässig.[5] Ein solcher liegt konkludent vor, wenn sich der über die Möglichkeit eines Aussetzungsantrages orientierte Angeklagte in der Hauptverhandlung rügelos zur Sache einlässt.[6] 4

2. Warnung. Gegenstand der schriftlichen Ladung muss die explizite **Warnung** sein, dass der Beschuldigte im Falle seines unentschuldigten Ausbleibens verhaftet oder vorgeführt werden kann. Fehlen diese Hinweise, sind die Zwangsmaßnahmen nach § 230 Abs. 2 unzulässig. 5

Kann die Hauptverhandlung nach § 232 zulässigerweise auch in Abwesenheit des Angeklagten durchgeführt werden, ist die Warnung **entbehrlich**. In diesem Fall muss die Ladung jedoch einen Hinweis auf § 232 Abs. 1 S. 1 enthalten. Entbehrlich ist die Warnung ferner – wegen der Möglichkeiten, in Abwesenheit zu verhandeln – in den Fällen der §§ 233, 329 Abs. 1, 412, wobei aber die spezifischen Hinweispflichten zu berücksichtigen sind.[7] 6

Hingegen hat die Warnung bei Ladungen im Ausland unter Berücksichtigung von Nr. 116 Abs. 1 RiVASt zu unterbleiben.[8] 7

III. Ladung des inhaftierten Angeklagten

1. Bekanntgabe des Hauptverhandlungstermins. Der **nicht auf freiem Fuß befindliche Angeklagte** wird durch Bekanntgabe des Hauptverhandlungstermins nach § 35 – dh. durch Zustellung – geladen. Erfasst sind damit Personen, denen qua Hoheitsakt die Freiheit entzogen ist und die dadurch in der Wahl ihres Aufenthalts beschränkt sind.[9] Ausgeschlossen ist unter Berücksichtigung der in Abs. 2 S. 2 vorgeschriebenen Befragung eine Ersatzzustellung[10] an diese Personen; mit Ausnahme der Niederlegung beim Anstaltsleiter. Im Übrigen ist die Warnung nach Abs. 1 S. 1 nicht Gegenstand der Ladung, sondern allenfalls nachzuholen, wenn der Angeklagte nach der Ladung, aber noch vor dem Termin freigelassen wird. 8

Vom Ablauf her erlässt der Vorsitzenden mit der Ladungsanordnung einen Vorführungsbefehl (§ 36 Abs. 2 S. 2 StVollzG), welcher durch die Geschäftsstelle des Gerichts im Rahmen ihrer Tätigkeit nach § 214 Abs. 1 S. 2 an die ausführende Stelle (zB JVA) weitergegeben wird. 9

2. Befragung. Im Rahmen der Bekanntmachung des Termins zur Hauptverhandlung und somit anlässlich der Zustellung ist der Angeklagte zu **befragen**, ob und welche Anträge er zur Verteidigung. 10

---

[1] Anw-StPO/*Kirchhof* Rn. 4.
[2] Löwe/Rosenberg/*Gollwitzer* Rn. 4.
[3] BayObLG v. 13. 6. 1969 – RReg 1 b St 67/69, JR 1970, 33; OLG Düsseldorf v. 15. 4. 1987 – Ws 30/87 H, MDR 1987, 868.
[4] *Meyer-Goßner* Rn. 2.
[5] OLG Düsseldorf v. 15. 4. 1987 – Ws 30/87 H, MDR 1987, 868; *Meyer-Goßner* Rn. 3.
[6] *Pfeiffer* Rn. 4.
[7] *Meyer-Goßner* Rn. 4.
[8] LG Münster v. 4. 8. 2004 – 7 Qs 86/04, NStZ-RR 2005, 382.
[9] BGH v. 24. 6. 1953 – GSSt 1/53, BGHSt 4, 308; BGH v. 30. 6. 1959 – 2 ARs 158/58, BGHSt 13, 209 (212).
[10] *Meyer-Goßner* Rn. 5.

zu stellen habe. Gewöhnlich geschieht dies durch den Zustellungsbeamten, der auch ein Beamter der JVA sein kann. Der Wortlaut der Befragung und die gestellten Anträge sind zu protokollieren bzw. zu beurkunden.[11] Die hM lehnt einen allgemeinen Anspruch des inhaftierten Angeklagten darauf, die Anträge zu Protokoll der Geschäftsstelle des zuständigen Gerichts zu erklären, ab;[12] eine Ausnahme bilden solche Anträge, welche nur dort wirksam gestellt werden können.[13]

11 Die Pflicht zur Befragung entfällt, wenn die Ladung nach § 145 a Abs. 2 über den Verteidiger erfolgt. Denn die an einen Verteidiger erteilte Empfangsermächtigung gilt insoweit als Verzicht auf die Befragung.[14]

IV. Mängel der Ladung

12 Mängel der Ladung machen sie unwirksam,[15] sodass die Säumnisfolgen nach §§ 230 Abs. 2, 231 Abs. 2, 232 Abs. 1, 329 Abs. 1 nicht eingreifen. Gleiches gilt für inhaltliche Fehler der Ladung wie die unrichtige Bezeichnung des Sitzungssaals, des Sitzungsbeginns oder des Wochentags der Sitzung; selbst unter der Voraussetzung, dass der Angeklagte den Fehler hätte bemerken bzw. beheben können.[16] Übergreifende Voraussetzung für die Unwirksamkeit ist allerdings, dass der Angeklagte erscheinungswillig war,[17] da nur in diesem Fall die erforderliche Ursächlichkeit des Ladungsmangels für das Nichterscheinen zu Lasten des Angeklagten gegeben ist.

V. Revision

13 Alleine auf einen Fehler oder Mangel der Ladung kann die **Revision** nicht gestützt werden. Relevant ist vielmehr, dass der Ladungsmangel in der Hauptverhandlung gerügt und ein Aussetzungsantrag gestellt wird. Dessen rechtsfehlerhafte Ablehnung begründet sodann die Revision.[18] Ausgeschlossen ist die Revision wiederum in einem Sonderfall: Der Angeklagte hält Verteidigungsvorbringen mit Blick auf eine vermeintliche zweite Instanz in der Verhandlung zurück, da er fehlerhaft statt zur Strafkammer zum Schöffengericht geladen wurde.[19] In diesem Fall greift insbesondere die Aufklärungsrüge nicht Platz.[20]

§ 217 [Ladungsfrist]

(1) Zwischen der Zustellung der Ladung (§ 216) und dem Tag der Hauptverhandlung muß eine Frist von mindestens einer Woche liegen.

(2) Ist die Frist nicht eingehalten worden, so kann der Angeklagte bis zum Beginn seiner Vernehmung zur Sache die Aussetzung der Verhandlung verlangen.

(3) Der Angeklagte kann auf die Einhaltung der Frist verzichten.

I. Einführung

1 In Verbindung mit § 218 dient die Vorschrift dem Zweck, dem Angeklagten zum Schutz vor sog. Überraschungsverfahren ausreichend Zeit zur Vorbereitung seiner Verteidigung in der Hauptverhandlung zu gewährleisten.[1] Sie kann daher als Ausfluss des Grundsatzes des fairen Verfahrens interpretiert werden[2] und ist Ausdruck der Verbürgungen nach Art. 6 Abs. 3 b EMRK.

II. Ladungsfrist

2 Die Ladungsfrist von einer Woche, welche sich ohne Berücksichtigung von § 43 Abs. 2 berechnet,[3] gilt für das Verfahren erster Instanz – auch nach Zurückweisung der Sache durch das Revi-

---

[11] LG Potsdam v. 25. 1. 2006 – 24 KLs 58/05, StV 2006, 574.
[12] KK/*Gmel* Rn. 7; *Meyer-Goßner* Rn. 7; aA: KMR/*Eschenbach* Rn. 22.
[13] Löwe/Rosenberg/*Gollwitzer* Rn. 11.
[14] *Meyer-Goßner* Rn. 7.
[15] LG Potsdam v. 25. 1. 2006 – 24 KLs 58/05, StV 2006, 574.
[16] OLG Frankfurt v. 4. 12. 1995 – 3 Ws 781/95, NStZ-RR 1996, 75; BGH v. 18. 5. 1971 – 3 StR 10/71, BGHSt 24, 143 (149).
[17] *Pfeiffer* Rn. 4.
[18] RG v. 24. 9. 1914 – I 545/14, RGSt 48, 386; Löwe/Rosenberg/*Gollwitzer* Rn. 16 ff.; *Pfeiffer* Rn. 4.
[19] BGH v. 10. 11. 1961 – 4 StR 407/61, BGHSt 16, 389.
[20] *Pfeiffer* Rn. 4.
[1] BGH v. 18. 5. 1971 – 3 StR 10/71, BGHSt 24, 143 (146, 150).
[2] Anw-StPO/*Kirchhof* Rn. 1.
[3] Zur Fristberechnung: Der Tag, an dem die Ladung zugeht und der Tag, an dem die Hauptverhandlung beginnt, sind nicht mitzurechnen. Die Ladung muss daher am achten Tag vor der Hauptverhandlung zugehen; vgl. *Pfeiffer* Rn. 2; KK/*Gmel* Rn. 5.

sionsgericht nach § 354 Abs. 2[4] – und für die Berufungsverhandlung, nicht aber für das Revisionsverfahren[5] (§ 350) und für das beschleunigte Verfahren (§ 418 Abs. 2 S. 3). Sie betrifft nur den Angeklagten und den Verteidiger (§ 218), nicht aber andere Prozessbeteiligte.

Die Frist von mindestens einer Woche, die zwischen Zustellung der Ladung und **Tag der** 3 **Hauptverhandlung** liegen muss, bezieht sich auch unter Berücksichtigung der ratio legis nur auf den ersten Verhandlungstag. Demzufolge muss die Ladungsfrist weder im Fall der Aussetzung der Hauptverhandlung,[6] noch bei Verlegung der Verhandlung auf einen späteren Zeitpunkt,[7] noch bei Fortsetzung der unterbrochenen Hauptverhandlung berücksichtigt werden.[8] Einzuhalten ist die Ladungsfrist hingegen bei einer Vorverlegung des Termins;[9] wobei wiederum eine Ausnahme für den Fall gelten soll, dass nur eine frühere Stunde des gleichen Hauptverhandlungstages festgelegt wird.[10]

III. Folgen der Nichteinhaltung der Ladungsfrist

1. Aussetzungsantrag. Wurde die Ladungsfrist nicht eingehalten, hat der Angeklagte nach 4 Abs. 2 das Recht, einen **Antrag auf Aussetzung der Verhandlung** zu stellen. Bei dem Antrag handelt es sich um eine befristete Verfahrenseinrede.[11] Über das Recht muss der Angeklagte nach § 228 Abs. 3 in der Hauptverhandlung belehrt werden; was indessen nicht ausschließt, dass der Antrag bereits vor der Hauptverhandlung wirksam schriftlich gestellt wird[12] mit der Konsequenz, dass jedenfalls eine Erscheinungspflicht des Angeklagten in der Verhandlung alleine für das Stellen des Antrags nicht besteht.[13]

Der rechtzeitig gestellte Antrag hat die zwingende Folge, dass das Gericht[14] – und nicht der 5 Vorsitzende – die Verhandlung aussetzt. Dies setzt allerdings voraus, dass der nicht formbedürftige Antrag bis zum Beginn der Vernehmung des Angeklagten zur Sache (§ 243 Abs. 4 S. 2) gestellt wird, da ansonsten die gesetzliche Vermutung eingreift, dass die verkürzte Ladungsfrist in Verbindung mit dem fehlenden Hinweis auf eine unzureichende Vorbereitungszeit nicht zu einer Behinderung in der Verteidigung geführt hat.[15] Antragsbefugt sind der Angeklagte und sein insoweit bevollmächtigter Verteidiger.[16] Bei mehreren Angeklagten läuft die Frist für jeden gesondert.[17] Wird ein vor der Verhandlung gestellter Aussetzungsantrag ohne nähere Begründung zurückgewiesen, rechtfertigt dies einen Befangenheitsantrag.[18]

2. Erscheinungspflicht. Nicht vollständig geklärt in diesem Zusammenhang, ob und in welcher 6 Form ein Verstoß gegen Abs. 1 die ansonsten grundsätzlich bestehende **Erscheinungspflicht** des Angeklagten berührt und unter welchen Voraussetzungen die gesetzlich an das Ausbleiben des Angeklagten anknüpfenden Rechtsfolgen eingreifen. Überwiegend wird vertreten, dass die Nichteinhaltung der Ladungsfrist den Angeklagten nicht von der Pflicht zum Erscheinen entbindet und deshalb die (Zwangs-)Maßnahmen, welche das Gesetz an das Ausbleiben knüpft, grundsätzlich zulässig sind.[19] Das Ausbleiben des Angeklagten kann mit dem Verstoß gegen Abs. 1 hiernach allenfalls entschuldigt werden.[20]

Demgegenüber wird zu differenzieren sein: Ist die Ladungsfrist nicht eingehalten und haben 7 der Angeklagte oder sein Verteidiger zulässigerweise vor der Hauptverhandlung schriftlich einen Aussetzungsantrag gestellt, besteht keine Anwesenheitspflicht, da die Aussetzung der Verhandlung nach Abs. 2 zwingend ist und deshalb die Pflicht zu erscheinen als Formalismus erscheint.[21] Fehlt ein solcher Antrag im Vorfeld und bleibt der Angeklagte aus, sind wegen der Nichteinhaltung

---

[4] RG v. 24. 9. 1909 – II 854/09, RGSt 42, 407.
[5] OLG Braunschweig v. 5. 11. 1954 – Ss 239/54, GA 1955, 219.
[6] BGH v. 18. 5. 1971 – 3 StR 10/71, BGHSt 24, 143 (145); SK-StPO/*Schlüchter* Rn. 5; aA: *Meyer-Goßner* Rn. 4; KK/*Gmel* Rn. 3.
[7] BayObLG v. 12. 4. 1962 – BReg 4 St 4/62, NJW 1962, 1928.
[8] BGH v. 12. 6. 2002 – 1 StR 205/02, NStZ-RR 2003, 98; BGH v. 24. 9. 1981 – 4 StR 274/81, NJW 1982, 248; *Meyer-Goßner* Rn. 6; *Pfeiffer* Rn. 1.
[9] *Pfeiffer* Rn. 1.
[10] OLG Zweibrücken v. 1. 2. 1996 – 1 Ss 21/96, NStZ 1996, 239; *Meyer-Goßner* Rn. 5.
[11] BGH v. 18. 5. 1971 – 3 StR 10/71, BGHSt 24, 143 (147) mwN.
[12] BGH v. 18. 5. 1971 – 3 StR 10/71, BGHSt 24, 143 (151); *Cramer*, JR 1972, 159.
[13] BGH v. 18. 5. 1971 – 3 StR 10/71, BGHSt 24, 143 (151).
[14] KG v. 21. 10. 2002 – 2 Ss 91/02 – 3 Ws (B) 227/02, NZV 2003, 586.
[15] BGH v. 18. 5. 1971 – 3 StR 10/71, BGHSt 24, 143 (146).
[16] *Meyer-Goßner* Rn. 7.
[17] *Pfeiffer* Rn. 3.
[18] AG Homburg v. 27. 9. 1995 – 5 Ds 462/95, NStZ-RR 1996, 110 f.
[19] *Meyer-Goßner* Rn. 11; *Pfeiffer* Rn. 5; zurückhaltend: HK-GS/*Schulz* Rn. 4.
[20] Anw-StPO/*Kirchhof* Rn. 5; Löwe/Rosenberg/*Gollwitzer* Rn. 13; BGH v. 18. 5. 1971 – 3 StR 10/71, BGHSt 24, 143 (152); HansOLG Bremen v. 20. 5. 1959 – Ss 33/59, JR 1959, 391; OLG Köln v. 15. 4. 1955 – Ss 33/55, NJW 1955, 1243.
[21] BGH v. 18. 5. 1971 – 3 StR 10/71, BGHSt 24, 143 (151).

der Ladungsfrist hieran anknüpfende (Zwangs-)Maßnahmen (§§ 230 Abs. 2, 232, 329 Abs. 1, 412) grundsätzlich unzulässig.[22] Eine Ausnahme gilt, wenn wiederum Anhaltspunkte dafür vorhanden sind, dass der Angeklagte (auch) aus anderen Gründen als der verspätet zugegangenen Ladung zum Termin nicht erscheint. In diesen Fällen sind (Zwangs-)Maßnahmen im Rahmen der Würdigung aller Umstände des Einzelfalls zulässig.

IV. Verzicht auf die Einhaltung der Ladungsfrist

8   Der Verzicht auf die Einhaltung der Ladungsfrist ist nach Abs. 3 zulässig. Die gesetzliche Regelung erfasst primär den ausdrücklichen, bewusst intendierten Verzicht, welcher zudem protokolliert werden sollte. Die Erklärung des in seiner Wirkung unwiderruflichen[23] Verzichts ist hierbei von Gesetzes wegen dem Angeklagten zugewiesen, sodass insbesondere ein Dissens zu Erklärungen des Verteidigers unbeachtlich ist.[24] Voraussetzung ist jedoch, dass der Angeklagte sein Recht nach Abs. 2 kennt oder entsprechend belehrt worden ist.[25] Die aus der Informiertheit erst abzuleitende Handlungskompetenz gilt umso mehr beim gleichfalls überwiegend für zulässig erachteten konkludenten Verzicht[26] des verteidigten wie des unverteidigten Angeklagten; zB (beim verteidigten Angeklagten) durch Unterlassen des Aussetzungsantrages oder durch Stellen eines Antrags nach § 233.[27]

9   Da der Verzicht auf die Ladungsfrist dem Angeklagten vorbehalten ist, bedürfen entsprechende Erklärungen der Verteidigung einer besonderen Ermächtigung.[28] Denn es geht um die Wahrnehmung spezifischer, verfahrensrechtlich zugewiesener Befugnisse und um die verfahrensrechtliche Stellung des Beschuldigten in Abgrenzung zur Rechtsstellung des Verteidigers.[29]

V. Revision

10 Nach hM kann mit der **Revision** ein isolierter Verstoß gegen Abs. 1 nicht gerügt werden.[30] Erforderlich ist zur Begründung des Revisionsgrundes nach § 338 Nr. 8 stets, dass ein mit dem Verstoß gegen Abs. 1 begründeter Antrag auf Aussetzung der Verhandlung rechtsfehlerhaft abgelehnt wurde.[31] Gleiches gilt für die Nichtbescheidung eines Aussetzungsantrages, da insofern von einem Beruhen des Urteils hierauf auszugehen ist.[32] Unterbleibt der Aussetzungsantrag – auch bei oder wegen fehlender Belehrung nach § 228 Abs. 3 –, ist die Revision ausgeschlossen.[33] Im Kern stützt sich die hM zur Begründung ihrer Auffassung auf das Argument, dass das Gesetz selbst als einzigen Rechtsbehelf gegen die Nichteinhaltung der Ladungsfrist den Aussetzungsantrag vorsieht[34] und erst hierauf die Möglichkeiten der Revision aufbauen.

11 Die Gegenauffassung hebt die Bedeutung der Ladungsfrist nach Abs. 1 hervor und interpretiert das Recht zum Stellen eines Aussetzungsantrags als Möglichkeit, einen (Verfahrens-)Mangel zu heilen. Daher soll die Revision auch darauf gestützt werden können, dass jedenfalls der ebenso unverteidigte wie nicht ordnungsgemäß belehrte Angeklagte in Unkenntnis seiner prozessualen Rechte einen Aussetzungsantrag nicht stellte und deshalb in seiner Verteidigung beeinträchtigt wurde.[35] Abgesehen von einer Aufwertung der strafprozessualen Belehrungspflichten kann diese Ansicht für sich reklamieren, den Schutz des unverteidigten bzw. nicht ausreichend informierten Angeklagten zu stärken.

§ 218 [Ladung des Verteidigers]

¹Neben dem Angeklagten ist der bestellte Verteidiger stets, der gewählte Verteidiger dann zu laden, wenn die Wahl dem Gericht angezeigt worden ist. ²§ 217 gilt entsprechend.

---

[22] In diese Richtung: HK-GS/*Schulz* Rn. 4.
[23] *Meyer-Goßner* Rn. 10.
[24] KK/*Gmel* Rn. 8; aA: *Rieß* NJW 1977, 883.
[25] BGH v. 18. 5. 1971 – 3 StR 10/71, BGHSt 24, 143 (147); OLG Hamburg v. 19. 10. 1966 – 1 Ss 94/66, NJW 1967, 456; Löwe/Rosenberg/*Gollwitzer* Rn. 11.
[26] KK/*Gmel* Rn. 8; *Meyer-Goßner* Rn. 10; *Pfeiffer* Rn. 4. Kritisch: Löwe/Rosenberg/*Gollwitzer* Rn. 10; HK-GS/*Schulz* Rn. 3.
[27] *Meyer-Goßner* Rn. 10.
[28] Anw-StPO/*Kirchhof* Rn. 4; *Meyer-Goßner* Rn. 10.
[29] BGH v. 30. 1. 1959 – 1 StR 510/58, BGHSt 12, 367 (370).
[30] BGH v. 18. 5. 1971 – 3 StR 10/71, BGHSt 24, 143 (145 ff.); *Meyer-Goßner* Rn. 12; *Pfeiffer* Rn. 4.
[31] *Meyer-Goßner* Rn. 12 mwN.
[32] BayObLG v. 17. 9. 1981 – RReg. 2 St 288/81, NStZ 1982, 172.
[33] KK/*Gmel* Rn. 10.
[34] BGH v. 18. 5. 1971 – 3 StR 10/71, BGHSt 24, 143 (147 ff.).
[35] *Maatz* NStZ 1992, 516; Anw-StPO/*Keller* Rn. 7; HK-GS/*Schulz* Rn. 5.

Fünfter Abschnitt. Vorbereitung der Hauptverhandlung 1–6 **§ 218**

I. Einführung

In Ergänzung zur Vorschrift des § 217, welche dem Angeklagten eine ausreichende Vorbereitungszeit garantiert, dient die Norm flankierend dazu, das Recht des Angeklagten auf den Beistand eines Verteidigers zu sichern.[1] Sie gilt sowohl für den notwendigen wie den gewählten Verteidiger. Beide sind – neben dem Angeklagten – von Amts wegen zur Hauptverhandlung zu laden und haben insofern über S. 2 eigene Befugnisse. 1

II. Ladung des Verteidigers

1. Ladung des Pflichtverteidigers. Der sog. **Pflichtverteidiger** ist nach S. 1 stets zu laden; dies gilt auch für den Fall, dass mehrere notwendige Verteidiger bestellt sind. Die Pflicht zur Ladung besteht bis zum Zeitpunkt, da die Bestellung zurückgenommen wurde,[2] selbst wenn die Gründe für die Bestellung weggefallen sein sollten.[3] 2

2. Ladung des Wahlverteidigers. Der **gewählte Verteidiger** ist zu laden, wenn die Wahl dem Gericht angezeigt worden ist. Die **Anzeige** setzt nicht die Vorlage einer Vollmacht voraus.[4] Vielmehr reicht es aus, wenn zu irgendeinem Zeitpunkt des Strafverfahrens die Wahl des Verteidigers den polizeilichen Ermittlungsbehörden, der StA oder dem Gericht mitgeteilt worden ist. Des Weiteren genügt es auch, wenn der Angeklagte durch schlüssiges Verhalten hat erkennen lassen, einen bestimmten Verteidiger gewählt zu haben,[5] was auch durch die Billigung des Auftretens eines Verteidigers in einer Hauptverhandlung geschehen kann. Sind mehrere Verteidiger tätig, sind alle zu laden. Eine Ausnahme besteht, wenn es sich um Rechtsanwälte einer Sozietät[6] oder einer Bürogemeinschaft[7] handelt. 3

3. Durchführung der Ladung. Die Ladung erfolgt grundsätzlich von Amts wegen durch **förmliche Zustellung** (regelmäßig gegen Empfangsbekenntnis), welche durch den Vorsitzenden initiiert wird. Wegen des Verweises in S. 2 gilt die **einwöchige Ladungsfrist** nach § 217, wenn der Verteidiger zu dem Zeitpunkt, in welchem die Ladungsfrist für den Angeklagten zu laufen beginnt, bereits seine Wahl angezeigt hat oder seine gerichtliche Bestellung erfolgt ist.[8] Kann – zB wegen Mandatierung innerhalb der für den Angeklagten laufenden Ladungsfrist – die Ladungsfrist nicht mehr eingehalten werden, muss eine (förmliche) Zustellung gleichwohl erfolgen, wenn dies noch zeitlich möglich ist.[9] Ist dies hingegen ausgeschlossen, muss formlos, zB per Fax oder telefonisch, geladen werden.[10] 4

Die Ladung kann nicht dadurch **ersetzt** werden, dass der Verteidiger über Akteneinsicht,[11] Informationen des Mandanten[12] oder in sonstiger Weise vom Bestehen des Termins erfahren hat[13] oder erfahren konnte. Gleiches gilt für einen Vermerk der Geschäftsstelle über die Ausführung der Ladung.[14] 5

Hingegen ist ein **Verzicht** auf die förmliche Ladung oder die Einhaltung der Ladungsfrist zulässig. Zu differenzieren ist zunächst wegen der spezifischen Kompetenzzuweisungen, welche sich aus §§ 217, 218 ergeben, zwischen Verteidiger und Angeklagtem: Der Verteidiger kann aus eigenem Recht[15] und daher ohne Zustimmung des Angeklagten ausdrücklich und konkludent auf die Ladung oder Einhaltung der Ladungsfrist verzichten (§ 217 Abs. 3), wobei ein Verzicht regelmäßig stillschweigend erklärt wird, indem bei der (Verteidigungs)Anzeige die Kenntnis vom Termin mitge- 6

---

[1] Löwe/Rosenberg/*Gollwitzer* Rn. 1.
[2] KMR/*Eschenbach* Rn. 8.
[3] RG v. 10. 12. 1903 – 5096/03, RGSt 37, 21 (23).
[4] BGH v. 9. 10. 1989 – 2 StR 352/89, BGHSt 36, 259; OLG Bamberg v. 30. 11. 2006 – 2 Ss OWi 1521/06, NJW 2007, 393.
[5] OLG Köln v. 14. 7. 1981 – 1 Ss 52/81, DAR 1982, 24; Löwe/Rosenberg/*Gollwitzer* Rn. 6.
[6] BGH v. 9. 10. 1989 – 2 StR 352/89, BGHSt 36, 259 (260).
[7] BGH v. 30. 1. 2007 – 3 StR 490/06, StV 2007, 283 f.
[8] BGH v. 12. 3. 1963 – 1 StR 36/63, BGHSt 18, 1114; *Pfeiffer/Miebach* NStZ 1983, 209.
[9] *Meyer-Goßner* Rn. 7; BayObLG v. 10. 12. 1984 – RReg 1 St 295/84, StV 1985, 140.
[10] BGH v. 28. 1. 1975 – 1 StR 651/74, MDR 1975, 369; KK/*Gmel* Rn. 5; Löwe/Rosenberg/*Gollwitzer* Rn. 16.
[11] OLG München v. 25. 1. 2006 – 5 St RR 237/05, NJW 2006, 1366; OLG München v. 31. 3. 2005 – 4 St RR 41/05, 4 St RR 041/05, NJW 2005, 2470; BGH v. 7. 12. 1994 – 5 StR 519/94, NStZ 1995, 298; BGH v. 16. 1. 1985 – 2 StR 771/84, NStZ 1985, 229.
[12] OLG Hamm v. 22. 3. 1973 – 1 Ss OWi 779/73, VRS 45 (1973), 442; OLG Köln v. 8. 8. 1972 – Ss 121/72, VRS 44 (1973), 110.
[13] *Pfeiffer* Rn. 3.
[14] OLG Düsseldorf v. 27. 1. 1997 – 2 Ss (OWi) 18/97 – (OWi) 8/97 III, VRS 93 (1997), 181; *Meyer-Goßner* Rn. 8; aA: OLG Koblenz v. 25. 3. 1971 – 1s 19/71, VRS 41 (1971), 208; OLG Hamm v. 21. 11. 1968 – 2 Ss 1262/68, NJW 1969, 705; OLG Celle v. 10. 12. 1973 – 2 Ss 300/73, NJW 1974, 1258.
[15] BGH v. 2. 7. 1963 – 5 StR 217/63, BGHSt 18, 396 (397 f.).

teilt,[16] oder indem ein Verlegungs- bzw. Vertagungsantrag gestellt wird.[17] Beim Angeklagten ist hingegen in zwei Fällen ein Verzicht von vornherein ausgeschlossen: Im Stadium vor dem Termin der Hauptverhandlung[18] und in Fällen der notwendigen Verteidigung, da in beiden Fällen eigene bzw. nicht disponible Rechte des Verteidigers tangiert sind. Ist der (Wahl-)Verteidiger ist der Hauptverhandlung nicht anwesend, wird nach hA weiterhin unterschieden:[19] Ein ausdrücklich erklärter Verzicht des Angeklagten ist möglich, wenn er in Kenntnis der Ladungsmängel erfolgt. Ein wirksamer stillschweigender Verzicht des Angeklagten setzt darüber hinaus die Belehrung des Gerichts über das Recht, einen Antrag auf Aussetzung der Verhandlung zu stellen, voraus. Die Gegenauffassung argumentiert vor Allem unter Rekurs auf die **gerichtliche Fürsorgepflicht** dahingehend, dass in beiden Konstellationen die Wirksamkeit des Verzichts sowohl die Kenntnis des Angeklagten vom Ladungsmangel als auch seine Belehrung über das Aussetzungsrecht voraussetzt.[20] Der Gegenauffassung dürfte zuzustimmen sein; zumal der bislang diskutierte Grenzfall, bei welchem ein konkludenter Verzicht eines rechtsunkundigen Angeklagten durch rügeloses Verhandeln abzulehnen ist,[21] insbesondere mit der Belehrungspflicht aufgefangen werden kann.

7   Eine weitere Frage ist es, wie weit die gerichtliche Fürsorgepflicht reicht. Diese kann es trotz nach Belehrung erklärten Verzichts gebieten, bei einem ausländischen Angeklagten mit mangelhaften Sprachkenntnissen oder in Fällen erkennbarer intellektueller Überforderung mit dem Verteidiger zu verhandeln und diesen daher zur erneuten Verhandlung zu laden.[22]

III. Aussetzungsantrag bei Mängeln der Ladung

8   Nach S. 2 iVm. § 217 Abs. 2, Abs. 3 ist der Verteidiger aus eigenem Recht und daher unabhängig vom Willen des Angeklagten bei Ladungsmängeln befugt, einen Aussetzungsantrag zu stellen oder hierauf zu verzichten.[23] Denn nur der Verteidiger als selbständiges Organ der Rechtspflege kann beurteilen, ob er zur sachgemäßen Verteidigung ausreichend vorbereitet ist oder nicht.[24] Der Antrag auf Aussetzung des Verfahrens kann bereits vor der Hauptverhandlung schriftlich gestellt werden[25] und muss in der Verhandlung bis zur Vernehmung des Angeklagten zur Sache angebracht werden. Erscheint der Verteidiger später, gilt die zeitliche Begrenzung nicht, jedoch muss der Antrag unverzüglich gestellt werden;[26] die absolute Grenze bildet der Beginn der Urteilsverkündung.[27]

9   Erscheint der Verteidiger in der Hauptverhandlung nicht, geht das Recht, einen Aussetzungsantrag zu stellen, auf den Angeklagten über.[28] Dieser ist nach § 228 Abs. 3 zu belehren. Einem Aussetzungsantrag muss stattgegeben werden.[29]

10 Aussetzungsanträge des Verteidigers können indes **abgelehnt** werden, wenn bei einer mehrmonatigen Sitzung ausreichend Gelegenheit zur (ergänzenden) Vorbereitung der Hauptverhandlung bestand[30] oder wenn die Wahl des Verteidigers derart spät angezeigt wurde, sodass eine ordnungsgemäße Ladung ohne Verschulden des Gerichts nicht mehr möglich war.

IV. Rechtsmittel

11 **1. Revision.** Ist die Ladung des (Wahl-)Verteidigers unterblieben, nahm dieser deshalb an der Hauptverhandlung nicht teil und wurde der Verstoß auch nicht geheilt, begründet dieser Verfahrensfehler die **Revision** nach § 338 Nr. 8[31] unabhängig davon, ob und inwiefern ein Verschulden des Gerichts vorliegt.[32] Dies gilt auch, wenn sich der Verstoß lediglich auf einen von mehreren Verteidigern bezieht. Denn es kann grundsätzlich nicht ausgeschlossen werden, dass die Hauptver-

---

[16] OLG Hamm v. 27. 4. 1954 – (1) 2 a Ss 73/54, NJW 1955, 233.
[17] *Meyer-Goßner* Rn. 9.
[18] OLG Zweibrücken, StV 1998, 425 f.
[19] BGH v. 9. 10. 1989 – 2 StR 352/89, BGHSt 36, 259 (261); OLG Brandenburg v. 7. 12. 1995 – 2 Ss 47/95, StV 1996, 368; OLG Karlsruhe, MDR 1968, 944; OLG Köln v. 8. 8. 1972 – Ss 121/72, VRS 44 (1973), 110.
[20] Löwe/Rosenberg/*Gollwitzer* Rn. 19; HK-GS/*Schulz* Rn. 3.
[21] *Meyer-Goßner* Rn. 9.
[22] Löwe/Rosenberg/*Gollwitzer* Rn. 19; OLG Zweibrücken v. 13. 10. 1987 – 1 Ss 191/87, StV 1988, 425 f.
[23] BGH v. 2. 7. 1963 – gL 5 StR 217/63, BGHSt 18, 396 (397); BGH v. 16. 1. 1985 – 2 StR 771/84, NStZ 1985, 229; KK/*Gmel* Rn. 8; aA: *Beulke*, Strafprozessrecht, Rn. 137; *Hanack* JZ 1971, 220.
[24] BGH v. 2. 7. 1963 – 5 StR 217/63, BGHSt 18, 396 (397).
[25] OLG Celle v. 10. 12. 1973 – 2 Ss 300/73, NJW 1974, 1258 ff.
[26] OLG Hamm, JZ 1956, 528; Löwe/Rosenberg/*Gollwitzer* Rn. 22.
[27] *Meyer-Goßner* Rn. 14.
[28] OLG Celle v. 10. 12. 1973 – 2 Ss 300/73, NJW 1974, 1258; *Meyer-Goßner* Rn. 13; *Pfeiffer* Rn. 5.
[29] OLG München v. 31. 3. 2005 – 4 St RR 041/05, NZV 2006, 48.
[30] BGH v. 18. 2. 1981 – 3 StR 269/80, NStZ 1983, 209.
[31] *Pfeiffer* Rn. 6; *Meyer-Goßner* Rn. 15. Zum notwendigen Revisionsvorbringen: OLG Hamm v. 6. 3. 1998 – 2 Ss 253/98, StraFo, 1998, 235 f.; *Pfeiffer* Rn. 6.
[32] OLG Bamberg v. 30. 11. 2006 – 2 Ss OWi 1521/06, NJW 2007, 393; KG Berlin v. 29. 9. 1995 – (4) 1 Ss 206/95 (59/95), StV 1996, 10.

Fünfter Abschnitt. Vorbereitung der Hauptverhandlung 1–3 **§ 219**

handlung in Gegenwart des Verteidigers für den Angeklagten günstiger verlaufen wäre.[33] Wurde es hingegen versäumt, den Pflichtverteidiger zu laden, ist die Revision nach § 338 Nr. 5 begründet.[34]

Wurde der Verteidiger geladen und ist dieser zur Hauptverhandlung erschienen, ist allerdings 12 die Ladungsfrist nicht eingehalten, kann dies nach hA nicht unmittelbar mit der Revision gerügt werden.[35] Sie kann nur darauf gestützt werden, dass ein Aussetzungsantrag, mit welchem die Nichteinhaltung der Ladungsfrist gerügt wurde, rechtsfehlerhaft zurückgewiesen wurde;[36] dies auch dann, wenn der Aussetzungsantrag vor der Verhandlung gestellt wurde und das Gericht ihn nicht kannte.[37] Nach der Gegenauffassung muss die Revision auch dann eröffnet sein, wenn das Gericht gegenüber dem alleine erschienen Angeklagten seine Fürsorgepflicht verletzt, indem die Belehrung nach § 228 Abs. 3 unterbleibt.[38]

Die Revision verspricht keinen Erfolg, wenn die (Bestellungs-)Anzeige des Wahlverteidigers wegen 13 unrichtiger Adressierung nach dem Hauptverhandlungstermin bei Gericht eingegangen ist[39] oder im Fall der Verwirkung. Verwirkung liegt beispielsweise vor, wenn bei Involvierung mehrerer Verteidiger der Angeklagte mit einem von ihnen entscheidende Maßnahmen im Rahmen einer zulässigen Absprache im Strafprozess abstimmt, sodass sich die Verfahrensrüge der Nichtladung des inaktiven Verteidigers als erheblicher Widerspruch zur eigenen Strategie und zum eigenen Prozessverhalten darstellt.[40]

2. Beschwerde. Im Bußgeld- bzw. **Ordnungswidrigkeitenverfahren** kann ein Verstoß gegen 14 § 218 mit der Rechtsbeschwerde zulässigerweise beanstandet werden, wenn die Verteidigung gegenüber der zuständigen Verwaltungsbehörde rechtzeitig angezeigt wurde.[41]

§ 219 [Beweisanträge des Angeklagten]

(1) ¹Verlangt der Angeklagte die Ladung von Zeugen oder Sachverständigen oder die Herbeischaffung anderer Beweismittel zur Hauptverhandlung, so hat er unter Angabe der Tatsachen, über die der Beweis erhoben werden soll, seine Anträge bei dem Vorsitzenden des Gerichts zu stellen. ²Die hierauf ergehende Verfügung ist ihm bekanntzumachen.

(2) Beweisanträge des Angeklagten sind, soweit ihnen stattgegeben ist, der Staatsanwaltschaft mitzuteilen.

I. Einführung

Im Verbund mit den Vorschriften der §§ 244, 201 sowie unter Berücksichtigung von Art. 6 1 Abs. 3 d EMRK handelt es sich um eine der zentralen Vorschriften zum Beweisrecht. Mit sachlichen Bezügen vor Allem zu § 244 Abs. 3, 4 regelt die Norm die Voraussetzungen für Beweisanträge mit Blick auf die bevorstehende Hautverhandlung und deren Behandlung durch den Vorsitzenden einschließlich etwaiger Mitteilungspflichten. Sie versetzt den Angeklagten sowie die Verteidigung in die Lage, auf den Umfang der Beweisaufnahme in der Hauptverhandlung gestalterisch Einfluss zu nehmen.

II. Beweisantragsrecht des Angeklagten

1. Antragsrecht des Angeklagten. Nach Abs. 1 kann der **Angeklagte** im Rahmen von (Beweis-) 2 Anträgen die Ladung von personalen sowie die Herbeischaffung dinglicher Beweismittel verlangen. Das Antragsrecht steht nicht nur dem Angeklagten, sondern auch dem Verteidiger, dem Erziehungsberechtigten, dem gesetzlichen Vertreter und den Nebenbeteiligten mit den gleichen Rechten wie dem Beschuldigten zu.

2. Antrag. Der Antrag auf die Ladung von Zeugen und Sachverständigen oder die Herbeischaf- 3 fung sonstiger Beweismittel hat zur Voraussetzung, dass im Rahmen des Verlangens Tatsachen angegeben werden, über die der Beweis erhoben werden soll. Es handelt sich somit in Abgrenzung zum Beweisermittlungsantrag, zum Hilfsbeweisantrag oder zur Beweisanregung um einen „ech-

---

[33] OLG München v. 25. 1. 2006 – 5 St RR 237/05, StV 2007, 291 f.
[34] *Löwe/Rosenberg/Gollwitzer* Rn. 30.
[35] *Meyer-Goßner* Rn. 16.
[36] BGH v. 7. 12. 1994 – 5 StR 519/94, NStZ 1995, 298; KG v. 29. 9. 1995 – (4) 1 Ss 206/95 (59/95), StV 1996, 10 f.; *Pfeiffer* Rn. 6.
[37] *Meyer-Goßner* Rn. 17.
[38] HK-GS/*Schulz* Rn. 5; Löwe/Rosenberg/*Gollwitzer* Rn. 29.
[39] OLG Stuttgart v. 18. 9. 2006 – 1 Ss 392/06, NJW 2006, 3796.
[40] BGH v. 13. 12. 2005 – 5 StR 494/05, StV 2006, 284.
[41] OLG Bamberg v. 30. 11. 2006 – 2 Ss OWi 1521/06, NJW 2007, 393.

ten" Beweisantrag.[1] Der Antrag muss – obwohl sich dies nicht unmittelbar aus der Norm erschließt – schriftlich gestellt[2] oder zu Protokoll der Geschäftsstelle erklärt werden.[3] Da es sich um einen („echten") Beweisantrag handelt, müssen Beweismittel und Beweisthema hinreichend genau präzisiert werden. Unzulässig sind Beweisermittlungsanträge[4] und -anregungen. Hilfsbeweisanträge sind demgegenüber zulässig,[5] wenn der Eintritt der im Antrag formulierten Bedingung vor der Hauptverhandlung durch den Vorsitzenden beurteilt werden kann.[6]

4 Bezieht sich der Antrag auf Beweismittel, die nicht Gegenstand der Beweisaufnahme in der Hauptverhandlung sein sollen bzw. können, liegt darin kein (zulässiger) Antrag nach § 219.[7] Ebenso fällt der Antrag auf Augenscheinnahme nicht unter Abs. 1;[8] insofern gilt § 225 als lex specialis.

5 Die Nichteinhaltung der rechtlichen Anforderungen nach Abs. 1 S. 1 berechtigt zur **Ablehnung** des Antrages.[9] Diskutiert wird, ob es nicht beim unverteidigten Angeklagten die gerichtliche Fürsorgepflicht des Vorsitzenden gebietet, Hinweise zu geben.[10] Dies erscheint nicht zuletzt aus prozessökonomischen Gründen zumindest zweckmäßig, wenngleich andererseits die Möglichkeit, Anträge wiederholt – auch in nachgebesserter Form – zu stellen, die Problematik entschärft.

6 Die Kriterien für die Entscheidung über die Beweisanträge ergeben sich im Übrigen unter Berücksichtigung der **Vorgaben nach § 244 Abs. 3, 4**,[11] sodass die dort formulierten Ablehnungsgründe grundsätzlich herangezogen werden können. Eine Ausnahme bildet die Wahrunterstellung, da diese ein in diesem Verfahrensstadium unzulässige Vorwegnahme der Beweisaufnahme in der Hauptverhandlung darstellen würde.[12] Ähnliches müsste auch für die eigene, den Sachverständigenbeweis substituierende Sachkunde des Gerichts gelten, da im Rahmen von Abs. 1 S. 1 nur der Vorsitzende entscheidet, in der Hauptverhandlung indessen die Sachkunde des Gerichts maßgeblich ist. Allerdings wird in diesem Zusammenhang vertreten, dass der Vorsitzende diese vorläufig beurteilen könne;[13] was aber grundsätzlich an weitere Voraussetzungen geknüpft ist und jedenfalls in Verfahren mit Laienbeteiligung nicht zu überzeugen vermag, da deren etwaige Sachkunde schwerlich zu prognostizieren ist.

7 **3. Entscheidung über den Beweisantrag.** Für die Entscheidung über den Beweisantrag ist der **Vorsitzende** zuständig;[14] und nicht das Gericht.[15] Er entscheidet nach **pflichtgemäßem Ermessen** unter Berücksichtigung der formalen und materiellen Kriterien nach Abs. 1 S. 1 und § 244 Abs. 3, 4 in Form einer **Verfügung**. Unzulässig wegen der eindeutigen Kompetenzzuweisung sind Gerichtsbeschlüsse.[16] Die Entscheidung des Vorsitzenden hat – auch mit Blick auf das eigenständige Beweisantragsrecht in der Hauptverhandlung – vorläufigen Charakter[17] und präjudiziert keinesfalls mögliche spätere Entscheidungen des Gerichts. Der Vorsitzende muss – mit Blick auf § 220 – **zeitnah**[18] über den Beweisantrag ablehnend oder stattgebend entscheiden und darf die Entscheidung insbesondere nicht an das Gericht delegieren.[19] Wiewohl das Gesetz eine Anhörung der Staatsanwaltschaft und des Nebenklägers zum Beweisantrag nicht vorschreibt, wird diese für zweckmäßig[20] bzw. üblich[21] erachtet.

8 Die Verfügung – mit der ablehnenden oder stattgebenden Entscheidung des Vorsitzenden – ist dem Antragsteller nach Abs. 1 S. 2 **bekanntzumachen**. Eine formlose Bekanntgabe ist ausreichend (§ 35 Abs. 2 S. 2). Allerdings muss sie derart zeitnah erfolgen, dass die Rechte nach § 220 noch wahrgenommen werden können. Beweisanträge, denen stattgegeben wurde, sind nach Abs. 2 darüber hinaus der Staatsanwaltschaft sowie dem Nebenkläger (§§ 397 Abs. 1 S. 2, 385 Abs. 1)

---

[1] BGH v. 7. 5. 1954 – 2 StR 27/54, BGHSt 6, 128 (129).
[2] *Meyer-Goßner* Rn. 1, Einl. Rn. 128.
[3] *Meyer-Goßner* Rn. 1, Einl. Rn. 131.
[4] BGH, NStZ 1982, 289.
[5] OLG Celle v. 27. 2. 1959 – 2 Ss 6/59, VRS 17 (1959), 281, 284.
[6] *Pfeiffer* Rn. 2.
[7] *KK/Gmel* Rn. 2.
[8] OLG Celle v. 19. 6. 1957 – 1 Ss 12/57, NJW 1957, 1812.
[9] *Meyer-Goßner* Rn. 3.
[10] HK-GS/*Schulz* Rn. 2; aA: *Meyer-Goßner* Rn. 3.
[11] Löwe/Rosenberg/*Gollwitzer* Rn. 2, 11; *Nierwetberg* Jura 1984, 633; HK-GS/*Schulz* Rn. 2.
[12] BGH v. 6. 3. 1951 – 1 StR 68/50, BGHSt 1, 51 (53); RG v. 13. 3. 1941 – 2 D 408/40, RGSt 75, 165 (167); *Roxin*, Strafverfahrensrecht, § 41 B I 3 c.
[13] *Meyer-Goßner* Rn. 3.
[14] Anw-StPO/*Kirchhof* Rn. 2; HK/*Julius* Rn. 7; *Meyer-Goßner* Rn. 2.
[15] BGH v. 5. 7. 1951 – 4 StR 281/51, BGHSt 1, 286 (287).
[16] OLG Celle v. 5. 7. 1951 – 1 Ss 12/57, NJW 1957, 1812; OLG Köln v. 6. 3. 1953 – Ss 342/52, MDR 1953, 376.
[17] RG v. 13. 3. 1941 – 2 D 408/40, RGSt 75, 165; *Oske* MDR 1971, 797.
[18] Graf/*Ritscher* Rn. 4.
[19] BGH v. 5. 7. 1951 – 4 StR 281/51, BGHSt 1, 286.
[20] *Meyer-Goßner* Rn. 3.
[21] *Pfeiffer* Rn. 3.

Fünfter Abschnitt. Vorbereitung der Hauptverhandlung 9–11 **§ 219**

mitzuteilen; bei ablehnenden Entscheidungen steht das Gesetz einer entsprechenden Mitteilung nicht entgegen. Umstritten ist, ob die Verfügung des Vorsitzenden weiteren Verfahrensbeteiligten mitzuteilen ist. Teilweise wird dies ohne weitere Begründung für überflüssig erachtet.[22] Teilweise wird eine Mitteilungspflicht bei einer möglichen Relevanz jedenfalls bei Mitangeklagten bejaht. Da die Beweisaufnahme idR in Anwesenheit aller Verfahrensbeteiligten durchgeführt wird, sollten sowohl die Themen als auch die einzelnen Beweismittel vorab bekannt sein, sodass bereits Gründe der Verfahrenseffizienz und im Übrigen der Grundsatz des „fair trial" eine allgemeine Information und Transparenz gebieten.

Einen gesonderten Problembereich bilden die Fälle der **unterlassenen oder einer unzulässigen** 9 **Verfügung** des Vorsitzenden. Hier erlangen die gerichtliche Fürsorgepflicht und entsprechende Hinweispflichten in der Hauptverhandlung besondere Bedeutung.[23] Hat der Vorsitzende einen Beweisantrag unzulässigerweise mit einer Wahrunterstellung abgelehnt, muss dem Gericht die Verfügung mitgeteilt werden, damit der Antragsteller – erfasst ist neben dem Angeklagten auch der Verteidiger – von einer abweichenden Ansicht des Gerichts unterrichtet werden kann[24] mit dem Ziel, ihnen eine Stellungnahme oder das Stellen sachdienlicher Anträge zu ermöglichen. Erfolgte eine unzulässige „Verweisung", hat der Vorsitzende gleichfalls die Pflicht, in der Verhandlung das Gericht über den Antrag zu informieren und eine Entscheidung über den Antrag herbeizuführen.[25] Ist eine Entscheidung des Vorsitzenden gänzlich unterblieben, muss er in der Hauptverhandlung klären, ob der Antrag aufrecht erhalten bleibt.[26] Unter Umständen muss der Antragsteller darauf hingewiesen werden, dass er seinen Antrag (mündlich) wiederholen muss. Ist der Antragsteller in der Hauptverhandlung nicht anwesend, muss der Antrag dem Gericht vorgelegt werden, damit hierüber entschieden werden kann.[27]

III. Rechtsmittel

1. Beschwerde. Eine (ablehnende) Verfügung des Vorsitzenden kann nach § 305 S. 1 nicht mit 10 der **Beschwerde** angefochten werden.[28] Denn die Entscheidung hat vorläufigen Charakter und Beweisanträge können in der Hauptverhandlung wiederholt gestellt werden, so dass die Relevanz eines Verstoßes gegen die Vorschrift für das Urteil nicht greifbar ist. Auch können Beweisanträge in der Hauptverhandlung ohne Möglichkeiten der Beschwerde abgelehnt werden, sodass die Unzulässigkeit des Rechtsbehelfs außerhalb der Hauptverhandlung mit einem Erst Recht-Schluss begründet werden kann.[29]

2. Revision. Ein Verstoß gegen § 219 kann nach hA nicht unmittelbar mit der **Revision** gerügt 11 werden.[30] Des Weiteren ist zu berücksichtigen, dass wegen der Möglichkeiten nach §§ 220, 245 Abs. 2 einerseits und der Befugnis, in der Hauptverhandlung erneut Beweisanträge zu stellen, andererseits ein Beruhen des Urteils auf dem Verfahrensverstoß idR nicht gegeben sein wird. Vor diesem Hintergrund kann die Revision[31] nur mit einer Verletzung der gerichtlichen Fürsorgepflicht[32] iVm. § 244 Abs. 2[33] oder mit einer Verletzung des Grundsatzes des „fair trial"[34] begründet werden.[35] Dies gilt für den Fall einer (unzulässigerweise) zugesagten, jedoch nicht eingehaltenen Wahrunterstellung[36] sowie für die Fälle der unterlassenen Entscheidung des Vorsitzenden unter gleichzeitiger Verletzung hieraus resultierender Hinweispflichten auf eine erneute Antragstellung in der Hauptverhandlung.[37] Des Weiteren stellt es nach umstrittener Ansicht einen Revisionsgrund dar, wenn über den Antrag entgegen Abs. 1 durch Gerichtsbeschluss entschieden wurde.[38]

---

[22] *Meyer-Goßner* Rn. 4.
[23] *Graf/Ritscher* Rn. 7; BGH v. 5. 7. 1951 – 4 StR 281/51, BGHSt 1, 286 (287).
[24] BGH v. 6. 3. 1951 – 1 StR 68/50, BGHSt 1, 51 (53 f.); *Meyer-Goßner* Rn. 5.
[25] BGH v. 5. 7. 1951 – 4 StR 281/51, BGHSt 1, 286 (287).
[26] *Meyer-Goßner* Rn. 5; HK/*Julius* Rn. 10.
[27] *Meyer-Goßner* Rn. 5.
[28] HK/*Julius* Rn. 13; Anw-StPO/*Kirchhof* Rn. 6; *Graf/Ritscher* Rn. 8; *Meyer-Goßner* Rn. 6.
[29] HK-GS/*Schulz* Rn. 4.
[30] Anw-StPO/*Kirchhof* Rn. 6; *Meyer-Goßner* Rn. 7; HK/*Julius* Rn. 14; *Graf/Ritscher* Rn. 9.
[31] Zum notwendigen Revisions- bzw. Rügevorbringen: BGH v. 6. 7. 1983 – 2 StR 222/83, BGHSt 32, 44 (46); OLG Hamm v. 18. 6. 1998 – 2 Ss OWi 588/98, NZV 1998, 425; Anw-StPO/*Kirchhof* Rn. 6; Löwe/Rosenberg/*Gollwitzer* Rn. 35; HK/*Julius* Rn. 14.
[32] *Graf/Ritscher* Rn. 9; *Meyer-Goßner* Rn. 7.
[33] OLG Köln v. 22. 9. 1953 – Ss 199/53, NJW 1954, 46; OLG Saarbrücken v. 29. 4. 1965 – Ss 365, VRS 29 (1965), 292; Anw-StPO/*Kirchhof* Rn. 6.
[34] BGH v. 6. 7. 1983 – 2 StR 222/83, BGHSt 32, 44 (45).
[35] *Pfeiffer* Rn. 8.
[36] BGH v. 6. 7. 1983 – 2 StR 222/83, BGHSt 32, 44 (45 f.); Anw-StPO/*Kirchhof* Rn. 6; *Graf/Ritscher* Rn. 9; *Meyer-Goßner* Rn. 7.
[37] Anw-StPO/*Kirchhof* Rn. 6; HK/*Julius* Rn. 15.
[38] OLG Celle v. 19. 6. 1957 – 1 Ss 12/57, NJW 1957, 1812; OLG Köln v. 6. 3. 1953 – Ss 342/52, MDR 1953, 376.

§ 220 1–5   *Zweites Buch. Verfahren im ersten Rechtszug*

12   Zu einem **Rügeverlust** kann indessen der – wirksame – Verzicht auf eine weitere Aufklärung führen. Dieser Verzicht kann darin liegen, dass ein unerledigter oder unzulässig beschiedener Beweisantrag in der Hauptverhandlung nicht wiederholt wird.[39] Beim unverteidigten bzw. rechtsunkundigen Angeklagten setzt dies jedoch seine ausdrückliche Befragung hierzu voraus,[40] sodass sich der Verzicht als bewusste Entscheidung darstellen muss. Beim Verteidiger kann sich der bewusste Verzicht (konkludent) dadurch dokumentieren, dass ein ordnungsgemäßer Beweisantrag mit gleicher Stoßrichtung bzw. „ähnlichem Ziel"[41] gestellt wird.[42] Alleine das Nichtwiederholen des Antrag seitens des Verteidigers genügt demnach nicht, es müssen vielmehr besondere Umstände hinzutreten, welche es ausschließen, dass der Beweisantrag in Vergessenheit geraten ist.[43]

§ 220 [Ladung durch den Angeklagten]

(1) ¹Lehnt der Vorsitzende den Antrag auf Ladung einer Person ab, so kann der Angeklagte sie unmittelbar laden lassen. ²Hierzu ist er auch ohne vorgängigen Antrag befugt.

(2) Eine unmittelbar geladene Person ist nur dann zum Erscheinen verpflichtet, wenn ihr bei der Ladung die gesetzliche Entschädigung für Reisekosten und Versäumnis bar dargeboten oder deren Hinterlegung bei der Geschäftsstelle nachgewiesen wird.

(3) Ergibt sich in der Hauptverhandlung, daß die Vernehmung einer unmittelbar geladenen Person zur Aufklärung der Sache dienlich war, so hat das Gericht auf Antrag anzuordnen, daß ihr die gesetzliche Entschädigung aus der Staatskasse zu gewähren ist.

I. Einführung

1   In Ergänzung zu der Vorschrift des § 219 und dem dort geregelten Beweisantragsrecht gewährleistet die Norm, welche als „rechtsstaatlich bedeutsam" qualifiziert wird,[1] mit dem (Selbst-)Ladungsrecht eine weitere Möglichkeit der aktiven Einflussnahme[2] des Angeklagten bzw. der Verteidigung auf den Umfang der Beweisaufnahme in der Hauptverhandlung.[3] Die Norm dient damit in erster Linie den insofern partizipatorisch ausgestalteten Verteidigungsbefugnissen und -interessen des Beschuldigten. Sie ist demzufolge Ausdruck der Grundsätze des fairen Verfahrens sowie der Waffengleichheit.

II. Die Selbstladung

2   **1. Recht zur Selbstladung.** Das Recht zur unmittelbaren Ladung nach Abs. 1 S. 1 bezieht sich personell – wie sich insbesondere aus § 219 Abs. 1 erschließen lässt – nur auf Zeugen und Sachverständige[4] und sachlich auf die anstehende Hauptverhandlung. Im Gegensatz zu Beweisanträgen nach § 244 Abs. 3 – Abs. 5 erlaubt das Selbstladungsrecht einen deutlich erweiterten Einfluss auf die Beweisaufnahme, da die Vernehmung der unmittelbar geladenen Personen durch das Gericht nur unter den engeren Voraussetzungen nach § 245 Abs. 2, 3 abgelehnt werden kann.

3   Das Ladungsrecht steht dem Angeklagten, aber auch dem Verteidiger, dem Erziehungsberechtigten, dem gesetzlichen Vertreter und den Nebenbeteiligten mit denselben Rechten wie der Angeklagten zu. Dies ergibt ich aus dem konnexen Verhältnis zu § 219. Aus dieser Verbindung sowie aus verfahrenstaktischen Gründen heraus wird die unmittelbare Ladung auch erst dann in Betracht kommen, wenn ein Beweisantrag nach § 219 Abs. 1 S. 1 durch eine ablehnende Verfügung des Vorsitzenden beschieden wurde.

4   Alternativ zur Ladung ist es möglich, die in Frage kommenden Beweispersonen in der Hauptverhandlung zu stellen, wie sich aus § 222 Abs. 2 ergibt.

5   **2. Verfahren bei Selbstladung.** Das eigentliche Verfahren der unmittelbaren Ladung ist zunächst in § 38 geregelt, sodass mit der Zustellung der Ladung der Gerichtsvollzieher zu beauftragen ist und nach § 48 die Hinweise nach §§ 51, 77 anzubringen sind. Nicht erforderlich ist hingegen die Mitteilung des Beweisthemas in der Ladung. Daneben ist Abs. 2 zu beachten. Mithin muss der Beweisperson bei der Ladung die ihr nach dem JVEG zustehende gesetzliche Entschädi-

---

[39] *Meyer-Goßner* Rn. 7; HK/*Julius* Rn. 16.
[40] HK/*Julius* Rn. 16.
[41] BGH v. 5. 7. 1951 – 4 StR 281/51, BGHSt 1, 286.
[42] HK/*Julius* Rn. 16 mwN.
[43] BGH v. 5. 7. 1951 – 4 StR 281/51, BGHSt 1, 286 (287); zustimmend: HK/*Julius* Rn. 16.
[1] HK/*Julius* Rn. 1 unter Hinweis auf *Fezer*.
[2] Ähnlich: Graf/*Ritscher* Rn. 1.
[3] Zu den verteidigungstaktischen Gesichtspunkten: *Krekeler* StraFo 1996, 5 ff.; *Barton* StV 1983, 73 ff.; *Widmaier* StV 1985, 526 ff.
[4] Anw-StPO/*Kirchhof* Rn. 1; Graf/*Ritscher* Rn. 4.

Fünfter Abschnitt. Vorbereitung der Hauptverhandlung 6–14 **§ 220**

gung – welche vom Angeklagten oder dem sonst ladungsberechtigten Verfahrensbeteiligten eigenständig zu berechnen und sodann aufzubringen ist – in bar dargeboten werden; was gewöhnlich durch den mit der Zustellung beauftragten Gerichtsvollzieher geschieht, dem der Betrag zuvor zur Verfügung zu stellen ist. Ansonsten muss die Hinterlegung des Betrages bei der Geschäftsstelle des Gerichts bei der Ladung nachgewiesen werden.

Nach § 222 Abs. 2 sind die geladenen Beweispersonen dem Gericht und der Staatsanwaltschaft rechtzeitig unter Angabe des Wohn- oder Aufenthaltsortes mitzuteilen. Gleiches gilt für den Fall, dass Zeugen oder Sachverständige im Termin zur Hauptverhandlung – alternativ zur Ladung – gestellt werden sollen. Das Beweisthema braucht in beiden Fällen weder dem Gericht noch der StA zur Kenntnis gebracht zu werden, wenngleich dies als zweckmäßig erscheint. 6

Die Ladung als Aufforderung, in der Hauptverhandlung zu erscheinen, muss Zeit- und Ortsangaben enthalten sowie das Gericht und die Strafsache bezeichnen. Auch die Eigenschaft, in welcher die Person zu erscheinen hat, ist anzugeben. 7

Umstritten ist die Frage, ob eine unmittelbare Ladung von **Auslandszeugen** nach Abs. 1 S. 1 möglich ist. Während dies vereinzelt mit Blick auf § 37 Abs. 1 iVm. § 183 (§§ 199ff. aF) ZPO bejaht wurde,[5] wird von der hM zu Recht vor Allem auf das Fehlen einer spezifisch strafprozessualen Regelung hingewiesen.[6] 8

3. Pflicht zum Erscheinen. Sind die Voraussetzungen nach Abs. 2 und nach §§ 48, 51, 77 eingehalten, besteht für die geladenen Beweispersonen die Pflicht zum Erscheinen in der Hauptverhandlung. Es besteht insofern kein Unterschied zu einer gerichtlichen Ladung, wenngleich der Angeklagte oder die sonst zur Selbstladung berechtigten Personen gegenüber dem Gericht die ordnungsgemäße Ladung und die Voraussetzungen nach Abs. 2 nachweisen müssen. Bei unentschuldigtem Fernbleiben sind daher die Maßnahmen nach § 51 Abs. 1, 77 Abs. 1 von Amts wegen zu verhängen; und zwar unabhängig davon, ob ein Antrag nach § 245 Abs. 2 S. 1 erfolgreich hätte angebracht werden können.[7] 9

Eine Pflicht zum Erscheinen besteht hingegen nicht, wenn die Voraussetzungen nach Abs. 2 nicht eingehalten wurden, insbesondere wenn die anzubietende gesetzliche Entschädigung fehlerhaft berechnet und deshalb zu niedrig ausgefallen ist.[8] Ferner sind (Zwangs-)Maßnahmen gegen ausgebliebene Beweispersonen unzulässig, wenn in der Ladung die entsprechenden Hinweise gefehlt haben.[9] 10

III. Entschädigung

Unter der Voraussetzung, dass die Vernehmung der unmittelbar geladenen Beweisperson zur Aufklärung der Sache dienlich war, kann das Gericht nach Abs. 3 auf Antrag anordnen, dass die gesetzliche Entschädigung aus der Staatskasse zu gewähren ist. 11

Der **Antrag** auf Entschädigung kann während der Hauptverhandlung oder im Anschluss hieran[10] vom Angeklagten, jeder ansonsten ladungsbefugten Person, der Staatsanwaltschaft und schließlich von der Beweisperson selbst gestellt werden. 12

Voraussetzung für die Kostenübernahme durch die Staatskasse ist neben einem entsprechenden Antrag die vom Gericht festzustellende **Sachdienlichkeit** der Vernehmung der Beweisperson. Dies ist nach einem objektiven Maßstab zu beurteilen. Erforderlich, aber auch ausreichend ist, dass die Beweiserhebung das Verfahren in dem Sinne gefördert hat, dass ein nicht gänzlich irrelevanter Einfluss auf den Verfahrensgang oder die Entscheidung vorgelegen hat. In diesem Zusammenhang ist zu berücksichtigen, dass das Merkmal der Sachdienlichkeit das maßgebliche Instrumentarium darstellt, um einem Missbrauch des Selbstladungsrechts vorzubeugen. Jenseits von § 245 Abs. 2 S. 2 ist daher grundsätzlich eine großzügige Betrachtung geboten. Ausgehend davon genügt es per se nicht, dass eine Beweisperson antragsgemäß vernommen wurde.[11] Umgekehrt steht der Sachdienlichkeit nicht entgegen, dass die Beweispersonen für unglaubwürdig erachtet wurden, das Gericht – aus anderen Gründen – deren Angaben nicht gefolgt ist oder andere, in ähnlicher Weise geeignete Beweismittel vorhanden waren. Ferner spricht die Erwähnung von Aussagen in den Urteilsgründen dafür, dass eine Sachdienlichkeit gegeben ist. 13

Erfolgt die gerichtliche Anordnung, dass die gesetzliche Entschädigung aus der Staatskasse zu gewähren ist (Kostengrundentscheidung), haben Zeugen oder Sachverständige einen **Erstattungs-** 14

---

[5] *Hartwig* StV 1996, 629; hiergegen: *Rose* wistra 1998, 17.
[6] *Fezer* StV 1995, 266; *Siegesmund/Wickern* wistra 1993, 86.
[7] *Löwe/Rosenberg/Gollwitzer* Rn. 12.
[8] *Pfeiffer* Rn. 3.
[9] *Meyer-Goßner* Rn. 8.
[10] Beim Zeugen ist grundsätzlich die 3-Monatsfrist nach § 2 Abs. 1 S. 1 JVEG zu beachten.
[11] OLG Düsseldorf v. 23. 4. 1985 – 1 Ws 278/85, MDR 1985, 1050; OLG Stuttgart v. 3. 8. 1981 – 5 – 1 StE 3 /77, MDR 1981, 1038.

anspruch gegen die Staatskasse. Das Verhältnis zwischen Angeklagtem und Staatskasse wird hierdurch nicht tangiert, da hier die §§ 465 ff. gelten und die aus der Staatskasse verauslagten Beträge zu den Kosten des Verfahrens zählen, sodass mit der abschließenden Entscheidung die zu treffende Kosten(grund-)entscheidung maßgeblich ist.

15 Eine Entschädigungspflicht der Staatskasse gegenüber den Beweispersonen besteht indessen nicht, wenn die Anordnung nach Abs. 3 unterblieben ist oder der Zeuge bzw. Sachverständige bereits vom Angeklagten oder sonstigen ladungsberechtigten Personen die Entschädigung erhalten hat. Eine Ausnahme hiervon bildet wiederum die Hinterlegung. Wurde eine Entscheidung nach Abs. 3 nicht getroffen, besteht für den Angeklagten jedoch die Möglichkeit der Auslagenerstattung im Kostenfestsetzungsverfahren (§ 464 b).

16 Die Entschädigung von Zeugen und Sachverständigen erstreckt sich auf Reisekosten und Versäumnis anlässlich der Hauptverhandlung, wie sich aus dem Gesamtzusammenhang der gesetzlichen Regelung erschließt. Daher können sonstige Kosten, wie etwa der Aufwand für ein vor der Ladung erstelltes schriftliches Sachverständigengutachten,[12] nicht erstattet werden.

17 Die Regelung in Abs. 3 gilt nach hA entsprechend, wenn die Beweispersonen in der Hauptverhandlung gestellt werden.

IV. Beschwerde

18 Gegen die ablehnende Entscheidung des Gerichts nach Abs. 3 kann in den Grenzen von § 305 S. 1 **Beschwerde** eingelegt werden. Beschwerdeberechtigt sind alle antragberechtigten Personen; also die Beweispersonen, der Angeklagte sowie die StA. Die erforderliche Beschwer des Angeklagten entfällt indessen, wenn in der verfahrensabschließenden Entscheidung die Verfahrenskosten vollumfänglich der Staatskasse[13] oder dem rechtskräftig Verurteilten auferlegt worden sind.[14]

§ 221 [Herbeischaffung von Beweisgegenständen]

Der Vorsitzende des Gerichts kann auch von Amts wegen die Herbeischaffung weiterer als Beweismittel dienender Gegenstände anordnen.

I. Einführung

1 Die Vorschrift stellt eine sachliche Ergänzung zur Regelung in § 214 Abs. 4 S. 2 dar. Während sich § 214 Abs. 4 S. 2 nämlich auf solche gegenständlichen Beweismittel bezieht, welche bei Anklageerhebung vorhanden und regelmäßig in der Anklageschrift aufgeführt sind, gilt die Norm für weitere beweisrelevante Gegenstände, die unter Berücksichtigung der gerichtlichen Aufklärungspflicht für die Beweisaufnahme in der Hauptverhandlung von Bedeutung sein können.

II. Voraussetzungen für die Herbeischaffung von Beweismitteln

2 **1. Beweismittel.** Geregelt ist die Herbeischaffung **weiterer als Beweismittel dienender Gegenstände**. Dies bezieht sich auf solche Gegenstände, die in der Anklageschrift nicht aufgeführt waren und deren Herbeischaffung daher nicht nach § 214 Abs. 4 bislang bewirkt werden konnte. Ihre durch die Vorschrift intendierte Beweisrelevanz kann aufgrund der Aktenlektüre des Gerichts bzw. des Vorsitzenden, aber auch durch Anregungen von Prozessbeteiligten generiert werden.

3 **2. Herbeischaffung.** Die **Anordnung** der Herbeischaffung der Beweismittel ergeht durch den Vorsitzenden. Leitend bei der Ermessensentscheidung ist die Aufklärungspflicht.[1] Die **Ausführung** der Anordnung obliegt auf ein entsprechendes Ersuchen des Vorsitzenden hin zumeist der StA,[2] kann aber auch der Geschäftsstelle des Gerichts übertragen werden.[3] Die StA kann das Ersuchen zurückweisen, wenn sie die Anordnung für unzulässig erachtet,[4] jedoch nicht, wenn sie nur Bedenken bzgl. der Zweckmäßigkeit hat.[5]

4 Die Anordnung kann vor, aber auch in der Hauptverhandlung – hier aufgrund der Sachleitungsbefugnis des Vorsitzenden (§ 238 Abs. 1) – ergehen.[6]

---

[12] OLG München v. 30. 7. 1981 – 2 Ws 777/81, NStZ 1981, 450.
[13] *Pentz* NJW 1960, 735.
[14] OLG Karlsruhe v. 26. 2. 1985 – 3 Ws 10/85, MDR 1985, 694.
[1] HK-GS/*Schulz* Rn. 1.
[2] *Meyer-Goßner* Rn. 2.
[3] Löwe/Rosenberg/*Gollwitzer* Rn. 6.
[4] OLG Frankfurt v. 8. 10. 1981 – 3 Ws 616/81, NJW 1982, 1408.
[5] OLG Stuttgart v. 13. 8. 1982 – 1 Ss 99/822, Justiz 1982, 406; OLG Frankfurt v. 8. 10. 1981 – 3 Ws 616/81, NJW 1982, 1408; KK/*Gmel* Rn. 3.
[6] Anw-StPO/*Kirchhof* Rn. 1; *Pfeiffer* Rn. 1.

Fünfter Abschnitt. Vorbereitung der Hauptverhandlung 1–5 **§ 222**

3. Unterrichtungspflichten. Ob und inwiefern die Prozessbeteiligten von der angeordneten 5
Herbeischaffung weiterer bzw. neuer Beweismittel zu **unterrichten** sind, ist bislang nicht abschließend geklärt. Eine gesetzliche Mitteilungspflicht besteht nicht. Während teilweise ausgeführt wird, die Verfahrensbeteiligten seien idR zu unterrichten,[7] wird überwiegend auf die gerichtliche Fürsorgepflicht und eine daraus abzuleitende Informationspflicht verwiesen;[8] zumindest wird eine Mitteilung an die Prozessbeteiligten für zweckmäßig erachtet.[9]

III. Rechtsbehelfe

Nach § 305 S. 1 ist die **Beschwerde** gegen Anordnungen des Vorsitzenden ausgeschlossen.[10] 6
Auch die **Revision** kann auf einen Verstoß gegen die Vorschrift nicht gestützt werden.[11]

Weigert sich die Staatsanwaltschaft, einem Ersuchen des Gerichts, weitere Beweismittel herbei- 7
zuschaffen, nachzukommen, kann grundsätzlich eine **Dienstaufsichtsbeschwerde** in Betracht kommen.[12]

§ 222 [Namhaftmachung von Zeugen und Sachverständigen]

(1) ¹Das Gericht hat die geladenen Zeugen und Sachverständigen der Staatsanwaltschaft und dem Angeklagten rechtzeitig namhaft zu machen und ihren Wohn- oder Aufenthaltsort anzugeben. ²Macht die Staatsanwaltschaft von ihrem Recht nach § 214 Abs. 3 Gebrauch, so hat sie die geladenen Zeugen und Sachverständigen dem Gericht und dem Angeklagten rechtzeitig namhaft zu machen und deren Wohn- oder Aufenthaltsort anzugeben. ³§ 200 Abs. 1 Satz 3 bis 5 gilt sinngemäß.

(2) Der Angeklagte hat die von ihm unmittelbar geladenen oder zur Hauptverhandlung zu stellenden Zeugen und Sachverständigen rechtzeitig dem Gericht und der Staatsanwaltschaft namhaft zu machen und ihren Wohn- oder Aufenthaltsort anzugeben.

I. Einführung

In Bezug auf die anstehende Hauptverhandlung regelt die Vorschrift wechselseitige Informa- 1
tionspflichten, welche dem spezifischen Ladungs- und Gestellungsrecht von Gericht, Staatsanwaltschaft und Angeklagtem korrespondieren. Sachlich geht es übergreifend um die Planung und Vorbereitung der Hauptverhandlung. Für das Gericht wird hierbei eher organisatorische Gesichtspunkte der Verhandlung, für die Staatsanwaltschaft, vor Allem aber für die Verteidigung werden eher inhaltliche Aspekte im Vordergrund stehen.

II. Mitteilungspflichten

Die in Abs. 1 S. 1 und Abs. 2 kodifizierten Mitteilungspflichten beziehen sich alleine und aus- 2
schließlich auf die personellen Beweismittel wie Zeugen und Sachverständige, nicht hingegen auf die gegenständlichen Beweismittel. Das Gericht, Staatsanwaltschaft, Angeklagter sowie diejenigen Prozessbeteiligten,[1] welchen ein (Selbst-)Ladungsrecht zusteht oder die das Recht haben, Beweispersonen zum Hauptverhandlungstermin zu stellen, müssen einander die Zeugen und Sachverständigen rechtzeitig benennen.

Das **Gericht** teilt die Staatsanwaltschaft, dem Angeklagte, den übrigen Prozessbeteiligten und 3
– zumindest aus Gründen der Zweckmäßigkeit, ansonsten bei bestehender Empfangsvollmacht – auch dem Verteidiger sämtliche gerichtlicherseits geladenen Zeugen und Sachverständigen mit; unabhängig davon, dass bereits in der zugestellten Anklage eine entsprechende Aufstellung vorhanden war. Gewöhnlich erfolgt die Mitteilung in der Ladung bzw. der Terminsbenachrichtigung.

Die **Staatsanwaltschaft** hat das Gericht sowie den Angeklagten und der **Angeklagte** die Staats- 4
anwaltschaft sowie das Gericht zu benachrichtigen. Gleiches gilt für die übrigen Prozessbeteiligten, soweit sie zur Ladung oder Gestellung von Beweispersonen befugt sind.[2]

Inhaltliche Vorgaben für die Mitteilung ergeben sich aus der Vorschrift selbst und dem Verweis 5
in Abs. 1 S. 2. Neben dem Wohn- oder Aufenthaltsort und damit der ladungsfähigen Anschrift sind Vor- und Nachnamen anzugeben. Aus Gründen des Zeugenschutzes ist es allerdings möglich,

---

[7] *Pfeiffer* Rn. 1.
[8] KK/*Gmel* Rn. 4.
[9] Löwe/Rosenberg/*Gollwitzer* Rn. 7.
[10] *Meyer-Goßner* Rn. 4.
[11] KK/*Gmel* Rn. 5.
[12] Löwe/Rosenberg/*Gollwitzer* Rn. 8.
[1] Vgl. § 220 Rn. 3.
[2] *Pfeiffer* Rn. 4.

deren Identität oder deren Wohn- bzw. Aufenthaltsort nicht zu offenbaren bzw. eine Anonymisierung durchzuführen. Gesetzlich nicht vorgesehen ist die Angabe von Beweisthemen für die in der Hauptverhandlung anstehende Zeugen- oder Sachverständigenvernehmung; obgleich dies einzelfallspezifisch zweckmäßig erscheinen kann.

6 In zeitlicher Hinsicht besteht die Vorgabe, dass die Benachrichtigung **rechtzeitig** erfolgen muss. Mithin muss ausreichend Zeit für die jeweiligen Mitteilungsempfänger verbleiben, Erkundigungen einzuziehen (§ 246 Abs. 2), die Ladung weiterer Zeugen oder Sachverständige zu beantragen oder diese selbst zu laden bzw. deren Stellung zum Termin vorzubereiten. Ob deshalb die Mitteilung rechtzeitig war, ist somit stets eine Frage des Einzelfalls.

7 Vorgaben für die **Form** der Mitteilung bestehen nicht, sodass sie schriftlich oder mündlich erfolgen kann; zulässig ist ferner eine Benachrichtigung per e-mail.

III. Revision

8 Ein Verstoß gegen die Vorschrift kann durch den Angeklagten oder die Staatsanwaltschaft grundsätzlich nicht unmittelbar mit der **Revision** geltend gemacht werden. Eine Ausnahme besteht, wenn zulässigerweise in Abwesenheit des Angeklagten verhandelt wurde oder ein rechtsunkundiger, unverteidigter Angeklagter nicht über die Möglichkeit, einen Aussetzungsantrag zu stellen, vom Vorsitzenden in der Verhandlung belehrt wurde: Die Verletzung von § 222 kann erfolgreich mit der Revision gerügt werden, da idR nicht auszuschließen ist, dass das Urteil hierauf beruht.

9 In allen übrigen Fällen kann die Revision nur darauf gestützt werden, dass ein Aussetzungsantrag nach § 246 Abs. 2, 3 rechtsfehlerhaft zurückgewiesen.

§ 222 a [Mitteilung der Gerichtsbesetzung]

(1) ¹Findet die Hauptverhandlung im ersten Rechtszug vor dem Landgericht oder dem Oberlandesgericht statt, so ist spätestens zu Beginn der Hauptverhandlung die Besetzung des Gerichts unter Hervorhebung des Vorsitzenden und hinzugezogener Ergänzungsrichter und Ergänzungsschöffen mitzuteilen. ²Die Besetzung kann auf Anordnung des Vorsitzenden schon vor der Hauptverhandlung mitgeteilt werden; für den Angeklagten ist die Mitteilung an seinen Verteidiger zu richten. ³Ändert sich die mitgeteilte Besetzung, so ist dies spätestens zu Beginn der Hauptverhandlung mitzuteilen.

(2) Ist die Mitteilung der Besetzung oder einer Besetzungsänderung später als eine Woche vor Beginn der Hauptverhandlung zugegangen, so kann das Gericht auf Antrag des Angeklagten, des Verteidigers oder der Staatsanwaltschaft die Hauptverhandlung zur Prüfung der Besetzung unterbrechen, wenn dies spätestens bis zum Beginn der Vernehmung des ersten Angeklagten zur Sache verlangt wird.

(3) In die für die Besetzung maßgebenden Unterlagen kann für den Angeklagten nur sein Verteidiger oder ein Rechtsanwalt, für den Nebenkläger nur ein Rechtsanwalt Einsicht nehmen.

I. Einführung

1 Die insbesondere unter Berücksichtigung des Grundsatzes des gesetzlichen Richters (Art. 101 Abs. 1, S. 2 GG) verfassungsrechtlich nicht zu beanstandende Vorschrift[1] steht in sachlichem Zusammenhang zu § 222 b und zu dem absoluten Revisionsgrund nach § 338 Nr. 1. Zur Vermeidung von Verfahrensverzögerungen durch Urteilsaufhebungen in der Revisionsinstanz nur wegen eines Besetzungsfehlers ist die vorgezogene Prüfung der Ordnungsgemäßheit der Besetzung des Gerichts geregelt.[2]

II. Pflicht zur Mitteilung der Besetzung des Gerichts nach Abs. 1

2 **1. Umfang der Mitteilungspflicht.** Nach Abs. 1 ist die Pflicht zur Mitteilung der Besetzung des Gerichts auf Strafsachen erster Instanz vor dem **Land- und Oberlandesgericht** beschränkt, sodass sie nicht in Verfahren vor dem Amtsgericht sowie im Rechtsmittelverfahren gilt.[3] Die Vorschrift gilt iVm. § 222 b für jede neue Hauptverhandlung in den erwähnten erstinstanzlichen Strafverfahren.

3 Eine entsprechende Anwendung von §§ 222 a, b ist im Bußgeldverfahren wegen KartellOWiG vor dem OLG vorgesehen. Nicht anwendbar sind die Vorschriften in den ehren- und berufsgerichtlichen Verfahren nach StBerG, BRAO, PatAO und WPO.[4]

---

[1] BVerfG v. 14. 3. 1984 – 2 BvR 249/84, NStZ 1984, 370; BGH v. 16. 1. 1985 – 2 StR 717/84, BGHSt 33, 126 (129).
[2] BGH v. 25. 10. 2006 – 2 StR 104/06, StraFo 2007, 59 (60); Löwe/Rosenberg/*Gollwitzer* Rn. 1.
[3] *Pfeiffer* Rn. 1.
[4] *Meyer-Goßner* Rn. 2.

2. Zeitpunkt und Inhalt der Besetzungsmitteilung. Die Mitteilung über die Besetzung des Gerichts ist nach Abs. 1 S. 1 spätestens **zu Beginn der Hauptverhandlung** durch den Vorsitzenden[5] mündlich[6] vorzunehmen, wobei die Vernehmung des ersten Angeklagten zur Person die äußerste zeitliche Grenze darstellt.[7] Als wesentliche Förmlichkeit der Hauptverhandlung (§ 273 Abs. 1) ist die Besetzungsmitteilung zu protokollieren.[8] Inhaltlich setzt die Mitteilung von Gesetzes wegen die Besetzung des Gerichts unter Hervorhebung des Vorsitzenden sowie die Benennung der Ergänzungsrichter wie -schöffen voraus. Bezüglich aller Personen ist deren vollständige namentliche Benennung mit Angabe ihrer Funktion innerhalb des Gerichts erforderlich. Sonstige Inhalte sind für die Besetzungsmitteilung nicht vorgegeben, sodass insbesondere keine Belehrung über deren verfahrensrechtliche Relevanz und etwaige Rechte erfolgen muss.[9]

Adressiert ist die Mitteilung an die Prozessbeteiligten, welche das Recht haben, eine fehlerhafte Besetzung zu rügen;[10] also Verteidiger (Abs. 1 S. 2), Staatsanwaltschaft, Nebenkläger sowie Einziehung- und Verfallsbeteiligter bzw. deren Verfahrensbevollmächtigter, nicht jedoch der Antragsteller im Adhäsionsverfahren mangels Rechtsmittelberechtigung (§ 406 a Abs. 2 S. 2). Eine Mitteilung an den Angeklagten, der stets wegen § 140 Abs. 1 Nr. 1 über einen Verteidiger verfügt, ist nach Abs. 1 S. 2 nicht zwingend. Sind mehrere Verteidiger vorhanden, müssen alle die Mitteilung erhalten. Hingegen verpflichtet ein Verteidigerwechsel nicht zu einer erneuten Mitteilung.[11]

Wird die Besetzung des Gerichts nach Abs. 1 S. 2 **vor der Hauptverhandlung** mitgeteilt, ordnet sie der Vorsitzende schriftlich[12] gewöhnlich mit der Ladung an, sodass die Geschäftsstelle sie in Form der förmlichen Zustellung – wegen der verfahrensrechtlichen Bedeutung – ausführen muss.[13] Sowohl die Anordnung selbst als auch deren Zeitpunkt und Inhalt stehen jedoch grundsätzlich im Ermessen des Vorsitzenden. Während zeitliche Vorgaben aus Abs. 2 resultieren, sind die inhaltlichen Vorgaben im Übrigen identisch mit der Besetzungsmitteilung zu Beginn der Hauptverhandlung. Sind bis zum Beginn der Hauptverhandlung indessen noch Änderungen möglich, sollte auf die Vorläufigkeit der Besetzung hingewiesen oder auf die Anordnung zu diesem Zeitpunkt gänzlich verzichtet werden. Erfolgt nach der Mitteilung eine Änderung in der Besetzung des Gerichts, ist eine Besetzungsmitteilung spätestens zu Beginn der Hauptverhandlung zu machen oder eine Berichtigung bzw. Änderungsmitteilung anzuordnen (Abs. 1 S. 3); letzteres auch wenn die Wochenfrist nach Abs. 2 nicht eingehalten werden kann. Denn im Rahmen der Entscheidung über einen Aussetzungsantrag kann bei der Berechnung der Unterbrechungsfrist die den Antragsberechtigten noch zur Verfügung stehende Zeit angerechnet werden.[14]

3. Verspätete Besetzungsmitteilung. Erfolgt die Mitteilung der Besetzung **verspätet**, ist die Rügepräklusion ausgeschlossen und die Besetzungsrüge bleibt für die Revision nach § 338 Nr. 1 a erhalten. Der Verstoß ist auch nicht dadurch zu **heilen**, dass die Besetzungsmitteilung nachgeholt und die Hauptverhandlung beginnend von Vernehmung des ersten Angeklagten zur Person an wiederholt wird.[15] Vielmehr muss die Hauptverhandlung ausgesetzt und sodann vollständig von neuem begonnen werden.[16]

III. Unterbrechung der Hauptverhandlung nach Abs. 2

1. Antrag auf Unterbrechung. Ist die Mitteilung der Besetzung oder die Mitteilung einer Änderung der Besetzung später als eine Woche vor Beginn der Hauptverhandlung zugegangen, besteht nach Abs. 2 die Möglichkeit, eine Unterbrechung der Hauptverhandlung zu beantragen. **Antragsbefugt** sind die in Abs. 2 aufgeführten Personen sowie der (zugelassene) Nebenkläger und der Einziehung- und Verfallsberechtigte. Die Unterbrechung dient dem Zweck, die Besetzung zu prüfen, um anschließend unter Umständen den Besetzungseinwand nach § 222 b zu erheben. Eine Belehrung über das Antragsrecht ist gesetzlich nicht vorgesehen und auch nicht aus anderen Gründen wegen der Präsenz professioneller Verfahrensbeteiligten auf allen Seiten geboten, wenngleich sie in der Praxis nicht selten erteilt wird.

---

[5] *Meyer-Goßner* Rn. 4.
[6] BGH v. 13. 12. 1979 – 4 StR 632/79, BGHSt 29, 162 (unzulässiger Aushang vor dem Gerichtssaal).
[7] BVerfG v. 19. 3. 2003 – 2 BvR 1540/01, NJW 2003, 3545 ff.; BGH v. 12. 7. 2001 – 4 StR 550/00, NJW 2001, 3062 f.
[8] KK/*Gmel* Rn. 7.
[9] HK-GS/*Schulz* Rn. 1.
[10] HK-GS/*Schulz* Rn. 1; *Meyer-Goßner* Rn. 11.
[11] Anw-StPO/*Kirchhof* Rn. 2.
[12] OLG Celle v. 2. 4. 1991 – 3 Ws 93/91 (I), NJW 1991, 2848.
[13] *Meyer-Goßner* Rn. 10.
[14] Ausführlich: *Meyer-Goßner* Rn. 16; vgl. auch: BGH v. 10. 6. 1980 – 5 StR 464/79, BGHSt 29, 283 (286).
[15] BGH v. 8. 4. 1997 – 4 StR 154/97, DAR 1998, 175.
[16] KK/*Gmel* Rn. 6; Anw-StPO/*Kirchhof* Rn. 2.

9 Voraussetzung für den Antrag auf Unterbrechung ist, dass die – nach § 43 Abs. 1 zu berechnende – Wochenfrist für die Mitteilung nach Abs. 1 S. 1 oder die Änderungsmitteilung nach Abs. 1 S. 3 unterschritten wurde. Ferner muss der Antrag spätestens bis zum Beginn der Vernehmung des ersten Angeklagten zur Sache mündlich gestellt werden; er ist nach § 273 Abs. 1 ins Protokoll aufzunehmen. Nicht unumstritten ist in diesem Zusammenhang die Frage der rechtlichen Einordnung eines vor der Verhandlung gestellten Verlegungsantrags zu dem Zweck, die Besetzung des Gerichts prüfen zu können. Während Abs. 2 wegen der darin enthaltenen zeitlichen Vorgaben dem nicht entgegensteht, kann aber bereits dessen Sinnhaftigkeit bezweifelt werden.[17] Nach hM handelt es sich daher um einen vorgezogenen Antrag auf Unterbrechung der Hauptverhandlung, über den – wegen der spezifischen Kompetenzzuweisung – das Gericht in der Verhandlung zu befinden hat.[18]

10 Ausnahmsweise kann der Unterbrechungsantrag auch bei Einhaltung der Wochenfrist gestellt werden, wenn feststeht oder glaubhaft gemacht werden kann, dass dem Antragssteller die maßgeblichen Besetzungsunterlagen nicht oder nicht vollständig zur Verfügung standen, sodass die Ordnungsgemäßheit der Besetzung nicht hatte geprüft werden können.[19]

11 **2. Entscheidung über den Antrag.** Über den Antrag auf Unterbrechung der Hauptverhandlung entscheidet das **Gericht** – und nicht der Vorsitzende – nach Anhörung der Verfahrensbeteiligten (§ 33 Abs. 2) im Rahmen der Ausübung pflichtgemäßen Ermessens durch **Beschluss**. Die Entscheidung muss vor Beginn der Vernehmung des ersten Angeklagten zu Sache ergehen, da ab diesem Zeitpunkt der Besetzungseinwand nicht mehr zulässig wäre.[20] Unterbleibt der Beschluss, ist die Besetzungsrüge in der Revision nach § 338 Nr. 1c erhalten.

12 Zentrales Kriterium bei der Ermessensentscheidung des Gerichts ist, ob ein Aufschub zur Prüfung der Ordnungsgemäßheit der Besetzung des Gerichts erforderlich ist. Der Antrag kann abgelehnt werden, wenn ein Mangel in der Besetzung des Gerichts ausgeschlossen erscheint.[21] Nicht einheitlich wird die Frage beantwortet, ob der die Unterbrechung ablehnende Beschluss zu begründen ist. Einerseits wird das Erfordernis einer Begründung – allerdings ohne weitere Argumentation – konstatiert,[22] andererseits wird zu Recht auf die fehlende Benachteiligung mit Blick auf die Besetzungsrüge abgehoben und deshalb die Begründung für entbehrlich erachtet.[23]

13 Wird durch Gerichtsbeschluss die Unterbrechung angeordnet, richtet sich deren vom Gericht wiederum zu bemessende **Dauer** gleichfalls grundsätzlich danach, welche Zeit zur Überprüfung der Besetzung des Gerichts erforderlich ist.[24] Wird die Unterbrechung zu kurz bemessen, steht dies jedoch einer Ablehnung des Unterbrechungsantrages gleich.[25] In Anlehnung an die in Abs. 2 vorgesehene Wochenfrist, welche nach den Vorstellungen des Gesetzgebers zwischen Besetzungs- bzw. Änderungsmitteilung und Beginn der Hauptverhandlung zumindest liegen muss, soll die Hauptverhandlung für grundsätzlich eine Woche unterbrochen werden;[26] eine Beschränkung dieser Vorgaben nur auf Schwurgerichtssachen[27] dürfte daher unzutreffend sein. Ein Unterschreiten dieser (Wochen-)Frist ist nur mit Zustimmung des Antragstellers möglich, oder wenn aufgrund besonderer Umstände ein geringerer Zeitaufwand sicher abzuschätzen ist.[28] Im Übrigen ist es zulässig, eine – ermessensfehlerfrei – bestimmte Frist gerichtlicherseits zu verlängern.[29]

IV. Einsicht in die für die Besetzung maßgeblichen Unterlagen nach Abs. 3

14 In Abs. 3 ist das **Einsichtsrecht** in die für die Besetzung maßgeblichen Unterlagen geregelt. Hierbei handelt es sich um folgende Unterlagen: Geschäftsverteilungsplan (§ 21 e GVG), Geschäftsverteilung im Spruchkörper (§ 21 g GVG), Schöffenliste (§§ 44, 45 Abs. 2 GVG), Protokolle des Schöffenwahlausschusses, Schöffenauslosung (§ 45 Abs. 2 S. 1, Abs. 4 S. 2 GVG), Vereidigung der Schöffen, Unterlagen über die Verhinderung von Schöffen und Richtern. Die Einsicht in diese Unterlagen ist erforderlich, um einen Besetzungseinwand zulässigerweise führen zu können, da dieser voraussetzt, dass diejenigen Tatsachen angegeben werden, aus denen sich die vorschriftwidrige Besetzung des Gerichts ergibt.

---

[17] *Meyer-Goßner* Rn. 19.
[18] *Schroeder* NJW 1979, 1529; KMR/*Eschenbach* Rn. 54; aA: *Rieß* NJW 1978, 2269.
[19] Löwe/Rosenberg/*Gollwitzer* Rn. 20; *Meyer-Goßner* Rn. 21.
[20] *Meyer-Goßner* Rn. 20.
[21] OLG Bremen v. 30. 7. 1985 – BL 186/85, StV 1986, 540.
[22] HK-GS/*Schulz* Rn. 2.
[23] *Meyer-Goßner* Rn. 20 f.
[24] BGH v. 19. 8. 1987 – 2 StR 160/87, NStZ 1988, 36 f.; BGH v. 10. 6. 1980 – 5 StR 464/79, BGHSt 29, 283 (285).
[25] BGH v. 19. 8. 1987 – 2 StR 160/87, NStZ 1988, 36 f.
[26] BGH v. 10. 6. 1980 – 5 StR 464/79, BGHSt 29, 283 (285 f.).
[27] In diese Richtung: *Pfeiffer* Rn. 4.
[28] BGH v. 10. 6. 1980 – 5 StR 464/79, BGHSt 29, 283 (286).
[29] *Rieß* JR 1981, 93; *Katholnigg* NStZ 1981, 32.

Ein unmittelbares Einsichtsrecht in die Besetzungsunterlagen haben die Staatsanwaltschaft, die 15
Verteidigung sowie der Rechtsanwalt, den der Angeklagte für diesen Zweck eigens bevollmächtigt
hat. Gleiches gilt für den Rechtsanwalt des Nebenklägers sowie darüber hinaus für die Rechtsanwälte aller rügebefugten Verfahrensbeteiligten. Einen eigenen Anspruch auf Einsicht haben jedoch
weder Angeklagte noch der Nebenkläger und die sonstigen Nebenbeteiligten. Eine Ausnahme bilden der Geschäftsverteilungsplan und die Geschäftsverteilung innerhalb des Spruchkörpers nach
§§ 21 e Abs. 9, 21 g Abs. 7 GVG, in welche jedermann einsehen kann.

Da weder der Vorsitzende noch das Gericht verpflichtet sind, Besetzungsunterlagen der Justiz- 16
verwaltung zum Zwecke der Einsicht zu beschaffen,[30] müssen sich die Verfahrensbeteiligten unmittelbar dorthin wenden.[31] Streitig ist, ob die Verweigerung der Einsicht **anfechtbar** ist. Die
wohl h. A. verneint dies mit der Begründung, die Besetzungsrüge bliebe dem betroffenen Verfahrensbeteiligten erhalten.[32] Die Gegenauffassung stellt mit beachtlichen Argumenten auf die Qualität der Einsichtsbefugnis als Rechtsanspruch einerseits und dessen effektive Absicherung unter
Berücksichtigung der grundrechtlichen Gewährleistungen nach Art. 19 Abs. 4 GG andererseits
mit der Konsequenz ab, dass der Einsichtsanspruch nach §§ 23 ff. EGGVG durchsetzbar sein
soll.[33] Ungeklärt ist in diesem Zusammenhang indessen noch, wie sich die Beschreitung des
Rechtswegs zur Durchsetzung des Einsichtsrechts und die Dauer der Unterbrechung bzw. die
Terminierung der Hauptverhandlung unter Beachtung des Beschleunigungsgrundsatzes im Konfliktfall harmonisieren lassen.

V. Rechtsmittel

1. Beschwerde. Mit der **Beschwerde** sind weder der ablehnende gerichtliche Beschluss über den 17
Unterbrechensantrag noch der stattgebende, allerdings mit zu kurzer Frist versehene Beschluss im
Hinblick auf § 305 S. 1 anfechtbar. Gleiches gilt die Anfechtung durch drittbetroffene Verfahrensbeteiligte, welche gegen einen erfolgreichen Antrag auf Unterbrechung der Hauptverhandlung vorgehen wollen.[34] Auf Entscheidungen des Vorsitzenden im Rahmen von § 222 a findet
§ 238 Abs. 2 keine Anwendung.

2. Revision. Die **Revision** kann nach ganz hM § 338 Nr. 1 nur mit einer unrichtigen Besetzung 18
des Gerichts begründet werden. Hingegen ist es ausgeschlossen, diese mit einem alleinigen Verstoß gegen § 222 a zu unterlegen.[35]

§ 222 b Einwand der verbotswidrigen Besetzung

(1) ¹Ist die Besetzung des Gerichts nach § 222 a mitgeteilt worden, so kann der Einwand, daß
das Gericht vorschriftswidrig besetzt sei, nur bis zum Beginn der Vernehmung des ersten Angeklagten zur Sache in der Hauptverhandlung geltend gemacht werden. ²Die Tatsachen, aus denen sich die vorschriftswidrige Besetzung ergeben soll, sind dabei anzugeben. ³Alle Beanstandungen sind gleichzeitig vorzubringen. ⁴Außerhalb der Hauptverhandlung ist der Einwand schriftlich
geltend zu machen; § 345 Abs. 2 und für den Nebenkläger § 390 Abs. 2 gelten entsprechend.

(2) ¹Über den Einwand entscheidet das Gericht in der für Entscheidungen außerhalb der Hauptverhandlung vorgeschriebenen Besetzung. ²Hält es den Einwand für begründet, so stellt es fest, daß
es nicht vorschriftsmäßig besetzt ist. ³Führt ein Einwand zu einer Änderung der Besetzung, so ist
auf die neue Besetzung § 222 a nicht anzuwenden.

I. Einführung

Die Vorschrift regelt in sachlichem Zusammenhang mit §§ 222 a, 338 Nr. 1 den sog. Beset- 1
zungseinwand. Sie dient dem Zweck, die revisionsrechtliche Besetzungsrüge nach § 338 Nr. 1 zu
erhalten und zwingt somit dazu, Besetzungsfragen bereits in der Tatsacheninstanz vor dem Landgericht und dem Oberlandesgericht zu klären.

II. Der Einwand der vorschriftswidrigen Besetzung

1. Besetzungseinwand. Der Einwand der vorschriftswidrigen Besetzung – oder auch kurz: Be- 2
setzungseinwand – muss nach Abs. 1 spätestens bis zum Beginn der Vernehmung des ersten An-

---

[30] *Meyer-Goßner* Rn. 23.
[31] OLG Düsseldorf v. 8. 6. 1979 – 1 Ws 297/79, MDR 1979, 1043; KK/*Gmel* Rn. 14.
[32] OLG Hamm v. 6. 9. 1979 – 1 VAs 20/79, NJW 1980, 1009; *Meyer-Goßner* Rn. 23; *Pfeiffer* Rn. 6.
[33] Anw-StPO/*Kirchhof* Rn. 4; HK-GS/*Schulz* Rn. 3; OLG Frankfurt v. 23. 2. 2006 – 3 VAs 13/06, NStZ-RR 2006, 208.
[34] *Meyer-Goßner* Rn. 25.
[35] *Rieß* NJW 1978, 2269; BGH v. 8. 4. 1997 – 4 StR 154/97, DAR 1998, 175; *Meyer-Goßner* Rn. 25.

geklagten zur Sache angebracht werden, wenn die Besetzung des Gerichts nach § 222a mitgeteilt worden ist. Der Einwand kann von allen Verfahrensbeteiligten erhoben werden, die die Rüge nach § 338 Nr. 1 erheben dürfen: Staatsanwaltschaft, Verteidigung, Angeklagter, Nebenkläger und sonstige Nebenbeteiligte. Er setzt nicht voraus, dass ein Unterbrechungsantrag nach § 222a Abs. 2 gestellt worden ist. In solchen Konstellationen aber, in denen die Mitteilung nach § 222a unterblieben oder fehlerhaft war, hat die Besetzungsrüge nach § 338 Nr. 1 nicht zur Voraussetzung, dass der Besetzungseinwand überhaupt erhoben wurde. Im Übrigen kann auf den Einwand **verzichtet** werden.[1] Der mündlich in der Verhandlung erklärte Besetzungseinwand ist als wesentliche Förmlichkeit der Hauptverhandlung zu protokollieren;[2] Gleiches gilt für den Verzicht.

3 Vom mündlich in der Hauptverhandlung erklärten Besetzungseinwand ist der außerhalb der Verhandlung erklärte – zumeist schriftliche – Einwand zu unterscheiden. Auch dieser ist nach Abs. 1 S. 4 zulässig. Zu beachten ist allerdings § 345 Abs. 2, sodass der Besetzungseinwand schriftlich durch einen Verteidiger zu erfolgen hat oder zu Protokoll der Geschäftsstelle erklärt werden muss. Es gelten die gleichen Formerfordernisse wie bei der Besetzungsrüge im Rahmen der Revision.

4 Der Einwand – schriftlich oder mündlich – bezieht sich zunächst auf die vorschriftswidrige Besetzung als solche. Erfasst werden ferner auch Verstöße gegen § 76 Abs. 2 GVG, wenn die Strafkammer mit nur zwei statt mit drei Berufsrichtern – oder umgekehrt – entschieden hat;[3] auch wenn die Gerichtsbesetzung nach § 222a nicht mitgeteilt wurde.[4]

5 **2. Zeitpunkt des Besetzungseinwands.** Der Besetzungseinwand muss in zeitlicher Hinsicht bis zum **Beginn der Vernehmung des ersten Angeklagten zur Sache** erhoben werden. Wird dieser Zeitpunkt versäumt, ist der Einwand für alle Verfahrensbeteiligten ausgeschlossen. Dies gilt auch dann, wenn die Mitteilung über die Besetzung sachlich unzutreffend war.

6 Bei Durchführung der Hauptverhandlung ohne den Angeklagten kann der Einwand bis zum Beginn der insoweit die Vernehmung zur Sache substituierenden Verlesung entsprechender Angaben erhoben werden.[5]

7 Streitig ist, ob bei Versäumung der Frist zur Erhebung der Besetzungsrüge auf Antrag **Wiedereinsetzung in den vorherigen Stand** zu gewähren ist. Einerseits wird dies wegen der (vermeintlichen) Nichtanwendbarkeit von § 44 abgelehnt.[6] Andererseits wird bei einem Verschulden des Verteidigers, das dem Angeklagten nicht zugerechnet werden kann, auf eine analoge Anwendung von § 44 verwiesen.[7] Letztere Auffassung erscheint vorzugswürdig, da im Hinblick auf die von Amts wegen gebotene Überprüfung der Besetzung über das gesamte Verfahren hinweg die kodifizierte Frist kein absolutum darstellt.

8 **3. Begründung des Besetzungseinwands.** Der Besetzungseinwand ist zu begründen. Nach Abs. 1 S. 2, 3 sind **alle Tatsachen**, aus denen sich die vorschriftswidrige Besetzung ergeben soll, beim Vorbringen des Einwands – „dabei" – anzugeben. Ferner sind alle Beanstandungen gleichzeitig vorzubringen. An die Begründung des Besetzungseinwands werden „hohe Anforderungen"[8] gestellt,[9] sodass es beim mündlich in der Hauptverhandlung vorgebrachten Einwand opportun erscheint, auch eine schriftliche Fassung als Anlage zum Protokoll zu übergeben.[10] Die notwendige Begründungsdichte ist an der Besetzungsrüge der Revision (§ 344 Abs. 2) orientiert, sodass dargelegt werden muss, unter welchem rechtlichen Aspekt beanstandet wird und welche Tatsachen dem zugrunde liegen.[11] Diese Formerfordernisse sind auch in den Fällen einzuhalten und daher unverzichtbar, in denen der Besetzungsmangel evident erkennbar oder bekannt ist.[12] Ungeklärt ist bislang die Frage, ob und inwieweit im Rahmen der Begründung auf in den Strafakten befindliche Unterlagen Bezug genommen oder verwiesen werden kann.[13]

9 Mängel in der Begründung im Sinne eines Verstoßes gegen Abs. 1 S. 2 führen dazu, dass der Besetzungseinwand nicht zulässig erhoben wurde und deshalb als unzulässig abgelehnt wird.[14]

---

[1] KK/*Gmel* Rn. 10.
[2] *Pfeiffer* Rn. 2.
[3] BGH v. 23. 12. 1998 – 3 StR 343/98, BGHSt 44, 328; BGH v. 11. 2. 1999 – 4 StR 657/98, BGHSt 44, 361; BGH v. 23. 12. 1998 – 3 StR 344/98, NStZ-RR 1999, 212.
[4] BGH v. 11. 1. 2005 – 3 StR 488/04, NStZ 2005, 465.
[5] Meyer-Goßner Rn. 4.
[6] KK/*Gmel* Rn. 5; Meyer-Goßner Rn. 4, § 44 Rn. 3.
[7] *Hamm* NJW 1979, 137; HK-GS/*Schulz* Rn. 1.
[8] BGH v. 25. 10. 2006 – 2 StR 104/06, StraFo 2007, 59f.
[9] Vgl. hierzu: Löwe/Rosenberg/*Gollwitzer* Rn. 17.
[10] HK-GS/*Schulz* Rn. 1.
[11] BGH v. 25. 10. 2006 – 2 StR 104/06, StraFo 2007, 59.
[12] BGH v. 25. 10. 2006 – 2 StR 104/06, StraFo 2007, 59f.
[13] BGH v. 30. 7. 1998 – 5 StR 574/97, BGHSt 44, 161 (163); BGH v. 25. 10. 2006 – 2 StR 104/06, StraFo 2007, 59f.
[14] *Pfeiffer* Rn. 4.

In Abs. 1 S. 3 ist neben den Formerfordernissen ein **Konzentrationsgebot**[15] dergestalt enthalten, 10 dass zum Zeitpunkt des Anbringens des Einwands alle Beanstandungen vorgebracht werden müssen. Entscheidend ist damit alleine der Zeitpunkt, zu dem der Besetzungseinwand erfolgt, sodass ein Nachschieben von Gründen auch dann ausgeschlossen ist, wenn die Vernehmung des ersten Angeklagten zur Sache noch bevorsteht.[16] Handelt es sich jedoch um Gründe, die zunächst objektiv nicht erkennbar waren, können diese nach wohl hA zulässigerweise nachgeschoben werden, wenn dies unverzüglich nach Kenntniserlangung geschieht.[17] Die Gegenauffassung[18] lehnt auch in diesem Fall ein zulässiges Nachschieben von Gründen ab, da, wenn alle Besetzungsunterlagen vorgelegen hätten, Defizite alleine in der Sphäre des Antragstellers liegen können. Im Übrigen sei bei unvollständigen Unterlagen die Besetzungsrüge erhalten.

Wurde der Besetzungseinwand verspätet vorgebracht, ist er als unzulässig abzulehnen.[19] 11

4. Prüfung der Besetzung von Amts wegen. Unabhängig vom Besetzungseinwand und die hieran 12 zu knüpfenden Anforderungen ist zu beachten, dass die Überprüfung der ordnungsgemäßen Besetzung des Gerichts auch von Amts wegen zu erfolgen hat.[20] Eine Bindung insbesondere an den in Abs. 1 S. 1 festgelegten Zeitpunkt besteht mithin nicht.[21] Vielmehr muss die für die Hauptverhandlung vorgesehene Besetzung in jeder Lage des Verfahrens überprüft werden,[22] ohne dass es hierbei auf einen Besetzungseinwand von antrags- oder nichtantragsberechtigten Verfahrensbeteiligten oder Nebenbeteiligten ankommt. Anlass für eine entsprechende Überprüfung der Rechtmäßigkeit seiner Zusammensetzung durch das Gericht kann daher beispielsweise auch eine präkludierte Besetzungsrüge sein.[23]

III. Entscheidung über den Besetzungseinwand

Zur Entscheidung über den Besetzungseinwand ist nach Abs. 2 S. 1 das **Gericht** berufen; und 13 zwar in der für Entscheidungen außerhalb der Hauptverhandlung vorgeschriebenen Besetzung nach §§ 76 Abs. 1 S. 2, 122 Abs. 1 GVG, sodass eine Beteiligung der Laienrichter ausgeschlossen ist. (Berufs-)Richter, die vom Besetzungseinwand betroffen sind, wirken an der Entscheidung mit.[24] Die Entscheidung ergeht nach Anhörung der Prozessbeteiligten nach § 33 Abs. 2 durch einen zu verkündenden (§ 35 Abs. 1 S. 1) oder formlos mitzuteilenden (§ 35 Abs. 2 S. 2) Beschluss, der zu nach § 34 begründen ist.

Unter Berücksichtigung der formellen wie materiellen Vorgaben für die Besetzungsrüge sind 14 verschiedene alternative **Inhalte beim Beschluss** zu unterscheiden: Wurde der Besetzungseinwand nicht frist- oder formgerecht erhoben, ist er als unzulässig abzulehnen.[25] Gleiches gilt für den Fall, dass der Einwand von einem nicht berechtigten Verfahrensbeteiligten erhoben wurde.[26] Ist der Einwand begründet, stellt das Gericht nach Abs. 2 S. 2 die Vorschriftswidrigkeit seiner Besetzung fest. Ist der Einwand hingegen unbegründet, wird er zurückgewiesen.

Vom Inhalt des Beschlusses zu unterscheiden sind die **verfahrensrechtlichen Auswirkungen**: 15 War der Einwand begründet, ist mit dem Beschluss über die Feststellung der vorschriftswidrigen Besetzung die Hauptverhandlung beendet, sodass es nach umstrittener Ansicht auch keines (weiteren) Aussetzungsbeschlusses bedarf,[27] wenngleich es für zweckmäßig erachtet wird.[28] Anschließend ist es die Aufgabe der zuständigen Organe (Vorsitzender, Präsidium, Präsident) die notwendigen Maßnahmen unter Berücksichtigung der Rechtsauffassung des Gerichts zu treffen. Sodann ist die Hauptverhandlung neu zu beginnen, wobei § 222a nach Abs. 2 S. 3 nicht gilt. War der Einwand unbegründet, wird die Hauptverhandlung – nach dem Beschluss – fortgesetzt.

Im letztgenannten Fall entfaltet nach herrschender, aber nicht unumstrittener Auffassung 16 der Beschluss für das Gericht keine Bindungswirkung, sodass das Gericht zu einem späteren

---

[15] HK-GS/*Schulz* Rn. 1.
[16] BGH v. 25. 10. 2006 – 2 StR 104/06, StraFo 2007, 59 f.; *Meyer-Goßner* Rn. 7.
[17] BVerfG v. 14. 3. 1984 – 2 BvR 249/84, NStZ 1984, 370 f.; BGH v. 25. 4. 1995 – 4 StR 173/95, NStZ 1996, 48 f.; *Löwe/Rosenberg/Gollwitzer* Rn. 18; *Pfeiffer* Rn. 7; aA: *Meyer-Goßner* Rn. 7.
[18] *Meyer-Goßner* Rn. 7.
[19] *Pfeiffer* Rn. 5.
[20] KG v. 9. 1. 1980 – 1 AR 510/77 – 2 Ws 347/79, MDR 1980, 688 f.; BGH v. 25. 4. 1995 – 4 StR 173/95, NStZ 1996, 48.
[21] *Wagner* JR 1980, 53; aA: OLG Celle v. 2. 4. 1991 – 3 Ws 93/91 (I), NdsRpfl 1991, 151.
[22] KG v. 9. 1. 1980 – 1 AR 510/77 – 2 Ws 347/79, MDR 1980, 688; *Rieß* JR 1981, 94.
[23] *Meyer-Goßner* Rn. 2.
[24] *Meyer-Goßner* Rn. 9.
[25] Vgl. oben Rn. 9, 11.
[26] *Meyer-Goßner* Rn. 11.
[27] KK/*Gmel* Rn. 16; *Löwe/Rosenberg/Gollwitzer* Rn. 34; *Pfeiffer* Rn. 5; aA: *Meyer-Goßner* Rn. 12.
[28] *Pfeiffer* Rn. 5.

Zeitpunkt der Hauptverhandlung nicht gehindert ist, seine vorschriftswidrige Besetzung festzustellen.[29]

IV. Rechtsmittel

17 **1. Beschwerde.** Der Beschluss als Entscheidung über den Besetzungseinwand kann nach § 305 S. 1 mit der **Beschwerde** nicht angefochten werden. Eine Ausnahme bildet jedoch der Fall, dass die nicht vorschriftsgemäße Besetzung des Gerichts von Amts wegen festgestellt wurde.[30]

18 **2. Revision.** Eine unmittelbare Verletzung von § 222 b kann mit der **Revision** nicht gerügt werden. Unter den näheren Voraussetzungen nach § 339 Nr. 1 kann die Besetzungsrüge mit der Revision erhoben werden. Eine Besonderheit ergibt sich im Falle des Abs. 2 S. 3: Die Revision kann uneingeschränkt auf § 338 Nr. 1 gestützt werden kann, weil § 338 Nr. 1 2. Hs. nicht gilt.[31]

§ 223 [Kommissarische Vernehmung]

(1) Wenn dem Erscheinen eines Zeugen oder Sachverständigen in der Hauptverhandlung für eine längere oder ungewisse Zeit Krankheit oder Gebrechlichkeit oder andere nicht zu beseitigende Hindernisse entgegenstehen, so kann das Gericht seine Vernehmung durch einen beauftragten oder ersuchten Richter anordnen.

(2) Dasselbe gilt, wenn einem Zeugen oder Sachverständigen das Erscheinen wegen großer Entfernung nicht zugemutet werden kann.

I. Einführung

1 Die Vorschrift, die in sachlichem Zusammenhang mit § 251 Abs. 2 Nr. 1–3 zu sehen ist, dient nach hA zunächst der Vorwegnahme eines Teils der Hauptverhandlung,[1] indem eine vorsorgliche Beweissicherung[2] bezogen auf personale, nicht aber sachliche Beweismittel ermöglicht wird. Das Instrumentarium hierfür ist die kommissarische Vernehmung. Ziel ist der Erhalt einer Niederschrift über die richterliche Vernehmung eines nicht oder nur schwer erreichbaren Zeugen oder Sachverständigen, welche sodann – bei Vorliegen der weiteren Voraussetzungen nach § 251 – durch Verlesung in die Hauptverhandlung eingeführt werden kann. Nach Inkrafttreten des ZSchG ist unter maßgeblicher Berücksichtigung von Opferinteressen das gleichrangige Ziel der Erstellung einer audiovisuellen Aufzeichnung von Zeugenvernehmungen hinzugekommen, die nach § 255a sodann zum Gegenstand der Beweisaufnahme in der Hauptverhandlung gemacht werden können.

2 Indessen muss Berücksichtigung finden, dass die kommissarische Vernehmung und deren Einführung in die Hauptverhandlung qua Verlesung oder nach § 255a als Erkenntnismittel nachrangige Bedeutung gegenüber der Vernehmung einer präsenten Beweisperson in der Hauptverhandlung – selbst unter Ausschluss des Angeklagten – haben.[3] Demzufolge muss das Gericht alle zumutbaren Anstrengungen unternehmen, das persönliche Erscheinen der Beweisperson in der Hauptverhandlung zu erreichen.[4] Zumal die kommissarische Vernehmung als Vorwegnahme von Teilen der Hauptverhandlung zu einer sektoralen Suspendierung der Verfahrensgrundsätze der Unmittelbarkeit und Öffentlichkeit führt.[5] Unter Beweisgesichtspunkten ist die kommissarische Vernehmung daher ultima ratio.

II. Voraussetzungen für eine kommissarische Vernehmung nach Abs. 1

3 Voraussetzung für die kommissarische Vernehmung ist nach Abs. 1 das dauerhafte **Vorliegen eines dem Erscheinen in der Hauptverhandlung entgegenstehenden Hindernisses** in der Person eines Zeugen oder Sachverständigen. Insofern besteht eine weitgehende sachliche Kongruenz mit § 251 Abs. 1 Nr. 2, Abs. 2 Nr. 1, 2. Das **Merkmal des Erscheinens** kann hierbei nicht auf die Möglichkeit körperlicher Präsenz in die Hauptverhandlung reduziert werden, vielmehr geht es darum, ob die Beweisperson in der Hauptverhandlung auch vernommen werden kann.[6]

---

[29] BGH v. 25. 4. 1995 – 4 StR 173/95, NStZ 1996, 48 f.; KK/*Gmel* Rn. 14; SK-StPO/*Schlüchter* Rn. 435; *Meyer-Goßner* Rn. 13; KG v. 9. 1. 1980 – 1 AR 510/77 – 2 Ws 347/79, MDR 1980, 688; *Vogt/Kurth* NJW 1985, 105; aA: OLG Celle v. 2. 4. 1991 – 3 Ws 93/91 (I), NJW 1991, 2848 f.; Löwe/Rosenberg/*Gollwitzer* Rn. 38; Wagner JR 1980, 54.
[30] OLG Celle v. 2. 4. 1991 – 3 Ws 93/91 (I), NJW 1991, 2848 f.; *Meyer-Goßner* Rn. 15.
[31] *Hamm* NJW 1979, 137; vgl. auch: *Meyer-Goßner* Rn. 15.
[1] BGH v. 1. 11. 1955 – 5 StR 186/55, BGHSt 9, 24 (27); SK-StPO/*Schlüchter* Rn. 2; KK/*Gmel* Rn. 1.
[2] BGH v. 9. 12. 1999 – 5 StR 312/99, BGHSt 45, 354 (359).
[3] BGH v. 1. 7. 1983 – 1 StR 138/83, BGHSt 32, 32 (36 f.); vgl. auch: BGH v. 15. 9. 1999 – 1 StR 286/99, BGHSt 45, 188 (190).
[4] KK/*Gmel* Rn. 1.
[5] SK-StPO/*Schlüchter* Rn. 2: „Einbruch in das Öffentlichkeits- und Unmittelbarkeitsprinzip".
[6] BGH v. 21. 6. 1956 – StR 158/56, BGHSt 9, 297 (300).

Als Regelbeispiele für eine dauerhafte Verhinderung zählt Abs. 1 Krankheit und Gebrechlichkeit auf: **Krankheit** ist ein krankhafter körperlicher oder psychische Zustand, der ein Erscheinen der Auskunftsperson zu ihrer Vernehmung in der Hauptverhandlung unmöglich macht.[7] **Gebrechlichkeit** liegt vor, wenn dem Erscheinen der Beweisperson zur Vernehmung ihr hohes Alter oder ihr schlechter körperlicher Zustand entgegenstehen.[8]

Als **andere nicht zu beseitigende Hindernisse** sind unter Anderem folgende Umstände anerkannt: eine längere Auslandsreise,[9] Haft im Ausland,[10] im Ausland bestehendes Ausreiseverbot,[11] der durch Nichtbefolgen von Ladungen und Fernbleiben vom Termin manifestierte Wille eines sog. Auslandszeugen, vor einem deutschen (Straf-)Gericht nicht zu erscheinen,[12] das Vorliegen einer vom Gericht trotz aller entsprechenden Bemühungen nicht zu beseitigenden Sperrerklärung nach § 96 oder nach § 54 iVm. § 39 BRRG,[13] die berechtigte Weigerung eines Erziehungsberechtigten, ein Kind vernehmen zu lassen,[14] nicht in ausreichendem Umfang zu beseitigende Gefahren für Leib oder Leben einer Beweisperson.[15] Ansonsten kann auf die von der Rspr. zur Unerreichbarkeit von Beweispersonen iSv. § 244 Abs. 3 S. 2 entwickelten Kriterien zurückgegriffen werden.[16]

Übergreifend ist jedoch zu berücksichtigen, dass der unbestimmte (Rechts-)Begriff des anderen, nicht zu beseitigenden Hindernisses restriktiv auszulegen ist, da das Gericht – zur Wahrung des Unmittelbarkeitsgrundsatzes – alle gebotenen Anstrengungen unternehmen muss, um eine Vernehmung der Beweisperson in der Hauptverhandlung zu ermöglichen.[17] Demzufolge sind als Hindernisse nicht anerkannt: (bloßer) Auslandsaufenthalt einer Beweisperson[18] sowie berufliche Verpflichtungen, Wehrdienst oder Urlaub.[19]

Das Hindernis muss für eine **längere oder ungewisse Zeit** bestehen und daher unter Berücksichtigung des für die Hauptverhandlung geltenden Beschleunigungsgrundsatzes dauerhaft sein. Quantitative Zeitangaben sind in diesem Zusammenhang deshalb nicht möglich. Relevant für die Beurteilung des Gerichts ist vor Allem die Bedeutung der Angaben der Beweisperson[20] in Relation zu den Gründen, welche dem Erscheinen in der Hauptverhandlung entgegenstehen können. Dies kann es im Einzelfall erforderlich machen, bei der Terminierung der Hauptverhandlung eine zeitliche Verschiebung bzw. ihre Verlängerung[21] vorzusehen, um eine Vernehmung des Zeugen oder Sachverständigen in der Hauptverhandlung zu ermöglichen.

III. Voraussetzungen für eine kommissarische Vernehmung nach Abs. 2

Nach Abs. 2 steht es den nicht zu beseitigenden Hindernissen nach Abs. 1 gleich, wenn der Beweisperson wegen **großer Entfernung** das Erscheinen in der Hauptverhandlung zur Vernehmung **nicht zugemutet** werden kann. Ebenso wie bei der zeitlich nicht zu fixierenden Dauer eines Hindernisses verbieten sich wiederum quantitative Entfernungsangaben. Maßgebend im Rahmen der vom Gericht vorzunehmenden Abwägung sind die Bedeutung der Angaben der Beweisperson und die Bedeutung der Strafsache in Relation zu der im Rahmen der Anreise zur Hauptverhandlung zu überwindenden Entfernung einschließlich etwaiger Schwierigkeiten[22] wie zB die persönlichen Verhältnisse der Beweisperson[23] oder die Verkehrsverhältnisse.[24] Kommt deshalb den Angaben der Beweisperson in der Hauptverhandlung voraussichtlich hohe Bedeutung zu, reduziert sich die Relevanz des Anreisewegs als Hindernis für das Erscheinen.[25] Mithin ist unter Umstän-

---

[7] BGH v. 21. 6. 1956 – StR 158/56, BGHSt 9, 297 (300).
[8] *Meyer-Goßner* Rn. 5.
[9] RG v. 14. 4. 1932 – III 289/32, RGSt 66, 213 ff.
[10] Löwe/Rosenberg/*Gollwitzer* Rn. 10.
[11] OLG Hamm v. 1. 12. 1985 – 2 Ss 1009/58, DAR 1959, 192.
[12] BGH v. 28. 10. 1954 – 3 StR 466/54, BGHSt 7, 15 (16).
[13] BGH v. 29. 10. 1980 – 3 StR 335/80, BGHSt 29, 390 (391); BGH v. 17. 10. 1983 – GSSt 1/83, BGHSt 32, 115 (126); HK-GS/*Schulz* Rn. 2.
[14] OLG Saarbrücken v. 28. 2. 1974 – Ss 78/73, NJW 1974, 1959 f.
[15] BGH v. 17. 1. 1969 – 2 StR 533/68, BGHSt 22, 311 (313).
[16] BGH v. 24. 8. 1983 – 3 StR 136/83, BGHSt 32, 68 (72 ff.).
[17] BGH v. 31. 3. 1989 – 2 StR 706/88, BGHSt 36, 159 (161); vgl. auch: SK-StPO/*Schlüchter* Rn. 11.
[18] BGH v. 28. 10. 1954 – 3 StR 466/54, BGHSt 7, 15 f.
[19] Löwe/Rosenberg/*Gollwitzer* Rn. 11.
[20] KK/*Gmel* Rn. 10; *Pfeiffer* Rn. 5.
[21] BGH v. 4. 10. 1983 – 5 StR 421/83, StV 1983, 444.
[22] BGH v. 7. 11. 1978 – StR 470/78, MDR 1979, 989; BGH v. 10. 3. 1981 – 1 StR 808/80, NStZ 1981, 271; BGH v. 2. 8. 1989 – 2 StR 723/88, StV 1989, 468; SK-StPO/*Schlüchter* Rn. 21.
[23] RG v. 20. 6. 1910 – III 308/10, RGSt 44, 8; BGH v. 14. 1. 1964 – 5 StR 572/63, GA 1964, 275.
[24] OLG Köln v. 29. 5. 1953 – Ws 113/53, GA 1953, 186.
[25] BGH v. 4. 12. 1985 – 2 StR 848/84, NJW 1986, 1999 f.; BGH v. 4. 10. 1983 – 5 StR 421/83, StV 1983, 444.

den der Beweisperson die Anreise aus Übersee zumutbar.[26] Ferner wird die einzige Beweisperson in Form des sog. (Haupt-)Belastungszeugen grundsätzlich erscheinen müssen.[27]

IV. Anordnung der kommissarischen Vernehmung

9 Die Anordnung der kommissarischen Vernehmung trifft das **Gericht**. Sie erfolgt entweder **von Amts wegen** oder auf **Antrag** von Staatsanwaltschaft, Angeklagtem oder Verteidiger; antragsberechtigt sind aber auch die Beweispersonen, welche von der Ladung betroffen sind.[28] Die Anordnung kann bereits im Eröffnungsverfahren, aber auch erst in der Hauptverhandlung ergehen, wobei in diesem Zusammenhang auf den Antrag hin zunächst rechtliches Gehör zu gewähren ist.

10 Die Anordnung erfolgt durch (Gerichts-)**Beschluss**, der grundsätzlich keiner Begründung bedarf, wenngleich dies auch zweckmäßig erscheint.[29] In diesem sind jedoch die Beweisperson mit Namen und Anschrift aufzunehmen und der Hinderungsgrund anzugeben. Nähere Ausführungen zum Hinderungsgrund sind nur dann erforderlich, wenn die Gründe sich erst aus weiteren Umständen ergeben.[30] Das Beweis- bzw. Vernehmungsthema ist nur in den Beschluss aufzunehmen, wenn es sich nicht aus der Ermittlungsakte oder beigefügten Hinweisen erschließt.

11 Wird der Antrag auf Anordnung einer kommissarischen Vernehmung abgelehnt, ist der Beschluss nach § 34 zu begründen.[31]

12 Ergeht der Beschluss in der Hauptverhandlung, ist er nach § 35 Abs. 1 S. 1 zu verkünden. Außerhalb der Hauptverhandlung geschieht dies nach § 35 Abs. 2 S. 2 durch formlose Mitteilung.

V. Durchführung der angeordneten kommissarischen Vernehmung

13 **1. Sitzung des beauftragten oder ersuchten Richters.** Die Durchführung der angeordneten kommissarischen Vernehmung eines Zeugen oder Sachverständigen obliegt dem beauftragten oder ersuchten Richter. Während der beauftragte Richter dem Spruchkörper angehört, jedoch nicht in der Hauptverhandlung mitwirken muss,[32] ist der ersuchte Richter Mitglied des Rechtshilfegerichts (§ 157 GVG), welcher an das Vernehmungsersuchen und damit den Beschluss gebunden ist. Diesem sind die relevanten Aktenteile als Auszüge zu übersenden und in umfangreichen Sachen sind die wesentlichen Aktenteile zu bezeichnen. Zulässig ist es, dass mehrere (Berufs-)Richter des Spruchkörpers als beauftragte Richter die Beweisperson vernehmen; ausgeschlossen ist es in diesem Zusammenhang aber, dass der gesamte Spruchkörper tätig wird.[33]

14 Der Zeuge oder Sachverständige wird in **nichtöffentlicher Sitzung** vernommen. Hierbei gelten die Vorschriften der §§ 48 ff., 72 ff. sowie die Vorschriften der §§ 176–179 GVG (entsprechend). Dies bedeutet insbesondere, dass der Beweisperson im Rahmen ihrer Vernehmung nach § 68 gestattet werden muss, eine umfassende Darstellung abzugeben.[34]

15 **Teilnahmeberechtigt** sind – unter Berücksichtigung der sich aus § 224 ergebenden Restriktionen – die Prozessbeteiligten; dh. StA, Verteidiger, Angeklagter, Privatkläger, Nebenkläger, Nebenbeteiligte sowie im Verfahren gegen Jugendliche die gesetzlichen Vertreter und Erziehungsberechtigten. Der **Verteidiger** ist auch dann zur Teilnahme befugt, wenn die Terminsnachricht nach § 224 Abs. 1 S. 1 unterblieben ist.[35] Insgesamt darf der Verteidiger nicht ausgeschlossen werden; dies gilt selbst für den Fall, dass eine Gefährdung der Beweisperson besteht.[36] Zulässig ist es hingegen, den Angeklagten nach § 247 zeitweilig zu entfernen. Hierbei entfällt die Unterrichtungspflicht nach § 247 S. 4.

16 Soweit teilnahmeberechtigte Verfahrensbeteiligte nicht anwesend sind, sind sie befugt, in schriftlicher Form **Fragen** einzureichen, die sodann der Beweisperson durch die Vernehmungsperson zu stellen sind. Der ersuchte oder beauftragte Richter selbst entscheidet über die Zulässigkeit schriftlich übermittelter bzw. mündlich gestellter Fragen nach §§ 240, 241 kann aber hierüber eine Entscheidung des Gerichts nach § 242 herbeiführen.[37] Weiterhin entscheidet der vernehmende Richter nach seinem pflichtgemäßen Ermessen gem. §§ 59 Abs. 1, 79 Abs. 1 über die **Vereidigung** der Beweisperson.

---

[26] BGH v. 17. 5. 1956 – 4 StR 36/56, BGHSt 9, 230 (232).
[27] OLG Düsseldorf v. 13. 2. 1991 – 5 Ss 36/91 – 12/91 I, NJW 1991, 2781.
[28] SK-StPO/*Schlüchter* Rn. 23.
[29] SK-StPO/*Schlüchter* Rn. 24.
[30] RG v. 20. 11. 1888 – 2625/88, RGSt 18, 261 (264 f.); *Meyer-Goßner* Rn. 12.
[31] Löwe/Rosenberg/*Gollwitzer* Rn. 24; SK-StPO/*Schlüchter* Rn. 24.
[32] BGH v. 13. 11. 1951 – 1 StR 597/51, BGHSt 2, 1.
[33] BGH v. 2. 2. 1983 – 2 StR 576/82, BGHSt 31, 236.
[34] BGH v. 17. 10. 1983 – GSSt 1/83, BGHSt (GS) 32, 115.
[35] BGH v. 5. 11. 1982 – 2 StR 250/82, BGHSt 31, 148 (153); BGH v. 17. 10. 1983 – GSSt 1/83, BGHSt (GS) 32, 115 (129).
[36] BGH v. 17. 10. 1983 – GSSt 1/83, BGHSt (GS) 32, 115.
[37] BGH v. 5. 5. 1983 – 2 StR 797/82, NStZ 1983, 421.

2. Protokoll. Über die kommissarische Vernehmung von Zeugen oder Sachverständigen ist ein 17
Protokoll nach §§ 168, 168a unter Berücksichtigung von §§ 63, 64 anzufertigen. Diese stellen in
der Hauptverhandlung herbeigeschaffte Beweismittel iSv. § 245 Abs. 1 S. 1 dar.

Grundsätzlich zulässig ist, dass der vernehmende Richter seine Feststellungen zum Verneh- 18
mungsverhalten der Beweisperson sowie Wertungen, welche sich für ihn aus dem Verhalten ergeben, im Protokoll vermerkt.[38] Dies bezieht sich beispielsweise auf das Erscheinungsbild der Beweisperson, ihre Körpersprache, zögernde oder flüssige Aussage oder erkennbare Emotionen,
mithin auf solche Beobachtungen, die in engem Zusammenhang mit der kommissarischen Vernehmung stehen und für die Beweiswürdigung von Bedeutung sein können.[39] Als Teil der Vernehmungsniederschrift können die Feststellungen ebenso wie persönliche Eindrücke, sofern die Anknüpfungstatsachen in der Vernehmungsniederschrift enthalten sind, sodann nach § 251 Abs. 1 im
Rahmen des Urkundsbeweises in die Hauptverhandlung eingeführt werden. Ausgeschlossen ist es
demgegenüber, dass der beauftragte Richter seine Beobachtungen bzw. Feststellungen durch einen
mündlichen Bericht als gerichtskundig in die Hauptverhandlung einbringt[40] mit der Konsequenz,
dass der beauftragte Richter – nach Ausschöpfungen aller sonstigen Möglichkeiten[41] – unter Umständen förmlich als Zeuge in der Hauptverhandlung zu hören ist.[42]

3. Einsatz audiovisueller Medien. Nach wie vor nicht befriedigend geklärt bzw. in Teilen auch 19
umstritten ist die Frage des Einsatzes von audiovisuellen Medien im Rahmen der kommissarischen Vernehmung. Denn es fehlt teilweise an einer unmittelbaren Rechtsgrundlage. Vor diesem
Hintergrund ist zu differenzieren: Geht es um die **Aufzeichnung der Vernehmung der Beweisperson auf Bild-Ton-Träger** als solche, gelten – auch im Hinblick auf § 255a – die Vorschriften
der §§ 58a, 72 StPO, sodass die Vernehmung des Zeugen, aber auch unter Berücksichtigung der
ratio legis des § 223 die des Sachverständigen aufgezeichnet werden können. Soweit es darum
geht, dass der ersuchte oder beauftragte Richter die **Vernehmung der Beweisperson unter Einsatz audiovisueller Medien** durchführt, wird zum einen auf § 168e[43] und zum anderen auf
§ 247a[44] rekurriert, sodass deren grundsätzliche Zulässigkeit außer Frage steht. Während in der
Sache aus systematischen Gründen[45] zutreffend auf § 247a (analog) abzustellen ist, muss allerdings Berücksichtigung finden, dass der Anwendungsbereich für diese Form der Ausgestaltung
der kommissarischen Vernehmung äußerst reduziert sein dürfte. Dies ergibt sich zum Einen aus
dem Institut der kommissarischen Vernehmung selbst, bei welcher der ersuchte oder beauftragte
Richter gewissermaßen als Emissär des Gerichts grundsätzlich unmittelbar und mündlich in
Anwesenheit der Prozessbeteiligten die Beweisperson vernimmt einschließlich flankierender Feststellungen zB zur Glaubwürdigkeit. Zum Anderen kann das Gericht in der Hauptverhandlung
selbst nach § 247a S. 1 2. Hs. verfahren, was wiederum gegenüber einer kommissarischen Vernehmung vorrangig ist. In den gleichwohl unter Umständen verbleibenden Fällen gelten die
Beschränkungen für eine Aufzeichnung der Vernehmung nach § 247a S. 4 im Rahmen einer teleologischen Reduktion unter Berücksichtigung von Sinn und Zweck der kommissarischen Vernehmung nicht. Soweit es des Weiteren um eine **Bild-Ton-Direktübertragung** der kommissarischen Vernehmung in die Hauptverhandlung nach §§ 223, 247a geht, ist die Diskussion nach
wie vor kontrovers. Während die Direktübertragung im Hinblick auf die besseren Erkenntnismöglichkeiten einerseits befürwortet wird,[46] bestehen andererseits vor Allem grundsätzliche
verfahrensstrukturelle Bedenken.[47] Maßgebend dürfte sein, dass – in dieser Abstufung – die
Vernehmung einer in der Hauptverhandlung präsenten Beweisperson, ihre audiovisuelle Vernehmung oder ihre kommissarische Vernehmung eigenständige, nicht zu kombinierende
prozessuale Alternativen der Beweisgewinnung darstellen.[48] Mithin reduzieren vor Allem die
Möglichkeiten der audiovisuellen Vernehmung nach § 247a S. 1 2. Hs. das praktische Bedürfnis nach einer Live-Übertragung der kommissarischen Vernehmung zunächst erheblich. Ansonsten bedarf es in Ermangelung einer Rechtsgrundlage zumindest einer gesetzgeberischen Klarstellung, sodass Live-Übertragungen von kommissarischen Vernehmungen bislang nicht zulässig
sind.

---

[38] BGH v. 9. 12. 1999 – 5 StR 312/99, BGHSt 45, 354 (360).
[39] BGH v. 9. 12. 1999 – 5 StR 312/99, BGHSt 45, 354 (360).
[40] BGH v. 9. 12. 1999 – 5 StR 312/99, BGHSt 45, 354 (359 f.).
[41] Hierzu: BGH v. 9. 12. 1999 – 5 StR 312/99, BGHSt 45, 354 (360 ff.).
[42] BGH v. 9. 12. 1999 – 5 StR 312/99, BGHSt 45, 354 (362).
[43] Löwe/Rosenberg/Rieß § 168e Rn. 6.
[44] Meyer-Goßner Rn. 20. In diese Richtung wohl auch: BGH v. 9. 12. 1999 – 5 StR 312/99, BGHSt 45, 354 (361).
[45] Meyer-Goßner Rn. 20.
[46] HK-GS/Schulz Rn. 3; KK/Diemer § 247a Rn. 3; weiterführend: Weigend, Gutachten zum 62. DJT, C 56.
[47] Rieß StraFo 1999, 7 ff.; Beulke ZStW 113, 721 ff.; Meyer-Goßner Rn. 20.
[48] BGH v. 15. 9. 1999 – 1 StR 286/99, BGHSt 45, 188 (190).

§ 224 1   *Zweites Buch. Verfahren im ersten Rechtszug*

20 **4. Kommissarische Vernehmungen mit Auslandsbezug.** Bei Auslandsbezug gelten Besonderheiten. Neben RiVASt 25 ff., 140 ff. sind vor Allem die einschlägigen Regelungen nach dem EuRH Übk und dem KonsG zu beachten. Demnach darf ein deutscher Richter nur mit Zustimmung der ausländischen Regierung eine kommissarische Vernehmung vor Ort durchführen.[49] Ein ausländischer Staat kann im Übrigen ersucht werden, die Vernehmung durch ein Gericht oder eine sonstige – nach Landesrecht zuständige – Behörde durchzuführen; Gleiches gilt für die audiovisuelle Vernehmung nach § 247a.[50] Möglich ist ferner die Durchführung der kommissarischen Vernehmung durch einen Konsularbeamten.

21 Die Regelungen der StPO finden ist in diesem Zusammenhang grundsätzlich Anwendung bzw. Beachtung, wenn die Vernehmung durch einen Konsularbeamten erfolgt[51] oder ein deutscher Richter die kommissarische Vernehmung im Ausland zulässigerweise durchführt.[52] Ansonsten gilt nach dem Grundsatz des lex fori für die Vernehmung grundsätzlich das ausländische Verfahrensrecht.

VI. Rechtsmittel

22 **1. Beschwerde.** Sowohl die Anordnung als auch die Ablehnung des Antrages auf eine kommissarische Vernehmung können nach § 305 S. 1 nicht mit der **Beschwerde** angefochten werden.[53] Dies gilt selbst für den Fall eines drohenden Beweisverlustes,[54] obgleich in diesen Konstellationen die Zulässigkeit der Beschwerde zu Recht thematisiert wird.[55] Auch die betroffene Beweisperson ist nicht beschwerdebefugt, da sie keinen Anspruch auf eine kommissarische Vernehmung hat.

23 **2. Revision.** Im Übrigen kann die **Revision** auf eine Verletzung des § 223 gleichfalls nicht gestützt werden.[56] Revisibel ist daher alleine ein Verstoß gegen § 251. In diesem Zusammenhang ist zu berücksichtigen, dass lediglich die Zustimmung zur kommissarischen Vernehmung nicht zu einem Rügeverlust führt.[57]

24 Unterbleibt eine kommissarische Vernehmung zu Unrecht, kann die Revision daneben auf eine Verletzung der Aufklärungspflicht nach § 244 Abs. 2 gestützt werden.[58] Möglich ist ferner eine Verletzung von § 261, wenn die Schuldfrage betreffende Wahrnehmungen des beauftragten Richters im Wege einer dienstlichen Erklärung in die Hauptverhandlung eingeführt werden.[59]

§ 224 [Benachrichtigung der Beteiligten]

(1) ¹Von den zum Zweck dieser Vernehmung anberaumten Terminen sind die Staatsanwaltschaft, der Angeklagte und der Verteidiger vorher zu benachrichtigen; ihrer Anwesenheit bei der Vernehmung bedarf es nicht. ²Die Benachrichtigung unterbleibt, wenn sie den Untersuchungserfolg gefährden würde. ³Das aufgenommene Protokoll ist der Staatsanwaltschaft und dem Verteidiger vorzulegen.

(2) Hat ein nicht in Freiheit befindlicher Angeklagter einen Verteidiger, so steht ihm ein Anspruch auf Anwesenheit nur bei solchen Terminen zu, die an der Gerichtsstelle des Ortes abgehalten werden, wo er in Haft ist.

I. Einführung

1 Die Vorschrift ergänzt die Regelung in § 223 um eine Pflicht zur Benachrichtigung über Termine der kommissarischen Vernehmung. Sie ist Ausdruck eines dahinter stehenden und damit vorausgesetzten Rechts auf Anwesenheit.[1] Dies stützt die Auffassung, dass es sich bei der kommissarischen Vernehmung von Beweispersonen um die Vorwegnahme eines Teils der Hauptverhandlung handelt, bei welcher der Anwesenheitsgrundsatz gilt. Die Norm des § 224 transformiert die Verfahrensmaxime somit konsequenterweise in das ausgelagerte Beweiserhebungsverfahren, um insbesondere

---

[49] KK/*Gmel* Rn. 24.
[50] BGH v. 15. 9. 1999 – 1 StR 286/99, BGHSt 45, 188 (191 ff.).
[51] Vgl. § 15 Abs. 4 KonsG.
[52] Vgl. auch: BGH v. 24. 7. 1996 – 3 StR 609/95, NStZ 1996, 609; *Rose* NStZ 1998, 154.
[53] *Meyer-Goßner* Rn. 25; KK/*Gmel* Rn. 26.
[54] In diese Richtung: *Meyer-Goßner* Rn. 25.
[55] LG Düsseldorf v. 26. 7. 1982 – XIV Qs 111/82, NStZ 1983, 42; zustimmend: SK-StPO/*Schlüchter* Rn. 38.
[56] SK-StPO/*Schlüchter* Rn. 39.
[57] *Pfeiffer* Rn. 13.
[58] Löwe/Rosenberg/*Gollwitzer* Rn. 45.
[59] BGH v. 9. 12. 1999 – 5 StR 312/99, BGHSt 45, 354.
[1] SK-StPO/*Schlüchter* Rn. 1; Anw-StPO/*Kirchhof* Rn. 1; vgl. auch: *Meyer-Goßner* Rn. 1.

Fünfter Abschnitt. Vorbereitung der Hauptverhandlung 2–7 **§ 224**

die mit der Zulassung der kommissarischen Vernehmung verbundene Beeinträchtigung des Grundsatzes der Unmittelbarkeit zu kompensieren.

II. Benachrichtigung der Beteiligten und Anwesenheitsrecht

1. Anwesenheitsrecht. Das Recht auf Anwesenheit, aus welchem die in Abs. 1 S. 1 1. Hs. kodifizierte Benachrichtigungspflicht resultiert, berechtigt die Prozessbeteiligten zur Teilnahme an allen kommissarischen Vernehmungen, welche nach § 223 zulässigerweise angeordnet werden können. Dies gilt auch für Vernehmungen, die im Ausland durchgeführt werden.[2] Gestattet das bei kommissarischen Vernehmungen im Ausland anwendbare landesspezifische Verfahrensrecht die Präsenz von Prozessbeteiligten, besteht für den Vorsitzenden die Pflicht, im Rechtshilfeersuchen darum zu bitten, vom Vernehmungstermin rechtzeitig informiert zu werden, damit er seinerseits die Prozessbeteiligten hiervon zeitnah benachrichtigen kann.[3] Ansonsten ist maßgebend, ob bei kommissarischen Vernehmungen mit Auslandsbezug das dort geltende (Verfahrens-)Recht eingehalten wird, sodass ein fehlendes Anwesenheitsrecht oder eine fehlende Benachrichtigungspflicht grundsätzlich unschädlich sind.[4] 2

Das **Anwesenheitsrecht des Verteidigers** ist auch dann nicht beschränkt bzw. beschränkbar, wenn seine Benachrichtigung vom Vernehmungstermin wegen Gefährdung des Untersuchungserfolgs unterblieben ist.[5] Gleiches gilt für die Fälle der Gefährdung eines Zeugen,[6] die Vernehmung in- oder ausländischer Polizeibeamter[7] oder wenn eine Behörde die Freigabe eines Zeugen von der Abwesenheit des Verteidigers abhängig macht.[8] 3

Aus dem Anwesenheitsrecht folgt ferner, dass die Prozessbeteiligten bei der kommissarischen Vernehmung alle ihnen zustehenden **Verfahrensrechte** geltend machen können.[9] Dies bezieht sich vor Allem auf die Ausübung des Fragerechts. Des Weiteren wird vertreten, dass dem Verteidiger vor der Durchführung der kommissarischen Vernehmung in den Grenzen von Abs. 1 S. 2 ein Anspruch auf Akteneinsicht zusteht.[10] 4

2. Anwesenheitspflicht. Eine Pflicht zur Anwesenheit als korrespondierendes Element zum Anspruch auf Anwesenheit besteht – im Gegensatz zur Hauptverhandlung – nicht, wie sich aus Abs. 1 S. 1 2. Hs. ergibt. Die gesetzliche Regelung ist Ausdruck einer entsprechenden Dispositionsbefugnis[11] der ansonsten grundsätzlich anwesenheitsberechtigten Prozessbeteiligten. Mithin können sie auf ihre Präsenz bei der kommissarischen Vernehmung wirksam verzichten. Dies gilt auch für Vernehmungen im Ausland[12] sowie für die Tätigkeit des Pflichtverteidigers.[13] 5

3. Ausnahme zum Anwesenheitsrecht nach Abs. 2. Neben dem Verzicht enthält Abs. 2 eine Ausnahme zum Anwesenheitsrecht. Danach hat der nicht auf freiem Fuß befindliche, allerdings verteidigte Angeklagte einen Anspruch auf Anwesenheit nur bei solchen Vernehmungsterminen, die an der Gerichtsstelle des Ortes abgehalten werden, an dem er inhaftiert ist. Entscheidend ist damit, dass der Vernehmungstermin im Gerichtsgebäude am Ort der Inhaftierung stattfindet.[14] Die Ausnahme greift deshalb bereits dann, wenn die Termine außerhalb eines Gerichtsgebäudes liegen.[15] Eine analoge Anwendung von Abs. 2 kommt in Betracht, wenn der Präsenz des Beschuldigten bei einer Vernehmung im Ausland eine Auflage nach § 116 Abs. 1 Nr. 2, Deutschland nicht zu verlassen, entgegensteht.[16] 6

Freilich lässt die Ausnahme zum Anwesenheitsrecht die nach Abs. 1 S. 1 bestehende **Benachrichtigungspflicht** nicht entfallen. Ferner basiert Abs. 2 auf dem Gedanken, dass die Beschneidung des Anwesenheitsrechts des Beschuldigten durch die entsprechenden Rechte seines Verteidigers – der auch nur spezifisch für die Teilnahme an einer kommissarischen Vernehmung mandatiert werden kann – kompensiert wird. 7

---

[2] BGH v. 3. 11. 1987 – 5 StR 579/87, BGHSt 35, 82.
[3] BGH v. 3. 11. 1987 – 5 StR 579/87, BGHSt 35, 82; hierzu: *Meyer-Goßner* Rn. 1.
[4] LG München v. 5. 6. 1951 – 1 StR 129/51, BGHSt 1, 219 (221); LG Göttingen v. 3. 11. 1987 – 5 StR 579/87, BGHSt 35, 82; BGH v. 23. 1. 1985 – 1 StR 722/84, NStZ 1985, 376.
[5] BGH v. 5. 11. 1982 – 2 StR 250/82, BGHSt 31, 148 (153); BGH v. 17. 10. 1983 – GSSt 1/83, BGHSt (GS) 32, 115 (129).
[6] BGH v. 17. 10. 1983 – GSSt 1/83, BGHSt (GS) 32, 115.
[7] BGH v. 20. 12. 1983 – 5 StR 634/83, NStZ 1984, 178.
[8] KK/*Gmel* Rn. 3.
[9] Löwe/Rosenberg/*Gollwitzer* Rn. 4.
[10] *Widmaier/Kempf*, MAH Strafverteidigung, § 6 Rn. 42.
[11] In diese Richtung: SK-StPO/*Schlüchter* Rn. 18.
[12] BGH v. 4. 3. 1992 – 3 StR 460/91, NStZ 1992, 394.
[13] BGH v. 21. 8. 1952 – 5 StR 79/52, NJW 1952, 1426.
[14] BGH v. 20. 12. 1983 – 5 StR 634/83, NStZ 1984, 178.
[15] BGH v. 26. 6. 1951 – 1 StR 238/51, BGHSt 1, 269 (271).
[16] OLG Bamberg v. 15. 9. 1983 – Ws 506/83, MDR 1984, 604.

III. Benachrichtigung der Anwesenheitsberechtigten

8 **1. Inhalt der Benachrichtigungspflicht.** Die in Abs. 1 S. 1 kodifizierte Benachrichtigungspflicht als Ausfluss des Anwesenheitsrechts macht es dem ersuchten oder beauftragten Richter zur Aufgabe, die zur Anwesenheit berechtigten Prozessbeteiligten vom Termin der kommissarischen Vernehmung nach § 223 vorher zu unterrichten. **Zu benachrichtigen** sind neben der Staatsanwaltschaft, der Angeklagte, der Verteidiger, der Privatkläger (§ 385 Abs. 1), der Nebenkläger (§§ 397 Abs. 1 S. 2, 385 Abs. 1 S. 1), Nebenbeteiligte, am Verfahren beteiligte Behörden (zB Finanzbehörde gem. § 407 Abs. 1 S. 3 AO) sowie gesetzliche Vertreter und Erziehungsberechtigte (§ 67 Abs. 2 JGG). **Inhalt** der Benachrichtigung ist zunächst die Mitteilung von Zeit und Ort der Vernehmung; ferner kann auch das Beweisthema bekannt gegeben werden.

9 Die Benachrichtigung muss **vorher** erfolgen. Dies bedeutet, dass die anwesenheitsberechtigten Prozessbeteiligten so rechtzeitig vom Vernehmungstermin zu informieren sind, dass es ihnen möglich ist, ihre Anwesenheit oder eine entsprechende Vertretung einzurichten.[17]

10 Nach hA haben die Prozessbeteiligten keinen **Anspruch auf eine Terminsverlegung**,[18] gleichgültig, welche internen oder externen Gründe vorliegen;[19] dies gilt selbst dann, wenn mehrere Vernehmungstermine bei verschiedenen Gerichten parallel anstehen.[20] Begründet wird dies damit, dass dem Recht auf Anwesenheit keine entsprechende Pflicht korrespondiert (Abs. 1 S. 1 2. Hs.). Während vermittelnde Ansichten auf die richterliche Fürsorgepflicht und ein daraus abzuleitendes Entgegenkommen bei der Terminierung abstellen,[21] hebt eine starke Gegenauffassung demgegenüber das durch Art. 6 Abs. 3c EMRK fundierte Recht des Beschuldigten, sich in jeder Lage des Verfahrens sich eines Verteidigers seines Vertrauens zu bedienen, hervor, sodass – jedenfalls bezogen auf die Verteidigung – bereits eine Terminsabstimmung geboten ist und im Übrigen Anträge auf Terminsverlegung grundsätzlich zulässig sowie ermessensfehlerfrei zu bescheiden sind.[22] Diese Ansichten verdienen den Vorzug, da zusätzlich zu berücksichtigen ist, dass der Anspruch auf Anwesenheit ausgehöhlt wird, wenn dem präsensbereiten Prozessbeteiligten im Falle seiner Verhinderung eine begründete Terminsverlegung bzw. -abstimmung abgelehnt wird mit dem Argument, seine Anwesenheit sei nicht erforderlich. Will heißen: Die von Gesetzes wegen nicht vorgesehene Anwesenheitspflicht bei kommissarischen Vernehmungen stellt lediglich eine Dispositionsmöglichkeit des anwesenheitsberechtigten Prozessbeteiligten dar und ist daher per se untauglich, das Recht auf Anwesenheit zu konturieren.

11 Eine bestimmte **Form** für die Benachrichtigung ist nicht vorgeschrieben, sodass zunächst jede Mitteilung an die anwesenheitsberechtigten Prozessbeteiligten ausreicht. Allerdings ist der Nachweis des Zugangs[23] der Benachrichtigung erforderlich,[24] sodass idR eine förmliche Zustellung geboten ist.[25] Beim verteidigten Beschuldigten kann nach § 145a Abs. 1 verfahren werden.[26]

12 **2. Entfallen der Benachrichtigungspflicht.** Die Benachrichtigungspflicht entfällt, wenn sie nach Abs. 1 S. 2 wegen Gefährdung des Untersuchungserfolgs unterbleiben darf. Aus der gesetzlichen Formulierung folgt, dass eine Gefährdung des Untersuchungserfolgs nicht feststehen, sondern lediglich im Rahmen einer entsprechenden gerichtlichen Prognose greifbar möglich sein muss. Dies ist dann der Fall, wenn konkrete Anhaltspunkte dafür bestehen, dass der Angeklagte oder der Verteidiger die Benachrichtigung zu Verdunkelungsmaßnahmen in Form einer Zeugenbeeinflussung nutzen könnten.[27] Ferner ist die Gefährdungslage gegeben, wenn die mit der Benachrichtigung verbundene zeitliche Verzögerung zum Verlust oder zur Wertminderung des personalen Beweismittels führen würde.[28] Demgegenüber reicht es zur Begründung der Gefährdungslage nicht aus, dass eine bloße Verfahrensverzögerung eintritt.[29] Gleiches gilt für den Fall zulässigen Verteidigerverhaltens, wenn etwa (erkennbar) beabsichtigt ist, auf einen Zeugen einzuwirken, damit dieser von seinem Zeugnis- oder Aussageverweigerungsrecht Gebrauch macht.[30] Auch darf

---

[17] RG v. 3. 7. 1925 – I 223/25, RGSt 59, 280 (299 ff.); BGH v. 7. 4. 1976 – 3 StR 286/75, GA 1976, 242, 244.
[18] BGH v. 7. 6. 1951 – 4 StR 29/51, BGHSt 1, 284 (285).
[19] BGH v. 20. 12. 1963 – 4 StR 333/63, VRS 26 (1963), 211; *Pfeiffer* Rn. 3; *Meyer-Goßner* Rn. 9.
[20] BGH v. 21. 8. 1952 – 5 StR 79/52, NJW 1952, 1426.
[21] SK-StPO/*Schlüchter* Rn. 20 mwN.
[22] *Widmaier/Kempf* MAH Strafverteidigung § 6 Rn. 42; HK-GS/*Schulz* Rn. 2; vgl. im Übrigen: § 213 Rn. 8 ff.
[23] Nachweis des Absendens genügt nicht: OLG Frankfurt v. 7. 5. 1952 – 2 Ss 125/52, NJW 1952, 1068; BayObLG v. 5. 3. 1953 – RevReg. 1 St 90/53, NJW 1953, 1316.
[24] BayObLG v. 25. 3. 1953 – RevReg. 1 St 90/53, NJW 1953, 1316.
[25] *Pfeiffer* Rn. 1; *Meyer-Goßner* Rn. 6.
[26] Anw-StPO/*Kirchhof* Rn. 1.
[27] BGH v. 2. 5. 1979 – 2 StR 99/79, BGHSt 29, 1 (3); BGH v. 17. 10. 1983 – GSSt 1/83, BGHSt (GS) 32, 115 (122).
[28] RG v. 4. 4. 1910 – III 197/10, RGSt 43, 336 (337); BGH v. 28. 5. 1980 – 3 StR 155/80 (L), NJW 1980, 2088.
[29] KK/*Gmel* § 223 Rn. 9; aA: *Grünwald*, in: FS Dünnebier, S. 347, 361; *Zaczyk* NStZ 1987, 535 (538).
[30] HK-GS/*Schulz* Rn. 3 mwN.; aA: BayObLG v. 27. 7. 1997 – RReg 5 St 138/77, BayObLG 1977, 131 f.

die Benachrichtigung des Verteidigers nicht deshalb unterbleiben, weil alleine vom Beschuldigten entsprechende Gefährdungen ausgehen.[31]

Weiterhin entfällt die Pflicht zur Benachrichtigung, wenn die anwesenheitsberechtigten Prozessbeteiligten auf die Benachrichtigung verzichtet haben.[32] Die Zulässigkeit des Verzichts folgt aus der Disponibilität des Anwesenheitsrechts und insbesondere aus der fehlenden Pflicht zur Anwesenheit.[33]

3. Unterbleiben der Benachrichtigung. Unterbleibt die Benachrichtigung nach Abs. 1 S. 2 sind die tragenden Gründe hierfür unter Benennung der Tatsachen im Rahmen eines Vermerks aktenkundig zu machen.[34]

IV. Protokollvorlage

Nach Abs. 1 S. 2 ist das aufgenommene Protokoll von der kommissarischen Vernehmung sowohl der Staatsanwaltschaft als auch dem Verteidiger vorzulegen. Die entsprechende Anordnung trifft der Vorsitzende.[35] Die Vorlagepflicht, welche sich auch auf audiovisuelle Aufnahmen bezieht, besteht auch dann, wenn die StA oder der Verteidiger bei der kommissarischen Vernehmung nicht anwesend waren.[36] Der Beschuldigte hat keinen Anspruch auf Vorlage des Protokolls;[37] auch wenn es sich hierbei um einen Rechtsanwalt handelt.[38] Dies ergibt sich aus dem Wortlaut der Vorschrift. Auch die übrigen anwesenheitsberechtigten Prozessbeteiligten haben daher keinen Anspruch auf Protokollvorlage, was jedoch durch entsprechende Akteneinsichtsrechte aufgefangen ist.[39]

V. Revision

Eine Verletzung von § 224 kann mit der **Revision** unmittelbar nicht gerügt werden. Vielmehr ist stets erforderlich, dass der Revisionsführer gegen die Verlesung des Protokolls über die kommissarische Vernehmung in der Hauptverhandlung ausdrücklich Widerspruch erhoben hat und die Verlesung gegen diesen Widerspruch erfolgte.[40] Während bislang vertreten wurde, dass der Widerspruch noch in der zweiten Instanz erfolgen könne,[41] dürfte diese Ansicht mit der neueren Rspr. des BGH zur sog. Widerspruchslösung nicht kompatibel sein.[42] Eine Ausnahme bildet im Gesamtzusammenhang der unverteidigte, rechtsunkundige Angeklagte, dem das Erfordernis eines Widerspruchs nicht bekannt ist.[43]

Erfolgte die Verlesung des Protokolls über die kommissarische Vernehmung der Beweisperson gegen den Widerspruch des Beschwerdeführers, beruht das Urteil idR auf dem Mangel,[44] da die Entscheidung bei Widerspruch nicht auf die Verlesung gestützt werden darf.[45] Ein verfahrensfehlerhaftes Beruhen aus revisionsrechtlicher Sicht ist auch dann gegeben, wenn die Vorlage des Protokolls oder die Benachrichtigung nach Abs. 2 unterblieben sind.[46] Im Falle des Abs. 1 S. 2 kann das Revisionsgericht die Entscheidung des Gerichts im Rahmen der Revision grundsätzlich nur auf Ermessensfehler hin überprüfen.[47]

Liegt ein revisibler Verstoß gegen §§ 224, 251 Abs. 2 vor, führt dies in einem anderen, jedoch tatidentischen Verfahren gegen einen anderen Angeklagten nicht zu einem Verwertungsverbot[48] und stellt auch keinen Revisionsgrund dar.[49]

---

[31] SK-StPO/*Schlüchter* Rn. 16.
[32] OLG Bremen v. 2. 7. 1991 – Ss 22/91, StV 1992, 59; *Bohnert* NStZ 1983, 345 ff.
[33] SK-StPO/*Schlüchter* Rn. 10.
[34] Löwe/Rosenberg/*Gollwitzer* Rn. 22.
[35] *Pfeiffer* Rn. 4.
[36] BGH v. 28. 8. 1974 – 2 StR 99/74, BGHSt 25, 357.
[37] *Meyer-Goßner* Rn. 11.
[38] SK-StPO/*Schlüchter* Rn. 23.
[39] Auch für den Beschuldigten: vgl. § 147 Abs. 7.
[40] BGH v. 7. 6. 1951 – gK 4 StR 29/51, BGHSt 1, 284 (286); BGH v. 1. 11. 1955 – 5 StR 186/559, BGHSt 9, 24 (28); BGH v. 28. 8. 1974 – 2 StR 99/74, BGHSt 25, 357 (359).
[41] OLG Bremen v. 2. 7. 1991 – Ss 22/91, StV 1992, 59 f.; Anw-StPO/*Kirchhof* Rn. 4; *Schlothauer* StV 2006, 398.
[42] *Meyer-Goßner* Rn. 12 mwN.
[43] Löwe/Rosenberg/*Gollwitzer* Rn. 33.
[44] BGH v. 1. 11. 1955 – 5 StR 186/55, BGHSt 9, 24 (29); BGH v. 11. 5. 1976 – 1 StR 166/76, BGHSt 26, 332 (335); ausführlich: SK-StPO/*Schlüchter* Rn. 25.
[45] KK/*Gmel* Rn. 12.
[46] BGH MDR 1976, 814; *Meyer-Goßner* Rn. 12.
[47] KK/*Gmel* Rn. 13.
[48] Anw-StPO/*Kirchhof* Rn. 4.
[49] BGH v. 4. 12. 1985 – 2 StR 848/84, NJW 1986, 1999; *Meyer-Goßner* Rn. 12; aA *Fezer* StV 1986, 372.

§ 225 [Augenschein durch beauftragten oder ersuchten Richter]

Ist zur Vorbereitung der Hauptverhandlung noch ein richterlicher Augenschein einzunehmen, so sind die Vorschriften des § 224 anzuwenden.

I. Einführung

1 Die sprachlich wie inhaltlich verunglückte Vorschrift, die überdies in praxi von untergeordneter Bedeutung ist,[1] regelt – in sachlicher Parallele zu § 223 – den Augenschein durch den beauftragten oder ersuchten Richter. Wie bei § 223 handelt sich um die Vorwegnahme eines Teils der Hauptverhandlung.[2] Das Ergebnis der kommissarischen Inaugenscheinnahme kann nach § 249 Abs. 1 S. 2 im Wege des Urkundsbeweises durch Verlesung in die Hauptverhandlung eingeführt werden.[3]

II. Einnahme des richterlichen Augenscheins

2 **1. Beweissicherung.** Der Vorschrift selbst ist nicht zu entnehmen, unter welchen Voraussetzungen die Einnahme eines richterlichen Augenscheins zur Vorbereitung der Hauptverhandlung durchgeführt werden kann oder sogar muss. Neben prozessökonomischen Gründen, die indessen nur eingeschränkt im Hinblick auf § 244 Abs. 2 und einen in der Hauptverhandlung gebotenen Augenschein durch das erkennende Gericht Geltung beanspruchen können,[4] geht es vor allem um eine Beweissicherung.[5] In Abgrenzung zum grundsätzlich zulässigen informatorischen Augenschein durch ein Gerichtsmitglied zur Vorbereitung der Hauptverhandlung und zum Augenschein durch das erkennende Gericht selbst in der Hauptverhandlung liegt der zentrale Anwendungsbereich der kommissarischen Inaugenscheinnahme darin, bei einem drohenden Verlust oder einer sonst nachhaltigen Beeinträchtigung des Beweiswerts des Augenscheinsobjekts eine gewissermaßen konservierende richterliche Maßnahme zu ermöglichen. Gleichrangig erfasst sind ferner Konstellationen, in welchen einem Augenschein durch das erkennende Gericht in der Hauptverhandlung nicht zu behebende rechtliche oder tatsächliche Hindernisse entgegenstehen.

3 Hieraus ergibt sich, dass die Vorschrift nicht für den richterlichen Augenschein in der Hauptverhandlung gilt.[6] Gleiches gilt für den erwähnten informatorischen Augenschein durch ein Gerichtsmitglied ohne direkten Auftrag des Gerichts.

4 **2. Gerichtsbeschluss.** Die Inaugenscheinnahme durch einen ersuchten oder beauftragten Richter wird durch einen Gerichtsbeschluss angeordnet und fällt damit nicht in den Kompetenzbereich des Vorsitzenden; § 219 gilt nicht. Das Gericht trifft seine Entscheidung – von Amts wegen oder auf Antrag eines Verfahrensbeteiligten – nach **pflichtgemäßem Ermessen** unter Berücksichtigung der ihm obliegenden Aufklärungspflicht.[7] Im Beschluss ist das Augenscheinsobjekt zu benennen. Zumindest im Hinblick auf das Gebot der Transparenz gerichtlicher Entscheidungen sollten auch die Gründe für die kommissarische Inaugenscheinnahme aufgeführt werden. Vom Termin der kommissarischen Augenscheinnahme sind die anwesenheitsberechtigten Prozessbeteiligten durch den ersuchten oder beauftragten Richter vorher zu benachrichtigen; insofern kann auf die Ausführungen zu § 224 verwiesen werden.[8] Wegen des gesetzlichen Verweises können auch ansonsten die Ausführungen zum **Anwesenheitsrecht**, zur **Benachrichtigungspflicht** sowie den in diesem Zusammenhang geltenden Restriktionen vollumfänglich in Bezug genommen werden.[9]

5 **3. Durchführung der richterlichen Inaugenscheinnahme.** Für die Durchführung der kommissarischen Augenscheinnahme gelten §§ 224, 168d, sodass der Beschuldigte insbesondere die Hinzuziehung eines von ihm beauftragten Sachverständigen verlangen kann, dem die Teilnahme am Termin grundsätzlich zu gestatten ist. Des Weiteren sind Augenscheinnahmen durch den beauftragten Richter auch außerhalb des Gerichtsbezirks nach § 166 GVG zulässig.

6 Eine Augenscheinnahme durch den ersuchten oder beauftragten Richter kann sowohl vor als auch während der Hauptverhandlung erfolgen.[10]

---

[1] SK-StPO/*Schlüchter* Rn. 2.
[2] *Meyer-Goßner* Rn. 2.
[3] *Lilie* NStZ 1993, 123; *Meyer-Goßner* Rn. 3.
[4] SK-StPO/*Schlüchter* Rn. 2.
[5] HK-GS/*Schulz* Rn. 1.
[6] BGH v. 2. 10. 1952 – 3 StR 83/52, BGHSt 3, 187 (189 ff.).
[7] SK-StPO/*Schlüchter* Rn. 4.
[8] Vgl. § 224 Rn. 2 ff.
[9] Vgl. § 224 Rn. 2 ff., 8 ff.
[10] *Meyer-Goßner* Rn. 1.

Fünfter Abschnitt. Vorbereitung der Hauptverhandlung 1, 2 **§ 225a**

4. Protokoll. Über die kommissarische Augenscheinnahme ist ein Protokoll zu erstellen, welches 7
den Anforderungen nach §§ 86, 168a genügen muss. Das Protokoll ist den Prozessbeteiligten
nach § 224 Abs. 1 S. 3 vorzulegen.[11] In der Hauptverhandlung kann das Protokoll im Rahmen
des Urkundsbeweises nach § 249 Abs. 1 S. 2 in das Verfahren eingeführt werden.

III. Rechtsmittel

Weder gegen die Anordnung der kommissarischen Augenscheinnahme noch gegen deren Ableh- 8
nung kann nach § 305 S. 1 **Beschwerde** erhoben werden. Sofern es um Verstöße gegen Anwesenheitsrechte und Benachrichtigungspflichten nach § 224 geht, kann auf die dortigen Ausführungen
zur **Revision** verwiesen werden. Daneben kann das Unterlassen einer notwendigen richterlichen
Inaugenscheinnahme auch die Revision unter dem Gesichtspunkt der Verletzung der Aufklärungspflicht nach § 244 Abs. 2 begründen,[12] wenn beispielsweise das Beweismittel in der Hauptverhandlung nicht mehr zur Verfügung stand.[13]

§ 225a [Zuständigkeitsänderung vor der Hauptverhandlung]

(1) ¹Hält ein Gericht vor Beginn einer Hauptverhandlung die sachliche Zuständigkeit eines Gerichts höherer Ordnung für begründet, so legt es die Akten durch Vermittlung der Staatsanwaltschaft diesem vor; § 209a Nr. 2 Buchstabe a gilt entsprechend. ²Das Gericht, dem die Sache vorgelegt worden ist, entscheidet durch Beschluß darüber, ob es die Sache übernimmt.

(2) ¹Werden die Akten von einem Strafrichter oder einem Schöffengericht einem Gericht höherer Ordnung vorgelegt, so kann der Angeklagte innerhalb einer bei der Vorlage zu bestimmenden Frist die Vornahme einzelner Beweiserhebungen beantragen. ²Über den Antrag entscheidet der Vorsitzende des Gerichts, dem die Sache vorgelegt worden ist.

(3) ¹In dem Übernahmebeschluß sind der Angeklagte und das Gericht, vor dem die Hauptverhandlung stattfinden soll, zu bezeichnen. ²§ 207 Abs. 2 Nr. 2 bis 4, Abs. 3 und 4 gilt entsprechend. ³Die Anfechtbarkeit des Beschlusses bestimmt sich nach § 210.

(4) ¹Nach den Absätzen 1 bis 3 ist auch zu verfahren, wenn das Gericht vor Beginn der Hauptverhandlung einen Einwand des Angeklagten nach § 6a für begründet hält und eine besondere Strafkammer zuständig wäre, der nach § 74e des Gerichtsverfassungsgesetzes der Vorrang zukommt. ²Kommt dem Gericht, das die Zuständigkeit einer anderen Strafkammer für begründet hält, vor dieser nach § 74e des Gerichtsverfassungsgesetzes der Vorrang zu, so verweist es die Sache an diese mit bindender Wirkung; die Anfechtbarkeit des Verweisungsbeschlusses bestimmt sich nach § 210.

I. Einführung

In thematischem Zusammenhang mit sowie in Ergänzung zu den Vorschriften der §§ 209 1
Abs. 2, 209a, 270 StPO befasst sich die Norm unter Berücksichtigung der §§ 6, 6a mit der sachlichen Zuständigkeit und regelt den Fall der Zuständigkeitsverschiebung in der Phase nach der Eröffnung des Hauptverfahrens und vor dem Beginn der Hauptverhandlung. Der Vorschrift liegen – gerade auch mit Blick auf § 270 StPO – verfahrensökonomische Überlegungen zugrunde, da die notwendige Verweisung außerhalb einer anstehenden Hauptverhandlung erfolgen kann.[1]
Die Vorschrift ist trotz der Regelung in § 323 Abs. S. 1 nach h. A. analog im Berufungsverfahren anwendbar.[2] Hingegen scheidet schon mit Blick auf den insoweit eindeutigen Wortlaut ihre entsprechende Anwendung für die nach dem Geschäftsplan bedingte Zuständigkeit und die örtliche Zuständigkeit aus.[3]

Während in Abs. 1 gewissermaßen der allgemeine Grundfall der Vorlegung bei einer Änderung 2
der sachlichen Zuständigkeit für diesen spezifischen Verfahrensabschnitt niedergelegt ist, enthalten Abs. 2 und Abs. 3 ergänzende Bestimmungen für den Fall der Vorlegung durch das Amtsgericht (Strafrichter/Schöffengericht) an ein Gericht höherer Ordnung (Abs. 2) sowie für die Fassung des Übernahmebeschlusses nach Abs. 1 S. 2 einschließlich flankierender Regelungen (Abs. 3). Mit Abs. 4 wird die Anwendbarkeit der Abs. 1 bis 3 für den Fall des § 6a StPO iVm. § 74e GVG vorgeschrieben.

---

[11] KK/*Gmel* Rn. 4; Löwe/Rosenberg/*Gollwitzer* Rn. 8.
[12] HK-GS/*Schulz* Rn. 1; Anw-StPO/*Kirchhof* Rn. 2; vgl. hierzu auch: SK-StPO/*Schlüchter*, Rn. 8 f.
[13] SK-StPO/*Schlüchter* Rn. 9.
[1] Zum Normzweck: KK/*Gmel* Rn. 1.
[2] BGH v. 19. 12. 2002 – 1 StR 306/02, NJW 2003, 1404; *Hegmann* NStZ 2000, 575; *Pfeiffer* Rn. 2; KK/*Gmel* Rn. 4; aA: *Meyer-Goßner* Rn. 2.
[3] *Joecks* Rn. 2; *Meyer-Goßner* Rn. 3.

II. Zuständigkeitsänderung nach Abs. 1

3 Nach Abs. 1 S. 1 erfolgt eine Vorlage, wenn das Gericht vor Beginn einer Hauptverhandlung – aber nach Eröffnung des Hauptverfahrens – die sachliche Zuständigkeit eines Gerichts höherer Ordnung für begründet erachtet. Dem korrespondiert nach Abs. 1 S. 2 die Entscheidung des Gerichts, welchem die Strafsache zur Übernahme vorgelegt wird.

4 **1. Andere sachliche Zuständigkeit.** Eingangsvoraussetzung nach Abs. 1 ist die sachliche Zuständigkeit eines Gerichts höherer Ordnung, mithin die sachliche Unzuständigkeit des zunächst angerufenen Gerichts. Maßstab für die Beurteilung der sachlichen Zuständigkeit ist alleine die Vorschrift des § 6 StPO, sodass die Vorgaben nach den Bestimmungen der §§ 24 Abs. 1 Nr. 3, 74 Abs. 1, 25 Nr. 2 GVG in diesem Verfahrensstadium unbeachtlich sind, da diese abschließend mit der Entscheidung über die Eröffnung des Verfahrens geprüft worden sind.[4] Demzufolge ist die Vorlage einer Strafsache durch den Strafrichter an das Schöffengericht nicht möglich bzw. unzulässig.[5]

5 Mit Ausnahme der Regelung in Abs. 4 S. 2 kommt eine Vorlegung nur bei der sachlichen Zuständigkeit eines Gerichts höherer Ordnung in Betracht, sodass nach der gesetzlichen Konzeption ein Mangel in der Zuständigkeit des angerufenen Gerichts nur dann relevant ist, wenn ein höherrangiges Gericht zuständig ist. Unbeachtlich ist hingegen die sachliche Zuständigkeit eines Gerichts niederer Ordnung,[6] sodass in dieser Konstellation eine Verweisung ausscheidet. Als **Gericht höherer Ordnung** im Sinne von Abs. 1 iVm. § 1 StPO kommen daher zunächst in Frage: Strafkammern beim LG sowie Senat beim OLG.

6 Nach Abs. 1 S. 2 Hs. 2 iVm. § 209a Nr. 2a gelten auch die Jugendgerichte – nicht aber die Jugendschutzgerichte[7] – als Gericht höherer Ordnung.[8] Das Jugendgericht selbst hat in diesem Verfahrensstadium nach § 47a S. 1 JGG indessen nicht mehr die Möglichkeit, die Strafsache an ein allgemeines Strafgericht abzugeben. Eine Ausnahme bildet wiederum §§ 47a S. 2, 103 Abs. 2 S. 3, 112 S. 1 JGG, wonach in sog. verbundenen Verfahren unter Berücksichtigung der in §§ 103 Abs. 2 S. 3 Hs. 2, 112 S. 1 JGG kodifizierten Vorrangfiktion eine Vorlagemöglichkeit der Jugendkammer nach dem Maßstab der §§ 6a, 225a Abs. 4 besteht.

7 Beim Übergang vom Bußgeld- in das Strafverfahren kommt ebenfalls eine Vorlegung nach einem Hinweis gem. § 81 OWiG außerhalb der Hauptverhandlung in Betracht.[9]

8 Ist unter Berücksichtigung der Vorgaben nach § 6 die sachliche Zuständigkeit eines Gerichts höherer Ordnung gegeben, ist die Vorlage nach Abs. 1 S. 1 Hs. 1 zwingend.[10]

9 **2. Vorlage.** Die Vorlage nach Abs. 1 S. 1 erfolgt von Amts wegen oder auf einen entsprechenden Antrag eines Verfahrensbeteiligten hin. Sie kann entsprechend dem gesetzlichen Wortlaut **vor Beginn *einer* Hauptverhandlung** erfolgen; dh. von der Eröffnung des Hauptverfahrens bis zum Beginn der Hauptverhandlung, womit nach § 243 Abs. 1 S. 1 unabhängig vom Erscheinen des Angeklagten[11] der Aufruf der Sache gemeint ist.[12] Unter Berücksichtigung der ratio legis ist die Voraussetzung weit zu verstehen: Erfasst ist zum Einen der (Regel-)Fall, dass im ersten Rechtszug über die Eröffnung des Verfahrens entschieden ist und die Durchführung der Hauptverhandlung bevorsteht, jedoch in diesem Stadium des Verfahrens berechtigte Zweifel an der sachlichen Zuständigkeit auftreten. Zum Anderen sind aber auch die Fälle der Zurückverweisung nach § 354 Abs. 2 und der Aussetzung[13] erfasst,[14] mithin also Konstellationen, in denen erneut im ersten Rechtszug eine Hauptverhandlung stattzufinden hat.

10 **3. Gerichtsbeschluss.** Die Vorlegung ordnet das Gericht außerhalb der Hauptverhandlung in der für die Entscheidungen außerhalb der Hauptverhandlung geltenden Besetzung in Form eines **Vorlegungs- oder Vorlagebeschlusses** an. Wiewohl aus § 34 kein Begründungserfordernis für den Beschluss hergeleitet werden kann, ergibt sich das Erfordernis einer Begründung aus der Sache selbst. Denn nur auf dieser Grundlage ist das höherrangige Gericht überhaupt in der Lage, die Gründe nachzuvollziehen, aus denen sich die sachliche Unzuständigkeit des angerufenen Gerichts

---

[4] HK-GS/*Schulz* Rn. 1; *Pfeiffer* Rn. 2; *Rieß* NJW 1978, 2265.
[5] OLG Düsseldorf v. 15. 6. 2000 – 1 Ws 293/00, NStZ-RR 2001, 222; zustimmend: *Meyer-Goßner* Rn. 5; HK-GS/Schulz Rn. 1; Anw-StPO/*Kirchhof* Rn. 2; aA: *Paeffgen* NStZ 2002, 195; *Hohendorf* NStZ 1987, 393 ff.
[6] Vgl. auch § 269 StPO.
[7] Der gesetzliche Verweis erfasst nicht § 209a Nr. 2 b, sondern nur § 209a Nr. 2a; vgl. auch BGH v. 31. 1. 1996 – 2 StR 621/95, BGHSt 42, 39.
[8] *Joecks* Rn. 2.
[9] BGH v. 20. 4. 1993 – KRB 15/92, BGHSt 39, 202 (205); *Rieß* NStZ 1993, 513.
[10] *Joecks* Rn. 4.
[11] OLG Hamm v. 10. 5. 1993 – 2 Ss 372/93, MDR 1993, 1002.
[12] Ab diesem Zeitpunkt gilt § 270; vgl.: LG Zweibrücken v. 28. 6. 2002 – 4033 Js 1871/01, NStZ-RR 2002, 307.
[13] *Hohendorf* NStZ 1987, 389, 393.
[14] *Pfeiffer* Rn. 2; *Meyer-Goßner* Rn. 4; KK/*Gmel* Rn. 3.

ergeben soll[15] und sodann seine eigne Entscheidung zu treffen. Ferner kann der Angeklagte sein Beweisantragsrecht nach Abs. 2 S. 1 nur dann effektiv wahrnehmen, wenn ihm die rechtlichen und/oder tatsächlichen Gründe für die Vorlegung bekannt sind. Mithin besteht qua Natur der Sache eine **Begründungspflicht**.[16]

Da im Übrigen keine Entscheidung nach § 33 Abs. 2, 3 vorliegt,[17] sondern lediglich ein Internum,[18] und ein hinreichender Schutz der prozessualen Stellung wie der Rechte des Angeklagten vor Allem über Abs. 2 gewährleistet ist, muss vor Erlass des Vorlagebeschlusses kein rechtliches Gehör gewährt werden.[19] Umgekehrt stehen §§ 225 a, 33 Abs. 2, 3 der Gewährung rechtlichen Gehör nicht entgegen, sodass das Gericht Stellungnahmen der StA wie der Verteidigung zu einer beabsichtigten Vorlegung einzuholen berechtigt ist. 11

Die formlose **Mitteilung** des begründeten Vorlagebeschlusses an die Verfahrensbeteiligten ist grundsätzlich ausreichend. Sofern allerdings eine Frist nach Abs. 2 S. 1 gesetzt wird, ist eine **Zustellung** nach § 35 Abs. 2 S. 2 erforderlich. 12

Die Akten werden schließlich mit dem Vorlagebeschluss der zuständigen StA übersandt, welche nach Abs. 1 S. 1 verpflichtet ist, diese an das übergeordnete Gericht weiterzuleiten.[20] Bis zum Erlass des Übernahmebeschlusses bleibt allerdings die Zuständigkeit des abgebenden Gerichts für Haft- und sonstige Nebenentscheidungen bestehen.[21] Davon abzugrenzen ist die Befugnis des abgebenden Gerichts, vor oder bei Erlass des Vorlagebeschlusses das Verfahren wegen einzelner von mehreren Taten abzutrennen oder nach § 154 Abs. 2 einzustellen bzw. eine Beschränkung der Strafverfolgung nach § 154a vorzunehmen.[22] 13

4. Verfahrensübernahme, Ablehnung und Weiterverweisung. Wurden die Akten einschließlich des Vorlagebeschlusses durch Vermittlung der zuständigen StA dem Gericht höherer Ordnung vorgelegt, hat dieses nach Abs. 1 S. 2 über die Übernahme des Verfahrens zu entscheiden. Hierbei kommen folgende Möglichkeiten der Entscheidung in Betracht: Übernahme, Ablehnung der Übernahme – eventuell nach Verfolgungsbeschränkung nach § 154a Abs. 2 (str.) –, oder Weiterverweisung.[23] 14

Die Entscheidung des höheren Gerichts über die Übernahme ergeht – wie sich aus den gesetzlichen Vorgaben ergibt – in **Beschlussform**; und zwar in der für Entscheidungen außerhalb der Hauptversammlung vorgesehenen Besetzung. Die Verfahrensbeteiligten sind nach § 33 Abs. 2, 3 vor der Entscheidung anzuhören. Gegenstand der gerichtlichen Prüfung ist freilich nicht mehr die Frage, ob und inwiefern ein hinreichender Tatverdacht nach §§ 170 Abs. 1, 203 gegeben ist.[24] Denn diese Voraussetzung ist im bereits vorliegenden Eröffnungsbeschluss abgehandelt. Mithin hat sich die Prüfung darauf zu konzentrieren, ob auf der Grundlage der erhobenen Anklage unter Berücksichtigung des Eröffnungs- sowie des Vorlagebeschlusses ein hinreichender Verdacht dafür gegeben ist, dass die verfahrensgegenständliche (Straf-)Tat in die sachliche Zuständigkeit des Gerichts fällt.[25] 15

a) **Übernahmebeschluss.** Für den Fall der Übernahme ergeben sich zunächst aus Abs. 3 S. 1 weitere inhaltliche Vorgaben. Der Übernahmebeschluss ist im Übrigen dem Angeklagten nach § 215 (analog) mit Blick auf die damit verbundene Modifikation des Eröffnungsbeschlusses zuzustellen,[26] den übrigen Verfahrensbeteiligten nur, sofern eine Beschwerdeberechtigung gegeben ist.[27] Allerdings ist in diesem Zusammenhang aus verfahrensrechtlicher Sicht zu berücksichtigen, dass der Übernahmebeschluss nicht einen fehlenden Eröffnungsbeschluss zu ersetzen vermag.[28] 16

Mit Erlass des Übernahmebeschlusses wird die Strafsache bei dem höheren bzw. übernehmenden Gericht **anhängig**,[29] sodass dieses ab diesem Zeitpunkt für alle im Verfahren zu treffenden weiteren (Neben-)Entscheidungen – zB Fortdauer der U-Haft – zuständig ist.[30] 17

---

[15] Meyer-Goßner Rn. 6.
[16] KK/Gmel Rn. 7; Meyer-Goßner Rn. 6; Pfeiffer Rn. 3; Anw-StPO/Kirchhof Rn. 2; HK-GS/Schulz Rn. 1.
[17] Meyer-Goßner Rn. 6; ähnlich: Anw-StPO/Kirchhof Rn. 2.
[18] KK/Gmel Rn. 6.
[19] Pfeiffer Rn. 3; Meyer-Goßner Rn. 6.
[20] Hierzu: KK/Gmel Rn. 9; Meyer-Goßner Rn. 7.
[21] Meyer-Goßner Rn. 8.
[22] KK/Gmel Rn. 8.
[23] Anw-StPO/Kirchhof Rn. 4; Pfeiffer Rn. 4.
[24] Löwe/Rosenberg/Gollwitzer Rn. 22; zustimmend: Meyer-Goßner Rn. 15; HK-GS/Schulz Rn. 3.
[25] KK/Gmel Rn. 10.
[26] Anw-StPO/Kirchhof Rn. 4; KK/Gmel 15.
[27] Löwe/Rosenberg/Gollwitzer Rn. 26.
[28] BGH v. 15. 5. 1984 – 5 StR 283/84, NStZ 1984, 520.
[29] BGH v. 14. 7. 1998 – 4 StR 273/98, BGHSt 44, 121.
[30] Meyer-Goßner Rn. 17; KK/Gmel Rn. 17.

18 **b) Ablehnung der Übernahme.** Im Falle der **Ablehnung der Übernahme** ist der entsprechende Beschluss dahingehend zu begründen, aus welchen tatsächlichen und/oder rechtlichen Gründen das höhere Gericht seine sachliche Zuständigkeit für nicht gegeben erachtet.[31] Während der Beschluss dem Angeklagten bzw. den Verfahrensbeteiligten nur formlos mitzuteilen ist (§ 35 Abs. 2 S. 2), wird eine förmliche Zustellung nach § 35 Abs. 2 S. 1 an die zuständige StA dann für erforderlich erachtet, wenn diese die Übernahme beantragt hatte[32] und deshalb unter Umständen deren Beschwerdebefugnis nach Abs. 3 S. 3 iVm. § 210 tangiert ist.

19 Die Ablehnung der Übernahme ist zu beschließen, wenn das Gericht höherer Ordnung im Rahmen seiner Prüfungskompetenz[33] keinen hinreichenden Tatverdacht auszumachen vermag, dass die verfahrensgegenständliche Tat in seine Beurteilungskompetenz fällt. Ferner ist die Übernahme auch abzulehnen, wenn das Gericht ein anderes, drittes Gericht für zuständig erachtet;[34] eine Abgabe oder Weiterleitung ist in diesem Zusammenhang ausgeschlossen.[35]

20 Konsequenz des die Übernahme ablehnenden Beschlusses ist zunächst, dass es bei der Rechtshängigkeit des Verfahrens bei dem vorlegenden Gericht verbleibt.[36] Unter der Voraussetzung einer unverändert fortbestehenden Sachlage entfaltet der Beschluss darüber hinaus **bindende Wirkung** für das vorlegende Gericht.[37] Verändert sich hingegen die Sachlage, steht der Beschluss weder einer erneuten Vorlage noch einer Verweisung nach § 270 entgegen.[38]

21 In verfahrenstechnischer Hinsicht werden nach Ablehnung der Übernahme die Akten dem vorlegenden Gericht zurückgesandt.

22 Eine **Sonderproblematik** in Zusammenhang mit der Ablehnung der Übernahme bildet die Frage, ob und inwiefern das Gericht höherer Ordnung befugt ist, den Übernahmegegenstand mittels Verfolgungsbeschränkung nach § 154a oder durch Verfahrenstrennung zu modifizieren mit dem Ziel, hierdurch die Grundlage für die Ablehnung der Übernahme zu schaffen. Mit Blick auf eine ältere Entscheidung des BGH,[39] in welcher es für verfahrensrechtlich zulässig erachtet wurde, im Eröffnungsverfahren eine die sachliche Zuständigkeit modifizierende Beschränkung der Verfolgung von Straftaten vorzunehmen, um sodann nach § 209 Abs. 1 das Hauptverfahren vor einem Gericht niedrigerer Ordnung zu eröffnen, erscheint ein solches Procedere nicht ausgeschlossen. Dem steht jedoch entgegen, dass im Falle des § 225a erst mit Erlass des Übernahmebeschluss die Anhängigkeit vor dem Gericht, dem die Sache vorgelegt wurde, begründet werden kann und bis zu diesem Zeitpunkt die Zuständigkeit des vorlegenden Gericht weiter besteht.[40] Hinzu kommt, dass das vorlegende Gericht nach § 154a ausgeschiedene Teile wieder einbeziehen und sodann die Sache wieder vorlegen oder in der Hauptverhandlung verweisen kann.[41] Mithin wird es überwiegend zu Recht für verfahrensrechtlich unzulässig erachtet, die Übernahme durch Teileinstellungen nach § 154a Abs. 2 oder durch die Trennung vom vorlegenden Gericht verbundener Strafsachen zu umgehen.[42] Es fehlt grundsätzlich an der erforderlichen Dispositionsbefugnis des Gerichts höherer Ordnung, welche erst mit Erlass des Übernahmebeschluss gegeben sein kann; wie sich im Übrigen aus Abs. 3 S. 2 ergibt.

23 **c) Weiterverweisung.** Die Weiterverweisung steht in sachlichem Zusammenhang mit der Übernahme. Dies bedeutet, dass die Weiterverweisung per se keine echte Entscheidungsalternative darstellt. Denn für den Fall, dass das höhere Gericht, dem vorgelegt wurde, ein drittes Gericht für sachlich zuständig ansieht, muss die Übernahme abgelehnt werden.[43] Die Weiterverweisung setzt demnach die vorherige Übernahme voraus. In diesem Zusammenhang ist indessen anerkannt, dass die Übernahme eine Weiterverweisung in Form einer (erneuten) Vorlage nach § 225a oder einer Verweisung nach § 270 nicht entgegensteht.[44] Restriktionen ergeben sich aus § 269, wonach eine Verweisung an ein Gericht niederer Ordnung ausgeschlossen ist, sowie aus § 47a S. 1 JGG. Nach Abs. 4 S. 2 – als unechte Ausnahme zu § 269 – ist hingegen wieder zulässig, an eine nachrangige Spezialkammer zu verweisen.

---

[31] Löwe/Rosenberg/*Gollwitzer* Rn. 25; KK/*Gmel* Rn. 14; *Meyer-Goßner* Rn. 19.
[32] HK-GS/*Schulz* Rn. 3; KK/*Gmel* Rn. 16; *Meyer-Goßner* Rn. 19.
[33] Vgl. oben 4.
[34] Löwe/Rosenberg/*Gollwitzer* Rn. 25; *Meyer-Goßner* Rn. 19.
[35] KK/*Gmel* Rn. 14.
[36] *Meyer-Goßner* Rn. 19.
[37] OLG Stuttgart v. 28. 9. 1994 – 3 ARs 102/94, NStZ 1995, 248.
[38] Löwe/Rosenberg/*Gollwitzer* Rn. 33; KK/*Gmel* Rn. 19; *Meyer-Goßner* Rn. 21; SK-StPO/*Schlüchter* Rn. 37.
[39] BGH v. 26. 9. 1980 – STB 32/80, BGHSt 29, 341.
[40] KK/*Gmel* Rn. 11.
[41] SK-StPO/*Schlüchter* Rn. 22.
[42] OLG Stuttgart v. 28. 9. 1994 – 3 ARs 102/94, NStZ 1995, 248 f.; *Meyer-Goßner* Rn. 20; KK/*Gmel* Rn. 11; AnwStPO/*Kirchhof* Rn. 4; HK-GS/*Schulz* Rn. 3; *Joecks* Rn. 11.
[43] Vgl. oben Rn. 18.
[44] KK/*Gmel* Rn. 18; Löwe/Rosenberg/*Gollwitzer* Rn. 32.

Fünfter Abschnitt. Vorbereitung der Hauptverhandlung 24–29 § 225a

III. Beweiserhebungen nach Abs. 2

Erfolgt die Vorlage an das Gericht höherer Ordnung durch den Strafrichter oder das Schöffengericht, hat der Angeklagte nach Abs. 2 S. 1 das Recht, innerhalb einer bereits bei Vorlegung zu bestimmenden Frist die Vornahme einzelner Beweiserhebungen zu beantragen. Über die **Beweisanträge** entscheidet nach Abs. 2 S. 2 der Vorsitzende des Gerichts, dem die Sache vorgelegt worden ist. 24

1. Zweck der Regelung. Der Zweck dieser Regelung ist nicht unumstritten. Wenngleich mit unterschiedlicher Akzentuierung besteht im Ausgangspunkt Übereinstimmung dahingehend, dass mit der Norm sachliche Bezüge zum Anspruch auf rechtliches Gehör[45] sowie zur Gewährleistung einer effektiven Verteidigung[46] hergestellt sind. Sie kann damit insgesamt als Ausdruck des Grundsatzes des fairen Verfahrens begriffen werden. Vor diesem Hintergrund wird zum Einen vertreten, dass dem Angeklagten über das Beweisantragsrecht die prozessuale Gestaltungsmöglichkeit eingeräumt wird, noch vor der Entscheidung über die Übernahme im Rahmen einer Beweisaufnahme die vom vorlegenden Gericht im – nicht zuletzt deshalb zu begründenden – Vorlagebeschluss aufgeführten Gründe zu entkräften, um somit eine Ablehnung der Übernahme zu erreichen.[47] Zum Anderen wird hervorgehoben, dass dem Angeklagten über das Instrument des Beweisantrages die Gelegenheit gegeben wird, zu den neuen rechtlichen oder tatsächlichen Gesichtspunkten, wie sie in der Vorlageentscheidung dokumentiert sind, Stellung zu nehmen und – in Ergänzung zu § 201 Abs. 1 – Beweisanträge zu stellen;[48] flankierend wird auf die Möglichkeit der Beeinflussung der Entscheidung des höheren Gerichts hingewiesen.[49] Insgesamt variiert in der Diskussion der verfahrensrechtliche Bezugspunkt: einerseits das Vorlageverfahren als solches, andererseits die anstehende Hauptverhandlung. 25

Der skizzierte Meinungsstreit erlangt insbesondere bei der Frage Bedeutung, zu welchem Zeitpunkt die Entscheidung über den Beweisantrag nach Abs. 2 S. 2 zu erfolgen hat. Denn nach der erstgenannten Ansicht ist vor der Entscheidung über die Übernahme durch das Gericht höherer Ordnung eine Beweisaufnahme über die Vorlagegründe durchzuführen,[50] während nach der zweit genannten Auffassung die Entscheidung nach Abs. 2 S. 2 erst nach Erlass des Übernahmebeschlusses getroffen werden darf.[51] 26

Rekurriert man indes auf den Umstand, dass bereits durch die Vorlage wegen sachlicher Unzuständigkeit des angerufenen Gerichts, die ihrerseits in einer Veränderung der rechtlichen oder tatsächlichen Bewertung der angeklagten Tat ihren Grund hat, eine prozessuale Situation entstanden ist, welche der in § 201 StPO durchaus vergleichbar ist, impliziert das Beweisantragsrecht des Angeklagten, dass unter Umständen eine Beweisaufnahme über die Vorlagegründe durchzuführen ist; und zwar vor Erlass eines Übernahmebeschlusses bzw. vor einer Entscheidung über die Übernahme überhaupt. Mithin ist auch über die Beweisanträge grundsätzlich zuvor zu entscheiden. Wenngleich der Gegenansicht zuzugestehen ist, dass durch eine rechtzeitige Bescheidung der Beweisanträge eine effektive Verteidigung in der anstehenden Hauptverhandlung gewährleistet werden kann,[52] wird indessen der spezifische Bedeutungsgehalt von Abs. 2 verkannt. Denn der Anspruch auf rechtliches Gehör und das Recht auf effektive Verteidigung müssen sich im konkreten Verfahrensstadium abbilden und weisen in concreto eine Themenbindung bezogen auf die Vorlagegründe auf. 27

2. Anwendungsbereich. Aus der Systematik des Gesetzes – Abs. 2 enthält eine sachliche Ergänzung zu Abs. 1 – und insbesondere aus Abs. 1 S. 2 Hs. 2 ergibt sich, dass Abs. 2 auch dann Anwendung findet, wenn eine Vorlage an den Jugendrichter oder an das Jugendschöffengericht erfolgt.[53] Der **Anwendungsbereich** von Abs. 1, 2 ist daher kongruent. 28

Wegen der Verweisung in Abs. 4 S. 1 und mit Blick auf die ratio legis[54] ist Abs. 2 ferner anwendbar, wenn eine Vorlage an eine nach § 74e GVG vorrangige Spezialstrafkammer erfolgt,[55] sodass kein Redaktionsversehen[56] gegeben ist. 29

---

[45] HK-GS/*Schulz* Rn. 2; vgl. aber auch: *Meyer-Goßner* Rn. 9.
[46] *Alsberg/Nüse/Meyer*, Der Beweisantrag im Strafprozess, S. 365.
[47] KK/*Gmel* Rn. 20; Anw-StPO/*Kirchhof* Rn. 3; KMR/*Eschenbach* Rn. 27.
[48] *Joecks* Rn. 7; *Meyer-Goßner* Rn. 9.
[49] *Meyer-Goßner* Rn. 9; HK-GS/*Schulz* Rn. 2.
[50] KK/*Gmel* Rn. 20.
[51] *Joecks* Rn. 9; *Meyer-Goßner* Rn. 13.
[52] Unter „rechtzeitig" versteht *Meyer-Goßner*, dass dem Angeklagten Zeit verbleiben muss, sein Prozessverhalten und demzufolge seine Verteidigung auf die neue Situation einzustellen, wie die Wahrnehmung der Befugnisse aus §§ 219, 220 StPO zeigt: *Meyer-Goßner* Rn. 13; zustimmend: HK-GS/*Schulz* Rn. 2.
[53] *Pfeiffer* Rn. 5; Löwe/Rosenberg/*Gollwitzer* Rn. 35; SK-StPO/*Schlüchter* Rn. 39; KK/*Gmel* Rn. 20; aA: *Alsberg/ Nüse/Meyer*, Der Beweisantrag im Strafprozess, S. 366; *Meyer-Goßner* Rn. 9.
[54] KK/*Gmel* Rn. 20.
[55] SK-StPO/*Schlüchter* Rn. 39; *Pfeiffer* Rn. 5; Löwe/Rosenberg/*Gollwitzer* Rn. 51.
[56] Hierzu: *Meyer-Goßner* NStZ 1981, 168 f.

30 **3. Frist für die Beweisanträge.** Dem Angeklagten ist für die Stellung der Beweisanträge eine Frist zu bestimmen. Da die Frist bereits bei der Vorlage zu setzen ist, ist die Fristbestimmung originäre Aufgabe des vorlegenden Gerichts; was im Übrigen auch der Beschleunigung des Verfahrens dient.[57] In diesem Zusammenhang wird es für zweckmäßig erachtet, die Fristsetzung in den Vorlagebeschluss aufzunehmen[58] und diesen dann dem Angeklagten zuzustellen.[59]

31 Der gesetzlichen Regelung ist nicht zu entnehmen, wie lange die Frist zu bemessen ist. Mithin handelt es sich um eine Ermessensentscheidung. Die Frist ist hierbei grundsätzlich so zu bemessen, dass der Angeklagte unter Berücksichtigung der im Vorlagebeschluss enthaltenen Gründe genügend Zeit hat zu prüfen und zu entscheiden, ob und inwieweit Beweisanträge zu stellen sind. Die Frist kann von Amts wegen oder auf Antrag verlängert werden.

32 Verspätete Beweisanträge können solange berücksichtigt werden, bis über die Übernahme noch nicht entschieden ist.[60] Im Übrigen ist nach § 219 zu verfahren.

33 **4. Adressat der Beweisanträge.** Aus Abs. 2 S. 2 ergibt sich, dass die Beweisanträge beim **Vorsitzenden des höheren Gerichts** anzubringen sind. Eine Belehrung hierüber sieht das Gesetz nicht vor, sie erscheint aber zweckmäßig. Ansonsten sind Beweisanträge, die beim vorlegenden Gericht eingehen, an das höhere Gericht weiterzuleiten.

34 Auch hinsichtlich der **Form** des Beweisantrags enthält das Gesetz keine Vorgaben. Mithin sind die allgemeinen Grundsätze des Beweisantragsrechts heranzuziehen, dh. Beweisthema und Beweismittel sind zu benennen.[61]

35 Über die Beweisanträge befindet nach Abs. 2 S. 2 der Vorsitzende des Gerichts, dem die Sache vorgelegt worden ist, wobei sich in den Fällen der §§ 223, 225 Restriktionen ergeben, da in diesen Fällen eine Entscheidung des Gerichts erforderlich ist.[62] Die Entscheidung steht im **pflichtgemäßen Ermessen** des Vorsitzenden bzw. des Gerichts. Sie ergeht gem. § 33 Abs. 2 nach Anhörung der zuständigen StA.[63]

36 Wird übergreifend bereits die Übernahme der Sache durch das höhere Gericht abgelehnt, ist eine Bescheidung des Beweisantrags unter Berücksichtigung des Zwecks des Antragsrechts nicht mehr erforderlich;[64] der Antrag hat sich prozessual erledigt. Im Falle der Ablehnung des Beweisantrages ist die Entscheidung gem. § 34 mit Gründen zu versehen. Die Bestimmungen nach § 244 Abs. 3–5 gelten in diesem Zusammenhang nicht[65] oder allenfalls nur sehr eingeschränkt.[66] Hinsichtlich der Begründungsdichte wird es für genügend erachtet, dass ein Hinweis erfolgt, dass die beantragte Beweiserhebung vor der Hauptverhandlung nicht geboten ist[67] bzw. die beantragte Beweiserhebung zur Entscheidung über die Übernahme nicht geboten erscheint.[68] Freilich wird in diesem Zusammenhang zu differenzieren sein zwischen Beweisanträgen, die sich spezifisch mit den Vorlagegründen befassen und demgemäß für die Entscheidung nach Abs. 1 S. 2 von Bedeutung sein können, und Beweisanträgen, die sich auf den durch Anklageschrift und Eröffnungsbeschluss fixierten Tatvorwurf beziehen. Insbesondere bei den erstgenannten wird zu prüfen sein, ob diese in einer Beweisaufnahme außerhalb der Hauptverhandlung geeignet sind, die Vorlagegründe zu relativieren mit der Konsequenz, dass eine Übernahme des Verfahrens ausscheidet.

IV. Inhalt des Übernahmebeschlusses nach Abs. 3

37 Mit den Bestimmungen nach Abs. 3 S. 1 werden zunächst die **inhaltlichen Anforderungen** an den Übernahmebeschluss, der durch das höhere Gericht zu erlassen ist, gesetzlich präzisiert.[69] Der Beschluss muss den Angeklagten und das Gericht, vor dem die Hauptverhandlung stattfinden soll, bezeichnen, sodass in Verbindung mit dem Eröffnungsbeschluss deutlich erkennbar ist, welches Gericht über welchen (vermeintlichen) Tatvorwurf mit welcher (vorläufigen) rechtlichen Bewertung zu judizieren hat.[70]

38 Nach Abs. 3 S. 2 sind sodann die Regelungen in § 207 Abs. 2 Nr. 2–4, Abs. 3, 4 entsprechend anwendbar. Damit wird eine – zuvor nicht bestehende[71] – **Dispositionsbefugnis** des übernehmen-

---

[57] KK/*Gmel* Rn. 21.
[58] *Joecks* Rn. 8.
[59] *Pfeiffer* Rn. 5; *Meyer-Goßner* Rn. 10.
[60] *Meyer-Goßner* Rn. 10.
[61] *Meyer-Goßner* Rn. 11.
[62] Löwe/Rosenberg/*Gollwitzer* Rn. 48; KK/*Gmel* Rn. 22.
[63] *Pfeiffer* Rn. 5; Löwe/Rosenberg/*Gollwitzer* Rn. 42.
[64] Löwe/Rosenberg/*Gollwitzer* Rn. 49; KK/*Gmel* Rn. 22; *Joecks* Rn. 9.
[65] Anw-StPO/*Kirchhof* Rn. 3; *Pfeiffer* Rn. 5; HK-GS/*Schulz* Rn. 2.
[66] *Meyer-Goßner* Rn. 12.
[67] Anw-StPO/*Kirchhof* Rn. 3; *Meyer-Goßner* Rn. 12.
[68] KK/*Gmel* Rn. 22.
[69] *Joecks* Rn. 11.
[70] KK/*Gmel* Rn. 13.
[71] Vgl. oben Rn. 22.

Fünfter Abschnitt. Vorbereitung der Hauptverhandlung 39–46 § 225a

den Gerichts hergestellt, indem die nach den genannten gesetzlichen Bestimmungen zulässigen Beschränkungen, Erweiterungen oder Änderungen vorgenommen werden dürfen. Weiterhin kann die StA nach § 207 Abs. 3, Abs. 2 Nr. 2 zur Einreichung einer neuen Anklageschrift angehalten werden. Klargestellt ist ferner, dass das Gericht nach der Übernahme über die Anordnung oder Fortdauer der Untersuchungshaft oder der einstweiligen Unterbringung zu beschließen befugt ist.

V. Voraussetzungen nach Abs. 4

Nach Abs. 4 S. 1 hat eine **Vorlage** der Sache in dem in Abs. 1–3 geregelten Verfahren auch 39 dann zu erfolgen, wenn vor Beginn der Hauptverhandlung der Angeklagte nach § 6a den Einwand der Zuständigkeit einer besonderen Strafkammer nach §§ 74 Abs. 2, 74a, 74c erhebt, das Gericht diesen für begründet erachtet und die Zuständigkeit einer besonderen Strafkammer gegeben ist, welcher nach § 74e GVG der Vorrang zukommt. In diesen Fällen trifft die allgemeine Strafkammer eine Vorlegungspflicht.[72] Gleiches gilt für eine besondere Strafkammer, wenn die Zuständigkeit einer höheren besonderen Strafkammer begründet geltend gemacht wird.[73]

Nach § 209a Nr. 2a (vgl. Abs. 1 S. 1 Hs. 2) kommt der Jugendkammer mit der sich aus § 103 40 Abs. 2 S. 2 JGG ergebenden Einschränkung der Vorrang gegenüber einer besonderen Strafkammer nach § 74e GVG zu.[74]

In den erwähnten Fällen legt das Gericht im Rahmen seiner Vorlagepflicht über die StA der be- 41 sonderen Strafkammer die Akten vor. Das Verfahren richtet sich – ohne Einschränkungen[75] – nach Abs. 1–3.

Nach Abs. 4 S. 2 – eine Ausnahme zu Abs. 1[76] – erfolgt eine **Verweisung mit bindender Wir-** 42 **kung**, wenn eine gegenüber dem angerufenen Gericht auf den Einwand des Angeklagten gem. § 6a nachrangige Strafkammer im Sinne von § 74e GVG zuständig ist. Vor der Abgabe sind die Verfahrensbeteiligten nach § 33 Abs. 2, 3 anzuhören;[77] zumindest jedoch die StA.[78] Der Verweisungsbeschluss, der den Anforderungen nach Abs. 3 S. 1 entsprechen muss,[79] ist dem Angeklagten zuzustellen; den übrigen Verfahrensbeteiligten nur dann, wenn ein Anfechtungsrecht besteht.[80]

Im Gegensatz zur Übernahme ist das Gericht bei der Verweisung befugt, die Gesetzesverlet- 43 zung, welche seine Zuständigkeit begründet, nach § 154a Abs. 2 auszuscheiden.[81]

VI. Rechtsmittel

1. Beschwerde. Die Vorschrift des § 225a enthält diverse Entscheidungsmöglichkeiten, wobei 44 zudem zwischen dem abgebenden und dem übernehmenden Gericht zu differenzieren ist. Im Überblick: Vorlagebeschluss (Abs. 1 S. 1), Übernahmebeschluss (Abs. 1 S. 2 iVm. Abs. 3 S. 1/Abs. 4 S. 1), Ablehnung der Übernahme (Abs. 1 S. 2/Abs. 4 S. 1), Verweisungsbeschluss (Abs. 4 S. 2), Ablehnung der Verweisung (Abs. 4 S. 2), Stattgabe oder Ablehnung von Beweisanträgen (Abs. 2 S. 2). Lediglich zum Teil erfolgen hinsichtlich der Anfechtung gesetzliche Verweise auf § 210 (Abs. 3 S. 3; Abs. 4 S. 2 2. Hs.), sodass im Übrigen fraglich ist, ob und inwiefern die Möglichkeit eines Rechtsbehelfs – vor Allem der (sofortigen) **Beschwerde** – gegeben ist.

Der Vorlagebeschluss ist nach ganz hM einer Anfechtung entzogen. Denn handelt es sich um nur 45 ein Internum[82] bzw. eine gerichtsinterne Maßnahme[83] oder auch gerichtsinterne Richtigstellung.[84] Ebenso sind der Beschluss oder die Verfügung, mit welcher der Vorsitzende oder das Gericht Beweisanträge stattgebend oder ablehnend bescheiden, mit Blick auf § 305 S. 1 nicht anfechtbar;[85] auch eine entsprechende Anwendung von § 238 Abs. 2 scheidet aus.[86]

Der Übernahmebeschluss ist wegen der gesetzlichen Verweisungen nur nach Maßgabe von § 210 46 anfechtbar. Es handelt sich um eine die Anwendbarkeit von § 304 ausschließende Sonderrege-

---

[72] HK-GS/*Schulz* Rn. 4; *Pfeiffer* Rn. 6.
[73] *Meyer-Goßner* Rn. 22.
[74] *Pfeiffer* Rn. 6; KK/*Gmel* Rn. 23, 5; *Meyer-Goßner* Rn. 22.
[75] Vgl. oben Rn. 3 ff.
[76] *Pfeiffer* Rn. 6.
[77] *Joecks* Rn. 13; Anw-StPO/*Kirchhof* Rn. 5; HK-GS/*Schulz* Rn. 4; *Meyer-Goßner* Rn. 23.
[78] KK/*Gmel* Rn. 25.
[79] Löwe/Rosenberg/*Gollwitzer* Rn. 54; *Meyer-Goßner* Rn. 23; KK/*Gmel* Rn. 26.
[80] KK/*Gmel* Rn. 26; aA *Pfeiffer* Rn. 6.
[81] *Meyer-Goßner* Rn. 23; *Joecks* Rn. 13; KK/*Gmel* Rn. 25; vgl. auch oben Rn. 22.
[82] Vgl. oben Rn. 11.
[83] KK/*Gmel* Rn. 27.
[84] *Meyer-Goßner* Rn. 6.
[85] Anw-StPO/*Kirchhof* Rn. 6; KK/*Gmel* Rn. 28; *Meyer-Goßner* Rn. 24; HK-GS/*Schulz* Rn. 5.
[86] *Alsberg/Nüse/Meyer*, Der Beweisantrag im Strafprozess, S. 370.

lung.⁸⁷ Danach steht dem Angeklagten nach § 210 Abs. 1 kein Anfechtungsrecht zu.⁸⁸ Die StA kann hingegen gem. § 210 Abs. 2 sofortige Beschwerde einlegen, wenn ihrem Antrag im Rahmen des Vorlegungsverfahrens nicht entsprochen wurde.⁸⁹

47   Gegen den die Übernahme ablehnenden Beschluss steht dem Angeklagten mangels Beschwer ebenfalls kein Recht zur Beschwerde zu;⁹⁰ Gleiches gilt für den Nebenkläger nach § 400 Abs. 2.⁹¹ Umstritten ist, ob die StA sofortige Beschwerde gegen einen solchen Beschluss einlegen kann; zumindest, wenn sie die Zuständigkeit des Gerichts höherer Ordnung befürwortet hat. Einerseits wird ein Beschwerderecht abgelehnt.⁹² Andererseits wird zutreffend – unter Rekurs auf § 210 Abs. 2 – das Recht zur sofortigen Beschwerde bejaht.⁹³

48   Der Verweisungsbeschluss ist für den Angeklagten nach § 210 Abs. 1 nicht anfechtbar. Demgegenüber steht der StA die sofortige Beschwerde zu, sofern sie der Verweisung entgegengetreten ist.⁹⁴ Im Falle der Ablehnung der Verweisung bleibt es für den Angeklagten wegen der gesetzlichen Vorgaben bei der Unanfechtbarkeit der gerichtlichen Entscheidung; dies auch dann, wenn er einen entsprechenden Einwand nach § 6a angebracht hat.⁹⁵ Auch der StA steht in dieser Konstellation kein Beschwerderecht zu.⁹⁶

49   **2. Revision.** Im Rahmen einer **Revision** ist § 336 S. 2 zu berücksichtigen. Danach sind fehlerhafte Übernahme- und Verweisungsbeschlüsse der revisionsgerichtlichen Überprüfung entzogen.⁹⁷ Alleine das Fehlen eines Übernahmebeschlusses begründet die Revision.⁹⁸

---

⁸⁷ KK/*Gmel* Rn. 29.
⁸⁸ Statt vieler: *Pfeiffer* Rn. 7.
⁸⁹ *Meyer-Goßner* Rn. 24; KK/*Gmel* Rn. 29.
⁹⁰ HK-GS/*Schulz* Rn. 5.
⁹¹ PfälzOLG Zweibrücken v. 11. 5. 1992 – 1 Ws 79/29, MDR 1992, 1072.
⁹² PfälzOLG Zweibrücken v. 7. 10. 1997 – 1 Ws 506/97, NStZ 1998, 211; *Meyer-Goßner*, NStZ 1981, 169; *Pfeiffer* Rn. 7.
⁹³ Löwe/Rosenberg/*Gollwitzer* Rn. 64; SK-StPO/*Schlüchter* Rn. 69; KK/*Gmel* Rn. 30.
⁹⁴ OLG Stuttgart v. 17. 11. 1981 – 1 Ws 339/81, MDR 1982, 252; Löwe/Rosenberg/*Gollwitzer* Rn. 63; *Joecks* Rn. 14; *Meyer-Goßner* Rn. 24.
⁹⁵ KK/*Gmel* Rn. 29.
⁹⁶ Löwe/Rosenberg/*Gollwitzer* Rn. 64.
⁹⁷ *Meyer-Goßner* Rn. 25; *Pfeiffer* Rn. 7; Anw-StPO/*Kirchhof* Rn. 6.
⁹⁸ BGH v. 14. 7. 1998 – 4 StR 273/98, BGHSt 44, 121.

Sechster Abschnitt. Hauptverhandlung

§ 226 [Ununterbrochene Gegenwart]

(1) Die Hauptverhandlung erfolgt in ununterbrochener Gegenwart der zur Urteilsfindung berufenen Personen sowie der Staatsanwaltschaft und eines Urkundsbeamten der Geschäftsstelle.

(2) [1] Der Strafrichter kann in der Hauptverhandlung von der Hinzuziehung eines Urkundsbeamten der Geschäftsstelle absehen. [2] Die Entscheidung ist unanfechtbar.

I. Einführung

In unmittelbarer Verzahnung mit dem Mündlichkeitsgrundsatz, der in den Normen der §§ 261, 264 seinen Ausdruck findet, kodifiziert die Vorschrift das **Prinzip der Verhandlungseinheit**. Es handelt sich um einen tragenden Pfeiler des Strafverfahrensrechts, welcher der Disposition der Prozessbeteiligten entzogen ist. Das Prinzip soll die Anwesenheit aller zur Entscheidung berufenen (Gerichts-)Personen, der Staatsanwaltschaft und eines Urkundsbeamten während der Dauer der Hauptverhandlung garantieren, sodass deren Austausch oder Fernbleiben in der laufenden Verhandlung, in welcher der relevante Prozessstoff grundsätzlich mündlich und öffentlich zu erörtern ist, verfahrensfehlerhaft ist. Neben den in der Vorschrift selbst genannten Modifikationen ergeben sich Ausnahmen im OWiG-Verfahren nach § 75 OWiG sowie im vereinfachten Jugendverfahren nach § 78 JGG; in diesen Fällen ist die StA unter den jeweils spezifischen gesetzlichen Voraussetzungen von der Pflicht zur Teilnahme an der Hauptverhandlung entbunden.[1] 1

II. Die zur Anwesenheit verpflichteten Verfahrensbeteiligten

Nach Abs. 1 ist die Hauptverhandlung in ununterbrochener Gegenwart der zur Urteilsfindung berufenen Personen sowie der Staatsanwaltschaft und eines Urkundsbeamten der Geschäftsstelle durchzuführen. 2

1. Anwesenheit von Berufs- und Laienrichtern. In personeller Hinsicht erfasst die Anwesenheitspflicht zunächst alle zur Urteilsfindung berufenen Personen, mithin die **Berufs- und Laienrichter**. Diese müssen vom Aufruf der Sache bis zur Urteilsverkündung zugegen sein und dürfen insbesondere nicht wechseln oder ausgetauscht werden, da ansonsten die gesamte Hauptverhandlung zu wiederholen ist.[2] Jedoch ist es zulässig, dass Ergänzungsrichter bzw. -schöffen nach § 192 Abs. 2, 3 GVG für ausgefallene Richter bzw. Schöffen eintreten. Voraussetzung ist allerdings, dass diese von Beginn an in der Hauptverhandlung präsent waren.[3] In umfangreichen und langwierigen Strafverfahren bietet sich daher für den Vorsitzenden an, im Rahmen einer vorausschauenden Planung zur Vermeidung der Gefahr einer Wiederholung der ganzen Hauptverhandlung Ergänzungsrichter und -schöffen in ausreichender Zahl von vornherein hinzu zuziehen. 3

2. Anwesenheit der Staatsanwaltschaft. Die Anwesenheitspflicht erfasst ferner die **Staatsanwaltschaft**. Nach dem Wortlaut der Vorschrift – angesprochen ist die StA als solche und nicht ein Sitzungsvertreter derselben in persona – genügt es, dass ein Vertreter der StA an der Hauptverhandlung teilnimmt.[4] Zulässig ist es deshalb, dass sich mehrere Staatsanwälte während einer laufenden Verhandlung einander ablösen oder ausgetauscht werden;[5] nach § 227 ist es ohne weiteres auch zulässig, dass mehrere Staatsanwälte nebeneinander in einer Hauptverhandlung tätig sind.[6] Die örtliche Unzuständigkeit des an der Verhandlung teilnehmenden Staatsanwalts ist grundsätzlich unschädlich.[7] 4

3. Anwesenheit des Urkundsbeamten. Von der Anwesenheitspflicht ist des Weiteren der **Urkundsbeamte der Geschäftsstelle** erfasst; wobei § 168 S. 2 2. HS nicht gilt.[8] Wie bei der Staatsanwaltschaft ist es ausreichend, dass ein Urkundsbeamter während der gesamten Hauptverhandlung 5

---

[1] Hierzu: HK-GS/*Temming* Rn. 16 ff.
[2] *Meyer-Goßner* Rn. 5.
[3] BGH v. 12. 7. 2001 – 4 StR 550/00, NJW 2001, 3062; HK-GS/*Temming* Rn. 2.
[4] BGH v. 13. 7. 1966 – 2 StR 157/66, BGHSt 21, 85 (89).
[5] BGH v. 30. 10. 1959 – 1 StR 418/59, BGHSt 13, 337 (341); BGH v. 13. 7. 1966 – 2 StR 157/66, BGHSt 21, 85 (89), JR 1967, 227.
[6] Vgl. auch: BGH v. 30. 10. 1959 – 1 StR 418/59, BGHSt 13 337 (341).
[7] RG v. 19. 1. 1939 – 2 D 728/38, RGSt 73, 86; KK-StPO/*Gmel* Rn. 5.
[8] BGH v. 10. 6. 1980 – 5 StR 464/79, NStZ 1981, 31 L.

präsent ist, so dass dieser ablös- oder austauschbar ist.[9] Auch können mehrere Urkundsbeamte nacheinander oder arbeitsteilig nebeneinander tätig sein.[10] Aufgabe des Urkundsbeamten ist die Aufnahme des Sitzungsprotokolls nach § 271. Hierzu muss er nach § 153 Abs. 2, 3 GVG durch eine Ausbildung und Prüfung entsprechend befähigt sein, sodass es beispielsweise nicht ausreicht, dass ein vereidigter Verwaltungsbeamter mitwirkt.[11] Indessen braucht der Urkundsbeamte nicht dem erkennenden Gericht anzugehören.[12]

6 **4. Anwesenheit sonstiger Personen.** Beschränkt sich der Grundsatz der Verhandlungseinheit in personeller Hinsicht nach den Vorgaben dieser Norm auf den Richter, die Staatsanwaltschaft sowie einen Urkundsbeamten der Geschäftsstelle, bedeutet dies nicht, dass damit die Anwesenheitspflicht in der Hauptverhandlung abschließend beschrieben ist. Denn die zwingende Anwesenheit des **Angeklagten** ergibt sich aus §§ 230 ff., die des notwendigen **Verteidigers** aus §§ 140, 145, 231 a Abs. 4[13] sowie die eines **Dolmetschers** aus § 185 Abs. 1 S. 1 GVG.

7 Demgegenüber haben Erziehungsberechtigte und gesetzliche Vertreter des jugendlichen Angeklagten nach § 67 JGG im jugendgerichtlichen Verfahren ein Anwesenheitsrecht, dem jedoch keine entsprechende Pflicht korrespondiert; gleiches gilt für die Vertreter der Jugendgerichtshilfe.[14] Auch hinsichtlich Nebenklägern und Nebenbeteiligten besteht keine Präsenzpflicht,[15] wohingegen sich Anwesenheitsrechte aus §§ 406f Abs. 2, 3, 397 Abs. 1 S. 1, 406g Abs. 2 ergeben. Beim Sachverständigen entscheidet der Vorsitzende im Rahmen seiner insofern durch die gerichtliche Aufklärungspflicht modulierten Sachleitungsbefugnis, in welchem Umfang der Sachverständige in der Hauptverhandlung anwesend sein muss.[16]

8 **5. Anwesenheit und Rollentausch.** Eine Sonderproblematik innerhalb des Grundsatzes der Verhandlungseinheit ergibt sich bei einem Rollentausch, wenn zur Anwesenheit verpflichtete Personen in der Hauptverhandlung als **Zeugen** herangezogen werden. Übergreifend ist zu berücksichtigen, dass Organe der Rechtspflege und insbesondere alle zur Anwesenheit in der Hauptverhandlung verpflichteten Personen grundsätzlich Zeugen sein können.[17] Unterschiedlich sind die sich hieraus ergebenden verfahrensrechtlichen Konsequenzen. Wird ein erkennender **Richter** – auch wenn er bereits an der Verhandlung in dieser Funktion teilgenommen hat – als Zeuge benannt und vernommen, ist er von Gesetzes wegen nach § 22 Nr. 5 von der weiteren Mitwirkung in der Hauptverhandlung ausgeschlossen;[18] wobei indes alleine die Benennung als Zeuge nicht ausreicht.[19] Gleiches gilt nach §§ 22 Nr. 5, 31 Abs. 1 für als Zeugen vernommene **Urkundsbeamten** der Geschäftsstelle,[20] wenn dem Antrag auf die Vernehmung stattgegeben wurde.[21]

9 Geht es um den Vertreter der Anklagebehörde ist es seit einer – heute noch lesenswerten – Entscheidung des RG[22] ständige Rspr., dass wegen der Inkompatibilität mit den Aufgaben und der Stellung der Staatsanwaltschaft[23] der in der Hauptverhandlung als Zeuge vernommene **Sitzungsstaatsanwalt** nicht nur während dieser seiner Vernehmung an der Ausübung der Funktionen des Sitzungsvertreters gehindert und deshalb durch einen anderen Beamten der Staatsanwaltschaft zu ersetzen ist, sondern dass diese Behinderung auch für den Rest der Hauptverhandlung fortbesteht.[24] Der BGH hat diesen Grundsatz zwar aufgegriffen,[25] jedoch „im Interesse einer raschen und zweckgerichteten Verfahrensgestaltung"[26] Modifikationen bzw. Ausnahmen zugelassen. Aufgefächert ergibt sich vor diesem Hintergrund folgendes Bild: Bei der zeugenschaftlichen Vernehmung des (Sitzungs-)Staatsanwalts, ist zunächst erforderlich, dass dieser zumindest für die Dauer der Vernehmung durch einen Vertreter der Staatsanwaltschaft ersetzt wird.[27] Sodann stellt sich die

---

[9] BGH v. 13. 7. 1966 – 2 StR 157/66, BGHSt 21, 85 (89).
[10] Meyer-Goßner Rn. 7.
[11] BGH v. 10. 6. 1980 – 5 StR 464/79, NStZ 1981, 31 L.
[12] BGH v. 22. 1. 1981 – 4 StR 97/80, NStZ 1983, 213.
[13] BGH v. 24. 1. 1961 – 1 StR 132/60, BGHSt 15, 306 (307); BGH v. 30. 10. 1959 – 1 StR 418/59, BGHSt 13, 337 (341); KK-StPO/Gmel Rn. 7; Joecks Rn 6.
[14] BGH v. 13. 9. 1977 – 1 StR 451/77, BGHSt 27, 250.
[15] RG v. 18. 2. 1989 – Rep. 195/98, RGSt 31, 37; Pfeiffer Rn. 2; KK-StPO/Gmel Rn. 8; Meyer-Goßner Rn. 9.
[16] Pfeiffer Rn. 2; HK-GS/Temming Rn. 13; KK-StPO/Gmel Rn. 9.
[17] Joecks Vor § 48 Rn. 9.
[18] BGH v. 7. 12. 1954 – 2 StR 402/54, BGHSt 7, 45 (46); BGH v. 26. 1. 1996 – 2 ARs 441/95, StV 1991, 99; Kelker StV 2008, 381 (385); Meyer-Goßner Vor § 48 Rn. 15.
[19] BGH v. 7. 12. 1954 – 2 StR 402/54, BGHSt 7, 45 (46); Joecks Vor § 48 Rn. 9.
[20] Joecks Vor § 48 Rn. 9.
[21] Meyer-Goßner Vor § 48 Rn. 16.
[22] RG v. 11. 12. 1896 – Rep. 4531/96, RGSt 29, 236 ff.
[23] RG v. 11. 12. 1896 – Rep. 4531/96, RGSt 29, 236 (237); neuerdings: Kelker StV 2008, 381 (384 ff.).
[24] RG v. 11. 12. 1896 – Rep. 4531/96, RGSt 29, 236 (237); BGH v. 13. 7. 1966 – 2 StR 157/66; BGHSt 21, 85 (89); BGH v. 25. 4. 1989 – 1 StR 97/89, NStZ 1989, 583; Kelker StV 2008, 381 (382).
[25] BGH v. 3. 5. 1960 – 1 StR 155/60, BGHSt 14, 265 (266 f.); BGH v. 13. 7. 1966 – 2 StR 157/66, BGHSt 21, 85 (89).
[26] BGH v. 25. 4. 1989 – 1 StR 97/89, NStZ 1989, 583; BGH v. 13. 7. 1966 – 2 StR 157/66, BGHSt 21, 85 (90).
[27] RG v. 11. 12. 1986 – Rep. 4531/96, RGSt 29, 236 (237); BGH v. 13. 7. 1966 – 2 StR 157/66, BGHSt 21, 85 (88 f.).

Frage, ob und inwiefern der als Zeuge vernommene Staatsanwalt an der Ausübung der Funktionen des Sitzungsvertreters im Fortgang der Hauptverhandlung gehindert sein kann.[28] Hierbei ist wiederum zu differenzieren: Bezieht sich die Zeugenvernehmung auf Wahrnehmungen, welche in einem unlösbaren Zusammenhang mit dem verfahrensgegenständlichen Sachverhalt stehen,[29] und müsste der als Zeuge vernommene Staatsanwalt seine eigene Aussage würdigen,[30] ist er als Sitzungsvertreter im Fortgang der Hauptverhandlung ausgeschlossen.[31] Bezieht sich seine Aussage hingegen auf Vorgänge, die sich erst aus der dienstlichen Befassung mit der Strafsache ergeben und die Gestaltung des Verfahrens betroffen haben,[32] oder handelt es sich um Aspekte, die nicht in unlösbarem Zusammenhang mit dem im Übrigen zu erörternden Sachverhalt stehen sowie Gegenstand einer gesonderten Betrachtung und Würdigung sein können,[33] können die Funktionen des Sitzungsvertreters außerhalb davon weiter ausgeübt werden;[34] dies gilt insbesondere, wenn sich die Vernehmung des Staatsanwalts auf eine einzelne Tat eines von mehreren Mitangeklagten bezieht.[35] Der Rollenkonflikt kann demnach bei sektoralen Überschneidungen dadurch aufgelöst werden, dass ein weiterer Sitzungsvertreter der Staatsanwaltschaft hinzugezogen wird.[36]

Seit einer Entscheidung des BGH aus dem Jahre 1989,[37] welche die erstgenannte Fallgruppe fokussierte, deutet sich ein weiterer Wandel in der Rspr. in Richtung einer grundsätzlichen Vereinbarkeit von Zeugenstellung und staatsanwaltlicher Tätigkeit in der Hauptverhandlung an. Zur Begründung wird auf eine fehlende gesetzliche Regelung zum Befangenheitsausschluss für Beamte der Staatsanwaltschaft sowie darauf verwiesen, dass durch geschickte Beweisantragsstellung und in rechtsmissbräuchlicher Weise der mit der Sache befasste und eingearbeitete Anklagevertreter aus dem Verfahren entfernt werden könnte.[38] Allerdings vermögen diese Argumente bei genauer Betrachtung unter Berücksichtigung des Objektivitätsanspruchs des Gesetzgebers an die Staatsanwaltschaft (§ 160 Abs. 2) und unter Berücksichtigung des Grundsatzes des fairen Verfahrens nicht zu überzeugen.[39]

Auch der **Verteidiger** kann Zeuge gem. § 53 Abs. 1 Nr. 2 sein, was der Fortführung der Verteidigung nach der Vernehmung grundsätzlich nicht entgegensteht;[40] zumal die Ausschließungsgründe in § 138a abschließend geregelt sind und daher ein Ausschluss durch das Gericht nicht in Betracht kommt.[41] Im Fall der notwendigen Verteidigung muss indessen dem Angeklagten während der Vernehmung des Pflichtverteidigers grundsätzlich ein anderer Verteidiger beigeordnet werden.[42]

III. Gegenwart in der Hauptverhandlung

Der Grundsatz der Verhandlungseinheit verpflichtet die davon erfassten Personen zur Gegenwart in der Hauptverhandlung.

Die **Hauptverhandlung** beginnt nach § 243 Abs. 1 S. 1 mit dem Aufruf der Sache und endet mit der Urteilsverkündung nach § 268 Abs. 2. Die Anwesenheitspflicht erstreckt sich grundsätzlich über die gesamte Hauptverhandlung und damit auch auf etwaige unwesentliche Teile.[43]

Gegenwart in der Hauptverhandlung setzt sowohl körperliche als auch geistige Präsenz der zur Anwesenheit verpflichteten Personen voraus.[44] Daher ist grundsätzlich abwesend, wer schläft;[45] es sei denn, nur eine kurze Zeitspanne der Hauptverhandlung wurde verpasst[46] oder die Aufmerksamkeit ist nur vorübergehend durch Ermüdungserscheinungen beeinträchtigt worden.[47] Abwe-

---

[28] BGH v. 3. 5. 1960 – 1 StR 155/60, BGHSt 14, 265 mwN; *Meyer-Goßner* Vor § 48 Rn. 17.
[29] BGH v. 13. 7. 1966 – 2 StR 157/66, BGHSt 21, 85 (90).
[30] BGH v. 13. 7. 1966 – 2 StR 157/66, BGHSt 21, 85 (90); BGH v. 3. 5. 1960 – 1 StR 155/60, BGHSt 14, 265 (266).
[31] *Pfeiffer* Rn. 1.
[32] BGH v. 13. 7. 1966 – 2 StR 157/66, BGHSt 21, 85 (90).
[33] BGH v. 13. 7. 1966 – 2 StR 157/66, BGHSt 21, 85 (90).
[34] BGH v. 25. 4. 1989 – 1 StR 97/89, NStZ 1989, 583; BGH v. 24. 10. 2007 – 1 StR 480/07, StV 2008, 337; *Joecks* Vor § 48 Rn. 10.
[35] BGH v. 13. 7. 1966 – 2 StR 157/66, BGHSt 21, 85 (89); aA *Roxin*, Strafverfahrensrecht, § 26 a III 3.
[36] *Joecks* Vor § 48 Rn. 10; BGH v. 24. 10. 2007 – 1 StR 480/07, StaFo 2008, 72; *Brause*, NJW 1992, 2869; aA *Müller-Gabriel*, StV 1991, 235; *Hanack* JZ 1971, 91; JZ 1972, 81.
[37] BGH v. 25. 4. 1989 – 1 StR 97/89, NStZ 1989, 583.
[38] BGH v. 24. 10. 2007 – 1 StR 480/07, StV 2008, 337; BGH 25. 4. 1989 – 1 StR 97/89, NStZ 1989, 583.
[39] *Kelker* StV 2008, 381 (382 f., 384 ff.).
[40] *Meyer-Goßner* Vor § 48 Rn. 18.
[41] *Dahs* NJW 1975, 1390; *Krause* StV 1984, 171.
[42] BGH v. 26. 1. 1996 – 2 ARs 441/95, StV 1996, 469.
[43] *Joecks* Rn. 2.
[44] *Laubenthal* JZ 1996, 335 (343).
[45] *Meyer-Goßner* Rn. 3; *Pfeiffer* Rn. 1; Anw-StPO/*Kirchhof* Rn. 2; OLG Hamm v. 12. 7. 2001 – 4 StR 550/00, NJW 2001, 3062.
[46] BGH v. 23. 11. 1951 – 2 StR 491/51, BGHSt 7, 14 (15 f.); BGH v. 22. 11. 1957 – 5 StR 477/57, BGHSt 11, 74 (77); KK-StPO/*Gmel* Rn. 3.
[47] BGH v. 23. 11. 1951 – 2 StR 491/51, BGHSt 7, 14 (15 f.).

senheit kann aber auch durch psychische Defizite[48] oder durch andauernde Unaufmerksamkeit gegeben sein, wenn etwa der erkennende Richter während der Verhandlung einer anderweitigen Beschäftigung wie dem Aktenstudium oder dem vorzeitigen Niederschreiben der Urteilsformel[49] nachgeht.

15 Die Anwesenheitspflicht in der Hauptverhandlung setzt grundsätzlich eine **ununterbrochene Gegenwart** und deshalb die gleichzeitige Präsenz derjenigen Personen voraus, welche Adressaten dieser Pflicht sind. Ist dies aus tatsächlichen Gründen nicht möglich – zB Probefahrt in einem Pkw[50] oder Ortsbesichtigung[51] –, muss der Ablauf des betreffenden Teils der Hauptverhandlung bei deren Fortsetzung mit allen Verfahrensbeteiligten erörtert und zur Kenntnis gebracht werden.

IV. Die Voraussetzungen nach Abs. 2

16 Eine Ausnahme von der Anwesenheitspflicht eines Urkundsbeamten der Geschäftsstelle enthält der durch das 1. JuMoG eingefügte Abs. 2. Danach kann der Strafrichter (§ 25 GVG) – und nur dieser – in der Hauptverhandlung durch unanfechtbare Entscheidung von der Hinzuziehung eines Urkundsbeamten absehen. Vom Gesetzgeber ist, aus rein fiskalischen Gründen der Personaleinsparung, intendiert, dass der Strafrichter in einfach gelagerten bzw. nicht umfangreichen Sachen die Möglichkeit hat, ohne Hinzuziehung eines Urkundsbeamten das Protokoll schriftlich, unter Umständen in Kurzschrift, oder mit technischen Hilfsmitteln (Diktiergerät, Computer) vorläufig selbst aufzunehmen. Im Anschluss an die Hauptverhandlung ist von ihm die schriftliche Abfassung des Sitzungsprotokolls zu veranlassen; wobei das fertig gestellte Protokoll nach § 271 Abs. 1 von ihm zu unterzeichnen ist. Haben die insoweit Berechtigten hingegen auf Rechtsmittel wirksam verzichtet oder wurde das Urteil nicht fristgerecht angefochten und ist die Entscheidung deshalb rechtskräftig, müssen die wesentlichen Ergebnisse der Vernehmungen nach § 273 Abs. 2 S. 1 2. Hs. nicht in das Protokoll aufgenommen werden.

17 Da dem Strafrichter mit der nach Abs. 2 eingeräumten Möglichkeit des Verzichts auf einen Protokollführer und trotz des Umstandes, dass beim Amtsgericht mehr protokolliert wird als beim Landgericht, eine zusätzliche Aufgabe übertragen wurde, wird die Ausnahmevorschrift durchaus kritisch gesehen.[52] In der Tat ist die Ausnahme zur Anwesenheitspflicht eines Urkundsbeamten der Geschäftsstelle mit einem Zuwachs an Aufgaben für den Strafrichter als der zur Entscheidung berufenen Person verbunden. Berücksichtigt man, dass Anwesenheit in der Hauptverhandlung vor Allem geistige Präsenz und keine Ablenkung gerade auch durch gesetzlich vorgesehene Tätigkeiten voraussetzt,[53] sind dem Ermessen des Strafrichters im Rahmen von Abs. 2 S. 1 enge Grenzen gesetzt; auch vor dem Hintergrund, dass der Richter im Verlauf der Hauptverhandlung seine ursprüngliche Entscheidung zu revidieren berechtigt ist und einen Urkundsbeamten wieder hinzuziehen kann,[54] zB im Fall des § 273 Abs. 3 S. 1.[55]

V. Revision

18 Unter der Voraussetzung, dass wesentliche Teile der Hauptverhandlung[56] betroffen sind, begründet ein Verstoß gegen die Vorgaben in Abs. 1 die **Revision** wegen des Vorliegens absoluter Revisionsgründe nach § 338 Nr. 1, Nr. 5. Die maßgeblichen Verfahrensvorgänge können indessen nur durch das Hauptverhandlungsprotokoll, nicht aber durch ein lückenhaftes Rubrum[57] belegt werden, da es sich bei der Anwesenheit der insoweit verpflichteten Verfahrensbeteiligten um eine wesentliche Förmlichkeit nach § 271 Abs. 1 handelt. Die Abwesenheit präsenzpflichtiger Personen in unwesentlichen Teilen der Hauptverhandlung begründet die Revision hingegen nur, wenn hierauf das Urteil beruht.[58]

19 Wegen § 336 S. 2 ist die nach Abs. 2 S. 2 unanfechtbare Entscheidung des Strafrichters im Rahmen von Abs. 2 S. 1 der Revision nicht zugänglich.[59] Eine Ausnahme hiervon kann jedoch dann bestehen, wenn der Strafrichter bei Verzicht auf die Hinzuziehung eines Urkundsbeamten der Geschäftsstelle durch die Übernahme von dessen Aufgaben derart abgelenkt ist, dass er in seiner

---

[48] HK-GS/*Temming* Rn. 6.
[49] BGH v. 22. 11. 1957 – 5 StR 477/57, BGHSt 11, 14 (76 f.).
[50] KK-StPO/*Gmel* Rn. 2.
[51] *Meyer-Goßner* Rn. 4.
[52] *Sommer* StraFo 2004, 297; *Neuhaus* StV 2005, 47; HK-GS/*Temming* Rn. 5; Anw-StPO/*Kirchhof* Rn. 1.
[53] BGH v. 22. 11. 1957 – 5 StR 477/57, BGHSt 11, 74 (75 ff.).
[54] *Meyer-Goßner* Rn. 7 a; KK-StPO/*Gmel* Rn. 6 a.
[55] KK-StPO/*Gmel* Rn. 6 a.
[56] *Meyer-Goßner* § 338 Rn. 36 mwN.
[57] BGH v. 13. 8. 1993 – 2 StR 323/93, NStZ 1994, 74; *Pfeiffer* Rn. 4.
[58] KK-StPO/*Gmel* Rn. 10.
[59] *Joecks* Rn. 7; *Meyer-Goßner* Rn. 12.

richterlichen Funktion als in einem wesentlichen Teil der Hauptverhandlung abwesend angesehen werden muss.

§ 227 [Mehrere Staatsanwälte und Verteidiger]

Es können mehrere Beamte der Staatsanwaltschaft und mehrere Verteidiger in der Hauptverhandlung mitwirken und ihre Verrichtungen unter sich teilen.

I. Einführung

Die Vorschrift hat zunächst vor allem klarstellende Funktion.[1] In der Hauptverhandlung können demnach mehrere Staatsanwälte und mehrere Verteidiger mitwirken und arbeitsteilig nebeneinander, nacheinander oder abwechselnd agieren.[2] Eine Aufgabenteilung innerhalb der Staatsanwaltschaft oder innerhalb der Verteidigung ist indessen keinesfalls Voraussetzung für die Mitwirkung von mehreren, jedoch funktionsidentischen Verfahrensbeteiligten in der Hauptverhandlung.[3] Ausgehend davon sichert die Vorschrift ferner jedem Staatsanwalt und jedem Verteidiger die prozessuale Selbständigkeit bei der spezifischen Aufgabenwahrnehmung.[4]   1

II. Mehrheit von Staatsanwälten

Treten in der Hauptverhandlung **mehrere Beamte der Staatsanwaltschaft** auf, stehen diese dem Gericht wegen der Verfasstheit der Staatsanwaltschaft und mit Blick auf § 226 als Einheit gegenüber.[5] Ein Wechsel bzw. eine Ergänzung in der Sitzungsvertretung ist beispielsweise dann erforderlich, wenn der bisherige Sitzungsvertreter als Zeuge vernommen werden soll.[6] Führt ein Wechsel in der Sitzungsvertretung dazu, dass der neu eintretende Staatsanwalt nur mit einer entsprechenden Vorbereitung seine Aufgabe wahrnehmen kann, ist die Hauptverhandlung zu unterbrechen bzw. auszusetzen; ohne dass es einer speziellen gesetzlichen Ermächtigung wie in § 145 Abs. 3 bedürfte.[7]   2

III. Mehrheit von Verteidigern

Der Mitwirkung mehrerer **Verteidiger** in der Hauptverhandlung sind Grenzen gesetzt. Zunächst erlaubt § 146 S. 1 nicht, dass ein Verteidiger gleichzeitig mehrere derselben Tat Beschuldigte vertritt. Nach § 137 S. 2 darf die Zahl der Wahlverteidiger drei nicht übersteigen. Die Vorschrift betrifft daher nur die Mitwirkung mehrerer Verteidiger für denselben Angeklagten einschließlich der notwendigen Verteidigung.   3

Mitwirkung eines Verteidigers bedeutet unter Anderem, dem Schutz des Beschuldigten zu dienen und dadurch zur Findung eines gerechten Urteils beizutragen.[8] Dies setzt ausreichende Kenntnis des Sachverhalts voraus,[9] sodass beim Verteidigerwechsel nach § 145 Abs. 3 oder unter Fürsorgegesichtspunkten die Verhandlung auszusetzen oder zu unterbrechen ist, wenn nicht genügend Zeit zur Vorbereitung bestand.[10] Die Entscheidung hierüber steht im pflichtgemäßen Ermessen des Gerichts und insbesondere in den Fällen notwendiger Verteidigung nicht in dem des Verteidigers.[11] Tauscht der Angeklagte während der Hauptverhandlung einen oder mehrere Verteidiger aus, so soll ihm hingegen kein Anspruch auf Aussetzung oder Unterbrechung zustehen, solange er durch einen (Pflicht-)Verteidiger weiter verteidigt ist.[12]   4

Sind demnach mehrere Verteidiger in der Hauptverhandlung nebeneinander tätig, genügt es, wenn ein Verteidiger anwesend ist.[13] Dies gilt insbesondere für den Fall der notwendigen Verteidigung sowie für den Fall, dass die (Pflicht-)Verteidiger arbeitsteilig eine interne Aufteilung des Prozessstoffes vorgenommen und dies dem Gericht mitgeteilt haben,[14] oder dass in laufender Haupt-   5

---

[1] *Joecks* Rn. 1.
[2] BGH v. 30. 10. 1959 – 1 StR 418/59, BGHSt 13, 337 (341); *Pfeiffer* Rn. 1.
[3] BGH v. 30. 10. 1959 – 1 StR 418/59, BGHSt 13, 337 (314); *Meyer-Goßner* Rn. 1.
[4] HK-GS/*Temming* Rn. 1.
[5] *Pfeiffer* Rn. 2; *Joecks* Rn. 2.
[6] Vgl. § 226 II 5; BGH v. 13. 7. 1966 – 2 StR 157/66, BGHSt 21, 85 (89).
[7] KK-StPO/*Gmel* Rn. 1.
[8] BGH v. 30. 10. 1959 – 1 StR 418/59, BGHSt 13, 337 (343).
[9] BGH v. 30. 10. 1959 – 1 StR 418/59, BGHSt 13, 337 (343).
[10] BGH v. 30. 10. 1959 – 1 StR 418/59, BGHSt 13, 337 (344); BGH v. 25. 6. 1965 – 4 StR 309/65, NJW 1965, 2164.
[11] BGH v. 30. 10. 1959 – 1 StR 418/59, BGHSt 13, 337 (341 ff.).
[12] HK-GS/*Temming* Rn. 3.
[13] Anw-StPO/*Kirchhof* Rn. 3; *Meyer-Goßner* Rn. 3; HK-GS/*Temming* Rn. 3.
[14] KK-StPO/*Gmel* Rn. 2.

verhandlung ein Wechsel in der Person des notwendigen Verteidigers stattfindet.[15] In diesen Fällen muss die Hauptverhandlung in ihren wesentlichen Teilen auch nicht wiederholt werden.[16]

IV. Prozesserklärungen

6 Sind auf Seiten der Verteidigung sowie auf Seiten der Anklage mehrere Personen zulässigerweise neben- oder nacheinander tätig und teilen sich damit ihre Verrichtungen, stellt sich die Frage, wie seitens des Gerichts mit **widersprüchlichen Prozesserklärungen** umzugehen ist. Das Verfahrensrecht enthält zu diesem Problemkreis keine Regelungen

7 Da die **Staatsanwaltschaft** dem Gericht als Einheit gegenüber steht,[17] sollte es zu widersprüchlichen Erklärungen der Sitzungsvertreter grundsätzlich nicht kommen.[18] Liegen gleichwohl konträre Erklärungen vor, so soll es einer Ansicht zufolge darauf ankommen, welcher Art diese sind:[19] Bei Antragstellung bzw. Nicht-Antragstellung ist dem Antrag zu folgen, in der Konstellation Einverständnis/Widerspruch gilt der Widerspruch.[20] Nach anderer Auffassung hat das Gericht bei konträren Erklärungen der Sitzungsvertreter zu versuchen, eine Entscheidung des Behördenleiters herbeizuführen.[21]

8 Innerhalb der **Verteidigung** werden die Aufgaben – trotz Arbeitsteilung und etwaigen internen Festlegungen – unabhängig und damit eigenständig wahrgenommen.[22] Dies gilt nicht zuletzt für das Verhältnis zwischen Wahl- und „aufgezwungenem" Pflichtverteidiger, da auch letzterer trotz des unbestreitbar vorhandenen Legitimationsgefälles in seinen Befugnissen nicht eingeschränkt sein soll.[23] In Fällen widersprüchlicher Erklärungen gilt daher Folgendes:[24] Bei Antragstellung/Nicht-Antragstellung ist über den Antrag zu entscheiden, in der Einverständnis/Widerspruch-Konstellation gilt der Widerspruch.

§ 228 [Aussetzung und Unterbrechung]

(1) ¹Über die Aussetzung einer Hauptverhandlung oder deren Unterbrechung nach § 229 Abs. 2 entscheidet das Gericht. ²Kürzere Unterbrechungen ordnet der Vorsitzende an.

(2) Eine Verhinderung des Verteidigers gibt, unbeschadet der Vorschrift des § 145, dem Angeklagten kein Recht, die Aussetzung der Verhandlung zu verlangen.

(3) Ist die Frist des § 217 Abs. 1 nicht eingehalten worden, so soll der Vorsitzende den Angeklagten mit der Befugnis, Aussetzung der Verhandlung zu verlangen, bekanntmachen.

I. Einführung

1 Die Vorschrift regelt die Aussetzung und die Unterbrechung der Hauptverhandlung, ohne diese Begriffe an dieser Stelle und jenseits derjenigen Fälle, in denen die Aussetzung vorgeschrieben oder zugelassen ist, näher zu definieren, inhaltlich weiter zu konturieren oder gegeneinander abzugrenzen.[1] Während die Hauptverhandlung nach dem Beschleunigungsgrundsatz und der Konzentrationsmaxime ohne Verzögerungen zügig und zeitnah durchzuführen ist, führen Aussetzung wie Unterbrechung zunächst zu einem Abbrechen der Verhandlung. Der Abbruch der Hauptverhandlung kann Ausfluss der Fürsorgepflicht des Gerichts sein oder in der Sachaufklärungspflicht begründet liegen.[2] Mithin lässt die Vorschrift einen Kompromiss zwischen dem Beschleunigungsgrundsatz und der Konzentrationsmaxime einerseits und situativ kollidierenden Rechten von Verfahrensbeteiligten oder tangierten gegenläufigen Verfahrensprinzipien andererseits zu.[3] Ihr kommt damit verfahrensrechtlich eine Ventilfunktion zu. Zudem legt die Vorschrift für die Aussetzung und die Unterbrechung die Anordnungskompetenz fest.[4]

---

[15] BGH v. 30. 10. 1959 – 1 StR 418/59, BGHSt 13 337 (341).
[16] BGH v. 30. 10. 1959 – 1 StR 418/59, BGHSt 13, 337 (340); KK-StPO/*Gmel* Rn. 2; Anw-StPO/*Kirchhof* Rn. 3.
[17] Vgl. oben Rn. 2.
[18] KK-StPO/*Gmel* Rn. 3; *Pfeiffer* Rn. 2.
[19] KK-StPO/Gmel Rn. 3.
[20] *Joecks* Rn. 2; *Pfeiffer* Rn. 2; KK-StPO/*Gmel* Rn. 3.
[21] HK-GS/*Temming* Rn. 2.
[22] Anw-StPO/*Kirchhof* Rn. 3; *Meyer-Goßner* Rn. 3; HK-GS/*Temming* Rn. 1.
[23] *Meyer-Goßner* § 141 Rn. 1 a. Kritisch: HK-GS/*Weiler* § 141 Rn. 4 mwN.
[24] Anw-StPO/*Kirchhof* Rn. 3; *Meyer-Goßner* Rn. 3; KK-StPO/*Gmel* Rn. 3.
[1] Instruktiv hierzu: HK-GS/*Temming* Rn. 3 mwN.
[2] *Meyer-Goßner* Rn. 3.
[3] Anw-StPO/*Kirchhof* Rn. 1.
[4] BGH v. 9. 8. 2007 – 3 StR 96/07; BGHSt 52, 24 (29), NJW 2007, 3364.

II. Unterbrechung und Aussetzung

Die **Unterscheidung zwischen Unterbrechung und Aussetzung** kann – unter Berücksichtigung 2 von RiStBV Nr. 137 – zunächst an der unterschiedlichen Rechtsfolge festgemacht werden. Beiden Fällen ist nämlich gemeinsam, dass die laufende Hauptverhandlung abgebrochen wird. Bei der Aussetzung erfolgt der Abbruch indessen mit der Konsequenz, dass die Hauptverhandlung neu beginnen muss;[5] unter Umständen nach erneuter Terminierung mit einer anderen, zum Zeitpunkt der Neuterminierung sich zuständigkeitshalber ergebenden Besetzung des Gerichts. Bei der Unterbrechung entsteht demgegenüber lediglich ein verhandlungsfreier Zeitraum, an dessen Ende die ursprüngliche Verhandlung unter Verwendung der bisherigen Erkenntnisse fortgesetzt wird;[6] in der Besetzung des Gerichts, die zu Beginn der Hauptverhandlung zuständig war.

Nach der aktuellen Rspr. des BGH ist das Gericht auch mit Blick auf das Recht des Angeklag- 3 ten auf den gesetzlichen Richter nach Art. 101 GG in seiner Entscheidung, ob es die Hauptverhandlung unterbricht oder sie aussetzt, grundsätzlich jedenfalls dann frei, wenn in der Verhandlung noch keine Erträge erzielt worden sind, die bei einer Unterbrechung fortwirkten, bei einer Aussetzung aber erneut gewonnen werden müssten.[7] Eine Grenze bildet das Prinzip des gesetzlichen Richters nach Art. 101 GG, sodass das Gericht im Sinne eines Willkürverbots durch seine Entscheidung für die Aussetzung, oder die Unterbrechung nicht bewusst auf die Besetzung Einfluss nehmen darf. Vor diesem Hintergrund ist nunmehr die wegen der unterschiedlichen Rechtsfolgen erforderliche Differenzierung zwischen Aussetzung und Unterbrechung anhand verschiedener Parameter vorzunehmen. Maßgeblich sind:[8] die gewählte Formulierung, die Anordnung des neuen Termins durch den Vorsitzenden alleine oder durch die Strafkammer, die Heranziehung von anderen Schöffen sowie – übergreifend – die vom Gericht beabsichtigte Maßnahme, wobei für die Bestimmung der Bedeutung der Prozesshandlung der gegebenenfalls durch Auslegung zu ermittelnde Sinn entscheidend ist.

Nach der früheren Rspr. des BGH,[9] welcher auch das Schrifttum gefolgte war,[10] wurde zur 4 Abgrenzung von Aussetzung und Unterbrechung hingegen alleine auf die tatsächliche Dauer der Unterbrechung abgestellt, ohne dass es auf die vom Gericht gewählte Bezeichnung oder seine Absichten angekommen wäre.[11] Eine Aussetzung war demzufolge jedes Abbrechen der Hauptverhandlung über den Zeitraum, der nach § 229 Abs. 1, 2 als Unterbrechung zulässig war.

Mit der aktuellen Entscheidung des 3. Senats erfolgt eine grundsätzliche Abkehr von dieser 5 Rspr. Allerdings wird mit dem griffigen Zeitmoment ein valides und im Übrigen praktikables Unterscheidungskriterium zugunsten einer eher diffusen „Interpretationsformel" mit diversen Kriterien unterschiedlicher Bedeutung aufgegeben.[12] Jedoch dürfte es auch unter Berücksichtigung der Entscheidung des BGH nicht ausgeschlossen sein, die tatsächliche Dauer der Unterbrechung zumindest als weiteres Kriterium in die „Interpretationsformel" aufzunehmen.

III. Entscheidung über Unterbrechung oder Aussetzung

Die **Zuständigkeit über die Entscheidung**, ob eine Aussetzung oder eine Unterbrechung der 6 Hauptverhandlung anzuordnen ist, ist nach Abs. 1 unterschiedlich ausgestaltet. Nach Abs. 1 S. 1 entscheidet über die Aussetzung und die Unterbrechung gem. § 229 Abs. 2 das Gericht, wohingegen kürzere Unterbrechungen, dh. bis zu drei Wochen (§ 229 Abs. 1), durch den Vorsitzenden angeordnet werden.

Hinsichtlich des Grundes für die unterschiedliche Kompetenzzuweisung, der aus den Geset- 7 zesmaterialien nicht ersichtlich ist, hat der BGH klargestellt, dass es nicht darum gehe, Erinnerungsverluste einzelner Mitglieder des Gerichts zu vermeiden.[13] Vielmehr stellt die Unterbrechung nach § 229 Abs. 2 – gleiches muss erst Recht für die Aussetzung gelten – mit Blick auf die Einheitlichkeit und Unmittelbarkeit der Hauptverhandlung einen gravierenden Eingriff in den äußeren Verfahrensablauf dar, der nicht alleine dem Ermessen des Vorsitzenden überantwortet werden kann.[14] Vor dem Hintergrund der durch das 1. JuMoG eingeführten Verlängerung der Unterbrechungsfrist des § 229 Abs. 1 auf bis zu drei Wochen und der Frist nach § 229 Abs. 2 auf einen Monat erscheint die Begründung nun nicht mehr überzeugend.

---

[5] HK-GS/*Temming* Rn. 1; *Meyer-Goßner* Rn. 3; Anw-StPO/*Kirchhof* Rn. 2; *Joecks* Rn. 2.
[6] Anw-StPO/*Kirchhof* Rn. 2; KK-StPO/*Gmel* Rn. 1; HK-GS/*Temming* Rn. 1; *Pfeiffer* Rn. 1.
[7] BGH v. 9. 8. 2007 – 3 StR 96/07, BGHSt 52, 24 (30), NJW 2007, 3364 (3365).
[8] BGH v. 9. 8. 2007 – 3 StR 96/07, BGHSt 52, 24 (26 ff.); vgl. auch: KK-StPO/*Gmel* Rn. 1.
[9] BGH v. 24. 9. 1981 – 4 StR 274/81, NJW 1982, 248.
[10] SK-StPO/*Schlüchter* Rn. 4; Löwe/Rosenberg/*Gollwitzer*, 25. Aufl., Rn. 1; *Meyer-Goßner* Rn. 1; *Pfeiffer* Rn. 1; HK-GS/*Temming* Rn. 1.
[11] *Joecks* Rn. 1; *Meyer-Goßner* Rn. 2; BGH v. 24. 9. 1981 – 4 StR 274/81, NJW 1982, 248.
[12] Kritisch auch: *Meyer-Goßner* Rn. 2.
[13] BGH v. 9. 5. 1985 – 1 StR 63/85, BGHSt 33, 217 (218).
[14] BGH v. 9. 5. 1985 – 1 StR 63/85, BGHSt 33, 217 (218 f.); zustimmend: KK-StPO/*Gmel* Rn. 2.

8   **1. Gerichtsbeschluss.** Entscheidet das Gericht über die Aussetzung oder die Unterbrechung, ergeht ein entsprechender **Gerichtsbeschluss.**[15] Diese gerichtliche Entscheidung ergeht von Amts wegen oder auf einen Antrag eines Prozessbeteiligten hin.[16] Näherhin ist zwischen Aussetzung und Unterbrechung zu unterscheiden.

9   a) **Aussetzungsbeschluss.** Aussetzungsanträge können vor und in der Hauptverhandlung gestellt werden, wobei eine unzureichende Bezeichnung und/oder Begründung unschädlich sind,[17] da das Vorbringen, insbesondere bei rechtsunkundigen Personen, der Auslegung zugänglich ist. Aussetzungsanträge, die in der Verhandlung angebracht werden, stellen eine wesentliche Förmlichkeit dar.[18] Über die Anträge – gleich wann sie gestellt wurden – ist in der Hauptverhandlung zu entscheiden,[19] was bei außerhalb der Verhandlung gestellten Anträgen unter Umständen die Klärung der Vorfrage voraussetzt, ob und inwiefern der Antrag aufrechterhalten bleibt.[20] Der **Aussetzungsbeschluss** muss vor der Urteilsverkündung verkündet werden, damit die Verfahrensbeteiligten zur Wahrung rechtlichen Gehörs Gelegenheit zu weiteren Anträgen oder Erklärungen haben.[21] Ein lediglich hilfsweise gestellter Aussetzungsantrag kann demgegenüber in den Urteilsgründen ablehnend beschieden werden.[22] Gleiches gilt für den Fall, dass die Berufung nach § 329 Abs. 1 zu verwerfen ist.[23] Eine Ausnahme bildet wiederum das Strafbefehlsverfahren, wenn der Verteidiger nach § 411 Abs. 2 S. 1 bevollmächtigt ist.[24]

10 Umstritten ist die Frage, ob und inwieweit der Gerichtsbeschluss, in welchem über die Aussetzung entschieden wird, zu begründen ist. Zum Teil wird vertreten, dass der Beschluss generell mit Gründen zu versehen ist.[25] Nach hA ist mit Blick auf § 34 grundsätzlich nur der ablehnende Beschluss mit Gründen zu versehen, damit ersichtlich wird, dass sich das Gericht mit den im Rahmen des Aussetzungsantrags vorgebrachten oder mit den von Amts wegen zu berücksichtigenden Gründen auseinandergesetzt und sein Ermessen fehlerfrei ausgeübt hat.[26] Handelt es sich hingegen um eine reine Ermessensentscheidung soll eine Begründung entbehrlich sein.[27]

11 b) **Unterbrechungsbeschluss.** Anträge auf Unterbrechung der Hauptverhandlung können gleichfalls vor und in der Hauptverhandlung gestellt werden, wenngleich letzteres den Regelfall bilden dürfte. Auch hier sind Defizite in der Bezeichnung und/oder Begründung unschädlich.[28] Indessen kann der **Unterbrechungsbeschluss** – im Gegensatz zum Aussetzungsbeschluss[29] – auch außerhalb der Hauptverhandlung gefasst werden;[30] allerdings in der für die Hauptverhandlung vorgesehenen Besetzung des Gerichts.[31] In diesem Zusammenhang wird es aus Gesichtspunkten prozessualer Zweckmäßigkeit[32] für noch normkonform und damit für zulässig angesehen, dass im Rahmen einer unterbrochenen Hauptverhandlung nach Ablauf der Unterbrechungsfrist nach § 229 Abs. 1 bzw. § 228 Abs. 1 S. 2, jedoch noch innerhalb der Frist nach § 229 Abs. 2 ein rückwirkender Unterbrechungsbeschluss durch das Gericht gefasst wird.[33]

12 Ob und inwieweit der Unterbrechungsbeschlusses zu begründen ist, wird weder in der Lit. noch in der Rspr. weiter thematisiert. Freilich müssen die gleichen Grundsätze wie beim Aussetzungsbeschluss gelten.[34]

13 **2. Anordnungsbefugnis des Vorsitzenden. Kürzere Unterbrechungen,** die von wenigen Minuten oder Stunden bis zu drei Wochen als Höchstgrenze (§ 229 Abs. 1) dauern können, ordnet nach Abs. 1 S. 2 der **Vorsitzende** Rahmen der Verhandlungsleitung nach pflichtgemäßem Ermessen durch Verfügung oder Beschluss an. Die Unterbrechungsverfügung kann innerhalb oder außerhalb der Hauptverhandlung ergehen; letztere dokumentiert sich auch in der Verlegung eines Fort-

---

[15] KK-StPO/*Gmel* Rn. 2, 8; *Meyer-Goßner* Rn. 7 f.; HK-GS/*Temming* Rn. 11.
[16] HK-GS/*Temming* Rn. 10; *Pfeiffer* Rn. 2; *Joecks* Rn. 3.
[17] *Meyer-Goßner* Rn. 5 f; *Joecks* Rn. 3.
[18] OLG Frankfurt v. 30. 7. 1996 – 3 Ss 116/96, NStZ-RR 1996, 305.
[19] BGH v. 24. 6. 1992 – StB 8/92, BGHSt 38, 312 (315); KK-StPO/*Gmel* Rn. 2; *Pfeiffer* Rn. 2; aA *Meyer-Goßner* Rn. 8.
[20] OLG Bremen v. 19. 2. 1964 – Ss 11/64, GA 1964, 211.
[21] RG v. 13. 5. 1892 – Rep. 1427 – 1429/92, RGSt 23, 136 (137); KK-StPO/*Gmel* Rn. 7; *Meyer-Goßner* Rn. 6.
[22] Löwe/Rosenberg/*Gollwitzer* Rn. 15.
[23] KK-StPO/*Gmel* Rn. 7; *Meyer-Goßner* Rn. 6.
[24] OLG Köln v. 27. 8. 1991 – Ss 399/91, StV 1992, 567; KK-StPO/*Gmel* Rn. 7.
[25] *Pfeiffer* Rn. 1.
[26] *Joecks* Rn. 4; *Meyer-Goßner* Rn. 7; KK-StPO/*Gmel* Rn. 7; Anw-StPO/*Kirchhof* Rn. 2.
[27] OLG Celle v. 26. 1. 1961 – 1 Ss 286/60, NJW 1961, 1319; Löwe/Rosenberg/*Gollwitzer* Rn. 17; *Meyer-Goßner* Rn. 7, § 34 Rn. 5; aA KMR/*Eschenbach* Rn. 11.
[28] Vgl. oben Rn. 3.
[29] Vgl. oben Rn. 9.
[30] BGH v. 27. 8. 1986 – 3 StR 223/86, BGHSt 34, 154 (155), NJW 1987, 965.
[31] BGH v. 27. 8. 1986 – 3 StR 223/86, BGHSt 34, 154 (155), NJW 1987, 965.
[32] BGH v. 27. 8. 1986 – 3 StR 223/86, BGHSt 34, 154 (158), NJW 1987, 965.
[33] BGH v. 27. 8. 1986 – 3 StR 223/86, BGHSt 34, 154 (158 f.), NJW 1987, 965.
[34] Vgl. oben Rn. 10.

setzungstermins, von welcher die Verfahrensbeteiligten in Kenntnis gesetzt werden müssen.[35] Wird die Unterbrechung in der Hauptverhandlung angeordnet, wird idR sogleich der Fortsetzungstermin – in Abstimmung mit den Prozessbeteiligten – festgelegt. Die Entscheidung ist durch Verkündung bekannt zu geben, da ansonsten der Angeklagte zur neuen Verhandlung geladen werden muss.[36]

Die Entscheidung über eine Unterbrechung kann auf den Antrag eines Verfahrensbeteiligten **14** zurückgehen oder von Amts wegen erfolgen. Zumindest die ablehnende Verfügung sollte begründet sein.

Wurde die Frist von § 229 Abs. 1 überschritten, ohne dass verhandelt worden wäre, ist eine **15** rückwirkende Heilung bzw. Verlängerung der Unterbrechung durch Gerichtsbeschluss in den Grenzen des § 229 Abs. 2 möglich.[37]

IV. Gründe für Unterbrechung oder Aussetzung

Aussetzung- und Unterbrechungsgründe resultieren zum einen aus gesetzlichen bzw. verfahrensrechtlichen Vorgaben, sind zum anderen aber auch Ausfluss der gerichtlichen Fürsorgepflicht[38] oder haben in anderen Verfahrensgrundsätzen, wie zB der Pflicht zur Sachverhaltsaufklärung[39] oder im Grundsatz des fairen Verfahrens,[40] ihre Grundlage. Übergreifend gilt aber wegen des Beschleunigungsgrundsatzes und der Konzentrationsmaxime, dass die Hauptverhandlung zügig und straff durchzuführen ist,[41] sodass die Aussetzung die Ausnahme sein muss[42] und eine Unterbrechung der Aussetzung vorzuziehen ist, soweit dies zulässig ist. **16**

Ein zwingender Aussetzungsgrund ergibt sich aus Abs. 3 in Verbindung mit § 217 Abs. 2. Gleiches gilt für die Fälle der §§ 218, 265 Abs. 3. In das pflichtgemäße Ermessen des Gerichts fällt demgegenüber die Aussetzung in den Fällen der §§ 246 Abs. 2, 145 Abs. 1, 2, 265 Abs. 4. Aussetzung oder Unterbrechung kommen als gerichtliche Entscheidungsalternativen in den Fällen der §§ 138c Abs. 4 S. 1, 145 Abs. 3 in Betracht. Ausschließlich eine Unterbrechung ist in folgenden Fällen vorgesehen: §§ 222a Abs. 2, 266 Abs. 3, 231a Abs. 3. **17**

Diese gesetzlich geregelten Fälle der Aussetzung oder Unterbrechung sind indessen nicht abschließend. Eine im pflichtgemäßen Ermessen des Gerichts stehende Aussetzung der Hauptverhandlung kommt daneben in Betracht bei einer notwendigen Vorlage an das BVerfG, bei Vorliegen eines vorübergehenden Verfahrenshindernisses, bei einer erforderlichen, nicht in der Unterbrechungsfrist durchzuführenden Beweiserhebung oder zur Wahrung des Grundsatzes des fairen Verfahrens.[43] Insbesondere in Fällen der notwendigen weiteren Sachaufklärung, wie zB der Ermittlung der Anschrift eines Zeugen,[44] kommt auch eine Unterbrechung in Frage. Weiterhin dienen Unterbrechungen anerkanntermaßen vor Allem zur Regeneration der Prozessbeteiligten, um deren Konzentrations- und Aufnahmefähigkeit in der Hauptverhandlung zu gewährleisten, wie zB durch die Anordnung von Pausen. **18**

V. Aussetzung und Unterbrechung im Hinblick auf die Verteidigung

Nach Abs. 2 gibt eine **Verhinderung des Verteidigers** dem Angeklagten kein Recht, die Aussetzung der Hauptverhandlung zu verlangen. Die Bestimmung gilt jedoch nicht für den Fall der notwendigen Verteidigung, da hier § 145 vorrangig ist. Mithin ist die Vorschrift ausschließlich auf den Wahlverteidiger bzw. auf die Kombination von Wahl- und Pflichtverteidigung[45] zugeschnitten. Zweck der Regelung ist es mit Blick auf den Beschleunigungsgrundsatz, Verfahrensverzögerungen zu vermeiden, da es grundsätzlich Aufgabe des Beschuldigten ist, einen Verteidiger zu finden[46] und es demzufolge zu seinen Lasten geht, wenn der gewählte Verteidiger nicht an der Hauptverhandlung teilnehmen kann.[47] **19**

---

[35] *Meyer-Goßner* Rn. 9.
[36] KK-StPO/*Gmel* Rn. 2.
[37] BGH v. 27. 8. 1986 – 3 StR 223/86, BGHSt 34, 154 (155), NJW 1987, 965; *Meyer-Goßner* Rn. 8; *Pfeiffer* Rn. 2; HK-GS/*Temming* Rn. 11.
[38] Löwe/Rosenberg/*Gollwitzer* Rn. 9.
[39] *Meyer-Goßner* Rn. 3, § 54 Rn. 29; OLG Zweibrücken v. 29. 6. 1989 – 1 Ss 60/89, StV 1990, 57.
[40] LG Koblenz v. 17. 7. 1996 – 2105 Js (Wi) 20 327/95 – 4 KLs, StraFo 1996, 156; OLG Hamm v. 15. 5. 2002 – 2 Ws 144/02, StV 2002, 404; OLG München v. 19. 4. 2005 – 5 St 1/05, NStZ 2005, 706; *Meyer-Goßner* Rn. 9.
[41] BGH v. 9. 5. 2007 – 1 StR 32/07, NJW 2007, 2501 (2504).
[42] KK-StPO/*Gmel* Rn. 3.
[43] KK-StPO/*Gmel* Rn. 4.
[44] OLG Zweibrücken v. 29. 6. 1989 – 1 Ss 60/89, StV 1990, 57.
[45] HK-GS/*Temming* Rn. 9.
[46] HK-GS/*Temming* Rn. 9; *Meyer-Goßner* Rn. 10.
[47] BGH v. 19. 6. 1973 – 1 W 1753/72, NJW 1973, 1985 f.; BGH v. 18. 12. 1997 – 1 StR 483/97, NStZ 1998, 311; OLG Stuttgart v. 23. 11. 1966 – 1 Ss 261/66, NJW 1967, 944 (945).

20 Kommt es zu einem Austausch des Wahlverteidigers oder wird ein weiterer bestellt, verbleibt es grundsätzlich dabei, dass ein Anspruch auf Aussetzung der Verhandlung für den Angeklagten nicht besteht; selbst wenn der neue Verteidiger eine Einarbeitungszeit benötigt.[48] Ferner scheidet eine Aussetzung bei Verhinderung des Wahlverteidigers aus, wenn der Angeklagte durch einen Pflichtverteidiger ordnungsgemäß verteidigt ist.[49]

21 Gleichwohl steht die Entscheidung über Aussetzung oder Unterbrechung bei Verhinderung des Wahlverteidigers im pflichtgemäßen Ermessen des Gerichts. Es ist daher unter Berücksichtigung seiner Fürsorgepflicht bei Vorliegen besonderer Gründe bzw. unter Beachtung des insoweit limitierend wirkenden[50] Grundsatzes des fairen Verfahrens durch Abs. 2 keinesfalls gehindert bzw. sogar gehalten, die Aussetzung – oder Unterbrechung – der Hauptverhandlung bei Verhinderung des Wahlverteidigers zu beschließen.[51] Dies gilt zunächst für den Fall eines Wechsels des Wahlverteidigers, der trotz des zuvor erwähnten Grundsatzes eine Aussetzung erforderlich machen kann.[52] Eine Aussetzung kommt weiterhin in Betracht, wenn der Verteidiger wegen eines Verkehrsunfalls,[53] einer plötzlichen Erkrankung,[54] durch Tod[55] oder allgemein durch eigenes, dem Angeklagten nicht zurechenbares Verschulden[56] verhindert ist. Gleiches für den Fall, dass die Verhinderung des Verteidigers darin begründet liegt, dass das Gericht nicht vorhersehbar unter Änderung des ursprünglich geplanten zeitlichen Ablaufs verhandelt.[57] Ferner kann die Hauptverhandlung auszusetzen sein, wenn die Schwierigkeit der Sach- und Rechtslage[58] unter Berücksichtigung der Fähigkeit des Angeklagten, sich selbst zu verteidigen,[59] sowie unter Berücksichtigung der Bedeutung der Sache dies gebieten, zB bei der anstehenden Vernehmung eines Hauptbelastungszeugen, dessen Glaubwürdigkeit in der Verhandlung zu beurteilen ist,[60] oder wenn der Angeklagte auf die Mitwirkung seines Verteidigers vertrauen durfte und durch dessen Ausbleiben erkennbar in seiner (Selbst-)Verteidigung beschränkt ist;[61] im letztgenannten Fall kommt (auch) eine Aussetzung nach § 263 Abs. 4 in Betracht.[62] Das gerichtliche Ermessen konturierend sind im Übrigen allgemein die voraussichtliche Dauer der Verhinderung des Wahlverteidigers sowie deren Anlass und Vorhersehbarkeit zu berücksichtigen.[63]

22 Die bloße **Verspätung** des (Wahl-)Verteidigers fällt nicht unter Abs. 2, da sich die Vorschrift – ausdrücklich angesprochen ist nämlich nur die Aussetzung – auf einen längerfristigen Abbruch der Hauptverhandlung bezieht.[64] Verspätet sich der Verteidiger, ist fraglich, ob und wie lange das Gericht mit dem Beginn der Hauptverhandlung zu warten hat. Eine Wartepflicht ist hierbei jedenfalls dann gegeben, wenn der Angeklagte angibt, auf seinen Verteidiger warten bzw. nicht unverteidigt sein zu wollen.[65] Hinsichtlich der Dauer der Wartezeit sind im Ausgangspunkt die Umstände des Einzelfalles maßgeblich, wobei sich jedoch eine generelle Wartezeit von 15 Minuten herauskristallisiert hat; gleiches gilt für OWiG-Verfahren. Eine längere Wartezeit ist geboten,[66] wenn besondere Umstände vorliegen, zB der Verteidiger kündigt eine Verspätung von 20 Minuten an,[67] ein Verkehrsstau wird von ihm mitgeteilt,[68] es handelt sich um einen auswärtigen Verteidiger,[69] der Verteidiger ist unterwegs und das Gericht ist unterrichtet,[70] oder der Verteidiger nimmt

---

[48] BGH v. 30. 8. 1990 – 3 StR 459/87, NJW 1991, 1622 f.; BGH v. 19. 1. 2006 – 1 StR 409/05, NStZ-RR 2006, 272.
[49] BGH v. 19. 1. 2006 – 1 StR 409/05, NStZ-RR 2006, 272; BGH v. 9. 11. 2006 – 1 StR 474/06, NStZ-RR 2007, 81.
[50] *Joecks* Rn. 6.
[51] *Meyer-Goßner* Rn. 10; *Pfeiffer* Rn. 3.
[52] *Pfeiffer* Rn. 3; *Meyer-Goßner* Rn. 10.
[53] BayObLG v. 9. 11. 2006 – 1 StR 474/06, NJW 1995, 3134.
[54] OLG Düsseldorf v. 24. 8. 1993 – 5 Ss 227/93 – 64/93 I, StV 1995, 69.
[55] HK-GS/*Temming* Rn. 9.
[56] HK-GS/*Temming* Rn. 9; Löwe/Rosenberg/*Gollwitzer* Rn. 20.
[57] BayObLG v. 28. 10. 1983 – 1 Ob OWi 224/83, StV 1984, 13; OLG Zweibrücken v. 5. 10. 1983 – 1 Ss 79/83, MDR 1984, 425.
[58] OLG Zweibrücken v. 15. 12. 1995 – 1 Ss 251/95, NZV 1996, 162; OLG Frankfurt v. 30. 7. 1996 – 3 Ss 116/96, NStZ-RR 1996, 304.
[59] BayObLG v. 30. 11. 1988 – 1 Ob OWi 248/88, JZ 1989, 156.
[60] BGH v. 2. 2. 2000 – 2 StR 537/99, NJW 2000, 1350; *Pfeiffer* Rn. 3.
[61] BGH v. 19. 1. 2006 – 1 StR 409/05, NJW 2006, 2788 L.
[62] *Heubel* NJW 1981, 2678; BGH v. 19. 1. 2006 – 1 StR 409/05, NJW 2006, 2788; *Meyer-Goßner* Rn. 12.
[63] OLG Düsseldorf v. 10. 4. 1995 – 2 Ss (OWi) 239/95, StV 1995, 454; OLG Celle v. 4. 7. 1996 – 3 Ss 126/96, ZfS 1997, 152; KK-StPO/*Gmel* Rn. 11.
[64] KK-StPO/*Gmel* Rn. 10.
[65] *Meyer-Goßner* Rn. 11.
[66] Anw-StPO/*Kirchhof* Rn. 5.
[67] OLG Düsseldorf v. 10. 4. 1995 – 2 Ss (OWi) 239/94, StV 1995, 454; BayObLG v. 26. 7. 1984 – RReg. 1 St 130/84, StV 1985, 6.
[68] OLG Hamm v. 16. 6. 2006 – 3 Ss OWi 310/06, NStZ-RR 2007, 120; OLG Köln v. 2. 9. 1997 – Ss 485/97 (B), NZV 1997, 494.
[69] OLG Frankfurt v. 15. 8. 1983 – 1 Ws (B) 127/88 OWiG, AnwBl. 1984, 108.
[70] OLG Düsseldorf v. 10. 4. 1995 – 2 Ss (OWi) 239/94, StV 1995, 454; BayObLG v. 26. 7. 1984 – RReg. 1 St 130/84, VRS 1967, 438.

bekanntermaßen im gleichen Hause einen anderen Termin wahr.[71] Allerdings ist das Gericht nicht verpflichtet, den Verbleib des Verteidigers zu klären und beispielsweise in der Kanzlei anzurufen.[72]

VI. Die Belehrungspflicht nach Abs. 3

Die in der Ordnungsvorschrift[73] des Abs. 3 enthaltene **Belehrungspflicht** stellt thematisch eine Ergänzung zu § 217 Abs. 2 dar. Bei Nichteinhaltung der Ladungsfrist nach § 217 Abs. 1 steht dem Angeklagten nämlich ein Anspruch auf Aussetzung der Verhandlung zu.[74] Der Vorsitzende hat ihn im Rahmen der Belehrungspflicht über diese Befugnis zu unterrichten. Eine Ausnahme besteht, wenn der Angeklagte bereits vorher auf die Einhaltung der Ladungsfrist wirksam nach § 217 Abs. 3 verzichtet hat. Eine Belehrung ist dann entbehrlich.[75] 23

VII. Rechtsbehelfe

Die **Revision** kann zunächst im Rahmen eines Verstoßes gegen Abs. 1 S. 1 in Verbindung mit einer Verletzung der den Aussetzungsanspruch begründenden Vorschrift auf § 338 Nr. 8 gestützt werden, wenn der die Aussetzung ablehnende Gerichtsbeschluss rechtsfehlerhaft ist und die Verteidigung durch die Nichtaussetzung in einem wesentlichen Punkt beschränkt wurde. Mit der entsprechenden Rüge müssen demnach der Aussetzungsantrag und der ablehnende Gerichtsbeschluss inhaltlich mitgeteilt werden, sodann muss dargelegt werden, inwiefern eine unzulässige Beschränkung der Verteidigung gegeben war.[76] Der Ablehnung des Aussetzungsantrages steht dessen Übergehen gleich.[77] 24

Bei einem Verstoß gegen die Kompetenzzuweisung nach Abs. 1 S. 1 setzt die Revision nach § 337 voraus, dass dem vom Vorsitzenden angewendeten Verfahren widersprochen wurde.[78] Der erforderliche Nachweis des Beruhens kann zudem nicht mit etwaigen Erinnerungsverlusten der Mitglieder des Gerichts geführt werden.[79] 25

Reversibel ist ferner ein Verstoß gegen die Wartepflicht.[80] Dargelegt werden muss aber, dass der Verteidiger bei Einhaltung der im Einzelfall gebotenen Wartezeit noch vor Urteilsverkündung in der Hauptverhandlung eingetroffen wäre.[81] 26

Nicht mit der Revision angreifbar ist ein Verstoß gegen Abs. 3, da es sich lediglich um eine Ordnungsvorschrift handelt.[82] 27

Streitig ist, inwiefern Entscheidungen des Vorsitzenden betreffend die Anordnung oder Ablehnung einer Unterbrechung im Rahmen von Abs. 1 S. 2 nach § 238 Abs. 2 beanstandet werden können. Einerseits wird die Ansicht vertreten, dass die **Beanstandung** immer eröffnet sei.[83] Andererseits wird darauf hingewiesen, dass eine Beanstandung der Anordnung der Unterbrechung mangels Beschwer unzulässig sei,[84] sodass nur die Ablehnung des Antrags auf Unterbrechung der Beanstandung unterliegen kann.[85] Nach einer weiteren, vorzugswürdigen Auffassung sind Ablehnung oder Anordnung der Unterbrechung dann der Beanstandung zugänglich, wenn in den sachlichen Gang des Verfahrens eingegriffen wird.[86] Einigkeit besteht wiederum darin, dass die **Beschwerde** gegen den Beschluss des angerufenen Gerichts wegen § 305 S. 1 nicht statthaft ist.[87] 28

Nicht mit der Beschwerde anfechtbar ist auch der Gerichtsbeschluss, mit dem die (beantragte) Aussetzung abgelehnt wird.[88] Hingegen ist der Beschluss, mit welchem die Hautverhandlung ausgesetzt wird, mit der Beschwerde nach § 304 dann anfechtbar, wenn die Aussetzung mit der Urteilsfindung in keinem Zusammenhang steht, sondern sie das Verfahren nur hemmt und das 29

---

[71] OLG Hamm v. 8. 10. 1984 – 3 Ss OWi 1254/84, VRS 1968, 49.
[72] OLG Hamm v. 30. 9. 1996 – 3 Ss OWi 1054/96, NStZ-RR 1997, 179f.
[73] KK-StPO/*Gmel* Rn. 12; *Joecks* Rn. 11.
[74] Vgl. § 214 Abs. 3 S. 1.
[75] Löwe/Rosenberg/*Gollwitzer* Rn. 25.
[76] BGH v. 10. 4. 1996 – 3 StR 557/95, NJW 1996, 2383; BayObLG v. 27. 8. 1998 – 4 St RR 135/98, StV 1999, 194; OLG Koblenz v. 27. 2. 1975 – 1 Ss 11/75, VRS 49, 278.
[77] Anw-StPO/*Kirchhof* Rn. 6; *Meyer-Goßner* Rn. 17; KK-StPO/*Gmel* Rn. 15.
[78] BGH v. 9. 5. 1985 – 1 StR 63/85, BGHSt 33, 217 (220).
[79] BGH v. 9. 5. 1985 – 1 StR 63/85, BGHSt 33, 217 (218f.).
[80] Anw-StPO/*Kirchhof* Rn. 6; KK-StPO/*Gmel* Rn. 15.
[81] OLG Hamm v. 30. 9. 1996 – 3 Ss OWi 1054/96, NStZ-RR 1997, 179.
[82] BGH v. 18. 5. 1971 – 3 StR 10/71, BGHSt 24, 143 (146f.), NJW 1971, 1278.
[83] HK-GS/*Temming* Rn. 12.
[84] *Meyer-Goßner* Rn. 15.
[85] *Joecks* Rn. 9; *Meyer-Goßner* Rn. 15.
[86] KK-StPO/*Gmel* Rn. 13.
[87] OLG Braunschweig v. 12. 6. 1987 – Ws 113/87, StV 1987, 332; OLG Köln v. 1. 2. 1991 – 2 Ws 30/91, StV 1991, 551; HK-GS/*Temming* Rn. 12; KK-StPO/*Gmel* Rn. 13.
[88] OLG Hamm v. 17. 8. 1977 – 3 Ws 482/77, NJW 1978, 283; HK-GS/*Temming* Rn. 12; Anw-StPO/*Kirchhof* Rn. 6; Löwe/Rosenberg/*Gollwitzer* Rn. 29; *Meyer-Goßner* Rn. 16.

Urteil überflüssig verzögert.[89] Im Übrigen ist die Beschwerde nach § 305 S. 1 ausgeschlossen,[90] vor Allem wenn die Aussetzung dazu dient, weitere Ermittlungen durchzuführen und Beweise zu erheben.[91]

§ 229 [Höchstdauer der Unterbrechung]

(1) Eine Hauptverhandlung darf bis zu drei Wochen unterbrochen werden.

(2) Eine Hauptverhandlung darf auch bis zu einem Monat unterbrochen werden, wenn sie davor jeweils an mindestens zehn Tagen stattgefunden hat.

(3) [1]Kann ein Angeklagter oder eine zur Urteilsfindung berufene Person zu einer Hauptverhandlung, die bereits an mindestens zehn Tagen stattgefunden hat, wegen Krankheit nicht erscheinen, so ist der Lauf der in den Absätzen 1 und 2 genannten Fristen während der Dauer der Verhinderung, längstens jedoch für sechs Wochen, gehemmt; diese Fristen enden frühestens zehn Tage nach Ablauf der Hemmung. [2]Beginn und Ende der Hemmung stellt das Gericht durch unanfechtbaren Beschluß fest.

(4) [1]Wird die Hauptverhandlung nicht spätestens am Tage nach Ablauf der in den vorstehenden Absätzen bezeichneten Frist fortgesetzt, so ist mit ihr von neuem zu beginnen. [2]Ist der Tag nach Ablauf der Frist ein Sonntag, ein allgemeiner Feiertag oder ein Sonnabend, so kann die Hauptverhandlung am nächsten Werktag fortgesetzt werden.

I. Einführung

1   In sachlichem Zusammenhang zu § 228 regelt die Vorschrift die Dauer von Unterbrechungen. Die insofern abschließende Regelung der Möglichkeiten der Unterbrechung der Hauptverhandlung stellt einen fragilen Kompromiss dar zwischen der Konzentrationsmaxime, dem Beschleunigungsgrundsatz und dem Grundsatz der Unmittelbarkeit einerseits und der aus verfahrenspraktischen Gründen resultierenden Notwendigkeit längerer Verhandlungspausen andererseits.[1] Gebieten die erwähnten Grundsätze, dass die Hauptverhandlung zügig und ohne längere Unterbrechungen durchgeführt wird, damit der insbesondere für die Urteilsberatung und -findung erforderliche unmittelbare „lebendige Eindruck des zusammenhängenden Bildes des gesamten Verhandlungsstoffes"[2] erhalten bleibt,[3] können vor Allem in umfangreichen und langwierigen Prozessen psychischen oder physischen Belastungen bei den Verfahrenbeteiligten auftreten, welche durch Verhandlungspausen zu kompensieren sind. Aber auch bei sog. Parallelermittlungen, zur Herbeischaffung von Beweismittel[4] sowie zur Überbrückung von Urlaubsphasen können Unterbrechungen geboten sein. In diesem Zusammenhang ist übergreifend zu berücksichtigen, dass die Vorschrift keine Unterbrechungsgründe vorgibt[5] und deshalb für jedwede relevanten verfahrenspraktischen Erfordernisse grundsätzlich offen ist. Als mit dem 1. JuMoG vom 24. 8. 2004 die Unterbrechungsfrist Abs. 1 in bedenklicher Weise[6] auf drei Wochen (zuvor: bis zu 10 Tagen) verlängert wurde, war die gesetzgeberische Intention, der problematischen Praxis von „Schiebeterminen"[7] entgegenzuwirken[8] und der Strafrechtspraxis eine flexiblere Gestaltung der Verhandlungstage zu ermöglichen.[9] Allerdings ist die Geschichte der Vorschrift[10] durch eine stete Verlängerung der Unterbrechungsfristen charakterisiert,[11] sodass der in der Möglichkeit der Unterbrechung der Hauptverhandlung angelegte Konflikt zwischen tragenden Verfahrensgrundsätzen zum einen und verfahrenspraktischen Erfordernissen zum anderen eine permanente Zuspit-

---

[89] OLG Frankfurt v. 5. 3. 1952 – 3 Ws 167/52, MDR 1983, 253; OLG Karlsruhe v. 14. 12. 1984 – 3 Ws 138/84, NStZ 1985, 227; OLG Düsseldorf v. 4. 12. 1995 – 1 Ws 922/95, NStZ-RR 1996, 142; *Joecks* Rn. 10; KK-StPO/*Gmel* Rn. 14; *Meyer-Goßner* Rn. 16; aA KMR/*Eschenbach* Rn. 32, 32 a.

[90] *Meyer-Goßner* Rn. 16; KK-StPO/*Gmel* Rn. 14.; aA HK-GS/*Temming* Rn. 12: Aussetzung stets mit der Beschwerde anfechtbar.

[91] OLG Düsseldorf v. 13. 11. 1992 – 1 WS 1033/92, MDR 1993, 461; OLG Köln v. 2.1991 – 2 Ws 30/91, StV 1991, 551; aA OLG Frankfurt v. 4. 5. 1954 – 2 Ws 169/54, NJW 1954, 1012.

[1] KK-StPO/*Gmel* Rn. 1; *Meyer-Goßner* Rn. 1.

[2] BGH v. 25. 7. 1996 – 4 StR 172/96, NJW 1996, 3019 mwN.

[3] Vgl. hierzu: BGH v. 5. 2. 1970 – 4 StR 272/68, BGHSt 23, 224 (225 f.); kritisch: *Mandla*, Die Unterbrechung der strafrechtlichen Hauptverhandlung, S. 214 ff.

[4] KK-StPO/*Gmel* Rn. 1.

[5] Vgl. § 228 Abs. 4.

[6] *Gössel* JR 2007, 40 ff.; *Sommer* StraFo 2004, 297; *Rieß*, FS Eser, 2005, S. 450; *ders.* StraFo 2006, 9.

[7] *Lilie*, FS Meyer-Goßner, 2001, S. 483; *Bertram* NJW 1994, 2187; *Wölfel* JuS 2000, 277; hierzu aber: BGH v. 3. 8. 2006 – 3 StR 199/06, NStZ 2006, 710.

[8] BT-Drucks. 15/1508, S. 13; BGH v. 3. 8. 2006 – 3 StR 199/06, NJW 2006, 3077.

[9] BT-Drucks. 15/1508, S. 25; *Joecks* Rn. 1; *Pfeiffer* Rn. 1.

[10] *Mandla*, Die Unterbrechung der strafrechtlichen Hauptverhandlung, S. 125 ff.

[11] HK-GS/*Temming* Rn. 3.

zung erfährt.[12] Überdenkenswert sind daher Lösungsansätze, in denen eine Abkehr von gesetzlich geregelten Unterbrechungsfristen zugunsten eines flexiblen, primär am Beschleunigungsgrundsatz orientierten Ansatzes einschließlich kodifizierter Beschwerdemöglichkeiten propagiert wird.[13] Bedenklich, weil mit den tangierten Verfahrensgrundsätzen kaum mehr kompatibel, erscheinen demgegenüber Ansätze, die Dauer von Unterbrechungen und die Bestimmung von Fortsetzungsterminen vollständig der Disposition der Verfahrensbeteiligten zu überlassen.[14]

II. Die Unterbrechung der Hauptverhandlung nach Abs. 1

Nach Abs. 1 darf eine Hauptverhandlung bis zu drei Wochen (vormals: 10 Tage) unterbrochen werden; insofern rekurriert die Vorschrift auf den Begriff der Unterbrechung in § 228 Abs. 1.[15] Die primär in der Kompetenz des Vorsitzenden liegende Anordnung der Unterbrechung bedarf an sich keines Grundes, kann unabhängig von der Anzahl der bislang stattgefunden oder noch vorgesehenen Verhandlungstage angeordnet werden und ist als solche – jedenfalls theoretisch[16] – unbegrenzt oft möglich, was mit Blick auf den Beschleunigungsgrundsatz kritisch zu sehen ist.[17]

1. Ermessensentscheidung des Vorsitzenden. Da die Unterbrechungsfrist bis zu drei Wochen betragen kann, wiederholte Unterbrechungen zulässig und weitere unmittelbare gesetzliche Vorgaben nicht vorhanden sind, erhebt sich die Frage, wie die **Ermessenentscheidung** des Vorsitzenden näher zu konturieren ist. Vorwiegend in der Literatur wird unter maßgeblicher Berücksichtigung des Beschleunigungsgrundsatzes eine restriktive Handhabung der Möglichkeiten der Anordnung einer Unterbrechung favorisiert;[18] jedenfalls, wenn es um die (wiederholte) Ausschöpfung der Dreiwochenfrist geht.[19] Demgegenüber nimmt es der BGH mit Blick auf die Neufassung des Abs. 1 sowie vor dem Hintergrund, dass die Vorstellung des Gesetzgebers, dass die Dreiwochenfrist nur in Ausnahmefällen in Anspruch genommen werden solle, im Gesetz gerade keinen Ausdruck gefunden habe, hin, dass vor Allem umfangreiche Hauptverhandlungen länger dauern und die gesetzlichen Fristen ausgeschöpft werden.[20] Eine Grenze bildet nach dieser Rspr. der Beschleunigungsgrundsatz, der unabhängig von § 229 bei einer nicht mehr sachgerechten, zu lang gestreckten Terminierung verletzt sein kann;[21] dies muss aber einer einzelfallbezogenen Prüfung vorbehalten bleiben.[22] Feste Vorgaben sowohl für die Dauer als auch für die Häufigkeit von Unterbrechungen lassen sich somit zurzeit weder aus Lit. noch aus Rspr. destillieren. Unter Berücksichtigung der Rspr. des Bundesverfassungsgerichts zum Beschleunigungsgrundsatz gilt indessen übergreifend, dass – insbesondere bei Haftsachen – die Hauptverhandlung so bald und so schnell wie möglich durchzuführen ist, da ansonsten eine kompensationspflichtige Verfahrensverzögerung gegeben ist.[23]

2. Fristberechnung. Nicht unumstritten ist die **Fristberechnung**. Zum Teil wird auf § 43 Abs. 1 abgestellt,[24] während überwiegend die Anwendbarkeit der §§ 42, 43 abgelehnt wird.[25] Mithin werden weder der Tag der Unterbrechung noch der Tag der Fortführung mitgerechnet, da sich die Unterbrechung auf den Zeitraum zwischen zwei Verhandlungstagen bezieht.[26] Demzufolge ist nach Abs. 4 S. 1 die Hauptverhandlung spätestens am Tage nach dem Ablauf der Frist fortzusetzen. Handelt es sich hierbei um einen Sonntag, einen allgemeinen Feiertag oder einen Sonnabend, kann die Hauptverhandlung am nächsten Werktag fortgesetzt werden.

3. Fortsetzungstermin. Der **Fortsetzungstermin** kann den Verfahrensbeteiligten formlos mitgeteilt werden.[27] Ausreichend, aber auch erforderlich, ist die mündliche Bekanntmachung des neuen Termins bei der Anordnung der Unterbrechung in der Hauptverhandlung.[28] Einer förmlichen La-

---

[12] Vgl. BGH v. 3. 8. 2006 – 3 StR 199/06, NJW 2006, 3077 (3078 f.).
[13] *Mandla,* Die Unterbrechung der Strafrechtlichen Hauptverhandlung, S. 250 ff.; hierzu: *Meyer-Goßner* Rn. 1; KK-StPO/*Gmel* Rn. 1.
[14] Anw-StPO/*Kirchhof* Rn. 1.
[15] Vgl. § 228 Abs. 2.
[16] *Neuhaus* StV 2005, 51.
[17] KMR/*Eschenbach* Rn. 2 ff.; *Sommer* StraFo 2004, 297.
[18] *Behm/Wesemann* StraFo 2006, 354; *Knaur* StV 2007, 341; *Knaur/Wolf* NJW 2004, 2934; *Neuhaus* StraFo 2005, 51.
[19] *Pfeiffer* Rn. 2; *Meyer-Goßner* Rn. 2.
[20] BGH v. 3. 8. 2006 – 3 StR 199/06, NJW 2006, 3078.
[21] BGH v. 3. 8. 2006 – 3 StR 199/06, NJW 2006, 3078.
[22] BGH v. 3. 8. 2006 – 3 StR 199/06, NJW 2006, 3078; KK-StPO/*Gmel* Rn. 3.
[23] BGH v. 9. 5. 2007 – 1 StR 32/07, NJW 2007, 2501 (2504).
[24] HK-GS/*Temming* Rn. 6.
[25] *Meyer-Goßner* Rn. 9; KK-StPO/*Gmel* Rn. 7; *Joecks* Rn. 7.
[26] KK-StPO/*Gmel* Rn. 7.
[27] Anw-StPO/*Kirchhof* Rn. 3.
[28] BGH v. 21. 4. 1987 – 1 StR 81/87, NStZ 1988, 421 f.; BayObLG v. 7. 12. 1998 – 2 ObOWi 655/98, NZV 1999, 306.

dung zum Fortsetzungstermin bedarf es daher grundsätzlich nicht. Wird der Fortsetzungstermin außerhalb der Hauptverhandlung bestimmt, ist gleichfalls eine schriftliche Bekanntmachung entbehrlich;[29] dies jedenfalls dann, wenn der Angeklagte einen Verteidiger hat und § 145a Abs. 1 Anwendung findet.[30] Als zweckmäßig wird es angesehen, den auf freiem Fuß befindlichen, bereits zur Anklage vernommenen Angeklagten mit Blick auf § 231 Abs. 2 zu belehren.[31] Zeugen und Sachverständigen können unter Hinweis auf die gesetzlichen Folgen des Ausbleibens zum neuen Termin durch Anordnung mündlich geladen werden.[32]

III. Die Unterbrechung der Hauptverhandlung nach Abs. 2

6 Unter den Voraussetzungen nach Abs. 2 kann die Hauptverhandlung durch das Gericht auch bis zu einem Monat unterbrochen werden (vormals: 30 Tage). Die Hauptverhandlung muss allerdings an mindestens zehn Verhandlungstagen stattgefunden haben. Nach einem solchen Verhandlungsblock ist unabhängig von den Möglichkeiten nach Abs. 1 eine längere Pause von bis zu einem Monat zulässig. Zulässig ist es nach dem Wortlaut der Vorschrift ferner, mehrfach in diesem Umfang zu unterbrechen, wenn jeweils zehn Verhandlungstage gegeben sind. Im Übrigen bedarf die Unterbrechung nicht eines bestimmten Grundes.

7 Für das Verhältnis von Abs. 1 zu Abs. 2 gilt, dass die Frist des Abs. 2 mit der ersten Unterbrechung nach Abs. 1 beginnt, wenn sich die Unterbrechung nach Abs. 2 von Sachverhandlung an die nach Abs. 1 anschließt.[33] Des Weiteren ist es zulässig, eine Unterbrechung nach Abs. 2 zu beschließen, wenn die Frist nach Abs. 1 abgelaufen ist, ohne dass eine Verhandlung stattgefunden hat; allerdings darf die Frist nach Abs. 2 nicht abgelaufen sein und das Gericht muss in der vorgeschriebenen Zusammensetzung – auch außerhalb der Verhandlung – entscheiden.[34] Ferner kann eine kürzere Unterbrechung auf diese Weise bis zu einem Monat ausgedehnt werden.[35]

8 Wegen der Fristberechnung und der Mitteilung des Fortsetzungstermins kann auf die obigen Ausführungen verwiesen werden.

IV. Die Fristhemmung nach Abs. 3

9 In Abs. 3 ist die sog. **Fristhemmung** geregelt. Der Lauf der in Abs. 1 und Abs. 2 vorgesehenen Unterbrechungsfristen ist demnach gehemmt, wenn die Hauptverhandlung an mindestens zehn Tagen stattgefunden hat und ein Angeklagter oder eine zur Urteilsfindung berufene Person wegen Krankheit nicht zur Verhandlung erscheinen kann. Die Fristhemmung ist auf die Dauer von längstens sechs Wochen beschränkt.

10 **1. Krankheit.** Erfasst ist lediglich der Fall der **Krankheit**,[36] nicht jedoch sonstige Gründe der Verhinderung. Das krankheitsbedingte Unvermögen zu erscheinen bedeutet, dass aus medizinischer Sicht eine Teilnahme an der Hauptverhandlung ausgeschlossen ist.[37] Im Falle der wiederholten Erkrankung können die Unterbrechungsfristen stets erneut gehemmt sein, wobei es nach umstrittener Ansicht genügen soll, dass zwischen den Unterbrechungen an einem Tag verhandelt wurde.[38]

11 **2. Personeller Anwendungsbereich.** In personeller Hinsicht sind **Angeklagte** und **Berufs- sowie Laienrichter** erfasst. Bei mehreren Angeklagten oder auch Richtern reicht es ausweislich des Wortlauts der Norm aus, dass einer von ihnen wegen Krankheit nicht erscheinen kann.[39] Eine analoge Anwendung von Abs. 3 auf andere Verfahrensbeteiligte ist ausgeschlossen.[40]

12 Soweit es um die krankheitsbedingte Verhinderung von Berufs- und Laienrichtern und die hierdurch bedingte Hemmung geht, besteht ein abgestufter sachlicher Zusammenhang mit der Vorschrift des § 192 GVG. Intendiert ist nämlich, dass die Bestellung von Ergänzungsrichtern und -schöffen auf die gesetzlich vorgesehenen Ausnahmefälle beschränkt bleibt,[41] sodass Abs. 3 eine Kompensationsfunktion zukommt.

---

[29] SK-StPO/*Schlüchter* Rn. 6; *Meyer-Goßner* Rn. 12; BGH v. 8. 4. 1992 – 2 StR 240/91, BGHSt 38, 271.
[30] BGH v. 8. 4. 1992 – 2 StR 240/91, BGHSt 38, 271 (273 f.); KK-StPO/*Gmel* Rn. 9.
[31] *Meyer-Goßner* Rn. 12; KK-StPO/*Gmel* Rn. 9.
[32] KK-StPO/*Gmel* Rn. 9.
[33] Anw-StPO/*Kirchhof* Rn. 4; *Meyer-Goßner* Rn. 3.
[34] BGH v. 27. 8. 1986 – 3 StR 223/86, BGHSt 34, 154 (156 f.).
[35] BGH v. 27. 8. 1986 – 3 StR 223/86, BGHSt 34, 154 (156 f.).
[36] Vgl. § 223 Abs. 2.
[37] KK-StPO/*Gmel* Rn. 11.
[38] SK/*Schlüchter* Rn. 19; *Meyer-Goßner* Rn. 6; KK-StPO/*Gmel* Rn. 11; aA *Zieschang* StV 1996, 115.
[39] Löwe/Rosenberg/*Gollwitzer* Rn. 21.
[40] BGH v. 8. 1. 1997 – 3 StR 539/96, NStZ 1997, 503.
[41] BT-Drucks. 15/1508, S. 25; *Pfeiffer* Rn. 4.

Die Regelung in Abs. 3 gilt nach § 268 Abs. 3 S. 3 entsprechend für die Frist nach § 268 Abs. 3 S. 2.   13

3. Fristhemmung. Die sog. Fristhemmung tritt **von Gesetzes wegen** ein.[42] Sie beginnt mit der Erkrankung und der hierdurch bedingten Unmöglichkeit des Erscheinens und dauert an, bis der Angeklagte oder Richter wieder an der Hauptverhandlung teilnehmen kann. Allerdings stellt die in Abs. 3 kodifizierte Sechswochenfrist die absolute Höchstgrenze dar. Hemmung des Ablaufs der Unterbrechungsfristen bedeutet hierbei, dass bereits der Tag des Auftretens der Erkrankung ebenso wie der Tag, an dem die Verhinderung entfällt, mitzuzählen ist.[43] Im Übrigen kann differenziert werden:[44] Liegt die Erkrankung innerhalb einer bereits angeordneten und daher laufenden Unterbrechung nach Abs. 1 oder Abs. 2, ist der Lauf der entsprechenden Fristen für die Dauer der Verhinderung gehemmt, wenn die (fortdauernde) Erkrankung dem Erscheinen auch nach Ablauf der Unterbrechungsfrist entgegensteht;[45] umgekehrt greift die Hemmung nicht Platz, wenn die erkrankte Person zum anberaumten Fortsetzungstermin nach dem Ende der angeordneten Unterbrechung wieder erscheinen kann.[46] Erkrankt eine Person während der laufenden Hauptverhandlung, können der Vorsitzende oder das Gericht eine Unterbrechung nach Abs. 1 bzw. Abs. 2 anordnen mit der Konsequenz, dass der Lauf der Unterbrechungsfrist bis zum Wegfall der Verhinderung, höchstens aber sechs Wochen gehemmt ist und sie demzufolge erst danach zu laufen beginnt.[47]   14

Nach Abs. 3 S. 1 2. Hs. muss der nach Ablauf der Hemmung übrige Teil der Unterbrechungsfrist nach Abs. 1 oder Abs. 2 in jedem Fall mindestens noch zehn Tage betragen. Damit soll verhindert werden, dass nach dem Ende der Hemmung nur noch eine zu kurze Unterbrechungszeit zur Vorbereitung des Fortsetzungstermins zur Verfügung steht.[48]   15

Beginn und Ende der Hemmung sind durch das Gericht – und nicht durch den Vorsitzenden – durch **unanfechtbaren Beschluss** festzustellen. Der Beschluss hat lediglich deklaratorische Bedeutung.[49] Die Erkrankung und ihre Dauer sind im Freibeweisverfahren, unter Umständen durch Einholen einer (amts-)ärztlichen Begutachtung, zu klären.[50] Wenn die Art oder Schwere der Erkrankung keine Prognose zu deren Ende zulässt, ist es zulässig, zunächst durch einen ersten Beschluss den Beginn und sodann später durch einen zweiten Beschluss das Ende der Hemmung festzustellen.[51]   16

Der Beschluss wird gewöhnlich außerhalb der Hauptverhandlung gefasst, sodass es der Mitwirkung der Schöffen nicht bedarf.[52] Handelt es sich um die Verhinderung eines Berufsrichters, hat dessen geschäftsplanmäßiger Vertreter an der Entscheidung mitzuwirken.[53]   17

Der Beschluss jedenfalls über das Ende einer Hemmung ist entbehrlich, wenn bei krankheitsbedingter Verhinderung ersichtlich ist, dass die betroffene Person nach Ablauf der Unterbrechungsfrist nach Abs. 1 oder Abs. 2 wieder an der Hauptverhandlung teilnehmen kann.[54] Denn bei dieser Konstellation ist, wie oben dargelegt, trotz zeitweiliger krankheitsbedingter Verhinderung keine Hemmung gegeben.   18

V. Die Fortsetzung der Hauptverhandlung

Aus Abs. 4 S. 1 ergibt sich, dass die **Fortsetzung der Hauptverhandlung** spätestens am Tag nach Ablauf der in Abs. 1 und Abs. 2 geregelten Unterbrechungsfristen zu erfolgen hat; es sei denn, der Tag nach Ablauf der Frist ist ein Sonntag, allgemeiner Feiertag oder ein Sonnabend, sodass die Hauptverhandlung am nächsten Werktag fortgesetzt werden kann. Ansonsten muss sie von neuem begonnen werden, wobei der Angeklagte und der Verteidiger schriftlich zu laden sind. Die Hauptverhandlung ist bei ihrer Fortsetzung in derselben Besetzung weiterzuführen. Dies gilt auch für den Fall, das die Hauptverhandlung nach Unterbrechung und nach einer zwischenzeitlich vorgenommenen Änderung der Geschäftsverteilung fortgesetzt wird.[55] Muss die Hauptverhandlung   19

---

[42] BGH v. 12. 8. 1992 – 5 StR 234/92, NStZ 1992, 550 f.
[43] Löwe/Rosenberg/*Gollwitzer* Rn. 26; KK-StPO/*Gmel* Rn. 12.
[44] Vgl. auch *Meyer-Goßner* Rn. 7.
[45] BGH v. 12. 8. 1992 – 5 StR 234/92, NStZ 1992, 550; *Meyer-Goßner* Rn. 7.
[46] BGH v. 12. 8. 1992 – 5 StR 234/92, NStZ 1992, 550; BGH v. 13. 10. 1993 – 5 StR 231/93, StV 1994, 5.
[47] BGH v. 14. 8. 1998 – 3 StR 258/98, NStZ 1998, 633.
[48] KK-StPO/*Gmel* Rn. 12.
[49] Löwe/Rosenberg/*Gollwitzer* Rn. 29; *Meyer-Goßner* Rn. 8; *ders* NJW 1987, 1161 (1163); SK-StPO/*Schlüchter* Rn. 22; BGH v. 12. 8. 1992 – 5 StR 234/92, NStZ 1992, 550 f.; einschränkend: KMR/*Eschenbach* Rn. 26 bzgl. des Krankheitsbefunds.
[50] *Meyer-Goßner* Rn. 8; KK-StPO/*Gmel* Rn. 13.
[51] KK-StPO/*Gmel* Rn. 13.
[52] *Rieß/Hilger* NStZ 1987, 149; SK-StPO/*Schlüchter* Rn. 30.
[53] KMR/*Eschenbach* Rn. 28; *Meyer-Goßner* Rn. 8.
[54] *Meyer-Goßner* Rn. 8.
[55] BGH v. 20. 10. 1955 – 4 StR 286/55, BGHSt 8, 250, NJW 1956, 110.

§ 229 20–23   Zweites Buch. Verfahren im ersten Rechtszug

jedoch wegen nicht eingehaltener Unterbrechungsfristen neu beginnen, haben der bzw. die zu diesem Zeitpunkt nach der Geschäftsverteilung zuständige(n) Richter die Verhandlung durchzuführen.

20   Die Fortsetzung der Hauptverhandlung nach Abs. 4 S. 1 bedingt, dass eine **Verhandlung zur Sache** erfolgt.[56] Werden lediglich formale, nicht der Förderung des Verfahrens dienliche Verhandlungstermine bzw. „Scheinverhandlungen"[57] durchgeführt, sind diese Verhandlungstage der tatsächlichen Unterbrechung hinzuzurechnen,[58] sodass die Unterbrechungsfrist nicht gewahrt ist. Fraglich ist somit, was erforderlich ist, damit ein Verhandeln zur Sache gegeben ist; insbesondere, unter welchen qualitativen Voraussetzungen sog. Schiebetermine zulässig sind.

21   Nach ständiger Rspr. des BGH gilt als Termin, welcher zur fristwahrenden Fortsetzung der Hauptverhandlung geeignet ist, ein solcher, in dem zur Sache verhandelt und das Verfahren sachlich gefördert worden ist,[59] zB durch Vernehmung des Angeklagten, durch (Streng-)Beweisaufnahme oder durch eine sonstige Erörterung des Prozessstoffes.[60] Gemeint ist damit, dass im Termin Prozesshandlungen oder Erörterungen zu Sach- oder Verfahrensfragen vorgenommen werden müssen, welche geeignet sind, die Strafsache ihrem Abschluss substanziell näher zu bringen.[61]

22   Ausgehend von dieser eher allgemein gehaltenen Formel, hat sich ein verästeltes, indessen nicht weiter strukturiertes und in sich keineswegs geschlossenes caselaw entwickelt. Abgelehnt wurde ein verfahrensförderliches Verhandeln zur Sache unter Anderem in folgenden Konstellationen: Verlesung eines Teiles eines Registerauszuges im Termin bzw. Aufteilung der Verlesung der Registerauskunft auf drei Termine,[62] Verlesung eines zweiseitigen Briefes in mehr als zwei Hauptverhandlungstagen,[63] Wiederholung einer Beweiserhebung,[64] bloße Erörterung, ob und wann die Hauptverhandlung fortgesetzt werden kann,[65] Feststellung, dass das angeordnete Selbstleseverfahren inzwischen durchgeführt worden ist,[66] Reduzierung der Termins auf die Bestellung eines Pflichtverteidigers.[67] Umgekehrt wird vom BGH bei diesen Konstellationen und gerade mit Blick auf die in der Praxis als Schiebetermine bevorzugten „Verlesungstermine" hervorgehoben, dass es beim verfahrensförderlichen Verhandeln zur Sache nicht darauf ankommt, ob weitere verfahrensfördernde Handlungen möglich gewesen wären und der Fortsetzungstermin auch der Einhaltung der Unterbrechungsfrist gedient hat.[68] Mithin reichen die Verlesung eines Strafregisterauszuges oder einer sonstigen Urkunde grundsätzlich aus.[69] Ein ausreichendes Verhandeln zur Sache ist des Weiteren in folgenden Konstellationen bejaht worden: Beweisaufnahme mit Verfahrensfehler,[70] Entgegennahme von Beweisanträgen,[71] Verhandlung zur Verhandlungsfähigkeit des Angeklagten,[72] Verhandlung eines Ablehnungsgesuch,[73] die Verlesung von drei Seiten eines Jugendamtberichts nach Beiordnung eines Verteidigers.[74]

23   Abgesehen davon, dass diese Rspr. als uneinheitlich und schwankend[75] bzw. als noch nicht gefestigt[76] kritisiert wird, wurde in der Lit. nach der Verlängerung der Unterbrechungsfrist nach Abs. 1 durch das 1. JuMoG die Forderung erhoben, kritischer und damit erheblich restriktiver mit sog. Schieberminen umzugehen.[77] Begründet wurde dies unter Anderem damit, dass die

---

[56] BGH v. 30. 4. 1952 – 5 StR 275/52, NJW 1952, 1149; BGH v. 25. 7. 1996 – 4 StR 172 796, NJW 1996, 3019; BGH v. 11. 5. 1999 – 4 StR 10/99, NStZ 1999, 521; BGH v. 16. 10. 2007 – 3 StR 254/07, StraFo 2008, 28.
[57] BGH v. 25. 7. 1996 – 4 StR 172/96, NJW 1996, 3019.
[58] KK-StPO/*Gmel* Rn. 6.
[59] BGH v. 30. 4. 1952 – 5 StR 275/52, NJW 1952, 1149; BGH v. 1. 12. 1970 – 1 StR 34/70; BGH v. 3. 8. 2006 – 3 StR 199/06, NJW 2006, 3077; BGH v. 16. 10. 2007 – 3 StR 254/07, NStZ 2008, 115.
[60] BGH v. 25. 7. 1996 – 4 StR 172/96, NJW 1996, 3019; BGH v. 16. 10. 2007 – 3 StR 254/07, NStZ 2008, 115.
[61] BGH v. 16. 10. 2007 – 3 StR 254/07, NStZ 2008, 115.
[62] BGH v. 25. 7. 1996 – 4 StR 172/96, NJW 1996 3019 (3020).
[63] BGH v. 2. 10. 1997 – 4 StR 412/97, StV 1998, 359.
[64] BGH v. 11. 5. 1999 – 4 StR 10/99, NStZ 1999, 521; BGH v. 6. 7. 2000 – 5 StR 613/99, NStZ 2000, 606.
[65] BGH v. 4. 5. 1976 – 1 StR 824/75; BGH v. 30. 4. 1952 – 5 StR 275/52, NJW 1952, 1149.
[66] BGH v. 16. 10. 2007 – 3 StR 254/07, NStZ 2008, 115.
[67] BGH v. 16. 10. 2007 – 3 StR 254/07, NStZ 2008, 115.
[68] BGH v. 3. 8. 2006 – 3 StR 199/06, NJW 2006, 3077.
[69] BGH v. 24. 11. 1999 – 3 StR 390/99, NStZ 2000, 212; BGH v. 7. 11. 1978 – 1 StR 470/78; BGH v. 3. 8. 2006 – 3 StR 199/06, NJW 2006, 3077.
[70] BGH v. 24. 11. 1999 – 3 StR 390/99, NStZ 2000, 212 (214); BGH v. 15. 6. 2004 – 1 StR 149/04, NStZ-RR 2004, 270.
[71] BGH v. 6. 7. 2000 – 5 StR 613/99, NStZ 2000, 606.
[72] OLG Düsseldorf v. 17. 5. 1996 – 1 Ws 442 und 444 – 445/96, NStZ-RR 1997, 81 (82); kritisch: KK-StPO/*Gmel* Rn. 6.
[73] BGH v. 7. 11. 1978 – 1 StR 470/78.
[74] BGH v. 18. 3. 1998 – 2 StR 675/97, NStZ-RR 1998, 335.
[75] HK-GS/*Temming* Rn. 14.
[76] KK-StPO/*Gmel* Rn. 6.
[77] *Meyer-Goßner* Rn. 11; *Joecks* Rn. 8; *Knauer/Wolf* NJW 2004, 2934; *Knauer* StV 2007, 340 (341); KMR/*Eschenbach* Rn. 31 f.

Neuregelung entgegen der gesetzgeberischen Intention Schiebetermine nicht verhindere, sondern noch die Möglichkeit der Ausdehnung einräume.[78] Zur Umsetzung des Willens des Gesetzgebers müsse daher die Ausschöpfung der drei Wochen die Ausnahme bilden, sei die mehrmalige Ausschöpfung der drei Wochen unzulässig und bedürften die bisherigen Grundsätze der Rspr. der Korrektur.[79] Der BGH[80] hielt dem entgegen, dass der Gesetzgeber die Zulässigkeit von kurzen Terminen zur Wahrung der Unterbrechungsfristen keineswegs generell ausschließen wollte.[81] Ferner seien die bei einer Verschärfung der Anforderungen an die Annahme einer fristwahrenden Verhandlung erforderlichen sachgerechten und handhabbaren Maßstäbe nicht ersichtlich.[82] Zudem bestünden angesichts der Ausgestaltung des Revisionsverfahrens Schwierigkeiten bei der Nachprüfung des Gewichts einer Verfahrensförderung.[83]

VI. Revision

Die Überschreitung der in Abs. 1 und Abs. 2 geregelten Unterbrechungsfristen, ohne dass die Hauptverhandlung von neuem begonnen worden ist, stellt keinen absoluten Revisionsgrund dar.[84] Der Verstoß gegen Abs. 1, Abs. 2 iVm. Abs. 4 S. 1 begründet die **Revision** nach § 337 Abs. 1, da das Urteil nach der Rspr. des BGH regelmäßig auf diesem Verfahrensmangel beruht.[85] Nur in Ausnahmefällen kann das Beruhen des Urteils auf dem Verfahrensverstoß verneint werden.[86] Zu beurteilen, ob das Urteil auf der Gesetzesverletzung beruht, ist allein Sache des Revisionsgerichts, nicht aber Aufgabe des Tatrichters.[87] Weiterhin kann mit der Revision gerügt werden, dass die Voraussetzungen der Hemmung nicht vorgelegen haben.[88] 24

Demgegenüber kann die Revision nach § 336 S. 2 nicht darauf gestützt werden, dass Beginn und Ende der Fristhemmung nach Abs. 3 S. 2 fehlerhaft durch das Gericht in dem entsprechenden Beschluss festgestellt worden ist.[89] Fehlt der Beschluss nach Abs. 3 S. 2, muss revisionsgerichtlich im Freibeweisverfahren das Vorliegen der Voraussetzungen der Hemmung geklärt werden.[90] 25

Bislang noch nicht explizit durch den BGH entschieden kommt unter Umständen auch eine in der Revision zu rügende Verletzung des in Art. 5 Abs. 3 S. 2, 6 Abs. 1 S. 1 EMRK normierten Beschleunigungsgrundsatz in Betracht, wenn die dreiwöchige Unterbrechung nicht auf Ausnahmefälle beschränkt wurde oder von dieser Möglichkeit mehrmals ohne sachgerechte Gründe Gebrauch gemacht wurde.[91] Insofern hat der BGH lediglich zu erkennen gegeben, dass die gesetzgeberische Vorstellung, dass die Dreiwochenfrist nur in Ausnahmefällen in Anspruch genommen werden solle, keinen Niederschlag im Gesetz gefunden habe.[92] 26

§ 230 [Ausbleiben des Angeklagten]

(1) Gegen einen ausgebliebenen Angeklagten findet eine Hauptverhandlung nicht statt.

(2) Ist das Ausbleiben des Angeklagten nicht genügend entschuldigt, so ist die Vorführung anzuordnen oder ein Haftbefehl zu erlassen.

I. Einführung

Die Vorschrift schreibt zunächst eine Anwesenheitspflicht des Angeklagten in der Hauptverhandlung vor, was sich weniger aus dem insoweit deutungsoffenen Wortlaut, sondern vor Allem aus den in Abs. 2 und § 231 Abs. 1 geregelten Zwangsmitteln erschließen lässt. Der Pflicht, zur Hauptverhandlung zu erscheinen, korrespondiert allerdings ein aus dem verfassungsrechtlich in 1

---

[78] *Knauer/Wolf* NJW 2004, 2934.
[79] *Knauer/Wolf* NJW 2004, 2934; *Meyer-Goßner* Rn. 11.
[80] BGH v. 3. 8. 2006 – 3 StR 199/06, NJW 2006, 3078; zustimmend: *Dietmeier* NStZ 2007, 657 f.; *Gössel* JR 2007, 42; kritisch: KK-StPO/*Gmel* Rn. 6.
[81] BGH v. 3. 8. 2006 – 3 StR 199/06, NJW 2006, 3078.
[82] BGH v. 3. 8. 2006 – 3 StR 199/06, NJW 2006, 3078.
[83] BGH v. 3. 8. 2006 – 3 StR 199/06, NJW 2006, 3078.
[84] BGH v. 5. 2. 1970 – 4 StR 272/68, BGHSt 23, 224 (225); KK-StPO/*Gmel* Rn. 15.
[85] BGH v. 16. 10. 2007 – 3 StR 254/07, NStZ 2008, 115; BGH v. 25. 7. 1996 – 4 StR 172/96, NJW 1996, 3020; BGH v. 5. 2. 1970 – 4 StR 272/68, BGHSt 23, 224, NJW 1970, 767.
[86] BGH v. 30. 4. 1952 – 5 StR 275/52, NJW 1952, 1149; BGH v. 5. 2. 1970, BGHSt 23, 224 (225); BGH v. 25. 7. 1996 – 4 StR 172/96, NJW 1996, 3020.
[87] BGH v. 14. 5. 1986 – 2 StR 854/84, NStZ 1986, 518 f.; BGH v. 8. 1. 1997 – 3 StR 539/96, NStZ 1997, 503; Anw-StPO/*Kirchhof* Rn. 7; *Meyer-Goßner* Rn. 15.
[88] SK-StPO/*Schlüchter* Rn. 38; *Rieß/Hilger* NStZ 1987, 149.
[89] *Joecks* Rn. 10; *Meyer-Goßner* Rn. 15.
[90] KK-StPO/*Gmel* Rn. 15.
[91] *Knauer/Wolf* NJW 2004, 2934; Anw-StPO/*Kirchhof* Rn. 8.
[92] BGH v. 3. 8. 2006 – 3 StR 199/06, NJW 2006, 3078.

Art. 103 Abs. 1 GG verankerten Prinzip des rechtlichen Gehörs abzuleitendes[1] gleichrangiges Anwesenheitsrecht.[2] Die Anwesenheit des Beschuldigten in der Hauptverhandlung zählt somit zu den tragenden Prinzipien der Prozessordnung.[3] Abgesehen von den verfahrensrechtlich normierten Ausnahmen stehen Anwesenheitsrecht und -pflicht nicht zur Disposition der Verfahrensbeteiligten und sind daher auch nicht einer konsensualen Regelung zugänglich.[4]

2   Die vorgeschriebene notwendige Anwesenheit des Angeklagten in der Hauptverhandlung bzw. sein Erscheinen zur Hauptverhandlung können nach Abs. 2 mit Zwangsmittel sichergestellt werden.

II. Der Grundsatz der Anwesenheit

3   Nach Abs. 1 findet gegen einen ausgebliebenen Angeklagten eine Hauptverhandlung nicht statt. Der damit kodifizierte **Anwesenheitsgrundsatz** bedeutet, dass die persönliche Präsenz des Angeklagten in der Hauptverhandlung grundsätzlich notwendig ist,[5] ohne dass damit freilich schon eine Festlegung getroffen wäre, ob die erforderliche Anwesenheit Ausfluss einer entsprechenden Pflicht und/oder eines entsprechenden Rechts ist. Aus der gesetzlichen Konzeption unter Berücksichtigung der möglichen Zwangsmittel, der Ausnahmen zur Anwesenheit, der verfassungsrechtlichen Vorgaben sowie des Zwecks der Regelung ergibt sich indessen, dass **Anwesenheitspflicht und -recht** gleichermaßen die Präsenz des Angeklagten in der Hauptverhandlung begründen.[6] Zutreffend ist es deshalb, wenn der BGH von Recht und Pflicht des Angeklagten zur Anwesenheit spricht.[7]

4   **1. Anwesenheitspflicht.** Vor diesem Hintergrund bedeutet **Anwesenheitspflicht**, dass die persönliche Präsenz des Angeklagten in der Hauptverhandlung aus verfahrensrechtlichen Gründen zwingend und deshalb gegebenenfalls mit Zwangsmitteln durchsetzbar ist. Intendiert ist die Anwesenheit nämlich im Interesse einer möglichst umfassenden und zuverlässigen Wahrheitsfindung[8] bzw. -erforschung, damit sich das Gericht sowie die übrigen Prozessbeteiligten einen Eindruck von seiner Person, seinem Auftreten und seinen Einlassungen machen können.[9] Mithin kann das zur Sachaufklärung verpflichtete Gericht den Angeklagten von seiner Pflicht zur Anwesenheit nicht entbinden.[10] Umgekehrt kann der Angeklagte hierauf nicht wirksam verzichten.[11]

5   **2. Anwesenheitsrecht.** Das **Anwesenheitsrecht** sichert dem Angeklagten die Möglichkeit allseitiger und uneingeschränkter Verteidigung[12] und gewährleistet die Verwirklichung des Anspruchs auf rechtliches Gehör.[13] Der Angeklagte ist deshalb zur Anwesenheit berechtigt, wenn auch ausnahmsweise keine Pflicht hierzu besteht.[14] Ferner darf ihm vom Gericht die Teilnahme an der Hauptverhandlung nicht verwehrt werden, wenngleich zulässigerweise ohne ihn verhandelt werden könnte;[15] dies gilt insbesondere dann, wenn der Angeklagte ernsthaft zu erkennen gegeben hat, dass er an der Verhandlung teilnehmen möchte.[16]

---

[1] BGH v. 8. 5. 1978 – AnwSt (R) 3/78, BGHSt 28, 35 (37); BGH v. 17. 5. 1978 – 2 StR 618/77, BGHSt 28, 44 (46).
[2] BGH v. 5. 11. 1963 – 5 StR 445/63, BGHSt 19, 144 (147); BGH v. 21. 2. 1975 – 1 StR 107/74, BGHSt 26, 84 (90); *Joecks* Rn. 3; *Meyer-Goßner* Rn. 4; *Pfeiffer* Rn. 1; *Rieß* JZ 1975, 266.
[3] *Krüger*, Dogmatik und Praxis des Strafverfahrens, 1989, S. 87, 89; AG Saarbrücken v. 20. 10. 1986 – 43 – 1228/86, NStZ 1987, 235.
[4] OLG Hamm v. 20. 3. 2007 – 3 Ss 541/06.
[5] BGH v. 5. 11. 1963 – 5 StR 445/63, BGHSt 19, 144 (147); KK-StPO/*Gmel* Rn. 1.
[6] BGH v. 30. 11. 1990 – 2 StR 44/90, BGHSt 37, 249 (250); *Pfeiffer* Rn. 1.
[7] BGH v. 5. 11. 1963 – 5 StR 445/63, BGHSt 19, 144 (147); BGH v. 30. 11. 1990 – 2 StR 44/90, BGHSt 37, 249 (250); BGH v. 30. 11. 1990 – 2 StR 44/90, NJW 1991, 1365.
[8] BGH v. 30. 11. 1990 – 2 StR 44/90, BGHSt 37, 249 (250).
[9] BGH v. 2. 10. 1952 – 3 StR 83/52, BGHSt 3, 187 (190); BGH v. 21. 2. 1975 – 1 StR 107/74, BGHSt 26, 84 (90); BGH v. 30. 6. 1977 – 4 StR 198/77, NJW 1977, 1928; BVerfG v. 14. 6. 2007 – 2 BvR 1447/05, 2 BvR 136/05, NJW 2007, 2977 (2979); *Roxin*, Strafverfahrensrecht, § 42 F I 1; *Meyer-Goßner* Rn. 3; *Pfeiffer* Rn. 1; KK-StPO/*Gmel* Rn. 1; HK-GS/*Temming* Rn. 1.
[10] BGH v. 2. 10. 1952 – 3 StR 83/52, BGHSt 3, 187 (190); BGH v. 21. 2. 1975 – 1 StR 107/74, BGHSt 26, 84 (90); BGH v. 30. 6. 1977 – 4 StR 198/77, NJW 1977, 1928; BVerfG v. 14. 6. 2007 – 2 BvR 1447/05, 2 BvR 136/05, NJW 2007, 2977 (2979); *Roxin*, Strafverfahrensrecht, § 42 F I 1; *Meyer-Goßner* Rn. 3; *Pfeiffer* Rn. 1; KK-StPO/*Gmel* Rn. 1; HK-GS/*Temming* Rn. 1.
[11] BGH v. 2. 10. 1952 – 3 StR 83/52, BGHSt 3, 187 (191); BGH v. 6. 12. 1967 – 2 StR 616/67, BGHSt 22, 18 (20); BGH v. 9. 5. 1974, BGHSt 25, 317 (318); BGH v. 25. 2. 1976 – 3 StR 511/75 (S), NJW 1976, 1108; BGH v. 1. 12. 1992 – 5 StR 494/92, NStZ 1993, 198.
[12] BGH v. 2. 10. 1952 – 3 StR 83/52, BGHSt 3, 187 (190 f.); BGH v. 21. 2. 1975 – 1 StR 107/74, BGHSt 26, 84 (90); BGH v. 30. 6. 1977 – 4 StR 198/77, NJW 1977, 1928; *Roxin*, Strafverfahrensrecht, § 42 F I 1.
[13] BGH v. 8. 5. 1978 – AnwSt (R) 3/78, BGHSt 28, 35 (37); HK-GS/*Temming* Rn. 1.
[14] BGH v. 8. 5. 1978 – AnwSt (R) 3/78, BGHSt 28, 35 (36 f.).
[15] BGH v. 5. 11. 1963 – 5 StR 445/63, BGHSt 19, 144 (147 f.); BGH v. 11. 3. 1980 – 5 StR 49/80, MDR 1980, 631.
[16] BGH v. 5. 11. 1963 – 5 StR 445/63, BGHSt 19, 144 (146 ff.); BGH v. 8. 5. 1978 – AnwSt (R) 3/78, BGHSt 28, 35 (37); *Meyer-Goßner* Rn. 4.

Eine zwangsweise Entfernung des Angeklagten aus der Hauptverhandlung bzw. aus dem Sitzungssaal kommt deshalb nur in den gesetzlich geregelten (Ausnahme-)Fällen in Frage: §§ 231 b, 247, § 177 GVG.[17]

3. Inhalt des Anwesenheitsgrundsatzes und Ausnahmen. Der Anwesenheitsgrundsatz lässt eine Hauptverhandlung ohne den Angeklagten grundsätzlich nicht zu,[18] sodass bei dessen Ausbleiben die Verhandlung idR zu vertagen ist.[19] Befindet sich der Angeklagte in Haft muss er auf entsprechende Anordnung des Vorsitzenden vorgeführt werden;[20] unter Umständen zwangsweise.[21]

Der Grundsatz der notwendigen persönlichen Anwesenheit des Angeklagten gilt aber nicht ausnahmslos. Die **Ausnahmen** sind gesetzlich geregelt und lassen sich in drei Gruppen einteilen:[22] Verfahren gegen Abwesende (§§ 276 ff.), Verfahren in Abwesenheit des ausgebliebenen Angeklagten (§§ 232, 233, 329 Abs. 2, 350 Abs. 2, 387 Abs. 1, 411 Abs. 2 S. 1, 412, § 50 Abs. 1 JGG) sowie Verfahren mit zeitweiliger Abwesenheit des Angeklagten (§§ 231 Abs. 2, 231 a, 231 b, 231 c, 247). Sonstige Ausnahmen bestehen nicht;[23] zumal der Anwesenheitsgrundsatz für die Verfahrensbeteiligten nicht disponibel ist. Im Übrigen kann das Gericht in den erwähnten (Ausnahme-)-Konstellationen das persönliche Erscheinen des Angeklagten – mit Ausnahme der §§ 329, 412 – gleichwohl anordnen und sodann auch erzwingen.[24]

4. Ausbleiben des Angeklagten. Anwesenheit in der Hauptverhandlung setzt – parallel zu § 226[25] – physische und psychische Präsenz des Angeklagten voraus. Ein **Ausbleiben** iSv. Abs. 1 ist deshalb zunächst dann gegeben, wenn er nicht körperlich anwesend ist.[26] Gleiches gilt, wenn er aus sonstigen Gründen, wie zB Schlaf, Krankheit oder Schwerhörigkeit[27] bzw. wegen Trunkenheit,[28] außerstande ist, der Hauptverhandlung zu folgen. Der Angeklagte muss daher insgesamt verhandlungsfähig sein;[29] wobei es auf seine persönliche Einschätzung, negativ oder positiv, nicht maßgeblich ankommt.[30] Ist die Verhandlungsfähigkeit nur eingeschränkt gegeben, muss die Hauptverhandlung dem zeitlich und/oder örtlich angepasst werden,[31] indem beispielsweise nur stundenweise oder mit Unterbrechungen verhandelt wird.[32] Bestehen Zweifel an der Verhandlungsfähigkeit des Angeklagten, darf die Hauptverhandlung grundsätzlich nicht durchgeführt werden.[33]

Ohne Relevanz mit Blick auf den Anwesenheitsgrundsatz ist, dass der Angeklagte seine Verhandlungsunfähigkeit bewusst oder sonst vorwerfbar herbeigeführt hat.[34] Auch in diesen Fällen darf grundsätzlich nicht verhandelt werden, es sei denn, die gesetzlichen Regelungen lassen ausnahmsweise ein Verhandeln in Abwesenheit zu.

5. Anwesenheit in der Hauptverhandlung. Die erforderliche physische und psychische Anwesenheit des Angeklagten bezieht sich auf die im Sitzungssaal stattfindende **Hauptverhandlung**; dh. die gesamte Hauptverhandlung,[35] mithin der Zeitraum vom Aufruf der Sache bis zur Urteilsverkündung.[36] Unerheblich ist daher, dass der Angeklagte vor Beginn der Hauptverhandlung anwesend ist, sich jedoch wegen verzögertem Aufruf der Sache zwischenzeitlich entfernt,[37] oder sich im Sitzungssaal nicht zu erkennen gibt.[38] Weigert sich der an Gerichtsstelle erschienene Angeklagte, den Sitzungssaal zu betreten, kann er auf Veranlassung des Vorsitzenden nach § 231 Abs. 1 S. 2 hereingebracht werden.[39]

Richtet sich das Verfahren gegen **mehrere Angeklagte**, tangiert dies wegen der Einheitlichkeit der Hauptverhandlung die Anwesenheitspflicht einzelner grundsätzlich nicht, auch wenn die Tat eines

---

[17] BGH v. 9. 5. 1974 – 4 StR 102/74, BGHSt 25, 317 (318); *Pfeiffer* Rn. 1.
[18] BGH v. 26. 7. 1961 – 2 StR 575/60, BGHSt 16, 178 (180).
[19] *Roxin*, Strafverfahrensrecht, § 42 F I 2.
[20] BGH v. 30. 6. 1977 – 4 StR 198/77, NJW 1977, 1928 (1929).
[21] *Löwe/Rosenberg/Gollwitzer* Rn. 10; *Meyer-Goßner* Rn. 2; vgl. auch: BGH v. 30. 6. 1977 – 4 StR 198/77, NJW 1977, 1928 f.
[22] *Roxin*, Strafverfahrensrecht, § 42 F II; KK-StPO/*Gmel* Rn. 1; *Pfeiffer* Rn. 1.
[23] *Roxin*, Strafverfahrensrecht, § 42 F 4.
[24] *Joecks* Rn. 2; *Pfeiffer* Rn. 1.
[25] Vgl. oben § 226 Rn. 14.
[26] *Joecks* Rn. 5; *Pfeiffer* Rn. 3.
[27] Anw-StPO/*Kirchhof* Rn. 3; *Joecks* Rn. 5; *Pfeiffer* Rn. 3.
[28] BGH v. 6. 10. 1970 – 5 StR 199/70, BGHSt 23, 331 (334).
[29] BGH v. 6. 10. 1970 – 5 StR 199/70, BGHSt 23, 331 (334).
[30] HK-GS/*Temming* Rn. 3.
[31] *Löwe/Rosenberg/Gollwitzer* Rn. 9; *Meyer-Goßner* Rn. 9 mwN.
[32] BGH v. 5. 11. 1963 – 5 StR 445/63, BGHSt 19, 145 (147 f.); KK-StPO/*Gmel* Rn. 3.
[33] BGH v. 17. 7. 1984 – 5 StR 449/84, NStZ 1984, 520; *Meyer-Goßner* Rn. 8; KK-StPO/*Gmel* Rn. 3.
[34] HK-GS/*Temming* Rn. 3.
[35] *Meyer-Goßner* Rn. 5; KK-StPO/*Gmel* Rn. 4.
[36] BGH v. 26. 7. 1961 – 2 StR 575/60, BGHSt 16, 178 (180); *Joecks* Rn. 2.
[37] OLG Düsseldorf v. 12. 2. 1997 – 5 Ss (OWi) 2/97 – (OWi) 13/97 I, NJW 1997, 2062.
[38] *Löwe/Rosenberg/Gollwitzer* Rn. 9.
[39] *Meyer-Goßner* Rn. 14.

Mitangeklagten verhandelt wird und keinerlei sachliche oder persönliche Bezüge gegeben sind.[40] Alle müssen daher anwesend sein. Allerdings ist die vorübergehende Abtrennung, dh. Abtrennung mit beabsichtigtem späterem Wiederverbinden,[41] unter bestimmten Voraussetzungen zulässig, wenngleich zur Zurückhaltung gemahnt wird.[42] Bedingung ist, dass in der zwischenzeitlich weitergeführten Hauptverhandlung nur Vorgänge erörtert werden, welche zu dem abgetrennten Verfahren in keinem inneren Zusammenhang stehen, sodass die Anwesenheit des Angeklagten, dessen Verfahren abgetrennt wurde, nicht notwendig ist.[43] Unzulässig ist die vorübergehende Abtrennung hingegen, wenn die in Abwesenheit des Angeklagten durchgeführte Hauptverhandlung Vorgänge zum Gegenstand hat, welche die gegen ihn erhobenen Tatvorwürfe betreffen; die vorübergehende Abtrennung stellt hier eine Umgehung des Anwesenheitsgrundsatzes (§§ 230 Abs. 1, 338 Nr. 5) dar.[44] Die nach den genannten Kriterien zulässige vorübergehende Abtrennung richtet sich nach § 4, wobei § 231c nicht entgegensteht.[45] Eine vorübergehende Abtrennung in dem skizzierten Sinn liegt demgegenüber nicht vor, wenn das Verfahren gegen einen Angeklagten abgetrennt wird, weil das Verfahren gegen den Mitangeklagten entscheidungsreif ist und durch Urteil beendet werden soll, die getrennten Verfahren jedoch wieder verbunden werden, weil das Verfahren gegen den Mitangeklagten entgegen vorherigen Erwartungen nicht beendet werden kann. Denn das Charakteristikum der vorübergehenden Abtrennung ist die von vornherein geplante Wiederverbindung und nicht die auf Dauer angelegt Trennung der Verfahren.[46] In diesem Fall liegt indes kein Verstoß gegen den Anwesenheitsgrundsatz, sondern eine Verletzung von § 261 vor.[47]

13   Eine Sonderproblematik stellt die **Personenverwechslung** dar, wenn statt der angeklagten und im Eröffnungsbeschluss aufgeführten Person eine andere an der Hauptverhandlung teilnimmt und verurteilt wird. Der Sache nach liegt ein Verstoß gegen den Anwesenheitsgrundsatz nach Abs. 1 vor. Indessen ist fraglich, ob und gegenüber wem ein solches Urteil Wirkung entfalten kann und deshalb unter Umständen angefochten werden muss. Ausgangspunkt ist zunächst, dass sich Frage, gegen wen sich das Verfahren richtet, nicht materiell nach dem Tatverdacht, sondern formell danach richtet, wer als Beschuldiger in der zugelassenen Anklage aufgeführt ist.[48] Nach wohl überwiegender und zutreffender Auffassung ist deshalb das Urteil gegen beide Personen unwirksam, weil nichtig:[49] Gegen den Erschienen besteht kein Tatverdacht, der eigentlich Angeklagte ist nicht erschienen und es fehlt somit jede personale Beziehung zwischen Gericht und Beschuldigtem.[50] Die Gegenansicht hält das Urteil gegenüber dem eigentlichen Adressaten für wirksam, sodass dieser anfechten muss; gegenüber der erschienen Person entfaltet die Entscheidung indes keine Wirksamkeit.[51] Von der Problematik der Personenverwechslung abzuschichten ist wiederum die Konstellation, dass der Angeklagte unter falschem Namen verurteilt wird. Das Urteil ist wirksam[52] und bedarf lediglich im Rubrum der Korrektur durch einen entsprechenden Berichtigungsbeschluss.[53]

II. Die Durchsetzung der Anwesenheit

14   Nach Abs. 2 können gegen einen unentschuldigt ausgebliebenen Angeklagten wegen dieses Umstandes unter Berücksichtigung des Verhältnismäßigkeitsgrundsatzes Zwangsmittel in Form der **Vorführung** oder eines **Haftbefehls** ergriffen werden. Die Regelung dient nur der Sicherung der Weiterführung und Beendigung eines begonnenen Strafverfahrens[54] und setzt deshalb weder einen dringenden Tatverdacht noch Haftgründe wie Flucht- oder Verdunkelungsgefahr voraus.[55] Ferner

[40] BGH v. 19. 12. 1986 – 2 StR 519/86, StV 1987, 189.
[41] BGH v. 15. 1. 1985 – 1 StR 680/84, BGHSt 33, 119 (121).
[42] KK-StPO/*Gmel* Rn. 5.
[43] BGH v. 25. 10. 1971 – 2 StR 238/71, BGHSt 24, 257 (259); BGH v. 1. 4. 1981 – 2 StR 791/80, BGHSt 30, 74 (75); BGH v. 5. 10. 1983 – 2 StR 298/83, BGHSt 32, 100 (101).
[44] BGH v. 1. 4. 1981 – 2 StR 791/80, BGHSt 30, 74 (75); BGH v. 25. 10. 1971 – 2 StR 238/71, BGHSt 24, 257 (258 f.); BGH v. 5. 10. 1983 – 2 StR 298/83, BGHSt 32, 100 (101); BGH v. 22. 2. 1984 – 3 StR 530/83, BGHSt 32, 270 (273); BGH v. 15. 1. 1985 – 1 StR 680/84, BGHSt 33, 119 (120).
[45] BGH v. 22. 2. 1984 – 3 StR 530/83, BGHSt 32, 270 (272 f.); *Meyer-Goßner* Rn. 11.
[46] BGH v. 15. 1. 1985 – 1 StR 680/84, BGHSt 33, 119 (121).
[47] BGH v. 15. 1. 1985 – 1 StR 680/84, BGHSt 33, 119 (121).
[48] BGH v. 31. 1. 1990 – 2 ARs 51/90, NStZ 1990, 290; OLG Bamberg v. 11. 1. 2006 – 2 Ss OWi 1583/05, NStZ 2007, 292.
[49] *Roxin*, Strafverfahrensrecht, § 50 C II 2 c; KK-StPO/*Gmel* Rn. 7; Löwe/Rosenberg/*Gollwitzer* Rn. 11.
[50] *Roxin*, Strafverfahrensrecht, § 50 C II 2 c mwN.
[51] OLG Bamberg v. 11. 1. 2006 – 2 Ss OWi 1583/05, NStZ 2007, 292; KMR/*Eschenbach* Rn. 22.
[52] BGH v. 9. 8. 1995 – 2 StR 385/95, NStZ-RR 1996, 9; OLG Düsseldorf v. 7. 2. 1994 – 1 Ws 87/94, NStZ 1994, 355; KG v. 23. 3. 2004 – 5 Ws 100/04, NStZ-RR 2004, 240; KK-StPO/*Gmel* Rn. 7; *Meyer-Goßner* Rn. 27.
[53] *Pfeiffer* Rn. 7 mwN.
[54] BVerfG v. 27. 10. 2006 – 2 BvR 473/06, NJW 2007, 2318 (2319).
[55] BVerfG v. 27. 10. 2006 – 2 BvR 473/06, NJW 2007, 2318 (2319).

ist es nicht Zweck der Vorschrift, einen sich in dem Ausbleiben unter Umständen dokumentierenden Ungehorsam des Angeklagten zu sanktionieren.[56]

1. Unentschuldigtes Ausbleiben. Zentrale Eingangsvoraussetzung für die Anwendung der Zwangsmittel ist demnach das (unentschuldigte) **Ausbleiben**[57] des Angeklagten.[58] Dies ist der Fall, wenn er bei Beginn der Hauptverhandlung körperlich nicht zugegen ist oder in verhandlungsunfähigem Zustand erscheint. Die Frage, ob und inwieweit der Angeklagte in vorwerfbarer Weise seine Verhandlungsunfähigkeit herbeigeführt bzw. verschuldet hat, ist hingegen Gegenstand der Prüfung der Entschuldigung.[59]

2. Ordnungsgemäße Ladung. Weiterhin ist Voraussetzung die **ordnungsgemäße Ladung** des Angeklagten nach § 216.[60] Insbesondere muss sie mit dem Hinweis auf die Folgen des Nichterscheinens nach § 216 Abs. 1 S. 1 versehen sein;[61] dies gilt auch bei wiederholter Ladung, sodass eine Bezugnahme auf die Belehrung in einer vorangegangenen Ladung nicht ausreichend ist.[62] Bei einem der deutschen Sprache nicht mächtigen Angeklagten, muss die Belehrung in übersetzter Form vorliegen.[63]

Umstritten ist die Frage, ob eine ordnungsgemäße Ladung auch die Einhaltung der Ladungsfrist nach § 217 beinhaltet bzw. ob die Nichteinhaltung der Ladungsfrist der Verhängung von Zwangsmittel entgegensteht. Nach wohl hA soll alleine die Nichteinhaltung der Ladungsfrist unschädlich bzw. unbeachtlich sein.[64] Für die Gegenansicht liegt eine ordnungsgemäße Ladung nur bei Einhaltung der Ladungsfrist vor.[65] Für die hA spricht, dass bei Nichteinhaltung der Ladungsfrist der Angeklagte nach § 217 Abs. 2 von Gesetzes wegen nur die Möglichkeit hat, die Aussetzung der Verhandlung zu verlangen.[66] Voraussetzung ist daher lediglich, dass es dem Angeklagten – wegen Mitteilung von Ort, Zeit und Gegenstand der Verhandlung in der Ladung – grundsätzlich möglich war, in der Hauptverhandlung zu erscheinen.[67] Konsequent ist es deshalb, eine verspätete, indessen gleichwohl ordnungsgemäße Ladung bei der Frage des Vorliegens einer genügenden Entschuldigung zu prüfen.[68]

3. Entschuldigung. Die Anwendung der Zwangsmittel ist wiederum ausgeschlossen, wenn das Ausbleiben des Angeklagten **genügend entschuldigt** ist. Ausgehend von Wortlaut und Zweck der Norm[69] ist maßgebend, ob das Ausbleiben hinreichend entschuldigt ist,[70] und nicht, ob der Angeklagte oder andere Personen Entschuldigungsgründe vorbringen. Genügend entschuldigt ist das Ausbleiben des Angeklagten, wenn ihm bei verständiger Würdigung aller Umstände des Einzelfalles daraus billigerweise kein Vorwurf gemacht werden kann.[71] Das Gericht hat dies von Amts wegen im Freibeweisverfahren zu klären. Es gelten ansonsten die gleichen Grundsätze wie bei § 329, sodass näherhin differenziert werden kann in Krankheit, kollidierende persönliche oder berufliche Belange, das sog. Wege- oder Reiserisiko sowie Kommunikationsdefizite;[72] auch die rechtskräftige Ausweisung kann einen Entschuldigungsgrund darstellen.[73]

Eine **Erkrankung** stellt eine genügende Entschuldigung dar, wenn sie Reise- oder Verhandlungsunfähigkeit zur Folge hat.[74] Zur Glaubhaftmachung kann ein privatärztliches Gutachten

---

[56] KG v. 1. 3. 2007 – 1 AR 272/07 – 4 Ws 26/07, NJW 2007, 2345; vgl. auch: BVerfG v. 27. 10. 2006 – 2 BvR 473/06, NJW 2997, 2318 (2320).
[57] Vgl. oben Rn. 9.
[58] BVerfG v. 27. 10. 2006 – 2 BvR 473/06, NJW 2007, 2318 (2319).
[59] OLG Düsseldorf v. 3. 10. 1989 – 3 Ws 704/89, NStZ 1990, 295; Löwe/Rosenberg/*Gollwitzer* Rn. 9; BGH v. 26. 7. 1961 – 2 StR 575/60, BGHSt 16, 178 (182); HK-GS/*Temming* Rn. 7.
[60] OLG Köln v. 18. 10. 2005 – 2 Ws 488/05, NStZ-RR 2006, 22; OLG Köln v. 17. 9. 2007 – 2 Ws 480/07, StraFo 2008, 29; KK-StPO/*Gmel* Rn. 10; *Meyer-Goßner* Rn. 18.
[61] OLG Frankfurt v. 21. 1. 1998 – 1 Ws 189/97, NStZ-RR 1999, 18.
[62] OLG Zweibrücken v. 11. 10. 1990 – 1 Ws 505/90, StV 1992, 101.
[63] OLG Bremen v. 28. 4. 2005 – Ws 15/05, StV 2005, 433; aA Anw-StPO/*Kirchhof* Rn. 5.
[64] BGH v. 18. 5. 1971 – 3 StR 10/71, BGHSt 24, 143 (147, 149 f.); *Meyer-Goßner* Rn. 18. HK-GS/*Temming* Rn. 6; KK-StPO/*Gmel* Rn. 10; Anw-StPO/*Kirchhof* Rn. 5; *Pfeiffer* Rn. 4.
[65] KMR/*Eschenbach* Rn. 31.
[66] BGH v. 18. 5. 1971 – 3 StR 10/71, BGHSt 24, 143 (151).
[67] BGH v. 18. 5. 1971 – 3 StR 10/71, BGHSt 24, 143 (150).
[68] BayObLG v. 20. 10. 1966 – RReg. 4 a St 78/66, NJW 1967, 457; *Pfeiffer* Rn. 4; KK-StPO/*Gmel* Rn. 10.
[69] KK-StPO/*Gmel* Rn. 11.
[70] BGH v. 1. 8. 1962 – 4 StR 122/62, BGHSt 17, 391 (396), NJW 1962, 2020 (2021); OLG Köln v. 17. 9. 2007 – 2 Ws 480/07, StraFo 2008, 29; Löwe/Rosenberg/*Gollwitzer* Rn. 23.
[71] BVerfG v. 27. 10. 2006 – 2 BvR 473/06, NJW 2007, 2318 (2319); OLG Köln v. 17. 9. 2007 – 2 Ws 480/07, StraFo 2008, 29; KK-StPO/*Gmel* Rn. 11.
[72] KK-StPO/*Gmel* § 329 Rn. 11; HK-GS/*Temming* Rn. 8; *Meyer-Goßner* § 329 Rn 26 ff.
[73] OLG Köln v. 17. 9. 2007 – 2 Ws 480/07, StraFo 2008, 29.
[74] HK-GS/*Temming* Rn. 8.

ausreichen,[75] wenn es nachvollziehbar konkrete Angaben zur Krankheit enthält;[76] wobei Zweifelfragen von Gerichts wegen weiter aufzuklären sind.[77]

20 Aus dem Bereich **persönlicher Belange** sind folgende Entschuldigungsgründe anerkannt: dem Erscheinen am Tag der Hauptverhandlung entgegenstehende religiöse Gründe,[78] eine plötzliche schwere Erkrankung eines (nahen) Familienmitglieds bzw. Unfall oder Tod im engeren Familienkreis,[79] eine seit langem gebuchte Urlaubsreise,[80] Niederkunft der Ehefrau.[81] Aus dem Bereich der **beruflichen Belange** sind anerkannt: der drohende Verlust des Arbeitsplatzes,[82] ein nicht gewährter Urlaub durch den Arbeitgeber aus betrieblichen Gründen,[83] ein Arbeitsbeginn nach längerer Arbeitslosigkeit,[84] eine wichtige unaufschiebbare Geschäftsreise.[85] Bei kollidierenden persönlichen oder beruflichen Interessen hat stets eine einzelfallbezogene Abwägung zwischen der vorrangigen Pflicht zum Erscheinen einerseits und den entgegenstehen Belangen andererseits dergestalt stattfinden, dass sich das Festhalten an der Präsenzpflicht unter Berücksichtigung der Bedeutung der Strafsache angesichts deutlich überwiegender privater oder beruflicher Nachteile als unzumutbar darstellen muss.[86]

21 Hinsichtlich des sog. **Wege- oder Reiserisikos** ist zu berücksichtigen, dass bei der Anreise zur Hauptverhandlung das Verkehrsmittel sorgfältig ausgewählt sein muss,[87] die Reisezeit nicht zu knapp bemessen sein darf[88] und absehbare bzw. zu erwartende Verkehrsprobleme einzukalkulieren sind.[89] Auch Parkplatzprobleme entschuldigen grundsätzlich nicht.[90] Umgekehrt stellen plötzlich eintretende Naturereignisse – wie reise- oder verkehrsbehindernder starker Schneefall,[91] dichter Nebel oder starker Regen[92] – einen Entschuldigungsgrund dar. Gleiches gilt grundsätzlich für unvorhersehbare Fahrzeugpannen.[93]

22 Entschuldigt ist das Ausbleiben ferner, wenn dies auf **Kommunikationsdefizite** mit dem Gericht zurückzuführen ist, wie etwa eine unrichtige Auskunft des Gerichts,[94] eine ungewöhnlich lange Ladungsfrist,[95] eine nicht mitgeteilte Terminsverschiebung[96] oder die Nichtbescheidung eines rechtzeitig gestellten Vertagungs- oder Entbindungsantrags.[97] Gleiches gilt für Auskünfte des Verteidigers, wenn dieser wahrheitswidrig eine Terminsaufhebung mitteilt[98] oder (versehentlich) eine falsche Terminsstunde mitteilt.[99] Nicht entlastend ist jedoch die Mitteilung des Verteidigers über einen bloßen Vertagungs- bzw. Verlegungsantrag;[100] zumindest, wenn das Gericht schon Gegenteiliges mitteilte.[101]

23 4. Zwangsmittel. Ist das Ausbleiben des Angeklagten nicht genügend entschuldigt, so ist die **Vorführung** anzuordnen oder ein **Haftbefehl** zu erlassen. Zwischen beiden Zwangsmitteln besteht

---

[75] OLG Frankfurt v. 18. 12. 1987 – 3 Ws 570/87, StV 1988, 100.
[76] KG v. 21. 7. 2006 – 81 Ss 91/06 169/98, StraFo 2007, 413.
[77] BayObLG v. 11. 5. 1998 – 1 ObOWi 169/98, NJW 1999, 879; OLG Köln v. 21. 7. 2006 – 8 1 Ss 91/06, StraFo 2006, 413.
[78] OLG Köln v. 26. 1. 1993 – Ss 569/92, NJW 1993, 1345.
[79] KK-StPO/*Gmel* § 329 Rn. 11.
[80] OLG Düsseldorf v. 26. 10. 1972 – 1 Ss 663/72, NJW 1973, 109; BayObLG v. 7. 7. 1993 – 4 St RR 104/93, NJW 1994, 1748.
[81] HK-GS/*Temming* Rn. 8.
[82] OLG Düsseldorf v. 3. 2. 1994 – 1 Ws 8/94, NJW 1995, 207.
[83] OLG Hamm v. 3. 2. 1994 – 1 Ws 8/94, NJW 1995, 207.
[84] OLG Hamm v. 3. 2. 1994 – 1 Ws 8/94, VRS 1987, 138.
[85] KK-StPO/*Gmel* § 329 Rn. 11.
[86] OLG Saarbrücken v. 3. 2. 1994 – 1 Ws 8/94, StraFo 1997, 175; OLG Hamm v. 3. 2. 1994 – 1 Ws 8/94, NJW 1960, 1921; *Joecks* § 329 Rn. 22; *Meyer-Goßner* Rn. 28; KK-StPO/*Gmel* Rn. 11; HK-GS/*Temming* Rn. 8.
[87] OLG Bamberg v. 14. 10. 1994 – Ws 581/94, NJW 1995, 740; *Joecks* § 329 Rn. 21; *Meyer-Goßner* § 329 Rn. 27.
[88] OLG Bamberg v. 14. 10. 1994 – Ws 581/94, NJW 1995, 740; *Meyer-Goßner* § 329 Rn. 27; KK-StPO/*Gmel* § 329 Rn. 11.
[89] BVerfG v. 14. 10. 1994 – Ws 581/94, StV 1994, 113; OLG Jena v. 5. 7. 2005 – 1 Ss 178/05 1 Ws 241/05, NJW 2006, 1894 L.
[90] BVerfG v. 14. 10. 1994 – Ws 581/94, StV 1994, 113; *Joecks* § 329 Rn. 21.
[91] BVerfG v. 27. 10. 2006 – 2 BvR 473/06, NJW 2007, 2318 (2319).
[92] KK-StPO/*Gmel* § 329 Rn. 11.
[93] OLG Hamm v. 26. 2. 1999 – 2 Ss 121/99, VRS 1997, 44; OLG Karlsruhe v. 4. 1. 1973 – 1 Ss 300/72, NJW 1973, 1515.
[94] OLG Zweibrücken v. 1. 12. 1999 – 1 Ws 643/99, NStZ-RR 2000, 111.
[95] OLG Saarbrücken v. 31. 10. 1990 – Ss 66/90 (136/90), NStZ 1991, 147; OLG Düsseldorf v. 5. 12. 1995 – 1 Ws 940/95, NStZ-RR 1996, 169.
[96] BVerfG v. 27. 10. 2006 – 2 BvR 473/06, NJW 2007, 2318 (2319).
[97] Löwe/Rosenberg/*Gössel* § 329 Rn. 43; *Meyer-Goßner* § 329 Rn. 25.
[98] OLG Köln v. 15. 11. 1996 – Ss 554/96 – 193, NStZ-RR 1997, 208; OLG Hamm v. 11. 10. 1996 – 2 Ws 405/96, NStZ-RR 1997, 113.
[99] *Meyer-Goßner* § 329 Rn. 29.
[100] LG Berlin v. 9. 5. 2005 – 505 Qs 41/05, NStZ 2005, 655.
[101] BayObLG v. 2. 10. 2002 – 2 ObOWi 408/2002, NStZ-RR 2003, 85.

unter Berücksichtigung des Verhältnismäßigkeitsgrundsatzes grundsätzlich ein Stufenverhältnis. Als Mittel, die notwendige Anwesenheit des Angeklagten in einem neuen Verhandlungstermin sicher zu stellen, kommt primär die Vorführung und sodann erst ein Haftbefehl in Betracht.[102]

a) **Vorführungsbefehl.** Der **Vorführungsbefehl** ist entsprechend der inhaltlichen Anforderungen 24 nach § 134 Abs. 2 schriftlich auszufertigen und dem Angeklagten nach § 35 Abs. 1 S. 2 bei Vollzug bekannt zu geben; die Vollstreckung richtet sich nach § 36 Abs. 2 S. 1 iVm. § 152 GVG. Als gleichermaßen sinnvoll wie praktikabel wird es angesehen, die Vollstreckung ab dem frühen Morgen des Verhandlungstages anzuordnen.[103] Umgekehrt darf die Vollstreckung nicht früher als notwendig erfolgen.[104] Davon abgesehen muss bei Anordnung der Vorführung keine Aussetzung der Hauptverhandlung erfolgen, da von dem Zwangsmittel auch während der Sitzung Gebrauch gemacht werden kann, um die Präsenz des Angeklagten noch am gleichen Sitzungstag durchzusetzen.[105] Der Vorführungsbefehl wird schließlich gegenstandslos, wenn der Angeklagte in der Hauptverhandlung zwangsweise vorgeführt oder freiwillig erschienen anwesend ist.[106]

b) **Haftbefehl.** Der **Haftbefehl**, der weder einen dringenden Tatverdacht noch das Vorliegen von 25 Haftgründen voraussetzt,[107] muss inhaltlich § 114 Abs. 2 entsprechen,[108] sodass insbesondere auch die Tatsachen angeführt werden müssen, aus denen sich ergibt, dass der Angeklagte ohne Entschuldigung trotz ordnungsgemäßer Ladung nicht zur Hauptverhandlung erschienen ist.[109] Er ist dem Angeklagten nach § 114a (analog) bei seiner Verhaftung bekannt zu geben; die Vorführung richtet sich nach §§ 115, 115a (analog) und die Vollstreckung nach § 36 Abs. 2 S. 1 iVm. § 152 GVG. Zulässig[110] und unter Umständen aus Gründen der Verhältnismäßigkeit sogar geboten[111] ist die Festlegung des Beginns der Vollstreckbarkeit im Haftbefehl. Im Übrigen steht die (vermeintliche) Schuldunfähigkeit des Angeklagten einem Haftbefehl nicht entgegen.[112] Gleiches gilt für den Fall, dass ein Freispruch des Angeklagten mit hoher Wahrscheinlichkeit zu erwarten ist.[113]

Aus dem **Grundsatz der Verhältnismäßigkeit** folgt, dass die Hauptverhandlung zeitnah zur Fest- 26 nahme durchzuführen ist,[114] wobei schon ein Zeitraum von zehn Tagen die Unverhältnismäßigkeit begründen kann[115] mit der Konsequenz, dass der Haftbefehl aufzuheben ist; letzteres gilt auch dann, wenn ein Zeitraum von sieben Wochen verstrichen ist[116] oder der Angeklagte wegen Inhaftierung in anderer Sache über einen Zeitraum von rund drei bzw. von fünf Monaten für eine Hauptverhandlung zur Verfügung gestanden hätte.[117] Die Vollziehung des Haftbefehls kann ferner nach § 116 (analog) ausgesetzt werden, wenn weniger einschneidende Maßnahmen das Erscheinen des Angeklagten in der Hauptverhandlung gewährleisten.[118] Unverhältnismäßig ist hingegen der Erlass eines Haftbefehls gegen einen gesundheitlich angeschlagenen, aber ordnungsgemäß nach §§ 411 Abs. 2, 236 vertretenen Angeklagten[119] bzw. aufzuheben ist der Haftbefehl, wenn der Angeklagte nach anwaltlicher Beratung bei Gericht erschienen ist, um glaubhaft mitzuteilen, dass er zum Hauptverhandlungstermin erscheint.[120] Grundsätzlich ausgeschlossen ist ein Haftbefehl gegen einen dauerhaft im Ausland wohnenden Angeklagten, wenn die im Rahmen der ordnungsgemäßen Ladung erforderliche Androhung von Zwangsmitteln nach den gesetzlichen Bestimmungen des ausländischen Staates unzulässig ist.[121] Ansonsten kann es aus Gründen der Verhältnismäßig-

---

[102] BVerfG v. 27. 10. 2006 – 2 BvR 473/06, NJW 2007, 2318 (2319); OLG Düsseldorf v. 3. 10. 1989 – 3 Ws 704/89, NStZ 1990, 295; LG Zweibrücken v. 18. 1. 1996, NJW 1996, 737.
[103] *Pfeiffer* Rn. 4.
[104] LG Berlin v. 12. 7. 1993 – (503) 76 Js 1458/92, MDR 1995, 191; KK-StPO/*Gmel* Rn. 12; *Meyer-Goßner* Rn. 20; in diese Richtung: BVerfG v. 27. 10. 2006 – 2 BvR 473/06, NJW 2007, 2318 (2320).
[105] *Meyer-Goßner* Rn. 20.
[106] HK-GS/*Temming* Rn. 12.
[107] Vgl. oben II.
[108] OLG Frankfurt v. 2. 12. 1994 – 1 Ws 245/94, StV 1995, 237; aA LG Chemnitz v. 11. 8. 1995 – 1 Qs 173/95, StV 1996, 255; hiergegen: *Gollwitzer* StV 1996, StV 1996, 255.
[109] LG Zweibrücken v. 2. 3. 2009 – Qs 20/09, BeckRS 2009, 08965.
[110] OLG Düsseldorf v. 3. 10. 1989 – 3 Ws 704/89, NStZ 1990, 295.
[111] BVerfG v. 27. 10. 2006 – 2 BvR 473/06, NJW 2007, 2318 (2320); *Welp* JR 1990, 270.
[112] *Paeffgen* NStZ 1997, 75; OLG Hamm v. 29. 9. 1958 – 3 Ws 445/58, NJW 1958, 2125.
[113] *Meyer-Goßner* Rn. 19; aA *Franz* NJW 1963, 2264.
[114] BVerfG v. 27. 10. 2006 – 2 BvR 473/06, NJW 2007, 2318 (2320); OLG Hamburg v. 30. 9. 1986 – 1 Ws 235/86, MDR 1987, 78; LG Dortmund v. 30. 1. 1987 – 33 Js 95/86, StV 1987, 335; LG Saarbrücken v. 19. 2. 2001 – 4 Qs 19/01 I, StV 2001, 344.
[115] BVerfG v. 27. 10. 2006 – 2 BvR 473/06, NJW 2007, 2318 (2320).
[116] LG Berlin v. 27. 4. 1994 – 504 Qs 36/94, StV 1994, 422.
[117] OLG Celle v. 16. 1. 2009 – 2 Ws 12/09, StraFo 2009, 151; LG Saarbrücken v. 19. 2. 2001 – 4 Qs 19/01 I, StV 2001, 344.
[118] OLG Frankfurt v. 11. 3. 2004 – 1 Ws 19/04, StV 2005, 432; *Meyer-Goßner* Rn. 22.
[119] OLG Düsseldorf v. 2. 2. 1998 – 1 Ws 61/98, NStZ-RR 1998, 180.
[120] OLG Düsseldorf v. 8. 2. 2001 – 1 Ws 56/01, StV 2001, 331; Anw-StPO/*Kirchhof* Rn. 7.
[121] OLG Frankfurt v. 21. 1. 1998 – 1 Ws 189/97, NStZ-RR 1999, 18; OLG Köln v. 18. 10. 2005 – 2 Ws 488/05, NStZ-RR 2006, 22; LG Münster v. 4. 8. 2004 – 7 Qs 86/04 383, NStZ-RR 2005, 382; aA OLG Oldenburg v. 21. 2. 2005 – 1 WS 73/05, StV 2005, 432; hierzu: KK-StPO/*Gmel* Rn. 13.

§ 230 27–31

27 keit geboten sein, einen Haft- in einen Vorführungsbefehls umzuwandeln, wenn die Umstände, welche zu seiner Unverhältnismäßigkeit führen, nachträglich bekannt werden.[122]

Der Haftbefehl, für den § 121 nicht einschlägig ist[123] und für dessen zeitliche Geltung primär die verfassungsrechtlichen Schranken des Übermaßverbots maßgebend sind, gilt grundsätzlich bis zum Ende der Hauptverhandlung wird erst mit ihrer Beendigung **gegenstandslos**.[124] Soweit in der Praxis eine ausdrückliche Aufhebung durch Gerichtsbeschluss erfolgt, hat dies lediglich deklaratorische Bedeutung. Die vollzogene Haft ist allerdings – im Gegensatz zur Dauer der Freiheitsentziehung bei einer Vorführung – im Falle der Verurteilung nach § 51 StGB auf die erkannte Strafe anzurechnen.[125]

28 **5. Zuständigkeit. Zuständig** für den Erlass des Vorführungs- oder des Haftbefehls ist das **erkennende Gericht**, was sich zwar nicht unmittelbar aus der Vorschrift selbst, sondern aus der Grundrechtsrelevanz des mit dem Zwangsmittel verbundenen Eingriffs[126] unter Berücksichtigung des Grundsatzes des gesetzlichen Richters[127] ergibt. Die gerichtliche Entscheidung ergeht in Form des Beschlusses. Nach § 30 Abs. 1 GVG wirken hieran die Laienrichter grundsätzlich mit.[128]

29 Umstritten ist, unter welchen Voraussetzungen außerhalb der Hauptverhandlung in der hierfür vorgesehenen Besetzung über den Erlass eines Haft- oder auch eines Vorführungsbefehls entschieden werden kann. Nach hA ist dies zulässig, wenn sich das Gericht eine Entscheidung außerhalb der Hauptverhandlung vorbehalten hat[129] und ein sachlicher Grund dafür, etwa in Form der Überprüfung der vorgebrachten Entschuldigung für das Ausbleiben oder des Abwartens eines angekündigten Nachweises,[130] vorhanden ist. Nach der Gegenauffassung kann das Gericht ohne jede Einschränkung außerhalb der Hauptverhandlung entscheiden,[131] was allerdings die Befugnisse der Laienrichter beschneiden und den Grundsatz des gesetzlichen Richters verletzen kann.

30 **6. Rechtsbehelfe.** Der Vorführungs- sowie der Haftbefehl können mit der **Beschwerde** angefochten werden,[132] da § 305 S. 1 nicht entgegensteht. Beim Haftbefehl – nicht aber beim Vorführungsbefehl[133] – ist die **weitere Beschwerde** nach § 310 Abs. 1 möglich;[134] unabhängig davon, ob der Haftbefehl vollzogen wurde,[135] Überhaft notiert ist[136] oder er durch Freilassung des Angeklagten seine Erledigung gefunden hat.[137] Das Beschwerdegericht hat die Befugnis, den Haft- in einen Vorführungsbefehl umzuwandeln,[138] ist aber wegen der Erstzuständigkeit nach § 125 Abs. 2 nicht berechtigt, einen Haftbefehl in einen solchen nach §§ 112, 112a abzuändern.[139]

III. Revision

31 Die Abwesenheit des Angeklagten stellt einen absoluten Revisionsgrund nach § 338 Nr. 5 dar, sodass die **Revision** hierauf gestützt werden kann.[140] Voraussetzung ist allerdings, dass sich die Abwesenheit auf einen wesentlichen Teil der Hauptverhandlung bezieht.[141] Als wesentliche Teile

---

[122] *Meyer-Goßner* Rn. 19.
[123] OLG Oldenburg v. 7. 4. 1972 – 1 HEs 6/72, NJW 1972, 1558; *Pfeiffer* Rn. 5; *Meyer-Goßner* Rn. 23.
[124] OLG Karlsruhe v. 25. 4. 1980 – 3 Ws 98/80, MDR 1980, 868; OLG Saarbrücken v. 18. 9. 1974 – Ws 225/74, NJW 1975, 791 (792); *Scharf/Kropp* NStZ 2000, 298; *Pfeiffer* Rn. 5; *Meyer-Goßner* Rn. 23; KK-StPO/*Gmel* Rn. 15; aA *Rupp* NStZ 1990, 577.
[125] Löwe/Rosenberg/*Gollwitzer* Rn. 48; *Pfeiffer* Rn. 5; KK-StPO/*Gmel* Rn. 16; *Meyer-Goßner* Rn. 23.
[126] *Pfeiffer* Rn. 4; KK-StPO/*Gmel* Rn. 17; *Meyer-Goßner* Rn. 24.
[127] BGH v. 30. 4. 1997 – StB 4/97, BGHSt 43, 91 (92).
[128] OLG Köln v. 29. 6. 2004 – 2 WS 328/04, StV 2005, 433; OLG Bremen v. 13. 11. 1959 – Ws 243/59, MDR 1960, 244.
[129] OLG Köln v. 29. 6. 2004 – 2 WS 328/04, StV 2005, 433; LG Gera v. 20. 5. 1996 – 5 Qs 4/96, NStZ-RR 1996, 239; LG Zweibrücken v. 20. 11. 1997 – 1 Qs 147/97, NStZ-RR 1998, 112; *Meyer-Goßner* Rn. 24; *Joecks* Rn. 18; KK-StPO/*Gmel* Rn. 17.
[130] *Meyer-Goßner* Rn. 24; KK-StPO/*Gmel* Rn. 17.
[131] Löwe/Rosenberg/*Gollwitzer* Rn. 44; KMR/*Eschenbach* Rn. 38.
[132] *Joecks* Rn. 19; KK-StPO/*Gmel* Rn. 18; *Meyer-Goßner* Rn. 25.
[133] OLG Celle v. 11. 8. 1966 – 4 Ws 272/66, MDR 1966, 1022.
[134] KG v. 1. 3. 2007 – 1 AR 272/07 – 4 Ws 26/07, NJW 2007, 2345 mwN; OLG Celle v. 16. 1. 2009 – 2 Ws 12/09, StraFo 2009, 151.
[135] OLG Zweibrücken v. 11. 10. 1990 – 1 Ws 505/90, StV 1992, 101; OLG Celle v. 21. 2. 2003 – 2 Ws 39/03, NStZ-RR 2003, 177; KG v. 1. 3. 2007 – 1 AR 272/07 – 4 Ws 26/07, NJW 2007, 2345.
[136] OLG Celle v. 16. 1. 2009 – 2 Ws 12/09, StraFo 2009, 151.
[137] OLG Düsseldorf v. 12. 2. 2001 – 1 Ws 33/01, StV 2001, 332.
[138] OLG Celle v. 10. 1. 1957 – 1 Ws 2/57, NJW 1957, 393; *Meyer-Goßner* Rn. 25; KK-StPO/*Gmel* Rn. 18.
[139] OLG Karlsruhe v. 25. 4. 1980 – 3 Ws 98/80, MDR 1980, 868; OLG Köln v. 18. 10. 2005 – 2 Ws 488/05, NStZ-RR 2006, 22; Löwe/Rosenberg/*Gollwitzer* Rn. 49; *Meyer-Goßner* Rn. 25.
[140] BGH v. 2. 10. 1952 – 3 StR 83/52, BGHSt 3, 187 (189).
[141] *Joecks* Rn. 20.

Sechster Abschnitt. Hauptverhandlung 1, 2 § 231

der Hauptverhandlung sind beispielsweise anzusehen: die Verkündung der Urteilsformel,[142] eine Verlesung zum Zwecke des Urkundsbeweises,[143] der Verzicht nach § 245 Abs. 1 S. 2,[144] die Durchführung einer Ortsbesichtigung[145] sowie die Verhandlung und Entscheidung über die Entlassung von Zeugen[146] oder Sachverständigen.[147] Nicht hierzu zählen: die Verhandlung und Entscheidung über die Nichtvereidigung des Zeugen[148] oder die Feststellung der Verhandlungsunfähigkeit.[149]

Die Anwesenheit des Angeklagten ist keine von Amts wegen zu beachtende Prozessvoraussetzung.[150] Soll mit der Revision daher eine Verletzung des Anwesenheitsgrundsatzes gerügt werden, muss dies im Rahmen einer **Verfahrensrüge** geltend gemacht werden.[151] Zum erforderlichen Vorbringen zählt die Angabe, in welchem Verhandlungsteil der Angeklagte bzw. wann ausgeblieben war,[152] demgegenüber nicht, was Gegenstand der Verhandlung in Abwesenheit des Angeklagten war. 32

Ein Verstoß gegen den in Abs. 1 geregelten Anwesenheitsgrundsatz kann **geheilt** werden. Dies setzt voraus, dass der entsprechende Teil der Hauptverhandlung in Anwesenheit des Angeklagten und somit fehlerfrei wiederholt wird.[153] Nicht möglich ist es, den Verstoß dadurch zu heilen, dass der Angeklagte über die in seiner Abwesenheit durchgeführte Verhandlung und deren Inhalt vom Gericht oder vom Berichterstatter eingehend unterrichtet wird.[154] 33

§ 231 [Anwesenheitspflicht des Angeklagten]

(1) ¹Der erschienene Angeklagte darf sich aus der Verhandlung nicht entfernen. ²Der Vorsitzende kann die geeigneten Maßregeln treffen, um die Entfernung zu verhindern; auch kann er den Angeklagten während einer Unterbrechung der Verhandlung in Gewahrsam halten lassen.

(2) Entfernt der Angeklagte sich dennoch oder bleibt er bei der Fortsetzung einer unterbrochenen Hauptverhandlung aus, so kann diese in seiner Abwesenheit zu Ende geführt werden, wenn er über die Anklage schon vernommen war und das Gericht seine fernere Anwesenheit nicht für erforderlich erachtet.

I. Einführung

Ausgehend zu dem in § 230 Abs. 1 kodifizierten Anwesenheitsgrundsatz und der hiermit verbundenen Pflicht des Angeklagten zur Präsenz in der gesamten Hauptverhandlung – einschließlich der Berufungshauptverhandlung (§ 332) – regelt die Vorschrift zum Einen das sog. Festhalterecht während der Hauptverhandlung.[1] In sachlicher Ergänzung vor Allem zu § 230 Abs. 2 sind diejenigen Konstellationen erfasst, in welchen der Angeklagte zur Hauptverhandlung zwar erschienen ist, sich jedoch der weiteren Verhandlung zu entziehen beabsichtigt. Die erforderliche weitere Anwesenheit kann mit Zwangsmitteln gegen den Angeklagten durchgesetzt und damit sichergestellt werden. Zum Anderen ist geregelt, unter welchen Voraussetzungen gegen einen sich entfernenden und damit ab diesem Zeitpunkt abwesenden Angeklagten die Hauptverhandlung durchgeführt werden kann. 1

II. Die Gewährleistung der Anwesenheit in der Hauptverhandlung

Während mit Abs. 1 S. 1 lediglich klargestellt wird, dass mit der Anwesenheitspflicht des Angeklagten in der Hauptverhandlung nach § 230 Abs. 1 das Verbot verknüpft ist, sich aus der Verhandlung zu entfernen, autorisiert Abs. 1 S. 2 zu geeigneten Maßnahmen, einer Entfernung des Angeklagten aus der Hauptverhandlung und seinem Ausbleiben in der weiteren Hauptverhandlung präventiv entgegen zu wirken. 2

---

[142] BGH v. 26. 7. 1961 – 2 StR 575/60, BGHSt 16, 178 (180); BGH v. 21. 3. 1989 – 5 StR 120/88, NStZ 1989, 283; BGH v. 6. 6. 2001 – 2 StR 194/01, NStZ-RR 2001, 333.
[143] BGH v. 10. 4. 1997 – 4 StR 132/97 = NStZ 1997, 402.
[144] BGH v. 5. 9. 1995 – 1 StR 456/95, StV 1995, 623.
[145] BGH v. 2. 10. 1952 – 3 StR 83/52, BGHSt 3, 187 ff.; BGH v. 12. 8. 1986 – 1 StR 420/86, NStZ 1986, 564; BGH v. 21. 3. 1989 – 5 StR 120/88, StV 1989, 187.
[146] BGH v. 3. 10. 1985 – 1 StR 392/85, NJW 1986, 267; BGH v. 3. 11. 1999 – 3 StR 333/99, StV 2000, 240; BGH v. 11. 5. 2006 – 4 StR 131/06, NStZ 2006, 713; BGH v. 26. 9. 2006 – 4 StR 353/06, NStZ 2007, 352.
[147] BGH v. 27. 11. 1992 – 3 StR 549/92, NStZ 1993, 198.
[148] BGH v. 11. 7. 2006 – 3 StR 216/06, BGHSt 51, 81, NJW 2006, 2934; zustimmend: *Müller* JR 2007, 79 f.; aA *Peglau/Wilke* NStZ 2005, 186 (188); *Schuster* StV 2005, 628 (631).
[149] BGH v. 26. 10. 1993 – 1 StR 401/93, NStZ 1994, 228.
[150] BGH v. 21. 11. 1975 – 1 StR 107/74, BGHSt 26, 84 (89 f.).
[151] BGH v. 21. 11. 1975 – 1 StR 107/74, BGHSt 26, 84 (91).
[152] BGH v. 21. 11. 1975 – 1 StR 107/74, BGHSt 26, 84 (91); BGH v. 19. 10. 1982 – 5 StR 670/82, NStZ 1983, 36; OLG Hamm v. 20. 3. 2007 – 3 Ss 541/06, StraFo 2007, 292.
[153] BGH v. 1. 4. 1981 – 2 StR 791/80, BGHSt 30, 74 (76).
[154] BGH v. 2. 10. 1952 – 3 StR 83/52, BGHSt 3, 187 (189); BGH v. 1. 4. 1981 – 2 StR 791/80, BGHSt 30, 74 (76).
[1] *Joecks* Rn. 1.

3   1. Erscheinen und Entfernungsgefahr. Voraussetzung ist zunächst, dass der Angeklagte zur Hauptverhandlung **erschienen** ist, was dessen zumindest vorübergehende physische und psychische Präsenz in der Verhandlung bedingt.[2] Weiterhin muss die Gefahr bestehen, dass sich der Angeklagte aus der Hauptverhandlung zu **entfernen** beabsichtigt. Dies erfasst sowohl das körperliche Entfernen als auch die geistig-intellektuelle Distanzierung;[3] Letzteres zB in Form der Herbeiführung einer Verhandlungsunfähigkeit durch Konsum von Alkohol oder Drogen. Für die Absicht, sich zu entfernen, müssen konkrete und belegbare Anhaltspunkte bestehen.[4]

4   2. Präventive Maßnahmen. Droht konkret die Gefahr, dass sich der Angeklagte aus der Hauptverhandlung entfernt, können **geeignete Maßnahmen** ergriffen bzw. angeordnet werden, denen insgesamt vorbeugender Charakter zukommt. Hierzu zählen: Platzzuteilung nach Nr. 125 Abs. 2 RiStBV, Bewachung durch einen Gerichtswachtmeister oder Polizeibeamten sowie die Fesselung des Angeklagten.[5] Hinsichtlich der grundsätzlich zulässigen Fesselung[6] sind allerdings die weiteren Voraussetzungen nach § 119 Abs. 5 Nr. 2 zu berücksichtigen.[7] Die geeigneten Maßnahmen zu initiieren ist Aufgabe des Vorsitzenden im Rahmen der Sitzungspolizei nach § 176 GVG.[8]

5   3. Ingewahrsamnahme. Nach Abs. 1 S. 2 2. HS ist es im Rahmen der präventiven Sicherungsmaßnahmen auch zulässig, den Angeklagten während einer Unterbrechung der Hauptverhandlung in **Gewahrsam** zu nehmen. Es handelt sich um ein freiheitsentziehendes Zwangsmittel,[9] das gleichfalls in die Kompetenz des Vorsitzenden fällt. Trotz zeitlich weit gesteckter Vorgaben nach § 229 Abs. 1, Abs. 2 und etwaiger mehrtägiger oder wiederholter Unterbrechungen soll nach hA ihre Dauer grundsätzlich ohne weitere Relevanz sein.[10] Demgegenüber wird argumentiert, dass eine Ingewahrsamnahme nur für eine eng begrenzte Zeitdauer angeordnet werden kann,[11] oder dass jedenfalls die Ausschöpfung der verlängerten Unterbrechungsfristen unverhältnismäßig erscheint.[12] Zur Konkretisierung von zeitlichen Grenzen wird zum einen auf § 128 Abs. 1 S. 1[13] bzw. auf den Verhandlungstag[14] an sich abgestellt. Zum anderen wird auf den Grundsatz der Verhältnismäßigkeit und eine hieraus resultierende Beschränkung auf das unbedingt Notwendige rekurriert.[15] Diesen insgesamt berechtigten Einwänden wird von der hA jedenfalls dahingehend Rechnung getragen, dass bei mehrtägigen Unterbrechungen der Erlass eines Haftbefehls nach §§ 112 ff. zu bevorzugen ist;[16] dieser kann aber nicht auf Abs. 1 S. 2 2. Hs. gestützt werden.[17]

III. Die Hauptverhandlung in Abwesenheit

6   Nach Abs. 2 kann die Verhandlung ohne den Angeklagten fortgesetzt werden; nämlich dann, wenn er sich entgegen seiner Anwesenheitspflicht entfernt oder nach einer Unterbrechung zu einem Fortsetzungstermin nicht erscheint. In verfahrensrechtlicher Hinsicht Voraussetzung, die Hauptverhandlung in Abwesenheit des Angeklagten zu Ende zu führen, ist, dass dieser über die Anklage schon vernommen ist und seine weitere Anwesenheit durch das Gerichts nicht für erforderlich erachtet wird.

7   Bei der Regelung in Abs. 2 handelt es sich unter Berücksichtigung des dominierenden Anwesenheitsgrundsatzes um eine eng auszulegende Bestimmung bzw. um eine **Ausnahmevorschrift**.[18] Ihr lag der mittlerweile stark relativierte Gedanke zugrunde, dass es im Sinne einer funktionsfähigen Strafrechtspflege nicht in die Macht oder das Belieben des Angeklagten gestellt sein sollte, den Gang der Rechtspflege zu stören und eine Hauptverhandlung durch missbräuchliche Abwesenheit bzw. Missachtung der Anwesenheitspflicht bewusst unwirksam zu machen;[19] unter Umständen

---

[2] Vgl. oben § 230 Rn. 4.
[3] HK-GS/*Temming* Rn. 3.
[4] HK-GS/*Temming* Rn. 2.
[5] KK-StPO/*Gmel* Rn. 2; HK-GS/*Temming* Rn. 2; *Meyer-Goßner* Rn. 2.
[6] BGH v. 13. 12. 1956 – 4 StR 489/56, NJW 1957, 271.
[7] OLG Dresden v. 15. 2. 2006 – 1 Ws 25/06, NStZ 2007, 479.
[8] BGH v. 13. 12. 1956 – 4 StR 489/56, NJW 1957, 271; HK-GS/*Temming* Rn. 2; aA *Meyer-Goßner* Rn. 24.
[9] HK-GS/*Temming* Rn. 2.
[10] *Gollwitzer*, FS Hanack, 1990, S. 163 ff.; KMR/*Eschenbach* Rn. 14; *Meyer-Goßner* Rn. 3; *Joecks* Rn. 3.
[11] *Pfeiffer* Rn. 1.
[12] KK-StPO/*Gmel* Rn. 2.
[13] HK-StPO/*Julius* Rn. 3.
[14] HK-GS/*Temming* Rn. 2.
[15] OLG Frankfurt v. 12. 5. 2003 – 3 Ws 498/03, NStZ-RR 2003, 329; KMR/*Eschenbach* Rn. 14.
[16] OLG Frankfurt v. 12. 5. 2003 – 3 Ws 498/03, NStZ-RR 2003, 329; Anw-StPO/*Kirchhof* Rn. 2; *Meyer-Goßner* Rn. 3; *Jäger*, Die Anwesenheit des Angeklagten in der Hauptverhandlung, S. 48; *Wendisch* StV 1990, 166.
[17] BVerfG v. 15. 2. 1967 – 1 BvR 589/62, BVerfGE 21, 184 (188).
[18] BGH v. 30. 6. 1977 – 4 StR 198/77, NJW 1977, 1928; BGH v. 2. 10. 1952 – 3 StR 83/52, BGHSt 3, 187 (190); BGH v. 5. 11. 1963 – 5 StR 445/63, BGHSt 19, 144 (148); BGH v. 9. 5. 1974 – 4 StR 102/74, BGHSt 25, 317 (320).
[19] BGH v. 26. 7. 1961 – 2 StR 575/60, BGHSt 16, 178 (183); BGH v. 5. 11. 1963 – 5 StR 445/63, BGHSt 19, 144 (147); BGH v. 9. 5. 1974 – 4 StR 102/74, BGHSt 25, 317 (319); BGH v. 21. 4. 1987 – 1 StR 81/87, NJW 1987, 2592; *Meyer-Goßner* Rn. 5; HK-GS/*Temming* Rn. 3.

mit dem Ziel, die Wiederholung einer ungünstig verlaufenen Beweisaufnahme zu erzwingen.[20] Die darin in Bezug auf den Angeklagten implizierte Intention eines vorsätzlichen[21] Boykotts der Hauptverhandlung hat erhebliche Modifikationen[22] erfahren. In Ablösung der Boykottabsicht bildet nunmehr die wissentliche Zuwiderhandlung des Angeklagten gegen die ihm bekannte Anwesenheitspflicht[23] bzw. die wissentliche Verhinderung der Fortsetzung der Verhandlung in seiner Gegenwart[24] den Kern, mithin ein von möglichen subversiven Motivlagen losgelöste individuelle Bewertung eines objektiven Verstoßes gegen den Anwesenheitsgrundsatz. Relevant wird dieser Hintergrund vor Allem bei der Interpretation des ungeschriebenen Tatbestandsmerkmals der Eigenmächtigkeit.

1. Ordnungsgemäße Ladung. Voraussetzung für ein Weiterverhandeln in Abwesenheit ist zunächst, dass eine **ordnungsgemäße Ladung** nachgewiesen ist und der Angeklagte somit wirksam geladen war.[25] Eine ordnungsgemäße Ladung zum Fortsetzungstermin setzt indessen nicht voraus, dass der Angeklagte über die möglichen Folgen seines Ausbleibens belehrt worden ist,[26] da die Vorschrift des § 216 Abs. 1 nur für die Ladung zum Neubeginn einer Hauptverhandlung, nicht aber für die Bekanntgabe von Fortsetzungsterminen anwendbar ist.[27] Fehlt allerdings eine ordnungsgemäße Ladung, ist der Angeklagte nicht zum Erscheinen verpflichtet;[28] dies soll auch für den Fall des Entfernens aus laufender Hauptverhandlung gelten.[29]

8

Eine wiederholte Ladung des Angeklagten ist entbehrlich, wenn dieser im Falle der Unterbrechung der Hauptverhandlung ordnungsgemäß geladen im Fortsetzungstermin eigenmächtig nicht erschienen ist und die Verhandlung nach einer weiteren Unterbrechung an einem anderen Tag fortgesetzt wird;[30] dies gilt jedenfalls dann, wenn der Angeklagte durch einen Verteidiger vertreten ist, der in der Verhandlung zugegen ist.[31]

9

2. Vernehmung. Weitere Voraussetzung ist, dass der Angeklagte zum Zeitpunkt des Entfernens bzw. Ausbleibens über die Anklage schon vernommen war. Mit Anklage ist der zugelassene Anklagesatz gemeint.[32] Die **Sachvernehmung** hierzu muss abgeschlossen sein. Erforderlich, aber auch ausreichend ist, dass dem Angeklagten nach § 243 Abs. 4 S. 2 Gelegenheit gegeben wurde, sich umfassend zur Sache zu äußern.[33] Gebrauch muss er davon nicht gemacht haben.[34] Gleichgültig ist es deshalb auch, wenn sich der Angeklagte vorbehält, erst später Erklärungen abgeben zu wollen.[35] Die Erörterung oder das Verlesen von Vorstrafen können in seiner Abwesenheit erfolgen[36] und zählen demnach nicht zur Sachvernehmung iSv. § 243 Abs. 4 S. 2.

10

3. Nichterforderlichkeit der Anwesenheit. Das Gericht muss im Übrigen zur Überzeugung gelangen, dass die **weitere Anwesenheit des Angeklagten nicht erforderlich** ist. Es handelt sich um eine Ermessensentscheidung[37] des Gerichts,[38] und nicht des Vorsitzenden. Relevant sind unter Berücksichtigung der Verfahrenslage die Umstände des Einzelfalls, insbesondere der Gesichtspunkt der Wahrheitserforschung. Maßgeblicher Zeitpunkt für die Feststellung der Entbehrlichkeit des Angeklagten für den weiteren Verlauf der Hauptverhandlung ist der Zeitpunkt seines Ausbleibens, sodass eine Beurteilung dieser Frage im Voraus ausgeschlossen ist.[39]

11

---

[20] BGH v. 21. 4. 1987 – 1 StR 81/87, NJW 1987, 2592 (2593).
[21] BGH v. 15. 1. 1991 – 5 StR 605/90, NJW 1991, 1367.
[22] BGH v. 30. 11. 1990 – 2 StR 44/90, BGHSt 37, 249 (253 f.); *Joecks* Rn. 9 a; HK-GS/*Temming* Rn. 7; Meyer-Goßner Rn. 10; KK-StPO/*Gmel* Rn. 3; vgl. aber: BGH v. 15. 1. 1991 – 5 StR 605/90, NJW 1991, 1367; BGH v. 8. 2. 1991 – 3 StR 225/90, NJW 1991, 1367.
[23] BGH v. 30. 11. 1990 – 2 StR 44/90, BGHSt 37, 249 (252).
[24] BGH v. 30. 11. 1990 – 2 StR 44/90, BGHSt 37, 249 (255).
[25] BGH v. 8. 4. 1992 – 2 StR 240/91, BGHSt 38, 271 (273); BGH v. 30. 6. 1983 – 4 StR 351/83, NStZ 1984, 41; OLG Karlsruhe v. 19. 5. 1980 – 4 Ss 91 103/80, NJW 1981, 934.
[26] BGH v. 14. 6. 2000 – 3 StR 26/00, BGHSt 46, 81 (83); *Pfeiffer* Rn. 2.
[27] BGH v. 21. 4. 1987 – 1 StR 81/87, NJW 1987, 2592 (2593).
[28] BGH v. 8. 4. 1992 – 2 StR 240/91, BGHSt 38, 271 (273); BGH v. 30. 6. 1983 – 4 StR 351/83, NStZ 1984, 41.
[29] HK-GS/*Temming* Rn. 4.
[30] OLG Karlsruhe v. 15. 3. 1984 – 3 Ss 180/83, MDR 1984, 690; BGH v. 21. 4. 1987 – 1 StR 81/87, NStZ 1988, 421 (422); aA OLG Karlsruhe v. 19. 5. 1980 – 4 Ss 91/80, 4 Ss 103/80, NJW 1981, 934.
[31] BGH v. 21. 4. 1987 – 1 StR 81/87, NJW 1987, 2592; KMR/*Eschenbach* Rn. 4; *Meurer* NStZ 1988, 422.
[32] KK-StPO/*Gmel* Rn. 7.
[33] BGH v. 22. 6. 1977 – 3 StR 139/77, BGHSt 27, 216 (217 f.); BGH v. 21. 4. 1987 – 1 StR 81/87, NJW 1987, 2592 (2593).
[34] BGH v. 21. 4. 1987 – 1 StR 81/87, NJW 1987, 2592 (2593).
[35] BGH v. 21. 4. 1987 – 1 StR 81/87, NJW 1987, 2592 (2593).
[36] BGH v. 22. 6. 1977 – 3 StR 139/77, BGHSt 27, 216 (220).
[37] BGH v. 30. 11. 1990 – 2 StR 44/90, BGHSt 37, 249 (250).
[38] *Meyer-Goßner* Rn. 20; KK-StPO/*Gmel* Rn. 8.
[39] Löwe/Rosenberg/*Gollwitzer* Rn. 25.

12 Das Entfernen bzw. das Ausbleiben des Angeklagten haben zur Folge, dass er sich der Möglichkeit, seine Rechte wahrzunehmen, begibt[40] bzw. diese Rechte verwirkt.[41] Dies betrifft das letzte Wort, aber auch ansonsten erforderliche Verzichts- oder Einverständniserklärung, wie zB §§ 153, 245 Abs. 1 S. 2, 251 Abs. 1 Nr. 1, 251 Abs. 2 Nr. 3.[42] Rechtliche Hinweise nach § 265 Abs. 1, Abs. 2 bedürfen der Anwesenheit des Angeklagten, wenn nicht § 234a eingreift.

13 **4. Eigenmächtiges Ausbleiben.** Die zentrale Voraussetzung bei Abs. 2 ist das Erfordernis, dass das Ausbleiben des Angeklagten **eigenmächtig** sein muss.[43] Bei der Eigenmacht handelt es sich um ein ungeschriebenes Tatbestandsmerkmal, welches im Wege einer gebotenen einschränkenden Auslegung[44] der Norm begrenzend wirken soll. Denn es ist – auch unter Berücksichtigung der Vorgaben nach § 230 Abs. 2 – nicht Sinn der Vorschrift, ein Verhandeln gegen den Angeklagten ohne Rücksicht auf die für sein Ausbleiben maßgeblichen Gründe zuzulassen.[45] Eigenmacht liegt daher dem BGH zufolge vor, wenn der Angeklagte ohne Rechtfertigungs- oder Entschuldigungsgründe wissentlich seiner Anwesenheitspflicht nicht genügt.[46] Zur Präzisierung dieser Formel hat sich in Rspr. und Lit. eine umfangreiche Kasuistik herausgebildet. Übergreifend gilt, dass es nicht Sache des Angeklagten ist, den Verdacht eigenmächtigen Fernbleibens auszuräumen, sondern dass ihm das Vorliegen der Eigenmacht im Wege des Freibeweises nachzuweisen ist,[47] oder anders gewendet: dass nach objektiven Kriterien zur Überzeugung des Gerichts die Eigenmacht tatsächlich vorlag und erwiesen ist;[48] und zwar auch noch zum Zeitpunkt der Revisionsverhandlung[49] und damit instanzübergreifend.

14 Ausgehend davon kann Eigenmächtigkeit in folgenden Konstellationen bei einem auf freiem Fuß befindlichen Angeklagten ausgeschlossen sein: das Verschlafen eines Fortsetzungstermins,[50] eine die Verhandlungs- bzw. Reisefähigkeit ausschließende Krankheit,[51] das Vergessen eines Termins,[52] eine Zugverspätung,[53] dringende bzw. unaufschiebbare berufliche Gründe,[54] ein Irrtum über den Terminstag bzw. die -stunde,[55] das Sichentfernen oder Ausbleiben mit ausdrücklicher oder (vermeintlich) konkludenter Billigung des Gerichts.[56] Problematisch und umstritten sind die Konstellationen, in denen der Angeklagte seine Verhandlungsunfähigkeit (mit-)verursacht, wie zB beim Selbstmordversuch,[57] bei Alkoholgenuss[58] oder bei krankhafter seelischer Erregung.[59] Während einerseits von der wohl hA ein eigenmächtiges Fernbleiben grundsätzlich bejaht wird,[60] wird dies andererseits mit beachtlichen Argumenten verneint.[61] Unabhängig von einer grundsätzlich gebotenen Einzelfallprüfung durch das Gericht und einer Abgrenzung zum Anwendungsfall des § 231a, sollte in diesen Fallkonstellationen maßgeblich sein, dass das Herbeiführen der Verhandlungsunfähigkeit durch den Angeklagten einer Boykottabsicht entspringen und damit als vorsätzliche Verletzung der Anwesenheitspflicht zu werten sein muss, damit die Verhandlungsunfähigkeit zum Zeitpunkt der Hauptverhandlung im Sinne einer actio libera in causa vorwerfbar ist. Da indes nur die wissentliche Verletzung der Pflicht zur Anwesenheit die Eigenmacht begründet, kann nicht jedes schuldhafte Verhalten genügen. Die eingangs dargestellte Änderung der Rspr. muss sich somit auswirken.

---

[40] BGH v. 2. 10. 1952 – 3 StR 488/52, BGHSt 3, 206 (210).
[41] *Meyer-Goßner* Rn. 21; KK-StPO/*Gmel* Rn. 9.
[42] Anw-StPO/*Kirchhof* Rn. 4; *Meyer-Goßner* Rn. 21.
[43] Vgl. etwa: BGH v. 8. 7. 2008 – 3 StR 172/08, StraFo 2008, 430.
[44] BGH v. 30. 11. 1990 – 2 StR 44/90, BGHSt 37, 249 (251).
[45] BGH v. 30. 11. 1990 – 2 StR 44/90, BGHSt 37, 249 (251).
[46] BGH v. 30. 11. 1990 – 2 StR 44/90, BGHSt 37, 249 (251, 255); BGH v. 24. 3. 1998 – 4 StR 663/97, NStZ 1998, 476; BGH v. 14. 6. 2000 – 3 StR 26/00, BGHSt 46, 81 (83); OLG Hamm v. 20. 3. 2007 – 3 Ss 541/06, StraFo 2007, 292.
[47] BGH v. 26. 6. 1957 – 2 StR 182/57, BGHSt 10, 304 (305); BGH v. 21. 4. 1987 – 1 StR 81/87, NJW 1987, 2592 (2593); OLG Hamm v. 20. 3. 2007 – 3 Ss 541/06, StraFo 2007, 292.
[48] BGH v. 19. 5. 1980 – 4 Ss 91/80, 4 Ss 103/80, NStZ-RR 2001, 333; BGH v. 21. 5. 2003 – 5 StR 51/03, NStZ 2003, 561; OLG Hamm v. 20. 3. 2007 – 3 Ss 541/06, StraFo 2007, 292.
[49] BGH v. 26. 6. 1957 – 2 StR 182/57, BGHSt 10, 304; BGH v. 26. 7. 1961 – 2 StR 575/60, BGHSt 16, 178 (180 f.); BGH v. 21. 12. 1978 – 2 StR 705/79, NJW 1980, 950.
[50] BGH v. 15. 1. 1991 – 5 StR 605/90, NJW 1991, 1367; BGH v. 8. 2. 1991 – 3 StR 225/90, NJW 1991, 1367.
[51] KK-StPO/*Gmel* Rn. 3; HK-GS/*Temming* Rn. 7; OLG Stuttgart v. 23. 11. 1966 – 1 Ss 261/66, NJW 1967, 944.
[52] BGH v. 17. 3. 1999 – 3 StR 507/98, NStZ 1999, 418.
[53] BGH v. 21. 5. 2003 – 5 StR 51/03, NStZ 2003, 561.
[54] *Meyer-Goßner* Rn. 16; KK-StPO/*Gmel* Rn. 4 mwN.
[55] BGH v. 10. 4. 1981 – 3 StR 236/80, StV 1981, 393; OLG Bremen v. 6. 9. 1984 – 1 Ss 95/84, StV 1985, 50.
[56] BGH v. 30. 1. 1973 – 1 StR 560/72, NJW 1973, 522; BGH v. 1. 12. 1992 – 5 StR 494/92, StV 1993, 285; BGH v. 30. 11. 1990 – 2 StR 44/90, BGHSt 37, 249 (252).
[57] BGHSt v. 26. 7. 1961 – 2 StR 575/60, BGHSt 16, 178.
[58] BGH v. 18. 3. 1986 – 1 StR 51/86, NStZ 1986, 372.
[59] BGH v. 22. 4. 1952 – 1 StR 622/51, BGHSt 2, 300 (305).
[60] *Meyer-Goßner* Rn. 17; *Joecks* Rn. 10 jeweils mwN.
[61] SK-StPO/*Schlüchter* Rn. 16; KK-StPO/Gmel Rn. 5.

Befindet sich der Angeklagte hingegen in Haft und weigert sich, an der Hauptverhandlung weiter teilzunehmen, ist Abs. 2 grundsätzlich nicht anwendbar.[62] Denn es liegt in der Kompetenz des Gerichts, mittels Vorführung die Anwesenheit des Angeklagten durchzusetzen[63] bzw. ein Entfernen aus der Verhandlung zu verhindern.[64]

Während die hA das Merkmal der Eigenmächtigkeit favorisiert, ist nach einer Gegenauffassung im Rahmen der zunächst gleichfalls für erforderlich erachteten restriktiven Auslegung von Abs. 2 alleine darauf abzustellen, dass die Voraussetzungen nach § 230 Abs. 2 erfüllt sein müssen.[65] Zu klären ist danach lediglich die Frage, ob das Entfernen oder Ausbleiben genügend entschuldigt ist.[66] Unabhängig von dem Verzicht auf das ungeschriebene Tatbestandsmerkmal der Eigenmächtigkeit dürften die sich aus diesem Streit ergebenden inhaltlichen Differenzen nicht als wesentlich zu bewerten sein. Zu berücksichtigen ist nämlich, dass sich die Eigenmacht gerade auch durch das Fehlen von Entschuldigungs- oder Rechtfertigungsgründen definiert, sodass die Interpretationen von § 230 Abs. 2 und § 231 Abs. 2 anzugleichen sind.

5. Gerichtsbeschluss. Sofern nach Abs. 2 verfahren wird, bedarf es im Gegensatz zu § 230 Abs. 2 keines **Gerichtsbeschlusses**. Es reicht aus, dass das Gericht ausdrücklich oder konkludent zu erkennen gibt, die Hauptverhandlung in Abwesenheit des Angeklagten zu Ende zu führen.[67] Umgekehrt steht Abs. 2 einem Gerichtsbeschluss nicht entgegen, sodass es aus Gründen der Zweckmäßigkeit ergehen kann;[68] indessen kann er auch jederzeit wieder korrigiert bzw. aufgehoben werden. Im Urteil muss auf Abs. 2 ebenfalls nicht hingewiesen zu werden.[69] Wenn der Angeklagte bei Verkündung des Urteils nicht zugegen war, ist es nach §§ 35 Abs. 2 S. 1, 35a mit Gründen und Rechtsmittelbelehrung zuzustellen bzw. unter den Voraussetzungen nach § 145a Abs. 1 eine Zustellung an den Verteidiger vorzunehmen.

Bei einer **Rückkehr des Abgeklagten** nach seinem Entfernen oder Ausbleiben besteht grundsätzlich keine Verpflichtung des Vorsitzenden, ihn über den wesentlichen Inhalt der zwischenzeitlich durchgeführten Verhandlung zu informieren.[70] Gleichwohl können die gerichtliche Aufklärungs- oder Fürsorgepflicht die Unterrichtung des Angeklagten – insbesondere, wenn er unverteidigt ist – gebieten.[71] Lagen die Voraussetzungen für die Durchführung der Hauptverhandlung in Abwesenheit des Angeklagten vor, berührt seine Rückkehr die Zulässigkeit der in Abwesenheit verhandelten Teile nicht. Mit seiner Rückkehr erlangt der Angeklagte aber seine prozessuale Stellung mit allen Rechten und Pflichten wieder;[72] insbesondere hat er das Recht zum letzten Wort.[73]

IV. Rechtsbehelfe

1. Wiedereinsetzung. Eine **Wiedereinsetzung in den vorherigen Stand** ist ausgeschlossen, wenn sich während der laufenden Hauptverhandlung herausstellt, dass der Angeklagte sich nicht eigenmächtig entfernt hat oder eigenmächtig ausgeblieben ist. Denn § 235 ist nur für die in § 232 beschriebene Konstellation anwendbar.[74] Konsequenz ist, dass die in Abwesenheit des Angeklagten durchgeführten Teile der Hauptverhandlung zu wiederholen sind, da ansonsten ein Revisionsgrund nach § 335 Nr. 5 vorliegen kann.

2. Beschwerde. Anordnungen bzw. Maßnahmen des Vorsitzenden nach Abs. 1 S. 2 können mit der **Beschwerde** nach §§ 304, 305 S. 2 angefochten werden,[75] solange eine Beschwer gegeben ist. Umstritten ist, ob hiergegen auch die Anrufung des Gerichts nach § 238 Abs. 2 zulässig ist.[76] Indessen sind Maßnahmen nach Abs. 1 S. 2 grundsätzlich nicht zur Sachleitung,[77] sondern zur Ver-

---

[62] BGH v. 30. 6. 1977 – 4 StR 198/77, NJW 1977, 1928.
[63] BGH v. 2. 10. 1952 – 3 StR 83/52, BGHSt 3, 187 (190); BGH v. 9. 5. 1974 – 4 StR 102/74, BGHSt 25, 317 (319); BGH v. 30. 6. 1977 – 4 StR 198/77, NJW 1977, 1928 (1929); aA *Lüderssen*, GS Meyer, 1990, S. 276; *Küper* NJW 1978, 251.
[64] BGH v. 30. 6. 1977 – 4 StR 198/77, NJW 1977, 1928 (1929).
[65] HK-GS/*Temming* Rn. 7.
[66] HK-GS/*Temming* Rn. 7.
[67] BGH v. 9. 10. 1974 – 3 StR 197/74, MDR 1975, 198; BGH v. 20. 9. 1979 – 4 StR 364/79, NStZ 1981, 95; OLG Köln v. 7. 8. 1984 – 3 Ss 242/84, StV 1985, 50; aA *Fuhrmann* GA 1963, 65 (80).
[68] *Pfeiffer* Rn. 4.
[69] OLG Köln v. 7. 8. 1984 – 3 Ss 242/84, StV 1985, 50; aA Löwe/Rosenberg/*Gollwitzer* Rn. 31.
[70] BGH v. 2. 10. 1952 – 3 StR 83/52, BGHSt 3, 187 (189); BGH v. 19. 2. 2002 – 1 StR 546/01, NStZ 2002, 533; *Meyer-Goßner* Rn. 23; KK-StPO/*Gmel* Rn. 12; aA *Rieß* JZ 1975, 271 (mit Blick auf § 231 a Abs. 2).
[71] BGH v. 14. 2. 2002 – 4 StR 272/01, NStZ-RR 2003, 2; *Meyer-Goßner* Rn. 23; *Pfeiffer* Rn. 4.
[72] BGH v. 27. 2. 1990 – 5 StR 56/90, NStZ 1990, 291; *Meyer-Goßner* Rn. 23.
[73] BGH v. 27. 2. 1990 – 5 StR 56/90, NStZ 1990, 291; OLG Hamm v. 27. 4. 2001 – 2 Ss 325/01, StV 2001, 390.
[74] BGH v. 26. 6. 1957 – 2 StR 182/57, BGHSt 10, 304 (305).
[75] OLG Frankfurt v. 12. 5. 2003 – 3 Ws 498/03, NStZ-RR 2003, 329; Löwe/Rosenberg/*Gollwitzer* Rn. 33.
[76] Ablehnend: BGH v. 13. 12. 1956 – 4 StR 489/56, NJW 1957, 271; KMR/*Eschenbach* Rn. 34; KK-StPO/*Gmel* Rn. 2; *Pfeiffer* Rn. 5; Anw-StPO/*Kirchhof* Rn. 6; aA *Meyer-Goßner* Rn. 24; *Joecks* Rn. 16.
[77] KK-StPO/*Gmel* Rn. 2.

§ 231a 1   *Zweites Buch. Verfahren im ersten Rechtszug*

handlungsleitung[78] zu zählen. Nur wenn ein Bezug zur Sachleitung besteht, kann eine Beanstandung nach § 238 Abs. 2 möglich sein. Gegen Beschlüsse oder konkludente Entscheidungen des Gerichts nach Abs. 2 ist eine Beschwerde nach § 305 S. 1 unzulässig.

21   **3. Revision.** Die Anordnungen bzw. Maßnahmen nach Abs. 1 S. 2 können grundsätzlich nicht mit der **Revision** gerügt werden; es sei denn, aus anderen Gründen – zB Behinderung der Verteidigung wegen Fesselung des Angeklagten – ist ein Revisionsgrund gegeben. Verstöße gegen Abs. 2 können hingegen einen Revisionsgrund nach § 335 Nr. 5 darstellen.[79] Wie bei § 230 muss im Rahmen der Begründung der Revision dargetan werden, welcher Teil der Hauptverhandlung in Abwesenheit des Angeklagten durchgeführt wurde und inwiefern die Voraussetzungen nach Abs. 2 nicht gegeben waren.[80] Ob Eigenmächtigkeit vorlag, muss das Revisionsgericht im Freibeweisverfahren selbständig nachprüfen,[81] wobei eine Bindung an die Feststellungen des Tatrichters nicht besteht.[82]

§ 231a [Hauptverhandlung bei vorsätzlich herbeigeführter Verhandlungsunfähigkeit]

(1) ¹Hat sich der Angeklagte vorsätzlich und schuldhaft in einen seine Verhandlungsfähigkeit ausschließenden Zustand versetzt und verhindert er dadurch wissentlich die ordnungsmäßige Durchführung oder Fortsetzung der Hauptverhandlung in seiner Gegenwart, so wird die Hauptverhandlung, wenn er noch nicht über die Anklage vernommen war, in seiner Abwesenheit durchgeführt oder fortgesetzt, soweit das Gericht seine Anwesenheit nicht für unerläßlich hält. ²Nach Satz 1 ist nur zu verfahren, wenn der Angeklagte nach Eröffnung des Hauptverfahrens Gelegenheit gehabt hat, sich vor dem Gericht oder einem beauftragten Richter zur Anklage zu äußern.

(2) Sobald der Angeklagte wieder verhandlungsfähig ist, hat ihn der Vorsitzende, solange mit der Verkündung des Urteils noch nicht begonnen worden ist, von dem wesentlichen Inhalt dessen zu unterrichten, was in seiner Abwesenheit verhandelt worden ist.

(3) ¹Die Verhandlung in Abwesenheit des Angeklagten nach Absatz 1 beschließt das Gericht nach Anhörung eines Arztes als Sachverständigen. ²Der Beschluß kann bereits vor Beginn der Hauptverhandlung gefaßt werden. ³Gegen den Beschluß ist sofortige Beschwerde zulässig; sie hat aufschiebende Wirkung. ⁴Eine bereits begonnene Hauptverhandlung ist bis zur Entscheidung über die sofortige Beschwerde zu unterbrechen; die Unterbrechung darf, auch wenn die Voraussetzungen des § 229 Abs. 2 nicht vorliegen, bis zu dreißig Tagen dauern.

(4) Dem Angeklagten, der keinen Verteidiger hat, ist ein Verteidiger zu bestellen, sobald eine Verhandlung ohne den Angeklagten nach Absatz 1 in Betracht kommt.

I. Einführung

1   Die mit spezieller kriminalpolitischer Zielrichtung konzipierte,[1] verfassungsrechtlich jedoch unbedenkliche[2] Vorschrift stellt eine sachliche Ergänzung zu § 231 Abs. 2 dar. Während die bewusst verursachte Verhandlungsunfähigkeit bereits von § 231 Abs. 2 erfasst wird,[3] regelt § 231a die spezifische weitere Konstellation, dass der Angeklagte seine Verhandlungsunfähigkeit schon vor seiner Vernehmung zur Sache zurechenbar herbeiführt.[4] Einerseits handelt es sich um eine Muss-Vorschrift[5] dergestalt, dass es in den ihr zugrunde liegenden Fällen nicht im Ermessen des Gerichts steht, die Verhandlung durchzuführen oder nicht, sofern die Anwesenheit des Angeklagten für nicht erforderlich erachtet wird.[6] Andererseits handelt es sich um eine Ausnahmevorschrift, die nur in der ihr zugrunde liegenden Fallkonstellation eine Durch- oder Fortführung der Hauptverhandlung in Abwesenheit des Angeklagten erlaubt.[7] Ihre Anwendung kommt daher aus Gründen der Verhältnismäßigkeit bei leicht behebbarer vorübergehender Verhandlungsfähigkeit[8]

---

[78] *Pfeiffer* Rn. 5.
[79] BGH v. 8. 7. 2008 – 3 StR 172/08, StraFo 2008, 430 (431).
[80] OLG Hamm v. 20. 3. 2007 – 3 Ss 541/06, StraFo 2007, 292.
[81] BGH v. 20. 7. 1961 – 2 StR 575/60, BGHSt 16, 178 (181); BGH v. 21. 3. 1989 – 5 StR 120/88, NStZ 1989, 283 (284); BGH v. 6. 6. 2001 – 2 StR 194/01, NStZ-RR 2001, 333; OLG Hamm v. 20. 3. 2007 – 3 Ss 541/06, StraFo 2007, 292.
[82] BGH v. 26. 6. 1957 – 2 StR 182/57, BGHSt 10, 304 (305); BGH v. 8. 1. 1997 – 5 StR 625/96, NStZ 1997, 295; aA *Maatz* DRiZ 1991, 200 (205); kritisch hierzu: *Basdorf* StV 1997, 488 (492).
[1] BGH v. 22. 10. 1975 – 1 StE 1/74, BGHSt 26, 228 (229 f.).
[2] BVerfG v. 21. 1. 1976 – 2 BvR 941/75, BVerfGE 41, 246.
[3] HK-GS/*Temming* Rn. 1.
[4] BGH v. 2. 2. 1981 – 3 StR 411/80 (S), NJW 1981, 1052.
[5] *Meyer-Goßner* Rn. 2; KK-StPO/*Gmel* Rn. 1.
[6] BGH v. 22. 10. 1975 – 2 StE 1/74, BGHSt 26, 228 (234).
[7] BGH v. 22. 10. 1975 – 2 StE 1/74, BGHSt 26, 228 (241); kritisch: HK-GS/*Temming* Rn. 1.
[8] *Rieß* ZStW 90, Beih 196; *Meyer-Goßner* Rn. 2.

ebenso wenig in Frage wie dann, wenn der Angeklagte seine Verhandlungsunfähigkeit erst nach Abschluss der Sachvernehmung herbeiführt;[9] hier gilt § 231 Abs. 2.[10]

II. Die Durchführung oder Fortsetzung der Hauptverhandlung

Nach Abs. 1 wird die Hauptverhandlung in Abwesenheit des Angeklagten trotz fehlender Vernehmung zur Sache durchgeführt oder fortgesetzt, wenn er sich vorsätzlich und schuldhaft in einen die Verhandlungsfähigkeit ausschließenden Zustand versetzte, um die Durch- oder Fortführung der Verhandlung wissentlich zu verhindern, seine Anwesenheit gerichtlicherseits nicht für unerlässlich erachtet wird und er zu einem früheren Zeitpunkt Gelegenheit zur Äußerung zur Anklage hatte. Ist ein Arzt als Sachverständiger gehört worden, beschließt das Gericht nach Abs. 3 S. 1 über die Abwesenheitsverhandlung. Die Absätze 1 und 4 stehen daher in unmittelbarem sachlichem Zusammenhang.

1. Verhandlungsunfähigkeit. Zentrale Voraussetzung ist die **selbstverschuldete Verhandlungsunfähigkeit** des Angeklagten. Die Verhandlungsunfähigkeit ist im Freibeweisverfahren durch das Gericht zu klären, wobei nach Abs. 3 S. 1 ein ärztliches Gutachten einzuholen ist. Die der ordnungsgemäßen Durch- oder Fortführung des Verfahrens entgegenstehende Verhandlungsunfähigkeit muss keine **absolute** sein.[11] Erfasst ist auch die **relative** Verhandlungsunfähigkeit, da diese gerade in Bezug auf das konkrete Verfahren festzustellen ist.[12] Mithin genügt es unter Berücksichtigung des Grundsatzes der Verhandlungseinheit und des Beschleunigungsgrundsatzes,[13] wenn der Angeklagte aufgrund verschuldeter Beeinträchtigungen seine Rechte in der Hauptverhandlung lediglich für kürzere Zeitspannen voll wahrnehmen kann, diese Zeiträume indes für eine Beendigung des Verfahrens in vernünftiger Frist nicht ausreichen.[14] Die absolute wie relative Verhandlungsunfähigkeit können auf unterschiedlichen Ursachen beruhen: Hungerstreik,[15] Alkohol-, Drogen- und Medikamentenmissbrauch,[16] Selbstbeschädigungen jeder Art[17] exklusive des ernsthaften Suizidversuchs[18] sowie das Sich-Hineinsteigern in einen psychischen Ausnahmezustand.[19] Die Ursachen können durch Tun oder Unterlassen gesetzt werden.[20]

Zu einer **ärztlichen Behandlung**, um seine volle Verhandlungsfähigkeit wiederherzustellen, ist der Angeklagte nicht verpflichtet;[21] auch wenn die Erfolg versprechende ärztliche Behandlung kein nennenswertes Risiko mit sich bringt[22] oder unter Berücksichtigung der Umstände des Einzelfalls zumutbar erscheint.[23] Vielmehr kann der Angeklagte im Rahmen der Erhaltung bzw. Wiederherstellung der Verhandlungsfähigkeit nur zu solchen Maßnahmen verpflichtet sein, die nicht über das allgemein zur Erhaltung der Gesundheit übliche hinausgehen.[24]

Die Verhandlungsunfähigkeit muss der Angeklagte **vorsätzlich und schuldhaft** herbeigeführt haben. Es handelt sich um die materiell-strafrechtlichen Kategorien von Vorsatz und Schuld,[25] wobei nach ganz überwiegender Auffassung Eventualvorsatz genügt.[26] Ein vorwerfbares Verhalten ist ausgehend davon ausgeschlossen, wenn der Angeklagte schuldunfähig nach § 20 StGB ist.

Über die schuldhafte Herbeiführung der Verhandlungsunfähigkeit muss der Angeklagte **wissentlich** die ordnungsgemäße Durchführung oder Fortsetzung der Hauptverhandlung in seiner Ge-

---

[9] BGH v. 19. 2. 2002 – 1 StR 546/01, NStZ 2002, 533; Löwe/Rosenberg/*Gollwitzer* Rn. 2; *Joecks* Rn. 1.
[10] BGH v. 2. 2. 1981 – 3 StR 411/80 (S), NJW 1981, 1052; BGH v. 16. 2. 1979 – 1 StE 3/77/StB 10/79/StB 11/79, NStZ 1981, 95.
[11] BGH v. 22. 10. 1975 – 1 StE 1/74, BGHSt 26, 228 (231).
[12] BGH v. 22. 10. 1975 – 1 StE 1/74, BGHSt 26, 228 (232); KK-StPO/*Gmel* Rn. 2.
[13] BGH v. 22. 10. 1975 – 1 StE 1/74, BGHSt 26, 228 (232).
[14] BVerfG v. 21. 1. 1976 – 2 BvR 941/75, BVerfGE 41, 246 (247); BGH v. 22. 10. 1975 – 1 StE 1/74, BGHSt 26, 228 (232); KK-StPO/*Gmel* Rn. 1; HK-GS/*Temming* Rn. 2; *Meyer-Goßner* Rn. 5; *Pfeiffer* Rn. 2; Löwe/Rosenberg/*Gollwitzer* Rn. 3; aA *Roxin*, Strafverfahrensrecht, § 42 F II 3 b.
[15] BGH v. 22. 10. 1975 – 1 StE 1/74, BGHSt 26, 228 (231 f.).
[16] BGH v. 6. 6. 2002 – 1 StR 14/02, NStZ 2002, 533 (535); HK-GS/*Temming* Rn. 3.
[17] BVerfG v. 19. 6. 1979 – 2 BvR 1060/78, NJW 1979, 2349; KK-StPO/*Gmel* Rn. 3 a.
[18] SK-StPO/*Schlüchter* Rn. 7; KK-StPO/*Gmel* Rn. 9; aA *Meyer-Goßner* Rn. 7; HK-GS/*Temming* Rn. 3; *Pfeiffer* Rn. 2; vgl. auch oben: § 231 Rn. 14.
[19] OLG Hamm v. 2. 6. 1977 – 3 Ws 276/77, NJW 1977, 1739; vgl. auch: BGH v. 22. 4. 1952 – 1 StR 622/51, BGHSt 2, 300 (304 f.).
[20] *Pfeiffer* Rn. 2.
[21] BVerfG v. 22. 9. 1993 – 2 BvR 1732/93, BVerfGE 89, 120 (130), NStZ 1993, 598 (599); BGH v. 22. 10. 1975 – 1 StE 1/74, BGHSt 26, 228 (234); LG Nürnberg-Fürth v. 30. 10. 1998 – 13 KLs 302 Js 18 679/94, NJW 1999, 1125; aA OLG Nürnberg v. 18. 2. 1999 – Ws 1639/98, NJW 2000, 1804; hiergegen: *Keller* StV 2001, 671; *Müller* NStZ 2001, 53.
[22] KK-StPO/*Gmel* Rn. 3; aA OLG Nürnberg v. 18. 2. 1999 – Ws 1639/98, NJW 2000, 1804; *Pfeiffer* Rn. 2.
[23] OLG Düsseldorf v. 28. 6. 2000 – 1 Ws 366/00, NStZ-RR 2001, 274.
[24] *Rieß* ZStW 90, Beih 197; *Meyer-Goßner* Rn. 7.
[25] KK-StPO/*Gmel* Rn. 4; HK-GS/*Temming* Rn. 5.
[26] BGH v. 22. 10. 1975 – 1 StE 1/74, BGHSt 26, 228 (239); Löwe/Rosenberg/*Gollwitzer* Rn. 7; Anw-StPO/*Kirchhof* Rn. 2; *Meyer-Goßner* Rn. 8; aA *Roxin*, Strafverfahrensrecht, § 42 F 3 b (dolus directus).

genwart verhindern. Wissentlich bedeutet in diesem Zusammenhang direkter Vorsatz,[27] sodass der Angeklagte wissen oder als sicher voraussehen muss, dass die von ihm (eventual-)vorsätzlich herbeigeführte Verhandlungsunfähigkeit die ordnungsgemäße Durchführung oder Fortsetzung des Hauptverhandlung verhindert.[28] Die **Verhinderung der Durch- oder Fortführung der Hauptverhandlung** setzt nicht voraus, dass eine Verhandlung auf Dauer nicht durchgeführt oder fortgesetzt werden kann. Vielmehr reicht es aus, wenn unter Berücksichtigung des Umfanges der Strafsache einerseits sowie der Aufnahmefähigkeit der Verfahrensbeteiligten und dem Beschleunigungsgrundsatz andererseits das Verfahren nicht in angemessener Zeit zu Ende geführt werden kann;[29] zu berücksichtigen sollen auch die Arbeitsbelastung des Gerichts sowie der etwaige Zeitraum zur Wiederherstellung der Verhandlungsfähigkeit der Angeklagten sein.[30] Mithin zählt insbesondere zur Verhinderung, dass der in der Verhandlungsfähigkeit beschränkte Angeklagte aus rechtsstaatlichen Gründen nicht hinnehmbare längerfristige Verzögerungen der Hauptverhandlung verursacht.[31]

7   **2. Vernehmung.** Die Verhandlung kann in Abwesenheit durch- oder fortgeführt werden, auch wenn der Angeklagte noch **nicht über die Anklage vernommen** war. Gemeint ist damit die Sachvernehmung nach § 243 Abs. 4 S. 2 bzw. die Gelegenheit hierzu.[32] Ist sie erfolgt oder hatte der Angeklagte die Gelegenheit dazu, ist ein Fall der § 231 gegeben, sodass es sich bei diesem Tatbestandsmerkmal auch um ein Abgrenzungsmerkmal handelt.

8   Unter Berücksichtigung des verfassungsrechtlich fundierten Anspruches auf rechtliches Gehör setzt die Zulässigkeit der Abwesenheitsverhandlung gewissermaßen kompensatorisch zu § 243 Abs. 4 S. 2 allerdings voraus, dass der Angeklagte nach Abs. 1 S. 2 **Gelegenheit zur Äußerung** hatte. Dies bedeutet, dass der Angeklagte nach Eröffnung des Hauptverfahrens die Möglichkeit gehabt haben muss, sich zur Anklage zu äußern, bzw. – in Anlehnung an § 136 Abs. 2[33] – Gelegenheit gehabt haben muss, die gegen ihn vorliegenden Verdachtsgründe zu beseitigen und die zu seinen Gunsten sprechenden Tatsachen geltend zu machen. In verfahrenspraktischer Sicht sind damit die Fallkonstellationen erfasst, dass entweder dem Gericht nach der Eröffnung des Hauptverfahrens, jedoch vor Beginn der Hauptverhandlung Umstände zur Kenntnis gelangen, aus denen die konkrete Gefahr abgeleitet werden kann, dass der Angeklagte mit Verhinderungsvorsatz vorsätzlich und schuldhaft seine Verhandlungsunfähigkeit herbeizuführen beabsichtigt, oder nach Eintritt der Verhandlungsunfähigkeit die Vernehmungsfähigkeit des Angeklagten noch gegeben ist.[34] In diesen Fällen ist die Anhörung des zumindest vernehmungsfähigen[35] Angeklagten vor dem Gericht oder einem beauftragten Richter anzuordnen. Hierbei ist der Angeklagte nach § 243 Abs. 4 S. 1 zu belehren[36] und ist über die Vernehmung nach § 168a eine – in der späteren Hauptverhandlung zu verlesende[37] – Vernehmungsniederschrift aufzunehmen. Bei der Vernehmung haben die StA und der Verteidiger nach § 168c Abs. 1, 5 (analog) ein Anwesenheitsrecht.[38] Die Hinzuziehung eines medizinischen Sachverständigen ist zu empfehlen.[39]

9   **3. Unerlässlichkeit.** Die **Unerlässlichkeit der Anwesenheit des Angeklagten** ist weiterhin Voraussetzung für die Abwesenheitsverhandlung. Dies beurteilt das Gericht nach pflichtgemäßem Ermessen. Hierbei ist berücksichtigen, dass nach dem Sinn und Zweck von § 231a bei Vorliegen der übrigen Voraussetzungen grundsätzlich eine Pflicht zur Abwesenheitsverhandlung unter Inkaufnahme der hierdurch unter Umständen erschwerten Sachaufklärung besteht,[40] und dass der Angeklagte durch sein Verhalten den über die Anwesenheit sich verwirklichenden Anspruch auf rechtliches Gehör verwirkt hat.[41] Mithin wird die Unerlässlichkeit der Präsenz des Angeklagten nur in Ausnahmefällen zu bejahen sein.[42] Maßgeblich ist die im Rahmen von § 230 durch die

---

[27] BGH v. 22. 10. 1975 – 1 StE 1/74, BGHSt 26, 228 (240); Löwe/Rosenberg/*Gollwitzer* Rn. 8; *Meyer-Goßner* Rn. 10.
[28] BGH v. 22. 10. 1975 – 1 StE 1/74, BGHSt 26, 228 (240).
[29] BGH v. 22. 10. 1975 – 1StE 1/74, BGHSt 26, 228 (232 f.); BVerfG v. 21. 1. 1976 – 2 BvR 941/75, BVerfGE 41, 246 (247).
[30] HK-GS/*Temming* Rn. 6.
[31] Anw-StPO/*Kirchhof* Rn. 3; *Meyer-Goßner* Rn. 9; Löwe/Rosenberg/*Gollwitzer* Rn. 5; aA *Roxin*, Strafverfahrensrecht, § 42 F II 3 b.
[32] Vgl. oben § 231 Rn. 10.
[33] *Meyer-Goßner* Rn. 12.
[34] HK-GS/*Temming* Rn. 8; vgl. auch RiStBV Nr. 122 Abs. 1.
[35] *Pfeiffer* Rn. 2; KK-StPO/*Gmel* Rn. 15.
[36] KK-StPO/*Gmel* Rn. 14; HK-GS/*Temming* Rn. 8; aA *Meyer-Goßner* Rn. 12.
[37] *Gollwitzer*, FS Tröndle, 1989, S. 462 (463); *Rieß* JZ 1975, 270; *Meyer-Goßner* Rn. 13.
[38] Löwe/Rosenberg/*Gollwitzer* Rn. 17; vgl. auch RiStBV Nr. 122 Abs. 1 S. 3.
[39] HK-GS/*Temming* Rn. 8.
[40] *Rieß* JZ 1975, 270; *Joecks* Rn. 8; Löwe/Rosenberg/*Gollwitzer* Rn. 11.
[41] KK-StPO/*Gmel* Rn. 11.
[42] *Meyer-Goßner* Rn. 14; *Pfeiffer* Rn. 2; *Joecks* Rn. 8.

Anwesenheitspflicht beförderte Wahrheitsermittlung,⁴³ sodass die Entscheidungsfindung ohne Anwesenheit des Angeklagten, zB wegen einer erforderlichen Gegenüberstellung oder der Verschaffung eines persönlichen Eindrucks, nach Einschätzung des Gerichts ansonsten nahezu ausgeschlossen sein muss; oder anders gewendet: die dem Gericht obliegende Aufklärungspflicht muss die Anwesenheit des Angeklagten bei bestimmten Verfahrensabschnitten oder -handlungen zwingend erfordern.⁴⁴

4. **Gerichtsbeschluss.** Nach **Abs. 3 S. 1** beschließt das Gericht über die Abwesenheitsverhandlung, nachdem es zuvor einen Arzt als medizinischen Sachverständigen zur Frage der Verhandlungsunfähigkeit gehört hat. Der **Beschluss** ist dem Gericht vorbehalten. Er kann nach Abs. 3 S. 2 bereits vor Beginn der Hauptverhandlung und damit ohne Beteiligung der Laienrichter gefasst werden. 10

Über das Vorliegen sämtlicher tatsächlichen Voraussetzungen nach Abs. 1 S. 1 hat das Gericht im Wege des Freibeweises zu entscheiden. Die Verfahrensbeteiligten sind hierbei nach § 33 anzuhören; im Falle der schriftlichen Anhörung kann das Anhörungsschreiben für den Angeklagten dessen Verteidiger zugeleitet werden.⁴⁵ 11

Wenn das Gericht die Voraussetzungen nach Abs. 1 S. 1 bejaht, muss die Abwesenheitsverhandlung angeordnet werden. Insofern besteht – wie auch aus dem Wortlaut von Abs. 1 S. 1 ersichtlich – kein Ermessensspielraum.⁴⁶ Der anordnende Beschluss ist zu begründen und dem Angeklagten unverzüglich nach §§ 35, 35a bekannt zu machen.⁴⁷ Ist der Beschluss nach Abs. 3 S. 3, 4 rechtskräftig, ist die Hauptverhandlung ohne den Angeklagten durchzuführen oder fortzusetzen. Allerdings ist der Angeklagte berechtigt, anwesend zu sein, und kann nicht gegen seinen Willen von der Verhandlung ferngehalten⁴⁸ oder hiervon ausgeschlossen werden, da der Anspruch auf rechtliches Gehör entgegensteht.⁴⁹ Soweit er anwesend ist, ist der Angeklagte auch an der Verhandlung zu beteiligen unter der Voraussetzung, dass er ihr folgen kann und äußerungsfähig ist.⁵⁰ Stört er hingegen der Verhandlung, können sitzungspolizeiliche Maßnahmen nach §§ 176 ff. GVG ergriffen werden. Im Übrigen weist das Abwesenheitsverfahren keinerlei weitere Besonderheiten auf. Nach § 234a können Hinweise gem. § 265 Abs. 1, 2 dem Verteidiger gegenüber erteilt werden. Diesem ist auch Gelegenheit zum Schlussvortrag zu geben. Das letzte Wort entfällt allerdings. 12

Erlangt der verhandlungsunfähige Angeklagte seine Verhandlungsfähigkeit während der laufenden Hauptverhandlung zurück, muss er wieder zur Verhandlung erscheinen. Der Beschluss nach Abs. 3 S. 1 wird dann gegenstandslos⁵¹ und muss nicht gesondert aufgehoben werden.⁵² 13

III. Die Unterrichtung des Angeklagten

Solange mit der Verkündung des Urteils noch nicht begonnen wurde, besteht nach Abs. 2 die Verpflichtung des Vorsitzenden, den wieder verhandlungsfähigen – und im Übrigen erschienen – Angeklagten von dem wesentlichen Inhalt dessen zu unterrichten, was in seiner Abwesenheit verhandelt worden ist. Die Unterrichtung hat unverzüglich bzw. ohne vermeidbare Verzögerungen⁵³ zu erfolgen. Inhaltlich orientiert sich die Unterrichtungspflicht an § 247 Abs. 1 S. 4,⁵⁴ sodass dem Angeklagten alles mitgeteilt werden muss, damit er in die Lage versetzt wird, sich sachgerecht verteidigen zu können.⁵⁵ Erfasst sind mithin die gestellten Anträge, die abgegebenen Erklärungen, die gestellten Beweisanträge, die ergangenen Beschlüsse sowie alle wesentlichen Prozesshandlungen. 14

IV. Die Bestellung eines Verteidigers

Nach Abs. 4 ist dem unverteidigten Angeklagten vom Vorsitzenden ein Verteidiger zu bestellen, wenn eine Abwesenheitsverhandlung in Betracht kommt. Dies gilt unabhängig von den Voraussetzungen nach § 140 Abs. 1, 2 und bezieht sich alleine auf die Möglichkeit einer Hauptverhand- 15

---
⁴³ Vgl. oben § 230 Rn. 4.
⁴⁴ Löwe/Rosenberg/*Gollwitzer* § 231b Rn 5.
⁴⁵ *Meyer-Goßner* Rn. 17.
⁴⁶ *Rieß* JZ 1975, 270.
⁴⁷ BGH v. 13. 1. 1993 – 5 StR 650/92, BGHSt 39, 110 (111).
⁴⁸ BGH v. 22. 10. 1975 – 1 StE 1/74, BGHSt 26, 228 (234).
⁴⁹ BGH v. 22. 10. 1975 – 1 StE 1/74, BGHSt 26, 228 (234).
⁵⁰ *Meyer-Goßner* Rn. 18.
⁵¹ *Pfeiffer* Rn. 6.
⁵² KK-StPO/*Gmel* Rn. 24.
⁵³ *Meyer-Goßner* Rn. 21; KK-StPO/*Gmel* Rn. 25.
⁵⁴ BGH v. 18. 12. 2007 – 1 StR 301/07, StV 2008, 174 (175); *Pfeiffer* Rn. 6.
⁵⁵ BGH v. 2. 10. 1951 – 1 StR 434/51, BGHSt 1, 346 (350 f.); BGH v. 17. 2. 1982 – 2 StR 635/82, NStZ 1983, 181; BGH v. 21. 7. 1992 – 5 StR 358/92, StV 1993, 287.

lung in Abwesenheit des Angeklagten. Denn die gesetzlich vorgeschriebene Mitwirkung eines Verteidigers dient dazu, die Rechte des Angeklagten zu wahren.[56]

16 Der Zeitpunkt, einen notwendigen Verteidiger zu bestellen, ist bereits dann gegeben, wenn Anhaltspunkte dafür vorliegen, dass eine Abwesenheitsverhandlung in Frage kommen könnte; jedoch nicht vor Eröffnung des Hauptverfahrens an sich.[57] Mithin hat die Bestellung eines Pflichtverteidigers im eröffneten Hauptverfahren vor der Anhörung eines Arztes nach Abs. 3 S. 1 und vor einer Vernehmung des Angeklagten nach Abs. 1 S. 2 zu erfolgen. Die Bestellung gilt für das gesamte Verfahren; auch wenn der Angeklagte wieder in der Hauptverhandlung zugegen ist.[58]

V. Rechtsbehelfe

17 **1. Sofortige Beschwerde.** Nach Abs. 3 S. 3 kann der Beschluss, durch den die Verhandlung in Abwesenheit des Angeklagten angeordnet wird, mit der **sofortigen Beschwerde** angefochten werden. Entgegen § 307 Abs. 1 hat diese aufschiebende Wirkung. Es soll nämlich auf die sofortige Beschwerde ein sog. **Zwischenverfahren** stattfinden, in welchem eine Überprüfung des Beschlusses erfolgen kann.[59] Das Zwischenverfahren dient dazu, vor oder während der Hauptverhandlung abschließend zu klären, ob gegen den verhandlungsunfähigen Angeklagten in Abwesenheit verhandelt werden kann.[60] Wird die sofortige Beschwerde hingegen nicht eingelegt, ist die Hauptverhandlung – ohne Zwischenverfahren – fort- bzw. durchzuführen, auch wenn der Angeklagte wegen seines Zustandes zur Erhebung des Rechtsbehelfs nicht in der Lage ist.[61]

18 Beschwerdebefugt sind der Angeklagte, sein gesetzlicher Vertreter, der Verteidiger sowie die Staatsanwaltschaft; jedoch nicht der Mitangeklagte.[62] Die Entscheidung kann in vollem Umfang durch das Beschwerdegericht überprüft werden; eine Ausnahme bildet nur die Entscheidung zur Unerlässlichkeit der Anwesenheit des Angeklagten, welche lediglich auf Ermessensfehler hin überprüft werden kann.[63] In Abs. 3 S. 4 ist vorgesehen, dass das Gericht – und nicht der Vorsitzende – die begonnene Hauptverhandlung bis zu 30 Tagen unterbricht, um die Durchführung des Beschwerdeverfahrens zu ermöglichen, bevor entsprechend dem gefassten, jedoch angefochtenen Beschluss in Abwesenheit des Angeklagten verhandelt werden soll. Die Unterbrechungsfrist steht in voller Länge zur Verfügung, auch wenn bereits eine Unterbrechung nach anderen Vorschriften – zB §§ 138c IV, 229 Abs. 1, 2 – angeordnet ist. Die Frist berechnet sich vom Tag der Einlegung der sofortigen Beschwerde bis zu dem Tag, an welchem die Verhandlung ihre Fortsetzung findet.[64]

19 Für den Fall, dass die Hauptverhandlung noch nicht begonnen hat, ist eine unmittelbare gesetzliche Regelung zur Vorgehensweise des Gerichts nicht vorhanden. Indessen ergibt sich vor Allem aus dem Sinn und Zweck der Vorschrift, dass der Beginn der Hauptverhandlung in vertretbarem Umfang aufzuschieben ist;[65] hierbei kann die Unterbrechungsfrist von 30 Tagen einen zeitlichen Anhalt geben.

20 Erlangt der Angeklagte während des Beschwerdeverfahrens seine Verhandlungsfähigkeit wieder, erledigt sich der Rechtsbehelf grundsätzlich. Etwas anderes gilt, wenn schon in Abwesenheit des Angeklagten verhandelt wurde. Dann muss der Angeklagte die Möglichkeit haben, dass die Anordnung überprüft wird.[66] Nach Abschluss der Hauptverhandlung ist die sofortige Beschwerde unter Berücksichtigung der Funktion des sog. Zwischenverfahrens aber nicht mehr statthaft.[67]

21 **2. Beschwerde.** Die Entscheidung des Gerichts, in welcher es abgelehnt wird, in Abwesenheit des Angeklagten die Hauptverhandlung durchzuführen oder fortzusetzen, kann mit der **einfachen Beschwerde** nach § 304 Abs. 1 angefochten werden. Die Vorschrift des § 305 S. 1 steht nicht entgegen, da dem Ablehnungsbeschluss eine eigenständige prozessuale Bedeutung zukommt.[68] Die Beschwerde ist nur ausgeschlossen, wenn das OLG im ersten Rechtszug entschieden hat.

---

[56] BGH v. 13. 1. 1993 – 5 StR 650/92, BGHSt 39, 110 (112).
[57] SK-StPO/*Schlüchter* Rn. 14; KMR/*Eschenbach* Rn. 39 f.; *Meyer-Goßner* Rn. 16; aA HK-StPO/*Julius* Rn. 2.
[58] KK-StPO/*Gmel* Rn. 17; *Meyer-Goßner* Rn. 16.
[59] BGH v. 13. 1. 1993 – 5 StR 650/92, BGHSt 39, 110.
[60] BGH v. 13. 1. 1993 – 5 StR 650/92, BGHSt 39, 110; SK-StPO/*Schlüchter* Rn. 20.
[61] BGH v. 13. 1. 1993 – 5 StR 650/92, BGHSt 39, 110 (112).
[62] Löwe/Rosenberg/*Gollwitzer* Rn. 41.
[63] KK-StPO/*Gmel* Rn. 26.
[64] *Meyer-Goßner* Rn. 24.
[65] *Joecks* Rn. 14; *Meyer-Goßner* Rn. 24.
[66] Löwe/Rosenberg/*Gollwitzer* Rn. 44; KK-StPO/*Gmel* Rn. 26, 28; aA SK-StPO/*Schlüchter* Rn. 27; *Meyer-Goßner* Rn. 23.
[67] BGH v. 13. 1. 1993 – 5 StR 650/92, BGHSt 39, 110.
[68] OLG Nürnberg v. 18. 2. 1999 – Ws 1639/98, NJW 2000, 1804; *Rieß* JZ 1975, 271; aA SK-StPO/*Schlüchter* Rn. 28; KMR/*Paulus* Rn. 37.

3. Revision. Unter Berücksichtigung der oben[69] dargestellten absorbierenden Funktion des sog. 22
Zwischenverfahrens kann die **Revision** nach § 336 S. 2 nicht darauf gestützt werden, dass das
Gericht fehlerhaft die Voraussetzungen für die Durch- oder Fortführung der Hauptverhandlung
in Abwesenheit des Angeklagten bejaht hat.[70] Eine Ausnahme kann dann gegeben sein, wenn der
Beschluss nach Abs. 3 dem Angeklagten nicht unverzüglich bekannt gemacht wurde und er deshalb außerstande war, die sofortige Beschwerde vor Ende der Hauptverhandlung einzulegen;[71]
unter Umständen ein Revisionsgrund nach § 338 Nr. 8. Diese Ausnahme greift wiederum nicht
ein, wenn der Beschluss zwar verspätet bekannt gegeben wurde, aber auch bei ordnungsgemäßer
Bekanntgabe der Rechtsbehelf vom Angeklagten – zB wegen dessen Gesundheitszustand – nicht
rechtzeitig hätte angebracht werden können.[72] Denn das Gesetz sieht nicht vor, dass die Hauptverhandlung nach einem Beschluss gem. Abs. 3 deshalb zu unterbrechen wäre, um dem Angeklagten Gelegenheit zu verschaffen, sich dazu zu äußern, ob die sofortige Beschwerde eingelegt werden
soll oder nicht.[73]

Ein Revisionsgrund nach § 338 Nr. 5 ist aber gegeben, wenn die Hauptverhandlung in Abwe- 23
senheit des Angeklagte durch- oder fortgeführt wurde, obwohl der Beschluss nach Abs. 3 nicht
rechtskräftig war.[74] In diesem Zusammenhang ist bislang die Problematik nicht abschließend
bzw. befriedigend geklärt, ob und unter welchen Voraussetzungen der Revisionsgrund eingreift,
wenn der Angeklagte seine Verhandlungsfähigkeit während der Abwesenheitsverhandlung wieder
erlangt hat.[75] Insofern wird differenziert zwischen dem inhaftierten und dem auf freiem Fuß befindlichen Angeklagten.[76] Im ersten Fall soll eine **Kognitationspflicht** des Gerichts dergestalt bestehen, dass es sich durch geeignete Maßnahmen fortlaufend über den Zustand des Angeklagten
informieren muss.[77] Im zweiten Fall soll hingegen eine Anzeigepflicht des Angeklagten gegenüber
dem Gericht bestehen;[78] unter Umständen konkludent durch das Wiedererscheinen in der Hauptverhandlung.[79] Begründen lassen sich diese Positionen mit dem Beschleunigungsgrundsatz sowie
aus Abs. 2, wonach bei Wiedererlangung der Verhandlungsfähigkeit zunächst nur Informationspflichten ausgelöst werden.[80] Indes wird hier die übergeordnete Bedeutung des Anwesenheitsgrundsatzes und insbesondere verkannt, dass sich aus den gesetzlichen Vorschriften nach §§ 230,
231 ergibt, dass es primär dem Gericht obliegt, die Präsenzpflicht eines verhandlungsfähigen Angeklagten zu gewährleisten und erforderlichenfalls mit Zwangsmitteln durchzusetzen. Damit ist
die Statuierung einer Anzeige- bzw. Mitteilungspflicht des seine Verhandlungsfähigkeit wiedererlangenden Angeklagten nicht vereinbar. Vielmehr wird man generell von einer Kognitationspflicht
des Gerichts sowohl beim inhaftierten als auch bei dem auf freien Fuß befindlichen Angeklagten
auszugehen haben mit der Konsequenz, dass in beiden Konstellationen das Gericht freibeweislich
durch geeignete Maßnahmen während der Abwesenheitsverhandlung sicher zu stellen hat, über
den Zustand des Angeklagten hinreichend informiert zu sein.

Ein Revisionsgrund nach § 337 kann gegeben sein, wenn die Unterrichtung des Angeklagten 24
nach Abs. 2 unterblieben ist, nur unzureichend[81] oder verspätet erfolgte[82] und das Urteil hierauf
beruht. Gleiches gilt, wenn die Unterbrechungsfrist nach Abs. 3 S. 4 überschritten wurde.[83]

§ 231b [Hauptverhandlung nach Entfernung des Angeklagten aus dem Sitzungszimmer]

(1) ¹Wird der Angeklagte wegen ordnungswidrigen Benehmens aus dem Sitzungszimmer entfernt oder zur Haft abgeführt (§ 177 des Gerichtsverfassungsgesetzes), so kann in seiner Abwesenheit verhandelt werden, wenn das Gericht seine fernere Anwesenheit nicht für unerläßlich hält
und solange zu befürchten ist, daß die Anwesenheit des Angeklagten den Ablauf der Hauptverhandlung in schwerwiegender Weise beeinträchtigen würde. ²Dem Angeklagten ist in jedem Fall
Gelegenheit zu geben, sich zur Anklage zu äußern.

(2) Sobald der Angeklagte wieder vorgelassen ist, ist nach § 231a Abs. 2 zu verfahren.

---

[69] Vgl. oben Rn. 17.
[70] Anw-StPO/*Kirchhof* Rn. 11; *Rieß* JZ 1975, 270; *Meyer-Goßner* Rn. 25; *Pfeiffer* Rn. 8; KK-StPO/*Gmel* Rn. 28.
[71] BGH v. 13. 1. 1993 – 5 StR 650/92, BGHSt 39, 110 (111); Anw-StPO/*Kirchhof* Rn. 11; *Pfeiffer* Rn. 8; *Meyer-Goßner* Rn. 25.
[72] BGH v. 13. 1. 1993 – 5 StR 650/92, BGHSt 39, 110 (111 f.).
[73] BGH v. 13. 1. 1993 – 5 StR 650/92, BGHSt 39, 110 (112).
[74] HK-GS/*Temming* Rn. 12.
[75] KK-StPO/*Gmel* Rn. 24.
[76] *Meyer-Goßner* Rn. 20; HK-GS/*Temming* Rn. 11.
[77] *Pfeiffer* Rn. 6; *Meyer-Goßner* Rn. 20.
[78] Löwe/Rosenberg/*Gollwitzer* Rn. 29.
[79] KK-StPO/*Gmel* Rn. 24.
[80] KK-StPO/*Gmel* Rn. 24.
[81] HK-GS/*Temming* Rn. 12.
[82] Löwe/Rosenberg/*Gollwitzer* Rn. 49.
[83] Löwe/Rosenberg/*Gollwitzer* Rn. 49.

I. Einführung

1   In Ergänzung zu § 231 sowie in unmittelbarem sachlichen Zusammenhang mit der Vorschrift des § 177 GVG, welche die freiheitsbeschränkenden Maßnahmen zur Aufrechterhaltung der Ordnung im Sitzungssaal regelt, ist es Zweck der Norm, mit Blick auf den Angeklagten und dessen Verhalten den äußeren Ablauf der Hauptverhandlung präventiv gegen Störungen zu sichern. Mittel der Verfahrenssicherung ist das Verhandeln in Abwesenheit des Angeklagten. Die Sicherungsfunktion ist ausschließlich, sodass die Bestimmung nicht, auch nicht flankierend, der Sanktionierung eines Ordnungsverstoßes bzw. eines ungebührlichen Verhaltens des Angeklagten dient.[1] Dass es sich beim Angeklagten um einen Rechtsanwalt oder Rechtslehrer einer Hochschule handelt, schließt eine Anwendung der Vorschrift nicht aus.[2] Im Übrigen handelt es sich um eine restriktiv auszulegende Ausnahmevorschrift.[3]

II. Die Verhandlung in Abwesenheit

2   Nach Abs. 1 kann ausgehend von einer Maßnahme nach § 177 GVG in Abwesenheit des Angeklagten verhandelt werden, sofern seine Anwesenheit für nicht unerlässlich gehalten wird und zu befürchten ist, dass seine Präsenz den Ablauf der Hauptverhandlung in schwerwiegender Weise beeinträchtigen würde.

3   **1. Ordnungswidriges Benehmen.** Eingangsvoraussetzung für die Abwesenheitsverhandlung ist ein **Beschluss nach § 177 GVG**, durch den der Angeklagte wegen ordnungswidrigen Benehmens aus dem Sitzungssaal entfernt oder zur Haft abgeführt wurde. Der Beschluss muss ergangen sein. Weil die Vorschrift des § 177 GVG bereits ab dem Zeitpunkt des Beginns der Sitzung gilt,[4] kann der Angeklagte schon vor Beginn seiner Hauptverhandlung hiervon ausgeschlossen werden, sodass die Verhandlung ohne ihn begonnen und durchgeführt werden kann.[5] Da die Vorschrift auch ansonsten grundsätzlich keine zeitlichen Beschränkungen enthält, ist es weiter möglich, die Verhandlung in Abwesenheit des Angeklagten zu Ende zu führen; einschließlich des letzten Wortes[6] und der Urteilsverkündung.[7]

4   **2. Entbehrlichkeit der Anwesenheit.** Die fernere **Anwesenheit** des Angeklagten darf nicht **unerlässlich** sein. Parallel zu § 231 a steht die Entscheidung im pflichtgemäßen Ermessen des Gerichts. Entscheidend ist, ob die Präsenz des Angeklagten mit Blick auf die dem Gericht obliegende Wahrheitsermittlung zwingend erforderlich erscheint.[8] Verteidigt sich ein Anwalt selbst, folgt hieraus nicht, dass seine Anwesenheit in der Hauptverhandlung unerlässlich wäre.[9]

5   **3. Beeinträchtigung des Ablaufs der Hauptverhandlung.** Des Weiteren muss die Befürchtung bestehen, dass die Anwesenheit des Angeklagten den **Ablauf der Hauptverhandlung in schwerwiegender Weise beeinträchtigen** würde. Die Beurteilung dieser prognostischen Frage fällt in die Einschätzungsermessen des Gerichts. Anknüpfungspunkt ist das Verhalten des Angeklagten, welches zu seiner Entfernung aus dem Sitzungssaal bzw. zu seiner Verhaftung geführt hat. Dieses muss die Prognose tragen, dass von dem Angeklagten auch weiterhin derart massive Störungen ausgehen, dass eine ordnungsgemäße Durchführung der Hauptverhandlung mit seiner Präsenz nicht möglich erscheint. Ein Verschulden bzw. ein bewusst schuldhaftes Verhalten ist in diesem Zusammenhang nicht erforderlich.[10] Es genügt, dass das ordnungswidrige Benehmen des Angeklagten den äußeren Ablauf der Hauptverhandlung objektiv in Frage stellt.[11]

6   Nach den gesetzlichen Vorgaben ist eine Abwesenheitsverhandlung nur **solange** möglich, wie die zu prognostizierende Gefahr einer schwerwiegenden Störung der Hauptverhandlung besteht. Aus diesem Merkmal folgt einerseits, dass die gesamte Hauptverhandlung in Abwesenheit des Angeklagten durchgeführt werden kann, soweit die Voraussetzungen durchgängig vorliegen.[12] Andererseits ergeben sich aus dem Merkmal zeitliche Schranken: Nur solange die vom Verhalten des Angeklagten ausgehenden Gefahren für eine ordnungsgemäße Durchführung der Verhandlung vorliegen, ist eine Abwesenheitsverhandlung zulässig. Bei einer länger dauernden Hauptver-

---

[1] Rieß JZ 1975, 271; Vogel NJW 1978, 1225.
[2] BVerfG v. 26. 2. 1980 – 2 BvR 752/78, BVerfGE 53, 207 (215), NJW 1980, 1677 (1678).
[3] Löwe/Rosenberg/Gollwitzer Rn. 1.
[4] Kissel/Mayer § 176 GVG Rn. 9 mwN.
[5] KK-StPO/Gmel Rn. 2.
[6] BGH v. 28. 2. 1956 – 5 StR 609/55, BGHSt 9, 77 (79 f.).
[7] Löwe/Rosenberg/Gollwitzer Rn. 11 f.
[8] Vgl. oben § 231 a Rn. 9; Löwe/Rosenberg/Gollwitzer Rn. 5.
[9] BVerfG v. 26. 2. 1980 – 2 BvR 752/78, BVerfGE 53, 207 (215).
[10] Rieß JZ 1975, 271; Anw-StPO/Kirchhof Rn. 2; Joecks Rn. 3; Pfeiffer Rn. 1.
[11] Löwe/Rosenberg/Gollwitzer Rn. 8; KK-StPO/Gmel Rn. 5.
[12] Joecks Rn. 4.

handlung ist das Gericht daher gehalten, seine Prognose regelmäßig zu überprüfen. Dies schließt es ein, dass im Sinne einer Erprobung der Versuch unternommen wird, die Verhandlung in Anwesenheit des Angeklagten durchzuführen, um zu sondieren, ob die Gefahr schwerwiegender Störungen fortbesteht.[13] Eine Ausnahme besteht in von vornherein aussichtslosen Fällen.[14] In welcher Frequenz der Versuch, in Anwesenheit des Angeklagten weiter zu verhandeln, vom Gericht unternommen werden muss, ist von den Umständen des Einzelfalls abhängig.[15]

4. Rechtliches Gehör. Die Abwesenheitsverhandlung setzt nach Abs. 1 S. 2 zur Wahrung rechtlichen Gehörs voraus, dass der Angeklagte Gelegenheit hatte, sich **zur Anklage zu äußern**. Die Vorschrift korrespondiert den Regelungen in §§ 231a Abs. 1 S. 2, 231 Abs. 2. Während der Hauptverhandlung greift § 243 Abs. 4 S. 2 Platz. Wurde der Angeklagte bereits zuvor aus dem Sitzungssaal entfernt oder zur Haft abgeführt, muss er nach dem Willen des Gesetzgebers gleichwohl Gelegenheit erhalten, sich vor dem erkennenden Gericht zur Anklage zu äußern; auch wenn hierbei erneute Störungen in Kauf genommen werden müssen. Eine Anhörung durch einen beauftragten oder ersuchten Richter ist mit Blick auf die Bedeutung des Grundsatzes des rechtlichen Gehörs nicht zulässig.[16] Nutzt der Angeklagte die Anhörung zu weiteren Störungen oder gibt er keine Einlassung ab, entfällt die Pflicht nach Abs. 1 S. 2[17] als erfüllt[18] bzw. wird die Anhörung abgebrochen.[19]

5. Gerichtsbeschluss. Die Entscheidung, die Hauptverhandlung in Abwesenheit des Angeklagten durch- oder fortzuführen, trifft das **Gericht** und nicht der Vorsitzende. Die Verfahrensbeteiligten sind vorher zu hören; die gilt auch für den Angeklagten. Ob es neben der Entscheidung nach § 177 GVG eines (weiteren) **Beschlusses** bedarf, ist umstritten. Auch weil insofern – etwa im Gegensatz zu § 231a Abs. 3 – keine unmittelbaren gesetzlichen Vorgaben vorhanden sind,[20] hält die hA einen Gerichtsbeschluss für entbehrlich[21] und daher allenfalls für deklaratorisch; zumal das Gericht nach Erlass des Beschlusses nach § 177 GVG und Entfernung des Angeklagten durch die Fortsetzung der Verhandlung deutlich macht, dass es die fernere Anwesenheit des Angeklagten nicht für unerlässlich erachtet.[22] Die Gegenauffassung hebt demgegenüber die Eigenständigkeit der Entscheidung neben dem Beschluss nach § 177 GVG, Gründe der Verfahrensklarheit sowie die Zweckmäßigkeit eines solchen Beschlusses hervor.[23] Allerdings soll es möglich sein, die Beschlüsse nach § 177 GVG und Abs. 1 zu verbinden. Davon abgesehen wird vereinzelt die nicht mit der gesetzlichen Regelung in Einklang zu bringende Ansicht vertreten, dass es sich bei dem Beschluss, die Verhandlung in Abwesenheit des Angeklagten durch- bzw. fortzuführen, um eine konstitutive Zulässigkeitsvoraussetzung für die Abwesenheitsverhandlung handeln soll.[24]

III. Die Unterrichtung des Angeklagten

Kann die Hauptverhandlung wieder in Anwesenheit des Angeklagten fortgeführt werden, ist dieser nach Abs. 2 iVm. § 231a Abs. 2 vom wesentlichen Inhalt dessen zu unterrichten, was in seiner Abwesenheit verhandelt worden ist. Wegen der gesetzlichen Verweisung kann wegen der **Unterrichtungspflicht** auf die Ausführungen zu § 231a Abs. 2 hingewiesen werden. Die Unterrichtung ist als wesentliche Förmlichkeit in das Protokoll aufzunehmen.[25]

Kommt es bei der Unterrichtung zu schwerwiegenden Störungen oder weigert sich der Angeklagte, die Informationen zur Kenntnis zu nehmen, kann sie abgebrochen werden.[26] In diesem Zusammenhang kann erneut ein Beschluss nach § 177 GVG und in der Folge eine Entscheidung nach Abs. 1 erforderlich werden.

---

[13] KG v. 10.1986 – (4) 1 Ss 143/86 (67/86), StV 1987, 519; KK-StPO/*Gmel* Rn. 6; Anw-StPO/*Kirchhof* Rn. 2; Meyer-Goßner Rn. 7.
[14] BGH v. 28. 2. 1956 – 5 StR 609/55, BGHSt 9, 77 (81); Graf/*Gorf* Rn. 8; *Rieß* JR 1975, 271; *Röhmel* JA 1976, 664.
[15] HK-GS/*Temming* Rn. 3.
[16] *Hermann* JuS 1976, 419; *Rieß* JZ 1975, 271; Löwe/Rosenberg/*Gollwitzer* Rn. 19.
[17] KK-StPO/*Gmel* Rn. 7.
[18] Löwe/Rosenberg/*Gollwitzer* Rn. 20.
[19] Meyer-Goßner Rn. 8.
[20] BGH v. 1. 12. 1992 – 5 StR 494/92, BGHSt 39, 72 (73).
[21] BGH v. 1. 12. 1992 – 5 StR 494/92, BGHSt 39, 72 (73); Meyer-Goßner Rn. 9; KK-StPO/*Gmel* Rn. 7; HK-GS/*Temming* Rn. 6.
[22] BGH v. 1. 12. 1992 – 5 StR 494/92, BGHSt 39, 72 (73).
[23] Löwe/Rosenberg/*Gollwitzer* Rn. 14, 16.
[24] *Röhmel* JA 1976, 666.
[25] BGH v. 2. 10. 1951 – 1 StR 434/51, BGHSt 1, 346 (359); BGH v. 18. 12. 2007 – 1 StR 301/07, StV 2008, 174 (175).
[26] Meyer-Goßner Rn. 10; *Joecks* Rn. 6; Löwe/Rosenberg/*Gollwitzer* Rn. 21.

IV. Rechtsbehelfe

11 Die **Beschwerde** gegen die – unter Umständen konkludente – Anordnung, in Abwesenheit des Angeklagten zu verhandeln, ist nach § 305 S. 1 ausgeschlossen.[27] Auch der Beschluss nach § 177 GVG ist mit der Beschwerde nicht anfechtbar.

12 Im Rahmen der **Revision** können Verstöße gegen Abs. 1 S. 2 und gegen Abs. 2 nach § 337 gerügt werden;[28] unter der Voraussetzung, dass das Urteil auf einem solchen Verstoß beruht. Ein absoluter Revisionsgrund nach § 338 Nr. 5 kann gegeben sein, wenn die Voraussetzungen nach Abs. 1 – einschließlich der Voraussetzungen nach § 177 GVG und dem in diesem Zusammenhang erforderlichen Beschluss – rechtsfehlerhaft als gegeben bejaht wurden bzw. inzwischen entfallen sind.[29] Geht es hingegen um die Beurteilung der Unerlässlichkeit der Anwesenheit des Angeklagten oder um die Frage, ob schwerwiegende Beeinträchtigungen der Hauptverhandlung drohten, sind die Entscheidungen des erkennenden Gericht im Rahmen der Revision nur auf die Verkennung von Rechtsbegriffen oder auf Ermessensmissbrauch hin überprüfbar.[30] Das Fehlen eines Beschlusses, die Verhandlung in Abwesenheit des Angeklagten durch- bzw. weiterzuführen, kann nicht mit der Revision gerügt werden.[31]

§ 231c [Beurlaubung von Angeklagten]

¹Findet die Hauptverhandlung gegen mehrere Angeklagte statt, so kann durch Gerichtsbeschluß einzelnen Angeklagten, im Falle der notwendigen Verteidigung auch ihren Verteidigern, auf Antrag gestattet werden, sich während einzelner Teile der Verhandlung zu entfernen, wenn sie von diesen Verhandlungsteilen nicht betroffen sind. ²In dem Beschluß sind die Verhandlungsteile zu bezeichnen, für die die Erlaubnis gilt. ³Die Erlaubnis kann jederzeit widerrufen werden.

I. Einführung

1 Als Alternative[1] zur sog. vorübergehenden Abtrennung[2] – also einschließlich der Unterbrechung und der späteren Wiederverbindung – ist die **Verfahrensvereinfachung** Zweck der Vorschrift.[3] Vor Allem in umfangreichen Hauptverhandlungen mit mehreren Angeklagten können die mit dem Verfahren verbundenen Belastungen für einzelne Angeklagte durch eine Lockerung der Anwesenheitspflicht teilweise kompensiert werden, indem sie für einzelne Verhandlungsteile, von denen sie nicht betroffen sind, beurlaubt werden. Gleiches gilt für die Verteidigung allgemein sowie für die zur Präsenz verpflichtete notwendige Verteidigung insbesondere, wobei Aspekte der Kostenersparnis[4] hinzutreten. Aus gerichtlicher Sicht reduziert sich der bei sog. Großverfahren anfallende Organisations- und Koordinationsaufwand, wie zB die Terminsabstimmung mit den Verfahrensbeteiligten, sodass die Beurlaubung von Angeklagten bzw. Pflichtverteidigern grundsätzlich ein taugliches Mittel zur Verfahrensbeschleunigung darstellen kann. Gleichwohl wird der Praxis mit Blick auf die Revisionsanfälligkeit nur eine vorsichtige Anwendung der Vorschrift empfohlen.[5] Intention des Gesetzgebers war es, spezifisch zur zeitweiligen Beseitigung der Anwesenheitspflicht ein Instrumentarium zu schaffen, um den verfahrenstechnischen Umweg einer Trennung und Wiederverbindung von Verfahren gegen mehrere Angeklagte zu vermeiden;[6] wiewohl durch die Einführung der Bestimmung diese Möglichkeit nicht ausgeschlossen werden sollte.[7]

II. Nicht-Betroffenheit

2 Voraussetzung für die Beurlaubung oder Freistellung ist, dass der Angeklagte und/oder der notwendige Verteidiger **von dem Verhandlungsteil nicht betroffen** sind, auf den sich die begehrte Suspendierung richtet. Im Ausgangspunkt impliziert dies, dass eine Hauptverhandlung mit meh-

---

[27] *Röhmel* JA 1976, 666; *Pfeiffer* Rn. 3.
[28] SK-StPO/*Schlüchter* Rn. 16; Löwe/Rosenberg/*Gollwitzer* Rn. 24; *Pfeiffer* Rn. 3.
[29] *Meyer-Goßner* Rn. 12; KK-StPO/*Gmel* Rn. 11; Löwe/Rosenberg/*Gollwitzer* Rn. 23.
[30] BGH v. 1. 12. 1992 – 5 StR 494/92, BGHSt 39, 72 (74); *Meyer-Goßner* Rn. 12; Löwe/Rosenberg/*Gollwitzer* Rn. 23; *Joecks* Rn. 7.
[31] Löwe/Rosenberg/*Gollwitzer* Rn. 23.
[1] HK-GS/*Temming* Rn. 2; vgl. auch: BGH v. 22. 4. 1983 – 3 StR 420/82, BGHSt 31, 323 (330 f.).
[2] BGH v. 15. 1. 1985 – 1 StR 680/84, BGHSt 33, 119 (121); vgl. auch oben § 230 Rn. 12.
[3] Löwe/Rosenberg/*Gollwitzer* Rn. 1.
[4] *Joecks* Rn. 1.
[5] BGH v. 23. 8. 1988 – 5 StR 312/88, NStZ 1989, 219; KK-StPO/*Gmel* Rn. 1; *Meyer-Goßner* Rn. 4; HK-GS/*Temming* Rn. 1; *Graf/Gorf* Rn. 18.
[6] BGH v. 22. 4. 1983 – 3 StR 420/82, BGHSt 31, 323 (330).
[7] BGH v. 22. 4. 1983 – 3 StR 420/82, BGHSt 31, 323 (331); KK-StPO/*Gmel* Rn. 2.

reren Angeklagten vorliegen muss[8] und der Prozessstoff grundsätzlich personenbezogen auf bestimmte Verhandlungsteile aufteilbar ist.[9] Von vornherein scheidet demzufolge eine Beurlaubung aus, wenn es sich um ein einheitliches und deshalb nicht zu differenzierendes Tatgeschehen handelt.[10]

Ansonsten fallen mit Ausnahme der Urteilsverkündung nach § 268[11] grundsätzlich alle **Teile der Hauptverhandlung** unter die Bestimmung mit der Folge, dass eine Suspendierung von der Anwesenheitspflicht für einzelne dieser Teile der Verhandlung grundsätzlich zulässig ist; dies gilt auch für die Vernehmung eines (Mit-)Angeklagten zur Person[12] sowie die Schlussvorträge.[13] Im Übrigen gelten für die sektorale Beurlaubung auch keine **zeitlichen Grenzen**, insbesondere nicht die Fristen nach § 229,[14] obwohl Beurlaubung und vorübergehende Abtrennung verfahrensrechtlich als funktionales Äquivalent gelten können. Denn es liegt im Falle der Freistellung eben keine Verhandlungsunterbrechung vor.[15]

Nicht betroffen von einem Verhandlungsteil – wegen der verfahrensrechtlichen Alternativität von Beurlaubung und sog. vorübergehender Abtrennung – ist ein (Mit-)Angeklagter, wenn unter Berücksichtigung der Vorgaben der Rspr. eine vorübergehende Trennung der Verfahren[16] zulässig wäre.[17] Mithin muss aufgrund einer einzelfallbezogenen Betrachtung und Bewertung[18] auszuschließen sein bzw. zweifelsfrei feststehen,[19] dass die in Abwesenheit des beurlaubten Angeklagten erörterten Umstände weder unmittelbar noch mittelbar[20] Relevanz für den gegen ihn erhobenen Vorwurf haben.[21] Dies ist der Fall, wenn der zu beurlaubende Angeklagte an einzelnen Taten – dh. an selbständigen Taten im prozessualen Sinn oder an separierbaren Teilakten eines materiell-rechtlich verknüpften Gesamtgeschehens[22] – von Mitangeklagten nicht beteiligt ist;[23] sog. Punktesachen.[24] Ferner, wenn ausschließlich persönliche Verhältnisse eines Mitangeklagten,[25] nur den Mitangeklagten betreffende Prozessvoraussetzungen oder dessen Schuldfähigkeit – einschließlich der Anhörung eines Sachverständigen hierzu – erörtert werden.[26] Umgekehrt schließt jede Mitbetroffenheit wie beispielsweise bei Umständen, die für den Rechtsfolgenausspruch bedeutsam sein können,[27] eine Beurlaubung aus,[28] sodass bei der Anwendung der Vorschrift insgesamt Vorsicht geboten ist.[29] Eine Beurlaubung wird vor diesem Hintergrund in der Regel nur dann als unproblematisch empfohlen, wenn der Angeklagte von vornherein geständig ist und deshalb die während seiner Abwesenheit durch- bzw. fortgeführte Verhandlung die Frage seiner Schuld nicht tangieren kann.[30]

III. Antrag auf Beurlaubung bzw. Freistellung

Die Beurlaubung bzw. Freistellung setzt einen **Antrag** voraus.[31] Eine Beurlaubung von Amts wegen ist nämlich gesetzlich nicht vorgesehen[32] und unter dem Gesichtspunkt des Rechts zur Anwesenheit auch nicht unproblematisch. **Antragsberechtigt** sind der Angeklagte sowie der notwendige Verteidiger, wobei letzterer diesen sowohl für sich als auch für den Angeklagten, jedoch wegen des

---

[8] KK-StPO/*Gmel* Rn. 3.
[9] Löwe/Rosenberg/*Gollwitzer* Rn. 5; vgl. auch: BGH v. 5. 2. 2009 – 4 StR 609/08, NStZ 2009, 400.
[10] BGH v. 5. 10. 1983 – 2 StR 298/83, BGHSt 32, 100 (102).
[11] *Pfeiffer* Rn. 1; *Meyer-Goßner* Rn. 10.
[12] BGH v. 22. 4. 1983 – 3 StR 420/82, BGHSt 31, 323 (330); SK-StPO/*Schlüchter* Rn. 4, 8.
[13] SK-StPO/*Schlüchter* Rn. 5; *Meyer-Goßner* Rn. 10.
[14] BGH v. 24. 10. 2002 – 5 StR 600/01, NJW 2003, 446 (452); *Rieß* NJW 1978, 2270.
[15] HK-GS/*Temming* Rn. 4; *Meyer-Goßner* Rn. 11; Löwe/Rosenberg/*Gollwitzer* Rn. 18.
[16] Vgl. hierzu: § 230 Rn. 12.
[17] BGH v. 22. 4. 1983 – 3 StR 420/82, BGHSt 31, 323 (331); BGH v. 5. 10. 1983 – 2 StR 298/83, BGHSt 32, 100 (101 f.); *Meyer-Goßner* Rn. 12.
[18] BGH v. 5. 10. 1983 – 2 StR 298/83, BGHSt 32, 100 (102); SK-StPO/*Schlüchter* Rn. 6; Löwe/Rosenberg/*Gollwitzer* Rn. 5.
[19] BGH v. 5. 10. 1983 – 2 StR 298/83, BGHSt 32, 100 (102).
[20] *Pfeiffer* Rn. 2.
[21] BGH v. 5. 2. 2009 – 4 StR 609/08, NStZ 2009, 400; KK-StPO/*Gmel* Rn. 4; Löwe/Rosenberg/*Gollwitzer* Rn. 5.
[22] Löwe/Rosenberg/*Gollwitzer* Rn 5.
[23] BGH v. 5. 10. 1983 – 2 StR 298/83, BGHSt 32, 100 (102); *Joecks* Rn. 3; *Meyer-Goßner* Rn. 12; HK-GS/*Temming* Rn. 10.
[24] KK-StPO/*Gmel* Rn. 5.
[25] BGH v. 22. 4. 1983 – 3 StR 420/82, BGHSt 31, 323 (330 f.); *Meyer-Goßner* Rn. 12; Löwe/Rosenberg/*Gollwitzer* Rn. 5.
[26] Löwe/Rosenberg/*Gollwitzer* Rn. 5; *Meyer-Goßner* Rn. 12; HK-GS/*Temming* Rn. 11 f.
[27] BGH v. 5. 2. 2009 – 4 StR 609/08, NStZ 2009, 400 f.
[28] BGH v. 5. 2. 2009 – 4 StR 609/08, NStZ 2009, 400; Löwe/Rosenberg/*Gollwitzer* Rn. 5.
[29] *Pfeiffer* Rn. 2.
[30] BGH v. 5. 10. 1983 – 2 StR 298/83; BGHSt 32, 100 (103); BGH v. 22. 2. 1984 – 3 StR 530/83, NJW 1984, 1245; hierzu: HK-GS/*Temming* Rn. 10.
[31] BGH v. 22. 4. 1983 – 3 StR 420/82, BGHSt 31, 323 (329); *Pfeiffer* Rn. 2.
[32] KK-StPO/*Gmel* Rn. 6; SK-StPO/*Schlüchter* Rn. 9, 12.

Anwesenheitsrechts nicht gegen dessen Willen stellen kann. Die Antragsrechte von Angeklagtem und Verteidiger bestehen im Übrigen unabhängig voneinander und sind als solche selbständig.[33]

6 Der Antrag ist **in der Hauptverhandlung** mündlich zu stellen.[34] Für zulässig wird es aber auch erachtet, den Antrag vor der Verhandlung schriftlich bei Gericht anzubringen.[35] Hierfür spricht vor Allem, dass dies einer Entlastung bei der Verhandlungsplanung dienen sowie auch die Durchführung der Hauptverhandlung im Sinne des Beschleunigungsgrundsatzes befördern kann. Eine wiederholte Antragstellung für verschiedene Teile der Hauptverhandlung ist im Übrigen grundsätzlich zulässig.[36]

7 Aus der gesetzlichen Regelung folgt die **inhaltliche Vorgabe**, dass im Antrag der Verhandlungsteil, für den eine Freistellung begehrt wird, genau zu bezeichnen ist.[37] Ansonsten ist der Antrag unzulässig. Das Gericht ist in diesem Zusammenhang indessen gehalten, auf eine präzise Antragstellung hinzuwirken;[38] nicht zuletzt, weil sich der Umfang der hinterher zu gewährenden Beurlaubung wegen des Anwesenheitsrechts lediglich am Antrag orientieren darf.[39] Umgekehrt ist ein ungenauer Antrag unschädlich, wenn der anschließende Beschluss – unter maßgeblicher Berücksichtigung des mitgeteilten Begehrens – die erforderliche klare Bezeichnung des Verhandlungsteils enthält.

8 Eine Sonderkonstellation stellt es dar, wenn der Antrag zwar nicht gestellt wurde, die auf einem Versehen des Gerichts basierende Beurlaubung jedoch dadurch gebilligt wird, dass von ihr Gebrauch gemacht wird.[40] Nach Auffassung des BGH liegt darin ein stillschweigendes Nachholen des Antrags mit der Folge, dass die Beurlaubung verfahrensrechtlich statthaft wird, sofern die Voraussetzungen im Übrigen vorliegen.[41] Indessen wird man hieraus nicht schlussfolgern dürfen, dass der Antrag generell nachholbar ist. Vielmehr setzt die Vorschrift grundsätzlich voraus, dass der Beurlaubung sowohl ein entsprechender Antrag als auch ein entsprechender Gerichtsbeschluss vorausgehen.

9 Der Antrag auf Beurlaubung bzw. Freistellung ist als **wesentliche Förmlichkeit** in der Sitzungsniederschrift zu protokollieren.[42]

IV. Entscheidung des Gerichts

10 Über den Antrag, während einzelner Teile der Hauptverhandlung abwesend sein zu dürfen, wird nach S. 1 in einem **Gerichtsbeschluss** entschieden. Es handelt sich um einen förmlichen[43] Beschluss durch das **erkennende Gericht** – und nicht durch den Vorsitzenden[44] – nach Anhörung der Verfahrensbeteiligten, vor Allem der StA.[45] Ob auch die Mitangeklagten zu hören sind, wird kontrovers diskutiert.[46] Allerdings wird zu berücksichtigen sein, dass die Mitangeklagten unter Umständen gerade zur Frage der Betroffenheit Gesichtspunkte beisteuern können.[47] Die nur in der Hauptverhandlung[48] zu treffende Entscheidung steht im pflichtgemäßen **Ermessen** des Gerichts, wobei im Rahmen der Prüfung der Voraussetzungen der Beurlaubung der Zweck der Regelung, aber auch die mit der Freistellung verbundenen Risiken gegeneinander abzuwägen sind.[49]

11 In dem Beschluss sind nach S. 2 die Verhandlungsteile, in denen der Angeklagte bzw. der Pflichtverteidiger von der Anwesenheit entbunden sind, präzise zu bezeichnen.[50] Die erforderliche Genauigkeit kann mittels einer zeitlichen Eingrenzung, durch eine thematische Umgrenzung oder durch eine Kombination von beidem sichergestellt werden.[51] Eine ausschließlich thematische Festlegung erscheint aber deutlich vorzugswürdig,[52] da eine zeitliche Begrenzung oder die Ver-

---

[33] Löwe/Rosenberg/*Gollwitzer* Rn. 7; *Meyer-Goßner* Rn. 7.
[34] *Meyer-Goßner* Rn. 6.
[35] SK-StPO/*Schlüchter* Rn. 10; Löwe/Rosenberg/*Gollwitzer* Rn. 9.
[36] *Meyer-Goßner* Rn. 9.
[37] HK-GS/*Temming* Rn. 6; *Joecks* Rn. 2; *Meyer-Goßner* Rn. 8.
[38] *Schlothauer*, FS Koch, 1989, S. 241 (246); Löwe/Rosenberg/*Gollwitzer* Rn. 8.
[39] BGH v. 21. 2. 1985 – 1 StR 7/85, NStZ 1985, 375; SK-StPO/*Schlüchter* Rn. 11.
[40] BGH v. 22. 4. 1983 – 3 StR 420/82, BGHSt 31, 323 (329 f.).
[41] BGH v. 22. 4. 1983 – 3 StR 420/82, BGHSt 31, 323 (329 f.); kritisch: HK-GS/*Temming* Rn. 7.
[42] Löwe/Rosenberg/*Gollwitzer* Rn. 20.
[43] SK-StPO/*Schlüchter* Rn. 13.
[44] BGH v. 21. 2. 1985 – 1 StR 7/85, NStZ 1985, 375.
[45] *Pfeiffer* Rn. 3; *Joecks* Rn. 4.
[46] Bejahend: Löwe/Rosenberg/*Gollwitzer* Rn. 10; SK-StPO/*Schlüchter* Rn. 15; KMR/*Paulus* Rn. 11, ablehnend: KK-StPO/*Gmel* Rn. 9; *Meyer-Goßner* Rn. 13; Graf/*Gorf* Rn. 7.
[47] SK-StPO/*Schlüchter* Rn. 15.
[48] Löwe/Rosenberg/*Gollwitzer* Rn. 10.
[49] SK-StPO/*Schlüchter* Rn. 15; Löwe/Rosenberg/*Gollwitzer* Rn. 11; *Joecks* Rn. 4; *Meyer-Goßner* Rn. 14; HK-GS/*Temming* Rn. 14.
[50] *Meyer-Goßner* Rn. 15; Löwe/Rosenberg/*Gollwitzer* Rn. 12; *Joecks* Rn. 6; *Pfeiffer* Rn. 3.
[51] SK-StPO/*Schlüchter* Rn. 16.
[52] *Schlothauer*, FS Koch, 1989, S. 241 (246).

wendung zeitlicher Elemente zu Unschärfen führen kann; zumindest eine Verknüpfung zeitlicher mit thematischen Gesichtspunkten vermag die notwendige Genauigkeit zu gewährleisten.[53] Nur einen Beurlaubungszeitraum anzugeben,[54] genügt in der Regel nicht.[55]

Nicht zuletzt aus Gründen der erforderlichen Klarheit ist ein **stillschweigender Beschluss** nicht möglich.[56] 12

Der stattgebende Gerichtsbeschluss bedarf keiner **Begründung**.[57] Wird die Beurlaubung hingegen abgelehnt, muss eine Begründung vorhanden sein. Hieraus muss sich ergeben, ob die Ablehnung auf Rechtsgründen (Betroffenheit des Angeklagten/notwendigen Verteidigers von den Verhandlungsteilen) oder auf Ermessensgebrauch (Unerlässlichkeit der Anwesenheit) beruht.[58] 13

Der Beschluss ist – wie der Antrag[59] – als **wesentliche Förmlichkeit** zu protokollieren.[60] Ferner ist der Zeitpunkt der Entfernung im Protokoll festzuhalten. 14

Liegt der stattgebende Beschluss vor, ist der beurlaubte Angeklagte/Pflichtverteidiger von der Pflicht zur Anwesenheit in der Hauptverhandlung befreit.[61] Eine Verhandlung gegen den Angeklagten findet während der Freistellung nicht statt.[62] An den Verfahrensrollen bzw. der Rechtsstellung ändert sich hierdurch indessen nichts:[63] Eine Zeugenstellung des Angeklagten in dem Verfahren ist ebenso ausgeschlossen wie etwa die Beiordnung des Pflichtverteidigers einem anderen (Mit-)Angeklagten. Ferner wird das Anwesenheitsrecht des Angeklagten/Pflichtverteidigers durch die Beurlaubung nicht tangiert, sodass er während dieser Zeit (zumindest) an Hauptverhandlung teilzunehmen befugt ist.[64] Von der Befugnis zur Teilnahme abzugrenzen ist das Recht, Prozesserklärungen nach § 257 abzugeben, oder Mitwirkungsrechte nach §§ 240, 245, 248, 251 wahrzunehmen. Diese Befugnisse stehen dem beurlaubten Verfahrensbeteiligten grundsätzlich nicht zu;[65] es sei denn, dass er von dem verhandelten Vorgang betroffen ist.[66] 15

Diskutiert wird die Frage, ob der Angeklagte/Pflichtverteidiger nach seiner Beurlaubung in entsprechender Anwendung von § 231a Abs. 2 vom Vorsitzenden über den wesentlichen Inhalt der in Abwesenheit durchgeführten Verhandlung zu unterrichten ist. Da eine Regelung in der Verfahrensnorm selbst unterblieben ist und die Beurlaubung gerade die sachliche Nichtbetroffenheit voraussetzt, erscheint dies weder zwingend noch erforderlich.[67] Allerdings ist die Unterrichtung dem Vorsitzenden auch nicht untersagt, sodass die Information mit Blick auf eine gelebte Verfahrenskultur und den Gedanken der Fairness erfolgen kann. 16

V. Widerruf

Nach S. 3 kann die Erlaubnis, sich während einzelner Teile der Hauptverhandlung zu entfernen, jederzeit widerrufen werden. Als actus contrarius erfolgt der **Widerruf** durch **Gerichtsbeschluss** nach Anhörung der Verfahrensbeteiligten, vor Allem der Staatsanwaltschaft und dem Beurlaubten. Der Beschluss soll[68] bzw. – nach anderer Ansicht – muss[69] in der Hauptverhandlung verkündet werden, obwohl der Beurlaubte zu diesem Zeitpunkt abwesend ist. In jedem Fall muss er sodann dem abwesenden Angeklagten/Pflichtverteidiger mitgeteilt werden, was zweckmäßigerweise durch förmliche Zustellung erfolgt.[70] Eine förmliche Ladung ist hingegen nicht notwendig,[71] wenngleich über den Termin, an welchem wieder Anwesenheitspflicht besteht, informiert werden muss; die Ladungsfristen nach §§ 217 Abs. 1, 218 S. 2 gelten nicht.[72] 17

Beantragt der Angeklagte/Pflichtverteidiger den Widerruf, muss das Gericht durch Beschluss die Erlaubnis widerrufen.[73] In allen anderen Fällen ist die Erlaubnis frei widerruflich, sodass al- 18

---

[53] Löwe/Rosenberg/*Gollwitzer* Rn. 12; SK-StPO/*Schlüchter* Rn. 16.
[54] Meyer-Goßner Rn. 15; KMR/*Paulus* Rn. 11; KK-StPO/*Gmel* Rn. 10.
[55] HK-StPO/*Julius* Rn. 6, Schlothauer, FS Koch, 1989, S. 246.
[56] BGH v. 21.2. 1985 – 1 StR 7/85, NStZ 1985, 375; Löwe/Rosenberg/*Gollwitzer* Rn. 10; SK-StPO/*Schlüchter* Rn. 13; Meyer-Goßner Rn. 13; aA KMR/*Paulus* Rn. 11; BGH v. 31.5. 1994 – 5 StR 557/93, NStZ 1995, 27.
[57] Meyer-Goßner Rn. 16; KK-StPO/*Gmel* Rn. 11; SK-StPO/*Schlüchter* Rn. 17.
[58] SK-StPO/*Schlüchter* Rn. 17; KK-StPO/*Gmel* Rn. 11; Löwe/Rosenberg/*Gollwitzer* Rn. 13; Meyer-Goßner Rn. 16.
[59] Vgl. oben Rn. 5 ff.
[60] Löwe/Rosenberg/*Gollwitzer* Rn. 20.
[61] Meyer-Goßner Rn. 17; KK-StPO/*Gmel* Rn. 14; Joecks Rn. 7.
[62] HK-GS/*Temming* Rn. 16.
[63] Löwe/Rosenberg/*Gollwitzer* Rn. 17; SK-StPO/*Schlüchter* Rn. 19.
[64] Meyer-Goßner Rn. 18; SK-StPO/*Schlüchter* Rn. 19; Joecks Rn. 7; Pfeiffer Rn. 3.
[65] KK-StPO/*Gmel* Rn. 14; SK-StPO/*Schlüchter* Rn. 19; Löwe/Rosenberg/*Gollwitzer* Rn. 13; HK-GS/*Temming* Rn. 16.
[66] Meyer-Goßner Rn. 18; Rieß NJW 1978, 2270; KK-StPO/*Gmel* Rn. 14; kritisch: HK-GS/*Temming* Rn. 16; SK-StPO/*Schlüchter* Rn. 19.
[67] SK-StPO/*Schlüchter* Rn. 19; HK-GS/*Temming* Rn. 17; Löwe/Rosenberg/*Gollwitzer* Rn. 22; Meyer-Goßner Rn. 20.
[68] Löwe/Rosenberg/*Gollwitzer* Rn. 15.
[69] Meyer-Goßner Rn. 21; Pfeiffer Rn. 3; SK-StPO/*Schlüchter* Rn. 22; aA HK-GS/*Temming* Rn. 18.
[70] Löwe/Rosenberg/*Gollwitzer* Rn. 15; SK-StPO/*Schlüchter* Rn. 22; Pfeiffer Rn. 3.
[71] Rieß NJW 1978, 2270.
[72] KMR/*Paulus* Rn. 12; Meyer-Goßner Rn. 21; Rieß NJW 1978, 2270; Löwe/Rosenberg/*Gollwitzer* Rn. 15.
[73] Löwe/Rosenberg/*Gollwitzer* Rn. 14.

leine maßgeblich ist, ob entgegen der der Beurlaubung zugrunde liegenden Prognose nach Einschätzung des Gerichts unter Berücksichtigung des Verfahrensstandes und der Verfahrensentwicklung die Anwesenheit des Angeklagten/Pflichtverteidigers wegen der (möglichen) Betroffenheit wieder unerlässlich ist.[74] Der Grundsatz der Anwesenheit mit den damit verbundenen Rechten und Pflichten greift wieder Platz; das gilt insbesondere für die Anwesenheitspflichten nach §§ 230 Abs. 1, 145 Abs. 1. Mithin ist das Gericht mit Blick auf §§ 230 Abs. 1, 244 Abs. 2 zur Vermeindung von Rechtsfehlern verfahrensrechtlich gehalten, mit dem Instrumentarium des Widerrufbeschlusses zu reagieren. Unmittelbare Konsequenz des wirksamen Widerrufs ist, dass die Hauptverhandlung ohne den bis zu diesem Zeitpunkt Beurlaubten nicht fortgesetzt werden darf.[75] Das Recht bzw. die Erlaubnis des Angeklagten/Pflichtverteidiger, der Hauptverhandlung fernzubleiben, endet.[76]

19   Der Widerrufsbeschluss ist – sofern er in der Hauptverhandlung verkündet wird – als **wesentliche Förmlichkeit** zu protokollieren.[77] Gleiches gilt für den Zeitpunkt des Wiedererscheinens in der Hauptverhandlung sowie den Zeitraum der Abwesenheit.[78]

20   Wurde während der Phase der Beurlaubung bzw. Freistellung entgegen der im zugrunde liegenden Gerichtsbeschluss enthaltenen Prognose zur Abkömmlichkeit des Angeklagten/Pflichtverteidiger in der fortgeführten Hauptverhandlung Verfahrensstoff erörtert, der für die Entscheidungsfindung gegen den Angeklagten relevant sein kann bzw. ist, führt dies nicht zur Fehlerhaftigkeit oder Unwirksamkeit des (Beurlaubungs-)Beschlusses.[79] Des Weiteren kann der materielle Verstoß gegen §§ 230 Abs. 1, 145 Abs. 1 nur durch Wiederholung des betreffenden Verhandlungsteils **geheilt** werden.[80] Wegen der Bedeutung des Anwesenheitsgrundsatzes ist eine Heilung durch Unterrichtung des Beurlaubten nach § 231a Abs. 2 (analog)[81] oder durch Nichtverwertung des Verfahrensstoffes im Urteil[82] ausgeschlossen. Eine Ausnahme von der Wiederholungspflicht kann allenfalls für die – allerdings eher praxisferne und daher theoretische – Konstellation in Betracht kommen, dass der Beurlaubte trotz Dispens in der Hauptverhandlung zugegen war und in vollem Umfang seine Rechte wahrnehmen konnte.[83]

VI. Rechtsbehelfe

21   Weder der Gerichtsbeschluss, mit dem eine Beurlaubung bzw. Freistellung abgelehnt wurde, noch der Beschluss, mit dem der Widerruf erfolgte, sind nach § 305 S. 1 mit der **Beschwerde** anfechtbar.[84] Gleiches gilt für den Beurlaubungsbeschluss, wobei es hier bereits an der Beschwer des Angeklagten/Pflichtverteidiger fehlt.[85]

22   Im Rahmen der **Revision** kann eine Verletzung des Anwesenheitsgrundsatzes (§ 338 Nr. 5) gerügt werden, wenn in erlaubter urlaubsbedingter Abwesenheit Verfahrensstoff erörtert wurde, der den Angeklagten unmittelbar oder mittelbar betraf.[86] Weiterhin kann mit der Revision in diesem Zusammenhang gerügt werden, dass die Abwesenheitsverhandlung ohne den gesetzlich vorgesehenen Gerichtsbeschluss stattgefunden hat,[87] oder dass die Abwesenheitsverhandlung auf einen Verhandlungsteil erstreckt wurde, der im Beschluss nicht inhaltlich bezeichnet wurde.[88] Voraussetzung ist aber, dass der Verstoß nicht geheilt wurde[89] und dass es sich für den Angeklagten/Pflichtverteidiger um einen wesentlichen Teil der Hauptverhandlung gehandelt hat.[90]

---

[74] SK-StPO/*Schlüchter* Rn. 22; Löwe/Rosenberg/*Gollwitzer* Rn. 14; KK-StPO/*Gmel* Rn. 12.
[75] *Rieß* NJW 1978, 2265 (2270); Löwe/Rosenberg/*Gollwitzer* Rn. 16; *Joecks* Rn. 8.
[76] SK-StPO/*Schlüchter* Rn. 22; Löwe/Rosenberg/*Gollwitzer* Rn. 16.
[77] Löwe/Rosenberg/*Gollwitzer* Rn. 20.
[78] *Meyer-Goßner* Rn. 22.
[79] SK-StPO/*Schlüchter* Rn. 23.
[80] BGH v. 1. 4. 1981 – 2 StR 791/80, BGHSt 30, 74 (76); Löwe/Rosenberg/*Gollwitzer* Rn. 21; SK-StPO/*Schlüchter* Rn. 24; *Meyer-Goßner* Rn. 24; Graf/*Gorf* Rn. 15.
[81] BGH v. 1. 4. 1981 – 2 StR 791/80, BGHSt 30, 74 (76).
[82] SK-StPO/*Schlüchter* Rn. 23.
[83] SK-StPO/*Schlüchter* Rn. 27.
[84] Anw-StPO/*Kirchhof* Rn. 4; *Meyer-Goßner* Rn. 23; *Pfeiffer* Rn. 4; KK-StPO/*Gmel* Rn. 16; *Joecks* Rn. 9.
[85] Löwe/Rosenberg/*Gollwitzer* Rn. 23.
[86] BGH v. 23. 5. 1991 – 5 StR 9/91, NStZ 1992, 27; BGH v. 29. 3. 1988 – 1 StR 66/88, StV 1988, 370; BGH v. 4. 10. 1984 – 4 StR 429/84, NStZ 1985, 205; BGH v. 8. 12. 1983 – 1 StR 598/83, StV 1984, 102; BGH v. 5. 2. 2009 – 4 StR 609/08, NStZ 2009, 400 (401); Löwe/Rosenberg/*Gollwitzer* Rn. 24; *Meyer-Goßner* Rn. 24; KK-StPO/*Gmel* Rn. 17; *Joecks* Rn. 9.
[87] BGH v. 4. 10. 1984 – 4 StR 429/84, NStZ 1985, 375; SK-StPO/*Schlüchter* Rn. 32; *Schlothauer*, FS Koch, 1989, S. 247.
[88] BGH v. 14. 11. 1985 – 4 StR 589/85, StV 1986, 418; BGH v. 29. 3. 1988 – 1 StR 66/88, StV 1988, 370; *Meyer-Goßner* Rn. 24; *Schlothauer*, FS Koch, 1989, S. 247; *Joecks* Rn. 9.
[89] Vgl. oben Rn. 20.
[90] Löwe/Rosenberg/*Gollwitzer* Rn. 24.

§ 232 [Hauptverhandlung trotz Ausbleibens]

(1) ¹Die Hauptverhandlung kann ohne den Angeklagten durchgeführt werden, wenn er ordnungsgemäß geladen und in der Ladung darauf hingewiesen worden ist, daß in seiner Abwesenheit verhandelt werden kann, und wenn nur Geldstrafe bis zu einhundertachtzig Tagessätzen, Verwarnung mit Strafvorbehalt, Fahrverbot, Verfall, Einziehung, Vernichtung oder Unbrauchbarmachung, alleine oder nebeneinander, zu erwarten ist. ²Eine höhere Strafe oder eine Maßregel der Besserung und Sicherung darf in diesem Verfahren nicht verhängt werden. ³Die Entziehung der Fahrerlaubnis ist zulässig, wenn der Angeklagte in der Ladung auf diese Möglichkeit hingewiesen worden ist.

(2) Auf Grund einer Ladung durch öffentliche Bekanntmachung findet die Hauptverhandlung ohne den Angeklagten nicht statt.

(3) Die Niederschrift über eine richterliche Vernehmung des Angeklagten wird in der Hauptverhandlung verlesen.

(4) Das in Abwesenheit des Angeklagten ergehende Urteil muß ihm mit den Urteilsgründen durch Übergabe zugestellt werden, wenn es nicht nach § 145 a Abs. 1 dem Verteidiger zugestellt wird.

I. Einführung

Mit dem Ziel einer möglichst zügigen verfahrensrechtlichen Erledigung von Straftaten mit geringerer Bedeutung dient die Vorschrift – wie § 231c, jedoch mit anderer Stoßrichtung – dem Zweck der **Verfahrensvereinfachung**.[1] Es handelt sich um ein sog. Ungehorsamsverfahren.[2] Denn die Bestimmung ermöglicht dem Gericht, unter Verzicht auf die ansonsten zur Sicherstellung seiner notwendigen Präsenz nach § 230 Abs. 2 einzuleitenden Zwangsmaßnahmen die Hauptverhandlung in Abwesenheit des ausgebliebenen und insofern „ungehorsamen" Angeklagten durchzuführen. Mithin folgt aus der Vorschrift keinesfalls, dass dem Angeklagten ein Abwesenheitsrecht in Bagatellstrafsachen zustünde.[3] Des Weiteren ist aber gleichfalls nicht zu verkennen, dass die Norm auch Ausdruck des Grundsatzes der Verhältnismäßigkeit ist, wenn in Gegenüberstellung von Anwesenheitsgrundsatz einschließlich Anwesenheitspflicht und etwaigen sichernden Zwangsmaßnahmen einerseits sowie Abwesenheitsverfahren bei ausgebliebenem Angeklagten in Bagatellsachen andererseits letzteres unter näheren Voraussetzungen als prozedural zulässige Option mit geringerer Eingriffsintensität vorgesehen ist.

Die Bestimmung findet Anwendung im ersten Rechtszug, in Abgrenzung zu § 329 im Berufungsverfahren[4] sowie nach § 50 JGG im Jugendstrafverfahren,[5] allerdings nicht im Revisionsverfahren (vgl. § 350 Abs. 2).[6]

II. Die Hauptverhandlung in Abwesenheit

Nach Abs. 1 kann die Hauptverhandlung ohne den Angeklagten durchgeführt werden, wenn er trotz ordnungsgemäßer Ladung unter Hinweis, dass in seiner Abwesenheit verhandelt werden kann, schuldhaft ausgeblieben ist, und wenn die zu erwartenden Rechtsfolgen die in Abs. 1 S. 1 aufgeführten nicht übersteigen.

1. Ordnungsgemäße Ladung. Die Hauptverhandlung in Abwesenheit setzt nach Abs. 1 S. 1 eine **ordnungsgemäße Ladung** voraus, wobei nach Abs. 2 eine Ladung durch öffentliche Bekanntmachung nicht genügt, da hierdurch die zur Wahrung des rechtlichen Gehörs erforderliche Kenntnis von Ladung und Termin nicht gewährleistet ist.[7] Ordnungsgemäß ist die Ladung, wenn sie den **Anforderungen nach § 216**[8] entspricht.[9] Die Nichteinhaltung der Ladungsfrist nach § 217 berührt die Ordnungsmäßigkeit der Ladung nach hA nicht.[10] Zulässig ist es im Übrigen, zu Händen eines Zustellungsbevollmächtigten zu laden.[11]

---

[1] *Joecks* Rn. 1; *Meyer-Goßner* Rn. 1.
[2] SK-StPO/*Schlüchter* Rn. 1; *Meyer-Goßner* Rn. 1; KK-StPO/*Gmel* Rn. 1; HK-GS/*Temming* Rn. 1; aA KMR/*Paulus* Rn. 2.
[3] BGH v. 27. 3. 1973 – 5 StR 655/72, BGHSt 25, 165 (167); Löwe/Rosenberg/*Gollwitzer* Rn. 1; Anw-StPO/*Kirchhof* Rn. 1; *Pfeiffer* Rn. 1; *Meyer-Goßner* Rn. 1; *Joecks* Rn. 1; aA *Stein* ZStW 97 (1985), 303 (329).
[4] BGH v. 27. 3. 1973 – 5 StR 655/72, BGHSt 25, 165 (166); OLG Stuttgart v. 5. 7. 1962 – 2 Ss 972/61, NJW 1962, 2023; *Küper* GA 1971, 289; SK-StPO/*Schlüchter* Rn. 2; *Joecks* Rn. 1.
[5] *Meyer-Goßner* Rn. 2; *Pfeiffer* Rn. 1.
[6] *Joecks* Rn. 1.
[7] SK-StPO/*Schlüchter* Rn. 8.
[8] Vgl. oben § 230 Rn. 3 ff.
[9] SK-StPO/*Schlüchter* Rn. 8; Löwe/Rosenberg/*Gollwitzer* Rn. 5; KK-StPO/*Gmel* Rn. 3.
[10] KK-StPO/*Gmel* Rn. 3 mwN; aA SK-StPO/*Schlüchter* Rn. 10; vgl. auch oben § 217 Rn. 4, 10.
[11] BGH v. 21. 12. 1956 – 1 StR 417/56, NJW 1957, 472; Löwe/Rosenberg/*Gollwitzer* Rn. 5.

5   Wenn der Angeklagte sich im **Ausland** aufhält oder dort seinen Wohnsitz hat, ist § 232 unter der Voraussetzung anwendbar, dass dort eine Ladung möglich ist.[12] Vor diesem Hintergrund erfüllt eine im Ausland ordnungsgemäß bewirkte Ladung die Anforderungen nach Abs. 1 S. 1,[13] auch wenn in der Ladung die Androhung von Zwangsmitteln unterbleiben musste.[14]

6   **2. Hinweispflicht.** Die (ordnungsgemäße) Ladung muss nach Abs. 1 S. 1 3. HS den – gerichtlichen – **Hinweis** enthalten, dass in Abwesenheit verhandelt werden kann, womit ebenfalls der Anspruch auf rechtliches Gehör gewährleistet wird.[15] Zum Schutz vor der Ungehorsamfolge in Form der Abwesenheitsverhandlung[16] wird der Angeklagte durch den Hinweis vorab entsprechend informiert. Mithin kommt dem klar und unmissverständlich[17] zu formulierenden Hinweis zentrale Bedeutung dergestalt zu, dass es sich um eine unverzichtbare (Zulässigkeits-)Voraussetzung für das Abwesenheitsverfahren handelt.[18]

7   Fehlt der Hinweis, darf ohne den Angeklagten nicht verhandelt werden; dies gilt auch dann, wenn für ihn ein nach § 234 ermächtigter Verteidiger erscheint.[19] Auch stehen der Hinweis und damit § 232 nicht zur **Disposition** des Angeklagten oder des Verteidigers.[20] Ausgeschlossen ist es daher, dass über das Einverständnis des Angeklagten oder seines Verteidigers in die Abwesenheitsverhandlung der fehlende Hinweis ersetzt wird.[21] Denn das Fehlen des Hinweises schützt den Angeklagten nur davor, dass in seiner Abwesenheit verhandelt wird,[22] eine Berechtigung zum Verzicht auf die ansonsten zwingende Teilnahme – mit den gesetzlich fest umschriebenen Ausnahmen – ist hingegen (auch) in Bagatellstrafsachen nicht anzuerkennen.[23] Unter Umständen ist der erklärte Verzicht jedoch in einen Antrag auf Entbindung von der Pflicht zum Erscheinen nach § 233 umzudeuten.[24]

8   Mit Blick auf die Verbindlichkeit des Hinweises eröffnet sich für das Gericht eine aus externer Perspektive kontradiktorische Gestaltungsbefugnis. Fügt das Gericht der Ladung nämlich den Hinweis bei, wird damit dokumentiert, dass eine Abwesenheitsverhandlung in Betracht gezogen wird. Verzichtet das Gericht indessen auf ihn, ist der Angeklagte verpflichtet, in der Hauptverhandlung zu erscheinen.

9   **3. Anwendungsbereich des Ungehorsamsverfahrens.** Das Ungehorsamsverfahren bezieht sich auf den **Bereich der sog. Bagatellkriminalität**. Demzufolge darf für das einer Verurteilung zugrunde zu legende Tatgeschehen keine höhere Strafe als Geldstrafe bis zu 180 Tagessätzen, Verwarnung mit Strafvorbehalt, Fahrverbot, Verfall, Einziehung, Vernichtung und Unbrauchbarmachung, alleine oder nebeneinander, und keine Maßnahme der Sicherung und Besserung mit Ausnahme der – in der Ladung zu annoncierenden (Abs. 1 S. 3) – Entziehung der Fahrerlaubnis zu erwarten sein. Die Aufzählung ist wegen des Ausnahmecharakters der Vorschrift abschließend,[25] sodass sonstige Strafen, Maßregeln oder Nebenfolgen nicht angeordnet werden dürfen.

10 Nach hM ist maßgeblich, mit welcher Strafe oder Maßregel im Einzelfall konkret in der Hauptverhandlung in Abwesenheit des Angeklagten zu rechnen ist.[26] Im Falle von Tatmehrheit ist die Gesamt(geld)strafe, welche 180 Tagessätze nicht überschreiten darf, ausschlaggebend.[27] Kommt aus materiellrechtlichen Gründen nur Freiheitsstrafe in Frage, ist ein Vorgehen nach § 232 nur zulässig, wenn über § 47 Abs. 2 StGB lediglich eine Geldstrafe im erwähnten Umfang zu erwarten ist.[28]

---

[12] Löwe/Rosenberg/*Gollwitzer* Rn. 5; aA SK-StPO/*Schlüchter* Rn. 9, § 285 Rn. 3.
[13] Löwe/Rosenberg/*Gollwitzer* Rn. 5.
[14] OLG Frankfurt v. 2. 5. 1972 – 2 Ws 103/71, NJW 1972, 1875; *Oppe* NJW 1966, 2238; *Meyer-Goßner* Rn. 4.
[15] SK-StPO/*Schlüchter* Rn. 11.
[16] *Küper* GA 1971, 289 (298).
[17] OLG Hamburg v. 8. 4. 1929 – R. III 49/29, GA 74 (1930), 81; HK-GS/*Temming* Rn. 4; *Meyer-Goßner* Rn. 7.
[18] *Meyer-Goßner* Rn. 5; Löwe/Rosenberg/*Gollwitzer* Rn. 6; SK-StPO/*Schlüchter* Rn. 11; KK-StPO/*Gmel* Rn. 4; HK-GS/*Temming* Rn. 4.
[19] BGH v. 27. 3. 1973 – 5 StR 655/72, BGHSt 25, 165 (166).; Löwe/Rosenberg/*Gollwitzer* Rn. 6; KK-StPO/*Gmel* Rn. 4; *Meyer-Goßner* Rn. 6.
[20] Löwe/Rosenberg/*Gollwitzer* Rn. 17; *Meyer-Goßner* Rn. 5.
[21] BGH v. 27. 3. 1973 – 5 StR 655/72, BGHSt 25, 165 (167); OLG Frankfurt v. 7. 5. 1952 – 2 Ss 150/52, NJW 1952, 1107; OLG Hamburg v. 5. 9. 1986 – 1 Ss 131/86, NJW 1987, 269; SK-StPO/*Schlüchter* Rn. 15; Löwe/Rosenberg/*Gollwitzer* Rn. 17; *Meyer-Goßner* Rn. 5; aA OLG Zweibrücken v. 9. 5. 1868 – Ss 65/68, NJW 1968, 1977; KMR/*Paulus* Rn. 7.
[22] BGH v. 27. 3. 1973 – 5 StR 655/72, BGHSt 25, 165 (167).
[23] BGH v. 27. 3. 1973 – 5 StR 655/72, BGHSt 25, 165 (167); SK-StPO/*Schlüchter* Rn. 15; Löwe/Rosenberg/*Gollwitzer* Rn. 17; KK-StPO/*Gmel* Rn. 9.
[24] Löwe/Rosenberg/*Gollwitzer* Rn. 17; SK-StPO/*Schlüchter* Rn. 15.
[25] KK-StPO/*Gmel* Rn. 8; SK-StPO/*Schlüchter* Rn. 4 ff.; Löwe/Rosenberg/*Gollwitzer* Rn. 13.
[26] OLG Hamm v. 9. 5. 1868 – Ss 65/68, NJW 1954, 1131; OLG Stuttgart v. 5. 7. 1962, NJW 1962, 2033; SK-StPO/*Schlüchter* Rn. 6; Löwe/Rosenberg/*Gollwitzer* Rn. 6; *Pfeiffer* Rn. 2; *Joecks* Rn. 3.
[27] OLG Düsseldorf v. 13. 2. 1991 – 5 Ss 36/91 – 12/91, NJW 1991, 2781.
[28] KK-StPO/*Gmel* Rn. 8; *Pfeiffer* Rn. 2; *Meyer-Goßner* Rn. 9; HK-GS/*Temming* Rn. 4.

4. Eigenmächtige Abwesenheit. Bei Ausbleiben des Angeklagten kann gegen ihn in Abwesenheit 11
nur verhandelt werden, wenn er **eigenmächtig** und damit unentschuldigt fernbleibt bzw. sich entfernt.[29] Insofern gelten die gleichen Grundsätze wie bei § 231 Abs. 2.[30] Entscheidend ist daher, ob der Angeklagte entschuldigt ist,[31] was das Gericht im Wege des Freibeweises nachzuprüfen hat.

Von einem eigenmächtigen Ausbleiben kann in diesem Zusammenhang ausgegangen werden, 12
wenn der Angeklagte ohne Entschuldigung zur Terminsstunde nicht erschienen ist und angemessene Zeit vergeblich zugewartet wurde;[32] in der Regel 15 Minuten.[33] Gleiches gilt, wenn der Angeklagte den Zugang der Ladung arglistig vereitelt hat.[34] An der Eigenmächtigkeit fehlt es aber, wenn über einen rechtzeitig gestellten Antrag auf Vertagung[35] bzw. Entbindung nach § 233[36] noch nicht entschieden worden ist oder der Angeklagte die Ladung nicht erhalten hat.[37]

Da das eigenmächtige Entfernen dem eigenmächtigen Fernbleiben gleichsteht,[38] kann unter den 13
Voraussetzungen des § 232 die Hauptverhandlung gegen den abwesenden Angeklagten fortgeführt werden, auch wenn die Voraussetzungen auch § 231 Abs. 2 nicht vorliegen. Denn beide verfahrensrechtlichen Möglichkeiten bestehen alternativ nebeneinander; insbesondere ist § 231 Abs. 1 nicht als abschließende Regelung anzusehen.[39]

5. Gerichtliche Entscheidung. Ist der Angeklagte zu Beginn der Hauptverhandlung nicht er- 14
schienen oder entfernt er sich aus ihr, muss das erkennende Gericht einschließlich der Laienrichter darüber entscheiden, ob die Verhandlung ohne ihn durchgeführt wird. Liegen die Voraussetzungen nach Abs. 1 vor, kann in Abwesenheit des Angeklagten verhandelt werden. Es handelt sich, wie aus dem Wortlaut der Vorschrift ersichtlich, um eine **Ermessensentscheidung;**[40] dh. das Gericht kann, muss aber nicht die Hauptverhandlung ohne den ausgebliebenen Angeklagten durchführen. Maßgeblich für die Ausübung des freien Ermessens ist der Frage, ob die Wahrheitserforschung[41] oder die Notwendigkeit der Gewährung rechtlichen Gehörs[42] ausnahmsweise die Anwesenheit des Angeklagten erfordern.

Entscheidet das Gericht, die Hauptverhandlung in Abwesenheit des Angeklagten durchzufüh- 15
ren, ist hierzu kein förmlicher **Gerichtsbeschluss** erforderlich.[43] Vielmehr reicht es aus, dass tatsächlich ohne den Angeklagten verhandelt wird. Anders verhält es sich, wenn das Gericht nicht nach § 232 vorgehen und nur in Anwesenheit des Angeklagten verhandeln will. Dann ist ein Beschluss nach § 228 Abs. 1 erforderlich.[44]

6. Verlesung der richterlichen Beschuldigtenvernehmung. Wird die Hauptverhandlung in Ab- 16
wesenheit des Angeklagten durchgeführt, gelten grundsätzlich die allgemeinen Regeln. An die Stelle der nunmehr entbehrlichen Vernehmung des Angeklagten zur Sache nach § 243 Abs. 4 tritt allerdings **die Verlesung der Niederschrift über eine richterliche Vernehmung** (Abs. 3), soweit eine solche in Form der Beschuldigtenvernehmung im nämlichen Verfahren vorhanden ist.[45] Deren Fehlen steht jedoch einer Abwesenheitsverhandlung nicht entgegen.[46]

Nach umstrittener Auffassung ist die Verlesung der Niederschrift nach Abs. 3 verzichtbar, wenn 17
der Angeklagte durch einen ordnungsgemäß bevollmächtigten Verteidiger in der Hauptverhandlung vertreten ist und dieser die Sachdarstellung des Angeklagten vorträgt.[47] Umgekehrt bleibt die Verlesung aus Gründen der gebotenen Sachaufklärung aber weiterhin zumindest statthaft.[48] Wegen der Fokussierung der richterlichen Vernehmung in Abs. 3 ist die Verlesung sonstiger Nie-

---

[29] OLG Karlsruhe v. 21. 6. 1990 – 3 Ss 90/90, NStZ 1990, 505; HK-GS/*Temming* Rn. 3; Anw-StPO/*Kirchhof* Rn. 2; Löwe/Rosenberg/*Gollwitzer* Rn. 14, 18; *Meyer-Goßner* Rn. 11 f.; *Pfeiffer* Rn. 2.
[30] Vgl. oben § 230 Rn. 9, 18 f.; § 231 Rn. 6 ff.
[31] Löwe/Rosenberg/*Gollwitzer* Rn. 14; *Meyer-Goßner* Rn. 11.
[32] HK-GS/*Temming* Rn. 5; *Meyer-Goßner* Rn. 11.
[33] BerlVerfGH v. 12. 2. 2003 – 36/03, 36 A/03, NJW 2004, 1158.
[34] OLG Karlsruhe v. 21. 6. 1990 – 3 Ss 90/90, NStZ 1990, 505.
[35] OLG Köln v. 12. 2. 1952 – Ss 300/51, NJW 1952, 637; Anw-StPO/*Kirchhof* Rn. 2; Löwe/Rosenberg/*Gollwitzer* Rn. 16.
[36] LG Aachen v. 30. 12. 1992 – 63 Qs 298/92, NJW 1993, 2326 (2327); SK-StPO/*Schlüchter* Rn. 13.
[37] HK-GS/*Temming* Rn. 5.
[38] *Meyer-Goßner* Rn. 12.
[39] Löwe/Rosenberg/*Gollwitzer* Rn. 18; SK-StPO/*Schlüchter* Rn. 16; *Meyer-Goßner* Rn. 12.
[40] KK-StPO/*Gmel* Rn. 11; *Meyer-Goßner* Rn. 13, SK-StPO/*Schlüchter* Rn. 17.
[41] *Meyer-Goßner* Rn. 13; SK-StPO/*Schlüchter* Rn. 17; *Joecks* Rn. 4; KK-StPO/*Gmel* Rn. 11.
[42] Löwe/Rosenberg/*Gollwitzer* Rn. 21.
[43] SK-StPO/*Schlüchter* Rn. 18; Löwe/Rosenberg/*Gollwitzer* Rn. 22; KK-StPO/*Gmel* Rn. 11; *Pfeiffer* Rn. 3; *Joecks* Rn. 4.
[44] Löwe/Rosenberg/*Gollwitzer* Rn. 22.
[45] SK-StPO/*Schlüchter* Rn. 19; *Meyer-Goßner* Rn. 15; KK-StPO/*Gmel* Rn. 12.
[46] HK-GS/*Temming* Rn. 7; *Meyer-Goßner* Rn. 15.
[47] BayObLGSt 1974, 35, VRS 47 (1947), 115; *Meyer-Goßner* Rn. 15; Löwe/Rosenberg/*Gollwitzer* Rn. 28; KK-StPO/*Gmel* Rn. 14; aA SK-StPO/*Schlüchter* Rn. 20; Ott, Die Abgabe von Sacherklärungen des Angeklagten durch den Verteidiger, S. 112.
[48] KMR/*Paulus* Rn. 13; Löwe/Rosenberg/*Gollwitzer* Rn. 28; SK-StPO/*Schlüchter* Rn. 20.

derschriften betreffend die Einlassung des Angeklagten zu Beweiszwecken unzulässig,[49] was mit Blick auf die Verwertung eines abgelegten Geständnisses die zeugenschaftliche Vernehmung einer Verhörsperson aber nicht ausschließt.[50] Darüber hinaus soll es möglich sein, auf andere Vernehmungsniederschriften zu rekurrieren um festzustellen, wie sich der Angeklagte zur Anklagte eingelassen und was er zu seiner Verteidigung vorgebracht hat.[51]

18 Sind in der Niederschrift über die richterliche Vernehmung **Beweisanträge** enthalten, sind sie unwirksam, da sie nicht in der Hauptverhandlung gestellt wurden.[52] Sie brauchen daher nicht nach § 244 Abs. 6 beschieden zu werden. Relevanz kommt ihnen allerdings im Rahmen von § 244 Abs. 2 zu.[53] Demgegenüber ist der in der Niederschrift enthaltene **Einwand der örtlichen Unzuständigkeit** beachtlich.[54]

19 Wenn der zunächst ferngebliebene Angeklagte **während der Durchführung der Hauptverhandlung erscheint**, braucht insoweit die Hauptverhandlung grundsätzlich nicht wiederholt zu werden;[55] es sei denn dem Angeklagten ist bei genügender Entschuldigung antragsgemäß nach § 235 **Wiedereinsetzung** zu gewähren.[56] Der nachträglich erschienene Angeklagte ist aber nach § 243 Abs. 2 S. 2, Abs. 4 S. 1, 2 zur Person und zur Sache zu vernehmen. Streitig ist, ob er über den wesentlichen Inhalt der bisherigen Verhandlung zu unterrichten ist. Eine gesetzliche Regelung fehlt, wie überhaupt in § 232 gewissermaßen vorausgesetzt ist, dass der Angeklagte bis zum Ende der Verhandlung fernbleibt. Die wohl hA bejaht eine Rechtspflicht zur Unterrichtung mit Blick auf §§ 231a Abs. 2, 231b Abs. 2 sowie den Anspruch auf Gewährung rechtlichen Gehörs.[57] Der Gegenauffassung zufolge wird eine Unterrichtung nur bei Sachdienlichkeit und aus Gründen der besseren Sachaufklärung für geboten erachtet.[58]

20 Die bei Ausbleiben des Angeklagten durchgeführte Hauptverhandlung ist **abzubrechen**, wenn sich herausstellt, dass dessen Präsenz aus Gründen der Wahrheitsermittlung oder zur Gewährung rechtlichen Gehörs notwendig erscheint[59] bzw. nachträglich das Fehlen von Voraussetzungen nach § 232 festgestellt wird[60] oder der Sanktionsrahmen nach Abs. 1 S. 1, 2 nicht ausreichen könnte.[61] Gleiches gilt, wenn Hinweise nach § 265 Abs. 1, 2 notwendig sind und der Angeklagte nicht verteidigt ist; ist ein Verteidiger zugegen, greift § 234 a 1. Hs. Soweit es um Zustimmungserfordernisse nach §§ 245 Abs. 1 S. 2, 251 Abs. 1 Nr. 1, Abs. 2 Nr. 3 geht, entfallen diese bei Nichterscheinen des unverteidigten Angeklagte, beim verteidigten gilt wieder § 234a.

III. Die Verurteilung des Angeklagten

21 Bei einer **Verurteilung des Angeklagten** im Ungehorsamsverfahren ist das Gericht an die in Abs. 1 enthaltenen Strafen und Maßregeln gebunden. In den Urteilsgründen ist des Weiteren auf die Voraussetzungen nach § 232 einzugehen;[62] dies gilt insbesondere für das eigenmächtige Fernbleiben[63] und erkennbare Entschuldigungsgründe.[64] Nicht näher zu begründen sind aber die Ermessensentscheidungen sowie erfolglose Wiedereinsetzungsanträge des nachträglich erschienen Angeklagten.[65]

22 Nach **Abs. 4** ist das in seiner Abwesenheit ergehende Urteil dem Angeklagten mit den Urteilsgründen durch Übergabe zuzustellen, wenn es nicht nach § 145a Abs. 1 dem Pflicht- oder Wahlverteidiger – dessen Vollmacht bei den Akten befindlich sein muss[66] – zugestellt wird. Es handelt sich um eine Ausnahmevorschrift[67] spezifisch für die nach § 232 ergangenen Urteile, die aufgrund

---

[49] Löwe-Rosenberg/*Gollwitzer* Rn. 29.
[50] KK-StPO/*Gmel* Rn. 12; HK-GS/*Temming* Rn. 7.
[51] *Gollwitzer*, FS Tröndle, 1989, S. 463; Löwe/Rosenberg/*Gollwitzer* Rn. 29; KK-StPO/*Gmel* Rn. 12; *Meyer-Goßner* Rn. 15; aA SK-StPO/*Schlüchter* Rn. 21.
[52] *Meyer-Goßner* Rn. 17.
[53] SK-StPO/*Schlüchter* Rn. 22; *Gollwitzer*, FS Tröndle, 1989, S. 466.
[54] Löwe/Rosenberg/*Gollwitzer* Rn. 26; SK-StPO/*Schlüchter* Rn. 22; KK-StPO/*Gmel* Rn. 13.
[55] KMR/*Paulus* Rn. 23; HK-GS/*Temming* Rn. 11.
[56] *Meyer-Goßner* Rn. 22; KMR/*Paulus* Rn. 24; *Joecks* Rn. 6; KK-StPO/*Gmel* Rn. 15; HK-GS/*Temming* Rn. 11; SK-StPO/*Schlüchter* Rn. 34.
[57] SK-StPO/*Schlüchter* Rn. 33; KK-StPO/*Gmel* Rn. 15; *Meyer-Goßner* Rn. 21; HK-GS/*Temming* Rn. 11; *Joecks* Rn. 6.
[58] *Gollwitzer*, Tröndle FS, 1989, S. 465; Löwe/Rosenberg/*Gollwitzer* Rn. 33.
[59] Löwe/Rosenberg/*Gollwitzer* Rn. 30.
[60] SK-StPO/*Schlüchter* Rn. 35; KK-StPO/*Gmel* Rn. 16.
[61] SK-StPO/*Schlüchter* Rn. 35; Löwe/Rosenberg/*Gollwitzer* Rn. 31.
[62] *Meyer-Goßner* Rn. 23.
[63] SK-StPO/*Schlüchter* Rn. 25.
[64] KK-StPO/*Gmel* Rn. 17.
[65] Löwe/Rosenberg/*Gollwitzer* Rn. 34.
[66] BGH v. 24. 10. 1995 – 1 StR 474/95, NStZ 1996, 97.
[67] *Meyer-Goßner* Rn. 26; KK-StPO/*Gmel* Rn. 20.

dessen nicht analogiefähig ist; dies gilt insbesondere für Urteile nach §§ 233,[68] 329,[69] 412[70] sowie § 74 OWiG.

Übergabe des Urteils meint nicht, dass die Entscheidung dem Angeklagten nur persönlich auszuhändigen wäre,[71] wenngleich es sich hierbei – unter Berücksichtigung von §§ 232 Abs. 4, 37 Abs. 1 iVm. § 177 ZPO – um die zentrale Grundform der Zustellung nach der Intention des Gesetzgebers handelt.[72] Vielmehr wird damit vor Allem der Zustellungsadressat bezeichnet.[73] Das Urteil muss wegen der Festlegung des ausschließlichen Zustellungsadressaten in den Herrschafts- bzw. Empfangsbereich des Angeklagten als Adressaten gelangen, sodass die Möglichkeit zur Kenntnisnahme gegeben ist.[74] Unter Übergabe sind daher sowohl die persönliche Aushändigung an den Angeklagten[75] (§ 177 ZPO) als auch die Übergabe an eine Empfangsperson im Wege der Ersatzzustellung nach § 178 Abs. 1 Nr. 1, 3 ZPO zu verstehen.[76] Bei Verweigerung der Annahme des zuzustellenden Schriftstücks gilt § 179 ZPO mit der Maßgabe, dass wegen der besonderen Bedeutung der Übergabe in Abs. 4 nur die Annahmeverweigerung des Angeklagten, nicht aber die der Ersatzpersonen nach § 178 Abs. 1 Nr. 1, 3 ZPO erfasst wird. Nicht möglich sind hingegen eine Ersatzzustellung an den Verteidiger[77] sowie eine Zustellung durch Niederlegung (§ 181 ZPO) oder eine öffentliche Zustellung.[78] Gleiches gilt für eine Zustellung durch Einlegen in den Briefkasten (§ 180 ZPO), wiewohl das Urteil damit grundsätzlich in den Empfangbereich des Adressaten gelangt; indessen steht der Übergabegedanke nach Abs. 4 entgegen. 23

Zulässig ist wieder die Zustellung durch Übergabe an einen Zustellungsbevollmächtigten nach §§ 116a Abs. 3, 127a Abs. 2, 132 Abs. 1 S. 1 Nr. 2, da diese Personen für alle Zustellungen an die Stelle des Angeklagten treten.[79] 24

Bei Auslandsbezug ist eine Ersatzzustellung möglich, was die Übergabe einer beglaubigten Abschrift durch eine diplomatische oder konsularische Vertretung der Bundesrepublik voraussetzt.[80] 25

Im Rahmen der Übergabe hat der Angeklagte eine beglaubigte Ausfertigung oder Abschrift mit dem Urteilsspruch und den Urteilsgründen zu erhalten. Auch ist ihm eine Rechtsmittelbelehrung zuzustellen, welche neben den Hinweisen auf die zulässigen Rechtsmittel auch die Möglichkeit der Wiedereinsetzung beinhalten muss. 26

Bei der Zustellung an den Verteidiger bedarf es nicht der Übergabe. Die Zustellung erfolgt – wie aus dem Gesetz ersichtlich – nach § 145a Abs. 1 unmittelbar.[81] 27

IV. Rechtsbehelfe

Gegen die Abwesenheitsverhandlung sowie gegen den Beschluss, mit welchem sie abgelehnt wird, kann nach hA gem. § 305 S. 1 keine **Beschwerde** eingelegt werden.[82] Eine Gegenauffassung hält die Beschwerde gegen die Entscheidung, nicht in Abwesenheit zu verhandeln, mit Blick auf die Verfahrensverzögerung und die mit der Anwesenheitspflicht verbundenen Eingriffe in Freiheitsrechte des Angeklagten für zulässig.[83] 28

Ohne Besonderheiten ist gegen Urteile nach § 232 unter den gleichen allgemeinen Voraussetzungen wie bei anderen Urteilen die **Berufung** zulässig.[84] 29

Mit der **Revision** nach § 338 Nr. 5 kann gerügt werden, dass die Voraussetzungen nach § 232 nicht vorgelegen haben[85] und deshalb ein Verstoß gegen § 230 Abs. 1 gegeben ist.[86] Erfasst sind 30

---

[68] BGH v. 21. 1. 1958 – 1 StR 236/57 – BGHSt 11, 152, (157f.); OLG Hamm v. 26. 6. 1956 – 3 Ws 150/156, NJW 1956, 1809 (1810); OLG Celle v. 10. 12. 1959 – 3 Ws 154/59, NJW 1960, 930 (931).
[69] OLG Celle v. 10. 12. 1959 – 3 Ws 154/59, NJW 1960, 930; OLG Köln v. 26. 6. 1980 – 1 Ss 476/80, NJW 1980, 2720.
[70] BGH v. 3. 6. 1959 – 4 StR 171/59 – BGHSt 13, 182 (184f.).
[71] BGH v. 21. 1. 1958 – 1 StR 236/57, BGHSt 11, 153 (156).
[72] BGH v. 21. 1. 1958 – 1 StR 236/57, BGHSt 11, 153 (156).
[73] BGH v. 21. 1. 1958 – 1 StR 236/57, BGHSt 11, 153 (156); Löwe/Rosenberg/*Gollwitzer* Rn. 35; SK-StPO/*Schlüchter* Rn. 27.
[74] SK-StPO/*Schlüchter* Rn. 28.
[75] *Pfeiffer* Rn. 5.
[76] BGH v. 21. 1. 1958 – 1 StR 236/57, BGHSt 11, 153 (156f.); BGH v. 31. 1. 1968 – 3 StR 19/68, BGHSt 22, 52 (55); Löwe/Rosenberg/*Gollwitzer* Rn. 35; SK-StPO/*Schlüchter* Rn. 28.
[77] OLG Köln v. 17. 3. 1992 – 2 Ws 96/92, StV 1992, 457.
[78] *Joecks* Rn. 8; *Pfeiffer* Rn. 5; Löwe/Rosenberg/*Gollwitzer* Rn. 35; SK-StPO/*Schlüchter* Rn. 28; *Meyer-Goßner* Rn. 25.
[79] BayObLG v. 19. 6. 1995 – 4 StRR 102/95, BayObLGSt 1995, 94, NStZ 1995, 561; Löwe/Rosenberg/*Gollwitzer* Rn. 36.
[80] BGH v. 15. 5. 1975 – 4 StR 51/75, BGHSt 26, 140 (141); SK-StPO/*Schlüchter* Rn. 28; Löwe/Rosenberg/*Gollwitzer* Rn. 35.
[81] SK-StPO/*Schlüchter* Rn. 29.
[82] Anw-StPO/*Kirchhof* Rn. 11; Löwe/Rosenberg/*Gollwitzer* Rn. 40; *Meyer-Goßner* Rn. 28; SK-StPO/*Schlüchter* Rn. 37; *Pfeiffer* Rn. 6.
[83] HK-GS/*Temming* Rn. 13.
[84] *Joecks* Rn. 9; *Meyer-Goßner* Rn. 28.
[85] KK-StPO/*Gmel* Rn. 24; *Joecks* Rn. 9; *Meyer-Goßner* Rn. 29; *Pfeiffer* Rn. 6.
[86] SK-StPO/*Schlüchter* Rn. 39.

beispielsweise folgende Verfahrensverstöße:[87] Fehlen einer ordnungsgemäßen Ladung, Unterbleiben des Hinweises auf die Möglichkeit der Abwesenheitsverhandlung, das entschuldigte Fernbleiben des Angeklagten oder das Überschreiten der Sanktionsbefugnisse.[88] Eine Rüge, dass seitens des Gerichts unzutreffend angenommen worden sei, der Angeklagte wäre eigenmächtig ausgeblieben, kann nur aus dem Inhalt des Urteils hergeleitet werden.[89] Waren dem Gericht die Gründe hingegen unbekannt, muss dies – unter Umständen zuvor oder parallel[90] – im Rahmen einer Wiedereinsetzung nach § 235 geltend gemacht werden.[91]

31 Mit der Revision nach § 337 kann ein Verstoß gegen Abs. 3 gerügt werden.[92] Verfahrensverstöße bei der Urteilszustellung nach Abs. 4 führen nicht zu einem Verfahrenshindernis,[93] sondern können mit der Verfahrensrüge geltend gemacht werden.[94] Bei einem Verstoß gegen Abs. 1 S. 3 liegt ebenfalls ein relativer Revisionsgrund vor,[95] allerdings führt dies nur zur Aufhebung hinsichtlich der Fahrerlaubnis.[96]

§ 233 [Entbindung des Angeklagten von der Pflicht zum Erscheinen]

(1) ¹Der Angeklagte kann auf seinen Antrag von der Verpflichtung zum Erscheinen in der Hauptverhandlung entbunden werden, wenn nur Freiheitsstrafe bis zu sechs Monaten, Geldstrafe bis zu einhundertachtzig Tagessätzen, Verwarnung mit Strafvorbehalt, Fahrverbot, Verfall, Einziehung, Vernichtung oder Unbrauchbarmachung, allein oder nebeneinander, zu erwarten ist. ²Eine höhere Strafe oder eine Maßregel der Besserung und Sicherung darf in seiner Abwesenheit nicht verhängt werden. ³Die Entziehung der Fahrerlaubnis ist zulässig.

(2) ¹Wird der Angeklagte von der Verpflichtung zum Erscheinen in der Hauptverhandlung entbunden, so muß er durch einen beauftragten oder ersuchten Richter über die Anklage vernommen werden. ²Dabei wird er über die bei Verhandlung in seiner Abwesenheit zulässigen Rechtsfolgen belehrt sowie befragt, ob er seinen Antrag auf Befreiung vom Erscheinen in der Hauptverhandlung aufrechterhalte.

(3) ¹Von dem zum Zweck der Vernehmung anberaumten Termin sind die Staatsanwaltschaft und der Verteidiger zu benachrichtigen; ihrer Anwesenheit bei der Vernehmung bedarf es nicht. ²Das Protokoll über die Vernehmung ist in der Hauptverhandlung zu verlesen.

I. Einführung

1 Der Vorschrift, der als solcher keinerlei Gründe für die Entbindung von der Anwesenheitspflicht zu entnehmen sind, kommt mit Blick auf den Anwesenheitsgrundsatz nach § 230 Abs. 1 eine **Entlastungsfunktion zugunsten des Angeklagten** zu. In Strafsachen von geringerer Bedeutung wird es mit Zustimmung des Gerichts ermöglicht, dem Angeklagten wegen der Entfernung zwischen Aufenthalts- und Gerichtsort oder aus persönlichen und beruflichen Gründen – zB Krankheit, Gefährdung des Arbeitsplatzes, drohende materielle Schäden, Öffentlichkeitsscheu – das Fernbleiben aus der Hauptverhandlung zu erlauben. Nach anderer Lesart ist die Bestimmung gesetzlicher Ausdruck einer ansonsten nicht anerkannten Möglichkeit des Verzichts des Angeklagten auf sein Anwesenheitsrecht.[1] In die ähnliche Richtung zielt es, wenn unter Rekurs auf den nemo-tenetur-Grundsatz, auf Art. 1, Art. 2 GG sowie auf den Verhältnismäßigkeitsgrundsatz die Freiheit des Beschuldigten reklamiert wird, selbst entscheiden zu können, das Strafverfahren durch seine Anwesenheit zu fördern oder in Abwesenheit verurteilt zu werden.[2] Indessen steht einer stärkeren Akzentuierung der Dispositionsfreiheit des Angeklagten entgegen, dass dem Antrag, vom Erscheinen in der Hauptverhandlung entbunden zu werden, keine weitere Verbindlichkeit etwa im Sinne einer Ermessensreduzierung zukommt. Gerade aber weil einer etwaigen Gestaltungsbefugnis keine Bindungswirkung korrespondiert, erscheint es problematisch, im Hinblick auf den Anwesenheitsgrundsatz ein „Recht auf Verzicht" seitens des Angeklagten jedenfalls aus § 233 zu proklamieren.

---

[87] Löwe/Rosenberg/*Gollwitzer* Rn. 42; SK-StPO/*Schlüchter* Rn. 39.
[88] AA *Pfeiffer* Rn. 6.
[89] *Meyer-Goßner* Rn. 29; *Joecks* Rn. 9; Löwe/Rosenberg/*Gollwitzer* Rn. 43.
[90] SK-StPO/*Schlüchter* Rn. 41; *Joecks* Rn. 10.
[91] OLG Düsseldorf v. 13. 6. 1962 – (2) Ss 416/62, NJW 1962, 2022; *Meyer-Goßner* Rn. 29; *Joecks* Rn. 9; KK-StPO/*Gmel* Rn. 24; aA Löwe/Rosenberg/*Gollwitzer* Rn. 43.
[92] KK-StPO/*Gmel* Rn. 24; *Pfeiffer* Rn. 6; *Meyer-Goßner* Rn. 29; Löwe/Rosenberg/*Gollwitzer* Rn. 44.
[93] BayOblG v. 7. 7. 1995 – 4 St RR 104/95, BayOblGSt 1995, 99, NStZ-RR 1996, 144.
[94] *Meyer-Goßner* Rn. 29; KK-StPO/*Gmel* Rn. 24.
[95] Löwe/Rosenberg/*Gollwitzer* Rn. 45.
[96] OLG Köln v. 17. 3. 1992 – 2 Ws 96/92, StV 1992, 457.
[1] HK-StPO/*Julius* Rn. 1.
[2] HK-GS/*Seebode* Rn. 2.

Die Vorschrift, deren Anwendung von vorsichtig[3] bis weit[4] beschrieben wird, gilt im Strafbefehls- und im Berufungsverfahren sowie unter Berücksichtigung von § 50 Abs. 1 JGG im Jugendstrafverfahren. Daneben ist § 233 auch auf Angeklagte anwendbar, die sich im Ausland aufhalten.[5]

II. Die Befreiung von der Anwesenheitspflicht

Nach Abs. 1 kann der Angeklagte durch das Gerichts auf einen entsprechenden Antrag hin von der Anwesenheitspflicht in der Hauptverhandlung suspendiert werden, wenn sich die Rechtsfolgenerwartung in dem bestimmten, gesetzlich vorgegebenen Rahmen bewegt.

1. Antrag. Wichtigste Voraussetzung für die Abwesenheitsverhandlung ist der **Antrag**, vom Erscheinen in der Hauptverhandlung entbunden zu werden. Der Antrag ist zwingend.

Antragsberechtigt sind aufgrund eigenen Rechts[6] der Angeklagte persönlich[7] sowie sein Verteidiger, sofern eine entsprechende Vertretungsvollmacht besteht.[8] Ob es in diesem Zusammenhang einer spezifischen Ermächtigung bedarf, oder die allgemeine Vertretungsvollmacht ausreicht, hat der BGH zwar offen gelassen,[9] ist aber zwischenzeitlich dahingehend konkretisiert, dass letztere genügt, wenn sie den Anforderung des § 234 entspricht.[10]

Zu **Form**, **Inhalt** und **Zeitpunkt** des Antrages sind keine gesetzlichen Vorgaben vorhanden, sodass es grundsätzlich ausreicht, dass der Wille des Angeklagten, nicht erscheinen zu wollen und in seiner Abwesenheit zu verhandeln, für das Gericht manifest wird.[11] Freilich sollte der Antrag schriftlich oder zu Protokoll der Geschäftsstelle[12] bzw. ausdrücklich in der Hauptverhandlung gestellt werden. Inhaltlich muss sich der Antrag auf die Freistellung für die gesamte Hauptverhandlung beziehen, da nach überwiegender Auffassung – unter Berücksichtigung des Wortlauts der Norm – eine Entbindung von der Anwesenheitspflicht für einzelne Teile der Hauptverhandlung nicht möglich ist;[13] eine Ausnahme bilden nur zeitlich oder örtlich genau abgrenzbare Abschnitte einer Hauptverhandlung.[14] Der aber nur auf die jeweilige Instanz bezogene Antrag kann frühestens nach der Eröffnung des Hauptverfahrens,[15] aber noch in der Hauptverhandlung[16] sowie sodann auch noch zu Beginn der Berufungsverhandlung[17] gestellt werden; wird der zu Beginn der Berufungshauptverhandlung gestellte Antrag indessen abgelehnt, kann sofort nach § 329 verfahren werden.[18]

Vom Antragserfordernis bzw. -recht zu unterscheiden ist die Befugnis zur **Initiative**. Es ist nämlich ist der Rspr. des BGH anerkannt, dass das erkennende Gericht – hält es ansonsten die Voraussetzungen gem. § 233 für gegeben – den Angeklagten über das Antragsrecht unterrichten und entsprechend belehren kann;[19] auch über den ersuchten oder beauftragten Richter.[20] Damit die Entschlussfreiheit des Angeklagten gewahrt bleibt, muss jedoch jeglicher Zwang unterbleiben,[21] sodass insbesondere die zwangsweise Vorführung zur Herbeiführung des Antrags ausgeschlossen ist.[22] In diesen Konstellation ist es weiterhin zulässig, den Entbindungsbeschluss nach Anhörung der Staatsanwaltschaft gewissermaßen aufschiebend bedingt und damit vorrätig für den Fall zu fassen, dass der Angeklagte den entsprechenden Antrag erst späterhin stellt.[23]

---

[3] SK-StPO/*Schlüchter* Rn. 2.
[4] HK-GS/*Seebode* Rn. 2.
[5] Löwe/Rosenberg/*Gollwitzer* Rn. 4; SK-StPO/*Schlüchter* Rn. 2.
[6] BGH v. 30. 1. 1959 – 1 StR 510/58, BGHSt 12, 367 (372).
[7] BGH v. 30. 1. 1959 – 1 StR 510/58, BGHSt 12, 367 (371).
[8] BGH v. 30. 1. 1959 – 1 StR 510/58, BGHSt 12, 367 (371); BGH v. 29. 1. 1974 – 1 StR 198/73, BGHSt 25, 281 (284).
[9] BGH . 30. 1. 1959 – 1 StR 510/58, BGHSt 12, 367 (374).
[10] OLG Köln v. 21. 12. 2001 – Ss 507/01 B, NStZ 2002, 268 (269); KK-StPO/*Gmel* Rn. 2; *Meyer-Goßner* Rn. 5; Anw-StPO/*Kirchhof* Rn. 2; HK-GS/*Seebode* Rn. 3; SK-StPO/*Schlüchter* Rn. 8; Löwe/Rosenberg/*Gollwitzer* Rn. 7.
[11] SK-StPO/*Schlüchter* Rn. 5.
[12] Löwe/Rosenberg/*Gollwitzer* Rn. 5; SK-StPO/*Schlüchter* Rn. 6.
[13] *Meyer-Goßner* Rn. 11; SK-StPO/*Schlüchter* Rn. 12; Löwe/Rosenberg/*Gollwitzer* Rn. 10; *Joecks* Rn. 3; aA HK-StPO/*Julius* Rn. 11.
[14] Löwe/Rosenberg/*Gollwitzer* Rn. 10; *Meyer-Goßner* Rn. 11.
[15] Anw-StPO/*Kirchhof* Rn. 2; SK-StPO/*Schlüchter* Rn. 7; Löwe/Rosenberg/*Gollwitzer* Rn. 6.
[16] OLG Hamm v. 19. 12. 1968 – 2 Ss 1654/68, NJW 1969, 1129; *Pfeiffer* Rn. 2; SK-StPO/*Schlüchter* Rn. 7; *Meyer-Goßner* Rn. 6.
[17] BGH v. 29. 1. 1974 – 1 StR 198/73, BGHSt 25, 281 (283f.); *Joecks* Rn. 2; Löwe/Rosenberg/*Gollwitzer* Rn. 6; *Küper* JZ 1971, 325; OLG Köln v. 12. 11. 1986 – Ss 414/68, NJW 1969, 705 (706); OLG Zweibrücken v. 20. 1. 1965 – Ss 204/64, NJW 1965, 1033.
[18] BGH v. 29. 1. 1974 – 1 StR 198/73, BGHSt 25, 281 (283f.); KK-StPO/*Gmel* Rn. 3; *Meyer-Goßner* Rn. 6.
[19] BGH v. 2. 11. 1972 – 2 ARs 286/72, BGHSt 25, 42 (43).
[20] BGH v. 2. 11. 1972 – 2 ARs 286/72, BGHSt 25, 42 (43); *Meyer-Goßner* Rn. 17.
[21] BGH v. 2. 11. 1972 – 2 ARs 286/72, BGHSt 25, 42 (43); *Meyer-Goßner* Rn. 17.
[22] BGH v. 2. 11. 1972 – 2 ARs 286/72, BGHSt 25, 42 (43).
[23] Löwe/Rosenberg/*Gollwitzer* Rn. 11 a.

8 Die **Rücknahme** des Antrags – bzw. dessen Widerruf[24] – kann bis zu seiner Bescheidung durch das Gericht erfolgen.[25] Danach können der Angeklagte oder sein insoweit bevollmächtigter Verteidiger auf die Entbindung von der Pflicht zum Erscheinen in der Hauptverhandlung wieder verzichten[26] mit der Konsequenz, dass der Entbindungs- bzw. Freistellungsbeschluss aufzuheben ist.[27] Weitere Folge ist, dass ab diesem Zeitpunkt wieder der Anwesenheitsgrundsatz nach § 230 gilt, sodass das Erscheinen des Angeklagten insbesondere mit Zwangsmitteln durchsetzbar ist. Umgekehrt kann bei Vorliegen der entsprechenden gesetzlichen Voraussetzung – zB §§ 232, 329, 411 Abs. 2, 412 – in Abwesenheit des Angeklagten verhandelt werden.[28]

9 In Ausnahmefällen kann sich die Wahrnehmung des Antragsrechts als **missbräuchlich** darstellen; dies dann, wenn der (Entbindungs-)Antrag vom vertretungsbefugten Verteidiger ohne weitere Begründung evident alleine zu dem Zweck gestellt wird, die gesetzlichen Säumnisfolgen abzuwenden.[29]

10 **2. Rechtsfolgenerwartung als Grenze.** Eine Entbindung von der Pflicht zum Erscheinen in der Hauptverhandlung ist nach Abs. 1 S. 2 nur innerhalb der gesetzlich vorgeschriebenen **Rechtsfolgenerwartung** möglich; dh. nur bei Freiheitsstrafe bis zu sechs Monaten, Geldstrafe bis zu einhundertachtzig Tagessätzen, Verwarnung mit Strafvorbehalt, Fahrverbot, Verfall, Einziehung, Vernichtung oder Unbrauchbarmachung – alleine oder nebeneinander – (Abs. 1 S. 1) sowie Entziehung der Fahrerlaubnis (Abs. 1 S. 3). Maßgebend ist die konkrete Erwartung,[30] sodass § 233 unter Umständen auch bei Verbrechen zur Anwendung kommen kann.

11 Bei einer Berufung der Staatsanwaltschaft kann bei der in Abwesenheit des Angeklagten durchgeführten Berufungshauptverhandlung der Rahmen des Abs. 1 überschritten werden.[31]

12 **3. Gründe für die Freistellung.** Gründe, die zum Entbinden von der Pflicht zum Erscheinen führen können, nennt § 233 nicht. Unter Berücksichtigung der eingangs beschriebenen Entlastungsfunktion kommen alle materiell oder immateriell relevanten Gründe aus dem persönlichen und beruflichen bzw. sozialen Bereich des Angeklagten in Frage.

13 Wiewohl auch keine gesetzlichen Anforderungen an den Inhalt des (Entbindungs-)Antrags formuliert sind, wird man nicht umhin können zu erwarten, dass in dem Antrag die Gründe angeführt werden, welche die vom Angeklagten begehrte Freistellung tragen sollen. Unter Umständen hat eine Glaubhaftmachung zu erfolgen.

14 **4. Gerichtsbeschluss.** Das Gericht – und nicht der Vorsitzende[32] – entscheidet nach Anhörung der Staatsanwaltschaft in der für die Hauptverhandlung vorgesehenen Besetzung über den Antrag durch (Gerichts-)**Beschluss**. Wenn der Antrag nicht bereits aus Rechtsgründen zurückzuweisen ist, steht die Entscheidung über den Entbindungsantrag ansonsten im pflichtgemäßen Ermessen des Gerichts.[33] Hierbei sind die Interessen des Angeklagten einerseits sowie die dem Gericht obliegende Aufklärung des Sachverhalts einschließlich der Bedeutung der Strafsache und der Schwierigkeit der Sach- und Rechtslage andererseits gegeneinander abzuwägen.[34] Der Beschluss muss zwar förmlich ergehen,[35] bedarf aber keiner Begründung.[36] Er kann innerhalb und außerhalb der Hauptverhandlung ergehen. Im ersten Fall sind sowohl der stattgebende wie der ablehnende Beschluss dem Angeklagten oder, bei dessen Abwesenheit, seinem vertretungsbefugten Verteidiger durch Verkündung bekannt zu machen;[37] eine Zustellung des Beschlusses ist nicht erforderlich.[38] Im zweiten Fall muss der Beschluss – wiederum stattgebend oder ablehnend – indessen rechtzeitig förmlich zugestellt werden; wobei § 145 a gilt.[39]

15 Der Entbindungs- bzw. Freistellungsbeschluss kann jeder Zeit **widerrufen** werden, wenn ersichtlich wird, dass die Anwesenheit des Angeklagten wieder erforderlich ist. Dies kann in Erfor-

---

[24] Meyer-Goßner Rn. 7; HK-GS/Seebode Rn. 4.
[25] Löwe/Rosenberg/Gollwitzer Rn. 9.
[26] SK-StPO/Schlüchter Rn. 10.
[27] KMR/Paulus Rn. 14; Meyer-Goßner Rn. 7; Löwe/Rosenberg/Gollwitzer Rn. 9.
[28] Löwe/Rosenberg/Gollwitzer Rn. 9.
[29] BayObLG v. 24. 2. 1972 – RReg. 8 St 110/71, BayObLGSt 1972, 47 (51); KK-StPO/Gmel Rn. 11.
[30] SK-StPO/Schlüchter Rn. 4; KK-StPO/Gmel Rn. 4; Meyer-Goßner Rn. 8.
[31] BGH v. 1. 8. 1962 – 4 StR 122/62, BGHSt 17, 391 (394 f.); SK-StPO/Schlüchter Rn. 4.
[32] KK-StPO/Gmel Rn. 5; Löwe/Rosenberg/Gollwitzer Rn. 10.
[33] Joecks Rn. 3.
[34] HK-GS/Seebode Rn. 6; Löwe/Rosenberg/Gollwitzer Rn. 10; Meyer-Goßner Rn. 10; SK-StPO/Schlüchter Rn. 11; HK-StPO/Julius Rn. 4.
[35] Löwe/Rosenberg/Gollwitzer Rn. 11; SK-StPO/Schlüchter Rn. 10.
[36] Meyer-Goßner Rn. 10; Löwe/Rosenberg/Gollwitzer Rn. 11.
[37] KK-StPO/Gmel Rn. 10; Meyer-Goßner Rn. 13; Anw-StPO/Kirchhof Rn. 2; Löwe/Rosenberg/Gollwitzer Rn. 14.
[38] BGH v. 29. 1. 1974 – 1 StR 198/73, BGHSt 25, 281 (283 f.), Küper NJW 1974, 1972.
[39] KK-StPO/Gmel Rn. 8 f.; Meyer-Goßner Rn. 13; Löwe/Rosenberg/Gollwitzer Rn. 12.

dernissen der Wahrheitserforschung[40] oder darin begründet liegen, dass die Rechtsfolgenerwartung sich verschoben hat[41] bzw. insgesamt die Voraussetzungen nach Abs. 1 S. 1 nachträglich entfallen sind.[42] Der Angeklagte ist dann wieder zum Erscheinen verpflichtet, was mit Zwangsmitteln durchgesetzt werden kann,[43] wenn nicht andere Gründe die Abwesenheit rechtfertigen.[44]

III. Die Vorwegnahme der Hauptverhandlung

Nach Abs. 2 iVm. Abs. 3 S. 1 ist zu verfahren, wenn der Angeklagte antragsgemäß durch Gerichtsbeschluss von der Verpflichtung, in der Hauptverhandlung zu erscheinen, entbunden wurde. Demnach muss er im Anschluss an Entbindungsantrag und -beschluss – und zwar entsprechend dem Wortlaut der Norm zwingend[45] – durch einen beauftragten oder ersuchten Richter über die Anklage vernommen werden; auch unabhängig davon, ob bereits im Ermittlungsverfahren oder im erstinstanzlichen Verfahren eine richterliche Vernehmung, auch nach Abs. 2, stattgefunden hat.[46] Der Rspr. und der Lit. zufolge handelt es sich bei der Vernehmung um einen vorweggenommenen Teil der Hauptverhandlung,[47] was jedoch nicht im technischen Sinne, sondern vielmehr mit Blick auf die verfahrensrechtliche Bedeutung dahingehend zu verstehen ist, dass dem Angeklagten wie in einer Hauptverhandlung zur Wahrung seines Anspruches auf rechtliches Gehör sowie zur Gewährleistung effektiver Verteidigung umfassend Gelegenheit zur Äußerung und Stellungnahme zu geben ist.[48] Für die nach § 243 Abs. 2 S. 2, Abs. 4 S. 1, 2 auszugestaltende[49] **Vernehmung über die Anklage** bedeutet das, dass dem Angeklagten – nach entsprechender Belehrung – die Möglichkeit eingeräumt werden muss, sich zu seinen persönlichen Verhältnissen, zur Anklage und den zugrunde liegenden Tatvorwürfen bzw. Anklagebehauptungen, den Beweismitteln sowie den möglichen Rechtsfolgen zu äußern. 16

1. Wiederholung der Vernehmung. Die dem Angeklagten durch die Vernehmung eingeräumte Möglichkeit, zu dem gesamten entscheidungserheblichen Verfahrensstoff Stellung nehmen zu können, kann weiterhin zur Konsequenz haben, dass die Vernehmung unter Umständen zu wiederholen ist.[50] Erforderlich ist nach hA eine **Wiederholung der Vernehmung**, wenn ein Hinweis nach § 265 Abs. 1, 2 zu erteilen ist;[51] dies trotz der etwaigen Präsenz eines ordnungsgemäß bevollmächtigten Verteidigers.[52] Der Gegenansicht zufolge ist der Hinweis dem Angeklagte zuzustellen[53] oder dem entsprechend ermächtigten und anwesenden Verteidiger zu erteilen.[54] Indessen wird hierbei zum einen das Vernehmungserfordernis verkannt sowie zum anderen der Umstand, dass § 234a nicht auf § 233 anwendbar ist.[55] Unstreitig wiederum ist die Vernehmung zu wiederholen, wenn in der Hauptverhandlung neue entscheidungserhebliche Tatsachen und Beweismittel bekannt geworden sind,[56] oder wenn der Angeklagte seine vorherigen Angaben zu revidieren, zu ergänzen oder zu korrigieren beabsichtigt.[57] 17

2. Gegenstand der Vernehmung. Gegenstand der Vernehmung ist nach **Abs. 2 S. 2** eine Belehrung über die bei der Abwesenheitsverhandlung zulässigen Rechtsfolgen. Des Weiteren muss der Angeklagte befragt werden, ob er seinen Antrag auf Entbindung vom Erscheinen in der Hauptverhandlung aufrechterhalte. **Belehrung** und **Befragung** sind zwingend.[58] Denn intendiert ist zweierlei: Angesichts der durchgeführten Vernehmung und der damit verbundenen Präsentation des gesamten relevanten Prozessstoffs werden dem Angeklagten einerseits die Bedeutung seines Freistellungsantrag mit dem Verzicht auf Verteidigungsmöglichkeiten in der anschließenden Abwesenheitsver- 18

---

[40] Löwe/Rosenberg/*Gollwitzer* Rn. 10.
[41] *Meyer-Goßner* Rn. 11.
[42] *Pfeiffer* Rn. 3.
[43] Löwe/Rosenberg/*Gollwitzer* Rn. 10.
[44] HK-GS/*Seebode* Rn. 6.
[45] Anw-StPO/*Kirchhof* Rn. 3; Löwe/Rosenberg/*Gollwitzer* Rn. 18; *Meyer-Goßner* Rn. 14.
[46] HK-StPO/*Julius* Rn. 5.
[47] BGH v. 2. 11. 1972 – 2 Ars 286/72, BGHSt 25, 42 f.; BayObLGSt v. 20. 3. 1974 – 5 St 13/74, VRS 47 (1974), 115; OLG Hamburg v. 4. 10. 1972 – 2 Ws 415/72, NJW 1972, 2322; KK-StPO/*Gmel* Rn. 12; *Meyer-Goßner* Rn. 15; Anw-StPO/*Kirchhof* Rn. 3; *Pfeiffer* Rn. 4; SK-StPO/*Schlüchter* Rn. 15.
[48] Löwe/Rosenberg/*Gollwitzer* Rn. 17; SK-StPO/*Schlüchter* Rn. 15.
[49] KK-StPO/*Gmel* Rn. 12; SK-StPO/*Schlüchter* Rn. 15; Anw-StPO/*Kirchhof* Rn. 3; *Meyer-Goßner* Rn. 15.
[50] *Meyer-Goßner* Rn. 16; *Joecks* Rn. 5.
[51] Anw-StPO/*Kirchhof* Rn. 3; KK-StPO/*Gmel* Rn. 12; *Pfeiffer* Rn. 4; HK-StPO/*Julius* Rn. 7.
[52] KK-StPO/*Gmel* Rn. 12; *Meyer-Goßner* Rn. 16, § 234 Rn. 11; KMR/*Paulus* Rn. 6.
[53] HK-GS/*Seebode* Rn. 7.
[54] Löwe/Rosenberg/*Gollwitzer* Rn. 34; HK-GS/*Seebode* Rn. 7.
[55] *Meyer-Goßner* § 234 a Rn. 3; KK-StPO/*Gmel* Rn. 12.
[56] RG v. 17. 10. 1890 – 2398/90, RGSt 21, 100; *Joecks* Rn. 5; HK-GS/*Seebode* Rn. 7; Löwe/Rosenberg/*Gollwitzer* Rn. 19; *Meyer-Goßner* Rn. 16; SK-StPO/*Schlüchter* Rn. 15, 26; *Pfeiffer* Rn. 4.
[57] *Meyer-Goßner* Rn. 16; Löwe/Rosenberg/*Gollwitzer* Rn. 19.
[58] Löwe/Rosenberg/*Gollwitzer* Rn. 23; *Meyer-Goßner* Rn. 15.

handlung einschließlich der möglichen Rechtsfolgen – bis hin zur Freiheitsstrafe – nochmals verdeutlicht. Andererseits handelt es sich um eine mit der Subjektstellung des Angeklagten sowie der gerichtlichen Fürsorgepflicht unterlegte verfahrensrechtlich notwendige Rückversicherung, dass die mit der antragsgemäßen Entbindung von der Anwesenheit in der Hauptverhandlung verbundenen Konsequenzen für den Betroffenen auch nach der vernehmungsbedingten Vorwegnahme der Hauptverhandlung transparent sind. Hieraus folgt weiterhin, dass die Belehrung und Befragung erst im Anschluss an die Vernehmung zur Person und Sache vorzunehmen sind.[59] Überhaupt ist der gesetzlichen Regelung der verfahrensrechtliche Ablauf in seiner zeitlichen Abfolge wie ansonsten strukturell zu entnehmen:[60] Auf den Antrag hin entscheidet das Gericht durch Beschluss und bei Vorliegen eines Entbindungsbeschlusses ist die Vernehmung durchzuführen, an deren Ende Belehrung und Befragen als verfahrensrechtliche Sicherung zu stehen haben.

19 3. **Vernehmung durch den beauftragten oder ersuchten Richter.** Die Vernehmung erfolgt nach Abs. 2 S. 1 durch einen **beauftragten oder ersuchten Richter** und nicht durch das erkennende Gericht. Das Ersuchen kann sich aber auch an einen deutschen Konsul oder einen ausländischen Richter richten, wenn die Anhörung einer richterlichen Vernehmung entspricht.[61] Wenn der Angeklagte zur Vernehmung vor dem ersuchten oder beauftragten Richter nicht erscheint, stehen diesem grundsätzlich die Zwangsmittel nach § 230 Abs. 2 zu.[62]

20 Das Ersuchen ist im Rahmen von § 158 GVG bindend soweit zulässig;[63] bei Vernehmungen im Ausland kommen die spezifischen Voraussetzungen der Rechtshilfe hinzu.[64] In diesem Zusammenhang ist es zulässig, dass das erkennende Gericht den Angeklagten vom ersuchten oder beauftragten Richter erst über seine Antragsbefugnis nach Abs. 1 S. 1 mit dem Ziel der Durchführung einer Abwesenheitsverhandlung instruieren lässt;[65] wobei Zwangsmittel nach § 230 Abs. 2 in dieser Konstellation jedoch ausscheiden.[66] Zur Unzulässigkeit des Ersuchens führt es weiterhin nicht, wenn der Angeklagte in der Vernehmung erklärt, er wolle sich in der Hauptverhandlung selbst verteidigen.[67] Das Ersuchen wird hingegen gegenstandslos, wenn der Angeklagte – trotz vorherigen Antrags und entsprechenden Beschlusses – auf die Entbindung nachträglich verzichtet.[68]

21 4. **Benachrichtigungspflichten.** Hinsichtlich des Vernehmungstermins bestehen nach Abs. 3 S. 1 Benachrichtigungspflichten. Zu benachrichtigen sind nach dem Gesetz zunächst nur die Staatsanwaltschaft und der Verteidiger. Über den Wortlaut hinaus sind jedoch alle Prozessbeteiligten wegen der Vorwegnahme der Hauptverhandlung und einem hieraus resultierenden Teilnahmerecht zu benachrichtigen;[69] wobei ein Verzicht auf die Benachrichtigung zulässig ist. Bei einem Verstoß gegen die Benachrichtigungspflicht ist im Falle des Widerspruchs durch den nicht benachrichtigten Prozessbeteiligten das angefertigte Protokoll nicht verlesbar.[70]

22 Der Benachrichtigungspflicht korrespondiert nach Abs. 3 S. 1 2. Hs. indessen keine Anwesenheitspflicht. Dies gilt auch für den notwendigen Verteidiger.[71]

23 5. **Protokoll.** Mit Blick auf seine nach Abs. 3 S. 2 vorgesehene Verlesung in der Hauptverhandlung ist über die Vernehmung des Angeklagten ein **Protokoll** anzufertigen. Es gelten die §§ 168, 168a.

IV. Die Verhandlung in Abwesenheit

24 Wurde der Angeklagte von der Pflicht, in der Hauptverhandlung zu erscheinen, entbunden und seine Vernehmung durchgeführt, ist die (Abwesenheits-)Verhandlung durchzuführen. Zu dieser ist der Angeklagte nach § 216 wegen seines nach wie vor bestehenden Anwesenheits-

---

[59] Löwe/Rosenberg/*Gollwitzer* Rn. 23; aA HK-StPO/*Julius* Rn. 5.
[60] SK-StPO/*Schlüchter* Rn. 14.
[61] Löwe/Rosenberg/*Gollwitzer* Rn. 25; SK-StPO/*Schlüchter* Rn. 15.
[62] OLG Hamburg v. 30. 9. 1968 – 1 Ws 413/68, GA 1968, 375; Löwe/Rosenberg/*Gollwitzer* Rn. 25; KK-StPO/*Gmel* Rn. 14; HK-StPO/*Julius* Rn. 5.
[63] OLG Düsseldorf v. 3. 5. 1996 – 1 Ws 320/96, StraFo 1996, 124; OLG Düsseldorf v. 17. 8. 1987 – 3 Ws 440/87, wistra 1988, 166; HK-GS/*Seebode* Rn. 8.
[64] SK-StPO/*Schlüchter* Rn. 16; HK-GS/*Seebode* Rn. 8.
[65] BGH v. 2. 11. 1972 – 2 ARs 286/72, BGHSt 25, 42 f.; OLG Frankfurt v. 18. 10. 2000 – 2 Ausl. II 25/00, NStZ-RR 2001, 175 (für ausländische Vernehmung).
[66] BGH v. 2. 11. 1972 – 2 ARs 286/72, BGHSt 25, 42 (43); KK-StPO/*Gmel* Rn. 14.
[67] OLG Bremen v. 6. 8. 1962 – Ws 180/62, GA 1962, 344; OLG Hamburg v. 30. 9. 1968 – 1 Ws 413/68, GA 1968, 344; Meyer-Goßner Rn. 17; Löwe/Rosenberg/*Gollwitzer* Rn. 25; aA SK-StPO/*Schlüchter* Rn. 16.
[68] SK-StPO/*Schlüchter* Rn. 16; Löwe/Rosenberg/*Gollwitzer* Rn. 25; Meyer-Goßner Rn. 17.
[69] RG v. 13. 3. 1923 – I 73/23, RGSt 57, 271 (272); Meyer-Goßner Rn. 18; Löwe/Rosenberg/*Gollwitzer* Rn. 27; Pfeiffer Rn. 4; HK-StPO/*Julius* Rn. 5; HK-GS/*Seebode* Rn. 9; KK-StPO/*Gmel* Rn. 15.
[70] Löwe/Rosenberg/*Gollwitzer* Rn. 27; SK-StPO/*Schlüchter* Rn. 17; Meyer-Goßner Rn. 18; *Joecks* Rn. 7.
[71] SK-StPO/*Schlüchter* Rn. 17; KMR/*Paulus* Rn. 26; Löwe/Rosenberg/*Gollwitzer* Rn. 28.

rechts,[72] indessen unter Verzicht auf die Warnung (§ 216 Abs. 1 S. 1), zu **laden**,[73] sofern er nicht ausdrücklich hierauf verzichtet hat (Nr. 120 Abs. 3 RiStBV). In der Ladung ist er nach Nr. 120 Abs. 3 RiStBV klarstellend darüber zu belehren, dass er nicht zum Erscheinen verpflichtet ist. Unter den Voraussetzungen des § 145a Abs. 2 kann die Ladung dem Verteidiger zugestellt werden.

In der (Abwesenheits-)Hauptverhandlung ist zum Zeitpunkt des § 243 Abs. 4 S. 2 das Protokoll über die Vernehmung nach Abs. 3 S. 2 zu **verlesen** und damit im Wege des Urkundsbeweises in die Verhandlung einzuführen; gleiches gilt für andere perpetuierte Erklärungen, auf die der Angeklagte anlässlich der Vernehmung Bezug genommen hat und die deshalb Teil des Protokolls sind.[74] Erscheint der anwesenheitsberechtigte Angeklagte in der Verhandlung und wird er (auch) zur Sache vernommen bzw. macht von seinem Schweigerecht Gebrauch, scheidet eine Verlesung des Vernehmungsprotokolls im Hinblick auf dessen Surrogatfunktion aus.[75] Die Pflicht zur Verlesung entfällt aber nicht, wenn der ordnungsgemäß bevollmächtigte Verteidiger eine Sachdarstellung bzw. Einlassung des abwesenden Angeklagten abgibt.[76] 25

Aus der Vernehmungsniederschrift ersichtliche **Beweisanträge**, **Anträge** und **Fragen** des Angeklagten gelten – im Gegensatz zu § 232 – als in der Hauptverhandlung gestellt und sind daher dementsprechend vom Vorsitzenden zu behandeln.[77] Insbesondere Beweisanträge bedürfen nicht der wiederholten mündlichen Stellung durch den anwesenden Verteidiger,[78] der aber umgekehrt befugt ist, Anträge zurückzunehmen.[79] Für schriftliche Beweisanträge des Angeklagten außerhalb der Hauptverhandlung gilt § 219,[80] jedoch nicht § 244 Abs. 3 bis Abs. 5, sodass diese unter Umständen durch einen anwesenden Verteidiger in der Hauptverhandlung mündlich anzubringen bzw. zu wiederholen sind.[81] 26

Ist ein Verteidiger in der Hauptverhandlung anwesend, übt dieser gem. § 234a die **Zustimmungsrechte** nach §§ 245 Abs. 1 S. 2, 251 Abs. 1 Nr. 1, Abs. 2 Nr. 3 aus.[82] Ansonsten muss die Zustimmung des Angeklagten eingeholt werden;[83] Gleiches gilt für die Zustimmung zu einer Nachtragsanklage.[84] 27

Wurde in seiner Vernehmung vom Angeklagten der **Einwand der örtlichen Unzuständigkeit** erhoben, muss über diesen in der Hauptverhandlung entschieden werden, gleichgültig, wann ihn der Vorsitzende zur Sprache gebracht hat.[85] 28

In dem gem. § 145a Abs. 2 dem Verteidiger[86] oder ansonsten dem Angeklagten zuzustellenden **Urteil** – § 232 Abs. 4 findet keine Anwendung[87] – dürfen keine höheren oder anderen Rechtsfolgen ausgeurteilt werden, als in Abs. 1 S. 1, S. 3 gesetzlich vorgegeben. Auch ist auf die Voraussetzungen des § 233 einzugehen.[88] 29

V. Rechtsbehelfe

Nach hM kann weder gegen den Entbindungsbeschluss noch gegen den Beschluss, mit dem der Antrag, von der Verpflichtung zum Erscheinen in der Hauptverhandlung entbunden zu werden, abgelehnt wird, gem. § 305 S. 1 **Beschwerde** eingelegt werden.[89] Entsprechendes gilt für den Beschluss, mit dem der Entbindungsbeschluss wieder aufgehoben wird.[90] Nach einer bislang verein- 30

---

[72] BGH v. 30. 1. 1959 – 1 StR 510/58, BGHSt 12, 367 (371); SK-StPO/*Schlüchter* Rn. 21.
[73] *Meyer-Goßner* Rn. 19; Löwe/Rosenberg/*Gollwitzer* Rn. 29; *Pfeiffer* Rn. 5.
[74] Löwe/Rosenberg/*Gollwitzer* Rn. 31; SK-StPO/*Schlüchter* Rn. 22; *Meyer-Goßner* Rn. 20.
[75] Löwe/Rosenberg/*Gollwitzer* Rn. 30, 37; aA HK-GS/*Seebode* Rn. 11.
[76] *Spendel* JZ 1959, 739 (740); SK-StPO/*Schlüchter* Rn. 23; KK-StPO/*Gmel* Rn. 17; Löwe/Rosenberg/*Gollwitzer* Rn. 30.
[77] Löwe/Rosenberg/*Gollwitzer* Rn. 32 f.; SK-StPO/*Schlüchter* Rn. 24; *Joecks* Rn. 10, KK-StPO/*Gmel* Rn. 18; HK-GS/*Seebode* Rn. 11.
[78] RG v. 4. 2. 1884 – Rep. 16/84, RGSt 10, 135 (138); SK-StPO/*Schlüchter* Rn. 24.
[79] Löwe/Rosenberg/*Gollwitzer* Rn. 32; *Meyer-Goßner* Rn. 22.
[80] BayObLG v. 23. 12. 1995 – RReg. 3 St 358/55, NJW 1956, 1042; *Oske* MDR 1971, 799.
[81] HK-StPO/*Julius* Rn. 13.
[82] KK-StPO/*Gmel* Rn. 18; *Meyer-Goßner* Rn. 23.
[83] *Pfeiffer* Rn. 5; SK-StPO/*Schlüchter* Rn. 27.
[84] HK-StPO/*Julius* Rn. 7.
[85] Löwe/Rosenberg/*Gollwitzer* Rn. 33; *Meyer-Goßner* Rn. 21.
[86] BGH v. 21. 1. 1958 – 1 StR 236/57, BGHSt 11, 152 (157); OLG Frankfurt v. 11. 12. 1981 – 3 Ws 820/81, NJW 1982, 1297; OLG Köln v. 10. 7. 1973 – SS (Owi) 138/73, NJW 1973, 2043; Löwe/Rosenberg/*Gollwitzer* Rn. 38; *Meyer-Goßner* Rn. 26; KK-StPO/*Gmel* Rn. 19.
[87] BGH v. 21. 1. 1958 – 1 StR 236/57, BGHSt 11, 152 (155, 157).
[88] HK-GS/*Seebode* Rn. 12; SK-StPO/*Schlüchter* Rn. 28; Löwe/Rosenberg/*Gollwitzer* Rn. 38.
[89] OLG Celle v. 26. 4. 1957 – 1 Ws 128/57, NJW 1957, 1163; OLG Hamm v. 19. 12. 1968 – 2 Ss 1654/68, NJW 1969, 1129 (1130); OLG Köln v. 23. 11. 1956 – Ws 458/56, NJW 1957, 153; *Meyer-Goßner* Rn. 27; *Joecks* Rn. 12; KK-StPO/*Gmel* Rn. 20; Löwe/Rosenberg/*Gollwitzer* Rn. 15.
[90] *Pfeiffer* Rn. 6; Löwe/Rosenberg/*Gollwitzer* Rn. 15.

zelt gebliebenen[91] Gegenauffassung soll aber gegen den ablehnenden Beschluss die Beschwerde eröffnet sein, da § 305 S. 1 unter Berücksichtigung seiner ratio legis nicht einschlägig sei.[92] Davon abgesehen ist die Beschwerde ausnahmsweise in der Konstellation zulässig, wenn der Entbindungsantrag – ohne dass es zur Ermessensentscheidung gekommen wäre – bereits aus Rechtsgründen als unzulässig abgelehnt wurde.[93]

31 Im Rahmen der **Revision** kann ein Verstoß gegen § 338 Nr. 5 und damit eine Verletzung des Anwesenheitsgrundsatzes damit gerügt werden, dass die Voraussetzungen des § 233 nicht vorgelegen haben.[94] Dies betrifft zB das Fehlen eines wirksamen (Entbindungs-)Antrags,[95] das Anbringen eines (Entbindungs-)Antrags durch einen Verteidiger ohne erforderliche Vertretungsvollmacht[96] oder eine Überschreitung des Rechtsfolgenrahmens.[97] Bei letzterem ist umstritten, ob der Verstoß gegen Abs. 1 eines von Amts wegen zu beachtendes Verfahrenshindernis darstellt[98] oder nach hA zutreffenderweise nur im Rahmen einer Verfahrensrüge beachtlich werden kann.[99]

32 Relative Revisionsgründe nach § 337 sind bei Verstößen gegen Abs. 2 S. 1[100] und gegen Abs. 2 S. 2[101] sowie dann gegeben, wenn der Angeklagte zur Hauptverhandlung nicht geladen[102] oder das Vernehmungsprotokoll entgegen Abs. 3 S. 2 nicht in der Hauptverhandlung verlesen[103] wurde. In der Regel dürfte das Urteil auf diesen Verstößen auch beruhen.[104] Neben dem Angeklagten können auch die übrigen Verfahrenbeteiligten Verstöße rügen, soweit ihre Rechte betroffen sind, was vor Allem die Benachrichtigungspflicht nach Abs. 3 S. 1 betrifft.[105] Hingegen ist es einem Mitangeklagten grundsätzlich verwehrt, einen Verstoß gegen § 233 zu rügen, es sei denn, durch das verfahrensrechtlich fehlerhafte Vorgehen ist das gegen ihn ergangene Urteil sachlich beeinflusst worden.[106] In diesem Zusammenhang kann mit Blick auf die Abwesenheit des Angeklagten auch ein Verstoß gegen die gerichtliche Aufklärungspflicht gegeben sein, sodass eine Aufklärungsrüge begründet ist.[107]

33 Da § 235 nur für § 232, nicht aber für § 233 gilt, ist eine **Wiedereinsetzung** ausgeschlossen.[108] Auch eine analoge Anwendung von § 235 scheidet grundsätzlich aus.[109]

§ 234 [Vertretung des abwesenden Angeklagten]

Soweit die Hauptverhandlung ohne Anwesenheit des Angeklagten stattfinden kann, ist er befugt, sich durch einen mit schriftlicher Vollmacht versehenen Verteidiger vertreten zu lassen.

I. Einführung

1 Der Vorschrift liegt die gesetzlich vorgesehene[1] und überwiegend anerkannte Differenzierung zugrunde, dass der Verteidiger zunächst die Rechtsstellung eines Beistandes mit den sich hieraus ergebenden Verteidigerrechten[2] hat, deshalb aber grundsätzlich nicht zugleich auch Vertreter des Angeklagten ist.[3] Um Vertreter des Angeklagten sein zu können, bedarf der Verteidiger jenseits

---

[91] Vgl. insofern aber die frühere Rspr.: OLG Karlsruhe v. 6. 9. 1926 – 18 W 374/26, JW 1927, 533; BayObLGSt 13, 493.
[92] HK-GS/*Seebode* Rn. 13.
[93] OLG Köln v. . 23. 11. 1956 – Ws 458/56, NJW 1957, 153; Löwe/Rosenberg/*Gollwitzer*; Meyer-Goßner Rn. 27; *Joecks* Rn. 12; KK-StPO/*Gmel* Rn. 20; SK-StPO/*Schlüchter* Rn. 31.
[94] HK-StPO/*Julius* Rn. 14; HK-GS/*Seebode* Rn. 14; SK-StPO/*Schlüchter* Rn. 32.
[95] SK-StPO/*Schlüchter* Rn. 32; *Joecks* Rn. 13.
[96] RG v. 23. 11. 1956 – Ws 458/56, RGSt 62, 259.
[97] Löwe/Rosenberg/*Gollwitzer* Rn. 39; Meyer-Goßner Rn. 28; KK-StPO/*Gmel* Rn. 22; HK-GS/*Seebode* Rn. 14; *Pfeiffer* Rn. 6.
[98] OLG Köln v. 13. 2. 1970 – Ss 439/69, GA 1971, 27; OLG Hamm v. 11. 3. 1977 – 3 Ss 872/76, JR 1978, 120 mit ablehnender Anm. *Meyer-Goßner*.
[99] Treier NStZ 1983, 234; KK-StPO/*Gmel* Rn. 22; Meyer-Goßner Rn. 28; SK-StPO/*Schlüchter* Rn. 32; Anw-StPO/*Kirchhof* Rn. 6.
[100] Graf/*Gorf* Rn. 23.
[101] OLG Oldenburg v. 8. 3. 1955 – Ss 20/55, NdsRpfl. 1955, 140.
[102] SK-StPO/*Schlüchter* Rn. 33; KMR/*Paulus* Rn. 40; Löwe/Rosenberg/*Gollwitzer* Rn. 40.
[103] Meyer-Goßner Rn. 28; *Joecks* Rn. 13.
[104] Löwe/Rosenberg/*Gollwitzer* Rn. 40.
[105] SK-StPO/*Schlüchter* Rn. 35; KMR/*Paulus* Rn. 40; Löwe/Rosenberg/*Gollwitzer* Rn. 41.
[106] RG v. 27. 9. 1927 – II 198/28, RGSt 62, 259; HK-GS/*Seebode* Rn. 14; Löwe/Rosenberg/*Gollwitzer* Rn. 41; SK-StPO/*Schlüchter* Rn. 35.
[107] HK-StPO/*Julius* Rn. 14; Löwe/Rosenberg/*Gollwitzer* Rn. 41; KMR/*Paulus* Rn. 40; SK-StPO/*Schlüchter* Rn. 34; *Pfeiffer* Rn. 6.
[108] Anw-StPO/*Kirchhof* Rn. 6; SK-StPO/*Schlüchter* Rn. 30; KK-StPO/*Gmel* Rn. 21.
[109] Meyer-Goßner Rn. 29; Löwe/Rosenberg/*Gollwitzer* Rn. 42; aA LG Frankfurt v. 26. 10. 1953 – 5/7 Qs 188/53, NJW 1954, 167; hiergegen: SK-StPO/*Schlüchter* Rn. 30.
[1] BGH v. 20. 9. 1956 – 4 StR 287/56, BGHSt 9, 356 (357).
[2] Vgl. hierzu: SK-StPO/*Schlüchter* Rn. 8.
[3] HK-GS/*Seebode* Rn. 2; *Pfeiffer* Rn. 1; KK-StPO/*Gmel* Rn. 1; Meyer-Goßner Rn. 1; Löwe/Rosenberg/*Gollwitzer* Rn. 1; SK-StPO/*Schlüchter* Rn. 1; Graf/*Gorf* Rn. 1.

seiner Bestellung einer gesonderten bzw. weitergehenden Vollmacht, die ihn erst in den Lage versetzt, Erklärungen in dessen Namen abzugeben oder entgegen zu nehmen.[4] Ausgehend davon kapriziert sich die Norm des § 234a auf die Vertretung des nicht anwesenden Angeklagten, mithin auf die Abwesenheitsverhandlungen nach §§ 231 Abs. 2, 231a, 231b, 232, 233. Sondervorschriften finden sich in §§ 329 Abs. 1, 350 Abs. 2, 387 Abs. 1, 411 Abs. 2 S. 1 bzw. § 74 Abs. 1 OWiG sowie – für den Einziehungsbeteiligten und die juristische Person oder Personenvereinigung – in §§ 434 Abs. 1 S. 1, 444 Abs. 2 S. 2. Nicht anwendbar ist § 234a in den Fällen der §§ 247,[5] 276.[6]

II. Die Vertretung des Angeklagten

Nach § 234a steht dem Angeklagten die Befugnis zu, sich durch einen bevollmächtigten Verteidiger in der Verhandlung vertreten zu lassen, wenn die Hauptverhandlung ohne seine Anwesenheit stattfinden kann. 2

1. Keine Anwesenheitspflicht des Angeklagten. Voraussetzung ist daher zunächst, dass die **Hauptverhandlung ohne Anwesenheit des Angeklagten** stattfinden kann. Durch die bewusst gewählte Formulierung erfolgt zum einen eine Abgrenzung zu § 276.[7] Zum anderen stellt der Wortlaut der Norm – „ohne Anwesenheit" statt beispielsweise „abwesend" – klar, dass mit der Vorschrift nur diejenigen, wiederum gesetzlich geregelten Fälle erfasst sind, in denen zulässigerweise und unter spezifischen weiteren Voraussetzungen die Hauptverhandlung ohne den Angeklagten durchgeführt werden kann.[8] Ob der Angeklagte tatsächlich ganz oder teilweise abwesend oder anwesend ist, ist deshalb grundsätzlich ohne Relevanz,[9] wenngleich sich hieraus auch Modifikationen in Form eines Widerspruchserfordernisses ergeben können;[10] dh., dass der anwesende Angeklagte Erklärungen des vertretungsberechtigten Verteidigers widersprechen muss, sollen sie nicht als eigene Erklärungen von ihm gelten.[11] Mit der vom Angeklagten qua seiner originären Dispositionsbefugnis selbst initiierten und (näher) geregelten Vertretungsbefugnis seines Verteidigers erscheint es nicht vereinbar, im Falle seiner Anwesenheit in der Hauptverhandlung die Vertretung als prinzipiell unzulässig zu deklarieren,[12] mag sie auch unter Umständen überflüssig erscheinen.[13] Vielmehr folgt aus der weiter bestehenden Vertretungsvollmacht[14] auch ein entsprechendes Vertretungsrecht.[15] 3

Ordnet das Gericht gem. § 236 nach pflichtgemäßem Ermessen hingegen das persönliche Erscheinen des Angeklagten in der Hauptverhandlung an, ist eine Vertretung durch einen entsprechend bevollmächtigten Verteidiger nach umstrittener Auffassung ausgeschlossen.[16] Umgekehrt ist es in diesem Fall dem Gericht nicht verwehrt, ohne den Angeklagten zu verhandeln, wenn dieser gleichwohl nicht erscheint. Voraussetzung ist indessen, dass die Anordnung des persönlichen Erscheinens wieder aufgehoben wird.[17] Wiederum eine Ausnahme bildet das Strafbefehlsverfahren, da die nach § 411 Abs. 2 kraft Gesetzes bestehende Befugnis, sich durch einen Verteidiger vertreten zu lassen, nicht über § 236 relativiert werden kann.[18] 4

2. Vollmacht des Verteidigers. Die Vertretung durch den Verteidiger setzt eine **schriftliche Vollmacht** voraus. Zu den inhaltlichen Anforderungen sieht es der BGH und ihm folgend das Schrifttum als genügend an, wenn die schriftliche Vollmacht den Verteidiger in – nicht unbedenklicher[19] – Zusammenfassung der Beistands- und Vertretungsfunktion ermächtigt, den Angeklagten zu verteidigen und zu vertreten.[20] Einer ausdrücklichen oder speziellen Ermächtigung, den Angeklagten in 5

---

[4] BGH v. 20. 9. 1956 – 4 StR 287/56, BGHSt 9, 356 (357); Anw-StPO/*Kirchhof* Rn. 1; *Meyer-Lohkamp/Venn* StraFo 2009, 265 (268).
[5] *Strate* NJW 1979, 910; *Fezer* JR 1980, 84; Löwe/Rosenberg/*Gollwitzer* Rn. 3.
[6] HK-GS/*Seebode* Rn. 1; SK-StPO/*Schlüchter* Rn. 2.
[7] SK-StPO/*Schlüchter* Rn. 2; Löwe/Rosenberg/*Gollwitzer* Rn. 3.
[8] Vgl. die Aufzählung unter I.
[9] KK-StPO/*Gmel* Rn. 1; SK-StPO/*Schlüchter* Rn. 3; Löwe/Rosenberg/*Gollwitzer* Rn. 3.
[10] HK-GS/*Seebode* Rn. 4; *Meyer-Goßner* Rn. 4.
[11] Löwe/Rosenberg/*Gollwitzer* Rn. 3, 6; *Meyer-Goßner* Rn. 4; aA KK-StPO/*Gmel* Rn. 1 mwN.
[12] KMR/*Paulus* Rn. 5; *Meyer-Goßner* Rn. 4; *Pfeiffer* Rn. 1; Anw-StPO/*Kirchhof* Rn. 1; *Olk* JZ 2006, 204.
[13] *Meyer-Goßner* Rn. 4; KK-StPO/*Gmel* Rn. 1.
[14] Löwe/Rosenberg/*Gollwitzer* Rn. 6.
[15] SK-StPO/*Schlüchter* Rn. 3.
[16] SK-StPO/*Schlüchter* Rn. 3 f.; HK-GS/*Seebode* Rn. 5; vgl. auch: BGH v. 20. 9. 1956 – 4 StR 287/56, BGHSt 9, 356 (357); aA *Pfeiffer* Rn. 1; Anw-StPO/*Kirchhof* Rn. 2; KK-StPO/*Gmel* Rn. 1; Löwe/Rosenberg/*Gollwitzer* Rn. 3.
[17] HK-GS/*Seebode* Rn. 5; SK-StPO/*Schlüchter* Rn. 4; vgl. auch: KK-StPO/*Gmel* Rn. 2.
[18] SK-StPO/*Schlüchter* Rn. 3 f.; Löwe/Rosenberg/*Gollwitzer* § 236 Rn. 3.
[19] Löwe/Rosenberg/*Gollwitzer* Rn. 7.
[20] BGH v. 20. 9. 1956 – 4 StR 287/56, BGHSt 9, 356 (357); *Meyer-Goßner* Rn. 5; Löwe/Rosenberg/*Gollwitzer* Rn. 7; SK-StPO/*Schlüchter* Rn. 5; KK-StPO/*Gmel* Rn. 4.

dessen Abwesenheit zu vertreten, bedarf es danach nicht,[21] wenngleich hierzu auch geraten wird.[22] Die geforderte Schriftform dient der Rechtsklarheit.[23] Abgesehen von der Vorlage einer vom Angeklagten ordnungsgemäß ausgefüllten und unterschriebenen Vollmacht entsprechend der üblicherweise verwendeten Vordrucke, welche die geschilderten inhaltlichen Voraussetzungen idR erfüllen,[24] ist die Schriftform ferner gewahrt, wenn der Angeklagte das Gericht schriftlich von der Vertretungsvollmacht unterrichtet[25] oder wenn nach vorheriger mündlicher Ermächtigung durch den Angeklagten die Vollmacht von der autorisierten dritten Person[26] oder vom bevollmächtigten Verteidiger selbst[27] unterzeichnet wird. Für eine Untervollmacht ist die Schriftform allerdings nicht erforderlich.[28] Davon abgesehen ist die Schriftform gleichfalls gewahrt – nach anderer Ansicht fälschlicherweise wohl verzichtbar[29] –, wenn der Angeklagte bei seiner kommissarischen Vernehmung nach § 233 die Vertretungsvollmacht zu Protokoll erklärt.[30]

6   Im Rahmen der Erteilung der Vollmacht kann der Angeklagte den **Umfang der Vertretungsbefugnis** bestimmen und auf diese Weise auch Beschränkungen festlegen,[31] indem etwa bei mehreren Anklagepunkten eine Begrenzung auf bestimmte Taten oder Komplexe erfolgt bzw. von der Vertretung bestimmte Prozesshandlungen ausgenommen werden. Der Umfang der Vertretungsbefugnis muss sich allerdings aus der schriftlichen Vollmacht selbst – hilfsweise aus einer anderen schriftlichen Erklärung des Angeklagten[32] – ergeben. Zu weit gehende Beschränkungen in der Vertretungsbefugnis können indes die Durchführung der Hauptverhandlung nur mit dem Verteidiger in Frage stellen.[33]

7   Die Vollmacht muss dem erkennenden Gericht **bei Beginn der Hauptverhandlung** vorliegen bzw. vorgelegt werden.[34] Dies ergibt sich unter Anderem aus dem Regelungszusammenhang. Stellt man demgegenüber auf den Zeitpunkt der Abgabe einer vertretungsbedürftigen Erklärung ab,[35] schließt dies eine Vertretung nach § 234 nicht aus, lässt jedoch Zweifel hinsichtlich des Umfanges der Vertretungsbefugnis aufkommen.

8   **3. Vollmachtsadressat.** Adressat der Vollmacht ist ein Verteidiger; im Regelfall der bereits bestellte oder noch zu bestellende Verteidiger. Als Verteidiger kommen nach § 138 Abs. 1 nur Rechtsanwälte sowie Rechtslehrer an deutschen Hochschulen mit Befähigung zum Richteramt in Betracht. Andere Personen benötigen nach § 138 Abs. 2 die Genehmigung des Gerichts, um als Verteidiger zugelassen zu werden. Dies gilt auch für den Fall, dass solche Personen vom Angeklagten bevollmächtigt werden.[36]

9   Die Vertretungsvollmacht kann dem Wahl- wie dem Pflichtverteidiger erteilt werden. Auch letzterer benötigt sie, um eine Vertretung im Sinne von § 234 vornehmen zu können. Denn die gerichtliche Beiordnung als Pflichtverteidiger verleiht keine Vertretungsvollmacht.[37]

10 **4. Vertretung des Angeklagten durch den Verteidiger.** Der mit schriftlicher Vollmacht versehene Verteidiger kann den Angeklagten in sog. Abwesenheitsverhandlungen **vertreten**. Was unter Vertretung zu verstehen ist, lässt sich unmittelbar aus § 234 nicht entnehmen.[38] Nach einer geläufigen Formulierung ermächtigt die Vertretungsvollmacht zur Vertretung in der Erklärung und im Willen.[39] Unter Berücksichtigung der gesetzgeberischen Motive legt dem BGH zufolge der Angeklagte mit der Vollmacht wichtige Verfahrensrechte wie Anwesenheit und rechtliches Gehör in die Hände seines Vertreters, der an seine Stelle tritt und mit Wirkung für ihn Erklärungen abgeben

---

[21] BGH v. 20. 9. 1956 – 4 StR 287/56, BGHSt 9, 356 (357); *Meyer-Goßner* Rn. 5; *Löwe/Rosenberg/Gollwitzer* Rn. 7; KMR/*Paulus* Rn. 10; vgl. auch: OLG Zweibrücken v. 25. 5. 1981 – 1 Ss 1/81, StV 1981, 539.
[22] HK-StPO/*Julius* Rn. 2.
[23] KK-StPO/*Gmel* Rn. 3; SK-StPO/*Schlüchter* Rn. 6.
[24] HK-StPO/*Julius* Rn. 2 mwN.
[25] OLG Hamburg v. 22. 5. 1968 – 1 Ss 58/68, NJW 1968, 1687; OLG Düsseldorf v. 6. 7. 1984 – 5 Ss 243/84 – 193/84 I, NStZ 1984, 524; *Löwe/Rosenberg/Gollwitzer* Rn. 8; KK-StPO/*Gmel* Rn. 3; SK-StPO/*Schlüchter* Rn. 6.
[26] BayObLG v. 20. 11. 1962 – RReg. 2 St 641/62, NJW 1963, 872; KMR/*Paulus* Rn. 9; *Meyer-Goßner* Rn. 5.
[27] BayObLG v. 7. 11. 2001 – 5 St RR 285/2001, NStZ 2002, 277; KK-StPO/*Gmel* Rn. 3.
[28] OLG Hamm v. 11. 3. 1963, NJW 1963, 1793; OLG Karlsruhe v. 22. 3. 1982 – 2 Ss 43/82, NStZ 1983, 43; *Löwe/Rosenberg/Gollwitzer* Rn. 8; SK-StPO/*Schlüchter* Rn. 6; KK-StPO/*Gmel* Rn. 3.
[29] *Meyer-Goßner* Rn. 6.
[30] OLG Hamm v. 11. 10. 1954 – (2) 2 a Ss 1129/54, NJW 1954, 1856; *Löwe/Rosenberg/Gollwitzer* Rn. 8.
[31] *Löwe/Rosenberg/Gollwitzer* Rn. 9; KK-StPO/*Gmel* Rn. 6; HK-StPO/*Julius* Rn. 2; Anw-StPO/*Kirchhof* Rn. 2.
[32] KK-StPO/*Gmel* Rn. 6.
[33] *Löwe/Rosenberg/Gollwitzer* Rn. 9.
[34] OLG Koblenz v. 18. 5. 1972– 1 Ss 89/72, MDR 1972, 801; OLG Köln v. 5. 11. 1963 – Ss 289/63, MDR 1964, 435; *Meyer-Goßner* Rn. 5; SK-StPO/*Schlüchter* Rn. 5; *Joecks* Rn. 3.
[35] KMR/*Paulus* Rn. 9; HK-StPO/*Julius* Rn. 4.
[36] SK-StPO/*Schlüchter* Rn. 7; *Löwe/Rosenberg/Gollwitzer* Rn. 10.
[37] OLG Hamm v. 16. 5. 1995 – 2 Ss 427/95, StV 1997, 404; HK-GS/*Seebode* Rn. 2.
[38] *Löwe/Rosenberg/Gollwitzer* Rn. 11.
[39] Anw-StPO/*Kirchhof* Rn. 1; KK-StPO/*Gmel* Rn. 5; *Meyer-Goßner* Rn. 8; *Joecks* Rn. 2; *Löwe/Rosenberg/Gollwitzer* Rn. 11.

und entgegennehmen kann.⁴⁰ Neben seinen Befugnissen als Beistand nach § 137 Abs. 1 S. 1 tritt der Verteidiger somit hinsichtlich der Prozessführung an die Stelle des Angeklagten und kann die diesem als Prozesssubjekt zustehenden Verfahrensbefugnisse ausüben.⁴¹ Dies umfasst zum Einen Prozesserklärungen bzw. zum Verfahren gehörende Erklärungen: Einwand der funktionellen bzw. örtlichen Unzuständigkeit, Ablehnungsanträge, Erklärung oder Verweigerung von Zustimmungen (§§ 153 Abs. 2 S. 1, 153a Abs. 2, 153b Abs. 2, 251 Abs. 1 Nr. 1, 251 Abs. 2 Nr. 3, 245 Abs. 1 S. 2; 265a, 303 S. 1), Verzicht auf die Einhaltung der Ladungsfrist nach § 217 Abs. 2, Abs. 3, Erklärungen zu Bewährungsleistungen. Zum Anderen kann der Verteidiger nach herrschender, wenn auch umstrittener Auffassung Erklärungen zur Sache abgeben,⁴² was eine geständige Einlassung sowie das letzte Wort einschließt. Ausgeschlossen ist demgegenüber die Zustimmung zur Nachtragsanklage nach § 266 Abs. 1,⁴³ da diese dem Angeklagten vorbehalten ist und im Übrigen insofern auch keine Vertretungsvollmacht besteht.⁴⁴

Nimmt der Verteidiger als Vertreter an der Hauptverhandlung teil ist nach § 243 Abs. 4 zu verfahren,⁴⁵ wobei eine Äußerungspflicht des Verteidigers nicht besteht. Die Tatsache, dass der Verteidiger eine Einlassung des Angeklagten vorgetragen hat, ist als wesentliche Förmlichkeit des Verfahrens zu protokollieren.⁴⁶ **11**

III. Revision

Mit der **Revision** kann im Rahmen des § 337 die unrichtige Anwendung von § 234 gerügt werden,⁴⁷ wie beispielsweise das Fehlen einer wirksamen Vollmacht oder ein Verstoß gegen § 218.⁴⁸ In Betracht kommt des Weiteren eine Verletzung der Aufklärungspflicht, wenn das Gericht trotz einer entsprechender Indikation von der persönlichen Anhörung des Angeklagten abgesehen hat und sich stattdessen mit den Angaben des Verteidigers begnügte.⁴⁹ **12**

§ 234a [Informations- und Zustimmungsbefugnisse des Verteidigers]

Findet die Hauptverhandlung ohne Anwesenheit des Angeklagten statt, so genügt es, wenn die nach § 265 Abs. 1 und 2 erforderlichen Hinweise dem Verteidiger gegeben werden; das Einverständnis des Angeklagten nach § 245 Abs. 1 Satz 2 und nach § 251 Abs. 1 Nr. 1, Abs. 2 Nr. 3 ist nicht erforderlich, wenn ein Verteidiger an der Hauptverhandlung teilnimmt.

I. Einführung

Die „im Interesse der Vermeidung von Hauptverhandlungswiederholungen und einer größtmöglichen Nutzung der gesetzlich vorgesehenen Verfahrensvereinfachungen"¹ eingeführte Vorschrift dient der Effizienz der Hauptverhandlung² und damit der **Verfahrensvereinfachung**.³ Der verfassungsrechtlich fundierte Anspruch des Angeklagten auf rechtliches Gehör wird durch die Delegation von Informations- und Zustimmungserfordernissen an den Verteidigers zwar tangiert, nicht aber verletzt.⁴ Umgekehrt erfährt die prozessuale Verantwortlichkeit des Verteidigers eine erhebliche Erweiterung,⁵ wenngleich nach anderer Lesart eine Stärkung der Verteidigerposition vorliegen soll.⁶ Denn in sog. Abwesenheitsverhandlungen ist der Verteidiger alleine qua Gesetz zur Wahrnehmung von Informations- und Zustimmungsbefugnisse, die grundsätzlich dem Angeklagten zustehen, ermächtigt,⁷ ohne dass es insofern einer Vertretungsvollmacht nach § 234 bedürfte.⁸ **1**

Der Vorschrift kommt Ausnahmecharakter zu, sodass eine Übertragung auf andere Verfahrenskonstellationen oder Prozesshandlungen bzw. eine ausdehnende Anwendung ausgeschlossen sind.⁹ **2**

---

⁴⁰ BGH v. 20. 9. 1956 – 4 StR 287/56, BGHSt 9, 356 (357).
⁴¹ SK-StPO/*Schlüchter* Rn. 9; Löwe/Rosenberg/*Gollwitzer* Rn. 11, 12.
⁴² KK-StPO/*Gmel* Rn. 5; *Meyer-Goßner* Rn. 10; Anw-StPO/*Kirchhof* Rn. 2; HK-StPO/*Julius* § 234a Rn. 3; *Joecks* Rn. 4; HK-GS/*Seebode* Rn. 2; KMR/*Paulus* Rn. 15; Löwe/Rosenberg/*Gollwitzer* Rn. 16; *Pfeiffer* Rn. 1; *Olk* JZ 2006, 204 (205); aA SK-StPO/*Schlüchter* Rn. 10.
⁴³ SK-StPO/*Schlüchter* Rn. 9; KMR/*Paulus* Rn. 7; Löwe/Rosenberg/*Gollwitzer* Rn. 12.
⁴⁴ Löwe/Rosenberg/*Gollwitzer* Rn. 12.
⁴⁵ Löwe/Rosenberg/*Gollwitzer* Rn. 18; *Meyer-Goßner* Rn. 10; *Pfeiffer* Rn. 1; KK-StPO/*Gmel* Rn. 5.
⁴⁶ SK-StPO/*Schlüchter* Rn. 12; Löwe/Rosenberg/*Gollwitzer* Rn. 18.
⁴⁷ KK-StPO/*Gmel* Rn. 8.
⁴⁸ SK-StPO/*Schlüchter* Rn. 13; HK-StPO/*Julius* Rn. 6; *Meyer-Goßner* Rn. 13.
⁴⁹ *Joecks* Rn. 6; Löwe/Rosenberg/*Gollwitzer* Rn. 19.
¹ BT-Drucks. 10/1313, S. 26; vgl. auch: HK-StPO/*Julius* Rn. 1; Löwe/Rosenberg/*Gollwitzer* Rn. 1.
² Löwe/Rosenberg/*Gollwitzer* Rn. 2.
³ *Joecks* Rn. 1; KK-StPO/*Gmel* Rn. 1; *Meyer-Goßner* Rn. 1.
⁴ Löwe/Rosenberg/*Gollwitzer* Rn. 3.
⁵ HK-StPO/*Julius* Rn. 1; Löwe/Rosenberg/*Gollwitzer* Rn. 17.
⁶ HK-GS/*Seebode* Rn. 1.
⁷ *Meyer-Goßner* Rn. 1; *Joecks* Rn. 1.
⁸ BT-Drucks. 10/1313, S. 27.
⁹ KK-StPO/*Gmel* Rn. 1; SK-StPO/*Schlüchter* Rn. 9.

II. Die Hauptverhandlung ohne den Angeklagten

3   1. **Keine Anwesenheitspflicht des Angeklagten.** Voraussetzung dafür, dass die Informations- und Zustimmungsbefugnisse durch den Verteidiger wahrgenommen werden können, ist zunächst, dass die **Hauptverhandlung ohne Anwesenheit des Angeklagten** in verfahrensrechtlich zulässiger Weise stattfinden darf. Erfasst werden damit die Abwesenheitsverhandlungen nach §§ 231 Abs. 2, 231a Abs. 1, 231b Abs. 1, 232, 329 Abs. 2, 387 Abs. 1, 411 Abs. 2 S. 1 und § 73 Abs. 1 OWiG. Da in den Teilen der Verhandlung, für welche der Angeklagte beurlaubt ist, keine Vorgänge oder Umstände erörtert werden dürfen, die ihn betreffen,[10] hat § 234a für § 231c keine Relevanz.[11] Nicht anwendbar ist die Vorschrift auf den Fall des § 247, weil bei einer zeitweiligen Entfernung des Angeklagten aus dem Sitzungszimmer keine Hauptverhandlung ohne Anwesenheit im Sinne von § 234a stattfindet.[12] Nicht einbezogen in § 234a ist nicht zuletzt die Nachtragsanklage.[13]

4   Obwohl nach dem Wortlaut des § 234a sowie unter Berücksichtigung der gesetzgeberischen Motive[14] auch § 233 uneingeschränkt erfasst zu sein scheint, ergibt sich aus sachlichen Gründen eine Restriktion dahingehend, dass Hinweise nach § 265 Abs. 1, 2 nicht wirksam nur an den Verteidiger erteilt werden können, weshalb § 234a 1. Hs. für § 233 nicht gilt.[15] Denn die Abwesenheitsverhandlung nach § 233 setzt die Vernehmung des Angeklagten über die Anklage voraus,[16] was auch deren Umgestaltung betrifft. Demgegenüber wird von der Gegenansicht mit unterschiedlicher Nuancierung auf die Entstehungsgeschichte von § 234a, den Sinn der Vorschrift sowie die mit Blick auf die Beeinträchtigung des Anspruches auf rechtliches Gehör kompensatorische Funktion durch die Teilnahme eines Verteidigers hingewiesen[17] mit der Konsequenz, dass § 234a uneingeschränkt auch für § 233 gilt[18] bzw. § 234a als eine den § 233 Abs. 2 modifizierende Spezialregelung qualifiziert wird.[19] Nach anderer Auffassung soll ein „flexibler Mittelweg" dergestalt einzuschlagen sein, dass der Verteidiger im Falle des § 233 eine Vertagung beanspruchen kann, wenn er eine Anhörung des Angeklagten bei Hinweisen gem. § 265 Abs. 1, 2 für erforderlich erachtet.[20] Eine Analyse der Motive zu § 234a lässt indessen den Schluss zu, dass schlicht ein Redaktionsversehen gegeben sein könnte, da § 233 ohne weitere Diskussion in den Anwendungsbereich von § 234a einbezogen wurde. In ihrer Bedeutung verkannt werden vor Allem sowohl das Erfordernis der Vernehmung des Angeklagten über die Anklage unter Berücksichtigung der Konstellationen nach § 265 Abs. 1, 2 als auch die Stellung des Verteidigers ohne Vertretungsvollmacht.

5   2. **Abwesenheit des Angeklagten.** Weitere Voraussetzung für § 234a ist, dass der Angeklagte **tatsächlich abwesend** ist bzw. die Hauptverhandlung tatsächlich ohne ihn durchgeführt wird.[21] Denn der in der Hauptverhandlung präsente Angeklagte kann die aus seinem Anwesenheitsrecht resultieren Befugnisse selbst ausüben bzw. wahrnehmen.

6   3. **Verteidiger als Hinweisadressat.** Adressat der Hinweise nach § 265 Abs. 1, 2 bzw. der Frage nach dem Einverständnis gem. §§ 245 Abs. 1 S. 2, 251 Abs. 1 Nr. 1, Abs. 2 Nr. 3 ist ein in der Hauptverhandlung auftretender **Verteidiger**. Es muss sich um den vom Angeklagten als Beistand hinzugezogenen Wahl- oder den vom Gericht bestellten (Pflicht-)Verteidiger handeln, wobei eine schriftliche Vertretungsvollmacht iSv. § 234 nicht vorzuliegen braucht.

III. Die Funktion des Verteidigers

7   Liegen die vorerwähnten Voraussetzungen vor, ist es ausreichend, dass die Hinweise nach § 251 Abs. 1 und 2 dem Verteidiger gegeben werden. Das Einverständnis des Angeklagten zum Absehen von der Erhebung einzelner Beweise (§ 245 Abs. 1 S. 2) sowie sein Einverständnis mit der Verlesung der Niederschriften über die Vernehmung eines Zeugen, Sachverständigen oder Mitbeschuldigten (§ 251 Abs. 1 Nr. 1, Abs. 2 Nr. 3) sind entbehrlich, da der Verteidiger über das Einverständnis in alleiniger Verantwortung kraft eigenen Rechts entscheidet.[22]

---

[10] Vgl. § 231c Rn. 2ff.
[11] Meyer-Goßner Rn. 1; Löwe/Rosenberg/Gollwitzer Rn. 5; KK-StPO/Gmel Rn. 2.
[12] Löwe/Rosenberg/Gollwitzer Rn. 7; SK-StPO/Schlüchter Rn. 4; Meyer-Goßner Rn. 1.
[13] BT-Drucks. 10/1313, S. 27.
[14] BT-Drucks. 10/1313, S. 26; vgl. hierzu: SK-StPO/Schlüchter Rn. 4.
[15] Meyer-Goßner Rn. 3; KK-StPO/Gmel Rn. 3 Pfeiffer Rn. 1.
[16] Meyer-Goßner Rn. 3; KK-StPO/Gmel Rn. 3.
[17] HK-GS/Seebode Rn. 4; SK-StPO/Schlüchter Rn. 4; Löwe/Rosenberg/Gollwitzer Rn. 6.
[18] SK-StPO/Schlüchter Rn. 4.
[19] Löwe/Rosenberg/Gollwitzer Rn. 6.
[20] HK-StPO/Julius Rn. 2.
[21] BT-Drucks. 10/1313, S. 27.
[22] KK-StPO/Gmel Rn. 4; Löwe/Rosenberg/Gollwitzer Rn. 8.

Sechster Abschnitt. Hauptverhandlung 1, 2 § 235

Übergreifend gilt, dass bei der Wahrnehmung der Informations- und Zustimmungserfordernisse 8
des zulässigerweise abwesenden Angeklagten der Verteidiger alleine durch die gesetzliche Grundlage des § 234a hinreichend ermächtigt ist. Er nimmt damit aufgrund eigenen Rechts Befugnisse bzw. Rechte wahr, die ansonsten dem Angeklagten zustehen; wobei er auch gegen den ausdrücklich erklärten Willen des Angeklagten handeln darf.[23] Der Zuwachs an Befugnissen auf Seiten des Verteidigers, mit welchem eine erhöhte prozessuale Verantwortlichkeit verbunden ist, wird wieder dadurch kompensiert, dass die übertragenen Befugnisse gesetzlich präzise umgrenzt sind. Dies schließt es beispielsweise aus, § 234a auf Zustimmungserklärungen gem. §§ 153 Abs. 2, 153a Abs. 2, auf die Nachtragsanklage gem. § 266 Abs. 1 sowie die Einlegung, Rücknahme oder Beschränkung von Rechtsmitteln anzuwenden.[24] Davon abgesehen besteht bei den Hinweisen nach §§ 251 Abs. 1 und 2 für den Verteidiger flankierend die Möglichkeit, nach § 265 Abs. 3 und 4 die Aussetzung der Hauptverhandlung zu beantragen, sofern eine sachgerechte Verteidigung ohne weitere oder zusätzliche Informationen durch den Angeklagten nicht möglich ist.

Ohne dass dies in § 234a aufgeführt worden wäre, ist von der Ermächtigung die Zustimmung 9
nach § 325 2. Hs. erfasst, da dieser neben § 251 Abs. 1 Nr. 1 keine eigenständige Bedeutung zukommt.[25] Ähnliches gilt für die Zulässigkeit des Selbstleseverfahrens nach § 249 Abs. 2, da der Widerspruch als Recht der anwesenden Verfahrensbeteiligten ausgestaltet und der Verteidiger deshalb hierzu per se befugt ist.[26]

Da der Gesetzgeber mit der Einführung des § 234a Verfahrensvereinfachungen für sog. Ab- 10
wesenheitsverhandlungen intendierte, sind durch die Vorschrift im Übrigen keine neuen Zustimmungserfordernisse für solche Fallkonstellationen kreiert worden, in denen dies bislang schon entbehrlich war.[27] Es handelt sich um die Abwesenheitsverfahren nach § 231 Abs. 2 und nach § 232. Mithin ist in diesen Konstellationen die kompensatorische Anwesenheit eines Verteidigers gerade nicht erforderlich, da der Angeklagte bereits durch sein eigenmächtiges Verhalten seine Einwirkungs- und Gestaltungsbefugnisse verwirkt hat.[28]

§ 235 [Wiedereinsetzung in den vorherigen Stand]

¹Hat die Hauptverhandlung gemäß § 232 ohne den Angeklagten stattgefunden, so kann er gegen das Urteil binnen einer Woche nach seiner Zustellung die Wiedereinsetzung in den vorigen Stand unter den gleichen Voraussetzungen wie gegen die Versäumung einer Frist nachsuchen; hat er von der Ladung zur Hauptverhandlung keine Kenntnis erlangt, so kann er stets die Wiedereinsetzung in den vorigen Stand beanspruchen. ²Hierüber ist der Angeklagte bei der Zustellung des Urteils zu belehren.

I. Einführung

Die Vorschrift dient der verfahrensrechtlichen Absicherung des Anspruches des Angeklagten 1
auf Gewährung rechtlichen Gehörs nach Art. 103 Abs. 1 GG sowie Art. 6 Abs. 1 EMRK. Denn diese Maxime wird im Abwesenheitsverfahren gem. § 232 – trotz flankierenden Sicherungsmaßnahmen[1] – deutlich[2] vernachlässigt.[3] Bei unverschuldeter Abwesenheit des Angeklagten ist es daher aus verfassungsrechtlichen Gründen geboten, noch im Verfahren selbst die Möglichkeit einer Restitution vorzusehen. Unter den näheren Voraussetzungen des § 235 kommt insoweit eine Wiedereinsetzung in den vorigen Stand als Instrumentarium zur nachträglichen Gewährleistung rechtlichen Gehörs in Betracht.

Ausweislich ihres Wortlauts gilt die Norm nur für den Fall des § 232. Sie ist damit in den 2
Konstellationen der §§ 231 Abs. 2, 231a, und 231b nicht anwendbar. Gleiches gilt für das Strafbefehls-, Berufungs- sowie grundsätzlich[4] für das Revisionsverfahren. Diskutiert wird aber eine analoge Anwendung bei § 233;[5] vor Allem wenn der Verteidiger des vom Erscheinen entbundenen Angeklagten in der Hauptverhandlung wegen einer unterbliebenen Ladung nicht zugegen war, sodass der Angeklagte unvertreten geblieben ist. Die hA lehnt eine entsprechende Anwendung von § 235 unter Hinweis auf § 233 Abs. 2 und das damit verbundene rechtliche Gehör, im

---

[23] SK-StPO/*Schlüchter* Rn. 8.
[24] HK-GS/*Seebode* Rn. 6; SK-StPO/*Schlüchter* Rn. 9; Löwe/Rosenberg/*Gollwitzer* Rn. 14 ff.
[25] BT-Drucks. 10/1313, S. 27; Meyer-Goßner Rn. 4; SK-StPO/*Schlüchter* Rn. 11.
[26] Löwe/Rosenberg/*Gollwitzer* Rn. 12; vgl. auch: BT-Drucks. 10/1313, S. 27.
[27] Löwe/Rosenberg/*Gollwitzer* Rn. 20; KK-StPO/*Gmel* Rn. 5; Meyer-Goßner Rn. 5.
[28] Anw-StPO/*Kirchhof* Rn. 4; Gollwitzer, FS Tröndle, 1989, S. 469; SK-StPO/*Schlüchter* Rn. 3; Meyer-Goßner Rn. 5.
[1] Vgl. § 232 Abs. 3.
[2] SK-StPO/*Schlüchter* Rn. 1.
[3] HK-StPO/*Julius* Rn. 1.
[4] Zur ausnahmsweisen Anwendung des § 235 im Revisionsverfahren: SK-StPO/*Schlüchter* Rn. 3.
[5] KK-StPO/*Gmel* Rn. 2; SK-StPO/*Schlüchter* Rn. 2; HK-GS/*Seebode* Rn. 4.

Hinblick auf die auch damit fehlende (verfahrens-)situative Vergleichbarkeit von § 232 zu § 233 sowie mit Blick auf Korrekturmöglichkeiten durch Rechtsmittel ab.[6] Von der Gegenauffassung werden demgegenüber die Bedeutung des Anspruches auf rechtliches Gehör, die im Verantwortungsbereich des Gerichts liegenden Verfahrensfehler gerade bei Nichtladung des Verteidigers oder bei nicht angemessenem Zuwarten im Falle des Ausbleibens des Angeklagten sowie die verfahrensökonomische Fehlerbehebung über die Wiedereinsetzung hervorgehoben.[7] Neben dem Wortlaut stehen dieser durchaus praktikablen Lösung indes durchgreifende dogmatische Bedenken entgegen; was auch teilweise zugestanden wird.[8] Mithin muss die in den erwähnten Konstellationen wünschenswerte Ausdehnung von § 235 dem Gesetzgeber vorbehalten bleiben.

3 Wiederum anwendbar ist § 235 im Ordnungswidrigkeitenverfahren und in berufsgerichtlichen Verfahren.[9]

II. Die Wiedereinsetzung in den vorigen Stand

4 Zur Gewährung rechtlichen Gehörs ist auf Nachsuchen des Angeklagten binnen einer Woche nach Zustellung des Urteils Wiedereinsetzung in den vorigen Stand unter den gleichen Voraussetzungen wie gegen die Versäumung einer Frist zu gewähren, wenn die Hauptverhandlung gem. § 232 ohne ihn stattgefunden hat.

5 **1. Hauptverhandlung in Abwesenheit des Angeklagten.** Zentrale Eingangsvoraussetzung ist, dass die **Hauptverhandlung ohne den Angeklagten** gem. § 232 stattgefunden hat. Es handelt sich hierbei um das sog. Ungehorsamsverfahren, also die Durchführung der Hauptverhandlung bei Ausbleiben des Angeklagten in Bagatellstrafsachen. Allerdings hat die Hauptverhandlung nicht ohne den – gleichwohl abwesenden – Angeklagten stattgefunden, wenn er nach § 234 durch einen Verteidiger vertreten war;[10] in dieser Konstellation greift § 235 nicht ein.[11] Des Weiteren wird in der Vorschrift die Abwesenheit des Angeklagten vorausgesetzt, sodass sie bei einem Ausbleiben oder einer Verhinderung des Verteidigers gleichfalls nicht anwendbar ist.[12]

6 Unter Berücksichtigung von § 44 S. 1, auf den in der Norm verwiesen ist, muss der Angeklagte **ohne Verschulden** am Erscheinen in der Hauptverhandlung verhindert gewesen sein. Es gelten insoweit die Vorschriften der §§ 44 bis 47.[13] Einen gesetzlich besonders hervorgehobenen Wiedereinsetzungsgrund stellt die **Unkenntnis des Angeklagten von der Ladung** dar. Insoweit ist kein Verschulden erforderlich,[14] die Wiedereinsetzung ist bei Vorliegen eines entsprechenden Antrags zwingend zu gewähren. Kenntnis von der Ladung bedeutet, dass der Angeklagte über die Ladung als solche bzw. deren Zugang sowie über deren wesentlichen Inhalt informiert sein muss.[15] Verhindert er jedoch arglistig deren Zugang oder nimmt er arglistig von ihrem Inhalt keine Kenntnis, liegt keine Unkenntnis iSv. § 235 vor.[16] Liegt hingegen Unkenntnis von der Ladung vor, ist weiterhin Voraussetzung, dass diese für das Ausbleiben ursächlich geworden ist.[17]

7 Eine Sonderproblematik stellt die fehlerhafte bzw. **nicht ordnungsgemäße Ladung** dar. Eine starke Auffassung favorisiert die analoge Anwendung von § 235, da der Nichtsäumige nicht schlechter gestellt werden dürfe als der Säumige.[18] Nach anderer Ansicht ist gem. § 338 Nr. 5 wegen Verstoßes gegen § 232 die Revision eröffnet.[19]

---

[6] *Baukelmann* NStZ 1984, 297 (299); *Eckert* NStZ 1985, 32 (33); KMR/*Paulus* Rn. 3; SK-StPO/*Schlüchter* Rn. 2; KK-StPO/*Gmel* Rn. 2; *Meyer-Goßner* Rn. 1; *Pfeiffer* Rn. 1; Anw-StPO/*Kirchhof* Rn. 1.
[7] Löwe/Rosenberg/*Gollwitzer* Rn. 3; HK-GS/*Seebode* Rn. 4; OLG Düsseldorf v. 26. 11. 1983 – 2 Ss (Owi) 581/83 – 245/83, NStZ 184, 320; LG Frankfurt v. 26. 10. 1953 – 5/7 Qs 188/53, NJW 1954, 167; LG Köln v. 29. 8. 1988 – (33) Qs 601/88, DAR 1988, 430.
[8] Löwe/Rosenberg/*Gollwitzer* Rn. 3.
[9] OLG Stuttgart v. 18. 10. 1989 – 1 StO 2/89, MDR 1990, 463; SK-StPO/*Schlüchter* Rn. 3.
[10] *Meyer-Goßner* Rn. 2; HK-GS/*Seebode* Rn. 3; KK-StPO/*Gmel* Rn. 3.
[11] BayObLGSt 1965, 4 (5 f.); Anw-StPO/*Kirchhof* Rn. 2; *Meyer-Goßner* Rn. 2; KK-StPO/*Gmel* Rn. 3; SK-StPO/*Schlüchter* Rn. 4.
[12] *Baukelmann* NStZ 1984, 297 (298); *Eckert* NStZ 1985, 32 f.; SK-StPO/*Schlüchter* Rn. 5; aA OLG Düsseldorf v. 26. 11. 1983 – 2 Ss (OWi) 581/83 – 245/83, NStZ 1984, 320; LG Köln v. 9. 8. 1988 – (33) Qs 601/88, DAR 1988, 429 f.; vgl auch: Löwe/Rosenberg/*Gollwitzer* Rn. 3.
[13] KK-StPO/*Gmel* Rn. 6.
[14] *Joecks* Rn. 2; *Meyer-Goßner* Rn. 4.
[15] HK-GS/*Seebode* Rn. 5; SK-StPO/*Schlüchter* Rn. 6; *Joecks* Rn. 2.
[16] HK-StPO/*Julius* Rn. 3; SK-StPO/*Schlüchter* Rn. 6; *Meyer-Goßner* Rn. 4; Löwe/Rosenberg/*Gollwitzer* Rn. 7; KMR/*Paulus* Rn. 8; Anw-StPO/*Kirchhof* Rn. 2.
[17] OLG Stuttgart v. 18. 10. 1989 – 1 StO 2/89, MDR 1990, 463; *Meyer-Goßner* Rn. 4; KK-StPO/*Gmel* Rn. 4; Löwe/Rosenberg/*Gollwitzer* Rn. 6.
[18] BGH v. 11. 11. 1986 – 1 StR 207/86, NJW 1987, 1776 (1777); OLG Düsseldorf v. 15. 4. 1987 – Ws 30/87 H, MDR 1987, 868 (869); OLG Frankfurt v. 18. 11. 1985 – 1 Ws 246/85, NStZ 1986, 279 (280); *Dittmar* NJW 1982, 209; HK-GS/*Seebode* Rn. 5; SK-StPO/*Schlüchter* Rn. 7.
[19] Löwe/Rosenberg/*Gollwitzer* Rn. 16; HK-StPO/*Julius* Rn. 7.

2. Wiedereinsetzung. Aus dem Tatbestandsmerkmal des Nachsuchens ergibt sich, dass die Wiedereinsetzung in den vorigen Stand einen **Antrag** voraussetzt. Von Amts wegen ist eine Wiedereinsetzung daher nicht möglich.[20] Der Antrag muss **binnen einer Woche** nach Zustellung des Abwesenheitsurteils gestellt werden. Anzubringen ist er bei dem Gericht, welches ohne den Angeklagten verhandelt und das Urteil erlassen hat. Hinsichtlich der Begründung des Antrags ist § 45 Abs. 2 S. 2 zu beachten. 8

3. Belehrungspflicht. Nach S. 2 ist der Angeklagte bei der Zustellung des Abwesenheitsurteils über die Möglichkeit der Wiedereinsetzung und deren Voraussetzungen zu belehren. Unterbleibt die gesetzlich zwingend vorgeschriebene **Belehrung**, ist das Versäumen der Frist zur Beantragung der Wiedereinsetzung unverschuldet mit der Konsequenz, dass nach § 44 Abs. 2 Wiedereinsetzung in die Wiedereinsetzungsfrist zu gewähren ist.[21] 9

III. Die Entscheidung des Gerichts

Über den Antrag auf Wiedereinsetzung in den vorigen Stand entscheidet das **Gericht**, welches das Abwesenheitsurteil nach Durchführung der Abwesenheitsverhandlung erlassen hat, durch **Beschluss**; und zwar in der Besetzung außerhalb der Hauptverhandlung.[22] Durch den stattgebenden Beschluss wird das in Abwesenheit des Angeklagten erlassene Urteil gegenstandslos,[23] ohne dass es einer gesonderten Entscheidung in Form eines Aufhebungs- oder Verwerfungsbeschlusses bedarf. Das Verfahren wird gewissermaßen in das vor unverschuldeter Säumnis bestehende Stadium zurückversetzt mit der Konsequenz, dass das Verfahren mit einem neuen Urteil – eine Bezugnahme auf die vorherige Entscheidung ist nicht möglich[24] – abzuschließen ist.[25] 10

IV. Sofortige Beschwerde

Der Beschluss, mit welchem das Gericht dem Antrag auf Wiedereinsetzung in den vorigen Stand stattgibt, ist nach § 46 Abs. 2 unanfechtbar. Gegen die verwerfende Entscheidung ist nach § 46 Abs. 3 die **sofortige Beschwerde** zulässig. 11

§ 236 [Anordnung des persönlichen Erscheinens]

Das Gericht ist stets befugt, das persönliche Erscheinen des Angeklagten anzuordnen und durch einen Vorführungsbefehl oder Haftbefehl zu erzwingen.

I. Einführung

Die Anwesenheitspflicht des Angeklagten in der Hauptverhandlung dient dem öffentlichen Interesse an einer möglichst umfassenden und zuverlässigen Wahrheitsermittlung.[20] Mithin kann sich verfahrensspezifisch die Anwesenheit des Angeklagten als ein wesentliches Instrument zur Erforschung des Sachverhalts darstellen. Vor diesem Hintergrund unterstützt die Vorschrift des § 236 die gerichtliche Aufklärungspflicht,[21] indem bei zulässigen Anwesenheitsverhandlungen dem Gericht die Befugnis eingeräumt wird, die Präsenz des Angeklagten anzuordnen und gegebenenfalls zu erzwingen. Verfahrensrechtlicher Bezugspunkt sind somit die Abwesenheitsvorschriften gem. §§ 231 Abs. 2, 231a, 231b, 232, und 233,[22] wobei § 236 grundsätzlich aber für alle (tatrichterlichen) Instanzen gilt:[23] im Strafbefehlsverfahren ist § 236 trotz § 411 Abs. 2 S. 1 anwendbar,[24] ebenso im Privatklageverfahren gem. § 387 Abs. 3 sowie im Berufungsverfahren,[25] wobei 1

---

[20] *Meyer-Goßner* Rn. 5.
[21] *Pfeiffer* Rn. 1; *Meyer-Goßner* Rn. 6; HK-StPO/*Julius* Rn. 7; KK-StPO/*Gmel* Rn. 8; Löwe/Rosenberg/*Gollwitzer* Rn. 9; KMR/*Paulus* Rn. 10; SK-StPO/*Schlüchter* Rn. 12.
[22] KK-StPO/*Gmel* Rn. 9; SK-StPO/*Schlüchter* Rn. 11.
[23] BayObLGSt 1972, 43 (45); OLG Oldenburg v. 14. 1. 1985 – Ss 6/85, VRS 68 (1985), 282; SK-StPO/*Schlüchter* Rn. 11; HK-GS/*Seebode* Rn. 11; HK-StPO/*Julius* Rn. 4; KK-StPO/*Gmel* Rn. 10; *Meyer-Goßner* Rn. 8; Anw-StPO/*Kirchhof* Rn. 2; KMR/*Paulus* Rn. 13.
[24] Löwe/Rosenberg/*Gollwitzer* Rn. 13.
[25] HK-GS/*Seebode* Rn. 11; *Pfeiffer* Rn. 3; SK-StPO/*Schlüchter* Rn. 11.
[20] RG v. 7. 7. 1896 – Rep. 2266/96, RGSt 29, 44 (48); RG v. 22. 4. 1926 – II 101/26, RGSt 60, 179 f.; BGH v. 30. 11. 1990 – 2 StR 44/90, BGHSt 37, 249 (250); vgl. auch § 230 II 1.
[21] *Joecks* Rn. 1; HK-StPO/*Julius* Rn. 1; SK-StPO/*Schlüchter* Rn. 1; *Pfeiffer* Rn. 1; KK-StPO/*Gmel* Rn. 1; Löwe/Rosenberg/*Gollwitzer* Rn. 1.
[22] SK-StPO/*Schlüchter* Rn. 3; HK-GS/*Seebode* Rn. 2; *Meyer-Goßner* Rn. 1.
[23] KK-StPO/*Gmel* Rn. 2.
[24] BGH v. 20. 9. 1956 – 4 StR 287/56, BGHSt 9, 356 (357); OLG Bremen v. 16. 5. 1962 – Ss 24/62, NJW 1962, 1735 (1736); OLG Düsseldorf v. 2. 2. 1998 – 1 Ws 61/98, NStZ-RR 1998, 180; KG v. 1. 3. 2007 – 1 AR 272/07 – 4 Ws 26/07, NJW 2007, 2345; HK-GS/*Seebode* Rn. 2; KK-StPO/*Gmel* Rn. 2; KK-StPO/*Fischer* § 411 Rn. 14; aA HK-StPO/*Julius* § 411 Rn. 10; *Joecks* § 411 Rn. 5; Anw-StPO/*Kirchhof* Rn. 2.
[25] *Pfeiffer* Rn. 1; Anw-StPO/*Kirchhof* Rn. 1.

die Anordnung des persönlichen Erscheinens der Verwerfung der Berufung gem. § 329 Abs. 1 nicht entgegen steht.[26] In der Revision ist § 350 Abs. 2 S. 1 zunächst vorrangig, indes kann die Anwesenheit des Angeklagten erforderlich sein, um im Wege des Freibeweises Verfahrensfragen zu klären, sodass nach § 236 zu verfahren ist.[27]

2   Umstritten ist die Frage, ob § 236 auch dann Anwendung findet, wenn der Angeklagte befugt ist, sich in der Hauptverhandlung durch einen bevollmächtigten Verteidiger vertreten zu lassen. Nach wohl (noch) hA wird die Möglichkeit, sich vertreten zu lassen, durch die Anordnung nach § 236 nicht ausgeschlossen.[28] Unter Berücksichtigung des mit der Anwesenheitspflicht verbundenen Zwecks der Verwirklichung der gerichtlichen Aufklärungspflicht kommt man indessen nicht umhin zu konstatieren, dass die Vertretungsbefugnis mit der Anordnung des persönlichen Erscheinens des Angeklagten grundsätzlich entfallen muss.[29]

3   Im **Bußgeldverfahren** kann nach § 73 Abs. 2 OWiG zur Aufklärung des Sachverhalts durch das Gericht das persönliche Erscheinen des Betroffenen angeordnet werden mit der Konsequenz, dass die Befugnis des Betroffenen entfällt, sich durch einen Verteidiger vertreten zu lassen.[30] Die hierdurch bedingte Anwesenheitspflicht kann im Falle des Ausbleibens des Betroffenen mit der Vorführung gem. § 74 Abs. 2, nicht aber mit einer Verhaftung durchgesetzt werden.

II. Die Anordnung des persönlichen Erscheinens

4   Voraussetzung für die Anordnung des persönlichen Erscheinens des Angeklagten in der Hauptverhandlung ist, dass vor dem Hintergrund der gerichtlichen Aufklärungspflicht eine **relevante Optimierung der Wahrheitserforschung** in Form eines Beitrags zur Aufklärung des Sachverhalt[31] zu erwarten ist. Dies erfordert im Rahmen einer Prognose einen Vergleich zwischen einer Verhandlung mit und einer ohne Präsenz des Angeklagten. Bei der im pflichtgemäßen **Ermessen** des Gerichts stehenden Entscheidung sind aber nicht nur die Sachaufklärung an sich und ein zu prognostizierender Aufklärungsgewinn maßgeblich. Vielmehr hat eine Abwägung stattzufinden,[32] bei welcher neben dem Grundsatz der Verhältnismäßigkeit und dem Übermaßverbot[33] die Bedeutung der Sache, die Qualität des erwarteten Beitrags zur Sachaufklärung, das Bestehen verfahrensrechtlicher Alternativen (zB § 233 Abs. 2, Erscheinen eines vertretungsberechtigten Verteidigers) sowie die berechtigten Belange des Angeklagten (zB Entfernung zum Gerichtsort, Krankheit) als Entscheidungsfaktoren zu berücksichtigen sind.[34]

5   Vor diesem Hintergrund erscheint die Ansicht, der Anordnung des persönlichen Erscheinens stünde nicht entgegen, dass der Angeklagte entsprechend seiner Ankündigung von seinem **Schweigerecht** Gebrauch mache,[35] nicht unproblematisch. Vielmehr wird zu differenzieren sein: Besteht der zu prognostizierende Beitrag zur Sachaufklärung ausschließlich in einer Einlassung des Angeklagten, ist die Anordnung des persönlichen Erscheinens wegen des zu respektierenden Schweigerechts unzulässig.[36] Liegt der erwartete Beitrag zur Aufklärung hingegen in der aus anderen Gründen (Identifizierung, Gegenüberstellung, Erteileilung von Hinweisen nach § 265) erforderlichen Anwesenheit, kann die Anordnung ergehen.[37]

6   Die **Anordnung** des persönlichen Erscheinen trifft das **Gericht** und nicht der Vorsitzende. Bei der gerichtlichen Anordnung handelt es sich um eine Prozesshandlung konstitutiven Charakters, welche die Erscheinungspflicht des Angeklagten begründet, wenn sie – unter Berücksichtigung

---

[26] Löwe/Rosenberg/*Gollwitzer* Rn. 6.
[27] OLG Koblenz v. 10. 7. 1958 – 1 Ss 208/58, NJW 1958, 2027 (2028); *Meyer-Goßner* Rn. 1; KK-StPO/*Gmel* Rn. 2; SK-StPO/*Schlüchter* Rn. 4; Löwe/Rosenberg/*Gollwitzer* Rn. 7; KMR/*Paulus* Rn. 4.
[28] *Küper* NJW 1969, 493 (494); *ders.* NJW 1970, 1430; OLG Düsseldorf v. 12. 12. 1983 – 2 Ws 678/83, StV 1985, 52 f.; *Meyer-Goßner* Rn. 1; Löwe/Rosenberg/*Gollwitzer* Rn. 3; *Joecks* § 411 Rn. 5; Anw-StPO/*Kirchhof* Rn. 1.
[29] BGH v. 20. 9. 1956 – 4 StR 287/56, BGHSt 9, 356 (357); BGH v. 27. 3. 1973 – 5 StR 655/72, BGHSt 25, 165 (166); SK-StPO/*Schlüchter* Rn. 12; *Pfeiffer* Rn. 1; *Joecks* Rn. 1.
[30] Löwe/Rosenberg/*Gollwitzer* Rn. 3.
[31] BGH v. 7. 7. 1981 – 1 StR 53/81, BGHSt 30, 172 (175); OLG Köln v. 8. 9. 1987 – Ss 440/87, NStZ 1988, 31; OLG Saarbrücken v. 7. 3. 1989 – Ss (B) 225 /87 (49/87), NStZ 1989, 480.
[32] BGH v. 7. 7. 1981 – 1 StR 53/81, BGHSt 30, 172 (175); *Pfeiffer* Rn. 2; Anw-StPO/*Kirchhof* Rn. 2.
[33] BGH v. 7. 7. 1981 – 1 StR 53/81, BGHSt 30, 172 (175); *Meyer-Goßner* Rn. 4; Löwe/Rosenberg/*Gollwitzer* Rn. 9; KK-StPO/*Gmel* Rn. 3; *Pfeiffer* Rn. 2.
[34] HK-StPO/*Julius* Rn. 3; Löwe/Rosenberg/*Gollwitzer* Rn. 9; Anw-StPO/*Kirchhof* Rn. 2; HK-GS/*Seebode* Rn. 3; KK-StPO/*Gmel* Rn. 3.
[35] *Meyer-Goßner* Rn. 5; BGH v. 20. 3. 1992 – 2 StR 371/91, BGHSt 38, 251 (256).
[36] BayObLG v. 24. 10. 1985 – 1 Ob OWi 299/85, NStZ 1986, 369; OLG Köln v. 24. 3. 1981 – 3 Ss 193/81, VRS 61 (1981), 361; OLG Hamburg v. 4. 7. 1989 – 1 Ss 43/89 OWi – 725 a – 567/88, MDR 1989, 936; HK-StPO/*Julius* Rn. 2; Löwe/Rosenberg/*Gollwitzer* Rn. 9; SK-StPO/*Schlüchter* Rn. 6; KMR/*Paulus* Rn. 3; aA BGH v. 20. 3. 1992 – 2 StR 371/91, BGHSt 38, 251 (256); *Göhler* NStZ 1995, 17; Anw-StPO/*Kirchhof* Rn. 2; *Pfeiffer* Rn. 2; KK-StPO/*Gmel* Rn. 3; *Meyer-Goßner* Rn. 5.
[37] Löwe/Rosenberg/*Gollwitzer* Rn. 9.

der zuvor erwähnten Kriterien – rechtswirksam und somit verbindlich ist.[38] Die Anordnung ergeht in Form eines (Gerichts-)**Beschlusses**, der dem Angeklagten mit der Ladung unter Androhung der Zwangsmittel[39] zuzustellen ist. Der Anordnungsbeschluss kann jedoch stets – von Amts wegen oder auf Anregung bzw. Gegenvorstellung – wieder aufgehoben werden.[40]

III. Die Durchsetzung der Anwesenheit

Die durch den – rechtswirksamen und damit verbindlichen – Anordnungsbeschluss begründete Erscheinungs- bzw. Anwesenheitspflicht des Angeklagten kann mit den **Zwangsmitteln der Vorführung oder des Haftbefehls** durchgesetzt werden. Indessen ist das Gericht nicht gezwungen, bei Nichterscheinen des Angeklagten die Zwangsmaßnahmen zu initiieren, um in seiner Anwesenheit zu verhandeln. Der Anordnungsbeschluss entfaltet insofern nämlich keine durchgehende Selbstbindung des Gerichts.[41] Vielmehr kann bei Vorliegen der spezifischen Voraussetzungen eine sog. Abwesenheitsverhandlung durchgeführt werden, wenn nach insofern revidierter Ansicht des Gerichts die Präsenz des Angeklagten aus Gründen der Sachaufklärung nicht mehr erforderlich erscheint; dies gilt selbst dann, wenn bereits Zwangsmaßnahmen erfolglos ergriffen worden sind.[42]

7

Die Anordnung bzw. der Erlass der Zwangsmittel setzt voraus, dass diese – mit der Ladung – angedroht worden sind und das Ausbleiben des Angeklagten nicht genügend entschuldigt ist; wobei auf die Kriterien von § 230 Abs. 2 zu rekurrieren ist.[43] Ist die Androhung nicht erfolgt, muss dies vor Anordnung der Zwangsmaßnahmen nachgeholt werden.[44] Der Vorführungs- sowie der Haftbefehl sind nach §§ 35 Abs. 2, 36 Abs. 2 bekannt zu geben und zu vollstrecken. Der Erlass eines Haftbefehl scheidet allerdings in den Fällen der §§ 387 Abs. 3, 433 Abs. 2, 442 Abs. 1 sowie § 46 Abs. 3, 5 OWiG von Gesetzes wegen aus.

8

IV. Rechtsbehelfe

Gegen den Anordnungsbeschluss ist gem. § 305 S. 1 die **Beschwerde** nach hA ausgeschlossen,[45] da die Anordnung des persönlichen Erscheinens der Urteilsfindung vorausgeht.[46] Demgegenüber ist die Beschwerde gegen die Verhängung der Zwangsmittel zulässig; beim Haftbefehl ist im Gegensatz zum Vorführungsbefehl zudem die weitere Beschwerde nach § 310 Abs. 1 statthaft. Soweit es um den nicht beschwerdefähigen Anordnungsbeschluss geht, ist aber eine **Gegenvorstellung** möglich,[47] um über entsprechendes begründetes Vorbringen einen Aufhebungsbeschluss zu erreichen.

9

Mit der **Revision** kann eine Verletzung der gerichtlichen Aufklärungspflicht gem. § 244 Abs. 2 dahingehend gerügt werden, dass die gebotene Sachaufklärung das persönliche Erscheinen des Angeklagten in der Hauptverhandlung, zumindest aber dessen richterliche Vernehmung durch einen ersuchten Richter,[48] erfordert hätte. Die (ermessens-)fehlerhafte Nichtanwendung des § 236 ist indes nicht von Amts wegen beachtlich[49] und setzt daher eine entsprechende Verfahrensrüge voraus, wobei alle Tatsachen anzuführen sind, aus denen sich ergibt, dass aus Gründen der Sachaufklärung die Präsenz des Angeklagten in der Hauptverhandlung notwendig gewesen ist.[50]

10

§ 237 [Verbindung mehrerer Strafsachen]

Das Gericht kann im Falle eines Zusammenhangs zwischen mehreren bei ihm anhängigen Strafsachen ihre Verbindung zum Zwecke gleichzeitiger Verhandlung anordnen, auch wenn dieser Zusammenhang nicht der in § 3 bezeichnete ist.

---

[38] BGH v. 20. 3. 1992 – 2 StR 371/91, BGHSt 38, 251 (256).
[39] OLG Hamm v. 7. 9. 1983 – 3 Ss OWi 947/83, VRS 66, 44 (45); *Meyer-Goßner* Rn. 7.
[40] *Pfeiffer* Rn. 2; *Meyer-Goßner* Rn. 6; *Joecks* Rn. 2; Anw-StPO/*Kirchhof* Rn. 2.
[41] SK-StPO/*Schlüchter* Rn. 11; Löwe/Rosenberg/*Gollwitzer* Rn. 12.
[42] OLG Celle v. 14. 10. 1969 – 3 Ss 289/69, NJW 1970, 906 (907); OLG Hamburg v. 22. 5. 1968 – 1 Ss 58/68 NJW 1968, 1687; KK-StPO/*Gmel* Rn. 5; Löwe/Rosenberg/*Gollwitzer* Rn. 12; SK-StPO/*Schlüchter* Rn. 11; KMR/*Paulus* Rn. 10; Anw-StPO/*Kirchhof* Rn. 2; *Joecks* Rn. 3; aA BayObLGSt 1972, 47.
[43] KK-StPO/*Gmel* Rn. 6; Löwe/Rosenberg/*Gollwitzer* Rn. 15; HK-GS/*Seebode* Rn. 5.
[44] Löwe/Rosenberg/*Gollwitzer* Rn. 15.
[45] BayObLG v. 6.1952 – RReg. 1 St 32/52, JZ 1952, 691; *Meyer-Goßner* Rn. 9; KMR/*Paulus* Rn. 2; *Joecks* Rn. 4; SK-StPO/*Schlüchter* Rn. 15; HK-StPO/*Julius* Rn. 5; aA HK-GS/*Seebode* Rn. 7.
[46] Löwe/Rosenberg/*Gollwitzer* Rn. 16; KK-StPO/*Gmel* Rn. 7.
[47] KMR/*Paulus* Rn. 12; SK-StPO/*Schlüchter* Rn. 15.
[48] Löwe/Rosenberg/*Gollwitzer* Rn. 10, 17.
[49] SK-StPO/*Schlüchter* Rn. 17; KK-StPO/*Gmel* Rn. 8.
[50] OLG Düsseldorf v. 21. 6. 1983 – 5 Ss OWi 228/83 – 198/83 I, VRS 65 (1983), 446; KK-StPO/*Gmel* Rn. 8; SK-StPO/*Schlüchter* Rn. 17; *Pfeiffer* Rn. 4; *Meyer-Goßner* Rn. 10; HK-StPO/*Julius* Rn. 6.

I. Einführung

1   Die sowohl in Konkurrenz als auch in sachlichem Zusammenhang zu den §§ 2 ff.[1] stehende Vorschrift dient nach Ansicht des BGH unter Berücksichtigung der Motive des historischen Gesetzgebers der **prozesstechnischen Erleichterung**, indem zusammenhängende Sachen aus Zweckmäßigkeitsgründen zur gemeinsamen Verhandlung und Entscheidung[2] verbunden werden können.[3] In ähnlicher Form wird in der Literatur die **Verfahrensvereinfachung** hervorgehoben.[4] Indessen dürfte neben dem Zweck der Verfahrensökonomie auch der **Beschleunigungsgrundsatz** bei der Verbindung mehrerer Strafsachen zur gleichzeitigen Verhandlung tragend sein;[5] jedenfalls darf nach anderer Auffassung die Verfahrensverbindung nach § 237 nicht zu einer Verletzung dieses Grundsatzes führen.[6]

2   Die zuweilen in der Praxis wohl auch unbekannte Vorschrift scheint nicht von großer verfahrenspraktischer Bedeutung zu sein, da bei der Verbindung mehrerer Strafsachen zur gemeinsamen Verhandlung, jedoch fortbestehender Selbständigkeit der verbundenen Sachen eine erhebliche Fehleranfälligkeit besteht. Mithin dürfte aus gerichtlicher Perspektive eine zurückhaltende Anwendung geboten sein; zumal neben dem Beschleunigungsgrundsatz das Recht auf ein faires Verfahren sowie das Recht auf freie Verteidigerwahl durch die Verbindung mehrerer Strafsachen tangiert werden können.[7]

3   In Jugendstrafsachen sind die §§ 103, 112 JGG zu beachten. Bei der Verbindung von OWiG-Sachen gelten die §§ 81 ff. OWiG.

II. Die Anordnung der Verbindung

4   Im Falle eines Zusammenhangs zwischen mehreren bei ihm anhängigen Strafsachen ist das Gericht befugt, ihre Verbindung zum Zwecke der gleichzeitigen Verhandlung anzuordnen.

5   **1. Identität des Gerichts.** Die zu verbindenden Strafsachen müssen – unter Berücksichtigung der örtlichen Zuständigkeit als Konstante – **bei dem gleichen Gericht** anhängig sein.[8] Wie die notwendige Identität des Gerichts konkret zu bestimmen ist, ist allerdings streitig.[9] Dem BGH zufolge ist darunter nicht ein bestimmter Spruchkörper, sondern das Gericht als administrative Einheit zu verstehen.[10] Mithin ist es aus dieser Perspektive nicht zuletzt aus prozessökonomischen Gründen grundsätzlich zulässig, die beim selben Amts-, Land- oder Oberlandesgericht anhängigen Strafsachen zu verbinden.[11] Nach der Gegenauffassung ist hingegen auf den einzelnen[12] Spruchkörper abzustellen,[13] sodass eine Spruchkörper übergreifende Verbindung von Strafsachen nur nach §§ 3 ff. erfolgen kann.[14] Begründend wird – neben weiteren Gesichtspunkten[15] – auf die Gesetzgebungsmaterialien, nach denen über die bloße Zusammenführung verschiedener Strafsachen keine Änderung der sachlichen und örtlichen Zuständigkeiten intendiert war,[16] sowie die (gerichts-)verfassungsrechtlich bedenkliche Zuständigkeitsverschiebung mit der Gewährleistung des gesetzlichen Richters im Zentrum verwiesen.[17] Indessen lässt sich § 237 – trotz bestehender systematischer und inhaltlicher Bedenken – als Rechtsgrundlage für Zuständigkeitsverschiebungen innerhalb des gleichen Gerichts interpretieren,[18] sodass unter Berücksichtigung der unterschiedlichen

---

[1] Vgl: BGH v. 3. 2. 1976 – 1 StR 694/75, BGHSt 26, 271 (273); BGH v. 13. 8. 1963 – 2 ARs 172/63, BGHSt 19, 177 (178 ff.); BGH v. 5. 5. 1965 – 2 StR 66/65, BGHSt 20, 219 (220 f.); BGH v. 24. 4. 1990 – 4 StR 159/90, BGHSt 37, 15 (17 f.); HK-GS/*Temming* Rn. 2 ff.
[2] Kritisch: HK-GS/*Temming* Rn. 11; Löwe/Rosenberg/*Gollwitzer* Rn. 15.
[3] BGH v. 3. 2. 1976 – 1 StR 694/75, BGHSt 26, 271 (273); BGH v. 13. 8. 1963 – 2 ARs 172/63, BGHSt 19, 177 (182); vgl. auch: *Pfeiffer* Rn. 1; HK-StPO/*Julius* Rn. 1; KK-StPO/*Gmel* Rn. 1; Löwe/Rosenberg/*Gollwitzer* Rn. 5; kritisch: HK-GS/*Temming* Rn. 4.
[4] *Joecks* Rn. 1; HK-GS/*Temming* Rn. 1; Anw-StPO/*Kirchhof* Rn. 1.
[5] SK-StPO/*Schlüchter* Rn. 1; Löwe/Rosenberg/*Gollwitzer* Rn. 7.
[6] HK-StPO/*Julius* Rn. 2.
[7] HK-StPO/*Julius* Rn. 2.
[8] Meyer-Goßner Rn. 3; SK-StPO/*Schlüchter* Rn. 2; Anw-StPO/*Kirchhof* Rn. 1; KK-StPO/*Gmel* Rn. 2; *Pfeiffer* Rn. 1; *Joecks* Rn. 1; Löwe/Rosenberg/*Gollwitzer* Rn. 1; HK-StPO/*Julius* Rn. 3.
[9] Löwe/Rosenberg/*Gollwitzer* Rn. 1; HK-GS/*Temming* Rn. 4.
[10] BGH v. 3. 2. 1976 – 1 StR 694/75, BGHSt 26, 271 (273); BGH v. 5. 5. 1965 – 2 StR 66/65, BGHSt 20, 219 (220).
[11] BGH v. 5. 5. 1965 – 2 StR 66/65, BGHSt 20, 219 (220); BGH v. 13. 8. 1963 – 2 ARs 172/63, BGHSt 19, 177 (182); BGH v. 17. 7. 1979 – 1 StR 298/79, BGHSt 29, 67 f.; BGH v. 24. 3. 1995 – 3 ARs 8/95, NJW 1995, 1688 (1689); *Pfeiffer* Rn. 1; SK-StPO/*Schlüchter* Rn. 1; KMR/*Paulus* Rn. 21; Löwe/Rosenberg/*Gollwitzer* Rn. 1.
[12] Weiter: KMR/*Paulus* Rn. 3, 5, 11 ff. (gleichartige Spruchkörper).
[13] Meyer-Goßner DRiZ 1990, 286; ders. NStZ 1996, 51; ders. Rn. 3; Steinmetz JR 1993, 228; Rieß NStZ 1993, 249; SK-StPO/*Schlüchter* Rn. 2; HK-GS/*Temming* Rn. 4.
[14] Meyer-Goßner NStZ 2004, 354; HK-GS/*Temming* Rn. 4; vgl. auch: Löwe/Rosenberg/*Gollwitzer* Rn. 1.
[15] Gubitz/Bock StraFo 2007, 225; vgl. auch: Meyer-Goßner NStZ 1994, 353; KK-StPO/*Gmel* Rn. 2.
[16] Steinmetz JR 1993, 228; HK-GS/*Temming* Rn. 4.
[17] Meyer-Goßner DRiZ 1990, 284; HK-GS/*Temming* Rn. 4.
[18] BGH v. 3. 2. 1976 – 1 StR 694/75, BGHSt 26, 271 (274 f.).

Rangordnung von Spruchkörpern des gleichen Gerichts sowie der Vorrangregelung des § 74 e GVG[19] der hA gefolgt werden kann.[20]

Voraussetzung ist indessen weiterhin, dass das Gericht sachlich wie örtlich für die zu verbindenden Strafverfahren zuständig ist.[21] In diesem Zusammenhang ist es etwa ausgeschlossen, durch eine Anklage zu einem sachlich unzuständigen Gericht eine Verbindung nach § 237 mit einer dort bereits anhängigen Berufungssache zu erreichen.[22] 6

2. Anhängigkeit. Die zur Verbindung anstehenden Strafsachen müssen beim Gericht **anhängig** sein. Wenngleich das Erfordernis der Eröffnung des Verfahrens zumindest als zweckmäßig,[23] teilweise sogar als zwingend[24] erachtet wird, reicht es auch unter Berücksichtigung des Wortlauts der Vorschrift aus, dass die Strafsache durch Erhebung der Anklage bei Gericht anhängig ist.[25] 7

3. Verbindung. Sind mehrere Strafsachen beim sachlich wie örtlich zuständigen Gericht in dem dargestellten Sinn anhängig, ist deren Verbindung über funktionelle gesetzlich geregelte Spezialzuständigkeiten hinweg, jedoch unter einschränkender Berücksichtigung von § 74 e GVG und den Vorgaben des RpflEnlG[26] zulässig.[27] Demgegenüber ist nicht erforderlich, dass die Strafsachen im gleichen **Rechtszug**, in der gleichen **Verfahrensart** oder im gleichen **Verfahrensstadium** befindlich sind.[28] Zulässig sind deshalb beispielsweise folgende Konstellationen: Verbindung einer erstinstanzlichen (Jugend-)Straf- mit einer (zurückverwiesenen) Berufungssache,[29] Verbindung eines eröffneten mit einem erst angeklagten Strafverfahren,[30] Verbindung einer Bußgeld- mit einer Strafsache,[31] Verbindung eines Straf- mit einem Sicherungsverfahren nach §§ 413 ff.,[32] erstinstanzliche Verbindung einer Jugend- mit einer Erwachsenenstrafsache[33] oder Verbindung einer Schwurgerichts- mit einer Jugendkammersache durch die Jugendkammer.[34] 8

4. Zusammenhang. Die Verbindung mehrerer anhängiger Strafsachen setzt einen **Zusammenhang** zwischen ihnen voraus, welcher ausweislich der gesetzlichen Regelung nicht derjenige des § 3 sein muss. Die somit gesetzlich vorgesehene Entkoppelung zwischen der Legaldefinition des Zusammenhangs nach § 3 und dem in § 237 verwendeten gleich lautenden Begriffs führt zu einer erweiterten Interpretation dergestalt, dass sowohl ein Zusammenhang im Sinne von § 3 als auch jeder sonstige Zusammenhang die Verbindung von Strafsachen aus verfahrensökonomischen sowie aus Gründen der Verfahrensbeschleunigung rechtfertigen können. Neben den Konstellationen von § 3 ist dies der Fall bei gleich gelagerten Begehungsweisen, bei identischen Rechtsfragen, bei gleichen Beweismitteln oder bei personellen Identitäten (Beschuldigter, Tatopfer).[35] 9

5. Gerichtsbeschluss. Die Verbindung anhängiger Strafsachen erfolgt entweder auf Antrag[36] oder von Amts wegen nach Anhörung der Verfahrensbeteiligten durch (Gerichts-)**Beschluss**, der vor oder in der Hauptverhandlung ergehen kann. Während nach hM der Verbindungsbeschluss auch stillschweigend – etwa durch Anberaumung eines gemeinsamen Hauptverhandlungstermins – und ohne (nähere) Begründung ergehen kann,[37] wird mit beachtliche Argumenten sowie insbesondere unter Hinweis auf verfassungs- und konventionsrechtliche Implikationen[38] ein ausdrück- 10

---

[19] SK-StPO/*Schlüchter* Rn. 3 e.
[20] Löwe/Rosenberg/*Gollwitzer* Rn. 1.
[21] HK-StPO/*Julius* Rn. 3; Löwe/Rosenberg/*Gollwitzer* Rn. 1, 3; SK-StPO/*Schlüchter* Rn. 3 c.
[22] BGH v. 24. 4. 1990 – 4 StR 159/90, BGHSt 37, 15 (19); *Rieß* NStZ 1992, 397; Löwe/Rosenberg/*Gollwitzer* Rn. 4.
[23] *Hanack* JZ 1972, 82.
[24] *Meyer-Goßner* Rn. 4; KK-StPO/*Gmel* Rn. 4.
[25] BGH v. 5. 5. 1965 – 2 StR 66/65, BGHSt 20, 219 (220 f.); SK-StPO/*Schlüchter* Rn. 3; Löwe/Rosenberg/*Gollwitzer* Rn. 5; Anw-StPO/*Kirchhof* Rn. 1; *Pfeiffer* Rn. 1
[26] *Pfeiffer* Rn. 3; KK-StPO/*Gmel* Rn. 2.
[27] SK-StPO/*Schlüchter* Rn. 3 e.
[28] SK-StPO/*Schlüchter* Rn. 3 b ff.; Löwe/Rosenberg/*Gollwitzer* Rn. 4; *Meyer-Goßner* Rn. 4 f.; HK-GS/*Temming* Rn. 6.
[29] BGH v. 13. 8. 1963 – 2 ARs 172/63, BGHSt 19, 177 (182); BGH v. 5. 5. 1965 – 2 StR 66/65, BGHSt 20, 219; BGH v. 17. 7. 1979 – 1 StR 298/79, BGHSt 29, 67 f.; BGH v. 19. 1. 1988 – 4 StR 647/87, BGHSt 35, 195 (197); SK-StPO/*Schlüchter* Rn. 3 c; Anw-StPO/*Kirchhof* Rn. 2.
[30] BGH v. 5. 5. 1979 – 2 StR 66/65, BGHSt 20, 219 (221).
[31] BayObLG v. 18. 2. 1954 - Beschw. (W) Reg. 1 St 105/53, NJW 1954, 810; SK-StPO/*Schlüchter* Rn. 3 d; aA KH-GS/*Temming* Rn. 6.
[32] Löwe/Rosenberg/*Gollwitzer* Rn. 4; SK-StPO/*Schlüchter* Rn. 3 d.
[33] SK-StPO/*Schlüchter* Rn. 3 e.
[34] SK-StPO/*Schlüchter* Rn. 3 e.
[35] HK-StPO/*Julius* Rn. 3; Anw-StPO/*Kirchhof*; SK-StPO/*Schlüchter* Rn. 4; *Joecks* Rn. 3; KK-StPO/*Gmel* Rn. 5; *Pfeiffer* Rn. 1; *Meyer-Goßner* Rn. 6; HK-GS/*Temming* Rn. 5; Löwe/Rosenberg/*Gollwitzer* Rn. 3.
[36] HK-StPO/*Julius* Rn. 9.
[37] BGH v. 20. 1. 2005 – 4 StR 222/04, StraFo 2005, 203; KMR/*Paulus* Rn. 28; *Meyer-Goßner* Rn. 7; Anw-StPO/*Kirchhof* Rn. 1; KK-StPO/*Gmel* Rn. 6; *Joecks* Rn. 4.
[38] HK-StPO/*Julius* Rn. 4.

licher[39] und begründeter[40] Beschluss für erforderlich erachtet. Zuständig ist das Gericht bzw. der (ranghöhere)[41] Spruchkörper, bei welchem die gemeinsame Hauptverhandlung durchgeführt wird. Der Verbindungsbeschluss ist gem. § 35 bekannt zu machen; einer Zustellung bedarf es nicht.

11 Der Entscheidung über die Verbindung steht im **Ermessen** des Gerichts. Konturierend wirken verfahrenökonomische Überlegungen sowie der Beschleunigungsgrundsatz, aber auch das Recht auf ein faires Verfahren und die Garantie der freien Verteidigerwahl,[42] welche durch die Verfahrensverbindung mit Blick auf das Verbot der Mehrfachverteidigung gem. § 146 zu verfassungsrechtlich relevanten Implikationen führen kann.[43]

12 Der **Verbindungsbeschluss** hat zur Folge, dass für die Zeit der Hauptverhandlung eine **lose Verfahrensverbindung** entsteht, ansonsten behalten die verbundenen Verfahren im Gegensatz zur (Sach-)Verschmelzung nach §§ 2 ff.[44] aber ihre Selbstständigkeit[45] mit der Konsequenz, dass jede Sache ihren eigenen Gesetzen weiterhin folgt.[46] Trotz dieser Selbständigkeit ergeben sich verfahrensrechtliche Auswirkungen[47] dahingehend, dass zB die Angeklagten aus den verbundenen Verfahren zu Mitangeklagten werden[48] und eine Zeugenvernehmung ausscheidet,[49] dass der Öffentlichkeitsausschluss in einer Sache für das gesamte Verfahren gilt,[50] oder dass sich die Frage- und Erklärungsrechte einzelner Verfahrensbeteiligten auf das gesamte verbundene Verfahren erstrecken.[51] Umgekehrt sind in allen verbundenen Strafsachen die Anklagesätze nach § 243 Abs. 3 S. 1 oder das Urteil des ersten Rechtszuges nach § 324 Abs. 1 S. 2 zu verlesen.

13 Wird die Verbindung von Strafsachen durch das Gericht im Rahmen seiner Ermessensentscheidung **abgelehnt**, wird von der hM eine Begründung des Beschlusses für entbehrlich gehalten.[52] Demgegenüber reklamiert die Gegenansicht aus Gründen der Transparenz und Überprüfbarkeit eine Begründungspflicht,[53] was jedoch insofern inkonsequent anmutet, als eine Anfechtbarkeit des Beschlusses grundsätzlich nicht eröffnet ist.

14 **6. Trennung verbundener Strafsachen.** Die durch Beschluss hergestellte Verbindung von Strafsachen kann jederzeit durch das Gericht wieder aufgehoben werden. Dies geschieht durch einen **Trennungsbeschluss**. Der Beschluss steht im Ermessen des Gerichts und ergeht nach vorheriger Anhörung der Verfahrensbeteiligten. Die Trennung kann durch die Entscheidungsreife einer Strafsache[54] oder durch die gerichtliche Aufklärungspflicht[55] geboten sein. Auch die vorübergehende Trennung verbundener Strafsachen ist grundsätzlich zulässig.[56] Eine Grenze bildet deren Rechtsmissbräuchlichkeit, wenn § 230 umgangen werden soll[57] oder mit der nur zeitweiligen Trennung intendiert ist, einen Mitangeklagten formell zum Zeugen hinsichtlich seines eigenen Tatbeitrags zu machen.[58]

15 Parallel zum Verbindungs- muss der Trennungsbeschluss ausdrücklich, mithin förmlich[59] erfolgen und mit einer Begründung versehen sein. Er ist den Verfahrensbeteiligten bekannt zu geben.

16 Da mit Erlass des Urteils die Trennung der verbundenen Verfahren kraft Gesetzes eintritt,[60] ist in diesem Fall ein Trennungsbeschluss entbehrlich, wenngleich teilweise auch im Interesse der

---

[39] Löwe/Rosenberg/*Gollwitzer* Rn. 8; SK-StPO/*Schlüchter* Rn. 7.
[40] HK-StPO/*Julius* Rn. 4; *Pfeiffer* Rn. 2; aA Löwe/Rosenberg/*Gollwitzer* Rn. 10; SK-StPO/*Schlüchter* Rn. 7.
[41] BGH v. 3. 2. 1976 – 1 StR 694/75, BGHSt 26, 271 (273 f.); *Pfeiffer* Rn. 2; Löwe/Rosenberg/*Gollwitzer* Rn. 1; SK-StPO/*Schlüchter* Rn. 5.
[42] HK-StPO/*Julius* Rn. 2, 4.
[43] BVerfG v. 12. 8. 2002 – 2 BvR 932/02, StV 2002, 578; KK-StPO/*Gmel* Rn. 8; HK-StPO/*Julius* Rn. 2.
[44] BGH v. 18. 1. 1990 – 4 StR 616/89, BGHSt 36, 348 (351).
[45] BGH v. 18. 1. 1990 – 4 StR 616/89, BGHSt 36, 348 (351); BGH v. 13. 8. 1963 – 2 ARs 172/63, BGHSt 19, 177 (182); SK-StPO/*Schlüchter* Rn. 1, 8; *Meyer-Goßner* Rn. 8; *Pfeiffer* Rn. 3; *Joecks* Rn. 4; Löwe/Rosenberg/*Gollwitzer* Rn. 11; KK-StPO/*Gmel* Rn. 9.
[46] BGH v. 13. 8. 1963 – 2 ARs 172/63, BGHSt 19, 177 (182); BGH v. 3. 2. 1976 – 1 StR 694/75, BGHSt 26, 271 (275); BGH v. 18. 1. 1990 – 4 StR 616/89, BGHSt 36, 348 (351).
[47] Hierzu: Löwe/Rosenberg/*Gollwitzer* Rn. 12 ff.; SK-StPO/*Schlüchter* Rn. 9 f.; HK-GS/*Temming* Rn. 9 ff.
[48] SK-StPO/*Schlüchter* Rn. 10; Löwe/Rosenberg/*Gollwitzer* Rn. 12.
[49] *Meyer-Goßner* Rn. 8; KK-StPO/*Gmel* Rn. 9.
[50] SK-StPO/*Schlüchter* Rn. 10.
[51] HK-GS/*Temming* Rn. 10.
[52] Löwe/Rosenberg/*Gollwitzer* Rn. 10.
[53] SK-StPO/*Schlüchter* Rn. 7.
[54] HK-StPO/*Julius* Rn. 8.
[55] KK-StPO/*Gmel* Rn. 11.
[56] BGH v. 5. 10. 1983 – 2 StR 298/83, BGHSt 32, 100 (101); Löwe/Rosenberg/*Gollwitzer* Rn. 16; KK-StPO/*Gmel* Rn. 12.
[57] BGH v. 1. 4. 1981 – 2 StR 791/80, BGHSt 30, 74 (75); BGH v. 22. 2. 1984 – 3 StR 530/83, BGHSt 32, 270 (273); BGH v. 16. 3. 1982 – 1 StR 115/82, StV 1982, 252; Löwe/Rosenberg/*Gollwitzer* Rn. 17; KK-StPO/*Gmel* Rn. 12.
[58] *Montenbruck* ZStW 89 (1977), 878; *Müller-Dietz* ZStW 93 (1981), 1227; SK-StPO/*Schlüchter* Rn. 13; HK-StPO/*Julius* Rn. 8.
[59] Löwe/Rosenberg/*Gollwitzer* Rn. 16.
[60] SK-StPO/*Schlüchter* Rn. 12; HK-GS/*Temming* Rn. 12; *Meyer-Goßner* Rn. 9.

Rechtsklarheit ein deklaratorischer Beschluss postuliert wird.[61] Soweit darüber hinaus ein konstitutiver Beschluss gefordert wird,[62] ist dies abzulehnen.

7. Richterliche Entscheidung. Während der BGH früher formulierte, dass es Sinn der Verbindung gem. § 237 sei, aus Zweckmäßigkeitsgründen die gemeinsame Verhandlung und Entscheidung zusammenhängender Strafsachen zu ermöglichen,[63] steht unter Berücksichtigung des Wortlauts der Vorschrift lediglich die gemeinsame Verhandlung der verbundenen Strafsachen im Vordergrund. Dies wirkt sich auf die **Entscheidung am Verfahrensende** aus. Obwohl ein einheitliches Urteil zum Teil für zulässig gehalten wird,[64] wird demgegenüber zumindest auf deren Unzweckmäßigkeit,[65] aber auch Unzulässigkeit hingewiesen.[66] Mithin ist es wegen der in jedem Fall erforderlichen gesonderten Sachentscheidung ausgeschlossen, eine Gesamtstrafe oder Einheitsjugendstrafe zu bilden;[67] hierfür bedarf es der Verbindung gem. § 4 Abs. 1.[68]

In diesem Zusammenhang ist auch eine entsprechende Anwendung von § 5 Abs. 1 ausgeschlossen, wenn die große Jugendkammer eine erstinstanzliche Sache mit einem Berufungsverfahren verbunden hat, sodass der BGH nicht zuständig ist, über die Revision gegen das Urteil in der Berufungssache zu judizieren;[69] was entgegen früherer Rspr.[70] nunmehr in jedem Fall gilt.[71]

III. Rechtsbehelfe

Die Beschlüsse des erkennenden Gerichts, mit denen eine Verbindung oder Trennung von Strafverfahren angeordnet wird, sind wegen § 305 S. 1 nicht mit der **Beschwerde** anfechtbar,[72] soweit sie in innerem Zusammenhang mit der Urteilsfällung stehen. Gleiches gilt für die die Trennung oder Verbindung ablehnenden Beschlüsse.[73] Eine Ausnahme gilt dann, wenn nicht das erkennende, sondern ein anderes Gericht entschieden hat.[74] Ferner ist die Beschwerde zulässig, wenn die angeordnete Verbindung oder Trennung entgegen dem Normzweck zu relevanten Verfahrensverzögerungen zu Lasten eines insoweit beschwerdeberechtigten Angeklagten führt.[75]

Im Rahmen der **Revision** nach § 337 kann die Fehlerhaftigkeit von Verbindungs- oder Trennungsbeschlüssen von den hierdurch betroffenen Verfahrensbeteiligten gerügt werden. Während alleine die Zweck- oder Unzweckmäßigkeit von Verbindung oder Trennung grundsätzlich keinen Revisionsgrund darstellt,[76] ist sie jedoch begründet, wenn ein Ermessensmissbrauch[77] gegeben oder ein Verfahrensfehler[78] bei Verbindung bzw. Trennung unterlaufen ist. Letztere können aus Verstößen gegen §§ 230, 244 Abs. 2, 261 resultieren.[79]

Möglich ist ferner ein Revisionsgrund nach § 338 Nr. 8, wenn insbesondere bei der Verbindung Fehler unterlaufen, welche mit Blick auf § 146 einerseits und das Rechts auf freie Verteidigerwahl andererseits zu einer relevanten unzulässigen Beschränkung der Verteidigung führen.[80]

§ 238 [Verhandlungsleitung]

(1) Die Leitung der Verhandlung, die Vernehmung des Angeklagten und die Aufnahme des Beweises erfolgt durch den Vorsitzenden.

(2) Wird eine auf die Sachleitung bezügliche Anordnung des Vorsitzenden von einer bei der Verhandlung beteiligten Person als unzulässig beanstandet, so entscheidet das Gericht.

---

[61] SK-StPO/*Schlüchter* Rn. 12; Löwe/Rosenberg/*Gollwitzer* Rn. 16.
[62] KMR/*Paulus* Rn. 42.
[63] BGH v. 3. 2. 1976 – 1 StR 694/75, BGHSt 26, 271 (273); BGH v. 17. 7. 1979 – 1 StR 298/79, BGHSt 29, 67.
[64] Löwe/Rosenberg/*Gollwitzer* Rn. 15.
[65] BGH v. 22. 5. 1990 – 4 StR 210/90, BGHSt 37, 42 (43); *Meyer-Goßner* Rn. 8; *ders.* DRiZ 1985, 245; KK-StPO/*Gmel* Rn. 9; SK-StPO/*Schlüchter* Rn. 9.
[66] HK-StPO/*Julius* Rn. 5; in diese Richtung: HK-GS/*Temming* Rn. 11.
[67] HK-GS/*Temming* Rn. 11; HK-StPO/*Julius* Rn. 5; Löwe/Rosenberg/*Gollwitzer* Rn. 15; *Meyer-Goßner* Rn. 8.
[68] BGH v. 22. 5. 1990 – 4 StR 210/90, NJW 1990, 2698; *Meyer-Goßner* Rn. 8; HK-StPO/*Julius* Rn. 5.
[69] BGH v. 18. 1. 1990 – 4 StR 616/89, BGHSt 36, 348 (351 f.).
[70] BGH v. 19. 1. 1988 – 4 StR 647/87, BGHSt 35, 195 (197).
[71] BGH v. 18. 1. 1990 – 4 StR 616/89, BGHSt 36, 348 (351); BGH v. 22. 5. 1990 – 4 StR 210/90, BGHSt 37, 42 (43); *Meyer-Goßner* Rn. 8; KK-StPO/*Gmel* 10.
[72] Anw-StPO/*Kirchhof* Rn. 4; *Pfeiffer* Rn. 6; Löwe/Rosenberg/*Gollwitzer* Rn. 19; KK-StPO/*Gmel* Rn. 13.
[73] SK-StPO/*Schlüchter* Rn. 14; KMR/*Paulus* Rn. 45.
[74] SK-StPO/*Schlüchter* Rn. 14; KMR/*Paulus* Rn. 45; Löwe/Rosenberg/*Gollwitzer* Rn. 22.
[75] HK-StPO/*Julius* Rn. 9 f.; Löwe/Rosenberg/*Gollwitzer* Rn. 19 ff.; KK-StPO/*Gmel* Rn. 13.
[76] BGH v. 5. 2. 1963 – 1 StR 265/62, BGHSt 18, 238 (239); KK-StPO/*Gmel* Rn. 14.
[77] BGH v. 5. 2. 1963 – 1 StR 265/62, BGHSt 18, 238 (239); Löwe/Rosenberg/*Gollwitzer* Rn. 23; KK-StPO/*Gmel* Rn. 14; *Pfeiffer* Rn. 6.
[78] BGH v. 5. 2. 1963 – 1 StR 265/62, BGHSt 18, 238 (239); *Pfeiffer* Rn. 6.
[79] HK-StPO/*Julius* Rn. 12; KK-StPO/*Gmel* Rn. 14; Löwe/Rosenberg/*Gollwitzer* Rn. 23 ff.; SK-StPO/*Schlüchter* Rn. 15 ff.
[80] HK-StPO/*Julius* Rn. 12.

I. Einführung

1 In Form einer **Aufgaben- und Kompetenzzuweisung** wird ausgehend vom Kollegialgerichtsprinzip, jedoch unter Berücksichtigung seiner auch ansonsten exponierten Stellung[1] mit der Vorschrift des § 238 Abs. 1 dem Vorsitzenden die Verhandlungsleitung und damit die gesamte Prozessleitung[2] übertragen, um eine zügige und straffe Durchführung der Hauptverhandlung zu gewährleisten.[3] Alle vom Vorsitzenden als „Motor"[4] und Moderator[5] der Verhandlung aufgrund seiner Leitungsbefugnis wie auch -pflicht[6] getroffenen Maßnahmen und Anordnungen sind solche **kraft eigenen Rechts**[7] und daher nicht von der konkludenten oder ausdrücklichen Zustimmung der anderen Gerichtsmitglieder abhängig;[8] dies gilt unabhängig davon, ob man ihn als Vertreter des Gerichts ansieht oder seine Autorität auf eine besondere gesetzliche Legitimation zurückführt.[9] Im Zusammenhang mit der Verhandlungsleitung durch den Vorsitzenden ist indessen zu berücksichtigen, dass Entscheidungen oder Maßnahmen von ihm, welche unmittelbar die Urteilsfindung tangieren, nur vorläufigen Charakter haben und das Gericht keinesfalls binden.[10]

2 Während in Abs. 1 eine allgemeine Aufgabenzuweisung enthalten ist, finden sich in der StPO hierzu noch eine Vielzahl von spezifischen Einzelregelungen: §§ 228 Abs. 1 S. 2, 3; 231 Abs. 1 S. 2; 231a Abs. 2; 231b abs. 2; 239; 240; 241; 241a; 243 Abs. 1 S. 2, Abs. 2 S. 2; 247 S. 4; 248; 249 Abs. 2; 266 Abs. 3. Umgekehrt sind verschiedene Anordnungen in Abgrenzung zu den Befugnissen des Vorsitzenden ausdrücklich dem Gericht vorbehalten: §§ 4 Abs. 2; 6a S. 2; 27 Abs. 1; 51; 70; 77; 228 Abs. 1 S. 1; 230 Abs. 2; 231 Abs. 2; 231a Abs. 3; 231b Abs. 1; 231c; 233; 236; 237; 244 Abs. 6; 247; 251 Abs. 4; 265 Abs. 4; 266; 270.

3 Das verfahrensrechtliche Gegengewicht zur Leitungsbefugnis des Vorsitzenden bildet das in Abs. 2 nur unzureichend[11] kodifizierte **Beanstandungsrecht** – nach anderer Lesart: Beanstandungspflicht bzw. sogar -last[12] – der Prozessbeteiligten. Zweck der Regelung ist es, im Rahmen eines (besonderen)[13] Zwischenrechtsbehelfs,[14] mit dem die Gesamtverantwortung des Spruchkörpers für die Rechtsförmigkeit der Verhandlung aktiviert wird,[15] fehlerhafte Entscheidungen und etwaige Verfahrensverstöße des Vorsitzenden im Rahmen der Verhandlungs- bzw. Sachleitung noch in der Hauptverhandlung und somit innerhalb der Instanz einer Überprüfung und unter Umständen einer Korrektur zuzuführen.[16] Die daher mit dem Zwischenrechtsbehelf verbundene Vorklärungsfunktion[17] dient dazu, Revisionen zu vermeiden.[18]

4 Nicht unumstritten ist, ob die Vorschrift des § 238 in **Verfahren vor dem Straf- oder Jugendrichter** Anwendung finden soll. Nicht zuletzt wegen der Identität von Vorsitzendem und Gericht und deshalb mit Blick auf die in diesen Fällen strukturell nicht zu verwirklichende ratio legis von § 238 Abs. 2 wurde dies mit beachtlichen Argumenten abgelehnt.[19] Demgegenüber verweist die hM unter Berücksichtigung des Wortlauts der Vorschrift wegen dem Erhalt der Revisionsrüge auf die Notwendigkeit der Beanstandung auch von Anordnungen des Einzelrichters.[20] Zumindest wird es – auch wenn in diesen Konstellationen teilweise die Beanstandung als Revision wahrende

---

[1] SK-StPO/*Schlüchter* Rn. 1 unter Hinweis auf §§ 213, 214.
[2] *Joecks* Rn. 1; *Meyer-Goßner* Rn. 1.
[3] HK-GS/*Temming* Rn. 1; SK-StPO/*Schlüchter* Rn. 1.
[4] SK-StPO/*Schlüchter* Rn. 3.
[5] Vgl. hierzu: Löwe/Rosenberg/*Gollwitzer* Rn. 5; SK-StPO/*Schlüchter* Rn. 6.
[6] HK-GS/*Temming* Rn. 3.
[7] RG v. 20. 9. 1910 – IV 599/10, RGSt 44, 65 (67); *Fuhrmann* GA 1963, 64 (66); SK-StPO/*Schlüchter* Rn. 3; *Meyer-Goßner* Rn. 3; *Pfeiffer* Rn. 1; KK-StPO/*Schneider* Rn. 1; Anw-StPO/*Sommer* Rn. 4.
[8] *Schmid*, FS Mayer, 1966, S. 544; RG v. 20. 9. 1910 – IV 599/10, RGSt 44, 65 (67); KK-StPO/*Schneider* Rn. 1; *Meyer-Goßner* Rn. 3; KMR/*Paulus* Rn. 3; Löwe/Rosenberg/*Gollwitzer* Rn. 2.
[9] Löwe/Rosenberg/*Gollwitzer* Rn. 3; zustimmend: SK-StPO/*Schlüchter* Rn. 3.
[10] *Meyer-Goßner* Rn. 3; Löwe/Rosenberg/*Gollwitzer* Rn. 2; SK-StPO/*Schlüchter* Rn. 2.
[11] In diese Richtung: *Bischoff* NStZ 2010, 77, 79, was in den Vorschlag einer klarstellende Fassung von § 238 Abs. 2 einmündet.
[12] *Bischoff* NStZ 2010, 77 (81).
[13] *Pfeiffer* Rn. 4; *Joecks* Rn. 6.
[14] *Meyer-Goßner* Rn. 10; Löwe/Rosenberg/*Gollwitzer* Rn. 16; aA SK-StPO/*Schlüchter* Rn. 8: Rechtsbehelf eigener Art.
[15] BGH v. 16. 11. 2006 – 3 StR 139/06, NStZ 2007, 230 (231); *Bischoff* NStZ 2010, 77 (81).
[16] HK-GS/*Temming* Rn. 7, 12.
[17] *Widmaier* NStZ 2007, 234.
[18] BGH v. 16. 11. 2006 – 3 StR 139/06, NStZ 2007, 230 (231); KK-StPO/*Schneider* Rn. 7.
[19] BayObLGSt 1962, 267; OLG Köln v. 2. 4. 1957 – Ss 97/56, NJW 1957, 1337; *Ebert* StV 1997, 269 (274 f.); *ders.* NStZ 1997, 565 (566); HK-GS/*Temming* Rn. 1.
[20] OLG Düsseldorf v. 10. 1. 1996 – 5 Ss 462/95 – 1/96 I, StV 1996, 252; *Meyer-Goßner* Rn. 18; *Joecks* Rn. 8; KK-StPO/*Schneider* Rn. 15.

Prozesshandlung gerade nicht erforderlich sein soll[21] – wegen der Protokollierung der Beanstandung und dem Gedanken der Remonstration für zweckmäßig erachtet.[22]

II. Die Verhandlungsleitung durch den Vorsitzenden

Nach Abs. 1 erfolgt die Leitung der Verhandlung, die Vernehmung des Angeklagten und die Beweisaufnahme durch den Vorsitzenden. Die Verhandlungsleitung als eine ausschließlich ihm zugewiesene Aufgabe ist zugleich Recht und Pflicht des Vorsitzenden.

1. Verhandlungs- und Sachleitung. Unter Aufgabe einer durch § 238 selbst formal vorgegebenen, indessen materiell schwierig darzustellenden[23] Differenzierung in Verhandlungs- und Sachleitung[24] steht nunmehr eine funktionelle Betrachtung im Vordergrund,[25] wobei der Begriff der **Verhandlungsleitung** für zentral[26] bzw. zumindest synonym[27] erachtet und deshalb in einem umfassenden Sinn interpretiert wird. Zur Verhandlungsleitung – insofern als Oberbegriff verstanden[28] – zählen zunächst die besonders aufgeführte Vernehmung des Angeklagten und die Beweisaufnahme.[29] Ansonsten gehören sodann alle Maßnahmen zur Durchführung der Hauptverhandlung[30] einschließlich der Maßnahmen der Sitzungspolizei nach § 176 GVG[31] dazu.

a) Maßnahmen zur Durchführung der Hauptverhandlung. Maßnahmen zur Durchführung der Hauptverhandlung sind vor Allem folgende:[32] Eröffnung, Durchführung, Unterbrechung und Schließung der Hauptverhandlung, Gestaltung des Verfahrensgangs unter Berücksichtigung der verfahrensrechtlichen Regieanweisungen von §§ 243, 244 Abs. 1, 257, 258, Urteilsverkündung,[33] Festlegung der Reihenfolge der Anhörung der Prozessbeteiligten,[34] Einhaltung des Verhandlungsplans, Erteilung und Entziehung des Worts, Koordination des Fragerechts, Entgegennehmen von Anträgen, Zulassung eines opening statements, Festlegung des Zeitpunkts der Feststellung der Vorstrafen des Angeklagten gem. § 243 Abs. 4 S. 4, Anordnungen betreffend die Protokollierung von Vorgängen, Aussagen und Äußerungen nach § 273 Abs. 3 S. 1 sowie die Wahrnehmung der gerichtlichen Fürsorgepflicht zB in Form einer Belehrung des rechtsunkundigen Angeklagten.

Entgegen einer frühen Entscheidung des BGH,[35] in welcher es nicht ohne paternalistische Attitüde für zulässig erachtet wurde, dass in „seinem wohlverstandenen Interesse" dem Angeklagten die vermeintlich ablenkende **Anfertigung von schriftlich Aufzeichnung** vom Vorsitzenden untersagt werden konnte,[36] erscheint diese Auffassung zumindest überholt. Dem Angeklagten ist nämlich erlaubt, während der Verhandlung schriftliche Aufzeichnungen zu machen, da er selbst über seine Verteidigung und deren Zweckmäßigkeit wie Effektivität disponiert;[37] Gleiches gilt im Übrigen für die Verwendung schriftlicher Aufzeichnungen durch den Angeklagten.[38] Entsprechende Verbote des Vorsitzenden kollidieren deshalb auch mit dem Grundsatz des fairen Verfahrens.[39]

b) Vernehmung des Angeklagten. Zur Verhandlungsleitung zählt die **Vernehmung des Angeklagten**. Unter Berücksichtigung der Vorgaben gem. § 243 Abs. 2 S. 3, Abs. 4 S. 1, 2 ist es Aufgabe des Vorsitzenden, den Angeklagten zu seinen persönlichen Verhältnissen sowie zur Sache zu vernehmen.

---

[21] *Ebert* StV 1997, 269; *ders.* NStZ 1997, 566; HK-GS/*Temming* Rn. 1.
[22] Löwe/Rosenberg/*Gollwitzer* Rn. 36.
[23] KMR/*Paulus* Rn. 4 ff.; *Pfeiffer* Rn. 2; KK-StPO/*Schneider* Rn. 8; *Roxin*, Strafverfahrensrecht, § 42 D I 2 a.
[24] *Schmid*, FS Mayer, 1966, S. 552, 558; *Fuhrmann* GA 1963, S. 65 (69 ff.); HK-StPO/*Julius* Rn. 4; SK-StPO/*Schlüchter* Rn. 7.
[25] Löwe/Rosenberg/*Gollwitzer* Rn. 21; KK-StPO/*Schneider* Rn. 9.
[26] Meyer-Goßner Rn. 5, 12; Löwe/Rosenberg/*Gollwitzer* Rn. 19.
[27] SK-StPO/*Schlüchter* Rn. 7.
[28] Vgl. hierzu: KMR/*Paulus* Rn. 9; Löwe/Rosenberg/*Gollwitzer* Rn. 19 (Sachleitung als Teilaspekt der Verhandlungsleitung); KK-StPO/*Schneider* Rn. 8; kritisch: SK-StPO/*Schlüchter* Rn. 7; aber auch: Löwe/Rosenberg/*Gollwitzer* Rn. 3 Fn. 9, Rn. 21; aA *Roxin*, Strafverfahrensrecht, § 42 D I 2 b.
[29] HK-StPO/*Julius* Rn. 2.
[30] Löwe/Rosenberg/*Gollwitzer* Rn. 3; Meyer-Goßner Rn. 5; *Joecks* Rn. 2; KK-StPO/*Schneider* Rn. 3; HK-StPO/*Julius* Rn. 2.
[31] *Fuhrmann* GA 1963, S. 65 (68, 71); Löwe/Rosenberg/*Gollwitzer* Rn. 12, 23; Meyer-Goßner Rn. 5; aA *Jahn*, NStZ 1998, 392.
[32] Meyer-Goßner Rn. 5; Löwe/Rosenberg/*Gollwitzer* Rn. 3 ff.; Anw-StPO/*Sommer* Rn. 15 ff.; KK-StPO/*Schneider* Rn. 3; *Joecks* Rn. 2; Graf/*Gorf* Rn. 6 ff.
[33] BGH v. 10. 7. 1974 – 3 StR 6/73 I, MDR 1975, 24.
[34] BGH v. 21. 9. 1956 – 2 StR 68/55, MDR 1957, 53.
[35] BGH v. 25. 9. 1951 – 1 StR 390/51, BGHSt 1, 322 (323 f.).
[36] BGH v. 25. 9. 1951 – 1 StR 390/51, BGHSt 1, 322 (325); kritisch: *Eb. Schmidt* JZ 1952, 43; *Salditt* StV 1993, 443.
[37] Löwe/Rosenberg/*Gollwitzer* Rn. 9.
[38] BGH v. 9. 1. 1953 – 1 StR 623/52, BGHSt 3, 368 (369).
[39] SK-StPO/*Schlüchter* Rn. 6.

10   c) **Beweisaufnahme.** Auch die **Aufnahme der Beweise** gehört zur Verhandlungsleitung. Dies bedeutet, dass der Vorsitzende die Erhebung der Beweise anordnet[40] und die Reihenfolge von deren Einführung in der Hauptverhandlung festlegt;[41] beim Urkundsbeweis regelt er die Verlesung bzw. das sog. Selbstleseverfahren. Der Vorsitzende führt die Beweiserhebung auch grundsätzlich selbst durch,[42] wobei ihm Vorhalte einschließlich eigener Bewertungen von Beweismittel grundsätzlich erlaubt sind.[43] In Rahmen der Beweisaufnahme hat er des Weiteren für die sachgerechte Ausübung des den Verfahrensbeteiligten zustehenden Fragerechts Sorge zu tragen.[44] Nicht zuletzt entlässt er gem. § 248 die Zeugen.

11   d) **Sitzungspolizeiliche Maßnahmen.** Maßnahmen der Sitzungspolizei obliegen gleichfalls dem Vorsitzenden kraft seiner Leitungsbefugnis.[45] In Abgrenzung zum Hausrecht des (Amts-)Gerichtsdirektors oder (Land- bzw. Oberlandes-)Gerichtspräsidenten kann der Vorsitzende nach pflichtgemäßem Ermessens alle zur Aufrechterhaltung der Ordnung in der Sitzung – dh. vor Allem im Sitzungssaal – erforderlichen Maßnahmen ergreifen. Dies kann in der Anordnung der Fesselung oder Bewachung des Angeklagten[46] oder in Störung beseitigenden Maßnahmen gegenüber Personen aus dem Saalpublikum bestehen.[47]

12   Von vor Allem verfassungsrechtlicher Relevanz sind reglementierende Entscheidungen des Vorsitzenden zur **medialen Gerichtsberichterstattung** durch audiovisuelle Aufnahmen im Sitzungssaal vor dem Beginn und nach dem Ende der Verhandlung sowie in den Verhandlungspausen,[48] wie sie bei Aufsehen erregenden Strafverfahren zwischenzeitlich alltäglich geworden sind. Denn insoweit greift das Verbot des § 169 S. 2 GVG nicht ein,[49] sodass bei entsprechenden sitzungspolizeilichen Maßnahmen, welche sich zugleich wegen der Berührungspunkte mit dem Öffentlichkeitsgrundsatz als Sachleitung darstellen,[50] die verschiedenen Grundrechte der Betroffenen sowie die verfahrensrechtlichen Belange gegeneinander abzuwägen sind.[51] Nach der mittlerweile gefestigten Rspr. des BVerfG ist der Vorsitzende bei der medialen Berichterstattung aus dem Gerichtssaal gehalten, eine Verfahrensweise festzulegen, welche dem von Art. 5 Abs. 1 GG geschützten Berichterstattungsinteresse gegenüber dem Interesse an einem geordneten Verfahrensablauf und an einem hinreichenden Schutz der Persönlichkeitsrechte der Verfahrensbeteiligten angemessen Rechung trägt.[52] In der Regel erfordert dies, dass den Medien zumindest während eines der verschiedenen Abschnitte am Rande der Hauptverhandlung – sei es bei Beginn der Hauptverhandlung, sei es in den Sitzungspausen oder bei Schluss – die auch tatsächlich realisierbare Gelegenheit gegeben wird, Lichtbilder und Fernsehaufnahmen vom Geschehen im Sitzungssaal in Anwesenheit aller Verfahrensbeteiligter anzufertigen und hierfür rundfunkspezifische Aufnahmetechniken und -geräte für einen angemessenen Zeitraum in einem angesichts der örtlichen Verhältnisse vertretbaren Umfang zu verwenden.[53] Hierdurch können insbesondere die Persönlichkeitsrechte des Angeklagten sowie der professionellen Verfahrensbeteiligten[54] tangiert werden, sodass entsprechende Anordnungen des Vorsitzenden wegen ihrer Doppelnatur als sitzungspolizeiliche und Maßnahmen der Sachleitung durch die beanstandungsberechtigten Prozessbeteiligten zur Überprüfung gestellt werden können.

13   e) **Fristsetzung zum Stellen von Beweisanträgen.** Unter Berücksichtigung der Rspr. des BGH zählt es gleichfalls zur Sachleitungsbefugnis des Vorsitzenden, nach Abschluss der vom Gericht nach dem Maßstab der Aufklärungspflicht nach § 244 Abs. 2 für erforderlich erachteten Beweiserhebungen die übrigen Verfahrensbeteiligten unter Fristsetzung aufzufordern, etwaige Beweisan-

---

[40] BGH v. 24. 6. 1982 – 4 StR 300/82, NStZ 1982, 432.
[41] Löwe/Rosenberg/*Gollwitzer* Rn. 11.
[42] KK-StPO/*Schneider* Rn. 5; Löwe/Rosenberg/*Gollwitzer* Rn. 11.
[43] BGH v. 16. 5. 1984 – 2 StR 525/83, MDR 1984, 797; Löwe/Rosenberg/*Gollwitzer* Rn. 11.
[44] BGH v. 5. 11. 2003 – 1 StR 368/03, NJW 2004, 239.
[45] BGH v. 10. 4. 1962 – 1 StR 22/62, BGHSt 17, 201 (204); BGH v. 29. 5. 2008 – 4 StR 46/08, NStZ 2008, 582.
[46] Löwe/Rosenberg/*Gollwitzer* Rn. 12.
[47] BGH v. 10. 4. 1962 – 1 StR 22/62, BGHSt 17, 201 (203 f.); BGH v. 29. 5. 2008 – 4 StR 46/08, NStZ 2008, 582.
[48] BVerfG v. 1. 11. 1992 – 1 BvR 1595 A 606/92, BVerfGE 87, 334 ff.; BVerfG v. 14. 7. 1994 – 1 BvR 1595, 1608/92, BVerfGE 91, 125 ff.; hierzu: *Britz*, Fernsehaufnahmen im Gerichtssaal, S. 39 ff.; ferner: BVerfG v. 19. 12. 2007 – 1 BvR 620/07, StraFo 2008, 110 ff.
[49] BGH v. 27. 10. 1969 – 2 StR 636/68, BGHSt 23, 123 (124 f.); BVerfG v. 14. 7. 1994 – 1 BvR 1595, 1608/92, BVerfGE 91, 125 (136); *Britz*, Fernsehaufnahmen im Gerichtssaal, S. 43, 55 f., 97 ff.
[50] Vgl.: BGH v. 29. 5. 2008 – 4 StR 46/08, NStZ 2008, 582.
[51] *Britz*, Fernsehaufnahmen im Gerichtssaal. S. 41 f. mwN.
[52] BVerfG v. 3. 4. 2009 – 1 BvR 654/09, NJW 2009, 2117 (2120); BVerfG v. 19. 12. 2007 – 1 BvR 620/07, StraFo 2008, 110 (112).
[53] BVerfG v. 3. 4. 2009 – 1 BvR 654/09, NJW 2009, 2117 (2120); BVerfG v. 19. 12. 2007 – 1 BvR 620/07, StraFo 2008, 110 (111).
[54] BVerfG v. 3. 4. 2009 – 1 BvR 654/09, NJW 2009, 2117 (2119 f.); BVerfG v. 19. 12. 2007 – 1 BvR 620/07, StraFo 2008, 110 (112).

träge zu stellen.⁵⁵ Die **Fristsetzung zum Stellen von Beweisanträgen** ist vor Allem auf länger dauernde Verfahren gemünzt, welche mindestens zehn Verhandlungstage umfassen. Zur Wahrung des Beschleunigungsgrundsatzes, der insbesondere in Haftsachen eine straff durchgeführte Hauptverhandlung intendiert, da ansonsten kompensationspflichtige Verfahrensverzögerungen vorlegen, handelt es sich um ein Instrumentarium einer Verschleppungs- bzw. Verzögerungsabsicht entgegenzuwirken. Denn werden die Beweisanträge ohne substanziierte Begründung für die Verspätung nicht innerhalb der vom Vorsitzenden gesetzten Frist gestellt, ist es zulässig, grundsätzlich davon auszugehen, dass der Antrag nichts anderes als die Verzögerung des Verfahrens bezweckt; eine Grenze bildet jedoch die gerichtliche Aufklärungspflicht nach § 244 Abs. 2. Die indizielle Wirkung einer verspäteten Beweisantragsstellung für eine Prozessverschleppungsabsicht ist freilich nicht unproblematisch. Ausgehend davon, dass die StPO eine zeitliche Beschränkung für das Stellen von Beweisanträgen – jedenfalls bislang – gerade nicht vorsieht, wird eine Aushöhlung von § 246 Abs. 1 befürchtet.⁵⁶ Des Weiteren kann auch eine Verengung der von Rspr. und Lit. zur Verschleppungsabsicht gem. § 244 Abs. 3 S. 2 herauspräparierten Voraussetzungen eintreten, indem das Versäumen der Frist zur Stellung von Beweisanträgen in Anbetracht des ansonsten durchaus schwierigen Nachweises der objektiven wie subjektiven Kriterien einer Verschleppungsabsicht⁵⁷ gewissermaßen überhöht wird. Hinzu kommt, dass sowohl § 244 Abs. 2 S. 2 als auch § 246 Abs. 1 zwar grundsätzlich für alle Verfahrensbeteiligten gleichermaßen gelten, wohingegen die Fristsetzung zum Stellen von Beweisanträgen primär an die Verteidigung adressiert ist, sodass ein zentrales effektives Verteidigungsinstrument Beschränkungen zum Nachteil des Angeklagten erfahren kann.

2. Persönliche Verhandlungsleitung. Der Vorsitzende muss die Verhandlung – einschließlich der Vernehmung des Angeklagten und der Beweisaufnahme – **persönlich** leiten.⁵⁸ Demzufolge ist es grundsätzlich ausgeschlossen, die Verhandlungsleitung ganz oder teilweise an ein anderes Mitglied des Gerichts zu delegieren.⁵⁹ Ausgenommen hiervon sind rein verfahrenstechnische Vorgänge,⁶⁰ wie das Verlesen von Urkunden, was einem Beisitzer, Schöffen oder dem Protokollführer übertragen werden kann.⁶¹ Ist der Vorsitzende hingegen etwa krankheitsbedingt – zB wegen Heiserkeit – nicht in der Lage, die Verhandlung zu leiten, liegt ein Fall der Verhinderung gem. § 21 f GVG vor mit der Folge, dass sein Stellvertreter den Vorsitz übernimmt und der Vorsitzende zum Beisitzer wird.⁶² Davon abzuschichten ist wiederum der Fall, dass der Vorsitzende aufgrund seines körperlichen Zustandes lediglich eingeschränkt zur Verhandlungsleitung in der Lage ist. Dies stellt keine Verhinderung dar, sodass er seine Verhandlungsführung entsprechend anzupassen hat.⁶³ 14

III. Die Beanstandung

Nach Abs. 2 können Anordnungen des Vorsitzenden, welche sich auf die Sachleitung beziehen, von den Verfahrensbeteiligten als unzulässig beanstandet werden mit der Folge, dass das (Kollegial-)Gericht hierüber entscheidet. 15

1. Anordnung des Vorsitzenden. Dem Begriff der **Anordnung** liegt ein weites Verständnis zugrunde.⁶⁴ Erfasst sind zunächst ausdrückliche sowie konkludente Anordnungen,⁶⁵ mithin mündliche Verfügungen oder Anweisungen, mit welchen gegenüber einem Verfahrensbeteiligten ein bestimmtes Verhalten geboten oder verboten wird;⁶⁶ ferner alle aktiven Maßnahmen, mit denen der Vorsitzende auf den Ablauf bzw. den Fortgang des Verfahrens einwirkt,⁶⁷ wie zB Hinweise, Vorhalte, Fragen, Belehrungen oder Ermahnungen. Bei einer Passivität des Vorsitzenden ist zu diffe- 16

---

⁵⁵ BGH v. 9. 5. 2007 – 1 StR 32/07, NJW 2007, 2501 (2504); BGH v. 23. 9. 2008 – 1 StR 484/08, BeckRS 2008, 25312.
⁵⁶ *Leipold/Beukelmann* NJW-Spezial 2009, 56 (57).
⁵⁷ BGH v. 9. 5. 2007 – 1 StR 32/07, NJW 2007, 2501 (2502 f., 2504).
⁵⁸ *Meyer-Goßner* Rn. 8; Löwe/Rosenberg/*Gollwitzer* Rn. 15; SK-StPO/*Schlüchter* Rn. 5; KK-StPO/*Schneider* Rn. 5; KMR/*Paulus* Rn. 3; HK-GS/*Temming* Rn. 6.
⁵⁹ RG v. 1. 11. 1983 – 1978/83, RGSt 9, 310 (318).
⁶⁰ Löwe/Rosenberg/*Gollwitzer* Rn. 15; SK-StPO/*Schlüchter* Rn. 5.
⁶¹ RG v. 20. 4. 1895 – Rep. 992/95, RGSt 27, 173; *Meyer-Goßner* § 249 Rn. 15.
⁶² BGH v. 24. 3. 1994 – 4 StR 20/94, NStZ 1995, 19; *Kissel/Mayer* § 21 f GVG Rn. 14; Löwe/Rosenberg/*Gollwitzer* Rn. 15; KMR/*Paulus* Rn. 3; *Meyer-Goßner* Rn. 8; KK-StPO/*Schneider* Rn. 5.
⁶³ *Meyer-Goßner* Rn. 8; KK-StPO/*Schneider* Rn. 5.
⁶⁴ *Erker*, Das Beanstandungsrecht gemäß § 238 II StPO, S. 64; Löwe/Rosenberg/*Gollwitzer* Rn. 17; SK-StPO/*Schlüchter* Rn. 16; *Meyer-Goßner* Rn. 11.
⁶⁵ *Joecks* Rn. 5; *Pfeiffer* Rn. 3.
⁶⁶ KK-StPO/*Schneider* Rn. 11; Löwe/Rosenberg/*Gollwitzer* Rn. 17.
⁶⁷ BGH v. 7. 3. 1996 – 4 StR 737/95, NJW 1996, 2435; BGH v. 27. 1. 2009 – 5 StR 574/08, StraFo 2009, 152; *Fuhrmann* GA 1963, S. 65 (68); *Meyer-Goßner* Rn. 11; Löwe/Rosenberg/*Gollwitzer* Rn. 17.

renzieren. Die schlichte Untätigkeit des Vorsitzenden kann keine Anordnung darstellen.[68] Anders verhält es sich hingegen, wenn der Vorsitzende auf eine entsprechende Anregung oder einen entsprechenden Antrag hin (bewusst) untätig bleibt. Diese Untätigkeit kann als konkludente Ablehnung begriffen werden,[69] sodass eine Anrufung des Gerichts mittels der Beanstandung eröffnet ist.[70]

17 2. **Beschwer.** Da – wie bereits ausgeführt[71] – die frühere Unterscheidung von inhaltlich-materieller **Sachleitung** einerseits und formell-äußerer **Verhandlungsleitung** andererseits[72] zugunsten einer **funktionellen Betrachtung** aufgegeben worden ist, ist für die beanstandungsfähige Anordnung jenseits des Zwecks der einzelnen Maßnahme deren spezifische Wirkung entscheidend. Nach *Gollwitzer* genügt die Möglichkeit, dass die Maßnahme sich auch auf die dem Gericht in seiner Gesamtheit vorbehaltene und in seine Gesamtverantwortung gestellte Urteilsfindung in einem rechtsstaatlichen Verfahren (potentiell) auswirken kann.[73] Der hM zufolge ist deshalb unabhängig von der Art der vom Vorsitzenden getroffenen Anordnung eine **behauptete Beschwer** des intervenierenden Verfahrensbeteiligten erforderlich, aber auch ausreichend;[74] und zwar in dem Sinne, dass aufgrund der gerügten Maßnahme des Vorsitzenden die Möglichkeit besteht, dass eine Verletzung in eigenen prozessualen Belangen – gemeint sind die Rechtsstellung oder schutzwürdige Interessen – gegeben ist, ohne dass jedoch der „Rechtskreis" als solcher berührt werden müsste.[75] Da der jeweilige Einzelfall entscheidend ist, hat sich ein Art caselaw entwickelt, das in deskriptiven Aufzählungen dokumentiert werden kann.[76] Übergreifend kann unterschieden werden zwischen Anordnungen betreffend den Ablauf der Hauptverhandlung und betreffend den Ablauf der Beweisaufnahme sowie sitzungspolizeiliche Maßnahmen;[77] letztere unterliegen gleichfalls der Prüfung durch das Gericht.[78]

18 3. **Unzulässigkeit der Anordnung.** Gleichermaßen Gegenstand sowie Zielrichtung der Beanstandung ist die **Unzulässigkeit** einer Anordnung des Vorsitzenden. Gemeint ist damit unter Berücksichtigung der gesetzgeberischen Motive eine Beanstandung als „gesetzlich unzulässig",[79] sodass die Zweckmäßigkeit oder Unzweckmäßigkeit einer Maßnahme bzw. deren Unangebrachtheit grundsätzlich nicht beanstandungsfähig sind.[80] Es geht demnach um eine reine Rechtskontrolle, die sich dahingehend präzisieren lässt, dass sowohl die Gesetzeskonformität als auch die Ermessensausübung zur Überprüfung gestellt werden können.[81]

19 4. **Berechtigung zur Beanstandung.** Zur Beanstandung **berechtigt** sind alle Verfahrensbeteiligten, soweit sie von der Anordnung betroffen bzw. beschwert sind;[82] mithin grundsätzlich der Angeklagte bzw. sein gesetzlicher Vertreter, der Verteidiger, die Staatsanwaltschaft, der Privat- und Nebenkläger, der Einziehungs- und Verfallsberechtigte sowie der Vertreter juristischer Personen.[83] Gleiches gilt für Zeugen – bzw. ihre rechtsanwaltlichen (Zeugen-)Beistände, welche keine weitergehenden Rechte reklamieren können – und Sachverständige, deren Beschwer sich in der Regel aus den an sie gerichteten Fragen bzw. aus dem Auskunftsverlangen ergibt.[84] Personen aus dem Saalpublikum sowie Justizwachtmeistern steht demgegenüber kein Beanstandungsrecht zu.[85] Bei Richtern und Schöffen wird dies kontrovers diskutiert. Während der BGH – indes ohne nähere

---

[68] *Joecks* Rn. 5; KK-StPO/*Schneider* Rn 12.
[69] Löwe/Rosenberg/*Gollwitzer* Rn. 18; SK-StPO/*Schlüchter* Rn. 16; KK-StPO/*Schneider* Rn. 12; aA *Meyer-Goßner* Rn. 11.
[70] KMR/*Paulus* Rn. 29; *Fuhrmann* GA 1963, S. 65 (68).
[71] Vgl. oben Rn. 6.
[72] Hierzu: KK-StPO/*Schneider* Rn. 8.
[73] Löwe/Rosenberg/*Gollwitzer* Rn. 21; vgl. auch: SK-StPO/*Schlüchter* Rn. 9.
[74] *Fuhrmann* GA 1963, S. 65 (72 f.); *Schmid,* FS Mayer, 1966, S. 543, 557 f.; *Meyer-Goßner* Rn. 12 f.; KK-StPO/*Schneider* Rn. 9; *Pfeiffer* Rn. 2; ähnlich: SK-StPO/Schlüchter Rn. 9.
[75] Ausführlich hierzu: KK-StPO/*Schneider* Rn. 18.
[76] Vgl. die Übersichten bei: SK-StPO/*Schlüchter* Rn. 11; KK-StPO/*Schneider* Rn. 13 f.; Löwe/Rosenberg/*Gollwitzer* Rn. 24 ff.; HK-StPO/*Julius* Rn. 9 ff.
[77] HK-StPO/*Julius* Rn. 9 ff.
[78] BGH v. 29. 5. 2008 – 4 StR 46/08, NStZ 2008, 582.
[79] Zu den Motiven: Löwe/Rosenberg/*Gollwitzer* § 238.
[80] *Seibert* JR 1962, 470; RG v. 20. 9. 1910 – IV 599/10, RGSt 44, 65 (66); SK-StPO/*Schlüchter* Rn. 15; *Joecks* Rn. 7; HK-GS/*Temming* Rn. 10; KK-StPO/*Schneider* Rn. 19.
[81] *Schmid,* FS Mayer, 1966, S. 543 (588); *Fuhrmann* GA 1963, 63875); *Pfeiffer* Rn. 4; Löwe/Rosenberg/*Gollwitzer* Rn. 31; *Joecks* Rn. 7; Anw-StPO/*Kirchhof* Rn. 5.
[82] *Meyer-Goßner* Rn. 14; HK-GS/*Temming* Rn. 9; HK-StPO/*Julius* Rn. 5; *Pfeiffer* Rn. 4; Löwe/Rosenberg/*Gollwitzer* Rn. 28; KK-StPO/*Schneider* Rn. 16.
[83] HK-GS/*Temming* Rn. 9; HK-StPO/*Julius* Rn. 5.
[84] *Meyer-Goßner* Rn. 14; KK-StPO/*Schneider* Rn. 16; Löwe/Rosenberg/*Gollwitzer* Rn. 28.
[85] KK-StPO/*Schneider* Rn. 16; SK-StPO/*Schlüchter* Rn. 13 a; Löwe/Rosenberg/*Gollwitzer* Rn. 28; *Meyer-Goßner* Rn. 14; aA KMR/*Paulus* Rn. 45; *Schmid,* FS Mayer, 1966, S. 543 (552).

Begründung – ein Beanstandungsrecht der mitwirkenden Richter bejaht,[86] wird dies von der Gegenauffassung abgelehnt.[87] Nicht zu Unrecht wird unter Anderem darauf verwiesen, dass Binnenkonflikte des Gerichts intern durch Zwischenberatungen zu lösen sind.[88]

Nach hA ist der Vorsitzende gegenüber den Verfahrensbeteiligten nicht verpflichtet, auf das Beanstandungsrecht **hinzuweisen** bzw. hierüber zu **belehren**.[89] Indessen wird zu differenzieren sein zwischen dem verteidigten bzw. rechtskundigen Angeklagten einerseits und dem unverteidigten bzw. rechtsunkundigen andererseits; zumal sich erhebliche revisionsrechtliche Konsequenzen ergeben können. Mithin kann in Ausnahmefällen gegenüber einem rechtsunkundigen oder unverteidigten Angeklagten aus Gründen der gerichtlichen Fürsorge eine Belehrungspflicht gegeben sein;[90] auch der Grundsatz des fairen Verfahrens generiert eine entsprechende Hinweispflicht. Dem wird man schwerlich ernsthaft entgegen halten können, dass in einer mehr auf Konflikt gebürsteten Gesellschaft eine intuitive Kenntnis vom Widerspruch vorhanden sei.[91] Unabhängig vom empirischen Gehalt solcher stark verallgemeinernden Pauschalierungen ist nämlich stets der Einzelfall maßgebend sowie die Frage, inwiefern der Angeklagte aufgrund seiner Kenntnisse im konkreten Verfahren situativ überhaupt imstande ist, seine prozessualen Rechte wahrzunehmen. 20

5. Form der Beanstandung. Eine bestimmte **Form** ist für die Beanstandung nicht vorgeschrieben. Mithin reicht es aus, dass von einem (berechtigten) Verfahrensbeteiligten ausdrücklich oder konkludent[92] dahingehend interveniert wird, dass eine Maßnahme bzw. Anordnung des Vorsitzenden rechtlich beanstandet und eine Gerichtsentscheidung hierzu gewünscht wird. Die Anforderungen an die erforderliche Substantiierung der Beschwer hängen von den Umständen des Einzelfalls ab.[93] Freilich setzt eine ordnungsgemäße Beanstandung eine darzulegende Beschwer voraus, sodass bei deren Fehlen keine Beanstandung iSv. § 238 Abs. 2 gegeben ist mit der Folge, dass der Vorsitzende selbst den Einwand zurückweisen kann.[94] Gleiches gilt für die unzulässige Präventivbeanstandung.[95] 21

Des Weiteren ist die Beanstandung auch an keine **Frist** gebunden.[96] Sie kann deshalb unter Umständen erst im Plädoyer vorgebracht werden. 22

Die Beanstandung ist in der Sitzungsniederschrift als wesentliche Förmlichkeit nach § 273 Abs. 1 zu **protokollieren**;[97] Gleiches gilt – zumindest aus Gründen der Dokumentation und Transparenz – für die Anordnung des Vorsitzenden.[98] 23

6. Gerichtsbeschluss. Über die Beanstandung, welcher im Hinblick auf die beabsichtigte Maßnahme des Vorsitzenden bis zu einer Entscheidung hierüber Suspensiveffekt zukommt,[99] entscheidet nach Anhörung der Verfahrensbeteiligten das Gericht durch **förmlichen Beschluss**. Dieser ist gem. § 273 Abs. 1 in das Sitzungsprotokoll aufzunehmen.[100] Im Falle der Ablehnung des Antrags durch das Gericht als unzulässig oder als unbegründet, ist der Beschluss mit Gründen zu versehen,[101] es sei denn die Gründe sind evident oder ergeben sich bereits aus dem Tenor der Entscheidung.[102] Einer Begründung bedarf es hingegen nicht, wenn die Beanstandung des Verfahrensbeteiligten durchdringt.[103] 24

Wiewohl in § 238 Abs. 2 kein **Abhilfeverfahren** vorgesehen ist, ist der Vorsitzende befugt, auf die Beanstandung hin oder einen verfahrensrechtlich vorgelagerten Antrag auf Abhilfe[104] – unter 25

---

[86] BGH v. 8. 5. 1951 – 1 StR 113/51, BGHSt 1, 216 (218); BGH v. 29. 3. 1955 – 2 StR 406/54, BGHSt 7, 281 (282); Löwe/Rosenberg/*Gollwitzer* Rn. 29; *Pfeiffer* Rn. 4; HK-StPO/*Julius* Rn. 5; HK-GS/*Temming* Rn. 9.
[87] *Niethammer* JZ 1951, 653; *Meyer-Goßner* Rn. 14; KK-StPO/*Schneider* Rn. 16.
[88] KK-StPO/*Schneider* Rn. 16.
[89] *Meyer-Goßner* Rn. 15; KK-StPO/*Schneider* Rn. 20.
[90] SK-StPO/*Schlüchter* Rn. 8; Löwe/Rosenberg/*Gollwitzer* Rn. 30.
[91] KK-StPO/*Schneider* Rn. 20.
[92] OLG Hamburg v. 19. 12. 1952 – Ss 193/52, NJW 1953, 434; *Meyer-Goßner* Rn. 16; KK-StPO/*Schneider* Rn. 17.
[93] *Meyer-Goßner* Rn. 16; KK-StPO/*Schneider* Rn. 17.
[94] *Senge* NStZ 2002, 225 (232); KK-StPO/*Schneider* Rn. 17.
[95] Löwe/Rosenberg/*Gollwitzer* Rn. 30.
[96] KK-StPO/*Schneider* Rn. 17; HK-StPO/*Julius* Rn. 6.
[97] BGH v. 23. 9. 1952 – 1 StR 750/51, BGHSt 3, 199 (202); BGH v. 30. 1. 2002 – 2 StR 504/01, NStZ-RR 2003, 5; *Pfeiffer* Rn. 4; *Meyer-Goßner* Rn. 16; SK-StPO/*Schlüchter* Rn. 20; KK-StPO/*Schneider* Rn. 23.
[98] HK-GS/*Temming* Rn. 11; KK-StPO/*Schneider* Rn. 23; Löwe/Rosenberg/*Gollwitzer* Rn. 37.
[99] *Schmid*, FS Mayer, 1966, S. 543 (561 f.).
[100] BGH v. 23. 9. 1952 – 1 StR 750/51, BGHSt 3, 199 (202); SK-StPO/*Schlüchter* Rn. 20; KK-StPO/*Schneider* Rn. 23.
[101] *Joecks* Rn. 9; *Meyer-Goßner* Rn. 19; Löwe/Rosenberg/*Gollwitzer* Rn. 33; KK-StPO/*Schneider* Rn. 22; SK-StPO/*Schlüchter* Rn. 18.
[102] Löwe/Rosenberg/*Gollwitzer* Rn. 33.
[103] KK-StPO/*Schneider* Rn. 21; SK-StPO/*Schlüchter* Rn. 18; Löwe/Rosenberg/*Gollwitzer* Rn. 33; aA KMR/*Paulus* Rn. 50.
[104] *Salditt* StV 1993, 447 f.; HK-StPO/*Julius* Rn. 13.

Umständen nach Anhörung der Verfahrensbeteiligten – seine sodann als unzulässig erkannte Anordnung zu revidieren.[105] Die Zurücknahme oder Abänderung ist im Protokoll zu vermerken.[106] In diesem Fall braucht über den Antrag mangels Sachbescheidungsinteresse nicht mehr durch das Gericht entschieden zu werden.[107]

26 Bleibt der Vorsitzende bei seiner Anordnung, ist – wie dargelegt – eine gerichtliche Entscheidung über die Beanstandung erforderlich. Idealerweise ergeht der Gerichtsbeschluss als unmittelbare Reaktion **unverzüglich** auf den Antrag, da nur durch eine zeitnahe Entscheidung und deren Bekanntmachung die Verfahrensbeteiligten während der laufenden Hauptverhandlung in die Lage versetzt werden, ihr weiteres Prozessverhalten entsprechend zu koordinieren.[108] Spätester Zeitpunkt für die Bekanntmachung des Beschlusses ist daher der Beginn der Urteilsverkündung;[109] eine Ausnahme bilden nur die sog. Eventualbeanstandungen, deren Bescheidung in den Urteilsgründen erfolgen kann.[110] Erachtet das Gericht eine (ablehnende) Maßnahme des Vorsitzenden für unzulässig, ordnet es an seiner Stelle die Maßnahme an.[111]

27 Hinsichtlich der **Bindungswirkung** des Gerichtsbeschlusses ist zu differenzieren. Das Gericht selbst ist mangels Rechtskraft seiner Entscheidung jederzeit befugt, seinen Beschluss aus rechtlichen, tatsächlichen oder aus Gründen der Zweckmäßigkeit zu revidieren oder zu modifizieren;[112] wobei unter Berücksichtigung des Grundsatzes des fairen Verfahrens sofort ein entsprechender Hinweis an die Verfahrensbeteiligten zu erfolgen hat. Demgegenüber ist der Vorsitzende im Rahmen seiner Verhandlungsleitung grundsätzlich an den Gerichtsbeschluss gebunden,[113] wenngleich er zu jeder Zeit bei auftretenden Zweifeln in der Hauptverhandlung eine erneute Entscheidung des Kollegiums herbeiführen kann.[114] Ausnahmsweise entfällt die Bindungswirkung allerdings, wenn eine Änderung in der Sach- und Rechtslage eintritt,[115] was wieder die Hinweispflicht auslöst.

IV. Rechtsbehelfe

28 **1. Beschwerde. Anordnungen** des Vorsitzenden sind nicht mit der **Beschwerde** anfechtbar.[116] Das in § 238 Abs. 2 geregelte Verfahren des Zwischenrechtsbehelfs steht als innerinstanzliches Anfechtungsverfahren eigener Art[117] und damit als Sonderregelung[118] entgegen, sodass nach hM bereits gem. § 304 Abs. 1 letzter Hs. die Beschwerde ausgeschlossen ist.[119] Nach anderer Ansicht wäre die Beschwerde jedenfalls nach § 305 S. 1 unzulässig.[120]

29 Unzulässig ist nach § 305 S. 1 die Beschwerde gegen **Gerichtsbeschlüsse** gem. § 238 Abs. 2.[121] Eine Ausnahme besteht dann, wenn dritte Personen durch die Entscheidung betroffen sind (§ 305 S. 2),[122] oder wenn eine selbstständige – dh. nicht mit der Anfechtung des Urteils anfechtbare – Beschwer gegeben ist.[123]

30 **2. Revision.** Mit der **Revision** kann eine nach § 238 Abs. 2 unzulässige und damit rechts- oder ermessens- bzw. beurteilungsfehlerhafte Maßnahme[124] der Verhandlungs- bzw. Sachleitung – soweit diese sich nicht in einer nicht revisionsrechtlich relevanten bloßen Gestaltung des äußeren Verfahrensablauf ohne weitere, das Urteil beeinflussende Rechtsverletzung erschöpft[125] – (zu-

---

[105] SK-StPO/*Schlüchter* Rn. 17; HK-GS/*Temming* Rn. 5; KK-StPO/*Schneider* Rn. 21.
[106] KK-StPO/*Schneider* Rn. 21.
[107] HK-GS/*Temming* Rn. 5; SK-StPO/*Schlüchter* Rn. 21; KK-StPO/*Schneider* Rn. 21.
[108] Meyer-Goßner Rn. 19; KMR/*Paulus* Rn. 50 f.; Schmid, FS Mayer, 1966, S. 543 (561); KK-StPO/*Schneider* Rn. 23; SK-StPO/*Schlüchter* Rn. 17.
[109] Löwe/Rosenberg/*Gollwitzer* Rn. 34; Meyer-Goßner Rn. 19; SK-StPO/*Schlüchter* Rn. 17.
[110] SK-StPO/*Schlüchter* Rn. 17; Löwe/Rosenberg/*Gollwitzer* Rn. 30, 33.
[111] Anw-StPO/*Sommer* Rn. 20; HK-GS/*Temming* Rn. 11; Löwe/Rosenberg/*Gollwitzer* Rn. 33.
[112] SK-StPO/*Schlüchter* Rn. 19; Joecks Rn. 9; Meyer-Goßner Rn. 19; KMR/*Paulus* Rn. 53.
[113] RG v. 6. 11. 1899 – 3104/99, RGSt 32, 339 (341); Löwe/Rosenberg/*Gollwitzer* Rn. 35; HK-StPO/*Julius* Rn. 8; AnwK-StPO/*Sommer* Rn. 21; HK-GS/*Temming* Rn. 12.
[114] KK-StPO/*Schneider* Rn. 23.
[115] BayObLGSt 1971, 79; Schmid, FS Mayer, 1966, S. 543 (561); Löwe/Rosenberg/*Gollwitzer* Rn. 35; Meyer-Goßner Rn. 19; KMR/Paulus Rn. 53; KK-StPO/*Schneider* Rn. 23; aA SK-StPO/*Schlüchter* Rn. 19.
[116] Anw-StPO/*Kirchhof*, 1. Aufl., Rn. 9; Joecks Rn. 10.
[117] Erker, Das Beanstandungsrecht gemäß § 238 II StPO, S. 60.
[118] SK-StPO/*Schneider* Rn. 24.
[119] Gössel ZStW 103 (1991), S. 483 (498 f.); Erker, Das Beanstandungsrecht gemäß § 238 II StPO, S. 60; KK-StPO/*Schneider* Rn. 24; Meyer-Goßner Rn. 21; Pfeiffer Rn. 6; Joecks Rn. 10.
[120] SK-StPO/*Schlüchter* Rn. 21; Löwe/Rosenberg/*Gollwitzer* Rn. 38.
[121] OLG Düsseldorf v. 10. 1. 1996 – 5 Ss 462/95 – 1/96 I, StV 1996, 252; OLG Koblenz v. 24. 2. 1992 – I Ss 403/91, StV 1992, 263; OLG Hamburg v. 19. 10. 1976 – 1 Ws 503/76, MDR 1977, 248; OLG Zweibrücken v. 22. 12. 1975 – Ws 593/75, VRS 50 (1976), 437; Pfeiffer Rn. 6; Anw-StPO/*Kirchhof* Rn. 9.
[122] Meyer-Goßner Rn. 21; SK-StPO/*Schlüchter* Rn. 21.
[123] Löwe/Rosenberg/*Gollwitzer* Rn. 38; SK-StPO/*Schlüchter* Rn. 21; KK-StPO/*Schneider* Rn. 24.
[124] BGH v. 16. 11. 2006 – 3 StR 139/06, NStZ 2007, 230 (231).
[125] BGH v. 10. 4. 1962 – 1 StR 22/62, BGHSt 17, 201 (202 f.); BGH v. 13. 12. 1956 – 4 StR 489/56, NJW 1957, 271; Löwe/Rosenberg/*Gollwitzer* Rn. 39; SK-StPO/*Schlüchter* Rn. 23; HK-GS/*Temming* Rn. 12; KK-StPO/*Schneider* Rn. 26.

meist) nach § 338 Nr. 8 gerügt werden. Grundsätzliche Zulässigkeitsvoraussetzung im Sinne einer Beanstandungspflicht oder -last[126] ist indessen, dass ohne Erfolg die Anordnung des Vorsitzenden beanstandet und eine Entscheidung nach § 238 Abs. 2 herbeigeführt wurde.[127] Die unterbliebene Beanstandung führt zum **Rügeverlust**,[128] was sich unter dem Gesichtspunkt der Verwirkung[129] bzw. des Verzichts,[130] nach dem Grundsatz von Treu und Glauben[131] oder zutreffenderweise mit einem fehlendem Rechtsschutzbedürfnis[132] begründen lässt.[133] Die Rügepräklusion gilt aber nicht durchgängig. Vielmehr bestehen **Ausnahmen:**[134] dem unverteidigten Angeklagten oder dem nicht vertretenen Nebenkläger ist das Beanstandungsrecht nicht bekannt,[135] Beeinträchtigung des letzten Worts,[136] die angeordnete Maßnahme ist Grundlage der Urteilsfindung,[137] bei gesetzlich zwingend vorgeschriebenen und unverzichtbaren Maßnahmen des Vorsitzenden[138] oder der Vorsitzende setzt sich über Verfahrensvorschriften ohne Ermessensspielraum hinweg,[139] wie zB bei einem Verstoß gegen ein absolutes Vereidigungsverbot,[140] einem fehlerhaften Hinweis auf eine nicht fortbestehende Entbindung von der ärztlichen Schweigepflicht[141] und bei einem Verstoß gegen § 252.[142]

Der Zulässigkeit der Verfahrensrüge steht wiederum nicht entgegen, dass die Beanstandung nicht auf einem eigenen Antrag des Revisionsführers beruht, der allerdings insoweit beschwert sein muss. Ausreichend ist, dass von einem berechtigten Verfahrensbeteiligten die Anordnung des Vorsitzenden erfolglos beanstandet und hierdurch ein entsprechender, in der Sache ablehnender Gerichtsbeschluss initiiert wurde.[143]

In den Fällen des Rügeverlustes[144] wegen unterbliebener Beanstandung greift es hingegen zu weit, wenn der BGH in einer aktuellen Entscheidung die Rügepräklusion auf die Aufklärungsrüge nach § 244 Abs. 2 erstreckt.[145] In diesem Zusammenhang ist unberücksichtigt geblieben, dass die – nicht disponible – richterliche Pflicht zur Wahrheitserforschung vorgeht.[146]

Die Revision kann weiterhin auf § 337 gestützt werden, wenn – trotz Beanstandung – die gerichtliche Entscheidung gem. § 238 Abs. 2 unterlassen wurde, unterblieben ist, nicht rechtzeitig bekannt gemacht wurde oder unzulänglich begründet wurde.[147] Das Urteil beruht in diesen Fällen auf dem Verfahrensfehler, wenn die Maßnahme des Vorsitzenden unzulässig war.[148]

---

[126] *Bischoff* NStZ 2010, 77 (78, 81).
[127] RG v. 17. 11. 1936 – 1 D 793/36, RGSt 71, 21; BGH v. 25. 9. 1951 – 1 StR 390/51, BGHSt 1, 322 (325); BGH v. 9. 1. 1953 – 1 StR 623/52, BGHSt 3, 368 (369 f.); BGH v. 8. 10. 1953 – 5 StR 245/53, BGHSt 4, 364 (366); BGH 7. 3. 1996 – 4 StR 737/95, BGHSt 42, 73 (77); BGH v. 16. 11. 2006 – 3 StR 139/06, NStZ 2007, 230 (231); BGH v. 29. 5. 2008 – 4 StR 46/08, NStZ 2008, 582; BGH v. 27. 1. 2009 – 5 StR 574/08, StraFo 2009, 152; SK-StPO/*Schlüchter* Rn. 26 ff.; HK-GS/*Temming* Rn. 12; *Meyer-Goßner* Rn. 2; *Pfeiffer* Rn. 6; *Joecks* Rn. 11; HK-StPO/*Julius* Rn. 15; kritisch: Löwe/Rosenberg/*Gollwitzer* Rn. 45 ff.; *Fahl*, Rechtsmißbrauch im Strafprozeß, S. 159 ff.; *Schneider* JuS 2003, 176 (179); KK-StPO/*Schneider* Rn. 32.
[128] BGH v. 16. 11. 2006 – 3 StR 139/06, NStZ 2007, 230 (231); HK-GS/*Temming* Rn. 12; *Pfeiffer* Rn. 6; aA *Erker*, Das Beanstandungsrecht gemäß § 238 II StPO, S. 147 ff.; *Schneider* JuS 2003, 176 ff.; *Widmaier* NStZ 1992, 519 ff.
[129] BGH v. 16. 11. 2006 – 3 StR 139/06, NStZ 2007, 230 (231); *Meyer-Goßner* Rn. 22; kritisch: *Widmaier* NStZ 2007, 234; Löwe/Rosenberg/*Gollwitzer* Rn. 48; SK-StPO/*Schlüchter* Rn. 28.
[130] *Erker*, Das Beanstandungsrecht gemäß § 238 II StPO, S. 147 ff.
[131] *Schmid*, Die „Verwirkung" von Verfahrensrügen im Strafprozess, S. 332 ff.; ablehnend: *Bischoff* NStZ 2010, 77 (79).
[132] *Mosbacher* JR 2007, 382; *Widmaier* NStZ 2007, 234; KK-StPO/*Schneider* Rn. 33 f.; kritisch: *Bischoff* NStZ 2010, 77 (79).
[133] Zusammenfassend: HK-GS/*Temming* Rn. 12; KK-StPO/*Schneider* Rn. 29.
[134] Instruktiv: *Schneider* JuS 2003, 176 (177 f.).
[135] OLG Koblenz v. 24. 2. 1992 – 1 Ss 403/91, StV 1992, 263; OLG Köln v. 17. 7. 1997 – Ss 399/97, NStZ-RR 1997, 366; OLG Stuttgart v. 19. 11. 1987 – 3 Ss 633/87, NStZ 1988, 240; KK-StPO/*Schneider* Rn. 30, 35; *Pfeiffer* Rn. 6; *Meyer-Goßner* Rn. 22; SK-StPO/*Schlüchter* Rn. 32.
[136] BGH v. 9. 1. 1953 – 1 StR 623/52, BGHSt 3, 368 (369); HK-GS/*Temming* Rn. 12.
[137] BGH v. 29. 3. 1955 – 2 StR 406/54, BGHSt 7, 281 (282 f.); BGH v. 24. 11. 1964 – 1 StR 439/64, BGHSt 20, 98 (99); kritisch: KK-StPO/*Schneider* Rn. 31.
[138] BGH v. 31. 3. 1992 – 1 StR 7/92, BGHSt 38, 260 (261); kritisch: BGH v. 16. 11. 2006 – 3 StR 139/06, NStZ 2007, 230 (231); hierzu: *Widmaier* NStZ 2007, 234.
[139] BGH v. 7. 3. 1996 – 4 StR 737/95, BGHSt 42, 73 (77 f.); BGH v. 23. 9. 1999 – 4 StR 189/99, BGHSt 45, 203 (205).
[140] BGH v. 24. 11. 1964 – 1 StR 439/64, BGHSt 20, 98 (99).
[141] BGH v. 7. 3. 1996 – 4 StR 737/95, BGHSt 42, 73 (78).
[142] BGH v. 23. 9. 1999 – 4 StR 189/99, BGHSt 45, 203 (205).
[143] *Widmaier* NStZ 2007, 234; SK-StPO/*Schlüchter* Rn. 26.
[144] Hierzu: KH/*Julius* Rn. 17; *Pfeiffer* Rn. 6.
[145] BGH v. 16. 11. 2006 – 3 StR 139/06, NStZ 2007, 230 (231).
[146] *Widmaier* NStZ 2007, 234; *Mosbacher* JR 2007, 389; HK-StPO/*Julius* Rn. 16.
[147] SK-StPO/*Schlüchter* Rn. 33; *Meyer-Goßner* Rn. 23; *Pfeiffer* Rn. 6; KK-StPO/*Schneider* Rn. 27.
[148] BGH v. 23. 4. 1998 – 4 StR 57/98, BGHSt 44, 82 (91); *Meyer-Goßner* Rn. 23; weitergehend: KK-StPO/*Schneider* Rn. 27.

§ 239 [Kreuzverhör]

(1) ¹Die Vernehmung der von der Staatsanwaltschaft und dem Angeklagten benannten Zeugen und Sachverständigen ist der Staatsanwaltschaft und dem Verteidiger auf deren übereinstimmenden Antrag von dem Vorsitzenden zu überlassen. ²Bei den von der Staatsanwaltschaft benannten Zeugen und Sachverständigen hat diese, bei den von dem Angeklagten benannten der Verteidiger in erster Reihe das Recht zur Vernehmung.

(2) Der Vorsitzende hat auch nach dieser Vernehmung die ihm zur weiteren Aufklärung der Sache erforderlich scheinenden Fragen an die Zeugen und Sachverständigen zu richten.

I. Einführung

1   Indem ihnen die Vernehmung der von ihnen benannten Zeugen und Sachverständigen antragsgemäß zu überlassen ist, eröffnet in Abweichung zu § 238 Abs. 1 und der dort zentral kodifizierten Verhandlungsleitung durch den Vorsitzenden die Vorschrift des § 239 für Staatsanwaltschaft und Verteidigung im Rahmen der Beweisaufnahme die Möglichkeit des sog. Kreuzverhörs; einem aus dem anglo-amerikanischen Rechtskreis seit langem bekannten[1] und grundsätzlich einem Parteienprozess mit dem Beibringungsgrundsatz zuzuordnenden Instrumentarium der Wahrheitserforschung. Obwohl mit dem sog. Kreuzverhör – der schlagwortartige Begriff verkürzt freilich den Gehalt der Norm – bewusst das Potential geschaffen wurde, ein prozedurales Gegengewicht[2] zu einer gerichtslastigen, durchweg auf Aktenlektüre beruhenden und deshalb aus der Perspektive des Angeklagten zuweilen voreingenommen oder konfrontativ[3] anmutenden Prozessführung zu bilden, konnte die Norm des § 239 bislang keine greifbare verfahrenspraktische Bedeutung erlangen, sodass ihr als „gesetzliche Totgeburt" ein Schattendasein attestiert wird.[4] Abgesehen davon erscheint sie als ein exotischer Fremdkörper in einem nach wie vor durch das Inquisitionsprinzip charakterisierten Verfahren.[5] Indessen griffe es zu kurz, neben verfahrensstrukturellen Gesichtspunkten das Kreuzverhör deshalb für forensisch wirkungslos zu erachten, weil Staatsanwaltschaft und Verteidigung weder interessiert noch vorbereitet seien.[6] Denn die Staatsanwaltschaft und mehr noch die Verteidigung sind im herrschenden Prozessmodell gezwungenermaßen darauf fixiert, den Vorsitzenden im Rahmen der Vernehmung von Zeugen und Sachverständigen insbesondere bei der Ausübung des gerichtlichen Fragerechts zu kontrollieren und das eigene Fragerecht durchzusetzen bzw. abzuschirmen.[7] Deshalb hat die fehlende prozesspraktische Relevanz des Kreuzverhörs ihren Grund ausschließlich in der Singularität der Vorschrift und ihrer solitären Existenz. Zu seiner Aufwertung kann es daher nur kommen, wenn das gegenwärtige Verfahrensmodell, dessen historisch gewachsene Prozessstruktur einer kritischen Überprüfung und unter Umständen einer tief greifenden Revision bedarf,[8] nachhaltige Modifikationen im Sinne einer Beseitigung des bestehenden, verfahrensstrukturell bedingten Aktivitätsgefälles[9] zwischen dem sowohl ermittelnden als auch urteilenden Gericht einerseits und den übrigen Verfahrensbeteiligten – vor Allem der Verteidigung und der Staatsanwaltschaft – andererseits erfährt.[10]

2   Vom formellen – weil in § 239 geregelten – ist das informelle Kreuzverhör zu unterscheiden. Diese Form des Kreuzverhörs ist verfahrensrechtlich zulässig[11] und scheint ungleich häufiger praktiziert zu werden, wenngleich es aus den erwähnten Gründen ebenfalls als „forensische Rarität" qualifiziert wird.[12] Beim informellen Kreuzverhör überlässt der Vorsitzende nach dem Entgegennahme des Berichts des Zeugen (§ 69 Abs. 1 S. 1) bzw. des Sachverständigen (§§ 72, 69 Abs. 1 S. 1) zunächst der Staatsanwaltschaft und der Verteidigung die Ausübung ihres Fragerechts, um erforderlichenfalls die gerichtlichen Fragen anzuschließen.

II. Das sog. Kreuzverhör

3   Nach Abs. 1 S. 1 ist die Vernehmung der von der Staatsanwaltschaft und dem Angeklagten benannten Zeugen und Sachverständigen der Staatsanwaltschaft und der Verteidigung auf deren

---

[1] SK-StPO/*Schlüchter* Rn. 2.
[2] Vgl. *Salditt* StraFo 1990, 55 ff.; HK-StPO/*Julius* Rn. 1; HK-GS/*Seebode* Rn. 2; ähnlich: Anw-StPO/*Sommer* Rn. 1.
[3] HK-GS/*Seebode* Rn. 2.
[4] *Weigend* ZStW 100 (1988), S. 733 (734); *Schwenn* StraFo 2008, 225; kritisch: Anw-StPO/*Sommer* Rn. 1.
[5] *Roxin*, Strafverfahrensrecht, § 42 D III 2; Löwe/Rosenberg/*Gollwitzer* Rn. 1; Meyer-Goßner Rn. 1.
[6] Meyer-Goßner Rn. 1; Löwe/Rosenberg/*Gollwitzer* Rn. 1.
[7] *Schwenn* StraFo 2008, 225; *Malek*, Verteidigung in der Hauptverhandlung, Rn. 344.
[8] *Haas*, Strafbegriff, Staatsverständnis und Prozessstruktur, S. 3 ff., 235 ff., 305 ff., 421 ff.
[9] HK-StPO/*Julius* Rn. 1.
[10] Zur Aufgabe des Untersuchungsgrundsatzes zugunsten der Verhandlungsmaxime: *Haas*, Strafbegriff, Staatsverständnis und Prozessstruktur, S. 421 ff., 424.
[11] *Dencker*, FS Kleinknecht, 1985, S. 79 ff. (82 f.); Meyer-Goßner Rn. 2; Löwe/Rosenberg/*Gollwitzer* Rn. 1; SK-StPO/*Schlüchter* Rn. 3.
[12] KK-StPO/*Schneider* Rn. 2.

Sechster Abschnitt. Hauptverhandlung 4–8 § 239

übereinstimmenden Antrag hin zu überlassen; wobei in Abs. 1 S. 2 der verfahrenstechnische Ablauf im Sinne einer Regieanweisung festgelegt ist.

1. Personeller Anwendungsbereich. Nur die von der Staatsanwaltschaft oder dem Angeklagten 4 benannten Zeugen oder Sachverständigen können ins Kreuzverhör genommen werden. Benannt sind die Beweispersonen zunächst, wenn ein entsprechender Beweisantrag gestellt wurde, ferner aber auch, wenn eine bloße Anregung vorliegt, oder sie von Staatsanwaltschaft bzw. Verteidigung selbst geladen oder in der Hauptverhandlung gestellt werden.[13] Ausgehend von diesem weiten Verständnis der Benennung ist demzufolge das Kreuzverhör nur bei solchen Zeugen und Sachverständigen ausgeschlossen, die alleine vom Gericht geladen oder von anderen Prozessbeteiligten benannt werden.[14] Bei der zeugenschaftlichen Vernehmung von Jugendlichen unter 16 Jahren steht § 241a dem Kreuzverhör entgegen.

2. Antrag. Die Vernehmung der Beweispersonen muss vom Vorsitzenden der Staatsanwaltschaft 5 und dem Verteidiger überlassen werden, wenn ein **übereinstimmender Antrag** von beiden vorliegt. Der (rechtzeitig gestellte) Antrag entfaltet Bindungswirkung[15] und suspendiert insoweit die Befugnis des Vorsitzenden zur Verhandlungsleitung bei der anstehenden Beweisaufnahme. Der Antrag, welcher vor der Vernehmung zu stellen ist,[16] kann sich auf alle oder einzelne Beweispersonen beziehen. Wird ein Angeklagter durch mehrere Verteidiger vertreten, findet ein Kreuzverhör nur bei Übereinstimmung aller statt.[17] Sind mehrere Angeklagte mit ihren Verteidigern verfahrensbeteiligt, müssen gleichfalls alle Verteidiger im Antrag übereinstimmen,[18] wenn die Vernehmung der Beweisperson sämtliche Angeklagte betrifft; eine Ausnahme besteht wiederum dann, wenn der Gegenstand der Vernehmung nur für einzelne Angeklagte sachlich relevant ist.[19]

Da in § 239 eine feine Differenzierung zwischen Angeklagtem und Verteidiger eingewoben ist, 6 muss zwischen der Benennung von Zeugen und Sachverständigen einerseits und der antragsgemäßen Überlassung sowie der Durchführung der Vernehmung der Beweispersonen andererseits unterschieden werden. Letzteres steht originär alleine dem Verteidiger zu mit der Konsequenz, dass ein Widerspruch des Angeklagten weder den Antrag[20] noch die Durchführung der Vernehmung tangieren kann. Umgekehrt setzt das Kreuzverhör die **Mitwirkung eines Verteidigers** voraus,[21] sodass es ohne Verteidiger grundsätzlich unzulässig ist.[22] Eine Ausnahme besteht allenfalls dann, wenn bei mehreren Angeklagten ein unverteidigter von dem Vernehmungsgegenstand nicht betroffen ist.[23] Auch dürfen die hierbei gewonnenen Beweisergebnisse nicht gegen den (Mit-)Angeklagten ohne Verteidiger verwertet werden.[24]

Die übereinstimmenden Anträge von Staatsanwaltschaft und Verteidiger auf Überlassung der 7 Vernehmung sind nach § 273 Abs. 1 als wesentliche Förmlichkeit ins **Sitzungsprotokoll** aufzunehmen.[25] Gleiches gilt für die stattgebende oder ablehnende Entscheidung des Vorsitzenden über den Antrag sowie die Tatsache der Vernehmung durch Staatsanwaltschaft und Verteidiger[26] einschließlich der Reihenfolge der Befragung.

3. Durchführung des Kreuzverhörs. Die **Durchführung der an Staatsanwaltschaft und Verteidi-** 8 **gung überlassenen Vernehmung** der Beweispersonen ist in Abs. 1 S. 2 nur rudimentär geregelt. Im Sinne einer Regieanweisung ist lediglich die Reihenfolge der Vernehmung festgelegt. Danach beginnt derjenige die Vernehmung, der die Zeugen oder Sachverständigen benannt hat. Der Prozessgegner kann sodann die Vernehmung fortsetzen. Allerdings ist die Reihenfolge disponibel, sodass sich Staatsanwaltschaft und Verteidigung auf ein anderes Vorgehen verständigen können,[27] ohne dass Interventionsmöglichkeiten des Vorsitzenden oder des Gerichts bestünden. Des Weite-

---

[13] Meyer-Goßner Rn. 4; SK-StPO/*Schlüchter* Rn. 5; Löwe/Rosenberg/*Gollwitzer* Rn. 2; HK-GS/*Seebode* Rn. 4; kritisch: *Weigend* ZStW 100 (1988), S. 733 (734).
[14] HK-GS/*Seebode* Rn. 4; Meyer-Goßner Rn. 4; SK-StPO/*Schlüchter* Rn. 5; Löwe/Rosenberg/*Gollwitzer* Rn. 3 f.; KK-StPO/*Schneider* Rn. 4; Anw-StPO/*Sommer* Rn. 3.
[15] Anw-StPO/*Sommer* Rn. 3; HK-StPO/*Julius* Rn. 3; Löwe/Rosenberg/*Gollwitzer* Rn. 7; SK-StPO/*Schlüchter* Rn. 8.
[16] Löwe/Rosenberg/*Gollwitzer* Rn. 8; Meyer-Goßner Rn. 5; SK-StPO/*Schlüchter* Rn. 7; *Pfeiffer* Rn. 2; KK-StPO/*Schneider* Rn. 4; HK-GS/*Temming* Rn. 5.
[17] Meyer-Goßner Rn. 5; Löwe/Rosenberg/*Gollwitzer* Rn. 7; KK-StPO/*Schneider* Rn. 4; aA HK-StPO/*Julius* Rn. 4; KMR/*Paulus* Rn. 10.
[18] Löwe/Rosenberg/*Gollwitzer* Rn. 7; Meyer-Goßner Rn. 5.
[19] SK-StPO/*Schlüchter* Rn. 6; Löwe/Rosenberg/*Gollwitzer* Rn. 7.
[20] KMR/*Paulus* Rn. 10; SK-StPO/*Schlüchter* Rn. 6; Löwe/Rosenberg/*Gollwitzer* Rn. 7; Meyer-Goßner Rn. 5; HK-StPO/*Julius* Rn. 2.
[21] HK-GS/*Temming* Rn. 3; Löwe/Rosenberg/*Gollwitzer* Rn. 6.
[22] Meyer-Goßner Rn. 5; *Pfeiffer* Rn. 3.
[23] Löwe/Rosenberg/*Gollwitzer* Rn. 6.
[24] KMR/*Paulus* Rn. 13; Löwe/Rosenberg/*Gollwitzer* Rn. 6.
[25] Löwe/Rosenberg/*Gollwitzer* Rn. 11.
[26] SK-StPO/*Schlüchter* Rn. 10.
[27] HK-StPO/*Julius* Rn. 3.

ren ist ein primäres oder vorrangiges Recht der Staatsanwaltschaft zur Vernehmung nicht kodifiziert,[28] sondern lediglich eine Kollisionsregel dergestalt, dass bei von beiden Seiten oder wechselseitig benannten Beweispersonen jeweils die Staatsanwaltschaft zu beginnen hat, sofern diesbezüglich keine Verständigung zwischen Staatsanwaltschaft und Verteidigung erfolgt.

9 **Inhaltliche Vorgaben** für die Vernehmung lassen sich Abs. 1 S. 2 nicht entnehmen. Ist aber nach Abs. 1 S. 1 die Vernehmung der Beweispersonen an Staatsanwaltschaft und Verteidigung überlassen, haben diese die entsprechenden gesetzlichen Vorgaben zu berücksichtigen;[29] dies gilt insbesondere für die Vorschriften der §§ 68, 69. Während vom Vorsitzenden neben der Feststellung der Anwesenheit somit nur noch die spezifische Belehrung vorzunehmen ist, hat derjenige, der mit der Vernehmung beginnt, die Beweisperson zur Person[30] und zur Sache zu vernehmen. Dies schließt den Vortrag des Sachverständigen bzw. den zusammenhängenden Bericht des Zeugen nach § 69 Abs. 1 S. 1 ein;[31] was im Übrigen ein Recht des Zeugen darstellt.[32] Der Prozessgegner setzt die Vernehmung dann mit seinen Fragen fort.

10 Im Rahmen der überlassenen Vernehmung der Beweispersonen ist der Vorsitzende in seiner Befugnis zur Verhandlungsleitung beschränkt. Grundsätzlich ausgeschlossen ist ein Abbruch des Kreuzverhörs oder Einmischungen darin.[33] Eine Grenze bildet nach § 241 Abs. 1 der Missbrauch der Befugnis zur Vernehmung, was zu einem Entzug der Befugnis gegenüber dem Verfahrensbeteiligten führt. Weiterhin ist der Vorsitzende nach § 241 Abs. 2 befugt, ungeeignete oder nicht zur Sache gehörende einzelne Fragen zurückzuweisen.

11 Den übrigen Verfahrensbeteiligten steht kein Fragerecht nach § 239 zu; nur nach § 240 Abs. 2.[34] Allerdings haben sie die Beanstandungsrechte nach §§ 241, 242[35] iVm. § 238 Abs. 2,[36] was insbesondere für den Zeugen oder Sachverständigen gilt, der eine an ihn gerichtete Frage für unzulässig erachtet.[37]

12 **4. Kreuzverhör und kommissarische Vernehmung.** Ob § 239 bei einer **kommissarischen Vernehmung** Anwendung finden kann, ist umstritten. Nach wohl hA ist das Kreuzverhör auch dort zulässig, da sich um einen vorweggenommenen Teil der Hauptverhandlung handelt.[38] Zu Recht wird aber von der Gegenauffassung hervorgehoben, dass es sich bei § 239 um eine eng auszulegende Bestimmung handele[39] und dass jedenfalls über das zu errichtende und zu verlesende Protokoll – anders unter Umständen bei einer Aufzeichnung der Vernehmung nach § 58a – dem Gericht nicht die beim Kreuzverhör stattfindende aufschlussreiche Interaktion zwischen den Verfahrensbeteiligten vermittelt werden kann.[40]

III. Das Fragerecht des Vorsitzenden

13 Nach Abs. 2 hat der Vorsitzende im Anschluss an die an die Staatsanwaltschaft und die Verteidigung überlassene Vernehmung von Beweispersonen die ihm zur weiteren Sachaufklärung erforderlich erscheinenden Fragen an die Zeugen und Sachverständigen zu richten. Mit diesem Fragerecht gelangt die Verhandlungsführung wieder vollständig in seine Hände. Die übrigen Verfahrensbeteiligten können nunmehr ebenfalls ihre Fragen anbringen.

IV. Die Rechtsbehelfe

14 Nach § 305 S. 1 ist die **Beschwerde** gegen die unzulässige Anordnung oder Ablehnung des Kreuzverhörs nicht statthaft.[41] Allerdings können Staatsanwaltschaft und Verteidigung diese Entscheidungen des Vorsitzenden **beanstanden** und nach § 238 Abs. 2 das Gericht anrufen. Gleiches gilt für Eingriffe in das Kreuzverhör.[42] Die Entscheidung des Gerichts kann sodann später mit der **Revision** nach § 338 Nr. 8 gerügt werden.[43] Möglich ist ferner eine Rüge der Verletzung von

---

[28] HK-GS/*Seebode* Rn. 6.
[29] Anw-StPO/*Sommer* Rn. 3.
[30] AA: HK-GS/*Seebode* Rn. 6.
[31] Löwe-Rosenberg/*Gollwitzer* Rn. 9; KK-StPO/*Schneider* Rn. 7; aA HK-GS/*Seebode* Rn. 9; KMR/*Paulus* Rn. 13; zweifelnd: SK-StPO/*Schlüchter* Rn. 8.
[32] BVerfG v. 8. 10. 1974 – 2 BvR 747/73, BVerfGE 38, 117.
[33] Löwe/Rosenberg/*Gollwitzer* Rn. 9.
[34] Meyer-Goßner Rn. 6; SK-StPO/*Schlüchter* Rn. 8; Löwe/Rosenberg/*Gollwitzer* Rn. 10.
[35] HK-GS/*Seebode* Rn. 7.
[36] SK-StPO/*Schlüchter* Rn. 11; HK-StPO/*Julius* Rn. 5; Meyer-Goßner Rn. 6.
[37] Löwe/Rosenberg/*Gollwitzer* Rn. 12; SK-StPO/*Schlüchter* Rn. 11; KK-StPO/*Schneider* Rn. 8; Meyer-Goßner Rn. 6.
[38] KK-StPO/*Schneider* Rn. 6; Meyer-Goßner Rn. 4.
[39] SK-StPO/*Schlüchter* Rn. 9.
[40] Löwe/Rosenberg/*Gollwitzer* Rn. 5.
[41] HK-GS/*Seebode* Rn. 11.
[42] HK-StPO/*Julius* Rn. 5; Pfeiffer Rn. 3.
[43] Löwe/Rosenberg/*Gollwitzer* Rn. 13; HK-GS/*Seebode* Rn. 11; HK-StPO/*Julius* Rn. 6.

§ 261 im Rahmen der Revision, sofern durch das Kreuzverhör gewonnene Beweisergebnisse gegen unverteidigte und daher am Kreuzverhör nicht partizipierende Angeklagte verwertet werden.[44]

§ 240 [Fragerecht]

(1) Der Vorsitzende hat den beisitzenden Richtern auf Verlangen zu gestatten, Fragen an den Angeklagten, die Zeugen und die Sachverständigen zu stellen.

(2) [1]Dasselbe hat der Vorsitzende der Staatsanwaltschaft, dem Angeklagten und dem Verteidiger sowie den Schöffen zu gestatten. [2]Die unmittelbare Befragung eines Angeklagten durch einen Mitangeklagten ist unzulässig.

I. Einführung

Die in sachlichem Zusammenhang mit § 238 Abs. 1, aber auch mit § 239 zu sehende sowie durch §§ 241 Abs. 2, 241a flankierte Vorschrift dient der **Sachaufklärung**[1] bzw. ihrer Optimierung[2] und ist damit wichtiges Instrument zur Erforschung der materiellen Wahrheit als einem Ziel des Strafprozesses.[3] Denn im Anschluss an die sog. Basisvernehmung[4] durch den Vorsitzenden (§ 238 Abs. 1) erhalten die (frage-)berechtigten Verfahrensbeteiligten die Gelegenheit, Fragen an den Angeklagten, die Zeugen und die Sachverständigen – sowie unter Umständen an andere Verfahrensbeteiligte – zu stellen. Mit der Wahrnehmung und Ausfüllung des Fragerechts ist idealtypisch eine **Komplettierung des entscheidungsrelevanten Prozessstoffes** intendiert, indem die persönlichen Beweismittel ausgeschöpft werden und der Verfahrensgegenstand aus verschiedenen Perspektiven und somit vollständig erörtert wird.[5] Nach anderer, eher kontradiktorischen Lesart bildet das Fragerecht der Prozessbeteiligten im Interesse einer vollständigen Sachaufklärung ein Gegengewicht zu einer durch Aktenkenntnis und vorläufige Verdachtsbewertung möglicherweise thematisch verengten Befragung durch den Vorsitzenden.[6] Abgesehen davon geht es auch um die Möglichkeit der Hinterfragung der Qualität der personalen Beweismittel.[7]

Mit dem Fragerecht der Verfahrensbeteiligten erhält der Strafprozess im Rahmen der Beweisaufnahme als einem für die richterliche Entscheidungsbildung zentralem Teil der Hauptverhandlung eine (weitere) **rechtsstaatliche Einkleidung**.[8] Denn über das Fragerecht und die hiermit verbundene aktive Partizipation an der Wahrheitsfindung realisieren und manifestieren sich die Grundsätze des fairen Verfahrens sowie der Waffengleichheit.[9]

Besondere Bedeutung hat das Fragerecht für den Angeklagten, da es zu den unabdingbaren Instrumentarien einer effektiven Verteidigung[10] zu zählen ist.[11] Konturierend wirken insofern die Vorgaben nach Art. 6 Abs. 3 d EMRK,[12] aber auch die Fundierung des Fragerechts als Bestandteil des Anspruches auf rechtliches Gehör und von Art. 19 Abs. 4 GG.[13]

II. Zum Anwendungs- und Geltungsbereich

Anwendbar ist § 240 auch bei **kommissarischen Vernehmungen** von Zeugen und Sachverständigen.[14] Die anwesenden – auch ansonsten frageberechtigten – Verfahrensbeteiligten haben demnach ein Fragerecht. Ist dem (inhaftierten) Angeklagten und seinem Verteidiger eine Teilnahme an der kommissarischen Vernehmung nicht möglich, können sie verlangen, dass der mit der Vernehmung befasste Richter die von ihnen schriftlich eingereichten Fragen an die Beweisperson

---

[44] HK-StPO/*Julius* Rn. 6.
[1] *Joecks* Rn. 1; *Pfeiffer* Rn. 1.
[2] KK-StPO/*Scheider* Rn. 1; vgl. auch: HK-StPO/Julius Rn. 1.
[3] SK-StPO/*Schlüchter* Rn. 1.
[4] Vgl. hierzu: SK-StPO/*Schlüchter* Rn. 1, 3.
[5] Löwe/Rosenberg/*Gollwitzer* Rn. 1; *Meyer-Goßner* Rn. 1; *Joecks* Rn. 1; SK-StPO/*Schlüchter* Rn. 1.
[6] HK-StPO/*Julius* Rn. 1; vgl. auch: Anw-StPO/*Sommer* Rn. 8.
[7] Anw-StPO/*Sommer* Rn. 1.
[8] Löwe/Rosenberg/*Gollwitzer* Rn. 1; Anw-StPO/*Sommer* Rn. 2.
[9] SK-StPO/*Schlüchter* Rn. 1; Löwe/Rosenberg/*Gollwitzer* Rn. 1; *Pfeiffer* Rn. 3.
[10] BGH v. 30. 1. 1996 – 1 StR 624/95, StV 1996, 471; BGH v. 25. 7. 2000 – 1 StR 169/00, BGHSt 46, 93.
[11] Kritisch zu § 240 Abs. 2: *Salditt* StV 1988, 452.
[12] Instruktiv: HK-StPO/*Julius* Vor §§ 240 ff. Rn. 1 f.; *Schwenn* StraFo 2008, 225 ff.; vgl. auch: *Gollwitzer*, GS Meyer, 1990, S. 140 ff.; *Pfeiffer* Rn. 3; Anw-StPO/*Sommer* Rn. 2.
[13] *Walther* GA 2003, S. 221 ff.; *Degener* StV 2002, 618 (621).
[14] BGH v. 1. 11. 1955 – 5 StR 186/55, BGHSt 9, 24 (27); *Meyer-Goßner* Rn. 2; *Pfeiffer* Rn. 1; KK-StPO/*Schneider* Rn. 2.

stellt;[15] gleiches gilt für die übrigen grundsätzlich anwesenheits- und frageberechtigten Verfahrensbeteiligten.[16]

5 Nicht in den Geltungsbereich von § 240 fällt die Befragung von Zeugen unter 16 Jahren, da insofern die Sondervorschrift des **§ 241a** eingreift.[17] Grundsätzlich wird hier die Vernehmung einschließlich der Befragung durch den Vorsitzenden alleine durchgeführt. Nur ausnahmsweise kann eine unmittelbare Befragung durch andere Verfahrensbeteiligte zugelassen werden.[18]

III. Die frageberechtigten Prozessbeteiligten

6 Der Kreis der frageberechtigten Verfahrensbeteiligten ergibt sich zunächst aus Abs. 1 und Abs. 2 S. 1. Danach hat der Vorsitzende auf deren Verlangen den beisitzenden Richtern, der Staatsanwaltschaft, dem Angeklagten, dem Verteidiger sowie den Schöffen zu gestatten, Fragen zu stellen. Adressaten der Fragen sind der Angeklagte, die Zeugen und die Sachverständigen; wobei einschränkend nach Abs. 2 S. 2 eine unmittelbare Befragung eines Angeklagten durch einen Mitangeklagten – verfassungsrechtlich unbedenklich[19] – unzulässig ist. Auch aus § 241a ergeben sich Schranken.[20]

7 Die Aufzählung der frageberechtigten Prozessbeteiligten ist allerdings nicht abschließend.[21] Hierzu zählen daher auch folgende Personen: die nach § 192 Abs. 2, 3 zugezogenen Ergänzungsrichter und -schöffen,[22] der Privatkläger nach § 385 Abs. 1 S. 1, die Nebenkläger nach § 397 Abs. 1 S. 3 inklusive ihrer Rechtsbeistände und Vertreter, der Beistand des nebenklageberechtigten Verletzten nach § 406g,[23] der Beistand nach § 149,[24] die Verfalls- und Einziehungsberechtigten nach §§ 433 Abs. 1, 442 Abs. 1, 2 S. 1, die Vertreter von juristischen Personen oder Personenvereinigungen nach § 444 Abs. 2 und ihre Prozessbevollmächtigten nach § 434, der Vertreter der Finanzbehörde im Steuerstrafverfahren nach § 407 Abs. 1 S. 5 AO, die Sachverständigen nach § 80 Abs. 2 im Rahmen seines Gutachtenauftrages;[25] nach §§ 67 Abs. 1, 69 Abs. 3 S. 2, § 149 Abs. 2: der Erziehungsberechtigte, der gesetzliche Vertreter und der Beistand des Jugendlichen sowie der Beistand eines heranwachsenden Angeklagten.[26]

8 Nicht zu den frageberechtigten Beteiligten zählen hingegen: Vertreter von Verwaltungsbehörden,[27] die Zeugen,[28] der anwaltliche Zeugenbeistand,[29] der Beistand eines Verletzten nach §§ 406f Abs. 2, 406g Abs. 2,[30] der Vertreter der Jugendgerichtshilfe.[31] Allerdings ist es anerkannt, dass der Vorsitzende im Rahmen der ihm obliegenden Prozessleitung nach pflichtgemäßem Ermessen unter Berücksichtigung der Wahrheitsermittlung grundsätzlich befugt ist, ansonsten nicht frageberechtigten Personen zu gestatten, Fragen an den Angeklagten, die Zeugen oder Sachverständigen zu stellen.[32] Dies schließt – in Ausnahmefällen – auch die Befragung bzw. den Vorhalt eines Zeugen an einen anderen Zeugen ein.[33]

IV. Die Ausgestaltung des Fragerechts

9 **1. Frageverlangen.** Auf ihr Verlangen hin hat der Vorsitzende den frageberechtigten Prozessbeteiligten zu gestatten, ihre Fragen an die entsprechenden Adressaten zu stellen. **Verlangen** bedeutet hierbei, dass für den Vorsitzenden der Wunsch eines (berechtigten) Verfahrensbeteiligten erkennbar werden muss, Fragen an den Angeklagten bzw. die Beweispersonen stellen zu wollen;[34]

---

[15] BGH v. 16. 7. 1983 – 2 StR 826/82, NStZ 1983, 421; BGH v. 5. 2. 1993 – 2 StR 525/92, NStZ 1993, 292; *Gollwitzer*, GS Meyer, 1990, S. 163; KK-StPO/*Schneider* Rn. 2; Löwe/Rosenberg/*Gollwitzer* Rn. 3.
[16] SK-StPO/*Schlüchter* Rn. 5; in diese Richtung auch: Löwe/Rosenberg/*Gollwitzer* Rn. 3.
[17] *Pfeiffer* Rn. 1; *Meyer-Goßner* Rn. 2; KK-StPO/*Schneider* Rn. 2.
[18] Löwe/Rosenberg/*Gollwitzer* Rn. 2.
[19] BVerfG v. 21. 8. 1996 – 2 BvR 715/96, NJW 1996, 3408.
[20] Vgl. zum Geltungsbereich von § 240: oben Rn. 4 f.
[21] BGH v. 12. 11. 1968 – 1 StR 358/68, NJW 1969, 437 (438); Anw-StPO/*Sommer* Rn. 3.
[22] RG v. 6. 7. 1933 – II 308/33, RGSt 67, 276 (277).
[23] BGH v. 11. 11. 2004 – 1 StR 424/04, NStZ 2005, 222; hierzu: *Ventzke* NStZ 2005, 396.
[24] BGH v. 27. 6. 2001 – 3 StR 29/01, BGHSt 47, 62 (64); aA BayObLG v. 15. 12. 1997 – 2St RR 244/97, NJW 1998, 1655.
[25] SK-StPO/*Schlüchter* Rn. 14; KMR/*Paulus* Rn. 6.
[26] HK-StPO/*Julius* Rn. 20; SK-StPO/*Schlüchter* Rn. 13; aA Löwe/Rosenberg/*Gollwitzer* Rn. 9.
[27] SK-StPO/*Schlüchter* Rn. 14; anders im OWiG: OLG Celle v. 13. 12. 1969 – 1 Ss 225/68, MDR 1969, 780; *Göhler*, OWiG, § 76 Rn. 7; HK-StPO/*Julius* Rn. 21.
[28] KMR/*Paulus* Rn. 7; SK-StPO/*Schlüchter* Rn. 15.
[29] SK-StPO/*Schlüchter* Rn. 15; Löwe/Rosenberg/*Gollwitzer* Rn. 9.
[30] *Meyer-Goßner* Rn. 3; Löwe/Rosenberg/*Gollwitzer* Rn. 9; SK-StPO/*Schlüchter* Rn. 15.
[31] *Eisenberg* StV 1998, 311.
[32] KK-StPO/*Schneider* Rn. 4; SK-StPO/*Schlüchter* Rn. 15; Löwe/Rosenberg/*Gollwitzer* Rn. 10.
[33] RG v. 2. 4. 1903 – D 1263/03, GA 50 (1903), S. 274; KMR/*Paulus* Rn. 12; *Meyer-Goßner* Rn. 3; Löwe/Rosenberg/*Gollwitzer* Rn. 10; SK-StPO/*Schlüchter* Rn. 15.
[34] In diese Richtung: SK-StPO/*Schlüchter* Rn. 8.

Sechster Abschnitt. Hauptverhandlung 10–12 § 240

eines konkret formulierten Antrages bedarf es daher nicht. Wird ein solches Befragungsinteresse manifest, muss der Vorsitzende im Rahmen seiner Sachleitung die Befragung durch formale Erteilung des Worts gestatten;[35] insofern ergibt sich von Gesetzes wegen – „... hat ... zu gestatten ..." eine strikte Ermessensbindung hinsichtlich des „ob". Es ist dem Vorsitzenden hierbei insbesondere verwehrt, vorab über Fragen und deren Inhalt unterrichtet werden zu wollen,[36] oder Fragen nur indirekt über sich zuzulassen.[37] In der Verfahrenspraxis hat es sich eingeschliffen, dass nach seiner sog. Basisvernehmung vom Vorsitzenden aktiv – dh. ohne dezidert geäußertes Verlangen der Prozessbeteiligten – erfragt wird, ob und inwiefern Fragen bestehen und zwar in Anlehnung an eine durch § 240 Abs. 1, 2 (vermeintlich) vorskizzierte, jedoch unverbindliche[38] Reihenfolge derart, dass zunächst die Mitglieder des Gerichts, dann die Staatsanwaltschaft und die Nebenklage, anschließend die Verteidigung[39] und der Angeklagte und sodann schließlich die übrigen frageberechtigten Beteiligten das Wort gewissermaßen automatisch erhalten.[40]

Das Fragerecht garantiert den frageberechtigten Prozessbeteiligten die **unmittelbare Befragung** 10 des Angeklagten oder der Beweispersonen;[41] dh. eine ungestörte interpersonale Befragung ohne Vermittlung des Vorsitzenden, der mithin unter Verlust seines Fragerechts durch die formale Erteilung des Worts[42] die Befugnis zur direkten Befragung an den berechtigten Verfahrensbeteiligten zur Ausübung überlässt.[43] Dies schließt es umgekehrt nicht aus, dass der Vorsitzende ersucht wird, für einen frageberechtigten Verfahrensbeteiligten Fragen an Beweispersonen zu stellen.[44] Allerdings ist der Vorsitzende hierzu nicht verpflichtet,[45] sondern kann auf das eigene Recht zur Befragung verweisen.

Die Wahrnehmung des Fragerechts durch die Prozessbeteiligten impliziert, dass von ihnen an den 11 Angeklagten und die Beweispersonen einzelne, genau umrissene[46] und im Übrigen verständliche **Fragen** gestellt werden.[47] Auch (kurze) Vorhalte[48] und kurze, zum Thema der Frage hinführende Ausführungen[49] sind zulässig; auch Fragen oder Vorhalte betreffend insbesondere dem Gericht bislang unbekannte Urkunden oder Schriftstücke.[50] Nicht mehr vom Fragerecht gedeckt sind in Abgrenzung zu §§ 69 Abs. 1 S. 1, 257 Abs. 1, 2, 258 hingegen das Verlangen nach vernehmungsartigen zusammenhängenden Erklärungen zu einem Tatsachenkomplex,[51] zusammenfassende Darlegungen zum bisherigen Aussageverhalten der befragten Beweisperson,[52] Bewertungen[53] oder vorweggenommene Plädoyers.[54] In diesen Fällen ist der Vorsitzende zur korrigierenden Intervention befugt, um eine „Rückkehr" zur Befragung zu erreichen; ultima ratio bildet der Entzug des Wortes.

2. Fragerecht der Prozessbeteiligten. Das Fragerecht ist verfahrensstrukturell wie zeitlich auf die 12 **Vernehmung des Angeklagten** und die daran anschließende **Beweisaufnahme** bezogen.[55] Unabhängig davon, dass der Vorsitzende während seiner Basisvernehmung (ausnahmsweise) Zwischenfragen zulassen kann[56] oder verfahrensrechtliche Möglichkeiten zum formellen wie informellen sog. Kreuzverhör bestehen,[57] schließt das Fragerecht der insoweit berechtigten Prozessbeteiligten an die Vernehmung und Befragung durch den Vorsitzenden grundsätzlich an.[58] Über die **Reihenfolge** der

---

[35] Löwe/Rosenberg/*Gollwitzer* Rn. 5.
[36] RG v. 4. 1. 1889 – 3008/88, RGSt 18, 365; RG v. 16. 5. 1905 – 5838/04, RGSt 38, 57; *Meyer-Goßner* Rn. 9; SK-StPO/*Schlüchter* Rn. 6; KMR/*Paulus* Rn. 9.
[37] RG v. 4. 10. 1984 – 4 StR 429/84, NStZ 1985, 205.
[38] BGH v. 12. 11. 1968 – 1 StR358/68, NJW 1969, 437; Löwe/Rosenberg/*Gollwitzer* Rn. 11; Anw-StPO/*Sommer* Rn. 5; *Meyer-Goßner* Rn. 7.
[39] Hierzu: *Schwenn* StraFo 2008, 225.
[40] Vgl. auch: HK-StPO/*Julius* Rn. 5; HK-GS/*Seebode* Rn. 7; KK-StPO/*Schneider* Rn. 9.
[41] BGH v. 9. 1. 1957 – 4 StR 523/56, BGHSt 10, 66 (70); *Meyer-Goßner* Rn. 9; KK-StPO/*Schneider* Rn. 6; Löwe/Rosenberg/*Gollwitzer* Rn. 5; HK-GS/*Seebode* Rn. 8.
[42] Löwe/Rosenberg/*Gollwitzer* Rn. 5; KK-StPO/*Schneider* Rn. 6.
[43] HK-GS/*Seebode* Rn. 8.
[44] *Meyer-Goßner* Rn. 9.
[45] RG v. 28. 10. 1986 – 2952/96, RGSt 29, 147 (149); *Seibert* JZ 1959, 349; KK-StPO/*Schneider* Rn. 6; Löwe/Rosenberg/*Gollwitzer* Rn. 6.
[46] *Meyer-Goßner* Rn. 5; Löwe/Rosenberg/*Gollwitzer* Rn. 14; HK-StPO/*Julius* Rn. 6.
[47] KK-StPO/*Schneider* Rn. 5.
[48] *Pfeiffer* Rn. 2; KK-StPO/*Schneider* Rn. 5; Löwe/Rosenberg/*Gollwitzer* Rn. 14; SK-StPO/*Schlüchter* Rn. 9; *Joecks* Rn. 2; *Meyer-Goßner* Rn. 5.
[49] SK-StPO/*Schlüchter* Rn. 9; *Meyer-Goßner* Rn. 5; Löwe/Rosenberg/*Gollwitzer* Rn. 14.
[50] BGH v. 2. 5. 1961 – 5 StR 579/60, BGHSt 16, 67 (69); SK-StPO/*Schlüchter* Rn. 6; HK-StPO/*Julius* Rn. 6; *Meyer-Goßner* Rn. 9.
[51] *Meyer-Goßner* Rn. 5; Löwe/Rosenberg/*Gollwitzer* Rn. 14; aA HK-StPO/*Julius* Rn. 7.
[52] KK-StPO/*Schneider* Rn. 5.
[53] *Pfeiffer* Rn. 2.
[54] KK-StPO/*Schneider* Rn. 5; SK-StPO/*Schlüchter* Rn. 9; Löwe/Rosenberg/*Gollwitzer* Rn. 14; *Pfeiffer* Rn. 2.
[55] SK-StPO/*Schlüchter* Rn. 4.
[56] Löwe/Rosenberg/*Gollwitzer* Rn. 11, 13; *Meyer-Goßner* Rn. 6; SK-StPO/*Schlüchter* Rn. 3; *Joecks* Rn 4.
[57] Vgl. oben: § 239 I.
[58] SK-StPO/*Schlüchter* Rn. 3; KK-StPO/*Schneider* Rn. 8; HK-GS/*Seebode* Rn. 7.

Befragung bei mehreren fragewilligen Prozessbeteiligten entscheidet der nur durch die Vorgaben gem. §§ 243, 244 Abs. 1,[59] nicht aber an die Reihenfolge des § 240[60] gebundene Vorsitzende kraft seiner Befugnis zur Sachleitung.[61]

13 Mit der formalen Entlassung der Zeugen und Sachverständigen nach § 248 – nach vorheriger Anhörung der Beteiligten – endet grundsätzlich das Fragerecht der Prozessbeteiligten.[62] Verfahrensrechtlich denkbar ist die – beweisantragsgemäße oder aus Gründen der Sachaufklärung – erneute Vernehmung einer Beweisperson oder der Wiedereintritt in die Beweisaufnahme anlässlich der Schlussvorträge, sodass insoweit auch die Möglichkeit wie Notwendigkeit bestehen kann, dass die Verfahrensbeteiligten Gelegenheit zur ergänzenden Befragung erhalten müssen.[63]

14 **3. Ausgestaltung des Fragerechts.** Die Ausgestaltung des Fragerechts als gesetzlich garantierte Befugnis zur direkten ungestörten interpersonalen Befragung bedingt, dass die **Sachleitungs- und Interventionsbefugnisse des Vorsitzenden reduziert** sind. Der Vorsitzende erteilt daher im Rahmen seiner Prozessleitung zu gegebener Zeit[64] den frageberechtigten Verfahrensbeteiligten zur Ausübung des Fragerechts nicht zuletzt auf deren Verlangen hin lediglich das Wort. Während deren autonomer Befragung ist er indessen nicht berechtigt, einzelne Fragen an sich zu ziehen, die Befragung zu unterbrechen[65] oder ohne relevanten sachlichen Grund das Fragerecht ganz zu entziehen.[66] Nicht zulässig ist es in diesem Zusammenhang ferner, wenn der Vorsitzende den zulässigerweise unmittelbar einen Zeugen befragenden Angeklagten untersagend auf das Fragerecht seines Verteidigers verweist.[67] Daneben ist der Vorsitzende verpflichtet, Zwischenfragen anderer Prozessbeteiligten als potentielle Störung des interpersonalen Kommunikationsprozesses zwischen Fragendem und Befragtem zu unterbinden, es sei denn, die fragende Partei lässt die Zwischenfrage zu.[68]

15 Während der Befragung durch die Prozessbeteiligten ist der Vorsitzende daher grundsätzlich auf seine **Beanstandungsrechte** nach § 241 Abs. 2 beschränkt. Hat ein frageberechtigter Verfahrensbeteiligter allerdings sein Fragerecht erheblich missbraucht, kann der Vorsitzende ausnahmsweise aus präventiven Gründen sowie unter Berücksichtigung des Verhältnismäßigkeitsgrundsatzes[69] verlangen, dass ihm – zur Vermeidung einer ansonsten unter Umständen drohenden Entziehung des Fragerecht – vorab weitere Frage schriftlich oder mündlich mitgeteilt werden.[70] Im Übrigen verbleibt es dabei, dass dem Vorsitzenden a priori nicht die Befugnis zusteht, im Vorhinein über Fragen, deren Inhalt oder über die Befragung flankierende Maßnahmen – wie etwa die Vorlage von Urkunden – unterrichtet zu werden.[71]

16 Im Rahmen einer **aktiven Unterstützung** von frageberechtigten Verfahrensbeteiligten kann der Vorsitzende zur Sicherstellung der unbeeinträchtigten Wahrnehmung des Fragerechts indessen gehalten sein, organisatorische Maßnahmen zu Verlängerung der Sitzung (vorsorglich) zu ergreifen.[72] Vor der Befragung eines Sachverständigen muss unter Umständen auf einen entsprechenden Antrag der Verteidigung hin dem Gutachter aufgegeben werden, eine schriftliche Fassung des mündlich zu erstattenden Gutachtens einzureichen.[73]

17 **4. Beantwortungspflicht.** Dem Fragerecht der insoweit berechtigten Prozessbeteiligten korrespondiert grundsätzlich die Pflicht des Adressaten zur **Antwort**. Ausgenommen hiervon ist unter Berücksichtigung seines Schweigerechts der Angeklagte. Bei den zur Beantwortung der gestellten Fragen hingegen verpflichteten Zeugen ergeben sich Grenzen nur aus den gesetzlichen Zeugnis-

---

[59] HK-StPO/*Julius* Rn. 5.
[60] Vgl. oben Rn. 9.
[61] Löwe/Rosenberg/*Gollwitzer* Rn. 11; SK-StPO/*Schlüchter* Rn. 16.
[62] KK-StPO/*Schneider* Rn. 10; Meyer-Goßner Rn. 8; HK-StPO/*Julius* Rn. 5.
[63] Vgl. hierzu auch: BGH v. 23. 9. 1960 – 3 StR 29/60, NJW 1960, 2349; HK-StPO/*Julius* Rn. 15; Meyer-Goßner Rn. 8; *Pfeiffer* Rn. 3.
[64] BGH v. 2. 5. 1961 – 5 StR 579/60, BGHSt 16, 67 (70); Meyer-Goßner Rn. 6; Löwe/Rosenberg/*Gollwitzer* Rn. 11; KK-StPO/*Schneider* Rn. 8.
[65] BGH v. 5. 11. 2003 – 1 StR 368/03, BGHSt 48, 372; HK-GS/*Seebode* Rn. 8; Anw-StPO/*Sommer* Rn. 9; *Malek*, Verteidigung in der Hauptverhandlung, Rn. 344, 347.
[66] OLG Hamm v. 7. 6. 1993 – 2 Ss 207/93, StV 1993, 462; Meyer-Goßner Rn. 9; teilweise aA BGH v. 23. 11. 1994 – 2 StR 593/94, NStZ 1995, 143; hiergegen: *Degener* StV 2002, 620; vgl. auch: HK-GS/*Seebode* Rn. 8.
[67] BGH v. 4. 10. 1984 – 4 StR 429/84, NStZ 1985, 205; Meyer-Goßner Rn. 10; KK-StPO/*Schneider* Rn. 6.
[68] Löwe/Rosenberg/*Gollwitzer* Rn. 14.
[69] Vgl: SK-StPO/*Schlüchter* Rn. 18.
[70] RG v. 4. 1. 1889 – 3008/88, RGSt 18, 365; BGH v. 8. 10. 1981 – StR 449/450/81, NStZ 1982, 158; BGH v. 18. 2. 1981 – 3 StR 269/80, NStZ 1983, 209 f.; *Wagner* JuS 1972, 315 (316); Löwe/Rosenberg/*Gollwitzer* Rn. 5; SK-StPO/*Schlüchter* Rn. 18; Meyer-Goßner Rn. 9; kritisch: *Miebach* DRiZ 1977, 140; *ter Veen*, StV 1983, 168.
[71] Vgl. oben IV 1.; KK-StPO/*Schneider* Rn. 6; Meyer-Goßner Rn. 9.
[72] BGH v. 14. 12. 2006 – 5 StR 472/06, NStZ 2007, 281; HK-StPO/*Julius* Rn. 5.
[73] OLG Hamm v. 14. 5. 1996 – 2 Ss 176/96 = StV 1996, 422; *Jungfer* StraFo 1995, 19; KK-StPO/*Schneider* Rn. 6; HK-StPO/*Julius* Rn. 18.

Sechster Abschnitt. Hauptverhandlung 1 § 241

verweigerungsrechten nach §§ 52, 53, aus dem Auskunftsverweigerungsrecht gem. § 55 sowie aus übergesetzlichen Verweigerungsrechten. Entsprechendes gilt nach §§ 72, 76 Abs. 1 für die Sachverständigen. Verweigert eine dieser Beweispersonen die Beantwortung von Fragen, ohne hierzu berechtigt zu sein und somit grundlos, stehen dem Fragenden keine weitergehenden (Zwangs-)Befugnisse zu als die Beweisperson nochmals darauf hinzuweisen, dass sie zur Beantwortung verpflichtet und die Nichtbeantwortung Zwangsmittel auslösen kann. Die Verhängung von Zwangsmitteln in Form von Ordnungsgeld und -haft gegenüber Zeugen sowie Ordnungsgeld gegenüber Sachverständigen ist indes dem Gericht vorbehalten.

V. Die Befragung von Mitangeklagten

Nach Abs. 2 S. 2 ist die unmittelbare Befragung eines Angeklagten durch einen Mitangeklagten 18 strikt unzulässig.[74] Das verfassungsrechtlich unbedenkliche[75] Verbot gilt auch bei einem mitangeklagten Rechtsanwalt,[76] einem Rechtslehrer an einer Hochschule[77] oder bei einem Mitangeklagten, welcher als Nebenkläger zugelassen ist.[78] Da die Vorschrift lediglich die unmittelbare Befragung durch den Angeklagten ausschließt, ist es zulässig, dass der Verteidiger im Rahmen seines Rechts zur Befragung Fragen an Mitangeklagte richtet;[79] auch wenn diese vom Angeklagten für ihn vorformuliert wurden.[80] Des Weiteren kann der Angeklagte sich mit seiner Frage an den Vorsitzenden wenden, damit dieser sodann dem Mitangeklagten die – zulässige – Frage stellt.[81] Obwohl die Begründung des Verbots von Abs. 2 S. 2[82] kaum zu überzeugen vermag, auch die verfahrenspraktischen Auswirkungen zuweilen nahezu skurril anmuten und vor diesem Hintergrund zu Recht Lockerungen im Sinne einer Dispositionsbefugnis des Vorsitzenden eingefordert werden,[83] steht dem der eindeutige Wortlaut der Norm entgegen.[84]

VI. Rechtsbehelfe

Wird einem frageberechtigten Prozessbeteiligten das Fragerecht vom Vorsitzenden trotz entsprechenden Verlangens nicht eingeräumt, wird eine einzelne Frage nicht zugelassen oder wird sonst das Fragerecht beeinträchtigt, ist nach §§ 238 Abs. 2, 242 das Gericht anzurufen.[85] Die **Beschwerde** ist gem. § 305 S. 1 grundsätzlich ausgeschlossen. 19

Im Rahmen der **Revision** kann die Aufklärungsrüge erhoben werden, wenn das Gericht auf 20 die Vernehmung eines Belastungszeugen verzichtet hat und hierdurch das Fragerecht vereitelt wurde.[86] Im Übrigen gilt übergreifend für die Revision, dass diese bei Beeinträchtigungen des Fragerechts grundsätzlich nur dann erfolgreich erhoben werden kann, wenn zuvor eine Beanstandung nach § 238 Abs. 2 erfolgte oder eine gerichtliche Entscheidung nach § 242 herbeigeführt wurde. Dies gilt auch für den Fall, dass einer nicht (frage-)berechtigten Person ein Fragerecht verfahrensfehlerhaft eingeräumt worden ist.[87]

§ 241 [Zurückweisung von Fragen]

(1) Dem, welcher im Falle des § 239 Abs. 1 die Befugnis der Vernehmung mißbraucht, kann sie von dem Vorsitzenden entzogen werden.

(2) In den Fällen des § 239 Abs. 1 und des § 240 Abs. 2 kann der Vorsitzende ungeeignete oder nicht zur Sache gehörende Fragen zurückweisen.

I. Einführung

Die Vorschrift dient primär dem Zweck, die Zeugen und Sachverständigen vor einem Missbrauch des sog. Kreuzverhörs und den Angeklagten sowie die Beweispersonen vor unzulässigen 1

---

[74] BGH v. 21. 6. 1995 – 3 StR 180/95, StV 1996, 471.
[75] BVerfG v. 21. 8. 1996 – 2 BvR 715/96, NJW 1996, 3408.
[76] BVerfG v. 26. 2. 1980 – 2 BvR 752/78, NJW 1980, 1677 (1678).
[77] SK-StPO/*Schlüchter* Rn. 17.
[78] *Meyer-Goßner* Rn. 10; SK-StPO/*Schlüchter* Rn. 17.
[79] BGH v. 2. 5. 1961 – 5 StR 579/60, BGHSt 16, 67 (68); KK-StPO/*Schneider* Rn. 7; SK-StPO/*Schlüchter* Rn. 17; Löwe/Rosenberg/*Gollwitzer* Rn. 15; KMR/*Paulus* Rn. 7.
[80] *Meyer-Goßner* Rn. 10; HK-GS/*Seebode* Rn. 12.
[81] HK-GS/*Seebode* Rn. 12; KK-StPO/*Schneider* Rn. 7; *Meyer-Goßner* Rn. 10; Löwe-Rosenberg/*Gollwitzer* Rn. 15.
[82] Hierzu: SK-StPO/*Schlüchter* Rn. 17.
[83] Löwe/Rosenberg/*Gollwitzer* Rn. 15; Anw-StPO/*Sommer* Rn. 12.
[84] KK-StPO/*Schneider* Rn. 7; *Meyer-Goßner* Rn. 10.
[85] Löwe/Rosenberg/*Gollwitzer* Rn. 17; SK-StPO/*Schlüchter* Rn. 20; KK-StPO/*Schneider* Rn. 11.
[86] BGH v. 13. 6. 2007 – 3 StR 158/07, NStZ-RR 2007, 315; HK-StPO/*Julius* Rn. 19.
[87] BGH v. 1. 11. 2004 – 1 StR 424/04, NStZ 2005, 222; KK-StPO/*Schneider* Rn. 11.

Fragen zu schützen,[1] welche vor Allem zu ihrer Bloßstellung,[2] aber auch zur Beeinträchtigung der Wahrheitsfindung führen können. Denn es zählt zu den Aufgaben des Vorsitzenden bzw. des Gerichts, darauf zu achten, dass während der Beweisaufnahme im Rahmen ihrer Befragung die Rechte der Auskunftspersonen durch die vernehmungs- und frageberechtigten Verfahrensbeteiligten nicht verletzt werden.[3] Gleiches hat unter Berücksichtigung der Unschuldsvermutung und des Grundsatzes des fairen Verfahrens auch für den Angeklagten als Verfahrenssubjekt – unabhängig davon, ob er verteidigt ist oder nicht – zu gelten. Die Instrumentarien, diesen notwendigen Schutz von Beweispersonen und Angeklagtem herstellen und garantieren zu können, sind im Falle des sog. Kreuzverhörs nach § 239 Abs. 1 der Entzug der Befugnis zur Vernehmung (Abs. 1) sowie bei unzulässigen Fragen nach §§ 239 Abs. 1, 240 Abs. 2 die Zurückweisung von Fragen (Abs. 2).

2 Einen Reflex des Schutzes von Beweispersonen und Angeklagtem stellt es dar, wenn über die erwähnten Instrumentarien auch die Wahrheitserforschung und schließlich die Justizförmigkeit bzw. die Ordnungsmäßigkeit des Ablaufs der Hauptverhandlung insgesamt gewährleistet werden können.[4]

3 Umgekehrt ist wiederum zu berücksichtigen, dass sowohl das sog. Kreuzverhör als auch das Fragerecht Mittel zur Wahrheitsfindung sind und insbesondere für den Angeklagten und seine Verteidigung essentielle Bedeutung haben.[5] Dies gebietet seitens der Vorsitzenden wie des Gerichts im Rahmen einer engen Auslegung der Vorschrift[6] eine zurückhaltende, am Verhältnismäßigkeitsgrundsatz orientierte Anwendung der Instrumentarien zur Beschränkung des Vernehmungs- und Fragerechts; unabhängig davon, dass unsensible Interventionen – ebenso wie eine „aggressive" Wahrnehmung des Fragerechts durch die Verteidigung[7] – auch zu atmosphärischen Störungen des Prozessklimas[8] mit negativen Auswirkungen auf die Verfahrenskultur führen können.

II. Der Entzug des Vernehmungsrechts

4 Nach Abs. 1 kann beim sog. Kreuzverhörs nach § 239 Abs. 1 im Falle eines Missbrauchs desselben vom Vorsitzenden die Befugnis zur Vernehmung entzogen werden. Ein **Missbrauch** in diesem Sinne liegt vor, wenn in massiver Form[9] durch die Art und Weise der Vernehmung die Wahrheitsfindung gefährdet wird, schutzwürdige Belange der vernommenen Beweisperson verletzt oder gefährdet werden, sachfremde Zwecke verfolgt werden oder Zeugen getäuscht, bedroht, verwirrt oder zur Unwahrheit angestiftet bzw. verleitet werden sollen.[10]

5 Sowohl aus Abs. 1, welcher sich auf den Entzug des Vernehmungsrechts an sich bezieht, als auch aus Abs. 2, in welchem die Möglichkeit der Zurückweisung von einzelnen Fragen gerade auch bei § 239 Abs. 1 geregelt ist, ergibt sich, dass eine missbräuchliche Wahrnehmung des Fragerechts nicht unmittelbar dazu führen kann, dass die Befugnis zur Vernehmung entzogen wird; zumindest stellen einzelne unzulässige Fragen keinen Missbrauch der Vernehmung dar.[11] Erforderlich ist vielmehr, dass die **Vernehmung als solche** in dem dargestellten Sinn missbraucht wird. Vor diesem Hintergrund wird zutreffend darauf hingewiesen, dass vor dem Gebrauch des scharfen Schwerts eines Entzugs der Befugnis zur Vernehmung grundsätzlich eine – letztlich am Verhältnismäßigkeitsprinzip orientierte – gestufte Reaktion des Vorsitzenden erfolgen muss.[12] Zeichnet sich demnach ein Missbrauch der Vernehmungsbefugnis bei der Befragung ab, sind Maßnahmen nach § 241 Abs. 2 – auch in wiederholter Form – vorrangig.[13] Bei einem Missbrauch der Vernehmung muss zunächst von einer Abmahnung Gebrauch gemacht werden;[14] unter Umständen auch wiederholt, wenn bei situativer Abwägung des verfahrenswidrigen Fehlverhaltens gegen die betroffenen Rechtsgüter trotz vorangegangener Abmahnung(en) ein Entzug des Vernehmungsrechts noch unverhältnismä-

---

[1] Löwe/Rosenberg/*Gollwitzer* Rn. 1; KK-StPO/*Schneider* Rn. 1.
[2] SK-StPO/*Schlüchter* Rn. 1; vgl. auch BGH v. 29. 9. 1959 – 1 StR 375/59, BGHSt 13, 252 (253 f.).
[3] BGH v. 5. 11. 2003 – 1 StR 368/03, BGHSt 48, 372 (373); BGH v. 6. 11. 2007 – 1 StR 370/07, NStZ 2008, 173 (175); KK-StPO/*Schneider* Rn. 1; Löwe/Rosenberg/*Gollwitzer* Rn. 1.
[4] Ähnlich: KMR/*Paulus* Rn. 1; SK-StPO/*Schlüchter* Rn. 1; Löwe/Rosenberg/*Gollwitzer* Rn. 1; KK-StPO/*Schneider* Rn. 1.
[5] HK-StPO/*Julius* Rn. 1, Vor §§ 240 ff. Rn. 1 ff.
[6] HK-GS/*Seebode* Rn. 2.
[7] Vgl. hierzu: *Michaelis-Arntzen* StraFo 1990, 71 ff.
[8] Löwe/Rosenberg/*Gollwitzer* Rn. 1.
[9] KK-StPO/*Schneider* Rn. 3.
[10] Löwe/Rosenberg/*Gollwitzer* Rn. 2; *Meyer-Goßner* Rn. 2; *Pfeiffer* Rn. 1; KK-StPO/*Schneider* Rn. 2; *Joecks* Rn. 2; Anw-StPO/*Sommer* Rn. 3; *Kröpil* JR 1997, 315.
[11] SK-StPO/*Schlüchter* Rn. 2; KMR/*Paulus* Rn. 5; Löwe/Rosenberg/*Gollwitzer* Rn. 2; KK-StPO/*Schneider* Rn. 2; Anw-StPO/*Sommer* Rn. 3.
[12] *Joecks* Rn. 2; KK-StPO/*Schneider* Rn. 3; Löwe/Rosenberg/*Gollwitzer* Rn. 2.
[13] SK-StPO/*Schlüchter* Rn. 2; KK-StPO/*Schneider* Rn. 2.
[14] Löwe/Rosenberg/*Gollwitzer* Rn. 2; SK-StPO/*Schlüchter* Rn. 2; Anw-StPO/*Sommer* Rn. 3; KK-StPO/*Schneider* Rn. 3; *Pfeiffer* Rn. 1.

ßig erscheint. Ultima ratio ist schließlich die Entziehung der Befugnis zur Vernehmung der Beweisperson in toto; wobei dies auf einzelne Teile der Beweisaufnahme beschränkt werden kann.[15] Diese Intervention, zu welcher der Vorsitzende unter den erwähnten Voraussetzungen berechtigt ist, kann sich bei gravierenden Fällen eines Missbrauchs sogar als **Pflicht** darstellen,[16] wie zB bei einer Verletzung der Menschenwürde von Verfahrensbeteiligten.[17]

Wird die Befugnis zur Vernehmung wegen deren missbräuchlicher Wahrnehmung vom Vorsitzenden entzogen, betrifft dies nur den Prozessbeteiligten, der das grob verfahrenswidrige Verhalten begangen hat.[18] Sofern nicht Verfahrensbeteiligte in gleicher prozessualer Funktion das Kreuzverhör fortführen können – zB der vom Entzug nicht betroffene Co-Verteidiger[19] oder ein weiterer Sitzungsvertreter der Staatsanwaltschaft –, führt der Vorsitzende die Vernehmung weiter;[20] allerdings nicht substitutiv,[21] sondern qua eigner Prozessleitungsbefugnis im Rahmen der gerichtlichen Aufklärungspflicht.

Nach hA beeinträchtigt die Entziehung der Befugnis zur Vernehmung nicht das **Fragerecht** nach § 240 Abs. 2 des insoweit wegen Missbrauchs ausgeschlossenen Prozessbeteiligten. Dieser ist weiterhin befugt, den Beweispersonen einzelne Fragen zu stellen.[22] Demgegenüber wird auf den Bedeutungsgehalt von § 241 Abs. 1 als missbrauchsbedingtem umfassendem Verlust des Befragungsrechts[23] und den Schutz der Auskunftspersonen[24] hingewiesen mit der Konsequenz, dass eine unmittelbare Ausübung des Fragerechts ausgeschlossen oder zumindest die vorherige schriftliche Vorlage von Fragen zu verlangen ist.[25] In der Tat ist eine differenzierende Betrachtung erforderlich. Liegt nämlich der zur Entziehung der Befugnis zur Vernehmung führende Missbrauch hauptsächlich in der Art und Weise der Ausübung des Fragerechts und wurde deshalb vor der Entziehung aus Gründen der Verhältnismäßigkeit zunächst nach § 241 Abs. 1 (wiederholt) verfahren, erscheint die hA nicht konsistent. In diesen Fällen muss es konsequenterweise bei einer Beschränkung des Fragerechts auf lediglich eine mittelbare Befragung oder die Pflicht zur vorherigen Mitteilung der zu stellenden Fragen verbleiben. Zu folgen ist der hA hingegen bei einem Missbrauch der Vernehmung in anderer Weise.

Übergreifend ist bei Abs. 1 zu berücksichtigen, dass die Regelung das Schicksal von § 239 Abs. 1 und damit die weitgehende praktische Bedeutungslosigkeit[26] teilt. Allerdings ist die Vorschrift ein legislativer Ausgangs- bzw. Bezugspunkt für rechtsdogmatische wie rechtspolitische Überlegungen zu einer allgemeinen strafprozessualen **Missbrauchsformel** und deren Konturierung;[27] eine Thematik, die seit einiger Zeit – vor Allem bezogen auf den Missbrauch von Verteidigungsrechten[28] – gewissermaßen in vogue ist. Ob indes gerade die Norm des § 241 Abs. 1 mit ihrem unmittelbaren Bezug zur Ausnahmevorschrift des § 239 Abs. 1 hierzu einen greifbaren Beitrag zu leisten vermag,[29] muss bezweifelt werden.[30]

III. Die Zurückweisung von Fragen

Nach Abs. 2 kann der Vorsitzende sowohl in den Fällen nach § 239 Abs. 1 (sog. Kreuzverhör) als auch in den Fällen des § 240 Abs. 2 (Fragerecht) ungeeignete oder nicht zur Sache gehörende Fragen zurückweisen. Die gesetzlich vorgesehene Differenzierung von Fragen in ungeeignete einerseits und sachfremde andererseits lässt sich wegen nicht zu vermeidender inhaltlicher Überschneidungen kaum konsequent und mit der durch die gesetzlichen Vorgaben indessen nur auf den ersten Blick

---

[15] *Pfeiffer* Rn. 1.
[16] *Dähn* JR 1979, 178; *Granderath* MDR 1983, 797 (799 f.); Löwe/Rosenberg/*Gollwitzer* Rn. 3; SK-StPO/*Schlüchter* Rn. 2; KK-StPO/*Schneider* Rn. 3.
[17] *Meyer-Goßner* Rn. 3; SK-StPO/*Schlüchter* Rn. 2; Löwe/Rosenberg/*Gollwitzer* Rn. 3.
[18] SK-StPO/*Schlüchter* Rn. 2; Löwe-Rosenberg/*Gollwitzer* Rn. 4.
[19] Löwe/Rosenberg/*Gollwitzer* Rn. 4; *Meyer-Goßner* Rn. 4.
[20] KK-StPO/*Schneider* Rn. 3; SK-StPO/*Schlüchter* Rn. 2; *Meyer-Goßner* Rn. 4.
[21] *Meyer-Goßner* Rn. 4; SK-StPO/*Schlüchter* Rn. 2; Löwe/Rosenberg/*Gollwitzer* Rn. 4.
[22] RG v. 16. 5. 1905 – Rep. 5838/04, RGSt 38, 57 (58); *Wagner* JuS 1972, 315 (316); *Niemöller* StV 1996, 501 (505); Löwe/Rosenberg/*Gollwitzer* Rn. 4; SK-StPO/*Schlüchter* Rn. 2; KMR/*Paulus* Rn. 6; Anw-StPO/*Sommer* Rn. 2; *Meyer-Goßner* Rn. 4.
[23] *Fahl*, Rechtsmißbrauch im Strafprozeß, S. 432 ff.; KK-StPO/*Schneider* Rn. 4.
[24] KK-StPO/*Schneider* Rn. 4.
[25] KK-StPO/*Schneider* Rn. 4.
[26] Ähnlich: KK-StPO/*Schneider* Rn. 2.
[27] BGH v. 7. 11. 1991 – 4 StR 252/91, BGHSt 38, 111 (113); BGH v. 11. 8. 2006 – 3 StR 284/05, BGHSt 51, 89 (93 f.); *Fahl*, Rechtsmißbrauch im Strafprozeß, S. 9 ff., 45 f., 722 ff.; *Weber* GA 1975, S. 289 ff.; *Rüping/Dornseifer* JZ 1977, 417 ff.; *Kudlich*, Strafprozeß und allgemeines Mißbrauchsverbot, S. 317 ff.; *ders.* NStZ 1998, 588 ff.; *Meyer-Goßner* Einl Rn. 111; kritisch: *Hamm* NJW 1993, 296; *Kühne* NJW 1998, 3027; *Kempf* StV 1996, 507; *Herdegen* NStZ 2000, 3; vgl. auch im Zusammenhang mit § 241 Abs. 1: KK-StPO/*Schneider* Rn. 2.
[28] Hierzu: *Beulke*, FS Amelung, 2009, S. 544.
[29] *Kröpil* JR 1997, 315; *ders.* JA 1998, 680.
[30] *Fahl*, Rechtsmissbrauch im Strafprozeß, S. 46; *Hassemer*, FS Meyer-Goßner, 2001, S. 127 ff. (135).

vorhandenen terminologischen Klarheit durchführen.[31] Während in der Rspr. des BGH gleichwohl von der Möglichkeit einer klaren begrifflichen Unterscheidung ausgegangen wird,[32] favorisiert eine starke Auffassung innerhalb der Lit. gewissermaßen in holistischer Perspektive sowie in Anlehnung an § 242 den Oberbegriff der **Unzulässigkeit**[33] und sucht diesen sodann zu konturieren. Die Unzulässigkeit von Fragen kann sich hiernach unter Berücksichtigung des Einzelfalls[34] kumulativ oder alternativ aus verfahrensrechtlichen Gründen sowie daraus ergeben, dass sie nicht geeignet erscheinen, zur Wahrheitsermittlung – als einem Verfahrensziel – beizutragen.[35]

10   **1. Ungeeignetheit von Fragen.** Legt man gleichwohl – auch unter Berücksichtigung der Rspr. des BGH – die in Abs. 2 angelegte Unterscheidung zugrunde, sind Fragen als **ungeeignet** zu qualifizieren, die aus rechtlichen Gründen – insbesondere nach den Vorschriften der StPO[36] – nicht gestellt werden dürfen bzw. verboten sind oder die in tatsächlicher Hinsicht zur Wahrheitsfindung keinen Beitrag leisten können.[37] Rechtliche Gründe, welche die Unzulässigkeit einer Frage begründen, können sich zunächst aus §§ 68 Abs. 2, 3, 68a Abs. 1, 2 ergeben,[38] wobei insbesondere bei § 68a eine Abwägung zwischen der grundsätzlich vorrangigen[39] Wahrheitserforschung und den persönlichen Belangen der Auskunftsperson zu erfolgen hat.[40] Ferner können die Vorschriften der §§ 136a, 54, 53, 52, das richterliche Beratungsgeheimnis oder der Zeugenschutz nach dem ZSHG – unter Umständen nach einer entsprechenden Abwägung[41] – rechtliche Grenzen bilden.[42] Davon abgesehen sind grundsätzlich ungeeignet: Suggestiv- oder Fangfragen, sich auf Werturteile oder auf die rechtliche Beurteilung des zu verhandelnden Falles beziehende Fragen, hypothetische Fragen, auf Meinungsäußerungen oder persönliche Einschätzungen gerichtete Fragen, unpräzise Fragen oder bereits beantwortete (Wiederholungs-)Fragen.[43] Dies schließt es allerdings nicht aus, dass im Einzelfall unter dem maßgeblichen Gesichtspunkt der Wahrheitsermittlung solche Fragen gleichwohl zulässig sind, wenn es beispielsweise um die Beurteilung der Glaubwürdigkeit der Aussage,[44] um die Aufklärung von Widersprüchen,[45] um die Erforschung des Erinnerungsvermögens[46] oder die Klärung spezifischer Aspekte geht.[47] Sofern durch eine Frage Geschäfts- und Betriebsgeheimnisse oder sonstige schützenswerte Belange tangiert werden, sind diese nicht per se unzulässig, da zunächst zu eruieren ist, ob nicht durch andere Maßnahmen wie Zeugenbeistand und den Ausschluss der Öffentlichkeit ein hinreichender Schutz des Zeugen gewährleistet werden kann.[48] Gleiches gilt auch für den Fall, dass die Privatsphäre der Auskunftsperson berührt wird.

11   **2. Nicht zur Sache zählende Fragen.** Als **nicht zur Sache gehörend** sind Fragen zu bewerten, die sich weder unmittelbar noch mittelbar auf den Gegenstand der Untersuchung – dh. auf die Tat und deren Rechtsfolgen[49] – beziehen[50] oder evident prozessfremden Zwecken dienen.[51] Umgekehrt ist

---

[31] SK-StPO/*Schlüchter* Rn. 4; Löwe/Rosenberg/*Gollwitzer* Rn. 6; KMR/*Paulus* Rn. 8; KK-StPO/*Schneider* Rn. 6; HK-GS/*Seebode* Rn. 8.
[32] BGH v. 22. 4. 1952 – 1 StR 96/52, BGHSt 2, 284 (286 ff.); BGH v. 8. 10. 1981 – 3 StR 449/80, 3 StR 450/80, NStZ 1982, 158 (159).
[33] Löwe/Rosenberg/*Gollwitzer* Rn. 6; SK-StPO/*Schlüchter* Rn. 4; zum Gesichtspunkt des Missbrauchs: *Fahl*, Rechtsmißbrauch im Strafprozeß, S. 425.
[34] *Eisenberg* JZ 1984, 912 (913); Löwe/Rosenberg/*Gollwitzer* Rn. 9; SK-StPO/*Schlüchter* Rn. 8.
[35] Löwe/Rosenberg/*Gollwitzer* Rn. 6; SK-StPO/*Schlüchter* Rn. 4.
[36] BGH v. 29. 9. 1959 – 1 StR 375/59, BGHSt 13, 252 (254); BGH v. 10. 11. 1967 – 4 StR 512/66, BGHSt 21, 334 (360).
[37] HK-GS/*Seebode* Rn. 8; Anw-StPO/*Sommer* Rn. 6, 12; *Meyer-Goßner* Rn. 15; *Pfeiffer* Rn. 4; KK-StPO/*Schneider* Rn. 6; BGH v. 6. 11. 2007 – 1 StR 370/07, NStZ 2008, 173 (175).
[38] BGH v. 29. 9. 1959 – 1 StR 375/59, BGHSt 13, 252 (254); BGH v. 10. 11. 1967 – 4 StR 512/66, BGHSt 21, 334 (360); BGH v. 14. 1. 1982 – 809/81, NStZ 1982, 170; SK-StPO/*Schlüchter* Rn. 8; Löwe/Rosenberg/*Gollwitzer* Rn. 14; *Meyer-Goßner* Rn. 15; KK-StPO/*Schneider* Rn. 9; Anw-StPO/*Sommer* Rn. 13.
[39] BGH v. 29. 9. 1959 – 1 StR 375/59, BGHSt 13, 252 (254); KK-StPO/*Schneider* Rn. 9.
[40] BGH v. 29. 9. 1959 – 1 StR 375/59, BGHSt 13, 252 (254); BGH v. 10. 11. 1967 – 4 StR 512/66, BGHSt 21, 334 (360); SK-StPO/*Schlüchter* Rn. 8.
[41] BGH v. 15. 1. 2005 – 3 StR 281/04, BGHSt 50, 318; hierzu: *Eisenberg/Reuther* JR 2006, 348 f.
[42] Löwe/Rosenberg/*Gollwitzer* Rn. 14; KK-StPO/*Schneider* Rn. 8; HK-GS/*Seebode* Rn. 18; Anw-StPO/*Sommer* Rn. 12; HK-StPO/*Julius* Rn. 4.
[43] *Meyer-Goßner* Rn. 15; Löwe/Rosenberg/*Gollwitzer* Rn. 10 ff.; SK-StPO/*Schlüchter* Rn. 8; *Joecks* Rn. 5; KK-StPO/*Schneider* Rn. 11; Anw-StPO/*Sommer* Rn. 7 ff.; HK-StPO/*Julius* Rn. 3.
[44] BGH v. 17. 4. 1990 – 2 StR 149/90, NStZ 1990, 400; BGH v. 14. 10. 1980 – 5 StR 206/80, NStZ 1981, 71; Löwe/Rosenberg/*Gollwitzer* Rn. 10 f.; *Meyer-Goßner* Rn. 14; HK-StPO/*Julius* Rn. 6.
[45] *Meyer-Goßner* Rn. 15.
[46] OLG Celle v. 6. 11. 1984 – 3 Ss 254/84, StV 1985, 7 (8); HK-GS/*Seebode* Rn. 9.
[47] BGH v. 22. 4. 1952 – 1 StR 96/52, BGHSt 2, 284 (289).
[48] HK-GS/*Seebode* Rn. 15; *Meyer-Goßner* Rn. 15.
[49] *Meyer-Goßner* Rn. 12.
[50] BGH v. 22. 4. 1952 – 1 StR 96/52, BGHSt 2, 284 (287); BGH v. 20. 11. 1984 – 5 StR 648/84, NStZ 1985, 183 (184); BGH v. 6. 11. 2007 – 1 StR 370/07, NStZ 2008, 173 (175); *Joecks* Rn. 5; *Meyer-Goßner* Rn. 9; HK-GS/*Seebode* Rn. 8; KK-StPO/*Schneider* Rn. 7; Anw-StPO/*Sommer* Rn. 15.
[51] Löwe/Rosenberg/*Gollwitzer* Rn. 7; SK-StPO/*Schlüchter* Rn. 4; HK-GS/*Seebode* Rn. 8; BGH v. 22. 4. 1952 – 1 StR 96/52, BGHSt 2, 284 (287); *Niemöller* StraFo 1996, 104 (106).

zu berücksichtigen, dass die Zulässigkeit einer Frage gegeben ist, wenn bereits ein potentieller mittelbarer Bezug zum Verfahrensgegenstand hergestellt werden kann.[52] Mithin können unter Berücksichtigung des Einzelfalls Fragen zur Klärung der Glaubwürdigkeit[53] sowie zur Überprüfung der Erinnerungsfähigkeit[54] ebenso gestellt werden, wie Fragen nach Vorstrafen[55] oder zu intimen Beziehungen.[56]

3. Rekurs auf Beweisablehnungsgründe. Ob und inwiefern aus den **Beweisablehnungsgründen** nach § 244 Abs. 3 S. 2 Gründe für die Zurückweisung von Fragen ableitbar sind, kann diskutiert werden. Die ganz hA lehnt dies jedoch zu Recht ab.[57] Maßgeblich ist, dass die Befragung der Auskunftsperson im Gegensatz zur Entscheidung über einen Beweisantrag bereits Teil der Beweisaufnahme ist[58] und sich das Gericht überdies erst nach der Beantwortung einer vielleicht zunächst als bedeutungslos qualifizierten Frage über deren Erheblichkeit sein Urteil bilden kann bzw. muss.[59]   **12**

4. Zurückweisung von Fragen als Aufgabe des Vorsitzenden. Die Zurückweisung von Fragen steht in der **Kompetenz des Vorsitzenden.** Es ist seine Aufgabe, von Amts wegen oder auf Antrag eines Verfahrensbeteiligten, unzulässige Fragen zurückzuweisen. Insbesondere bei Zweifelsfällen, aber auch sonst, kann der Vorsitzende in den Fällen des Abs. 2 direkt nach § 242 vorgehen und das Gericht anrufen.[60] Die Zurückweisung von Fragen ist indessen ausgeschlossen, wenn es sich um die Befragung durch einen beisitzenden (Berufs-)Richter handelt, da in Abs. 2 die Vorschrift des § 240 Abs. 1 nicht in Bezug genommen ist;[61] nach hM hat der Vorsitzende nur die Möglichkeit, einen Gerichtsbeschluss herbeizuführen.[62]   **13**

Das **Zurückweisen** einer Frage bedeutet in concreto, dass der Vorsitzende – von Amts wegen oder auf Antrag – nach dem Stellen der Frage interveniert und die Beantwortung der Frage durch die Auskunftsperson wegen ihrer Unzulässigkeit unterbindet;[63] was wegen einer (etwaigen) Unverwertbarkeit der Angaben auch für den Fall gilt, dass die (unzulässige) Frage vorschnell beantwortet wird.[64] Eine Zurückweisung liegt hingegen nicht vor, wenn die Frage im Rahmen einer **Zurückstellung** erst zu einem späteren Zeitpunkt zugelassen wird.[65] Da die Regelung in Abs. 2 es nur zulässt, einzelne Fragen zurückzuweisen,[66] ist der frageberechtigte Verfahrensbeteiligte weiterhin befugt, Fragen zu stellen. Demgegenüber führt die Entziehung der Befugnis zur Vernehmung grundsätzlich zu einem gänzlichen Verlust des Vernehmungs- und Fragerechts.   **14**

Trotz der Schutzfunktion, die der Vorschrift des § 241 zukommt, ist bei der Zurückweisung von Fragen **Zurückhaltung** geboten.[67] Mit Recht wird daher darauf hingewiesen, dass vor einer Zurückweisung zweckmäßigerweise seitens des Vorsitzenden auf Bedenken hinsichtlich der Zulässigkeit der Frage hingewiesen und die Möglichkeiten einer Korrektur oder einer Zurücknahme der Frage eröffnet werden.[68] Weiterhin sollte bei Unklarheiten im Vorfeld einer Entscheidung – unter kurzzeitiger Entfernung der Auskunftsperson aus dem Sitzungssaal[69] – dem Fragestel-   **15**

---

[52] BGH v. 29. 9. 1959 – 1 StR 375/59, BGHSt 13, 252 (255); Löwe/Rosenberg/*Gollwitzer* Rn. 7.
[53] BGH v. 26. 5. 2009 – 5 StR 126/09, StraFo 2009, 333; KK-StPO/*Schneider* Rn. 7; Meyer-Goßner Rn. 14; HK-StPO/*Julius* Rn. 6.
[54] OLG Celle v. 6. 11. 1984 – 3 Ss 254/84, StV 1985, 7 (8); BGH v. 26. 5. 2009 – 5 StR 126/09, StraFo 2009, 333; Meyer-Goßner Rn. 14; KK-StPO/*Schneider* Rn. 7.
[55] BGH v. 15. 3. 2001 – 5 StR 591/00, NStZ 2001, 418.
[56] BGH v. 29. 9. 1959 – 1 StR 375/59, BGHSt 13, 252 (254 ff.); BGH v. 17. 4. 1990 – 2 StR 149/90, NStZ 1990, 400; BGH v. 26. 5. 2009 – 5 StR 126/09, StraFo 2009, 333.
[57] BGH v. 27. 9. 1983 – 1 StR 569/83, NStZ 1984, 133; BGH v. 20. 11. 1984 – 5 StR 648/84, NStZ 1985, 183; BGH v. 6. 11. 2007 – 1 StR 370/07, NStZ 2008, 173 (175); Meyer-Goßner Rn. 13; Joecks Rn. 6; HK-StPO/*Julius* Rn. 4; Löwe/Rosenberg/*Gollwitzer* Rn. 7; SK-StPO/*Schlüchter* Rn. 5; KK-StPO/*Schneider* Rn. 7; Anw-StPO/*Sommer* Rn. 5.
[58] HK-StPO/*Julius* Rn. 4.
[59] BGH v. 27. 9. 1983 – 1 StR 569/83, NStZ 1984, 133; BGH v. 20. 11. 1984 – 5 StR 648/84, NStZ 1985, 183; BGH v. 7. 11. 1986 – 2 StR 499/86, StV 1987, 239; Löwe/Rosenberg/*Gollwitzer* Rn. 7; Anw-StPO/*Sommer* Rn. 5; Meyer-Goßner Rn. 13; KK-StPO/*Schneider* Rn. 7.
[60] SK-StPO/*Schlüchter* Rn. 10; Löwe/Rosenberg/*Gollwitzer* Rn. 18; Meyer-Goßner Rn. 16; Pfeiffer Rn. 5.
[61] Meyer-Goßner Rn. 9; Löwe/Rosenberg/*Gollwitzer* Rn. 5; Joecks Rn. 4; Pfeiffer Rn. 5; HK-GS/*Seebode* Rn. 20; Anw-StPO/*Sommer* Rn. 6.
[62] KMR/*Paulus* § 240 Rn. 15; SK-StPO/*Schlüchter* Rn. 9; Pfeiffer Rn. 5; Meyer-Goßner Rn. 9; HK-GS/*Seebode* Rn. 20; aA RG v. 5. 5. 1884 – Rep. 1025/84, RGSt 10, 379; RG v. 28. 1. 1909 – III 15/09, RGSt 42, 159.
[63] Vgl. auch: KK-StPO/*Schneider* Rn. 13.
[64] Löwe/Rosenberg/*Gollwitzer* Rn. 20; SK-StPO/*Schlüchter* Rn. 9; KK-StPO/*Schneider* Rn. 13; aA HK-GS/*Seebode* Rn. 19.
[65] Meyer-Goßner Rn. 11; Löwe/Rosenberg/*Gollwitzer* Rn. 16; SK-StPO/*Schlüchter* Rn. 11; KMR/*Paulus* Rn. 18.
[66] *Fahl*, Rechtsmißbrauch im Strafprozeß, S. 429 ff.; *Miebach* DRiZ 1977, 140; KK-StPO/*Schneider* Rn. 15; Löwe/Rosenberg/*Gollwitzer* Rn. 21 f.; Meyer-Goßner Rn. 6; SK-StPO/*Schlüchter* Rn. 3.
[67] Löwe/Rosenberg/*Gollwitzer* Rn. 8.
[68] Meyer-Goßner Rn. 16; Löwe/Rosenberg/*Gollwitzer* Rn. 17; KK-StPO/*Schneider* Rn. 12; Pfeiffer Rn. 5; SK-StPO/*Schlüchter* Rn. 9.
[69] Anw-StPO/*Sommer* Rn. 19.

ler Gelegenheit zur Stellungnahme und Erläuterung bzw. Ergänzung seiner Frage gegeben werden.[70] Dies entspricht zunächst einer gelebten Verfahrenskultur im Rahmen einer mündlichen Hauptverhandlung mit einer funktionierenden Kommunikation zwischen den Verfahrensbeteiligten. Allerdings ist des Weiteren zu berücksichtigen, dass sich neben dem Anspruch auf rechtliches Gehör und der Subjektstellung des Angeklagten vor Allem aus Art. 6 Abs. 3 d EMRK sowie Art. 14 Abs. 3 e IPBPR das **Recht auf eine konfrontative Befragung** ergibt mit der Konsequenz, dass unter Umständen eine gründliche und „schmerzliche" Überprüfung von Zeugen und deren Angaben seitens des Angeklagten oder der Verteidigung vorgenommen werden.[71] Unter Berücksichtigung dieser Aspekte verschiebt sich ein möglicher Interventionspunkt für den Vorsitzenden; zumal, wenn es um die Bewertung von mittelbar (verfahrens-)bedeutsamen Fragen geht.

16 **5. Nachhaltiger Missbrauch des Fragerechts.** Da die Befugnis des Vorsitzenden nach Abs. 2 dahingehend konzipiert ist, einzelne Frage als ungeeignet oder sachfremd zurückzuweisen, nicht hingegen im Sinne einer Prozessstrafe das Fragerecht gänzlich zu entziehen, wird seit längerem schon die Problematik ventiliert, wie bei einem **permanenten gravierenden Missbrauch des Fragerechts**, der nicht über das – unter Umständen mit Blick auf die Möglichkeiten einer Anrufung des Gerichts gem. § 238 Abs. 2 schwerfällig anmutende – Instrumentarium des Abs. 2 zu bewältigen ist, zum Schutz der Auskunftsperson(en), aber auch im Sinne der gebotenen beschleunigten Durchführung des Strafverfahrens reagiert werden kann.[72] Hierbei wurde unter Berücksichtigung des Verhältnismäßigkeitsprinzips ein mittlerweile ausdifferenziertes System an Reaktionsmöglichkeiten herausgebildet. An dessen Beginn steht – neben einer Zurückweisung einzelner Fragen – eine Beschränkung des unmittelbaren Fragerechts dahingehend, dass im Falle eines festgestellten Missbrauchs Fragen an die Auskunftspersonen nur noch über den Verteidiger oder über den Vorsitzenden – unter Umständen nach vorheriger schriftlicher Vorlage der Fragen – zugelassen werden. Über einen sektoralen Entzug steht am Ende der Reaktionsskala die vollständige Entziehung des Fragerechts für bestimmte Abschnitte der Hauptverhandlung bzw. sodann die Dauer der Hauptverhandlung; was indessen im Rahmen einer ausführlich zu begründenden Prognoseentscheidung voraussetzt, dass weder bei der befragten noch bei den anderen Auskunftspersonen vom insoweit ausgeschlossenen Verfahrensbeteiligten zulässige Fragen gestellt werden.

IV. Die Entscheidung des Vorsitzenden

17 Sowohl die Entziehung der Befugnis zur Vernehmung als auch die Zurückweisung von Fragen ist Aufgabe des Vorsitzenden. Es handelt sich in beiden Fällen um prozessleitende Verfügungen des Vorsitzenden nach 238 Abs. 1.[73] Die Intervention kann von Amts wegen oder auf Antrag eines zur Beanstandung berechtigten[74] Verfahrensbeteiligten erfolgen. Wiewohl sich insbesondere aus § 34 keine Begründungspflicht für die Verfügung ergibt, bedarf es nach hA zumindest einer kurzen Begründung,[75] damit der Fragesteller sein weiteres Verhalten durch Modifikation der Ausübung des Vernehmung- bzw. des Fragerechts[76] oder mit Blick auf eine Anrufung des Gerichts[77] koordinieren und einrichten kann.

18 Im Übrigen ist der Vorsitzende befugt, nach einer Beanstandung seiner Verfügung diese abzuändern und die zunächst beanstandete Frage zuzulassen[78] bzw. die Befugnis zum sog. Kreuzverhör wieder zu erteilen. Damit wird eine Entscheidung des Gerichts überflüssig;[79] es sei denn, dass nunmehr von einem anderen Verfahrensbeteiligten Zweifel an der Zulässigkeit der Frage oder der Befugnis zur Vernehmung angebracht werden.

V. Zur Protokollierung

19 Grundsätzlich stellen einzelne Fragen und ihre Zurückweisung keine in die **Sitzungsniederschrift** nach § 273 Abs. 1 aufzunehmenden Vorgänge in der Hauptverhandlung dar.[80] Kommt es

---

[70] BGH v. 2. 5. 1961 – 5 StR 579/60, BGHSt 16, 67 (69); Anw-StPO/*Sommer* Rn. 19; KK-StPO/*Schneider* Rn. 12; Löwe/Rosenberg/*Gollwitzer* Rn. 17.
[71] *Walther* GA 2003, 204 ff. (222, 223); HK-GS/*Seebode* Rn. 11; vgl. auch BGH v. 26. 5. 2009 – 5 StR 126/09, StraFo 2009, 333.
[72] Hierzu: *Gollwitzer*, GedS Meyer, 1990, S. 147 (167 ff.); *Fahl*, Rechtsmißbrauch im Strafprozeß, S. 429 ff.; vgl. auch: KK-StPO/*Schneider* Rn. 15 ff.; Löwe/Rosenberg/*Gollwitzer* Rn. 22.
[73] Löwe/Rosenberg/*Gollwitzer* Rn. 3, 16; *Meyer-Goßner* Rn. 16; HK-GS/*Seebode* Rn. 7, 19.
[74] Hierzu: HK-GS/*Seebode* Rn. 19.
[75] *Meyer-Goßner* Rn. 17; *Joecks* Rn. 7; Löwe/Rosenberg/*Gollwitzer* Rn. 16; SK-StPO/*Schlüchter* Rn. 11; HK-StPO/*Julius* Rn. 10 (Begründungspflicht entsprechend §§ 34, 244 Abs. 6).
[76] *Joecks* Rn. 7; *Meyer-Goßner* Rn. 17.
[77] Löwe/Rosenberg/*Gollwitzer* Rn. 16.
[78] SK-StPO/*Schlüchter* Rn. 13; KK-StPO/*Schneider* Rn. 19.
[79] Löwe/Rosenberg/*Gollwitzer* Rn. 3.
[80] KK-StPO/*Schneider* Rn. 14; Löwe/Rosenberg/*Gollwitzer* Rn. 23; vgl. auch: *Meyer-Goßner* Rn. 18.

Sechster Abschnitt. Hauptverhandlung 20–23 **§ 241**

indessen zu einer Beanstandung der zurückweisenden Verfügung des Vorsitzenden, sind die Frage, die Zurückweisung sowie deren Gründe zu protokollieren.[81] Gleiches gilt für sonstige Beschränkungen. Auch der nach § 238 Abs. 2 ergehende Gerichtsbeschluss ist in das Sitzungsprotokoll aufzunehmen.[82]

Für die Entziehung der Befugnis zur Vernehmung gelten die gleichen Grundsätze hinsichtlich 20 der Protokollierung. Im Falle einer Beanstandung der Verfügung des Vorsitzenden sind der festgestellte Missbrauch, die – grundsätzlich gestuften Reaktionen – des Vorsitzenden sowie die Gründe der Entziehung in das Sitzungsprotokoll aufzunehmen.

VI. Rechtsbehelfe

1. Beanstandung. Nach § 238 Abs. 2 können die prozessleitenden Verfügungen des Vorsitzen- 21 den, mit denen die Befugnis zur Vernehmung entzogen wird, Fragen zurückgewiesen werden oder sonstige Beschränkungen des Vernehmungs- und Fragerechts vorgenommen werden, beanstandet werden,[83] sodass eine **gerichtliche Entscheidung** zu erfolgen hat. Neben dem durch die Verfügung des Vorsitzenden in seinem Vernehmungs- oder Fragerecht betroffenen Verfahrensbeteiligten können nach Zeugen und Sachverständige das Gericht anrufen, sofern sie eine an sie gerichtete Frage für unzulässig erachten.[84]

Der Beschluss des Gerichts, der vor Abschluss der Beweisaufnahme zu verkünden ist,[85] damit 22 die Verfahrensbeteiligten hierauf reagieren können, ist im Falle der Bestätigung der Anordnung des Vorsitzenden ausführlich zu begründen.[86] Denn ihm kommt in mehrfacher Richtung eine Orientierungsfunktion zu.[87] Die betroffenen Verfahrensbeteiligten sollen nämlich anhand der Begründung ihr weiteres prozessuales Verhalten einrichten und koordinieren können.[88] Ferner bietet die Begründung des Gerichtsbeschlusses eine Beurteilungsgrundlage für das Revisionsgericht.[89] Im Rahmen der Begründung muss das Gericht daher insbesondere ausführen, ob es eine Frage als ungeeignet oder sachfremd ansieht;[90] wobei ein Rekurs alleine auf den Wortlaut der gesetzlichen Vorschrift oder floskelhafte Ausführungen wie zB „kein(en) Bezug zum Beweisthema"[91] nicht ausreichen.[92] Anhaltspunkt und Maßstab für die Begründungstiefe sind die Grundsätze für die Zurückweisung eines Beweisantrages wegen Bedeutungslosigkeit der unter Beweis gestellten Tatsache.[93] Auch im Falle einer offensichtlichen Unzulässigkeit der Frage ist eine kurze) Begründung des Beschlusses erforderlich.[94]

2. Beschwerde. Die Vorschrift des § 305 S. 1 steht einer **Beschwerde** von Verfahrensbeteiligten 23 gegen Entscheidungen des Gerichts nach § 238 Abs. 2 entgegen.[95] Hingegen können Zeugen und Sachverständige die gerichtliche Zulassung einer – aus ihrer Sicht – unzulässigen Frage nach § 305 S. 2 mit der Beschwerde anfechten.[96] Die Entscheidung des Beschwerdegerichts bindet das erkennende,[97] nicht aber das Revisionsgericht.[98]

---

[81] Löwe/Rosenberg/*Gollwitzer* Rn. 23; SK-StPO/*Schlüchter* Rn. 12; *Meyer-Goßner* Rn. 18; *Joecks* Rn. 8; *Pfeiffer* Rn. 5; Anw-StPO/*Sommer* Rn. 21.
[82] BGH v. 23. 9. 1952 – 1 StR 750/51, BGHSt 3, 199 (202).
[83] SK-StPO/*Schlüchter* Rn. 13 f.; Löwe/Rosenberg/*Gollwitzer* Rn. 24; KK-StPO/*Schneider* Rn. 18; *Pfeiffer* Rn. 6; *Joecks* Rn. 9.
[84] *Granderath* MDR 1983, 799; Löwe/Rosenberg/*Gollwitzer* Rn. 24; Anw-StPO/*Sommer* Rn. 18; *Meyer-Goßner* Rn. 20; *Joecks* Rn. 9.
[85] OLG Frankfurt v. 16. 7. 1947 – Ss 80/47, NJW 1947/48, 395; SK-StPO/*Schlüchter* Rn. 13; Anw-StPO/*Sommer* Rn. 21.
[86] BGH v. 26. 5. 2009 – 5 StR 126/09, StraFo 2009, 333; *Pfeiffer* Rn. 6; *Joecks* Rn. 10; Löwe/Rosenberg/*Gollwitzer* Rn. 26; HK-GS/*Seebode* Rn. 21; Anw-StPO/*Sommer* Rn. 21.
[87] KK-StPO/*Schneider* Rn. 19.
[88] BGH v. 22. 4. 1952 – 1 StR 96/52, BGHSt 2, 284 (286); BGH v. 29. 9. 1959 – 1 StR 375/59, BGHSt 13, 252 (255); *Joecks* Rn. 10.
[89] BGH v. 22. 4. 1952 – 1 StR 96/52, BGHSt 2, 284 (286 f.); BGH v. 6. 3. 1990 – 5 StR 71/90, StV 1990, 199; Löwe/Rosenberg/*Gollwitzer* Rn. 26; *Pfeiffer* Rn. 6; *Joecks* Rn. 10.
[90] BGH v. 22. 4. 1952 – 1 StR 96/52, BGHSt 2, 284 (286); BGH v. 17. 11. 2000 – 3 StR 389/00, NStZ-RR 2001, 138; HK-GS/*Seebode* Rn. 21; KK-StPO/*Schneider* Rn. 19; *Pfeiffer* Rn. 6.
[91] BGH v. 26. 5. 2009 – 5 StR 126/09, StraFo 2009, 333.
[92] BGH v. 22. 4. 1952 – 1 StR 96/52, BGHSt 2, 284 (286); KK-StPO/*Schneider* Rn. 19.
[93] BGH v. 22. 4. 1952 – 1 StR 96/52, BGHSt 2, 284 (286); BGH v. 29. 9. 1959 – 1 StR 375/59, BGHSt 13, 252 (255); BGH v. 6. 3. 1990 – 5 StR 71/90, StV 1990, 199; Löwe/Rosenberg/*Gollwitzer* Rn. 26; KK-StPO/*Schneider* Rn. 19; KMR/*Paulus* Rn. 20; *Joecks* Rn. 10.
[94] KK-StPO/*Schneider* Rn. 19; wohl aA HK-GS/*Seebode* Rn. 21.
[95] SK-StPO/*Schlüchter* Rn. 17; KK-StPO/*Schneider* Rn. 20.
[96] Löwe/Rosenberg/*Gollwitzer* Rn. 28; *Pfeiffer* Rn. 6; KK-StPO/*Schneider* Rn. 20; HK-StPO/*Julius* Rn. 13.
[97] BGH v. 10. 11. 1967 – 4 StR 512/66, BGHSt 21, 334 (359 f.); *Pfeiffer* Rn. 6; SK-StPO/*Schlüchter* Rn. 17; Löwe/Rosenberg/*Gollwitzer* Rn. 28.
[98] *Hanack* JZ 1972, 81 (82); KK-StPO/*Schneider* Rn. 20; SK-StPO/*Schlüchter* Rn. 17.

24 **3. Revision.** Unter der Voraussetzung, dass gegen die Entscheidung des Vorsitzenden grundsätzlich ein Gerichtsbeschluss nach § 238 Abs. 2 herbeigeführt wurde,[99] kann die **Revision** auf Rechtsfehler des Beschlusses gestützt werden. Die Fehlerhaftigkeit kann sich aus folgenden Umständen ergeben:[100] fehlende oder unzureichende Begründung des Beschlusses, verspäteter Beschluss, unterlassene Bescheidung einer Beanstandung, fehlerhafte Beschränkung oder Entziehung des Fragerechts, fehlerhafte Zulassung bzw. Nichtzulassung von (Einzel-)Fragen, oder fehlerhafte Entziehung der Befugnis zur Vernehmung.

25 Bei der Entziehung der Befugnis zur Vernehmung oder bei Eingriffen in das Fragerechts kann die Revision auf §§ 336, 337,[101] aber auch auf § 338 Nr. 8[102] gestützt werden. Ferner kommt bei fehlerhafter Zurückweisung von Fragen auch eine Aufklärungsrüge in Betracht.[103] In diesem Zusammenhang ist eine Revision mit Blick auf die erwähnten Fehlerquellen dann nicht begründet, wenn eine ausführliche Begründung des Gerichtsbeschlusses wegen Evidenz des Entziehung- oder Zurückweisungsgrundes entbehrlich war,[104] oder wenn ersichtlich war, dass der von der Zurückweisung betroffene Fragensteller keine weiteren (sachlichen) Fragen mehr hatte und ein Beitrag zur Sachaufklärung somit nicht zu erwarten war.[105]

26 Während grundsätzlich zunächst das Sonderrechtsbehelfsverfahren nach § 238 Abs. 2 – oder nach § 242 – durchgeführt sein muss, damit die Revision nicht bereits unzulässig ist, ergeben sich Ausnahmen hiervon beim unverteidigten Angeklagten sowie beim nicht anwaltlich vertretenen Nebenkläger.[106] Denn eine gerichtliche Hinweispflicht auf das Beanstandungsrecht besteht nicht.[107]

§ 241a [Vernehmung von Zeugen]

(1) Die Vernehmung von Zeugen unter 18 Jahren wird allein von dem Vorsitzenden durchgeführt.

(2) ¹Die in § 240 Abs. 1 und Abs. 2 Satz 1 bezeichneten Personen können verlangen, daß der Vorsitzende den Zeugen weitere Fragen stellt. ²Der Vorsitzende kann diesen Personen eine unmittelbare Befragung der Zeugen gestatten, wenn nach pflichtgemäßem Ermessen ein Nachteil für das Wohl der Zeugen nicht zu befürchten ist.

(3) § 241 Abs. 2 gilt entsprechend.

I. Einführung

1 Nach dem Willen des Gesetzgebers,[1] der sich auch in Abs. 2 S. 2 manifestiert, dient die Vorschrift über die Beschränkung des unmittelbaren Fragerechts der in § 240 Abs. 1 und Abs. 2 erwähnten Verfahrensbeteiligten primär dem **Schutz des Wohles von Zeugen unter achtzehn Jahren**, indem aus vernehmungspsychologischen Gründen zur Vermeidung oder Abmilderung der mit der Vernehmungssituation in der Hauptverhandlung verbundenen psychischen Belastungen in der Person des Vorsitzenden grundsätzlich nur eine Vernehmungsperson und damit ein Gesprächspartner dem Kind bzw. dem Jugendlichen gegenübersteht.[2] Weiterhin ist hierdurch sekundär – und zwar als Reflex[3] – die **Wahrheitsermittlung** geschützt.[4]

2 Aus dem Wortlaut von Abs. 1 – gemeint ist „alleine" – ergibt sich zunächst, dass das sog. Kreuzverhör bei kindlichen und jugendlichen Zeugen ausgeschlossen ist.[5] Unter Berücksichtigung von Abs. 2 S. 1 ergibt sich ferner, dass das Recht der in § 240 Abs. 1 und Abs. 2 aufgeführten Ver-

---

[99] BGH v. 1. 4. 2004 – 1 StR 101/04, NStZ 2005, 222; *Pfeiffer* Rn. 6; *Meyer-Goßner* Rn. 23; SK-StPO/*Schlüchter* Rn. 21; KK-StPO/*Schneider* Rn. 21; *Joecks* Rn. 11; Anw-StPO/*Sommer* Rn. 21; *Basdorf* StV 1997, 488 (490); *Ventzke* NStZ 2005, 396; *Fahl*, Rechtsmißbrauch im Strafprozeß, S. 446; aA Löwe/Rosenberg/*Gollwitzer* Rn. 32; KMR/*Paulus* Rn. 28.
[100] Vgl. hierzu: *Meyer-Goßner* Rn. 23; SK-StPO/*Schlüchter* Rn. 18 ff.; Löwe/Rosenberg/*Gollwitzer* Rn. 29 f.; KK-StPO/*Schneider* Rn. 21; *Joecks* Rn. 11.
[101] KK-StPO/*Schneider* Rn. 21; Löwe/Rosenberg/*Gollwitzer* Rn. 29.
[102] BGH v. 15. 12. 2005 – 3 StR 281/04, BGHSt 50, 318; *Pfeiffer* Rn. 6; HK-StPO/*Julius* Rn. 14.
[103] *Pfeiffer* Rn. 6; KK-StPO/*Schneider* Rn. 21; Löwe/Rosenberg/*Gollwitzer* Rn. 33.
[104] BGH v. 6. 3. 19 909 – 5 StR 71/90, StV 1990, 200; *Meyer-Goßner* Rn. 23; Löwe/Rosenberg/*Gollwitzer* Rn. 31; SK-StPO/*Schlüchter* Rn. 18; vgl. zum Begründungserfordernis aber oben IV 1.
[105] BGH v. 8. 10. 1981 – StR 449/450/81, NStZ 1982, 158 (159); SK-StPO/*Schlüchter* Rn. 19; Löwe/Rosenberg/*Gollwitzer* Rn. 31; *Meyer-Goßner* Rn. 23.
[106] OLG Koblenz v. 24. 2. 1992 – 1 Ss 403/91, StV 1992, 263 (264); OLG Stuttgart v. 19. 11. 1987 – 3 Ss 633/87, NStZ 1988, 240; KK-StPO/*Schneider* Rn. 21.
[107] KK-StPO/*Schneider* Rn. 21.
[1] BT-Drucks. 7/2526, S. 25; vgl. hierzu: *Becker* ZBlJugR 1975, 516; HK-StPO/*Julius* Rn. 1.
[2] *Joecks* Rn. 1 f.; *Meyer-Goßner* Rn. 1 f.; Löwe/Rosenberg/*Gollwitzer* Rn. 1; SK-StPO/*Schlüchter* Rn. 1; KK-StPO/*Schneider* Rn. 1; HK-GS/*Seebode* Rn. 1; kritisch: HK-StPO/*Julius* Rn. 1.
[3] KK-StPO/*Schneider* Rn. 1.
[4] HK-GS/*Seebode* Rn. 1; Löwe/Rosenberg/Gollwitzer Rn. 1; SK-StPO/Schlüchter Rn. 2.
[5] Anw-StPO/*Sommer* Rn. 1; KMR/*Paulus* Rn. 4; Löwe/Rosenberg/*Gollwitzer* Rn. 4; SK-StPO/*Schlüchter* Rn. 2; *Meyer-Goßner* Rn. 2; HK-GS/*Seebode* Rn. 2.

fahrensbeteiligten auf eine unmittelbare Befragung von Zeugen grundsätzlich ausgeschlossen und auf eine mittelbare, über den Vorsitzenden durchzuführende Befragung reduziert ist.[6] Unberührt bleibt indessen das Befragungsrecht des Sachverständigen nach § 80 Abs. 2, da es sich insofern nicht um einen Teil der Vernehmung handelt.[7]

Anwendbar ist die Vorschrift auch in den Fällen des § 247a.[8] Gleiches gilt für die Konstellationen nach §§ 168e S. 4, 58a und § 255a.[9]

II. Die Vernehmung durch den Vorsitzenden

Nach Abs. 1 wird die Vernehmung von Zeugen unter achtzehn Jahren alleine vom Vorsitzenden durchgeführt. Damit wird der Verantwortungsbereich des Vorsitzenden erweitert[10] unter der impliziten Voraussetzung, dass nur die Befragung durch diesen die Verwirklichung des zugrunde liegenden Schutzgedankens gewährleistet und im Übrigen gerade der Vorsitzende jedenfalls aufgrund seiner forensischen Erfahrung – eine (verbindliche) spezifische Ausbildung existiert trotz § 26 GVG nicht – hierzu prädestiniert erscheint.[11]

Die durch die Vorschrift zum Grundsatz erhobene alleinige Vernehmung durch den Vorsitzenden bedeutet, dass die gesamte Anhörung der kindlichen oder jugendlichen Zeugen bis zur Vollendung des 18. Lebensjahres in seinen Händen liegt; mithin die Vernehmung zur Person sowie zur Sache einschließlich etwaiger Fragen anderer Verfahrensbeteiligter.[12] Das Vernehmungsrecht ist nach hA nicht delegierbar.[13] Während die Eignung zur Vernehmung bei kindlichen Zeugen ab etwa dem fünften Lebensjahr gegeben sein dürfte,[14] scheidet eine analoge Anwendung von § 241a auf ältere als 18 Jahre, jedoch in ähnlicher Form schutzbedürftige Auskunftspersonen aus.[15] Insofern greift § 241 Abs. 2 Platz.

III. Das Fragerecht der Verfahrensbeteiligten

Nach § 241a Abs. 2 können die in § 240 Abs. 1 und Abs. 2 bezeichneten Personen verlangen, dass der Vorsitzende den Zeugen weitere Fragen stellt. Ferner kann der Vorsitzende diesen Personen nach pflichtgemäßem Ermessen auch die direkte Befragung der Zeugen gestatten, sofern ein Nachteil für das Wohl der Zeugen nicht zu befürchten ist. Kodifiziert sind damit das mittelbare und unmittelbare Fragerecht der Verfahrensbeteiligten.

Das in § 241a Abs. 1 S. 1 geregelte **Recht zu mittelbaren Befragung** der Verfahrensbeteiligten ist Ausdruck des mit der Vorschrift intendierten Schutzkonzepts, in dessen Rahmen die unmittelbare Befragung grundsätzlich beim Vorsitzenden konzentriert ist. Allerdings können die beisitzenden Richter, die Staatsanwaltschaft, der Angeklagte, der Verteidiger sowie die Schöffen verlangen, dass der Vorsitzende dem Zeugen weitere – nämlich ihre/seine – Fragen stellt. Abgesehen von dem Fall der Zurückweisung nach Abs. 3 iVm. § 241 Abs. 2 besteht ein Anspruch darauf, dass die Frage transportiert wird.[16] Die damit dem Vorsitzenden zukommende Mittlerfunktion bedeutet unter Berücksichtigung des durch Abs. 1 S. 1 lediglich modifizierten Fragerechts der Verfahrensbeteiligten, dass die Verpflichtung besteht, die gestellte Frage inhaltlich unverändert weiter zu geben,[17] wenngleich ansonsten die Befragung kindgerecht auf die Situation bezogen durchgeführt werden kann.[18] Im Übrigen ist hinsichtlich der Ab- bzw. Reihenfolge zu berücksichtigen, dass sich die mittelbare Befragung durch die frageberechtigten Verfahrensbeteiligten an die unmittelbare (Basis-)Vernehmung durch den Vorsitzenden grundsätzlich anschließt;[19] was einer anderen Disposition des Vorsitzenden im Rahmen der ihm obliegenden Verhandlungsleitung nicht entgegensteht.

Die in § 241a Abs. 1 S. 2 normierte **unmittelbare Befragung** stellt mit Blick auf die Umsetzung des Schutzkonzepts über die Aufwertung des Vorsitzenden zur zentralen Vernehmungsperson die

---

[6] HK-GS/*Seebode* Rn. 2; Löwe-Rosenberg/*Gollwitzer* Rn. 4.
[7] BT-Drucks. 7/2526, S. 25; *Pfeiffer* Rn. 1; *Meyer-Goßner* Rn. 2; SK-StPO/*Schlüchter* Rn. 3; KK-StPO/*Schneider* Rn. 3; Löwe-Rosenberg/*Gollwitzer* Rn 10; HK-StPO/*Julius* Rn. 8.
[8] Löwe/Rosenberg/*Gollwitzer* Rn. 1; KK-StPO/*Schneider* Rn. 1.
[9] *Meyer-Goßner* Rn. 1.
[10] Anw-StPO/*Sommer* Rn. 1.
[11] Vgl. hierzu: *Meyer-Goßner* Rn. 2; kritisch: HK-StPO/*Julius* Rn. 1; Anw-StPO/*Sommer* Rn. 11.
[12] KK-StPO/*Schneider* Rn. 2; Löwe/Rosenberg/*Gollwitzer* Rn. 3.
[13] *Meyer-Goßner* Rn. 2; *Joecks* Rn. 2; *Pfeiffer* Rn. 1; aA *Meier* JZ 1991, 638 (644 f.); Löwe/Rosenberg/*Gollwitzer* Rn. 3.
[14] OLG Zweibrücken v. 25. 11. 1994 – 1 Ws 590/94, StV 1995, 293; *Michaelis-Arntzen* StraFo 1990, 70; *Gley* StV 1987, 405 ff.
[15] Anw-StPO/*Sommer* Rn. 5.
[16] KK-StPO/*Schneider* Rn. 4; *Meyer-Goßner* Rn. 4.
[17] Löwe/Rosenberg/*Gollwitzer* Rn. 5; *Joecks* Rn. 3.
[18] KMR/*Paulus* Rn. 7; Löwe/Rosenberg/*Gollwitzer* Rn. 5; *Pfeiffer* Rn. 2; SK-StPO/*Schlüchter* Rn. 4; *Meyer-Goßner* Rn. 4; kritisch: Anw-StPO/*Sommer* Rn. 6.
[19] SK-StPO/*Schlüchter* Rn. 4; *Meyer-Goßner* Rn. 4; KK-StPO/*Schneider* Rn. 4.

Ausnahme dar. Voraussetzung ist, dass ein Nachteil für das Wohl des Zeugen nicht zu befürchten ist. Dies beurteilt und entscheidet der Vorsitzende einzelfallspezifisch nach pflichtgemäßem Ermessen.[20] Soweit in diesem Zusammenhang nach hA ein Anspruch auf eine unmittelbare Befragung auch für den Fall nicht bestehen soll, dass eine Beeinträchtigung des Wohls des Zeugen nicht zu befürchten ist,[21] wird dies jedenfalls der verfahrensrechtlich auf unterschiedlicher normativer Ebene anerkannten eminenten Bedeutung des Fragerechts für eine effektive Verteidigung des Angeklagten[22] nicht gerecht. Mithin besteht für den Angeklagten bzw. die Verteidigung ein entsprechender Anspruch, wenn Anhaltspunkte für eine Beeinträchtigung des Zeugen sowie – in diesem Zusammenhang – der Wahrheitsfindung nicht ersichtlich sind.[23] Hingegen darf der Vorsitzende solchen Personen, die in Abs. 2 S. 1 iVm. § 240 Abs. 1 und Abs. 2 S. 1 nicht aufgeführt sind, eine unmittelbare Befragung nicht gestatten.[24] Im Übrigen steht es in seinem pflichtgemäßen Ermessen, welchen Verfahrensbeteiligten er die die unmittelbare Zeugenbefragung gestattet. Unter Berücksichtigung der bestehenden Schutzpflichten zugunsten der minderjährigen Zeugen kann der Vorsitzende die Gestattung zur unmittelbaren Befragung jederzeit widerrufen.[25]

IV. Die Zurückweisung von Fragen

9   Nach Abs. 3 iVm. § 241 Abs. 2 – exklusive des Bezugs zu dem nach § 241a ausgeschlossenen sog. Kreuzverhörs – können einzelne Fragen durch den Vorsitzenden zurückgewiesen werden. Dies betrifft Fragen von Verfahrensbeteiligten sowohl im Rahmen der mittelbaren als auch bei der unmittelbaren Befragung;[26] ausgenommen sind Fragen von Berufsrichtern. Wegen des Verweises können Fragen nur als sachfremd oder ungeeignet zurückgewiesen werden. Darüber hinaus ist zutreffenderweise auch die Konstellation erfasst, dass ein Fragensteller im Rahmen des mittelbaren Fragerechts die wortgleiche Wiedergabe seiner Frage gegenüber dem Vorsitzenden nicht durchzusetzen vermochte und insofern eine Zurückweisung nach § 241 Abs. 2 (analog) erfolgte.[27]

V. Rechtsbehelfe

10 **1. Beanstandung.** Die im Rahmen von § 241a erfolgenden Anordnungen des Vorsitzenden zählen zur Sachleitung, können deshalb als unzulässig **beanstandet** und auf diesem Wege einer Entscheidung des Gerichts zugeführt werden.[28] Erfasst sind insbesondere die Vernehmung durch den Vorsitzenden bei fehlender Zeugeneignung,[29] die Zurückweisung von Fragen,[30] die Gestattung oder Versagung der unmittelbaren Befragung[31] sowie die Umsetzung des Frageanliegens im Rahmen der mittelbaren Befragung.[32]

11 Soweit es um die Zulassung oder Ablehnung einer unmittelbaren Befragung durch den Vorsitzenden geht, ist die Nachprüfungskompetenz des Gerichts begrenzt. Sie bezieht sich nur darauf, ob die Ermessensentscheidung des Vorsitzenden rechtsmissbräuchlich oder aus anderen (Rechts-)-Gründen unzulässig war. Nicht hingegen überprüfbar ist die Ermessensausübung an sich.[33]

12 **2. Beschwerde.** Die **Beschwerde**[34] gegen Entscheidungen des Vorsitzenden im Rahmen des § 241a sowie gegen Entscheidungen des Gerichts nach § 238 Abs. 2 ist gem. § 305 S. 1 nicht statthaft.[35] Demgegenüber ist bei Beeinträchtigungen des kindlichen oder jugendlichen Zeugen durch Anordnungen oder Entscheidungen des Vorsitzenden die Beschwerde nach § 305 S. 2 eröffnet.[36]

---

[20] *Meyer-Goßner* Rn. 5; *Löwe/Rosenberg/Gollwitzer* Rn. 6; KK-StPO/*Schneider* Rn. 6; HK-GS/*Seebode* Rn. 3; *Pfeiffer* Rn. 3.
[21] HK-GS/*Seebode* Rn. 4; KK-StPO/*Schneider* Rn. 6; *Löwe/Rosenberg/Gollwitzer* Rn. 7; *Meyer-Goßner* Rn. 5.
[22] Vgl. hierzu: § 240 I.
[23] Ähnlich: HK-StPO/*Julius* Rn. 6.
[24] Anw-StPO/*Sommer* Rn. 10; SK-StPO/*Schlüchter* Rn. 5; KK-StPO/*Schneider* Rn. 7; *Meyer-Goßner* Rn. 5; *Pfeiffer* Rn. 3; aA *Löwe/Rosenberg/Gollwitzer* Rn. 9; HK-StPO/*Julius* Rn. 7.
[25] SK-StPO/*Schlüchter* Rn. 5; KK-StPO/*Schneider* Rn. 6; HK-GS/*Seebode* Rn. 6; *Löwe/Rosenberg/Gollwitzer* Rn. 8; *Meyer-Goßner* Rn. 5.
[26] *Meyer-Goßner* Rn. 6; *Löwe/Rosenberg/Gollwitzer* Rn. 11; *Joecks* Rn. 5.
[27] KK-StPO/*Schneider* Rn. 4, 8; *Meyer-Goßner* Rn. 6; *Löwe/Rosenberg/Gollwitzer* Rn. 5; SK-StPO/*Schlüchter* Rn. 4; KMR/*Paulus* Rn. 9; *Pfeiffer* Rn. 4.
[28] *Pfeiffer* Rn. 4; SK-StPO/*Schlüchter* Rn. 7; *Meyer-Goßner* Rn. 7; *Joecks* Rn. 5; KK-StPO/*Schneider* Rn. 9; *Löwe/Rosenberg/Gollwitzer* Rn. 12.
[29] HK-StPO/*Julius* Rn. 9.
[30] *Meyer-Goßner* Rn. 7; *Joecks* Rn. 5.
[31] KK-StPO/*Schneider* Rn. 9; *Löwe/Rosenberg/Gollwitzer* Rn. 13.
[32] Anw-StPO/*Sommer* Rn. 7; HK-StPO/*Julius* Rn. 9.
[33] *Löwe/Rosenberg/Gollwitzer* Rn. 13; SK-StPO/*Schlüchter* Rn. 7; KK-StPO/*Schneider* Rn. 9; *Meyer-Goßner* Rn. 7.
[34] Vgl. hierzu: § 241 Rn. 23.
[35] *Löwe/Rosenberg/Gollwitzer* Rn. 14.
[36] SK-StPO/*Schlüchter* Rn. 8.

Sechster Abschnitt. Hauptverhandlung 1–4 **§ 242**

3. Revision. Im Rahmen der **Revision** kann die rechtsfehlerhafte Anwendung des § 241a gerügt 13 werden, wobei die bereits an anderer Stelle sich aus § 238 Abs. 2 ergebenden Erfordernisse und Restriktionen zu beachten sind.[37] Weiterhin ist die Ermessensentscheidung des Vorsitzenden nach Abs. 2 S. 2 nur dahingehend überprüfbar, ob Ermessensfehler vorlagen.[38]

§ 242 [Zweifel über die Zulässigkeit von Fragen]
Zweifel über die Zulässigkeit einer Frage entscheidet in allen Fällen das Gericht.

I. Einführung

In der Vorschrift manifestiert sich in Abgrenzung zur Leitungsbefugnis des Vorsitzenden die 1 (Gesamt-)Verantwortung des erkennenden Gerichts gerade auch für die Wahrheitserforschung in der Hauptverhandlung und in diesem Zusammenhang für die Beurteilung der Zulässigkeit von Fragen.[1] Aus der Gegenüberstellung zur Leitungsbefugnis ergibt sich freilich der eingeschränkte Anwendungsbereich der Norm, nämlich in den Konstellationen, in welchen § 238 Abs. 2 nicht eingreift.[2] Denn in den Fällen, in denen Fragen von Verfahrensbeteiligten nach § 241 Abs. 2 – bzw. nach § 241a Abs. 3 iVm. § 241 Abs. 2 – vom Vorsitzenden zurückgewiesen wurden, entscheidet bereits im Rahmen einer Beanstandung das Gericht.

Mithin ist § 242 einschlägig, wenn es sich um Fragen von Berufsrichtern handelt, da insofern 2 eine Befugnis des Vorsitzenden zur Zurückweisung nicht gegeben ist;[3] des Weiteren, wenn die Zulässigkeit einer Frage des Vorsitzenden selbst von einem Verfahrensbeteiligten bezweifelt wird,[4] oder wenn der Vorsitzende bei Zweifeln über die Zulässigkeit einer Frage nicht selbst nach § 241 Abs. 2 entscheiden will.[5]

II. Gerichtliche Entscheidung über die Zulässigkeit einer Frage

Bei Zweifeln über die Zulässigkeit einer Frage entscheidet – im Rahmen des zuvor skizzierten 3 Anwendungsbereichs der Norm – das Gericht. Maßstab für die Beurteilung der Zulässigkeit bzw. Unzulässigkeit einer Frage sind ausschließlich die Kriterien nach § 241 Abs. 2,[6] sodass insbesondere für Zweckmäßigkeitserwägungen kein Raum ist.[7] Erfasst sind die Fragen aller – frage- oder nicht frageberechtigten – Fragensteller,[8] gleich ob sie an Beweis- bzw. Auskunftspersonen oder den Angeklagten gerichtet sind. Gewissermaßen korrespondierend zu diesem weiten Verständnis sind – außer dem Vorsitzenden – alle Verfahrensbeteiligten berechtigt, Fragen zu beanstanden und eine gerichtliche Entscheidung herbeizuführen.[9]

Das Gericht entscheidet durch **Beschluss**;[10] was auch für den Strafrichter als Einzelrichter gilt, 4 wenn eine von ihm gestellte Frage beanstandet wird.[11] Der Gerichtsbeschluss, der bis zum Ende der Beweisaufnahme vorliegen muss,[12] ist nach § 34 stets zu begründen;[13] bei der Zurückweisung einer Frage als unzulässig, ist eine ausführliche Begründung erforderlich.[14] Vor der gerichtlichen Entscheidung sind gem. § 33 die Prozessbeteiligten anzuhören.[15] Die Anhörung hat in der Konstellation, in welcher der Vorsitzende qua seines Wahlrechts[16] nicht selbst nach § 241 Abs. 2 ent-

---

[37] Vgl. hierzu: § 241 Rn. 24 ff.
[38] Löwe/Rosenberg/*Gollwitzer* Rn. 15; SK-StPO/*Schlüchter* Rn. 9.
[1] HK-GS/*Seebode* Rn. 1; SK-StPO/*Schlüchter* Rn. 1; Löwe/Rosenberg/*Gollwitzer* Rn. 1.
[2] Löwe/Rosenberg/*Gollwitzer* Rn. 1; Anw-StPO/*Sommer* Rn. 2; *Joecks* Rn. 1; HK-GS/*Seebode* Rn. 1; KK-StPO/*Schneider* Rn. 1; *Meyer-Goßner* Rn. 1.
[3] Vgl. oben: § 241 III 4; daneben: *Joecks* Rn. 1; HK-GS/*Seebode* Rn. 2; KK-StPO/*Schneider* Rn. 1; Löwe/Rosenberg/*Gollwitzer* Rn. 1; KMR/*Paulus* Rn. 2; HK-StPO/*Julius* Rn. 1.
[4] Löwe/Rosenberg/*Gollwitzer* Rn. 1; *Meyer-Goßner* Rn. 1; *Pfeiffer* Rn. 1; Anw-StPO/*Sommer* Rn. 2; KK-StPO/*Schneider* Rn. 1; SK-StPO/*Schlüchter* Rn. 2; *Joecks* Rn. 1; HK-StPO/*Julius* Rn. 1; aA *Dölp* NStZ 1993, 419.
[5] SK-StPO/*Schlüchter* Rn. 2; *Meyer-Goßner* Rn. 1; KK-StPO/*Schneider* Rn. 1; Löwe/Rosenberg/*Gollwitzer* Rn. 1; *Pfeiffer* Rn. 1.
[6] *Meyer-Goßner* Rn. 2; SK-StPO/*Schlüchter* Rn. 6; HK-GS/*Seebode* Rn. 4; *Pfeiffer* Rn. 2; Löwe/Rosenberg/*Gollwitzer* Rn. 5; KK-StPO/*Schneider* Rn. 1.
[7] HK-GS/*Seebode* Rn. 5; *Meyer-Goßner* Rn. 2.
[8] SK-StPO/*Schlüchter* Rn. 3; Löwe/Rosenberg/*Gollwitzer* Rn. 1.
[9] Löwe/Rosenberg/*Gollwitzer* Rn. 2; SK-StPO/*Schlüchter* Rn. 3; *Meyer-Goßner* Rn. 3.
[10] *Pfeiffer* Rn. 3; SK-StPO/*Schlüchter* Rn. 6; Löwe/Rosenberg/*Gollwitzer* Rn. 6.
[11] KK-StPO/*Schneider* Rn. 2; Löwe/Rosenberg/*Gollwitzer* Rn. 6.
[12] SK-StPO/*Schlüchter* Rn. 8; Löwe/Rosenberg/*Gollwitzer* Rn. 6.
[13] HK-GS/*Seebode* Rn. 6; SK-StPO/*Schlüchter* Rn. 8; Löwe/Rosenberg/*Gollwitzer* Rn. 6; *Meyer-Goßner* Rn. 3; einschränkend: KK-StPO/*Schneider* Rn. 4.
[14] Vgl. oben: § 241 VI 1; aber auch: SK-StPO/*Schlüchter* Rn. 8.
[15] RG v. 8. 9. 1917 – IV 531/17, RGSt 51, 215; HK-StPO/*Julius* Rn. 1; *Meyer-Goßner* Rn. 3; HK-GS/*Seebode* Rn. 4; Löwe/Rosenberg/*Gollwitzer* Rn. 3.
[16] Hierzu: HK-GS/*Seebode* Rn. 3; SK-StPO/*Schlüchter* Rn. 2.

scheiden, sondern stattdessen eine Entscheidung des Gerichts nach § 242 herbeiführen will, besondere Bedeutung. Seine Bedenken gegen die Zulässigkeit einer Frage muss er zur Wahrung des Anspruches auf rechtliches Gehör dem Fragensteller mitteilen.[17]

5 Überhaupt bietet sich mit Blick auf die Verhandlungsatmosphäre, die durch das Austragen von Differenzen über die Zulässigkeit von Fragen belastet werden kann, aber auch mit Blick auf eine gelebte Verfahrenskultur[18] an, unter den Verfahrensbeteiligten Bedenken bei einer Frage – gegebenenfalls unter kurzzeitiger Entfernung der Beweisperson aus dem Sitzungssaal – offen unter Moderation des Vorsitzenden zu diskutieren und konsensual ohne (weitere) Formalisierung des Konflikts beizulegen, indem beispielsweise eine Frage schließlich modifiziert, korrigiert oder zurückgenommen wird.[19]

6 In die **Sitzungsniederschrift** ist der Antrag des Verfahrensbeteiligten, mit welchem das Gericht zwecks Entscheidung über die Zulässigkeit einer Frage angerufen wird, aufzunehmen. Gleiches gilt für den hierauf ergehenden Gerichtsbeschluss.[20] Zumindest zweckmäßig ist es, auch die beanstandete Frage in das Protokoll aufzunehmen.

III. Rechtsbehelfe

7 Insoweit kann auf die Ausführungen zu § 241 verwiesen werden.[21]

§ 243 [Gang der Hauptverhandlung]

(1) ¹Die Hauptverhandlung beginnt mit dem Aufruf der Sache. ²Der Vorsitzende stellt fest, ob der Angeklagte und der Verteidiger anwesend und die Beweismittel herbeigeschafft, insbesondere die geladenen Zeugen und Sachverständigen erschienen sind.

(2) ¹Die Zeugen verlassen den Sitzungssaal. ²Der Vorsitzende vernimmt den Angeklagten über seine persönlichen Verhältnisse.

(3) ¹Darauf verliest der Staatsanwalt den Anklagesatz. ²Dabei legt er in den Fällen des § 207 Abs. 3 die neue Anklageschrift zugrunde. ³In den Fällen des § 207 Abs. 2 Nr. 3 trägt der Staatsanwalt den Anklagesatz mit der dem Eröffnungsbeschluß zugrunde liegenden rechtlichen Würdigung vor; außerdem kann er seine abweichende Rechtsauffassung äußern. ⁴In den Fällen des § 207 Abs. 2 Nr. 4 berücksichtigt er die Änderungen, die das Gericht bei der Zulassung der Anklage zur Hauptverhandlung beschlossen hat.

(4) ¹Der Vorsitzende teilt mit, ob Erörterungen nach den §§ 202a, 212 stattgefunden haben, wenn deren Gegenstand die Möglichkeit einer Verständigung (§ 257c) gewesen ist und wenn ja, deren wesentlichen Inhalt. ²Diese Pflicht gilt auch im weiteren Verlauf der Hauptverhandlung, soweit sich Änderungen gegenüber der Mitteilung zu Beginn der Hauptverhandlung ergeben haben.

(5) ¹Sodann wird der Angeklagte darauf hingewiesen, daß es ihm freistehe, sich zu der Anklage zu äußern oder nicht zur Sache auszusagen. ²Ist der Angeklagte zur Äußerung bereit, so wird er nach Maßgabe des § 136 Abs. 2 zur Sache vernommen. ³Vorstrafen des Angeklagten sollen nur insoweit festgestellt werden, als sie für die Entscheidung von Bedeutung sind. ⁴Wann sie festgestellt werden, bestimmt der Vorsitzende.

Übersicht

	Rn.
I. Grundsätzliches und Regelungszweck	1, 2
1. Verfahrensverlauf	1
2. Abweichungen	2–4
II. Der Gang der Hauptverhandlung	5–47
1. Beginn der Hauptverhandlung (Abs. 1)	5–12
a) Aufruf der Sache (Abs. 1 S. 1)	5–7
b) Präsenzfeststellung (Abs. 1 S. 2)	8–12
2. Zeugenentfernung und Vernehmung des Angeklagten zu persönlichen Verhältnissen (Abs. 2)	13–18
a) Zeugenentfernung (Abs. 2 S. 1, 2)	13–15
b) Vernehmung des Angeklagten zu seinen persönlichen Verhältnissen (Abs. 2 S. 3)	16–18
3. Verlesung des Anklagesatzes (Abs. 3)	19–29
a) Sinn und Zweck der Verlesung	19

---

[17] KK-StPO/*Schneider* Rn. 1; HK-GS/*Seebode* Rn. 3; Löwe/Rosenberg/*Gollwitzer* Rn. 3.
[18] Zum Topos der Prozesskultur bzw. Strafprozesskultur: BGH v. 20. 3. 2009 – 2 StR 545/08, StraFo 2009, 239 f.; *Bockemühl* StraFo 2009, 158 (160).
[19] Vgl. hierzu: SK-StPO/*Schlüchter* Rn. 8; Löwe/Rosenberg/*Gollwitzer* Rn. 4; KMR/*Paulus* Rn. 5.
[20] Löwe/Rosenberg/*Gollwitzer* Rn. 8; SK-StPO/*Schlüchter* Rn. 9.
[21] Vgl. oben § 241 Rn. 21 ff.

	Rn.
b) Umfang der Verlesung	20–24
c) Geänderte oder mangelhafte Anklage (Abs. 3 S. 2, 3)	25–29
4. Mitteilung über eine mögliche Verständigung (Abs. 4)	30, 31
a) Mitteilung über Gegenstand und wesentlichen Inhalt (Abs. 4 S. 1)	30
b) Änderungen zur Mitteilung nach S. 1 im Verlauf der Hauptverhandlung (Abs. 4 S. 2)	31
5. Vernehmung des Angeklagten zur Sache (Abs. 5)	32–47
a) Belehrung des Angeklagten (Abs. 5 S. 1)	32–36
b) Entscheidung des Angeklagten nach dem Hinweis (Abs. 5 S. 2)	37–43
c) Feststellung der Vorstrafen (Abs. 5 S. 3, 4)	44–47
III. Folgen von Verstößen/Revision	48–56
1. Verstöße gegen Abs. 1 und 2	48–51
2. Verstöße gegen Abs. 3	52–54
3. Verstöße gegen Abs. 4	55
4. Verstöße gegen Abs. 5	56–58

I. Grundsätzliches und Regelungszweck

1. Verfahrensverlauf. Die Vorschrift legt die Reihenfolge der obligatorischen Verfahrensvorgänge im ersten Rechtszug beginnend mit dem **Aufruf der Sache bis zur Beweisaufnahme** nach § 244 Abs. 1 fest.[1] § 243 dient nicht allein dem geordneten Verfahrensgang, sondern soll insbesondere sicherstellen, dass die Verhandlung auf den Angaben des Angeklagten beruht, sofern dieser nicht von seinem Schweigerecht Gebrauch macht.[2] Damit wird vor allem der Anspruch auf **rechtliches Gehör nach Art. 103 Abs. 1 GG** gesichert.[3]

2. Abweichungen. Abweichungen von der Reihenfolge der Verfahrensvorgänge sind unter Zweckmäßigkeitsgesichtspunkten möglich, wenn der Angeklagte dadurch nicht in seinem Recht beschränkt wird, sich zu den angeklagten Taten zusammenhängend zu äußern, und kein Prozessbeteiligter widerspricht.[4] Es ist die ausdrückliche – jederzeit widerrufbare[5] – **Zustimmung des Angeklagten** einzuholen und der unverteidigte Angeklagte auf den Sinn und die Folgen der Abweichung hinzuweisen.[6] Darüber hinaus kann die Zustimmung **anderer Prozessbeteiligter** notwendig sein, wenn durch die Abweichung deren Verfahrensrechte betroffen sind. Wesentliche Abweichungen sind zu protokollieren.[7]

Eine Abweichung kommt beispielsweise in Verfahren in Betracht, in denen über eine **Vielzahl von Einzeltaten** zu entscheiden ist und es daher sinnvoll erscheint, nach den allgemeinen Angaben des Angeklagten die Verhandlung auf einzelne Taten oder Tatkomplexe zu beschränken. Innerhalb dieser Verfahrensabschnitte kann nach der jeweiligen Vernehmung des Angeklagten zu der bzw. den betroffenen Taten Beweis erhoben werden.[8] Ungeachtet dessen muss dem Angeklagten vor Beginn der Beweisaufnahme jedenfalls **Gelegenheit** gegeben werden, sich zu den vorgeworfenen Taten **umfassend und im Zusammenhang zu äußern**. Nicht möglich ist daher die nur abschnittsweise Verlesung des Anklagesatzes.[9]

Sinnvoll kann es sein, einzelne bestimmte Beweismittel bereits während der Vernehmung des Angeklagten einzuführen, so die Verlesung von Urkunden, um die Aussage des Angeklagten besser nachvollziehen zu können.[10] Geht es allein um die Identifizierung des Angeklagten durch

---

[1] KK-StPO/*Schneider* Rn. 1; *Meyer-Goßner* Rn. 1.
[2] *Hanack* JZ 1972, 81 (82); KK-StPO/*Schneider* Rn. 1; SK-StPO/*Frister* Rn. 3; HK-StPO/*Julius* Rn. 1; vgl. hierzu Rn. 32.
[3] SK-StPO/*Frister* Rn. 3; aA noch BGH v. 9. 1. 1953 – 1 StR 620/52, BGHSt 3, 384 (§ 243 Abs. 2, 3 als reine Ordnungsvorschrift).
[4] BGH v. 9. 12. 1959 – 2 StR 265/59, BGHSt 13, 358 (360); BGH v. 19. 6. 1963 – 2 StR 179/63, BGHSt 19, 93 (96); BGH v. 14. 10. 1980 – 5 StR 277/80, NStZ 1981, 111; BGH v. 12. 2. 1986 – 3 StR 11/86, NStZ 1986, 370 (371); BGH v. 14. 2. 1990 – 3 StR 426/89, StV 1990, 245 = BGHR StPO § 243 Abs. 4 Äußerung 1; BGH v. 12. 12. 1990 – 3 StR 470/89, StV 1991, 148; BGH v. 12. 12. 1990 – 3 StR 470/89, NStZ 1991, 228 [M./K.]; Löwe/Rosenberg/*Becker* Rn. 2.
[5] BGH v. 14. 10. 1980 – 5 StR 277/80, NStZ 1981, 111; BGH v. 12. 2. 1986 – 3 StR 11/86, NStZ 1986, 370 (371); Löwe/Rosenberg/*Becker* Rn. 2.
[6] So *Hanack* JZ 1972, 81 (82); KK-StPO/*Schneider* Rn. 5; Löwe/Rosenberg/*Becker* Rn. 2, allerdings gegen Zustimmungserfordernis bei Punktesachen, vgl. Rn. 4; aA und allein auf ausdrücklichen Widerspruch abstellend BGH v. 9. 1. 1953 – 1 StR 620/52, BGHSt 3, 384; BGH v. 9. 12. 1959 – 2 StR 265/59, BGHSt 13, 358 (360); BGH v. 19. 6. 1963 – 2 StR 179/63, BGHSt 19, 93 (97); *Meyer-Goßner* Rn. 1.
[7] BGH v. 2. 7. 1957 – 5 StR 107/57, BGHSt 10, 342 (343) = NJW 1957, 1527; KK-StPO/*Schneider* Rn. 4; *Meyer-Goßner* Rn. 3.
[8] BGH v. 2. 7. 1957 – 5 StR 107/57, BGHSt 10, 342 = NJW 1957, 1527 (1528); BGH v. 19. 6. 1963 – 2 StR 179/63, BGHSt 19, 93 (96); *Meyer-Goßner* Rn. 2.
[9] Vgl. hierzu Rn. 21; KK-StPO/*Schneider* Rn. 3; HK-StPO/*Julius* Rn. 26; aA RG v. 30. 1. 1911 – III 830/10, RGSt 44, 312; Löwe/Rosenberg/*Becker* Rn. 39; *Häger*, GedS Meyer, 1990, S. 171 (175).
[10] BGH v. 9. 12. 1959 – 2 StR 265/59, BGHSt 13, 358 (360); BGH v. 19. 6. 1963 – 2 StR 179/63, BGHSt 19, 93 (96); Löwe/Rosenberg/*Becker* Rn. 9.

einen Zeugen, soll im Einzelfall auch vor der Einlassung des Angeklagten eine Gegenüberstellung nach § 58 Abs. 2 mit dem Zeugen vorgenommen werden können.[11]

II. Der Gang der Hauptverhandlung

1. Beginn der Hauptverhandlung (Abs. 1). a) Aufruf der Sache (Abs. 1 S. 1). Der Aufruf der Sache[12] durch den Vorsitzenden (§ 238 Abs. 1) dient der **Information** der Prozessbeteiligten und auch der Öffentlichkeit über den Beginn der Hauptverhandlung. Der Vorsitzende kann auch einen Gerichtswachtmeister oder eine Urkundsperson mit dem Aufruf beauftragen.[13]

Um der Informationsfunktion zu genügen, sollte der Aufruf daher nicht nur im Sitzungssaal sondern auch auf dem Flur zu vernehmen sein. Jedoch gilt der Aufruf der Sache nach hM **nicht als wesentliche Verfahrensförmlichkeit** nach § 273 Abs. 1 und auch nicht als wesentlicher Teil der Hauptverhandlung nach § 338 Nr. 5. Jedenfalls wird zu fordern sein, dass der Vorsitzende seinen Willen, mit der Sache zu beginnen, klar zum Ausdruck bringt[14] und nicht nur in irgendeiner Weise konkludent kundtut.[15]

An den Aufruf der Sache, also den Beginn der Hauptverhandlung, knüpft die Verfahrensordnung die Anwesenheitspflicht nach den §§ 226, 230 ff., es gilt § 261, der Öffentlichkeitsgrundsatz nach § 169 S. 1 GVG ist zu beachten und für die Einstellung wegen Prozesshindernissen muss § 260 Abs. 3 und nicht § 206 a angewendet werden.[16] Auch die §§ 222 a, 225 a stellen auf den Beginn der Hauptverhandlung ab. Will das Gericht die Sache an ein höheres Gericht verweisen, ist § 270 – statt § 255 a – anzuwenden.[17]

b) Präsenzfeststellung (Abs. 1 S. 2). Die Präsenzfeststellung dient u. a. der **Verfahrensbeschleunigung**, insbesondere etwa wenn die Verhandlung mangels Anwesenheit von Prozessbeteiligten oder Beweispersonen oder wegen fehlender Beweismittel nicht oder nicht vollständig durchgeführt werden kann. Sie stellt **keine wesentliche Förmlichkeit** und auch **keinen wesentlichen Bestandteil der Hauptverhandlung** nach § 338 Nr. 5 dar.[18] Gleichwohl wird zu Recht empfohlen, das Ergebnis der Feststellung zu protokollieren, da der Vorsitzende nach § 245 Abs. 1 an die festgestellten, konkret bezeichneten Beweismittel gebunden ist.[19]

Der Vorsitzende hat nach Aufruf der Sache festzustellen, ob der **Angeklagte** und, soweit vorhanden, sein **Verteidiger** erschienen sind und ob die **Beweismittel**, insbesondere Zeugen und Sachverständige, herbeigeschafft wurden. Darüber hinaus ist die Anwesenheit weiterer **Prozessbeteiligter**, wie etwa von Dolmetschern, Nebenklägern und gesetzlichen Vertretern festzustellen und nach § 272 Nr. 4 zu protokollieren.[20] Die Prozessbeteiligten und Beweispersonen sind nacheinander namentlich aufzurufen; die bloße Frage nach der Anwesenheit weiterer Zeugen reicht nicht aus.[21]

Auch der Name des Vertreters der Staatsanwaltschaft muss protokolliert, nicht aber vom Vorsitzenden in der Hauptverhandlung bekannt gegeben werden (§ 272 Nr. 2). Das gilt auch für die übrigen Gerichtspersonen, sofern hierdurch nicht die **Mitteilung der Gerichtsbesetzung** nach § 222 a eingeschränkt wird, die nach bzw. zugleich mit der Präsenzfeststellung erfolgt.[22] Bemerkt der Vorsitzende, dass ein Prozessbeteiligter oder eine Beweisperson, etwa wegen Trunkenheit, nicht in der Lage ist, an der Hauptverhandlung teilzunehmen, hat er auch darauf hinzuweisen und die betroffene Person als nicht erschienen zu behandeln.[23]

Der Vorsitzende hat darauf hinzuweisen, wenn Beweismittel und -personen fehlen, obwohl diese herbeigeschafft werden sollten bzw. ordnungsgemäß geladen wurden, sowie – sofern bekannt – die Gründe für die Abwesenheit zu nennen.[24] Fehlt eine der unverzichtbaren Prozessbeteiligten oder Beweispersonen, trifft das Gericht wegen des Anspruchs auf rechtliches Gehör sowie des Gebots

---

[11] Löwe/Rosenberg/*Becker* Rn. 8; KMR/*Paulus* Vor § 226 Rn. 51.
[12] BGH v. 9. 8. 2007 – 3 StR 96/07, NJW 2007, 3364, unerheblich, ob der Angeklagte erschienen ist.
[13] KK-StPO/*Schneider* Rn. 6; Löwe/Rosenberg/*Becker* Rn. 15; SK-StPO/*Frister* Rn. 6.
[14] KK-StPO/*Schneider* Rn. 7; ähnl. Anw-StPO/*Sommer* Rn. 6.
[15] KK-StPO/*Schneider* Rn. 7; SK-StPO/*Frister* Rn. 8.
[16] Vgl. KK-StPO/*Schneider* Rn. 8; Löwe/Rosenberg/*Becker* Rn. 16; SK-StPO/*Frister* Rn. 7; zu dem Entstehen der Hauptverhandlungsgebühr des Verteidigers vgl. OLG Düsseldorf v. 12. 7. 1960 – 2 Ws 230 – 231/60, NJW 1961, 133; LG Berlin v. 29. 1. 1993 – 530 Qs 3/93, StV 1994, 496 f.
[17] Löwe/Rosenberg/*Becker* Rn. 16.
[18] SK-StPO/*Frister* Rn. 12; offengelassen BGH v. 5. 2. 1972 – 2 StR 376/71, BGHSt 24, 280 (281).
[19] Meyer-Goßner Rn. 5; KK-StPO/*Schneider* Rn. 11; vgl. § 245 Rn. 11.
[20] KK-StPO/*Schneider* Rn. 9; Löwe/Rosenberg/*Becker* Rn. 19.
[21] BGH v. 5. 2. 1972 – 2 StR 376/71, BGHSt 24, 280 (282); KK-StPO/*Schneider* Rn. 9.
[22] KK-StPO/*Schneider* Rn. 12; SK-StPO/*Frister* Rn. 9; vgl. auch § 222 a Rn. 4.
[23] BGH v. 6. 10. 1970 – 5 StR 199/70, BGHSt 23, 331 (334); Löwe/Rosenberg/*Becker* Rn. 17; SK-StPO/*Frister* Rn. 10.
[24] Löwe/Rosenberg/*Becker* Rn. 19.

fairen Verfahrens eine **Wartepflicht**, wobei sich die Dauer der Wartezeit nach den Umständen des Einzelfalls richtet.[25] Dafür sind die Bedeutung der Sache, die Zumutbarkeit des Abwartens und der Grad des Interesses an der Einhaltung der Tagesordnung maßgeblich.[26] Liegt eine Erklärung für die Verspätung vor,[27] die ein Abwarten sinnvoll erscheinen lässt, wird das Gericht regelmäßig abwarten müssen, solange keine wichtigen gegenteiligen Gründe vorliegen. Ohne Entschuldigung wird für ortsansässige Personen eine Wartezeit von 15 Minuten für angemessen gehalten, sofern ein alsbaldiges Erscheinen nicht zu erwarten ist.[28] Dieser Zeitraum wird auch für den abwesenden Angeklagten oder seinen Verteidiger genannt.[29]

Erst wenn die Wartezeit verstrichen bzw. ein Abwarten ausnahmsweise nicht zumutbar ist, **12** kann das Gericht **Sanktionen** gegen die abwesende Person verhängen.[30] Kann das Verfahren ohne den Betroffenen nicht fortgesetzt werden, kommen hier neben der Verwerfung des Einspruchs nach § 412 insbesondere die Aussetzung nach § 230 Abs. 1 bei Nichterscheinen des Angeklagten oder nach § 145 Abs. 1 bei Abwesenheit des Verteidigers in Betracht. Zugleich können Zwangsmaßnahmen nach den §§ 230 Abs. 2, 51, 77 ergriffen werden. Liegen die Voraussetzungen der §§ 231 Abs. 2, 231a oder 232 vor,[31] kann trotz Abwesenheit des Angeklagten verhandelt werden.

2. Zeugenentfernung und Vernehmung des Angeklagten zu persönlichen Verhältnissen (Abs. 2). 13 a) Zeugenentfernung (Abs. 2 S. 1, 2). Die Zeugen verlassen im Anschluss an die Präsenzfeststellung und **regelmäßig gemeinsamer Belehrung** den Sitzungssaal. Die Zeugen sollen nach der Vernehmung des Angeklagten **unbeeinflusst nacheinander** (§ 58) ihre Aussage machen.[32] Weigert sich ein Zeuge, den Sitzungssaal bis zu seiner Vernehmung zu verlassen, kann der Vorsitzende die Entfernung notfalls nach § 176 GVG mit Zwang durchsetzen.[33]

Die **Pflicht, den Sitzungssaal zu verlassen,** gilt auch für zeugnisverweigerungsberechtigte Perso- **14** nen, die von Anfang an ankündigen, von diesem Recht Gebrauch machen zu wollen.[34] Ebenso haben Zuhörer, die als Zeugen in Betracht kommen,[35] bereits vernommene Zeugen, bei denen eine weitere Vernehmung absehbar ist und grundsätzlich auch Zeugenbeistände[36] den Sitzungssaal zu verlassen. Darüber hinaus gilt Abs. 2 S. 1 auch für Erziehungsberechtigte oder gesetzliche Vertreter von kindlichen Zeugen, für Ehe- und Lebenspartner, die als Beistand des Angeklagten nach § 149 anwesend sind, sowie für Vertreter der Finanzbehörde, die als Zeugen geladen sind.[37] Wird ein Zeuge trotz vorheriger Anwesenheit dennoch vernommen, ist seine mögliche Voreingenommenheit bei der Würdigung seiner Aussage zu berücksichtigen.[38]

Neben dem Nebenkläger und seinem Vertreter haben auch der Sitzungsvertreter der Staatsan- **15** waltschaft, der Verteidiger, der gesetzliche Vertreter und der Erziehungsberechtigte des Angeklagten[39] auch dann ein **Anwesenheitsrecht**, wenn sie **als Zeugen** vernommen werden sollen.[40] Ob und inwieweit der Sachverständige, der zugleich als Zeuge vernommen werden soll, an der Verhandlung teilnimmt, entscheidet der Vorsitzende nach Ermessen.[41] Der Vorsitzende kann Zeugen, die von Abs. 2 S. 1 erfasst werden, ausnahmsweise auch die Anwesenheit während der Hauptverhandlung gestatten.[42]

b) Vernehmung des Angeklagten zu seinen persönlichen Verhältnissen (Abs. 2 S. 3). Nach Ent- **16** fernung der Zeugen wird der Angeklagte zu seinen persönlichen Verhältnissen zur **Identitätsfest-**

---

[25] KK-StPO/*Schneider* Rn. 13; Löwe/Rosenberg/*Becker* Rn. 21; OLG Hamm v. 29. 5. 1974 – 4 Ss OWi 375/74, GA 1974, 346.
[26] BVerwG v. 12. 7. 1985 – 6 C 95/82, NJW 1986, 204 (206).
[27] Zu telefonisch angekündigter unverschuldeter Verspätung vgl. KG v. 19. 12. 2001 – (3) 1 Ss 149/01 (92/01), NStZ-RR 2002, 218; OLG Köln v. 13. 1. 2004 – SS 547/03 – 285, StraFo 2004, 143; vgl. auch OLG Zweibrücken v. 18. 1. 2007 – 1 Ss 188/06, VRS 112 (2007), 122.
[28] BayObLG v. 5. 8. 1959 – RReg. 1 St 433/59, NJW 1959, 2224; *Pfeiffer* Rn. 3.
[29] KK-StPO/*Schneider* Rn. 13; SK-StPO/*Frister* Rn. 11.
[30] BayObLG v. 5. 8. 1959 – RReg. 1 St 433/59, NJW 1959, 2224; OLG Hamm v. 29. 5. 1974 – 4 Ss OWi 375/74, GA 1974, 346.
[31] HK-StPO/*Julius* Rn. 3; vgl. jeweils bei §§ 231, 231a und 232.
[32] *Meyer-Goßner* Rn. 6; Abs. 2 S. 1 ergänzt insoweit § 58, vgl. Löwe/Rosenberg/*Becker* Rn. 22.
[33] *Meyer-Goßner* Rn. 7; SK-StPO/*Frister* Rn. 14.
[34] Löwe/Rosenberg/*Becker* Rn. 22.
[35] Nicht allerdings, wenn nur als Vorwand zur Entfernung unliebsamer Zuhörer vgl. BGH v. 7. 11. 2000 – 5 StR 150/00, NStZ 2001, 163 = StV 2002, 6 mAnm *Reichert*.
[36] KK-StPO/*Schneider* Rn. 15; aA Anw-StPO/*Sommer* Rn. 11.
[37] BGH v. 11. 11. 1955 – 1 StR 309/55, NJW 1956, 520 [LS.]; RG v. 21. 9. 1925 – II 482/25, RGSt 59, 353 (354); LG Dresden v. 10. 11. 1997 – 8 Ns 101 Js 44995/95, NJW 1998, 3509 (3519) = NStZ 1999, 313 mAnm *Rüping*.
[38] Vgl. SK-StPO/*Frister* Rn 15.
[39] Hier ist allerdings die Einschränkung des § 51 Abs. 2 bis 5 JGG zu beachten.
[40] BGH v. 24. 10. 2007 – 1 StR 480/07, NStZ 2008, 353 f. (zum Staatsanwalt); Löwe/Rosenberg/*Becker* Rn. 23; *Meyer-Goßner* Rn. 8.
[41] BGH v. 12. 2. 1998 – 1 StR 588/97, NJW 1998, 2458 (2460) = StV 1999, 463 mAnm *Zieschang*; gegen die Anwendung von Abs. 2 S. 1 auf Sachverständige KK-StPO/*Schneider* Rn. 16; Löwe/Rosenberg/*Becker* Rn. 29.
[42] *Meyer-Goßner* Rn. 9; *Pfeiffer* Rn. 4.

stellung iSv. § 111 Abs. 1 OWiG befragt,[43] so dass er insoweit zu Angaben verpflichtet ist.[44] Die Vernehmung soll aber auch helfen festzustellen, ob **Prozesshindernisse** wie etwa die Verhandlungsunfähigkeit des Angeklagten vorliegen und ob der Angeklagte tatsächlich in der Lage ist, sich selbst zu verteidigen.[45]

17 Zu den **persönlichen Verhältnissen** gehören die Angaben über die Personalien, also der Name, Geburtsname, Geburtstag und -ort, der Familienstand und Wohnort. Nicht dazu gehören alle darüber hinausgehenden Angaben, welche die Schuld- und Rechtsfolgenfrage betreffen können, wie Beruf, wirtschaftliche Verhältnisse oder auch Vorstrafen des Angeklagten. Sie sind Teil der Vernehmung zur Sache nach Abs. 4[46] und unterfallen somit dem Schweigerecht des Angeklagten.[47] Auch Angaben zu den Personalien selbst werden dann von Abs. 4 erfasst, wenn diese, wie zB der Wohnort bei Halterfeststellungen, ausnahmsweise schuld- oder strafzumessungsrelevant sind.[48] Das Gericht muss anhand der Umstände des Einzelfalls also stets zu der Vernehmung zur Sache nach Abs. 4 abgrenzen. Bestehen Zweifel, ist der Angeklagte bereits zu diesem Zeitpunkt über sein Schweigerecht zu belehren.[49]

18 Verweigert sich der Angeklagte, muss der Vorsitzende die Identitätsfeststellung mit Hilfe anderer Erkenntnisquellen vornehmen, etwa im Freibeweisverfahren anhand des Akteninhalts.[50] Wegen der Selbstbelastungsfreiheit des Angeklagten zu verneinen ist die streitige Frage, ob die Weigerung nach § 111 OWiG bußgeldbewehrt ist.[51] Die Vernehmung ist als **wesentlicher Bestandteil der Hauptverhandlung** nach § 273 zu protokollieren und erfordert im Fall notwendiger Verteidigung die Anwesenheit des Verteidigers.[52]

19 **3. Verlesung des Anklagesatzes (Abs. 3). a) Sinn und Zweck der Verlesung.** Die Verlesung des Anklagesatzes iSv § 200 Abs. 1 S. 1 durch den Vertreter der Staatsanwaltschaft hat eine **Informationsfunktion** insbesondere für die (Laien-)Richter, die an der Hauptverhandlung teilnehmen, den Anklagesatz aber noch nicht kennen.[53] Die Verlesung dient der Wahrung des **Öffentlichkeitsgrundsatzes**.[54] Auch die übrigen Prozessbeteiligten sollen über den Tatvorwurf in Kenntnis gesetzt werden, um ihr Prozessverhalten entsprechend ausrichten zu können.[55] Dem Angeklagten soll verdeutlicht werden, welche Taten ihm im Einzelnen zur Last gelegt werden.[56] Daher wird davon ausgegangen, die Verlesung beruhe auf dem Grundsatz fairen Verfahrens.[57] Bei der Verlesung handelt es sich um einen **wesentlichen Bestandteil des Verfahrens** nach § 338 Nr. 5, der stets zu protokollieren ist und von dem unter keinen Umständen abgesehen werden kann.[58] Eine Ausnahme soll lediglich für (Extrem-)Fälle gelten, etwa in der Anklageschrift enthaltene seitenlange Tabellen, so dass teilweise nach § 249 Abs. 2 verfahren werden[59] und ein zusammenfassender mündlicher Vortrag durch den Sitzungsvertreter der Staatsanwaltschaft ausreichen soll.[60]

20 **b) Umfang der Verlesung.** Die Verlesung findet nach der Vernehmung des Angeklagten zu seinen persönlichen Verhältnissen und vor seiner Vernehmung zur Sache statt. Bei einer Verlesung nach dem Sachvortrag muss die Vernehmung zur Sache vollständig wiederholt werden.[61] Wurde die An-

---

[43] BGH v. 18. 1. 1984 – 2 StR 419/83, StV 1984, 190 (192); BayObLG v. 25. 11. 1983 – 2 Ob OWi 302/83, MDR 1984, 336; KK-StPO/*Schneider* Rn. 18; Löwe/Rosenberg/*Becker* Rn. 31.
[44] Vgl. OLG Hamm v. 23. 10. 2007 – 3 Ss OWi 561/07, NStZ-RR 2008, 87, Vorlage des Personalausweises reicht nicht.
[45] KK-StPO/*Schneider* Rn. 18; *Meyer-Goßner* Rn. 11; SK-StPO/*Frister* Rn. 23; vgl. zu den Anforderungen an die Fähigkeit des Angeklagten, sich zu verteidigen § 140 Rn. 31.
[46] BayObLG v. 3. 2. 1971 – RReg 7 St 8/71 a, b, MDR 1971, 775; BayObLG v. 28. 8. 1980 – 1 Ob OWi 294/80, NJW 1981, 1385 = StV 1981, 12; KK-StPO/*Schneider* Rn. 18.
[47] BayObLG v. 28. 8. 1980 – 1 Ob OWi 294/80, NJW 1981, 1385 = StV 1981, 12; OLG Köln v. 20. 9. 1988 – Ss 346/88 – 351, NStZ 1989, 44; Löwe/Rosenberg/*Becker* Rn. 35, 43; SK-StPO/*Frister* Rn. 25; *Meyer-Goßner* Rn. 12; *Seebode* MDR 1970, 185 (186).
[48] BayObLG v. 28. 8. 1980 – 1 Ob OWi 294/80, NJW 1981, 1385; HK-StPO/*Julius* Rn. 7.
[49] KK-StPO/*Schneider* Rn. 19.
[50] BGH v. 18. 1. 1984 – 2 StR 419/83, StV 1984, 190 (192); BGH v. 10. 12. 1985 – 1 StR 569/85, StV 1986, 287 [LS.]; Löwe/Rosenberg/*Becker* Rn. 36.
[51] So auch SK-StPO/*Frister* Rn. 27; HK-StPO/*Julius* Rn. 8; aA OLG Düsseldorf v. 25. 3. 1970 – 2 Ss 20/70, NJW 1970, 1888 (1889).
[52] BGH v. 30. 3. 1983 – 2 StR 173/82, StV 1983, 323 [LS.]; OLG Köln v. 20. 9. 1988 – Ss 346/88 – 351, NStZ 1989, 44; Löwe/Rosenberg/*Becker* Rn. 28.
[53] KK-StPO/*Schneider* Rn. 20; HK-StPO/*Julius* Rn. 9.
[54] BGH v. 28. 4. 2006 – 2 StR 174/05, NStZ 2006, 649 (650).
[55] BGH v. 15. 12. 1981 – 1 StR 724/81, NJW 1982, 1057; zum Eröffnungsbeschluss BGH v. 9. 12. 1955 – 2 StR 348/55, BGHSt 8, 283 (284) = NJW 1956, 354; *Meyer-Goßner* Rn. 13; SK-StPO/*Frister* Rn. 30.
[56] BGH v. 11. 8. 2006 – 3 StR 284/05, NJW 2006, 3582 (3586); *Krekeler* NStZ 1995, 299; SK-StPO/*Frister* Rn. 29.
[57] BVerfG v. 2. 10. 2003 – 2 BvR 149/03, NJW 2004, 1443.
[58] BGH v. 17. 7. 1973 – 1 StR 298/73, MDR 1974, 365 (368) [D.]; OLG Hamm v. 8. 4. 1999 – 2 Ss 1425/98, NStZ-RR 1999, 276; SK-StPO/*Frister* Rn. 30 f.
[59] LG Mühlhausen v. 16. 6. 2006 – 500 Js 53638/05 – 6 KLs, NStZ 2007, 358 mAnm *Wilhelm*; *Meyer-Goßner* Rn. 13; vgl. auch BGH v. 28. 5. 1990 – 4 StR 200/90, NStZ 1991, 28 [M./K.].
[60] *Wilhelm* NStZ 2007, 358 (360).
[61] BGH v. 22. 10. 1974 – 1 StR 493/74, MDR 1975, 368 [D.].

klageschrift unverändert zugelassen, ist bei der Verlesung des Anklagesatzes der Begriff Angeschuldigter durch Angeklagter zu ersetzen.[62] Ebenso wenig wie das wesentliche Ergebnis der Ermittlungen sind weitere Angaben über den Anklagesatz hinaus zu verlesen, wie etwa zur U-Haft oder zur Sicherstellung von Gegenständen etc.[63] Nicht notwendig, aber auch nicht schädlich, ist die Verlesung des Eröffnungsbeschlusses oder der persönlichen Daten des Angeklagten aus der Anklageschrift.[64]

21 Die unterbliebene Verlesung kann nicht geheilt werden und der **Anklagesatz** muss immer **vollständig**, ohne Unterbrechungen vorgetragen werden; eine „stückweise" Verlesung ist auch in sog. Punktesachen nicht zulässig.[65] In diesen Fällen kann es sich empfehlen, die jeweiligen Abschnitte zu den Taten erneut zu verlesen, wenn diese nacheinander verhandelt werden sollen.[66] Wurden **mehrere Sachen** miteinander **verbunden**, sind die Anklagesätze vollständig hintereinander zu verlesen. Anderes soll nach jüngster Rechtsprechung aber dann gelten, wenn die Anklagesätze weitgehend wörtlich identisch sind und dies für die Prozessbeteiligten und die Öffentlichkeit eindeutig ist.[67]

22 Bei **ausländischen Angeklagten** reicht es aus, wenn diesen eine übersetzte Abschrift der Anklageschrift übergeben wird, die nicht verlesen werden muss, wenn der Angeklagte lesen kann.[68] Auch den **Schöffen** kann eine Abschrift des Anklagesatzes – ohne das wesentliche Ergebnis der Ermittlungen – nach der Verlesung ausgehändigt werden.[69]

23 Bei **neuer Verhandlung** nach Aussetzung (§ 228), Wiederaufnahme (§ 373 Abs. 1) oder Zurückverweisung durch das Revisionsgericht (§§ 328 Abs. 2, 354 Abs. 2 und 3) wird der Anklagesatz erneut, aber unter Berücksichtigung von Einschränkungen oder Erweiterungen des Verfahrensgegenstandes (§§ 154a Abs. 2 und 3, 328 Abs. 2), verlesen.[70] Im Fall der Verweisung nach § 270 wird regelmäßig der Verweisungsbeschluss verlesen.[71] Ebenso wird beim **Verweisungsbeschluss** des Berufungs- und Revisionsgerichts nach § 328 Abs. 2 bzw. § 355 verfahren, oder wenn ein Übernahmebeschluss nach § 225a Abs. 1 S. 2 vorliegt.[72]

24 In **besonderen Verfahren** wird dem Strafverfahren entsprechend vorgegangen: Beim Einspruch gegen einen **Strafbefehl** ist der Anklagesatz des Strafbefehls ohne die Rechtsfolge zu verlesen.[73] Nach Einspruch gegen einen Bußgeldbescheid wird der darin enthaltene Anklagesatz, auch hier ohne Rechtsfolge, durch den Staatsanwalt oder, falls nicht vorhanden, durch den Vorsitzenden verlesen.[74] Dieser verliest auch den Eröffnungsbeschluss in **Privatklageverfahren**.[75] Bei Sicherungsverfahren ist die Antragsschrift nach § 414 Abs. 2 S. 2 zu verlesen.[76]

25 c) **Geänderte oder mangelhafte Anklage (Abs. 3 S. 2, 3).** Wenn das Gericht die Anklage mit Änderungen zugelassen hat, ist bei der Verlesung des geänderten Anklagesatzes zu differenzieren, ob eine neue Anklageschrift iSv § 207 Abs. 3 erlassen wurde oder ob das Gericht die Anklage mit einer abweichenden rechtlichen Würdigung nach § 207 Abs. 2 Nr. 3 zugelassen hat.

26 Liegt eine **neue Anklageschrift** nach § 207 Abs. 3 vor, hat der Sitzungsvertreter der Staatsanwaltschaft den neuen Anklagesatz zu verlesen. Auch bei Änderungen nach § 207 Abs. 3 Nr. 4 hat der Staatsanwalt den nach § 154a ausgeschiedenen oder wiedereinbezogenen Gesetzesverstoß bei der Verlesung zu berücksichtigen.[77]

27 Hat das Gericht die Anklage mit **abweichender rechtlicher Würdigung** nach § 207 Abs. 2 Nr. 3 zugelassen, trägt der Sitzungsvertreter der Staatsanwaltschaft den Anklagesatz unter Berücksichtigung der neuen rechtlichen Würdigung vor. Da in diesen Fällen die Anklageschrift nicht neu erlassen wird, kann der Anklagesatz nicht verlesen werden, sondern es ist ein entsprechender mündlicher Vortrag erforderlich, wobei es der Staatsanwaltschaft frei steht, den Vortrag schriftlich vorzubereiten und dann zu verlesen.[78] Macht der Staatsanwalt von der Möglichkeit Gebrauch, seine eigene Rechtsauffassung darzulegen, sollte dies möglichst klar und knapp ausfallen,

---

[62] *Rautenberg* NStZ 1985, 256 (257); SK-StPO/*Frister* Rn. 33.
[63] Löwe/Rosenberg/*Becker* Rn. 40; HK-StPO/*Julius* Rn. 10.
[64] BGH v. 10. 12. 1997 – 3 StR 250/97, NStZ 1998, 264; Löwe/Rosenberg/*Becker* Rn. 40.
[65] AA RG v. 30. 1. 1911 – III 830/10, RGSt 44, 312 (313).
[66] *Meyer-Goßner* Rn. 13; SK-StPO/*Frister* Rn. 32.
[67] BGH v. 19. 2. 2008 – 1 StR 596/07, NStZ 2008, 351.
[68] BVerfG v. 2. 10. 2003 – 2 BvR 149/03, NStZ 2004, 214 (215); *Pfeiffer* Rn. 7; *Meyer-Goßner* Rn. 13.
[69] BGH v. 17. 11. 1958 – 2 StR 188/58, BGHSt 13, 73 (75); *Häger*, GedS Meyer, S. 171 (172 f.); *Meyer-Goßner* Rn. 13.
[70] KK-StPO/*Schneider* Rn. 28; SK-StPO/*Frister* Rn. 38.
[71] Vgl. BGH v. 30. 11. 1971 – 5 StR 510/71, MDR 1972, 384 (387) [D.].
[72] SK-StPO/*Frister* Rn. 37; Verlesung des Anklagesatzes bei unveränderter Zulassung der Anklageschrift vgl. Löwe/Rosenberg/*Becker* Rn. 49.
[73] BayObLG v. 30. 5. 1961 – RevReg. 4 St 147/61, BayObLGSt 1961, 143 (144); KK-StPO/*Schneider* Rn. 21; Löwe/Rosenberg/*Becker* Rn. 48.
[74] SK-StPO/*Frister* Rn. 36; Löwe/Rosenberg/*Becker* Rn. 48; *Pfeiffer* Rn. 7.
[75] SK-StPO/*Frister* Rn. 36.
[76] *Pfeiffer* Rn. 6.
[77] Löwe/Rosenberg/*Becker* Rn. 43.
[78] HK-StPO/*Julius* Rn. 10.

um Missverständnisse bei den Prozessbeteiligten und Zuhörern zu vermeiden. Zudem sollte der Staatsanwalt anregen, einen entsprechenden Hinweis nach § 265 zu erteilen.[79]

28 Ist die Anklageschrift mit **Mängeln** behaftet, können diese grundsätzlich noch in der Hauptverhandlung geheilt werden,[80] solange die Anklageschrift wenigstens noch ihre **Umgrenzungsfunktion** erfüllt und Anklage und Eröffnungsbeschluss daher wirksam sind.[81] Anderenfalls muss das Verfahren nach § 260 Abs. 3 eingestellt werden.[82] Bei Mängeln, die sich nur auf die **Informationsfunktion** auswirken, ist eine Heilung möglich, indem der Staatanwalt selbst oder der Vorsitzende im Rahmen seiner Fürsorgepflicht eventuelle Unklarheiten beseitigt. Solche ergänzenden Erklärungen sind stets als wesentliche Förmlichkeit zu protokollieren.[83]

29 Auch wenn dies gesetzlich nicht ausdrücklich vorgesehen ist, darf grundsätzlich auch der Verteidiger eine **Gegenerklärung** (oder auch „Eingangs-Statement") zum Anklagesatz abgeben, sofern dies mit dem Sachlichkeitsgebot vereinbar und keine Vorwegnahme des Plädoyers ist.[84] Die hM geht davon aus, dass der Verteidiger hierauf keinen Anspruch habe,[85] allerdings ist dies bei den genannten Einschränkungen nicht einsichtig.[86]

30 4. Mitteilung über eine mögliche Verständigung (Abs. 4). a) Mitteilung über Gegenstand und wesentlichen Inhalt (Abs. 4 S. 1). Für den Fall, dass – ob mit dem Gericht oder der Staatsanwaltschaft – Erörterungen zur Verständigung im Strafverfahren stattgefunden haben, so sind durch Mitteilung des Vorsitzenden der Gegenstand dieser Erörterungen und deren wesentlicher Inhalt in die Hauptverhandlung einzuführen. Den Gegenstand der Mitteilung bildet jede Art von Diskurs und Erörterung, deren **Ziel eine verständige Beendigung des Verfahrens** darstellte. Als wesentlicher Inhalt ist alles das wiederzugeben, was von allen Seiten in die Gespräche zum Abschluss des Verfahrens eingebracht worden war, auch dann, wenn es sich dabei nicht um konkrete, in der Verständigung selbst zwingend wiederzugebende Inhalte handelt, so beispielsweise Teileinstellungen nach §§ 154, 154a, Strafmaßobergrenzen und Vereinbarungen zum Umfang der Beweisaufnahme. Die Pflicht des Vorsitzenden, über Verständigungsgespräche zu unterrichten, besteht unabhängig davon, ob die formalen Vorschriften der §§ 202a, 212 StPO eingehalten wurden und auch unabhängig davon, ob sie erfolgreich waren.[87] Soweit dies für die Transparenz in der Hauptverhandlung notwendig ist – etwa weil eine Dokumentation hierzu in den Akten fehlt – hat der Vorsitzende sich dazu auch bei den Verfahrensbeteiligten (Staatsanwalt, Verteidiger) zu unterrichten. Die Mitteilung der Gespräche und deren Ergebnisse ist **wesentliche Förmlichkeit des Verfahrens** und als solche zu Protokoll zu nehmen.

31 b) Änderungen zur Mitteilung nach S. 1 im Verlauf der Hauptverhandlung (Abs. 4 S. 2). Mit der Verpflichtung, Änderungen zum Stand der Verständigungsbemühungen der Verfahrensbeteiligten im Verlauf der Hauptverhandlung jeweils aktuell einzubringen, soll gewährleistet sein, dass alle weiteren, **auch außerhalb der Hauptverhandlung geführten** fortsetzenden Verständigungsgespräche in der Hauptverhandlung transparent werden. Sollten Äußerungen oder Prozesshandlungen der Prozessbeteiligten während der Hauptverhandlung Anlass dazu geben, hat der Vorsitzende sich durch Nachfrage bei diesen zu unterrichten und gegebenenfalls die außerhalb der Hauptverhandlung geführten Gespräche und deren Inhalt zu Protokoll mitzuteilen.[88]

32 5. Vernehmung des Angeklagten zur Sache (Abs. 5). a) Belehrung des Angeklagten (Abs. 5 S. 1). Die Belehrung über das Schweigerecht bzw. beim nach § 234 abwesenden Angeklagten der Hinweis an den Verteidiger[89] und auch die gegebenenfalls vorhandene Bereitschaft des Angeklagten auszusagen, sind als **wesentliche Bestandteile der Hauptverhandlung** stets zu protokollieren.[90]

---

[79] Löwe/Rosenberg/*Becker* Rn. 44.
[80] BGH v. 27. 3. 1979 – 5 StR 836/79, NStZ 1981, 93 (95) [Pf.].
[81] BGH v. 3. 5. 1972 – 3 StR 49/72, GA 1973, 111 (112); BGH v. 28. 4. 2006 – 2 StR 174/05, NStZ 2006, 649; SK-StPO/*Frister* Rn. 39.
[82] BGH v. 15. 12. 1953 – 5 StR 294/53, BGHSt 5, 225 (227); BGH v. 22. 2. 1957 – 1 StR 564/56, BGHSt 10, 137 (139, 141); BGH v. 28. 1. 1986 – 1 StR 646/85, NStZ 1986, 275 (276); OLG Karlsruhe v. 22. 9. 1992 – 3 Ss 31/92, NStZ 1993, 147; KK-StPO/*Schneider* Rn. 31.
[83] BGH v. 3. 5. 1972 – 3 StR 49/72, GA 1973, 111 (112); BGH v. 15. 11. 1983 – 5 StR 657/83, NStZ 1984, 133; Krause/Thon StV 1985, 252 (256); *Meyer-Goßner* Rn. 18.
[84] BVerfG v. 10. 7. 1996 – 1 BvR 873/94, NJW 1996, 3268; aA *Meyer-Goßner* Rn. 29.
[85] So KK-StPO/*Schneider* Rn. 32 mN; vgl. zum Streitstand SK-StPO/*Frister* Rn. 41.
[86] *Dahs*, FS Odersky, 1996, S. 317 (329); *Hammerstein*, FS Salger, 1995, S. 293 (296, 299) de lege ferenda; HK-StPO/*Julius* Rn. 5.
[87] *Meyer-Goßner* Rn. 18 a.
[88] Vgl. *Meyer-Goßner* Rn. 18 c.
[89] BayObLG v. 18. 11. 1982 – 1 Ob OWi 237/82, MDR 1983, 429 (430); SK-StPO/*Frister* Rn. 45.
[90] Sonst gilt die Aussage als nicht durchgeführt, vgl. BGH v. 14. 2. 1990 – 3 StR 426/89, StV 1990, 245; BGH v. 13. 12. 1990 – 4 StR 519/90, BGHSt 37, 260 (262); BGH v. 13. 9. 1991 – 3 StR 338/91, NStZ 1992, 49; BayObLG v. 1. 7. 1953 – RevReg. 1 St 113/53, MDR 1953, 755 (756); OLG Hamburg v. 22. 3. 1966 – 2 Ss 18/66, JR 1966, 308 (309); Löwe/Rosenberg/*Becker* Rn. 58.

Die Vernehmung zur Sache dient der Wahrheitsfindung und folgt aus dem Anspruch auf **rechtliches Gehör** nach Art. 103 Abs. 1 GG. Der Angeklagte soll selbst aktiv auf das Verfahren Einfluss nehmen und sich effektiv verteidigen können.[91] Die Hinweispflicht entspringt der **Fürsorgepflicht** des Gerichts und soll gewährleisten, dass der Angeklagte überhaupt in die Lage versetzt wird, darüber entscheiden zu können, ob er aussagen will.[92]

Auch Verfalls- und Einziehungsberechtigte, Erziehungsberechtigte nach § 433 Abs. 1 oder die Vertreter von juristischen Personen oder Personenvereinigungen nach § 444 Abs. 2 sind zu belehren. Den Hinweis kann allein der Vorsitzende erteilen; er darf diese Aufgabe nicht delegieren.[93]

Die Belehrung über das Schweigerecht ist der Vernehmung zur Sache vorgelagert und **kein Bestandteil der Vernehmung**. Sie stellt die unverzichtbare Voraussetzung zur Vernehmung als Ausfluss des Grundsatzes fairen und die Menschenwürde achtenden Verfahrens und vor allem des nemo-tenetur-Grundsatzes[94] dar. Damit ist sichergestellt, dass sich der Angeklagte dessen bewusst ist, nicht an seiner eigenen Überführung mitwirken zu müssen und dass ihm der Gebrauch seines Schweigerechts nicht angelastet werden kann. Nur dann kann der Angeklagte frei entscheiden, ob er Angaben machen will oder nicht.[95]

Der Hinweis kann **mehreren Angeklagten** gleichzeitig erteilt werden und auch in der Formulierung ist der Vorsitzende weitgehend frei, solange er die freie Entscheidung über die Aussage oder Beantwortung einzelner Fragen unmissverständlich klar macht.[96] Ob der Angeklagte bereits im Lauf des Ermittlungsverfahrens belehrt wurde, hat keinen Einfluss auf die Belehrungspflicht.[97]

Ist fehlerhaft belehrt worden, muss eine **qualifizierte Belehrung** stattfinden, bei welcher der Angeklagte auf die Unverwertbarkeit der früheren Aussage hingewiesen werden muss.[98] Dies folgt aus der Bedeutung des Schweigerechts als unmittelbarer Ausfluss tragender Prozessgrundsätze.[99]

b) Entscheidung des Angeklagten nach dem Hinweis (Abs. 5 S. 2). Vor der Belehrung über sein Recht zu schweigen darf der Angeklagte nicht dazu veranlasst werden, auf irgendeine Art, etwa durch Nicken oder Kopfschütteln, kundzutun, ob er die vorgeworfenen Taten begangen hat.[100]

Wurde der Hinweis erteilt und hat sich der Angeklagte erklärt, ob er Angaben machen will, sind direkt im Anschluss daran mögliche **Einwände** gegen die sachliche oder örtliche Zuständigkeit oder die vorschriftswidrige Besetzung des Gerichts nach § 222 b Abs. 1 S. 1 zu erheben.[101] Ab dem Zeitpunkt der Erklärung des Angeklagten, ob er Angaben machen will und gegebenenfalls seiner Vernehmung zur Sache kann nach **§ 231 Abs. 2** auch ohne den Angeklagten weiter verhandelt werden.

Entscheidet sich der Angeklagte zu **schweigen**, dürfen hieraus keine für ihn nachteiligen Schlüsse gezogen werden,[102] wobei bei einem nur teilweisen Schweigen zu differenzieren ist.[103] Der Angeklagte kann innerhalb der Hauptverhandlung jederzeit seine **Entscheidung ändern**. Hat er allerdings zuvor Angaben gemacht und entscheidet sich im Lauf der Verhandlung doch zu schweigen, bleiben seine Angaben gleichwohl verwertbar.[104] Will der zunächst schweigende Angeklagte doch Angaben zur Sache machen, ist die Vernehmung so schnell wie möglich nachzuholen.[105]

---

[91] Vgl. BGH v. 19. 6. 1963 – 2 StR 179/63, BGHSt 19, 93 (97); BGH v. 14. 10. 1980 – 5 StR 277/80, NStZ 1981, 111; *Eisenberg/Pincus* JZ 2003, 397; *Meyer-Mews* JR 2003, 361; SK-StPO/*Frister* Rn. 51 mwN.
[92] BGH v. 14. 5. 1974 – 1 StR 366/73, BGHSt 25, 325 (330) = NJW 1974, 1570 (1571); *Hegmann* Anm. zu BGH v. 14. 5. 1974 – 1 StR 366/73, NJW 1975, 915; KK-StPO/*Schneider* Rn. 33.
[93] Löwe/Rosenberg/*Becker* Rn. 57; HK-StPO/*Julius* Rn. 13.
[94] BVerfG v. 8. 10. 1974 – 2 BvR 747/73, BVerfGE 38, 105 (113); BVerfG v. 22. 10. 1980 – 2 BvR 1172, 1238/79, BVerfGE 55, 144 (150); BVerfG v. 8. 1. 1981 – 2 BvR 873/80, BVerfGE 56, 37 (43); BVerfG v. 15. 12. 1983 – 1 BvR 209, 269, 362, 420, 440, 484/83, BVerfGE 65, 1 (46); BVerfG v. 21. 4. 1993 – 2 BvR 930/92, NStZ 1993, 482; BGH v. 16. 5. 1954 – 1 StR 578/53, BGHSt 5, 332 (334) Schutz der Entschließungsfreiheit; BGH v. 14. 5. 1974 – 1 StR 366/73, BGHSt 25, 330; BGH v. 27. 2. 1992 – 5 StR 190/91, BGHSt 38, 214 (220); *Dingeldey* JA 1994, 407; *Verrel* NStZ 1997, 361 (415 ff.).
[95] Vgl. BGH v. 14. 5. 1974 – 1 StR 366/73, BGHSt 25, 325 (330).
[96] BGH v. 5. 4. 1966 – 1 StR 26/66, NJW 1966, 1718 (1719); KK-StPO/*Schneider* Rn. 34.
[97] BGH v. 14. 5. 1974 – 1 StR 366/73, BGHSt 25, 325 (332); BGH v. 7. 6. 1983 – 5 StR 409/81, BGHSt 31, 395 (399); OLG Stuttgart v. 16. 8. 1974 – 3 Ss 169/73, NJW 1975, 703 (704).
[98] Ausführlich *Geppert*, GedS Meyer, 1990, S. 93 ff.
[99] Vgl. BGH v. 15. 5. 1968 – 2 StR 5/68, BGHSt 22, 129 (135); BGH v. 22. 2. 1978 – 2 StR 334/77, BGHSt 27, 355 (358); BGH v. 24. 8. 1988 – 3 StR 129/88, BGHSt 35, 328 (332); aA *Degener* GA 1992, 443 (449); *Neuhaus* NStZ 1997, 312 (315); *Schünemann* MDR 1969, 101 (102 f.).
[100] BGH v. 9. 3. 1988 – 3 StR 567/87, StV 1988, 281 = NStZ 1988, 85; *Meyer-Goßner* Rn. 25.
[101] KK-StPO/*Schneider* Rn. 52; HK-StPO/*Julius* Rn. 14.
[102] BGH v. 26. 10. 1965 – 5 StR 415/65, BGHSt 20, 281 (282 f.); BGH v. 25. 10. 1968 – 4 StR 398/68, GA 1969, 307 (308); BGH v. 15. 10. 1970 – 4 StR 326/70, MDR 1971, 15 (18) [D.]; BGH v. 11. 5. 1983 – 2 StR 238/83, NStZ 1984, 16 [Pf./M.]; OLG Zweibrücken v. 17. 10. 1985 – 1 Ss 188/85, StV 1986, 290; OLG Stuttgart 15. 1. 1986 – 1 Ss (25) 845/85, NStZ 1986, 182.
[103] Zur Verwertbarkeit von Teilschweigen BGH v. 5. 11. 1980 – 2 StR 488/80, StV 1981, 56 mAnm *Schlothauer*; *Miebach* NStZ 2000, 234.
[104] SK-StPO/*Frister* Rn. 50; KK-StPO/*Schneider* Rn. 53.
[105] BGH v. 12. 2. 1986 – 3 StR 11/86, NStZ 1986, 370 (371); Löwe/Rosenberg/*Becker* Rn. 63.

40 Gegenstand der Vernehmung zur Sache ist der verlesene **Anklagesatz**.[106] Jedem (Mit-)Angeklagten muss Gelegenheit gegeben werden, sich zu den ihm vorgeworfenen Taten zu äußern, Verdachtsmomente zu beseitigen und die ihn entlastenden Tatsachen geltend machen zu können.[107] Zur Vernehmung gehören die äußeren und inneren Tatumstände sowie Angaben des Angeklagten zu seinem Verhältnis zu noch zu vernehmenden Belastungszeugen.[108] Neben dem geschichtlichen Vorgang, den die Anklageschrift behandelt, sind dabei auch die Umstände zu erörtern, die für die Strafzumessung von Bedeutung sein können. Hierzu zählen insbesondere auch die Informationen, die bei der Vernehmung zu den persönlichen Verhältnissen noch außen vor geblieben sind, wie zB die wirtschaftlichen Verhältnisse oder der Beruf des Angeklagten.[109]

41 Dem Angeklagten muss Gelegenheit gegeben werden, sich **umfassend und im Zusammenhang** zu den ihm zur Last gelegten Taten zu äußern und das Gericht hierdurch zu veranlassen, bei der Beweisaufnahme die von ihm geltend gemachten Umstände hinreichend zu berücksichtigen.[110] Selbst wenn ausnahmsweise vom gesetzlich vorgegebenen Verfahrensablauf abgewichen wird, muss der Angeklagte dennoch vor Verhandlung der einzelnen Abschnitte oder Taten Gelegenheit haben, sich dazu im Zusammenhang äußern zu können. Der Vorsitzende darf den Angeklagten zwar auf offene Fragen oder auch Widersprüche bei der Aussage hinweisen, ihm hierdurch aber nicht die zusammenhängende Äußerung unmöglich machen.[111] Macht der Angeklagte (bewusst) falsche Angaben, hat dies für ihn grundsätzlich keine Konsequenzen.

42 Regelmäßig erfolgt die Einlassung des Angeklagten **mündlich**.[112] Dazu darf der Angeklagte Notizen verwenden, und zwar unabhängig davon, ob es sich um komplizierte Vorgänge handelt oder er zu einer Erklärung ohne weitere Abschweifungen sonst nicht in der Lage wäre.[113] Die **Verlesung einer Verteidigungsschrift** ist jedenfalls dann zulässig, wenn diese zweifelsfrei auf den Angeklagten zurückgeht und er sich sonst nicht (oder nicht anders) äußern will.[114] Dies muss auch für vollständig vorformulierte Angaben gelten.[115] Äußert der Angeklagte sich nicht über die verlesene Verteidigungsschrift hinaus, kann das Gericht dies jedoch als Teilschweigen bewerten.[116]

43 Da die Vernehmung weniger eine höchstpersönliche Sache ist,[117] als vielmehr der aktiven Verteidigung des Angeklagten dient, kann auch der **Verteidiger für den Angeklagten** die Einlassung zur Sache abgeben, wenn der Angeklagte sich diese ausdrücklich zu eigen macht.[118] Das muss jedenfalls dann gelten, wenn der Verteidiger eine vorbereitete Erklärung im Einverständnis des Angeklagten für diesen verliest.[119] Es handelt sich dann auch nicht um eine Urkundenverlesung nach § 249, sondern um die mündliche Einlassung des Angeklagten.[120]

---

[106] KK-StPO/*Schneider* Rn. 41; *Meyer-Goßner* Rn. 29.
[107] RG v. 3. 2. 1911 – II 1117/10, RGSt 44, 284 (285); BGH v. 25. 9. 1951 – 1 StR 390/51, BGHSt 1, 322 (323); BGH v. 14. 10. 1980 – 5 StR 277/80, StV 1982, 457 (458); BGH v. 14. 2. 1990 – 3 StR 426/89, StV 1990, 245; Löwe/Rosenberg/*Becker* Rn. 65.
[108] BGH v. 14. 10. 1980 – 5 StR 277/80, BGH StV 1982, 457 (458).
[109] Vgl Rn. 17; KK-StPO/*Schneider* Rn. 41; *Meyer-Goßner* Rn. 29.
[110] BGH v. 11. 7. 1957 – 4 StR 160/57, NJW 1957, 1527 (1528); BGH v. 19. 6. 1963 – 2 StR 179/63, BGHSt 19, 93 (97); BGH v. 14. 10. 1980 – 5 StR 277/80, NStZ 1981, 111; BGH 12. 2. 1986 – 3 StR 11/86, NStZ 1986, 370 (371); KG v. 30. 9. 1981 – (I) Ss 130/81 (17/81), StV 1982, 10; *Meyer-Goßner* Rn. 28; vgl. bereits Rn. 32.
[111] *Rieß* JA 1980; 293 (299); KK-StPO/*Schneider* Rn. 39, 42; SK-StPO/*Frister* Rn. 64.
[112] BGH v. 9. 1. 1953 – 1 StR 623/52, BGHSt 3, 368; BGH v. 14. 8. 2003 – 3 StR 17/03, NStZ 2004, 163 (164); BGH v. 15. 1. 2004 – 3 StR 17/03, NStZ 2004, 392; BGH v. 28. 3. 2000 – 1 StR 637/99, NStZ 2000, 439; *Schlothauer* StV 2007, 623; KK-StPO/*Schneider* Rn. 43.
[113] BGH v. 6. 6. 2000 – 1 StR 212/00, NStZ 2000, 549; KK-StPO/*Schneider* Rn. 43; *Meyer-Goßner* Rn. 31.
[114] *Beulke*, FS Strafrechtsausschuss BRAK, 2006, S. 87 (93 f.); *Eisenberg/Pincus* JZ 2003, 397 (402 f.); *Schlösser* NStZ 2008, 310 (311 f.); *Meyer-Goßner* Rn. 30.
[115] *Park* StV 2001, 589 (592); *Schäfer*, FS Dahs, 2005, S. 441 (449); HK-StPO/*Julius* Rn. 18.
[116] SK-StPO/*Frister* Rn. 65.
[117] So die frühere Rspr. vgl. BGH v. 30. 1. 1959 – 1 StR 510/58, BGHSt 12, 367 (370); aber auch Löwe/Rosenberg/*Becker* Rn. 74.
[118] So BGH v. 22. 3. 1994 – 1 StR 100/94, NStZ 1994, 352; BGH v. 29. 5. 1990 – 4 StR 118/90, NStZ 1990, 447; BGH v. 14. 8. 1997 – 1 StR 441/97, StV 1998, 59 mAnm *Park*; BGH v. 23. 2. 2000 – 1 StR 605/99, NStZ-RR 2001, 131; BGH v. 28. 6. 2005 – 3 StR 176/05, NStZ 2005, 703 (704); BGH v. 27. 2. 2007 – 3 StR 38/07, NStZ 2007, 349; BayObLG v. 17. 2. 1981 – 2 Ob OWi 568/80, MDR 1981, 516; LG Düsseldorf v. 6. 5. 2002 – 2b Ss 59/02 – 30/02, NJW 2002, 2728; OLG Stuttgart v. 14. 9. 2005 – Ss 29/05 (38/05), NStZ 2006, 182 (183); KG v. 6. 3. 2007 – (4) 1 Ss 241/06 (19/07), StraFo 2007, 243; bejahend auch *Hammerstein*, FS Salger, 1995, S. 293 (296); anders BGH v. 31. 5. 1990 – 4 StR 112/90, NStZ 1990, 447 (448); ablehnend für anwesenden Angeklagten BGH v. 24. 8. 1993 – 1 StR 380/93, BGHSt 39, 305 (306); OLG Celle v. 31. 5. 1988 – 1 Ss 117/88, NStZ 1988, 426; BayObLG v. 22. 10. 1980 – 1 Ob OWi 287/80, VRS 60 (1981), 120 (121); KK-StPO/*Schneider* Rn. 44, 46 f.; kritisch BGH v. 6. 11. 2007 – 1 StR 370/07, NStZ 2008, 147 (174) mAnm *Schlösser* NStZ 2008, 310.
[119] *Schlothauer* StV 2007, 623; *Dahs* NStZ 2004, 451; OLG Hamm v. 19. 7. 2001 – 3 Ss 478/01, StV 2002, 187 (188) Mitteilung des Einverständnisses des Angeklagten durch Verteidiger reicht aus; ausführlich zum Streitstand KK-StPO/*Schneider* Rn. 44 ff.
[120] BGH v. 27. 3. 2008 – 3 StR 6/08, NJW 2008, 2356 (2357); aA *Schlothauer* StV 2007, 623 (624); KK-StPO/*Schneider* Rn. 49.

c) **Feststellung der Vorstrafen (Abs. 5 S. 3, 4).** Vorstrafen des Angeklagten sind nur insoweit zu 44 erörtern, als sie für die Entscheidung, etwa wegen kriminologischer Zusammenhänge für die Schuldfeststellung oder die Rechtsfolgenfrage von Bedeutung sind. Läuft alles auf einen Freispruch hinaus, erübrigt sich die Erörterung der Vorstrafen.[121] Die Feststellung der Vorstrafen gehört **nicht zur Vernehmung des Angeklagten** zur Sache. Auch der vollständige Verzicht auf eine Vorstrafenerörterung liegt im Ermessen des Vorsitzenden.[122]

Unter **Vorstrafen** sind nicht nur Verurteilungen zu verstehen, sondern sämtliche Maßnahmen, 45 die im Bundeszentralregister, im Erziehungs- oder Verkehrszentralregister eingetragen werden.[123] Entscheidend ist, dass die Vorstrafe **noch nicht getilgt** wurde **oder tilgungsreif** ist. Ist zu Unrecht getilgt, darf das Gericht die Vorstrafe trotzdem nicht verwerten.[124] Eine zu Unrecht noch nicht getilgte Vorstrafe darf nicht berücksichtigt werden.[125]

Die **Erörterung** erfolgt, indem dem Angeklagten die Vorstrafen vorgehalten werden und er diese einräumt. Erklärt sich der Angeklagte nicht, reicht grundsätzlich die Verlesung des jeweiligen 46 Registers nach § 249 Abs. 1 S. 2, wobei Beweis durch Beiziehung der jeweiligen Akten zu erheben ist, wenn der Angeklagte die Richtigkeit der Vorhalte bestreitet.[126]

Der **Zeitpunkt** für die Feststellungen liegt im **Ermessen** des Vorsitzenden, der früheste Zeit- 47 punkt ist die Vernehmung des Angeklagten zur Sache.[127] Die Erörterung soll **so spät wie möglich**, also am Ende der Beweisaufnahme erfolgen, um den Angeklagten nicht möglicherweise überflüssigen Belastungen auszusetzen.[128] Es bleibt den Prozessbeteiligten aber unbenommen, bereits zuvor Beweisanträge auch zu früheren Strafverfahren zu stellen.[129]

III. Folgen von Verstößen/Revision

1. Verstöße gegen Abs. 1 und 2. Auf einen Verstoß gegen **Abs. 1** und **Abs. 2 S. 1** kann die Revi- 48 sion grundsätzlich nicht gestützt werden, da es sich hierbei nicht um wesentliche Bestandteile der Hauptverhandlung (nach § 338 Nr. 5) handelt.

Wird die Sache nicht ordnungsgemäß iSv **Abs. 1 S. 1** aufgerufen, ist hierin auch kein Verstoß 49 gegen § 338 Nr. 6 zu sehen. Etwas anderes könnte allenfalls dann gelten, wenn ein Prozessbeteiligter deswegen nicht in der Lage war, an der Hauptverhandlung teilzunehmen.[130] Das Unterlassen der Präsenzfeststellung nach **Abs. 1 S. 2** kann nur mittelbar mit der Revision angegriffen werden, wenn wegen des Versäumnisses präsente Beweismittel unter Verstoß gegen § 245 nicht berücksichtigt wurden.[131]

Werden Zeugen unter Verletzung des **Abs. 2 S. 1** nicht aus dem Sitzungssaal entfernt, liegt ein 50 revisibler Rechtsverstoß nur dann vor, wenn das Gericht bei der Beweiswürdigung nicht berücksichtigt, dass der Zeuge eventuell durch die Anwesenheit vor der eigenen Vernehmung beeinflusst wurde und er somit einen geringeren Beweiswert aufweist. In diesen Fällen wird der die Revision begründende Verstoß regelmäßig nicht in der Vernehmung selbst,[132] sondern in der mangelhaften Beweiswürdigung zu sehen sein. Wird ein Zeuge zu Unrecht des Sitzungssaals verwiesen, kann eine Verletzung von § 169 iVm. § 338 Nr. 6 nur gerügt werden, wenn die Entscheidung des Vorsitzenden auf sachwidrigen Erwägungen beruht und der Verteidiger einen Gerichtsbeschluss nach § 238 Abs. 2 herbeigeführt hat.[133]

Unterlaufen dem Vorsitzenden Fehler bei der Vernehmung des Angeklagten zu seinen persön- 51 lichen Verhältnissen nach **Abs. 2 S. 2** oder unterlässt er die Vernehmung vollständig, liegt darin regelmäßig kein revisibler Rechtsverstoß, auf dem das Urteil beruht.[134] Anders ist dies dann, wenn

---

[121] So auch HK-StPO/*Julius* Rn. 23; *Meyer-Goßner* Rn. 33.
[122] KK-StPO/*Schneider* Rn. 55.
[123] KK-StPO/*Schneider* Rn. 55; *Meyer-Goßner* Rn. 32.
[124] BGH v. 2. 4. 1965 – 4 StR 119/65, BGHSt 20, 205 (207); SK-StPO/*Frister* Rn. 73.
[125] Löwe/Rosenberg/*Becker* Rn. 86; SK-StPO/*Frister* Rn. 73.
[126] BGH v. 28. 11. 1967 – 5 StR 554/67, MDR 1968, 200 (203) [D.]; BGH v. 22. 6. 1977 – 3 StR 139/77, NJW 1977, 1888 (1889); KK-StPO/*Schneider* Rn. 57.
[127] BGH v. 20. 10. 1967 – 4 StR 325/67, VRS 34 (1968), 219; OLG Stuttgart v. 25. 7. 1973 – 1 Ss 282/73, NJW 1973, 1941; KK-StPO/*Schneider* Rn. 56.
[128] BT-Drucks. 4/178, S. 41; BGH v. 22. 6. 1977 – 3 StR 139/77, BGHSt 27, 216 (218 f.); HK-StPO/*Julius* Rn. 22, für die Staatsanwaltschaft vgl. Nr. 134 S. 1 RiStBV.
[129] BGH v. 22. 6. 1977 – 3 StR 139/77, BGHSt 27, 216 (220); SK-StPO/*Frister* Rn. 77; Löwe/Rosenberg/*Becker* Rn. 88; *Meyer-Goßner* Rn. 35.
[130] So SK-StPO/*Frister* Rn. 79.
[131] Löwe/Rosenberg/*Becker* Rn. 93; SK-StPO/*Frister* Rn. 80; vgl. § 245 Rn. 29.
[132] So BGH v. 15. 4. 1987 – 2 StR 697/86, NJW 1987, 3088 (3090) Vernehmung als Verletzung der Amtsaufklärungspflicht; SK-StPO/*Frister* Rn. 81; Löwe/Rosenberg/*Becker* Rn. 94.
[133] Vgl. BGH v. 7. 11. 2000 – 5 StR 150/00, NStZ 2001, 163 = StV 2002, 6; mit abl. Anm. *Reichert* NStZ 2004, 453; vgl. auch § 338 Rn. 60.
[134] OLG Köln v. 20. 9. 1988 – Ss 346/88 – 351, NStZ 1989, 44; KK-StPO/*Schneider* Rn. 60; Löwe/Rosenberg/*Becker* Rn. 95.

aufgrund des Verstoßes eine falsche Person verurteilt oder ein in der Person des Angeklagten begründetes **Prozesshindernis** übersehen wurde.[135] **Verwertet** das Gericht Angaben des Angeklagten, die erst im Rahmen der Vernehmung zur Sache hätten erörtert werden dürfen, aber bereits bei der Vernehmung zu den persönlichen Verhältnissen fehlerhaft erfragt wurden, obwohl der Angeklagte später von seinem Schweigerecht Gebrauch macht, kann auch dies die Revision begründen.[136]

52 2. **Verstöße gegen Abs. 3.** Wird die Anklage entgegen **Abs. 3 S. 1** nicht verlesen oder ist der Anklagesatz nicht hinreichend konkretisiert, liegt regelmäßig ein revisibler Verfahrensfehler vor,[137] da ein Beruhen des Urteils auf dem Verstoß nicht ausgeschlossen werden kann.[138] Erfolg hat die Revision nach der Rechtsprechung bei schweren Verstößen gegen die Umgrenzungsfunktion der Anklage.[139] Das gilt ebenso für den Fall, dass die Anklage zu spät, etwa nach der Vernehmung des Angeklagten zur Sache, verlesen wird. Anders soll dies nach der Rechtsprechung sein bei sehr einfachen Sachverhalten ohne rechtliche Schwierigkeiten, wenn zudem zweifelsfrei feststeht, dass die Prozessbeteiligten auf anderem Weg über den Verfahrensgegenstand informiert waren.[140] Wegen der Bedeutung der prozessualen Funktionen der Anklage kann dies allerdings nur in Ausnahmefällen gelten.[141]

53 Wurde die Anklage für einen **ausländischen Angeklagten,** der die deutsche Sprache nicht beherrscht, nicht übersetzt oder weist die Übersetzung erhebliche Mängel auf, führt auch dies regelmäßig zu einer begründeten Revision.[142]

54 Verliest der Sitzungsvertreter der Staatsanwaltschaft das **wesentliche Ergebnis der Ermittlungen** oder enthält der verlesene Anklagesatz sonst unzulässige Angaben zur Beweiswürdigung, liegt auch hierin regelmäßig ein revisibler Verfahrensfehler, auf dem das Urteil zumeist beruht, da nicht auszuschließen ist, dass das Gericht, insbesondere die Schöffen, hierdurch beeinflusst wurden.[143] Die Rechtsprechung verneint dagegen regelmäßig das Beruhen des Urteils auf dem Fehler, da nicht davon auszugehen sei, dass die Prozessbeteiligten dadurch wesentlich in ihrer Unbefangenheit beeinflusst wurden.[144]

55 3. **Verstöße gegen Abs. 4.** Unterrichtet der Vorsitzende, obwohl Verständigungsgespräche stattgefunden haben, über diese nicht in der Hauptverhandlung oder wird die Mitteilung des Vorsitzenden darüber nicht protokolliert, so ist diese Absprache als nicht zustande gekommen anzusehen.[145] Die Verfahrensbeteiligten können sich darauf nicht berufen; das Gericht ist daran nicht gebunden.[146]

56 4. **Verstöße gegen Abs. 5.** Wird der Angeklagte nicht über sein Schweigerecht belehrt, begründet dies grundsätzlich die Revision,[147] es sei denn, es steht sicher fest, dass der Angeklagte sein

---

[135] OLG Köln v. 20. 9. 1988 – Ss 346/88 – 351, NStZ 1989, 44; HK-StPO/*Julius* Rn. 39; vgl. dazu auch Rn. 16.
[136] OLG Stuttgart v. 16. 8. 1974 – 3 Ss 169/73, NJW 1975, 703 (704); OLG Hamburg v. 12.2 – 1976 – 1 Ss 162/75 OWi, GA 1976, 249 (250); OLG Hamburg 12. 2. 1976 – 1 Ss 162/75 OWi, MDR 1976, 601; KK-StPO/*Schneider*; SK-StPO/*Frister* Rn. 82.
[137] Zur unterlassenen Verlesung BGH v. 9. 12. 1955 – 2 StR 348/55, BGHSt 8, 283 (284); BGH v. 15. 12. 1981 – 1 StR 724/81, NJW 1982, 1057; BGH v. 27. 7. 1982 – 1 StR 360/82, NStZ 1982, 431 (432); BGH v. 19. 6. 1984 – 1 StR 344/84, NStZ 1984, 521; BGH v. 25. 3. 1986 – 1 StR 14/86, NStZ 1986, 374; BGH v. 7. 12. 1999 – 1 StR 494/99, VRS 38 (1970), 56 (57); BGH v. 11. 8. 2006 – 3 StR 284/05, NJW 2006, 3582 (3586); zur mangelhaften Anklage BGH v. 28. 4. 2006 – 2 StR 174/05, NStZ 2006, 649 (650).
[138] BGH v. 1. 10. 1985 – 1 StR 469/85, NStZ 1986, 39 (40); BGH v. 11. 8. 2006 – 3 StR 284/05, NJW 2006, 3582 (3586); Löwe/Rosenberg/*Becker* Rn. 96; aA bei nur inhaltlicher Wiedergabe der Anklage OLG Köln v. 17. 9. 2002 – Ss 398/02, NStZ-RR 2003, 17 (18).
[139] BGH v. 28. 4. 2006 – 2 StR 174/05, NStZ 2006, 649 f.; KK-StPO/*Schneider* Rn. 61.
[140] BGH v. 15. 12. 1981 – 1 StR 724/81, NJW 1982, 1057; BGH v. 27. 7. 1982 – 1 StR 360/82, NStZ 1982, 431 (432); BGH v. 15. 9. 1982 – 1 StR 29/82, NStZ 1982, 518; BGH v. 19. 6. 1984 – 1 StR 344/84, NStZ 1984, 521; BGH 25. 3. 1986 – 1 StR 641/94, NStZ 1986, 374; BGH v. 13. 12. 1994 – 1 StR 641/94, NJW 1995, 200 (201) mAnm *Krekeler* NStZ 1995, 299; BGH v. 7. 12. 1999 – 1 StR 494/99, NStZ 2000, 214; OLG Koblenz v. 7. 1. 1969 – 2 Ss 470/68, VRS 38 (1970), 56 (57); BGH v. 8. 4. 1999 – 2 Ss 1425/98, NStZ-RR 1999, 276; KK-StPO/*Schneider* Rn. 61; Löwe/Rosenberg/*Becker* Rn. 96.
[141] BGH v. 7. 12. 1999 – 1 StR 494/99, NStZ 2000, 214; BGH v. 28. 4. 2006 – 2 StR 174/05, NStZ 2006, 649 (650); BGH v. 11. 8. 2006 – 3 StR 284/05, NJW 2006, 3582 (3587); SK-StPO/*Frister* Rn. 84; HK-StPO/*Julius* Rn. 40.
[142] BGH v. 15. 9. 1992 – 1 StR 442/92, StV 1993, 2 (3); BGH v. 15. 9. 1992 – 1 StR 442/92, NStZ 1993, 228 [K.].
[143] BGH v. 2. 12. 1986 – 1 StR 433/86, NJW 1987, 1209 (1210); SK-StPO/*Frister* Rn. 86; aA Löwe/Rosenberg/*Becker* Rn. 96.
[144] RG v. 8. 2. 1935 – 4 D 787/34, RGSt 69, 120 (123); BGH v. 2. 12. 1986 – 1 StR 433/86, NJW 1987, 1209 = StV 1988, 282 mAnm *Danckert*; offen gelassen für nach § 209 Abs. 2 erlassenen Eröffnungsbeschluss BGH v. 10. 12. 1997 – 3 StR 250/97, NJW 1998, 1163.
[145] BGH v. 15. 3. 2001 – 3 StR 61/01, NStZ 2001, 555; BGH v. 23. 3. 2001 – 2 StR 369/00, StV 2001, 554.
[146] BGH v. 16. 6. 2005 – 3 StR 338/04, zitiert nach juris; für die Zusage einer Strafobergrenze BGH v. 5. 8. 2003 – 3 StR 231/03, NStZ 2004, 342; BGH v. 23. 2. 2006 – 5 StR 457/05, NStZ 2006, 464.
[147] BGH v. 14. 5. 1974 – 1 StR 366/73, BGHSt 25, 325 (331) = NJW 1974, 1570; OLG Stuttgart v. 30. 5. 1973 – 3 Ss 169/73, MDR 1973, 951; *Gössel* NJW 1981, 2217 (2219); *Meyer-Goßner* Rn. 39; aA noch OLG Hamburg v. 22. 3. 1966 – 2 Ss 18/66, JR 1966, 308 (309) mAnm *Meyer*.

Recht kannte.[148] Jedoch ist selbst dann regelmäßig nicht auszuschließen, dass sich der Angeklagte – wäre er belehrt worden – aufgrund der Verdeutlichung, insbesondere dass aus dem Schweigen keine belastenden Schlüsse gezogen werden dürfen, anders entschieden hätte.[149] Ob dies in jedem Fall anders zu sehen ist, wenn der Angeklagte im Beisein seines Verteidigers aussagt, ist wenigstens zweifelhaft.[150] Auf die fehlende oder falsche Belehrung eines **Mitangeklagten**, kann sich der Angeklagte mangels Einflusses auf seine eigene Aussageentscheidung nicht berufen.[151]

Wurde der Angeklagte nicht vor der Beweisaufnahme zur Sache angehört, begründet dies die 57
Revision, da nicht auszuschließen ist, dass das Urteil auf der fehlenden Gewährung rechtlichen Gehörs beruht.[152] Im Fall einer nur **unzureichenden Vernehmung des Angeklagten** muss der Verteidiger einen Beschluss nach § 238 Abs. 2 herbeiführen, um die Defizite der Anhörung des Angeklagten den Anforderungen der Revision entsprechend darlegen zu können.[153]

Sofern eine Vorstrafe grundsätzlich verwertbar ist, also nicht getilgt oder tilgungsreif ist, stellt 58
eine verfrühte oder unnötige Erörterung keinen revisiblen Verstoß dar.[154] Die Revision kann hingegen darauf gestützt werden, dass **unverwertbare Vorstrafen verwertet** wurden[155] oder mittels Aufklärungsrüge, dass das Gericht zu erörternde Vorstrafen unzulässiger Weise nicht angesprochen hat.[156]

§ 244 [Beweisaufnahme]

(1) Nach der Vernehmung des Angeklagten folgt die Beweisaufnahme.

(2) Das Gericht hat zur Erforschung der Wahrheit die Beweisaufnahme von Amts wegen auf alle Tatsachen und Beweismittel zu erstrecken, die für die Entscheidung von Bedeutung sind.

(3) ¹Ein Beweisantrag ist abzulehnen, wenn die Erhebung des Beweises unzulässig ist. ²Im übrigen darf ein Beweisantrag nur abgelehnt werden, wenn eine Beweiserhebung wegen Offenkundigkeit überflüssig ist, wenn die Tatsache, die bewiesen werden soll, für die Entscheidung ohne Bedeutung oder schon erwiesen ist, wenn das Beweismittel völlig ungeeignet oder wenn es unerreichbar ist, wenn der Antrag zum Zweck der Prozeßverschleppung gestellt ist oder wenn eine erhebliche Behauptung, die zur Entlastung des Angeklagten bewiesen werden soll, so behandelt werden kann, als wäre die behauptete Tatsache wahr.

(4) ¹Ein Beweisantrag auf Vernehmung eines Sachverständigen kann, soweit nichts anderes bestimmt ist, auch abgelehnt werden, wenn das Gericht selbst die erforderliche Sachkunde besitzt. ²Die Anhörung eines weiteren Sachverständigen kann auch dann abgelehnt werden, wenn durch das frühere Gutachten das Gegenteil der behaupteten Tatsache bereits erwiesen ist; dies gilt nicht, wenn die Sachkunde des früheren Gutachters zweifelhaft ist, wenn sein Gutachten von unzutreffenden tatsächlichen Voraussetzungen ausgeht, wenn das Gutachten Widersprüche enthält oder wenn der neue Sachverständige über Forschungsmittel verfügt, die denen eines früheren Gutachters überlegen erscheinen.

(5) ¹Ein Beweisantrag auf Einnahme eines Augenscheins kann abgelehnt werden, wenn der Augenschein nach dem pflichtgemäßen Ermessen des Gerichts zur Erforschung der Wahrheit nicht erforderlich ist. ²Unter derselben Voraussetzung kann auch ein Beweisantrag auf Vernehmung eines Zeugen abgelehnt werden, dessen Ladung im Ausland zu bewirken wäre.

(6) Die Ablehnung eines Beweisantrages bedarf eines Gerichtsbeschlusses.

---

[148] BGH v. 22. 6. 1966 – 2 StR 160/66, NJW 1966, 1719 (1720); BGH v. 14. 5. 1975 – 1 StR 366/73, JR 1975, 339 (340) mAnm *Hanack*; BGH v. 8. 4. 1981 – 3 StR 88/81, NStZ 1983, 210 [Pf./M.]; BGH v. 18. 8. 1999 – 1 StR 186/99, NStZ-RR 2000, 290; OLG Hamburg v. 4. 1. 1967 – 1 Ss 81/66, JZ 1967, 307 (308) mAnm *Meyer*; vgl. auch BGH v. 14. 5. 1974 – 1 StR 366/73, BGHSt 25, 325 (331 ff.) Darlegung des Beruhens erforderlich; abl. *Seelmann* JuS 1976, 157 (159 f.); offen gelassen bei BGH v. 27. 2. 1992 – 5 StR 190/91, BGHSt 38, 214 (227); abl. *Bernsmann* StraFo 1998, 73 (75); *Bohnert* NStZ 1982, 5 (10); *Herdegen* NStZ 1990, 513 (518); KK-StPO/*Schneider* Rn. 62.
[149] SK-StPO/*Frister* Rn. 88; Löwe/Rosenberg/*Becker* Rn. 98; HK-StPO/*Julius* Rn. 41; aA BGH v. 14. 5. 1974 – 1 StR 366/73, NJW 1974, 1570 (1571).
[150] SK-StPO/*Frister* Rn. 89; so aber Löwe/Rosenberg/*Becker* Rn. 99.
[151] Sog. Rechtskreistheorie BGH v. 5. 2. 2002 – 5 StR 588/01, BGHSt 47, 233 (234); BGH v. 10. 8. 1994 – 3 StR 53/94, NStZ 1994, 595 (596); BGH v. 1. 1. 2000 – 3 StR 531/99, wistra 2000, 311 (313); BGH v. 25. 9. 2007 – 5 StR 116/01, NStZ 2008, 168; *Nack* StraFo 1998, 366 (372); KK-StPO/*Schneider* Rn. 63; *Meyer-Goßner* Rn. 42.
[152] BGH v. 5. 2. 2002 – 5 StR 588/01, StV 1990, 245; BayObLG v. 11. 8. 1953 – 2 StR 206/53, MDR 1953, 755 (756); Löwe/Rosenberg/*Becker* Rn. 101 so auch bei Unterbrechung der Vernehmung durch dazwischen geschobene Beweiserhebung BGH v. 19. 6. 1963 – 5 StR 179/63, BGHSt 19, 93 (97 f.).
[153] BGH v. 10. 10. 1996 – 5 StR 634/95, NStZ 1997, 198; BGH v. 17. 6. 1997 – 4 StR 243/97, NStZ 1997, 502; BGH v. 9. 4. 1997 – 3 StR 2/97, NStZ 1997, 614 mAnm *Müller-Dietz*; BGH v. 6. 6. 2000 – 1 StR 212/00, NStZ 2000, 549; KK-StPO/*Schneider* Rn. 64; HK-StPO/*Julius* Rn. 37; einschränkend *Meyer-Goßner* Rn. 40.
[154] BayObLG v. 28. 3. 1972 – RReg 2 St 203/71, MDR 1972, 626; *Meyer-Goßner* Rn. 41.
[155] Vgl. BGH v. 10. 1. 1973 – 2 StR 451/72, BGHSt 25, 100 (102 f.); BGH v. 26. 1. 1977 – 2 StR 650/76, BGHSt 27, 108 (110); BGH v. 22. 3. 1994 – 4 StR 117/94, StV 1994, 423; KK-StPO/*Schneider* Rn. 65; Löwe/Rosenberg/ *Becker* Rn. 103.
[156] SK-StPO/*Frister* Rn. 91.

Übersicht

	Rn.
A. Beweisaufnahme	1–28
I. Förmliche Beweisaufnahme	1, 2
II. Gegenstand der Beweisaufnahme	3–8
1. Beweistatsachen	3, 4
2. Indizielle Tatsachen (Indizienbeweis)	5, 6
3. Erfahrungssätze	7, 8
III. Beweismittel im Strengbeweisverfahren	9–17
1. Förmliche Beweisaufnahme im Strengbeweisverfahren	9
2. Einzelne Beweismittel	10–14
3. Grenzfälle und Zuordnung	15–17
IV. Freibeweis	18–28
1. Abgrenzung zum Strengbeweis	18–23
2. Freibeweis in der Revision	24, 25
3. Verfahren des Freibeweises	26–28
B. Pflicht zur Erforschung der Wahrheit (Abs. 2)	29–62
I. Untersuchungsgrundsatz als übergeordnete Verfahrensmaxime	29–35
1. Gegenstand und Inhalt der Aufklärungspflicht	29
2. Aufklärungspflicht und richterliche Überzeugungsbildung	30, 31
3. Verhältnis zu anderen Verfahrensvorschriften	32–35
a) Konkretisierende Regelungen	32, 33
b) Einfluss auf den Gehalt anderer Verfahrensvorschriften	34
c) Beschleunigungsgebot	35
II. Pflicht und Umfang der Aufklärung durch das Gericht	36–47
1. Gerichtliche Aufklärungspflicht	36–38
a) Umfang der Aufklärungspflicht	36, 37
b) Beurteilungsmaßstab	38
2. Einfluss von Beweis(-ermittlungs-)anträgen	39–43
3. Anforderungen an die Beweiserhebung	44–47
III. Einschränkungen	48–50
1. Feststellung von Serienstraftaten	48
2. Schätzungen	49
3. Verfahrensabsprachen	50
IV. Aufklärungspflicht und Sachverständigenbeweis	51–62
1. Gerichtliche Sachkunde und Erfordernis des Sachverständigenbeweises	51–54
a) Anforderungen an die Sachkunde	51–53
b) Typische Beurteilungen des Sachverständigen	54
2. Sonderfall: Glaubhaftigkeitsbeurteilungen	55–58
3. Zuziehung weiterer Sachverständiger	59–62
C. Beweisantragsrecht	63–112
I. Aufklärungspflicht und Beweisanträge	63
II. Form und Inhalt von Beweisanträgen	64–88
1. Antragsberechtigung	64–66
2. Zeit und Ort der Antragstellung	67, 68
3. Formerfordernisse von Beweisanträgen	69
4. Beweisbehauptung	70–74
a) Beweistatsache	70
b) Bestimmtheit	71–73
c) Klarstellung und Auslegung	74
5. Beweismittel	75–77
6. Konnexität zwischen Beweisbehauptung und Beweismittel	78, 79
7. Bedingter Beweisantrag	80–88
a) Anwendungsformen bedingter Beweisanträge	80–85
b) Verfahrensweise mit bedingten Beweisanträgen	86–88
III. Beweisermittlungsanträge und Beweisanregungen	89–93
1. Beweisermittlungsanträge	89–91
2. Beweisanregungen	92, 93
IV. Entscheidung über Beweisanträge	94–112
1. Prüfungspflicht	94
2. Anordnung der Beweisaufnahme	95–98
3. „Nichterledigung"	99
4. Ablehnung durch Gerichtsbeschluss (Abs. 6)	100–106
5. Unzulässigkeit der Beweiserhebung (Abs. 3 S. 1)	107–111
6. Missbrauch des Beweisantragsrechts	112
D. Ablehnung von Beweisanträgen	113–172
I. Systematik der Ablehnungsgründe	113–117
1. Gesetzlicher Katalog	113, 114
2. Beweisantizipation	115–117
II. Für alle Beweismittel geltende Ablehnungsgründe (Abs. 3 S. 2)	118–162
1. Offenkundigkeit (Abs. 3 S. 2 Var. 1)	118–122
a) Überflüssigkeit der Beweiserhebung	118
b) Allgemeinkundigkeit und Gerichtskundigkeit	119–121
c) Erörterung in der Hauptverhandlung	122
2. Bedeutungslosigkeit der Beweistatsache (Abs. 3 S. 2 Var. 2)	123–129
a) Rechtliche und tatsächliche Gründe der Bedeutungslosigkeit	123
b) Prüfung und Begründung der Bedeutungslosigkeit	124–126
c) Begründeter Ablehnungsbeschluss	127

	Rn.
d) Veränderung der Beurteilung als bedeutungslos	128
e) Revisibilität	129
3. Erwiesenheit von Beweistatsachen (Abs. 3 S. 2 Var. 3)	123, 131
4. Völlige Ungeeignetheit des Beweismittels (Abs. 3 S. 2 Var. 4)	132–139
a) Aussichtslosigkeit des Beweismittels	132–134
b) Objektive Unmöglichkeit und subjektives Unvermögen	135–138
c) Ungeeignetheit des Sachverständigen	139
5. Unerreichbarkeit des Beweismittels (Abs. 3 S. 2 Var. 5)	140–146
a) Beurteilung der Unerreichbarkeit	140
b) Unerreichbarkeit aus tatsächlichen Gründen	141–145
aa) Unbekannte Zeugen	142
bb) Zeugen mit unbekanntem Aufenthaltsort	143
cc) Zeugen mit bekanntem Aufenthaltsort	144
dd) Auslandszeugen	145
c) Unerreichbarkeit aus Rechtsgründen	146
6. Verschleppungsabsicht (Abs. 3 S. 2 Var. 6)	147–154
a) Objektive Voraussetzungen	147, 148
b) Absicht der Prozessverschleppung	149–152
c) Begründeter Ablehnungsbeschluss	153, 154
7. Wahrunterstellung (Abs. 3 S. 2 Var. 7)	155–162
a) Anwendungsbereich und Vorrang der Sachaufklärung	155
b) Erheblichkeit der Beweisbehauptung	156, 157
c) Reichweite der zulässigen Antizipation und Bedeutung	158–162
III. Für bestimmte Beweismittel geltende Ablehnungsgründe	163–172
1. Ablehnung von Anträgen auf Sachverständigenbeweis (Abs. 4)	163–168
a) Eigene Sachkunde des Gerichts (Abs. 4 S. 1)	163
b) Vernehmung eines weiteren Sachverständigen (Abs. 4 S. 2)	164–168
aa) Verhältnis zu anderen Ablehnungsgründen	164
bb) Voraussetzungen	165
cc) Defizite der Beweiskraft des Erstgutachtens (Rückausnahmen Abs. 4 S. 2 Hs. 2)	166–168
2. Ablehnung von Anträgen auf Augenschein (Abs. 5 S. 1)	169, 170
3. Ablehnung der Vernehmung von Auslandszeugen (Abs. 5 S. 2)	171, 172
E. Revision	173–187
I. Aufklärungsrüge	173–180
1. Begründungsanforderungen	173–176
2. Einzelfälle	177–180
a) Unzureichende Ausschöpfung eines Beweismittels	177–179
b) Nichterhebung beantragter Beweise	180
II. Verfahrensordnungswidrige Behandlung von Beweisanträgen	181–187
1. Begründungsanforderungen	181–185
2. Nachgeschobene Ablehnungsgründe	186, 187

A. Beweisaufnahme

I. Förmliche Beweisaufnahme

§ 244 legt den Beginn der in den nachfolgenden Absätzen näher geregelten förmlichen Beweisaufnahme in der Tatsacheninstanz für den Zeitpunkt nach der Vernehmung des Angeklagten fest. Damit wird nicht nur zum Ausdruck gebracht, dass die Vernehmung des Angeklagten, obwohl seine Angaben nach § 261 zu würdigen sind, nicht zur Beweisaufnahme im formellen Sinn gehört,[1] sondern es wird auch sichergestellt, dass dem Angeklagten vor der Beweisaufnahme rechtliches Gehör gewährt wird. Er soll sich umfassend zur Sache äußern und zusammenhängend verteidigen können, um Einfluss auf die danach erfolgende Beweisaufnahme durch das Gericht nehmen zu können.[2] Der Angeklagte und der Verteidiger sollen in jedem Fall durchsetzen können, dass die **Beweisaufnahme nicht vor der Anhörung des Angeklagten** durchgeführt wird.[3]

Nach der Vernehmung des Angeklagten ist die Beweisaufnahme im formellen Sinn durchzuführen, es sei denn, sie erübrigt sich, wenn etwa in der Hauptverhandlung ein vollständiges, glaubhaftes Geständnis abgelegt wurde[4] und auch der Rechtsfolgenausspruch eine Beweiserhebung nicht erfordert. Für präsente Beweismittel gelten allerdings die in § 245 Abs. 1 festgelegten, abweichenden Grundsätze.[5]

1

2

---

[1] Vgl. auch § 243 Rn. 3.
[2] BGH v. 19. 6. 1963 – 2 StR 179/63 = BGHSt 19, 93 (97) = NJW 1963, 2084, (2085); BGH v. 14. 10. 1980 – 5 StR 277/80 NStZ 1981, 111; BGH v. 12. 2. 1986 – 3 StR 11/86 NStZ 1986, 370 (371).
[3] BGH v. 29. 10. 1980 – 3 StR 335/80, NStZ 1981, 111; BGH v. 12. 12. 1990 – 3 StR 11/86 StV 1991, 148.
[4] Außerhalb der Hauptverhandlung abgelegte geständige Einlassungen sind in der Hauptverhandlung zu beweisende belastende Tatsachen, BGH v. 31. 5. 1960 – 5 StR 168/60, BGHSt 14, 310 = NJW 1960, 1630; BGH v. 28. 7. 1967 – 4 StR 243/67, BGHSt 21, 285 (287) = NJW 1967, 2020 (2021); *Alsberg/Nüse/Meyer* S. 121.
[5] Vgl. § 245 Rn. 1 f.

II. Gegenstand der Beweisaufnahme

3 **1. Beweistatsachen.** Gegenstand des Beweises sind tatsächliche Sachverhalte – möglicherweise auch deren Nichtbestehen –, die in äußere und innere Sachverhalte zu unterscheiden sind. Zu den **äußeren Sachverhalten** gehören Vorgänge, Erlebnisse, Zustände und Eigenschaften, Umstände und tatsächliche Zusammenhänge, zu den **inneren**, auch „**innerpersonal**" genannten Sachverhalten gehören Gedanken und Vorstellungen, Ansichten und Einstellungen, Motive und Pläne. Bewertungen und Einschätzungen sind der Beweiserhebung nur insofern zugänglich, als sie vorliegen oder mitgeteilt wurden, nicht aber darauf hin, ob sie inhaltlich zutreffend sind.[6] Gehen die zu beweisenden Tatsachen auf Personen zurück, wie etwa Äußerungen oder Einstellungen und Motive, so sind Gegenstand der Beweisaufnahme auch die Kundgabe begleitende Umstände und tatsächliche Zusammenhänge wie Ort und Zeit, sowie Anlass und Adressat.[7]

4 Für die Beweisführung teilt man die Beweistatsachen ein in Haupttatsachen, indizielle Tatsachen (Indizien) und Hilfstatsachen. Die **Haupttatsachen** sind – grob umrissen – bestimmt von den tatbestandlichen Merkmalen, dh. um Haupttatsachen handelt es sich bei allen Sachverhalts- und Geschehensumständen, die nach Anklage den jeweiligen Straftatbestand erfüllen sollen. Keine Beweistatsachen sind feststehende Erkenntnisse, insbesondere auch das materielle Recht; eine Beweiserhebung darüber ist unzulässig.[8] Unzulässig ist auch eine Beweisaufnahme über die Rechtsprechung, insbesondere die Urteile anderer Gerichte.[9] Je nach Ausgestaltung der Tatbestände können Haupttatsachen jedoch auch gesellschaftliche und soziale Fakten sein sowie auch tatsächliche Wertungen von Zusammenhängen und Umständen, soweit darauf etwa – insbesondere im Steuerrecht – Rechtsanwendungsregelungen abheben.[10]

5 **2. Indizielle Tatsachen (Indizienbeweis).** Indizielle Tatsachen sind solche, aus denen Schlussfolgerungen auf Haupttatsachen gezogen werden können. Im wesentlichen betrifft dies die „**fundierenden Tatsachen**", auch **primäre Indizien** genannt, die vom Tatrichter in der Hauptverhandlung selbst wahrgenommenen Sachverhalte und Merkmale, die zur Begründung im Urteil Verwendung finden, etwa die Angaben und Verhaltensweisen von Zeugen, die Ergebnisse der Sachverständigenbefragung, die Inhalte von Urkunden und Augenscheineinnahmen und die Äußerungen des Angeklagten, sowohl seine Angaben, als auch seine sonstigen Mitteilungen, wie etwa Gestik und Mimik. Dazu gehören auch die Zusammenhänge dieser Äußerungen, etwa die Aufeinanderfolge bestimmter Angaben oder die Provokation einer bestimmten Äußerung, etwa durch Vorhalt.[11] Diese Bestandteile des der Urteilsbegründung zugrunde liegenden Sachverhalts durch eigene Wahrnehmungen des Tatrichters in der Hauptverhandlung sind **nicht in der Revision überprüfbar**, da zur Feststellung, diese Wahrnehmungen und ihr Niederschlag in den Urteilsgründen entsprächen nicht der Wahrheit, eine Rekonstruktion der tatrichterlichen Beweisaufnahme erforderlich wäre und damit das Revisionsgericht zur weiteren Tatsacheninstanz würde.[12] Überprüfbar sind die in die Urteilsbegründung eingeflossenen Wahrnehmungen des Tatrichters allerdings dann, wenn darin ein Widerspruch erkennbar ist oder wenn ein in der Hauptverhandlung der Beweisaufnahme unterliegender, bewiesener Umstand die Darlegungen des Tatrichters in den Urteilsgründen widerlegt.[13]

6 Aus den fundierenden Tatsachen kann das Gericht zum Nachteil des Angeklagten nur dann Schlussfolgerungen ziehen, soweit diesen Beweiswert zuzuerkennen ist. Die Richtigkeit und Gültigkeit von Schlussfolgerungen des Tatgerichts, etwa aus wahrgenommenen Hilfstatsachen oder aus den fundierenden Tatsachen, richtet sich nach dem Beweismaß.[14]

7 **3. Erfahrungssätze.** Die für die Abfassung der Urteilsgründe und des darin darzustellenden Sachverhalts notwendigen Schlussfolgerungen aus den beschriebenen Tatsachen, insbesondere die Schlüsse, die aus den Indizien gezogen und dem Sachverhalt zugrunde gelegt werden, sind mittels

---

[6] BGH v. 26. 10. 1954, 5 StR 610/53, BGHSt 6, 357 (359) = NJW 1954, 1896; BGH v. 21. 6. 1966 – 6 ZR 261/64, BGHZ 45, 296 (304) = NJW 1966, 1617 (1618).
[7] BGH v. 7. 1. 1955 – 6 StR 185/54, BGHSt 7, 110 (111).
[8] BGH v. 14. 3. 1966 – 7 ZR 171/63, NJW 1966, 1364; BGH v. 13. 12. 1967 – 2 StR 619/67, NJW 1968, 1293; OLG Celle v. 8. 2. 1979 – 3 Ss 421/78, JR 1980, 256 mAnm *Naucke*; Löwe/Rosenberg/*Becker* Rn. 8; *Alsberg/Nüse/Meyer* S. 137.
[9] Dies gilt sowohl in tatsächlicher wie auch in rechtlicher Hinsicht, BGH v. 3. 7. 1973 – 5 StR 166/73, BGHSt 25, 207 = NJW 1973, 1805; vgl. auch BGH v. 28. 2. 1979 – 3 StR 24/79, BGHSt 28, 318 (324) = JR 1979, 381 (382) mAnm *Meyer-Goßner*.
[10] BGH v. 17. 7. 1984 – 5 StR 176/84, StV 1984, 451 (452).
[11] KK-StPO/*Fischer* Rn. 5.
[12] St. Rspr. seit BGH v. 8. 2. 1961 – 2 StR 625/60, BGHSt 15, 347; BGH v. 7. 10. 1966 – 1 StR 305/66, BGHSt 21, 149.
[13] BGH v. 3. 7. 1971 – 2 StR 45/91, BGHSt 38, 14 (16) = NJW 1992, 252 (253); *Herdegen* StV 1992, 590 (593); *Herdegen* JZ 1998, 54 (55); *Lagodny* [Hrsg.], Der Strafprozess vor neuen Herausforderungen, 2000, S. 27 ff.
[14] Vgl. § 261 Rn. 5 ff.; KK-StPO/*Fischer* Rn. 6.

der Erfahrungssätze zu gewinnen. Darunter versteht man empirisch belegte Generalisierungen, welche eine allgemeine, auf vergleichbare Fallgestaltungen bezogene Gültigkeit beanspruchen und den indiziellen Gehalt von festgestellten Tatsachen erfassen sollen.[15]

Dabei ist nach dem unterschiedlichen Grad der Argumentationskraft zu unterscheiden zwischen den **zwingenden Erfahrungsgesetzen,** den Erfahrungsgrundsätzen, den einfachen Erfahrungssätzen und den Vorurteilen.[16] Erfahrungsgesetze sind allgemeingültige, wissenschaftlich gesicherte Erkenntnisse, **Erfahrungsgrundsätze** sind nach dem Stand der Wissenschaft gut bestätigte und eindeutig formulierte Hypothesen, die mit hoher Wahrscheinlichkeit zu richtigen Schlussfolgerungen führen. **Einfache Erfahrungssätze** dagegen lassen regelmäßig zutreffende Schlussfolgerungen zu, die jedoch nicht in hohem Maß wahrscheinlich sind.[17] Im Bereich der einfachen Erfahrungssätze ist regelmäßig ein Sachverständiger als Beweismittel hinzuzuziehen. Anders ist dies nur dann, wenn die Kenntnis und Anwendung des Erfahrungssatzes keine besondere Sachkunde voraussetzt oder der Erfahrungssatz offenkundig ist.[18] Auf **Vorurteile,** also nicht auf Sachkenntnis zurückgehende Meinungen oder Ansichten in subjektiver Eigenbildung, können Schlussfolgerungen nicht gestützt werden; sie sind rechtsfehlerhaft.[19]

III. Beweismittel im Strengbeweisverfahren

1. Förmliche Beweisaufnahme im Strengbeweisverfahren. Die in § 244 Abs. 1 statuierte Beweisaufnahme hat im förmlichen Verfahren, sogenannter Strengbeweis, für alle Tatsachen und Erfahrungssätze zu erfolgen, auf denen das tatrichterliche Urteil in der Sache beruht, also **worauf der Urteilsspruch in der Schuld- und Rechtsfolgenfrage zurückgeht.**[20] Daneben findet das Strengbeweisverfahren Anwendung bei der Festsetzung von Entschädigung des Verletzten oder des Angeklagten und bei der Entscheidung über Kosten und Auslagen. Das Strengbeweisverfahren bezieht sich auch auf die Frage der Beweiskraft eines Beweismittels.[21] Als Grundsatz lässt sich somit festhalten, dass das Strengbeweisverfahren für die Beweiserhebung im Rahmen der tatrichterlichen Hauptverhandlung anzuwenden ist, es sei denn, es geht ausschließlich um Fragen von prozessualem Charakter, etwa zur Rechtmäßigkeit des Verfahrens sowie Verfahrenshandlungen und Prozesstatsachen.[22]

2. Einzelne Beweismittel. Die Aufzählung der im Strengbeweisverfahren zugelassenen Beweismittel ist **abschließend.**[23] Alle dem Strengbeweisverfahren unterworfenen Beweismittel sind somit den gesetzlich vorgegebenen zuzuordnen, also als **Zeugen, Sachverständige, Urkunden oder Augenscheinsobjekte** einzuordnen. Dies gilt etwa für Auskunftspersonen,[24] Beweishilfsmittel und Beweisbehelfe[25] sowie auch das Geschehen nachahmende, rekonstruierende oder im Versuchsweg nachstellende Handlungen der Beweisaufnahme.[26]

Zeugen sind solche Beweispersonen, die in einem Verfahren, in dem sie nicht Beschuldigte sind, Auskünfte über ihre eigenen Wahrnehmungen von äußeren oder inneren Tatsachen geben sollen.[27] Dagegen geben **Zeugen vom „Hörensagen"**[28] lediglich ihre Wahrnehmung von Äußerungen eines Dritten, über das Geschehen der Tat wieder. Sie sind somit streng genommen keine (unmittelbaren) Zeugen.[29] Der in demselben Verfahren Mitbeschuldigte ist nicht Zeuge.[30] Ebenso wenig kann der erkennende Richter Zeuge sein,[31] der Staatsanwalt (und Sitzungsvertreter)

---

[15] KK-StPO/*Fischer* Rn. 7; Anw-StPO/*Sommer* Rn. 9; *Keller* ZStW 101 (1989) S. 381 (408).
[16] BGH v. 7. 6. 1982 – 4 StR 60/82, BGHSt 31, 86 (89) = NJW 1982, 2455 (2456); MünchKomm-ZPO/*Prütting* § 286 Rn. 56 ff.
[17] Mit dem Beispiel der Konstanz einer Aussage für deren Glaubhaftigkeit, während jedoch auch die konstante Lüge nicht selten sei, KK-StPO/*Fischer* Rn. 7.
[18] KK-StPO/*Fischer* Rn. 7, 135.
[19] KK-StPO/*Fischer* Rn. 7.
[20] BGH v. 6. 10. 1981 – 1 StR 356/81, BGHSt 30, 215 (217) = NJW 1982, 291; BGH v. 3. 5. 1985 – 2 StR 824/84, NStZ 1985, 466 (468).
[21] BGH v. 5. 5. 1981 – 5 StR 233/81, NStZ 1981, 309.
[22] Vgl. Rn. 18.
[23] BGH v. 13. 8. 1986 – 2 StR 337/86, StV 1987, 5; BGH v. 7. 5. 1988 – 2 StR 22/88, StV 1988, 469 (471); *Krause* Jura 1982, 225 (227); *Seebode* JZ 1980, 506 (511 f.); *Alsberg/Nüse/Meyer* S. 167.
[24] BGH v. 9. 5. 1985 – 1 StR 63/85, BGHSt 33, 217 (221) = NStZ 1985, 468 (469) mAnm *Danckert.*
[25] BGH NJW 1960, 216.
[26] Vgl. Rn. 15 ff.
[27] BGH v. 12. 3. 1969 – 2 StR 33/69, BGHSt 22, 347 (348); BGH v. 7. 9. 2006 – 3 StR 277/06, NStZ 2007, 112 (113); § 48 Rn. 22; *Eisenberg* Beweisrecht Rn. 1000 ff.
[28] BGH v. 16. 4. 1985 – 5 StR 718/84, BGHSt 33, 178 ff.; *Detter* NStZ 2003, 1 ff.; *Brause* NStZ 2007, 505 (507 f.); *Rebmann* NStZ 1982, 315 ff.
[29] Bezeichnung als Zeugen „sui generis" bei KK-StPO/*Fischer* Rn. 19.
[30] KK-StPO/*Fischer* Rn. 19; § 48 Rn. 22.
[31] Vgl. § 48 Rn. 17; § 338 Nr. 2.

allenfalls in bestimmten Fällen.[32] Ist der Verteidiger Zeuge, so kann seine Vernehmung nur so stattfinden, dass in diesem Zeitraum der Beschuldigte nicht oder aber – im Fall notwendiger Verteidigung – von einem anderen Verteidiger, notfalls auch durch Zuordnung und Bestellung eines weiteren Verteidigers, verteidigt ist.[33] Der **sachverständige Zeuge** unterscheidet sich nur insofern vom Zeugen, als er die Angaben über seine Wahrnehmungen aufgrund besonderer eigener Sachkunde macht. Es ist nicht ausgeschlossen, dass der sachverständige Zeuge in demselben Verfahren auch als Sachverständiger beauftragt wird und auch in dieser Funktion als Beweismittel dient.[34]

12   Der **Sachverständige** gibt als Beweisperson aufgrund seiner besonderen Sachkunde Auskunft über bestimmte tatsächliche Umstände oder Zusammenhänge zwischen feststehenden oder von ihm erst aufgrund seiner Sachkunde ermittelten tatsächlichen Umständen. Darüber hinaus kann der Sachverständige auch eine Bewertung dieser Umstände in Bezug auf die entscheidungserheblichen Tatsachengrundlagen abgeben.[35] Voraussetzung für die Nutzung des Sachverständigen als Beweisperson ist es, dass ihm die **Anknüpfungstatsachen** vorgegeben oder im Rahmen des Auftrags zur Ermittlung aufgegeben werden. Ausgehend davon gibt der Sachverständige dann als Beweisperson über die Befundtatsachen Auskunft, die er aufgrund seiner besonderen Sachkunde festgestellt und in dem Gutachten nachgewiesen hat.[36] Nicht durch das Gutachten und den Sachverständigen in dieser Verfahrensrolle bewiesen sind sogenannte **Zusatztatsachen**, also Erkenntnisse über tatsächliche Umstände, für die keine besondere Sachkunde notwendig ist und die im Rahmen der Vorbereitung der Gutachtenerstellung ermittelt bzw. wahrgenommen worden sind. Für diese Tatsachen gilt der Zeugenbeweis.[37]

13   Ein Beweismittel ist dann **Urkunde**, wenn es sich dabei um den Inhalt einer Gedankenerklärung auf körperlichen Gegenständen handelt, die unmittelbar visuell wahrnehmbar sind, zumeist in Schriftzeichen.[38] Es geht beim Urkundsbeweis somit um den Nachweis des **Inhalts einer Gedankenerklärung**, etwa auf Schriftstücken, Briefen, Notizen oder Vermerken auf Papier oder auch auf Datenträgern, die in der Beweisaufnahme nach den §§ 249 ff. verlesen werden. Die Träger der Gedankenerklärung selbst sind Augenscheinsobjekte, da durch sie nicht der Inhalt der Gedankenerklärung bewiesen werden kann. Diese Unterscheidung ist auch wesentlich bei Urkunden, die zu **Sachgesamtheiten** zusammengefasst sind: Der Inhalt der Gedankenerklärung – unabhängig von der technischen Verbindung zu anderen Gedankenerklärungen – unterliegt dem Urkundsbeweis. Die Tatsache der Verbindung, etwa die Zusammenheftung mehrerer Schriftstücke oder die Zusammenfassung verschiedener Gedankenerklärungen in einem bestimmten Verzeichnis auf einem Datenträger unterliegt der Beweiserhebung mittels Augenschein.

14   Grundsätzlich kann als **Augenschein** jede Wahrnehmung des Richters, insbesondere die visuelle Wahrnehmung, in die Beweisaufnahme eingeführt werden.[39] Fallen diese Wahrnehmungen unmittelbar zusammen mit dem Zeugen-, Sachverständigen- oder Urkundsbeweis, wie etwa die Mimik eines Zeugen oder die visuelle Anordnung der Schriftzeichen auf der Urkunde, so unterfallen sie der Beweisaufnahme im Zeugen-, Sachverständigen- oder Urkundenbeweis.[40] Die wesentlichen Beispiele von Augenscheinsobjekten sind neben Bildern und Lichtbildern auch Filmaufzeichnungen, Pläne und Modelle sowie Zeichnungen, insbesondere auch Tatort- und Unfallskizzen.[41] **Tonaufnahmen**, etwa geständigen Einlassungen oder Verlesungen von aufgezeichneten Gedankenäußerungen kommt selbstständige Beweiskraft als Augenscheinsobjekt zu, die über den Inhalt des Verlesenen oder Gesagten hinausgeht.[42] Wegen der Vergleichbarkeit mit einer Vernehmungsniederschrift kann allerdings ein Geständnis nicht mittels der Tonaufzeichnung bewiesen werden, die bei der polizeilichen Vernehmung mit Einwilligung des Beschuldigten entstanden ist.[43]

---

[32] BGH v. 3. 5. 1960 – 1 StR 155/60, BGHSt 14, 265; § 48 Rn. 19.
[33] BGH v. 26. 6. 1985 – 3 StR 145/85, NStZ 1985, 514; OLG Rostock v. 26. 1. 1996 – 2 ARs 441/95, StV 1996, 469; KK-StPO/*Fischer* Rn. 19.
[34] § 85 Rn. 2, 4.
[35] *Eisenberg* Beweisrecht Rn. 1500 f., 1581.
[36] BGH v. 4. 6. 1956 – StE 49/52, BGHSt 9, 292; BGH v. 13. 2. 1959 – 4 StR 470/58, BGHSt 13, 1; BGH v. 26. 10. 1962 – 4 StR 318/62, BGHSt 18, 107 (108); BGH v. 30. 10. 1968 – 4 StR 281/68, BGHSt 22, 268 (273).
[37] KK-StPO/*Fischer* Rn. 20.
[38] KK-StPO/*Diemer* § 249 Rn. 8 ff.; *Eisenberg* Beweisrecht Rn. 2003.
[39] RG v. 24. 6. 1930 – V 180/13, RGSt 47, 235 (237).
[40] Alsberg/Nüse/*Meyer* S. 221 f.; KK-StPO/*Fischer* Rn. 22.
[41] BGH v. 7. 6. 1979 – StR 441/78, BGHSt 29, 18 (22) = NJW 1979, 2318 (2319); RG v. 18. 3. 1913 – V 738/12, RGSt 47, 100 (106); RG v. 24. 6. 1913 – V 180/13, RGSt 47, 235 (236); BGH v. 28. 9. 1962 – 4 StR 301/62, BGHSt 18, 51 (53) = NJW 1962, 2361 für Hilfsmittel zur Verdeutlichung von Fragen und Aussagen; BGH VRS 27, 120; BGH VRS 27, 192 für Tatort- und Unfallskizzen.
[42] BGH v. 14. 6. 1960 – 1 StR 73/60, BGHSt 14, 339 (341) = NJW 1960, 1582 (1583); BGH v. 3. 3. 1977 – 2 StR 390/76, BGHSt 27, 135 (136) = NJW 1977, 1545 = JR 1978, 117 mAnm *Gollwitzer*.
[43] So auch KK-StPO/*Herdegen*, 5. Aufl. 2003, Rn. 14; ablehnend BGH v. 14. 6. 1960 – 1 StR 73/60, BGHSt 14, 339 (341); KK-StPO/*Fischer* Rn. 22; vgl. auch *Hanack* JZ 1972, 274 (275).

3. Grenzfälle und Zuordnung. Alle im Strengbeweisverfahren verwendeten Beweismittel sind 15
der abschließenden Nomenklatur der zulässigen Beweismittel zuzuordnen. Es muss somit jeweils
feststehen, ob eine Beweisperson als Zeuge, als sachverständiger Zeuge oder als Sachverständiger
seine Angaben macht; eine Beweisperson kann ihre Funktion in demselben Verfahren auch wechseln.[44]

Bei einer **Gegenüberstellung** handelt es sich um eine besondere Verfahrensweise der Zeugen- 16
vernehmung und -befragung, die – ähnlich wie im Vorverfahren (§ 58 Abs. 2) – zum Zweck der
Überprüfung des Inhalts der Aussage, ihrer Konstanz und auch der Vorstellbarkeit[45] oder Identifizierung gewählt wird.[46] Auch bei der Gegenüberstellung zum Zweck der Identifizierung ist die
Beweisperson, die aufgrund ihrer Wahrnehmungen Auskunft über die Identität der gegenübergestellten Personen geben soll, zu Aussage und Wahrheit verpflichteter Zeuge aufgrund seiner optischen
oder akustischen Wahrnehmungen. Die Person, um deren Identifizierung es geht, ist im Rahmen dieses Zeugenbeweises Augenscheinsobjekt.[47]

Versuchsanordnungen oder **Rekonstruktionen** können sowohl Bestandteil des Sachverständi- 17
genbeweises als auch des Zeugenbeweises oder auch der Augenscheineinnahme sein.[48] Die Pflicht
des Zeugen oder Sachverständigen erstreckt sich auf die **Mitwirkung** daran, wenn die Nutzung des
Beweismittels eine Versuchsdurchführung oder Rekonstruktion nach der Einschätzung des Gerichts erforderlich macht.[49] Über die Mitwirkung an einfachen Nachstellungen und Versuchen hinaus gehende Untersuchungen des Zeugen sind nur mit dessen Einwilligung oder unter den Vorgaben des § 81 c zulässig.[50] Zweifelhaft und wohl abzulehnen ist es, einen Zeugen, der eine solche
Untersuchung abgelehnt hat, auf der Grundlage von Anknüpfungstatsachen zu beurteilen, die diese
Untersuchung gerade nicht erfordern.[51] Die **Notwendigkeit** von Rekonstruktionen des Geschehens
– insbesondere des Tatablaufs, aber auch von anderen kausalen Zusammenhängen – bestimmt sich
nach der Aufklärungspflicht des Gerichts; die Verfahrensbeteiligten haben darauf keinen Anspruch.[52] Solche Versuche und Rekonstruktionen sind dann nicht **zulässig**, wenn sie medizinisch nicht zu
verantworten[53] oder dem Betroffenen, insbesondere dem Tatopfer, nicht zuzumuten sind.[54] Nicht
erforderlich sind Nachstellungen des Geschehens oder Versuche dann, wenn sie nicht mit der für
den Beweiszweck erforderlichen Genauigkeit durchgeführt werden können, so beispielsweise bei
bestimmten konstitutionellen Ausnahmesituationen der betroffenen Personen, etwa Trunkenheit
oder Medikamenteneinfluss, oder auch bei Unmöglichkeit der Nachahmung der situativen Konstellation, wie beispielsweise bestimmter Unfallumstände.[55]

IV. Freibeweis

1. Abgrenzung zum Strengbeweis. Im Gegensatz zum Strengbeweisverfahren, das Abs. 1 für die 18
Beweisaufnahme in der Hauptverhandlung vorsieht und das den dort abschließend aufgezählten
Beweismitteln unterliegt, wird das übrige Verfahren von dem freien Beweisverfahren, sogenannter
Freibeweis, beherrscht.[56] Das Freibeweisverfahren ist für alle Beweiserhebungen **außerhalb der
Hauptverhandlung** anzuwenden, auch dann, wenn sie etwa der Entscheidung über den hinreichenden (§§ 170 Abs. 1, 203, 202) oder den dringenden (§§ 112 Abs. 1, 118 a Abs. 3) Tatverdacht

---

[44] Etwa der sachverständige Zeuge zum Sachverständigen, vgl. Rn. 11.
[45] BGH v. 12. 8. 1960 – 4 StR 48/60, NJW 1960, 2156 (2157); BGH v. 7. 4. 1988 – 2 StR 22/88, StV 1988, 469 (471); *Alsberg/Nüse/Meyer* S. 93.
[46] KG v. 4. 5. 1979 – (1) 1 StE 2/77, NJW 1979, 1668 (1669); *Odenthal* NStZ 1984, 137.
[47] OLG Köln v. 3. 10. 1984 – Ss 220 – 221/85, StV 1986, 12; OLG Köln v. 13. 12. 1991 – Ss 379/91, StV 1992, 412 (413); für den Stimmenvergleich BGH v. 24. 2. 1994 – 317/93, BGHSt 40, 66 (68) = NJW 1994, 1807; BGH v. 31. 8. 1994 – 5 StR 232/94, NStZ 1994, 597.
[48] BGH v. 20. 6. 1961 – 1 StR 212/61, NJW 1961, 1486 (1487); BGH v. 13. 8. 1986 – 2 StR 337/86, StV 1987, 5.
[49] Beispiele sind Entfernungsschätzungen, Hörproben oder Wahlgegenüberstellungen KK-StPO/*Fischer* Rn. 25.
[50] BGH v. 11. 12. 1990 – 5 StR 500/90, BGHR StPO § 81 c Abs. 1 Duldungspflicht 1; auch für psychologische und psychiatrische Untersuchungen eines Zeugen BGH v. 14. 10. 1959 – 2 StR 249/59, BGHSt 13, 394 (398) = NJW 1960, 584; BGH v. 11. 11. 1959 – 2 StR 471/59, BGHSt 14, 21 (23) = NJW 1960, 586; BGH v. 13. 5. 1969 – 2 StR 616/68, BGHSt 23, 1 (2) = NJW 1969, 1582; BGH v. 29. 9. 1989 – 4 StR 201/89, BGHSt 36, 217 (219) = NJW 1989, 2762.
[51] Kritisch auch KK-StPO/*Herdegen*, 5. Aufl. 2003, Rn. 16; ebenfalls zweifelnd *Blau* StV 1991, 407; dafür BGH v. 13. 5. 1969 – 2 StR 616/68, BGHSt 23, 1 (2); BGH v. 3. 6. 1982 – 1 StR 184/82 = NStZ 1982, 432; BGH v. 25. 9. 1990 – 5 StR 401/90, NStZ 1991, 47 = StV 1991, 405 (406) mAnm *Blau*; BGH v. 7. 9. 1995 – 1 StR 136/95, BGHR StPO § 81 c Abs. 3 Untersuchungsverweigerungsrecht 5.
[52] BGH v. 12. 8. 1960 – 4 StR 48/60, NJW 1960, 2156 (2157); BGH v. 20. 6. 1961 – 1 StR 212/61, NJW 1961, 1486 (1487); BGH VRS 35, 264 (266); BGH v. 13. 8. 1986 – 2 StR 337/86, StV 1987, 5.
[53] BGH v. 19. 2. 1980 – 5 StR 787/79, NStZ 1982, 189 [Pf.].
[54] Vgl. § 81 c Abs. 4; BGH v. 20. 6. 1961 – 1 StR 212/61, NJW 1961, 1486 (1487).
[55] BGH v. 22. 1. 1998 – 4 StR 100/97, NJW 1998, 2753 (2755); BGH v. 13. 8. 1986 – 2 StR 337/86, StV 1987, 5; BGH v. 6. 10. 1987 – 1 StR 455/87, NStZ 1988, 88; BGH VRS 35, 264 (266); BGH VRS 50, 115.
[56] BGH v. 24. 8. 1978 – 2 Ars 245/78, BGHSt 28, 116 (117) = NJW 1979, 115; BGH v. 6. 10. 1981 – 1 StR 356/81, BGHSt 30, 215 (217) = NJW 1982, 291; BGH v. 12. 10. 1982 – 1 StR 219/82 = NStZ 1993, 118 = NJW 1983, 404 (405); BGH v. 3. 5. 1985 – 2 StR 824/84, NStZ 1985, 466 (468).

dienen.[57] In der (tatrichterlichen) Hauptverhandlung verläuft die Grenze zwischen dem grundsätzlich herrschenden Strengbeweisverfahren und dem Freibeweisverfahren dort, wo es (ausschließlich) um Verfahrensfragen, um Prozesshandlungen und Prozesstatsachen geht.[58] Auch über bestimmte rechtliche Fragen kann im Freibeweisverfahren befunden werden, so etwa bei Fragen zum ausländischen oder internationalen Recht, sodass dazu Rechtsgutachten eingeholt, verlesen[59] und auch vorgelegte Gutachten verwendet werden können.[60]

19 Im **Beschwerdeverfahren** gegen die Entscheidung über die **Kosten und Auslagen** sowie die **Entschädigung** des Angeklagten dürfen Tatsachen dazu im Wege des Freibeweises erhoben werden, soweit sie für die Schuld- und Rechtsfolgenfrage irrelevant sind (§§ 465 Abs. 2, 467 Abs. 2 u. 3, §§ 5, 6 StrEG). Die Bindungswirkung der Tatsachenentscheidung gilt ausschließlich für die Hauptsacheentscheidung und ihre Grundlagen, nicht aber für die Entscheidung über Kosten und Auslagen sowie Entschädigung des Angeklagten.[61] Das Freibeweisverfahren gilt auch im **Revisionsverfahren**.[62]

20 Die **Zuordnung einer Beweisfrage**, also ob der Beweis im Wege des Strengbeweisverfahrens zu erheben ist oder ob das Freibeweisverfahren angewendet werden kann, kann oftmals nicht zweifelsfrei entschieden werden. Maßgeblich ist nicht, ob die Beweisverwertung die Grundlagen des Urteils berührt, sondern ob die Beweistatsache **materiellen oder nur prozessualen Charakter** hat. Es ist also auf den formellen Zusammenhang zwischen der Beweistatsache und der auf ihr beruhenden Entscheidung des Gerichts und nicht auf den materiellen Zusammenhang zwischen Beweistatsache und Urteilsgrundlage abzuheben.[63] Zumeist liegen die Beweistatsachen prozessualen Charakters im Vorfeld des Sachurteils, etwa die Frage der Verwertbarkeit nach § 136a Abs. 3 S. 2[64] oder der Rechtmäßigkeit einer „Sperrerklärung".[65]

21 Beweistatsachen können auch **doppelrelevant** sein, also sowohl für eine Verfahrensfrage von Bedeutung, als auch für die Schuld- und Rechtsfolgenfrage entscheidend sein. Hauptbeispiele dafür sind die Tatzeit als einesteils wesentliches Moment des Schuldvorwurfs und anderenteils auch für die Strafverfolgungsverjährung von Bedeutung, sowie Alter und auch Geisteszustand des Angeklagten für die prozessuale Frage der Verhandlungsfähigkeit, als auch für die Schuld- und Rechtsfolgenfrage. Auch der Prüfung der Tatidentität nach dem Grundsatz der Spezialität in Auslieferungsverfahren[66] und für den Grundsatz des ne bis in idem[67] sowie der anderweitigen Rechtshängigkeit[68] liegen doppelrelevante Tatsachen zugrunde. Über solche Tatsachen mit Doppelrelevanz kann zur Klärung der prozessualen Frage zunächst im Freibeweis verfahren werden; soll die Tatsache allerdings auch der Entscheidung der Schuld- und Rechtsfolgenfrage zugrunde gelegt werden, so muss diese im Strengbeweisverfahren bewiesen werden.[69] In diesem Fall hat das Ergebnis im Strengbeweisverfahren auch für die prozessuale Entscheidung zu gelten.[70]

22 Zu den Hauptanwendungsmöglichkeiten des **Freibeweisverfahrens** (in der Hauptverhandlung) gehören Tatsachen, die ausschließlich für **Prozessvoraussetzungen oder Prozesshindernisse** von Bedeutung sind,[71] also etwa die Verhandlungsfähigkeit des Angeklagten, wenn sie für die Schuldfähigkeit zum Tatzeitpunkt irrelevant ist[72] oder die Feststellungen zum Strafantrag, also Rechtzei-

---

[57] Alsberg/Nüse/Meyer S. 111; KK-StPO/Fischer Rn. 8.
[58] BGH v. 15. 3. 1988 – 1 StR 8/88, NStZ 1988, 373 = StV 1989, 331 mAnm Wasserburg.
[59] Die Verlesung eines solchen Gutachtens soll auch ohne Vorliegen der Voraussetzung des § 256 zulässig sein, so OLG Stuttgart v. 25. 5. 1976 – 3 Ss 197/76, JR 1977, 205 mAnm Gollwitzer; Alsberg/Nüse/Meyer S. 140 f.
[60] RGSt 42, 54 (56); BGH v. 24. 2. 1988 – 3 StR 476/87, BGHSt 35, 216 (223) = NJW 1988, 3105 (3107); Alsberg/Nüse/Meyer S. 138 ff.; Löwe/Rosenberg/Becker Rn. 8; SK-StPO/Schlüchter Rn. 9, 20.
[61] OLG Stuttgart v. 26. 1. 1983 – 3 Ws 14/83, MDR 1984, 512; OLG Frankfurt v. 8. 5. 1996 – 3 Ws 272/96, NStZ-RR 1996, 286; Löwe/Rosenberg/Becker Rn. 31; Alsberg/Nüse/Meyer S. 134; KK-StPO/Fischer Rn. 8; aA OLG Frankfurt v. 26. 9. 1977 – 4 Ws 118/77, NJW 1978, 1017 (1018); OLG Schleswig v. 20. 1. 1976 – 1 Ws 332/75, NJW 1976, 1467; auch BGH v. 4. 12. 1974 – 3 StR 298/74, BGHSt 26, 29 (31) = NJW 1975, 679 dann, wenn die Entscheidung zur Hauptsache nur mit der Revision anfechtbar ist, sodass diese Feststellungen bereits der Tatrichter im Freibeweis treffen kann.
[62] Alsberg/Nüse/Meyer S. 154; Meyer-Goßner Rn. 7.
[63] Alsberg/Nüse/Meyer S. 121 Fn. 34; Gössel GA 1994, 441 (442); KK-StPO/Fischer Rn. 9.
[64] BGH v. 28. 6. 1961 – 2 StR 154/61, BGHSt 16, 164 (166) = NJW 1961, 1979; BGH v. 21. 7. 1998 – 5 StR 302/97, BGHSt 44, 129 (138) = NJW 1998, 3506 (3508); aA Hanack JZ 1971, 168 (170).
[65] BGH v. 3. 5. 1985 – 2 StR 824/84, NStZ 1985, 466 (468).
[66] BGH v. 20. 12. 1968 – 1 StR 508/67, BGHSt 22, 307 (309) = NJW 1969, 995.
[67] BGH v. 21. 12. 1983 – 2 StR 578/83, BGHSt 32, 215 = NJW 1984, 808; BGH v. 17. 4. 1984 – 1 StR 116/84 = StV 1985, 181.
[68] Többens NStZ 1982, 184 (186).
[69] BGH v. 12. 12. 1990 – 3 StR 470/89, StV 1991, 148 (149).
[70] Krauss Jura 1982, 225 (232); Többens NStZ 1982, 184 (185); Alsberg/Nüse/Meyer S. 132; Löwe/Rosenberg/Becker Rn. 34; KK-StPO/Fischer Rn. 10.
[71] BGH v. 26. 8. 1998 – 3 StR 256/98 = NStZ 1999, 94.
[72] BGH v. 9. 2. 1983 – 3 StR 500/82, NStZ 1983, 280; BGH v. 29. 11. 1983 – 4 StR 681/83, NStZ 1984, 181; BGH v. 9. 12. 1988 – 2 StR 164/88, StV 1989, 239 (240); BGH v. 14. 4. 1992 – 1 StR 68/92, StV 1992, 553 (554); BGHR vor § 1/Prozesshandlung, Verhandlungsfähigkeit 1.

tigkeit, Antragsberechtigung, Formerfordernisse und Aufrechterhaltung.[73] Auch im Freibeweis zu entscheiden ist über die Frage, ob die **Voraussetzungen für Ablehnungsgründe** zur Erledigung von Beweisanträgen vorliegen oder ob dafür bestimmte Prozesshandlungen vorzunehmen sind.[74] Beispiele sind die Verlesbarkeit einer Urkunde,[75] die Erreichbarkeit eines Zeugen,[76] die Voraussetzungen der Aufklärungspflicht in den Fällen des Abs. 5 S. 2,[77] die Ungeeignetheit eines Beweismittels,[78] die Verschleppungsabsicht des Antragstellers,[79] die Sachkunde eines Sachverständigen,[80] die Eignung bestimmter Untersuchungsmethoden,[81] das Verfügen über überlegene Forschungsmittel nach Abs. 4 S. 2[82] und das Vorliegen ausreichender Anknüpfungstatsachen für ein Sachverständigengutachten.[83]

Für bestimmte Fragen können auch **Vorermittlungen** im Wege des Freibeweises erfolgen, etwa ob die Aufklärungspflicht eine bestimmte Beweiserhebung etwa aufgrund eines Beweisermittlungsantrags erfordert,[84] oder ob eine gerichtskundige Tatsache Gegenstand der Hauptverhandlung war.[85]

2. Freibeweis in der Revision. Das **Revisionsgericht** wendet grundsätzlich das Freibeweisverfahren an, auch auf die Prozessvoraussetzungen oder Prozesshindernisse, die es befugt und verpflichtet ist zu überprüfen, wenn Anlass besteht. Dies gilt auch, wenn die Tatsachengrundlagen Doppelrelevanz aufweisen.[86] Grundsätzlich ist das Revisionsgericht jedoch an doppelrelevante, und von der Tatsacheninstanz im Strengbeweisverfahren ermittelte Tatsachen gebunden. Anders soll dies ausnahmsweise für die ausschließlich prozessuale Bedeutung einer Tatsache sein, wenn die tatrichterlichen Feststellungen dazu für die Schuldfrage keine Rolle spielen.[87]

Nach wie vor nicht eindeutig geklärt ist die Frage, ob das Revisionsgericht **Lücken oder Widersprüche des Hauptverhandlungsprotokolls**, wenn die Bindungswirkung des § 274 entfallen ist, klären kann.[88] Nach der Rechtsprechung soll eine Überprüfung evidenter Widersprüche zwischen Akteninhalt und Urteilsinhalt im Wege des Freibeweises zulässig sein, um über eine Aufklärungsrüge zu befinden.[89] Auch Fragen zum Verlauf der Hauptverhandlung, etwa ob eine bestimmte Urkunde vorgehalten wurde, können im Freibeweisverfahren geklärt werden, nicht aber Ergebnisse der Beweisaufnahme.[90] Die Anwendung des Freibeweisverfahrens zur Klärung von Lücken oder Widersprüchen des Hauptverhandlungsprotokolls eröffnet dem Revisionsgericht nicht die Möglichkeit, die tatrichterliche Beweisaufnahme zu wiederholen.[91]

3. Verfahren des Freibeweises. Sowohl das Vorgehen, als auch die Wahl der dafür genutzten Mittel unterliegt im Freibeweisverfahren dem **Ermessen des Gerichts**; die förmlichen Erforder-

---

[73] RGSt 38, 39 (40); RG v. 1. 10. 1928 – II 206/28, RGSt 62, 262 (263); BGH MDR 1955, 143 [D.].
[74] BGH v. 6. 7. 1993 – 5 StR 279/93, NJW 1993, 2881 (2882); BGH v. 22. 1. 1998 – 4 StR 100/97, NJW 1998, 2753 (2754) = NStZ 1998, 366.
[75] RGSt 38, 323 (324); Alsberg/Nüse/Meyer S. 114.
[76] BGH v. 4. 8. 1992 – 1 StR 246/92, NStZ 1993, 50; BGH v. 3. 3. 1993 – 2 StR 323/92, NStZ 1993, 349 (350).
[77] BGH v. 8. 12. 1994 – 4 StR 536/94, StV 1995, 173; BGH v. 11. 6. 1997 – 5 StR 254/97, NStZ-RR 1998, 178.
[78] BGH v. 12. 10. 1982 – 1 StR 219/82, NJW 1983, 404; BGH v. 6. 4. 1984 – 3 StR 84/84, NStZ 1985, 14 [Pf./M.]; Bad. OLG v. 12. 1. 1981 – RReg 5 St 313/80, MDR 1981, 338; Löwe/Rosenberg/Becker Rn. 33; Alsberg/Nüse/Meyer S. 122, 603.
[79] Löwe/Rosenberg/Becker Rn. 33; Alsberg/Nüse/Meyer S. 122.
[80] BGH v. 15. 3. 1988 – 1 StR 8/88, NStZ 1988, 373 = StV 1989, 331 mAnm Wasserburg; Alsberg/Nüse/Meyer S. 129.
[81] BGH v. 24. 11. 1992 – 5 StR 500/92, MDR 1993, 165 (166); BGH NStZ 1993, 395; auch BGH v. 12. 8. 1992 – 5 StR 239/92, BGHSt 38, 320 (322) = NJW 1992, 2976.
[82] Hamm/Hassemer/Pauly, Beweisantragsrecht, Rn. 415.
[83] BGH v. 12. 10. 1982 – 1 StR 219/82, NJW 1983, 404 (405).
[84] BGH v. 26. 5. 1981 1 StR 48/81, BGHSt 30, 131 (142 f.) = NJW 1981, 2267; BGH v. 27. 10. 1981 – 1 StR 496/81, NStZ 1982, 79; BGH v. 9. 8. 1983 – 5 StR 319/83, NStZ 1984, 134; Schulz GA 1981, 301 (317); Löwe/Rosenberg/Becker Rn. 33; Alsberg/Nüse/Meyer S. 122, 127, 172.
[85] BGH v. 6. 2. 1990 – 2 StR 29/89, BGHSt 36, 354 (360) = NJW 1990, 1740.
[86] E. Schmidt JZ 1968, 434; KK-StPO/Fischer Rn. 11; aA Többens NStZ 1982, 185 ff.
[87] So BGH v. 21. 2. 1968 – 2 StR 719/67, BGHSt 22, 90 (91) = NJW 1968, 1148 = JZ 1968, 433 mAnm E. Schmidt = JR 1968, 467 mAnm Kleinknecht; KK-StPO/Fischer Rn. 11; aA Alsberg/Nüse/Meyer S. 158.
[88] BVerfG v. 11. 11. 2001 – 2 BvR 1151/01 = StV 2002, 521; BGH v. 20. 11. 1961 – 2 StR 395/61 = BGHSt 16, 306 (308); BGH v. 10. 4. 1962 – 1 StR 125/ 62 = BGHSt 17, 220; BGH v. 20. 4. 1982 – 1 StR 833/81 = BGHSt 31, 39 (41); BGH v. 6. 9. 2001 – 3 StR 285/01 = NStZ 2002, 47; BGH v. 20. 9. 2005 – 1 StR 214/05 = NStZ 2006, 117; BGH v. 13. 10. 2005 – 1 StR 386/05 = NStZ 2006, 181; BGH v. 29. 6. 2006 – 3 StR 284/05 = NStZ 2006, 714 (715).
[89] BGH v. 29. 12. 1989 – 4 StR 630/89, NStZ 1990, 244; BGH v. 29. 5. 1991 – 2 StR 68/91, NStZ 1991, 448; BGH v. 22. 11. 1988 – 1 StR 559/88, StV 1989, 423 (424); BGH v. 6. 2. 2002 – 1 StR 506/01, StV 2002, 350 (351).
[90] BGH v. 13. 12. 1967 – 2 StR 544/67, BGHSt 22, 26 (28); BGH v. 18. 5. 1998 – 1 StR 67/98, NStZ-RR 1999, 47; KK-StPO/Fischer Rn. 14.
[91] BGH v. 23. 6. 1992 – 5 StR 74/92, NJW 1992, 2838 (2840); BGH v. 29. 4. 1997 – 1 StR 156/97, NStZ 1997, 450 (451); KK-StPO/Fischer Rn. 15; aA KK-StPO/Herdegen, 5. Aufl. 2003, Rn. 11.

nisse der §§ 243 ff. gelten nicht.[92] Das pflichtgemäße Ermessen des Gerichts ist beschränkt durch das **Rechtsstaatsprinzip** und das **Gebot fairen Verfahrens** sowie darüber hinaus auch in den gesetzlichen **Regelungen zur Beweisgewinnung**, wie §§ 52 ff.; 136 Abs. 1 S. 2, 136 a, 252.[93] Da auch das Freibeweisverfahren dem Grundsatz rechtlichen Gehörs (Art. 103 Abs. 1 GG) unterliegt, sind die darin gewonnenen Beweisergebnisse zum Gegenstand der Hauptverhandlung zu machen, den Verfahrensbeteiligten mitzuteilen sowie ihnen ein Äußerungsrecht einzuräumen.[94]

27   **Beweisanträgen** muss nur dann entsprochen werden, wenn dies die **Amtsaufklärungspflicht** erfordert.[95] Der Auffassung der Rechtsprechung, dass die Beweiserhebung ohne Gerichtsbeschluss (§ 244 Abs. 6) unterbleiben kann,[96] ist zu widersprechen. Denn aus dem Aufklärungsgebot folgt der Anspruch auf eine formelle (Ablehnungs-)Entscheidung.[97]

28   Wesentliche Vorgehensweisen im Freibeweisverfahren sind schriftliche Darstellung und Verlesung statt förmlicher Vernehmung oder Wiedergabe der Niederschrift über eine polizeiliche Anhörung,[98] die formlose, auch telefonische und durch andere Personen vorgenommene Befragung von Zeugen und Sachverständigen,[99] die Einholung von Auskünften und auch schriftlichen Gutachten ohne Vorliegen der Voraussetzungen des § 256 Abs. 1,[100] die Einholung dienstlicher Äußerungen oder anwaltlicher Versicherungen[101] oder die Erkenntnisgewinnung aus den Akten.[102] Auch die Vereidigung von Zeugen und Sachverständigen für die im Freibeweis erhobenen Angaben,[103] die eidliche Versicherung zur Glaubhaftmachung der das Zeugnisverweigerungsrecht begründenden Tatsachen nach § 56 sowie die Versicherung an Eides statt für im Freibeweisverfahren eingeholte schriftliche Darlegungen sind grundsätzlich zulässig,[104] nicht jedoch eidesstattliche Versicherungen des Beschuldigten.

B. Pflicht zur Erforschung der Wahrheit (Abs. 2)

I. Untersuchungsgrundsatz als übergeordnete Verfahrensmaxime

29   **1. Gegenstand und Inhalt der Aufklärungspflicht.** Das Gebot zur Erforschung der Wahrheit und damit die Pflicht des Gerichts, den entscheidungserheblichen Sachverhalt und die dafür erforderlichen Tatsachen von Amts wegen aufzuklären, beherrscht als zentrale Maxime das Strafverfahren.[105] Der Untersuchungsgrundsatz prägt nicht nur die Beweisaufnahme, sondern das gesamte Strafverfahren in der Weise, dass der Richter die Wahrheit im Rahmen der gesetzlichen Vorgaben, also „justizförmig" soweit wie möglich zu erfassen hat.[106] Der Untersuchungsgrundsatz ist damit **wesentliches prägendes Merkmal** des Strafprozesses und steht weder zur Disposition des Gerichts, noch der Verfahrensbeteiligten.[107]

30   **2. Aufklärungspflicht und richterliche Überzeugungsbildung.** Die freie Würdigung der Beweise und Überzeugungsbildung durch das Gericht (§ 261) kann Einfluss darauf haben, wie der Richter im konkreten Fall seiner Aufklärungspflicht nachzukommen hat. Eine Einschränkung der Aufklärungspflicht stellt die Freiheit der Überzeugungsbildung nicht dar, vielmehr besteht zwischen den beiden Verfahrensprinzipien eine **Wechselbeziehung**.[108] Der Untersuchungsgrundsatz gibt dem Richter nicht zwingend alle Möglichkeiten der Aufklärung vor, nach deren Gebrauch er – erst –

---

[92] BGH v. 28. 6. 1961 – 154/61, BGHSt 16, 164 (166) = NJW 1961, 1979; Alsberg/Nüse/Meyer S. 142 ff.
[93] Alsberg/Nüse/Meyer S. 151; KK-StPO/Fischer Rn. 16.
[94] BVerfG v. 13. 2. 1958 – 1 BvR 56/57, BVerfGE 7, 275 (279) = NJW 1958, 656; BGH v. 13.7 1966 – 2 StR 157/66, BGHSt 21, 85 (87) = NJW 1966, 2321.
[95] BGH v. 28. 6. 1961 – 154/61, BGHSt. 16, 164 (166) = NJW 1961, 1979; Löwe/Rosenberg/Becker Rn. 58; Alsberg/Nüse/Meyer S. 149.
[96] So die hM BGH v. 28. 6. 1961 – 154/61, BGHSt 16, 164 (166) = NJW 1961, 1979; Alsberg/Nüse/Meyer S. 148 f.; KK-StPO/Fischer Rn. 17.
[97] So auch KK-StPO/Herdegen, 5. Aufl. 2003, Rn. 12; ähnlich Löwe/Rosenberg/Becker Rn. 37 (mit Hinweis auf Grundsatz fairen Verfahrens).
[98] RGSt 38, 323 (324); RGSt 55, 231; RG v. 5. 1. 1923 – IV 559/22, RGSt 57, 186 (188); RGSt 64, 239 (246).
[99] BGH v. 8. 12. 1994 – 4 StR 536/94 = StV 1995, 173; OLG Köln v. 20. 4. 1982 – 1 Ss 987/81, NJW 1982, 2617; Alsberg/Nüse/Meyer S. 143.
[100] Alsberg/Nüse/Meyer S. 144.
[101] BGHSt 12, 402 (403) = NJW 1959, 1093; BGH v. 9. 12. 1959 – 2 StR 265/59, BGHSt 13, 358 (359) = NJW 1960, 349; BGH v. 30. 11. 1990 – 2 StR 44/90, BGHSt 37, 249 = NJW 1991, 1364; Alsberg/Nüse/Meyer S. 145, 155.
[102] Löwe/Rosenberg/Becker Rn. 36; Alsberg/Nüse/Meyer S. 145.
[103] RG v. 25. 1. 1932 – II 345/31, RGSt 66, 113 (114).
[104] RG v. 10. 4. 1924 – III 158/24, RGSt 58, 147 (148); Alsberg/Nüse/Meyer S. 146.
[105] BVerfG v. 26. 5. 1981 – 2 BvR 215/81, BVerfGE 57, 250 (275) = NJW 1981, 1719 (1723); BVerfG v. 12. 1. 1983 – 2 BvR 864/81, BVerfGE 63, 45 (61) = NJW 1983, 1043; BVerfG v. 17. 9. 2004 – 2 BvR 2122/03, NJW 2003, 2444 ff.
[106] Herdegen StV 1992, 533; KK-StPO/Herdegen, 5. Aufl. 2003, Rn. 19; näher zur Entwicklung in der Rechtsprechung Herdegen, GedS Meyer, S. 187 (190 ff.).
[107] Anw-StPO/Sommer Rn. 21.
[108] Löwe/Rosenberg/Becker Rn. 46; AK/Schöch Rn. 27 („Komplementärverhältnis"); KK-StPO/Herdegen, 5. Aufl. 2003, Rn. 18; SK-StPO/Schlüchter Rn. 35 („Wechselspiel").

zu einer bestimmten Überzeugung oder Schlussfolgerung gelangen kann.[109] Vielmehr besteht die Wechselbeziehung darin, dass die freie Beweiswürdigung nach der Erfüllung der Aufklärungspflicht einsetzt und auf ihr aufbaut, erst dann kann der Richter seine **Überzeugung aus dem Inbegriff der Hauptverhandlung** schöpfen.[110] Ungeachtet dessen kann man generell eine Pflicht des Richters zur Beweiserhebung annehmen, bevor er zu einer Überzeugung gelangt. Es ist sowohl für ent-, wie auch für belastende Behauptungen möglich, dass diese zur Überzeugung des Gerichts feststehen, auch wenn sie nicht zum Gegenstand der förmlichen Beweiserhebung gemacht wurden, solange die richterliche Überzeugung auf nachvollziehbaren, rational überprüfbaren und in hohem Maße wahrscheinlichen Sachverhaltsannahmen und Schlussfolgerungen beruht. Auf Vorurteile, nicht sachlich überprüfte oder nicht überprüfbare Grundlagen gestützte richterliche Annahmen oder Überzeugungen verletzen die Aufklärungspflicht, sowohl hinsichtlich materiell-rechtlich als auch prozessual erheblicher Tatsachen.[111]

Grundsätzlich sind dann **alle Mittel zur umfassenden Erforschung und Klärung** des von der Anklage erfassten Geschehens auszuschöpfen, wenn das – vorläufig – erzielte Ergebnis als unwahrscheinlich anzusehen ist, anderen im Rahmen der Beweisaufnahme erzielten Feststellungen widerspricht oder lediglich auf eine unvollständige, etwa auf einem einzigen Beweismittel beruhende Grundlage gestützt ist, welches von eingeschränktem oder auch strittigem Beweiswert ist.[112] Der umfassenden Aufklärungspflicht können im Einzelfall **faktische Hindernisse** entgegenstehen oder auch durch **Opportunitätsvorschriften** (§§ 154, 154a) Schranken gesetzt sein.[113] 31

3. Verhältnis zu anderen Verfahrensvorschriften. a) Konkretisierende Regelungen. Die Bedeutung des Untersuchungsgrundsatzes als zentrale Maxime des Strafprozesses zeigt sich auch darin, dass verschiedene speziellere Normen der Strafprozessordnung davon durchdrungen und deren Anforderungen zum Teil auch ausgeweitet werden. So soll die **Gewährung rechtlichen Gehörs** neben der Wahrung der Verteidigungsinteressen des Angeklagten auch die bessere Aufklärung des Sachverhalts gewährleisten, indem die Prozessbeteiligten zur Sammlung und Klärung des entscheidungsrelevanten Sachverhalts beitragen können.[114] Wegen der Aufklärungspflicht kann es sogar notwendig sein, rechtliches Gehör zu gewähren, selbst wenn dies zur Wahrung der Verteidigungsinteressen des Angeklagten nicht erforderlich ist.[115] 32

Daneben dienen auch die gesetzlich vorgeschriebenen **Anwesenheitspflichten** in der Hauptverhandlung, insbesondere die Pflicht des Angeklagten zur Teilnahme an der Hauptverhandlung, der Wahrheitserforschung. So spielt die richterliche Aufklärungspflicht in die gesetzlich vorgegebenen Möglichkeiten zur Verhandlung in Abwesenheit des Angeklagten (§ 233) hinein[116] sowie auch in die Möglichkeiten des Gerichts, das persönliche Erscheinen des Angeklagten auch anzuordnen, wenn er sich nach der gesetzlichen Regelung vertreten lassen kann (§ 236).[117] Eine ähnliche Durchdringung erfährt auch der Grundsatz der **Unmittelbarkeit der Beweisaufnahme** (§ 250).[118] 33

b) Einfluss auf den Gehalt anderer Verfahrensvorschriften. Neben der Prägung anderer Verfahrensgrundsätze hat die richterliche Aufklärungspflicht auch Einfluss auf eine Reihe von Verfahrensvorschriften in der praktischen Handhabung. Damit zusammenhängend können Verstöße gegen diese Vorschriften auch eine Verletzung der Aufklärungspflicht darstellen.[119] Dies gilt insbesondere für Vorschriften, mit denen bestimmte **Möglichkeiten der Aufklärung** des Sachverhalts in das Ermessen des Gerichts gestellt werden, wie beispielsweise die audiovisuelle Zeugenvernehmung, wenn dadurch eine sonst nicht erreichbare Aufklärung des Verfahrensstoffs erreicht werden kann.[120] Gleiches gilt für die Möglichkeit der – gegebenenfalls optisch und akustisch verfremdeten 34

---

[109] BGH v. 9. 2. 1957 – 2 StR 508/56, BGHSt 10, 208 (210) = NJW 1957, 1039; BGH v. 7. 6. 1979 – 4 StR 441/78, BGHSt 29, 18 (20) = NJW 1979, 2318.
[110] Löwe/Rosenberg/*Becker* Rn. 46, KK-StPO/*Fischer* Rn. 29; zur notwendigen Trennung von Beweiserhebung und nachfolgender Beweiswürdigung Alsberg/Nüse/Meyer Rn. 22 f.; Herdegen, GedS Meyer, S. 188.
[111] Herdegen StV 1992, 527 (533); KK-StPO/*Fischer* Rn. 29; Löwe/Rosenberg/*Becker* Rn. 47.
[112] Löwe/Rosenberg/*Becker* Rn. 47; BayObLG v. 5. 4. 1994 – 2 ObOWi 118/94, BayObLG 1994, 67 (69); BayObLG v. 13. 12. 1996 – 2 ObOWi 919/96, VRS 93 (1997) 126 (127); OLG Karlsruhe v. 14. 1. 1988 – 4 Ss 191/87, NStZ 1988, 226 (227).
[113] BGH v. 9. 11. 1972 – 4 StR 457/71, BGHSt 25, 72 (75) = NJW 1973, 335.
[114] Löwe/Rosenberg/*Becker* Rn. 54.
[115] So etwa beim Erfordernis der persönlichen Anhörung des Angeklagten, dazu Löwe/Rosenberg/*Becker* Rn. 55.
[116] Löwe/Rosenberg/*Becker* Rn. 56; Löwe/Rosenberg/*Becker* § 233 Rn. 12, 30.
[117] Löwe/Rosenberg/*Becker* Rn. 56; Löwe/Rosenberg/*Becker* § 236 Rn. 12; BayObLG v. 24. 7. 1972 – 5 St 553/72 OWi, BayObLGSt 1972, 168 (169) = GA 1973, 243.
[118] Vgl. dazu § 250 Rn. 2; Unmittelbarkeitsgrundsatz lediglich als Folge der richterlichen Aufklärungspflicht KMR/*Paulus* Rn. 192 ff.
[119] BGH v. 4. 4. 1951 – 1 StR 54/51, BGHSt 1, 94 (96); BGH v. 21. 11. 1969 – 3 StR 249/68, BGHSt 23, 176 (187) = NJW 1970, 523 (525).
[120] BGH v. 15. 9. 1999 – 1 StR 286/99, NJW 1999, 3788 (3790) = NStZ 2000, 157 (158); BGH v. 18. 5. 2000 – 4 StR 647/99 = BGHSt 46, 73 (79) = NJW 2000, 2517 (2518 f.); vgl. § 247 a Rn. 13.

– Vernehmung von verdeckten Ermittlern.[121] Auch von der Möglichkeit, die schriftlichen Angaben eines Zeugen zu verlesen, um – soweit nach § 250 zulässig – dessen Glaubwürdigkeit besser einschätzen zu können, muss das Gericht nach dem Untersuchungsgrundsatz Gebrauch machen.[122] Auch die **Hinweispflicht** des Gerichts auf eine Veränderung der rechtlichen Beurteilung (§ 265) hat seine Wurzeln in der Aufklärungspflicht des Gerichts, das dazu verpflichtet ist, mit dem rechtlichen Hinweis auch über die Tatsachen aufzuklären, die zu der Veränderung des rechtlichen Gesichtspunkts geführt haben, um eine effektive Verteidigung des Angeklagten nach dem Verlauf der Hauptverhandlung zu gewährleisten.[123] Auch die Vorschriften zur **Aussetzung der Hauptverhandlung**, um eine der Entwicklung der Beweisaufnahme Rechnung tragende Verteidigung zu gewährleisten (§§ 228, 246), dienen der bestmöglichen Sachaufklärung.[124] Gleiches gilt für die Aussetzung der Hauptverhandlung, um Gelegenheit zu geben, gegen Beschränkungen der Aussagegenehmigung (§ 54) oder einen Akten-Sperrvermerk (§ 96) eine Gerichtsentscheidung herbeizuführen.[125]

35   c) **Beschleunigungsgebot.** In dem Spannungsverhältnis zwischen Aufklärungspflicht und Beschleunigungsgebot ist jedenfalls dann von einem **Vorrang der Aufklärungspflicht** auszugehen, wenn es bei einem Tatvorwurf von nicht unbedeutendem Gewicht um eine für den Schuldspruch relevante Sachaufklärung geht. Hier wird die Abwägung des Gerichts zwischen dem Gewicht der Strafsache und der Bedeutung und dem Wert der weiteren Sachaufklärung gegenüber den Nachteilen durch die Verzögerung des Verfahrens regelmäßig zugunsten der Sachaufklärung ausfallen müssen.[126]

II. Pflicht und Umfang der Aufklärung durch das Gericht

36   1. **Gerichtliche Aufklärungspflicht. a) Umfang der Aufklärungspflicht.** Das Aufklärungsgebot verpflichtet das Gericht, den verfahrensgegenständlichen Sachverhalt mit den zulässigen Mitteln soweit als möglich aufzuklären, ungeachtet des Verhaltens der übrigen Verfahrensbeteiligten. Der Richter hat **alle be- und entlastenden Möglichkeiten der Beweisführung** auszuschöpfen.[127] Diese umfassende Aufklärungspflicht erstreckt sich auf die angeklagten Taten und ihnen zugrunde liegenden Sachverhalte, soweit sie nicht nach Opportunitätsgründen ausgeschieden oder mit Bindungswirkung anderweitig festgestellt sind.[128]

37   Die Aufklärungspflicht erstreckt sich nicht auf Tatsachen, die nicht beweisbedürftig, bereits bewiesen oder die für die Entscheidung unter keinem Gesichtspunkt relevant sind. Der Untersuchungsgrundsatz gebietet keine „überschießende Sachaufklärung".[129] Allerdings verpflichtet das Aufklärungsgebot das Gericht, alle auch nur möglicherweise Erfolg versprechenden Möglichkeiten zu nutzen, um eine unsichere Beweislage durch weitere Sachaufklärung zu festigen und dabei die verwendeten Beweismittel in vollem Umfang auszuschöpfen.[130] Die Sachaufklärung kann sogar dann, wenn das Gericht aufgrund der bis dahin vorgenommenen Beweiserhebung bereits eine feste Überzeugung vom Tatgeschehen gewonnen hat, die Verwendung weiterer Beweismittel vorschreiben.[131] Für eine erschöpfende Auswertung der Beweismittel ist es erforderlich, dass die Urkunden umfassend in ihrem Inhalt erfasst und Beweispersonen zu allen sachverhaltsrelevanten sowie ihrem Wissen unterfallenden Aspekten befragt oder mit entsprechenden Vorhalten zur Aufklärung von Widersprüchen konfrontiert werden.[132]

---

[121] BGH v. 16. 4. 1985 – 5 StR 718/84 = BGHSt 33, 178 (180) = NJW 1985, 1789; BGH v. 6. 5. 1986 – 4 StR 150/86, BGHSt 34, 82 (85) = NJW 1988, 2187; BGH v. 21. 3. 1989 – 5 StR 57/89, BGH NStZ 1989, 282; BGH v. 18. 10. 1987 – 2 StR 545/87, StV 1988, 45.
[122] BGH v. 16. 2. 1965 – 1 StR 4/65, BGHSt 20, 160 (163) = NJW 1965, 847; KK-StPO/*Fischer* Rn. 41.
[123] BGH v. 27. 5. 1982 – 4 StR 128/82, NStZ 1983, 34 (35); BGH v. 19. 1. 1984 – 4 StR 742/83, NStZ 1984, 328 (329); BGH v. 21. 6. 2007 – 5 StR 189/07, NJW 2007, 2556; BGH v. 20. 12. 2006 – 2 StR 444/06, StV 2007, 176; KK-StPO/*Fischer* Rn. 40.
[124] Löwe/Rosenberg/*Becker* Rn. 54.
[125] BGH v. 11. 12. 1980 – 4 StR 588/80, NJW 1981, 770; BGH v. 3. 5. 1985 – 2 StR 824/84, NStZ 1985, 466 (467).
[126] Wohl anders Löwe/Rosenberg/*Becker* Rn. 57.
[127] BGH v. 29. 3. 1990 – 4 StR 84/90, NStZ 1990, 384; BGH v. 6. 9. 1983 – 1 StR 480/83, StV 1983, 495; BGH v. 27. 8. 1986 – 3 StR 254/86, StV 1987, 4; BGH v. 29. 8. 1989 – 1 StR 453/89, StV 1989, 518; BGH v. 3. 10. 1989 – 2 StR 541/89, StV 1990, 98; BGH v. 14. 3. 1991 – 4 StR 16/91, StV 1991, 245; BGH v. 24. 11. 2004 – 5 StR 480/04, NStZ-RR 2005, 88 (89).
[128] BGH v. 12. 3. 1968 – 5 StR 115/68, BGHSt 22, 105 (106); BGH v. 12. 8. 1980 – 1 StR 422/80, BGHSt 29, 315; BGH v. 12. 18. 1980 – 1 StR 422/80, DR 1980, 947; Löwe/Rosenberg/*Becker* Rn. 40.
[129] BGH v. 8. 12. 1993 – 3 StR 446/93, BGHSt 40, 3 = NStZ 1994, 247 (248) mAnm *Widmaier* = StV 1994, 169 mAnm *Strate* = JR 1994, 169 mAnm *Wohlers*; Löwe/Rosenberg/*Becker* Rn. 43.
[130] BGH v. 14. 11. 1958 – 5 StR 417/58, BGHSt 12, 109; BGH v. 29. 5. 1991 – 2 StR 68/91, BGH NStZ 1991, 448 (449); BGH v. 29. 8. 1989 – 1 StR 453/89, StV 1989, 518; BGH v. 14. 3. 1991 – 4 StR 16/91, StV 1990, 98.
[131] Löwe/Rosenberg/*Becker* Rn. 45.
[132] Löwe/Rosenberg/*Becker* Rn. 64; Anw-StPO/*Sommer* Rn. 30.

b) **Beurteilungsmaßstab.** Wie weit die Pflicht des Tatgerichts zur Sachverhaltserforschung geht, 38 ergibt sich aus den denklogischen Möglichkeiten, dass sich bei Gewinnung des betreffenden Beweises Schlussfolgerungen ergeben, die den Schuldvorwurf in relevanter Weise beeinflussen können. Dazu gehört die Widerlegung und Modifizierung des Schuldvorwurfs ebenso wie die Stützung und Bestätigung desselben.[133] Die **Einschätzung der Relevanz und des Werts** des in Betracht kommenden Beweismittels für den Beweisstoff unterliegt nicht dem Ermessen des Gerichts, sondern ist **nach objektiven Kriterien** festzustellen, und dann, je nach dem Ergebnis die Beweisaufnahme, auf das mögliche neue Beweismittel zu erstrecken oder nicht.[134] Das Gericht hat von möglichen weiteren Beweismitteln nach dem Untersuchungsgrundsatz dann Gebrauch zu machen, wenn wenigstens die (entfernte) Möglichkeit besteht, dass sich dadurch das Beweisergebnis in relevanter Weise ändern kann.[135] Auch eine nur „entfernte Möglichkeit" kann bei der Entscheidung über ein mögliches heranzuziehendes neues Beweismittel nahe liegen oder sich dem Gericht sogar aufdrängen, insbesondere dann, wenn die Beweislage nach dem bis dahin erledigten Verlauf der Beweisaufnahme in dem betreffenden Punkt unsicher geblieben ist,[136] weil eine „verständige Würdigung" der bisherigen Beweisaufnahme und der möglichen zusätzlichen Erkenntnisse durch das neue Beweismittel die bestehenden Unsicherheiten an der bisherigen Beweislage und damit Überzeugungsbildung des Gerichts beseitigen könnten.[137] Die „Faustformel", dass eine Beweiserhebung dann unterbleiben kann, wenn rationale, „in hohem Maße plausible" Gründe dafür vorliegen, dass sie nicht zu relevantem Beweisstoff beitragen werde, kann nicht in den Fällen gelten, in denen der zu würdigende Aspekt der Beweisaufnahme, den das Beweismittel berührt, bisher sehr unsicher geblieben ist.[138]

2. **Einfluss von Beweis-(ermittlungs-)anträgen.** Die Pflicht zur umfassenden Sachverhaltser- 39 forschung obliegt dem Gericht unabhängig von dem Prozessverhalten und auch den Interessen der übrigen Verfahrensbeteiligten. Diese **Prozessmaxime ist der Disposition aller am Verfahren Beteiligten, auch des Gerichts selbst entzogen.**[139] Auch gegen das Interesse von Verfahrensbeteiligten, insbesondere auch des Angeklagten, hat das Gericht Beweis, auch Entlastungsbeweis zu erheben, etwa wenn über ein Sachverständigengutachten die Schuldunfähigkeit des Angeklagten zur Zeit der Tat nachgewiesen werden soll, dieser aber durch diese Feststellung Belastungen befürchtet.[140] Gleiches gilt für den Nachweis belastender Umstände, auch wenn die Staatsanwaltschaft mit dem Unterbleiben des Nachweises einverstanden wäre.[141]

Selbst die gesetzlich vorgesehene Möglichkeit des Beitrags zur Beweisaufnahme durch Stellung 40 von Beweisanträgen und auch Beweisermittlungsanträgen oder Beweisanregungen führt nicht zu einer Veränderung der Aufklärungspflicht oder deren Umfangs dem Grunde nach. Allerdings können Anträge und Anregungen der Verfahrensbeteiligten die tatsächlichen Vorgänge erweitern, die zum Beweisstoff gehören und die damit die Anknüpfungsgrundlage für die Aufklärungspflicht bilden. Das Gericht hat die ihm obliegende Aufklärungspflicht auf diese Tatsachengrundlage gerichtet zu präzisieren und aktualisieren.

Die **Regelungen zur Ablehnung von Beweisanträgen** in den Absätzen 3 und 4 sowie nach § 245 41 Abs. 2 beschränken vor diesem Hintergrund die Möglichkeiten des Gerichts, trotz der umfassenden Aufklärungspflicht aufgrund von Antizipationen Beweiserhebungen zu unterlassen. Letztendlich werden die **allein zulässigen Antizipationen des Gerichts** für die jeweils beantragten Beweiserhebungen in den Regelungen abschließend festgehalten. Den Einschränkungen zur Ablehnung von Beweisanträgen kommt somit neben dem Aufklärungsgebot eigenständige Bedeutung (auch abseits der Erzwingung einer Beweiserhebung über unerhebliche Tatsachen) zu.[142]

---

[133] BGH v. 8. 12. 1993 – 3 StR 446/93, NJW 1994, 1294 (1295); BGH v. 4. 8. 1989 – 2 StR 278/89, StV 1989, 467; vgl. auch BGH v. 15. 2. 2005 – 1 StR 91/04, NStZ 2005, 456 (460).
[134] KK-StPO/*Fischer* Rn. 33.
[135] BGH v. 29. 3. 1990 – 4 StR 84/90, NStZ 1990, 384; BGH v. 24. 4. 1991 – 4 StR 583/90, NStZ 1991, 399; BGH v. 29. 8. 1989 – 1 StR 453/89, StV 1989, 518 (519); aA für „entfernte Möglichkeit" KK-StPO/*Fischer* Rn. 33.
[136] Zum Kriterium des „Naheliegens" oder „sich Aufdrängens" BGH v. 18. 5. 2000 – 4 StR 647/99, BGHSt 46, 73 (79) = NJW 2000, 2517 (2519); BGH v. 31. 3. 1989 – 2 StR 706/88, NJW 1989, 3294; BGH v. 29. 3. 1990 – 4 StR 148/90, NStZ 1990, 384; BGH v. 7. 2. 1995 – 5 StR 728/94 = StV 1996, 4.
[137] Zur Terminologie der „verständigen Würdigung" BGH v. 13. 2. 1951 – 1 StR 47/50, NJW 1951, 283; BGH v. 9. 5. 1996 – 1 StR 175/69, NStZ-RR 1996, 299; ablehnend zu den Umschreibungen KK-StPO/*Herdegen*, 5. Aufl. 2003, Rn. 21.
[138] Anders aber wohl BGH v. 31. 3. 1989 – 2 StR 706/88, BGHSt 36, 159 (165) = NJW 1989, 3291 (3293); *Herdegen* NStZ 1998, 444 (445 f.); als „Negativformulierung" KK-StPO/*Fischer* Rn. 33.
[139] Löwe/Rosenberg/*Becker* Rn. 50; Anw-StPO/*Sommer* Rn. 21.
[140] Beispiel bei Löwe/Rosenberg/*Becker* Rn. 50.
[141] BGH v. 12. 2. 1981 – 4 StR 714/80, StV 1981, 164; BGH v. 11. 3. 1993 – 4 StR 70/93, BGHR StPO § 244 Abs. 2 Aufdrängen 5; *Schmidt-Hieber* NJW 1982, 1020.
[142] Anders aber *Gössel* JR 1995, 364 (365); *Gössel* JR 1996, 100 (101).

42 Regelmäßig dürfte allerdings dann, wenn ein nach den Absätzen 3 und 4 oder im Fall des präsenten Beweismittels nach § 245 Abs. 2 nicht ablehnbarer Beweisantrag gestellt ist, auch die Amtsaufklärungspflicht die Beweiserhebung gebieten. Zumeist liegt daher in der fehlerhaften Ablehnung oder dem pflichtwidrigen Übergehen eines Beweisantrags auch die Verletzung der gerichtlichen Aufklärungspflicht.[143]

43 Die Möglichkeit der Erweiterung der Grundlagen, auf welche die Aufklärungspflicht des Gerichts sich erstreckt und deren Präzisierung und Aktualisierung kann sich auch aus **Beweisermittlungsanträgen und Beweisanregungen** ergeben. So besteht etwa Anlass zur Beweiserhebung dann, wenn der Antrag oder die Anregung eine möglicherweise entscheidungsrelevante Beweistatsache und ein dafür heranzuziehendes, noch nicht erschöpftes Beweismittel indiziert.[144]
Die Aufklärungspflicht kann dem Gericht sogar auferlegen, auf dem Angeklagten oder einem anderen Verfahrensbeteiligten unbekannt gebliebene Ermittlungsergebnisse aus den Akten hinzuweisen, um Anträge zur Beweiserhebung zu ermöglichen, auch wenn es selbst diese nicht für erforderlich hält.[145] Auch wenn **Beweisanträge nicht gestellt oder zurückgenommen** werden, lässt dies die Aufklärungspflicht des Gerichts unberührt. Ob darin ein Indiz dafür gesehen werden kann, dass diese Beweisaufnahme sich dem Gericht nicht aufgedrängt hatte, scheint zumindest zweifelhaft.[146]

44 **3. Anforderungen an die Beweiserhebung.** Die Pflicht zur bestmöglichen Sachaufklärung gebietet es, bei mehreren Möglichkeiten der Beweisgewinnung, sich des jeweils **sachnäheren Beweismittels** und des **höherwertigen Beweisverfahrens** zu bedienen.[147] Welches Beweismittel das jeweils sachnähere und welches Beweisverfahren das höherwertige ist, bestimmt sich insbesondere auch nach den Zwecken der jeweiligen Beweiserhebungsmöglichkeiten.[148]

45 Der unmittelbare Zeuge ist dem mittelbaren Zeugen, sofern seiner Vernehmung keine rechtlichen oder tatsächlichen Hindernisse entgegenstehen, aus Gründen der Aufklärungspflicht vorzuziehen,[149] anderenfalls ist der sachfernere Zeuge jedenfalls dann zu vernehmen, wenn dies entscheidungserheblichen Beweisstoff verspricht.[150] Entsprechendes gilt, wenn das Gericht sich mit sachferneren Möglichkeiten der Aufklärung, wie etwa der Verlesung von Urkunden (§§ 251 Abs. 1 Nr. 4, 251 Abs. 2 S. 1, 256 Abs. 1) begnügt, obwohl der Zeuge oder Sachverständige angehört werden könnte[151] oder wenn es nicht genügend Bemühungen zur Nutzung von Beweismitteln, wie etwa „Gewährsleuten" entfaltet.[152]

46 Der Verstoß gegen die Aufklärungspflicht zur Verlesung von Urkunden unter Verzicht auf die mögliche Vernehmung der Urheber derselben, die ein höheres Maß an Aufklärung verspricht, liegt unabhängig von einer allseitigen Zustimmung der Prozessbeteiligten vor und kann auch in dieser Situation von den Verfahrensbeteiligten revisibel gerügt werden.[153] Zur Nutzung von sachfernen Beweismitteln gilt kurz gefasst, dass diese nur dann, aber dann zwingend heranzuziehen sind, wenn die sachnäheren Beweismittel aus tatsächlichen oder rechtlichen Gründen nicht zur Verfügung stehen und den sachfernen Beweismitteln dennoch ein beweiserheblicher – wenngleich geringerer – Wert zukommt.[154]

---

[143] BGH v. 2. 5. 1985 – 4 StR 142/85, NStZ 1985, 420 (421); BGH v. 6. 9. 1983 – 1 StR 480/83, StV 1983, 495; BGH v. 14. 3. 1989 – 1 StR 19/89, StV 1989, 423; BGH v. 16. 3. 1990 – 2 StR 51/90, BGHR StPO § 244 Abs. 2 Zeugenvernehmung 9; BGH v. 27. 6. 1978 – 1 StR 205/78, MDR 1978, 805 (806) [H.]; *Alsberg/Nüse/Meyer* S. 868 f.

[144] BGH v. 13. 4. 1962 – 3 StR 6/62, BGHSt 17, 245 (247 f.) = NJW 1962, 1259; BGH v. 13. 12. 1967 – 2 StR 619/67, NJW 1968, 1293; BGH v. 27. 10. 1981 – 1 StR 496/81, NStZ 1982, 79; BGH v. 27. 9. 1983 – 1 StR 569/83, NStZ 1984, 134; BGH v. 20. 11. 1984 – 5 StR 648/84, NStZ 1985, 184; *Alsberg/Nüse/Meyer* S. 88; zur Entscheidung, wann Anlass zu weiterer Sachaufklärung gegeben sein kann BGH v. 26. 5. 1981 – 1 StR 48/81, BGHSt 30, 131 (143) = NJW 1981, 2267 (2269).

[145] BGH v. 10. 8. 2005 – 1 StR 271/05, NStZ 2006, 115 (116); KK-StPO/*Fischer* Rn. 35.

[146] So BGH MDR 1985, 629 [H.]; *Dahs/Dahs* S. 376; KK-StPO/*Herdegen*, 5. Aufl. 2003, Rn. 20; *Meyer-Goßner* Rn. 11; Löwe/Rosenberg/*Becker* Rn. 50; missverständlich *Cremer* NStZ 1982, 450; vgl. *Alsberg/Nüse/Meyer* S. 25.

[147] BVerfG v. 26. 5. 1981 – 2 BvR 215/81, BVerfGE 57, 250 (277) = NJW 1981, 1719; BGH v. 5. 12. 1984 – 2 StR 526/84, BGHSt 33, 83 (89 f.) = NJW 1985, 984 (985); BGH v. 18. 5. 2000 – 4 StR 647/99, BGHSt 46, 73 (79) = NJW 2000, 2517 (2518); BGH v. 5. 10. 1983 – 2 StR 281/83, NStZ 1984, 179; BGH v. 3. 5. 1985 – 2 StR 824/84, NStZ 1985, 466; BGH v. 8. 4. 2003 – 3 StR 92/03, NStZ 2004, 50.

[148] Anw-StPO/*Sommer* Rn. 29; SK-StPO/*Schlüchter* Rn. 39.

[149] BGH v. 17. 10. 1983 – GSSt 1/83, BGHSt 32, 115 (123) = NJW 1984, 247 (249); BGH v. 8. 4. 2003 – 3 StR 92/03, NStZ 2004, 50.

[150] BGH v. 31. 3. 1989 – 2 StR 706/88, BGHSt 36, 159 (162, 164) = NJW 1989, 3291 (3293).

[151] BGH v. 18. 9. 1987 – 2 StR 341/87, NStZ 1988, 37; BGH v. 26. 2. 1988 – 4 StR 51/88, NStZ 1988, 283; OLG Düsseldorf v. 4. 5. 1990 – 3 Ss 18/90, StV 1991, 294; *Rieß/Hilger* NStZ 1987, 145 (151).

[152] Vgl. BGH v. 17. 10. 1983 – GSSt 1/83, BGHSt 32, 115 (126) = NJW 1984, 247; BGH v. 21. 3. 1989 – 5 StR 57/89, NStZ 1989, 282.

[153] OLG Zweibrücken v. 15. 8. 1991 – 1 Ss 218/90, StV 1992, 153; KK-StPO/*Fischer* Rn. 38.

[154] BVerfG v. 26. 5. 1981 – 2 BvR 215/81, BVerfGE 57, 250 (277); BGH v. 7. 6. 1966 – 1 StR 130/66, NJW 1966, 1524; BGH v. 11. 6. 1986 – 3 StR 10/86, NStZ 1986, 519 (520); *Herdegen* NStZ 1984, 97 (101); zu schriftlichen Erklärungen von Zeugen vom Hörensagen oder polizeilichen Vernehmungsniederschriften „gesperrter" Zeugen BGH v. 1. 8. 1962 – 3 StR 28/62, BGHSt 17, 382 (384) = NJW 1962, 1876; BGH v. 14. 11. 1984 – 3 StR 418/84, BGHSt

Zusammenfassend lässt sich festhalten, dass die Pflicht des Gerichts zur Wahrheitserforschung 47
jedenfalls soweit geht, dass möglicherweise relevanten Beweisstoff erbringenden Beweisen nachzugehen ist, sofern der möglicherweise erreichbare Beweisstoff nicht in seiner Bedeutung von derart geringem Wert für den Schuldspruch ist, dass im Einzelfall auch geringerwertige Verfahrensgrundsätze wie das Beschleunigungsgebot und auch die Prozessökonomie überwiegen.[155] Diese können allenfalls ausnahmsweise im Einzelfall eine derartige Bedeutung erlangen, eine grundsätzliche Beschränkung der Aufklärungspflicht des Gerichts aufgrund von Belangen der Prozessökonomie ist abzulehnen[156] und bisher auch so allgemein der Rechtsprechung nicht zu entnehmen.[157]

III. Einschränkungen

1. Feststellung von Serienstraftaten. Abseits von in einigen wenigen Straftatbeständen festgelegten Beweisregeln[158] lässt die höchstrichterliche Rechtsprechung eine Einschränkung des Untersuchungsgrundsatzes in der Weise zu, dass der **Schuldumfang** bei tatbestandlich feststehenden Serienstraftaten „hochgerechnet" werden darf.[159] Bei Serien von Straftaten, die „nicht schablonenhaft" erfolgen, wie insbesondere Straftaten gegen die körperliche Unversehrtheit oder die sexuelle Selbstbestimmung, verlangt die Rechtsprechung für die Einbeziehung der einzelnen Taten in den Schuldumfang allerdings eine Konkretisierung der einzelnen Taten, etwa nach Elementen des Handlungsablaufs oder der situativen Tatumstände.[160] Für Vermögensdelikte oder schlichte Tätigkeitsdelikte, soll es jedenfalls dann, wenn die **Taten „schablonenhaft" oder stereotyp gleichförmig** abgelaufen sind, zulässig sein, die Anzahl der Einzeltaten auf Basis von Annahmen zu der Häufigkeit der Einzeltaten in bestimmten Zeiträumen („zeitliche Schemata") hochzurechnen. Ein Verstoß gegen den Zweifelssatz soll dann nicht vorliegen.[161] Anders und ein Verstoß gegen den Grundsatz des in dubio pro reo ist allerdings jedenfalls dann anzunehmen, wenn die Taten als solches „geschätzt" würden; aus diesem Grund empfiehlt sich hier der Begriff der Hochrechnung. 48

2. Schätzungen. Abseits von bestimmten materiell-rechtlichen Vorschriften, die für einzelne Tatbestandsmerkmale deren Feststellung im Wege der Schätzung vorsehen (§§ 40 Abs. 3, 73 b, 73 d Abs. 2, 74 c Abs. 3 StGB) und damit die Aufklärungspflicht einschränken, sind grundsätzlich auch Schätzungen, also **Schlussfolgerungen auf der Grundlage von Ausgangsdaten und Prämissen,** als ultima ratio nach erfolgloser Ausschöpfung aller verfügbaren Beweismittel möglich. Auch für Schätzungen haben jedoch das **strafprozessuale Beweismaß** und der **Zweifelsgrundsatz** zu gelten.[162] Eine „**hinreichend sichere Schätzungsgrundlage**" kann nur dann vorliegen und die Basis für eine zulässige Schätzung bieten, wenn die Ausgangsdaten und Prämissen, wie sämtliche Beurteilungen des Beweiswerts und Sachverhaltsannahmen, nach den Beweisregelungen des Strengbeweisrechts gewonnen wurden.[163] Dies gilt insbesondere auch für Besteuerungsgrundlagen im Steuerstrafverfahren.[164] Voraussetzung für eine zulässige Schätzung ist es somit, dass dem Gericht 49

33, 70 (74 f.) = NJW 1985, 986; BGH v. 5. 12. 1984 – 2 StR 526/84, BGHSt 33, 83 (85 ff.) = NJW 1985, 984; BGH v. 16. 4. 1985 – 5 StR 718/84, BGHSt 33, 178 (181) = NJW 1985, 1789; BGH v. 31. 3. 1989 – 2 StR 706/88, BGHSt 36, 159 (162) = NJW 1989, 3291; *Herdegen* NStZ 1984, 200 (202).
[155] Vgl. BGH v. 15. 9. 1999 – 1 StR 286/99, BGHSt 45, 188 (197); = JR 2000, 74; BGH v. 5. 9. 2000 – 1 StR 325/00, NJW 2001, 695 (696); BGH v. 25. 4. 2002 – 3 StR 506/01 = NJW 2002, 2403 (2404).
[156] So auch KK-StPO/*Herdegen*, 5. Aufl. 2003, Rn. 25 b; anders KK-StPO/*Fischer* Rn. 39.
[157] BGH v. 5. 9. 2000 – 1 StR 325/00, NJW 2001, 695 (696), BGH v. 25. 4. 2002 – 3 StR 506/01, NJW 2002, 2403 (2404); für die Teilnahme des Gerichts oder eines Mitglieds an einer Beweisaufnahme im Ausland BGH v. 4. 3. 1992 – 3 StR 460/91, StV 1992, 403; BGH v. 4. 1. 1989 – 3 StR 415/88, BGHR StPO § 244 Rn. 2 Auslandszeuge 2; BGH v. 5. 8. 1992 – 3 StR 237/92; BGHR StPO § 244 Rn. 2 Auslandszeuge 5; für die Ermöglichung der Anwesenheit des Angeklagten bei einer Zeugenvernehmung im Ausland BGH v. 4. 3. 1992 – 3 StR 460/91, StV 1992, 403.
[158] So für die Situation des non liquet zu Lasten des Täters bzw. § 186 StGB, für die Wahrheit der Straftatbehauptung bei rechtskräftiger Verurteilung in § 190 S. 1 StGB sowie für die Entlastungsbeweise bei rechtskräftigem Freispruch in § 190 S. 2 StGB.
[159] BGH v. 14. 12. 1989 – 419/89, BGHSt 36, 320 (328) = NJW 1990, 1549; BGH v. 8. 1. 1992 – 2 StR 102/91, BGHSt 38, 186 (193) = NJW 1992, 921; BGH v. 6. 12. 1994 – 5 StR 305/94, BGHSt 40, 374 (376) = NJW 1995, 1166; BGH v. 29. 7. 1998 – 1 StR 152/98, NStZ 1999, 42; BGH v. 12. 8. 1999 – 5 StR 269/99, NStZ 1999, 581; BGH v. 27. 4. 2004 – 1 StR 165/03 = NStZ 2004, 568; BGH v. 19. 7. 1995 – 2 StR 758/94, BGHR StGB vor § 1/Serienstraftaten, Betrug 1; vgl. auch *Altvater*, FS MG v. Weber, S. 495 (505 ff.).
[160] BGH v. 27. 3. 1996 – 518/95, BGHSt 42, 107 (109) = NJW 1996, 2107; vgl. KK-StPO/*Fischer* Rn. 62.
[161] *Rabe v. Kühlewein* NStZ 1998, 581; *Krause* StraFo 2002, 249 (251); vgl. *Bohnert* NStZ 1995, 460; *Geppert* NStZ 1996, 63.
[162] BGH v. 20. 4. 1989 – 4 StR 73/89, NStZ 1989, 361 = BGHR StGB § 73 b Schätzung 1; BGH v. 12. 8. 1999 – 5 StR 269/99, NStZ 1999, 581; BGH v. 4. 2. 1992 – 1 StR 787/91, StV 1992, 260 = BGHR AO § 370 Abs. 1 Nr. 2 Steuerschätzung 5; *Grebing* JR 1978, 142 (143); *Krause* StraFo 2002, 249 (253); BGH v. 27. 7. 1999 – 5 StR 331/99, NStZ-RR 2000, 57 (58) = BGHR StGB § 73 b Schätzung 2.
[163] Löwe/Rosenberg/*Becker* Rn. 13; KK-StPO/*Herdegen*, 5. Aufl. 2003, Rn. 34.
[164] BGH v. 12. 8. 1999 – 5 StR 269/99, NStZ 1999, 581; BGH v. 4. 2. 1992 – 5 StR 655/91, BGHR AO § 370 Abs. 1 Steuerschätzung 5; BGH NJW 2007, 2934; *Joecks* wistra 1990, 52 (54); *Jäger* StraFo 2006, 477 (480 f.); zu den Regeln des Adhäsionsverfahrens vgl. §§ 403 ff.

ausreichend konkrete, im Rahmen des Strengbeweises ermittelte Tatsachengrundlagen, insbesondere Ausgangsdaten vorliegen, die als hinreichend sichere Schätzbasis tauglich sind. Von der Anforderung einer hinreichend gesicherten Basis der Schätzung kann auch nicht aufgrund von Belangen der Prozessökonomie und der Beschleunigung des Verfahrens abgerückt werden,[165] denn die Zulässigkeit von Schätzungen befreit das Gericht weder von der Pflicht zur bestmöglichen Aufklärung des Sachverhalts, noch von den Anforderungen des Strengbeweisrechts.[166]

50 **3. Verfahrensabsprachen.** Entgegen der (leer-)formelhaft wiederholten Feststellung der Rechtsprechung, die sich längst in der Bestätigung des Gewünschten erschöpft,[167] wird in der Praxis mittlerweile die Aufklärungspflicht des Gerichts bei Verfahrensverständigungen einvernehmlich unterlaufen und damit faktisch contra legem beschränkt.[168] Trotz der durch die Rechtsprechung geformten Maßgaben für eine Verständigung im Strafverfahren und unabhängig von deren gesetzlicher Sanktionierung besteht ein grundsätzlicher Widerspruch zwischen der Aufklärungsmaxime, die dem Grundsatz bestmöglicher Sachaufklärung folgt, einesteils und dem „konsensualen Verständigungsverfahren" anderenteils, welches auf die vorangegangenen Verhandlungen maßgeschneiderte und zeitliche punktgenaue Geständnisse als Gegenleistung für die einvernehmliche Verfahrensbeendigung aufbietet. Diesen grundlegenden Widerspruch aufzulösen sind auch weder ergebnisbezogene Überlegungen geeignet, noch können formale Anforderungen – so deren Einhaltung überhaupt auf den Prüfstand gelangt – über das zentrale Problem hinweghelfen, dass mit den Absprachen im Strafprozess letztlich der Prozessstoff und damit auch die im Verfahren festzustellende Wahrheit zur Disposition aller Verfahrensbeteiligten, insbesondere auch des Gerichts gestellt wird.[169] Ob eine tragfähige und „ehrliche" Lösung des Dilemmas nun, da die formalen Anforderungen, welche die Rechtsprechung für Verfahrensabsprachen aufgestellt hat, gesetzlich sanktioniert sind, gefunden ist, oder ob die Praxis (weiterhin) eigene Wege gehen wird, bleibt abzuwarten.

IV. Aufklärungspflicht und Sachverständigenbeweis

51 **1. Gerichtliche Sachkunde und Erfordernis des Sachverständigenbeweises. a) Anforderungen an die Sachkunde.** Die gerichtliche Aufklärungspflicht erfordert es, einen Sachverständigen hinzuzuziehen, wenn die Sachkunde des Gerichts für die Beurteilung des verfahrensgegenständlichen Lebensvorgangs nicht hinreicht. Darüber, ob er die erforderliche Sachkunde besitzt, entscheidet der Richter selbst und legt in den Urteilsgründen die Überlegungen nieder, die ihn zu der **Annahme eigener Sachkunde** veranlasst haben. Die Entscheidung ist revisionsgerichtlich nachprüfbar.[170] Im Einzelfall kann bereits die Beurteilung der Frage, ob spezielle Sachkunde erforderlich ist, ein bestimmtes sachkundiges Wissen voraussetzen. In diesem wie auch in dem Fall, dass dem Richter die erforderliche eigene Sachkunde fehlt, hat er einen Sachverständigen hinzuzuziehen. Als Regelfall geht der Gesetzgeber davon aus, dass dem Gericht hinreichende Sachkunde zur bestmöglichen Erforschung der Wahrheit zukommt.[171] In vielen Fällen wird ein Richter sich das notwendige Wissen durch berufliche Erfahrung und Beschäftigung mit der Materie zur Vorbereitung der Hauptverhandlung erworben haben. Die Aneignung von speziellen Kenntnissen ausschließlich aufgrund theoretischer Information und Ausbildung wird allerdings jedenfalls dann nicht ausreichen können, wenn es bei der Beweisfrage gerade darauf ankommt, dieses Wissen anzuwenden und auszuwerten.[172] Bleiben beim Richter – nach verantwortungsvoller Prüfung – Zweifel an der eigenen Sachkunde, ist er zur Heranziehung des Sachverständigenbeweises verpflichtet.[173]

---

[165] So aber wohl KK-StPO/*Fischer* Rn. 61.
[166] Löwe/Rosenberg/*Becker* Rn. 13; KK-StPO/*Herdegen*, 5. Aufl. 2003, Rn. 34; KMR/*Paulus* Rn. 230.
[167] BVerfG v. 27. 1. 1987 – 2 BvR 1133/86, NJW 1987, 2662 (2663); BGH v. 3. 3. 2005 – GSSt 1/04, BGHSt [GrSen.] 50, 40 (47 ff.); BGH v. 21. 10. 1994 – 2 StR 328/94, BGHSt 40, 287 (290) = NStZ 1995, 202; BGH v. 28. 8. 1997 – 1 StR 240/97, BGHSt 43, 195 (204); BGH v. 4. 8. 1998 – 1 StR 79/98, StV 1999, 407; BGH v. 12. 3. 1998 – 4 StR 633/97, StV 1999, 410 (411); BGH v. 7. 5. 2003 – 5 StR 556/02, NStZ 2003, 563; BGH v. 15. 1. 2003 – 1 StR 4646/02, BGHSt 48, 161 (166).
[168] So KK-StPO/*Fischer* Rn. 31.
[169] Vgl. hierzu KK-StPO/*Fischer* Rn. 31 „Absprache-Vorbehalt".
[170] BGH v. 15. 2. 1984 – 2 StR 695/83, NStZ 1984, 278; BGH v. 25. 9. 1990 – 5 StR 401/90, NStZ 1991, 47; BGH v. 27. 10. 1994 – 1 StR 597/94, NStZ 1995, 201; BGH v. 5. 12. 1986 – 2 StR 301/86, StV 1987, 374 mAnm *Peters*; BGH v. 23. 6. 1989 – 2 StR 285/89, StV 1990, 8; BGH v. 14. 5. 1991 – 4 StR 212/91, StV 1991, 547; Alsberg/Nüse/*Meyer* S. 696 f.; Löwe/Rosenberg/*Becker* Rn. 73.
[171] BGH v. 2. 5. 1985 – 4 StR 142/85, NStZ 1985, 420 (421); *Trück* NStZ 2007, 377 (379); *Eisenberg* Beweisrecht Rn. 1518.
[172] Vgl. KK-StPO/*Herdegen*, 5. Aufl. 2003, Rn. 27.
[173] BGH v. 21. 5. 1969 – 4 StR 18/69, BGHSt 23, 8 (12) = NJW 1969, 2293; BGH v. 13. 12. 1996 – 3 StR 543/96, NStZ-RR 1997, 171; BGH v. 24. 10. 1989 – 4 StR 527/89, JZ 1990, 52; BGH v. 22. 10. 1992 – 4 StR 502/92, StV 1993, 567.

Hat der Richter nicht bereits ursprünglich ausreichende **eigene Sachkunde**, kann er sie sich auch 52 in dem Verfahren **verschaffen**.[174] Dies ist ihm auch aufgrund von Bekundungen eines Sachverständigen oder eines sachverständigen Zeugen in der Beweisaufnahme möglich.[175] Begrenzt ist die (vermittelte) Sachkunde des Gerichts in diesem Fall allerdings dann, wenn das Gericht dem Sachverständigen oder sachverständigen Zeugen, der die Sachkunde **vermittelt**, nicht folgt.[176] Zweifelhaft ist es, ob ein Mitglied des Spruchkörpers dem Kollegialgericht die erforderliche Sachkunde[177] noch in der abschließenden Beratung[178] dadurch vermitteln kann, dass es der Mehrheit des Kollegiums eigene Sachkunde verschafft.[179]

Die Aufklärungspflicht verbietet es, die Hinzuziehung eines Sachverständigen als völlig ungeeignetes Beweismittel abzulehnen, wenn seine Einlassungen die Beweistatsache zumindest als mehr oder weniger wahrscheinlich erscheinen lassen und damit Einfluss auf die Überzeugungsbildung des Gerichts haben können.[180]

b) Typische Beurteilungen des Sachverständigen. Wesentliche, grundsätzlich unproblematische 54 Beurteilungsfelder für den Sachverständigenbeweis sind **medizinische und naturwissenschaftliche Sachfragen**, mittlerweile rücken auch insbesondere in Wirtschaftsstrafverfahren **betriebswirtschaftliche Fragestellungen** in den Fokus des Sachverständigenbeweises. Zur Beurteilung der **Schuldfähigkeit** wird regelmäßig dann ein Sachverständiger hinzuzuziehen sein, wenn dafür – auch nur geringe – Anzeichen aus der Straftat selbst, etwa der Begehungsweise oder in der Person des Beschuldigten, insbesondere Vorerkrankungen, vorliegen. Solche Anhaltspunkte sind beispielsweise neben den hirnorganischen Erkrankungen oder Verletzungen,[181] Abhängigkeiten des Beschuldigten,[182] auch altersbedingte psychische Abbauprozesse[183] ebenso wie schwerwiegende Affekte,[184] Triebanomalien[185] und Persönlichkeitsstörungen, die als schwere andere seelische Abartigkeit nach § 20 StGB[186] anzusehen sind.

2. Sonderfall: Glaubhaftigkeitsbeurteilungen. Grundsätzlich ist es die ureigene Aufgabe des Tatrichters, sich von der **Glaubwürdigkeit von Beweispersonen** und der Glaubhaftigkeit der Aussagen von Beweispersonen zu überzeugen.[187] Die Glaubwürdigkeit von Beweispersonen gewinnt für den

---

[174] BGH v. 10. 7. 1958 – 4 StR 211/58, BGHSt 12, 18 = NJW 1958, 1596; BGH MDR 1978, 42; BGH v. 15. 3. 1995 – 2 StR 702/94, BGHR StPO § 244 Abs. 4 Strengbeweis 1; OLG Hamm v. 6. 1. 1978 – 4 Ss Owi 1961/77, NJW 1978, 1210.
[175] BGH v. 22. 1. 1998 – 4 StR 100/97, NJW 1998, 2753 (2754) = NStZ 1998, 366 (367); BGH v. 6. 6. 2002 – 1 StR 14/02, NStZ 2002, 532; BGH v. 5. 5. 2004 – 2 StR 492/03, NStZ-RR 2004, 237; *Alsberg/Nüse/Meyer* S. 698 f.
[176] BGH v. 18. 4. 1984 – 2 StR 103/84, NStZ 1984, 467; BGH v. 13. 3. 1985 – 3 StR 8/85, NStZ 1985, 421 (422); BGH v. 13. 3. 1985 – 3 StR 15/85, MDR 1985, 629 (630) [H.].
[177] Grundsätzlich bejahend dazu BGH v. 10. 7. 1958 – 4 StR 211/58, BGHSt 12, 18 (19); BGH v. 17. 2. 1983 – 1 StR 325/82, NStZ 1983, 325; BGH v. 9. 12. 1988 – 3 StR 366/88, StV 1989, 143; BGH v. 21. 10. 1997 – 1 StR 578/97, StV 1998, 248 (249); *Alsberg/Nüse/Meyer* S. 714.
[178] Bejahend dazu BGH v. 9. 12. 1988 – 3 StR 366/88, StV 1989, 143; Löwe/Rosenberg/*Becker* Rn. 72; *Alsberg/ Nüse/Meyer* S. 717; verneinend *Hanack* JZ 1972, 114 (116).
[179] So wohl *Alsberg/Nüse/Meyer* S. 717 f.; Löwe/Rosenberg/*Becker* Rn. 72; unklar BGH v. 10. 7. 1958 – 4 StR 211/58, BGHSt 12, 18 (20) = NJW 1958, 1596.
[180] BGH v. 15. 3. 2007 – 4 StR 66/07, NStZ 2007, 476 (477); BGH v. 24. 8. 2007 – 2 StR 322/07, NStZ 2008, 116; BayObLG v. 10. 7. 2003 – 5 St RR 176/03, NJW 2003, 3000; vgl. auch BGH v. 9. 4. 2002 – 4 StR 547/01, StV 2002, 352.
[181] BGH v. 23. 10. 1990 – 1 StR 414/90, NStZ 1991, 80 (81); BGH v. 3. 10. 1989 – 4 StR 394/89, StV 1990, 98; BGH v. 7. 2. 1995 – 5 StR 728/94, StV 1996, 4.
[182] BGH v. 11. 8. 2005 – 5 StR 312/05, zitiert nach juris, (Alkoholabhängigkeit); BGH v. 23. 8. 2000 – 224/00, NStZ 2001, 82 (83); BGH v. 11. 2. 2003 – 5 StR 573/02, NStZ 2003, 370; BGH v. 13. 10. 2005 – 5 StR 349/05, NStZ-RR 2006, 38 (Drogenabhängigkeit); BGH v. 11. 12. 2001 – 1 StR 408/01, NStZ 2002, 541 (542); BGH v. 27. 5. 1986 – 1 StR 182/86 = JR 1987, 206 mAnm *Blau*; BGH v. 10. 4. 1990 – 4 StR 148/90, BGHR StGB § 21 BtM-Auswirkungen 7; BGH v. 14. 8. 1990 – 4 StR 332/90, BGHR StGB § 21 BtM-Auswirkungen 9; BGH v. 13. 2. 1991 – 3 StR 423/90, BGHR StGB § 21 BtM-Auswirkungen 11 (12).
[183] BGH v. 25. 11. 1988 – 4 StR 523/88, StV 1989, 102; BGH v. 14. 10. 1982 – 1 StR 619/82, NStZ 1983, 34; BGH v. 23. 10. 1990 – 1 StR 414/90, NStZ 1991, 80 (81).
[184] BGH v. 15. 12. 1987 – 1 StR 449/87, BGHSt 35, 143; BGH v. 8. 9. 1992 – 4 StR 283/92, NStZ 1993, 33; BGH v. 11. 6. 1987 – 4 StR 31/87, StV 1987, 434; BGH v. 11. 6. 1987 – 4 StR 207/87, StV 1988, 57; BGH v. 28. 2. 1989 – 1 StR 32/89, StV 1989, 335 mAnm *Schlothauer*; StV 1990, 493; BGHR StGB § 21 Affekt 7 (8, 9).
[185] BGH v. 15. 12. 1988 – 4 StR 535/88, NStZ 1989, 3; BGH v. 29. 9. 1993 – 2 StR 355/93, StV 1994, 95 (96); BGH v. 29. 3. 1989 – 4 StR 109/89 = JR 1990, 119 mAnm *Blau*.
[186] BGH v. 21. 2. 1991 – 4 StR 56/91, NStZ 1991, 330; BGH v. 17. 4. 1991 – 2 StR 404/90, NStZ 1991, 383 (384); BGH v. 19. 3. 1992 – 4 StR 43/92, NStZ 1992, 380; BGH v. 15. 7. 1997 – 4 StR 303/97, NStZ-RR 1998, 106; BGH v. 25. 10. 1988 – 1 StR 552/88, BGHR StGB § 21 seelische Abartigkeit 7; BGH v. 21. 2. 1991 – 4 StR 56/91, BGHR StGB § 21 seelische Abartigkeit 19; BGH v. 16. 5. 1991 – 4 StR 204/91, BGHR StGB § 21 seelische Abartigkeit 20; BGH v. 7. 1. 1993 – 4 StR 552/93, BGHR StGB § 21 seelische Abartigkeit 25; BGH v. 2. 11. 1994 – 2 StR 422/94, BGHR StGB § 21 seelische Abartigkeit 27; BGH v. 5. 1996 – 3 StR 134/96, BGHR StGB § 21 seelische Abartigkeit 28; BGH v. 5. 3. 2000 – 2 StR 629/99, BGHR StGB § 21 seelische Abartigkeit 34; BGH v. 26. 7. 2000 – 2 StR 219/00, BGHR StGB § 21 seelische Abartigkeit 35; BGH v. 16. 8. 2000 – 2 StR 219/00, BGHR StGB § 21 seelische Abartigkeit 36; BGH v. 10. 10. 2000 – 1 StR 420/00, BGHR StGB § 21 seelische Abartigkeit 37.
[187] BGH v. 22. 6. 2000 – 5 StR 209/00, NStZ 2001, 105; BGH v. 5. 12. 1986 – 2 StR 301/86, StV 1987, 374 mAnm *Peters*; BGH v. 18. 11. 1993 – 1 StR 315/93, StV 1994, 173.

Tatrichter insbesondere in dem Merkmal der Fähigkeit des Zeugen zu einer (wahrheitsgemäßen) Aussage Bedeutung sowie auch aufgrund der inneren Eigenschaften und sonstigen Voraussetzungen, die auf die Zuverlässigkeit und damit Glaubwürdigkeit der Person schließen lassen.[188] Zur Einschätzung der **Glaubhaftigkeit von Angaben** bestimmter Beweispersonen sind zunächst deren besondere Ausdrucksmerkmale als auch die mögliche Motivation relevant, die sich etwa aus der Entstehung der Aussage heraus, so etwa nach Provokation oder aufgrund von Suggestion, oder auch aus der jeweiligen Interessenlage der Beweisperson ergeben kann.[189] Nach diesen Kriterien hat der Tatrichter den sachlichen Gehalt der Aussage auf die Glaubhaftigkeit grundsätzlich selbst zu beurteilen, um ihnen so einen bestimmten Beweiswert zu- oder abzusprechen.[190]

56   Für diese Aufgabe der Würdigung der konkreten Aussage einer Beweisperson ist als ein wesentliches Indiz auch eine Beurteilung der Glaubwürdigkeit der Beweisperson als solcher erforderlich. Nur darauf bezogen, nicht zur Beurteilung der Glaubhaftigkeit einer bestimmten Aussage, also den Wahrheitsgehalt einer Aussage, kann im Einzelfall die besondere Sachkunde eines Sachverständigen erforderlich sein.[191] **Regelmäßig** verlangt auch die Beurteilung der Glaubwürdigkeit von Zeugen keine besondere Sachkunde und ist daher **vom Tatrichter in eigener Sachkunde** vorzunehmen.[192] Die Beauftragung eines Sachverständigen mit einem „Glaubwürdigkeits-Gutachten" ist nach der Rechtsprechung lediglich bei **für eine Beurteilung ungewöhnlichen Sachlagen** erforderlich, also etwa bei Zeugen, die nicht dem regelmäßig vom Tatrichter mit forensischer Erfahrung zu beurteilenden Personenbild entsprechen.[193] Dies gilt nicht grundsätzlich für Aussagen von Kindern oder Jugendlichen,[194] allerdings dann, wenn die kindlichen oder jugendlichen Zeugen im Vergleich zu ihren Altersgenossen verhaltensauffällig sind,[195] es sei denn, die Angaben sind bereits durch anderweitige Beweisergebnisse zur Überzeugung des Richters zutreffend oder aber unzutreffend.[196]

57   Ist zur Feststellung und Bewertung der Grundlagen zur Beurteilung der Glaubhaftigkeit einer Aussage die Zuziehung eines Sachverständigen erforderlich, so sollte dies in den Sonderfällen von psychischen Störungen der Beweisperson ein Psychiater sein,[197] für die Einschätzung der Fähigkeiten der Auskunftsperson, etwa des Erinnerungsvermögens sowie auch der Zuverlässigkeit der Angaben, sollte ein Psychologe herangezogen werden.[198] Zweifelhaft ist es, ob dann, wenn beide Besonderheiten bei einer Auskunftsperson zusammentreffen, die Beauftragung eines psychiatrischen Gutachtens ausreichen soll.[199] Es wird nicht für jeden Fall davon auszugehen sein, dass das psychiatrische Gutachten die Begutachtung durch einen Psychologen „miterledigt".[200]

58   In der Praxis ist sowohl eine Zunahme der Einholung von Glaubwürdigkeits-Gutachten, sei es auf Initiative des Tatrichters selbst, sei es auf Antrag der Verfahrensbeteiligten erkennbar, als auch die Tendenz, die Begutachtung nicht lediglich auf die für die Bewertung des Aussagegehalts relevanten Grundlagen zu beschränken, sondern auf Aspekte, die den Wahrheitsgehalt der Angaben unmittelbar berühren, etwa die Konstanz von Aussagen oder Motive der Aussageperson für die Richtigkeit oder Unrichtigkeit der Angaben auszuweiten.[201] Ungeachtet dessen ist festzuhalten,

---

[188] Näher zur Abgrenzung *Fischer*, FS Widmaier, 2008, S. 191 ff. (194 ff.).
[189] BGH v. 23. 8. 1995 – 3 StR 163/95, NJW 1996, 206 (207); BGH v. 22. 6. 2000 – 5 StR 209/00, NStZ 2001, 105; BGH StV 1994, 227; BGH v. 10. 8. 1994 – 4 StR 274/94, StV 1995, 6 (7).
[190] KK-StPO/*Fischer* Rn. 49.
[191] So zutreffend KK-StPO/*Fischer* Rn. 50; wohl noch anders, nämlich der Zuziehung eines Sachverständigen auch zur Prüfung des Wahrheitsgehalts der Aussage noch KK-StPO/*Herdegen*, 5. Aufl. 2003, Rn. 31.
[192] BVerfG v. 6. 8. 2003 – 2 BvR 1071/03, NJW 2004, 209 (211); BGH v. 17. 11. 1999 – 3 StR 438/99, NStZ 2000, 214; BGH v. 22. 11. 2001 – 1 StR 367/01, zitiert nach juris; BGH JZ 2002, 637; BGH v. 15. 9. 2004 – 2 StR 173/04, zitiert nach juris; BGH v. 2. 6. 2000 – 5 StR 209/00, NStZ 2001, 105.
[193] BGH v. 5. 7. 1955 – 1 StR 195/55, BGHSt 8, 130 (131) = NJW 1955, 1644; BGH v. 21. 5. 1969 – 4 StR 446/68, BGHSt 23, 8 (12) = NJW 1969, 2293; BGH v. 22. 6. 2000 – 5 StR 209/00, NStZ 2001, 105; BGH v. 13. 12. 1996 – 3 StR 543/96, NStZ-RR 1997, 171 (172); BGH v. 5. 12. 1986 – 2 StR 301/86, StV 1987, 374 mAnm *Peters*; BGH v. 14. 3. 1991 – 4 StR 16/91, StV 1991, 245; BGH v. 18. 9. 1990 – 5 StR 184/90, StV 1991, 405 mAnm *Blau*; BGH v. 22. 10. 1992 – 4 StR 502/92, StV 1993, 567; BGH v. 12. 11. 1993 – 2 StR 594/93, StV 1994, 173.
[194] BGH v. 27. 1. 2005 – 3 StR 431/04, NStZ 2005, 394; BGH v. 27. 1. 2005 – 3 StR 431/04, NStZ-RR 2005, 146; BGH v. 26. 4. 2006 – 2 StR 445/05, NStZ-RR 2006, 241; *Trück* NStZ 2007, 377 (380 ff.).
[195] BGH v. 13. 12. 1996 – 3 StR 543/96, NStZ-RR 1997, 171; BGH v. 11. 9. 2002 – 1 StR 171/02, StV 2002, 637; BGH v. 30. 7. 2003 – 2 StR 246/03, NStV 2004, 241; BGH v. 17. 3. 2005 – 5 StR 222/04, StV 2005, 419.
[196] BGH v. 19. 2. 2002 – 1 StR 5/02, NJW 2002, 1813; BGH v. 30. 9. 1998 – 1 StR 509/98, NStZ-RR 1999, 48 (49).
[197] BGH v. 21. 5. 1969 – 4 StR 18/69, BGHSt 23, 8 (12); BGH v. 21. 5. 1969 – 4 StR 446/68, NJW 1969, 2293; BGH v. 25. 9. 1990 – 5 StR 401/90, NStZ 1991, 47 = StV 1991, 405 mAnm *Blau*; BGH v. 29. 10. 1996 – 4 StR 508/96, NStZ-RR 1997, 106; BGH v. 13. 12. 1996 – 3 StR 543/96, NStZ-RR 1997, 171 (172); BGH v. 7. 2. 1995 – 5 StR 728/94, StV 1996, 4.
[198] BGH v. 19. 2. 2002 – 1 StR 5/02, NJW 2002, 1813; BGH v. 20. 4. 1999 – 5 StR 148/99, NStZ 1999, 472; BGH v. 14. 5. 1991 – 4 StR 212/91, StV 1991, 547; BGH v. 18. 11. 1994 – 2 StR 458/94, BGHR StPO § 244 Abs. 2 Glaubwürdigkeitsgutachten 1; OLG Düsseldorf v. 18. 1. 1994 – 5 Ss 371/93 – 109/93 I, JR 1994, 379 mAnm *Blau*.
[199] So wohl BGH v. 5. 10. 2004 – 1 StR 284/04, zitiert nach juris; zustimmend KK-StPO/*Fischer* Rn. 52.
[200] So aber BGH v. 5. 10. 2004 – 1 StR 284/04, zitiert nach juris.
[201] Dazu kritisch KK-StPO/*Fischer* Rn. 55.

dass der Tatrichter bei Zweifeln an der eigenen Sachkunde zur Beurteilung der Glaubwürdigkeits-Grundlagen einen Sachverständigen hinzuzuziehen hat.[202] Zweifel an der eigenen Sachkunde sind allerdings nicht gleichzusetzen mit Zweifeln an der Glaubhaftigkeit der Aussage einer bestimmten Beweisperson; für diesen Fall wird man regelmäßig keinen Sachverständigen hinzuziehen müssen.[203] Die Formel des „im Zweifel für den Sachverständigen" wird allerdings in den Fällen bestätigt und zu Recht von der Verteidigung eingefordert werden können, wo es um zentrale belastende Aussagen eines Zeugen geht, der in seinem Aussageverhalten Anzeichen aufweist, die Zweifel an seiner Glaubwürdigkeit und daraus resultierend auch an der Glaubhaftigkeit der Angaben aufkommen lassen.

3. Auswahl und Zuziehung weiterer Sachverständiger. Die **Auswahl** des Sachverständigen obliegt dem Gericht **nach eigenem Ermessen** und nach der jeweiligen Befähigung des Sachverständigen zur Beurteilung der speziellen Sachfragen.[204]   59

Auch zur Beauftragung eines weiteren Sachverständigen kann das Gericht verpflichtet sein, etwa   60
wenn der ursprüngliche Sachverständige für die Begutachtung nicht kompetent oder nicht ausreichend sachverständig war und deshalb, oder auch unabhängig davon, auch nach dem Gutachten des Sachverständigen eine Überzeugungsfindung des Gerichts nicht möglich war, dies allerdings von einem weiteren Gutachten zu erwarten ist.[205] Ein Fall der regelmäßigen Hinzuziehung eines weiteren Sachverständigen ist dann gegeben, wenn das **Gericht sich dem Gutachten des beigezogenen Sachverständigen nicht anschließen kann,** zumal sich das Gericht aus dessen Gutachten kaum wird eigene Sachkunde zuschreiben können.[206] Jedenfalls müsste der Tatrichter in diesem Fall für das Revisionsgericht überprüfbar darlegen, worauf die – aktuell – erlangte eigene Sachkunde zu der vom Sachverständigen abweichenden Beurteilung der Thematik zurückgeht.[207]

Zur Bewertung von Sachverständigen hat die Rechtsprechung bisher folgende **Kriterien**   61
entwickelt, bei deren Vorliegen ein weiterer Sachverständiger hinzuzuziehen ist: Gänzlich fehlende oder mangelhafte Auseinandersetzung mit früheren Untersuchungen bei im Wesentlichen gleich gebliebenen Anknüpfungstatsachen;[208] nicht nachvollziehbarer Meinungswechsel des Sachverständigen;[209] fehlende oder mangelhafte Offenlegung der angewandten Methoden;[210] Anwendung wissenschaftlich nicht anerkannter, unausgereifter oder nicht überprüfbarer Methodik;[211] Abweichung von anerkannten wissenschaftlichen Kriterien oder Methoden.[212]

In Einzelfällen kann die **Hinzuziehung mehrerer Sachverständiger von Beginn an** angezeigt sein,   62
etwa wenn zur Beurteilung höchst spezifisches Fachwissen erforderlich ist oder in der Wissenschaft äußerst streitigen oder aber mit einem außergewöhnlich hohen Risiko behaftete Sachthemen zu beurteilen sind.[213] In den Fällen, in denen auch – gegebenenfalls mehrere – Sachverständigengutachten die mangelnde Fähigkeit des Gerichts zur Beurteilung nicht ausräumen können, ist die dem Angeklagten günstigere Einschätzung zugrunde zu legen.[214]

---

[202] So auch KK-StPO/*Fischer* Rn. 54.
[203] So BGH v. 21. 5. 1969 – 4 StR 446/68, BGHSt 23, 8 (12); KK-StPO/*Herdegen*, 5. Aufl. 2003, Rn. 31; SK-StPO/ *Schlüchter* Rn. 47; kritisch auch zur Regel des „eher ein Zuviel als ein Zuwenig" für die Hinzuziehung des Sachverständigen KK-StPO/*Fischer* Rn. 54 mwN.
[204] Für die Schuldfähigkeit vgl. BGH v. 21. 4. 1987 – 1 StR 77/87, BGHSt 34, 355 (357) = NJW 1987, 2593 = NStZ 1988, 85 mAnm *Meyer*; BGH v. 5. 10. 2004 – 1 StR 284/04, zitiert nach juris; BGH v. 18. 4. 1990 – 2 StR 595/89, NStZ 1990, 400; BGH v. 22.1 1998 – 4 StR 100/97, NJW 1998, 2753 (2754).
[205] BGH v. 21. 4. 1987 – 1 StR 77/87, BGHSt 34, 355 (357) = NJW 1987, 2593; BGH v. 15. 2. 1984 – 2 StR 695/ 83, NStZ 1984, 278 (279); BGH v. 5. 9. 1997 – 1 StR 416/96, NStZ 1997, 199; BGH v. 7. 2. 1995 – 5 StR 728/94, StV 1996, 4; BGH v. 24. 3. 1988 – 4 StR 18/88, BGHR StPO § 244 Abs. 2 Sachverständiger 3.
[206] BGH v. 26. 4. 1955 – 5 StR 86/55, BGHSt 8, 113 (117) = NJW 1955, 1642; BGH v. 22. 1. 1998 – 4 StR 100/97, NJW 1998, 2753 (2755); BGH v. 15. 2. 1984 – 2 StR 695/83, NStZ 1984, 278 (279); BGH v. 27. 10. 1994 – 1 StR 597/94, NStZ 1995, 201; BGH v. 13. 12. 1996 – 3 StR 543/96, NStZ-RR 1997, 171 (172); BGH v. 10. 8. 2004 – 3 StR 240/04 = NStZ 2005, 159.
[207] BGH v. 14. 6. 1994 – 1 StR 190/94, NStZ 1994, 503; BGH v. 20. 6. 2000 – 5 StR 173/00, NStZ 2000, 550 f.; BGH v. 28. 3. 2006 – 4 StR 575/05, NStZ 2006, 511.
[208] BGH v. 17. 8. 1977 – 2 StR 301/77, MDR 1978, 109 [H.].
[209] BGH v. 7. 9. 1994 – 2 StR 285/94, NStZ 1995, 175; BGH v. 7. 7. 1999 – 1 StR 207/99, NStZ 1999, 630 (631).
[210] BGH v. 14. 5. 1975 – 3 StR 113/75, MDR 1976, 17 [D.].
[211] BGH v. 3. 4. 1993 – 2 StR 503/92, NStZ 1993, 395 (396); BGH v. 3. 4. 1997 – 112/97, NStZ-RR 1997, 304; BGH v. 7. 7. 1999 – 1 StR 207/99, NStZ 1999, 630 (631); BGH v. 15. 3. 2007 – 4 StR 66/07 = NStZ 2007, 476 (477); auch bei Unüberprüfbarkeit der Methodik mangels Vorliegens des Untersuchungsmaterials BGH v. 8. 11. 1988 – 1 StR 544/88, StV 1989, 141.
[212] BGH v. 7. 7. 1999 – 1 StR 207/99, NStZ 1999, 630 (631); BGH v. 28. 2. 1989 – 1 StR 32/89, StV 1989, 335 mAnm *Schlothauer*; vgl. BGH v. 12. 11. 2004 – 2 StR 367/04, BGHSt 49, 347(351) = NStZ 2005, 205 mAnm *Nedopil* JR 2005, 216.
[213] *Alsberg/Nüse/Meyer* S. 737; KK-StPO/*Fischer* Rn. 58; allerdings nicht bei lediglich schwierigen fachwissenschaftlichen Fragen BGH v. 18. 9. 1952 – 3 StR 374/52, BGHSt 3, 169 (175) = NJW 1952, 1343; BGH v. 21. 5. 1969 – 4 StR 446/68, BGHSt 23, 176 (187) = NJW 1970, 523.
[214] BGH v. 31. 7. 1996 – 1 StR 247/96, NStZ-RR 1997, 42 (43); dazu auch BGH v. 23. 9. 1986 – VI ZR 261/85, NJW 1987, 442.

C. Beweisantragsrecht
I. Aufklärungspflicht und Beweisanträge

63 Bereits seit der ersten Normierung von strafprozessualen Regelungen bedurfte es einer Begründung des Gerichts zur Ablehnung von Beweisanträgen und diese durfte nicht darauf abheben, der Antrag (das Beweismittel oder die zu beweisende Tatsache) sei zu spät vorgebracht worden. Die später vom Reichsgericht formulierten Ablehnungsgründe führten im Falle ihres Vorliegens dazu, dass die Beweisaufnahme für auch im Rahmen der Aufklärungspflicht nicht erforderlich gehalten wurde, im Falle der unterlassenen Beweiserhebung, obwohl keiner der Ablehnungsgründe vorlag, war ein revisibler Rechtsfehler gegeben. Heute stellt sich die Relation zwischen gerichtlicher Aufklärungspflicht und dem Beweisantragsrecht gänzlich anders dar: In dem für Beweisanträge eröffneten Bereich der Beweiserhebung ist im Rahmen der gesetzlich formulierten Ablehnungsgründe eine Beschränkung darauf zulässig, was das Aufklärungsgebot fordert. Dies bedeutet, dass über die bereits aus der gesetzlichen Aufklärungspflicht folgenden Beweiserhebungen hinaus die beantragten Beweiserhebungen nur mit den gesetzlich formulierten Ablehnungsgründen unterbleiben können. So verstanden ist das Beweisantragsrecht als autonomes Recht der jeweiligen Antragsberechtigten anzusehen.[215] Die gesetzlich formulierten **Ablehnungsgründe setzen der gerichtlichen Beweisantizipation den rechtmäßigen Rahmen,** der einer konkreten und intensiven revisionsgerichtlichen Kontrolle unterliegt.[216] Die aufgrund von Beweisanträgen der Verfahrensbeteiligten dem Gericht obliegenden Beweiserhebungen entspringen somit nicht sämtlich bereits der Aufklärungspflicht, sondern gehen in den gesetzlich normierten Bereichen darüber hinaus.[217] Ausgehend von diesen Überlegungen sind die Regelungen in § 244 Abs. 5 systemfremd und schränken auch die revisionsgerichtliche Überprüfung unterlassener Beweiserhebungen erheblich ein: Der Verteidiger wird in diesem Bereich auf die Aufklärungsrüge und deren mittlerweile exorbitant überzogenen Darlegungsanforderungen zurückgeworfen. Die ursprünglich vom Gesetzgeber gewollte maximale Kontrolle des Beweisantragsrechts im Bereich der normierten Ablehnungsgründe durch das Revisionsgericht ist damit in einem wesentlichen Teil ausgehebelt.[218]

II. Form und Inhalt von Beweisanträgen

64 **1. Antragsberechtigung.** Befugt zur Stellung von Beweisanträgen sind der Staatsanwalt, der Angeklagte, der Verteidiger, der Privatkläger und auch der Nebenkläger (§ 397 Abs. 1), sofern den Anträgen Beweisbehauptungen zugrunde liegen, die mit dem Tatkomplex des Nebenklagedelikts in Zusammenhang stehen. Auch dem Entschädigungsberechtigten (§§ 403, 404) oder dessen Vertreter steht das Beweisantragsrecht in dem Bereich der Beweisbehauptungen zu, die den Entschädigungsanspruch betreffen. Ähnliches gilt für den Nebenbeteiligten (§§ 433 Abs. 1 S. 1, 440 Abs. 3, 442, 444 Abs. 2 S. 2) mit den Einschränkungen des § 436 Abs. 2. Antragsberechtigt sind auch der dem Jugendlichen bestellte Beistand (§ 69 Abs. 1 JGG), die Erziehungsberechtigte und der gesetzliche Vertreter des jugendlichen Angeklagten (§ 67 Abs. 1 JGG), nicht allerdings die als Beistand nach § 149 zugelassene Person.[219]

65 Es entspricht der Stellung des **Verteidigers** als Organ der Rechtspflege, dass ihm ein **selbstständiges, vom Willen des Angeklagten unabhängiges Recht** zur Stellung von Beweisanträgen zusteht, die sich von den Einlassungen oder den Anträgen des Angeklagten selbst loslösen und inhaltlich unterscheiden können.[220] Der Inhalt, insbesondere die Beweisbehauptungen der Beweisanträge des Verteidigers sind nicht als Einlassungen des Angeklagten zu werten.[221] Auch der Einlassung des Angeklagten widersprechenden Beweisanträgen ist nachzugehen.[222]

66 Stellen mehrere Verfahrensbeteiligte gemeinsam einen Antrag, der so bezeichnet wird, oder schließt sich ein Verfahrensbeteiligter ausdrücklich den Beweisbegehren eines anderen Verfahrensbeteiligten an, so liegt ein **gemeinschaftlicher Beweisantrag** vor. Ob von einem solchen gemeinschaftlichen Beweisantrag mit der Folge, dass das Gericht ihn im Rahmen seiner Aufklärungspflicht auch unter diesem Gesichtspunkt zu prüfen hat, bereits immer dann auszugehen ist, wenn die Verteidigungsinteressen mehrerer Verfahrensbeteiligter miteinander verbunden sind, wird in

---

[215] *Herdegen* StV 1990, 518 (519); *Werle* JZ 1991, 789 (792); vgl. auch BGH v. 3. 8. 1966 – 2 StR 242/66, BGHSt 21, 118 (124) = NJW 1966, 2174; KK-StPO/*Herdegen*, 5. Aufl. 2003, Rn. 42.
[216] KK-StPO/*Herdegen*, 5. Aufl. 2003, Rn. 42; *Herdegen* StV 1990, 518 (519).
[217] BGH v. 13. 6. 2007 – 4 StR 100/07, NStZ 2008, 52 (53); KK-StPO/*Fischer* Rn. 65.
[218] Kritisch auch KK-StPO/*Fischer* Rn. 66.
[219] BGH v. 21. 3. 1978 – 1 StR 499/77, MDR 1978, 626 [H.].
[220] BGH v. 3. 8. 1966 – 2 StR 242/66, BGHSt 21, 118 (124) = NJW 1966, 2174.
[221] BGH v. 29. 5. 1990 – 4 StR 118/90, NStZ 1990, 447 (448); BGH v. 12. 4. 2000 – 1 StR 623/99, NStZ 2000, 495 (496).
[222] MDR 1977, 461 [H.]; KK-StPO/*Herdegen*, 5. Aufl. 2003, Rn. 51.

der Literatur zum Teil angezweifelt.[223] Eine derartige Interessenverbundenheit hat die Rechtsprechung dann als gegeben angesehen, wenn die Straftaten mehrerer Mitangeklagter einander logisch bedingen, wie etwa bei dem Anstifter oder Gehilfen im Verhältnis zum Haupttäter, oder wenn Mitangeklagten ein übereinstimmender Tatvorwurf gemacht wird.[224] Da allerdings auch in diesen Fällen durchaus das Verteidigungsinteresse unterschiedlich sein kann, wird eine Übereinstimmung des Vorbringens und der Interessenverfolgung in dem konkreten Verfahren bei den betreffenden Verfahrensbeteiligten zu fordern sein.[225] Unter dieser Voraussetzung können nicht nur die Interessen von Staatsanwaltschaft und Nebenklage übereinstimmen,[226] sondern im Einzelfall sogar von Staatsanwaltschaft und Angeklagtem.[227] Gemeinschaftliche Beweisanträge behalten für den jeweiligen „Antragsbeteiligten" ihre Wirkung und damit bei fehlerhafter Bescheidung die selbstständige Rügemöglichkeit,[228] es sei denn, dieser Antragsbeteiligte habe den Antrag zurückgenommen oder aufgrund seines Verhaltens eindeutig zu erkennen gegeben, dass er ihn nicht aufrecht erhalten will. Die Verfahrenshandlungen anderer „Antragsbeteiligter" entfalten insoweit keine Wirkung. Einen ihm nachteiligen Beurteilungswechsel zwischen der Ablehnung eines zu seinen Ungunsten gestellten Beweisantrags und den Urteilsgründen kann der Angeklagte mit Erfolg rügen, wenn er in der Hauptverhandlung nicht auf den Beurteilungswechsel hingewiesen worden ist.[229]

2. Zeit und Ort der Antragstellung. Beweisanträge sind **in der Hauptverhandlung** zu stellen, also dem Gericht **mündlich vorzutragen,** sonst entfällt die Bescheidungspflicht des Gerichts nach § 244.[230] Vorbereitende Anträge oder dem Gericht vor der Hauptverhandlung schriftlich überlassene Beweisanträge sind in der Hauptverhandlung – auch vom Angeklagten während seiner Vernehmung nach § 233 Abs. 2 – mündlich zu wiederholen, um den übrigen Verfahrensbeteiligten Gelegenheit zur Stellungnahme einzuräumen. Auch die Übergabe eines Schriftstücks in der Hauptverhandlung mit der Erklärung, dass darin Beweisanträge enthalten sein sollen, stellt keine wirksame Antragstellung dar.[231] Will der Vorsitzende einen Bescheid nach § 219 Abs. 1 S. 2 unterlassen, hat er den Antragsteller darauf hinzuweisen, unabhängig davon, ob es sich dabei um den unverteidigten Angeklagten handelt, dieser verteidigt ist oder ob der Antragsteller Verteidiger ist.[232] Liegt eine fehlerhafte Behandlung eines schriftsätzlich vor der Hauptverhandlung gestellten Beweisbegehrens durch den Vorsitzenden vor, etwa eine Wahrunterstellung der Beweisbehauptung oder die „Verweisung" des Antrags an das erkennende Gericht,[233] so hat das Gericht sich mit dem Antrag in der Hauptverhandlung zu befassen.[234] Anders soll dies nach der Rechtsprechung dann sein, wenn das Verhalten des Verteidigers den Schluss zulässt, dass er den vor der Hauptverhandlung gestellten Antrag nicht weiter verfolgen will.[235] Dies wird man allerdings nur bei völlig eindeutigem Verhalten des Verteidigers, etwa einem klarstellenden Hinweis in der Hauptverhandlung annehmen dürfen.

Beweisanträge können in der gesamten Beweisaufnahme und noch **bis zum Beginn der Urteilsverkündung,** also auch im Plädoyer oder unmittelbar nach der Urteilsberatung gestellt werden.[236] Bis dahin bleibt die Entscheidung, wann ein Beweisantrag gestellt wird, beim Antragsteller; an diesem Grundsatz kann auch die aktuelle Rechtsprechung zur Fristsetzung für die Entgegennahme von Beweisanträgen nichts ändern.[237] Nach Beginn der Urteilsverkündung braucht der Vorsitzende Beweisanträge nicht mehr entgegenzunehmen, er kann allerdings den Verteidiger auch dann noch den Beweisantrag stellen lassen.[238]

---

[223] Für die Interessenverbundenheit als Grundlage eines gemeinsamen Beweisbegehrens BGH v. 16. 6. 1983 – 2 StR 837/82, BGHSt 32, 10 (12) = NJW 1983, 2396; BGH v. 24. 7. 1998 – 3 StR 78/98, NJW 1998, 3284 (3285); BGH v. 24. 8. 1983 – 3 StR 176/83 (S), NStZ 1984, 42; BGH v. 27. 1. 1987 – 5 StR 613/86, StV 1987, 189; anders aber *Alsberg/Nüse/Meyer* S. 385.
[224] BGH v. 16. 6. 1983 – 2 StR 837/82, BGHSt 32, 10 (12); RGSt 58, 141, 142; RGSt 67, 180, 183.
[225] RGSt 58, 141, 142; ähnlich RG v. 17. 3. 1933 – I 195/33, RGSt 67, 180 (183); KK-StPO/*Fischer* Rn. 98.
[226] BGH v. 21. 7. 1998 – 5 StR 302/97, BGHSt 44, 138 (139) = NJW 1998, 3284 (3285).
[227] BGH v. 15. 11. 1951 – 3 StR 779/51, NJW 1952, 273.
[228] BGH v. 16. 6. 1983 – 2 StR 837/82, BGHSt 32, 10 (12).
[229] BGH v. 18. 9. 1987 – 2 StR 350/87, NStZ 1988, 38; KK-StPO/*Fischer* Rn. 99.
[230] OLG Frankfurt v. 4. 2. 1998 – 2 Ws (B) 53/98, NStZ-RR 1998, 210; *Niemöller* StV 2003, 687.
[231] *Alsberg/Nüse/Meyer* S. 382 f.; KK-StPO/*Fischer* Rn. 58.
[232] KK-StPO/*Fischer* Rn. 85; *Meyer-Goßner* § 219 Rn. 5; aA BayObLGSt 1964, 25 (26) (Entscheidung in der Hauptverhandlung ohne Erteilung des Hinweises nur beim unverteidigten Angeklagten).
[233] *Meyer-Goßner* § 219 Rn. 2 f. mwN.
[234] BGH v. 6. 3. 1951 – 1 StR 68/50, BGHSt 1, 51 (54); vgl. auch BGH v. 16. 2. 1966 – 2 StR 486/65, BGHSt 21, 38 (39) = NJW 1966, 989; BGH v. 6. 7. 1983 – 2 StR 222/83, BGHSt 32, 44 (48) = NJW 1984, 22 (28); *Alsberg/Nüse/Meyer* S. 362.
[235] So BGH v. 5. 7. 1951 – 4 StR 281/51, BGHSt 1, 286 (287); BGH v. 30. 8. 1988 – 1 StR 357/88, BGHR StPO § 244 Abs. 2 Aufdrängen 1; wohl auch KK-StPO/*Fischer* Rn. 85.
[236] BGH v. 14. 5. 1981 – 1 StR 160/81, NStZ 1981, 311; BGH v. 7. 9. 2006 – 3 StR 277/06, NStZ 2007, 112 (113); vgl. auch § 246 Rn. 3.
[237] BGH v. 23. 10. 2001 – 1 StR 415/01, NStZ 2002, 161; vgl. aber BGH v. 14. 6. 2005 – 5 StR 129/05, NJW 2005, 2466 = JR 2006, 125; vgl. auch § 246 Rn. 2.
[238] Vgl. § 246 Rn. 3.

69 **3. Formerfordernisse von Beweisanträgen.** Will das Gericht nach seinem Ermessen einem Verfahrensbeteiligten auferlegen, einen Beweisantrag (oder auch eine Beweisanregung) **schriftlich** zu stellen (§ 257a), so ist dies in einem **Gerichtsbeschluss** zu begründen und somit auch für das Revisionsgericht überprüfbar.[239] Zulässige Erwägungen für die Verpflichtung, einen Beweisantrag schriftlich zu stellen, können nach hM etwa die Vielzahl von Anträgen, mehrere Anträge außerordentlichen Umfangs sowie ein vorangegangener Missbrauch des Antragsrechts sein.[240] Jedenfalls in überschaubarem Umfang, auch „gestaffelt" gestellte Anträge allein können das Schrifterfordernis jedoch nicht begründen.[241]

70 **4. Beweisbehauptung. a) Beweistatsache.** Im Beweisantrag ist eine Beweistatsache (als feststehend) anzugeben, bei welcher es sich um konkretes Geschehen, Umstände und Zustände sowie auch innerpsychische Vorgänge und Gegebenheiten sowie tatsächliche Zusammenhänge (sowohl bestehende, als auch nicht bestehende) handeln kann.[242] Beweistatsachen sind – abgesehen von tatsächlichen Zusammenhängen – damit regelmäßig Wahrnehmungserlebnisse, die allerdings für sich gesehen nicht immer frei von Interpretationen und Wertungen sind. Umgekehrt kommen als Beweistatsachen bloße Wertungen oder Schlussfolgerungen, also ein „subjektives Dafürhalten" nicht in Betracht; möglicherweise kann aber auch ihnen eine bestimmte Tatsachengrundlage innewohnen, auf die der Beweisantrag nach Auslegung abzielen kann.[243] Zum Gegenstand eines Beweisantrags, über den das Gericht nach den Abs. 3 oder 4 zu entscheiden hat, können nur solche Beweistatsachen gemacht werden, die der Beweisaufnahme nicht bereits zugrunde lagen und somit auf eine Wiederholung hinausliefen. Insbesondere sind für die Vernehmung eines bereits entlassenen Zeugen oder Sachverständigen neue Beweistatsachen zu behaupten, um das Gericht auf die Ablehnungsgründe in den Abs. 3 und 4 zu beschränken.[244] **Neue Beweistatsachen** sollen auch für die erneute oder ergänzende Vernehmung eines Zeugen notwendig sein, dessen Angaben vor dem beauftragten oder ersuchten Richter durch Verlesung des Vernehmungsprotokolls eingeführt wurden[245] oder dessen Vernehmung bereits in einer Bild-Ton-Aufzeichnung nach § 255a Abs. 2 in der Hauptverhandlung vorgeführt wurde.[246] Dies ist jedoch wegen des höheren Beweiswerts der unmittelbaren Vernehmung des Zeugen in der Hauptverhandlung abzulehnen. Ein Fall der **Wiederholung einer Beweisbehauptung** soll auch dann vorliegen, wenn die Aussage eines bereits vernommenen Zeugen „lediglich in das Gegenteil verkehrt" wird.[247] Nicht als bloße Wiederholung anzusehen ist der Antrag, einen rechtsmedizinischen Sachverständigen nochmals zu vernehmen, nachdem durch das Gutachten eines weiteren Sachverständigen Tatsachen bekannt geworden sind, die den ursprünglichen Sachverständigenfeststellungen widersprechen.[248]

71 **b) Bestimmtheit.** Im Antrag muss die Beweistatsache **bestimmt behauptet,** somit als feststehend dargestellt werden. Es reicht nicht aus, eine bloße theoretische Möglichkeit oder Wahrscheinlichkeit anzugeben[249] oder auch nur ein Thema aufzuzeigen, ohne die konkret durch das Beweismittel nachzuweisende Tatsache zu kennzeichnen.[250] Das Bestimmtheitserfordernis verlangt, dass dem Antrag die Relevanz der Beweistatsache für die Tatbestands- oder die Rechtsfolgenseite zu entnehmen ist.

72 Das Bestimmtheitserfordernis versetzt den Verteidiger in das Dilemma, dass die Beweistatsache als Tatsache zu formulieren und somit auch dann mit Bestimmtheit zu behaupten ist, wenn er die Beweisbehauptung für **allenfalls möglich oder sogar unwahrscheinlich** hält. Ungeachtet seiner Zweifel ist er, um dem Gericht lediglich die Ablehnungsmöglichkeiten der Abs. 3 und 4 zu belassen, gehalten, die Beweistatsache mit Bestimmtheit zu behaupten, er muss dies sogar, selbst wenn er nur geringe Hoffnung auf das Gelingen des Nachweises setzt.[251]

---

[239] Vgl. § 257a Rn. 7, 17.
[240] *Meyer-Goßner* § 257a Rn. 2; KK-StPO/*Fischer* Rn. 86; *Pfeiffer* § 257a Rn. 2; *Senge* NStZ 2002, 225 (231); *Fahl*, Rechtsmissbrauch, S. 298.
[241] So auch *Meyer-Goßner* § 257a Rn. 2 („teleologische Reduktion"); KK-StPO/*Fischer* Rn. 86.
[242] BayObLG v. 30. 7. 2002 – 1 St RR 71/2002, NStZ 2003, 105.
[243] KK-StPO/*Fischer* Rn. 69.
[244] BGH v. 21. 6. 1995 – 2 StR 67/95, NStZ-RR 1996, 107; BGH v. 7. 8. 1990 – 1 StR 263/90, StV 1991, 2; BGH v. 2. 2. 1999 – 1 StR 590/98, JR 2000, 32 mAnm *Rose*.
[245] BGHSt 46, 73 (80) = NJW 2000, 2517 (2519); BGH v. 21. 6. 1995 – 2 StR 67/95, NStZ-RR 1996, 107; BGH v. 2. 2. 1999 – 1 StR 590/98, JR 2000, 32; *Alsberg/Nüse/Meyer* S. 95 f.
[246] BGH v. 18. 5. 2000 – 4 StR 647/99 = BGHSt 48, 268 (273) = NJW 2003, 2761 (2763).
[247] BGH v. 29. 8. 1990 – 3 StR 184/90, BGHSt 37, 162 = StV 1991, 2.
[248] BGH v. 22. 3. 2006 – 2 StR 585/05, NStZ 2007, 417 (418).
[249] BGH v. 19. 12. 1986 – 2 StR 324/86, NJW 1987, 2384.
[250] Zur Vernehmung eines Zeugen „zum Verhalten des Angeklagten" oder eines Sachverständigen „zur psychischen Verfassung" vgl. BGH v. 11. 9. 2003 – 4 StR 139/03, NStZ 2004, 690.
[251] St. Rspr. BGH v. 3. 6. 1966 – 2 StR 242/66, BGHSt 21, 118 (125) = NJW 1966, 2174 (2176); BGH v. 5. 2. 2002 – 3 StR 482/01, NStZ 2002, 383; BGH v. 15. 12. 2005 – 3 StR 201/05, NStZ 2006, 585 (586); BGH v. 7. 3. 1996 – 1 StR 707/95, StV 1996, 362 (363); BGH v. 30. 7. 1999 – 3 StR 272/99, StV 1999, 579 (580); BGH v. 8. 10. 1999 – 2 StR 463/99, StV 2000, 180; BGH v. 11. 3. 2003 – 3 StR 28/03, StV 2003, 369.

Sechster Abschnitt. Hauptverhandlung 73, 74 **§ 244**

Nach der Rechtsprechung soll dann, wenn lediglich eine **Behauptung „ins Blaue hinein"** aufgestellt wird, ohne dass dafür sprechende tatsächliche Anhaltspunkte oder begründete Vermutungen angegeben werden, keine bestimmte, zulässige Beweisbehauptung und somit kein zulässiger Beweisantrag vorliegen.[252] Aus der Luft gegriffenen, nur aufs Geratewohl aufgestellten Beweisbehauptungen soll lediglich im Rahmen der Aufklärungspflicht, etwa als Beweisermittlungsanträge nachzugehen sein.[253] Diese Rechtsprechung, wonach ein Beweisantrag nicht vorliegt, wenn eine Behauptung „ins Blaue hinein" aufgestellt wird, ist mit dem in den Abs. 3 und 4 geregelten Beweisantragsrecht nicht vereinbar und führt zu systemwidrigen Möglichkeiten der Ablehnung von Beweisanträgen, wenn diese angeblich lediglich Behauptungen „ins Blaue hinein" beinhalten. Der 3. Strafsenat hat sich daher inzwischen von dieser Rechtsprechung distanziert.[254] Es wird weiterhin Aufgabe der Rechtsprechung sein, den Begriff der „Behauptung ins Blaue hinein" zu konkretisieren und zu konturieren, um die daraus resultierende **Systemwidrigkeit im Beweisantragsrecht** zurückzudrängen. Die Annahme einer Behauptung „ins Blaue hinein" bereits dann, wenn die Bestätigung unwahrscheinlich ist oder die bisherige Beweisaufnahme keinen Anhaltspunkt für diese Behauptung ergeben hat, geht zweifelsfrei fehl.[255] Anderenfalls würde der Verteidiger letztlich doch dazu gezwungen, die Beweisbehauptung durch eigene Recherchen und Beweiserhebungen außerhalb der Hauptverhandlung „abzusichern".[256] 73

c) **Klarstellung und Auslegung.** Zur – gegebenenfalls notwendigen – Auslegung eines Beweisantrags sind nicht nur Wortlaut sowie Sinn und Zweck des (gesamten) Vorbringens zu berücksichtigen, insbesondere auch **inhaltliche Zusammenhänge mit anderen Vorgängen** der Hauptverhandlung,[257] sondern der **gesamte Verhandlungs- und Beweisstoff**.[258] Verknappte Anträge auf Hinzuziehung eines Sachverständigen zum Nachweis des „Fehlens der Schuldfähigkeit" oder der „mangelnden Glaubhaftigkeit" erklären sich allerdings von sich heraus und brauchen nicht interpretiert zu werden.[259] Erschließt sich der Sinn eines Beweisantrags dem Gericht auch nach der Auslegung nicht, so hat es den Antragsteller zur Klärung, Vervollständigung oder auch Präzisierung (Substantiierung) zu veranlassen.[260] Das Gericht hat alle Möglichkeiten zu nutzen, einem unklaren oder unvollständigen Beweisantrag durch Auslegung zur ausreichenden Bestimmtheit zu verhelfen, notfalls durch eigene „Ermittlungsarbeit".[261] Die Auslegung von Beweisanträgen hat darauf abzuzielen, die Beweisthemen umfassend, ohne Änderung oder insbesondere Begrenzung ihres Gehalts zu berücksichtigen.[262] Insgesamt soll **im Zweifel für einen möglichst umfassenden und erfolgreichen Beweisantrag** interpretiert werden, keinesfalls darf das Gericht aufgrund im Beweisbegehren nicht aufgezeigter Möglichkeiten oder wegen Unklarheiten den Beweisantrag ablehnen, ohne sich zuvor um eine Auslegung, die zur Beweiserhebung führt, zu bemühen.[263] Auf die fehlerhafte Behandlung mangels ausreichender Auslegung des Beweisantrags wird die Revision sich allerdings dann nicht stützen können, wenn der Revisionsführer ihm erkennbare Unklarheiten und Missverständnisse des Gerichts bei der Auslegung des Beweisantrags in der Hauptverhandlung nicht ausgeräumt hat.[264] 74

---

[252] BGH v. 5. 2. 2002 – 3 StR 482/01, StV 2002, 233; BGH v. 5. 3. 2003 – 2 StR 405/02, NStZ 2003, 497; BGH v. 13. 6. 2007 – 4 StR 100/07, NStZ 2008, 52 (53); BGH v. 19. 9. 2007 – 3 StR 354/07, StV 2008, 9 (10); vgl. *Herdegen* StV 1990, 518 (519).
[253] BGH v. 12. 6. 1997 – 5 StR 58/97, NJW 1997, 2762 (2764); BGH v. 5. 2. 2002 – 3 StR 482/01, NStZ 2002, 383; BGH v. 4. 4. 2006 – 4 StR 30/06, NStZ 2006, 405; BGH v. 13. 6. 2007 – 4 StR 100/07, NStZ 2008, 52 (53); OLG Köln v. 22. 4. 1997 – Ss 31/97, NStZ-RR 1997, 309 (310).
[254] Ausdrücklich offengelassen, ob eine „aufs Geratewohl" aufgestellte Beweisbehauptung unzulässig ist und dem Antrag somit die Qualität eines Beweisantrags fehlt BGH v. 19. 9. 2007 – 3 StR 354/07 = StV 2008, 9 (10).
[255] So auch BGH v. 5. 3. 2003 – 2 StR 405/02, NStZ 2003, 497; BGH v. 5. 2. 2002 – 3 StR 482/01, StV 2002, 233; unklar Anw-StPO/*Sommer* Rn. 46.
[256] Dagegen auch KK-StPO/*Fischer* Rn. 73.
[257] BGH v. 11. 4. 2007 – 3 StR 114/07, StraFo 2007, 331; vgl. auch BGH v. 5. 4. 2007 – 2 StR 95/07, zitiert nach juris; BGH v. 29. 3. 2007 – 5 StR 116/07, zitiert nach juris; BGH NStZ 1985, 205; BGH v. 10. 1. 1995 – 1 StR 343/94, StV 1995, 230.
[258] BGH v. 10. 1. 1995 – 1 StR 343/94, StV 1995, 230; BGH v. 31. 7. 1980 – 2 StR 343/80, GA 1981, 228; BGH v. 23. 9. 1984 – 2 StR 151/83, GA 1984, 21 (22); OLG Düsseldorf v. 30. 3. 1984 – 2 Ss 139/84, StV 1984, 236; *Alsberg/ Nüse/Meyer* S. 38, 750 f.; zu eng bei der Auslegung des Antrags zur Untersuchung nach Fingerabdrücken BGH v. 24. 1. 2006 – 5 StR 410/05, NStZ-RR 2006, 140; BGH v. 10. 1. 2006 – 4 StR 545/05, NStZ-RR 2006, 140.
[259] *Becker* NStZ 2006, 495 (496).
[260] BGH v. 29. 8. 1990 – 3 StR 184/90, BGHSt 37, 162 (166) = NJW 1991, 435; BGH v. 16. 4. 1996 – 1 StR 120/ 96, NStZ-RR 1996, 336 (337); BGH v. 1. 8. 1989 – 16. 4. 1996, BGHR StPO § 244 Abs. 6 Beweisantrag 12; vgl. auch BGH v. 25. 7. 2006 – 1 StR 302/06, zitiert nach juris.
[261] BGH v. 21. 2. 1985 – 1 StR 812/84, NStZ 1985, 376; BGH v. 26. 1. 2000 – 3 StR 410/99, NStZ 2000, 267 (268); BGH StV 1982, 55; vgl. auch *Hanack* JZ 1970, 561 (562) „gehörige Auslegung" von unklaren Anträgen.
[262] BGH StV 1986, 182; KK-StPO/*Fischer* Rn. 78.
[263] BGH v. 9. 2. 1982 – 1 StR 849/81, NStZ 1982, 213; BGH v. 16. 3. 1984 – 2 StR 719/83, StV 1984, 363 (364); BGH v. 29. 6. 1988 – 2 StR 200/88, StV 1989, 140 (141); BGH v. 23. 9. 1983 – 2 StR 151/83, GA 1984, 21 (22).
[264] So BGH v. 2. 9. 2004 – 1 StR 342/04, NStZ 2004, 370.

75 **5. Beweismittel.** Für die behauptete Beweistatsache ist regelmäßig ein bestimmtes Beweismittel anzugeben. Soll ein **Zeuge** vernommen werden, so ist dieser mit vollem Namen und ladungsfähiger Anschrift zu bezeichnen,[265] jedenfalls aber der Weg aufzuzeigen, wie der Zeuge erreicht werden kann.[266] Als Mindestvoraussetzung ist der Zeuge zu individualisieren, sodass jedenfalls feststeht, welche Person gemeint ist und wie diese ermittelt werden kann.[267] Nicht richtig ist es, bereits dann von einem Beweisermittlungsantrag auszugehen, wenn der vom Antragsteller aufgezeigte Weg, den Zeugen zu erreichen, nicht ohne weitere Nachforschungen gelingt.[268]

76 Anders als bei dem Zeugen ist beim **Sachverständigenbeweis** nicht notwendigerweise ein bestimmter Sachverständiger zu benennen, vielmehr obliegt die Auswahl des Sachverständigen dem Gericht (§ 73 Abs. 1), so dass das Gericht an einen vom Antragsteller genannten Sachverständigen nicht gebunden ist.[269] Sollten ausnahmsweise aus Sicht des Antragstellers zwingende Gründe dafür vorliegen, einen bestimmten Sachverständigen heranzuziehen, so ist dies im Antrag zu begründen. In Betracht kommt dies insbesondere, wenn nur bei diesem Sachverständigen vorliegende hochspezifische Fachkenntnisse erforderlich sind oder dieser Sachverständige bereits bestimmte Kenntnisse oder Feststellungsmöglichkeiten von Anknüpfungstatsachen für sich beanspruchen kann.[270] Nicht nur in diesem Fall, sondern für eine entsprechend dem Beweisantrag spezifische Auswahl des Sachverständigen durch das Gericht ist regelmäßig auch das Fachgebiet genau zu umreißen.[271]

77 Auf die Verlesung von **Urkunden** gerichtete Beweisanträge haben diese einzeln genau zu bezeichnen.[272] **Urkundensammlungen** können nur dann Gegenstand eines Beweisantrags sein, wenn die Beweisbehauptung auf den gesamten Inhalt der Sammlung als solche abzielt.[273] Neben der Benennung der Urkunde sind auch Hinweise darauf notwendig, wie diese beschafft werden kann, etwa in wessen Besitz sie ist. Für die Bezeichnung und Individualisierung von **Augenscheinobjekten** gelten die für Urkunden bereits genannten Maßstäbe. Auf Augenscheineinnahmen gerichtete Anträge können mit dem Antrag zur Erstattung eines Sachverständigengutachtens (Aufarbeitung und Auswertung nach Abs. 4) kombiniert werden.[274]

78 **6. Konnexität zwischen Beweistatsache und Beweismittel.** Das von der Rechtsprechung in den 90er Jahren entwickelte Erfordernis des Zusammenhangs zwischen Beweistatsache und Beweismittel ist für die effektive Verteidigung insofern von enormer Bedeutung, als Beweisanträgen, die diesen Zusammenhang nicht aufweisen, ihre **Qualität als Beweisantrag** abgesprochen werden kann und damit eine Ablehnung der Beweiserhebung im Rahmen der Aufklärungspflicht des Gerichts möglich ist.[275] Hinzu kommt, dass auch die Aufklärungspflicht nach der Rechtsprechung dann, wenn es an jedem tatsächlichen Anhaltspunkt fehlt, eine Beweiserhebung nicht erfordern soll.[276] Danach muss ein Zusammenhang zwischen Beweistatsache und Beweismittel insofern vorliegen, als das Gericht nur dadurch in die Lage versetzt sein soll, die Ablehnungsgründe der Bedeutungslosigkeit der Beweistatsache und der völligen Ungeeignetheit des Beweismittels zu prüfen.[277] Bei dem Antrag auf Zeugenbeweis muss dem Antrag zu entnehmen sein, aus welchen Gründen dem Zeugen Kenntnisse zu dem Beweisthema zugeschrieben werden, was bei anderen

---

[265] BGH v. 8. 12. 1993 – 3 StR 446/93, BGHSt 40, 3 (6 f.); BGH v. 8. 2. 1995 – 3 StR 595/94, NStZ 1995, 246; BGH v. 28. 10. 1998 – 2 StR 415/98, NStZ 1999, 152 = JR 1999, 432 mAnm *Rose*; BGHR StPO § 244 Abs. 6 Beweisantrag 40; BGH v. 15. 4. 2003 – 1 StR 82/03, NStZ-RR 2004, 3; BGH v. 8. 5. 2003 – 5 StR 120/03, NStZ-RR 2004, 2.
[266] BGH v. 14. 6. 2006 – 2 StR 65/06, NStZ 2006, 686.
[267] BGH v. 8. 12. 1993 – 3 StR 446/93, BGHSt 40, 3 (6) = NJW 1994, 1294; BGH v. 8. 2. 1995 – 3 StR 595/94, NStZ 1995, 246; BGH v. 28. 10. 1998 – 2 StR 415/98, NStZ 1999, 152 = JR 1999, 432 mAnm *Rose*; BGH v. 10. 11. 1992 – 1 StR 684/92, BGHR StPO § 244 Abs. 6 Beweisantrag 23.
[268] So aber BGH v. 8. 12. 1993 – 3 StR 446/93, BGHSt 40, 3 (6); vgl. BGH v. 25. 6. 2002 – 5 StR 60/02, NStZ-RR 2002, 270.
[269] BGH v. 27. 11. 1991 – 3 StR 451/91, BGHR StPO § 244 Abs. 6 Entscheidung 1.
[270] Zu den Beispielen KK-StPO/*Fischer* Rn. 80.
[271] So etwa bei den Anträgen nach Abs. 4 S. 2 Hs. 2.
[272] BGH v. 22. 6. 2006 – 3 StR 166/06, NStZ 2007, 53: „Beiziehung von Akten" nicht ausreichend.
[273] BGH v. 26. 5. 1981 – 1 StR 48/81, BGHSt 30, 131 (142 f.) = NJW 1981, 2267; BGH v. 30. 8. 1990 – 3 StR 459/87, BGHSt 37, 168 (172) = NJW 1991, 1622 = StV 1992, 3 mAnm *Köhler* = JR 1992, 34 mAnm *Fezer*; BGH v. 29. 5. 1987 – 3 StR 242/86, BGHR StPO § 244 Abs. 3 Ermittlungsantrag 1; *Alsberg/Nüse/Meyer* S. 53; Löwe/Rosenberg/*Becker* Rn. 106.
[274] Vgl. hierzu BGH v. 4. 4. 2006 – 4 StR 30/06, NStZ 2006, 406 mAnm *Gössel*.
[275] BGH v. 23. 7. 1997 – 3 StR 71/97, NStZ 1997, 562; BGH v. 28. 11. 1997 – 3 StR 114/97, NStZ 1998, 618 (619); BGH v. 22. 6. 1999 – 1 StR 205/99, NStZ 1999, 522; BGH v. 28. 6. 2001 – 1 StR 198/01, NStZ 2001, 604 (605).
[276] BGH v. 5. 3. 2003 – 2 StR 405/02, NStZ 2003, 497.
[277] BGH v. 28. 11. 1997 – 3 StR 114/97, BGHSt 43, 321 (329 f.) = NJW 1998, 1723; BGH v. 23. 10. 1997 – 5 StR 317/97, NStZ 1998, 97 mAnm *Rose*; BGH v. 11. 4. 2000 – 1 StR 55/00, NStZ 2000, 437 (438); BGH v. 12. 7. 2001 – 4 StR 173/01, NStZ 2001, 604 (605); BGH v. 5. 2. 2002 – 3 StR 482/01, NStZ 2002, 383; BGH v. 15. 12. 2005 – 3 StR 201/05, NStZ 2006, 585 (586).

als unmittelbaren Tatzeugen[278] darzulegen ist.[279] Ergibt sich die geforderte Konnexität nicht aus dem Beweisantrag und will das Gericht diesen deshalb zurückweisen, so ist der Antragsteller daraufhin zu befragen.[280]

Eine eigenständige, über evidente Fälle hinausgehende Bedeutung kommt dem Erfordernis der Konnexität allerdings nicht zu: Der Antragsteller darf, ja regelmäßig muss er sogar Beweisbehauptungen mit Beweismitteln belegen, auch wenn er sich nicht sicher ist, es möglicherweise sogar als unwahrscheinlich ansieht, dass die Beweisbehauptung durch das Beweismittel wird nachgewiesen werden können.[281] Die Beurteilung einer Beweisbehauptung als bedeutungslos oder eines Beweismittels als völlig ungeeignet von der Darlegung eines Zusammenhangs zwischen beiden abhängig zu machen, ist daher nicht allein sachlichen Überlegungen, sondern wohl eher der von der Rechtsprechung gesehenen Notwendigkeit geschuldet, ein einfach handhabbares, den Ablehnungsgründen der Abs. 3 bis 5 „vorgeschaltetes" Zulässigkeitskriterium einzuführen. Dies führt als allgemeines Erfordernis aber zu einer Verschiebung der Beweisbelastungen zu Ungunsten des Antragstellers entgegen dem gesetzlich sanktionierten Beweisantragsrecht.[282] Die Anforderungen der Rechtsprechung an die Konnexität, um zur Ablehnung von Beweisanträgen bzw. deren „Disqualifizierung" als solche zu kommen, sind mittlerweile so hoch,[283] dass dies nicht durch den – angeblichen – Missbrauch des Beweisantragsrechts durch die Verteidigung zu rechtfertigen ist.[284] Denn es widerspricht dem gesetzlich festgelegten System des Beweisantragsrechts, wenn über das Kriterium der Konnexität im Vorfeld gerade das konterkariert wird, was mittels gesetzlicher Ablehnungsgründen für Beweisanträge dem Gericht auferlegt wird, nämlich über das zur Aufklärung des Sachverhalts aus seiner Sicht für erforderlich Gehaltene hinauszugehen.[285] Daher hat das Gericht sich im Falle eines aus seiner Sicht mangels Konnexität nicht erfolgreichen Beweisbegehrens darum zu bemühen, den Antragsteller zu veranlassen, den Zusammenhang aufzuzeigen, um dann – **im Zweifel für die Beweiserhebung** – einen Beweisantrag anzunehmen und die Ablehnungsgründe der Abs. 3 bis 5 zu prüfen. Erst so lassen sich die Extremfälle der Anträge „ins Blaue hinein" oder „aufs Geratewohl" systemkonform bestimmen und ihre „Disqualifizierung" als Beweisanträge begründen. Von dem Antragsteller ist zu verlangen, dass er seinerseits dazu beiträgt, den Konnex zwischen Beweistatsache und Beweismittel aufzuzeigen und nicht auf eine insoweit fehlerhafte Zurückweisung des Antrags durch das Gericht zur Vorbereitung der Revision „setzt". Man wird dabei jedoch nicht soweit gehen können, dem Antragsteller die „Argumentationslast" dafür aufzugeben, dass der Antrag nicht „ins Blaue hinein" gestellt ist.[286]

7. Bedingter Beweisantrag. a) Anwendungsformen bedingter Beweisanträge. Wird die verlangte Beweiserhebung von einer Bedingung, also einem **künftigen, noch ungewissen Umstand** abhängig gemacht, so handelt es sich um einen bedingten Beweisantrag, wenn es sich bei diesem Umstand um einen **innerprozessualen Vorgang** handelt.[287]

Ist der Beweisantrag von einem Hauptantrag abhängig gemacht worden, der den Urteilstenor, den Inhalt des Schuldspruchs oder auch den Rechtsfolgenausspruch betrifft, handelt es sich um einen **Hilfsbeweisantrag**.[288] Die Bedingung kann sich beispielsweise darauf beziehen, dass eine Verurteilung wegen fahrlässiger und nicht vorsätzlicher Tatbegehung, wegen versuchter und nicht vollendeter Tat oder nach Jugend- und nicht nach Erwachsenenstrafrecht ergeht.[289] Die Bedingung kann sich auch darauf beziehen, dass das Gericht ein bestimmtes Strafmaß überschreitet oder die Strafe nicht zur Bewährung aussetzt.[290]

---

[278] BGH v. 2. 8. 2000 – 3 StR 154/00, NStZ-RR 2001, 43 (44); BGH v. 15. 12. 2005 – 3 StR 201/05, NStZ 2006, 585 (586).
[279] BGH v. 28. 11. 1997 – 3 StR 114/97, BGHSt 43, 321 (330); BGH v. 22. 6. 1999 – 1 StR 205/99, NStZ 1999, 522; BGH v. 11. 4. 2000 – 1 StR 55/00, NStZ 2000, 437 (438); BGH v. 2. 8. 2000 – 3 StR 154/00, NStZ-RR 2001, 43 (44).
[280] So BGH v. 28. 6. 2001 – 1 StR 198/01, NStZ 2001, 604 (605).
[281] *Herdegen*, FS Gössel, S. 529 (540); BGH v. 28. 11. 1997 – 3 StR 114/97, BGHSt 43, 321 (330); BGH v. 10. 11. 1992 – 5 StR 474/92, NJW 1993, 867; BGH v. 2. 2. 1993 – 5 StR 38/93, NJW 1993, 247 (248); BGH vom 5. 2. 2002 – 3 StR 482/01, NStZ 2002, 383.
[282] Vgl. BGH v. 28. 11. 1997 – 3 StR 114/97, BGHSt 43, 321 (330); BGH v. 28. 6. 2001 – 1 StR 198/01, NStZ 2001, 604 (605); insoweit auch kritisch KK-StPO/*Fischer* Rn. 83; KK-StPO/*Herdegen*, 5. Aufl. 2003, Rn. 48 a; anders *Senge* NStZ 2002, 225 (231).
[283] Kritisch auch KK-StPO/*Herdegen*, 5. Aufl. 2003, Rn. 48 a.
[284] So aber wohl *Senge* NStZ 2002, 225 (230).
[285] BGH v. 3. 8. 1966 – 2 StR 242/66, BGHSt 21, 118 (124) = NJW 1966, 2174.
[286] Zum Streitstand vgl. KK-StPO/*Fischer* Rn. 84 einesteils und KK-StPO/*Herdegen*, 5. Aufl. 2003, Rn. 48 a anderenteils.
[287] BGH v. 25. 11. 1980 – 5 StR 356/80, BGHSt 29, 396 (397) = NJW 1981, 354; vgl. auch *Schlothauer* StV 1988, 542 (546 ff.); *Widmaier*, FS Salger, S. 421 (423).
[288] BGH v. 16. 6. 1983 – 2 StR 837/82, BGHSt 32, 10 = NJW 1983, 2396 = NStZ 1984, 372 mAnm *Schlüchter*; BGH NStZ 1991, 47 mAnm *Scheffler* S. 348 = StV 1991, 349 mAnm *Schlothauer*; BGH v. 3. 7. 1990 – 1 StR 340/90, StV 1990, 394.
[289] BGH v. 5. 8. 1982 – 4 StR 401/82, NStZ 1982, 477.
[290] BGH v. 10. 7. 1991 – 3 StR 115/91, NStZ 1991, 547; *Schlothauer* StV 1988, 542 (543).

82 Dagegen stellt die Bedingung eines **Eventualbeweisantrags** eine Verknüpfung mit einem Begründungselement des Sachurteils her, etwa die Feststellung eines bestimmten Tatmotivs, die Verneinung des Schockzustands des Angeklagten,[291] die Qualifizierung einer Urkunde als echt oder die Annahme der Schuldfähigkeit des Angeklagten,[292] die Ablehnung eines minder schweren Falls oder die Annahme der Glaubwürdigkeit eines Zeugen.[293]

83 Mit einem Beweisantrag kann auch eine **Bedingung zwischen dem Beweisbegehren und einer bestimmten Prozesssituation** hergestellt werden, etwa die Abhängigkeit des Beweisantrags von der Vereidigung eines Zeugen oder davon, dass das Gericht einem bestimmten anderen Beweisantrag nachkommt.[294]

84 Die **Entscheidung** darüber, ob die Bedingung eingetreten ist, wird bei Hilfs- und Eventualbeweisanträgen erst **im Urteilstenor oder in der Urteilsbegründung** deutlich. Wird der Beweis nicht erhoben, obwohl das Gericht vom Eintritt der Bedingung ausgeht, so muss dies begründet werden, es sei denn, die Gründe sind offensichtlich.[295] Mit der Stellung von Hilfs- und Eventualbeweisanträgen wird somit aus Sicht der Verteidigung auf eine Ablehnung des Beweisantrags durch Gerichtsbeschluss im Rahmen der Beweisaufnahme verzichtet. Zweifelhaft ist, ob dies auch dann der Fall ist und eine Begründung im Urteil ausreicht, wenn zunächst die Erhebung des Beweises durch das Gericht veranlasst worden war, sich dann aber als nicht durchführbar erwiesen hat.[296] Hier wird regelmäßig zuvor ein Hinweis des Gerichts erforderlich sein.

85 Wird ein Hilfsbeweisantrag wegen **Verschleppungsabsicht** abgelehnt, ist ein entsprechender Gerichtsbeschluss in der (dann möglicherweise wieder zu eröffnenden) Beweisaufnahme nach § 244 Abs. 6 (vor der Urteilsverkündung) erforderlich, um rechtliches Gehör zu der beabsichtigten Ablehnung wegen Verschleppungsabsicht zu gewähren.[297] Dies ist angesichts der sonst nahezu unkalkulierbaren Möglichkeit des Gerichts, Hilfs- und Eventualbeweisanträge noch in der Urteilsbegründung wegen Verschleppungsabsicht und unabhängig vom Eintritt der Bedingung abzulehnen, durchaus – entgegen der aktuellen Tendenz der Rechtsprechung – weiterhin angezeigt.

86 **b) Verfahrensweise bei bedingten Beweisanträgen.** Wird ein Hilfs- oder Eventualbeweisantrag gestellt, so ändert auch die Erklärung des Antragstellers, er strebe eine Bescheidung vor der Urteilsverkündung an (sogenannte Bescheidungsklausel), nichts daran, dass das Gericht die **Entscheidung erst in der Urteilsbegründung** bekannt geben kann. Dies gilt nach der Rechtsprechung auch dann, wenn das Gericht die Bedingung als eingetreten ansieht.[298] Allerdings ist der Antragsteller, der auf eine Bescheidung nicht verzichten will, darauf hinzuweisen, um ihm die Möglichkeit zu geben, den Beweisantrag ohne Bedingung zu stellen.[299]

87 Ein Hilfsbeweisantrag kann wegen Missbrauchs als unzulässig angesehen werden, wenn der Antrag selbst zwar gegen den Schuldspruch gerichtet ist, nicht aber die Bedingung. Es soll sich dann um eine unzulässige Koppelung von Bedingung und Antragsbegehren handeln.[300] Hier ist vielfach eine „Beweisstoffkomplettierung zum Vorteil des Angeklagten" beabsichtigt, wozu das Instrument des Hilfs- und Eventualbeweisantrags allerdings nicht dienen soll.[301] Zulässig soll die **Verknüpfung der Bedingung der Verurteilung** zu einer nicht mehr bewährungsfähigen Strafe allerdings mit dem Hilfsbeweisantrag sein, es liege eine Tatbestandsalternative vor, nach der die Tat in einem milderen Licht und die Strafaussetzung als eher möglich erscheint.[302]

88 Auf Hilfs- und Eventualbeweisanträge hat das Gericht erneut in die Beweisaufnahme einzutreten, wenn die Bedingung aus seiner Sicht eingetreten ist und die Beweiserhebung sonst nicht ab-

---

[291] BGH v. 6. 12. 1989 – 2 StR 309/89, StV 1990, 149 mAnm *Michalke* S. 184.
[292] BGH v. 30. 6. 1987 – 1 StR 242/87, NJW 1988, 501; BGH v. 5. 3. 1996 – 5 StR 643/95, NStZ-RR 1996, 362 (363).
[293] BGH NStZ 1989, 191; BGH v. 4. 10. 1994 – 1 StR 374/94, NStZ 1995, 98.
[294] Vgl. *Schlothauer* StV 1988, 542 (546 ff.); *Widmaier*, FS Salger, S. 421 (422); KK-StPO/*Fischer* Rn. 91.
[295] BGH v. 16. 6. 1983 – 2 StR 837/82, BGHSt 32, 10 (13) = NJW 1983, 2396 = NStZ 1984, 372 mAnm *Schlüchter*; BGH v. 5. 8. 1992 – 2 StR 401/82, NStZ 1982, 477; BGH NStZ 1989, 191; BGH v. 10. 7. 1991 – 3 StR 115/91, NStZ 1991, 547 (548); BGH v. 30. 9. 1992 – 3 StR 430/92, BGHR StPO § 244 Abs. 6 Hilfsbeweisantrag 5.
[296] BGH v. 16. 6. 1983 – 2 StR 837/82, BGHSt 32, 10 (13 f.); KK-StPO/*Fischer* Rn. 92.
[297] BGH v. 18. 3. 1986 – 1 StR 51/86, NStZ 1986, 372; BGH v. 21. 8. 1997 – 5 StR 312/97, NStZ 1998, 207; BGH v. 7. 5. 1986 – 2 StR 583/82, StV 1986, 418 (419); BGH v. 24. 4. 1990 – 4 StR 118/90, StV 1990, 394; ablehnend KK-StPO/*Herdegen*, 5. Aufl. 2003, Rn. 50 a; kritisch auch KK-StPO/*Fischer* Rn. 93.
[298] BGH v. 25. 9. 1990 – 5 StR 401/90, NStZ 1991, 47 mAnm *Scheffler* S. 348 = BGH StV 1991, 349 mAnm *Schlothauer*; BGH v. 4. 10. 1994 – 1 StR 374/94, NStZ 1995, 98; BGH v. 5. 3. 1996 – 5 StR 643/95, NStZ-RR 1996, 362; vgl. *Widmaier*, FS Salger, S. 421 (430 ff.); *Niemöller* JZ 1992, 884 (889 ff.); anders die frühere Rspr. BGH v. 16. 6. 1983 – 2 StR 837/82, BGHSt 32, 10 (13) = NStZ 1984, 372 mAnm *Schlüchter*; NStZ 1989, 191; BGH v. 6. 12. 1989 – 2 StR 309/89, StV 1990, 149.
[299] KK-StPO/*Fischer* Rn. 94.
[300] BGH v. 21. 10. 1994 – 2 StR 328/94, BGHSt 40, 287 (290) = NJW 1995, 603 = NStZ 1995, 144 mAnm *Herdegen* S. 202.
[301] Vgl. hierzu näher KK-StPO/*Herdegen*, 5. Aufl. 2003, Rn. 50 b.
[302] BGH v. 13. 11. 1997 – 1 StR 627/97, NStZ 1998, 209 (210).

gelehnt werden kann. So kann durch geeignete Hilfsbeweisanträge der Spielraum der Beweiswürdigung in den Urteilsgründen eingeengt werden.³⁰³ Allerdings führen Fehler bei der Ablehnung von Hilfs- oder Eventualbeweisanträgen nicht notwendig zu einer Aufhebung, das **Revisionsgericht kann „nachbessern".**³⁰⁴ Ein Beruhen des Urteils auf dem Fehler wird bereits dann abgelehnt, wenn das Tatgericht die Beweisbehauptung für unerheblich halten durfte³⁰⁵ oder die Beweisbehauptung als erwiesen oder als wahr unterstellte Tatsache behandelt hat.³⁰⁶ Im Rahmen der Aufklärungspflicht sind Hilfs- und Eventualbeweisanträge wie unbedingte Anträge zu behandeln.

III. Beweisermittlungsanträge und Beweisanregungen

1. Beweisermittlungsanträge. Um Beweisermittlungsanträge handelt es sich bei jedem an das Gericht gestellten Verlangen um Aufklärung, das kein Beweisantrag ist. Ob der Antragsteller bewusst auf die Form des Beweisantrags verzichtet, oder ob die formalen Voraussetzungen für einen Beweisantrag nicht vorliegen, weil etwa eine nicht bestimmte Beweistatsache behauptet oder kein bestimmtes Beweismittel benannt wird, ist für die Einordnung als Beweisermittlungsantrag irrelevant.³⁰⁷ Insbesondere in den Fällen, in denen die Form des Beweisantrags mangels Kenntnis des Beweismittels oder Möglichkeit zur Bestimmung der Beweistatsache nicht eingehalten werden kann, können Ermittlungsanträge mit dem Ziel der Vorbereitung eines Beweisantrags gestellt werden.³⁰⁸ Beweisermittlungsanträge können, müssen aber nicht ein „Weniger" zum Beweisantrag sein. Ist ein formal zulässiger Beweisantrag gestellt, so kann dieser nicht deshalb als Beweisermittlungsantrag ausgelegt und behandelt werden, weil nach Auffassung des Gerichts der Nachweis der unter Beweis gestellten Tatsache allenfalls möglich oder sogar höchst unwahrscheinlich ist.³⁰⁹

Als **echtes Beweisbegehren** ist auch der Beweisermittlungsantrag zu protokollieren³¹⁰ und darf vom Gericht nicht nur als in sein Ermessen gestellte Beweisanregung gesehen werden.³¹¹ Das Gericht ist verpflichtet, der begehrten Sachverhaltsaufklärung im Rahmen der Aufklärungspflicht nachzugehen. Praktische Beispiele sind etwa das Begehren, ein bestimmtes – möglicherweise bereits eingeführtes – Beweismittel auf andere Art als bisher zu verwenden, das Begehren, einen Sachverständigen auf dessen Zuverlässigkeit zu prüfen und ebenso das Verlangen, mittels des Sachverständigenbeweises neue Anknüpfungstatsachen zu erhalten. Im Einzelfall kann einem Beweisantrag als Beweisermittlungsantrag sogar nachzugehen sein, wenn damit – möglicherweise sogar ohne Angabe neuer Beweistatsachen – die Wiederholung einer bereits erfolgten Beweisaufnahme begehrt wird.³¹²

Ob nach Abs. 2 Aufklärung geboten und somit der Beweiserhebung nachzugehen ist, kann im Freibeweisverfahren geklärt werden.³¹³ Auch wenn dem Antrag nicht entsprochen und dem Beweisbegehren nicht nachgegangen werden soll, ist eine Entscheidung des Gerichts über den Antrag erforderlich.³¹⁴ Die Rechtsprechung zu Einzelfällen, in denen der BGH einen ablehnenden Beschluss nicht für erforderlich gehalten hat,³¹⁵ ist mit Ausnahme des einen Falls, in dem erkenn-

---

³⁰³ Schulz GA 1981, 301 (308).
³⁰⁴ BGH v. 30. 6. 1987 – 1 StR 242/87, NJW 1988, 501 (502); BGH v. 10. 7. 1991 – 3 StR 115/91, NStZ 1991, 547; BGH v. 21. 10. 1997 – 1 StR 578/97, StV 1998, 248 (249).
³⁰⁵ BGH v. 27. 2. 2004 – 2 StR 146/03, NStZ 2004, 505.
³⁰⁶ BGH v. 30. 9. 1992 – 3 StR 430/92, BGHR StPO § 244 Abs. 6 Hilfsbeweisantrag 5.
³⁰⁷ BGH v. 29. 8. 1990 – 3 StR 184/90, BGHSt 37, 162 (167) = NStZ 1990, 602 mAnm Schulz; BGH v. 29. 8. 1990 – 3 StR 184/90, NStZ 1991, 449 = JR 1991, 470 mAnm Gollwitzer; BGH v. 10. 7. 1991 – 3 StR 115/91, NStZ 1991, 547 (548); BGH v. 10. 6. 1986 – 5 StR 254/86, BGHR StPO § 244 Abs. 6 Beweisantrag 1; BGH v. 25. 8. 1987 – 4 StR 210/87, BGHR StPO § 244 Abs. 6 Beweisantrag 4; BGH v. 21. 3. 1989 – 5 StR 120/88, BGHR StPO § 244 Abs. 6 Beweisantrag 9; BGH v. 24. 11. 1989 – 3 StR 266/89, BGHR StPO § 244 Abs. 6 Beweisantrag 13; BGH v. 30. 8. 1990 – 3 StR 459/87, BGHR StPO § 244 Abs. 6 Beweisantrag 17; BGH v. 29. 5. 1987 – 3 StR 242/86, BGHR StPO § 244 Abs. 6 Ermittlungsantrag 1; BGH v. 2. 5. 1990 – 3 StR 59/89, BGHR StPO § 244 Abs. 6 Ermittlungsantrag 2.
³⁰⁸ BGH v. 26. 5. 1981 – 1 StR 48/81, BGHSt 30, 131 (142); BGH v. 31. 8. 1989 – 3 StR 486/88, NStZ 1989, 334; Alsberg/Nüse/Meyer S. 76 f.; Löwe/Rosenberg/Becker Rn. 162; Meyer-Goßner Rn. 25; kritisch hierzu KK-StPO/Herdegen, 5. Aufl. 2003, Rn. 53.
³⁰⁹ Meyer-Goßner Rn. 20; HK-StPO/Julius Rn. 22.
³¹⁰ Alsberg/Nüse/Meyer S. 89 f.; Meyer-Goßner Rn. 27; SK-StPO/Schlüchter Rn. 69.
³¹¹ Löwe/Rosenberg/Becker Rn. 165.
³¹² Vgl. BGH v. 21. 6. 1995 – 2 StR 67/95, NStZ-RR 1996, 107; BGH v. 7. 5. 1988 – 2 StR 22/88, StV 1988, 469 (472); BGH v. 7. 8. 1990 – 1 StR 263/90, StV 1991, 2; Löwe/Rosenberg/Becker Rn. 175; KK-StPO/Fischer Rn. 100; vgl. Rn. 114.
³¹³ BGH v. 26. 5. 1981 – 1 StR 48/81, BGHSt 30, 131 (142 f.) = NJW 1981, 2267; BGH v. 29. 8. 1990 – 3 StR 184/90, BGHSt 37, 162 (167) = NStZ 1990, 602; BGH v. 27. 10. 1981 – 1 StR 496/81, NStZ 1982, 79; BGH v. 25. 3. 1982 – 1 StR 674/81, NStZ 1982, 296 (297); BGH v. 10. 7. 1991 – 3 StR 115/91, NStZ 1991, 547 (548).
³¹⁴ Vgl. hierzu KK-StPO/Herdegen, 5. Aufl. 2003, Rn. 55.
³¹⁵ BGH v. 27. 10. 1981 – 1 StR 496/81, NStZ 1982, 79; BGH v. 25. 3. 1982 – 1 StR 674/81, NStZ 1982, 296 (297); BGH v. 27. 11. 1984 – 1 StR 635/84, NStZ 1985, 229; BGH v. 25. 10. 222 – 3 StR 483/99, NStZ 2001, 160 (161).

bar kein Beweisermittlungsantrag gegeben war,[316] durch die neuere Rechtsprechung als überholt anzusehen. Danach kann jeder „erkennbar als Beweisantrag gestellte" Antrag **nur durch begründeten Gerichtsbeschluss nach Abs. 6 abgelehnt** werden.[317] Zu Recht hat der BGH die Änderung der Rechtsprechung insoweit auf den Anspruch der Gewährung rechtlichen Gehörs und den Grundsatz fairen Verfahrens gestützt.[318] Daran kann sich auch nichts dadurch ändern, wenn der Antragsteller irrig vom Vorliegen eines – formal zulässigen – Beweisantrags ausgeht oder seinem Beweisbegehren bewusst die Form des Beweisermittlungsantrags gegeben hat, so lange die Voraussetzung erfüllt ist, dass der Antrag auf ein Beweisbegehren abzielt.[319] Eine Verfügung des Vorsitzenden zur Ablehnung eines Beweisermittlungsantrags mit der Möglichkeit, nach § 238 Abs. 2 dagegen einen Gerichtsbeschluss herbeizuführen, kann nicht ausreichen;[320] jedenfalls wird man eine Begründung für die Ablehnung verlangen müssen.[321] Diese muss so ausfallen, dass dem Antragsteller einesteils die Qualifizierung des Antrags als Beweisermittlungsantrag verdeutlicht wird und er anderenteils erkennen kann, weswegen aus Sicht des Gerichts Aufklärung insoweit nicht geboten ist.[322] Der Hinweis darauf, „die Aufklärungspflicht gebiete keine Beweiserhebung", stellt nur das fest, was gerade zu begründen ist.[323] Unabhängig davon, ob mit Gerichtsbeschluss oder mit Verfügung des Vorsitzenden entschieden wurde, bleibt in der Revision jedoch lediglich Raum für die Aufklärungsrüge.[324]

92   **2. Beweisanregungen.** Die Beweisanregung unterscheidet sich vom Beweisantrag und vom Beweisermittlungsantrag dadurch, dass **kein bestimmtes Beweisbegehren** formuliert, sondern lediglich auf weitere Möglichkeiten der Sachaufklärung aufmerksam gemacht und deren Ergreifung in das Ermessen des Gerichts gestellt wird.[325] Bestehen Zweifel an dem Verlangen nach einer Beweiserhebung, so sind diese durch Befragung des Antragstellers aufzuklären und, sollten sie weiter bestehen bleiben, eher von einem Beweisantrag als einem Beweisermittlungsantrag auszugehen.[326] Auch Beweisanregungen, selbst wenn sie nur unbestimmt und nicht zielgerichtet formuliert werden, hat das Gericht **im Rahmen der Aufklärungspflicht** unter Berücksichtigung des Gewichts des angesprochenen Beweisthemas sowie der „Qualität" der Beweisanregung nachzugehen.[327] Beziehen Beweisanregungen sich auf prozessuale Vorgänge, so kann ihre Prüfung im Freibeweisverfahren geschehen. Um eine Verfahrensfrage handelt es sich allerdings nicht bei der Anregung zur Vernehmung des Verteidigers eines Mitangeklagten dazu, dass dessen Geständnis auf eine Verfahrensabsprache zurückgeht.[328]

93   Grundsätzlich ist auch die fehlerhafte Entscheidung des Gerichts, einer Beweisanregung nicht nachzugehen, revisibel. Allerdings wird die Aufklärungsrüge nicht erfolgreich damit zu begründen sein, dass der Antragsteller nicht über die Entscheidungsgründe unterrichtet wurde. Mit der Beweisanregung hat der Antragsteller regelmäßig gerade zu erkennen gegeben, dass er die Beweiserhebung in das Ermessen des Gerichts stellt.[329]

IV. Entscheidung über Beweisanträge

94   **1. Prüfungspflicht.** Ausnahmen von der Verpflichtung des Gerichts, Beweisanträge darauf zu prüfen, ob der beantragten Erhebung nachzugehen ist, bestehen nicht, nicht einmal in klaren Missbrauchsfällen.[330] Zu den zulässigen Möglichkeiten, wie einem Missbrauch des Beweisantragsrechts entgegengewirkt werden kann, gehört in keinem Fall, dass von der inhaltlichen Prüfung des – nach Auffassung des Gerichts missbräuchlich gestellten – Antrags abgesehen wird.[331]

---

[316] BGH v. 25. 10. 222 – 3 StR 483/99, NStZ 2001, 160 (161).
[317] So *Asper* NStZ 1994, 351 (352); nicht ausdrücklich BGH v. 2. 10. 2007 – 3 StR 373/07, NStZ 2008, 109 (110); so auch Löwe/Rosenberg/*Becker* Rn. 117; KK-StPO/*Herdegen*, 5. Aufl. 2003, Rn. 55.
[318] BGH v. 18. 1. 1994 – 1 StR 745/93, NStZ 1994, 172 (173).
[319] Unzutreffend auf die Irrelevanz des Irrtums des Antragstellers über die Qualität des Antrags als Beweisantrag abhebend aA KK-StPO/*Fischer* Rn. 101.
[320] So wohl BGH v. 2. 10. 2007 – 3 StR 373/07, NStZ 2008, 109 (110); Löwe/Rosenberg/*Becker* Rn. 165; *Meyer-Goßner* Rn. 27; zweifelnd SK-StPO/*Schlüchter* Rn. 69; *Herdegen*, GS Kh. Meyer, S. 187 (196).
[321] Vgl. SK-StPO/*Schlüchter* Rn. 69; KK-StPO/*Herdegen*, 5. Aufl. 2003, Rn. 54; ähnlich *Schulz* GA 1981, 301 (319) stets Gerichtsbeschluss erforderlich.
[322] BGH v. 26. 5. 1981 – 1 StR 48/81, BGHSt 30, 131 (143); BGH v. 27. 11. 1984 – 1 StR 635/48, NStZ 1985, 229.
[323] Zutreffend KK-StPO/*Fischer* Rn. 102.
[324] Vgl. dazu auch Rn. 43.
[325] Löwe/Rosenberg/*Becker* Rn. 165; KK-StPO/*Fischer* Rn. 103.
[326] KK-StPO/*Fischer* Rn. 103.
[327] KK-StPO/*Fischer* Rn. 103 („Beweisantragsnähe").
[328] BGH v. 8. 12. 2005 – 4 StR 198/05, NStZ-RR 2007, 116 (117).
[329] KK-StPO/*Fischer* Rn. 103.
[330] BGH v. 7. 12. 1979 – 3 StR 299/79 (S), BGHSt 29, 149 (152) = NJW 1980, 1533; BGH v. 7. 11. 1991 – 4 StR 252/91, BGHSt 38, 111; BGH v. 14. 6. 2005 – 5 StR 129/05, NJW 2005, 2466.
[331] Vgl. hierzu *Herdegen*, FS Gössel, S. 529 ff.; *Senge*, FS Nehm, S. 339; *Kudlich*, Strafprozess und allgemeines Missbrauchsverbot 1998, S. 275 ff.; *Fahl*, Rechtsmissbrauch im Strafprozess 2004, S. 267 ff.

2. Anordnung der Beweisaufnahme. Abgesehen von Fällen, in denen wegen der Beweiserhebung 95 die Hauptverhandlung auszusetzen oder nach § 229 Abs. 2 zu unterbrechen ist (§ 228 Abs. 1), ordnet der Vorsitzende die beantragte Beweisaufnahme an (§ 238 Abs. 1, § 221).[332] Über **Beanstandungen der Anordnung** der Beweisaufnahme des Vorsitzenden entscheidet das Gericht (§ 238 Abs. 2).[333] Während die Anordnung durch den Vorsitzenden nicht begründet zu werden braucht, ist eine Begründung für den Gerichtsbeschluss nach § 238 Abs. 2 erforderlich, da die Beanstandung der Anordnung der Beweisaufnahme als Antrag auf Ablehnung derselben anzusehen ist.[334] Bei einem nur auf Wiederholung einer bereits durch Gerichtsbeschluss zurückgewiesenen gerichteten Beweiserhebung kann der Vorsitzende die Zurückverweisung selbst aussprechen, es sei denn, es werden neue Umstände vorgetragen, die eine erneute gerichtliche Befassung mit dem Antrag erfordern.[335] Soll die **bereits ergangene Anordnung der Beweisaufnahme aufgehoben** werden, so bedarf es dazu eines förmlichen Gerichtsbeschlusses nach Gewährung rechtlichen Gehörs (§ 33 Abs. 1), da die Entscheidung inhaltlich die Ablehnung eines Beweisantrags darstellt.[336] Das stillschweigende Absehen von einer antragsgemäß angeordneten Beweisaufnahme steht einer gesetzwidrigen Ablehnung des Beweisantrags[337] ohne den dafür erforderlichen Gerichtsbeschluss nach § 244 Abs. 6 gleich.[338]

Eine antragsgemäße Anordnung der Beweisaufnahme liegt grundsätzlich nur darin, wenn der 96 **Klärung der im Antrag genannten bestimmten Beweistatsache unter Verwendung des genannten Beweismittels** nachgegangen wird. Nach der Rechtsprechung sollen ein anderes als das im Antrag genannte Beweismittel dieses nur dann **ersetzen** können, wenn es „zweifelsfrei gleichwertig" zur Führung des beantragten Beweises ist[339] und wenn zugleich der Beweiswert des benannten Beweismittels nicht von qualitativ mit der Identität des Beweismittels verknüpften Faktoren abhängt, wie etwa Fähigkeiten, persönliche Eigenschaften und auch Einstellungen von Zeugen.[340] Dem ist zuzustimmen. Im Fall des **Augenscheinbeweises** ist der Austausch durch eine andere Art des Augenscheinbeweises, aber auch durch andere Beweismittel, wie Zeugen oder Sachverständige sowie Urkunden, dann regelmäßig möglich, wenn dies eine mindestens gleichwertige Aufklärung verspricht.[341] Der Austausch der antragsgemäß zu verlesenden Urkunde durch Vernehmung des Zeugen, in dessen Wissen die Beweistatsache gestellt wurde, dürfte regelmäßig zulässig sein, im Einzelfall auch die Ersetzung des Zeugenbeweises durch Verlesung des Inhalts einer Urkunde.[342]

Die **Ersetzung eines Zeugen durch einen anderen** ist wegen der personengebundenen Wahr- 97 nehmungen regelmäßig unzulässig, es sei denn, in der Zustimmung des Antragstellers ist eine Änderung des Beweisantrags zu sehen.[343] Nicht zulässig ist der Austausch des im Beweisantrag benannten Zeugen durch einen anderen, möglicherweise sachnäheren, wenn dessen Angaben nicht zu dem Gelingen des beantragten Beweises führen und der Antragsteller an dem benannten Zeugen festhält. In diesem Fall bedeutet der Austausch des einen Zeugen mit dem anderen eine (teilweise) Ablehnung des Beweisantrags unter Beweisantizipation, die sich im Falle des nicht vollständigen Gelingens des Beweises nicht nach Abs. 3 begründen lässt.[344]

Bei dem **Sachverständigenbeweis** obliegt die Auswahl des heranzuziehenden Sachverständigen 98 dem Gericht (§ 73 Abs. 1 S. 1), sodass ein im Antrag konkret benannter Sachverständiger als Vorschlag des Antragstellers anzusehen ist. Anders kann dies im Einzelfall dann sein, wenn es um die

---

[332] BGH v. 24. 6. 1982 – 4 StR 300/82, NStZ 1982, 432.
[333] *Alsberg/Nüse/Meyer* S. 753.
[334] KK-StPO/*Herdegen*, 5. Aufl. 2003, Rn. 57; *E. Schmidt* § 34 Rn. 5 a; aA *Alsberg/Nüse/Meyer* S. 754; zweifelnd KK-StPO/*Fischer* Rn. 115.
[335] Vgl. Löwe/Rosenberg/*Becker* Rn. 132; KK-StPO/*Fischer* Rn. 115.
[336] BGHSt 13, 300 (302) = NJW 1960, 54; BGHSt 32, 10 (12) = NJW 1983, 2396; OLG Hamm v. 14. 12. 2005 – 2 Ss OWi 809/05, StraFo 2006, 73 (74); *Alsberg/Nüse/Meyer* S. 773 f.
[337] BGH v. 19. 4. 1983 – 1 StR 215/83, StV 1983, 318 (319).
[338] BGH v. 3. 3. 1999 – 5 StR 566/98, NStZ 1999, 419; BGH v. 21. 3. 1989 – 5 StR 120/88, StV 1989, 187 (189); *Alsberg/Nüse/Meyer* S. 774.
[339] BGH v. 12. 3. 1969 – 2 StR 33/69, BGHSt 22, 347 (349) = NJW 1969, 1219; BGH v. 17. 9. 1982 – 2 StR 139/82, NJW 1983, 126 (127) = MDR 1983, 147 mAnm *Sieg* S. 505; BGH v. 24. 6. 1982 – 4 StR 300/82, NStZ 1982, 432 = StV 1983, 6 mAnm *Schlothauer*; keine Gleichwertigkeit BGH v. 16. 4. 1996 – 1 StR 120/96, NStZ-RR 1996, 336 (337).
[340] BGH NJW 1983, 126 (127); KK-StPO/*Fischer* Rn. 116.
[341] Mit teleologischer Auslegung des § 250 BGH v. 3. 3. 1977 – 2 StR 390/76, BGHSt 27, 135 (136) = NJW 1977, 1545 = JR 1978, 117 mAnm *Gollwitzer*; *Alsberg/Nüse/Meyer* S. 420 f.; Löwe/Rosenberg/*Becker* Rn. 146; vgl. dazu auch § 244 Abs. 5 Rn. 170.
[342] Nach KK-StPO/*Fischer* Rn. 116 soll dies bereits keinen Austausch des Beweismittels darstellen.
[343] AA mit dem Kriterium der „personengebundenen Wahrnehmungen" BGH v. 12. 3. 1969 – 2 StR 33/69, BGHSt 22, 347 (349); BGH v. 3. 3. 1977 – 2 StR 390/76 = BGHSt 27, 135 (137); BGH v. 17. 9. 1982 – 2 StR 139/82, NJW 1983, 126 (127); zweifelnd auch KK-StPO/*Fischer* Rn. 117.
[344] KK-StPO/*Herdegen*, 5. Aufl. 2003, Rn. 63; KK-StPO/*Fischer* Rn. 117; anders aber BGH NJW 1983, 126 m. abl. Anm. *Sieg* MDR 1983, 505.

spezielle Sachkunde eines bestimmten Sachverständigen geht und der Antragsteller dies im Antrag dargelegt hat.[345]

99 3. „Nichterledigung". Wird einer beantragten Beweiserhebung weder durch Anordnung nachgegangen, noch diese in einem Gerichtsbeschluss abgelehnt, sondern bleibt der Beweisantrag schlicht nicht erledigt, so begründet dies die Revision wegen Verstoßes gegen § 244 Abs. 6.[346] Dies gilt auch dann, wenn der Antragsteller die Nichterledigung seines Antrags hingenommen hat, ohne zu widersprechen. Eine „**Obliegenheit zum Widerspruch**" des Antragstellers lässt sich in diesen Fällen gesetzlich **nicht** begründen.[347] In dem vom BGH anders entschieden Fall, als nach einer Beweisaufnahme unter Austausch des genannten Beweismittels der Vorsitzende angemerkt hatte, dass sich eine Entscheidung über den Antrag „nun wohl erübrige",[348] liegt zutreffenderweise kein Fall der Nichterledigung vor. Vielmehr hat das Gericht die Auffassung erkennen lassen, dass der Beweisantrag somit zulässig erledigt sei, und durfte sich darin möglicherweise durch das Schweigen des Antragstellers bestätigt sehen. Ob diese Bestätigung anzunehmen ist, wird allerdings im Zweifel zugunsten des Antragstellers zu beantworten sein.[349] Ob ein – möglicherweise sogar stillschweigender – Verzicht auf die Erledigung eines Beweisantrags, der auf das Bestreiten der Tat abzielte, in der Abgabe eines umfassenden Geständnisses gesehen werden kann, ist höchst zweifelhaft.[350] Daraus, dass das Gericht nach weiteren Beweisanträgen fragt und die Beweisaufnahme „im allseitigen Einverständnis" schließt, kann allein nicht auf den Verzicht auf eine zuvor beantragte Beweiserhebung geschlossen werden.[351]

100 4. Ablehnung durch Gerichtsbeschluss (Abs. 6). Sollen Beweisanträge abgelehnt werden, so hat dies durch **begründeten** (§§ 34, 35 Abs. 1) **Gerichtsbeschluss** zu geschehen, der mit den Gründen in das Hauptverhandlungsprotokoll aufzunehmen ist (§ 273 Abs. 1).[352] Dabei genügt es, die mündliche Wiedergabe des Beschlusses im Protokoll zu vermerken und die schriftliche Begründung dem Protokoll als Anlage beizufügen.[353]

101 Bei **Hilfs- und Eventualbeweisanträgen** kann die Begründung der Ablehnung zusammen mit der Urteilsverkündung geschehen oder diese auch erst in den Urteilsgründen wiedergegeben werden. Dies gilt grundsätzlich auch dann, wenn das Gericht sich zuvor vergeblich bemüht hat, dem Hilfs- oder Eventualbeweisantrag nachzukommen.[354] Allerdings hat das Gericht den Antragsteller darauf hinzuweisen, wenn dem Hilfsbeweisantrag aus seiner Sicht wegen eines offensichtlichen Fehlverständnisses der Rechts- oder Beweislage von vornherein kein Erfolg beschieden sein kann.[355]

102 Der Gerichtsbeschluss nach Abs. 6 soll den Antragsteller in die Lage versetzen, sich mit der **Einschätzung des Gerichts** auseinanderzusetzen und erforderlichenfalls durch weitere oder einen geänderten Beweisantrag darauf reagieren zu können. Das Erfordernis des Gerichtsbeschlusses zur Ablehnung von Beweisanträgen entspringt somit dem **Grundsatz des fairen Verfahrens** und gewährleistet zugleich, dass die Erwägungen des Gerichts der vollen **revisionsgerichtlichen Nachprüfung** unterliegen.[356] Die Begründung muss daher aus sich heraus verständlich und inhaltlich aussagekräftig sein, formelhafte Wendungen, etwa die bloße Wiedergabe des Ablehnungstatbestandes, reichen nicht aus. Der Antragsteller muss ohne weiteres die tragende Erwägung des Gerichts erkennen können.[357] Allenfalls im Einzelfall kann die Auslegung einer unzutreffenden Begründung in Betracht kommen.[358] Das beantragte Beweisthema ist in vollem Umfang zu erfassen und darüber zu befinden, in Zweifelsfällen oder bei unterschiedlichen Interpretationsmöglichkeiten, ist der zur Beweiserhebung führenden Auslegung zu folgen. Fehler bei der **vollständigen Erfassung des Beweisthemas** begründen die Revision.[359] Hiervon macht die Rechtsprechung eine

---

[345] Vgl. dazu auch Rn. 59.
[346] So wohl auch KK-StPO/*Fischer* Rn. 123; aA KK-StPO/*Herdegen*, 5. Aufl. 2003, Rn. 157.
[347] Zutreffend KK-StPO/*Fischer* Rn. 123; aA BGH v. 7. 4. 2004 – 5 StR 532/04, NStZ 2005, 463 (464).
[348] BGH v. 3. 6. 1992 – 5 StR 175/92, StV 1992, 454; vgl. BGH v. 7. 5. 1988 – 2 StR 22/88, StV 1988, 469 (471).
[349] So auch KK-StPO/*Fischer* Rn. 123 (Zweifel nicht zu Lasten des Antragstellers).
[350] Vgl. hierzu BGH v. 13. 8. 2003 – 5 StR 286/03, StraFo 2003, 384; zustimmend KK-StPO/*Fischer* Rn. 123.
[351] BGH v. 27. 1. 1987 – 5 StR 613/86, StV 1987, 189; BGH MDR 1971, 18 [D.]; BGH NStZ 1983, 212 [PF./M.]; BGH v. 14. 1. 2003 – 4 StR 402/00, NStZ 2003, 562.
[352] BGH v. 6. 6. 1994 – 5 StR 204/94, StV 1994, 635.
[353] BGH MDR 1991, 297 [H.].
[354] BGH v. 16. 6. 1983 – 2 StR 837/82, BGHSt 32, 10 (13) = NJW 1983, 2396; KK-StPO/*Fischer* Rn. 124.
[355] BGHR StPO § 244 Abs. 6 Beweisantrag 30; BGH v. 28. 1. 2003 – 5 StR 310/02, NStZ-RR 2003, 147 (148) (Grundsatz des fairen Verfahrens); vgl. *Basdorf* StV 1995, 310 (319).
[356] BGHSt 29, 149 (152) = NJW 1980, 1533; BGH v. 6. 6. 1994 – 5 StR 204/94, BGHSt 40, 60 (63) = NJW 1994, 1484; BGH v. 21. 10. 1952 – 1 StR 287/52, NJW 1953, 35; BGH v. 4. 8. 1983 – 1 StR 341/83, NStZ 1983, 568; BGH v. 29. 5. 1991 – 2 StR 68/91, StV 1991, 500; BGH v. 15. 5. 1996 – 1 StR 131/96, StV 1996, 581; BGH v. 20. 12. 2006 – 2 StR 444/06, StV 2007, 176; BGH NStZ 2008, 109; KG v. 1.9 2006 – (3) 1 Ss 176/05 (77/05), NStZ 2007, 480.
[357] BGH v. 6. 6. 1994 – 5 StR 204/94, StV 1994, 635 mAnm *E. Müller*; BGH NStZ 1986, 207 [Pf./M.].
[358] Vgl. hierzu BGH v. 15. 4. 2003 – 1 StR 64/2003, NJW 2003, 2761 f.
[359] BGH v. 29. 6. 1988 – 2 StR 200/88, StV 1989, 140 (141); BGH v. 19. 3. 1991 – 1 StR 99/91, StV 1991, 500 (501).

Sechster Abschnitt. Hauptverhandlung 103–106 **§ 244**

Ausnahme dann, wenn das Missverständnis oder die Fehlinterpretation des Beweisantrags vom Antragsteller erkannt wurde und er es hätte ausräumen können.[360] Dem ist allenfalls in den Einzelfällen zu folgen, in denen der Antragsteller sich trotz Nachfrage des Gerichts der Aufklärung des Missverständnisses oder der Fehlinterpretation (bewusst) verweigert hat.[361]

Die **Begründung** hat den **Beweisantrag voll zu umfassen**, so dass bei mehreren Beweisbehauptungen auf jede einzelne abzuheben ist. Unterbleibt dies für eine oder mehrere Beweisbehauptungen, so kann dies mit der Verfahrensrüge geltend gemacht werden, auch wenn der Antragsteller sich dazu in der Hauptverhandlung nicht geäußert und keine „Gegenvorstellungen" erhoben hat.[362] Gegenvorstellungen hat der Antragsteller allerdings dann zu erheben, wenn Umstände, die zwar im Beweisantrag nicht vorgetragen sind, die er allerdings zur Grundlage seines Antrags machen wollte, vom Gericht bei der Begründung des Ablehnungsbeschlusses nicht berücksichtigt sind.[363] Rechtsfehlerhaft ist es auch, wenn die Begründung des Beschlusses nicht **aus sich heraus nachvollziehbar** ist, sondern der „Komplettierung aus dem Zusammenhang der Hauptverhandlung" bedarf.[364] Insbesondere bei einer Ablehnung wegen Bedeutungslosigkeit der Beweistatsache muss die Begründung die Tatsachen oder Erwägungen enthalten, aus denen sich aus der Sicht des Gerichts die Bedeutungslosigkeit ergibt.[365] 103

Beschlüsse nach Abs. 6 sind **vor Schluss der Beweisaufnahme** und jedenfalls vor der Urteilsverkündung bekannt zu machen.[366] Wird ein (unbedingter) Beweisantrag erst mit der Urteilsverkündung in den Urteilsgründen abgelehnt, so ist er als rechtsfehlerhaft nicht beschieden anzusehen.[367] Nach der Rechtsprechung ist der Beschluss nach Abs. 6 auch **alsbald nach der Entscheidung zu verkünden**,[368] sodass – jedenfalls im Einzelfall – ein Verstoß gegen den Grundsatz des fairen Verfahrens in Betracht kommt, wenn mit der Bekanntmachung der Ablehnung von mehreren oder gar allen Beweisanträgen bis zum Schluss der Beweisaufnahme zugewartet wird. Denn dann können die Verfahrensbeteiligten, insbesondere der Antragsteller, sich nicht rechtzeitig auf die aus der Begründung hervorgehende Einschätzung des Gerichts zur prozessualen Situation einstellen. Die Begründung des ablehnenden Beschlusses hat in vollem Umfang und unabhängig von den Urteilsgründen zu erfolgen. Etwa aus den Urteilsgründen sich ergebende Änderungen oder Ergänzungen des Ablehnungsbeschlusses würden es verhindern, dass die Prozessbeteiligten, insbesondere der Antragsteller sich darauf und die damit gegebene Prozesssituation rechtzeitig einstellen können.[369] 104

Jedenfalls dann, wenn die Ablehnungsgründe sich gegenseitig ausschließen, können nicht **mehrere Gründe zur Ablehnung eines Beweisantrags** angegeben werden.[370] Dies wird aber auch dann zu gelten haben, wenn mit den verschiedenen angegebenen Ablehnungsgründen unterschiedliche Einschätzungen der Prozesslage indiziert sind.[371] Dies gilt insbesondere, wenn zwar einer der genannten Gründe die Ablehnung der Beweiserhebung trägt, allerdings die weiter angegebenen Ablehnungsgründe für die Entscheidung des Gerichts von Bedeutung waren und sich dies in den Urteilsgründen niederschlägt. Die insoweit rechtsfehlerhaften Erwägungen, weswegen der beantragte Beweis nicht erhoben wurde, können zur Aufhebung des Urteils führen.[372] 105

Ein fehlerfrei ergangener ablehnender Beschluss wird nicht dadurch fehlerhaft, dass sich danach **an den Tatsachen**, die zur Ablehnung geführt haben, **Änderungen** ergeben. Wird beispielsweise der zunächst unerreichbare Zeuge nachträglich doch noch erreichbar, so hat das Gericht über diese Beweiserhebung im Rahmen des Aufklärungsgebots zu befinden, sei es denn, es wird ein entsprechender neuer Beweisantrag gestellt. Anders ist dies, wenn sich die Grundlagen für die Ablehnung eines Beweisthemas ändern, etwa eine als offenkundig oder erwiesen angesehene Tatsache sich spä- 106

---

[360] BGH v. 17. 2. 1987 – 5 StR 522/86, StV 1989, 465 mAnm *Schlothauer*; BGH v. 12. 2. 2003 – 1 StR 501/02, NStZ 2003, 381 f.; BGH v. 17. 2. 1987 – 5 StR 552/86, BGHR StPO § 244 Abs. 6 Beweisantrag 3; BGH v. 31. 5. 1994 – 5 StR 154/94, BGHR StPO § 244 Abs. 6 Beweisantrag 30.
[361] Ähnlich einschränkend KK-StPO/*Herdegen*, 5. Aufl. 2003, Rn. 58.
[362] BGH v. 18. 2. 2004 – 5 StR 23/04, NStZ 2005, 231.
[363] BGH v. 4. 6. 2002 – 3 StR 82/02, NStZ 2002, 656.
[364] Anders BGH v. 23. 1. 1951 – 1 StR 37/50, BGHSt 1, 29 (32); BGH v. 10. 4. 1953 – 1 StR 145/53, NJW 1953, 1314; vgl. auch BGH v. 5. 5. 1981 – 5 StR 233/81, NStZ 1981, 309 (310).
[365] BGH v. 3. 12. 2004 – 2 StR 156/04, NStZ 2005, 226; BGH v. 16. 1. 2007 – 4 StR 574/06, NStZ 2007, 352; BGH v. 11. 4. 2007 – 3 StR 114/07, StraFo 2007, 331; BGH v. 3. 7. 2007 – 5 StR 272/07, StraFo 2007, 378.
[366] BGH v. 14. 1. 2003 – 4 StR 402/00, NStZ 2003, 562; BGH v. 11. 6. 1963 – 1 StR 501/62, BGHSt 19, 24 (26) = NJW 1963, 1788; *Alsberg/Nüse/Meyer* S. 765.
[367] BGH v. 28. 3. 2007 – 1 StR 113/07, zitiert nach juris.
[368] BGH v. 14. 1. 2003 – 4 StR 402/00, BGH NStZ 2003, 562.
[369] BGH v. 7. 12. 1979 – 3 StR 299/79 (S), BGHSt 29, 149 (152) = NJW 1980, 1533; BGH v. 24. 6. 1982 – 4 StR 300/82, NStZ 1982, 432; BGH v. 14. 8. 1984 – 4 StR 474/84, NStZ 1984, 565; BGH v. 27. 3. 1990 – 5 StR 119/90, StV 1990, 246.
[370] BGH v. 8. 4. 2003 – 3 StR 93/03, NStZ 2004, 51; KK-StPO/*Fischer* Rn. 120; SK-StPO/*Schlüchter* Rn. 151.
[371] So wohl auch SK-StPO/*Schlüchter* Rn. 151.
[372] BGH v. 11. 6. 1963 – 1 StR 501/62, BGHSt 19, 24 (26); KK-StPO/*Fischer* Rn. 121.

ter doch als zweifelhaft erweist. Dann ist das Gericht verpflichtet, den beantragten Beweis nun zu erheben oder darzulegen, weswegen es trotz der veränderten Sachlage an der Ablehnung des Antrags festhält. Nur so kann der Antragsteller sich auf die neue tatsächliche Prozesslage einstellen.[373] Diese „**Kontinuität in der richterlichen Beweiseinschätzung**" wird ausnahmslos gelten müssen, auch für den Fall, dass eine Beweistatsache nach Ablehnung der Beweiserhebung bedeutungslos wird[374] oder wenn eine als wahr unterstellte Tatsache nachträglich für unerheblich gehalten wird.[375] Es ist daran festzuhalten, dass der Antragsteller über die Ablehnungsgründe des Gerichts formell über den Gerichtsbeschluss unterrichtet werden muss, auch dann, wenn und unabhängig davon, wie die Tatsachengrundlage oder auch die Gründe selbst sich später ändern.[376] Werden dem Antragsteller die nachträglich für die Ablehnung maßgeblich gewordenen Gründe nicht formell bis zur Urteilsberatung mitgeteilt, so steht dies einer fehlerhaften Ablehnung des Beweisantrags gleich.[377]

107 **5. Unzulässigkeit der Beweiserhebung (Abs. 3 S. 1).** Eine unzulässige Beweiserhebung darf das Gericht nicht vornehmen, auch nicht auf entsprechenden Antrag. Anders ist es bei dem – von der Unzulässigkeit der Beweiserhebung zu unterscheidenden – unzulässigen Beweisantrag: Diesem kann das Gericht in verschiedenen Fällen, etwa wenn es sich um einen zulässigen Beweisermittlungsantrag handelt, nachkommen.

108 **Unzulässige Beweisanträge** sind im Rahmen der Aufklärungspflicht des Gerichts zu prüfen und zu bescheiden.[378] Als unzulässige Beweisanträge können Beweisanträge **nicht Antragsberechtigter**, auf **bloße Wiederholung** von bereits vorgenommenen Beweiserhebungen gerichtete Anträge[379] und Beweisanträge **„aufs Geratewohl"** („Behauptungen ins Blaue hinein") zurückgewiesen werden.[380] Anträge, die keinen Zusammenhang mit dem Gegenstand des Verfahrens aufweisen, hat die Rechtsprechung als **„Scheinbeweisanträge"** und unzulässig angesehen.[381] Richtigerweise handelt es sich dabei um Fälle des Missbrauchs des Beweisantragsrechts oder ausschließlich zum Zweck der Prozessverschleppung gestellte Beweisanträge.[382] Als „Scheinbeweisanträge" sind zutreffenderweise nur solche anzusehen, die nicht auf eine Beweiserhebung abzielen, sondern ausschließlich aus sachfremden Zwecken heraus gestellt werden.[383] Ein solcher, ausschließlich sachfremder Zweck kann im Einzelfall auch einem Beweisantrag zur Vernehmung des erkennenden Richters als Zeuge zugrunde liegen, wenn aus der dienstlichen Erklärung des Richters eindeutig hervorgeht, dass der Beweis mit diesem Beweismittel nicht wird geführt werden können.[384] Eine entsprechende zweifelsfreie dienstliche Erklärung des Richters kann im Einzelfall als Begründung dafür ausreichen, den Antrag als unzulässig anzusehen, wenn er ausschließlich zum Zweck der Ausschaltung dieses Richters gestellt ist.[385]

109 Eine **Beweiserhebung** ist insbesondere dann **unzulässig**, wenn ein entsprechendes **Beweiserhebungsverbot** besteht, dessen Missachtung ein Beweisverwertungsverbot nach sich zieht, wie beispielsweise das Abspielen heimlich von Dritten aufgenommener Telefongespräche.[386] Oftmals ergibt sich die Unzulässigkeit der Beweisaufnahme bereits aus dem **benannten Beweismittel**, das als solches im konkreten Fall nicht in Betracht kommt, wie etwa der Mitangeklagte als Zeuge, die

---

[373] BGH v. 11. 6. 1963 – 1 StR 501/62, BGHSt 19, 24 (27) = NJW 1963, 1788; BGH v. 16. 2. 1966 – 2 StR 489/65, BGHSt 21, 38 (39) = NJW 1966, 989; zum „Kontinuitätsgrundsatz" *Niemöller*, FS Hamm, S. 537 ff.
[374] So SK-StPO/*Schlüchter* Rn. 132; anders BGH v. 4. 6. 1985 – 1 StR 18/85, StV 1987, 46 mAnm *Schlüchter*.
[375] SK-StPO/*Schlüchter* Rn. 132, 163; aA KK-StPO/*Herdegen*, 5. Aufl. 2003, Rn. 62; vgl. auch *Niemöller*, FS Hamm, S. 549 ff.
[376] Anders wohl BGH v. 6. 7. 1983 – 2 StR 222/83, BGHSt 32, 44 (47) = NJW 1984, 2228; vgl. aber BGH v. 12. 11. 1991 – 4 StR 374/91, StV 1992, 147 mAnm *Deckers*; Alsberg/Nüse/*Meyer* S. 773 f.; Löwe/Rosenberg/*Becker* Rn. 144; Meyer-Goßner Rn. 45.
[377] *Meyer-Goßner* Rn. 45; KK-StPO/*Fischer* Rn. 122; SK-StPO/*Schlüchter* Rn. 163.
[378] BGH v. 4. 4. 2006 – 4 StR 30/06, NStZ 2006, 405 mN; vgl. aber auch BGH v. 19. 9. 2007 – 3 StR 354/07, StV 2008, 9 (10); vgl. auch Rn. 41 ff.
[379] Zu den Schwierigkeiten der Abgrenzung von den zulässigen, weitergehenden wiederholenden Beweiserhebungen vgl. BGH v. 4. 4. 2006 – 4 StR 30/06, NStZ 2006, 406 mAnm *Gössel*.
[380] Vgl. Rn. 70, 73.
[381] BGH v. 21. 10. 1994 – 2 StR 328/94, BGHSt 40, 287 (289) = NStZ 1995, 144 mAnm *Herdegen* S. 202; BGH v. 6. 4. 2000 – 1 StR 502/99, BGHSt 46, 36 (46 ff.) = NJW 2000, 2217 (2219) = JZ 2001, 201 (204) mAnm *Streng*; BGH v. 10. 4. 2002 – 5 StR 485/01, NJW 2002, 2115 (2116); BGH v. 13. 6. 2007 – 4 StR 100/07 = NStZ 2008, 52 (53).
[382] Vgl. KK-StPO/*Fischer* Rn. 108; vgl. auch Rn. 78 ff.
[383] Vgl. KK-StPO/*Fischer* Rn. 108.
[384] BGH v. 9. 12. 1999 – 5 StR 312/99 = BGHSt 45, 354 (362) = NJW 2000, 1204 (1206), unabhängig davon, ob dies auf mangelnder oder gegenteiliger Erinnerung der behaupteten Tatsache beruht.
[385] BGH v. 9. 12. 1999 – 5 StR 312/99, BGHSt 45, 354 (362) = NJW 2000, 1204 (1206); BGH v. 22. 3. 2002 – 4 StR 485/01, BGHSt 47, 270 (272) = NJW 2002, 2401 (2402); BGH v. 16. 7. 2003 – 2 StR 68/03, StraFo 2004, 19; vgl. auch BGH v. 12. 3. 2003 – 1 StR 68/03, NStZ 2005, 45 (Ablehnungsgrund der Prozessverschleppung); Löwe/Rosenberg/*Becker* Rn. 280; KK-StPO/*Fischer* Rn. 108.
[386] BayObLG v. 20. 1. 1994 – 5 St RR 143/93, BayObLG StV 1995, 65 mAnm *Preuß*.

Verlesung einer Vernehmungsniederschrift entgegen § 250,[387] die Verlesung eines richterlichen Vernehmungsprotokolls oder auch die Vernehmung des Richters über die vor ihm gemachte Aussage, wenn die Benachrichtigungspflicht verletzt wurde (§§ 168c Abs. 5, 224 Abs. 1) und Angeklagter oder Verteidiger widersprechen.[388]

Unzulässig ist auch der Antrag auf Vernehmung einer Beweisperson, die von ihrem **Zeugnis- oder Auskunftsverweigerungsrecht** unmissverständlich Gebrauch gemacht hat.[389] Mit Einschränkungen gilt dies auch für die Verlesung von Protokollen und anderen Schriftstücken, sowie die Ersetzung von Zeugenaussagen durch Verlesung, wenn der Zeuge sich auf sein Auskunftsverweigerungsrecht nach § 55 berufen hat.[390] Ein Fall der Unzulässigkeit der Beweisaufnahme liegt auch dann vor, wenn Verhörspersonen über frühere Vernehmungen von Personen, die in der Hauptverhandlung von ihrem Zeugnisverweigerungsrecht Gebrauch machen, vernommen werden sollen (§ 252), es sei denn, es handelt sich um den vernehmenden Richter, der den Zeugen vor der Vernehmung über sein Zeugnisverweigerungsrecht belehrt hat.[391] Zweifelhaft ist, ob dies für nichtrichterliche Vernehmungen dann anders sein soll, wenn die Verhörsperson zwar in der Hauptverhandlung von ihrem Zeugnisverweigerungsrecht Gebrauch macht, aber der Beweiserhebung über die Angaben in der nichtrichterlichen Vernehmung zugestimmt hat.[392] Nach der Rechtsprechung soll dies wiederum dort nicht gelten, wo es um Angaben des das Zeugnis verweigernden Zeugen gegenüber dem Verteidiger des Angeklagten geht, auch wenn der Zeuge der Vernehmung des Verteidigers unter Aufrechterhaltung seiner Zeugnisverweigerung zustimmt.[393]

Auch wegen des **Beweisthemas** kann die Beweiserhebung unzulässig sein. Dies gilt beispielsweise für unter Beweis gestellte Rechts- und Wertungsfragen zum Rechtsfolgenausspruch,[394] bei Beweiserhebung über die Erwägungen anderer Gerichte in „gleich liegenden" Fällen[395] oder wenn der Austausch zwischen Angeklagtem und Verteidiger zur Vorbereitung der Hauptverhandlung oder zum Inhalt der Verteidigungsstrategie unter Beweis gestellt wird.[396] Unzulässig ist auch die Verknüpfung der Bedingung, dass das Gericht über ein bestimmtes Strafmaß hinausgeht, mit einer Beweisbehauptung, die sich gegen den Schuldspruch richtet.[397] Der **gesamte Inbegriff der Hauptverhandlung** ist für eine – erneute – Beweiserhebung als unzulässige Beweisthematik anzusehen. Dies betrifft insbesondere Beweisanträge, mit welchen Verfahrensbeteiligte als Zeugen für in der Hauptverhandlung gemachte Wahrnehmungen zum Nachweis des Inhalts der Beweisaufnahme benannt werden.[398] Dienstliche Erklärungen können nicht zulässigerweise als Beweismittel für die Schuld- und Straffrage betreffende Beweistatsachen benannt werden.[399] Auch alle **das Tatgericht bindenden Feststellungen**, etwa bei Teilrechtskraft, sind der Beweiserhebung entzogen.[400] Dagegen können die Feststellungen in rechtskräftigen Urteilen (anderer Gerichte) zulässiger Gegenstand des Urkundsbeweises sein, da das Gericht an sie nicht gebunden ist. Jedoch kommt dann der Ablehnungsgrund der Bedeutungslosigkeit in Betracht, wenn die Feststellungen auch im Falle des Gelingens des Beweises nicht widerlegt sind.[401] Unzulässig ist eine Beweiserhebung, die auf den Nach-

---

[387] Vgl. § 250 Rn. 1.
[388] BGH v. 3. 11. 1982 – 2 StR 434/82, BGHSt 31, 140 (144) = NJW 1983, 1006; BGH v. 3. 11. 1987 – 5 StR 579/87, BGHSt 35, 82 (83) = NJW 1988 (2187); BGH v. 28. 10. 1986 – 1 StR 507/86, NStZ 1987, 132 (133); BGH v. 23. 9. 1988 – 2 StR 409/88, NStZ 1989, (282) mAnm *Hilger*.
[389] BGH v. 30. 8. 2000 – 5 StR 268/00 = NStZ 2001, 48; zur Verwertbarkeit früherer Aussagen BGH v. 23. 9. 1999 – 4 StR 189/99, BGHSt 45, 203 (208); zur Aufklärungspflicht BGH v. 24. 4. 2003 – 3 StR 181/02 = NStZ 2003, 498.
[390] BGH v. 23. 12. 1986 – 1 StR 514/86, NStZ 1988, 36; BGH v. 18. 2. 1993 – 1 StR 10/93, NStZ 1993, 350; BGH v. 27. 4. 2007 – 2 StR 490/06, NJW 2007, 2195; vgl. § 250 Rn. 19 f.
[391] KK-StPO/*Fischer* Rn. 110.
[392] So BGH v. 23. 9. 1999 – 4 StR 189/99, BGHSt 45, 203 (206) = NJW 2000, 596 = JR 2000, 339 mAnm *Fezer*; KK-StPO/*Fischer* Rn. 110.
[393] BGH v. 10. 2. 2000 – 4 StR 616/99, BGHSt 46, 1 (4) = NJW 2000, 1277; kritisch und gegen diese Differenzierung KK-StPO/*Herdegen*, 5. Aufl. 2003, Rn. 67 a.
[394] OLG Celle v. 8. 2. 1979 – 3 Ss 421/78 = JR 1980, 256 mAnm *Naucke*; Alsberg/Nüse/Meyer S. 429 Fn. 35.
[395] BGH v. 3. 7. 1973 – 4 StR 166/73, BGHSt 25, 207 = NJW 1973, 1805.
[396] BGH v. 12. 9. 2007 – 5 StR 257/07, NStZ 2008, 115 (116).
[397] So st. Rspr. BGH v. 29. 6. 1994 – 2 StR 160/94 = BGHSt 40, 203 (208); BGH v. 16. 6. 2004 – 1 StR 214/04, NStZ 2005, 45.
[398] BGH v. 18. 8. 1992 – 1 StR 257/92, BGHR StPO § 244 Abs. 3 S. 1 Unzulässigkeit 7; BGH v. 28. 8. 1996 – 3 StR 180/96, BGHR StPO § 244 Abs. 3 S. 1 Unzulässigkeit 12; *Rissing-van Saan* MDR 1993, 310 (311); BGH v. 23. 6. 1993 – 3 StR 89/93 = BGHSt 39, 239 (241) = NJW 1993, 2758 = NStZ 1994, 81 mAnm *Bottke* zu dienstlichen Wahrnehmungen des erkennenden Richters im laufenden Verfahren; dazu auch BGH v. 28. 1. 1998 – 3 StR 575/96, NJW 1998, 1234 mAnm *Bottke*; vgl. auch BGH v. 3. 9. 1997 – 5 StR 237/97, BGHSt 43, 212 (215) = JZ 1998, 53 mAnm *Herdegen*; BGH v. 28. 1. 1998 – 3 StR 575/96, BGHSt 44, 4 (10).
[399] BGH v. 23. 9. 1999 – 4 StR 189/99, BGHSt 45, 354 (357 ff.) = NJW 2000, 1204; BGH v. 22. 3. 2002 – 4 StR 485/01, NJW 2002, 2401 (2403).
[400] BGH v. 14. 1. 1982 – 4 StR 642/81, BGHSt 30, 340 (342) = NJW 1982, 1295; BGH v. 9. 7. 1998 – 4 StR 521/97, BGHSt 44, 119 (121) = NJW 1998, 3212; BGH v. 2. 9. 2004 – 1 StR 342/04, NStZ-RR 2004, 370.
[401] BGH v. 3. 6. 1997 – 1 StR 183/97, BGHSt 43, 106 (108) = NJW 1997, 2828; BGH v. 17. 11. 2000 – 3 StR 389/00, NStZ-RR 2001, 138 (139).

weis abzielt, dass der Angeklagte noch andere Straftaten begangen hat, weswegen das Verfahren nach § 154 Abs. 1 eingestellt ist (§ 46 Abs. 2 StGB).[402] Zulässig allerdings ist die Beweiserhebung über den Gegenstand anderer gegen den Angeklagten geführter Ermittlungsverfahren.[403]

112 **6. Missbrauch des Beweisantragsrechts.** Unter dem Stichwort des Rechtsmissbrauchs des Beweisantragsrechts sind sowohl in Rechtsprechung als auch in Literatur vielfältige Fälle diskutiert und eingeordnet worden, so etwa der Fall des „Scheinbeweisantrags", der Prozessverschleppung sowie auch begehrte Beweiserhebungen, die keinerlei Zusammenhang zum Verfahrensgegenstand und zu den Vorwürfen aufweisen.[404] Wenngleich eine Unzulässigkeit und Ablehnung von Beweisanträgen, die offensichtlich ausschließlich zu missbräuchlichen Zwecken, insbesondere ohne das Ziel einer verfahrenserheblichen Beweiserhebung, gestellt sind, in Einzelfällen hinzunehmen ist, so ist ein allgemeiner „Unzulässigkeitstatbestand"[405] bereits wegen der mangelnden Überprüfbarkeit einer derartigen Klausel durch die Revisionsgerichte abzulehnen.[406] Als zulässige Reaktion auf die als missbräuchlich angesehene exzessive Stellung von Beweisanträgen hat der BGH es angesehen, dass Anträge nur noch über den Verteidiger gestellt werden können[407] oder eine Frist zu setzen, nach der Beweisanträge nicht mehr angenommen und beschieden werden müssen.[408] Diese Rechtsprechung bewegt sich klar außerhalb des Gesetzes und lässt sich mit § 246 Abs. 1 nicht vereinbaren.[409]

D. Ablehnung von Beweisanträgen

I. Systematik der Ablehnungsgründe

113 **1. Gesetzlicher Katalog.** Der – abschließende – Katalog der Ablehnungsgründe von Beweisanträgen in Abs. 3 und 4 begrenzt in diesem Bereich die Möglichkeiten des Gerichts, im Rahmen der allgemeinen Aufklärungspflicht Beweisanträge abzulehnen.[410] Dies gilt für alle Ablehnungsgründe der Abs. 3 und 4, wobei die in Abs. 3 S. 2 statuierten Ablehnungsgründe für alle Beweismittel, insbesondere Zeugen, Sachverständige und Urkunden gelten, während nach den in Abs. 4 angegebenen Voraussetzungen zusätzlich Anträge auf Erstattung von Sachverständigengutachten abgelehnt werden können. Die in Abs. 5 genannten Gründe zur Ablehnung von Beweiserhebungen durch Augenschein sowie zur Vernehmung von im Ausland zu ladenden Zeugen stellen systemische Ausnahmen von der Nomenklatur der Ablehnungsgründe dar.[411]

114 Der grundsätzlich abschließende Katalog von Ablehnungsgründen hat durch die Rechtsprechung einige – systemwidrige – Erweiterungen erfahren: Dies gilt beispielsweise für eine vom Gericht auf Basis konkreter Anhaltspunkte vorgenommene Schätzung, wenn der Beweisantrag auf die – mit (erheblichem) Aufwand verbundene – Erhebung weiterer Schätzgrundlagen gerichtet ist, von denen das Gericht überzeugt ist, sie nicht zu benötigen.[412] Ähnliches soll für Beweisanträge gelten, die nicht auf klassische Beweismittel, sondern auf eine Kombination verschiedener Möglichkeiten der Beweiserhebung abzielen, wie etwa Gegenüberstellung, experimentelle Anordnungen und Rekonstruktionen, über die das Gericht nach allgemeiner Auffassung im Rahmen seiner Aufklärungspflicht befindet, sowie für Anträge auf Wiederholung einer Beweisaufnahme.[413]

115 **2. Beweisantizipation.** Für Beweisantizipationen des Gerichts bleibt innerhalb des durch die gesetzlichen Ablehnungsgründe abgesteckten Bereichs faktisch kein Raum: Beweisanträge können

---

[402] BGH v. 21. 8. 2003 – 3 StR 234/03, StV 2004, 415.
[403] BGH v. 9. 10. 2002 – 5 StR 42/02, NJW 2003, 150 (152).
[404] BGH v. 7. 11. 1991 – 4 StR 252/91, BGHSt 38, 111 = NJW 1992, 1245; BGH v. 21. 10. 1994 – 2 StR 328/94, BGHSt 40, 287 = NJW 1995, 603 = NStZ 1995, 144 mAnm *Herdegen*; BGH NStZ 1995, 246; BGH NJW 2005, 2466; für die Literatur *Fahl*, Rechtsmissbrauch im Strafprozess 2004, S. 467 ff.; *Kudlich*, Strafprozess und allgemeines Missbrauchsverbot 1998, S. 354 ff.; *Herdegen* NStZ 2001, 1 (6); *Herdegen*, FS Gössel, S. 229 ff.; *Senge*, FS Nehm, S. 339 ff.
[405] So etwa *Rebmann* DRiZ 1979, 363 (369) („allgemeine Missbrauchsklausel"); ähnlich *Kudlich*, Strafprozess und allgemeines Missbrauchsverbot 1998, S. 354 ff.
[406] BGH v. 18. 3. 1986 – 1 StR 51/86, NStZ 1986, 371; BGH v. 7. 5. 1986 – 2 StR 583/85, StV 1986, 418 (419); OLG Karlsruhe v. 18. 9. 1987 – 4 VAs 10/87, StV 1988, 185 (186); BGH v. 3. 8. 1988 – 2 StR 360/88, StV 1989, 234 (235) mAnm *Michalke*.
[407] BGH v. 7. 11. 1991 – 4 StR 252/91, BGHSt 38, 111 = NJW 1992, 1245; vgl. BayObLG v. 5. 3. 2004 – 4 St RR 22/04, BayObLGSt 2004, 25 = NStZ 2004, 647.
[408] Zunächst als obiter dictum BGH v. 14. 6. 2005 – 5 StR 129/05, NJW 2005, 2466 = NStZ 2005, 648 m. zust. Anm. *Bünger* NStZ 2006, 306 (312); kritisch *Dahs* StV 2006, 116; *Gössel* JR 2006, 128; ablehnend *Duttge* JZ 2005, 1012; *Ventzke* HRRS 2005, 233; bestätigend, „Fristsetzung nicht nur zulässig, sondern geboten" BGH v. 19. 6. 2007 – 3 StR 149/07, NStZ 2007, 716.
[409] So auch KK-StPO/*Fischer* Rn. 113; *Gössel* JR 2006, 128 f.; *Dahs* StV 2006, 116 (117); vgl. auch § 246 Rn. 2.
[410] SK-StPO/*Paeffgen* § 420 Rn. 10 „Ablehnungs-Einschränkungen"; KK-StPO/*Fischer* Rn. 126; vgl. auch Rn. 41.
[411] Vgl. auch Rn. 169.
[412] KK-StPO/*Fischer* Rn. 60.
[413] KK-StPO/*Fischer* Rn. 70; vgl. auch Rn. 90.

aufgrund der gesetzlich vorgesehenen Ablehnungsgründe zurückgewiesen werden, nicht aber mit der Begründung, das Gericht sei bereits vom Gegenteil der behaupteten Tatsache, von der Unglaubhaftigkeit der Angaben eines beantragten Zeugen, oder aber von der Ergebnislosigkeit der Beweiserhebung überzeugt.[414] Grundsätzlich dürfen Beweisantizipationen des Gerichts die gesetzlich vorgesehene Nomenklatur der Ablehnungsgründe nicht aushöhlen bzw. aushebeln. Im Einzelnen:

Bewegt sich das Gericht bei einer Beweisaufnahme im Rahmen des durch das Aufklärungsgebot (Abs. 2) Vorgegebenen, so ist eine Antizipation, dass das Beweisthema sich nicht wird bestätigen lassen[415] oder einem Beweismittel ein bestimmter Beweiswert nicht zukommt,[416] dann zulässig, soweit dies nachvollziehbar mit den tatsächlich bei der Entscheidung maßgeblichen Gründen, die auch auf die Ergebnisse der bisher bereits durchgeführten Beweisaufnahme zurückgehen können, dargestellt wird.[417] Die von der Rechtsprechung zum Teil geprägte Formel, dass im Bereich der richterlichen Aufklärungspflicht nach Abs. 2 eine Beweisantizipation möglich[418] und das Gericht insoweit „vom Verbot der Antizipation befreit" sei, ist aber jedenfalls insoweit nicht zutreffend und überholt, als damit die im Rahmen der Aufklärungspflicht gebotenen Beweiserhebungen als im Ermessen des Gerichts liegend angesehen werden.[419] Bei richtiger Auffassung gebietet die Aufklärungspflicht alle Beweiserhebungen, die nach ihren Zusammenhängen und nach der Beurteilung der Beweissituation durch das Gericht erforderlich sind. Im Rahmen dessen hat das Gericht nachvollziehbar zu begründen, weswegen im Einzelfall eine grundsätzlich gebotene Beweiserhebung unterbleiben kann.[420] Ist die Aufklärungspflicht des Gerichts so abgesteckt, bieten Beweisantizipationen keine Erleichterung.

Im Bereich des Beweisantragsrechts sind zulässige Beweisantizipationen jeweils nur auf der Grundlage der gesetzlich formulierten Ablehnungsgründe zu bestimmen. So eröffnet der Ablehnungsgrund der Offenkundigkeit die Beweisantizipation, dass das Gegenteil einer Beweisbehauptung bereits offenkundig ist (Abs. 3 S. 2 Var. 1). Im Rahmen des Ablehnungsgrundes der Bedeutungslosigkeit (Abs. 3 S. 2 Var. 2) kann das Gericht den nach dem Beweisthema angegebenen Sachverhalt in der Weise antizipierend als bedeutungslos würdigen, wenn es diesen in vollem Umfang und ohne Einschränkung seines Beweiswerts als erwiesen in den Beweisstoff einbezieht, um dann zu der Einschätzung seiner Bedeutungslosigkeit zu kommen.[421] Die Beweisantizipation der völligen Ungeeignetheit des Beweismittels (Abs. 3 S. 2 Var. 4) bestimmt und beschränkt dieser Ablehnungsgrund so, dass diese ausschließlich aus der Beurteilung des Beweiswerts dieses Beweismittels durch das Gericht zu erfolgen hat.[422] Ähnlich beschränkt ist der Ablehnungsgrund der Unerreichbarkeit eines Beweismittels (Abs. 3 S. 2 Var. 5) die Beweisantizipation insoweit, als dafür der Wert des Beweismittels in der konkret vorliegenden gesamten Beweiskonstellation gegen den Aufwand zur Erreichung des Beweismittels abzuwägen ist.[423] Im Rahmen der Ablehnung wegen Prozessverschleppungsabsicht (Abs. 3 S. 2 Var. 6) kann die antizipierende Würdigung des Gerichts nur insoweit zulässig sein, als sie die Überzeugung erbringt, dass die Beweisaufnahme nichts die Sachentscheidung Beeinflussendes erbringen wird. Die in der Wahrunterstellung der Beweisbehauptung (Abs. 3 S. 2 Var. 7) implizite Antizipation besteht in der Überzeugung des Gerichts, dass die Beweisbehauptung sich durch die Beweisaufnahme nicht wird widerlegen lassen.

II. Für alle Beweismittel geltende Ablehnungsgründe (Abs. 3 S. 2)

1. Offenkundigkeit (Abs. 3 Satz 2 Var. 1). a) Überflüssigkeit der Beweiserhebung. Ist eine Tatsache oder ein Erfahrungssatz offenkundig, so ist eine entsprechende Beweiserhebung überflüssig

---

[414] BGH v. 10. 11. 1992 – 5 StR 474/92, NJW 1993, 867; BGH v. 2. 2. 1993 – 5 StR 38/93, NStZ 1993, 247; BGH v. 7. 9. 1992 – 3 StR 278/92, StV 1993, 176; BGH v. 5. 8. 1993 – 4 StR 427/93, StV 1993, 621.
[415] BGH v. 18. 1. 1994 – 1 StR 745/93, BGHSt 40, 60 (62) = NJW 1994, 1484; BGH v. 10. 11. 1992 – 5 StR 474/92, StV 1993, 3.
[416] BGH v. 1. 3. 1988 – 5 StR 67/88, BGHR StPO § 244 Abs. 3 S. 2 Bedeutungslosigkeit 6.
[417] BGH v. 31. 3. 1989 – 2 StR 706/88, BGHSt 36, 159 (165) = NJW 1989, 3291; BGH v. 18. 1. 1994 – 1 StR 745/93, BGHSt 40, 60 (62) = NJW 1994, 1484.
[418] BGH v. 18. 1. 1994 – 1 StR 745/93, BGHSt 40, 60 (62) = NJW 1994, 1484; BGH v. 5. 9. 2000 – 1 StR 325/00, NJW 2001, 695 (696); BGH v. 2. 2. 1999 – 1 StR 590/98, NStZ 1999, 312 = JR 2000, 32 mAnm Rose; BGH v. 11. 6. 1997 – 5 StR 254/97, NStZ-RR 1998, 178; BGH v. 30. 11. 2005 – 2 StR 557/04, StV 2007, 172 m. krit. Anm. Gössel; BGH v. 30. 11. 2005 – 2 StR 557/04, NStZ 2006, 407 (408).
[419] Insoweit kritisch auch KK-StPO/Herdegen, 5. Aufl. 2003, Rn. 65; Gössel in: Böttcher [Hrsg.], Colloquium für Gollwitzer, 2004, S. 47 (55 ff.).
[420] So auch BGH v. 18. 1. 1994 – 1 StR 745/93, BGHSt 40, 60 (62) = NJW 1994, 1484; KK-StPO/Fischer Rn. 129.
[421] Zu der uneingeschränkten Unterstellung der Erwiesenheit des unter Beweis gestellten Sachverhalts deutlich Herdegen, FS Boujong, S. 777 (783).
[422] Zu einer unzulässigen Beweisantizipation insoweit BGH v. 24. 1. 1984 – 5 StR 860/83, StV 1984, 451; vgl. dazu auch Rn. 132.
[423] BGH v. 3. 3. 1993 – 2 StR 328/92, NStZ 1993, 349; BGH v. 3. 11. 1987 – 5 StR. 579/87, BGHR StPO § 251 Abs. 2 Unerreichbarkeit 3.

und der darauf zielende Beweisantrag kann aus diesem Grund zurückgewiesen werden. Gleiches gilt, wenn nicht die Tatsache, auf die der Beweisantrag zielt, sondern gerade deren Gegenteil offenkundig ist.[424] Die Zurückweisung des Beweisantrags wegen Offenkundigkeit (Abs. 3 S. 2 Var. 1) hat in einem Gerichtsbeschluss zu erfolgen und kann nicht unter Hinweis darauf, es handle sich um einen bloßen „Scheinbeweisantrag", unterbleiben.[425]

119   b) **Allgemeinkundigkeit und Gerichtskundigkeit.** Als allgemeinkundig sind alle die Tatsachen und Erfahrungssätze anzusehen, von deren Gültigkeit oder Richtigkeit sich ein verständiger „Durchschnittsbürger" ohne spezielle Vorkenntnisse mit Hilfe der ihm zugänglichen Erkenntnismittel überzeugen kann.[426] Dies gilt insbesondere für alle nach den allgemeinen Erkenntnismitteln überprüfbaren naturwissenschaftlichen Tatsachen und Erfahrungssätze sowie für geschichtliche Daten und Tatsachen, auch dann, wenn diese von bestimmten Personenkreisen oder nach bestimmten Meinungsbildern und Ideologien nicht als solche anerkannt werden.[427] Der Bereich der Tatsachen und Erfahrungssätze, die als allgemeinkundig gelten, ist nicht unveränderlich feststehend, vielmehr verändert er sich etwa mit der wissenschaftlichen Entwicklung und kann auch von dem jeweiligen Gesellschaftsausschnitt abhängen; auch andere Begrenzungen der Allgemeinkundigkeit sind denkbar, ohne dass diese entfällt.[428] Als Quellen oder Wege zur Selbstinformation über allgemeinkundige Tatsachen und Erfahrungssätze können neben Druckmedien auch das Internet und Nachrichtenbeiträge im Fernsehen dienen. Ausgenommen davon sind jedoch alle Bewertungen oder auch interpretierende Zusammenhänge zwischen einzelnen Ereignissen. Allerdings kann nicht das gesamte Wissen, das sich beispielsweise im Internet oder in Bibliotheken abbildet und damit grundsätzlich auch jedem zugänglich ist, als allgemeinkundig gelten. Es geht dabei vielmehr um einen Ausschnitt der Tatsachen und Erfahrungssätze, die bei einem durchschnittlichen Anforderungsniveau von dem Wissen oder der Erreichbarkeit des durchschnittlich vernünftigen Menschen erfasst sind. Für Erfahrungssätze ist davon auszugehen, dass nach der Lebenserfahrung allgemeingültige Erfahrungssätze regelmäßig auch allgemeinkundig sind. Um solche handelt es sich auch dann, wenn sie auf die Alltagserfahrung des durchschnittlich verständigen und lebenserfahrenen Menschen zurückgehen. Bei auf wissenschaftlichen Erkenntnissen beruhenden Erfahrungssätzen ist von Allgemeinkundigkeit dann auszugehen, wenn ihre Grundlage zum Allgemeinwissen gehört oder sich jeder nicht speziell auf diesem Gebiet Kundige darüber ohne weiteres unterrichten kann.

120   Allgemeinkundige Tatsachen und Erfahrungssätze bedürfen regelmäßig keines Beweises.[429] Bei dem Erfahrungssatz können Beschränkungen bei der Anwendbarkeit, insbesondere in Bezug auf seine zweifelsfreie Fortgeltung bestehen.[430] Die (starke) indizielle Wirkung der Allgemeinkundigkeit von Tatsachen und Erfahrungssätzen für ihre Wahrheit bzw. Richtigkeit erfährt umgekehrt Beschränkungen insoweit, als Beweisanträge, die gerade auf den Nachweis der Unrichtigkeit der Tatsache oder des Erfahrungssatzes abzielen, sachlich zu würdigen sind und dies in dem Gerichtsbeschluss zum Ausdruck zu bringen ist.[431] Die Allgemeinkundigkeit einer Tatsache oder eines Erfahrungssatzes als Grund zur Ablehnung eines Beweisantrags ist für das Revisionsgericht in dem Rahmen überprüfbar, als die Tatsache oder der Erfahrungssatz als allgemein bekannt zugrunde gelegt worden ist.[432] So kann die rechtsfehlerhafte Begründung für die Ablehnung eines Beweisantrags vom Revisionsgericht auch insofern „nachgebessert" werden, als es das Gegenteil der unter Beweis gestellten Tatsachenbehauptung als allgemeinkundig ansieht.[433] Dies kann allerdings nur für die Fälle gelten, in denen weiter gehender Vortrag des Antragstellers, wäre ihm der vom Revisionsgericht herangezogene Ablehnungsgrund bekannt gewesen, ausgeschlossen gewesen wäre.[434]

---

[424] BGH v. 5. 3. 2003 – 2 StR 526/02, StV 2003, 444.
[425] Anders wohl aber BGH v. 10. 4. 2002 – 5 StR 485/01, BGHSt 47, 278 (283 f.); KK-StPO/*Fischer* Rn. 131.
[426] BGH v. 14. 7. 1954 – 6 StR 180/54, BGHSt 6, 292 (293) = NJW 1954, 1656; BGH v. 29. 1. 1975 – KRB 4/74, BGHSt 26, 56 (59) = NJW 1975, 788; KG v. 1. 6. 1972 – (2) Ss 41/72, NJW 1972, 1909; *Alsberg/Nüse/Meyer* S. 535.
[427] So etwa zum Holocaust BGH v. 10. 4. 2002 – 5 StR 485/01, BGHSt 47, 278 (283).
[428] BGH v. 14. 7. 1954 – 6 StR 180/54, BGHSt 6, 292 (293); zur Begrenzung der Allgemeinkundigkeit auf einen Kreis von Personen, dem der Richter bzw. Mitglieder des Gerichts nicht angehören *Alsberg/Nüse/Meyer* S. 543.
[429] BGH v. 9. 2. 1957 – 2 StR 508/56, BGHSt 10, 208 (211) = NJW 1957, 1039; BGH v. 11. 12. 1973 – 4 StR 130/73, BGHSt 25, 246 (251) = NJW 1973, 246.
[430] BGH v. 7. 6. 1982 – 4 StR 60/82, BGHSt 31, 86 (87) = NJW 1982, 2455.
[431] BGH v. 14. 7. 1962 – 6 StR 180/54, BGHSt 6, 292 (295); zur Allgemeinkundigkeit einer Tatsache als „Beweishindernis" für die gegenteilige Behauptung vgl. BGH v. 15. 3. 1994, 1 StR 179/93, BGHSt 40, 97 (99) = NJW 1994, 1421 = StV 1994, 538 mAnm *Jakobs*; BGH v. 6. 4. 2000 – 1 StR 502/99, BGHSt 46, 36 (46) = NJW 2000, 2217 = JZ 2001, 201 mAnm *Streng*; BGH v. 10. 2. 2002 – 5 StR 485/01, NJW 2002, 2115 (2116); BGH v. 22. 10. 1993 – 2 StR 466/93, NStZ 1994, 140.
[432] BGH v. 14. 7. 1954 – 6 StR 180/54, BGHSt 6, 292 (296); KG v. 1. 6. 1972 – (2) Ss 41/72, NJW 1972, 1909.
[433] So OLG Düsseldorf v. 5. 5. 1980 – 5 Ss 209/80 I, MDR 1980, 868 (869); KK-StPO/*Herdegen*, 5. Aufl. 2003, Rn. 69.
[434] So auch KK-StPO/*Fischer* Rn. 134.

Neben den allgemeinkundigen bedürfen auch die gerichtskundigen Tatsachen und Erfahrungssätze keiner Beweiserhebung. Um gerichtskundige Tatsachen handelt es sich, wenn das Gericht davon im Rahmen seiner amtlichen Tätigkeit und nicht etwa außerhalb oder unter Benutzung anderer privater Informationsquellen verlässliche Kenntnis erhalten hat, für Erfahrungssätze gilt entsprechendes für die ihnen zugrunde liegende Sachkunde des Richters oder Kollegialgerichts.[435] Entscheidend ist, dass die Kenntnis der Tatsachen oder Erfahrungssätze auf die richterliche Tätigkeit zurückgehen, auch dann, wenn es um die Feststellungen nicht des Richters oder Spruchkörpers selbst geht, soweit die Befassung in prozessual zulässiger Weise erfolgt ist.[436] Nicht als gerichtskundig gelten solche Wahrnehmungen, die in dem betreffenden Verfahren selbst gemacht worden sind und die Sachentscheidung tragen,[437] wie beispielsweise bei der Begründung der Offenkundigkeit aufgrund der dienstlichen Erklärung des Vorsitzenden.[438] Selbstverständlich kann auch nicht etwa das Ergebnis von Beweiserhebungen in anderen Verfahren über die Gerichtskundigkeit und ohne Beweiserhebung zur Tatsachengrundlage in der Hauptverhandlung gemacht werden.[439] Die Gerichtskundigkeit kann sich nicht auf außerhalb der Hauptverhandlung (wenngleich in amtlicher Tätigkeit) gemachte persönliche Wahrnehmungen beziehen,[440] dies kann allenfalls bei prozessual erheblichen Tatsachen, wie etwa dem Verfahrensstand oder der Rechtshängigkeit, oder bei den richtigerweise bereits als allgemeinkundig anzusehenden Tatsachen und Erfahrungssätzen gelten.[441] Zweifelhaft ist dies entgegen der Rechtsprechung für sogenannte „Hintergrundtatsachen".[442]

c) **Erörterung in der Hauptverhandlung.** Auch bei offenkundigen Tatsachen und Erfahrungssätzen kann ihre Erörterung in der Hauptverhandlung nur dann unterbleiben, wenn es sich dabei um allgemeinkundige, selbstverständliche Tatsachen und Erfahrungssätze handelt. Ob eine Erörterung in der Beweisaufnahme stattgefunden hat, kann durch das Revisionsgericht im Freibeweisverfahren überprüft werden.[443] Die Erörterung einer Tatsache oder eines Erfahrungssatzes umfasst auch die Mitteilung an die Verfahrensbeteiligten, dass die Tatsache oder der Erfahrungssatz als offenkundig angesehen und so der Entscheidung zugrunde gelegt werden soll,[444] um die Verfahrensbeteiligten zu veranlassen, erforderlichenfalls auch gegen die Offenkundigkeit Sprechendes vorzubringen oder entsprechende Beweisanträge zu formulieren.[445] Für die Ablehnung wegen Offenkundigkeit soll es nach der Rechtsprechung ausreichen, dass die Mehrheit des Spruchkörpers diese als gegeben ansieht, und für die Minorität des Spruchkörpers von einer unschweren Möglichkeit der entsprechenden Informationsgewinnung auszugehen ist. Für gerichtskundige Tatsachen ist dies zweifelhaft,[446] nach neuerer Rechtsprechung allerdings ebenso wie bei den allgemeinkundigen Tatsachen zu befürworten.[447]

2. Bedeutungslosigkeit der Beweistatsache (Abs. 3 Satz 2 Var. 2). a) Rechtliche und tatsächliche Gründe der Bedeutungslosigkeit. Rechtlich bedeutungslos sind solche Tatsachen, die nicht für die rechtliche Würdigung oder für die Bestimmung der Rechtsfolgen unmittelbar relevant sind, also wenn sie weder Sachverhaltselemente noch Konkretisierungen des tatbestandlichen Inhalts darstellen (Haupttatsachen). Bedeutungslos, weil ohne Einfluss auf die Beweiswürdigung sind solche Hilfstatsachen, die auch im Fall ihres Erwiesenseins für die Entscheidung in der Sache ohne Rele-

---

[435] BGH v. 14. 7. 1954 – 6 StR 180/54, BGHSt 6, 292 (293) = NJW 1954, 1656; BGH v. 29. 1. 1975 – KRB 4/74, BGHSt 26, 56 (59) = NJW 1975, 788; BGH v. 9. 12. 1999 – 5 StR 312/99, BGHSt 45, 354 (357 ff.) = NJW 2000, 1204 = JR 2001, 120 mAnm *Goeckenjan/Eisenberg* = wistra 2000, 231 mAnm *Rose*; OLG Köln v. 14. 6. 1983 – 3 Ss 308/83, VRS 65, 450 (451); *Alsberg/Nüse/Meyer* S. 545 (559); *Löwe/Rosenberg/Becker* Rn. 212.
[436] BGH v. 18. 5. 1954 – 5 StR 653/53, BGHSt 6, 141 (142); BGH v. 14. 7. 1954 – 6 StR 180/54, BGHSt 6, 292 (294).
[437] BGH v. 9. 12. 1999 – 5 StR 312/99, BGHSt 45, 354 (359) = NJW 2000, 1204 (1206); BGH v. 22. 3. 2002 – 4 StR 485/01, BGHSt 47, 270 (274) = NJW 2002, 2401 (2403).
[438] BGH v. 18. 12. 2005 – 4 StR 198/05, NStZ-RR 2007, 116 (117 f.).
[439] BGH v. 14. 7. 1954 – 6 StR 180/54, BGHSt 6, 292 (295); BGH v. 29. 1. 1975 – KRB 4/74, BGHSt 26, 56 (61) = NJW 1975, 788; BGH v. 9. 12. 1999 – 5 StR 312/99, BGHSt 45, 354 (358 f.) = NJW 2000, 1204; BGH v. 22. 3. 2002 – 4 StR 485/01, NJW 2002, 2401 (2403); BGH StV 1982, 55 (56).
[440] BGH v. 9. 12. 1999 – 5 StR 312/99, BGHSt 45, 354 (358 f.); BGH v. 22. 3. 2002 – 4 StR 485/01, NJW 2002, 2401 (2403).
[441] BGH v. 24. 6. 1952 – 1 StR 130/52, BGHSt 3, 27 (29) = NJW 1952, 899; BGH v. 14. 7. 1954 – 6 StR 180/54, BGHSt 6, 292 (296).
[442] BGH v. 14. 7. 1954 – 6 StR 180/54, BGHSt 6, 292 (295); BGH v. 9. 12. 1999 – 5 StR 312/99, BGHSt 45, 354 (358).
[443] BGH v. 6. 2. 1990 – 2 StR 29/89, BGHSt 36, 354 = NJW 1990, 46.
[444] BGH v. 26. 10. 1994 – 2 StR 519/94, NStZ 1995, 246 (247).
[445] Vgl. *Niemöller*, FS Hamm, S. 537 (543), auch zum relevanten Zeitpunkt des Urteilserlasses für die Offenkundigkeit.
[446] So noch BGH v. 14. 7. 1954 – 6 StR 180/54, BGHSt 6, 292 (297); KK-StPO/*Herdegen*, 5. Aufl 2003, Rn. 72.
[447] BGH v. 30. 10. 1986 – 4 StR 499/86, BGHSt 34, 209 (210) = NJW 1987, 660; *Alsberg/Nüse/Meyer* S. 566; *Löwe/Rosenberg/Becker* Rn. 212; *Meyer-Goßner* Rn. 53; SK-StPO/*Schlüchter* Rn. 94.

vanz wären.⁴⁴⁸ Lassen diese Indizien zwingende Schlussfolgerungen auf das Vorliegen oder das Nichtvorliegen von Haupttatsachen zu, so können sie nicht bedeutungslos sein. Allein dann, wenn das Gericht mögliche Schlussfolgerungen aus dem – unterstellten – Vorliegen der Hilfstatsache auf die Haupttatsache bei umfassender Würdigung der Beweislage gerade nicht ziehen würde, kann eine Ablehnung der Beweiserhebung aufgrund von Bedeutungslosigkeit erfolgen.⁴⁴⁹ Eine solche Entscheidung des Gerichts, mögliche Schlussfolgerungen nicht zu ziehen, kann regelmäßig nur daher rühren, dass andere Hilfstatsachen, die das Gegenteil indizieren, bei einer umfassenden Würdigung im Beweiswert überwiegen. Nach der Rechtsprechung soll dabei auch der Schutz von Persönlichkeitsrechten der betreffenden Beweisperson zu berücksichtigen sein⁴⁵⁰ und bei zulässigen Schätzungen, dass die als erwiesen unterstellte Tatsache das Schätzungsergebnis auf Basis der festegestellten Schätzgrundlage nicht wesentlich beeinflusst.⁴⁵¹

124   b) **Prüfung und Begründung der Bedeutungslosigkeit.** Die Bedeutungslosigkeit einer Beweistatsache ergibt sich erst dadurch, dass – die Beweistatsache als erwiesen unterstellt – in der konkreten Beweissituation die hypothetische Bewertung ergibt, dass diese auf den Urteilsspruch ohne Einfluss ist.⁴⁵² Die als erwiesen unterstellte Beweistatsache darf somit bei hypothetischer Überprüfung der konkreten Beweissituation nicht zu einer Änderung der bisherigen Würdigung des Beweisergebnisses führen, um eine unzulässige Beweisantizipation auszuschließen.⁴⁵³ Wenn sich dabei jedoch eine (für den Angeklagten günstige) Änderung der Würdigung der Beweislage ergibt, auch wenn diese nicht entscheidend auf die Gesamtbeweiswürdigung durchschlägt, so kann der Antrag nicht wegen Bedeutungslosigkeit abgelehnt werden, da sonst dieser Umstand – möglicherweise vorzeitig – der am Ende der Beweisaufnahme stehenden Gesamtwürdigung entzogen würde.⁴⁵⁴

125   Für die Begründung der Ablehnung wegen Bedeutungslosigkeit ist das Vorgehen zur Würdigung von Indiztatsachen insofern einzuhalten, als das Gericht darzulegen hat, welche Erwägungen zur Einschätzung der Beweistatsache als bedeutungslos geführt haben, es sei denn, es liegt eine Unvereinbarkeit der Tatsache mit den Urteilsfeststellungen vor.⁴⁵⁵ Nicht zu folgen ist daher der Rechtsprechung darin, auch die Tatsache, ein Hauptbelastungszeuge habe sein Geständnis nur aufgrund einer Verfahrensabsprache abgelegt, könne bei sorgfältiger Würdigung als bedeutungslos angesehen werden.⁴⁵⁶ Es erscheint kaum denkbar, dass diese Tatsache – unterstellt man sie als erwiesen – keinerlei Einfluss auf die Gesamtwürdigung der Beweislage hätte haben können.

126   Bei der Integration der als erwiesen zu unterstellenden Tatsache in die konkrete Beweissituation ist dieser der volle Beweiswert zuzumessen, so dass die Beweisbehauptung in ihrem Gesamtinhalt als erwiesen zu unterstellen ist. Jede Einschränkung oder Abschwächung insoweit führt zu der fehlerhaften Ablehnung des betreffenden Beweisantrags wegen Bedeutungslosigkeit der Tatsache.⁴⁵⁷ Daher kann die Ablehnung der Beweiserhebung nicht darauf gestützt werden, dass die unter Beweis gestellte Hilfstatsache zweifelhaft oder gar nicht beweisbar sei. Fehlerhaft ist die Ablehnung wegen Bedeutungslosigkeit auch aus dem Grund, dass das Gericht die unter Zeugenbeweis gestellte mögliche Aussage ohnehin nicht für wahr halten würde.⁴⁵⁸ Der Fehler liegt hier in der Begrenzung der unter Beweis gestellten Tatsache auf die Zeugenaussage als solches, während der Inhalt der Aussage gerade nicht als erwiesen unterstellt wird.⁴⁵⁹ Lässt die unter Beweis gestellte Tatsache Schlüsse auf den Beweiswert eines (anderen) Beweismittels zu, das für die Sach-

---

⁴⁴⁸ BGH v. 12. 6. 1997 – 5 StR 58/97, NStZ 1997, 503; BGH v. 12. 2. 2003 – 1 StR 501/02, NStZ 2003, 380 (381).
⁴⁴⁹ St. Rspr. BGH v. 24. 6. 2004 – 5 StR 306/03, NJW 2004, 3051 (3056); BGH v. 12. 5. 2005 – 5 StR 283/04, NJW 2005, 2242 (2243); BGH v. 4. 10. 2006 – 2 StR 297/06, NStZ-RR 2007, 52.
⁴⁵⁰ BGH v. 11. 1. 2005 – 1 StR 498/04, NJW 2005, 1519; BGH v. 16. 6. 2005 – 1 StR 152/05, NJW 2005, 2791.
⁴⁵¹ Löwe/Rosenberg/*Becker* Rn. 15; *Alsberg/Nüse/Meyer* S. 850 f.; KK-StPO/*Fischer* Rn. 143.
⁴⁵² BGH v. 30. 6. 1987 – 1 StR 242/87, NJW 1988, 501 (502); BGH v. 24. 8. 1983 – 3 StR 176/83 (S), NStZ 1984, 42; BGH v. 14. 7. 1992 – 5 StR 231/92, NStZ 1992, 551; BGH v. 12. 6. 1997 – 5 StR 58/97, NStZ 1997, 503 mAnm *Herdegen*; BGH v. 8. 2. 2000 – 4 StR 592/99, NStZ-RR 2000, 210; BGH v. 8. 11. 2000 – 5 StR 387/00, StV 2001, 95 (96); BGH v. 8. 2. 2000 – 4 StR 592/99, StV 2001, 96; BGH v. 6. 2. 2002 – 1 StR 506/01, StV 2002, 350 (352); BGH v. 12. 2. 2003 – 1 StR 501/02, NStZ 2003, 380 (381); BGH v. 19. 9. 2007 – 2 StR 248/07, StraFo 2008, 29.
⁴⁵³ BGH v. 6. 2. 2002 – 1 StR 506/01, StV 2002, 350.
⁴⁵⁴ BGH v. 11. 3. 2003 – 3 StR 28/03, StV 2003, 369 (370); BGH v. 3. 12. 2004 – 2 StR 156/04, NStZ 2005, 224 (226 f.).
⁴⁵⁵ BGH v. 3. 12. 2004 – 2 StR 156/04; NStZ 2005, 224; BGH v. 30. 11. 2005 – 2 StR 431/05, StV 2007, 18 (19); BGH v. 11. 4. 2007 – 3 StR 114/07, StraFo 2007, 331 (332).
⁴⁵⁶ So aber BGH v. 7. 7. 2004 – 5 StR 71/04, NStZ 2004, 691 (692); vgl. BGH v. 8. 12. 2005 – 4 StR 198/05, NStZ-RR 2007, 116 (117 f.); BGH v. 15. 1. 2003 – 1 StR 464/02, BGHSt 48, 161 (168).
⁴⁵⁷ BGH v. 30. 6. 1987 – 1 StR 242/87, NJW 1988, 501 (502); BGH v. 5. 5. 1981 – 5 StR 233/81, NStZ 1981, 309; BGH v. 21. 2. 1985 – 1 StR 812/84, NStZ 1985, 376; BGH v. 12. 6. 1997 – 5 StR 58/97, NStZ 1997, 503 mAnm *Herdegen*; BGH v. 16. 12. 1982 – 4 StR 630/82, StV 1983, 90; BGH v. 29. 3. 1983 – 1 StR 215/83, StV 1983, 318; BGH v. 15. 11. 1993 – 5 StR 639/93, StV 1994, 62; BGH v. 6. 2. 2002 – 1 StR 506/01, StV 2002, 350 (352).
⁴⁵⁸ So BGH v. 12. 6. 1997 – 5 StR 58/97, NStZ 1997, 503 f.
⁴⁵⁹ So auch KK-StPO/*Fischer* Rn. 144.

entscheidung von Bedeutung ist, so scheidet eine Ablehnung wegen Bedeutungslosigkeit aus. Bei dieser Beurteilung kommt eine Beweisantizipation nicht in Betracht.[460]

c) **Begründeter Ablehnungsbeschluss.** Die Gründe des Gerichtsbeschlusses zur Ablehnung eines Beweisantrags wegen Bedeutungslosigkeit müssen gewährleisten, dass der Antragsteller und die übrigen Verfahrensbeteiligten sich auf die daraus folgende Einschätzung des Gerichts zur Beweissituation und die damit geschaffene Prozesslage einstellen können und dass die Ablehnung durch das Revisionsgericht überprüfbar ist.[461] Es muss erkennbar sein, ob die Bedeutungslosigkeit auf rechtliche oder tatsächliche Gründe zurückzuführen ist und wie die vorläufige hypothetische Beweiswürdigung bei unterstellter Erwiesenheit der Tatsache vorgenommen wurde.[462] Aus der Darlegung der hypothetischen Beweiswürdigung muss hervorgehen, weswegen kein zwingender Schluss auf eine Haupttatsache gegeben ist und eine nur mögliche Schlussfolgerung nach der bisherigen Beurteilung der Beweislage durch das Gericht nicht gezogen würde. Sind Gegenstand der begehrten Beweiserhebung mehrere Hilfstatsachen, so haben Darlegung und hypothetische Beweiswürdigung sich auch auf ein Zusammenwirken der als erwiesen zu unterstellenden einzelnen Hilfstatsachen zu beziehen.[463] Diese umfängliche und fehlerfreie Darlegung der hypothetischen Beweiswürdigung durch das Gericht kann nicht nachträglich, etwa erst in den Urteilsgründen „korrigiert" werden.[464] Ein „Nachschieben" von Ablehnungsargumenten zur Heilung der fehlerhaften Begründung des Ablehnungsbeschlusses ist nicht zulässig.[465]

d) **Veränderung der Beurteilung als bedeutungslos.** Kommt einer wegen Bedeutungslosigkeit abgelehnten Beweiserhebung nachträglich nach der Einschätzung des Gerichts doch möglicherweise Bedeutung für die Entscheidung zu, so ist der Antragsteller hierauf hinzuweisen und die Beweiserhebung regelmäßig schon nach dem Aufklärungsgebot durchzuführen. Für die Beurteilung, ob einer Beweiserhebung nachzugehen ist oder diese wegen Bedeutungslosigkeit abgelehnt werden kann, kommt es auf den Zeitpunkt des Urteilserlasses an, sodass eine davor geänderte Beurteilung des Gerichts in der Beweisaufnahme zu berücksichtigen ist. Setzt das Gericht sich ungeachtet dessen in den Urteilsgründen mit den Gründen des ablehnenden Beschlusses in Widerspruch, so liegt ein revisibler Verfahrensverstoß vor. Dies gilt insbesondere dann, wenn der Beweistatsache in den Urteilsgründen Bedeutung beigemessen wird, unabhängig davon, aus welchen (anderen) Gründen dies nach der Auffassung des Gerichts keinen Einfluss auf die Entscheidung hat,[466] wenn in den Urteilsgründen vom Gegenteil ausgegangen wird,[467] wenn die nach Einschätzung des Gerichts zwar zweifelhafte Tatsache als möglicherweise bedeutsam angesehen wird oder wenn in den Urteilsgründen eine Begrenzung des Beweisthemas vorgenommen wird, um die Unerheblichkeit der Beweistatsache aufrecht zu halten.[468] Zur Aufhebung des Urteils führt eine nicht berücksichtigte nachträgliche Annahme der Bedeutung der Beweistatsache durch das Gericht jedenfalls dann, wenn es in den Urteilsgründen von den Gründen des ablehnenden Beschlusses zum Nachteil des Angeklagten abweichen will, ohne dazu rechtliches Gehör gewährt zu haben.[469] Insbesondere gilt dies für die Unterstellung des Gegenteils der zuvor als bedeutungslos angesehenen Tatsache in den Urteilsgründen zum Nachteil des Angeklagten.[470] Gleiches gilt für

---

[460] Vgl. BGH v. 5. 5. 1981 – 5 StR 233/81, NStZ 1981, 309 (310); BGH v. 18. 1. 1983 – 3 StR 415/82, NStZ 1983, 277; BGH v. 8. 11. 2000 – 5 StR 387/00, StV 2001, 95 (96); BGH v. 1. 3. 1988 – 5 StR 67/88, BGHR StPO § 244 Abs. 3 S. 2 Bedeutungslosigkeit 6.
[461] BGH v. 16. 1. 1990 – 1 StR 676/89, StV 1990, 246; BGH v. 30. 11. 2005 – 2 StR 431/05, StV 2007, 18 (19); BGH v. 26. 1. 2000 – 3 StR 410/99, NStZ 2000, 267 (268); BGH v. 2. 3. 2003 – 1 StR 501/02, NStZ 2003, 380; BGH v. 20. 12. 2006 – 2 StR 444/06, StV 2007, 176; BGH v. 2. 1. 2007 – 3 StR 373/07, NStZ 2008, 109 (110); BGH v. 3. 7. 2007 – 5 StR 272/07, StraFo 2007, 378; KG v. 1. 9. 2006 – 1 Ss 176/05, NStZ 2007, 480.
[462] BGH v. 5. 5. 1981 – 5 StR 233/81, NStZ 1981, 309 (310); BGH v. 23. 6. 1981 – 5 StR 234/81, NStZ 1981, 401; BGH v. 9. 2. 1982 – 1 StR 849/81, NStZ 1982, 213; BGH v. 26. 1. 2000 – 3 StR 410/99, NStZ 2000, 267 (268); BGH v. 16. 1. 2007 – 4 StR 574/06, NStZ-RR 2007, 84 (85); BGH v. 16. 1. 2007 – 4 StR 574/06, NStZ-RR 2007, 149 f.; BGH v. 12. 8. 1986 – 5 StR 204/86, StV 1987, 45; BGH v. 6. 7. 1989 – 1 StR 282/89, StV 1990, 52; BGH v. 16. 1. 1990 – 1 StR 676/89, StV 1990, 246; BGH v. 9. 4. 1991 – 4 StR 132/91, StV 1991, 408; BGH v. 10. 6. 1988 – 2 StR 195/88, BGHR StPO § 244 Abs. 3 S. 2 Bedeutungslosigkeit 7.
[463] BGH v. 21. 6. 2006 – 2 StR 57/06, NStZ 2006, 687.
[464] BGH v. 20. 12. 2006 – 2 StR 444/06, StV 2007, 176.
[465] BGH v. 16. 1. 1990 – 1 StR 676/89, StV 1990, 246; BGH v. 27. 3. 1990 – 1 StR 13/90, StV 1990, 340.
[466] So für den Fall, dass diese Beweistatsache als widerlegt erachtet wird BGH GA 1964, 77; BGH v. 20. 8. 1996 – 4 StR 373/96, BGHR StPO § 244 Abs. 3 S. 2 Bedeutungslosigkeit 22.
[467] BGH v. 12. 11. 1991 – 4 StR 374/91, StV 1992, 147 mAnm *Deckers*; BGH v. 7. 9. 1993 – 4 StR 498/93, StV 1993, 622; BGH v. 8. 11. 2000 – 3 StR 410/99, StV 2001, 95; BGH v. 26. 1. 2000 – 3 StR 410/99, NStZ 2000, 267 (268).
[468] BGH v. 21. 2. 1985 – 1 StR 812/84, NStZ 1985, 376; BGH v. 15. 11. 1993 – 5 StR 639/93, StV 1994, 62; BGH v. 16. 4. 1996 – 1 StR 120/96, StV 1996, 411; BGH v. 18. 6. 1991 – 1 StR 309/91, BGHR StPO § 244 Abs. 3 S. 2 Bedeutungslosigkeit 17.
[469] So auch KK-StPO/*Fischer* Rn. 146; vgl. *Niemöller*, FS Hamm, S. 545.
[470] BGH 1. 12. 1993 – 2 StR 488/93, NStZ 1994, 195; BGH v. 26. 1. 2000 – 3 StR 410/99, NStZ 2000, 267; BGH v. 15. 12. 1992 – 5 StR 394/92, StV 1993, 173; BGH v. 22. 8. 1996 – 5 StR 316/96, StV 1996, 648 (649); BGH v.

einen Beweisantrag der Staatsanwaltschaft (zu Ungunsten des Angeklagten), den das Gericht zuvor als unerheblich abgelehnt hat.[471]

129   e) **Revisibilität.** Liegt eine unzureichende Begründung der Ablehnung wegen Bedeutungslosigkeit vor, so beruht das Urteil regelmäßig darauf. Nach der Rechtsprechung soll dies ausnahmsweise dann ausgeschlossen sein, wenn zwar eine unzureichende Begründung vorliegt, die Gründe dem Antragsteller allerdings offensichtlich waren, so dass er in der Verteidigung nicht beschränkt war.[472] Die „Offensichtlichkeit" für den Antragsteller und damit ein Ausschluss des Beruhens des Urteils darauf, kann allerdings nicht aus der Feststellung des Revisionsgerichts geschlossen werden, der Nachweis der Beweistatsache hätte nach der nachvollziehbaren Beweiswürdigung des Tatgerichts „für den Antragsteller nichts erbracht".[473] Höchst zweifelhaft ist es dann, wenn die Rechtsprechung ein Beruhen des Urteils auf dem Fehler auch dann verneint, wenn die ursprünglich als bedeutungslos erachtete Tatsache in den Urteilsgründen als wahr unterstellt wird, jedoch ausgeschlossen werden kann, dass die Gelegenheit zur Stellungnahme zu einer anderen Würdigung der Tatsache geführt hätte.[474]

130   **3. Erwiesenheit von Beweistatsachen (Abs. 3 Satz 2 Var. 3).** Keine Beweiserhebung ist erforderlich, wenn die unter Beweis gestellte Tatsache bereits aufgrund der bisher durchgeführten Beweisaufnahme bewiesen ist. Die Erwiesenheit der Tatsache muss sich aus der bisherigen Hauptverhandlung ergeben, sie kann sich nicht auf noch nicht eingeführte Vorgänge, etwa den Inhalt von Akten oder schlichte Bewertungen stützen. Aus der Ablehnung eines Beweisantrags wegen Erwiesenheit folgt, dass die darin enthaltene Beweisbehauptung als nachgewiesen gilt.[475]

131   Zwar kann es sich bei der erwiesenen Tatsache auch um eine den Angeklagten belastende Beweistatsache handeln, nicht möglich ist allerdings eine Ablehnung der Beweisaufnahme mit der Begründung, das Gegenteil der unter Beweis gestellten Tatsache sei bereits erwiesen. Widersprechen die Feststellungen im Urteil der als erwiesen geltenden Tatsache, so liegt ein revisibler Verfahrensverstoß vor, wobei eine Erörterung der Erwiesenheit in den Urteilsgründen nicht zwingend ist.[476] Kommt das Gericht während der weiteren Beweisaufnahme zu einer anderen Einschätzung der zunächst als erwiesen angenommenen Tatsache, so ist das zu erörtern und den Verfahrensbeteiligten, insbesondere dem Antragsteller, auf dessen Antrag von der Erwiesenheit der Beweistatsache ausgegangen worden war, Gelegenheit zur Stellungnahme zu geben.[477]

132   **4. Völlige Ungeeignetheit des Beweismittels (Abs. 3 Satz 2 Var. 4). a) Aussichtslosigkeit des Beweisergebnisses.** Ein Beweismittel ist dann völlig ungeeignet, also zur weiteren Sachverhaltsaufklärung gänzlich nutzlos, wenn es bei Beurteilung ausschließlich des Beweismittels selbst, unabhängig von der bisher durchgeführten Beweisaufnahme, den Nachweis der im Beweisantrag formulierten Beweistatsache nicht erbringen kann.[478] Die Prognose, dass das Beweismittel nichts zur Sachverhaltsaufklärung beitragen kann, muss ohne Rücksicht auf das Ergebnis der bisherigen Beweisaufnahme nach sicherer Lebenserfahrung zu treffen sein;[479] dabei hat das Gericht erforderlichenfalls im Freibeweisverfahren, auch unter Nutzung des Inhalts der Akten, vorzugehen.[480]

---

8. 11. 2000 – 5 StR 387/00, StV 2001, 95; BGH v. 12. 11. 1991 – 4 StR 374/91, BGHR StPO § 244 Abs. 3 S. 2 Bedeutungslosigkeit 18; BGH v. 20. 8. 1996 – 4 StR 373/96, BGHR StPO § 244 Abs. 3 S. 2 Bedeutungslosigkeit 22.
[471] BGH v. 18. 9. 1987 – 2 StR 350/87, NStZ 1988, 38.
[472] BGH v. 5. 5. 1981 – 5 StR 233/81, NStZ 1981, 309 (310); BGH v. 5. 1. 1982 – 5 StR 567/81, NStZ 1982, 170 (171); BGH v. 9. 2. 1982 – 1 StR 849/81, NStZ 1982, 213; BGH v. 24. 8. 1983 – 3 StR 176/83 (S), NStZ 1984, 42 (43); BGH v. 19. 4. 1983 – 1 StR 215/83, StV 1983, 318; BGH v. 4. 9. 1991 – 4 StR 132/91, StV 1991, 408; BGH v. 15. 5. 1990 – 5 StR 694/89, BGHR StPO § 244 Abs. 3 S. 2 Bedeutungslosigkeit 12; BGH v. 13. 11. 1990 – 5 StR 413/90, BGHR StPO § 244 Abs. 3 S. 2 Bedeutungslosigkeit 14; *Alsberg/Nüse/Meyer* S. 757, 561.
[473] Anders aber BGH v. 21. 10. 1952 – 1 StR 287/52, NJW 1953, 35 (36); BGH v. 9. 2. 1982 – 1 StR 849/81, NStZ 1982, 212.
[474] BGH v. 7. 2. 2002 – 1 StR 222/01, NStZ 2002, 433.
[475] Zur Auslegung insoweit BGH v. 18. 10. 1988 – 1 StR 410/88, NJW 1989, 845; BGH v. 6. 9. 1989 – 3 StR 116/89, BGHR StPO § 244 Abs. 3 S. 2 erwiesene Tatsache 2.
[476] BGH v. 9. 10. 2002 – 5 StR 42/02, NJW 2003, 150 (152).
[477] Vgl. *Niemöller*, FS Hamm, S. 537 (544); KK-StPO/*Fischer* Rn. 158.
[478] BVerfG v. 2. 10. 2003 – 2 BvR 149/03, NStZ 2004, 214 (215); BGH v. 14. 6. 1960 – 1 StR 73/60, BGHSt 14, 339 (342) = NJW 1960, 1582; BGH v. 6. 7. 1988 – 2 StR 315/88, NJW 1989, 1045 (1046); BGH v. 11. 7. 1984 – 2 StR 320/84, NStZ 1984, 564; BGH v. 4. 3. 1993 – 2 StR 503/92, NStZ 1993, 395 (396); BGH v. 31. 5. 1994 – 1 StR 86/94, NStZ 1995, 97; BGH v. 12. 9. 2007 – 5 StR 257/07, NStZ 2008, 116; BGH v. 9. 4. 2002 – 4 StR 547/01, NStZ-RR 2002, 242; BGH v. 27. 4. 1993 – 1 StR 89/94, StV 1993, 508; BGH v. 9. 3. 1999 – 1 StR 693/98, StV 1999, 303; OLG Köln v. 28. 3. 1996 – Ss 438/95, StV 1996, 368.
[479] BGH v. 1. 12. 1989 – 2 StR 541/89, StV 1990, 98; BGH v. 15. 9. 1994 – 1 StR 424/94, NStZ 1995, 45; BGH v. 12. 10. 1999 – 1 StR 109/99, NStZ 2000, 156; BGH v. 9. 4. 2002 – 4 StR 547/01, NStZ-RR 2002, 242; BGH v. 7. 1. 2004 – 5 StR 391/03, StraFo 2004, 137; *Meyer-Goßner* Rn. 58; gegen den Begriff der sicheren Lebenserfahrung KK-StPO/*Herdegen*, 5 Aufl. 2003, Rn. 76; *Herdegen*, FS Boujong, 1996, S. 777 (789).
[480] BGH v. 31. 5. 1994 – 1 StR 86/94, NStZ 1995, 97 (98); BGH v. 19. 1. 1984 – 4 StR 730/83, NStZ 1985, 14 [Pf./M.]; BGH v. 9. 3. 1999 – 1 StR 693/98, StV 1999, 303 (304); BayObLG v. 12. 1. 1981 – RReg 5 St 313/80, MDR 1981, 338; *Löwe/Rosenberg/Becker* Rn. 233.

Bei der Prognose zur völligen Ungeeignetheit des Beweismittels darf die unter Beweis gestellte Thematik weder verkürzt noch das Ergebnis antizipiert werden.[481] Die völlige Ungeeignetheit eines Beweismittels kann nicht durch eine vorläufige Würdigung der bisherigen Beweisaufnahme festgestellt werden, sondern muss sich unmittelbar aus dem Beweismittel selbst ergeben.[482]

Das bisher erzielte Ergebnis der Beweisaufnahme darf auch nicht insofern in die Prognose der völligen Ungeeignetheit einfließen, als der Grad der richterlichen Überzeugung aufgrund der bisher vorgenommenen Beweiserhebung oder die Einschätzung der Qualität des genannten Beweismittels aufgrund der bisherigen Beweisaufnahme zur Begründung angeführt werden.[483] Diese Tendenz in der Rechtsprechung ist mittlerweile zu Recht überholt.[484] 133

Die Abgrenzung zwischen völliger Ungeeignetheit und tatsächlicher Bedeutungslosigkeit einer Beweistatsache ist oftmals nicht ganz scharf möglich, etwa wenn ein Beweisantrag auf Erstattung eines Sachverständigengutachtens ohne Vorliegen sicherer Anknüpfungstatsachen auf hypothetische Schlussfolgerungen gerichtet ist.[485] 134

b) Objektive Unmöglichkeit und subjektives Unvermögen. Regelmäßig wird die Prognose der völligen Ungeeignetheit des Beweismittels dann zu treffen sein, wenn das Gelingen des Beweises objektiv unmöglich ist und die diese objektive Unmöglichkeit begründenden Tatsachen feststehen, wie beispielsweise die fehlenden und nicht zu ermittelnden Anknüpfungstatsachen für den Sachverständigen.[486] Eine völlige Ungeeignetheit aufgrund objektiver Unmöglichkeit des Beweisgelingens liegt auch für ein Sachverständigengutachten vor, wenn dieses nicht mit wissenschaftlich anerkannten Methoden erstellt und somit auch mit diesen nicht überprüfbar ist, ihm folglich kein Beweiswert zukommt.[487] Theoretisch könnte eine objektive Unmöglichkeit für die beantragte audiovisuelle Vernehmung eines unerreichbaren Zeugen vorliegen, wenn diesem ausschließlich aufgrund des persönlichen Eindrucks Beweiswert zukommt, der bei dieser Art der Vernehmung dem Gericht nicht vermittelt werden kann.[488] Allerdings kann die gesicherte Prognose der völligen Ungeeignetheit des Beweismittels in der Praxis mit diesen Gründen nicht erreicht werden, da vor der audiovisuellen Vernehmung nicht feststeht, inwieweit dadurch auch ein persönlicher Eindruck des Zeugen vermittelt werden kann. Keinesfalls kann ein Beweisantrag auf Vernehmung eines unerreichbaren Zeugen nach § 247a mit Hinweis darauf abgelehnt werden, dass die Qualität der Vernehmung und damit der Beweiswert dieses Beweismittels nicht an den Beweiswert der Zeugenvernehmung unmittelbar in der Hauptverhandlung heranreicht. Dies liefe auf die nicht zulässige Antizipation eines geminderten Beweiswerts des Beweismittels hinaus, was keinesfalls die völlige Ungeeignetheit begründen kann.[489] 135

Eine völlige Ungeeignetheit von Urkunden als Beweismittel wird nur schwer zu begründen sein, jedenfalls nicht mit Hinweis darauf, dass diese – möglicherweise – Unrichtigkeiten oder Unwahrheiten enthalten.[490] Gleiches gilt für Abschriften von Protokollen der Telefonüberwachung, wenn diese mangels Vorliegens der Originale zum Beweis deren Inhalts angeführt werden, da ein Indizwert der Abschriften nicht ohne weiteres auszuschließen ist, erforderlichenfalls in Verbindung mit den Angaben dessen, der die Abschriften erstellt hat.[491] 136

Schwieriger als bei der objektiven Unmöglichkeit ist die völlige Ungeeignetheit eines Beweismittels, insbesondere eines Zeugen, dann festzustellen, wenn subjektives Unvermögen der Beweisperson diese für einen Beitrag zur Sachverhaltsaufklärung ungeeignet macht. Dies kann insbesondere bei der Frage des Erinnerungsvermögens eines Zeugen vorkommen, der zum Beweis weit zurückliegender Erlebnisse benannt wird. Das Gericht hat dabei insbesondere folgende Aspekte, wie sie sich im konkreten Fall darstellen, zu berücksichtigen: Zeitdauer seit den zurückliegenden Vorgän- 137

---

[481] BGH v. 19. 3. 1991 – 1 StR 99/91, StV 1991, 500 (501); BGH v. 28. 4. 1997 – 5 StR 629/96, NStZ-RR 1997, 302 (303); BGH v. 9. 4. 2002 – 4 StR 547/01, NStZ-RR 2002, 242 zu gemindertem Beweiswert oder „vermutlicher" Nutzlosigkeit.
[482] BGH v. 6. 7. 1988 – 2 StR 315/88, NJW 1989, 1045 (1046); BGH v. 9. 4. 2002 – 4 StR 547/01, NStZ-RR 2002, 242; BGH v. 27. 4. 1993 – 1 StR 123/93, StV 1993, 508; mit Einschränkungen jedoch BGH v. 12. 6. 1997 – 5 StR 58/97, NStZ 1997, 503 (504) m. abl. Anm. *Herdegen* NStZ 1997, 505.
[483] Solche Erwägungen aber bei BGH v. 12. 6. 1997 – 5 StR 58/97, NStZ 1997, 503 (504) Beweisantrag stehe einem „Schein-Beweisantrag mindestens nahe".
[484] Siehe krit. Anm. *Herdegen* zu BGH NStZ 1997, 503 (505 f.); *Meyer-Goßner* Rn. 58; KK-StPO/*Fischer* Rn. 149.
[485] Vgl. hierzu KK-StPO/*Fischer* Rn. 154.
[486] BGH v. 14. 6. 1960 – 1 StR 73/60, BGHSt 14, 339 (342); BGH v. 23. 6. 1981 – 5 StR 164/81, NStZ 1983, 211 [Pf./M.]; BGH v. 31. 5. 1994 – 1 StR 86/94, NStZ 1995, 97 (98); BGH v. 13. 3. 1997 – 4 StR 45/97, NStZ-RR 1997, 304; BGH v. 13. 11. 1981 – 3 StR 376/81, StV 1982, 102; BGH v. 29. 8. 1989 – 5 StR 278/89, StV 1990, 7.
[487] BGH v. 17. 12. 1998 – 1 StR 156/98, BGHSt 44, 308 (328) = NJW 1999, 657; BGH v. 4. 3. 1993 – 2 StR 503/92, NStZ 1993, 395 (396); BGH v. 20. 6. 1985 – 1 StR 682/84, NStZ 1985, 515.
[488] BGH v. 26. 8. 2003 – 1 StR 282/03, NStZ 2004, 347 (348).
[489] So auch BGH v. 9. 4. 2002 – 4 StR 547/01, NStZ-RR 2002, 242; abl. auch KK-StPO/*Fischer* Rn. 149.
[490] KK-StPO/*Fischer* Rn. 155.
[491] So LG Frankfurt v. 5. 12. 1986 – 89 Js 25 112/79, StV 1987, 144; KK-StPO/*Fischer* Rn. 155; aA *Meyer-Goßner* Rn. 59 d.

gen; Wesentlichkeit des Vorgangs für das Erleben des Zeugen und sein Interesse daran; Möglichkeit des Heranziehens von Erinnerungshilfen; Herausragen des Vorgangs von dem üblichen Erleben des Zeugen.[492] Das Gericht hat dabei jedenfalls einen strengen Maßstab insofern anzulegen, als die Mutmaßung nicht ausreichen kann, dass der Zeuge sich möglicherweise oder wahrscheinlich nicht wird erinnern können.[493] Die Prognose des Gerichts zur völligen Ungeeignetheit hat sich an gesicherten psychologischen Erfahrungssätzen zu orientieren und nicht an der „Lebenserfahrung" des Gerichts selbst.[494] Auch kann ein Zeuge völlig ungeeignet sein, der sich auf sein Zeugnisverweigerungsrecht oder etwa auf ein umfassendes, das gesamte Beweisthema erfassendes Auskunftsverweigerungsrecht beruft.[495] Dies gilt allerdings nur dann, wenn der Zeuge sich auf das Verweigerungsrecht beruft und unmissverständlich mitteilt, dass er keine Angaben machen werde. Ist es nur möglich oder sogar nahe liegend, dass der Zeuge von seinem Zeugnis- oder Auskunftsverweigerungsrecht Gebrauch machen wird, so ist er als Beweismittel nicht völlig ungeeignet.[496] Im Einzelfall kann auch eine Ablehnung des Antrags nach Abs. 3 S. 1 möglich sein, wenn der Zeuge sich bereits vor Stellung des Beweisantrags berechtigterweise weigert, Angaben zu machen.[497] Abzulehnen ist allerdings die Auffassung, dass ein Zeuge auch dann als Beweismittel völlig ungeeignet ist, wenn er sich – ohne Vorliegen eines Zeugnis- oder Auskunftsverweigerungsrechts – im Vorhinein auch für den Fall der Verhängung von Ordnungsgeld[498] oder Beugehaft nicht zur Aussage bereit erklärt.[499] In diesem Fall kann vor dem Einsatz dieser letzten Mittel zu Erreichung der Aussage nicht von der völligen Ungeeignetheit des Zeugen ausgegangen werden.

138   Höchst bedenklich ist die teilweise in der Rechtsprechung angenommene völlige Ungeeignetheit einer Beweisperson wegen dessen Unglaubwürdigkeit.[500] Es erscheint kaum denkbar, dass das Gericht im Vorhinein zu der sicheren Überzeugung gelangt, dem – noch nicht gehörten – Zeugen sei aufgrund besonderer Umstände keinesfalls zu glauben; eine hohe Wahrscheinlichkeit einer Falschaussage des Zeugen macht ihn jedenfalls nicht zum völlig ungeeigneten Beweismittel.[501] Denn ein nach Auffassung des Gerichts geminderter oder zweifelhafter Beweiswert kann nicht die völlige Ungeeignetheit des Zeugen begründen.[502] Den von der Rechtsprechung und auch Teilen der Literatur gemachten Einschränkungen, sofern die Gründe im Einzelnen nachvollziehbar im Ablehnungsbeschluss dargelegt sind, kann nicht gefolgt werden.[503]

139   **c) Ungeeignetheit des Sachverständigen.** Beim Sachverständigen liegt völlige Ungeeignetheit nur dann vor, wenn die tatsächlichen Grundlagen, also die notwendigen Anknüpfungstatsachen für das Gutachten fehlen und auch von dem Sachverständigen nicht ermittelt werden können.[504] Anders ist dies, wenn die tatsächlichen Anknüpfungspunkte oder Sachverhalte, auf deren Basis der Sachverständige sein Gutachten erbringen soll, nur teilweise zu beschaffen sind.[505] Völlige Ungeeignetheit des Sachverständigen kann darüber hinaus dann vorliegen, wenn die Gutachtenerstattung die Kenntnis von nicht mehr zu rekonstruierenden tatsächlichen Umständen[506] oder auch von nicht objektivierbaren innerpsychischen Vorgängen bei Dritten voraussetzt, so etwa der indi-

---

[492] BGH v. 6. 7. 1988 – 2 StR 315/88, NJW 1989, 1045 (1046); BGH v. 12. 10. 1999 – 1 StR 109/99, NStZ 2000, 156 (157); BGH v. 14. 9. 2004 – 4 StR 309/04, NStZ-RR 2005, 78.
[493] BGH v. 6. 7. 1988 – 2 StR 315/88, NStZ 1989, 219 [M.]; BGH v. 7. 1. 2004 – 5 StR 391/03, NStZ 2004, 508; OLG Köln v. 28. 3. 1996 – Ss 438/95, StV 1995, 293; *Meyer-Goßner* Rn. 60; KK-StPO/*Fischer* Rn. 151.
[494] KK-StPO/*Fischer* Rn. 151.
[495] BGH v. 2. 12. 1981 – 2 StR 492/81, NStZ 1982, 126; BGH v. 15. 7. 1998 – 2 StR 173/98, NStZ 1999, 46 m. krit. Anm. *Hecker* JR 1999, 428; m. krit. Anm. *Hiebl* StraFo 1999, 86; BGH v. 25. 2. 2003 – 4 StR 499/02, NStZ-RR 2003, 205 (206); BGH v. 24. 7. 1990 – 5 StR 221/89, NJW 1991, 50 (52); BGH v. 16. 10. 1985 – 2 StR 563/84, NStZ 1986, 181; BGH v. 7. 3. 1995 – 1 StR 523/94, BGHR StPO 244 Abs. 3 S. 2 Unerreichbarkeit 17.
[496] BGH MDR 1978, 281 [H.]; BGH v. 15. 7. 1998 – 173/98, NStZ 1999, 46.
[497] Vgl. KK-StPO/*Fischer* Rn. 152.
[498] So BGH v. 15. 7. 1998 – 2 StR 173/98, NStZ 1999, 46 = JR 1999, 427 mAnm *Hecker*.
[499] So aber BGH MDR 1983, 4 [Sch.]; KK-StPO/*Fischer* Rn. 152; *Meyer-Goßner* Rn. 59; anders, wie hier, KK-StPO/*Herdegen*, 5. Aufl. 2003, Rn. 78.
[500] BGH v. 14. 6. 1960 – 1 StR 73/60, BGHSt 14, 339 (342) = NJW 1960, 1582; BGH v. 24. 8. 1983 – 3 StR 176/83 (S), NStZ 1984, 42 (43); BGH v. 27. 4. 1993 – 1 StR 123/93, StV 1993, 508; KG v. 21. 7. 1983 – (4) Ss 75/83 (34/83), JR 1983, 479; bereits früher RG v. 6. 12. 1912 – II 445/12, RGSt 46, 383 (385); RG v. 21. 11. 1929 – III 996/29, RGSt 63, 329 (332).
[501] Anders wohl KK-StPO/*Herdegen*, 5. Aufl. 2003, Rn. 78; *Herdegen*, FS Boujong, 1996, S. 777 (789).
[502] BGH v. 6. 7. 1988 – 2 StR 315/88, NJW 1989, 1045 (1046); BGH v. 15. 9. 1994 – 1 StR 424/94, NStZ 1995, 45; BGH v. 9. 4. 2002 – 547/01, NStZ-RR 2002, 242; BGH v. 27. 4. 1993 – 1 StR 123/93, StV 1993, 508; OLG Köln v. 28. 3. 1996 – Ss 438/95, StV 1996, 368.
[503] So wohl auch KK-StPO/*Fischer* Rn. 153.
[504] BGH v. 14. 6. 1960 – 1 StR 73/60, BGHSt 14, 339 (342); BGH v. 29. 8. 1989 – 5 StR 278/89, BGHR StPO § 244 Abs. 3 S. 2 Ungeeignetheit 6; BGH v. 13. 3. 1997 – 4 StR 45/97, BGHR StPO § 244 Abs. 3 S. 2 Ungeeignetheit 16; BGH v. 10. 7. 2003 – 3 StR 130/03, NStZ 2003, 611 (612).
[505] So BGH v. 14. 6. 2006 – 2 StR 65/06, NStZ 2006, 686; BayObLG v. 10. 7. 2003 – 5 St RR 176/03, NJW 2003, 3000.
[506] BGH v. 10. 7. 2003 – 3 StR 130/03, NStZ 2003, 611 (612).

viduelle Alkoholabbauwert oder die Reaktionsfähigkeit zur Tatzeit.[507] Anders und keine völlige Ungeeignetheit eines Sachverständigen liegt vor, wenn es wenigstens möglich erscheint, dass die notwendigen tatsächlichen Anknüpfungspunkte, wenngleich nur teilweise, zu beschaffen sind.[508] Die Frage, ob das vorliegende oder noch erreichbare Anknüpfungsmaterial für die Erstattung eines Gutachtens ausreichend ist, hat das Gericht im Freibeweisverfahren zu klären.[509] Eine sogenannte relative Ungeeignetheit begründet nicht die zulässige Ablehnung, etwa die Erwartung des Gerichts, dass das Gutachten von gemindertem oder nicht dem unter Beweis gestellten Wert sein werde.[510] Die Annahme, der Sachverständige werde nicht die unter Beweis gestellte Tatsache bestätigen können, kann keinesfalls zu seiner völligen Ungeeignetheit führen. Dafür ist nämlich die Feststellung erforderlich, dass das beantragte Gutachten zu keinem verwertbaren Beweisergebnis führen kann, was auch nicht im Wege der Anhörung des Sachverständigen im Freibeweisverfahren geklärt werden darf.[511] Im Zweifelsfall ist bei dem Antrag auf Erstattung eines Sachverständigengutachtens eine Auslegung erforderlich, die eine Ablehnung wegen völliger Ungeeignetheit ausschließt, wie beispielsweise in Bezug auf die tatsächlichen Grundlagen einer rechtlichen Wertung.[512]

5. Unerreichbarkeit des Beweismittels (Abs. 3 S. 2 Var. 5). a) Beurteilung der Unerreichbarkeit. Unerreichbar ist ein Beweismittel, insbesondere ein Zeuge dann, wenn keine Möglichkeit gefunden wird, das Beweismittel beizubringen oder wenn im Verhältnis zur Bedeutung des Beweismittels angemessene Bemühungen nicht zu seiner Beibringung oder der begründeten Aussicht geführt haben, diese in absehbarer Zeit zu erreichen.[513] Die Frage der Erreichbarkeit des Beweismittels ist zu dem Zeitpunkt zu beurteilen, in welchem über den Beweisantrag entschieden wird. Ändert sich die Situation und das Beweismittel wird erreichbar, so ist dies dem Antragsteller offen zu legen und ihm Gelegenheit zu geben, einen neuen Antrag zu stellen; im Übrigen kann die Aufklärungspflicht die Beweiserhebung auch ohne erneuten Antrag erfordern.[514]

b) Unerreichbarkeit aus tatsächlichen Gründen. Der Ablehnungsgrund der Unerreichbarkeit eines Beweismittels betrifft in der Praxis regelmäßig die tatsächliche Unerreichbarkeit von Zeugen, in Ausnahmefällen auch die Unerreichbarkeit eines wegen seiner besonderen Sachkunde individualisierten Sachverständigen. Für die Beurteilung, wann tatsächlich Unerreichbarkeit angenommen werden darf, kommt es auf die Schwierigkeiten zur Beschaffung des Beweismittels an, da sich danach die vom Gericht zu fordernden Bemühungen richten. Das Tatgericht muss im Verhältnis zu dem Beweiswert des Beweismittels ausreichende Anstrengungen unternommen haben, ohne dass das Beweismittel erreicht worden wäre oder darauf begründete Aussicht bestehen würde.[515] Bei der Entscheidung des Gerichts hat es abzuwägen zwischen dem Wert des Beweismittels für die Aufklärung des Sachverhalts und im Rahmen der Beweiswürdigung einerseits und dem Interesse an einer zügigen Verfahrensführung und den Erfolgsaussichten weiterer Bemühungen um das Beweismittel andererseits.[516] Dabei ist erforderlichenfalls auch die Zeit abzusehen und zu berücksichtigen, bis die Bemühungen erfolgreich sein können.[517] Jedenfalls dann, wenn die Einschätzung des Gerichts zu dem Schluss führt, dass die Beweisbehauptung auf das Ergebnis

---

[507] BGH v. 11. 12. 1975 – 4 StR 649/75, VRS 50, 115; BGH v. 21. 6. 1968 – 4 StR 202/68, VRS 35, 264 (266); BGH v. 22. 11. 1968 – 4 StR 309/68, VRS 36, 189.
[508] BGH v. 12. 10. 1982 – 1 StR 219/82, NJW 1983, 404; BGH v. 11. 7. 1984 – 2 StR 320/84, NStZ 1984, 564; BGH v. 20. 6. 1985 – 1 StR 682/84, NStZ 1985, 515 (516); BGH v. 31. 5. 1994 – 1 StR 86/94, NStZ 1995, 97; BGH v. 29. 8. 1989 – 5 StR 278/89, StV 1990, 7; BGH v. 27. 3. 1990 – 5 StR 119/90, StV 1990, 246; BayObLG v. 10. 7. 2003 – 5 StR RR 176/2003, NStZ 2003, 616 (617).
[509] BGH v. 12. 10. 1982 – 1 StR 219/82, NJW 1983, 404 (405); BGH v. 31. 5. 1994 – 1 StR 86/94, NStZ 1995, 97.
[510] Zur Abgrenzung der relativen Ungeeignetheit von völliger Ungeeignetheit BGH v. 24. 8. 2007 – 2 StR 322/07, NStZ 2008, 116.
[511] BGH v. 15. 3. 2007 – 4 StR 66/07, NStZ 2007, 476; BGH v. 24. 8. 2007 – 2 StR 322/07, NStZ 2008, 116.
[512] BGH v. 10. 1. 2006 – 4 StR 545/05, NStZ-RR 2006, 140 (141).
[513] BGH v. 29. 10. 1980 – 3 StR 335/80, BGHSt 29, 390; BGH v. 2. 8. 1989 – 2 StR 723/88, NJW 1990, 398; BGH v. 30. 10. 1981 – 3 StR 359/81, NStZ 1982, 78; BGH v. 11. 8. 1981 – 2 StR 221/81, NStZ 1982, 212; BGH v. 16. 12. 1982 – 4 StR 630/82, NStZ 1983, 180; BGH v. 10. 5. 1983 – 5 StR 221/83, NStZ 1983, 422; BGH NStZ 1985, 375; BGH v. 13. 8. 1983 – 2 StR 465/83, NStZ 1984, 210 (211) [Pf./M.]; BGH v. 28. 10. 1986 – 1 StR 605/86, NStZ 1987, 218; BGH v. 7. 5. 1986 – 2 StR 583/85, StV 1986, 418 (419); dazu auch *Herdegen* NStZ 1984, 338; *Ter Veen* StV 1985, 295.
[514] KK-StPO/*Fischer* Rn. 156.
[515] BGH v. 8. 3. 1968 – 4 StR 615/67, BGHSt 22, 118 (120) = NJW 1968, 1485; BGH v. 24. 8. 1983 – 3 StR 136/83, BGHSt 32, 68 (73) = NJW 1984, 2772; BGH v. 8. 11. 1999 – 5 StR 632/98, NJW 2000, 443 (447); BGH v. 4. 8. 1992 – 1 StR 246/92, NStZ 1993, 50; BGH v. 31. 8. 1983 – 2 StR 103/83, StV 1983, 496.
[516] BGH v. 8. 3. 1968 – 4 StR 615/67, BGHSt 22, 118 (120) = NJW 1968, 1485; BGH v. 24. 8. 1983 – 3 StR 136/83, BGHSt 32, 68 (73) = NJW 1984, 2772; BGH v. 6. 12. 1989 – 1 StR 599/89, NJW 1990, 1124; BGH v. 8. 11. 1999 – 5 StR 632/98, NJW 2000, 443 (447); BGH v. 3. 6. 1993 – 2 StR 328/92, NStZ 1993, 349 (350); BGH v. 25. 2. 2003 – 1 StR 15/03, NStZ 2003, 562.
[517] BGH v. 25. 2. 2003 – 1 StR 15/03, NStZ 2003, 562 „absehbare Zeit" bei Vernehmungsunfähigkeit von drei Monaten; BGH v. 16. 12. 1982 – 4 StR 630/82, NStZ 1983, 180 (181).

des Verfahrens entscheidenden Einfluss haben könnte, müssen alle Möglichkeiten, notfalls auch eine Unterbrechung oder Aussetzung der Hauptverhandlung genutzt werden.[518] Ein Abwägungsergebnis zu Lasten der bestmöglichen Aufklärung kann daher nur in den Fällen in Betracht kommen, in denen die konkrete Bedeutung des Beweismittels für den Ausgang des Verfahrens gering ist.[519]

142 aa) Unbekannte Zeugen. Ein Beweisantrag, der auf die Anhörung eines Zeugen gerichtet ist, der nicht genügend individualisiert ist, unterliegt als Beweisermittlungsantrag lediglich der Verpflichtung des Gerichts im Rahmen der allgemeinen Aufklärungspflicht,[520] so dass sich die erforderlichen Bemühungen nach der Beweisergebnisprognose des Gerichts richtet.[521] Für die nötige Individualisierung genügt es, dass dem Gericht für eine Ermittlung des konkreten Zeugen ausreichende Tatsachen mitgeteilt werden.[522] Bloße erste, von vornherein unsichere Ermittlungen zur Erreichung des Zeugen sind allerdings auch dann ungenügend, insbesondere wenn weitere, Erfolg versprechende „Nachforschungsansätze" erkennbar sind.[523]

143 bb) Zeugen mit unbekanntem Aufenthaltsort. Einer mangelnden Individualisierung kann es gleichstehen, wenn ein Zeuge zwar benannt, jedoch dessen Aufenthaltsort unbekannt geblieben ist. Dies gilt allerdings nicht bereits dann, wenn der Zeuge geladen worden ist, er aber nicht erschienen oder die Ladung als unzustellbar zurückgekommen ist, oder wenn der Zeuge unbekannt verzogen ist;[524] entsprechendes gilt für Obdachlosigkeit, Erkrankung, Inhaftierung oder Unterbringung des Zeugen.[525] Jedenfalls müssen die im Einzelfall aussichtsreichen zur Verfügung stehenden Mittel überprüft werden, wie etwa Anfragen bei Meldebehörden, bei Ausländerbehörden, beim Bundeszentral- oder Ausländerzentralregister sowie auch Ermittlungsersuchen an Staatsanwaltschaft und Polizei um polizeiliche Nachschau im beruflichen, familiären oder Freizeitumfeld des Zeugen.[526] Die Pflicht des Gerichts erstreckt sich nicht in jedem Fall auf alle Erfolg versprechenden Ermittlungen und Maßnahmen, wie Unterbrechung oder Aussetzung der Hauptverhandlung zur Erreichung eines Zeugen mit unbekanntem Aufenthaltsort.[527]

144 cc) Zeugen mit bekanntem Aufenthaltsort. Auch ein individualisierter Zeuge, dessen Aufenthaltsort bekannt ist, kann für die Hauptverhandlung dann unerreichbar sein, wenn die Hindernisse für ein Erscheinen in der Hauptverhandlung trotz angemessener Bemühungen nicht beseitigt werden können.[528] Regelmäßig sind dies die Fälle eines langfristigen Krankenhausaufenthalts des Zeugen oder eines erkrankten Zeugen, dessen Erscheinen in der Hauptverhandlung mit einer (wesentlichen) Verschlechterung seines Gesundheitszustands verbunden wäre.[529] Tatsächliche Unerreichbarkeit eines Zeugen liegt auch dann vor, wenn er bei unmissverständlicher Weigerung nicht dazu gezwungen werden kann, in der Hauptverhandlung zu erscheinen.[530] Verhält sich der Zeuge allerdings lediglich zögerlich oder hinhaltend und erklärt nicht unmissverständlich seine endgültige Weigerung des Erscheinens, so ist er nicht unerreichbar.[531] Einer früheren Tendenz der

---

[518] BGH v. 16. 12. 1982 – 4 StR 630/82, NStZ 1983, 180 (181); BGH v. 31. 8. 1983 – 2 StR 103/83, StV 1983, 496; BGH v. 31. 8. 1983 – 2 StR 465/83, StV 1984, 5; BGH v. 7. 5. 1986 – 2 StR583/85, StV 1986, 418 (419).
[519] BGH v. 24. 8. 1983 – 3 StR 136/83, BGHSt 32, 68 (73); BGH v. 21. 10. 1981 – 2 StR 294/81, NStZ 1982, 127; BGH v. 12. 4. 1988 – 1 StR 62/88, JZ 1988, 982; BGH v. 23. 6. 2004 – 2 StR 491/03, NStZ 2005, 44 (45); KG v. 8. 6. 2004 – 1 Ss 23/04, StV 2005, 13; Alsberg/Nüse/Meyer S. 622.
[520] BGH v. 30. 10. 1981 – 3 StR 359/81, NStZ 1982, 78; BGH v. 16. 12. 1982 – 4 StR 630/82, NStZ 1983, 180 (181); BGH v. 10. 5. 1983 – 5 StR 221/83, NStZ 1983, 422; BGH v. 31. 8. 1983 – 2 StR 103/83, StV 1983, 496.
[521] BGH v. 24. 8. 1983 – 3 StR 136/83, BGHSt 32, 68 (73); Frister StV 1989, 380 (381).
[522] BGH v. 28. 10. 1998 – 2 StR 415/98, JR 1999, 432; BGH v. 23. 6. 2004 – 2 StR 491/03, NStZ 2005, 44 (45); OLG Köln v. 28. 3. 1996 – Ss 438/95, StV 1996, 368; OLG Köln v. 3. 4. 2002 – Ss 139/02, StV 2002, 355 (356).
[523] BGH v. 16. 12. 1982 – 4 StR 630/82, NStZ 1983, 180 (181); BGH v. 10. 5. 1983 – 5 StR 221/83, NStZ 1983, 422; BGH v. 31. 8. 1983 – 2 StR 103/83, StV 1983, 496; BGH v. 28. 10. 1986 – 1 StR 605/86, StV 1987, 45; BGH v. 22. 8. 1991 – 1 StR 473/91, StV 1992, 6.
[524] KG v. 8. 6. 2004 – (5) 1 Ss 23/04 (26/04), StV 2005, 13; OLG Köln v. 3. 4. 2002 – Ss 139/02, StV 2002, 355; OLG München v. 27. 6. 2006 – 3 StR 403/05, NStZ-RR 2007, 50.
[525] Vgl. KK-StPO/Fischer Rn. 163.
[526] OLG Frankfurt v. 28. 5. 1986 – 2 Ss 194/86, StV 1986, 468.
[527] BGH v. 23. 6. 2004 – 2 StR 491/03, NStZ 2005, 44 (45).
[528] BGH v. 8. 3. 1968 – 4 StR 615/67, BGHSt 22, 118 (120) = NJW 1968, 1485; BGH v. 24. 8. 1983 – 3 StR 136/83, BGHSt 32, 68 (73) = NJW 1984, 2772; BGH v. 8. 11. 1999 – 5 StR 632/98, NJW 2000, 443 (447); BGH v. 21. 3. 1984 – 2 StR 700/83, NStZ 1984, 375 (376); BGH v. 4. 8. 1992 – 1 StR 246/92, NStZ 1993, 50; BGH v. 3. 3. 1993 – 2 StR 328/92, NStZ 1993, 349 (350); BGH v. 15. 2. 2001 – 3 StR 554/01, BGHR StPO § 244 Abs. 3 S. 2 Unerreichbarkeit 20.
[529] BGH v. 21. 6. 1956 – 3 StR 158/56, BGHSt 9, 297 (300); BGH v. 27. 4. 2007 – 2 StR 490/06, BGHSt 51, 325 (329).
[530] BGH v. 8. 3. 1968 – 4 StR 615/67, BGHSt 22, 118 (121); BGH v. 5. 10. 1982 – 5 StR 466/82, NJW 1983, 527 (528); BGH v. 8. 11. 1999 – 5 StR 632/98, NJW 2000, 443 (445); BGH v. 19. 10. 1990 – 1 StR 435/90, NStZ 1991, 143; BGH v. 4. 8. 1992 – 1 StR 246/92, NStZ 1993, 50; BGH v. 3. 3. 1993 – 2 StR 328/92, NStZ 1993, 349 (350); BGH v. 6. 11. 1991 – 2 StR 342/91, StV 1992, 216; BGH v. 15. 2. 2001 – 3 StR 554/01, BGHR StPO § 244 Abs. 3 S. 2 Unerreichbarkeit 20.
[531] BGH v. 21. 3. 1984 – 2 StR 700/83, NStZ 1984, 375 = StV 1984, 324; BGH v. 20. 10. 1983 – 4 StR 499/83, StV 1984, 60; BGH v. 11. 7. 1984 – 3 StR 216/84, StV 1984, 408; BGH v. 19. 12. 1984 – 2 StR 438/84, StV 1985, 48;

Rechtsprechung, eine definitive Weigerung auch in bloßen Ausflüchten oder aufgrund des Ignorierens gerichtlicher Ladungen und Anfragen zu sehen,[532] ist zu widersprechen. Hierin liegt bereits deshalb keine Unerreichbarkeit des Zeugen, da nicht feststeht, ob der Zeuge bei seiner verweigernden Haltung auch bei Ausschöpfung der zulässigen Mittel des Gerichts bleiben wird. Grundsätzlich ist auch bei dem Zeugen mit bekanntem Aufenthaltsort abzuwägen zwischen den Nachteilen, die der Zeuge, etwa in Bezug auf seinen Gesundheitszustand, erleiden könnte und dem Wert des Zeugen in der konkreten Beweissituation sowie der Relevanz seiner Aussage für den Ausgang des Verfahrens.[533]

dd) **Auslandszeugen.** Für Auslandszeugen hat die Regelung in Abs. 5 S. 2 die Annahme der Unerreichbarkeit deutlich erleichtert.[534]

c) **Unerreichbarkeit aus Rechtsgründen.** Ein Beweismittel kann für das Gericht in der Beweisaufnahme auch aus Rechtsgründen unerreichbar sein. Dies gilt etwa für Urkunden, deren Beiziehung rechtliche Gründe entgegenstehen, wie beispielsweise die Beschlagnahmefreiheit höchstpersönlicher oder aus gesetzlich geschützten Vertrauensverhältnissen stammender Urkunden. Für Zeugen gilt dies in allen den Fällen, in denen die Vernehmung des Zeugen unzulässig ist, etwa bei Gefahren für Leib oder Leben oder drohender rechtsstaatswidriger Verfolgung, unabhängig davon, ob er tatsächlich erreichbar oder sogar präsent ist.[535] Dagegen führen weder das Vorliegen eines Zeugnisverweigerungsrechts, eine fehlende Aussagegenehmigung (§ 54) oder die Berufung auf ein (umfassendes) Auskunftsverweigerungsrecht zur rechtlichen Unerreichbarkeit eines Zeugen.[536] Eine wirksame behördliche Sperrerklärung nach § 96 führt nur dann zur rechtlichen Unerreichbarkeit eines Zeugen, wenn keine anderen Mittel zur Erreichung des Zeugen zur Verfügung stehen.[537] Das Gericht hat die Sperrerklärung daraufhin zu überprüfen, ob diese nicht offensichtlich rechtsfehlerhaft oder willkürlich ist.[538] Anträge zur Überprüfung der Tatsachen, die der Sperrerklärung zugrunde liegen und die deren Wirksamkeit oder Unwirksamkeit begründen könnten, unterliegen als verfahrensrelevante Fakten nicht dem Beweisantragsrecht nach Abs. 3.[539] Im Fall einer Sperrerklärung haben sowohl die Behörde und auch das Gericht bei der Prüfung strengen Anforderungen zu genügen;[540] die Unerreichbarkeit von Beweismitteln aufgrund von Sperrerklärungen muss sich auf Einzelfälle beschränken.[541] Sie kann jedenfalls nicht allein aus einer Zusicherung der Vertraulichkeit gegenüber Polizei oder Staatsanwaltschaft geschlossen werden.[542] Auch bei einer vorliegenden Sperrerklärung hat das Gericht sich weiter um die Erreichbarkeit des Zeugen zu bemühen und eventuelle (rechtliche) Hindernisse auszuräumen.[543] Zu den Bemühungen zählt, die Behörde zu einer nachvollziehbaren Begründung der Bedenken aufzufordern, den Zeugen offenzulegen und vernehmen zu lassen, und die Bedenken durch mildere, möglicherweise auch weniger beweiswerthaltige Aufklärungsmaßnahmen auszuräumen, etwa den Ausschluss der Öffentlichkeit,[544] die audiovisuelle Vernehmung nach § 247 a oder die kommissarische Verneh-

---

BGH v. 19. 10. 1990 – 1 StR 435/90, NStZ 1991, 143; BGH v. 15. 2. 2001 – 3 StR 554/01, BGHR StPO § 244 Abs. 3 S. 2 Unerreichbarkeit 20.
[532] BGH v. 24. 8. 1983 – 3 StR 136/83, BGHSt 32, 68 (75); BGH v. 18. 5. 1982 – 1 StR 31/82, NStZ 1982, 472; NStZ 1985, 375; BGH v. 19. 10. 1990 – 1 StR 435/90, NStZ 1991, 143; BGH v. 4. 8. 1992 – 1 StR 246/92, NStZ 1993, 50.
[533] BGH v. 24. 8. 1983 – 3 StR 136/83, BGHSt 32, 68 (73); BGH v. 6. 12. 1989 – 1 StR 559/89, NJW 1990, 1124; BGH v. 19. 10. 1990 – 1 StR 435/90, NStZ 1991, 143; BGH v. 4. 8. 1992 – 1 StR 246/92, NStZ 1993, 50; BGH v. 2 StR 491/03, NStZ 2005, 44; BGH v. 12. 4. 1988 – 1 StR 62/88, JZ 1988, 982.
[534] Vgl. Rn. 171 f.
[535] BGH v. 14. 11. 1984 – 3 StR 418/84, BGHSt 33, 70 (74); BGH v. 10. 2. 1993 – 5 StR 550/92, BGHSt 39, 141 (145) = NJW 1993, 1214 = JZ 1993, 1012 mAnm *Beulke/Satzger*.
[536] BGH v. 27. 4. 2007 – 2 StR 490/06, BGHSt 51, 325 (329) = NJW 2007, 2195; BGH MDR 1980, 987 [H.]; *Meyer-Goßner* Rn. 66.
[537] BGH v. 17. 2. 1981 – 5 StR 21/81, BGHSt 30, 34 (35) = NJW 1981, 1052; BGH v. 17. 10. 1983 – GSSt 1/83, BGHSt 32, 115 (123) = NJW 1984, 247; BGH v. 31. 3. 1989 – 2 StR 706/88, NJW 1989, 3291 (3294); BGH v. 16. 1. 2001 – 1 StR 523/00, NStZ 2001, 333; BGH v. 6. 2. 2003 – 4 StR 423/02, NStZ 2003, 610.
[538] BGH v. 31. 3. 1989 – 2 StR 706/88, BGHSt 36, 159 (163 f.) = NJW 1989, 3291; BGH v. 17. 10. 1983 – GSSt 1/83, BGHSt 32, 115 (125 f.); BGH v. 14. 11. 1984 – 3 StR 418/84, BGHSt 33, 70 (74) = NJW 1985, 986; BGH v. 5. 12. 1984 – 2 StR 526/84, BGHSt 33, 83 (90 ff.) = NJW 1985, 984; BGH v. 4. 1985 – 5 StR 718/84, BGHSt 33, 178 (180) = NJW 1985, 1789; BGH v. 3. 5. 1985 – 2 StR 824/84, NStZ 1985, 466 (467 f.); BGH v. 31. 3. 1989 – 5 StR 57/89, NStZ 1989, 282.
[539] BGH v. 3. 5. 1985 – 2 StR 824/84, NStZ 1985, 466 (467 f.); KK-StPO/*Fischer* Rn. 172.
[540] Keine formelhaften, lediglich pauschalen Erläuterungen *Meyer-Goßner* § 54 Rn. 20; vgl. § 54 Rn. 20.
[541] BGH v. 3. 11. 1987 – 5 StR 579/87, BGHSt 35, 82 (85); BGH v. 17. 8. 2004 – 1 StR 315/04, NStZ 2005, 43.
[542] BGH v. 3. 11. 1987 – 5 StR 579/87, BGHSt 35, 82 (85) = NStZ 1988, 563 mAnm *Naucke* = StV 1988, 5; Anm. *Taschke* StV 1988, 137; BGH v. 16. 1. 2001 – 1 StR 523/00, NStZ 2001, 333; vgl. auch BGH v. 6. 2. 2003 – 4 StR 423/02, NStZ 2003, 610.
[543] BGH v. 3. 11. 1987 – 5 StR 579/87, BGHSt 35, 82 (85) = NJW 1988, 2187; BGH v. 21. 3. 1989 – 5 StR 57/89, NStZ 1989, 282; BGH v. 17. 8. 2004 – 1 StR 315/04, NStZ 2005, 43; BGH v. 28. 10. 1987 – 2 StR 545/87, StV 1988, 45 (46).
[544] BGH v. 10. 10. 1979 – 3 StR 281/79 (S), BGHSt 29, 109 (113).

mung, erforderlichenfalls auch eine Vernehmung unter Aufrechterhaltung der Anonymität des Zeugen durch verfremdende Maßnahmen.545 In Betracht kommen grundsätzlich auch die Verlesung von früheren Vernehmungsniederschriften oder etwa die Verlesung von sonst bekannten schriftlichen Äußerungen des Zeugen546 sowie auch die Vernehmung eines Zeugen vom Hörensagen. 547 Bei der Unerreichbarkeit kann es nur dann bleiben, wenn die weiteren Mittel der Aufklärung zu einer Gefährdung von Leib oder Leben des Zeugen oder seiner weiteren Verwendung als verdeckter Ermittler oder V-Person führen würde.548 Der möglicherweise bereits zuvor feststehende geminderte Beweiswert einer audiovisuellen Vernehmung oder der Verlesung von Vernehmungsniederschriften kann nicht als solches dazu führen, dass das Gericht von diesen Vernehmungssurrogaten keinen Gebrauch macht. Dies muss ausnahmslos gelten, zumal mittels dieser Vernehmungssurrogate jedenfalls ein – wenngleich geminderter – Beweiswert erreichbar ist.549 Hat das Gericht Anhaltspunkte dafür, dass die Sperrerklärung nicht rechtswirksam abgegeben ist, oder sind die dafür angegebenen Gründe nicht zureichend dargelegt, so muss es Gegenvorstellung erheben,550 der Verwaltungsrechtsweg ist nicht eröffnet.551 Im Falle einer wirksamen und vom Gericht dann zu akzeptierenden Sperrerklärung besteht allerdings die Möglichkeit für die Verteidigung, die Vernehmung eines bestimmten Zeugen zu beantragen zum Beweis der Tatsache, dass es sich bei dieser Beweisperson um den von der Behörde nicht offenbarten verdeckten Ermittler handelt. Diesem Beweisantrag hat das Gericht nachzugehen und kann ihn jedenfalls nicht wegen rechtlicher Unerreichbarkeit des Zeugen ablehnen.552

147 6. **Verschleppungsabsicht (Abs. 3 Satz 2 Var. 6). a) Objektive Vorraussetzungen.** Die Absicht der Prozessverschleppung kann lediglich bei solchen Beweisanträgen festgestellt werden, deren Ziel eine Beweiserhebung ist, die deshalb nichts zur Sachaufklärung dienliches erbringen kann, weil es nach der Überzeugung des Gerichts553 gänzlich unwahrscheinlich, ja ausgeschlossen ist, dass sich die unter Beweis gestellte Tatsache wird nachweisen lassen.554 Dadurch grenzt sich der Ablehnungsgrund der Prozessverschleppungsabsicht von dem Ablehnungsgrund der Bedeutungslosigkeit der Beweistatsache (Var. 2) ab; sind die unter Beweis gestellten Tatsachen nicht erheblich, so ist bereits dieser Ablehnungsgrund gegeben.555 Die Überzeugung des Gerichts, dass die Bestätigung der Beweistatsachen völlig unwahrscheinlich ist, beruht auf einer Prognose des Gerichts, bei der die Motivation des Antragstellers außen vor bleibt, auf der Grundlage des bisherigen Ergebnisses der Beweisaufnahme.556 Dafür reicht es nicht aus, wenn sich nach der bisher erfolgten Beweisaufnahme keine Hinweise auf den genannten Zeugen ergeben oder auch, wenn bislang nichts darauf hingedeutet hat, dass die Beweisbehauptung wahr ist557 oder, wenn der weitere Verlauf der Hauptverhandlung entscheidend umzuplanen ist. Dies soll dann nicht der Fall sein, wenn eine Vertagung nach § 229 Abs. 1 oder eine Verschiebung um wenige Tage notwendig wird.558

148 Eine weitere objektive Voraussetzung, von der Rechtsprechung und Literatur zum Teil mittlerweile abweichen, stellt die erhebliche Verzögerung des Verfahrens im Fall der Durchführung der

---

545 BGH v. 26. 9. 2002 – 1 StR 111/02, NJW 2003, 74; BGH v. 11. 9. 2003 – 3 StR 316/02, NStZ 2004, 345 = StV 2004, 241 mAnm *Wattenberg*; BGH v. 17. 8. 2004 – 1 StR 315/04, NStZ 2005, 43; BGH v. 19. 7. 2006 – 1 StR 87/06, NStZ 2006, 648; anders noch BGH v. 17. 10. 1983 – GSSt 1/83, BGHSt [GrSen] 32, 115 (124); vgl. *Beulke* ZStW 113, 726; *Diemer* NStZ 2001, 389; *Diemer*, FS Nehm, 2006, S. 265; *Kolz*, FS Schäfer, 2003, S. 35; *Walter* Stra-Fo 2004, 224; kritisch *Valerius* GA 2005, 459.
546 Dazu BGH v. 27. 4. 2007 – 2 StR 490/06, BGHSt 51, 325 = NJW 2007, 2195.
547 BGH v. 14. 11. 1984 – 3 StR 418/84, BGHSt 33, 70 = NJW 1985, 986; BGH v. 5. 12. 1984 – 2 StR 526/84, BGHSt 33, 83 (85 ff.); BGH v. 16. 4. 1985 – 5 StR 718/84, BGHSt 33, 178; BGH v. 31. 3. 1989 – 2 StR 706/88, BGHSt 36, 159 (163 f.); *Herdegen* NStZ 1984, 200 (202).
548 Zum Zurücktreten des Art. 6 Abs. 3 d EMRK BGH v. 17. 8. 2004 – 1 StR 315/04, NStZ 2005, 43.
549 Ähnlich, aber für den Einzelfall bejahend KK-StPO/*Fischer* Rn. 174.
550 BGH v. 17. 10. 1983 – GSSt 1/83, BGHSt 32, 115 (125 ff.); BGH v. 16. 4. 1985 – 5 StR 718/84, BGHSt 33, 178 (180); BGH v. 2. 7. 1996 – 1 StR 314/96, BGHSt 42, 175 (177); BGH v. 11. 9. 1980 – 4 StR 16/80, NStZ 1981, 70.
551 BVerwG v. 14. 2. 1964 – BVerwG VII C 93.61, BVerwGE 18, 58 (59) = NJW 1964, 1088; BVerwG v. 2. 12. 1969 – BVerwG VI C 138/67, BVerwGE 34, 254, NJW 1971, 170.
552 BGH v. 6. 2. 2003 – 4 StR 423/02, NStZ 2003, 610.
553 Kritisch hierzu *Niemöller* NStZ 2008, 181.
554 BGH v. 21. 4. 1982 – 2 StR 657/81, NJW 1982, 2201; BGH v. 27. 5. 1982 – 4 StR 34/82, NStZ 1982, 391; BGH v. 3. 8. 1988 – 2 StR 360/88, NStZ 1989, 36 (37); BGH v. 14. 7. 1992 – 5 StR 231/92, NStZ 1992, 551 (552).
555 BGH v. 3. 8. 1966 – 2 StR 242/66, BGHSt 21, 118 (121 f.).
556 BGH v. 3. 8. 1966 – 2 StR 242/66, BGHSt 21, 118 (122 f.); BGH v. 7. 3. 2001 – 1 StR 2/01, NJW 2001, 1956; BGH v. 15. 2. 1990 – 4 StR 658/89, NStZ 1990, 350 (351); BGH v. 14. 7. 1992 – 5 StR 231/92, NStZ 1992, 551 (552); OLG Köln v. 18. 5. 1982 – 1 Ss 214/82, NStZ 1983, 90 mAnm *Dünnebier*; kritisch dazu *Niemöller* NStZ 2008, 181.
557 BGH v. 3. 2. 1982 – 2 StR 374/81, NStZ 1982, 292 (293).
558 Etwa zur Ladung ortsansässiger Zeugen BGH v. 27. 5. 1982 – 4 StR 34/82, NStZ 1982, 391; BGH v. 7. 5. 1986 – 2 StR 583/85, StV 1986, 418 (420).

beantragten Beweiserhebung dar.⁵⁵⁹ Die Rechtsprechung bejaht eine erhebliche Verzögerung dann, wenn die Hauptverhandlung auszusetzen ist.⁵⁶⁰ Nicht zuletzt vor dem auch bislang kritisch betrachteten Hintergrund, dass eine erhebliche Verzögerung bei § 245 Abs. 2 S. 3 und auch bei § 26a Abs. 1 Nr. 3 trotz gleichen Wortlauts nicht vorausgesetzt wird, hat aktuell zunächst der 1. Strafsenat angekündigt, künftig dieses Kriterium der erheblichen Verfahrensverzögerung deutlich restriktiver auszulegen, wenn nicht gar aufzugeben.⁵⁶¹ Nachdem der 3. Strafsenat – in einem obiter dictum – dieser Auffassung des 1. Strafsenats gefolgt war,⁵⁶² hat mittlerweile der 1. Strafsenat in einer weiteren Entscheidung – nun in der Begründung tragend – nicht nur an der Auffassung festgehalten und diese bestätigt, sondern darüber hinaus Vorgaben geschaffen, unter welchen Voraussetzungen über das Instrument der Fristsetzung die Ablehnung von Beweisanträgen wegen Verschleppungsabsicht möglich sein soll.⁵⁶³ Insbesondere wegen der zugleich erfolgten Lockerung der Voraussetzungen der Verschleppungsabsicht beim Merkmal der Erheblichkeit der Zeitverzögerung, führt diese Rechtsprechung im Ergebnis zu einer gesetzeswidrigen, mit § 246 Abs. 1 unvereinbaren Präklusion von Beweisanträgen.⁵⁶⁴

b) Absicht der Prozessverschleppung. Neben den objektiven Voraussetzungen der Prozessverschleppung besteht Übereinstimmung darin, dass ein Beweisantrag mit dem Grund der Prozessverschleppung lediglich dann abgelehnt werden kann, wenn die Verzögerung des Verfahrens das alleinige Ziel des Antragstellers ist, er also selbst davon überzeugt ist, dass der Beweis auch im Falle der beantragten Beweisaufnahme nicht erbracht werden kann.⁵⁶⁵ Diese Absicht des Antragstellers kann beispielsweise dann vorliegen, wenn wegen der Verzögerung das Verfahren abgebrochen werden muss oder aufgrund der Verzögerung eine Verständigung durchgesetzt werden soll.⁵⁶⁶ Bei der Absicht der Prozessverzögerung maßgeblich ist der Zeitpunkt, in welchem über den Beweisantrag entschieden wird. Regelmäßig kommt es dabei auf die Zielsetzung des Verteidigers,⁵⁶⁷ in Einzelfällen, wenn der Verteidiger lediglich das „Sprachrohr" des Angeklagten ist, auf dessen Ziel an.⁵⁶⁸

Zum Nachweis der Absicht der Prozessverschleppung, der sich regelmäßig nur aus mehreren Beweisanzeichen in der Zusammenschau ergeben kann, ist es nach der Rechtsprechung jedenfalls nicht ausreichend, wenn die unter Beweis gestellte Tatsache der Einlassung des Angeklagten widerspricht⁵⁶⁹ oder wenn nach erfolgloser Beweiserhebung mittels eines bestimmten Beweismittels ein anderes Beweismittel dieselbe Beweisbehauptung belegen soll.⁵⁷⁰ Allerdings kann doch als maßgebliches Indiz für eine Prozessverschleppungsabsicht anzusehen sein, wenn mehrfach hintereinander sukzessive jeweils verschiedene Beweismittel (etwa eine ganze Gruppe von Zeugen) für die eine Beweisbehauptung benannt werden.

Als solche für sich allein nicht ausreichende, jedoch in der Zusammenschau wesentliche Indizien hat die Rechtsprechung bislang folgende anerkannt: Inhaltlich inkonsistentes Verteidigungs-

---

⁵⁵⁹ BGH v. 27. 5. 1982 – 4 StR 34/82, NStZ 1982, 391; BGH v. 9. 12. 1983 – 2 StR 490/83, NStZ 1984, 230; BGH v. 14. 7. 1992 – 5 StR 231/92, NStZ 1992, 551; BGH v. 7. 5. 1986 – 2 StR 583/85, StV 1986, 418 (420); BGH v. 7. 3. 2001 – 1 StR 2/01, NJW 2001, 1956; *Sander* NStZ 1998, 207; *Kröpil* AnwBl 1999, 15; *Fahl*, Rechtsmissbrauch im Strafprozess, 2004, 467.
⁵⁶⁰ BGH v. 14. 7. 1992 – 5 StR 231/92, NStZ 1992, 551; *Meyer-Goßner* Rn. 67.
⁵⁶¹ BGH v. 9. 5. 2007 – 1 StR 32/07, BGHSt 51, 333 (342 f.) = NJW 2007, 2501; zust. *Gössel* ZIS, 2007, 557 (562 ff.); kritisch *Niemöller* NStZ 2008, 181 (184 ff.).
⁵⁶² BGH v. 19. 9. 2007 – 3 StR 354/07, StV 2008, 9.
⁵⁶³ BGH v. 23. 9. 2008 – 1 StR 484/08, BGHSt 52, 355 = NJW 2009, 605 mAnm *Gaede*; vgl. aber auch BGH v. 10. 11. 2009 – 1 StR 162/09, NStZ 2010, 161.
⁵⁶⁴ Vgl. § 246 Rn. 2; abl. auch *Duttge* JZ 2005, 1012; *Dahs* StV 2006, 116; *Gössel* JR 2006, 128; *Ventzke* HRRS 2005, 233; *Gössel* ZIS 2007, 564; *Eidam* JZ 2009, 318; *Fezer* HRRS 2009, 17; *Habentha/Trüg* GA 2009, 427; *Jahn* StV 2009, 667; *König* StV 2009, 171; allerdings keine verfassungsrechtliche Bedenken BVerfG NJW 2010, 592.
⁵⁶⁵ BGH v. 3. 8. 1966 – 2 StR 242/66, BGHSt 21, 118 (121) = NJW 1966, 2174; BGH v. 21. 4. 1982 – 2 StR 657/81, NJW 1982, 2201; BGH v. 7. 3. 2001 – 1 StR 2/01, NJW 2001, 1956; BGH v. 3. 2. 1982 – 2 StR 374/81, NStZ 1982, 291 (292); BGH v. 27. 5. 1982 – 4 StR 34/82, NStZ 1982, 391; BGH v. 9. 12. 1983 – 2 StR 490/83, NStZ 1984, 230; BGH v. 3. 8. 1988 – 2 StR 360/88, NStZ 1989, 36 (37); BGH v. 14. 7. 1992 – 5 StR 231/92, NStZ 1992, 551 (552); BGH v. 12. 6. 1997 – 5 StR 312/97, NStZ 1998, 207 mAnm *Sander*; BGH v. 21. 8. 1997 – 5 StR 312/97, NStZ-RR 1998, 14; BGH v. 4. 4. 1984 – 2 StR 767/83, StV 1984, 494 (495); BGH v. 19. 9. 2007 – 3 StR 354/07, StV 2008, 9 (10); OLG Köln v. 20. 4. 2000 – Ss 166 – 167/00, StV 2002, 238; kritisch dazu *Niemöller* NStZ 2008, 181.
⁵⁶⁶ BGH v. 16. 6. 2004 – 1 StR 214/04, NStZ 2005, 45.
⁵⁶⁷ BGH v. 3. 8. 1966 – 2 StR 242/66, BGHSt 21, 118 (121); BGH v. 21. 4. 1982 – 2 StR 657/81, NJW 1982, 2201; BGH v. 7. 3. 2001 – 1 StR 2/01, NJW 2001, 1956; BGH v. 27. 5. 1982 – 4 StR 34/82, NStZ 1982, 391; BGH v. 9. 12. 1983 – 2 StR 490/83, NStZ 1984, 230; BGH v. 3. 8. 1988 – 2 StR 360/88, NStZ 1989, 36 (37); BGH v. 14. 7. 1992 – 5 StR 231/92, NStZ 1992, 551 (552); BGH v. 4. 4. 1984 – 2 StR 767/83, StV 1984, 494 (495); BGHR StPO § 244 Abs. 3 S. 2 Prozessverschleppung 8.
⁵⁶⁸ BGH v. 10. 4. 1953 – 1 StR 145/53, NJW 1953, 1314; BGH v. 4. 4. 1984 – 2 StR 767/83, StV 1984, 494 (495).
⁵⁶⁹ BGH v. 3. 8. 1966 – 2 StR 242/66, BGHSt 21, 118 (123) = NJW 1966, 2174; BGH v. 14. 7. 1992 – 5 StR 231/92, NStZ 1992, 551 (552).
⁵⁷⁰ So KK-StPO/*Fischer* Rn. 180.

vorbringen;[571] wechselnde bzw. nicht erkennbare Verteidigungsstrategie, etwa bei der Weigerung, eine Alibibehauptung zu konkretisieren;[572] Antrag auf Vernehmung eines erkennenden Richters nach dessen Mitteilung, dass er die unter Beweis gestellte Tatsache nicht bestätigen könne.[573]

152 Der Zeitpunkt, in welchem der Beweisantrag gestellt wird, kann entgegen der Tendenz der Rechtsprechung des 1. und 3. Strafsenats kein Indiz für eine Verschleppungsabsicht sein;[574] das Gericht hat Beweisanträge bis zum Beginn der Urteilsverkündigung entgegenzunehmen und kann ein bestimmtes Beweisbegehren nicht präkludieren.[575] Über die indizielle Bedeutung des Zeitpunkts der Antragstellung für den Ablehnungsgrund der Verschleppungsabsicht kann die Verteidigung nicht veranlasst werden, Beweisanträge zu dem vom Gericht für sinnvoll oder angemessen gehaltenen Zeitpunkt zu stellen.[576] Dies muss auch dann gelten, wenn der Verteidiger noch kurz vor Schluss der Beweisaufnahme mehrere Beweisanträge stellt, ungeachtet dessen, dass das Gericht zuvor Gelegenheit gegeben hatte, noch „letzte" Beweisanträge zu stellen.

153 **c) Begründeter Ablehnungsbeschluss.** Das Gericht hat die einzelnen Indizien, aus denen es den Schluss der Verschleppungsabsicht zieht, im Einzelnen und in der Zusammenschau nach der Sach- und Beweislage zu würdigen und dabei auch zu berücksichtigen, welche der Beweisanzeichen gegen eine Verschleppungsabsicht sprechen,[577] wofür das gesamte Prozessverhalten des Antragstellers heranzuziehen ist.[578] Die Darlegung der Umstände, weswegen Prozessverschleppungsabsicht angenommen wird, müssen in dem Ablehnungsbeschluss bezogen auf den jeweiligen einzelnen Beweisantrag dargelegt werden.[579] Keinesfalls kann ein Beweisantrag wegen Verschleppungsabsicht mit der Begründung abgelehnt werden, die (gesamte) Prozessführung des Antragstellers sei missbräuchlich; vielmehr kann dies die Prüfung, ob dem einzelnen Beweisantrag nachzugehen ist, nicht ersetzen.[580] Die Beweisanzeichen für die Verschleppungsabsicht sind so darzulegen, dass diese Indizien in der Revision auf ihre Schlüssigkeit überprüft werden können; das Revisionsgericht kann diese dann auch einer eigenen Würdigung unterziehen.[581] Zwingend ist eine eigene Würdigung des Revisionsgerichts jedenfalls dann, wenn die Nichtberücksichtigung oder nicht ausreichende Berücksichtigung von anderen, dagegen stehenden Indizien gerügt worden ist.[582]

154 Nach bisher ständiger Rechtsprechung war es nicht zulässig, einen Hilfsbeweisantrag erst in den Urteilsgründen wegen Prozessverschleppungsabsicht abzulehnen, vielmehr war dem Antragsteller Gelegenheit zu geben, sich auf die Gründe der Ablehnung einzustellen und seine weitere Verteidigung darauf auszurichten.[583] In der Tendenz zur restriktiven Auslegung oder Aufgabe des Kriteriums der Verzögerung hat der 1. Strafsenat mittlerweile auch von dieser Rechtsprechung Abstand genommen.[584] Danach soll es möglich sein, Hilfsbeweisanträge im Urteil wegen Verschleppungsabsicht abzulehnen, wenn zuvor vom Vorsitzenden eine Frist zur Stellung von Beweisanträgen gesetzt wird unter Hinweis darauf, dass später gestellte Beweisanträge bei Vorliegen der weiteren Voraussetzungen dafür wegen Verschleppungsabsicht abgelehnt werden. Dem ist – wie grundsätzlich der Rechtsprechung zur Präklusion von Beweisanträgen – nicht zu folgen.[585] Will man dies anders sehen, würde dem Antragsteller in dieser Konstellation gänzlich verwehrt,

---

[571] BGHR StPO § 244 Abs. 2 Prozessverschleppung 5; OLG Karlsruhe Die Justiz 1976, 440.
[572] BGH v. 21. 4. 1982 – 2 StR 657/81, NJW 1982, 2201; BGH v. 7. 3. 2001 – 1 StR 2/01, NJW 2001, 1956 (1957); BGH v. 15. 2. 1990 – 4 StR 658/89, NStZ 1990, 350 (351); BGH v. 14. 7. 1992 – 5 StR 231/92, NStZ 1992, 551 (552); BGH v. 4. 4. 1984 – 2 StR 767/83, StV 1984, 494.
[573] BGH v. 12. 3. 2003 – 1 StR 68/03, NStZ 2003, 558.
[574] Löwe/Rosenberg/*Becker* Rn. 271; KK-StPO/*Fischer* Rn. 180; dagegen BGH v. 9. 5. 2007 – 1 StR 32/07, BGHSt 51, 333 (344 f.) = NStZ 2007, 659; BGH v. 19. 6. 2007 – 3 StR 149/07, NStZ 2007, 716; BGH v. 23. 9. 2008 – 1 StR 484/08.
[575] BGH v. 18. 3. 1986 – 1 StR 51/86, NStZ 1986, 371; BGH v. 15. 2. 1990 – 4 StR 658/89, NStZ 1990, 350 (351); BGH v. 21. 8. 1997 – 5 StR 312/97, NStZ-RR 1998, 14; vgl. § 246 Rn. 2.
[576] BGH v. 3. 8. 1966 – 2 StR 242/66, BGHSt 21, 118 (123); BGH v. 27. 10. 1981 – 5 StR 570/81, NStZ 1982, 41; BGH v. 3. 2. 1982 – 2 StR 374/81, NStZ 1982, 291 (292); BGH v. 9. 12. 1983 – 2 StR 490/83, NStZ 1984, 230; BGH v. 21. 8. 1997 – 5 StR 312/97, NStZ 1998, 207; KK-StPO/*Fischer* Rn. 180.
[577] BGH v. 3. 2. 1982 – 2 StR 374/81, NStZ 1982, 291 (293); BGH v. 9. 12. 1983 – 2 StR 490/83, NStZ 1984, 230.
[578] BGH v. 11. 6. 1986 – 3 StR 10/86, NStZ 1986, 519 (520); BGH v. 3. 8. 1988 – 2 StR 360/88, NStZ 1989, 36 (37); BGH v. 15. 2. 1990 – 4 StR 658/89, NStZ 1990, 350 (351); BGH v. 4. 4. 1984 – 2 StR 767/83, StV 1984, 494; Übersicht zu den einzelnen Gesichtspunkten bei *Schweckendiek* NStZ 1991, 109.
[579] BGH v. 21. 4. 1982 – 2 StR 657/81, NJW 1982, 2201 = JR 1983, 35 mAnm *K. Meyer*; BGH v. 4. 4. 1984 – 2 StR 767/83, StV 1984, 494; OLG Hamburg v. 3. 11. 1978 – 2 Ss 58/78, JR 1980, 32 (34) mAnm *Gollwitzer*.
[580] BGH v. 7. 12. 1979 – 3 StR 299/79 (S), BGHSt 29, 149 (152) = NJW 1980, 1533.
[581] So BGH v. 3. 8. 1966 – 2 StR 242/66, BGHSt 21, 118 (123) = NJW 1966, 1718; weniger weitgehend allerdings BGH v. 23. 1. 1951 – 1 StR 37/50, BGHSt 1, 29 (32); BGH v. 21. 4. 1982 – 2 StR 657/81, NJW 1982, 2201: kein Anlass zu eigener Würdigung des Revisionsgerichts.
[582] KK-StPO/*Fischer* Rn. 182.
[583] BGH v. 8. 5. 1968 – 4 StR 326/67, BGHSt 22, 124 = NJW 1968, 1339; BGH v. 22. 4. 1986 – 4 StR 161/86, NStZ 1986, 372; BGH v. 21. 8. 1997 – 5 StR 312/97, NStZ 1998, 207.
[584] BGH v. 9. 5. 2007 – 1 StR 32/07, BGHSt 51, 333 (342 f.) = NJW 2007, 2501; BGH v. 23. 9. 2008 – 1 StR 484/08, zitiert nach juris.
[585] Vgl. § 246 Rn. 2; oben Rn. 148.

die Gründe der Ablehnung des Beweisantrags in das weitere Verteidigungsverhalten miteinzubeziehen.

7. Wahrunterstellung (Abs. 3 Satz 2 Var. 7). a) Anwendungsbereich und Vorrang der Sachaufklärung. Mit dem Ablehnungsgrund der Wahrunterstellung verbinden sich erfahrungsgemäß die meisten in der Revision erfolgreich gerügten Rechtsfehler, da nicht nur Schwierigkeiten bei der Anwendung dieses Ablehnungsgrundes bestehen, sondern sich auch eine Tendenz in Literatur und Rechtsprechung abzeichnet, diesen Ablehnungsgrund einzuschränken.[586] Den Anwendungsbereich der Wahrunterstellung beschreibt die Überlegung des Gerichts, dass eine in einem zulässigen Antrag vorgetragene Beweisbehauptung dann, wenn man den Antrag nachgehen würde, nicht widerlegt werden könnte und daher nach dem Zweifelsgrundsatz zu Gunsten des Angeklagten als zutreffend zu unterstellen ist. Anders ist die Relevanz der Beweisbehauptung dann einzuschätzen, wenn die Erhebung des Beweises zu einem non liquet führt, da in diesem Fall eine Bewertung der Beweistatsache im Gesamtzusammenhang der Beweiswürdigung erfolgen muss. Daraus folgt für das Gericht, dass erhebliche entlastende Beweisbehauptungen, die durch Beweiserhebung nicht zu widerlegen sind, ohne Vornahme der Beweiserhebung nach dem Grundsatz in dubio pro reo als wahr unterstellt werden können.[587] Ausschließlich dieser Bereich beschreibt die Möglichkeiten des Gerichts, die Beweisaufnahme über den Ablehnungsgrund der Wahrunterstellung abzukürzen. Daher ist es fehlerhaft und ein Verstoß gegen die Aufklärungspflicht, wenn das Gericht auch solche Beweisbehauptungen (zu Gunsten des Angeklagten) als wahr unterstellt, die möglicherweise doch durch Vornahme der Beweisaufnahme widerlegbar wären.[588] Das Gericht darf sich durch Wahrunterstellung nicht der nach der Aufklärungspflicht gebotenen Prüfung entziehen, ob eine Widerlegung möglich oder die Beweiserhebung in anderer Weise zur Sachaufklärung beitragen kann.[589] Die Wahrheitsfindung und damit die Pflicht des Gerichts zur Sachaufklärung gehen der Wahrunterstellung vor.[590] Fehlerhaft ist eine Wahrunterstellung daher auch dann, wenn sie weitere, nicht feststehende Umstände umfasst, auf welche die beantragte und unterlassene Beweiserhebung sich hätte beziehen müssen.[591] Ist eine Beweiserhebung zu dem Zweck beantragt, die Unglaubhaftigkeit der Aussage eines Belastungszeugen nachzuweisen, so darf das Gericht regelmäßig nicht mit einer Wahrunterstellung arbeiten, da die beantragte Beweisaufnahme weitere Umstände zur Einschätzung des Beweiswerts des Belastungszeugen wie auch des benannten Beweismittels umfasst hätte.[592] Der damit regelmäßig vorliegende Verstoß gegen die Aufklärungspflicht ist nur ausnahmsweise dann nicht gegeben, wenn bei einer Gesamtwürdigung aller Hilfstatsachen das als wahr unterstellte Indiz für die Unrichtigkeit der Angaben seine Bedeutung verliert.[593] Für die Verteidigung sind diese Fälle regelmäßig bei befürchteten Revisionen der Staatsanwaltschaft von Bedeutung.

b) Erheblichkeit der Beweisbehauptung. Auch zu Gunsten des Angeklagten vorgetragene Beweisbehauptungen dürfen nur dann als wahr unterstellt werden, wenn sie auf für die Beweisaufnahme erhebliche Tatsachen zielen.[594] Dies bedeutet, dass das Gericht bei der Prüfung einer zugunsten des Angeklagten vorgetragenen Beweistatsache nur entweder zu ihrer Bedeutungslosigkeit kommen kann oder zu deren Wahrunterstellung. Will das Gericht der beantragten Beweiserhebung nicht nachgehen, so hat es sich für einen der beiden Ablehnungsgründe zu entscheiden.[595] Denn bei

---

[586] Vgl. dazu noch Rn. 158 ff.; auch KK-StPO/*Fischer* Rn. 183 f.
[587] BGH MDR 1981, 456 [H.]; *Herdegen* NStZ 1984, 337 (340); BGH v. 27. 4. 2004 – 3 StR 112/04, NStZ 2004, 614 (615); BGH v. 27. 7. 2004 – 3 StR 71/04, NStZ 2005, 155 (156); Schröder NJW 1972, 2105 (2108 f.); *Niemöller*, FS Hamm, 2008, S. 537 (547 f.).
[588] BGH v. 10. 11. 1959 – 1 StR 488/59, BGHSt 13, 326; BGH v. 14. 8. 1996 – 3 StR 262/96, StV 1996, 648; BGH v. 29. 9. 1998 – 1 StR 420/98, NStZ-RR 1999, 275; BGH v. 18. 4. 1989 – 1 StR 106/89, BGHR StPO § 244 Abs. 2 Sachverständiger 5.
[589] BGH v. 10. 11. 1959 – 1 StR 488/59, BGHSt 13, 326; BGH v. 4. 6. 1996 – 4 StR 242/96, NStZ-RR 1997, 8; BGH v. 29. 9. 1998 – 1 StR 420/98, NStZ-RR 1999, 275; BGH v. 18. 4. 1989 – 1 StR 106/89, BGHR StPO § 244 Abs. 2 Sachverständiger 5; OLG Hamburg v. 4. 12. 1980 – 1 Ss 211/80, JR 1982, 36 (37) mAnm *Gollwitzer*.
[590] BGH v. 6. 7. 1988 – 2 StR 315/88, NJW 1989, 1045 = NStZ 1989, 129 mAnm *Volk*; BGH v. 4. 6. 1996 – 4 StR 242/96, NStZ-RR 1997, 8; BGH v. 14. 8. 1996 – 3 StR 262/96, StV 1996, 648; BGH v. 29. 9. 1998 – 1 StR 420/98, NStZ-RR 1999, 275; BGH v. 18. 1. 1990 – 4 StR 688/89, StV 1990, 293 (294); BGH v. 22. 8. 1996 – 5 StR 316/96, StV 1996, 648; BGH v. 19. 7. 2005 – 4 StR 164/05, NStZ 2007, 282; *Meyer-Goßner* Rn. 70; KK-StPO/*Fischer* Rn. 194.
[591] BGH v. 19. 7. 2005 – 4 StR 164/05, NStZ 2007, 282.
[592] BGH v. 15. 1. 1991 – 4 StR 539/90, NStZ 1992, 28; BGH v. 22. 8. 1996 – 5 StR 316/96, NStZ 1996, 648; BGH v. 4. 6. 1996 – 4 StR 242/96, NStZ-RR 1997, 8; BGH v. 18. 1. 1990 – 4 StR 688/89, StV 1990, 293 (294).
[593] BGH v. 10. 5. 1988 – 1 StR 80/88, NStZ 1988, 423 (424); BGH v. 7. 10. 1998 – 1 StR 287/98, NStZ-RR 2000, 13; BGH v. 8. 1986 – 3 StR 234/86, StV 1986, 467; KK-StPO/*Fischer* Rn. 194.
[594] St. Rspr. BGH v. 28. 5. 2003 – 2 StR 486/02, NStZ-RR 2003, 268; BGH v. 7. 11. 2002 – 3 StR 216/02, NStZ 2004, 51; BGH v. 27. 4. 2004 – 3 StR 112/04, NStZ 2004, 614; *Becker* NStZ 2006, 495.
[595] BGH v. 28. 5. 2003 – 2 StR 486/02, NStZ-RR 2003, 268 mAnm *Eisenberg/Zötsch*; BGH v. 7. 11. 2002 – 3 StR 216/02, NStZ 2004, 51; BGH v. 1. 6. 2006 – 3 StR 77/06, StV 2007, 18.

der Wahrunterstellung als Ablehnungsgrund eines Beweisantrags darf die Frage der Erheblichkeit nicht offen bleiben, um die Verteidigung nicht fehlerhaft zu beschränken.[596] Die Rechtsprechung hat dies bislang für die Wahrunterstellung von Indiztatsachen[597] insofern anders entschieden, als diese zulässigerweise auch dann möglich sein soll, wenn sich die Erheblichkeit zum Zeitpunkt der Ablehnung des Beweisantrags nicht abschließend beurteilen lässt.[598] Für Indiztatsachen soll daher nach der Rechtsprechung eine Festlegung des Gerichts, ob die Tatsache bedeutungslos ist oder als wahr unterstellt werden kann, unterbleiben können und somit auch ein Wechsel der Bewertung nicht angezeigt werden müssen.[599] Von der Konsequenz, dass eine veränderte Bewertung der Erheblichkeit der Indiztatsache der Verteidigung nicht offen gelegt zu werden braucht, ist die Rechtsprechung wegen Beschränkung der Verteidigung abgewichen, wenn wegen der Wahrunterstellung auf mögliche weitere Beweisanträge verzichtet worden ist, welche die Erheblichkeit der Beweistatsache nachgewiesen hätten.[600]

157   Der Rechtsprechung ist zu widersprechen. Die Gründe für die Ablehnung des Beweisantrags hat das Gericht – unabhängig davon, ob es sich um Haupt- oder Indiztatsachen handelt – auch im Fall der Wahrunterstellung zur Zeit der Beschlussfassung darzulegen und sich damit festzulegen. Mit der Unterlassung der beantragten Beweiserhebung aufgrund der Wahrunterstellung der Beweistatsache hat das Gericht „für die Verteidigung verbindlich" mitgeteilt, dass es die Beweistatsache für erheblich hält. Kommt das Gericht später zu der Einschätzung, dass die Beweistatsache unerheblich ist oder nicht als wahr unterstellt werden kann, so muss der Antrag erneut – mit den zutreffenden Gründen – beschieden oder der Beweis erhoben werden.[601] Ein bloßer Hinweis des Gerichts reicht regelmäßig nicht aus,[602] um die Beschränkung der Verteidigung und den inneren Widerspruch zwischen dem ablehnenden Beschluss über den Beweisantrag und den Urteilsgründen auszuräumen.

158   c) **Reichweite der zulässigen Antizipation und Bedeutung.** Wird auf einen Beweisantrag die Beweistatsache als wahr unterstellt, so ist diese vollumfänglich, nach einer dem Sinn und Zweck des Beweisantrags entsprechenden und möglichst weitgehenden Auslegung als wahr anzunehmen. Sie darf weder in ihrer Bedeutung beschränkt oder umgedeutet, noch inhaltlich verändert werden.[603] Dieses Kongruenzgebot bezieht sich auch und insbesondere auf die Urteilsfeststellungen zu den Wahrunterstellungen im Rahmen der Beweisaufnahme.[604] Soweit die Beweistatsache in den Urteilsfeststellungen verkürzt wird, ist der Beweisantrag als nicht erledigt anzusehen.[605] Kann der Antragsteller den Gründen des ablehnenden Beschlusses entnehmen, dass die unter Beweis gestellte Tatsache beschränkt oder verändert der Wahrunterstellung unterlegt wurde, so muss er dem nach der Rechtsprechung widersprechen und einen Gerichtsbeschluss herbeiführen, um den Verfahrensverstoß in der Revision rügen zu können.[606]

---

[596] So die maßgebliche Auffassung in der Literatur KMR-StPO/*Paulus* Rn. 451; Anw-StPO/*Sommer* Rn. 115; *von Stackelberg*, FS Sarstedt, 1981, S. 373 (376); *Hamm*, FG Peters, 1984, S. 169 (175 ff.); *Sarstedt/Hamm* Rn. 694 ff.; *Tenckhoff*, Die Wahrunterstellung im Strafprozess, 1980, S. 133 ff.; *Hamm/Hassemer/Pauly* Rn. 374; *Schlothauer* StV 1986, 213 (227); *Bringewat* MDR 1986, 353 (357); *Schweckendiek* NStZ 1997, 257 (259); *Gillmeister* StraFo 1997, 11; *Becker* NStZ 2006, 495 (498); *Niemöller*, FS Hamm, 2008, S. 537 (549 ff.); einschränkend Löwe/Rosenberg/*Becker* Rn. 297 ff.; *Eisenberg*, Beweisrecht, Rn. 245.
[597] Dagegen *Grünwald*, FS Honig, 1970, S. 53; *Engels* GA 1981, 21 (30); zweifelnd auch *Becker* NStZ 2006, 495 (498).
[598] BGH v. 1. 7. 1971 – 1 StR 362/70, GA 1972, 272; auch BGH v. 24. 1. 2006 – 5 StR 410/05, BGHR StPO § 244 Abs. 3 S. 2 Wahrunterstellung 37.
[599] BGH NStZ 1981, 96 [Pf.]; BGH v. 15. 5. 1979 – 5 StR 746/78, NStZ 1981, 296 [Pf.]; BGH v. 2. 11. 1982 – 5 StR 308/82, NStZ 1983, 357 [Pf./M.]; BGH v. 14. 3. 1990 – 3 StR 109/89, BGHR StPO § 244 Abs. 3 S. 2 Wahrunterstellung 20; OLG Celle v. 23. 10. 1985 – 3 Ss 217/85, StV 1986, 423 m. abl. Anm. *Tenckhoff*; zustimmend *Herdegen* NStZ 1984, 337 (342); KK-StPO/*Herdegen*, 5. Aufl. 2003, Rn. 92; *Meyer-Goßner* Rn. 70; *Pfeiffer* Rn. 38; *Schäfer*, Praxis des Strafverfahrens, Rn. 1189; *Alsberg/Nüse/Meyer* S. 656 ff.
[600] BGH v. 18. 2. 1982 – 2 StR 789/81, BGHSt 30, 383; ähnlich OLG Hamm v. 11. 2. 1983 – 1 Ss 2123/82, NStZ 1983, 522; dagegen *Meyer-Goßner* Rn. 71.
[601] *Niemöller*, FS Hamm, 2008, S. 537 (553 f.).
[602] So aber wohl KK-StPO/*Fischer* Rn. 187.
[603] BGH v. 26. 1. 1982 – 1 StR 802/81, NStZ 1982, 213; BGH v. 4. 8. 1981 – 1 StR 427/81, NStZ 1983, 211 [Pf./M.]; BGH v. 21. 9. 1983 – 2 StR 151/83, NStZ 1984, 211 [Pf./M.]; BGH v. 15. 6. 1984 – 5 StR 359/84, NStZ 1984, 564; BGH v. 4. 7. 1985 – 4 StR 324/85, NStZ 1986, 207 [Pf./M.]; BGH v. 6. 7. 1988 – 2 StR 315/88, NStZ 1989, 129 mAnm *Volk*; BGH v. 28. 8. 2002 – 1 StR 277/02, NStZ 2003, 101 (102); BGH v. 14. 9. 2004 – 4 StR 309/04, NStZ-RR 2005, 78; BGH v. 3. 2. 1982 – 2 StR 132/82, StV 1982, 356 (357); BGH v. 6. 12. 1989 – 2 StR 309/89, StV 1990, 149; BGH v. 18. 1. 1990 – 4 StR 688/89, StV 1990, 293 (294); BGH v. 13. 10. 1987 – 5 StR 254/87, BGHR StPO § 244 Abs. 3 S. 2 Wahrunterstellung 4; BGH v. 4. 12. 1987 – 2 StR 563/87, BGHR StPO § 244 Abs. 3 S. 2 Wahrunterstellung 6; BGH v. 8. 12. 1989 – 3 StR 401/89, BGHR StPO § 244 Abs. 3 S. 2 Wahrunterstellung 18; BGH v. 30. 5. 1990 – 2 StR 55/90, BGHR StPO § 244 Abs. 3 S. 2 Wahrunterstellung 21; BGH v. 15. 11. 1994 – 1 StR 550/94, BGHR StPO § 244 Abs. 3 S. 2 Wahrunterstellung 27; OLG Hamburg v. 19. 3. 2001 – 1 Ss 179/00, StV 2001, 332 mAnm *Meyer*.
[604] BGH v. 27. 4. 2004 – 4 StR 126/04, StraFo 2004, 278.
[605] *Niemöller*, FS Hamm, 2008, S. 537 (549); KK-StPO/*Fischer* Rn. 188.
[606] BGH v. 28. 11. 2000 – 5 StR 327/00, StV 2001, 436; KK-StPO/*Fischer* Rn. 188.

III. Für bestimmte Beweismittel geltende Ablehnungsgründe

163 **1. Ablehnung von Anträgen auf Sachverständigenbeweis (Abs. 4). a) Eigene Sachkunde des Gerichts (Abs. 4 Satz 1).** Die Ablehnung eines Beweisantrags, der auf die Vernehmung eines Sachverständigen gerichtet ist, wegen eigener Sachkunde des Gerichts steht gleichwertig neben den Ablehnungsgründen des Abs. 3 S. 2. Die eigene Sachkunde des Gerichts bestimmt sich nach den gleichen Erwägungen.[617] Von eigener Sachkunde kann das Gericht allerdings nicht ausgehen und daher die Vernehmung eines Sachverständigen nicht ablehnen, wenn dies zwingend gesetzlich vorgesehen ist, so in den §§ 80a, 81, 246a StPO, § 73 Abs. 1 JGG. Das Gericht hat bei Ablehnung wegen eigener Sachkunde diese eigene Sachkunde in dem Beschluss, jedenfalls aber in den Urteilsgründen darzulegen, es sei denn, es handelt sich dabei nicht um spezifische Sachkunde, sondern um Allgemeinwissen.[618] Eigene Sachkunde kann das Gericht – auch entgegen der eigenen Einschätzung – dann nicht haben, wenn es an Sachwissen fehlt, das für die Anwendung oder für die Auswertung unerlässlich ist.[619] Die eigene Sachkunde kann dem Gericht zwar vermittelt worden sein, allerdings regelmäßig dann nicht, wenn dies nicht über den speziell geforderten Sachverständigen, sondern durch eine auf anderem Gebiet sachverständige Person geschehen sein soll.[620] Rechtsfehlerhaft ist eine Ablehnung regelmäßig dann, wenn das Gericht es zuvor für erforderlich gehalten hat, einen Sachverständigen zu bestellen, der dann jedoch abgelehnt wurde.[621]

164 **b) Vernehmung eines weiteren Sachverständigen (Abs. 4 Satz 2). aa) Verhältnis zu anderen Ablehnungsgründen.** Die Ablehnung der Vernehmung eines weiteren Sachverständigen steht neben den Ablehnungsgründen nach Abs. 3 S. 2 und nach Abs. 4 S. 1. Zu kurz greift es, wenn das Gericht sich durch Zuziehung eines weiteren Sachverständigen das nötige Wissen verschaffen will, um das Gutachten des ersten Sachverständigen beurteilen und „kontrollieren" zu können.[622] In diesem Fall ist jedenfalls eine Feststellung des Gerichts, dass das Gegenteil der Beweisbehauptung bereits durch das erste Gutachten bewiesen sei, nicht denkbar, da das Gericht eben diese Feststellung mangels „Kontrollwissens" nicht treffen kann.[623] Denn das Gegenteil der behaupteten Beweistatsache kann nicht durch ein früheres Sachverständigengutachten bereits erwiesen sein, wenn der Nachweis auf weiteren Beweisstoff, und sei es nur die notwendige „Verständniskontrolle" des Gerichts gestützt werden muss oder sogar darauf, dass das Gericht dem Sachverständigen nicht folgen will.[624]

165 **bb) Voraussetzungen.** Nur dann, wenn der Sachverständige sich zu derselben Beweisfrage wie der bereits gehörte Sachverständige und aufgrund seiner Sachkunde auf demselben Fachgebiet äußern soll, ist er als weiterer Sachverständiger im Sinne der Vorschrift anzusehen; andere Methoden oder Ausgangspositionen und Ansätze in der wissenschaftlichen Theorie berühren seine Rolle als weiterer Sachverständiger nicht.[625] Nach der spezifischen Beweisfrage zu entscheiden ist, ob Sachverständige unterschiedlicher Fachrichtungen unter diesen Ablehnungsgrund fallen können;[626] für psychiatrische Sachverständige soll es sich bei der Psychoanalyse um dasselbe Fachgebiet handeln,[627] wie nach der Rechtsprechung regelmäßig bei überlappenden Kompetenzbereichen verschiedener Sachverständiger.[628]

166 **cc) Defizite der Beweiskraft des Erstgutachtens (Rückausnahmen Abs. 4 Satz 2 Hs. 2).** Mit dem Erstgutachten kann der Nachweis des Gegenteils der behaupteten Tatsache nicht begründet wer-

---

Abs. 3 S. 2 Wahrunterstellung 36; KK-StPO/*Fischer* Rn. 193; aA nur bei offensichtlicher Bedeutungslosigkeit KK-StPO/*Herdegen*, 5. Aufl. 2003, Rn. 96; *Herdegen* NStZ 1984, 337 (342 f.); Löwe/Rosenberg/*Becker* Rn. 315.

[617] Dazu Rn. 118 ff.
[618] BGH v. 17. 2. 1983 – 1 StR 325/82, NStZ 1983, 325; BGH v. 13. 3. 1985 – 3 StR 8/85, NStZ 1985, 421; BGH v. 5. 12. 1986 – 2 StR 301/86, NStZ 1987, 182 = StV 1987, 374 mAnm *Peters*; *Hanack* NStZ 1987, 503; BGH v. 27. 10. 1994 – 1 StR 597/94, NStZ 1995, 201; BGH v. 9. 5. 1986 – 2 StR 211/86, StV 1986, 466; BGH v. 21. 10. 1997 – 1 StR 578/97, StV 1998, 248 (249); BGH v. 2. 5. 1989 – 5 StR 153/89, BGHR StPO § 244 Abs. 4 S. 1 Sachkunde 3; BGH v. 18. 1. 1995 – 3 StR 582/94, BGHR StPO § 244 Abs. 4 S. 1 Sachkunde 8.
[619] BGH v. 2. 5. 1985 – 4 StR 142/85, NStZ 1985, 420; BGH v. 13. 3. 1985 – 3 StR 8/85, NStZ 1985, 421; BGH v. 10. 1. 2000 – 5 StR 638/99, NStZ 2000, 437; BGH v. 22. 10. 1992 – 5 StR 502/92, StV 1993, 567; vgl. BGH v. 5. 10. 1983 – 2 StR 281/83, NStZ 1984, 178 = StV 1984, 61 mAnm *Glatzel*.
[620] KK-StPO/*Fischer* Rn. 198.
[621] Anders, mit besonderer Begründung möglich BGH v. 4. 10. 1978 – 3 StR 349/78, zitiert nach juris; *Meyer-Goßner* Rn. 73; KK-StPO/*Fischer* Rn. 198.
[622] So aber KK-StPO/*Herdegen*, 5. Aufl. 2003, Rn. 99; vgl. auch *Meyer-Goßner* Rn. 77.
[623] So KK-StPO/*Fischer* Rn. 200.
[624] BGH v. 24. 11. 1992 – 5 StR 500/92, BGHSt 39, 49 (52) = NJW 1993, 866; BGH v. 10. 8. 2004 – 3 StR 240/04, NStZ 2005, 159; vgl. *Trück* NStZ 2007, 377 (383).
[625] BGH v. 24. 11. 1992 – 5 StR 500/92, BGHSt 39, 49 (52); BGH v. 7. 7. 1999 – 1 StR 207/99, NStZ 1999, 630 (631).
[626] Für Rechtsmediziner und Gynäkologen zu den Befunden nach einer Vergewaltigung BGH v. 25. 7. 1996 – 4 StR 228/96, BGHR StPO § 244 Abs. 4 S. 2 Zweitgutachter 3.
[627] BGH v. 25. 7. 1996 – 4 StR 228/96, BGHR StPO § 244 Abs. 4 S. 2 Zweitgutachter 3.
[628] BGH v. 21. 4. 1987 – 1 StR 77/87, BGHSt 34, 355 (357) = NJW 1987, 2593; BGH v. 24. 11. 1992 – 5 StR 500/92, BGHSt 39, 49 (52) = NJW 1993, 866.

Die Beweistatsache ist in dem beschriebenen vollen Umfang als zugunsten des Angeklagten erwiesen anzusehen.[607] Das insoweit mit vollem Beweiswert als zutreffend zu unterstellende Beweisvorbringen darf in der günstigen Auswirkung für den Angeklagten auch dann nicht beschränkt werden, wenn eine andere Sachverhaltsvariante möglich erscheint, die von der Beweisbehauptung nicht umfasst ist.[608] Auch für Beweisanträge, welche die Beweistatsache etwa nur unbestimmt oder nicht ganz eindeutig formulieren, gilt, dass diese nach Sinn und Zweck des Antrags auszulegen sind und die Beweistatsache, im Zweifel eher weit, als wahr zu unterstellen ist.[609]

Die Wahrunterstellung hat sich auf die unter Beweis gestellte Tatsache, also nicht (allein) darauf zu beziehen, das angebotene Beweismittel werde diese bestätigen.[610] Das Gericht kann daher nicht als wahr unterstellen, ein Sachverständiger oder Zeuge würde die unter Beweis gestellte Tatsache bestätigen, jedoch trete der Beweiswert der genannten Person hinter dem Ergebnis bisheriger Beweiserhebungen zurück. Dieser Fehlbezug der Wahrunterstellung nicht auf die Beweistatsache, sondern auf die Bestätigung durch das genannte Beweismittel, verfehlt Sinn und Zweck des Beweisantragsrechts: Mittels des Beweismittels soll die unter Beweis gestellte Beweistatsache erwiesen und somit das Beweisergebnis erbracht werden. Eine Beweiswürdigung, welche die Bestätigung, nicht jedoch das Beweisergebnis als wahr unterstellt, würde den Beweisantrag unterlaufen und damit einen rechtsfehlerhaften Widerspruch zwischen der Wahrunterstellung und den Urteilsgründen darstellen.[611] Ausnahmsweise anders ist dies nur dann, wenn das mit dem Beweisantrag erstrebte Ergebnis der Beweiserhebung mit der behaupteten Tatsache identisch ist, so beispielsweise, wenn es sich bei der Tatsache nicht um die Wahrheit einer bestimmten Äußerung, sondern um die Äußerung selbst handelt, oder wenn es bei der Tatsache um einen subjektiven Eindruck geht, der sich einem objektiven Wahrheitsmaßstab entzieht. In diesen Fällen muss die Wahrunterstellung sich lediglich auf die Tatsache der Äußerung oder des subjektiven Eindrucks, nicht auf deren oder dessen Wahrheitsgehalt beziehen.[612]

Aus der Reichweite der Wahrunterstellung heraus fallen bloße Schlussfolgerungen, die sich aus der Beweistatsache ergeben oder mit dem Beweisantrag nahe gelegt werden sollen. Allerdings sind alle für die Beweiswürdigung relevanten Gesichtspunkte, die aus der Erwiesenheit der Tatsache folgen, zu berücksichtigen.[613] Dabei hat das Gericht innerhalb der Beweiswürdigung die Schlussfolgerungen zugunsten des Angeklagten soweit zu ziehen, wie sie im optimalen Fall erfolgreicher Beweiserhebung, etwa eines sehr überzeugenden Eindrucks der Beweisperson gezogen würden. Die Wahrunterstellung darf kurz gefasst keine mit der Beweiserhebung verbundene Verteidigungschance nehmen.[614]

Fehlerhaft und der Revision zugänglich sind Widersprüche zwischen den Urteilsgründen und der Wahrunterstellung.[615] Die Urteilsgründe müssen sich jedenfalls dann mit der als wahr unterstellten Beweistatsache auseinandersetzen, wenn das Gesamtergebnis der Beweiswürdigung sich nicht ohne weiteres mit der Wahrunterstellung vereinbaren lässt oder die Beweiswürdigung sonst lückenhaft wäre.[616]

---

[607] *Gollwitzer* JR 1982, 37 (38); keine Verwertung zu Lasten BGH v. 21. 6. 2007 – 5 StR 189/07, NStZ 2007, 717.
[608] BGH v. 26. 1. 1982 – 1 StR 802/81, NStZ 1982, 213; BGH v. 6. 7. 1988 – 2 StR 315/88, NStZ 1989, 129 mAnm *Volk;* BGH v. 24. 3. 1982 – 2 StR 132/82, StV 1982, 356 (357); BGH v. 23. 9. 1983 – 2 StR 151/83, GA 1984, 21 (22).
[609] BGH v. 9. 5. 1994 – 5 StR 354/93, BGHSt 40, 169 (185); BGH v. 16. 9. 1997 – 5 StR 440/97, NStZ-RR 1998, 13 (14); BGH v. 9. 5. 1984 – 3 StR 455/83, NStZ 1985, 14 [Pf./M.].
[610] BGH v. 21. 9. 1983 – 2 StR 151/83, NStZ 1984, 211 [Pf./M.]; BGH v. 14. 9. 1994 – 4 StR 451/94, StV 1995, 5 (6); BGH v. 23. 11. 1994 – 2 StR 593/94, StV 1995, 172 (173); BayObLG StV 1995, 72 = NJW 1996, 331.
[611] BGH v. 1. 7. 1984 – 2 StR 320/84, NStZ 1984, 564; BGH v. 14. 9. 1994 – 4 StR 451/94, StV 1995, 5; BGH v. 4. 12. 1987 – 2 StR 562/87, BGHR StPO § 244 Abs. 3 S. 2 Wahrunterstellung 6; BGH v. 14. 3. 1990 – 3 StR 109/89, BGHR StPO § 244 Abs. 3 S. 2 Wahrunterstellung 20; *Herdegen* NStZ 1984, 337 (343).
[612] BGH v. 13. 4. 1983 – 2 StR 676/82, NStZ 1983, 376; BGH v. 15. 6. 1984 – 5 StR 359/84, NStZ 1984, 564 (565); BGH v. 10. 1. 1984 – 1 StR812/83 StV 1984, 142; BGH V. 14. 3. 1990 – 3 StR 109/89, BGHR StPO § 244 Abs. 3 S. 2 Wahrunterstellung 20; BGH v. 20. 4. 1993 – 1 StR 886/92, BGHR StPO § 244 Abs. 3 S. 2 Wahrunterstellung 25.
[613] BGH v. 16. 3. 1990 – 2 StR 51/90, StV 1990, 291 (292); BGH v. 3. 5. 1989 – 2 StR 735/88, StV 1990, 292 (293); für einen Abgrenzungsfall BGH v. 20. 8. 2002 – 1 StR 277/02, NStZ 2003, 101 (102).
[614] BGH v. 5. 1. 1951 – 1 StR 130/51, BGHSt 1, 137 (138) = NJW 1951, 573; BGH v. 4. 8. 1981 – 1 StR 427/81, zitiert nach juris, ebenso KK-StPO/*Fischer* Rn. 192.
[615] BGH v. 6. 7. 1983 – 2 StR 222/83, BGHSt 32, 44 (47); BGH v. 9. 5. 1994 – 5 StR 354/93, BGHSt 40, 169 (184 ff.) = NJW 1994, 3238; BGH v. 4. 12. 1987 – 2 StR 529/87, StV 1988, 91; BGH v. 30. 11. 2005 – 2 StR 431/05, StV 2007, 18 (19); BGH v. 20. 8. 2002 – 1 StR 277/02, NStZ 2003, 101 (102); BGH v. 27. 4. 2004 – 4 StR 126/04, StraFo 2004, 278; BGH v. 1. 7. 1988 – 2 StR 67/88, BGHR StPO § 244 Abs. 3 S. 2 Wahrunterstellung 9; BGH v. 17. 1. 1989 – 4 StR 607/88, BGHR StPO § 244 Abs. 3 S. 2 Wahrunterstellung 14; OLG Zweibrücken v. 10. 2. 1998 – 1 Ss 19/98, NStZ-RR 1998, 209 (210).
[616] BGH v. 21. 2. 1979 – 2 StR 749/78, BGHSt 28, 310 (311) = NJW 1979, 1513; BGH v. 10. 1. 1984 – 1 StR 812/83, StV 1984, 142; BGH v. 4. 12. 1987 – 2 StR 529/87, StV 1988, 91; BGH v. 10. 5. 1988 – 1 StR 80/88, BGHR StPO § 244 Abs. 3 S. 2 Wahrunterstellung 2; BGH v. 26. 6. 1987 – 3 StR 87/87, BGHR StPO § 244 Abs. 3 S. 2 Wahrunterstellung 3; BGH v. 24. 1. 1989 – 1 StR 676/88, BGHR StPO § 244 Abs. 3 S. 2 Wahrunterstellung 12; BGH v. 8. 2. 1996 – 4 StR 776/95, BGHR StPO § 244 Abs. 3 S. 2 Wahrunterstellung 30; BGH v. 7. 11. 2000 – 1 StR 303/00, BGHR StPO § 244

den, wenn Zweifel an der Sachkunde des Erstgutachters bestehen.[629] Keine zwingende Grundlage für die Hinzuziehung eines weiteren Sachverständigen, sondern nur Hinweise auf die mangelnde Sachkunde ergeben sich aus Widersprüchen im Gutachten, Abweichungen des schriftlichen Gutachtens von dem mündlich erstatteten Gutachten, es sei denn, gerade die Abweichungen legen einen ungeklärten Widerspruch in den gutachtlichen Feststellungen des Sachverständigen nahe.[630] Mit den Gründen für eine mögliche fehlende Sachkunde in einem Ablehnungsgesuch gegen den Erstgutachter hat das Gericht sich im ablehnenden Beschluss regelmäßig auseinanderzusetzen.[631] Da es Aufgabe des Gerichts ist, dem Sachverständigen die Anknüpfungstatsachen, insbesondere als Zusatztatsachen, die es für erwiesen hält, mitzuteilen oder ihm auch vorzugeben, an welche tatsächlichen Alternativen er anknüpfen soll, belegt die Fehlerhaftigkeit von Anknüpfungstatsachen nicht zwingend die mangelnde Sachkunde. Während der Sachverständige die Befundtatsachen kraft eigener Sachkunde zu verstehen und zu bewerten hat,[632] kann das Gericht die Zusatztatsachen selbst feststellen.[633] Für sie muss dem Sachverständigen somit die Möglichkeit eingeräumt werden, sich auch mit davon abweichenden, vom Gericht nicht vorgegebenen alternativen Tatsachen auseinanderzusetzen.[634] Sind Befundtatsachen durch den Sachverständigen unzulänglich wahrgenommen und beurteilt, oder ist die Befundtatsachenbasis, die dem Sachverständigen vorgegeben wurde, unzutreffend, so kann ein darauf gerichteter Beweisantrag nicht abgelehnt werden.[635]

Überlegene Forschungsmittel im Sinne der Vorschrift sind nicht persönliche Erfahrungswerte oder in der Person des Sachverständigen liegendes Prestige,[636] sondern ausschließlich solche wissenschaftlichen Hilfsmittel und Verfahren, die der Sachverständige für die Untersuchung heranzieht, wenn diese zu einer anderen und möglicherweise wissenschaftlich fundierter begründeten Antwort auf die spezielle Beweisfrage führen. Die Überlegenheit der Mittel muss sich somit in der konkret vom Sachverständigen zu klärenden Beweisfrage niederschlagen. Diese beweisfragenspezifische Überlegenheit der Mittel ist somit auch in dem Antrag darzulegen.[637] Kein überlegenes Forschungsmittel stellt die – nach Verweigerung beim Erstgutachter – dem Zweitgutachter vom Angeklagten gewährte Mitwirkung an der Untersuchung dar.[638]

Bei der Beschlussfassung über die Ablehnung der Zuziehung eines weiteren Sachverständigen hat das Gericht die Gründe dafür anzugeben und insbesondere Einwände der Verteidigung gegen die Sachkunde des bereits gehörten Sachverständigen begründet zurückzuweisen; die bloße Wiederholung des Gesetzestextes genügt in keinem Fall.[639]

2. Ablehnung von Anträgen auf Augenschein (Abs. 5 Satz 1). Der – systemwidrige[640] – Grund zur Ablehnung eines beantragten Augenscheins legt die durch das Aufklärungsgebot dafür vorgegebenen Grenzen fest.[641] Dies führt in der Praxis auch dazu, dass die Auffassung des Gerichts, der Beweiswert des Augenscheins falle gegenüber der bereits vorgenommenen Beweisaufnahme nicht ins Gewicht, regelmäßig revisionssicher dargelegt werden kann.[642] Jedoch sind auch hier die Zusammenhänge im Rahmen der gesamten Beweiswürdigung zu berücksichtigen; eine bloße Wiedergabe des Gesetzeswortlauts spricht dabei zunächst gegen die Ausübung pflichtgemäßen Ermessens. Führt das Gericht tatsächliche Gründe gegen die Einnahme des Augenscheins an, etwa dass die

---

[629] BGH v. 21. 5. 1969 – 4 StR 446/68, BGHSt 23, 8 (13) = NJW 1969, 2293; BGH v. 16. 6. 1970 – 1 StR 27/70, BGHSt 23, 311 = NJW 1970, 1981; BGH v. 7. 7. 1999 – 1 StR 207/99, NStZ 1999, 630 (631); vgl. hierzu auch Rn. 164.
[630] BGH v. 29. 12. 1989 – 4 StR 630/89, NStZ 1990, 244; BGH v. 29. 5. 1991 – 2 StR 68/91, NStZ 1991, 448 (449); OLG Karlsruhe v. 23. 3. 2004 – 1 Ss 91/03, StV 2004, 477 (478).
[631] Vgl. hierzu BGH v. 4. 6. 2002 – 3 StR 82/02, NStZ 2002, 656.
[632] BGH v. 26. 10. 1962 – 4 StR 318/62, BGHSt 18, 107 (108) = NJW 1963, 401; BGH v. 30. 10. 1968 – 4 StR 281/68, BGHSt 22, 268 (278) = NJW 1969, 196; BGH v. 23. 1. 1997 – 5 StR 748/78, MDR 1979, 415 (416).
[633] BGH v. 26. 10. 1962 – 4 StR 318/62, BGHSt 18, 107 (108); BGH v. 30. 10. 1968 – 4 StR 281/68, BGHSt 22, 268 (271).
[634] BGH v. 13. 3. 1985 – 3 StR 8/85, NStZ 1985, 421; BGH v. 27. 10. 1994 – 1 StR 597/94, NStZ 1995, 201.
[635] BGH v. 10. 12. 1991 – 1 StR 621/91, BGHR StPO § 244 Abs. 4 S. 1 Sachkunde 5; KK-StPO/*Fischer* Rn. 204.
[636] BGH v. 21. 11. 1969 – 3 StR 249/68, BGHSt 23, 176 (186) = NJW 1970, 523; BGH v. 12. 2. 1998 – 1 StR 588/97, BGHSt 44, 26 (29) = NJW 1998, 2458; BGH v. 21. 4. 1987 – 1 StR 77/87, BGHSt 34, 355 (358).
[637] So für den Einsatz überlegener Forschungsmittel bei der Anstaltsbeobachtung (§ 81) BGH v. 5. 7. 1955 – 2 StR 159/55, BGHSt 8, 76 (77) = NJW 1955, 1407; BGH v. 16. 6. 1970 – 1 StR 27/70, BGHSt 23, 311 (312) = NJW 1970, 1981; BGH v. 12. 2. 1998 – 1 StR 588/97, BGHSt 44, 26 (30).
[638] St. Rspr. vgl. BGH v. 12. 2. 1998 – 1 StR 588/97, BGHSt 44, 26 (31) = NJW 1998, 2458 = StV 1999, 463 (464) mAnm *Zieschang*.
[639] BGH v. 28. 2. 1989 – 1 StR 32/89, StV 1989, 335 mAnm *Schlothauer*; BGH v. 12. 11. 2004 – 2 StR 367/04, NStZ 2005, 205 (207).
[640] Vgl. hierzu Rn. 113.
[641] BGH v. 27. 5. 1998 – 3 StR 31/98, NJW 1998, 3363 (3364); BGH v. 5. 9. 2000 – 1 StR 325/00, NJW 2001, 695 (696).
[642] BGH v. 31. 3. 1981 – 1 StR 40/81, NStZ 1981, 310; BGH v. 14. 8. 1984 – 4 StR 474/84, NStZ 1984, 565; BGH v. 6. 10. 1987 – 1 StR 455/87, NStZ 1988, 88; BGH 27. 8. 1986 – 3 StR 254/86, StV 1987, 4.

Tatumstände nicht wieder herstellbar seien, so berührt dies regelmäßig die Geeignetheit des Beweismittels und muss nachvollziehbar unter Heranziehung des Antrags dargelegt werden.[643] Durch die Regelung ist somit das Verbot der Beweisantizipation bei beantragten Augenscheinsbeweisen deutlich eingeschränkt. Lediglich die Antizipation, das Gegenteil des mittels Augenscheins unter Beweis gestellten tatsächlichen Vorgangs sei bereits erwiesen, ist unzulässig.[644]

170 Die Ablehnung unter Hinweis darauf, mit der Augenscheinnahme (von Standbildern einer Videoaufzeichnung) werde lediglich die Wiederholung des Augenscheins (des Videos) begehrt, ist als rechtsfehlerhaft beurteilt worden.[645] Richtet sich der Antrag auf die Einnahme eines Augenscheinobjekts außerhalb der Gerichtsstelle, so kann der Augenschein nur dann abgelehnt werden, wenn das Gericht die dazu notwendigen Feststellungen in anderer Weise, etwa mittels Lichtbildern, Videos oder Ortsskizzen verlässlich treffen kann.[646] Ebenfalls soll es ausreichen, wenn der Augenschein von einem beauftragten oder ersuchten Richter eingenommen und die von ihm verfasste Niederschrift verlesen wird oder wenn ein Zeuge oder (bei Befundtatsachen) ein Sachverständiger sich auf Anordnung des Gerichts in der Hauptverhandlung zu seinen Wahrnehmungen äußert.[647] Derartige „Ersatzvornahmen" für den unmittelbaren Augenschein können – auch in Abweichung von dem bereits im Beweisantrag (hilfsweise) vorgeschlagenen – ausreichen, wenn der Beweiswert insoweit nach Würdigung der gesamten Beweislage gleichwertig erscheint.[648]

171 **3. Ablehnung der Vernehmung von Auslandszeugen (Abs. 5 Satz 2).** Auch zur Vernehmung eines Zeugen im Ausland ist das Gericht lediglich im Rahmen des Aufklärungsgebots nach Abs. 2 verpflichtet.[649] Die Norm schränkt die praktische Bedeutung des Ablehnungsgrunds der Unerreichbarkeit eines Zeugen ein. Die gebotenen Klärungen, ob der Auslandszeuge zur Beweisfrage Relevantes beitragen kann, können im Freibeweisverfahren erfolgen.[650] Nach der Rechtsprechung hat selbst dann, wenn die Aussage des Zeugen von besonderer Bedeutung für das Beweisergebnis ist, nicht zwingend dessen Ladung zu erfolgen,[651] sondern es soll unter Berücksichtigung der Besonderheiten des Einzelfalls eine Abwägung zwischen der Bedeutung der Angaben des Zeugen einesteils und der Fundierung des bisherigen Beweisergebnisses, des Ausmaßes der richterlichen Überzeugung nach der bisherigen Beweiserhebung und auch der mit der Ladung des Zeugen verbundenen verfahrenstechnischen Schwierigkeiten vorzunehmen sein.[652] Nach neuerer Rechtsprechung soll bei der Bewertung, ob der Zeuge zu laden ist, auch der Zeitpunkt der Antragstellung Berücksichtigung finden.[653] Diese Rechtsprechungstendenz ist wegen der bereits bei der Verschleppungsabsicht dargelegten Gründe abzulehnen und nicht nur in den Fällen, in denen der Zeitpunkt der Antragstellung auch dem bisherigen Verlauf der Beweisaufnahme geschuldet ist.[654] Bereits im Rahmen der Aufklärungspflicht hat das Gericht es allerdings für die Ladung des Zeugen zu berücksichtigen, wenn die Tat im Ausland begangen wurde und auch die bisherige Beweiserhebung sich auf im Ausland gewonnene Beweismittel erstreckt hat.[655]

172 Eine Erleichterung zur Ablehnung von unter Beweis gestellten Auslandszeugen bringt die Regelung auch insoweit, als das Gericht dann, wenn es eine Ladung für im Rahmen der Aufklärungspflicht verzichtbar hält, zu keinen weiteren Anstrengungen um die Beibringung des Zeugen und auch zu keinen Erwägungen verpflichtet ist, welche „ersetzende" Beweiserhebung, etwa im Rechtshilfeweg oder durch audiovisuelle Vernehmung, in Betracht käme.[656] Diese Möglichkeiten ergeben

---

[643] So etwa bei den Sichtverhältnissen des Tatorts zur Tatzeit KG NStZ 2007, 680.
[644] BGH v. 14. 8. 1984 – 4 StR 474/84, NStZ 1984, 565; BGH v. 31. 5. 1994 – 5 StR 194/94, BGHR StPO § 244 Abs. 5 Augenschein 3; BGH v. 23. 3. 1994 – 2 StR 67/94, StV 1994, 411; *Meyer-Goßner* Rn. 78; KK-StPO/*Fischer* Rn. 210.
[645] BGH v. 4. 4. 2006 – 4 StR 30/06, NStZ 2006, 406 mAnm *Gössel*.
[646] BGH v. 12. 3. 1969 – 2 StR 33/69, BGHSt 22, 347 (349) = NJW 1969, 1219; BGH v. 31. 3. 1981 – 1 StR 40/81, NStZ 1981, 310; BGH v. 14. 8. 1984 – 4 StR 474/84, NStZ 1984, 565; BGH v. 6. 10. 1987 – 1 StR 455/87, NStZ 1988, 88.
[647] BGH v. 3. 3. 1977 – 2 StR 390/76, BGHSt 27, 135 (136) = NJW 1977, 1545 = JR 1978, 119 mAnm *Gollwitzer*; BGH v. 14. 8. 1984 – 4 StR 474/84, NStZ 1984, 565.
[648] So KK-StPO/*Fischer* Rn. 211.
[649] BGH v. 18. 1. 1994 – 1 StR 745/93, BGHSt 40, 60 (62) = NJW 1994, 1484 = JZ 1995, 209 mAnm *Perron* = NStZ 1994, 351 mAnm *Kintzi*; BGH v. 5. 9. 2000 – 1 StR 325/00, NJW 2001, 695 (696); BGH v. 24. 6. 2004 – 5 StR 306/03, NJW 2004, 3051 (3053); BGH v. 11. 6. 1997 – 5 StR 254/97, NStZ-RR 1998, 178; BGH v. 28. 1. 2003 – 4 StR 540/02, NStZ 2004, 99; vgl. hierzu auch *Rose* wistra 2001, 290.
[650] BGH v. 8. 12. 1994 – 4 StR 536/94, StV 1995, 173; BGH v. 8. 12. 1994 – 4 StR 536/94, NStZ 1995, 244; BGH v. 11. 6. 1997 – 5 StR 254/97, NStZ-RR 1998, 178; BGH v. 29. 11. 2006 – 1 StR 404/06, StV 2007, 227.
[651] BGH v. 9. 6. 2005 – 3 StR 269/04, BGH NStZ 2005, 701 (keine Ermessensreduzierung auf null); BGH v. 9. 6. 2005 – 3 StR 269/04, NStZ 2005, 2322 (2323).
[652] BGH v. 25. 4. 2002 – 3 StR 506/01, NJW 2002, 2403 (2404); BGH v. 26. 10. 2006 – 3 StR 374/06, NStZ 2007, 349.
[653] BGH v. 11. 11. 2004 – 5 StR 299/03, NJW 2005, 300 (304).
[654] Nur mit dieser Einschränkung KK-StPO/*Fischer* Rn. 213.
[655] BGH v. 27. 6. 2006 – 3 StR 403/05, NStZ-RR 2007, 48.
[656] BGH v. 11. 6. 1997 – 5 StR 254/97, StV 1997, 511; BGH v. 15. 9. 1999 – 1 StR 286/99, BGHSt 45, 188 = NJW 1999, 3788.

sich für das Gericht nach der Rechtsprechung sogar dann, wenn die „ersetzenden Beweisvornahmen" durch einen weiteren Beweisantrag begehrt werden; weitere, über die für die Ablehnung des ursprünglich gestellten Beweisantrags auf Vernehmung des Auslandszeugen angegebenen hinausgehende Gründe braucht das Gericht nach der Rechtsprechung nicht darzulegen.[657] Allerdings bedarf es auch in diesem Fall eines Beschlusses nach Abs. 6, für dessen Begründung allein der Wortlaut des Gesetzes nicht hinreicht. Liegt ein fehlerhaft begründeter Beschluss vor, so kann dies nicht durch andere oder ergänzende Ausführungen zu den Ablehnungsgründen in den Urteilsgründen geheilt werden.[658]

E. Revision
I. Aufklärungsrüge

1. Begründungsanforderungen. Die Rüge, das Tatgericht habe einen zulässigen Beweis nicht erhoben, obwohl es das Beweismittel erkennen und erreichen konnte und die Nutzung des Beweismittels möglicherweise zum Nachweis einer relevanten Tatsache geführt hätte, unterliegt nach der Rechtsprechung tendenziell immer höheren Anforderungen.[659] Erforderlich ist die argumentativ lückenlose Darlegung des Beweismittels, dessen Erkennbarkeit und Erreichbarkeit,[660] der Beweisthematik, so konkret, dass daraus der beweisgegenständliche Sachverhalt bestimmt umrissen ist,[661] die eindeutige Behauptung, welches bestimmte Beweisergebnis aus der Beweiserhebung zu erwarten war,[662] Ausführungen dazu, dass das Beweisergebnis für den Schuldspruch oder den Ausspruch über die Rechtsfolgen relevant gewesen wäre[663] sowie insbesondere die Darlegung, weswegen sich dem Gericht die unterlassene Beweiserhebung aufdrängen musste.[664] Die Anknüpfung der Aufklärungsrüge entweder in den gerichtlichen Verfahrensakten oder in Vorgängen der Hauptverhandlung (etwa Erklärungen, Anträge) ist konkret anzugeben und dabei der Inhalt wiederzugeben, aus welchem sich die Aufklärungspflicht ergibt.[665] Für die genaue Bezeichnung der Anknüpfung der Aufklärungsrüge sind die schriftlichen Unterlagen in der Revisionsbegründung zu zitieren, so etwa die Stellen aus dem Hauptverhandlungsprotokoll oder aus der angefochtenen Urteilsbegründung[666] oder die Zeugenvernehmungsniederschriften aus dem Ermittlungsverfahren.[667]

Voraussetzung für die den Anforderungen der Aufklärungsrüge genügende bestimmte Bezeichnung des Beweisergebnisses ist es, dass das erwartete Beweisergebnis zweifelsfrei, ähnlich wie beim Beweisantrag, behauptet wird. Offene Formulierungen, wie beispielsweise „ob", „weswegen", „auf Grund welcher Umstände" usw., führen nach der Rechtsprechung regelmäßig zur Unzulässigkeit der Aufklärungsrüge.[668] Auf die Ablehnung einer mittels eines Beweisermittlungsantrags begehrten Beweiserhebung kann die Aufklärungsrüge dann zulässig gestützt werden, wenn mit der Erhebung des Beweises gerade die konkrete Tatsache oder – aus möglichen mehreren – das relevante Beweismittel gewonnen worden wäre.[669] Auf der fehlerhaften Nichterhebung des Beweises muss das Urteil beruhen. Notwendig ist somit die Darlegung, dass das Ergebnis der un-

---

[657] BGH v. 5. 9. 2000 – 1 StR 325/00, NJW 2001, 695 (696); BGH v. 21. 6. 1994 – 1 StR 180/94, StV 1994, 633.
[658] BGH v. 26. 10. 2006 – 3 StR 374/06, NStZ 2007, 349 (351).
[659] Vgl. insbesondere Löwe/Rosenberg/*Becker* Rn. 366 ff.
[660] BGH v. 23. 11. 2004 – KRB 24/04, NJW 2005, 1381 (1382).
[661] BGH v. 29. 8. 1990 – 3 StR 184/90, BGHSt 37, 162 = NStZ 1990, 602; BayObLG v. 27. 9. 1995 – 4 St RR 46/95 = NStZ-RR 1996, 145.
[662] BGH v. 25. 3. 1998 – 3 StR 686/97, NJW 1998, 2229 (2230); BGH v. 23. 10. 1997 – 5 StR 317/97, NStZ 1998, 97 mAnm *Rose* (633); BGH v. 9. 5. 1996 – 1 StR 175/96, NStZ-RR 1996, 299; BGH v. 11. 9. 1990 – 1 StR 324/90, BGHR StPO § 344 Abs. 2 S. 2 Aufklärungsrüge 4; BGH v. 5. 5. 1993 – 5 StR 180/93, BGHR StPO § 344 Abs. 2 S. 2 Aufklärungsrüge 6; BGH v. 12. 5. 2005 – 5 StR 283/04, NJW 2005, 2243.
[663] BGH v. 8. 12. 1993 – 3 StR 446/93 = BGHSt 40, 3; BGH v. 31. 3. 1989 – 2 StR 706/88, NJW 1989, 3294 (3295); BGH v. 4. 8. 1989 – 2 StR 278/89, StV 1989, 467; BGH v. 15. 9. 1998 – 5 StR 145/98 = NStZ 1999, 45, BGH v. 23. 2. 2000 – 1 StR 605/99 = NStZ-RR 2000, 210.
[664] BGH v. 15. 9. 1998 – 5 StR 145/98, NStZ 1999, 45 (46); BGH v. 11. 9. 2003 – 4 StR 139/03, NStZ 2004, 690; BGH v. 9. 5. 1996 – 1 StR 175/96, NStZ-RR 1996, 299; BGH v. 22. 1. 2002 – 1 StR 467/01, NStZ-RR 2002, 145; BGH v. 26. 10. 1989 – 4 StR 594/89, StV 1990, 5; BGH v. 23. 11. 2004 – KRB 24/04, NJW 2005, 1381 (1382); BGH v. 11. 9. 1990 – 1 StR 324/90, BGHR StPO § 344 Abs. 2 S. 2 Aufklärungsrüge 4; BGH v. 5. 6. 1996 – 2 StR 70/96, BGHR StPO § 344 Abs. 2 S. 2 Aufklärungsrüge 8; vgl. dazu auch *Sander/Cirener* NStZ-RR 2008, 1 (4 f.).
[665] BGH v. 26. 5. 1981 – 1 StR 48/81, BGHSt 30, 131 (138, 140) = NJW 1981, 3267; BGH v. 14. 3. 1985 – 1 StR 775/84, NStZ 1985, 324 (325); BGH v. 25. 4. 1991 – 4 StR 582/90, NStZ 1991, 399; BGH v. 4. 8. 1989 – 2 StR 278/89, StV 1989, 467; BGH v. 30. 8. 1988 – 1 StR 357/88, BGHR StPO § 244 Abs. 2 Aufdrängen 1; BGH v. 6. 10. 1987 – 1 StR 491/87, Sachverständiger 1; BGH v. 8. 5. 1988 – 2 StR 22/88, Zeugenvernehmung 4; BGH v. 23. 11. 1983 – 2 StR 698/83, NStZ 1984, 213 [Pf./M.].
[666] BGH v. 5. 9. 1989 – 1 StR 291/89, NStZ 1990, 35; BGH v. 14. 3. 1989 – 1 StR 19/89, StV 1989, 423; BGH v. 29. 8. 1989 – 1 StR 453/89, StV 1989, 518.
[667] BGH v. 11. 9. 2003 – 4 StR 139/03, NStZ 2004, 690 f.
[668] BGH v. 16. 1. 2003 – 4 StR 264/02, NStZ 2004, 112; *Meyer-Goßner* Rn. 81.
[669] BGH v. 29. 8. 1990 – 3 StR 184/90, BGHSt 37, 162 (163, 167) = NStZ 1990, 602.

§ 244   175-177   *Zweites Buch. Verfahren im ersten Rechtszug*

terlassenen Beweiserhebung zu anderen Sachverhaltsannahmen und Beweisgründen als im tatrichterlichen Urteil geführt hätte. Diese sind konkret anzugeben, um den Rechtsfehler, die Verletzung der Aufklärungspflicht, zu belegen.[670]

175   Nach der Rechtsprechung, die sich in ihrer Tendenz verstärkt, soll es zu einer Präklusion der Aufklärungsrüge dann kommen können, wenn dem gerügten Mangel der Aufklärung eine Verfügung des Gerichts vorausgegangen war und die Verteidigung es unterlassen hat, diese anzugreifen und einen Beschluss nach § 238 Abs. 2 herbeizuführen.[671] Sofern es sich bei den Anordnungen und Verfügungen um solche handelt, bei denen dem Gericht oder dem Vorsitzenden ein Beurteilungs- oder Ermessensspielraum eingeräumt ist, soll dies nach der Rechtsprechung einheitlich gelten. Noch nicht festgelegt ist die Rechtsprechung in den Fällen, in denen die Anordnung oder Verfügung aus zwingendem Recht resultiert.[672] Dem ist insgesamt zu widersprechen: Eine Präklusion der Aufklärungsrüge ist bereits deshalb systemwidrig, da es sich bei der Aufklärungspflicht um eine zwingende prozessuale Pflicht des Gerichts handelt, die von dem Verhalten des Beschuldigten und seines Verteidigers nicht beeinflusst wird. Eine „Verwirkung" des Rechts des Beschuldigten, dass das Gericht ohne sein Zutun zur vollen Aufklärung des Sachverhalts, den es einer Verurteilung zugrunde legen will, verpflichtet ist, ist eine dem Rechtsstaatsprinzip entgegenstehende Vorstellung. Mit der Unzulässigkeit bestimmter Rügen, wenn die Verteidigung in der Hauptverhandlung keinen Gerichtsbeschluss herbeigeführt hat, steht die Zulässigkeit der Aufklärungsrüge nicht in Zusammenhang. Vielmehr geht es dann um die rechtliche Überprüfbarkeit des von dem Vorsitzenden oder dem Gericht bei der Verfügung genutzten Ermessensspielraums.[673]

176   Neben der Erheblichkeit der vom Tatgericht unterlassenen und gerügten Beweiserhebung, insbesondere anhand der tatrichterlichen Urteilsgründe[674] unterliegt auch die Frage, ob sich die Beweiserhebung dem Tatrichter aufdrängen musste, der revisionsgerichtlichen Prüfung.[675] Ob der Tatrichter sich (der Reichweite) der Aufklärungspflicht oder (der Grenzen) seines Ermessensspielraums bewusst war, ist nicht von Relevanz.[676] Kommt das Revisionsgericht in der Prüfung zu dem Ergebnis, dass nicht ausgeschlossen werden kann, dass das Tatgericht zu einem anderen Beweisergebnis gelangt wäre, wenn es den Beweis erhoben hätte, und das Urteil auf diesem Rechtsfehler beruht, ist die Aufklärungsrüge begründet.

177   **2. Einzelfälle. a) Unzureichende Ausschöpfung eines Beweismittels.** Einen in der Praxis wesentlichen und zunehmend bedeutender werdenden Anwendungsbereich der Aufklärungsrüge nimmt die Rüge der unzureichenden Ausschöpfung eines Beweismittels ein, das als solches in die Hauptverhandlung eingeführt und vom Gericht genutzt worden ist. Auch hierin kann die Verletzung des Aufklärungsgebots nach § 244 Abs. 2 StPO liegen.[677] In diesen Fällen ist in der Aufklärungsrüge darzulegen, aus welchem Defizit in der Ausschöpfung des Beweismittels sich für die Urteilsgrundlagen relevante Schlussfolgerungen ergeben hätten, so beispielsweise die Fragen oder Vorhalte, mit denen ein Zeuge oder Sachverständiger hätte konfrontiert werden müssen. Dazu gehört auch der Sachverhalt, weswegen sich diese Nutzung des Beweismittels durch Vorhalt oder Fragen hätte dem Gericht aufdrängen müssen. Für eine erfolgreiche Aufklärungsrüge ist es dann auch notwendig, dass sich die behauptete unzureichende Ausschöpfung des Beweismittels aus den Urteilsgründen ergibt.[678] Die Schwierigkeit erfolgt bereits daraus, dass einzeln „zugeordnete" Beweiser-

---

[670] BGH v. 31. 3. 1989 – 2 StR 706/88, NJW 1989, 3294 (3295); BGH v. 8. 12. 1993 – 3 StR 446/93, BGHSt 40, 3 (5); BGH v. 9. 5. 1996 – 1 StR 175/96, NStZ-RR 1996, 299; BGH v. 4. 8. 1989 – 2 StR 278/89, StV 1989, 467; BGH v. 30. 8. 1988 – 1 StR 357/88, BGHR StPO § 244 Abs. 2 Aufdrängen 1.
[671] So etwa bei der Annahme eines umfassenden Auskunftsverweigerungsrechts eines Zeugen nach § 55 BGHSt 51, 144 (146 f) = BGH NStZ 2007, 230 (231); ablehnend *Widmeier* NStZ 2007, 234.
[672] BGH v. 16. 11. 2006 – 3 StR 139/06, BGHSt 51, 144 (148); vgl. auch BGH v. 10. 3. 1995 – 5 StR 434/94, BGHSt 41, 72 (77 f.).
[673] So auch *Dahs* NStZ 2007, 241 (245 f.); *Widmeier* NStZ 2007, 234; KK-StPO/*Fischer* Rn. 217.
[674] BGH v. 14. 3. 1985 – 1 StR 775/84, NStZ 1985, 324 (325); BGH v. 13. 11. 1997 – 1 StR 627/97, NStZ 1998, 209 (210); BGH v. 15. 5. 1996 – 1 StR 131/96, StV 1996, 581 (582); BGH v. 18. 5. 2000 – 4 StR 647/99, BGHSt 46, 73 (79 f.) = NJW 2000, 2517 (2519); BGH v. 25. 4. 2002 – 3 StR 506/01, NJW 2002, 2403 (2404); BGH v. 9. 5. 1996 – 1 StR 175/96, NStZ-RR 1996, 299; BGH v. 11. 7. 1984 – 2 StR 320/84, NStZ 1984, 565; BGH v. 6. 10. 1987 – 1 StR 455/87, NStZ 1988, 88; BGH v. 5. 2. 1997 – 2 StR 551/96, NStZ 1997, 286; BGH v. 20. 11. 1984, 5 StR 648/84, StV 1985, 4.
[675] KK-StPO/*Fischer* Rn. 220; aA KK-StPO/*Herdegen*, 5. Aufl. 2003, Rn. 37 f.
[676] Insbesondere zum Fall des Auslandszeugen BGH v. 18. 1. 1994 – 1 StR 745/93 BGHSt 40, 60 (62) = NJW 1994, 1484 = NStZ 1994, 351 mAnm *Kintzi* (448) = JZ 1995, 209 mAnm *Perron*; BGH v. 2. 10. 1997, 4 StR 410/97, NStZ 1998, 158; BGH v. 10. 8. 2005 – 1 StR 140/05, NStZ 2005, 701 (keine Ersetzung des tatrichterlichen Ermessens).
[677] BGH v. 2. 10. 1985 – 2 StR 377/85, NJW 1986, 2063; BGH v. 29. 5. 1991 – 2 StR 68/91, NStZ 1991, 448; BGH v. 14. 3. 1989 – 1 StR 19/89, StV 1989, 423; BGH v. 22. 11. 1988 – 1 StR 559/88, StV 1989, 423 (424); BGH v. 29. 12. 1989, StV 1990, 339; BGH v. 24. 4. 1991 – 5 StR 10/91, StV 1991, 337 (338); BGH v. 6. 9. 1991 – 2 StR 248/91, StV 1992, 2 (3); BGH v. 6. 2. 2002 – 1 StR 506/01, StV 2002, 350 (351).
[678] BGH v. 3. 9. 1997 – 5 StR 237/97, BGHSt 43, 212 (215); BGH v. 27. 7. 2005 – 2 StR 203/05, NStZ 2006, 55 f.

gebnisse – insbesondere die aus einzelnen Beweismitteln jeweils geschöpften Ergebnisse – in den Urteilsgründen nicht als solches angegeben werden müssen.

Darlegen lässt sich mit der Aufklärungsrüge somit nicht, dass die Angaben eines Zeugen oder Sachverständigen in den Feststellungen des Urteils unrichtig wiedergegeben sind und deshalb Anlass zu weiterer Beweiserhebung gegeben war. Dies würde in eine Rekonstruktion der Beweisaufnahme münden, die nach übereinstimmender Meinung in Rechtsprechung und Lehre unzulässig ist.[679] Zweifel bestehen daran, ob die Rüge der Nichtausschöpfung eines Beweismittels in der Form erfolgreich erhoben werden kann, dass entweder eine Verletzung des Aufklärungsgebots vorliegt – das Beweismittel ist mit den sich aufdrängenden Vorhalten und Fragen nicht konfrontiert worden – oder andernfalls – alternativ hierzu – zwar eine Ausschöpfung stattgefunden hat, die insoweit erzielten Ergebnisse jedoch im Urteil unter Verstoß gegen § 261 StPO nicht verwertet wurden. Die Zulässigkeit dieser alternativen Rüge ist mit einer starken Meinung in der Literatur dann zu bejahen, wenn die Alternative als solches zwingend dargelegt werden kann, somit kein Raum verbleibt, dass das Gericht ohne Verstoß gegen eine der beiden Verfahrensvorschriften zu dem Urteil gelangt ist.[680] Bleibt allerdings die Möglichkeit, dass das Gericht ohne Verstoß gegen das Aufklärungsgebot oder gegen § 261 StPO zu den Feststellungen gelangt ist, besteht somit keine echte Alternative zwischen den beiden Gesetzesverstößen, so würde die Prüfung der Rüge die Rekonstruktion der tatrichterlichen Beweiserhebung erfordern und ist somit unzulässig.[681]

Mit der Aufklärungsrüge kann dann, wenn sich aus Hinweisen in den Verfahrensakten die Pflicht zur Aufklärung darlegen lässt, dem Revisionsgericht auch der Inhalt der Verfahrensakten eröffnet werden;[682] auch dies kann jedoch nicht zu einer inhaltlichen Bewertung der Beweisaufnahme führen.[683]

b) Nichterhebung beantragter Beweise. Ist ein Beweismittel, obwohl dieses zur Erhebung beantragt worden war, in der Beweisaufnahme nicht erhoben und genutzt worden, so ist die Aufklärungsrüge – neben der Rüge der gesetzwidrigen Behandlung des Beweisantrags – zulässig. Selbst wenn sie nicht erhoben wird, so hat das Revisionsgericht zu prüfen, ob die Nichterhebung des beantragten Beweismittels gegen das Aufklärungsgebot verstoßen hat.[684] Für die Aufklärungsrüge ist es notwendig, den Beweisantrag und den dazu ergangenen Gerichtsbeschluss in vollem Wortlaut vorzutragen.[685] Davon zu unterscheiden ist allerdings die Konstellation, dass ein Beweismittel zwar erhoben, jedoch nicht verwertet worden ist. Hier ist für eine Aufklärungsrüge – neben der Rüge der Verletzung des § 261 StPO – kaum Raum.[686]

II. Rüge verfahrensordnungswidriger Behandlung von Beweisanträgen

1. Begründungsanforderungen. Eine gesetzeswidrige Behandlung von Beweisanträgen liegt dann vor, wenn über einen Beweisantrag nicht, nicht rechtzeitig oder unzulänglich entschieden wurde, wenn eine beantragte und auch angeordnete Beweisaufnahme nicht durchgeführt wurde oder wenn die Urteilsgründe den Gründen für die Ablehnung eines Beweisantrags widersprechen. Die zur Begründung und zur Prüfung der Schlüssigkeit des Vorliegens eines Verfahrensfehlers notwendigen Tatsachen müssen in vollem Umfang vorgetragen werden. Dies bedeutet, dass der jeweils zugrunde liegende, nach Auffassung der Revision rechtsfehlerhaft behandelte Beweisantrag (als volles Zitat) sowie der diesen ablehnende oder unzutreffend behandelnde Gerichtsbeschluss (ebenfalls im vollen Wortlaut) anzugeben sind. Ergänzend müssen in der Rüge alle Vorgänge der Beweisaufnahme oder des sonstigen Verfahrens, insbesondere Erklärungen, Beurteilungen und Entscheidungen dargelegt werden, die für die Frage Bedeutung gewinnen können, ob die Sachbehandlung zutreffend und verfahrensordnungsgemäß war. Dies gilt sowohl für diejenigen Hintergründe, welche die Entscheidung über den Beweisantrag als unsachgemäß erscheinen lassen, als auch für diejenigen Hintergründe, welche das Vorgehen des Gerichts nachvollziehbar machen. Maßstab dabei ist

---

[679] BGH v. 3. 7. 1991 – 2 StR 45/91, BGHSt 38, 14 (15) = NJW 1992, 252 = JZ 1992, 106 mAnm *Fezer*; BGH v. 5. 9. 1989 – 1 StR 291/89, NStZ 1990, 35.
[680] KK-StPO/*Herdegen*, 5. Aufl. 2003, Rn. 40 m N; *Herdegen* StV 1992, 590 ff.; *Herdegen*, FS Salger, 1995, S. 301 ff.; *Schlothauer* StV 1992, 134 ff.; *Siegert* StV 1996, 279; *Fezer* JZ 1996, 665.
[681] So die st. Rspr. BGH v. 2. 6. 1992 – 1 StR 182/92, NJW 1992, 2840 (2841); BGH v. 12. 12. 1996 – 4 StR 499/96, NStZ 1997, 294; BGH v. 19. 10. 1999 – 5 StR 442/99 = NStZ 2000, 156 ; BGH v. 6. 12. 2000 – 1 StR 488/00, NStZ 2001, 262 [B.]; BGH v. 27. 7. 2005 – 2 StR 203/05, NStZ 2006, 55 (56); BGH v. 13. 9. 2006 – 2 StR 268/06, NStZ 2007, 115; KK-StPO/*Fischer* Rn. 222; *Meyer-Goßner* § 337 Rn. 15 a.
[682] BGH v. 14. 3. 1985 – 1 StR 775/84, NStZ 1985, 324 (325).
[683] BGH v. 17. 3. 2006 – 1 StR 577/05, NStZ 2006, 587 = StV 2006, 522.
[684] BGH NStZ 1984, 329 (330); *Alsberg/Nüse/Meyer* S. 868; KK-StPO/*Fischer* Rn. 238.
[685] BGH v. 13. 11. 1997 – 1 StR 627/97, BGHR StPO § 244 Abs. 6 Hilfsbeweisantrag 10; Löwe/Rosenberg/*Becker* Rn. 372; *Alsberg/Nüse/Meyer* S. 868.
[686] BGH v. 9. 5. 2006 – 1 StR 37/06, NStZ 2006, 650 f.; KK-StPO/*Fischer* Rn. 216.

der konkrete Beweisantrag und die Verbescheidung durch das Gericht.[687] Wo dies aus dem Beweisantrag als solches nicht ohne weiteres erkennbar ist, sind insbesondere das konkret betroffene Beweismittel sowie auch die Konnexität darzulegen.[688] Rüge und Darlegung des Verfahrensverstoßes sind durch den Beweisantrag selbst festgelegt, dieser darf nicht uminterpretiert oder umformuliert werden.[689] Das Gebot zur vollumfänglichen Darlegung des zugrunde liegenden Sachverhalts gilt auch dann, wenn die Rüge darauf zielt, das Gericht habe die gutachterlichen Ausführungen eines Sachverständigen zu Unrecht nicht zur Grundlage des Urteils gemacht, etwa aufgrund der fehlerhaften Annahme eigener Sachkunde.

182 Für die Rüge, ein Zeuge sei entgegen der Annahme des Gerichts nicht unerreichbar gewesen, sind sämtliche Anstrengungen des Gerichts, den Zeugen zu erreichen, und deren Ergebnisse in der Revision darzulegen. Gleiches gilt auch für die Bemühungen, die das Gericht noch und darüber hinaus hätte entfalten können und müssen.[690] Entsprechendes gilt bei der Rüge, ein Beweismittel sei unzutreffend als ungeeignet angesehen worden, hier ist neben dem – in vollem Wortumfang – wiederzugebenden Beweisantrag auch darzulegen, weswegen das Beweismittel auf die Entscheidungsfindung des Gerichts habe Auswirkungen haben können.

183 Weicht das Gericht in den Urteilsgründen von einer Wahrunterstellung ab, so greift regelmäßig die Verfahrensrüge.[691] Zugleich ist auch eine Überprüfung aufgrund der Sachrüge erforderlich, wenn die Urteilsgründe die notwendige Auseinandersetzung mit der als wahr unterstellten Tatsache vermissen lassen. Diese unzulängliche Beweiswürdigung ist dann vom Revisionsgericht unabhängig von der Verfahrensrüge auf die Sachrüge hin zu prüfen.[692] Der Beschwerdeführer hat in diesen Fällen des Widerspruchs zwischen Ablehnungsbeschluss und den Urteilsgründen neben dem Beweisantrag, insbesondere dem Beweisthema, und dem Ablehnungsbeschluss jeweils in vollem Wortlaut auch die Ausführungen in den Urteilsgründen wiederzugeben, aus denen sich der Widerspruch zu dem Beweisthema und der Bescheidung des Beweisantrags ergibt.

184 Rügt der Beschwerdeführer, ein Beweisantrag sei unzutreffend wegen Prozessverschleppung abgelehnt worden, so sind nicht nur Beweisantrag und Ablehnungsbeschluss, sondern insbesondere auch das damit im Zusammenhang stehende Prozessverhalten, auch des Beschwerdeführers selbst vorzutragen, soweit es zur Begründung der Ablehnung des Beweisantrags herangezogen worden war.[693]

185 Die Tatsache, dass einem Beweisantrag nicht nachgekommen wurde und auch kein Beschluss dazu vorliegt, bedarf der Wiedergabe des vollen Wortlauts des Antrags, um eine Prüfung zu ermöglichen, ob ein ablehnender Gerichtsbeschluss erforderlich gewesen wäre. Gleiches gilt für die Fälle, wenn von einer bereits angeordneten Beweisaufnahme ohne Angabe von Gründen oder jedenfalls ohne einen formellen Beschluss abgesehen worden war oder wenn das Beweisthema im Ablehnungsbeschluss missinterpretiert und damit verändert worden ist.[694] Stets ist nach der Rechtsprechung das volle, damit möglicherweise in Zusammenhang stehende Prozessgeschehen zu schildern, auch wenn dieses das Rügevorbringen schwächt oder gar in Zweifel zieht.[695]

186 **2. Nachgeschobene Ablehnungsgründe.** Eine „Heilung" der rechtsfehlerhaften Ablehnung eines Beweisantrags dadurch, dass – etwa auch in den Urteilsgründen – zutreffende, rechtsfehlerfreie Ablehnungsgründe nachgeschoben werden, ist regelmäßig nicht möglich.[696] In diesem Fall ist die Revision regelmäßig erfolgreich, da dann die Möglichkeit kaum ausgeschlossen werden kann, dass der Antragsteller, hätte er die zutreffenden, nachgeschobenen Gründe gekannt, dazu für den

---

[687] BGH v. 22. 11. 1990 – 4 StR 117/90, BGHSt 37, 245 (248) = NJW 1991, 1764; BGH v. 22. 10. 1993 – 2 StR 466/93, NJW 1994, 1015; BGH v. 8. 4. 1998 – 3 StR 643/97, NJW 1998, 2541; BGH v. 14. 5. 1986 – 2 StR 854/84, NStZ 1986, 519 (520); BGH v. 22. 9. 1993 – 2 StR 170/93, NStZ 1994, 47; BGH v. 5. 6. 1996 – 2 StR 70/96, NStZ-RR 1997, 71 (72); BGH v. 13. 3. 1997 – 1 StR 72/97, StV 1999, 195; BGH v. 7. 7. 2004 – 5 StR 71/04, StraFo 2004, 354 (355); BGH v. 23. 8. 2006 – 5 StR 151/06, StraFo 2006, 459; zum vollständigen Vortrag auch in Ausnahmefällen und zum Nichtvorliegen von bestimmten Tatsachen vgl. Sander/Cirener NStZ-RR 2008, 1 (4) mN.
[688] BGH v. 15. 4. 2003 – 1 StR 64/03, StV 2003, 650; BGH v. 23. 10. 1997 – 5 StR 317/97, BGHR StPO § 344 Abs. 2 S. 2 Aufklärungsrüge 9; BGH v. 30. 9. 2004 – 5 StR 312/04, zitiert nach juris.
[689] BGH v. 15. 3. 2005 – 2 StR 320/04, NStZ 2005, 445.
[690] BGH v. 14. 5. 1986 – 2 StR 854/84, NStZ 1986, 519 (520); BGH v. 19. 1. 1984 – 4 StR 730/83, StV 1984, 455; BGH v. 16. 10. 1998 – 3 StR 335/98, StV 1999, 195; BGH v. 31. 8. 1983 – 2 StR 465/83, StV 1984, 5; BGH v. 6. 11. 1991 – 2 StR 342/91, StV 1992, 216 mAnm Münchhalffen.
[691] BGH v. 6. 7. 1983 – 2 StR 222/83, BGHSt 32, 44 (46) = NJW 1984, 2228.
[692] BGH v. 27. 7. 1988 – 3 StR 289/88, StV 1989, 391 mAnm Weider.
[693] BGH v. 14. 5. 1986 – 2 StR 854/84, NStZ 1986, 519 (520); sehr weitgehend BGH v. 22. 9. 1993 – 2 StR 170/93, NStZ 1994, 47.
[694] BGH v. 30. 11. 2005 – 2 StR 557/04, NStZ 2006, 406; BGH v. 16. 6. 1983 – 2 StR 837/82, BGHSt 32, 10 = NJW 1983, 2396.
[695] BGH v. 11. 11. 2004 – 5 StR 376/03, NStZ 2005, 223; vgl. auch KK-StPO/Fischer Rn. 226.
[696] BGH v. 11. 4. 2000 – 1 StR 55/00, NStZ 2000, 437 (438); BGH v. 28. 8. 2002 – 1 StR 277/02, NStZ 2003, 101 (102); BGH v. 2. 8. 2000 – 3 StR 154/00, NStZ-RR 2001, 43; anders für den Hilfsbeweisantrag BGH v. 30. 11. 2005 – 2 StR 557/04, NStZ 2006, 406 (407); BGH v. 19. 9. 2006 – 4 StR 303/06, NStZ-RR 2006, 362.

Sechster Abschnitt. Hauptverhandlung **1 § 245**

Schuldspruch Erhebliches vorgetragen hätte. Regelmäßig beruht also das Urteil auf einer rechtsfehlerhaften Ablehnung eines Beweisantrags auch dann, wenn zutreffende, die Ablehnung tragende Gründe nachgeschoben werden können.[697] Nur im Einzel- und Ausnahmefall kann das Urteil nicht auf der rechtsfehlerhaften Ablehnung des Beweisantrags beruhen, etwa dann, wenn der Beweisantrag als unzulässig abgelehnt wurde, die unter Beweis gestellte Tatsache jedoch offensichtlich bedeutungslos war[698] oder dann, wenn die Verteidigung aufgrund der klaren Prozess- und Begründungslage unter keinem Gesichtspunkt beeinträchtigt sein konnte.[699] Pauschal gehaltene Hinweise darauf, dass „die Bedeutungslosigkeit der behaupteten Tatsache auf der Hand liege"[700] oder das Urteil der Einlassung des Angeklagten folge, die auch dem Beweisantrag zugrunde liege[701] oder dass die nachträgliche Wahrunterstellung in den Urteilsgründen bereits „in optimaler Weise Berücksichtigung gefunden habe",[702] können ein Beruhen des Urteils auf dem Verfahrensfehler nicht ausschließen.

Die Rechtsprechung, wonach der Ablehnungsgrund der Wahrunterstellung durch die Ablehnung wegen Bedeutungslosigkeit der Tatsache zulässigerweise auch ohne einen gerichtlichen Hinweis ausgetauscht werden könne, ist abzulehnen. Regelmäßig liegt hier auch ein Beruhen der Urteilsfeststellungen auf dem Verfahrensfehler vor, sodass die Verfahrensrüge begründet ist.[703] **187**

§ 245 [Präsente Beweismittel]

(1) ¹Die Beweisaufnahme ist auf alle vom Gericht vorgeladenen und auch erschienenen Zeugen und Sachverständigen sowie auf die sonstigen nach § 214 Abs. 4 vom Gericht oder der Staatsanwaltschaft herbeigeschafften Beweismittel zu erstrecken, es sei denn, daß die Beweiserhebung unzulässig ist. ²Von der Erhebung einzelner Beweise kann abgesehen werden, wenn die Staatsanwaltschaft, der Verteidiger und der Angeklagte damit einverstanden sind.

(2) ¹Zu einer Erstreckung der Beweisaufnahme auf die vom Angeklagten oder der Staatsanwaltschaft vorgeladenen und auch erschienenen Zeugen und Sachverständigen sowie auf die sonstigen herbeigeschafften Beweismittel ist das Gericht nur verpflichtet, wenn ein Beweisantrag gestellt wird. ²Der Antrag ist abzulehnen, wenn die Beweiserhebung unzulässig ist. ³Im übrigen darf er nur abgelehnt werden, wenn die Tatsache, die bewiesen werden soll, schon erwiesen oder offenkundig ist, wenn zwischen ihr und dem Gegenstand der Urteilsfindung kein Zusammenhang besteht, wenn das Beweismittel völlig ungeeignet ist oder wenn der Antrag zum Zwecke der Prozeßverschleppung gestellt ist.

I. Zweck, Systematik und Verhältnis der Vorschrift zu anderen Vorschriften

In § 245 ist die Pflicht zur Erhebung präsenter, also in der Hauptverhandlung „erschienener" **1** oder „herbeigeschaffter" Beweismittel speziell geregelt. Für diese, grundsätzlich ohne Verzögerung zu benutzenden Beweismittel weichen die Vorgaben von dem in § 244 geregelten **Spannungsverhältnis zwischen Aufklärungspflicht und Beweisantragsrecht** bei anderen, nicht präsenten Beweismitteln ab. Während nach der früheren Fassung der Vorschrift[1] die Erhebung präsenter Beweismittel lediglich in den Fällen eingeschränkt war, in denen die Beweiserhebung unzulässig oder zum Zweck der Prozessverschleppung beantragt war, reicht nach der Neufassung der Regelung durch das StÄG[2] die Einflussnahme auf die Beweiserhebung, insbesondere durch die Verteidigung nicht mehr soweit: Es wird nun unterschieden zwischen Zeugen und Sachverständigen sowie den sächlichen Beweismitteln einesteils und anderenteils danach, welcher Verfahrensbetei-

---

[697] BGH v. 29. 3. 1984 – 4 StR 781/83, NJW 1985, 76 (77); BGH v. 5. 2. 1997 – 2 StR 551/96, NStZ 1997, 286; BGH v. 26. 10. 2006 – 3 StR 374/06, NStZ 2007, 349 (351); BGH v. 16. 1. 1990 – 1 StR 676/89, StV 1990, 246; BGH v. 29. 12. 1989 – 4 StR 630/89, StV 1990, 340; BGH v. 29. 5. 1991 – 2 StR 68/91, StV 1991, 500; BGH v. 12. 11. 1991 – 4 StR 374/91, StV 1992, 147 mAnm *Deckers*; BGH v. 15. 5. 1996 – 1 StR 131/96, StV 1996, 581 (582); *Alsberg/Nüse/Meyer* S. 758, 908; *Schlüchter* StV 1987, 46 (47); *Herdegen* NStZ 1990, 513 (515); Löwe/Rosenberg/*Becker* Rn. 227.
[698] BGH v. 9. 10. 2002 – 5 StR 42/02, NJW 2003, 150 (152); kritisch *Becker* NStZ 2003, 415 (420).
[699] BGH v. 14. 3. 1985 – 1 StR 775/84, NStZ 1985, 324 (325); BGH v. 5. 2. 1997 – 2 StR 551/96, NStZ 1997, 286; BGH v. 15. 5. 1996 – 1 StR 131/96, StV 1996, 581.
[700] BGH v. 23. 6. 1981 – 5 StR 234/81, NStZ 1981, 401; BGH v. 9. 4. 1991 – 4 StR 132/91, StV 1991, 408; BGH v. 15. 5. 1990 – 5 StR 594/89, BGHR StPO § 244 Abs. 3 S. 2 Bedeutungslosigkeit 12; BGH v. 13. 11. 1990 – 5 StR 413/90, BGHR StPO § 244 Abs. 3 S. 2 Bedeutungslosigkeit 14.
[701] BGH v. 10. 7. 1991 – 3 StR 115/91, NStZ 1991, 547 (548); BGH v. 5. 1. 1968 – 4 StR 365/67, VRS 34, 354.
[702] So beispielsweise KK-StPO/*Fischer* Rn. 234.
[703] So auch KK-StPO/*Fischer* Rn. 235; KK-StPO/*Herdegen*, 5. Aufl 2003, Rn. 59; *Scheffler* NStZ 1989, 159; *Alsberg/Nüse/Meyer* S. 909; Löwe/Rosenberg/*Becker* Rn. 144; SK-StPO/*Schlüchter* Rn. 191.
[1] Nach dem VereinhG vom 12. 9. 1950, BGBl. 1950 I, S. 455; dazu BGH v. 14. 5. 1963 – 1 StR 120/63, BGHSt 18, 347.
[2] 1979 vom 5. 10. 1978, BGBl. 1978 I S. 1645.

ligte das Beweismittel präsentiert bzw. dessen Präsenz veranlasst hat. Soweit die präsenten Beweismittel auf das Gericht zurückgehen oder – im Fall der sächlichen Beweismittel – auch von der Staatsanwaltschaft herbeigeschafft sind, gilt die Beweiserhebungs- und Nutzungspflicht nach Abs. 1. Soweit die Zeugen und Sachverständigen vom Angeklagten oder der Staatsanwaltschaft präsentiert werden, oder die sächlichen Beweismittel vom Angeklagten herbeigeschafft worden sind, setzt die Beweiserhebung einen entsprechenden Antrag nach Abs. 2 voraus. Die vom Gericht oder der Staatsanwaltschaft präsentierten sächlichen Beweismittel sind nach der Rechtsprechung nur dann als herbeigeschafft im Sinne von Abs. 1 S. 1 anzusehen, wenn das Gericht deutlich gemacht hat, dass es diese zum Gegenstand der Beweiserhebung machen will.[3]

2   Die Norm stellt eine **Spezialregelung** dar, welche die **allgemeine Vorschrift in § 244** einesteils ergänzt, anderenteils auch abändert: Die **Ergänzung** der Regelung in § 244 Abs. 1 betrifft die Verpflichtung des Gerichts, die Beweisaufnahme von Amts wegen auf die von ihm geladenen Beweispersonen und sonstigen zur Hauptverhandlung beigebrachten Beweismittel zu erstrecken. Die **Änderung** besteht in der Einschränkung der in § 244 Abs. 2 bis 5 geregelten Ablehnungsgründe von Beweisanträgen.[4] Die in § 244 Abs. 2 geregelte Aufklärungspflicht des Gerichts bleibt, unabhängig von der Antragspflicht nach Abs. 2, unangetastet.[5]

3   Wiederum speziell und dem § 245 vorgehend sind besondere Regelungen zum Umfang der Beweiserhebung für bestimmte Verfahrensarten, etwa das Strafbefehlsverfahren, in welchem die Pflicht zur Beweiserhebung und deren Umfang in das Ermessen des Gerichts gestellt ist (§ 411 Abs. 2 S. 2), der Privatklageweg (§ 384 Abs. 3), das beschleunigte Verfahren nach § 420 Abs. 4 vor dem Strafrichter sowie das Bußgeldverfahren (§ 77 OWiG) und das vereinfachte Jugendverfahren § 78 Abs. 3 JGG).

II. Pflicht zur Beweiserhebung ohne Beweisantrag (Abs. 1)

4   **1. Gerichtlich vorgeladene und erschienene Zeugen und Sachverständige.** Für die vom Gericht vorgeladenen und erschienenen Zeugen und Sachverständigen gilt das **Beweiserhebungsgebot ohne Einfluss des Gerichts**: Sie sind zu befragen, auch wenn das Gericht zu diesem Zeitpunkt etwa wegen veränderter Sachlage eine Vernehmung nicht mehr für notwendig hält. Denn die übrigen Verfahrensbeteiligten haben möglicherweise deswegen auf die Ladung oder die Stellung entsprechender Beweisanträge verzichtet.[6]

5   Eine **Ladung** des Zeugen oder Sachverständigen kann in jeder Form, sogar telefonisch oder mündlich, etwa dann erfolgen, wenn der Zeuge oder Sachverständige sich zunächst als Zuschauer im Hauptverhandlungssaal befindet (§ 243 Abs. 2 S. 1). Auch auf den Zeitpunkt der Ladung kommt es nicht an, sie kann **bis zum Schluss der Beweisaufnahme** erfolgen.[7]

6   Die Beweiserhebungspflicht wird allerdings beim geladenen Zeugen und Sachverständigen erst dann ausgelöst, wenn dieser erschienen ist, also dem Gericht als anwesend erkennbar und als Zeuge oder Sachverständiger verwendbar ist.[8] Von einem **Erscheinen** des Zeugen oder Sachverständigen ist dann nicht mehr auszugehen, wenn dieser bereits vom Gericht entlassen oder abgeführt ist oder sich eigenmächtig bereits entfernt hat.[9] Gleiches gilt, also nicht von einem Erscheinen im Sinne der Vorschrift ist dann auszugehen, wenn die Person in anderer Funktion, etwa als Richter, Schöffe, Staatsanwalt oder Urkundsbeamter, nicht aber als Zeuge erschienen ist.[10]

7   Das Verwendungsgebot bezieht sich auf das **Beweismittel**, also die Person des Zeugen oder Sachverständigen **als solches**. Zulässig und möglicherweise im Rahmen der Aufklärungspflicht sogar geboten ist daher, diese Personen **zu allen Beweisthemen**, die sich stellen, und nicht nur zu den in der Ladung vorgesehenen zu benutzen. Für den Sachverständigen bedeutet dies, dass er – soweit seine Sachkunde reicht – auch zu bei seiner Ladung nicht angegebenen Fragestellungen befragt werden kann, soweit er dafür keine zusätzliche Vorbereitung benötigt.[11] Die Beweiserhe-

---

[3] Grundsatzentscheidung BGH v. 30. 8. 1990 – 3 StR 459/87, BGHSt 37, 168 = NJW 1991, 1622 = JR 1992, 34 mAnm *Fezer* = StV 1992, 3 mAnm *Köhler*; KK-StPO/*Fischer* Rn. 3.
[4] Löwe/Rosenberg/*Becker* Rn. 6.
[5] Löwe/Rosenberg/*Becker* Rn. 7.
[6] BGH v. 16. 1. 2003 – 1 StR 512/02, StraFo 2003, 198; *Meyer-Goßner* Rn. 3.
[7] KK-StPO/*Fischer* Rn. 6; *Meyer-Goßner* Rn. 3.
[8] BGH v. 5. 1. 1972 – 2 StR 376/71, BGHSt 24, 280 (282) = NJW 1972, 695; BGH v. 3. 7. 1962 – 3 StR 22/61, BGHSt 17, 337 (347) = NJW 1962, 1873; BGH v. 28. 8. 1975 – 4 StR 366/70, MDR 1976, 634 [H.]; OLG Düsseldorf v. 7. 3. 1980 – 2 Ss 828/79 – 16/80 III, MDR 1981, 161; *Alsberg/Nüse/Meyer* S. 785 f.
[9] BGH v. 25. 9. 1985 – 3 StR 209/85, NStZ 1986, 207 [Pf./M.]; BGH v. 15. 9. 1953 – 5 StR 891/52, MDR 1954, 17 [D.].
[10] BGH v. 7. 12. 1954 – 2 StR 402/54, BGHSt 7, 44 (46); BGH v. 18. 7. 1995 – 1 StR 96/95, BGHR StPO § 245 Beweismittel 2; *Alsberg/Nüse/Meyer* S. 818; Löwe/Rosenberg/*Becker* Rn. 14; KK-StPO/*Fischer* Rn. 7.
[11] BGH v. 15. 7. 1954 – 2 StR 199/54, BGHSt 6, 289 (291) = NJW 1954, 1956; BGH v. 24. 7. 1997 – 1 StR 214/97, BGHSt 43, 171 (172) = NJW 1997, 3180; BGH v. 4. 3. 1993 – 2 StR 503/92, NStZ 1993, 395 (396 f.); KK-StPO/*Fischer* Rn. 8; *Detter*, FS Salger, S. 231 (240).

bungspflicht reicht in diesen Fällen allerdings nicht so weit, dass dem Zeugen oder Sachverständigen zur Auskunft über die neuen, bei der Ladung noch nicht bekannten Beweisthemen Vorbereitungszeit einzuräumen und er nochmals zu laden ist.[12]

2. Andere, von Gericht oder Staatsanwaltschaft herbeigeschaffte Beweismittel. Bei den sonstigen, von Gericht oder Staatsanwaltschaft herbeigeschafften Beweismitteln, also **allen Objekten des Augenscheins und Urkunden**, die von Gericht oder Staatsanwaltschaft herbeigeschafft wurden, sowie für die von der **Staatsanwaltschaft beigebrachten Beweispersonen** gilt ebenfalls das Nutzungsgebot. Erfasst sind, bei richtiger Interpretation – trotz der unklaren Verweisung auf § 214 Abs. 4 – grundsätzlich auch alle in den Akten vorhandenen oder von der Staatsanwaltschaft vor Beginn der Hauptverhandlung beigezogenen Beweisgegenstände, die somit vom Gericht nicht eigens „herbeigeschafft" werden müssen.[13] Für die von der Staatsanwaltschaft erst im Lauf der Hauptverhandlung vorgelegten Beweismittel gilt Abs. 2.[14] 8

Bei diesem grundsätzlich sehr weiten Verständnis der herbeigeschafften Beweismittel sind aufgrund der Formulierung des § 245 allerdings **Einschränkungen** erforderlich. Anderenfalls würde die Beweiserhebungspflicht sich letztlich auf alle tatsächlich im Gerichtssaal vorhandenen Beweismittel erstrecken, jedenfalls ließe sich jede darauf bezogene Beweisaufnahme ohne weiteres durchsetzen.[15] 9

Die Beweiserhebungspflicht bezieht sich auf **einzelne Urkunden oder Augenscheinsobjekte**. Der gesamte Bestand von möglichen Beweismitteln, etwa in den Akten, Beiakten, Beweismittelordnern und ähnlichen Belegsammlungen sind nicht bereits aufgrund ihres tatsächlichen Vorhandenseins im Gerichtssaal von der Beweiserhebungspflicht umfasst.[16] 10

Auch die einzeln für sich als Beweismittel individualisierten Beweisgegenstände sind nur dann von der Beweiserhebungspflicht nach Abs. 1 erfasst, wenn das Gericht eine entsprechende **Feststellung ihrer Präsenz** sowie der **Absicht, diese als Beweismittel zu nutzen**, zu erkennen gegeben hat (§ 243 Abs. 1 S. 2), anderenfalls gilt Abs. 2 S. 1.[17] Es liegt somit in der Befugnis des Gerichts – auch für die von der Staatsanwaltschaft herbeigeschafften Beweisgegenstände – diesen (jeweils einzeln) Beweismittelqualität zuzuerkennen. Bringt das Gericht dieses nicht zum Ausdruck, gilt auch für tatsächlich vorhandene Beweisgegenstände das Beweisantragserfordernis.[18] Entgegen einer anderen Auffassung in der Literatur[19] bedarf es für diejenigen Beweismittel, die dem Abs. 1 unterfallen, keines Beweisantrags, auch nicht eines „Beweisantrags weiteren Sinnes". Dagegen ist für diejenigen – und nur diese – tatsächlich vorhandenen Beweisgegenstände, deren Beweismittelqualität das Gericht nicht zu erkennen gegeben hat, ein Beweisantrag notwendig (Abs. 2).[20] 11

3. Wegfall der Beweiserhebungspflicht wegen Unzulässigkeit der Beweisnutzung (Abs. 1 Satz 1 Halbsatz 2). Für die Zulässigkeit der Beweiserhebung durch Verwendung präsenter Beweismittel gelten die allgemeinen Grundsätze. Aus den Einschränkungen des Abs. 2 folgt, dass **weder mangelnde Beweiserheblichkeit noch mangelnde Beweisbedürftigkeit zur Unzulässigkeit** und damit zu einer Einschränkung des Beweiserhebungsgebots führen können.[21] Ob das Verlangen der Beweiserhebung als Missbrauchsfall angesehen und zurückgewiesen werden kann, ist zweifelhaft und wegen der klaren Regelung jedenfalls auf Einzelfälle zu beschränken.[22] Die Nichtvornahme der Beweisaufnahme wegen Unzulässigkeit ist im Sitzungsprotokoll zu vermerken und dagegen der Antrag nach § 238 Abs. 2 zulässig.[23] 12

4. Verzicht auf die Beweiserhebung (Abs. 1 Satz 2). Erforderlich für den Wegfall der Beweiserhebungspflicht ist der Verzicht der Staatsanwaltschaft, des Verteidigers, des Angeklagten, des 13

---

[12] Für den Sachverständigen BGH v. 4. 3. 1993 – 2 StR 503/92, NStZ 1993, 395; *Meyer-Goßner* Rn. 3; *Detter*, FS Salger, S. 231 (241).
[13] *Meyer-Goßner* Rn. 4; KK-StPO/*Fischer* Rn. 10; aM für die von der Staatsanwaltschaft vor der Hauptverhandlung beigezogenen Gegenstände *Fezer* JR 1992, 36.
[14] KK-StPO/*Fischer* Rn. 10; *Löwe/Rosenberg/Becker* Rn. 21; *Meyer-Goßner* Rn. 4, aA SK-StPO/*Schlüchter* Rn. 10.
[15] Dazu insbesondere *Köhler* StV 1992/4.
[16] BGH v. 14. 5. 1963 – 1 StR 120/63, BGHSt 18, 347 = NJW 1963, 1318; BGH v. 29. 8. 1990 – 3 StR 184/90, BGHSt 37, 168 (172) = NJW 1991, 1622 = NStZ 1991, 48 = JR 1992, 34 mAnm *Fezer* = StV 1992, 3 mAnm *Köhler*; KG v. 23. 11. 1979 – (1) 1 StE 2/77 (130/77), NJW 1980, 952.
[17] BGH v. 29. 8. 1990 – 3 StR 184/90, BGHSt 37, 168 (171 f.) = JR 1992, 34 mAnm *Fezer* = StV 1992, 4 mAnm *Köhler*; *Meyer-Goßner* Rn. 5; KK-StPO/*Fischer* Rn. 13.
[18] BGH v. 20. 6. 2007 – 2 StR 84/07, NStZ 2008, 349; BGH v. 28. 3. 2000 – 1 StR 637/99, NStZ 2000, 439; BGH v. 30. 8. 1990 – 3 StR 459/87, BGHSt 37, 168; KK-StPO/*Fischer* Rn. 13; *Meyer-Goßner* Rn. 5.
[19] KK-StPO/*Herdegen*, 5. Aufl. 2003, Rn. 6; *Köhler* StV 1992, 3.
[20] So auch *Meyer-Goßner* Rn. 5; wohl auch KK-StPO/*Fischer* Rn. 14.
[21] BGH v. 8. 7. 1997 – 4 StR 295/97, StV 1998, 360; KK-StPO/*Fischer* Rn. 15 f.; anders wohl noch KK-StPO/*Herdegen*, 5. Aufl. 2003, Rn. 8; anders wohl auch KG v. 23. 11. 1979 – (1) 1 StE 2/77 (130/77), NJW 1980, 953; vgl. *Löwe/Rosenberg/Becker* Rn. 28.
[22] *Meyer-Goßner* Rn. 7; SK-StPO/*Schlüchter* Rn. 16; *Alsberg/Nüse/Meyer* S. 801; *Fahl*, Rechtsmissbrauch, S. 461; zum Meinungsstand *Löwe/Rosenberg/Becker* Rn. 29.
[23] BGH v. 27. 10. 2005 – 4 StR 235/05, NStZ 2006, 178; *Meyer-Goßner* Rn. 7.

Nebenbeteiligten (§§ 434, 442, 444), soweit die Beweiserhebung seine Beteiligungsposition wenigstens mittelbar berühren kann, sowie des Beistands nach § 69 JGG. Nicht erforderlich ist der Verzicht des Nebenklägers sowie des neben einem weiteren Verteidiger nach § 138 Abs. 2 zugelassenen Verteidigers und des Verteidigers nach § 292 AO, des Beistands nach § 149, der Prozessbevollmächtigten von anwesenden Nebenbeteiligten[24] und auch des Mitangeklagten, soweit die Beweisaufnahme für seine Beteiligung oder Strafzumessung nicht von Bedeutung ist.[25] Für den in der Hauptverhandlung **abwesenden Angeklagten** wirkt der **Verzicht des Verteidigers**, der an der Hauptverhandlung teilnimmt (§ 234 a), es sei denn, es wurde nach § 247 verfahren; dann ist der Verzicht des Angeklagten notwendig.[26] Zu weit geht die Auffassung, die das Einverständnis des Angeklagten in den Fällen der §§ 231 Abs. 2, 329 Abs. 2 S. 1 als „verwirkt" ansieht.[27]

14   Für die **Erklärung des Verzichts** ist keine Form vorgesehen, sie kann sogar schlüssig geschehen; bloßes Stillschweigen, auch das Unterlassen eines entsprechenden Antrags bei ausdrücklicher Befragung, reicht allerdings nicht aus.[28] Ob man bei dem Schweigen des Angeklagten und gleichzeitiger Verzichtserklärung des Verteidigers von der Zustimmung des Angeklagten ausgehen kann, ist zweifelhaft.[29] Jedenfalls dann, wenn ihm selbst nicht ausdrücklich Gelegenheit zur Äußerung gegeben worden ist, wird man nicht von schlüssigem Handeln und damit einem Verzicht des Angeklagten ausgehen können.[30] Der Verteidiger kann bei Verzichtserklärung des Angeklagten durch schlüssiges Handeln den eigenen Verzicht erklären.[31]

15   Die Verzichtserklärung bezieht sich jeweils auf das Beweismittel, für welches die Beweiserhebung ansteht, sie kann allerdings auch für mehrere Beweismittel oder eine Beweismittelgesamtheit sowie für eine teilweise Nichtverwertung eines Beweismittels ausgesprochen sein.[32] **Unklare Verzichtserklärungen** sind **restriktiv** auszulegen, also mit der am wenigsten weit gehenden zulässigen Interpretation.[33] Die Verzichtserklärung ist **bedingungsfeindlich**, kann allerdings befristet erklärt oder zunächst unter einen bestimmten Vorbehalt gestellt werden.[34] Mit diesen Einschränkungen ist der Verzicht endgültig, kann also weder zurückgenommen, noch widerrufen werden.[35] Nicht berührt wird durch den Verzicht allerdings das Beweisantragsrecht nach § 244 Abs. 3 bis 5, so dass ein „Widerruf" der Verzichtserklärung als Beweisantrag auszulegen sein dürfte.[36] Kein Verzicht liegt vor, wenn er abgenötigt worden ist[37] oder einer der Prozessbeteiligten durch irreführendes Verhalten des Gerichts davon ausgegangen ist, dass die Nutzung des Beweismittels unzulässig sei.[38] Ein erklärter Verzicht entbindet das Gericht nicht von der Pflicht, die Beweisaufnahme auf sämtliche Beweismittel zu erstrecken, die es selbst für entscheidungserheblich hält.[39]

III. Pflicht zur Beweiserhebung auf Antrag (Abs. 2)

16   **1. Präsente Zeugen und Sachverständige (Abs. 2 Satz 1).** Präsente Beweispersonen im Sinne der Vorschrift sind Zeugen und Sachverständige, die entweder von der Staatsanwaltschaft nach § 214 Abs. 3 (ohne Formerfordernis) oder von dem Angeklagten nach § 220 in der Form des § 38[40] geladen und erschienen sind. Ist der Angeklagte Antragsteller, so ist die **Ladung** zu den Akten zu bringen oder sie in der Hauptverhandlung **nachzuweisen**.[41] Ladungsbefugt unter Berücksichtigung der für den Angeklagten skizzierten Formvorschriften sind auch der Privatkläger (§ 386 Abs. 2), der Einziehungs- und Verfallbeteiligte und die juristischen Personen und Personenvereinigungen, gegen die als Nebenfolge der Tat eine Geldbuße verhängt werden könnte (§§ 433 Abs. 1, 442 Abs. 1, 444

---

[24] BGH v. 23. 1. 1979 – 5 StR 748/78, BGHSt 28, 272 (274) = NJW 1979, 1310 ist überholt.
[25] *Meyer-Goßner* Rn. 9; Löwe/Rosenberg/*Becker* Rn. 31.
[26] BGH v. 29. 9. 1982 – 2 StR 375/82, StV 1983, 52; KK-StPO/*Fischer* Rn. 18.
[27] So Löwe/Rosenberg/*Becker* Rn. 32; vgl. auch BGH v. 2. 10. 1952 – 3 StR 488/52, BGHSt 3, 206.
[28] BGH v. 5. 1. 1978 – 2 StR 425/77, NJW 1978, 1815; BGH v. 3. 12. 1975 – 2 StR 414/75, GA 1976, 115; BGH v. 8. 7. 1997 – 4 StR 295/97, StV 1998, 360; OLG Köln v. 9. 3. 2001 – Ss 538/00, StV 2004, 311.
[29] So wohl BayObLG v. 28. 2. 1978 – 1 Ob OWi 729/77, 1978, 17 (20) = NJW 1978, 1817; *Meyer-Goßner* Rn. 11; KK-StPO/*Fischer* Rn. 20.
[30] Vgl. auch BGH v. 8. 7. 1997 – 4 StR 295/97, StV 1998, 360.
[31] *Alsberg/Nüse/Meyer* S. 806; Löwe/Rosenberg/*Becker* Rn. 33; *Meyer-Goßner* Rn. 11; *Rieß* NJW 1979, 883; KK-StPO/*Fischer* Rn. 20.
[32] Vgl. zu den Fällen Löwe/Rosenberg/*Becker* Rn. 35.
[33] KK-StPO/*Fischer* Rn. 19; *Meyer-Goßner* Rn. 12.
[34] Löwe/Rosenberg/*Becker* Rn. 37; *Meyer-Goßner* Rn. 13; KK-StPO/*Fischer* Rn. 20.
[35] Löwe/Rosenberg/*Becker* Rn. 38; SK-StPO/*Schlüchter* Rn. 5.
[36] *Alsberg/Nüse/Meyer* S. 812; KK-StPO/*Fischer* Rn. 22; aA Löwe/Rosenberg/*Becker* Rn. 38.
[37] *Meyer-Goßner* Rn. 14; Löwe/Rosenberg/*Becker* Rn. 38.
[38] BGH v. 26. 4. 1983 – 5 StR 72/83, NStZ 1984, 15 [Pf./M.]; BGH v. 14. 9. 1973 – 5 StR 318/73, MDR 1974, 16 [D.]; OLG Celle v. 5. 7. 1983 – 1 Ss 214/83, NStZ 1984, 136; KK-StPO/*Fischer* Rn. 21.
[39] BGH v. 12. 2. 1982 – 4 StR 714/80, NStZ 1981, 361; Löwe/Rosenberg/*Becker* Rn. 40.
[40] BGH v. 15. 1. 1952 – 2 StR 567/51, NJW 1952, 836; BGH v. 14. 7. 1981 – 1 StR 385/81, NStZ 1981, 401; *Meyer-Goßner* Rn. 16; *Alsberg/Nüse/Meyer* S. 815 f.; KK-StPO/*Fischer* Rn. 24.
[41] BGH v. 15. 1. 1952 – 2 StR 567/51, NJW 1952, 836.

Abs. 2).⁴² Der anwesende Verteidiger ist keine Beweisperson im Sinne der Vorschrift.⁴³ Keine im Sinne der Vorschrift erschienenen Beweispersonen sind diejenigen nur „gestellten" Zeugen oder Sachverständigen, die etwa vom Angeklagten ohne förmliche Ladung zum Erscheinen in der Hauptverhandlung veranlasst worden sind; für diese gilt Abs. 2 nicht.⁴⁴

2. Sonstige herbeigeschaffte Beweismittel (Abs. 2 Satz 1). Wie bei Abs. 1 S. 1 sind sonstige herbeigeschaffte Beweismittel Augenscheinsobjekte und Urkunden, nicht jedoch Fotokopien von Urkunden zum Beweis der Existenz oder des Inhalts der Originalurkunden.⁴⁵ Wie nach der neuen Gesetzeslage bereits für die Staatsanwaltschaft gilt auch für den Angeklagten, dass für sonstige herbeigeschaffte Beweismittel die Erhebung des Beweises nur dann zu erfolgen hat, wenn das **Gericht** die **Beweismittelqualität zugesprochen** hat.⁴⁶ Zur Präsentation reicht eine formlose Vorlegung des Beweismittels.⁴⁷ 17

3. Erforderlichkeit eines Beweisantrags (Abs. 2 Satz 1). Das Gericht hat die Beweisaufnahme auf die präsentierten Beweismittel zu erstrecken, wenn ein **den Anforderungen des Beweisantragsrechts entsprechender Beweisantrag** oder auch Hilfsbeweisantrag vorliegt (§ 244 Abs. 3),⁴⁸ es sei denn, die Aufklärungspflicht gebietet die Beweiserhebung auch ohne Antrag.⁴⁹ Es reicht aus, wenn der Antragsteller bei der Antragstellung das zur Herbeischaffung des Beweismittels Erforderliche veranlasst hat.⁵⁰ Die Regelung gibt bei abgelehnten Beweisanträgen nach § 244 Abs. 3 oder Abs. 4 die Möglichkeit, die Beweiserhebung durch Präsentation des Beweismittels doch noch zu bewirken.⁵¹ 18

4. Ablehnungsgründe (Abs. 2 Sätze 2, 3). a) Verhältnis zu § 244 Abs. 3 und Abs. 4. Die abschließende Aufzählung von Ablehnungsgründen der Anträge zur Beweiserhebung eines präsenten Beweismittels enthält für die **Unzulässigkeit** der Beweiserhebung als Ablehnungsgrund keine Änderung zur Regelung des § 244 Abs. 3 S. 1.⁵² 19

Die Einschränkung der Ablehnungsgründe präsenter Beweismittel im Vergleich zur Regelung in § 244 Abs. 3 und Abs. 4 berücksichtigt die Präsenz der Beweismittel, so dass eine Ablehnung wegen **Unerreichbarkeit** und unter **Wahrunterstellung** gänzlich **ausscheidet** und der Ablehnungsgrund der Unerheblichkeit deutlich begrenzt wird.⁵³ § 244 Abs. 3 soll der Regelung in § 245 Abs. 2 vorgehen und es soll von einem einheitlichen Antrag auszugehen sein, wenn die beantragte Beweiserhebung neben einem präsenten Beweismittel auch auf ein nicht präsentes mit Relevanz für die(selbe) Beweisbehauptung gerichtet ist.⁵⁴ Gegen die Rechtsprechung wird man in diesen Fällen jedoch in zwei Beweisanträge mit unterschiedlichen Voraussetzungen für eine Ablehnung zu differenzieren haben.⁵⁵ 20

Für den präsenten **Sachverständigen** weicht die Regelung von § 244 Abs. 4 insofern ab, als die Ablehnung wegen **eigener Sachkunde des Gerichts ausgeschlossen** ist⁵⁶ und auch das Auswahlrecht des Gerichts nach § 73 Abs. 1 S. 1 nicht besteht;⁵⁷ schließlich gilt auch für weitere Sachverständige die Einschränkung des **Verbots der Beweisantizipation** (§ 244 Abs. 4 S. 2) nicht.⁵⁸ Auch § 244 Abs. 5 S. 1 findet keine Anwendung.⁵⁹ 21

b) Sachliche Ablehnungsgründe (Abs. 2 Satz 3). Während der Ablehnungsgrund der **Erwiesenheit** der Beweistatsache der Regelung in § 244 Abs. 3 S. 2 in vollem Umfang entspricht, kann die Erhebung eines präsenten Beweismittels aufgrund von **Offenkundigkeit** nur dann abgelehnt wer- 22

---

⁴² *Meyer-Goßner* Rn. 16; KK-StPO/*Fischer* Rn. 24.
⁴³ BGH v. 18. 7. 1995 – 1 StR 96/95, StV 1995, 567.
⁴⁴ BGH v. 15. 1. 1952 – 2 StR 567/51, NJW 1952, 836; OLG Stuttgart v. 18. 2. 1971 – 1 Ss 10/71, Justiz 1971, 312; BGH v. 14. 7. 1981 – 1 StR 385/81, NStZ 1981, 401; *Alsberg/Nüse/Meyer* S. 815; Löwe/Rosenberg/*Becker* Rn. 44; KK-StPO/*Fischer* Rn. 24.
⁴⁵ BGH v. 22. 6. 1994 – 3 StR 646/93, NStZ 1994, 593; KK-StPO/*Fischer* Rn. 25; *Meyer-Goßner* Rn. 17.
⁴⁶ *Meyer-Goßner* Rn. 17; KK-StPO/*Fischer* Rn. 25.
⁴⁷ BGH v. 11. 12. 1974 – 3 StR 323/73, MDR 1975, 369 [D.]; BGH v. 21. 7. 1992 – 5 StR 358/92, NStZ 1993, 28 [K.]; KK-StPO/*Fischer* Rn. 25; *Meyer-Goßner* Rn. 17.
⁴⁸ BGH v. 14. 5. 1963 – 1 StR 120/63, BGHSt 18, 347 (348); *Meyer-Goßner* Rn. 20; Löwe/Rosenberg/*Becker* Rn. 50 ff.; KK-StPO/*Fischer* Rn. 26; für die Bestimmtheitserfordernisse des Beweisantragsrechts kritisch KK-StPO/*Herdegen*, 5. Aufl. 2003, Rn. 13; ebenso kritisch *Köhler* NJW 1979, 348 (350); aA *Alsberg/Nüse/Meyer* S. 823.
⁴⁹ BGH v. 14. 7. 1981 – 1 StR 385/81, NStZ 1981, 401.
⁵⁰ *Meyer-Goßner* Rn. 20.
⁵¹ *Eisenberg* Beweisrecht Rn. 290; KK-StPO/*Fischer* Rn. 26; *Meyer-Goßner* Rn. 20; Löwe/Rosenberg/*Becker* Rn. 52.
⁵² S. dort § 244 Rn. 107; zur Unzulässigkeit der Beweiserhebung auch Rn. 12.
⁵³ *Meyer-Goßner* Rn. 20; KK-StPO/*Fischer* Rn. 27.
⁵⁴ BGH v. 12. 8. 1986 – 5 StR 204/86, StV 1987, 46 m. krit. Anm. *Schlüchter*; KK-StPO/*Fischer* Rn. 27.
⁵⁵ So auch *Schlüchter* StV 1987, 46.
⁵⁶ BGH v. 25. 3. 1994 – 2 StR 102/94, NStZ 1994, 400.
⁵⁷ *Schulz* StV 1983, 342.
⁵⁸ Hierzu insbesondere zu dem von der Verteidigung gestellten Sachverständigen *Detter*, FS Salger, S. 231.
⁵⁹ *Meyer-Goßner* Rn. 22.

den, wenn (**positiv**) gerade die unter Beweis gestellte Tatsache offenkundig ist und nicht – wie nach § 244 Abs. 3 möglich – das Gegenteil.[60] Dies betrifft auch die Ablehnung der Anhörung eines weiteren Sachverständigen aus dem Grund, dass das frühere Gutachten bereits das Gegenteil der unter Beweis gestellten Tatsache erwiesen habe (§ 244 Abs. 4 S. 2).[61] Nach einer Ablehnung der Vernehmung eines weiteren Sachverständigen nach § 244 Abs. 4 S. 2 bleibt es der Verteidigung möglich, die Beweiserhebung durch Präsentation des Sachverständigen durchzusetzen.[62]

23   Auch der Ablehnungsgrund der Bedeutungslosigkeit der unter Beweis gestellten Tatsache in § 244 Abs. 3 S. 2[63] geht weit über den Ablehnungsgrund des **fehlenden Sachzusammenhangs** hinaus, der nur dann greift, wenn ein **sachlicher Bezug** zwischen Beweistatsache und Gegenstand der Urteilsfindung **überhaupt nicht erkennbar** ist.[64] Diese engere Fassung des Ablehnungsgrunds für präsente Beweismittel muss es auch ausschließen, dass die Beweiserhebung unter allgemeinem Hinweis darauf, dass die Beweisthematik „völlig heterogene Umstände" betreffe und daher die Beweiserhebung „die Wahrheitsfindung schlechterdings nicht beeinflussen" könne, nach § 245 abgelehnt werden kann.[65] Keinesfalls können derartige allgemeine Erwägungen dazu führen, dass ein fehlender Sachzusammenhang in Fällen der Unerheblichkeit aus rechtlichen oder tatsächlichen Gründen angenommen wird.[66]

24   Der Ablehnungsgrund völliger **Ungeeignetheit des Beweismittels** ist – ebenso wie bei § 244 Abs. 3 S. 2 – **sehr eng** auszulegen und ausschließlich danach zu beurteilen, ob die Eigenschaften des Beweismittels selbst seine völlige Ungeeignetheit ergeben.[67] Bloße Zweifel an der Geeignetheit, etwa Zweifel an der Bestätigung der behaupteten Beweistatsache wegen der mangelnden Sachkunde eines Sachverständigen, führen zur Ablehnung nicht aus, vielmehr müsste dem Gericht sich geradezu aufdrängen, dass der Sachverständige völlig unfähig oder nach seinem Fachgebiet völlig ungeeignet ist.[68] Eine Begründung der völligen Ungeeignetheit einer Beweisperson unter Rückgriff auf die bisherige Beweisaufnahme ist ausgeschlossen.[69]

25   Für die Ablehnung auch präsenter Beweismittel reicht es aus, wenn **Prozessverschleppungsabsicht** vorliegt; eine tatsächliche Verzögerung des Verfahrens, die grundsätzlich auch bei präsenten Beweismitteln denkbar ist, ist nicht notwendig.[70] Nach der Rechtsprechung reicht zur Beurteilung der Prozessverschleppungsabsicht bereits aus, wenn die Beweiserhebung zu einer – **auch nicht erheblichen** – **Verzögerung** des Verfahrens führt.[71] Dies erscheint zweifelhaft, zumal es zu einer unerheblichen Verzögerung regelmäßig bereits wegen der Durchführung der Beweiserhebung selbst kommen wird.[72] Bei wiederholter Ablehnung wegen Verschleppungsabsicht soll auch eine Fristsetzung durch den Vorsitzenden zur Entgegennahme von Beweisanträgen in Betracht kommen.[73]

26   Auch die Möglichkeit der Ablehnung eines zur Erforschung der Wahrheit nicht erforderlichen Augenscheins (§ 244 Abs. 5 S. 1), gilt für den Augenschein am präsenten Objekt nicht.[74]

27   **c) Verfahren zur Ablehnung.** Liegt ein Ablehnungsgrund nach § 245 Abs. 2 vor, so kann (nicht muss) die Beweiserhebung durch einen **begründeten Gerichtsbeschluss**, der in der Hauptverhandlung vor Schluss der Beweisaufnahme zu verkünden ist, abgelehnt werden.[75] Auch bei einem stattgebenden Beschluss kann der Antragsteller noch auf die Beweiserhebung verzichten, die dann unterbleiben kann, ohne dass die anderen Prozessbeteiligten ebenfalls den Verzicht erklärt haben; allerdings können sie in diesem Fall die Beweiserhebung durch eigenen Antrag durchsetzen.[76]

---

[60] BGH v. 12. 2. 1998 – 1 StR 588/97, BGHSt 44, 26 (29, 32); *Eisenberg* Beweisrecht Rn. 294; *Meyer-Mews* JuS 2002, 376 (377).
[61] KK-StPO/*Fischer* Rn. 30.
[62] BGH v. 12. 2. 1998 – 1 StR 588/97, BGHSt 44, 26 (32); *Detter*, FS Salger, S. 231 (235); *Herdegen* NStZ 1999, 176 (179).
[63] S. dort § 244 Rn. 123.
[64] *Marx* NJW 1981, 1415; *Rieß* NJW 1978, 2265 (2270); *Meyer-Goßner* Rn. 25; *Eisenberg* Beweisrecht Rn. 295; KK-StPO/*Fischer* Rn. 31.
[65] So aber KK-StPO/*Fischer* Rn. 31; KK-StPO/*Fischer* § 244 Rn. 72, 108.
[66] So auch *Meyer-Goßner* Rn. 25; deutlich Löwe/Rosenberg/*Becker* Rn. 62.
[67] *Meyer-Goßner* Rn. 26; KK-StPO/*Fischer* Rn. 32.
[68] Löwe/Rosenberg/*Becker* Rn. 65; *Meyer-Goßner* Rn. 26.
[69] So deutlich *Meyer-Goßner* Rn. 26.
[70] *Meyer-Goßner* Rn. 27; KK-StPO/*Fischer* Rn. 33.
[71] BGH v. 9. 5. 2007 – 1 StR 32/07, BGHSt 51, 333 (342 f.) = NJW 2007, 2501 (2504); wohl zustimmend KK-StPO/*Fischer* Rn. 33.
[72] Hinweis bei KK-StPO/*Fischer* Rn. 33; ablehnend aus systematischen Gründen *Niemöller* NStZ 2008, 181 (184).
[73] BGH v. 14. 6. 2005 – 5 StR 129/05, NJW 2005, 2466 (2468); vgl. § 246 Rn. 2.
[74] KK-StPO/*Fischer* Rn. 33.
[75] *Rieß* NJW 1978, 2270; *Meyer-Goßner* Rn. 28.
[76] *Meyer-Goßner* Rn. 29.

IV. Folgen von Verstößen, Revision

Eine Entscheidung, etwa die Ablehnung der Benutzung präsenter Beweispersonen oder präsentierter Beweismittel, ist nach richtiger Auffassung stets in einem Gerichtsbeschluss zu verkünden, da nur so die Überprüfung durch das Revisionsgericht möglich ist.[77] Folgt man der anderen Auffassung, wonach eine entsprechende Mitteilung des Vorsitzenden in der Hauptverhandlung ausreichend sein soll, ist für die Angreifbarkeit des Verstoßes die Herbeiführung eines Gerichtsbeschlusses nach § 238 Abs. 2 erforderlich.[78] 28

Hat das Gericht – entgegen **Abs. 1 S. 1** – ein dort erfasstes bestimmtes Beweismittel nicht in die Beweisaufnahme einbezogen, so kann dies erfolgreich mit dem Vortrag gerügt werden, dass es sich um ein im Sinne der Vorschrift herbeigeschafftes Beweismittel handelte, das Gericht ihm auch Beweismittelqualität zuerkannt hat und das Verlangen geäußert wurde, das Beweismittel zu benutzen sowie die (fehlerhaft ablehnende) Reaktion des Gerichts hierauf.[79] Die Rüge, ein präsenter Zeuge sei entgegen Abs. 1 S. 1 fehlerhaft nicht vernommen worden, erfordert neben den bereits skizzierten Voraussetzungen auch die Darlegung, dass und wozu er bereits im Ermittlungsverfahren vernommen worden ist und welche – entscheidungserheblichen – Aussagen der Zeuge in der Hauptverhandlung im Fall seiner Vernehmung hätte machen können.[80] 29

In den Fällen, in denen dem Gericht ein **Beurteilungs- oder Ermessensspielraum** zukommt, kann eine fehlerhafte Entscheidung nur dann angegriffen werden, wenn zuvor ein Gerichtsbeschluss nach § 238 Abs. 2 herbeigeführt wurde; unterlässt der Verteidiger dies, führt dies zur Präklusion der Rüge.[81] Fehlerhafte Entscheidungen des Gerichts im Rahmen von **Abs. 2 S. 1**, in denen ein Ermessen nicht vorliegt, können mit der Verfahrensrüge erfolgreich angegriffen werden, wenn die Feststellung der Präsenz des Beweismittels dargelegt und der Beweisantrag sowie die Entscheidung des Gerichts wiedergegeben sind.[82] 30

Zur Aufhebung des Urteils kann auch führen, wenn dem präsenten und auch vernommenen **Sachverständigen** keine Gelegenheit zur Vorbereitung des Gutachtens eingeräumt wurde oder seine Befragung inhaltlich beschränkt wurde, etwa auf das bei der Ladung bereits genannte Beweisthema, obwohl er auch zu weiteren Beweisthemen aufgrund seiner Sachkunde hätte urteilsrelevante Angaben machen können.[83] Mit der **Aufklärungsrüge** kann die Ablehnung der Beweiserhebung über eine präsente Beweisperson oder einen beigebrachten Beweisgegenstand auch dann erfolgreich angegriffen werden, wenn die betreffende Beweiserhebung im Fall des Abs. 1 S. 1 nicht verlangt wurde oder im Fall des Abs. 2 S. 1 ein Beweisantrag nicht gestellt wurde.[84] Es wird dann allerdings darzulegen sein, dass die Anhörung des präsenten Zeugen oder Sachverständigen bzw. die Nutzung des Beweisgegenstandes sich dem Gericht hätte aufdrängen und es daher aufgrund der Amtsaufklärungspflicht den Beweis hätte erheben müssen. 31

Auf der fehlerhaften Entscheidung über eine Beweiserhebung beruht das Urteil nur dann, wenn die unterlassene Beweiserhebung die Entscheidung beeinflusst haben könnte, also nicht etwa sicher feststeht, dass ein fehlerhaft nicht vernommener Zeuge wegen seines Aussageverweigerungsrechts keine Angaben gemacht hätte.[85] Auch im Falle der Nichtverwendung eines präsenten Beweismittels ist somit die **Darlegung, dass das Urteil auf dem Verstoß beruht**, für die erfolgreiche Revision nicht verzichtbar.[86] 32

§ 246 [Verspätete Beweisanträge]

(1) Eine Beweiserhebung darf nicht deshalb abgelehnt werden, weil das Beweismittel oder die zu beweisende Tatsache zu spät vorgebracht worden sei.

(2) Ist jedoch ein zu vernehmender Zeuge oder Sachverständiger dem Gegner des Antragstellers so spät namhaft gemacht oder eine zu beweisende Tatsache so spät vorgebracht worden, daß es dem Gegner an der zur Einziehung von Erkundigungen erforderlichen Zeit gefehlt hat, so kann er

---

[77] So KK-StPO/*Herdegen*, 5. Aufl. 2003, Rn. 16.
[78] So BGH v. 27. 10. 2005 – 4 StR 235/05, NStZ 2006, 178; Löwe/Rosenberg/*Becker* Rn. 74; *Meyer-Goßner* Rn. 7; KK-StPO/*Fischer* Rn. 34.
[79] BGH v. 30. 8. 1990 – 3 StR 459/87, BGHSt 37, 168 (174); OLG Celle v. 24. 2. 1988 – 3 Ss 194/87, StV 1989, 243.
[80] BGH v. 31. 1. 1996 – 2 StR 596/95, NJW 1996, 1685; *Meyer-Goßner* Rn. 30; KK-StPO/*Fischer* Rn. 35.
[81] BGH v. 16. 11. 2006 – 3 StR 139/06, BGHSt 51, 144 (146 f.) = NStZ 2007, 230 (231) mAnm *Widmaier*; KK-StPO/*Fischer* Rn. 35.
[82] BGH v. 7. 3. 1996 – 4 StR 737/95, BGHSt 42, 73 (77 f.); KK-StPO/*Fischer* Rn. 35.
[83] BGH v. 24. 7. 1997 – 1 StR 214/97, BGHSt 43, 173 (175 f.) = NJW 1997, 3180; KK-StPO/*Fischer* Rn. 36.
[84] KK-StPO/*Fischer* Rn. 36.
[85] BGH v. 4. 1. 1978 – 2 StR 609/77, MDR 1978, 459 [H.]; BGH v. 31. 1. 1996 – 2 StR 596/95, NJW 1996, 1685; *Detter*, FS Salger, S. 244; *Meyer-Goßner* Rn. 30.
[86] BGH v. 31. 1. 1996 – 2 StR 596/95, StV 1997, 170; KK-StPO/*Fischer* Rn. 37.

bis zum Schluß der Beweisaufnahme die Aussetzung der Hauptverhandlung zum Zweck der Erkundigung beantragen.

(3) Dieselbe Befugnis haben die Staatsanwaltschaft und der Angeklagte bei den auf Anordnung des Vorsitzenden oder des Gerichts geladenen Zeugen oder Sachverständigen.

(4) Über die Anträge entscheidet das Gericht nach freiem Ermessen.

I. Grundsatz: Keine Präklusion (Abs. 1)

1   Es widerspricht der **Erforschung der materiellen Wahrheit** als einem grundlegenden Ziel des Strafverfahrens, Staatsanwaltschaft oder Verteidigung mit Anregungen und Anträgen zu Beweiserhebung zu präkludieren.[1] An diesem Grundsatz war trotz der Aufweichungen etwa durch die Praxis der Absprachen im Strafverfahren[2] und auch trotz der zahlreichen Diskussionen zur Verhinderung von Missbrauch dieses Prinzips[3] bis vor kurzem festgehalten worden.

2   Ungeachtet dessen hat der Bundesgerichtshof inzwischen ganz erhebliche und **praktisch bedeutsame Einschränkungen** des Ausschlusses der Präklusion im Strafverfahren formuliert: Dabei sollte zunächst eine Präklusion nach **Fristsetzung durch den Vorsitzenden** dann „erwägenswert" sein, wenn eine Vielzahl sachlich unberechtigter Beweisanträge sukzessive ausschließlich zum Zweck der Prozessverschleppung gestellt wird.[4] Eine ähnliche, eindeutig gegen §§ 244 Abs. 6, 246 Abs. 1 stehende Auffassung hat danach der 3. Strafsenat vertreten und es sogar für „geboten" erachtet, dass Beweisanträge, die in der Hauptverhandlung zu bescheiden sind, ausschließlich in einer durch vom Vorsitzenden gesetzten Frist gestellt werden können, wenn (erhebliche) Anhaltspunkte für eine Verschleppungsabsicht vorliegen.[5] Ob diese Rechtsprechung so zu verstehen ist, dass den außerhalb der gesetzten Frist gestellten Beweisanträgen nicht mehr nachgegangen zu werden braucht, ist in höchstem Maß zweifelhaft. Denn dies wäre klar **contra legem**.[6] Jedenfalls kann die Feststellung allein, dass ein Beweisantrag bereits früher, etwa schon im Ermittlungs- oder Zwischenverfahren oder auch zu Beginn der Beweisaufnahme hätte gestellt werden können, nicht zu einer Ablehnung des Beweisantrags aufgrund Verschleppungsabsicht führen.[7] Dies auch dann, wenn von der Verteidigung zum Ende der Beweisaufnahme mit mehreren Beweisanträgen so verfahren wird. Nach dem Prinzip der Erforschung der materiellen Wahrheit muss es dabei bleiben, dass weder Staatsanwaltschaft noch Verteidigung durch Fristsetzung dazu „gezwungen" werden können, Beweisanträge nach den Maßgaben des Vorsitzenden möglichst frühzeitig zu stellen.[8]

3   Beweisanträge können somit in der Beweisaufnahme jederzeit nach eigener Entscheidung des Antragenden und **bis zum Beginn der (tatsächlichen) Urteilsverkündung** gestellt werden.[9] Der Verteidigung bleibt es unbenommen, während des Plädoyers, und auch vor Beginn der Urteilsverkündigung nach Beratung des Gerichts Beweisanträge zu stellen.[10] Zweifelhaft kann dies auch dann nicht sein, wenn weitere Beweisanträge nicht zuvor – etwa vor der Unterbrechung zur Beratung des Gerichts – angekündigt waren.[11] Vielmehr sind solche vor Beginn der Urteilsverkündung gestellte Beweisanträge entgegenzunehmen und darüber nach den §§ 244, 245 zu entscheiden, sie

---

[1] BGH v. 17. 2. 2005 – 4 StR 500/04, NStZ 2005, 395; KK-StPO/*Herdegen*, 5. Aufl. 2003, Rn. 1.
[2] So zuletzt insbesondere in der Entscheidung des Großen Senats BGH v. 3. 3. 2005 – GSSt 1/04, BGHSt 50, 40; wenngleich damit nicht eine „Preisgabe" verbunden sei, so aber KK-StPO/*Fischer* Rn. 1.
[3] So etwa durch ein Arbeitspapier des Justizministeriums Bayern StV 1982, 325 (331) oder auch ein Arbeitspapier des Berliner Senats StV 1982, 325 (331) und insbesondere in einem Gutachten von Gössel, Gutachten C zum 60. Deutschen Juristentag (1994), S. 72 ff.; siehe zusammenfassende Diskussion und Vergleich bei *Bernsmann* ZRP 1994, 329; *Frister* StV 1994, 445; *Kintzi* DRiZ 1994, 325; *Perron* JZ 1994, 823.
[4] So bereits der 5. Senat, allerdings nicht entscheidungserheblich, BGH v. 14. 6. 2005 – 5 StR 129/05, NJW 2005, 2466; zustimmend *Bünger* NStZ 2006, 305; kritisch *Dahs* StV 2006, 115; *Duttge* JZ 2006, 1012; *Gössel* JR 2006, 128; *Ventzke* HRRS 2005, 233.
[5] BGH v. 19. 6. 2007 – 3 StR 149/07, NStZ 2007, 716; vgl. hierzu auch die aktuelle Rspr. zur Verschleppungsabsicht § 244 Rn. 148 mNw.
[6] So auch *Duttge* JZ 2005, 1012 (1015).
[7] So bislang stRspr seit BGH v. 3. 8. 1966 – 2 StR 424/66, BGHSt 21, 118 (123) = NJW 1966, 2174; BGH v. 27. 10. 1981 – 5 StR 570/81, NStZ 1982, 41; BGH v. 18. 3. 1986 – 1 StR 51/86, NStZ 1986, 371; BGH v. 15. 2. 1990 – 4 StR 658/89, NStZ 1990, 350 (351) mAnm *Wendisch* = StV 1990, 391 mAnm *Strate*; BGH v. 21. 8. 1997 – 5 StR 312/97, NStZ 1998, 207; vgl. aber § 244 Rn. 148.
[8] So auch *Meyer-Goßner* Rn. 1 (allerdings ohne Auseinandersetzung mit der aktuellen Rechtsprechung).
[9] BGH v. 17. 2. 2005 – 4 StR 500/04, NStZ 2005, 395, für die ausgesetzte Verkündung des Urteils BGH v. 10. 11. 1961 – 4 StR 407/61, BGHSt 16, 389 (391); BGH v. 3. 8. 1966 – 2 StR 242/66, BGHSt 21, 118 (123); BGH v. 26. 7. 1967 – 2 StR 301/67, NJW 1967, 2019; BGH v. 14. 5. 1981 – 1 StR 160/81, NStZ 1981, 311; BGH v. 19. 3. 1992 – 4 StR 50/92, NStZ 1992, 346 und für die Fälle der unterbrochenen und erneut begonnenen Verkündung BGH v. 5. 2. 1992 – 5 StR 673/91, StV 1992, 218 (219).
[10] BGH v. 26. 7. 1967 – 2 StR 301/67, NJW 1967, 2019; BGH v. 14. 5. 1981 – 1 StR 160/81, NStZ 1981, 311; BGH v. 5. 2. 1992 – 5 StR 673/91, StV 1992, 218 (219); BGH v. 7. 9. 2006 – 3 StR 277/06, NStZ 2007, 112 (113).
[11] BGH v. 30. 10. 1981 – 3 StR 359/81, StV 1982, 58; unklar KK-StPO/*Fischer* Rn. 2.

sind also nach Wiedereintritt in die Verhandlung zu verbescheiden.[12] Eine späte, möglicherweise der Verzögerung des Verfahrens dienende Stellung von Beweisanträgen führt nicht dazu, dass diese etwa erst in den Urteilsgründen, ähnlich Hilfsbeweisanträgen, abzuhandeln wären.[13] Anders ist dies dann, wenn mit der Urteilsverkündung bereits begonnen wurde. In diesem Fall besteht keine Pflicht, Gelegenheit zum Stellen von Beweisanträgen zu geben und erneut in die Verhandlung einzutreten, um über diese zu befinden. Dem steht § 244 Abs. 3 bis 6 nicht entgegen.[14]

II. Aussetzungsantrag (Abs. 2 bis 4)

1. Antrag und Antragsberechtigung. Die Möglichkeit der Verfahrensbeteiligten, Antrag auf 4 Aussetzung der Hauptverhandlung für den Fall zu stellen, dass es wegen zu späten Vorbringens nicht möglich war, sich auf die entsprechende Beweisaufnahme vorzubereiten, ergänzt die Vorschrift in § 222. Ist für die vorgesehenen Benachrichtigungen § 222 nicht eingehalten, so knüpfen sich daran die Folgen aus Abs. 2 und 3. Die Vorschrift geht über den Regelungsgehalt des § 222 insofern hinaus, als davon auch Beweistatsachen umfasst sind, bei denen weder aus dem Hergang der bis dahin erfolgten Beweisaufnahme, noch aus den einsehbaren Verfahrensakten erkennbar war, welche Verfahrensbedeutung ihnen zukommt.[15] In den Fällen des Abs. 2 und 3 ist auf Antrag oder **von Amts wegen** die Aussetzung der Hauptverhandlung anzuordnen, wenn dies zur Aufklärung des Sachverhalts oder zur Wahrung der Verteidigungsinteressen, insbesondere zur Gewährung umfassenden rechtlichen Gehörs erforderlich ist. Dies ist insbesondere dann der Fall, wenn der Angeklagte, etwa weil die Hauptverhandlung ohne ihn stattfindet und er auch nicht verteidigt ist, oder weil er nicht rechtzeitig darüber informiert wurde, faktisch keine Möglichkeit hatte, sich auf die Beweisaufnahme einzustellen.[16]

Die Antragsberechtigung ergibt sich für die Fälle des Abs. 2 daraus, ob Staatsanwaltschaft oder 5 Verteidigung veranlasst haben, dass die Beweistatsache oder das sachliche Beweismittel so spät präsentiert wird. Für den Nebenkläger soll keine Antragsberechtigung bestehen.[17] Im Fall des Abs. 3 steht jedem betroffenen Verfahrensbeteiligten das Antragsrecht zu.[18] Aus dem Zweck der Vorschrift folgt, dass der Aussetzungsantrag **noch bis zum Schluss der Beweisaufnahme** gestellt werden kann, insbesondere auch noch nach einer Prüfung, ob der Antrag nach dem Verlauf der weiteren (gesamten) Beweisaufnahme angezeigt ist.

Über das Antragsrecht muss grundsätzlich nicht belehrt werden, eine Verpflichtung dazu kann 6 allerdings aus der Fürsorgepflicht des Gerichts, insbesondere etwa gegenüber dem unverteidigten Angeklagten folgen.[19]

2. Gerichtsbeschluss. Die Entscheidung über die Aussetzung – auf Antrag oder von Amts wegen – hat das Gericht in einem Beschluss zu fällen (S. 4). Wird ein Antrag auf Aussetzung abgelehnt, so ist der Beschluss nach § 34 zu begründen. Denkbar ist auch, dass die Anordnung des Vorsitzenden, die Hauptverhandlung zu unterbrechen (§ 228 Abs. 1 S. 2) einen Aussetzungsbeschluss erübrigt. Der eine Aussetzung begehrende Antragsteller kann gegen diese Entscheidung einen Gerichtsbeschluss herbeiführen (§ 238 Abs. 2).[20]

3. Ermessensentscheidung. Bei der Entscheidung über einen Aussetzungsantrag hat das Gericht 8 einen weiten Ermessensspielraum.[21] In die Beurteilung müssen neben der **Relevanz des Beweismittels** für die Beweisführung als zentraler Aspekt auch die **Belange des Zeugenschutzes** einfließen. Dies wird zu einer Aussetzung der Hauptverhandlung nur dann führen, wenn bei der Beurteilung der Angaben des Zeugen weitere Erkundigungen erforderlich scheinen.[22] Nicht im Ermessen des Gerichts steht die Entscheidung über die Aussetzung der Hauptverhandlung, sondern es ist zwin-

---

[12] KK-StPO/*Fischer* Rn. 2; zur Verbescheidung und dem Verhältnis zu § 244 Abs. 3 vgl. auch BGH v. 9. 5. 2007 – 1 StR 32/07, NJW 2007, 2501.
[13] BGH v. 17. 2. 2005 – 4 StR 500/04, NStZ 2005, 395: keine „Umwandlung" in einen Hilfsbeweisantrag; KK/*Fischer* Rn. 2.
[14] BGH v. 19. 11. 1985 – 1 StR 496/85, NStZ 1986, 182; BGH v. 5. 2. 1992 – 5 StR 673/91, StV 1992, 218 (219); BGH v. 10. 7. 1974 – 3 StR 6/73, MDR 1975, 24 [D.]; Löwe/Rosenberg/*Becker* Rn. 2; *Meyer-Goßner* Rn. 1; KK-StPO/*Fischer* Rn. 3.
[15] BGH v. 5. 4. 1990 – 1 StR 68/90, BGHSt 37, 1 (3) = NJW 1990, 1860; BGH v. 6. 12. 1989 – 1 StR 559/89, NJW 1990, 1124; LG Koblenz v. 6. 2. 1997 – 2113 Js 34 049/94 – 9 KLs, StV 1997, 239 (240).
[16] KK-StPO/*Fischer* Rn. 2; Löwe/Rosenberg/*Becker* Rn. 20.
[17] SK-StPO/*Schlüchter* Rn. 13; aA HK-StPO/*Julius* Rn. 3.
[18] *Meyer-Goßner* Rn. 4; KK-StPO/*Fischer* Rn. 6.
[19] *Meyer-Goßner* Rn. 3; KK-StPO/*Fischer* Rn. 6.
[20] KK-StPO/*Fischer* Rn. 9.
[21] BGH v. 6. 12. 1989 – 1 StR 559/89, NJW 1990, 1124.
[22] BGH v. 5. 4. 1990 – 1 StR 68/90, BGHSt 37, 1 (3 f.) = NJW 1990, 1860; BGH v. 6. 12. 1989 – 1 StR 559/89, NJW 1990, 1124 (1125).

gend auszusetzen, wenn eine effektive Verteidigung, etwa wegen veränderter Sachlage anderenfalls nicht gewährleistet ist (§ 265 Abs. 3, 4).[23]

III. Folgen von Verfahrensfehlern, Rechtsmittel

9   Im Fall der Entscheidung des Vorsitzenden, einen Beweisantrag, der bis zum Beginn der Urteilsverkündung gestellt wurde, nicht mehr entgegenzunehmen und zu verbescheiden, ist ein Gerichtsbeschluss nach § 238 Abs. 2 herbeizuführen. Nur der **Gerichtsbeschluss** ist in der Revision angreifbar, da es sich bei der Entscheidung des Vorsitzenden um eine sachleitungsbezogene Anordnung handelt.[24]

10 Die Versagung der Aussetzung der Hauptverhandlung ist nur dann revisibel, wenn durch den dem Schutzzweck der Abs. 2 und 3 zuwiderlaufenden Beschluss die **Verteidigung** in einem entscheidungserheblichen Punkt **beschränkt** worden ist.[25] Darauf kann sich ein Verteidiger, der keinen **Aussetzungsantrag** gestellt hat, allerdings nicht berufen.[26] Anders ist dies für den unverteidigten Angeklagten, zumal dann, wenn er über die Möglichkeit, einen Aussetzungsantrag zu stellen, nicht aufgeklärt worden ist.[27] In diesem Fall kann eine Revision auf eine nicht pflichtgemäß von Amts wegen erfolgte Aussetzung der Hauptverhandlung gestützt werden, wenn eine unzulässige, für das Urteil entscheidungserhebliche Beschränkung der Verteidigung aufgrund dieses Beweismittels dargelegt werden kann.

§ 246 a [Ärztlicher Sachverständiger]

¹Kommt in Betracht, dass die Unterbringung des Angeklagten in einem psychiatrischen Krankenhaus oder in der Sicherungsverwahrung angeordnet oder vorbehalten werden wird, so ist in der Hauptverhandlung ein Sachverständiger über den Zustand des Angeklagten und die Behandlungsaussichten zu vernehmen. ²Gleiches gilt, wenn das Gericht erwägt, die Unterbringung des Angeklagten in einer Entziehungsanstalt anzuordnen. ³Hat der Sachverständige den Angeklagten nicht schon früher untersucht, so soll ihm dazu vor der Hauptverhandlung Gelegenheit gegeben werden.

I. Pflicht zur Vernehmung eines Sachverständigen (Satz 1, 2)

1   In Fällen, in denen eine Unterbringungsmaßnahme nach den §§ 63, 64 oder §§ 66, 66a StGB in Betracht kommt, hat das Gericht die Vernehmung eines Sachverständigen anzuordnen und kann die durch den Sachverständigen vorzunehmende Untersuchung **nicht durch eigene Sachkunde ersetzen.**[1] Die Norm wirkt dabei nicht lediglich zugunsten des Angeklagten als Schutz vor ungerechtfertigter Anordnung der Maßnahme,[2] sondern dient gleichzeitig dem öffentlichen Interesse an einer dem Gesetz entsprechenden Entscheidung.[3]

2   In den Fällen der § 63 und §§ 66, 66a StGB genügt bereits die bloße Möglichkeit einer solchen Anordnung. Insbesondere bedarf es nicht der „zwingenden Gründe" des § 126 a, da die Vernehmung des Sachverständigen und dessen Untersuchung des Angeklagten selbst keine Anordnung einer Zwangsmaßnahme darstellen.[4] Im Fall einer möglichen Anordnung nach § 64 StGB ist ein Sachverständiger hinzuziehen, wenn das Gericht die Unterbringung in einer Entzugsklinik „erwägt". Zweifelhaft ist, ob es sich bei diesem Gebot um den Regelfall handeln soll oder ob das Gericht nur dann und ausnahmsweise zur Vernehmung verpflichtet ist, wenn die Einweisung in eine Entzugsklinik konkret erwogen wird.[5] Gegen den Regelfall spricht indes die Intention, durch die Reform der Vorschrift Gutachterressourcen zu schonen.[6]

3   Die **Auswahl** des Sachverständigen hat **maßnahmespezifisch** zu erfolgen, dieser muss also über spezielle Sachkenntnis für die erwogene Unterbringungsart verfügen.[7] Bei dem Sachverständigen

---

[23] KK-StPO/*Fischer* Rn. 10; *Meyer-Goßner* Rn. 6; Löwe/Rosenberg/*Becker* Rn. 20.
[24] BGH v. 19. 3. 1992 – 4 StR 50/92, NStZ 1992, 346; aA *Scheffler* MDR 1993, 3.
[25] BGH v. 5. 4. 1990 – 1 StR 68/90, BGHSt 37, 1 (3) = NJW 1990, 1860; KK-StPO/*Fischer* Rn. 12; *Meyer-Goßner* Rn. 7.
[26] BGH v. 7. 6. 1951 – 4 StR 29/51, BGHSt 1, 284.
[27] KK-StPO/*Fischer* Rn. 12.
[1] BGH v. 1. 12. 1955 – 3 StR 419/55, BGHSt 9, 1 (3); BGH v. 7. 5. 1963 – 1 StR 70/63, BGHSt 18, 374 (375) = NJW 1963, 1683; BGH v. 15. 6. 1999 – 4 StR 231/99, NStZ-RR 2000, 36; BGH v. 30. 3. 1977 – 3 StR 78/77, NJW 1977, 1498; *Trück* NStZ 2007, 377 (384); HK-StPO/*Julius* Rn. 1; SK-StPO/*Schlüchter* Rn. 1.
[2] BVerfG v. 16. 6. 1995 – 2 BvR 1414/94, NJW 1995, 3047.
[3] BGH v. 29. 9. 1993 – 2 StR 355/93, StV 1994, 231; KK-StPO/*Fischer* Rn. 1.
[4] *Eisenberg* Beweisrecht Rn. 1830; HK-StPO/*Julius* Rn. 2.
[5] BT-Drucks. 16/1110, S. 25; BT-Drucks. 16/5137, S. 11.
[6] *Meyer-Goßner* Rn. 3; vgl. aber *Eisenberg* GA 2007, 347 (357).
[7] BGH v. 28. 6. 1994 – 1 StR 140/94, NStZ 1994, 592; BGH v. 29. 9. 1993 – 2 StR 355/93, StV 1994, 231.

muss es sich nicht um einen Arzt handeln,[8] in der Regel wird jedoch ein Sachverständiger auszuwählen sein, der über spezielles, fachmedizinisches Wissen verfügt, und ein forensisch erfahrener Psychiater dieser Anforderung am ehesten entsprechen.[9] Es kommen aber grundsätzlich auch Kriminologen und Psychologen in Betracht.[10] Im Fall des § 63 StGB ist ein Psychiater hinzuzuziehen.[11]

Das Gericht kann verpflichtet sein, **mehrere Sachverständige** hinzuzuziehen, etwa wenn der ursprünglich eingeschaltete Sachverständige sich nicht zu allen in Betracht kommenden Unterbringungsmöglichkeiten äußern kann,[12] oder sich das Gericht der Auffassung des Sachverständigen nicht anschließen will.[13] 4

Die **Vernehmung** des Sachverständigen muss **in der Hauptverhandlung** erfolgen und kann nicht durch Verlesung der Niederschrift einer außerhalb der Hauptverhandlung durchgeführten Vernehmung (§ 251) oder des durch den Sachverständigen angefertigten Gutachtens (§ 256) ersetzt werden.[14] 5

Der Sachverständige hat sich zum Zustand des Angeklagten sowie dessen Behandlungsaussichten umfassend zu äußern.[15] Grundlage der Begutachtung ist die Untersuchung des Angeklagten durch den Sachverständigen, auf die Ergebnisse der Hauptverhandlung muss er nicht zurückgreifen, jedoch umfassende Kenntnis der Tatsachengrundlage haben.[16] Die **Anwesenheit des Sachverständigen während der gesamten Hauptverhandlung** ist dafür grundsätzlich nicht erforderlich.[17] Werden Unterbringungsmaßnahmen erst im Verlauf der Hauptverhandlung in Betracht gezogen, muss das Gericht allerdings sorgfältig prüfen, ob der fragmentarische Charakter der Hauptverhandlung für den dann zugezogenen Sachverständigen als zuverlässige Tatsachengrundlage ausreicht. Andernfalls kann ausgesetzt und dem Sachverständigen Gelegenheit gegeben werden, an der gesamten Hauptverhandlung teilzunehmen.[18] Die rechtliche Beurteilung dieser Anknüpfungstatsachen obliegt dagegen allein dem Gericht.[19] 6

II. Untersuchung des Angeklagten durch den Sachverständigen (Satz 3)

Die Sollvorschrift bezieht sich lediglich auf den Zeitpunkt der Untersuchung, diese selbst ist **obligatorisch** und bildet die unverzichtbare Grundlage für die spätere Vernehmung des Sachverständigen durch das Gericht.[20] Eine zeitlich vor der Hauptverhandlung stattfindende Untersuchung reicht grundsätzlich aus, solange es sich um dasselbe Strafverfahren handelt.[21] Die Untersuchung muss sich **maßnahmespezifisch** auf die geistige und körperliche Verfassung des Angeklagten beziehen und sich an den jeweiligen Unterbringungsvoraussetzungen ausrichten. Nicht ausreichend ist der bloße Kontakt zwischen Sachverständigem und Angeklagtem in der Hauptverhandlung.[22] Bei mehreren möglichen Maßregeln muss die Untersuchung jede von ihnen berücksichtigen.[23] 7

Verweigert der Angeklagte seine Mitwirkung, ist die **Untersuchung grundsätzlich gegen seinen Willen** durchzuführen (§§ 81, 81 a), ausnahmsweise unterbleiben kann sie lediglich, wenn eine Untersuchung ohne freiwillige Mitwirkung des Angeklagten keinen Erfolg verspricht.[24] Die **Pflicht zur Vernehmung** des Sachverständigen bleibt indes selbst in diesem Fall bestehen. Er muss die Anknüp- 8

---

[8] BGH v. 23. 7. 1975 – 2 StR 331/75, MDR 1976, 17; vgl. *Feltes* StV 2000, 281 (282).
[9] *Müller-Metz* StV 2003, 42 (46); KK-StPO/*Fischer* Rn. 1.
[10] *Meyer-Goßner* Rn. 1; *Kinzig* NStZ 2004, 659; für eine stärkere Einbindung von Psychologen und Kriminologen *Feltes* StV 2000, 281 (282).
[11] Vgl. BGH v. 21. 5. 1969 – 4 StR 446/68, BGHSt 23, 8; *Müller-Dietz* NStZ 1983, 203 (204); *Eisenberg* Beweisrecht Rn. 1825; kritisch zum Vorrang der Psychiatrie vor der Psychologie *Feltes* StV 2000, 282; *Wolff* NStZ 1983, 537; *Roxin* § 27 Rn. 10.
[12] HK-StPO/*Julius* Rn. 4.
[13] BGH v. 30. 3. 1977 – 3 StR 78/77, BGHSt 27, 166 (167) = NJW 1977, 1498; BGH v. 10. 8. 2004 – 3 StR 240/04, NStZ 2005, 159; *Trück* NStZ 2007, 377 (384).
[14] BGH v. 30. 7. 1983 – 1 StR 251/53, MDR 1953, 723; BGH v. 7. 2. 1967 – 5 StR 643/66, NJW 1967, 990; *Meyer-Goßner* Rn. 4; SK-StPO/*Schlüchter* Rn. 5.
[15] BGH v. 30. 3. 1977 – 3 StR 78/77, BGHSt 27, 166 = NJW 1977, 1498; SK-StPO/*Schlüchter* Rn. 5; zu den Anforderungen an Prognosegutachten vgl. *Boetticher/Kröber u. a.* NStZ 2006, 537.
[16] BGH v. 21. 2. 1968 – 3 StR 16/68, NJW 1968, 2298; BGH v. 30. 3. 1977 – 3 StR 78/77, BGHSt 27, 166 (167) = NJW 1977, 1498.
[17] BGH v. 8. 6. 1999 – 4 StR 237/99, StV 1999, 470; BGH v. 30. 3. 1977 – 3 StR 78/77, BGHSt 27, 166 (167) = NJW 1977, 1498; SK-StPO/*Schlüchter* Rn. 6; aA HK-StPO/*Julius* Rn. 3 (ständige Anwesenheit unerlässlich).
[18] BGH v. 21. 2. 1968 – 3 StR 16/68, NJW 1968, 2298.
[19] *Boetticher/Kröber u. a.* NStZ 2006, 537 (540).
[20] BGH v. 1. 12. 1955 – 3 StR 419/55, BGHSt 9, 1 (3); BGH v. 17. 11. 1999 – 3 StR 305/99, NStZ 2000, 215; BGH v. 23. 1. 2002 – 5 StR 584/01, NStZ 2002, 384; *Pfeiffer* Rn. 3.
[21] BGH v. 28. 6. 1994 – 1 StR 140/94, NStZ 1994, 592 (593); HK-StPO/*Julius* Rn. 5.
[22] BGH v. 17. 11. 1999 – 3 StR 305/99, NStZ 2000, 215; BGH v. 28. 6. 1994 – 1 StR 140/94, NStZ 1994, 592.
[23] KK-StPO/*Fischer* Rn. 5.
[24] BGH v. 28. 10. 1971 – 4 StR 432/71, NJW 1972, 348; BGH v. 29. 9. 1993 – 2 StR 355/93, StV 1994, 231 (232); SK-StPO/*Schlüchter* Rn. 8.

fungstatsachen für seine Aussage dann soweit möglich durch andere Mittel, wie die Beobachtung des Angeklagten in der Hauptverhandlung und die Auswertung früherer Gutachten beschaffen.[25]

III. Folgen von Verfahrensfehlern, Rechtsmittel

9   Unterbleibt die notwendige Hinzuziehung eines Sachverständigen, so stellt dies keinen absoluten Revisionsgrund nach § 338 Nr. 5 dar, da die Anwesenheit des Sachverständigen in der Hauptverhandlung nicht vorgeschrieben ist. Es liegt dann aber ein Fall des § 337 vor, wobei ein Beruhen des Urteils auf dem Rechtsfehler in der Regel gegeben sein wird.[26] Eine **Aufklärungsrüge** kommt auch mit der Darlegung in Betracht, der Angeklagte sei nicht eingehend genug untersucht worden, oder das Gericht habe es versäumt, ein Zweitgutachten einzuholen, obwohl sich dies aufdrängte.[27] Gleiches gilt im Fall der Abwesenheit des Sachverständigen bei einem für das Gutachten wesentlichen Teil der Hauptverhandlung.[28] Irrevisibel ist dagegen die fehlende Hinzuziehung eines Sachverständigen vor Eröffnung der Hauptverhandlung, etwa durch die Staatsanwaltschaft im Vorverfahren.[29]

§ 247 [Vorübergehende Entfernung des Angeklagten]

¹Das Gericht kann anordnen, daß sich der Angeklagte während einer Vernehmung aus dem Sitzungszimmer entfernt, wenn zu befürchten ist, ein Mitangeklagter oder ein Zeuge werde bei seiner Vernehmung in Gegenwart des Angeklagten die Wahrheit nicht sagen. ²Das gleiche gilt, wenn bei der Vernehmung einer Person unter 18 Jahren als Zeuge in Gegenwart des Angeklagten ein erheblicher Nachteil für das Wohl des Zeugen zu befürchten ist oder wenn bei einer Vernehmung einer anderen Person als Zeuge in Gegenwart des Angeklagten die dringende Gefahr eines schwerwiegenden Nachteils für ihre Gesundheit besteht. ³Die Entfernung des Angeklagten kann für die Dauer von Erörterungen über den Zustand des Angeklagten und die Behandlungsaussichten angeordnet werden, wenn ein erheblicher Nachteil für seine Gesundheit zu befürchten ist. ⁴Der Vorsitzende hat den Angeklagten, sobald dieser wieder anwesend ist, von dem wesentlichen Inhalt dessen zu unterrichten, was während seiner Abwesenheit ausgesagt oder sonst verhandelt worden ist.

I. Durchbrechungen der Anwesenheitspflicht des Angeklagten (§ 231 Abs. 1 Satz 1)

1   § 247 regelt zur Erforschung des Sachverhalts sowie zum Schutz von Zeugen und des Angeklagten selbst[1] Durchbrechungen der Anwesenheitspflicht des Angeklagten in der Hauptverhandlung in abschließend aufgezählten **Ausnahmebestimmungen**.[2] Die Regelung gilt auch bei den einen Teil der Hauptverhandlung vorweg nehmenden oder ersetzenden kommissarischen Vernehmungen (§§ 223, 224) in enger Auslegung.[3] Wegen der Einschränkung der Verteidigungsmöglichkeiten des Angeklagten ist die Norm in jeder Hinsicht eng auszulegen: Sie gilt nur für den Angeklagten (auch den angeklagten Rechtsanwalt),[4] jedoch nicht für den Nebenkläger,[5] soll allerdings auch die Ausschließung des Beistands (nicht des Verteidigers) rechtfertigen.[6] Die Ausschließung ist nur während einer Zeugenvernehmung oder Erörterungen zum Gesundheitszustand und den Behandlungsaussichten des Angeklagten, **nicht bei anderen Hauptverhandlungsteilen**, etwa der Augenscheineinnahme möglich[7] und auch nur so lange, wie die in § 247 angegebenen Gründe vorliegen; bei deren Wegfall ist die Anordnung aufzuheben.[8]

---

[25] BGH v. 22. 7. 2003 – 4 StR 265/03, NStZ 2004, 263 (264); BGH v. 31. 1. 1997 – 2 StR 668/96, NStZ-RR 1997, 166; BGH v. 29. 9. 1993 – 2 StR 355/93, StV 1994, 231 (232); *Meyer-Goßner* Rn. 3; KK-StPO/*Fischer* Rn. 5.
[26] BGH v. 20. 1. 2004 – 4 StR 464/03, NStZ-RR 2004, 204; *Müller-Dietz* NStZ 1983, 203 (204); *Eisenberg* Beweisrecht Rn. 1830.
[27] BGH v. 29. 9. 1993 – 2 StR 355/93, NStZ 1994, 96; BGH v. 7. 5. 1963 – 1 StR 70/63, BGHSt 18, 374 (376) = NJW 1963, 1683; BGH v. 21. 2. 1968 – 3 StR 16/68, NJW 1968, 2298 (2299); *Eisenberg* Beweisrecht Rn. 1830; SK-StPO/*Schlüchter* Rn. 11.
[28] BGH v. 8. 6. 1999 – 4 StR 237/99, StV 1999, 470; HK-StPO/*Julius* Rn. 7; *Pfeiffer* Rn. 4.
[29] BGH v. 15. 11. 1983 – 1 StR 553/83, NStZ 1984, 134 (135); HK-StPO/*Julius* Rn. 7; KK-StPO/*Fischer* Rn. 6.
[1] Dieser Grundsatz gilt auch im Jugendstrafrecht, vgl. § 51 Abs. 1 JGG; *Meyer-Goßner*, FS Pfeiffer, S. 311.
[2] BGH v. 28. 9. 1960 – 2 StR 429/60, BGHSt 15, 194; BGH v. 18. 10. 1967 – 2 StR 477/67, BGHSt 21, 332; BGH v. 6. 12. 1967 – 2 StR 616/67, BGHSt 22, 18; BGH v. 31. 10. 1975 – 5 StR 431/75, BGHSt 26, 218; BGH v. 2. 5. 1957 – 4 StR 150/57, NJW 1957, 1161; BGH v. 25. 4. 1986 – 2 StR 86/86, StV 1987, 377.
[3] BGH v. 1. 7. 1983 – 1 StR 138/83, BGHSt 32, 32 = JZ 1984, 45 mAnm *Geerds*; KMR/*Paulus* Rn. 7.
[4] BVerfG v. 26. 2. 1980 – 2 BvR 752/78, BVerfGE 53, 207 = NJW 1980, 1677.
[5] RG v. 9. 3. 1894 – Rep. 4381/93, RGSt 25, 177; Löwe/Rosenberg/*Becker* Rn. 7.
[6] BGH v. 20. 2. 2001 – 5 StR 544/00, NJW 2001, 3349.
[7] vgl. zu möglichen Ausnahmen von diesem Grundsatz Löwe/Rosenberg/*Becker* Rn 9; *Kleinknecht* NJW 1963, 1322 mit Ablehnung der aA OLG Braunschweig v. 26. 10. 1962 – Ss 224/62, NJW 1963, 1322.
[8] *Meyer-Goßner* Rn. 1, 6; Löwe/Rosenberg/*Becker* Rn. 32.

§ 247 räumt dem Gericht bei Vorliegen der einzelnen Ausschließungstatbestände ein **Ermessen** ein.[9] Das Gericht hat eine Abwägung zwischen dem Interesse der Wahrheitsfindung sowie des Zeugen- und Angeklagtenschutzes einerseits und dem Verteidigungsrecht sowie der Gewährung rechtlichen Gehörs des Angeklagten andererseits zu treffen und nach der Vorschrift nur zu verfahren, wenn dies aus den vorgesehenen Zwecken unerlässlich ist.[10] Bei Vorliegen der Voraussetzungen des § 247 S. 2 und 3 wird von der Ermächtigung regelmäßig Gebrauch zu machen sein,[11] anderes wird für die Wahrheitserforschung (als Zweck des § 247 S. 1) im Hinblick auf die freie Beweiswürdigung des Gerichts gelten müssen.[12]

II. Fälle des Ausschlusses des Angeklagten

1. Befürchtung wahrheitswidriger Aussagen oder der Verweigerung von Angaben (Satz 1).
a) **Zweck: Herbeiführung vollständiger wahrheitsgemäßer Aussage.** Zweck ist es zu verhindern, dass der Zeuge oder Mitangeklagte in Gegenwart des Angeklagten wahrheitswidrige Angaben macht oder sich unter Verweis auf die Anwesenheit des Angeklagten auf sein Zeugnis- oder Aussageverweigerungsrecht beruft.[13] **Andere Gründe** als die Erreichung wahrheitsgetreuer und vollständiger Aussagen von Zeugen oder Mitangeklagten **rechtfertigen die Ausschließung** des Angeklagten **nicht**, insbesondere nicht die Befürchtung gegenseitiger Anpassung der Einlassungen von mehreren Mitangeklagten[14] oder die Erwartung einer erhöhten Geständnisbereitschaft aufgrund der Verwicklung des Angeklagten in Widersprüche.[15] Es reicht auch nicht aus, wenn der Zeuge (oder Mitangeklagte) lediglich den Wunsch äußert, in Abwesenheit des Angeklagten auszusagen[16] oder eine entsprechende Bitte (oder auch ein Widerspruch) des nach § 1897 BGB bestellten Betreuers geäußert wird.[17]

b) **Auf konkrete Tatsachen gestützte Befürchtung.** Die Befürchtung des Gerichts nicht wahrheitsgemäßer oder nicht vollständiger Angaben muss auf konkrete Tatsachen gestützt sein; für die Wahrheitsfindung muss die Anwesenheit des Angeklagten bei der Vernehmung eine konkrete Gefahr auslösen. Maßgeblich ist dabei die **Einschätzung des Gerichts** (nicht die Befürchtung des betreffenden Zeugen oder Mitangeklagten)[18] zum Zeitpunkt der Anordnung, nicht aber etwa besseres Wissen nach der Anordnung.[19]

c) **Keine anderen, weniger eingreifenden Maßnahmen.** Reichen bei der Abwägung zwischen dem Interesse an der Wahrheitsfindung auf der einen Seite und den Verteidigungsinteressen sowie dem Anspruch auf rechtliches Gehör des Angeklagten auf der anderen Seite **mildere Mittel** des Gerichts aus, um die Befürchtung auszuräumen, so hat es diese zu prüfen und gegebenenfalls zu ergreifen. Dies gilt etwa bei Einschränkungen der Aussagegenehmigung einer Behörde für die Überprüfung der Verwaltungsentscheidung[20] oder im Hinblick auf Zwangsmaßnahmen gegen nicht zeugnisverweigerungsberechtigte Zeugen[21] sowie für einfache Sitzungsmaßnahmen, etwa die Sitzordnung bei der Vernehmung des Zeugen.[22] Nicht ohne weiteres als milderes Mittel im Interesse der Wahrheitsfindung ist bereits nach dem Gesetzestext die Videovernehmung des betreffenden Zeugen[23] anzusehen.

d) **Vernehmung.** Der Angeklagte darf nur während der Vernehmung oder, wenn der Zweck gewahrt ist, während eines Teils der Vernehmung von der Hauptverhandlung ausgeschlossen sein, insbesondere gehören dazu jedenfalls die Vernehmung zur Person sowie die Belehrung.[24] Dabei

---

[9] BGH v. 6. 8. 1986 – 3 StR 243/86, NStZ 1987, 84 = StV 1987, 5.
[10] BGH v. 9. 1. 1953 – 1 StR 620/52, BGHSt 3, 384 = NJW 1953, 515.
[11] *Meyer-Goßner* Rn. 1.
[12] KK-StPO/*Diemer* Rn. 4; aA wohl *Meyer-Goßner* Rn. 1; vgl. zur Ermessensreduzierung bei ausgeschlossenem Angeklagten unten Rn. 18.
[13] BGH v. 6. 12. 1967 – 2 StR 616/67, BGHSt 22, 18; BGH v. 19. 7. 2001 – 4 StR 46/01, NStZ 2001, 608; für den Mitangeklagten BGH v. 17. 1. 2001 – 1 StR 480/00, NStZ-RR 2002, 69; dagegen *Hanack* JZ 1972, 81.
[14] BGH v. 2. 5. 1957 – 4 StR 150/57, NJW 1957, 1161; BGH v. 28. 9. 1960 – 2 StR 429/60, BGHSt 15, 194 = JZ 1961, 184; aA *Hanack* JZ 1972, 81.
[15] BGH v. 9. 1. 1953 – 1 StR 620/52, BGHSt 3, 384; Löwe/Rosenberg/*Becker* Rn. 14; KK-StPO/*Diemer* Rn. 2.
[16] BGH v. 6. 12. 1967 – 2 StR 616/67, BGHSt 22, 18; BGH v. 21. 4. 1999 – 5 StR 718/98, NStZ 1999, 419; BGH v. 14. 3. 2002 – 1 StR 504/01, NStZ-RR 2002, 217.
[17] BGH v. 21. 9. 2000 – 1 StR 257/00, BGHSt 46, 142 = NJW 2000, 3795 = JR 2001, 340 mAnm *Eisenberg/Schlüter*.
[18] BGH v. 9. 11. 1971 – 5 StR 374/71, MDR 1972, 199 [D.]; *Meyer-Goßner* Rn. 3.
[19] Zur Maßgeblichkeit der Beurteilung ex ante vgl. noch Rn. 12.
[20] BGH v. 17. 11. 1992 – 1 StR 752/91, NStZ 1993, 248; BGH v. 2. 7. 1996 – 1 StR 314/96, NStZ 1996, 608 mAnm *Geerds*; Löwe/Rosenberg/*Becker* Rn. 17.
[21] BGH v. 6. 12. 1967 – 2 StR 616/67, BGHSt 22, 18 (21).
[22] So *Basdorf*, FS Salger, S. 214; Löwe/Rosenberg/*Becker* Rn. 22.
[23] Vgl. hierzu auch § 247a Rn. 5; BGH v. 6. 12. 2000 – 1 StR 488/00, NStZ 2001, 262.
[24] BGH v. 9. 11. 1971 – 5 StR 374/71, MDR 1972, 199.

gilt die Anordnung jeweils für den gesamten Teil der Vernehmung, für den die Ausschlussgründe vorliegen, wobei in die Vernehmung die mit ihr in unmittelbarer Verbindung stehenden Vorgänge, wie der Vorhalt von Urkunden oder Lichtbildern als Vernehmungsbehelf,[25] einzubeziehen sind.

7 Jedenfalls ist der **Zeitraum** und der Teil der Hauptverhandlung, bei dem der Angeklagte ausgeschlossen ist, **so eng wie möglich** zu begrenzen,[26] so etwa gegebenenfalls auf eine Frage zu beschränken[27] und die Anordnung aufzuheben, der Angeklagte also wieder zuzulassen, sobald der Entfernungsgrund – auch vor Abschluss der Vernehmung – aus Sicht des Gerichts entfallen ist.[28]

8 Auf andere (**selbstständige**) **Beweisvorgänge** kann der Ausschluss des Angeklagten von der Hauptverhandlung nicht erstreckt werden. Insoweit ist allerdings sachgerecht zu unterscheiden zwischen der Verwendung von Augenscheinsobjekten als Vernehmungsbehelfe,[29] dem Zeugen vorgehaltenen Beweismitteln und der förmlichen Beweiserhebung durch Verlesung von Urkunden[30] und Augenscheineinnahmen.[31]

9 Nicht zur Vernehmung gehörend und damit vom Ausschlusstatbestand nicht gedeckt sind **Vorgänge mit selbstständiger verfahrensrechtlicher Bedeutung**,[32] wie beispielsweise Verhandlung und Beschlussfassung über den Ausschluss der Öffentlichkeit[33] und Verhandlung über die Entlassung[34] und Vereidigung des Zeugen,[35] es sei denn der Ausschluss von der Hauptverhandlung gründete auf der drohenden Enttarnung des Zeugen,[36] und auch ggf. die Verhandlung darüber, ob der Zeuge entlassen werden kann.[37] Anderes gilt für die Zeugenvereidigung, die Verhandlung darüber sowie Verhandlung über die Entlassung des Zeugen im Jugendstrafverfahren, wo nicht auf die „Vernehmung", sondern auf die „Erörterung" abgestellt wird.[38] Keinesfalls kann in Abwesenheit des Angeklagten die Vernehmung anderer als des Zeugen erfolgen, für dessen Vernehmung er ausgeschlossen wurde.[39]

10 **2. Befürchtung eines erheblichen Nachteils für Zeugen unter 18 Jahren (Satz 2, 1. Alt.).**
a) Zweck: Verhinderung einer schädlichen Auswirkung der Zeugenaussage auf die Psyche des kindlichen oder jugendlichen Zeugen. Der Schutzzweck, das Wohl des Zeugen unter 18 Jahren, geht dem Zweck des Tatbestands in § 247 S. 1 eindeutig vor, die Gefahr einer nicht wahrheitsgemäßen Aussage ist für den Ausschluss des Angeklagten nach diesem Ausschlusstatbestand nicht erforderlich, wenngleich oftmals die Voraussetzungen der Ausschlusstatbestände zusammenfallen können.[40] Die Einschätzung eines zu befürchtenden Schadens für den kindlichen oder jugendlichen Zeugen obliegt dem Gericht **nach pflichtgemäßem Ermessen**; auf den Willen des Zeugen

---

[25] BGH v. 18. 10. 1967 – 2 StR 477/67, BGHSt 21, 332 = JZ 1968, 72; BGH v. 12. 12. 2002 – 5 StR 477/02, NStZ 2003, 320.
[26] BGH v. 18. 10. 1967 – 2 StR 477/67, BGHSt 21, 332 = JZ 1968, 72; *Hanack* JZ 1972, 81.
[27] BGH v. 11. 3. 1975 – 1 StR 51/75, MDR 1975, 544.
[28] *Meyer-Goßner* Rn. 6; *Löwe/Rosenberg/Becker* Rn. 32, 38.
[29] BGH v. 18. 10. 1967 – 2 StR 477/67, BGHSt 21, 332; BGH v. 5. 5. 2004 – 2 StR 492/03, NStZ-RR 2004, 237; aA *Hanack* JZ 1972, 81.
[30] BGH v. 18. 10. 1967 – 2 StR 477/67, BGHSt 21, 332; BGH v. 12. 8. 1992 – 5 StR 361/92, StV 1992, 550; BGH v. 10. 4. 1997 – 4 StR 132/97, NStZ 1997, 402; BGH v. 12. 10. 2000 – 1 StR 488/00, NStZ 2001, 262 mAnm *van Gemmeren*; BGH v. 23. 7. 2006 – 2 StR 158/04, NStZ-RR 2006, 3.
[31] BGH v. 4. 7. 2007 – 1 Ss 111/06 = StRR 2007, 267; BGH v. 13. 11. 1979 – 5 StR 713/79, StV 1981, 57 mAnm *Strate*; BGH v. 12. 8. 1986 – 1 StR 420/86, NStZ 1986, 564; BGH v. 20. 2. 2002, 3 StR 345/01, NStZ-RR 2003, 3; BGH v. 23. 7. 2006 – 2 StR 158/04, NStZ 2006, 3; BGH v. 30. 11. 1983 – 3 StR 319/83, StV 1984, 102; BGH v. 11. 3. 1986 – 5 StR 67/86, StV 1986, 418; BGH v. 6. 6. 2001 – 3 StR 180/01, NStZ 2002, 8; BGH v. 10. 8. 2004 – 3 StR 240/04, StV 2005, 6; BGH v. 10. 6. 1987 – 2 StR 242/87, NJW 1988, 429; BGH v. 23. 10. 2002 – 1 StR 234/02, NJW 2003, 597; anders BGH v. 11. 5. 1988 – 3 StR 89/88, JR 1989, 254 mAnm *Hanack*; BGH v. 6. 12. 2000 – 1 StR 488/00, NStZ 2001, 262 mAnm *van Gemmeren*.
[32] BGH v. 25. 4. 1986 – 2 StR 86/86, StV 1987, 377; *Strate* NJW 1979, 909; neuerdings zweifelnd BGH v. 5. 2. 2002 – 5 StR 437/01, NStZ 2002, 384.
[33] *Meyer-Goßner* Rn. 6; *Park* NJW 1996, 2213; KK-StPO/*Diemer* Rn. 9; aA BGH v. 3. 10. 1978 – 1 StR 285/78, NJW 1979, 276 = JR 1979, 434 mAnm *Gollwitzer*; BGH v. 29. 9. 1993 – 2 StR 336/93, StV 1995, 250 m. abl. Anm. *Stein*.
[34] StRspr. seit BGH v. 21. 10. 1975 – 5 StR 431/75, BGHSt 26, 218; BGH v. 15. 1. 1987 – 1 StR 678/86, NStZ 1987, 335; BGH v. 23. 6. 1999 – 3 StR 212/99, NStZ 1999, 522; BayObLG v. 22. 10. 2003 – St RR 286/03, StV 2005, 7; zuletzt klarstellend BGH GSSt 1/09 zitiert nach juris.
[35] BGH v. 18. 12. 1968 – 2 StR 322/68, BGHSt 22, 289; BGH v. 21. 10. 1975, 5 StR 431/75, BGHSt 26, 218 = JR 1976, 340 mAnm *Gollwitzer*; BGH v. 16. 3. 1982 – 1 StR 115/82, NStZ 1982, 256; BGH v. 17. 12. 1982 – 2 StR 635/82, NStZ 1983, 181; BGH v. 3. 10. 1985 – 1 StR 392/85, NStZ 1986, 133; BGH v. 26. 2. 1987 – 1 StR 665/86, NStZ 1988, 19; § 51 Abs. 1 JGG; BGH v. 25. 6. 1987 – 1 StR 305/87, NStZ 1987, 519; BGH v. 23. 6. 1999 – 3 StR 212/99, StV 1999, 637 (638); BGH v. 15. 11. 2001 – 4 StR 215/01, NStZ 2002, 216 (217) mAnm *Eisenberg* (331); BayObLG v. 22. 10. 2003 – 5 StR 286/03, StV 2005, 7; zur Vereidigung insgesamt *Peglau/Willke* NStZ 2005, 188.
[36] BGH v. 8. 11. 1984 – 1 StR 657/84, NJW 1985, 1478 = NStZ 1985, 136; BGH v. 31. 5. 1990 – 4 StR 112/90, BGHSt 37, 48.
[37] BGH v. 3. 10. 1985 – 1 StR 392/85, NJW 1986, 267; BGH v. 10. 4. 1997 – 4 StR 132/97, NStZ 1997, 402.
[38] § 51 Abs. 1 S. 1 JGG; BGH v. 15. 11. 2001 – 4 StR 215/01, NStZ 2002, 216 = NStZ 2002, 331 mAnm *Eisenberg*.
[39] BGH v. 3. 2. 1993 – 5 StR 652/92, NStZ 1993, 350.
[40] *Löwe/Rosenberg/Becker* Rn. 19.

kommt es nicht an.[41] Das Gericht hat nach eigenem Ermessen einen erheblichen Nachteil des körperlichen oder seelischen Wohls des Kindes zu befürchten, dh. der Nachteil muss Wirkung über die unmittelbare Vernehmungssituation und Dauer der Vernehmung hinaus entfalten.[42] Dabei haben in die Abwägung insbesondere Alter und Entwicklungsreife des jugendlichen Zeugen sowie seine Beziehungen zu dem Angeklagten einzufließen,[43] wobei die Befürchtung sich auf konkrete Tatsachen gründen muss.[44]

b) Dauer der Vernehmung. Der Ausschlusstatbestand wird regelmäßig die gesamte Vernehmung des kindlichen oder jugendlichen Zeugen umfassen und – weitergehend als in S. 1 – wohl auch auf die Verhandlung und Entscheidung über den Ausschluss der Öffentlichkeit zu erstrecken sein.[45] Die Frage des Ausschlusses des Angeklagten bei der Vereidigung oder Verhandlung hierüber ist wegen § 60 Nr. 1 obsolet.[46] Das bereits zu Vernehmungsbehelfen Dargelegte[47] gilt entsprechend; dazu gehören auch Angaben der Eltern zur Person des kindlichen Zeugen nach § 68.[48]

3. Annahme der dringenden Gefahr eines schwerwiegenden Nachteils für die Gesundheit des Zeugen (Satz 2, 2. Alt.). a) Zweck: Schutz des Zeugen vor schwerwiegenden gesundheitlichen Nachteilen. Über die bereits vom Ausschlusstatbestand nach S. 1 erfassten Fälle (etwa die drohende Vernehmungsunfähigkeit des Zeugen aufgrund der psychischen Belastung[49]) hinausgehend kann nach Einführung der 2. Alt. des Satzes 2 durch das Opferschutzgesetz allgemein eine Ausschließung des Angeklagten auf den Schutz der Gesundheit des Zeugen gestützt werden. Die beiden Ausschließungstatbestände in S. 1 und S. 2, 2. Alt. können somit nebeneinander vorliegen. Der Zweck des Ausschließungstatbestands nach S. 2, 2. Alt. entspricht dem in S. 2, 1. Alt., verlangt allerdings einen zu befürchtenden schwerwiegenden gesundheitlichen Nachteil.[50] Nur geringfügige, vorübergehende Beeinträchtigungen reichen nicht aus, die Auswirkungen müssen von erheblichem Gewicht sein, so dass es bei der Würdigung ex ante[51] dem Zeugen nicht zumutbar ist, den wahrscheinlich eintretenden Nachteil hinzunehmen.[52] Die Abwägung kann nur konkrete Umstände berücksichtigen, die nach dem Gesundheitszustand des Zeugen, seiner Persönlichkeit und seiner Beziehung zu dem Angeklagten zu beurteilen sind, so etwa die Gefahr eines Nervenzusammenbruchs.[53] Die Beurteilung und Abwägung obliegt dem Gericht, eines Antrags oder entsprechender Beurteilung des betroffenen Zeugen selbst bedarf es nicht.[54] Allerdings wird das Gericht eine Bereitschaft des Zeugen, in der Gegenwart des Angeklagten Angaben zu machen, bei der Abwägung zu berücksichtigen haben.[55]

b) Dauer der Vernehmung. Für die Dauer des Ausschlusses des Angeklagten gilt das bereits zur 1. Alt. Dargelegte.[56] Auf der Grundlage des Ausschließungsgrundes kann es allerdings geboten sein, den Zeugen auch in Abwesenheit des Angeklagten zu vereidigen und darüber zu erörtern.[57] Entsprechendes gilt bei dem Ausschluss des Angeklagten zur Vernehmung von V-Leuten.[58]

4. Befürchtung eines erheblichen Nachteils für die Gesundheit des Angeklagten (Satz 3). a) Zweck: Schutz der Gesundheit des Angeklagten. Der Ausschlussgrund in S. 3 gebietet es, dass das Gericht bei der Entscheidung darüber einesteils die eigene **Einschätzung des Angeklagten** berücksichtigt, wobei der Wunsch des Angeklagten allein nicht ausschlaggebend ist[59] und anderen-

---

[41] BGH v. 10. 1. 2006 – 5 StR 341/05, NJW 2006, 1008; *Meyer-Goßner* Rn. 11; KK-StPO/*Diemer* Rn. 10.
[42] Löwe/Rosenberg/*Becker* Rn. 20; KK-StPO/*Diemer* Rn. 11; *Meyer-Goßner* Rn. 11; KMR/*Paulus* Rn. 17; SK-StPO/*Schlüchter* Rn. 16.
[43] BGH v. 6. 8. 1986 – 3 StR 243/86, NStZ 1987, 84; Löwe/Rosenberg/*Becker* Rn. 20.
[44] Vgl. Rn. 4; *Meyer-Goßner* Rn. 11.
[45] BGH v. 25. 1. 1994 – 5 StR 508/93, NStZ 1994, 354; KK-StPO/*Diemer* Rn. 9.
[46] Löwe/Rosenberg/*Becker* Rn. 36.
[47] Vgl. Rn. 6, 8.
[48] BGH v. 25. 1. 1994 – 5 StR 508/93, NStZ 1994, 354; Löwe/Rosenberg/*Becker* Rn. 35; *Meyer-Goßner* Rn. 11.
[49] BGH v. 18. 12. 1968 – 2 StR 322/68, BGHSt 22, 289; OLG Hamburg v. 18. 3. 1975, 1 Ss 164/74, NJW 1975, 1573.
[50] Löwe/Rosenberg/*Becker* Rn. 21.
[51] *Meyer-Goßner* Rn. 3; SK-StPO/*Schlüchter* Rn. 8; Löwe/Rosenberg/*Becker* Rn. 23; *Fischer* NJW 1975, 2034; aA OLG Hamburg v. 18. 3. 1975 – 1 Ss 164/74, NJW 1975, 1573; KMR/*Paulus* Rn. 21.
[52] Löwe/Rosenberg/*Becker* Rn. 21.
[53] OLG Hamburg v. 18. 3. 1975 – 1 Ss 164/74, NJW 1975, 1573; Löwe/Rosenberg/*Becker* Rn. 21; *Meyer-Goßner* Rn. 12; *Böttcher* JR 1987, 133.
[54] Löwe/Rosenberg/*Becker* Rn. 27; *Meyer-Goßner* Rn. 12; Begr. BT-Drucks. 10/6124, S. 14; *Ries/Hilger* NStZ 1987, 145.
[55] Begr. BT-Drucks. 10/6124, S. 14; *Böttcher* JR 1987, 133; KK-StPO/*Diemer* Rn. 11.
[56] Vgl. Rn. 6 ff.
[57] BGH v. 8. 11. 1984 – 1 StR 657/84, NJW 1985, 1478; BGH v. 31. 5. 1990 – 4 StR 112/90, BGHSt 37, 48 = NJW 1990, 2633; *Meyer-Goßner* Rn. 9.
[58] *Ries/Hilger* NStZ 1987, 145; *Meyer-Goßner* Rn. 12; Löwe/Rosenberg/*Becker* Rn. 36; BGH v. 8. 11. 1984, NStZ 1985, 136.
[59] BGH v. 1. 12. 1992 – 5 StR 494/92, StV 1993, 285; *Meyer-Goßner* Rn. 13; Löwe/Rosenberg/*Becker* Rn. 27; SK-StPO/*Schlüchter* Rn. 22.

teils vor der Beschlussfassung zusammen **mit dem Sachverständigen und dem Verteidiger** erörtert, ob die Ausschließung notwendig ist oder etwa durch eine einvernehmlich vorbereitete Gestaltung der Beweisaufnahme vermieden werden kann.[60] Ob es erforderlich ist, dass das Gericht mit dem Sachverständigen im Freibeweisverfahren unter vorläufigem Ausschluss des Angeklagten über die Notwendigkeit der Anordnung befindet,[61] obliegt dem pflichtgemäßen Ermessen des Gerichts und kann als milderes Mittel zur Vermeidung des Ausschlusses des Angeklagten insbesondere dann angezeigt sein, wenn der Angeklagte mit dem Ausschluss nicht einverstanden ist.[62]

15 **b) Befürchtung eines erheblichen Nachteils für die Gesundheit des Angeklagten.** Bei der vorzunehmenden Abwägung zur Entscheidung über den problematischen Ausschlussgrund wird das Gericht sich insbesondere auf die Einschätzung des Sachverständigen stützen und in jedem Fall wird eine Ausschließung von der Hauptverhandlung **zurückhaltend** auf die Fälle zu beschränken sein, in denen etwa Suizidgefahr besteht, der Heilungserfolg (nicht lediglich kurzfristig) ungünstig beeinflusst wird und sich insgesamt der Zustand des Angeklagten nicht nur geringfügig verschlechtern könnte.[63] Auch in diesen Fällen wird abzuwägen sein, ob die Ausschließung den Angeklagten nicht mindestens ebenso erheblich belastet wie die Erörterungen, von denen er ausgeschlossen werden soll. Dies wird auch davon abhängen, wie weit der Angeklagte unabhängig von der Hauptverhandlung über seinen Gesundheitszustand durch den Sachverständigen oder andere behandelnde Ärzte informiert ist.[64]

16 **c) Erörterungen über Zustand und Behandlungsaussichten.** Von dem Ausschlusstatbestand umfasst ist regelmäßig die Vernehmung medizinischer Sachverständiger, jedoch auch alle sonstigen Vorgänge in der Hauptverhandlung, nicht nur in der Beweisaufnahme, sondern etwa auch im Plädoyer, die **Anlass zur Erörterung des Gesundheitszustands und der Behandlungsaussichten des Angeklagten** geben.[65] Es kann sich empfehlen, die auf dieses Beweisthema begrenzten Verfahrenshandlungen zeitlich zusammengeführt nacheinander vorzunehmen, um eine mehrfache Entfernung des Angeklagten von der Hauptverhandlung zu vermeiden.[66]

III. Verfahrensweise bei der Entfernung des Angeklagten

17 **1. Gerichtsbeschluss.** Jeder Ausschluss des Angeklagten nach § 247 erfordert einen förmlichen und über die Gesetzesformulierung hinausgehend begründeten Gerichtsbeschluss, zu dem die Beteiligten nach § 33 zu hören sind[67] und der deshalb in Anwesenheit des Angeklagten zu verkünden ist (§ 35).[68] Eine formelhafte Begründung reicht nicht aus, da sich aus dem Beschluss zweifelsfrei ergeben muss, dass und von welchen zulässigen Erwägungen das Gericht bei dem Ausschluss ausgegangen ist.[69] Der Beschluss muss inhaltlich wiedergeben, welcher **Ausschlusstatbestand** aus Sicht des Gerichts vorliegt, auf welche **konkreten Tatsachen** dieser gestützt wird sowie – damit verbunden – für welchen **Teil der Hauptverhandlung** der Angeklagte entfernt werden soll.[70] Ein **begründeter und förmlicher Beschluss** ist nicht verzichtbar, weder durch den Angeklagten noch durch andere Beteiligte.[71] Anders ist die Sachlage dann, wenn zur Entscheidung über die Gründe für eine Entfernung des Angeklagten eine informatorische Befragung eines Zeugen stattfinden soll, da dies auf Anordnung des Vorsitzenden im Wege des Freibeweises und auch außerhalb der Hauptverhandlung geschehen kann.[72]

---

[60] Löwe/Rosenberg/*Becker* Rn. 24.
[61] So Löwe/Rosenberg/*Becker* Rn. 24 unter Berufung auf *Dallinger* JZ 1953, 440; *Meyer-Goßner* Rn. 13; KK-StPO/*Diemer* Rn. 12; *Pfeiffer* Rn. 6.
[62] Für ein Verfahren nach der Ausschlussvorschrift nur mit Einverständnis des Angeklagten HK-StPO/*Julius* Rn. 4; *Hassemer* JuS 1986, 29.
[63] SK-StPO/*Becker* Rn. 22; Löwe/Rosenberg/*Becker* Rn. 25.
[64] Löwe/Rosenberg/*Becker* Rn. 25.
[65] Löwe/Rosenberg/*Becker* Rn. 39; KK-StPO/*Diemer* Rn. 12; KMR/*Paulus* Rn. 18; SK-StPO/*Schlüchter* Rn. 24.
[66] Löwe/Rosenberg/*Becker* Rn. 39.
[67] BGH v. 2. 10. 1951 – 1 StR 434/51, BGHSt 1, 346 = NJW 1952, 192; BGH v. 8. 10. 1953 – 5 StR 245/53, BGHSt 4, 364 = NJW 1953, 1925; BGH v. 28. 9. 1960 – 2 StR 429/60, BGHSt 15, 194 = NJW 1961, 132; BGH v. 6. 12. 1967 – 2 StR 616/67, BGHSt 22, 18 = NJW 1968, 108; BGH v. 6. 2. 1991 – 4 StR 35/91, NStZ 1991, 296; BGH v. 6. 8. 1986 – 3 StR 243/86, NStZ 1987, 84; BGH v. 21. 4. 1999 – 5 StR 715/98, StV 2000, 120; BVerfG v. 21. 8. 2001 – 2 BvR 1098/01, NStZ 2002, 44; BGH v. 26. 2. 2003 – 2 StR 492/02, StraFo 2003, 204; OLG Hamm v. 12. 2. 2004 – 2 Ss 39/04, NStZ 2005, 467.
[68] BGH v. 20. 8. 1997 – 3 StR 357/97, NStZ-RR 1998, 51; KK-StPO/*Diemer* Rn. 13.
[69] BGH v. 6. 12. 1967 – 2 StR 616/67, BGHSt 22, 18; BGH v. 1. 6. 1989 – 1 StR 170/89, BGHR § 247 S. 1 Begründungserfordernis 2; BGH v. 21. 4. 1999 – 5 StR 715/98, NStZ 1999, 419.
[70] BGH v. 21. 9. 2000 – 1 StR 257/00, JR 2001, 341 mAnm *Eisenberg/Schlüter*; OLG Hamm v. 12. 2. 2004 – 2 Ss 39/04, NStZ 2005, 467.
[71] BGH v. 15. 8. 2001 – 3 StR 191/01, wistra 2002, 23 = NStZ 2002, 46; KK-StPO/*Diemer* Rn. 13.
[72] BGH v. 15. 8. 2001 – 3 StR 191/01, wistra 2002, 23 = NStZ 2002, 46.

2. Unterrichtung des Angeklagten (Satz 4). Die Unterrichtung des Angeklagten nach S. 4 ist als **18** wesentliche Förmlichkeit, die nur durch das Protokoll bewiesen werden kann,[73] **unverzichtbar** und auch dann notwendig, wenn die Hauptverhandlung während der Abwesenheit des Angeklagten keine für ihn neuen oder aus Sicht des Gerichts relevanten Ergebnisse erbracht hat.[74] Der Vorsitzende hat **nach seiner pflichtgemäßen Einschätzung** dem Angeklagten alles mitzuteilen, was dessen sachgerechte Verteidigung gewährleistet, insbesondere neben den Inhalten der Vernehmungen auch in Abwesenheit gestellte Anträge und abgegebene Erklärungen, ergangene Beschlüsse und Anordnungen sowie alle anderen wesentlichen tatsächlichen prozessualen Ereignisse, die **verteidigungsrelevant** sein können.[75]

Die Unterrichtung hat unmittelbar nach der Wiederzulassung des Angeklagten zur Hauptver- **19** handlung und somit **vor jeder weiteren Verfahrenshandlung** zu erfolgen, unabhängig davon, ob eine bestimmte Beweisaufnahme, etwa eine Zeugenvernehmung, abgeschlossen war.[76] Im Fall des Ausschlusses des Angeklagten während der (gesamten) Vernehmung eines Zeugen hat seine Wiederzulassung und Unterrichtung vor der Verhandlung über die Entlassung und Vereidigung des Vernommenen zu erfolgen, in den Fällen, in denen der Ausschluss zum Schutz der Identität des Zeugen angezeigt war, zur Gewährleistung des Zwecks des Ausschlusses in der Abwesenheit des Zeugen. Jedenfalls ist dem Angeklagten **Gelegenheit** zu geben, dem Zeugen **zusätzliche Fragen** zu stellen und zur **Frage der Vereidigung Stellung** zu nehmen,[77] selbst wenn eine Vereidigung des Zeugen nach § 60 Nr. 1 nicht in Betracht kommt.[78] Dies hat wiederum nur in Abwesenheit des Angeklagten zu geschehen, indem Verteidiger oder Vorsitzender die Fragen des Angeklagten an den Zeugen stellen. Die unverzichtbare und unverzügliche Unterrichtung des Angeklagten (jeweils) nach dessen Wiederzulassung hat zur Folge, dass bei Vernehmungen von Mitangeklagten in wechselseitiger Abwesenheit jeweils eine Unterrichtung des abwesenden Angeklagten über die Angaben des zuletzt Vernommenen und das in Abwesenheit einzelner Angeklagter Verhandelte in Gegenwart aller Angeklagten stattzufinden hat.[79] Keinen Anspruch hat der Angeklagte darauf, dass ihm die dem in seiner Abwesenheit vernommenen Zeugen gestellten Fragen überlassen werden[80] und auch nicht auf eine Unterrichtung über die Inhalte der in seiner Abwesenheit erfolgten Zeugenvernehmung nach sachlichen Abschnitten, etwa bestimmten Tatkomplexen.[81]

Haben in Abwesenheit des Angeklagten unzulässige Beweisaufnahmen stattgefunden, so sind **20** diese zur Heilung des Verstoßes in unmittelbarer zeitlicher Abfolge zu wiederholen.

Nicht erforderlich ist es im Rahmen der Unterrichtungspflicht, dass die in der Abwesenheit des **21** Angeklagten vorgenommene Beweisaufnahme in der Anwesenheit des Zeugen, der in Abwesenheit des Angeklagten vernommen wurde, wiederholt wird, da dies dem Zweck des Ausschlusses zuwiderliefe.[82] Für die erforderliche Unterrichtung des Angeklagten genügt es, wenn dieser während seiner Abwesenheit die Gelegenheit erhält, das Geschehen in der Hauptverhandlung mittels einer Videoübertragung zu verfolgen.[83]

---

[73] BGH v. 2. 10. 1951 – 1 StR 434/51, BGHSt 1, 346 = NJW 1952, 192; BGH v. 4. 11. 1997 – 4 StR 531/97, NStZ-RR 1998, 261.
[74] BGH v. 2. 10. 1951 – 1 StR 434/51, MDR 1952, 18; BGH v. 2. 10. 1951 – 1 StR 434/51, BGHSt 1, 346; BGH v. 28. 2. 2001 – 3 StR 2/01, NStZ-RR 2002, 70; BGH v. 24. 9. 1997 – 2 StR 422/97, NStZ 1998, 263; KK-StPO/*Diemer* Rn. 14.
[75] BGH v. 15. 1. 1957 – 5 StR 459/56, MDR 1957, 267; BGH v. 2. 10. 1951 – 1 StR 434/51, MDR 1952, 18; BGH v. 14. 6. 1993 – 4 StR 288/93, StV 1993, 570 = NStZ 1994, 24; BGH v. 31. 3. 1992 – 1 StR 7/92, BGHR § 247 S. 4 Unterrichtung 5.
[76] BGH v. 9. 1. 1953 – 1 StR 620/52, BGH 3, 384 = NJW 1953, 515; BGH v. 25. 6. 1987 – 1 StR 305/87, NStZ 1987, 519; BGH v. 10. 6. 1987 – 2 StR 242/87, NStZ 1987, 471 = NJW 1988, 429; BGH v. 6. 9. 1989 – 3 StR 235/89, StV 1990, 52; BGH v. 31. 3. 1992 – 1 StR 7/92, BGHSt 38, 260 = NStZ 1992, 501; BGH v. 18. 3. 1992 – 3 StR 39/92, NStZ 1992, 346; BGH v. 26. 2. 1993 – 3 StR 23/93, StV 1993, 287 = NStZ 1993, 28; BGH v. 28. 12. 1994 – 3 StR 567/94, StV 1995, 339; BGH v. 24. 9. 1997 – 2 StR 422/97, NStZ 1998, 263; BGH v. 28. 2. 2001 – 3 StR 2/01, NStZ-RR 2002, 70; BGH v. 25. 10. 2006 – 2 StR 339/2006, NStZ-RR 2007, 85.
[77] BGH v. 21. 10. 1975 – 5 StR 431/75, BGHSt 26, 218 = NJW 1976, 199; BGH v. 16. 3. 1982 – 1 StR 115/82, NStZ 1982, 256; BGH v. 17. 12. 1982 – 2 StR 635/82, NStZ 1983, 181; BGH v. 8. 11. 1984 – 1 StR 657/84, NJW 1985, 1478; BGH v. 18. 4. 1991 – 4 StR 181/91, StV 1991, 451; BGH v. 18. 3. 1992 – 3 StR 39/92, StV 1992, 359; BGH v. 21. 6. 1995 – 3 StR 180/95, StV 1996, 471.
[78] BGH v. 3. 10. 1985 – 1 StR 392/85, NStZ 1986, 133; BGH v. 15. 1. 1987 – 1 StR 678/86, NStZ 1987, 335 = NJW 1986, 267; BGH v. 18. 1. 1978 – 2 StR 603/77, NStZ 1993, 28.
[79] RG v. 27. 7. 1901 – Rep. 2782/01, RGSt 34, 332; BGH v. 2. 5. 1957 – 4 StR 150/57, NJW 1957, 1161; Löwe/Rosenberg/*Becker* Rn. 44; KK-StPO/*Diemer* Rn. 14.
[80] SK-StPO/*Schlüchter* Rn. 28; Löwe/Rosenberg/*Becker* Rn. 44.
[81] BGH v. 11. 6. 2002 – 3 StR 484/01, BGHR StPO § 247 S. 4 Unterrichtung 9 (Gründe); KK-StPO/*Diemer* Rn. 14.
[82] *Meyer-Goßner* Rn. 15; BGH v. 28. 6. 1968 – 4 StR 146/68, MDR 1969, 17; BGH v. 8. 11. 1984 – 1 StR 657/84, NJW 1985, 1478.
[83] BGH v. 19. 12. 2006 – 1 StR 268/06, BGHSt 51, 180 = NJW 2007, 709 = JR 2007, 256 mAnm *Kretschmer* = JZ 2007, 745 mAnm *Rieck*.

IV. Folgen von Verstößen (Heilung, Revision)

22 **1. Fehler bei der Verfahrensweise zum Ausschluss des Angeklagten.** Fehlt ein **Beschluss** über den Ausschluss des Angeklagten, so ist der absolute Revisionsgrund nach § 338 Nr. 5 gegeben.[84] Liegt keine oder keine ausreichende **Begründung** des Beschlusses vor, begründet dies die Revision, es sei denn, es ist feststellbar, dass das Gericht zweifelsfrei zutreffend von den sachlichen Voraussetzungen des § 247 ausgegangen ist.[85] Bleibt der Angeklagte über die Teile der Hauptverhandlung, in denen dies begründet ist, hinaus von der Hauptverhandlung ausgeschlossen, so liegt für diesen Zeitraum kein zulässiger Ausschlusstatbestand vor.[86]

23 Ist der ausgeschlossene Angeklagte **nicht unterrichtet** worden oder ist dies verspätet erfolgt, kann eine Revision auf § 337 gestützt werden.[87] Nicht erforderlich ist es, dass dazu in der Hauptverhandlung ein Gerichtsbeschluss herbeigeführt wird.[88] Im Rahmen der Revision kann im Wege des Freibeweises die Unterrichtung auf ihren Inhalt und ausreichenden Umfang überprüft werden.[89] Entsprechend nach § 337 zu rügen sind die Fälle, in denen dem Angeklagten eine unverzügliche Befragung des Zeugen, bei dessen Vernehmung er ausgeschlossen war, – dann erneut in seiner Abwesenheit – verweigert wird.[90]

24 **2. Nicht von den Ausschlusstatbeständen gedeckter Ausschluss des Angeklagten. a) Kein Vorliegen oder Wegfall der Ausschlussgründe.** Der absolute Revisionsgrund nach § 338 Nr. 5 liegt vor, wenn der Ausschluss des Angeklagten nicht von den Ausschlusstatbeständen des § 247 gedeckt war, der Angeklagte somit zu Unrecht für die Vernehmung des Zeugen oder des Mitangeklagten ausgeschlossen wurde. In der Revision ist das Fehlen der sachlichen Voraussetzungen des Ausschlusses des Angeklagten zu beanstanden.[91]

25 Gleiches gilt dann und ab dem Zeitpunkt, in welchem die sachlichen Voraussetzungen für den Ausschluss des Angeklagten zur Kenntnis des Gerichts weggefallen sind, etwa wenn die Besorgnis des schweren gesundheitlichen Nachteils des Zeugen sich im Verlauf der Vernehmung des Zeugen (unter Ausschluss des Angeklagten) als unbegründet herausstellt.[92]

26 **b) Ausschluss während die Ausschließung nicht rechtfertigender Verfahrenshandlungen.** Bleibt der Angeklagte nicht nur während des Teils der Hauptverhandlung ausgeschlossen, für den die Ausschließung nach den Tatbeständen in § 247 vorgesehen ist, sondern auch darüber hinausgehend **bei anderen wesentlichen Teilen der Hauptverhandlung**, so liegt der absolute Revisionsgrund nach § 338 Nr. 5 vor. Als eigenständigen und damit auch wesentlichen Teil der Hauptverhandlung hat die Rechtsprechung beständig die Erörterung über Entlassung und Vereidigung des in der Abwesenheit des Angeklagten vernommenen Zeugen angesehen.[93] Seit der Änderung des § 59 durch das 1. Justizmodernisierungsgesetz soll dies nach der Rechtsprechung, insbesondere des 3. Strafsenats, für die Vereidigung nicht mehr uneingeschränkt gelten und die Entlassung des Zeugen ohne Vereidigung keinen wesentlichen Teil der Hauptverhandlung mehr darstellen.[94] Anders soll dies allerdings in dem Fall sein, wenn von der regelmäßigen Entlassung des Zeugen ohne

---

[84] BGH v. 8. 10. 1953 – 3 StR 854/52, BGHSt 4, 364; BGH v. 25. 2. 1976 – 3 StR 511/75 (S), NJW 1976, 1108; BGH v. 19. 10. 1982 – 5 StR 670/82, NStZ 1983, 36.
[85] BGH v. 28. 9. 1960 – 2 StR 429/60, BGHSt 15, 194; BGH v. 6. 12. 1967 – 2 StR 616/67, BGHSt 22, 18; BGH v. 6. 8. 1986 – 3 StR 243/86, NStZ 1987, 84; BGH v. 25. 11. 2003 – 1 StR 182/03, StV 2004, 305; OLG Hamm v. 9. 11. 1999 – 2 Ss 1086/99, StraFo 2000, 57.
[86] Dazu Rn. 6 f.
[87] BGH v. 31. 3. 1992 – 1 StR 7/92, BGHSt 38, 260; BVerfG v. 10. 10. 2001 – 2 BvR 1620/01, NJW 2002, 814; BGH v. 22. 6. 1995 – 5 StR 173/95, NStZ 1995, 557; BGH v. 4. 11. 1997 – 4 StR 531/97, NStZ-RR 1998, 261 [B.]; BGH v. 17. 1. 2001 – 1 StR 480/00, NStZ-RR 2002, 70 [B.]; BGH v. 20. 2. 2002 – 3 StR 345/01, NStZ-RR 2003, 3 [B.].
[88] *Meyer-Goßner* Rn. 22; *Löwe/Rosenberg/Becker* Rn. 56; BGH v. 31. 3. 1992 – 1 StR 7/92, BGHSt 38, 260 = JZ 1993, 270 mAnm *Paulus*; aA BGH v. 15. 3. 2000 – 1 StR 45/00, NStZ-RR 2001, 133 [K.].
[89] So BGH v. 15. 1. 1957 – 5 StR 459/56, MDR 1957, 267 [D.]; nach der neueren Rechtsprechung soll dafür die Herbeiführung eines Gerichtsbeschlusses notwendig sein, BGH v. 15. 3. 2000 – 1 StR 45/00, NStZ-RR 2001, 133 [K.]; BGH v. 26. 4. 2006 – 5 StR 118/06, NStZ-RR 2008, 66 [B.].
[90] BGH v. 8. 11. 1984 – 1 StR 657/84, NJW 1985, 1478; BGH v. 21. 10. 1975 – 5 StR 431/75, JR 1976, 340 mAnm *Gollwitzer*.
[91] BGH v. 28. 9. 1960 – 2 StR 429/60, BGHSt 15, 194; BGH v. 6. 12. 1967 – 2 StR 616/67, BGHSt 22, 18; BGH v. 1. 12. 1992 – 5 StR 494/92, StV 1993, 285; BGH v. 6. 8. 1986 – 3 StR 243/86, NStZ 1987, 84 = StV 1987, 5; BGH v. 21. 4. 1999 – 5 StR 715/98, NStZ 1999, 419; BGH v. 1. 6. 1989 – 1 StR 170/89, BGHR § 247 S. 2 Begründungserfordernis 1; BGH v. 7. 5. 1974 – 2 StR 72/74, MDR 1975, 544 [D.]; BGH v. 5. 4. 1955 – 2 StR 457/54, JZ 1955, 386; KMR/*Paulus* Rn. 30; KK-StPO/*Diemer* Rn. 16; *Meyer-Goßner* Rn. 19; SK-StPO/*Schlüchter* Rn. 34; HK-StPO/*Julius* Rn. 17; BGH v. 25. 6. 1987 – 1 StR 305/87, NStZ 1987, 519.
[92] KMR/*Paulus* Rn. 21; SK-StPO/*Schlüchter* Rn. 14.
[93] Zuletzt klarstellend zur Entlassung BGH GSSt 1/09 zitiert nach juris.
[94] BGH v. 11. 7. 2006 – 3 StR 216/06, NStZ 2006, 715; zuvor unter Aufwerfung der Fragestellung BGH v. 23. 9. 2004 – 3 StR 255/04, BGHR StPO § 338 Nr. 5 Angeklagter 25 = StV 2005, 7 = JR 2005, 78 mAnm *Müller*; zustimmend *Feser* JuS 2008, 229 (231 f.); *Müller* JR 2005, 78 sowie BGH v. 11. 7. 2006 – 3 StR 216/06, JR 2007, 78; aA *Schuster* StV 2005, 628.

Vereidigung abgewichen und die Frage der Vereidigung erörtert wird.⁹⁵ Als wesentlicher Teil der Hauptverhandlung, für den der Ausschluss des Angeklagten ohne weiteres den absoluten Revisionsgrund begründet, sind **alle Verfahrenshandlungen der Beweisaufnahme** anzusehen, wie etwa die Vernehmung weiterer Zeugen,⁹⁶ Augenscheineinnahme⁹⁷ und Urkundsverlesung.⁹⁸ Dies soll indes nicht der Fall sein, wenn es sich lediglich um einen Vorhalt im Rahmen der Zeugenvernehmung, mithin nicht um eine eigenständige Beweisaufnahme gehandelt hat oder der Verfahrensfehler durch anschließende vollständige Wiederholung der Beweiserhebung in Anwesenheit des Angeklagten geheilt wird.⁹⁹ Für die Heilung des Verfahrensfehlers reicht es nicht aus, den Angeklagten über das in der Abwesenheit Verhandelte zu unterrichten.¹⁰⁰ Fand eine Heilung in der Hauptverhandlung nicht statt, muss diese Negativtatsache in der Rügebegründung nicht vorgetragen werden, es genügt vielmehr der Vortrag der Tatsachen, die den eigentlichen Verfahrensfehler begründen.¹⁰¹

In der revisionsgerichtlichen Rechtsprechung wird bei der Frage, ob es sich bei den betreffenden Teilen der Hauptverhandlung um wesentliche und den Revisionsgrund in § 338 Nr. 5 eröffnende Teile gehandelt habe, darauf abgestellt, ob ein **Beruhen des Urteils auf dem Fehler "denkgesetzlich ausgeschlossen"** sei.¹⁰² Dies wurde beispielsweise bejaht in den Fällen, dass ein Absehen von der Vereidigung gesetzlich zwingend vorgeschrieben ist¹⁰³ oder ein Zeuge lediglich bereits in der Abwesenheit des Angeklagten zur Prüfung der Voraussetzungen des § 247 befragt wurde.¹⁰⁴ Zuletzt auch im Fall der Ermöglichung der Videoübertragung und der Rücksprache mit dem Verteidiger während des Ausschlusses der Hauptverhandlung bei der eindeutigen Erklärung des Angeklagten, auf weitere Zeugenbefragungen zu verzichten.¹⁰⁵ Denkgesetzlich nicht ausgeschlossen ist jedoch ein Beruhen des Urteils auf der unzulässigen Abwesenheit, wenn der Zeuge nach Inanspruchnahme des Zeugnisverweigerungsrechts die Verwertung früherer Angaben gestattet und dazu Erläuterungen abgegeben hat.¹⁰⁶ 27

§ 247 a [Audiovisuelle Zeugenvernehmung]

¹Besteht die dringende Gefahr eines schwerwiegenden Nachteils für das Wohl des Zeugen, wenn er in Gegenwart der in der Hauptverhandlung Anwesenden vernommen wird, so kann das Gericht anordnen, daß der Zeuge sich während der Vernehmung an einem anderen Ort aufhält; eine solche Anordnung ist auch unter den Voraussetzungen des § 251 Abs. 2 zulässig, soweit dies zur Erforschung der Wahrheit erforderlich ist. ²Die Entscheidung ist unanfechtbar. ³Die Aussage wird zeitgleich in Bild und Ton in das Sitzungszimmer übertragen. ⁴Sie soll aufgezeichnet werden, wenn zu besorgen ist, daß der Zeuge in einer weiteren Hauptverhandlung nicht vernommen

---

⁹⁵ BGH v. 23. 6. 1999 – 3 StR 212/99, StV 1999, 637; BGH v. 22. 12. 1999 – 2 StR 552/99, StV 2000, 238; ablehnend jedoch BGH v. 28. 10. 1998 – 2 StR 481/98, StV 2000, 239; BGH v. 11. 7. 2006 – 3 StR 216/06, NJW 2006, 2934.
⁹⁶ BGH v. 3. 2. 1993 – 5 StR 652/92, NStZ 1993, 350; *Meyer-Goßner* Rn. 7.
⁹⁷ BGH v. 13. 11. 1979 – 5 StR 713/79, StV 1981, 57 mAnm *Strate*; BGH v. 30. 11. 1983 – 3 StR 319/83, StV 1984, 102; BGH v. 11. 3. 1986 – 5 StR 67/86, StV 1986, 418; BGH v. 15. 8. 2001 – 3 StR 225/01, StV 2002, 8 [L.]; BGH v. 7. 4. 2004 – 2 StR 436/03, StV 2005, 6; BGH v. 10. 6. 1989 – 2 StR 242/87, NJW 1988, 429; BGH v. 23. 9. 1999 – 4 StR 189/99, StV 2003, 597; BGH v. 12. 8. 1986 – 1 StR 420/86, NStZ 1986, 564; BGH v. 20. 2. 2002 – 3 StR 345/01, NStZ-RR 2003, 3 [B.]; BGH v. 23. 7. 2004 – 2 StR 158/04, NStZ-RR 2006, 3 [B.]; BGH v. 14. 7. 2007 – 1 Ss 111/06, StRR 2007, 267; KK-StPO/*Diemer* Rn. 8; *Meyer-Goßner* Rn. 7; zu einer möglichen Ausnahme bei Augenscheineinnahme am Körper des Angeklagten vgl. BGH v. 12. 9. 2007 – 2 StR 187/07, StraFo 2008, 76; BGH v. 6. 12. 2000 – 1 StR 488/00, NStZ 2001, 262 mAnm *van Gemmeren*; BGH v. 21. 6. 2007 – 5 StR 189/07, NStZ 2007, 717.
⁹⁸ BGH v. 18. 10. 1967 – 2 StR 477/67, BGHSt 21, 332 = NJW 1968, 297; BGH v. 15. 2. 1983 – 5 StR 677/82, MDR 1983, 450 [H.]; BGH v. 10. 4. 1997 – 4 StR 132/97, NStZ 1997, 402; BGH v. 6. 12. 2000 – 1 StR 488/00, NStZ 2001, 262 mAnm *van Gemmeren*; BGH v. 12. 8. 1992 – 5 StR 361/92, StV 1992, 550; BGH v. 23. 7. 2004 – 2 StR 158/04, NStZ-RR 2006, 3; KK-StPO/*Diemer* Rn. 8; *Meyer-Goßner* Rn. 7.
⁹⁹ BGH v. 10. 6. 1987 – 2 StR 242/87, NJW 1988, 429; BGH v. 20. 2. 2003 – 3 StR 222/02, NJW 2003, 2107; BGH v. 11. 3. 1986 – 5 StR 67/86, StV 1986, 418; BGH v. 15. 8. 2001 – 3 StR 225/01, StV 2002, 8; BGH v. 7. 4. 2004 – 2 StR 436/03, StV 2005, 6; BGH v. 23. 7. 2004 – 2 StR 158/04, NStZ-RR 2006, 3; BGH v. 18. 10. 1967 – 2 StR 477/67, BGHSt 21, 332; BGH v. 20. 2. 2003 – 3 StR 222/02, BGHSt 48, 221 = NStZ 2003, 674 mAnm *Maier*; BGH v. 25. 11. 2003 – 1 StR 182/03, StV 2004, 305; KK-StPO/*Diemer* Rn. 17; *Meyer-Goßner* Rn. 21.
¹⁰⁰ BGH v. 1. 4. 1981 – 5 StR 791/80, BGHSt 30, 74 = NJW 1981, 1568; BGH v. 11. 3. 1986 – 5 StR 67/86, StV 1986, 418.
¹⁰¹ Grundlegend für § 338 Nr. 5 BGH v. 21. 6. 2007 – 5 StR 189/07, NStZ 2007, 717; zustimmend *Ventzke/Mosbacher* NStZ 2008, 262 (264).
¹⁰² *Meyer-Goßner* Rn. 19; BGH v. 11. 5. 2006 – 4 StR 13/06, NStZ 2006, 713; BGH v. 19. 7. 2007 – 3 StR 163/07, BGHR StPO § 338 Beruhen 2.
¹⁰³ BGH v. 3. 10. 1985 – 1 StR 392/85, NStZ 1986, 133; BGH v. 15. 1. 1987 – 1 StR 678/86, NStZ 1987, 335; BGH v. 21. 7. 1992 – 5 StR 358/92, NStZ 1993, 28 [K.]; BGH v. 18. 1. 1978 – 2 StR 603/77, MDR 1978, 460 [H.]; KK-StPO/*Diemer* Rn. 16; *Meyer-Goßner* Rn. 19; SK-StPO/*Schlüchter* Rn. 35; Löwe/Rosenberg/*Becker* Rn. 55.
¹⁰⁴ BGH v. 3. 6. 1998 – 3 StR 213/98, NStZ 1998, 528; Löwe/Rosenberg/*Becker* Rn. 55.
¹⁰⁵ BGH v. 11. 5. 2006 – 4 StR 131/06, NStZ 2006, 713.
¹⁰⁶ BGH v. 11. 7. 2006 – 3 StR 216/06, StV 2007, 22.

werden kann und die Aufzeichnung zur Erforschung der Wahrheit erforderlich ist. [5] § 58 a Abs. 2 findet entsprechende Anwendung.

I. Videovernehmung als Teil der Hauptverhandlung

1. Regelungszweck und Bedeutung der Vorschrift. Die Möglichkeit der Videovernehmung von schutzbedürftigen Zeugen ist mit dem Gesetz zum **Schutz von Zeugen** bei Vernehmungen im Strafverfahren und zur Verbesserung des Opferschutzes, Zeugenschutzgesetz (ZSchG) vom 30. 4. 1998 (BGBl. I S. 820), gültig ab dem 1. 12. 1998 eingeführt worden. Die Regelung übernimmt im Wesentlichen die Vorgaben des sogenannten „britischen Modells", bei welchem lediglich der Zeuge und gegebenenfalls sein Beistand sich an einem anderen Ort aufhalten, während das Gericht und die Verfahrensbeteiligten den Sitzungssaal nicht verlassen.[1] Damit hat der Gesetzgeber sich gegen das zuvor bereits de lege ferenda praktizierte sog. „Mainzer Modell" der Vernehmung des Zeugen durch den Vorsitzenden außerhalb des Gerichtssaals entschieden,[2] so dass die audiovisuelle Zeugenvernehmung nun auch bei mit einem Einzelrichter besetzten Spruchkörpern angewendet werden kann.[3]

2. Audiovisuelle Vernehmung, insbesondere auch im Ausland, als Teil der Hauptverhandlung. Die audiovisuelle Vernehmung ist ungeachtet dessen, dass der Zeuge (mit Beistand) sich nicht im Gerichtssaal befindet, Teil der Hauptverhandlung, da sämtliche Äußerungen des Zeugen simultan in den Gerichtssaal übertragen werden. Als solches soll die audiovisuelle Vernehmung insbesondere auch zur Aufklärung von Auslandsachverhalten zum Einsatz kommen und als Teil der Hauptverhandlung die **Vernehmung von Zeugen im Ausland** ermöglichen. Die im Rahmen der Rechtshilfe zu schaffenden Voraussetzungen dafür sind in Art. 10 des Übk. über die Rechtshilfe in Strafsachen zwischen den Mitgliedstaaten der EU vom 29. 5. 2000[4] geregelt, das für die Bundesrepublik Deutschland am 28. 7. 2005 in Kraft getreten ist.[5] Die wegen Unzweckmäßigkeit oder Unmöglichkeit des persönlichen Erscheinens eines Zeugen im Hoheitsgebiet des ersuchenden Staates im Rechtshilfeweg ersuchte Videokonferenz ist nach den Vorschriften des **Europäischen Rechtshilfeübereinkommens** dann zu bewilligen, wenn die Art der Beweiserhebung den Grundprinzipien der Rechtsordnung nicht zuwider läuft und die technischen Vor- und Einrichtungen gegeben sind, wobei letztere auch im gegenseitigen Einvernehmen vom ersuchenden Staat zur Verfügung gestellt werden können (Art. 10 Abs. 2). Während die Ladung zur Vernehmung nach dem Recht des ersuchten Staates erfolgt (Art. 10 Abs. 4) wird die Vernehmung dann von der Justizbehörde des ersuchenden Staates nach dessen innerstaatlichem Recht durchgeführt, wobei der ordre public des ersuchten Staates durch Überwachung eines Vertreters des ersuchten Staates Beachtung zu finden hat. Der ersuchte Staat hat nach der Vernehmung für den ersuchenden Staat ein Protokoll mit Angaben zu Termin und Ort der Vernehmung, zur Identität der vernommenen Person, zur Identität und zur Funktion aller anderen im ersuchten Mitgliedstaat an der Vernehmung teilnehmenden Personen, der etwaigen Vereidigung und zu den technischen Bedingungen der Vernehmung zu übermitteln (Art. 10 Abs. 6).

Nach der Rechtsprechung ist eine audiovisuelle Vernehmung eines Zeugen im Ausland im Rechtshilfeweg dann möglich, wenn die Art der Durchführung einer Zeugenvernehmung im Inland weitgehend entspricht, also die **wesentlichen Verfahrensgarantien** gewährleistet sind.[6] Dies setzt voraus, dass der Zeuge von den anwesenden Beamten des ersuchten Staats unbeeinflusst und der Verhandlungsleitung des Vorsitzenden und den Verfahrensregelungen der StPO entsprechend vernommen werden kann, insbesondere indem alle Verfahrensbeteiligten ihre prozessualen Rechte in Anspruch nehmen können.[7]

3. Ermessensentscheidung. Die Entscheidung zur audiovisuellen Vernehmung eines Zeugen statt der unmittelbaren Vernehmung im Gerichtssaal (§ 250 S. 1 StPO), die den Regelfall darstellt,

---

[1] Zu Entwicklung und Regelungsinhalt des ZSchG vgl. *Seitz* JR 1998, 309; *Rieß* NJW 1998, 3240; *Meurer* JuS 1999, 937; rechtsvergleichend *Köhnken* StV 1995, 376 für Großbritannien; *Bohlander* ZStW 1995, 82 für England, USA und Australien; weitere internationale Tendenzen vgl. *Bollke* ZStW 2001, 709 (728).
[2] Bedenken im Hinblick auf §§ 226, 238 Abs. 1, 242, 261 StPO bei *Dahs* NJW 1996, 178; *Laubenthal* JZ 1996, 335; *Strate*, FG Frieberthäuser, 203 (208); siehe auch BT-Drucks. 13/7165, S. 5, 10.
[3] Zu den Erfahrungen mit der Norm *Knoblauch zu Hatzbach* ZRP 2000, 276; *Vogel*, Erfahrungen mit dem ZschG 2003, zugl. Dissertation München; zu den Erfahrungen im anglo-amerikanischen Rechtskreis vgl. *Bohlander* ZStW 1982, 107 und *Köhnken* StV 1995, 376.
[4] ABl. EG v. 12. 7. 2000.
[5] BGBl. 2005 II S. 650.
[6] BGH v. 15. 9. 1999 – 1 StR 286/99, BGHSt 45, 188; *Meyer-Goßner* Rn. 6, 9; *Vassilaki* JZ 2000, 474.
[7] BGH v. 15. 9. 1999 – 1 StR 286/99, BGHSt 45, 188 (191, 195); *Rieß* NJW 1998, 3240 (3242).

liegt im pflichtgemäßen Ermessen des Gerichts. Das Ermessen ist erst dann eröffnet, wenn die Voraussetzungen des § 247a, die wegen des Ausnahmecharakters der Vorschrift eng auszulegen sind, vorliegen.[8]

Die pflichtgemäße Ermessensentscheidung erfordert nicht nur eine **Abwägung der Schutzinteressen** des zu vernehmenden Zeugen **gegen die Verfahrensrechte** des Angeklagten, insbesondere seines Anspruchs auf rechtliches Gehör und seines Fragerechts, sondern darüber hinaus eine **Abwägung mit anderen Möglichkeiten der Vernehmung** unter Maßgaben des Zeugenschutzes, wie etwa nach § 247. Die beiden Verfahrensweisen stehen grundsätzlich – jeweils bei Vorliegen der Voraussetzungen – nebeneinander und nicht in einem Vorrangverhältnis zu Gunsten einer der beiden Vorgehensweisen.[9] Möglich ist sogar eine Kombination beider Regelungen dann, wenn unter den Bedingungen der Anordnung einer Videovernehmung die Gründe für den Ausschluss des Angeklagten von der Hauptverhandlung fortdauern.[10]

II. Fälle der audiovisuellen Vernehmung

1. Schutz des Zeugen (Satz 1 Halbsatz 1). a) Zweck: Vermeidung schwerwiegender Nachteile für das Wohl des Zeugen. Gesetzgeberische Intention bei Einführung der Vorschrift und wohl noch wesentlicher Anwendungsbereich ist die audiovisuelle Vernehmung des Zeugen aufgrund dessen **besonderer Schutzbedürftigkeit**. Verlangt ist die dringende Gefahr eines schwerwiegenden Nachteils für das Wohl des Zeugen im Falle seiner Vernehmung in Anwesenheit im Gerichtssaal. Eine **dringende Gefahr** ist dann zu bejahen, wenn im konkreten Einzelfall bestimmte Tatsachen zu der positiven Feststellung führen, dass schwerwiegende Nachteile für das Wohl des Zeugen mit hoher Wahrscheinlichkeit im Fall der Vernehmung in Anwesenheit eintreten werden. Diese Voraussetzung ist restriktiv auszulegen.[11]

Die die dringende Gefahr **begründenden Tatsachen** müssen sich auf das körperliche oder seelische Wohlergehen des Zeugen erstrecken, nicht etwa auf andere prozessuale Ziele, wie die Wahrheitsfindung (dieser Fall ist ausschließlich in § 247 S. 1 geregelt).[12]

Dem geistigen, körperlichen und seelischen Wohl des Zeugen müssen **schwerwiegende Nachteile** drohen. Bloße leichtere Belastungen des Zeugen, die ein zumutbares Maß nicht überschreiten, sind nach dem gesetzgeberischen Willen nicht ausreichend, um eine audiovisuelle Vernehmung mit den daraus folgenden Beeinträchtigungen der Verfahrensgrundsätze der Unmittelbarkeit der Hauptverhandlung und des fair trial durchzuführen.[13]

Die dringende Gefahr des schwerwiegenden Nachteils muss auf die Anwesenheit des Zeugen im Gerichtssaal zurückgehen, sie braucht nicht allein durch die Gegenwart des Angeklagten hervorgerufen zu sein. Die dringende Gefahr ist nicht ohne weiteres schon dann auszuschließen, wenn der Zeuge in das Zeugenschutzprogramm aufgenommen ist.[14]

b) Wegfall der Subsidiaritätsklausel. Nach der Änderung durch das OpferRRG ist die audiosuelle Vernehmung nicht mehr subsidiär zu anderen Vernehmungsmöglichkeiten unter Beschränkung der Verfahrensprinzipien zum Schutz des Zeugen wie etwa § 247 Abs. 2 sowie §§ 171b, 172 ff. GVG.[15] Damit stehen diese **Vernehmungsmöglichkeiten** zum Schutz des zu vernehmenden Zeugen grundsätzlich nebeneinander und es ist Aufgabe des Gerichts, im Einzelfall eine **angemessene Abwägung** der jeweils beeinträchtigten oder bedrohten Interessen des Zeugen einesteils und des Angeklagten anderenteils zu finden. Regelmäßig dürfte sich die Videovernehmung zur möglichst geringen Beschränkung der Verteidigungsinteressen der Angeklagten empfehlen, um einen Ausschluss des Angeklagten nach § 247 abzuwenden.[16] Die Videovernehmung ist auch dann angezeigt, wenn ein Augenschein am Körper des Zeugen einzunehmen ist, da § 247 insoweit nicht –

---

[8] BGH v. 15. 9. 1999 – 1 StR 286/99, BGHSt 45, 188 (196); KK-StPO/*Diemer* Rn. 4, 13; BT-Drucks. 13/7165, S. 5.
[9] Vgl. dazu Rn. 10.
[10] Zum Konkurrenzverhältnis zwischen den Verfahrensmöglichkeiten einer Vernehmung unter den Maßgaben des Zeugenschutzes BT-Drucks. 13/1765, S. 10; KK-StPO/*Diemer* Rn. 8, 11; *Janovsky* Kriminalistik 1999, 453 (454).
[11] So KK-StPO/*Diemer* Rn. 9; zum Gesetzgebungsverfahren und den davon abweichenden Vorstellungen der Befürchtung von erheblichen Nachteilen § 241b GesE d. BRates, BT-Drucks. 13/4983; Stellungnahme der BReg. aaO, S. 10.
[12] BGH v. 27. 6. 2001 – 3 StR 136/01, NStZ 2001, 608 eine weitere Auslegung der Vorschrift ist angesichts des abweichenden Wortlauts nicht vertretbar.
[13] BT-Drucks. 13/7165, S. 4, 9.
[14] *Meyer-Goßner* Rn. 3; *Soiné* NStZ 2007, 247 (251); aA *Hohnel* NJW 2004, 1356.
[15] Zur früheren Subsidiarität BGH v. 30. 3. 2000 – 4 StR 80/00, NStZ 2000, 440 (441); BGH v. 10. 10. 2000 – 1 StR 383/00, NStZ 2001, 261 mAnm *van Gemmeren*; BGH v. 27. 6. 2001 – 3 StR 136/01, NStZ 2001, 609; kritisch bereits vor der Änderung *Kuckein* StraFo 2000, 398; *Rieß* StraFo 1999, 1 (6); *Laubenthal* JZ 1996, 335 ff. (344); gegen die Subsidiarität auch gegen den Gesetzeswortlaut HK-StPO/*Julius* Rn. 7; kritisch zur Streichung der Subsidiaritätsklausel *Ferber* NJW 2004, 2564.
[16] KK-StPO/*Diemer* Rn. 4; *Diemer*, FS Nehm, S. 257 (263); *Kretschmer* JR 2006, 453 (455).

auch nicht neben § 247a – anwendbar ist.[17] Jedoch dürfte der Ausschluss des Angeklagten nach § 247a sich dann nicht vermeiden lassen, wenn kindliche Zeugen die unmittelbare persönliche Befragung erforderlich machen oder Scheu vor der Videoaufzeichnung haben.[18] Schließlich kann eine Maßnahme nach § 247a (wie auch nach § 247) dann entbehrlich sein, wenn eine Urkundenverlesung nach § 241 Abs. 1 oder Abs. 2 oder auch die Vorführung einer Bild-Ton-Aufzeichnung nach § 255a möglich sind und sich zur Sachaufklärung eignen.[19] Die Gründe der Ermessensentscheidung sind wie auch die vorangehende Abwägung des Gerichts, welche der grundsätzlich anwendbaren Maßnahmen im konkreten Einzelfall die gegeneinander stehenden Interessen des Zeugenschutzes und der Wahrung der Verfahrensrechte des Angeklagten am besten zum Ausdruck bringt, bei der Entscheidung darzulegen.[20]

11 2. Gründe des § 251 Abs. 2 (Satz 1 Halbsatz 2). a) Voraussetzungen wie bei der Verlesung richterlicher Vernehmungsniederschriften. Ein Zeuge und nur der, der bezogen auf den Zeitpunkt und das Verfahren seiner Anhörung die Zeugenstellung hat,[21] kann unter den Voraussetzungen des § 251 Abs. 2 audiovisuell vernommen werden. Der Gesetzgeber bietet auch hier neben den „Ersetzungsmöglichkeiten" des § 251 Abs. 2 die Möglichkeit der audiovisuellen Vernehmung aus Zeugenschutzgründen sowie auch zur Erleichterung und Beschleunigung des Verfahrens.[22]

12 Die Vorschrift erlaubt die – wenngleich audiovisuelle – Vernehmung in Einzelfällen dann, wenn eine unmittelbare Vernehmung des gefährdeten Zeugen in der Hauptverhandlung, der etwa wegen konkreter Leibes- oder Lebensgefahr nach §§ 96 analog, 110b Abs. 3 gesperrt ist,[23] nicht zulässig ist und die Voraussetzungen für die Videosimultanübertragung (S. 3) dem nicht entgegenstehen.[24]

13 b) Im Rahmen der Aufklärungspflicht. Die Videovernehmung unter den Voraussetzungen des § 251 Abs. 2 ist nur dann und soweit zulässig, als dies zur Erforschung der Wahrheit erforderlich ist. Ob daraus zu schließen ist, dass die audiovisuelle Vernehmung dann nicht zulässig ist, weil unter Aufklärungsgesichtspunkten nicht erforderlich ist, wenn dadurch keine weitergehende oder bessere Aufklärung des Sachverhalts als durch das Verlesen des richterlichen Vernehmungsprotokolls zu erwarten ist,[25] scheint für eine möglichst geringfügige Beeinträchtigung der Verfahrensgrundsätze der Unmittelbarkeit und des fair trial durchaus zweifelhaft.[26] Vielmehr wird bezogen auf den Einzelfall dann eine audiovisuelle Zeugenvernehmung der Verlesung des richterlichen Vernehmungsprotokolls vorzuziehen sein, wenn den Beteiligten so ein – zumindest über Ton- und Bildübertragung vermittelter – eigener Eindruck von dem Zeugen verschafft werden kann. Dies wird insbesondere bei Opferzeugen – auch wenn die Voraussetzungen des S. 1 nicht erfüllt sind – regelmäßig der Fall sein.

14 Jedenfalls dann, wenn die Beweislage kritisch, das Protokoll mangelbehaftet oder unvollständig ist oder die Amtsaufklärungspflicht einer Protokollverlesung nach § 251 Abs. 1 S. 1, Abs. 2 S. 3 entgegensteht, wird die audiovisuelle Zeugenvernehmung erforderlich sein. Dabei kann die Anwendung der Vorschrift nach S. 1 Hs. 2 auch vom Zeugenschutz, insbesondere bei grenzüberschreitenden Vernehmungen geprägt sein, zumal die Norm wegen der Tendenzen zur Zulassung audiovisueller Verfahren im Wege der Rechtshilfe Gesetz geworden ist.[27] Die audiovisuelle Vernehmung ist zudem jedenfalls im Einzelfall, insbesondere bei grenzüberschreitenden Zeugenvernehmungen auch für kommissarische Vernehmungen zulässig.[28]

15 Man wird allerdings nicht so weit gehen können, die audiovisuelle Vernehmung stets als gegenüber der Verlesung des Vernehmungsprotokolls besseres Beweismittel anzusehen;[29] es besteht kein grundsätzliches Vorrangverhältnis der audiovisuellen Vernehmung vor der Protokollverle-

---

[17] Rieß NJW 1998, 3242; BGH JR 1989, 254 mAnm Hanack.
[18] BT-Drucks. 15/1976, S. 12.
[19] Vgl. RiStBV 222 Abs. 2 zur Vermeidung der Vernehmung eines kindlichen Zeugen bei glaubhaftem Geständnis vor dem Richter.
[20] Meyer-Goßner Rn. 8; Hilger GA 2004, 482.
[21] BGH v. 18. 5. 2000 – 4 StR 647/99, BGHSt 46, 73 (77); auch Diemer NJW 1999, 1670.
[22] Zu den Voraussetzungen des § 251 Abs. 2, s. dort Rn. 36 ff.
[23] BGH v. 31. 3. 1989 – 2 StR 706/88, BGHSt 36, 159; Griesbaum NStZ 1998, 440.
[24] Meyer-Goßner Rn. 6.
[25] BGH v. 18. 5. 2000 – 4 StR 647/99, BGHSt 46, 73 = JR 2001, 345 m zust Anm Rose = JZ 2001, 51 m krit Anm Sinn; Diemer NStZ 2001, 396; Meyer-Goßner Rn. 6.
[26] So auch Albrecht StV 2001, 366; Schwaben NStZ 2002, 289; vgl. Beulke ZStW 113, 724 m. Fn. 74; Gleß JR 2002, 97.
[27] BGH v. 15. 9. 1999 – 1 StR 286/99, BGHSt 45, 188 (191, 194) = NStZ 2000, 158 mAnm Duttge; Rose JR 2000, 74; Schlothauer StV 2000, 180; Vassilaki JZ 2000, 474.
[28] Vgl. hierzu § 223 Rn. 19 f.; grundsätzlich BGH v. 23. 3. 2000 – 1 StR 657/99, NStZ 2000, 385 (allerdings mit technischen Grenzen); auch Weigend, Gutachten zum 62. DJT, C 65; aA KMR/Lesch Rn. 5; KK-StPO/Diemer Rn. 3; Meyer-Goßner § 223 Rn. 20.
[29] So aber Schlothauer StV 1999, 47 (50); Sinn JZ 2001, 49 (52); Weider/Staechelin StV 1999, 51 (53 f.).

sung. Zu berücksichtigen wird jedoch stets sein, dass die audiovisuelle Vernehmung gegenüber der Protokollverlesung den Vorzug mitbringt, dass sich die Verfahrensbeteiligten zumindest einen vermittelten Eindruck von der Person des Zeugen – abseits der Inhalte seiner Vernehmung – machen können. Dies wird zur angemessenen Berücksichtigung der Verteidigungsinteressen stets einer der Gesichtspunkte bei der Abwägung und Ermessensentscheidung des Gerichts sein müssen.

III. Verfahrensweise bei audiovisueller Vernehmung

1. Gerichtsbeschluss. Die Entscheidung zur Anordnung der audiovisuellen Vernehmung hat das Gericht kraft Sachleitungsbefugnis zu treffen, dabei die Beteiligten anzuhören (§ 33 Abs. 1), und den Beschluss zu begründen, sowie zu verkünden (§§ 34, 35). Die Begründung der Anordnung selbst darf nicht formelhaft sein, vielmehr müssen die **leitenden Erwägungen** des Gerichts für die Entscheidung und damit der konkret angewendete Tatbestand den Verfahrensbeteiligten mitgeteilt werden.[30] Der Beschluss, der bei Ergehen unter den Voraussetzungen des § 251 Abs. 1 Nr. 4 das dort vorgesehene Einverständnis der Verfahrensbeteiligten voraussetzt, ist ohne Antrag von Amts wegen und stets als **förmlicher Beschluss** zu fassen.[31]   16

2. Ermessensentscheidung. Das Gericht hat unter Abwägung der gegeneinander stehenden Interessen eine Ermessensentscheidung über die Anordnung der audiovisuellen Vernehmung zu treffen, die als solche grundsätzlich keiner Begründung bedarf (§ 34 iVm. § 247a S. 2).[32] Einer Begründung bedarf die Entscheidung zur Ablehnung der audiovisuellen Vernehmung jedoch dann, wenn dadurch die Angaben des Zeugen nicht in das Verfahren eingeführt werden können.[33] Das Erfordernis einer Begründung und deren Umfang richtet sich nach der Anfechtbarkeit der Entscheidung (§ 34 iVm. § 274a S. 2). Jedenfalls stellen der Beschluss selbst, die Begründung und auch seine Verkündung wesentliche Förmlichkeiten des Verfahrens nach § 273 dar.[34]   17

3. Vorbereitung und Durchführung der Vernehmung (Satz 3). Die vom Gesetzgeber vorgesehene Simultanübertragung, also die zeitgleiche Übertragung der Aussage des Zeugen in Bild und Ton in den Sitzungssaal, muss in der Qualität und in der Bildeinstellung allen Verfahrensbeteiligten die **Wahrnehmung aller Äußerungen des Zeugen**, sowohl die Aussage selbst, als auch körperliche und mimische Ausdrucksmerkmale[35] ermöglichen und die möglichst **umfassende Ausübung der prozessualen Rechte aller Verfahrensbeteiligter** gewährleisten.[36] Abweichend von diesem Grundsatz soll speziell bei der Vernehmung von verdeckten Ermittlern in Ausnahmefällen auch eine Anonymisierung des Zeugen durch optisch-akustische Abschirmung oder Verfremdung möglich sein.[37] Bereits aus dem Grund möglichst weitgehender Aufklärung dürfte zu fordern sein, dass auch der Zeuge die Vorgänge im Gerichtssaal simultan verfolgen kann und nicht lediglich – etwa über Telefon oder Lautsprecher – die Fragen hören kann.[38] Die technischen Vorkehrungen[39] müssen somit eine störungsfreie, unbeeinträchtigte **wechselseitige Simultanübertragung** ermöglichen.[40]   18

Für die audiovisuelle Zeugenvernehmung nach § 274a gelten die **allgemeinen Regelungen zur Zeugenvernehmung**, so kann sich der Zeuge insbesondere – am Vernehmungsort – von einem Zeugenbeistand oder als Verletzter von einer Vertrauensperson nach § 406f Abs. 3 begleiten lassen.[41] Auch die sonstigen Bestimmungen zur Zeugenvernehmung, etwa die Möglichkeiten der Entfernung des Angeklagten aus dem Sitzungssaal gelten ebenso, denn die Wahrheitsfindung kann ebenfalls beeinträchtigt sein, wenn der Zeuge in dem Wissen, dass der Angeklagte seine Angaben simultan auf dem Monitor mitverfolgt, keine wahrheitsgemäßen Angaben machen   19

---

[30] So auch KK-StPO/*Diemer* Rn. 15; *Diemer* NJW 1999, 1671; aA Löwe/Rosenberg/*Becker* Rn. 15 (keine Begründungspflicht unter Hinweis auf die Unanfechtbarkeit nach S. 2); SK-StPO/*Schlüchter* Rn. 15; HK-StPO/*Julius* Rn. 10.
[31] *Meyer-Goßner* Rn. 8; Löwe/Rosenberg/*Becker* Rn. 15.
[32] KK-StPO/*Diemer* Rn. 15; Löwe/Rosenberg/*Becker* Rn. 15 (ohne Unterscheidung zwischen der Begründung des Beschlusses als solchem und der Begründung der Ermessensentscheidung).
[33] BGH v. 18. 5. 2000 – 4 StR 647/99, BGHSt 46, 73 (78); KK-StPO/*Diemer* Rn. 15; anders wohl *Meyer-Goßner* Rn. 8; wohl auch Löwe/Rosenberg/*Becker* Rn. 15.
[34] KK-StPO/*Diemer* Rn. 15.
[35] KK-StPO/*Diemer* Rn. 17; *Schlothauer* StV 1999, 50; kritisch *Fischer* JZ 1998, 820.
[36] *Meyer-Goßner* Rn. 10; KK-StPO/*Diemer* Rn. 17.
[37] Grundlegend BGH v. 17. 10. 1983 – GSSt 1/83, BGHSt 32, 115 (124 f.); seither stRspr. vgl. BGH v. 7. 3. 2007 – 1 StR 646/06, BGHSt 51, 232 (235) = JR 2007, 428; BGH v. 11. 9. 2002 – 1 StR 171/02, StV 2002, 638; BGH v. 26. 9. 2002 – 1 StR 111/02, NJW 2003, 74; BGH v. 17. 8. 2004 – 1 StR 315/04, NStZ 2005, 43; BGH v. 19. 7. 2006 – 1 StR 87/06, NStZ 2006, 648; zust. *Detter* StV 2006, 544 (547); *Kretschmer* JR 2006, 453 (458); *Norouzi* JuS 2003, 434; abl. *Wasserburg*, FS Richter II, S. 547 (560 f.).
[38] *Rieß* StraFo 1999, 6; *Meyer-Goßner* Rn. 10.
[39] Zu den speziellen technischen Systemen vgl. *Steinke* Kriminalistik 1993, 330.
[40] So auch *Rieß* StraFo 1999, 6; nach KK-StPO/*Diemer* Rn. 17 allerdings gesetzlich nicht zwingend; mit dem Hinweis darauf, dass nur so eine Gegenüberstellung möglich ist *Meyer-Goßner* Rn. 10.
[41] *Meyer-Goßner* Rn. 10; *Laubenthal*, GedS Zipf, S. 481; *Rieß* NJW 1998, 3241.

wird.⁴² Abweichend von der Anwendung der Vorschrift des § 247 bei Vernehmungen des Zeugen im Sitzungssaal muss der Angeklagte allerdings wieder an der Hauptverhandlung teilnehmen können und über die Zeugenvernehmung unterrichtet werden, um selbst noch **Gelegenheit zu Fragen an den Zeugen** zu haben.⁴³ In diesen Fällen, wenn bei der audiovisuellen Zeugenvernehmung der Angeklagte nach § 247 aus dem Sitzungssaal entfernt wird, darf eine Aufzeichnung der Vernehmung in einer weiteren Hauptverhandlung nicht nach § 255a Abs. 2 S. 1 abgespielt werden.⁴⁴ Die Regelungen für den Ausschluss der Öffentlichkeit nach §§ 171b, 172 GVG gelten ebenfalls im Fall der audiovisuellen Zeugenvernehmung.

IV. Aufzeichnung der Aussage (Satz 4, 5)

20 **1. Voraussetzungen (Satz 4). a) Besorgnis, dass der Zeuge sonst nicht vernehmbar sei.** Die Vorschrift schränkt die Aufzeichnung von Aussagen gegenüber den Vernehmungen außerhalb der Hauptverhandlung nach § 58a Abs. 1 ein. Eine Aufzeichnung soll (nicht muss) dann angefertigt werden, wenn zumindest eine gewisse Wahrscheinlichkeit dafür besteht, dass die **Aussage in einer künftigen Hauptverhandlung als Beweismittel benötigt** werden könnte⁴⁵ und dies für die **Wahrheitserforschung** notwendig ist. Die Voraussetzungen für die Aufzeichnung der Aussage, die kumulativ vorliegen müssen, berücksichtigen beide das **Persönlichkeitsrecht des Zeugen**: Zum einen dient es seinem Schutz, dass Aufzeichnungen lediglich dann angefertigt werden, wenn diese für die Wahrheitserforschung notwendig sind, zum anderen dient es auch dem Interesse des Zeugen, dass – liegt die Notwendigkeit der Zeugenvernehmung für die Wahrheitserforschung vor – es nicht zu mehreren Vernehmungen kommen muss.

21 Für beide Voraussetzungen hat das Gericht **konkrete Anhaltspunkte** zu berücksichtigen, nicht lediglich die theoretische Möglichkeit, so etwa eine möglicherweise sich anschließende Berufungsverhandlung oder auch spätere Hauptverhandlungen, in denen der Zeuge zum gleichen Beweisthema zur Wahrheitsfindung erforderlich ist.⁴⁶ Letzteres gilt insbesondere für den Fall einer zukünftigen Hauptverhandlung in einem abgetrennten Verfahren gegen einen Mitangeklagten. Die Besorgnis, dass der Zeuge in einer weiteren Hauptverhandlung nicht vernommen werden kann, muss sich auf konkrete Umstände stützen, die **tatsächlicher oder rechtlicher Natur** sein können; insbesondere die in § 251 Abs. 1 Nr. 2 und 3 genannten Hindernisse, aber auch Gründe des Zeugenschutzes (insbesondere in den Fällen des § 255a Abs. 2) und eine künftige Unerreichbarkeit des Zeugen kommen hierbei in Betracht.⁴⁷ Insofern sind die gleichen Erwägungen anzustellen, wie bei der Entscheidung nach § 58a Abs. 1 S. 2 Nr. 2.

22 **b) Zur Wahrheitserforschung.** Weitere Voraussetzung für die Aufzeichnung ist, dass die Aussage in der weiteren Hauptverhandlung zur Wahrheitserforschung notwendig, also **für die Urteilsfindung von Bedeutung** ist. Insoweit ist mit der Gesetzesfassung die Gleichstellung der Vorführung von Bild-Ton-Aufzeichnungen mit der Verlesung von Niederschriften nach §§ 251, 253 nachvollzogen.⁴⁸ Nicht in Betracht kommt die Aufzeichnung der Aussage allein aus Gründen der Prozessökonomie oder zur Erleichterung der Tätigkeit des Gerichts, etwa als Gedächtnisstütze bei der Urteilsberatung,⁴⁹ da dies mit dem Gesetzeszweck, dem Zeugenschutz, nicht in Übereinstimmung zu bringen ist.

23 **2. Ermessen („Soll-Vorschrift").** Bei der Entscheidung über eine Aufzeichnung der Aussage des Zeugen hat das Gericht im Rahmen seines Ermessens nach dem Zweck der Vorschrift, dem Zeugenschutz und der Wahrheitsfindung, zu entscheiden.⁵⁰

24 **3. Verfahren zur Anordnung der Aufzeichnung.** Wegen des inhaltlichen Zusammenhangs zur Entscheidung über die audiovisuelle Vernehmung sollte auch die Entscheidung über die Aufzeichnung der Aussage **in dem Beschluss des Gerichts**, nicht durch Entscheidung des Vorsitzenden (§ 238 Abs. 1) gefällt werden.⁵¹ Dies entspricht nicht nur Zweckmäßigkeitserwägungen,⁵² sondern folgt auch den Grundsätzen einer sachangemessenen einheitlichen Entscheidung über die Verfahrensweise zum Erhalt der Zeugenangaben und hat auch Ausfluss auf die Begründung, die im Re-

---

⁴² Diemer NJW 1999, 1669; KK-StPO/*Diemer* Rn. 9; *Meyer-Goßner* Rn. 10.
⁴³ KK-StPO/*Diemer* Rn. 7; *Meyer-Goßner* Rn. 10.
⁴⁴ *Meyer-Goßner* Rn. 10.
⁴⁵ Löwe/Rosenberg/*Becker* Rn 24, der grundsätzlich von einer solchen Wahrscheinlichkeit ausgeht.
⁴⁶ Löwe/Rosenberg/*Becker* Rn. 25; *Meyer-Goßner* Rn. 11.
⁴⁷ HK-StPO/*Julius* Rn. 14; KK-StPO/*Diemer* Rn. 18; *Meyer-Goßner* Rn. 11.
⁴⁸ KK-StPO/*Diemer* Rn. 19.
⁴⁹ KMR/*Lesch* Rn. 34; KK-StPO/*Diemer* Rn. 19.
⁵⁰ KMR/*Lesch* Rn. 35; Löwe/Rosenberg/*Becker* Rn. 28.
⁵¹ KMR/*Lesch* Rn. 35; *Meyer-Goßner* Rn. 12.
⁵² So ausdrücklich KK-StPO/*Diemer* Rn. 20; Löwe/Rosenberg/*Becker* Rn. 27 („ratsam").

gelfall einheitlich zusammen mit der Anordnung der Videovernehmung als solches zu erfolgen hat (Begründungspflicht nach § 34). Jedenfalls in den Fällen, in denen trotz Vorliegens der Voraussetzungen des S. 4 von der Vorgabe des Gesetzgebers abgewichen und keine Aufzeichnung angefertigt werden soll, ist eine **gesonderte Begründung** angezeigt. Die Entscheidung ist nach § 35 Abs. 1 S. 1 zu verkünden und nach § 273 Abs. 1 zu protokollieren, nachdem die Beteiligten dazu angehört worden sind (§ 33 Abs. 1).[53]

4. Verwendung nur für Zwecke der Strafverfolgung und der Aufklärung (Satz 5). Die Regelung in S. 5 legt die Zulässigkeit der Verwendung der Bild-Ton-Aufzeichnung in Übereinstimmung mit den Voraussetzungen für die Anordnung der Aufzeichnung ausschließlich zu Zwecken der Strafverfolgung und zur Erforschung der Wahrheit fest. Eine **Einsichtnahme durch die Verteidiger** des Angeklagten oder den anwaltlichen Vertreter des Verletzten nach §§ 147, 406e ist möglich, die Aufzeichnung ist jedoch unverzüglich dann durch die Staatsanwaltschaft zu **vernichten, wenn sie strafprozessual nicht mehr benötigt** wird (§ 100b Abs. 4).[54] Eine Löschung der Aufzeichnung ist auch und bereits dann angezeigt, wenn sich herausstellt, dass die Aussage weder für das vorliegende noch für etwaige weitere Verfahren von Beweisbedeutung ist oder ihrer Verwendung ein (auch künftig nicht entfallendes) Beweisverbot entgegensteht.[55]

V. Folge von Verstößen, Rechtsmittel

1. Beschwerde. Die Anordnung der audiovisuellen Vernehmung eines Zeugen oder deren Ablehnung ist nach S. 2 der Vorschrift weder von den Verfahrensbeteiligten (dem steht bereits § 205 S. 1 entgegen), noch von den betroffenen Zeugen anfechtbar.[56] Allerdings kann gegen die Bestimmung des Vernehmungsorts durch den Vorsitzenden das Gericht angerufen werden (§ 238 Abs. 2), dessen Beschluss dann allerdings nach S. 2 ebenfalls unanfechtbar ist.[57] Dagegen ist entgegen der hM die **Ausübung des Ermessens des Gerichts** zur Anordnung der audiovisuellen Vernehmung, also ob das Gericht bei der Abwägung der widerstreitenden Interessen von seinem Ermessen fehlerfrei Gebrauch gemacht hat, in der Revision überprüfbar.[58]

Aufgrund des Zwecks der Regelung ist die Entscheidung über die Aufzeichnung der Simultanübertragung nach S. 4 zwar nicht durch die Verfahrensbeteiligten (§ 305), jedoch **durch den betroffenen Zeugen** nach §§ 304 Abs. 2, 305 S. 2 mit der Beschwerde anfechtbar.[59]

2. Revision. Die Entscheidung über die **Anordnung** der audiovisuellen Vernehmung ist **grundsätzlich auch nicht mit der Revision anfechtbar**. Eine Revision nach § 337 kann allerdings dann erfolgreich sein, wenn ein Beschluss überhaupt fehlt, sodass das Vorliegen der Voraussetzungen für die audiovisuelle Vernehmung nicht ausreichend begründet oder abgelehnt wurde, und somit nicht überprüft werden kann, ob das Gericht hierbei zutreffende Erwägungen angestellt hat.[60] Nach der hM soll die Unanfechtbarkeit des Beschlusses zur Anordnung der audiovisuellen Vernehmung auch für die **Aufklärungsrüge** gelten, die dahin geht, dass Gericht habe bei der Abwägung der widerstreitenden Interessen unzutreffend bewertet oder von seinem Ermessen in anderer Form fehlerhaft Gebrauch gemacht.[61] Bei der hier vertretenen Auffassung ist insoweit die Aufklärungsrüge nach § 244 Abs. 2 oder die Rüge nach § 338 Nr. 8 nicht ausgeschlossen.[62] Mit der Aufklärungsrüge anfechtbar ist auch nach der herrschenden Meinung allerdings eine die an sich statthafte Videovernehmung ablehnende Entscheidung des Gerichts, **soweit dadurch die Angaben des Zeugen überhaupt nicht berücksichtigt** werden können und er als Beweismittel nicht zur Verfügung steht.[63] Dem ist bereits deshalb zu folgen, weil mit dieser Entscheidung nicht nur über die Art und Weise entschieden wird, wie eine Zeugenaussage in die Hauptverhandlung eingeführt wird, sondern über die Beweiserhebung als solches. Denn das Erfordernis der Berücksichtigung der Angaben eines Zeugen unterliegt nach § 244 Abs. 2 der Revision; die Angreifbarkeit durch

---

[53] *Meyer-Goßner* Rn. 12.
[54] KK-StPO/*Diemer* Rn. 21; Löwe/Rosenberg/*Becker* Rn. 29.
[55] Löwe/Rosenberg/*Becker* Rn. 29.
[56] Löwe/Rosenberg/*Becker* Rn. 16; *Diemer* NStZ 2001, 396; *Meyer-Goßner* Rn. 13; für die ablehnende Entscheidung noch offen gelassen BGH v. 10. 11. 1999 – 3 StR 331/99, NStZ-RR 2000, 366.
[57] Löwe/Rosenberg/*Becker* Rn. 31.
[58] So auch *Rieß* StraFo 1999, 1 (7); aA KK-StPO/*Diemer* Rn. 16; Löwe/Rosenberg/*Becker* Rn. 32; vgl. Rn. 28.
[59] KK-StPO/*Diemer* Rn. 20; Löwe/Rosenberg/*Becker* Rn. 31; *Diemer* NJW 1999, 1672.
[60] BGH v. 6. 2. 2008 – 5 StR 597/07, NStZ 2008, 421; KK-StPO/*Diemer* Rn. 24; zum Sonderfall bei behördlicher Sperrerklärung vgl. BGH v. 11. 9. 2003 – 3 StR 316/02, NStZ 2004, 345.
[61] BGH v. 10. 1. 1996 – 3 StR 467/95, NStZ 1996, 243 mN zu § 171b GVG; *Diemer* NStZ 2001, 393 (395 f.); *Meyer-Goßner* Rn. 13; KK-StPO/*Diemer* Rn. 22.
[62] So auch HK-StPO/*Julius* Rn. 19; *Rieß* StraFo 1999, 1 (7); aA KK-StPO/*Diemer* Rn. 22.
[63] KK-StPO/*Diemer* Rn. 22; *Meyer-Goßner* Rn. 13.

§ 248   1   *Zweites Buch. Verfahren im ersten Rechtszug*

die Verteidigung kann durch den Rechtsmittelausschluss nach S. 2 für die Videovernehmung nicht beschränkt oder zunichte gemacht werden.[64]

29   Der Revision unterliegen ferner alle die Entscheidungen, bei denen die tatbestandlichen Voraussetzungen der Regelung zur Anordnung der audiovisuellen Vernehmung verkannt werden. In diesen Fällen werden regelmäßig **andere Verfahrensvorschriften tangiert**, auf welche der Rechtsmittelausschluss nach S. 2 nicht zu übertragen ist. Dies gilt etwa für Fälle, in denen die **Voraussetzungen des S. 2** verkannt und die audiovisuelle Vernehmung aus anderen als den dort genannten Gründen angeordnet wird und auch in den Fällen, in denen die Voraussetzungen als solches unzutreffend angenommen oder verkannt werden, etwa eine dringende Gefahr oder ein schwerwiegender Nachteil für das Wohl des Zeugen nicht zu befürchten war. In allen diesen Fällen liegen die Voraussetzungen für die Ausnahmeregelung der audiovisuellen Vernehmung nicht vor, so dass es beim Grundsatz des § 250 bleiben muss und eine Revision möglich ist.

30   Schließlich kann § 244 Abs. 3 verletzt sein, wenn bei einem ablehnenden Beschluss über den Antrag zur Vernehmung eines Zeugen wegen Unerreichbarkeit (erkennbar) **keine Prüfung** erfolgt ist, **ob der Zeuge wenigstens mit den Mitteln der audiovisuellen Vernehmung erreichbar ist**.[65] Dies gilt auch, wenn die (technisch mögliche) audiovisuelle Vernehmung nicht einmal beantragt war.[66] Entsprechendes gilt auch für Konstellationen, in denen Auslandszeugen unter den Voraussetzungen der Rechtshilfe bei Einhaltung der wesentlichen rechtsstaatlichen Verfahrensgrundsätze erreichbar sind.[67]

31   Für die **Überprüfung des Revisionsgerichts** ist es erforderlich, dass die Begründung die tatbestandliche Variante erkennen lässt, von der das Gericht bei dem Beschluss ausgegangen ist und die daraus folgenden zutreffenden Ermessenserwägungen angestellt hat.[68] Insbesondere dann, wenn bei Vorliegen der tatbestandlichen Voraussetzungen nicht von § 247 a Gebrauch gemacht wird, muss von der Begründung umfasst sein, ob etwa die Angaben des Zeugen auf andere Weise eingeführt werden können, so dass erkennbar ist, dass das Gericht diese Möglichkeit wenigstens in Betracht gezogen hat.[69] Gleiches gilt dann, wenn der Beschluss des Gerichts dazu führt, dass der Zeuge als Beweismittel völlig ausscheiden muss.[70] In jenem Fall verlangt der Angriff gegen die Entscheidung des Gerichts, keine audiovisuelle Vernehmung durchzuführen, eine **zulässig erhobene Verfahrensrüge**.[71]

32   Bei einer unzulänglichen Simultanübertragung, somit einem Verstoß gegen S. 3,[72] kann eine Verfahrensrüge nach § 244 Abs. 2 begründet sein.[73] Zulässig ist auch die Rüge, das Ergebnis der Beweiserhebung mittels der Videoaufzeichnung nach S. 4, die Aktenbestandteil geworden ist, sei im Urteil unzutreffend wiedergegeben. Das zur Prüfung erforderliche Anhören und Betrachten der Aufzeichnung stellt keine Rekonstruktion der Hauptverhandlung dar.[74]

33   Eine volle revisionsrechtliche Überprüfbarkeit ist in den Fällen gegeben, in denen das Gericht neben der audiovisuellen Vernehmung auch von § 247 Gebrauch gemacht hat.[75]

§ 248 [Entlassung der Zeugen und Sachverständigen]

¹Die vernommenen Zeugen und Sachverständigen dürfen sich nur mit Genehmigung oder auf Anweisung des Vorsitzenden von der Gerichtsstelle entfernen. ²Die Staatsanwaltschaft und der Angeklagte sind vorher zu hören.

I. Verfahrensleitende Verfügung

1   Über das Ende der Vernehmung und die Entlassung von Zeugen und Sachverständigen entscheidet der Vorsitzende nach pflichtgemäßem Ermessen, indem er dem Zeugen oder Sachverständigen erlaubt oder ihn anweist, sich von der Gerichtsstelle als Verhandlungsort zu entfernen.

---

[64] So auch KK-StPO/*Diemer* Rn. 22.
[65] BGH v. 15. 9. 1999 – 1 StR 286/99, BGHSt 45, 188; KK-StPO/*Diemer* Rn. 23.
[66] BGH v. 15. 9. 1999 – 1 StR 286/99, BGHSt 45, 188 (190); BGH v. 23. 3. 2000 – 1 StR 657/99, NStZ 2000, 385.
[67] BGH v. 15. 9. 1999 – 1 StR 286/99, BGHSt 45, 188; KK-StPO/*Diemer* Rn. 23.
[68] Zum Umfang der Begründung, etwa bei § 247 BGH vom 10. 5. 1988 – 1 StR 80/88, BGHR StPO § 247 S. 1 Begründungserfordernis 1.
[69] BGH v. 18. 5. 2000 – 4 StR 647/99, BGHSt 46, 73 (78) = StV 2000, 345 (347); *Albrecht* StV 2001, 364 (366).
[70] BGH v. 18. 5. 2000 – 4 StR 647/99, NJW 2000, 2517 (2518) mN; KK-StPO/*Diemer* Rn. 24.
[71] BGH v. 11. 9. 2002 – 1 StR 171/02, NStZ-RR 2003, 290 [B.].
[72] Zu bestimmten Voraussetzungen der Unzulänglichkeit, die zu einer deutlich erschwerten oder unmöglichen Würdigung der Aussage führt *Diemer* NStZ 2002, 16; *Hofmann* NStZ 2002, 569.
[73] *Diemer* NStZ 2001, 397; SK-StPO/*Schlüchter* Rn. 25.
[74] Ausführlich KK-StPO/*Diemer* Rn. 18 a; *Diemer* NStZ 2002, 16 m Rspr-Nw.; mit unterschiedl. Begr. KMR/*Lesch* Rn. 32; *Schlothauer* StV 1999, 47 (50); *Beulke* ZStW 113 (2001), 709 (731 f.); *Leitner* StraFo 2004, 306; aA *Hofmann* NStZ 2002, 569; *Hofmann* StraFo 2004, 303; wohl auch *Meyer-Goßner* Rn. 13 ohne Begründung.
[75] Vgl. dazu § 247 Rn. 26; *Meyer-Goßner* Rn. 13.

Dieser braucht sich nicht notwendig im Gerichtsgebäude zu befinden, sondern kann beispielsweise auch am Tatort oder einem anderen Ort der Augenscheineinnahme sein.[1] Anzuordnen ist die Entfernung des Zeugen oder Sachverständigen dann, wenn es ihm nicht erlaubt sein soll, weiterhin als Zuhörer bei der Verhandlung teilzunehmen.[2] Durch die **verfahrensleitende Verfügung des Vorsitzenden** soll es den Prozessbeteiligten ermöglicht werden, einer Entlassung des Zeugen zu widersprechen, entweder um noch weitere Fragen an ihn zu stellen oder um ihn bis zum Schluss der Beweisaufnahme verfügbar zu halten.[3] Verhält der Zeuge oder Sachverständige sich nicht entsprechend der Verfügung des Vorsitzenden, so gelten §§ 51, 77.[4]

II. Anhörung der Verfahrensbeteiligten (Satz 2)

Vor der Verfügung des Vorsitzenden sind sowohl die Staatsanwaltschaft als auch der Angeklagte anzuhören, ebenso wie die anderen frageberechtigten Prozessbeteiligten,[5] also Verteidiger, Privatkläger und Nebenkläger (§§ 385 Abs. 1, 397 Abs. 1), der Einziehungsbeteiligte und sein Vertreter (§§ 433, 434), Verfahrensbeteiligte iSv. § 442, Vertreter von Personenvereinigungen und juristischen Personen nach § 444, im Jugendstrafverfahren Erziehungsberechtigter und gesetzlicher Vertreter (§ 67 JGG). Die Anhörung erübrigt sich, wenn der Zeuge von seinem Aussageverweigerungsrecht Gebrauch gemacht hat.[6] Das Anhörungsrecht des Angeklagten zur Entlassung eines Zeugen oder Sachverständigen besteht **unabhängig von seinem Anhörungsrecht nach § 257**, da die beiden Rechte unterschiedlichen Zwecken dienen.[7] Der Verzicht auf einen geladenen und erschienen Zeugen darf als wesentliche Verfahrenshandlung nicht in der Abwesenheit des Angeklagten nach § 247 erfolgen.[8]

III. Folgen von Verstößen, Rechtsmittel

Gegen eine fehlerhafte Verfügung des Vorsitzenden nach S. 1 kann das Gericht zur Entscheidung nach § 238 Abs. 2 angerufen werden. Wird kein **Gerichtsbeschluss** nach § 238 Abs. 2 herbeigeführt, kann eine fehlerhafte Verfügung des Vorsitzenden nicht mit der Revision gerügt werden.[9] Die abweichende Auffassung, dass eine Revisionsmöglichkeit auch ohne einen Gerichtsbeschluss nach § 238 Abs. 2 bestehe,[10] dürfte an der revisionsgerichtlichen Rechtsprechung mit stetig strengeren Anforderungen an die Verteidigung, formale Fehler bereits in der Hauptverhandlung rügen und einen Gerichtsbeschluss herbeiführen zu müssen, vorbeigehen.

Auf der fehlerhaften Verfügung oder der Verletzung der Anhörung nach S. 2 kann das Urteil nur beruhen und somit die Revision erfolgreich sein, wenn dadurch das **Beweismittel nicht ausgeschöpft** worden ist, etwa weil bestimmte Fragen nicht gestellt werden oder bestimmte Umstände und Urkunden nicht vorgehalten werden konnten und dadurch eine unzulässige Beschränkung der Verteidigung verursacht oder in Ausnahmefällen[11] die Aufklärungspflicht des Gerichts verletzt wurde.[12] Die Nichtausschöpfung des Beweismittels, also nicht gestellte Fragen oder nicht ermöglichte Vorhalte, das Beweisergebnis und die Darlegung, dass im Fall des Vorliegens dieses Beweisergebnisses das Gericht zu einer anderen Entscheidung gekommen wäre, ist in der Revision jeweils konkret vorzutragen.[13] Eine **Beeinträchtigung der Verteidigungsmöglichkeiten** durch vorzeitige Entlassung eines Zeugen ist nicht bereits allein wegen des grundsätzlich fortbestehenden Beweisantragsrechts ausgeschlossen.[14]

---

[1] *Meyer-Goßner* Rn. 1; KK-StPO/*Diemer* Rn. 1.
[2] *Meyer-Goßner* Rn. 1.
[3] KK-StPO/*Diemer* Rn. 1; OLG Stuttgart v. 20. 7. 1994 – 1 Ss 336/94, NStZ 1994, 600; RGSt 46, 196 (198).
[4] § 51 Rn. 5; *Pfeiffer* Rn. 1.
[5] Vgl. § 240 Rn. 6 ff.; *Meyer-Goßner* Rn. 3; KK-StPO/*Diemer* Rn. 3.
[6] RG v. 2. 1. 1908 – III 985/07, RGSt 41, 32.
[7] Löwe/Rosenberg/*Becker* Rn. 10; KK-StPO/*Diemer* Rn. 3; aA SK-StPO/*Schlüchter* Rn. 6.
[8] BGH v. 15. 9. 1995 – 2 StR 456/95, NStZ-RR 1996, 108; vgl. § 245 Rn. 13.
[9] BGH v. 14. 2. 1985 – 4 StR 731/84, StV 1985, 355; BGH v. 18. 1. 1996 – 4 StR 711/95, StV 1996, 248; *Meyer-Goßner* Rn. 4; KK-StPO/*Diemer* Rn. 4; str. beim unverteidigten Angeklagten vgl. Löwe/Rosenberg/*Becker* Rn. 13.
[10] So für den unverteidigten Angeklagten HK-StPO/*Julius* Rn. 5; ähnlich Löwe/Rosenberg/*Becker* Rn. 13.
[11] SK-StPO/*Schlüchter* Rn. 13; Löwe/Rosenberg/*Becker* Rn. 15.
[12] *Meyer-Goßner* Rn. 4; SK-StPO/*Schlüchter* Rn. 13; *Pfeiffer* Rn. 2.
[13] OLG Stuttgart v. 20. 7. 1994 – 1 Ss 336/94, NStZ 1994, 600.
[14] Löwe/Rosenberg/*Becker* Rn. 14.

§ 249 [Verlesung von Schriftstücken]

(1) ¹Urkunden und andere als Beweismittel dienende Schriftstücke werden in der Hauptverhandlung verlesen. ²Dies gilt insbesondere von früher ergangenen Strafurteilen, von Straflisten und von Auszügen aus Kirchenbüchern und Personenstandsregistern und findet auch Anwendung auf Protokolle über die Einnahme des richterlichen Augenscheins.

(2) ¹Von der Verlesung kann, außer in den Fällen der §§ 253 und 254, abgesehen werden, wenn die Richter und Schöffen vom Wortlaut der Urkunde oder des Schriftstücks Kenntnis genommen haben und die übrigen Beteiligten hierzu Gelegenheit hatten. ²Widerspricht der Staatsanwalt, der Angeklagte oder der Verteidiger unverzüglich der Anordnung des Vorsitzenden, nach Satz 1 zu verfahren, so entscheidet das Gericht. ³Die Anordnung des Vorsitzenden, die Feststellungen über die Kenntnisnahme und die Gelegenheit hierzu und der Widerspruch sind in das Protokoll aufzunehmen.

I. Allgemeines

1   Die Vorschrift regelt eine der Formen des Strengbeweises. Sie legt fest, auf welchem Wege der Inhalt schriftlich niedergelegter Gedankenerklärungen zum Gegenstand der Hauptverhandlung gemacht werden kann, damit er in die Beweiswürdigung zur Schuld- und Straffrage einbezogen werden kann. § 249 enthält keine Aussage dazu, unter welchen Voraussetzungen das Gericht von dieser Form des Strengbeweises Gebrauch zu machen hat. Das wird durch das übergeordnete Prinzip der **Amtsaufklärungspflicht** (§ 244 Abs. 2) geregelt. Durch sie – und nicht durch § 249 – wird bestimmt, ob das Gericht eine Urkunde förmlich zum Gegenstand der Hauptverhandlung machen muss.[1] Ergänzt wird dieser Grundsatz durch die aus § 245 resultierende Verpflichtung des Gerichts, die Beweisaufnahme auf die herbeigeschafften Beweismittel zu erstrecken.[2]

2   Das Gericht darf auf verfügbare Urkunden zurückgreifen, solange kein gesetzliches Verbot entgegensteht.[3] Das Gesetz lässt den Urkundenbeweis zu, solange es ihn nicht ausdrücklich untersagt.[4] Von erheblicher Bedeutung ist dabei das in § 250 S. 2 enthaltene Verbot, mögliche mündliche Vernehmungen von Zeugen oder Sachverständigen durch Verlesungen zu ersetzen. Verbote zur Urkundenverwertung können sich daneben auch aus § 252 oder aus sonstigen Verwertungsverboten (wie zB unmittelbar aus den Grundrechten für Tagebuchaufzeichnungen) ergeben.

3   Neben den im Gesetz geregelten Formen der Einführung von Urkunden in die Hauptverhandlung hat die Praxis **weitere Verfahrensweisen** entwickelt, durch die Urkunden zum Gegenstand der Beweisaufnahme gemacht werden können. Nach der Rechtsprechung soll dies insbesondere durch einen Bericht des Vorsitzenden über den Inhalt von Urkunden,[5] oder durch Vorhalt an den Angeklagten, einen Zeugen oder einen Sachverständigen möglich sein.[6] Kommt es nicht auf den schriftlich niedergelegten Inhalt, sondern auf das äußere Erscheinungsbild und die Beschaffenheit von Urkunden an, so können sie auch Gegenstand des Augenscheinsbeweises sein.[7]

II. Verlesbare Schriftstücke

4   **1. Prozessualer Urkundenbegriff.** Verlesbar sind nach Abs. 1 Satz 1 Urkunden und andere als Beweismittel dienende Schriftstücke. Dieser umfassende Wortlaut hat zur Folge, dass sämtliche Schriftstücke durch Verlesung zum Gegenstand einer Hauptverhandlung zu machen sind, die in Schriftform verkörperte Gedankenerklärungen enthalten. Voraussetzung für die Verlesbarkeit ist nicht, dass das Schriftstück von vornherein zu Beweiszwecken bestimmt war und auch nicht, dass das Schriftstück erkennen lässt, wer es ausgestellt hat.[8] Die aus dem **materiell-rechtlichen Urkundenbegriff** in § 267 StGB abgeleiteten Kriterien haben für § 249 Abs. 1 StPO **keine Bedeutung**. Als Urkunden im prozessrechtlichen Sinne gelten deshalb zB handschriftliche Notizen selbst dann, wenn sich aus ihnen nicht ergibt, wer sie verfasst hat. Diese Loslösung der Begrifflichkeiten des Prozessrechts vom materiellen Recht ist notwendig, um die Form der Beweisaufnahme umfassend für alle schriftlichen Dokumente zu regeln, aus denen sich ein Ertrag für die Sachverhaltsaufklärung ergeben kann.

---

[1] Vgl. auch BGH v. 29. 3. 1972 – 2 StR 118/71, MDR 1972, 753 bei *Dallinger*.
[2] Siehe dazu im Einzelnen § 245 Rn. 8 ff.
[3] BGH v. 24. 8. 1993 – 1 StR 380/93, BGHSt 39, 305, 306; KK-StPO/*Diemer* § 249 Rn. 5.
[4] BGH v. 25. 9. 2007 – 1 StR 350/07, NStZ-RR 2008, 48 = StV 2008, 123.
[5] Siehe dazu unten Rn. 28 ff.
[6] Siehe dazu unten Rn. 39 ff.
[7] Vgl. KK-StPO/*Diemer* Rn. 4.
[8] Meyer-Goßner Rn. 3; *F.-W. Krause*, Zum Urkundenbeweis im Strafprozeß, Hamburg 1966, S. 105; KK-StPO/*Diemer* Rn. 9.

Sechster Abschnitt. Hauptverhandlung 5–11 **§ 249**

Der Gesetzeswortlaut regelt die Verlesung als Form der Beweisaufnahme für Schriftstücke, das 5 heißt für **in Schriftform auf Papier niedergelegte Gedankenerklärungen**. Verlesbar sind deshalb auch die nach den handelsrechtlichen Vorschriften zu führenden Geschäftsbücher oder Auszüge hieraus.[9] Nichts anderes gilt für Auszüge aus amtlichen Registern oder Bestandteile von gerichtlichen Akten. Als verlesbare Schriftstücke iSd. Prozessrechts anzusehen sind ferner auch Bücher oder Zeitungsberichte.[10] Auch eine schriftliche Einlassung des Angeklagten kann als Urkunde verlesen werden.[11]

Nicht geregelt ist, auf welche Weise schriftliche Mitteilungen in die Hauptverhandlung einge- 6 führt werden können, die auf Gegenständen (zB auf Textilien) festgehalten wurden. Handelt es sich nur um kurze Mitteilungen, wird eine Einführung über die **Augenscheinseinnahme** möglich sein, grundsätzlich kommt aber auch eine analoge Anwendung des § 249 in Betracht.[12] Umgekehrt kann in Fällen, in denen die textliche Darstellung mit bildlichen Elementen kombiniert ist (wie zB bei Comics) eine Einführung durch Urkundenbeweis ausreichen.[13]

2. Dateien und technische Aufzeichnungen. Da § 249 nur die Verlesbarkeit von schriftlich nie- 7 dergelegten Gedankenerklärungen regelt, erfasst die Vorschrift auch nicht unmittelbar die Einführung von Computerdateien in die Hauptverhandlung, solange sie lediglich auf einem Bildschirm angezeigt werden. In der Hauptverhandlung verlesbar sind allenfalls Ausdrucke von Dateien, nicht elektronisch angezeigte Dateien, weil es sich hierbei nicht um Schriftstücke handelt. Die Gleichstellungsvorschrift in § 11 Abs. 3 StGB kann für das Prozessrecht nicht herangezogen werden.

Auch **technische Aufzeichnungen**, die häufig hohe Beweiskraft besitzen, gelten regelmäßig nicht 8 als Urkunden im Sinne von § 249.[14] Das gilt für Diagramme, mit denen Umweltdaten aufgezeichnet werden, für Diagramme medizinischer Geräte und für Diagramme von Fahrtenschreibern (§ 57a StVZO) gleichermaßen. Sie sind ebenso wenig Urkunden wie Pläne, Zeichnungen, Lichtbilder, Filme, Videoaufzeichnungen oder ähnliches Anschauungsmaterial.[15] Die Urkundeneigenschaft fehlt ihnen schon deshalb, weil der maßgebliche Erklärungsinhalt nicht durch Verwendung von Schriftzeichen dargestellt ist.[16] Die genannten Beweismittel können deshalb nicht verlesen werden. Sie sind regelmäßig in Augenschein zu nehmen,[17] sofern es zur Ermittlung ihrer Aussagekraft nicht ohnehin geboten ist, ein Sachverständigengutachten einzuholen.

Die Vorschriften über den Augenscheinsbeweis gelten schließlich auch für **Tonbänder** oder 9 sonstige elektronische Aufzeichnungen, die im Rahmen der Überwachung von Telefongesprächen angefallen sind. Werden hiervon Abschriften erstellt, so handelt es sich um Urkunden im Sinne von § 249, die im Übrigen nach hM auch ohne Verstoß gegen § 250 gemäß § 249 in der Hauptverhandlung verlesen werden können.[18]

3. Abschriften und Fotokopien. Da im Rahmen von § 249 Abs. 1 Satz 1 die Verlesbarkeit nicht 10 davon abhängt, dass der Aussteller eines Schriftstücks zu erkennen ist, können im Strengbeweisverfahren nicht nur Originale, sondern auch Abschriften und Fotokopien uneingeschränkt verlesen werden.[19] Ob die verlesene Kopie mit dem Original übereinstimmt, ist im Strengbeweisverfahren festzustellen;[20] in der Praxis wird dies zumeist durch Zeugenbeweis, im Einzelfall auch durch Sachverständigenbeweis, geschehen.[21] Die unterschiedlichen Formen der Beglaubigung von Kopien können mit ihrem jeweiligen Beweiswert berücksichtigt werden.

4. Fremdsprachige Urkunden. Nicht aus § 249, aber aus § 184 GVG ergibt sich, dass Schrift- 11 stücke, die in einer fremden Sprache abgefasst sind, nicht verlesen werden dürfen. Ihr Inhalt kann

---

[9] KK-StPO/*Diemer* Rn. 13; vgl. auch BGH v. 13. 12. 1960 – 1 StR 389/60, BGHSt 15, 253 = NJW 1961, 327 (Abrechnungsstreifen aus dem Büro eines Kaufmanns).
[10] Vgl. BGH v. 4. 11. 1988 – 1 StR 262/88, BGHSt 36, 1, 3 (zur Verlesbarkeit wissenschaftlicher Veröffentlichungen in Abgrenzung zum Sachverständigenbeweis).
[11] BGH v. 27. 3. 2008 – 3 StR 6/08, BGHSt 52, 175, 180 = NJW 2008, 2356.
[12] Vgl. BayObLG v. 6. 3. 2002 – 1 ObOWi 41/02, NStZ 2002, 388 = StV 2002, 645 (Lichtbild einer Verkehrsüberwachungskamera, in das die gemessene Geschwindigkeit eingeblendet ist).
[13] Vgl. BGH v. 15. 12. 1999 – 2 StR 365/99, NStZ 2000, 307.
[14] Vgl. KK-StPO/*Diemer* Rn. 23.
[15] So auch KK-StPO/*Diemer* Rn. 23.
[16] Vgl. BGH v. 28. 9. 1962 – 4 StR 301/62, BGHSt 18, 51, 53 = NJW 1962, 2361.
[17] Vgl. BGH v. 14. 6. 1960 – 1 StR 73/60, BGHSt 14, 339, 341 = NJW 1960, 1582 (Tonbandaufnahme); BGH v. 3. 3. 1977 – 2 StR 390/76, BGHSt 27, 135, 136.= NJW 1977, 1545.
[18] BGH v. 3. 3. 1977 – 2 StR 390/76, BGHSt 27, 135, 136 = NJW 1977, 1545; BGH v. 7. 10. 2008 – 4 StR 272/08, Rn. 4.
[19] BGH v. 3. 3. 1977 – 2 StR 390/76, BGHSt 27, 135, 137/138 = NJW 1977, 1545; BGH v. 11. 6. 1986 – 3 StR 10/86 = NStZ 1986 519 (Augenscheinseinnahme von Fotografien von Schecks).
[20] BGH v. 5. 1. 1999 – 3 StR 550/98, NStZ-RR 1999, 176; BGH v. 22. 6. 1994 – 3 StR 646/93, NStZ 1994, 593 = StV 1994, 525.; BGH v. 1. 9. 1993 – 3 StR 412/93.
[21] BGH v. 1. 9. 1993 – 3 StR 412/93, NStZ 1994, 227 (bei *Kusch*); KK-StPO/*Diemer* § 249 Rn. 12.

dadurch zum Gegenstand der Hauptverhandlung gemacht werden, dass eine bei den Akten befindliche **Übersetzung** verlesen wird.[22] Die Aufklärungspflicht wird es in einem solchen Fall allerdings in der Regel gebieten, dass sich das Gericht Gewissheit darüber verschafft, dass die Übersetzung richtig ist. Einen bestimmten Weg hierzu schreibt das Gesetz nicht vor.[23] Insbesondere ist die Vernehmung des Übersetzers nicht zwingend geboten.[24] Eine Verpflichtung hierzu folgt auch nicht aus § 250. Die Zuverlässigkeit des Übersetzers kann als „gerichtsbekannte Tatsache" gewertet werden, wenn die Voraussetzungen hierfür vorliegen, in Einzelfall kann das Gericht auch aus eigener Sachkunde die Richtigkeit der Übersetzungen bewerten.[25] Soll der Verfasser der Übersetzung in der Hauptverhandlung gehört werden, ist er als Sachverständiger – nicht als Dolmetscher – zu vernehmen.[26] Er erstattet prozessrechtlich ein Gutachten und ist demgemäß auch nach § 74 ablehnbar. Über seine Vereidigung ist nach § 79 zu entscheiden.

12   **5. Lesbarkeit der Schrift.** Nicht verlesbar sind ferner Schriftstücke, die in Stenographie oder einer Geheimschrift abgefasst sind.[27] Insoweit ist ein Sachverständigengutachten einzuholen.[28] Sind hingegen Berichte eines Geheimdienstes in deutscher Sprache abgefasst, so können sie ohne Weiteres nach Maßgabe der allgemeinen Vorschriften als Urkunden verlesen werden.[29]

III. Zum Inhalt des Abs. 1 Satz 2

13   Obwohl der Gesetzestext in Absatz 1 mit dem Hinweis auf Schriftstücke jeglicher Art eine denkbar weite Formulierung enthält, werden in Abs. 1 Satz 2 nochmals ausdrücklich verschiedene Urkunden als verlesbar aufgeführt. Aus der rechtlichen Bedeutung der Schriftstücke ergeben sich teilweise Besonderheiten für ihre prozessrechtliche Verwertung.

14   **1. Gerichtsurteile.** Die Verlesung früher ergangener Strafurteile kann unterschiedlichen Zwecken dienen. Insbesondere kann durch sie über **Vorstrafen** Beweis erhoben werden. Dies kann sowohl für die Strafzumessung[30] als auch für die Beweiswürdigung zur Schuldfrage von Bedeutung sein,[31] wenn etwa bei früheren Delikten eine vergleichbare Begehungsweise festgestellt wurde.

15   Nach hM kann die Verlesung von Strafurteilen ferner der Information der Verfahrensbeteiligten über den **Gang und den Stand des Verfahrens** dienen.[32] Das ist in § 324 für das Berufungsverfahren gesetzlich vorgesehen und soll darüber hinaus auch dann gelten, wenn das Revisionsgericht ein Urteil nach § 354 aufgehoben und das Verfahren zu neuer Verhandlung zurückverwiesen hat. Eine Verlesung ist dabei vor allem in den Fällen notwendig, in denen ein Teil der getroffenen Feststellungen rechtskräftig geworden ist, so dass für das neue Tatgericht eine Bindungswirkung besteht.[33] Da die Revisionsentscheidung aber darüber hinaus allgemein nach § 358 Bindungswirkung hat, ist es regelmäßig sinnvoll, auch sie zu verlesen.[34]

16   Nach der Rechtsprechung des BGH können früher ergangene Strafurteile auch verlesen werden, um Beweis über die in ihnen dokumentierten **Ergebnisse einer früheren Hauptverhandlung** zu erheben.[35] Auf diese Weise kann in der neuen Verhandlung Beweis darüber erhoben werden, welcher Sachverhalt zur Überzeugung des früheren Gerichts feststand.[36] Die Verlesung kann dabei auch Beweis darüber erbringen, welchen Inhalt Aussagen in der früheren Verhandlung nach

---

[22] BGH v. 3. 3. 1977 – 2 StR 390/76, BGHSt 27,135,137 = JR 1978, 117 mAnm *Gollwitzer*; RG 5. 6. 1917 – V 354/17, RGSt 51, 93, 94; vgl. aber SK-StPO/*Schlüchter* Rn. 37 (Übersetzung ist Sachverständigengutachten, für das der Grundsatz des § 250 gilt).
[23] BGH v. 24. 8. 1993 – 1 StR 380/93, BGHSt 39, 305 = NJW 1993, 3337 = NStZ 1994, 184 = StV 1993, 623.
[24] Vgl. KK-StPO/*Diemer* Rn. 15.
[25] Vgl. BGH v. 20. 12. 1982 – 3 StR 419/82, NStZ 1983, 357 bei *Pfeiffer/Miebach* (Teilnahme eines Richters an einer Vernehmung im Ausland, deren Übersetzung später verlesen wurde).
[26] BGH v. 7. 7. 1997 – 5 StR 17/97, NStZ 1998, 158; BGH v. 22. 12. 1964 – 1 StR 509/64, NJW 1965, 643; BGH v. 28. 11. 1950 – 2 StR 50/50, BGHSt 1, 4, 6/7.
[27] *Meyer-Goßner* Rn. 4; Löwe/Rosenberg/*Mosbacher* Rn. 36.
[28] Löwe/Rosenberg/*Mosbacher* Rn. 36.
[29] KG v. 17. 7. 1996 – (2) 1 OJs 109/93 (21/95), StV 1997, 11 (für Treffberichte des Ministeriums für Staatssicherheit). Vgl. aber auch BGH v. 5. 5. 1992 – StB 9/92 2 BJs 15/92 – 5, BGHSt 38, 276 = NJW 1992, 1975 = NStZ 1992, 449 = StV 1992, 280 (zum Beweiswert von MfS-Akten).
[30] Vgl. BGH v. 3. 6. 1997 – 1 StR 183/97, BGHSt 43, 106, 108 = NJW 1997, 2828 („Warnwirkung" der früheren Verurteilung).
[31] Vgl. BGH v. 14. 2. 2008 – 4 StR 317/07, Rn. 16 ff.
[32] Vgl. *Wömpner* NStZ 1984, 481; *Meyer-Goßner* § 249 Rn. 9.
[33] Vgl. BGH v. 31. 10. 1961 – 1 StR 401/61, NJW 1962, 59, wo allerdings ausgesprochen wird, dass verfahrensrechtliche Vorschriften fehlen, aus denen sich ergäbe, dass die Mitglieder des Gerichts nur in einer bestimmten Weise über rechtskräftige Feststellungen unterrichtet werden dürfen. Siehe auch BayObLG v. 5. 10. 1981 – RReg 2 St 274/81, MDR 1982, 249; RG v. 19. 3. 1931 – 2 D 132/31, JW 1931, 2825.
[34] SK-StPO/*Schlüchter* Rn. 13.
[35] Vgl. BGH v. 3. 6. 1997 – 1 StR 183/97, BGHSt 43, 106, 107 (Feststellungen aus einem Urteil aus der Zeit der DDR); BGH v. 17. 11. 2000 – 3 StR 389/00, StV 2001, 261; KK-StPO/*Diemer* § 249 Rn. 17.
[36] BGH v. 17. 11. 2000 – 3 StR 389/00, StV 2001, 261.

Überzeugung der an der Beratung beteiligten Mitglieder des Gerichts hatten.[37] Ohne Verstoß gegen § 250 ist es deshalb nach hM möglich, durch Verlesung von Urteilen Beweis über die Inhalte von Aussagen des Angeklagten oder der Zeugen in der früheren Verhandlung zu erheben.[38]

Unabhängig von der Frage der Verlesbarkeit des früheren Strafurteils wird es – wenn die frühere Aussage von Bedeutung ist – aber zumeist schon aufgrund der Aufklärungspflicht geboten sein, Verfahrensbeteiligte als **Zeugen** zu vernehmen, die **eigene Wahrnehmungen** über den Inhalt der früheren Beweisaufnahme gemacht haben.[39] Das folgt schon daraus, dass im Urteil nach § 267 nur die wesentlichen Ergebnisse der Hauptverhandlung zu dokumentieren sind. Durch eine Verlesung des Urteils wird (anders als durch die Verlesung eines Vernehmungsprotokolls) deshalb regelmäßig kein vollständiges Bild von der früheren Aussage zu gewinnen sein. Um so mehr gilt dies, wenn ein Beschluss verlesen werden soll, dessen Sachverhaltsdarstellung sich lediglich auf freibeweislich eingeholte Ermittlungen stützt.[40]

Auch wenn damit über die Ergebnisse eines anderen Verfahrens Beweis erhoben werden kann, darf dies doch nicht dazu führen, die Ergebnisse ungeprüft zu übernehmen. Insbesondere tatsächliche Feststellungen eines aufgehobenen Urteils dürfen nicht ohne nähere Prüfung für die neue Verhandlung übernommen werden.[41] Auch ein rechtskräftiges Urteil beweist nicht mehr als die Tatsache, dass darin das Ergebnis der Beratung wiedergegeben ist;[42] es beweist insbesondere nicht, dass sich der Sachverhalt auch tatsächlich so ereignet hat.

Über den Gesetzeswortlaut hinaus sind als amtliche Schriftstücke nach Abs. 1 Satz 1 Zivil-, Verwaltungs- und andere Urteile verlesbar.[43] Auch gerichtliche Beschlüsse können grundsätzlich nach § 249 verlesen werden.[44] Bei der Beweiswürdigung sind jedoch die unterschiedlichen Verfahrensmaximen der Prozessordnungen und die hieraus jeweils resultierende prozessrechtliche Bedeutung der einzelnen Urkunde zu beachten.

2. Straflisten. Durch Erwähnung der „Straflisten" verweist das Gesetz darauf, dass über die Eintragungen im Bundeszentralregister und im Verkehrszentralregister durch Verlesung der entsprechenden Auszüge Beweis erhoben werden kann (vgl. §§ 41, 61 BZRG sowie § 30 StVG). Ein erhöhter Beweiswert kommt den amtlichen Auskünften aber nicht zu. Wird ihre Richtigkeit bestritten, so ist nach allgemeinen Grundsätzen über die Eintragungen Beweis zu erheben.[45] Das gesetzliche Verwertungsverbot nach § 51 BZRG kann der Beweiserhebung entgegenstehen.

3. Personenstandsregister und Kirchenbücher. Auszügen aus den Personenstandsregistern kommt nach dem Personenstandsgesetz besondere Beweisbedeutung zu (§ 60 PStG). Das schließt aber eine Beweiserhebung über ihre Richtigkeit nicht aus. Geburts- Heirats- und Sterbeurkunden können ebenso inhaltlich unzutreffend sein wie andere Urkunden.[46]

4. Augenscheinsprotokolle. Dass Abs. 1 Satz 2 ausdrücklich Augenscheinsprotokolle erwähnt, macht deutlich, dass für die Augenscheinseinnahme nicht der Unmittelbarkeitsgrundsatz gilt. Verlesbar sind Protokolle richterlicher Untersuchungshandlungen nach den §§ 168 d und 225, wenn sie aus dem anhängigen Verfahren stammen.[47] Augenscheinsprotokolle sind auch Protokolle über die Leichenschau nach § 87 Abs. 1, wenn an dieser ein Richter mitgewirkt hat.[48] Das Protokoll einer Sektion nach § 87 Abs. 2 fällt hierunter nicht.[49]

---

[37] Vgl. hierzu BGH v. 17. 11. 2000 – 3 StR 389/00, StV 2001, 261, 262; BGH v. 18. 5. 1954 – 5 StR 653/53, BGHSt 6, 141, 142 = NJW 1954, 1497 sowie ergänzend BGH v. 22. 4. 1983 – 3 StR 420/82 = BGHSt 31, 323, 332; s. a. RG 29. 6. 1926 – I 367/26, RGSt 60, 297.
[38] BGH v. 18. 5. 1954 – 5 StR 653/53, BGHSt 6, 141, 142 = NJW 1954, 1497); BGH v. 22. 4. 1983 – 3 StR 420/82, BGHSt 31, 323, 332; *Meyer-Goßner* Rn. 9; vgl. zur Thematik auch *Schneidewin* JR 1951, 482; teilweise anderer Ansicht: *Eberhardt Schmidt*, Lehrkommentar, Teil II, § 249 Rn. 10; *F.-W. Krause*, Zum Urkundenbeweis im Strafprozeß, S. 147/148. *Eisenberg* Beweisrecht Rn. 2095; siehe auch BGH v. 7. 10. 1954 – 3 StR 613/53, MDR 1955, 121.
[39] SK-StPO/*Schlüchter* Rn. 14.
[40] Vgl. hierzu BGH v. 22. 4. 1983 – 3 StR 420/82 = BGHSt 31, 323, 332 (Verlesung eines Beschlusses, durch den ein Beweisantrag zurückgewiesen worden war).
[41] Vgl. BGH v. 22. 4. 1983 – 3 StR 420/82, BGHSt 31, 323, 324 (LS Nr. 4); OLG Düsseldorf v. 17. 2. 1982 – 5 Ss 289/92, StV 1982, 512; OLG Zweibrücken v. 16. 12. 1991 – 1 Ss 209/91, StV 1992, 565, 566; vgl. ferner OLG Köln v. 27. 7. 1990 – Ss 329/90, StV 1990, 488 (Urteil aus einem anderen Verfahren).
[42] Vgl. zum Begriff der tatsächlichen Feststellungen: *Eschelbach*, FS Widmaier, S. 127 ff.; zur fehlenden Bindungswirkung eines rechtskräftigen Urteils in einer späteren Hauptverhandlung vgl. BGH v. 9. 3. 2010 – 4 StR 640/09.
[43] Vgl. BGH v. 2. 10. 1951, 1 StR 421/51, BGHSt 1, 337, 341 (Strafurteil gegen eine Zeugin).
[44] BGH v. 22. 4. 1983 – 3 StR 420/82, BGHSt 31, 323, 331.
[45] *Meyer-Goßner* Rn. 10 unter Bezugnahme auf RG v. 7. 7. 1921 – III 580/21, RGSt 56, 75, 76.
[46] Vgl. etwa BGH v. 21. 12. 2007 – 3 StR 485/06, BGHSt 52, 119, 120.
[47] *Meyer-Goßner* Rn. 12; zur Verlesbarkeit von Augenscheinsprotokollen aus anderen Verfahren vgl. Löwe/Rosenberg/*Mosbacher* Rn. 24.
[48] *Meyer-Goßner* Rn. 12.
[49] SK-StPO/*Schlüchter* Rn. 23.

23   Die Verlesbarkeit hängt davon ab, dass die Protokollierungsvorschriften (§§ 168, 168 a) beachtet wurden. § 168 d Abs. 1 S. 2 verweist auf die Regelungen über Anwesenheitsrechte in § 168 c. Wurden diese verletzt, kann dies in demselben Umfang wie bei Vernehmungsprotokollen der Verlesung entgegenstehen.[50] Nichts anderes gilt für das Anwesenheitsrecht nach § 224.

24   Nach der Neufassung des § 256 Abs. 1 Nr. 5 dürfen regelmäßig Protokolle von Ortsbesichtigungen oder sonstigen Augenscheinseinnahmen durch Polizeibeamte im Ermittlungsverfahren in der Hauptverhandlung verlesen werden, sofern die Aufklärungspflicht nichts anderes gebietet.[51] Die Verlesung darf aber nicht dazu dienen, Beweis darüber zu erheben, wie sich aus Anlass einer Ortsbesichtigung ein Zeuge oder ein Beschuldigter geäußert hat. Insoweit gilt der Grundsatz des § 250.[52]

IV. Verlesung der Urkunde nach Abs. 1

25   Abs. 1 sieht vor, dass Urkunden grundsätzlich zu verlesen sind. Als förmlicher Akt der Beweisaufnahme ist die Verlesung einer Urkunde im Rahmen der Sachleitung durch den Vorsitzenden anzuordnen (§ 238 Abs. 1), was auch durch schlüssiges Verhalten geschehen kann. Wird der Anordnung widersprochen, so hat – wie sonst auch – das Gericht zu entscheiden (§ 238 Abs. 2). Das Gesetz regelt nicht, wer in Person die Urkunde zu verlesen hat. Nach allgemeiner Ansicht hat dies durch den Vorsitzenden oder einen von ihm beauftragten beisitzenden Richter oder Ergänzungsrichter zu geschehen, nicht jedoch durch andere Prozessbeteiligte,[53] insbesondere nicht durch den Urkundsbeamten der Geschäftsstelle. Er hat nach § 271 die Aufgabe, das Protokoll zu führen und damit die Beweisaufnahme zu dokumentieren, nicht aber selbst an ihr mitzuwirken.[54]

26   Wird ein **Gerichtsbeschluss** gefasst, noch bevor eine Anordnung des Vorsitzenden und eine hiergegen gerichtete Beanstandung vorlagen, so ist schon hierdurch die Verlesung wirksam angeordnet.[55] Einer zusätzlichen Anordnung des Vorsitzenden bedarf es nicht.

27   Grundsätzlich zulässig ist es, die Verlesung auf **Auszüge aus der Urkunde** zu beschränken.[56] Das entspricht insbesondere in Wirtschaftsstrafsachen einem praktischen Bedürfnis. Allerdings sollte im Protokoll klargestellt werden, auf welche Teile der Urkunde die Verlesung beschränkt wird. Über einen Antrag auf vollständige Verlesung ist nach § 238 Abs. 2 zu entscheiden,[57] sofern dieser nicht ohnehin mit einer konkreten Beweisbehauptung verbunden wird und schon deshalb als Beweisantrag anzusehen ist. Bei **präsenten Beweismitteln**, soll eine Beschränkung der Verlesung nur in allseitigem Einvernehmen (vgl. § 245 Abs. 1 S. 2) oder bei Unzulässigkeit der Beweiserhebung möglich sein.[58] Unter demselben Vorbehalt steht bei einer Vielzahl von gleichartigen Urkunden die Beschränkung der Verlesung auf ein beispielhaft herausgegriffenes Exemplar.[59]

V. Bekanntgabe des wesentlichen Inhalts

28   Über den Wortlaut des Abs. 1 hinaus hat die Rechtsprechung es seit jeher als zulässig angesehen, Urkunden dadurch zum Gegenstand der Hauptverhandlung zu machen, dass ihr wesentlicher Inhalt durch den Vorsitzenden bekannt gegeben wird.[60] Nach hM soll die Einführung von Urkunden auf diese Weise möglich sein, wenn die Prozessbeteiligten wenigstens konkludent mit dem Berichtsverfahren einverstanden sind, bzw. ihm nicht widersprechen.[61]

29   Diese Form der Einführung von Schriftstücken in die Beweisaufnahme ist nach der Rechtsprechung **unzulässig**, wenn es zur Aufklärung des Sachverhalts erforderlich ist, den **genauen Wortlaut** zum Gegenstand der Verhandlung zu machen. Ebensowenig darf auf diese Weise der Inhalt von Urkunden eingeführt werden, die eine dem Angeklagten vorgeworfene Straftat verkörpern.[62] Auch kann nicht durch zusammenfassende Bekanntgabe der Inhalt ganzer Akten in die Hauptverhandlung eingeführt werden.

---

[50] S. auch KK-StPO/*Diemer* Rn. 21.
[51] Siehe unten § 256 Rn. 19/20.
[52] BGH v. 9. 5. 1985 – 1 StR 63/85, BGHSt 33, 217, 221 = NStZ 1985, 468 mAnm *Danckert*.
[53] KK-StPO/*Diemer* Rn. 30; aA: Löwe/Rosenberg/*Mosbacher* Rn. 43.
[54] Vgl. KK-StPO/*Diemer* Rn. 30; anderer Ansicht: Meyer-Goßner Rn. 15; Löwe/Rosenberg/*Mosbacher* Rn. 43.
[55] BGH v. 19. 12. 1984 – 2 StR 438/84, StV 1985, 402 mAnm *Fezer*.
[56] Vgl. BGH v. 23. 10. 1957 – 3 StR 37/57, BGHSt 11, 29, 31 = NJW 1957, 1866; BGH v. 23. 9. 1983, 2 StR 151/83 = NStZ 1984, 211 (bei *Pfeiffer/Miebach*); vgl. auch BGH v. 17. 7. 2003, 1 StR 34/03 = NStZ 2004, 279.
[57] Löwe/Rosenberg/*Mosbacher* Rn. 39.
[58] Vgl. Löwe/Rosenberg/*Mosbacher* Rn. 39; SK-StPO/*Schlüchter* Rn. 42.
[59] Vgl. KK-StPO/*Diemer* Rn. 28.
[60] Vgl. BGH v. 4. 4. 1951, 1 StR 54/51 = BGHSt 1, 94 (Gutachten eines Amtsarztes); BGH v. 23. 10. 1957, 3 StR 37/57 = BGHSt 11, 29 (Verlesung geboten, wenn für die Tatbestandserfüllung der Wortlaut einer Schrift entscheidend ist); BGH v. 10. 12. 1980 – 3 StR 410/80, BGHSt 30, 10 = NJW 1981, 694; vgl. auch OLG Düsseldorf 4. 6. 1993 – 5 Ss (OWi) 171/93 – (OWi) 78/93 I, StV 1995 120 mAnm *Hellmann*; *Kurth* NStZ 1981, 232.
[61] Meyer-Goßner Rn. 27; Löwe/Rosenberg/*Mosbacher* Rn. 44 mwN.
[62] BGH v. 23. 10. 1957 – 3 StR 37/57, BGHSt 11, 29 = NJW 1957, 1866; Meyer-Goßner Rn. 27.

Diese praeter legem entwickelte Form der Beweiserhebung ist abzulehnen.⁶³ § 249 sieht mit der 30
Verlesung und dem Selbstleseverfahren zwei Formen der Erhebung des Urkundenbeweises vor. Es
besteht kein Anlass, diese Regelung nicht als abschließend anzusehen.⁶⁴ Ein praktisches Bedürfnis
für eine derart verkürzte Form der Beweisaufnahme ist nicht anzuerkennen. Etwas anderes gilt
nur für das Ordnungswidrigkeitenverfahren, für das diese Form der Beweiserhebung ausdrücklich gesetzlich geregelt ist (§§ 78, 83 OWiG).

VI. Das Selbstleseverfahren nach Abs. 2

1. Anordnung des Verfahrens. Das in Abs. 2 geregelte Selbstleseverfahren⁶⁵ ermöglicht es, zur 31
Verkürzung der Hauptverhandlung Urkunden zum Gegenstand der Beweisaufnahme zu machen,
ohne dass diese mündlich in der Hauptverhandlung erörtert werden müssen. Die Verfahrensbeteiligten nehmen den Urkundeninhalt **außerhalb der Hauptverhandlung** zur Kenntnis, in der Hauptverhandlung wird lediglich die das Verfahren einleitende Anordnung des Vorsitzenden bekannt
gegeben und sodann förmlich festgestellt, dass sie vollzogen wurde. Für diesen Teil der Beweisaufnahme werden damit das Mündlichkeitsprinzip und der Grundsatz der Öffentlichkeit der
Hauptverhandlung außer Kraft gesetzt.⁶⁶

Das Verfahren wird durch eine Anordnung des Vorsitzenden eingeleitet. Ein Gerichtsbeschluss 32
ist nur erforderlich, wenn die Staatsanwaltschaft, der Angeklagte oder der Verteidiger Widerspruch
erhebt. Privatkläger und Nebenkläger haben nach herrschender Meinung kein Widerspruchsrecht.⁶⁷

Nach dem Gesetzeswortlaut muss der Widerspruch „**unverzüglich**" erhoben werden. Eine kon- 33
krete Befristung leitet sich daraus nicht ab. Sofern das Schriftstück nicht ohnedies bekannt ist, muss
Gelegenheit zur Unterrichtung über seinen Inhalt bestehen, ohne dass ein danach erklärter Widerspruch nicht mehr als „unverzüglich" angesehen wird.⁶⁸ Der Widerspruch muss nicht begründet
werden. Er kann sich sowohl gegen die Zulässigkeit des Selbstleseverfahrens als auch gegen die
Zweckmäßigkeit richten.⁶⁹ Das Gericht hat zu prüfen, ob die zu erwartende Einschränkung des
Mündlichkeitsgrundsatzes in einem angemessenen Verhältnis zu der erreichbaren Verfahrensvereinfachung steht.⁷⁰

2. Vollzug der Anordnung. Die Mitglieder des Gerichts haben sodann die in der Anordnung 34
bezeichneten Urkunden zu lesen. Um den Beschleunigungszweck zu erreichen, muss dies zwischen
den Hauptverhandlungstagen geschehen. Berufsrichter und Schöffen sind dabei gleichzubehandeln: Alle Mitglieder des erkennenden Spruchkörpers müssen den Inhalt der Urkunden zur
Kenntnis nehmen.⁷¹ Nach der Rechtsprechung reicht es generell aus, wenn dies vor Schluss der
Beweisaufnahme geschehen ist,⁷² das gilt auch für die Schöffen.⁷³ Soweit angenommen wird, den
Schöffen könne auch schon vor Verlesung des Anklagesatzes Gelegenheit zur Lektüre gegeben
werden,⁷⁴ kann dem nicht gefolgt werden. Das Gesetz geht im Grundsatz davon aus, dass Schöffen Akteninhalte nicht zugänglich gemacht werden sollen. Wird – wie bei Abs. 2 – dieser Grundsatz durchbrochen, so sind die hierfür im Gesetz vorgesehenen Förmlichkeiten (Anordnung des
Vorsitzenden) zu beachten. Das im Gesetz geregelte Verfahren, das die Möglichkeit eines Widerspruchs gegen die Selbstleseanordnung vorsieht, würde leerlaufen, wenn mit der Aushändigung
der Akten an die Schöffen schon vor Bekanntgabe der richterlichen Anordnung begonnen würde.

Die **übrigen Verfahrensbeteiligten** müssen nach dem Gesetzeswortlaut **Gelegenheit haben**, die 35
Urkunden zu lesen. Das setzt voraus, dass sie im Besitz der Urkunden sind, sich also entweder im
Rahmen der Akteneinsicht Kopien anfertigen konnten oder diese zur Durchführung des Selbstleseverfahrens vom Gericht erhalten. Lässt sich dies nicht umsetzen, dann müssen sie an Gerichtsstelle die Gelegenheit zur Lektüre erhalten.⁷⁵ Den Akteneinsichtsberechtigten kann auch die Ori-

---

⁶³ So auch Löwe/Rosenberg/*Mosbacher* Rn. 45 mwN; *Hanack* JZ 1972, 202; *Hellmann* StV 1995, 123; SK-StPO/ *Schlüchter* Rn. 57.
⁶⁴ *Eisenberg* Beweisrecht Rn. 2055.
⁶⁵ Eingeführt durch Gesetz vom 5. 10. 1978 (BGBl. I S. 1645); geändert durch Gesetz vom 21. 1. 1987 (BGBl. I S. 475) sowie Gesetz vom 28. 10. 1994 (BGBl. I S. 3185, 3191); vgl. hierzu *Schroeder* NJW 1979, 1527, 1529; *Rieß* NJW 1978, 2265, 2270.
⁶⁶ *Eisenberg* Beweisrecht Rn. 2034.
⁶⁷ KK-StPO/*Diemer* Rn. 35; Löwe/Rosenberg/*Hilger* § 397 Rn. 10; *Eisenberg* Beweisrecht Rn. 2045.
⁶⁸ Vgl. Löwe/Rosenberg/*Mosbacher* Rn. 75.
⁶⁹ Löwe/Rosenberg/*Mosbacher* Rn. 72.
⁷⁰ *Eisenberg* Beweisrecht Rn. 2049.
⁷¹ Vgl. BGH v. 23. 3. 2006 - 4 StR 584/05, NStZ 2006, 512 = StraFo 2006, 291; BGH v. 26. 1. 2005 – 5 StR 412/ 03, NStZ 2005, 160 = StV 2004, 359; BGH v. 30. 8. 2000 – 2 StR 85/00, NStZ 2001, 161 = StV 2000, 655.
⁷² BGH v. 10. 12. 1980 – 3 StR 410/80, BGHSt 30, 10, 11 = NJW 1981, 694.
⁷³ BGH v. 7. 7. 2004 – 5 StR 412/03, NStZ 2005, 160.
⁷⁴ *Meyer-Goßner* Rn. 22.
⁷⁵ Vgl. Löwe/Rosenberg/*Mosbacher* Rn. 81.

ginalakte ausgehändigt werden. Sie dürfen nicht darauf verwiesen werden, dass zu einem früheren Zeitpunkt Gelegenheit bestand, Kenntnis vom Inhalt zu nehmen.[76]

36 **3. Feststellung des Vollzugs.** Zum Abschluss des Selbstleseverfahrens ist in das Protokoll aufzunehmen, dass die Richter vom Wortlaut der Urkunden Kenntnis genommen haben.[77] Als Grundlage hierfür reicht es aus, wenn die Berufsrichter und die Schöffen dies dem Vorsitzenden außerhalb der Hauptverhandlung versichern.[78] Dass die übrigen Verfahrensbeteiligten Gelegenheit zur Kenntnisnahme hatten, wird sich regelmäßig bereits aus der äußeren Gestaltung des Verfahrensablaufs ergeben. Werden hiergegen begründete Einwände erhoben (wie zB Zeitmangel), dann hat das Gericht dem Rechnung zu tragen. Gegebenenfalls muss durch Gerichtsbeschluss darüber entschieden werden, ob die Anordnung des Vorsitzenden über den Vollzug des Selbstleseverfahrens in das Protokoll aufgenommen werden darf.

37 **4. Unzulässigkeit des Selbstleseverfahrens.** Nach dem Gesetzeswortlaut darf das Selbstleseverfahren nicht angeordnet werden in den Fällen der §§ 253 und 254. In den Fällen des § 253 erklärt sich das schon daraus, dass dem Zeugen oder Sachverständigen durch den förmlichen Vorhalt Gelegenheit gegeben werden soll, seine mündlichen Angaben zu ergänzen. In den Fällen des § 254 muss das Mündlichkeitsprinzip schon deshalb gewahrt werden, weil der Beweisaufnahme über ein Geständnis des Angeklagten regelmäßig erhebliche Bedeutung für die Beweiswürdigung des Gerichts zukommen wird.

38 Unabhängig davon scheidet die Anwendung des § 249 Abs. 2 auch in Fällen aus, in denen inhaltlich komplizierte Urkunden in die Hauptverhandlung eingeführt werden sollen, zu deren Verständnis besondere Sachkunde erforderlich ist. Anderes kann gelten, wenn die Urkunden zuvor durch Zeugen oder Sachverständige erläutert worden sind.

VII. Formloser Vorhalt

39 Urkunden können darüber hinaus auch durch Vorhalt an den Angeklagten, einen Zeugen oder einen Sachverständigen zum Gegenstand der Hauptverhandlung gemacht werden.[79] Zwar betont die Rechtsprechung in diesem Zusammenhang stets, der **Vorhalt** sei **kein Urkundenbeweis**, sondern lediglich Vernehmungsbehelf.[80] Sie lässt es aber andererseits in weitem Umfang zu, dass der förmliche Urkundenbeweis durch Vorhalt ersetzt wird. Lediglich bei umfangreicheren Schriftstücken,[81] bei Urkunden mit einem sachlich oder sprachlich komplizierten Inhalt[82] oder wenn es auf den genauen Wortlaut ankommt,[83] soll eine Einführung durch Vorhalt ausgeschlossen sein.[84]

40 Als Vernehmungsbehelf dient der Vorhalt nur dazu, die Beweisperson um eine Ergänzung ihrer Aussage zu bitten. Da der Vorhalt aber keine vom Gesetz anerkannte Form des Strengbeweises ist, darf die Beweiswürdigung nur auf die im Anschluss an den Vorhalt abgegebene Aussage gestützt werden.[85] Der Inhalt von Sachverständigengutachten (zB zur Blutalkoholkonzentration[86] oder zum Wirkstoffgehalt von Betäubungsmitteln) kann deshalb regelmäßig nicht durch Vorhalt an den Angeklagten oder einen Zeugen zum Gegenstand der Hauptverhandlung gemacht werden.

41 Verfügt die Beweisperson über **keine Erinnerung** mehr an die vorgehaltene Urkunde oder den darin dargestellten Sachverhalt, dann können die Urkunde und ihr Inhalt auf diese Weise nicht eingeführt werden.[87] Da der Vorhalt nicht als Urkundenbeweis angesehen werden kann, gelten auch die spezifischen, für diese Form des Strengbeweises geregelten, Einschränkungen – wie etwa nach den §§ 250, 251, 254 – für den Vorhalt nicht.[88]

---

[76] Meyer-Goßner Rn. 23.
[77] Vgl. BGH v. 30. 8. 2000 – 2 StR 85/00, StV 2000, 655.
[78] Löwe/Rosenberg/Mosbacher Rn. 85; Meyer-Goßner Rn. 22 a.
[79] Bei fremdsprachigen Urkunden ist das Vorliegen einer Übersetzung nicht zwingende Voraussetzung für den Vorhalt (BGH v. 5. 4. 2000 – 5 StR 226/99, NStZ 2000, 427 = StV 2000, 477 = wistra 2000, 219).
[80] BGH v. 26. 11. 1986 – 3 StR 390/86, BGHSt 34, 231, 235; BGH v. 21. 3. 1985 – 1 StR 417/84, NStZ 1985, 464, 465; s. auch Hanack, FS Schmidt-Leichner, München 1977, S. 83 ff.
[81] BGH v. 7. 2. 2006 – 3 StR 460/98, NJW 2006, 1529 = NStZ 2006, 346 = StV 2006, 237.
[82] BGH v. 6. 9. 2000 – 2 StR 290/00, StV 2000, 655.
[83] BGH v. 20. 8. 2000 – 2 StR 85/00, NStZ 2001, 161 = StV 2000, 655.
[84] BGH v. 7. 2. 2006 – 3 StR 460/98, NJW 2006, 1529, 1531; BGH v. 28. 5. 2002 – 5 StR 16/02, StV 2002, 542; BGH v. 13. 4. 1999 – 1 StR 107/99, NStZ 1999, 424; BGH v. 5. 4. 2000 – 5 StR 226/99, NStZ 2000, 427; OLG Frankfurt v. 14. 12. 1999 – 2 Ss 352/99, NStZ-RR 2000, 377; OLG Köln StraFo 1999, 92; vgl. ferner BGH v. 9. 5. 2001 – 2 StR 111/01, NStZ-RR 2002, 97 (bei Becker); BGH v. 24. 10. 1957 – 4 StR 320/57, BGHSt 11, 159.
[85] Vgl. BGH v. 7. 2. 2006 – 3 StR 460/98, NJW 2006, 1529 = StV 2006, 237; BGH v. 5. 4. 2000 – 5 StR 226/99, NStZ 2000, 427 = StV 2000, 477 = wistra 2000, 219; BGH v. 28. 5. 2002 – 5 StR 16/02, BGHSt 47, 318 = NJW 2002, 2480 = NStZ 2002, 547 = StV 2002, 542.
[86] OLG Celle v. 18. 1. 1984 – 1 Ss 702/83, StV 1984, 107; OLG Düsseldorf v. 20. 7. 1987 – 5 Ss 240/87 – 182/87 I, NJW 1988, 217, 218; OLG Düsseldorf v. 16. 7. 1980 – 5 Ss OWi 329/80 I, VRS 59, 269.
[87] OLG Karlsruhe v. 22. 9. 2005 – 3 Ss 92/05, StV 2007, 630; OLG Hamm v. 20. 9. 2004 – 3 Ss 354/04, StV 2004, 643.
[88] BGH v. 26. 11. 1986 – 3 StR 390/86, BGHSt 34, 231, 235; BGH v. 31. 5. 1960 – 5 StR 168/60, BGHSt 14, 310, 312 = NJW 1960, 1630; BGH v. 2. 4. 1958 – 2 StR 96/58, BGHSt 11, 338, 340.

Gilt für die Urkunde hingegen ein allgemeines Verwertungsverbot (aus § 252 StPO oder zB unmittelbar aus den Grundrechten), dann darf sie auch nicht vorgehalten werden.

Der Vorhalt stellt **keine Form des Strengbeweises** dar und ist deshalb nach herrschender Meinung nicht im Hauptverhandlungsprotokoll aufzuführen.[89] Gleichwohl geschieht dies in der Praxis häufig. Der Vorhalt kann auch darin bestehen, dass eine Urkunde vollständig verlesen wird.[90]   42

VIII. Revision

Verstöße gegen die gesetzlichen Vorschriften über die Einführung von Schriftstücken können in zahlreichen Fällen als Verletzung von § 261 die Revision begründen.   43

Wird im Urteil eine längere, komplizierte Urkunde vollständig im Wortlaut abgedruckt, dann liegt eine Verletzung von § 261 vor, wenn sie nicht durch Verlesung nach Abs. 1 oder Abs. 2 zum Gegenstand der Hauptverhandlung gemacht worden ist.[91] Mit der Revision kann ferner geltend gemacht werden, eine im Urteil erwähnte (nicht vollständig zitierte) Urkunde sei weder durch Verlesung noch durch Vorhalt oder Bericht des Vorsitzenden zum Gegenstand der Hauptverhandlung gemacht worden.[92] Das Revisionsgericht wird in diesen Fällen durch Ermittlungen im Freibeweis klären müssen, ob die Rügebehauptung zutrifft.[93] Verweist das Tatgericht im Urteil ausdrücklich darauf, dass eine Urkunde verlesen wurde, spricht dies gegen eine Einführung durch Vorhalt.[94]

Ebenso wie die Verlesung nach Abs. 1[95] stellen die nach Abs. 2 im Zusammenhang mit dem Selbstleseverfahren zu protokollierenden Vorgänge **wesentliche Förmlichkeiten** im Sinne von § 273 dar[96]. Für gilt deshalb der Beweisgrundsatz des § 274.[97] Fehlt im Protokoll der Vermerk, dass die Mitglieder des Gerichts Kenntnis von den Urkunden genommen haben, dann sind die zum Gegenstand des Selbstleseverfahrens gemachten Urkunden nicht ordnungsgemäß in die Hauptverhandlung eingeführt worden.[98] Das Gericht darf seine Beweiswürdigung zur Schuld- und Straffrage deshalb nicht auf diese Urkunden stützen.[99]   44

Wurde in der Hauptverhandlung Widerspruch gegen das Selbstleseverfahren erhoben und hat das erkennende Gericht diesen durch einen Beschluss zurückgewiesen, dann kann dies mit der Revision gerügt werden. Ob ein Urteil hierauf beruhen kann, hängt maßgeblich davon ab, welche Einwände gegen die Durchführung des Selbstleseverfahrens geltend gemacht wurden. Die in der Rechtsprechung teilweise erwogene Umdeutung eines fehlerhaften Selbstleseverfahrens in eine Einführung der Urkunde durch Bericht des Vorsitzenden[100] wird nur in den seltenen Fällen in Betracht kommen, in denen der Vorsitzende trotz des gleichzeitig angeordneten Selbstleseverfahrens in der Hauptverhandlung einen Bericht über den Inhalt der Urkunde abgegeben hat und dies auch protokolliert wurde.[101]   45

§ 250 [Grundsatz der persönlichen Vernehmung]

¹Beruht der Beweis einer Tatsache auf der Wahrnehmung einer Person, so ist diese in der Hauptverhandlung zu vernehmen. ²Die Vernehmung darf nicht durch Verlesung des über eine frühere Vernehmung aufgenommenen Protokolls oder einer schriftlichen Erklärung ersetzt werden.

---

[89] BGH v. 28. 7. 1967 – 4 StR 243/67, BGHSt 21, 285, 286 = NJW 1967, 2020; BGH v. 23. 6. 1999 – 3 StR 212/99, NStZ 1999, 522, 523; OLG Köln v. 31. 3. 1987 – Ss 48/87, VRS 73, 136, 137.
[90] BGH v. 28. 7. 1967 – 4 StR 243/67, BGHSt 21, 285 = NJW 1967, 2020; *Meyer-Goßner* Rn. 28.
[91] Vgl. BGH v. 30. 8. 2000 – 2 StR 85/00, StV 2000, 655.
[92] Vgl. BGH v. 2. 7. 1991 – 5 StR 151/91, wistra 1992, 30; BGH v. 4. 11. 1989 – 3 StR 314/89, wistra 1990, 197; OLG Köln v. 31. 3. 1987 – Ss 48/87, VRS 73, 136.
[93] Vgl. BGH v. 13. 12. 1967 – 2 StR 544/67, BGHSt 22, 26 = NJW 1968, 997 (zur Verletzung von Art. 103 Abs. 1 GG); s. ergänzend auch BGH v. 1 StR 67/98, NStZ-RR 1999, 47 sowie BGHGE 172, 185, 215.
[94] Vgl. BGH v. 22. 9. 2006 – 1 StR 298/06, NStZ 2007, 235; OLG Jena 25. 4. 2006 – 1 Ss 48/06, StV 2007, 25.
[95] Hierzu BGH v. 13. 4. 1999 – 1 StR 107/99, NStZ 1999, 424 = StV 1999, 359; BGH v. 28. 5. 2002 – 5 StR 16/02, BGHSt 47, 318 = NJW 2002, 2480 = NStZ 2002, 547 = StV 2002, 542.
[96] Vgl. BGH v. 7. 7. 2004 – 5 StR 412/03, NStZ 2005, 160 = StV 2004, 359; BGH v. 21. 9. 1999 – 1 StR 389/99, NStZ 2000, 47 = StV 2000, 7; BGH v. 30. 8. 2000 – 2 StR 85/00, NStZ 2001, 161 = StV 2000, 655; BGH v. 7. 6. 2000 – 3 StR 84/00, NStZ 2000, 607 = StV 2000, 603.
[97] Vgl. zur Auslegung des Protokollinhalts BGH v. 26. 1. 2005 – 1 StR 523/04; BGH v. 24. 6. 2003 – 1 StR 25/03; BGH v. 30. 8. 2000 – 2 StR 85/00 = NStZ 2001, 161 = StV 2000, 655; zur Frage der Protokollberichtigung BGH v. 29. 1. 2010 – 5 StR 169/09.
[98] Vgl. BGH v. 8. 7. 2009 – 2 StR 54/09, BGHSt 54, 37 = NJW 2009, 2836 = NStZ 2009, 582; vgl. ferner BGH v. 30. 9. 2009 – 2 StR 280/09, StraFo 2010, 27 sowie BGH v. 29. 1. 2010 – 5 StR 169/09.
[99] Vgl. BGH v. 7. 7. 2004 – 5 StR 412/03, NStZ 2005, 160; BGH v. 23. 3. 2006 – 4 StR 584/05, NStZ 2006, 512; anderer Meinung: KK-StPO/*Diemer* Rn. 39.
[100] BGH v. 10. 12. 1980 – 3 StR 410/80, BGHSt 30, 10, 14 = NStZ 1981, 231 = StV 1981, 217 = JR 1982, 82.
[101] *Meyer-Goßner* Rn. 31.

I. Allgemeines

1 § 250 ist eine der wenigen Vorschriften in der StPO, die eine Vorgabe für die inhaltliche Gestaltung der Beweisaufnahme in der Hauptverhandlung enthalten. Nach § 244 Abs. 2 hat das Gericht die Erforschung der Wahrheit auf alle Tatsachen und Beweismittel zu erstrecken, die für die Aufklärung des Sachverhalts von Bedeutung sind. § 250 nimmt eine Abstufung unter verschiedenen Beweismitteln vor: Steht eine Person als Zeuge oder Sachverständiger zur Verfügung, so soll ihre Vernehmung nicht dadurch ersetzt werden, dass eine von ihr stammende Urkunde verlesen wird. Das drückt aus, dass die persönliche Vernehmung regelmäßig besseren Ertrag erwarten lässt als die Verlesung einer Urkunde.[1] Bei der Vernehmung können Fragen gestellt werden, der Gehalt einer Urkunde ist oft entscheidend von der sprachlichen Ausdrucksfähigkeit des Verfassers und den Umständen ihrer Entstehung abhängig.

2 Generell verbietet das Gesetz, den Personalbeweis durch den Urkundenbeweis zu ersetzen, solange der Personalbeweis möglich ist.[2] Hieraus folgt, dass die persönliche Vernehmung nur dann durch eine Verlesung ersetzt werden darf, wenn dies im Gesetz (namentlich in den §§ 251 ff.) zugelassen ist. Hierin liegt einer der tragenden Grundsätze des geltenden Strafprozessrechts.[3] Einschränkungen enthalten die §§ 411 Abs. 2, § 420.

3 Aus dem **Vorrang des Personalbeweises** folgt in seinem Geltungsbereich ein Verbot für eine der Formen des Strengbeweises, den Urkundenbeweis. Darin liegt kein generelles Verwertungsverbot für die jeweilige Urkunde, sondern ein hiervon zu unterscheidendes begrenztes Verwendungsverbot (Verlesungsverbot).[4] Die Urkunde darf zu anderen Zwecken als zum Zwecke des Urkundenbeweises (zB zu Vorhalten) verwendet werden.[5]

4 Durch § 250 StPO ist das Gericht nicht gezwungen, stets den „sachnächsten" Zeugen in der Hauptverhandlung zu hören. Das wird zwar aufgrund der Aufklärungspflicht regelmäßig nahe liegen, folgt aber nicht aus dem in § 250 geregelten Unmittelbarkeitsgrundsatz. Es ist vielmehr nach deutschem Strafprozessrecht uneingeschränkt zulässig, Personen als Zeugen zu vernehmen, die keine unmittelbare eigene Wahrnehmung vom Tatgeschehen gemacht haben, sondern lediglich als „Zeugen vom Hörensagen" über Äußerungen berichten können, die andere ihnen gegenüber abgegeben haben. Der Inhalt solcher Äußerungen hat indizielle Beweiskraft und kann in diesem Rahmen bei der Beweiswürdigung berücksichtigt werden.

5 Nicht durch § 250, sondern durch die §§ 226 und 261 geregelt ist der Grundsatz, dass die Beweisaufnahme vor dem erkennenden Gericht stattfinden hat („formelle Unmittelbarkeit").[6] Er betrifft nicht – wie § 250 – das Verhältnis der Beweismittel untereinander, sondern regelt das Verhältnis zwischen Gericht und Beweiserhebungen in der Hauptverhandlung.

II. Gegenstand des Verlesungsverbots

6 Der Grundsatz des § 250 hat durch die Rechtsprechung wesentliche Einschränkungen erfahren. In dem Bestreben, praktische Erleichterungen für die Beweisaufnahme zu schaffen und den drohenden Beweismittelverlust zu vermeiden, wurde der Kreis der Urkunden, für die das Verlesungsverbot gilt, nachhaltig begrenzt.

7 **1. Wahrnehmungen einer Person.** Das Verlesungsverbot des § 250 greift ein, wenn der Beweis einer Tatsache auf Wahrnehmungen einer Person beruht. Das ist regelmäßig der Fall, wenn sich die Beweiserhebung auf Umstände bezieht, die mit den fünf menschlichen Sinnen wahrzunehmen sind.[7] Dies umfasst auch die Wahrnehmung innerer Empfindungen, die durch äußere Vorgänge ausgelöst worden sind.[8]

8 Ausnahmen kommen in Betracht, wenn Schriftstücke weniger auf eigener Wahrnehmung beruhen als vielmehr das Ergebnis weitgehend **formalisierter Geschehensabläufe** sind, wie dies zB bei

---

[1] Vgl. Sarstedt-Hamm Rn. 801.
[2] KK-StPO/Diemer § 250 Rn. 1; siehe auch BGH v. 27. 4. 2007 – 2 StR 490/06, BGHSt 51, 325, 328 = NJW 2007, 2195; BGH v. 4. 4. 2007, 4 StR 345/06, BGHSt 51, 280, 281 = NJW 2007, 2341; BGH v. 30. 6. 1954, 6 StR 172/54, BGHSt 6, 209, 210 = NJW 1954, 1415.
[3] BGH v. 27. 4. 2007 – 2 StR 490/06, BGHSt 51, 325, 328 = NJW 2007, 2195; einschränkend BGH v. 4. 4. 2007, 4 StR 345/06, BGHSt 51, 280, 281 = NJW 2007, 2341; vgl. ferner Hecker JR 2008, 123 („Regel optimaler Beweisführung") und SK-StPO/Velten Vor § 250 Rn. 7 und Rn. 15 ff. („Transferverbot" für Beweiserhebungen aus dem Ermittlungsverfahren).
[4] Vgl. hierzu SK-StPO/Velten Vor § 250 Rn. 26 und § 250 Rn. 4 („Person vor Papier").
[5] Vgl. auch Meyer-Goßner Rn. 1 („Beweismittelverbot") und Löwe/Rosenberg/Sander/Cirener Rn. 1 („Beweiserhebungsregel").
[6] So auch Löwe/Rosenberg/Sander/Cirener Rn. 1.
[7] Vgl. Meyer-Goßner Rn. 9 unter Hinweis auf BGH v. 13. 12. 1960 – 1 StR 389/60, BGHSt 15, 253, 255 = NJW 1961, 327 sowie BGH v. 3. 3. 1977 – 2 StR 390/76, BGHSt 27, 135, 137 = NJW 1977, 1545; BGH v. 3. 4. 2002 – 1 StR 540/01, NStZ 2002, 494.
[8] Meyer-Goßner Rn. 9; KK-StPO/Diemer Rn. 5.

Mahnschreiben, Verwaltungsakten und Prüfungszeugnissen der Fall sein kann.[9] Auch solche Schriftstücke enthalten aber häufig nicht nur eine formale Dokumentation, sondern oftmals auch die Wiedergabe eigener Wahrnehmungen des jeweiligen Verfassers (beim Mahnschreiben zB die Ergebnisse von Überprüfungen des Zahlungseingangs). Es bedarf deshalb im Einzelfall der Abgrenzung danach, welche Tatsache durch die Verlesung bewiesen werden soll.

Eine weitere Ausnahme ist für die Fälle anerkannt, in denen die Erstellung von Urkunden vorrangig die Verkörperung der **Resultate eines Arbeitsvorgangs** ist, bei dem die eigene Wahrnehmung sachlich in den Hintergrund tritt.[10] Werden anhand von Buchhaltungsunterlagen Abrechnungsstreifen erstellt,[11] dann stehen dabei der formale Rechenvorgang und sein Ergebnis im Vordergrund, Wahrnehmungen über die Ausgangsdaten sind von untergeordneter Bedeutung. Das Produkt der Tätigkeit, die Abrechnung, ist in solchen Fällen unter Umständen von größerer Aussagekraft als die persönlichen Bekundungen des Verfassers.[12] Das kann es sogar notwendig machen, die Urkundenverlesung an die Stelle der Zeugenvernehmung treten zu lassen. § 250 steht dem nicht entgegen, weil hierbei nicht die Vernehmung des Verfassers über Wahrnehmungen ersetzt werden soll. 9

Nach der Rechtsprechung des BGH können aus ähnlichen Gründen auch die im amtlichen Auftrag hergestellten **Niederschriften über abgehörte Telefongespräche** verlesen werden. Es müssen nicht die Personen vernommen werden, die die Niederschriften angefertigt haben, obwohl in den Urkunden ihre Wahrnehmung über den Inhalt der Gespräche wiedergegeben wird.[13] Diese Grundsätze sollen auch für ein Messprotokoll gelten, das die Ergebnisse einer Atemalkoholbestimmung wiedergibt.[14] 10

2. Vernehmungsprotokolle und andere schriftliche Erklärungen. Das Verlesungsverbot erstreckt sich sowohl auf Protokolle gerichtlicher Vernehmungen als auch auf Protokolle anderer Vernehmungen.[15] Unter das Verlesungsverbot fallen nach dem Wortlaut des § 250 ferner „andere schriftliche Erklärungen". Nach hM gilt dies jedoch nur für Schriftstücke, die **mit dem Ziel verfasst wurden, als Beweismittel herangezogen zu werden**.[16] Dem Verlesungsverbot unterfallen danach zB eine Strafanzeige,[17] oder sonstiger Schriftverkehr mit den Ermittlungsbehörden, in dem Angaben zur Sache enthalten sind. 11

Nach zutreffender Ansicht ist es ohne Bedeutung, ob das Schriftstück gerade für das laufende Strafverfahren angefertigt wurde, oder ob es im Rahmen eines anderen Verfahrens entstanden ist.[18] Wenn klar ist, dass das Schriftstück überhaupt zu Beweiszwecken in einem Strafverfahren bestimmt war, fällt es unter § 250. Das gilt sowohl dann, wenn es für ein früheres Strafverfahren gegen denselben Beschuldigten entstanden ist, als auch dann, wenn es wegen eines anderen (abgetrennten) Verfahrens entstanden ist. Auf Vorgänge wie die oftmals von Zufälligkeiten abhängige Entscheidung über die Trennung oder Verbindung von Verfahren kann es für die Reichweite von § 250 nicht ankommen. Auch Schriftstücke, die zu Beweiszwecken in anderen Verfahren (etwa vor den Zivil- oder Finanzgerichten) verfasst wurden, fallen unter das Verbot des § 250 S. 2. 12

Von dem Verbot zur Verlesung schriftlicher Erklärungen ausgenommen sind nach der hM jedoch Schriftstücke, die nicht mit dem Ziel verfasst wurden, Beweis über persönliche Wahrnehmungen zu erbringen („**Zufallsurkunden**").[19] Das gilt im Allgemeinen für Briefe und Tagebücher,[20] nicht aber wenn der Brief zB behördlich erfragte Auskünfte über den Verfahrensgegenstand enthält. Auch wenn § 250 S. 2 der Verlesung der ohne Bezug zum Strafverfahren entstandenen Urkunden nicht entgegensteht, wird in derartigen Fällen in der Regel schon die Aufklärungspflicht gebieten, den Verfasser als Zeugen in der Hauptverhandlung zu vernehmen. 13

Nach einer in der Literatur (und der Rechtsprechung des RG) vertretenen Ansicht soll das Verlesungsverbot darüber hinaus – unabhängig von der Zweckbestimmung von Schriftstücken bei ihrer Entstehung – für alle schriftlichen Aufzeichnungen gelten, in denen Wahrnehmungen wie- 14

---

[9] Vgl. die Beispiele bei KK-StPO/*Diemer* Rn. 5: Mahnschreiben, Weisungen, Befehle.
[10] Vgl. Löwe/Rosenberg/*Sander/Cirener* Rn. 10.
[11] BGH v. 13. 12. 1960 – 1 StR 389/60, BGHSt 15, 253, 254 = NJW 1961, 327.
[12] Vgl. KK-StPO/*Diemer* Rn. 6 unter Hinweis auf *Gollwitzer* JR 1978, 119.
[13] BGH v. 3. 3. 1977 – 2 StR 390/76, BGHSt 27, 135, 137 = NJW 1977, 1545 = JR 1978, 117 mAnm *Gollwitzer*; BGH v. 7. 10. 2008 – 4 StR 272/08.
[14] BGH v. 20. 7. 2004 – 1 StR 145/04, NStZ 2005, 526 = StV 2004, 638.
[15] Löwe/Rosenberg/*Sander/Cirener* Rn. 6.
[16] Vgl. BGH v. 18. 5. 1954 – 5 StR 653/53, BGHSt 6, 141, 143 = NJW 1954, 1497; BGH v. 16. 2. 1965 – 1 StR 4/65, BGHSt 20, 160, 161 = NJW 1965, 874; BGH v. 27. 10. 1981 – 1 StR 496/81, NStZ 1982, 79.
[17] Vgl. OLG Schleswig v. 2. 4. 1973 – 2 Ss OWi 110/73, Schl.-Holst. Anz. 1974, 187 bei *Ernesti/Jürgensen* (zum OWi-Verfahren).
[18] BGH v. 27. 10. 1981 – 1 StR 496/81, NStZ 1982, 79; offen gelassen in BGH v. 18. 5. 1954 – 5 StR 653/53, BGHSt 20, 160, 161 = NJW 1965, 874; vgl. auch BGH v. 23. 12. 1986 – 1 StR 514/86, JZ 1987, 315 sowie BGH v. 17. 7. 2000 – 5 StR 414/99, wistra 2000, 432; Löwe/Rosenberg/*Sander/Cirener* Rn. 8.
[19] Vgl. hierzu Löwe/Rosenberg/*Sander/Cirener* Rn. 9.
[20] Meyer-Goßner Rn. 8.

dergegeben werden.[21] Zur Begründung wird darauf verwiesen, dass sich die Zweckbestimmung eines Schriftstücks im Nachhinein häufig nicht zweifelsfrei feststellen lasse und die bei jeder Verlesung drohenden Aufklärungsdefizite bei Zufallsurkunden nicht geringer seien als bei Urkunden, die zu Beweiszwecken bestimmt sind.[22] In der Praxis werden die nicht zu Beweiszwecken verfassten Schriftstücke häufig keine so umfassende Darstellung des Sachverhalts enthalten, dass es ohne Verstoß gegen die Aufklärungspflicht möglich wäre, von der persönlichen Vernehmung des Verfassers abzusehen.

15 Regelmäßig nicht verlesbar sind danach **anwaltliche Schriftsätze**, insbesondere Schriftsätze des Verteidigers, die eine Sachdarstellung enthalten.[23] Die Sachdarstellung beruht auf Wahrnehmungen des Anwalts von den Äußerungen des Mandanten. Aus § 250 folgt, dass diese Wahrnehmungen durch Zeugenvernehmung, nicht aber durch Verlesung der Urkunde in die Hauptverhandlung eingeführt werden können.

16 Zumindest entsprechend anwendbar ist § 250 S. 2 nach zutreffender Ansicht auf Unfall- und Tatortskizzen.[24] Auch wenn sie prozessrechtlich nicht als Urkunden, sondern als Augenscheinsobjekte anzusehen sind, überwiegt sachlich der berichtende Inhalt, der oft nur zur Verdeutlichung in die Form einer bildlichen Darstellung gefasst wurde.

17 **3. Tonband- und Videoaufzeichnungen.** Über seinen Wortlaut hinaus gilt das Verlesungsverbot des § 250 auch für Tonband- und Videoaufzeichnungen von Vernehmungen.[25] Das folgt insbesondere daraus, dass § 255a Abs. 1 die Vorführung der Videovernehmung zu Beweiszwecken nur unter der Voraussetzung zulässt, dass einer der Ausnahmetatbestände in den §§ 251 ff. vorliegt.

III. Reichweite des Verlesungsverbots

18 Durch das Verlesungsverbot soll verhindert werden, dass anstelle der persönlichen Vernehmung des Zeugen (oder Sachverständigen) auf eine Urkunde zurückgegriffen wird; die mündliche Aussage darf nicht ersetzt werden.[26] Es soll aber nicht verhindert werden, dass die mündliche Aussage durch die Verlesung einer Urkunde ergänzt wird. Nach ständiger Rechtsprechung des BGH steht § 250 der Verlesung schriftlicher Erklärungen deshalb nicht entgegen, wenn ein Zeuge in der Hauptverhandlung anwesend ist und vernommen werden kann und die Verlesung lediglich der Ergänzung der Aussage dient.[27]

19 Dieser Grundsatz bedarf jedoch der Konkretisierung für die Fälle, in denen ein Zeuge in der Hauptverhandlung zu einzelnen Fragen keine Angaben macht. Ist er anwesend und kann befragt werden, dann liegen die Voraussetzungen des § 251 Abs. 1 Nr. 2 auch dann nicht vor, wenn er (in Bezug auf einzelne Fragen oder insgesamt) unter Berufung auf **§ 55 StPO die Aussage verweigert**.[28] Das gilt auch dann, wenn er nur deshalb nicht zur Hauptverhandlung erschienen ist, weil er im Vorfeld ein umfassendes Auskunftsverweigerungsrecht geltend gemacht hat.[29] Nach hM folgt aus der Aussageverweigerung nach § 55 kein Verwertungsverbot nach § 252.[30]

20 Auch wenn der Zeuge aber auf Fragen zu einem **bestimmten Sachverhaltskomplex** von § 55 StPO Gebrauch macht, oder zu einem Folgetermin nicht mehr erscheint und deshalb zu einzelnen

---

[21] *Eisenberg* Beweisrecht Rn. 2086; *F.-W. Krause*, Zum Urkundenbeweis im Strafprozeß, Hamburg 1966, S. 156 ff.; vgl. auch RG v. 14. 1. 1937 – 3 D 681/36 = RGSt 71, 110.
[22] *Eisenberg* Beweisrecht Rn. 2086.
[23] Vgl. BGH v. 24. 8. 1993 – 1 StR 380/93, StV 1993, 623; *Eisenberg* Beweisrecht Rn. 2087; zur Verlesbarkeit einer schriftlichen Einlassung des Angeklagten vgl. BGH v. 27. 3. 2008 – 3 StR 6/08, BGHSt 52, 175, 180 = NJW 2008, 2356.
[24] So auch Löwe/Rosenberg/*Sander/Cirener* Rn. 12 mwN; zur Bedeutung von Skizzen vgl. BGH v. 28. 9. 1962 – 4 StR 301/62 = BGHSt 18, 51, 54 = NJW 1962, 2361.
[25] BGH v. 29. 1. 2008 – 4 StR 449/07, BGHSt 52, 148, 150/151; so auch Löwe/Rosenberg/*Sander/Cirener* Rn. 11.
[26] BGH v. 29. 1. 2008 – 4 StR 449/07, BGHSt 52, 148, 152 (Verbot der Ersetzung einer Zeugenvernehmung durch Vorführung der Videoaufzeichnung).
[27] BGH v. 28. 11. 1950 – 2 StR 50/50, BGHSt 1, 4, 5; BGH v. 16. 2. 1965 – 1 StR 4/65, BGHSt 20, 160; BGH v. 4. 6. 1970 – 4 StR 540/69, NJW 1970, 1558; BGH v. 23. 12. 1986 – 1 StR 514/86, JZ 1987, 315; BGH v. 27. 3. 1990 – 1 StR 67/90, MDR 1990, 679 (bei Holtz); BGH v. 28. 6. 1995 – 3 StR 99/95, NStZ 1995, 609; BGH v. 25. 9. 2007 – 1 StR 350/07, NStZ-RR 2008, 48 = StV 2008, 123; BGH v. 29. 8. 2007 – 5 StR 103/07, NStZ 2008, 87; BGH v. 20. 4. 2006 – 3 StR 284/05, NJW 2006, 3579 = NStZ 2006, 652 = StraFo 2006, 334; BGH v. 12. 2. 2004 – 1 StR 566/03, BGHSt 49, 68 = NJW 2004, 1468 = StV 2004, 246; OLG Stuttgart v. 28. 4. 1978 – 3 Ss (3) 73/78, NJW 1979, 559, 560; gegen diese Rechtsprechung: *Gubitz/Bock* NJW 2008, 960.
[28] BGH v. 27. 4. 2007 – 2 StR 490/06, BGHSt 51, 325, 330 ff. = NJW 2007, 2195; BGH v. 29. 1. 2008 – 4 StR 449/07, BGHSt 52, 148, 152; vgl. ergänzend (teilweise abweichend) BGH v. 4. 4. 2007 – 4 StR 345/06, BGHSt 51, 280, 281 = NJW 2007, 2341; BGH v. 26. 7. 1983 – 5 StR 310/83, NStZ 1984, 211 (bei *Pfeiffer/Miebach*); BGH NStZ 1988, 36 = JR 1987, 522 mAnm *Meyer*; vgl. ferner *Dölling* NStZ 1988, 6 und *Dahs* StV 1988, 169; *Meyer-Goßner* Rn. 8; *Gubitz/Bock* NJW 2008, 958; *Cornelius* NStZ 2008, 244.
[29] BGH v. 27. 4. 2007 – 2 StR 490/06, BGHSt 51, 325, 330 ff. = NJW 2007, 2195; ablehnend hierzu: Löwe/Rosenberg/*Sander/Cirener* Rn. 36.
[30] S. dazu § 252 Rn. 8.

Themen nicht mehr vernommen werden kann,[31] würde die Verlesung einer von ihm stammenden schriftlichen Erklärung zu dem jeweiligen Thema dazu dienen, die mündliche Vernehmung zu ersetzen und nicht lediglich dazu, sie zu ergänzen. Dies kann im Hinblick auf § 250 S. 2 nicht zulässig sein.[32] Eine Teilaussage ermöglicht deshalb nicht den pauschalen Zugriff auf alle schriftlichen Erklärungen. Etwas anderes folgt auch nicht aus der Aufklärungspflicht; die Aufklärungspflicht gestattet keine Durchbrechung des durch § 250 S. 2 gesetzlich normierten Grundsatzes.[33] Nach § 251 Abs. 1 Nr. 1 und § 251 Abs. 2 Nr. 3 kann die Verlesung aber zulässig sein, wenn die Verfahrensbeteiligten zustimmen.[34] Bleibt der Zeuge im Folgetermin aus und kann er auch danach nicht mehr zum Erscheinen veranlasst werden, können die Voraussetzungen des § 251 Abs. 1 Nr. 2 oder § 251 Abs. 2 Nr. 1 vorliegen.

Macht der Zeuge in der Hauptverhandlung zwar keine Angaben zur Sache, bestätigt er aber, 21 eine bestimmte schriftliche Erklärung abgegeben zu haben, dann kann die Erklärung zur **Ergänzung dieser Aussage** verlesen werden.[35] Erklärt der Zeuge, er erinnere sich nicht mehr, habe aber früher wahrheitsgemäße Angaben gemacht, folgt die Verlesbarkeit eines vorhandenen Vernehmungsprotokolls bereits aus § 253 Abs. 1, die Verlesbarkeit einer von dem Zeugen stammenden Urkunde wird von der Rechtsprechung bejaht.[36] Für die Verlesbarkeit kommt es generell nicht darauf an, ob durch die Verlesung die Aussage der Beweisperson widerlegt oder bestätigt werden soll.[37]

IV. Zeugen vom Hörensagen

Das deutsche Strafprozessrecht verbietet es generell nicht, Zeugen zu vernehmen, die ihr Wissen nicht durch eigene Wahrnehmung des Tatgeschehens sondern durch Berichte hierüber erworben haben („Zeugen vom Hörensagen").[38] Die StPO gestattet es grundsätzlich, Privatpersonen, Vernehmungsbeamte, Richter, Sachverständige oder Führungsbeamte von V-Leuten oder Verdeckten Ermittlern als Zeugen über den Inhalt von Aussagen zu hören, die ihnen gegenüber abgegeben wurden.[39] Aus der jeweiligen Rolle und den für sie geltenden Vorschriften können sich aber Einschränkungen ergeben.

1. Bedeutung der Aufklärungspflicht. Nach hM entscheidet das Gericht anhand der Aufklä- 23 rungspflicht, ob es den unmittelbaren Zeugen oder den Zeugen vom Hörensagen vernimmt.[40] Das kennzeichnet die Entscheidungsfreiheit des Tatrichters zwar zutreffend. Da den Tatrichter die Verpflichtung trifft, den „bestmöglichen Beweis" zu erheben,[41] wird er auf die Einvernahme des unmittelbaren Zeugen aber allenfalls in Ausnahmefällen verzichten können.[42]

Regelmäßig wird das „Ausweichen" auf den sachferneren Zeugen vom Hörensagen in Betracht 24 kommen, wenn eine Aufklärung des Sachverhalts durch die originären Beweismittel aus tatsächlichen oder rechtlichen Gründen nicht möglich ist. Davon zu unterscheiden ist die Frage, ob es angesichts der konkreten Beweislage erforderlich ist, zusätzlich zu den originären Beweismitteln auch noch Zeugen vom Hörensagen zu vernehmen, weil sich aus ihren Aussagen Indizien für die

---

[31] Vgl. hierzu BGH v. 4. 4. 2007 – 4 StR 345/06, BGHSt 51, 280, 281 = NJW 2007, 2341; *Gubitz/Bock* NJW 2008, 956; *Cornelius* NStZ 2008, 244, 245.
[32] BGH v. 27. 4. 2007 – 2 StR 490/06, BGHSt 51, 325 = NJW 2007, 2195; vgl. hierzu auch *Gubitz/Bock* NJW 2008, 956, 960.
[33] Anderer Ansicht: *Hecker* JR 2008, 123.
[34] BGH v. 29. 8. 2001 – 2 StR 266/01, NStZ 2002, 217 (vgl. zu dieser Entscheidung auch BGH v. 27. 4. 2007 – 2 StR 490/06, BGHSt 51, 325, 329, Rn. 12).
[35] BGH v. 23. 12. 1986 – 1 StR 514/86, NJW 1987, 1093 = JR 1987, 522 (Teilaussage ermöglicht die ergänzende Verlesung einer von dem Zeugen stammenden schriftlichen Erklärung); abl. Anm. *Meyer* JR 1987, 522; vgl. auch *Dölling* NStZ 1988, 6; *Dahs* StV 1988, 169 (Bestätigung der Urheberschaft reicht nicht aus, ergänzende Einlassung zur Sache erforderlich).
[36] BGH v. 16. 2. 1965 – 1 StR 4/65, BGHSt 20, 160, 163; BGH v. 13. 1. 1970 – 4 StR 438/69, BGHSt 23, 213, 220 = NJW 1970, 573; BGH v. 4. 6. 1970 – 4 StR 540/69, NJW 1970, 1558; vgl. zur Reichweite des § 250 auch OLG Hamm v. 23. 1. 2007 – 3 Ss 584/06, NStZ 2007, 542; OLG Hamm v. 29. 10. 1976 – 1 Ss OWi 1435/76, NJW 1977, 2090; einschränkend *Langkeit/Cramer* StV 1996, 231.
[37] Vgl. LG Lübeck v. 7. 6. 1983 – 1 a Ks 8/82, StV 1984, 111 (kein Verstoß gegen § 250, wenn die Verlesung von Vernehmungsprotokollen lediglich der Beweisaufnahme über das Aussageverhalten, nicht aber über das Tatgeschehen dienen soll) mAnm *Kröger* StV 1984, 212; *Wömpner* NStZ 1983, 296.
[38] HM; vgl. zur Thematik (teilweise anderer Ansicht): *Grünwald* JZ 1966, 489, 493; *Seebode/Sydow* JZ 1980, 506; *Hanack* JZ 1972, 236; *Koffka* JR 1969, 306; *Arndt* NJW 1962, 27.
[39] Vgl. hierzu *Detter* NStZ 2003, 2 mwN; s. ferner aus der Literatur: *Krainz* GA 1985, 402; *Schünemann*, FS Meyer-Goßner, S. 385 ff.
[40] BGH v. 8. 4. 2003 – 3 StR 92/03, NStZ 2004, 50 = StV 2003, 485; *Meyer-Goßner* Rn. 4; KK-StPO/*Diemer* Rn. 11; *Alsberg/Nüse/Meyer* Rn. 461.
[41] Vgl. BVerfG v. 26. 5. 1981 – 2 BvR 215/81, BVerfGE 57, 250, 277 = NJW 1981, 1719; *Strate* StV 1988, 92.
[42] Vgl. *Detter* NStZ 2003, 2/3; Löwe/Rosenberg/*Sander/Cirenzer* Rn. 26; s. ergänzend auch KK-StPO/*Fischer* § 244 Rn. 39; *Grünwald* JZ 1966, 493; *Hanack* JZ 1972, 235; BayObLG v. 15. 6. 1982 – RReg 1 St 125/82, StV 1982, 412.

Beurteilung der Angaben des eigentlichen Tatzeugen oder andere Beweisfragen ergeben können.[43] Beide Fragestellungen berühren primär die Reichweite der Aufklärungspflicht, nicht aber den in § 250 geregelten Unmittelbarkeitsgrundsatz.[44]

25 2. **Rechtliche oder tatsächliche Hindernisse für die Vernehmung des unmittelbaren Zeugen.** Ein Ausweichen auf den Zeugen vom Hörensagen kann erforderlich sein, wenn der unmittelbare Tatzeuge aus gesundheitlichen Gründen nicht zur Hauptverhandlung anreisen kann. Auch dann darf jedoch nicht sogleich auf die Vernehmung eines Zeugen vom Hörensagen ausgewichen werden.[45] Zuvor ist vielmehr eine kommissarische Vernehmung in Betracht zu ziehen, – auch wenn ihr Inhalt letztlich im Wege des Urkundenbeweises in die Hauptverhandlung eingeführt werden muss.

26 Rechtliche Hindernisse bestehen, wenn der unmittelbare Tatzeuge für eine Aussage eine Genehmigung benötigt, diese aber nicht erhält, oder seine Identität durch staatliche Stellen geheim gehalten wird und er deshalb für das Gericht nicht erreichbar ist. Nach hM kann das Wissen von V-Leuten und Verdeckten Ermittlern (§ 110a) aber dadurch zum Gegenstand der Hauptverhandlung gemacht werden, dass sie von Vernehmungsbeamten vernommen werden.[46] Diese können in der Hauptverhandlung als Zeugen vom Hörensagen aussagen (wobei ihre begrenzte Aussagegenehmigung regelmäßig die Preisgabe der Identität des originären Zeugen ausschließt).[47]

27 Dass eine so strukturierte Beweiserhebung bei weitem nicht denselben Stellenwert haben kann wie eine unmittelbare Befragung des Tatzeugen, ist offenkundig. Sie schränkt darüber hinaus die Verteidigungsrechte des Angeklagten ein, weil ihm eine unmittelbare Befragung des Tatzeugen dabei verwehrt ist.[48] Auch wird durch Befragungen außerhalb der Hauptverhandlung, deren Ergebnisse sodann durch eine Verhörsperson eingeführt werden, allen Verfahrensbeteiligten die Möglichkeit genommen, sich einen Eindruck von dem Zeugen zu verschaffen. Ein Verstoß gegen § 250 liegt in einer solchen Vorgehensweise gleichwohl schon deshalb nicht, weil § 250 nicht die Heranziehung des sachnächsten Beweismittels gebietet.[49] Ob die Verteidigungsrechte hierbei in ausreichendem Maße gewahrt wurden und ein mit Aussagen solcher Zeugen vom Hörensagen begründeter Schuldspruch mit dem Anspruch auf ein faires Verfahren vereinbar ist, bedarf der Prüfung im Einzelfall.[50]

28 Bevor das Gericht die Beweisaufnahme auf eine Vernehmung der Verhörsperson beschränkt, muss es die erteilten **Sperrerklärungen**, bzw. Begrenzungen der Aussagegenehmigungen, **überprüfen**. Das kann es erforderlich machen, bei der jeweiligen Behörde Gegenvorstellung zu erheben.[51] Die Aufklärungspflicht kann dem Gericht auch Verpflichtungen zur Gestaltung der Beweisaufnahme auferlegen. So kann eine Videovernehmung des (durch technische Maßnahmen unkenntlich gemachten) unmittelbaren Tatzeugen geboten sein.[52]

29 Macht der unmittelbare Tatzeuge in der Hauptverhandlung unter Berufung auf ein Auskunftsverweigerungsrecht nach § 55 keine Angaben, dann kann nach der Rechtsprechung über den Inhalt von Vernehmungen durch Anhörung der Vernehmungsbeamten Beweis erhoben werden.[53] Macht er ein Zeugnisverweigerungsrecht nach § 52 geltend, steht § 252 der Beweiserhebung über Vernehmungen entgegen. Dies gilt nach der Rechtsprechung jedoch nicht, wenn über eine richterliche Vernehmung Beweis erhoben werden soll, bei der der Zeuge über sein Zeugnisverweige-

---

[43] Vgl. BGH v. 1. 8. 1962 – 3 StR 28/62, BGHSt 17, 382, 384; BGH v. 30. 10. 1968 – 4 StR 281/68, BGHSt 22, 268, 270; BGH v. 30. 7. 1999 – 3 StR 272/99, NStZ 1999, 578; Löwe/Rosenberg/*Sander/Cirener* Rn. 24 f.; vgl. zur Thematik auch *Detter* NStZ 2003, 1.
[44] S. hierzu § 244 Rn. 45.
[45] Vgl. BGH v. 12. 6. 2002 – 2 StR 107/02, StraFo 2002, 353; BGH v. 8. 4. 2003 – 3 StR 92/03, NStZ 2004, 50 = StV 2003, 485.
[46] Anderer Ansicht: *J. Meyer* ZStW 95 (1983), 834, 849; *Koffka* JR 1969, 306; *Krainz* GA 1985, 402; *Arndt* NJW 1962, 1192; NJW 1963, 433; *Bruns* MDR 1984, 177, 182; *Grünwald* JZ 1966, 489, 494; *Grünwald*, FS Dünnebier, S. 358 ff.
[47] Vgl. BGH v. 17. 10. 1983 – GSSt 1/83, BGHSt 32, 115, 122 = NStZ 1984, 36; BGH v. 16. 4. 1985 – 5 StR 718/84, BGHSt 33, 178, 181; vgl. auch BVerfG v. 11. 4. 1991 – 2 BvR 196/91, NJW 1992, 168; BVerfG NJW 1996, 448; *Gribbohm* NJW 1981, 305; *Herdegen* NStZ 1984, 200, 202; *Rebmann* NStZ 1982, 315.
[48] Zu hieraus resultierenden möglichen Verletzungen von Art. 6 Abs. 3 d EMRK vgl. die Kommentierung von Art. 6 EMRK Rn. 50.
[49] Näher liegt es, hier von einer Umgehung der §§ 223, 224 auszugehen; vgl. *Strate* StV 1985, 340.
[50] BVerfG v. 20. 12. 2000 – 2 BvR 591/00, NJW 2001, 2245; vgl. auch EGMR NJW 2006, 2753; vgl. zur Reichweite von Art. 6 EMRK in diesem Zusammenhang Art. 6 EMRK Rn. 50 und Rn. 54.
[51] Vgl. hierzu BGH v. 2. 7. 1996 – 1 StR 314/96, BGHSt 42, 175, 176; BGH v. 16. 4. 1985 – 5 StR 718/84, BGHSt 33, 178, 180; BGH v. 17. 10. 1983 – GSSt 1/83, BGHSt 32, 115, 125/126; s. im Einzelnen oben § 96 Rn. 24.
[52] Nach Ansicht des BGH führt diese Form der Vernehmung zu einer „sinnvollen Konkordanz zwischen Wahrheitsermittlung, Verteidigungsinteressen und Zeugenschutz" (BGH v. 7. 3. 2007 – 1 StR 646/06, BGHSt 51, 232, 235 = NJW 2007, 1475 mwN); vgl. auch BGH v. 19. 7. 2006 – 1 StR 87/06, NStZ 2006, 648; BGH v. 17. 8. 2004 – 1 StR 315/04, NStZ 2005, 43.
[53] BGH v. 13. 4. 1962 – 3 StR 6/62, BGHSt 17, 245, 247 = NJW 1962, 1259.

rungsrecht belehrt wurde oder wenn der Zeuge die Beweiserhebung über frühere Vernehmungen ausdrücklich gestattet.[54]

3. Anforderungen an die Beweiswürdigung. Gelingt es nicht, den unmittelbaren Tatzeugen zu vernehmen und werden stattdessen nur Zeugen vom Hörensagen vernommen, dann ist eine besonders **sorgfältige Würdigung** der Aussagen geboten.[55] Kann der Zeuge vom Hörensagen keine nähere Auskunft über die Person geben, die ihm den Sachverhalt vermittelt hat, dann darf ein Schuldspruch hierauf nur gestützt werden, wenn die Angaben durch andere wichtige Beweismittel bestätigt worden sind.[56] Solche Beweisanzeichen können etwa sein: Indizielle Aussagen anderer Beteiligter,[57] sichergestellte Betäubungsmittel,[58] bestätigende Aussagen von Zeugen über die Lebensgewohnheiten des Angeklagten. Die Rechtsprechung sieht hier aber stets eine Gesamtwürdigung als erforderlich an.[59] In Fällen, in denen die Verurteilung auf die frühere Aussage eines Zeugen gestützt werden soll, der jetzt von § 55 Gebrauch macht, müssen die Gründe für die Auskunftsverweigerung ausdrücklich erörtert werden.[60]

Wird dem Angeklagten durch die Sperrerklärung die Möglichkeit genommen, einen Entlastungszeugen zu hören, dessen Vernehmung auch nach der Aufklärungspflicht geboten gewesen wäre, kann es dies im Einzelfall nötig machen, entlastendes Vorbringen in die Beweiswürdigung so einzustellen als wäre es erwiesen.[61]

V. Besonderheiten beim Sachverständigenbeweis

Das Gesetz erstreckt den Vorrang des Personalbeweises auch auf die Sachverständigentätigkeit, obwohl der Inhalt eines Gutachtens keineswegs immer auf persönlichen Wahrnehmungen des Sachverständigen beruhen muss. Auch wenn es vorrangig abstrakte Erfahrungssätze beinhaltet, gilt das Verbot der Verlesung des Gutachtens.[62]

Dieser nach wie vor in § 250 enthaltene Grundgedanke hat jedoch mit Einführung der §§ 256 Abs. 1 Nr. 1b und 256 Abs. 1 Nr. 4 an praktischer Bedeutung verloren. Da die darin enthaltenen Ausnahmen von § 250 S. 2 in sehr weitem Umfang die Verlesung von Gutachten gestatten, kommt der älteren Rechtsprechung[63] nurmehr begrenzte Bedeutung zu. Schon aus Gründen der Aufklärungspflicht muss aber weiterhin die Erstattung des Gutachtens in der Hauptverhandlung die Regel sein.

§ 251 [Verlesung von Protokollen]

(1) Die Vernehmung eines Zeugen, Sachverständigen oder Mitbeschuldigten kann durch die Verlesung einer Niederschrift über eine Vernehmung oder einer Urkunde, die eine von ihm stammende schriftliche Erklärung enthält, ersetzt werden,
1. wenn der Angeklagte einen Verteidiger hat und der Staatsanwalt, der Verteidiger und der Angeklagte damit einverstanden sind;
2. wenn der Zeuge, Sachverständige oder Mitbeschuldigte verstorben ist oder aus einem anderen Grunde in absehbarer Zeit gerichtlich nicht vernommen werden kann;
3. soweit die Niederschrift oder Urkunde das Vorliegen oder die Höhe eines Vermögensschadens betrifft.

---

[54] Vgl. hierzu im Einzelnen § 252 Rn. 22 ff. und Rn. 28 ff.
[55] BGH v. 4. 3. 2004 – 3 StR 218/03, BGHSt 49, 112, 119 = NJW 2004, 1259.
[56] BVerfG v. 20. 12. 2000 – 2 BvR 591/00, NJW 2001, 2245, 2246 (s. hierzu: EGMR NJW 2006, 2753, Monika Haas ./. Deutschland); BVerfG v. 19. 7. 1995 – 2 BvR 1142/93, NStZ 1995, 600; siehe ferner BGH v. 12. 1. 1996 – 5 StR 756/94, BGHSt 42, 15, 25; BGH v. 31. 3. 1989 – 2 StR 706/88, BGHSt 36, 159, 166; BGH v. 5. 12. 1984 – 2 StR 526/84, BGHSt 33, 83, 88; BGH v. 16. 4. 1985 – 5 StR 718/84, BGHSt 33, 178, 181; BGH v. 20. 2. 2002 – 1 StR 545/01, NStZ-RR 2002, 176; BGH v. 8. 2. 1994 – 5 StR 10/94, BGHR StPO § 250 Satz. 1 Unmittelbarkeit 3 und BGH v. 14. 2. 1997 – 2 StR 34/97, BGHR StPO § 261 Überzeugungsbildung 27; vgl. ferner BVerfG v. 21. 8. 1996 – 2 BvR 1304/97, StV 1997, 1.
[57] BVerfG v. 20. 12. 2000 – 2 BvR 591/00, NJW 2001, 2245, 2247; *Nack*, Kriminalistik 1999, 171.
[58] *Detter* NStZ 2003, 1, 4; BGH v. 20. 6. 1994 – 5 StR 283/94, NStZ 1994, 502; BGH v. 12. 12. 1996 – 4 StR 499/96, NStZ 1997, 294.
[59] *Detter* NStZ 2003, 1, 4.
[60] OLG Brandenburg v. 5. 2. 2002 – 2 Ss 7/02, NStZ 2002, 611; OLG Koblenz v. 21. 11. 2006 – 1 Ss 327/06, StV 2007, 520.
[61] BGH v. 4. 3. 2004 – 3 StR 218/03, BGHSt 49, 112, 122/123 = NJW 2004, 1259 = NStZ 2004, 343; vgl. ferner BGH v. 9. 6. 2005 – 3 StR 269/04, NJW 2005, 2322 = NStZ 2005, 701; *Detter* StV 2006, 544, 549.
[62] *Meyer-Goßner* Rn. 11.
[63] Vgl. BGH v. 28. 11. 1950, 2 StR 50/50 = BGHSt 1, 4, 7 (Übersetzung fremdsprachiger Urkunden); BGH v. 30. 10. 1968 – 4 StR 281/68, BGHSt 22, 268, 270 = NJW 1969, 196; BayObLG v. 14. 2. 1951 – RevReg Nr. 111114/50, BayObLGSt 1951, 304 (Gutachten eines Landgerichtsarztes); OLG Düsseldorf v. 25. 8. 1949 – Ss 306/49 (419), NJW 1949, 917; *Wömpner* NStZ 1983, 294.

(2) Die Vernehmung eines Zeugen, Sachverständigen oder Mitbeschuldigten darf durch die Verlesung der Niederschrift über seine frühere richterliche Vernehmung auch ersetzt werden, wenn

1. dem Erscheinen des Zeugen, Sachverständigen oder Mitbeschuldigten in der Hauptverhandlung für eine längere oder ungewisse Zeit Krankheit, Gebrechlichkeit oder andere nicht zu beseitigende Hindernisse entgegenstehen;
2. dem Zeugen oder Sachverständigen das Erscheinen in der Hauptverhandlung wegen großer Entfernung unter Berücksichtigung der Bedeutung seiner Aussage nicht zugemutet werden kann;
3. der Staatsanwalt, der Verteidiger und der Angeklagte mit der Verlesung einverstanden sind.

(3) Soll die Verlesung anderen Zwecken als unmittelbar der Urteilsfindung, insbesondere zur Vorbereitung der Entscheidung darüber dienen, ob die Ladung und Vernehmung einer Person erfolgen sollen, so dürfen Vernehmungsniederschriften, Urkunden und andere als Beweismittel dienende Schriftstücke auch sonst verlesen werden.

(4) [1]In den Fällen der Absätze 1 und 2 beschließt das Gericht, ob die Verlesung angeordnet wird. [2]Der Grund der Verlesung wird bekanntgegeben. [3]Wird die Niederschrift über eine richterliche Vernehmung verlesen, so wird festgestellt, ob der Vernommene vereidigt worden ist. [4]Die Vereidigung wird nachgeholt, wenn sie dem Gericht notwendig erscheint und noch ausführbar ist.

I. Allgemeines

1 Unter den in § 251 genannten Voraussetzungen kann die persönliche Vernehmung von Zeugen, Sachverständigen oder Mitbeschuldigten durch die Verlesung schriftlicher Erklärungen ersetzt werden. Die darin liegende Durchbrechung des in § 250 enthaltenen Grundsatzes der persönlichen Vernehmung von Beweispersonen hat **Ausnahmecharakter**. Dies ist bei der Auslegung des § 251 stets zu berücksichtigen und steht einer großzügigen Handhabung der Vorschrift entgegen.[1]

2 Seit der Neufassung des Gesetzes im Jahre 2004[2] enthält § 251 nunmehr in Abs. 1 generelle Regelungen, die festlegen, unter welchen Voraussetzungen der Unmittelbarkeitsgrundsatz des § 250 durchbrochen werden kann. Sie gelten für Vernehmungsprotokolle und sonstige Schriftstücke, in denen Angaben der Beweispersonen enthalten sind. Abs. 2 sieht zusätzliche Verlesungsmöglichkeiten für richterliche Vernehmungsprotokolle vor, durch die im Ergebnis der Kreis der Verlesungsgründe allerdings nur in geringem Umfang erweitert wird. Abs. 3 regelt nicht Durchbrechungen des Unmittelbarkeitsgrundsatzes, sondern lediglich einen Ausschnitt aus dem Freibeweisverfahren. Abs. 4 trifft Anordnungen zur Verfahrensgestaltung. Im beschleunigten Verfahren ist § 420 zu beachten, der nach § 411 Abs. 2 auch für das Strafbefehlsverfahren gilt.

3 **1. Vorrang der Aufklärungspflicht.** Die Vorschrift stellt den Unmittelbarkeitsgrundsatz in begrenztem Umfang zur Disposition der Prozessbeteiligten: Nichtrichterliche Vernehmungsprotokolle und Urkunden können nach Absatz 1 im Einverständnis der Verfahrensbeteiligten verlesen werden, wenn der Angeklagte einen Verteidiger hat, richterliche Vernehmungen nach Abs. 2 Nr. 3 mit **Zustimmung der Beteiligten** auch dann, wenn der Angeklagte keinen Verteidiger hat.

4 Dass der Grundsatz des § 250 disponibel ausgestaltet ist, ändert aber nichts daran, dass stets die **Aufklärungspflicht** der Anwendung des § 251 vorgeht: Sie kann es auch dann erforderlich machen, die Beweispersonen in der Hauptverhandlung persönlich zu vernehmen, wenn an sich die Voraussetzungen des § 251 gegeben wären. Es kann deshalb im Einzelfall der Aufklärungspflicht widersprechen, wenn die persönliche Vernehmung der Auskunftspersonen im Einverständnis der Verfahrensbeteiligten durch die Verlesung von Urkunden ersetzt wird.[3] Das wird besonders nahe liegen, wenn es um die Vernehmung des einzigen Tatzeugen geht.[4] Ähnliches gilt, wenn die zur Verfügung stehende Vernehmungsniederschrift Mängel aufweist.[5]

5 **2. Vorrang der Beweisverbote.** Selbst wenn die Voraussetzungen des § 251 vorliegen, kann der Rückgriff auf den Urkundenbeweis unzulässig sein. Das Einverständnis der Beteiligten oder einer der anderen Verlesungsgründe in Abs. 1 und Abs. 2 gestattet es lediglich, den Grundsatz des § 250

---

[1] Zur Entstehungsgeschichte von § 251 vgl. BGH v. 27. 4. 2007 – 2 StR 409/06, BGHSt 51, 325, 331.
[2] 1. Justizmodernisierungsgesetz, BGBl. 2004 I S. 2198; zur Gesetzesbegründung vgl. BT-Drucks. 15/1508, S. 25/26.
[3] BGH v. 21. 2. 1957 – 4 StR 582/56, BGHSt 10, 186, 191/192 = NJW 1957, 918; BGH v. 18. 9. 1987 – 2 StR 341/87, NStZ 1988, 37; BGH v. 26. 2. 1988 – 4 StR 51/88, NStZ 1988, 283; vgl. auch *Rieß/Hilger* NStZ 1987, 151.
[4] Vgl. OLG Celle v. 4. 5. 1990 – 3 Ss 18/90, StV 1991, 294; OLG Düsseldorf v. 9. 4. 1999 – 5 Ss 385/98 – 104/98, StraFo 1999, 305; vgl. auch OLG Köln v. 10. 2. 1998 – Ss 494/97, StV 1998, 585; s. a. Löwe/Rosenberg/*Sander/Cirener* Rn. 68.
[5] OLG Celle v. 4. 5. 1990 – 3 Ss 18/90, StV 1991, 294.

zu durchbrechen. Ist die zur Verlesung zur Verfügung stehende Urkunde aber aus anderen Gründen **nicht verwertbar**, darf sie auch nicht nach § 251 zum Gegenstand der Hauptverhandlung gemacht werden.[6] Das ist allenfalls dann zulässig, wenn auch das Verwertungsverbot disponibel ist und über das Einverständnis nach § 251 hinaus zugleich ein Verzicht auf das Verwertungsverbot erklärt, bzw. – dem gleich stehend – der zur Entstehung des Verwertungsverbots erforderliche Widerspruch nicht erhoben wird.

Diese Grundsätze gelten zB dann, wenn die zur Verlesung zur Verfügung stehende Vernehmungsniederschrift einen **Belehrungsmangel** aufweist. Der Verlesbarkeit steht bei einer Zeugenvernehmung das Fehlen eines Hinweises auf § 52[7] ebenso entgegen wie bei einer Beschuldigtenvernehmung das Fehlen eines Hinweises auf § 136. Wurde ein verstorbener Zeuge bei seiner früheren Vernehmung nicht über sein Zeugnisverweigerungsrecht nach § 52 belehrt, dann soll dies der Verlesung der Vernehmungsniederschrift jedoch nicht entgegenstehen, weil der für eine Zeugenaussage durch Angehörige charakteristische Pflichtenwiderstreit nicht mehr auftreten kann.[8] Von Bedeutung sind ferner bei richterlichen Vernehmungen Verletzungen der gesetzlichen Anwesenheitsrechte, die bei Widerspruch des Berechtigten zu einem Verwertungsverbot führen.[9]

3. Maßgeblicher Zeitpunkt. Für die Einstufung der Beweisperson ist grundsätzlich die Rolle maßgebend, die die Person zum Zeitpunkt der Hauptverhandlung einnimmt, nicht jedoch die Rolle, die sie bei Durchführung der Vernehmung inne hatte, um deren Verlesbarkeit es geht.[10] Mitbeschuldigte im Sinne des § 251 sind deshalb nur frühere Mitbeschuldigte, die zum Zeitpunkt der Hauptverhandlung infolge einer Erledigung des gegen sie gerichteten Verfahrens oder einer Abtrennung als Zeugen anzusehen sind.[11] Anerkannt ist dabei, dass die Vernehmung eines früheren Mitbeschuldigten nicht verlesen werden darf, wenn ihm in seiner **jetzigen Rolle** als Zeuge ein Zeugnisverweigerungsrecht nach § 52 zusteht, das er bei seiner Beschuldigtenvernehmung nicht ausüben konnte.[12] Vernehmungen eines Mitangeklagten können nach § 232 Abs. 3, § 233 Abs. 3 oder § 254 verlesbar sein.

4. Herabstufung richterlicher Protokolle. Bei der Anwendung der Regelungen in Abs. 1 und Abs. 2 ist zu beachten, dass die Rechtsprechung zur alten Gesetzesfassung eine Ausnahme entwickelt hat. Richterliche Protokolle, die an Mängeln leiden, die einer Verlesung nach Abs. 2 nF entgegenstehen, können nach herrschender Meinung **als Niederschriften über nichtrichterliche Vernehmungen verlesbar** sein, wenn der Fehler nicht so gravierend ist, dass er auch eine Verwendung als nicht-richterliches Protokoll ausschließt und wenn die übrigen Voraussetzungen des Absatzes 1 vorliegen.[13] Auf die veränderte Einstufung eines Vernehmungsprotokolls muss in der Hauptverhandlung hingewiesen werden; ferner muss die Beweiswürdigung ausweisen, dass das Gericht sich des verminderten Beweiswertes der Vernehmung bewusst war.[14]

5. Entsprechende Anwendung. Nach hM ist es zulässig, auf eine entsprechende Anwendung des § 251 auch die Anhörung von **Tonbandaufnahmen** (oder sonstigen Tonträgern) in der Hauptverhandlung zu stützen, wenn die Voraussetzungen für die Verlesung eines Vernehmungsprotokolls gegeben sind.[15] Das wird mit einem Erst-Recht-Schluss begründet: Wenn nach dem Gesetzeswortlaut schon die Ersetzung der unmittelbaren Vernehmung einer Beweisperson durch den Urkundenbeweis zulässig wäre, dann muss erst recht der Rückgriff auf ein Tonband oder einen sonstigen Datenträger, der eine akustische Aufzeichnung einer Vernehmung enthält, zulässig sein.[16] Nachdem nunmehr § 255a Abs. 1 auch für die Videovernehmung auf § 251 verweist, erscheint dies als konsequent.

---

[6] Ebenso führt „umgekehrt" der Verzicht auf ein Verwertungsverbot nicht zu der Befugnis, den Grundsatz des § 250 S. 2 zu durchbrechen (vgl. BGH v. 29. 1. 2008 – 4 StR 449/07, BGHSt 52, 148, 150/151 zu § 252).
[7] Vgl. hierzu etwa BGH v. 4. 3. 1992 – 3 StR 460/91, BGHR StPO § 251 Abs. 1 Nr. 2 Auslandsvernehmzung 5.
[8] BGH v. 5. 1. 1968 – 4 StR 425/67, BGHSt 22, 35 = JZ 1972, 237 mAnm *Hanack*; BGH v. 8. 2. 1966 – 5 StR 513/65, MDR 1966, 384 (bei *Dallinger*); KK-StPO/*Diemer* Rn. 5.
[9] S. dazu unten Rn. 41.
[10] KK-StPO/*Diemer* Rn. 2.
[11] Vgl. BGH v. 29. 3. 1984 – 4 StR 781/83, NStZ 1984, 464; BGH v. 21. 2. 1957 – 4 StR 582/56, BGHSt 10, 186, 188 = NJW 1957, 918.
[12] Vgl. BGH v. 21. 2. 1957 – 4 StR 582/56, BGHSt 10, 186, 190 = NJW 1957, 918; BayObLG v. 27. 7. 1977 – RReg 5 St 87/77, NJW 1978, 387; KK-StPO/*Diemer* Rn. 4.
[13] Vgl. BGH v. 27. 1. 2005 – 1 StR 495/04, StV 2005, 255 (Verletzung der Benachrichtigungspflicht); BGH v. 31. 1. 2001 – 3 StR 237/00, StV 2002, 584 mAnm *Wohlers*; BGH v. 1. 12. 1992 – 1 StR 759/92, StV 1993, 232; siehe hierzu auch *Franzheim* NStZ 1981, 230; *Park* StV 2000, 219; *Widmaier*, Festgabe für Friebertshäuser, Bonn 1997, S. 185, 189; Löwe/Rosenberg/*Sander/Cirener* Rn. 50.
[14] Vgl. BGH v. 9. 7. 1997 – 5 StR 234/96, StV 1997, 512 = NStZ 1998, 312 mAnm *Wönne*; siehe hierzu auch *Velten* StV 2007, 97 sowie *Krause* StV 1984, 173.
[15] *Meyer-Goßner* Rn. 2; Löwe/Rosenberg/*Sander/Cirener* Rn. 12.
[16] Vgl. *Kintzi* JR 1996, 189.

II. Zum Inhalt von Abs. 1

10 Abs. 1 lässt generell die Verlesung von Vernehmungsniederschriften und Urkunden zu, die eine von der Beweisperson stammende schriftliche Erklärung enthalten.

11 **1. Verlesbare Protokolle.** Abs. 1 will die Verlesung sämtlicher Protokolle gestatten. Die Verlesbarkeit hängt deshalb nicht davon ab, durch welche Behörde und in welchem Verfahren das Protokoll aufgenommen wurde.[17] Verlesbar sind Protokolle **richterlicher, polizeilicher und staatsanwaltschaftlicher Vernehmungen**. Selbst Protokolle ausländischer Behörden werden von der Rechtsprechung als verlesbar angesehen,[18] solange der ausländische Staat der Verwertung nicht ausdrücklich widersprochen hat.[19] Aktenvermerke von Polizeibeamten über Äußerungen eines Beschuldigten, der mit der Aufnahme eines Vernehmungsprotokolls nicht einverstanden ist, sondern nur die Aufnahme stichwortartiger Notizen gestattet, sind keine Vernehmungsprotokolle.[20] Für Zusammenfassungen von Vernehmungen ist dies jedenfalls zweifelhaft und vom Einzelfall abhängig.[21]

12 Die Verlesbarkeit soll dabei auch nicht davon abhängen, ob Klarheit über die Identität des vernommenen Zeugen besteht. Die Rechtsprechung hat das Protokoll der Vernehmung eines anonym gebliebenen Zeugen[22] als verlesbar angesehen, nicht jedoch das Protokoll eines Zeugen, der einen falschen Namen angegeben hatte.[23] Rein **formale Fehler des Protokolls**, wie etwa das Fehlen der Unterschrift des Vernehmungsbeamten[24] oder des Vernommenen[25] sollen der Verlesbarkeit regelmäßig nicht entgegenstehen. Zweifel hieran können sich aber ergeben, wenn die fehlenden Unterschriften darauf hindeuten, dass die vorliegende Urkunde nur Entwurfscharakter hat.

13 **2. Verlesbare sonstige Schriftstücke.** Abs. 1 bezieht in den Urkundenbeweis darüber hinaus sämtliche Schriftstücke ein, die Erklärungen des Vernommenen enthalten. Da § 251 generell nur die Ausnahmen von § 250 regeln soll, hat die Vorschrift für die Schriftstücke keine Bedeutung, die schon vom Wortlaut des § 250 nicht erfasst werden: Was ohne Verstoß gegen § 250 bereits nach § 249 verlesen werden kann, muss nicht erst durch § 251 für verlesbar erklärt werden.[26]

14 Von dieser systematischen Einschränkung abgesehen, gestattet der Wortlaut des § 251 die Verlesung von allen handschriftlichen, aber auch von allen **sonstigen schriftlichen Erklärungen**, die von der Beweisperson stammen. Verlesbar sind deshalb auch Schriften, die im Auftrag oder jedenfalls mit Willen der Beweisperson erstellt wurden.[27] § 251 erlaubt es, Erklärungen von V-Leuten in die Hauptverhandlung einzuführen, die auf Anforderung des Gerichts entstanden sind, nachdem durch die zuständigen Behörden auch eine kommissarische Vernehmung des **V-Mannes** abgelehnt worden war.[28] Hat das Gericht von einem gesperrten Zeugen eine schriftliche Erklärung erhalten, so kann diese verlesen werden, wenn die Voraussetzungen von Abs. 1 Nr. 1, Nr. 2 oder Nr. 3 vorliegen.[29]

15 **3. Einverständnis der Beteiligten (Abs. 1 Nr. 1).** Nach Abs. 1 Nr. 1 ist die Verlesung zulässig, wenn die Verfahrensbeteiligten damit einverstanden sind. Das Einverständnis der Beteiligten schafft einen **eigenen Verlesungsgrund**.[30] Ist es von allen notwendigen Beteiligten wirksam erklärt, kommt es auf die übrigen Voraussetzungen des § 251 Abs. 1 nicht an.

16 **a) Kreis der zustimmungspflichtigen Personen.** Nach dem Gesetzeswortlaut müssen der Staatsanwalt, der Verteidiger und der Angeklagte zustimmen, im Privatklageverfahren auch der Privat-

---

[17] Meyer-Goßner Rn. 13.
[18] BGH v. 27. 5. 1986 – 1 StR 152/86, NStZ 1986, 469, 470 (Vernehmungsprotokoll des KGB).
[19] Vgl. BGH v. 8. 4. 1987 – 3 StR 11/87, BGHSt 34, 334, 341 = NJW 1987, 2168 (Verwertungsverbot für Protokolle niederländischer polizeilicher Vernehmungen, die außerhalb des Rechtshilfeverkehrs übermittelt worden waren und deren Verwertung die Niederlande widersprochen hatten).
[20] BGH v. 25. 9. 1991 – 2 StR 415/91, NStZ 1992, 48.
[21] Vgl. hierzu OLG Hamburg v. 14. 6. 2005 – IV – 1/04, NJW 2005, 2326 (von US-Beamten erstellte Zusammenfassungen von Vernehmungen) sowie BGH v. 20. 6. 1978 – 5 StR 804/77, MDR 1978, 806 (von Behörden der ehemaligen DDR gefertigte „Fundortuntersuchungsprotokolle" und „Protokolle über die kriminaltechnische Tatortarbeit", die als sonstige Urkunden verlesbar waren).
[22] BGH v. 5. 12. 1984 – 2 StR 526/84, BGHSt 33, 83 (V-Mann) = NJW 1985, 984 = JZ 1985, 494 mAnm Fezer = NStZ 1985, 278 mAnm Arlot; kritisch hierzu Eisenberg Beweisrecht Rn. 2104 ff. unter Hinweis auf die seit 1992 durch die §§ 68 Abs. 3 und 110 b Abs. 3 eröffnete Möglichkeit zur Geheimhaltung der Identität.
[23] OLG Frankfurt v. 27. 6. 1973 – 2 Ss 133/73, NJW 1973, 2074; anderer Ansicht Meyer-Goßner Rn. 14; Fischer NJW 1974, 68.
[24] BGH v. 8. 12. 1953 – 5 StR 264/53, BGHSt 5, 214 = NJW 1954, 361.
[25] Vgl. OLG Düsseldorf v. 31. 8. 1983 – 5 Ss 343/83 – 56/83 IV, StV 1984, 107.
[26] Löwe/Rosenberg/Sander/Cirener Rn. 1 und Rn. 10; KK-StPO/Diemer Rn. 10.
[27] Löwe/Rosenberg/Sander/Cirener Rn. 10.
[28] BGH v. 23. 1. 1981 – 3 StR 467/80, NStZ 1981, 270 mAnm Fröhlich; Meyer-Goßner Rn. 17.
[29] Vgl. KG v. 23. 3. 1995 – (1) 2 StE 2/9 (19/93), StV 1995, 348; BGH v. 9. 9. 1954 – 4 StR 223/54, GA 1954, 374, 375; Löwe/Rosenberg/Sander/Cirener Rn. 11; anderer Meinung: J. Meyer ZStW 95, 856.
[30] So auch KK-StPO/Diemer Rn. 12; OLG Hamm v. 27. 1. 2009 – 3 Ss 567/08, Rn. 43 (zu § 251 II Nr. 3).

kläger, weil er den Staatsanwalt ersetzt. Nicht erforderlich ist hingegen die Zustimmung des Nebenklägers. Daran hat auch die Neufassung des § 397[31] nichts geändert.[32]

Wird nach § 233 ohne den Angeklagten verhandelt, ändert dies am Zustimmungserfordernis nichts, es sei denn, es ist ein **Verteidiger anwesend** (§ 234 a). Der Vertreter nach § 234 kann selbständig das Einverständnis erklären. Ist der Angeklagte nach § 247 zeitweise ausgeschlossen, so muss gleichwohl sein Einverständnis eingeholt werden, weil sich der Ausschluss nach § 247 nicht auf die Abgabe einer Zustimmungserklärung beziehen kann.[33] Der Zustimmung des Angeklagten bedarf es nicht in den Fällen der §§ 231 Abs. 2, 231 a und 231 b.[34]

Hat der Angeklagte im Verfahren vor dem Amtsgericht keinen Verteidiger, so kommt eine Verlesung nach Abs. 1 nicht in Betracht. Auch wenn der mandatierte **Verteidiger** am Verhandlungstag **abwesend** ist, kann nicht nach Abs. 1 Nr. 1 verfahren werden.[35] Sind mehrere Verteidiger mandatiert, muss von allen eine Zustimmungserklärung abgegeben werden.[36] Das gilt jedenfalls soweit diese die Verteidigung auch in der Hauptverhandlung führen.

Ist eine Nebenbeteiligung angeordnet, so muss auch der **Nebenbeteiligte** zustimmen, soweit die Beweiserhebung den Gegenstand der Beteiligung berühren kann.[37] Im Jugendstrafverfahren muss der Beistand nach § 69 JGG zustimmen, nicht jedoch der gesetzliche Vertreter oder der Erziehungsberechtigte.[38]

b) **Ausdrückliche Erklärung.** Das Einverständnis muss ausdrücklich erklärt werden. Weil es zur Durchbrechung des im Gesetz in § 250 S. 2 enthaltenen Grundsatzes führt, hat es erhebliche Tragweite. Es ist deshalb auch als **wesentliche Förmlichkeit** iSv. § 273 in das Hauptverhandlungsprotokoll aufzunehmen, mit der Folge, dass die absolute Beweiskraft des § 274 gilt.

Entgegen der hM[39] kann das Einverständnis **nicht konkludent** erklärt werden. Das würde den Beweisgrundsätzen der §§ 273, 274 widersprechen. Fehlt es an einer Protokolleintragung, ist nach § 274 im Revisionsverfahren vom Fehlen eines Einverständnisses auszugehen. Dem widerspricht es, aus dem Schweigen eine konkludente Billigung des Verzichts auf den Unmittelbarkeitsgrundsatz abzuleiten. Nach der Rechtsprechung kann jedoch ein **stillschweigendes Einverständnis** bejaht werden, wenn der Verteidiger einer angeordneten Verlesung nicht widerspricht,[40] oder wenn zunächst der Verteidiger das Einverständnis erklärt, der Angeklagte sodann aber schweigt.[41]

Ein bereits vor der Hauptverhandlung erklärtes Einverständnis kann in der Hauptverhandlung widerrufen werden.[42] Ein nach Verlesung des Protokolls erklärter **Widerruf ist unwirksam**.[43] Auch ein nachträglicher Widerruf im Zuge des Revisionsverfahrens ist nicht möglich.[44] Das Einverständnis kann bis zur Schließung der Beweisaufnahme nachgeholt werden. Kommt es zu einer Wiederholung der Hauptverhandlung (zB nach einer Aussetzung oder einem Revisionsverfahren), entfaltet die einmal abgegebene Erklärung keine Bindungswirkung.[45]

3. Unmöglichkeit der Vernehmung (Abs. 1 Nr. 2). Nach Abs. 1 Nr. 2 ist die Verlesung zulässig, wenn die Beweisperson nicht vernommen werden kann. In diesen Fällen kann der Grundsatz des § 250 nicht greifen. Um Aufklärungsdefizite zu vermeiden, muss der Rückgriff auf vorhandene Urkunden möglich sein.

Verlesbar sind die vorhandenen Urkunden, wenn der Zeuge, Sachverständige oder Mitbeschuldigte verstorben ist. Über diesen eindeutigen Fall hinaus lässt Abs. 1 Nr. 2 die Verlesung auch zu, wenn die Beweisperson in absehbarer Zeit gerichtlich nicht vernommen werden kann. Für die

---

[31] Geändert durch das 2. Opferrechtsreformgesetz vom 29. 7. 2009 (BGBl. 2009 I S. 2280, 2284); vgl. hierzu BT-Drucks. 16/12098, S. 31.
[32] Die in § 397 Abs. 1 enthaltene Aufzählung enthält das Recht nach § 251 Abs. 1 Nr. 1 nicht, der Nebenkläger tritt nicht an die Stelle des Staatsanwalts; daran ändert auch das Beteiligungsrecht in § 397 Abs. 1 S. 4 nF nichts. Vgl. zur früheren Gesetzesfassung: Löwe/Rosenberg/ *Hilger* § 397 Rn. 2 und Rn. 10.
[33] Löwe/Rosenberg/*Sander*/*Cirener* Rn. 21; SK-StPO/*Velten* Rn. 15.
[34] Vgl. Löwe/Rosenberg/*Sander*/*Cirener* Rn. 21.
[35] Löwe/Rosenberg/*Sander*/*Cirener* Rn. 18.
[36] *Meyer-Goßner* Rn. 7; KK-StPO/*Diemer* Rn. 11.
[37] Vgl. Löwe/Rosenberg/*Sander*/*Cirener* Rn. 19; SK-StPO/*Velten* Rn. 15.
[38] *Meyer-Goßner* Rn. 7; gegen die Anwendung des § 251 Abs. 1 Nr. 1 in diesen Fällen Löwe/Rosenberg/*Sander*/ *Cirener* Rn. 20.
[39] Vgl. *Meyer-Goßner* Rn. 27; BGH v. 9. 2. 1983 – 3 StR 475/82, StV 1983, 319.
[40] Vgl. BGH v. 1. 11. 1955 – 5 StR 186/55, BGHSt 9, 24, 26/27; vgl. auch BGH v. 11. 5. 1976 – 1 StR 166/76, BGHSt 26, 332 (zu § 168 c); BGH v. 23. 1. 1985 – 1 StR 722/84, NStZ 1985, 376.
[41] *Meyer-Goßner* Rn. 7; BayObLG v. 28. 2. 1978 – 1 ObOWi 729/77, BayObLGSt 1978, 17 = NJW 1978, 1817; anders noch BayObLG v. 3. 7. 1957 – RevReg 1 St 258/57, BayObLGSt 1957, 132 = NJW 1957, 1566; gegen ein stillschweigendes Einverständnis im konkreten Fall auch OLG Stuttgart v. 20. 12. 1976 – 3 Ss (8) 862/76, JR 1977, 343 mAnm *Gollwitzer*.
[42] *Gollwitzer* JR 1977, 345; SK-StPO/*Velten* Rn. 15; Löwe/Rosenberg/*Sander*/*Cirener* Rn. 23.
[43] BGH v. 14. 1. 1975 – 1 StR 620/74, zit. nach *Meyer-Goßner* Rn. 28.
[44] Vgl. Löwe/Rosenberg/*Sander*/*Cirener* Rn. 24; vgl. auch BGH v. 25. 6. 1997 – 1 StR 221/97, NStZ 1997, 611.
[45] Löwe/Rosenberg/*Sander*/*Cirener* Rn. 24.

Verlesbarkeit kommt es dabei darauf an, ob die Beweisperson **durch das erkennende Gericht** vernommen werden kann, eine kommissarische Vernehmung nach § 223 StPO steht dem nicht gleich.[46]

25 Nicht verfügbar ist eine Auskunftsperson zB wenn sie sich verborgen hält oder ins Ausland geflohen ist, aber auch wenn sie in Folge einer Geisteskrankheit nicht vor Gericht aussagen kann. Steht zum Zeitpunkt der Hauptverhandlung nicht fest, ob die Person vernommen werden kann, sind **freibeweislich** die notwendigen **Ermittlungen** durchzuführen. Ebenso wie bei der Frage, ob ein Zeuge iSv. § 244 Abs. 3 unerreichbar ist,[47] lässt sich dabei der Umfang der notwendigerweise durchzuführenden Ermittlungen schwer abstrakt festlegen. Die Rechtsprechung lässt eine Abwägung genügen, in die insbesondere das Beschleunigungsgebot, die Bedeutung der Beweisfrage und die zu erwartende Verzögerung einzubeziehen sind.[48] Auch die Schwere des Tatvorwurfs, die Belange des Angeklagten und ein etwa durch eine Verzögerung drohender Verlust anderer Beweismittel können die Abwägung beeinflussen.

26 Zwar sind damit maßgebliche Kriterien benannt, bei der Entscheidung darf im Hinblick auf die hohe Bedeutung des in § 250 S. 2 enthaltenen Grundsatzes aber nicht vorschnell eine drohende Verzögerung der Hauptverhandlung als Grund für die Anwendung des § 251 angesehen werden. Der Wortlaut („in absehbarer Zeit") stellt **hohe Anforderungen**, die nicht allein deshalb erfüllt sind, weil ein neuer Hauptverhandlungstermin anberaumt werden müsste.[49] Auch längere Verzögerungen müssen im Einzelfall in Kauf genommen werden. Das schließt nicht aus, dass das Gericht die Voraussetzungen des Abs. 1 Nr. 2 bejahen kann, wenn sich zB aus dem unklaren Verhalten eines Zeugen nicht mehr als die vage Hoffnung ergibt, der Zeuge werde zu einem nicht näher bekannten Zeitpunkt doch noch erscheinen.[50]

27 Die fehlende Verfügbarkeit einer Auskunftsperson kann sich **aus tatsächlichen und aus rechtlichen Gründen** ergeben. Sie kann etwa bei einem im Ausland lebenden Zeugen daraus folgen, dass er sich weigert, vor Gericht zu erscheinen und die Ladung aus Rechtsgründen nicht durchgesetzt werden kann. Sie kann sich z. B. auch daraus ergeben, dass Eltern sich weigern, eine Vernehmung ihres Kindes zu gestatten.

28 Ergeben sich für einen Zeugen aus einer Vernehmung **Gefahren für Leib oder Leben,** dann folgt primär aus rechtlichen Gründen (aus einer Güterabwägung), dass er nicht vernommen werden kann. Die Verlesung ist in einem solchen Fall nach Abs. 1 Nr. 2 zulässig.[51] Wurde ein Zeuge teilweise vernommen, kann die Vernehmung dann aber aus gesundheitlichen Gründen nicht fortgesetzt werden, so ist insoweit eine ergänzende Verlesung zulässig.[52]

29 Beruft sich ein Zeuge in (oder vor) der Hauptverhandlung auf ein umfassendes **Auskunftsverweigerungsrecht** nach § 55, dann kann eine von ihm stammende schriftliche Erklärung nicht nach Abs. 1 Nr. 2 verlesen werden.[53] In diesen Fällen liegen die Voraussetzungen des Abs. 1 Nr. 2 schon deshalb nicht vor, weil der Zeuge für eine Vernehmung in der Hauptverhandlung zur Verfügung steht, die Vernehmung ist deshalb nicht im Wortsinn unmöglich. Dass er aus Rechtsgründen keine Angaben zur Sache machen muss, ändert hieran nichts.[54] Bei einer Zeugnisverweigerung nach den §§ 52, 53 steht § 252 der Verlesung entgegen. Soweit der Zeuge nach neuerer Rechtsprechung die Verwertung früherer Vernehmungen gestatten kann,[55] lässt dies den Grundsatz des § 250 S. 2 unberührt.[56]

30 Im Sinne von Abs. 1 Nr. 2 nicht verfügbar ist eine Auskunftsperson jedoch, wenn sie einer **Aussagegenehmigung** bedarf, diese aber von der zuständigen obersten Dienstbehörde verweigert wird.[57] Ist ein Vernehmungsprotokoll vorhanden, wird es aus Gründen der Aufklärungspflicht in

---

[46] Löwe/Rosenberg/*Sander*/*Cirener* Rn. 39, BGH v. 2. 5. 1985 – 4 StR 84/85, NStZ 1985, 561; BGH v. 27. 5. 1986 – 1 StR 152/86, NStZ 1986, 469, 470; anderer Ansicht: SK-StPO/*Velten* Rn. 16 (Verlesung nur zulässig, wenn weder die (notfalls audiovisuelle Vernehmung) in der Hauptverhandlung noch die kommissarische Vernehmung möglich ist).
[47] Vgl. dazu oben § 244 Rn. 141.
[48] BGH v. 8. 3. 1968 – 4 StR 615/67, BGHSt 22, 118, 120 = NJW 1968, 1485; BGH v. 29. 10. 1992 – 4 StR 446/92 = NStZ 1993, 144, 145.
[49] Vgl. SK-StPO/*Velten* Rn. 21.
[50] BGH v. 25. 2. 2003 – 1 StR 15/03, NStZ 2003, 562.
[51] BGH v. 18. 2. 1993 – 1 StR 10/93, NStZ 1993, 350 mAnm *Eisenberg* StV 1993, 624; BGH v. 5. 12. 1964 – 2 StR 526/84, BGHSt 33, 83 = JZ 1985, 494.
[52] BGH v. 4. 4. 2007 – 2 StR 345/06, BGHSt 51, 280; vgl. hierzu *Gubitz*/*Bock* NJW 2008, 959.
[53] BGH v. 27. 4. 2007 – 2 StR 490/06, BGHSt 51, 325; vgl. hierzu *Hecker* JR 2008, 121; s. auch BGH v. 4. 4. 2007 – 4 StR 345/06, BGHSt 51, 280 sowie BGH v. 2. 3. 2010 – 4 StR 619/09; aA: Löwe/Rosenberg/*Sander*/*Cirener* Rn. 36.
[54] Vgl. *Eisenberg* Beweisrecht Rn. 2114; s. dazu im Einzelnen oben § 250 Rn. 20.
[55] Vgl. § 252 Rn. 28 ff.
[56] BGH v. 29. 1. 2008 – 4 StR 449/07, BGHSt 52, 148 = NJW 2008, 1010.
[57] BGH v. 10. 10. 1979 – 3 StR 281/79 (S), BGHSt 29, 109, 111; BGH v. 14. 11. 1984 – 3 StR 418/84, BGHSt 33, 70 = JR 1985, 213 = JZ 1985, 492 = NStZ 1986, 130; BGH v. 5. 12. 1984 – 2 StR 526/84, BGHSt 33, 83; KG v. 23. 3. 1995 – (1) 2 StE 2/9 (19/93), StV 1995, 348; vgl. auch *Meyer-Goßner* Rn. 9.

einer solchen Situation regelmäßig geboten sein, zunächst den Vernehmungsbeamten als Zeugen zu vernehmen, bevor das Protokoll im Wege des Urkundenbeweises verlesen werden kann.[58]

4. Beweisaufnahme über Vermögensschäden (Abs. 1 Nr. 3). Abs. 1 Nr. 3 wurde durch das erste Justizmodernisierungsgesetz[59] neu in das Gesetz eingefügt. Die Bestimmung ist innerhalb der §§ 250, 251 ein Fremdkörper, weil sie die Durchbrechung des in § 250 S. 2 geregelten Grundsatzes generell zur Klärung einer bestimmten Beweisfrage gestattet. Die Verlesung von Urkunden und Niederschriften ist nach Abs. 1 Nr. 3 zulässig, wenn sie der Beweisaufnahme über einen Vermögensschaden dient.[60] Der Gesetzeswortlaut knüpft nicht unmittelbar an einen bestimmten Straftatbestand an, sondern gestattet die Verlesung stets dann, wenn Vermögensschäden für die materiellrechtliche Beurteilung von Belang sein können. Dies kann sowohl bei § 263 StGB, als auch bei Tatbeständen wie § 242 oder § 303 StGB oder einfach gelagerten Verkehrsstraftaten der Fall sein.[61] 31

Zwar ist dem Gesetzeswortlaut eine Beschränkung auf Bagatellfälle nicht zu entnehmen.[62] Ist (insbesondere in wirtschaftsstrafrechtlichen Verfahren) das Vorliegen und die Höhe eines etwaigen Vermögensschadens aber umstritten, dann wird es die **Aufklärungspflicht** in der Regel gebieten, durch persönliche Vernehmung von Zeugen und/oder Sachverständigen hierüber Beweis zu erheben und die Beweisaufnahme in der Hauptverhandlung nicht auf eine Verlesung von Urkunden zu beschränken.[63] § 251 Abs. 1 Nr. 3 erlaubt es im Übrigen nicht, bei der Beweisaufnahme über andere Tatbestandsmerkmale des § 263 StGB den Grundsatz des § 250 S. 2 zu durchbrechen.[64] Auch gilt die Vorschrift nicht für immaterielle Schäden.[65] 32

III. Verlesungsmöglichkeiten nach Abs. 2

Abs. 2 soll die Möglichkeiten der Urkundenverlesung erweitern. Zwar macht die Gesetzessystematik deutlich, dass die Verlesung richterlicher Vernehmungsprotokolle unter leichteren Voraussetzungen möglich sein soll als die Verlesung anderer Vernehmungsprotokolle. Die beabsichtigte Abstufung[66] kommt im Wortlaut aber nur unzureichend zum Ausdruck, da die Formulierungen in Abs. 2 teilweise den Formulierungen in Abs. 1 entsprechen. 33

1. Richterliche Vernehmung. Nach Abs. 2 dürfen nur richterliche Vernehmungsprotokolle verlesen werden, nicht also Protokolle von Vernehmungen durch die Staatsanwaltschaft, die Polizei oder die Steuerfahndung.[67] § 251 Abs. 2 enthält dabei keine Beschränkung auf Protokolle aus der Strafgerichtsbarkeit. Verlesbar sind deshalb auch Protokolle aus einem zivilgerichtlichen Verfahren (Partei- oder Zeugenvernehmungen),[68] aus einem verwaltungsgerichtlichen Verfahren oder einem Disziplinarverfahren.[69] Der richterlichen Vernehmung kraft Gesetzes gleichgestellt sind konsularische Vernehmungen (vgl. § 15 Abs. 4 Konsulargesetz). Dies gilt auch für die Vernehmung von ausländischen Zeugen.[70] 34

Als richterliche Vernehmungen aus einem Strafverfahren kommen insbesondere Protokolle aus einer **früheren Hauptverhandlung** in Betracht.[71] Nach hM[72] gilt dies auch, wenn es sich lediglich um Protokollierungen nach § 273 Abs. 2 StPO handelt, obwohl diese entgegen der eigentlichen Funktion des Vernehmungsprotokolls nicht Auskunft über den Wortlaut der Aussage geben.[73] Selbst wenn die Protokolle als verlesbar angesehen werden, muss dieser Mangel aber jedenfalls im 35

---

[58] Vgl. dazu oben § 250 Rn. 27/28.
[59] BGBl. 2004 I S. 2198.
[60] Vgl. zur Begründung: BT-Drucks. 15/1508, S. 26.
[61] Vgl. BT-Drucks. 15/1508, S. 26; *Meyer-Goßner* Rn. 12; *Engelbrecht* DAR 2004, 496.
[62] Vgl. aber den Hinweis in BT-Drucks. 15/1508, S. 26 auf „Massensachen" aus dem Bereich der Wirtschaftskriminalität, die immer nach demselben Schema ablaufen.
[63] Vgl. hierzu *Eisenberg* Beweisrecht Rn. 2116; *Neuhaus* StV 2005, 52, sowie *Knauer/Wolf* NJW 2004, 2936; SK-StPO/*Velten* Rn. 22.
[64] So auch SK-StPO/*Velten* Rn. 23.
[65] Vgl. BT-Drucks. 15/1508, S. 26.
[66] Vgl. BT-Drucks. 15/1508, S. 26 („erhöhter Beweiswert" richterlicher Vernehmungen).
[67] Vgl. BGH v. 28. 6. 1976 – 3 StR 222/76, MDR 1976, 989 (bei *Holtz*).
[68] Vgl. hierzu schon RG v. 5. 1. 1884 – Rep. 2996/83, RGSt 10, 29.
[69] Vgl. *Meyer-Goßner* Rn. 30; Löwe-Rosenberg/*Sander/Cirener* Rn. 42; siehe auch RG v. 15. 12. 1921 – VI 1095/21, RGSt 56, 257.
[70] BGH v. 25. 10. 1983 – 5 StR 736/82, NStZ 1984, 128, 129.
[71] Vgl. BGH v. 21. 7. 1971 – 2 StR 199/71, BGHSt 24, 183 = NJW 1971, 2082 = JR 1971, 512 mAnm *Hanack*; BayObLG v. 19. 2. 1982 – 2 Ob OWi 29/82, MDR 1982, 517.
[72] *Meyer-Goßner* Rn. 30; Löwe-Rosenberg/*Sander/Cirener* Rn. 43; BGH v. 21. 7. 1971 – 2 StR 199/71, BGHSt 24, 183, 184 = NJW 1971, 2082.
[73] Gegen eine Verlesbarkeit deshalb SK-StPO/*Velten* Rn. 39.

Rahmen der Beweiswürdigung berücksichtigt werden. Daneben können auch Protokolle von Vernehmungen durch den Ermittlungsrichter nach §§ 162, 168 c, 169,[74] Vernehmungen durch den Haftrichter nach den §§ 115 Abs. 3 und 115 a Abs. 2, Vernehmungen im Rahmen eines Haftprüfungsverfahrens nach § 118 a Abs. 3, Protokolle richterlicher Vernehmungen aus dem Zwischenverfahren,[75] sowie Protokolle kommissarischer Vernehmungen nach § 223[76] verlesbar sein. Der Grund für die Anordnung der Vernehmung nach § 223 StPO muss dabei nicht mit dem Grund für die Verlesung nach § 251 StPO übereinstimmen.[77] Die Protokolle sind nicht nur dann verlesbar, wenn sie in dem anhängigen Strafverfahren entstanden sind, sondern auch dann, wenn sie aus einem anderen Strafverfahren stammen.[78]

36 **2. Voraussetzungen der Verlesbarkeit. a) Beachtung der Protokollierungsvorschriften.** Verlesbar ist das Protokoll nur, wenn es den Protokollierungsvorschriften entspricht. Für die einzelnen Vernehmungssituationen gelten unterschiedliche **Formvorschriften:** Für richterliche Vernehmungen nach den §§ 115, 115 a Abs. 2, 162 gelten die §§ 168, 168 a StPO, für die Vernehmungen im Haftverfahren verweist § 118 a Abs. 3 auf die §§ 271–273, für die Vernehmungen in der Hauptverhandlung gelten die §§ 271–273, für die Vernehmungen vor den Zivilgerichten die §§ 159 ff. ZPO.[79]

37 Werden die Protokollierungsvorschriften nicht eingehalten, kann dies der Verlesbarkeit entgegenstehen. Nicht verlesbar ist ein Protokoll, wenn die Unterschrift des vernehmenden Richters fehlt.[80] Auch das Fehlen der **Unterschrift des Protokollführers**, des Bestätigungsvermerkes sowie der Unterschrift einer hinzugezogenen Schreibkraft nach § 168 a Abs. 4 Satz 2 und 3[81] oder das Fehlen einer Vereidigung entgegen § 168 Satz 3[82] kann die Verlesung ausschließen. Das Fehlen der Unterschrift des vernommenen Zeugen hindert die Verlesung hingegen nicht.[83]

38 Wird im Rahmen des Protokolls auf Schriftstücke Bezug genommen, die in der Vernehmung verlesen wurden, oder wurden im Zuge der richterlichen Vernehmung polizeiliche Vernehmungsprotokolle verlesen, so dürfen sie gemäß § 251 Abs. 2 ebenfalls in der Hauptverhandlung verlesen werden, weil sie als **Bestandteil des Protokolls** der richterlichen Vernehmung gelten.[84] Das gilt nicht für Protokolle über Aussagen von Angeklagten oder Zeugen, auf die der Vernommene sich bezogen hat.[85]

39 Die Rechtsprechung sieht es als zulässig an, wenn der Richter nicht nur Vermerke über den Ablauf der Vernehmung, sondern auch über das **Verhalten des Vernommenen** in das Protokoll aufnimmt.[86] Eigene Bewertungen und Wahrnehmungen des Richters dürfen im Übrigen nicht Bestandteil des Protokolls werden.[87] Aus dem Protokoll muss sich ergeben, dass der Vernommene Gelegenheit hatte, von sich aus Angaben zur Sache zu machen. Die Vernehmung darf nicht durch pauschale Bezugnahme auf ein polizeiliches Protokoll oder ein Schriftstück mit einer Sachverhaltsdarstellung ersetzt werden.[88]

40 **b) Einhaltung der wesentlichen Verfahrensvorschriften.** Generell ausgeschlossen ist die Verlesung von Protokollen, die unter Missachtung wesentlicher Verfahrensvorschriften zustande gekommen sind. **Nicht verlesbar** ist ein Protokoll, wenn der bei der Vernehmung mitwirkende Dolmetscher nicht ordnungsgemäß vereidigt war,[89] ein ausgeschlossener Richter (§ 22) mitgewirkt

---

[74] BGH v. 21. 2. 1957 – 4 StR 582/56, BGHSt 10, 186 = NJW 1957, 918.
[75] Nach BGH v. 15. 12. 1976 – 3 StR 380/76, MDR 1977, 461 (bei *Holtz*) sind die Protokolle jedoch unverwertbar, wenn der Angeklagte und der Verteidiger von dem Vernehmungstermin nicht benachrichtigt wurden und der Verwertung in der Hauptverhandlung widersprechen.
[76] BGH v. 21. 2. 1969 – 4 StR 470/68, VRS 36, 356.
[77] So Meyer-Goßner Rn. 30.
[78] BGH v. 21. 2. 1957 – 4 StR 582/56, BGHSt 10, 186 = NJW 1957, 918; BayObLG v. 6. 5. 1953 – RevReg. 1 St 48/53 = BayObLGSt 1953, 92; BGH v. 2. 10. 1980 – 4 StR 205/80, StV 1981, 12 (Unverlesbarkeit einer früheren Beschuldigtenvernehmung, wenn dem Vernommenen als Zeuge jetzt ein Recht nach § 52 StPO zusteht); vgl. auch SK-StPO/*Velten* Rn. 39.
[79] Vgl. zum Ganzen: SK-StPO/*Velten* Rn. 39, 40; BGH v. 19. 12. 1975 – 2 StR 480/73, GA 1976, 218, 220 (Verlesbarkeit eines Protokolls aus dem Kanton Zürich); *Park* StV 2000, 218.
[80] BGH v. 21. 6. 1956 – 3 StR 158/56, BGHSt 9, 297, 301 = NJW 1956, 1527.
[81] OLG Stuttgart NStZ 1986, 41; vgl. auch *Mitsch* NStZ 1986, 377 und *Rieß* NStZ 1987, 444.
[82] BGH v. 17. 1. 1978 – 5 StR 554/77, BGHSt 27, 339 = JR 1978, 525 mAnm *Meyer-Goßner*; BGH v. 25. 9. 1979 – 5 StR 531/79, NStZ 1981, 95 (bei *Pfeiffer*); BGH v. 3. 8. 1984 – 4 StR 496/84, NStZ 1984, 564.
[83] RG v. 18. 10. 1901 – Rep. 3094/01, RGSt 34, 396; OLG Düsseldorf v. 31. 8. 1983 – 5 Ss 343/83 – 56/83, StV 1984, 107; anderer Ansicht: SK-StPO/*Velten* Rn. 40.
[84] Löwe/Rosenberg/*Sander/Cirener* Rn. 53; BGH v. 21. 10. 1952 – 1 StR 287/52, NJW 1953, 35.
[85] *Meyer-Goßner* Rn. 31.
[86] BGH v. 13. 11. 1951 – 1 StR 597/51, BGHSt 2, 1, 3; BGH v. 21. 12. 1982 – 2 StR 323/82, NStZ 1983, 182; dagegen zu Recht *Eisenberg* Beweisrecht Rn. 2127.
[87] Vgl. OLG Hamm v. 7. 9. 1983 – 3 Ss OWi 947/83, VRS 66, 44, 45.
[88] Vgl. KK-StPO/*Diemer* Rn. 17.
[89] BGH v. 8. 3. 1968 – 4 StR 615/67, BGHSt 22, 118; BayObLG v. 14. 3. 1977 – RReg 4 St 38/77, BayObLGSt 1977, 37 = JR 1977, 475 mAnm *Peters*.

hat,[90] bei einem Verstoß gegen § 68[91] oder gegen § 69.[92] Auch sonstige Verfahrensfehler können zur Unverlesbarkeit des Protokolls führen.[93]

Ist entgegen § 168c die Benachrichtigung des Angeklagten und des Verteidigers unterblieben, **41** unterliegt die Vernehmung einem Verwertungsverbot, sofern der Angeklagte in der Hauptverhandlung widerspricht.[94] Erklären der Angeklagte und der Verteidiger ihr Einverständnis, dann bleibt das Protokoll verwertbar und darf dementsprechend verlesen werden.[95]

3. Besonderheiten bei Vernehmungen im Ausland. Von wachsender Bedeutung ist die Frage, **42** unter welchen Voraussetzungen Vernehmungen verlesbar sind, die durch Mitglieder des erkennenden Gerichts im Ausland oder durch ausländische Behörden auf der Grundlage eines deutschen **Rechtshilfeersuchens** durchgeführt werden. Der Ablauf derartiger Vernehmungen kann sich dabei je nach dem Inhalt der anwendbaren Rechtshilfeverträge stark unterscheiden.

Gestattet das jeweilige Land nach dem für ihn maßgeblichen Rechtshilferecht dem deutschen **43** Gericht, selbst die Vernehmung durchzuführen, so können die Vorschriften der StPO anwendbar sein.[96] Im Geltungsbereich des Übereinkommens über die Rechtshilfe in Strafsachen zwischen den Mitgliedstaaten der **Europäischen Union** (EU-RhÜbK) hat dabei nach Artikel 4 Abs. 1 EU-RhÜbK der um Rechtshilfe ersuchte Staat die vom ersuchenden Staat angegebenen Formvorschriften und Verfahren anzuwenden. Hieraus wird abgeleitet, dass Rechtshilfeersuchen im Geltungsbereich des Abkommens nach dem Recht des ersuchenden Staates abzuwickeln sind.[97] Dieser Grundsatz gilt nach Art. 4 Abs. 1 EU-RhÜbK allerdings nicht vorbehaltlos, weil das Übereinkommen nicht die jeweiligen innerstaatlichen Vorschriften ändert, die einer Abwicklung nach deutschem Verfahrensrecht entgegenstehen können.[98] Nur dann, wenn von dem ersuchten Staat keine Vorbehalte geltend gemacht werden und die Vernehmung tatsächlich unter Beachtung deutscher Formvorschriften abgewickelt werden kann, kann auch über die Verlesbarkeit unmittelbar nach den Maßstäben der StPO entschieden werden.[99]

Außerhalb des Geltungsbereichs des EU-RhÜbK oder in Staaten, in denen die Vorbehalte in **44** Art. 4 Abs. 1 EU-RhÜbK greifen, richtet sich die Durchführung der Vernehmung regelmäßig nach der jeweiligen nationalen Rechtsordnung. Welche Auswirkungen Verstöße gegen **Belehrungs- und Benachrichtigungspflichten** haben, ist umstritten. Ist nach deutschem Recht eine Belehrung über ein Zeugnisverweigerungsrecht erforderlich und wird diese nicht erteilt, weil das ausländische Recht eine solche Belehrungspflicht nicht enthält, so kann die Vernehmungsniederschrift nicht nach § 251 Abs. 2 verlesen werden.[100] Das muss auch für die Fälle gelten, in denen das deutsche Recht eine Verpflichtung zur Beschuldigtenbelehrung enthält, die ausländische Rechtsordnung jedoch nicht.[101] Haben die deutschen Ermittlungsbehörden und Gerichte im Rahmen des Rechtshilfeverkehrs die Möglichkeit, auf die Erteilung von Belehrungen oder von Benachrichtigungen hinzuwirken, so haben sie dem nachzukommen.[102] Ist nach dem Recht des ersuchten Staates eine Benachrichtigung der Prozessbeteiligten geboten, führt ein Verstoß gegen diese Regelungen – ebenso wie bei § 168c – dazu, dass das Vernehmungsprotokoll nicht nach Abs. 2 verlesen werden kann.[103] Ist nach der ausländischen Verfahrensordnung eine Benachrichtigung nicht vorgesehen

---

[90] RG v. 4. 5. 1897 – Rep. 1392/97, RGSt 30, 70; SK-StPO/*Velten* Rn. 40.
[91] BGH v. 26. 4. 1984 – 5 StR 252/84, StV 1984, 231.
[92] BGH v. 21. 10. 1952 – 1 StR 287/52, NJW 1953, 35; BGH v. 17. 3. 1981 – 1 StR 113/81, MDR 1981, 632 (bei *Holtz*).
[93] Vgl. zur Thematik generell *Meyer-Goßner* Rn. 32.
[94] Vgl. BGH v. 28. 10. 1986 – 1 StR 507/86, NStZ 1987, 133; BGH v. 19. 3. 1996 – 1 StR 497/95, NJW 1996, 2239, 2241; BGH v. 11. 5. 1976 – 1 StR 166/76, BGHSt 26, 332 = JR 1977, 257 mAnm *Meyer-Goßner*; BGH v. 2. 5. 1979 – 2 StR 99/79, BGHSt 29, 1; siehe dazu ein Einzelnen: § 168c Rn. 21 ff.
[95] In den Entscheidungen BGH v. 16. 7. 1985 – 5 StR 409/85, StV 1985, 397; BGH v. 1. 11. 1955 – 5 StR 186/55, BGHSt 9, 24; KG v. 17. 10. 1983 – (4) Ss 234/83, StV 1984, 68 wird die Unverwertbarkeit jeweils vom Widerspruch der Verteidigung abhängig gemacht.
[96] BGH v. 24. 7. 1996 – 3 StR 609/95, NStZ 1996, 609 (Übertragung der Vernehmung einer Zeugin im Kanton Zürich auf den Richter der deutschen Strafkammer) mAnm *Rose* NStZ 1998, 154.
[97] Vgl. BGH v. 15. 3. 2007 – 5 StR 53/07, StV 2007, 627 unter Hinweis auf *Gleß*, in: *Schomburg/Lagodny/Gleß/ Hackner* Art. 4 EU-RhÜbK Rn. 1; Löwe/Rosenberg/*Sander/Cirener* Rn. 56.
[98] *Gleß*, in: *Schomburg/Lagodny/Gleß/Hackner* Art. 4 EU-RhÜbK Rn. 6.
[99] Vgl. KK-StPO/*Diemer* Rn. 20.
[100] BGH v. 4. 3. 1992 – 3 StR 460/91, NStZ 1992, 394.
[101] Offen gelassen von BGH v. 10. 8. 1994 – 3 StR 53/94, NStZ 1994, 595, 596 (Beschuldigtenvernehmung im Kanton Luzern); vgl. hierzu *Wohlers* NStZ 1995, 46 und *Rogall* JZ 1996, 954.
[102] Vgl. BGH v. 19. 3. 1996 – 1 StR 497/95, BGHSt 42, 86, 90/91 (Vernehmung durch Untersuchungsrichter im Kanton Bern) = JZ 1997, 45; BGH v. 3. 11. 1987 – 5 StR 579/87, BGHSt 35, 82, 83 (Niederlande); Löwe/Rosenberg/ *Sander/Cirener* Rn. 56.
[103] BGH v. 27. 1. 2005 – 1 StR 495/05, StV 2005, 255 (richterl. Vernehmung in der Türkei); OLG Celle v. 16. 2. 1995 – 2 StE 4/92, StV 1995, 179 (Dänemark); BayObLG v. 8. 10. 1994 – RReg 4 St 200/84, BayObLGSt 1984, 107 (Österreich); zur Möglichkeit der „Herabstufung" eines verfahrensfehlerhaft zustandegekommenen Protokolls s. o. Rn. 8.

oder nicht zulässig, steht nach der Rechtsprechung die fehlende Benachrichtigung der Verlesbarkeit nicht entgegen.[104] Auch abweichende Vereidigungsvorschriften in den einzelnen Ländern stehen der Verlesbarkeit in Deutschland nicht entgegen.[105]

45 Ist sonst darüber zu entscheiden, ob das Protokoll einer im Ausland durchgeführten Vernehmung nach § 251 Abs. 2 verlesen werden kann, muss zunächst geprüft werden, ob die durchgeführte Vernehmung ihrer Funktion nach mit einer deutschen **richterlichen Vernehmung vergleichbar** ist.[106] Allein der Umstand, dass die Vernehmung durch die Staatsanwaltschaft, die Polizei oder andere Beamte durchgeführt wurde, schließt ihre Verlesbarkeit im Hinblick auf die unterschiedliche Gestaltung der Strafverfahren in den einzelnen Staaten nicht aus.[107] Abweichungen in den Formvorschriften schließen die Verlesung nicht zwingend aus.[108]

47 **4. Voraussetzungen des Abs. 2 im Einzelnen. a) Krankheit, Gebrechlichkeit oder sonstige Hindernisse (Abs. 2 Nr. 1).** Dass Abs. 2 Nr. 1 die Verlesung gestattet, wenn dem Erscheinen in der Hauptverhandlung für eine längere oder ungewisse Zeit Krankheit, Gebrechlichkeit und andere nicht zu beseitigende Hindernisse entgegenstehen, bewirkt gegenüber Abs. 1 S. 2 keine entscheidende Erweiterung der Verlesungsmöglichkeiten.[109] Zwar ist der Wortlaut unterschiedlich („in absehbarer Zeit" und „längere oder ungewisse Zeit"),[110] doch spricht der Ausnahmecharakter des § 251 generell dagegen, an die Voraussetzungen für eine Durchbrechung des in § 250 S. 2 enthaltenen Grundsatzes geringe Anforderungen zu stellen.

48 Die Bedingungen, unter denen Abs. 2 Nr. 1 eine Verlesung zulässt, entsprechen den Bedingungen, unter denen eine kommissarische Vernehmung angeordnet werden kann (§ 223).[111] Eine „**Krankheit**" kann einer Vernehmung aus zwei Gründen entgegenstehen: Sie kann den Zeugen unmittelbar daran hindern, zur Verhandlung zu erscheinen (zB weil er bettlägerig ist). Sie kann aber auch dazu führen, dass ein Zeuge im Falle einer Vernehmung mit einer nachhaltigen Verschlechterung seines Gesundheitszustandes rechnen muss.[112] In beiden Fällen liegen die Voraussetzungen des Abs. 2 Nr. 1 vor. **Gebrechlichkeit** wird im Gesetz von Krankheit unterschieden. Sie kann Folge des Alterungsprozesses sein, wird sich zumeist aber auch in einer medizinischen Diagnose beschreiben lassen.

49 Der Begriff der **anderen nicht zu beseitigenden Hindernisse** lässt Raum für eine am Einzelfall orientierte Entscheidung. Erfasst sind vom Gericht nicht zu behebende Hindernisse von nicht nur vorübergehender Dauer,[113] wie zB eine mit dem Auftreten in der Hauptverhandlung verbundene Gefahr für Leib und Leben. Werden von einem Zeugen solche Sicherheitsbedenken geltend gemacht, ist zunächst aber zu prüfen, ob ihnen durch einen Ausschluss der Öffentlichkeit (§ 172 GVG) oder eine Verlegung der Hauptverhandlung an einen anderen Ort begegnet werden kann.[114] Als Hindernisse iSv. Abs. 2 Nr. 1 kommen auch Sperrerklärungen für V-Leute oder Verdeckte Ermittler in Betracht.[115] Ebenso kann in der Weigerung der Eltern, ein nicht volljähriges Kind zur Teilnahme an einer Hauptverhandlung zu veranlassen, ein Hindernis iSv. Abs. 2 Nr. 1 für ein Erscheinen des Kindes liegen: werden hierfür keine konkreten Gründe genannt, darf das Gericht nicht ohne weiteres davon ausgehen, dass das Hindernis „nicht zu beseitigen" ist.[116]

50 Die Voraussetzungen des Abs. 2 Nr. 1 sind regelmäßig auch dann erfüllt, wenn ein im Ausland wohnender Zeuge ernstlich und bestimmt erklärt, er werde nicht zur Vernehmung in der Hauptver-

---

[104] BGH v. 5. 6. 1951 – 1 StR 129/51, BGHSt 1, 219, 221; BGH v. 23. 1. 1985 – 1 StR 722/84, NStZ 1985, 376, 377; BGH v. 15. 12. 1976 – 3 StR 380/76, MDR 1977, 461 (bei *Holtz*); OLG Hamm v. 25. 6. 1962 – 4 Ss 285/62, VRS 24, 391, 393; vgl. ergänzend auch *Gleß*, Festschrift für Grünwald, S. 208 f.
[105] BGH v. 7. 6. 2000 – 3 StR 559/99, NStZ 2000, 547; BGH v. 15. 7. 1966 – 4 StR 183/66, VRS 31, 268, 269; vgl. ergänzend OLG Koblenz v. 23. 6. 1988 – 1 Ss 109/88, OLGSt § 251 Nr. 3.
[106] Vgl. Löwe/Rosenberg/*Sander*/*Cirener* Rn. 57.
[107] BGH v. 28. 10. 1954 – 3 StR 466/54, BGHSt 7, 15 = NJW 1955, 32; BGH v. 11. 11. 1982 – 1 StR 489/91, NStZ 1983, 181; BGH v. 23. 1. 1985 – 1 StR 722/84, NStZ 1985, 376.
[108] Vgl. hierzu BGH v. 22. 4. 1952 – 1 StR 622/51, BGHSt 2, 300, 304 (sowjetische Besatzungszone); BGH v. 5. 6. 1951 – 1 StR 129/51, BGHSt 1, 219, 221 (Österreich); Löwe/Rosenberg/*Sander*/*Cirener* Rn. 58.
[109] Als Erweiterung der Verlesungsmöglichkeiten gegenüber der in Abs. 1 Nr. 2 enthaltenen Regelung wird die Vorschrift u. a. von KK-StPO/*Diemer* Rn. 24; *Meyer-Goßner* Rn. 20 unter Bezugnahme auf *Knauer/Wolf* NJW 2004, 2935 interpretiert.
[110] Vgl. hierzu BT-Drucks. 15/1508, S. 26.
[111] S. dazu im Einzelnen oben § 223 Rn. 3 ff.
[112] Vgl. hierzu OLG München v. 18. 1. 2006 – 4 StRR 252/05, StV 2006, 464; BGH v. 21. 6. 1956 – 3 StR 158/56, BGHSt 9, 297, 300 = NJW 1956, 1527.
[113] So zu Recht Löwe/Rosenberg/*Sander*/*Cirener* Rn. 65.
[114] Vgl. Löwe/Rosenberg/*Sander*/*Cirener* Rn. 28; *Meyer-Goßner* Rn. 21; BGH v. 17. 1. 1969 – 2 StR 533/68, BGHSt 22, 311, 313 = NJW 1969, 669; gegen die Anwendbarkeit des § 251 Abs. 2 bei Gefährdung des Zeugen: *Eisenberg* Beweisrecht Rn. 2130.
[115] So mit Recht Löwe/Rosenberg/*Sander*/*Cirener* Rn. 31 und Rn. 65. S. zur Unerreichbarkeit durch Sperrerklärungen allgemein oben § 244 Rn. 146 ff.; § 250 Rn. 26 ff.
[116] OLG Saarbrücken v. 28. 2. 1974 – Ss 78/73, NJW 1974, 1959, 1960; vgl. hierzu auch *Zschockelt/Wegner* NStZ 1996, 308.

Sechster Abschnitt. Hauptverhandlung 51–56 **§ 251**

handlung erscheinen und er nicht durch Zwangsmaßnahmen hierzu angehalten werden kann.[117] Auf die **fehlende Bereitschaft zum Erscheinen** darf dabei auch mittelbar aus anderen Schriftstücken geschlossen werden.[118]

Wurde ein **Beweisantrag** auf Vernehmung des Zeugen gestellt und dieser nach § 244 Abs. 3 wegen **Unerreichbarkeit des Zeugen** abgelehnt,[119] dann sind damit zugleich die Voraussetzungen des Abs. 2 Nr. 1 gegeben. Dies gilt jedoch nicht, wenn die Vernehmung des Zeugen nach § 244 Abs. 5 abgelehnt wird.[120] § 244 Abs. 5 gestattet es nach hM dem Gericht, die Vernehmung eines Zeugen anhand einer einzelfallbezogenen Entscheidung ohne Bindung an das Beweisantizipationsverbot[121] abzulehnen. Durch das Ergebnis einer solchen Entscheidung sind nicht notwendigerweise zugleich die Voraussetzungen des § 251 Abs. 2 Nr. 1 festgestellt. 51

Nach Abs. 2 Nr. 1 darf von einer bestehenden Verlesungsmöglichkeit Gebrauch gemacht werden, wenn „dem Erscheinen" der Beweisperson ein Hindernis entgegensteht. Daraus ist zu folgern, dass die Voraussetzungen des § 251 Abs. 2 Nr. 1 auch dann vorliegen, wenn zwar die Möglichkeit zu einer **Videovernehmung (§ 247 a)** besteht, der Zeuge aber nicht körperlich im Gerichtssaal erscheinen wird.[122] 52

Ob das geltend gemachte Hindernis einem Erscheinen des Zeugen in der Hauptverhandlung „für eine längere oder ungewisse Zeit" entgegensteht, ist unter Berücksichtigung des Beschleunigungsgebotes, der Bedeutung der Sache und der Wichtigkeit der Aussage zu entscheiden.[123] Die Zeitdauer ist danach zu beurteilen, wann der Zeuge vor Gericht erscheinen kann.[124] In die Betrachtung sind aber die zur Verfügung stehenden Sitzungstage ebenso einzubeziehen wie die Unterbrechungsfristen und ähnliche äußere Rahmenbedingungen. Auch der höhere Beweiswert richterlicher Vernehmungen erlaubt es nicht, ihre Verlesung an die Stelle einer persönlichen Vernehmung treten zu lassen, sobald irgendeine Verzögerung der Hauptverhandlung zu besorgen ist. Im Einzelfall kann auch eine Verlängerung der Hauptverhandlung geboten sein. 53

b) Unzumutbarkeit des Erscheinens (Abs. 2 Nr. 2). Nach Abs. 2 Nr. 2 können richterliche Protokolle verlesen werden, wenn Zeugen oder Sachverständigen wegen großer Entfernung ihres Aufenthaltsorts vom Gerichtsort das Erscheinen in der Hauptverhandlung nicht zugemutet werden kann. Das Gesetz fordert an dieser Stelle eine Abwägung zwischen der prognostizierten Bedeutung der Aussage und den individuellen Verhältnissen des Zeugen.[125] 54

Ausgangspunkt ist – wie bei § 223 Abs. 2 – die **geographische Entfernung** zwischen dem Ort, von dem aus der Zeuge anzureisen hätte und der Gerichtsstelle.[126] Muss das Gericht davon ausgehen, dass die Aussage hohe Bedeutung für die Beweiswürdigung haben wird, dann wird es dem Zeugen auch eine weite Anreise zumuten müssen.[127] Im Einzelfall kann eine Verlängerung der Hauptverhandlung geboten sein, wenn mit der alsbaldigen Rückkehr des Zeugen zu rechnen ist.[128] 55

c) Einverständnis der Beteiligten (Abs. 2 Nr. 3). Nach Abs. 2 Nr. 3 kann das Unmittelbarkeitsprinzip auch durchbrochen werden, wenn alle Beteiligten hiermit einverstanden sind. Das Einverständnis der Beteiligten ist – ebenso wie bei Abs. 1 Nr. 1[129] – ein **selbständiger Verlesungsgrund**.[130] Liegen wirksame Einverständniserklärungen vor, kommt es deshalb nicht mehr darauf an, ob einer der übrigen Ausnahmetatbestände des § 251 gegeben ist. Während bei nicht-richterlichen Vernehmungsprotokollen die Verlesung im Einverständnis aller Beteiligten nur zulässig ist, wenn der Angeklagte einen Verteidiger hat, gilt diese Voraussetzung bei der Verlesung richterlicher Vernehmungsprotokolle nach Abs. 2 Nr. 3 nicht.[131] 56

---

[117] Vgl. BGH v. 8. 11. 1999 – 5 StR 632/98, NJW 2000, 443, 447 (zu § 244 Abs. 3); BGH v. 15. 2. 2001 – 3 StR 554/00, StV 2001, 664 (zu § 244 Abs. 3); BGH v. 24. 8. 1983 – 3 StR 136/83, BGHSt 32, 68, 73 ff. = JR 1984, 514 mAnm *Schlüchter*; BGH v. 30. 10. 1959 – 1 StR 432/59, BGHSt 13, 300; BGH v. 28. 10. 1954 – 3 StR 466/54, BGHSt 7, 15, 16 = NJW 1955, 32 (fehlende Reaktion auf Ladungen).
[118] BGH v. 5. 3. 1968 – 1 StR 586/67 (allgemein gefasste Entschuldigung, zitiert nach *Meyer-Goßner* Rn. 21).
[119] Vgl. zu den Voraussetzungen dieses Ablehnungsgrundes oben § 244 Rn. 140 ff.
[120] So aber *Meyer-Goßner* Rn. 21.
[121] Vgl. hierzu § 244 Rn. 171.
[122] Vgl. BGH v. 18. 5. 2000 – 4 StR 647/99, BGHSt 46, 73, 76 = NJW 2000, 2517 = JZ 2001, 51 mAnm *Sinn*.
[123] BGH v. 24. 8. 1983 – 3 StR 136/83 = BGHSt 32, 68, 73; BGH v. 6. 5. 1997 – 1 StR 169/97, NStZ-RR 97, 268; OLG München v. 18. 1. 2006 – 4 StRR 252/05, StV 2006, 464; vgl. SK-StPO/*Velten* Rn. 36.
[124] *Meyer-Goßner* Rn. 22.
[125] Vgl. Löwe/Rosenberg/*Sander/Cirener* Rn. 66.
[126] Vgl. BGH v. 14. 1. 1964 – 5 StR 572/63, GA 1964, 275; OLG Köln v . 29. 5. 1953 – Ws 113/53, GA 1953, 186.
[127] Vgl. hierzu BGH v. 4. 12. 1985 – 2 StR 848/84, NJW 1986, 1999, 2000; BGH v. 4. 10. 1983 – 5 StR 421/83, StV 1983, 444; OLG Düsseldorf v. 13. 2. 1991 – 5 Ss 36/91 – 12/91 I, NJW 1991, 2781; BGH v. 17. 5. 1956, BGHSt 9, 230 = NJW 1956, 1367 (Anreise aus Übersee zumutbar).
[128] BGH v. 4. 10. 1983 – 5 StR 421/83, StV 1983, 444.
[129] S. o. Rn. 15 ff.
[130] OLG Hamm v. 27. 1. 2009 – 3 Ss 567/08, Rn. 43.
[131] So mit Recht KK-StPO/*Diemer* Rn. 29.

57 Nach dem Gesetzeswortlaut müssen die Staatsanwaltschaft, der Verteidiger und der Angeklagte ihr Einverständnis erklären,[132] nicht jedoch der Nebenkläger.[133] Im Hinblick auf die §§ 384 und 385 ist auch das Einverständnis des Privatklägers erforderlich.[134]

58 Die Zustimmung des Angeklagten ist auch dann erforderlich, wenn er nicht an der Verhandlung teilnimmt, zB weil er **nach § 233 nicht erscheinen muss**. Ist er nach § 247 ausgeschlossen, muss gleichwohl seine Zustimmung eingeholt werden,[135] nicht jedoch wenn er nach den §§ 231 Abs. 2, 231a und 231b ausgeschlossen ist.[136]

59 Das Einverständnis nach Abs. 2 Nr. 3 ist – ebenso wie das Einverständnis nach Abs. 1 Nr. 1 – **wesentliche Förmlichkeit** im Sinne von § 273 Abs. 1.[137] Ebenso wie Abs. 1 Nr. 1 kann auch hier die Möglichkeiten eines stillschweigenden Einverständnisses nicht anerkannt werden.[138] Insbesondere in Fällen, in denen der Angeklagte keinen Verteidiger hat, darf sein Verhalten nicht vorschnell als rechtlich bindendes Einverständnis mit einer Abweichung von dem grundlegenden Prinzip des § 250 S. 2 interpretiert werden.[139]

60 Hinsichtlich des Zeitpunktes der Einverständniserklärung und der fehlenden Widerrufsmöglichkeiten gelten gegenüber Abs. 1 Nr. 1 keine Besonderheiten.[140]

IV. Freibeweisverfahren (Abs. 3)

61 Abs. 3 enthält eine ausdrückliche gesetzliche Regelung über den Freibeweis.[141] Durch sie wird angeordnet, dass Verlesungen, die nicht Beweiszwecken dienen, unabhängig von § 250 generell zulässig sind. Als Beispiel für einen Grund, der es rechtfertigen kann, Urkunden freibeweislich zu verlesen, führt das Gesetz die Entscheidung darüber an, ob ein Zeuge zu vernehmen ist. Über diese Fallkonstellation hinaus gilt der in Abs. 3 enthaltene Grundsatz aber auch für andere Verfahrenssituationen, in denen anhand freibeweislicher Ermittlungen eine prozessrechtliche Entscheidung zu treffen ist.[142]

V. Verfahrensfragen (Abs. 4)

62 Abs. 4 betont den verfahrensrechtlichen Ausnahmecharakter von Verlesungen nach Abs. 1 und Abs. 2 dadurch, dass er ein formales Erfordernis für ihre Durchführung aufstellt: Nach Satz 1 kann die Verlesung nur durch einen **Gerichtsbeschluss** angeordnet werden. An ihm haben die Schöffen mitzuwirken. Das Beschlusserfordernis gilt auch in den Fällen, in denen die Verlesung im Einverständnis aller Beteiligten vorgenommen wird (Abs. 1 Nr. 1 und Abs. 2 Nr. 3). Ein Beschluss ist hier schon deshalb erforderlich, weil zu entscheiden ist, ob die Aufklärungspflicht eine persönliche Vernehmung des Zeugen gebietet.[143] Zudem muss förmlich festgehalten werden, in welchem Umfang in der Beweisaufnahme vom Grundsatz des § 250 StPO abgewichen wird.[144]

63 Der Beschluss bedarf der **Begründung**. Damit der Beschluss gegenüber dem Beschuldigten eine Informationsfunktion erfüllen kann, muss er eine Begründung enthalten, die es den Beteiligten ermöglicht, sich auf die Sichtweise des Gerichts einzustellen. Im Beschluss müssen deshalb die Tatsachen (zumindest die leitenden Erwägungen) angegeben werden, auf die sich die Verlesungsanordnung stützt.[145]

64 Nach **Abs. 4 S. 3** hat das Gericht nach der Verlesung festzustellen, ob der Vernommene vereidigt wurde. Das Gericht ist befugt, sodann eigenständig über die **Vereidigung** zu entscheiden, es kann ihre Nachholung anordnen.[146] Eine nachträgliche Vereidigung wird jedoch in der Praxis kaum möglich sein, wenn die Vernehmung des Zeugen kurz zuvor gerade deshalb durch die Verlesung eines Protokolls ersetzt wurde, weil dem Erscheinen des Zeugen vor Gericht ein nicht zu

---

[132] Ebenso die Nebenbeteiligte (vgl. § 433 Abs. 1 Satz 1, 442 Abs. 1, Abs. 2 Satz 2 und 444 Abs. 2 Satz 2), vgl. *Meyer-Goßner* Rn. 26.
[133] *Meyer-Goßner* Rn. 26; vgl. dazu im Einzelnen oben Rn. 16.
[134] So mit Recht KK-StPO/*Diemer* Rn. 11.
[135] *Meyer-Goßner* Rn. 26.
[136] S. dazu oben Rn. 17 mwN.
[137] S. o. Rn. 20.
[138] S. o. Rn. 21.
[139] Vgl. *Eisenberg* Beweisrecht Rn. 2138.
[140] S. dazu oben Rn. 22.
[141] Vgl. zum Freibeweis allgemein § 244 Rn. 18.
[142] Vgl. SK-StPO/*Velten* Rn. 49.
[143] S. dazu oben Rn. 4; vgl. auch SK-StPO/*Velten* Rn. 50.
[144] Vgl. BGH v. 10. 6. 2010 – 2 StR 78/10; BGH v. 20. 4. 2006 – 4 StR 604/05, NStZ RR 2007, 52, 53; BGH v. 26. 2. 1988 – 4 StR 51/88, NStZ 1988, 283; OLG Düsseldorf v. 9. 4. 1999 – 5 Ss 385/98 – 104/98 I, StV 2000, 8.
[145] Vgl. BGH v. 28. 8. 1983 – 5 StR 429/83, NStZ 1983, 569; BGH v. 7. 1. 1986 – 1 StR 571/85, NStZ 1986, 325; BGH v. 29. 10. 1992 – 4 StR 446/92, NStZ 1993, 144 = StV 1993, 234.
[146] Vgl. hierzu etwa BGH v. 22. 6. 1988 – 3 StR 222/88, BGHR StPO § 251 Abs. 4 Vereidigung 1 und BGH v. 6. 9. 2000 – 1 StR 364/00, BGHR StPO § 251 Abs. 4 Vereidigung 2.

beseitigendes Hindernis entgegensteht. Das Gesetz sieht keine Verpflichtung zur Vereidigung vor. Es gelten die allgemeinen Vorschriften (§ 59 f StPO).[147]

VI. Revision

Wird eine Urkunde verlesen, ohne dass zuvor ein Beschluss gefasst wurde, dann liegt ein revisibler Verfahrensfehler vor. Der Grundsatz des § 250 ist verletzt, weil die Durchbrechung dieser Vorschrift voraussetzt, dass ein Verlesungsgrund vorliegt und die vom Gesetz hierfür angeordneten Formalien beachtet werden.[148] Der BGH hat allerdings wiederholt bei derartigen Rügen eine Urteilsaufhebung mit der Begründung abgelehnt, das Urteil beruhe nicht auf dem Verfahrensfehler, weil allen Beteiligten der Grund der Verlesung bekannt gewesen sei.[149] Das kann sich im Einzelfall aber auch anders darstellen, so etwa wenn die Vernehmung eines erreichbaren Zeugen durch einverständliche Verlesung eines von ihm stammenden Vernehmungsprotokolls ersetzt wird.[150]

Mit der Revision kann ferner geltend gemacht werden, dass die Vernehmung eines Zeugen oder Sachverständigen durch eine Verlesung ersetzt wurde, obwohl die Voraussetzungen des § 251 nicht vorlagen. In diesen Fällen ist § 250 StPO verletzt.[151]

§ 252 [Unstatthafte Protokollverlesung]

Die Aussage eines vor der Hauptverhandlung vernommenen Zeugen, der erst in der Hauptverhandlung von seinem Recht, das Zeugnis zu verweigern, Gebrauch macht, darf nicht verlesen werden.

I. Allgemeines

§ 252 stellt sicher, dass ein Zeuge, der ein Zeugnisverweigerungsrecht hat, über die Ausübung dieses Rechts in der Hauptverhandlung abschließend entscheiden kann. Macht er in der Verhandlung von seinem Recht Gebrauch, dann führt dies nach der gesetzlichen Regelung dazu, dass frühere Vernehmungen nicht verwertet werden dürfen. Für diesen Fall enthält § 252 ein ausdrückliches Verlesungsverbot. Nach ständiger Rechtsprechung des BGH und der hM im Schrifttum folgt aus dem Gesetzeswortlaut aber nicht nur ein Verlesungs-, sondern ein **Verwertungsverbot**.[1] Das Gesetz macht damit deutlich, dass dem Schutz der persönlichen und rechtlichen Beziehungen, die Grundlage eines Zeugnisverweigerungsrechtes sein können, Vorrang gegenüber dem staatlichen Interesse an der Ermittlung des wahren Sachverhalts und der Aufklärung des Tatverdachts in einem Strafverfahren zukommen soll.

Die Rechtsprechung hat Ausnahmen von den im Gesetz geregelten Rechtsfolgen für den Fall zugelassen, dass bereits in einer richterlichen Vernehmung auf das Zeugnisverweigerungsrecht hingewiesen wurde.[2] Hierdurch wird eine wesentliche Einschränkung des gesetzlichen Grundsatzes bewirkt. Nach der neueren Rechtsprechung des BGH kann der Zeuge ferner die Verwertung früherer Vernehmungen gestatten.[3]

II. Zeugnisverweigerungsberechtigte

Unter die Regelung des § 252 fallen sämtliche Zeugnisverweigerungsrechte nach den §§ 52, 53 und 53a, nicht jedoch die beamtenrechtliche Verschwiegenheitspflicht (vgl. § 54) und nach Ansicht der Rechtsprechung auch nicht das Auskunftsverweigerungsrecht nach § 55.

1. Zeugnisverweigerungsberechtigte nach § 52. Entscheidend für die Ausübung des Zeugnisverweigerungsrechts nach § 52 ist die Situation zum Zeitpunkt der Hauptverhandlung. Besteht

---
[147] So auch SK-StPO/*Velten* Rn. 51.
[148] Vgl. BGH v. 7. 1. 1986 – 1 StR 571/85, NStZ 1986, 325; KK-StPO/*Diemer* § 251 Rn. 31.
[149] Vgl. BGH v. 14. 3. 2000 – 4 StR 3/00, BGHR StPO § 251 Abs. 4 Gerichtsbeschluss 4; BGH v . 9. 2. 1983 – 3 StR 475/82, StV 1983, 319, 320; BGH v. 7. 1. 1986 – 1 StR 571/85, NStZ 1986, 325; vgl. ferner BGH v. 20. 4. 2006 – 4 StR 604/05, NStZ RR 2007, 52, 53; BGH v. 22. 11. 2007, 4 StR 397/07 sowie BGH v. 14. 1. 2010 – 1 StR 620/09 und BGH v. 10. 6. 2010 – 2 StR 78/10.
[150] BGH v. 26. 2. 1988 – 4 StR 51/88, NStZ 1988, 283.
[151] Vgl. zB BGH v. 27. 4. 2007 – 2 StR 490/06, BGHSt 51, 325.
[1] So auch KK-StPO/*Diemer* Rn. 1; vgl. aus der Rechtsprechung: BVerfG v. 25. 9. 2003 – 2 BvR 1337/03, NStZ-RR 2004, 18; BGH v. 15. 1. 1952 – 1 StR 341/51, BGHSt 2, 99, 102 = NJW 1952, 356; BGH v. 23. 2. 1955 – 4 StR 582/54, BGHSt 7, 194, 195 = NJW 1955, 721; vgl. auch BGH v. 20. 3. 1990 – 1 StR 693/89, BGHSt 36, 384, 387 = NJW 1990, 1859; BGH v. 10. 2. 2000 – 4 StR 616/99, BGHSt 46, 1 = NJW 2000, 1277; BGH v. 27. 10. 2006 – 2 StR 334/06, NStZ 2007, 353.
[2] S. dazu unten Rn. 22 ff.
[3] S. dazu unten Rn. 28 ff.

das Zeugnisverweigerungsrecht bei der Aussage in der Hauptverhandlung und macht der Angehörige hiervon Gebrauch, dann treten die Wirkungen des § 252 ein. Das gilt auch dann, wenn zum Zeitpunkt der **früheren Vernehmung** die für die Entstehung des Zeugnisverweigerungsrechts maßgebliche familienrechtliche Beziehung (also insbesondere Verlöbnis, Ehe- oder Lebenspartnerschaft) noch nicht bestand.[4] Nach der Rechtsprechung kann die aus § 252 resultierende Rechtsfolge (Verwertungsverbot) aber entfallen, wenn die familienrechtliche Beziehung nur mit dem Ziel einer **unlauteren Verfahrensmanipulation** eingegangen wurde, also zB in Fällen der Eheschließung zur Erreichung eines Zeugnisverweigerungsrechts.[5] Die Rechtsfolge des § 252 kann auch eintreten, wenn ein Zeuge nach deutschem Recht das Zeugnisverweigerungsrecht nach § 52 hat, die zu verlesende Vernehmung jedoch in einem Staat durchgeführt wurde, dessen Rechtsordnung ein Zeugnisverweigerungsrecht für dieselbe Konstellation nicht vorsieht.[6]

5   Besteht eine Angehörigenstellung, die zur Zeugnisverweigerung berechtigt, so gilt das daraus resultierende Verwertungsverbot nach hM nicht nur gegenüber dem Angeklagten, zu dem das Angehörigenverhältnis besteht, sondern auch **gegenüber Mitangeklagten**, wenn gegen sie gleichgelagerte Vorwürfe erhoben werden.[7] Soll ein Zeuge in der Hauptverhandlung aussagen, so ist er zur Verweigerung des Zeugnisses hinsichtlich aller Beschuldigter berechtigt, wenn der Sachverhalt, zu dem er aussagen soll, auch seinen Angehörigen betrifft. Nach der bislang hM war für den Eintritt der Wirkungen des § 252 nicht Voraussetzung, dass sich das Verfahren auch zum Zeitpunkt der Vernehmung noch gegen den Angehörigen des Zeugen richtete, es sollte vielmehr ausreichen, wenn in irgendeinem Verfahrensabschnitt eine **Verbindung zwischen den Verfahren** bestand.[8] Nach neueren Entscheidungen soll anderes aber dann gelten, wenn das Verfahren gegen den Angehörigen rechtskräftig abgeschlossen wurde,[9] wenn eine rechtskräftige Verurteilung vorliegt und im Hinblick hierauf das Verfahren in Bezug auf andere Vorwürfe nach § 154 eingestellt wurde,[10] oder wenn der angehörige Mitbeschuldigte verstorben ist.[11] Der rechtskräftige Abschluss des Verfahrens gegen den Familienangehörigen, das Grund für die Entstehung des Zeugnisverweigerungsrechtes ist, muss aber nicht zwangsläufig die Zwangslage des Zeugen beseitigen. Sie kann vielmehr auch nach einem rechtskräftigen Freispruch fortbestehen, wenn der Zeuge eine Wiederaufnahme zu Ungunsten des Angehörigen oder sonstige Nachteile für ihn befürchtet.

6   **2. Zeugnisverweigerungsberechtigte nach §§ 53, 53 a.** § 252 ist auch in den Fällen anwendbar, in denen sich das Zeugnisverweigerungsrecht aus einer beruflichen Beziehung ergibt (§§ 53, 53 a StPO). Macht der Berufsangehörige in der Hauptverhandlung von seinem Recht nach den §§ 53, 53 a StPO Gebrauch, dann ist der **Inhalt einer etwaigen früheren Vernehmung unverwertbar**.[12] Anders als in den Fällen des § 52 besteht aber kein Verwertungsverbot, wenn sich die zur Zeugnisverweigerung berechtigenden Umstände erst nach der Vernehmung ergeben haben. War der Zeugnisverweigerungsberechtigte zum Zeitpunkt der ersten Vernehmung von der **Schweigepflicht befreit** (§ 53 Abs. 2), wurde die Befreiungserklärung aber später widerrufen, dann greift nach der Rechtsprechung des BGH § 252 nicht.[13] Auf die nach § 53 Abs. 1 Nr. 1, Nr. 4 und Nr. 5 Zeugnisverweigerungsberechtigten kann das nicht ohne weiteres übertragen werden.

7   **3. Fehlende Aussagegenehmigung.** Nach zutreffender Ansicht gilt § 252 für Personen des öffentlichen Dienstes, für die § 54 auf die beamtenrechtlichen Vorschriften verweist, nicht.[14] Die beamtenrechtlichen Verschwiegenheitspflichten dienen vorrangig dem **Schutz staatlicher Interessen**.[15] Nicht ohne Grund führt das Gesetz die Beschäftigten des öffentlichen Dienstes nicht in § 53 auf, sondern verweist in § 54 pauschal auf die öffentlich-rechtlichen Spezialvorschriften. Ein

---

[4] BGH v. 30. 7. 1968 – 2 StR 136/68, BGHSt 22, 219, 220 = NJW 1968, 2018; BGH v. 3. 8. 1977 – 2 StR 318/77, BGHSt 27, 231 = NJW 1977, 2365; BGH v. 30. 5. 1972 – 4 StR 180/72, NJW 1972, 1334; BGH v. 20. 6. 1979 – 2 StR 63/79, NJW 1980, 67; eine Aufgabe dieser Rechtsprechung wird erwogen in BGH v. 8. 12. 1999 – 5 StR 32/99, BGHSt 45, 342, 347 und BGH v. 28. 8. 2000 – 5 StR 300/00, StV 2001, 108, 110.
[5] BGH v. 8. 12. 1999 – 5 StR 32/99, BGHSt 45, 342, 347 = NJW 2000, 1274 = JR 2001, 250 mAnm *Gollwitzer*.
[6] BGH v. 4. 3. 1992 – 3 StR 460/91, NStZ 1992, 394.
[7] BGH v. 3. 2. 1955 – 4 StR 582/54, BGHSt 7, 194, 196 = NJW 1955, 721; BGH v. 16. 3. 1977 – 3 StR 327/76, BGHSt 27, 139, 141 = NJW 1977, 1161; BGH v. 29. 6. 1983 – 2 StR 150/83, VRS 65, 283, 285.
[8] BGH v. 23. 7. 1986 – 3 StR 164/86, BGHSt 34, 138 = NJW 1987, 1955; BGH v. 3. 3. 1987 – 5 StR 596/86, NStZ 1988, 18 (bei *Pfeiffer/Miebach*); BGH v. 15. 12. 1987 – 5 StR 649/87, NStZ 1988, 210 (bei *Miebach*); BGH v. 4. 11. 1986 – 1 StR 498/86, BGHSt 34, 215, 216 = NJW 1987, 1033.
[9] BGH v. 29. 10. 1991 – 1 StR 334/90, BGHSt 38, 96 mAnm *Widmaier* NStZ 1992, 195.
[10] BGH v. 30. 4. 2009 – 1 StR 745/08, BGHSt 54, 1 = NJW 2009, 2449 = NStZ 2009, 515.
[11] BGH v. 13. 2. 1992 – 4 StR 638/91, NJW 1992, 1118; vgl. zur Thematik ferner: BGH v. 13. 5. 1998 – 3 StR 566/97, NStZ 1998, 583 (Einstellung nach § 153 a StPO); *Rogall* JZ 1996, 951.
[12] BGH v. 13. 4. 1962 – 3 StR 6/62 = BGHSt 17, 245, 246 = NJW 1962, 1259; OLG Dresden v. 16. 4. 1997 – 1 Ws 91/97, NStZ-RR 1997, 238.
[13] BGH v. 20. 11. 1952 – 5 StR 426/62, BGHSt 18, 146 = NJW 1963, 723 = JR 1963, 266 mAnm *Eberhard Schmidt*; BGH v. 24. 9. 1996 – 5 StR 441/96, StV 1997, 233.
[14] KK-StPO/*Diemer* Rn. 8; LR/*Sander/Cirener* Rn. 5; vgl. auch *Eisenberg* Beweisrecht Rn. 1283.
[15] KK-StPO/*Diemer* Rn. 8.

Fall des § 252 ist deshalb auch nicht gegeben, wenn ein Zeuge, der beamtenrechtlichen Schweigepflichten unterliegt, im Ermittlungsverfahren in der irrigen Annahme ausgesagt hat, er sei nicht zum Schweigen verpflichtet.[16] Allerdings kann die frühere Vernehmung schon deshalb unverwertbar sein, weil sie unter Verstoß gegen die Verschwiegenheitspflicht zustandegekommen ist.

4. Auskunftsverweigerung nach § 55. Nach ständiger Rechtsprechung des BGH ist § 252 auch in den Fällen nicht anwendbar, in denen ein Zeuge in der Hauptverhandlung nach § 55 die Aussage verweigert.[17] Das soll sowohl dann gelten, wenn die Auskunft auf einzelne Fragen verweigert wird, als auch dann, wenn sich aus dem Auskunftsverweigerungsrecht nach § 55 StPO ein umfassendes Zeugnisverweigerungsrecht ergibt, weil jede der denkbaren Fragen mit dem Gegenstand möglicher Ermittlungen gegen den Zeugen in so engem Zusammenhang steht, dass die Aussage insgesamt verweigert werden darf.[18] Aus dem selben Rechtsgedanken leitet die Rechtsprechung auch ab, dass eine im Verlaufe einer Vernehmung im Ermittlungsverfahren erklärte Auskunftsverweigerung nach § 55 StPO nicht dazu führt, dass die bis dahin zu Protokoll genommenen Aussagen unverwertbar werden.[19]

Gerade in den Fällen, in denen sich aus dem punktuellen Auskunftsverweigerungsrecht nach § 55 ein Recht zur umfassenden Zeugnisverweigerung ergibt, spricht aber alles dafür, auch die **Verwertbarkeit der früheren Aussage nach § 252 auszuschließen**.[20] Zwar dient § 55 primär dem Schutz des Zeugen. Das Auskunftsverweigerungsrecht hat daneben aber auch eine allgemeine, das rechtsstaatliche Verfahren prägende Funktion: Es soll auch verhindern, dass der Zeuge aus Sorge vor eigener Strafverfolgung eine wahrheitswidrige Aussage im Prozess macht. Auch deshalb muss § 252 in diesen Fällen entsprechend angewandt werden. 8

9

III. Erklärung der Zeugnisverweigerung

Die Zeugnisverweigerung muss nicht ausdrücklich in der Hauptverhandlung erklärt werden. Auch eine **außerhalb der Hauptverhandlung** abgegebene Erklärung, insbesondere durch einen bevollmächtigten Rechtsanwalt, kann generell ausreichen.[21] Hiervon zu unterscheiden ist die Frage, ob das Gericht auf Grund der Aufklärungspflicht auf das **Erscheinen des Zeugen** in der Hauptverhandlung hinwirken muss. Das wird insbesondere dann angenommen, wenn Anhaltspunkte dafür bestehen, dass der Zeuge bei seiner Entscheidung die Rechtslage nicht zutreffend bewertet hat, so etwa, wenn er – in Unkenntnis der gegenteiligen Rechtsprechung – **irrig annimmt**, die Zeugnisverweigerung führe auch zur Unverwertbarkeit einer früheren richterlichen Vernehmung.[22] Mit der Aussage eines Dritten, der erklärt, der eigentliche Tatzeuge werde von § 52 Gebrauch machen, darf sich das Gericht in keinem Fall begnügen.[23] Der Zeuge wird auch zu laden sein, wenn Anhaltspunkte dafür bestehen, dass er zB bei einem Ausschluss des Angeklagten nach § 247 oder bei Ausschluss der Öffentlichkeit nach den §§ 171 b, 172 Nr. 4 möglicherweise auf sein Zeugnisverweigerungsrecht verzichten und Angaben zur Sache machen wird.[24] 10

Hat sich der Familienangehörige in der Hauptverhandlung auf sein Recht aus § 52 berufen, dann tritt die Rechtsfolge des § 252 auch ein, wenn er später außerhalb der Hauptverhandlung seine Aussagebereitschaft signalisiert.[25] Das Verwertungsverbot greift auch ein, wenn der Angehörige **nach einer** in der Hauptverhandlung wirksam **erklärten Zeugnisverweigerung** verstirbt.[26] Es gilt jedoch nicht mehr, wenn der Zeuge nach erklärter Zeugnisverweigerung in einer späteren Vernehmung doch noch Angaben zur Sache macht.[27] Macht der Zeuge zunächst Angaben und 11

---

[16] So aber *Meyer-Goßner* Rn. 4; vgl. ergänzend OLG Celle MDR 1959, 414 sowie LR/*Sander/Cirener* Rn. 5.
[17] BGH v. 29. 8. 2001 – 2 StR 266/01, NJW 2002, 309 = NStZ 2002, 217; BGH v. 30. 3. 1983 – 2 StR 173/82, MDR 1983, 796 (bei *Holtz*); BGH v. 13. 4. 1962 – 3 StR 6/62, BGHSt 17, 245 = NJW 1962, 1259; BGH v. 3. 7. 1962 – 3 StR 22/61, BGHSt 17, 337, 350; BGH v. 30. 6. 1954 – 6 StR 172/54, BGHSt 6, 209, 211; BayObLG v. 10. 1. 1984 – RReg 5 St 126/83, BayObLGSt 1984, 1, 2 = NJW 1984, 1256.
[18] BGH v. 13. 4. 1962 – 3 StR 6/62, BGHSt 17, 245 = NJW 1962, 1259.
[19] BGH v. 9. 7. 1997 – 5 StR 234/96, StV 1997, 512; s. a. BGH v. 20. 3. 1997 – 5 StR 234/96, wistra 1997, 187.
[20] So auch *Eisenberg* Beweisrecht Rn. 1284 und Rn. 1127; *Hanack* JZ 1972, 238; *Rogall* NJW 1978, 2538.
[21] KK-StPO/*Diemer* Rn. 21; BGH v. 13. 8. 2003 – 1 StR 280/03; vgl. auch BGH v. 18. 7. 2007 – 1 StR 296/07, NStZ 2007, 712, 713 (Erklärung des anwaltl. Vertreters in der Hauptverhandlung); BGH v. 2. 2. 1966 – 2 StR 471/65, BGHSt 21, 12 = NJW 1966, 742.
[22] Vgl. BGH v. 19. 12. 1995 – 1 StR 606/95, NStZ 1996, 295; BGH v. 18. 7. 2007 – 1 StR 296/07, NStZ 2007, 712, 713.
[23] BGH v. 24. 7. 1979 – 1 StR 157/79, NStZ 1981, 93 (bei *Pfeiffer*).
[24] BGH v. 18. 7. 2007 – 1 StR 296/07, NStZ 2007, 712, 713; BGH v. 26. 8. 1998 – 3 StR 256/98, NStZ 1999, 94/95.
[25] *Meyer-Goßner* Rn. 2; vgl. auch OLG Köln v. 21. 3. 2004 – 2 Ws 110/04, StraFo 2004, 382 (für den Fall einer vor dem Ermittlungsrichter erklärten Zeugnisverweigerung, der später eine Erklärung gegenüber der StA nachfolgte, wonach der Zeuge bereit war, frühere Angaben zu wiederholen).
[26] OLG Celle v. 28. 9. 1967 – 1 Ss 291/67, NJW 1968, 415; Löwe/Rosenberg/*Sander/Cirener* Rn. 18.
[27] BGH v. 28. 5. 2003 – 2 StR 445/02, BGHSt 48, 294 = NJW 2003, 2619; vgl. hierzu *Eisenberg/Zötsch* NJW 2003, 3676.

beruft sich später auf sein Zeugnisverweigerungsrecht, so soll dies kein Verwertungsverbot für die früheren Angaben auslösen.[28]

12 Das **Verwertungsverbot** gilt nach hM auch **nicht**, wenn es zu einer Zeugnisverweigerung in der Hauptverhandlung nicht kommt, – etwa weil der Familienangehörige **vor Erklärung der Zeugnisverweigerung verstorben** ist.[29] Die frühere Vernehmung darf dann allerdings nur verwertet werden, wenn der Zeuge seinerzeit über seine Rechte belehrt wurde (oder fest steht, dass er sie bei seiner früheren Vernehmung ohnehin kannte).[30] Gegen die Verwertbarkeit bei nicht erklärter Zeugnisverweigerung spricht im Übrigen, dass damit ein Verzicht auf das Zeugnisverweigerungsrecht unterstellt wird.[31]

13 Darüber hinaus hat die Rechtsprechung die frühere Aussage eines Zeugnisverweigerungsberechtigten auch dann als verlesbar angesehen, wenn dessen **Aufenthalt nicht zu ermitteln** ist.[32] An den Nachweis der Unerreichbarkeit sind aber strenge Voraussetzungen zu stellen, damit der Geltungsbereich des Zeugnisverweigerungsrechts und des aus § 252 abzuleitenden Verwertungsverbots nicht durch voreilige Entscheidungen über die Unerreichbarkeit ausgehöhlt wird.[33]

14 Da der Eintritt der Rechtsfolgen bei § 252 maßgeblich von der Entscheidung des Zeugen über die Ausübung seines Rechtes abhängt, dürfen **vor der Vernehmung des Zeugen** in der Hauptverhandlung **keine Beweiserhebungen** stattfinden, die einem etwaigen Verwertungsverbot zuwiderlaufen könnten.[34] Dementsprechend muss zunächst festgestellt werden, ob der Zeuge zur Aussage bereit ist, bevor Verhörspersonen zum Inhalt seiner Vernehmung gehört werden können.[35] Solange dies noch nicht fest steht, dürfen polizeiliche Vernehmungsprotokolle auch dem Angeklagten nicht vorgehalten werden.[36] Als zulässig angesehen hat der BGH lediglich, dass ein Polizeibeamter als Zeuge über eine Beschuldigtenvernehmung vernommen wird, bei der er dem Beschuldigten Vorhalte aus einer Zeugenaussage gemacht hat, obwohl der vernommene Zeuge nicht nach § 52 Abs. 3 belehrt worden war.[37]

IV. Reichweite des Verwertungsverbots

15 Verweigert der Zeuge bei seiner Vernehmung in der Hauptverhandlung die Aussage, dann darf nach dem Wortlaut des § 252 jedwede Aussage nicht verlesen (verwertet) werden, die vor der Hauptverhandlung abgegeben wurde. Hierunter fallen **frühere Zeugenvernehmungen** ebenso wie **frühere Vernehmungen als Beschuldigter**, und zwar auch dann, wenn sie im Rahmen eines anderen Verfahrens durchgeführt wurden.[38] Das Verwertungsverbot erstreckt sich auch auf Aussagen bei **informatorischen Befragungen** insbesondere durch die Polizei oder die Staatsanwaltschaft,[39] sowie auf **Unterlagen**, die der Vernommene bei der Vernehmung überreicht und auf die er sich bei seiner Aussage bezogen hat.[40] Es soll auch für eine vernehmungsähnliche Befragung durch einen Verteidiger gelten.[41]

16 War der Zeuge **früher selbst Angeklagter**, dann erstreckt sich das Verwertungsverbot auch auf Angaben, die er in seiner damaligen Rolle gemacht hat.[42] Das Verwertungsverbot steht dabei

---

[28] BGH v. 28. 1. 2004 – 2 StR 452/03 – NJW 2004, 1466.
[29] Vgl. BGH v. 5. 1. 1968 – 4 StR 425/67, BGHSt 22, 35 = NJW 1968, 559; BGH v. 8. 2. 1966 – 5 StR 513/65, MDR 1966, 384 (bei *Dallinger*); OLG Nürnberg v. 11. 2. 1949 – Ss 16/49, HESt 3, 40.
[30] So mit Recht *Eisenberg* Beweisrecht Rn. 1279 (gegen BGH v. 5. 1. 1968 – 4 StR 425/67, BGHSt 22, 35 = NJW 1968, 559); vgl. auch *Rogall*, FS Otto, S. 994.
[31] *Eberhard Schmidt* NJW 1968, 1218; *Peters* JR 1968, 430.
[32] BGH v. 11. 4. 1973 – 2 StR 42/73, BGHSt 25, 176 = NJW 1973, 1139; vgl. auch BGH v. 8. 12. 1999 – 5 StR 32/99, NJW 2000, 1274, 1275.
[33] Vgl. hierzu auch BGH v. 18. 1. 2000 – 1 StR 589/99, NStZ-RR 2000, 211.
[34] Vgl. BGH v. 18. 1. 2000 – 1 StR 589/99, NStZ-RR 2000, 211 = StV 2000, 236; BGH v. 8. 11. 1995 – 2 StR 531/95, NStZ-RR 1996, 106.
[35] BGH v. 23. 8. 1995 – 3 StR 163/95, NJW 1996, 206; BGH v. 18. 1. 2000 – 1 StR 589/99, NStZ-RR 2000, 211 = StV 2000, 236; BGH v. 11. 4. 1973 – 2 StR 42/73, BGHSt 25, 176, 177 = NJW 1973, 1139; BGH v. 3. 2. 1955 – 4 StR 582/84, BGHSt 7, 194, 197 = NJW 1955, 721; BGH v. 22. 1. 1952 – 1 StR 800/51, BGHSt 2, 110 = NJW 1952, 556; BayObLGSt 2004, 129 = NStZ 2005, 468.
[36] BGH v. 22. 1. 1952 – 1 StR 800/51, BGHSt 2, 110 = NJW 1952, 556 (betr. Vorhalt an den Zeugen); *Meyer-Goßner* Rn. 16.
[37] BGH v. 17. 5. 1955 – 2 StR 90/55, NJW 1955, 1289 m. ablehnender Anm. *Lürken*.
[38] KK-StPO/*Diemer* Rn. 14; vgl. auch BGH v. 14. 6. 2005 – 1 StR 338/04, NStZ-RR 2005, 268 = StV 2005, 536.
[39] BGH v. 25. 3. 1980 – 5 StR 36/80, BGHSt 29, 230 (Äußerungen eines nachts aufgegriffenen Kindes gegenüber einem Polizeibeamten); BayObLG v. 28. 4. 1980 – RReg 1 St 34/80, VRS 59, 205; BayObLG v. 14. 12. 1982 – RReg 1 St 366/82, VRS 64, 201, 203 = NJW 1983, 1132; BayObLG v. 6. 10. 2004 – 1 StRR 101/04, NStZ 2005, 468; *Haubrich* NJW 1981, 803; *Gollwitzer* JR 1981, 125.
[40] BGH v. 28. 8. 2000 – 5 StR 300/00 – NStZ-RR 2001, 171; BGH v. 31. 3. 1998 – 5 StR 13/98, NStZ-RR 1998, 367 = StV 1998, 470; BGH v. 29. 11. 1995 – 5 StR 531/95, NStZ-RR 1996, 106 = StV 1996, 106.
[41] BGH v. 10. 2. 2000 – 4 StR 616/99, BGHSt 46, 1 = NJW 2000, 1277; vgl. hierzu *Schittenhelm* NStZ 2001, 50; *Fezer* JR 2000, 341.
[42] BGH v. 14. 6. 2005 – 1 StR 338/04, StV 2005, 536; BayObLG v. 14. 12. 1982 – RReg 1 St 366/82, VRS 64, 201, 202.

auch der Verlesung eines früheren Urteils entgegen.[43] Ist der Beschuldigte im Rahmen des früheren Verfahrens zB dem Haftrichter vorgeführt worden, dann darf auch die in diesem Rahmen abgegebene Aussage nicht verwertet werden[44] –, und zwar auch dann nicht, wenn der Vernommene trotz seiner Beschuldigtenstellung auf § 52 hingewiesen wurde.[45]

Das Verwertungsverbot greift hingegen **nicht** ein **bei freiwilligen Äußerungen**, so etwa bei spontanen Angaben gegenüber einer Behörde oder generell einer Amtsperson.[46] **Keine Vernehmung** iSd. § 252 liegt vor, wenn ein Polizeibeamter um Hilfe gebeten wird und hierbei von dem Hilfesuchenden Angaben gemacht werden.[47] Das Verhalten gegenüber einem Rettungssanitäter,[48] Mitteilungen in Briefen an eine Behörde[49] oder Angaben im Rahmen einer Strafanzeige gegenüber der Polizei[50] unterfallen dem Verwertungsverbot nicht, wohl aber Angaben in einem Anhörungsbogen nach dem OWiG,[51] einem Antwortschreiben auf einen Fragebogen der Polizei[52] und Auskünfte von Angehörigen gegenüber der Jugendgerichtshilfe.[53]

Wurde der Zeuge vor seiner Aussage in der Hauptverhandlung durch einen **Sachverständigen** vernommen, dann bleiben die sog. **Befundtatsachen** (Tatsachen, die der Sachverständige nur aufgrund seiner fachlichen Kenntnisse feststellen kann) **uneingeschränkt verwertbar**; sie sind vom Verwertungsverbot des § 252 nicht erfasst.[54] Ermittelt der Sachverständige im Rahmen seiner Tätigkeit aber zugleich **Zusatztatsachen** (zB durch Tatschilderungen des Zeugen), so werden diese von dem **Verwertungsverbot** erfasst, wenn der Zeuge später in der Hauptverhandlung die Aussage verweigert.[55] Der Sachverständige darf deshalb zu diesen Tatsachen in der Hauptverhandlung auch nicht als Zeuge gehört werden. Das gilt selbst dann, wenn er nicht im Rahmen des Strafverfahrens, sondern in einem zivilrechtlich geprägten Verfahren beauftragt war.[56] Hieran ändert es auch nichts, wenn der Sachverständige den Zeugen zuvor über sein Zeugnisverweigerungsrecht belehrt hat oder wenn eine solche Belehrung vor der Exploration durch den Sachverständigen von dem zuständigen Tatrichter erteilt wurde.[57] Die Vernehmung durch den Sachverständigen kann auch dann nicht einer richterlichen Vernehmung gleichgestellt werden.

Diese Grundsätze gelten auch, wenn zur Prüfung der Glaubwürdigkeit eines Zeugen ein Gutachten eingeholt wird. Bevor in der Hauptverhandlung ein **Gutachten zur Glaubwürdigkeit** eines Zeugen erstattet werden kann, in dem der Gutachter zugleich als Zeuge zu Tatschilderungen gehört werden soll, ist deshalb zu klären, ob der begutachtete Zeuge von seinem Zeugnisverweigerungsrecht Gebrauch machen will.[58] Nach der Rechtsprechung ist es dazu bei minderjährigen Kindern erforderlich, auch das Kind selbst zu befragen.[59]

---

[43] BGH v. 31. 8. 1965 – 5 StR 245/65, BGHSt 20, 384, 386 = NJW 1966, 740; BGH v. 31. 7. 1992 – 3 StR 161/92, BGHR StPO § 252 Verwertungsverbot 7; BGH v. 22. 10. 2002 – 1 StR 308/02, NStZ 2003, 217 = StV 2003, 5; vgl. ergänzend: *Hanack* JZ 1972, 239; *Dallinger* MDR 1966, 162.
[44] BGH v. 20. 2. 1997 – 4 StR 598/96, StV 1997, 234, 236; vgl. auch BGH v. 10. 2. 2000 – 4 StR 616/99, BGHSt 46, 1, 3 = NJW 2000, 1277.
[45] BGH v. 20. 2. 1997 – 4 StR 598/96, BGHSt 42, 391, 398 = NJW 1997, 1790; BGH v. 7. 11. 2000 – 1 StR 458/00, NStZ-RR 2001, 262 = StV 2002, 3.
[46] BGH v. 30. 3. 2007 – 1 StR 349/06, StV 2007, 401; BGH v. 10. 2. 2000 – 4 StR 616/99, BGHSt 46, 1, 5 = NJW 2000, 1277; BGH v. 25. 3. 1998 – 3 StR 686/97 = NJW 1998, 2229; BGH v. 6. 5. 1969 – 1 StR 57/69, GA 1970, 153, 154 = MDR 1970, 197 (bei *Dallinger*); vgl. auch OLG Frankfurt v. 13. 10. 1993 – 3 Ss 290/93, StV 1994, 117; aA: *Eisenberg* Beweisrecht Rn. 1275. Zur Verwertbarkeit von Spontanäußerungen und Fragen der Belehrungspflicht nach § 136 StPO vgl. BGH v. 9. 6. 2009 – 4 StR 170/09, NJW 2009, 3589 = NStZ 2009, 702 sowie *Meyer-Mews* NJW 2009, 3590.
[47] BGH v. 14. 1. 1986 – 5 StR 762/85, NStZ 1986, 232; BGH v. 6. 5. 1969 – 1 StR 57/69, MDR 1970, 197/198 (b. *Dallinger*); BayObLG v. 28. 11. 1951 – RevReg III 433/51, NJW 1952, 517.
[48] BGH v. 23. 6. 2001 – 3 StR 17/01.
[49] Vgl. RG v. 19. 6. 1891 – Rep. 1763/71, RGSt 22, 51; RG JW 1917, 532.
[50] BGH v. 18. 10. 1956 – 4 StR 261/56, NJW 1956, 1886.
[51] OLG Stuttgart v. 23. 2. 1982 – 1 Ss 144/82, VRS 63, 52.
[52] Vgl. BGH v. 29. 4. 1997 – 1 StR 96/97, NStZ 1998, 26 (bei *Kusch*).
[53] BGH v. 21. 9. 2004 – 3 StR 185/04, NJW 2005, 765 = StV 2005, 63.
[54] BGH v. 26. 10. 1962 – 4 StR 318/62, BGHSt 18,107,108/109 = NJW 1963, 401; vgl. auch BGH v. 10. 10. 1957 – 4 StR 393/57, BGHSt 11, 97, 99 = NJW 1958, 268 sowie BGH v. 29. 1. 2008 – 4 StR 449/07, BGHSt 52, 148, 152/153.
[55] BGH v. 27. 10. 2006, 2 StR 334/06, NStZ 2007, 353 = StV 2007, 68; BGH v. 3. 11. 2000 – 2 StR 354/00, BGHSt 46, 190 = NJW 2001, 528; StV 2002, 2; BGH v. 29. 5. 1996, 3 StR 157/96 = NStZ 1997, 95; BGH v. 26. 10. 1962 – 4 StR 318/62, BGHSt 18, 107, 109 = NJW 1963, 401; BGH v. 18. 9. 1959 – 4 StR 208/59, BGHSt 13, 250 = NJW 1959, 2222; BGH v. 13. 2. 1959 – 4 StR 470/58, BGHSt 13, 1 = NJW 1959, 828.
[56] BGH v. 27. 10. 2006 – 2 StR 334/06, NStZ 2007, 353 = StV 2007, 68; BGH v. 20. 3. 1990 – 1 StR 693/89, BGHSt 36, 385 = NJW 1990, 1859 = StV 1990, 242.
[57] BGH v. 20. 3. 1990 – 1 StR 693/89, BGHSt 36, 385, 386 = NJW 1990, 1859 = StV 1990, 242.
[58] Vgl. BGH v. 3. 11. 2000 – 2 StR 354/00, BGHSt 46, 190 = NJW 2001, 528; BGH v. 23. 8. 1995 – 3 StR 163/95, NJW 1996, 206, 207; BGH v. 8. 11. 1995 – 2 StR 531/95, StV 1996, 196; BayObLG v. 6. 10. 2004 – 1 StRR 101/04, NStZ 2005, 468.
[59] BGH v. 18. 1. 2000 – 1 StR 589/99, NStZ-RR 2000, 210.

20 Das Verwertungsverbot erstreckt sich grundsätzlich auch auf Aussagen, die im Rahmen von **familienrechtlichen Verfahren** vor den Zivilgerichten gemacht wurden.[60] Auch Angaben gegenüber einem Sachverständigen, der durch das Vormundschaftsgericht in einem Sorgerechtsverfahren mit der Erstattung eines Glaubwürdigkeitsgutachtens beauftragt wurde, sind deshalb unverwertbar.[61]

21 Nach der Rechtsprechung des BGH erstreckt sich das Verwertungsverbot nicht auf **Angaben**, die Angehörige des Angeklagten **gegenüber einem V-Mann** gemacht haben, wenn die Angehörigen in der Hauptverhandlung von ihrem Zeugnisverweigerungsrecht Gebrauch machen.[62] Zwar ist nicht zu bestreiten, dass der Befragte insoweit freiwillige Angaben macht, wird der V-Mann gezielt zur Befragung des Familienangehörigen beauftragt, dann entspricht die Gesamtsituation aber der einer Vernehmung und weniger der eines zufälligen Gesprächs unter Privatpersonen.[63]

V. Ausnahmen für richterliche Vernehmungen

22 Zwar folgt aus dem Gesetzeswortlaut, dass sämtliche früheren Vernehmungen unverwertbar sein sollen. Die Rechtsprechung hat die Reichweite des Verwertungsverbotes jedoch dadurch stark eingeschränkt, dass sie die Verwertung früherer richterlicher Vernehmungen unter bestimmten Voraussetzungen zulässt. Wurde der Zeuge, der in der Hauptverhandlung das Zeugnis verweigert, früher **durch einen Richter vernommen** und hierbei **über sein Zeugnisverweigerungsrecht belehrt**, dann kann nach ständiger Rechtsprechung des BGH die richterliche Vernehmung verwertet werden.[64] Dieselben Grundsätze (also kein Verwertungsverbot) sollen auch gelten, wenn der Zeuge durch einen ausländischen Richter unter Bedingungen vernommen wurde, die mit einer deutschen Vernehmung vergleichbar sind.[65]

23 Nach der Rechtsprechung ist es dabei nur zulässig, den **Richter als Zeugen** zu vernehmen. Zwar können ihm – wie jedem Zeugen – im Rahmen der Vernehmung die Vernehmungsprotokolle vorgehalten werden.[66] Ebenso wie bei anderen Zeugen darf aber auch hier nur das zur Urteilsgrundlage gemacht werden, was der Richter aus eigener Erinnerung wiedergeben kann.[67] Fehlt ihm eine hinreichend konkrete Erinnerung, dann ist der Inhalt der Vernehmung auch dann nicht zum Gegenstand der Hauptverhandlung geworden, wenn der Richter bestätigt, dass er dafür gesorgt habe, dass die Aussage des Zeugen im Protokoll richtig festgehalten wird.[68] Das **Protokoll** der früheren Vernehmung darf nicht im Wege des Urkundenbeweises zum Gegenstand der Hauptverhandlung gemacht werden, – selbst dann nicht, wenn alle Beteiligten zustimmen.[69] Wurde die frühere Vernehmung aufgezeichnet, dann darf die Aufzeichnung nicht zu Beweiszwecken in Augenschein genommen werden.[70] Konsequenterweise sollte sie im Hinblick auf die hohe Suggestivkraft, die von einer Videoaufzeichnung ausgeht, auch nicht als Vernehmungsbehelf genutzt werden.[71]

24 **Andere Personen** als der Richter, die an der Vernehmung mitgewirkt haben (wie zB der Protokollführer oder Zuhörer) dürfen nicht anstelle des Richters vernommen werden.[72] Wurde die

---

[60] Vgl. BGH v. 25. 3. 1998 – 3 StR 686/97, NJW 1998, 2229 = StV 1998, 360.
[61] BGH v. 20. 3. 1990 – 1 StR 693/89, BGHSt 36, 384 = NJW 1990, 1859.
[62] BGH v. 21. 7. 1994 – 1 StR 83/94, BGHSt 40, 211 = NJW 1994, 2904 = NStZ 1994, 593; vgl. hierzu BVerfG v. 1. 3. 2000 – 2 BvR 2017/94, 2 BvR 2039/94, NStZ 2000, 489.
[63] Vgl. zur Thematik Gollwitzer JR 1995, 469; Widmaier StV 1995, 261; Schlüchter NStZ 1995, 354; Sternberg-Lieben JZ 1995, 844.
[64] BGH v. 30. 3. 2007 – 1 StR 349/06, NStZ 2007, 652; BGH v. 12. 2. 2004 – 3 StR 185/03, BGHSt 49, 72, 76/77 = NJW 2004, 1605; BGH v. 8. 12. 1999, 5 StR 32/99, BGHSt 45, 342 = NJW 2000, 1274; BGH v. 3. 8. 1977 – 2 StR 318/77, BGHSt 27, 231, 232 = NJW 1977, 2365; BGH v. 17. 2. 1976 – 1 StR 863/75, BGHSt 26, 281, 284 = NJW 1976, 812; BGH v. 14. 3. 1967 – 5 StR 540/66 = BGHSt 21, 218 = NJW 1967, 1094; BGH v. 2. 5. 1962 – 2 StR 132/62, BGHSt 17, 324, 326 = NJW 1962, 1875; KK-StPO/*Diemer* Rn. 22 mwN; vgl. hierzu auch BVerfG v. 23. 1. 2008 – 2 BvR 2491/07, Rn. 3.
[65] KK-StPO/*Diemer* Rn. 27.
[66] BGH v. 29. 1. 2008 – 4 StR 449/07, BGHSt 52, 148, 150 = NJW 2008. 1010 = StV 2008, 170 mwN; BGH v. 20. 3. 1990 – 1 StR 693/89, BGHSt 36, 384, 385 = StV 1990, 242; BGH v. 4. 4. 2001 – 5 StR 604/00, StV 2001, 386; BGH v. 2. 4. 1958 – 4 StR 96/58, BGHSt 11, 338. Der Vorhalt darf nach BGH v. 12. 12. 1999 – 3 StR 267/99, NJW 2000, 1580 und BGH v. 4. 4. 2001 – 5 StR 604/00, StV 2001, 386 auch die Protokolle polizeilicher Vernehmungen umfassen, auf die im Rahmen der richterlichen Vernehmung Bezug genommen wurde.
[67] Vgl. BGH v. 14. 6. 2005 – 1 StR 338/04, NStZ-RR 2005, 268; BGH v. 9. 2. 2010 – 4 StR 660/09.
[68] BGH v. 4. 4. 2001 – 5 StR 604/00, StV 2001, 386; vgl. auch BGH v. 30. 3. 1994 – 2 StR 643/93, StV 1994, 413.
[69] BGH v. 29. 5. 1996 – 3 StR 157/96, NStZ 1997, 95 = StV 1996, 522; BGH v. 12. 7. 1956 – 4 StR 236/56, BGHSt 10, 77 = NJW 1956, 1528; vgl. auch BGH v. 29. 1. 2008 – 4 StR 449/07 = BGHSt 52, 148 = NJW 2008, 1010 = StV 2008, 170 mwN (Verletzung des § 250).
[70] BGH v. 12. 2. 2004 – 3 StR 185/03, BGHSt 49, 72, 78 = NJW 2004, 1605; KK-StPO/*Diemer* Rn. 25; vgl. dazu unten § 255 a Rn. 16.
[71] Offen gelassen in BGH v. 12. 2. 2004 – 3 StR 185/03, BGHSt 49, 72, 78 = NJW 2004, 1605; vgl. hierzu Rieß StraFo 1999, 1, 4.
[72] BGH v. 30. 3. 2007 – 1 StR 349/06, NStZ 2007, 652; BGH v. 11. 2. 1993 – 1 StR 419/92, StV 1993, 458; BGH v. 14. 10. 1959 – 2 StR 249/59, BGHSt 13, 394, 398; ; vgl. ferner BGH v. 8. 3. 1979 – 4 StR 634/78, NJW 1979, 1722 (Vernehmung des Protokollführers zu der Frage, ob bei der richterlichen Vernehmung eine Belehrung nach § 52 erteilt wurde).

frühere Vernehmung von einem Kollegialgericht durchgeführt, dann dürfen sämtliche Mitglieder dieses Gerichts, einschließlich der Schöffen vernommen werden.[73]

Der hM kann nicht gefolgt werden. Sie wird durch den Gesetzeswortlaut nicht gestützt. Zwar 25 trifft es zu, dass dem Zeugen durch die Konfrontation mit dem Richter regelmäßig deutlich wird, dass seiner Aussage erhebliches Gewicht zukommt.[74] Das allein rechtfertigt es aber nicht, unter **Abweichung vom Wortlaut des § 252** bestimmte Vernehmungen vom Verwertungsverbot auszunehmen.[75]

Voraussetzung für die Verwertbarkeit der richterlichen Vernehmung ist nach hM, dass der Zeuge 26 ordnungsgemäß **über sein Zeugnisverweigerungsrecht belehrt** wurde.[76] Das gilt auch bei einer Vernehmung im Sorgerechtsverfahren.[77] Aus dem Verhalten des Zeugen muss sich ergeben, dass er die Belehrung verstanden hat und seine Entscheidung zur Aussage bewusst getroffen hat.[78] Nach hM muss die Belehrung allerdings nicht den Hinweis darauf beinhalten, dass die Vernehmung auch bei einer späteren Zeugnisverweigerung verwertet werden kann.[79] Lag zum Zeitpunkt der richterlichen Vernehmung eine wirksame Zustimmung der sorgeberechtigten Eltern bei einem minderjährigen Zeugen nicht vor, dann steht das der Verwertbarkeit der Vernehmung entgegen.[80] Hat die Zustimmung der Sorgeberechtigten vorgelegen, dann muss gleichwohl darüber belehrt werden, dass trotzdem das Zeugnis verweigert werden kann.[81]

Ist die Vernehmung unter Verletzung anderer Verfahrensvorschriften zustande gekommen, ins- 27 besondere unter **Verletzung des Teilnahmerechts nach § 168 c**, kann derjenige, dessen Rechtsposition verletzt wurde, der Verwertung widersprechen und damit auch die Vernehmung des Richters in der Hauptverhandlung verhindern.[82] Wurde nach § 202 eine Vernehmung im Zwischenverfahren angeordnet, dann gelten die Teilnahmerechte des § 168 c ebenfalls.[83]

VII. Zustimmungserklärung des Zeugen

Das Verwertungsverbot nach § 252 tritt kraft Gesetzes ein. Es ist deshalb auch **nicht von einem** 28 **Widerspruch des Angeklagten gegen die Verwertung abhängig**.[84] Grundsätzlich können die Beteiligten auf das Verwertungsverbot auch nicht verzichten.[85] In seiner neueren Rechtsprechung hat der Bundesgerichtshof den Anwendungsbereich des § 252 jedoch wesentlich eingeschränkt. Der Zeuge soll danach die Möglichkeit haben, einerseits von seinem Zeugnisverweigerungsrecht Gebrauch zu machen, andererseits aber die **Verwertung einer nicht richterlichen Vernehmung zu gestatten**.[86] Der Zeuge muss auf diese Möglichkeit ausdrücklich hingewiesen und insoweit belehrt werden.[87] Der Zeuge muss sodann eine eindeutige Erklärung abgeben.[88] Ist der Zeuge anwaltlich beraten, dann reicht es aus, wenn der Zeugenbeistand für den Zeugen der Verwertung zustimmt.[89] Der Richter soll zu einer Befragung des Zeugen in der Regel nicht verpflichtet sein.[90]

---

[73] KK-StPO/*Diemer* Rn. 25 unter Bezugnahme auf BGH v. 14. 10. 1959 – 2 StR 249/59, BGHSt 13, 394, 398 = NJW 1960, 584; vgl. hierzu *Heinitz* JR 1960, 225 und *Hanack* JZ 1972, 236, 238.
[74] Vgl. BGH v. 12. 2. 2004 – 3 StR 185/03 = BGHSt 49, 72, 77 = NJW 2004, 1605 = StV 2004, 247; vgl. hierzu auch *Degener* StV 2006, 509.
[75] Kritisch deshalb zu Recht LR/*Sander/Cirener* Rn. 10; vgl. hierzu auch *Hanack*, FS Schmidt-Leichner, S. 91; *Hanack* JZ 1972, 238; *Peters* JR 1967, 467; *Gebert* DRiZ 1992, 405, 408; *Eisenberg* NStZ 1988, 488; *Grünwald* JZ 1966, 497; *Eb. Schmidt* JZ 1957, 98; *ders.* JR 1959, 373.
[76] KK-StPO/*Diemer* Rn. 28; BGH v. 15. 1. 1952 – 1 StR 341/51, BGHSt 2, 99, 108 = NJW 1952, 356; BGH v. 8. 12. 1999 – 5 StR 32/99, BGHSt 45, 342, 345 = NJW 2000, 1274.
[77] Vgl. BGH v. 25. 3. 1998 – 3 StR 686/97, NJW 1998, 2229 = StV 1998, 360; BGH v. 2. 5. 1962 – 2 StR 132/62, BGHSt 17, 324 mAnm *Eser* NJW 1963, 234; siehe auch BGH v. 6. 5. 1969 – 1 StR 57/69, GA 1970, 153, 154.
[78] BGH v. 14. 10. 1959 – 2 StR 249/59, BGHSt 13, 394, 396 = NJW 1960, 584; vgl. auch BGH v. 8. 12. 1958, GSSt 2/58, BGHSt 12, 235, 240 = NJW 1959, 445 (Ausübung des Zeugnisverweigerungsrechts durch gesetzlichen Vertreter).
[79] BGH v. 29. 6. 1983 – 1 StR 150/83, BGHSt 32, 25, 31 = NJW 1984, 621.
[80] BGH v. 27. 1. 1970 – 1 StR 591/69, BGHSt 23, 221 = NJW 1970, 766.
[81] BGH v. 19. 8. 1983 – 1 StR 445/83, NStZ 1984, 43.
[82] BGH v. 11. 5. 1976 – 1 StR 166/76, BGHSt 26, 332, 335 = NJW 1976, 1546.
[83] BGH v. 15. 12. 1976 – 3 StR 380/76, MDR 1977, 461 (bei *Holtz*).
[84] BGH v. 31. 3. 1998 – 5 StR 13/98, StV 1998, 470; OLG Hamm v. 5. 8. 2002 – 2 Ss 348/02, NStZ 2003, 107.
[85] BGH v. 29. 5. 1996 – 3 StR 157/96, NStZ 1997, 95 = StV 1996, 522; BGH v. 12. 7. 1956 – 4 StR 236/56, BGHSt 10, 77 = NJW 1956, 1528; *R. Hamm* StraFo 1998, 364.
[86] BGH v. 23. 9. 1999 – 4 StR 189/99, BGHSt 45, 203 = NJW 2000, 596 = JR 2000, 339 m. ablehnender Anm. *Fezer*. Zweifel an der neueren Rechtsprechung werden in den Entscheidungen BGH v. 12. 2. 2004 – 3 StR 185/03, BGHSt 49, 72, 75 und BGH v. 24. 4. 2003 – 3 StR 181/02, NStZ 2003, 498 deutlich.
[87] BGH v. 26. 9. 2006 – 4 StR 353/06, NStZ 2007, 352, 353; vgl. zur Thematik auch BGH v. 31. 3. 2007 – 1 StR 349/06, NStZ 2007, 652 = StV 2007, 401.
[88] BGH v. 31. 3. 2007 – 1 StR 349/06, NStZ 2007, 652; BGH v. 21. 12. 2005 – 1 StR 245/05, NStZ-RR 2007, 289 (bei *Becker*).
[89] BGH v. 18. 7. 2007 – 1 StR 296/07, NStZ 2007, 712.
[90] BGH v. 24. 4. 2003 – 3 StR 181/02, NStZ 2003, 498 = JR 2004, 31 m. ablehnender Anm. *Fezer*; s. auch BGH v. 12. 11. 2002 – 3 StR 244/02, StraFo 2003, 170.

29 Liegt eine wirksame Zustimmungserklärung vor, dann kann die nicht-richterliche Vernehmung ebenso in die Hauptverhandlung eingeführt werden **wie jede andere Vernehmung**, dh. insbesondere durch Vernehmung der Verhörsperson in der Hauptverhandlung.[91] Der Verhörsperson können Vorhalte aus dem Vernehmungsprotokoll oder einer etwa vorhandenen Videoaufzeichnung gemacht werden.[92]

30 Hat es der Zeuge zunächst in der Hauptverhandlung ausdrücklich abgelehnt, eine Aussage zu machen und sich auf das Zeugnisverweigerungsrecht berufen, dann aber der Verwertung früherer Angaben zugestimmt, so kommt dem Inhalt einer auf diese Weise eingeführten polizeilichen Vernehmung nur ein **verminderter Beweiswert** zu.[93] Hieraus wird abgeleitet, dass allein auf diese Aussage eine Verurteilung regelmäßig nicht gestützt werden kann.[94]

31 Der neueren Rechtsprechung des BGH, die dem Zeugen letztlich die Disposition über das Verwertungsverbot überlässt, kann nicht gefolgt werden. Die Unverwertbarkeit nicht richterlicher Vernehmungen ergibt sich aus dem Gesetz. Der Zeuge hat nach dem Gesetzeswortlaut nicht die Befugnis, Ausnahmen vom Verwertungsverbot zu bewilligen.[95]

VIII. Revision

32 Mit der Revision kann als Verletzung des § 252 geltend gemacht werden, dass das Tatgericht eine unverwertbare Vernehmungsniederschrift zur Überzeugungsbildung herangezogen hat.[96] Ein revisibler Verfahrensfehler ist auch gegeben, wenn eine durch Zeugenvernehmung eingeführte richterliche Vernehmung verwertet wurde, bei der nicht feststeht, ob der Zeuge in dem erforderlichen Umfang über seine Rechte belehrt wurde.[97] Mit der Aufklärungsrüge kann beanstandet werden, dass über Angaben nicht Beweis erhoben wurde, die dem Verwertungsverbot im Hinblick auf ihren freiwilligen Charakter nicht unterfielen.[98] Soll mit der Revision geltend gemacht werden, der Vorsitzende sei zu Unrecht davon ausgegangen, dass kein Verlöbnis zwischen einer Zeugin und dem Angeklagten bestand, setzt dies voraus, dass zuvor eine Entscheidung des Gerichts nach § 238 Abs. 2 herbeigeführt wurde.[99]

§ 253 [Protokollverlesung zur Gedächtnisunterstützung]

(1) Erklärt ein Zeuge oder Sachverständiger, daß er sich einer Tatsache nicht mehr erinnere, so kann der hierauf bezügliche Teil des Protokolls über seine frühere Vernehmung zur Unterstützung seines Gedächtnisses verlesen werden.

(2) Dasselbe kann geschehen, wenn ein in der Vernehmung hervortretender Widerspruch mit der früheren Aussage nicht auf andere Weise ohne Unterbrechung der Hauptverhandlung festgestellt oder behoben werden kann.

I. Allgemeines

1 § 253 gestattet es, durch Urkunden Beweis über den Inhalt einer Vernehmung zu erheben. Anders als in den Fällen des § 251 dient die Verlesung in den Fällen des § 253 nicht der Ersetzung einer Zeugenvernehmung in der Hauptverhandlung. Der Zeuge oder Sachverständige muss vielmehr während der Verlesung anwesend sein, so dass er Gelegenheit hat, etwaige Fehler im Vernehmungsprotokoll sofort zu korrigieren oder zusätzliche Angaben zu machen. Gerade weil der förmliche Vorhalt nach § 253 die **Anwesenheit** des jeweiligen Zeugen (oder Sachverständigen) erfordert und dazu dient, ihn mit der Urkunde zu konfrontieren, ist es folgerichtig, dass § 249 Abs. 2 Verlesungen nach den §§ 253, 254 vom Selbstleseverfahren ausnimmt.

---

[91] BGH v. 31. 3. 2007 – 1 StR 349/06, NStZ 2007, 652; BGH v. 19. 10. 2005 – 1 StR 117/05, NStZ-RR 2006, 181.
[92] BGH v. 29. 1. 2008 – 4 StR 449/07, BGHSt 52, 148, 150 = NJW 2008, 1010.
[93] So schon BGH v. 23. 9. 1999 – 4 StR 189/99, BGHSt 45, 203, 208 = NJW 2000, 596.
[94] Vgl. *Meyer-Goßner* Rn. 16a unter Bezugnahme auf *Vogel* StV 2003, 601; so auch BGH v. 24. 7. 2003 – 4 StR 226/03, StV 2003, 604.
[95] Vgl. u. a. *Roxin*, FS für Rieß, S. 451; *Wollweber* NJW 2001, 1702; *ders.* NJW 2001, 3760; vgl. ferner *Ranft* NJW 2001, 1305, 3761 sowie *Keiser* NStZ 2000, 458; *Kett-Straub* ZStW 117, 375; *Lammer*, FS Rieß, S. 301; *Schwaben* NStZ 2002, 263; *Firsching* StraFo 2000, 124; *Vogel* StV 2003, 598; *Amelung*, Gedächtnisschrift Schlüchter, S. 430; *Beulke*, Gollwitzer Kolloquium, S. 2.
[96] Zu den Rügevoraussetzungen vgl. BGH v. 23. 9. 1999 – 4 StR 189/99, BGHSt 45, 203 = NJW 2000, 596.
[97] So mit Recht *Meyer-Goßner* Rn. 18; s. a. BGH NJW 1979, 1722; aA: KK-StPO-*Diemer* Rn. 32.
[98] Vgl. BGH v. 25. 3. 1998 – 3 StR 686/97, NJW 1998, 2229.
[99] BGH v. 9. 3. 2010 – 4 StR 606/09, NJW 2010, 1824 = StV 2010, 344.

§ 253 durchbricht den Grundsatz des § 250, weil er anstelle der Vernehmung der Verhörsperson die Verlesung des Vernehmungsprotokolls zu **Beweiszwecken** zulässt.[1] Wird ein Vernehmungsprotokoll nach § 253 verlesen, dann wird es damit zum Inbegriff der Hauptverhandlung iSv. § 261 und kann der Beweiswürdigung zur Schuld- und Straffrage zugrunde gelegt werden. Voraussetzung hierfür ist nicht, dass der Zeuge oder Sachverständige den Inhalt in der Hauptverhandlung bestätigt.[2] Hierin liegt der wesentliche Unterschied zum formfreien Vorhalt.[3] Der Regelungsgehalt geht deshalb auch über den einer bloßen Formvorschrift für den Vorhalt hinaus.[4]

Nach hM besteht dabei ein **Stufenverhältnis**: Der förmliche Vorhalt nach § 253 soll erst dann zulässig sein, wenn der Zeuge vollständig vernommen und dabei auch von der Möglichkeit eines formlosen Vorhalts oder sonstigen Vernehmensbehelfen Gebrauch gemacht wurde („**letzter Ausweg**").[5] Erst danach steht (iSv. Abs. 1) fest, dass der Zeuge sich nicht erinnert, bzw. (iSv. Abs. 2), dass der Widerspruch nicht anders festgestellt oder behoben werden kann.

II. Fehlende Erinnerung (Abs. 1)

Voraussetzung der Verlesung ist nach Abs. 1, dass der Zeuge oder Sachverständige in der Hauptverhandlung erklärt, dass er sich an eine Tatsache nicht mehr erinnert. Der Zeuge muss dies in der Hauptverhandlung **nicht wörtlich** erklärt haben. Die Voraussetzungen sind auch dann gegeben, wenn er pauschal darauf verweist, keine Erinnerung mehr an einen Vorgang zu haben,[6] oder wenn sich aus den Angaben in der Hauptverhandlung entscheidende Lücken ergeben,[7] nicht jedoch, wenn er den Inhalt der früheren Aussage ausdrücklich bestätigt und erklärt, er habe damals gelogen.[8]

Da der förmliche Vorhalt nach § 253 den Zeugen oder Sachverständigen mit dem Vernehmungsprotokoll konfrontieren soll,[9] kommt es für die Verlesbarkeit auch nicht entscheidend darauf an, dass die Aussage in der Hauptverhandlung nach Überzeugung des Gerichts der **Wahrheit** entspricht.[10] Der Umfang der Verlesung kann sich an der geltend gemachten Erinnerungslücke orientieren.[11] Ein längeres Vernehmungsprotokoll muss deshalb nicht vollständig verlesen werden.

III. Widerspruch zu früherer Aussage (Abs. 2)

Nach Abs. 2 ist die Verlesung zulässig, wenn ein in der Vernehmung hervortretender Widerspruch mit der früheren Aussage nicht auf andere Weise ohne Unterbrechung der Hauptverhandlung behoben werden kann. Anders als in Absatz 1 enthält das Gesetz damit ausdrücklich einen Hinweis darauf, dass die Verlesung nur als **Ultima Ratio** in Betracht kommt.

Die Verlesung kann sowohl dem Zweck dienen, den **Widerspruch** zwischen der Aussage in der Hauptverhandlung und der früheren Vernehmung ausdrücklich **festzustellen**, als auch dem Zweck, dem Zeugen oder Sachverständigen Gelegenheit zu geben, den **Widerspruch zu beseitigen**. Hat ein Zeuge bereits selbst bestätigt, dass er bei seiner früheren Vernehmung anders ausgesagt hat und dies möglicherweise sogar begründet, ist nach Ansicht des BGH eine Verlesung nach Abs. 2 nicht zulässig.[12]

Erforderlich ist die Verlesung, wenn die Person, die die frühere Vernehmung durchgeführt hat, nicht als Zeuge zur Hauptverhandlung geladen ist oder generell nicht gehört werden kann.[13] Soweit darüber hinaus die Voraussetzungen auch in einem Fall bejaht wurden, in dem die Verhörs-

---

[1] So auch die hM: BGH v. 23. 9. 1952 – 1 StR 750/51, BGHSt 3, 199, 201 = NJW 1953, 192; BGH v. 11. 11. 1952 – 1 StR 465/52, BGHSt 3, 281, 283 = NJW 1953, 115; BGH v. 2. 4. 1958 – 2 StR 96/58, BGHSt 11, 338, 340 = NJW 1958, 919; BGH v. 16. 2. 1965 – 1 StR 4/65, BGHSt 20, 160, 162 = NJW 1965, 874; BGH v. 2. 10. 1985 – 2 StR 377/85, NJW 1986, 2063; ebenso: *Meyer-Goßner* Rn. 1.
[2] So zutreffend KK-StPO/*Diemer* Rn. 2.
[3] Vgl. dazu § 249 Rn. 39 ff.
[4] Vgl. zur abweichenden Bewertung der Rechtsnatur des § 253: *Hanack*, FS Schmidt-Leichner, S. 86; *Grünwald* JZ 1966, 493; *Eb. Schmidt* Nachtragsband 1 und JZ 1964, 540; hiergegen Löwe/Rosenberg/*Sander/Cirener* Rn. 2/3.
[5] So BGH v. 16. 2. 1965 – 1 StR 4/65, BGHSt 20, 160, 162 = NJW 1965, 874; BGH v. 2. 10. 1985 – 2 StR 377/85, NStZ 1986, 276, 277; OLG Köln v. 21. 4. 1998 – Ss 150/98, StV 1998, 478; s.a. *Meyer-Goßner* Rn. 3; ebenso KK-StPO/*Diemer* Rn. 2 („Ultima Ratio").
[6] *Meyer-Goßner* Rn. 5.
[7] Vgl. BGH v. 2. 10. 1951 – 1 StR 421/51, BGHSt 1, 337, 340.
[8] BGH v. 25. 9. 2001 – 1 StR 264/01, NStZ 2002, 46, 47.
[9] Vgl. Löwe/Rosenberg/*Mosbacher* Rn. 9.
[10] *Meyer-Goßner* Rn. 5; vgl. auch RG v. 11. 6. 1925 – II 253/25, RGSt 59, 248; KK-StPO/*Diemer* Rn. 5; Löwe/Rosenberg/*Mosbacher* Rn. 11.
[11] Vgl. *Eisenberg* Beweisrecht Rn. 2165; s. a. OLG Koblenz v. 11. 1. 1973 – 1 Ss 246/73 – GA 1974, 222 (Verlesung der gesamten Aussage bei lückenhafter Erinnerung im Hinblick auf die innere Einheit des Vorgangs).
[12] BGH v. 20. 4. 2006 – 3 StR 284/05, BGHR StPO § 253 Abs. 2 – Widerspruch 1; BGH v. 25. 9. 2001 – 1 StR 264/01, NStZ 2002, 46, 47; BGH v. 2. 3. 1983 – 2 StR 744/82; BGH v. 16. 2. 1965 – 1 StR 4/65, BGHSt 20, 160, 162.
[13] RG v. 14. 1. 1921 – IV 1575/20, RGSt 55, 223, 224.

person als Zeuge in der Hauptverhandlung anwesend war,[14] kann dem nicht gefolgt werden, weil in diesem Fall der Widerspruch auch durch die Vernehmung dieser Verhörsperson in der Hauptverhandlung festgestellt werden kann.

IV. Verfahrensfragen

9 Das zu verlesende Vernehmungsprotokoll muss den gesetzlichen Anforderungen genügen. Verlesbar sind grundsätzlich Protokolle von richterlichen Vernehmungen ebenso wie Protokolle von polizeilichen oder staatsanwaltschaftlichen Vernehmungen.[15] Nach hM sollen darüber hinaus auch **Vernehmungsniederschriften aus anderen Verfahren**, wie zB Zeugenvernehmungen aus zivilgerichtlichen Verhandlungen, verlesbar sein.[16] Die jeweils geltenden Protokollierungsvorschriften müssen beachtet worden sein.

10 Die Verlesung nach § 253 wird durch den Vorsitzenden angeordnet. Ein **Gerichtsbeschluss** ist anders als in den Fällen des § 251 nicht erforderlich. Ob ein Widerspruch iSv. Abs. 2 vorliegt, kann im Einzelfall streitig sein. Hierüber hat im Rahmen seiner Sachleitungsbefugnis zunächst der Vorsitzende, nach Widerspruch gegen seine Anordnung gemäß § 238 Abs. 2 das gesamte Gericht, zu entscheiden.

11 Der Grund für die Verlesung ist auf Antrag im Protokoll festzuhalten (§ 255). Wird nach förmlichem Vorhalt von dem Zeugen oder dem Sachverständigen die Richtigkeit des Protokolls bestritten, dann wird regelmäßig Anlass bestehen, die **Verhörspersonen** als Zeugen zu vernehmen. Unabhängig davon kann dies aus Gründen der Aufklärungspflicht auch dann geboten sein, wenn eine Vernehmung der Verhörsperson im Vergleich zur bloßen Verlesung des Protokolls zusätzliche Erkenntnisse – etwa über die Vernehmungssituation oder das Verhalten des Vernommenen – erwarten lässt.

§ 254 [Verlesung von Geständnissen und bei Widersprüchen]

(1) Erklärungen des Angeklagten, die in einem richterlichen Protokoll enthalten sind, können zum Zweck der Beweisaufnahme über ein Geständnis verlesen werden.

(2) Dasselbe kann geschehen, wenn ein in der Vernehmung hervortretender Widerspruch mit der früheren Aussage nicht auf andere Weise ohne Unterbrechung der Hauptverhandlung festgestellt oder behoben werden kann.

I. Allgemeines

1 Ähnlich wie § 253 bei der Vernehmung von Zeugen und Sachverständigen lässt § 254 für die Beweisaufnahme über frühere Äußerungen des Beschuldigten eine begrenzte Durchbrechung des in § 250 S. 2 enthaltenen Grundsatzes zu.[1] Die Vorschrift gestattet es, unter bestimmten Voraussetzungen durch Verlesung **Beweis über Aussagen** zu erheben. Das nach § 254 verlesene Protokoll kann (und muss) im Rahmen von § 261 zur Überzeugungsbildung über die Schuld- und Straffrage herangezogen werden.

II. Richterliches Vernehmungsprotokoll

2 Aus dem Gesetzeswortlaut folgt, dass nur Protokolle richterlicher Vernehmungen[2] verlesen werden dürfen. In Betracht kommen namentlich Protokolle über Vernehmungen nach §§ 162, 168c, 169, nach § 115 Abs. 3, § 115a Abs. 2, 118a Abs. 3 und Vernehmungen in einer früheren Hauptverhandlung.[3] Auch die nach § 273 Abs. 2 protokollierten Aussagen sind nach hM verlesbar.[4] Verlesbar ist das Protokoll auch, wenn Angaben von zwei Angeklagten gemeinsam protokolliert wurden.[5] Eine als Anlage zum Protokoll genommene **Verteidigererklärung** kann nicht verlesen werden,[6] im Protokoll festgehaltene Äußerungen, die der Verteidiger für den Angeklagten abgegeben hat, hingegen durchaus.[7] Vernehmungen durch Konsularbeamte stehen richter-

---

[14] RG v. 14. 12. 1900 – Rep. 3734/00, RGSt 34, 48.
[15] Vgl. BayObLG v. 9. 11. 1953 – RevReg 3 St 12/53, BayObLGSt 1953, 215 = NJW 1954, 363; vgl. auch RG v. 4. 7. 1916 – II 231/16, RGSt 50, 129 (Protokollabschriften).
[16] *Eisenberg* Beweisrecht Rn. 2158; *Meyer-Goßner* Rn. 7.
[1] Vgl. hierzu BVerfG v. 30. 6. 2005 – 2 BvR 1502/04, NStZ 2006, 46.
[2] Vgl. hierzu bereits oben § 251 Rn. 33.
[3] Vgl. BayObLG v. 19. 2. 1982 – 2 Ob OWi 29/82, MDR 1982, 517; BGH v. 21. 7. 1971 – 2 StR 199/71, BGHSt 24, 183 = JR 1971, 512 (zu § 251 aF).
[4] S. dazu oben § 251 Rn. 35.
[5] BGH v. 22. 8. 1996 – 5 StR 159/96, NStZ 1997, 147.
[6] Vgl. BGH v. 10. 11. 2008 – 3 StR 390/08, StV 2009, 454.
[7] So OLG Hamm v. 3. 12. 2003 – 3 Ss 435/03, StV 2005, 122.

lichen Vernehmungen nach § 15 KonsularG gleich.[8] Auch ausländische Vernehmungsprotokolle können verlesbar sein.[9]

Verlesbar sind nur Aussagen, die der Angeklagte als Beschuldigter gemacht hat, nicht jedoch Aussagen, die er bei einer **Zeugenvernehmung** gemacht hat. Das folgt schon daraus, dass ihm bei der Zeugenvernehmung nicht die Rechte aus § 136 zustanden; das Auskunftsverweigerungsrecht nach § 55 ist hierfür kein voller Ersatz.[10] Nichts anderes gilt für Vernehmungen, die der Angeklagte in **Zivil- und Verwaltungsgerichtsverfahren** gemacht hat.[11]

Die Verlesung polizeilicher Vernehmungsprotokolle kann nicht auf § 254 gestützt werden,[12] auch nicht die Verlesung von Niederschriften, die durch Privatpersonen erstellt wurden, oder die Verlesung von schriftlichen Erklärungen, die der Angeklagte zur Akte gereicht hat.[13] Ist im Rahmen einer richterlichen Vernehmung lediglich auf das Protokoll einer früheren Vernehmung Bezug genommen worden, so macht dies das **polizeiliche Vernehmungsprotokoll** nicht nach § 254 verlesbar.[14] Hat sich der Angeklagte bei seinen Angaben vor dem Richter jedoch ausdrücklich auf eine frühere polizeiliche Vernehmung bezogen, hat der Richter diese sodann vollständig verlesen und der Angeklagte seine Bezugnahme bestätigt, dann ist das polizeiliche Vernehmungsprotokoll hierdurch zum Bestandteil der richterlichen Vernehmung geworden.[15]

Ist es bei der Durchführung der Vernehmung zur **Verletzung von Verfahrensvorschriften** gekommen, kann dies der Verlesbarkeit entgegenstehen. Das ist anerkannt für den Fall, dass bei einer Vernehmung nach § 168c die Benachrichtigung des Verteidigers ohne ausreichenden Grund versäumt wurde. Unter diesen Umständen darf die Vernehmung nicht gegen den Widerspruch des Betroffenen verlesen werden.[16] Eine etwaige Verletzung der §§ 136 bzw. 243 Abs. 5 nF StPO im Rahmen der richterlichen Vernehmung kann – nach den allgemeinen Grundsätzen – der Verwertung entgegenstehen.[17]

Das Protokoll muss ferner den gesetzlichen Anforderungen genügen. Ist das Protokoll entgegen § 168a Abs. 4 nicht durch den **Protokollführer** unterzeichnet, so steht dies der Verlesbarkeit entgegen.[18] Hat der Richter davon abgesehen, einen Protokollführer hinzuzuziehen (§ 168 Satz 2), so macht dies das Protokoll nicht von vornherein unverlesbar.[19] Wird das in § 168a Abs. 3 geregelte Verfahren zur Genehmigung und Unterzeichnung des Protokolls nicht eingehalten, steht das der Verlesbarkeit nicht entgegen.[20] Haben an der Vernehmung Dolmetscher mitgewirkt, so müssen diese ordnungsgemäß vereidigt sein.[21]

III. Beweisaufnahme über ein Geständnis (Abs. 1)

Die Verlesung ist nach Abs. 1 zulässig zur Beweisaufnahme über ein Geständnis. Als Geständnis wird dabei nicht nur die förmliche Bestätigung der Richtigkeit des Anklagevorwurfs verstanden, sondern **jegliches Zugestehen einzelner Tatsachen**, die für die Schuld- und Straffrage von Bedeutung sein können.[22] Auch wenn entlastende Tatsachen „eingeräumt" werden, kann eine Verlesbarkeit nach § 254 Abs. 1 gegeben sein.[23] Auch wenn Indiztatsachen zugestanden worden sind, kann dies die Verlesung nach § 254 rechtfertigen.[24] Ob der Angeklagte in der späteren Hauptverhandlung am Geständnis festhält oder andere Angaben zur Sache macht, beeinflusst die Verlesbarkeit nach § 254 nicht.

---

[8] KK-StPO/*Diemer* Rn. 4.
[9] BGH v. 10. 8. 1994 – 3 StR 53/94, NStZ 1994, 595; vgl. dazu im Einzelnen oben § 251 Rn. 42–45.
[10] So auch KK-StPO/*Diemer* Rn. 3; anderer Ansicht: *Meyer-Goßner* Rn. 4.
[11] Für Verlesbarkeit von Angaben aus dem Zivilprozess: Löwe/Rosenberg/*Mosbacher* Rn. 5; offen gelassen von BGH v. 3. 7. 1996 – 5 StR 179/96, NStZ 1996, 612 (Vernehmung als Zeuge in einem Zivilprozess); vgl. ferner RG v. 15. 12. 1921 – VI 1095/21, RGSt 56, 257 sowie *Schneidewin* JR 1951, 485.
[12] Vgl. BGH v. 27. 3. 1996 – 3 StR 91/96 (Vernehmung durch Zollbeamte).
[13] So mit Recht Löwe/Rosenberg/*Mosbacher* Rn. 8.
[14] BGH v. 22. 4. 1998 – 1 StR 142/98; BGH v. 12. 1. 1996 – 5 StR 756/94, BGHSt 42, 15 = NJW 1996, 1547.
[15] Vgl. BGH v. 12. 1. 1996 – 5 StR 756/94, NJW 1996, 1547, 1550; BGH v. 25. 4. 1991 – 5 StR 164/91, StV 1991, 340; BGH v. 22. 11. 1988 – 5 StR 454/88, StV 1989, 90, BGH v. 4. 11. 1986 – 5 StR 381/86, StV 1987, 49; vgl. auch BGH v. 8. 4. 1954 – 5 StR 725/53, BGHSt 6, 279, 281 = NJW 1954, 1496 sowie BGH v. 23. 11. 1954 – 5 StR 301/54, BGHSt 7, 73, 74 = NJW 1955, 191.
[16] Vgl. hierzu oben § 168c Rn. 21; § 251 Rn. 41.
[17] Vgl. hierzu schon BGH v. 14. 5. 1974 – 1 StR 366/73, BGHSt 25, 325; vgl. zum Ganzen auch KK-StPO/*Diemer* § 254 Rn. 7.
[18] BGH v. 8. 10. 1993 – 2 StR 400/93, StV 1994, 58, 62.
[19] BGH v. 30. 6. 1995 – 3 StR 578/92, NStZ 1996, 131.
[20] BGH v. 19. 3. 2004 – StR 6/04 sowie hierzu BVerfG v. 30. 6. 2005 – 2 BvR 1502/04, NStZ 2006, 46.
[21] OLG Hamburg v. 18. 3. 1975 – 1 Ss 164/74, NJW 1975, 1573.
[22] *Meyer-Goßner* Rn. 2; Löwe/Rosenberg/*Mosbacher* Rn. 12; vgl. ferner *Dencker* ZStW 102, 62, 68.
[23] BGH v. 5. 7. 1977 – 5 StR 144/77, MDR 1977, 984 (bei *Dallinger*).
[24] Vgl. RG v. 10. 10. 1911 – II 724/11, RGSt 45, 196; RG v. 19. 11. 1919 – V 293/19, RGSt 54, 126.

IV. Widerspruch zu früherer Aussage (Abs. 2)

8 Nach Abs. 2 ist die Verlesung zulässig, wenn sie der Aufklärung eines Widerspruchs zu einer früheren Aussage dient, und dieser nicht auf andere Weise ohne Unterbrechung der Hauptverhandlung festgestellt oder behoben werden kann. Die Voraussetzungen entsprechen § 253 Abs. 2.[25]

V. Verfahrensfragen

9 Die Verlesung nach § 254 ordnet der Vorsitzende im Rahmen seiner Befugnis zur **Sachleitung** an, ein Gerichtsbeschluss ist nicht erforderlich. Wird das Vernehmungsprotokoll daraufhin verlesen, so kann es nach hM auch zur Beweisführung gegen einen Mitangeklagten verwendet werden.[26]

10 Ebenso wie bei § 253 gilt auch hier, dass der vernehmende **Richter als Zeuge** vernommen werden muss, sofern der Angeklagte die Richtigkeit des Protokolls bestreitet.[27] Eine Vernehmung des Richters kann daneben auch aus anderen Gründen geboten sein.[28] Wird der Richter als Zeuge vernommen, dann darf ihm zwar – wie jedem anderen Zeuge auch – das Protokoll formlos vorgehalten werden, Urteilsgrundlage ist jedoch lediglich die daraufhin von dem Richter abgegebene Zeugenaussage.[29] Hat der Richter selbst keine konkrete Erinnerung mehr an den Vorgang, dann darf ihm das Vernehmungsprotokoll auch nicht nach § 253 StPO vorgehalten werden, weil es nicht seine Vernehmung zum Gegenstand hat. Beschränkt sich die Aussage des Richters darauf, dass er zutreffend protokolliert habe, dann wird allein hierdurch der Inhalt des Protokolls noch nicht zum Gegenstand der Hauptverhandlung im Sinne von § 261.[30]

VI. Revision

11 Die Revision kann grundsätzlich darauf gestützt werden, dass das Tatgericht zu Unrecht von der Verlesbarkeit eines Protokolls ausgegangen ist. Das kommt in Betracht, wenn das verlesene Protokoll zB auf Grund formaler Mängel oder verfahrensrechtlicher Fehler bei der Durchführung der Vernehmung nicht verlesbar war. Entgegen der hM kann auch gerügt werden, dass das verlesene Protokoll kein Geständnis enthielt.[31]

§ 255 [Protokollierung der Verlesung]

In den Fällen der §§ 253 und 254 ist die Verlesung und ihr Grund auf Antrag der Staatsanwaltschaft oder des Angeklagten im Protokoll zu erwähnen.

1 Die Vorschrift hat nur begrenzte Bedeutung. Die durch die §§ 253 und 254 zugelassenen Formen der Urkundenverlesung sind als Akte der Beweisaufnahme **wesentliche Förmlichkeiten iSd.** § 273. Sowohl eine auf § 253 als auch eine auf § 254 gestützte Verlesung ist deshalb schon unabhängig vom Geltungsbereich des § 255 im Protokoll zu vermerken.[1] In Ergänzung hierzu ist nach § 255 auf Antrag der Grund der Verlesung zu protokollieren. Das ermöglicht es insbesondere in den Fällen des § 253, die Entstehung einer Aussage in der Hauptverhandlung auch im Nachhinein zumindest teilweise zu rekonstruieren.

2 Nach dem Gesetzeswortlaut kann der Protokollierungsantrag von der Staatsanwaltschaft und dem Angeklagten gestellt werden. Nach hM ist daneben auch der Verteidiger antragsbefugt.[2] Im Privatklageverfahren steht das Antragsrecht dem Privatkläger zu.[3] Nicht antragsberechtigt ist

---

[25] S. dazu § 253 Rn. 6 ff.
[26] *Meyer-Goßner* Rn. 5; BGH v. 15. 8. 1952 – 3 StR 267/52, BGHSt 3, 149, 153 = NJW 1952, 1265; BGH v. 14. 5. 1969 – 4 StR 85/69, BGHSt 22, 372 = NJW 1969, 1445; ebenso KK-StPO/*Diemer* Rn. 8; Löwe/Rosenberg/*Mosbacher* Rn. 16; anderer Meinung *Schneidewin* JR 1951, 486.
[27] Vgl. zum Verhältnis von Aufklärungspflicht und Vernehmung der Verhörsperson: BGH v. 7. 6. 1966 – 1 StR 130/66, NJW 1966, 1524.
[28] Vgl. allgemein zur Vernehmung von Verhörspersonen: BGH v. 31. 5. 1968 – 4 StR 19/68, BGHSt 22, 170, 171; BGH v. 31. 5. 1960 – 5 StR 168/60, BGHSt 14, 310, 312; BGH v. 15. 8. 1952 – 3 StR 267/52, BGHSt 3, 149, 150.
[29] Vgl. BGH v. 31. 5. 1960 – 5 StR 168/60, BGHSt 14, 310, 312; *Meyer-Goßner* Rn. 8.
[30] Vgl. zur Thematik ergänzend *Langkeit/Cramer* StV 1996, 230.
[31] Anderer Ansicht: *Meyer-Goßner* Rn. 9; BGH v. 14. 1. 1975 – 1 StR 620/74, MDR 1975, 369 (bei *Dallinger*) sowie RG v. 10. 10. 1911 – II 724/11, RGSt 45, 196.
[1] BGH v. 2. 10. 1985 – 2 StR 377/85, NJW 1986, 2063 = JR 1986, 524 mAnm *Gollwitzer*; OLG Köln v. 15. 9. 1964 – Ss 296/64, NJW 1965, 830.
[2] BGH v. 30. 1. 1959, 1 StR 510/98, BGHSt 12, 367, 371 = NJW 1959, 731; vgl. auch *Hanack* JZ 1972, 275 sowie *Rieß* NJW 1977, 882.
[3] So auch *Meyer-Goßner* Rn. 2; Löwe/Rosenberg/*Mosbacher* Rn. 5.

hingegen der Nebenkläger.[4] Bereits der **Antrag auf Protokollierung** des Verlesungsgrundes ist als in der Hauptverhandlung gestellter Antrag in das Hauptverhandlungsprotokoll aufzunehmen.[5]

Wird der Verlesungsgrund protokolliert, dann kann mit der Revision zB gerügt werden, dass 3 ein Zeuge oder Sachverständiger sich zunächst an eine Tatsache nicht mehr erinnert hat (§ 253 Abs. 1). Es gilt insoweit nichts anderes als bei einer nach § 273 Abs. 3 protokollierten Aussage. Ob der Tatrichter verpflichtet ist, sich im Urteil mit dem nach § 255 protokollierten Umstand auseinanderzusetzen, hängt von der Beweislage im Einzelfall ab. Wird der Protokollierungsantrag mit fehlerhafter Begründung zurückgewiesen, dann liegt zwar ein Verfahrensfehler vor, das Urteil wird hierauf aber – ebenso wie bei der fehlerhaften Zurückweisung eines auf § 273 Abs. 3 gestützten Protokollierungsantrages[6] – regelmäßig nicht beruhen.[7]

§ 255a [Vorführung der Aufzeichnung einer Zeugenvernehmung]

(1) Für die Vorführung der Bild-Ton-Aufzeichnung einer Zeugenvernehmung gelten die Vorschriften zur Verlesung einer Niederschrift über eine Vernehmung gemäß §§ 251, 252, 253 und 255 entsprechend.

(2) ¹In Verfahren wegen Straftaten gegen die sexuelle Selbstbestimmung (§§ 174 bis 184g des Strafgesetzbuches) oder gegen das Leben (§§ 211 bis 222 des Strafgesetzbuches), wegen Misshandlung von Schutzbefohlenen (§ 225 des Strafgesetzbuches) oder wegen Straftaten gegen die persönliche Freiheit nach §§ 232 bis 233a des Strafgesetzbuches kann die Vernehmung eines Zeugen unter 18 Jahren durch die Vorführung der Bild-Ton-Aufzeichnung seiner früheren richterlichen Vernehmung ersetzt werden, wenn der Angeklagte und sein Verteidiger Gelegenheit hatten, an dieser mitzuwirken. ²Eine ergänzende Vernehmung des Zeugen ist zulässig.

I. Allgemeines

Die Vorschrift regelt, unter welchen Voraussetzungen die Vorführung einer Bild-Ton-Aufzeich- 1 nung in der Hauptverhandlung die Vernehmung eines Zeugen ersetzen kann. § 250 Satz 2 verbietet nach seinem Wortlaut zwar lediglich die Verlesung von Vernehmungsprotokollen und schriftlichen Erklärungen, nicht aber die Vorführung von Bild-Ton-Aufzeichnungen. Unabhängig von allen anderen Erwägungen muss aber schon aus der in § 255a Abs. 1 enthaltenen Verweisung auf die §§ 251 bis 253 und 255 abgeleitet werden, dass die persönliche Vernehmung eines Zeugen nur durch Vorführung einer Bild-Ton-Aufzeichnung ersetzt werden darf, wenn dies durch einen der in den §§ 251–253 und 255a Abs. 2 genannten Ausnahmetatbestände ausdrücklich zugelassen wird.[1]

§ 255a ermöglicht es damit, durch Inaugenscheinnahme einer Videoaufzeichnung die **Verneh-** 2 **mung** eines Zeugen in der Hauptverhandlung zu **ersetzen**. Praktische Bedeutung erlangt dies, wenn im Ermittlungsverfahren eine Zeugenvernehmung aufgezeichnet wurde (vgl. § 58 a) oder wenn zB während einer früheren Hauptverhandlung eine Vernehmung nach § 247a durchgeführt wurde. Nach Abs. 2 ist die Ersetzung der persönlichen Vernehmung bei bestimmten Anklagevorwürfen unter erleichterten Voraussetzungen möglich. Hat die Anklage keinen der darin genannten Tatbestände zum Gegenstand, dann gilt Abs. 1, – mit der Folge, dass die Beweisaufnahme über den Inhalt einer aufgezeichneten Vernehmung durch Augenscheinsnahme unter denselben Voraussetzungen zulässig ist wie die Verlesung des über die Vernehmung angefertigten schriftlichen Protokolls.

§ 255a spricht allgemein von einer **Bild-Ton-Aufzeichnung**. Daraus muss abgeleitet werden, 3 dass die Bestimmung stets bei Aufzeichnungen angewandt werden kann, durch die sowohl Bild und Ton der Vernehmung aufgezeichnet wurden, unabhängig davon welches technische Verfahren hierzu verwandt wurde.

II. Voraussetzungen des Abs. 1

Abs. 1 verweist sowohl hinsichtlich der Voraussetzungen der Verlesbarkeit als auch hinsichtlich 4 des dabei einzuhaltenden Verfahrens auf die §§ 251, 253 und 255. Durch die uneingeschränkte Bezugnahme gilt auch § 251 Abs. 4, so dass über die Vorführung der Bild-Ton-Aufzeichnung ein **Gerichtsbeschluss** herbeizuführen ist.[2] Eine Rangfolge zwischen der Verlesung von Vernehmungs-

---

[4] Meyer-Goßner Rn. 2; Löwe/Rosenberg/Hilger § 397 Rn. 10.
[5] Vgl. auch § 273 Rn. 3.
[6] S. dazu unten § 273 Rn. 45.
[7] Löwe/Rosenberg/Mosbacher Rn. 7.
[1] Vgl. hierzu Mitsch JuS 2005, 102, 103.
[2] BGH v. 12. 2. 2004 – 3 StR 185/03, BGHSt 49, 72 = NJW 2004, 1605 = StV 2004, 247; ebenso KK-StPO/Diemer Rn. 14.

§ 255a 5–11 *Zweites Buch. Verfahren im ersten Rechtszug*

niederschriften und der Inaugenscheinnahme von Bild-Ton-Aufzeichnungen lässt sich dem Gesetz nicht entnehmen.[3] Dies ist an Hand der Aufklärungspflicht zu entscheiden.

5 Abs. 1 verweist nicht auf § 254. Das macht deutlich, dass die Vorführung von Bild-Ton-Aufzeichnungen nur der Beweiserhebung über **Zeugenaussagen** dienen soll, nicht aber zur Beweisaufnahme über etwaige frühere Einlassungen des Angeklagten.[4] Nach dem Gesetzeswortlaut ist es im Übrigen auch zulässig, eine Bild-Ton-Aufzeichnung zu Zwecken des Freibeweises nach den §§ 255 a Abs. 1, 251 Abs. 3 in Augenschein zu nehmen. Dem dürfte aber nur selten praktische Bedeutung zukommen.

6 **1. Inaugenscheinnahme und Vorhalt.** § 255 a regelt nur die Inaugenscheinnahme zur Ersetzung einer persönlichen Vernehmung in der Hauptverhandlung.[5] Unabhängig von den Voraussetzungen des § 251 bleibt eine Inaugenscheinnahme der Aufzeichnung – ebenso wie nach der Rechtsprechung die Verlesung einer Urkunde[6] – zulässig, wenn sie lediglich dazu dient, die persönliche Vernehmung des Zeugen in der Hauptverhandlung zu ergänzen.[7] Das soll auch dann gelten, wenn die Inaugenscheinnahme den Zweck hat, Beweis über die Aussagekonstanz zu erheben.[8]

7 Die Vorführung soll daneben auch zum Zwecke des Vorhalts zulässig sein.[9] Das erscheint zwar im Hinblick auf die Zulässigkeit des Vorhalts von Vernehmungsniederschriften konsequent. Doch ist das technische Mittel der Bild-Ton-Aufzeichnung **als Vernehmungsbehelf** wesentlich **weniger geeignet** als ein Vernehmungsprotokoll, das in der Hauptverhandlung ohne Weiteres verlesen werden kann. Der Vorhalt einer Bild-Ton-Aufzeichnung erfordert erheblichen technischen Aufwand; er hat zudem eine eigene Suggestivkraft.[10] Es ist deshalb der konzentrierten Durchführung einer Vernehmung nicht dienlich, wenn diese wiederholt durch Vorhalte aus einer Aufzeichnung unterbrochen wird. Dies führt nur allzu leicht dazu, dass aus dem bloßen Vernehmungsbehelf unzulässigerweise eine eigene Beweiserhebung wird.[11]

8 **2. Gegenstand der Inaugenscheinnahme.** Nach Abs. 1 darf nur die Aufzeichnung einer Zeugenvernehmung in Augenschein genommen werden. **Beschuldigtenvernehmungen** oder **Sachverständigengutachten** können deshalb nicht nach dieser Vorschrift zum Gegenstand der Hauptverhandlung gemacht werden, selbst wenn sie aufgezeichnet worden sein sollten.[12] Für die Frage, ob eine Person als Zeuge anzusehen ist, kommt es dabei auf den Zeitpunkt der Hauptverhandlung an, nicht auf den Zeitpunkt, zu dem die Aufzeichnung hergestellt wurde.[13]

9 Gegenstand der Augenscheinseinnahme können sowohl Aufzeichnungen richterlicher Vernehmungen als auch Aufzeichnungen nicht-richterlicher Vernehmungen sein. Die unterschiedlichen Voraussetzungen hierfür ergeben sich durch die in § 255 a Abs. 1 enthaltene Verweisung auf § 251.

10 **a) Nicht-richterliche Vernehmungen (§ 251 Abs. 1). aa) Einverständnis der Beteiligten.** Die Inaugenscheinnahme ist nach §§ 255 a Abs. 1, 251 Abs. 1 Nr. 1 zulässig, wenn der Angeklagte einen Verteidiger hat und die Verfahrensbeteiligten einverstanden sind.[14] Das Einverständnis muss sich dabei ausdrücklich darauf beziehen, dass die Vernehmung des Zeugen in der Hauptverhandlung durch die Inaugenscheinnahme der Bild-Ton-Aufzeichnung ersetzt wird.[15] Das Einverständnis muss ausdrücklich erklärt werden; ein stillschweigendes Einverständnis reicht – entgegen der hM – nicht aus.[16]

11 **bb) Unmöglichkeit der Vernehmung.** Die Inaugenscheinnahme ist nach den §§ 255 a Abs. 1, 251 Abs. 1 Nr. 2 ferner zulässig, wenn der Zeuge verstorben ist oder aus einem anderen Grunde in absehbarer Zeit gerichtlich nicht vernommen werden kann. Die zu § 251 Abs. 1 Nr. 2 entwickelten Grundsätze kommen insoweit zur Anwendung.[17]

---

[3] So mit Recht KK-StPO/*Diemer* Rn. 4.
[4] Vgl. KK-StPO/*Diemer* Rn. 5; s. a. unten § 255 a Rn. 8.
[5] So BGH v. 12. 2. 2004 – 1 StR 566/03, BGHSt 49, 68 = NJW 2004, 1468 = StV 2004, 246.
[6] S. dazu oben § 250 Rn. 18 mwN.
[7] BGH v. 12. 2. 2004 – 1 StR 566/03, BGHSt 49, 68 = NJW 2004, 1468 = StV 2004, 246; s. auch *Kölbel* NStZ 2005, 220 sowie KK-StPO/*Diemer* Rn. 4 a; BGH v. 10. 11. 2004 – 1 StR 463/04, NStZ-RR 2005, 45.
[8] KK-StPO/*Diemer* Rn. 4 a.
[9] BGH v. 29. 1. 2008 – 4 StR 449/07, BGHSt 52, 148 = NJW 2008. 1010 = StV 2008, 170 mwN; KK-StPO/*Diemer* Rn. 4.
[10] So mit Recht *Degener* StV 2006, 509, 514.
[11] Vgl. hierzu auch das Verfahrensgeschehen im Fall BGH v. 29. 1. 2008 – 4 StR 449/07, BGHSt 52, 148 = NJW 2008. 1010 = StV 2008, 170 mwN; s. ergänzend auch *Rieß* StraFo 1999, 1, 4.
[12] Vgl. Löwe/Rosenberg/*Mosbacher* Rn. 1; *Meyer-Goßner* Rn. 1; KK-StPO/*Diemer* Rn. 5.
[13] Löwe/Rosenberg/*Mosbacher* Rn. 1; KK-StPO/*Diemer* Rn. 6.
[14] Zum Kreis der Zustimmungspflichtigen und der notwendigen Protokollierung s. o. § 251 Rn. 16 ff.
[15] Löwe/Rosenberg/*Mosbacher* Rn. 6; *Meyer-Goßner* Rn. 2.
[16] S. dazu oben § 251 Rn. 20.
[17] S. dazu oben § 251 Rn. 23 ff.

cc) Beweisaufnahme über Vermögensschäden. Die Augenscheinseinnahme ist nach den §§ 255 a, 12 251 Abs. 1 Nr. 3 zulässig, wenn die Bild-Ton-Aufzeichnung das Vorliegen oder die Höhe eines Vermögensschadens betrifft. Dass Bild-Ton-Aufzeichnungen zur Beweiserhebung über Vermögensschäden angefertigt werden, dürfte in der Praxis kaum vorkommen. Nach der in § 255 Abs. 1 enthaltenen Verweisung besteht aber kein Zweifel, dass die Zeugenvernehmung in der Hauptverhandlung in einem solchen Fall durch Abspielen der Bild-Ton-Aufzeichnung ersetzt werden darf, wenn eine Aufzeichnung existiert.

b) Richterliche Vernehmungen (§ 251 Abs. 2). Durch die in Abs. 1 enthaltene Verweisung auf 13 § 251 Abs. 2 wird in der Hauptverhandlung der Rückgriff auf eine Bild-Ton-Aufzeichnung einer richterlichen Vernehmung unter erleichterten Voraussetzungen möglich. Voraussetzung hierfür ist, dass die richterliche Vernehmung ordnungsgemäß zustande gekommen ist. Dürfte ein Protokoll einer richterlichen Vernehmung nach § 251 Abs. 2 nicht verlesen werden, weil zB die **Benachrichtigungspflichten** nach § 168c nicht eingehalten wurden,[18] oder weil es zu sonstigen Verfahrensverstößen (wie zB Verstößen gegen **Belehrungspflichten**) gekommen ist, dann darf auch eine Bild-Ton-Aufzeichnung einer richterlichen Vernehmung nicht in Augenschein genommen werden. Zu den einzelnen Merkmalen des § 251 Abs. 2 kann auf die obige Kommentierung verwiesen werden.[19]

Anders als bei der Umdeutung von Vernehmungsprotokollen[20] kann allerdings eine Umdeu- 14 tung einer „richterlichen Bild-Ton-Aufzeichnung" in eine „nicht-richterliche Bild-Ton-Aufzeichnung" nicht erfolgen. Eine derartige Unterscheidung wirkt bei den Aufzeichnungen, deren Beweiswert sich maßgeblich auf die bildliche Darstellung stützt, willkürlich und realitätsfern.

3. Inaugenscheinnahme nach den §§ 255 a Abs. 1, 253. Durch den in Abs. 1 enthaltenen Ver- 15 weis auf § 253 ist klargestellt, dass die Bild-Ton-Aufzeichnung auch in Augenschein genommen werden darf, wenn dies notwendig ist, um das Gedächtnis des anwesenden und vernommenen Zeugen zu unterstützen (§ 253 Abs. 1) oder wenn Widersprüche zwischen der Vernehmung in der Hauptverhandlung und früheren Aussagen nicht auf andere Weise ohne Unterbrechung der Hauptverhandlung festgestellt oder behoben werden können (§ 253 Abs. 2). Die Vorführung der Bild-Ton-Aufzeichnung ist in diesen Fällen **Mittel des Strengbeweises**; sie ist auf das zur Unterstützung des Gedächtnisses bzw. zur Aufklärung des Widerspruchs notwendige Maß zu beschränken.[21]

4. Bedeutung des § 252. Durch die in Abs. 1 enthaltene Verweisung auf § 252[22] wird klarge- 16 stellt, dass die Beweisaufnahme über Bild-Ton-Aufzeichnungen dann zu unterbleiben hat, wenn der Zeuge in der Hauptverhandlung von einem Zeugnisverweigerungsrecht Gebrauch macht.[23] Die zum Anwendungsbereich, den Rechtsfolgen und der **Einschränkung des § 252** entwickelten Rechtsgrundsätze[24] haben auch hier Gültigkeit. Auf der Grundlage der Rechtsprechung, wonach auch bei einer Zeugnisverweigerung in der Hauptverhandlung nach § 52 eine Vernehmung des Richters zulässig bleiben kann,[25] kann es zu dem Ergebnis kommen, dass die Vernehmung des Richters möglich, die Vorführung der Bild-Ton-Aufzeichnung über die richterliche Vernehmung aber unzulässig ist.[26] Auch dies zeigt, dass der Rechtsprechung nicht gefolgt werden kann.[27]

Verweigert der Zeuge in der Hauptverhandlung nach § 52 die Aussage, stimmt er aber der Ver- 17 wertung einer vorhandenen Bild-Ton-Aufzeichnung zu, dann kann das – auf der Grundlage der neueren BGH-Rechtsprechung (BGHSt 45, 203)[28] – zwar dazu führen, dass § 252 der Verwertung der Aufzeichnung nicht mehr entgegensteht. Ob die übrigen Voraussetzungen für eine förmliche Einführung der Aufzeichnung in die Hauptverhandlung vorliegen, muss das Gericht aber gleichwohl prüfen.[29]

III. Erleichterte Inaugenscheinnahme nach Abs. 2

Abs. 2 gestattet in Verfahren, die einen der im Gesetzestext genannten Tatbestände zum Gegen- 18 stand haben, die Vorführung von Bild-Ton-Aufzeichnungen unter erleichterten Voraussetzungen.

---

[18] S. dazu § 251 Rn. 41.
[19] S. dazu § 251 Rn. 47 ff.
[20] S. dazu § 251 Rn. 8.
[21] Vgl. hierzu Löwe/Rosenberg/*Mosbacher* Rn. 7.
[22] Kritisch hierzu BGH v. 12. 2. 2004 – 3 StR 185/03, BGHSt 49, 72 = NJW 2004, 1605 = StV 2004, 247.
[23] So im Ergebnis auch BGH v. 12. 2. 2004 – 3 StR 185/03, BGHSt 49, 72 = NJW 2004, 1605 = StV 2004, 247.
[24] S. dazu oben § 252 Rn. 10 ff.
[25] S. dazu im Einzelnen § 252 Rn. 22.
[26] Vgl. hierzu BGH v. 12. 2. 2004 – 3 StR 185/03, BGHSt 49, 72 = NJW 2004, 1605 = StV 2004, 247; Mitsch JuS 2005, 102; *Leitner* StraFo 2004, 306, 308.
[27] Vgl. hierzu *Degener* StV 2006, 509.
[28] Vgl. hierzu § 252 Rn. 28.
[29] BGH v. 29. 1. 2008, 4 StR 449/07 = BGHSt 52, 148 = NJW 2008, 1010 = StV 2008, 170.

Dem liegt die Vorstellung des Gesetzgebers zugrunde, dass die Zeugen in Verfahren, die derartige Vorwürfe betreffen, regelmäßig besonders schutzbedürftig sind.

19 **1. Katalogtat.** Abs. 2 Satz 1 enthält einen abschließenden Katalog der Tatbestände, zu deren Aufklärung die Vorführung der Bild-Ton-Aufzeichnungen unter erleichterten Voraussetzungen zulässig sein soll. Der Katalog wurde durch Gesetz vom 31. 10. 2008 erweitert.[30] Für die Frage, ob einer der Tatbestände Gegenstand des Verfahrens ist, kommt es maßgeblich auf den **Inhalt der Anklageschrift** oder später in der Hauptverhandlung erteilte rechtliche Hinweis gem. § 265 StPO an. Der Verfahrensgegenstand wird dabei durch den prozessualen Tatbegriff umrissen.[31] Wird eine Katalogtat durch einen anderen Tatbestand in Folge von Gesetzeskonkurrenz verdrängt, ändert dies nichts daran, dass die Voraussetzungen des Abs. 2 vorliegen.[32] Wird im Hinblick auf eine Katalogtat in der Hauptverhandlung eine Bild-Ton-Aufzeichnung vorgeführt, dann ist ihr Inhalt sowohl im Rahmen der Beweisführung zur Katalogtat als auch im Rahmen der Beweisführung zu einer in Tateinheit stehenden Nicht-Katalogtat verwertbar.[33]

20 **2. Person des Zeugen.** Nach dem Gesetzeswortlaut ist weitere Voraussetzung für die durch § 255a Abs. 2 ermöglichte Durchbrechung des Unmittelbarkeitsgrundsatzes, dass der Zeuge unter 18 Jahre alt ist.[34] Maßgeblich ist das **Alter zum Zeitpunkt der beabsichtigten Vernehmung** in der Hauptverhandlung.[35] Wird die Bild-Ton-Aufzeichnung in der Hauptverhandlung vorgeführt und vollendet der Zeuge danach, gleichwohl aber noch vor Schluss der Beweisaufnahme, das 18. Lebensjahr, so macht dies die Beweiserhebung nicht im Nachhinein unzulässig. Es kann im Einzelfall aber Anlass bestehen, den Zeugen nunmehr nach Satz 2 zusätzlich noch persönlich zu vernehmen.

21 Der Gesetzeswortlaut sieht die Verfahrensweise nach Abs. 2 nicht nur in den Fällen vor, in denen der kindliche oder jugendliche Zeuge als **Opfer einer Straftat** aussagen soll. Vielmehr kommt eine Anwendung auch in den Fällen in Betracht, in denen der Zeuge generell für die Aufklärung des Tatvorwurfs bedeutsame Wahrnehmungen gemacht hat. Da das Gesetz jedoch im Zusammenhang mit Bestrebungen zum Opferschutz entstanden ist,[36] kann eine Ersetzung der persönlichen Vernehmung nach § 255a Abs. 2 nur zulässig sein, wenn entweder das Kind selbst Opfer der angeklagten Straftat ist oder durch die Bekundung eigener Wahrnehmungen in der Hauptverhandlung in vergleichbarer Weise gefährdet und schutzbedürftig ist.[37]

22 **3. Richterliche Vernehmungen.** Eine Bild-Ton-Aufzeichnung über eine richterliche Vernehmung darf nach dem Gesetzestext nur in Augenschein genommen werden, wenn die gesetzlichen Mitwirkungsrechte des Angeklagten und seines Verteidigers gewahrt wurden. Mitwirkungsrechte ergeben sich bei der richterlichen Zeugenvernehmung insbesondere aus **§ 168c Abs. 2** (vgl. auch § 168e S. 3).

23 Ob die Bild-Ton-Aufzeichnung nach Abs. 2 in Augenschein genommen werden kann, hängt entscheidend davon ab, ob die Wahrnehmung der Mitwirkungsrechte möglich war.[38] Dies ist nicht der Fall, wenn der Beschuldigte nach § 168c Abs. 3 **von der Vernehmung** ausgeschlossen wurde, unabhängig davon, ob es hinreichende Gründe für den Ausschluss gab.[39] Das gilt nur dann, wenn der Verteidiger teilgenommen hat.[40] Die Mitwirkungsrechte sind auch nicht gewahrt, wenn von vornherein nach § 168c Abs. 5 S. 2 eine Benachrichtigung unterblieben ist und der Beschuldigte deshalb nicht teilnehmen konnte.[41] Auch dem in Haft befindlichen Beschuldigten muss die Möglichkeit zur Teilnahme geboten werden.[42]

24 Der **Verteidiger** muss neben dem Beschuldigten ebenfalls die Möglichkeit zur Teilnahme haben. Das kann es im Einzelfall erforderlich machen, den Vernehmungstermin zu verlegen, wenn der Verteidiger auf eine Terminkollision hinweist, gleichzeitig aber eine nahe liegende Verlegungs-

---

[30] BGBl. 2008 I S. 2149, 2151.
[31] Vgl. auch *Meyer-Goßner* Rn. 8.
[32] BGH v. 12. 2. 2004 – 3 StR 185/03, BGHSt 49, 72, 79 = NJW 2004, 1605 = StV 2004, 247.
[33] *Meyer-Goßner* Rn. 8.
[34] Die Altersgrenze wurde durch das 2. Opferrechtsreformgesetz vom 29. 7. 2009 geändert (BGBl. 2009 I S. 2280, 2284). Zur Entstehungsgeschichte vgl. BT-Drucks. 16/12098, S. 12 u. S. 66 sowie BT-Drucks. 16/12812.
[35] KK-StPO/*Diemer* Rn. 7; Löwe/Rosenberg/*Mosbacher* Rn. 8.
[36] Vgl. BT-Drucks. 13/4983; 13/9542; 13/9063 sowie BR-Drucks. 933/97.
[37] KK-StPO/*Diemer* Rn. 7; AnwKommStPO/*Martis* Rn. 4; SK-*Schlüchter* Rn. 10. Vgl. auch BVerfG v. 2. 5. 2007 – 2 BvR 411/07.
[38] So auch KK-StPO/*Diemer* Rn. 11.
[39] KK-StPO/*Diemer* Rn. 10; *Meyer-Goßner* Rn. 8.
[40] BGH v. 12. 2. 2004 – 3 StR 185/03, BGHSt 49, 72, 79 = NJW 2004, 1605 = StV 2004, 247.
[41] BGH v. 12. 2. 2004 – 3 StR 185/03, BGHSt 49, 72, 79 = NJW 2004, 1605 = StV 2004, 247.
[42] Vgl. hierzu *Schlothauer* StV 1999, 47, 49.

möglichkeit besteht.[43] Dass dem Verteidiger vor Durchführung der Vernehmung **Akteneinsicht** gewährt wurde, verlangt § 255a Abs. 2 nach Ansicht des BGH nicht.[44]

Das Gesetz macht die Inaugenscheinnahme nach Abs. 2 ausdrücklich von der **Einhaltung der** 25 **Mitwirkungsrechte** abhängig. Daraus folgt, dass ein gegen die Verwertung gerichteter **Widerspruch nicht erforderlich** ist. Entgegen der hM darf die Bild-Ton-Aufzeichnung, die unter Verletzung der Verfahrensrechte zustande gekommen ist, auch dann nicht nach Abs. 2 in Augenschein genommen werden, wenn in der Hauptverhandlung nicht ausdrücklich Widerspruch erhoben wird.[45] Eine Inaugenscheinnahme bleibt aber möglich, wenn die Beteiligten ihre Zustimmung erklären und damit die Voraussetzungen der §§ 255a Abs. 1 iVm. § 251 Abs. 2 Nr. 3 vorliegen.

4. Beschlusserfordernis. Die Inaugenscheinnahme nach Abs. 2 muss durch einen Gerichtsbe- 26 schluss angeordnet werden.[46] Zwar sieht das Gesetz ein Beschlusserfordernis nicht ausdrücklich vor. Es wäre aber widersprüchlich, wenn die Ersetzung der Vernehmung eines Zeugen nach Abs. 1 iVm. § 251 Abs. 4 eines Gerichtsbeschlusses bedürfte, die weiter reichende Ersetzungsmöglichkeit nach Abs. 2 aber ohne Beschluss angeordnet werden könnte.[47]

Bei seiner Entscheidung hat das Gericht einen Ermessensspielraum.[48] In die Abwägung einzu- 27 beziehen ist insbesondere der Umstand, dass durch den Verzicht auf eine unmittelbare Vernehmung des Zeugen in der Hauptverhandlung eine Beschränkung der Aufklärungsmöglichkeiten in Kauf genommen wird. Das Gericht hat bei einer Ersetzung der Vernehmung durch die Vorführung der Bild-Ton-Aufzeichnung nicht die Möglichkeit, Fragen an den Zeugen zu richten und sich einen unmittelbaren Eindruck von ihm zu verschaffen. Diesem Nachteil steht gegenüber, dass dem Zeugen hierdurch die belastende Vernehmung in der Hauptverhandlung erspart wird.[49] Die Abwägung des Gerichts muss ausweisen, dass sich das Gericht des **Ausnahmecharakters** bewusst war, den jede Entscheidung hat, durch die von der Vernehmung eines erreichbaren und aussagebereiten Zeugen abgesehen und stattdessen ein anderes Beweismittel verwendet wird. Sind zur Vorbereitung der Beschlussfassung ergänzende Ermittlungen erforderlich, so können diese im Freibeweisverfahren durchgeführt werden. Bei der Entscheidung ist im Übrigen zu berücksichtigen, inwieweit bei einer Vernehmung in der Hauptverhandlung, die ggf. auch unter Anwendung des § 247a durchgeführt werden kann, tatsächlich **Beeinträchtigungen der kindlichen Zeugen** drohen. Auch kann berücksichtigt werden, ob der bei der Bild-Ton-Aufzeichnung anwesende Verteidiger zuvor Akteneinsicht hatte und deshalb zu einer effektiven Ausübung des Fragerechts grundsätzlich im Stande war.[50]

5. Anwendbarkeit des § 252. Abs. 2 enthält – anders als § 255a Abs. 1 – keine ausdrückliche 28 Verweisung auf § 252. Nach zutreffender Ansicht ändert dies aber nichts daran, dass in Fällen der Zeugnisverweigerung in der Hauptverhandlung auch eine Inaugenscheinnahme nach Abs. 2 nicht zulässig ist.[51] Dass nach hM trotz der erklärten Zeugnisverweigerung über frühere richterliche Vernehmungen dadurch Beweis erhoben werden kann, dass der **Richter als Zeuge** vernommen wird,[52] ändert hieran nichts. Dies führt insbesondere nicht dazu, dass die Bild-Ton-Aufzeichnung, die insoweit einem Vernehmungsprotokoll gleichsteht, nach Abs. 2 förmlich zum Gegenstand der Hauptverhandlung gemacht werden kann.

6. Ergänzende persönliche Vernehmung. Die nach Abs. 2 Satz 2 zulässige ergänzende Verneh- 29 mung kann nicht dazu dienen, mit dem Zeugen nochmals den vollständigen Inhalt der bereits über die Vorführung der Bild-Ton-Aufnahme eingeführten Vernehmung zu erörtern. Wäre dies durch Abs. 2 Satz 2 gemeint, dann hätte die Inaugenscheinnahme durch Vorführung der Bild-Ton-Aufzeichnung ihre Funktion als Ersatz der persönlichen Vernehmung verloren. Abs. 2 Satz 2 kann demzufolge nur dem Zweck dienen, **neu hervorgetretene Fragen** durch eine persönliche Vernehmung des Zeugen zu klären. Dass bei Vorliegen dieser Voraussetzungen eine ergänzende

---

[43] KK-StPO/*Diemer* Rn. 11 unter Hinweis auf OLG München v. 23. 5. 2000, 1 Ws 310/00 = StV 2000, 352.
[44] BGH v. 15. 4. 2003 – 1 StR 64/03, BGHSt 48, 268, 271 = NJW 2003, 2761 = StV 2003, 650; anderer Ansicht: *Vogel/Norouzi* JR 2004, 216; *Eisenberg* Beweisrecht Rn. 1315; *Eisenberg/Zötsch* NJW 2003, 3676, 3677; *Schlothauer* StV 2003, 653 und StV 1999, 47, 49; vgl. auch *Beulke* ZStW 113 (2001), 713 sowie *Leitner* StraFo 1999, 45.
[45] So zutreffend auch Löwe/Rosenberg/*Gollwitzer*, 25. Aufl., Rn. 22; aA: KK-StPO/*Diemer* Rn. 11; *Meyer-Goßner* Rn. 8a; HK-*Julius* Rn. 13.
[46] So auch KK-StPO/*Diemer* Rn. 14; offen gelassen in BGH v. 12. 2. 2004 – 3 StR 185/03, BGHSt 49, 72, 74 = NJW 2004, 1605 = StV 2004, 247.
[47] Vgl. auch Löwe/Rosenberg/*Gollwitzer*, 25. Aufl., Rn. 17.
[48] So auch KK-StPO/*Diemer* Rn. 12; *Meyer-Goßner* Rn. 9.
[49] Vgl. hierzu *Deckers* NJW 1999, 1365 ff.
[50] Vgl. *Meyer-Goßner* Rn. 9; Löwe/Rosenberg/*Mosbacher* Rn. 19.
[51] Vgl. hierzu Löwe/Rosenberg/*Gollwitzer*, 25. Aufl., Rn. 20; KK-StPO/*Diemer* Rn. 9a; *Degener* StV 2006, 509, 514 (in Auseinandersetzung mit BGH v. 12. 2. 2004 – 3 StR 185/03, BGHSt 49, 72 = NJW 2004, 1605 = StV 2004, 247). S. zum Ganzen auch oben § 255a Rn. 16.
[52] Vgl. hierzu § 252 Rn. 22.

persönliche Vernehmung des Zeugen zulässig sein muss, folgt bereits unmittelbar aus der **Aufklärungspflicht** und würde auch ohne die gesetzliche Regelung in Abs. 2 Satz 2 gelten.[53]

30 Die verfahrensrechtliche Situation nach der Vorführung der Bild-Ton-Aufzeichnung entspricht der Situation nach der persönlichen Vernehmung eines Zeugen in der Hauptverhandlung: Ergeben sich aus der weiteren Beweisaufnahme Tatsachen, die mit der durch die Bild-Ton-Aufzeichnung eingeführten Zeugenaussage nicht vereinbar sind, so wird es in aller Regel die Aufklärungspflicht gebieten, den Zeugen persönlich in der Hauptverhandlung zu hören.[54] Wird in einem **Beweisantrag** die persönliche Vernehmung des Zeugen zu Beweisthemen beantragt, zu denen er sich bereits im Rahmen der in Augenschein genommenen Vernehmung geäußert hat, so handelt es sich um einen Antrag, über den nach § 244 Abs. 2 zu entscheiden ist.[55] Bezieht sich der Antrag auf Beweisthemen, über die sich der Zeuge in der Vernehmung nicht geäußert hat, so ist über den Antrag nach § 244 Abs. 3 zu entscheiden. Wird der Zeuge in der Hauptverhandlung persönlich vernommen, dann bleiben Fragen in dem Umfang zulässig, wie sie bei einer neuerlichen Vernehmung eines bereits in der Hauptverhandlung gehörten Zeugen zulässig wären.[56] § 241 a ist zu beachten, die gesetzlich geregelten Schutzmaßnahmen (§§ 247, 247 a) können angewandt werden. Scheidet eine neuerliche Befragung aus Gründen des Zeugenschutzes aus, kann dies zum Freispruch des Angeklagten führen, wenn die Beweislage ohne eine solche Vernehmung für den Nachweis der Schuld nicht ausreicht.[57]

IV. Revision

31 Die Vorführung der Bild-Ton-Aufzeichnung ist als förmliche Inaugenscheinnahme nach § 273 zu protokollieren. Es handelt sich um eine **wesentliche Förmlichkeit**. Auch ein etwaiger Gerichtsbeschluss ist in das Protokoll aufzunehmen. Auf Antrag (vgl. § 255) ist auch der Grund für eine auf die §§ 253, 255 a Abs. 1 gestützte Vorführung der Bild-Ton-Aufzeichnung im Protokoll festzuhalten.

32 Mit der Revision kann als **Verletzung von § 250** geltend gemacht werden, dass die Vernehmung eines Zeugen durch Vorführung einer Bild-Ton-Aufzeichnung ersetzt wurde, obwohl die gesetzlichen Voraussetzungen nicht vorlagen. Gerügt werden kann, die Bild-Ton-Aufzeichnung sei vorgeführt worden, obwohl bei Anfertigung der Aufzeichnung die **Mitwirkungsrechte** der Verteidigung oder des Beschuldigten nicht hinreichend gewahrt waren.[58] Soweit nach anderer Ansicht die Unverwertbarkeit der Aufzeichnung davon abhängt, dass der Verwertung in der Hauptverhandlung widersprochen wurde, muss mit der Revision vorgetragen werden, ob (und wenn ja: wann) der Verwertung widersprochen wurde.[59]

33 Ist eine persönliche Vernehmung des Zeugen unterblieben, lagen aber die Voraussetzungen für eine Vorführung der Bild-Ton-Aufzeichnung vor, kann dies mit der **Aufklärungsrüge** geltend gemacht werden. Diese setzt hier – wie sonst auch – voraus, dass dargelegt werden kann, aus welchem Grund sich das Tatgericht zu einer solchen Beweiserhebung gedrängt sehen musste und welchen Ertrag die Beweiserhebung voraussichtlich erbracht hätte.

34 Ob (und wenn ja: inwieweit) Revisionsrügen auf den Inhalt einer in die Hauptverhandlung nach § 255 a eingeführten Bild-Ton-Aufzeichnung gestützt werden können, ist umstritten.[60]

§ 256 [Verlesung von Behörden- und Ärzteerklärungen]

(1) Verlesen werden können

1. die ein Zeugnis oder ein Gutachten enthaltenden Erklärungen
   a) öffentlicher Behörden,
   b) der Sachverständigen, die für die Erstellung von Gutachten der betreffenden Art allgemein vereidigt sind, sowie
   c) der Ärzte eines gerichtsärztlichen Dienstes mit Ausschluss von Leumundszeugnissen,

---

[53] Vgl. hierzu *Rieß* StraFo 1999, 1, 5 sowie *Eisenberg* Beweisrecht Rn. 1316.
[54] BGH v. 15. 4. 2003 – 1 StR 64/03, BGHSt 48, 268, 272 = NJW 2003, 2761 = StV 2003, 650; vgl. auch BGH v. 10. 11. 2004 – 1 StR 463/04 = NStZ-RR 2005, 45; vgl. hierzu auch *Vogel/Norouzi* JR 2004, 217.
[55] BGH v. 15. 4. 2003 – 1 StR 64/03, BGHSt 48, 268, 273 = NJW 2003, 2761 = StV 2003, 650; *Schlothauer* StV 1999, 47, 49. Eine Ablehnung wegen Unzulässigkeit der Beweiserhebung ist nicht geboten (so aber KK-StPO/*Diemer* Rn. 13).
[56] Fragen, die den Inhalt der früheren Vernehmung betreffen, sind nicht generell unzulässig (vgl. aber KK-StPO/*Diemer* Rn. 13).
[57] Vgl. BGH v. 16. 2. 1993 – 5 StR 689/92, NJW 1993, 2451 (Kind soll über einen Vorgang aus einer Zeit berichten, als es zwei Jahre und vier Monate alt war); KK-StPO/*Diemer* Rn. 13.
[58] S. dazu oben § 255 a Rn. 25.
[59] So ausdrücklich KK-StPO/*Diemer* Rn. 15.
[60] Vgl. hierzu *Diemer* NStZ 2002, 16; *Leitner* StraFo 2004, 306; *Hofmann* StraFo 2004, 303; *Schlothauer* StV 2003, 655.

Sechster Abschnitt. Hauptverhandlung 1–4 § 256

2. ärztliche Atteste über Körperverletzungen, die nicht zu den schweren gehören,
3. ärztliche Berichte zur Entnahme von Blutproben,
4. Gutachten über die Auswertung eines Fahrtschreibers, die Bestimmung der Blutgruppe oder des Blutalkoholgehalts einschließlich seiner Rückrechnung und
5. Protokolle sowie in einer Urkunde enthaltene Erklärungen der Strafverfolgungsbehörden über Ermittlungshandlungen, soweit diese nicht eine Vernehmung zum Gegenstand haben.

(2) Ist das Gutachten einer kollegialen Fachbehörde eingeholt worden, so kann das Gericht die Behörde ersuchen, eines ihrer Mitglieder mit der Vertretung des Gutachtens in der Hauptverhandlung zu beauftragen und dem Gericht zu bezeichnen.

Die Vorschrift enthält neben den §§ 251, 253 eine weitere wesentliche Ausnahme vom Grundsatz der persönlichen Vernehmung von Beweispersonen (§ 250). Aus praktischen Gründen[1] erlaubt sie dem Gericht, die persönliche Vernehmung durch Verlesungen zu ersetzen. Die dem Gericht damit eingeräumte Befugnis[2] steht jedoch unter dem **Vorbehalt der Aufklärungspflicht**. Aus § 244 Abs. 2 kann sich die Verpflichtung ergeben, Zeugen oder Sachverständige persönlich zu vernehmen, auch wenn eine bei den Akten befindliche Erklärung an sich nach § 256 verlesen werden könnte.[3] Eine persönliche Vernehmung kann zB geboten sein, wenn Zweifel an den tatsächlichen Grundlagen eines Gutachtens oder seiner fachlichen Beurteilung geäußert werden.[4] Die Verlesung wird **durch den Vorsitzenden** angeordnet, eines Gerichtsbeschlusses bedarf es nicht. Besteht Streit darüber, ob die Voraussetzungen des § 256 vorliegen, kann nach § 238 Abs. 2 eine Entscheidung des Gerichts beantragt werden. 1

I. Verlesbare Urkunden (Abs. 1)

Der Kreis der verlesbaren Urkunden ist durch das JuMoG erweitert worden.[5] Insbesondere die Neuregelung in Nr. 5 dehnt die Verlesungsmöglichkeiten gegenüber der früheren Rechtslage wesentlich aus;[6] von ihr sollte nur zurückhaltend Gebrauch gemacht werden. 2

1. Erklärungen öffentlicher Behörden. a) Behörden-Begriff. Nach Nr. 1a sind Zeugnisse oder Erklärungen, die ein Gutachten enthalten, verlesbar, wenn sie von einer öffentlichen Behörde stammen. Der Begriff der öffentlichen Behörde ist in der StPO nicht definiert; die in § 11 Abs. 1 Nr. 7 StGB enthaltene Begriffsbestimmung gilt nicht. Nach dem aus dem Grundsatz der Gewaltenteilung abzuleitenden allgemeinen Begriffsverständnis ist Behörde eine in den Organismus der Staatsverwaltung eingeordnete organisatorische Einheit von Personen und sächlichen Mitteln, die mit einer gewissen Selbständigkeit ausgestattet und dazu berufen ist, unter öffentlicher Autorität für die Erreichung der Zwecke des Staates oder von ihm geförderter Zwecke tätig zu sein.[7] Es reicht dabei nicht jede Wahrnehmung öffentlicher Aufgaben aus. Die Einrichtung muss vielmehr in ihrer Organisationsstruktur öffentlich-rechtlich geprägt sein,[8] sie muss nach hM jedoch keine obrigkeitlichen Befugnisse besitzen.[9] 3

In der Rechtsprechung sind **als Behörden** angesehen worden: das Bundeskriminalamt und die Landeskriminalämter,[10] das Zollkriminalinstitut in Köln,[11] der Bundesnachrichtendienst,[12] die Deutsche Bundesbank und die Landeszentralbank,[13] die Universitätsinstitute für Rechtsmedizin,[14] öffentlich-rechtlich organisierte Krankenhäuser,[15] staatliche Gesundheitsämter,[16] chemische 4

---

[1] KK-StPO/*Diemer* Rn. 1 verweist auf die Verfahrensbeschleunigung, die Entlastung der Sachverständigen und die Vermeidung unnötiger Kosten; vgl. auch *Eisenberg* Beweisrecht Rn. 2170, der auf die vom Gesetzgeber anerkannte besondere Objektivität, Fachkunde und Zuverlässigkeit der Urkundenaussteller verweist.
[2] KK-StPO/*Diemer* Rn. 7 spricht von „Ermessen"; vgl. auch Löwe/Rosenberg/*Gollwitzer* Rn. 4/5.
[3] Vgl. BGH v. 4. 4. 1951 – 1 StR 54/51, BGHSt 1, 94, 96; BGH v. 16. 3. 1993 – 1 StR 829/92, StV 1993, 458.
[4] Vgl. BGH v. 16. 3. 1993 – 1 StR 829/92, NStZ 1993, 397 = StV 1993, 458.
[5] Gesetz vom 24. 8. 2004 (BGBl. 2004 I S. 2198); vgl. hierzu BR-Drucks. 378/03 sowie BT-Drucks. 13/4541.
[6] Krit. hierzu: Meyer-Goßner Rn. 1; vgl. auch *Neuhaus* StV 2005, 52 und *Sommer* StraFo 2004, 298.
[7] BVerfG v. 14. 7. 1959 – 2 BvF 1/58, BVerfGE 10, 20, 48.
[8] Vgl. *Eisenberg* Beweisrecht Rn. 2172; Löwe/Rosenberg/*Gollwitzer* Rn. 8.
[9] *Meyer-Goßner* Rn. 12 unter Hinweis auf BGH v. 20. 9. 1957 – V ZB 19/57, BGHZ 25, 168, 188 = NJW 1957, 1673 sowie OLG Karlsruhe v. 18. 1. 1973 – 1 Ss 168/72, NJW 1973, 1426.
[10] BGH v. 23. 3. 2001 – 2 StR 449/00, StV 2001, 667 (Wirkstoffgehalt von Betäubungsmitteln); BGH v. 18. 6. 1967 – 1 StR 222/67, NJW 1968, 206; OLG Hamburg v. 21. 1. 1969 – 2 Ss 176/68, NJW 1969, 571.
[11] *Meyer-Goßner* Rn. 13.
[12] Vgl. BGH v. 26. 3. 2009 – StB 20/08, BGHSt 53, 238, 246 (Rn. 29) = NStZ 2009, 640.
[13] Vgl. RG v. 15. 4. 1929 – III 243/29, RGSt 63, 122 (Reichsbankdirektorium).
[14] BGH v. 21. 9. 2000 – 1 StR 634/99, StV 2001, 4 = NStZ-RR 2001, 262 (bei *Becker*); BGH v. 7. 11. 1974 – 4 StR 472/74, VRS 48, 209; BGH v. 23. 8. 1966 – 5 StR 383/66, NJW 1967, 299.
[15] BGH v. 13. 11. 2001 – 4 StR 463/01; BGH v. 6. 3. 2001 – 1 StR 14/01; BGH v. 20. 1. 1984 – 3 StR 487/83, NStZ 1984, 231; OLG Karlsruhe v. 18. 1. 1973 – 1 Ss 168/72, NJW 1973, 1426.
[16] BGH v. 4. 4. 1951 – 1 StR 54/51, BGHSt 1, 94, 97; BGH v. 1. 3. 1955 – 1 StR 441/54, MDR 1955, 397 (bei *Dallinger*).

§ 256 5–7   *Zweites Buch. Verfahren im ersten Rechtszug*

Untersuchungsanstalten[17] und Veterinäruntersuchungsämter.[18] Ebenfalls unter den Behördenbegriff fallen staatliche Notare in Baden-Württemberg,[19] Gerichtsvollzieher[20] und die Physikalisch-Technische Bundesanstalt in Braunschweig.[21] Auch ausländische Behörden können unter § 256 fallen.[22]

5 **Nicht als Behörden** anzusehen sind hingegen in privat-rechtlichen Rechtsformen organisierte Krankenhäuser[23] und die früheren technischen Überwachungsvereine.[24] Nach ihrer Umwandlung in Gesellschaften des privaten Rechts haben auch Einrichtungen wie die Deutsche Bahn und die Deutsche Post ihre Behördeneigenschaft verloren.[25] Nicht als Behörde anzusehen sind die Gerichtshilfe (§ 160 StPO) und die Jugendgerichtshilfe (§ 38 JGG).[26] Erklärungen der Strafverfolgungsbehörden, die das anhängige Verfahren betreffen, sind nicht nach Abs. 1 Nr. 1a, sondern nur nach Abs. 1 Nr. 5 verlesbar.[27]

6 **b) Voraussetzungen der Verlesbarkeit.** Verlesbar sind Erklärungen, die ein **Zeugnis oder ein Gutachten** enthalten. Verlesen werden können dabei nur Erklärungen, die für die Behörde abgegeben wurden und von einem hierzu autorisierten Mitarbeiter stammen. Der Erklärende darf die Erklärung nicht für sich selbst, er muss sie vielmehr **für die Behörde** abgegeben haben. Er muss hierzu berechtigt sein. Ist die Erklärung nicht vom Behördenleiter abgegeben, so muss sie von einem insoweit zu seiner Vertretung befugten Sachbearbeiter unterschrieben sein.[28] Zweifel daran, dass ein Gutachten im Namen der Behörde erstattet wurde, können sich ergeben, wenn der Unterzeichner keinen der für ein Vertretungsverhältnis üblichen Zusätze („i. V." oder „i. A.") verwendet hat.[29] Handelt der Verfasser völlig außerhalb der Zuständigkeit der Behörde, dann nimmt dies der Erklärung die amtliche Eigenschaft.[30] Das Gericht, das die Verlesung auf § 256 stützen will, hat nicht nur die Zuständigkeit der Behörde, sondern auch die Vertretungsbefugnis des zuständigen Mitarbeiters zu prüfen.[31]

7 Verlesbar sind danach nur Erklärungen, die der Verfasser in amtlicher Eigenschaft abgegeben hat. Bezieht sich die Erklärung auf Wahrnehmungen eines Behördenangehörigen, dann darf sie nur dann nach Abs. 1 Nr. 1a verlesen werden, wenn die **Wahrnehmungen im Rahmen einer dienstlichen Tätigkeit** gemacht wurden, nicht aber dann, wenn die Wahrnehmungen lediglich bei Gelegenheit einer dienstlichen Tätigkeit gemacht wurden.[32] Verlesbar sind zB auch Erklärungen von Strafverfolgungsbehörden zum Stand eines anderen Ermittlungsverfahrens.[33] Verlesbar sind ferner Erklärungen, die ein **Gutachten** enthalten. Die Verlesbarkeit soll dabei nach der Rechtsprechung nicht davon abhängen, ob die dem Gutachten zugrunde liegenden Feststellungen gerade von demjenigen getroffen worden sind, der das Gutachten abgegeben hat.[34] Wird ein behördliches Gutachten nach § 256 verlesen, dann darf die Verlesung auch auf die Befundtatsachen er-

---

[17] BGH v. 14. 10. 1953 – 4 StR 636/53, NJW 1953, 1801; OLG Hamm v. 21. 10. 1968 – 4 Ss 661/68, NJW 1969, 572.
[18] OLG Celle v. 16. 6. 1966 – 1 Ss 43/66, NJW 1966, 1881.
[19] *Meyer-Goßner* Rn. 14.
[20] BayObLG v. 27. 11. 2001 – 1 StRR 102/2001, BayObLGSt 2001, 157 = StV 2002, 646.
[21] Vgl. OLG Koblenz v. 24. 6. 1982 – 1 Ss 267/82, NJW 1984, 2424 (Physikalisch-Technische Bundesanstalt, Institut Berlin).
[22] BGH v. 9. 7. 1991 – 1 StR 666/90, NJW 1991, 517 = NStZ 1991, 535 (belgische Gerichtspolizei); vgl. hierzu *Eisenberg* Beweisrecht Rn. 2173.
[23] BGH v. 3. 6. 1987 – 2 StR 180/87, NStZ 1988, 19 (bei *Pfeiffer/Miebach*).
[24] BayObLG v. 3. 5. 1955 – RevReg 2 St 114/55, BayObLGSt 1955, 89 = VRS 8, 467; OLG Köln v. 23. 7. 1963 – Ss 138/63, MDR 1964, 254.
[25] So auch *Meyer-Goßner* Rn. 14 und *Löwe/Rosenberg/Gollwitzer* Rn. 12.
[26] KK-StPO/*Diemer* Rn. 5; *Löwe/Rosenberg/Gollwitzer* Rn. 18; vgl. hierzu auch BGH v. 24. 10. 2006 – 1 StR 503/06, NStZ 2007, 234 = StraFo 2007,67 sowie BGH v. 26. 9. 2007 -1 StR 276/07, StraFo 2007, 510.
[27] Vgl. zur früheren Rechtslage: BGH v. 21. 3. 2002 – 5 StR 566/01, wistra 2002, 260; BGH v. 26. 10. 1994 – 2 StR 392/94, NStZ 1995, 143 = StV 1995, 236; BGH v. 24. 3. 1987 – 5 StR 680/86, StV 1987, 285, 286 (Auskunft des Polizeipräsidenten, ein Tatbeteiligter sei kein V-Mann und kein Hinweisgeber gewesen); BGH v. 27. 10. 1981 – 1 StR 496/81, NStZ 1982, 79 (Observationsbericht); *Löwe/Rosenberg/Gollwitzer* Rn. 22.
[28] Vgl. OLG Hamburg v. 21. 1. 1969 – 2 Ss 176/68, NJW 1969, 571; vgl. zur Vertretungsberechtigung ferner; BayObLG v. 18. 3. 1964 – RevReg 1 St 471/63, BayObLGSt 1964, 36, 38 = NJW 1964, 1192; OLG Karlsruhe v. 18. 1. 1973 – 1 Ss 168/72, NJW 1973, 1426; BGH v. 20. 1. 1984 – 3 StR 487/83, NStZ 1984, 231; BGH v. 3. 1. 1984 – 5 StR 719/83, StV 1984, 142.
[29] BGH v. 26. 2. 1988 – 4 StR 51/88, NStZ 1988, 283; BGH v. 6. 6. 1984 – 2 StR 72/84, NStZ 1985, 36; BGH v. 20. 1. 1984 – 3 StR 487/83, NStZ 1984, 231; OLG Köln v. 25. 8. 1995 – Ss 350/95, StV 1995, 630; vgl. auch *Eisenberg* Beweisrecht Rn. 2179 (Gesamteindruck entscheidet).
[30] OLG Karlsruhe v. 18. 1. 1973 – 1 Ss 168/72, NJW 1973, 1426; vgl. auch *Gössel* DRiZ 1980, 369.
[31] Vgl. KK-StPO/*Diemer* Rn. 3.
[32] *Eisenberg* Beweisrecht Rn. 2175; *Löwe/Rosenberg/Gollwitzer* Rn. 21.
[33] *Meyer-Goßner* Rn. 5; *Löwe/Rosenberg/Gollwitzer* Rn. 22; zur Einstufung von Erklärungen des Bundesnachrichtendienstes vgl. BGH v. 26. 3. 2009 – StB 20/08, BGHSt 53, 238, 246 (Rn. 29) = NStZ 2009, 640.
[34] BGH v. 13. 11. 2001 – 4 StR 463/01, auszugsweise abgedruckt in DAR 2002, 203.

streckt werden,[35] auf die Zusatztatsachen aber nur dann, wenn der Gutachteninhalt insoweit als behördliches Zeugnis angesehen werden kann.[36]

Nicht nach § 256 verlesbar sind behördliche **Rechtsgutachten**,[37] da die Beweisaufnahme im Strengbeweisverfahren über Rechtsfragen unzulässig ist[38] und § 256 lediglich eine Beweisaufnahme im Strengbeweisverfahren regelt. Die Verlesung kann insoweit allenfalls auf eine entsprechende Anwendung des § 256 StPO gestützt werden. 8

Nicht verlesbar sind ferner **Leumundszeugnisse**. Zwar führt das Gesetz dies lediglich in Abs. 1 Nr. 1c an. Nach zutreffender Ansicht gilt dies jedoch auch bei Nr. 1a.[39] Soweit die in Erklärungen über schulische und berufliche Leistungen oder charakterliche Eigenschaften[40] enthaltenen Wertungen überhaupt für eine gerichtliche Entscheidung von Belang sein können, sind diese durch Zeugenbeweis einzuführen. 9

2. Gutachten allgemein vereidigter Sachverständiger. Der durch das erste JuMoG mit Wirkung zum 1. 9. 2004 neu in das Gesetz aufgenommene Abs. 1 Nr. 1b lässt über die bisher geltende Regelung hinaus die Verlesung von Gutachten auch dann zu, wenn der Sachverständige lediglich allgemein vereidigt ist. Nach den Gesetzesmaterialien soll dies gerechtfertigt sein, weil die Gutachten dieses Personenkreises in der Regel von hoher Sachkunde geprägt sind.[41] Auch wenn das zutrifft, empfiehlt es sich gleichwohl, von der Verlesungsmöglichkeit zurückhaltend Gebrauch zu machen, da im Rahmen der persönlichen Vernehmung häufig wichtige Einzelheiten zu Tage gefördert werden können, die im schriftlichen Gutachten nicht enthalten sind.[42] Das kann insbesondere Bedeutung besitzen, wenn Gutachten nicht zur Vorlage im Strafverfahren, sondern zu einem anderen Zweck erstellt wurden.[43] Verbleiben nach dem schriftlichen Gutachten Unklarheiten, wird die persönliche Vernehmung des Sachverständigen ohnehin geboten sein. Bevor das Gericht eine Verlesung nach Abs. 1 Nr. 1b anordnet, hat es sich über die allgemeine Vereidigung des Verfassers zu vergewissern (vgl. § 79 Abs. 3). 10

3. Erklärungen eines gerichtsärztlichen Dienstes. Nach Abs. 1 Nr. 1c sind Erklärungen der Ärzte eines gerichtsärztlichen Dienstes verlesbar, wenn sie ein Zeugnis oder ein Gutachten (aber kein Leumundszeugnis) enthalten. Die Regelung hat praktische Bedeutung vor allem im Bundesland Bayern, in dem für jedes Landgericht ein **Landgerichtsarzt** bestellt ist.[44] Eine durch den zuständigen Gerichtsarzt in amtlicher Eigenschaft erstellte Erklärung kann nach Abs. 1 Nr. 1c verlesen werden, ohne dass es dabei darauf ankäme, ob der Arzt Beamtenstatus hat, oder welche Funktion ihm innerhalb eines hierarchisch geordneten Dienstes zukommt. Nicht nach Nr. 1c, sondern lediglich nach Nr. 1a können hingegen die Gutachten des Gesundheitsamtes oder eines (regelmäßig bei den Universitäten angesiedelten) Institutes für Rechtsmedizin verlesen werden. 11

4. Ärztliche Atteste. Zur Beweiserhebung über Körperverletzungen gestattet Abs. 1 Nr. 2 die Verlesung von ärztlichen Attesten. Für die Einordnung der Körperverletzung ist dabei, soweit sie Gegenstand des Tatvorwurfs ist, die **Anklageschrift** maßgeblich.[45] Verlesbar ist das Attest, wenn sich die Anklage auf Vorwürfe nach den §§ 223, 224 StGB bezieht, nicht hingegen bei Vorwürfen nach den §§ 226, 227 StGB, bei versuchtem Totschlag[46] oder zum Nachweis eines Sexualdelikts.[47] Ist nach dem Inhalt der Anklage der Qualifikationstatbestand des § 340 Abs. 1 StGB gegeben, ändert das an der Verlesbarkeit nichts.[48] 12

Besteht Tateinheit mit einem weiteren Tatvorwurf, darf das Attest nur verlesen und verwertet werden, soweit es der **Beweiserhebung über die Körperverletzung** dient. Feststellungen zu dem in Tateinheit stehenden Vorwurf dürfen auf der Grundlage des Attests nicht getroffen werden.[49] 13

---

[35] BGH v. 1. 3. 1955 – 1 StR 441/54, MDR 1955, 397.
[36] Meyer-Goßner Rn. 6.
[37] AA BGH v. 23. 11. 1995 – 1 StR 296/95, NJW 1996, 1355, 1358 (Schreiben des Bundesamtes für Wirtschaft).
[38] Vgl. BGH v. 13. 12. 1967 – 2 StR 619/67, NJW 1968, 1293 (zu § 244 Abs. 3).
[39] Meyer-Goßner Rn. 7.
[40] Vgl. KK-StPO/Diemer Rn. 7; Eisenberg Beweisrecht Rn. 2184/2185; Meyer-Goßner Rn. 9: Berichte von Jugendämtern über die Führung von Jugendlichen oder Berichte aus dem Justizvollzug über das Verhalten von Gefangenen.
[41] BR-Drucks. 378/03 S. 60.
[42] So auch Eisenberg Beweisrecht Rn. 2181.
[43] Vgl. zum Anwendungsbereich der Neuregelung: Neuhaus StV 2005, 52; Sommer StraFo 2004, 297. Abzulehnen ist die im Schrifttum (Dölp ZRP 2004, 235, 236) erhobene rechtspolitische Forderung, sämtliche Sachverständigengutachten für verlesbar zu erklären.
[44] Vgl. BGH v. 16. 6. 1970 – 1 StR 27/70, NJW 1970, 1981; BayObLG v. 15. 3. 1957 – RevReg 3 St 32/57, BayObLGSt 1957, 57; zur gesetzlichen Grundlage vgl. Gesetz vom 27. 7. 1950 (GVBl. 1950, 47) mit späteren Änderungen.
[45] Vgl. Löwe/Rosenberg/Gollwitzer Rn. 40; Meyer-Goßner Rn. 20.
[46] BGH v. 10. 7. 2007 – 3 StR 227/07, StV 2007, 569; BGH v. 6. 6. 1984 – 2 StR 72/84, NStZ 1985, 36.
[47] BGH v. 4. 3. 2008 – 3 StR 559/07, NStZ 2008, 474; BGH v. 7. 11. 1979 – 3 StR 16/79, NJW 1980, 651.
[48] OLG Oldenburg v. 13. 7. 1990 – Ss 286/90, MDR 1990, 1135.
[49] Vgl. BGH v. 21. 8. 2002 – 2 StR 111/02; BGH v. 14. 5. 2002 – 3 StR 133/02; BGH v. 27. 11. 1985 – 3 StR 438/85, BGHSt 33, 389 = NJW 1986, 1555; BGH v. 6. 6. 1984 – 2 StR 72/84, NStZ 1985, 36.

Nach der Rechtsprechung scheidet eine Verlesung aus, wenn sich das Verfahren auf eine andere Straftat (nicht auf die Körperverletzung) bezieht.[50]

14 Verlesbar ist jede schriftliche Bestätigung eines approbierten Arztes.[51] Die Verlesbarkeit ist auf die **Wahrnehmungen des Arztes bei der Untersuchung und Behandlung** beschränkt. Die Verlesung darf sich darüber hinaus zB auch auf Ausführungen zu Heilungschancen und Folgen der Verletzung erstrecken, **nicht** aber auf die Schilderung von Vorgängen und Wahrnehmungen, die der Arzt lediglich **bei Gelegenheit seiner Behandlung** wahrgenommen hat.[52] Unzulässig ist die Verlesung deshalb, wenn sie im Attest enthaltene Angaben über die Ursache der Verletzung, die Beteiligung anderer Personen oder ähnliche Angaben betrifft.[53] Die Wahrnehmungen des Arztes unterscheiden sich insoweit nicht von den Wahrnehmungen eines beliebigen Zeugen, so dass es zu ihrer Einführung in die Hauptverhandlung der Zeugenvernehmung des Arztes bedarf.[54] Im Einzelfall kann das Attest auch gutachterliche Äußerungen enthalten; seine Verlesung ersetzt dann die Sachverständigenvernehmung.[55]

15 Verlesbar ist das Attest auch dann, wenn der Angeklagte **Opfer der Körperverletzung** ist.[56] Nicht entscheidend ist auch, zu welchem Zweck und aus welchem Anlass das Attest erstellt worden ist.[57] Ist nach den beschriebenen Voraussetzungen die Verlesung nach Abs. 1 Nr. 2 nicht zulässig, dann darf diese auch nicht durch die ansonsten von der Rechtsprechung zugelassene Bekanntgabe des Inhalts einfacher Urkunden durch Erklärung des Vorsitzenden ersetzt werden.[58] Zwar bleiben Vorhalte an den Angeklagten oder Zeugen zulässig.[59] Urteilsgrundlage darf aber lediglich – wie sonst auch – die auf den Vorhalt hin abgegebene Äußerung werden.

16 **5. Berichte über die Entnahme von Blutproben.** Nach Abs. 1 Nr. 3 sind ärztliche Berichte über die Entnahme von Blutproben verlesbar. Derartige Berichte werden in der Praxis anhand standardisierter Formulare erstellt, in denen der Arzt zB Angaben über das Leistungsverhalten der ihm vorgestellten Person macht. Verlesbar sind derartige Berichte nur, wenn sie von einem **approbierten Arzt** erstellt wurden[60] und sich aus der Urkunde ergibt, wer sie erstellt hat und von wem die darin enthaltenen Angaben herrühren.[61] Bestehen insoweit Zweifel, sind die in Frage kommenden Personen als Zeugen zu hören.

17 **6. Blutalkohol- und Blutgruppen-Gutachten, Fahrtenschreiber-Auswertungen.** In Ergänzung zu Abs. 1 Nr. 3 sind nach Abs. 1 Nr. 4 auch Gutachten über die Bestimmung der Blutgruppe oder des Blutalkohols einschließlich seiner Rückrechnung sowie darüber hinaus Auswertungen eines Fahrtenschreibers verlesbar. Praktische Bedeutung kommt dabei vor allem der Bestimmung des Blutalkohols zu. Die von Rechtsmedizinischen Instituten in standardisierter Weise abgegebenen Gutachten können nunmehr einheitlich durch Verlesung in die Hauptverhandlung eingeführt werden. Der Vernehmung von Sachverständigen bedarf es jedoch regelmäßig, wenn sich zB bei der **Rückrechnung** komplizierte Fragen ergeben.[62] Die Verlesbarkeit hängt dabei nicht davon ab, ob es sich um ein Gutachten einer öffentlichen Behörde oder eines Arztes im gerichtsärztlichen Dienst handelt. Nichts anderes gilt für Gutachten zur Bestimmung einer Blutgruppe.

18 Gutachten über die Auswertung eines **Fahrtenschreibers** dürfen verlesen werden, solange sie sich nicht allgemein mit der Funktionsweise des Gerätes befassen. Verlesbar ist insbesondere die Auswertung der Aufzeichnungsergebnisse.[63]

---

[50] BGH v. 11. 7. 1996 – 1 StR 392/96, StV 1996, 649; BGH v. 3. 6. 1987 – 2 StR 180/87, NStZ 1988, 19 (bei *Pfeiffer/Miebach*); BGH v. 6. 6. 1984 – 2 StR 72/84, NStZ 1985, 36; vgl. auch BGH v. 3. 11. 1981 – 5 StR 587/81, StV 1982, 59 mAnm *Schwenn*; BGH v. 17. 9. 1982 – 5 StR 584/82, StV 1982, 557; BGH v. 7. 11. 1979 – 3 StR 16/79, NJW 1980, 651 sowie BGH v. 23. 4. 1953 – 4 StR 667/52, BGHSt 4, 155 = NJW 1953, 1234 mwN aus der Rspr. des RG.
[51] Vgl. Löwe/Rosenberg/*Gollwitzer* Rn. 39.
[52] Vgl. Löwe/Rosenberg/*Gollwitzer* Rn. 43.
[53] BGH v. 14. 10. 1983 – 2 StR 613/83, NStZ 1984, 211 (bei *Pfeiffer/Miebach*); BGH v. 30. 11. 1983 – 3 StR 370/83, NStZ 1984, 211 (bei *Pfeiffer/Miebach*) = StV 1984, 142.
[54] Vgl. BGH v. 11. 2. 1999 – 4 StR 657/98, NJW 1999, 1724, 1725; OLG Hamburg v. 31. 5. 1999 – 2 Ss 10/99, StV 2000, 9; BGH v. 30. 11. 1983 – 3 StR 370/83, NStZ 1984, 211 (bei *Pfeiffer/Miebach*) = StV 1984, 142; BGH v. 1. 3. 1955 – 1 StR 441/54, MDR 1955, 397 (bei *Dallinger*); BGH v. 23. 4. 1953 – 4 StR 667/52, BGHSt 4, 155 = NJW 1953, 1234.
[55] BGH v. 22. 8. 2008 – 2 StR 195/08, BGHSt 52, 322 = NStZ 2008, 708, 709.
[56] Löwe/Rosenberg/*Gollwitzer* Rn. 42; Meyer-Goßner Rn. 18; *Eisenberg* Beweisrecht Rn. 2194; KG v. 23. 12. 1982 – (4) Ss 101/82, StV 1983, 237 mAnm *Neixler*.
[57] Meyer-Goßner Rn. 18.
[58] So zu Recht Löwe/Rosenberg/*Gollwitzer* Rn. 44; Meyer-Goßner Rn. 21.
[59] Vgl. etwa BGH v. 21. 8. 2002, 2 StR 111/02 (Vorhalt eines Attests an einen verletzten Zeugen); BGH v. 13. 8. 1992 – 1 StR 422/92, MDR 1993, 9 (bei *Holtz*).
[60] Unklar insoweit AnwKomm StPO/*Martis* Rn. 8; vgl. zur ärztlichen Berufserlaubnis §§ 2, 3, 10 Bundesärzteordnung (BÄO).
[61] BayObLG v. 31. 5. 1988 – RReg 2 St 82/88, BayObLGSt 1988, 89 = StV 1989, 6.
[62] Vgl. hierzu BGH v. 20. 12. 1978 – 4 StR 460/78, BGHSt 28, 235, 236.
[63] Vgl. zur Thematik: OLG Celle v. 4. 8. 1977 – 3 Ss 184/77, JR 1978, 122 mAnm *Puppe*.

7. **Erklärungen über Ermittlungshandlungen.** Nach der durch das JuMoG neu geschaffenen 19
Regelung in Abs. 1 Nr. 5 können nunmehr auch Erklärungen der Strafverfolgungsbehörden über
Ermittlungshandlungen verlesen werden. Von vornherein ausgenommen sind lediglich Vernehmungsprotokolle, für die die § 251 ff. ein eigenes differenziertes Regelungssystem enthalten. Im
Übrigen können Protokolle und Berichte jeglicher Art zB über Durchsuchungen, Observationen,
Spurensicherungsmaßnahmen, die Durchführung einer Festnahme oder die Erstattung einer Strafanzeige[64] verlesen werden. Dass der Gesetzgeber nunmehr Protokolle über derartige Amtshandlungen generell den behördlichen Urkunden gleichstellt, ist bedenklich.

Während Abs. 1 Nr. 1 erhebliche Anforderungen an die Qualität der Urkunde und die Vertre- 20
tungsbefugnis des Unterzeichners stellt, gestattet Abs. 1 Nr. 5 nach seinem Wortlaut die Verlesung
beliebiger Erklärungen sämtlicher Personen, die im Rahmen der Strafverfolgung tätig sind. Schon
weil sich einerseits das Dokumentationsinteresse der Ermittlungsbehörden nicht mit dem Dokumentationsinteresse des Beschuldigten decken wird[65] und in der Praxis Dokumentationen von
höchst unterschiedlicher Qualität anzutreffen sind, kommt dabei dem **Vorrang der Aufklärungspflicht** vor der Verlesungsmöglichkeit nach § 256 Abs. 1 Nr. 5 besondere Bedeutung zu.[66] Die neu
geschaffene Verlesungsmöglichkeit darf insbesondere nicht dazu führen, dass statt des primären
Beweismittels (zB einer Videoaufzeichnung) generell das sekundäre Beweismittel (ein polizeilicher
Auswertungsbericht) herangezogen wird.[67] Die vom Gesetz vorgesehene Ausnahme (keine Verlesung von Protokollen über Vernehmungen) ist deshalb weit auszulegen. Nicht verlesen werden
dürfen Protokolle über förmliche Vernehmungen, ebenso wenig aber Protokolle über informatorische Befragungen oder auswertende Berichte, in denen der Inhalt von Vernehmungen wiedergegeben wird.[68]

II. Vertretung des Gutachtens in der Hauptverhandlung (Abs. 2)

Während Abs. 1 Ausnahmen vom Grundsatz des § 250 enthält, betrifft § 256 Abs. 2 lediglich 21
die praktische Abwicklung der Beweisaufnahme. Nach § 83 Abs. 3 kann das Gericht das Gutachten einer Fachbehörde einholen. Nach § 256 Abs. 2 kann die Vertretung des Gutachtens in der
Hauptverhandlung einem **bestimmten Bediensteten der Fachbehörde** übertragen werden. Das Ersuchen kann bereits bei der Erteilung des Gutachtensauftrages gestellt werden. Es kann aber auch
mit der Ladung noch nachgeholt werden.

Abs. 2 enthält **keine Anordnungskompetenz**, dh. das Gericht kann nicht bestimmen, wer das 22
Gutachten in der Hauptverhandlung vertreten soll. Wird ein Vertreter benannt und erstattet er in
der Hauptverhandlung das Gutachten oder erläutert er ein bereits nach Abs. 1 Nr. 1 verlesenes
Gutachten, dann wird er insoweit als Sachverständiger tätig.[69]

III. Revision

Mit der Revision kann geltend gemacht werden, dass eine Urkunde nach § 256 verlesen wor- 23
den ist, obwohl die Voraussetzungen der Vorschrift nicht vorlagen.[70] In diesen Fällen ist regelmäßig ein Verstoß gegen § 250 gegeben.[71] Lagen die Voraussetzungen des § 256 aber zwar vor, musste
sich das Gericht aufgrund der Beweissituation in der Hauptverhandlung aber gedrängt sehen,
Zeugen oder den Sachverständigen persönlich zu vernehmen, kann eine Verletzung der Aufklärungspflicht vorliegen, die mit der Aufklärungsrüge geltend zu machen ist.[72]

§ 257 [Befragung des Angeklagten, Erklärungsrecht des Staatsanwalts und des Verteidigers]

(1) Nach der Vernehmung eines jeden Mitangeklagten und nach jeder einzelnen Beweiserhebung soll der Angeklagte befragt werden, ob er dazu etwas zu erklären habe.

(2) Auf Verlangen ist auch dem Staatsanwalt und dem Verteidiger nach der Vernehmung des Angeklagten und nach jeder einzelnen Beweiserhebung Gelegenheit zu geben, sich dazu zu erklären.

(3) Die Erklärungen dürfen den Schlußvortrag nicht vorwegnehmen.

---

[64] BGH v. 30. 4. 2008 – 2 StR 132/08, NStZ 2008, 529.
[65] Vgl. hierzu *Sommer* StraFo 2004, 298.
[66] So mit Recht *Meyer-Goßner* Rn. 26.
[67] Vgl. zu einer derartigen Fallkonstellation OLG Düsseldorf v. 16. 7. 2007 – III – 5 Ss 105/07, wistra 2007, 439.
[68] *Knauer/Wolf* NJW 2004, 2936; *Meyer-Goßner* Rn. 27.
[69] So zutreffend *Meyer-Goßner* Rn. 28.
[70] Zu den Rügevoraussetzungen vgl. BGH v. 27. 1. 2009 – 5 StR 574/08, StraFo 2009, 152.
[71] Vgl. BGH v. 7. 11. 1979 – 3 StR 16/79, NJW 1980, 651.
[72] Vgl. etwa BGH v. 16. 3. 1993 – 1 StR 829/92, NStZ 1993, 237 = StV 1993, 458; *Eisenberg* Beweisrecht Rn. 2204.

§ 257 1–5 *Zweites Buch. Verfahren im ersten Rechtszug*

Schrifttum: *Burkhard*, Erklärungsrecht des Verteidigers, § 257 Abs. 2 StPO, StV 2004, 390; *Dahs*, Das Verbrechensbekämpfungsgesetz vom 28. 10. 1994 – ein Produkt des Superwahljahres, NJW 1995, 553; *Hammerstein*, Die Grenzen des Erklärungsrechts nach § 257 StPO, FS Rebmann, 1989, S. 233; *Hartwig*, Strafprozessuale Folgen des verspäteten Widerspruchs gegen eine unzulässige Beweisverwertung, JR 1998, 359; *Heinrich*, Rügepflichten in der Hauptverhandlung und Disponibilität strafverfahrensrechtlicher Vorschriften, ZStW 112, 398; *Hohmann, R.*, Das Erklärungsrecht von Angeklagtem und Verteidiger nach § 257 StPO, StraFo 1999, 153; *König, S.*, Offene Kommunikation in der Hauptverhandlung, AnwBl. 1997, 541; *Leipold*, Form und Umfang des Erklärungsrechts nach § 257 und seine Auswirkungen auf die Widerspruchslösung des BGH, StraFo 2001, 300; *Müller*, § 257 Abs. 3 StPO – Eine überflüssige Norm, FS Fezer, 2008, S. 153; *Neuhaus*, Zur Notwendigkeit der qualifizierten Beschuldigtenbelehrung, NStZ 1997, 312; *Salecker*, Das Äußerungsrecht des Angeklagten und seines Verteidigers gemäß § 257 StPO, 2009; *Wesemann*, Beanstandungs- und Erklärungsrechte zur Schaffung von Freiräumen der Verteidigung, StraFo 2001, 293.

I. Allgemeines

1 § 257 eröffnet den Verfahrensbeteiligten neben dem Recht, mit Zustimmung des Vorsitzenden in jeder Lage des Verfahrens Erklärungen abgeben zu können,[1] eine Formalisierung des Rechts auf rechtliches Gehör.[2] Neben dem Angeklagten, dem Verteidiger und dem Vertreter der Staatsanwaltschaft erhalten auch der Nebenkläger,[3] der Privatkläger,[4] der Einziehungsbeteiligte (§ 433 Abs. 1 S. 1) sowie der Rechtsbeistand des Nebenbeteiligten (§ 434)[5] die nicht im Ermessen des Vorsitzenden stehende Möglichkeit unmittelbar nach jeder Beweiserhebung (somit auch nach der Erhebung eines Urkundenbeweises im Wege des Selbstleseverfahrens oder einer Inaugenscheinnahme)[6] Erklärungen abzugeben, die Widersprüche ausräumen, Irrtümer aufklären oder (entlastende) Beweise ankündigen können.[7] Den **Erziehungsberechtigten** und dem **gesetzlichen Vertreter** in **Jugendstrafsachen** steht das Erklärungsrecht aus § 257 jedoch nicht zu.[8]

2 Die Bedeutung von § 257 ist insbesondere für den Angeklagten und den Verteidiger hervorzuheben. Die Arbeitshypothesen der Hauptverhandlung aus Anklageschrift und Eröffnungsbeschluss können, insbesondere nach Beweiserhebungen, die diese nicht zu bestätigen vermochten, kritisch hinterfragt werden, so dass die Fixierung auf vorläufige Beweisergebnisse verhindert wird.[9]

3 Auch Ausführungen zur Glaubhaftigkeit von Zeugenaussagen, zur (fehlenden) Sachkunde eines Sachverständigen, zur Qualität der einem Gutachter zur Verfügung stehenden Forschungsmittel, zur Echtheit von Urkunden, zur Stimmigkeit verschiedener Beweismittel zueinander und zu Verwertungsfragen sind möglich,[10] um eine frühzeitige Festlegung des Gerichts zu vermeiden.

4 § 257 eröffnet darüber hinaus im Anschluss an die Ablehnung einer wörtlichen Protokollierung einer Zeugenaussage die Möglichkeit, deren Wortlaut mittels eine Erklärung, die ergänzend schriftlich zu Protokoll gegeben wird, festzuschreiben.[11]

5 Ein **Hinweis des Gerichts**, ob die **rechtliche** Einschätzung eines Verfahrensbeteiligten hinsichtlich des Ergebnisses einer Beweiserhebung zutrifft oder geteilt wird, ist nicht erforderlich und auch durch die Bitte eines Hinweises nicht erzwingbar,[12] bleibt jedoch, insbesondere mit Blick auf § 257 b, der den neuen Gedanken eines transparenten Verfahrensstils in der Hauptverhandlung umsetzt,[13] eröffnet.[14] Auch das Gebot eines fairen Verfahrens verlangt darüber hinaus keinen Hinweis des Gerichts, wenn dieses eine Beweiserhebung in **tatsächlicher** Hinsicht abweichend zu dem Erklärenden aufgenommen hat.[15] Eine schriftlich zum Protokoll gerichte Erklärung über den

---

[1] *Burhoff* HV Rn. 466 a.
[2] *Wesemann* StraFo 2001, 293 (297); *Hohmann* StraFo 1999, 153 (154); *Leipold* StraFo 2001, 300; *Burhoff* HV Rn. 464; *Salecker*, Das Äußerungsrecht, S. 37.
[3] HansOLG v. 5. 12. 1988 – I Ss 170/88, StV 1990, 153 (154); *Burhoff* HV Rn. 628.
[4] *Burhoff* HV Rn. 696.
[5] *Pfeiffer* Rn. 1.
[6] *Löwe/Rosenberg/Gollwitzer*, 25. Aufl., Rn. 6.
[7] *Meyer-Goßner* Rn. 8; *Anw-StPO/Martis* Rn. 1; *Dahs* NJW 1995, 553 (555).
[8] BGH v. 1. 7. 1976 – 4 StR 207/76, zitiert bei *Spiegel* DAR 1977, 171 (176); KK-StPO/*Diemer* Rn. 2; *Pfeiffer* Rn. 1. AA *Burhoff* HV Rn. 574; *Löwe/Rosenberg/Gollwitzer*, 25. Aufl., Rn. 9; BeckOK-StPO/*Eschelbach* Rn. 3; *Graf/Eschelbach* Rn. 3.
[9] *Löwe/Rosenberg/Gollwitzer*, 25. Aufl., Rn. 1; BeckOK-StPO/*Eschelbach* Rn. 1; *Hammerstein*, FS Rebmann, S. 233 (234); *Hohmann* StraFo 1999, 153; *Burkhard* StV 2004, 390 (391); *Wesemann* StraFo 2001, 293 (297).
[10] *Burkhard* StV 2004, 390 (394); *Hohmann* StraFo 1999, 153 (156).
[11] *Leipold* StraFo 2001, 300 (301); *Burkhard* StV 2004, 390 (395). Entsprechendes gilt für die Darlegung der Gründe, warum ein Beweisantrag spät, ggf. nach einer Fristsetzung gestellt wurde.
[12] BGH v. 3. 9. 1997 – 5 StR 237/97, BGHSt 43, 212 (216) = NStZ 1998, 51 (52); BVerfG v. 18. 3. 2009 – 2 BvR 2025/07; *Löwe/Rosenberg/Gollwitzer*, 25. Aufl., Rn. 17; KK-StPO/*Diemer* Rn. 1; *Burkhard* StV 2004, 390 (395); Graf/*Eschelbach* Rn. 11.
[13] BT-Drucks. 16/11 736 v. 27. 1. 2009, S. 13.
[14] BGH v. 16. 8. 2007 – 1 StR 304/07, NStZ 2007, 719; *König* AnwBl.1997, 541 (542).
[15] BayVerfGH v. 14. 11. 1986 – Vf. 64-VI-85, VR 1987, 174; BGH v. 3. 9. 1997 – 5 StR 237/97, BGHR StPO § 257 Erklärungsrecht 1 = BGHSt 43, 212 (216) = NStZ 1998, 51 (52). AA *Burkhard* StV 2004, 390 (395); *Burhoff* HV Rn. 468, die bei wesentlichen Differenzen im Tatsächlichen einen Hinweis als Ausfluss des fairen Verfahrens für erforderlich erachten.

Inhalt einer Beweiserhebung kann in der Revision die Beweiswürdigung des Gerichts nicht widerlegen.[16]

II. Befragung des Angeklagten (Abs. 1)

Abs. 1 stellt seinem Wortlaut nach lediglich eine **Soll-Vorschrift** dar, von der jedoch nur unter besonderen Umständen abgewichen werden darf.[17] Umstände, die eine ausdrückliche Befragung nach jeder Beweisaufnahme und jeder Einlassung eines Mitangeklagten **entbehrlich** machen, liegen vor, wenn der Angeklagte entweder bei einer begrenzten Beweisaufnahme einmal im Sinne des Abs. 1 befragt wurde oder er unmissverständlich erklärt, dass er auch zukünftig keinerlei Erklärungen abgeben werde, oder wenn er über Art und Umfang seines Erklärungsrechts umfassend informiert ist.[18]

Möchte der Angeklagte trotz fehlender ausdrücklicher Befragung von seinem Erklärungsrecht Gebrauch machen, ist ihm hierfür das Wort zu erteilen, worauf der Verteidiger hinzuwirken hat. Wird dem Angeklagten die Abgabe einer Erklärung verweigert, ist ein Gerichtsbeschluss gem. § 238 Abs. 2 herbeizuführen.

Bei einer nach Abs. 1 durch den Angeklagten selbst abgegebenen Erklärung handelt es sich nicht um eine Einlassung im Sinne des § 243 Abs. 4, sondern um die bloße Bewertung des eingeführten Beweismittels. Allerdings birgt eine solche Erklärung durch den sich ansonsten schweigend verteidigenden Angeklagten das Risiko, dass diese im Urteil dennoch als (Teil-)Einlassung gewertet wird,[19] auch wenn zwischenzeitlich klargestellt wurde, dass eine erstmalige Erklärung zur Sache nur Urteilsgrundlage sein kann, wenn sie als solche protokolliert wurde.[20] Um diesem Risiko vorzubeugen, empfiehlt es sich, die Erklärungen zu einem eingeführten Beweismittel durch den Verteidiger gem. Abs. 2 abgeben zu lassen.[21] Grundsätzlich sollte jede Erklärung des Angeklagten, notfalls in einer zu beantragenden Verhandlungspause, vorbesprochen werden.[22]

Das Erklärungsrecht steht dem wieder anwesenden, aber während der Beweiserhebung nach § 247 **ausgeschlossenen Angeklagten** ebenfalls zu.[23]

Die **Befragung des Angeklagten** muss – entgegen des Wortlauts – nicht nach jedem neuen Beweismittel erfolgen. Es vermag auszureichen, wenn auf das Recht, Erklärungen im Anschluss an jede Beweiserhebung abgeben zu können, einmal, nach Abschluss der ersten Beweiserhebung hingewiesen und dies protokolliert wurde.[24] Die Wahrnehmung des Erklärungsrechts ist nicht ausdrücklich zu protokollieren,[25] außer der Angeklagte äußert sich erstmalig in dessen Rahmen zur Sache.[26] Wird dies verabsäumt und geht aus dem Protokoll auch an anderer Stelle nicht hervor, dass der Angeklagte Angaben zur Sachen machte, kann sich das Urteil auf solche nicht stützen. Erfolgt dies dennoch, liegt eine revisible Verletzung von § 261 vor.[27] Die Abgabe einer Erklärung durch den Verteidiger macht die Befragung des Angeklagten nicht entbehrlich.[28]

Obwohl § 257 seinem Wortlaut nach lediglich Erklärungen zu einem gerade eingeführten Beweismittel ermöglicht, ist es dem Angeklagten **inhaltlich** nicht verwehrt, dieses in Relation zu bereits früher erhobenen Beweismitteln zu setzen.[29] Dies wird sogar vielfach erforderlich sein, um Zusammenhänge, Unklarheiten und Widersprüche aufzuzeigen. Die Erklärung muss jedoch ihren Ausgangspunkt in der gerade beendeten Beweiserhebung haben.[30] Dem Angeklagten darf auch bei **aggressiver Wortwahl** das Erklärungsrecht, welches Ausfluss seines Rechts auf rechtliches Gehör ist, nicht beschnitten werden.[31]

---

[16] BGH v. 8. 2. 1961 – 2 StR 625/60, BGHSt 15, 347 (350) = NJW 1961, 789 (790).
[17] *Meyer-Goßner* Rn. 2; *Burhoff* HV Rn. 464; Löwe/Rosenberg/*Gollwitzer*, 25. Aufl., Rn. 5, 14; Graf/*Eschelbach* Rn. 2; *Salecker*, Das Äußerungsrecht, S. 70 f.
[18] BeckOK-StPO/*Eschelbach* Rn. 2.
[19] *Burhoff* HV Rn. 465.
[20] BGH v. 29. 6. 1995 – 4 StR 72/95, StV 1995, 513 (514) = NJW 1996, 533 (534). Anders noch BGH v. 22. 10. 1993 – 3 StR 337/93, StV 1994, 468.
[21] *Wesemann* StraFo 2001, 293 (298).
[22] *Hohmann* StV 1999, 153 (156); *Burhoff* HV Rn. 465.
[23] BeckOK-StPO/*Eschelbach* Rn. 6.
[24] BGH v. 22. 11. 1966 – 1 StR 492/66, MDR 1967, 175; BeckOK-StPO/*Eschelbach* Rn. 12; *Pfeiffer* Rn. 1.
[25] BGH v. 22. 10. 1993 – 3 StR 337/93, StV 1994, 468; HK-StPO/*Julius* Rn. 8.
[26] BGH v. 29. 6. 1995 – 4 StR 72/95, NStZ 1995, 560; BGH v. 28. 10. 1999 – 4 StR 370/99, NStZ 2000, 217; Anw-StPO/*Martis* Rn. 2. Früher aA BGH v. 22. 10. 1993 – 3 StR 337/93, StV 1994, 468. S. o. Rn. 8.
[27] BGH v. 29. 6. 1995 – 4 StR 72/95, NStZ 1995, 560.
[28] *Leipold* StraFo 2001, 300.
[29] *Hohmann* StraFo 1999, 153 (155); *Leipold* StraFo 2001, 300 (301); *Hammerstein*, FS Rebmann, S. 233 (235). AA *Pfeiffer* Rn. 2.
[30] Löwe/Rosenberg/*Gollwitzer*, 25. Aufl., Rn. 19; *Burhoff* HV Rn. 469; *Burkhard* StV 2004, 390 (393).
[31] OLG Koblenz v. 27. 8. 1979 – 1 Ws 469/79, MDR 1980, 76. Zum Wortentzug s. u. § 258 Rn. 13.

III. Erklärungsrecht des Verteidigers (Abs. 2)

12 **1. Allgemeines.** Das eigene Erklärungsrecht des Verteidigers besteht auch, wenn der Angeklagte sich schweigend verteidigt.[32] Bei mehreren Verteidigern eines Angeklagten steht das Erklärungsrecht jedem einzelnen zu.[33] Der Verteidiger muss nicht (kann jedoch) ausdrücklich nach Erklärungen befragt werden.[34] Er kann ausdrücklich oder durch schlüssiges Verlangen (zB eine Wortmeldung) seinen Wunsch zur Abgabe einer Erklärung äußern, dem der Vorsitzende durch eine Worterteilung zu entsprechen hat.[35]

13 Gewährt der Vorsitzende entgegen Abs. 2 iVm. § 238 Abs. 1 dem Verteidiger keine Gelegenheit zur Abgabe einer Erklärung, in dem er die Verhandlung unter **Missachtung des Erklärungswunsches** mit einer weiteren Beweiserhebung (zB der Verlesung einer Urkunde) fortführt, sollte der Verteidiger die Erteilung des Wortes förmlich beantragen, Auskunft aus dem Protokoll verlangen, ob sein Antrag auf Erteilung des Wortes zwecks einer Erklärung gem. Abs. 2 aufgenommen wurde und ggf. eine **Entscheidung gem. § 238 Abs. 2** herbeiführen.[36] Der Verteidiger kann, wenn ihm das **Wort nicht erteilt** wurde, nicht darauf verwiesen werden, dass die neue Beweisaufnahme sein bisheriges Erklärungsrecht ausschließe.[37]

14 Zur **Formulierung** der Erklärung kann ein Antrag auf Unterbrechung der Hauptverhandlung gestellt werden.[38] Wird diese nicht gewährt, empfiehlt es sich, den **Unterbrechungsantrag** unter Bezugnahme auf die Notwendigkeit einer solchen für die sachdienliche Wahrnehmung des Erklärungsrechts zu begründen und schriftlich zu Protokoll zu geben.[39] Lehnt der Vorsitzende eine Unterbrechung weiterhin ab ist eine **Entscheidung nach § 238 Abs. 2** herbeizuführen und ein Ablehnungsgesuch[40] kann in Betracht gezogen werden.[41]

15 **2. Zeitpunkt.** Der Verteidiger sollte seinen Wunsch eine Erklärung abgeben zu wollen, im unmittelbaren Zusammenhang mit der Beendigung einer Beweiserhebung äußern. Nach einer **Zeugenvernehmung** muss dies zwischen Entlassung des Zeugen und dem Hereinrufen des nächsten Zeugen, spätestens jedoch bis zum Beginn der Vernehmung des nächsten Zeugen zur Person erfolgen.[42] Hiernach kann der Verteidiger darauf verwiesen werden, dass eine Erklärung erst nach Abschluss der laufenden Beweiserhebung erfolgen kann.[43] Wird ein Zeuge lediglich **in den Abstand verwiesen,** kann das Erklärungsrecht auch zu diesem Zeitpunkt ausgeübt werden, wenn die Erklärung sich nicht in Aussagen gem. § 248 S. 2 erschöpft.[44] Hierbei muss der Verteidiger jedoch vergegenwärtigen, dass eine weitere uU unerwünschte Einvernahme oder Replik des Zeugen droht.[45] Auch nach der **letzten Beweiserhebung** ist eine Erklärung gem. Abs. 2 zu gewähren.[46]

16 **3. Form.** Um Missverständnisse zu vermeiden empfiehlt es sich abgebene Erklärungen zusätzlich schriftlich zu Protokoll zu reichen.[47] Dies ist jedoch nicht zwingend. Werden Erklärungen abgegeben ist dies zu protokollieren.[48]

17 **4. Grenzen des Erklärungsrechts.** Dem Verteidiger kann nach vorangegangener Abmahnung das **Wort entzogen** werden, wenn die Befugnisse des Abs. 2 missbraucht werden, was der Fall ist, wenn die Erklärung überhaupt keinen Bezug mehr zur vorangegangenen Beweiserhebung hat.[49] Hierbei

---

[32] *Burkhard* StV 2004, 390; *Leipold* StraFo 2001, 300.
[33] *Meyer-Goßner* Rn. 5; *Leipold* StraFo 2001, 300; *Burkhard* StV 2004, 390.
[34] BGH v. 24. 10. 2006 – 1 StR 503/06, NStZ 2007, 234 (235); KK-StPO/*Diemer* Rn. 3; *Hohmann* StraFo 1999, 153 (154); *Burhoff* HV Rn. 467.
[35] SK-StPO/*Schlüchter* Rn. 8.
[36] *Hohmann* StraFo 1999, 153 (155).
[37] *Burkhard* StV 2004, 390 (391).
[38] *Burhoff* HV Rn. 881.
[39] *Hohmann* StraFo 1999, 153 (157).
[40] Die Nichterteilung des Worts zur unmittelbaren Abgabe einer Erklärung zu einem Beweisergebnis kann dazu führen, dass der Verteidigung aufgefallen Widersprüche oder andere entlastende Aspekte zu einer Beweiserhebung zu einem späteren Zeitpunkt dem Gericht nicht mehr in gleicher Weise präsent sind. Die verspätete Gewährung des Erklärungsrechts kann daher Bedenken gegen eine unvoreingenommene Verfahrensleitung begründen. Vgl. *Burkhard* StV 2004, 390 (392).
[41] *Burkhard* StV 2004, 390 (392).
[42] *Hohmann* StraFo 1999, 153 (154).
[43] *Löwe/Rosenberg/Gollwitzer*, 25. Aufl., Rn. 7; *Burhoff* HV Rn. 468; *Hohmann* StraFo 1999, 153 (154); *Burkhard* StV 2004, 390 (391). Die Zulassung einer Erklärung während einer Beweiserhebung steht im Ermessen des Vorsitzenden.
[44] *Hohmann* StraFo 1999, 153 (154).
[45] *Hammerstein*, FS Rebmann, S. 233 (235); HK-StPO/*Julius* Rn. 4.
[46] *Burkhard* StV 2004, 390 (391).
[47] Vgl. HK-StPO/*Julius* Rn. 1 (dort jedoch insoweit missverständlich, als eine Ausübung der Rechte aus § 257 nicht nur schriftlich erfolgen kann). Zum Inhalt der Erklärung s. o. Rn. 11.
[48] Anw-StPO/*Martis* Rn. 3; *Pfeiffer* Rn. 2; *Hohmann* StraFo 1999, 153 (156).
[49] *Löwe/Rosenberg/Gollwitzer*, 25. Aufl., Rn. 16; *Burkhard* StV 2004, 390 (394); *Hammerstein*, FS Rebmann, S. 233 (235).

gelten die Grundsätze zum Entzug des Fragerechts.[50] Eine Beschränkung ist jedoch **unzulässig**, wenn mit der Erklärung die Stellung von Anträgen verbunden ist.[51] **Unterbrechungen** durch den Vorsitzenden oder andere Verfahrensbeteiligte sind grundsätzlich **unzulässig**, da sie dem Verteidiger die Möglichkeit einer zusammenhängenden Erklärung und Konzentration nehmen. Erfolgt eine solche dennoch ist der Vorsitzende um Abhilfe zu bitten und ggf. ein **Beschluss gem. § 238 Abs. 2** herbeizuführen.[52] **Redezeitbeschränkungen** sind unzulässig.[53] Es empfiehlt sich jedoch, bei sehr zeitintensiven Erklärungen die Berechtigung und die Notwendigkeit hierfür darzustellen. Hierbei bietet sich, sofern einschlägig, der Hinweis an, dass durch die ausführliche Würdigung der vorangegangenen Beweiserhebung zukünftige Beweiserhebungen gestrafft werden können.

5. Erklärungsrecht des Staatsanwalts. Hierfür gelten die vorstehenden Ausführungen entsprechend. 18

IV. Keine Vorwegnahme des Schlussvortrags (Abs. 3)

Abs. 3 verbietet im Ergebnis eine Selbstverständlichkeit, da alleine der Schlussvortrag die Gesamtheit der Beweisaufnahme würdigt. Dies ist in der Regel zum Zeitpunkt der Abgabe einer Erklärung nach § 257 mangels Abschluss der Beweisaufnahme auch noch nicht möglich.[54] Erklärungsinhalt dürfen neben der Würdigung einzelner Beweismittel auch Ausführungen zu dogmatischen Fragen und den zu prüfenden Tatbestandsmerkmalen sein.[55] **Inhalt des Schlussvortrags** und damit nicht Gegenstand einer Erklärung nach § 257 sind jedoch Ausführungen zur Person des Angeklagten, zu dessen Schuld und Erwägungen zur Strafzumessung.[56] Die Verpflichtung zu einem nur schlagwortartigen Vortrag lässt sich Abs. 3 jedoch nicht entnehmen.[57] 19

V. Revision

1. Würdigung. Eine **fehlende, unvollständige** oder **entstellende Würdigung** abgegebener Erklärungen kann mit der Revision, gestützt auf eine Verletzung von § 261, gerügt werden.[58] 20

2. Erklärungsrecht des Angeklagten. Wurde das **Erklärungsrecht des Angeklagten** beschnitten ist dies, nach der Herbeiführung eines **Gerichtsbeschlusses**, rügbar. Die Revision muss vortragen, was der Angeklagte erklärt hätte, und dass er hierzu auch zu einem späteren Zeitpunkt keine Gelegenheit hatte.[59] Die Schwierigkeit besteht darin, dass das Urteil auf der Beschränkung der Rechte aus § 257 beruhen muss, was im Hinblick auf die Möglichkeit, die gewünschten Äußerungen im Rahmen des Schlussvortrags abzugeben, kaum möglich ist.[60] **Durchdringen** wird die Rüge, dass das Erklärungsrecht nicht gewährt wurde, in dessen Wahrnehmung jedoch ein Widerspruch erfolgt wäre, der zur Nichtverwertung eines verwerteten Beweisergebnisses geführt hätte.[61] 21

Die Rüge, der Angeklagte sei **nicht ausdrücklich befragt** worden, trägt eine Revision nur, wenn das **Urteil hierauf beruht**, was angesichts der weiteren Möglichkeiten sich in der Hauptverhandlung zu äußern regelmäßig nicht nicht gegeben ist.[62] 22

3. Erklärungsrecht des Verteidigers. Eine wesentliche **Einschränkung des Erklärungsrechts des Verteidigers** kann nach vorheriger Herbeiführung eines Gerichtsbeschlusses gerügt werden.[63] Die Revision muss vortragen, dass der Verteidiger, der nicht ausdrücklich auf sein Recht nach Abs. 2 hingewiesen werden muss,[64] sich zu Wort gemeldet hat, um eine Erklärung abzugeben, ihm dies gänzlich oder zumindest zu wesentlichen Teilen verwehrt wurde und hierüber ein Gerichtsbeschluss herbeigeführt wurde.[65] Darüber hinaus ist darzulegen, warum das Urteil trotz der Möglichkeiten im Rahmen des Schlussvortrags ausführlich zu den Beweisergebnissen vortragen zu 23

---

[50] Vgl. § 241 Rn. 4 ff.
[51] *Hohmann* StraFo 1999, 153 (154).
[52] *Löwe/Rosenberg/Gollwitzer*, 25. Aufl., Rn. 17; *Burhoff* HV Rn. 471; *Hohmann* StraFo 1999, 153 (157).
[53] *Hohmann* StraFo 1999, 153 (154); *Burhoff* HV Rn. 470; *Salecker*, Das Äußerungsrecht, S. 66.
[54] *Burkhard* StV 2004, 390 (393).
[55] *Burkhard* StV 2004, 390 (394). S. o. Rn. 11.
[56] *Hammerstein*, FS Rebmann, S. 233 (237).
[57] *Hammerstein*, FS Rebmann, S. 233 (238). Vgl. noch *Müller*, FS Fezer, S. 153 ff.
[58] *Meyer-Goßner* Rn. 1 u. § 261 Rn. 5.
[59] BGH v. 19. 1. 1984 – 4 StR 730/83, StV 1984, 454 (455); HK-StPO/*Julius* Rn. 11.
[60] *Meyer-Goßner* Rn. 9; BeckOK-StPO/*Eschelbach* Rn. 23; *Hohmann* StraFo 1999, 153 (157); *Leipold* StraFo 2001, 300 (301); *Hammerstein*, FS Rebmann, S. 233 (236).
[61] *Leipold* StraFo 2001, 300 (303).
[62] *Hohmann* StraFo 1999, 153 (156).
[63] *Leipold* StraFo 2001, 300 (301); *Burhoff* HV Rn. 471.
[64] S. o. Rn. 12.
[65] HK-StPO/*Julius* Rn. 12.

können, auf der fehlenden Erklärungsmöglichkeit **beruht**.[66] In **Ausnahmefällen** (sich über Monate erstreckende Großverfahren) kann die Versagung des Erklärungsrechts auch als unzulässige Beschränkung der Verteidigung (§ 338 Nr. 8) gerügt werden.[67]

24 **4. Widerspruchslösung.** § 257 entfaltet seine weitreichende Wirkung im Zusammenhang mit der Verwertung von Beweisergebnissen für die ein Verwertungsverbot besteht und der vom BGH[68] hierzu entwickelten Widerspruchslösung.[69]

25 a) **Allgemeines.** Gem. der Widerspruchslösung beruht ein Urteil nicht mehr auf der grds. unzulässigen Verwertung eines Beweisergebnisses, wenn der verteidigte Angeklagte, der Verteidiger oder der nicht verteidigte, aber ausdrücklich über dieses Widerspruchserfordernis belehrte Angeklagte nicht mittels **Widerspruch** auf einen Ausgleich dieses Verfahrensfehlers hinwirkt.[70] Geschieht dies nicht, wird hiermit konkludent ausgedrückt, dass der Verfahrensfehler für nicht beachtlich gehalten wird.[71] Dessen spätere Rüge mittels der Revision bleibt dann verschlossen.[72]

26 Ein **Widerspruch** ist daher **insbesondere** in folgenden Fällen **erforderlich**: Ein Vernehmungsbeamter wurde über eine frühere Vernehmung des Angeklagten, die unter Missachtung zwingend erforderlicher Belehrungen stattfand, als Zeuge vernommen.[73] Überwachungsprotokolle, deren Erhebung gegen Grundrechte verstößt, Urkunden aus dem Bereich der privaten Lebensgestaltung oder Protokolle von früheren (polizeilichen) Vernehmungen des Angeklagten oder eines Zeugen, der nicht oder nicht ausreichend belehrt wurde, wurden verlesen.[74] Ein Gutachten, welches auf Tatsachen beruht, die unter Verstoß gegen die Grundsätze der fehlerfreien Beweismittelbeschaffung erlangt wurden, soll verwertet werden.[75] Die Verwertung einer rechtswidrig erlangten Blutprobe ist geplant.[76]

27 b) **Zeitpunkt.** Der Widerspruch gegen die Verwertung eines Beweisergebnisses hat spätestens unmittelbar **im Anschluss an die beanstandete Beweiserhebung** zu erfolgen, so dass der spätestmögliche Zeitpunkt durch § 257 markiert wird und die Rüge somit spätestens in der Erklärung enthalten sein muss, die der Verteidiger oder der Angeklagte im Anschluss an die Beweiserhebung, deren Verwertung er für unzulässig erachtet, abgibt.[77] Ein **späterer Widerspruch** ist unbeachtlich[78] und, wenn das entsprechende Beweismittel bereits Gegenstand des erstinstanzlichen Verfahrens war, auch weder in der Berufungshauptverhandlung,[79] noch in der (auch nach Zurückverweisung auf Grund eines anderen Rechtsfehlers) erneuten Hauptverhandlung nachholbar.[80] Ebensowenig lässt die Rechtsprechung einen **Widerspruch vor der Hauptverhandlung** ausreichen.[81] Es ist daher erforderlich einen solchen, auch wenn er bereits im Ermittlungsverfahren erhoben worden war, in der Hauptverhandlung bis zum Zeitpunkt, der durch § 257 markiert wird, zu wiederholen.[82]

---

[66] BGH v. 24. 10. 2006 – 1 StR 503/06, NStZ 2007, 234 (235); Löwe/Rosenberg/*Gollwitzer*, 25. Aufl., Rn. 26; Meyer-Goßner Rn. 9.
[67] Löwe/Rosenberg/*Gollwitzer*, 25. Aufl., Rn. 28; SK-StPO/*Schlüchter* Rn. 17.
[68] BGH v. 27. 2. 1992 – 5 StR 190/91, BGHSt 38, 214 (225 f.) = NStZ 1992, 294 (295); BGH v. 12. 10. 1993 – 1 StR 475/93, BGHSt 39, 349 (352) = NStZ 1994, 95; BGH v. 12. 1. 1996 – 5 StR 756/94, BGHSt 42, 15 (22) = NStZ 1996, 291 (293).
[69] *Salecker*, Das Äußerungsrecht, S. 47, 97 ff. Bei *Burhoff* HV Rn. 1166 d findet sich eine Darstellung der Fallkonstellationen, in denen die Rechtsprechung bisher die Zulässigkeit einer revisionsrechtlichen Überprüfung der Verwertbarkeit einer Beweiserhebung an einen vorherigen Widerspruch geknüpft hat.
[70] BGH v. 12. 10. 1993 – 1 StR 475/93, BGHSt 39, 349 (352) = NStZ 1994, 95; BGH v. 11. 9. 2007 – 1 StR 273/07, NStZ 2008, 55 (56).
[71] LG Nürnberg-Fürth v. 13. 10. 1993 – 8 Ns 342 Js 40 242/92, StV 1994, 123. Kritisch und mwN *Heinrich* ZStW 112, 398 (409); BeckOK-StPO/*Eschelbach* Rn. 22.
[72] *Burhoff* HV Rn. 1013, 1193. Zur Frage ob eine Heilung der Rechtsverletzung vorliegt *Heinrich* ZStW 112, 398.
[73] BGH v. 27. 2. 1992 – 5 StR 190/91, BGHSt 38, 214 (225 f.) = NStZ 1992, 294 (295).
[74] BGH v. 11. 9. 2007 – 1 StR 273/07, NStZ 2008, 55 (56).
[75] OLG Hamm v. 25. 8. 2008 – 3 Ss 318/08, NJW 2009, 242.
[76] OLG Hamm v. 22. 12. 2009 – 3 Ss 497/09, NStZ-RR 2010, 148; OLG Karlsruhe v. 8. 3. 2010 – 2 (9) Ss 18/10 – AK 18/10; OLG Celle v. 11. 8. 2010 – 32 Ss 101/10.
[77] BGH v. 27. 2. 1992 – 5 StR 190/91, BGHSt 38, 214 (226) = NStZ 1992, 294 (295); BGH v. 12. 7. 2000 – 1 StR 113/00, NStZ-RR 2001, 260; OLG Dresden v. 16. 4. 2007 – 2 Ss 596/06, StRR 2007, 229; *Leipold* StraFo 2001, 300 (302); *Burhoff* HV Rn. 764, 1166 e; *Heinrich* ZStW 112, 398 (399).
[78] BGH v. 11. 9. 2007 – 1 StR 273/07, NStZ 2008, 55 (56) = StraFo 2008, 77 (78).
[79] OLG Stuttgart v. 4. 3. 1977 – 4 Ss 1/97, NStZ 1997, 405.
[80] BGH v. 9. 11. 2005 – 1 StR 447/05, BGHSt 50, 272 (275) = NStZ 2006, 348 (349); BGH v. 11. 9. 2007 – 1 StR 273/07, NStZ 2008, 55 (56); BayObLG v. 19. 7. 1996 – 1 St RR 71/96, NStZ 1997, 99 (100) = NJW 1997, 404 (405); OLG Celle v. 29. 8. 1996 – 2 Ss 144/96, StV 1997, 68; BayObLG v. 16. 5. 2001 – 2 St RR 48/01, StV 2002, 179 (180). Kritisch *Hartwig* JR 1998, 359 (360); *Burhoff* HV Rn. 1166 g mwN.
[81] BGH v. 17. 6. 1997 – 4 StR 243/97, NStZ 1997, 502 (593); BeckOK-StPO/*Eschelbach* Rn. 20; *Burhoff* HV Rn. 1166.
[82] *Buhoff* HV Rn. 1166 e.

Da jede Beweiserhebung hinsichtlich ihrer Verwertbarkeit für sich zu betrachten ist, ist jeder als 28
unverwertbar angesehenen Beweiserhebung erneut und im Einzelnen zu widersprechen.[83] Hiervon kann ausnahmsweise abgewichen werden, wenn ein „**beweisthemenbezogener Widerspruch**" erkennen lässt, dass der Verwertung aller (auch zukünftiger) Vernehmungen von Vernehmungspersonen, die bei einer, genau zu bezeichnenden polizeilichen Vernehmung anwesend waren, widersprochen wird.[84]

Um möglichst lange die Möglichkeit des Widerspruchs zu erhalten, sollte der Entlassung eines 29
Zeugen nur zugestimmt werden, wenn alle Fragen zur Verwertbarkeit seiner Aussage überprüft werden konnten.[85] Im Zweifel wird der Verteidiger einer Verwertung zumindest **vorsorglich** widersprechen, um einen Rügeverlust in der Revisionsinstanz zu vermeiden. Der Widerspruch kann im Verlauf der Hauptverhandlung **zurückgenommen** werden.[86]

c) **Inhalt.** Der Widerspruch des verteidigten Angeklagten ist zu begründen, so dass diesem zu- 30
mindest in groben Zügen zu entnehmen ist, unter welchem Gesichtspunkt der erhobene Beweis für unverwertbar gehalten wird.[87]

d) **Einzelprobleme.** Der Verteidiger hat darauf zu achten, dass der Widerspruch und dessen 31
Zeitpunkt **protokolliert** wird (§ 273),[88] um so dessen rechtzeitige Erhebung, die zum erforderlichen Revisionsvorbringen gehört,[89] beweisen zu können.[90]

Der Verteidiger sollte insbesondere bei der Verlesung eines aus seiner Sicht unverwertbaren 32
Protokolls beantragen, den **Grund der Verlesung** zu protokollieren, um das Gericht zu einer genauen Prüfung der Verwertbarkeit zu veranlassen.[91] Ein Anspruch auf eine **prozessuale Zwischenentscheidung** über die Frage der Verwertbarkeit eines Beweismittels steht dem Angeklagten jedoch auch vor dem Hintergrund eines fairen Verfahrens nicht zu.[92]

Auch wenn § 257 den spätestmöglichen Zeitpunkt markiert, sollte der Verteidiger mit dem Wi- 33
derspruch gegen eine aus seiner Sicht unverwertbare Beweiserhebung grundsätzlich nicht bis zum Zeitpunkt des § 257 zuwarten, sondern dieser in der Hauptverhandlung bereits **frühzeitig widersprechen**. Die aus seiner Sicht nicht verwertbaren Beweise sollten erst gar nicht Gegenstand der Beweisaufnahme werden[93] und somit auch nicht zur Kenntnis, insbesondere der Laienrichter gelangen, um so die (meist problematischen) psychologischen Folgen einer zwar unverwertbaren, aber erfolgten Beweiserhebung zu umgehen.[94]

§ 257a [Schriftliche Anträge und Anregungen zu Verfahrensfragen]

¹Das Gericht kann den Verfahrensbeteiligten aufgeben, Anträge und Anregungen zu Verfahrensfragen schriftlich zu stellen. ²Dies gilt nicht für die in § 258 bezeichneten Anträge. ³§ 249 findet entsprechende Anwendung.

Schrifttum: *Dahs*, Das Verbrechensbekämpfungsgesetz vom 28. 10. 1994 – ein Produkt des Superwahljahres, NJW 1995, 553; *Hamm*, Was wird aus der Hauptverhandlung nach Inkrafttreten des Verbrechensbekämpfungsgesetzes?, StV 1994, 456; *König/Seitz*, Die straf- und strafverfahrensrechtlichen Regelungen des Verbrechensbekämpfungsgesetzes, NStZ 1995, 1; *Krahl*, Missachtung rechtsstaatlicher Verfahrensgrundsätze durch die schriftliche und selbstlesende Hauptverhandlung, GA 1998, 329; *Meyer-Goßner*, Theorie ohne Praxis und Praxis ohne Theorie im Strafverfahren, ZRP 2000, 345; *Münchhalffen*, Der neue § 257a StPO und seine praktischen Auswirkungen, StraFo 1995, 20; *Nehm/Senge*, Ursachen langer Hauptverhandlungen – dargestellt am Beispiel von 3 Strafverfahren, NStZ 1998, 377; *Scheffler*, Strafprozeßrecht, Quo vadis?, GA 1995, 449; *Schünemann*, Vom Einfluss der Strafverteidigung auf die Rechtsentwicklung, StraFo 2005, 177; *Senge*, Missbräuchliche Inanspruchnahme verfahrensrechtlicher Gestaltungsmöglichkeiten – wesentliches Merkmal der Konfliktverteidigung? Abwehr der Konfliktverteidigung, NStZ 2002, 225; *Wesemann*, Zur Praxis des neuen § 257a StPO, StV 1995, 220; *ders.*, Beanstandungs- und Erklärungsrechte zur Schaffung von Freiräumen der Verteidigung, StraFo 2001, 293.

---

[83] BGH v. 12. 10. 1993 – 1 StR 475/93, BGHSt 39, 349 (352) = NStZ 1994, 95; BGH v. 3. 12. 2003 – 5 StR 307/03, NStZ 2004, 389 = StV 2004, 57.
[84] BGH v. 3. 12. 2003 – 5 StR 307/03, NStZ 2004, 389 = StV 2004, 57; Anw-StPO/*Martis* Rn. 5.
[85] *Burhoff* HV Rn. 1166 e.
[86] BGH v. 12. 10. 1993 – 1 StR 475/93, BGHSt 39, 349 (353) = NStZ 1994, 95.
[87] BGH v. 11. 9. 2007 – 1 StR 273/07, NStZ 2008, 55 (56).
[88] Anw-StPO/*Martis* Rn. 5; *Burhoff* HV Rn. 1166 g.
[89] BayObLG v. 16. 5. 2001 – 2St RR 48/01, StV 2002, 179 (180); OLG Celle v. 11. 8. 2010 – 32 Ss 101/10.
[90] OLG Hamm v. 25. 8. 2008 – 3 Ss 318/08, NJW 2009, 242 (243).
[91] *Burhoff* HV Rn. 1013.
[92] BVerfG v. 18. 3. 2009 – 2 BvR 2025/07. S. o. Rn. 5.
[93] So auch *Burhoff* HV Rn. 1013.
[94] *Neuhaus* NStZ 1997, 312 (316).

I. Allgemeines

1 Die Vorschrift wurde mit dem Verbrechensbekämpfungsgesetz[1] zum 1. 12. 1994 in die Strafprozessordnung aufgenommen und soll insbesondere in umfangreichen Verfahren eine Beschleunigung und Straffung der Hauptverhandlung bewirken.[2] § 257a ermöglicht es dem Gericht nach pflichtgemäßer Ermessensausübung von dem im deutschen Strafverfahrensrecht verankerten **Grundsatz der Mündlichkeit** der Hauptverhandlung (§ 261), nach dem den Beteiligten die sprachliche Äußerung eingeräumt und die Möglichkeit einer direkten Kenntnisnahme der Reaktion des Gerichts eröffnet wird, zu Gunsten eines teilweise schriftlichen Verfahrens in Anwesenheit der Beteiligten abzuweichen. Neben einer Beschränkung des Mündlichkeitsprinzips erfahren auch das Prinzip der **Öffentlichkeit**, der **Unmittelbarkeit** und das sensible Recht auf **rechtliches Gehör** Einschränkungen.[3] Dies führte zu scharfer Kritik an § 257a.[4]

II. Anordnung des schriftlichen Verfahrens

2 **1. Anträge und Anregungen zu Verfahrensfragen.** § 257a erfasst alle Anträge hinsichtlich des Prozessgegenstandes, der Beweisaufnahme und des Verfahrensganges. Hierunter fallen insbesondere Beweisanträge, Beweisermittlungsanträge, Beweisanregungen, Beanstandungen, Anträge (nicht bloße Erklärungen) zur Zulässigkeit der Verwertung von Beweismitteln, zur Einstellung des Verfahrens und zur Aussetzung oder Unterbrechung der Hauptverhandlung sowie Anträge auf Protokollierung und Gegenvorstellungen.[5]

3 **Nicht umfasst** werden die Erklärungen des Verteidigers gem. § 257,[6] es sei denn, dass auch diese Anträge oder Anregungen zu Verfahrensfragen enthalten.[7] Bloße Erklärungen zur Zulässigkeit der Verwendung eines Beweismittels werden daher nicht umfasst.[8] Ebenfalls vom Anwendungsbereich ausgenommen sind die Verlesung des Anklagesatzes, Äußerungen zur Anklage oder der materiellen Rechtslage,[9] Erklärungen nach § 251 Abs. 2 Nr. 3 und gem. S. 2 die Schlussvorträge, das letzte Wort des Angeklagten sowie Ablehnungsgesuche wegen der Besorgnis der Befangenheit eines Richters (vgl. § 26 Abs. 1 S. 2) – nicht aber eines Sachverständigen.[10]

4 **2. Anordnungsumfang.** Die Anordnung gem. § 257a kann gegenüber jedem Verfahrensbeteiligten (Angeklagten, Verteidiger, Vertreter der Staatsanwaltschaft, Nebenkläger, Nebenklägervertreter, Nebenbeteiligten) ergehen.[11] Sie kann auf einzelne Verfahrensbeteiligte, auf bestimmte Verfahrensfragen bezogene Anträge (zB Beweisanträge) oder auf einzelne Verfahrensabschnitte (zB den begonnenen Verhandlungstag) beschränkt werden.[12] Sie kann jedoch auch **sämtliche künftigen Anträge** und Anregungen zu Verfahrensfragen betreffen.[13] Eine umfassende Anordnung gem. § 257a kann allerdings nur zulässig sein, wenn ein **Missbrauch des Antragsrechts** durch den betroffenen Verfahrensbeteiligten vorangegangen ist,[14] den das Gericht festzustellen hat.

5 **3. Anordnungsvoraussetzungen.** Vor dem Hintergrund, dass die Anordnung des schriftlichen Verfahrens sowohl das Prinzip der Mündlichkeit als auch den Grundsatz der Öffentlichkeit und das Recht auf rechtliches Gehör beschränkt, kann § 257a nur nach einer **teleologischen Reduktion** verfassungsrechtlich bestehen.[15] Voraussetzung einer Anordnung ist daher, dass auf Grund der bereits erfolgten Stellung einer sehr großen Anzahl von Anträgen und Anregungen zu Verfahrensfragen oder auf Grund der Stellung sehr umfangreicher solcher Anträge oder Anregungen für die Zukunft zu befürchten ist, dass sich der Ablauf der Hauptverhandlung durch den mündlichen Vortrag weiterer Anträge und Anregungen erheblich, d.h. um Stunden oder Tage,[16] verzö-

---

[1] BGBl. I 1994, S. 3186.
[2] Meyer-Goßner Rn. 1.; Meyer-Goßner Rn. 1. Kritisch zu diesem Bedürfnis Hamm StV 1994, 456 (457); Graf/Eschelbach Rn. 9; Krahl GA 1998, 329, der insbesondere darauf hinweist, dass nicht die von § 257a umfassten Anträge, sondern in der Regel nur deren Begründung zeitintensiv ist.
[3] Daher kritisch Krahl GA 1998, 329; Scheffler GA 1995, 449 (457); Dahs NJW 1995, 553 (556); Hamm StV 1994, 456 (459); Wesemann StV 1995, 220; aA zum rechtl. Gehör Löwe/Rosenberg/Gollwitzer, 25. Aufl., Rn. 2.
[4] Münchhalffen StraFo 1995, 20; Krahl GA 1998, 329; Scheffler GA 1995, 449; Dahs NJW 1995, 553; Schünemann StraFo 2005, 177 (179); HK-StPO/Julius Rn. 1.
[5] Anw-StPO/Martis Rn. 2.
[6] Meyer-Goßner Rn. 7; KK-StPO/Diemer Rn. 3; König/Seitz NStZ 1995, 1 (5); aA Wesemann StraFo 2001, 293 (299).
[7] Burhoff HV Rn. 472.
[8] Burhoff HV Rn. 785; aA die Gesetzesbegründung BT-Drucks. 12/6853.
[9] Löwe/Rosenberg/Gollwitzer, 25. Aufl., Rn. 5.
[10] Meyer-Goßner Rn. 8.
[11] KK-StPO/Diemer Rn. 1; BeckOK-StPO/Eschelbach Rn. 5.
[12] Meyer-Goßner Rn. 6.
[13] Dahs NJW 1995, 553 (556).
[14] Krahl GA 1998, 329 (332); Meyer-Goßner Rn. 3.
[15] Meyer-Goßner Rn. 2.
[16] So Krahl GA 1998, 329 (332).

gern würde.[17] Liegen diese Voraussetzungen nicht vor, wird von einem Vorrang des Mündlichkeitsprinzips vor dem Beschleunigungsgebot auszugehen sein und § 257a keine Anwendung finden.[18] Ein zu befürchtender **Missbrauch des Antragsrechts** kann, muss aber grundsätzlich als Anordnungsvoraussetzung nicht vorliegen,[19] es sei denn die Anordnung soll alle zukünftigen Anregungen und Anträge zu Verfahrensfragen eines Beteiligten umfassen.

In die pflichtgemäße Ermessensausübung, in welcher zwischen Beachtung des Mündlichkeitsprinzips und dem Beschleunigungsgebot abzuwägen ist,[20] ist u. a. mit einzustellen, ob der Verfahrensbeteiligte einen Antrag bereits schriftlich vorbereitet hat oder aber, ob ihm im Einzelfall die schriftliche Stellung eines Antrags zB mangels schriftlicher Ausdrucksmöglichkeiten nicht möglich oder nicht zugemutet werden kann.[21] In aller Regel wird § 257a daher auf Grund Unzumutbarkeit keine Anwendung finden können, wenn der Angeklagte unverteidigt ist.[22] Ein unzulässiger Missbrauch der Möglichkeiten des § 257a und eine fehlerhafte Ermessensausübung liegen vor, wenn das Gericht diese alleine als Druck- oder Drohmittel gegenüber der Verteidigung einsetzt.[23]   6

4. **Anordnungsverfahren.** Vor einer Beschlussfassung kann dem betroffenen Verfahrensbeteiligten **rechtliches Gehör** gewährt werden.[24] Dieses sollte durch den Verteidiger dazu genutzt werden, sich unter Hinweis darauf, dass hierdurch der der Hauptverhandlung immanente öffentlich ausgetragene Kommunikationsprozess unmöglich wird, gegen die Anordnung zu wenden.[25] Den Beschluss über die Anordnung des schriftlichen Verfahrens trifft das Gericht, nicht der Vorsitzende alleine.[26] Wird hiergegen verstoßen, hat der Betroffene eine gerichtliche Entscheidung gemäß § 238 Abs. 2 zu beantragen. Hierbei empfiehlt es sich im Hinblick auf eine revisionsrechtliche Überprüfbarkeit diesen Antrag zu begründen. Der **Beschluss** nach § 257a ist **wesentliche Förmlichkeit** (§ 273 Abs. 1) und zu protokollieren.[27] Er muss eine **Begründung** enthalten,[28] die insbesondere die der Ermessensentscheidung zu Grunde liegenden Überlegungen wiedergibt. Der Beschluss kann durch das Gericht jederzeit geändert oder aufgehoben werden.[29]   7

5. **Rechtsfolgen.** Durch die gem. § 257a erfolgte Anordnung dürfen auf Verfahrensfragen bezogene Anträge und Anregungen nicht mehr mündlich zu Protokoll gestellt werden, sondern sind schriftlich dem Gericht einzureichen. Ausreichend ist die Abfassung der Anträge in **lesbarer Handschrift**.[30] Ist ein handschriftlicher Antrag nicht zu entziffern, ist dieser unwirksam, da die angeordnete Schriftform nicht eingehalten wurde.[31] Der Versuch, eine Anordnung nach § 257a durch eine weiterhin verfolgte mündliche Stellung eines Antrages zu umgehen, kann mit der Entziehung des Wortes geahndet werden.[32] Es verbleibt aber im Ermessen des Gerichts mündlich und zu Protokoll geäußerte Anträge und Anregungen weiterhin entgegenzunehmen,[33] was insbesondere in Betracht kommt, wenn diese keine Verzögerung oder Missbrauchsabsicht befürchten lassen. Die **Einreichung** eines schriftlichen Antrags ist eine **wesentliche Förmlichkeit** und daher im Protokoll zu vermerken (§ 273 Abs. 1).[34]   8

Nach einer Anordnung gem. § 257a ist den betroffenen Verfahrensbeteiligten im weiteren Verlauf des Verfahrens auf Antrag durch **Unterbrechung der Hauptverhandlung** die Möglichkeit zu geben, einen beabsichtigten Antrag nebst Begründung schriftlich abfassen zu können.[35] Da es sich auch bei dem Unterbrechungsantrag um einen Antrag hinsichtlich einer Verfahrensfrage handelt, kann das Gericht aufgeben, dass auch dieser schriftlich gestellt wird. Sollte ein Antrag auf Unterbrechung abgelehnt werden, hat der Betroffene im Hinblick auf eine mögliche Rechtsmitteleinlegung darauf hinzuwirken, dass diese Vorgänge protokolliert werden.   9

---

[17] *Meyer-Goßner* ZRP 2000, 345 (350); *Meyer-Goßner* Rn. 2.
[18] Anw-StPO/*Martis* Rn. 2.
[19] KK-StPO/*Diemer* Rn. 5; *Pfeiffer* Rn. 2; *Senge* NStZ 2002, 225 (231); aA SK-StPO/*Schlüchter* Rn. 1; BeckOK-StPO/*Eschelbach* Rn. 1, der § 257a nur in Missbrauchsfällen für mit dem Fairnessgebot für vereinbar hält.
[20] KK-StPO/*Diemer* Rn. 2.
[21] BeckOK-StPO/*Eschelbach* Rn. 4; KK-StPO/*Diemer* Rn. 5.
[22] *Dahs* NJW 1995, 553 (556).
[23] BeckOK-StPO/*Eschelbach* Rn. 4.
[24] KK-StPO/*Diemer* Rn. 4; aA BeckOK-StPO/*Eschelbach* Rn. 7.
[25] *Wesemann* StraFo 2001, 293 (299).
[26] HK-StPO/*Julius* Rn. 5.
[27] BeckOK-StPO/*Eschelbach* Rn. 7.
[28] Anw-StPO/*Martis* Rn. 2; KK-StPO/*Diemer* Rn. 4; Löwe/Rosenberg/*Gollwitzer*, 25. Aufl., Rn. 10; aA BeckOK-StPO/*Eschelbach* Rn. 6, der eine solche jedoch für angezeigt erachtet.
[29] Löwe/Rosenberg/*Gollwitzer*, 25. Aufl., Rn. 11.
[30] *Meyer-Goßner* Rn. 9.
[31] BeckOK-StPO/*Eschelbach* Rn. 9.
[32] SK-StPO/*Schlüchter* Rn. 6.
[33] KK-StPO/*Diemer* Rn. 4.
[34] BeckOK-StPO/*Eschelbach* Rn. 8.
[35] *Dahs* NJW 1995, 553 (556); *Meyer-Goßner* Rn. 9.

10 Bei der **Formulierung** von Anträgen und Anregungen zu Verfahrensfragen sowie deren Begründung hat der Ersteller in besonderem Maße dafür Sorge zu tragen, dass Missverständnisse vermieden werden, da diese, im Gegensatz zu der üblichen mündlichen Erörterung, unaufgeklärt bleiben können. Der Betroffene hat darüber hinaus einen Anspruch darauf, dass die schriftlichen Anträge als Anlage zum Protokoll, das ausdrücklich auf diese Anlage Bezug nehmen muss, genommen werden.

11 Die **Entscheidung** über im schriftlichen Verfahren gestellte Anträge muss weiterhin mündlich in der Hauptverhandlung bekanntgegeben (§ 35 Abs. 1) und im Protokoll vermerkt werden.[36] Eine schriftliche Mitteilung ist ausgeschlossen.[37]
Bei **blinden** und **sehbehinderten Verfahrensbeteiligten** ist § 191a GVG zu beachten.

12 **6. Anwendung von § 249.** Die durch einen Verfahrensbeteiligten schriftlich eingereichten Anträge und Anregungen sind entsprechend § 249 zu behandeln.

13 a) **Verlesung.** In Betracht kommt die **Verlesung durch das Gericht** (§ 249 Abs. 1 S. 1). Hiervon wird in der Regel kein Gebrauch gemacht. Eine Verlesung von Anträgen nebst Begründung würde den Zweck der Vorschrift – die Verfahrensbeschleunigung – konterkarieren, da diese im Vergleich zum mündlichen Vortrag durch den Verfahrensbeteiligten selbst keine Zeitersparnis bedingen würde.

14 b) **Selbstleseverfahren.** Die schriftlichen Anträge und Anregungen können nach einer entsprechenden weiteren Anordnung durch den Vorsitzenden im Wege des **Selbstleseverfahrens** (§ 249 Abs. 2) zum Gegenstand der mündlichen Verhandlung gemacht werden.[38] Hierzu müssen die schriftlichen Anträge und Anregungen allen Verfahrensbeteiligten (einschließlich den Schöffen, Ergänzungsrichtern und Ergänzungsschöffen) für eine angemessene Zeit zugänglich gemacht oder in Ablichtung ausgehändigt werden, damit diese Gelegenheit zur Kenntnisnahme des Wortlauts haben.[39] Die **Widerspruchsmöglichkeit** des § 249 Abs. 2 bleibt erhalten, wobei bei der Entscheidung des Gerichts zu beachten sein wird, dass es sich um Anträge im Sinne des § 257a handelt und eine Anordnung des Selbstleseverfahrens daher in aller Regel sachdienlich sein dürfte.

15 c) **Mitteilung durch Vorsitzenden.** Über den Wortlaut der §§ 257a, 249 hinaus kann die Verlesung der schriftlich eingereichten Anträge oder Anregungen auch durch eine **Mitteilung des wesentlichen Inhalts durch den Vorsitzenden** ersetzt werden,[40] wenn alle Verfahrensbeteiligten ihr Einverständnis (auch stillschweigend durch Unterlassen eines Widerspruchs) erklären. Hier ist darauf zu achten, dass durch eine ausdrückliche Erklärung klar hervortritt, dass eine Einwilligung nicht erteilt wird. Insbesondere bei sehr umfangreichen Anträgen oder Anregungen anderer Verfahrensbeteiligter sollte der Verteidiger von der Erteilung seines Einverständnisses in eine zusammenfassende Darstellung zurückhaltend Gebrauch machen, und hierdurch sicherstellen, dass ihm die Anträge entweder für eine Selbstlesung oder durch Verlesung zugänglich gemacht werden, um alle erheblichen Informationen zur Kenntnis nehmen zu können. Nach fehlender Zustimmung wird das Gericht auf die Möglichkeit der Anordnung des Selbstleseverfahrens zurückgreifen müssen. Kommt es zu einem Urkundenbericht durch den Vorsitzenden hat der Prozessbeteiligte, dessen Antrag hierdurch zum Inbegriff der Hauptverhandlung gemacht werden soll, Sorge zu tragen, dass seine Ausführungen vollständig und umfassend vorgetragen werden. Herrscht hierüber Uneinigkeit muss der Betroffene, um hierauf eine Revision erfolgreich stützen zu können, dem Urkundenbericht des Vorsitzenden widersprechen und einen Gerichtsbeschluss gemäß § 238 Abs. 2 herbeiführen.

III. Rechtsmittel und Revision

16 1. **Rechtsmittel.** Gegen die Anordnung gem. § 257a ist ein Rechtsmittel nicht statthaft. Insbesondere scheidet eine Beschwerde aus (§ 305 S. 1). Es verbleibt lediglich die Möglichkeit einer Gegenvorstellung.[41]

17 2. **Revision.** Die Anordnung nach § 257a kann in der Revision gemäß § 338 Nr. 6 oder Nr. 8 gerügt werden.[42] Dies wird allerdings nur in Ausnahmefällen erfolgreich gelingen, wenn von dem eröffneten Anordnungsermessen fehlerhaft Gebrauch gemacht wurde. Dies kommt nur in Be-

---

[36] Meyer-Goßner Rn. 11; BeckOK-StPO/Eschelbach Rn. 11.
[37] Nehm/Senge NStZ 1998, 377 (385); Löwe/Rosenberg/Gollwitzer, 25. Aufl., Rn. 1.
[38] Münchhalffen StraFo 1995, 20.
[39] Zur Protokollierungspflicht der Feststellung der Kenntnisnahme und zu den revisionsrechtlichen Folgen einer unterbliebenen Protokollierung vgl. BGH v. 30. 9. 2009 – 2 StR 280/09, wistra 2010, 31 (32).
[40] Burhoff HV Rn. 786; Meyer-Goßner Rn. 10; KK-StPO/Diemer Rn. 6; aA BeckOK-StPO/Eschelbach Rn. 10.
[41] Anw-StPO/Martis Rn. 5.
[42] KK-StPO/Diemer Rn. 7.

tracht, wenn für die Anordnung nach § 257a kein sachlich einleuchtender Grund angegeben oder erkennbar war (insbesondere, wenn keine überlangen Begründungen von Anträgen zu erwarten waren), sowie wenn die Anordnung lediglich erfolgte, um die Verteidigung zu disziplinieren. In Betracht kommt darüber hinaus eine **Aufklärungsrüge** nach § 244 Abs. 2, wenn auf Grund einer Anordnung nach § 257a ein verfahrenserheblicher Beweisantrag nicht gestellt werden konnte.[43] Das Urteil wird auf einer fehlerhaften Anordnung aber nur **beruhen**, wenn der Verfahrensantrag, der für das Verfahren oder die Urteilsfindung erheblich gewesen wäre, gerade auf Grund der unzulässigen Anordnung des schriftlichen Verfahrens nicht oder nicht in zulässiger Weise gestellt wurde.[44] Dies ist in der Revisionsbegründung auszuführen und zB der Fall, wenn eine schriftliche Antragstellung nicht möglich war, da eine erbetene und erforderliche Verfahrensunterbrechung nicht gewährt wurde, oder der rechtsunkundige Angeklagte mit der schriftlichen Abfassung überfordert war (ggf. auch Rüge gem. § 338 Nr. 8).[45]

§ 257b [Erörterung des Verfahrensstands mit den Verfahrensbeteiligten]

Das Gericht kann in der Hauptverhandlung den Stand des Verfahrens mit den Verfahrensbeteiligten erörtern, soweit dies geeignet erscheint, das Verfahren zu fördern.

Die Vorschrift hat für die Hauptverhandlung die gleiche Bedeutung wie § 160b für das Ermittlungsverfahren und § 202a für das Zwischenverfahren. Sie soll der **Transparenz und Förderung des Verfahrens durch Kommunikation** dienen und dem Gericht ermöglichen, die weitere Gestaltung des Verfahrens effizient und zweckgerichtet mit den Verfahrensbeteiligten[1] zu besprechen, ohne sich dem Vorwurf der Befangenheit auszusetzen.[2] 1

Das Gespräch kann unmittelbar der **Vorbereitung** einer Verständigung iSd. § 257c dienen, indem etwa die mögliche Ober- und Untergrenze der zu erwartenden Strafe erörtert wird. Gegenstand der Erörterung kann aber auch ein Meinungsaustausch über die vorläufige Bewertung von Zeugenaussagen oder anderen Beweiserhebungen sein.[3] Sofern die Möglichkeit einer Verständigung Thema der Erörterung war, ist deren wesentlicher Inhalt in das **Hauptverhandlungsprotokoll** aufzunehmen, §§ 273 Abs. 1a S. 2, 243 Abs. 4 nF. 2

§ 257c [Verständigung über Verfahrensfortgang- und -ergebnis mit Verfahrensbeteiligung]

(1) ¹Das Gericht kann sich in geeigneten Fällen mit den Verfahrensbeteiligten nach Maßgabe der folgenden Absätze über den weiteren Fortgang und das Ergebnis des Verfahrens verständigen. ²§ 244 Absatz 2 bleibt unberührt.

(2) ¹Gegenstand dieser Verständigung dürfen nur die Rechtsfolgen sein, die Inhalt des Urteils und der dazugehörigen Beschlüsse sein können, sonstige verfahrensbezogene Maßnahmen im zugrundeliegenden Erkenntnisverfahren sowie das Prozessverhalten der Verfahrensbeteiligten. ²Bestandteil jeder Verständigung soll ein Geständnis sein. ³Der Schuldspruch sowie Maßregeln der Besserung und Sicherung dürfen nicht Gegenstand einer Verständigung sein.

(3) ¹Das Gericht gibt bekannt, welchen Inhalt die Verständigung haben könnte. ²Es kann dabei unter freier Würdigung aller Umstände des Falles sowie der allgemeinen Strafzumessungserwägungen auch eine Ober- und Untergrenze der Strafe angeben. ³Die Verfahrensbeteiligten erhalten Gelegenheit zur Stellungnahme. ⁴Die Verständigung kommt zustande, wenn Angeklagter und Staatsanwaltschaft dem Vorschlag des Gerichtes zustimmen.

(4) ¹Die Bindung des Gerichtes an eine Verständigung entfällt, wenn rechtlich oder tatsächlich bedeutsame Umstände übersehen worden sind oder sich neu ergeben haben und das Gericht deswegen zu der Überzeugung gelangt, dass der in Aussicht gestellte Strafrahmen nicht mehr tat- oder schuldangemessen ist. ²Gleiches gilt, wenn das weitere Prozessverhalten des Angeklagten nicht dem Verhalten entspricht, das der Prognose des Gerichtes zugrunde gelegt worden ist. ³Das Geständnis des Angeklagten darf in diesen Fällen nicht verwertet werden. ⁴Das Gericht hat eine Abweichung unverzüglich mitzuteilen.

---

[43] Anw-StPO/*Martis* Rn. 5; KK-StPO/*Diemer* Rn. 7.
[44] BeckOK-StPO/*Eschelbach* Rn. 13.
[45] Löwe/Rosenberg/*Gollwitzer*, 25. Aufl., Rn. 18.
[1] Zum Begriff der Verfahrensbeteiligten § 257c Rn. 16.
[2] Begründung zum Gesetzesentwurf der Bundesregierung, BT-Drucks. 16/12310, S. 12f.
[3] Begründung zum Gesetzesentwurf der Bundesregierung, BT-Drucks. 16/12310, S. 12f.

§ 257c

Zweites Buch. Verfahren im ersten Rechtszug

(5) Der Angeklagte ist über die Voraussetzungen und Folgen einer Abweichung des Gerichtes von dem in Aussicht gestellten Ergebnis nach Absatz 4 zu belehren.

Schrifttum: *Altenhain/Hagemeier/Haimerl*, Die Vorschläge zur gesetzlichen Regelung der Urteilsabsprachen im Lichte aktueller rechtstatsächlicher Erkenntnisse, NStZ 2007, 71; *Altenhain/Haimerl*, Modelle konsensualer Erledigung des Hauptverfahrens (unter Berücksichtigung des Beschlusses des Großen Senats für Strafsachen vom 3. 3. 2005), GA 2005, 281; *dies.*, Die gesetzliche Regelung der Verständigung im Strafverfahren – eine verweigerte Reform, JZ 2010, 327; *Ambos*, Zum heutigen Verständnis von Akkusationsprinzip und -verfahren aus historischer Sicht, Jura 2008, 586; *Beulke/Swoboda*, Zur Verletzung des Fair-trial-Grundsatzes bei Absprachen im Strafprozess, JZ 2005, 67; *Böttcher/Widmaier*, Absprachen im Strafprozess?, JR 1991, 353; *Brand/Petermann*, Der „Deal" im Strafverfahren, das Negativattest und die Beweiskraft des Protokolls, NJW 2010, 268; *Braun*, Gründe für das Auftreten von Absprachen im Strafverfahren, AnwBl 2000, 222; *Bussmann/Lüdemann*, Rechtsbeugung oder rationale Verfahrenspraxis? Über informelle Absprachen in Wirtschaftsstrafverfahren, MschrKrim, 1988, 81; *Dahs*, Absprachen im Strafprozess – Chancen und Risiken, NStZ 1988, 153; *Dielmann*, „Guilty Plea" und „Plea Bargaining" im amerikanischen Strafverfahren – Möglichkeiten für den deutschen Strafprozess?, GA 1981, 558; *Duttge*, Möglichkeiten eines Konsensualprozesses nach deutschem Strafprozessrecht, ZStW 115 (2003) 539; *Fahl*, Der abgesprochene Rechtsmittelverzicht, ZStW 117 (2005), 605; *ders.*, Der Deal im Jugendstrafverfahren und das sog. Schlechterstellungsverbot, NStZ 2009, 613; *Fezer*, Inquisitionsprozess ohne Ende? – Zur Struktur des neuen Verständigungsgesetzes, NStZ 2010, 177; *Fischer*, Regelung der Urteilsabsprache – ein Appell zum Innehalten, NStZ 2007, 433; *ders.*, Absprache-Regelung: Problemlösung oder Problem?, StraFo 2009, 177; *Gieg*, Letzter Anlauf für eine gesetzliche Regelung von Verständigungen im Strafverfahren?, GA 2007, 469; *Graumann*, Die gesetzliche Regelung von Absprachen im Strafverfahren – Die Gesetzentwürfe und der Vertrauensschutz des Angeklagten bei einer fehlgeschlagenen Verständigung über das Strafmaß, HRRS 2008, 122; *Hanack*, Vereinbarungen im Strafprozess, ein besseres Mittel zur Bewältigung von Großverfahren?, StV 1987, 500; *Hassemer*, Pacta sunt servanda – auch im Strafprozess? – BGH, NJW 1989, 2270, JuS 1989, 890; *Heister-Neumann*, Absprachen im Strafprozess – Der Vorschlag Niedersachsens zu einer gesetzlichen Regelung, ZRP 2006, 137; *Herrmann*, Rechtliche Strukturen für Absprachen in der Hauptverhandlung – Die Richtlinienentscheidung des Bundesgerichtshofs – BGHSt 43, 195, JuS 1999, 1162; *Jahn/Kett-Straub*, Die Verständigung vor dem Schwurgericht. Zur Zulässigkeit von Absprachen über die Schuldschwereklausel des § 57a Abs. 1 S. 1 Nr. 2 StGB, StV 2010, 271; *Jahn/Müller*, Das Gesetz zur Regelung der Verständigung im Strafverfahren – Legitimation und Reglementierung der Absprachenpraxis, NJW 2009, 2625; *Jehle/Wade* (Hrsg.), Coping with overloaded criminal justice systems, 2006; *Kempf*, Gesetzliche Regelung von Absprachen im Strafverfahren? oder: Soll Informelles formalisiert werden?, StV 2009, 269; *Kölbel*, Bindungswirkung von Strafmaßabsprachen, NStZ 2002, 74; *Kreß*, Absprachen im Rechtsvergleich, ZStW 116 (2004), 172; *Landau/Bünger*, Urteilsabsprache im Strafverfahren, ZRP 2005, 268; *Leipold*, Die gesetzliche Regelung der Verständigung im Strafverfahren, NJW-Spezial 2009, 520; *Löffelmann*, Die normativen Grenzen der Wahrheitserforschung im Strafverfahren, 2008; *Marsch*, Grundregeln bei Absprachen im Strafprozess, ZRP 2007, 220; *Meyer-Goßner*, Die Rechtsprechung zur Urteilsabsprache im Strafprozess, StraFo 2001, 73; *ders.*, Gesetzliche Regelung der „Absprachen im Strafprozess"?, ZRP 2004, 187; *ders.*, Zum Vorschlag der Bundesrechtsanwaltskammer für eine gesetzliche Regelung der Urteilsabsprachen im Strafverfahren, StV 2006, 485; *ders.*, Rechtsprechung durch Staatsanwaltschaft und Angeklagten? – Urteilsabsprachen im Rechtsstaat des Grundgesetzes, NStZ 2007, 425; *ders.*, Was nicht Gesetz werden sollte! – Einige Bemerkungen zum Gesetzentwurf der Bundesregierung zur Verständigung im Strafverfahren, ZRP 2009, 107; *Moldenhauer*, Eine Verfahrensordnung für Absprachen im Strafverfahren durch den Bundesgerichtshof?, 2004; *Murmann*, Reform ohne Wiederkehr? – Die gesetzliche Regelung der Absprachen im Strafverfahren, ZIS 2009, 526; *Nehm*, Die Verständigung im Strafverfahren auf der Zielgeraden?, StV 2007, 549; *Niemöller*, Urteilsabsprachen im Strafprozess – noch ein Regelungsvorschlag, GA 2009, 172; *Niemöller/Schlothauer/Weider*, Gesetz zur Verständigung im Strafverfahren, 2010; *Nistler*, Der Deal – Das Gesetz zur Regelung der Verständigung im Strafverfahren, JuS 2009, 916; *Noak*, Urteilsabsprachen im Jugendstrafrecht – Besprechung von BGH, Beschl. v. 15. 3. 2001 – 3 StR 61/01, StV 2002, 445; *Pfister*, Die Verständigung im Strafverfahren aus Sicht der Revision, StraFo 2006, 349; *ders.*, Rechtsmißbrauch im Strafprozeß, StV 2009, 550; *Ransiek*, Zur Urteilsabsprache im Strafprozess: ein amerikanischer Fall, ZIS 2008, 116; *Rieß*, Thesen zur rechtsdogmatischen und rechtspolitischen Fernwirkung der gesetzlichen Regelung der Urteilsabsprache, StraFo 2010, 10; *Rönnau*, Absprache im Strafprozess, 1990; *ders.*, Die neue Verbindlichkeit bei den strafprozessualen Absprachen, wistra 1998, 49; *Rückel*, Verteidigertaktik bei Verständigungen und Vereinbarungen im Strafverfahren, NStZ 1987, 297; *Saliger*, Absprachen im Strafprozess an den Grenzen der Rechtsfortbildung, JuS 2006, 8; *Schlothauer/Weider*, Das „Gesetz zur Regelung der Verständigung im Strafverfahren" vom 3. August 2009, StV 2009, 600; *Schmidt-Hieber*, Der strafprozessuale „Vergleich" – eine illegale Kungelei?, StV 1986, 355; *ders.*, Die gescheiterte Verständigung, NStZ 1988, 302; *Schmitt*, Zu Rechtsprechung und Rechtswirklichkeit verfahrensbeendender Absprachen im Strafverfahren, GA 2001, 411; *G. Schöch*, Konnexität und Vertrauensschutz bei versuchter Verständigung im Strafverfahren, NJW 2004, 3462; *Schünemann*, Absprachen im Strafverfahren? Grundlagen, Gegenstände und Grenzen. Gutachten B zum 58. DJT, 1990; *ders.*, Die Verständigung im Strafprozess – Wunderwaffe oder Bankrotterklärung der Verteidigung?, NJW 1989, 1895; *ders.*, Bundesrechtsanwaltskammer auf Abwegen, ZRP 2006, 63; *ders.*, Ein deutsches Requiem auf den Strafprozess des liberalen Rechtsstaats, ZRP 2009, 104; *Schünemann/Hauer*, Absprachen im Strafverfahren – Zentrale Probleme einer künftigen gesetzlichen Regelung, AnwBl 2006, 439; *Seier*, Der strafprozessuale Vergleich im Lichte des § 136a StPO, JZ 1988, 683; *Terhorst*, Kriterien für konsensuales Vorgehen im Strafverfahren – freie Wahl für Urteilsabsprachen?, GA 2002, 600; *Theile*, Der konsentierte Rechtsmittelverzicht, StraFo 2005, 409; *Weider*, Der aufgezwungene Deal, StraFo 2003, 406; *Weigend*, Absprachen in ausländischen Strafverfahren, 1990; *ders.*, Eine Prozessordnung für abgesprochene Urteile? – Anmerkungen zu den Entscheidungen BGHSt 43, 195 und BGH, NStZ 1999, 57; *ders.*, Verständigung in der Strafprozessordnung – auf dem Weg zu einem neuen Verfahrensmodell?, FS Maiwald, 2010, S. 829; *Weßlau*, Absprachen in Strafverfahren, ZStW 116 (2004), 150; *Widmaier*, Die Urteilsabsprache im Strafprozess – ein Zukunftsmodell?, NJW 2005, 1985; *Wolfslast*, Absprachen im Strafprozess, NStZ 1990, 409; *Zschockelt*, Die Urteilsabsprache in der Rechtsprechung des BVerfG und des BGH, NStZ 1991, 305.

Übersicht

	Rn.
I. Entstehungsgeschichte und Bedeutung der Verständigung im Strafverfahren	1–8
1. Bedürfnis und Bedenken	1–3
2. Entwicklung in der Rechtsprechung	4–7
a) BVerfG	5

	Rn.
b) BGH	6
c) Großer Senat	7
3. Entwürfe	8
II. Regelung der Verständigung in Strafverfahren	9–37
1. Allgemeines	9–13
2. Anwendungsbereich (Abs. 1)	14–17
a) Abs. 1 Satz 1	14–16
b) Abs. 1 Satz 2	17
3. Zulässiger Inhalt einer Verständigung (Abs. 2)	18–29
a) Rechtsfolgen	19, 20
b) Sonstige verfahrensbezogene Maßnahmen	21, 22
c) Prozessverhalten	23, 24
d) Geständnis	25, 26
e) Schuldspruch	27
f) Maßregeln der Besserung und Sicherung (§ 61 StGB)	28
g) Rechtsmittelverzicht	29
4. Zustandekommen (Abs. 3)	30–32
5. Folgen (Abs. 4)	33–37
a) Bindung des Gerichts	33–35
b) Mitteilung bei Abweichung	36, 37

I. Entstehungsgeschichte und Bedeutung der Verständigung im Strafverfahren

1. Bedürfnis und Bedenken. Das deutsche Strafprozessrecht ist grundsätzlich, von wenigen 1 Ausnahmen abgesehen (zB §§ 265 a, 391, 402, 405, 470 S. 2), nicht auf eine konsensuale Verfahrensbeendigung angelegt.[1] Anders als im Zivilprozess und im angloamerikanischen adversatorischen Parteiverfahren wird das deutsche Strafverfahren nicht von der Dispositionsmaxime, sondern von einer umfassenden **gerichtlichen Aufklärungspflicht** (§ 244 Abs. 2) und dem Grundsatz schuldangemessenen Strafens (§ 46 Abs. 1 S. 1 StGB) beherrscht.[2] Es enthält nach wie vor die grundlegenden Strukturmerkmale des inquisitorischen Verfahrens – Offizialprinzip *(indagatio)* und materielle Wahrheitsermittlung *(veritas)* – und stellt demnach ein – wenn auch reformiertes – **inquisitorisches (Akkusations-)verfahren** dar.[3] So gesehen würde die Einführung konsensualer Elemente zunächst eine grundlegende Strukturreform des deutschen Strafverfahrens voraussetzen.[4] Trotz dieser dogmatisch-konzeptionellen Bedenken hat sich auch bei den Absprachen eine Praxis durchgesetzt, die aus Sicht der reinen Lehre systemwidrig sein mag.

Vor allem die Regelung des § 153a zeigt, dass eine verfahrensabschließende Verständigung zwi- 2 schen den Verfahrensbeteiligten nicht gänzlich unbekannt ist.[5] Aus justizökonomischer Sicht wird man sogar sagen müssen, dass eine konsensuale Verfahrenserledigung unabdingbar ist und zwar auch, um den menschenrechtlich gewährleisteten Anspruch des Angeklagten auf eine Entscheidung **innerhalb angemessener Frist** (Art. 6 Abs. 1 S. 1 EMRK) zu erfüllen. Dieser Anspruch besteht auch bezüglich der Verfahren, die das Gericht erst gar nicht verhandeln kann, weil es durch ein Großverfahren „lahmgelegt" wird.[6] Zu berücksichtigen ist ferner, dass das materielle Strafrecht in den letzten Jahren – etwa im Hinblick auf die Internetkriminalität – immer weiter expandiert ist[7] und die Justiz zunehmend mit Straftaten konfrontiert wird, die einen Auslandsbezug und somit idR einen höheren und kostenintensiveren Ermittlungsaufwand zur Folge haben. Eine Verständigung kann in solchen Fällen nicht nur zu einer erheblichen **Zeitersparnis** und somit zur baldigen Wiederherstellung des Rechtsfriedens führen, sondern mitunter auch über **Beweisschwierigkeiten** hinweghelfen.[8] Jedenfalls kommt heutzutage kein Kriminaljustizsystem mehr ohne Selektionsmechanismen aus, um dem hohen *input* in Form von Anzeigen u. a. Verfahrensauslösemechanismen Herr zu werden; dabei wird häufig auch auf konsensuale Erledigungsmechanismen zurückgegriffen[9] und ein Festhalten am Amtsaufklärungsgrundsatz erscheint zunehmend reali-

---

[1] Eingehend: *Duttge* ZStW 115 (2003), 539 (542 ff.). *Seier* JZ 1988, 683 (684) zeigt im Vergleich mit dem amerikanischen Recht auf, dass das deutsche ein „plea bargaining" iS eines Aushandelns von Schuld und Strafe nicht gestattet. Vgl. auch *Dielmann* GA 1981, 558 ff.; *Kreß* ZStW 116 (2004), 172 ff.; *Ransiek* ZIS 2008, 116 ff.; *Weßlau* ZStW 116 (2004), 150 (169). Differenzierend: *Schmidt-Hieber* StV 1986, 355 (357).
[2] Eingehend: *Schünemann* Gutachten zum 58. DJT, 1990, B 80 ff.; vgl. auch *Schünemann/Hauer* AnwBl. 2006, 439 (440 f.), *Weigend* NStZ 1999, 57 (58).
[3] Zur rechtshistorischen und -vergleichenden Begründung näher *Ambos* Jura 2008, 586 (593); instruktiv und geschichtlich zu Untersuchungsgrundsatz und Wahrheitsfindung auch *Fezer* NStZ 2010, 177 (177 f.).
[4] In diesem Sinne auch *Roxin/Schünemann*, § 17 Rn. 35; *Fezer* NStZ 2010, 184 f. („echte Alternative", „Konkretisierung eines adversatorischen Verfahrens").
[5] BGH v. 28. 8. 1997 – 4 StR 240/97, BGHSt 43, 195 (203) = NStZ 1998, 31 (32); *Dahs* NStZ 1988, 153 (154); *Hanack* StV 1987, 500 (502).
[6] Vgl. hierzu *Nehm* StV 2007, 549 (549); *Wolfslast* NStZ 1990, 409 (410).
[7] Vgl. zuletzt *Pfister* StV 2009, 550 im Zusammenhang mit rechtsmissbräuchlichem Verteidigerverhalten.
[8] *Braun* AnwBl 2000, 222 (225); *Wolfslast* NStZ 1990, 409 (410 f.).
[9] Vgl. *Jehle/Wade* S. 151 ff. zu England, Frankreich, Deutschland, den Niederlanden, Polen und Schweden; *Moldenhauer* S. 112 ff. u. *Weigend* S. 98 ff. zu Spanien und Italien. In Österreich hat allerdings der OGH am 24. 8. 2004 – 11

tätsfern.[10] Für den **Angeklagten** bringt eine (frühe) Verständigung – insb. in umfangreichen (Wirtschafts-)Verfahren mit hohem Öffentlichkeitsinteresse – nicht nur die Chance auf eine milde Bewährungsstrafe, sondern vor allem einen effektiven Schutz seiner Privat- und Intimsphäre, weil er sich so dem langwierigen Strafverfahren entziehen kann.[11] Der **Verteidiger** gewinnt Zeit für andere Tätigkeiten und kann sich mit einem erfolgreichen Prozessabschluss neue Mandate erschließen.[12] Neben den unmittelbar Verfahrensbeteiligten (Beschuldigter/Angeklagter, Verteidiger, Staatsanwalt, Gericht) kann eine Verständigung schließlich auch dem **Schutz des (Opfer-)zeugen** dienen. Denn für diesen stellt ein schwebendes Verfahren immer eine (psychische) Belastung dar, die durch eine vorzeitige Beendigung des Verfahrens erheblich reduziert werden kann.[13]

3   Die **Bedenken** gegen eine konsensuale Verfahrenserledigung ergeben sich aus der schon eingangs angedeuteten **strukturellen Unvereinbarkeit** zwischen einem im Kern inquisitorischen Verfahren (§ 244 Abs. 2!) und jeglicher Form von „privater" Verständigung, also der Absprache von Anklage und Verteidigung/Angeklagten als so verstandene Parteien des Strafverfahrens. Überdies besteht die Gefahr, dass der Angeklagte zum **„Objekt des Verfahrens"** wird und unter dem Druck der Erwartungshaltung der professionellen Verfahrensteilnehmer – auch seines Verteidigers – sich im Widerspruch zum *nemo-tenetur*-Grundsatz selbst belastet.[14] Diese Gefahr besteht insbesondere, wenn das Gericht dem Angeklagten für ein Geständnis eine (zu) milde Strafe in Aussicht stellt und für eine Geständnisverweigerung eine (zu) hohe Strafe ankündigt oder die Differenz zwischen den beiden Strafen so groß ist, dass sie mit dem Milderungswert eines Geständnisses nicht mehr zu erklären ist (sog. **Sanktionsschere**).[15] Die Grenze zwischen einem zulässigen Anreiz für ein Geständnis und einem verbotenen „Versprechen eines gesetzlich nicht vorgesehenen Vorteils" (§ 136a Abs. 1 S. 3) droht zu verwischen; dadurch wird das Vertrauen der Bevölkerung in eine **gleichmäßige** (Art. 3 GG) **und gerechte Strafverfolgung** gefährdet.[16] Auch ist die **Außenwirkung** einer Verständigung bedenklich: Die StA stellt damit das Legalitätsprinzip und das Gericht – sofern die Verständigung vor oder außerhalb der Hauptverhandlung abläuft – die Grundsätze der Öffentlichkeit, Mündlichkeit und Unmittelbarkeit in Frage.[17]

4   **2. Entwicklung in der Rechtsprechung.** In drei bedeutenden Entscheidungen hat die Rechtsprechung die im Schrifttum geäußerten Bedenken gegen Verständigungen im Strafverfahren zwar aufgegriffen, im Ergebnis jedoch stets die Ansicht vertreten, dass Absprachen **nicht grundsätzlich unzulässig** seien, sofern die zentralen Anliegen des Strafprozesses und die zugrundeliegenden verfassungsrechtlichen Prinzipien beachtet werden.[18] Zugleich gab die Rechtsprechung aber zu erkennen, dass Absprachen einen Ausnahmefall der Verfahrensbeendigung darstellen sollten.[19]

5   **a) BVerfG.** Das BVerfG betonte in seinem Kammerbeschluss vom **27. 1. 1987** die Pflicht des Staates, eine funktionstüchtige Strafrechtspflege zu gewährleisten, worin auch die Verpflichtung zur Durchführung eingeleiteter Strafverfahren enthalten sei.[20] Hierauf könne und dürfe der Rechtsstaat nicht nach seinem Belieben generell oder im Einzelfall verzichten, da anderenfalls ein Vertrauensverlust der Bürger in die Funktionsfähigkeit staatlicher Institutionen drohe.[21] Eine Verständigung zwischen dem Gericht und den Verfahrensbeteiligten über das Prozessergebnis (auch) *außerhalb* der Hauptverhandlung sei zwar grundsätzlich zulässig, die Pflicht zur **Ermittlung des**

Os 77/04, JBl 2005, 127 (127 f.) festgestellt, dass eine verfahrensbeendende Absprache „wegen des ersichtlichen Verstoßes gegen § 202 erster und zweiter Fall (ö)StPO, vor allem aber wegen des eklatanten Widerspruchs zu den tragenden Grundprinzipien des österreichischen Strafverfahrensrechts, namentlich jenem zur Erforschung der materiellen Wahrheit, prinzipiell abzulehnen ist und die Beteiligten disziplinärer und strafrechtlicher Verantwortung aussetzen kann".

[10] Vgl. nun auch *Fezer* NStZ 2010, 184 („nicht das taugliche Mittel, um die gegenwärtige Krise des Strafverfahrens zu bewältigen.").

[11] *Moldenhauer* S. 35 f.; *Rönnau* S. 52 ff.; *Braun* AnwBl. 2000, 222 (226); speziell zu Absprachen in Wirtschaftsstrafverfahren: *Bussmann/Lüdemann* MschrKrim 1988, 81 (84).

[12] *Braun* AnwBl. 2000, 222 (226).

[13] BGH v. 28. 8. 1997 – 4 StR 240/97, BGHSt 43, 195 (197) = NStZ 1998, 31 (31).

[14] *Hassemer* JuS 1989, 890 (892); *Weigend* NStZ 1999, 57 (57); vgl. auch *Schünemann* NJW 1989, 1895 (1899 f.): „point of no return" des Verteidigers.

[15] *Niemöller* GA 2009, 172 (177 in Fn. 29); *Schlothauer/Weider* StV 2009, 600 (601); Beispiele aus der Praxis bei *Kempf* StV 2009, 269 (270 f.).

[16] Nach BGH v. 27. 4. 2007 – 2 StR 523/06, NStZ 2007, 655 (657) liegt ein unzulässiges Versprechen zB vor, wenn dem Angeklagten als Gegenleistung für sein Geständnis bewusst eine unzutreffende (aber für ihn vorteilhafte) rechtliche Bewertung der Tat zugesichert wird. Vertiefend zum Spannungsverhältnis der Absprachen und des § 136a: *Schünemann* Gutachten zum 58. DJT, 1990, B 98 ff.; kritisch auch *Roxin/Schünemann* § 17 Rn. 21.

[17] Eingehend: *Schünemann* Gutachten zum 58. DJT, 1990, B 84 ff.; ferner *Hassemer* JuS 1989, 890 (892); *Rieß* StraFo 2010, 10, (11).

[18] BVerfG v. 27. 1. 1987 – 2 BvR 1133/86, NStZ 1987, 419; BGH v. 28. 8. 1997 – 4 StR 240/97, BGHSt 43, 195 = NStZ 1998, 31; BGHGS v. 3. 3. 2005 – GSSt 1/04, BGHSt 50, 40 = NJW 2005, 1440.

[19] *Kintzi* JR 1998, 249 (249).

[20] BVerfG v. 27. 1. 1987 – 2 BvR 1133/86, NStZ 1987, 419 (419) mAnm *Gallandi*.

[21] BVerfG v. 27. 1. 1987 – 2 BvR 1133/86, aaO.

wahren Sachverhalts, Voraussetzung der Verwirklichung des materiellen Schuldprinzips, verbiete dem Gericht und der StA aber einen *„Handel mit der Gerechtigkeit"*.[22] Das Gericht dürfe sich daher nicht mit einem Geständnis des Angeklagten begnügen, das er gegen die Zusage oder das In-Aussicht-Stellen einer Strafmilderung abgegeben hat, wenn sich in einem bestimmten Verfahrensstadium eine weitere Beweiserhebung aufdränge.[23] Überdies dürfe das Gericht im Rahmen einer Verständigung zu keinem Zeitpunkt auf die **Freiheit der Willensentschließung und -betätigung** des Angeklagten einwirken, sondern müsse (§ 136 a StPO!) sicherstellen, dass er jederzeit „Herr seiner Entschlüsse" bleibe.[24]

b) BGH. In der Folgezeit hatten die Strafsenate des **BGH** mehrfach über Einzelfragen von (fehlgeschlagenen) Absprachen bzw. Verständigungen[25] zu entscheiden,[26] jedoch entwickelte erstmals der 4. **Strafsenat** mit seinem Urteil vom **28. 8. 1997** eine Reihe von Kriterien für die Zulässigkeit von Verständigungen,[27] wobei diese teilweise als „Verfahrensordnung für Absprachen" bezeichnet wurden.[28] Generell seien sie immer am Recht des Angeklagten auf ein **faires, rechtsstaatliches Verfahren** zu messen.[29] Eine Absprache über den **Schuldspruch** sei von vornherein ausgeschlossen. Das Gericht dürfe auch keine **konkret bezifferte Strafe** zusagen, sondern lediglich eine Strafobergrenze, die es nicht überschreiten werde.[30] Die verhängte Strafe müsse stets **schuldangemessen** sein und auf den **allgemeinen Strafzumessungskriterien** beruhen.[31] Das Gericht sei an seine Zusage (deshalb) dann nicht gebunden, wenn im Verlauf der Hauptverhandlung neue schwerwiegende Umstände zu Lasten des Angeklagten bekannt würden, aufgrund derer die in Aussicht gestellte Strafobergrenze als nicht mehr schuldangemessen erscheine. Komme insoweit eine Abweichung von der Zusage in Betracht, hat das Gericht – aus Gründen der Verfahrensfairness – einen Hinweis nach § 265 zu erteilen.[32] Das Gericht sei dazu verpflichtet (so schon das BVerfG, Rn. 5), ein Geständnis auf seine Glaubwürdigkeit hin zu überprüfen und die **Willensfreiheit** (§ 136 a!) sowie das **Schweigerecht** und **Selbstbelastungsverbot** zu beachten. Deshalb dürfe auch ein **Rechtsmittelverzicht** nicht Gegenstand einer Absprache sein; der Angeklagte könne frühestens nach der Verkündung des Urteils (durch Verzicht auf die Rechtsmitteleinlegung) dieses Recht aufgeben.[33] Strenger als das BVerfG stellte der 4. Strafsenat heraus, dass die Verständigung – unter Einbeziehung aller Verfahrensbeteiligter (auch der Schöffen) – **in öffentlicher Hauptverhandlung** stattfinden müsse, da die Öffentlichkeit des Strafverfahrens zu den grundlegenden rechtsstaatlichen Garantien gehöre.[34] Dies schließe jedoch nicht aus, dass außerhalb der Hauptverhandlung **Vorgespräche** geführt würden, um die generelle Bereitschaft der Beteiligten zu (formellen) Gesprächen (innerhalb der Hauptverhandlung) und die jeweiligen Verhandlungspositionen auszuloten. Das Gericht müsse aber jedenfalls den wesentlichen Inhalt solcher Vorgespräche in der Hauptverhandlung offenlegen und das Ergebnis der Absprache – mit der Folge des § 274 – in das **Hauptverhandlungsprotokoll** aufnehmen.[35]

c) Großer Senat. Das dargestellte Grundsatzurteil des 4. Strafsenats wurde in den folgenden Entscheidungen zu Einzelfragen verfahrensbeendender Absprachen durch die anderen Strafsenate bestätigt, so dass insoweit von einer gefestigten Rechtsprechung auszugehen ist.[36] Alleine

---

[22] BVerfG v. 27. 1. 1987 – 2 BvR 1133/86, aaO.
[23] BVerfG v. 27. 1. 1987 – 2 BvR 1133/86, NStZ 1987, 419 (419) mAnm *Gallandi*; ebenso: *Hanack* StV 1987, 500 (503); *Schmidt-Hieber* NStZ 1988, 302 (304).
[24] BVerfG v. 27. 1. 1987 – 2 BvR 1133/86, aaO.
[25] Der BGH benutzt die Begriffe in den zitierten Entscheidungen unterschiedlos.
[26] So bspw. BGH v. 7. 6. 1989 – 2 StR 66/89, BGHSt 36, 210 (214): Aus dem Gebot der Verfahrensfairness hat das Gericht den Verteidiger darauf hinzuweisen, wenn es von seiner Zusage, das Urteil werde im Strafmaß nicht über dem Antrag der StA hinausgehen, abweichen will; BGH v. 4. 7. 1990 – 3 StR 121/89, BGHSt 37, 99 (103): Ablehnung eines Richters durch einen Angeklagten nach einer außerhalb der Hauptverhandlung erfolgten Absprache mit dem Mitangeklagten über den weiteren Verfahrensgang; BGH v. 23. 1. 1991 – 3 StR 365/90, BGHSt 37, 298 (304): Befangenheitsbesorgnis der StA nach Absprachen mit der Verteidigung ohne Beteiligung der StA; wN bei BGH v. 28. 8. 1997 – 4 StR 240/97, BGHSt 43, 195 (199 ff.); vertiefend: *Zschockelt* NStZ 1991, 305 (306 d.); zu BGH v. 23. 1. 1991: *Böttcher/Widmaier* JR 1991, 353.
[27] BGH v. 28. 8. 1997 – 4 StR 240/97, BGHSt 43, 195 = NStZ 1998, 31 mAnm *Kintzi* JR 1998, 249; *Lemke* NJ 1998, 42; krit.: *Weigend* NStZ 1999, 57; zust.: *Weider* StraFo 2003, 406; ferner aus: *Herrmann* JuS 1999, 1162; *Kölbel* NStZ 2002, 74; *Meyer-Goßner* StraFo 2001, 73; *Rönnau* wistra 1998, 49; *Terhorst* GA 2002, 600.
[28] *Moldenhauer* S. 129; ähnlich bereits *Weigend* NStZ 1999, 57: Prozessordnung für abgesprochene Urteile.
[29] So bereits BVerfG v. 27. 1. 1987 – 2 BvR 1133/86, NStZ 1987, 419 (419).
[30] Hierzu bereits BGH v. 23. 1. 1991 – 3 StR 365/90, BGHSt 37, 298 (303 f.): Durch das In-Aussicht-Stellen einer bestimmten Strafe erwecke das Gericht den Anschein einer Bindung und somit der Befangenheit; zust. *Böttcher/Widmaier* JR 1991, 353 (356).
[31] BGH v. 28. 8. 1997 – 4 StR 240/97, BGHSt 43, 195 (204 ff.) = NStZ 1998, 31 (33 f.).
[32] BGH v. 28. 8. 1997 – 4 StR 240/97, aaO.
[33] BGH v. 28. 8. 1997 – 4 StR 240/97, aaO.
[34] BGH v. 28. 8. 1997 – 4 StR 240/97, aaO.
[35] Hierzu auch *Zschockelt* NStZ 1991, 305 (310).
[36] Vgl. bspw. BGH v. 15. 1. 2003 – 1 StR 464/02, 48, 161 (167) zur Würdigung der Glaubhaftigkeit eines Geständnisses; BGH v. 14. 4. 2004 – 2 StR 39/04, NStZ 2005, 87 zur Hinweispflicht des Gerichts bei beabsichtigtem Abweichen von zugesagter Strafobergrenze; BGH v. 20. 4. 2004 – 5 StR 11/04, NStZ 2004, 509 zur Unwirksamkeit eines

die Frage der **Wirksamkeit** eines abgesprochenen **Rechtsmittelverzichts** wurde von den Senaten unterschiedlich beurteilt,[37] sodass eine Entscheidung des **Großen Senats** für Strafsachen erforderlich wurde. Mit Beschluss vom 3.3.2005 stellte dieser klar, dass das Gericht im Rahmen einer Urteilsabsprache an der Erörterung eines Rechtsmittelverzichts nicht mitwirken und auf einen solchen auch nicht hinwirken dürfe.[38] Nach der Verkündung des Urteils habe das Gericht eine „**qualifizierte Rechtsmittelbelehrung**" dahingehend zu erteilen, dass der Rechtsmittelberechtigte, dh. neben dem Angeklagten auch die StA und der Neben- und Privatkläger,[39] ungeachtet der Absprache in seiner Entscheidung frei sei, Rechtsmittel einzulegen, auch dann, wenn ein Rechtsmittelverzicht gar nicht Gegenstand der Verständigung war.[40] Ohne diese qualifizierte Belehrung sei der erklärte Verzicht unwirksam. Indes habe eine unterlassene „qualifizierte Belehrung" nicht zur Folge, dass der Rechtsmittelberechtigte nach Ablauf der einwöchigen Rechtsmittelfrist Wiedereinsetzung in den vorigen Stand beantragen könne.[41] Im Übrigen bestätigte der Große Senat das Urteil des 4. Strafsenats, rief jedoch den **Gesetzgeber** dazu auf, die Voraussetzungen von Urteilsabsprachen zu regeln.[42]

8 **3. Entwürfe.** Nach dem Appell des Großen Senats für Strafsachen wurden von unterschiedlichen Interessenvertretern Gesetzesentwürfe zur Regelung der Verständigung im Strafverfahren vorgelegt.[43] Die Entwürfe orientierten sich im Wesentlichen an den Vorgaben des BGH und suchten nach einer **systemimmanenten Lösung,** die die verfahrensbeendende Verständigung in das Regelwerk der StPO integriert, ohne einen neuen Verfahrenstyp der konsensualen Erledigung zu schaffen. In der Literatur wurde stattdessen nach einer „**großen Lösung**" gesucht, etwa in der Weise, dass der Angeklagte einen durchsetzbaren *Anspruch auf Zugang zu einer konsensualen Erledigung* des Verfahrens erhalten sollte und zwar iS einer „Unterwerfung unter die Anklage" bereits im Zwischenverfahren in einem neu zu schaffenden Termin zur „Erörterung der Sach- und Rechtslage".[44] Dieser Vorschlag entspricht in der Sache dem U.S.-amerikanischen „guity plea" insoweit als die Absprache zwischen Angeklagtem und StA Bindungswirkung für das Gericht entfalten würde.

II. Regelung der Verständigung in Strafverfahren

9 **1. Allgemeines.** § 257c ist die **zentrale Vorschrift** zur Regelung einer Verständigung im Strafverfahren. Sie berücksichtigt in großem Umfang die Leitlinien der gefestigten Rechtsprechung des BGH (s. oben Rn. 6f.).[45] Die Norm enthält Vorgaben zum zulässigen **Inhalt**, zum **Zustandekommen** und zu den **Folgen** einer (gescheiterten) Absprache.[46] Systematisch befindet sich die Verstän-

---

Rechtsmittelverzichts; BGH v. 19.8.2004 – 3 StR 380/03, NStZ 2005, 162 zu den Folgen einer unterlassenen Einführung des Ergebnisses einer Verständigung in die Hauptverhandlung.
[37] Vgl. hierzu die Nachweise bei BGHGS v. 3.3.2005 – GSSt 1/04, BGHSt 50, 40 (44f.) (insoweit in NJW nicht abgedruckt).
[38] BGHGS v. 3.3.2005 – GSSt 1/04, BGHSt 50, 40 = NJW 2005, 1440.
[39] *Fahl* ZStW 117 (2005), 605 (614).
[40] Krit.: *Altenhain/Haimerl* GA 2005, 281 (298); *Dahs* NStZ 2005, 580 (580ff.); *Duttge/Schoop* StV 2005, 421 (422); *Fahl* ZStW 117 (2005), 605 (624); *Saliger* JuS 2006, 8 (11); *Seher* JZ 2005, 634 (635); *Theile* StraFo 2005, 409 (411ff.); *Meyer-Goßner* Vor § 213 Rn. 21a.
[41] BGH v. 19.4.2005 – 5 StR 586/04, StV 2005, 373; BGH v. 11.1.2006 – 5 StR 466/05, wistra 2006, 146; *Meyer-Goßner* Vor § 213 Rn. 21a.
[42] Hierzu: *Fischer* NStZ 2007, 433 (433ff.); *Meyer-Goßner* NStZ 2007, 425 (427ff.); *Pfister* StraFo 2006, 349 (352); *Rieß* JR 2005, 435 (436ff.); *Widmaier* NJW 2005, 1985 (1986f.).
[43] Vgl. Entwurf der BRAK ZRP 2005, 235; dazu *Landau/Bünger* ZRP 2005, 268; *Meyer-Goßner* StV 2006, 485; *Schünemann* ZRP 2006, 63; Strafrechtsausschuss des DAV StraFo 2006, 89; Entwurf des Landes Niedersachsen v. 29.3.2006, BR-Drucks. 235/06; dazu *Gieg* GA 2007, 469; *Heister-Neumann* ZRP 2006, 137; den entspr. der Entwurf des Bundesrates, BT-Drucks. 16/4197; dazu *Graumann* HRRS 2008, 122; Eckpunktepapier der Generalstaatsanwälte v. 24.11.2005, NJW 2006, Sonderdruck „Der Deal im Strafverfahren", S. 9 ff.; zu allen: *Altenhain/Hagemeier/Haimerl* NStZ 2007, 71.
[44] So *Altenhain/Hagemeier/Haimerl* NStZ 2007, 71 (78); ebenso *Altenhain/Haimerl* JZ 2010, 327 (329ff.); vgl. auch *Meyer-Goßner* NStZ 2007, 425 (431), der eine „große Lösung" im Sinne einer „Anerkennung der zugelassenen Anklage" befürwortet. Zu beiden: *Ransiek* ZIS 2008, 116 (117). *Fezer* NStZ 2010, 177 (183 f.) sieht den einzigen Ausweg darin, neben dem „streitigen Normalverfahren" einen Verfahrensgrundsatz zu entwickeln, der der „quasivertraglichen Vereinbarung" entspräche, wobei er auf die Begriffe „Konsens" und „konsensuales Verfahren" verzichten will. *Rieß* StraFo 2010, 10 (12) befürwortet ein „kontrolliertes Konsensmodell", bei dem dem Gericht die Überprüfung einer zwischen dem Beschuldigten und der StA getroffenen Verständigung obliegt.
[45] *Fezer* NStZ 2010, 177 (182) kritisiert, dass das „grundlegende Gebrechen des Verständigungsgesetzes" darin bestehe, dass der Gesetzgeber im Wesentlichen die Rechtsprechung des Großen Senats übernommen und sich gerade nicht mit alternativen Verfahrensmodellen befasst habe.
[46] Die Begriffe „Absprache" oder „Vereinbarung" werden vom Gesetzgeber indes bewusst vermieden, um nicht den Eindruck zu erwecken, dass eine quasivertragliche Vereinbarung und nicht die Schuld des Angeklagten die Grundlage des Urteils bildet; vgl. Begründung zum Gesetzentwurf der Bundesregierung, BT-Drucks. 16/12310, S. 8; zu Begriff und Rechtsnatur („Zwitterwesen") der Verständigung: Niemöller/Schlothauer/Weider/*Niemöller* Rn. 7f.

digung zwischen den Vorschriften über die Beweisaufnahme und den Schlussvorträgen, obwohl sie in der Praxis regelmäßig am Anfang oder sogar vor der Beweisaufnahme stattfindet und diese gerade in weiten Teilen entbehrlich macht.[47]

Die Verständigung hat im Rahmen der **Hauptverhandlung** zu erfolgen, kann jedoch nach den neuen §§ 202a, 212 außerhalb der Hauptverhandlung – unter Einbeziehung aller Verfahrensbeteiligten – *vorbereitet* („erörtert") werden. Hierüber hat der Vorsitzende zu Beginn der Hauptverhandlung – insb. den Schöffen[48] – Mitteilung zu machen (§ 243 Abs. 4 nF)[49] und den wesentlichen Inhalt der Erörterung zu **protokollieren** (§ 273 Abs. 1 a S. 2 nF).[50] Ebenso sind der wesentliche Ablauf, Inhalt und das Ergebnis der Verständigung gemäß § 273 Abs. 1 a S. 1 – mit der Folge des § 274 – in das **Hauptverhandlungsprotokoll** aufzunehmen. Dadurch soll nicht nur das Vertrauen der Bevölkerung in eine transparente Rechtsprechung gestärkt,[51] sondern insb. sichergestellt werden, dass Absprachen im Revisionsverfahren vollständig **überprüft** werden können.[52] Nach § 273 Abs. 1 a S. 3 nF ist im Protokoll auch zu vermerken, wenn eine Verständigung **nicht stattgefunden** hat. Diese Vorschrift ist indes entbehrlich, da sich aus der negativen Beweiskraft des Protokolls ohnehin ergibt, dass als nicht geschehen gilt, was nicht im Protokoll beurkundet ist.[53] 10

Sofern eine Verständigung bereits **im Ermittlungsverfahren** unter der Verfahrensherrschaft der StA erörtert wurde, ist der wesentliche Inhalt der Erörterung nach § 160b nF *aktenkundig* zu machen. 11

Durch den neuen § 35 a S. 3 hat der Gesetzgeber der (umstrittenen) Vorgabe des Großen Senats für Strafsachen[54] entsprochen, wonach der Betroffene „qualifiziert" darüber zu belehren ist, dass er ungeachtet der Absprache in seiner Entscheidung frei ist, ein Rechtsmittel einzulegen (o. Rn. 7). Diese Belehrung hat trotz der Einfügung des neuen **§ 302 Abs. 1 S. 2** zu erfolgen, mit der die Möglichkeit eines **Rechtsmittelverzichts** generell **ausgeschlossen** wird, wenn dem Urteil eine Verständigung vorausgegangen ist und nicht nur dann, wenn die „qualifizierte Rechtsmittelbelehrung" unterblieben ist.[55] Damit soll verhindert werden, dass der Berechtigte aufgrund einer tatsächlichen oder vermeintlichen Erwartungshaltung vorschnell auf die Kontrollmöglichkeit verzichtet.[56] Dem Berechtigten bleibt es jedoch auch nach der Neuregelung unbenommen, zunächst ein Rechtsmittel einzulegen und es sodann wieder **zurückzunehmen**.[56a] Dies ist zu begrüßen, denn es sind durchaus Verfahren denkbar, in denen der Angeklagte mit der Verständigung eine endgültige Beendigung erreichen will und diese Möglichkeit sollte ihm nicht vollkommen genommen werden. Schließlich liegt in dem Rechtsmittelverzicht auch eine erhebliche Entlastungswirkung für die Justiz, die ja einer der Hauptgründe für die gesetzliche Einführung der Verständigung darstellt (o. Rn. 1 f.). 12

Hat eine Verständigung zwischen den Verfahrensbeteiligten stattgefunden, so ist dies in den **Urteilsgründen** anzugeben (§ 267 Abs. 3 S. 5 nF). Dies gilt auch dann, wenn eine Verständigung zunächst zustande gekommen war, das Gericht jedoch – unter den Voraussetzungen des § 257 Abs. 4 – von ihr wieder Abstand genommen hat. Es genügt die Angabe, dass dem Urteil eine Verständigung vorausgegangen ist; die Wiedergabe des Inhalts der Verständigung in den Urteilsgrün- 13

---

[47] Zutr. sahen deshalb der Gesetzesentwurf des Bundesrats (BT-Drucks. 16/4197) und der Entwurf der BRAK ZRP 2005, 235 (237) vor, die Verständigung in einem neuen § 243a – zwischen Hauptverhandlung und Beweisaufnahme – zu regeln; vgl. auch *Meyer-Goßner* ZRP 2009, 107 (107 f.); Graf/*Eschelbach* Rn. 2; Niemöller/Schlothauer/Weider/*Niemöller* Rn. 6.

[48] Da die Schöffen erst zur Hauptverhandlung erscheinen, sind sie bei den vorbereitenden Erörterungen noch nicht zu beteiligen, vgl. Begründung zum Gesetzentwurf der Bundesregierung, BT-Drucks. 16/12310, S. 12.

[49] Näher *Schlothauer/Weider* StV 2009, 600 (603 f.).

[50] Krit. *Niemöller* GA 2009, 172 (176) im Hinblick auf die Mehrbelastung des Gerichts, die sich ergeben kann, wenn Streit darüber entsteht, wer wann mit wem was erörtert hat und was davon so „wesentlich" ist, dass es zu protokollieren ist.

[51] BGH v. 28. 8. 1997 – 4 StR 240/97, BGHSt 43, 195 (205) = NStZ 1998, 31 (33 f.).

[52] Begründung zum Gesetzesentwurf der Bundesregierung, BT-Drucks. 16/12310, S. 15; näher *Schlothauer/Weider* StV 2009, 600 (604, 605).

[53] Zutr. krit.: *Meyer-Goßner* § 273 Rn. 12c; *Nistler* JuS 2009, 916 (918); aA: *Brand/Petermann* NJW 2010, 268 (269) mit der Erwägung, dass dem Gesetzgeber das Spannungsverhältnis zwischen § 273 Abs. 1 a S. 3 und der negativen Beweiskraft des Hauptverhandlungsprotokolls bewusst gewesen und es methodisch unzulässig sei, einer Rechtsnorm im Wege der Auslegung jeglichen Anwendungsbereich zu nehmen. Insofern misst, ebenso wie *Nistler*, aaO, auch der Verfasser der Vorschrift insofern Bedeutung zu, als sie die Hemmschwelle erhöhen könne, heimliche Absprachen zu treffen. Zu dessen „Negativattest" als wesentl. Förmlichkeit iSv. § 274 nun BGH v. 31. 3. 2010 – 2 StR 31/10, StV 2010, 346.

[54] BGHGS v. 3. 3. 2005 – GSSt 1/04, BGHSt 50, 40 = NJW 2005, 1440.

[55] So die Konsequenz des BGHGS v. 3. 3. 2005 – GSSt 1/04, aaO.

[56] Vgl. Beschlussempfehlung und Bericht des Rechtsausschusses, BT-Drucks. 16/13095, S. 14; *Schlothauer/Weider* StV 2009, 600 (601). Vgl. auch BGH v. 6. 8. 2009 – 3 StR 547/08, StV 2009, 628 (629): „Die Befugnis zur Einlegung eines Rechtsmittels und zur Erhebung von Verfahrensrügen bleibt dem Angekl. uneingeschränkt erhalten, auch wenn dem Urteil eine Verständigung vorausgegangen ist."; ebenso BGH v. 3. 9. 2009 – 3 StR 156/09, StV 2009, 680 bzgl. der Rüge der örtlichen Unzuständigkeit nach § 338 Nr. 4.

[56a] Die Rücknahme des Rechtsmittels kann auch noch vor Ablauf der Frist zu seiner Einlegung erfolgen (BGH v. 14. 4. 2010 – 1 StR 64/10, StV 2010, 346).

den ist nicht erforderlich. Insofern findet die notwendige Dokumentation in der Sitzungsniederschrift statt.[57]

14 2. Anwendungsbereich (Abs. 1). a) Abs. 1 Satz 1. Abs. 1 S. 1 gestattet dem Gericht, sich in „geeigneten Fällen" mit den Verfahrensbeteiligten über den weiteren Fortgang und das Ergebnis des Verfahrens zu verständigen. Bei der Einschätzung, ob ein **geeigneter Fall** vorliegt, ist das Interesse der Justiz an der möglichst zügigen Beendigung eines umfangreichen oder schwierigen Verfahrens ebenso zu berücksichtigen wie das Bestreben des Angeklagten und der Verteidigung, ein günstiges Ergebnis zu erreichen.[58] Das Gericht darf indes *nicht vorschnell* von der Möglichkeit einer Verständigung Gebrauch machen, ohne zuvor den Anklagevorwurf tatsächlich und rechtlich überprüft zu haben.[59] Die Vorschrift unterscheidet nicht zwischen verteidigtem und unverteidigtem Angeklagten und schließt auch Verfahren vor den *Amtsgerichten* vom Anwendungsbereich nicht aus.[60]

15 Aufgrund des besonderen Charakters des **Jugendstrafverfahrens** dürfte dieses in aller Regel nicht für eine Verständigung geeignet sein, steht insoweit doch der *Erziehungsgedanke* im Mittelpunkt und kann deshalb auf die Verhängung der erzieherisch gebotenen Maßnahme – Verständigung hin oder her – nicht verzichtet werden.[61] Sofern im – sorgfältig zu prüfenden – Einzelfall doch eine Absprache herbeigeführt werden soll, liegt ein Fall *notwendiger Verteidigung* vor.[62] Die in der Hauptverhandlung unter Mitwirkung der Jugendgerichtshilfe geführten Erörterungen, die auf die Einsicht in begangene Unrecht und die Akzeptanz der Sanktion abzielen, stellen keine Verständigung iSd. § 257c dar.[63]

16 Alle Verfahrensbeteiligten sind in die Verständigung mit einzubeziehen. **Verfahrensbeteiligter** ist, wer im Hinblick auf den Anklagevorwurf in der Hauptverhandlung mit eigenen Verfahrensrechten ausgestattet ist. Das ist der Angeklagte, sein Verteidiger, sein Beistand, die StA, der Nebenkläger, der Privatkläger, im Jugendstrafverfahren auch der Vertreter der Jugendgerichtshilfe, der Erziehungsberechtigte und der gesetzliche Vertreter, in Steuerstrafverfahren auch die Finanzbehörde.[64] Die Schöffen wirken an einer Verständigung in gleichem Maße mit wie die Berufsrichter.[65] Nicht verfahrensbeteiligt iSd. Vorschrift sind der Verletzte und die Zeugen.[66]

17 b) Abs. 1 Satz 2. Abs. 1 S. 2 stellt klar, dass die **Amtsaufklärungspflicht** (§ 244 Abs. 2) als zentrales Ziel des Strafverfahrens und unabdingbare Voraussetzung einer schuldangemessenen Strafe nicht zur Disposition steht.[67] Eine Verständigung alleine soll deshalb niemals die Grundlage eines Urteils bilden können (s. Rn. 22 ff.).[68] Hier zeigt sich der **Grundwiderspruch** der Regelung: Zum einen soll ein Beschleunigungs- und Entlastungseffekt herbeigeführt werden (o. Rn. 1 f.), zum anderen will man die überkommenen Grundsätze des deutschen Strafverfahrens nicht aufgeben. Erst die Praxis wird zeigen, ob diese Quadratur des Kreises gelingen kann.[69]

---

[57] BGH v. 13. 1. 2010 – 3 StR 528/09, StV 2010, 227.
[58] Vgl. Begründung zum Gesetzesentwurf der Bundesregierung, BT-Drucks. 16/12310, S. 7; näher *Murmann* ZIS 2009, 526 (534 f.). Zur Geeignetheit von Fällen der Schwerstkriminalität für Verständigungen: *Jahn/Kett-Straub* StV 2010, 271 (272 f.); Graf/*Eschelbach* Rn. 7.1 f.
[59] BGHGS v. 3. 3. 2005 – GSSt 1/04, BGHSt 50, 40 (49) = NJW 2005, 1440 (1442).
[60] So bereits die Beschlussempfehlung und Bericht des Rechtsausschusses, BT-Drucks. 16/13 095, S. 2.
[61] *Fahl* NStZ 2009, 613 (615) spricht sich dafür aus, das Jugendstrafverfahren vom „Handel mit Gerechtigkeit" gänzlich frei zu halten; differenzierend: *Noak* StV 2002, 445 (449): Keine Absprachen bei Erziehungsmaßregeln, Zuchtmittel oder Jugendstrafe wg. schädlichen Neigungen, möglich aber bei Jugendstrafe wg. Schwere der Schuld; gegen einen völligen Ausschluss von Absprachen auch: *Lindemann* JR 2009, 82 (82 f.); krit. auch: *Eisenberg* NStZ 2008, 698 (698) mit der Erwägung, dass Jugendliche bzw. Heranwachsende gegenüber Erwachsenen nicht schlechter gestellt werden dürften.
[62] Begründung zum Gesetzesentwurf der Bundesregierung, BT-Drucks. 16/12310, S. 10: „in aller Regel"; zust. *Meyer-Goßner* Rn. 7.
[63] Vgl. Begründung zum Gesetzesentwurf der Bundesregierung, BT-Drucks. 16/12310, S. 10; hierzu auch *Eisenberg* NStZ 2001, 556 (557).
[64] Eingehend: *Meyer-Goßner* Einl. Rn. 70 ff.
[65] Dies ergibt sich bereits aus § 30 Abs. 1 GVG; klarstellend: BGH v. 28. 8. 1997 – 4 StR 240/97, BGHSt 43, 195 (206) = NStZ 1998, 31 (33).
[66] Begründung zum Gesetzesentwurf der Bundesregierung, BT-Drucks. 16/12310, S. 11.
[67] So bereits BVerfG v. 27. 1. 1987 – 2 BvR 1133/86, NStZ 1987, 419; BGH v. 28. 8. 1997 – 4 StR 240/97, BGHSt 43, 195 = NStZ 1998, 31; BGHGS v. 3. 3. 2005 – GSSt 1/04, BGHSt 50, 40 = NJW 2005, 1440; näher zu diesen drei grdl. Entscheidungen oben Rn. 5 ff.
[68] Begründung zum Gesetzesentwurf der Bundesregierung, BT-Drucks. 16/12310, S. 13.
[69] Krit. auch *Leipold* NJW-Spezial 2009, 520 (521), der die gesetzliche Formulierung als „bloße Farce" bezeichnet, sei es doch gerade Zweck der Absprache, auf die weitere Aufklärung des Sachverhalts zu verzichten; ebenso *Fischer* StraFo 2009, 177 (181): „Selbstverständlich bleibt in der Praxis die Aufklärungspflicht gerade nicht ,unberührt'; ihre Beschränkung ist ja wesentlicher Teil jeder Absprache"; zust.: *Weigend*, FS Maiwald, S. 829 (833); krit. auch *Murmann* ZIS 2009, 526 (534, 538): „Aushöhlung der Prozessmaximen bei deren gleichzeitiger verbaler Aufrechterhaltung"; in diesem Sinne auch *Altenhain/Haimerl* JZ 2010, 327 (328 f.): „unauflösbares Spannungsverhältnis"; sowie *Fezer* NStZ 2010, 177 (181): „beispiellose Demontage eines zentralen Verfahrensgrundsatzes".

3. Zulässiger Inhalt einer Verständigung (Abs. 2). Gegenstand einer Verständigung dürfen nur 18 die Rechtsfolgen sein, die Inhalt des Urteils und der dazugehörigen Beschlüsse sein können sowie sonstige verfahrensbezogene Maßnahmen im zugrundeliegenden Erkenntnisverfahren und das Prozessverhalten der Verfahrensbeteiligten (Abs. 2 S. 1). Schuldspruch und Maßregeln dürfen nicht Gegenstand der Verständigung sein (Abs. 2 S. 3).

a) **Rechtsfolgen.** Rechtsfolgen sind **alle Entscheidungen**, die das befasste Gericht im **Erkennt-** 19 **nisverfahren** treffen kann. Anders als bisher ist die Zusage einer *Strafobergrenze*, die das Gericht nicht überschreiten werde, nicht mehr statthaft. Zulässig ist nur noch die Angabe einer Strafobergrenze und -untergrenze im Sinne eines *Strafrahmenangebots* (Abs. 3 S. 2, s. Rn. 30 f.). Eine Verständigung über die Strafaussetzung zur *Bewährung* ist ebenso erlaubt wie die Vereinbarung bestimmter *Auflagen*;[70] unzulässig sind jedoch Zusagen, die das *Strafvollstreckungsverfahren* betreffen, bspw. Folgeentscheidungen nach § 57 Abs. 2 StGB und § 456a oder die Gewährung von Vollzugslockerungen und Gnadenerweisen. Denn diese Entscheidungen obliegen nicht dem Erkenntnisgericht und können häufig erst nach Verbüßung eines Teils der Strafe sachgerecht getroffen werden.[71]

Zwingende Rechtsfolgen können nicht Gegenstand einer Verständigung sein, denn insoweit hat 20 das Gericht ja **keinen Entscheidungsspielraum,** sie sind eben „nicht verhandelbar".[72] Hierzu gehören nicht nur die in S. 3 ausdrücklich genannten *Maßregeln* der Besserung und Sicherung iSd. § 61 StGB, sondern ferner die Vorschriften über den *Verfall*, die Regelungen für die Bildung einer *Gesamtstrafe* und die Einhaltung des gesetzlichen *Strafrahmens*.[73] Unzulässig ist daher auch eine Verständigung über die *Anwendung von Jugendstrafrecht* auf Heranwachsende.[74] Nach § 105 Abs. 1 JGG ist bei Verfehlungen Heranwachsender grundsätzlich Erwachsenenstrafrecht anzuwenden; liegen die Voraussetzungen von § 105 Abs. 1 Nr. 1 oder 2 JGG vor, kommt zwingend Jugendstrafrecht zur Anwendung. Eine Verständigung hat keinen Einfluss darauf, ob der Heranwachsende zur Tatzeit noch einem Jugendlichen gleichstand oder ob es sich um eine jugendtypische Verfehlung handelte.[75]

b) **Sonstige verfahrensbezogene Maßnahmen.** Von dem Begriff der „sonstigen verfahrensbezo- 21 genen Maßnahmen im zugrundeliegenden Erkenntnisverfahren" sind nach der Begründung des Gesetzgebers insb. *„Einstellungsentscheidungen und Beweiserhebungen"* erfasst.[76] Verfahrenseinstellungen oder -beschränkungen nach den §§ 154, 154a waren bereits vor Einführung des § 257c gängiger und anerkannter Gegenstand einer Verständigung.[77] Die Zusage der Nichtverfolgung konnte und kann sich naturgemäß nur auf solche Taten beziehen, die bereits bekannt und bestimmbar sind und daher auch in ihrem Gewicht und Schuldgehalt beurteilt werden können.[78] Nach der Gesetzesbegründung ist es „nicht ausgeschlossen, dass die StA Zusagen im Rahmen ihrer gesetzlichen Befugnisse zur Sachbehandlung in anderen, bei ihr anhängigen Ermittlungsverfahren gegen den Angeklagten, wie zB eine Einstellung nach § 154 abgibt".[79] Danach wären die §§ 154, 154a nicht nur auf die Taten des gerade verhandelten Verfahrens anwendbar, sondern auch auf solche, die Gegenstand eines *anderen*, noch bei der StA anhängigen Ermittlungsverfahrens sind. Der Wortlaut („*verfahrensbezogene Maßnahmen im zugrundeliegenden* Erkenntnisverfahren") und der vom Gesetzgeber zu Recht geforderte Sachzusammenhang zwischen dem Ver-

---

[70] Vgl. Niemöller/Schlothauer/Weider/*Niemöller* Rn. 57, der – entgegen *Meyer-Goßner* Rn. 12 – allerdings der Auffassung ist, dass sich die gesetzlichen Voraussetzungen der „günstigen Sozialprognose" und der „Verteidigung der Rechtsordnung" (§ 56 StGB) nicht „wegverhandeln" lassen. Er sieht darin aber andererseits unbestimmte Rechtsbegriffe, die dem Gericht einen gewissen Beurteilungsspielraum eröffneten, so dass die Bewährungsentscheidung letztlich doch Gegenstand einer Verständigung sein könne.
[71] Vgl. auch Begründung zum Gesetzesentwurf der Bundesregierung, BT-Drucks. 16/12310, S. 13. Bei der Feststellung der besonderen Schuldschwere nach § 57 Abs. 2 StGB handelt es sich indes um eine Entscheidung des Tatgerichts, die nicht Teil des Schuldspruchs und daher einer Verständigung zugänglich ist; eingehend: *Jahn/Kett-Straub* StV 2010, 271 ff.
[72] *Niemöller* GA 2009, 172 (181); *Schlothauer/Weider* StV 2009, 600 (602); Niemöller/Schlothauer/Weider/*Niemöller* Rn. 33.
[73] *Niemöller* GA 2009, 172 (181). Vgl. auch BGH v. 9. 6. 2004 – 5 StR 181/04, NStZ 2005, 115 (116): Bei Zusage einer Strafobergrenze unter Einbeziehung einer Vorverurteilung, die nach den Vorschriften über die Gesamtstrafenbildung nicht möglich ist, muss die ohne Einbeziehung ausgeurteilte Strafe niedriger ausfallen als die unter Einbeziehung vereinbarte Strafe.
[74] BGH v. 15. 3. 2001 – 3 StR 61/01, NStZ 2001, 555 (556) mAnm *Eisenberg*; zust. *Lindemann* JR 2009, 82 (82); *Noak* StV 2002, 445 (447); Graf/*Eschelbach* Rn. 7; aA *Meyer-Goßner* Rn. 7 unter Hinweis darauf, dass die Verständigung über die Anwendung von Jugendstrafrecht auf Heranwachsende gerade nicht durch Abs. 3 S. 2 verboten wird. Die Begründung zum Gesetzesentwurf der Bundesregierung, BT-Drucks. 16/12310, S. 9 f. äußert sich insofern lediglich zu der Frage, ob Jugendstrafverfahren an sich für eine Verständigung „geeignet" sind, hierzu oben Rn. 15.
[75] Vgl. BGH v. 15. 3. 2001 – 3 StR 61/01, aaO.
[76] Begründung zum Gesetzesentwurf der Bundesregierung, BT-Drucks. 16/12310, S. 13.
[77] Vgl. BGHGS v. 3. 3. 2005 – GSSt 1/04, BGHSt 50, 40 (50, 55) = NJW 2005, 1440 (1442, 1444).
[78] BGH v. 12. 4. 2000 – 1 StR 623/99, NStZ 2000, 495 (496) mAnm *Weider* StV 2000, 540.
[79] Begründung zum Gesetzesentwurf der Bundesregierung, BT-Drucks. 16/12310, S. 13; vgl. auch *Meyer-Goßner* Rn. 13.

halten des Angeklagten und dem Inhalt der Zusage[80] sprechen allerdings dafür, die §§ 154, 154a tatsächlich nur in der verhandelten Sache und unter Mitwirkung des Gerichts anzuwenden.[81] Insofern steht die Gesetzesbegründung im Widerspruch zu dem Gesetzeswortlaut. Sofern dennoch – *contra legem* – die Einstellung eines Verfahrens, das noch nicht bei dem erkennenden Gericht anhängig bzw. noch nicht verbunden worden ist, Gegenstand der Verständigung wird, ist zu beachten, dass die StA – anders als das Gericht – an ihre Zusage *nicht gebunden* ist (vgl. Abs. 4). Sollte die StA ihre Zusage allerdings nicht einhalten, ist aus Gründen der Verfahrensfairness im Falle der Verurteilung in der anderen Sache[82] das durch die StA enttäuschte Vertrauen des Angeklagten im Rahmen der Strafzumessung zu kompensieren.[83]

22 Das Gericht kann von einzelnen **Beweiserhebungen** absehen, bleibt jedoch zur Aufklärung des Sachverhaltes verpflichtet (§ 257c Abs. 1 S. 2).[84] Ausgehend von der klassischen Konstellation, dass die Leistung des Angeklagten in der Ablegung eines *Geständnisses* besteht, kann das Gericht – sofern es das Geständnis für glaubwürdig hält – auf solche Beweiserhebungen verzichten, die lediglich Tatsachen bestätigen sollen, die bereits Gegenstand des Geständnisses waren. Es ist jedoch verpflichtet zu prüfen, ob das abgelegte Geständnis *mit dem Ergebnis der Ermittlungen zu vereinbaren* ist und die getroffenen Feststellungen trägt.[85] Unverzichtbar sind auch Beweiserhebungen über Tatsachen, die der Angeklagte mangels eigener Wahrnehmung nicht gestehen kann, wie die Höhe des Schadens, den Umfang der Verletzungen oder andere Tatfolgen.[86]

23 c) **Prozessverhalten.** Gegenstand einer Verständigung darf schließlich das Prozessverhalten der Verfahrensbeteiligten sein. Hierzu gehören die (verfahrensbezogenen) Handlungen des Angeklagten, der StA und des Nebenklägers. Als Leistung des **Angeklagten** kommt insb. die Ablegung eines *Geständnisses* (Abs. 2 S. 2), eine weitergehende *Aufklärung* der Tat, die Zusage einer *Schadenswiedergutmachung* oder das Bemühen um einen *Täter-Opfer-Ausgleich* in Betracht. Geeignet ist auch ein sonstiges Verhalten des Angeklagten, das der *Verfahrensbeschleunigung* dient.[87] Denkbar ist insofern der Verzicht auf die Stellung (weiterer) Beweisanträge, auf ausführliche Zeugenbefragungen, auf das Fragerecht insgesamt, die Zustimmung zur Verlesung (belastender) Zeugenaussagen oder zur Verwertung bestimmter Beweisergebnisse sowie die Beschränkung der Berufung auf den Rechtsfolgenausspruch.[88] Allerdings wird sich das Gericht im Hinblick auf seine fortbestehende Aufklärungspflicht (Abs. 1 S. 2) – sofern nicht gleichzeitig ein Geständnis abgelegt wird – kaum auf die genannten *Verzichtshandlungen* des Angeklagten einlassen können, wird damit doch gerade der Sachaufklärung entgegengewirkt.[89] Anders verhält es sich bei den zuvor genannten *Zustimmungshandlungen*, denn diese dienen der Abkürzung des Verfahrens, ohne die Aufklärungspflicht einzuschränken.[90]

24 Es ist stets erforderlich, dass das von dem Angeklagten beabsichtigte Verhalten mit der angeklagten Tat und dem Gang der Hauptverhandlung in einem **inneren Zusammenhang** steht.[91] Eine

---

[80] Begründung zum Gesetzesentwurf der Bundesregierung, BT-Drucks. 16/12310, S. 13.
[81] Vgl. auch *Niemöller* GA 2009, 172 (181); Graf/*Eschelbach* Rn. 16; anders jedoch Niemöller/Schlothauer/Weider/ *Niemöller* Rn. 38.
[82] Eine Teileinstellung im gegenständlichen Verfahren gemäß § 154 Abs. 2 StPO müsste vor der Verurteilung erfolgen und bedarf der Zustimmung (des an die Zusage gebundenen) Gerichts.
[83] BGH v. 18. 4. 1990 – 3 StR 252/88, BGHSt 37, 10 (13); zust. *Schlothauer/Weider* StV 2009, 600 (602); vgl. auch Graf/*Eschelbach* Rn. 35. *Roxin/Schünemann*, § 17 Rn. 33 nehmen für das abredewidrig betriebene Verfahren sogar ein Verfahrenshindernis an. Dies geht allerdings zu weit, da die StA an ihre Zusage nach dem Willen des Gesetzgebers gerade nicht gebunden ist. BGH v. 12. 3. 2008 – 3 StR 433/07, NStZ 2008, 416 (417) zieht ein Verfahrenshindernis nur dann in Betracht, wenn „im Rahmen der rechtlichen Gestaltungsspielräume (...) kein Ergebnis erzielbar ist, das das Gesamtverfahren noch als fair erscheinen lässt", mAnm *Eisenberg* NStZ 2008, 698; *Lindemann* JR 2009, 82.
[84] Begründung zum Gesetzesentwurf der Bundesregierung, BT-Drucks. 16/12310, S. 13; krit. im Hinblick auf sich ergebende Auslegungsprobleme, die von der Rspr. bewältigt werden müssten: *Meyer-Goßner* Rn. 13.
[85] BGH v. 11. 12. 2008 – 3 StR 21/08, NStZ 2009, 467 (467). Zu weit geht jedoch die dort geäußerte Forderung nach einer „vollständigen Ausschöpfung des Beweismaterials", da diese den verfahrensökonomischen Gewinn der Verständigung in Frage stellt (so auch im Grundwiderspruch auch im Text Rn. 17). Vgl. auch *Schmitt* GA 2001, 411 (419 ff.). Speziell zum Absehen von Beweiserhebungen vor dem Schwurgericht: *Jahn/Kett-Straub* StV 2010, 271 (271 f.).
[86] BGH v. 11. 12. 2008 – 3 StR 21/08, aaO; vgl. ferner *Niemöller* GA 2009, 172 (178 f.) mwN; *Schünemann* Gutachten zum 58. DJT, 1990, B 83.
[87] Vgl. Entwurf der BRAK ZRP 2005, 235 (237); zur Verteidigertaktik: *Rückel* NStZ 1987 297 (304).
[88] Vgl. Entwurf der BRAK ZRP 2005, 235 (239); *Schlothauer/Weider* StV 2009, 600 (602); Graf/*Eschelbach* Rn. 17; Niemöller/Schlothauer/Weider/*Niemöller* Rn. 37; LG Freiburg v. 18. 1. 2010 – 7 Ns 610 JS 13070/09 – AK 113/09, StV 2010, 236 (237) bewertet eine Beschränkung der Berufung auf den Rechtsfolgenanspruch als Geständnis iSv. Abs. 2 S. 2.
[89] Ebenso krit.: *Meyer-Goßner* ZRP 2009, 107 (108); *Niemöller* GA 2009, 172 (179 f.); *Schünemann* ZRP 2009, 104 (106); *Meyer-Goßner* Rn. 14. In diesem Punkt ist die Begründung zum Gesetzesentwurf der Bundesregierung, BT-Drucks. 16/12310, S. 13 widersprüchlich: Einerseits benennt sie ausdrücklich den Verzicht auf Beweisanträge als zulässiges Prozessverhalten des Angeklagten, andererseits sei die Zusage eines bestimmten Strafrahmens durch das Gericht bei Verzicht des Angeklagten auf weitere Beweisanträge ausgeschlossen.
[90] *Niemöller* GA 2009, 172 (180).
[91] Vgl. BGH v. 19. 2. 2004 – 4 StR 371/03, NStZ 2004, 338 (339) mAnm *Weider*; vertiefend: *Beulke/Swoboda* JZ 2005, 67 (71 f.); *G. Schöch* NJW 2004, 3462 (3463 f.).

unsachgemäße Verknüpfung liegt vor, wenn das Leistungsversprechen über den Verfahrensgegenstand hinausgeht, so dass der Eindruck entsteht, der Angeklagte wolle sich eine milde Strafe „erkaufen".[92] Unzulässig ist daher etwa das Ansinnen, eine Spende an eine gemeinnützige Einrichtung zu leisten oder einen Schaden wiedergutzumachen, der aus einer früheren Tat herrührt.[93] Sachfremd ist auch die Ankündigung des Angeklagten, er werde ein von ihm eingelegtes Rechtsmittel in einem anderen Verfahren zurückzunehmen, mit dem Ziel das verhandelte Verfahren nach § 154 einzustellen.

d) Geständnis. Bestandteil jeder Verständigung *soll* ein (volles od. teilweises) Geständnis sein 25 (Abs. 2 S. 2). Mit der Soll-Bestimmung wollte der Gesetzgeber deutlich machen, dass ein Geständnis *nicht zwingende* Voraussetzung einer Verständigung ist.[94] In Betracht kommt auch ein sonstiges Verhalten des Angeklagten, das die Sachaufklärung unterstützt, wie die Zustimmung zur Verwertung bestimmter Beweisergebnisse oder zur Verlesung (belastender) Zeugenaussagen (o. Rn. 23); dies würde gleichzeitig dem Schutz von (Opfer-)zeugen dienen. In aller Regel wird die Leistung des Angeklagten jedoch in der Ablegung eines Geständnisses bestehen. Erforderlich ist insoweit ein **qualifiziertes Geständnis**, das so konkret sein muss, dass seine *Glaubhaftigkeit* geprüft werden kann, es also auf eine Weise mit der Aktenlage in Einklang gebracht werden kann, dass weitere Beweiserhebungen entbehrlich sind.[95] Ein bloßes *inhaltsleeres Formalgeständnis*, dh. eine dem US-amerikanischen *nolo contendere*[96] entsprechende Erklärung, dass der Sachverhalt im Wesentlichen zutreffe oder nicht bestritten werde, reicht nicht aus.[97] Denn eine solche Erklärung macht eine Zeugenvernehmung (§ 244 Abs. 2!) nicht entbehrlich, insbesondere kann damit also das gesetzgeberische Ziel eines Verzichts auf die Vernehmung von Opferzeugen nicht erreicht werden.[98]

Der Angeklagte hat sich zur Sache grds. **selbst** und **in mündlicher Form** zu äußern (§ 243 26 Abs. 5 S. 2); die Vertretung bei der Einlassung durch den Verteidiger oder das Überreichen einer schriftlichen Erklärung sind generell unzulässig.[99] In den **Urteilsgründen** darf das Gericht nicht lediglich pauschal auf das nach der Verständigung abgegebene Geständnis verweisen, sondern muss dessen Inhalt wiedergeben, so dass erkennbar wird, dass das Geständnis die getroffen Feststellungen trägt.[100] Vor diesem Hintergrund erscheint es sinnvoll und geboten, auch in der Hauptverhandlung vor der Strafkammer – über § 273 Abs. 2 hinaus – den wesentlichen Inhalt des Geständnisses in das Protokoll aufzunehmen.

e) Schuldspruch. Eine Verständigung über den Schuldspruch ist grundsätzlich unzulässig, da die 27 materiell-rechtliche Bewertung und Einordnung eines Sachverhalts *nicht verhandelbar* ist.[101] Verboten sind daher auch Absprachen über strafschärfende Qualifikationen wie das Vorliegen von Mordmerkmalen, der bandenmäßigen Begehung oder das Mitführen einer Waffe oder eines gefährlichen Werkzeugs.[102] Solange eine weitere Aufklärung des Sachverhalts iSd. Anklage möglich ist, ist eine Verständigung über die Anwendung eines anderen Strafgesetzes iSv. § 265 Abs. 1 un-

---

[92] Niemöller/Schlothauer/Weider/*Niemöller* Rn. 87 zieht insofern zu Recht eine Parallele zum verwaltungsrechtlichen Austauschvertrag und dem dort geltenden Koppelungsverbot des § 56 Abs. 1 S. 1 VwVfG.
[93] Zu letzterem: BGH v. 19. 2. 2004 – 4 StR 371/03, aaO. Im konkreten Fall stellte das LG eine Strafobergrenze von 4 Jahren in Aussicht, wenn der Angeklagte ein Geständnis ablege und eine aus einer Vortat herrührende Steuerschuld von 500 000 EUR begleiche. Der BGH bejahte in dem „erzwungenen Freikaufen" eine Verletzung der Verfahrensfairness.
[94] Krit.: *Meyer-Goßner* Rn. 16.
[95] BGHSt v. 3. 3. 2005 – GSSt 1/04, BGHSt 50, 40 (49) = NJW 2005, 1440 (1442). BGH v. 22. 7. 2009 – 5 StR 238/09, StV 2009, 629 (630) weist darauf hin, dass in der Zusage einer äußerst milden Strafobergrenze ein Anreiz für ein unzutreffendes Geständnis liegen kann; dies sei besonders sorgfältig zu prüfen.
[96] Wörtlich: „Ich will nicht streiten", vgl. auch Black's Law Dictionary, 8th Edition, 2nd Reprint 2007, S. 1074.
[97] Vgl. BGHGS v. 3. 3. 2005 – GSSt 1/04, aaO; BGH v. 11. 12. 2008 – 3 StR 21/08, NStZ 2009, 467 (467). Vgl. auch *Schünemann* Gutachten zum 58. DJT, 1990, B 83: Erforderlich ist ein Geständnis, das „sämtliche subsumtionsrelevanten Tatsachen anschaulich, erschöpfend und intrasystematisch abschließend überprüfbar darlegt und beweist". *Jahn/Müller* NJW 2009, 2625 (2629) lassen im Einzelfall eine bloße Formalerklärung, *Schlothauer/Weider* StV 2009, 600 (602) eine „nolo contendere"-Verteidigung (Fn. 95) ausreichen, wenn diese in Anbetracht der Aktenlage und der bisherigen Beweisaufnahme ohne Weiteres für Gericht und StA nachvollziehbar ist. Graf/*Eschelbach* Rn. 21 fordert ein „qualifiziertes Vollgeständnis, in dem substantiiert und widerspruchsfrei der Tathergang geschildert wird, ohne dass Zweifelsgründe aufscheinen".
[98] Begründung zum Gesetzesentwurf der Bundesregierung, BT-Drucks. 16/12310, S. 14.
[99] BGH v. 20. 6. 2007 – 2 StR 84/07, NStZ 2008, 349 (350) mwN.
[100] BGH v. 11. 12. 2008 – 3 StR 21/08, NStZ 2009, 467 (467); in diesem Sinne auch BGH v. 28. 10. 2009 – 5 StR 171/09, StV 2010, 60 (61).
[101] BGH v. 28. 8. 1997 – 4 StR 240/97, BGHSt 43, 195 (204) = NStZ 1998, 31 (33).
[102] *Fischer* StraFo 2009, 177 (179 f.); *Meyer-Goßner* Rn. 4; Niemöller/Schlothauer/Weider/*Niemöller* Rn. 81. Da Regelbeispiele nicht zum Schuldspruch, sondern als Strafzumessungsvorschriften zu den Rechtsfolgen iSv. Abs. 2 S. 1 gehören, sind sie nach dem Gesetzeswortlaut einer Verständigung grds. zugänglich. Dies ist jedoch nicht sachgerecht, wenn man bedenkt, dass die Klassifizierung als Qualifikation (zB Bandendiebstahl) oder Regelbeispiel (zB bandenmäßiger Betrug) durch den Gesetzgeber häufig willkürlich ist; krit. auch *Rieß* StraFo 2010, 10 (11).

zulässig, da dies eine Umgehung des § 257c Abs. 2 S. 3 darstellen würde.[103] Unzulässig sind auch Vereinbarungen zur Anzahl der begangenen Taten, was jedoch nicht ausschließt, von der Möglichkeit der Einstellung nach §§ 154, 154a Gebrauch zu machen.[104] Eine entgegen Abs. 2 S. 3 getroffene Vereinbarung, die dem Angeklagten als Gegenleistung für ein Geständnis bewusst eine rechtlich unzutreffende Bewertung der Tat zusagt, kann für die beteiligten Richter zu einer Strafbarkeit wegen *Rechtsbeugung* (§ 339 StGB), für den Angeklagten, Verteidiger und Staatsanwalt zu einer Strafbarkeit wegen Anstiftung oder Beihilfe dazu führen.[105]

28 f) **Maßregeln der Besserung und Sicherung (§ 61 StGB)**. Sie dürfen nicht Gegenstand einer Verständigung sein, da diese – bei Vorliegen der gesetzlichen Voraussetzungen – dem Gericht keinen Entscheidungsspielraum eröffnen.[106] Das Verbot gilt für sämtliche Maßregeln der Besserung und Sicherung, was insb. bei dem reizvollen Verhandlungsobjekts des *Entzugs der Fahrerlaubnis* (§ 69 StGB) nicht übersehen werden darf. Nicht von dem Verbot erfasst ist allerdings eine Vereinbarung über die (Nicht-)Verhängung einer Nebenstrafe, bspw. das *Fahrverbot* nach § 44 StGB, denn insoweit gelten die allgemeinen Strafzumessungsregeln.[107] Über den Wortlaut des Abs. 2 S. 3 hinaus sind auch Verständigungen über **sonstige zwingend vorgeschriebene Rechtsfolgen** unzulässig (s. oben Rn. 20).

29 g) **Rechtsmittelverzicht**. Ein Rechtsmittelverzicht – auch der StA – darf nicht Gegenstand einer Verständigung sein; dies war im Gesetzesentwurf der Bundesregierung[108] noch direkt in § 257c Abs. 2 S. 3 geregelt und ergibt sich nun aus § 302 Abs. 1 S. 2. Diese Vorschrift beseitigt allerdings nicht die Rechtskraft eines Urteils, für das die Verfahrensbeteiligten vor Inkrafttreten der Regelung und nach qualifizierter Belehrung auf die Einlegung von Rechtsmitteln verzichteten.[109] Auch ist die Rücknahme des Rechtsmittels noch vor Ablauf der Frist zu seiner Einlegung möglich.[109a]

30 **4. Zustandekommen (Abs. 3)**. Das Gericht gibt zwar „bekannt, welchen Inhalt die Verständigung haben könnte" (Abs. 3 S. 1), dies bedeutet aber nicht, dass ein Verständigungsgespräch von dem Gericht eingeleitet werden muss. Vielmehr sollte eine entsprechende Anregung schon deshalb von dem Angeklagten ausgehen, damit nicht der Anschein erweckt wird, dass – seitens des Gerichts oder auch der StA – unzulässiger Druck auf den Angeklagten ausgeübt wurde.[110] Die Regelung ist daher so zu verstehen, dass dem Gericht – im Rahmen des schon stattfindenden Prozesses der Verständigung – das **Initiativrecht zur Abgabe eines Strafmaßangebotes** zusteht.

31 Während der BGH dem Gericht nur zugestand, eine **Strafobergrenze** zuzusagen,[111] kann es nun auch eine **Strafuntergrenze** angeben (Abs. 3 S. 2). Hierbei handelt es sich allerdings nicht um die gesetzliche Sanktionierung der sog. „Sanktionsschere" (s. oben Rn. 3), sondern um die Zusicherung eines klar eingegrenzten Strafrahmens, so dass der Angeklagte weiß, worauf er sich einlässt.[112] Die Gesetzesbegründung erklärt das Abweichen von der gefestigten Rechtsprechung in dieser Frage nicht. Es liegt jedoch nahe, dass mit der Einführung einer Strafuntergrenze der bisherigen Praxis der Verhängung der Strafobergrenze als Strafe, mit der ein Rechtsmittel der StA abgewendet werden sollte[113] und faktisch eine konkrete Strafe unzulässig zugesagt wurde,[114] entgegengewirkt werden soll.[115] Bei dem Vorschlag einer Strafober- und -untergrenze hat das Gericht die ihm zu diesem Zeitpunkt aufgrund der Aktenlage oder einer bereits teilweise durchgeführten

---

[103] *Schlothauer/Weider* StV 2009, 600 (602).
[104] BGHGS v. 3. 3. 2005 – GSSt 1/04, BGHSt 50, 40 (50) = NJW 2005, 1440 (1442).
[105] Vertiefend: *Schlothauer/Weider* StV 2009, 600 (606); vgl. auch *Jahn/Müller* NJW 2009, 2625 (2631).
[106] BGH v. 21. 10. 2004 – 4 StR 325/04, NStZ-RR 2005, 39 (39) zur Anordnung der Sicherungsverwahrung.
[107] Krit.: *Meyer-Goßner* Rn. 9 f.; *Schlothauer/Weider* StV 2009, 600 (602).
[108] BT-Drucks. 16/12310.
[109] BGH v. 29. 9. 2009 – 1 StR 376/09, StV 2009, 679 f.
[109a] BGH v. 14. 4. 2010 – 1 StR 64/10, StV 2010, 346.
[110] Vgl. bereits BVerfG v. 27. 1. 1987 – 2 BvR 1133/86, NStZ 1987, 419 (419); vgl. auch BGH v. 8. 2. 2005 – 3 StR 452/04, NStZ 2005, 526 (526). Zu Recht sah der Entwurf der BRAK ZRP 2005, 235 (238) deshalb vor, dass die Einleitung des Absprachevorfahrens einen Antrag des Angeklagten voraussetzt. Vgl. auch *Jahn/Müller* NJW 2009, 2625 (2627).
[111] Grdl. BGH v. 28. 8. 1997 – 4 StR 240/97, BGHSt 43, 195 (207) = NStZ 1998, 31 (33).
[112] Eingehend: *Altenhain/Hagemeier/Haimerl* NStZ 2007, 71 (73); *Meyer-Goßner* ZRP 2009, 107 (108 f.); *Niemöller/Schlothauer/Weider/Niemöller* Rn. 43 ff.
[113] *Altenhain/Hagemeier/Haimerl* NStZ 2007, 71 (73); *Meyer-Goßner* Rn. 20.
[114] Vgl. BGH v. 23. 1. 1991 – 3 StR 365/90, BGHSt 37, 298 (303 f.): Durch das In-Aussicht-Stellen einer bestimmten Strafe erwecke das Gericht den Anschein einer Bindung und somit der Befangenheit; zust. *Böttcher/Widmaier* JR 1991, 353 (356). Nach BGH v. 28. 8. 1997 – 4 StR 240/97, BGHSt 43, 195 (208) = NStZ 1998, 31 (34) wird eine Absprache jedoch nicht dadurch unzulässig, dass die tatsächlich verhängte Strafe mit der zugesagten Obergrenze übereinstimmt.
[115] *Meyer-Goßner* ZRP 2009, 107 (109) vermutet allerdings, dass nun regelmäßig die Strafuntergrenze als Strafe verhängt werden wird. *Altenhain/Haimerl* JZ 2010, 327 (331) sind der Auffassung, dass sich die Verfahrensbeteiligten auch künftig auf eine „fixe Strafe" einigen und um diese herum einen Strafrahmen kreieren werden.

Beweisaufnahme bekannten Umstände des Falles zu berücksichtigen (Abs. 3 S. 2). Der **Strafrahmen** wird dabei so weit oder eng zu bemessen sein, dass er mit der über das Geständnis hinaus notwendigen Beweisaufnahme noch ausgefüllt werden kann, insb. hinsichtlich solcher Tatsachen und Tatfolgen, die der Angeklagte mangels eigener Wahrnehmung nicht gestehen kann.[116] Im Übrigen ist der Strafrahmen nach den allgemeinen **Grundsätzen der Strafzumessung** zu bestimmen (§ 46 StGB). Der Vorschlag des Gerichts über den Inhalt der Verständigung ergeht durch Beschluss und hat mit einer Mehrheit von zwei Dritteln der Stimmen zu erfolgen (§ 263 Abs. 1).[117]

Nach Abs. 3 S. 3 ist allen Verfahrensbeteiligten **Gelegenheit zur Stellungnahme** zu geben. Allerdings können Einwände des Nebenklägers in Bezug auf den Inhalt der Absprache ihr Zustandekommen nicht verhindern.[118] Eine Verständigung kommt zustande, wenn der **Angeklagte und die StA** dem Vorschlag des Gerichts **zustimmen** (S. 4). Durch diese eindeutige Formulierung wird die bisherige Diskussion, ob eine Zustimmung der Verfahrensbeteiligten – insb. der StA – erforderlich ist,[119] hinfällig und die Verständigung erlangt – obwohl der Gesetzgeber diesen Begriff bewusst nicht verwendet[120] – faktisch den Charakter einer **quasi-vertraglichen Vereinbarung**.[121] 32

5. Folgen (Abs. 4). a) Bindung des Gerichts. Aus dem Umkehrschluss von § 257c Abs. 4 S. 1 folgt, dass das **Gericht grundsätzlich** an den Inhalt der Verständigung **gebunden** ist. Dies gilt jedoch nur für das Tatsachengericht, nicht für das Berufungs- oder Revisionsgericht und nicht für das Gericht, an das die Sache nach Aufhebung zurückverwiesen wird.[122] Für diese Gerichte gilt allerdings gleichwohl das Verbot der Schlechterstellung (§§ 331 Abs. 1, 358 Abs. 2). Eine Bindungswirkung für die StA, die ggf. die Zusage einer Einstellung nach § 154 abgegeben hat, entsteht nicht.[123] 33

Das Gericht ist nur dann nicht an den in Aussicht gestellten Strafrahmen gebunden, wenn es aufgrund **rechtlich oder tatsächlich bedeutsamer Umstände**, die im Rahmen der Verständigung übersehen worden sind oder sich neu ergeben haben, zu der Überzeugung gelangt, dass dieser nicht mehr tat- oder schuldangemessen ist (Abs. 4 S. 1). Dies ist insb. dann zu bejahen, wenn sich die angeklagte Tat aufgrund neuer Tatsachen oder Beweismittel statt wie bisher als Vergehen nun als Verbrechen darstellt oder wenn nachträglich erhebliche Vorstrafen des Angeklagten bekannt werden.[124] Die Regelung soll sicherstellen, dass „das Ergebnis des Prozesses stets ein richtiges und gerechtes Urteil" ist.[125] Sie entspricht in ihren Voraussetzungen den Vorgaben der Rechtsprechung,[126] verlangt jedoch über diese hinausgehend die **Überzeugung des Gerichts**, dass der zugesagte Strafrahmen nicht mehr tat- oder schuldangemessen ist. Damit kann sich das Gericht auch in den Fällen von der Verständigung lösen, in denen es die Sach- oder Rechtslage bei Abgabe seiner 34

---

[116] Vgl. *Niemöller* GA 2009, 172 (178 f.) mwN.
[117] Vgl. *Schlothauer/Weider* StV 2009, 600 (604); *Meyer-Goßner* Rn. 23; Niemöller/Schlothauer/Weider/*Niemöller* Rn. 24. Es geht um eine iSv. § 263 Abs. 1 nachteilige Entscheidung, weil die Verständigung über eine Verurteilung (statt eines Freispruchs) erfolgt.
[118] Vgl. Begründung zum Gesetzesentwurf der Bundesregierung, BT-Drucks. 16/12310, S. 14. Dies ergibt sich bereits aus § 400 Abs. 1. Niemöller/Schlothauer/Weider/*Niemöller* Rn. 21 hält es jedoch uU für sinnvoll, den Nebenkläger als „fakultativen Verständigungspartner" einzubeziehen, etwa in Rahmen einer Schadenswiedergutmachung durch den Angeklagten. Krit. zur beschränkten Beteiligung der Schöffen, die u.a. nicht die Akten kennen und denen häufig zu Beginn der Hauptverhandlung ein vollständiger Verständigungsentwurf „zum Abnicken" präsentiert wird: *Fischer* StraFo 2009, 177 (183); *Weigend*, FS Maiwald, S. 829 (834 f.).
[119] Ablehnend *Altenhain/Haimerl* GA 2005, 281 (286 Fn. 20); *Meyer-Goßner* StraFo 2003, 401 (402); *ders.* Vor § 213 Rn. 12; bejahend: KK-StPO/*Schoreit* § 261 Rn. 6; vgl. auch BGH v. 7. 5. 2003 – 5 StR 556/02, NStZ 2003, 563: „Legt ein Angeklagter (...) ein Geständnis im Vertrauen auf eine gerichtliche Zusage zur Strafobergrenze ab, die gegen den erklärten Widerspruch der StA oder gar ohne deren Kenntnis erteilt wurde, so besteht von vornherein kein Vertrauenstatbestand für den Angeklagten, dass die – notwendig unverbindliche – Zusage eingehalten oder aber das Geständnis unverwertet bleiben werde."
[120] Begründung zum Gesetzesentwurf der Bundesregierung, BT-Drucks. 16/12310, S. 8.
[121] Niemöller/Schlothauer/Weider/*Niemöller* Rn. 8. Krit. an dem Erfordernis der staatsanwaltschaftlichen Zustimmung *Leipold* NJW-Spezial 2009, 520 (521), der darin einen Widerspruch zu den Vorgaben der Art. 92 und 97 GG sieht und deshalb die Verfassungswidrigkeit der Regelung in den Raum stellt; aA Niemöller/Schlothauer/Weider/*Niemöller* Rn. 17 f., der in dem Zustimmungserfordernis der StA ihre Doppelrolle als „Verständigungsgehilfin" und „Aufsichtsbehörde" erkennt; vgl. ferner *Meyer-Goßner* NStZ 2007, 425 (428).
[122] Begründung zum Gesetzesentwurf der Bundesregierung, BT-Drucks. 16/12310, S. 15; *Schlothauer/Weider* StV 2009, 600 (605); Graf/*Eschelbach* Rn. 30; Niemöller/Schlothauer/Weider/*Niemöller* Rn. 110.
[123] Begründung zum Gesetzesentwurf der Bundesregierung, BT-Drucks. 16/12310, S. 13.
[124] BGH v. 28. 8. 1997 – 4 StR 240/97, BGHSt 43, 195 (210) = NStZ 1998, 31 (34) mit Hinweis auf § 373 a Abs. 1. Abs. 4 S. 1 gilt aber auch zu Gunsten des Angeklagten, etwa dann, wenn er nachträglich ein strafmildernd zu berücksichtigendes Verhalten zeigt, bspw. das Einverständnis zur formlosen Einziehung von Gegenständen, vgl. BGH v. 4. 2. 2010 – 1 StR 3/10, StV 2010, 227 (227 f.).
[125] Begründung zum Gesetzesentwurf der Bundesregierung, BT-Drucks. 16/12310, S. 14.
[126] BGH v. 28. 8. 1997 – 4 StR 240/97, BGHSt 43, 195 (210) = NStZ 1998, 31 (34): „Ergeben sich nach der Absprache allerdings schwerwiegende neue Umstände, die dem Gericht bisher unbekannt waren und die es unter Einfluss auf das Urteil haben könnten, so kann das Gericht von der getroffenen Absprache abweichen." Noch weitergehend BGHGS v. 3. 3. 2005 – GSSt 1/04, BGHSt 50, 40 (50) = NJW 2005, 1440 (1442): „Das Gericht darf (...) von seiner Zusage (auch dann) abweichen (...), wenn schon bei der Urteilsabsprache vorhandene relevante tatsächliche oder rechtliche Aspekte übersehen wurden."

Prognose unzutreffend bewertet hat.[127] Im Ergebnis kann sich das Gericht also leichter als bisher von einer Zusage lösen. Für den Angeklagten geht damit ein Verlust an Rechtssicherheit einher, denn die tatsächliche Gewährung der vereinbarten Vergünstigung liegt nicht in seiner Macht.[128]

35   Die Bindung des Gerichts entfällt nach Abs. 4 S. 2 auch dann, „wenn das **weitere Prozessverhalten** des Angeklagten nicht dem Verhalten entspricht, das der Prognose des Gerichts zugrunde gelegt worden ist". Sofern das Verhalten des Angeklagten zwar den Erwartungen des Gerichts, nicht aber denen der StA entspricht, kann sich diese nicht einseitig von der Verständigung lösen. Ihr bleibt insofern nur die Möglichkeit, gegen das Urteil Rechtsmittel einzulegen.[129] Bereits der Begriff des Prozessverhaltens ist unbestimmt und uferlos (s. oben Rn. 23), mit dem Schweigen der Gesetzesbegründung wird die notwendige Konkretisierung der Rechtsprechung überantwortet.[130] Tatsächlich wird dem Gericht damit ein **Druckmittel** an die Hand gegeben, das die Unsicherheit des Angeklagten weiter verstärken und seine Neigung zur Zusammenarbeit empfindlich beeinträchtigen wird. Wie ist etwa vor diesem Hintergrund das Stellen eines Beweisantrags aufgrund einer gerichtlichen Vernehmung eines Opferzeugen zu bewerten, wenn der Angeklagte vorher seinen Verzicht auf die Stellung weiterer Beweisanträge erklärt hat.[131] Ist das ein *venire contra factum proprium* iSd. Vorschrift?

36   b) **Mitteilung bei Abweichung.** Sofern das Gericht beabsichtigt, aufgrund veränderter Umstände oder abweichenden Prozessverhaltens von der **Verständigung Abstand zu nehmen**, dh. wenn es beabsichtigt, eine Strafe außerhalb des zugesagten Strafrahmens zu verhängen, hat es dies den Verfahrensbeteiligten – schon aus Gründen der Verfahrensfairness – **unverzüglich mitzuteilen** (Abs. 4 S. 4). Mit dem Scheitern der Verständigung ist auch der Angeklagte nicht mehr an sein zugesagtes Verhalten gebunden. Vorab erbrachte Leistungen, insb. Schadensersatzzahlungen, kann der Angeklagte nach den zivilrechtlichen Grundsätzen der ungerechtfertigten Bereicherung (§§ 812 ff. BGB) zurückverlangen.[132] Für sein bereits abgelegtes **Geständnis** entsteht ein **Verwertungsverbot** (Abs. 4 S. 3). Das Gericht ist somit gehalten, die ihm zur Verfügung stehenden und noch einzuholenden Beweise so zu würdigen als sei ein Geständnis nie abgelegt worden, wobei Beweismittel, die aufgrund des Geständnisses erlangt wurden, nach den allgemeinen Grundsätzen verwertbar bleiben.[133] Natürlich stellt sich hier das gleiche Problem wie bei sonstigen Verwertungsverboten von einmal in die Verhandlung eingeführten Beweisen: Sie sind in der Welt und können nicht ungeschehen gemacht werden, so dass zu befürchten steht, dass sie – trotz des Verwertungsverbots – auf die Urteilsfindung Einfluss nehmen;[134] dem kann nur durch eine Verweisung an einen anderen Richter oder eine Kammer entgegengewirkt werden.[135]

37   Der BGH hat allerdings schon vor Einführung der gesetzlichen Regelung festgestellt, dass ein abgelegtes Geständnis nach gescheiterter Absprache zwar nicht zu Lasten des Angeklagten bei der Prüfung der *Schuldfrage*, jedoch zu seinen Gunsten iRd. *Strafzumessung* verwertet werden darf bzw. muss.[136] Aufgrund seiner systematischen Stellung scheint Abs. 4 S. 3 so zu verstehen zu sein, dass nur das Geständnis der gerade verhandelten Tat(en) unverwertbar wird. Aus Gründen der Verfahrensfairness muss sich das Verwertungsverbot jedoch auch auf das Geständnis weiterer, noch bei der StA anhängiger Taten erstrecken, die der Angeklagte in der Hoffnung auf eine Einstellung nach § 154 Abs. 1 eingeräumt hat.[137]

§ 258 [Schlußvorträge]

(1) **Nach dem Schluß der Beweisaufnahme erhalten der Staatsanwalt und sodann der Angeklagte zu ihren Ausführungen und Anträgen das Wort.**

(2) **Dem Staatsanwalt steht das Recht der Erwiderung zu; dem Angeklagten gebührt das letzte Wort.**

---

[127] Begründung zum Gesetzesentwurf der Bundesregierung, BT-Drucks. 16/12310, S. 14.
[128] Ebenso krit.: *Beulke/Witzigmann* StV 2009, 394 (397); *Niemöller* GA 2009, 172 (183); *Weigend*, FS Maiwald, S. 829 (842 f.); *Meyer-Goßner* Rn. 26.
[129] Vgl. Graf/*Eschelbach* Rn. 30 f.
[130] Krit. auch *Leipold* NJW-Spezial 2009, 520 (521); Graf/*Eschelbach* Rn. 32.
[131] Vgl. auch Graf/*Eschelbach* Rn. 32; *Meyer-Goßner* Rn. 27.
[132] Niemöller/Schlothauer/Weider/*Niemöller* Rn. 138.
[133] Vgl. jüngst EGMR *Gäfgen v. Deutschland*, Urt. v. 30. 6. 2008 – No. 22 978/05, NStZ 2008, 699 (701), para. 103 ff.; speziell zu § 257c Abs. 4 S. 3: *Jahn/Müller* NJW 2009, 2625 (2629); *Schlothauer/Weider* StV 2009, 600 (605); Niemöller/Schlothauer/Weider/*Niemöller* Rn. 150.
[134] Ähnlich: *Beulke/Witzigmann* StV 2009, 394 (397); *Meyer-Goßner* Rn. 28; grdl. *Löffelmann* S. 178 ff. u. passim.; vgl. hierzu auch BGH v. 22. 7. 2009 – 5 StR 238/09, StV 2009, 629 (630), im zugrunde liegenden Fall hatte das LG – nach alter Rechtslage – ein widerrufenes Geständnis uneingeschränkt verwertet.
[135] Ähnlich für eine funktionelle Trennung zwischen anordnendem und erkennendem Gericht *Löffelmann* S. 180 ff.
[136] BGH v. 17. 7. 1996 – 5 StR 121/96, BGHSt 42, 191 (194 f.) = NJW 1996, 3018 (3018).
[137] Vgl. BGH v. 17. 7. 1996 – 5 StR 121/96, BGHSt 42, 191 (192) (insoweit in NJW nicht abgedruckt).

(3) Der Angeklagte ist, auch wenn ein Verteidiger für ihn gesprochen hat, zu befragen, ob er selbst noch etwas zu seiner Verteidigung anzuführen habe.

Schrifttum: *Alsberg*, Das Plaidoyer, AnwBl 1978, 1; *Dallinger*, Aus der Rechtsprechung des Bundesgerichtshofs in Strafsachen, MDR 1957, 526; *Gubitz/Bock*, Letztes Wort und Schlussvortrag des Angeklagten – ein Fallstrick mit Konsequenzen für die Revision, JA 2009, 136; *Hammerstein*, Verteidigung wider besseres Wissen, NStZ 1997, 12; *ders.*, Verteidigung mit dem letzten Wort, FS Herbert Tröndle, 1989, S. 485; *Julius*, Anmerkung zu BGH v. 27. 2. 2001 – 4 StR 414/00, NStZ 2002, 104; *Rübenstahl*, Der „Wiedereintritt in die Verhandlung" und die erneute Erteilung des letzten Worts (zur Auslegung von § 258 II, III StPO), GA 2004, 33; *Schlothauer*, Wiederöffnung der Hauptverhandlung und letztes Wort, StV 1984, 134; *Witting*, Präsentation von Beweisinhalten durch die Verteidigung, StraFo 2010, 133.

I. Allgemeines

§ 258 gewährt den Verfahrensbeteiligten **rechtliches Gehör**, in dem sie zum Ergebnis der Hauptverhandlung und dem Prozessstoff in seiner Gesamtheit Stellung beziehen können.[1] Die Norm sichert durch die auf ihrer Grundlage erfolgende Würdigung des gesamten Prozessstoffs aus den unterschiedlichen Blickwinkeln der Prozessbeteiligten auch die materielle Wahrheitsfindung.[2] Insbesondere das Recht des Angeklagten auf das letzte Wort (Abs. 2 Hs. 2) spiegelt darüber hinaus die Anerkennung seiner Subjektsqualität sowie aktiven Teilhabe am Strafprozess wider und konkretisiert sein verfassungsrechtlich geschütztes Recht auf rechtliches Gehör (Art. 103 GG),[3] welches bis zum Beginn der Urteilsverkündung fortbesteht.[4]

II. Schlussvorträge (Abs. 1)

1. Ausgangspunkt für Abs. 1 ist der **Schluss der Beweisaufnahme**, der entweder durch eine entsprechende ausdrückliche Feststellung des Vorsitzenden oder konkludent markiert wird, indem unmissverständlich zum Ausdruck kommt, dass aus, in diesem Moment abschließender Sicht des Gerichts keine weiteren Beweise erhoben werden sollen.[5] Eines Beschlusses bedarf es hierfür nicht.[6] Die **Reihenfolge** der Schlussvorträge ist trotz Abs. 1 nicht zwingend.[7] Bei mehreren Angeklagten bestimmt diese der Vorsitzende.[8] Bei mehreren Staatsanwälten oder Verteidigern für einen Angeklagten steht die Reihenfolge in deren Ermessen.[9] Zur Reihenfolge in der Berufungs- und Revisionsverhandlung § 326 S. 1 und § 351 Abs. 2 S. 1. Die Schlussvorträge sind von § 257a ausgenommen.

Das Gericht darf seine Überzeugung nicht unter Außerachtlassung der Schlussvorträge bilden und hat diesen daher mit der erforderlichen Aufmerksamkeit zu folgen. Insbesondere sind das Studium anderer Akten oder ablenkende Gespräche zu unterlassen.[10] Die Fertigung eines Urteilsentwurfs durch das Gericht darf jedoch zur Vorbereitung auf die Urteilsberatung schon vor den Schlussvorträgen erfolgen, ohne dass hierdurch die Besorgnis einer Befangenheit begründet wird.[11]

2. Schlussvortrag des Staatsanwalts. Der Staatsanwalt ist auf Grund der ihm im Offizialverfahren zugewiesenen Stellung **verpflichtet** ein Plädoyer zu halten und einen bestimmten Antrag zu stellen,[12] wobei der Hinweis auf früher gestellte Einstellungs- oder Beweisanträge ausreichend ist.[13] Verweigert er dies, darf die Hauptverhandlung zunächst nicht fortgesetzt werden, der Dienstvorgesetzte ist zu informieren und um eine entsprechende Weisung zu ersuchen.[14] Lediglich wenn eine Antragstellung auch auf diesem Wege nicht zu erreichen ist, gebietet der Beschleunigungsgrundsatz eine Fortsetzung der Verhandlung.[15]

---

[1] BVerfG v. 13. 5. 1980 – 2 BvR 705/79, BVerfGE 54, 140 (142) = MDR 1980, 909; *Meyer-Goßner* Rn. 1.
[2] Anw-StPO/*Martis* Rn. 1; Löwe/Rosenberg/*Gollwitzer*, 25. Aufl., Rn. 2; SK-StPO/*Schlüchter* Rn. 1.
[3] BVerfG v. 13. 5. 1980 – 2 BvR 705/79, BVerfGE 54, 140 (141); Löwe/Rosenberg/*Gollwitzer*, 25. Aufl. Rn. 1.
[4] *Julius* NStZ 2002, 104 (105).
[5] BeckOK-StPO/*Eschelbach* Rn. 2; *Meyer-Goßner* Rn. 1.
[6] KK-StPO/*Schoreit* Rn. 2. Einen solchen – zu weit – für unzulässig erachtend HK-StPO/*Julius* Rn. 2.
[7] OLG Hamburg v. 23. 3. 1955 – Ss 2/55, JR 1955, 233; Löwe/Rosenberg/*Gollwitzer*, 25. Aufl., Rn. 13 f.
[8] RG v. 16. 2. 1923 – I 716/22, RGSt 57, 265 (266).
[9] *Meyer-Goßner* Rn. 8.
[10] Löwe/Rosenberg/*Gollwitzer*, 25. Aufl., Rn. 46 f.
[11] BGH v. 22. 11. 1957 – 5 StR 477/57, BGHSt 11, 74; BGH v. 10. 11. 2004 – 1 StR 414/04, wistra 2005, 110 (111); Löwe/Rosenberg/*Gollwitzer*, 25. Aufl., Rn. 50 f.
[12] OLG Zweibrücken v. 3. 7. 1985 – I Ss 68/85, StV 1986, 51 /52; Löwe/Rosenberg/*Gollwitzer*, 25. Aufl., Rn. 16; KK-StPO/*Schoreit* Rn. 8.
[13] *Burhoff* HV Rn. 664 b; *Meyer-Goßner* Rn. 10; Anw-StPO/*Martis* Rn. 3; Graf/*Eschelbach* Rn. 13. Eine Stellungnahme wird verlangt von *Meyer-Goßner* w. 14. 4. 1992 – 1 StR 68/92, StV 1992, 553.
[14] OLG Zweibrücken v. 3. 7. 1985 – I Ss 68/85, StV 1986, 51 (52); OLG Stuttgart v. 18. 10. 1992 – 1 Ss 488/91, NStZ 1992, 98; *Meyer-Goßner* Rn. 10; Löwe/Rosenberg/*Gollwitzer*, 25. Aufl., Rn. 16. AA Anw-StPO/*Martis* Rn. 3; KK-StPO/*Schoreit* Rn. 11.
[15] Löwe/Rosenberg/*Gollwitzer*, 25. Aufl., Rn. 16. Im Ergebnis so auch *Pfeiffer* Rn. 4.

5 Der als **Zeuge vernommene Staatsanwalt** ist an der weiteren Ausübung der Funktion des Sitzungsvertreters verhindert. Dies umfasst insbesondere auch den Schlussvortrag, da die objektive Würdigung einer eigenen Aussage nicht möglich ist.[16]

6 Der Staatsanwalt muss sich **inhaltlich** mit allen für und gegen den Angeklagten sprechenden Umständen, die Gegenstand der Hauptverhandlung (§ 261) waren, befassen und seinen Schlussvortrag daher objektiv und unvoreingenommen formulieren.[17] Unzulässig sind Ausführungen zu Tatsachen, die einem Verwertungsverbot unterfallen.[18]

7 **3. Schlussvortrag des Verteidigers.** Auch wenn der Verteidiger in Abs. 1 keine ausdrückliche Erwähnung findet, steht auch ihm im Hinblick auf Abs. 3 das Recht – nicht die Pflicht[19] – zum Schlussvortrag zu.[20] Ihm ist hierfür ausdrücklich oder konkludent das Wort zu erteilen.[21] Unterbleibt dies, sollte der Verteidiger sein Rederecht – schon zur Absicherung einer späteren Revisionsrüge – einfordern.[22]

8 Nach einer **Weigerung** zum Schlussvortrag auf Grund unüberbrückbarer Differenzen mit dem Angeklagten, die den Verteidiger außer Stande setzen ein sachgerechtes Plädoyer zu halten, gilt dieser als nicht mehr in der Hauptverhandlung anwesend, so dass diese nur fortgesetzt werden kann, wenn kein Fall des § 140 vorliegt.[23] Sollte ein solcher vorliegen, kommt die Fortführung der Hauptverhandlung nur in Betracht, wenn dem Angeklagten ein neuer Verteidiger bestellt wird.[24] Möglich ist auch die Aussetzung der Hauptverhandlung mit der Kostenfolge des § 145 Abs. 4.[25] Die Weigerung einen Schlussvortrag zu halten kann zur Entpflichtung des Pflichtverteidigers führen.[26] Verweigert der Verteidiger aus anderen Gründen seinen Schlussvortrag, obwohl er zu diesem in der Lage wäre,[27] kann das Verfahren fortgeführt werden.[28]

9 **Inhaltlich** darf sich der Schlussvortrag nur mit Umständen befassen, die Gegenstand der Hauptverhandlung (§ 261) waren,[29] sich jedoch einseitig auf die zu Gunsten des Angeklagten sprechenden Umstände beschränken.[30] Es sind Ausführungen in tatsächlicher und rechtlicher Hinsicht zulässig,[31] die in einen konkreten Antrag münden können. Ein Antrag auf Freispruch ist auch möglich, wenn der Verteidiger die Schuld des Angeklagten kennt.[32] Im Rahmen des Schlussvortrages können weitere Beweisanträge gestellt werden, wobei hier die Gefahr besteht, dass diese durch das Gericht als Hilfsbeweisanträge (für den Fall einer beabsichtigten Verurteilung) gewertet werden.

10 War für einen Teil der Hauptverhandlung die Öffentlichkeit nach §§ 171b, 172 Nr. 2 und 3 GVG ausgeschlossen, darf der hiermit intendierte Persönlichkeitsschutz nicht durch die Erörterung der in Abwesenheit der Öffentlichkeit erlangten Erkenntnisse aufs Spiel gesetzt werden.[33]

11 Eine Entscheidung über Entschädigungsansprüche nach dem **StrEG** ist zwar von Amts wegen zu treffen, es empfiehlt sich jedoch eine solche ggf. bereits im Schlussvortrag zu beantragen.[34]

12 Das Plädoyer soll in **freier Rede** gehalten werden,[35] zwingend ist dies aber nicht, so dass die Benutzung von schriftlichen Aufzeichnungen nicht untersagt werden darf.[36] Verdeutlichungen anhand von Skizzen, Modellen oder Augenscheinsobjekten sind zulässig.[37]

13 Dem Verteidiger ist – ggf. durch eine Unterbrechung der Hauptverhandlung – ausreichend Zeit für die **Vorbereitung des Plädoyers** einzuräumen.[38] Die erforderliche Vorbereitungszeit richtet

---

[16] SachsA OLG v. 2. 11. 2006 – 2 Ss 320/06 = StraFo 2007, 64 (65).
[17] Meyer-Goßner Rn. 14.
[18] Löwe/Rosenberg/Gollwitzer, 25. Aufl., Rn. 18.
[19] So wohl OLG Köln v. 21. 8. 1990 – 2 Ws 401/90, NStZ 1991, 248 (249).
[20] BeckOK-StPO/Eschelbach Rn. 11.
[21] Löwe/Rosenberg/Gollwitzer, 25. Aufl., Rn. 10, 12.
[22] Löwe/Rosenberg/Gollwitzer, 25. Aufl., Rn. 12.
[23] BGH v. 18. 8. 1993 – 2 StR 413/93, StV 1993, 566.
[24] BGH v. 14. 5. 1992 – 4 StR 202/93, StV 1992, 358. AA BeckOK-StPO/Eschelbach Rn. 13.
[25] BGH v. 18. 8. 1993 – 2 StR 413/93, StV 1993, 566.
[26] BGH v. 14. 5. 1992 – 4 StR 202/93, StV 1992, 358 (359).
[27] BGH v. 27. 11. 1979 – 5 StR 496/79, NStZ 1981, 295; BGH v. 3. 9. 1986 – 3 StR 355/86, BGHR § 142 Abs. 1 Auswahl 1.
[28] Meyer-Goßner Rn. 11; Löwe/Rosenberg/Gollwitzer, 25. Aufl., Rn. 17.
[29] Meyer-Goßner Rn. 13.
[30] Meyer-Goßner Rn. 15.
[31] BeckOK-StPO/Eschelbach Rn. 8. Zur möglichen Haftung beim Verabsäumen der Darstellung möglicher Milderungsgründe OLG Nürnberg v. 29. 6. 1995 – 8 U 4041/93, StV 1997, 481 ff.
[32] BGH v. 20. 5. 1952 – 1 StR 748/51, BGHSt 2, 375 (377); BGH v. 3. 10. 1979 – 3 StR 264/79 (S), BGHSt 29, 99 (107). Hammerstein NStZ 1997, 12 allg. zur Verteidigung „des schuldigen Angeklagten".
[33] Meyer-Goßner Rn. 13.
[34] Burhoff HV Rn. 669.
[35] Historisch Alsberg AnwBl 1978, 1 ff.
[36] BGH v. 9. 1. 1953 – 1 StR 623/52, BGHSt 3, 368 (369); BGH v. 24. 9. 1963 – 1 StR 185/63, MDR 1964, 72.
[37] OLG Hamm v. 22. 2. 1968 – 2 Ss 1545/67, VRS 35, 370 (371). Zur „Rechtsvisualisierung" mittels Power-Point und Beamer vgl. Witting StraFo 2010, 133 (134).
[38] BGH v. 21. 3. 1989 – 5 StR 120/88, StV 1989, 187 = NStZ 1989, 283.

sich nach dem Einzelfall.³⁹ Wird die Unterbrechung der Hauptverhandlung verweigert oder ist diese nicht ausreichend bemessen, ist dies dem Gericht gegenüber zur Kenntnis zu geben und ggf. ein Gerichtsbeschluss (§ 238 Abs. 2) zu erwirken.⁴⁰

Eine **Unterbrechung** des Schlussvortrages durch den Vorsitzenden oder eine **Redezeitbegrenzung**⁴¹ ist grds. unzulässig,⁴² es sei denn, das Plädoyer wird **missbraucht**. Dies ist der Fall, wenn der Verteidiger andere Verfahrensbeteiligte über Gebühr oder beleidigend angreift;⁴³ auf Tatsachen Bezug nimmt, die nicht Gegenstand der Hauptverhandlung waren; abschweift⁴⁴ oder sich sein Vortrag in Wiederholungen erschöpft.⁴⁵ Nach einer Ermahnung durch den Vorsitzenden ist als ultima ratio die Entziehung des Wortes zulässig, wobei das Beweisantragsrecht auch in diesem Fall nicht eingeschränkt werden darf.⁴⁶ 14

Einem Verteidiger, der bei den Schlussanträgen nicht anwesend war, aber vor Verkündung des Urteils wieder erscheint, muss auf Antrag Gelegenheit zum Plädoyer eingeräumt werden,⁴⁷ unabhängig davon, ob er seine Abwesenheit zu vertreten hat.⁴⁸ Der Schlussvortrag des Angeklagten kann auf den Verteidiger übertragen werden. 15

Nach einem Wiedereintritt⁴⁹ in die Beweisaufnahme ist ein erneuter (auch umfassender) Schlussvortrag möglich.⁵⁰ 16

4. Schlussvortrag weiterer Verfahrensbeteiligter. Das Recht auf einen Schlussvortrag steht auch dem **Nebenkläger** zu (§ 397 Abs. 1 S. 3). Dieses kann durch den Nebenklägervertreter oder neben diesem wahrgenommen werden,⁵¹ wobei der Schlussvortrag insbesondere den Antrag, dem Angeklagten die notwendigen Auslagen des Nebenklägers aufzuerlegen, enthalten muss.⁵² Darüber hinaus ist es Usus keinen auf eine exakte Strafhöhe konkretisierten Antrag zu stellen, sondern diese ausdrücklich dem Ermessen des Gerichts zu überlassen.⁵³ Das Recht des Nebenklägers ist grds. nach dem Staatsanwalt und vor dem Angeklagten/Verteidiger auszuüben.⁵⁴ Entsprechendes gilt für den **Privatkläger** und **Widerkläger** (§ 388), für **Einziehungs-** und **Verfallsbeteiligte** (§§ 433 Abs. 1, 441 Abs. 3, 442 Abs. 1, Abs. 1 S. 2), **Vertreter einer juristischen Person** oder **Personengesellschaft** (§ 444 Abs. 2) und den **gesetzlichen Vertreter/Erziehungsberechtigten** eines Jugendlichen (§ 67 Abs. 1 JGG). Diesen ist unmissverständlich durch den Vorsitzenden die Gelegenheit für den Schlussvortrag einzuräumen. Einer ausdrücklichen Worterteilung bedarf es nicht, eine bloße Handbewegung vermag jedoch nur auszureichen, wenn diese durch den Betroffenen verstanden wird und dieser hierauf seinen Schlussvortrag hält.⁵⁵ 17

III. Erwiderungsrecht (Abs. 2 Hs. 1)

Dem **Staatsanwalt** steht das Recht der Erwiderung zu, um auf Gesichtspunkte eingehen zu können, die erst in einem nach seinem Plädoyer gehaltenen Schlussvortrag eine Rolle spielen.⁵⁶ Neben dem Staatsanwalt steht dieses Recht auch dem **Nebenkläger** zu (§ 397 Abs. 1 S. 3 und 4), welchem aber nicht das Gewicht des letzten Wortes des Angeklagten zukommt.⁵⁷ Wurde das Recht der Erwiderung dem Nebenkläger nicht gewährt, kann dies eine **Revision** des Nebenklägers begründen, wenn und soweit das Urteil gerade auf diesem Fehler beruht.⁵⁸ Für den **Privatkläger** gilt Entsprechendes (§ 385 Abs. 1 S. 1). Auch dem **Angeklagten** und dem **Verteidiger** gebührt das Recht einer Erwiderung, wenn der Staatsanwalt von Abs. 2 Hs. 1 Gebrauch macht.⁵⁹ 18

---

³⁹ BGH v. 11. 5. 2005 – 2 StR 150/05, NStZ 2005, 650.
⁴⁰ BGH v. 11. 5. 2005 – 2 StR 150/05, NStZ 2005, 650; KG v. 19. 7. 1984 – (5) Ss 136/84 (11/84), NStZ 1984, 523 (524).
⁴¹ RG v. 10. 3. 1930 – II 1163/29, RGSt 64, 57 (58); KK-StPO/*Schoreit* Rn. 9.
⁴² Anw-StPO/*Martis* Rn. 5.
⁴³ OLG Jena v. 4. 7. 2001 – 1 Ss 157/01, NJW 2002, 1890 (1891).
⁴⁴ BGH v. 9. 1. 1953 – 1 StR 623/52, BGHSt 3, 368 (369).
⁴⁵ BGH v. 14. 2. 1985 – 4 StR 731/84, StV 1985, 355 (356).
⁴⁶ Anw-StPO/*Martis* Rn. 5; KK-StPO/*Schoreit* Rn. 10.
⁴⁷ OLG Hamm v. 29. 4. 1970 – 4 Ss 98/70, NJW 1970, 1696; *Meyer-Goßner* Rn. 5.
⁴⁸ Löwe/Rosenberg/*Gollwitzer*, 25. Aufl., Rn. 12.
⁴⁹ Siehe Rn. 16.
⁵⁰ Kein ausdrücklicher Hinweis hierauf erforderlich BGH v. 15. 11. 1968 – 4 StR 190/68, BGHSt 22, 278 (279); BGH v. 13. 10. 1992 – 5 StR 476/92, NStZ 1993, 94 (95).
⁵¹ *Meyer-Goßner* Rn. 4.
⁵² *Burhoff* HV Rn. 633; *Meyer-Goßner* § 472 Rn. 10.
⁵³ *Dahs* Rn. 2061.
⁵⁴ *Meyer-Goßner* Rn. 8.
⁵⁵ RG v. 3. 6. 1927 – I 499/27, RGSt 61, 317 (318); *Meyer-Goßner* Rn. 7; KK-StPO/*Schoreit* Rn. 4.
⁵⁶ BeckOK-StPO/*Eschelbach* Rn. 16.
⁵⁷ BGH v. 11. 7. 2001 – 3 StR 179/01, NJW 2001, 3137 = NStZ 2001, 610f.; Anw-StPO/*Martis* Rn. 6.
⁵⁸ BGH v. 11. 7. 2001 – 3 StR 179/01, NJW 2001, 3137.
⁵⁹ BGH v. 29. 7. 1976 – 4 StR 373/76, NJW 1976, 1951.

Wird dies nicht gewährt muss nach § 238 Abs. 2 verfahren werden.[60] Nach einer Erwiderung ist dem Angeklagten das letzte Wort ggf. erneut zu gewähren.[61]

IV. Letztes Wort des Angeklagten (Abs. 2 Hs. 2)

19   **1. Inhalt.** Dem Angeklagten steht frei, was er im Rahmen seines letzten Wortes ausführen möchte.[62] Insbesondere ist es ihm möglich auch (private) Dinge, die nicht unmittelbar mit der Schuldfrage zusammenhängen, oder solche, die nicht Gegenstand der Beweisaufnahme waren, vorzubringen.[63] Hieran kann er grundsätzlich nicht gehindert werden.[64] Es ist in der Regel sinnvoll und dem Verteidiger anzuraten, den Inhalt des letzten Wortes mit dem Angeklagten vorab – ggf. in einer hierfür beantragten Unterbrechung der Verhandlung – zu besprechen. Nur so wird dieser in die Lage versetzt, das ihm zustehende Recht optimal zu nutzen.[65] Hierbei ist zu beachten, dass jede Äußerung zur Sache (noch) zu Lasten des (ansonsten schweigenden) Angeklagten verwendet werden darf[66] und auf Grund einer Äußerung auch erneut in die Beweisaufnahme eingetreten werden kann, zB nach einem erstmaligen Geständnis oder einer neuen Alibibehauptung.[67]

20   Nach dem letzten Wort (nicht nach Abs. 3) ist die **Ablehnung** eines Richters wegen der **Besorgnis der Befangenheit** nicht mehr möglich (§ 25 Abs. 2 S. 2). Soll ein Ablehnungsantrag auf einen Ablehnungsgrund gestützt werden, der erst nach den Schlussvorträgen entstanden ist, muss dieser – ggf. nach einer Unterbrechung – vor dem letzten Wort oder dem Verzicht hierauf gestellt werden.[68]

21   Die Erteilung oder Nichterteilung des letzten Wortes ist eine **wesentliche Förmlichkeit** und daher ausschließlich mittels des Hauptverhandlungsprotokolls zu beweisen.[69] Dieses muss jedoch nur erkennen lassen, dass der Angeklagte als letzter der Beteiligten die Möglichkeit hatte Ausführungen zu machen.[70] Bei Unklarheiten des Protokolls gilt der Freibeweis.[71]

22   **2. Form.** Das letzte Wort kann unter Zuhilfenahme **schriftlicher Aufzeichnungen** und in der Verlesung eines Entwurfs bestehen. Dies darf der Vorsitzende nicht unterbinden.[72] Das letzte Wort ist bei Anwesenheit des Angeklagten nicht auf den Verteidiger oder eine dritte Person übertragbar.[73] Wird der abwesende Angeklagte durch einen Verteidiger vertreten (§ 234), ist diesem das letzte Wort zu gewähren.[74] Die Anwendung von § 257a ist ausgeschossen.

23   **3. Umfang.** Um dem Angeklagten die weitestgehende Verteidigungsmöglichkeit zu gewähren, sind Eingriffe in das letzte Wort nur unter engen Voraussetzungen möglich. Eine **Unterbrechung** durch den Vorsitzenden ist unzulässig, es sei denn, dass sich auf Grund der Ausführungen des Angeklagten die Notwendigkeit einer Frage ergibt.[75] Nicht zulässig ist die **Beschränkung der Redezeit**[76] oder die Androhung, das letzte Wort zu entziehen, wenn der Angeklagte nicht die Wahrheit sagen sollte.[77] Vor einem **Entzug des letzten Wortes**, der nur ultima ratio sein kann, ist der Angeklagte durch den Vorsitzenden zu **ermahnen**.[78] Er ist zulässig, wenn sich die Ausführungen mit gänzlich nicht zur Sache gehörenden Umständen befassen, immer wiederkehrende Wiederholungen[79] darstellen oder unnütze Weitschweifigkeiten enthalten.[80] Ein **Missbrauch** des letzten Wortes

---

[60] *Meyer-Goßner* Rn. 18.
[61] BeckOK-StPO/*Eschelbach* Rn. 12; *Meyer-Goßner* Rn. 18.
[62] BGH v. 28. 2. 1956 – 5 StR 609/55, BGHSt 9, 77 (79); BGH v. 14. 2. 1985 – 4 StR 731/84, StV 1985, 355 (356).
[63] BGH v. 14. 2. 1985 – 4 StR 731/84, StV 1985, 355 (356).
[64] *Gubitz/Bock* JA 2009, 136 (137).
[65] *Hammerstein* FS Tröndle 485 (487); *Burhoff* HV Rn. 606.
[66] Das letzte Wort des Angeklagten ist Inbegriff der Hauptverhandlung gem. § 261 und darf somit bei der Urteilsfindung als Einlassung berücksichtigt werden. So BGH v. 29. 10. 2009 – 4 StR 97/09, StraFo 2010, 71. Vgl. auch BGH v. 28. 10. 1999 – 4 StR 370/99, NStZ 2000, 217.
[67] BGH v. 25. 10. 2000 – 3 StR 483/99, NStZ 2001, 160 (161).
[68] BGH v. 25. 4. 2006 – 3 StR 429/05, StV 2007, 118 (119) = NStZ 2006, 644.
[69] BGH v. 2. 5. 1989 – 5 StR 154/89, BGHR Letztes Wort 1; BGH v. 21. 7. 1999 – 3 StR 268/99, StV 1999, 585; OLG Dresden v. 15. 6. 2007 – 2 Ss 228/07 = StaFo 2007, 420 (421). Zum Problem der „Rügeverkümmerung" nach Protokollberichtigung vgl. u. § 271 Rn. 18 ff. Zur Frage der Beweiskraft eines widersprüchlichen oder lückenhaften Protokolls vgl. u. § 274 Rn. 3 f.
[70] BGH v. 20. 3. 1959 – 4 StR 416/58, BGHSt 13, 53 (60).
[71] *Meyer-Goßner* Rn. 20. Zu unzureichenden Protokollformulierungen Löwe/Rosenberg/*Gollwitzer*, 25. Aufl., Rn. 53.
[72] BGH v. 9. 1. 1953 – 1 StR 623/52, BGHSt 3, 368 (369); BGH v. 24. 9. 1963 – 1 StR 185/63, MDR 1964, 72.
[73] *Meyer-Goßner* Rn. 20.
[74] So BayObLG v. 6. 4. 1981 – 4 St 267/80, StraFo 1996, 47. AA *Eisenberg* Beweisrecht Rn. 81o mwN. Vgl. zum nach § 231 Abs. 2 ferngebliebenen Angeklagten KK-StPO/*Schoreit* Rn. 14 mwN.
[75] *Dallinger* MDR 1957, 526 (527).
[76] RG v. 10. 3. 1930 – II 1163/29, RGSt 64, 57 (58).
[77] BGH v. 25. 5. 1965 – 5 StR 207/65, JR 1965, 348.
[78] *Burhoff* HV Rn. 608.
[79] BGH v. 24. 9. 1963 – 1 StR 185/63, MDR 1964, 72; BGH v. 14. 2. 1985 – 4 StR 731/84, StV 1985, 355 (356).
[80] BGH v. 9. 1. 1953 – 1 StR 623/52, BGHSt 3, 368 (369).

liegt darüber hinaus vor, wenn der Angeklagte dieses verwendet, um das Gericht oder einen anderen Verfahrensbeteiligten unnötig anzugreifen oder zu beleidigen.

Das letzte Wort ist auch einem bisher **schweigenden** oder **geständigen Angeklagten** zu erteilen.[81] Bei einem nach § 231b **ausgeschlossenen Angeklagten** muss grds. versucht werden, diesen für die Gewährung des letzten Wortes heranzuziehen.[82] Ein von vornherein aussichtslos erscheinender Versuch ist im Hinblick auf die Ordnung der Verhandlung und das Ansehen des Gerichts jedoch nicht erforderlich.[83] Das letzte Wort ist auch dann ausdrücklich zu gewähren, wenn der Angeklagte an vorherigen Hauptverhandlungsterminen **nicht teilgenommen**,[84] sich bereits in der Hauptverhandlung geäußert oder einen Schlussvortrag gehalten hat.[85]

4. Zeitpunkt. Die bloße Gelegenheit selbst noch etwas zu seiner Verteidigung auszuführen (Abs. 3), ohne Hinweis auf das Recht des letzten Wortes, stellt einen revisiblen Verstoß gegen Abs. 2 2. Hs. dar.[86] Dem Angeklagten muss vielmehr **nach den Schlussvorträgen ausdrücklich**, wenn auch nicht zwingend mit den Worten des Gesetzes, das letzte Wort erteilt werden,[87] so dass ihm deutlich wird, dass er als Letzter vor der Urteilsberatung sprechen wird.[88] Bei mehreren Angeklagten bestimmt der Vorsitzende die Reihenfolge.[89] Auch in der **Berufungs- und Revisionshauptverhandlung** ist dem Angeklagten jeweils erneut das letzte Wort zu gewähren (§ 326 S. 2 und § 351 Abs. 2 S. 2).

5. Wiedereintritt. Nach einem Wiedereintritt in die Verhandlung[90] ist die Möglichkeit zu umfassenden Schlussvorträgen und das letzte Wort erneut zu gewähren,[91] auch wenn der Wiedereintritt nur einen unwesentlichen Aspekt oder einen Teil der Anklagevorwürfe betraf.[92] Die Verfahrensbeteiligten sind nicht verpflichtet ihre bisherigen Ausführungen und Anträge zu wiederholen, sondern können auf diese – auch konkludent – Bezug nehmen.[93] Während ein Hinweis auf das Recht der Erneuerung des Schlussvortrags nicht erforderlich ist,[94] ist der Angeklagte erneut ausdrücklich auf sein Recht zum letzten Wort hinzuweisen.[95] Ein Wiedereintritt in die Verhandlung ist bis zum Abschluss der Urteilsbegründung möglich, aber nur bis zum Beginn der Urteilsverkündung durch die Verfahrensbeteiligten (zB durch die Einreichung eines Beweisantrags) einforderbar.[96] Er liegt vor, wenn das Gericht vor der Urteilsverkündigung – auch ohne ausdrücklichen Beschluss[97] – eine Entscheidung trifft, die einen Bezug zur Sachentscheidung aufweist, weil sich in ihr die gerichtliche Einschätzung zu einer potenziell urteilsrelevanten Frage widerspiegelt[98] oder wenn das Gericht zu erkennen gibt, dass es mit den Prozessbeteiligten in der Beweisaufnahme fortfahren möchte,[99] was in der Regel der Fall ist, wenn der Angeklagte in seinem letzten Wort erstmals ein Geständnis ablegt.[100]

---

[81] BGH v. 18. 3. 1967, 5 StR 122/97; BGH v. 13. 4. 1999 – 4 StR 117/99, StV 2000, 296 = NStZ 1999, 473 (Urteilsaufhebung im Strafausspruch).
[82] HK-StPO/*Julius* Rn. 11.
[83] BGH v. 28. 2. 1956 – 5 StR 609/55, BGHSt 9, 77 (79); BGH v. 14. 6. 2005 – 5 StR 129/05, BGHR letztes Wort Nr. 5; KG v. 9. 10. 1986 – (4) 1 Ss 154/86 (67/86), StV 1987, 519; KK-StPO/*Schoreit* Rn. 22.
[84] BGH v. 27. 2. 1990 – 5 StR 56/90, NStZ 1990, 291 = StV 1990, 247; OLG Hamm v. 27. 4. 2001 – 2 Ss 325/01, NStZ-RR 2001, 334 f. = StraFo 2002, 57 f. = wistra 2001, 278 f.
[85] BGH v. 12. 10. 1998 – 5 StR 333/98, StV 1999, 5; OLG Hamburg v. 20. 12. 2004 – II – 125/04 (1 Ss 182/04), StV 2005, 205 (206); *Meyer-Goßner* Rn. 1.
[86] BGH v. 12. 10. 1998 – 5 StR 333/98, StV 1999, 5; OLG Hamm v. 10. 5. 1999 – 2 Ss 388/99, StV 2000, 298; OLG Hamburg v. 20. 12. 2004 – II – 125/04 (1 Ss 182/04), StV 2005, 205 (206); *Gubitz/Bock* JA 2009, 136 (137).
[87] OLG Hamburg v. 20. 12. 2004 – II – 125/04 (1 Ss 182/04), StV 2005, 205 (206). Insoweit offengelassen BGH v. 1. 12. 2004 – 2 StR 78/04 = StraFo 2005, 119 = NStZ 2005, 280. Zum unzureichenden Protokollvermerk „Die Angeklagten gaben weitere Erklärungen nicht ab" BGH v. 16. 7. 1986 – 2 StR 281/86, NStZ 1987, 36.
[88] BGH v. 12. 10. 1962 – 4 StR 332/62, BGHSt 18, 84 (87); BGH v. 12. 10. 1998 – 5 StR 333/98, StV 1999, 5; Hans. OLG Hamburg v. 20. 12. 2004 – II – 125/04, 1 Ss 182/04 = StV 2005, 205; *Meyer-Goßner* Rn. 24.
[89] RG v. 16. 2. 1923 – I 716/22, RGSt 57, 265 (266).
[90] Zu diesem Begriff *Rübenstahl* GA 2004, 33.
[91] BGH v. 15. 11. 1968 – 4 StR 190/68, NJW 1969, 473 = BGHSt 22, 278; BGH v. 25. 6. 1984 – AnwSt (R) 17/83, NStZ 1984, 521; BGH v. 13. 10. 1998 – 5 StR 392/98, NStZ-RR 1999, 260; BGH v. 9. 8. 2001 – 3 StR 253/01, NStZ-RR 2001, 372; BGH v. 17. 1. 2003 – 2 StR 443/02, BGHSt 48, 181 (182) = NStZ 2003, 382; BayObLG v. 10. 8. 2001 – 5 St RR 198/2001, OLGSt Nr. 3; BGH v. 4. 2. 2010 – 1 StR 3/10, StraFo 2010, 201 = StV 2010, 227.
[92] BGH v. 1. 10. 1965 – 4 StR 351/65, BGHSt 20, 273 (275); BGH v. 15. 11. 1968 – 4 StR 190/68, BGHSt 22, 278, 280; *Meyer-Goßner* Rn. 27; Löwe/Rosenberg/*Gollwitzer*, 25. Aufl., Rn. 5.
[93] Löwe/Rosenberg/*Gollwitzer*, 25. Aufl., Rn. 9; SK-StPO/*Schlüchter* Rn. 3.
[94] BGH v. 1. 10. 1965 – 4 StR 351/65, BGHSt 20, 273 (274); BGH v. 15. 11. 1968 – 4 StR 190/68, BGHSt 22, 278 (279); *Meyer-Goßner* Rn. 27.
[95] BGH v. 20. 3. 1959 – 4 StR 416/58, BGHSt 13, 53 (59); BGH v. 15. 11. 1968 – 4 StR 190/68, BGHSt 22, 278 (279); BGH v. 16. 7. 1986 – 2 StR 281/86, NStZ 1987, 36.
[96] So zu verstehen BGH v. 9. 2. 1988 – 5 StR 6/88, NStZ 1988, 446 (448); BeckOK-StPO/*Eschelbach* Rn. 3; *Pfeiffer* Rn. 1; KK-StPO/*Schoreit* Rn. 3.
[97] SK-StPO/*Schlüchter* Rn. 4.
[98] Brandenb. OLG v. 30. 11. 2007 – 1 Ss 95/07, NStZ 2008, 586 (Hinweis auf mögliche Nebenfolge).
[99] BGH v. 27. 2. 2004 – 2 StR 146/03, NStZ 2004, 505; *Schlothauer* StV 1984, 134.
[100] *Meyer-Goßner* Rn. 1.

27 a) **Wiedereintritt.** Ausdrückl. Wiedereintritt in die Beweisaufnahme[101] (zB durch Verwendung eines weiteren Beweismittels);[102] Erörterung von Anträgen mit den Verfahrensbeteiligten[103] oder Besprechung der persönlichen Verhältnisse des Angeklagten;[104] Verkündung, Aufrechterhaltung oder Aufhebung eines Haftbefehls;[105] Anordnungen im Hinblick auf Haftverschonungsauflagen;[106] Entscheidung über Nebenfolgen;[107] Hinweis auf die rechtliche Möglichkeit einer Nebenfolge;[108] Erklärungen des Nebenklägers;[109] Bescheidung eines Beweis-,[110] Unterbrechungs- oder Aussetzungsantrags;[111] Erteilung eines rechtlichen Hinweises;[112] Verfahrensabtrennung[113] gegenüber einem Mitangeklagten;[114] Verlesung einer Urkunde.[115] Das letzte Wort ist erneut zu gewähren, wenn der Verteidiger auf die Ausführungen eines Angeklagten erwidert.[116] Ein Wiedereintritt liegt auch vor, wenn Verstöße gegen § 258 noch bis zur Beendigung der Urteilsverkündung **geheilt** werden.[117]

28 b) **Kein Wiedereintritt.** Anordnung der Beaufsichtigung des Angeklagten im Sitzungssaal;[118] bloße Entgegennahme von Hilfsbeweisantrag;[119] Verfahrensverbindung für die Urteilsverkündung;[120] Verkündung von Haftbefehl nach Urteilsverkündung.[121] Nach einem **Teileinstellungsbeschluss** gem. § 154 Abs. 2, welcher unmittelbar vor dem Urteil verkündet wird und daher Teil der abschließenden Entscheidung des Gerichts ist, wird das letzte Wort nicht erneut gewährt.[122] Dies gilt auch, wenn hierbei über einen das Verfahren insgesamt betreffenden Hilfsbeweisantrag mittelbar mitentschieden wird.[123]

V. Befragung des Angeklagten (Abs. 3)

29 Die zusätzliche Befragung gem. Abs. 3 ist ein höchstpersönliches Recht, das dem Angeklagten unabhängig davon zusteht, ob ein Verteidiger zu seinen Gunsten einen Schlussvortrag gehalten hat. Es soll ihm im Zusammenspiel mit Abs. 2 Hs. 2 die Möglichkeit geben auch nach seinem

---

[101] BGH v. 13. 10. 1998 – 5 StR 392/98, NStZ-RR 1999, 260.
[102] Löwe/Rosenberg/*Gollwitzer*, 25. Aufl., Rn. 6.
[103] BGH v. 31. 3. 1987 – 1 StR 94/87, StV 1987, 284 = NStZ 1987, 423 (Erörterung Hilfsbeweisantrag); BGH v. 12. 7. 1994 – 4 StR 306/94, StV 1995, 176; BGH v. 27. 2. 2004 – 2 StR 146/03, NStZ 2004, 505.
[104] BGH v. 3. 12. 2002 – 4 StR 432/02, StraFo 2003, 214 = NStZ 2003, 371.
[105] BGH v. 27. 8. 1992 – 4 StR 314/92, StV 1992, 551 (Haftfortdauer); BGH v. 25. 7. 1996 – 4 StR 193/96, NStZ-RR 1997, 107 = StV 1997, 339 (Invollzugssetzung eines Untersuchungshaftbefehls); BGH v. 9. 8. 2001 – 3 StR 253/01, NStZ-RR 2001, 372 = StV 2002, 234 (Verkündung Haftbefehl); BGH v. 27. 1. 2009 – 5 StR 590/08, StraFo 2009, 109 (Antrag auf Haftfortdauer); OLG Hamm v. 8. 12. 2000 – 2 Ss 1165/00, StraFo 2001, 64 (Aufhebung Haftbefehl); BGH v. 28. 5. 2009 – 4 StR 5/09, StraFo 2009, 333 (334, Haftfortdauerbeschluss).
[106] BGH v. 3. 1. 1984 – 5 StR 936/83, StV 1984, 104 = NStZ 1984, 376 (Aufrechterhaltung Haftbefehl); BGH v. 7. 5. 1986 – 2 StR 215/86, StV 1986, 420 = NStZ 1986, 470 (Wiedervollzugssetzung Haftbefehl); BGH v. 8. 12. 1987 – 5 StR 561/87, StV 1988, 93 (Wegfall Meldeauflage); BGH v. 11. 4. 2001 – 3 StR 534/00, StV 2001, 438 (Verschärfung).
[107] OLG Hamm v. 6. 4. 2000 – 3 Ss 291/00, StV 2001, 264 (Einziehung); BGH v. 4. 2. 2010 – 1 StR 3/10, StraFo 2010, 201 (Einverständnis mit Einziehung).
[108] Brandenburg OLG v. 30. 11. 2008 – 1 Ss 95/07, NStZ 2008, 586 (gerichtlicher Hinweis, wenn Erklärung des Angeklagten zu einer Nebenfolge entgegengenommen und protokolliert wird).
[109] OLG Düsseldorf v. 10. 8. 1999 – 2b Ss 166/99, StV 2000, 297 ff. = StraFo 2000, 193 ff.
[110] BGH v. 24. 3. 1993 – 5 StR 164/93, StV 1993, 344 (Ablehnung); BGH v. 28. 5. 1997 – 2 StR 180/07, NStZ 1998, 26 f. (Ablehnung); BGH v. 10. 2. 1998 – 1 StR 32/98, NStZ-RR 1999, 36 (Wahrunterstellung der Beweisbehauptung). Anders KG Berlin v. 24. 2. 2010 – (3) 1 Ss 349/09, wenn Hilfsbeweisantrag unmittelbar vor Urteilsverkündung abgelehnt wird.
[111] Meyer-Goßner Rn. 29.
[112] BGH v. 13. 5. 1993 – 4 StR 169/93, NStZ 1993, 551; BGH v. 2. 9. 1997 – 1 StR 500/97, NStZ-RR 1998, 15.
[113] BGH v. 8. 5. 1984 – 5 StR 127/84, StV 1984, 233; BGH v. 20. 6. 1988 – 3 StR 182/88, StV 1987, 284. Offengelassen BGH v. 20. 8. 2008 – 5 StR 350/08, NStZ 2009, 50.
[114] Einschränkend BGH v. 20. 8. 2008 – 5 StR 350/08, NStZ 2009, 476 (Angeklagter geständig, letztes Wort vor dem Wiedereintritt gewährt und Verurteilung nur wegen Taten, die nicht Gegenstand des abgetrennten Verfahrens waren).
[115] BGH v. 13. 10. 1981 – 5 StR 595/81, NStZ 1983, 354 (357).
[116] BGH v. 17. 1. 2003 – 2 StR 443/02, BGHSt 48, 181 = NStZ 2003, 382 (offengelassen ob Wiedereintritt).
[117] OLG Hamm v. 3./7. 3. 1955 – (2) Ss 1595/54, JMBlNW 1955, 237. Zur Heilungsmöglichkeit Löwe/Rosenberg/*Gollwitzer*, 25. Aufl., Rn. 61.
[118] BGH v. 25. 4. 2006 – 5 StR 103/06 , NStZ 2006, 650.
[119] BGH v. 19. 11. 1997 – 2 StR 418/97, NStZ-RR 1999, 14; BGH v. 27. 2. 2004 – 2 StR 146/03, NStZ 2004, 505. Anders wenn Staatsanwalt auf diesen erwiderte OLG Celle v. 6. 11. 1984 – 3 Ss 254/84, StV 1985, 7. Zu weit KG Berlin v. 24. 2. 2010 – (3) 1 Ss 349/09, welches ergänzende Erläuterungen des Verteidigers zu einem zuvor gestellten Hilfsbeweisantrag als bloße Entgegennahme einer mündlichen Erklärung des Entgegennahme eines Hilfsbeweisantrags gleichstellt.
[120] BGH v. 14. 7. 2000 – 3 StR 53/00, BGHR § 258 Abs. 3 Wiedereintritt 12 = wistra 2001, 566 f.
[121] Anw-StPO/*Martis* Rn. 9.
[122] BGH v. 27. 3. 2001 – 4 StR 414/00, NJW 2001, 2109 f. = StV 2001, 437 f. m. krit. Anm. *Julius* NStZ 2002, 104 ff.; BGH v. 16. 2. 2001 – 2 ARs 18/01. Früher abweichend BGH v. 12. 4. 1983 – 5 StR 162/83, NStZ 1983, 469.
[123] BGH v. 21. 12. 2000 – 4 StR 414/00, NJW 2001, 1222 f. = NStZ 2001, 218 f.; BGH v. 27. 3. 2001 – 4 StR 414/00, NJW 2001, 2109 f.

Verteidiger als letzter vor der Urteilsberatung zu sprechen.[124] Die Befragung nach Abs. 3 gehört zu den **wesentlichen Förmlichkeiten** gem. § 273 Abs. 1.

VI. Besondere Verfahrensarten

In **Jugendstrafverfahren** ist gem. § 67 JGG iVm. § 258 Abs. 2 und 3 neben dem zum Zeitpunkt **30** der Hauptverhandlung noch minderjährigen Angeklagten[125] auch dessen anwesendem[126] gesetzlichen Vertreter bzw. den anwesenden Erziehungsberechtigten das letzte Wort von Amts wegen – nicht nur auf Antrag – zu erteilen.[127] Dies gilt auch, wenn diese zuvor Zeugen waren oder Mitangeklagte sind, denen die Anhörungs- und Mitwirkungsrechte nicht entzogen wurden[128] (§ 67 Abs. 4 JGG),[129] und auch dann, wenn der Erziehungsberechtigte zuvor als Zeuge von seinem Aussageverweigerungsrecht Gebrauch gemacht hat[130] oder ein Verteidiger für den Angeklagten gesprochen hat.[131] Dem Erziehungsberechtigten/gesetzlichen Vertreter muss als solchem das letzte Wort gewährt werden. Er kann, wenn er selbst Angeklagter ist, nicht auf das ihm als Angeklagtem zustehende letzte Wort verwiesen werden.[132] Die Erteilung des letzten Wortes kann vor oder nach dem letzten Wort des Angeklagten erfolgen.[133]

Im **Ordnungswidrigkeitenverfahren** gilt Vorstehendes iVm. § 71 OWiG entsprechend.[134]

In der **Hauptverhandlung** vor dem **Revisionsgericht** gebührt dem Angeklagten, soweit er anwesend ist, gem. § 351 Abs. 2 S. 2 das letzte Wort.[135]

VII. Revision

1. Schlussvorträge. Weigert sich der Staatsanwalt ein Plädoyer zu halten und wird die Hauptverhandlung dennoch ohne Unterbrechung und Rücksprache mit dem Dienstvorgesetzten fortgesetzt, begründet dies die Revision des Angeklagten, wenn das Urteil hierauf beruht.[136] Eine Anrufung des Gerichts (§ 238 Abs. 2) ist entbehrlich, da es sich nicht um eine Anordnung der Verhandlungsleitung handelt. Die Herbeiführung eines Gerichtsbeschlusses ist ebenfalls nicht erforderlich, wenn die **Entziehung des Wortes** oder eine unzulässige **Unterbrechung des Schlussvortrags** gerügt wird.[137] Nach Beanstandung ist auch eine **unzureichend** gewährte **Unterbrechung** zur Vorbereitung des Schlussvortrags revisibel.[138] Wird nach einem **Wiedereintritt** in die Beweisaufnahme dem Angeklagten/Verteidiger nicht erneut die Möglichkeit eines Schlussvortrags gewährt, stellt dies ebenfalls einen revisiblen Verstoß dar, wenn das Urteil hierauf beruht.[139] **31**

Zum **Revisionsvorbringen** gehören die genauen Angaben zum Ablauf der Hauptverhandlung. **32**

Kein revisibler Verstoß gegen Abs. 1 liegt bei einem unterbliebenen Schlussvortrag des Pflichtverteidigers vor, wenn nur der Wahlverteidiger nach Verständigung mit dem Pflichtverteidiger plä- **33**

---

[124] BGH v. 12. 10. 1962 – 4 StR 332/62, BGHSt 18, 84 (87).
[125] Ist der Angeklagte zum Zeitpunkt der Hauptverhandlung volljährig darf die Gewährung des letzten Wortes an den anwesenden früheren Erziehungsberechtigten unterbleiben. So BGH v. 7. 7. 2009 – 3 StR 197/09, NStZ-RR 2009, 354.
[126] BGH v. 20. 6. 1996 – 5 StR 602/95, NStZ 1996, 612. Zur unterbliebenen Terminsnachricht *Eisenberg* § 67 JGG Rn. 22 f.
[127] BGH v. 8. 8. 1967 – 1 StR 269/67, BGHSt 21, 288 (289); BGH v. 16. 3. 1999 – 4 StR 588/98, NStZ 1999, 426 f. = StV 1999, 656 f.; BGH v. 21. 3. 2000 – 1 StR 609/99, NStZ 2000, 435 (436) = StV 2001, 172; BGH v. 7. 6. 2001 – 1 StR 226/00, NStZ 2000, 553; BGH v. 14. 5. 2002 – 5 StR 98/02, StraFo 2002, 290; BGH v. 13. 3. 2003 – 3 StR 434/02, StraFo 2003, 277 (bzgl. Vormund); BGH v. 28. 5. 2008 – 2 StR 164/08, NStZ-RR 2008, 291; OLG Frankfurt v. 19. 5. 1994 – 4 Ss 129/94, StV 1994, 604; OLG Zweibrücken v. 3. 4. 2003 – 1 Ss 57/03, StV 2003, 455; OLG Hamm v. 14. 7. 2005 – 2 Ss 172/05, ZJJ 2005, 446; OLG Köln v. 11. 8. 2006 – 82 Ss 43/06, StV 2008, 119; OLG Braunschweig v. 17. 2. 2009 – Ss 17/09, StraFo 2009, 208.
[128] BGH v. 8. 8. 1967 – 1 StR 279/67, BGHSt 21, 288 (289); BGH v. 16. 3. 1999 – 4 StR 588/98, NStZ 1999, 426 f. = StV 1999, 656 f.; BGH v. 21. 3. 2000 – 1 StR 609/99, NStZ 2000, 435 f. = StV 2001, 172; BGH v. 11. 7. 2001 – 2 StR 121/01; BGH v. 14. 5. 2002 – 5 StR 98/02, StraFo 2002, 290 = NStZ-RR 2002, 346; BGH v. 28. 5. 2008 – 2 StR 164/08, StV 2009, 88.
[129] BGH v. 20. 6. 1996 – 5 StR 602/95, NStZ 1996, 612.
[130] BGH v. 28. 5. 2008 – 2 StR 164/08, StV 2009, 88 = NStZ-RR 2008, 291.
[131] OLG Köln v. 11. 8. 2006 – 82 Ss 43/06 = StV 2008, 119.
[132] BGH v. 20. 6. 1996 – 5 StR 602/95, NStZ 1996, 612.
[133] BGH v. 17. 1. 2003 – 2 StR 443/02 = NStZ 2003, 382. Restriktiver Löwe/Rosenberg/*Gollwitzer*, 25. Aufl., Rn. 29, der immer dem Angeklagten das letzte Wort zugesteht.
[134] BVerfG v. 13. 5. 1980 – 2 BvR 705/79, BVerfGE 54, 140 (142); OLG Düsseldorf v. 3. 1. 1983 – 5 Ss (OWi) 507/82 – 409/92 I, VRS 64, 205.
[135] Vgl. § 351 Rn. 6.
[136] BGH v. 27. 6. 1984 – 3 StR 176/84, NStZ 1984, 468; OLG Zweibrücken v. 3. 7. 1985 – 1 Ss 68/85, StV 1986, 51 (52); OLG Stuttgart v. 18. 10. 1991 – 1 Ss 488/91, NStZ 1992, 98; Löwe/Rosenberg/*Gollwitzer*, 25. Aufl., Rn. 16. AA *Pfeiffer* Rn. 4, der ein Beruhen des Urteils auf diesem Verfahrensfehler ausschließt.
[137] BGH v. 9. 1. 1953 – 1 StR 623/52, BGHSt 3, 368 (370); BGH v. 8. 8. 1967 – 1 StR 279/67, BGHSt 21, 288 (290).
[138] BGH v. 11. 5. 2005 – 2 StR 150/05, NStZ 2005, 650; KG v 19. 7. 1984 – (5) Ss 136/84 (11/84), NStZ 1984, 523 (524).
[139] Beruhen für Schuldspruch bejaht BGH v. 2. 9. 1997 – 1 StR 500/97, NStZ-RR 1998, 15; BGH v. 13. 4. 1999 – 4 StR 117/99, StV 2000, 296.

diert.[140] Wird dem zuvor nicht anwesenden, aber vor Urteilsverkündung zurückkehrenden Verteidiger keine Gelegenheit zum Plädoyer eingeräumt, liegt eine revisible Beschränkung der Verteidigung vor (§ 338 Nr. 8).[141] Sind dem Gericht durch **fehlende Aufmerksamkeit** wesentliche Teile der Schlussvorträge, die zum Inbegriff der Hauptverhandlung gehören und aus denen das Gericht seine Überzeugung schöpfen muss, entgangen, stellt dies einen gem. § 338 Nr. 1 revisiblen Verstoß gegen §§ 258 und 261 dar.[142]

34   **2. Nichtgewährung des letzten Wortes** ist für den betroffenen Angeklagten (nicht für den Nebenkläger[143] oder einen Mitangeklagten) Revisionsgrund,[144] da das verfassungsrechtlich geschützte Recht auf rechtliches Gehör eingeschränkt wird. Eine **Beanstandung** gem. § 238 Abs. 2 ist für den Erfolg einer Rüge nicht erforderlich.[145] Die Nichtgewährung des letzten Wortes kann mangels Fortdauer der mündlichen Verhandlung nach der vollständigen Verkündung des Urteils nicht dadurch geheilt werden, dass das Gericht (unzulässigerweise, da die Verhandlung durch Urteilsverkündung bereits beendet war) erneut in die Verhandlung eintritt und nach Beachtung aller Formalien das gleiche Urteil nochmals verkündet.[146]

35   Ein Verstoß gegen § 258 Abs. 2 Hs. 2 begründet die Revision nicht unbedingt, sondern nur, wenn und soweit das Urteil auf dem Fehler **beruht**.[147] Dies ist der Fall, wenn nicht ausgeschlossen werden kann, dass dieses abweichend ausgefallen wäre, wenn dem Angeklagten das letzte Wort gewährt worden wäre.[148] In der Regel ist dies zu bejahen und nur in Ausnahmefällen zu verneinen, da grundsätzlich nicht ausgeschlossen werden kann, dass der Angeklagte Ausführungen gemacht hätte, die nicht zumindest Einfluss auf das Strafmaß gehabt hätten.[149] Dies gilt auch, wenn der Angeklagte bisher in der Hauptverhandlung geschwiegen hat,[150] geständig[151] oder abwesend war und erst vor der Urteilsverkündung wieder erscheint.[152] Auch eine Verständigung lässt das letzte Wort des Angeklagten nicht entbehrlich werden.[153]

36   Zu den vorzutragenden **Verfahrenstatsachen** gem. § 344 Abs. 2 S. 2 gehört die Nichterteilung des letzten Wortes (darzustellen durch die wörtliche Wiedergabe der Sitzungsniederschrift mit den Verfahrenshandlungen, die der Urteilsverkündung unmittelbar vorausgingen) und die Tatsache, dass der Angeklagte am Schluss der Hauptverhandlung anwesend war.[154] Zum Beweis dient das Hauptverhandlungsprotokoll. Falls das letzte Wort erteilt wurde, sich hieran aber ein **Wiedereintritt** in die Verhandlung anschloss, ist auch die Darstellung des weiteren Verfahrensgangs erforderlich.[155] Der **hypothetische Inhalt** des letzten Wortes muss grds. nicht ausgeführt werden.[156] Im Hinblick auf die Beruhensfrage kann dies jedoch erforderlich sein.[157]

---

[140] BGH v. 11. 3. 1997 – 5 StR 77/97, NStZ 1997, 451 (Rügeverwirkung).
[141] OLG Hamm v. 29. 4. 1970 – 4 Ss 98/70, NJW 1970, 1696.
[142] BGH v. 22. 11. 1957 – 5 StR 477/57, BGHSt 11, 74 (76); BGH v. 7. 9. 1962 – 4 StR 229/62, NJW 1962, 2212; Löwe/Rosenberg/*Gollwitzer*, 25. Aufl., Rn. 47; SK-StPO/*Schlüchter* Rn. 11.
[143] KK-StPO/*Schoreit* Rn. 36.
[144] Schon früh RG v. 24. 9. 1883 – III 2203/83, RGSt 9, 69; BGH v. 9. 1. 1953 – 1 StR 623/52, BGHSt 3, 368 (370).
[145] OLG Zweibrücken v. 3. 4. 2003 – 1 Ss 57/03, StV 2003, 455 (ausdrücklich für die Nichtgewährung beim Erziehungsberechtigten); Löwe/Rosenberg/*Gollwitzer*, 25. Aufl., Rn. 55.
[146] OLG Hamm v. 3./7. 3. 1955 – (2) Ss 1595/54, JMBlNW 1955, 237 (Beruhen wird jedoch verneint, da der Angeklagte sich in seinem nachgeholten letzten Wort lediglich den Ausführungen seines Verteidigers anschloss und nicht erkennbar war, dass er in einem rechtzeitig gewährten letzten Wort weitere Ausführungen gemacht hätte).
[147] BGH v. 8. 8. 1967 – 1 StR 279/67, BGHSt 21, 289 (290); BGH v. 13. 4. 1999 – 4 StR 117/99, NStZ 1999, 473.
[148] BGH v. 21. 3. 1985 – 1 StR 417/85, NStZ 1985, 464; BGH v. 25. 10. 2005 – 1 StR 328/05, StraFo 2006, 26 = StV 2006, 399 (400).
[149] BGH v. 15. 11. 1968 – 4 StR 190/68, BGHSt 22, 278 (280); BGH v. 13. 4. 1999 – 4 StR 117/99, NStZ 1999, 473. Ausnahmsweise kein Beruhen BGH v. 21. 3. 1985 – 1 StR 417/85, NStZ 1985, 464 (nach dreimaliger Erteilung des letzten Wortes, Verwerfung offensichtlich unzulässiger Ablehnungsgesuche und Ausschluss der Möglichkeit, dass günstigere Entscheidung nach einer weiteren Gewährung des letzten Wortes getroffen worden wäre).
[150] BGH v. 12. 7. 1994 – 4 StR 306/94, StV 1995, 176; BGH v. 13. 4. 1999 – 4 StR 117/99, NStZ 1999, 473.
[151] BGH v. 4. 4. 1999 – 4 StR 117/99, NStZ v. 2000, 296 = NStZ 1999, 473; BGH v. 21. 7. 1999 – 3 StR 268/99, BGHR letztes Wort Nr. 3 (auch bei sehr mildem Strafausspruch nach Geständnis); BGH v. 4. 2. 2010 – 1 StR 3/10, StaFo 2010, 201.
[152] BGH v. 25. 2. 1986 – 5 StR 731/85, StV 1986, 285 = NStZ 1986, 372; BGH v. 27. 2. 1990 – 5 Str 56/90, StV 1990, 247 = NStZ 1990, 291.
[153] BGH v. 4. 2. 2010 – 1 StR 3/10, StraFo 2010, 201.
[154] BGH v. 12. 7. 1994 – 4 StR 306/94, StV 1995, 176; Thür. OLG v. 27. 10. 2004 – 1 Ss 229/04, NStZ-RR 2005, 147.
[155] BGH v. 25. 8. 1989 – 3 StR 158/89.
[156] OLG Zweibrücken v. 3. 4. 2003 – 1 Ss 57/03, StV 2003, 455; OLG Düsseldorf v. 22. 1. 2001 – 2a Ss 1/01, StraFo 2001, 302; OLG Düsseldorf v. 12. 5. 1989 – 2 Ss 132/89, StV 1989, 473.
[157] BGH v. 11. 11. 2004 – 5 StR 299/03, BGHR Wiedereintritt Nr. 15 (schweigender Angeklagter in achtmonatiger Hauptverhandlung und Schweigen bei bereits vorheriger Erteilung des letzten Wortes: hier sah der BGH ein Darlegungserfordernis für Tatsache, dass bei erneuter Erteilung des letzten Worts urteilsrelevante Bekundungen gemacht worden wären); BGH v. 21. 3. 1985 – 1 StR 417/84, NStZ 1985, 464 (Darlegungserfordernis nach bereits erfolgter dreimaliger Erteilung des letzten Wortes); BeckOK-StPO/*Eschelbach* Rn. 28.

Entsprechendes gilt, wenn dem anwesenden Erziehungsberechtigten oder dem gesetzlichen Vertreter in einem **Jugendstrafverfahren** das letzte Wort nicht gewährt wurde.[158] Häufig wird hier jedoch lediglich der Strafausspruch auf der fehlerhaften Nichtgewährung des letzten Wortes beruhen.[159] Neben dem Straf- ist allerdings auch der Schuldausspruch tangiert, wenn nicht mit Sicherheit auszuschließen ist, dass das letzte Wort des Erziehungsberechtigten/gesetzlichen Vertreters zu einer abweichenden Entscheidung über die Frage der strafrechtlichen Verantwortlichkeit des Angeklagten (§ 3 JGG) geführt hätte.[160] Zu den erheblichen **Verfahrenstatsachen** gem. § 344 Abs. 2 S. 2 gehört die Tatsache, dass der Erziehungsberechtigte/gesetzliche Vertreter nach den Schlussvorträgen im Sitzungssaal anwesend war.[161] Eine **unterbliebene Terminsnachricht** (§ 67 Abs. 2 JGG), die dazu führt, dass dem Erziehungsberechtigten/gesetzlichen Vertreter auf Grund Abwesenheit in der Hauptverhandlung das letzte Wort nicht gewährt werden konnte, führt alleine nicht zum Erfolg einer Revision und kann höchstens als Verstoß gegen die gerichtliche Aufklärungspflicht beanstandet werden.[162]

37

An der erforderlichen Beschwer mangelt es, wenn lediglich einem **Mitangeklagten** das letzte Wort nicht gewährt wurde.[163]

38

3. Entzug des letzten Wortes. Entzieht der Vorsitzende dem Angeklagten das letzte Wort oder **beschränkt** er dieses in anderer unzulässiger Weise ist dies eine Maßnahme der Verhandlungsleitung und muss beanstandet und ggf. Gegenstand eines **Gerichtsbeschlusses** gem. § 238 Abs. 2 werden, wenn der Verstoß gegen § 258 Abs. 2 in der Revision erfolgreich gerügt werden soll.

39

§ 259 [Dolmetscher]

(1) Einem der Gerichtssprache nicht mächtigen Angeklagten müssen aus den Schlußvorträgen mindestens die Anträge des Staatsanwalts und des Verteidigers durch den Dolmetscher bekanntgemacht werden.

(2) Dasselbe gilt nach Maßgabe des § 186 des Gerichtsverfassungsgesetzes für einen hör- oder sprachbehinderten Angeklagten.

I. Allgemeines

Gemäß §§ 185–187 GVG hat das Gericht im gesamten Strafverfahren, insbesondere auch in der Hauptverhandlung, für den Beschuldigten, der der deutschen Sprache nicht mächtig ist oder, der im Sinn von § 186 GVG hör- oder sprachbehindert ist, unentgeltlich einen Dolmetscher hinzuzuziehen, soweit dies zur Ausübung seiner Rechte erforderlich ist.[1] Dies korrespondiert mit dem Anspruch des Beschuldigten gem. Art. 6 Abs. 3 lit. e EMRK.[2] Für die mündliche Verhandlung zählt dieser Anspruch zu dem vom Völkergewohnheitsrecht umfassten Mindeststandard und ist als allgemeine Regelung des Völkerrechts im Sinn des Art. 25 GG anzusehen.[3] § 259 schränkt nur für die Schlussvorträge (§ 258) die Rechte und Pflichten aus §§ 185, 186,[4] 187[5] GVG auf die Übersetzung der Anträge der Staatsanwaltschaft und der Verteidigung ein, da es häufig erhebliche Schwierigkeiten bereiten würde, wenn der gesamte Inhalt des Plädoyers übersetzt werden müsste.[6] Für die übrigen Teile der Hauptverhandlung einschließlich der Urteilsbegründung verbleibt es

1

---

[158] Zum Beruhen BGH v. 15. 11. 1968 – 4 StR 190/68, BGHSt 22, 278 (280); BGH v. 22. 1. 1985 – 5 StR 786/84, NStZ 1985, 230; BGH v. 7. 6. 2000 – 1 StR 226/00, NStZ 2000, 553; BGH v. 14. 5. 2002 – 5 StR 98/02, StraFo 2002, 290; OLG Braunschweig v. 17. 2. 2009 – Ss 17/09, StraFo 2009, 208. Kein Beruhen BGH v. 20. 6. 1996 – 5 StR 602/95, NStZ 1996, 612 (Erziehungsberechtigter, der Mitangeklagter war, äußerte sich in seinem eigenen letzten Wort nicht und weitere Äußerung war auf Grund des Verfahrensverlaufs nicht zu erwarten).
[159] BGH v. 16. 3. 1999 – 4 StR 588/98, NStZ 1999, 426 = StV 1999, 656 f.; BGH v. 11. 7. 2001 – 2 StR 121/01; BGH v. 21. 3. 2000 – 1 StR 609/99, NStZ 2000, 435 f. = StV 2001, 172 f. (jugendlicher Angeklagter hat Taten weitgehend eingeräumt, daher nur Auswirkungen auf Strafausspruch); BGH v. 14. 5. 2002 – 5 StR 98/02, StraFo 2002, 290 = NStZ-RR 2002, 346 (nur Aufhebung des Strafausspruchs, da jugendlicher Angeklagter durch Zeugenaussagen überführt, die Mutter nicht Tatzeugin war und bzgl. § 3 JGG ein forensisch-psychiatrisches Gutachten vorlag. Enger OLG Braunschweig v. 17. 2. 2009 – Ss 17/09, StraFo 2009, 208, das auch den Schuldspruch tangiert sah, wenn der jugendliche Angeklagte kein vollumfängliches Geständnis abgelegt hat.
[160] BGH v. 7. 6. 2000 – 1 StR 226/00, NStZ 2000, 553.
[161] Da die negative Beweiskraft des Protokolls sich nicht auf die Abwesenheit von Personen, deren Anwesenheit das Gesetz nicht zwingend vorschreibt, erstreckt, ist die Klärung dieser Frage dem Freibeweis zugänglich. BGH v. 16. 3. 1999 – 4 StR 588/99, NStZ 1999, 426.
[162] BGH v. 20. 6. 1996 – 5 StR 602/95, NStZ 1996, 612 (auch zu den Anforderungen an Aufklärungsrüge).
[163] Löwe/Rosenberg/Gollwitzer, 25. Aufl., Rn. 56.
[1] KK-StPO/Schoreit Rn. 1; Krekeler/Löffelmann/Sommer/Martis Rn. 1.
[2] Eisenberg Beweisrecht, Rn. 790.
[3] BVerfG v. 21. 5. 1987 – 2 BvR 1170/83, NJW 1988, 1462 (1463).
[4] Insoweit KK-StPO/Schoreit Rn. 1; Meyer-Goßner Rn. 1.
[5] Krekeler/Löffelmann/Sommer/Martis Rn. 1.
[6] SK-StPO/Schlüchter Rn. 1.

– im Gegenschluss – bei den nicht reduzierten Anforderungen.[7] Die reduzierten Anforderungen gelten allerdings auch für das Plädoyer des Privat- oder Nebenklägers bzw. seines Vertreters.[8]

II. Regelungsgehalt

1. Übersetzungspflicht (Abs. 1). a) Fremdsprachigkeit. Der Gerichtssprache nicht mächtig, sind Angeklagte, die die deutsche Sprache nicht verstehen, oder wenn sie sich darin nicht ausdrücken können.[9] Gänzliches Fehlen von Deutschkenntnissen ist nicht Bedingung. Die Hinzuziehung eines Dolmetschers ist bereits im Zweifel geboten, wenn der Angeklagte die deutsche Sprache nicht hinreichend beherrscht, um der Verhandlung folgen und zur zweckentsprechenden Rechtsverfolgung erforderliche Erklärungen abgeben sowie Angaben machen zu können. Dies verlangt auch einen ausreichenden aktiven Wortschatz.[10]

b) Dolmetscher. Ein Verzicht des Angeklagten auf einen Dolmetscher hat keine Bedeutung.[11] Nur im Einzelfall kann ein bestimmter Dolmetscher abgelehnt werden oder zum Zwecke der Verständigung mit dem Verteidiger ein Anspruch auf Hinzuziehung eines Dolmetschers des Vertrauens bestehen.[12]

c) Übersetzungspflicht. Um ein faires Verfahren sicherzustellen und wegen des Anspruchs auf rechtliches Gehör sind dem Angeklagten nicht nur die Schlussanträge wörtlich, sondern auch in der Regel die Vorträge mit ihrem wesentlichen Inhalt zu übersetzen, damit der Angeklagte in seinem Schlusswort hierauf erwidern kann.[13] § 259 Abs. 1 regelt nur den Mindestinhalt dessen, was dem Angeklagten aus den Schlussvorträgen mitzuteilen ist.[14] Hierzu kann nicht bereits die Übersetzung des wesentlichen Inhalts der Anträge genügen.[15] Ob und ggf. wieweit der Vorsitzende darüber hinaus die Vorträge ihrem wesentlichen Inhalt nach oder wörtlich übersetzen lässt, steht nach hM in seinem Ermessen.[16] Die Übersetzungspflicht eigener Erklärungen des Angeklagten wird von Abs. 1 nicht eingeschränkt. Sie müssen vom Dolmetscher wörtlich übersetzt und bekannt gegeben werden.[17] Ist dem Angeklagten teilweise eine Verständigung in deutscher Sprache möglich, hat der Tatrichter ebenfalls nach seinem pflichtgemäßen Ermessen zu entscheiden, in welchem Umfang er einen Dolmetscher beizieht.[18]

2. Hör- und Sprachbehinderte (Abs. 2). Für sie gilt gem. Abs. 2 nach Maßgabe von § 186 GVG die Regelung des Abs. 1 entsprechend. Von § 186 GVG werden nur sensorische, nicht jedoch geistige Behinderungen erfasst.[19] Der Regelung nach Abs. 1 unterfallen seit dem 1. 8. 2002 nicht nur vollständig Taube oder Stumme, sondern auch Schwerhörige und Sprachbehinderte.[20]

Nach § 186 Abs. 1 u. 2 GVG erfolgt die Verständigung mit einer hör- oder sprachbehinderten Person in der Verhandlung nach ihrer Wahl mündlich, schriftlich oder mit Hilfe eines Dolmetschers. Das Gericht hat die geeigneten technischen Hilfsmittel bereit zu stellen. Ein vereidigter Dolmetscher ist nicht zwingend erforderlich; nach pflichtgemäßem Ermessen des Gerichts kann die Hilfsperson auch eine mit dem Behinderten vertraute Person, zB ein Angehöriger sein. Ob diese entsprechend einem Dolmetscher zu vereidigen ist, steht im Ermessen des Gerichts.[21]

III. Revision

Ist ein Dolmetscher während der Schlussvorträge entgegen § 259 Abs. 1 u. 2 nicht zugegen gewesen, so begründet dies die Revision nach § 338 Nr. 5.[22] Bereits dann, wenn der Angeklagte nur

---

[7] KK-StPO/*Schoreit* Rn. 1; SK-StPO/*Schlüchter* Rn. 4.
[8] SK-StPO/*Schlüchter* Rn. 4 mwN.
[9] KK-StPO/*Diemer*, § 185 GVG Rn. 2.
[10] BVerfG v. 17. 5. 1983 – 2 BvR 731/80, NStZ 1983, 2762 (2763); *Eisenberg* Beweisrecht Rn. 790.
[11] *Meyer-Goßner* § 185 GVG, Rn. 4; Eisenberg Beweisrecht, Rn. 790.
[12] LG Darmstadt v. 22. 3. 1995 – 19 Js 5735/94 – 3 Kls, StV 1995, 239; LG Darmstadt v. 23. 1. 1990 – 19 Js 23700/88 – 1 Kls, StV 1990, 258; OLG Düsseldorf v. 9. 11. 1992 – VII 2/92, StV 1993, 144; *Eisenberg* Beweisrecht Rn. 790.
[13] Krekeler/Löffelmann/Sommer/*Martis* Rn. 2; Graf/*Eschelbach* Rn. 1.
[14] SK-StPO/*Schlüchter* Rn. 3; Krekeler/Löffelmann/Sommer/*Martis* Rn. 1.
[15] BVerfG v. 17. 5. 1983 – 2 BvR 731/80, NJW 1983, 2762 (2764); *Meyer-Goßner* Rn. 1; aA KK-StPO/*Schoreit* Rn. 1 mwN.
[16] BVerfG v. 17. 5. 1983 – 2 BvR 731/80, NJW 1983, 2762 (2764); BGH v. 16. 10. 1962 – 5 StR 405/62, GA 1963, 148 (149); SK-StPO/*Schlüchter* Rn. 3.
[17] *Meyer-Goßner* Rn. 1.
[18] BGH v. 11. 11. 1952 – 1 StR 484/52, BGHSt 3, 285 (286) = NJW 1953, 114 (115); BGH v. 13. 10. 1965 – 2 StR 342/65; KK-StPO/*Schoreit* Rn. 3.
[19] BT-Drucks. 14/9266, S. 40; KK-StPO/*Diemer* § 186 GVG Rn. 1; Krekeler/Löffelmann/Sommer/*Martis* Rn. 3.
[20] BT-Drucks. 14/9266, S. 40; Krekeler/Löffelmann/Sommer/*Martis* Rn. 3.
[21] BGH v. 24. 4. 1997 – 4 StR 23/97, NJW 1997, 2335 (2336); Krekeler/Löffelmann/Sommer/*Martis* Rn. 3.
[22] BayObLG v. 24. 9. 2004 – 1 StR RR 143/04, NStZ-RR 2005, 178 (179) zu § 185 GVG, KK-StPO/*Schoreit* Rn. 3; SK-StPO/*Schlüchter* Rn. 6.

teilweise der deutschen Sprache mächtig ist, hat der Tatrichter nach seinem pflichtgemäßen **Ermessen** darüber zu entscheiden, in welchem Umfang er einen Dolmetscher bei der Verhandlungsführung zuziehen will.[23] Dieses Ermessen kann vom Revisionsgericht nur dahin überprüft werden, ob seine Grenzen eingehalten sind. Nur bei Vorliegen eines Ermessensfehlers können die Verfahrensvorschriften der § 185 GVG, § 338 Nr. 5 verletzt sein.[24] Gleiches gilt hinsichtlich der Auswahl des Dolmetschers und der sonstigen zur Verständigung notwendigen Maßnahmen.[25]

Nur die Anwesenheit eines Dolmetschers ist zu protokollierende Förmlichkeit im Sinn von §§ 273 Abs. 1, 274, die allein durch das Protokoll bewiesen werden kann.[26] Dies gilt nicht hinsichtlich des Umfangs der Übersetzung oder der Verständigungsmöglichkeit. Diesbezüglich und zur Frage, ob tatsächlich Unkenntnis der deutschen Sprache oder eine Behinderung im Sinn von Abs. 2 vorliegt, entscheidet das Revisionsgericht im **Freibeweisverfahren**.[27]   8

Mit der allgemeinen Behauptung, der Dolmetscher sei zur richtigen Übersetzung nicht in der Lage gewesen, kann die Revision grundsätzlich nicht durchdringen;[28] wohl aber im Wege der Verfahrensrüge, wenn zB an dem substantiierten Vorbringen der Verteidigung auch nach der Gegenerklärung der Staatsanwaltschaft und der übrigen Verfahrensbeteiligten kein Grund zu Zweifeln verbleibt.[29] Es wird demnach vermutet, dass der Dolmetscher bei seiner Übersetzungsausübung gesetzmäßig verfahren ist.[30] Beruft sich der Dolmetscher auf einen nicht ordnungsgemäß geleisteten Eid, so kann das Urteil nicht darauf beruhen, wenn sowohl der Tatrichter als auch der Dolmetscher irrtümlich davon ausgingen, dass dieser ordnungsgemäß vereidigt war.[31]   9

Im Verfahren gegen Jugendliche kann die Revision erfolgreich begründet werden, wenn den anwesenden Erziehungsberechtigten nicht das gem. § 67 Abs. 1 JGG iVm. § 258 Abs. 2 zustehende (vor-)letzte Wort[32] erteilt wird. Voraussetzung für die Ausübung dieses Äußerungsrechts ist bei allein fremdsprachigen Erziehungsberechtigten die Hinzuziehung eines Dolmetschers (§§ 185, 187 GVG). Wenngleich das Recht auf das (vor-)letzte Wort mit dem höchstpersönlichen Recht des Angeklagten nicht vollständig vergleichbar ist,[33] würde es jedoch einen Wertungswiderspruch beinhalten, wenn die Erziehungsberechtigten weitergehende Rechte als selbst erwachsene Angeklagte hätten. Soweit § 259 Abs. 1 Rechte des Angeklagten begründet oder beschränkt, gilt das über § 69 Abs. 1 JGG in gleichem Umfang für anwesende Erziehungsberechtigte und gesetzliche Vertreter.   10

§ 260 [Urteil]

(1) Die Hauptverhandlung schließt mit der auf die Beratung folgenden Verkündung des Urteils.

(2) Wird ein Berufsverbot angeordnet, so ist im Urteil der Beruf, der Berufszweig, das Gewerbe oder der Gewerbezweig, dessen Ausübung verboten wird, genau zu bezeichnen.

(3) Die Einstellung des Verfahrens ist im Urteil auszusprechen, wenn ein Verfahrenshindernis besteht.

(4) ¹Die Urteilsformel gibt die rechtliche Bezeichnung der Tat an, deren der Angeklagte schuldig gesprochen wird. ²Hat ein Straftatbestand eine gesetzliche Überschrift, so soll diese zur rechtlichen Bezeichnung der Tat verwendet werden. ³Wird eine Geldstrafe verhängt, so sind Zahl und Höhe der Tagessätze in die Urteilsformel aufzunehmen. ⁴Wird die Entscheidung über die Sicherungsverwahrung vorbehalten, die Strafe oder Maßregel der Besserung und Sicherung zur Bewährung ausgesetzt, der Angeklagte mit Strafvorbehalt verwarnt oder von Strafe abgesehen, so ist dies in der Urteilsformel zum Ausdruck zu bringen. ⁵Im übrigen unterliegt die Fassung der Urteilsformel dem Ermessen des Gerichts.

(5) ¹Nach der Urteilsformel werden die angewendeten Vorschriften nach Paragraph, Absatz, Nummer, Buchstabe und mit der Bezeichnung des Gesetzes aufgeführt. ²Ist bei einer Verurteilung, durch die auf Freiheitsstrafe oder Gesamtfreiheitsstrafe von nicht mehr als zwei Jahren

---

[23] BGH v. 11. 11. 1952 – 1 StR 484/52, BGHSt 3, 285 (286) = NJW 1953, 114 (115); BGH v. 22. 11. 2001 – 1 StR 471/01, NStZ 2002, 275 (276).
[24] BGH v. 17. 1. 1984 – 5 StR 755/83, NStZ 1984, 328; OLG Stuttgart v. 18. 9. 2006 – 1 Ss 392/06, NJW 2006, 3796 (3798).
[25] BGH v. 18. 5. 1976 – 5 StR 529/75; KK-StPO/*Schoreit* Rn. 3.
[26] KK-StPO/*Schoreit* Rn. 3; Krekeler/Löffelmann/Sommer/*Martis* Rn. 4.
[27] *Meyer-Goßner* Rn. 3; KK-StPO/*Schoreit* Rn. 3.
[28] BGH v. 23. 1. 1985 – 1 StR 722/84; KK-StPO/*Schoreit* Rn. 3.
[29] BGH v. 22. 11. 2001 – 1 StR 471/01, NStZ 2002, 275 (276).
[30] KK-StPO/*Schoreit* Rn. 4.
[31] BGH v. 17. 1. 1984 – 5 StR 755/83, NStZ 1984, 328.
[32] BGH v. 3. 4. 2008 – 1 StR 51/08 nV; s. § 258 Rn. 30
[33] BGH v. 3. 4. 2008 – 1 StR 51/08 nV.

erkannt wird, die Tat oder der ihrer Bedeutung nach überwiegende Teil der Taten auf Grund einer Betäubungsmittelabhängigkeit begangen worden, so ist außerdem § 17 Abs. 2 des Bundeszentralregistergesetzes anzuführen.

Übersicht

	Rn.
I. Allgemeines	1–7
1. Überblick und systematische Stellung	1–4
2. Sinn und Zweck	5–7
II. Regelungsgehalt	8–64
1. Urteilsverkündung (Abs. 1)	8–32
a) Urteil	8–11
aa) Urteil	8
bb) Sachurteile	9
cc) Prozessurteile	10
dd) Teil- oder Zwischenurteile	11
b) Erschöpfung des Eröffnungsbeschlusses	12–16
c) Beratung	17–21
d) Unmittelbarkeit zur Beratung	22
e) Verkündung	23–26
f) Unterbrechung der Verkündung	27, 28
g) Berichtigung	29–31
h) Heilung	32
2. Berufsverbot (Abs. 2)	33–35
3. Einstellung des Verfahrens (Abs. 3)	36–46
a) Allgemeines	36–39
b) Verfahrenshindernis	40–43
c) Einstellungsurteil	44
d) Freispruch oder Einstellung	45, 46
4. Urteilsformel (Abs. 4)	47–62
a) Allgemeines	47, 48
b) Freispruch	49–51
c) Verurteilung	52–62
aa) Grundsatz	52
bb) Schuldspruch	53–55
cc) Rechtsfolgenausspruch	56–62
5. Liste der angewendeten Strafvorschriften (Abs. 5)	63, 64

I. Allgemeines

1. Überblick und systematische Stellung. Die Vorschrift regelt in formaler Hinsicht einzelne Anforderungen an den Gang des Verfahrens zur Beendigung der Hauptverhandlung sowie – wenn auch unvollständig[1] – an den notwendigen Inhalt des zu verkündenden Urteils.[2] Die Urteilsverkündung ist nach Abs. 1 Teil der Hauptverhandlung und beschließt diese.[3] Im Gang des Hauptverfahrens knüpft die Norm an die Verfahrenshandlungen des § 258 an. Die Form und die Frist der mündlichen Urteilsverkündung werden in § 268 geregelt.[4] Frist und Form der Urteilsniederschrift werden in § 275, die Gründe in § 267 geregelt. Zumindest die Urteilsformel wird gem. § 173 Abs. 1 GVG grundsätzlich öffentlich verkündet. Ausnahmen[5] sind für Verfahren gegen zur Tatzeit Jugendliche (§ 48 JGG) und Heranwachsende (§ 109 Abs. 1 S. 4 JGG) bestimmt.

Das Gesetz regelt die Urteilsberatung lediglich in der Weise, dass es das Stattfinden der Beratung zwischen dem letzten Wort des Angeklagten und der Urteilsverkündung gebietet (§ 260 Abs. 1), unter Bestimmung der gleichberechtigten Mitwirkung der Schöffen das interne Beratungsverfahren einschließlich der Abstimmung (§§ 192–197 GVG, § 263) und als Prüfungsrahmen den Inbegriff der Verhandlung vorschreibt (§§ 261, 264). Dabei folgt zudem aus dem Gebot des rechtlichen Gehörs (Art. 103 Abs. 1 GG) die Pflicht, das Vorbringen des Angeklagten umfassend zu würdigen.[6] Beratung und Abstimmung erfolgen nicht öffentlich außerhalb der Hauptverhandlung.[7] Das Beratungsgeheimnis (§§ 43, 45 Abs. 1 S. 2 DRiG) hindert im Rahmen der Revision den Zugang zum Inhalt der Beratung und dem Abstimmungsverhalten.[8]

---

[1] BGH v. 21. 1. 1993 – 4 StR 560/92, BGHSt 39, 121 (124) = NJW 1996, 1084.
[2] BeckOK-StPO/*Eschelbach* Rn. 1.
[3] BGH v. 22. 5. 1953 – 2 StR 539/52, BGHSt 4, 279 (280) = NJW 1953, 1442.
[4] Krekeler/Löffelmann/Sommer/*Martis* § 268 Rn. 1.
[5] KK-StPO/*Diemer* § 173 GVG Rn. 1.
[6] BGH v. 24. 7. 1990 – 5 StR 221/89, BGHSt 37, 141 (143) = NJW 1991, 50 (51).
[7] BGH v. 14. 10. 2008 – 4 StR 260/08, NStZ 2009, 105 (106).
[8] BGH v. 24. 7. 1990 – 5 StR 221/89, BGHR StPO § 260 Abs. 1 Beratung 3 = NStZ 1991, 50 (51), mAnm *Rüping* NStZ 1991, 193.

Die **Rechtsmittelbelehrung** nach § 35 a gehört zur Entscheidungsverkündung und damit zu den Förmlichkeiten der Hauptverhandlung mit der Beweiskraft des § 274.[9] Das Urteil führt – wenn es nicht anfechtbar ist oder nicht angefochten wird – die Beendigung des Verfahrens insgesamt herbei oder schließt jedenfalls den Rechtszug ab.[10] Ist das Urteil anfechtbar, sind nach dem GSSt[11] vor Abschluss des Hauptverfahrens zwei Abschnitte zu unterscheiden. Der Erste betrifft das Verfahren bis zur Urteilsverkündung. Diese bildet eine zeitliche Zäsur, nach der der Rechtsmittelberechtigte ohne rechtliche Bindung an seiner zuvor im Rahmen einer Urteilsabsprache geäußerten Ankündigung über den **Rechtsmittelverzicht** entscheiden kann. In einem hiervon, verschiedenen zweiten Verfahrensabschnitt kann hiernach die selbstständige Prozesshandlung des Rechtsmittelverzichts anschließen. Nach dessen Erklärung noch vor Abschluss der Hauptverhandlung erfolgt in Anwendung des § 273 Abs. 3 S. 3 die protokollierte Genehmigung der Verzichtserklärung nach Verlesung.

Die Verkündung der Beschlüsse nach §§ 268 a, 268 b (Strafaussetzung, Fortdauer der Untersuchungshaft u. Ä.) gehört nicht zur Urteilsverkündung.[12]

2. Sinn und Zweck. Abs. 1 dient dazu, den formalen Ablauf und die Bedeutung besonders wichtiger einzelner Prozesshandlungen zur Beendigung des Hauptverfahrens sicherzustellen. Die Regelung, in unmittelbarem Anschluss an die mündliche Verhandlung zunächst die Beratung und auf diese wiederum die Urteilsverkündung folgen zu lassen, hat nicht nur technische Bedeutung. Hierdurch wird die Einheit der Verhandlung[13] und der Eindruck der Hauptverhandlung für das Urteil als Voraussetzung für ein materiell richtiges Urteil sichergestellt.[14] Die gesetzliche Anordnung, dass die Urteilsverkündung ein formaler Bestandteil der Hauptverhandlung ist (**Formsicherungsfunktion**) und diese abschließt (**Abschlussfunktion**), dient sowohl der Sicherung der Verfahrensrechte des Angeklagten als auch dem Interesse der Allgemeinheit. Sie hat zum Ziel, am Ende der Hauptverhandlung als dessen Ergebnis ein den Staat, den Angeklagten und etwaige weitere Verfahrensbeteiligte bindendes gerechtes Urteil zu gewährleisten, dem gerade auch wegen der Einhaltung der rechtssichernden Instrumentarien der Hauptverhandlung Rechtskraft zuzuerkennen ist, oder an das eine Folgeinstanz anknüpfen kann.[15] Nach dem Willen des Gesetzgebers sind die Regeln für die strafrechtliche Hauptverhandlung so ausgestaltet, dass sie die größtmögliche Gewähr für die Erforschung der Wahrheit ebenso wie für die bestmögliche Verteidigung des Angeklagten und damit für ein gerechtes Urteil bieten.[16] Allein die Hauptverhandlung ist auf die Feststellung von strafrechtlicher Schuld angelegt und als Kernstück des Strafverfahrens auf die Ermittlung aller erheblichen objektiven und subjektiven Tatsachen gerichtet. Erst und gerade die durchgeführte Hauptverhandlung setzt den Richter in den Stand, sich eine Überzeugung zur Schuldfrage zu bilden. Alle erforderlichen Beweise sind unter Wahrung der Rechte des Angeklagten zu erheben; es gilt der Grundsatz der Unmittelbarkeit, es dürfen also nur die in der Hauptverhandlung behandelten Gesichtspunkte in das Urteil eingehen.[17] Die Einbeziehung der Urteilsverkündung in die Hauptverhandlung hat damit Bedeutung unter anderem für die Anwesenheitsrechte, die Mündlichkeit und Öffentlichkeit, die Bindung des Gerichts an das Urteil und dessen Wirksamkeit.[18]

Abs. 2 bis 4 regeln im Interesse der Klarheit des Prozessergebnisses Einzelheiten der Fassung der Urteilsformel.[19] Aus § 260 ist zu entnehmen, dass der Angeklagte durch den Urteilsspruch darüber informiert werden soll, welcher Tat er schuldig gesprochen worden ist und, welche Rechtsfolgen gegen ihn verhängt worden sind.[20] Allgemein formuliert liegt die im Gesetz zum Ausdruck gekommene Zweckbestimmung des Tenors in der Kennzeichnung des begangenen Unrechts sowie der Verlautbarung der im Urteil getroffenen Anordnungen.[21]

Abs. 5 dient der Entlastung der Urteilsformel und als Grundlage für eine zuverlässige Erfassung der Verurteilung im Bundeszentralregister.[22]

---

[9] *Meyer-Goßner* § 274 Rn. 9; vgl. KK-StPO/*Maul* § 35 a Rn. 13.
[10] *Meyer-Goßner* Rn. 5; Löwe/Rosenberg/*Gollwitzer*, 25. Aufl., Rn. 7.
[11] GSSt v. 3. 3. 2005 – GSSt 1/04, BGHSt 50, 40 (59) = NJW 2005, 1440 (1445).
[12] BGH v. 28. 5. 1974 – 4 StR 633/73, BGHSt 25, 333 (336) = NJW 1974, 1518 (1519).
[13] BeckOK – StPO/*Eschelbach* Rn. 1.
[14] SK-StPO/*Schlüchter*/*Velten* Rn. 1.
[15] KK-StPO/*Schoreit* Rn. 7 ff.; BeckOK-StPO/*Eschelbach* Rn. 1; Löwe/Rosenberg/*Gollwitzer*, 25. Aufl., Rn. 1, 6.
[16] BVerfG v. 3. 6. 1992 – 2 BvR 1041/88, 78/89, BVerfGE 86, 288 (318) = NJW 1992, 2947 (2950); BVerfG v. 7. 9. 1994 – 2 BvR 2093/93, NJW 1995, 2024 (2025).
[17] BVerfG v. 7. 9. 1994 – 2 BvR 2093/93, NJW 1995, 2024 (2025).
[18] BeckOK-StPO/*Eschelbach* Rn. 1; KK-StPO/*Schoreit* Rn. 7 f., 10.
[19] BeckOK-StPO/*Eschelbach* Rn. 1.
[20] BGH v. 21. 1. 1993 – 4 StR 560/92, BGHSt 39, 121 (124) = NJW 1993, 1084.
[21] BGH v. 4. 8. 1983 – 4 StR 236/83, NStZ 1983, 524.
[22] *Meyer-Goßner* Rn. 50; Krekeler/Löffelmann/Sommer/*Martis* Rn. 18.

II. Regelungsgehalt

8 **1. Urteilsverkündung (Abs. 1). a) Urteil. aa) Urteil.** Ob eine gerichtliche Entscheidung als Urteil – und nicht etwa als Beschluss – zu behandeln ist, hängt nicht von ihrer Bezeichnung, sondern von ihrem Inhalt und den Gründen, auf denen sie beruht, ab.[23] Nach Inhalt und Funktion[24] einer Entscheidung bestimmt sich daher auch, ob ein bzw. welches Rechtsmittel hiergegen gegeben ist. Eine Entscheidung, die auf Grund einer vollständig durchgeführten Hauptverhandlung ergeht und das Verfahren endgültig abschließen soll, ist ein **Urteil**, auch wenn sie als Beschluss bezeichnet wird.[25] Eine Entscheidung, die die Instanz nicht beendet, sondern nur vorläufig das Verfahren einstellt, ist ein Beschluss, auch wenn sie fehlerhaft in der äußeren Form eines Urteils erlassen worden ist.[26]

9 **bb) Sachurteile.** Sie entscheiden nach materiell-rechtlicher Prüfung des Anklagevorwurfs über den staatlichen Strafanspruch. Sie sind damit der materiellen Rechtskraft fähig und verbrauchen die Strafklage.[27]

10 **cc) Prozessurteile.** Sie (zB Einstellungs-, Verwerfungs- oder Verweisungsurteile; vgl. §§ 260 Abs. 3, 322 Abs. 1 S. 2, 328 Abs. 2, 329 Abs. 1, 349 Abs. 5, 389 Abs. 1, 412) beenden das Verfahren ohne Sachentscheidung.[28] Sofern das Prozesshindernis behebbar ist, kann eine neue Anklage wegen derselben Tat erhoben werden.[29]

11 **dd) Teil- oder Zwischenurteile.** Die StPO kennt grundsätzlich keine Teil- oder Zwischenurteile (ausnahmsweise aber im Adhäsionsverfahren),[30] durch die einzelne, den selben Prozessgegenstand betreffende Fragen vorab entschieden oder einzelne Rechtsfolgen gesondert abgeurteilt werden. Regelmäßig muss im Strafverfahren eine einheitliche, abschließende Entscheidung ergehen, durch die der Prozessstoff erschöpfend erledigt wird.[31] Insbesondere im Bereich des Rechtsmittelrechts lässt die Rechtsprechung jedoch Ausnahmen zu, um beispielsweise erhebliche, unvorhersehbar lange Verzögerungen bei Durchführung des Vorabentscheidungsverfahrens beim EuGH (Art. 234 Abs. 3 EGV) oder schwerwiegende Nachteile des Revisionsführers bei Durchführung des Anfrage- und Vorlageverfahrens nach § 132 GVG zu vermeiden.[32] Ist nur eine von mehreren selbstständigen Taten aufgeklärt, kommt auch in Betracht, dass das Tatgericht diese aburteilt und das Verfahren im Übrigen abtrennt und aussetzt.[33]

12 **b) Erschöpfung des Eröffnungsbeschlusses.** Das Sachurteil muss im Urteilsspruch den Prozessgegenstand in sachlicher und persönlicher Hinsicht erschöpfen.[34] Gegenstand einer Verurteilung ist nur das – wenn auch unvollkommen – von der Urteilsformel erfasste. Ob ein Urteilsspruch eine Anklage erschöpfend erledigt, beurteilt sich durch einen Vergleich der Urteilsformel mit der im Eröffnungsbeschluss zugelassenen Anklage[35] bzw. ggf. der nach § 266 Abs. 1 einbezogenen Nachtragsanklage.[36]

13 Ein Angeklagter, der nicht wegen aller Delikte verurteilt wird, die er der Anklage zufolge in **Tatmehrheit** begangen haben soll, ist insoweit freizusprechen, um Anklage und Eröffnungsbeschluss zu erschöpfen; dies gilt grundsätzlich auch dann, wenn das Gericht das Konkurrenzverhältnis anders beurteilt und von Tateinheit ausgeht.[37] Voraussetzung ist jedoch, dass das Gericht die als tatmehrheitlich angeklagte Tat nicht für erwiesen hält; wenn doch, ist für einen Teilfreispruch kein Raum und steht auch das Verschlechterungsverbot der Aufhebung des Teilfreispruchs nicht entgegen.[38]

14 Nimmt der Eröffnungsbeschluss **Tateinheit** (§ 52 StGB) an, wird aber nicht wegen aller Taten verurteilt, so erfolgt grundsätzlich kein Freispruch, denn wegen ein und derselben Tat kann das Urteil nur einheitlich auf Verurteilung oder Freispruch lauten.[39]

---

[23] BGH v. 30. 10. 1973 – 5 StR 496/73, BGHSt 25, 242 (243) = NJW 1974, 154; KK-StPO/*Schoreit* Rn. 15.
[24] Löwe/Rosenberg/*Gollwitzer*, 25. Aufl., Rn. 10.
[25] BGH v. 15. 5. 1963 – 2 ARs 66/63, BGHSt 18, 381 (384) = NJW 1963, 1747 (1748); KK-StPO/*Schoreit* Rn. 15 nwN.
[26] BGH v. 30. 10. 1973 – 5 StR 496/73, BGHSt 25, 242 (243) = NJW 1974, 154.
[27] KK-StPO/*Schoreit* Rn. 16; Krekeler/Löffelmann/Sommer/*Martis* Rn. 3.
[28] Meyer-Goßner Rn. 7; Krekeler/Löffelmann/Sommer/*Martis* Rn. 3.
[29] KK-StPO/*Schoreit* Rn. 16.
[30] Meyer-Goßner Rn. 8.
[31] BGH v. 6. 7. 2004 – 4 StR 85/03, BGHSt 49, 209 (210 f.) = NJW 2004, 2686.
[32] BGH aaO = NJW 2004, 2686 (2687).
[33] KK-StPO/*Schoreit* Rn. 17 mwN.
[34] BGH v. 20. 7. 1983 – 3 StR 184/83, NStZ 1984, 212 (23.); Meyer-Goßner Rn. 10.
[35] BGH v. 25. 6. 1993 – 3 StR 304/93, NStZ 199, 551 (552).
[36] Meyer-Goßner Rn. 10.
[37] BGH v. 3. 6. 2008 – 3 StR 163/08, BGHSt 44, 196 (202) = NStZ-RR 2008, 316: st. Rspr.; Saarl.OLG v. 17. 11. 2003 – Ss 69/03 (84/03), NStZ 2005, 117 (118).
[38] BGH aaO; BGH v. 11. 3. 2009 – 2 StR 596/08, NStZ 2009, 347; BGH v. 30. 1. 2003 – 2 StR 437/02, NStZ 2003, 546 (548); Meyer-Goßner Rn. 13; KK-StPO/*Schoreit* Rn. 21.
[39] Meyer-Goßner Rn. 12 mwN, KK-StPO/*Schoreit* Rn. 20.

Die Rechtsfigur der **fortgesetzten Tat** ist seit der Entscheidung des großen Strafsenats vom 3. 5. 15 1994[40] praktisch aufgegeben worden. Sollten zukünftig gleichwohl entsprechende Anklagen unbeanstandet angenommen werden, gelten die alten Verfahrensregeln für Fortsetzungstaten differenzierend fort.[41] Wird eine **Dauerstraftat** angeklagt, in dem Urteil jedoch auf einen kürzeren Zeitraum beschränkt, ist kein Teilfreispruch erforderlich.[42] Wird **wahldeutig** angeklagt, dann jedoch nur wegen einer Tat verurteilt, hat Teilfreispruch zu ergehen, wenn beide Alternativen jeweils eine selbstständige Tat im Sinn von § 264 sind.[43]

Ergänzungsurteile zur Nachholung eines versehentlich unterbliebenen Teils der Anklage sind 16 nicht zulässig.[44] Erschöpft das Tatgericht die zugelassene Anklage oder den Strafbefehl nicht, in dem es über eine ihn unterbreitete selbstständige prozessuale Tat nicht entscheidet, ist das Verfahren wegen dieser Tat weiter beim Tatgericht anhängig, wenn das tatrichterliche Urteil nicht gerade insoweit mit der Revision angefochten wird. Dem Revisionsgericht ist dann hinsichtlich der nicht abgeurteilten Tat jede Entscheidung verwehrt.[45]

c) **Beratung.** Aus Abs. 1 folgt eine Beratungspflicht.[46] Die Urteilsberatung selbst wird hingegen 17 durch diese Norm nicht geregelt.[47] Die Beratung selbst ist nicht Gegenstand der formellen Beweiskraft gem. § 274. Die Beratung ist geheim und schon deshalb nicht Bestandteil der Hauptverhandlung; an ihr nimmt der Urkundsbeamte der Geschäftsstelle nicht Teil.[48] Eine Beratung kann jederzeit vor, während und nach einer Sitzung erfolgen, ohne das dies jeweils explizit im Protokoll zu vermerken wäre, wenngleich sich eine Protokollierung zur Vermeidung von Missverständnissen empfiehlt.[49] Lediglich die Unterbrechung der Hauptverhandlung (zum Zwecke der Beratung) ist eine Förmlichkeit im Sinn von § 274. Die Frage, ob vor Urteilsverkündung eine Beratung des Gerichts stattgefunden hat, ist daher im Freibeweis zu klären.[50]

Eine Beratung nach der Ortsbesichtigung noch am Tatort ist unzulässig, weil sich nicht ausschließen lässt, dass das Urteil nicht mehr allein auf dem Inbegriff der Verhandlung beruht.[51] 18

Ein **Verlassen des Sitzungssaals** ist bei einem **Kollegialgericht** grundsätzlich erforderlich. Nur 19 wenn bereits vorberaten ist, ist nach Wiedereintritt in die Verhandlung **eine erneute Beratung** in der Form einer kurzen Verständigung des Gerichts im Sitzungssaal zulässig, wenn bei der Entscheidung einfacher Fragen rascheste Verständigung möglich ist. War der neue Verhandlungsteil ohne jeden sachlichen Gehalt, ist keine neuerliche Beratung erforderlich.[52] Die erneute Beratung ist so durchzuführen, dass sie allen Verfahrensbeteiligten erkennbar ist.[53] Der Hinweis des Vorsitzenden an die Beisitzer, sie sollen sich melden, wenn sie eine erneute Beratung wünschen,[54] bzw. das vorberatene Urteil werde sofort verkündet, sofern Äußerungen zur Sache nicht mehr erfolgten, genügt nicht.[55]

Bei einem **Einzelrichter** langt jede Art des Überlegens unter Einschluss von Vorüberlegungen für 20 die Beratung aus.[56] Die Verwendung eines vor Sitzungsbeginn oder während der Schlussvorträge unter dem Vorbehalt gefertigten Urteilstenors, dass die weitere Verhandlungsführung keinen Gesichtspunkt ergibt, der zu einer abweichenden Entscheidung zwingt, soll ebenfalls keinen Verstoß gegen § 261 oder Art. 103 Abs. 1 GG begründen.[57]

Die **Dauer** der Urteilsberatung ist weder durch Gesetz noch anerkannte Rechtsgrundsätze vor- 21 geschrieben. Sie ist – wenn nicht eine Beratung im Sinne des Gesetzes schlechthin auszuschließen ist – nicht Gegenstand revisionsrechtlicher Überprüfung.[58]

---

[40] BGH v. 3. 5. 1994 – GSSt 2 u. 3/93, BGHSt 40, 138 ff.
[41] KK-StPO/*Schoreit* Rn. 22 f.; *Meyer-Goßner* Rn. 14 f.
[42] BGH v. 17. 4. 1964 – 2 StE 1/64, BGHSt 19, 280 (285); *Meyer-Goßner* Rn. 15.
[43] BGH v. 12. 12. 1991 – 4 StR 506/91, BGHSt 38, 172 (174) = NStZ 1992, 342 mAnm *Rieß* NStZ 1992, 548 f.; BGH v. 14. 7. 1998 – 4 StR 214/98, NStZ 1998, 635 f.
[44] Ähnlich *Meyer-Goßner* Rn. 8.
[45] OLG Celle v. 22. 2. 2007 – 32 Ss 20/07, NStZ 2008, 118 (119); BGH v. 25. 6. 1993 – 3 StR 304/93, NJW 1993, 3338 (3339) = NStZ 1993, 551 f.
[46] Krekeler/Löffelmann/Sommer/*Martis* Rn. 5.
[47] BGH v. 24. 7. 1990 – 5 StR 221/89, BGHSt 37, 141 (143) = NJW 1991, 50 (51).
[48] BGH v. 23. 11. 2000 – 3 StR 428/00; BGH v. 4. 10. 2008 – 4 StR 260/08, NStZ 2009, 105 (106).
[49] BGH v. 9. 6. 1987 – 1 StR 236/87, NStZ 1987, 472 f.
[50] BGH v. 14. 10. 2008 – 4 StR 260/08, NStZ 2009, 105 (106); OLG Köln v. 5. 7. 2002 – Ss 161/02, NStZ-RR 2002, 337 (338).
[51] KK-StPO/*Schoreit* Rn. 5 uHinwa RG v. 26. 11. 1931 – II 1222/31, RGSt 66, 28.
[52] BGH v. 31. 7. 1992 – 3 StR 200/92, BGHR StPO § 260 Abs. 1 Beratung 5; BGH v. 14. 6. 2001 – 5 StR 87/01, BGHR StPO § 260 Abs. 1 Beratung 6.
[53] BGH v. 25. 11. 1997 – 5 StR 458/97, NStZ-RR 1998, 142; BGH v. 14. 6. 2001 – 5 StR 87/01, NStZ-RR 2002, 71 (72).
[54] *Meyer-Goßner* Rn. 4.
[55] BGH v. 7. 6. 1988 – 1 StR 172/88, BGHR § 260 Abs. 1 Beratung 2 = NStZ 1988, 470.
[56] BGH v. 22. 11. 1957 – 5 StR 477/57, BGHSt 11, 74 (79) = NJW 1958, 31 f.
[57] OLG Köln v. 6. 5. 2005 – 8 Ss – OWi 128/05, NStZ 2005, 710.
[58] BGH v. 24. 7. 1990 – 5 StR 221/89, BGHR StPO § 260 Abs. 1 Beratung 3 = NStZ 1991, 50 (51 f.) mAnm *Rüping* NStZ 1991, 193.

22 d) **Unmittelbarkeit zur Beratung.** Auf die Beratung folgend ergeht das Urteil, dh. die Beratung muss der Urteilsverkündung unmittelbar vorausgehen, ohne dass ein anderer Verhandlungsteil dazwischen treten darf.[59] Tritt das Gericht nach den Schlussvorträgen und der Beratung über das Urteil erneut in die Verhandlung ein, so muss es vor Verkündung des Urteils erneut beraten. Dies gilt grundsätzlich auch dann, wenn der **Wiedereintritt** keinen neuen Prozessstoff ergeben hat. Auch in solchen Fällen handelt es sich nicht um einen völlig bedeutungslosen Teil der Verhandlung. Schon die bloße Wiederholung früher gestellter Anträge gibt ihr sachlichen Gehalt.[60] Ein Beruhen des Urteils auf einem solchen Verfahrensfehler kann nur in Ausnahmefällen ausgeschlossen werden.[61]

23 e) **Verkündung.** Die Verkündung des Urteils wird im Einzelnen durch § 268 geregelt. Sie erfolgt durch Verlesung der Urteilsformel und der nachfolgenden Eröffnung der Urteilsgründe. Entscheidende Bedeutung kommt hierbei der Verlesung der Urteilsformel zu. Nur diese ist wesentlicher Teil der Hauptverhandlung.[62] Ohne sie liegt ein Urteil im Rechtssinn nicht vor.[63] Allein nach ihr richtet sich der Umfang der Rechtskraft.[64] Was in der Urteilsformel keinen Ausdruck gefunden hat, ist nicht entschieden.[65]

24 Der authentische Wortlaut der Urteilsformel ergibt sich allein aus der nach § 274 maßgebenden Sitzungsniederschrift.[66] Deckt der Wortlaut der Urteilsformel sachlich-rechtlich nicht die Entscheidung, so können zu ihrer **Auslegung** – auch zum Zwecke der Ergänzung[67] – die Urteilsgründe herangezogen werden.[68]

25 Mit der abgeschlossenen Verkündung von Formel und Gründen ist das Urteil erlassen und wird die Instanz abgeschlossen.[69] Eine **nachträgliche Abänderung** oder **Ergänzung** der Urteilsformel ist ausgeschlossen;[70] etwas anderes gilt lediglich im Fall der stets zulässigen Berichtigung offensichtlicher Fassungsversehen oder Schreibfehler.[71] Nach Beendigung der Urteilsverkündung können neue Tatsachen und Beweismittel sowie neue rechtliche Aspekte nicht mehr in derselben Instanz berücksichtigt werden. Die Verkündung eines Bewährungsbeschlusses nach § 268a Abs. 1 gehört nicht mehr zur Urteilsverkündung. Ab diesem Zeitpunkt ist daher eine Änderung oder Ergänzung nicht mehr möglich.[72]

26 Die mündliche Eröffnung der **Urteilsgründe** dient nur der vorläufigen Unterrichtung der Prozessbeteiligten.[73] Da das Urteil bereits mit Verlesung der Urteilsformel wirksam verkündet ist, kann die Revision nicht darauf gestützt werden, dass der Vorsitzende nach Verlesung und während der Eröffnung der Urteilsgründe ausgefallen ist[74] oder der Angeklagte nicht mehr anwesend war[75] bzw. die Urteilsgründe überhaupt nicht eröffnet wurden.[76] Inhaltlich haben die mündlich verkündeten Urteilsgründe überhaupt keine revisionsrechtliche Bedeutung, denn bei einer Divergenz zu den schriftlichen Gründen gehen letztgenannte vor.[77]

27 f) **Unterbrechung der Verkündung.** Bis zum Beginn der Verkündung haben die Beteiligten einen Anspruch darauf, zu Wort zu kommen und zu bescheidende Anträge zu stellen.[78] Die Wortmeldung eines Beteiligten darf nicht übergangen werden.[79] Zum Erfolg einer auf einen entsprechenden Verstoß gestützten Revision ist allerdings ein Beschluss gem. § 238 Abs. 2 herbeizuführen.[80]

28 Auch **nach Beginn der Urteilsverkündung** können die Verfahrensbeteiligten die Verkündung unterbrechen um Anträge zu stellen oder Erklärungen abzugeben. Sie haben aber keinen Rechts-

---

[59] BGH v. 7. 6. 1988 – 1 StR 172/88, NStZ 1988, 470 mwN; KK-StPO/*Schoreit* Rn. 2.
[60] BGH aaO; vgl. a. BGH v. 31. 7. 1992 – 3 StR 200/92, BGHR StPO § 260 Abs. 1 Beratung 5.
[61] BGH v. 14. 6. 2001 – 5 StR 87/01, BGHR StPO § 260 Abs. 1 Beratung 6.
[62] BGH v. 2. 12. 1960 – 4 StR 433/60, BGHSt 15, 263 (264) = NJW 1961, 419.
[63] RG v. 9. 12. 1937 – 3 D 639/37, RGSt 71, 377 (379).
[64] RG v. 4. 2. 1912 – II 771/12, RGSt 46, 420 (422).
[65] RG v. 7. 6. 1929 – I 275/29, RGSt 63, 184 (185); KK-StPO/*Schoreit* Rn. 8.
[66] OLG Zweibrücken v. 31. 7. 2008 – 1 Ss 96/08, NStZ-RR 2008, 381 (382) mwN.
[67] KK-StPO/*Schoreit* Rn. 8 uHinwa RGSt 46, 326.
[68] *Dahs* Revision Rn. 374.
[69] KK-StPO/*Schoreit* Rn. 12; *Pfeiffer* Rn. 2.
[70] BGH v. 28. 5. 1974 – 4 StR 633/73, BGHSt 25, 333 (335) = NJW 1974, 1518; BGH v. 24. 1. 1984 – 1 StR 874/83, NStZ 1984, 279; KK-StPO/*Schoreit* Rn. 12.
[71] BGH v. 28. 5. 1974 – 4 StR 633/73, BGHSt 25, 333 (336); BGH v. 24. 1. 1984 – 1 StR 874/83, NStZ 1984, 279; *Dahs* Revision Rn. 373.
[72] BGH v. 28. 5. 1974 – 4 StR 633/73, BGHSt 25, 333 (335); BeckOK-StPO/*Eschelbach* Rn. 1.
[73] BGH v. 21. 1. 1993 – 4 StR 560/92, BGHSt 39, 121 (124) = NJW 1993, 1084.
[74] BGH v. 8. 7. 1955 – 2 StR 144/55, BGHSt 8, 76 = NJW 1955, 1367 (1368).
[75] BGH v. 2. 12. 1960 – 4 StR 433/60, BGHSt 15, 263 (265) = NJW 1961, 419 (420).
[76] BGH v. 2. 12. 1960 – 4 StR 433/60, BGHSt 15, 263 (264) = NJW 1961, 419 (420); *Meyer-Goßner* § 268 Rn. 6.
[77] BGH v. 22. 4. 1955 – 5 StR 35/55, BGHSt 7, 363 (370) = NJW 1955, 1688 (1690) aE mAnm *Engisch* NJW 1955, 1690; BGH v. 8. 6. 1951 – 2 StR 22/51, MDR 1951, 539; *Dahs* Revision Rn. 373.
[78] BGH v. 14. 5. 1981 – 1 StR 160/81, NStZ 1981, 311; *Dahs* Revision Rn. 371.
[79] BGH v. 26. 7. 1967 – 2 StR 301/67, NJW 1967, 2019 (2020).
[80] BGH v. 19. 3. 1992 – 5 StR 50/92, NStZ 1992, 346; *Dahs* Revision Rn. 371.

anspruch darauf, dass ihnen hierzu Gelegenheit gegeben wird; Anträge müssen nicht beschieden werden.[81] Unterbricht das Gericht und nimmt den Antrag förmlich entgegen, zB durch Protokollierung oder Worterteilung an die Staatsanwaltschaft zur Stellungnahme, so tritt es damit wieder in die Verhandlung ein und muss nach den allgemeinen Regeln (§ 244 Abs. 3–5) über einen Beweisantrag entscheiden.[82] Die bloße Entgegennahme eines Beweisantrags ist noch kein Eintritt in die Verhandlung. Maßstab für die Entscheidung des Vorsitzenden, ob auf den Antrag hin wieder in die Verhandlung eingetreten werden soll, ist die Aufklärungspflicht.[83] Im Fall des Wiedereintritts in die Beweisaufnahme sind vor erneutem Abschluss der Verhandlung die Rechte der Verfahrensbeteiligten nach § 258 sowie die Verpflichtung zur Beratung gem. § 260 Abs. 1 einzuhalten. Das Gericht kann bis zum Zeitpunkt der Beendigung der mündlichen Bekanntgabe der Urteilsgründe unter dieser Maßgabe sein Urteil ändern oder ergänzen.[84]

g) Berichtigung. Eine Berichtigung der Urteilsformel ist nur solange möglich, wie die Urteilsverkündung noch nicht abgeschlossen ist. Danach dürfen nur noch offensichtliche **Schreibversehen** und ähnliche äußere, aus sich heraus erkennbare **Unrichtigkeiten** berichtigt werden. Dabei muss es sich um Fehler handeln, die sich ohne weiteres aus den Tatsachen ergeben, für alle Verfahrensbeteiligte klar zutage liegen und jeden Verdacht einer nachträglichen inhaltlichen Änderung ausschließen.[85]

Die **Schuldform** – vorsätzliche oder fahrlässige Begehungsweise – soll nicht im Wege der Berichtigung des Urteils geändert werden können.[86] Widersprechen sich Formel und Gründe im **Strafmaß** (zB vier anstelle von fünf Jahren Freiheitsstrafe) liegt ein offenkundiges Schreibversehen dann nicht vor, wenn die Urteilsgründe für sich genommen rechtlich einwandfreie Strafzumessungserwägungen enthalten, die eine Strafe in der einen wie auch in der anderen Höhe zulassen.[87] Fehlen auch in den Gründen Ausführungen zum Auslagenersatzanspruch des Nebenklägers kann die fehlende Entscheidung im Urteilstenor nicht im Wege eines Berichtigungsbeschlusses nachgeholt werden.[88]

Zählfehler, betreffend die Zählung der abgeurteilten Fälle in den Gründen, werden häufig ein offenkundiges Verkündungsversehen darstellen, das dem Tatrichter die Schuldspruchberichtigung im Wege eines nachträglichen Berichtigungsbeschlusses gestattet.[89]

h) Heilung. Verfahrensmängel bei der Urteilsverkündung können auch geheilt werden. Wurde die Urteilsformel versehentlich nicht öffentlich verkündet (§ 173 Abs. 1 GVG) oder geschah sie in Abwesenheit eines notwendigen Prozessbeteiligten, kann die Verkündung der Urteilsformel unter Vermeidung des Fehlers bis zum Abschluss der Eröffnung der Urteilsgründe wiederholt werden, was zur Heilung des Mangels führen kann.[90]

2. Berufsverbot (Abs. 2). Die Anordnung der Maßregel des Berufsverbots erfolgt im Rechtsfolgenausspruch und – ggf. mit der verhängten Strafe[91] – **in der Urteilsformel.** Die Ablehnung eines entsprechenden Antrags ist nicht in die Urteilsformel aufzunehmen.[92] Abs. 2 bestimmt, welche Einzelheiten hierzu in die Urteilsformel mit aufzunehmen sind. Die zudem in Abs. 2 normierte prozessuale Pflicht, diese „genau zu bezeichnen", ist nicht mit den sachlich-rechtlichen Anforderungen hieran zu verwechseln, die sich auch im Hinblick auf die erforderliche Bestimmtheit aus § 70 StGB ergeben.[93] Grund für das prozessuale Gebot, das Berufsverbot genau zu bezeichnen ist, dass einem Verurteilten auf Grund des Urteilsausspruchs erkennbar sein muss, welches Verhalten ihm zukünftig verboten und mit Strafe (§ 145c StGB) bedroht sein soll.[94] Täter und Dritte sollen sich entsprechend darauf einrichten können.[95]

---

[81] BGH v. 28. 5. 1974 – 4 StR 633/73, BGHSt 25, 333 (335 f.); BGH v. 2. 12. 1960 – 4 StR 433/60, BGHSt 15, 263 (264); *Dahs* Revision Rn. 371; KK-StPO/*Schoreit* § 258 Rn. 27.
[82] *Dahs* Revision Rn. 371.
[83] BGH v. 19. 11. 1985 – 1 StR 496/85, NStZ 1986, 182; BGH v. 10. 7. 1974 – 3 StR 6/73, MDR 1975, 24; *Burhoff* HV Rn. 924.
[84] BGH v. 28. 5. 1974 – 4 StR 633/73, BGHSt 25, 333 (336); *Burhoff* Rn. 924 f.; *Dahs* Revision Rn. 371.
[85] BGH v. 16. 6. 1992 – 4 StR 91/92, BGHR StPO § 260 Abs. 1 Urteilstenor 4; BGH v. 24. 4. 2007 – 4 StR 558/06, NStZ-RR 2007, 236 (237).
[86] OLG Zweibrücken v. 31. 7. 2008 – 1 Ss 96/08, NStZ-RR 2008, 381 (382).
[87] BGH v. 25. 2. 2009 – 5 StR 46/09, BGHR StPO § 260 Abs. 1 Urteilstenor 5; BGH v. 25. 5. 2007 – 1 StR 223/07, NStZ 2008, 710 (711).
[88] OLG Karlsruhe v. 17. 12. 1996 – 2 Ws 214/96, NStZ-RR 1997, 157 (158).
[89] BGH v. 26. 5. 2004 – 3 StR 15/04, NStZ-RR 2005, 259.
[90] KK-StPO/*Schoreit* Rn. 8 u. 10 mwN.
[91] Zur selbstständigen Anordnung bei Schuld- oder Verhandlungsunfähigkeit LK-StGB/*Hanack* § 70 Rn. 94.
[92] KK-StPO/*Schoreit* Rn. 42; *Meyer/Goßner* Rn. 38.
[93] OLG Karlsruhe v. 19. 1. 1995 – 2 Ss 177/94, NStZ 1995, 446 (447); LK-StGB/*Hanack* § 70 Rn. 58.
[94] OLG Karlsruhe v. 19. 1. 1995 – 2 Ss 177/95, NStZ 1995, 446 (447).
[95] LK-StGB/*Hanack* § 70 Rn. 58.

34 Erfüllt bereits die Urteilsformel nicht diese Anforderungen und bleibt damit das Berufsverbot **zu unbestimmt**, weil dessen Anordnung einen zu weiten und von den Anforderungen des § 70 StGB nicht gedeckten Umfang hat, kann es trotz Rechtskraft der Entscheidung keine wirksame Tatbestandsgrundlage für § 145c StGB sein.[96] **Beispiele:** Nicht genau genug sind die Formulierungen des Verbots „jeder selbstständigen Gewerbetätigkeit", „jeder selbstständigen Geschäftstätigkeit" oder „der Ausübung des Kaufmannsgewerbes".[97]

35 Das Tatgericht muss zudem in der Urteilsformel die **Dauer** des Berufsverbots aussprechen und in den Urteilsgründen bei langdauernder oder einem zeitlich unbeschränkten Berufsverbot die Dauer gesondert begründen.[98] Streitig ist, ob ein Rechtsmittel auf die Anordnung oder Ablehnung des Berufsverbots beschränkt werden kann.[99]

36 3. **Einstellung des Verfahrens (Abs. 3). a) Allgemeines.** Der Eintritt von Verfahrenshindernissen – und im Sinn von § 260 Abs. 3 gleichbedeutend[100] das Fehlen von Prozessvoraussetzungen – ist in jeder Lage des Verfahrens von Amts wegen zu überprüfen.[101] Im Ermittlungsverfahren führt ein Prozesshindernis zur Einstellung aus prozessualen Gründen nach § 170 Abs. 2 S. 1, im eröffneten gerichtlichen Verfahren außerhalb der Hauptverhandlung nach § 206a durch Beschluss und **in der Hauptverhandlung** nach § 260 Abs. 3 durch Urteil mit dem zeitlich nicht zu befristenden Ausspruch: „Das Verfahren wird eingestellt".[102] Wird das Verfahren gem. § 206a in der Revisionsinstanz eingestellt, so bedarf es keiner Aufhebung des angegriffenen Urteils, weil die Einstellung die Wirkung des Urteils bereits beseitigt.[103]

37 Die Einstellung wegen eines Verfahrenshindernisses ist selbst dann geboten, wenn das Verfahren bereits im Schuldspruch oder teilweise im Rechtsfolgenausspruch **rechtskräftig** geworden ist.[104] Fehlt es an der Zuständigkeit, geht jedoch die Verweisung (§§ 225a Abs. 1 S. 1, 270 Abs. 1 S. 1, 328 Abs. 2, 348, 355) der Einstellung vor.[105]

38 § 260 Abs. 3 und § 206a unterscheiden sich nicht in den sachlichen Voraussetzungen, sondern – abhängig von der Verfahrenslage – nur in der Entscheidungsform.[106] Eine Einstellung des Hauptverfahrens außerhalb der begonnenen Hauptverhandlung durch Beschluss nach § 206a ist nicht zulässig.[107]

39 Wird das bereits bestehende Verfahrenshindernis von dem Instanzgericht zunächst übersehen, kann es den eigenen einmal gefällten Urteilsspruch nicht mehr ändern. Das Urteil kann nur noch durch das übergeordnete Gericht und im Fall eines zulässig und wirksam angebrachten **Rechtsmittels** geändert werden.[108] Hat ein AG wegen eines vermeintlichen Verfahrenshindernisses keine Verhandlung zur Sache durchgeführt, ist das Einstellungsurteil von der Berufungsinstanz aufzuheben und zurückzuverweisen.[109] Bei unentschuldigtem Fernbleiben des Angeklagten in der Berufungsinstanz findet § 329 Abs. 1 keine Anwendung, wenn das Berufungsgericht ein Verfahrenshindernis feststellt, unabhängig davon, ob dies bereits in erster Instanz vorlag[110] oder erst in der Berufungsinstanz entstanden ist.[111] Geschieht dies bei Beginn der Hauptverhandlung ist nach § 260 Abs. 3 einzustellen.

40 b) **Verfahrenshindernis.** Als Verfahrenshindernis kommen nur Umstände in Betracht, die so schwer wiegen, dass von ihrem nicht Vorhandensein die Zulässigkeit des Verfahrens im Ganzen abhängig gemacht werden muss.[112] Das Fehlen einer Prozessvoraussetzung steht dem gleich.[113]

---

[96] OLG Karlsruhe aaO.
[97] Vgl. zur umfangreichen Kasuistik die Kommentierung zu § 132a und LK-StGB/*Hanack* § 70 Rn. 55.
[98] NK-StGB/*Lemke* § 70 Rn. 29; LK-StGB/*Hanack* § 70 Rn. 93.
[99] LK-StGB/*Hanack* § 70 Rn. 94 mwN.
[100] OLG Köln v. 21. 1. 2003 – Ss 456/02, StV 2003, 493; KK-StPO/*Schoreit* Rn. 46.
[101] BGH v. 27. 5. 2003 – 4 StR 142/03, NStZ 2004, 275 (276); KK-StPO/*Pfeiffer/Hannich* Einl. Rn. 134.
[102] BeckOK-StPO/*Eschelbach* Rn. 14; KK-StPO/*Schoreit* Rn. 46.
[103] OLG Frankfurt v. 28. 5. 1991 – 1 Ss 43/91, NJW 1991, 2849 (2850); OLG Karlsruhe v. 28. 5. 2003 – 1 Ss 49/03 – StraFo 2003, 273; aM KK-StPO/*Schoreit* Rn. 46; OLG Celle v. 22. 2. 2007 – 32 Ss 20/07, NStZ 2008, 118 (119).
[104] BGH v. 11. 11. 1955 – 1 StR 409/55, BGHSt 8, 269 (271); BGH v. 24. 9. 1954 – 2 StR 598/53, BGHSt 6, 304 f; OLG Karlsruhe v. 28. 5. 2003 – 1 Ss 49/03, StraFo 2003, 273 = NStZ-RR 2003, 332; BeckOK-StPO/*Eschelbach* Rn. 14; *Meyer-Goßner* Einl. Rn. 154.
[105] KK-StPO/*Pfeiffer/Hannich* Einl. Rn. 135; *Meyer-Goßner* Einl. Rn. 154.
[106] SK-StPO/*Schlüchter/Velten* Rn. 41.
[107] KG v. 13. 1. 1993 – 4 Ws 7 u. 8/93, NJW 1993, 673 (674) – Fall Honecker.
[108] BGH v. 16. 6. 1961 – 1 StR 95/61, BGHSt 16, 115 ff. = NJW 1961, 1684 (1685).
[109] BGH v. 13. 12. 2000 – 2 StR 56/00, NJW 2001, 1509 (1510) mwN; vgl. OLG Hamm v. 7. 5. 2009 – 2 Ss 158/09, BeckRS 2009, 87717.
[110] OLG Hamm v. 15. 7. 2009 – 3 Ss 250/09, NStZ 2010, 295.
[111] AA *Meyer-Goßner* § 329 Rn. 8.
[112] BGH v. 9. 12. 1987 – 3 StR 104/87, BGHSt 35, 137 (140) = NJW 1988, 2188 (2189); BGH v. 25. 10. 2000 – 2 StR 232/00, BGHSt 46, 159 (169) = NStZ 2001, 270 (272); OLG Köln v. 17. 9. 2002 – Ss 398/02, NStZ-RR 2003, 17 (18).
[113] BGH v. 10. 1. 2007 – 5 StR 305/06, NJW 2007, 853 (854); OLG Köln v. 21. 1. 2003 – Ss 456/02, StV 2003, 493; KK-StPO/*Schoreit* Rn. 46.

Ist ein Verfahrenshindernis kurzfristig in absehbarer Zeit **behebbar**, bedarf es keiner Einstellung. Das Verfahren ist zweckmäßiger Weise ggf. lediglich zu unterbrechen oder auszusetzen.[114] Steht nicht mit Sicherheit fest, dass das Verfahrenshindernis der Verhandlungsunfähigkeit auf Dauer besteht, kommt eine vorläufige Einstellung gem. § 205 in Betracht.[115] Betrifft das Verfahrenshindernis nur eine **tateinheitlich** begangene Gesetzesverletzung, so scheidet diese aus dem Verfahren ohne förmliche Einstellung aus.[116] Verfahrenshindernisse knüpfen nur an Tatsachen und nicht an Wertungsergebnisse an.[117] Sie werden im Freibeweisverfahren festgestellt.[118] Etwas anderes gilt jedoch, wenn das Vorliegen des Verfahrenshindernisses der anderweitigen Rechtshängigkeit nicht nach Aktenlage geklärt werden kann, sondern von Tatsachen abhängt, die die angeklagte Straftat betreffen. Deren Feststellung muss dem Strengbeweis in der Hauptverhandlung vorbehalten bleiben.[119]

Zu **Beispielen** für Verfahrenshindernisse wird zunächst auf die Kommentierung zu § 206a verwiesen. Hervorzuheben sind: – mangelnde Strafmündigkeit;[120] – Vorliegen oder Fortbestehen eines wirksamen Strafantrags;[121] – Verbrauch der Strafklage;[122] – anderweitige Rechtshängigkeit;[123] – Verjährung;[124] – Fehlen der Verhandlungsfähigkeit mit Sicherheit auf Dauer (sonst vorläufige Verfahrenseinstellung nach § 205), wobei an die Verhandlungsfähigkeit im Revisionsverfahren geringere Anforderungen zu stellen sind, als in der Tatsacheninstanz;[125] – Fehlen eines wirksamen Eröffnungsbeschlusses,[126] wenngleich dessen fehlende Unterzeichnung nicht zwingend zur Unwirksamkeit führt;[127] – Fehlen einer Anklage,[128] was auch anzunehmen ist, wenn der in der Anklageschrift geschilderte historische Vorgang nicht identisch ist mit den abgeurteilten Taten im Sinn von § 264 Abs. 1;[129] – wesentliche Mängel der Anklageschrift und damit des Eröffnungsbeschlusses, insbesondere bei der Bezeichnung des Prozessgegenstandes;[130] – Unzuständigkeit des Gerichts für die angeklagte Tat;[131] – auslieferungsrechtliche Beschränkungen nach dem Grundsatz der Spezialität (vgl. Art. 14 EuAlÜbK): solange dieser Grundsatz eingreift, darf der Beschuldigte nur innerhalb des von der ausliefernden Stelle gesetzten tatsächlichen und rechtlichen Rahmens verfolgt werden.[132]

Ob stets[133] und warum nicht behebbare tatsächliche **Zweifel**, ob ein Verfahrenshindernis gegeben ist, zur Einstellung des Verfahrens führen, ist umstritten.[134] Nach der Rechtsprechung verbietet sich eine schablonenhafte Antwort, die einheitlich für alle Verfahrenshindernisse gelten könnte. Es bedarf danach einer den besonderen Umständen der Einzelfrage zugemessenen Entscheidung.[135] Ein Strafverfahren darf danach grundsätzlich nur durchgeführt werden, wenn feststeht, dass die erforderlichen Prozessvoraussetzungen vorliegen und Prozesshindernisse nicht entgegen stehen; die erforderlichen Feststellungen hierfür sind grundsätzlich im Wege des Freibeweises zu treffen. Bleibt nach Ausschöpfung aller Erkenntnismöglichkeiten zweifelhaft, ob ein Prozesshindernis vorliegt, ist nach hM nach seiner Art zu differenzieren.[136] Gegenwärtig ist für folgende Verfahrensvoraussetzungen anerkannt, dass bereits vernünftige Zweifel an deren Vorliegen oder deren Fortbestehen zur Verfahrenseinstellung führen müssen: mangelnde Strafmündigkeit, Vorliegen oder Fortbestehen

---

[114] Meyer-Goßner Rn. 43; KK-StPO/Schoreit Rn. 46.
[115] BGH v. 14. 12. 1995 – 5 StR 206/95, BGHR § 260 Abs. 3 Verhandlungsunfähigkeit 1 = StV 1996, 250.
[116] BGH v. 19. 4. 1955 – 2 StR 172/54, BGHSt 7, 305 = NJW 1955, 957.
[117] Krekeler/Löffelmann/Sommer/Martis Rn. 8.
[118] BGH v. 30. 3. 2001 – StB 4/01, StB 5/01, BGHSt 46, 349 (351).
[119] BGH v. 30. 3. 2001 – StB 4/01, StB 5/01, BGHSt 46, 349 (352).
[120] OLG Hamm v. 21. 12. 2006 – (2) 4 Ausl A 25/06 (313/06); Löwe/Rosenberg/Stuckenberg § 206a Rn. 42.
[121] BGH v. 21. 2. 1968 – 2 StR 719/67, BGHSt 22, 90 (91); OLG Stuttgart v. 14. 1. 1981 – 1 Ss 1005/80, NStZ 1981, 184.
[122] BGH v. 30. 7. 2009 – 3 StR 273/09, NStZ 2010, 160 (161); BGH v. 28. 12. 2006 – 2 StR 534/06, NStZ-RR 2007, 179.
[123] BGH v. 30. 3. 2001 – StB 4/01, StB 5/01, BGHSt 46, 349 (351); OLG Hamm v. 9. 6. 2009 – 5 Ss OWi 297/09, BeckRS 2009, 87268.
[124] BGH v. 30. 7. 2009 – 3 StR 273/09, NStZ 2010, 160 (161); BGH v. 28. 12. 2006 – 1 StR 534/06, NStZ-RR 2007, 179; BGH v. 19. 8. 1988 – 4 StR 343/88, BGHR StPO § 260 Abs. 3 Verjährung 1.
[125] BGH v. 14. 12. 1995 – 5 StR 206/95, BGHR § 260 Abs. 3 Verhandlungsunfähigkeit 1 = NStZ 1996, 242.
[126] BGH v. 2. 11. 2005 – 4 StR 418/05, BGHSt 50, 267 (271) = NJW 2006, 240 (241).
[127] BGH v. 9. 1. 1987 – 3 StR 601/86, BGHR StPO § 260 Abs. 3 Revisionsinstanz 1 = NStZ 1987, 239; OLG Karlsruhe v. 28. 5. 2003 – 1 Ss 49/03, NStZ-RR 2003, 332 = StraFo 2003, 273.
[128] BGH v. 10. 6. 1988 – 3 StR 164/88, BGHR StPO § 260 Abs. 3 Revisionsinstanz 2.
[129] BGH v. 16. 9. 2004 – 1 StR 212/04.
[130] OLG Zweibrücken v. 13. 6. 2008 – 1 Ss 70/08.
[131] BGH v. 25. 4. 2008 – 1 StR 519/05, BGHSt 51, 29 (30) = NJW 2006, 1984; LG Wiesbaden v. 2. 3. 2006 – 1 KLs 3331 Js 35 447/04 = StraFo 2006, 204/205.
[132] BGH v. 14. 10. 2007 – 1 StR 160/07, BGHSt 52, 67 (78) = NJW 2008, 595 (598); Löwe/Rosenberg/Stuckenberg § 206a Rn. 70 mwN.
[133] Meyer-Goßner § 206a Rn. 7; Löwe/Rosenberg/Stuckenberg § 206a Rn. 39f.
[134] Löwe/Rosenberg/Stuckenberg § 206a Rn. 37ff.; Meyer-Goßner § 206a Rn. 7.
[135] BGH v. 19. 2. 1963 – 1 StR 318/62, BGHSt 18, 274 (277) = NJW 1963, 1209 (1210).
[136] BGH v. 30. 7. 2009 – 3 StR 273/09, NStZ 2010, 160 (161); BGH v. 30. 3. 2001 – StB 4 u. 5/01, BGHSt 46, 350 (351 f.) = NJW 2001, 1734 = JR 2002, 210.

eines wirksamen Strafantrags bei Antragsdelikten, Strafklageverbrauch, anderweitige Rechtshängigkeit, Verjährung, Verhandlungsunfähigkeit.[137] Ein Verfahrenshindernis iSv. §§ 206, 260 Abs. 3 besteht immer schon dann, wenn es möglicherweise vorliegt. Allerdings erfordert die Anwendung des Zweifelsatzes konkrete tatsächliche Umstände. Die Zweifel müssen nach Ausschöpfung aller Erkenntnismöglichkeiten unüberwindbar sein, bloß theoretische, nur denkgesetzlich mögliche Zweifel reichen nicht aus.[137a] Ohne praktische Bedeutung ist hierbei, ob dogmatisch von der Funktion der Prozessvoraussetzung als Bedingung für die Zulässigkeit eines Sachurteils oder von der Anwendung des Zweifelsatzes ausgegangen wird. Wenn das Vorliegen des Verfahrenshindernisses der anderweitigen Rechtshängigkeit nicht nach Aktenlage geklärt werden kann, weil es von Tatsachen abhängt, die die angeklagte Straftat betreffen, muss deren Feststellung dem Strengbeweis in der Hauptverhandlung vorbehalten bleiben.[138]

43 **Kein Verfahrenshindernis** wird – außer allenfalls in Extremfällen – in der staatlichen Tatprovokation gesehen[139] oder in der überlangen Verfahrensdauer.[140] Ohne nähere gesetzliche Regelung soll der (bloße) Verstoß gegen das Rechtsstaatsprinzip oder gegen den Anspruch auf ein faires Verfahren grundsätzlich kein Verfahrenshindernis darstellen.[141] Ebenso wenig selbst die Androhung von Misshandlungen unter Verstoß gegen das Folterverbot der Art. 3 EMRK, Art. 104 Abs. 1 S. 2 GG und § 136 a Abs. 3.[142]

44 **c) Einstellungsurteil.** Das Bestehen eines Verfahrenshindernisses führt dazu, dass das Gericht nicht mehr zu einem Sachurteil hinsichtlich des Tatvorwurfes gelangen darf.[143] Streitig ist, ob damit bei den Prozessvoraussetzungen zwischen Bestrafungs- und Befassungsverboten zu differenzieren ist.[144] Das Einstellungsurteil ist Prozessurteil, stellt also nur das Verfahrenshindernis – zeitlich unbegrenzt – fest.[145] In Ermangelung sachlichen Gehalts zum Tatvorwurf verbraucht es zumindest grundsätzlich nicht die Strafklage.[146] Ist das Hindernis – in einem neuen Verfahren – behebbar, zB durch einen nunmehr wirksamen neuen Eröffnungsbeschluss, kann der Tatvorwurf neu angeklagt werden.[147] Ist es nicht behebbar, weil zB die Verjährung eingetreten war, wirkt das Urteil faktisch wie ein die Strafklage verbrauchendes Sachurteil.[148]

45 **d) Freispruch oder Einstellung.** Der Freispruch mangels Nachweis strafbaren Verhaltens hat Vorrang vor dem Einstellungsurteil wegen eines nun entdeckten oder entstandenen Verfahrenshindernisses, wenn die Beurteilung der Schuldfrage keiner eingehenden Erörterung in der Hauptverhandlung mehr bedürfte. Andernfalls ergeht ein Einstellungsurteil, durch das der Angeklagte grundsätzlich nicht im Sinne des Rechtsmittelrechts beschwert wird.[149] Das Einstellungsurteil geht aber im Falle fehlender Anklage selbst einer Aufrechterhaltung des Freispruchs in der Vorinstanz vor.[150] Gleiches gilt, wenn das Hauptverfahren nicht wirksam eröffnet wurde[151] oder das Verfahren zuvor bereits nach § 154 Abs. 2 eingestellt worden war.[152]

46 Kann bei tateinheitlichem oder sonst rechtlichem Zusammentreffen eines schwereren und leichteren Tatvorwurfs der schwerere nicht nachgewiesen werden und ist der leichtere wegen Vorliegens eines unbehebbaren Verfahrenshindernisses nicht mehr verfolgbar, so hat die Sachentscheidung Vorrang vor der Verfahrenseinstellung, weil der schwerer wiegende Vorwurf den Urteilsausspruch bestimmt.[153] Ist es nicht ausgeschlossen, dass das Verfahrenshindernis der Spezialität in einem neuen Verfahren nicht mehr besteht, ist insoweit die Teileinstellung gegenüber einem Teilfreispruch vorrangig.[154]

---

[137] Löwe/Rosenberg/*Stuckenberg* § 206 a Rn. 38 mwN; *Meyer-Goßner* § 206 a Rn. 7 mwN.
[137a] BGH v. 30. 7. 2009 – 3 StR 273/09, NStZ 2010, 160 (161) zum Strafklageverbrauch.
[138] BGH v. 30. 3. 2001 – StB 4 u. 5/01, BGHSt 46, 349 (352) = JR 2002, 210.
[139] BGH v. 25. 11. 1997 – 1 StR 465/97, NJW 1998, 767.
[140] BGH v. 9. 12. 1987 – 3 StR 104/87, BGHSt 35, 137 (139), vgl. aber auch BVerfG v. 24. 11. 1983 – 2 BvR 121/83, NJW 1984, 967 und OLG Schleswig-Holstein v. 1. 4. 2003 – 2 Ss 158/02, StV 2003, 379 (381).
[141] BGH v. 18. 4. 1990 – 3 StR 252/88, BGHSt 37, 10 (13) = NJW 1990, 1924.
[142] LG Frankfurt M. v. 9. 4. 2003 – 5/22 Ks 3490/Js 2 301 118/02, StV 2003, 327; vgl. a. BGH v. 18. 11. 1999 – 1 StR 221/99, BGHSt 45, 321 (334) = NJW 2000, 1123 (1126).
[143] BGH v. 10. 1. 2007 – 5 StR 305/06, NJW 2007, 853 (854).
[144] Löwe/Rosenberg/*Stuckenberg* § 206 a Rn. 29 gegen *Meyer-Goßner* Einl. Rn. 143 ff.
[145] KK-StPO/*Schoreit* Rn. 48.
[146] BGH v. 30. 12. 1986 – 4 StR 688/86.
[147] BGH v. 18. 3. 1980 – 1 StR 213/79, NJW 1980, 1858; OLG Zweibrücken v. 22. 9. 1997 – 1 Ss 200/97, NStZ-RR 1998, 74 (75); BGH v. 16. 10. 1985 – 2 StR 563/84, NStZ 1986, 181 = wistra 1986, 69.
[148] BayObLG v. 10. 3. 1989 – 2 Ob OWi 417/88, MDR 1989, 933 = NStE Nr. 3 zu § 296 StPO; KK-StPO/*Schoreit* Rn. 48.
[149] BGH v. 25. 4. 1996 – 5 StR 54/96, NStZ-RR 1996, 299 (300); BGH v. 17. 8. 2000 – 4 StR 245/00, BGHSt 46, 130 (135 f.); *Meyer-Goßner* Rn. 44; KK-StPO/*Schoreit* Rn. 50.
[150] BGH v. 17. 8. 2000 – 4 StR 245/00, BGHSt 46, 130, 135 ff. = NJW 2000, 3293 (3294).
[151] *Meyer-Goßner* Rn. 45.
[152] BGH v. 26. 10. 2006 – 3 StR 290/06, NStZ-RR 2007, 83.
[153] St. Rspr.; BGH v. 16. 2. 2005 – 5 StR 14/04, BGHSt 50, 16 (30) = NJW 2005, 1287 (1290).
[154] BGH v. 24. 10. 2007 – 1 StR 160/07, BGHSt 52, 67 (78) = NJW 2008, 595 (598).

4. Urteilsformel (Abs. 4). a) Allgemeines. Die Fassung der Urteilsformel im Falle des Freispruchs ist im Gesetz nicht geregelt. Abs. 4 regelt allein die Fälle, in denen es zu einer Verurteilung kommt.[155] Entsprechend der im Gesetz zum Ausdruck kommenden **Zweckbestimmung** des Tenors, die in der Kennzeichnung des begangenen Unrechts sowie der Verlautbarung der im Urteil getroffenen Anordnungen liegt, soll der Tenor stets in knapper, verständlicher Sprache abgefasst sein und von allem Überflüssigem freigehalten werden, was nicht unmittelbar der Erfüllung seiner Aufgaben dient.[156] Die Urteilsformel soll dabei alles, was beschlossen ist, vollständig wiedergeben[157] und den Verfahrensgegenstand erschöpfend bescheiden.[158] 47

Der Urteilsformel kommt für das erst mit seiner Verkündung rechtlich existente Urteil besondere Bedeutung zu. Sie fixiert vorab zum Zweck der Verkündung und Dokumentation das Beratungsergebnis und ist zur Urteilsverkündung zu verlesen.[159] Allein die Urteilsformel – und nicht etwa die Feststellungen[160] – erwächst in Rechtskraft und wird im Falle der Verurteilung zur Grundlage der Vollstreckung.[161] 48

b) Freispruch. Ein Freispruch hat zu erfolgen, wenn das Gericht zu dem Ergebnis gelangt, dass der Angeklagte hinsichtlich der nach dem Eröffnungsbeschluss abgegrenzten Tat aus tatsächlichen oder rechtlichen Gründen nicht strafbar ist. Die Urteilsformel lautet dann – ggf. neben der Anordnung von Sicherungsmaßregeln (vgl. § 71 StGB) und Nebenfolgen (vgl. § 76 a StGB), denn der Urteilsspruch hat die zugelassene Anklage erschöpfend zu erledigen –:[162] „Der Angeklagte wird freigesprochen".[163] Bei Teilfreispruch neben einer Verurteilung lautet die ergänzende **Urteilsformel**: „Im Übrigen wird der Angeklagte freigesprochen". Anders als bei einer Verurteilung ist die rechtliche Bezeichnung des Tatvorwurfs weder erforderlich noch üblich.[164] 49

Zusätze wie etwa „mangels Beweises", „aus Rechtsgründen" oder „wegen erwiesener Unschuld" verstoßen gegen die Unschuldsvermutung nach Art. 6 Abs. 2 EMRK und sind unzulässig.[165] 50

Im Urteil sind die **Nebenentscheidungen** über die Kosten und ggf. die Entschädigung dem Grunde nach (§ 8 Abs. 1 StrEG) mit aufzunehmen. Entscheidungen über einen Haft- oder Unterbringungsbefehl, die Aufhebung eines vorläufigen Berufsverbots oder über die vorläufige Entziehung der Fahrerlaubnis erfolgen durch gesonderten Beschluss.[166] 51

c) Verurteilung. aa) Grundsatz. Nach Abs. 4 S. 5 unterliegt die Fassung der Urteilsformel dem Ermessen des Gerichts, soweit nicht Abs. 2 und 4 S. 1–4 einen bestimmten Inhalt vorschreiben. Die Formel der Verurteilung besteht aus dem Schuldspruch, dem Rechtsfolgenausspruch (Haupt- und Nebenstrafen, Maßregeln, Nebenfolgen, Aussetzung zur Bewährung, Ausspruch welcher bezifferte Teil einer Strafe wegen überlanger Verfahrensdauer als vollstreckt gilt)[167] sowie der Kosten- und Auslagenentscheidung und ggf. dem Ausspruch über eine Entschädigung nach dem StrEG.[168] Fehlt es an einem Ausspruch, dass der Verurteilte die notwendigen Auslagen des Nebenklägers zu tragen hat, trägt der Nebenkläger diese selbst.[169] 52

bb) Schuldspruch. Wird der Angeklagte schuldig gesprochen, hat die Urteilsformel die **rechtliche Bezeichnung der Tat** – also nicht deren Tatsachengrundlage[170] anzugeben (Abs. 4 S. 1). Sofern vorhanden, hat dies durch Verwendung der gesetzlichen Überschrift des verwirklichten Tatbestands zu geschehen (Abs. 4 S. 2), zB „wegen Betrugs". Gibt es keine gesetzliche Überschrift – zB im BtMG – ist das verwirklichte Unrecht möglichst kurz und genau mit anschaulichen verständlichen Worten zu bezeichnen, zB „wegen unerlaubten Handeltreibens mit Betäubungsmitteln".[171] Die Formel „wegen Verstoßes gegen das WaffenG" reicht zur rechtlichen Bezeichnung der Tat nicht aus.[172] 53

---

[155] BeckOK-StPO/*Eschelbach* Rn. 18.
[156] BGH v. 4. 8. 1983 – StR 236/83, NStZ 1983, 524; SK-StPO/*Schlüchter/Velten* Rn. 23.
[157] RG v. 25. 10. 1927 – I 441/27, RGSt 61, 388 (390).
[158] BGH v. 30. 1. 2003 – 3 StR 437/02, NStZ 2003, 546 (548); BGH v. 3. 6. 2008 – 3 StR 163/08, NStZ-RR 2008, 316 Ls.
[159] BeckOK-StPO/*Eschelbach* Rn. 13; KK-StPO/*Schoreit* Rn. 8.
[160] BGH v. 3. 6. 1997 – 1 StR 183/97, BGHSt 43, 106 (107) = NJW 1997, 2828.
[161] BeckOK-StPO/*Eschelbach* Rn. 13.
[162] BGH v. 8. 1. 1998 – 4 StR 620/97, NStZ-RR 1998, 142.
[163] *Meyer-Goßner* Rn. 17.
[164] KK-StPO/*Schoreit* Rn. 24; *Meyer-Goßner* Rn. 17.
[165] *Meyer-Goßner* Rn. 17; KK-StPO/*Schoreit* Rn. 25.
[166] Krekeler/Löffelmann/Sommer/*Martis* Rn. 13; KK-StPO/*Schoreit* Rn. 27.
[167] BGH v. 17. 1. 2008 – GSSt 1/07, BGHSt 52, 124 ff. = NJW 2008, 860 (866).
[168] KK-StPO/*Schoreit* Rn. 28.
[169] OLG Karlsruhe v. 17. 12. 1996 – 2 Ws 214/96, NStZ-RR 1997, 157 (158).
[170] SK-StPO/*Schlüchter/Velten* Rn. 26; KK-StPO/*Schoreit* Rn. 29.
[171] BGH v. 29. 7. 1992 – 3 StR 61/92, BGHR StPO § 260 Abs. 4 S. 1 Tatbezeichnung 7; KK-StPO/*Schoreit* Rn. 29; Krekeler/Löffelmann/Sommer/*Martis* Rn. 14.
[172] BGH v. 16. 1. 2007 – 4 StR 574/06, NStZ-RR 2007, 149.

54 Gem. der Zweckbestimmung des Tenors, das begangene Unrecht prägnant und allgemein verständlich zu kennzeichnen, sind in die Urteilsformel aufzunehmen: – die Angabe der **Qualifikationstatbestände**, die einen eigenen und gegenüber dem Grundtatbestand erhöhten Unrechtsgehalt aufweisen,[173] zB bei § 177 Abs. 3 StGB „schwere Vergewaltigung", bei § 177 Abs. 4 StGB „besonders schwere Vergewaltigung",[174] bei § 232 Abs. 3 und 4 StGB „schwerer Menschenhandel zum Zweck der sexuellen Ausbeutung",[175] bei § 250 Abs. 2 Nr. 1 StGB „besonders schwerer Raub" bzw. in gleichermaßen qualifizierten Fällen „besonders schwerer räuberischer Diebstahl" oder „besonders schwere räuberische Erpressung";[175a] bei banden- *und* gewerbsmäßig begangenem Betrug wird der Qualifikationstatbestand des § 263 Abs. 5 StGB, der die Tat zum Verbrechen macht, in der Urteilsformel zum Ausdruck gebracht; Gleiches gilt für die Urkundenfälschung (§ 267 Abs. 4 StGB);[176] – die **Teilnahmeform** (Anstiftung, Beihilfe) und bei Verurteilung nach § 30 StGB die rechtliche Bezeichnung der geplanten Tat;[177] – die Schuldform der **Fahrlässigkeit**, wegen § 15 StGB nicht jedoch der vorsätzlichen Tatbegehung;[178] – der **Versuch der Begehung**;[179] – die Feststellung der **besonderen schwere der Schuld** im Sinn von §§ 57a Abs. 1 S. 1 Nr. 2, 57b StGB;[180] – die Anordnung der **Sicherungsverwahrung** neben der Verurteilung zu lebenslanger Freiheitsstrafe als Gesamtstrafe;[181] – die **Maßregelanordnung** bei Freispruch wegen Schuldunfähigkeit;[182] – das gesetzliche **Regelbeispiel** der „Vergewaltigung" (§ 177 Abs. 2 S. 2 Nr. 1 StGB) ist **ausnahmsweise** in den Schuldspruch aufzunehmen;[183] – das Konkurrenzverhältnis: Mehrere tateinheitlich verwirklichte Tatbestände sollen mit den Worten „in **Tateinheit** mit" ggf. „und mit" verknüpft werden, mehrere in **Tatmehrheit** stehende Delikte stets mit den Worten „wegen ... und wegen".[184] Sofern der Tenor hierdurch nicht unverständlich wird, ist gleichartige Tateinheit kenntlich zu machen („... in vier Fällen"). Werden durch eine Tat mehrere Alternativen eines Tatbestands erfüllt, so ist nur wegen einer Straftat zu verurteilen.[185] Bei **Gesetzeseinheit** wird die verdrängte Norm nicht bezeichnet.[186] Die **Wahlfeststellung** muss sich aus der Urteilsformel ergeben (Diebstahl „oder" Hehlerei).[187]

55 Nicht in die Urteilsformel **aufzunehmen** sind beispielsweise die Täterschaftsform[187a] (Allein- oder Mittäterschaft, mittelbare Täterschaft), die „gemeinschaftliche Begehung"[187b], Strafzumessungsregeln (zB § 21 StGB), unbenannte Strafänderungsgründe, grundsätzlich gesetzliche Regelbeispiele für besonders schwere oder minderschwere Fälle (bspw. nicht wegen „gewerbsmäßigen" Betruges;[187c] zu Ausnahmen siehe oben) und die Einordnung als „Verbrechen" oder „Vergehen".[188]

56 cc) **Rechtsfolgenausspruch.** Nach der Zweckbestimmung des Tenors sind darin alle verhängten Rechtsfolgen aufzunehmen.[189] Bei **Geldstrafe** sind gem. Abs. 4 S. 3 Zahl und Höhe der Tagessätze – nicht aber die zu errechnende Geldsumme – sowie etwaige Zahlungserleichterungen anzugeben. Die Bemessung einer **Freiheitsstrafe** wird gem. § 39 StGB tenoriert. Bei einer **Gesamtstrafe** wird nur diese in der Urteilsformel angegeben; die Einzelstrafen ergeben sich aus den Urteilsgründen. Sind rechtskräftige Einzelstrafen aus einer früheren Gesamtstrafe einzubeziehen, ist nur diese aufzuheben.[190]

57 Die **Aussetzung zur Bewährung** ist in der Formel anzugeben (Abs. 4 S. 4). Einzelheiten ergehen im Beschlusswege (§ 268 a). Nach Abs. 4 S. 4 sind auch in der Formel anzugeben: der Vorbehalt

---

[173] Krekeler/Löffelmann/Sommer/*Martis* Rn. 14.
[174] BGH v. 28. 1. 2003 – 3 StR 373/02, BGHR StPO § 260 Abs. 4 S. 1 Urteilsformel 4; BGH v. 20. 12. 2006 – 2 StR 515/06; KK-StPO/*Schoreit* Rn. 29.
[175] BGH v. 26. 3. 2008 – 2 StR 90/08, NStZ-RR 2008, 203 LS 2.
[175a] BGH v. 3. 9. 2009 – 3 StR 297/09, NStZ 2010, 101.
[176] BGH v. 25. 4. 2007 – 1 StR 181/07, NStZ-RR 2007, 269 LS.
[177] BGH v. 6. 4. 2004 – 3 StR 29/04, NStZ-RR 2005, 259; *Meyer-Goßner* Rn. 24.
[178] BGH v. 29. 7. 1992 – 3 StR 61/92, BGHR StPO § 260 Abs. 4 S. 1 Tatbezeichnung 7.
[179] *Meyer-Goßner* Rn. 24, KK-StPO/*Schoreit* Rn. 30; SK-StPO/*Schlüchter/Velten* Rn. 26.
[180] BGH v. 21. 1. 1993 – 4 StR 560/92, BGHSt 39, 121 (123) = BGHR StPO § 260 Abs. 4 S. 1 Urteilsformel 1 = NJW 1993, 1084 LS 1.
[181] BGH v. 23. 7. 1986 – 3 StR 164/86, BGHSt 34, 138 (146) = NStZ 1987, 83 (84).
[182] BGH v. 11. 6. 2002 – 3 StR 158/02, NStZ-RR 2003, 98.
[183] BGH n. 27. 5. 1998 – 3 StR 204/98, NStZ 1998, 510 (511); BGH v. 6. 12. 2007 – 3 StR 355/07 („versuchte Vergewaltigung").
[184] BGH v. 13. 12. 1995 – 3 StR 276/95, BGHR StPO § 260 Abs. 4 S. 1 Tatbezeichnung 8.
[185] BGH v. 24. 3. 1994 – 4 StR 656/93, NJW 1994, 2034 (2035); Krekeler/Löffelmann/*Martis* Rn. 14.
[186] *Meyer-Goßner* Rn. 26, KK-StPO/*Schoreit* Rn. 33.
[187] *Meyer-Goßner* Rn. 27 mwN.
[187a] BGH v. 15. 4. 2009 – 3 StR 128/09, NStZ-RR 2009, 248.
[187b] Graf/*Eschelbach* Rn. 23.
[187c] BGH v. 3. 9. 2009 – 3 StR 128/09, NStZ-RR 2009, 248.
[188] KK-StPO/*Schoreit* Rn. 29 ff.; *Meyer-Goßner* Rn. 24 f.; SK-StPO/*Schlüchter/Velten* Rn. 26.
[189] BGH v. 21. 1. 1993 – 4 StR 560/92 – BGHSt 39, 121 (124) = NJW 1993, 1084; KK-StPO/*Schoreit* Rn. 36.
[190] KK-StPO/*Schoreit* Rn. 37; Krekeler/Löffelmann/Sommer/*Martis* Rn. 15.

der Entscheidung über die Sicherungsverwahrung, die Verwarnung mit Strafvorbehalt und das Absehen von Strafe.

Die Anrechnung der **Untersuchungshaft** erfolgt grundsätzlich durch die Vollstreckungsbehörde und ergibt sich aus dem Gesetz (§ 51 Abs. 1 S. 1 StGB), ohne dass es eines Ausspruchs im Urteil dafür bedarf. Entsprechendes gilt für die Anrechnung einer **vorläufigen Entziehung der Fahrerlaubnis** auf das Fahrverbot und für die Verwahrung, Sicherstellung oder Beschlagnahme des Führerscheins (§ 51 Abs. 5 StGB, § 25 Abs. 6 StVG). Erforderlich wird die Aufnahme in die Urteilsformel nur, wenn das Gericht auf eine vom gesetzlichen Regelfall abweichende Anordnung erkennt (§ 51 Abs. 1 S. 2 StGB, § 52 a S. 2 JGG) oder dies zur Klarstellung geboten ist.[191] Bei **ausländischer Freiheitsentziehung** ist der Umrechnungsmaßstab gem. § 51 Abs. 4 S. 2 StGB anzugeben. 58

In die Urteilsformel aufzunehmen ist im Fall rechtsstaatswidriger Verfahrensverzögerung der Ausspruch, welcher bezifferte Teil einer Strafe für die **überlange Verfahrensdauer** zur Kompensation als vollstreckt gilt.[192] Reicht bereits die bloße Feststellung der rechtsstaatswidrigen Verfahrensverzögerung zur Kompensation aus – bedarf es deshalb also keiner Bezifferung eines Teils der Strafe zur Entschädigung – wird dies nicht in die Urteilsformel aufgenommen und nur in den Urteilsgründen ausgeführt.[192a] In den Urteilstenor aufzunehmen ist, welche Strafe als vollstreckt gilt, wenn bei Wegfall der Bewährung durch Bildung einer Gesamtstrafe bereits erbrachte Leistungen nicht erstattet werden, jedoch zu kompensieren sind.[192b] Alle **Maßregeln** der Besserung und Sicherung nach §§ 61 ff. StGB und **Nebenstrafen** (§ 44 StGB) werden abschließend in der Urteilsformel angeordnet. 59

Bei **Verfall** und **Einziehung** sind die Gegenstände so genau zu bezeichnen, dass bei allen Beteiligten und den Vollstreckungsorganen Klarheit über den Umfang der Einziehung besteht, durch Aufzählung in der Urteilsformel oder einer Anlage hierzu.[193] Die Bezeichnung der Liste der Überführungsstücke genügt genauso wenig wie die Bezugnahme auf ein Asservatenverzeichnis oder die Verfallerklärung des „asservierten Geldes".[194] Auch eine Bezugnahme auf die Anklageschrift genügt nicht.[195] Im Falle ungenügender Bezeichnung des Einziehungsgegenstands ist eine Nachholung durch einen ergänzenden Beschluss nicht möglich (vgl. aber § 76 StGB). Bei versehentlich unterlassener Einziehung wird mit Rechtskraft des Urteils der Strafanspruch verbraucht.[196] Wird **Wertersatz** eingezogen, muss der Betrag in der Urteilsformel angegeben werden.[197] 60

Die **Kostenentscheidung** ist Teil der Urteilsformel. Sie richtet sich nach den §§ 464 ff.[198] Was bereits aus dem Gesetz folgt, soll nicht in die Formel mit aufgenommen werden (zB gesamtschuldnerische Haftung gem. § 466 sowie die Pflicht des Verurteilten, seine notwendigen Auslagen selbst zu tragen).[199] In den Urteilstenor gehört jedoch die etwaige Pflicht des Verurteilten, die notwendigen Auslagen der Nebenklage zu tragen.[200] Enthält der Urteilstenor keine Entscheidung über die notwendigen Auslagen der Nebenklage, kann dies selbst dann nicht berichtigt werden (vgl. aber § 464 Abs. 3 S. 1), wenn die schriftlichen Urteilsgründe eine entsprechende Entscheidung enthalten, sofern kein offensichtliches Fassungsversehen vorliegt. Die Nebenklage trägt dann ihre notwendigen Auslagen selbst.[201] Soweit einem Jugendlichen Verfahrenskosten auferlegt werden, ist dies in der Urteilsformel auszusprechen und zu begründen.[202] 61

Die etwaige **Bekanntmachung** einer Entscheidung (§§ 165, 200 StGB; § 143 Abs. 6 MarkenG) muss im Tenor so genau gefasst werden, dass die Vollstreckung ohne Schwierigkeiten betrieben werden kann[203] (vgl. Nr. 231 RiStBV). Dazu gehört die Nennung des Namens des Verletzten und die Angabe der konkreten Zeitung/Zeitschrift sowie die nähere Bestimmung deren Teils, in der die Bekanntmachung erfolgen soll[204] (vgl. § 463 c). 62

---

[191] KK-StPO/*Schoreit* Rn. 44.
[192] BGH v. 17. 1. 2008 – GSSt 1/07 – BGHSt 52, 124 ff. = NJW 2008, 860 LS (866).
[192a] BGH v. 15. 4. 2009 – 3 StR 128/09, NStZ-RR 2009, 248.
[192b] *Meyer-Goßner* Rn. 35 a; vgl. Satzger/Schmitt/Widmaier/*Mosbacher* § 58 StGB Rn. 6 f.
[193] BGH v. 25. 8. 2009 – 3 StR 291/09, NStZ-RR 2009, 384; BGH v. 20. 6. 2007 – 1 StR 251/07, NStZ 2007, 713; BGH v. 7. 3. 1956 – 6 StR 92/55, NJW 1956, 799; *Meyer-Goßner* Rn. 93.
[194] BGH v. 27. 6. 2003 – 2 StR 197/03, NStZ-RR 2004, 227; BGH v. 28. 1. 1998 – 2 StR 641/97.
[195] BGH v. 25. 8. 2009 – 3 StR 291/09, NStZ-RR 2009, 384; BGH v. 20. 11. 1979 – 5 StR 691/79, NStZ 1981, 295 aE; *Meyer-Goßner* Rn. 39.
[196] LK-StGB/*Schmidt* § 74 Rn. 65; Schönke/Schröder/*Eser* § 74 StGB Rn. 45.
[197] *Meyer-Goßner* Rn. 39; KK-StPO/*Schoreit* Rn. 43; SK-StPO/*Schlüchter/Velten* Rn. 36.
[198] Löwe/Rosenberg/*Gollwitzer* 25. Aufl. Rn. 93.
[199] BGH v. 5. 5. 1987 – 4 StR 147/87, BGHR StPO § 260 Abs. 4 S. 1 Tatbezeichnung 3.
[200] OLG Karlsruhe v. 17. 12. 1996 – 2 Ws 214/96, NStZ-RR 1997, 157 LS; aA KK-StPO/*Schoreit* Rn. 45.
[201] KG v. 17. 1. 1989 – (5) 1 Ss 81/88 (10/88) = LSK 1989, 470, 184 = JR 1989, 392; OLG Karlsruhe v. 17. 12. 1996 – 2 Ws 214/96, NStZ-RR 1997, 157; SK-StPO/*Schlüchter/Velten* Rn. 24.
[202] *Eisenberg* § 74 JGG Rn. 21.
[203] *Meyer-Goßner* Rn. 40; KK-StPO/*Schoreit* Rn. 44.
[204] Schönke/Schröder/*Eser* § 165 StGB Rn. 9.

63 **5. Liste der angewendeten Strafvorschriften (Abs. 5).** Sie ist weder Bestandteil der Urteilsformel noch der Urteilsgründe; sie ist deshalb weder zu verlesen noch sonst bekannt zu geben. Auf Mängeln in der Liste kann das Urteil nicht beruhen.[205] Sie dient der Entlastung der Urteilsformel – weil beispielsweise nur aus ihr etwaig verwirklichte Regelbeispiele hervorgehen – und als Grundlage für die Mitteilung an das BZR[206] (vgl. §§ 3 Nr. 1, 20 Abs. 1 S. 1 BZRG). Zur Bezeichnung der angewendeten Vorschriften (Abs. 5 S. 1), die den Schuld- und Rechtsfolgenausspruch qualifizieren, sind die Normen und ihre Absätze, Sätze und Nummern möglichst genau zu bezeichnen.[207] Bei Freispruch sind die tragenden Normen anzugeben, zB §§ 20, 78 StGB.[208]

64 Nach Abs. 5 S. 2 ist § 17 Abs. 2 BZRG anzuführen, wenn unter den dort genannten Voraussetzungen die Tat auf Grund einer BtM-Abhängigkeit begangen wurde. Dies hat insbesondere Bedeutung für die Zurückstellung der Strafvollstreckung gem. § 35 BtMG. Auch kann sich bei einer verhängten Gesamtfreiheitsstrafe die gem. §§ 35 Abs. 3 Nr. 1 iVm. 35 Abs. 1 S. 1 BtMG erforderliche Kausalität der BtM-Abhängigkeit für den überwiegenden Teil der abgeurteilten Straftaten allein aus dem im Urteil gem. § 260 Abs. 5 S. 2 angebrachten Hinweis auf die Registervergünstigung des § 17 Abs. 2 BZRG ergeben.[209]

§ 261 [Freie Beweiswürdigung]

Über das Ergebnis der Beweisaufnahme entscheidet das Gericht nach seiner freien, aus dem Inbegriff der Verhandlung geschöpften Überzeugung.

Übersicht

	Rn.
A. Allgemeines, Regelungszweck	1, 2
B. Merkmale des Tatbestandes	3–91
I. Ergebnis der Beweisaufnahme	3
II. Maß der Überzeugung	4–11
1. Richterliche Überzeugung	4–7
2. Subjektive Gewissheit	8
3. Objektiver Maßstab?	9, 10
4. Keine überspannten Anforderungen	11
III. Aus Inbegriff der Verhandlung geschöpft	12–30
1. Umfang des Inbegriffs der Hauptverhandlung	13–19
2. Einzelne Erkenntnisquellen und Beweismittel	20–30
a) Einlassungen des Angeklagten	20
b) Erklärungen des Verteidigers	21
c) Zeugenaussagen, Zuschauerverhalten	22
d) Sachverständigenbeweis	23
e) Augenscheinobjekte	24
f) Urkundsbeweis	25, 26
g) Äußerungen außerhalb der Hauptversammlung	27
h) Wissen des Richters	28–30
IV. Freie Beweiswürdigung	31–91
1. Grundsätze der freien Beweiswürdigung	32–35
2. Keine Beweisregeln oder Beweisvermutungen	36, 37
3. Beweisverwertungsverbote	38–41
a) Frühere Verurteilungen	39
b) Weitere Verwertungsverbote	40, 41
4. Einlassungen des Angeklagten und Verteidigererklärungen	42–53
a) Schweigen des Angeklagten	47–50
b) Teileinlassung des Angeklagten	51, 52
c) Verteidigungserklärungen	53
5. Zeugenaussagen	54–71
a) Beweiswürdigung und Glaubwürdigkeit	55, 56
b) Aussage gegen Aussage	57, 58
c) Glaubwürdigkeitsgutachten	59
d) Behandlung von Zeugnisverweigerungen	60–64
e) Teilschweigen eines Zeugen	65
f) Zeugenaussagen von Mitangeklagten	66, 67
g) Täteridentifizierung durch Wiedererkennen	68–70
h) Geheimhaltungsinteressen	71
6. Sachverständigenbeweis	72–76
a) Grad wissenschaftlicher Sicherheit	73

---

[205] BGH v. 25. 9. 1996 – 3 StR 245/96, BGHR StPO § 260 Abs. 5 Liste 1; BGH v. 23. 2. 2006 – 1 StR 24/06, NStZ-RR 2007, 290; BGH v. 18. 7. 2007 – 2 StR 280/07.
[206] *Meyer-Goßner* Rn. 50; Krekeler/Löffelmann/Sommer/*Martis* Rn. 18; KK-StPO/*Schoreit* Rn. 52.
[207] BeckOK-StPO/*Eschelbach* Rn. 30; KK-StPO/*Schoreit* Rn. 52.
[208] KK-StPO/*Schoreit* Rn. 54.
[209] OLG Stuttgart v. 5. 6. 2001 – 4 VAs 9/01, NStZ-RR 2001, 343.

Sechster Abschnitt. Hauptverhandlung 1–4 **§ 261**

```
                                                                                            Rn.
         b) Verwertbarkeit anderer als Befundtatsachen ..........................................  74
         c) Letztentscheidung des Tatgerichts .......................................................  75
         d) Urteilsdarstellungen ..............................................................................  76
      7. Bild-, Ton- und Urkundsobjekte sowie Indizien ........................................  77, 78
      8. Urteilsanforderungen und erschöpfende Beweiswürdigung .....................  79–84
         a) Gesicherte wissenschaftliche Erkenntnisse ............................................  81
         b) Gesetze der Logistik und Erfahrungssätze ............................................  82, 83
         c) Erschöpfende Beweiswürdigung .........................................................  84
      9. Zweifelssatz (in dubio pro reo) und Wahlfeststellung ...............................  85–91
         a) Zweifelssatz im materiellen Recht ........................................................  86
         b) Zweifelssatz bei Verfahrensfragen und -fehlern ....................................  87, 88
         c) Zweifelssatz bei Indizien ......................................................................  89
         d) Konsequenzen aus dem Zweifelssatz ...................................................  90
         e) Wahlfeststellung ..................................................................................  91
   C. Rechtsmittel ..................................................................................................  92–96
      I. Sach- und Verfahrensrüge ..........................................................................  92
      II. Beweiskraft des Protokolls ........................................................................  93
      III. Beweiswürdigung als Aufgabe des Tatrichters ..........................................  94
      IV. Rekonstruktionsverbot der Hauptverhandlung .........................................  95
      V. Widersprüche, Unklarheiten und wissenschaftliche Erkenntnisse im Urteil  96
   D. Relevanz in anderen Rechtsgebieten ............................................................  97
```

A. Allgemeines, Regelungszweck

§ 261 sichert die Grundsätze der **Unmittelbarkeit und Mündlichkeit**[1] und damit zugleich das rechtliche Gehör.[2] Teilweise wird auch die Unschuldsvermutung als garantiert angesehen.[3] **1**

§ 261 stellt die eigene, **höchstpersönliche Entscheidung** des jeweils zur Entscheidung berufenen Tatgerichts aufgrund (ausschließlich) dessen Wahrnehmung nach persönlicher Anwesenheit (mit Körper und Geist) in der Hauptverhandlung sicher. Das Urteil soll im Ergebnis eine rationalisierte und durch Dritte nachvollziehbare, gleichwohl persönliche (und damit subjektive) Gewissheit des Tatgerichts widerspiegeln. Die persönliche Gewissheit des Tatgerichts umfasst die **subjektive Gewissheit** des Richters von der **objektiven Wahrheit** der getroffenen Feststellungen.[4] Diese „forensische Wahrheit"[5] erfordert eine nachvollziehbare und logische Würdigung aller für und gegen eine Feststellung sprechenden Umstände.[6] Sie darf nur aufgrund der Bindung des Tatgerichtes an Gesetz und Recht ergehen.[7] **2**

B. Merkmale des Tatbestandes

I. Ergebnis der Beweisaufnahme

Das Ergebnis der Beweisaufnahme ist **Resultat des Erkenntnisaktes** nach § 261. Es gibt keine gesicherte Theorie für die Umstände, unter denen ein Beweis als gelungen anzusehen ist.[8] Gefordert ist eine **eigene Entscheidung** ausschließlich auf Grundlage der **Erkenntnisquellen der Hauptverhandlung** nach deren erschöpfender Würdigung, wobei Verwertungsverbote zu beachten sind.[9] Hierbei sind vorhandene Zweifel, die ein Tatgericht nicht zu überwinden vermag, und ein darauf basierender Freispruch grundsätzlich hinzunehmen.[10] Sofern ein Tatgericht auch nur geringe Zweifel nicht zu überwinden vermag, muss es sogar freisprechen.[11] **3**

II. Maß der Überzeugung

1. Richterliche Überzeugung. Überzeugung ist die subjektive Gewissheit des Tatgerichts vom Vorliegen entscheidungserheblicher objektiver oder subjektiver Tatsachen.[12] Diese erfordert eine aus dem **Inbegriff der Hauptverhandlung** gewonnene, konkrete innere Überzeugung des Tatgerichts zum jeweils zu beurteilenden Gegenstand der Untersuchung.[13] Gefordert ist eine eigene Überzeugung des Tatgerichts, weshalb bspw. Sachverständigenaussagen nicht „blind" übernom- **4**

---

[1] AK/*Maiwald* Rn. 3, *Meyer-Goßner* Rn. 1.
[2] SK-StPO/*Schlüchter* Rn. 1.
[3] HK-StPO/*Julius* Rn. 2, Löwe/Rosenberg/*Gollwitzer* Rn. 1.
[4] KK-StPO/*Schoreit* Rn. 2.
[5] *Meyer-Goßner* Rn. 1.
[6] Löwe/Rosenberg/*Gollwitzer* Rn. 2.
[7] SK-StPO/*Schlüchter* Rn. 1.
[8] *Eisenberg* Beweisrecht Rn. 88.
[9] Löwe/Rosenberg/*Gollwitzer* Rn. 3 ff.
[10] BGH v. 3. 8. 1982 – 1 StR 371/82, NStZ 1982, 478, 479.
[11] BGH v. 17. 11. 1983 – 4 StR 375/83, NStZ 1984, 180.
[12] *Pfeiffer* Rn. 1.
[13] Löwe/Rosenberg/*Gollwitzer* Rn. 7.

men werden dürfen.¹⁴ Diese **subjektive Gewissheit** bedarf jedoch der objektivierten Anknüpfung und muss diese in den Entscheidungsgründen nachvollziehbar erkennen lassen.¹⁵

5   Die richterliche Überzeugung erfordert, lässt aber auch genügen, dass ein nach der **Lebenserfahrung ausreichendes Maß an Sicherheit** für das Vorliegen einer Feststellung besteht, dem gegenüber vernünftige Zweifel nicht mehr aufkommen können.¹⁶ Lediglich denktheoretische, abstrakt mögliche Zweifel hindern eine Verurteilung nicht.¹⁷ Es bedarf mithin keiner absoluten, das Gegenteil denknotwendig ausschließenden Gewissheit,¹⁸ keiner mathematischen Sicherheit, die von niemandem mehr anzweifelbar wäre.¹⁹ Denn die Überzeugung schließt andere, selbst den getroffenen Feststellungen entgegenstehende Möglichkeiten eines Geschehensablaufs nicht aus, sondern es zählt vielmehr zum Wesen der Überzeugung, dass sie häufig objektiv möglichen Zweifeln ausgesetzt ist.²⁰ Sofern bestimmte Tatsachen tragfähig sind, darf das Tatgericht aus diesen selbst dann Folgerungen ziehen, wenn letztere nur möglich, nicht aber zwingend sind.²¹

6   Nur abstrakte, theoretische und damit unvernünftige **Zweifel** ohne reale Grundlage **oder übertriebene Anforderungen** an die für die Verurteilung durch ein Tatgericht verlangte Gewissheit können das für die Verurteilung nach der Lebenserfahrung ausreichende Maß an Sicherheit nicht in Frage stellen.²² Hingegen stehen Gründe, die zu vernünftigen Zweifeln Anlass geben, derselben entgegen.²³ Vorliegende Umstände, die vernünftige Zweifel an der Zuverlässigkeit der belastenden Beweisumstände objektiv begründen, oder auch nur die Notwendigkeit, solche als nicht widerlegbar zu Gunsten des Angeklagten anzunehmen, stehen einem Schuldspruch entgegen.²⁴ Lediglich **Unklarheiten über Einzelheiten** der Tatausführung genügen hierfür nicht. Es darf dann vielmehr keine Möglichkeit erkennbar sein, wie die Tatausführung nach den konkreten Umständen erfolgt sein soll.²⁵

7   Vernünftige Zweifel setzen eine **rationale Argumentation** voraus, die alle be- und entlastenden Umstände vollständig erfasst, da die subjektive Überzeugung des Tatgerichts nur bei erschöpfender Auseinandersetzung rechtsfehlerfrei gebildet worden sein kann.²⁶ Wenn solche vernünftigen Zweifel bestehen, fehlt es an dem erforderlichen Beweismaß einer hohen (objektiven) Wahrscheinlichkeit für das Vorliegen der schuldbegründenden Umstände.²⁷ Solche **vernünftigen Zweifel** sollen begründet sein, wenn ein Schuldspruch ausschließlich auf den belastenden Aussagen eines Mitangeklagten beruhen würde, und es nahe liegt, dass dieser sich hierdurch selbst entlasten will.²⁸ Je weniger konkrete Tatsachen einer Überzeugungsbildung zugrunde liegen, desto zweifelhafter ist die gewonnene Gewissheit des Tatgerichts.²⁹

8   **2. Subjektive Gewissheit.** Gefordert ist die persönliche Gewissheit des Tatgerichts von der Schuldfrage.³⁰ Dies erfordert, dass ein Geschehen in „hohem Maße wahrscheinlich ist".³¹ Überzeugung meint jene des Tatgerichts von einer **hohen Wahrscheinlichkeit** objektiver Umstände.³² Es bedarf also einer eigenen, persönlichen Überzeugung des Tatgerichts im Sinne eines Für-Wahr-Haltens, so dass das *objektive Wahrscheinlichkeits*urteil von einer *subjektiven Gewissheit* getragen sein muss.³³

9   **3. Objektiver Maßstab?** Der mehrheitlich favorisierte **Überzeugungsmaßstab**, der eine verstandesmäßig begründete mit einer gefühlsgetragenen persönlichen Gewissheit verbindet, wird teilweise durch ein mathematisches Wahrscheinlichkeitsmodell ersetzt.³⁴ Solche Bemühungen, naturwissenschaftliche Gewissheit zu suggerieren, scheitern jedoch an den Grenzen menschlicher Erkenntnisfähigkeit. Dies entbindet jedoch nicht von der Notwendigkeit, die subjektive Gewissheit auf die Grundlage objektivierter, rationaler und für Dritte nachvollziehbarer Erwägungen

---

[14] SK-StPO/*Schlüchter* Rn. 4.
[15] *Pfeiffer* Rn. 2.
[16] BGH v. 10. 7. 1980 – 4 StR 303/80, NJW 1980, 2423.
[17] BGH v. 30. 3. 2004 – 1 StR 354/03, NStZ-RR 2004, 238.
[18] BGH v. 25. 11. 1998 – 3 StR 334/98, NStZ 1999, 205.
[19] BGH v. 26. 6. 2008 – 3 StR 159/08, NStZ 2008, 350.
[20] BGH v. 30. 3. 2004 – 1 StR 354/03, NStZ-RR 2004, 238.
[21] BGH v. 30. 3. 2004 – 1 StR 354/03, NStZ-RR 2004, 238.
[22] BGH v. 17. 11. 1983 – 4 StR 375/83, NStZ 1984, 180.
[23] BGH v. 8. 1. 1988 – 2 StR 551/87, NStZ 1988, 236.
[24] BGH v. 7. 6. 1991 – 2 StR 175/91, StV 1991, 452.
[25] BGH v. 16. 10. 1998 – 3 StR 411/98, NStZ-RR 1999, 46.
[26] BGH v. 8. 1. 1988 – 2 StR 551/87, NStZ 1988, 236.
[27] BGH v. 8. 1. 1988 – 2 StR 551/87, NStZ 1988, 236.
[28] BGH v. 7. 6. 1991 – 2 StR 175/91, StV 1991, 452.
[29] BGH v. 5. 10. 1994 – 2 StR 411/94, NStZ 1995, 204.
[30] BGH v. 9. 2. 1957 – 2 StR 508/56, BGHSt 10, 208.
[31] BGH v. 8. 1. 1988 – 2 StR 551/87, NStZ 1988, 236.
[32] Löwe/Rosenberg/*Gollwitzer* Rn. 1.
[33] Löwe/Rosenberg/*Gollwitzer* Rn. 9.
[34] SK-StPO/*Schlüchter* Rn. 53.

zu stützen.[35] Der BGH fordert deshalb neben der subjektiven tatrichterlichen Überzeugung die objektiv hohe Wahrscheinlichkeit der Tatbegehung.[36] Diese objektive Wahrscheinlichkeit sichert die **Überprüfbarkeit** richterlicher Entscheidungen und so die Korrektur möglicher Fehleinschätzungen, weil damit der Prozess der tatrichterlichen Entscheidungsfindung nachvollziehbar wird.[37]

Soweit die Rechtsprechung für eine rechtsfehlerfreie subjektive Überzeugungsbildung verlangt, dass alle wesentlichen be- und entlastenden Umstände gewürdigt wurden,[38] ist hierin keine Andeutung der **objektiven Beweismaßtheorie** zu sehen. Dies spiegelt nur die Notwendigkeit der Bildung einer subjektiven Gewissheit aufgrund rationaler und durch Dritte nachvollziehbarer Erwägungen wider. Soweit hierin die Annäherung der ehemals **subjektiven Beweiswürdigungstheorie** des BGH an die objektive Beweismaßtheorie durch sukzessive Ergänzung der Anforderungen an die Überzeugungsbildung durch objektive Beweismaßkriterien gesehen wird,[39] überbewertet dies die Anforderungen. Jede Verabsolutierung der objektiven Anforderungen an diesen Überzeugungsbildungsprozess hin zu einem fest vorgefügten Weg misslingt an der Fassbarkeit hierfür erforderlicher Kriterien. Alle Bemühungen, die Suche nach der persönlichen Gewissheit durch einen vorgefügten Weg des Findens der „wahren" Gewissheit ersetzen zu wollen, scheitern am menschlichen Erkenntnisvermögen. Es fehlen überzeugende Parameter für die subjektive Überzeugung des Einzelnen, weil es um (Be-)Wertungen im Subsumtionsprozess geht.[40]

4. Keine überspannten Anforderungen. Die Anforderungen an eine rational, objektiviert und für Dritte nachvollziehbare Grundlage für die Überzeugungsbildung werden jedoch überspannt, wenn ein Freispruch auf **rein denktheoretisch** mögliche, alternative Geschehensabläufe gestützt wird.[41] Es bedarf keiner absoluten, das Gegenteil denknotwendig ausschließenden und darum von niemandem anzweifelbaren Gewissheit, sondern eines nach der Lebenserfahrung ausreichenden Maßes an Sicherheit, das vernünftige Zweifel nicht aufkommen lässt, weil es mathematischer Gewissheit nicht bedarf.[42] Erforderlich sind dafür **konkrete tatsächliche Anhaltspunkte**, die über eine abstrakt-theoretische Möglichkeit hinausreichen.[43] Letzteres wäre aufgrund der Unvollkommenheit menschlicher Erkenntnis nie auszuschließen.[44] Deshalb kann ein **Freispruch** auf rein denktheoretische Alternativgeschehensabläufe nicht gestützt werden, da es einer zwingenden und von niemandem anzweifelbaren Gewissheit nicht bedarf.[45] Eine auf eine nach den getroffenen Feststellungen nicht nahe liegende Schlussfolgerung gestützte Überzeugungsbildung ist rechtsfehlerhaft, wenn nicht konkrete Gründe angeführt werden, die dieses Ergebnis zu stützen geeignet sind.[46]

III. Aus Inbegriff der Verhandlung geschöpft

Das Gebot, aus dem Inbegriff der Verhandlung zu schöpfen, sichert das Mündlichkeits- und das Unmittelbarkeitsgebot. Dieser **Inbegriff der Verhandlung** kann allerdings zwischenzeitig nach § 257c durch eine Absprache eingeschränkt werden, indem die Verfahrensbeteiligten ihr Verhalten einvernehmlich verabreden, bspw. auf das Stellen von Beweisanträgen verzichten.[47] Kritiker sehen darin eine Umgehung des § 261, weil die Überzeugung von der Schuld des Angeklagten nicht aus dem Inbegriff der Verhandlung herrühre, sondern aus den Absprachen außerhalb derselben.[48]

1. Umfang des Inbegriffs der Hauptverhandlung. Das Tatgericht darf seine Überzeugungsbildung nur auf das in der Hauptverhandlung erlangte Wissen stützen.[49] Dem Inbegriff der Verhandlung soll hierbei eine doppelte Bedeutung zukommen: eine negativ-ausschließende, also begrenzende, sowie eine positiv gebietende, mithin verpflichtende, Zielrichtung.[50] Das Tatgericht darf damit nur, muss aber auch verwerten, was **Gegenstand der Hauptverhandlung** war und ordnungsgemäß in sie eingeführt wurde.[51]

---

[35] Löwe/Rosenberg/*Gollwitzer* Rn. 7.
[36] BGH v. 19. 1. 1999 – 1 StR 171/98, NJW 1999, 1562.
[37] *Roxin* § 15 Rn. 13.
[38] BGH v. 8. 1. 1988 – 2 StR 551/87, NJW 1988, 3272.
[39] HK-StPO/*Julius* Rn. 8.
[40] KK-StPO/*Schoreit* Rn. 4 g.
[41] BGH v. 29. 4. 1998 – 2 StR 65/98, NStZ-RR 1998, 332.
[42] BGH v. 14. 2. 1984 – 5 StR 895/83, nach *Pfeiffer/Miebach* in NStZ 1985, 13 (15).
[43] BGH v. 10. 2. 1981 – 1 StR 780/80, nach *Pfeiffer/Miebach* in NStZ 1983, 211 (212).
[44] Löwe/Rosenberg/*Gollwitzer* Rn. 8.
[45] BGH v. 4. 12. 2008 – 4 StR 371/08, Rn. 9, www.bundesgerichtshof.de; BGH v. 29. 10. 2009 – 4 StR 368/09, NStZ-RR 2010, 85.
[46] BGH v. 16. 10. 2006 – 1 StR 180/06, NJW 2007, 92.
[47] *Meyer-Goßner* § 257c Rn. 14.
[48] HK-StPO/*Julius* Rn. 3.
[49] BGH v. 12. 8. 1987 – 3 StR 250/87, nach *Miebach* in NStZ 1988, 209 (212).
[50] Löwe/Rosenberg/*Gollwitzer* Rn. 14.
[51] BGH v. 12. 8. 1987 – 3 StR 250/87, nach *Miebach* in NStZ 1988, 209 (212).

14 Die Feststellung von Erkenntnissen zur Schuld oder zur Beurteilung der Rechtsfolgen unterliegt dem **Strengbeweis**, der die Beweiswürdigung in zulässiger Weise einschränkt.[52] Insoweit erfährt die freie Beweiswürdigung eine Einschränkung, weil nur strafverfahrensrechtlich ordnungsgemäß erlangte Erkenntnisse in sie Eingang finden dürfen.

15 **Inbegriff der Verhandlung** ist alles, was während der Hauptverhandlung verfahrensrechtlich ordnungsgemäß zu deren Gegenstand wurde. Hierzu gehören auch die Schlussworte,[53] das letzte Wort des Angeklagten[54] sowie Ausführungen des Privat- sowie des Nebenklägers[55] während der Verfahrens. Tatsachenerklärungen des Nebenklägers erfordern allerdings dessen Vernehmung als Zeuge, um diese ordnungsgemäß zum Inbegriff der Verhandlung zu machen.[56] Äußerungen des Angeklagten während der Urteilsverkündung sind nicht mehr Gegenstand des Inbegriffs der Verhandlung.[57] Erkenntnisse aus anderen Verfahren gehören ebenfalls nicht zum Inbegriff der Verhandlung.[58] Zum verwertbaren Inbegriff der Hauptverhandlung gehören jedoch Feststellungen zu nach §§ 154 Abs. 2, 154a Abs. 2 eingestelltem Verfahrensstoff, sofern der Angeklagte auf die Verwertbarkeit hingewiesen wurde.[59] Zur Sicherung des rechtlichen Gehörs sind auch **sonstige Geschehnisse im Gerichtssaal**, die nicht bereits erkennbar Gegenstand der Hauptverhandlung sind, nur nach vorheriger Erörterung mit den Verfahrensbeteiligten verwertbar.[60] Ein Schöpfen aus dem Inbegriff der Verhandlung erfordert nicht, dass im Zeitpunkt der Beweiswürdigung sämtliche Ereignisse der Hauptverhandlung ohne **Hilfsmittel** detailliert präsent sind. Das Tatgericht darf sich den Inhalt der Hauptverhandlung anhand von Gedächtnisstützen aus Tonbandaufzeichnungen, eigenen Notizen des Berichterstatters oder aus auf Anordnung des Vorsitzenden gefertigten Steno-Mitschriften vergegenwärtigen.[61]

16 Jegliche Bemühungen, nachträglich erkannte **Lücken der Beweisaufnahme** außerhalb der Hauptverhandlung zu schließen, verstoßen gegen § 261.[62] Das Ausfüllen einer solchen Lücke kann nur innerhalb der (gegebenenfalls wiederzueröffnenden) Hauptverhandlung erfolgen. Bei **Wiedereintritt in die Hauptverhandlung** nach den Schlussanträgen und dem letzten Wort muss das Tatgericht hiernach erneut beraten, wenn nicht der neue Verhandlungsteil ohne jeden sachlichen Gehalt blieb, was bei Ausbleiben jeder Erklärung des Angeklagten auf einen Hinweis nach § 265 vorliegt.[63] Nur hierdurch kann sichergestellt werden, dass der gesamte Prozessstoff Eingang in die Beweiswürdigung findet, diese also auf dem Inbegriff der Verhandlung basiert.

17 Mündlichkeits- sowie Unmittelbarkeitsprinzip und das Gebot der Gewährung rechtlichen Gehörs erfordern zudem, dass das Tatgericht bzw. seine Mitglieder physisch befähigt und tatsächlich bemüht sind, die **erforderlichen Wahrnehmungen** zu gewährleisten. Die Teilnahme eines **blinden Richters** wird in Nuancen unterschiedlich beurteilt. Der BGH sieht zumindest bei der Mitwirkung eines blinden Vorsitzenden den Grundsatz der Unmittelbarkeit verletzt, weil die visuellen Eindrücke von maßgeblicher Bedeutung seien.[64] Teilweise wird einschränkend darauf verwiesen, dass dies nur bei für das Verfahren bedeutsamen visuellen Wahrnehmungen gelte.[65] Der Inbegriff der Verhandlung erfordert eine Wahrnehmung aller Eindrücke der Hauptverhandlung mittels sämtlicher Sinnesorgane. Ein Abstellen auf die Bedeutsamkeit im Einzelfall bietet kein für das förmliche Strafverfahren geeignetes Abgrenzungskriterium, weil diese Bedeutsamkeit zu Beginn der Hauptverhandlung selten beurteilt werden kann. Wenn die verlorene Hörfähigkeit nicht durch technische Hilfsmittel kompensiert werden kann, steht § 261 der Teilnahme eines **tauben Richters** entgegen.[66]

18 Fern körperlicher Hemmnisse genügt für eine Verletzung des § 261 bereits die **Ablenkung** vom Geschehen in der Hauptverhandlung durch mit dieser nicht im Zusammenhang stehende Tätigkeiten wie der Durchsicht fremder Akten oder Post – aber nur, wenn hierdurch dem Tatgericht bzw. seinem Mitglied wesentliche Teile der Hauptverhandlung entgehen.[67] Dieser Nachweis dürfte praktisch kaum zu führen sein, weshalb vereinzelt ein wesentlich strengerer Maßstab angelegt

---

[52] Löwe/Rosenberg/*Gollwitzer* Rn. 64.
[53] BGH v. 22. 11. 1957 – 5 StR 477/57, BGHSt 11, 74 (75).
[54] BGH v. 10. 5. 1983 – 5 StR 31/83, StV 1983, 402; BGH v. 29. 10. 2009 – 4 StR 97/09, StraFo 2010, 71.
[55] Löwe/Rosenberg/*Gollwitzer* Rn. 15.
[56] SK-StPO/*Schlüchter* Rn. 12.
[57] KK-StPO/*Schoreit* Rn. 6.
[58] OLG Düsseldorf v. 15. 3. 1989 – 5 Ss 77/89 – 27/89 I, VRS 77, 136.
[59] *Eisenberg* Beweisrecht Rn. 99.
[60] BGH v. 14. 6. 1995 – 3 StR 545/94, StV 1996, 80.
[61] BGH v. 4. 2. 1964 – 1 StR 510/63, BGHSt 19, 193.
[62] BGH v. 29. 5. 1952 – 5 StR 378/52, MDR 1952, 532.
[63] BGH v. 14. 7. 1971 – 3 StR 73/71, BGHSt 43/360.
[64] BGH v. 17. 12. 1987 – 4 StR 440/87, NStZ 1988, 374 mAnm *Fezer*.
[65] Löwe/Rosenberg/*Gollwitzer* Rn. 35.
[66] SK-StPO/*Schlüchter* Rn. 9
[67] Löwe/Rosenberg/*Gollwitzer* Rn. 33.

Sechster Abschnitt. Hauptverhandlung   19–21 **§ 261**

wird.[68] Wenn bei blinden Richtern, die den Verlust der visuellen Wahrnehmungsmöglichkeit regelmäßig durch eine qualitative Verbesserung der Wahrnehmungsmöglichkeiten anderer Sinnesorgane ausgleichen, die Besorgnis der fehlenden Wahrnehmungsmöglichkeiten ausreichend ist, muss dies für erkennbar mit anderen Tätigkeiten befasste Richter in gleicher Weise gelten. Deshalb liegt ein Verfahrensfehler vor, wenn ein Tatgericht sich während der Schlussausführungen des Verteidigers mit der Verhandlung nicht in Zusammenhang stehenden Tätigkeiten selbst ablenkt und dadurch in seiner Aufmerksamkeit beeinträchtigt ist.[69] Allein dem Niederschreiben der Urteilsformel während der **Schlussvorträge** kommt die Bedeutung, eine Verletzung des § 261 begründende Ablenkungsintensität nicht zu.[70] Ausreichend ist jedoch Schlafen während eines nicht nur unerheblichen Zeitraumes der Hauptverhandlung.[71]

Trotz **Einsicht in die Gerichtsakten** oder das wesentliche Ergebnis der Ermittlungen kann ein **19** Schöffe aus dem Inbegriff der Verhandlung schöpfen. Allerdings wird dies teilweise wesentlich strikter gesehen. Hiernach soll eine Kenntnis der Schöffen vom wesentlichen Ergebnis der Ermittlungen die Grundsätze der Unmittelbarkeit und Mündlichkeit verletzen.[72] Der BGH sieht dies zwischenzeitig großzügiger. Eine Beeinflussung der Schöffen nach Akteneinsicht sei nur unter besonderen Umständen denkbar.[73] Die **Einsichtnahme von Schöffen in Aktenteile** verstößt damit nur (noch) ausnahmsweise gegen § 261. Bei nachvollziehbaren Erwägungen für die gewährte Einsichtnahmemöglichkeit schließt der **EMRK** einen Verstoß aus, bspw. bei Übergabe von Teilen der Anklageschrift an die Schöffen zum besseren Verständnis eines teilweise hierauf Bezug nehmenden Geständnisses des Angeklagten.[74] Er lässt ausdrücklich offen, ob Bedenken hiergegen bereits grundlegend ausscheiden, scheint hierzu aber zu tendieren.[75] Dies ist angesichts der heutigen Medienwelt überzeugend, da die mediale Behandlung spektakulärer Strafverfahren gleichermaßen nicht veranlasst anzunehmen, dass die Schöffen nicht mehr auf Grundlage des Inbegriffs der Verhandlung entschieden.[76]

2. Einzelne Erkenntnisquellen und Beweismittel. a) Einlassungen des Angeklagten gehören zum **20** Inbegriff der Verhandlung. Beweisanträge sind jedoch keine Einlassungen.[77] Zur Angeklagtenvernehmung gehört auch das Betrachten dessen äußerer Gestalt und Körperbeschaffenheit, die keine Augenscheineinnahme darstellen.[78] Eine erstmalige belastende Einlassung des Angeklagten im letzten Wort darf nur zu seinen Lasten verwertet werden, wenn dies in der (wieder eröffneten) Hauptverhandlung erörtert wird.[79] Das Unterstellen von Tatvarianten zu Gunsten des Angeklagten, auf die keine konkreten Anhaltspunkte hinweisen, verletzt das Schöpfen aus dem Inbegriff der Verhandlung.[80] Die **Revisionsrüge** der Verwertung einer nicht abgegebenen Angeklagteneinlassung muss angeben, dass auch der Verteidiger keine solche Erklärung zur Sache abgegeben hat.[81]

b) Erklärungen des Verteidigers. Die Verwertung von **Erklärungen des Verteidigers** zu Lasten **21** des schweigenden Angeklagten setzt eine ausdrückliche Erklärung von Verteidiger oder Angeklagtem voraus, dass diese Äußerungen als Einlassungen des Angeklagten verstanden werden sollen.[82] Bei Belehrung des Angeklagten über sein Schweigerecht ist eine qualifizierte Belehrung des Angeklagten zur Verwertbarkeit nicht erforderlich, wenn der Angeklagte nach dem Verlesen einer schriftlichen Verteidigererklärung auf Frage des Gerichts bestätigt, dass die verlesene Erklärung seine Einlassung zur Sache beinhalte.[83] Das Tatgericht muss den Inhalt der durch den Verteidiger verlesenen schriftlichen Angeklagteneinlassung in den Urteilsgründen feststellen.[84] Die Revisionsrüge der fehlenden Übereinstimmung von verlesener Einlassung und schriftlich zu den Gerichtsakten gereichter Erklärung setzt voraus, dass die schriftliche Erklärung auf Anordnung des Tatgerichts verlesen wurde.[85] Andernfalls sind nur das mündliche Verlesen des Verteidigers und die

---

68 Löwe/Rosenberg/*Gollwitzer* Rn. 33 mwN.
69 BGH v. 7. 9. 1962 – 4 StR 229/62, NJW 1962, 2212.
70 BGH v. 22. 11. 1957 – 5 StR 477/57, BGHSt 11, 74 (75).
71 BGH v. 22. 11. 1957 – 5 StR 477/57, BGHSt 11, 74 (77).
72 KK-StPO/*Schoreit* Rn. 14.
73 BGH v. 10. 12. 1997 – 3 StR 250/97, BGHSt 43, 360.
74 EMRK v. 12. 6. 2008 – 26771/03, NJW 2009, 2871.
75 EMRK v. 12. 6. 2008 – 26771/03, NJW 2009, 2871.
76 vgl. Löwe/Rosenberg/*Gollwitzer* Rn. 31.
77 BGH v. 29. 5. 1990 – 4 StR 118/90, NStZ 1990, 447.
78 BGH v. 28. 11. 1973 – 3 StR 183/73, nach *Dallinger* in MDR 1974, 365 (367).
79 OLG Köln v. 14. 4. 1961 – Ss 19/61, NJW 1961, 1224; SK-StPO/*Schlüchter* Rn. 12.
80 BGH v. 3. 6. 2008 – 1 StR 59/08, NStZ 2009, 264 (266).
81 BayObLG v. 29. 8. 2002 – 1 ObOWi 317/02, NStZ 2003, 388.
82 BGH v. 29. 5. 1990 – 4 StR 118/90, NStZ 1990, 447.
83 BVerfG v. 7. 10. 2008 – 2 BvR 1494/08, www.bundesverfassungsgericht.de.
84 BGH v. 9. 12. 2008 – 3 StR 516/08, NStZ 2009, 282.
85 BGH v. 15. 1. 2004 – 3 StR 481/03, NStZ 2004, 392.

Pegel

Zustimmung des Angeklagten Gegenstände der Hauptverhandlung geworden, weshalb die Übereinstimmung nur durch eine unzulässige Rekonstruktion der Hauptverhandlung feststellbar wäre.[86] Sofern der Angeklagte der Verwertung von Verteidigerausführungen in Schriftsätzen nicht zustimmt, sind diese nur durch eine Zeugenvernehmung des Verteidigers in die Hauptverhandlung einführbar.[87] Diese Verteidigeräußerungen sind allerdings als Verteidigungsmittel zu würdigen, obgleich der Erklärungsinhalt nicht zum Nachteil des Angeklagten verwertet werden darf.[88] Keiner Angeklagtenzustimmung bedürfen Verteidigereinlassungen, wenn dieser den abwesenden Angeklagten zulässig vertritt und sich für diesen in der Sache einlässt.[89]

22 c) **Zeugenaussagen, Zuschauerverhalten.** Bei **Zeugenaussagen** sind nachträgliche fernmündliche Rückfragen des Tatgerichts beim Zeugen nicht Gegenstand der Hauptverhandlung.[90] Zu letzterem werden Zeugenaussagen aus früheren Vernehmungen und insbesondere deren genauer Wortlaut nur, wenn diese verlesen werden.[91] Zur Beurteilung der Zeugenglaubwürdigkeit herangezogene Briefe müssen verlesen werden.[92] Geständnisse von Mitangeklagten müssen sich aus der Sitzungsniederschrift ergeben, andernfalls scheidet eine Verwertung als Inbegriff der Verhandlung aus.[93] **Zuschauerverhalten** einer Hauptverhandlung wird nur zu deren Inbegriff, wenn die Wahrnehmung des Gerichts in die Hauptverhandlung eingeführt[94] und den Verfahrensbeteiligten eine Stellungnahme ermöglicht wird.[95]

23 d) **Sachverständigenbeweis.** Beim **Sachverständigenbeweis** zählt zum Inbegriff der Verhandlung nur das in der Hauptverhandlung mündlich erstattete,[96] nicht jedoch das nur vorbereitende schriftliche Gutachten.[97] Letzteres kann der Sachverständige aber auf Vorhalt inhaltlich bestätigen.[98] Wenn eine solche Bestätigung im Urteil nicht erwähnt ist, deutet die wörtliche Wiedergabe von Auszügen des nicht verlesenen Gutachtens auf eine Verwertung des Gutachtentextes selbst.[99] Der Gutachter kann ein fremdes Gutachten zum Inbegriff der Verhandlung machen, wenn er dieses im Rahmen der Erstattung seines mündlichen Gutachtens als seine Tatsachengrundlage einführt.[100] Vom Sachverständigen über die Befundtatsachen hinaus festgestellte Zusatztatsachen sind verwertbar, wenn er hierzu zusätzlich als Zeuge vernommen wird.[101] Wenn der Sachverständige zu Demonstrationszwecken Vergleichsobjekte vorlegt, müssen diese mittels Augenscheinnahme eingeführt werden.[102] Einer Einführung durch Vorhalt eines sich an den Sachverhalt nicht mehr erinnernden Sachverständigen, bspw. des Blut entnehmenden Arztes, soll die Übernahme der vollen Verantwortung für dessen Aufzeichnungen genügen.[103] Gutachtererläuterungen im Beratungszimmer gehören nicht zur Hauptverhandlung.[104] Niemals zum Inbegriff der Hauptverhandlung kann der **Lügendetektor** werden. Dieser scheidet aufgrund der erheblichen Unsicherheitsfaktoren als gänzlich ungeeignetes Beweismittel aus.[105]

24 e) **Augenscheinobjekte. Augenscheinobjekte** wie Lichtbilder,[106] Videoaufzeichnungen und Fahrtenschreiberauswertungen werden durch Augenscheinnahme in die Hauptverhandlung eingeführt.[107] Diese Objekte sind zudem mit den Verfahrensbeteiligten zu erörtern.[108] Unfall- und Tatortskizzen sind als Augenscheinobjekte ungeeignet.[109] Sie werden durch eine Erörterung mit den Beteiligten oder im Zusammenhang mit einer Zeugenvernehmung bzw. einem mündlich erstatteten Gutachten zum Gegenstand der Hauptverhandlung.[110]

---

[86] BGH v. 15. 1. 2004 – 3 StR 481/03, NStZ 2004, 392.
[87] BGH v. 24. 8. 1993 – 1 StR 380/93, BGHSt 39, 305.
[88] Löwe/Rosenberg/*Gollwitzer* Rn. 15.
[89] BayObLG v. 18. 11. 1982 – 1 Ob OWi 237/82, VRS 64, 134 (135).
[90] RG v. 24. 9. 1937 – 1 D 812/36, RGSt 71, 327.
[91] OLG Frankfurt/M. v. 14. 12. 1999 – 2 Ss 352/99, NStZ-RR 2000, 377.
[92] BGH v. 17. 7. 2003 – 1 StR 34/03, NStZ 2004, 279.
[93] BGH v. 11. 4. 2007 – 3 StR 108/07, NStZ-RR 2007, 245.
[94] Löwe/Rosenberg/*Gollwitzer* Rn. 16.
[95] BGH v. 14. 6. 1995 – 3 StR 545/94, NStZ 1995, 609.
[96] BGH v. 22. 11. 1979 – 4 StR 513/79, nach *Pfeiffer* in NStZ 1981, 295 (296).
[97] BGH v. 21. 11. 1969 – 3 StR 249/68, NJW 1970, 523 (525).
[98] BGH v. 6. 9. 2000 – 2 StR 190/00, NStZ-RR 2001, 18.
[99] BGH v. 6. 9. 2000 – 2 StR 190/00, NStZ-RR 2001, 18.
[100] BGH v. 19. 10. 1976 – 5 StR 494/76, nach *Holtz* in MDR 1977, 105 (108).
[101] BGH v. 9. 11. 2006 – 1 StR 434/06, Rn. 7, www.bundesgerichtshof.de.
[102] BGH v. 8. 6. 1994 – 3 StR 280/93 nach *Kusch* NStZ 1995, 18.
[103] *Meyer-Goßner* Rn. 8.
[104] RG v. 28. 3. 1888 – Rep. 355/88, RGSt 17, 287.
[105] KK-StPO/*Schoreit* Rn. 31 g.
[106] BGH v. 15. 4. 1998 – 3 StR 129/98, StV 1998, 470.
[107] KK-StPO/*Schoreit* Rn. 25.
[108] SK-StPO/*Schlüchter* Rn. 30.
[109] SK-StPO/*Schlüchter* Rn. 30.
[110] BGH v. 3. 7. 1964 – 4 StR 186/64, VRS 27, 192.

f) Urkundsbeweis. Beim **Urkundsbeweis** kann die Urkunde in Augenschein genommen, Verle- 25 sen oder vorgehalten werden. Ein Augenscheinsbeweis kommt in Betracht, wenn lediglich die Beschaffenheit oder Existenz der Urkunde an sich festzustellen ist.[111] Sofern es über Vorhandensein bzw. äußere Beschaffenheit und Gestalt hinaus auf den Inhalt der Urkunde ankommt, sind **Verlesen oder Vorhalt** denkbar.[112] Wenn der konkrete Wortlaut entscheidend ist, ist die Urkunde in der Hauptverhandlung zu verlesen.[113] Bei Verlesen von Auszügen werden auch nur diese zum Inbegriff der Verhandlung und können deshalb im Urteil ausgelegt und bewertet werden.[114] Eine Urkunde wird inhaltlich auch durch Vorhalt gegenüber einem Zeugen, Sachverständigen oder dem Angeklagten zum Gegenstand der Hauptverhandlung.[115] Hierdurch wird jedoch nur die abgebene Erklärung der Auskunftsperson, nicht jedoch der Wortlaut der Urkunde zum Inbegriff der Verhandlung.[116] Der genaue Wortlaut wird bei einer Bestätigung auf einen Vorhalt nur im Urteil herangezogen werden können, wenn es sich nicht um längere oder sprachlich bzw. inhaltlich schwer zu verstehende Schriftstücke handelt.[117] Sofern die Angeklagteneinlassung den Urkundsinhalt im Wesentlichen wiedergibt, wird dieser zum Gegenstand der Hauptverhandlung.[118] Hierbei kann jedoch nichts anderes gelten als beim Vorhalt. Nur wenn der Angeklagte den Urkundsinhalt verliest oder wortgetreu rezitiert, kann auf dessen Wortlaut abgestellt werden. Dies gilt um so mehr bei längeren Texten.

Eine **Revisionsrüge** wegen Verwertung einer nicht verlesenen Urkunde muss ausschließen, dass 26 diese durch Vorhalt gegenüber einer Auskunftsperson oder auf andere Weise zum Inbegriff der Verhandlung wurde.[119] Ein Urteil kann nicht auf einem nicht ordnungsgemäß verlesenen Sachverständigengutachten beruhen, wenn dessen Inhalt erörtert und nicht bestritten wurde, weil der Vorhalt oder die anderweitige Behandlung des Gutachtens ausreicht.[120] Die Rechtsprechung erleichtert der Revisionsrüge diesen Nachweis jedoch. Sofern auf den Inhalt einer Urkunde in einem Urteil ohne Hinweis auf die durch eine Auskunftsperson auf einen Vorhalt abgegebene Erklärung Bezug genommen wird, deutet dies darauf, dass der Wortlaut selbst und nicht nur eine auf einen Vorhalt abgegebene Erklärung verwertet wurde.[121] Da die Verlesung nach § 273 Abs. 1 als wesentliche Förmlichkeit protokolliert sein muss,[122] weist das Fehlen der Protokollierung der Erklärung auf Vorhalt dies nach.

g) Äußerungen außerhalb der Hauptverhandlung. Äußerungen außerhalb der **Hauptverhand-** 27 **lung:** Kontaktaufnahmen des Tatgerichtes zu den Beteiligten sind zulässig.[123] Erkenntnisse hieraus bedürfen jedoch der ordnungsgemäßen Einführung in die Hauptverhandlung. Gleiches gilt für Ermittlungsmaßnahmen des Tatgerichtes außerhalb der Hauptverhandlung.[124] Ebenso sind Angaben einer Auskunftsperson am Ort der Augenscheinnahme durch deren Zeugenvernehmung zum Inbegriff der Verhandlung zu machen.[125] Eine **gegen mehrere Angeklagte geführte Hauptverhandlung** bietet im Grundsatz eine einheitliche Erkenntnisquelle gegen jeden der Angeklagten.[126] Beweisergebnisse aus abgetrennten oder allein gegen Mitangeklagte geführten Verfahren oder Verhandlungsteilen sind jedoch nicht Inbegriff des Verfahrens gegen den Angeklagten,[127] selbst bei späterer Wiederverbindung.[128]

h) Wissen des Richters. Eigenes Wissen des Richters hat dieser im Bereich des Strengbeweises als 28 nicht aus diesen Beweisquellen vorhandenes Wissen auszublenden.[129] Sein sonstiges, auch privates Wissen muss das Tatgericht ordnungsgemäß in die Hauptverhandlung einführen, um es verwerten zu können.[130] Persönliche Eindrücke aus einer im Ausland durch das Tatgericht verfolgten Zeugenvernehmung müssen im Vernehmungsprotokoll vermerkt und in der Verhandlung verlesen

---

[111] BGH v. 13. 4. 1999 – 1 StR 107/99, NStZ 1999, 424.
[112] BGH v. 13. 4. 1999 – 1 StR 107/99, NStZ 1999, 424.
[113] BGH v. 13. 4. 1999 – 1 StR 107/99, NStZ 1999, 424.
[114] BGH v. 17. 7. 2003 – 1 StR 34/03, StV 2004, 3.
[115] BGH v. 30. 8. 2000 – 2 StR 85/00, StV 2000, 655.
[116] BGH v. 30. 8. 2000 – 2 StR 85/00, StV 2000, 655.
[117] BGH v. 24. 10. 1957 – 4 StR 320/57, BGHSt 11, 159 (160).
[118] BGH v. 17. 11. 1989 – 2 StR 418/89, NJW 1990, 1188 (1189).
[119] OLG Köln v. 19. 9. 1997 – Ss 433/97, StV 1998, 364.
[120] OLG Düsseldorf v. 4. 6. 1993 – 5 Ss (OWi) 171/93, StV 1995, 120 mAnm *Hellmann*.
[121] BGH v. 13. 4. 1999 – 1 StR 107/99, StV 1999, 359.
[122] BGH v. v. 13. 4. 1999 – 1 StR 107/99, StV 1999, 359.
[123] BGH v. 20. 2. 1996 – 5 StR 679/95, StV 1996, 354.
[124] BGH v. 29. 11. 1989 – 2 StR 264/89, NJW 1990, 584 (585).
[125] BGH v. 9. 5. 1985 – 1 StR 63/85, NJW 1986, 390.
[126] Löwe/Rosenberg/*Gollwitzer* Rn. 15.
[127] BGH v. 26. 6. 1984 – 1 StR 188/84, NJW 1984, 2172.
[128] BGH v. 26. 6. 1984 – 1 StR 188/84, NJW 1984, 2172.
[129] *Meyer-Goßner* Rn. 6.
[130] SK-StPO/*Schlüchter* Rn. 18.

werden.[131] Eine dienstliche Äußerungen des Tatgerichtes genügt nicht.[132] Erkenntnisse aus einer Tatortbesichtigung müssen bspw. durch Vorhalt eingeführt werden.[133]

29 **Dienstliches Wissen des Richters** kann durch dienstliche Äußerungen in ein Verfahren eingeführt werden. Es umfasst Wahrnehmungen des Tatgerichts aus seiner amtlichen Tätigkeit im Zusammenhang mit einem anhängigen Verfahren.[134] Dies gilt wegen des Strengbeweises nicht für schuldrelevante Tatsachen,[135] insbesondere für Wahrnehmungen aus vergangenen Verfahren, da sonst das Tatgericht seine eigenen Äußerungen im Vergleich zu anderen Beweismitteln würdigen müsste.[136] Dienstliche Äußerungen kommen jedoch nicht für Wahrnehmungen außerhalb des anhängigen Prozesses in Betracht.[137]

30 **Offenkundige Tatsachen** sind allgemein bekannte (= allgemeinkundige) und gerichtskundige Tatsachen.[138] Über diese Tatsachen braucht kein Beweis erhoben zu werden.[139] Die Offenkundigkeit kann durch neu vorgetragene Umstände erschüttert werden, so dass hiernach eine Beweiserhebung (wieder) erforderlich wird.[140] Offenkundige Tatsachen müssen aber in der Hauptverhandlung angesprochen und hierzu Stellungnahmen ermöglicht werden.[141] **Allgemeinkundig** sind Vorgänge, von denen verständige Menschen regelmäßig Kenntnis besitzen oder über die sie sich aus zuverlässigen Quellen ohne besondere Fachkunde sicher unterrichten können.[142] Diese kann auf einen Personenkreis oder örtlich beschränkt sein, bspw. bei Verkehrsverhältnissen in einer Gemeinde.[143] Allgemeinkundige Tatsachen sind in der Hauptverhandlung zu erörtern, außer wenn sie allen Beteiligten bekannt und zudem bereits erkennbar Gegenstand der Verhandlung geworden sind.[144] **Gerichtsbekannt** ist, was das Gericht im Zusammenhang mit seiner amtlichen Tätigkeit zuverlässig in Erfahrung gebracht hat.[145] Hierzu zählen vom Gericht selbst geschaffene Rechtstatsachen, diesem durch Dritte vermittelte Erkenntnisse, insbesondere aus Beweisaufnahmen anderer Verfahren,[146] sowie Feststellungen aus anderen Urteilen und mündliche Mitteilungen dritter Richter.[147] Nur Tatsachen im Hintergrund des Geschehens dürfen als gerichtskundig zugrunde gelegt werden.[148] Unmittelbar erhebliche Tatsachen, die die Einzelheiten der Tatausführung betreffen, sind stets in der Hauptverhandlung aufzuklären, ebenso mittelbar beweiserhebliche Indizien.[149] Gerichtskundige Tatsachen müssen zum Gegenstand der Hauptverhandlung gemacht[150] und mit den Beteiligten erörtert werden.[151] Es bedarf des ausdrücklichen Hinweises, dass die Verwertung der Tatsache beabsichtigt wird,[152] ohne dass hierüber eine Beweisaufnahme erfolgen werde.[153] Diese Erörterung zählt aber nicht zu den wesentlichen Förmlichkeiten.[154] Der persönliche Eindruck über Erscheinungsbild, Körpersprache, zögernde oder flüssige Aussagen oder Emotionen eines im Ausland konsularisch vernommenen Zeugen ist keine gerichtsbekannte Tatsache.[155] Diese **Wahrnehmungen des beauftragten Richters** sollen durch Verlesen des Vernehmungsprotokolls zum Gegenstand der Hauptverhandlung werden.[156] Teilweise wird darüber hinausgehend eine unmittelbare Vernehmung des beauftragten Richters verlangt.[157] Letzteres ist angesichts der amtlichen Wahrnehmung des beauftragten Richters und des formalen Verfahrens zu weitgehend. Bei gerichtskundigen Tatsachen wirkt sich der Streit aus, ob *alle* erkennenden Richter Kenntnis von einer offenkundigen Tatsache haben müssen.[158] Da offenkundige Tatsachen in der Hauptverhandlung

---

[131] BGH v. 18. 1. 1989 – 2 StR 583/88, NStZ 1989, 382 mAnm *Itzel*.
[132] BGH v. 9. 12. 1999 – 5 StR 312/99, BGHSt 45, 354 = NJW 2000, 1204.
[133] SK-StPO/*Schlüchter* Rn. 32.
[134] BGH v. 28. 1. 1998 – 3 StR 575/96, BGHSt 44, 4 = NJW 1998, 1234.
[135] BGH v. 28. 1. 1998 – 3 StR 575/96, BGHSt 44, 4 = NJW 1998, 1234.
[136] BGH v. 22. 3. 2002 – 4 StR 485/01, BGHSt 47, 270 = NJW 2002, 2401.
[137] BGH v. 23. 6. 1993 – 3 StR 89/93, BGHSt 39, 239 (241).
[138] BGH v. 14. 7. 1954 – 6 StR 180/54, BGHSt 6, 292.
[139] BGH v. 14. 7. 1954 – 6 StR 180/54, BGHSt 6, 292 (294).
[140] BGH v. 14. 7. 1954 – 6 StR 180/54, BGHSt 6, 292 (295).
[141] BGH v. 6. 2. 1990 – 2 StR 29/89, BGHSt 36, 354 (359).
[142] BGH v. 14. 7. 1954 – 6 StR 180/54, BGHSt 6, 292.
[143] BGH v. 14. 7. 1954 – 6 StR 180/54, BGHSt 6, 292.
[144] SK-StPO/*Schlüchter* Rn. 22.
[145] BGH v. 14. 7. 1954 – 6 StR 180/54, BGHSt 6, 292 (293).
[146] BGH v. 14. 7. 1954 – 6 StR 180/54, BGHSt 6, 292 (293).
[147] BGH v. 14. 7. 1954 – 6 StR 180/54, BGHSt 6, 292 (294).
[148] BGH v. 14. 7. 1954 – 6 StR 180/54, BGHSt 6, 292 (295).
[149] BGH v. 9. 12. 1999 – 5 StR 312/99, BGHSt 45, 354 = NJW 2000, 1204 (1205).
[150] BVerfG v. 3. 11. 1959 – 1 BvR 13/59, BVerfGE 10, 177 = NJW 1960, 31.
[151] BGH v. 20. 9. 1988 – 5 StR 405/88, StV 1988, 514.
[152] BGH v. 3. 11. 1994 – 1 StR 436/94, NStZ 1995, 246.
[153] BGH v. 21. 10. 1997 – 5 StR 356/97, NStZ 1998, 98.
[154] OLG Hamm v. 20. 2. 1984 – 1 Ss OWi 46/84, StV 1985, 225.
[155] BGH v. 9. 12. 1999 – 5 StR 312/99, BGHSt 45, 354 = NJW 2000, 1204.
[156] BGH v. 9. 12. 1999 – 5 StR 312/99, BGHSt 45, 354 = NJW 2000, 1204.
[157] SK-StPO/*Schlüchter* Rn. 29.
[158] So Löwe/Rosenberg/*Gollwitzer* Rn. 28 mwN.

Sechster Abschnitt. Hauptverhandlung 31–34 **§ 261**

erwähnt und hierzu rechtliches Gehör angeboten werden muss, ist dies nicht erforderlich. Gerichtsbekanntheit wird durch die Unkenntnis einzelner Richter nicht gehindert.

IV. Freie Beweiswürdigung

Freiheit der Beweiswürdigung bezieht sich auf das „Frei-Sein" von Beweisregeln und -vermutungen, nicht jedoch von sachlich-rationalen Grundlagen, die ihrerseits erst Voraussetzung für die notwendige persönliche Gewissheit des Tatgerichts sind.[159] Die Gewissheit muss auf einer hohen objektiven Wahrscheinlichkeit, also dem Fehlen vernünftiger Zweifel am festgestellten Sachverhalt, beruhen.[160] 31

1. Grundsätze der freien Beweiswürdigung. Die auf rationalen Gründen beruhende Schlussfolgerung einer **hohen Wahrscheinlichkeit** für die Übereinstimmung des festgestellten Sachverhaltes mit der Wirklichkeit macht die zur richterlichen Überzeugung erforderliche persönliche Gewissheit des Tatgerichts für das Revisionsgericht nachprüfbar.[161] Hierfür müssen die Urteilsgründe das Beruhen der Beweiswürdigung auf tragfähigen, verstandesmäßig einsehbaren Tatsachengrundlagen erkennen lassen und dartun, dass sich die gezogenen Schlüsse nicht lediglich als Annahmen oder bloße Vermutungen erweisen, die nicht mehr als einen Verdacht begründen.[162] Bei Verfehlen dieser Grenze entfällt auch die sonst bestehende Bindung des Revisionsgerichts an nur mögliche Schlüsse des Tatgerichts.[163] Bei **denkbaren gegensätzlichen Geschehensverläufen** ist einer nur dann wahrscheinlich, wenn das Gegenteil aufgrund der getroffenen Feststellungen weniger wahrscheinlich ist.[164] Allerdings schließt Überzeugung die Möglichkeit eines anderen, auch gegenteiligen Geschehens nicht aus, da objektive Zweifel zum Wesen der Überzeugung gehören.[165] Das Revisionsgericht ist an solche nur möglichen Schlussfolgerungen des Tatgerichtes gebunden.[166] 32

Ein Sachverhalt, der sowohl Schlüsse zugunsten als auch zuungunsten des Angeklagten nahe legt, ist **erschöpfend** unter Einbeziehung aller Tatsachen **gesamtzuwürdigen**.[167] Dabei sind alle naheliegenden Deutungsmöglichkeiten einzubeziehen.[168] Die Würdigung nur einzelner Tatsachen ohne Zusammenhang mit anderen Vorgängen ist damit nicht vereinbar.[169] Die Beweisführung muss also lückenlos sein.[170] Die reine Aneinanderreihung aller Beweise oder bloße Wiedergabe von Zeugenaussagen im Urteil genügt dem Erfordernis einer erschöpfenden Würdigung nicht.[171] Auf die Zeugen- oder Angeklagtenherkunft einer Erkenntnis oder die Art, Zahl sowie arithemtische Mehrheit der be- oder entlastenden Umstände kommt es für die Beweiswürdigung nicht an.[172] Für einen nur möglichen, aber nicht zwingenden Schluss zu Ungunsten des Angeklagten genügen Indizien.[173] Auch wenn das einzelne Indiz nicht zur Überzeugung der Täterschaft führt, kann die **Gesamtwürdigung der Belastungsindizien** diese tragen.[174] 33

Entlastende Einlassungen des Angeklagten, für deren Un- oder Richtigkeit es keine Beweise gibt, müssen nicht als unwiderlegt zugrunde gelegt werden, sondern sind auf der Grundlage des gesamten Beweisergebnisses zu würdigen.[175] Ein *non liquet* zu einer entlastenden Tatsache führt also nicht zu deren Annahme, sondern zu deren Einbeziehung mit dieser Ungewissheit in die Gesamtwürdigung.[176] Die Unschuldsvermutung zwingt nicht zur Annahme, dass eine strafbare Handlung nicht stattgefunden hat, sondern allenfalls zum fehlenden Nachweis der Täterschaft.[177] Sofern trotz Ausschöpfen aller Aufklärungsmöglichkeiten mehrere Tatmotive in Betracht kommen, ist das dem Angeklagten günstigste Motive als leitend anzunehmen.[178] Unzureichend ist eine Beweiswürdigung, die wegen **misslungener Täteridentifizierung** zum Freispruch führt, ohne 34

---

[159] *Meyer-Goßner* Rn. 2 a.
[160] SK-StPO/*Schlüchter* Rn. 9.
[161] BGH v. 26. 9. 1994 – 5 StR 453/94, StV 1995, 453.
[162] BGH v. 26. 9. 1994 – 5 StR 453/94, StV 1995, 453.
[163] BGH v. 25. 3. 1987 – 3 StR 574/86, NStZ 1987, 473.
[164] BGH v. 8. 4. 2009 – 5 StR 65/09, Rn. 17, www.bundesgerichtshof.de, nur Ls. in NStZ-RR 2009, 290.
[165] BGH v. 1. 7. 2008 – 1 StR 654/07, Rn. 32, www.bundesgerichtshof.de.
[166] BGH v. 25. 3. 1987 – 3 StR 574/86, NStZ 1987, 473.
[167] BGH v. 10. 7. 1980 – 4 StR 303/80, NJW 1980, 2423.
[168] BGH v. 29. 8. 1974 – 4 StR 171/74, BGHSt 25, 265 (267).
[169] BGH v. 10. 7. 1980 – 4 StR 303/80, NJW 1980, 2423.
[170] BGH v. 30. 4. 1986 – 2 StR 755/85, StV 1988, 93 mAnm *Sessar*.
[171] BGH v. 29. 9. 1999 – 2 StR 218/99, NStZ 2000, 48.
[172] Löwe/Rosenberg/*Gollwitzer* Rn. 71.
[173] BGH v. 1. 7. 2008 – 1 StR 654/07, Rn. 30, www.bundesgerichtshof.de.
[174] BGH v. 1. 7. 2008 – 1 StR 654/07, Rn. 28, www.bundesgerichtshof.de.
[175] BGH v. 1. 7. 2008 – 1 StR 654/07, Rn. 22, www.bundesgerichtshof.de.
[176] BGH v. 25. 11. 1998 – 3 StR 334/98, NStZ 1999, 205.
[177] BGH v. 30. 10. 1986 – 4 StR 499/86, BGHSt 34, 209.
[178] BGH v. 9. 5. 2001 – 2 StR 123/01, StV 2001, 666.

dass im Urteil dargetan wird, weshalb eine Vielzahl von belastenden Umständen nicht zum Schuldspruch genügte.[179]

35 Bei Feststehen des strafbaren Verhaltens kann bei **Serienstraftaten** der Schadensumfang geschätzt werden,[180] wenn bspw. Nachweise über die kriminellen Geschäfte fehlen, wobei einzelnen Verhaltensweisen rechnerisch bestimmte Teile des Gesamtgeschehens zuzuordnen sind.[181] Bei Seriensexualstraftaten müssen konkrete, individualisierte Feststellungen für jede Tat erfolgen, wobei bei unter 14-jährigen Opfern zumindest die Feststellung einer Mindestzahl an konkretisierten Einzeltaten bei weitgehender Konkretisierung der einzelnen Handlungsabläufe innerhalb eines bestimmten Zeitraumes verlangt wird, bei über 14-jährigen ist weitergehend zu konkretisieren, um die Verteidigung des Angeklagten und damit sein rechtliches Gehör sicherzustellen.[182]

36 **2. Keine Beweisregeln oder Beweisvermutungen. Gesetzliche Beweisregeln** bestehen nicht. Das Strafrecht kennt auch keinen Beweis des ersten Anscheins, bei dem die Wahrscheinlichkeit eines Geschehensablaufs ausreichend ist.[183] Deshalb ist dem Tatrichter weder vorgeschrieben, unter welchen Voraussetzungen er zu einer bestimmten Folgerung oder Überzeugung gelangt, noch, welche er aus bestimmten Tatsachen zieht.[184] Bei mehreren Deutungsmöglichkeiten einer Tatsache muss jedoch der Vorrang der letztlich zugrunde gelegten Variante begründet werden.[185]

37 Vom Grundsatz der *freien* Beweiswürdigung bestehen wenige **Ausnahmen:** der Wahrheitsbeweis durch Strafurteil bei Ehrdelikten (§ 190 StGB), die Beweiskraft des Protokolls (§ 274)[186] und die Regelvermutung der Ungeeignetheit zum Führen eines Kraftfahrzeuges (§ 69 Abs. 2 StGB).[187] Letztere ändert jedoch nur das Beweisthema, entbindet aber nicht von der Beweiswürdigung.[188] In Teilen wird auch § 51 Abs. 1 BZRG, der einer strafschärfenden Verwertung getilgter oder tilgungsreifer früherer Verurteilung des Angeklagten entgegensteht, als eine solche Ausnahme angesehen.[189] Dieser unterfällt jedoch vielmehr dem Beweisverbot.[190] Die freie Beweiswürdigung ist durch die **Gesetze der Erfahrung** gebunden.[191] Dies sind wissenschaftliche Erkenntnisse, denen eine unbedingte, jeden Gegenbeweis ausschließende Beweiskraft und damit eine als gesichert geltende Erkenntnis zukommt, selbst wenn das Tatgericht deren Grundlagen nicht erschöpfend nachprüfen kann.[192] Aufgrund wissenschaftlicher Erkenntnis feststehende Tatsachen binden das Gericht als allgemeiner Erfahrungssatz.[193] Das Tatgericht ist zudem an **fremde Urteile oder Verwaltungsentscheidungen** gebunden, wenn diesen rechtsgestaltende oder Wirkung gegen Jedermann zukommt (bspw. Vaterschaftsfeststellungen, Scheidungsurteile, staatsbürgerschaftliche Verleihungsakte, Beamtenernennungen).[194]

38 **3. Beweisverwertungsverbote.** Beweisverwertungsverbote schließen Tatsachen aus der Beweiswürdigung aus.[195] Ein solches Verbot kann aus einem Verfahrensfehler folgen, wenn die StPO nicht bereits ausdrücklich der Verwertung entgegensteht.[196] Insoweit sind sie „**Institute prozessualer Schadensbegrenzung**".[197] Die Verwertung kann dabei generell oder nur zu Lasten des Angeklagten ausgeschlossen sein.[198] Eine automatische Fernwirkung der Beweisverwertungsverbote wird mehrheitlich abgelehnt.[199]

39 **a) Frühere Verurteilungen. Frühere Verurteilungen** dürfen nach § 51 Abs. 1 BZRG nicht verwertet werden, gleiches gilt für die der Verurteilung zugrunde gelegten Tatsachen.[200] Das Verwertungsverbot schließt auch Berücksichtigungen als strafschärfende Erwägung oder der mit der Vorstrafe zusammenhängenden Umstände aus.[201] § 51 Abs. 1 BZRG räumt der Resozialisierung

---

[179] BGH v. 28. 6. 1978 – 3 StR 194/78, nach *Holtz* in MDR 1978, 803 (806).
[180] BGH v. 12. 8. 1999 – 5 StR 269/99, NStZ 1999, 581.
[181] BGH v. 6. 12. 1994 – 5 StR 305/94, NJW 1995, 1166.
[182] BGH v. 27. 3. 1996 – 3 StR 518/95, BGHSt 42, 107.
[183] BGH v. 12. 8. 2003 – 1 StR 111/03, NStZ-RR 2003, 371.
[184] BGH v. 13. 5. 1983 – 3 StR 22/83, nach *Pfeiffer/Miebach* in NStZ 1984, 14 (17).
[185] BGH v. 1. 12. 1981 – 1 StR 499/81, StV 1982, 59.
[186] *Roxin* § 15 Rn. 29.
[187] SK-StPO/*Schlüchter* Rn. 68.
[188] Löwe/Rosenberg/*Gollwitzer* Rn. 66.
[189] *Roxin* § 15 Rn. 29.
[190] Rn. 39.
[191] BVerfG v. 27. 6. 1994 – 2 BvR 1269/94, NJW 1995, 125 (126).
[192] BVerfG v. 27. 6. 1994 – 2 BvR 1269/94, NJW 1995, 125 (126).
[193] BVerfG v. 27. 6. 1994 – 2 BvR 1269/94, NJW 1995, 125 (126).
[194] *Eisenberg* Beweisrecht Rn. 114.
[195] BGH v. 10. 10. 1979 – 3 StR 281/79, BGHSt 29, 109 (110), *Meyer-Goßner* Rn. 13.
[196] SK-StPO/*Schlüchter* Rn. 34.
[197] HK-StPO/*Julius* Rn. 4.
[198] Löwe/Rosenberg/*Gollwitzer* Rn. 64.
[199] BGH v. 28. 4. 1987 – 5 StR 666/86, NJW 1987, 2525.
[200] *Meyer-Goßner* Rn. 14.
[201] BGH v. 17. 3. 2006 – 1 StR 577/05, NStZ 2006, 587.

den Vorrang vor der Strafrechtspflege ein.²⁰² **Zugunsten des Angeklagten** gilt dies nicht, sofern und soweit er sich darauf beruft, so dass bei einem Berufen auf die Tat ohne Einzelheiten nur deren Rubrum und Tenor verwertbar sind.²⁰³ Für Freisprüche oder Einstellungen gilt die Regelung nach überwiegender Auffassung nicht.²⁰⁴

b) **Weitere Verwertungsverbote. Verstöße gegen die Belehrungspflicht** nach § 136 Abs. 1 S. 2 und § 163a Abs. 4 S. 2 führen zu Verwertungsverboten.²⁰⁵ Sofern ein Beschuldigter zunächst zu Unrecht als Zeuge vernommen wurde, bedarf es einer qualifizierten Belehrung auch über die Unverwertbarkeit seiner früheren Aussage.²⁰⁶ Deren Unterlassen führt jedoch nicht zwingend zu einem Verwertungsverbot, sondern bedarf einer Abwägung zwischen Verfahrensverstoß und staatlichem Sachaufklärungsinteresse, in der insbesondere eine Annahme des Angeklagten, er könne von seiner früheren Zeugenaussage sowieso nicht mehr abweichen, zu berücksichtigen ist.²⁰⁷ Dies steht im Einklang mit der Rechtsprechung des Bundesverfassungsgerichtes, nach der rechtsfehlerhafte Beweiserhebungen nicht zwingend zu einem Verwertungsverbot führen.²⁰⁸ Ein Verwertungsverbot kommt bei **Fehlern der Durchsuchung oder ihrer Anordnung** nur nach Abwägung zwischen Strafverfolgungs- und betroffenen Individualinteressen in Betracht, wenn schwerwiegende oder bewusst oder willkürlich begangene Verfahrensverstöße vorliegen.²⁰⁹ Rechtswidrig gewonnene Lichtbild- oder Videoaufnahmen unterliegen wegen Verstoßes gegen das Recht auf **informationelle Selbstbestimmung** einem Verwertungsverbot.²¹⁰ § 7 Abs. 3 **G10-Gesetz** erfasst neben den unmittelbar aus der angeordneten Maßnahme erlangten Beweismitteln auch die erst hieraus erwachsenen, statuiert also eine Fernwirkung.²¹¹ Nach **Ablehnung eines Beweisantrages wegen Bedeutungslosigkeit** der unter Beweis gestellten Tatsache darf diese Tatsache nur nach vorherigem Hinweis auf eine geänderte Auffassung des Tatgerichts zum Nachteil des Angeklagten verwertet werden.²¹²

Ein **aufgrund einer Absprache abgelegtes Geständnis** ist bei Entfallen der gerichtlichen Bindung an die Absprache nach § 257c Abs. 4 S. 3 unverwertbar. Deren Fernwirkung soll jedoch in der Regel ausgeschlossen sein, da das Verwertungsverbot nur die „Kehrseite" der Loslösung des Tatgerichts von seiner Bindung an die Absprache sei.²¹³ Bei unangemessener Wirkung für den Grundgehalt des Grundsatzes des fairen Verfahrens durch die Verwertung der Folgeermittlungen soll eine Fernwirkung gelten, v. a. wenn das Entfallen der Bindung des Tatgerichts an die Absprache auf dessen grob fahrlässigem Verstoß gegen die Verpflichtung zur Berücksichtigung aller Umstände des Falles beruht.²¹⁴ Zumindest in diesem Fall liegen die Ursachen für das Entfallen der Bindung an die Absprache beim Tatgericht. Ergebnisse aus weiteren Ermittlungen aufgrund des absprachegemäßen Geständnisses sind unverwertbar, weil andernfalls der Angeklagte das Risiko aller Scheiterungsgründe einer Absprache trüge, selbst wenn deren Ursachen in der Sphäre des Gerichts liegen.

4. **Einlassungen des Angeklagten und Verteidigererklärungen.** Einlassungen des Angeklagten sind **wie Zeugenaussagen** zu behandeln und zu würdigen.²¹⁵ Deren Inhalt ist in den Urteilsgründen darzustellen, bei Rückschlüssen aus divergierenden Einlassungen sind sämtliche Äußerungen darzutun.²¹⁶ Insbesondere ein freisprechendes Urteil muss angeben, ob und wie sich der Angeklagte eingelassen hat.²¹⁷ Ein Urteil darf sich jedoch auf die Angeklagteneinlassung nur stützen, wenn es von deren Richtigkeit überzeugt ist.²¹⁸ Einer schriftlichen Einlassung kommt geringeres Gewicht als einer mündlichen in der Hauptverhandlung zu.²¹⁹ Dies gilt erst recht, wenn diese vom Verteidiger verlesen wurde, ohne Nachfragen zuzulassen, weil dies eher der Aussage eines V-Mann-Führers über die Aussage eines gesperrten V-Mannes ähnele als einer Einlassung in freier Rede.²²⁰ Äußerungen des Angeklagten unmittelbar nach der Tat im aufgewühlten Gemütszustand

---

²⁰² BVerfG v. 27. 11. 1973 – 2 BvL 12/72 und 3/73, BVerfGE 36, 174 (188).
²⁰³ BGH v. 26. 1. 1977 – 2 StR 650/76, BGHSt 27, 108.
²⁰⁴ *Meyer-Goßner* Rn. 14 mwN zur Kritik hieran.
²⁰⁵ BGH v. 27. 2. 1992 – 5 StR 190/91, NJW 1992, 1463.
²⁰⁶ BGH v. 18. 12. 2008 – 4 StR 455/08, BGHSt 53, 112 = NJW 2009, 1427.
²⁰⁷ BGH v. 18. 12. 2008 – 4 StR 455/08, BGHSt 53, 112 = NJW 2009, 1427.
²⁰⁸ BVerfG v. 2. 7. 2009 – 2 BvR 2225/08, Rn. 15, NJW 2009, 3225.
²⁰⁹ BVerfG v. 2. 7. 2009 – 2 BvR 2225/08, Rn. 17, NJW 2009, 3225 f.
²¹⁰ SK-StPO/*Schlüchter* Rn. 33.
²¹¹ BGH v. 18. 4. 1980 – 2 StR 731/79, NJW 1980, 1700.
²¹² BGH v. 18. 9. 1987 – 2 StR 350/87, NStZ 1988, 38.
²¹³ *Meyer-Goßner* § 257c Rn. 28.
²¹⁴ *Jahn/Müller* NJW 2009, 2525 (2529).
²¹⁵ BGH v. 5. 12. 1963 – 1 StR 265/62, BGHSt 18, 238.
²¹⁶ *Löwe/Rosenberg/Gollwitzer* Rn. 74.
²¹⁷ BGH v. 31. 1. 1997 – 4 StR 526/96, NStZ-RR 1997, 172.
²¹⁸ BGH v. 19. 8. 1993 – 4 StR 627/92, BGHSt 39, 291 (303).
²¹⁹ BGH v. 24. 4. 2003 – 3 StR 181/02, NJW 2003, 2692 (2694).
²²⁰ KG v. 11. 12. 2009 – (2) 1 Ss 364/09 (33/09), StraFo 2010, 201, Rn. 6f.

darf wegen deren geringeren Verteidigungsinteresses höheres Gewicht in der Beweiswürdigung beigemessen werden als den zeitlich späteren in der Hauptverhandlung.[221] Ein **Wechsel der Einlassung** während des Verfahrens kann als Indiz für deren Unrichtigkeit verwertet werden.[222]

43   **Geständnis** ist eine den Tatvorwurf oder Teile hiervon bestätigende Einlassung. Die StPO definiert das Geständnis nicht.[223] Eine Erklärung des Angeklagten, er schließe sich Tatvorwürfe einräumenden Erklärungen seines Verteidigers an, gilt als dessen Geständnis.[224] Ein widerrufenes Geständnis kann als Indiz verwertet werden.[225] Dabei müssen Umstände und Gründe für Entstehung und Widerruf gewürdigt werden.[226] Sofern die Fehlerhaftigkeit eines widerrufenen Geständnisses – aufgrund Abgabe aus „prozesstaktischen" Gründen wegen einer in Aussicht gestellten Strafobergrenze – plausibel scheint, steht dies einer Verwertung entgegen.[227] Ein pauschales Geständnis reicht aus.[228] Die Grenzen der Beweiswürdigung sind bei einem prozessualen Anerkenntnis oder einer formalen Unterwerfung unter die Anklage erreicht, weil diese nur Tatindiz, mangels tatsächlicher Inhalte aber nicht Beweisgrundlage sein können.[229]

44   Einem **gescheiterten Alibi-Versuch** kommt nur ausnahmsweise Indizwirkung zu, da auch ein Unschuldiger Zuflucht zur Lüge sucht.[230] Dies gilt weitgehend auch für andere widerlegte Einlassungen des Angeklagten.[231] Auch ein Unschuldiger würde zur Verbesserung seiner Situation so handeln, weshalb dies keine tragfähigen Schlüsse auf das Tatgeschehen zulässt.[232] Sofern eine widerlegte, bewusst wahrheitswidrige Einlassung **ausnahmsweise** als **Belastungsindiz** herangezogen werden soll, muss jede, nicht auf die Täterschaft hindeutende Erklärung verworfen oder zumindest als fern liegend ausgeschieden werden können.[233] In diesem Fall kann eine unwahre Einlassung im Rahmen einer Gesamtwürdigung mit großer Vorsicht als zusätzliches, als nicht ausschließliches, Belastungsindiz berücksichtigt werden.[234] Diese Verwertung eines **erwiesen falschen Alibi** (lat. = anderswo) kann ausnahmsweise zu Lasten des Angeklagten erfolgen, wenn das Alibi einen den Ermittlungsbehörden bis dahin unbekannten Tatumstand entkräften soll und damit ausschließliches Täterwissen offenbart.[235] Ebenso darf ein Rückschluss zu Lasten des Angeklagten gezogen werden, wenn eine logisch von einer erwiesen unzutreffenden Einlassung abhängende Einlassung gewürdigt werden soll.[236] Aufgrund erwiesen falscher Einlassungen dürfen nicht andere, hiervon unabhängige Einlassungen als unzutreffend verworfen werden, bspw. eine vorgetragene Rechtfertigung.[237]

45   **Handlungen** des Angeklagten **außerhalb der Hauptverhandlung** sind nicht zu seinen Lasten verwertbar, wenn dieses Verhalten in der Hauptverhandlung ebenfalls unverwertbar wäre. Dies gilt für die Hinzuziehung eines Rechtsanwaltes,[238] ebenso für einen Fluchtversuch, für den es verschiedene Erklärungsmöglichkeiten geben kann.[239] Für außerprozessuale Erklärungen gilt dies nur, wenn sie nicht Angaben in Erfüllung einer strafbewehrten außerstrafprozessualen Auskunftspflicht enthalten.[240] Verwertbar sind deshalb bspw. Schadensanzeigen gegenüber (KFZ-)Versicherungen,[241] Angaben im Asylverfahren,[242] Angaben gegenüber dem Zoll bei der Einreise,[243] Dokumentationen nach den Umweltgesetzen des Anlagenbetreibers[244] und Vortrag im Zivilprozess trotz der dort bestehenden Wahrheitspflicht.[245]

46   Die **Un- oder Richtigkeit entlastender Einlassungen** des Angeklagten ist anhand des gesamten Beweisergebnisses zu würdigen.[246] Dabei müssen diese im Kontext mit dem gesamten Verfahrens-

---

[221] BGH v. 8. 4. 2009 – 5 StR 65/09, Rn. 19, www.bundesgerichtshof.de, nur Ls.: NStZ-RR 2009, 290.
[222] BGH v. 1. 7. 2008 – 1 StR 654/07, Rn. 26, www.bundesgerichtshof.de.
[223] BGH v. 19. 8. 1993 – 4 StR 627/92, BGHSt 39, 291 (303).
[224] BGH v. 23. 2. 2000 – 1 StR 605/99, NStZ 2000, 210.
[225] BGH v. 31. 8. 1994 – 5 StR 232/94, NStZ 1994, 597.
[226] BGH v. 28. 7. 1967 – 4 StR 243/67, BGHSt 21, 285.
[227] BGH v. 22. 7. 2009 – 5 StR 238/09, StV 2009, 629.
[228] BGH v. 10. 6. 1998 – 2 StR 156/98, NStZ 1999, 92 (93).
[229] BGH v. 10. 6. 1998 – 2 StR 156/98, NJW 1999, 370.
[230] BGH v. 5. 7. 2000 – 3 StR 161/00, NStZ 2000, 549.
[231] BGH v. 5. 1. 2000 – 3 StR 560/99, StV 2001, 439.
[232] BGH v. 6. 2. 1987 – 2 StR 630/86, NJW 1988, 779 (780).
[233] BGH v. 21. 1. 2004 – 1 StR 364/03, BGHSt 49, 56 = NStZ 2004, 392, 395.
[234] BGH v. 5. 7. 1995 – 4 StR 137/95, BGHSt 41, 153 = NJW 1995, 2997.
[235] BGH v. 31. 3. 1999 – 5 StR 689/98, NStZ 1999, 423.
[236] BGH v. 6. 8. 2003 – 2 StR 180/03, NStZ-RR 2003, 369.
[237] BGH v. 21. 5. 1999 – 5 StR 441/95, NStZ 1996, 73.
[238] BGH v. 19. 1. 2000 – 3 StR 531/99, BGHSt 45, 367 = NJW 2000, 1962.
[239] BGH v. 14. 11. 2007 – 2 StR 308/07, StV 2008, 235.
[240] Vgl. Löwe/Rosenberg/*Gollwitzer* Rn. 80.
[241] BVerfG v. 7. 7. 1995 – 2 BvR 1778/94, NStZ 1995, 599; KG v. 7. 7. 1994 – (3) 1 Ss 175/93 (60/93), NStZ 1995, 146.
[242] BGH v. 15. 12. 1989 – 2 StR 167/89, BGHSt 36, 328 = NJW 1990, 1426.
[243] OLG Oldenburg v. 23. 10. 1995 – Ss 331/95, StV 96, 416 mAnm *Bernsmann*.
[244] *Meyer-Goßner* Rn. 22 mwN.
[245] *Meyer-Goßner* Rn. 22 mwN.
[246] BGH v. 12. 9. 2001 – 2 StR 172/01, NStZ 2002, 48.

stoff gestellt und anhand des konkret vorgeworfenen Rechtsverstoßes gewürdigt werden.[247] Den Einlassungen des Angeklagten darf nicht kritiklos gefolgt werden, wenn deren Wahrheitsgehalt fraglich ist und zureichende tatsächliche Anhaltspunkten fehlen.[248] Die Richtigkeit entlastender Einlassungen, für die es keine Beweise gibt, weshalb diese ohne konkrete Anhaltspunkte nicht dem Urteil zu Grunde gelegt werden dürfen, muss am Beweisergebnis gewürdigt werden.[249] Auch für diese richterliche Überzeugung genügt ein nach der Lebenserfahrung ausreichendes Maß an Sicherheit, an dem vernünftige Zweifel nicht aufkommen können.[250] Sofern zentrale Teile der Einlassung des Angeklagten als Schutzbehauptungen zurückgewiesen werden, bedarf die Annahme partieller Glaubhaftigkeit anderer Erklärungsteile einer erkennbar kritischen Würdigung.[251] Ebenso sind Erklärungswechsel im Verfahren zu berücksichtigen.[252]

a) **Schweigen des Angeklagten.** Schweigen des Angeklagten darf nie als belastendes Indiz gegen ihn verwertet werden, gleich ob im Ermittlungsverfahren oder in der Hauptverhandlung.[253] Andernfalls würde das Schweigerecht ausgehöhlt.[254] Es darf nicht nach den Motiven für das Schweigen geforscht werden.[255] Im Geleitschutz dieser Grundsätze darf auch das Unterlassen des Stellens entlastender Beweisanträge nicht zu Lasten des Angeklagten verwertet werden.[256] Schweigen zwingt nicht zum Unterlassen jeglicher Erklärung.[257] Gleich steht die allgemeine Erklärung, die Tat nicht begangen[258] oder mit der Sache nichts zu tun zu haben,[259] das Bestreiten der Täterschaft[260] oder des Kennens des Mitbeschuldigten[261] und das grundsätzliche Bestreiten der Schuld,[262] ebenso das Beteuern der Unschuld.[263] Bei mehreren angeklagten Einlassung zur einen nicht zur Verwertbarkeit des Schweigens zur anderen, weil andernfalls der Zufall gemeinsamer oder getrennter Anklage über den folgenlosen Gebrauch des Schweigerechtes entschiede.[264] Auch wer materiell-rechtliche Erklärungen,[265] bspw. zur Verfolgungsverjährung,[266] abgibt, oder eine Mitwirkung an der Aufklärung der Vorwürfe zusagt,[267] schweigt. Bei Fehlen weiterer Beweisanzeichen darf aus der Haltereigenschaft nicht auf das Führen des Fahrzeuges geschlossen werden.[268] Dies gilt auch beim Schweigen des Halters zum tatsächlichen Fahrer[269] oder dem Bestreiten des Selbstfahrens sowie durch einen Angehörigen.[270] Selbst der Verweis auf das Fahren eines nicht konkretisierten Angehörigen[271] oder die Bitte um Absehen von einem Fahrverbot im letzten Wort bei sonstigem Schweigen[272] steht dem Schweigen gleich. Diese Grundsätze gelten nicht für das Angeklagtenverhalten gegenüber Privatpersonen.[273] Der Widerruf eines Geständnisses ist kein (nachträgliches) Schweigen, sondern eine – wenn auch negative – Angabe zur Sache.[274]

Gestik und Mimik eines schweigenden Angeklagten dürfen nicht zu seinem Nachteil verwertet werden.[275] Teilweise wird bei Eindeutigkeit des Verhaltens wie Lachen, Aufstöhnen oder einer Handbewegung eine Verwertung befürwortet, wenn die Körpersprache unzweideutig sei.[276] Nonverbale Äußerungen dürften so gut wie nie einseitig unter Ausschluss jeder anderen Möglichkeit gedeutet werden können. Damit bleibt die vermeintliche Ausnahme Theorie. **Konkludente Erklä-**

---

[247] BGH v. 19. 8. 1993 – 4 StR 627/92, BGHSt 39, 291 = NJW 1993, 3081 (3084).
[248] BGH v. 8. 4. 2009 – 5 StR 65/09, Rn. 14, www.bundesgerichtshof.de; nur Ls.: NStZ-RR 2009, 290.
[249] BGH v. 11. 1. 2005 – 1 StR 478/04, NStZ-RR 2005, 147.
[250] BGH v. 10. 7. 1980 – 4 StR 303/80, NJW 1980, 2423 (2424).
[251] BGH v. 8. 4. 2009 – 5 StR 65/09, Rn. 14, www.bundesgerichtshof.de; nur Ls.: NStZ-RR 2009, 290.
[252] BGH v. 6. 11. 2003 – 4 StR 270/03, NStZ-RR 2004, 88.
[253] BVerfG v. 7. 7. 1995 – 2 BvR 326/92, NStZ 1995, 555.
[254] OLG Karlsruhe v. 6. 9. 1988 – 1 Ss 68/88, NStZ 1989, 287.
[255] Löwe/Rosenberg/*Gollwitzer* Rn. 75.
[256] BGH v. 21. 4. 1988 – 4 StR 125/88, StV 1988, 286.
[257] BGH v. 17. 7. 1996 – 3 StR 248/96, NStZ 1997, 147.
[258] BGH v. 2. 4. 1987 – 4 StR 46/87, BGHSt 34, 324 (326); BGH v. 7. 10. 2009 – 2 StR 283/09, NStZ-RR 2010, 88.
[259] BGH v. 22. 3. 2006 – 2 StR 585/05, NStZ 2007, 417.
[260] OLG Düsseldorf v. 8. 4. 1988 – 2 Ss (OWi) 88/88 – 79/88 II, StV 1990, 12.
[261] OLG Hamburg v. 10. 11. 2006 – 1 StR 130/06, StV 2008, 258.
[262] BGH v. 3. 5. 2000 – 1 StR 125/00, NStZ 2000, 494.
[263] OLG v. 5. 4. 1973 – 2 Ss OWi 401/73, NJW 1973, 1708.
[264] BGH v. 3. 5. 2000 – 1 StR 125/00, NStZ 2000, 494.
[265] BayObLG v. 29. 2. 1988 – 1 Ob OWi 25/88, MDR 1988, 882.
[266] BayObLG v. 28. 1. 1982 – 1 Ob OWi 562/81, StV 1982, 258.
[267] BGH v. 17. 7. 1996 – 3 StR 248/96, NStZ 1997, 147.
[268] BVerfG v. 31. 8. 1993 – 2 BvR 843/93, NJW 1994, 847.
[269] OLG Köln v. 8. 5. 1973 – 1 Ss 329 BZ/79, DAR 1980, 186.
[270] OLG Hamm v. 10. 7. 1974 – 4 Ss 287/74, NJW 1974, 1880.
[271] OLG Stuttgart v. 8. 5. 1985 – 1 Ss 341/85, VRS 69, 295.
[272] OLG Brandenburg v. 27. 3. 2008 – 2 Ss (OWi) 2B/08 nach *Korte* NStZ 2010, 22, 28.
[273] OLG Karlsruhe v. 6. 9. 1988 – 1 Ss 68/88, NStZ 1989, 287 mAnm *Rogall*.
[274] BGH v. 14. 11. 1997 – 3 StR 529/97, NStZ 1998, 209.
[275] BGH v. 24. 6. 1993 – 5 StR 350/93, StV 1993, 458.
[276] *Miebach* NStZ 2000, 234 (235).

rungen wie die Weigerung der Schweigepflichtsentbindung eines Zeugen[277] oder zur Teilnahme an einer Speichelprobe[278] dürfen dem Angeklagten nicht zum Nachteil gereichen. Gleiches gilt für sein Berufen auf ein Zeugnisverweigerungsrecht nach § 55 in einem anderen Strafverfahren[279] oder den Kontakt zu einem Verteidiger vor der Einlassung.[280] Das Fernbleiben in der Hauptverhandlung begründet nicht die Annahme der Verhinderung der Identifizierung eines Radarbildes.[281] Ein **Fluchtversuch** begründet aufgrund verschiedener möglicher Gründe kein Schuldindiz,[282] sofern der Täter zuvor bereits mit dem Tatvorwurf konfrontiert war oder polizeiliche Ermittlungen konkret fürchten musste,[283] ebenso der gescheiterte Alibi-Beweis oder der Verzicht auf Antritt eines Entlastungsbeweises.[284]

49   Da aufgrund des Schweigens auch die Möglichkeit zum Vortrag strafmildernder Umstände fehlt, ist von der dem Angeklagten günstigsten Variante auszugehen, da ihm aus dem **Schweigen kein Nachteil** erwachsen darf.[285] Tatvarianten, für die es keine konkreten Anhaltspunkte gibt, dürfen jedoch nicht zu seinen Gunsten unterstellt werden.[286]

50   Bei **Schweigen nach vorheriger Einlassung** kann letztere verwertet werden, bspw. durch Vernehmung des Vernehmungsbeamten.[287] Das Protokoll der erstinstanzlichen Vernehmung kann bei Schweigen in der Berufungsinstanz verlesen werden.[288] Die Einlassung vor der Polizei ist nur verwertbar, wenn sich der Vernehmungsbeamte an die Einlassung erinnert.[289] Weder aus der Einlassung in der Hauptverhandlung bei anfänglichem Schweigen im Ermittlungsverfahren[290] noch dem späteren Schweigen nach bereits erfolgter Erklärung[291] darf dem Angeklagten ein Nachteil entstehen, ebenso wenn eine Einlassung des Angeklagten erst im Laufe der Hauptverhandlung erfolgt.[292] Um der Gefahr von Nachteilen aus dem Schweigerecht zu vermeiden, gilt dies auch für das **spät mitgeteilte Alibi**,[293] selbst wenn bei der Polizei geschwiegen und das Alibi erst in der Hauptverhandlung benannt wird.[294] Anders wenn bei der Polizei eine Einlassung erfolgte, dann aber nach anfänglichem Schweigen in der Hauptverhandlung erst spät die entlastende Einlassung erfolgt.[295] Wenn die Beweiswürdigung jede nahe liegende unverfängliche Erklärungsmöglichkeit für den späten Alibi-Beweis ausschließt, darf die Möglichkeit dessen Zustandekommens erst während der Hauptverhandlung verwertet werden.[296]

51   **b) Teileinlassung des Angeklagten. Teileinlassung des Angeklagten** liegt vor, wenn der Angeklagte an der Sachverhaltsaufklärung in einzelnen Teilpunkten mitwirkt, andere Punkte aber unerwähnt lässt oder auf Fragen und Vorhalte nicht oder nur lückenhaft antwortet.[297] Allein die Weigerung, Zeugen zu benennen, ist kein Teilschweigen, weil das Beweisrecht ein von der Einlassung unabhängiges, eigenständiges Prozessrecht ist.[298] Späteres Schweigen nach anfänglicher Einlassung stellt ebenfalls kein Teilschweigen dar,[299] denn hier wird (später) vollständig geschwiegen. Die Rechtsprechung lässt die **Verwertung des Teilschweigens** überwiegend zu.[300] Das Schweigen sei negativer Bestandteil der Einlassung des Angeklagten,[301] durch die sich dieser selbst zum Beweismittel mache,[302] das dann wie jede andere Beweistatsache zu würdigen sei.[303] Eine Verwertung setzt aber voraus, dass zum offen gebliebenen Punkt Äußerungen nach den Umständen zu erwarten gewesen wären, andere Ursachen für das Ausbleiben ausgeschlossen werden können und die frag-

---

[277] BGH v. 22. 12. 1999 – 3 StR 401/99, BGHSt 45, 363 = NJW 2000, 1426.
[278] BGH v. 21. 1. 2004 – 1 StR 364/03, NStZ 2004, 392.
[279] BGH v. 26. 5. 1992 – 5 StR 122/92, BGHSt 38, 302.
[280] BGH v. 18. 1. 1994 – 5 StR 753/93, StV 1994, 413.
[281] Löwe/Rosenberg/*Gollwitzer* Rn. 101.
[282] BGH v. 14. 11. 2007 – 2 StR 308/07, NStZ 2008, 303.
[283] BGH v. 24. 9. 2009 – 4 StR 232/09, NStZ-RR 2010, 20 f.
[284] BGH v. 5. 7. 1995 – 2 StR 137/95, BGHSt 41, 153 = NJW 1995, 2997.
[285] BGH v. 8. 9. 1989 – 2 StR 392/89, StV 1990, 9.
[286] BGH v. 3. 6. 2008, 1 StR 59/08, NStZ 2009, 264 (266).
[287] BGH v. 2. 10. 1951 – 1 StR 421/51, BGHSt 1, 337.
[288] OLG Hamm v. 10. 7. 1974 – 4 Ss 287/74, NJW 1974, 1880.
[289] BGH v. 31. 5. 1960 – 5 StR 168/60, BGHSt 14, 310.
[290] BGH v. 26. 5. 1992 – 5 StR 122/92, BGHSt 38, 302.
[291] BGH v. 2. 9. 1998 – 2 StR 144/98, NStZ 1999, 47.
[292] BGH v. 27. 1. 1987 – 1 StR 703/86, StV 1987, 377.
[293] BGH v. 4. 7. 1985 – 4 StR 349/85, nach *Pfeiffer/Miebach* in NStZ 1986, 206 (208).
[294] BGH v. 27. 1. 1987 – 1 StR 703/86, StV 1987, 377; BGH v. 13. 8. 2009 – 3 StR 168/09, NStZ 2010, 101.
[295] BGH v. 18. 5. 1994 – 5 StR 48/94, nach *Kusch* NStZ 1995, 18 (20).
[296] BGH v. 23. 10. 2001 – 1 StR 415/01, NStZ 2002, 161.
[297] BGH v. 17. 7. 1996 – 3 StR 248/96, NStZ 1997, 147.
[298] OLG Düsseldorf v. 14. 5. 1990 – 2 Ss 67/90 – 56/90 II, StV 1990, 442.
[299] BGH v. 2. 9. 1998 – 2 StR 144/98, NStZ 1999, 47.
[300] BGH v. 11. 1. 2005 – 1 StR 478/04, NStZ-RR 2005, 147 (148); OLG Hamm v. 5. 4. 1973 – 2 Ss OWi 401/73, NJW 1973, 1708.
[301] BGH v. 18. 4. 2002 – 3 StR 370/01, NJW 2002, 2260.
[302] BGH v. 26. 10. 1983 – 3 StR 251/83, BGHSt 32, 140 = NJW 1984, 1829 (1830).
[303] BGH v. v. 3. 5. 2000 – 1 StR 125/00, NStZ 2000, 494.

mentarische Natur der gemachten Angaben nicht offensichtlich war.[304] In der Literatur findet sich hieran breite **Kritik**. Hierdurch werde das Schweigerecht partiell entwertet,[305] weil dem Angeklagten nur bleibe, sich aller Verteidigungsrechte zu berauben oder sich selbst zum Schuldindiz zu machen.[306] Das Recht auf Verteidigung sichere, dass diese auf entlastende Momente beschränkt werden dürfe.[307] Neben diesen Stimmen, die eine Verwertung des Teilschweigens in Gänze ablehnen, formulieren andere enge Grenzen. Da die Motive für ein Teilschweigen vielfältig sein können, dürfe dem Teilschweigen als Schuldindiz nur eine untergeordnete Bedeutung beigemessen werden, die zudem anhand der konkreten Prozesssituation des Angeklagten beurteilt werden müsse.[308] Dies komme zudem nur in Betracht, wenn dem Angeklagten erkennbar eine Antwort möglich sei.[309] Dem Angeklagten bleibt trotz vollständigem Schweigen mit dem Beweisantragsrecht hinreichender Raum für eine wirksame Verteidigung. Dies zählt nicht zu seiner Einlassung.[310] Auch wenn niemand gezwungen werden darf, an seiner Überführung aktiv mitzuwirken, wird, wer aktiv mitwirkt, zum gleichberechtigten und -verpflichteten Teil des Beweisergebnisses. Hierzu gehört auch das „Nicht- oder teilweise Gesagte". Zuzustimmen ist jedoch, dass bei erkennbarem Nichterinnern eine nachteilige Verwertung unzulässig ist.[311]

Bei **nachteiliger Verwertung** von Widersprüchen oder Teilschweigen muss das gesamte Aussageverhalten in den Urteilsgründen wiedergegeben werden.[312] Teilweise wird darüber hinaus eine Prüfung verlangt, ob sich ein Unschuldiger nach der Lebenserfahrung erklärt hätte.[313] Der vom BGH geforderte Ausschluss einer „unverdächtigen" Begründung für das Teilschweigen knüpft als Korrektiv an die konkreten Verfahrensbeteiligten statt an einen wenig konkreten „Durchschnitts-Unschuldigen" an und ist deshalb vorzugswürdig.

c) **Verteidigererklärungen. Erklärungen des Verteidigers** sind nicht ohne weiteres zu Lasten des Angeklagten verwertbar.[314] Beweisbehauptungen in Beweisanträgen des Verteidigers sind keine Einlassungen des Angeklagten,[315] ebenso Prozesserklärungen des Verteidigers.[316] Selbst Erklärungen des Verteidigers zur Sache erfordern eine ausdrückliche Bevollmächtigung des schweigenden Angeklagten hierzu oder dessen nachträgliche Genehmigung.[317] Allein das Schweigen des bei der Erklärung anwesenden Angeklagten genügt nicht.[318] Vielmehr muss das Tatgericht den Verteidiger befragen, ob die Verteidigererklärung als Einlassung des Angeklagten anzusehen ist, wofür als wesentliche Förmlichkeit nur das Protokoll nach § 274 Nachweis führen kann.[319] Sofern Verteidiger oder Angeklagter darauf nicht widersprechen, wird die Verteidigererklärung zum Gegenstand der Beweiswürdigung, worauf hinzuweisen ist.[320] Sofern der Verteidiger ausdrücklich eine schriftliche Äußerung des Angeklagten verliest und dieser dem nicht widerspricht, ist diese verwertbar.[321] Gleichermaßen wird dem Angeklagten als Teilschweigen zugerechnet, wenn dessen Verteidiger für ihn die Vorwürfe einräumt, zugleich aber erklärt, weitere Erklärungen und Antworten nicht geben zu wollen.[322]

5. **Zeugenaussagen.** Bei der Würdigung von Zeugenaussagen ist zu unterscheiden. Die **allgemeine Glaubwürdigkeit** lässt keinen Schluss auf die spezielle zu.[323] Zeugen, denen bei außerhalb des Verfahrens liegenden Angelegenheiten Glauben geschenkt werden kann, sind allgemein glaubwürdig, die **spezielle Glaubwürdigkeit** bewertet hingegen die Aussage zum Verfahrensgegenstand.[324] Gleichermaßen verbieten sich Zirkelschlüsse, bspw. durch Begründung der Glaubwürdigkeit des Belastungszeugen aus seiner eigenen Aussage.[325]

---

[304] BGH v. 18. 4. 2002 – 3 StR 370/01, NJW 2002, 2260.
[305] *Eisenberg* Beweisrecht Rn. 907.
[306] HK-StPO/*Julius* Rn. 26.
[307] Rogall Anm zu BGH v. 26. 3. 1992 – 5 StR 122/92, JR 1993, 380.
[308] Löwe/Rosenberg/*Gollwitzer* Rn. 78.
[309] Löwe/Rosenberg/*Gollwitzer* Rn. 78.
[310] BGH v. 29. 5. 1990 – 4 StR 118/90, NStZ 1990, 447.
[311] Löwe/Rosenberg/*Gollwitzer* Rn. 78.
[312] BGH v. 5. 1. 2000 – 3 StR 473/99, NStZ 2000, 269.
[313] *Meyer-Goßner* Rn. 17 mwN.
[314] BGH v. 3. 6. 1986 – 1 StR 187/86, StV 1986, 515.
[315] BGH v. 12. 4. 2000 – 1 StR 623/99, NStZ 2000, 495.
[316] *Meyer-Goßner* Rn. 16 a.
[317] BGH v. 28. 6. 2005 – 3 StR 176/05, NStZ 2005, 703.
[318] BGH v. 4. 4. 2006 – 3 StR 64/06, NStZ 2006, 408.
[319] OLG Düsseldorf v. 6. 5. 2002 – 2b Ss 59/02 – 30/02 IV, NJW 2002, 2728.
[320] OLG Düsseldorf v. 6. 5. 2002 – 2b Ss 59/02 – 30/02 IV, NJW 2002, 2728.
[321] BGH v. 6. 4. 1994 – 2 StR 76/94, NStZ 1994, 352.
[322] BGH v. 22. 3. 1994 – 1 StR 100/94, NStZ 1994, 352.
[323] BGH v. 5. 10. 1993 – 1 StR 547/93, StV 1994, 64.
[324] BGH v. 5. 10. 1993 – 1 StR 547/93, StV 1994, 64.
[325] BGH v. 19. 3. 1986 – 2 StR 712/85, StV 1986, 467.

55 **a) Beweiswürdigung und Glaubwürdigkeit.** Bei der **Beweiswürdigung** kommt der Aussage des Opfers kein per se höheres Gewicht zu.[326] Möglichen Defiziten einer Zeugenaussage aufgrund hohen Alters ist durch Überprüfung anhand des Gesamtbeweisergebnisse zu begegnen.[327] Gleiches gilt bei einer Lagerbildung der Zeugen.[328] Bei der **Glaubwürdigkeitsbeurteilung** ist neben jedem einzelnen auch die Häufung von entgegenstehenden Indizien zu beachten.[329] Vorstrafen müssen hierbei nicht zwingend erörtert werden.[330] Maßgebend sind die konkreten Aussageumstände, weder spricht ein Näheverhältnis zum Angeklagten pauschal gegen, noch ein öffentliches Dienstverhältnis für die Glaubwürdigkeit.[331] Widersprüche, wie die Aussage eines Beamten, dass ein V-Mann ihm immer wahre Informationen bekundet habe, im konkreten Geschehen aber entgegen seiner Weisung handelte, bedürfen der Würdigung.[332] Beginnende Entzugserscheinungen sind besonders zu würdigen,[333] ebenso kindliche Zeit-, Mengen- und Entfernungsangaben, die erheblich unzuverlässig sind.[334] Bei belastenden Aussagen von Mitangeklagten oder bereits verurteilten Mittätern ist eine daraus erlangte Strafmilderung oder eine Selbstentlastungstendenz zu beachten.[335] Die Würdigung hat den verminderten Wert von Aussagen vom Hörensagen zu beachten.[336] Eine Verurteilung auf deren Grundlage bedarf zusätzlicher Indizien, v. a. wenn keine Opfervernehmung möglich war.[337] Allein abstrakte Rachemotive zwingen nicht zur Würdigung der Gefahr einer Falschaussage, anders bei konkreten Anhaltspunkten hierfür.[338] Die Beweiswürdigung muss aber Umstände für Bedenken an der Richtigkeit einer Zeugenaussage nicht nur einzeln, sondern auch gesamtwürdigen, um gegebenenfalls aus der Häufung von Zweifeln Schlüsse zu ziehen.[339]

56 Wenn außergerichtliche Erklärungen eines Zeugen, bspw. bei seiner Versicherung, und seine **Aussage divergieren**, müssen die Urteilsgründe dies würdigen.[340] Eine bindende Beweisregel, dass eine vorsätzlich falsche Aussage zu einem Punkt generell die Glaubwürdigkeit ausschließe („Wer einmal lügt, dem glaubt man nicht"), existiert jedoch nicht.[341] Sofern das Tatgericht aber einen Teil der Aussage für unzutreffend ansieht, bedarf es besonders eingehender Gründe in der Beweiswürdigung, wenn anderen Aussageteilen gefolgt werden soll.[342] Wenn dies ein wesentliches Detail der Aussage des **einzigen Belastungszeugen** betrifft, kann der andere Aussageteil nur verwertet werden, wenn außerhalb dieser Aussage liegende Indizien die Richtigkeit dieser der Verurteilung zugrunde gelegten Aussageteile stützen.[343] Deshalb muss bei einem Abweichen von jetziger und früherer Aussage in einem wesentlichen Punkt im Urteil dargestellt werden, weshalb jetzt keine falschen Angaben vorliegen.[344] Gleiches gilt, wenn sich ein Belastungszeuge zuvor selbst der Falschaussage und falschen Verdächtigung aus Rachemotiven bezichtigt hatte[345] oder bedeutsame Teile im Kerngeschehen seiner Aussage ändert.[346] Ein auf Drängen des Angeklagten abgegebenes falsches Alibi des **Entlastungszeugen** kann auch zur Befreiung von einem unzutreffenden Tatverdacht erbeten worden sein, weshalb alternative Erklärungen in der Beweiswürdigung zu berücksichtigen sind.[347] Bei der Vernehmung eines Belastungszeugen muss dem Angeklagten die konfrontative Befragung ermöglicht werden.[348] Eine Verurteilung ohne Möglichkeit der Befragung der einzigen Belastungszeugin durch den Angeklagten verletzt Art. 6 Abs. 1, 3 d EMRK.[349]

57 **b) Aussage gegen Aussage.** Bei **Aussage gegen Aussage**, also der Verurteilung allein aufgrund einer bestritten Opferaussage, ist eine besondere Glaubwürdigkeitsprüfung erforderlich.[350] In

---

[326] BGH v. 21. 1. 2004 – 1 StR 379/03, NStZ 2004, 635.
[327] SK-StPO/*Schlüchter* Rn. 64 d.
[328] *Meyer-Goßner* Rn. 11 a.
[329] BGH v. 27. 6. 1995 – 4 StR 264/95, StV 1996, 367.
[330] BGH v. 12. 3. 2002 – 1 StR 557/01, NStZ 2002, 495.
[331] HK-StPO/*Julius* Rn. 27.
[332] BGH v. 21. 3. 2001 – 3 StR 81/01, StV 2001, 387.
[333] KK-StPO/*Schoreit* Rn. 29.
[334] HK-StPO/*Julius* Rn. 32.
[335] BGH v. 7. 7. 2004 – 5 StR 71/04, NStZ 2004, 691.
[336] SK-StPO/Schlüchter Rn. 64 f.
[337] BGH v. 16. 5. 2002 – 1 StR 40/02, NStZ 2002, 656.
[338] BGH v. 27. 3. 2003 – 1 StR 524/02, NStZ-RR 2003, 206.
[339] BGH v. 6. 12. 2001 – 4 StR 484/01, StV 2002, 468.
[340] BGH v. 27. 9. 2007 – 4 StR 1/07, NStZ-RR 2008, 83.
[341] BGH v. 10. 12. 1997 – 3 StR 389/97, NStZ-RR 1998, 276.
[342] BGH v. 24. 6. 2003 – 3 StR 96/03, NStZ-RR 2003, 332.
[343] BGH v. 17. 11. 1998 – 1 StR 450/98, BGHSt 44, 256 = NJW 1999, 802.
[344] BGH v. 17. 11. 1998 – 1 StR 450/98, BGHSt 44, 256 = NJW 1999, 802.
[345] BGH v. 24. 10. 2002 – 1 StR 314/02, NStZ 2003, 164.
[346] BGH v. 12,11.1998 – 4 StR 511/98, StV 1999, 136.
[347] BGH v. 11. 7. 1984 – 2 StR 177/84, StV 1984, 495.
[348] BGH v. 29. 11. 2006 – 1 StR 493/06, NJW 2007, 237.
[349] EGMR v. 20. 12. 2001 – Nr. 33 900/96, StV 2002, 289 mAnm *Pauly*.
[350] BGH v. 2. 7. 2003 – 2 StR 92/03, NStZ-RR 2003, 333.

dieser Situation lassen sich neben einem Belastungszeugen, der der Einlassung des Angeklagten gegenübersteht, keine weiteren belastenden Umstände feststellen.³⁵¹ Weitere belastende Indizien oder Beweismittel schließen dies also aus,³⁵² wofür schon in Randbereichen bestätigende weitere Zeugenaussagen genügen.³⁵³ An die Aufklärung sind in einer solchen Situation besondere Anforderungen zu stellen, weshalb Fragen zur Glaubwürdigkeit nicht zurückgewiesen werden dürfen.³⁵⁴ Gleiches gilt für die Beweiswürdigung, weshalb alle relevanten Aussagen und das Aussageverhalten im Verfahrensverlauf im Urteil umfassend darzustellen sind.³⁵⁵ Dies ist verfassungsrechtlich geboten.³⁵⁶ Wenn die Einlassung vom Verteidiger ohne Möglichkeit der Nachfrage verlesen wird, soll der Beweiswert hinter einer mündlichen, durch Rückfragen erhärteten Einlassung zurückfallen und mangels ebenbürtigen Gegenüberstehens mit der mündlichen, in freier Rede erfolgenden Zeugenaussage keine „Aussage gegen Aussage" vorliegen.³⁵⁶ᵃ

Erforderlich ist eine gründliche **Glaubhaftigkeitsprüfung** in der Beweiswürdigung, die zudem ausreichende Angaben zur Aussageentwicklung und -konstanz erkennen lassen muss.³⁵⁷ Daneben müssen die Urteilsgründe alle die Beweiswürdigung zu Gunsten des einen oder anderen zu beeinflussen geeigneten Umstände erkennen und berücksichtigen.³⁵⁸ Beide Aussagen sind an sämtlichen Beweismitteln zu würdigen, womit ein Ausschluss einzelner Zeugenaussagen von der Gesamtwürdigung unvereinbar ist.³⁵⁹ Neben diesem Einfügen in das Gesamtbild der Erkenntnisse aus anderen Beweismitteln müssen Person und Motive des Aussagenden sowie innere Plausibilität und Entstehungsgeschichte berücksichtigt werden.³⁶⁰ Der Opferaussage kommt dabei kein besonderes Gewicht zu.³⁶¹ Selbst nach § 154 eingestellte Verfahren sind zu berücksichtigen, wenn das dortige Aussageverhalten Rückschlüsse auf die Glaubwürdigkeit ermöglicht.³⁶² Bei ähnlichen Tatvorwürfen gegenüber dem gleichen Opfer sind die Einstellungsgründe anzuführen.³⁶³ Bei einem möglichen Zusammenhang mit familiären Auseinandersetzungen, v. a. bei Sexualdelikten, liegt besonderes Gewicht auf der Aufklärung der Entstehung und Entwicklung der belastenden Aussage.³⁶⁴ Gleiches gilt bei privaten Befragungen von minderjährigen Opfern durch die in Auseinandersetzungen mit dem Angeklagten eingebundenen Familienangehörigen.³⁶⁵ Wenn Teile der einzigen Belastungsaussage unzutreffend sind, bedarf es gewichtiger Gründe außerhalb dieser Aussage, um andere Teile davon als glaubwürdig verwerten zu können.³⁶⁶ Dies können auch Ereignisse und Umstände nach der Tatbegehung oder ein Glaubwürdigkeitsgutachten sein.³⁶⁷ Gleiches gilt, wenn der einzige Belastungszeuge seine Vorwürfe nicht aufrechterhält.³⁶⁸ Die gleichen Anforderungen gelten für die Beweiswürdigung zwischen mehreren gegensätzlichen **Einlassungen von Mittätern**.³⁶⁹

c) **Glaubwürdigkeitsgutachten.** Für den Regelfall gehört die eigenständige Würdigung von Zeugenaussagen zum dem Tatrichter anvertrauten Wesen richterlicher Rechtsfindung,³⁷⁰ auch bei Aussagen von Kindern, Jugendlichen und Opfern von Sexualdelikten.³⁷¹ Wenn ausnahmsweise Besonderheiten zu Zweifeln Anlass geben, ob die gerichtliche Sachkunde zur Beurteilung unter solchen besonderen Umständen ausreicht, kann ein **Glaubwürdigkeitsgutachten** geboten sein.³⁷² Dies sind **Ausnahmefälle**.³⁷³ So bei Aussagen einer kindlichen Zeugin 10 Jahre nach der Tat,³⁷⁴ bei nachhaltigen und suggestiven Befragungen eines minderjährigen Opferzeugen durch um das Sorgerecht streitende Angehörige,³⁷⁵ bei Besonderheiten eines Zeugen wie Hysterie, geistiger Be-

---

³⁵¹ KK-StPO/*Schoreit* Rn. 29.
³⁵² BGH v. 21. 1. 2004 – 1 StR 379/03, NStZ 2004, 635.
³⁵³ BGH v. 28. 5. 2003 – 2 StR 486/02, NStZ-RR 2003, 268.
³⁵⁴ BGH v. 23. 11. 1989 – 2 StR 515/01, StV 1990, 99.
³⁵⁵ BGH v. 6. 3. 2002 – 5 StR 501/01, NStZ-RR 2002, 174.
³⁵⁶ BVerfG v. 30. 4. 2003 – 2 BvR 2045/02, NJW 2003, 2444.
³⁵⁶ᵃ BGH v. 11. 12. 2009 – (2) 1 Ss 364/09 (33/09), StraFo 2010, 201.
³⁵⁷ BGH v. 27. 3. 2003 – 3 StR 446/02, NJW 2003, 2250.
³⁵⁸ BGH v. 21. 9. 1993 – 4 StR 413/93, StV 1994, 6.
³⁵⁹ BGH v. 21. 9. 1993 – 4 StR 413/93, StV 1994, 6.
³⁶⁰ Löwe/Rosenberg/*Gollwitzer* Rn. 71.
³⁶¹ BGH v. 21. 1. 2004 – 1 StR 379/03, NStZ 2004, 635.
³⁶² BGH v. 9. 12. 2008 – 5 StR 511/08, NStZ 2009, 228.
³⁶³ BGH v. 10. 6. 2008 – 5 StR 143/08, NStZ 2008, 581.
³⁶⁴ BGH v. 16. 5. 2002 – 1 StR 40/02, NStZ 2002, 656.
³⁶⁵ BGH v. 23. 5. 2000 – 1 StR 156/00, NStZ 2000, 496.
³⁶⁶ Rn. 56.
³⁶⁷ BGH v. 12. 11. 2003 – 2 StR 354/03, NStZ-RR 2004, 87.
³⁶⁸ BGH v. 30. 5. 2000 – 1 StR 610/99, NStZ 2000, 551.
³⁶⁹ BGH v. 22. 1. 2002 – 5 StR 549/01, NStZ-RR 2002, 146.
³⁷⁰ BGH v. 2. 5. 1985 – 4 StR 142/85, NStZ 1985, 420.
³⁷¹ BGH v. 22. 6. 2000 – 5 StR 209/00, NStZ 2001, 105.
³⁷² BGH v. 22. 6. 2000 – 5 StR 209/00, NStZ 2001, 105.
³⁷³ *Pfeiffer* Rn. 8.
³⁷⁴ BGH v. 2. 5. 1985 – 4 StR 142/85, NStZ 1985, 420.
³⁷⁵ BGH v. 22. 6. 2000 – 5 StR 209/00, NStZ 2001, 105.

hinderung oder Abweichen vom gewöhnlichen Entwicklungsbild eines Gleichaltrigen[376] und bei schizophrener Psychose bereits im Tatzeitraum.[377] Allein die Wechseljahre begründen eine solche Notwendigkeit nicht, sofern keine psychische Störung auftritt.[378] Methoden und Fallgruppen sind vielfältig.[379] **Jugendkammern** besitzen besondere Sachkunde für die Vernehmung Minderjähriger.[380]

60   d) **Behandlung von Zeugnisverweigerungen.** Die **berechtigte Zeugnisverweigerung** durch einen Angehörigen darf nicht zu Lasten des Angeklagten verwertet werden, um das unbefangene Nutzen dieses Rechtes zu sichern.[381] Gleiches gilt für die Zeugnisverweigerungsrechte aus §§ 53, 53a.[382] Andernfalls drohte dem berechtigten Zeugen ein mittelbarer Zwang zur Aussage.[383] Weitergehender würde zur Vermeidung einer belastenden Aussage ein „faktischer Zwang" zur Falschaussage bewirkt, wenn das Schweigen eine nachteilige Auslegung zu Lasten des Angeklagten befürchten ließe. Deshalb dürfen die Motive des Zeugnisverweigernden nicht erforscht und über die zur Aussageverweigerung berechtigenden Verhältnisse hinausgehende Aussagen nicht einmal protokolliert und verwertet werden.[384] Aus dem äußeren Verhalten des Zeugen, bspw. dem Zuzwinkern zum Angeklagten, dürfen keine Schlüsse auf sein mögliches Zeugenwissen gezogen werden.[385] Fortwirkend darf einem Angeklagten seine Zeugnisverweigerung als Zeuge in einem anderen Strafverfahren nicht zum Nachteil gereichen.[386] **Rückschlüsse zu Gunsten** des Angeklagten sind zulässig.[387]

61   Sofern der Zeuge **im Ermittlungsverfahren aussagt, in der Hauptverhandlung** berechtigt das **Zeugnis verweigert**, bleibt diese Aussage nach ordnungsgemäßer Einführung (durch Zeugnis des Vernehmungsbeamten oder Verlesen des Ermittlungsrichterprotokolls) verwertbar, wenn der Zeuge in Kenntnis seiner Zeugnisverweigerungsrechte aussagte.[388] Die Zeugnisverweigerung selbst darf jedoch nicht zu Lasten des Angeklagten verwertet werden.[389] Gleiches gilt für Rückschlüsse hieraus auf die Glaubwürdigkeit,[390] um mittelbare Schlüsse zu Lasten des Angeklagten zu vermeiden. Die Zeugnisverweigerung erst während der Hauptverhandlung nach bereits begonnener Aussage ist jedoch nach den Grundsätzen zum Teilschweigen verwertbar.[391]

62   Sofern der Zeuge bei seiner polizeilichen Vernehmung **Schriftstücke** als Bestandteil seiner Aussage übergeben hatte, dürfen diese bei späterer Zeugnisverweigerung nicht verlesen werden.[392] Ebenso darf eine **spätere entlastende Aussage** nach anfänglicher Zeugnisverweigerung nicht zu Lasten des Angeklagten verwertet werden.[393] Dies gilt selbst dann, wenn erst ausgesagt, dann verweigert, dann wieder ausgesagt wird.[394] Motive des Zeugen und Nachvollziehbarkeit für das Tatgericht sind nicht erforderlich.[395] Wenn Schlüsse zu Lasten des Angeklagten zu befürchten stünden, würde die Entscheidungsfreiheit über das Ob und Wie einer Aussage beseitigt.[396] Die Verwertung ist ebenso für die Glaubhaftigkeitsbewertung der (späteren) Aussage verwehrt.[397]

63   Abweichend hiervon ist ein **nach § 55 verweigertes Zeugnis** zu Lasten des Angeklagten verwertbar,[398] weil § 55 nicht das Verhältnis Zeuge – Angeklagter schützen will.[399] Im Ergebnis dürfte zumeist ein Schluss zugunsten des Angeklagten die Folge sein.[400] Um dies prüfen zu können, muss das Tatgericht die Motive für die Zeugnisverweigerung erfragen, andernfalls wird gegen die Pflicht zur erschöpfenden Beweiswürdigung verstoßen.[401] Sofern ein zunächst den Angeklagten belastender

---

[376] *Fischer* NStZ 1994, 1 (2).
[377] BGH v. 6. 9. 2005 – 4 StR 386/05, NStZ-RR 2006, 18.
[378] BGH v. 5. 7. 1955 – 1 StR 195/55, BGHSt 8, 130.
[379] Dezidiert zu Methoden und Fallgruppen: KK-StPO/*Schoreit* Rn. 31a ff.
[380] BGH v. 19. 2. 1997 – 5 StR 621/96, NStZ 1997, 255.
[381] BGH v. 18. 9. 1984 – 4 StR 535/84, NStZ 1985, 87.
[382] *Pfeiffer* Rn. 6.
[383] *Roxin* § 15 Rn. 28.
[384] BGH v. 8. 4. 1954 – 3 StR 725/53, NJW 1954, 1496.
[385] OLG Köln v. 4. 4. 1979 – 3 Ss 164/79, VRS 57, 425.
[386] BGH v. 26. 5. 1992 – 5 StR 122/92, BGHSt 38, 302.
[387] KK-StPO/*Schoreit* Rn. 42; Löwe/Rosenberg/*Gollwitzer* Rn. 87.
[388] Löwe/Rosenberg/*Gollwitzer* Rn. 87.
[389] BGH v. 16. 7. 1991 – 1 StR 377/91, StV 1991, 450.
[390] *Roxin* § 15 Rn. 28.
[391] Rn. 65.
[392] BGH v. 31. 3. 1998 – 5 StR 13/98, StV 1998, 470.
[393] BGH v. 12. 7. 1979 – 4 StR 291/79, NJW 1980, 794.
[394] BGH v. 18. 9. 1984 – 4 StR 535/84, NStZ 1985, 87.
[395] BGH v. 22. 5. 2001 – 3 StR 130/01, StV 2002, 4.
[396] BGH v. 7. 1. 2003 – 4 StR 454/02, NStZ 2003, 443.
[397] BayObLG v. 20. 9. 1968 – Rreg. 1a St 319/68, NJW 1969, 200.
[398] BGH v. 26. 5. 1992 – 5 StR 122/92, BGHSt 38, 302 (304).
[399] Löwe/Rosenberg/*Gollwitzer* Rn. 88.
[400] Löwe/Rosenberg/*Gollwitzer* Rn. 88.
[401] BGH v. 14. 2. 1984 – 5 StR 895/83, StV 1984, 233.

Mitangeklagter sodann nach § 55 schweigt, muss das Urteil hieraus zu Gunsten des Angeklagten zu ziehende Schlüsse erwägen und würdigen.[402]
Eine **unberechtigte Zeugnisverweigerung** darf zu Lasten des Angeklagten verwertet werden.[403] 64
Rückschlüsse setzen jedoch Erkennbarkeit der Motive voraus.[404] Die Verwertung erfordert keine vorherigen gerichtlichen Beugemaßnahmen gegen den Zeugen.[405]

e) **Teilschweigen eines Zeugen.** Allein das Recht zur Zeugnisverweigerung hindert die Aussage- 65 verwertung nicht.[406] Verwertbar ist dabei auch ein **Teilschweigen**, weil die Lückenhaftigkeit der Aussage zu ihrer (Gesamt-)Bewertung gehört.[407] Teilschweigen umschreibt das Schweigen des Zeugen auf einzelne Fragen.[408] Gleich einem Teilschweigen ist verwertbar, wenn nach zuvor durchgängigen Aussagen in allen Verfahrensstadien erstmalig in der Hauptverhandlung ein Alibi ausgesagt wird.[409] Nämliches gilt, wenn erst während der Hauptverhandlung nach begonnener Aussage das Zeugnis verweigert wird. Die bis dahin gemachten Aussagen bleiben verwertbar, auch wenn der Zeuge auf eine Verwertbarkeit bei nachträglicher Zeugnisverweigerung nicht hingewiesen wurde.[410] Die Urteilsgründe müssen jedoch mitteilen, in welchem Stadium der Vernehmung und in welchem Zusammenhang verweigert wurde, da Zweifel an der Glaubwürdigkeit darauf beruhen können, dass auf eine verlesene vorbereitete Erklärung deren Richtigkeit überprüfende Nachfragen verhindert werden oder der Zeuge nach Vorhalten von Widersprüchen zu eigenen oder dritten Bekundungen die „Flucht" in die Zeugnisverweigerung wählt.[411] Die Weigerung eines Zeugen, seine Aussage durch ihm zumutbare Mitwirkungsmöglichkeiten (bspw. eine Blutprobe) zu überprüfen, steht dem Teilschweigen gleich.[412]

f) **Zeugenaussagen von Mitangeklagten.** Die möglicherweise von einem Entlastungswillen ge- 66 tragene, belastende **Aussage eines Mitangeklagten** kann vernünftige Zweifel an deren Zuverlässigkeit in der Beweiswürdigung begründen.[413] Bei Aussage gegen Aussage müssen alle die Richtigkeit der Aussage des Mitangeklagten beeinflussenden Umstände erkennbar berücksichtigt werden,[414] ebenso bei Mitbeschuldigten.[415] Einer durch den Verteidiger verlesenen schriftlichen Einlassung eines Mitangeklagten kommt hierbei nur begrenzter Beweiswert zu Lasten Dritter zu.[416] Belastende Aussagen von Mitangeklagten aufgrund eines auf einer verfahrensbeendenden Absprache beruhenden Geständnisses sind wegen der Gefahr einer falschen Belastung in Hoffnung eigener Vorteile im Urteil besonders sorgsam zu würdigen.[417] Die fehlende Beantwortung von Fragen und Vorhalten zur Überprüfung der belastenden Aussage des Mitangeklagten muss bei der Glaubhaftigkeitsbeurteilung gewürdigt werden.[418] Gleiches gilt bei einer späteren Zeugnisverweigerung nach § 55.[419]

Wegen der Abstimmungsmöglichkeiten bei fortgeschrittener Hauptverhandlung kommt **über-** 67 **einstimmenden Einlassungen** von Mitangeklagten nur ein eingeschränkter Beweiswert zu.[420]

g) **Täteridentifizierung durch Wiedererkennen.** Regelfall zur **Täteridentifizierung durch Wie-** 68 **dererkennen** ist die Wahlgegenüberstellung[421] oder Wahllichtbildvorlage.[422] Einer Einzellichtbildvorlage[423] oder einer Einzelgegenüberstellung kommt wesentlich geringerer Beweiswert zu.[424] Die Beweiswürdigung bei erstmaliger Täteridentifizierung in der Hauptverhandlung muss deren suggestive Wirkung berücksichtigen.[425] (durch die Platzierung des Angeklagten)[426] Einem erneuten Wiedererkennen in der Hauptverhandlung kommt nach vorangegangener Lichtbildvorlage nur

---

[402] BGH v. 25. 11. 2008 – 5 StR 491/08, StV 2009, 174.
[403] BGH v. 9. 11. 1965 – 1 StR 436/65, NJW 1966, 211.
[404] Löwe/Rosenberg/*Gollwitzer* Rn. 86.
[405] SK-StPO/*Schlüchter* Rn. 43.
[406] BGH v. 2. 4. 1987 – 4 StR 46/87, BGHSt 34, 324 (328).
[407] Löwe/Rosenberg/*Gollwitzer* Rn. 87.
[408] *Roxin* § 15 Rn. 28.
[409] *Roxin* § 15 Rn. 28.
[410] SK-StPO/*Schlüchter* Rn. 45.
[411] BGH v. 22. 1. 1992 – 2 StR 520/91, StV 1992, 219.
[412] KK-StPO/*Schoreit* Rn. 44.
[413] BGH v. 25. 11. 2008 – 5 StR 491/08, StV 2009, 174.
[414] BGH v. 5. 8. 1997 – 5 StR 178/97, NStZ-RR 1997, 15.
[415] BGH v. 29. 10. 1996 – 1 StR 603/96, NStZ-RR 1997, 105.
[416] BGH v. 25. 11. 2008 – 5 StR 491/08, StV 2009, 174.
[417] BGH v. 15. 1. 2003 – 1 StR 464/02, BGHSt 48, 161 = NJW 2003, 1615.
[418] BGH v. 7. 2. 2001 – 3 StR 570/01, StV 2001, 387.
[419] BGH v. 25. 11. 2008 – 5 StR 491/08, StV 2009, 174.
[420] BGH v. 25. 11. 2008 – 5 StR 491/08, StV 2009, 174.
[421] BGH v. 17. 3. 1982 – 2 StR 793/81, NStZ 1982, 342.
[422] OLG Köln v. 3. 10. 1984 – Ss 220 – 221/85, StV 1986, 12.
[423] *Pfeiffer* Rn. 3.
[424] BGH v. 24. 2. 1994 – 4 StR 317/93, BGHSt 40, 66 (68).
[425] OLG Köln v. 12. 2. 1999 – Ss 37/99, StV 2000, 607.
[426] KK-StPO/*Schoreit* Rn. 29 a.

eingeschränkter Beweiswert zu.⁴²⁷ Das vorangegangene Wiedererkennen ermöglicht eine Beeinflussung.⁴²⁸ Die Beweiswürdigung muss diese Gefahr des unbewussten Erinnerns an die im Ermittlungsverfahren vorgelegten Lichtbilder berücksichtigen.⁴²⁹ In den Urteilsgründen ist dies nur bei wesentlicher Bedeutung des Wiedererkennens für die Entscheidung, dem Fehlen weiterer wesentlicher Beweismittel, dem Vorliegen besonderer Umstände, dem Erreichen letzter Verlässlichkeit der vorherigen Lichtbildidentifizierung erst durch das Widererkennen in der Hauptverhandlung, dem vorherigen Misslingen und erstmaligen Gelingen des Widererkennens in der Hauptverhandlung oder bei Zweifeln aufgrund einer Diskrepanz zwischen Täterbeschreibung und Aussehen darzustellen.⁴³⁰ Im Ergebnis sind dies Situationen, in denen nur ein wesentliches Beweismittel oder Aussage gegen Aussage vorliegt.

69 Sofern sich die **Entscheidungsgründe** auf das Wiedererkennen stützen, muss dessen Zuverlässigkeit durch Urteilsdarstellung der für das Erkennen maßgeblichen Tätermerkmale und Angabe der Täterbeschreibung vor der Wahllichtbildvorlage sowie der Licht- und Sichtverhältnisse beim Wahrnehmen des Täters ausgeführt werden.⁴³¹ Festgestellte Mängel des Vorlageverfahrens sind im Urteil mit der hierdurch bewirkten Minderung des Beweiswertes zu berücksichtigen.⁴³² Mehrere unabhängig voneinander wieder erkennende Zeugen erhöhen den Beweiswert,⁴³³ die fehlende Identifizierung in der späteren Hauptverhandlung mindert diesen.⁴³⁴ Bei nur **kurzer Beobachtungsmöglichkeit** des Täters durch den Zeugen während der Tat muss die subjektive Gewissheit des Zeugen über sein Wiedererkennen bei einer Wahlvorlage anhand objektiver Kriterien auf seine Beweisqualität überprüft werden, was im Urteil im einzelnen nachzuvollziehen und zu untersuchen ist.⁴³⁵ Maßgeblich ist dabei vor allem die Übereinstimmung mit der ersten Täterbeschreibung des Zeugen nach der Tat.⁴³⁶ Sofern das Opfer trotz längeren Sichtkontaktes von vier Tätern nur einen beschreiben kann, muss bei dessen Verurteilung vornehmlich aufgrund der Opferaussage die Gesamtabwägung diesen Umstand berücksichtigen.⁴³⁷

70 Wiedererkennen anhand von **Stimmenvergleichen** begegnet grundsätzlichen Zweifeln,⁴³⁸ weil Menschen zum visuellen Identifizieren besser als bei Stimmen und Dialekten befähigt sind.⁴³⁹ Beim Stimmenvergleich gelten die Grundsätze über das visuelle Wiedererkennen, weshalb klangähnliche Stimmen bereitzustellen sind.⁴⁴⁰ Festgestellte Mängel des Vergleichs sind vom Tatgericht wegen des hohen Risikos einer Falschidentifizierung besonders und bewusst zu berücksichtigen.⁴⁴¹

71 h) **Geheimhaltungsinteressen.** Nachteile des Angeklagten aus **staatlichen Geheimhaltungsinteressen** sind zu vermeiden. Sofern deshalb ein nach der Aufklärungspflicht zu erheben gebotener Entlastungsbeweis nicht erhoben wird, hat eine besonders vorsichtige Beweiswürdigung unter besonderer Beachtung des Zweifelssatzes zu erfolgen.⁴⁴² Ein „in camera"-Verfahren kennt das Strafprozessrecht nicht.⁴⁴³ Die Angaben eines dem Tatgericht unbekannten **V-Mannes** sind besonders kritisch zu prüfen.⁴⁴⁴ Als Urteilsgrundlage sind sie nur bei Bestätigung durch andere Indizien verwertbar.⁴⁴⁵ Dies begründet sich in der begrenzten Zuverlässigkeit von Zeugnissen vom Hörensagen.⁴⁴⁶

72 **6. Sachverständigenbeweis. Sachverständige** haben dem Tatgericht Zugang zu den nur aufgrund besonders sachkundiger Beobachtungen zu gewinnenden Tatsachen zu verschaffen und die wissenschaftlichen Kenntnisse zu vermitteln, die für die sachgemäße Auswertung der Tatsachen erforderlich sind.⁴⁴⁷ Hierbei sind sie lediglich Gehilfen des Tatgerichts, dass seine Feststellungen sowohl über die Anknüpfungstatsachen, die dem Gutachten zugrunde liegen, als auch

---

⁴²⁷ BGH v. 1. 10. 2008 – 5 StR 439/08, StV 2008, 622 (623).
⁴²⁸ OLG Köln v. 3. 10. 1984 – Ss 220 – 221/85, StV 1986, 12.
⁴²⁹ BGH v. 27. 2. 1996 – 4 StR 6/96, NStZ 1996, 359.
⁴³⁰ BGH v. 4. 3. 1997 – 1 StR 778/96, NStZ 1997, 355.
⁴³¹ BGH v. 1. 10. 2008 – 5 StR 439/08, StV 2008, 622.
⁴³² OLG Düsseldorf v. 20. 11. 2000 – 2a Ss 328/00 II, NStZ-RR 2001, 109.
⁴³³ BGH v. 13. 11. 1997 – 4 StR 363/97, NStZ 1998, 265 (266).
⁴³⁴ *Meyer-Goßner* Rn. 11 b.
⁴³⁵ OLG Düsseldorf v. 20. 11. 2000 – 2a Ss 328/00 II, NStZ-RR 2001, 109.
⁴³⁶ OLG Köln v. 12. 2. 1999 – Ss 37/99, StV 2000, 607.
⁴³⁷ BGH v. 24. 11. 2009 – 5 StR 448/09, NStZ-RR 2010, 83.
⁴³⁸ BGH v. 24. 2. 1994 – 4 StR 317/93, BGHSt 40, 66 (69).
⁴³⁹ BGH v. 26. 5. 2009 – 1 StR 597/08, BGHSt 54, 15 = NJW 2009, 2834 (2835).
⁴⁴⁰ BGH v. 24. 2. 1994 – 4 StR 317/93, BGHSt 40, 66 (69).
⁴⁴¹ BGH v. 24. 2. 1994 – 4 StR 317/93, BGHSt 40, 66 (69).
⁴⁴² BGH v. 4. 3. 2004 – 3 StR 218/03, BGHSt 49, 112 = NJW 2004, 1259.
⁴⁴³ *Pfeiffer* Rn. 3.
⁴⁴⁴ BGH v. 11. 12. 2000 – 3 StR 377/99, NJW 2000, 1661.
⁴⁴⁵ BGH v. 19. 6. 1996 – 5 StR 220/96, nach *Kusch* NStZ 1997, 71 (72).
⁴⁴⁶ BVerfG v. 19. 7. 1995 – 2 BvR 1142/93, NJW 1996, 448.
⁴⁴⁷ BGH v. 8. 3. 1955 – 5 StR 49/55, BGHSt 7, 238.

über die Befundtatsachen durch Überprüfen derselben auf ihre Überzeugungskraft selbst treffen muss.[448]

a) **Grad wissenschaftlicher Sicherheit.** Das **Fehlen absoluter wissenschaftlicher Sicherheit** eines 73 Beweisergebnisses steht der Verwendung nicht entgegen, wenn sich das Tatgericht des eingeschränkten Beweiswertes bewusst ist und dieses zu Gunsten des Angeklagten verwertet wird, bspw. bei Atemalkoholmesswerten.[449] Gutachterliche Ergebnisse, die lediglich statistische Aussagen treffen (bspw. **DNA-Analysen**), dürfen auch zu Lasten des Angeklagten verwertet werden, wenn deren Beweiswert in der Beweiswürdigung unter Darstellung des der Wahrscheinlichkeitsberechnung zugrunde gelegten Datenmaterials (Datenbasis) sowie unter Angabe der statistischen Unabhängigkeit der untersuchten Merkmale kritisch gewürdigt wird.[450] Wegen der Standardisierung der DNA – Analyse – Methoden genügt diese bei Seltenheitswerten im Millionenbereich bereits allein für die richterliche Überzeugungsbildung.[450a] Ein geringerer Beweiswert kommt morphologischen und anthropologischen Gutachten, sachverständigen Schriftvergleichen, linguistischen Textanalysen sowie Spracherkennung anhand der Untersuchung von Stimme, Sprache und Sprechweise zu.[451] Hierbei sind die jeweils bewerteten Merkmale, deren Anzahl und die Methode der Ermittlung von Übereinstimmungen im Urteil darzulegen.[452] Bei der Beweiswürdigung neuer, noch nicht in größerem Umfang erprobter kriminaltechnischer Erkenntnisquellen ist deren fehlende allgemeine Anerkenntnis durch kritische Betrachtung der allgemeinen Grundsätze der neuen Methode und ihrer konkreten Anwendung sowie kritischer Erörterung der möglichen Zweifel an der Methode und ihrer Anwendbarkeit zu bewerten.[453] Allein der Umstand, dass ein dritter Sachverständiger zu den entscheidenden Beweisfragen eine abweichende Auffassung vertritt, bedarf keiner Würdigung.[454]

b) **Verwertbarkeit anderer als Befundtatsachen. Befundtatsachen**, die nur vom Sachverständi- 74 gen aufgrund seiner Sachkunde erkannt werden können, werden durch die mündliche Gutachtenerstattung in die Hauptverhandlung eingeführt. Sofern der Sachverständige auf einen Dritten Bezug nimmt, werden dessen sachverständige Ausführungen durch die sachkundige und kritische Auswertung seitens des Sachverständigen im Gutachten zum Bestandteil seines Gesamtergebnisses, für das er allein die Verantwortung übernimmt, so dass der Dritte nicht als Zeuge vernommen werden muss.[455] **Zusatztatsachen**, die ohne besondere Sachkunde ermittelt und wahrgenommen werden können, bedürfen über den Sachverständigenbeweis hinaus der weiteren Beweisaufnahme, zB durch dessen Zeugenvernehmung über die Ergebnisse bei der Befragung dritter Auskunftspersonen oder Inaugenscheinnahmen.[456] Deshalb ist die zusätzlich zum Sachverständigenbeweis erforderliche Inaugenscheinnahme der vom Gutachter zu Demonstrationszwecken vorgelegten Vergleichsobjekte nur verwertbar, wenn sie als wesentliche Förmlichkeit im Protokoll festgehalten ist.[457]

c) **Letztentscheidung des Tatgerichts.** Die **(Letzt-)Entscheidung des Tatgerichts** muss bei der 75 Würdigung des mittels Sachverständigenbeweises wissenschaftlich zu ermittelnden Sachverhaltes die gleichen Anforderungen erfüllen wie ein Wissenschaftler.[458] Das Tatgericht darf dabei von den Feststellungen des Sachverständigen abweichen.[459] Dies setzt auch kein weiteres Gutachten voraus, wenn der erste Sachverständige das Tatgericht zur Beurteilung der Fachfrage mittels eigener Sachkunde befähigt hat.[460] Die **Urteilsgründe** müssen sich jedoch mit dem abgelehnten Gutachten auseinandersetzen und die Sachkunde des Gerichts für die Ablehnung erkennen lassen.[461] Hierbei müssen die Argumente des Sachverständigen dargestellt und mit eigenen Argumenten des Tatgerichts widerlegt werden, um dessen besseres Sachwissen auf dem fremden Wissensgebiet zu begründen, insbesondere nachdem durch die Beauftragung hieran zunächst Bedenken zu bestehen schienen.[462] Bei **widerstreitenden Gutachten** sind die wesentlichen tatsächlichen Grundlagen, an die die Schlussfolgerungen anknüpfen (Anknüpfungstatsachen), sowie die Schlussfolgerungen selbst, soweit diese für das Verständnis des Gutachtens und die Beurteilung deren gedanklicher

---

[448] BGH v. 8. 3. 1955 – 5 StR 49/55, BGHSt 7, 238.
[449] BGH v. 1. 11. 1994 – 5 StR 276/94, NStZ 1995, 96.
[450] BGH v. 27. 7. 1994 – 3 StR 225/94, NStZ 1994, 554.
[450a] BGH v. 21. 1. 2009 – 1 StR 722/08, StraFo 2010, 347.
[451] HK-StPO/*Julius* Rn. 38.
[452] Vgl. KK-StPO/*Schoreit* Rn. 32.
[453] BGH v. 15. 4. 1998 – 3 StR 129/98, StV 1998, 470.
[454] BGH v. 12. 3. 1998 – 4 StR 633/97, NJW 1998, 3654.
[455] BGH v. 30. 10. 1968 – 4 StR 281/68, BGHSt 22, 268.
[456] BGH, Urt. v. 8. 6. 1994 – 3 StR 280/93 nach *Kusch* NStZ 1995, 18.
[457] BGH v. 8. 6. 1994 – 3 StR 280/93 nach *Kusch* NStZ 1995, 18.
[458] BGH v. 16. 12. 1992 – 2 StR 440/92, StV 1993, 234.
[459] Vgl. BGH v. 18. 12. 1958 – 4 StR 399/58, BGHSt 12, 311.
[460] *Pfeiffer* Rn. 9.
[461] SK-StPO/*Schlüchter* Rn. 6.
[462] BGH v. 26. 5. 2009 – 1 StR 597/08, BGHSt 54, 15 = NJW 2009, 2834 (2835).

§ 261 76–78   Zweites Buch. Verfahren im ersten Rechtszug

Schlüssigkeit erforderlich sind, im Urteil darzustellen.⁴⁶³ Zudem sind die Gründe und Beweisanzeichen anzugeben, aufgrund deren das Gutachten für nachvollziehbar und einleuchtend erachtet wird.⁴⁶⁴ **DNA-Analysen** sind lediglich ein Indiz für die Beweiswürdigung, weil sie nur statistische Wahrscheinlichkeiten enthalten.⁴⁶⁵

76   d) **Urteilsdarstellungen.** Das Tatgericht darf sich bei den Fachfragen dem Sachverständigengutachten anschließen, wenn es im Urteil die wesentlichen tatsächlichen Grundlagen, an die das Gutachten anknüpft, und die zum Verständnis des Gutachtens erforderlichen sachverständigen Folgerungen darstellt.⁴⁶⁶ Dies ist zur Beurteilung der gedanklichen Schlüssigkeit in der Revisionsprüfung erforderlich.⁴⁶⁷ Von dieser **Urteilsdarstellung** der Anknüpfungstatsachen der Untersuchungsmethode eines Gutachtens darf bei ständig wiederkehrenden, aufgrund der Häufigkeit allen Beteiligten bekannten, nach **standardisierten Untersuchungsmethoden** ermittelten Sachverständigenfragen abgesehen werden.⁴⁶⁸ So bei der Bestimmung der Blutgruppen oder der BAK, außer bei der Bestimmung anhand Trinkmengenangaben.⁴⁶⁹ Bei der Bestimmung der BAK ist die Angabe des Mittelwertes ausreichend, ohne dass die einzelnen Analysewerte im Urteil angegeben werden müssen, weil die wissenschaftlichen Methoden zu dessen Ermittlung gesichert sind.⁴⁷⁰ Bei **Faserspurgutachten** ist darzustellen, ob die Herkunft von Material und Färbung aus dem gleichen Produktionsablauf positiv festgestellt ist oder lediglich die Analysemethode keine Differenzierung ermöglicht, außerdem sind weitere Vergleichsspuren wie Verschmutzungen auszuführen und sodann ein Gesamtvergleich anhand der Charakteristik der Faserspurenkombinationen sowie möglicher Überkreuzungsspuren zu begründen.⁴⁷¹ Trotz **wissenschaftlichen Streites** in der Fachdisziplin über den unumstößlichen Wert einer gutachterlichen Methode ist diese unter Berücksichtigung dieser Grenzen des Beweiswertes in der Beweiswürdigung verwertbar.⁴⁷² Das Tatgericht muss sich mit den Bedenken gegen die angewendete Methode unter Berücksichtigung der für und gegen eine Methode und ihre Ergebnisse sprechenden Gründe auseinandersetzen, darf dieses Gutachten aber als Indiz verwerten.⁴⁷³ Das Urteil muss sich mit **Widersprüchen** zwischen vorbereitendem schriftlichen und mündlich erstatten Gutachten auseinandersetzen.⁴⁷⁴

77   7. **Bild-, Ton- und Urkundsobjekte sowie Indizien.** Die Beweiswürdigung darf die verlesene **Urkunde** nicht im Widerspruch zu ihrem Wortlaut verwerten.⁴⁷⁵ Die Beweiswürdigung wird zudem verletzt, wenn Telefonübersichten in der Hauptverhandlung erörtert werden, sodann aber in den Urteilsgründen unerwähnt bleiben, obgleich sie entlastende Indizien bieten könnten.⁴⁷⁶ In der Beweiswürdigung verwertete **Bilder, Filme und Tonaufnahmen** müssen im Urteil inhaltlich beschrieben werden.⁴⁷⁷ Bei der Feststellung der Übereinstimmung eines Lichtbildes, bspw. Radarfotos, mit dem Angeklagten müssen die Bildqualität und die charakteristischen Merkmale im Urteil angeführt werden.⁴⁷⁸ Diese Feststellung obliegt allein dem Tatgericht.⁴⁷⁹

78   Ein **Indizienbeweis** ist der Rückschluss von einer mittelbar auf eine unmittelbar entscheidungserhebliche Tatsache.⁴⁸⁰ Die verwerteten Indizien müssen jedoch erwiesen sein.⁴⁸¹ Die Indizienkette baut logisch aufeinander auf,⁴⁸² weshalb die einzelnen Indizien in einem „Wenn-Dann-Verhältnis" stehen.⁴⁸³ Beim Indizienring verstärken sich mehrere, nicht logisch aufeinander aufbauende Beweisanzeichen wechselseitig.⁴⁸⁴ Mehrere Indizien dürfen nicht einzeln, sondern müssen gesamtgewürdigt werden.⁴⁸⁵ Die Indiziengesamtheit kann eine Überzeugung begründen, die keines der Beweisanzeichen allein vermittelt.⁴⁸⁶ Hierbei sind auch Indizien einzubeziehen, die nur eine gewisse

---

⁴⁶³ BGH v. 19. 5. 1981 – 1 StR 90/81, NStZ 1981, 488.
⁴⁶⁴ BGH v. 21. 4. 1982 – 2 StR 780/81, NStZ 1982, 342.
⁴⁶⁵ BGH v. 21. 8. 1990 – 5 StR 145/90, BGHSt 37, 157 (159).
⁴⁶⁶ BGH v. 18. 12. 1958 – 4 StR 399/58, BGHSt 12, 311 (314 f.).
⁴⁶⁷ BGH v. 30. 10. 1984 – 1 StR 241/84, nach *Pfeiffer/Miebach* NStZ 1985, 204 (206).
⁴⁶⁸ BGH v. 26. 5. 2009 – 1 StR 597/08, BGHSt 54, 15 = NJW 2009, 2834 (2835).
⁴⁶⁹ BGH v. 13. 5. 1983 – 3 StR 22/83, nach *Pfeiffer/Miebach* NStZ 1984, 14 (17).
⁴⁷⁰ BGH v. 20. 12. 1978 – 4 StR 460/78, BGHSt 28, 235.
⁴⁷¹ *Pfeiffer* Rn. 9; eingehend zu Faserspuren: BGH v. 4. 3. 1993 – 2 StR 503/92, NStZ 1993, 395 (396).
⁴⁷² BGH v. 21. 8. 1990 – 5 StR 145/90, BGHSt 37, 157 (159).
⁴⁷³ BGH v. 2. 8. 1995 – 2 StR 221/94, BGHSt 41, 206 (214 f.).
⁴⁷⁴ *Pfeiffer* Rn. 9.
⁴⁷⁵ BGH v. 24. 9. 2002 – 3 StR 314/02, NStZ-RR 2003, 52.
⁴⁷⁶ BGH v. 18. 6. 2008 – 2 StR 485/07, NStZ 2008, 705.
⁴⁷⁷ Löwe/Rosenberg/*Gollwitzer* Rn. 100.
⁴⁷⁸ Löwe/Rosenberg/*Gollwitzer* Rn. 101.
⁴⁷⁹ BGH v. 7. 6. 1979 – 4 StR 441/78, BGHSt 29, 18.
⁴⁸⁰ *Meyer-Goßner* Rn. 25.
⁴⁸¹ BGH v. 10. 7. 1980 – 4 StR 303/80, NJW 1980, 2423 (2424); Löwe/Rosenberg/*Gollwitzer* Rn. 61.
⁴⁸² Löwe/Rosenberg/*Gollwitzer* Rn. 62.
⁴⁸³ HK-StPO/*Julius* Rn. 39.
⁴⁸⁴ HK-StPO/*Julius* Rn. 39.
⁴⁸⁵ BGH v. 12. 9. 2001 – 2 StR 172/01, NStZ 2002, 48.
⁴⁸⁶ BGH v. 25. 11. 1982 – 4 StR 564/82, NStZ 1983, 133.

Wahrscheinlichkeit für eine entscheidungserhebliche Tatsache begründen.[487] Die fehlende Erwähnung eines Indiz kann revisionsrechtlich nur Bedeutung erlangen, wenn dessen Erörterung nach der Beweisbedeutung zwingend geboten war.[488] Die Indizwirkung des rückgerechneten BAK vermindert sich mit Zunahme der Rückrechnungszeit wegen sich vergrößernder Spannen zwischen niedrigstem und höchstem Wert.[489]

8. Urteilsanforderungen und erschöpfende Beweiswürdigung. Die Urteilsgründe müssen dokumentieren, dass eine Gesamt-, nicht nur eine Einzelwürdigung der Beweisergebnisse erfolgte.[490] Diese **eigenverantwortliche Würdigung** kann nicht durch eine breite Darstellung der erhobenen Beweise ersetzt werden.[491] Es müssen nicht alle denkbaren Umstände im Urteil erwähnt werden, aber der Sachverhalt ist in allen zu Gunsten und zu Ungunsten des Angeklagten nahe liegenden Hinsichten erschöpfend im Urteil zu würdigen.[492] Sofern trotz erheblichen Tatverdachts freigesprochen wird, muss die Beweiswürdigung alle für und gegen den Angeklagten sprechenden Umstände einbeziehen.[493] Wenn die Gesamtschau der erhobenen Beweise eine Häufung von Fragwürdigkeiten ergibt, kann dies zu Zweifeln am Tatvorwurf führen.[494] Rückschlüsse aus dem **Einlassungsverhalten des Angeklagten** müssen im Urteil nachvollziehbar dargestellt werden.[495] Der Rückschluss von einer Aussage auf ihre eigene Glaubwürdigkeit ist als **Zirkelschluss** unzulässig, es sollen aber deren Richtigkeit belegende Umstände aus dem Ablauf der Vernehmung, dem Zeugenverhalten hierbei oder der inhaltlichen Struktur der Aussage ausreichen.[496]

Im Steuerstrafverfahren ist die **Schätzung** von Besteuerungsgrundlagen zulässig, wenn die Verwirklichung eines Steuertatbestandes sicher, das Ausmaß dessen Verwirklichung aber ungewiss ist, wobei eine Übernahme der Schätzung der Finanzbehörden nur bei Überzeugung des Tatgerichts von deren Richtigkeit unter Berücksichtigung der aufgrund der strafprozessualen Verfahrensgrundsätze erforderlichen Abweichungen zulässig ist.[497] Bei Serienstraftaten muss nicht nicht die Tatzeit **konkretisiert** festgestellt werden, wenn andere Umstände die Individualisierung als konkretes, von gleichen oder ähnlichen Vorfällen abgrenzbares Geschehen ermöglichen, was jedoch bei gleichförmigen, einem bestimmten Handlungsmuster über längere Zeit wiederholt folgenden Sexualdelikten in der Regel nicht vorliegen wird.[498]

a) Gesicherte wissenschaftliche Erkenntnisse. Wissenschaftlich feststehende Tatsachen binden die Beweiswürdigung.[499] Es kann sich um Denkgesetze als rein verstandesmäßig erschlossene Gesetzmäßigkeiten oder empirisch gewonnene spezifizierte Erfahrungssätze handeln.[500] Erfasst sind wissenschaftliche Erkenntnisse, denen eine unbedingte, jeden Gegenbeweis ausschließende und damit eine als gesichert geltende Erkenntnis zukommt, so dass für eine abweichende richterliche Überzeugungsbildung kein Raum bleibt.[501] Hierzu gehören die Ausschließung der **Vaterschaft** aufgrund Blutgruppengutachten, Geschwindigkeitsmessungen mittels **Radargerät** und der Ausschluss einer Täterschaft aufgrund **DNA-Tests**.[502] Ebenso die absolute Fahruntüchtigkeit.[503] Technische Regelwerke enthalten nicht zwingend allgemein geltende wissenschaftlich-technische Erfahrungswerte.[504]

b) Gesetze der Logik und Erfahrungssätze. Gesetze der Logik sind bei der Beweiswürdigung zu beachten.[505] Es handelt sich um **Denkgesetze**.[506] Diese fordern eine klare, folgerichtige und lücken- sowie widerspruchsfreie Beweiswürdigung, insbesondere ohne Widersprüche in den Entscheidungsgründen, Zirkelschlüsse, Rechenfehler und Begriffsvertauschungen.[507]

---

[487] BGH v. 26. 5. 2009 – 1 StR 597/08, BGHSt 54, 15 = NJW 2009, 2834 (2835).
[488] BGH v. 13. 11. 2008 – 3 StR 403/08, NStZ 2009, 497.
[489] BGH v. 31. 10. 1989 – 1 StR 419/89, BGHSt 36, 286 (289) = NJW 1990, 778.
[490] BGH, Urt. v. 26. 5. 2009 – 1 StR 597/08, BGHSt 54, 15 = NJW 2009, 2834.
[491] BGH v. 6. 5. 1998 – 2 StR 57/98, NStZ 1998, 475.
[492] BGH v. 19. 5. 1981 – 1 StR 90/81, NStZ 1981, 488.
[493] BGH v. 31. 3. 1999 – 5 StR 689/98, NStZ 1999, 423.
[494] BGH v. 24. 11. 2009 – 5 StR 448/09, NStZ-RR 2010, 83.
[495] BGH v. 18. 4. 2002 – 3 StR 370/01, NJW 2002, 2260.
[496] BGH v. 8. 12. 2004 – 2 StR 441/04, nach *Becker* NStZ-RR 2006, 268.
[497] BGH v. 19. 7. 2007 – 5 StR 251/07, wistra 2007, 470.
[498] BGH v. 16. 12. 1998 – 2 StR 445/98, StV 1999, 243.
[499] BGH v. 7. 6. 1979 – 4 StR 441/78, BGHSt 29,18 (20).
[500] Löwe/Rosenberg/*Gollwitzer* Rn. 51.
[501] BVerfG v. 27. 6. 1994 – 2 BvR 1269/94, NJW 1995, 125 (126).
[502] *Roxin* § 15 Rn. 22.
[503] BGH v. 28. 6. 1990 – 4 StR 297/90, NJW 1990, 2393.
[504] Löwe/Rosenberg/*Gollwitzer* Rn. 54.
[505] BGH v. 7. 6. 1979 – 4 StR 441/78, BGHSt 29, 18 (20).
[506] *Eisenberg* Beweisrecht Rn. 102.
[507] KK-StPO/*Schoreit* Rn. 47.

83   **Erfahrungssätze** des täglichen Lebens binden die Beweiswürdigung.[508] Erfahrungssätze sind empirisch aus der Beobachtung und Verallgemeinerung von Einzelfällen gewonnene Einsichten, die „auf ihren Anwendungsbereich bezogen schlechthin zwingende Folgerungen enthalten, denen auch der Richter folgen muss".[509] Abzugrenzen sind hiervon die auf Erfahrungen beruhenden Einsichten, die nur Wahrscheinlichkeitsaussagen treffen und die weiterer Beweisanzeichen bedürfen, um hieraus Gewissheit zu erlangen.[510] Die Wahrnehmung oder Wahrnehmungsmöglichkeit deutlicher Ermüdungsanzeichen vor dem Einschlafen am Steuer entspricht einem Erfahrungssatz.[511] Die fehlende Berücksichtigung eines Erfahrungssatzes steht der Nichtanwendung einer Rechtsnorm gleich und stellt damit eine Rechtsverletzung dar.[512] Ebenso ist die Annahme eines nicht existenten Erfahrungssatzes bei der Beweiswürdigung rechtsfehlerhaft.[513] So gibt es keinen Erfahrungssatz, dass Türken vor Gericht lügen[514] oder Konsum erheblicher Alkoholmengen die Fahruntüchtigkeit zwingend erkennen lässt und damit bedingten Vorsatz begründet.[515]

84   **c) Erschöpfende Beweiswürdigung.** Die **erschöpfende Beweiswürdigung** verlangt, dass alle nach dem materiellen Recht entscheidungserheblichen Beweisfragen und die zur Würdigung der unmittelbaren Beweise erforderlichen Umstände in die Beweiswürdigung einbezogen und dem Urteil zugrunde gelegt werden.[516] Diese Umstände müssen geeignet sein, das Beweisergebnis zu beeinflussen.[517] Über schwerwiegende Verdachtsmomente darf nicht ohne Erörterung hinweggegangen werden.[518] Die Beweiswürdigung darf nicht unklar, widersprüchlich oder lückenhaft sein, gegen Denkgesetze oder gesicherte Erfahrungssätze verstoßen oder an die zur Verurteilung erforderliche Gewissheit übertriebene Anforderungen stellen.[519] Beweistatsachen müssen erschöpfend ausgewertet und Beweiserkenntnisse unter allen für die Entscheidung wesentlichen, nicht fern liegenden Gesichtspunkten gewürdigt werden.[520] Die erschöpfende Beweiswürdigung erfordert die Einbeziehung aller möglichen Deutungsmöglichkeiten einer Tatsache.[521] Die Erklärungen des Angeklagten zu Beweisergebnissen sind in die Beweiswürdigung einzubeziehen, insbesondere sind dessen nicht nur unerhebliche Glaubwürdigkeitseinwände gegen einen bestimmten Zeugen bei genau bezeichneten Tatsachenbehauptungen im einzelnen zu würdigen.[522] Alternativverläufe müssen jedoch, solange konkrete Anhaltspunkte für sie fehlen, nicht zu Gunsten des Angeklagten unterstellt werden.[523] Sich nach dem Beweisergebnis aufdrängende Alternativverläufe müssen gewürdigt werden.[523a] Technischen Feststellungen und Spurenauswertungen soll wegen der Unzulänglichkeit menschlichen Beobachtens und Erinnerns besondere Bedeutung zukommen.[524] Sofern ein möglicher **Alternativtäter** tatsächlich existiert, muss das Tatgericht trotz subjektiver Überzeugung alle weiteren erkennbaren Beweismöglichkeiten nutzen, auch die Vernehmung des Alternativtäters.[525] Umgekehrt hindert Fehlen oder Unverständlichkeit eines Tatmotivs nicht die Verurteilung.[526]

85   **9. Zweifelssatz (in dubio pro reo) und Wahlfeststellung.** Dem aus der in Art. 6 Abs. 2 MRK verankerten Unschuldsvermutung herrührenden **Zweifelssatz** wird in Teilen verfassungsrechtlicher Rang zuerkannt,[527] auch wenn das Bundesverfassungsgericht dies bisher ausdrücklich offengelassen hat. Er ist eine **Entscheidungs-**, keine Beweisregel, sagt also nichts über den Maßstab der richterlichen Gewissheit aus.[528] Er ist erst verletzt, wenn das Gericht verurteilt, obwohl es zweifelt, nicht schon dann, wenn es nicht zweifelt, obgleich es hätte zweifeln müssen.[529] Es kommt hierfür auf aus dem Urteil erkennbare Zweifel des Tatgerichts an.[530] Der Zweifelssatz

---

[508] BGH v. 7. 6. 1979 – 4 StR 441/78, BGHSt 29, 18 (20).
[509] BGH v. 7. 6. 1982 – 4 StR 60/82, NJW 1982, 2455 mVa KK-StPO Rn. 48.
[510] BGH v. 7. 6. 1982 – 4 StR 60/82, NJW 1982, 2455.
[511] BGH v. 18. 11. 1969 – 4 StR 66/69, BGHSt 23, 156.
[512] BGH v. 7. 6. 1982 – 4 StR 60/82, NJW 1982, 2455.
[513] BGH v. 3. 8. 1982 – 1 StR 371/82, NStZ 1982, 478.
[514] OLG Karlsruhe v. 21. 9. 1978 – 1 Ss 189/78, VRS 56, 359.
[515] Brandenburgisches OLG v. 10. 6. 2009 – 2 Ss 17/09, Rn. 12, MDR 2009, 1221.
[516] BVerfG v. 26. 8. 2008 – 2 BvR 553/08, Rn. 15, www.bundesverfassungsgericht.de.
[517] BGH v. 29. 9. 1998 – 1 StR 416/98, NStZ 1999, 153.
[518] BGH v. 29. 9. 1998 – 1 StR 416/98, NStZ 1999, 153.
[519] BGH v. 3. 8. 1982 – 1 StR 371/82, NStZ 1982, 478 (479).
[520] BGH v. 13. 5. 1983 – 3 StR 22/83, nach *Pfeiffer/Miebach* NStZ 1984, 14 (17).
[521] BGH v. 21. 6. 1982 – 4 StR 299/82, StV 1982, 508.
[522] BGH v. 14. 7. 1961 – 4 StR 191/61, NJW 1961, 2069.
[523] BGH v. 12. 8. 2003 – 1 StR 111/03, NStZ-RR 2003, 371.
[523a] BGH v. 4. 2. 2010 – 3 StR 564/09, NStZ-RR 2010, 183.
[524] *Meyer-Goßner* Rn. 11c.
[525] BVerfG v. 30. 4. 2003 – 2 BvR 2045/02, NJW 2003, 2444.
[526] BGH v. 31. 7. 1996 – 1 StR 247/96, NStZ-RR 1997, 42.
[527] *Pfeiffer* Rn. 16 mVa BayVerfGH.
[528] BVerfG v. 26. 8. 2008 – 2 BvR 553/08, Rn. 15, www.bundesverfassungsgericht.de.
[529] BVerfG v. 17. 7. 2007 – 2 BvR 496/07, NStZ-RR 2007, 381.
[530] *Joecks* Rn. 24.

Sechster Abschnitt. Hauptverhandlung 86, 87 § 261

wird deshalb erst nach der Beweiswürdigung angewendet.[531] Er knüpft also an das Gesamtwürdigungsergebnis an und nicht an das in dieses einzustellende einzelne Indiz.[532] Wenn das Tatgericht nach der Beweiswürdigung nicht die volle Überzeugung vom Vorliegen einer Tatsache gewonnen hat, greift der Zweifelssatz durch.[533] Der Zweifelssatz gilt nur für **Tatsachenfeststellungen**, nicht für Rechtsanwendung und Gesetzesauslegung.[534] Er gilt damit weder für ausländisches noch für Gewohnheitsrecht.[535] Er gilt zudem nicht für das nur bei Erweislichkeit erhebliche Alibi[536] und Wahrscheinlichkeitsfeststellungen wie bspw. die Sozialprognose.[537] Er erfordert nicht, zu Gunsten des Angeklagten Tatvarianten ohne tatsächlichen Anhaltspunkte hierfür zu unterstellen.[538] Diese sind in der Beweiswürdigung abzuwägen.

a) Zweifelssatz im materiellen Recht. Der Zweifelssatz gilt **im materiellen Recht** u. a. für Fragen 86 der Kausalität,[539] der tatsächlichen Voraussetzungen des subjektiven Tatbestandes,[540] der Rechtfertigungsgründe,[541] des Tatbestands-[542] und Verbotsirrtum,[543] der Rücktrittsgründe,[544] der Schuldfähigkeit,[545] der Einordnung als Versuch oder Vollendung,[546] der Anstiftung oder Beihilfe,[547] der Konkurrenzen,[548] der Voraussetzungen einer Maßregel der Besserung und Sicherung[549] oder der Rechtsfolgenentscheidung[550] oder der Anwendung des Jugendstrafrechts auf einen Heranwachsenden,[551] wobei hierfür eine konkrete Einzelfallprüfung verlangt wird, welche Rechtsanwendung die mildere Rechtsfolge bewirkt.[552]

b) Zweifelssatz bei Verfahrensfragen und -fehlern. Die Geltung des Zweifelssatzes für Verfah- 87 rensfragen und -fehler wird unterschiedlich bewertet. Bei **Verfahrensvoraussetzungen und -hindernissen** will der BGH dies nicht einheitlich beantworten.[553] Hiervon abweichende Stimmen wollen den Zweifelssatz für Prozessvoraussetzungen anwenden, kommen dann jedoch zu Ausnahmen, die im Ergebnis der Rechtsprechung des BGH nahe- bis gleichkommen.[554] Unstreitig ist jedoch, dass Prozessvoraussetzungen sicher vorliegen müssen, um ein Strafverfahren beginnen oder fortsetzen zu können.[555] Der Zweifelssatz **gilt** hiernach – jeweils zu Gunsten des Angeklagten – bei Zweifeln über die Rechtzeitigkeit einer Strafantragstellung,[556] des Strafklageverbrauchs,[557] der Strafverfolgungsverjährung,[558] des Vorliegens eines Verlöbnisses nach § 247 StGB[559] sowie – zu Gunsten des Beschwerdeführers – bei Zweifeln über die Versäumung der Rechtsmitteleinlegungsfrist,[560] nicht jedoch wenn zweifelhaft ist, ob die Rechtsmittelschrift überhaupt dem Gericht zugegangen ist.[561] Der Zweifelssatz **gilt nicht** für in der Revision geäußerte Zweifel an der Verhandlungsfähigkeit, obgleich das Tatgericht bei Zweifeln nicht verhandeln darf, weil Prozessvoraussetzungen sicher vorliegen müssen (s. o.),[562] bei Zweifeln, ob die Rechtsmittelrücknahme des

---

[531] BGH v. 16. 5. 2002 – 1 StR 40/02, NStZ 2002, 656.
[532] BGH v. 30. 3. 2004 – 1 StR 354/03, NStZ-RR 2004, 238.
[533] BGH v. 9. 6. 2005 – 3 StR 269/04, NJW 2005, 2322 (2324).
[534] BGH v. 16. 12. 1959 – 4 StR 484/59, BGHSt 14, 68 (73).
[535] SK-StPO/*Schlüchter* Rn. 72; Löwe/Rosenberg/*Gollwitzer* Rn. 105.
[536] BGH v. 13. 2. 1974 – 2 StR 552/73, BGHSt 25, 295 = NJW 1974, 869.
[537] OLG Koblenz v. 13. 4. 1978 – 1 Ss 98/78, NJW 1978, 2043.
[538] BGH v. 25. 4. 2007 – 1 StR 159/07, BGHSt 51, 423 = NJW 2007, 2274.
[539] SK-StPO/*Schlüchter* Rn. 77.
[540] BGH v. 10. 5. 2000 – 1 StR 617/99, NStZ 2000, 498, 499.
[541] BGH v. 26. 8. 2004 – 4 StR 236/04, NStZ 2005, 85.
[542] RG v. 21. 2. 1930 – I 781/29, RGSt 64, 25; SK-StPO/*Schlüchter* Rn. 77.
[543] BayObLG v. 2. 3. 1954 – Beschw(W)Reg. 1 St 66/52, NJW 1954, 811.
[544] BGH v. 3. 6. 2008 – 1 StR 59/08, NStZ 2009, 264 (268).
[545] SK-StPO/*Schlüchter* Rn. 77.
[546] BGH v. 12. 10. 1989 – 4 StR 318/89, BGHSt 36, 262 (268).
[547] Löwe/Rosenberg/*Gollwitzer* Rn. 118.
[548] BGH v. 18. 4. 1972 – 5 StR 67/72, nach *Dallinger* MDR 1972, 922 (923); BGH v. 16. 10. 1990 – 5 StR 418/90, StV 1992, 54.
[549] *Meyer-Goßner* Rn. 29.
[550] BGH v. 28. 8. 1986 – 1 StR 483/86, NStZ 1987, 70.
[551] BGH v. 23. 10. 1958 – 4 StR 327/58, BGHSt 12, 116.
[552] *Eisenberg* Beweisrecht Rn. 122.
[553] BGH v. 19. 2. 1963 – 1 StR 318/62, BGHSt 18, 274 (277).
[554] SK-StPO/*Schlüchter* Rn. 83.
[555] *Meyer-Goßner* Rn. 34.
[556] RG v. 24. 6. 1913 – IV 519/13, RGSt 47, 238.
[557] BayObLG v. 30. 7. 1968 – Rreg. 2 a St 135/68, NJW 1968, 2118.
[558] BGH v. 19. 2. 1963 – 1 StR 318/62, BGHSt 18, 274.
[559] BayObLG v. 23. 1. 1961 – Rreg. 4 St 327/60, MDR 1961, 873.
[560] BGH v. 2. 5. 1995 – 1 StR 123/95, StV 1995, 372.
[561] BGH v. 6. 11. 1998 – 3 StR 511/97, NStZ 1999, 372.
[562] BGH v. 17. 7. 1984 – 5 StR 449/84, NStZ 1984, 520.

Angeklagten durch falsche Auskünfte bewirkt wurde[563] oder ob ein Angeklagter die Vollmacht seines Verteidigers zu einer solchen Rücknahme rechtzeitig widerrufen hatte.[564]

88 Für **Verfahrensfehler** soll der Zweifelssatz nicht gelten.[565] Diese Differenzierung zwischen Verfahrensvoraussetzungen und -hindernissen sowie Verfahrensfehlern wird z. T. nicht als überzeugend angesehen.[566] Art. 1 Abs. 1 GG gebiete die Anwendung des Zweifelssatzes bei Verstößen gegen § 136a, auch bei anderen Verfahrensverstößen dürfe ein Schuldspruch nicht auf zweifelhafte Beweismittel gestützt werden.[567] Spätestens mit Anwendung des Zweifelssatzes auf die Verjährung habe der BGH diesen fortschreitend im Sinne der Rechtsstaatlichkeit entwickelt, was die allgemeine Geltung desselben nach sich zöge.[568] Der Rechtsstaat gebietet die gesicherte Einhaltung der Verfahrensregeln. Bleibt dies unsicher, ist das rechtsstaatliche Verfahren zweifelhaft. Der Zweifelssatz stellt in diesen Fällen die Rechtsstaatlichkeit sicher.

89 **c) Zweifelssatz bei Indizien.** Für **entlastende Indiztatsachen**, aus denen lediglich ein Schluss auf eine unmittelbar entscheidungsrelevante Tatsache gezogen werden kann, gilt der Zweifelssatz nicht in der Weise, dass von diesem im Zweifel auszugehen ist. Dies folgt aus dessen Nichtanwendbarkeit auf einzelne Elemente der Beweiswürdigung.[569] Eine solche ungewisse Indiztatsache ist vielmehr mit der ihr zukommenden Ungewissheit in die Gesamtwürdigung des für die unmittelbar entscheidungserhebliche Tatsache gewonnenen Beweisergebnisses einzustellen.[570] Für **belastende Indizien** gilt er jedoch uneingeschränkt, weil aus bloßen Vermutungen oder Wahrscheinlichkeiten über ein Indiz keine Gewissheit über die Tatsache folgen kann.[571]

90 **d) Konsequenzen aus dem Zweifelssatz.** Konsequenz aus dem Zweifelssatz ist, dass bei der rechtlichen Würdigung der unter Berücksichtigung des Zweifelssatzes angenommene einem zur vollen Überzeugung des Tatgerichts festgestellten Sachverhalt gleich zu behandeln ist.[572] Der Zweifelssatz gebietet, dass bei mehreren möglichen, nicht fern liegenden Geschehensabläufen der dem Angeklagten günstigste anzunehmen ist.[573] Sofern die alternativ denkbaren Tatvarianten im Stufenverhältnis des „Mehr oder Weniger" zueinander stehen, ist deshalb nach dem leichteren Gesetz zu verurteilen.[574] Bei mehreren möglichen Tatmotiven ist das dem Angeklagten günstigste als leitend anzusehen.[575] Für entlastende Indizien bedeutet der Zweifelssatz, dass sie mit ihrer Ungewissheit in die Gesamtabwägung einzustellen sind.[576] **Bspw.** gebietet der Zweifelssatz den Vorrang des einfachen vor dem qualifizierten Delikt,[577] des verjährten Diebstahls vor der damit der Wahlfeststellung zugänglichen Hehlerei,[578] der uneidlichen Falschaussage vor dem Meineid,[579] der Beihilfe vor der Anstiftung,[580] des Teilnahme- vor dem Täterschaftsvorsatz,[581] des Versuchs vor der Vollendung[582] und des Vollrauschdeliktes (§ 330a StGB), weil das schwächere dem stärkeren Delikt vorgeht.[583] Bei **mehreren Tatbeteiligten** kann der Zweifelssatz dazu führen, dass widersprüchliche, sogar einander ausschließende Feststellungen den verschiedenen Verurteilungen zu Grunde zu legen sind, da für jeden Angeklagten die ihm günstigste Möglichkeit anzunehmen ist, die möglicherweise eine wesentlich weitergehende Beteiligung des Mitangeklagten beinhaltet, als sie dessen Verurteilung nach dem Zweifelssatz zugrunde liegt.[584] Der Zweifelssatz kann sogar **widersprüchliche Feststellungen** bei einem Angeklagten bewirken, wenn der BAK für die Schuldfähigkeit „hochgerechnet" und für die Fahruntüchtigkeit „heruntergerechnet" wird.[585] Der Zweifelssatz gilt nicht unmittelbar für die **staatsanwaltschaftliche Entscheidung** nach § 170.[586]

---

[563] OLG Düsseldorf v. 11. 1. 1983 – 3 Ws 443/82, MDR 1984, 604.
[564] BGH v. 3. 5. 1957 – 5 StR 52/57, BGHSt 10, 245.
[565] BGH v. 28. 6. 1961 – 2 StR 154/61, BGHSt 16, 164 (167); KK-StPO/*Schoreit* Rn. 63.
[566] *Roxin* § 15 Rn. 39.
[567] *Roxin* § 15 Rn. 40.
[568] *Roxin* Anm. zu BGH v. 15. 2. 1989 – 2 StR 402/88, NStZ 1989, 376 (378).
[569] BGH v. 27. 6. 2001 – 3 StR 136/01, NStZ 2001, 609.
[570] BGH v. 9. 6. 2005 – 3 StR 269/04, NJW 2005, 2322 (2324).
[571] BGH v. 31. 10. 1989 – 1 StR 419/89, NJW 1990, 778 (779).
[572] BGH v. 28. 8. 1986 – 1 StR 483/86, NStZ 1987, 70.
[573] BGH v. 10. 5. 2000 – 1 StR 617/99, NStZ 2000, 498 (499).
[574] BGH v. 22. 5. 1968 – 4 StR 36/68, BGHSt 22, 154 (156).
[575] KK-StPO/*Schoreit* Rn. 58.
[576] Rn. 89; BVerfG v. 6. 11. 1974 – 2 BvR 407/74, MDR 1975, 468.
[577] BGH v. 22. 5. 1968 – 4 StR 36/68, BGHSt 22, 154 (156).
[578] BGH v. 17. 6. 2003 – 3 StR 183/03, NJW 2003, 2759.
[579] BGH v. 22. 5. 1968 – 4 StR 36/68, BGHSt 22, 154 (156).
[580] BGH v. 28. 10. 1982 – 4 StR 480/82, BGHSt 31, 136.
[581] BGH v. 16. 12. 1969 – 1 StR 339/69, BGHSt 23, 203.
[582] BGH v. 22. 5. 1968 – 4 StR 36/68, BGHSt 22, 154 (156).
[583] BGH v. 18. 8. 1983 – 4 StR 142/82, BGHSt 32, 48.
[584] BGH v. 13. 7. 2005 – 2 StR 504/04, StV 2005, 596.
[585] *Salger* DRiZ 1989, 174.
[586] OLG Karlsruhe v. 18. 12. 1973 – 2 Ws 200/73, MDR 1974, 596.

e) **Wahlfeststellung. Wahlfeststellung** setzt mehrere, sich gegenseitig ausschließende Tatalterna- 91
tiven voraus, die rechtsethisch und psychologisch gleichwertig sind.[587] Es muss zwar ungewiss sein,
welcher von zwei Tatbeständen, aber gewiss, dass der eine, wenn nicht der andere verwirklicht
wurde.[588] Andere, alternativ mögliche Geschehensabläufe müssen sicher ausgeschlossen sein.[589] Je
schwerer der Tatvorwurf und je größer die Zahl der für möglich erachteten Geschehensabläufe,
desto strenger die Anforderungen an diesen Ausschluss.[590] Rechtsethische und psychologische Vergleichbarkeit erfordert Tatbestände mit ähnlichem kriminellen Gehalt, ähnlichem Rechtsgutsziel
und gleicher sittlicher Missbilligung des Täterhandelns wegen ähnelnder innerer Täterhaltung.[591]
Dies liegt nicht vor, wenn sich die Tatbestände tatsächlich und rechtlich derart unterscheiden, dass
sie einander ausschließen und sittlich abweichend zu beurteilen sind.[592] Für alle wahlfestgestellten
Tatbestände müssen die Verfahrensvoraussetzungen erfüllt sein. Im Urteil sind mögliche Sachverhaltsvarianten zu erörtern.[593] Wenn die Tatbestände im Stufenverhältnis des „**Mehr oder Weniger**"
stehen, geht der Zweifelssatz vor.[594] Wenn der Angeklagte einen Tatbestand möglicherweise, einen
zeitlich davor oder danach liegenden eindeutig begangen hat, ist als Prä- oder **Postpendenzfeststellung** wegen der sicheren Tat zu verurteilen.[595] Die Postpendenz- schließt die Wahlfeststellung
aus.[596] Bsp.:[597] Wahlfeststellung wurde angenommen bei Diebstahl und Hehlerei, Raub und räuberischer Erpressung,[598] Betrug und Hehlerei[599] sowie Meineid und fahrlässigem Falscheid.[600]

C. Rechtsmittel

I. Sach- und Verfahrensrüge

Mit der **Sachrüge** kann bspw. in der Revision angegriffen werden die ungeprüfte Übernahme 92
einer fremden Ansicht oder Beurteilung,[601] das erhebliche Entfernen der Schlussfolgerungen von
festen Tatsachengrundlage hin zu bloßen Vermutungen,[602] Verstöße gegen Denkgesetze, Erfahrungsgrundsätze, wissenschaftliche Erkenntnisse, Tragfähigkeit der tatsächlichen Grundlagen,[603]
Erfahrungssätze und wissenschaftliche Erkenntnisse,[604] das Fehlen einer erschöpfenden Auseinandersetzung mit allen wesentlichen Gesichtspunkten der Entscheidung, das Außerbetrachtbleiben einer von mehreren nahe liegenden Geschehensmöglichkeiten,[604a] die angemaßte Sachkunde
an Stelle bzw. kritiklose Übernahme eines Sachverständigengutachtens[605] oder die fehlerhafte
bzw. gänzlich fehlende Anwendung des Zweifelssatzes.[606] Mit der **Verfahrensrüge** kann bspw.
angegriffen werden die Zuordnung eines von der verlesenen Urkunde abweichenden Inhalts im
Urteil,[607] die fehlende[608] oder unzulässige Einführung von Beweismitteln in die Hauptverhandlung,[609] Verwertung nicht erörterter allgemein- oder gerichtskundiger Tatsachen[610] sowie weitere
Verletzungen des rechtlichen Gehörs.[611] Teilweise wird bei einer unzulässigen Verwertung des
Angeklagtenschweigens neben der Verfahrens- auch die Sachrüge befürwortet, weil hierdurch das
grundrechtlich verbürgte Schweigerecht verletzt werde.[612]

---

[587] BGH v. 16. 12. 1969 – 1 StR 339/69, BGHSt 23, 203 (204).
[588] BGH v. 4. 12. 1959 – 4 StR 411/58, BGHSt 12, 386.
[589] BGH v. 4. 3. 1986 – 1 StR 676/85, NStZ 1986, 373.
[590] BGH v. 2. 7. 1980 – 3 StR 204/80, NStZ 1981, 33.
[591] Löwe/Rosenberg/*Gollwitzer* Rn. 142.
[592] BGH v. 21. 6. 1951 – 4 StR 26/51, BGHSt 1, 275.
[593] BGH v. 2. 7. 1980 – 3 StR 204/80, NStZ 1981, 33.
[594] BGH v. 12. 10. 1989 – 4 StR 318/89, BGHSt 36, 262 (268).
[595] BGH v. 11. 11. 1987 – 2 StR 506/87, BGHSt 35, 86 (89); SK-StPO/*Schlüchter* Rn. 101.
[596] BGH v. 23. 2. 1989 – 4 StR 628/88, NStZ 1989, 266.
[597] Detaillierte Bsp.: SK/*Schlüchter*, Rn. 101 e; Löwe/Rosenberg/*Gollwitzer* Rn. 148 ff.
[598] BGH v. 22. 5. 1968 – 4 StR 36/68, BGHSt 22, 154 (156).
[599] BGH v. 23. 2. 1989 – 4 StR 628/88, NStZ 1989, 266.
[600] BGH v. 22. 9. 1953 – 5 StR 331/52, BGHSt 4, 430 (341).
[601] SK-StPO/*Schlüchter* Rn. 103.
[602] *Meyer-Goßner* Rn. 38.
[603] SK-StPO/*Schlüchter* Rn. 111 a.
[604] SK-StPO/*Schlüchter* Rn. 113.
[604a] BGH v. 4. 2. 2010 – 3 StR 564/09, NStZ-RR 2010, 183.
[605] SK-StPO/*Schlüchter* Rn. 114.
[606] *Pfeiffer* Rn. 20.
[607] SK-StPO/*Schlüchter* Rn. 106.
[608] *Pfeiffer* Rn. 21.
[609] SK-StPO/*Schlüchter* Rn. 108.
[610] Löwe/Rosenberg/*Gollwitzer* Rn. 171.
[611] Löwe/Rosenberg/*Gollwitzer* Rn. 175.
[612] *Eisenberg* Beweisrecht Rn. 911 f.

II. Beweiskraft des Protokolls

93 Im Rahmen der **Beweiskraft des Protokolls** kann der Sitzungsverlauf nur mit diesem nachgewiesen werden, andere Revisionsgründe sind dem Freibeweis zugänglich.[613] Mangels Eigenschaft als wesentliche Förmlichkeit ist das Erörtern offenkundiger Tatsachen dem Freibeweis zugänglich.[614] Abweichungen zwischen Akteninhalt und Urteilsgründen sind irrelevant, weil sich revisible Abweichungen aus den Urteilsgründen selbst ergeben müssen.[615] Selbst bei unterbliebener Verlesung einer Urkunde kann das Urteil hierauf nicht beruhen, wenn diese erörtert wurde und die Übereinstimmung des erörterten mit dem tatsächlichen Inhalt unstreitig steht.[616]

III. Beweiswürdigung als Aufgabe des Tatrichters

94 Die **Beweiswürdigung ist Aufgabe des Tatrichters**, weshalb das Revisionsgericht – auch bei nur möglichen Schlussfolgerungen – an die Überzeugung des Tatgerichts gebunden ist, sofern sich diese nicht dermaßen weit von der festen Tatsachengrundlage entfernt haben, dass sie letztlich bloße Vermutung sind.[617] Die Beweiswürdigung des Tatgerichts darf also nicht durch jene der Revisionsinstanz ersetzt werden.[618] Selbst der Revision als „lebensfremd" erscheinende Zweifel des Tatgerichts sind hinzunehmen.[619] **Abweichendes** gilt für eine unklare, widersprüchliche, lückenhafte, gegen Denkgesetze oder gesicherte Erfahrungssätze verstoßende oder an die zur Verurteilung erforderliche Gewissheit übertriebene Anforderungen stellende Beweiswürdigung.[620] Gleichermaßen entfällt die Bindung an die Tatsachenfeststellungen, wenn diese Schlussfolgerung in dermaßen loser Beziehung zur Tat stehen, dass sich das Ergebnis der Bewertung als bloße Vermutung erweist.[621] Die Einordnung einer Tatsache als allgemeinkundig ist dann revisibel, wenn es sich nicht um räumlich oder örtlich beschränkte offenkundige Tatsachen handelt, andernfalls ist nur die zutreffende Anwendung des Begriffes der Offenkundigkeit revisibel.[622]

IV. Rekonstruktionsverbot der Hauptverhandlung

95 Eine Rüge nach § 261 kann nur erfolgreich sein, wenn zum Nachweis, dass eine im Urteil getroffene Feststellung nicht durch die in der Hauptverhandlung verwendeten Beweismittel und nicht durch Vorgänge aus dem Inbegriff der Hauptverhandlung herrührt, **keine Rekonstruktion der Beweisaufnahme** erforderlich ist.[623] Eine Ausnahme gilt, wenn allein der Akteninhalt die Unrichtigkeit der Urteilsfeststellungen beweist,[624] wenn bspw. der Wortlaut einer verlesenen Urkunde mit deren Wiedergabe im Urteil nicht übereinstimmt.[625] Unzulässig sind Rügen, dass die Zeugenaussage im Urteil fehlerhaft wiedergegeben werde[626] oder anders zu verstehen gewesen sei,[627] eine Urkunde unzutreffend ausgelegt wurde[628] oder die vom Verteidiger verlesene Angeklagteneinlassung ausweislich der abgereichten schriftlichen Erklärung von den Darstellungen im Urteil abweiche, da es sich um keine durch das Gericht angeordnete Verlesung handelt.[629]

V. Widersprüche, Unklarheiten und wissenschaftliche Erkenntnisse im Urteil

96 **Widersprüche und Unklarheiten** zwischen Urteilsgründen und Akteninhalt müssen sich aus dem Urteil selbst ergeben.[630] Gleichermaßen muss sich bei einer Zeugenaussage für die Rüge, dass eine Auseinandersetzung des Gerichts mit derselben fehle, sich dieser Mangel aus dem Urteil ergeben.[631] Eine Revisionsrüge wegen Verwertung einer nicht abgegebenen Angeklagteneinlassung setzt den weiteren Vortrag voraus, dass auch der Verteidiger keine zurechenbare Erklärung

---

[613] Löwe/Rosenberg/*Gollwitzer* Rn. 172.
[614] BGH v. 6. 2. 1990 – 2 StR 29/89, BGHSt 36, 354 (360 f.).
[615] BGH v. 12. 12. 1996 – 4 StR 499/96, NStZ 1997, 294.
[616] BGH v. 22.9.2006 – 1 StR 298/06, NStZ 2007, 235.
[617] BGH v. 2. 7. 1980 – 3 StR 204/80, NStZ 1981, 33.
[618] BGH v. 9. 2. 1957 – 2 StR 508/56, BGHSt 10, 208 (210).
[619] BGH v. 26. 5. 2009 – 1 StR 597/08, Rn. 8, BGHSt 54, 15 = NJW 2009, 2834 (2835).
[620] BGH v. 3. 8. 1981 – 1 StR 371/82, NStZ 1982, 478 (479).
[621] BGH v. 25. 3. 1986 – 2 StR 115/86, NStZ 1986, 373.
[622] BGH v. 14. 7. 1954 – 6 StR 180/54, BGHSt 6, 292 (296).
[623] BGH v. 4. 7. 1997 – 3 StR 520/96, NStZ-RR 1998, 17.
[624] BGH v. 19. 1. 2000 – 3 StR 531/99, BGHSt 45, 367 = NJW 2000, 1962.
[625] BGH v. 3. 9. 1997 – 5 StR 237/97, BGHSt 43, 212.
[626] BGH v. 5. 9. 1989 – 1 StR 291/89, NStZ 1990, 35.
[627] BGH v. 7. 1. 1993 – 4 StR 607/92, StV 1993, 115.
[628] BGH v. 7. 6. 1979 – 4 StR 441/78, BGHSt 29, 18 (21).
[629] BGH v. 9. 12. 2008 – 3 StR 516/08, NStZ 2009, 282.
[630] BGH v. 2. 6. 1992 – 1 StR 182/92, NJW 1992, 2840.
[631] BGH v. 17. 7. 2007 – 5 StR 186/07, NStZ-RR 2008, 148.

abgab.[632] Denkfehler sind Begriffsverwechslungen, Rechenfehler, unzutreffend als zwingend angesehene Schlussfolgerungen und Widersprüche in den Urteilsgründen.[633] Sowohl diese Fehler[634] als auch andere **Verstöße gegen Erfahrungssätze oder wissenschaftliche Erkenntnisse** müssen sich aus dem Urteil selbst ergeben.[635]

D. Relevanz in anderen Rechtsgebieten

Die Grundsätze des § 261 gelten auch in OWi-Sachen.[636] § 27 JGG enthält für die Zweifel am Vorliegen schädlicher Neigungen eine Ausnahme vom Zweifelssatz.[637]

§ 262 [Vorfragen aus anderen Rechtsgebieten]

(1) Hängt die Strafbarkeit einer Handlung von der Beurteilung eines bürgerlichen Rechtsverhältnisses ab, so entscheidet das Strafgericht auch über dieses nach den für das Verfahren und den Beweis in Strafsachen geltenden Vorschriften.

(2) Das Gericht ist jedoch befugt, die Untersuchung auszusetzen und einem der Beteiligten zur Erhebung der Zivilklage eine Frist zu bestimmen oder das Urteil des Zivilgerichts abzuwarten.

I. Einführung

Die Vorschrift, die in unmittelbarem thematischen Zusammenhang mit Art. 20 Abs. 3, 97 Abs. 1 iVm. § 1 GVG sowie § 25 DRiG und der dort neben der richterlichen Unabhängigkeit kodifizierten Gesetzbindung zu sehen ist, statuiert die **sachliche Autonomie des Strafrichters**. Die in der verfahrensrechtlich normierten Aufklärungspflicht zum Ausdruck gebrachte Ermittlungsfunktion des Gerichts einschließlich des Grundsatzes der freien Beweiswürdigung (§ 261) erfährt somit eine – verfassungs- und verfahrensrechtlich nicht unbedingt selbstverständliche – Ergänzung dahingehend, dass die materiell-rechtliche Bewertung des in der Hauptverhandlung zu rekonstruierenden Sachverhalts eben unter allen rechtlichen und deshalb nicht alleine strafrechtlichen Gesichtspunkten in die Entscheidungsbefugnis des Strafgerichts fällt. Zumindest teilweise lässt sich die weit reichende sachliche Unabhängigkeit mit dem spezifischen strafprozessualen Wahrheitsbegriff, wonach die materielle Wahrheit als Entscheidungsgrundlage zu erforschen ist, sowie mit der Inquisitionsmaxime erklären.[1]

Während in Abs. 1 die sachliche Autonomie des Strafgerichts normiert ist, regelt Abs. 2 die gleichwohl vorgesehene Befugnis des Gerichts, das Verfahren zur Klärung von außerstrafrechtlichen Vorfragen aus anderen Rechtsgebieten **auszusetzen** verbunden mit der Bestimmung einer Frist zur Klageerhebung oder dem Abwarten der Entscheidung. Während den Motiven zufolge hiermit einem Missbrauch des Strafverfahrens im Sinne einer Instrumentalisierung begegnet werden sollte,[2] stehen heute prozessökonomische Überlegungen[3] sowie die Vermeidung divergierender Entscheidungen eher in Vordergrund.[4]

Die sachliche Autonomie des Strafgerichts, die wegen dem Grundsatz der Amtsermittlung und dem Zweifelssatz durchaus auch zugunsten eines Beschuldigten Wirkungen entfalten kann,[5] ist gleichwohl nicht unproblematisch. Vor Allem in rechtlich komplexen Steuer- oder Wirtschaftsstrafverfahren, in denen häufig, wenn nicht sogar überwiegend sog. Blankettstrafnormen den Weg in spezielle Rechtsmaterien eröffnen, kann nämlich nicht durchweg die erforderliche Kompetenz des Strafgerichts, die entscheidungsrelevanten außerstrafrechtlichen Rechtsfragen ebenso erschöpfend wie zutreffend beurteilen zu können, vorausgesetzt werden; unabhängig von der verfahrensrechtlich erst darzustellenden Implementierung externen Sachverstands in das jeweilige Strafverfahren. Hinzu kommt, dass die dem Beschleunigungsgrundsatz in besonderer Weise verpflichteten Strafgerichte oftmals nicht die (rechtskräftige) Entscheidung der relevanten Vorfrage durch die zuständige Fachbehörde oder das zuständige Fachgericht unter Berücksichtigung der dort anzuwendenden Verfahrensordnung und deren Spezifika trotz der Möglichkeit zur Aussetzung abwar-

---

[632] BayObLG v. 29. 8. 2002 – 1 ObOWi 317/02, NStZ 2003, 388.
[633] SK-StPO/*Schlüchter* Rn. 112 a.
[634] SK-StPO/*Schlüchter* Rn. 113.
[635] SK-StPO/*Schlüchter* Rn. 114.
[636] HK-StPO/*Julius* Rn. 51.
[637] HK-StPO/*Julius* Rn. 52.
[1] HK-StPO/*Julius* Rn. 1; Löwe/Rosenberg/*Gollwitzer* Rn. 3; Anw-StPO/*Martis* Rn. 1; BGH v. 4. 11. 1953 – 4 StR 91/53, BGHSt 5, 106 (110).
[2] Hierzu: Löwe/Rosenberg/*Gollwitzer* Rn. 25 mwN.
[3] KK-StPO/*Engelhardt* Rn. 7.
[4] BayObLG v. 15. 4. 1994 – 3 ObOwi 15/94, BayObLGSt 1994, 74; KMR/*Stuckenberg* Rn. 2; Löwe/Rosenberg/ *Gollwitzer* Rn. 25.
[5] BGH v. 4. 11. 1953 – 4 StR 91/53, BGHSt 5, 106 (110 f.); Löwe/Rosenberg/*Gollwitzer* Rn. 3; HK-StPO/*Julius* Rn. 1.

ten können. Es besteht fallspezifisch daher nicht nur die – unter Umständen hinnehmbare[6] – Gefahr divergierender Entscheidungen, sondern auch die Gefahr von sog. Fehlurteilen.

II. Anwendungsbereich

4   Die Vorschrift des § 262 findet sowohl im erstinstanzlichen **Erkenntnis-** als auch im **Berufungsverfahren** Anwendung.[7] Umstritten ist dies für das **Revisions-** bzw. **Rechtsbeschwerdeverfahren**, wobei die wohl (noch) hA wegen der eingeschränkten Prüfungskompetenz des Rechtsmittelgerichts die Norm grundsätzlich nicht für anwendbar erachtet.[8] Eine Ausnahme soll indessen dann bestehen, wenn die entscheidungserhebliche außerstrafrechtliche Rechtsnorm Gegenstand eines nicht evident aussichtslosen Normenkontrollverfahrens ist.[9] Anwendbar ist die Vorschrift hingegen nach §§ 46 Abs. 1, 71 OWiG im **Bußgeldverfahren**.[10] Eine Sonderregelung ist in § 396 AO enthalten, wonach in **Steuerstrafverfahren** wegen Verdachts der Steuerhinterziehung das Verfahren bis zum rechtskräftigen Abschluss des Besteuerungsverfahrens sowohl durch die Staatsanwaltschaft als auch durch das Gericht ausgesetzt werden kann. Ähnliches gilt für das Auslieferungsverfahren nach § 77 IRG (§ 262).

5   Während § 262 in der Hauptverhandlung sowie bezogen vor Allem auf die Aussetzung aus Gründen der Prozessökonomie auch im Zwischenverfahren gilt,[11] kann im Stadium des Ermittlungsverfahrens auf die Vorschrift des § 154d rekurriert werden. Beide Normen ergänzen daher einander, wenngleich ein Vorgehen nach § 154d nur bei Vergehen gem. § 12 Abs. 2 StGB in Betracht kommt.

III. Beurteilung von Rechtverhältnissen durch das Strafgericht

6   Nach Abs. 1 entscheidet das Strafgericht auch über bürgerliche Rechtsverhältnisse nach strafverfahrensrechtlichen Kriterien und Vorgaben, wenn die Strafbarkeit einer Handlung von der Beurteilung einer solchen (Vor-) Frage abhängt. Über den Wortlaut hinaus gilt die Vorschrift indessen für die **Klärung sämtlicher außerstrafrechtlichen entscheidungserheblichen Vorfragen**,[12] sodass neben dem ausdrücklich erwähnten Zivilrecht vor Allem die Rechtsgebiete des Arbeits-, Sozial-, Steuer- und Verwaltungsrecht erfasst werden.[13] Aus der Befugnis des Strafgerichts, über außerstrafrechtliche Rechtfragen im Rahmen von deren strafrechtlicher Entscheidungserheblichkeit nach ausschließlich strafprozessualen Regeln autonom judizieren zu dürfen, ergibt sich eo ipse weiterhin, dass im Strafverfahren grundsätzlich **keine Bindung** an rechtskräftige Entscheidungen anderer Gerichte – inklusive rechtskräftiger Entscheidungen von Strafgerichten in anderen Verfahren[14] – oder Behörden besteht.[15]

7   **Ausnahmen**, in denen eine Bindungswirkung aus vornehmlich verfassungs-, verfahrens- oder materiellrechtlichen Gründen einer anzuerkennenden ausschließlichen Entscheidungskompetenz anderer Gerichte oder Behörden besteht, lassen sich wie folgt skizzieren:[16] Rechtskräftige **Zivilurteile** haben bindende Wirkung für das Strafgericht, wenn es sich um Gestaltungsurteile (zB Ehescheidung) handelt oder die Urteile für und gegen alle wirken (zB Feststellung der Vaterschaft gem. § 1600d BGB iVm. §§ 640ff. ZPO).[17] Gleiches gilt für rechtsgestaltende **Urteile von Arbeits-, Finanz-, Sozial- und Verwaltungsgerichten**;[18] es sei denn, sie sind nichtig.[19] Des Weiteren

---

[6] BGH v. 4. 11. 1953 – 4 StR 91/53; BGHSt 5, 106 (111).
[7] *Pfeiffer* Rn. 2; HK-GS/*Brehmeier-Metz* Rn. 1; KK-StPO/*Engelhardt* Rn. 12; Löwe/Rosenberg/*Gollwitzer* Rn. 27.
[8] RG v. 17. 1. 1881 – Rep. 3438/80, RGSt 3, 253; KG v. 10. 3. 1971 – 2 Ws (B) 9/71, VRS 41 (1971), 288; KK-StPO/*Engelhardt* Rn. 12; aA: *Jörgensen*, Die Aussetzung des Strafverfahrens zur Klärung außerstrafrechtlicher Rechtsverhältnisse, S. 57, 350; *Meyer-Goßner* Rn. 9; HK-StPO/*Julius* Rn. 7.
[9] BayObLG v. 15. 4. 1994 – 3 ObOwi 15/94, NStZ 1995, 117; *Pfeiffer* Rn. 2; Löwe/Rosenberg/*Gollwitzer* Rn. 27; KMR/*Stuckenberg* Rn. 9.
[10] HK-StPO/*Julius* Rn. 15; Löwe/Rosenberg/*Gollwitzer* Rn. 1.
[11] SK-StPO/*Schlüchter* Rn. 12, 14; KK-StPO/*Engelhardt* Rn. 12; Löwe/Rosenberg/*Gollwitzer* Rn. 27; *Meyer-Goßner* Rn. 9.
[12] *Meyer-Goßner* Rn. 1; *Pfeiffer* Rn. 1; HK-GS/*Brehmeier-Metz* Rn. 1.
[13] Löwe/Rosenberg/*Gollwitzer* Rn. 1; HK-StPO/*Julius* Rn. 1.
[14] BGH v. 3. 6. 1997 – 1 StR 183/97, StV 1998, 16; Löwe/Rosenberg/*Gollwitzer* Rn. 12; HK-StPO/*Julius* Rn. 6; *Meyer-Goßner* Einl Rn. 170; HK/*Brehmeier-Metz* Rn. 2; Ausnahme: §§ 258 Abs. 2, 190 StGB.
[15] *Pfeiffer* Rn. 1, 4; *Meyer-Goßner* Rn. 2; KK-StPO/*Engelhardt* Rn. 1, 3; Anw-StPO/*Martis* Rn. 1; Löwe/Rosenberg/*Gollwitzer* Rn. 3.
[16] Ausführlich: Löwe/Rosenberg/*Gollwitzer* Rn. 6ff.; hierzu auch: AnwK-StPO/*Martis* Rn. 1; Graf/*Eschelbach* Rn. 3, 11.
[17] RG v. 5. 10. 1886 – Rep. 2325/86, RGSt 14, 364 (374ff.); BGH v. 15. 4. 1975 – 5 StR 667/74, BGHSt 26, 111 (113); KK-StPO/*Engelhardt* Rn. 4f.; *Meyer-Goßner* Rn. 3f.; Löwe/Rosenberg/*Gollwitzer* Rn. 11; HK-StPO/*Julius* Rn. 3; HK-GS/*Brehmeier-Metz* Rn. 2.
[18] *Meyer-Goßner* Rn. 5; KK-StPO/*Engelhardt* Rn. 5; HK-StPO/*Julius* Rn. 3; Löwe/Rosenberg/*Gollwitzer* Rn. 11.
[19] Löwe/Rosenberg/*Gollwitzer* Rn. 18.

entfalten rechtsgestaltende **Verwaltungsakte** Bindungswirkung, sofern sie nicht nichtig sind;[20] gleiches gilt ferner für alle Verwaltungsakte mit materiellrechtlicher Tatbestandswirkung.[21]

IV. Aussetzung der Untersuchung

Nach Abs. 2 ist das Strafgericht befugt, die Untersuchung auszusetzen, und einem der Beteiligten zur Erhebung der Zivilklage eine Frist zu bestimmen oder das Urteil des Zivilgerichts abzuwarten. Wie bei Abs. 1 sind alle außerstrafrechtlichen entscheidungsrelevanten Vorfragen – einschließlich verfassungsrechtlicher – und somit nicht nur zivilrechtliche erfasst. Ferner betrifft Abs. 2 diejenige Konstellation, dass über die außerstrafrechtliche Vorfrage noch nicht rechtskräftig entschieden ist,[22] das Strafgericht jedoch in Abweichung von Abs. 1 deren Klärung außerhalb der eigenen Kompetenz zulassen bzw. ermöglichen will. 8

1. Vorgreiflichkeit der außerstrafrechtlichen Rechtsfrage. Eingangsvoraussetzung für die Aussetzung ist, dass es sich um die Klärung bzw. Beurteilung eines außerstrafrechtlichen Rechtsverhältnisses[23] und damit um die **Vorgreiflichkeit einer nicht genuin strafrechtlichen Rechtsfrage** handelt. Mithin ist von Abs. 2 nicht die Klärung von (Vor-) Fragen tatsächlicher Art erfasst.[24] Gleiches gilt für die Beurteilung strafrechtlicher Fragen, wenn beispielsweise die Entscheidung eines anderen Strafgerichts oder die Entscheidung des Großen Senats für Strafsachen abgewartet werden soll.[25] Bei beiden Konstellationen muss das Strafgericht selbst entscheiden; eine Aussetzung ist nicht zulässig. 9

2. Pflichtgemäßes Ermessen. Über die Aussetzung des Verfahrens entscheidet das Gericht nach **pflichtgemäßem Ermessen**.[26] Zu berücksichtigen sind neben (allgemeinen) Fragen der Zweckmäßigkeit und fallspezifischen verfahrensrechtlichen Implikationen hierbei vor Allem die Bedeutung der Strafsache, die Relevanz und Schwierigkeit der Vorfrage und das Gebot der Verfahrensbeschleunigung.[27] Kein Verfahrensbeteiligter und insbesondere nicht der Angeklagte haben im Sinne einer Ermessensreduzierung einen **Anspruch** auf die Aussetzung der Untersuchung, um beispielsweise einen anhängigen Zivilprozess auszutragen.[28] 10

Demgegenüber können Sonderregelungen eine **Pflicht** zur Aussetzung begründen.[29] Dies ist der Fall bei einer konkreten Normenkontrolle nach Art. 100 Abs. 1 GG[30] oder wenn der EuGH zur Entscheidung berufen ist.[31] Weiterhin ist die Aussetzung zwingend, wenn es im Strafverfahren wegen des Verdachts der Verletzung von Patenten oder Warenzeichen um die Beurteilung der Nichtigkeit einer Eintragung geht.[32] Unter Berücksichtigung der ratio legis von Abs. 2 erscheint es des Weiteren jedenfalls nicht ausgeschlossen, eine Pflicht zur Aussetzung des Verfahrens zu bejahen, wenn das Strafverfahren erkennbar zur Durchsetzung zivilrechtlicher oder anderer Ansprüche instrumentalisiert bzw. missbraucht werden soll.[33] 11

Hingegen braucht nach der Rspr. des BGH bei vollziehbaren Verwaltungsakten (zB Verkehrszeichen), deren Missachtung Gegenstand des Strafverfahrens ist, nicht mit Blick auf ein verwaltungsrechtliches oder -gerichtliches Verfahren die Untersuchung ausgesetzt zu werden.[34] 12

3. Gerichtsbeschluss. Über die Aussetzung entscheidet das Gericht auf Antrag oder von Amts wegen durch **Beschluss**. Die Prozessbeteiligten werden zuvor nach § 33 gehört. Der Gerichtsbeschluss ist allen Verfahrensbeteiligten formlos bekannt zu machen. Zu einer Selbstbindung des 13

---

[20] RG v. 25. 1. 1889 – Rep. 3142/88, RGSt 18, 440; RG v. 25. 4. 1910 – III 1103/09, RGSt 43, 375; KMR/*Stuckenberg* Rn. 18; SK-StPO/*Schlüchter* Rn. 5; *Meyer-Goßner* Rn. 8; HK-StPO/*Julius* Rn. 4; HK-GS/*Brehmeier-Metz* Rn. 2; KK-StPO/*Engelhardt* Rn. 6.
[21] HK-GS/*Brehmeier-Metz* Rn. 2; HK-StPO/*Julius* Rn. 4; *Meyer-Goßner* Rn. 7; Löwe/Rosenberg/*Gollwitzer* Rn. 20.
[22] HK-StPO/*Julius* Rn. 7; *Meyer-Goßner* Rn. 10; Löwe/Rosenberg/*Gollwitzer* Rn. 34.
[23] Löwe/Rosenberg/*Gollwitzer* Rn. 26; Anw-StPO/*Martis* Rn. 2; *Meyer-Goßner* Rn. 10.
[24] *Meyer-Goßner* Rn. 10; KK-StPO/*Engelhardt* Rn. 7; Anw-StPO/*Martis* Rn. 2; Löwe/Rosenberg/*Gollwitzer* Rn. 30.
[25] OLG Stuttgart v. 23. 1. 2004 – 1 Ss 9/04, StV 2004, 142; KK-StPO/*Engelhardt* Rn. 7; SK-StPO/*Schlüchter* Rn. 15; *Meyer-Goßner* Rn. 10; Löwe/Rosenberg/*Gollwitzer* Rn. 33; HK-StPO/*Julius* Rn. 7; Anw-StPO/*Martis* Rn. 2.
[26] RG v. 14. 12. 1915 – 563/15, RGSt 49, 309 (310); OLG Düsseldorf v. 11. 5. 1994 – 5 Ss 39/94 – 34/94 I, StV 1995, 459; *Pfeiffer* Rn. 2; Löwe/Rosenberg/*Gollwitzer* Rn. 34; HK-GS/*Brehmeier-Metz* Rn. 1.
[27] KK-StPO/*Engelhardt* Rn. 8; *Meyer-Goßner* Rn. 11; HK-StPO/*Julius* Rn. 9; Löwe/Rosenberg/*Gollwitzer* Rn. 34.
[28] Löwe/Rosenberg/*Gollwitzer* Rn. 34; KK-StPO/*Engelhardt* Rn. 8.
[29] SK-StPO/*Schlüchter* Rn. 17; KMR/*Stuckenberg* Rn. 35; Löwe/Rosenberg/*Gollwitzer* Rn. 36.
[30] Anw-StPO/*Martis* Rn. 2; KK-StPO/*Engelhardt* Rn. 8.
[31] BayVerfGH v. 4. 5. 2000 – Vf. 30-VI-00, NJW 2000, 3705; Anw-StPO/*Martis* Rn. 2; KK-StPO/*Engelhardt* Rn. 8.
[32] RG v. 24. 10. 1882 – Rep. 2346/82, RGSt 7, 148; RG v. 25. 9. 1914 – V 454/14, RGSt 48, 419 (422); SK-StPO/*Schlüchter* Rn. 17; KK-StPO/*Engelhardt* Rn. 8; Löwe/Rosenberg/*Gollwitzer* Rn. 36.
[33] HK-StPO/*Julius* Rn. 9.
[34] BGH v. 23. 7. 1969 – 4 StR 371/68, BGHSt 23, 86 (91 ff.); KK-StPO/*Engelhardt* Rn. 8; Löwe/Rosenberg/*Gollwitzer* Rn. 37; HK-StPO/*Julius* Rn. 9.

Gerichts führt der Beschluss nicht, da er jederzeit revidiert werden kann.[35] Umstritten ist, ob der Beschluss zu begründen ist. Während vereinzelt wohl mit Blick auf die Unanfechtbarkeit der Entscheidung die Auffassung vertreten wird, weder der Aussetzungsbeschluss noch der die Aussetzung der Untersuchung ablehnende Beschluss seien zu begründen,[36] wird demgegenüber zu Recht hervorgehoben, dass der die Aussetzung ablehnende Beschluss nach § 34 zu begründen ist.[37] Im Übrigen ist im Aussetzungsbeschluss unter Benennung der außerhalb des Strafverfahrens zu klärenden rechtlichen Vorfrage festzulegen, innerhalb welcher bestimmten Frist vom welchem Verfahrensbeteiligten gegen wen welche Klage zu erheben ist; ansonsten ist das anhängige Verfahren anzugeben.[38]

14 Die **Fristbestimmung** zur Erhebung der die außerstrafrechtliche (Vor-)Frage klärenden gerichtlichen Entscheidung ist unverbindlich.[39] Läuft die Frist ab, ohne dass Klage erhoben worden wäre, führt dies zunächst zur Aufnahme bzw. Fortführung des ausgesetzten Verfahrens.[40] Ansonsten können vom Strafgericht im Rahmen seiner Beweiswürdigung (negative) Schlussfolgerungen aus der Untätigkeit des Adressaten des Klageaufrufs gezogen werden.[41] Wird hingegen die außerstrafrechtliche Vorfrage in dem separaten Gerichtsverfahren geklärt, entfaltet dies gleichwohl keine **Bindungswirkung**. Denn nach wie vor ist das Strafgericht im Rahmen seiner Entscheidungsfindung sachlich autonom. Indessen ist es berechtigt, seine Entscheidung unter Verzicht auf eine Beweisaufnahme auf die außerstrafrechtliche Entscheidung zu stützen.[42] **De lege ferenda** wäre aber in diesem Zusammenhang unter Berücksichtigung des Beschleunigungsgrundsatzes einerseits sowie aus prozessökonomischen Gründen andererseits zu erwägen, im Rahmen einer Aufwertung von § 262 Abs. 2 zumindest eine Bindungswirkung für das aussetzende Strafgericht vorzusehen, wenn die außerstrafrechtliche Vorfrage in einem ordnungsgemäßen gerichtlichen Verfahren geklärt wurde, in welchem insbesondere der Grundsatz der Amtsermittlung Geltung hat mit der Konsequenz, dass grundsätzlich eine umfassende Sachverhaltsfeststellung zugrunde liegt.

15 Die Aussetzung nach Abs. 2 führt grundsätzlich nicht zu einer Unterbrechung bzw. zum Ruhen der **Verjährung**.[43] Etwas anderes kann nur in den (Sonder-) Fällen eintreten, in denen die Pflicht zur Aussetzung besteht.[44]

V. Rechtsbehelfe

16 **1. Beschwerde.** Nicht der **Beschwerde** zugänglich ist der Gerichtsbeschluss, mit dem die Aussetzung der Untersuchung abgelehnt wird;[45] insoweit greift § 305 S. 1 ein. Zulässig ist hingegen die Beschwerde gegen den die Aussetzung anordnenden Beschluss, wenn die Voraussetzungen nach § 262 Abs. 2 nicht gegeben sind und die Aussetzung deshalb nur zu einer Verfahrensverzögerung führt.[46] Die Fristbestimmung zur Klageerhebung ist wiederum wegen ihrer Unverbindlichkeit mangels Beschwer nicht mit der Beschwerde anfechtbar.[47]

17 **2. Revision.** Die unterbliebene bzw. abgelehnte Aussetzung des Verfahrens kann mit der **Revision** nicht erfolgreich beanstandet werden;[48] auch dann nicht, wenn das Strafgericht nicht ausdrücklich über einen entsprechenden Aussetzungsantrag entschieden hat.[49] Demgegenüber kann im Rahmen der Revision gerügt werden, dass durch die Nichtaussetzung eine Verletzung der Aufklärungspflicht gegeben ist.[50] Des Weiteren ist die Revision begründet, wenn das Strafgericht fehlerhaft von der Bindungswirkung einer anderen Gerichtsentscheidung oder behördlichen Entscheidung ausgegangen ist.[51] Gleiches gilt auch für den umgekehrten Fall, dass das Gericht zu Unrecht von einer ei-

---

[35] KMR/*Stuckenberg* Rn. 43; *Meyer-Goßner* Rn. 13.
[36] *Meyer-Goßner* Rn. 13.
[37] Löwe/Rosenberg/*Gollwitzer* Rn. 42; KK-StPO/*Engelhardt* Rn. 9; Anw-StPO/*Martis* Rn. 3.
[38] Vgl. hierzu: Löwe/Rosenberg/*Gollwitzer* Rn. 42.
[39] KK-StPO/*Engelhardt* Rn. 10; Anw-StPO/*Martis* Rn. 3; Löwe/Rosenberg/*Gollwitzer* Rn. 40; *Meyer-Goßner* Rn. 12.
[40] *Pfeiffer* Rn. 3; *Meyer-Goßner* Rn. 12.
[41] *Meyer-Goßner* Rn. 12; KK-StPO/*Engelhardt* Rn. 10.
[42] Löwe/Rosenberg/*Gollwitzer* Rn. 10; *Meyer-Goßner* Rn. 14.
[43] *Pfeiffer* Rn. 2; KK-StPO/*Engelhardt* Rn. 11; Löwe/Rosenberg/*Gollwitzer* Rn. 45; SK-StPO/*Schlüchter* Rn. 25; KMR/*Stuckenberg* Rn. 43; *Meyer-Goßner* Rn. 13.
[44] KK-StPO/*Schneider* Rn. 11; Löwe/Rosenberg/*Gollwitzer* Rn. 45.
[45] RG v. 9. 11. 1909 – V 906/09, RGSt 43, 181; HK-StPO/*Julius* Rn. 11; Löwe/Rosenberg/*Gollwitzer* Rn. 70; SK-StPO/*Schlüchter* Rn. 26; KMR/*Stuckenberg* Rn. 43.
[46] OLG Frankfurt v. 4. 5. 1954 – 2 Ws 169/54, NJW 1954, 1012; OLG Düsseldorf v. 6. 5. 1992 – 2 Ws 108/92, MDR 1992, 989; OLG Köln v. 13. 2. 1990 – 2 Ws 648/89, wistra 1991, 74; *Pfeiffer* Rn. 5; *Meyer-Goßner* Rn. 16; Anw-StPO/*Martis* Rn. 3; Löwe/Rosenberg/*Gollwitzer* Rn. 70; HK-StPO/*Julius* Rn. 12.
[47] Löwe/Rosenberg/*Gollwitzer* Rn. 71; *Meyer-Goßner* Rn. 16; HK-StPO/*Julius* Rn. 12; KMR/*Stuckenberg* Rn. 46.
[48] HK-StPO/*Julius* Rn. 14; KK-StPO/*Engelhardt* Rn. 13; *Meyer-Goßner* Rn. 17; *Pfeiffer* Rn. 6.
[49] KK-StPO/*Engelhardtr* Rn. 13.
[50] *Pfeiffer* Rn. 6; KK-StPO/*Schneider* Rn. 13; HK-StPO/*Julius* Rn. 14.
[51] KK-StPO/*Engelhardt* Rn. 13; *Pfeiffer* Rn. 6; HK-StPO/*Julius* Rn. 14; Löwe/Rosenberg/*Gollwitzer* Rn. 72.

genen Entscheidungskompetenz ausgegangen ist.[52] Nicht zuletzt kann die Revision darauf gestützt werden, dass das Strafgericht gegen eine gesetzlich geregelte Aussetzungs- und Vorlagepflicht verstoßen hat.[53]

§ 263 [Abstimmung über Schuldfrage und Rechtsfolgen]

(1) Zu jeder dem Angeklagten nachteiligen Entscheidung über die Schuldfrage und die Rechtsfolgen der Tat ist eine Mehrheit von zwei Dritteln der Stimmen erforderlich.

(2) Die Schuldfrage umfaßt auch solche vom Strafgesetz besonders vorgesehene Umstände, welche die Strafbarkeit ausschließen, vermindern oder erhöhen.

(3) Die Schuldfrage umfaßt nicht die Voraussetzungen der Verjährung.

I. Einführung

Die Beratung und Abstimmung bei gerichtlichen Entscheidungen ist grundsätzlich in den Normen der §§ 192 ff. GVG geregelt, wobei die Abstimmung als solche in § 196 Abs. 1 mit der dort niedergelegten Mehrheitsregel – es gilt die sog. einfache Mehrheit – kodifiziert ist. Für die Abstimmung über die Schuld- sowie die Straffrage enthält hingegen die Sondervorschrift des § 263 eine abweichende Regelung bezüglich des Strafprozesses. Vorgesehen ist nämlich bei jeder dem Angeklagten nachteiligen Entscheidung über die Schuldfrage und die Rechtsfolgen der Tat eine qualifizierte Zweidrittelmehrheit; ansonsten verbleibt es im Strafprozess bei den Vorgaben nach §§ 192 ff. GVG und insbesondere nach § 196 Abs. 1 GVG.[1]

II. Relevanz und Anwendungsbereich der Vorschrift

Wegen der Zweidrittelmehrheit hat die Vorschrift des § 263 Relevanz nur bei Verhandlungen und Entscheidungen des erweiterten Schöffengerichts, der großen Strafkammer und des OLG in erstinstanzlichen Strafsachen.[2] Nach § 332 sind die Vorgaben von § 263 auch in der **Berufung** zu berücksichtigen. Da eine korrespondierende Regelung für das Revisionsverfahren demgegenüber fehlt, ist umstritten, ob und inwieweit § 263 anwendbar ist. Während dies wegen der revisionsgerichtlichen Konzentration auf die Entscheidung von Rechtsfragen grundsätzlich ausscheidet,[3] kann eine ausnahmsweise Anwendung lediglich dann in Betracht kommen, wenn das Gericht in der **Revision** nach § 354 selbst über die Schuld- oder Straffrage entscheidet.[4]

III. Straftat

Nach Abs. 1 ist Bezugspunkt der erforderlichen Zweidrittelmehrheit jede dem Angeklagten nachteilige Entscheidung über die Schuldfrage und die Rechtsfolgen der **Tat**. Tat in diesem Sinne ist nach ganz hM die materiell-rechtliche Tat nach §§ 52 ff. StGB.[5] Mithin muss bei jeder Handlung bzw. bei jeder Tat in diesem Sinne grundsätzlich über die Schuld- und Straffrage befunden werden.

IV. Abstimmung über die Schuldfrage

Vorrangig ist – wie sich auch aus der Formulierung von Abs. 1 entnehmen lässt – die Beratung und Abstimmung über die Schuldfrage; also die Frage, ob der Angeklagte eine bestimmte Tat begangen hat und welcher Straftatbestand hierbei von ihm rechtswidrig und schuldhaft verwirklicht wurde.[6] Bei mehreren Taten iSv. §§ 52 ff. StGB ist über jede abzustimmen.[7] Wiewohl es für zulässig erachtet wird, dass zur Klärung von Teil- oder Einzelfragen vorab nicht bindende[8] und deshalb lediglich informatorische Abstimmungen durchgeführt werden können,[9] muss über die

---

[52] SK-StPO/*Schlüchter* Rn. 28; KMR/*Stuckenberg* Rn. 46; Löwe/Rosenberg/*Gollwitzer* Rn. 72.
[53] Löwe/Rosenberg/*Gollwitzer* Rn. 74.
[1] *Pfeiffer* Rn. 1; Löwe/Rosenberg/*Gollwitzer* Rn. 13 ff.
[2] HK-GS/*Brehmeier-Metz* Rn. 11; HK-StPO/*Julius* Rn. 1; Löwe/Rosenberg/*Gollwitzer* Rn. 3.
[3] Löwe/Rosenberg/*Gollwitzer* Rn. 4.
[4] SK-StPO/*Schlüchter/Velten* Rn. 3; Löwe/Rosenberg/*Gollwitzer* Rn. 4; Anw-StPO/*Martis* Rn. 1; *Pfeiffer* Rn. 1; *Meyer-Goßner* Rn. 1, § 351 Rn. 7; *Joecks* Rn. 1.
[5] KMR/*Stuckenberg* Rn. 8; SK-StPO/*Schlüchter* Rn. 4; Löwe/Rosenberg/*Gollwitzer* Rn. 3, *Meyer-Goßner* Rn. 2; HK-StPO/*Julius* Rn. 2.
[6] HK-StPO/*Julius* Rn. 3; Löwe-Rosenberg/*Gollwitzer* Rn. 5; *Joecks* Rn. 2.
[7] Löwe/Rosenberg/*Gollwitzer* Rn. 5; HK-StPO/*Julius* Rn. 2.
[8] BGH v. 15. 7. 1976 – 4 StR 7/76, DRiZ 1976, 319; Anw-StPO/*Martis* Rn. 2; *Meyer-Goßner* Rn. 2; *Pfeiffer* Rn. 2; KK-StPO/*Engelhardt* Rn. 5; HK-GS/*Brehmeier-Metz* Rn. 2.
[9] *Joecks* Rn. 2; HK-GS/*Brehmeier-Metz* Rn. 2.

§ 263   5–8

Schuldfrage im Ganzen[10] und somit im Rahmen einer sog. Totalabstimmung[11] abschließend abgestimmt werden. Wegen der Unteilbarkeit der Abstimmung zur Schuldfrage sind verbindliche Abstimmungen zu einzelnen Tat- und Rechtsfragen mithin unzulässig.[12]

5   Die Schuldfrage umfasst nach Abs. 2 auch (straf-)gesetzliche Umstände, welche die Strafbarkeit ausschließen, vermindern oder erhöhen. Zu den Umständen, welche die Strafbarkeit **ausschließen** sind die geschriebenen und ungeschriebenen strafrechtlichen und außerstrafrechtlichen Rechtfertigungsgründe, die Schuldausschließungsgründe sowie die Strafaufhebungs- und Strafausschließungsgründe zu zählen. Umstände, die die Strafbarkeit **vermindern**, stellen gesetzlich vorgesehenen Privilegierungen dar. Zu den Umständen, welche die Strafbarkeit **erhöhen**, zählen die qualifizierenden Tatbestandsmerkmale. Obwohl dies mit Blick auf den (Gesamt-)Unrechtstatbestand und dessen Bestandteile nicht unumstritten ist, werden auch die objektiven Bedingungen der Strafbarkeit, welche materiell-rechtlich gerade nicht zum Unrechtstatbestand gehören, als Element der Schuldfrage betrachtet.[13]

6   Nach Abs. 3 umfasst die Schuldfrage nicht die Voraussetzungen der **Verjährung**. Dieser gesetzlichen Ausnahme liegen überwiegend historische Gründe zugrunde.[14] Mithin hat das Gericht – da § 263 nicht einschlägig ist – über diese Verfahrensvoraussetzung nach § 196 Abs. 1 mit einfacher Mehrheit zu entscheiden. Zu Recht wird aber in diesem Zusammenhang darauf hingewiesen, dass im Einzelfall durchaus Überschneidungsprobleme mit der Schuldfrage bestehen können; wie zB bei der Bestimmung der (genauen) Tatzeit.[15] In diesen Konstellationen greift wegen der Doppelrelevanz der tatsächlichen Umstände wieder die Regelung des § 263 Platz.[16]

V. Abstimmung über die Straffrage

7   An die Entscheidung über die Schuldfrage schließt sich die Abstimmung über die Rechtsfolgen der Tat an. Zu den Rechtsfolgen sind alle strafrechtlich zulässigen hoheitlichen Reaktionen auf Straftaten zu zählen, sodass erfasst sind: Haupt- und Nebenstrafen, Maßregeln der Sicherung und Besserung, Nebenfolgen, Geldbußen bei OWiG sowie Erziehungsmaßnahmen und Zuchtmittel nach JGG. Die Straffrage bezieht sich darüber hinaus aber auch auf Folgendes: die Entscheidung betreffend die Anwendung von Jugend- oder Erwachsenenstrafrecht, die Milderungsmöglichkeit gem. § 106 Abs. 1 JGG, die Anrechung von Untersuchungshaft bzw. anderer Freiheitsentziehungen (§ 51 StGB), die Versagung einer Bewährung, die Anwendung von § 47 StGB, die Erklärung für straffrei (§ 199 StGB), die Beurteilung des Vorliegens eines minder schweren Falls sowie die Frage, ob ein durch Regelbeispiele gesetzlich spezifizierter besonders schwerer Fall einer Straftat gegeben ist.

VI. Revision

8   Mit der **Revision** kann gem. § 337[17] zunächst gerügt werden, dass eine Beratung und vor Allem Abstimmung – auch in der Form einer grundsätzlich zulässigen kurzen Verständigung unter den Mitgliedern des Gerichts ohne (erneute) Unterbrechung der Hauptverhandlung[18] – überhaupt nicht stattgefunden haben.[19] In diesem Zusammenhang ist die (bloße) Dauer derselben als mögliches Indiz für das Vorliegen oder eben das Fehlen einer ordnungsgemäßen Beratung und Abstimmung nicht revisionsgerichtlich überprüfbar.[20] Denn der Rspr. des BGH zufolge ist weder durch Gesetz noch durch allgemein anerkannte Rechtsgrundsätze vorgeschrieben, wie lange der insoweit nur seinem Gewissen unterworfene Richter zu beraten habe.[21]

---

[10] *Pfeiffer* Rn. 2; KK-StPO/*Engelhardt* Rn. 3; vgl. auch: Anw-StPO/*Martis* Rn. 2.
[11] Löwe/Rosenberg/*Gollwitzer* Rn. 5.
[12] RG v. 15. 11. 1888 – 2473/88, RGSt 18, 220; *Michel* DRiZ 1992, 264; KK-StPO/*Engelhardt* Rn. 3; HK-StPO/*Julius* Rn. 2; *Meyer-Goßner* Rn. 2; KK-StPO/*Engelhardt* Rn. 3; Löwe/Rosenberg/*Gollwitzer* Rn. 5.
[13] BGH v. 1. 6. 1962 – 4 StR 88/62, BGHSt 17, 333 (334f.); *Roxin*, Strafverfahrensrecht, § 46 III 1 b; SK-StPO/*Schlüchter* Rn. 6; HK-StPO/*Julius* Rn. 3; aA: Löwe/Rosenberg/*Gollwitzer* Rn. 15; KK-StPO/*Engelhardt* Rn. 7; Anw-StPO/*Martis* Rn. 1.
[14] SK-StPO/*Schlüchter*/*Velten* Rn. 14; *Meyer-Goßner* Rn. 7.
[15] Löwe/Rosenberg/*Gollwitzer* Rn. 14.
[16] Löwe/Rosenberg/*Gollwitzer* Rn. 14; wohl in diese Richtung: HK-StPO/*Julius* Rn. 3.
[17] Vgl. zum Beruhen: BGH v. 14. 7. 1971 – 3 StR 73/71, BGHSt 24, 170 (172); BGH v. 9. 6. 1987 – 1 StR 236/87, NJW 1987, 3210 (3211).
[18] Zu den Voraussetzungen: BGH v. 29. 11. 1963 – 4 StR 352/63, BGHSt 19, 156 (157f.); BGH v. 14. 7. 1971 – 3 StR 73/71, BGHSt 24, 170 (171).
[19] BGH v. 29. 11. 1963 – 4 StR 352/63, BGHSt 19, 156 (158); BGH v. 9. 6. 1987 – 1 StR 236/87, NJW 1987, 3210 (3211).
[20] BGH v. 24. 7. 2009 – 5 StR 221/89, NJW 1991, 50 (51f.).
[21] BGH v. 24. 7. 2009 – 5 StR 221/89, NJW 1991, 50 (51f. mwN.).

Nach § 337 StPO können des Weiteren Fehler der Abstimmung gerügt werden. Voraussetzung 9
ist aber, dass die Tatsachen, aus denen sich die Fehler ergeben sollen, konkret dargelegt werden.[22]
Eine allgemein gehaltene Behauptung, bei der Abstimmung sei entgegen den Vorgaben nach
§ 263 verfahren worden, ist daher nicht ausreichend. Der Erfolg einer Revision hängt mithin entscheidend davon ab, ob und inwiefern **Transparenz hinsichtlich der gerichtlichen Abstimmung**
hergestellt werden kann,[23] da weder die Urteilsberatung nebst Inhalt noch deren Dauer protokollierungsbedürftig sind.[24] Sowohl einer aktiven Transparenz im Sinne einer vom erkennenden Gericht selbst hergestellten als auch einer passiven Transparenz im Sinne einer von außen an das erkennende Gericht adressierten Offenbarungspflicht steht grundsätzlich das Beratungsgeheimnis
nach § 43 DRiG entgegen.[25] Demzufolge wird zu Recht darauf hingewiesen, dass ein Verstoß gegen § 263 de facto irreversibel ist.[26] Gleichwohl bedarf es einer differenzierenden Betrachtung. So
ist eine aktive Transparenz – etwa im Rahmen der Urteilsgründe oder im Rahmen von dienstlichen Erklärungen – trotz des Beratungsgeheimnisses im Hinblick auf eine Überprüfung durch
das Revisionsgericht zulässig und geboten, wenn das erkennende Gericht selbst Abstimmungsfehler ausgemacht hat[27] oder innerhalb des Kollegiums Differenzen betreffend die Beratung und
Abstimmung aufgetreten sind.[28] Gleiches gilt unter Berücksichtigung der gesetzgeberischen Motive
zur Wahrung des Beratungsgeheimnisses und zu möglichen Durchbrechungen dieses Grundsatzes
wegen entgegenstehenden schutzwürdigen rechtlichen Interessen[29] für den Fall, dass in einem
Strafverfahren, in welchem Rechtsverletzungen bei Beratung und Abstimmung den Gegenstand der
Ermittlungen darstellen, persönliche Verantwortlichkeiten beteiligter Richter aufzuklären sind;[30]
insbesondere, wenn die Klärung des gravierenden Tatvorwurfs der Rechtsbeugung nach § 339
StGB notwendig ist.[31] Demgegenüber kann eine Transparenz der gerichtlichen Beratung und Abstimmung von außen grundsätzlich nicht erzwungen werden;[32] dies betrifft insbesondere sowohl
die Abgabe von dienstlichen Erklärungen als auch Zeugenaussagen der an der Beratung und Abstimmung beteiligten Richter.[33]

§ 264 [Gegenstand des Urteils]

(1) **Gegenstand der Urteilsfindung ist die in der Anklage bezeichnete Tat, wie sie sich nach dem Ergebnis der Verhandlung darstellt.**

(2) **Das Gericht ist an die Beurteilung der Tat, die dem Beschluß über die Eröffnung des Hauptverfahrens zugrunde liegt, nicht gebunden.**

Schrifttum: *Achenbach*, strafprozessuale Ergänzungsklage und materielle Rechtskraft, ZStW 87 (1975) 74; *Barthel*, Der Begriff der Tat im Strafprozeßrecht, 1972; *Bauer*, Erneute Neubestimmung des Tatbegriffs als Konsequenz der Postpendenz-Rechtsprechung des Bundesgerichtshofs, wistra 1990, 218; *ders.*, Der Tatbegriff im Steuerstrafrecht, wistra 1991, 56; *ders.*, Der prozessuale Tatbegriff im Steuerstrafrecht, wistra 2008, 22; *Bertel*, Die Identität der Tat. Der Umfang von Prozeßgegenstand und Sperrwirkung im Strafprozeß, 1970; *Beulke*, Der prozessuale Tatbegriff, Fünfzig Jahre Bundesgerichtshof – Festgabe aus der Wissenschaft, 2000, 181; *Beulke/Fahl*, Prozessualer Tatbegriff und Wahlfeststellung – Strafprozessuale Probleme der alternativen Tatsachenfeststellung, Jura 1998, 262; *Böse*, Der Grundsatz „ne bis in idem" in der Europäischen Union, GA 2003, 744; *Bohnert*, Tatmehrheit, Verfahrensmehrheit und nachträgliche Gesamtstrafenbildung, GA 1994, 97; *Cording*, Der Strafklageverbrauch bei Dauer- und Organisationsdelikten, 1993; *Dettmer*, Der Begriff der Tat im strafprozessualen Sinn, 1989; *Dreyer*, Wahlfeststellung und prozessualer Tatbegriff – die prozessuale Behandlung alternativer Geschehensabläufe, 1999; *Erb*, Die Reichweite des Strafklageverbrauchs bei Dauerdelikten und bei fortgesetzten Taten, GA 1994, 265; *Endriß/Kinzig*, Eine Straftat – zwei Strafen – Nachdenken über ein erweitertes „ne bis in idem", StV 1997, 66; *Fezer*, §§ 129, 129a StGB und der strafprozessuale Tatbegriff, in: Karsten Schmidt (Hrsg.), Rechtsdogmatik und Rechtspolitik, 1990, 125; *Gillmeister*, Zur normativ-faktischen Bestimmung der strafprozessualen Tat, NStZ 1989, 1; *Grünwald*, Der Verbrauch der Strafklage bei Verurteilungen nach den

---

[22] RG v. 28. 2. 1927 – II 46/27, RGSt 61, 217 (218); OLG Celle v. 8. 10. 1957 – 2 Ss 321/57, MDR 1958, 182; *Meyer-Goßner* Rn. 10; Löwe/Rosenberg/*Gollwitzer* Rn. 19; KK-StPO/*Engelhardt* Rn. 9.
[23] BGH v. 15. 7. 1976 – 4 StR 7/76, MDR 1976, 989; *Pfeiffer* Rn. 5.
[24] BGH v. 24. 7. 1990 – 5 StR 221/89, NJW 1991, 50 (52).
[25] BGH v. 15. 7. 1976 – 4 StR 7/76, DRiZ 1976, 319; BGH v. 24. 7. 1990 – 5 StR 221/89, NJW 1991, 50 (52); OLG Naumburg v. 6. 10. 2008 – 1 Ws 504/07, NStZ 2009, 214 (215); Löwe/Rosenberg/*Gollwitzer* Rn. 19; *Meyer-Goßner* Rn. 9; KK-StPO/*Engelhardt* Rn. 9; *Joecks* Rn. 4.
[26] Anw-StPO/*Martis* Rn. 4; HK-StPO/*Julius* Rn. 5; Löwe/Rosenberg/*Gollwitzer* Rn 19; KK-StPO/*Engelhardt* Rn. 9.
[27] KK-StPO/*Engelhardt* Rn. 9; *Meyer-Goßner* Rn. 9; *Joecks* Rn. 4; *Pfeiffer* Rn. 5; Löwe/Rosenberg/*Gollwitzer* Rn. 19: nobile officium.
[28] RG v. 25. 5. 1881 – Rep. 870/81, RGSt 4, 198; RG v. 17. 4. 1883 – Rep. 598/83, RGSt 8, 219; RG v. 29. 6. 1926 – I 359/26, RGSt 60, 295 (296); *Meyer-Goßner* Rn. 9; *Joecks* Rn. 4; KK-StPO/*Engelhardt* Rn. 9; *Pfeiffer* Rn. 5; Löwe/Rosenberg/*Gollwitzer* Rn. 19.
[29] Vgl. hierzu: OLG Naumburg v. 6. 10. 2008 – 1 Ws 504/07, NStZ 2009, 214 (215).
[30] OLG Naumburg v. 6. 10. 2008 – 1 Ws 504/07, NStZ 2009, 214 (215).
[31] OLG Naumburg v. 6. 10. 2008, NStZ 2009, 214 (215); hierzu: *Erb* NStZ 2009, 189 (190); *Meyer-Goßner* Rn. 9.
[32] OLG Naumburg v. 6. 10. 2008, NStZ 2009, 214 (215); Löwe/Rosenberg/*Gollwitzer* Rn. 19; KK-StPO/*Engelhardt* Rn. 9; *Meyer-Goßner* Rn. 9.
[33] Weitergehend und für eine grundsätzliche Aussagepflicht: *Erb* NStZ 2009, 189 (190 f.).

§§ 129, 129a StGB, FS Bockelmann, 1979, 737; *Hruschka*, Der Begriff der Tat im Strafverfahrensrecht, JZ 1966, 700; *Kahlo/Zabel*, Schuldgrundsatz und Strafklageverbrauch, HRRS-Festgabe Fezer 2008, S. 88; *Kröpil*, Prozessualer Tatbegriff und Wahlfeststellung, NJW 1988, 1188; *ders.*, Die Bedeutung der Tatbegriffe für den Strafklageverbrauch, DRiZ 1986, 448; *Krauth*, Zum Umfang der Rechtskraftwirkung bei Verurteilung von Mitgliedern krimineller und terroristischer Vereinigungen, FS Kleinknecht, 1985, S. 215; *Loos*, Probleme der beschränkten Sperrwirkung strafprozessualer Entscheidungen, JZ 1978, 592; *Maatz*, Doppelverurteilung in Fällen fortgesetzter Handlungen, MDR 1986, 285; *Marxen*, Der prozessuale Tatbegriff in der neueren Rechtsprechung, StV 1985, 472; *Mitsch*, Dauerdelikt und Strafklageverbrauch, MDR 1988, 1005; *Neuhaus*, Fortsetzungszusammenhang und Strafklageverbrauch – BGH NJW 1985, 2429 und BGH NJW 1985, 1174, JuS 1986, 964; *ders.*, Der strafprozessuale Tatbegriff und seine Identität, MDR 1988, 1012; *ders.*, Der strafverfahrensrechtliche Tatbegriff – ne bis in idem, 1985; *Oehler*, Neuere Verschiebungen beim prozessualen Tatbegriff, GedS Schröder, 1979, 439; *ders.*, Die Identität der Tat, FS Rosenfeld, 1949, S. 139; *Puppe*, Die Individualisierung der Tat in Anklageschrift und Bußgeldbescheid und ihre nachträgliche Korrigierbarkeit, NStZ 1982, 230; *Radtke*, Zur Systematik des Strafklageverbrauchs verfahrenserledigender Entscheidungen im Strafprozeß, 1993; *ders.*, Der Begriff der Tat in Europa, FS Seebode, 2008, S. 297; *Schlehofer*, Der Verbrauch der Strafklage für die abgeurteilte Tat, GA 1977, 101; *Schlüchter*, Von der Unanhängigkeitsthese zu materiell-rechtlich begrenzter Tateinheit beim Dauerdelikt, JZ 1991, 1057; *Schöneborn*, Alternativität der nachträglichen Anordnung der Sicherungsverwahrung, ZStW 120 (2008), 273; *Werle*, Konkurrenz und Strafklageverbrauch bei der mitgliedschaftlichen Beteiligung an kriminellen und terroristischen Vereinigungen, NJW 1980, 2671; *Wolter*, Tatidentität und Tatumgestaltung im Strafprozeß, 1986, 143; *ders.*, Natürliche Handlungseinheit, normative Sinneinheit und Gesamtgeschehen, StV 1986, 315; *Zschocklelt*, Die praktische Handhabung nach dem Beschluss des Großen Senats für Strafsachen zur fortgesetzten Handlung, NStZ 1994, 361.

Übersicht

	Rn.
A. Allgemeines	1–6
I. Zweck der Vorschrift	1, 2
II. Funktionen des strafprozessualen Tatbegriffs	3, 4
III. Verfassungsrechtlicher, materiell-rechtlicher und strafprozessualer Tatbegriff	5–6
B. Der strafprozessuale Tatbegriff (Abs. 1)	7–58
I. Grundlagen des strafprozessualen Tatbegriffs der Rechtsprechung	9–15
1. Grundsätze	9–11
2. Einheitlichkeit des Tatbegriffs in den verschiedenen Verfahrensstadien	10–12
a) Verfassungsgerichtliche und fachgerichtliche Rspr.	10
b) Aufweichungen eines einheitlichen prozessualen Tatbegriffs	11
c) Stellungnahme	12
3. Begriffsbestimmungen (ontologischer Tatbegriff)	13–15
II. Der strafprozessuale Tatbegriff in der Strafverfahrensrechtswissenschaft	16–19
1. Konkurrierende prozessuale Tatbegriffe im Einzelnen	17, 18
2. Bewertungen	19
III. Der ontologische Tatbegriff der Rspr. in der Fallanwendung	20–58
1. Grundlagen der Beurteilung der Tatidentität	20
2. Innere Verknüpfung der tatsächlichen Geschehnisse	21
3. Methodik der Prüfung der „inneren Verknüpfung"	22–25
a) Äußere Momente	23
b) Innere Momente	24
c) Normative Momente	25
4. Materiell-rechtliche Tateinheit oder Tatmehrheit als Kriterium der prozessualen Tat	26–58
a) Grundsatz	26
b) Materiell-rechtliche Handlungs- bzw. Tateinheit	27–46
aa) Handlung im natürlichen Sinne	27
bb) Tatbestandliche Handlungseinheiten	28
cc) Rechtliche Handlungseinheiten	29–41
dd) Gewerbs- und gewohnheitsmäßige Tatbegehung	42, 43
ee) Tateinheit (§ 52 StGB) im Übrigen	44–46
c) Materiell-rechtliche Handlungs- bzw. Tatmehrheit (§ 53 StGB)	47–58
aa) Grundsatz	47, 48
bb) Ausnahmen	49
cc) Fallgruppen	50–52
dd) Weitere Einzelfälle	53
ee) Bewertungen	54
ff) Alternativität der Handlungsvorgänge	55–58
C. Unteilbarkeit der angeklagten Tat	59–70
I. Prozessualer Tatbegriff und Verfahrensgegenstand	59–62
1. Anklage und Verfahrensgegenstand	59
2. Sog. Verfolgungswille der Staatsanwaltschaft	60–62
II. Verfahrensgegenstand und gerichtliche Kognition	63–70
1. Umfang der Kognitionspflicht	64–66
2. Grenzen der Kognitionspflicht	67, 68
3. Kognitionspflicht und Berücksichtigung nicht verfahrensgegenständlicher Taten	69, 70
D. Die sog. Umgestaltung der Strafklage	71–81
I. Umgestaltung der Strafklage und gerichtliche Kognitionspflicht	71
II. Reichweite der Umgestaltungsbefugnis	72–81
1. Allgemeines	72–74

	Rn.
2. Umgestaltung in tatsächlicher Hinsicht	75–78
3. Umgestaltung in rechtlicher Hinsicht (Abs. 2)	79–81
E. Rechtsmittel	82–85
I. Verfahrenshindernis/Prozessvoraussetzungen	82, 83
II. Revision	84, 85

A. Allgemeines

I. Zweck der Vorschrift

Die Vorschrift regelt das **Verhältnis zwischen** dem Gegenstand der durch den Eröffnungsbeschluss zugelassenen **Anklage** oder deren Surrogaten (vgl. § 407 Abs. 1 S. 4 für den Strafbefehl;[1] § 417 für den Antrag im beschleunigten Verfahren; § 76 JGG für das vereinfachte Jugendverfahren) **und dem Gegenstand des Urteils**. Ausschließlich die durch Anklage seitens der Staatsanwaltschaft unterbreitete Tat darf (und muss)[2] durch das erkennende Gericht zum Gegenstand des Urteils gemacht werden (**Kognitionsrecht und Kognitionspflicht**).[3] Kognitionsrecht und Kognitionspflicht beziehen sich auf die gesamte durch die Anklage unterbreitete Tat unabhängig davon, ob das Gericht das vollständige von der Tat erfasste Geschehen in tatsächlicher Hinsicht erkennen konnte oder nicht.[4] Der Kognition sind allein rechtliche Grenzen gesetzt.[5] § 264 ist ein **Ausfluss des Akkusationsprinzips** (§§ 151, 152 Abs. 1), das allerdings eine Aufweichung insoweit erfährt,[6] als das Gericht im Urteil nicht an die rechtliche Beurteilung der Tat in der Anklage gebunden ist. Ebenso wenig besteht eine Bindung des erkennenden Gerichts an die (regelmäßig eigene) rechtliche Würdigung der Tat im Eröffnungsbeschluss (Abs. 2; sog. Umgestaltung der Strafklage). Über den Wortlaut von Abs. 2 hinaus erfasst die Umgestaltungsbefugnis nicht nur die rechtliche Bewertung der Tat. Innerhalb des durch die Tat erfassten Geschehens erstrecken sich das Kognitionsrecht und die Kognitionspflicht des Gerichts auch darauf, neu bekannt gewordene Erkenntnisse in tatsächlicher Hinsicht zum Gegenstand des Urteils zu machen. Zugleich bringt die Vorschrift im Zusammenspiel mit § 261 das **Mündlichkeitsprinzip** zum Ausdruck.[7] Das Gericht darf sein Urteil in tatsächlicher Hinsicht lediglich auf den Stoff stützen, der innerhalb der durch die Tat gezogenen Grenzen Gegenstand der Hauptverhandlung war.

Zweck und Bedeutung des § 264 ergeben sich zudem aus dem **systematischen Zusammenhang mit § 155 Abs. 1 und 2** einerseits **sowie § 265** andererseits. Die Verknüpfung mit dem ebenfalls den Begriff der „Tat" verwendenden § 155 zeigt nach überwiegender Auffassung die Existenz eines einheitlichen, durch die Tat bestimmten Verfahrensgegenstandes[8] in den Stadien der Rechtshängigkeit[9] und der Urteilsfindung an.[10] § 265 zieht die hinsichtlich der Verteidigungsmöglichkeiten des Angeklagten erforderlichen Konsequenzen aus der fehlenden Bindung des erkennenden Gerichts an die rechtliche Bewertung der Tat in der Anklage und im Eröffnungsbeschluss. Soweit das Gericht zur Umgestaltung der Strafklage iSv. Abs. 2, dh. zur neuen Bewertung der Tat, berechtigt und verpflichtet ist, muss dem Angeklagten durch den Hinweis darauf und ggf. die Aussetzung (§ 265 Abs. 4) Gelegenheit gegeben werden, sich auf die neue Lage einzustellen. Die durch Abs. 2 eröffnete Umgestaltungsbefugnis des Gerichts endet, wenn in der Hauptverhandlung neu gewonnene Erkenntnisse außerhalb der angeklagten Tat liegen. Um diese zum Gegenstand des Strafverfahrens zu machen, ist wenigstens eine Nachtragsanklage (§ 266) erforderlich. Ansonsten bleiben die reguläre Anklageerhebung und ihre Surrogate (zB § 407 Abs. 1 S. 1, § 417; § 76 JGG).

---

[1] Siehe OLG Oldenburg v. 15. 8. 2006 – Ss 247/06, StraFo 2006, 412 f.
[2] Vgl. AK-StPO/*Loos* Rn. 1; zu den Folgen der unterbliebenen Ausschöpfung des durch die Tat festgelegten Verfahrensgegenstandes unten Rn. 65 ff.
[3] AK-StPO/*Loos* Rn. 1.
[4] BGH v. 26. 9. 1980 – 3 StB 32/80, BGHSt 29, 341 (342); BGH v. 21. 12. 1983 – 2 StR 578/83, BGHSt 32, 215 (216); BGH v. 18. 10. 1995 – 3 StR 324/94, BGHSt 41, 292 (298); BGH v. 23. 9. 1999 – 4 StR 700/98, BGHSt 45, 211 (213); OLG Braunschweig v. 21. 10. 1996 – 1 Ss 48/96, NStZ-RR 1997, 80 f.; Nachw. zur einschlägigen Rechtsprechung des RG bei *Radtke*, Die Systematik des Strafklageverbrauchs verfahrenserledigender Entscheidungen im Strafprozeß, 1993, S. 107 Fn. 107; aA „tatsächliche Kognitionsmöglichkeit" *Henkel*, Strafverfahrensrecht, § 100 S. 389 f.; *Vogler*, Die Rechtskraft des Strafbefehls, 1959, S. 90 ff.
[5] Unten Rn. 67.
[6] KMR/*Stuckenberg* Rn. 1.
[7] Löwe/Rosenberg/*Gollwitzer*, 25. Aufl., Rn. 1; ebenso KMR/*Stuckenberg* Rn. 1.
[8] Siehe nur BGH v. 24. 10. 1974 – 4 StR 453/74, BGHSt 25, 388 (390) = NJW 1975, 176; BGH v. 11. 6. 1980 – 3 StR 9/80, BGHSt 29, 292; *Jung* JZ 1984, 535; *Neuhaus* MDR 1989, 213; *Schlüchter* JZ 1991, 1058; *Wolter* GA 1986, 154; *Radtke*, Systematik des Strafklageverbrauchs, S. 116–120; AK-StPO/*Loos* Anhang zu § 264 Rn. 27 und 41; KK-StPO/*Engelhardt* Rn. 2; KMR/*Stuckenberg* Rn. 6 Löwe/Rosenberg/*Gollwitzer*, 25. Aufl., Rn.; Meyer-Goßner Rn. 1; SK/*Schlüchter* Rn. 7; näher zum Streitstand unten Rn. 10–12.
[9] Zum Begriff § 156 Rn. 2.
[10] Zur Einheitlichkeit des Verfahrensgegenstandes unten Rn. 10–12.

II. Funktionen des strafprozessualen Tatbegriffs

3 Dem strafprozessualen Tatbegriff kommt eine **doppelte Funktion** zu.[11] Einerseits legt der Tatbegriff über das Zusammenspiel von § 155 und § 264 **den Verfahrensgegenstand** des Strafprozesses für die Stadien der Rechtshängigkeit und Urteilsfindung auf die angeklagte Tat fest.[12] Das Vorliegen einer die Tat im prozessualen Sinne beschreibenden und begrenzenden Anklage ist Prozessvoraussetzung für das weitere Verfahren.[13] Soll der strafprozessuale Tatbegriff dieser Funktion gerecht werden, bedarf es einer Festlegung des von der konkreten Tat erfassten Geschehens, das dieses deutlich von anderen strafprozessualen Taten abhebt.[14] Je alltäglicher und damit verwechselbarer das fragliche Geschehen ist, desto genauer muss die Beschreibung der verfahrensgegenständlichen Tat durch sie charakterisierende Merkmale erfolgen.[15] Andererseits bestimmt der Begriff der Tat im prozessualen Sinne nach ganz überwiegend vertretener Auffassung auch **den Umfang der materiellen Rechtskraft**, dh. des Strafklageverbrauchs,[16] des strafgerichtlichen Urteils[17] aber auch anderer verfahrenserledigender Entscheidungen im Strafverfahren.[18] Die StPO enthält in Bezug auf den durch Strafurteile eintretenden Strafklageverbrauch keine unmittelbaren Regelungen. Allerdings belegt auf der einfachgesetzlichen Ebene der Umkehrschluss aus den Wiederaufnahmevorschriften (§§ 359 ff.) die Existenz der strafklageverbrauchenden Wirkung des auf die angeklagte Tat bezogenen Urteils.[19] Verfassungsrechtlich gewährleistet Art. 103 Abs. 3 GG den Schutz vor (innerstaatlicher)[20] Doppelverfolgung derselben Tat. Angesichts des weithin offenen Wortlauts des Begriffs der Tat im prozessualen Sinne muss die Bestimmung seines Inhalts – innerhalb der verfassungsrechtlichen Vorgaben[21] – vor allem von den Funktionen des strafprozessualen Tatbegriffs her erfolgen.[22]

4 Die **Deutung des Tatbegriffs von seinen Funktionen**, Festlegung des Verfahrensgegenstandes und des Umfangs des Strafklageverbrauchs, her führt allerdings nicht stets zu eindeutigen Ergebnissen bei der Bestimmung der Inhalte. Die Interessenlagen an einem entweder möglichst engen oder möglichst umfänglichen Tatbegriff sind nicht nur für die verschiedenen Verfahrensbeteiligten unterschiedlich, sondern wandeln sich auch für jeden Beteiligten in den verschiedenen Verfahrensstadien.[23] Dem Angeklagten kommt bei Rechtshängigkeit (§ 155) und Urteilsfindung (§ 264) ein enger Tatbegriff zu gute. Dieser bewahrt ihn weitgehend davor, im laufenden Verfahren ohne den Schutz durch § 266 mit neuen tatsächlichen Erkenntnissen konfrontiert zu werden.[24] Auf der Ebene des Strafklageverbrauchs dient dem Abgeurteilten dagegen eher ein umfänglicher Tatbegriff, der in einem möglichst weiten Umfang Schutz vor erneuter Strafverfolgung gewährleistet.[25] Die Interessen der staatlichen Strafverfolgung im Hinblick auf die Reichweite des strafprozessua-

---

[11] Zutreffend KMR/*Stuckenberg* Rn. 3; in der Sache ebenso Löwe/Rosenberg/*Gollwitzer*, 25. Aufl., Rn. 2; SK-StPO/*Schlüchter* Rn. 1, 4 und 7.
[12] Rn. 2.
[13] § 200 Rn. 26.
[14] Siehe insoweit nur KMR/*Stuckenberg* Rn. 8.
[15] Näher unten Rn. 73 f. (Umgestaltungsbefugnis).
[16] Ausführlich zum Verhältnis von materieller Rechtskraft und Strafklageverbrauch *Radtke*, Systematik des Strafklageverbrauchs, S. 75 ff.
[17] BVerfG v. 7. 3. 1968 – 2 BvR 354, 355, 524, 566, 567, und 710/66 sowie 79, 171 und 431/67, BVerfGE 23, 191 (202); BVerfG v. 7. 9. 1977 – 2 BvR 674/77, BVerfGE 45, 434 (435); BGH v. 5. 11. 1953 – 3 StR 545/52, BGHSt 6, 92 (95); BGH 11. 6. 1980 – 3 StR 9/80, BGHSt 29, 288 (292), BGH 3. 11. 1983 – 1 StR 178/83, BGHSt 32, 146 (150); BGH v. 30. 9. 1987 – 4 StR 7/87, BGHSt 35, 69 (61); BGH v. 11. 8. 1988 – 4 StR 217/88, BGHSt 35, 318 (323); ebenso bereits RG, exemplarisch RG v. 2. 6. 1881 – I 1195/81, RGSt 4, 243 (245); RG v. 3. 2. 1917 – IV 391/17, RGSt 51, 241 (242); RG v. 5. 10. 1921 – II, III 79/20, RGSt 56, 161 (166); RG v. 12. 11. 1937 – 1 D 323/37, RGSt 72, 99 (105); siehe aber für Sonderkonstellationen der Organisations- und Dauerdelikte anders BVerfG v. 8. 1. 1981 – 3 BvR 873/80, BVerfGE 56, 22 (34 ff.); BGH v. 22. 2. 1984 – 3 StR 396/83, BGHSt 32, 288 (295 ff.); BGH v. 3. 11. 1983 – 1 StR 178/83, BGHSt 32, 146 (150); BayObLG v. 22. 3. 1991 – RReg 1 St 240/90, BayObLGSt 1991, 51 (54) mAnm *Neuhaus* NStZ 1993, 202 und *Schlüchter* JZ 1991, 1057 (1058 f.); zum Ganzen auch *Radtke*, Systematik des Strafklageverbrauchs, S. 104–106.
[18] *Radtke*, Systematik des Strafklageverbrauchs, S. 313 ff.
[19] Allg. Ansicht, siehe nur *Beling*, Deutsches Reichsstrafprozeßrecht, 1928, § 56 S. 268.
[20] Zur Geltung des Doppelbestrafungsverbotes aufgrund internationalen und supranationalen Rechts oben Einl. Rn. 58; ausführlich für die europäische Ebene etwa *Böse* GA 2003, 744 ff.; *Radtke/Busch* EuGRZ 2000, 421 ff.; *dies.* NStZ 2003, 281 ff.; *Kniebühler*, Transnationales „ne bis in idem", 2005; *Liebau*, „Ne bis in idem" in Europa, 2005; *Specht*, Die zwischenstaatliche Geltung des Grundsatzes ne bis in idem, 1999; *S. Stein*, Zum europäischen ne bis in idem nach Art. 54 des Schengener Durchführungsübereinkommens, 2004; *Thomas*, Das Recht auf Einmaligkeit der Strafverfolgung, 2002; *Jung*, FS Schüler-Springorum, 1993, S. 493 ff.; *Vogel*, FS Schroeder, 2006, S. 877; *Radtke*, FS Seebode, 2008, S. 297.
[21] Dazu AK-StPO/*Loos* Anhang zu § 264 Rn. 30 und 40 „der bei Erlaß des Grundgesetzes bestehende Rechtszustand verfassungsrechtlich festgeschrieben"; KMR/*Stuckenberg* Rn. 11.
[22] KMR/*Stuckenberg* Rn. 3.
[23] *Wolter* GA 1986, 143 (149 ff.); *Radtke*, Systematik des Strafklageverbrauchs, S. 117 ff.; vgl. auch AK-StPO/*Loos* Anhang zu § 264 Rn. 27 f.; KMR/*Stuckenberg* Rn. 4.
[24] *Wolter* GA 1986, 143 (150 f.); *Radtke*, Systematik des Strafklageverbrauchs, S. 118.
[25] Nachw. wie Fn. zuvor.

len Tatbegriffs in den verschiedenen Verfahrensstadien verlaufen regelmäßig umgekehrt.[26] Auch ein enger Tatbegriff für den Strafklageverbrauch führt allerdings nicht notwendig in einem zweiten Verfahren zu gerechteren Entscheidungen über die Tat. Allein schon wegen des Zeitablaufs ist das Vorhandensein von gegenüber dem Erstverfahren besseren Sachaufklärungsmöglichkeiten nicht gesichert.[27] Angesichts dieser Ambivalenz der Funktionen des strafprozessualen Tatbegriffs ist es daher primär eine Aufgabe des Gesetzgebers, dessen jeweils vorrangige Funktionen festzulegen.[28]

III. Verfassungsrechtlicher, materiell-rechtlicher und strafprozessualer Tatbegriff

Auf der Ebene des Grundgesetzes hat der Verfassungsgesetzgeber die Schutzfunktion des Tatbegriffs im Sinne des Strafklageverbrauchs lediglich in Umrissen festgelegt. Art. 103 Abs. 3 GG nimmt auf das bei Inkrafttreten des Grundgesetzes vorgefundene strafverfahrensrechtliche Prinzip „ne bis in idem" Bezug,[29] legt allerdings dem Begriff der Tat ungeachtet der Rückkoppelung auf das Strafverfahrensrecht ein eigenständiges verfassungsrechtliches Verständnis zugrunde.[30] „Tat" im verfassungsrechtlichen Sinne ist der nach natürlicher Lebensauffassung zu bewertende „geschichtliche Vorgang, auf welchen Anklage und Eröffnungsbeschluss hinweisen und innerhalb dessen der Angeklagte als Täter oder Teilnehmer einen Straftatbestand verwirklicht haben soll".[31] Dieser verfassungsrechtliche Tatbegriff ist von dem Begriff der **Tat im Sinne des materiellen Strafrechts** (§§ 52, 53 StGB) im Grundsatz verschieden,[32] weil er nicht an die rechtliche Bewertung eines Vorgangs anknüpft, sondern an den zugrunde liegenden „geschichtlichen Vorgang". Beide Tatbegriffe verfolgen zudem unterschiedliche Ziele. Während § 52 StGB die Frage des Schuld- und Strafausspruchs bei materiell-rechtlicher Tateinheit mit dem Ziel größtmöglicher Gerechtigkeit behandelt,[33] soll Art. 103 Abs. 3 GG allein die Grenzen der materiellen Rechtskraft abstecken.[34] Ohne jede Rückanbindung an die materiellrechtliche Bewertung der Tat ist der verfassungsrechtliche Tatbegriff des Art. 103 Abs. 3 GG dennoch nicht. So steht das grundgesetzliche Doppelverfolgungsverbot der Bestrafung eines Mitglieds einer terroristischen Vereinigung (§ 129 a StGB) wegen Mordes nicht entgegen, wenn dieses bereits wegen Mitgliedschaft in der Vereinigung rechtskräftig verurteilt ist und sich der Mord gleichwohl als Beteiligungsakt an der Vereinigung erweist.[35]

Mit dem **strafprozessualen Tatbegriff**[36] teilt der verfassungsrechtliche Begriff der Tat den auf die Einheitlichkeit des Lebensvorgangs abstellenden Ausgangspunkt. Nach Auffassung des BVerfG besteht jedoch keine vollständige Identität zwischen dem verfassungsrechtlichen und dem strafprozessualen Tatbegriff.[37] Art. 103 Abs. 3 GG gewährleistet lediglich den Kerninhalt des strafverfahrensrechtlichen Grundsatzes „ne bis in idem", ohne den „dogmatischen Verästelungen" des im Strafverfahrensrecht verwendeten Tatbegriffs in den Details zu folgen.[38] Die fehlende Übernahme der „dogmatischen Verästelungen" des strafprozessualen Tatbegriffs in den Schutzbereich des Art. 103 Abs. 3 GG betrifft vor allem die Konstellationen der materiell-rechtlichen Realkonkurrenz sowie der Alternativität (zB Hehlerei statt Diebstahl und vice versa).[39]

---

[26] *Radtke*, Systematik des Strafklageverbrauchs, S. 118 f.; KMR/*Stuckenberg* Rn. 4; siehe auch Löwe/Rosenberg/*Rieß*, 25. Aufl., Einl. J Rn. 83 ff.
[27] *Grünwald* ZStW-Beiheft 86 (1974), 94 (104 f.); *Loos* JZ 1978, 592 (593); *Radtke*, Systematik des Strafklageverbrauchs, S. 41 – 44; AK-StPO/*Loos* Anhang zu § 164 Rn. 28.
[28] KMR/*Stuckenberg* Rn. 5 aE.; Löwe/Rosenberg/*Rieß*, 25. Aufl., Einl. J Rn. 61.
[29] Parlamentarischer Rat, Schriftlicher Bericht zum Entwurf des Grundgesetzes für die Bundesrepublik Deutschland, 1948/49, S. 49; BVerfG v. 18. 12. 1953 – 1 BvR 230/51, BVerfGE 3, 248 (252 f.); Dreier/*Schultze-Fielitz*, GG, Band 3, 2000, Art. 103 Abs. 3 Rn. 15 f.; siehe auch *Schlehofer* GA 2001, 101 (102); AK/*Loos* Anhang zu § 264 Rn. 30.
[30] *Radtke*, FS Seebode, S. 297 (298).
[31] BVerfG v. 7. 9. 1977 – 2 BvR 674/77, BVerfGE 45, 434, (435); BVerfG v. 8. 1. 1981 – 2 BvR 873/80, BVerfGE 56, 22 (28); BVerfG v. 16. 3. 2001 – 2 BvR 65/01 (3. Kammer des 2. Senats); BVerfG v. 16. 3. 2006 – 2 BvR 111/06 (1. Kammer des 2. Senats); Maunz/Dürig/*Schmidt-Aßmann*, GG, Art. 103 Rn. 281; Sachs/*Degenhart*, GG, Art. 103 Rn. 77; BeckOK-GG/*Radtke/Hagemeier* Art. 103 Rn. 47.
[32] BVerfG v. 7. 9. 1977 – 2 BvR 674/77, BVerfGE 45, 434 f.; BVerfG v. 8. 1. 1981 – 2 BvR 873/80, BVerfGE 56, 22 (32 – 34); BeckOK-GG/*Radtke/Hagemeier* Art. 103 Rn. 47.
[33] BVerfG v. 8. 1. 1981 – 2 BvR 873/80, BVerfGE 56, 22 (30 f.).
[34] BVerfG v. 28. 8. 2003 – 1 BvR 1012/01, NJW 2004, 279.
[35] BVerfG v. 8. 1. 1981 – 2 BvR 873/80, BVerfGE 56, 22 (29 ff.); siehe dazu BGH v. 30. 3. 2001 – StB 4 und 5/01, BGHSt 46, 349 (358) mAnm *Mitsch* NStZ 2002, 159 und *Verrel* JR 2001, 210 f.; zum strafprozessualen Tatbegriff bei Organisationsdelikten näher Rn. 39 sowie *Cording*, Der Strafklageverbrauch bei Dauer- und Organisationsdelikten, 1993, passim.
[36] Rn. 6 ff.
[37] BVerfG v. 8. 1. 1981 – 2 BvR 873/80, BVerfGE 56, 22 (34 f.); BeckOK-GG/*Radtke/Hagemeier* Art. 103 Rn. 47; in der Sache wohl nicht anders *Meyer-Goßner* Rn. 1 „Tatbegriff ... grundsätzlich der gleiche".
[38] BVerfG v. 8. 1. 1981 – 2 BvR 873/80, BVerfGE 56, 22, (34); *Radtke*, FS Seebode, S. 297; BK/*Rüping*, GG, Zweitbearbeitung, Art. 103 Rn. 57; Jarass/*Pieroth* Art. 103 GG Rn. 57.
[39] Vgl. AK/*Loos* Anhang zu § 264 Rn. 30.

B. Der strafprozessuale Tatbegriff (Abs. 1)

7 Der prozessuale Tatbegriff mit seiner doppelten Funktion der Festlegung des Prozessgegenstandes und des Umfangs des Strafklageverbrauchs kann grundsätzlich im Hinblick auf beide Zwecke entweder an die Identität der Straftat (**idem crimen**) oder an die des tatsächlichen Lebensvorgangs (**idem factum**) anknüpfen.[40] Der Ausschluss der Bindung des erkennenden Gerichts an die Beurteilung der Tat im Eröffnungsbeschluss (Abs. 2) weist auf ein faktisches Verständnis des strafprozessualen Tatbegriffs hin. Wäre „Tat" ausschließlich oder wenigstens „vorrangig" auf die verwirklichte materiell-rechtliche Straftat bezogen, entfiele mit einer Änderung der rechtlichen Beurteilung der Prozessgegenstand. Die in §§ 155, 264 gewählten Formulierungen wären dann kaum verständlich. Das gilt erst recht für § 154a Abs. 1 S. 1; die dort vorgesehene Möglichkeit des Absehens von der Verfolgung einzelner Gesetzesverletzungen innerhalb einer „Tat" schließt einen ausschließlich oder vorrangig am idem crimen orientierten strafprozessualen Tatbegriff aus.[41]

8 Die mögliche Anknüpfung des prozessualen Tatbegriffs entweder an die Identität der Straftat oder die Identität des tatsächlichen Geschehens betrifft allein die sachliche Dimension des Tatbegriffs. In persönlicher Hinsicht bezieht sich die angeklagte Tat stets jeweils auf jeden Angeklagten gesondert.[42] Insofern bilden die prozessuale Tat und der Täter den Gegenstand des Strafverfahrens.[43] Selbst bei Identität des geschichtlichen Vorgangs liegen in der **persönlichen Dimension** des Tatbegriffs **so viele Taten** vor, **wie Personen** beschuldigt bzw. **angeklagt** sind. Dementsprechend ist das Vorhandensein einer einheitlichen strafprozessualen Tat für jeden Beschuldigten bzw. Angeklagten gesondert zu prüfen.[44]

I. Grundlagen des strafprozessualen Tatbegriffs der Rechtsprechung

9 **1. Grundsätze.** Die höchstrichterliche Rechtsprechung zum strafprozessualen Tatbegriff ist durch **drei Elemente charakterisiert**: 1. Der strafprozessuale **Tatbegriff** ist **in allen**, dh. in den drei **Verfahrensstadien** der Rechtshängigkeit (§ 155), der Urteilsfindung (§ 264) und der materiellen Rechtskraft (Art. 103 Abs. 3 GG) **identisch**.[45] 2. Er wird (primär) durch den in der Anklage beschriebenen historischen Lebensvorgang und nicht durch dessen strafrechtliche Bewertung konstituiert; der strafprozessuale Tatbegriff ist damit ein **ontologischer oder faktischer Begriff**.[46] 3. Der strafprozessuale Tatbegriff ist von den materiell-rechtlichen Regeln über das Vorliegen **von Handlungseinheit oder Handlungsmehrheit iSv. §§ 52, 53 StGB** im Grundsatz **unabhängig**.[47] Die drei den strafprozessualen Tatbegriff der Rechtsprechung charakterisierenden Merkmale sind in unterschiedlichem Grad mit Ausnahmen versehen. Während an der Einheitlichkeit des Tatbegriffs für alle Verfahrensstadien weitestgehend festgehalten wird,[48] sind bei den anderen beiden Elementen deutliche Aufweichungen der Grundsätze zu verzeichnen. Die an sich am idem factum orientierte Begriffsbestimmung wird in bestimmten Konstellationen durch normative Elemente beeinflusst. Ungeachtet der Unabhängigkeit des strafprozessualen Tatbegriffs vom materiell-rechtlichen Tat- bzw. Handlungsbegriff dient letzterer in erheblichem Umfang als Indiz für das Vorliegen prozessualer Tateinheit oder Tatmehrheit.

10 **2. Einheitlichkeit des Tatbegriffs in den verschiedenen Verfahrensstadien. a) Verfassungsgerichtliche und fachgerichtliche Rechtsprechung.** Sowohl die fachgerichtliche als auch die verfassungsgerichtliche Rechtsprechung geht **grundsätzlich** von einem für die Rechtshängigkeit, die Urteilsfindung und die materielle Rechtskraft des Urteils **einheitlichen Tatbegriff im prozessualen Sinne** aus.[49] Angesichts der unterschiedlichen Interessenlagen der verschiedenen Verfahrensbetei-

---

[40] Ausführlicher *Radtke*, FS Seebode, S. 297 (310).
[41] Ebenso KMR/*Stuckenberg* Rn. 11.
[42] AK-StPO/*Loos* Anhang zu § 264 Rn. 26; KMR/*Stuckenberg* Rn. 20; *Meyer-Goßner* Rn. 1; zur Unterscheidung zwischen der sachbezogenen und der personellen Komponente des Tatbegriffs auch *Kahlo/Zabel*, HRRS-Festgabe für Fezer, S. 88 (92 f.).
[43] Insoweit zutreffend *von Freier* ZStW 2008 (120), 273 (281).
[44] BGH v. 21. 12. 1983 – 2 StR 578/83, BGHSt 32, 215 (217).
[45] Näher Rn. 10–12.
[46] Näher Rn. 13–15.
[47] Näher Rn. 26 ff.
[48] *Radtke*, Systematik des Strafklageverbrauchs, S. 103–107.
[49] BVerfG v. 7. 3. 1968 – 2 BvR 354, 355, 524, 566, 567, und 710/66 sowie 79, 171 und 431/67, BVerfGE 23, 191 (202); BVerfG v. 7. 9. 1977 – 2 BvR 674/77, BVerfGE 45, 434 (435); BGH v. 5. 11. 1953 – 3 StR 545/52, BGHSt 6, 92 (95); BGH 11. 6. 1980 – 3 StR 9/80, BGHSt 29, 288 (292), BGH 3. 11. 1983 – 1 StR 178/83, BGHSt 32, 146 (150); BGH v. 30. 9. 1987 – 4 ARs 7/87, BGHSt 35, 69 (61); BGH v. 11. 8. 1988 – 4 StR 217/88, BGHSt 35, 318 (323); ebenso bereits RG, exemplarisch RG v. 2. 6. 1881 – I 1195/81, RGSt 4, 243 (245); RG v. 28. 9. 1917 – IV 391/17, RGSt 51, 241 (242); RG v. 5. 10. 1921 – II,III 79/20, RGSt 56, 161 (166); RG v. 12. 11. 1937 – 1 D 323/37, RGSt 72, 99 (105); siehe aber für Sonderkonstellationen der Organisations- und Dauerdelikte anders BVerfG v. 8. 1. 1981 – 3 BvR 873/80, BVerfGE 56, 22 (34 ff.); BGH v. 27. 2. 1984 – 3 StR 396/83, BGHSt 32, 288 (295 ff.); BGH v. 3. 11. 1983 – 1 StR 178/83, BGHSt 32, 146 (150); BayObLG v. 22. 3. 1991 – RReg 1 St 240/90, BayObLGSt 1991, 51 (54)

ligten an einem engen oder weiten Tatbegriff, die zudem in den Verfahrensstadien Wandlungen unterliegen,[50] erscheint ein solcher einheitlicher Tatbegriff an sich nicht selbstverständlich.[51] Für die Einheitlichkeit sprechen aber gute Gründe.[52] Auf verfassungsrechtlicher Ebene hat Art. 103 Abs. 3 GG den bei Inkrafttreten der Verfassung vorgefundenen Zustand jedenfalls im Grundsatz festgeschrieben;[53] lediglich bei den „dogmatischen Verästelungen" soll der den Strafklageverbrauch im Sinne von Art. 103 Abs. 3 GG bestimmende verfassungsrechtliche Tatbegriff dem strafverfahrensrechtlichen Pendant nicht folgen.[54] Die Annahme eines durch den Umfang der Kognitionspflicht (Zeitpunkt der Urteilsfindung) bestimmten Umfangs des Strafklageverbrauchs gehörte aber auf der Grundlage der einschlägigen Rechtsprechung des RG[55] gerade zu dem Kernbestand des bei Schaffung des Grundgesetzes vom Verfassungsgeber vorgefundenen Rechtszustandes. Der **Schutzzweck des Art. 103 Abs. 3 GG**, das Individualinteresse der Angeklagten, wegen einer Tat lediglich einmal mit einem Strafverfahren überzogen zu werden,[56] spricht ebenfalls dafür, den Strafklageverbrauch in dem Umfang des gerichtlichen Kognitionsrecht und der Kognitionspflicht zu gewähren.[57]

b) **Aufweichungen des einheitlichen prozessualen Tatbegriffs.** Teile der Literatur plädieren **11** dagegen für eine **unterschiedliche Inhaltsbestimmung des Tatbegriffs in den verschiedenen Verfahrensstadien.**[58] Die dort postulierte Verschiedenheit von Inhalt und Umfang des Tatbegriffs in den Verfahrensstadien variiert dabei ihrerseits beträchtlich. So nimmt namentlich *Peters*,[59] gestützt auf die „Dynamik des Prozesses", einen sich von der Rechtshängigkeit bis hin zur Urteilsfindung (und damit zum Strafklageverbrauch) verengenden Tatbegriff an. Der in § 155 und § 264 identisch verwendete Begriff „Tat" hätte dann in beiden Vorschriften einen unterschiedlichen Inhalt. Andere ziehen die Trennungslinie dagegen zwischen dem verfahrensrechtlichen Tatbegriff der §§ 155, 264 StPO auf der einen und dem (angeblich engeren) verfassungsrechtlichen Tatbegriff des Art. 103 Abs. 3 GG auf der anderen Seite.[60] Von einigen wird ein gegenüber dem Umfang der Kognitionspflicht engerer Tatbegriff des Strafklageverbrauchs lediglich bei **Sonderkonstellationen** wie dem **Zusammentreffen eines Organisationsdelikts** (etwa § 129 a StGB) **mit einer in Idealkonkurrenz** schweren **stehenden Außentat** (etwa Beihilfe zum Mord) befürwortet und von individuellen Vertrauensschutzerwägungen abhängig gemacht.[61] Für die genannte Sonderkonstellation hat in einer in ihrer Bedeutung nicht leicht zu erfassenden Entscheidung[62] der BGH[63] mit Billigung des BVerfG[64] ebenfalls einen gegenüber dem Umfang der Kognitionspflicht (Zeitpunkt der Urteilsfindung) engeren Tatbegriff des Strafklageverbrauchs angenommen. Das gilt aber im Verhältnis der Beteiligung an einem Organisationsdelikt zu einer idealkonkurrierenden Straftat nur dann, wenn Letztere nach ihrem abstrakten Strafrahmen schwerer wiegt als das Organisationsdelikt.[65] Das BVerfG hat diese Durchbrechung des Grundsatzes der Einheitlichkeit des Tatbegriffs akzeptiert, weil Art. 103 Abs. 3 GG lediglich den Kernbestand des strafprozessualen ne bis in idem-Prinzips garantiere und der Grundsatz der

---

mAnm *Neuhaus* NStZ 1993, 202 und *Schlüchter* JZ 1991, 1057 (1058 f.); zum Ganzen auch *Radtke*, Systematik des Strafklageverbrauchs, S. 104–106.
[50] Oben Rn. 4.
[51] Zutreffend AK-StPO/*Loos* Anhang zu § 264 Rn. 27.
[52] Ebenso *Erb* GA 1994, 265 (269); aA *Bauer* NStZ 2003, 174 (177); *ders.* wistra 2008, 374 (376).
[53] Oben Rn. 5 mit Fn. 27.
[54] BVerfG v. 8. 1. 1981 – 2 BvR 873/80, BVerfGE 56, 22, (34); siehe auch bereits *Jescheck* JZ 1957, 29 (30); *Oehler*, GedS Schröder, S. 439 (441).
[55] Exemplarisch RG v. 2. 6. 1881 – I 1195/81, RGSt 4, 243 (245); RG v. 28. 9. 1917 – IV 391/17, RGSt 51, 241 (242); RG v. 5. 10. 1921 – II, III 79/20, RGSt 56, 161 (166); RG v. 12. 11. 1937 – 1 D 323/37, RGSt 72, 99 (105).
[56] BVerfG v. 8. 1. 1981 – 2 BvR 873/80, BVerfGE 56, 22, (31 f.); BeckOK-GG/*Radtke/Hagemeier* Art. 103 Rn. 43; vgl. auch AK-StPO/*Loos* Anhang zu § 264 Rn. 27; KMR/*Stuckenberg* Rn. 6.
[57] Im Ergebnis ebenso AK-StPO/*Loos* Anhang zu § 264 Rn. 27; KMR/*Stuckenberg* Rn. 6; Löwe/Rosenberg/*Gollwitzer*, 25. Aufl., Rn. 2 mwN.
[58] Überblick bei *Detmer*, Der Begriff der Tat im strafprozessualen Sinn, 1989, S. 76; *Radtke*, Systematik des Strafklageverbrauchs, S. 113 – 115; KMR/*Stuckenberg* Rn. 6.
[59] Der Strafprozeß, § 36 I und II, S. 279 ff.
[60] *Marxen* StV 1985, 472 (476 f.); *Neuhaus* StV 1990, 342 (344); *Büchner*, Der Begriff der strafprozessualen Tat, 1976, S. 112 ff.; der Sache nach auch *Bauer* NStZ 2003, 174 (177); *ders.* wistra 2008, 374 (376).
[61] *Krauth*, FS Kleinknecht, 1985, S. 215 (229 f.); siehe insoweit auch *Neuhaus* StV 1990, 342 (344), *ders.* NStZ 1993, 202 (204) und HK-StPO/*Julius* Rn. 5 aE; gegen das Abstellen auf ein individuelles Vertrauen eines konkreten Angeklagten *Radtke*, Systematik des Strafklageverbrauchs, S. 115 Fn. 22; AK-StPO/*Loos* Anhang zu § 264 Rn. 27; KMR/*Stuckenberg* Rn. 6.
[62] Zur „Interpretation" siehe *Gössel* JR 1982, 111 (112 f.); *Radtke*, Systematik des Strafklageverbrauchs, S. 105 f.; *Krauth*, FS Kleinknecht, S. 215 (220 mit Fn. 20).
[63] BGH v. 11. 6. 1980 – 3 StR 9/80, BGHSt 29, 288 (293 ff.).
[64] BVerfG v. 8.1.1981 – 2 BvR 873/80, BVerfGE 56, 22, (34 ff.).
[65] BGH v. 11. 6. 1980 – 3 StR 9/80; BGHSt 29, 288 (295).

Einheitlichkeit des Tatbegriffs bereits bei Erlass des Grundgesetzes für den Fortsetzungszusammenhang ohnehin durchbrochen war.[66]

12 c) **Stellungnahme.** An der **Einheitlichkeit des Tatbegriffs in allen Verfahrensstadien ist** ungeachtet der in der Rechtsprechung zugelassenen Durchbrechungen **festzuhalten**. Dafür spricht der individualschützende Charakter des Art. 103 Abs. 3 GG.[67] Zudem ermöglicht allein ein einheitlicher Tatbegriff einen fairen Ausgleich der Interessen der verschiedenen Verfahrensbeteiligten in den unterschiedlichen Verfahrensstadien.[68] Einen dem Abgeurteilten auf der Ebene des Strafklageverbrauchs tendenziell günstigeren weiteren Tatbegriff „erkauft" dieser zuvor auf der Ebene der Rechtshängigkeit und der Urteilsfindung mit einer dann weitreichenden Umgestaltungsbefugnis des Gerichts (§ 264 Abs. 2). Für die staatlichen Interessen an einer effektiven Strafverfolgung und einer möglichst gerechten Entscheidung der Sache gilt das Umgekehrte. Die in der Rechtsprechung akzeptierten Einbrüche in die Einheitlichkeit sind Sonderkonstellationen geschuldet, die wegen ihrer verfehlten materiell-rechtlichen Konstruktion[69] den verfassungsrechtlichen und den verfahrensrechtlichen Tatbegriff vor schwer zu überwindende Probleme stellen.[70] Die Probleme sind dementsprechend auf der Ebene des materiellen Strafrechts zu lösen. Sie zwingen nicht zur Aufgabe eines einheitlichen prozessualen Tatbegriffs in allen Verfahrensstadien.[71]

13 3. **Begriffsbestimmung (ontologischer Tatbegriff).** Die höchstrichterliche Rechtsprechung in Deutschland vertritt traditionell einen im Ausgangspunkt am tatsächlichen Geschehen ausgerichteten **ontologischen Tatbegriff** im Strafverfahrensrecht.[72] Tat im strafprozessualen Sinne ist der vom Eröffnungsbeschluss **betroffene geschichtliche Lebensvorgang** einschließlich aller damit zusammenhängenden oder darauf bezogenen Vorkommnisse und tatsächlichen Umstände, die geeignet sind, das in diesen Bereich fallende Tun des Angeklagten unter irgendeinem rechtlichen Gesichtspunkt als strafbar erscheinen zu lassen.[73] Zu dem von Anklage und Eröffnungsbeschluss erfassten einheitlichen geschichtlichen Vorgang gehört dem Vorgenannten entsprechend alles, was mit ihm **nach der Auffassung des Lebens einen einheitlichen Vorgang bildet**.[74]

14 Die häufig zitierte Wendung der Rechtsprechung für eine einheitliche Tat im prozessualen Sinne müsse zwischen einzelnen Verhaltensweisen des Täters eine innere Verknüpfung dergestalt bestehen, dass ihre **getrennte Aburteilung** in verschiedenen erstinstanzlichen Verfahren **als unnatürliche Aufspaltung eines einheitlichen Lebensvorgangs** empfunden würde,[75] bildet keinen Teil der Begriffsbestimmung der Tat im prozessualen Sinne. Vielmehr handelt es sich dabei um ein zur Ausfüllung der allgemeinen Begriffsbestimmung[76] herangezogenes inhaltliches Kriterium, das zur Beurteilung der strafprozessualen Tatidentität in Konstellationen mehrerer sachlich-rechtlicher Handlungen (iSv. § 53 StGB) von der Rechtsprechung angewendet wird.[77] Mit dem Abstellen auf die erforderliche „**innere Verknüpfung**" wird allerdings ein Kriterium benannt, welches über die Konstellationen der materiell-rechtlichen Handlungsmehrheit hinaus das Vorliegen einer einheitlichen strafprozessualen Tat bestimmt.

---

[66] BVerfG v. 8. 1. 1981 – 2 BvR 873/80, BVerfGE 56, 22, (36).
[67] Rn. 10.
[68] Siehe bereits Rn. 4 sowie insoweit auch *Wolter* GA 1986, 143 (151) und *Radtke*, Systematik des Strafklageverbrauchs, S. 119.
[69] *Gössel* JZ 1986, 45 (48).
[70] Vgl. AK-StPO/*Loos* Anhang zu § 264 Rn. 39.
[71] Zu prozessualer Tatidentität oder Tatverschiedenheit bei Organisationsdelikten und Dauerdelikten unten Rn. 34 – 36 und Rn. 39 f.
[72] Zur geschichtlichen Entwicklung knapp zusammenfassend KMR/*Stuckenberg* Rn. 14–16 sowie ausführlich *Neuhaus*, Der strafverfahrensrechtliche Tatbegriff – „ne bis in idem", 1985, S. 31 ff.
[73] Exemplarisch BGH v. 22. 10. 1957 – 5 StR 317/57, BGHSt 10, 396 (397); BGH v. 3. 11. 1959 – 1 StR 425/59, BGHSt 13, 320(321); BGH v. 21. 12. 1983 – 2 StR 578/83, BGHSt 32, 215 (216) mAnm *Roxin* JR 1984, 346 und *Jung* JZ 1984, 533; BGH v. 29. 9. 1987 – 4 StR 376/87, BGHSt 35, 60 (61); BGH v. 16. 10. 1987 – 2 StR 258/87, BGHSt 35, 80 (81) mAnm *Roxin* JZ 1988, 260; BGH v. 18. 10. 1995 – 3 StR 324/94, BGHSt 41, 22 (297); BGH v. 23. 9. 1999 – 4 StR 700/98, BGHSt 45, 211 (212 f.); BGH v. 11. 9. 2007 – 5 StR 213/07, NStZ 2008, 411; RG v. 16. 10. 1880 – III 2517/80, RGSt 2, 347 (349 f.); RG v. 21. 12. 1880 – II 3110/80, RGSt 3, 132 (133), RG 4. 1. 1884 – III 2917/83, RGSt 9, 321 (322), RG v. 18. 1. 1924 – I 50/24, RGSt 58, 113 (116); RG v. 2. 6. 1927 – III 238/27, RGSt 61, 314, 317; BayObLG v. 22. 3. 1991 – RReg 1 St 240/90, BayObLGSt 1991, 51 (52) mAnm *Neuhaus* NStZ 1993, 202 und *Schlüchter* JZ 1991, 1057 ff.; OLG Braunschweig v. 21. 10. 1996 – Ss 48/96, NStZ-RR 1997, 80 f.; OLG Celle v. 15. 10. 1984 – 1 Ws 953/84, JZ 1985, 147 (148); Thüring. OLG v. 27. 7. 1999 – 1 Ss 71/99, NStZ 1999, 516 (517); OLG Stuttgart v. 13. 10. 1985 – 1 Ss 416/95 NStZ-RR 1996, 173; aus dem Schrifttum AK-StPO/*Loos* Anhang zu § 264 Rn. 34; KK-StPO/*Engelhardt* Rn. 3; Löwe/Rosenberg/*Gollwitzer*, 25. Aufl., Rn. 4; Meyer-Goßner Rn. 2.
[74] Nachw. wie Fn. zuvor.
[75] Exemplarisch BGH v. 21. 12. 1983 – 2 StR 578/83, BGHSt 32, 215 (216) mAnm *Roxin* JR 1984, 346 und *Jung* JZ 1984, 533; BGH v. 19. 12. 1995 – KRB 33/95, BGHSt 41, 385 (388); BGH v. 1. 10. 1997 – 2 StR 520/96, BGHSt 43, 252 (255); BGH v. 24. 11. 2004 – 5 StrR 206/04, NStZ 2005, 514; OLG Stuttgart v. 13. 10. 1995 – 1 Ss 416/95, NStZ-RR 1996, 173.
[76] Rn. 13.
[77] Zutreffend KK/*Engelhardt* Rn. 5.

Der ontologische bzw. faktische strafprozessuale Tatbegriff[78] der Rechtsprechung bietet keine 15 Inhaltsbestimmung, die stets eine eindeutige Entscheidung über das Vorliegen oder Fehlen von Tatidentität ermöglicht; ausschlaggebend sind die **tatsächlichen Umstände des Einzelfalls**.[79] Das aufgrund der Einzelfallbetrachtung gewonnene Ergebnis bedarf seinerseits der Überprüfung auf seine Vereinbarkeit mit anderen verfahrensrechtlichen Gestaltungen, dem Gerechtigkeitsgedanken und dem Gedanken des Vertrauensschutzes.[80] Trotz der (notwendigen) Vagheit der Begriffsbestimmung eines an der Einheitlichkeit des geschichtlichen Lebensvorgangs ausgerichteten ontologischen Tatbegriffs erweist sich die diesbezüglich Rechtsprechung nicht als rein kasuistisch. Leitprinzipien, anhand derer eine Prüfung von Tatidentität und Tatverschiedenheit möglich ist, sind vorhanden.[81]

II. Der strafprozessuale Tatbegriff in der Strafverfahrensrechtswissenschaft

Der in der Rechtsprechung vertretene ontologisch orientierte Begriff der Tat im prozessualen 16 Sinne findet in Teilen der Strafverfahrensrechtswissenschaft jedenfalls im Grundsatz Zustimmung,[82] während andere die Position der Rechtsprechung heftig kritisieren.[83] Die Kritik richtet sich sowohl gegen den ontologischen Ausgangspunkt dieses Tatbegriffs[84] als auch gegen dessen Ausprägungen im Einzelnen wie etwa die Einheitlichkeit des Tatbegriffs in allen Verfahrensstadien.[85] Fundamental ist der Einwand der Kriterienlosigkeit, die mit dem völlig vagen Abstellen auf die Einheitlichkeit des Lebensvorgangs bei natürlicher Betrachtung verbunden ist.[86] Soweit damit der erkenntnistheoretische Einwand gemeint ist, mit dem von der Rechtsprechung gewählten Maßstab werde verschleiert, dass es sich bei der Festlegung des prozessualen Tatbegriffs wegen seiner Funktionen, den Verfahrensgegenstand und den Umfang der materiellen Rechtskraft festzulegen, notwendig um eine rechtliche Beurteilung handele,[87] ist diese eine „erkenntnistheoretische Trivialität",[88] die nicht vorgeben kann, die erforderlichen Kriterien gerade dem materiellen Strafrecht zu entnehmen.[89] Die Kritik ist nur in der Ablehnung des prozessualen Tatbegriffs der Rechtsprechung einig, bietet aber ihrerseits ein breites Spektrum miteinander konkurrierender Tatbegriffe an.[90] Die unterbreiteten Alternativen betreffen alle Charakteristika des Tatbegriffs der Rechtsprechung, die Einheitlichkeit des Begriffs in sämtlichen Verfahrensstadien, die ontologische Natur sowie seine grundsätzliche Unabhängigkeit von dem materiellrechtlichen Begriff der Tat iSd. §§ 52, 53 StGB.[91]

1. Konkurrierende prozessuale Tatbegriffe im Einzelnen. Auffassungen, die in den verschiedenen Verfahrensstadien dem **Tatbegriff unterschiedliche Reichweiten** zumessen,[92] sind mit dem individualschützenden Charakter des Art. 103 Abs. 3 GG in seinem gesicherten Bestand nicht zu vereinbaren.[93] Für den Vorschlag, den Umfang der Tat im strafprozessualen Sinne – unabhängig von sonstigen inhaltlichen Kriterien – nach Maßgabe des Umfangs der in dem konkreten Verfahren **tatsächlich möglichen Erfüllung der gerichtlichen Kognitionspflicht** zu bestimmen,[94] gilt das ebenfalls.[95] Die Orientierung des verfassungsrechtlichen und des verfahrensrechtlichen Tatbe-

---

[78] Die Bezeichnungen „natürlicher" oder „naturalistischer" Tatbegriff sind synonym.
[79] BGH v. 20. 10. 1999 – 1 StR 429/99, BGHSt 45, 252 (255); BGH v. 13. 11. 1998 – StB 12/98, NJW 1999, 1413 (1414); siehe auch OLG Braunschweig v. 21. 10. 1996 – Ss 48/96, NStZ-RR 1997, 80 (81); OLG Düsseldorf v. 23. 6. 1998 – 4 Ws 139 u. 140/98, NStZ-RR 1999, 176 (177).
[80] BGH v. 24. 7. 1987 – 3 StR 36/87, BGHSt 35, 14 (19) = NStZ 1988, 77; BGH v. 23. 9. 1986 – 5 StR 330/86, BGHR StPO § 264 Abs. 1 Tatidentität 21; BGH v. 12. 12. 1997 – 3 StR 383/97, NStZ 1998, 251; OLG Düsseldorf v. 23. 6. 1998 – 4 Ws 139 u. 140/98, NStZ-RR 1999, 176 (177).
[81] Kritischer *Bauer* wistra 2008, 374 mwN.
[82] Aus der jüngeren Literatur etwa *Achenbach* ZStW 87 (1975), S. 74 (90 ff.); *Kröpil* DRiZ 1986, 448; *Lemke* ZRP 1980, 141 (143) *Rieß* NStZ 1981, 74 (75); KK-StPO/*Engelhardt* Rn. 4 ff.; Löwe/Rosenberg/*Gollwitzer*, 25. Aufl. Rn. 3 ff.; *Meyer-Goßner* Rn. 2 ff.; umfassende Nachw. bei *Radtke*, Systematik des Strafklageverbrauchs, S. 109.
[83] Überblick bei KMR/*Stuckenberg* Rn. 28, umfassende Darstellung der alternativen „Tatkonzepte" in der Strafverfahrensrechtswissenschaft bei *Radtke*, Systematik des Strafklageverbrauchs, S. 113–137.
[84] Exemplarisch *Hruschka* JZ 1966, 700 (703); *Jescheck* JZ 1957, 29 (30); *Kindhäuser* JZ 1997, 101; *Marxen* StV 1985, 472 (473 f.); siehe auch *Wolter* GA 1986, 143 (157 ff.).
[85] Dazu bereits oben Rn. 11 f.
[86] Vor allem *Hruschka* JZ 1966, 700 (701).
[87] Vgl. *Hruschka* JZ 1966, 700 (701), *Bertel*, Die Identität der Tat, 1970, S. 35 f.
[88] AK-StPO/*Loos* Anhang zu § 264 Rn. 35.
[89] AK-StPO/*Loos* Anhang zu § 264 Rn. 35; insoweit übereinstimmend *Hruschka* JZ 1966, 700 (703).
[90] Ausführlich *Radtke*, Die Systematik des Strafklageverbrauchs, S. 113–137; zusammenfassend auch KMR/*Stuckenberg* Rn. 30–34.
[91] Zu den Charakteristika oben Rn. 9.
[92] *Marxen* StV 1985, 472 (476 f.); *Neuhaus* StV 1990, 342 (344), *Büchner*, Begriff der Tat, S. 112 ff.; *Peters*, Der Strafprozeß, § 36 I und II, S. 279 ff.
[93] Oben Rn. 13.
[94] *Henkel*, Strafverfahrensrecht, § 100 S. 389 f.
[95] Ablehnend daher zu Recht *Achenbach* ZStW 87 (1975), S. 74 (90 f.); *Grünwald* ZStW-Beiheft 86 (1974), S. 94, 109 f.; *Bertel*, Identität der Tat, S. 13 f.; *Radtke*, Systematik des Strafklageverbrauchs, S. 121; AK-StPO/*Loos* Anhang zu § 264 Rn. 33; KMR/*Stuckenberg* Rn. 34.

griffs am Umfang der rechtlich geschuldeten Kognitionspflicht entspricht dem bei Einführung des Art. 103 Abs. 3 GG gesicherten Verständnis des Tatbegriffs. Auf der Ebene des einfachen Rechts umginge ein nach dem in der konkreten Situation faktisch Möglichen bestimmter Tatbegriff die Unzulässigkeit der Wiederaufnahme des Verfahrens zu Lasten des Abgeurteilten propter nova.[96] Im Übrigen ist eine retrospektive Aufklärung dessen, was das erkennende Gericht im ersten Verfahren hätte bei sorgfältiger Erfüllung der Kognitionspflicht aufklären können, praktisch kaum zu leisten.[97] Diskutabel sind daher allenfalls Vorschläge, die unter Berücksichtigung der Vorgaben des Art. 103 Abs. 3 GG auf eine vom Tatbegriff der Rechtsprechung abweichende inhaltliche Bestimmung der Tat im prozessualen Sinne abstellen; **drei Hauptströmungen** sind insoweit zu verzeichnen:[98]

18   (1) **Identität von materiell-rechtlichem und prozessualem Tatbegriff (Handlungstheorien)**; eine zeitweilig vertretene Auffassung machte den prozessualen Tatbegriff zumindest grundsätzlich[99] teils sogar ausschließlich[100] von der materiell-rechtlichen Bewertung im Sinne der Konkurrenzregeln der §§ 52, 53 StGB abhängig. Mit der Annahme von Handlungs- bzw. Tateinheit iSv. § 52 StGB wäre dann stets auch eine Tat im prozessualen Sinne gegeben; materiell-rechtlicher und prozessualer Tatbegriff stimmten überein. Ob diese Identität auch die Kunstprodukte sog. rechtlicher Handlungseinheiten wie etwa den früheren Fortsetzungszusammenhang oder die heutigen Bewertungseinheiten[101] umfasst, ist zwischen den Protagonisten streitig geblieben.[102] (2) **Identität des Unrechts (Rechtsgutsverletzungs- oder Bewertungstheorien)**; ausgehend von der erkenntnistheoretisch zutreffenden Einsicht, bei der Bestimmung des prozessualen Tatbegriffs handele es sich um eine rechtliche Bewertung,[103] wird das prozessual identitätsstiftende Kriterium in der Identität oder zumindest Vergleichbarkeit des Unrechtsgehalts der angeklagten Straftaten erblickt.[104] Die Anforderungen an die Tatidentität nach dem Unrechtsgehalt der Straftaten werden in den Details unterschiedlich formuliert; so wird auf die „Vergleichbarkeit des Unrechtsgehalts" anhand eines Vergleichs des eingetretenen oder intendierten sozial unerwünschten Erfolges,[105] die „Identität des verletzten Rechtsguts und die Übereinstimmung der Verletzung"(-shandlung)[106] oder den „sozialen Sinnzusammenhang" anhand der betroffenen Deliktstypen abgestellt.[107] (3) **Normativ-faktischer Tatbegriff (Kombinationstheorien)**; in jüngerer Zeit finden sich häufiger Ansichten, die den prozessualen Tatbegriff kumulativ oder alternativ von ontologisch-faktischen und von (materiell-)rechtlichen Kriterien her bestimmen.[108] Übereinstimmung besteht im methodischen Ansatz, die diagnostizierte Vagheit des ontologischen Tatbegriffs der Rechtsprechung und die Unzuträglichkeiten eines rein oder primär normativ ausgerichteten Tatbegriffs durch die funktionsgerechte Kombination beider Aspekte ausgleichen zu können.[109] Im Einzelnen divergieren die Kombinationstheorien nicht unbeträchtlich. So versteht *Wolter* Tatidentität im prozessualen Sinne als „die Unabgrenzbarkeit bzw. Untrennbarkeit von Verhaltensweisen oder die Wesensgleichheit ihres Sach- und Unrechtskerns ohne Verwechselungsgefahr bei Kontinuität".[110] Die hoch abstrakte Formel erfasst einerseits die Funktionen des prozessualen Tatbegriffs[111] und greift andererseits für unterschiedliche Konstellationen auf unterschiedliche (tat-)identitätsstiftende Kriterien zurück.[112] *Schlüchter* deutet dagegen die prozessuale Tat als ein „in ihrer äußersten Reichweite ... als das nicht nur nach natürlicher Betrachtung, sondern auch im Blick auf die Handlung, ausgerichtet auf das Handlungsobjekt und gemessen am Rechtsgut einheitliche(s) Geschehen".[113] Anders als bei

---

[96] KMR/*Stuckenberg* Rn. 34.
[97] *Radtke*, Systematik des Strafklageverbrauchs, S. 121.
[98] Siehe bereits die Systematisierung bei *Radtke*, Systematik des Strafklageverbrauchs, S. 123–137.
[99] Oehler, GedS Schröder, S. 439 (444 ff.).
[100] *Herzberg* JuS 1972, 113 (117 ff.).
[101] Zu diesen unten Rn. 30.
[102] Nachw. wie Fn. 96 und 97.
[103] Oben Fn. 84 und 85.
[104] *Hruschka* JZ 1966, 700 (703); *Barthel*, Begriff der Tat im Strafprozeßrecht, 1972, S. 93 ff.; *Bertel*, Identität der Tat, S. 140 ff.; *Geerds*, Zur Lehre von der Konkurrenz im Strafrecht, 1961, S. 363 und 406; für den prozessualen Begriff der Tat in Art. 54 SDÜ stellt *Böse* GA 2003 744 (762) ebenfalls auf die wesentliche Identität von Handlung, betroffenem Rechtsgut sowie die Art des Angriffs ab.
[105] *Barthel*, Begriff der Tat, S. 93 ff
[106] *Bertel*, Identität der Tat, S. 141 f.
[107] *Geerds*, Konkurrenz, S. 363 und 406; vgl. dazu auch *Achenbach* ZStW 87 (1975), S. 74 (91).
[108] Grundlegend bereits *Schwinge* ZStW 32 (1932), S. 203, 22 f.; aktuell etwa *Gillmeister* NStZ 1989, 1 (4 f.); *Roxin* JR 1984, 346 (348); *ders.* JZ 1988, 260 (261); *Wolter* GA 1986, 143 (164 ff.); *Detmer*, Begriff der Tat, S. 210 ff.; der Sache nach auch *Beulke*, FG 50 Jahre BGH, S. 781 (794 f. und 804 ff.); *Schlüchter*, JZ 1991, 1057 (1060 ff.); SK-StPO/*Schlüchter* Rn. 17; Löwe/Rosenberg/*Gollwitzer*, 25. Aufl., Rn. 6 und 11.
[109] Siehe *Radtke*, Systematik des Strafklageverbrauchs, S. 132.
[110] GA 1986, 143 (175).
[111] Oben Rn. 3.
[112] Näher dazu *Radtke*, Systematik des Strafklageverbrauchs, S. 134.
[113] *Schlüchter* JZ 1991, 1057 (1060), SK-StPO/*Schlüchter* Rn. 17 iVm. Rn. 13

Wolter werden hier nicht ontologische und normative Betrachtung alternierend sondern kumulierend in dem Sinne herangezogen, dass die grundsätzlich durch die natürliche Betrachtung zu ermittelnde einheitliche Tat über normative Kriterien eingeengt werden kann.[114] Eine wiederum andere Kombination ontologischer und normativer Aspekte findet sich bei *Beulke*, der bei materiell-rechtlich selbständigen Taten prozessuale Tatidentität bei raum-zeitlicher Nähe und eine delikts-immanente Verbindung oder bei „gleicher Angriffsrichtung" annimmt.[115]

2. Bewertungen. Die Orientierung an der materiell-rechtlichen Konkurrenzlehre oder gar die strikte Determinierung des strafprozessualen Tatbegriffs durch diese wird dessen Funktionen nicht gerecht.[116] Da der Tatbegriff in den Stadien der Rechtshängigkeit (§ 155) und der Urteilsfindung (§ 264) den Gegenstand des Verfahrens bestimmt, würde bei dessen Abhängigkeit von der materiell-rechtlichen Wertung der Umfang der gerichtlichen Kognitionspflicht vom Ergebnis der Ausübung dieser Pflicht abhängen.[117] Denn allein die materiell-rechtliche Würdigung zum Zeitpunkt der Urteilsfindung kann relevant sein; das Abstellen auf die in Anklage und Eröffnungsbeschluss erfolgte materiell-rechtliche Bewertung wäre mit § 155 Abs. 2, § 207 und § 264 Abs. 2 unvereinbar. Entsprechendes gilt auch für Rechtsgutsverletzungs- oder Bewertungstheorien.[118] Identität oder wenigstens Vergleichbarkeit des Unrechtsgehaltes können ohne Aushebelung der Umgestaltungsbefugnis und Subsumtionsfreiheit des erkennenden Gerichts (§ 264 Abs. 2) allein im Stadium der Urteilsfindung und darauf aufbauend des Strafklageverbrauchs festgelegt werden. Im Stadium der Rechtshängigkeit wäre dann ein davon abweichender Tatbegriff möglich;[119] unterschiedliche Tatbegriffe in den unterschiedlichen Verfahrensstadien sind jedoch im Hinblick auf den Schutzzweck von Art. 103 Abs. 3 GG einerseits und einen „fairen" Interessenausgleich andererseits inakzeptabel.[120] Ontologische und normative Kriterien für die Bestimmung der Tatidentität kombinierende Auffassungen vermeiden wegen ihres regelmäßig ontologischen Ausgangspunkts[121] weitgehend die Abhängigkeit des prozessualen Tatbegriffs von dem Ergebnis der materiellrechtlichen Wertung im Stadium der Urteilsfindung; dementsprechend ist die Gefahr divergierender Tatbegriffe in den verschiedenen Verfahrensstadien weitestgehend aufgehoben. Mit der Heranziehung normativer Kriterien sind solcherlei Tatbegriffe zudem in der Lage, der auf den Schutz der Interessen des Angeklagten bezogenen Funktion des Tatbegriffs, den Verfahrensgegenstand festzulegen, klarere Konturen vor allem dort zu verleihen, wo ansonsten die Unverwechselbarkeit der angeklagten Tat unsicher bleibt.[122] Der Einwand, die im Verfassungsrecht und im einfachen Gesetzesrecht zugrunde gelegte Unabhängigkeit des prozessualen Tat vom materiell-rechtlichen Wertungen zu unterlaufen, besteht dennoch.[123] Zudem bleibt der „Mehrwert", die dogmatische oder pragmatische Überlegenheit, gegenüber einem rein ontologisch gedeuteten Begriff der Tat im prozessualen Sinne undeutlich. Auch ein auf die Einheitlichkeit des Lebensvorgangs rekurrierender Tatbegriff kommt schon wegen seiner Funktion, den Gegenstand eines rechtlich gestalteten Verfahrens über (straf)rechtlich relevantes Verhalten festzulegen, nicht ohne Berücksichtigung rechtlicher Aspekte aus. Nur bleiben diese rechtlichen Aspekte bei einem ontologischen Tatbegriff auf der Ebene von Indizien für oder gegen die Einheitlichkeit des Lebensvorgangs; sie zwingen nicht zur Deutung von Tateinheit oder Tatmehrheit mit einem bestimmten Ergebnis sondern geben die Richtung vor, in der das durch gegenläufige Aspekte korrigierbare Ergebnis zu suchen ist. Darüber hinaus sind kombiniert normativ-faktische Tatbegriffe kaum weniger „kriterienlos" als es (angeblich) ein rein ontologischer Tatbegriff ist. Die jeweils herangezogenen normativen Aspekte werden letztlich für die jeweilige tatsächliche Konstellation spezifisch herangezogen, um Ergebnisse zu begründen, die ohne Berücksichtigung des normativen Kriteriums nicht anders ausgefallen wären. Die weitgehende Deckungsgleichheit der zu prozessualer Tateinheit oder Tatmehrheit bestehenden Ergebnisse zwischen dem (grundsätzlich) ontologischen Tatbegriff der Rechtsprechung und Kombinationstheorien kann angesichts dessen kaum überraschen.[124] An einem **ontologisch-faktischen Begriff der Tat** im prozessualen Sinne ist daher für sämtliche Verfahrensarten **festzuhalten**.[125]

---

[114] Siehe SK-StPO/*Schlüchter* Rn. 13.
[115] FG 50 Jahre BGH, S. 781 (795 sowie 806).
[116] Vgl. BVerfG v. 8. 1. 1981 – 2 BvR 873/80, BVerfGE 56, 22 (29).
[117] BGH v. 1. 10. 1997 – 2 StR 520/96, BGHSt 43, 252 (256); *Wolter* GA 1986, 143 (156); KMR/*Stuckenberg* Rn. 30.
[118] Zutreffend KMR/*Stuckenberg* Rn. 32.
[119] Wie hier KMR/*Stuckenberg* Rn. 32 aE.
[120] Oben Rn. 12.
[121] Ausgeprägt bei SK-StPO/*Schlüchter* Rn. 17 iVm. Rn. 13.
[122] Insoweit ganz zutreffend *Wolter* GA 1986, 143 (175) „ohne Verwechslungsgefahr".
[123] KMR/*Stuckenberg* Rn. 33 aE.
[124] Die weitgehende Kongruenz der Ergebnisse räumt SK-StPO/*Schlüchter* Rn. 17 ausdrücklich ein.
[125] Für den „europäischen" Begriff der prozessualen Tat im Kontext des Art. 54 SDÜ dafür bereits *Radtke*, FS Seebode, S. 297 (310).

III. Der ontologische Tatbegriff der Rechtsprechung in der Fallanwendung

20 **1. Grundlagen der Beurteilung der Tatidentität.** Den Ausgangspunkt für die Bestimmung der im konkreten Verfahren gegenständlichen Tat bildet **der durch die Anklage beschriebene Lebenssachverhalt**.[126] Zu diesem Lebenssachverhalt gehört nicht nur das in der Anklage ausdrücklich erwähnte tatsächliche Geschehen sondern – der Begriffsbestimmung entsprechend – **alle damit nach der „Auffassung des Lebens" zusammenhängenden Vorkommnisse**, soweit sie zusammen einen einheitlichen Lebensvorgang bilden.[127] Maßgeblich für den mit der Anklage erfassten Lebensvorgang ist die innere Verknüpfung des Geschehens als solche und nicht, ob bestimmte tatsächliche Umstände der durch die Anklage umfassten Tat in der Anklageschrift erwähnt sind.[128] Ebenso wenig kommt es darauf an, ob sämtliche tatsächlichen Umstände der Tat der Staatsanwaltschaft oder dem Gericht bekannt waren oder hätten bekannt sein können.[129]

21 **2. Innere Verknüpfung der tatsächlichen Geschehnisse.** Dass zentrale Kriterium für die Zugehörigkeit von tatsächlichen Geschehnissen zu der angeklagten Tat im prozessualen Sinne **ist die innere Verknüpfung** zwischen den tatsächlichen Ereignissen,[130] die den maßgeblichen einheitlichen Lebensvorgang konstituiert. Die innere Verknüpfung muss sich **aus dem Geschehen selbst** ergeben;[131] die bloße Erwähnung tatsächlichen Geschehens in der Anklageschrift führt allein die innere Verknüpfung des von der Tat erfassten Geschehens nicht herbei.[132] Das Merkmal der inneren Verknüpfung als der Sache nach „Oberkriterium" zur Begründung einer einheitlichen Tat im prozessualen Sinne trägt bei der konkreten Bestimmung dessen, was von der angeklagten Tat an tatsächlichem Geschehen erfasst ist, allerdings zur Konkretisierung kaum bei.[133] Das **Kriterium der „inneren Verknüpfung"** bedarf seinerseits Subkriterien, die Rückschlüsse auf das objektive Vorhandensein einer inneren Verknüpfung gestatten.[134] **Welche Subkriterien** dabei berücksichtigt werden können oder gar müssen sowie welche Bedeutung ihnen bei der Bewertung der „inneren Verknüpfung" und damit der Einheitlichkeit des Lebensvorgangs zukommt, ist in der Rechtsprechung **nicht vollständig geklärt**. Angesichts der Hervorhebung, der Tatbegriff entziehe sich einer allgemeingültigen Inhaltsbestimmung, **maßgeblich sei die Beurteilung des Einzelfalls**,[135] ist eine durchgängig gültige Klärung der relevanten Kriterien in der Rechtsprechung auch gar nicht angestrebt.

22 **3. Methodik der Prüfung der „inneren Verknüpfung".** Die die Rechtsprechung prägende konkrete Bestimmung des prozessualen Tatbegriffs nach den Verhältnissen des Einzelfalles bringt es mit sich, dass keines der für das Vorhandensein der inneren Verknüpfung des von der Tat umfassten Geschehens in der Rechtsprechung herangezogenen Subkriterien für sich genommen genügt, um die Verknüpfung zu begründen.[136] Die nachfolgend aufgeführten **Subkriterien** können isoliert daher lediglich **notwendige nicht aber hinreichende Bedingung für die innere Verknüpfung** zwischen tatsächlichen Geschehnissen und damit für die Einheitlichkeit des Lebensvorgangs sein:

23 a) **Äußere Momente.** Die **örtliche und zeitliche Nähe** zwischen tatsächlichen Geschehnissen begründet für sich genommen nicht die Einheitlichkeit des Lebensvorgangs;[137] ebenso wenig die Gleichzeitigkeit oder Identität von Vorbereitungshandlungen;[138] umgekehrt steht der Umstand,

---

[126] AllgA; siehe nur *Beulke*, FG 50 Jahre BGH, Band IV, 2000, S. 781 (782) mwN.
[127] BGH v. 5. 11. 1953 – 3 StR 545/52, BGHSt 6, 92 (95).
[128] BGH v. 1. 9. 1994 – 4 StR 259/94, NStZ 1995, 46; BGH v. 8. 10. 1996 – 5 StR 458/96, NStZ 1997, 127; BGH v. 13. 3. 1997 – 1 StR 800/96, NStZ 1997, 446; BGH v. 23. 9. 1999 – 4 StR 700/98, BGHSt 45, 211 (214) mAnm *Radtke* JR 2000, 428 (431 f.); BGH v. 16. 12. 1999 – 4 StR 496/99, NStZ 2000, 208; BGH v. 30. 3. 2001 – 3 StR 342/00, NStZ 2001, 440; BGH v. 23. 10. 2001 – 5 StR 310/01, NStZ-RR 2002, 259 (260); BGH v. 26. 9. 2002 – 1 StR 233/02, NStZ-RR 2003, 82; BGH v. 17. 3. 2004 – 5 StR 314/03, NStZ 2004, 582 (583) mAnm *Wegner* wistra 2004, 273 f.; OLG Hamm v. 13. 12. 2007 – 3 Ss 430/07 (veröffentlicht in juris); Löwe/Rosenberg/*Gollwitzer*, 25. Aufl., Rn. 5 mwN.
[129] BGH v. 26. 9. 1980 – 3 StB 32/80, BGHSt 29, 341 (342); BGH v. 21. 12. 1983 – 2 StR 578/83, BGHSt 32, 215 (216); BGH v. 18. 10. 1995 – 3 StR 324/94, BGHSt 41, 292 (298); BGH v. 23. 9. 1999 – 4 StR 700/98, BGHSt 45, 211 (213); OLG Braunschweig v. 21. 10. 1996 – 1 Ss 48/96, NStZ-RR 1997, 80 f.; OLG Düsseldorf v. 23. 6. 1998 – 4 Ws 139 und 140/98, NStZ-RR 1999, 176 (177).
[130] In der Bewertung ebenso *Beulke*, FG 50 Jahre BGH, S. 781, 783; Löwe/Rosenberg/*Gollwitzer*, 25. Aufl., Rn. 5; *Meyer-Goßner* Rn. 3.
[131] BGH v. 24. 2. 1959 – 1 StR 29/59, BGHSt 13, 21 (25 f.); BGH 3. 11. 1983 – 1 StR 178/83, BGHSt 32, 146 (149); BGH 18. 10. 1995 – 3 StR 324/94, BGHSt 41, 292 (297); *Meyer-Goßner* Rn. 3.
[132] BGH wie Fn. zuvor.
[133] *Beulke*, FG 50 Jahre BGH, S. 781 (783); vgl. auch *Schlehofer* GA 1997, 101 (103).
[134] Siehe bereits oben Rn. 19.
[135] Rn. 15 mit Fn. 75 und 76.
[136] Insoweit ebenso Löwe/Rosenberg/*Gollwitzer*, 25. Aufl., Rn. 5; KMR/*Stuckenberg* Rn. 19.
[137] BGH v. 24. 7. 1987 – 3 StR 36/87, BGHSt 35, 14 (18); BGH v. 23. 9. 1999 – 4 StR 700/98, BGHSt 45, 211 (213); siehe auch OLG Frankfurt 16. 1. 2001 – 2 Ss 400/00, NStZ-RR 2001, 141 (142).
[138] BGH v. 24. 7. 1987 – 3 StR 36/87, BGHSt 35, 14 (18); BayObLG v. 26. 11. 1985 – RReg 4 St 183/85, BayObLGSt 1985, 131 (135).

dass zwei Vorgänge zeitlich weit auseinanderliegen, der Annahme einer einheitlichen Tat nicht entgegen.[139] Allein die **Identität der** an den verschiedenen Taten (im materiellen Sinne) **Beteiligten** führt prozessuale Tatidentität gleichfalls nicht herbei;[140] entsprechendes gilt für den persönlichen und sachlichen Zusammenhang iSv. § 3, ansonsten bedürfte es der Regelung nicht.[141] Die **Gleichartigkeit der Tatsituation** oder die **der äußeren Begehungsweise** (etwa Ausführung unterschiedlicher materiell-rechtlicher Taten im Rahmen eines einheitlichen Geschäftsbetriebs) sind für sich genommen keine die innere Verknüpfung herstellenden Kriterien;[142] auch der Umstand, dass ein bestimmtes tatsächliches Geschehen (das eigenständig strafbar ist), ursächlich für ein weiteres – wiederum eigenständig strafbares – Geschehen ist, stellt keine innere Verknüpfung her.[143]

b) Innere Momente. Die Begehung mehrerer Straftaten im materiellen Sinne wird auch dann 24 nicht zu einer Tat im prozessualen Sinne, wenn sie jeweils auf einer identischen Motivationslage des Täters beruhen.[144] Gleiches gilt für die Ausführung mehrerer materiell-rechtlicher Taten auf der Grundlage eines Gesamtplans des Täters.[145]

c) Normative Momente. Da der Tatbegriff der Rechtsprechung im Ausgangspunkt ontologisch 25 ist, sind normative Kriterien an sich von vornherein nicht zur Schaffung der notwendigen inneren Verknüpfung geeignet.[146] Gelegentlich wird dementsprechend ausdrücklich hervorgehoben, dass (bei materiell-rechtlicher Tatmehrheit) weder die **Identität des betroffenen Rechtsguts** noch die des betroffenen Tatobjekts einen einheitlichen Lebensvorgang und damit eine einheitliche Tat im prozessualen Sinne zu begründen vermögen. Mit dem ontologischen Ausgangspunkt ist dagegen das gelegentlich in der höchstrichterlichen Rechtsprechung zu findende Abstellen auf die „**strafrechtliche Bedeutung**" des Vorgangs schwer zu vereinbaren.[147] In keiner der einschlägigen Entscheidungen wird die „strafrechtliche Bedeutung" allerdings als eigenständiges Kriterium für oder gegen prozessuale Tatidentität herangezogen. Vielmehr handelt es sich um einen Aspekt innerhalb der umfassenden Beurteilung der Tatidentität nach Maßgabe des Einzelfalls.[148] Von einer **Abkehr der Rechtsprechung von einem ontologischen** (faktischen) **Tatbegriff** hin zu einem normativen oder normativ-faktischen **Tatbegriff kann** angesichts dessen **nicht gesprochen werden**.[149] Ebenso wenig hatten sich frühere Einschätzungen der Literatur[150] über eine sich abzeichnende Normativierung des prozessualen Tatbegriff der höchstrichterlichen Rechtsprechung[151] bewahrheitet.[152]

4. Materiell-rechtliche Tateinheit oder Tatmehrheit als Kriterien der prozessualen Tat. a) Grund- 26 **satz.** Die Bedeutung der **materiell-rechtlichen Bewertung** des angeklagten Geschehens für den Begriff der Tat im prozessualen Sinne und seine Anwendung im konkreten Fall **ist** in der höchstrichterlichen Rechtsprechung **ambivalent.** Einerseits ist diese durch die Betonung der Unabhängigkeit

---

[139] BGH 17. 7. 1991 – 5 StR 225/91, BGHSt 38, 37 (40); BGH v. 11. 9. 2007 – 5 StR 213/07, NStZ 2008, 411 (412).
[140] KK-StPO/*Engelhardt* Rn. 6; SK-StPO/*Schlüchter* Rn. 13.
[141] BGH v. 24. 2. 1959 – 1 StR 29/59, BGHSt 13, 21 (25), BGH v. 17. 4. 1984 – 1 StR 116/84, StV 1985, 181; KMR/*Stuckenberg* Rn. 19; SK-StPO/*Schlüchter* Rn. 12.
[142] BGH 19. 2. 1976 – 2 StR 585/73, BGHSt 26, 284 (287); BGH 24. 7. 1987 – 3 StR 36/87, BGHSt 35, 14 (19); OLG Celle v. 1. 7. 1991 – 3 StR 77/91, NJW 1992, 190 (in Bezug auf das Vorenthalten von Arbeitnehmerbeiträgen und das Veruntreuen von vermögenswirksamen Leistungen).
[143] BGH 19. 12. 1995 – KRB 33/95, BGHSt 41, 385 (389) = NJW 1996, 1973; BGH 5. 6. 1996 – 3 StR 534/95 II, NStZ-RR 1996, 354; BGH v. 15. 5. 1997 – 1 StR 223/96, BGHSt 43, 96 (98) = NJW 1997, 3034 (3035); BGH v. 20. 1. 2000 – 4 StR 342/99, NStZ 2000, 318.
[144] BGH v. 24. 2. 1959 – 1 StR 29/59, BGHSt 13, 21 (27), BGH v. 6. 7. 1982 – 1 StR 246/82, NStZ 1983, 87; BGH v. 24. 7. 1987 – 3 StR 36/87, BGHSt 35, 14 (19) = NStZ 1988, 77 mAnm *Otto* JR 1988, 27; OLG Celle 1. 7. 1991 – 3 Ss 77/91, NJW 1992, 190.
[145] BGH v. 24. 2. 1959 – 1 StR 29/59, BGHSt 13, 21 (26); BGH v. 11. 6. 1980 – 3 StR 9/80, BGHSt 29, 288 (293); BGH v. 24. 7. 1987 – 3 StR 36/87, BGHSt 35, 14 (17 f.) = NStZ 1988, 77 mAnm *Otto* JR 1988, 27; BGH v. 13. 3. 1996 – 3 StR 43/96, StV 1996, 432 f.
[146] Siehe aber *Roxin* JZ 1988, 260 (261) sowie SK-StPO/*Schlüchter* Rn. 15.
[147] BGH v. 5. 11. 1969 – 4 StR 519/68, BGHSt 23, 141 (146); BGH v. 4. 6. 1970 – 4 StR 80/70, BGHSt 23, 270 (273); BGH v. 18. 10. 1995 – 3 StR 324/94, BGHSt 41, 292 (300); BGH v. 3. 7. 1986 – 4 StR 182/86, BGHR StPO § 264 Abs. 1 Tatidentität 9; OLG Hamm v. 2. 10. 1996 – 4 Ss 159/96, NStZ-RR 1997, 79 (80); siehe OLG Celle v. 18. 7. 1997 – 22 Ss 153/97 a, NdsRpfl 1997, 264, dort handelte es sich bereits nach Tatort und Tatzeit sowie nach dem konkreten vorgeworfenen Verhalten um faktisch unterschiedliche Geschehnisse, so dass das Abstellen des Senats auf die Richtung des Täterverhaltens und die geschützten Rechtsgüter nicht geboten war.
[148] Dazu oben Rn. 15.
[149] Ebenso die Einschätzung von *Bauer* wistra 1995, 170 (179 f.); KMR/*Stuckenberg* Rn. 24.
[150] Etwa *Bauer* wistra 1995, 170 (179 f.); *Gillmeister* NStZ 1989, 1; *Roxin* JR 1984, 346 (348); *ders.* JZ 1988, 260 f.; *Schlüchter* JZ 1991, 1057 (1060).
[151] BGH 29. 9. 1987 – 4 StR 376/87, BGHSt 35, 60 und BGH 16. 10. 1987 – 2 StR 258/87, BGHSt 35, 80 enthielten in Bezug auf Konstellationen von Vortat (Diebstahl/Raub) und Nachtatdelikten (Begünstigung/Hehlerei) Ansätze einer Normativierung; siehe dazu ausführlicher *Radtke*, Systematik des Strafklageverbrauchs, S. 101 ff.
[152] *Radtke*, Systematik des Strafklageverbrauchs, S. 103; KMR/*Stuckenberg* Rn. 24.

des prozessualen Tatbegriffs von der materiell-rechtlichen Einordnung als Handlungseinheit (iSv. § 52 StGB) oder Handlungsmehrheit (iSv. § 53 StGB) charakterisiert. Das RG hat jedenfalls in der späten Phase seiner Rechtsprechung ausdrücklich ausgeführt, der Begriff der Tat im prozessualen Sinne habe mit dem der sachlich-rechtlichen Handlung im Sinne der konkurrenzrechtlichen Regeln „nichts gemein".[153] Diese Aussage hat der BGH stets übernommen.[154] Andererseits dient die **materiell-rechtliche** Bewertung als **Handlungseinheit oder Handlungsmehrheit** der Rechtsprechung von jeher als der Sache nach **wichtigstes Subkriterium für** das Vorliegen von **prozessualer Tateinheit oder Tatmehrheit** der inneren Verknüpfung der tatsächlichen Geschehnisse.[155] Auf der Ebene des Subkriteriums lässt sich als **grobe Faustformel** angeben, sachlich-rechtliche Handlungs- bzw. Tateinheit (§ 52 StGB) geht mit prozessualer Tateinheit einher; sachlich-rechtliche Handlungsmehrheit führt zu prozessual zu verschiedenen Taten. Selbst eine solche Faustformel, an der sich die höchstrichterliche Rechtsprechung durchaus orientiert, ist aber problematisch. Sie gibt den zu Recht gewählten eigenen Ausgangspunkt eines ontologischen prozessualen Tatbegriffs partiell auf und führt zu Begründungsschwierigkeiten, warum in bestimmten Konstellationen von den sich aus der Anwendung der Faustformel ergebenden Konsequenzen abgewichen wird (vor allem bei den rechtlichen Handlungseinheiten des materiellen Strafrechts).[156]

27 b) **Materiell-rechtliche Handlungs- bzw. Tateinheit. aa) Handlung im natürlichen Sinne.** Eine **einheitliche Handlung im Sinne des materiellen Rechts** stellt regelmäßig auch lediglich eine einheitliche Tat im prozessualen Sinne dar.[157] Die Regelwirkung der materiell-rechtlichen Einheit reicht allerdings unterschiedlich weit.[158] Liegt lediglich eine **Handlung im natürlichen Sinne** vor, führt das Kriterium des einheitlichen Lebensvorgangs zwingend zur prozessualen Tateinheit.

28 bb) **Tatbestandliche Handlungseinheiten.** Gleiches gilt für **tatbestandliche Handlungseinheiten**, wie sie vor allem bei zweiaktigen Delikten vorkommen.[159] Da bei den **zweiaktigen Delikten** die einzelnen Akte auch je für sich genommen strafbar sein können (zB Diebstahl und Nötigung beim Raub), kann bei Aburteilung einer der beiden Akte wegen der Teilidentität des tatsächlichen Geschehens nicht mehr aus dem zweiaktigen Delikt bestraft werden; umgekehrt sperrt die Aburteilung des zweiaktigen Delikts wegen der Identität der Handlungen ein erneutes Verfahren in Bezug auf beide Einzelakte. Dagegen ist bei Aburteilung einer der beiden Akte die Aburteilung wegen des anderen Aktes nicht ausgeschlossen, wenn es sich bei ontologischer Betrachtung nicht um einen einheitlichen Lebensvorgang handelt, etwa weil die beiden Akte zeitlich und örtlich sehr weit auseinanderliegen und kein anderes Kriterium eine innere Verknüpfung herstellt.[160] Besteht ein Delikt aus (materiell-rechtlich) **unselbständigen Teilakten**, wie etwa im Verhältnis des Herstellens von **Falschgeld** gemäß § 146 Abs. 1 Nr. 1 StGB zu dem späteren Inverkehrbringen (§ 146 Abs. 1 Nr. 3 StGB)[161] desselben Geldes, soll es sich bei allen Teilakten gemeinsam um eine einheitliche Tat im prozessualen Sinne handeln;[162] die Aburteilung eines Teilaktes schließt dann ein weiteres Verfahren über die anderen Teilakte aus.[163] Unselbständige Teilakte sind auch mehrere **falsche Angaben** innerhalb einer prozessual einheitlichen Aussage **eines Zeugen**; die Tat im prozessualen Sinne erfasst damit sämtliche Teile dieser einheitlichen Aussage.[164] Dem ist insoweit zuzustimmen, als es sich um einen einheitlichen Aussagegegenstand (etwa die in dem Strafverfahren, in dem der Zeuge aussagt, angeklagte Tat) handelt; ist der Aussagegegenstand, wie im Zivilverfahren durch Beweisbeschlüsse, enger gefasst, kann sich ein anderes Ergebnis ergeben. Dem entspricht es, bei mehreren falschen

---

[153] RG v. 2. 6. 1927 – III 238/27, RGSt 61, 314 (317); RG v. 29. 3. 1928 – III 145/28, RGSt 62, 112; RG v. 22. 9. 1938 – 2 D 467/38, RGSt 72, 339 (340); siehe dazu auch *Beulke*, FG 50 Jahre BGH, S. 781 (784); KMR/*Stuckenberg* Rn. 15 mwN.
[154] Grundlegend BGH v. 24. 2. 1959 – 1 StR 29/59, BGHSt 13, 21 (24 f.).
[155] Ebenso KMR/*Stuckenberg* Rn. 57 aE.
[156] Dazu aufführlich Rn. 29–40.
[157] BGH v. 19. 2. 1976 – 2 StR 585/73, BGHSt 26, 284 (285) = NJW 1976, 1512; BGH v. 9. 8. 1983 – 5 StR 319/83, NStZ 1984, 135; BGH v. 19. 12. 1995 – KRB 33/95, BGHSt 41, 385 (389); BGH v. 1. 8. 1991 – 4 StR 234/91, NStZ 1991, 549; BGH v. 10. 2. 1993 – 5 StR 710/92, wistra 93, 193; KK-StPO/*Engelhardt* Rn. 4; KMR/*Stuckenberg* Rn. 58; *Meyer-Goßner* Rn. 6; siehe auch AK-StPO/*Loos* Anhang zu § 264 Rn. 38.
[158] Vgl. AK-StPO/*Loos* Anhang zu § 264 Rn. 39; KMR/*Stuckenberg* Rn. 58; aA *Herzberg* JuS 1972, 113 (117 ff.); *Oehler*, GedS Schröder, 1978, S. 439 (444 ff.), die jeweils Identität von materiellem und prozessualem Tatbegriff ausgehen; siehe auch *Schlüchter* JZ 1991, 1057 (1059); SK-StPO/*Schlüchter* Rn. 9.
[159] *Wolter* GA 1986, 143 (173); BGH v. 1. 2. 1989 – 3 StR 450/88, BGHSt 36, 105 (115 f.).
[160] Wie hier bereits AK-StPO/*Loos* Anhang zu § 264 Rn. 55; im Ergebnis auch *Fezer* 18/56.
[161] Materiell-rechtlich liegt nur eine Tat vor; vgl. dazu MünchKommStGB/*Erb* § 146 Rn. 49 sowie MünchKommStGB/*Erb* Vor §§ 147 ff. Rn. 7 „Kumulationsdelikt".
[162] BGH v. 10. 2. 1993 – 5 StR 710/92, wistra 1993, 193; siehe auch Löwe/Rosenberg/*Gollwitzer*, 25. Aufl., Rn. 51 mwN.
[163] BGH wie Fn. zuvor.
[164] BGH v. 20. 12. 1960 – 1 StR 481/60, BGHSt 15, 274; OLG München v. 20. 9. 1967 – Ws 652/67, NJW 1967, 2219; aA OLG Düsseldorf v. 25. 3. 1965 – 1 Ss 111/65, NJW 1965, 2070 mAnm *Oppe*.

fälligen äußeren Umstand dar, der keine innere Verknüpfung und damit keine prozessuale Tatidentität herstellt.[194]

Bewertungseinheiten und prozessuale Tateinheit. Für die Erfassung von materiell-rechtlichen **33** Bewertungseinheiten als eine Tat im prozessualen Sinne gibt es keine genügenden sachlich rechtfertigenden Gründe.[195] Dem ontologischen Ausgangspunkt des strafprozessualen Tatbegriffs steht die Zusammenfassung von zeitlich und örtlich sowie nach den sonstigen tatsächlichen Umständen (Beteiligte, tatsächliche Vorgehensweisen etc.) höchst verschiedenen Verhaltensweisen unter einer prozessualen Tat diametral entgegen. Sie ist allein der von den Funktionen des prozessualen (und verfassungsrechtlichen) Tatbegriffs verschiedenen Funktion der Tathandlung des „Handeltreibens" iSv. §§ 29, 29 a BtmG geschuldet. Dass die aus der Gleichsetzung von Bewertungseinheit und prozessualer Tateinheit resultierenden Konsequenzen (etwa Umfang der Kognitionspflicht und daran ausgerichteter Strafklageverbrauch) nicht durchgehalten werden können, zeigen die zahlreichen Ausnahmen der Rechtsprechung zum parallel konstruierten Fortsetzungszusammenhang deutlich.[196] Die durch die Schaffung der Bewertungseinheit erzwungene Notwendigkeit einer einheitlichen Strafe (§ 52 StGB) für alle von der Bewertungseinheit erfassten Verhaltensweisen erfordert die Annahme einer Tat im prozessualen Sinne nicht. Soweit einer Bewertungseinheit zugehöriges tatsächliches Geschehen in unterschiedlichen Verfahren erörtert wird, kann der einheitlichen Strafe durch die von *Erb*[197] zur Dauerstraftat vorgeschlagene Lösung Rechnung getragen werden.[198] **Ob materiell in einer Bewertungseinheit zusammengefasstes tatsächliches Geschehen prozessual einen einheitlichen Lebensvorgang bildet, hängt von dem Vorhandensein einer inneren Verknüpfung ab**; die materiell-rechtliche Vereinheitlichung allein stellt diese Verknüpfung nicht her.

γ) **Dauerstraftaten.** Die Umsetzung der Grundsätze der Rechtsprechung zum strafprozessualen **34** Tatbegriff[199] bereiten bei Dauerstraftaten **in zwei Konstellationen Schwierigkeiten**;[200] zum einen bei der Bestimmung des Verhältnisses der Dauerstraftat zu einem während des Tatzeitraums des Dauerdelikts begangenen (schwereren) Zustandsdelikts (zB Fahren ohne Fahrerlaubnis [§ 21 StVG] und während der Dauer der Fahrt begangene Vergewaltigung einer Mitfahrerin oder deren Beraubung;[201] zum anderen in Bezug auf das Verhältnis von zwei materiell-strafrechtlich für sich eigenständigen Zustandsdelikten, die jeweils mit einem Dauerdelikt teilidentische Ausführungshandlungen aufweisen und dadurch zu einer Tat verklammert werden könnten (zB. Fahren ohne Fahrerlaubnis zu verschiedenen Tatorten verschiedener Diebstahlstaten).[202] Für beide Konstellationen stellt sich sowohl für den **Umfang der Kognitionspflicht** als auch für den **Umfang des Strafklageverbrauchs** die Frage, ob die gerichtliche Befassung mit der Dauerstraftat auch im Tatzeitraum begangene Zustandsdelikte zum Gegenstand hat. Da wegen der (zeitlichen) Teilidentität der Tathandlungen die Rechtsprechung grundsätzlich von materieller Handlungseinheit (§ 52 StGB) ausgeht,[203] spricht die Indizwirkung der materiell-rechtlichen Konkurrenzlehre für eine einheitliche prozessuale Tat, bzgl. derer das Gericht seine umfassende Kognitionspflicht auf (zunächst) ungekannt gebliebene schwerere Zustandsdelikte erstrecken musste. Die Erfüllung einer solchen Kognitionspflicht ist jedoch zumindest bei sich über sehr lange Zeiträume erstreckenden Dauerstraftaten unmöglich.[204]

Zur Vermeidung eines als zu weitgehend empfundenen Strafklageverbrauchs im Kontext von **35** Dauerdelikt und zumindest zeitlich teilidentischem Zustandsdelikt hat die **Rechtsprechung** unter Abkehr von ihren Grundsätzen zum prozessualen Tatbegriff **folgende Lösungen** unternommen: (1.) Materiell-rechtlich wird die Tateinheit der Dauerstraftat mit dem schweren Zustandsdelikt aufgelöst, so dass es sich um Handlungsmehrheit iSv. § 53 StGB und der Indizwirkung entsprechend auch um zwei Taten im prozessualen Sinne handelt.[205] Der BGH stützt in Bezug auf eine

---

[194] KG v. 27. 7. 2007 – 1 Ss 496/06, NStZ-RR 2008, 48 (49).
[195] Siehe bereits für den früheren Fortsetzungszusammenhang AK-StPO/*Loos* Anhang zu § 264 Rn. 38.
[196] Rn. 31 aE.
[197] GA 1994, 265 (278 ff.).
[198] Rn. 36.
[199] Rn. 9
[200] Ausführlich *Erb* GA 1994, 265 (266 ff.); *Cording*, Strafklageverbrauch, S. 125 ff. und passim; siehe auch AK-StPO/*Loos* Anhang zu § 264 Rn. 58; Löwe/Rosenberg/*Gollwitzer*, 25. Aufl., Rn. 38; SK-StPO/*Schlüchter* Rn. 29–36.
[201] Vgl. BGH v. 9. 8. 1983 – 5 StR 319/83, NStZ 1984, 135; zum konkreten Sachverhalt auch *Erb* GA 1994, 265 (282 m. Fn. 64).
[202] Vgl. BGH v. 20. 12. 1960 – 5 StR 402/60, GA 1961, 346 f.
[203] Siehe nur *Meyer-Goßner* NStZ 1986, 49 (53).
[204] BGH v. 1. 10. 1997 – 2 StR 520/96, BGHSt 43, 252 (257) = NStZ 1998, 251; *Erb* GA 1994, 265 (267).
[205] Etwa BGH v. 16. 3. 1989 – 4 StR 60/89, BGHSt 36, 151 (154 f.); BGH v. 13. 3. 1997 – 1 StR 800/96, StV 1999, 643 (644); im Ergebnis ebenso OLG Zweibrücken 18. 12. 1985 – 1 Ws 407/85, NJW 1986, 2841 dazu *Mitsch* MDR 1988, 1005 (1007) jeweils für § 53 WaffG und mit Hilfe einer der unerlaubt besessenen Waffen verübten schweren Straftaten; aus der Literatur ebenso u. a. *Puppe* GA 1982, 143 (159) und *dies.* JR 1986, 205 (206 ff.); *Werle* NJW 1980, 2671 (2675 ff.); *Schlüchter* JZ 1991, 1057 (1059); *Detmer*, Der Begriff der Tat, S. 258 ff.; zu Recht ablehnend *Erb* GA 1994, 265 (271 f.); *ders.* JR 1995, 169 (170); AK-StPO/*Loos* Anhang zu § 264 Rn. 57; KMR/*Stuckenberg* Rn. 79.

mit einer Dauerstraftat nach § 53 WaffG (unerlaubter Besitz) zeitlich zusammenfallende Straftat die Annahme materiell-strafrechtlicher Handlungsmehrheit auf den Umstand, es liege bezüglich des Zustandsdelikts ein neuer Willensentschluss des Täters vor.[206] (2.) Unter Festhalten an der materiell-rechtlichen Tateinheit zwischen Dauerdelikt und schwereren Zustandsdelikt wird die davon ausgehende Indizwirkung zugunsten prozessualer Tatidentität aufgehoben und trotz Tateinheit nach § 52 StGB von zwei Taten im verfahrensrechtlichen (und verfassungsrechtlichen) Sinne ausgegangen.[207] Insgesamt ist die **Rechtsprechung zu den Dauerdelikten nicht durchgängig konsistent**, weil die für die Beurteilung der prozessualen Tatidentität herangezogenen Kriterien wechseln. So nimmt der BGH für den bereits angesprochenen Fall der Verurteilung wegen der Dauerstraftat nach § 53 WaffG an, diese Verurteilung verbrauche wegen der auf den neuen Willensentschluss des Täters anzunehmenden Tatmehrheit die Strafklage im Hinblick auf ein während des unerlaubten Waffenbesitzes mit der fraglichen Waffe begangenes vorsätzliches Tötungsdelikt nicht.[208] Umgekehrt soll in einem wegen des Vorwurfs eines mit einer unerlaubt besessenen bzw. geführten Schusswaffe begangenen Tötungsdelikts geführten Verfahren die Aburteilung des vor und nach der Tötungstat liegenden unerlaubten Waffenbesitzes nicht gestatten, weil es sich um unterschiedliche Taten im prozessualen Sinne handelt.[209]

36 **Stellungnahme.** Eine materiell-rechtliche **Lösung durch Auflösung der Tateinheit iS von § 52 StGB ist nicht akzeptabel.**[210] Wie *Erb* zutreffend aufgezeigt hat, würde bei Aufgabe der Regeln des § 52 StGB das Dauerdelikt als zumindest zweimal verwirklicht bewertet;[211] das ist jedoch mit der Struktur des Tatbestandstypus nicht zu vereinbaren. Ein sachlich rechtfertigender Grund, das an einen einheitlichen Zustand anknüpfende Dauerdelikt anhand des (zufälligen) Kriteriums des Zusammentreffens mit einem unrechtsschwereren Delikt aufzuspalten, ist nicht ersichtlich. Dementsprechend ist an der materiell-rechtlichen Lösung der Tateinheit angesichts der Teilidentität der Ausführungshandlungen festzuhalten. Dagegen kann an der mit einem ontologischen Verständnis des prozessualen Tatbegriffs ohnehin kaum vereinbaren Indizwirkung des materiell-rechtlichen Tatbegriffs nicht festgehalten werden.[212] Die Frage der prozessualen Tateinheit muss nach Maßgabe des ontologischen Lebenssachverhalts von der Einheitlichkeit des Lebensvorgangs her gelöst werden.[213] Eine solche Lösung entspricht nicht nur dem Anklageprinzip, das bei einer Erstreckung der gerichtlichen Kognitionspflicht auf sämtliche möglicherweise mit dem Dauerdelikt zusammentreffenden Zustandsdelikte ausgehöhlt würde,[214] sondern letztlich auch den unterschiedlichen Strukturen der verschiedenen Dauerdelikte.[215] Verfassungsrechtlich ist die vorgeschlagene Lösung unbedenklich, weil Art. 103 Abs. 3 GG an die tatsächlichen Verhältnisse des Geschehens und nicht an materiell-rechtliche Konkurrenzformen anknüpft.[216] Die Interessen des Angeklagten werden auf der Ebene der Urteilsfindung so stärker gewahrt als bei einem an der materiellen Tateinheit orientierten prozessualen Tatbegriff; er steht kaum in der Gefahr mit in der Anklage nicht einmal andeutungsweise enthaltenen tatsächlichen Geschehnissen in der Hauptverhandlungssituation konfrontiert zu werden. Die bei § 52 StGB zwingend einheitliche Strafe steht der (möglichen) Aufspaltung von Dauerdelikt und Zustandsdelikt in zwei prozessuale Taten nicht entgegen.[217] Die Rechtsprechung stellt den Täter – mit unterschiedlichen Begründungen – im Ergebnis ohnehin so, als ob beide prozessualen Taten in einem Verfahren abgeurteilt worden wären.[218] Soweit eine zu-

---

[206] BGH v. 16. 3. 1989 – 4 StR 60/89, BGHSt 36, 151 (153 f.); BGH v. 13. 3. 1997 – 1 StR 800/96, StV 1999, 643 (644); siehe auch bereits BGH v. 30. 6. 1982 – 3 StR 44/82 und BGH v. 8. 3. 1983 – 5 StR 27/83 (unveröffentlicht, zit. nach BGHSt 36, 151 [153]).
[207] OLG Hamm v. 9. 9. 1985 – 1 Ws 83/85, NStZ 1986, 278 mit Anm. *Grünwald* StV 1986, 243 f. für das Verhältnis der Tat nach § 53 WaffG und eines mit einer unerlaubt geführten Waffe begangenen versuchten Totschlags; für das Verhältnis des Organisationsdelikts § 129 StGB zu einem sich als Beteiligungstat darstellenden Tötungsdelikt ebenso BGH 11. 6. 1980 – 3 StR 9/80, BGHSt 29, 288 (293 ff.); dazu bereits oben Rn. 11; die Auflösung der Indizwirkung strikt ablehnend *Achenbach* ZStW 87 (1975), S. 74 (94); *Gillmeister* NStZ 1989, 1 (3); *Grünwald* StV 1981, 326 (327); *ders.* StV 1986, 243; *Maatz* MDR 1985, 881 (883); *Schlüchter* JZ 1991, 1057 (1059); *Cording*, Strafklageverbrauch, S. 182 ff.
[208] BGH wie Fn. 205; siehe dazu auch *Kröpil* DRiZ 1986, 448 (449 f.); *Mitsch* JR 1990, 162; *Neuhaus* StV 1990, 342.
[209] BGH v. 11. 6. 1980 – 3 StR 9/80, NStZ 1981, 72.
[210] *Erb* GA 1994, 265 (271 f.); AK-StPO/*Loos* Anhang zu § 264 Rn. 57; siehe auch KMR/*Stuckenberg* Rn. 80–82.
[211] *Erb* GA 1994, 265 (271).
[212] In der Sache ebenso BVerfG 8. 1. 1981 – 2 BvR 873/80, BVerfGE 56, 22 (33); BGH v. 11. 6. 1980 – 3 StR 9/80, BGHSt 29, 288 (292 f.); *Erb* GA 1994, 265 (273); *Kröpil* DRiZ 1986, 448 (451); *Rieß* NStZ 1981, 74 f.; *Krauth*, FS Kleinknecht, S. 215 (242 f.).
[213] *Erb* GA 1994, 265 (273); AK-StPO/*Loos* Anhang zu § 264 Rn. 57 f.
[214] Zutreffend BGH v. 1. 10. 1997 – 2 StR 520/96, BGHSt 43, 252 (257).
[215] Vgl. AK-StPO/*Loos* Anhang zu § 264 Rn. 58.
[216] BVerfG 8. 1. 1981 – 2 BvR 873/80, BVerfGE 56, 22 (33 ff.).
[217] Ausführlich *Erb* GA 1994, 265 (275–280).
[218] Etwa BGH 11. 6. 1980 – 3 StR 9/80, BGHSt 29, 288 (297); im Ergebnis auch OLG Hamm v. 9. 9. 1985 – 1 Ws 83/85, NStZ 1986, 278; siehe auch *Krauth*, FS Kleinknecht, S. 215 (234 ff.); AK-StPO/*Loos* Anhang zu § 264 Rn. 58 iVm. Rn. 41.

nächst nicht bekannte, mit dem Dauerdelikt idealkonkurrierende schwere Straftat in einem zweiten Verfahren abgeurteilt wird, lässt sich die neue Strafe entsprechend § 52 Abs. 2 StGB dem höheren abstrakten Strafrahmen entnehmen;[219] sollte die erste Strafe bereits vollstreckt sein, ist dies über die analoge Anwendung von § 51 StGB zu kompensieren.[220] Allein problematisch ist der Fortbestand des ersten, materiell unrichtigen Strafausspruchs ausschließlich über die Dauerstraftat.[221] Seine Beseitigung über § 359 Nr. 5 ist aus methodischen Gründe nicht unproblematisch;[222] eine unmittelbare Anwendung scheitert am Wortlaut, der eine geringere Bestrafung aufgrund eines milderen Strafgesetzes verlangt; das steht auch der Rechtsähnlichkeit und damit der Analogie entgegen. Letztlich ist von zulässiger Rechtsfortbildung auszugehen.

Auch für das zweite – nicht nur aber häufig bei Dauerdelikten – vorkommende Problem der Auswirkungen einer materiell-rechtlichen **Verklammerung**[223] für den prozessualen Tatbegriff haben sich in der Rechtsprechung keine durchgängig akzeptierten Lösungen herausgebildet.[224] In der Konkurrenzlehre des materiellen Rechts kommt eine Verklammerung in Betracht, wenn (wenigstens) zwei eigenständige Straftaten jeweils mit einem weiteren selbständigen (Dauer)Delikt teilidentische Ausführungshandlungen aufweisen.[225] Die Rechtsprechung macht bereits auf der Ebene des materiellen Rechts das Eingreifen einer Verklammerung und damit das Eingreifen von § 52 StGB davon abhängig, dass wenigstens eines der beiden zu verklammernden Delikte im Unrechtsgehalt nicht weniger schwer wiegt als das verklammernde Delikt.[226] Der angeblichen Indizwirkung der Konkurrenzregeln entsprechend liegt nicht nur materielle Realkonkurrenz (§ 53 StGB sondern auch prozessuale Tatmehrheit vor, wenn das verklammernde Delikt weniger schwer als die beiden zu verklammernden Straftaten wiegt.[227] 37

In Konsequenz dessen stellt nach der Rechtsprechung das Dauerdelikt Fahren ohne Fahrerlaubnis (§ 21 StVG) zu mehreren, je für sich selbständigen Diebstählen keine prozessuale Identität zwischen den Diebstahlstaten her;[228] ebensowenig schafft eine einheitliche Trunkenheitsfahrt (§ 316 StGB) die für eine einheitliche Tat im prozessualen Sinne erforderliche innere Verknüpfung zwischen mehreren für sich genommen eigenständigen Unfallgeschehen.[229] Auch der unerlaubte Besitz von Betäubungsmitteln (§ 29 Abs. 1 Nr. 3 BtMG) verklammert den vorausgegangenen Erwerb und ein wegen des Gebrauchs des Betäubungsmittels begangenes Straßenverkehrdelikt (§ 315 c Abs. 1 Nr. 1 a iVm. Abs. 3 StGB) nicht zu einer Tat im prozessualen Sinne.[230] 38

δ) **Organisationsdelikte.** Für diesen Tatbestandstypus stellen sich den Dauerstraftaten entsprechende Schwierigkeiten[231] bei der Bestimmung der prozessualen Tatidentität. Aufgrund der tatbestandlichen Strukturen dieses Typus (etwa §§ 129, 129a und b StGB, §§ 84, 85 StGB; § 20 Abs. 1 Nr. 3 VereinsG) stellen sich sämtliche Verhaltensweisen, die sich als Beteiligung an der Organisation erweisen, als eine materiell-rechtliche Tat dar.[232] Angesichts der Bedeutung der materiell-rechtlichen Konkurrenzregeln als Subkriterien für die Ausfüllung des strafprozessualen Tatbegriffs[233] werden die einzelnen **Beteiligungsakte** auch **als einheitliche prozessuale Tat** angesehen.[234] Zwischenzeitliche Erwägungen in der höchstrichterlichen Rechtsprechung, ein erneutes Verfahren über Beteiligungsakte zuzulassen, wenn in einem zeitlich früheren Verfahren nur einige 39

---

[219] *Erb* GA 1994, 265 (278 f.).
[220] BGH 11. 6. 1980 – 3 StR 9/80, BGHSt 29, 288 (298); OLG Hamm v. 9. 9. 1985 – 1 Ws 83/85, NStZ 1986, 278; *Erb* GA 1994, 265 (279 f.).
[221] Ebenso KMR/*Stuckenberg* Rn. 84.
[222] Anders offenbar *Erb* GA 1994, 265 (279).
[223] Zur Verklammerung bei mehraktigen Delikten siehe bereits oben Rn. 28.
[224] Vgl. KK-StPO/*Engelhardt* Rn. 8; KMR/*Stuckenberg* Rn. 89–91.
[225] *Jescheck/Weigend* AT § 67 II 3 S. 721 f.; MünchKommStGB/*v. Heintschel-Heinegg* § 52 Rn. 96; Schönke/Schröder/*Stree* § 52 StGB Rn. 14.
[226] Etwa BGH 26. 3. 1982 – 2 StR 700/81, BGHSt 31, 29 (30 f.); BGH v. 11. 6. 1980 – 3 StR 9/80, BGHSt 29, 288 (291 f.); BGH 25. 1. 1991 – 3 StR 329/90, NStZ 1991, 291.
[227] BGH v. 5. 11. 1969 – 4 StR 519/68, BGHSt 23, 141 (149 f.); BGH 11. 6. 1980 – 3 StR 9/80, BGHSt 29, 288, 291 f.
[228] BGH v. 20. 12. 1960 – 5 StR 402/60, GA 1961, 346 f.
[229] BGH v. 5. 11. 1969 – 4 StR 519/68, BGHSt 23, 141 (149 ff.) mAnm *Grünwald* JZ 1970, 330; siehe aber auch unten Rn. 51.
[230] BayObLG v. 22. 3. 1991 – 1 StR 240/90, BayObLGSt 1991, 51, 52 f. = NJW 1991, 2360 (2361) mAnm *Neuhaus* NStZ 1993, 202 und *Schlüchter* JZ 1991, 1057.
[231] Für die Dauerstraftaten Rn. 34–36.
[232] Vgl. insoweit BGH v. 11. 6. 1980 – 3 StR 9/80, BGHSt 29, 288 (295 f.); BGH v. 30. 3. 2001 – 2 StR 342/00, NStZ 2001, 436 ff.; siehe auch BGH 26. 2. 1997 – 3 StR 525/96, BGHSt 43, 1 (3 f.); materiell-rechtlich abweichend (Realkonkurrenz) für das Verhältnis zwischen § 129 StGB und einer schwerer als das Organisationsdelikt wiegenden Beteiligungstat dagegen OLG Karlsruhe 24. 6. 1977 – 3 Ws 99/77, NJW 1977, 2222.
[233] Oben Rn. 27 ff.
[234] BGH v. 11. 6. 1980 – 3 StR 9/80, BGHSt 29, 288 (295 f.). – für §§ 129, 129 a StGB; BGH v. 10. 11. 1997 – 3 StR 574/97, BGHSt 43, 312 (314) – für §§ 84, 85 StGB; siehe auch BGH v. 26. 2. 1997 – 3 StR 525/96, BGHSt 43, 1 (4 ff.) = NJW 1997, 1719 f. siehe auch Anm. *Paeffgen* JR 1999, 89 ff.; BGH v. 11. 2. 2000 – 3 StR 486/99, BGHSt 46, 9 mAnm *Puppe* JZ 2000, 735.

Beteiligungsakte tatsächlich behandelt worden sind und der Angeklagte nicht darauf vertrauen durfte, dadurch seien seine sämtlichen Beteiligungsakte an der fraglichen Organisation erfasst worden,[235] sind soweit ersichtlich nicht wieder aufgegriffen worden.

40 Den sich aus der Annahme materieller und prozessualer Tateinheit der Beteiligungsakte ergebenden Konsequenzen für den Umfang von Kognitionspflicht und Strafklagebrauch weicht die Rechtsprechung für §§ 129, 129a StGB (für § 129b StGB gälte Entsprechendes) und § 20 Abs. 1 Nr. 1 VereinsG aus. So soll die Verurteilung wegen (mitgliedschaftlicher) Beteiligung an einer kriminellen Vereinigung nicht einem Strafverfahren wegen einer schwereren, sich als Beteiligungsakt darstellenden, tateinheitlich verwirklichten Straftat (etwa vorsätzliche Tötungsdelikte oder die Beteiligung daran) entgegenstehen, wenn die schwerere Straftat tatsächlich nicht Gegenstand der Urteilsfindung in dem früheren Verfahren war.[236] Das BVerfG hat die damit verbundene Einschränkung des Strafklageverbrauchs als verfassungsrechtlich unbedenklich bewertet.[237] Die Bedeutung der einschlägigen fachgerichtlichen und verfassungsgerichtlichen Rechtsprechung für den strafprozessualen Tatbegriff ist nicht leicht zu erfassen.[238] In der Sache hat der BGH in Abweichung von den allgemeinen Grundsätzen[239] einen für §§ 155, 264 StPO umfassenderen Tatbegriff zugrunde gelegt als für Art. 103 Art. 3 GG,[240] der den verfassungsrechtlich garantierten Umfang des Strafklageverbrauchs bestimmt. Dieser Rechtsprechung kann lediglich im Endergebnis der Verneinung des Strafklageverbrauchs durch die Aburteilung des Organisationsdelikts nicht aber in den Begründungen zugestimmt werden. Die Aufgabe eines für alle Verfahrensstadien identischen Tatbegriffs ist – trotz Unabhängigkeit des verfassungsrechtlichen Tatbegriffs in Art. 103 Abs. 3 GG[241] – aus verfassungsrechtlichen Gründen nicht akzeptabel.[242] Sie ist aber auch nicht erforderlich. Das materiell-rechtliche Konstrukt des Organisationsdelikts zwingt strafprozessual nicht dazu, von einem ontologisch-faktischen Tatbegriff abzugehen.[243] Nach dem faktisch auszudeutenden Kriterium des einheitlichen Lebensvorgangs stellen die vorgeworfene mitgliedschaftliche Beteiligung und eine einzelne Straftat, die sich ebenfalls als Beteiligungsakt darstellt, nicht notwendig qua innerer Verknüpfung eine einheitliche prozessuale Tat dar. Soweit der fragliche Beteiligungsakt (etwa ein vorsätzliches Tötungsdelikt) nicht als eigene prozessuale Tat angeklagt war, erstreckte sich die gerichtliche Kognitionspflicht darauf nicht. Anders wäre es nur, wenn das dem Tötungsdelikt zugrunde liegende tatsächliche Geschehen als solches Gegenstand der Anklage des Organisationsdelikts war und lediglich in seiner materiell-rechtlichen Bedeutung nicht erkannt worden ist. Wie für die Dauerstraftaten ausgeführt[244] kann der materiell-rechtlich erforderlichen einheitlichen Strafe selbst bei getrennter Aburteilung von Organisationsdelikt und Begleittat ausreichend Rechnung getragen werden.

41 ε) Fortsetzungszusammenhang. Soweit dieser materiell-rechtlichen Rechtsfigur nach dem Beschluss des Großen Senats in Strafsachen vom 3. 5. 1994[245] überhaupt noch Bedeutung zukommen sollte,[246] gelten die Ausführungen zu den Dauerstraftaten und Organisationsdelikten entsprechend.[247]

42 dd) Gewerbs- und gewohnheitsmäßige Tatbegehung. Die mehrfache Begehung eines Delikts begründet, selbst wenn es sich in der materiell-rechtlichen Bewertung um Gewerbsmäßigkeit handelt, keine einheitliche strafprozessuale Tat.[248] Das gilt erst recht, wenn es sich nicht einmal um

---

[235] BGH v. 30. 3. 2001 – 2 StR 342/00, NStZ 2001, 436 (438); BGH v. 30. 3. 2001 – StB 4 5/01, NJW 2001, 1734 (1736).
[236] BGH v. 11. 6. 1980 – 3 StR 9/80, BGHSt 29, 288 (293 ff.); siehe auch BGH 9. 9. 1998 – StB 10/98, StV 1999, 352 (353); siehe auch bereits die Nachw. in Fn. 206.
[237] BVerfG v. 11. 6. 1980 – 3 StR 9/80, BVerfGE 56, 22 (34–36); siehe dazu auch *Achenbach* ZStW 87 (1975), S. 74 (94); *Gillmeister* NStZ 1989, 1 (3); *Grünwald* StV 1981, 326 (327); *ders.* StV 1986, 243; *Maatz* MDR 1985, 881 (883); *Schlüchter* JZ 1991, 1057 (1059); *Cording*, Strafklageverbrauch, S. 182 ff.
[238] Siehe *Gössel* JR 1982, 111 (113) einerseits und *Krauth*, FS Kleinknecht, S. 215 (220 Fn. 20 andererseits).
[239] Oben Rn. 11 und 12.
[240] Begründung bei *Radtke*, Systematik des Strafklageverbrauchs, S. 105 f.; im Ergebnis ebenso *Krauth*, FS Kleinknecht, S. 215 (220 f.).
[241] BVerfG v. 11. 6. 1980 – 3 StR 9/80, BVerfGE 56, 22 (34 f.); BeckOK-GG/*Radtke/Hagemeier* Art. 103 Rn. 47 mwN.
[242] Oben Rn. 12.
[243] Zutreffend AK-StPO/*Loos* Anhang zu § 264 Rn 58; KMR/*Stuckenberg* Rn 80.
[244] Oben Rn. 36.
[245] BGH 3. 5. 1994 – GSSt 2/93, GSSt 3/93, BGHSt 40, 138; siehe zu den Auswirkungen u. a. *Meurer* NJW 2000, 2936 (2940); *Schlüchter/Duttge* NStZ 1996, 457 (465); *Zschockelt* NStZ 1995, 323 (324).
[246] Über die Handhabung des strafprozessualen Tatbegriffs beim früheren Fortsetzungszusammenhang siehe AK-StPO/*Loos* Anhang zu § 264 Rn 49–54; Löwe/Rosenberg/*Gollwitzer*, 25. Aufl., Rn. 32–37; KMR/*Stuckenberg* Rn. 60–62, SK-StPO/*Schlüchter* Rn. 21–28.
[247] Oben Rn. 34–40.
[248] AllgM; siehe nur BGH v. 24. 7. 1987 – 3 StR 36/87, BGHSt 35, 14 (19); OLG Celle v. 1. 7. 1991 – 3 Ss77/91, NJW 1992, 190 f.; AK-StPO/*Loos*, Anhang zu § 264 Rn. 63; KK-StPO/*Engelhardt* Rn. 21; KMR/*Stuckenberg* Rn. 68; Löwe/Rosenberg/*Gollwitzer*, 25. Aufl. Rn. 39.

die gewerbsmäßige Tatausführung sondern um die bloße gleichartige Tatbegehung im Rahmen von Serientaten handelt; insoweit liegen materiell-rechtlich und prozessual mehrere Taten vor.[249] Etwas anderes soll sich nur ergeben können, wenn die mehreren tatsächlichen Verhaltensweisen materiell zu einer Bewertungseinheit[250] verbunden sind. In der Konsequenz dessen erstreckt sich bei gewerbsmäßiger Tatbegehung und bei Serienstraftaten die gerichtliche Kognitionspflicht allein auf die angeklagten (materiellen und prozessualen) Taten. Die Einbeziehung nach Anklage und Eröffnungsbeschluss bekannt gewordener weiterer Einzeltaten bedarf der Nachtragsanklage (§ 266); ein Hinweis nach § 265 genügt nicht.[251] Da der Verfahrensgegenstand sich nur auf die angeklagten gewerbsmäßig oder in Serie begangenen Straftaten erstreckt, ist das erkennende Gericht nicht befugt, eine höhere als die angeklagte Zahl von Einzeltaten abzuurteilen.[252] Ob bei Serienstraftaten nicht den Verfahrensgegenstand bildende Taten im Rahmen der Strafzumessung für die abgeurteilten Taten berücksichtigt werden dürfen, ist keine anhand des prozessualen Tatbegriffs zu beurteilende Frage.[253]

Die rechtliche Bewertung **wiederholter Ersatzdienstverweigerung** (§ 53 ZDG) ist im Ergebnis **43** nicht aber in der Begründung geklärt. Nach einer Verurteilung wegen Ersatzdienstverweigerung darf ein erneutes Strafverfahren wegen des Vorwurfs erneuter Weigerung jedenfalls dann nicht erfolgen, wenn die Weigerung auf einer einheitlichen Gewissensentscheidung iSv. Art. 4 Abs. 3 GG beruht.[254] Das BVerfG stützt das Verbot der erneuten Bestrafung trotz der bereits erfolgten Verurteilung auf eine einheitliche verfassungsrechtliche und verfahrensrechtliche Tat.[255] Diese Bewertung ist im Hinblick auf die ansonsten einer Verurteilung regelmäßig zugeschriebene Zäsurwirkung[256] zweifelhaft. Auch der Gedanke, die zu erbringende Leistung sei durch das zugrundeliegende Gebot nur einmal geschuldet,[257] vermag bei einem streng ontologischen Verständnis des prozessualen Tatbegriffs die Einheitlichkeit des Lebenssachverhaltes nicht zu begründen. Wegen der Ausübung der Gewissensfreiheit nach Art. 4 Abs. 3 GG und der Bedeutung des Grundrechts ist eine erneute Bestrafung wegen Ersatzdienstverweigerung jedoch unverhältnismäßig.[258] Entgegen einer in der Rechtsprechung vorhandenen Tendenz[259] dürfen an das Vorliegen einer Gewissensentscheidung jedoch keine übertriebenen Anforderungen gestellt werden; ansonsten würde der Garantie des Art. 4 GG entwertet. Eine der wiederholten Ersatzdienstverweigerung (und der damit möglicherweise einhergehende Fahnenflucht nach § 16 WStG) vergleichbare Konstellation formal wiederholter Straftatbegehung, die auf einer einheitlichen Grundrechtsausübung beruht, kann auch der **Kindesentziehung durch Unterlassen** (§ 235 Abs. 2 Nr. iVm. § 13 Abs. 1 StGB) vorliegen.[260] Das BVerfG hat in einer Konstellation einer wiederholten Verurteilung wegen Kindesentziehung nach einer ersten rechtkräftigen Verurteilung wegen dieses Delikts einen Verstoß gegen das Schuldprinzip und den Grundsatz gerechten Strafens gesehen, wenn das strafbare Verhalten des angeklagten Vaters in der auf einer einmal gefassten Entscheidung beruht, eine rechtlich erforderliche Mitwirkungshandlung zur Rückführung des Kindes zu der sorgeberechtigten Mutter nicht vorzunehmen.[261]

ee) **Tateinheit (§ 52 StGB) im Übrigen**. Außerhalb der vorgenannten Konstellationen materiell- **44** rechtlicher Tateinheit geht mit dem Vorliegen einer einheitlichen Tat im Sinne von § 52 StGB regelmäßig auch eine einheitliche prozessuale Tat einher. Das ergibt sich nicht aus der fragwürdigen Indizwirkung der materiell-rechtlichen Konkurrenzregeln für die Bestimmung des verfahrens-

---

[249] BGH v. 21.10 1994 – 2 StR 404/94, NStZ 1995, 200; HK-StPO/*Julius* Rn. 4; KMR/*Stuckenberg* Rn. 68; Löwe/Rosenberg/*Gollwitzer*, 25. Aufl., Rn. 39.
[250] Dazu oben Rn. 30–33.
[251] BGH v. 29. 5. 1996 – 2 BvR 66/96, StV 1997, 361.
[252] BGH v. 20. 9. 1996 – 2 StR 289/86, StV 1997, 169; KK-StPO/*Engelhardt* Rn. 19; KMR/*Stuckenberg* Rn 68.
[253] Dazu unten Rn. 69 f.
[254] Insoweit weitgehend allgM; siehe nur BVerfG v. 7. 3. 1968 – 354/66 u. a., BVerfGE 23, 191 (203 ff.) = NJW 1968, 982 (983 f.); BVerfG v. 28. 2. 1984 – 2 BvR 100/84, NJW 1984, 1675 f.; BayObLG v. 14. 3. 1983 – 4 St 231/82, StV 1983, 369 ff.; umfassende Nachw. bei *Cording*, Strafklageverbrauch, S. 156 ff.; SK-StPO/*Schlüchter* Rn. 26; abweichend *Hoyer* NZWehrR 1985, 187 (188 f.).
[255] BVerfG v. 7. 3. 1968 – 354/66 u. a., BVerfGE 23, 191 (203 ff.) = NJW 1968, 982 (983 f.); BVerfG v. 28. 2. 1984 – 2 BvR 100/84, NJW 1984, 1675 f.; ebenso BayObLG v. 14. 3. 1983 – 4 St 231/82, StV 1983, 369 ff.; siehe auch AK-StPO/*Loos* Anhang zu § 264 Rn. 64; siehe auch *Struensee* JZ 1984, 645 (649 ff.).
[256] Siehe oben Rn. 34 für das Dauerdelikt.
[257] *Struensee* JZ 1984, 645 (649 f.); *Nestler-Tremel* StV 1985, 343 (352); AK-StPO/*Loos* Anhang zu § 264 Rn. 64.
[258] Ebenso *Grünwald* ZStW-Beiheft 86 (1974), S. 94 (117); SK-StPO/*Schlüchter* Rn 26.
[259] Vgl. BVerfG v. 28. 2. 1984 – 2 BvR 100/84, NJW 1984, 1675 f.; BayObLG v. 30. 1. 1985 – 4 St 236/84, StV 1985, 315 ff.; OLG Celle 14. 5. 1985 – 1 Ss 14/85, NJW 1985, 2428 (in Bezug auf Fahnenflucht nach § 16 WStG) mAnm *Struensee* 1985, 955; OLG Düsseldorf 23. 6. 1985 – 2 Ss 95/85 NJW 1985, 1050 mAnm *Friedeck* StV 1986, 9 u. *Nestler-Tremel* NStZ 1986, 80.
[260] Ebenso *Kahlo/Zabel*, HRRS-Festgabe für Fezer, S. 87 (96).
[261] BVerfG v. 27. 12. 2006 – 2 BvR 1895/05, EuGRZ 2005, 854; im Ergebnis zustimmend *Kahlo/Zabel*, HRRS-Festgabe für Fezer, S. 87 (103 ff.); siehe auch *Kraatz* Jura 2007, 854 ff.

rechtlichen Tatbegriffs sondern aus dem nach faktischen Kriterien zu bestimmenden prozessualem Tatbegriff selbst. So wird bei der zu Tateinheit nach § 52 StGB führenden (wenigstens) Teilidentität der Ausführungshandlungen[262] mehrerer Tatbestandsverwirklichungen auch prozessuale Einheit gegeben sein, gerade weil es sich um ein nicht trennbares tatsächliches Geschehen handelt.

45 **Einzelfälle:** So ist in der Rechtsprechung zutreffend der gleichzeitige Transport von verbotenen Waffen und Schriften mit inkriminierten Inhalten als eine prozessuale Tat gewertet worden;[263] gleiches gilt für den gleichzeitigen Besitz mehrerer Waffen[264] sowie für die gleichzeitige Einfuhr von Betäubungsmitteln und Waffen.[265] Dagegen bilden der unerlaubte Erwerb einer Schusswaffe und das unerlaubte Überlassen dieser Waffe an einen Dritten mit dem Führen der Waffe durch den Täter selbst zu einem anderen Zeitpunkt keinen einheitlichen Lebensvorgang und damit keine einheitliche prozessuale Tat.[266] Anders als der gleichzeitige Transport unterschiedlicher verbotener Gegenstände durch einen Transportakt schafft der bloße gleichzeitige Besitz verschiedener verbotener Gegenstände (zB. Betäubungsmittel und explosionsgefährliche Stoffe) allein keine zur prozessualen Tatidentität führende innere Verknüpfung.[267] Bei Teilidentität der Ausführungshandlungen eines Dauerdelikts mit anderen Straftaten wird prozessuale Tatidentität vor allem dann angenommen, wenn die Dauerstraftat (typisch das Fahren ohne Fahrerlaubnis) der Vollendung der teiltidentischen Straftat dient; so etwa für den Diebstahl.[268] Das läuft entgegen dem ontologisch-faktischen Ausgangspunkt des prozessualen Tatbegriffs drauf hinaus, die verfahrensrechtliche Tatidentität von materiell-rechtlichen Voraussetzungen an die Vollendung einer Straftat (etwa Größe und Zuschnitt des Tatobjekts bei § 242 StGB) abhängig zu machen. Dem kann nur insoweit gefolgt werden, als eine innere Verknüpfung zwischen den einzelnen tatsächlichen Geschehensabläufen besteht. Das muss bei dem Abtransport von Beute und dem dabei zugleich begangenen Fahren ohne Fahrerlaubnis nicht zwingend so sein.[269] Dementsprechend bilden auch eine räuberische Erpressung und ein bei der Flucht begangenes Fahren ohne Fahrerlaubnis keine einheitliche prozessuale Tat.[270] Eine Gewaltanwendung, die sich als Körperverletzungsdelikt darstellt und die zugleich die Nötigungshandlung einer Vergewaltigung (§ 177 Abs. 1 Nr. 1 StGB) bildet, sind eine prozessuale Tat.[271] Letzteres kann sogar dann der Fall sein, wenn der Entschluss den Geschlechtsverkehr mit dem Opfer zu vollziehen, erst nach dem Abschluss der Gewalthandlung gefasst wurde, die durch die vorherige Gewaltanwendung geschaffene Opferlage, sich zum Zeitpunkt des Geschlechtsaktes als (konkludente) Drohung (§ 177 Abs. 1 Nr. 2 StGB) oder als Ausnutzung der schutzlosen Lage des Opfers (§ 177 Abs. 1 Nr. 3 StGB) erweist.[272]

46 Die vorgenannten Grundsätze gelten auch für die Konstellationen auf materieller Handlungseinheit beruhender **Gesetzeskonkurrenz oder Gesetzeseinheit** (Spezialität, Konsumtion, Subsidiarität). Die materiellen Voraussetzungen dieser Konkurrenzformen[273] korrespondieren auf der tatsächlichen Ebene mit der Einheitlichkeit des Lebensvorgangs im Hinblick auf die jeweiligen Tathandlungen.

47 **c) Materiell-rechtliche Handlungs- bzw. Tatmehrheit (§ 53 StGB). aa) Grundsatz.** Angesichts der in der Rechtsprechung zum prozessualen Tatbegriff den materiell-rechtlichen Konkurrenzregelungen zugeschriebenen Indizwirkung[274] **geht materiell-rechtliche Tatmehrheit** grundsätzlich **mit dem Vorliegen mehrerer Taten im prozessualen Sinne einher.**[275] Das ist im Ergebnis zutreffend, weil es angesichts der für die materiell-rechtliche Unterscheidung von Tat-/Handlungseinheit und Tat-/Handlungsmehrheit relevanten Kriterien es bei letzterer regelmäßig an einer aus den tatsächlichen Verhältnissen resultierenden inneren Verknüpfung zwischen den jeweiligen Lebenssachverhalten fehlt. Die im Kontext der Anforderungen an die „innere Verknüpfung" angesprochenen äußeren, inneren oder normativen Aspekte[276] vermögen eine prozessuale Tatidentität bei unterschiedlichen

---

[262] Dazu *Fischer* Vor § 52 StGB Rn. 3.
[263] BGH v. 20. 1. 1995 – 3 StR 585/94, NStZ 1995, 351 f.
[264] BGH v. 14. 4. 1999 – 1 StR 678/98, StV 1999, 644; BGH v. 16. 12. 1998 – 2 StR 536/98 StV 1999, 645.
[265] OLG Braunschweig v. 21. 10. 1996 – Ss 48/96, NStZ-RR 1997, 80 (81).
[266] BGH v. 24. 1. 2002 – 3 StR 360/01, NStZ 2002, 328.
[267] KG v. 27. 7. 2007 – 1 Ss 496/06, NStZ-RR 2008, 48 (49); siehe auch bereits oben Rn. 32.
[268] Siehe dazu BGH v. 6. 11. 1974 – 3 StR 200/74, BGHSt 26, 24 (25 f.); BGH v. 15. 1. 1981 – 4 StR 652/80, StV 1981, 167 (168); BGH v. 18. 6. 1997 – 5 StR 93/97, NStZ 1997, 508.
[269] In Bezug auf das Zusammentreffen von Dauerdelikten mit anderen Straftaten siehe auch bereits oben Rn. 34 – 36 und 37 f. (Verklammerung durch Dauerdelikt).
[270] AA BGH v. 11. 4. 1995 – 1 StR 64/95, StV 1996, 472.
[271] BGH v. 26. 9. 2002 – 1 StR 233/02, NStZ-RR 2003, 82.
[272] BGH v. 26. 9. 2002 – 1 StR 233/02, NStZ 2005, 82 f.
[273] Dazu *Fischer* Vor § 52 StGB Rn. 18–20.
[274] Oben Rn. 35.
[275] BGH v. 24. 7. 1987 – 3 StR 36/87, BGHSt 35, 14 (19); BGH v. 16. 3. 1989 – 4 StR 60/89, BGHSt 36, 151 (154); BGH v. 15. 5. 1997 – 1 StR 233/96, BGHSt 43, 96 (99); BGH , BGHSt 44, 91, 94 = NStZ 1999, 25 mAnm *Beulke*.
[276] Oben Rn. 18–21.

tatsächlichen Geschehnissen gerade nicht herzustellen. Über die dort bereits genannten Konstellationen hinaus **fehlt** es zudem bei folgenden Fallgestaltungen an der **Einheitlichkeit der prozessualen Tat:**

Einzelfälle: Beleidigung durch Übersenden und späteres Verlesen eines Beweisantrages;[277] **Betrug** und **Versicherungsbetrug** durch Einfordern und spätere Entgegennahme der Versicherungsleistung;[278] (Prozess)**Betrug** und zeitlich vorausgegangener gefährlicher Eingriff in den Straßenverkehr bei einem fingiertem Unfall;[279] **Diebstahl** und **Fahren ohne Fahrerlaubnis** zu den verschiedenen Tatorten;[280] **Erpressung** und zeitlich späterer Diebstahl des Beuteanteils eines anderen Vortatbeteiligten;[281] **Falschaussagen** innerhalb eines Verfahrens, wenn sie unterschiedliche Inhalte aufweisen oder zu unterschiedlichen Zeiten erfolgen;[282] **Nichtabführen von Lohnsteuer** einerseits und **von Sozialversicherungsbeiträgen** andererseits;[283] **Untreue** und zeitlich nachfolgende Körperschaftssteuerhinterziehung;[284] **Urkundenfälschung** durch Herstellen einer unechten Urkunde und deren Gebrauch, wenn dieser nicht bereits bei der Herstellung geplant war und zeitlich deutlich später erfolgt; **Verschaffen** und späteres **Verwerten von Geschäftsgeheimnissen** (§ 17 Abs. 1 Nr. 1 und Nr. 2 UWG).[285]

bb) Ausnahmen. In Folge der grundsätzlichen Unabhängigkeit des prozessualen Tatbegriffs von der materiell-rechtlichen Bewertung der Geschehens als tateinheitlich oder tatmehrheitlich nimmt die Rspr. seit jeher in Ausnahmefälle bei materiell-rechtlicher Tatmehrheit lediglich eine prozessuale Tat an.[286] Für die **Bestimmung der einschlägigen Ausnahmen** hat die höchstrichterliche Rspr. eine **Grundformel** geprägt:[287] „Auch sachlich-rechtlich selbständige Taten können … prozessual eine Tat im Sinne von § 264 StPO sein. Dabei kommt es im Einzelfall darauf an, ob die einzelnen Handlungen nicht nur äußerlich ineinander übergehen, sondern auch innerlich derart miteinander verknüpft sind, dass der Unrechts- und Schuldgehalt der einen Handlung nicht ohne die Umstände, die zu der anderen Handlung geführt haben, richtig gewürdigt werden kann und ihre getrennte Würdigung und Aburteilung in verschiedenen Verfahren einen einheitlichen Lebensvorgang unnatürlich aufspalten würde."[288] In **Ergänzung dieser Grundformel** wird weiter darauf abgestellt, dass sich die für die prozessuale Tatidentität erforderliche innere Verknüpfung mehrerer materiell-rechtlicher Beschuldigungen unmittelbar aus den ihnen zugrunde liegenden Handlungen und Ereignissen „unter Berücksichtigung ihrer strafrechtlichen Bedeutung" ergeben muss.[289] Liegen die vorgenannten Voraussetzungen vor, stehen äußere Umstände wie ein großer zeitlicher und räumlicher Abstand zwischen den verschiedenen materiell-rechtlichen Handlungen der Einheitlichkeit der prozessualen Tat nicht entgegen.[290] In Ausprägung dieser Grundformel haben sich mehrere Fallgruppen entwickelt, in denen die Rspr. trotz mehrerer materiell-rechtlicher Taten von prozessualer Tateinheit ausgeht.

---

[277] Hans.OLG Hamburg v. 12. 11. 1996 – 2 Ss 42/96, NStZ-RR 1997, 103 f.
[278] BGH v. 29. 4. 1958 – 1 StR 135/58, BGHSt 11, 398; zum Verhältnis von in betrügerischer Absicht begangener Brandstiftung und versuchtem Betrug siehe unten Rn. 50 und 54.
[279] Siehe BGH v. 23. 9. 1999 – 4 StR 700/98, BGHSt 45, 211.
[280] BGH v. 15. 1. 1981 – 4 StR 652/80, StV 1981, 167 (168); siehe auch bereits oben Rn. 34–36 bzgl. des Zusammentreffens von Dauer- und Zustandsdelikten.
[281] BGH v. 11. 11. 1987 – 2 StR 506/87, BGHSt 35, 86 (87 f.) mAnm *Wolter* NStZ 1988, 456 und *Joerden* JZ 1988, 847.
[282] Vgl. BGH v. 22. 3. 1957 – 1 StR 405/56, NJW 1957, 1886 f.; BGH , BGHSt 32, 146, 148; siehe aber auch BGH v. 27. 4. 1955 – RReg 1 St 851/54, NJW 1955. 1240.
[283] BGH v. 24. 7. 1987 – 3 StR 36/87, BGHSt 35, 14 (17 f.) mAnm *Karl* NStZ 1988, 79 und *Otto* JR 1988. 27; aA OLG Zweibrücken v. 25. 4. 1974 – Ss 6/74, NJW 1975, 128 f.
[284] BGH v. 20. 12. 1995 – 5 StR 412/95, StV 1996, 432 f.; siehe aber auch unten Rn. 54.
[285] BGH v. 15. 5. 1997 – 1 StR 233/96, BGHSt 43, 96 (98 f.).
[286] Siehe bereits RG v. 2. 6. 1927 – 238/27, RGSt 61, 314 (317); abweichend noch RG v. 30. 3. 1922 – I 1223/21, RGSt 57, 51 (52); zur Entwicklung der Rspr. insoweit siehe *Beulke*, FG 50 Jahre BGH, S. 781 (785 ff.).
[287] Dazu bereits oben Rn. 14.
[288] Aus jüngerer Zeit BGH v. 11. 6. 1980 – 3 StR 9/80, BGHSt 29, 288 (293); BGH v. 24. 7. 1987 – 3 StR 36/87, BGHSt 35, 14 (17); BGH v. 16. 3. 1989 – 4 StR 60/89, BGHSt 36, 151 (154 f.); BGH v. 19. 12. 1995 – KRB 33/95, BGHSt 41, 385 (388); BGH v. 15. 5. 1997 – 1 StR 233/96, BGHSt 43, 96 (99); BGH v. 1. 10. 1997 – 3 StR 520/96, BGHSt 43, 252 (255); BGH v. 23. 9. 1999 – 4 StR 700/98, BGHSt 45, 211 (213) mAnm *Radtke* JR 2000, 428 (431 f.); BGH v. 23. 10. 2001 – 5 StR 310/01, NStZ-RR 2002, 259 (260); BGH v. 22. 5. 2003 – 5 StR 520/02, BGHR StPO § 264 Abs. 1 Tatidentität 38; BGH v. 24. 11. 2004 – 5 StR 206/04, BGHSt 49, 359 (362 f.); BGH v. 23. 11. 2005 – 2 StR 327/05, NStZ 2006, 350; BGH v. 11. 9. 2007 – 5 StR 213/07, NStZ 2008, 411 (412).; aus der Rspr. der OLG'e exemplarisch BayObLG v. 25. 2. 1997 – 2 ObOWi 65/97, NStZ-RR 1997, 279 (280); OLG Braunschweig 21. 10. 1996 – Ss 48/96, NStZ-RR 1997, 80 f.; OLG Celle v. 17. 1. 1995 – 3 Ws 2/95, StV 1995, 179 (180); HansOLG Hamburg v. 12. 11. 1996 – Ss 42/96, NStZ-RR 1997, 103 f.; OLG Stuttgart 13. 10. 1995 – 1 Ss 416/95, NStZ-RR 1996, 173.
[289] BGH v. 18. 10. 1995 – 3 StR 324/94, BGHSt 41, 292 (297); BGH v. 15. 5. 11997 – 1 StR 233/96, BGHSt 43, 96 (98); BGH v. 23. 9. 1999, BGHSt 45, 211 (213).
[290] BGH v. 29. 9. 1987 – 4 StR 376/87, BGHSt 35, 60 (61 f.), BGH v. 23. 9. 1999, BGHSt 45, 211 (213); BGH v. 24. 11. 2004 – 5 StR 206/04, BGHSt 49, 359 (364); BGH v. 11. 9. 2007 – 5 StR 213/07, NStZ 2008, 411 (412).

50 cc) **Fallgruppen**. **Brandstiftung** in betrügerischer Absicht und (versuchter/vollendeter) **Betrug** zum Nachteil der Brandversicherung;[291] der BGH stützt die prozessuale Tatidentität der materiellrechtlich verschiedenen Handlungen (§ 53 StGB) vor allem auf die versicherungsvertragsrechtliche Erwägung, dass die Strafbarkeit des Täters wegen Betruges von der Leistungsfreiheit des Versicherers abhängt. Ob dieser von seiner versicherungsvertragsrechtlichen Leistungspflicht frei geworden ist, hängt aber von den tatsächlichen Umständen ab, die zu dem den Schadensfall bildenden Brand geführt haben.[292] Prozessuale Tatidentität soll aber sogar dann anzunehmen sein, wenn es dem Täter lediglich auf die betrügerische Erlangung der Differenz zwischen Neuwert und Zeitwert einer brandversicherten Sache ankommt, obwohl insoweit die strafbare Beteiligung des Versicherungsnehmers an der Brandstiftung versicherungsvertragsrechtlich nicht von Bedeutung ist.[293] Im **Steuerstrafrecht** handelt es sich bei den (monatlich oder quartalsweise vorgenommenen) Umsatzsteuervoranmeldungen und der späteren Umsatzsteuerjahreserklärung desselben Jahres trotz materieller Tatmehrheit lediglich um eine einheitliche prozessuale Tat,[294] weil die Voranmeldungen und die Jahreserklärung dieselbe Steuerart sowie dasselbe Steueraufkommen betreffen.[295] Auch bei der Abgabe einer einheitlichen Steuererklärung und dem Unterbleiben der Berichtigung dieser Erklärung nach Bemerken des Fehlers soll es sich um ein einheitliches prozessuales Geschehen iSv. § 264 StPO handeln.[296]

51 Den **Hauptanwendungsfall** prozessualer Tatidentität trotz materiell-rechtlicher Realkonkurrenz **bilden** verschiedene Konstellationen von **Straßenverkehrsdelikten**. So bilden nach st. Rspr. **zu einem Unfall führende Verkehrsstraftaten** (etwa §§ 315b und c StGB) oder Verkehrsordnungswidrigkeit[297] und ein **anschließendes unerlaubtes Entfernen des Täters vom Unfallort** (§ 142 StGB) eine einheitliche prozessuale Tat, wenn der Täter die Fahrt nach dem Unfallgeschehen ohne Halt oder nach einer nur kurzzeitigen Unterbrechung fortgesetzt hat.[298] Dagegen gehört eine während der Fluchtfahrt begangene Verkehrsstraftat (etwa erneut § 315c StGB) nicht mehr zu der bis zum unerlaubten Geschehen reichenden einheitlichen prozessualen Tat.[299] Das gilt selbst dann, wenn während der gesamten Fahrt zugleich eine Dauerstraftat gemäß § 316 StGB oder § 21 StVG verwirklicht worden ist.[300] Dementsprechend werden auch verschiedene Unfallgeschehnisse nicht durch solche Dauerstraftaten zu einer prozessualen Tat verknüpft.[301]

52 Außerhalb der genannten Konstellationen sind die Kriterien für die Beurteilung **prozessualer Tatidentität bei mehrfacher Begehung von Verkehrsstraftaten oder -ordnungswidrigkeiten** wenig geklärt. Soweit nicht über die Indizwirkung materieller Tateinheit (etwa sub specie natürlicher Handlungseinheit)[302] das Vorliegen einer Tat im prozessualen Sinne begründet wird, bilden regelmäßig mehrere Verkehrsverstöße auch mehrere prozessuale Taten; mit dem Abschluss des jeweiligen Verkehrsgeschehens ist typischerweise auch das geschichtliche Ereignis beendet.[303] Die Begehung mehrerer Verkehrsverstöße während einer ununterbrochenen Fahrt führt daher die für die Einheitlichkeit der prozessualen Tat erforderliche innere Verknüpfung gerade nicht herbei.[304] Diese innere Verknüpfung kann aber auf einer engen räumlich-zeitlichen Abfolge von einzelnen Verkehrsverstößen beruhen;[305] eine Zeitspanne von rund 30 Minuten kann bereits zu lang

---

[291] BGH v. 23. 9. 1999 – BGHSt 45, 211 (213) mAnm *Radtke* JR 2000, 428 (431 f.) zu dieser Entscheidung auch *Beulke*, FG 50 Jahre BGH, S. 781 (787 f.); BGH v. 23. 11. 2005 – 2 StR 327/05 NStZ 2006, 350; siehe auch BGH v. 23. 10. 2001 – 5 StR 319/01, NStZ-RR 2002, 259 (260).
[292] BGH v. 23. 11. 2005 – 2 StR 327/05, NStZ 2006, 350; zuvor bereits BGH v. 23. 9. 1999 – 4 StR 700/98, BGHSt 45, 211 (214); dazu *Radtke* JR 2000, 428 (431).
[293] BGH v. 23. 10. 2001 – 5 StR 319/01, NStZ-RR 2002, 259 (260).
[294] BGH v. 24. 11. 2004 – 5 StR 206/04 – BGHSt 49, 359 (361); BGH v. 12. 1. 2005 – 5 StR 271/04, wistra 2005, 145 (147).
[295] BGH v. 24. 11. 2004 – 5 StR 206/04, BGHSt 49, 359 (363).
[296] BGH v. 11. 9. 2007 – 5 StR 213/07, NStZ 2008, 411 f.: zu Recht ablehnend *Bauer* wistra 2008, 374 (375).
[297] Vgl. BGH v. 4. 6. 1970 – 4 StR 80/70, BGHSt 23, 270 (274).
[298] Grdlg. BGH v. 5. 11. 1969 – 4 StR 519/68, BGHSt 23, 141 (145 ff.); BGH v. 9. 11. 1972 – 4 StR 457/71, BGHSt 25, 72 (75 f.); BGH v. 24. 10. 1974 – 4 StR 453/74, BGHSt 25, 388 (390); OLG Celle v. 27. 9. 1977 – 1 Ss 472/77, VRS 54, 38 (39); Saarl. OLG v. 17. 11. 2003 – Ss 69/03, NStZ 2003, 117 (118); siehe auch KMR/*Stuckenberg* Rn. 97 sowie ausführlich *Brückner* NZV 1996, 266 ff.; weitergehend SK-StPO/*Schlüchter* Rn. 35 (maßgeblich ist die Parallelität in den Rechtsgütern).
[299] BGH v. 5. 11. 1969 – 4 StR 519/68, BGHSt 23, 141 (149 f.) mAnm *Grünwald* JZ 1970, 330 f.
[300] BGH wie Fn. zuvor.
[301] BGH v. 4. 6. 1970 – 4 StR 80/70, BGHSt 23, 270 (273).
[302] Vgl. OLG Düsseldorf v. 25. 3. 1985 – 5 Ss (OWi) 84/84 – 71/84 I, VRS 67, 129 (130).
[303] BayObLG v. 25. 2. 1997 – 2 ObWi 65/97, BayObLGSt 1997, 40 (42) = NZV 1997, 489 (490); BayObLG v. 26. 10. 2001 – 2 ObOWi 407/01, BayObLGSt 2001, 134 (135 f.) = NStZ 2002, 155 f.; OLG Köln v. 9. 6. 1989 – Ss 256/89, NZV 1989, 401.
[304] OLG Düsseldorf v. 8. 7. 1988 – 5 Ss (OWi) 237/88 – 188/88 I, VRS 75, 360 (361); BayObLG v. 26. 10. 2001 – 2 ObOWi 407/01, BayObLGSt 2001, 134 (135 f.) = NStZ 2002, 155 f.
[305] OLG Düsseldorf v. 13. 8. 1996 – 2 Ss OWi 219/96, NZV 1996, 503 (504); OLG Stuttgart v. 5. 2. 1997 – 4 Ss 731/96, NZV 1997, 243; BayObLG v. 26. 10. 2001 – 2 ObOWi 407/01, BayObLGSt 2001, 134 (135 f.) = NStZ 2002, 155 f.

sein.[306] Die Indizwirkung des engen räumlich-zeitlichen Zusammenhangs soll nicht durch verkehrsbedingte Fahrtunterbrechungen typischerweise aufgehoben werden.[307] Soweit erwogen worden ist, die innere Verknüpfung und damit prozessuale Tateinheit über die innere Haltung des Täters, ständig Verkehrsverstöße zu begehen, zu begründen,[308] ist dem zu widersprechen.[309]

dd) Weitere Einzelfälle. Außerhalb der vorgenannten Fallgruppen hat die Rspr. weitere Einzelfälle prozessualer Tateinheit trotz materieller Tatmehrheit angenommen: Innerhalb einer maximal 2 Minuten dauernden Messerstecherei sollen Körperverletzungshandlungen und versuchte Tötungsdelikte gegenüber unterschiedlichen Rechtsgutsträgern eine einheitliche prozessuale Tat darstellen.[310] Gleiches soll auch für Gewaltdelikte (zB § 177, §§ 223 ff. StGB) und eine sich zeitlich anschließende unterlassene Hilfeleistung (§ 323 c StGB)[311] sowie für Widerstand gegen Vollstreckungsbeamte (§ 113 StGB) im Rahmen einer vorläufigen Festnahme und der vorangegangenen Straftat, die den Grund für die Festnahme bildet,[312] gelten. Dagegen kann die Begehung von Zustandsdelikten (zB Diebstahl oder Raub), die während des Zeitraums der Begehung des Dauerdelikts des Verstoßes gegen die räumliche Aufenthaltsbeschränkung nach AufenthaltsG begangen werden, mit dem Dauerdelikt keine einheitliche prozessuale Tat bilden.[313]

ee) Bewertungen. Die Rspr. zu der prozessualen Tatidentität bei materieller Tatmehrheit ist lediglich in den meisten Einzelergebnissen akzeptabel,[314] **lässt** jedoch **handbare Kriterien** und damit die Verlässlichkeit der Ergebnisse **vermissen**.[315] Bereits die Grundformel zur Beurteilung der fraglichen Konstellationen[316] ist fragwürdig, weil unter gewisser Abkehr von einem ontologisch-faktischen Tatbegriff die innere Verknüpfung gerade unter Berücksichtigung der „strafrechtlichen Bedeutung" der verschiedenen Handlungen soll beurteilt werden müssen. Eine solche Normativierung der prozessuale Tatidentität konstituierenden Kriterien eröffnet aber die Möglichkeit eines auf der Ebene der Aburteilungsbefugnis (§ 264) weiten Tatbegriffs und eines engeren auf der Ebene des Strafklageverbrauchs.[317] Wegen der einseitig zu Lasten des Angeklagten gehenden Konsequenzen ist gerade das verfassungsrechtlich nicht hinnehmbar.[318] Die Lösung kann nur über einen in allen Verfahrensstadien identischen prozessualen Tatbegriff erfolgen, der inhaltlich auch in den Fällen der materiellen Realkonkurrenz an der Identität der tatsächlichen Geschehnisse ausgerichtet ist. Dafür ist ein enger räumlich-zeitlicher Zusammenhang zwischen den jeweiligen tatsächlichen Vorkommnissen von zentraler Bedeutung.[319] Die Annahme prozessualer Tateinheit in den Unfallfluchtfällen ist aufgrund dessen zutreffend. Eine einheitliche prozessuale Tat liegt unabhängig von der materiellen Konkurrenzfrage auch dann vor, wenn ein einheitliches tatsächliches Geschehen oder Teile davon für die tatbestandlichen Voraussetzungen mehrerer Delikte relevant sind. Die erforderliche innere Verknüpfung beruht dann gerade auf der Identität oder Teilidentität des tatsächlichen Geschehens. Insoweit trägt die Annahme des BGH, in betrügerischer Absicht begangene Brandstiftung und Betrug zum Nachteil des Versicherers des Tatobjekts (oder des Inventars) stellten ein prozessual einheitliches Geschehen dar. Maßgeblich ist aber insoweit nicht die materiell-rechtliche Bedeutung des Geschehens sondern die Identität oder Teilidentität des Lebenssachverhaltes. Eines gemischt faktisch-normativen Tatbegriffs bedarf es auch insoweit nicht.[320] Dagegen bilden die Steuerhinterziehung durch aktive falsche Angaben (§ 370 Abs. 1 Nr. 1 AO) und die durch Unterlassen der späteren Berichtigung nach Bemerken des Feh-

---

[306] OLG Köln v. 1. 3. 1994 – Ss 15/94, NZV 1994, 292; siehe auch Thüring. OLG v. 12. 7. 1999 – 1 Ss 71/99, NStZ 1999, 516 (517).
[307] BayObLG v. 26. 10. 2001 – 2 ObOWi 407/01, BayObLGSt 2001, 134 (135 f.) = NStZ 2002, 155 f.; OLG Düsseldorf v. 7. 2. 2001 – 2 Ss 284/00, NZV 2001, 273; OLG Hamm v. 13. 5. 1997 – 4 StR 200/95, NStZ-RR 1999, 23.
[308] Siehe OLG Düsseldorf v. 4. 7. 1993 – 5 Ss 53/93, NZV 1994, 42 (43); OLG Stuttgart v. 5. 2. 1997 – 4 Ss 731/96, NZV 1997, 243.
[309] Oben Rn. 20.
[310] BGH v. 6. 5. 1996 – 5 Ss 66/96, NStZ 1996, 243 (244); ablehnend *Beulke*, FG 50 Jahre BGH, S. 781 (786); siehe zudem bereits BGH v. 13. 10. 1995 – 1 Ss 416/95, StV 1985, 181.
[311] OLG Düsseldorf v. 16. 12. 1982 – 5 Ss 487/82, NJW 1983, 767 (768); vgl. auch BGH v. 28. 6. 1961 – 2 StR 83/61, BGHSt 16, 200, 202 f.
[312] Hans. OLG Hamburg v. 27. 5. 1997 – 2 Ss 3/97 und v. 27. 7. 1998 – 2 Ss 68/98; zit. jeweils nach Hans.OLG Hamburg v. 23. 3. 1999 – II b 6/99, NStZ-RR 1999, 247.
[313] Zutreffend Hans.OLG Hamburg v. 23. 3. 1999 – II b 6/99, NStZ-RR 1999, 247 (248), OLG Celle v. 13. 4. 2010 – 32 Ss 7/10, NStZ-RR 2010, 248 gegen OLG Stuttgart v. 13. 10. 1995 – 1 Ss 416/95, NStZ-RR 1996, 173.
[314] Vgl. *Radtke* JR 2000, 428 (431 f.).
[315] Zutreffend *Beulke*, FG 50 Jahre BGH, S. 781 (794) „kein faßbares Kriterium"; krit. zur Rspr. auch AK-StPO/*Loos* Anhang zu § 264 Rn. 62.
[316] Oben Rn. 49.
[317] *Radtke* JR 2000, 428 (431).
[318] Oben Rn. 12.
[319] Ebenso *Beulke*, FG 50 Jahre BGH, S. 781 (794); *Oehler*, GedS Schröder, S. 439 (440).
[320] Oben Rn. 19.

lers (§ 370 Abs. 1 Nr. 2 AO iVm. § 153 Abs. 1 S. 1 Nr. 1 AO) keine einheitliche prozessuale Tat.[321] Die tatsächlichen Verhaltensweisen sind völlig verschieden, zumal die der Steuerhinterziehung durch Unterlassen zugrunde liegende „Berichtigungspflicht", an deren faktischer Nichterfüllung die Strafbarkeit anknüpft, erst dann entsteht, wenn der Steuerpflichtige die ursprüngliche Unrichtigkeit der Steuererklärung bemerkt. Materiell-rechtliche stehen die fraglichen Verhaltensweisen damit in einem sich wechselseitig ausschließenden Alternativverhältnis;[322] prozessual geht es um nach Tatort, Tatzeit und Tatbild völlig verschiedene Lebensvorgänge, die lediglich in dem rechtlichen Moment desselben Steueranspruchs übereinstimmen. Das genügt für prozessuale Tatidentität nicht.

55   ff) **Alternativität der Handlungsvorgänge.** Die Rspr. mehrerer OLGe hat zwischenzeitlich – letztlich aus prozessökonomischen Gründen[323] – prozessuale Tateinheit für sich wechselseitig ausschließende tatsächliche Handlungsvorgänge angenommen.[324] Der Sache nach führt die Heranziehung des Kriteriums der Alternativität der Handlungsvorgänge oder des „negativen Spiegelbildes" zu einem normativ-faktischen Tatbegriff.[325] Denn die Annahme prozessualer Tatidentität beruht hier auf der Erwägung, in den fraglichen Konstellationen könne aus materiell-rechtlichen Gründen die Tatbestandverwirklichung eines Delikts nur festgestellt werden, wenn das Nichtvorliegen eines anderen Delikts gesichert ist; etwa im Verhältnis zwischen den Nachtatdelikten §§ 257, 259 StGB und der Vortatbeteiligung.[326] Die Herstellung prozessualer Tatidentität über die Alternativität der Handlungsvorgänge ist vor allem für Konstellationen von **Postpendenz- und Wahlfeststellung** erwogen worden,[327] um den materiell-rechtlichen Vorgaben beider Konstruktionen zu entsprechen und einander inhaltlich widersprechende Entscheidungen in unterschiedlichen Verfahren über die sich einander ausschließenden tatsächlichen Geschehnisse zu vermeiden. Das Bemühen um Widerspruchsfreiheit und weitgehende Umgestaltungsbefugnis des Tatgerichts aus prozessökonomischen Gründen tragen aber die Heranziehung der Alternativität der Handlungsvorgänge nicht. Ansonsten können mittels dessen unter Aufgabe des faktischen Tatbegriffs und der für ihn maßgeblichen Inhalte zeitlich und räumlich weit auseinander liegende tatsächliche Handlungsabläufe zu einer einheitlichen Tat verbunden werden.[328] Als prozessuale Tateinheit stiftendes Kriterium wird die Alternativität der Handlungsvorgänge in der Rspr. allein nicht mehr herangezogen;[329] die Alternativität ist weder notwendige noch hinreichende Bedingung prozessualer Tatidentität.[330]

56   Dennoch kann im **Einzelfall** in den fraglichen Konstellationen auch der mit dem angeklagten Lebenssachverhalt alternierende Handlungsvorgang Teil der angeklagten Tat sein, selbst wenn dieser nicht ausdrücklich Gegenstand der Anklage ist.[331] Dafür muss die prozessuale Tatidentität über die allgemein Tatidentität stiftenden faktischen Gegebenheiten wie Tatobjekt, Tatort und Tatzeit begründet werden.[332] Dementsprechend kommen Fallgestaltungen faktischer Exklusivität (zB zwei Körperverletzungen gegenüber zwei Opfern an verschiedenen Orten zur selben Zeit) von vornherein nicht als eine Tat in Betracht.[333] Dagegen hat vor allem die ältere Rspr. im Verhältnis von Vor- und Folgetat (insb. Diebstahl/Raub zu Hehlerei) vielfach Tatidentität angenommen.[334]

---

[321] Wie hier *Bauer* wistra 2008, 374 (375); aA BGH v. 11. 9. 2007 – 5 StR 213/07, NStZ 2008, 411 f.; siehe auch *Leplow* wistra 2008, 384 f.
[322] Zu solchen alternativen Handlungsvorgängen nachfolgend Rn. 55–58.
[323] Zutreffend Löwe/Rosenberg/*Gollwitzer*, 25. Aufl., Rn. 9.
[324] Etwa OLG Celle v. 11. 7. 1968 – 1 Ss 166/68, NJW 1968, 2390 (2392); OLG Celle v. 19. 6. 1978 – 2 Ss 125/78, NJW 1979, 228; OLG Düsseldorf v. 10. 4. 1979 – 2 Ss 83/79, JR 1980, 470; OLG Zweibrücken v. 18. 12. 1979 – 1 Ss 43/79, NJW 1980, 2144; siehe ausführlich auch *Bauer* wistra 1990, 218 ff.; *Beulke/Fahl* Jura 1998, 262 ff.; *Schöneborn* MDR 1974, 529 (531 ff.).
[325] Vgl. AK-StPO/*Loos* Anhang zu § 264 Rn. 45.
[326] *Bauer* wistra 1990, 218 (220 f.); *Gillmeister* NStZ 1989, 1 (4 f.).
[327] *Bauer* wistra 1990, 218 ff.; *Beulke/Fahl* Jura 1998, 262 ff.
[328] AK-StPO/*Loos* Anhang zu § 264 Rn. 43; KMR/*Stuckenberg* Rn. 116; siehe auch BGH v. 29. 9. 1987 – 4 StR 376/87, BGHSt 35, 60 (64).
[329] Grundlegend BGH v. 3. 11. 1983 – 1 StR 178/83, BGHSt 32, 146 (148 ff.); BGH v. 29. 9. 1987 – 4 StR 376/87, BGHSt 35, 60 (62 ff.) dazu Anm. *Roxin* JZ 1998, 260 und Bspr. *Gillmeister* NStZ 1989, 1 ff.; siehe auch BGH v. 18. 2. 1999 – 5 StR 193/98, NStZ 1999, 302; BayObLG v. 23. 3. 1999 – 2 St 261/89, bei *Bär* DAR 1991, 370; OLG Celle v. 12. 8. 1986 – 1 Ss 270/86, NJW 1988, 1225 f.; OLG Düsseldorf v. 27. 4. 1999 – 2 Ss 31/99 – 14/99 III, NStZ-RR 1999, 304; siehe auch bereits *Stein* JR 1980, 444 (447 ff.); *Wolter* GA 1986, 143 (161 ff.).
[330] AA in Bezug auf die fehlende Vortatbeteiligung bei §§ 257–259 StGB *Bauer* wistra 1990, 218 (220 f.); *Gillmeister* NStZ 1989, 1 (3 f.).
[331] Siehe nur AK-StPO/*Loos* Anhang zu § 264 Rn. 43; KMR/*Stuckenberg* Rn. 117; Löwe/Rosenberg/*Gollwitzer* 25. Aufl. Rn. 9 jeweils mwN.
[332] BGH v. 16. 3. 1989 – 4 StR 60/89, BGHSt 36, 151 (154 f.); BGH v. 12. 4. 1999 – 2 ObOWi 145/99, NStZ 1999, 363 f.; OLG Düsseldorf v. 27. 4. 1999 – 2 Ss 31/99 – 14/99 III, NStZ-RR 1999, 304; Löwe/Rosenberg/*Gollwitzer*, 25. Aufl. Rn. 9; siehe auch KK-StPO/*Engelhardt* Rn. 22.
[333] AK-StPO/*Loos* Anhang zu § 264 Rn. 43; zu den Grenzen der Tatauswechselung unten Rn. 74–77.
[334] Etwa RG v. 12. 3. 1883 – 1 StR 369/83, RGSt 8, 135 (141); RG v. 20. 12. 1920 – III 1738/20, RGSt 55, 187 f.; BGH v. 17. 9. 1986 – 2 StR 353/86, BGHR StPO § 264 Tatidentität 1; wN bei KMR/*Stuckenberg* Rn. 113.

In jüngerer Zeit wird an der möglichen Einheitlichkeit der Tat von Vor- und Folgetat zwar festgehalten, aber deutlicher auf die Notwendigkeit der Begründung prozessualer Tatidentität über die allgemein relevanten faktischen Kriterien abgestellt; allein die Identität des Tatobjekts genügt jedenfalls bei ansonsten fehlender Einheitlichkeit des geschichtlichen Lebensvorgangs nicht.[335] Im **Verhältnis von Diebstahl** (oder Raub/Erpressung) **und Anschlussdelikt** liegt ein nach „Tatzeit, Tatort, Tatobjekt und Tatbild" einheitlicher geschichtlicher Vorgang etwa dann vor, wenn bei Aufteilung der Beute zeitlich unmittelbar nach Vortatbegehung die Frage der täterschaftlichen Mitwirkung an der Vortat offen bleibt, es aber feststeht, dass der Angeklagte durch einen Täter der Vortat einen Beuteanteil in Tatortnähe gleich nach der Tatausführung erhalten hat.[336] Fehlt es an der Einheitlichkeit des Lebenssachverhaltes auf der Grundlage faktischer Kriterien, können normative Aspekte diese nicht herstellen.[337] Zwar muss bei einer Anklage wegen Hehlerei die täterschaftliche Beteiligung an der Vortat ausgeschlossen sein. Die gerichtliche Kognitionspflicht erschöpft sich insoweit in dem Ausschluss der täterschaftlichen Vortatbeteiligung; deren Einzelheiten sind nicht Gegenstand der Aufklärungs- und Aburteilungspflicht.[338] Ansonsten hingen Umfang der Kognitionspflicht und des Strafklageverbrauchs in Bezug auf Anschlussdelikte vom Typus §§ 257, 259 StGB von dem zufälligen Umstand ab, ob bei nicht wahldeutiger Anklageerhebung zuerst das Anschlussdelikt Gegenstand der Anklage war.[339] Denn in der umgekehrten Konstellation erstreckt sich die Kognitionspflicht nach allgM nicht auf das Vorliegen einer möglichen Anschlusstat. Für eine solche unterschiedliche Bewertung der Konstellationen, für die sich Problematik der Reichweite von Aburteilungsbefugnis und Strafklageverbrauch lediglich wegen vorheriger unzureichender Sachaufklärung durch die Strafverfolgungsbehörden stellt, gibt es keinen sachlich legitimierenden Grund.[340]

Die Annahme von Tatidentität bei alternativen Handlungsvorgängen allein über die allgemeinen faktischen Kriterien kann zu einander inhaltlich widersprechenden gerichtlichen Entscheidungen in den beiden unterschiedlichen Verfahren führen.[341] Dem kann regelmäßig durch Betreiben der **Wiederaufnahme gegen eine widersprechende Erstverurteilung** abgeholfen werden.[342] Wegen des Eingriffs in die materielle Rechtskraft unter Umgehung der Wiederaufnahmevoraussetzungen ist dagegen das über den alternativen Handlungsvorgang erkennende Gericht nicht befugt, das erste widersprechende Urteil unter Anrechnung der dort ausgeurteilten Strafe aufzuheben.[343] Stellt sich innerhalb des laufenden Erstverfahrens ein nicht zur angeklagten Tat gehörender alternativer Handlungsvorgang heraus, kann dieser qua Nachtragsanklage (§ 266) einbezogen werden, wenn der Angeklagte zustimmt. Ansonsten bleibt nur die reguläre Anklageerhebung,[344] die zu späterer Verfahrensverbindung führen kann. Anklageerhebung auf wahldeutiger Grundlage vermeidet regelmäßig die Gefahr sich inhaltlich widersprechender Entscheidungen; unabhängig von dem Vorliegen der materiellen Voraussetzungen der Wahlfeststellung (oder der Postpendenzfeststellung) sind bei entsprechender Anklage beide alternativen Handlungsvorgänge Gegenstand des Verfahrens.

Fehlt bei alternativen Handlungsvorgängen die prozessuale Tatidentität,[345] erstrecken sich Aburteilungsbefugnis und Strafklageverbrauch nur dann auf beide Vorgänge, wenn beide Gegenstand der Anklage sind.[346] Dafür soll die Aufnahme in den (konkreten) Anklagesatz genügen;[347] nicht dagegen die bloße Erwähnung des alternativen Geschehens innerhalb des wesentlichen Ergebnisses der Ermittlungen.[348] Wird nur wegen eines der beiden tatverschiedenen alternativen Handlungsvorgänge verurteilt, bedarf es wegen der anderen Alternative eines **Freispruchs**.[349] Das gilt unab-

---

[335] BGH v. 21. 12. 1983 – 2 StR 578/83, BGHSt 32, 215 (216); BGH v. 29. 9. 1987 – 4 StR 376/87, BGHSt 35, 60 (64); BGH v. 11. 3. 1999 – 4 StR 526/98, NStZ 1999, 363 f.; OLG Düsseldorf v. 27. 4. 1999 – 2 Ss 31/99 – 14/99 III, NStZ-RR 1999, 304 f.
[336] BGH v. 11. 11. 1987 – 2 StR 506/87, BGHSt 35, 86 (88); BGH v. 11. 3. 1999 – 4 StR 526/98, NStZ 1999, 363 (364); siehe auch BGH v. 29. 9. 1987 – 4 StR 376/87, BGHSt 35, 60 (63 f.); BGH v. 16. 10. 1987 – 2 StR 258/87, BGHSt 35, 80 (82).
[337] Abweichend die in Fn. 323 Genannten sowie teilweise KMR/*Stuckenberg* Rn. 118 aE.
[338] BGH v. 29. 9. 1987 – 4 StR 376/87, BGHSt 35, 60 (63); KMR/*Stuckenberg* Rn. 118; *Meyer-Goßner* Rn 2 a.
[339] So *Gillmeister* NStZ 1989, 1 (3 f.); siehe auch KMR/*Stuckenberg* Rn. 118.
[340] Siehe bereits *Radtke*, Systematik des Strafklageverbrauchs, S. 136.
[341] AK-StPO/*Loos* Anhang zu § 264 Rn. 43.
[342] AK-StPO/*Loos* Anhang zu § 264 Rn. 43 aE; skeptischer in Bezug auf Korrekturmöglichkeiten KMR/*Stuckenberg* Rn. 117.
[343] Wie hier LG Saarbrücken 22. 8. 1988 – 5 Qs 94/88, NStZ 1989, 546 mAnm *Gössel*; aA *Meyer-Goßner* Rn. 13.
[344] Vgl. BGH v. 3. 11. 1983 – 1 StR 173/83, BGHSt 32, 146 (151) sowie *Beulke/Fahl* Jura 1998, 262 (266 f.).
[345] Zur ausnahmsweise vorliegenden Tatidentität Rn. 56.
[346] BGH v. 3. 11. 1983 – 1 StR 173/83, BGHSt 32, 146 (149 ff.); BGH v. 11. 3. 1999 – 4 StR 526/98, NStZ 1999, 363 (364), OLG Düsseldorf v. 27. 4. 1999 – 2 Ss 31/99 – 14/99 III, NStZ-RR 1999, 304; umfassend *Dreyer*, Wahlfeststellung, S. 109 ff.
[347] BGH v. 15. 5. 1997 – 1 StR 233/96, BGHSt 43, 96 (100).
[348] BGH v. 13. 2. 1991 – 3 StR 453/90, BGHR StPO § 264 Abs. 1 Tatidentität 19; siehe auch bereits oben Rn. 20 f.
[349] BGH v. 12. 12. 1991 – 4 StR 506/91, BGHSt 38, 172 (173 f.); BGH v. 14. 7. 1998 – 4 StR 214/98, NStZ 1998, 635 f.; KMR/*Stuckenberg* Rn. 122.

hängig davon, ob die Anklage von einem Alternativverhältnis ausgegangen ist oder nicht;[350] maßgeblich ist allein das Vorliegen von zwei unterschiedlichen Taten im prozessualen Sinne.

C. Unteilbarkeit der angeklagten Tat

I. Prozessualer Tatbegriff und Verfahrensgegenstand

59   1. **Anklage und Verfahrensgegenstand.** Die angeklagte Tat oder die **angeklagten Taten bilden den Gegenstand des Strafverfahrens;**[351] auf sie erstreckt sich sowohl das Kognitionsrecht und die Kognitionspflicht des erkennenden Gerichts als auch der von dem Urteil ausgehende Strafklageverbrauch.[352] Der Verfahrensgegenstand reicht insoweit über die angeklagte Tat hinaus, als zu ihm sämtliche Umstände gehören, die für die Entscheidung des erkennenden Gerichts relevant sind.[353] Der Verfahrensgegenstand kann mehrere Taten im prozessualen Sinne ebenso umfassen wie Taten mehrerer Angeklagter. Der **Verfahrensgegenstand** wird **durch** die **Anklage** und den **Eröffnungsbeschluss festgelegt;**[354] letzterer kann die angeklagte Tat bzw. die angeklagten Taten lediglich in dem durch § 207 Abs. 2 Nr. 1, 2 und 4 zulässigen Ausmaß modifizieren, nicht aber Taten einbeziehen, die nicht Gegenstand der Anklage waren. Nach Erlass des Eröffnungsbeschlusses sind keine die Identität der angeklagten Tat betreffenden Veränderungen des Verfahrensgegenstandes mehr zulässig.[355] Die durch Anklage und Eröffnungsbeschluss erfolgende Festlegung des Verfahrensgegenstandes bindet die mit dem Verfahren befassten Gerichte in allen Instanzen, also auch das Berufungsgericht[356] sowie das nach Aufhebung und Zurückverweisung durch das Revisionsgericht zuständige Tatgericht.[357] Auch im Fall des Wiederaufgreifens eines Verfahrens (etwa nach Erledigungsarten mit beschränktem Strafklageverbrauch) und der Wiederaufnahme ieS (§§ 359 ff.) bleibt der Verfahrensgegenstand identisch.[358]

60   2. **Sog. Verfolgungswille der Staatsanwaltschaft.** Innerhalb des durch angeklagte prozessuale Tat gebildeten Verfahrensgegenstandes unterliegt die rechtliche Würdigung des unterbreiteten tatsächlichen Geschehens grundsätzlich[359] keinen Grenzen. Das Gericht muss seine Kognitionsbefugnis und -pflicht auf sämtliche rechtlichen und tatsächlichen Umstände der Tat erstrecken.[360] Damit kommt der Bestimmung der angeklagten Tat entscheidende Bedeutung für die Festlegung des Verfahrensgegenstandes zu. Insoweit legt die Staatsanwaltschaft in Ausfüllung des Anklageprinzips (§ 151) weitestgehend den Gegenstand des gesamten weiteren Verfahrens fest.[361] Welche prozessuale Tat angeklagt und damit Gegenstand des Strafverfahrens ist, ergibt sich regelmäßig aus dem Anklagesatz (allgM). Um zu klären, welcher einheitliche tatsächliche Lebenssachverhalt angeklagt ist, kann über den Anklagesatz hinausgehend das **wesentliche Ergebnis der Ermittlungen als Auslegungshilfe** herangezogen werden.[362] Dabei ist Vorsicht geboten; die Erwähnung außerhalb der angeklagten Tat liegender Umstände, die im wesentlichen Ergebnis der Ermittlungen lediglich colorandi causa (etwa um das Verständnis der tatsächlichen und rechtlichen Verhältnisse der angeklagten Tat zu verbessern) erwähnt werden, machen die tatsächlichen Umstände nicht zum Gegenstand der Anklage.[363] Ergibt die Analyse der Anklageschrift – ggf. mit den Modifikationen durch den Eröffnungsbeschluss (§ 207 Abs. 2) –, dass **lediglich eine prozessuale Tat** angeklagt ist, **hat** der meist sog. **Verfolgungswillen der Staatsanwaltschaft keine Relevanz.**

61   **Innerhalb** des lediglich aus **einer prozessualen Tat** bestehenden Verfahrensgegenstandes ist der **Verfolgungswille** sowohl in tatsächlicher wie in rechtlicher Hinsicht **unteilbar.**[364] Aufgrund des-

---

[350] AA Löwe/Rosenberg/*Gollwitzer*, 25. Aufl., Rn. 43.
[351] Oben Rn. 3.
[352] Oben Rn. 12.
[353] KMR/*Stuckenberg* Rn. 37.
[354] KK-StPO/*Engelhardt* Rn. 9.
[355] Vgl. BGH 17. 8. 2000 – 4 StR 245/99, BGHSt 46, 130 (135) = NJW 2000, 3293 (3294) für Änderungen des Tatzeitraums bei Serienstraftaten.
[356] BGH v. 25. 9. 1961 – AnwSt(R) 4/61, BGHSt 16, 237 (238 f.); KMR/*Stuckenberg* Rn. 38.
[357] BGH v. 18. 6. 1956 – 6 StR 28/56, BGHSt 9, 324 (326).
[358] Dazu *Radtke* NStZ 1999, 481.
[359] Zu durch Rechtsgründe erzwungenen Ausnahmen unten Rn. 67 f.
[360] Unten Rn. 64 f.
[361] Siehe AK-StPO/*Loos* Rn. 3; KK-StPO/*Engelhardt* Rn. 9; Löwe/Rosenberg/*Gollwitzer*, 25. Aufl., Rn. 13.
[362] AK-StPO/*Loos* Rn. 3; KMR/*Stuckenberg* Rn. 39; siehe auch BGH v. 15. 5. 1997 – 1 StR 233/96, BGHSt 43, 96 (100).
[363] BGH v. 16. 10. 1987 – 2 StR 258/87, BGHSt 35, 80 (81); BGH v. 18. 10. 1995 – 3 StR 324/94, BGHSt 41, 292 (297 f.); BGH v. 15. 5. 1997 – 1 StR 233/96, BGHSt 43, 96 (99 f.); BGH v. 17. 11. 1999 – 1 StR 290/99 NStZ 2000, 216; BGH v. 20. 5. 1998 – 2 StR 76/98 StV 1999, 415 mAnm *Pauly*; AK-StPO/*Loos* Rn. 3; KK-StPO/*Engelhardt* Rn. 9; KMR/*Stuckenberg* Rn. 39; Löwe/Rosenberg/*Gollwitzer*, 25. Aufl., Rn. 15.
[364] AllgM; siehe nur BGH v. 28. 6. 1961 – 2 StR 83/61, BGHSt 16, 200 (202); BGH v. 4. 6. 1970 – 4 StR 80/70, BGHSt 23, 270 (275); AK-StPO/*Loos* Rn. 3 aE; KMR/*Stuckenberg* Rn. 40; KK-StPO/*Engelhardt* Rn. 9; *Meyer-Goßner* Rn. 7.

sen sind Formen des sog. charge bargaining, wie sie im anglo-amerikanischen Rechtskreis möglich und zulässig sind,[365] ausgeschlossen. Die Staatsanwaltschaft unterbreitet dem Gericht mit der Anklage den angeklagten Lebenssachverhalt zur vollständigen Aburteilung ohne Bindung an die rechtliche Bewertung durch die Anklagebehörde.[366] Durch die angeklagte Tat sind sämtliche mit dem angeklagten geschichtlichen Vorgang in Zusammenhang stehenden tatsächlichen Umstände mit erfasst, die für die rechtliche Würdigung des dem Angeklagten vorgeworfenen Verhaltens von Bedeutung sind.[367] Ob diese Umstände der Staatsanwaltschaft bei Anklagerhebung bekannt waren, ist irrelevant.[368]

Bezieht sich die (ggf. ausgelegte) **Anklage** dagegen auf **zwei oder mehrere Taten**, hängt der Verfahrensgegenstand von dem **Verfolgungswillen der Staatsanwaltschaft** ab.[369] Ob sich der Verfolgungswille auf mehr als eine prozessuale Tat erstreckt, muss durch Auslegung der Anklageschrift ermittelt werden. Enthält diese Ausführungen zu mehr als einer prozessualen Tat, kommt es darauf an, ob die Schilderung von tatsächlichen Geschehnissen außerhalb der aus dem Anklagesatz ersichtlichen angeklagten Tat lediglich zu dessen besseren Verständnis erfolgt[370] oder zum Ausdruck bringt, auch die weitere Tat zum Gegenstand des Verfahrens zu machen. Im Hinblick auf den umfassenderen Schutz der Verteidigungsinteressen des Angeklagten über § 266 in Relation zu § 265 ist im Zweifel von fehlendem Verfolgungswillen in Bezug auf die nicht im Anklagesatz enthaltene weitere Tat auszugehen.

II. Verfahrensgegenstand und gerichtliche Kognition

Das Gericht trifft im Hinblick auf die ihm durch Anklage unterbreitete Tat ein **umfassendes Kognitionsrecht** und eine **umfassende Kognitionspflicht**; es muss den verfahrensgegenständlichen Lebenssachverhalt grundsätzlich vollständig in tatsächlicher Hinsicht aufklären und rechtlich vollständig über diesen entscheiden (vgl. § 244 Abs. 2, § 265).[371] Bei der Ausübung von Kognitionsrecht und -pflicht ist es nicht an die rechtliche Beurteilung des unterbreiteten Sachverhaltes in Anklage und Eröffnungsbeschluss gebunden (Abs. 2.). Die Aburteilung über von Anklage und Eröffnungsbeschluss abweichende tatsächliche Geschehnisse ist lediglich innerhalb des durch die prozessuale Tat selbst gebildeten und durch Abs. 2 konkretisierten Rahmens gestattet. **Grenzen** der Ausübung der Kognition ergeben sich **nur aus Rechtsgründen**.[372] Ob die mit der Tat befassten Gerichte faktisch in der Lage waren, die Tat in vollem Umfang aufzuklären, ist für den Umfang der Kognitionspflicht und damit den des Strafklageverbrauchs ohne Bedeutung.[373]

1. Umfang der Kognitionspflicht. Soweit nicht rechtliche Hindernisse bestehen, muss das Gericht die verfahrensgegenständliche Tat **unter jedem in Frage kommenden Gesichtspunkt rechtlich würdigen**.[374] Das betrifft nicht nur die strafrechtliche Würdigung sondern auch die mögliche Bewertung des Geschehens als Ordnungswidrigkeit (§ 82 OWiG). Auf der Grundlage eines ontologischen, nicht durch normative Kriterien überlagerten Tatbegriffs erstreckt sich die Kognitionspflicht auch auf subsidiäre Straftaten;[375] eine andere Frage ist, ob sich das Gericht im Urteil zu qua Subsidiarität zurücktretenden Straften ausdrücklich verhalten muss. Letzteres kann allenfalls dann erforderlich sein, wenn aus dem auf Konkurrenzebene vorrangigen Delikt nicht verurteilt

---

[365] Zum charge bargaining u. a. *Trüg* ZStW 120 (2008), S. 331 (343, 354, 361 f., 364); *Weigend*, Anklagepflicht und Ermessen, 1978, S. 135 ff.; *ders.*, Absprachen in ausländischen Strafverfahren, 1990, S. 38 f.
[366] BGH v. 28. 6. 1961 – 2 StR 83/61, BGHSt 16, 200 (202); BGH v. 4. 6. 1970 – 4 StR 80/70, BGHSt 23, 270, 275; KK-StPO/*Engelhardt* Rn. 9; KMR/*Stuckenberg* Rn. 39; Löwe/Rosenberg/*Gollwitzer*, 25. Aufl., § 264 Rn. 15; *Meyer-Goßner* Rn. 7 a.
[367] Siehe nur BGH v. 17. 3. 2004 – 5 StR 314/03, NStZ 2004, 582 (583) mwN.
[368] BGH v. 21. 12. 1983 – 2 StR 578/83, BGHSt 32, 215 (216); BGH v. 18. 10. 1995 – 3 StR 324/94, BGHSt 41, 292 (298).
[369] BGH v. 28. 6. 1961 – 2 StR 83/61, BGHSt 16, 200 (202) = NJW 1961, 1981; BGH v. 25. 11. 1980 – 1 StR 508/80, StV 1981, 127 (128); KK-StPO/*Engelhardt* Rn. 9; KMR/*Stuckenberg* Rn. 39; Löwe/Rosenberg/*Gollwitzer*, 25. Aufl., § 264 Rn. 15; siehe auch AK-StPO/*Loos* Rn. 3.
[370] Oben Rn. 60.
[371] Etwa BGH v. 28. 6. 1961 – 2 StR 83/61, BGHSt 16, 200 (202 f.) = NJW 1961, 1981; BGH v. 12. 3. 1968 – 5 StR 115/68, BGHSt 22, 105 (106) = NJW 1968, 901; BGH v. 24. 10. 1974 – 4 StR 453/74, BGHSt 25, 388 (389 f.) = NJW 1975, 176; BGH v. 23. 3. 1993 – 1 StR 21/93, BGHSt 39, 164 (165) = NJW 1993, 1871; BGH v. 17. 3. 2004 – 5 StR 314/05, NStZ 2004, 582 (583); AK-StPO/*Loos* Rn. 8; KMR/*Stuckenberg* Rn. 41; KK-StPO/*Engelhardt* Rn. 10; Löwe/Rosenberg/*Gollwitzer*, 25. Aufl., Rn. 17; *Meyer-Goßner* Rn. 10; SK-StPO/*Schlüchter* Rn. 4.
[372] Näher unten Rn. 67 f.
[373] *Radtke*, Systematik des Strafklageverbrauchs, S. 120 f.
[374] BGH v. 17. 3. 2004 – 5 StR 314/05, NStZ 2004, 582 (583); KK-StPO/*Engelhardt* Rn. 10; Löwe/Rosenberg/*Gollwitzer*, 25. Aufl., Rn. 17.
[375] Vgl. dazu BayObLG v. 22. 3. 1991 – RReg 1 St 240/90, BayObLGSt 1991, 51 (52) = NJW 1991, 2360 (2361); dazu *Schlüchter* JZ 1991, 1057 und SK-StPO/*Schlüchter* Rn. 4.

werden kann.[376] Außerhalb der durch §§ 154 Abs. 2, 154 a eröffneten Möglichkeiten[377] darf das Gericht den Umfang der Aburteilung grundsätzlich nicht beschränken;[378] so kann innerhalb des Verfahrensgegenstandes die Kognition nicht aus Gründen der Kostenersparnis nur auf einen Bruchteil der angeklagten Fälle bei einer Serienstraftat beschränkt bleiben.[379]

65   In gegenständlicher und zeitlicher Hinsicht muss die Kognitionspflicht grundsätzlich durch ein einheitliches Urteil erfüllt werden.[380] Die Kognitionspflicht ist innerhalb der angeklagten Tat ebenso unteilbar[381] wie der Verfolgungswille der Staatsanwaltschaft. Teilurteile kennt das deutsche Strafverfahrensrecht nicht;[382] das schließt innerhalb einer einheitlichen Tat auch Teilentscheidungen in Kombination mit Verweisungen an das für den übrigen Teil (vermeintlich) zuständige Gericht aus.[383] Das Verbot von Teilurteilen hindert aber nicht, über einen einheitlichen Verfahrensgegenstand in der Sache verschieden zu erkennen; umfasst die einheitliche prozessuale Tat mehrere materielle Straftaten (§ 53 StGB) und wird nicht wegen aller Straftaten verurteilt, muss im Übrigen freigesprochen werden.[384] Die umfassende Kognitionspflicht des Gerichts gebietet den (Teil)Freispruch sogar. Hat das erstinstanzliche Gericht zu Unrecht bei prozessualer Tateinheit mehrere Straftaten im materiellen Sinne angenommen und nur wegen eines Teils dieser Straftaten verurteilt, tritt bei einem allein gegen die Verurteilung gerichteten Rechtsmittel keine Teilrechtkraft ein.[385] Dem Rechtsmittelgericht ist wegen der Unteilbarkeit des Urteilsgegenstandes die gesamte angeklagte prozessuale Tat zur Entscheidung unterbreitet. Die jenseits möglicher rechtlicher Grenzen[386] umfassende gerichtliche Kognitionspflicht schließt grundsätzlich auch einen Vorbehalt anderweitiger späterer Verfolgung der verfahrensgegenständlichen Tat oder Teilen davon aus.[387] Ein Nachverfahren über eine bereits abgeurteilte Tat ist lediglich in Einzelregelungen über Rechtsfolgen der Straftat zugelassen (etwa §§ 439, 440, 442). Die in § 66 a StGB geregelte vorbehaltene Sicherungsverwahrung gestattet ausschließlich eine spätere Entscheidung über die zukünftige Gefährlichkeit des Angeklagten für den Fall einer aktuell als Beurteilungsgrundlage einer Gefährlichkeitsprognose nicht ausreichenden Aufklärbarkeit der relevanten Tatsachen. Entsprechendes gilt für erst nach Rechtskraft eintretende Umstände, die im Kontext nachträglicher Sicherungsverwahrung (§ 66 b StGB) die Anordnung dieser Maßregel wegen der prognostisch zukünftigen Gefährlichkeit des Täters gestatten. Die Konsequenzen für die Bestimmung des Verfahrensgegenstandes im Nachverfahren sind bisher nicht geklärt.[388] Außerhalb der vorgenannten Sonderkonstellationen verhindert ein unzulässiger Vorbehalt späterer Entscheidung über einen Teil der verfahrensgegenständlichen Tat den Strafklageverbrauch für die gesamte prozessuale Tat nicht.[389] Anderes gilt dagegen bei einem versehentlichen Unterbleiben der Entscheidung über mehrere prozessuale Taten, die Gegenstand eines einheitlichen Verfahrens sind.[390] Urteilt das Tatgericht lediglich über einen Teil der prozessualen Taten, bleiben die übrigen Taten bei dem Tatgericht anhängig; dem Revisionsgericht ist eine Entscheidung über diese verwehrt.[391] Sind bei mehreren verfahrensgegenständlichen prozessualen Taten nicht sämtliche entscheidungsreif, so sind die nicht entscheidungsreifen abzutrennen und gesondert zu entscheiden.[392]

---

[376] Siehe *Meyer-Goßner* Rn. 10, SK-StPO/*Schlüchter* Rn. 4 aE.
[377] Unten Rn. 68.
[378] Siehe aber unten Rn. 66.
[379] BGH v. 10. 12. 1974 – 5 StR 578/74; BGH v. 14. 12. 1978 – 4 StR 582/78 (jeweils unveröffentlicht).
[380] BGH v. 26. 9. 1980 – 1 BJs 202/79 – 5 StB 32/80, BGHSt 29, 341 (342) = NJW 1981, 180; KK-StPO/*Engelhardt* Rn. 11; Löwe/Rosenberg/*Gollwitzer*, 25. Aufl., Rn. 17.
[381] BGH v. 26. 5. 1967 – 2 StR 129/67, BGHSt 21, 256 (258) = NJW 1967, 1972.
[382] AllgM; siehe nur BGH v. 22. 10. 1957 – 5 StR 317/57, BGHSt 10, 396 (397) = NJW 1957, 1809; KK-StPO/ *Engelhardt* Rn. 11.
[383] RG v. 31. 5. 1938 – 1 D 284/38, RGSt 72, 239; KMR/*Stuckenberg* Rn. 43; Löwe/Rosenberg/*Gollwitzer*, 25. Aufl., Rn. 19 jeweils mwN.
[384] Saarl.OLG v. 17. 11. 2003 – Ss 69/03, NStZ 2005, 117 (118 f.) mwN.
[385] Vgl. BGH v. 15. 6. 1954 – 4 StR 310/54, BGHSt 6, 229 (230) = NJW 1954, 1257; BGH v. 26. 5. 1967 – 2 StR 129/67, BGHSt 21, 256 (258 f.) = NJW 1967, 1972; siehe auch KK-StPO/*Engelhardt* Rn. 10.
[386] Unten Rn. 67 f.
[387] AllgM; so bereits die Rspr des RG, etwa RG v. 7. 11. 1914 – II 4 S/14, RGSt 48, 89 (91); RG v. 15. 12. 1921 – VI 1241/21, RGSt 56, 324 (325); ebenso BGH v. 15. 5. 1963 – 2 ARs 66/63, BGHSt 18, 381 (386) = NJW 1963, 1747; BGH v. 18. 12. 1985 – 2 StR 569/85, StV 1987, 52 (53); KMR/*Stuckenberg* Rn. 43; Löwe/Rosenberg/*Gollwitzer*, 25. Aufl., Rn. 19 jeweils mwN.
[388] Unten Rn. 67 sowie *von Freier* ZStW 120 (2008), 273 (306 ff.).
[389] BGH v. 17. 10. 1961 – 1 StR 382/61, BGHSt 16, 280 = NJW 1962, 116; BGH v. 15. 5. 1963 – 2 ARs 66/63, BGHSt 18, 381 (386) mAnm *Eb. Schmidt* JZ 1963, 714; BGH v. 1. 8. 1991 – 4 StR 234/91, NStZ 1991, 549; Löwe/ Rosenberg/*Gollwitzer*, 25. Aufl., Rn. 20.
[390] Abweichend offenbar KK-StPO/*Engelhardt* Rn. 10; Löwe/Rosenberg/*Gollwitzer* Rn. 19; unklar KMR/*Stuckenberg* Rn. 44 einerseits und Rn. 132 andererseits.
[391] BGH v. 11. 11. 1993 – 4 StR 629/93; BGH v. 23. 3. 2001 – 2 StR 7/01, NStZ-RR 2002, 98 (Nr. 31); siehe auch *Meyer-Goßner* JR 1985, 452 f.
[392] AK-StPO/*Loos* Rn. 9; KMR/*Stuckenberg* Rn. 44.

Eine **Ergänzungsklage** ist mit dem Gebot umfassender gerichtlicher Kognitionspflicht über die 66 gesamte Tat nicht zu vereinbaren.[393] Das gilt sowohl für die Ergänzungsklage in Gestalt der **Berichtigungsklage** als auch für die in Form der **Vervollständigungsklage**.[394] Eine Vervollständigungsklage ginge in der Sache mit einem an dem tatsächlichen statt dem rechtlichen Umfang der Kognitionspflicht ausgerichteten Verfahrensgegenstand einher[395] und führt zu einem unterschiedlichen Umfang der prozessualen Tat auf der Ebene der Anklage (§ 155) einerseits sowie der Urteilsfindung (§ 264) und des Strafklageverbrauchs andererseits. Das ist abgesehen von völligen vagen Kriterien zur Beurteilung der Vervollständigungsklage[396] mit dem Schutzzweck von Art. 103 Abs. 3 GG nicht zu vereinbaren.[397] **Keine Ergänzungsklage** in dem vorgenannten Sinne sind die Entscheidungen, mit denen im Rahmen **vorbehaltener oder nachträglicher Sicherungsverwahrung** die genannten Formen dieser Maßregel gemäß § 66 a Abs. 2 oder § 66 b Abs. 1 StGB durch das zuständige Gericht angeordnet werden.[398] Es erscheint zwar denkmöglich, den Gegenstand des Verfahrens in den genannten Konstellationen auf die für die Gefährlichkeitsprognose maßgeblichen tatsächlichen Umstände zu beschränken. Tatsächlich lässt sich eine solche Trennung des Verfahrensstoffs aber in keiner der beiden Formen der Sicherungsverwahrung annehmen.[399] Letztlich lassen sich solche Inkonistenzen nur vor dem Hintergrund der Zweispurigkeit des Sanktionensystems des StGB erklären, das in Bezug auf die Maßregeln der Besserung und Sicherung einer Einordnung in die Kategorien von Aburteilungsbefugnis und Strafklageverbrauch wegen der Orientierung auch an der zukünftigen Gefährlichkeit des Täters kaum zugänglich ist.[400]

2. Grenzen der Kognitionspflicht. Die Reichweite der gerichtlichen Kognitionspflicht wird durch 67 den Umfang bestimmt, in dem das Gericht **rechtlich verpflichtet ist, die angeklagte Tat aufzuklären** und über sie zu entscheiden.[401] Die Grenzen dieser Pflicht sind allein rechtlicher Natur. Es handelt sich vor allem um **Verfahrenshindernisse**, etwa **Exterritorialität** (§§ 18–20 GVG);[402] **parlamentarische Immunität**,[403] wird die Verfolgung eines Abgeordneten durch das Parlament gestattet, ermöglicht dies regelmäßig die Verfolgbarkeit der gesamten prozessualen Tat;[404] **Verjährung**;[405] fehlender oder zurückgenommener **Strafantrag**;[406] eingetretene **Teilrechtskraft**;[407] nach Auslieferung des Angeklagten aus dem Ausland darf nach dem Grundsatz der **Spezialität** (§ 72 IRG) die Tat lediglich unter den materiell-strafrechtlichen Delikten abgeurteilt werden, wegen derer der um Auslieferung ersuchte ausländische Staat ausgeliefert hat.[408] Allerdings dürfen die Gerichte des um Auslieferung ersuchenden Staates innerhalb der prozessualen Tat diese rechtlich und tatsächlich abweichend von dem Auslieferungshaftbefehl würdigen, wenn auch in Bezug auf die abweichende Würdigung eine Auslieferung möglich gewesen wäre.[409] Innerhalb derselben Tat können auch solche Teilakte der Verurteilung zugrunde gelegt werden, die nicht im Auslieferungshaftbefehl aufgeführt waren.[410]

Taten im prozessualen Sinne, von deren Verfolgung die Staatsanwaltschaft gemäß **§ 154 Abs. 1** 68 abgesehen hat, sind nicht Gegenstand des gerichtlichen Verfahrens. Die Kognitionspflicht erstreckt sich darauf nicht. Taten, die das Gericht erst nach Anklageerhebung nach **§ 154 Abs. 2** vorläufig

---

[393] BVerfG v. 7. 12. 1983 – 2 BvR 282/80, BVerfGE 65, 377 (381 ff.) = NStZ 1984, 325 mAnm *Schnarr*; *Achenbach* ZStW 87 (1975) S. 74 (95 ff.); *Groth* MDR 1985, 716; *Kühne* JZ 1984, 376; *Neumann* NJW 1984, 779; AK-StPO/*Loos* Anhang zu § 264 Rn. 46; Löwe/Rosenberg/*Gollwitzer*, 25. Aufl., Rn. 19; Löwe/Rosenberg/*Kühne* Einl. K Rn. 90 jeweils mwN.
[394] Zur Unterscheidung *Achenbach* ZStW 87 (1975), S. 74 (77 ff.); *Radtke*, Systematik des Strafklageverbrauchs, S. 120 f. mit Fn. 47; im Ergebnis wie hier *Achenbach* aaO; AK-StPO/*Loos* Anhang zu § 264 Rn. 46; aA für die Vervollständigungsklage etwa *Fezer* 17/83.
[395] Dafür etwa *Henkel* § 100 S. 389 f.; in der Sache mit diesem übereinstimmend *Vogler*, Rechtskraft des Strafbefehls, S. 95.
[396] Siehe *Pickert*, Verfolgungsbeschränkung gemäß § 154 a StPO und das Problem des Strafklageverbrauchs, 1984, S. 100 f. mwN.
[397] *Radtke*, Systematik des Strafklageverbrauchs, S. 121.
[398] Vgl. aber *von Freier* ZStW 120 (2008), 273 (312 f.).
[399] Siehe *von Freier* ZStW 120 (2008), 273 (320 ff.).
[400] Vgl. *von Freier* ZStW 120 (2008), 273 (328 f.); siehe auch bereits *Radtke* ZStW 110 (1998), 298 (316 ff.).
[401] *Radtke*, Systematik des Strafklageverbrauchs, S. 329–331.
[402] OLG Schleswig v. 12. 8. 1981 – 1 Ss OWi 785/80, NStZ 1982, 122.
[403] BGH v. 20. 12. 1960 – 1 StR 481/60, BGHSt 15, 274 (275) = NJW 1961, 518.
[404] BGH wie Fn. zuvor.
[405] RG v. 3. 1. 1907 – III 624/06, RGSt 39, 353 (355).
[406] BGH v. 2. 3. 1962 – 2 StR 9/62, BGHSt 17, 157 f. = NJW 1962, 972.
[407] BGH v. 25. 9. 1961 – AnwSt 4/61, BGHSt 16, 237 (239) = NJW 1961, 2219.
[408] BGH v. 20. 12. 1968 – 1 StR 508/67, BGHSt 22, 307 (308) = NJW 1969, 995; BGH v. 11. 3. 1999 – 4 StR 526/98 v. NStZ 1999, 363; siehe auch BGH v. 11. 1. 2000 – 1 StR 505/99, NStZ-RR 2000, 333 (334); BGH v. 22. 7. 2003 – 5 StR 22/03, NStZ 2003, 684.
[409] BGH v. 22. 7. 2003 – 5 StR 22/03, NStZ 2003, 684; siehe auch BGH v. 25. 4. 1995 – 1 StR 18/95, NStZ 1995, 608 f. und BGH v. 27. 11. 2003 – 3 StR 221/03, StraFo 2004, 104; siehe auch KK-StPO/*Engelhardt* Rn. 13.
[410] BGH v. 25. 4. 1995 – 1 StR 18/95, NStZ 1995, 608 f.; BGH v. 22. 7. 2003 – 5 StR 22/03, NStZ 2003, 684.

eingestellt hat, kann es lediglich unter den Wiederaufnahmevoraussetzungen der § 154 Abs. 3–5 wieder zum Gegenstand des Verfahrens machen. Solange Verfahrensbeschränkungen gemäß § 154a Abs. 1 oder Abs. 2 bestehen, ist das Gericht an der Ausübung der Kognitionspflicht insoweit gehindert. Erfolgt vor Rechtskraft der gerichtlichen Sachentscheidung keine Wiedereinbeziehung (vgl. § 154a Abs. 3), umfasst der Strafklageverbrauch auch die ausgeschiedenen Tatteile oder Rechtsverletzungen.[411] Die § 264 zugrunde liegende umfassende Kognitionspflicht zwingt das Gericht zur Wiedereinbeziehung, wenn ansonsten Freispruch erfolgen müsste.[412] Die **Pflicht zur Wiedereinbeziehung** besteht selbst dann, wenn fehlerhaft nach § 154 statt nach § 154a beschränkt worden war.[413] Wäre auch wegen des ausgeschiedenen Prozessstoffs freizusprechen, kann von dessen förmlicher Wiedereinbeziehung abgesehen werden.[414] Bei förmlicher Wiedereinbeziehung wird der Angeklagte durch die entsprechende Anwendung von § 265 Abs. 4 geschützt.

69   **3. Kognitionspflicht und Berücksichtigung nicht verfahrensgegenständlicher Taten.** Die Rspr. hält die Berücksichtigung nicht verfahrensgegenständlicher Taten für zulässig, wenn diese entweder als **Indizien** oder im Rahmen der **Strafzumessung** für die Würdigung der den Gegenstand des Verfahrens bildenden Tat herangezogen werden.[415] Die Zulässigkeit der Verwertung hängt von **zwei Voraussetzungen** ab: (1.) die nicht verfahrensgegenständliche Tat (sei sie als Straftat oder OWi zu werten) muss erwiesen sein;[416] (2.) die Verwertung muss sich auf Berücksichtigung bei der rechtlichen Würdigung der verfahrensgegenständlichen Tat, dh. vor allem auf die strafzumessungsrelevante Beurteilung der Täterpersönlichkeit (§ 46 Abs. 2 StGB) beschränken.[417] Das Ausmaß der Tatschuld der angeklagten Tat soll durch die Berücksichtigung nicht verfahrensgegenständlicher Taten nicht beeinflusst werden dürfen, um eine mittelbare Ahndung nicht angeklagter Taten auszuschließen.[418] Sind die vorgenannten Voraussetzungen gewahrt, unterliegt die Reichweite der Berücksichtigung nicht angeklagter Taten keinen weiteren Schranken; es kann sich um bereits abgeurteilte (Verurteilung oder Freispruch), anderweitig erledigte (Einstellung), verjährte oder auf der Grundlage von §§ 154, 154a aus dem anhängigen Verfahren ausgeschlossene Taten bzw. Tatteile handeln.[419] Die Verwertung nach § 154a ausgeschlossener Tatteile soll allerdings eines Hinweises gemäß § 265 bedürfen.[420]

70   Formal ist die Verwertung nicht verfahrensgegenständlicher Taten als Indiz oder als Strafzumessungsaspekt **kein aus** der Regelung des **§ 264 zu lösendes Rechtsproblem**.[421] Denn § 264 statuiert lediglich den Umfang der Aburteilung durch das erkennende Gericht; ein Erkenntnis über nicht verfahrensgegenständliche Taten erfolgt im angesprochenen Kontext aber nicht. Als einschlägiger Maßstab wird die Unschuldsvermutung des Art. 6 Abs. 2 EMRK betrachtet und überwiegend die Vereinbarkeit der Verwertung nicht angeklagter Taten angenommen.[422] Die Vereinbarkeit ist auf wiederum formaler Ebene gegeben, weil gerade keine gerichtliche Entscheidung über die nicht verfahrensgegenständliche Tat gefällt wird. Material führt die Zulassung solcher Verwertung aber eine Beeinträchtigung der Unschuldsvermutung herbei. Denn die den Tatgerichten überantwortete Aufgabe, die Verwertung auf eine für die Strafzumessung relevante Indizwirkung strikt zu beschränken und Auswirkungen auf das Ausmaß des Schuldgehaltes der angeklagten Tat auszuschließen, läuft trotz allen Vertrauens in die Differenzierungsfähigkeit von Richtern auf etwas faktisch schwer Erfüllbares hinaus.[423] Um die materielle Aushöhlung der Unschulds-

---

[411] § 154a Rn. 41; *Meyer-Goßner* § 154a Rn. 28.
[412] AllgM; etwa BGH v. 12. 3. 1968 – 5 StR 115/68, BGHSt 22, 105 (106 f.) = NJW 1968, 901; BGH v. 12. 8. 1980 – 1 StR 422/80, BGHSt 29, 315 f. = NJW 1980, 2821; BGH v. 15. 9. 1983 – 4 StR 535/83, BGHSt 32, 84, 85 f. = NStZ 1984, 129 mAnm *Bruns* und *Maiwald* JR 1984, 479; BGH v. 7. 6. 2006 – 2 StR 72/06, NStZ-RR 2006, 311 (LS); KK-StPO/*Engelhardt* Rn. 13; KMR/*Stuckenberg* Rn. 47; Löwe/Rosenberg/*Gollwitzer*, 25. Aufl., Rn. 69 mwN.
[413] BGH v. 24. 10. 1974 – 4 StR 453/74, BGHSt 25, 388 (390) = NJW 1975, 176.
[414] BGH v. 19. 2. 1997 – 2 StR 561/96, StV 1997, 566 (567); BGH v. 30. 1. 1991 – 2 StR 428/90; BGH v. 7. 6. 2006 – 2 StR 72/06, NStZ-RR 2006, 311 (LS).
[415] BGH v. 26. 6. 1981 – 3 StR 83/81, BGHSt 30, 165 (166) = NJW 1981, 2422; BGH v. 30. 10. 1986 – 4 StR 499/86, BGHSt 34, 209 (210) = NStZ 1987, 127 mAnm *Vogler* und *Gollwitzer* JR 1988, 341 ff.; BGH v. 3. 7. 1996 – 2 StR 290/96, NStZ-RR 1997, 130; zustimmend KK-StPO/*Engelhardt* Rn 24; Löwe/Rosenberg/*Gollwitzer*, 25. Aufl., Rn. 3a; *Meyer-Goßner* Rn. 11.
[416] BGH v. 3. 7. 1996 – 2 StR 290/96, NStZ-RR 1997, 130 mwN.
[417] § 154 Rn. 46–50; siehe auch KMR/*Stuckenberg* Rn. 124.
[418] BGH v. 16. 12. 1975 – 1 StR 755/75, NStZ 1981, 99 f.
[419] Vgl. BGH v. 16. 3. 1983 – 2 StR 826/82, BGHSt 31, 302 = NJW 1983, 1504; dazu die Anm. *Pelchen* JR 1986, 186.
[420] BGH v. 9. 9. 1981 – 3 StR 290/81, BGHSt 30, 197 f. = NJW 1982, 40; BGH v. 16. 3. 1983, BGHSt 31, 302 f. = NJW 1983, 1504; KMR/*Stuckenberg* Rn. 124; siehe auch oben Rn 68 aE.
[421] Zutreffend AK-StPO/*Loos* Rn. 10 aE.
[422] BVerfG v. 6. 12. 1989 – 2 BvR 1789/89, NStZ 1991, 30; BGH v. 30. 10. 1986 – 4 StR 499/86, BGHSt 34, 209, 210 f. = NJW 1987, 660; Löwe/Rosenberg/*Gollwitzer*, 25. Aufl., Rn. 3a; KMR/*Stuckenberg* Rn. 25 jeweils mwN; aA *Vogler* NStZ 1987, 127 f.; *ders.*, FS Kleinknecht, 1985, S. 420 (441 f.); HK-StPO/*Julius* Rn. 3.
[423] Im Kern insoweit übereinstimmend KMR/*Stuckenberg* Rn. 126.

vermutung sicher auszuschließen, müssen an die Verwertung nicht angeklagter Taten hohe Anforderungen gestellt werden.[424] Soweit es um die Berücksichtigung nach § 154a ausgeschiedener Tatteile geht, hat Wiedereinbeziehung zu erfolgen. Negative Folgen für die Effizienz können sich daraus kaum ergeben, wenn die Berücksichtigungsfähigkeit auch ohne Wiedereinbeziehung von dem Erwiesensein abhängig sein soll.

D. Die sog. Umgestaltung der Strafklage

I. Umgestaltung der Strafklage und gerichtliche Kognitionspflicht

Die vielfach verwendete Wendung „Umgestaltung der Strafklage" bringt die in Abs. 1 und Abs. 2 getroffenen Regelungen zusammenfassend zum Ausdruck: In tatsächlicher Hinsicht hat das Gericht den sich am Ende der Hauptverhandlung ergebenden Verfahrensstoff seinem Urteil zugrunde zu legen; in rechtlicher Hinsicht kommt es unabhängig von Anklage und Eröffnungsbeschluss allein auf die zum Urteilszeitpunkt vorzunehmende Würdigung an. Der Sache nach drückt die Wendung nichts anderes als die umfassende, allenfalls durch rechtliche Grenzen[425] eingeschränkte gerichtliche Kognitionspflicht in Bezug auf die angeklagte prozessuale Tat aus.[426] Konkret erfasst die Umgestaltung der Strafklage den in Verfahren häufig auftretenden Umstand, dass sich in dessen Verlauf nicht nur die rechtliche Beurteilung der Tat gegenüber Anklage und Eröffnungsbeschluss ändert, sondern sich auch Veränderungen im Hinblick auf den die Tat bildenden Lebenssachverhalt ergeben. So kann sich eine abweichende Tatzeit, ein anderer Tatort, eine andere durch die Straftat verletzte Person oder eine andere Ausführungsweise als in der Anklage angenommen herausstellen.[427] Die Amtsaufklärungspflicht des Gerichts (§ 244 Abs. 2) sowie die fehlende Bindung des erkennenden Gerichts an die rechtliche Würdigung der Tat in Anklage und Eröffnungsbeschluss (§ 155 Abs. 2, § 202, § 264 Abs. 2) erzwingen die Erstreckung der Kognition auch auf die veränderten Umstände,[428] wenn und soweit es sich um Veränderungen bei Wahrung der „Nämlichkeit der Tat" handelt.[429] Die Bestimmung der „Nämlichkeit der Tat" bzw. der Reichweite der Umgestaltungsbefugnis ist von **erheblicher Bedeutung für die Rechtsposition des Angeklagten**; Änderungen der tatsächlichen und rechtlichen Verhältnisse innerhalb derselben prozessualen Tat lösen Gewährleistungen des § 265 aus,[430] heben Art und Ausmaß der Abweichungen die Identität der Tat auf, kann das neu bekanntgewordene Geschehen nur durch Nachtragsanklage (§ 266) oder durch reguläre Anklageerhebung zum Gegenstand gerichtlicher Aburteilungsbefugnis gemacht werden.

II. Reichweite der Umgestaltungsbefugnis

1. Allgemeines. Die **Umgestaltungsbefugnis** ist in sachlicher wie in personeller Hinsicht **durch die prozessuale Tat begrenzt**.[431] Dementsprechend scheidet jegliche Ausdehnung des Verfahrens auf Personen, gegen die keine Anklage erhoben ist, aus. Das gilt auch dann, wenn sich im Verlaufe des Verfahrens ihre strafbare Beteiligung an einer zur angeklagten prozessualen Tat gehörenden Straftat erweist. Soweit eine Umgestaltung der Strafklage in tatsächlicher oder rechtlicher Hinsicht zulässig ist,[432] sind die Gründe für die Umgestaltung irrelevant. Ob die zur Umgestaltung führenden Umstände bereits bei Anklageerhebung und Eröffnungsbeschluss bekannt bzw. aus den Akten ersichtlich waren oder erst später hervorgetreten sind, ist irrelevant.[433] Die Ausübung der Umgestaltungsbefugnis erfolgt, weil es sich um eine Ausprägung der Kognitionspflicht handelt, von Amts wegen. Anträge von Verfahrensbeteiligten bedarf es nicht.

Adressat der Befugnis und Pflicht zur Umgestaltung der Strafklage sind **sämtliche Tatsacheninstanzen**, die einen Schuldspruch im Hinblick auf die angeklagte Tat zu fällen haben.[434] Soweit nicht Teilrechtskraft eingetreten ist, muss auch das Berufungsgericht – ggf. auch nach Zurück-

---

[424] Strenger HK-StPO/*Julius* Rn. 3.
[425] Oben Rn. 67 und 68.
[426] Zutreffend KK-StPO/*Engelhardt* Rn. 14 aE.
[427] Exemplarisch BGH v. 17. 8. 2000 – 2 StR 245/00, BGHSt 46, 130 (133) = NJW 2000, 3293; KG v. 23. 3. 2005 – 1 Ss 356/03; OLG München v. 24. 3. 2005 – 5 StR RR 46/05, NStZ-RR 2005, 350 f.
[428] KMR/*Stuckenberg* Rn. 48.
[429] Unten Rn. 75–77; siehe nur BGH v. 28. 5. 2002 – 5 StR 55/02, NStZ 2002, 659 (LS).
[430] Unten Rn. 78.
[431] Vgl. BGH v. 21. 12. 1983 – 2 StR 578/83, BGHSt 32, 215 (218) = NJW 1984, 808; BGH v. 4. 2. 1998 – 3 StR 390/97, NStZ 1998, 304 (305); BGH v. 28. 5. 2002 – 5 StR 55/02, NStZ 2002, 659 (LS); KK-StPO/*Engelhardt* Rn. 15.
[432] Unten Rn. 75–77 und 79 f.
[433] KK-StPO/*Engelhardt* Rn. 15; Löwe/Rosenberg/*Gollwitzer*, 25. Aufl., Rn. 21.
[434] Löwe/Rosenberg/*Gollwitzer*, 25. Aufl., Rn. 23.

verweisung durch das Revisionsgericht – die durch Anklage und Eröffnungsbeschluss festgelegte Tat umfassend aburteilen und erforderlichenfalls die Strafklage umgestalten.[435] In tatsächlicher Hinsicht zwingt die umfassende Kognitionspflicht das Berufungsgericht auch solchen Tatsachenstoff zu berücksichtigen, der erst nach dem angefochtenen Urteil eingetreten ist (etwa Tod des bis dahin lediglich verletzten Opfers einer Körperverletzung).[436] Kommen die Tatsacheninstanzen ihrer Pflicht nicht nach und schöpfen die angeklagte Tat tatsächlich oder rechtlich nicht vollständig aus, tritt dennoch Strafklageverbrauch hinsichtlich der gesamten prozessualen Tat ein.[437] Umfasst der Verfahrensgegenstand dagegen mehrere Taten im prozessualen Sinne und werden nicht alle abgeurteilt, bleibt das Verfahren bezüglich der nicht abgeurteilten Taten bei dem zuständigen Tatgericht anhängig.[438]

74 Die Ausübung der Umgestaltung in rechtlicher Hinsicht ist regelmäßig ohne Schwierigkeiten möglich. Bei unverändertem tatsächlichem Geschehen trägt § 265 den Interessen des Angeklagten selbst bei erheblichen Abweichungen in der rechtlichen Würdigung (etwa Mord statt fahrlässige Tötung) ausreichend Rechnung. Problematisch ist dagegen die **Umgestaltung in tatsächlicher Hinsicht**,[439] vor allem bei einem ontologisch-faktischen Tatbegriff. Die Gestattung, trotz Veränderungen des zugrunde gelegten tatsächlichen Geschehens von der Anklage bis zum Urteil den veränderten Sachverhalt zugrunde zu legen, ist mit der **Gefahr der Aufgabe des ontologischen Tatbegriffs** behaftet. Sind faktische Kriterien wie Tatzeit, Tatort und Tatbild, Opfer etc. konstitutiv für die inhaltliche Ausfüllung der prozessualen Tat, führt Großzügigkeit bei der Gestattung der „Umgestaltung" in tatsächlicher Hinsicht letztlich über die Umgestaltung hinaus zu einer Ersetzung eines Tatgeschehens durch ein anders. Das ignoriert die unterschiedlichen Schutzmechanismen durch § 265 einerseits und § 266 andererseits. Von der **Umgestaltung in tatsächlicher Hinsicht** ist daher nur **restriktiv Gebrauch zu machen**. Dem wird nicht immer ausreichend Beachtung geschenkt.[440]

75 **2. Umgestaltung in tatsächlicher Hinsicht.** Die „Umgestaltung der Strafklage" in tatsächlicher Hinsicht kann auf **zwei Konstellationen** beruhen:[441] (1.) Zu dem der Anklage zugrunde liegenden tatsächlichen Geschehen treten neue tatsächliche Umstände hinzu, die bei Anklageerhebung noch nicht bekannt waren oder dort übersehen wurden; die Identität der angeklagten Tat wird dadurch nicht berührt, wenn und soweit das neue tatsächliche Geschehen nach den allgemeinen Kriterien[442] Teil der verfahrensgegenständlichen Tat ist. (2.) Die in der Anklage angenommenen tatsächlichen Umstände verändern sich oder werden gar durch gänzlich neue Tatsachen ersetzt (sog. **Tatauswechselung**). Möglich ist auch das kumulative Vorkommen beider Konstellationen.[443] Die höchstrichterliche Rspr. beurteilt die Wahrung der Identität der angeklagten prozessualen Tat trotz Veränderungen des Tatbildes nach dem Kriterium der „**Nämlichkeit der Tat**".[444] Maßgeblich ist, ob trotz im Verlaufe des Verfahrens sich ergebender Veränderungen des Tatbildes die „Nämlichkeit der Tat" gewahrt bleibt. Diese Voraussetzung ist gegeben, wenn trotz der Veränderungen im tatsächlichen Geschehen bestimmte Merkmale die **Tat** weiterhin als **einmaliges, unverwechselbares Geschehen kennzeichnen**.[445] Die „Nämlichkeit der Tat" ist nicht mehr gewahrt, wenn das durch die Anklage umrissene Tatbild so stark nach Tatzeit, Tatort, Tatobjekt und konkretem Täterverhalten verändert ist, dass an die Stelle des bisherigen tatsächlichen Geschehens ein anderes tritt.[446] Gleiches gilt bei Auswechselung des angeklagten Lebenssachverhalts durch einen zwar gleichartigen, nach den relevanten Kriterien der prozessualen Tat aber anderen Sachverhalt (Tatauswechselung).[447]

---

[435] Siehe RG v. 19. 12. 1927 – II 976/27, RGSt 62, 130; RG v. 10. 12. 1931 – II 1250/31, RGSt 66, 45.
[436] Vgl. BGH v. 18. 7. 1956 – 6 StR 28/56, BGHSt 9, 324 = NJW 1956, 1725; Löwe/Rosenberg/*Gollwitzer*, 25. Aufl., Rn. 23.
[437] Oben Rn. 63 f. und 66.
[438] Oben Rn. 65 aE.
[439] Rn. 73–74.
[440] Näher unten Rn. 75–78.
[441] KMR/*Stuckenberg* Rn. 52.
[442] Oben Rn. 13–15 und Rn. 20 ff.
[443] Zutreffend KMR/*Stuckenberg* Rn. 52.
[444] Etwa BGH v. 17. 8. 2000 – 4 StR 245/00, BGHSt 46, 130 (133) mAnm *Krack* JR 2001, 423 (424); BGH v. 4. 2. 1998 – 3 StR 390/97, NStZ-RR 1998, 304; BGH v. 28. 5. 2002 – 5 StR 55/02, NStZ 2002, 659 (LS); BGH v. 22. 6. 2006 – 3 StR 79/06, NStZ-RR 2006, 316 f.; KG v. 23. 3. 2005 – 1 Ss 356/03; OLG München v. 24. 3. 2005 – 5 St RR 46/05, NStZ-RR 2005, 350 (351).
[445] BGH v. 17. 8. 2000 – 4 StR 245/00, BGHSt 46, 130 (133) mAnm *Krack* JR 2001, 423 (424); BGH v. 16. 12. 1997 – 1 StR 664/97, NStZ-RR 1998, 304; BGH v. 28. 5. 2002 – 5 StR 55/02, NStZ 2002, 659 (LS); BGH v. 22. 6. 2006 – 3 StR 79/06, NStZ-RR 2006, 316 f.; KG v. 23. 3. 2005 – 1 Ss 356/03; OLG München v. 24. 3. 2005 – 5 St RR 46/05, NStZ-RR 2005, 350 (351); Löwe/Rosenberg/*Gollwitzer*, 25. Aufl., Rn. 26 a.
[446] BGH v. 21. 12. 1963 – 5 StR 306/63, BGHSt 32, 215 mAnm *Jung* JZ 1984, 535 und *Roxin* JR 1984, 346; Löwe/Rosenberg/*Gollwitzer*, 25. Aufl., Rn. 26 a.
[447] Vgl. OLG Koblenz v. 21. 8. 1979 – 1 Ss 462/79, VRS 58 (1980), 378; Löwe/Rosenberg/*Gollwitzer*, 25. Aufl., Rn. 26 a.

Die konkrete **Anwendung des Maßstabs** der „Nämlichkeit der Tat" bereitet erhebliche Schwierigkeiten.[448] Diese beruhen darauf, dass den für die Unverwechselbarkeit einer prozessualen Tat relevanten Kriterien (Tatort, Tatzeit etc.) nicht für jedes tatsächliche Geschehen gleiches Gewicht zukommt. Je alltäglicher und damit verwechselbarer der Lebenssachverhalt ist, desto eher kommt es auf die exakten äußeren Abläufe der Tat nach Tatort, Tatzeit, Tatopfer, und konkretem Vorgehen an.[449] Grobe Leitlinien für die Beurteilung der Grenzen der Umgestaltung in tatsächlicher Hinsicht lassen sich formulieren: Betrifft die angeklagte Tat die **Beeinträchtigung höchstpersönlicher Rechtsgüter**, entfällt mit der „Auswechselung" des Tatopfers regelmäßig auch die „Nämlichkeit der Tat".[450] Außerhalb dessen kann bei Änderung des Tatopfers von fortbestehender Tatidentität nur ausgegangen werden, wenn die Unverwechselbarkeit des tatsächlichen Geschehens durch andere äußere Kriterien gesichert ist. Auch ansonsten heben Veränderungen einzelner tatsächlicher Umstände (etwa der Tatzeit) die Nämlichkeit der Tat nicht auf, wenn über die weiteren tatsächlichen Merkmale die Unverwechselbarkeit des tatsächlichen Geschehens gewährleistet ist.[451] Je mehr einzelne Umstände Veränderungen unterliegen, desto weniger kann von der „Nämlichkeit der Tat" ausgegangen werden.

Einzelfälle: Bei **Sexualstraftaten** hebt die Auswechselung des Opfers wegen der Höchstpersönlichkeit des verletzten Rechtsguts[452] regelmäßig die Identität der Tat auf.[453] Dagegen ist die Bedeutung des Tatzeitpunktes bzw. des Tatzeitraums bei über längere Zeit begangenen Sexualstraftaten – vor allem im häuslich-familiären Umfang – nicht eindeutig. So betont der BGH zwar die Relevanz der zeitlichen Einordnung festgestellter einzelner Taten bei sich über einen gewissen Zeitraum wiederholender Tatbegehungen,[454] hat aber gemeint, bei Identität des konkreten Vorgehens (Oralverkehr) die Nämlichkeit die Tat aufrecht zu erhalten, wenn bei einem angeklagten Tatzeitraum April bis Juni 1998 auf der Grundlage eines 1997 erfolgten sexuellen Übergriffs verurteilt wird.[455] Entsprechendes soll für den umgekehrten Fall der Verurteilung wegen nach dem in der Anklage genannten Tatzeitraum begangener Sexualstraftaten gelten, wenn die sonstigen Merkmale die Unverwechselbarkeit der Tat gewährleisten.[456] Fehlen dagegen jenseits der Tatzeit die Tat ausreichend individualisierende Umstände (etwa die Vorgehensweise des Täters), heben Abweichungen von dem in der Anklage angegebenen Tatzeitraum die Tatidentität auf.[457] Bei der **Strafvereitelung** sind die Grenzen zulässiger Umgestaltung überschritten, wenn nicht wegen einer solchen durch Hilfe bei dem Wegschaffen einer Leiche sondern wegen der täterschaftlich begangenen Tötung (Mord) verurteilt wird.[458] Eine unzulässige Tatauswechselung liegt vor, wenn dem Angeklagten bei Identität von Tatort und -zeit Strafvereitelung durch Überlassung eines Beuteverstecks an die Vortäterin vorgeworfen wurde, die Verurteilung aber auf wahrheitswidrige Angaben gegenüber eine Durchsuchung vornehmenden Polizeibeamten gestützt wird.[459] Bei **Straßenverkehrsdelikten** kommt dem Tatort und der Tatzeit typischerweise erhebliche Bedeutung für die Individualisierung der prozessualen Tat zu; Abweichungen zwischen Anklage und Urteil insoweit lassen die Tatidentität nur dann unangetastet, falls sonstige Umstände die Unverwechselbarkeit des tatsächlichen Geschehens ausreichend sicherstellen.[460] Im Kontext von **Vermögens- und Eigentumsdelikten** gestattete die ältere Rspr. in recht weitem Umfang die Umgestaltung der Tat trotz Änderungen der tatsächlichen Verhältnisse.[461] In jüngerer Zeit zeigen sich restriktivere Tendenzen; schildert die Anklage als Grundlage einer Untreue (§ 266 StGB) Barentnahmen aus einer

---

[448] Zutreffend KK-StPO/*Engelhardt* Rn. 16.
[449] Oben Rn. 3.
[450] BGH v. 24. 9. 1953 – 3 StR 150/53, BGHSt 5, 40 (44) = bei *Dallinger* MDR 1954, 17; BGH v. 1. 12. 1955 – 3 StR 325/55, bei *Dallinger* MDR 1956, 271; Löwe/Rosenberg/*Gollwitzer*, 25. Aufl., Rn. 26 a; HK-StPO/*Julius* Rn. 10.
[451] BGH v. 3. 9. 1963 – 5 StR 306/63, BGHSt 19, 89 = NJW 1963, 2238; BGH v. 21. 2. 1968 – 2 StR 719/67, BGHSt 22, 90 = NJW 1968, 1148 f.; BGH v. 17. 8. 2000 – 4 StR 245/00, BGHSt 46, 130 (133) = NJW 2000, 3293 – 3295; BGH v. 4. 4. 1957 – 4 StR 103/57, bei *Dallinger* MDR 1957, 397; KG v. 23. 3. 2005 – 1 Ss 356/05; OLG München v. 24. 3. 2005 – 5 St RR 46/05, NStZ-RR 2005, 350 (351); *Puppe* NStZ 1982, 231; Löwe/Rosenberg/*Gollwitzer*, 25. Aufl., Rn. 26.
[452] Oben Rn. 73.
[453] Vgl. BGH v. 1. 12. 1955 – v. 8. 10. 1955 – IV ZR 116/55, BGHZ 18, 226–233 = bei *Dallinger* MDR 1956, 211.
[454] BGH v. 17. 8. 2000 – 4 StR 245/00, BGHSt 46, 130 (133) = NJW 2000, 3293–3295; BGH v. 22. 6. 2006 – 3 StR 79/06, NStZ-RR 2006, 316 (317).
[455] BGH v. 22. 6. 2006 – 3 StR 79/06, NStZ-RR 2006, 316 (317).
[456] BGH v. 28. 5. 2002 – 5 StR 55/02, NStZ 2002, 659 (LS).
[457] Siehe KG v. 23. 3. 2005 – 1 Ss 356/03; OLG München v. 24. 3. 2005 – 5 St RR 46/05, NStZ-RR 2005, 350 (351).
[458] BGH 21. 12. 1983 – 2 StR 578/83, BGHSt 32, 215 = NJW 1984, 808 mAnm *Jung* JZ 1985, 535 und *Roxin* JR 1984, 346.
[459] OLG Oldenburg v. 15. 8. 2006 – 1 Ss 247/06, NdsRpfl. 2006, 375.
[460] Vgl. BGH v. 11. 1. 1994 – 5 StR 682/93, BGHSt 40, 44 ff. = NJW 1994, 2556 f.; ausführliche Nachw. zur Rspr. bei Löwe/Rosenberg/*Gollwitzer*, 25. Aufl., Rn. 27 mit Fn. 140 f. und KK-StPO/*Engelhardt* Rn. 17.
[461] Exemplarisch BGH v. 11. 3. 1954 – 3 StR 405/53 (unveröffentlicht); BGH v. 1. 10. 1953 – 3 StR 749/53, bei *Dallinger* MDR 1954, 17; siehe auch KK-StPO/*Engelhardt* Rn. 17.

dem Vermögensbetreuungspflichtigen anvertrauten Kasse für den eigenen Lebensunterhalt in einem bestimmten Zeitraum, so handelt es sich um eine unzulässige Tatauswechselung, wenn die Verurteilung wegen Untreue auf einer „unordentliche Geschäftsführung" zu Lasten desselben Vermögensinhabers beruht.[462] Gleiches gilt, wenn anstelle eines auf dem Unterlassen der Herausgabe einer fremden Sache gestützten Unterschlagungsvorwurfs wegen Betruges durch Täuschung bei der Erlangung der fraglichen Sache verurteilt wird.[463]

78 **Folgen von Tatauswechselung und Umgestaltung.** Bei unzulässiger **Tatauswechselung** ist das Verfahren wegen des Fehlens der auf die prozessuale Tat bezogenen Anklage einzustellen (§§ 206 a, 260).[464] Handelt es sich um eine zulässige **Umgestaltung der Strafklage** bei Wahrung der „Nämlichkeit der Tat", muss, um dem Angeklagten eine sachgerechte Verteidigung zu ermöglichen, dieser in der mündlichen Verhandlung auf den vom Gericht nunmehr in gegenüber der Anklage veränderter Gestalt angenommenen Lebenssachverhalt hingewiesen werden.[465] Im Hinblick auf damit verbundene Änderungen des rechtlichen Gesichtspunktes muss ein Hinweis gemäß § 265 Abs. 1 und 2 ergehen. Soll im Rahmen der zulässigen Umgestaltung in tatsächlicher Hinsicht Geschehen, das nicht in der Anklage erwähnt war, zum Gegenstand der gerichtlichen Kognition gemacht werden, hat das Gericht die Hauptverhandlung nach § 265 Abs. 4 auszusetzen, wenn der Angeklagte seine Verteidigung ansonsten nicht ausreichend auf den veränderten Sachverhalt einstellen kann.[466]

79 **3. Umgestaltung in rechtlicher Hinsicht (Abs. 2).** Umgestaltung in rechtlicher Hinsicht meint die von Anklage und/oder Eröffnungsbeschluss abweichende rechtliche Würdigung der prozessualen Tat durch das erkennende Gericht bei unverändertem Lebenssachverhalt. So kann es sich etwa bei der materiell-rechtlichen Bewertung von unterschiedlichen Konstellationen der Entwendung von Gegenständen in SB-Geschäften mit der streitigen Einordnung als Betrug oder Diebstahl verhalten. Eine Umgestaltung in rechtlicher Hinsicht liegt auch bei abweichender Bewertung der Konkurrenzverhältnisse vor.[467] Angesichts der von der Rspr. den materiellen Konkurrenzformen zugeschriebenen Indizwirkung für die prozessuale Tatidentität[468] wird bei materiell abweichender Würdigung von Handlungseinheit oder Handlungsmehrheit aber stets zu prüfen sein, ob die Identität der prozessualen Tat noch gewahrt ist.

80 Soweit die umfassende Kognitionspflicht des Gerichts reicht,[469] unterliegt es bei der „Umgestaltung" der Tat in **rechtlicher Hinsicht keinerlei Beschränkungen**.[470] Das gilt auch bei von Anklage und Eröffnungsbeschluss drastisch abweichender Bewertung durch das Gericht (zB Verurteilung wegen Mordes statt der angeklagten fahrlässigen Tötung),[471] die aber regelmäßig nur in Kombination mit Veränderungen bzw. Ergänzungen des zugrunde liegenden tatsächlichen Geschehens vorkommen wird. Bleibt die Identität der Tat gewahrt, gestattet der nach Rechtskraft bekannt werdende, erheblich von der Anklage verschiedene Unrechtsgehalt der Tat keine Einschränkung des Strafklageverbrauchs.[472] Angesichts des ontologisch ausgerichteten prozessualen Tatbegriffs können das Recht und die Pflicht zur rechtlichen Umgestaltung auch im Hinblick auf die Art der Begehung der vorgeworfenen Taten zu einer gänzlich anderen Bewertung als in der Anklage angenommen führen. So soll selbst der Wechsel von dem Vorwurf aktiven Tuns zu strafbarem Unterlassen die Identität nicht zwingend aufheben.[473] Dem kann für den Regelfall nicht zugestimmt werden, weil dem Vorwurf aktiven Tuns und dem des Unterlassens typischerweise unterschiedliche tatsächliche Geschehnisse zugrunde liegen werden.[474] Eine Umgestaltung in rechtlicher Hinsicht kommt daher nur insoweit in Betracht, wie auch eine zulässige Umgestaltung in tatsächlicher Hinsicht vorliegt.[475] Die Umgestaltung der Tat in rechtlicher Hinsicht betrifft auch deren materielle Bewertung als Straftat oder Ordnungswidrigkeit.[476]

---

[462] BGH Beschl. v. 2. 10. 2002 – 3 StR 315/02, wistra 2003, 111 (112).
[463] OLG Hamm v. 13. 12. 2007 – 3 Ss 430/07, BeckRS 2008 01947.
[464] Lediglich exemplarisch OLG München v. 24. 3. 2005 – 5 St RR 46/05, NStZ-RR 2005, 150.
[465] In der Sache allgM; siehe nur KMR/*Stuckenberg* Rn. 53; Löwe/Rosenberg/*Gollwitzer*, 25. Aufl., Rn. 25.
[466] BGH v. 28. 6. 1955 – 5 StR 646/54, BGHSt 8, 92 (96 f.) = NJW 1955, 1600; BGH v. 3. 9. 1963 – 5 StR 306/63, BGHSt 19, 88 (89) = NJW 1963, 2238; KK-StPO/*Engelhardt* Rn. 18; KMR/*Stuckenberg* Rn. 53; Löwe/Rosenberg/ *Gollwitzer*, 25. Aufl., Rn. 25.
[467] Löwe/Rosenberg/*Gollwitzer*, 25. Aufl., Rn. 29.
[468] Oben Rn. 27–46.
[469] Zu den rechtlichen Grenzen Rn. 67 f.
[470] AllgM; vgl. nur KMR/*Stuckenberg* Rn. 54 mwN.
[471] KMR/*Stuckenberg* Rn. 55; Löwe/Rosenberg/*Gollwitzer*, 25. Aufl., Rn. 30.
[472] AA noch *Hruschka* JZ 1966, 703 für den Fall des Schießens an bewohnten Orten (§ 367 Abs. 1 Nr. 8 StGB aF) statt des eigentlich verwirklichten Mordes.
[473] BGH v. 11. 9. 2007 – 5 StR 213/07, NStZ 2008, 411 f. für den Fall der Steuerhinterziehung; aA *Bauer* wistra 2008, 374 (375); siehe auch oben Rn. 54.
[474] Oben Rn. 54.
[475] Im Ergebnis wie hier auch Löwe/Rosenberg/*Gollwitzer*, 25. Aufl., Rn. 31.
[476] Näher KMR/*Stuckenberg* Rn. 56.

Folgen. Die mit der Umgestaltungsbefugnis und -pflicht in rechtlicher Hinsicht für die Verteidigungsmöglichkeiten des Angeklagten verbundenen Beeinträchtigungen kompensiert das Gesetz über die Hinweispflicht und die Aussetzungsmöglichkeit in § 265.

E. Rechtsmittel

I. Verfahrenshindernis/Prozessvoraussetzungen

Das **Vorliegen von Anklage und Eröffnungsbeschluss** ist für das Regelverfahren Prozessvoraussetzung. Tat- wie Rechtsmittelgerichte haben daher das Vorhandensein einer wirksamen Anklage[477] **von Amts wegen zu prüfen.** Die Prüfungspflicht der Rechtsmittelgerichte erstreckt sich zudem darauf, ob die Grenzen der gerichtlichen Kognitionspflicht eingehalten wurden und nicht Taten Gegenstand des Urteils sind, die nicht angeklagt waren.[478] Ebenfalls von Amts wegen ist eine mögliche anderweitige Rechtshängigkeit[479] und der Eintritt von Strafklageverbrauch wegen der verfahrensgegenständlichen Tat zu prüfen.[480] Die Aufklärung des für die Prüfung relevanten Stoffs erfolgt im Freibeweisverfahren.[481] Bei erforderlicher umfänglicher Aufklärung, etwa hinsichtlich eines möglichen Strafklageverbrauchs, darf das Revisionsgericht das angefochtene Urteil aufheben und unter Zurückverweisung die Erhebung des einschlägigen Geschehens dem Tatgericht überantworten.[482] Bleiben tatsächliche Zweifel über das Vorliegen der Prozessvoraussetzungen bzw. den Eintritt eines Verfahrenshindernisses, wirkt der Grundsatz **in dubio pro reo** zugunsten des Angeklagten.[483]

Fehlt es an wirksamer **Anklage** und wirksamen Eröffnungsbeschluss oder hat das erkennende Gericht unter Überschreitung des Verfahrensgegenstandes nicht angeklagte Taten abgeurteilt, ist unter Aufhebung des fehlerhaften Urteils auf ein zulässiges Rechtsmittel hin, das **Verfahren gemäß § 206a oder § 260 Abs. 3 einzustellen.**[484] Entsprechendes gilt bei doppelter Rechtshängigkeit, bei der grundsätzlich dem zuerst eröffnenden Gericht Vorrang zukommt,[485] und bei Strafklageverbrauch. Das Übersehen von Strafklageverbrauch kann auch noch im Vollstreckungsverfahren nach § 458 Abs. 1 geltend gemacht werden.[486] Bei einem Freispruch von einer nicht verfahrensgegenständlichen Tat stellt auf zulässige Revision hin das Revisionsgericht unter Aufhebung des angefochten Urteils das Verfahren ebenfalls ein.[487] Erstreckt sich das angefochtene Urteil sowohl auf eine angeklagte als auch eine nicht angeklagte prozessuale Tat, bedarf es keiner (Teil-)Einstellung; es erfolgt lediglich eine Schuldspruchberichtigung.[488] Ist der Angeklagte wegen einer nicht angeklagten Tat verurteilt worden und ist die angeklagte Tat nicht erwiesen, muss er in Bezug auf die angeklagte Tat freigesprochen werden.[489] Streitig ist lediglich, ob es neben dem Freispruch noch einer Einstellungsentscheidung wegen der nicht angeklagten Tat bedarf.[490] Da dem Gericht ohne Anklage eine Sachentscheidung versagt ist, hat eine Einstellung zu erfolgen.

---

[477] Zu den Anforderungen § 200 Rn. 23 f.
[478] Vgl. BGH v. 2. 2. 1977 – 2 StR 307/76, BGHSt 27, 115 (117) = NJW 1977, 1206.
[479] BGH v. 5. 4. 2000 – 1 StR 75/00, NStZ-RR 2000, 332 f.
[480] BGH v. 13. 4. 1956 – 2 StR 93/56, BGHSt 9, 190 (192) = NJW 1956, 1209; BGH v. 10. 11. 1965 – 2 StR 387/65, BGHSt 20, 292 (293) = NJW 1966, 114 f.; KK-StPO/*Engelhardt* Rn. 2; Löwe/Rosenberg/*Gollwitzer*, 25. Aufl., Rn. 73; SK-StPO/*Schlüchter* Rn. 55.
[481] Löwe/Rosenberg/*Gollwitzer*, 25. Aufl., Rn. 73.
[482] BGH v. 27. 10. 1961 – 2 StR 193/61, BGHSt 16, 399 = NJW 1962, 646 f.; OLG Karlsruhe v. 22. 3. 1984 – 4 Ss 24/84, GA 1985, 134.
[483] BGH v. 11. 8. 1988 – 4 StR 217/88, BGHSt 35, 318 (324) = NJW 1989, 724–726; BGH v. 11. 4. 1995 – 1 StR 64/95, StV 1996, 472 (473); KK-StPO/*Engelhardt* Rn. 25; KMR/*Stuckenberg* Rn. 128.
[484] BGH v. 2. 2. 1977 – 2 StR 307/76, BGHSt 27, 115 (117) = NJW 1977, 1206; BGH v. 16. 10. 1987 – 2 StR 258/87, BGHSt 35, 80 = NJW 1988, 837; BGH v. 23. 6. 1992 – 5 StR 74/92, NJW 1992, 2838; AK-StPO/*Loos* Rn. 11; KK-StPO/*Engelhardt* Rn. 25; KMR/*Stuckenberg* Rn. 129; Löwe/Rosenberg/*Gollwitzer*, 25. Aufl., Rn. 73; SK-StPO/*Schlüchter* Rn. 55.
[485] BGH v. 27. 4. 1989 – 1 StR 632/88, BGHSt 36, 175 (181) = NJW 1989, 2403; BGH v. 20. 1. 1995 – 3 StR 585/94, BGHR StPO Vor § 1 Verfahrenshindernis Doppelrechtshängigkeit 5; BGH v. 5. 4. 2000 – 1 StR 75/00, NStZ-RR 2000, 332 (333).
[486] OLG Koblenz v. 13. 1. 1981 – 1 Ws 761/80, NStZ 1981, 195 f.; HK-StPO/*Julius* Rn. 17; KMR/*Stuckenberg* Rn. 129.
[487] BGH v. 17. 8. 2000 – 4 StR 245/00, BGHSt 46, 130 (135 f.) = NJW 2000, 3293–3295.
[488] OLG Koblenz v. 9. 1. 1986 – 1 Ss 512/85, VRS 71 (1986), 43 (45); KMR/*Stuckenberg* Rn. 129; Löwe/Rosenberg/*Gollwitzer*, 25. Aufl., Rn. 73; Meyer-Goßner Rn. 12.
[489] Insoweit allgM.
[490] So BGH v. 2. 2. 1977 – 2 StR 307/76, BGHSt 27, 115 (117) = NJW 1977, 1206; BGH v. 17. 8. 2000 – 4 StR 245/00, BGHSt 46, 130 (135 ff.) = NJW 2000, 3293 – 3295; KMR/*Stuckenberg* Rn. 129; Meyer-Goßner Rn. 12; aA BayObLG v. 29. 6. 1994 – 3 ObOWi 54/94, NJW 1994, 2303 (2305); KG v. 30. 8. 1982 – 3 Ws B 224/82, VRS 64 (1982), 42 (43); OLG Stuttgart v. 2. 6. 1986 – 3 Ss 294/86, VRS 71 (1986), 294 (295 f.); Löwe/Rosenberg/*Gollwitzer*, 25. Aufl., Rn. 73; SK-StPO/*Schlüchter* Rn. 56.

II. Revision

84 Die Revision kann die **unvollständige Erfüllung der Kognitionspflicht** rügen, wenn in den Tatsacheninstanzen die angeklagte Tat in tatsächlicher und rechtlicher Hinsicht nicht erschöpfend abgeurteilt worden ist.[491] Darin liegt ein sachlich-rechtlicher Mangel des Urteils.[492] Zusätzlich wird mit der Aufklärungsrüge die Verletzung von § 244 gerügt werden können. Beschwert sind regelmäßig allein die Staatsanwalt sowie ggf. Neben- und Privatkläger. Mangels Beschwer ist eine darauf gestützte Revision des Angeklagten unzulässig; etwas anderes soll allenfalls bei bestimmten Konstellationen von materiell-rechtlichen Handlungseinheiten gelten, soweit wegen der unzureichenden Erfüllung der Kognitionspflicht weitere Strafverfahren über zu der rechtlichen Handlungseinheit gehörendes Geschehen geführt werden könnten.[493] Da bei den betroffenen materiell-rechtlichen Kunstprodukten richtigerweise nicht zwingend prozessuale Tatidentität besteht,[494] kommt eine Beschwer des Angeklagten kaum jemals in Betracht. Umfasst der Verfahrengegenstand mehrere prozessuale Taten und ist eine von diesen versehentlich nicht abgeurteilt worden, bleibt das Verfahren bei dem Tatgericht anhängig; dem Revisionsgericht ist mangels Anhängigkeit bei ihm jede Entscheidung über die Tat verwehrt.[495] Die Staatsanwaltschaft kann die Revision auch auf die Verletzung der Pflicht, nach § 154a ausgeschlossene Tatteile von Amts wegen einzubeziehen, wenn ansonsten Freispruch erfolgen würde,[496] stützen. Ob es dazu der Erhebung einer Verfahrensrüge bedarf,[497] oder ob die allgemeine Sachrüge genügt,[498] wird von den Strafsenaten des BGH derzeit unterschiedlich beurteilt. Da es der Sache nach um die unterbliebene Ausschöpfung der angeklagten Tat geht, genügt die Sachrüge.

85 Die Verletzung von § 264 kann durch den Angeklagten mit der Revision insoweit gerügt werden, als er wegen Taten verurteilt worden ist, die nicht Gegenstand der zugelassenen Anklage waren.[499]

§ 265 [Veränderungen des rechtlichen Gesichtspunktes]

(1) Der Angeklagte darf nicht aufgrund eines anderen als des in der gerichtlich zugelassenen Anklage angeführten Strafgesetzes verurteilt werden, ohne daß er zuvor auf die Veränderung des rechtlichen Gesichtspunktes besonders hingewiesen und ihm Gelegenheit zur Verteidigung gegeben worden ist.

(2) Ebenso ist zu verfahren, wenn sich erst in der Verhandlung vom Strafgesetz besonders vorgesehene Umstände ergeben, welche die Strafbarkeit erhöhen oder die Anordnung einer Maßregel der Besserung und Sicherung rechtfertigen.

(3) Bestreitet der Angeklagte unter der Behauptung, auf die Verteidigung nicht genügend vorbereitet zu sein, neu hervorgetretene Umstände, welche die Anwendung eines schwereren Strafgesetzes gegen den Angeklagten zulassen als des in der gerichtlich zugelassenen Anklage angeführten oder die zu den im zweiten Absatz bezeichneten gehören, so ist auf seinen Antrag die Hauptverhandlung auszusetzen.

(4) Auch sonst hat das Gericht auf Antrag oder von Amts wegen die Hauptverhandlung auszusetzen, falls dies infolge der veränderten Sachlage zur genügenden Vorbereitung der Anklage oder der Verteidigung angemessen erscheint.

Schrifttum: *Dahs*, Das rechtliche Gehör im Strafprozeß, 1965; *Gillmeister*, Die Hinweispflicht des Tatrichters, StraFo 1997, 8; *Hänlein/Moos*, Zu Reichweite und revisionsrechtlicher Problematik der Hinweispflicht nach § 265 I StPO, NStZ 1990, 481; *Heubel*, Die Verschiebung der Hauptverhandlung wegen Verspätung des Verteidigers, NJW 1981, 2678; *Küpper*, Die Hinweispflicht nach § 265 StPO bei verschiedenen Begehungsformen desselben Strafgesetzes, NStZ 1986, 249; *Lachnit*, Voraussetzungen und Umfang der Pflicht zum Hinweis auf die Veränderung des rechtlichen Gesichtspunktes nach § 265 StPO, 1965; *Meyer*, Entsprechende Anwendung des § 265 Abs. 1 StPO bei veränderter

---
[491] BGH v. 28. 6. 1961 – 2 StR 83/61, BGHSt 16, 200 = NJW 1961, 1981f.; BGH v. 25. 11. 1980 – 1 StR 508/80, StV 1981, 127 (128); *Meyer-Goßner* JR 1985, 452; KK-StPO/*Engelhardt* Rn. 25; Löwe/Rosenberg/*Gollwitzer* 25. Aufl., Rn. 74; *Meyer-Goßner* Rn. 12.
[492] BGH v. 25. 11. 1980 – 1 StR 508/80, StV 1981, 127 (128); BGH v. 16. 12. 1982 – 4 StR 644/82, NStZ 1983, 174 (175); KK-StPO/*Engelhardt* Rn. 25; Löwe/Rosenberg/*Gollwitzer*, 25. Aufl., Rn. 74; *Meyer-Goßner* Rn. 12.
[493] So BayObLG v. 16. 7. 1982 – RReg 2 St 149/82, BayObLGSt 1982, 92 (93) für den Fortsetzungszusammenhang; zustimmend KMR/*Stuckenberg* Rn. 130; Löwe/Rosenberg/*Gollwitzer* Rn. 74; siehe auch *Kratzsch* JA 1983, 159 f.
[494] Oben Rn. 36.
[495] Oben Rn. 65 aE mit Fn. 387.
[496] Oben Rn. 68.
[497] BGH v. 15. 9. 1983 – 4 StR 535/83, BGHSt 32, 84 (85 f.) = NJW 1984, 1364 f.; BGH v. 11. 7. 1985 – 4 StR 274/85, NStZ 1985, 515; BGH v. 14. 12. 1995 – 4 StR 370/95, NStZ 1996, 241.
[498] BGH v. 18. 7. 1995 – 1 StR 320/95, NStZ 1995, 540 (541).
[499] Näher oben Rn. 81 f.

Sachlage?, GA 1965, 257; *Michel*, Aus der Praxis: Die richterliche Hinweispflicht, JuS 1991, 773; *Niemöller*, Die Hinweispflicht des Strafrichters bei Abweichungen vom Tatbild der Anklage, 1988; *Scheffler*, Rückkehr zur bisherigen Rechtsauffassung nach einem rechtlichen Hinweis gem. § 265 Abs. 1 StPO ohne erneuten Hinweis?, JR 1989, 232; *Schlothauer*, Gerichtliche Hinweispflichten in der Hauptverhandlung, StV 1986, 213; *Wachsmuth*, Die Hinweispflicht nach § 265 StPO – Lückenloser Schutz des Angeklagten vor Überraschungsentscheidungen?, ZRP 2006, 121.

Übersicht

	Rn.
A. Allgemeines	1–11
I. Zweck der Vorschrift	1–7
1. Regelungszweck von Abs. 1 und 2	1–6
2. Zweck der Aussetzung nach Abs. 3 und 4	7
II. Anwendungsbereich	8–11
B. Hinweispflichten nach Abs. 1 und 2	12–66
I. Gemeinsame allgemeine Voraussetzungen	12–25
1. Veränderung der rechtlichen Beurteilung der Tat	12–14
2. Bezugsentscheidungen des Vorliegens einer veränderten rechtlichen Beurteilung	15–18
a) Anklage und Eröffnungsbeschluss	15
b) Anklagesurrogate	16
c) Verweisungs- und Übernahmeentscheidungen	17
d) Urteile in den Rechtsmittelinstanzen und im Wiederaufnahmeverfahren	18
3. Rechtlicher Hinweis bei „Verurteilung"	19–20
4. Hinweispflicht bei mehrfacher Änderung der rechtlichen Bewertung/Wiederholung des Hinweises	21–25
II. Verurteilung aufgrund eines „anderen Strafgesetzes" (Abs. 1)	26–43
1. Begriffsbestimmung	26–29
2. „Anderes Strafgesetz" bei Vorschriften des Allgemeinen Teils	30–34
3. „Anderes Strafgesetz" bei Wechsel der Begehungsweisen innerhalb desselben Straftatbestandes /Bußgeldtatbestandes	35–37
4. „Anderes Strafgesetz" bei quantitativen Änderungen	38
5. „Anderes Strafgesetz" bei wahldeutiger Verurteilung	39
6. „Anderes Strafgesetz" bei rechtsfolgenrelevanten Veränderungen	40–43
III. „Besondere Umstände" (Abs. 2)	44–53
1. Allgemeines	44–45
2. Strafbarkeitserhöhende gesetzliche Umstände (Abs. 2 Alt. 1)	46–49
3. Anordnung von Maßregeln der Besserung und Sicherung	50–52
4. Nebenstrafen und Nebenfolgen	53
IV. Erteilung des Hinweises	54–66
1. Gerichtliche Zuständigkeit	54–56
2. Adressat des Hinweises	57–58
3. Form und Inhalt des Hinweises	59–64
4. Zeitpunkt des Hinweises	65
5. Wirkung des Hinweises	66
C. Hinweispflichten außerhalb der unmittelbaren Anwendung von Abs. 1 und 2	67–88
I. Verhältnis zu den gesetzlich geregelten Hinweispflichten	67–68
II. Veränderungen ausschließlich der Sachlage	69–78
1. Rechtsgrundlagen des Hinweispflicht	69–70
2. Voraussetzungen und Umfang der Hinweispflicht	71–73
3. Art der Erteilung des Hinweises	74–78
III. Veränderungen der Verfahrenslage	79–83
IV. Nebenstrafen und Nebenfolgen	84–88
D. Verfahren nach Erteilung des Hinweises	89–91
E. Aussetzung der Hauptverhandlung nach Abs. 3 und 4	92–119
I. Allgemeines	92–93
II. Aussetzung bei veränderter Sach- und Rechtslage (Abs. 3)	94–102
1. Voraussetzungen	95–98
2. Belehrung über das Antragsrecht	99
3. Entscheidung des Gerichts	100–102
III. Aussetzung bei Veränderung ausschließlich der Sachlage (Abs. 4)	103–119
1. Allgemeines	103–106
2. Änderung der Sachlage	107–108
3. Änderung der Verfahrenslage	109–115
4. Antrag auf Aussetzung	116
5. Gerichtliche Entscheidung über den Antrag	117–119
F. Förmlichkeiten	120–128
I. Hinweis bei unmittelbarer Anwendung von Abs. 1 und 2	121–122
II. Hinweis außerhalb der unmittelbaren Anwendung von Abs. 1 und 2	123–127
III. Aussetzung der Hauptverhandlung (Abs. 3 und 4)	128
G. Rechtsbehelfe	129–141
I. Anrufung des Gerichts (§ 238 Abs. 2)	129
II. Beschwerde	130
III. Revision	131–140
1. Rügeart und -umfang	131–132
2. Verletzungen der Hinweispflicht nach Abs. 1 und 2	133–135
a) Revisionsbegründung	133
b) Beruhen	134–135

	Rn.
3. Verletzungen der Aussetzungspflicht (Abs. 3) oder des Aussetzungsermessens (Abs. 4)	136–139
a) Revisionsbegründung	136–137
b) Prüfungsumfang des Revisionsgerichts	138
c) Beruhen	140
IV. Verfassungsbeschwerde	141

A. Allgemeines

I. Zweck der Vorschrift

1. Regelungszweck von Abs. 1 und 2. Die in **Abs. 1 und 2** normierten gerichtlichen Hinweispflichten dienen nach insoweit allgM der **Gewährleistung einer sachgerechten Verteidigung** des Angeklagten,[1] indem dieser aufgrund der zu erteilenden Hinweise **vor Überraschungsentscheidungen** des Gerichts **geschützt** wird.[2] Mit den Hinweispflichten, die nach dem Wortlaut der Abs. 1 und 2 an die Veränderung der rechtlichen Bewertung der zum Hauptverfahren zugelassenen Anklage abstellen, schafft das Gesetz einen notwendigen Ausgleich für die durch § 155 Abs. 1, § 264 Abs. 1 eingeräumte Freiheit des Gerichts bei der rechtlichen Würdigung der durch Anklage und Eröffnungsbeschluss unterbreiteten prozessualen Tat.[3] Insoweit garantieren die gerichtlichen Hinweispflichten in Abs. 1 und 2 die **umfassende Information des Angeklagten** über die rechtliche Bewertung der verfahrensgegenständlichen Tat. Damit wird im Stadium der Hauptverhandlung derselbe Zweck verfolgt wie mit § 200 Abs. 1, § 201 Abs. 1 und § 207 Abs. 2 Nr. 3 im Zwischenverfahren[4] und § 243 Abs. 3 zu Beginn der Hauptverhandlung. Nach ihrem Wortlaut, der auf Änderungen der rechtlichen Bewertung auf der Voraussetzungs- oder der Rechtsfolgenseite der Straftat abstellt, schaffen die Hinweispflichten aber keinen vollständigen Ausgleich für die durch § 264 auch eingeräumte Befugnis des erkennenden Gerichts, die verfahrensgegenständliche Tat in tatsächlicher Hinsicht umzugestalten.[5] Die Gewährleistung einer sachgerechten Verteidigung bei sich in der Hauptverhandlung ergebenden Veränderungen allein des tatsächlichen Geschehens kann daher nur durch außerhalb des unmittelbaren Anwendungsbereichs von § 265 Abs. 1 und 2 angesiedelte Hinweispflichten erreicht werden.[6]

Die einfachgesetzlichen Hinweispflichten der Abs. 1 und 2 werden vielfach als **Ausprägungen** auf unterschiedlichen Ebenen angesiedelter **allgemeiner Rechtsgrundsätze** angesehen. So findet sich auf der europarechtlichen Ebene der EMRK der Rückbezug auf den Grundsatz des **fairen Verfahrens** (Art. 6 Abs. 1 MRK),[7] der nach der Rechtsprechung des EGMR eine vollständige Information des Angeklagten auf tatsächlicher und rechtlicher Ebene über den Anklagevorwurf voraussetzt.[8] Wie der Informationsanspruch des Angeklagten, der bei Änderungen in der rechtlichen Bewertung gegenüber der Anklage in Art. 6 Abs. 3 a und b EMRK konkretisiert ist,[9] inhaltlich zu erfüllen ist, wird durch die EMRK allerdings nicht vorgegeben.[10]

Die einfachgesetzlichen Hinweispflichten der Abs. 1 und 2 werden auf der Ebene des nationalen Verfassungsrechts mit dem Gebot der **Gewährung rechtlichen Gehörs aus Art. 103 Abs. 1 GG** in Verbindung gebracht.[11] In welchem Verhältnis der verfassungsrechtliche Anspruch auf recht-

---

[1] Siehe bereits *Hahn*, Materialien Band 3, S. 208; BGH v. 12. 3. 1963 – 1 StR 54/63, BGHSt 18, 288 (289) = NJW 1963, 1115; BGH v. 20. 2. 1974 – 2 StR 448/73, BGHSt 25, 287 (289) = NJW 1974, 1005; BGH v. 15. 10. 1979 – AnwSt (R) 3/79, BGHSt 29, 124 (128) = NJW 1980, 897; BGH v. 8. 5. 1980 – 4 StR 172/80, BGHSt 29, 274 (278) = NJW 1980, 2479; *Berz* NStZ 1986, 86; *Scheffler* JR 1989, 232 f. AK-StPO/*Loos* Rn. 1; HK-StPO/*Julius* Rn. 1; KK-StPO/*Engelhardt* Rn. 1; KMR/*Stuckenberg* Rn. 1; Löwe/Rosenberg/*Gollwitzer* Rn. 1; *Meyer-Goßner* Rn. 1; SK-StPO/*Schlüchter* Rn. 1.
[2] BGH v. 27. 5. 1952 – 1 StR 160/52, BGHSt 2, 371 (373) = NJW 1952, 899; BGH v. 20. 2. 1974 – 2 StR 448/73, BGHSt 25, 287 (289) = NJW 1974, 1005; BGH v. 27. 5. 1982 – 4 StR 128/82, NStZ 1983, 34; Thüring.OLG v. 22. 5. 2007 – 1 Ss 346/06, VRS 113, 116 (117); KK-StPO/*Engelhardt* Rn. 1.
[3] § 264 Rn. 1.
[4] Vgl. BGH v. 8. 2. 1961 – 2 StR 622/60, BGHSt 16, 47 (48) = NJW 1961, 1222; BGH v. 8. 5. 1980 – 4 StR 172/80, BGHSt 29, 274 (276 f.) = NJW 1980, 2479.
[5] § 264 Rn. 75–78.
[6] Dazu unten Rn. 69–78.
[7] Näher Art. 6 EMRK Rn. 9 ff.; vgl. auch BVerfG (3. Kammer des 2. Senats) v. 21. 12. 1995 – 2 BvR 2033/95, NStZ 1996, 138.
[8] EGMR *Pélissier et Sassi c. France*, v. 25. 3. 1999 Nr. 25 444/94, § 52, EGMR 999-II; *Sommer* StraFo 1999, 402 (406); KMR/*Stuckenberg* Rn. 5; siehe auch Löwe/Rosenberg/*Gollwitzer* Rn. 2.
[9] EGMR *Pélissier et Sassi c. France*, v. 25. 3. 1999 Nr. 25 444/94, § 54 – 63, EGMR 999-II; *Frowein/Peukert*, Art. 6 EMRK Rn. 176.
[10] KMR/*Stuckenberg* Rn. 5 mwN.
[11] Etwa BGH v. 8. 2. 1961 – 2 StR 622/60, BGHSt 16, 47 (48 f.) = NJW 1961, 1222; BGH v. 20. 12. 1967 – 4 StR 485/67, BGHSt 22, 29 (31); BGH v. 19. 12. 1995 – 4 StR 691/95, StV 1996, 197 (198); *Dahs*, Das rechtliche Gehör im Strafprozeß, 1965, S. 96 ff.; *Schlothauer* StV 1986, 214 (214 f.); BK/*Rüping* Art. 103 GG Abs. 1 GG Rn. 47; Jarras/

liches Gehör zu den Hinweispflichten aus Abs. 1 und 2 steht, ist nicht geklärt.[12] Soweit über vage Beschreibungen (in § 265 „findet auch der Grundsatz des rechtlichen Gehörs ... einen Niederschlag")[13] hinausgegangen wird, wird in den Hinweispflichten aus Abs. 1 und 2 überwiegend eine einfachgesetzliche Ausprägung und Erweiterung des Anspruchs auf rechtliches Gehör gesehen.[14] Dem ist insoweit zuzustimmen, als nach der Rechtsprechung des BVerfG Art. 103 Abs. 1 GG zugunsten der Verfahrensbeteiligten gewährleistet, dass ausschließlich solche tatsächlichen Umstände einer gerichtlichen Entscheidungen zugrunde gelegt werden dürfen, in Bezug auf die der Betroffene zuvor hat Stellung nehmen können.[15] Aus dieser Beschreibung des Schutzbereichs wird das Verhältnis zwischen Art. 103 Abs. 1 GG sowie § 265 Abs. 1 und 2 deutlicher; die Möglichkeit sich zu den tatsächlichen Grundlagen (Tatsachen und Beweismittel) einer gerichtlichen Entscheidung äußern zu können, setzt die Kenntnis der entsprechenden Umstände voraus. Die einfachgesetzlichen Hinweispflichten in § 265 sind daher (notwendige) **Voraussetzung für die effektive Gewährung rechtlichen Gehörs**.[16] Insoweit geht der durch § 265 Abs. 1 und 2 dem Angeklagten in der Hauptverhandlung gewährleistete Schutz über den Schutzbereich von Art. 103 Abs. 1 GG, der grundsätzlich keine umfassende Informationspflicht des Gerichts zum Gegenstand hat,[17] hinaus. Dementsprechend bedeutet nicht jede Verletzung der einfachgesetzlichen Hinweispflichten zugleich eine mit der Verfassungsbeschwerde überprüfbare Verletzung von Art. 103 Abs. 1 GG.[18] Ungeachtet des nicht identischen Regelungsbereichs ist aber der von Art. 103 Abs. 1 GG bezweckte Schutz bei der Auslegung von § 265 Abs. 1 und 2 im Rahmen einer **verfassungskonformen Auslegung** vor dem Hintergrund der Gewährleistung einer sachgerechten und informierten Verteidigung zu berücksichtigen.[19] Angesichts der fehlenden Kongruenz der Schutzzwecke bzw. -bereiche von Art. 103 Abs. 1 und den Hinweispflichten des § 265 können sich umgekehrt verfassungsunmittelbare Hinweispflichten jenseits der direkten Anwendungsbereichs von § 265 Abs. 1 und 2 ergeben; das kommt insbesondere bei bloßen Veränderungen der Sachlage ohne Änderungen der Rechtslage (einschl. Veränderungen bei den erwarteten Sanktionen) in Betracht.[20]

Ähnliches wie für das Verhältnis zwischen Art. 103 Abs. 1 GG sowie § 265 Abs. 1 und 2 ausgeführt gilt auch für die Relation zum **Grundsatz des fairen Verfahrens**. Deutet man mit der Rechtsprechung des EGMR eine umfassende Information des Angeklagten über die gegen ihn durch die Anklage erhobenen Vorwürfe als Voraussetzung eines fairen Verfahrens,[21] gewährleisten die einfachgesetzlichen Hinweispflichten gerade dieses. Ebensowenig wie aus Art. 103 Abs. 1 GG lassen sich allerdings aus Art. 6 Abs. 1 EMRK (auch nicht aus Art. 6 Abs. 3a und b EMRK) konkrete Ableitungen für Art und Inhalt der zur Sicherung der notwendigen Information zu erteilenden gerichtlichen Hinweise ziehen. Allerdings ist das fair trial-Prinzip bei der Auslegung des einfachgesetzlichen Rechts nach Maßgabe des Ziels, eine sachgerechte und umfassende Verteidigung auf informierter Grundlage zu gewährleisten, zu berücksichtigen. Sowohl das nationale Verfassungsrecht als auch das Völkervertragsrecht in Gestalt der EMRK gebieten damit eine **Auslegung von**

Pieroth Art. 103 GG Rn. 17; AK-StPO/*Loos* Rn. 2; KK-StPO/*Engelhardt* Rn. 1; KMR/*Stuckenberg* Rn. 3; Löwe/Rosenberg/*Gollwitzer* Rn. 4; *Meyer-Goßner* Rn. 5.

[12] Vgl. BGH v. 20. 2. 2003 – 3 StR 222/02, BGHSt 48, 221 (226 f.) = NJW 2003, 2107 ff.
[13] KK-StPO/*Engelhardt* Rn. 1.
[14] BGH v. 8. 2. 1961 – 2 StR 622/60, BGHSt 16, 47 (48 f.) = NJW 1961, 1222; BGH v. 20. 12. 1967 – 4 StR 485/67, BGHSt 22, 29 (31); BGH v. 19. 12. 1995 – 4 StR 691/95, StV 1996, 197 (198); OLG Celle v. 30. 4. 1964 – 1 Ss 507/63, Nds.Rpfl. 1964, 234 (235); *Dahs*, Das rechtliche Gehör im Strafprozeß, S. 96 f.; *Schlothauer* StV 1986, 214 f.; BK/*Rüping* Art. 103 Abs. 1 GG Rn. 47; KMR/*Stuckenberg* Rn. 3; SK-StPO/*Schlüchter* Rn. 64.
[15] Exemplarisch BVerfG v. 16. 5. 1984 – 1 BvR 799/83, 1 BvR 999/83, BVerfGE 67, 96 (99); BVerfG v. 29. 5. 1991 – 1 BvR 1383/90, BVerfGE 84, 188 (190); siehe auch Sachs/*Degenhart* Art. 103 GG Rn. 11; BeckOK-GG/*Radtke/Hagemeier* Art. 103 GG Rn. 12.
[16] AK-StPO/*Loos* Rn. 2; in der Sache zustimmend KMR/*Stuckenberg* Rn. 3; siehe aber auch *Niemöller*, Die Hinweispflicht des Strafrichters bei Abweichungen vom Tatbild der Anklage, 1988, S. 43 ff.
[17] BVerfG 15. 5. 1984 – 1 BvR 967/83, BVerfGE 67, 90 (96); BVerfG v. 29. 5. 1991 – 1 BvR 1383/90, BVerfGE 84, 188 (190); BVerfG v. 8. 7. 1997 – 1 BvR 1934/93, BVerfGE 96, 189 (204); BVerfG v. 14. 7. 1998 – 1 BvR 1640/97, BVerfGE 98, 218 (263); Sachs/*Degenhart*, Art. 103 GG Rn. 16; BeckOK-GG/*Radtke/Hagemeier* Art 103 Rn. 8 ff.
[18] BayVerfGH v. 27. 10. 2004 – Vf. 11-VI-02, BeckRS 2005 20878 (zu Art. 91 Abs. 1 BayVerf); BGH v. 8. 2. 1961 – 2 StR 622/60, BGHSt 16, 47 (48 f.) = NJW 1961, 1222; BGH v. 8. 10. 1963 – 1 StR 553/62, BGHSt 19, 141; BGH v. 5. 3. 1969 – 4 StR 610/68, BGHSt 22, 336 (339 f.); Thüring.OLG v. 22. 5. 2007 – 1 Ss 346/06, VRS 113, 330 (331); *Niemöller*, Hinweispflicht, S. 43; KMR/*Stuckenberg* Rn. 3; KK-StPO/*Engelhardt* Rn. 1; Löwe/Rosenberg/*Gollwitzer* Rn. 4; im Ergebnis ebenso AK-StPO/*Loos* Rn. 2; SK-StPO/*Schlüchter* Rn. 65; aA *Dahs*, Das rechtliche Gehör, S. 97 f.; *Arndt* NJW 1959, 1297 (1300); *Schlothauer* StV 1986, 213 (214 f.); siehe aber auch BVerfG v. 14. 10. 1958 – 1 BvR 510/52, BVerfGE 8, 197 (206); BGH v. 6. 12. 1957 – 5 StR 536/57, BGHSt 11, 88 (91); BGH v. 3. 11. 1959 – 1 StR 425/59, BGHSt 13, 320 (325) mAnm *Eb. Schmidt* JZ 1960, 228; zur Verfassungsbeschwerde gegen das rechtsfehlerhafte Unterbleiben von Hinweisen gemäß § 265 Abs. 1 und 2 siehe näher unten Rn. 141.
[19] Im Ergebnis ebenso BGH v. 8. 5. 1980 – 4 StR 172/80 BGHSt 29, 274 (278) = NJW 1980, 2479; *Küpper* NStZ 1986, 249 f.; *Schlothauer* StV 1986, 213 (215 f.); AK-StPO/*Loos* Rn. 2.
[20] Näher unten Rn. 69 ff.
[21] Oben Rn. 2.

§ 265 Abs. 1 und 2, die eine größtmögliche Information des Angeklagten über den für seine Verteidigung relevanten Sachstand **gewährleistet**. Dem kommt insbesondere bei der im Gesetz nicht ausdrücklich geregelten **inhaltlichen Ausgestaltung des Hinweises**[22] Bedeutung zu. Dieser ist so anzulegen, dass durch ihn eine umfassende und sachgerechte Verteidigung ermöglicht wird.[23] Außerhalb der direkten Anwendung von § 265 kann der Grundsatz des fairen Verfahrens neben Art. 103 Abs. 1 GG die Grundlage für über das einfache Recht hinausgehende Informationspflichten sein.[24]

5   Der Einordnung von § 265 Abs. 1 und 2 als gesetzlich geregelter Fall einer **gerichtlichen Fürsorgepflicht**[25] kommt dagegen weder als Auslegungsmaßstab noch als Rechtsquelle für weitergehende Hinweispflichten Bedeutung zu.[26] Die zutreffende Charakterisierung gibt weder für die Auslegung der Voraussetzungen von Abs. 1 und 2 noch für die inhaltliche Ausgestaltung des zu erteilenden Hinweises Maßstäbe vor, die sich nicht aus dem Gesetz selbst oder aus den vorgenannten verfassungsrechtlichen und völkerrechtlichen Auslegungsmaßstäben ergeben.

6   Die Hinweispflichten aus Abs. 1 und 2 **bezwecken nicht** die Sicherung einer **umfassenden Sachaufklärung** iSv. § 244 Abs. 2.[27] Die Erfüllung der Hinweispflicht kann allenfalls als Nebeneffekt die Sachaufklärung befördern,[28] wenn der Angeklagte sich aufgrund des erteilten Hinweises über die neue Sach- und/oder Rechtslage inhaltlich zu dieser einlässt. Ungeachtet dieser möglichen Verknüpfung von Hinweispflicht und Sachaufklärung wird die Erteilung aber nicht dadurch überflüssig, dass eine Einlassung des Angeklagten nicht zu erwarten ist.[29]

7   **2. Zweck der Aussetzung nach Abs. 3 und 4.** Der von den Abs. 3 und 4 verfolgte **Schutzzweck** ist weitgehend **komplementär** zu dem der Abs. 1 und 2. Der Aussetzungsanspruch (Abs. 3) und die Aussetzungsmöglichkeit von Amts wegen (Abs. 4) sichern die Gewährleistung sachgerechter Verteidigung durch die **Einräumung einer genügenden Frist**, damit sich der Angeklagte (und sein Verteidiger) auf die veränderte Sach- und Rechtslage einstellen können. Aussetzungsanspruch und -möglichkeit sind insoweit komplementär, als auf die Erteilung des Hinweises nach Abs. 1 und 2 hin dem Angeklagten bereits „Gelegenheit zur Verteidigung" zu geben ist. Ohne eine zeitliche Komponente der Vorbereitungsfrist kann das aber für eine sachgerechte Verteidigung zu wenig sein. Während der Aussetzungsanspruch nach Abs. 3 ausschließlich der ergänzenden Sicherung einer sachgerechten Verteidigung dient, weist **Abs. 4** eine **weitergehende Schutzrichtung** auf. Er räumt dem Gericht die Aussetzung einer Hauptverhandlung nach seinem Ermessen auch ein, wenn die Staatsanwaltschaft (oder Privat-/Nebenkläger) aufgrund einer veränderten Sachlage einer Vorbereitung der weiteren Durchführung der Hauptverhandlung bedarf. Insoweit lässt sich Abs. 4 als Ausprägung einer allgemeinen gerichtlichen Fürsorgepflicht gegenüber allen Verfahrensbeteiligten verstehen.[30]

II. Anwendungsbereich

8   Die Vorschrift findet grundsätzlich (Ausnahme: Abs. 3 im Privatklageverfahren, vgl. § 384 Abs. 4) in **jeder tatrichterlichen Hauptverhandlung** einschließlich des Privatklageverfahrens Anwendung. Dementsprechend gelten die Hinweispflichten und Aussetzungsmöglichkeiten auch in der erneuten Hauptverhandlung (§ 373) im **Wiederaufnahmeverfahren**; für das **Berufungsverfahren** ordnet die Pauschalverweisung in § 332 die entsprechende Geltung an.

9   Ausweislich § 46 Abs. 1 und § 71 Abs. 1 OWiG findet § 265 auch im **Bußgeldverfahren** Anwendung.[31] Bei dem Übergang aus einem gerichtlichen Bußgeldverfahren in ein Strafverfahren ist

---

[22] Näher unten Rn. 59–64.
[23] *Scheffler* JR 1989, 232 (233); KMR/*Stuckenberg* Rn. 4; zu den Konsequenzen im Detail unten Rn. 59–64.
[24] Näher unten Rn. 69 f.; siehe auch BGH v. 20. 2. 2003 – 3 StR 222/02, BGHSt 48, 221 (226 f.) = NJW 2003, 2107 ff.
[25] *Küpper* NStZ 1986, 249; *Scheffler* JR 1989, 232 (233); *Schorn* MDR 1966, 639 (640); KK-StPO/*Engelhardt* Rn. 1; KMR/*Stuckenberg* Rn. 4; Löwe/Rosenberg/*Gollwitzer* Rn. 2; *Meyer-Goßner* Rn. 3.
[26] Siehe AK-StPO/*Loos* Rn. 2.
[27] Missverständlich daher BGH v. 20. 11. 1962 – 1 StR 442/62, BGHSt 18, 141 (142) = NJW 1963, 260; BGH v. 15. 11. 1978 – 2 StR 456/78, BGHSt 28, 196 (198) = NJW 1979, 663; *Meyer* GA 1965, 257 (268); *Schlothauer* StV 1986, 213 (216); Löwe/Rosenberg/*Gollwitzer* Rn. 5; *Meyer-Goßner* Rn. 4.
[28] Zutreffend AK-StPO/*Loos* Rn. 3; KMR/*Stuckenberg* Rn. 6.
[29] AK-StPO/*Loos* Rn. 3; KMR/*Stuckenberg* Rn. 6.
[30] Vgl. BGH v. 25. 6. 1965 – 4 StR 309/65, NJW 1965, 2164 (2165) mAnm *Schmidt-Leichner*; siehe auch KMR/ *Stuckenberg* Rn. 7.
[31] Vgl. BGH v. 8. 5. 1980 – 4 StR 172/80, BGHSt 29, 274 (276) = NJW 1980, 2479; BayObLG v. 13. 12. 1983 – 1 Ob OWi 352/83, NStZ 1984, 225; OLG Braunschweig v. 5. 3. 2002 – 2 Ss (BZ) 6/02, NStZ-RR 2002, 179; OLG Dresden v. 16. 10. 2003 – Ss (OWi) 283/03, DAR 2004, 52; OLG Hamm v. 12. 4. 2005 – 3 Ss OWi 191/05, StraFo 2005, 298; OLG Koblenz v. 3. 6. 1982 – 1 Ss 226/82, VRS 63, 372 (373); OLG Koblenz v. 14. 5. 1986 – 1 Ss 125/86, VRS 71, 209 (210).

Sechster Abschnitt. Hauptverhandlung 10–13 § 265

§ 81 Abs. 2 OWiG zu beachten; diese Überleitung ist auch noch möglich, wenn sich das Bußgeldverfahren bereits in der Rechtsbeschwerdeinstanz befindet.[32]

Im **Revisionsverfahren** ist § 265 an sich unanwendbar.[33] Der Angeklagte kann sich hier nicht 10 mehr auf Ebene der tatsächlichen Grundlagen der vorgeworfenen Tat verteidigen; ein **Hinweis** iSv. § 265 Abs. 1 oder 2 kann dementsprechend **durch das Revisionsgericht nicht nachgeholt werden**. Die Unanwendbarkeit der Hinweispflichten in der Revisionsinstanz setzt den Möglichkeiten der **Schuldspruchberichtigung** auf der Grundlage von § 354 Abs. 1[34] durch das Revisionsgericht Grenzen. Diese kommt **nur** dann in Betracht, **wenn** für die Verurteilung auf der Grundlage eines „anderen Strafgesetzes" **keine Nachholung eines Hinweises erforderlich** ist. Dies kann in **drei Konstellationen** der Fall sein:[35] die angeklagte Tat ist bereits in der Anklage oder dem Eröffnungsbeschluss in der vom Revisionsgericht für zutreffend gehaltenen Weise gewürdigt worden;[36] das Tatgericht hat einen entsprechenden Hinweis bereits erteilt;[37] das Revisionsgericht schließt aus, dass sich der Angeklagte in tatsächlicher Hinsicht gegen den jetzigen rechtlichen Vorwurf anders hätte verteidigen können.[38]

Die grundsätzliche Anwendbarkeit von § 265 in (nahezu) sämtlichen tatrichterlichen Haupt- 11 verhandlungen führt **keine einheitliche Anwendung der Vorschrift**, insbesondere der Hinweispflichten nach Abs. 1 und 2, **in sämtlichen einschlägigen Verfahrensarten und -stadien** herbei. Sowohl der Bezugspunkt, an dem das Vorliegen der Voraussetzungen von Abs. 1 und 2 zu messen ist, als auch die Fragen nach der Erforderlichkeit eines Hinweises und deren Inhalt sind je nach Verfahrensart und -stadium unterschiedlich.[39]

B. Hinweispflichten nach Abs. 1 und 2

I. Gemeinsame allgemeine Voraussetzungen

1. **Veränderung der rechtlichen Beurteilung der Tat.** Lediglich **Änderungen der rechtlichen Be-** 12 **urteilung**[40] der verfahrensgegenständlichen Tat gegenüber der Anklage oder den sonstigen relevanten Bezugsentscheidungen[41] löst die Hinweispflichten nach Abs. 1 oder 2 aus. Ob die geänderte rechtliche Bewertung der Tat auf dem Hervortreten neuer tatsächlicher Umstände beruht oder nicht, ist für die unmittelbare Anwendbarkeit von Abs. 1 und 2 irrelevant.[42] Umgekehrt löst eine **bloße Veränderung der** die prozessuale Tat konstituierenden **tatsächlichen Umstände keine Hinweispflicht** nach Abs. 1 oder 2 unmittelbar aus, wenn die rechtliche Bewertung der Tat sich gegenüber der Anklage oder ihren Surrogaten nicht ändert.[43] Bei nicht zu abweichender rechtlicher Beurteilung führenden Veränderungen der relevanten Tatsachen können sich aber außerhalb der direkten Anwendung von Abs. 1 und 2 auf andere Rechtsgrundlage gestützte gerichtliche Hinweispflichten ergeben.[44]

Unabhängig davon, ob die als Auslöser der Hinweispflicht notwendige Änderung der recht- 13 lichen Beurteilung auf neuen Tatsachen beruht oder nicht, finden die **Hinweispflichten ihre Grenze an dem zulässigen Umfang der Umgestaltung der** verfahrensgegenständlichen prozessualen **Tat**.[45] Ergeben sich in der Hauptverhandlung neue tatsächliche Umstände, die nicht mehr innerhalb des durch die prozessuale Tat konstituierten Verfahrensgegenstandes liegen, können die neu hervorgetretenen Tatsachen allenfalls im Wege der Nachtragsanklage noch in das laufende Straf-

---

[32] OLG Düsseldorf v. 11. 11. 1985 – 5 Ss (OWi) 325/85 – 266/85 I, VRS 70, 153 (153); OLG Stuttgart v. 10. 3. 1981 – 4 Ss (21) 769/80, Die Justiz 1981, 247.
[33] Siehe BGH v. 28. 4. 1981 - 5 StR 692/80, NJW 1981, 1744 (1745); OLG Stuttgart v. 28. 6. 1976 – 3 Ss 292/76, VRS 52, 33 (36); *Geis* NJW 1990, 2375 f.; KMR/*Stuckenberg* Rn. 9.
[34] Näher § 354 Rn. 12–18.
[35] Zutreffend und ausführlich KMR/*Stuckenberg* Rn. 9.
[36] OGH v. 21. 12. 1948 – StS 40/48, OGHSt 1, 198 (202); OGH v. 3. 7. 1950 – 2 StS 30/50, OGHSt 3, 99 (100); BGH v. 29. 3. 1994 – 1 StR 12/94, StV 1994, 527; BGH v. 19. 5. 1999 – 2 StR 650/98, NStZ-RR 2000, 92; Saarl. OLG v. 30. 5. 1974 – Ss 155/73, VRS 47, 432 (434).
[37] BGH v. 7. 9. 1993 – 5 StR 455/93, NJW 1994, 395 (396); BGH v. 22. 2. 2001 – 4 StR 25/01, NStZ-RR 2001, 298 f.
[38] St. Rspr.; exemplarisch BGH v. 7. 11. 2001 – 2 StR 428/01, NStZ-RR 2002, 73 f.; BGH v. 12. 3. 2002 – 3 StR 4/02, NStZ-RR 2002, 214 f.; BayObLG v. 14. 10. 1999 – 3 ObOWi 96/99, NStZ-RR 2000, 115 (117); Hans.OLG Hamburg v. 3. 5. 1999 – IIa – 47/99 – 1 Ss 39/99, NStZ-RR 1999, 329 (330); näher § 354 Rn. 13.
[39] Näher unten Rn. 59–64.
[40] Zu den Anforderungen im Einzelnen unten Rn. 30–43.
[41] Näher unten Rn. 15–18.
[42] BGH v. 12. 3. 1963 – 1 StR 54/63, BGHSt 18, 288 (289) = NJW 1963, 1115; KK-StPO/*Engelhardt* Rn. 2; Löwe/Rosenberg/*Gollwitzer* Rn. 6; siehe auch AK-StPO/*Loos* Rn. 7.
[43] BGH v. 20. 2. 2003 – 3 StR 222/02, BGHSt 48, 221 (226 f.) = NJW 2003, 2107 ff.
[44] Dazu unten Rn. 69–78.
[45] AllgM; siehe nur AK-StPO/*Loos* Rn. 5; KMR/*Stuckenberg* Rn. 14.

verfahren einbezogen werden.⁴⁶ Ansonsten bedarf es der Anklage der anderen prozessualen Tat im Regelverfahren.

14   Eine die Hinweispflichten auslösende **veränderte rechtliche Bewertung** der verfahrensgegenständlichen Tat liegt **bei bloßen Schreibfehlern oder sonstigen Versehen** in der Anklage oder sonstigen Bezugsentscheidungen **nicht** vor.⁴⁷ Sind die Schreibfehler oder sonstigen Versehen aber solcher Art, dass der Angeklagte den ihm gegenüber erhobenen rechtlichen Vorwurf nicht zu erkennen vermag, muss das Gericht ihn (zumindest) analog Abs. 1 darauf hinweisen, auf welches Strafgesetz es eine Verurteilung stützen will.⁴⁸ Allerdings wird in den zuletzt genannten Konstellationen zunächst zu erwägen sein, ob überhaupt eine der Umgrenzungs- und Informationsfunktion genügende Anklage vorliegt.⁴⁹

15   **2. Bezugsentscheidungen des Vorliegens einer veränderten rechtlichen Beurteilung. a) Anklage und Eröffnungsbeschluss.** Ob eine Veränderung der Rechtslage eingetreten ist, bemisst sich grundsätzlich durch Vergleich mit der in der **gerichtlich zugelassenen Anklage** vorgenommenen rechtlichen Würdigung. Um das Vorliegen einer Änderung der rechtlichen Bewertung beurteilen zu können, ist auch auf das wesentliche Ergebnis der Ermittlungen (§ 200 Abs. 2 S. 1) abzustellen; eine dort befindliche rechtliche Wertung im Hinblick auf das Strafgesetz, auf das das Gericht eine Verurteilung stützen will, macht einen Hinweis nach Abs. 1 oder Abs. 2 überflüssig, weil es an einer abweichenden rechtlichen Bewertung der Anklage fehlt.⁵⁰ Dagegen soll das schlichte Aufführen einer Strafvorschrift in der Liste der angewendeten Vorschriften (§ 200 Abs. 1 S. 1) nicht genügen, um diese zum Gegenstand der Anklage zu machen; ein Hinweis ist dann bei Vorliegen der sonstigen Voraussetzungen nicht entbehrlich.⁵¹ Soweit das Hauptverfahren nach **§ 207 Abs. 2 Nr. 3** mit einer von der Anklage abweichenden rechtlichen Würdigung eröffnet worden ist, bildet der Eröffnungsbeschluss die maßgebliche Bezugsentscheidung. Will das erkennende Gericht das Urteil abweichend von jenem auf die in der ursprünglichen Anklage enthaltene rechtliche Würdigung stützen, bedarf es eines entsprechenden Hinweises.⁵²

16   **b) Anklagesurrogate.** Fehlt es an einer Anklageerhebung im Regelverfahren, ist für die Prüfung der veränderten rechtlichen Beurteilung auf folgende Surrogate der Anklageschrift abzustellen: **Mündliche Anklage** nach § 418 Abs. 3 **im beschleunigten Verfahren**, mündliche Anklageerhebung im Wege der **Nachtragsanklage** gemäß § 266 Abs. 1; bei beiden Arten der mündlichen Anklageerhebung bestimmt der Inhalt des Sitzungsprotokolls den Inhalt der jeweiligen Anklage,⁵³ weicht der protokollierte Inhalt der mündlichen Anklage von einer als Anhang zum Protokoll genommenen schriftlich entworfenen Anklage ab, wird die Beweiskraft des Protokolls (§ 274) aufgehoben sein,⁵⁴ so dass der tatsächliche Inhalt der mündlichen Anklage im Freibeweisverfahren zu erheben ist. Würdigt bei der Nachtragsanklage der gemäß § 266 Abs. 1 erforderliche **Einbeziehungsbeschluss** die angeklagte Tat entsprechend § 207 Abs. 2 rechtlich abweichend von der Nachtragsanklage,⁵⁵ ist der Einbeziehungsbeschluss als Bezugsentscheidung maßgeblich. Anklagesurrogat ist im gerichtlichen Bußgeldverfahren auch der **Bußgeldbescheid** (§ 66 Abs. 1 S. 3 OWiG).⁵⁶ Ist das gerichtliche Bußgeldverfahren in ein Strafverfahren übergeleitet worden, kann sich neben der Hinweispflicht aus § 81 Abs. 2 OWiG eine solche aus § 265 ergeben, wenn unter einem rechtlichen Aspekt verurteilt werden soll, der noch nicht Gegenstand der aus dem OWiG folgenden Hinweispflicht war.⁵⁷ Anklagesurrogat ist auch der **Strafbefehl**.⁵⁸

17   **c) Verweisungs- und Übernahmeentscheidungen.** Hat sich nach dem Ergehen des Eröffnungsbeschlusses die Zuständigkeit des erkennenden Gerichts auf Grund von Verweisungs- u. Über-

---

⁴⁶ Ausführlicher § 266 Rn. 6–8.
⁴⁷ RG v. 29. 1. 1919 – V 1233/18, RGSt 53, 185 (186); OGH v. 27. 12. 1949 – StS 297/49, OGHSt 2, 322; KK-StPO/*Engelhardt* Rn. 3; KMR/*Stuckenberg* Rn. 14; Löwe/Rosenberg/*Gollwitzer* Rn. 8; Meyer-Goßner Rn. 8 a aE; SK-StPO/*Schlüchter* Rn. 5.
⁴⁸ KK-StPO/*Engelhardt* Rn. 3; Löwe/Rosenberg/*Gollwitzer* Rn. 8; SK-StPO/*Schlüchter* Rn. 5.
⁴⁹ Näher § 200 Rn. 1.
⁵⁰ Vgl. BGH v. 8. 11. 2000 – 1 StR 427/00, NStZ 2001, 162; siehe auch bereits OGH v. 27. 12. 1949 – StS 297/49, OGHSt 2, 322.
⁵¹ BGH v. 29. 7. 1982 – 4 StR 265/82, bei *Pfeiffer/Miebach* NStZ 1983, 358 Nr. 33; KMR/*Stuckenberg* Rn. 11.
⁵² *Scheffler* JR 1989, 232 (233); AK-StPO/*Loos* Rn. 6; KMR/*Stuckenberg* Rn. 13; Löwe/Rosenberg/*Gollwitzer* Rn. 7; SK-StPO/*Schlüchter* Rn. 4.
⁵³ KK-StPO/*Engelhardt* Rn. 4; KMR/*Stuckenberg* Rn. 12; Löwe/Rosenberg/*Gollwitzer* Rn. 9; Meyer-Goßner Rn. 6; SK-StPO/*Schlüchter* Rn. 4.
⁵⁴ Vgl. Meyer-Goßner § 274 Rn. 17 mwN.
⁵⁵ Dazu § 266 Rn. 24 aE.
⁵⁶ BGH v. 8. 5. 1980 – 4 StR 172/80, BGH VRS 59, (1980), 129; BayObLG v. 13. 12. 1983 – 1 Ob OWi 352/83, NStZ 1984, 225; OLG Koblenz v. 14. 5. 1986 – 1 Ss 125/86, VRS 71, (1986), 209; OLG Oldenburg v. 29. 3. 1993 – Ss 91/93, NVZ 1993, 278; Löwe/Rosenberg/*Gollwitzer* Rn. 9.
⁵⁷ Löwe/Rosenberg/*Gollwitzer* Rn. 9.
⁵⁸ BayObLG v. 8. 4. 2004 – 1 St RR 056/04, NStZ-RR 2004, 248.

nahmeentscheidungen geändert, so bilden diese Entscheidungen mit ihrer rechtlichen Würdigung den Bezugsgegenstand für die Beurteilung der Veränderung in der rechtlichen Beurteilung. Das gilt für den **Übernahmebeschluss** nach § 225 a,[59] den **Verweisungsbeschluss** gemäß § 270[60] und in der Berufungsinstanz das **Verweisungsurteil** gemäß § 328 Abs. 2.[61] Sind solche nach Anklage und Eröffnungsbeschluss ergehenden Entscheidungen Bezugsgegenstand für das Vorliegen einer veränderten rechtlichen Bewertung der Tat, ergeben sich Besonderheiten bei der Frage, ob § 265 einen rechtlichen Hinweis gebietet oder nicht.[62]

d) **Urteile in den Rechtsmittelinstanzen und Wiederaufnahmeverfahren.** Welche Entscheidungen in Verfahren, die in die Rechtsmittelinstanzen gelangt sind oder die im technischen Sinne der §§ 359 ff. wiederaufgenommen worden sind, **als Bezugsentscheidungen** für die Beurteilung der Veränderung des rechtlichen Gesichtspunktes **in Betracht kommen**, wird **kaum behandelt**. Meist wird die Problematik allein unter dem Aspekt der Wiederholung eines bereits früher erteilten Hinweises behandelt.[63] Das greift zu kurz, weil bereits das Vorliegen der Voraussetzungen von § 265 Abs. 1 und 2 oder anderer Grundlagen von Hinweispflichten[64] nur geklärt werden kann, wenn festgelegt wird, an welcher Entscheidung die Veränderung des rechtlichen Gesichtspunkts zu messen ist. Soweit für das Berufungsverfahren das erstinstanzliche Urteil und für das Wiederaufnahmeverfahren das rechtskräftige Urteil als Bezugsentscheidungen genannt werden,[65] kann dem nicht gefolgt werden. Ungeachtet der in der Berufungsinstanz nur entsprechend (vgl. § 332) geltenden Anwendung von § 265 ist nach dessen Wortlaut die „**zugelassene Anklage**" der Vergleichsmaßstab. Will das Berufungsgericht bei „Verurteilung"[66] davon abweichen, muss es grundsätzlich darauf hinweisen. Die Erfüllung dieser Hinweispflicht kann lediglich entfallen, wenn der Angeklagte durch eine entsprechende Verurteilung durch den ersten Tatrichter ausreichend informiert ist.[67] Entsprechendes gilt für die erneute Hauptverhandlung im Rahmen des Wiederaufnahmeverfahrens; Bezugsgegenstand bleibt die zugelassene Anklage.[68]

3. Rechtlicher Hinweis bei „Verurteilung". Die Hinweispflicht entsteht lediglich bei einer Verurteilung des Angeklagten. **Verurteilung** meint jede gegen den Angeklagten verhängte Strafe, Maßregel der Besserung und Sicherung oder sonstige Rechtsfolge (etwa Nebenfolge); dazu gehören auch sämtliche Sanktionsformen des JGG[69] sowie das Absehen von Strafe[70] und die Verwarnung mit Strafvorbehalt.

Ein **Freispruch** löst eine Hinweispflicht selbst dann **nicht** aus, wenn in der freisprechenden Entscheidung rechtliche Aspekte angesprochen werden, die nicht Gegenstand der Anklage oder anderer Bezugsentscheidungen waren.[71] Die **Einstellung** des Verfahrens fällt grundsätzlich **nicht** unter die Verurteilung. Etwas anderes soll bei einer Einstellung aufgrund einer gesetzlichen Amnestie gelten, wenn die so begründete Einstellung an die Stelle eines Freispruchs treten würde.[72] Ausnahmsweise soll auch dann vor einer Einstellungsentscheidung – bei Vorliegen der übrigen Voraussetzungen – ein Hinweis erforderlich sein, wenn der von der Einstellung erfasste Verfahrensstoff für den Schuld- oder Rechtsfolgenausspruch im Hinblick auf die weiterhin verfahrensgegenständliche Tat(en) von Bedeutung bleibt.[73]

4. Hinweispflicht bei mehrfacher Änderung der rechtlichen Bewertung/Wiederholung des Hinweises. Übernahme- oder Verweisungsbeschlüsse[74] nach Anklage und Eröffnungsbeschluss können zu mehrfachen Änderungen der rechtlichen Bewertung der verfahrensgegenständlichen Tat führen. In solchen Konstellationen stellt sich die Frage nach der Begründung einer Hinweispflicht aus § 265 Abs. 1 und 2 insbesondere, wenn die Verurteilung[75] auf eine rechtliche Bewer-

---

[59] KMR/*Stuckenberg* Rn. 13.
[60] BGH v. 20. 12. 1967 – 4 StR 485/67, BGHSt 22, 29 (31); *Hanack* JZ 1972, 433 (434).
[61] SK-StPO/*Schlüchter* Rn. 4 aE.
[62] Unten Rn. 22–25.
[63] Dazu unten Rn. 21–25.
[64] Siehe oben Rn. 3 aE und Rn. 4.
[65] AK-StPO/*Loos* Rn. 9.
[66] Unten Rn. 19 f.
[67] Näher unten Rn. 23.
[68] Näher unten Rn. 25.
[69] KMR/*Stuckenberg* Rn. 15; Löwe/Rosenberg/*Gollwitzer* Rn. 17.
[70] Löwe/Rosenberg/*Gollwitzer* Rn. 17; Meyer-Goßner Rn. 7; SK-StPO/*Schlüchter* Rn. 16.
[71] Löwe/Rosenberg/*Gollwitzer* Rn. 16.
[72] Vgl. BGH v. 23. 9. 1952 – 1 StR 16/50, NJW 1952, 1346; KMR/*Stuckenberg* Rn. 15; KK-StPO/*Engelhardt* Rn. 5; Löwe/Rosenberg/*Gollwitzer* Rn. 18; Meyer-Goßner Rn. 7.
[73] Vgl. BayObLG v. 15. 6. 1977 – 1 ObOWi 229/77, bei *Rüth* DAR 1978, 211; OLG Karlsruhe v. 13. 5. 1965 – 2 Ss 16/65, NJW 1965, 1773, 1774 (jeweils in Bezug auf Einstellung wegen Verjährung); KK-StPO/*Engelhardt* Rn. 5; Löwe/Rosenberg/*Gollwitzer* Rn. 18.
[74] Oben Rn. 17.
[75] Oben Rn. 18 f.

tung gestützt werden soll, die bereits in einer früheren Bezugsentscheidung eingenommen wurde. Ob in derartigen Konstellationen in unmittelbarer Anwendung von § 265 Abs. 1 oder 2 ein **Hinweis erforderlich ist, bestimmt sich** innerhalb des Wortlauts der Vorschrift **nach** ihrem **Schutzzweck**, eine größtmögliche Information des Angeklagten zu gewährleisten.[76] Im Einzelnen gilt: Hat das Gericht gemäß **§ 207 Abs. 2 Nr. 3** das Verfahren mit einer von der Anklage abweichenden rechtlichen Würdigung eröffnet, bedarf es eines Hinweises, wenn die Verurteilung wieder auf die in der Anklage zugrunde gelegte rechtliche Würdigung gestützt werden soll.[77] Entsprechendes gilt im Verhältnis zwischen Anklage und **Verweisungsbeschluss nach § 270**,[78] selbst dann, wenn versehentlich nicht nur der Verweisungsbeschluss sondern auch der Eröffnungsbeschluss verlesen wurde.[79] Da der Wortlaut des Abs. 1 auf die „zugelassene Anklage" abstellt, handelt es sich um eine unmittelbar aus § 265 folgende Hinweispflicht, weil die Verurteilung auf eine rechtliche Würdigung abstellt, die in der zugelassenen Anklage gerade nicht eingenommen worden war.

22 Durchläuft das Strafverfahren Rechtsmittelinstanzen können bei (mehrfachen) Änderungen des rechtlichen Gesichtspunktes **Hinweispflichten der Rechtsmittelgerichte** existieren, deren Erfüllung auch in einer **Wiederholung bereits erteilter Hinweise** bestehen kann. Ihre Grundlage finden solche Hinweispflichten nur dann in § 265 Abs. 1 oder 2, wenn das Rechtsmittelgericht von der rechtlichen Würdigung der Tat in der zugelassenen Anklage abweicht. Außerhalb dessen kommen verfassungsunmittelbare oder völkervertragsrechtliche Grundlagen der Hinweispflicht in Betracht.[80] Die jeweils einschlägige Rechtsgrundlage der Hinweispflicht hat Auswirkungen auf die Anforderungen an die Verfahrensrüge (§ 344 Abs. 2 S. 2), wenn Verletzungen der Hinweispflichten geltend gemacht werden sollen.[81] Im Einzelnen gilt Folgendes:

23 Für das **Berufungsgericht** gilt § 265 über § 332.[82] Eine Verurteilung aufgrund eines anderen als in der zugelassenen Anklage enthaltenen rechtlichen Gesichtspunktes bedarf daher grundsätzlich eines Hinweises. Zu dem Hinweis ist das Berufungsgericht aber nicht verpflichtet, wenn bereits der erste Tatrichter abweichend von der Anklage unter demselben rechtlichen Gesichtspunkt verurteilt hatte.[83] Das gilt wegen der Berücksichtigung im ersten Urteil selbst bei einem fehlerhaften Unterbleiben des in der ersten Instanz gebotenen Hinweises.[84] Erst recht besteht für das Berufungsgericht **grundsätzlich keine Pflicht zur Wiederholung eines** in der ersten Tatsacheninstanz erteilten Hinweises, wenn und soweit der erste Tatrichter auf der Grundlage des Hinweises verurteilt hat.[85] Wegen des Hinweises und der darauf gestützten Verurteilung kann in solchen Konstellationen fehlende Information des Angeklagten ausgeschlossen werden. Im Übrigen sind Existenz und Rechtsgrundlagen von Hinweispflichten des Berufungsgerichts streitig. Um dem Schutzzweck des § 265 bestmöglich zu entsprechen und die Voraussetzungen umfassenden rechtlichen Gehörs zu schaffen, ist **bei Zweifeln** an einem ausreichenden Grad von Informiertheit des Angeklagten ein **Hinweis zu erteilen**,[86] der seine Grundlage allerdings regelmäßig außerhalb von § 265 hat. War der erste Tatrichter von der rechtlichen Würdigung der zugelassenen Anklage abgewichen und **kehrt das Berufungsgericht** wieder **zu der Wertung der Anklage zurück**, bedarf es stets eines Hinweises.[87] Das Entstehen des Hinweises in diesen Konstellationen davon abhängig zu machen, ob der Angeklagte mit einer Rückkehr zur ursprünglichen Würdigung rechnen musste,[88] trägt der Ermöglichung sachgerechter Verteidigung (auch des verteidigten) Angeklagten nicht ausreichend Rechnung. Zudem werden schwer überwindbare „Darlegungslasten" (§ 344 Abs. 2 S. 2) bei einer entsprechenden Verfahrensrüge begründet. Dementsprechend muss aus Gründen der Verfahrensfairness ein Hinweis bei einer Verurteilung auf der Grundlage der rechtlichen Würdigung

---

[76] Oben Rn. 1 und 4.
[77] Oben Rn. 15 aE; *Scheffler* JR 1989, 232 (233); AK-StPO/*Loos* Rn. 6; KMR/*Stuckenberg* Rn. 13; Löwe/Rosenberg/*Gollwitzer* Rn. 7; SK-StPO/*Schlüchter* Rn. 4.
[78] RG v. 6. 10. 1931 – I 511/31, RGSt 65, 363; AK-StPO/*Loos* Rn. 6; KMR/*Stuckenberg* Rn. 13; KK-StPO/*Engelhardt* Rn. 4; Löwe/Rosenberg/*Gollwitzer* Rn. 10; *Meyer-Goßner* Rn. 6.
[79] RG v. 18. 2. 1887 – 93/87, RGSt 15, 286, 289; AK-StPO/*Loos* Rn. 6; KMR/*Stuckenberg* Rn. 13; Löwe/Rosenberg/*Gollwitzer* Rn. 10; SK-StPO/*Schlüchter* Rn. 4.
[80] Oben Rn. 3 und 4.
[81] Näher unten Rn. 113, 136 f.
[82] Oben Rn. 8 aE.
[83] OLG Koblenz v. 28. 10. 1976 – 1 Ss 517/76, VRS 52, (1977) 428 (431); OLG Stuttgart v. 23. 11. 1966 – 1 Ss 394/66, MDR 1967, 233 f.; KMR/*Stuckenberg* Rn. 17; Löwe/Rosenberg/*Gollwitzer* Rn. 13; *Meyer-Goßner* Rn. 26; SK-StPO/*Schlüchter* Rn. 22.
[84] Ebenso Löwe/Rosenberg/*Gollwitzer* Rn. 13.
[85] Insoweit allgM; siehe nur KK-StPO/*Engelhardt* Rn. 20: KMR/*Stuckenberg* Rn. 17; Löwe/Rosenberg/*Gollwitzer* Rn. 13; *Meyer-Goßner* Rn. 26.
[86] Ebenso Löwe/Rosenberg/*Gollwitzer* Rn. 13.
[87] Vorsichtiger Löwe/Rosenberg/*Gollwitzer* Rn. 13.
[88] So OLG Koblenz v. 28. 10. 1976 – 1 Ss 517/76, VRS 52, (1977) 428 (431); *Michel* JuS 1991, 850 (851); KK-StPO/*Engelhardt* Rn. 20; KMR/*Stuckenberg* Rn. 17; SK-StPO/*Schlüchter* Rn. 3.

der Anklage erfolgen, falls in der ersten Instanz – ohne oder mit Hinweis – abweichend verurteilt worden ist, der in der Anklage enthaltene rechtliche Gesichtspunkt aber im erstinstanzlichen Urteil erörtert worden war.[89] Das Berufungsgericht muss zudem einen bereits in der ersten Instanz erteilten **Hinweis wiederholen**, wenn dort trotz des Hinweises nicht auf dessen Grundlage sondern auf der der zugelassenen Anklage verurteilt wurde.[90] Die Pflicht folgt nicht aus § 265 sondern aus dem Fairnessprinzip.

In der Revisionsinstanz selbst kommt § 265 nicht zur Anwendung.[91] Nach Aufhebung und Zurückverweisung (§ 354 Abs. 2) durch das **Revisionsgericht** wird die Notwendigkeit der wiederholten Erteilung eines rechtlichen Hinweises vor allem in der Rspr. **zurückhaltend** beurteilt[92] **oder sogar ausdrücklich abgelehnt**.[93] Die Zurückhaltung beruht auf der Erwägung, der Angeklagte sei ausreichend informiert, wenn der neue rechtliche Gesichtspunkt entweder in dem aufgehobenen oder in dem aufhebenden Urteil angesprochen worden ist.[94] Die Erwägung soll unabhängig davon greifen, ob dem Angeklagten das Urteil, in dem der nunmehr relevante Gesichtspunkt enthalten ist, durch mündliche Verkündung oder durch Zustellung der schriftlichen Entscheidung bekannt geworden ist.[95] Anderes soll nur gelten, wenn sich konkrete Anhaltspunkte dafür ergeben, der Angeklagte habe den früheren Hinweis vergessen.[96] Weder Grundsatz noch Ausnahme überzeugen. Angesichts der Komplexität der Verfahrenslage nach Aufhebung und Zurückverweisung ist im Hinblick auf die Gewährleistung einer sachgerechten Verteidigung (gerade auch des unverteidigten Angeklagten) ein **erneuter rechtlicher Hinweis** aus Gründen der Verfahrensfairness grundsätzlich **erforderlich**.[97] Will der neue Tatrichter die Tat rechtlich anders als die zugelassene Anklage würdigen, findet die Hinweispflicht ihre Grundlage in § 265 Abs. 1 oder 2; kehrt er – nach zwischenzeitlich abweichender Würdigung in relevanten Entscheidungen[98] – zu der Würdigung der Anklage zurück, findet die Hinweispflicht ihre Grundlage im Fairnessgebot.

Im **Wiederaufnahmeverfahren** findet § 265 in der erneuten Hauptverhandlung Anwendung. Will der neue Tatrichter unter einem in der zugelassenen Anklage nicht enthaltenen rechtlichen Aspekt verurteilen, bedarf es eines auf Abs. 1 oder 2 gestützten Hinweises.[99] War bereits während des früheren Verfahrens über die Tat ein entsprechender Hinweis erteilt worden, soll dieser im Wiederaufnahmeverfahren grundsätzlich nicht wiederholt werden müssen, wenn die frühere Verurteilung bereits unter dem jetzt ebenfalls für einschlägig gehaltenen rechtlichen Gesichtspunkt erfolgt war.[100] Will der neue Tatrichter allerdings – nach anderer rechtlicher Beurteilung im ersten Verfahren – zu der rechtlichen Würdigung der ursprünglichen Anklage zurückkehren, soll es wiederum eines Hinweises bedürfen.[101] Aus den zur neuen Hauptverhandlung nach Zurückverweisung durch das Revisionsgericht genannten Gründen,[102] die angesichts der Eigenständigkeit des Wiederaufnahmeverfahrens erst recht gelten, bedarf es bei von der zugelassenen Anklage abweichender Verurteilung selbst dann des (erneuten) Hinweises, wenn bereits die Verurteilung im ersten Verfahren auf diesen Gesichtspunkt gestützt war. Allenfalls in besonderen Konstellationen eines sicher ausreichend informierten Angeklagten kann etwas anderes gelten.

---

[89] BayObLG v. 15. 10. 1980 – RReg. 1 St 255/80, VRS 61, 31; Löwe/Rosenberg/*Gollwitzer* Rn. 13.
[90] BayObLG v. 24. 8. 1994 – 4St RR 120/94, BayObLGSt 1994, 158 (162) = StV 1994, 643 (644); Löwe/Rosenberg/*Gollwitzer* Rn. 13; SK-StPO/*Schlüchter* Rn. 4.
[91] Oben Rn. 10.
[92] Vgl. BGH v. 27. 10. 1970 – 5 StR 548/70, bei *Dallinger* MDR 1971, 363 f.; siehe auch BGH v. 20. 12. 1967 – 4 StR 485/67, BGHSt 22, 29 (31); OLG Stuttgart v. 28. 6. 1976 – 3 Ss 292/76, NJW 1976, 2223 (2225); KK-StPO/ *Engelhardt* Rn. 21; Löwe/Rosenberg/*Gollwitzer* Rn. 12; SK-StPO/*Schlüchter* Rn. 20.
[93] BGH v. 19. 12. 2007 – 1 StR 581/07, StV 2008, 342 (343) mAnm *Wachsmuth*.
[94] BGH v. 20. 12. 1967 – 4 StR 485/67, BGHSt 22, 29 (31); BGH v. 19. 12. 2007 – 1 StR 581/07, StV 2008, 342 (343); OLG Stuttgart v. 28. 6. 1976 – 3 Ss 292/76, NJW 1976, 2223 (2225); KK-StPO/*Engelhardt* Rn. 21; Löwe/ Rosenberg/*Gollwitzer* Rn. 12; SK-StPO/*Schlüchter* Rn. 20.
[95] Vgl. BGH v. 20. 12. 1967 – 4 StR 485/67, BGHSt 22, 29 ff.; BGH v. 19. 12. 2007 – 1 StR 581/07, StV 2008, 342 (343); KK-StPO/*Engelhardt* Rn. 20 f.; Löwe/Rosenberg/*Gollwitzer* Rn. 12 mwN in Fn. 30 und 31.
[96] BGH v. 27. 10. 1970 – 5 StR 548/70, bei *Dallinger* MDR 1971, 363; KK-StPO/*Engelhardt* Rn. 20.
[97] Im Ergebnis ebenso KMR/*Stuckenberg* Rn. 17; siehe auch *Wachsmuth* StV 2008, 343 (344), die zutreffend auf die Unterschiede im Informationsgehalt von Anklage etc. einerseits und aufhebender Revisionsentscheidung andererseits hinweist.
[98] Oben Rn. 17 f.
[99] AA wohl AK-StPO/*Loos* Rn. 9, der das rechtskräftige (erste) Urteil als Bezugsentscheidung für maßgeblich hält.
[100] Siehe RG v. 17. 2. 1922 – V 1183/21, RGSt 57, 10 f.; RG v. 18. 12. 1923 – IV 833/23, RGSt 58, 52; KK-StPO/ *Engelhardt* Rn. 21; Löwe/Rosenberg/*Gollwitzer* Rn. 15; *Meyer-Goßner* Rn. 27.
[101] KMR/*Stuckenberg* Rn. 17 mwN.
[102] Oben Rn. 24.

II. Verurteilung aufgrund eines „anderen Strafgesetzes" (Abs. 1)

26 **1. Begriffsbestimmung.** Die Inhaltsbestimmung des „anderen Strafgesetzes" lässt sich weder dem Wortlaut von § 265 noch seiner Entstehungsgeschichte unmittelbar entnehmen.[103] Insbesondere die ausdrückliche Normierung straferhöhender Umstände in Abs. 2 trägt nicht zur Klärung des Begriffs „anderes Strafgesetz" bei, wenn dieser so inhaltlich ausgefüllt werden soll, dass Abs. 2 ein eigenständiger Anwendungsbereich verbleibt. Unter Berücksichtigung dessen und unter Beachtung der primären Bezugsentscheidung der Veränderung des rechtlichen Gesichtspunktes, der „zugelassenen Anklage", gilt nach mittlerweile allgM als **„anderes Strafgesetz"** jeder andere gesetzliche Straftatbestand, der **anstelle oder neben dem in der zugelassenen Anklage aufgeführten Straftatbestandes** in Betracht kommt **und zum notwendigen Inhalt einer Anklageschrift gehört,**[104] wenn dieser sich in irgendeiner Weise entweder **auf den Schuldspruch**[105] oder auf den **Rechtsfolgenausspruch auswirken kann.**[106] Für das Vorliegen eines „anderen Strafgesetzes" ist dessen spätere Aufnahme in die Urteilsformel nicht erforderlich.[107]

27 Weder Wortlaut noch Schutzzweck des § 265 erfordern es, **allgemeine Bestimmungen**, die neben allen Straftatbeständen zu berücksichtigen sind, in den Kreis der „anderen Strafgesetze" aufzunehmen; so verhält es sich etwa bei §§ 3ff., 11, 18 sowie §§ 28, 29 StGB (allgM).[108] Gleiches gilt für **Rechtsfolgenbestimmungen**, die sich wie §§ 21, 49 Abs. 1;[109] §§ 157, 213 StGB allgemein zugunsten des Täters auswirken.[110] Erst recht sind mögliche Kostenfolgen keine „anderen Strafgesetze".[111]

28 Aus der Begriffsbestimmung ergibt sich unmittelbar, dass ein „anderes Strafgesetz" stets dann gegeben ist, wenn aus einer **anderen Strafvorschrift oder Ordnungswidrigkeitenvorschrift** als der bzw. den in der zugelassenen Anklage oder ihren Surrogaten aufgeführten verurteilt wird,[112] also etwa bei einer Verurteilung wegen Mordes (§ 211 StGB) statt wegen Totschlags (§ 212 StGB);[113] wegen Betruges (§ 263 StGB) statt wegen Untreue (§ 266 StGB)[114] oder wegen Unterschlagung (§ 246 StGB) statt wegen schweren Raubes (§ 250 StGB).[115] Ob es sich bei der Straf- oder Bußgeldvorschrift, aus der verurteilt werden soll, um ein gegenüber der in der Anklage aufgeführten **milderes Gesetz** handelt, ist für das Entstehen der Hinweispflicht **grundsätzlich ohne Bedeutung.**[116] Nach ganz überwiegender Ansicht soll die Hinweispflicht aber nicht bestehen, wenn die Verteidigung durch die Veränderung des rechtlichen Gesichtspunktes nicht beeinträchtigt wird, etwa wenn lediglich ein erschwerender Umstand wegfällt.[117] Als Gegenausnahme entstehe die Pflicht zum rechtlichen Hinweis wieder, wenn aufgrund des Wegfalls eines erschwerenden Umstandes nunmehr die Strafverfolgung einen Strafantrag voraussetzt.[118] Ausnahme und Gegenausnahme von der Hinweispflicht bei Verurteilung aus einem milderen Gesetz sind in ihrer methodi-

---

[103] Ausführlich *Lachnit*, Voraussetzungen und Umfang der Pflicht zum Hinweis auf die Veränderung des rechtlichen Gesichtspunktes nach § 265 StPO, 1965, S. 64 – 71; siehe auch *Ditzen* LZ 1917, 1213 (1221 ff.) sowie KMR/*Stuckenberg* Rn. 19 mwN. und *Wachsmuth* ZRP 2006, 121 (122 f.).
[104] Zur Eingrenzung der vom möglichen Inhalt des Anklagesatzes BGH v. 5. 3. 1969 – 4 StR 610/68, BGHSt 22, 336 (338); BGH v. 15. 10. 1979 – AnwSt (R) 3/79, BGHSt 29, 124 (127) = NJW 1980, 897; BGH v. 8. 5. 1980 – 4 StR 172/80, BGHSt 29, 274 (276 f.) = NJW 1980, 2479; KG v. 14. 4. 1977 – 3 Ss 102/77, VRS 53, (1977) 42 (43); *Küpper* NStZ 1986, 249; *Schlothauer* StV 1986, 216; *Wachsmuth* ZRP 2006, 121 (122); KK-StPO/*Engelhardt* Rn. 6; KMR/*Stuckenberg* Rn. 21; *Meyer-Goßner* Rn. 6; SK-StPO/*Schlüchter* Rn. 3.
[105] BGH v. 15. 10. 1979 – AnwSt (R) 3/79, BGHSt 29, 124 (127) = NJW 1980, 897; BGH v. 8. 5. 1980 – 4 StR 172/80, BGHSt 29, 274 (276 f.) = NJW 1980, 2479; KK-StPO/*Engelhardt* Rn. 6; KMR/*Stuckenberg* Rn. 20; Löwe/Rosenberg/*Gollwitzer* Rn. 20 jeweils mwN.
[106] BGH v. 30. 7. 1969 – 4 StR 237/69, BGHSt 23, 95 (97 f.); BGH v. 20. 2. 1974 – 2 StR 448/73, BGHSt 25, 287 (289); KMR/*Stuckenberg* Rn. 20.
[107] KMR/*Stuckenberg* Rn. 20; Löwe/Rosenberg/*Gollwitzer* Rn. 21.
[108] Siehe etwa BGH v. 8. 5. 1980 – 4 StR 172/80, BGHSt 29, 274 (277) = NJW 1980, 2479; BGH v. 8. 6. 1956 – 2 StR 203/56, NJW 1956, 1246 (zu § 56 aF = § 18 StGB); *Küpper* NStZ 1986, 249 (250); AK-StPO/*Loos* Rn. 13 aE; HK-StPO/*Julius* Rn. 6; KK-StPO/*Engelhardt* Rn. 6; Löwe/Rosenberg/*Gollwitzer* Rn. 32; SK-StPO/*Schlüchter* Rn. 9.
[109] Dazu BGH v. 30. 6. 1987 – 1 StR 242/87, NStZ 1988, 191 mAnm *Hilgendorf-Schmidt*; Löwe/Rosenberg/*Gollwitzer* Rn. 32; *Meyer-Goßner* Rn. 9.
[110] AK-StPO/*Loos* Rn. 13 aE; KMR/*Stuckenberg* Rn. 21; Löwe/Rosenberg/*Gollwitzer* Rn. 32 mwN.
[111] OLG Köln v. 3. 5. 1960 – Ss 117/60, JMBlNW 1960, 222 (223).
[112] Siehe nur BGH v. 30. 7. 1969 – 4 StR 237/69, BGHSt 23, 95 (96).
[113] BGH v. 14. 2. 1995 – 1 StR 725/94, NStZ-RR 1996, 10; BGH v. 18. 11. 1997 – 1 StR 520/97, StV 1998, 583 f.; BGH v. 17. 10. 2006 – 4 StR 335/06, NStZ 2007, 116 f.; nicht aber in der Umkehrung vgl. BGH v. 19. 12. 2007 – 1 StR 581/07, StV 2008, 342 f.
[114] BGH v. 8. 3. 1988 – 1 StR 14/88, StV 1988, 329.
[115] BGH v. 10. 6. 2005 – 2 StR 206/05, NStZ-RR 2005, 376 f.
[116] Vgl. BGH v. 8. 5. 1951 – 1 StR 168/51, BGHSt 2, 250; BGH v. 3. 5. 1983 – 4 StR 210/83, NStZ 1983, 424; AK-StPO/*Loos* Rn. 13; KK-StPO/*Engelhardt* Rn. 12; KMR/*Stuckenberg* Rn. 23; Löwe/Rosenberg/*Gollwitzer* Rn. 23; *Meyer-Goßner* Rn. 9.
[117] AK-StPO/*Loos* Rn. 13; KK-StPO/*Engelhardt* Rn. 12; KMR/*Stuckenberg* Rn. 23.
[118] KK-StPO/*Engelhardt* Rn. 12 aE: Löwe/Rosenberg/*Gollwitzer* Rn. 25.

schen Herleitung und ihrer Verortung bei dem Bestehen der Hinweispflicht selbst zweifelhaft. Letztlich wird der Schutzzweck der Vorschrift zu einer Einschränkung ihres Anwendungsbereichs genutzt, obwohl dieser und sein verfassungs- und völkerrechtlicher Rückbezug[119] gerade auf eine möglichst extensive Handhabung der Hinweispflichten deuten.[120] Sachgerechter erscheint daher, auch bei der **Verurteilung aus einem milderen Gesetz durchgängig** an der durch den Wortlaut nahe gelegten **Hinweispflicht** festzuhalten und lediglich im Rahmen der Rüge einer etwaigen Verletzung der Pflicht zu prüfen, ob das angefochtene Urteil auf der Nichterfüllung der Pflicht beruht.

Die Begriffsbestimmung gibt nicht eindeutig vor, ob auch bei einer Veränderung des rechtlichen Gesichtspunktes durch **Anwendung von Vorschriften des Allgemeinen Teils**[121] sowie die Verurteilung auf der Grundlage einer **anderen Tatbestands- bzw. Begehungsvariante** einer bereits in der zugelassenen Anklage enthaltenen Straf- oder Bußgeldvorschrift[122] die Verurteilung aus einem „anderen Strafgesetz" vorliegt. Die Auslegung der Anwendungsvoraussetzungen von Abs. 1 wird hier durch den Schutzzweck des § 265[123] bestimmt; Gleiches gilt – in Abgrenzung zu Abs. 2 – für die Anwendbarkeit von Abs. 1 bei die **Rechtsfolgenseite** betreffenden veränderten rechtlichen Gesichtspunkten.[124] 29

2. „Anderes Strafgesetz" bei Vorschriften des Allgemeinen Teils. Der Wechsel der **Begehungsform** löst die Hinweispflicht aus; bei dem Wechsel von **Tun zu Unterlassen und umgekehrt** hat ein Hinweis zu erfolgen.[125] 30

Gleiches gilt für den **Wechsel der Beteiligungsform in jeweils beide Richtungen**; also bei Übergang von **Alleintäterschaft zu Mittäterschaft**[126] **und von Täterschaft zu Teilnahme** in Gestalt von Anstiftung oder Beihilfe;[127] entsprechend ist auch bei Übergang von Täterschaft zu der (einheitstäterschaftlichen) Beteiligung nach § 14 Abs. 1 OWiG zu verfahren.[128] 31

Der Wechsel in der Beurteilung der **Konkurrenzverhältnisse** begründet im Grundsatz ebenfalls die Hinweispflicht nach Abs. 1; also bei dem Übergang von **Tateinheit zu Tatmehrheit und umgekehrt**.[129] Jüngst will der BGH allerdings – nicht überzeugend – bei dem Übergang von Tatmehrheit zu Tateinheit eine Hinweispflicht verneinen.[130] Soweit ein **Fortsetzungszusammenhang** noch angenommen wird, soll auch der Wechsel von seiner Annahme zu Tatmehrheit und die Umkehrung eines rechtlichen Hinweises bedürfen;[131] ebenso bei dem Übergang von der fortgesetzten Tat zu einer Einzeltat und umgekehrt.[132] Keine Hinweispflicht löst, weil die sachgerechte Verteidigung nicht betroffen ist, das Ausscheiden einzelner Teilakte der fortgesetzten Tat aus.[133] Entsprechend den Erwägungen zum „milderen Gesetz"[134] sollte aber eher eine Hinweispflicht wegen Änderung der rechtlichen Bewertung der Konkurrenzverhältnisse angenommen, bei Pflichtverletzungen aber auf die Beruhensfrage abgestellt werden. Soweit durch die Identität der verfahrensgegenständlichen Tat überhaupt gedeckt, führt die Einbeziehung weiterer Einzeltaten in einen Fortsetzungszusammenhang zu einer Hinweispflicht, weil sich damit die rechtliche Bewertung verändert und der Angeklagte in seiner Verteidigungsmöglichkeit beeinträchtigt sein kann.[135] Die 32

---

[119] Oben Rn. 3 und 4.
[120] Oben Rn. 3 aE und 4 „verfassungskonforme bzw. völkerrechtskonforme Auslegung".
[121] Nachfolgend Rn. 30–34.
[122] Unten Rn. 35–37.
[123] Oben Rn. 1–4.
[124] Unten Rn. 40–43.
[125] BGH v. 5. 9. 2001 – 3 StR 175/01, StV 2002, 183; BGH v. 8. 4. 1987 – 3 StR 91/87, BGHR StPO § 265 Abs. 1 Hinweispflicht 1; siehe auch *Michel* MDR 1996, 773; *Schothauer* StV 1986, 213 (217); KMR/*Stuckenberg* Rn. 26; *Meyer-Goßner* Rn. 12.
[126] BGH v. 8. 10. 1957 – 1 StR 318/57, BGHSt 11, 18 f.; BGH v. 19. 10. 1994 – 2 StR 336/94, NStZ 1995, 247; BGH v. 17. 5. 1990 – 1 StR 157/90, NStZ 1990, 449; BGH v. 14. 9. 1993 – 5 StR 478/93, StV 1994, 116; BGH v. 26. 9. 1995 – 1 StR 547/95, StV 1996, 82; BGH v. 24. 10. 1995 – 1 StR 474/95, StV 1997, 64; BGH v. 17. 1. 2001 – 2 StR 438/00, StV 2002, 236; siehe aber auch BGH v. 15. 5. 1985 – 2 StR 83/85, NStZ 1986, 85 mAnm *Berz*; KMR/*Stuckenberg* Rn. 26; Löwe/Rosenberg/*Gollwitzer* Rn. 28; *Meyer-Goßner* Rn. 14.
[127] BGH v. 3. 11. 1982 – 3 StR 338/82, bei *Pfeiffer/Miebach* NStZ 1983, 358 Nr. 34; BGH v. 12. 4. 1984 – 4 StR 160/84, StV 1984, 368.
[128] OLG Düsseldorf v. 27. 9. 1978 – 5 Ss OWi 485/78, VRS 56, 363 f.
[129] BGH v. 14. 2. 1990 – 3 StR 362/89, StV 1991, 101 (102); BGH v. 20. 6. 1996 – 4 StR 680/95, StV 1996, 584; *Schlothauer* StV 1986, 213 (217); KK-StPO/*Engelhardt* Rn. 10; KMR/*Stuckenberg* Rn. 16; Löwe/Rosenberg/*Gollwitzer* Rn. 29; vgl. auch BGH v. 10. 5. 2007 – 5 StR 155/07, StraFo 2007, 332.
[130] BGH v. 12. 11. 2003 – 2 StR 294/03, NStZ 2004, 329.
[131] BGH v. 9. 5. 1972 – 5 StR 113/72, bei *Dallinger* MDR 1973, 19; BGH v. 4. 10. 1983 – 4 StR 615/83, StV 1984, 26; BGH v. 9. 8. 1985 – 3 StR 301/85, StV 1985, 489 f.; KMR/*Stuckenberg* Rn. 26 mwN.
[132] BGH v. 8. 5. 1951 – 1 StR 168/51, BGHSt 2, 250; BGH v. 31. 3. 1993 – 2 StR 577/92, bei *Kusch* NStZ 1994, 24 f. Nr. 14.
[133] BGH v. 26. 1. 1956 – 3 StR 438/55; zit. nach KK-StPO/*Engelhardt* Rn. 10; KMR/*Stuckenberg* Rn. 26; Löwe/Rosenberg/*Gollwitzer* Rn. 29.
[134] Oben Rn. 28.
[135] AA BGH v. 15. 1. 1985 – 1 StR 707/84, NStZ 1985, 325 (aber Rechtfolgen nach § 265 Abs. 4); Löwe/Rosenberg/*Gollwitzer* Rn. 29.

für den (früheren) Fortsetzungszusammenhang dargestellten Grundsätze gelten entsprechend für **Bewertungseinheiten**.[136]

33 Auch der Wechsel der **Schuldform (Vorsatz statt Fahrlässigkeit und umgekehrt)** erzwingt einen rechtlichen Hinweis (allgM).[137] Das gilt selbst dann, wenn – wie vor allem im Nebenstrafrecht nicht selten – beide Schuldformen in demselben Straftatbestand normiert sind, denn die Verteidigungsmöglichkeiten gegen den Vorwurf einer vorsätzlichen Begehung sind andere als die bei einem Fahrlässigkeitsvorwurf.[138] Lässt sich aus der zugelassenen Anklage die vorgeworfene Schuldform nicht erkennen, ist – bei fahrlässiger Begehbarkeit – von einem Fahrlässigkeitsvorwurf auszugehen;[139] soll wegen vorsätzlicher Tat verurteilt werden, bedarf es eines rechtlichen Hinweises.[140]

34 Der Übergang von einer **Verwirklichungsstufe der Straftat** zu einer anderen **(Versuch zu Vollendung und umgekehrt)** ist die Verurteilung aufgrund eines „anderen Strafgesetzes" und erfordert einen Hinweis nach Abs. 1.[141] Soweit der BGH in der jüngeren Rechtsprechung bei dem Übergang von Vollendung zu Versuch eine Hinweispflicht nicht annehmen will, wenn die Verteidigung davon nicht berührt ist,[142] kann dem weder im Hinblick auf den Wortlaut noch den Schutzzweck des § 265 gefolgt werden; allenfalls das Beruhen des Urteils auf einer Verletzung der Hinweispflicht kann ausgeschlossen sein.

35 **3. „Anderes Strafgesetz" bei Wechsel der Begehungsweisen innerhalb desselben Straftatbestandes/Bußgeldtatbestandes.** Ein „anderes Strafgesetz" kann auch bei Verurteilung wegen einer anderen Begehungsweise bzw. Tatbestandsvariante innerhalb des bereits in der zugelassenen Anklage enthaltenen Straf- oder Ordnungswidrigkeitentatbestandes vorliegen. Auf der **begrifflichen Ebene** nimmt die Rechtsprechung in den genannten Konstellationen ein „anderes Strafgesetz" und damit eine Hinweispflicht an, wenn die nunmehr zugrunde gelegte Tatbestandsvariante von der angeklagten Begehungsweise **wesensverschieden** ist.[143] Auf der **sachlich-inhaltlichen Ebene** wird die Wesensverschiedenheit – methodisch zutreffend – dadurch ausgefüllt, dass diese immer dann anzunehmen ist, wenn aufgrund der Veränderung der Tatbestandsvariante **der Angeklagte Anlass hat, seine Verteidigung darauf abzustimmen** (im Ergebnis **allgM**).[144] Auch die Orientierung an dem Anlass für den Angeklagten, seine Verteidigung anzupassen, verhindert allerdings nicht eine umfangreiche Kasuistik.[145] Im Hinblick auf den Schutzzweck sollte **bei Zweifeln** daran, ob die Veränderung der Tatvariante Anlass für eine Anpassung der Verteidigung gibt, ein **Hinweis erteilt werden**.[146]

---

[136] Zu diesen § 264 Rn. 30 – 33.
[137] BGH v. 10. 4. 1975 – 4 StR 93/75, VRS 49, (1975), 184; OLG Hamm v. 8. 3. 1982 – 2 Ss OWi 2407/81, VRS 63, 56; OLG Hamm v. 12. 4. 2005 – 3 Ss OWi 191/05, StraFo 2005, 298 (299); OLG Koblenz v. 8. 2. 1982 – 1 Ss 46/82, VRS 63, 50; KK-StPO/*Engelhardt* Rn. 10; Löwe/Rosenberg/*Gollwitzer* Rn. 27; *Meyer-Goßner* Rn. 11; SK-StPO/*Schlüchter* Rn. 6.
[138] OLG Braunschweig v. 5. 3. 2002 – 2 Ss (BZ) 6/02, NStZ-RR 2002, 179; OLG Köln v. 18. 9. 1998 – Ss 328/98, NStZ-RR 1998, 370; OLG Stuttgart v. 28. 4. 2008 – 2 Ss 106/08, StV 2008, 626; KK-StPO/*Engelhardt* Rn. 10; Löwe/Rosenberg/*Gollwitzer* Rn. 27; SK-StPO/*Schlüchter* Rn. 6.
[139] BayObLG v. 17. 2. 1987 – 2 ObOWi 37/87, DAR 1988, 368 f.; OLG Brandenburg v. 29. 7. 1999 – 1 Ss (OWi) 60B/99, NStZ-RR 2000, 54; OLG Düsseldorf v. 10. 1. 1994 – 5 Ss (OWi) 108/93 – (OWi) 5/94 I, NStZ 1994, 347; OLG Hamm 8. 3. 1982 – 2 Ss OWi 2407/81, VRS 63, 56; OLG Hamm v. 12. 4. 2005 – 3 Ss OWi 191/05, StraFo 2005, 298; OLG Stuttgart v. 28. 4. 2008 – 2 Ss 106/08, StV 2008, 626; vgl. auch *Doller* DRiZ 1981, 201 (202).
[140] BayObLG v. 17. 2. 1987 – 2 ObOWi 37/87, DAR 1988, 368 f.; OLG Brandenburg v. 29. 7. 1999 – 1 Ss (OWi) 60B/99, NStZ-RR 2000, 54; OLG Braunschweig v. 5. 3. 2002 – 2 Ss (BZ) 6/02, NStZ-RR 2002, 179; OLG Dresden v. 16. 10. 2003 – Ss (OWi) 283/03, DAR 2004, 52; OLG Düsseldorf v. 10. 1. 1994 – 5 Ss (OWi) 108/93 – (OWi) 5/94 I, NStZ 1994, 347; OLG Hamm v. 2. 2. 1981 – 6 Ss OWi 137/81, VRS 61, (1981), 292 (293 f.); OLG Hamm v. 8. 3. 1982 – 2 Ss OWi 2407/81, VRS 63, 56; OLG Hamm v. 12. 4. 2005 – 3 Ss OWi 191/05, StraFo 2005, 298; OLG Koblenz v. 10. 9. 2003 – 2 Ss 248/03 ZfS 2003, 616 (616); OLG Köln v. 18. 9. 1998 – Ss 328/98, NStZ-RR 1998, 370.
[141] BGH v. 8. 5. 1951 – 1 StR 168/51, BGHSt 2, 250; BGH v. 28. 5. 1954 – 2 StR 253/53, bei *Holtz* MDR 1954, 531; BGH v. 14. 8. 1990 – 1 StR 422/90, StV 1991, 8; OLG Köln v. 24. 10. 1987 – 1 Ss 544/78, VRS 56, (1979), 281 (282); OLG Schleswig v. 20. 9. 2004 – Ss 117/04, SchlHA 2005, 262 Nr. 25; KMR/*Stuckenberg* Rn. 26.
[142] KK-StPO/*Engelhardt* Rn. 12 mwN.
[143] Etwa BGH v. 30. 7. 1969 – 4 StR 237/69, BGHSt 23, 95 (96); BGH v. 20. 2. 1974 – 2 StR 448/73, BGHSt 25, 287 (289); BGH v. 6. 2. 1997 – 1 StR 629/96, StV 1997, 237; vgl. auch Pfälz.OLG Zweibrücken v. 21. 3. 2003 – 1 Ss 214/02, DAR 2003, 282; ausführlich dazu *Küpper* NStZ 1986, 249 f.
[144] BGH v. 30. 7. 1969 – 4 StR 237/69, BGHSt 23, 95 (97 f.); BGH v. 20. 2. 1974 – 2 StR 448/73, BGHSt 25, 287 (289 f.); BGH v. 5. 7. 1984 – 4 StR 255/84, StV 1984, 496; siehe auch *Küpper* NStZ 1986, 249 (250); *Schlothauer* StV 1986, 213 (217); AK-StPO/*Loos* Rn. 12; KK-StPO/*Engelhardt* Rn. 7; KMR/*Stuckenberg* Rn. 24; Löwe/Rosenberg/*Gollwitzer* Rn. 30.
[145] Übersichten bei *Küpper* NStZ 1986, 249 (250 ff.); KMR/*Stuckenberg* Rn. 25 und 29; Löwe/Rosenberg/*Gollwitzer* Rn. 39 und 40; SK-StPO/*Schlüchter* Rn. 11 und 14.
[146] *Küpper* NStZ 1986, 249 (253); AK-StPO/*Loos* Rn. 12 aE; KMR/*Stuckenberg* Rn. 24; Löwe/Rosenberg/*Gollwitzer* Rn. 30.

Nach Maßgabe der vorgenannten Kriterien hat die Rspr. einen **Hinweis** u. a. in folgenden Konstellationen **für erforderlich gehalten**: 36

Bei **Diebstahlstaten** der Wechsel vom Bandendiebstahl zum Diebstahl mit Waffen.[147] Bei **Körperverletzungsdelikten** im Kontext von § 224 StGB der Übergang von der gemeinschaftlichen gefährlichen Körperverletzung zu einer solchen mittels eines gefährlichen Werkzeugs oder mittels einer lebensgefährlichen Behandlung und jeweils umgekehrt;[148] ebenso bei einem Übergang zu einem hinterlistigen Überfall.[149] Bei **Raubtaten** der Übergang vom Bandenraub zum Raub mit Waffen[150] und bei dem Übergang von schwerem Raub gemäß § 250 Abs. 2 Nr. 1 bzw. Nr. 3 (Stich mit einem Taschenmesser gegen das Opfer) zu einem schweren Raub gemäß § 250 Abs. 1 Nr. 1 b StGB (Bedrohen mit einer defekten Gaspistole).[151] Bei **Tötungsdelikten** innerhalb des § 211 StGB der Wechsel von dem subjektiv gefassten Mordmerkmal „niedrige Beweggründe" zu den objektiven Merkmalen „heimtückisch"[152] oder „grausam";[153] ebenso bei Übergang von den allgemeinen „niedrigen Beweggründen" zu der „Verdeckungsabsicht",[154] während eine Hinweispflicht bei Wechsel in die umgekehrte Richtung offen gelassen worden ist.[155] Der Übergang von „Verdeckungsabsicht" zu „Ermöglichungsabsicht" begründet in beide Richtungen eine Hinweispflicht.[156] Eine Festlegung, bei jedem Wechsel der Mordmerkmale innerhalb des § 211 Abs. 2 StGB eine Hinweispflicht anzunehmen, hat der BGH bisher vermieden.[157] War dem Angeklagten in der zugelassenen Anklage lediglich Totschlag vorgeworfen worden, genügt ein allgemeiner Hinweis auf die Möglichkeit der Verurteilung wegen Mordes nicht; es müssen vielmehr die in Betracht kommenden einzelnen Mordmerkmale benannt werden.[158] Bei **Untreue** erfordert der Übergang vom Missbrauchstatbestand zum Treubruchstatbestand einen Hinweis;[159] für den Wechsel in die umgekehrte Richtung hat die obergerichtliche Rspr. das Bestehen der Hinweispflicht offen gelassen[160] und bei dem Übergang von der Annahme eines Vermögensnachteils zu einer schadensgleichen konkreten Gefährdung ausdrücklich verneint.[161] Soweit sich aus den Entscheidungen eine einheitliche Linie zur Handhabung des Kriteriums der „Wesensverschiedenheit" und seines Subkriteriums des Anlasses, die Verteidigung umzustellen, erkennen lässt, dürfte diese im Wesentlichen darauf hinauslaufen, ob mit der Veränderung der rechtlichen Bewertung innerhalb desselben Straftatbestandes etc. auch eine – sei es marginale – Verschiebung der tatsächlichen Gegebenheiten einhergeht.

Ebenfalls unter Anwendung der vorgenannten Kriterien ist in der obergerichtlichen Rspr. ein **Hinweis** u. a. in folgenden Konstellationen **nicht für erforderlich** gehalten worden: 37

Bei **Betrug** der Wechsel von der Unterdrückung wahrer Tatsachen zu der Vorspiegelung falscher Tatsachen.[162] Bei **Körperverletzungsdelikten** innerhalb von § 224 StGB (§ 223 a StGB aF.) der Übergang von der Waffe zum gefährlichen Werkzeug.[163] Entsprechend bei **Raubdelikten** im Kontext von § 250 StGB der Wechsel von einem gefährlichen Werkzeug zu einem Mittel, das zur Überwindung von Widerstand geeignet ist.[164] Bei **Tötungsdelikten** bedarf es – anders als in der umgekehrten Konstellation[165] – keines Hinweises bei dem Übergang von Mord (§ 211 StGB) zu Totschlag (§ 212 StGB).[166] Bei **Untreue** der Übergang von der Annahme eines Vermögensnach-

---

[147] BGH v. 17. 1. 1974 – 4 StR 601/73, bei *Dallinger* MDR 1974, 548.
[148] BGH v. 13. 5. 1953 – 3 StR 115/53 (zit. nach KK-StPO/*Engelhardt* Rn. 8); BGH v. 19. 1. 1984 – 4 StR 742/83, StV 1984, 190 (191); BGH v. 21. 1. 1997 – 5 StR 592/96, StV 1997, 237; siehe auch *Küpper* NStZ 1986, 249 (251).
[149] BGH v. 4. 2. 1958 – 5 StR 598/57 (zit. nach KK-StPO/*Engelhardt* Rn. 8).
[150] Vgl. BGH v. 10. 7. 1975 – GSSt 1/75, BGHSt 26, 167 (174); BGH v. 10. 2. 1994 – 1 ARs 2/94, NStZ 1994, 285; siehe auch KMR/*Stuckenberg* Rn. 25 mwN.
[151] BGH v. 23. 4. 2002 – 3 StR 505/01, StV 2002, 588.
[152] BGH v. 20. 2. 1974 – 2 StR 448/73, BGHSt 25, 287 (289 f.); BGH v. 10. 1. 2007 – 2 StR 555/06, StraFo 2007, 159.
[153] BGH v. 5. 2. 1970 – 4 StR 272/68, bei *Dallinger* MDR 1970, 382 f.
[154] BGH v. 20. 2. 1974 – 2 StR 448/73, BGHSt 25, 287 (289 f.).
[155] BGH v. 10. 3. 1999 – 3 StR 1/99, NStZ-RR 1999, 235 (236).
[156] BGH 8. 10. 1980 – 3 StR 390/80, bei *Holtz* MDR 1981, 102; BGH v. 15. 5. 1984 – 1 StR 269/84, StV 1984, 367.
[157] Ausdrücklich BGH v. 30. 7. 1969 – 4 StR 237/69, BGHSt 23, 95 (97); BGH v. 27. 5. 1982 – 4 StR 128/82, StV 1982, 408; siehe auch *Geis* NJW 1990, 2735 f.; *Küpper* NStZ 1986, 249 (250 f.).
[158] BGH v. 21. 4. 2004 – 2 StR 3643/03, NStZ 2005, 111 (112); BGH v. 17. 10. 2006 – 4 StR 335/06, NStZ 2007, 116 (117) jeweils mwN.
[159] BGH v. 15. 7. 1954 – 1 StR 69/54, NJW 1954, 1616; siehe aber auch BGH v. 27. 1. 1985 – 3 StR 61/87, bei *Pfeiffer/Miebach* NStZ 1988, 449 Nr. 14.
[160] BGH v. 5. 7. 1984 – 4 StR 255/84, JR 1985, 28 mAnm Otto JR 1985, 29; siehe aber auch BGH v. 27. 1. 1985 – 3 StR 61/87, bei *Pfeiffer/Miebach* NStZ 1988, 449 Nr. 14 und *Küpper* NStZ 1986, 249 (252 f.).
[161] BGH v. 24. 6. 1979 – 1 StR 785/79 (zit. nach KK-StPO/*Engelhardt* Rn. 8).
[162] BGH v. 6. 6. 1955 – 3 StR 260/54 (zit. nach KK-StPO/*Engelhardt* Rn. 8).
[163] RG v. 18. 6. 1897 – 1887/97, RGSt 30, 176 (177 f.); ablehnend *Küpper* NStZ 1986, 249 (252).
[164] BGH 25. 8. 1987 – 4 StR 224/87, bei *Miebach* NStZ 1988, 212 f. Nr. 18.
[165] Oben Rn. 36.
[166] BGH v. 19. 12. 2007 – 1 StR 581/07, StV 2008, 342 f. mwN.

teils zu einer schadensgleichen konkreten Gefährdung.[167] Im Ordnungswidrigkeitenverfahren bei **gleichartigen Begehungsformen der Ordnungswidrigkeit** („Rotlichtverstoß").[168]

38   **4. „Anderes Strafgesetz" bei quantitativen Änderungen.** In der Rspr. wird die (direkte) Anwendung von § 265 Abs. 1 bei Abweichungen gegenüber dem in der zugelassenen Anklage erhobenen Vorwurf auf quantitativer Ebene in zweierlei Hinsicht für möglich gehalten. Zum einen soll die **Erhöhung der Anzahl der Verstöße gegen dieselbe Straf- oder Bußgeldvorschrift**, etwa sieben statt der angeklagten fünf Fälle von Urkundenfälschung,[169] eine Hinweispflicht begründen.[170] Ebenso wird vereinzelt bei einer **Auswechselung des** durch die Straftat **Verletzten** oder bei einer **Erhöhung der Anzahl der Verletzten** eine Hinweispflicht auf der Grundlage von Abs. 1 angenommen.[171] Solche Änderungen können ohnehin lediglich insoweit in den Anwendungsbereich von § 265 gehören wie die Identität der verfahrensgegenständlichen Tat gewahrt bleibt.[172] Neuer Tatsachenstoff außerhalb der angeklagten Tat kann allein durch Nachtragsanklage zum Gegenstand des laufenden Verfahrens gemacht werden. Selbst innerhalb dieser Grenze kommt eine auf § 265 Abs. 1 unmittelbar gestützte Hinweispflicht in diesen Konstellationen nicht in Betracht, weil es sich (ausschließlich) um Änderungen der tatsächlichen Grundlagen handelt. Auf den veränderten Umstand hin kann daher allenfalls **eine Hinweispflicht auf einer anderen rechtlichen Grundlage** (etwa § 265 Abs. 1 analog)[173] in Betracht kommen. Ein auf Abs. 1 unmittelbar gegründeter Hinweis ist geboten, wenn sich mit der Änderung der Anzahl der durch die Straftat Verletzten die rechtliche Bewertung der Konkurrenzverhältnisse ändert.[174]

39   **5. „Anderes Strafgesetz" bei wahldeutiger Verurteilung.** Will das erkennende Gericht – bei Wahrung der Identität der verfahrensgegenständlichen prozessualen Tat[175] – auf wahldeutiger Grundlage verurteilen, muss es auf einen **hinzutretenden**, in der zugelassenen Anklage nicht enthaltenen **Straftatbestand** oder eine dort nicht aufgeführte Tatbestandsvariante **hinweisen (allgM)**.[176] Umstritten ist allerdings der erforderliche **Umfang und Inhalt des Hinweises**. Überwiegend wird der Hinweis auf die hinzutretende Vorschrift etc. als solche für ausreichend gehalten.[177] Mindestens der Schutzweck des § 265 spricht aber dafür, neben dem Hinweis auf den hinzutretenden Straftatbestand auch den auf die Möglichkeit der Verurteilung auf wahldeutiger Grundlage zu verlangen.[178] Die sachgerechte Verteidigung erfordert es, gerade auf die spezifischen (rechtlichen) Voraussetzungen der Wahlfeststellung ausreichend vorbereitet zu sein. War dagegen bereits auf wahldeutiger Grundlage Anklage erhoben worden und wird stattdessen eindeutig verurteilt, wird ein entsprechender Hinweis nicht für erforderlich gehalten.[179] Jedenfalls könnte in der letztgenannten Fallgestaltung ein Urteil nicht auf einer Verletzung einer Hinweispflicht beruhen.

40   **6. „Anderes Strafgesetz" bei rechtsfolgenrelevanten Veränderungen.** Abs. 1 ist nach seinem Wortlaut und unter Berücksichtigung des systematischen Zusammenhangs mit Abs. 2 primär **auf für den Schuldspruch relevante Veränderungen** des rechtlichen Gesichtspunktes gegenüber der Anklage zugeschnitten. Das schließt jedoch eine auf Abs. 1 gestützte Hinweispflicht bei für den Rechtsfolgenausspruch relevanten rechtlichen Veränderungen nicht von vornherein aus, ist doch Abs. 2 in seinem Anwendungsbereich auf die Strafbarkeit erhöhende Umstände und die Anordnung von Maßregeln begrenzt. Jenseits des Regelungsbereichs von Abs. 2 können bei rechtsfolgenrelevanten rechtlichen Veränderungen rechtliche Hinweise gemäß Abs. 1 in folgenden Konstellationen in Erwägung gezogen werden:

41   Enthält die zugelassene Anklage keinen Hinweis auf die Anwendbarkeit der **Rechtsfolgen des Jugendstrafrechts** gegen einen jugendlichen oder heranwachsenden Angeklagten, ist ein Hinweis

---

[167] Oben Rn. 36; BGH v. 24. 6. 1979 – 1 StR 785/79 (zit. nach KK-StPO/*Engelhardt* Rn. 8).
[168] Pfälz.OLG Zweibrücken v. 21. 3. 2003 – 1 Ss 214/02, DAR 2003, 282.
[169] Siehe BGH v. 9. 8. 1985 – 3 StR 301/85, StV 1985, 489.
[170] BGH v. 16.11. 1976 – 5 StR 480/76, bei *Holtz* MDR 1977, 461; BGH v. 9. 8. 1985 – 3 StR 301/85, StV 1985, 489; *Meyer-Goßner* Rn. 8 a; krit. gegenüber der direkten Anwendung jeweils AK-StPO/*Loos* Rn. 15; KMR/*Stuckenberg* Rn. 27.
[171] BGH v. 13. 3. 1962 – 5 StR 544/61, GA 1962, 338 f.; BGH v. 8. 10. 1963 – 1 StR 553/62, NJW 1964, 308; OLG Stuttgart v. 23. 11. 1966 – 1 Ss 394/66, MDR 1967, 233 f.; KK-StPO/*Engelhardt* Rn. 11.
[172] Oben Rn. 13 und § 266 Rn. 6–8.
[173] Dafür etwa HK-StPO/*Julius* Rn. 9; KMR/*Stuckenberg* Rn. 27; Löwe/Rosenberg/*Gollwitzer* Rn. 31.
[174] Zutreffend AK-StPO/*Loos* Rn. 15; Löwe/Rosenberg/*Gollwitzer* Rn. 31.
[175] Dazu ausführlich § 264 Rn. 55 f.
[176] BGH v. 14. 5. 1985 – 1 StR 196/85, StV 1985, 490; BGH v. 17. 5. 1990 – 1 StR 157/90, NStZ 1990, 449; OLG Düsseldorf v. 24. 10. 1969 – 3 Ss 485/69, DAR 1970, 190 f.; *Montenbruck* GA 1988, 531 (541); *Schlothauer* StV 1986, 213 (217); AK-StPO/*Loos* Rn. 14; KMR/*Stuckenberg* Rn. 26; Löwe/Rosenberg/*Gollwitzer* Rn. 22.
[177] BGH v. 19. 12. 1973 – 3 StR 247/73, bei *Dallinger* MDR 1974, 369; KK-StPO/*Engelhardt* Rn. 11; KMR/*Stuckenberg* Rn. 26; Löwe/Rosenberg/*Gollwitzer* Rn. 22; *Meyer-Goßner* Rn. 10; SK-StPO/*Schlüchter* Rn. 5.
[178] So bereits AK-StPO/*Loos* Rn. 14 und HK-StPO/*Julius* Rn. 5.
[179] OLG Karlsruhe v. 3. 5. 1985 – 1 Ss 41/85, Justiz 1985, 445; zustimmend KMR/*Stuckenberg* Rn. 26.

auf das mögliche (oder zwingende) Eingreifen der jugendstrafrechtlichen Sanktionen geboten.[180] Verhängt das erkennende Gericht – bei Heranwachsenden – entgegen dem Hinweis doch nicht auf Sanktionen des Jugendstrafrechts sondern solche des allgemeinen Strafrechts erkannt, soll es keines entsprechenden weiteren Hinweises bedürfen.[181] Dem ist im Hinblick darauf, dass die Anwendbarkeit von Jugendstrafrecht oder Erwachsenenstrafrecht bei Heranwachsenden gerade Gegenstand einer in der Hauptverhandlung stets zu klärenden Rechtsfrage ist (vgl. § 105 JGG) und dem Angeklagten nach dem erteilten Hinweis beide Optionen bekannt sind, zuzustimmen.

Kein „anderes Strafgesetz" ist die Feststellung der **besonderen Schwere der Schuld nach § 57a** **42** StGB bei Verurteilung zu lebenslanger Freiheitsstrafe. Der Tatrichter[182] hat bei jeder Verurteilung zu dieser Strafe stets über die besondere Schwere der Schuld mit zu entscheiden, so dass **keine Hinweispflicht aus § 265 Abs. 1** (oder Abs. 2) besteht, wenn die zugelassene Anklage auf § 57a StGB nicht eingegangen war.[183] Um dem Angeklagten eine möglichst umfassend informierte Verteidigung zu ermöglichen, sollte aber ein aus dem Fairnessgebot abgeleiteter Hinweis ergehen, falls die Anklage § 57a StGB nicht berücksichtigt.[184]

Auf eine **verjährte Verwirklichung eines Straf- oder Bußgeldtatbestandes**, den die Anklage oder **43** ihre Surrogate nicht enthalten, ist nicht nur hinzuweisen, wenn dieser für den Schuldspruch von Bedeutung ist[185] sondern auch **wenn** die verjährte Straftatbegehung **für den Rechtsfolgenausspruch**[186] **von Bedeutung** ist.[187] Will das Gericht über den Bußgeldbescheid hinausgehend eine **Geldbuße** wegen der wirtschaftlichen Verhältnisse des Betroffenen **erhöhen**, soll es eines auf Art. 103 Abs. 1 GG gestützten, förmlichen Hinweises bedürfen („Überraschungsentscheidung") bedürfen.[188]

III. „Besondere Umstände" (Abs. 2)

1. Allgemeines. Abweichend von Abs. 1 erfordert eine **Hinweispflicht nach Abs. 2** auch eine **44 Veränderung der tatsächlichen Verhältnisse** („sich in der Verhandlung ... besonders vorgesehene Umstände ergeben"),[189] die zu einer Änderung der rechtlichen Bewertung auf der Rechtsfolgenseite dergestalt führen, dass eine Strafbarkeitserhöhung oder die Anordnung von Maßregeln in Betracht kommt. Nach dem Wortlaut der Vorschrift „sich in der Hauptverhandlung ... ergeben" wird die **Hinweispflicht** – bei Vorliegen der übrigen Voraussetzungen – **stets begründet**, wenn **in der Hauptverhandlung neue Tatsachen festgestellt werden**, die **nicht in der Anklageschrift** bereits **enthalten** sind (allgM).[190] Ob dagegen eine Hinweispflicht nach Abs. 2 auch dann begründet wird, wenn **in der zugelassenen Anklage** bereits **enthaltene Tatsachen** erst **in der Hauptverhandlung als straferhöhend** oder zur Anordnung von Maßregeln führend **erkannt** werden, wird unterschiedlich beurteilt. Die Rspr. des BGH ist **uneinheitlich**; im Fall der **Anordnung von Maßregeln** der Besserung und Sicherung wird eine Hinweispflicht nicht nur bei Bekanntwerden neuer, in der Anklage nicht enthaltener Tatsachen sondern auch bei gleichbleibendem Sachverhalt und lediglich abweichender rechtlicher Würdigung angenommen.[191] Bei **straferhöhenden Umständen** wird dagegen eine Hinweispflicht nach Abs. 2 ausschließlich bei dem Auftreten neuer, nicht aus der Anklage ersichtlicher Tatsachen angenommen und die allein abweichende rechtliche Würdi-

---

[180] KK-StPO/*Engelhardt* Rn. 11; Löwe/Rosenberg/*Gollwitzer* Rn. 37; siehe auch bereits RG v. 29. 1. 1919 – V 1233/18, RGSt 53, 185 (187).
[181] BGH v. 12. 3. 1998 – 4 StR 633/97, NJW 1998, 3654; Löwe/Rosenberg/*Gollwitzer* Rn. 37.
[182] Vgl. BVerfG v. 3. 6. 1992 – 2 BvR 1041/88 und 78/89, BVerfGE 86, 288 (331 ff.).
[183] BGH v. 26. 6. 1996 – 1 StR 328/96, StV 1996, 650; BGH v. 2. 2. 2005 – 2 StR 468/04, StV 2006, 60 mAnm *Lüderssen*; *Kintzi* DRiZ 1993, 341 (343); KMR/*Stuckenberg* Rn. 21; Löwe/Rosenberg/*Gollwitzer* Rn. 34 aF; *Meyer-Goßner* Rn. 15 a; aA *Wollweber* NJW 1998, 121 (122); siehe auch BGH v. 10. 7. 2002 – 1 StR 140/02, bei *Becker* NStZ-RR 2003, 291.
[184] Im Ergebnis ebenso HK-StPO/*Julius* Rn. 5 „analoge Hinweispflicht"; KMR/*Stuckenberg* Rn. 21; Meyer-Goßner Rn. 12 f.; siehe auch BGH v. 10. 7. 2002 – 1 StR 140/02, bei *Becker* NStZ-RR 2003, 291, Angeklagtem muss aus dem Gang der Hauptverhandlung die mögliche Annahme der Schuldschwere deutlich werden.
[185] Oben Rn. 20.
[186] Zur Zulässigkeit der Berücksichtigung verjährter Taten bei der Strafzumessung MünchKommStGB/*Franke* § 46 Rn. 42 f.
[187] BayObLG v. 15. 6. 1977 – 1 ObOWi 229/77, bei *Rüth* DAR 1978, 211; KMR/*Stuckenberg* Rn. 26; Löwe/Rosenberg/*Gollwitzer* Rn. 18; SK-StPO/*Schlüchter* Rn. 16.
[188] Thüring.OLG v. 22. 5. 2007 – 1 Ss 346/06, VRS 113, 330 (331 f.).
[189] Vgl. BGH v. 8. 5. 1980 – 4 StR 172/80, BGHSt 29, 274 (279) = NJW 1980, 2479 (2480); *Wachsmuth* ZRP 2006, 121 (122); AK-StPO/*Loos* Rn. 16; KK-StPO/*Engelhardt* Rn. 13; KMR/*Stuckenberg* Rn. 32.
[190] BGH v. 8. 5. 1980 – 4 StR 172/80, BGHSt 29, 274 (279) = NJW 1980, 2479 (2480); Thüring.OLG v. 22. 2. 2006 – 1 Ss 232/04, StV 2007, 230 (231); *Schlothauer* StV 1986, 213 (222); AK-StPO/*Loos* Rn. 7; KK-StPO/*Engelhardt* Rn. 13; KMR/*Stuckenberg* Rn. 32; Löwe/Rosenberg/*Gollwitzer* Rn. 41; Meyer-Goßner Rn. 17.
[191] BGH v. 27. 9. 1951 – 3 StR 596/51, BGHSt 2, 85 (87); BGH v. 12. 3. 1963 – 1 StR 54/63, BGHSt 18, 288 (289) = NJW 1963, 1115; anders aber BGH v. 8. 5. 1980 – 4 StR 172/80, BGHSt 29, 274 (279) = NJW 1980, 2479 (2480); in der Sache ebenso differenzierend Löwe/Rosenberg/*Gollwitzer* Rn. 47.

gung dagegen nicht für ausreichend gehalten.[192] Weder der Wortlaut noch der Schutzzweck, eine möglichst umfassend informierte Verteidigung zu gewährleisten, legen eine solche Differenzierung zwischen straferhöhenden Umständen und solchen, die zu einer Maßregelanordnung führen können, nahe. Die damit **einheitlich auszulegende „Neuheit"** der Tatsachen erfasst wegen des genannten Schutzzwecks **sowohl** das **Auftreten neuer Tatsachen**, die die Anklage nicht bereits aufführte, **als auch** die **lediglich abweichende rechtliche Bewertung** des bereits durch die Anklage unterbreiteten Sachverhaltes.[193]

45 **Keine Hinweispflicht nach Abs. 2** besteht, **wenn** in der zugelassenen Anklage enthaltene **straferhöhende Umstände** oder zur Strafmilderung führende Umstände (etwa § 21 StGB) **wegfallen;**[194] gleiches gilt wenn in der Hauptverhandlung **Milderungsgründe hervortreten**.[195] Der Wortlaut von Abs. 2 schließt in den vorgenannten Konstellationen eine auf diese Vorschrift gestützte Hinweispflicht aus; allerdings kann gerade der Wegfall eines Milderungsgrundes ggf. eine Hinweispflicht nach Abs. 1 auslösen, wenn die dort erforderlichen Voraussetzungen vorliegen.[196]

46 **2. Strafbarkeitserhöhende gesetzliche Umstände (Abs. 2 Alt. 1).** Der Kreis der als „**vom Strafgesetz besonders vorgesehenen Umstände**" bezeichneten strafbarkeitserhöhenden Umstände, die in unmittelbarer Anwendung von Abs. 2 eine Hinweispflicht begründen, ist **nicht abschließend geklärt**. Im Grundsatz besteht Einigkeit darüber, die Wendung von den strafbarkeitserhöhenden Umständen wie in § 263 Abs. 2[197] zu verstehen.[198] Dementsprechend gehören nach **allgM** zu den die Hinweispflicht auslösenden sämtliche **qualifizierenden Merkmale**, die im Sinne benannter Strafschärfungsgründe abschließend und zwingend eine gegenüber dem Grunddelikt erhöhte Strafe anordnen; so etwa bei §§ 224–227, 239 Abs. 3 und 4; 246 Abs. 2; 250 Abs. 1 StGB.[199]

47 Nach mittlerweile ganz überwiegender Auffassung löst auch das Hervortreten von Umständen,[200] die das Vorliegen eines **Regelbeispiels** (etwa §§ 240 Abs. 4, 243 Abs. 1 S. 2; 263 Abs. 3 S. 2, 266 Abs. 2 StGB) begründen, eine Hinweispflicht aus.[201] Entgegen teilweise vertretener Ansicht lässt sich die Hinweispflicht in diesen Konstellationen nicht lediglich auf eine entsprechende[202] sondern auf eine **unmittelbare Anwendung von Abs. 2** stützen. Der Wortlaut ist ausreichend offen; der Schutzzweck gebietet die Erteilung des Hinweises, weil es für die Ausrichtung der Verteidigung keinen Unterschied macht, ob das strafbarkeitserhöhende Moment rechtstechnisch als echte Qualifikation oder als Regelbeispiel ausgestaltet ist.[203]

48 **Umstritten** ist das Bestehen einer Hinweispflicht bei dem Hervortreten von Umständen, die zu der Anwendung eines **unbenannten Strafschärfungsgrund** (etwa § 212 Abs. 2 StGB) führen können. Rspr. und überwiegend vertretene Auffassung leugnen eine Hinweispflicht aus Abs. 2 in direkter oder analoger Anwendung.[204] Gleiches gilt auch für **sonstige schwere Fälle außerhalb der im Gesetz normierten Regelbeispiele**.[205] Die Gegenauffassung ist für die beiden vorgenannten Konstellationen gespalten. Teilweise wird in entsprechender Anwendung von Abs. 2 ein Hinweis bei neuen Anhaltspunkten für die letztgenannte Konstellation der sonstigen schweren Fälle jen-

---

[192] BGH 8. 5. 1980 – 4 StR 172/80, BGHSt 29, 274 (279) = NJW 1980, 2479 (2480); so wohl auch KK-StPO/*Engelhardt* Rn. 13 und Löwe/Rosenberg/*Gollwitzer* Rn. 41 und 47.
[193] *Schlothauer* StV 1986, 213 (220 und 222); AK-StPO/*Loos* Rn. 7; HK-StPO/*Julius* Rn. 8; KMR/*Stuckenberg* Rn. 32
[194] BGH v. 19. 10. 1954 – 2 StR 241/54, NJW 1955, 31 (§ 157 StGB); BGH v. 30. 6. 1987 – 1 StR 242/87, NStZ 1988, 191 mAnm *Hilgendorf-Schmidt*; KK-StPO/*Engelhardt* Rn. 14; KMR/*Stuckenberg* Rn. 33; Löwe/Rosenberg/*Gollwitzer* Rn. 41 aE; Meyer-Goßner Rn. 17; SK-StPO/*Schlüchter* Rn. 29.
[195] OLG Düsseldorf v. 10. 5. 1999 – 2 b Ss 95/99 – 42/99 I, NStZ-RR 1999, 310 (311); *Wachsmuth* ZRP 2006, 121 (122); HK-StPO/*Julius* Rn. 7; KK-StPO/*Engelhardt* Rn. 14; Löwe/Rosenberg/*Gollwitzer* Rn. 41 und 46; SK-StPO/*Schlüchter* Rn. 28.
[196] Ebenso KMR/*Stuckenberg* Rn. 33 iVm. Rn. 30; vgl. auch BGH v. 23. 4. 2002 – 3 StR 505/01, StV 2002, 588.
[197] Dort Rn. 5.
[198] Vgl. BGH v. 24. 6. 1952 – 2 StR 56/52, BGHSt 3, 30 (32); *Schlothauer* StV 1986, 213 (220); KMR/*Stuckenberg* Rn. 34; Löwe/Rosenberg/*Gollwitzer* Rn. 43; Meyer-Goßner Rn. 18.
[199] BGH v. 8. 5. 1980 – 4 StR 172/80, BGHSt 29, 274 (279 f.) = NJW 1980, 2479 (2480); BGH v. 13. 3. 1959 – 4 StR 29/59, NJW 1959, 996; BGH v. 5. 7. 1977 – 1 StR 284/77, NJW 1977, 1830; Thüring.OLG v. 22. 6. 2006 – 1 Ss 232/04, StV 2007, 230 (231); AK-StPO/*Loos* Rn. 17; KK-StPO/*Engelhardt* Rn. 14; KMR/*Stuckenberg* Rn. 34; Löwe/Rosenberg/*Gollwitzer* Rn. 42; Meyer-Goßner Rn. 18.
[200] Oben Rn. 44.
[201] BGH v. 30. 10. 1979 – 1 StR 570/79, NJW 1980, 714; BGH v. 30. 6. 1987 – 1 StR 242/87, StV 1987, 427; *Arzt* JuS 1972, 515 (516 f.); *Braunsteffer* NJW 1978, 60; *Schlothauer* StV 1986, 213 (221); *Wachsmuth* ZRP 2006, 121 (123); AK-StPO/*Loos* Rn. 17; KK-StPO/*Engelhardt* Rn. 14; KMR/*Stuckenberg* Rn. 35; Meyer-Goßner Rn. 19; siehe auch Löwe/Rosenberg/*Gollwitzer* Rn. 43 aber auch SK-StPO/*Schlüchter* Rn. 29.
[202] Löwe/Rosenberg/*Gollwitzer* Rn. 43.
[203] In der Sache wie KMR/*Stuckenberg* Rn. 35 aE.
[204] BGH v. 8. 5. 1980 – 4 StR 172/80, BGHSt 29, 274 (279 f.) = NJW 1980, 2479 (2480); BGH v. 5. 7. 1977 – 1 StR 284/77, NJW 1977, 1830; BGH 21. 12. 1978 – 4 StR 618/78, VRS 56, (1979), 189 (191); BGH v. 26. 1. 2000 – 1 StR 644/99, StV 2000, 298; *Schlothauer* StV 1986, 213 (220 f.); HK-StPO/*Julius* Rn. 7; KK-StPO/*Engelhardt* Rn. 14; KMR/*Stuckenberg* Rn. 35; Meyer-Goßner Rn. 18; SK-StPO/*Schlüchter* Rn. 29.
[205] Nachw. wie Fn. zuvor; siehe zusätzlich auch *Arzt* JuS 1972, 515 (517).

seits der gesetzlich normierten Regelbeispiele angenommen.[206] Darüber hinaus nimmt namentlich *Loos*[207] in analoger Anwendung von Abs. 2 eine Hinweispflicht auch bei in der Hauptverhandlung auftretenden Umständen an, die zu einem gar nicht durch Regelbeispiele erläuterten unbenannten besonders schweren Fall führen können.[208] Unter Berücksichtigung des Schutzzwecks von § 265 insgesamt besteht in der Sache eine **Notwendigkeit für die Erteilung eines Hinweises in beiden Konstellationen**. Für die Ausrichtung der Verteidigung ist es von erheblicher Bedeutung, sich auf die mögliche Anwendung solcher schweren Fälle einstellen zu können. Das zeigt sich exemplarisch etwa an dem unbenannten besonders schweren Fall des Totschlags (§ 212 Abs. 2 StGB). Orientiert man dessen Auslegung – wie üblich – an der Nähe der Tatbegehung zu Mordmerkmalen,[209] zeigt sich, dass es von Nuancen abhängen würde, ob etwa bei Übergang von § 212 zu § 211 StGB ein Hinweis nach § 265 Abs. 1 zwingend zu erfolgen hätte, der Angeklagte aber über den Übergang von § 212 Abs. 1 zu § 212 Abs. 2 StGB nicht unterrichtet werden müsste. Angesichts des engen Wortlautes von § 265 Abs. 2 lässt sich die hier postulierte Hinweispflicht aber nur auf das Fairnessprinzip als solches stützen.

Treten in der Hauptverhandlung tatsächliche Umstände hervor, **die als allgemeine Strafzumessungsaspekte** innerhalb des jeweiligen Regelstrafrahmens berücksichtigt werden, bedarf es **weder in direkter noch in analoger Anwendung von Abs. 2 eines Hinweises**.[210] Allerdings kann sich, um dem Gebot der Gewährung rechtlichen Gehörs (Art. 103 Abs. 1 GG) zu genügen, eine **verfassungsunmittelbar fundierte Hinweispflicht** ergeben, wenn das erkennende Gericht seine Strafzumessungserwägungen auf tatsächliche Umstände stützen will, die nicht aus der zugelassenen Anklage ersichtlich waren und zu denen sich der Angeklagte in der Hauptverhandlung nicht hat äußern können.[211]

3. Anordnung von Maßregeln der Besserung und Sicherung (Abs. 2 Alt. 2). Abs. 2 begründet die Hinweispflicht bei Anordnung von Maßregeln der Besserung und Sicherung in zwei Konstellationen: zum einen wenn eine **andere** als die in der zugelassenen Anklage (oder ihrem Surrogat, vgl. § 413) genannte Maßregel angeordnet werden soll[212] und zum anderen bei Maßregelanordnung, wenn die Anklage etc. die **Möglichkeit einer solchen Sanktion** gar nicht enthält.[213] Die Maßregeln iSv. Abs. 2 umfassen alle in § 61 StGB genannten;[214] ob sich um die Anordnung stationärer oder ambulanter Maßregeln handelt, ist für das Entstehen der Hinweispflicht ohne Bedeutung.

Dementsprechend besteht Hinweispflicht bei Anordnung der Unterbringung in einem **psychiatrischen Krankenhaus (§ 63 StGB)**[215] oder einer **Entziehungsanstalt (§ 64 StGB)**.[216] Ebenso ist auf die Anordnung von **Sicherungsverwahrung (§ 66 StGB)** hinzuweisen, wenn diese in der Anklage nicht enthalten war;[217] Gleiches hat für die **vorbehaltene Sicherungsverwahrung (§ 66 a StGB)** zu gelten. Auch bei der **nachträglichen Sicherungsverwahrung (§ 66 b StGB)** können sich Hinweispflichten ergeben.[218] Da auch der Übergang zu einer anderen Maßregel hinweispflichtig ist, bedürfte der Wechsel von in der Anklage enthaltener Sicherungsverwahrung zu vorbehaltener Sicherungsverwahrung eines Hinweises, weil sich die Verteidigung auf die spezifischen Anforderungen des Vorbehalts einstellen können muss. Ob ein Hinweis nach Abs. 2 erforderlich ist, wenn von einer auf § 66 Abs. 2 StGB zu einer auf dessen Abs. 3 gestützten Sicherungsverwahrung übergegangen werden soll, hat der BGH bislang offen gelassen.[219] Der Wortlaut erzwingt einen solchen Hinweis nicht, weil es sich um dieselbe Maßregel handelt; wegen der divergierenden rechtlichen Voraussetzungen kommt aber die analoge Anwendung von § 265 Abs. 2 in Betracht.

---

[206] So vor allem *Furtner* JR 1969, 11 (13); *Schlothauer* StV 1986, 213 (221); HK-StPO/*Julius* Rn. 7; einschränkend AK-StPO/*Loos* Rn. 17 (bei richterlicher Regelbildung).
[207] AK-StPO/*Loos* Rn. 17.
[208] Wie AK-StPO/*Loos* Rn. 17 wohl auch *Furtner* JR 1969, 11 (13); ausdrücklich eine Hinweispflicht in diesen Konstellationen ablehnend aber *Schlothauer* StV 1986, 213 (221); HK-StPO/*Julius* Rn. 7.
[209] Ausführlich dazu *Momsen* NStZ 1998, 487.
[210] AllgM; siehe nur BayObLG v. 21. 9. 1999 – 2 ObOWi 458/99, BayObLGSt 1999, 138 (141); OLG Hamm v. 6. 7. 1979 – 6 Ss OWi 1576/79, NJW 1980, 1587; OLG Hamm v. 8. 3. 1982 – 2 Ss OWi 2407/81, VRS 63, (1982), 56 f.; AK-StPO/*Loos* Rn. 18; KMR/*Stuckenberg* Rn. 36; Löwe/Rosenberg/*Gollwitzer* Rn. 42.
[211] Zutreffend Löwe/Rosenberg/*Gollwitzer* Rn. 45; im Ergebnis ebenso KMR/*Stuckenberg* Rn. 36 aE.
[212] Siehe nur BGH v. 8. 5. 1980 – 4 StR 172/80, BGHSt 29, 274 (279) = NJW 1980, 2479; Löwe/Rosenberg/*Gollwitzer* Rn. 49 mwN.
[213] BGH v. 8. 5. 1980 – 4 StR 172/80, BGHSt 29, 274 (279) = NJW 1980, 2479; BGH v. 30. 3. 1988 – 3 StR 78/88, StV 1988, 329; *Schlothauer* StV 1986, 213 (218 f.); *Meyer-Goßner* Rn. 20.
[214] AK-StPO/*Loos* Rn. 19; KMR/*Stuckenberg* Rn. 37.
[215] BGH v. 20. 12. 1967 – 4 StR 485/67, BGHSt 22, 29; BGH v. 15. 1. 1992 – 2 StR 297/91, NStZ 1992, 249; BGH v. 4. 6. 2002 – 3 StR 124/02, NStZ-RR 2002, 271; BGH v. 5. 11. 2002 – 4 StR 316/02, StV 2002, 151; BGH v. 9. 7. 2008 – 4 StR 280/08, NStZ-RR 2008, 316.
[216] BGH v. 8. 1. 1991 – 1 StR 683/90, StV 1991, 198; BGH v. 26. 4. 2000 – 2 StR 136/00 (juris).
[217] BGH v. 11. 11. 1993 – 4 StR 584/93, StV 1994, 232 f.; BGH v. 16. 6. 2004 – 1 StR 166/04, NStZ-RR 2004, 297.
[218] Vgl. BGH v. 6. 12. 2005 – 1 StR 441/05, NStZ-RR 2006, 178.
[219] BGH v. 16. 1. 2003 – 1 StR 512/02 (juris); gegen eine Hinweispflicht *Meyer-Goßner* Rn. 20.

52 Da Abs. 2 nicht nach Art und Intensität der anzuordnenden Maßregel differenziert, besteht die Hinweispflicht auch bei der Anordnung sog. ambulanter Maßregeln wie der **Führungsaufsicht (§ 68 StGB)**;[220] der **Anordnung der Entziehung der Fahrerlaubnis (§ 69 StGB)** einschließlich der Verhängung einer **Sperrfrist (§ 69 a StGB)**,[221] Gleiches wird bei der Erteilung einer isolierten Sperrfrist zu gelten haben. Die Hinweispflicht bei Entziehung der Fahrerlaubnis besteht auch dann, wenn in der Bezugsentscheidung ein Fahrverbot verhängt worden war. Hinweispflichtig ist auch die Verhängung eines Berufsverbots (§ 70 StGB).[222]

53 **4. Nebenstrafen und Nebenfolgen.** Der Wortlaut von Abs. 2 erfasst eindeutig lediglich das Hervortreten straferhöhender gesetzlicher Umständen und solcher, die die Anordnung einer Maßregel der Besserung und Sicherung möglich erscheinen lassen. Andere rechtsfolgenrelevante Umstände als die Genannten werden auch von Abs. 1 nicht normiert, der allein auf die Verurteilung aufgrund eines „anderen Strafgesetzes" abstellt und damit nur in einem sehr geringen Umfang für den Rechtsfolgenausspruch bedeutsame Umstände erfasst.[223] Aus der Zusammenschau von Abs. 2 und Abs. 1 ergibt sich, dass **in unmittelbarer Anwendung** beider Vorschriften **keine Hinweispflicht** begründet werden kann, wenn und soweit sich Anhaltspunkte für die Verhängung in der zugelassenen Anklage oder ihren Surrogaten nicht enthaltene **Nebenstrafen oder Nebenfolgen** ergeben; etwaige Hinweispflichten in solchen Konstellationen können sich allenfalls aus einer analogen Anwendung von § 265 oder aus anderen Rechtsgrundlagen ergeben.[224]

IV. Erteilung des Hinweises

54 **1. Gerichtliche Zuständigkeit.** Die Erteilung des nach Abs. 1 oder 2 geforderten Hinweises gehört in die **Sachleitungsbefugnis (§ 238 Abs. 1) des Vorsitzenden**;[225] die Erfüllung der Hinweispflicht durch Beschluss des erkennenden Gerichts ist dennoch möglich.[226] Unabhängig von der Erteilung des Hinweises durch den Vorsitzenden oder durch Beschluss ist die **Hinweispflicht** aber **durch das erkennende Gericht zu erfüllen**. Lediglich in den Fällen des § 231 b Abs. 1 S. 1 kommt eine Erfüllung der Hinweispflicht durch den **beauftragten Richter** in Betracht.[227]

55 Die **Erteilung des Hinweises durch andere Verfahrensbeteiligte** genügt dementsprechend zur Erfüllung der das Gericht treffenden Hinweispflicht **nicht** (im Grundsatz allgM). Die gerichtliche Hinweispflicht bleibt bestehen, selbst wenn der Sitzungsvertreter der **Staatsanwaltschaft** in der Hauptverhandlung einen entsprechenden (im Ergebnis aber ausgebliebenen) Hinweis angeregt und in der Sache die gebotene Information bewirkt hat.[228] Gleiches gilt erst recht bei der Erörterung der neuen rechtlichen Gesichtspunkte durch **andere Verfahrensbeteiligte**, selbst wenn der Angeklagte dadurch an die eigentlich in den Hinweis zu kleidende Information gelangt ist.[229] Das gilt auch bei der Erörterung der Voraussetzungen von Maßregeln durch einen Sachverständigen.[230] Es fehlt in solchen Konstellationen selbst dann an der erforderlichen gerichtlichen Erfüllung der Hinweispflicht, wenn sich das erkennende Gericht an der durch andere Verfahrensbeteiligte eröffneten Erörterung eines von der Anklage abweichenden rechtlichen Gesichtspunktes beteiligt, ohne die Beteiligung in einen förmlichen Hinweis zu kleiden.[231] Möglicherweise könnte

---

[220] D. h. in den Konstellationen der Führungsaufsicht, in denen diese nicht bereits durch Gesetz unmittelbar eintritt, vgl. *Schlothauer* StV 1986, 213 (219); siehe auch KMR/*Stuckenberg* Rn. 37.
[221] BGH v. 8. 1. 1991 – 1 StR 683/90, StV 1991, 198; BGH v. 6. 4. 1993 – 1 StR 152/93, StV 1993, 395; BayObLG v. 8. 4. 2004 – 1 StR RR 056/04, NStZ-RR 2004, 248 (unklar allerdings, weil „Hinweispflicht nach § 265 Abs. 1 und 2).
[222] BGH v. 26. 5. 1998 – 5 StR 196/98.
[223] Siehe oben Rn. 40.
[224] Dazu unten Rn. 84–88.
[225] BGH v. 20. 12. 1967 – 4 StR 485/67, BGHSt 22, 29 (31); BGH v. 11. 11. 1993 – 4 StR 584/93, StV 1994, 232 (233); KMR/*Stuckenberg* Rn. 38.
[226] KMR/*Stuckenberg* Rn. 38; Löwe/Rosenberg/*Gollwitzer* Rn. 50; SK-StPO/*Schlüchter* Rn. 18.
[227] KK-StPO/*Engelhardt* Rn. 19; KMR/*Stuckenberg* Rn. 39; Löwe/Rosenberg/*Gollwitzer* Rn. 69; SK-StPO/*Schlüchter* Rn. 25.
[228] Vgl. BGH v. 8. 2. 1961 – 2 StR 622/60, BGHSt 16, 47 (49) = NJW 1961, 1222; BGH v. 4. 6. 1993 – 2 StR 70/93, StV 1993, 395; BGH v. 24. 10. 1995 – 1 StR 474/95, BGHSt 41, 303 (304) = NJW 1996, 406, StV 1997, 64; BGH v. 26. 4. 2000 – 2 StR 136/00 (juris); BGH v. 10. 6. 2005 – 2 StR 206/05, NStZ-RR 2005, 376 f.; BGH v. 2. 4. 2008 – 2 StR 529/07, StV 2008, 344 (345); BGH v. 9. 7. 2008 – 1 StR 280/08, NStZ-RR 2008, 316; BayObLG 26. 10. 1981 – RReg 2 St 302/81, VRS 62, (1982), 129; OLG Koblenz v. 28. 5. 1975 – 1 Ss 96/75, VRS 50, 30 (31); OLG Köln v. 24. 10. 1978 – 1 Ss 544/78, VRS 56, (1979), 281 (282).
[229] BGH v. 20. 12. 1967 – 4 StR 485/67, BGHSt 22, 29 (31); BGH v. 30. 7. 1969 – 4 StR 237/96, BGHSt 23, 95 (98); BGH v. 5. 5. 1998 – 1 StR 140/98, NStZ 1998, 529 f.; BGH v. 16. 6. 2004 – 1 StR 166/04, NStZ-RR 2004, 297 (Sachverständiger); BGH v. 17. 10. 2006 – 4 StR 335/06, NStZ 2006, 116 (117); BGH v. 2. 4. 2008 – 2 StR 529/07, StV 2008, 344 (345); BGH v. 9. 7. 2008 – 1 StR 280/08, NStZ-RR 2008, 316; BayObLG v. 8. 4. 2004 – 1 StR RR 056/04, NStZ-RR 2004, 248; OLG Koblenz v. 28. 5. 1975 – 1 Ss 96/75, VRS 50, (1976), 30 (31); OLG Köln v. 24. 10. 1978 – 1 Ss 544/78, VRS 56, 281 (282); KMR/*Stuckenberg* Rn. 16.
[230] BGH v. 5. 11. 2002 – 4 StR 316/02, StV 2003, 151; BGH v. 16. 6. 2004 – 1 StR 166/04, NStZ-RR 2004, 297.
[231] BGH v. 21. 5. 1963 – 1 StR 131/63, NJW 1964, 459.

aber das Beruhen des Urteils auf der Verletzung der Hinweispflicht entfallen, wenn sich das Gericht die Ausführungen eines anderen Verfahrensbeteiligten zu eigen macht, selbst wenn dies nicht als förmlicher Hinweis erfolgt.[232] Zur Erfüllung der gerichtlichen Hinweispflicht genügt auch nicht, dass der andere rechtliche Gesichtspunkt oder der straferhöhende Umstand etc. in **anderen gerichtlichen Entscheidungen**, etwa in dem einen Beweisantrag ablehnenden Beschluss[233] oder einem Haftfortdauerbeschluss,[234] angesprochen worden ist.

Ungeachtet der grundsätzlichen Einigkeit über die Zuständigkeit des erkennenden Gerichts für die Erfüllung der Hinweispflicht wird gelegentlich erwogen, ob der **gerichtliche Hinweis entbehrlich** sein kann, wenn die von § 265 Abs. 1 und 2 intendierte Informationen des Angeklagten als Grundlage für eine sachgerechte Verteidigungsmöglichkeit auf anderem Wege als durch den Hinweis des Gerichts Rechnung getragen worden ist. So hat der BGH in der **gerichtlichen Anordnung der Einholung eines Sachverständigengutachtens** zur Frage der Schuldfähigkeit des Angeklagten und den Voraussetzungen der Unterbringung in einem psychiatrischen Krankenhaus zugleich die Erteilung des erforderlichen Hinweises gesehen.[235] Dem kann im Hinblick auf Wortlaut und Schutzzweck des § 265 nicht zugestimmt werden.[236] Selbst wenn es sich in der fraglichen Konstellation durchgängig um (notwendig) verteidigte Angeklagte handeln wird, vermittelt die Anordnung der Gutachtenerstattung nicht in ausreichend förmlicher Weise, dass das Gericht eine Verurteilung oder Maßregelanordnung in der Hauptverhandlung in Erwägung zieht. Allerdings kann im Einzelfall das Beruhen des Urteils auf einem Verstoß gegen die Hinweispflicht fehlen. Aus den vorgenannten Gründen entfällt die Erfüllung der Hinweispflicht des Gerichts bei der **Anordnung von Maßregeln** nicht, wenn der Angeklagte über deren mögliche Verhängung bereits durch **vorläufige Maßnahmen**, etwa die vorläufige Entziehung der Fahrerlaubnis gemäß § 111a Abs. 1, unterrichtet sein könnte.[237] Wiederum kann jedoch das Beruhen des Urteils auf der Pflichtverletzung fehlen.

2. Adressat des Hinweises. Die Erfüllung der Hinweispflicht hat **persönlich gegenüber dem anwesenden Angeklagten** zu erfolgen (allgM).[238] Sind in einem Verfahren **mehrere Personen angeklagt** und betrifft die Hinweispflicht alle von Ihnen, muss der Hinweis – schon um die erforderliche Information sicherzustellen – gegenüber jedem einzelnen ausdrücklich erfolgen (strg.).[239] An der gesonderten Hinweiserteilung bei Mitangeklagten ist im Hinblick auf den Schutzzweck festzuhalten.[240] Keinesfalls genügt bei wegen gemeinschaftlicher Tatbegehung Mitangeklagten der Hinweis gegenüber einem der beiden, dass auch eine Verurteilung wegen Beihilfe in Frage komme, als Erfüllung der Hinweispflicht gegenüber dem anderen im Hinblick auf den für diesen mögliche Verurteilung als Alleintäter.[241]

Ist der **nicht verteidigte Angeklagte** in der Hauptverhandlung **abwesend**, erfolgt die Erteilung des Hinweises ihm gegenüber **schriftlich**; der Hinweis kann mit der Ladung zum neuen Termin nach Unterbrechung verbunden werden.[242] Bei **verteidigtem abwesendem Angeklagten** kann der Hinweis dem für ihn erschienenen **Verteidiger** erteilt werden (§ 234a);[243] bei einem nach § 231b ausgeschlossenen Angeklagten kommt die Hinweiserteilung durch den beauftragten Richter in Betracht.[244] War der Angeklagte gemäß § 247 von der Teilnahme an Teilen der Hauptverhandlung ausgeschlossen, muss ihm wegen des Vorrangs der persönlichen Hinweiserteilung der Hinweis **nach** seiner **Wiederzulassung** erteilt werden.[245]

3. Form und Inhalt des Hinweises. Der Wortlaut der Vorschrift enthält kaum Vorgaben über die äußere Form und den Inhalt des Hinweises. Aus der Wendung „besonders hingewiesen" lässt

---

[232] Vgl. BGH v. 17. 10. 2006 – 4 StR 335/06, NStZ 2007, 116.
[233] KK-StPO/*Engelhardt* Rn. 16; KMR/*Stuckenberg* Rn. 36; Löwe/Rosenberg/*Gollwitzer* Rn. 51 u. 54; Meyer-Goßner Rn. 29.
[234] BGH v. 20. 12. 1967 – 4 StR 485/67, BGHSt 22, 29 (31).
[235] BGH v. 15. 1. 1992 – 2 StR 291/91, NStZ 1992, 249.
[236] Wie hier Löwe/Rosenberg/*Gollwitzer* Rn. 51.
[237] AA die ganz hM; vgl. BayObLG v. 24. 10. 1973 – 1 St 159/73, bei *Rüth* DAR 1974, 182; HK-StPO/*Julius* Rn. 7; KMR/*Stuckenberg* Rn. 37; SK-StPO/*Schlüchter* Rn. 31; siehe aber auch OLG Koblenz v. 14. 5. 1986 – 1 Ss 125/86, VRS 71, 209 (211).
[238] Siehe nur AK-StPO/*Loos* Rn. 26.
[239] Zutreffend HK-StPO/*Julius* Rn. 11 und 24; KK-StPO/*Engelhardt* Rn. 16; SK-StPO/*Schlüchter* Rn. 25; im Grundsatz ebenso Löwe/Rosenberg/*Gollwitzer* Rn. 62; aA BGH v. 15. 5. 1985 – 2 StR 83/85, NStZ 1986, 85 mAnm *Berz*; BGH v. 20. 4. 1989 – 4 StR 69/89, BGHR StPO § 265 Abs. 1 Hinweispflicht 2; Meyer-Goßner Rn. 31.
[240] Insoweit offener Löwe/Rosenberg/*Gollwitzer* Rn. 62.
[241] BGH 17. 5. 1990 – 1 StR 157/90, NStZ 1990, 449 mwN; AK-StPO/*Loos* Rn. 11; KK-StPO/*Engelhardt* Rn. 16; Löwe/Rosenberg/*Gollwitzer* Rn. 62.
[242] Siehe BayObLG v. 30. 1. 1985 – 2 Ob OWi 347/84, bei *Rüth* DAR 1986, 248; KK-StPO/*Engelhardt* Rn. 19; KMR/*Stuckenberg* Rn. 39; Löwe/Rosenberg/*Gollwitzer* Rn. 66; Meyer-Goßner Rn. 30.
[243] Näher Löwe/Rosenberg/*Gollwitzer* Rn. 67 und 71.
[244] Oben Rn. 54 aE.
[245] Löwe/Rosenberg/*Gollwitzer* Rn. 68.

sich entnehmen, dass es eines **ausdrücklichen Hinweises** bedarf. Relativierungen durch die Gestattung konkludenter Hinweise – gleich welcher Art[246] – sind daher weder mit dem Wortlaut noch dem Schutzzweck zu vereinbaren. Selbst bei vorsichtiger Interpretation des Wortlautes „besonders hingewiesen" wird dieser regelmäßig auch der Verbindung des Hinweises mit anderen Entscheidungen des Gerichts entgegen stehen. Darüber hinaus ergeben sich die an **Form und Inhalt des Hinweises** zu stellenden Anforderungen **aus dem Zweck der Vorschrift**, dem Angeklagten und seinem Verteidiger die Möglichkeit zu eröffnen, die Verteidigung auf den geänderten rechtlichen Gesichtspunkt sachgerecht einzustellen.[247]

60 Da der Hinweis regelmäßig in der Hauptverhandlung in Anwesenheit des Angeklagten erteilt wird, erfolgt dieser in **mündlicher Form**; entsprechendes gilt bei der ggf. zulässigen Erteilung durch den beauftragten Richter.[248] Gegenüber dem nicht anwesenden und nicht durch einen Verteidiger „vertretenen" Angeklagten (vgl. § 234 a) erfolgt der Hinweis schriftlich.

61 Der **Inhalt des Hinweises** muss so ausgestaltet werden, dass der Angeklagte aus dem Hinweis in Verbindung mit der zugelassenen Anklage erkennen kann, **welches Strafgesetz** und ggf. welche Begehungsform eines Strafgesetzes das Gericht auf die verfahrensgegenständliche Tat anwenden will, sowie **welche tatsächlichen Umstände** aus Sicht des Gerichts die Merkmale des entsprechendes Strafgesetzes begründen.[249] Um diesen Anforderungen zu genügen, bietet sich grundsätzlich eine Orientierung des Inhalts des Hinweises am Inhalt der Anklageschrift gem. § 200 Abs. 1 an.[250] Entscheidend ist die **inhaltliche Eindeutigkeit des Hinweises**. Über diese grobe Leitlinie hinaus bestimmen sich die Anforderungen im Übrigen nach den Anforderungen des Einzelfalles.[251] Die Anforderungen sind umso strenger je schwerer der gegenüber dem Angeklagten neu erhobene Vorwurf wiegt.[252]

62 Die **bloße Angabe des** nunmehr für einschlägig gehaltenen **Strafgesetzes** oder einer Begehungsform genügt dem Schutzzweck der Vorschrift regelmäßig nicht; allenfalls in einfach gelagerten Konstellationen kann dies gegenüber einem verteidigten Angeklagten ausreichen.[253] Keinesfalls kann die Mitteilung des Paragraphen genügen, wenn das entsprechende Strafgesetz mehrere **unterschiedliche Begehungsformen** enthält.[254] Will das Gericht innerhalb eines Strafgesetzes von einer Begehungsweise zu einer anderen „wesensverschiedenen" Form[255] übergehen, muss deutlich angegeben werden, auf welche Begehungsform eine Verurteilung nunmehr gestützt werden soll.[256] Die exakte Bezeichnung des Paragraphen ist dafür nicht erforderlich, wenn sich ansonsten aus dem Hinweis ergibt, worauf der Vorwurf nunmehr gestützt wird.

63 Geht mit der Änderung der rechtlichen Gesichtspunktes – bei Wahrung der Identität der prozessualen Tat – auch die Veränderung der **Richtung des Tatvorwurfs** einher (etwa Begünstigung des X statt angeklagter Hehlerei nach Vortat von Y),[257] so muss auch dieser Umstand in dem Hinweis enthalten sein.[258] Ob der Hinweis stets auch auf die **dem veränderten rechtlichen Gesichtspunkt zugeordneten tatsächlichen Umstände** eingehen muss, wird **nicht völlig einheitlich** beurteilt. In der Rspr. finden sich unterschiedliche Anforderungen. Zwar fordert der BGH grundsätzlich[259] die Angabe der Tatsachen, die den nach Auffassung des Gerichts neuen rechtlichen

---

[246] Siehe exemplarisch oben Rn. 55 f.
[247] Etwa BGH v. 3. 11. 1959 – 1 StR 425/59, BGHSt 13, 320 (323 f.); BGH v. 16. 10. 1962 – 5 StR 276/62, BGHSt 18, 56 (57); BGH v. 5. 5. 1998 – 1 StR 140/98, StV 1998, 582 (583); BGH v. 21. 4. 2004 – 2 StR 3643/03, NStZ 2005, 111 (112); AK-StPO/*Loos* Rn. 28; KMR/*Stuckenberg* Rn. 42; Löwe/Rosenberg/*Gollwitzer* Rn. 55.
[248] Dazu oben Rn. 54 aE.
[249] BGH v. 3. 11. 1959 – 1 StR 425/59, BGHSt 13, 320 (323 f.); BGH v. 16. 10. 1962 – 5 StR 276/62, BGHSt 18, 56 (57); BGH v. 8. 10. 1963 – 1 StR 553/62, BGHSt 19, 141 (143); BGH v. 20. 12. 1967 – 4 StR 485/67, BGHSt 22, 29 (30); BGH v. 24. 11. 1992 – 1 StR 368/92, StV 1993, 179; BGH v. 5. 5. 1998 – 1 StR 140/98, NStZ 1998, 529 (530); BGH v. 10. 1. 2007 – 2 StR 555/06, StraFo 2007, 159; *Hänlein/Moos* NStZ 1990, 481; AK-StPO/*Loos* Rn. 28; KK-StPO/*Engelhardt* Rn. 17; KMR/*Stuckenberg* Rn. 42; Löwe/Rosenberg/*Gollwitzer* Rn. 55; Meyer-Goßner Rn. 31.
[250] Zutreffend AK-StPO/*Loos* Rn. 28.
[251] BGH v. 4. 4. 1995 – 1 StR 772/94 (juris); BGH v. 5. 5. 1998 – 1 StR 140/98, NStZ 1998, 529 (530).
[252] BGH v. 5. 5. 1998 – 1 StR 140/98, NStZ 1998, 529 (530).
[253] Vgl. BGH v. 16. 10. 1962 – 5 StR 276/62, BGHSt 18, 56 (57 f.); BGH v. 20. 4. 1989 – 4 StR 69/89, BGHR StPO § 265 Abs. 1 Hinweis 2; AK-StPO/*Loos* Rn. 28; KK-StPO/*Engelhardt* Rn. 17; KMR/*Stuckenberg* Rn. 43; Löwe/Rosenberg/*Gollwitzer* Rn. 56; Meyer-Goßner Rn. 31; SK-StPO/*Schlüchter* Rn. 25.
[254] KMR/*Stuckenberg* Rn. 44 mwN; vgl. auch BGH v. 21. 4. 2004 – 2 StR 3643/03, NStZ 2005, 111 (112) und BGH v. 10. 1. 2007 – 2 StR 555/06, StraFo 2007, 159 jeweils bzgl. Mordmerkmalen.
[255] Dazu oben Rn. 35–37.
[256] BGH v. 30. 7. 1969 – 4 StR 237/69, BGHSt 23, 95 (96); BGH v. 20. 2. 1974 – 2 StR 448/73, BGHSt 25, 287 (288 f.); BGH v. 5. 5. 1998 – 1 StR 140/98, StV 1998, 582 (583 f.); BGH v. 21. 1. 1997 – 5 StR 592/96, StV 1997, 237; BayObLG v. 28. 11. 1978 – 1 ObOWi 642/78, VRS 57, (1979), 33 (34).
[257] Beispiel nach BGH v. 27. 5. 1952 – 1 StR 160/52, BGHSt 2, 371 f.
[258] BGH v. 27. 5. 1952 – 1 StR 160/52, BGHSt 2, 371 (373); *Schlothauer* StV 1986, 213 (225); KMR/*Stuckenberg* Rn. 45; Löwe/Rosenberg/*Gollwitzer* Rn. 60.
[259] Siehe bereits oben Rn. 61.

Gesichtspunkt (etwa ein anderes Strafgesetz iSv. Abs. 1) ausfüllen.[260] Allerdings wird dieser Grundsatz dadurch relativiert, dass – jedenfalls wenn die tatsächlichen Umstände des Schuldspruchs betroffen sind – die Hinweispflicht insoweit nicht als protokollierungspflichtiger Verfahrensvorgang bewertet wird. Dementsprechend soll eine (**konkludente**) **sich aus dem Gang der Hauptverhandlung oder durch sonstige Umstände** sicher ergebende Unterrichtung des Angeklagten genügen.[261] Allerdings lässt sich der einschlägigen Rspr. nicht immer entnehmen, ob der Verzicht auf einen die geänderten tatsächlichen Grundlagen umfassenden förmlichen Hinweis nur Konstellationen betrifft, in denen sich ausschließlich die Tatsachenlage verändert hat, also ein Fall bestenfalls analoger Anwendung von § 265 vorliegt,[262] oder ob auch die Fallgestaltung einer mit einer Änderung der tatsächlichen Verhältnisse verbundenen Veränderung der rechtlichen Bewertung vorliegt. Für die zuletzt genannte Konstellation ist ein Verzicht auf die Mitteilung der neuen tatsächlichen Grundlagen der neuen rechtlichen Beurteilung mit dem Schutzzweck des § 265 nicht zu vereinbaren.[263] Lassen Angeklagter oder Verteidiger in Bezug auf die zugrunde gelegten tatsächlichen Umstände Informationsbedarf erkennen, muss das hinweispflichtige Gericht ausdrücklich entsprechend aufklären.[264]

Grundsätzlich **kein Inhalt** des Hinweises sind dagegen die **Gründe**, aus denen heraus das Gericht zu seiner gegenüber **der** zugelassenen Anklage **veränderten rechtlichen Bewertung** der verfahrensgegenständlichen Tat gelangt ist.[265] Keinesfalls erfordert der Schutzzweck von § 265 die Erfüllung der Hinweispflicht inhaltlich als **Rechtsgespräch** auszugestalten.[266] Erst recht erzwingt die Erfüllung der Hinweispflicht nicht, dass sich das erkennende Gericht zu den Ergebnissen einzelner Beweiserhebungen verhält.[267] Im Zusammenhang mit der Hinweispflicht aus § 265 ergibt sich auch aus den **neuen gesetzlichen Regelungen zur Verständigung im Strafverfahren** nichts anderes;[268] Die zentrale Norm, § 257c StPO, normiert die zulässigen Inhalte einer verfahrensbeendenden Absprache und damit in Zusammenhang stehende Hinweis- und Belehrungspflichten, sieht aber keine § 265 betreffenden Änderungen vor. Auf der Basis des geltenden Rechts kann sich außerhalb von § 265 eine Pflicht zur Information des Angeklagten und seines Verteidigers über die Bewertung von Beweiserhebungen unter dem Aspekt der Gewährleistung eines fairen Verfahrens ergeben, wenn ohne eine solche Unterrichtung eine sachgerechte Verteidigung nicht gesichert ist.[269]

4. Zeitpunkt des Hinweises. Der Vorschrift macht zu dem gebotenen Zeitpunkt des Hinweises **keine ausdrücklichen Vorgaben.** Die Bestimmung des „richtigen" Zeitpunktes kann daher – wie bei Form und Inhalt auch – allein anhand **des Schutzwecks der Hinweispflicht** vorgenommen werden. Dem entspricht nach nahezu allgM eine **möglichst frühzeitige Erteilung** des Hinweises.[270] Dabei ist vorausgesetzt, dass ausreichend starke Anhaltspunkte für eine Änderung des rechtlichen Gesichtspunkts oder relevante Änderungen bei den Sanktionen (Abs. 2) bestehen. Der Schutzzweck der Hinweispflicht würde konterkarriert, würde bereits bei theoretisch denkbarer Änderung der rechtlichen Bewertung ein Hinweis erteilt,[271] der sich letztlich als überflüssig er-

---

[260] BGH v. 3. 11. 1959 – 1 StR 425/59, BGHSt 13, 320 (323 f.); BGH v. 16. 10. 1962 – 5 StR 276/62, BGHSt 18, 56 (57); BGH v. 8. 10. 1963 – 1 StR 553/62, BGHSt 19, 141 (143); BGH v. 20. 12. 1967 – 4 StR 485/67, BGHSt 22, 29 (30); BGH v. 24. 11. 1992 – 1 StR 368/92, StV 1993, 179; BGH v. 5. 5. 1998 – 1 StR 140/98, NStZ 1998, 529 (530); BGH v. 21. 4. 2004 – 2 StR 3643/03, NStZ 2005, 111 (112).
[261] Etwa BGH v. 8. 10. 1963 – 1 StR 553/62, BGHSt 19, 141 (143); BGH v. 15. 11. 1978 – 2 StR 456/78, BGHSt 28, 196 (197f.) = NJW 1979, 663; BGH v. 11. 11. 1980 – 1 StR 527/80, NStZ 1981, 190 f.; BGH v. 8. 3. 1988 – 1 StR 14/88, StV 1988, 329 (330); BGH v. 5. 5. 1998 – 1 StR 140/98, NStZ 1998, 529 (539); BGH v. 21. 4. 2004 – 2 StR 3643/03, NStZ 2005, 111 (112) mwN.
[262] Näher unten Rn. 69f.
[263] Im Ergebnis wie hier SK-StPO/*Schlüchter* Rn. 27.
[264] BGH v. 3. 11. 1959 – 1 StR 425/59, BGHSt 13, 320 (325); BGH v. 19. 1. 1984 – 4 StR 742/83, StV 1984, 190 (192); *Hanack* JZ 1972, 433 (434); KMR/*Stuckenberg* Rn. 45.
[265] BGH v. 3. 11. 1959 – 1 StR 425/59, BGHSt 13, 320 (324); BGH v. 14. 10. 1970 – 3 StR 185/70, bei *Dallinger* MDR 1971, 18; BGH v. 20.4. 1989 – 4 StR 69/89, BGHR StPO § 265 Abs. 1 Hinweis 2; KK-StPO/*Engelhardt* Rn. 17; Löwe/Rosenberg/*Gollwitzer* Rn. 58; SK-StPO/*Schlüchter* Rn. 27; etwas weitergehend AK-StPO/*Loos* Rn. 29.
[266] BGH v. 20. 4. 1989 – 4 StR 69/89 , BGHR StPO § 265 Abs. 1 Hinweis 2; siehe auch BGH v. 15. 11. 1995 – 3 StR 527/94 (juris); KK-StPO/*Engelhardt* Rn. 17; KMR/*Stuckenberg* Rn. 47; Löwe/Rosenberg/*Gollwitzer* Rn. 58; *Meyer-Goßner* Rn. 7 a; SK-StPO/*Schlüchter* Rn. 27.
[267] BGH v. 3. 9. 1997 – 5 StR 237/97, BGHSt 43, 212 (214 f.) = NJW 1997, 3182 mAnm *Herdegen* JZ 1998, 54 und *König* StV 1998, 113; BGH v. 19. 1. 2001 – 2 StR 528/00, StV 2001, 387 f.; KK-StPO Rn. 17; KMR/*Stuckenberg* Rn. 47; Löwe/Rosenberg/*Gollwitzer* Rn. 58; *Meyer-Goßner* Rn. 7a; siehe aber auch *König*, FG Friebertshäuser, 1997, S. 211 (216 ff.).
[268] Siehe BT-Drucks. 16/11736 und BT-Drucks. 16/4197.
[269] BGH v. 30. 6. 1987 – 1 StR 242/87, StV 1987, 427 (428), BGH v. 18. 9. 1987 – 2 StR 350/87, StV 1988, 9 f.; AK-StPO/*Loos* Rn. 24; KMR/*Stuckenberg* Rn. 47 aE.
[270] AK-StPO/*Loos* Rn. 30; KK-StPO/*Engelhardt* Rn. 18; KMR/*Stuckenberg* Rn. 40; Löwe/Rosenberg/*Gollwitzer* Rn. 53; *Meyer-Goßner* Rn. 32; SK-StPO/*Schlüchter* Rn. 26.
[271] Vgl. Löwe/Rosenberg/*Gollwitzer* Rn. 63 mwN.

wiese. Unter Beachtung des Vorgenannten kann dieser auch bereits vor der Hauptverhandlung (schriftlich) erteilt und mit der Mitteilung des Eröffnungsbeschlusses verbunden werden.[272] Wenn es die Gewährleistung sachgerechter Verteidigung erfordert, kommt – etwa um die Wirksamkeit der Anklage unberührt lassende Mängel zu kompensieren – ein Hinweis vor Beginn der Hauptverhandlung in Betracht.[273] Ansonsten ist regelmäßig in der öffentlichen Hauptverhandlung der Hinweis zu erteilen;[274] daher kann dieser grundsätzlich nicht im Rahmen einer bei Ausschluss der Öffentlichkeit erfolgenden Zeugenvernehmung ausgesprochen werden.[275] Die Hinweiserteilung muss **spätestens vor der Urteilsverkündung** vorgenommen werden. Ergeben sich die Voraussetzungen der Hinweispflicht erst **während der Urteilsberatung**, bedarf es eines erneuten Eintritts in die Verhandlung, in der dann der Hinweis zu erteilen ist.[276]

66   **5. Wirkung des Hinweises.** Der einmal erteilte Hinweis soll grundsätzlich für das **gesamte weitere Verfahren**, dh. auch für die Rechtsmittelinstanzen einschließlich einer erneuten Hauptverhandlung nach Aufhebung und Zurückverweisung durch das Revisionsgericht, **Wirkung entfalten**.[277] Das gilt auch für das Wiederaufnahmeverfahren.[278] Ob und auf welcher rechtlichen Grundlage in den Rechtsmittelinstanzen und nach Zurückverweisung bzw. Wiederaufnahme **erneute Hinweise gegeben oder bereits erteilte wiederholt** werden müssen, lässt sich **nicht einheitlich beantworten**. In der Berufungsinstanz ist eine Wiederholung lediglich dann nicht erforderlich, wenn der erste Tatrichter einen entsprechenden Hinweis erteilt und auf dessen Grundlage verurteilt hatte.[279] Ansonsten werden regelmäßig aus Gründen der Verfahrensfairness erneute, weitere oder wiederholte Hinweise zu erteilen sein.[280]

C. Hinweispflichten außerhalb der unmittelbaren Anwendung von Abs. 1 und 2

I. Verhältnis zu den gesetzlich geregelten Hinweispflichten

67   Die Hinweispflichten nach **Abs. 1 und 2** setzen stets eine Änderung der rechtlichen Bewertung der verfahrensgegenständlichen Tat voraus.[281] Veränderungen ausschließlich der tatsächlichen Grundlagen des Verfahrens erfasst allein Abs. 4, begründet jedoch keine Hinweispflicht sondern eröffnet allein die Möglichkeit einer Aussetzung des Verfahrens von Amts wegen.[282] Der historische Gesetzgeber hat das Fehlen einer auf § 265 gegründeten Hinweispflicht bei lediglich abweichenden tatsächlichen Gegebenheiten gesehen, sich aber im Bewusstsein dessen gegen eine Aufnahme einer entsprechenden Hinweispflicht in das Gesetz entschieden.[283] Vor dem Hintergrund des Schutzwecks von § 265 liegt dem eine **Fehleinschätzung** der Auswirkungen einer veränderten Sachlage auf die sachgerechte Verteidigung zugrunde. Gestattet man, wie von § 264 nahe gelegt, eine Umgestaltung der Anklage durch das erkennende Gericht auch in tatsächlicher Hinsicht,[284] dann hat die Veränderung der Tatsachenlage keine geringeren Auswirkungen auf die Möglichkeiten, sich auf informierter Grundlage sachgerecht zu verteidigen, als die Veränderung des rechtlichen Gesichtspunktes. Das wird sofort deutlich, wenn der Angeklagte während des laufenden Verfahrens mit neuem Tatsachenstoff in Gestalt eines anderen Tatortes, einer anderen Tatzeit oder gar eines anderen Tatopfers konfrontiert wird.[285] Angesichts dessen besteht mittlerweile weitgehend **Konsens** darüber, dass der **Angeklagte** durch das Gericht **über das Vorliegen neuer**, für die rechtliche Bewertung relevanter **Tatsachen unterrichtet** und ihm Gelegenheit gegeben **werden**

---

[272] BGH v. 22. 7. 1970 – 3 StR 237/69, BGHSt 23, 304 (306); BGH v. 10. 5. 2007 – 5 StR 155/07, StraFo 2007, 332; AK-StPO/*Loos* Rn. 30; KMR/*Stuckenberg* Rn. 40; Löwe/Rosenberg/*Gollwitzer* Rn. 64; *Meyer-Goßner* Rn. 32; SK-StPO/*Schlüchter* Rn. 26.
[273] Siehe OLG Frankfurt v. 7. 3. 1991 – 3 Ss 531/90 , StV 1992, 60.
[274] BGH v. 10. 12. 2002 – 5 StR 454/02, StV 2003, 271; *Meyer-Goßner* Rn. 32.
[275] Löwe/Rosenberg/*Gollwitzer* Rn. 63 aE; zu einer besonderen Konstellation BGH v. 2. 2. 1999 – 1 StR 636/98, StV 2000, 248 mAnm *Ventzke*.
[276] BGH v. 29. 11. 1963 – 4 StR 352/63, BGHSt 19, 156 = NJW 1964, 308; BGH v. 13. 5. 1993 – 4 StR 169/93, StV 1994, 63; KMR/*Stuckenberg* Rn. 40 aE.
[277] RG v. 17. 11. 1925 – I 495/25, RGSt 59, 423; KK-StPO/*Engelhardt* Rn. 20; KMR/*Stuckenberg* Rn. 50: Löwe/Rosenberg/*Gollwitzer* Rn. 72; SK-StPO/*Schlüchter* Rn. 21.
[278] Siehe aber oben Rn. 25.
[279] Näher oben Rn. 23.
[280] Ausführlich oben Rn. 23–25.
[281] Oben Rn. 12; siehe auch BGH v. 20. 2. 2003 – 3 StR 222/02, BGHSt 48, 221 (226 f.) = NJW 2003, 2107 ff.; *Hanack* JZ 1972, 432 (433); *Meyer* GA 1965, 257; *Schlothauer* StV 1986, 213 (222); KMR/*Stuckenberg* Rn. 55; Löwe/Rosenberg/*Gollwitzer* Rn. 79.
[282] BGH v. 20. 2. 2003 – 3 StR 222/02, BGHSt 48, 221 (226 f.) = NJW 2003, 2107 ff.
[283] *Hahn*, Materialien, Band 3, S. 209; ausführlich *Lachnit*, Voraussetzungen und Umfang, S. 140 ff.; *Gillmeister* StraFo 1997, 8; KMR/*Stuckenberg* Rn. 55.
[284] Dazu § 264 Rn. 75–78.
[285] Zutreffend Löwe/Rosenberg/*Gollwitzer* Rn. 79.

muss, sich zu diesen neuen Tatsachen zu äußern.[286] Die Reichweite des Konsenses reicht allerdings nicht über die des Bestehens einer Unterrichtungspflicht hinaus; die **rechtliche Grundlage der Pflicht** ist in den Konstellationen der bloßen Änderung der Sachlage **umstritten**.[287] Dieser Streit ist kein akademisches Glasperlenspiel, sondern wirkt sich sowohl auf die **Art und Weise des zu erteilenden Hinweises** als auch auf die Frage einer **Protokollierungspflicht** des erteilten Hinweises in erheblichem Umfang aus.

Vergleichbare Rechtsfragen stellen sich auch bei **Änderungen der in Betracht zu ziehenden Rechtsfolgen** soweit es sich nicht um die in Abs. 2 normierten straferhöhenden Umstände oder die Anordnung von Maßregeln handelt. Insbesondere können sich bei auf Nebenstrafen und Nebenfolgen bezogenen Änderungen nach Hinweispflichten außerhalb der von § 265 Abs. 1 und 2 normierten ergeben.[288] 68

II. Veränderungen ausschließlich der Sachlage

1. Rechtsgrundlagen der Hinweispflicht. Die **Vorschläge** für rechtliche Grundlagen, aus denen 69 sich eine Hinweispflicht bei bloßer Änderung der (subsumtionsrelevanten) tatsächlichen Verhältnisse ergeben soll, sind **vielfältig**.[289] **Vier große Ansätze** lassen sich zusammenfassen: (1.) teilweise wird eine Anknüpfung an § 265 gewählt und eine **analoge** oder zumindest dem Rechtsgedanken nach erfolgende **Anwendung von § 265 Abs. 1** gelegentlich iVm. § 265 Abs. 4 befürwortet;[290] (2.) eine weitere Gruppe sucht die Verbindung mit der gerichtlichen Amtsaufklärungspflicht (§ 244 Abs. 2) und dem aus Art. 103 Abs. 1 GG[291] ableitbaren Gebot der **erneuten Vernehmung zur Sache** iSv. § 243 Abs. 4 S. 1 und 2, § 136 Abs. 2.[292] (3.) Die dritte Gruppe greift auf die völkerrechtliche Ebene mit **Art. 6 Abs. 3 a und b MRK** (ggf. auch Art. 14 Abs. 3 a IPBPR) zu;[293] (4.) von einigen wird letztlich auf sämtliche vorgenannten Einzelkriterien rekurriert und eine Hinweispflicht im Rahmen einer **Gesamtschau** begründet, deren einzelne Inhalte variieren können, je nachdem um welche aufklärungsbedürftigen Inhalte es sich handelt.[294]

Wie bereits angedeutet[295] ist die Bestimmung der Rechtsgrundlage für eine Hinweispflicht bei 70 bloßer Änderung der tatsächlichen Gegebenheiten der verfahrensgegenständlichen Tat nicht völlig belanglos im Hinblick auf Art und Inhalt des Hinweises sowie auf das Bestehen einer Protokollierungspflicht. Angesichts der Bandbreite der möglichen relevanten Veränderungen des die angeklagte Tat bildenden tatsächlichen Geschehens lässt sich **eine einheitliche Rechtsgrundlage** für die hier fragliche Hinweispflicht **nicht benennen**. Denn bei Veränderungen solcher Tatsachen, die unmittelbar Merkmale der vorgeworfenen Straftat ausfüllen, liegt eine den in § 265 normierten Konstellationen nahe stehende Fallgestaltung vor, während bloße Veränderungen von sonstigen entscheidungserheblichen Tatsachen eine geringere Ähnlichkeit mit den gesetzlich geregelten Fällen aufweisen. Daher bietet sich an, bei **Veränderungen von Tatbestandsmerkmale ausfüllendem tatsächlichem Geschehen** eine Hinweispflicht **analog § 265 Abs. 1** zu begründen,[296] bei **Veränderungen bei sonstigem entscheidungsrelevantem Geschehen** aber auf das Fairnessgebot des **Art. 6 Abs. 3 a und b EMRK** zu rekurrieren.[297] Art. 103 Abs. 1 GG ist für Letzteres keine geeignete

---

[286] Siehe lediglich BGH v. 28. 6. 1955 – 5 StR 646/54, BGHSt 8, 92 (96 f.); BGH v. 6. 12. 1957 – 5 StR 536/57, BGHSt 11, 88 (91) mAnm *Eb. Schmidt* JR 1958, 267; BGH v. 8. 10. 1963 – 1 StR 553/62, BGHSt 19, 141 (142 f.) mAnm *Dünnebier* JR 1964, 66; BGH v. 15. 11. 1978 – 2 StR 456/78, BGHSt 28, 196 (197) = NJW 1979, 663; BGH v. 17. 11. 1998 – 1 StR 450/98, StV 1999, 304; BGH v. 8. 11. 2005 – 2 StR 296/05, NStZ-RR 2006, 213 (214); BGH v. 22. 6. 2006 – 5 StR 79/06, NStZ-RR 2006, 316 (317); Hans.OLG Bremen v. 21. 7. 1995, StV 1996, 301 f.; OLG Hamm v. 10. 7. 2000 – 2 Ss 618/00, StraFo 2000, 342 (343); *Gillmeister* StraFo 1997, 8 ff.; *Hanack* JZ 1972, 433 f.; *Meyer* GA 1965, 257 ff.; *Schlothauer* StV 1986, 213 (222 ff.); AK-StPO/*Loos* Rn. 21; KK-StPO/*Engelhardt* Rn. 24; KMR/*Stuckenberg* Rn. 55; Löwe/Rosenberg/*Gollwitzer* Rn. 79; *Meyer-Goßner* Rn. 23; SK-StPO/*Schlüchter* Rn. 33; sehr zurückhaltend BGH v. 20. 2. 2003 – 3 StR 222/02, BGHSt 48, 221 (224 ff.) = NJW 2003, 2107 ff.
[287] Unten Rn. 69 f.
[288] Unten Rn. 84–88.
[289] Ausführlich *Niemöller*, Hinweispflicht 1988, S. 36 ff.; knapp zusammenfassend KMR/*Stuckenberg* Rn. 56 und Löwe/Rosenberg/*Gollwitzer* Rn. 80.
[290] Siehe etwa BGH v. 3. 9. 1963 – 5 StR 306/63, BGHSt 19, 88 (89); BGH v. 8. 10. 1963 – 1 StR 553/62, BGHSt 19, 141 (142); AK-StPO/*Loos* Rn. 22; HK-StPO/*Julius* Rn. 9; *Meyer-Goßner* Rn. 22: krit. dazu *Niemöller*, Hinweispflicht, S. 38 f.
[291] Insoweit *Gillmeister* StraFo 1997, 8 (9), SK-StPO/*Schlüchter* Rn. 33.
[292] *Meyer* GA 1965, 257 (260 ff.); *Schlothauer* StV 1986, 213 (223; siehe dazu AK-StPO/*Loos* Rn. 21.
[293] So vor allem *Niemöller*, Hinweispflicht, S. 51 ff.; zweifelnd insoweit die Rezension von *Trechsel* StV 1989, 228 (289 f.); im Grundsatz wie *Niemöller* auch KMR/*Stuckenberg* Rn. 56.
[294] So vor allem Löwe/Rosenberg/*Gollwitzer* Rn. 80.
[295] Rn. 67 aE.
[296] Insoweit wie die in Fn. 290 Genannten; siehe aber – zweifelnd – BGH v. 20. 2. 2003 – 3 StR 222/02, BGHSt 48, 221 (226 f.) = NJW 2003, 2107 ff.
[297] Abweichend *Niemöller*, Hinweispflicht, S. 51 ff. und KMR/*Stuckenberg* Rn. 57, die Art. 6 Abs. 3 EMRK gerade als Grundlage für einen Hinweis bei tatbestandausfüllendem Geschehen heranziehen.

§ 265   71, 72   *Zweites Buch. Verfahren im ersten Rechtszug*

Grundlage,[298] weil das GG insoweit lediglich vorgibt, dass eine Äußerungsmöglichkeit gewährt worden sein muss, nicht aber dass diese auf einer informierten Grundlage erfolgt; die Hinweispflicht ist Voraussetzung für die Gewährung rechtlichen Gehörs nicht aber mit dieser identisch.[299]

71   **2. Voraussetzungen und Umfang der Hinweispflicht.** Die **Rspr.** erachtet eine – auf welche Rechtsgrundlage auch immer gestützte – Hinweispflicht nicht bei sämtlichen Veränderungen der tatsächlichen Gegebenheiten für erforderlich sondern **differenziert**: ein Hinweis sei lediglich geboten, wenn es sich um Verschiebungen bei Tatsachen handele, die die Merkmale des Straftatbestandes ausfüllen, während Veränderungen von nicht unmittelbar auf die Tatbestandsmerkmale bezogenem tatsächlichem Geschehen gerade nicht mit einer Hinweispflicht verbunden seien.[300] Zwar ist dieser Differenzierung zuzugeben, dass sie sich in der ersten Konstellation (unmittelbar tatbestandsbezogenes tatsächliches Geschehen) nah an den von § 265 Abs. 1 erfassten Fallgestaltungen bewegt und dementsprechend in Abschichtung zu nur mittelbar relevanten Tatsachen tragfähig sein könnte.[301] Vor dem Hintergrund der Schutzzwecke sowohl von Art. 103 Abs. 1 GG, und Art. 6 Abs. 3 a und b EMRK als auch § 265 lässt sich ein unterschiedliches Schutzbedürfnis des Angeklagten im Hinblick auf eine sachgerechte Verteidigung allerdings kaum erkennen. Auch für den Schuld- oder Rechtsfolgenausspruch relevante, sich wandelnde tatsächliche Gegebenheiten, die nicht unmittelbar Merkmale eines gesetzlichen Tatbestandes sind, muss der Angeklagte kennen, um seine Verteidigung darauf einstellen zu können. Dementsprechend ist ein **Hinweis**[302] in sämtlichen Konstellationen **geboten**, in denen sich das der angeklagten Tat zugrunde gelegte **tatsächliche Geschehen in einer für den Schuld- oder Rechtsfolgenausspruch relevanten Weise verändert**.[303]

72   Selbst nach der im Ausgangspunkt restriktiveren Rspr. ist eine **Hinweispflicht u. a. in folgenden Konstellationen erforderlich**: **Ergänzung** und **Konkretisierung des Anklagesatzes** bei nicht zur Unwirksamkeit der Anklage führenden Mängeln der Informationsfunktion in Bezug auf Tatbegehung oder Tatort und -zeit.[304] **Hinzutreten von** weiteren **Einzelakten** etwa bei der Bewertungseinheit ohne (sonstige) Änderungen der rechtlichen Bewertung.[305] **Änderung des Tatobjekts**,[306] des **Tatopfers**,[307] der **Tatrichtung** durch Auswechslung des vorgeworfenen Verhaltens ohne Änderung der rechtlichen Bewertung;[308] Änderung der **Tatzeit**[309] einschließlich einer **Erweiterung des Tatzeitraums**;[310] Änderung bei der Person des Mittäters.[311] Bloß marginale Änderungen des Tatgeschehens lösen dagegen keine Hinweispflicht aus.[312] Hinweispflichten kommen allerdings lediglich insoweit in Betracht, als trotz der Änderungen der tatsächlichen Gegebenheiten die **Identität der verfahrensgegenständlichen prozessualen Tat** gewahrt bleibt. Insgesamt ist die **Rspr.** der verschiedenen Strafsenate des **BGH wenig konsistent**.[313] Das gilt insbesondere für die Fragen von Hinweispflichten zum Zwecke der Konkretisierung wirksamer, aber in der Informationsfunktion

---

[298] AA KMR/*Stuckenberg* Rn. 57 aE.
[299] Oben Rn. 3; siehe auch BayVerfGH v. 27. 10. 2004 – Vf. 11-VI-02, BeckRS 2005 20878 (zu Art. 91 Abs. 1 BayVerf).
[300] Vgl. BGH v. 15. 9. 1999 – 2 StR 530/98, NStZ 2000, 48; BGH v. 17. 11. 1999 – 1 StR 290/99, NStZ 2000, 216; BGH v. 23. 11. 2000 – 1 StR 429/00, NStZ-RR 2001, 263 f.
[301] Siehe auch oben Rn. 70 zu der hier entsprehend auf der Ebene der Rechtsgrundlagen vorgenommenen Unterscheidung.
[302] Oben Rn. 70.
[303] Im Ergebnis ebenso KMR/*Stuckenberg* Rn. 58; Löwe/Rosenberg/*Gollwitzer* Rn. 80 f.; in der Tendenz ähnlich auch AK-StPO/*Loos* Rn. 23.
[304] BGH v. 11. 1. 1994 – 5 StR 682/93, BGHSt 40, 44 (45) = NJW 1994, 2556; BGH v. 4. 11. 1997 – 1 StR 273/97, BGHSt 43, 293 (299) = NJW 1998, 913; BGH v. 29. 7. 1998 – 1 StR 94/98, BGHSt 44, 153 (157) = NJW 1998, 3788; siehe auch BGH v. 29. 7. 1998 – 1 StR 152/98, NStZ 1999, 42 f.; einschränkend BGH v. 20. 2. 2003 – 3 StR 222/02, BGHSt 48, 221 (224 ff.) = NJW 2003, 2107 ff.; zweifelnd gegenüber der restriktiven Handhabung BGH v. 8. 11. 2005 – 2 StR 296/05, NStZ-RR 2006, 213 (214).
[305] BGH v. 18. 5. 1994 – 2 StR 169/94, NStZ 1994, 495 f.
[306] BGH v. 2. 2. 1990 – 3 StR 480/89, StV 1990, 249 f.; OLG Schleswig v. 15. 2. 2002 – 2 Ss 365/01, SchlHA 2003, 192 Nr. 32 (Änderung der Art des gehandelten Betäubungsmittels).
[307] BGH v. 8. 10. 1963 – 1 StR 553/62, BGHSt 19, 141 (142 f.); *Schlothauer* StV 1986, 213 (225); siehe auch BGH v. 20. 3. 1962 – 1 StR 51/62, GA 1962, 338 (339).
[308] BGH v. 15. 11. 1978 – 2 StR 456/78, BGHSt 28, 196 (198) = NJW 1979, 663; BGH v. 19. 3. 1998 – 5 StR 575/97, NStZ-RR 1999, 37; ergänzend *Schlothauer* StV 1986, 213 (22).
[309] BGH v. 3. 9. 1963 – 5 StR 306/63, BGHSt 19, 88 mAnm *Dünnebier* JR 1964, 66; BGH v. 14. 11. 1990 – 3 StR 310/90, NJW 1991, 1900 (1902); BGH v. 6. 2. 1997 – 1 StR 629/96, StV 1997, 237 f.; BGH v. 6. 5. 1998 – 1 StR 196/98, StV 1998, 381; BGH v. 28. 1. 1992 – 1 StR 336/91, BGHR StPO § 265 Abs. 1 Hinweispflicht 8; BGH v. 8. 11. 2005 – 2 StR 296/05, NStZ-RR 2006, 213 (214); Hans.OLG Bremen v. 21. 7. 1995 – Ss 77/95, StV 1996, 301 f.
[310] BGH v. 20. 6. 1996 – 4 StR 680/95, StV 1996, 584 f.; BGH v. 15. 12. 1999 – 1 StR 611/99, NStZ-RR 2000, 293; OLG Frankfurt v. 25. 1. 1985 – 2 Ws (B) 3/85 OWiG, StV 1985, 224; vgl. auch BGH v. 23. 4. 2002 – 3 StR 505/01, StV 2002, 588 (589).
[311] BGH v. 10. 1. 2001 – 5 StR 422/00, NStZ-RR 2002, 98 Nr. 32.
[312] BGH v. 14. 8. 2002 – 1 StR 153/02, BeckRS 2002 30277713.
[313] Siehe die ausführliche Analyse der Rspr. bei BGH v. 20. 2. 2003 – 3 StR 222/02, BGHSt 48, 221 (224 – 226) = NJW 2003, 2107 ff.

dürftiger Anklagen. Ob die eine Hinweispflicht grundsätzlich ablehnende Entscheidung des 3. Strafsenats vom 20. 1. 2003[314] sich in der Rspr. der übrigen Senate durchsetzen wird, bleibt abzuwarten.[315] Der vorgenannten Entscheidung ist allerdings insoweit zuzustimmen, als nach der ursprünglichen gesetzgeberischen Konzeption sich unmittelbar aus § 265 Hinweispflichten in den fraglichen Konstellationen nicht ableiten lassen;[316] im Einzelfall erkennt auch der 3. Strafsenat bei (bloßen) Veränderungen des tatsächlichen Geschehens auf dem Gebot des rechtlichen Gehörs oder dem fair trial-Grundsatz ruhende Hinweispflichten an.[317]

Ebensowenig wie bei den Hinweisen in unmittelbarer Anwendung von § 265[318] ist das Gericht **73** verpflichtet, die Gründe offen zu legen, aus denen heraus es zu einer anderen als der in der zugelassenen Anklage erfassten Tatsachenlage gelangt ist. Dementsprechend muss das Gericht nicht auf Schlüsse hinweisen, die es aus durchgeführten Beweiserhebungen in Bezug auf den relevanten Tatsachenstoff zu ziehen gedenkt.[319]

3. Art der Erteilung des Hinweises. Über die **Art und Weise der Erteilung** eines nach dem Vor- **74** stehenden erforderlichen Hinweises über Veränderungen der Tatsachenlage besteht **keine Einigkeit**. Die Diskussion wird meist auf die Frage nach der Notwendigkeit eines **förmlichen und dann nach § 273 protokollierungspflichtigen Hinweises** sowie der damit verbundenen Frage über den Nachweis der Erteilung des Hinweises (Beweiskraft des § 274 vs. Aufklärung im Freibeweisverfahren) zugespitzt.[320] Die Zuspitzung greift jedoch zu kurz. Sie berücksichtigt nicht ausreichend, dass jedenfalls dann, wenn nicht durchgängig von notwendiger Förmlichkeit ausgegangen wird, zu klären bleibt, ob die Erteilung des **Hinweises ausdrücklich** und seitens des Gerichts zu erfolgen hat **oder** ob es bei einer **konkludenten Aufklärung des Angeklagten** durch andere Verfahrensbeteiligte bewenden kann.[321]

Die **Rspr. differenziert** auch nach der Art des zu erteilenden Hinweises: **Grundsätzlich** wird die **75** Erteilung eines **förmlichen Hinweises** nicht für **erforderlich** gehalten.[322] Vielmehr **genüge** eine **konkludente Information des Angeklagten**, die aufgrund des Gangs der Hauptverhandlung oder auf eine andere, inhaltlich ausreichend eindeutige Weise erfolge.[323] Dementsprechend ist die Erteilung eines wie auch immer gearteten Hinweises für entbehrlich gehalten worden, wenn der Angeklagte die veränderte Tatsachenlage bereits erkennbar zur Grundlage seines Verteidigungsverhaltens gemacht hat,[324] etwa weil er die neue Tatsache im Rahmen eines Geständnisses[325] selbst vorgebracht hat.[326] Soweit eine konkludente Aufklärung für ausreichend erachtet wird, entfällt mangels Förmlichkeit des Hinweises auch die Pflicht, dessen Erteilung und Inhalt in die Sitzungsniederschrift aufzunehmen. **Ausnahmsweise** ist aber die **Notwendigkeit eines förmlichen**, dann protokollierungspflichtigen **Hinweises bei Änderungen der Tatzeit** oder bei einer **wesentlichen Erweiterung des Tatzeitraums** angenommen worden.[327] Zumindest bedarf es aber eines (evtl.

---

[314] BGH v. 20. 2. 2003 – 3 StR 222/02, BGHSt 48, 221 ff. = NJW 2003, 2107 ff.
[315] Vgl. BGH v. 8. 11. 2005 – 2 StR 296/05, NStZ-RR 2006, 213 (214).
[316] Siehe aber oben Rn. 70.
[317] BGH v. 20. 2. 2003 – 3 StR 222/02, BGHSt 48, 221 (228 f.) = NJW 2003, 2107 ff.
[318] Oben Rn. 64.
[319] OLG Hamm v. 10. 7. 2000 – 2 Ss 618/00, StraFo 2000, 342 (343 f.); KMR/*Stuckenberg* Rn. 58 mwN.
[320] Exemplarisch KMR/*Stuckenberg* Rn. 60–64.
[321] Näher unten Rn. 75–78.
[322] Siehe etwa BGH v. 8. 10. 1963 – 1 StR 553/62, BGHSt 19, 141 (144) mAnm *Eb. Schmidt* JR 1964, 188; BGH v. 15. 11. 1978 – 2 StR 456/78, BGHSt 28, 196 (197 f.) = NJW 1979, 663; BGH v. 29. 7. 1998 – 1 StR 94/98, BGHSt 44, 153 (157) = NJW 1998, 3788; BGH v. 29. 7. 1998 – 1 StR 152/98, NStZ 1999, 42 (43); BGH v. 15. 9. 1999 – 2 StR 530/98, NStZ 2000, 48; BGH v. 23. 11. 2000 – 1 StR 429/00, NStZ-RR 2001, 263 f.; BGH v. 10. 1. 2001 – 5 StR 422/00, NStZ-RR 2002, 98 f.; BGH v. 8. 3. 1988 – 1 StR 14/88, StV 1988, 329 (300); BGH v. 22. 1. 1991 – 5 StR 498/90, StV 1991, 149 (150); BGH v. 20. 6. 1996 – 4 StR 680/95, StV 1996, 584 (585), BGH v. 6. 5. 1998 – 1 StR 196/98, StV 1998, 381; ausführlich BGH v. 17. 11. 1998 – 1 StR 450/98, StV 1999, 304 f. (insoweit in BGHSt 44, 256 nicht veröffentlicht); BayObLG v. 18. 12. 1992 – 1St RR 227/92, BayObLGSt 1992, 161 (162 f.); Saarl.OLG v. 20. 1. 1976 – Ss [B] 163/75, VRS 50, (1976), 438 (441 f.); OLG Schleswig v. 15. 2. 2002 – 2 Ss 365/01, SchlHA 2003, 192 Nr. 32; siehe aus verfassungsrechtlicher Sicht auch BayVerfGH v. 27. 10. 2004 – Vf. 11-VI-02, BeckRS 2005 20878 (zu Art. 91 Abs. 1 BayVerf).
[323] BGH v. 6. 12. 1957 – 5 StR 536/57, BGHSt 11, 88 (91); BGH v. 8. 10. 1963 – 1 StR 553/62, BGHSt 19, 141 (143) mAnm *Eb. Schmidt* JR 1964, 188; BGH v. 15. 9. 1999 – 2 StR 530/98, NStZ 2000, 48; BGH v. 23. 11. 2000 – 1 StR 429/00, NStZ-RR 2001, 263 f.; BGH v. 10. 1. 2001 – 5 StR 422/00, NStZ-RR 2002, 98 f.; BGH v. 14. 9. 1993 – 5 StR 478/93, StV 1994, 116; BGH v. 6. 5. 1998 – 1 StR 196/98, StV 1998, 381, BGH v. 17. 11. 1998 – 1 StR 450/98, StV 1999, 304 f.; BGH v. 28. 1. 1992 – 1 StR 336/91, BGHR StPO § 265 Abs. 1 Hinweispflicht 8; BGH v. 14. 8. 2002 – 1 StR 153/02, BeckRS 2002 30277713; BayObLG v. 18. 12. 1992 – 1St RR 227/92, BayObLGSt 1992, 161 (162 f.); OLG Schleswig v. 15. 2. 2002 - 2 Ss 365/01, SchlHA 2003, 192 Nr. 32.
[324] BGH v. 11. 11. 1980 – 1 StR 527/80, NStZ 1981, 190 (191).
[325] BGH v. 13. 2. 1991 – 3 StR 423/90, BGHR StPO § 265 Abs. 4 Hinweispflicht 10.
[326] Saarl.OLG v. 20. 1. 1976 – Ss [B] 163/75, VRS 50, 438 (441 f.).
[327] BGH v. 3. 9. 1963 – 5 StR 306/63, BGHSt 19, 88 (89) mAnm *Dünnebier* JR 1964, 66; BGH v. 22. 9. 1987 – 5 StR 378/87, StV 1988, 9; BGH v. 21. 3. 1989 – 5 StR 502/88, BGHR StPO § 265 Abs. 4 Hinweispflicht 6; BGH v. 22. 6. 2006 – 3 StR 79/06, NStZ-RR 2006, 316 (317); OLG Köln v. 7. 6. 1984 – 3 Ss 295/84, StV 1984, 414; OLG

nicht förmlichen) Hinweises durch das Gericht selbst; die Unterrichtung durch andere Verfahrensbeteiligte reicht nicht aus.[328] Die Reichweite dieser Ausnahme lässt sich in der höchstrichterlichen Rspr. kaum sicher bestimmen, weil eine erhebliche Anzahl von Entscheidungen die Frage nach der Erforderlichkeit eines förmlichen Hinweises gerade offen lässt.[329] Dieses Offenlassen hat seinen Grund häufig darin, dass ein solcher Hinweis nachweislich nicht erteilt worden war und auch eine ausreichende sonstige Information des Angeklagten über die geänderten tatsächlichen Verhältnisse nicht stattgefunden hatte.[330] Soweit in der Literatur teilweise angenommen wird, der BGH verlange einen förmlichen Hinweis in **sonstigen Fällen der Abweichung bei Tatsachen, die Merkmale des gesetzlichen Tatbestandes** betreffen, etwa bei Änderung des Tatgegenstandes,[331] bestätigen die einschlägigen Entscheidungen diese Einschätzung nicht. In unterschiedlichen Konstellationen der Auswechselung oder der Ergänzung des Tatobjekts hat der BGH einen förmlichen Hinweis gerade nicht verlangt.[332] Mit einer auf die Funktion von § 200 Abs. 1 rekurrierenden Argumentation hat der BGH allerdings bei **Klarstellung des tatsächlichen Geschehens** einer (noch) wirksamen, aber **in der Informationsfunktion lückenhaften Anklage** durch das Gericht eine Unterrichtung durch „**ausdrücklichen Hinweis**" für **erforderlich** gehalten, eine Protokollierungspflicht zwar für nahe liegend aber nicht zwingend erachtet.[333]

76 Unabhängig von der Frage der ausdrücklichen oder konkludenten Erteilung des Hinweises und der bei förmlichem Hinweis erforderlichen Protokollierung besteht aber in der Rspr. insoweit Einigkeit, als ein **Urteil nicht auf Tatsachen gestützt** werden darf, die in der zugelassenen Anklage nicht enthalten sind und **zu denen sich der Angeklagte** auch später **nicht äußern konnte**.[334] Die Information des Angeklagten muss so ausgestaltet sein, dass dieser umfassend und eindeutig über die von dem Gericht zugrunde gelegte Tatsachenlage unterrichtet ist. Schon wegen der Anforderungen von Art. 103 Abs. 1 GG muss ihm Gelegenheit gegeben werden, sich zu der neuen tatsächlichen Grundlage zu äußern und ggf. Beweisanträge zu stellen bzw. Beweisanregungen zu geben.[335] Um dem Angeklagten diese Möglichkeiten zu eröffnen, bedarf es regelmäßig seiner **Befragung zu den neuen tatsächlichen Gesichtspunkten durch das Gericht**.[336] Das erforderliche Maß an Information des Angeklagten wird nicht erreicht, wenn die neue Tatsachenlage nicht seitens des Gerichts erörtert sondern von anderen, etwa einem Zeugen, angesprochen wird.[337]

77 Teile der **Literatur** fordern dagegen für sämtliche Konstellation neuer Tatsachenlagen ohne Änderung der rechtlichen Bewertung die Erteilung eines förmlichen und protokollierungspflichtigen Hinweises.[338] Überwiegend wird jedoch der Ausgangspunkt der Rspr. geteilt, die Notwendigkeit eines förmlichen Hinweises und damit auch eine Protokollierungspflicht zu verneinen.[339] Dagegen findet die in der Rspr. des BGH in Ansätzen vorzufindende Differenzierung zwischen verschiedenen Fallgestaltungen geänderter Sachlagen[340] wenig Gefolgschaft,[341] weil ein sachlich tragender Grund

---

Schleswig v. 28. 1. 1980 – 1 Ss 696/79, MDR 1980, 516 (517); siehe aber auch BGH v. 11. 11. 1980 – 1 StR 527/80, NStZ 1981, 190 (191); BGH v. 8. 11. 2005 – 2 StR 296/05, NStZ-RR 2006, 213 (214) – offen gelassen, weil auch informeller Hinweis nicht erfolgt war; *Wachsmuth* StV 2008, 343 (344) mwN.
[328] Vgl. BGH v. 8. 11. 2005 – 2 StR 296/05, NStZ-RR 2006, 213 (214).
[329] BGH v. 14. 11. 1990 – 3 StR 310/90, NJW 1991, 1900 (1902); BGH v. 3. 7. 1991 – 2 StR 132/91, NStZ 1991, 550 (551); BGH v. 1. 6. 1994 – 2 StR 105/94, StV 1995, 116; BGH v. 20. 6. 1996 – 4 StR 680/95, StV 1996, 584 f.; BGH v. 28. 1. 1992 – 1 StR 336/91, BGHR StPO § 265 Abs. 1 Hinweispflicht 8; Hans.OLG Bremen v. 21. 7. 1995 – Ss 77/95, StV 1996, 301 (302).
[330] Lediglich exemplarisch BGH v. 12. 2. 1991 – 4 StR 506/90, StV 1991, 502.
[331] In diesem Sinne KK-StPO/*Engelhardt* Rn. 24.
[332] BGH v. 2. 2. 1990 – 3 StR 480/90, StV 1990, 249 f. (Auswechselung der Forderung bei der Vollstreckungsvereitelung, § 288 StGB); BGH v. 12. 2. 1991 – 4 StR 506/90, StV 1991, 502 (Abweichungen bei der Menge von Betäubungsmitteln).
[333] BGH v. 11. 1. 1994 – 5 StR 682/93, BGHSt 40, 44 (48) = NJW 1994, 2556; BGH v. 29. 7. 1998 – 1 StR 94/98, BGHSt 44, 153 (157) = NJW 1998, 3788; siehe auch BGH 29. 7. 1998 – 1 StR 152/98, NStZ 1999, 42 (43); BGH v. 29. 7. 1998 – 1 StR 94/98, NStZ 1999, 43; BGH v. 20. 6. 1996 – 4 StR 680/95, StV 1996, 584 (585).
[334] BGH v. 12. 6. 1957 – 5 StR 536/57, BGHSt 11, 88 (91); BGH v. 26. 11. 1986 – 3 StR 390/86, NJW 1987, 1652; BGH v. 31. 3. 1993 – 2 StR 577/92, NStZ 1994, 24; OLG Dresden v. 16. 10. 2003 – Ss (OWi) 283/03, DAR 2004, 52.
[335] BGH v. 8. 10. 1963 – 1 StR 553/62, BGHSt 19, 141 mAnm *Eb. Schmidt* JR 1964, 187; BGH v. 15. 11. 1978 – 2 StR 456/78, BGHSt 28, 196 = NJW 1979, 663; BGH v. 3. 7. 1991 – 2 StR 132/91, NStZ 1991, 550; BGH v. 22. 1. 1991 – 5 StR 498/90, StV 1991, 149 (150); BGH v. 17. 11. 1998 – 1 StR 450/98, StV 1999, 304; siehe auch *Meyer-Goßner* Rn. 23.
[336] BGH v. 15. 11. 1978 – 2 StR 456/78, BGHSt 28, 196 (198) = NJW 1979, 663; BGH v. 1. 12. 1987 – 5 StR 485/87, NJW 1988, 571; BGH v. 19. 12. 1995 – 4 StR 691/95, StV 1996, 197 (198).
[337] BGH v. 20. 6. 1996 – 4 StR 680/95, StV 1996, 584 f.; BGH v. 6. 2. 1997 – 1 StR 629/96, StV 1997, 237 (238); BGH v. 6. 5. 1998 – 1 StR 196/98, StV 1998, 381; Hans.OLG Bremen v. 21. 7. 1995 – Ss 77/95, StV 1996, 301 f.
[338] *Gillmeister* StraFo 1997, 8 (10); *Schlothauer* StV 1986, 213 (223); *Niemöller*, Hinweispflicht S. 75 ff.; siehe auch *Hamm*, Die Revision in Strafsachen, Rn. 1059.
[339] *Hanack* JZ 1972, 433 (434); *Meyer* GA 1965, 257 (261 ff.); AK-StPO/*Loos* Rn. 21 aE; KMR/*Stuckenberg* Rn. 63; KK-StPO/*Engelhardt* Rn. 24; Löwe/Rosenberg/*Gollwitzer* Rn. 81; *Meyer-Goßner* Rn. 23.
[340] Oben Rn. 75.

für eine unterschiedliche Verfahrensweise etwa bei Änderungen der Tatzeit einerseits und anderen tatsächlichen Gegebenheiten andererseits nicht erkennbar sei.[342] **Einigkeit besteht über die Befugnis des Gerichts, jeden Hinweis** auf eine geänderte Tatsachenlage **förmlich zu erteilen und zu protokollieren.**[343] Je bedeutsamer die Veränderung der tatsächlichen Lage für die zu treffende gerichtliche Entscheidung und damit auch für die Ausrichtung der Verteidigung des Angeklagten ist, desto eher empfiehlt sich die (freiwillige) Protokollierung.[344]

Die geforderte **Art der Hinweiserteilung** (förmlich, ausdrücklich, konkludent) und die damit zusammen hängende mögliche Protokollierungspflicht bei bloßen Änderungen der Sachlage kann **nicht losgelöst von der Rechtsgrundlage einer Hinweispflicht**[345] bestimmt werden.[346] Wird die Pflicht in den hier fraglichen Konstellation auf eine analoge Anwendung von § 265 Abs. 1 gestützt, muss konsequenterweise auch ein förmlicher und protokollierungspflichtiger Hinweis ergehen.[347] Denn gerade dies ist die von Abs. 1 geforderte Art des Hinweises. Alle anderen diskutierten Grundlagen machen dagegen keine unmittelbaren Vorgaben für die Art des Hinweises und die Protokollierungspflicht.[348] Entsprechend der hier vertretenen Auffassung[349] muss wegen der entsprechenden Anwendung von § 265 Abs. 1 ein **förmlicher, protokollierungsbedürftiger Hinweis** immer dann ergehen, wenn Veränderung gegenüber der zugelassenen Anklage solche **Tatsachen** betrifft, die **die Tatbestandsmerkmale** des (unveränderten) Strafgesetzes **ausfüllen**. Betrifft die Änderung des tatsächlichen Geschehens lediglich sonstige entscheidungserhebliche Umstände, kann mangels entsprechender Rechtsgrundlage ein förmlicher Hinweis nicht verlangt werden; eine Pflicht zur Protokollierung besteht dann nicht. Der Schutzzweck der Hinweispflicht auch bei bloßen Änderungen der Sachlage erfordert es aber, dass der **Hinweis durch das Gericht** (nicht durch andere Verfahrensbeteiligte) **ausdrücklich** erteilt wird.[350] Die Information des Angeklagten ohne ausdrücklichen Hinweis lediglich durch den Gang der Hauptverhandlung genügt nicht, um eine sachgerechte Ausrichtung der Verteidigung auf die neue tatsächliche Lage zu gewährleisten. Ist ein gebotener Hinweis seitens des Gerichts auf die veränderten Tatsachen unterblieben, hat der Angeklagte aber dennoch Kenntnis von diesen, etwa weil er sie selbst vorgebracht hat, hebt das nicht die Hinweispflicht auf; allerdings wird dann ein unter Verletzung der Hinweispflicht ergangenes Urteil dann nicht ohne Weiteres auf dem Verfahrensfehler beruhen.[351]

III. Veränderungen der Verfahrenslage

Die höchstrichterliche Rspr. hat in verschiedenen Einzelfällen Hinweispflichten bei Veränderungen der Verfahrenslage anerkannt.[352] Eine solche Hinweispflicht kommt in Betracht, wenn – für das Gericht erkennbar – bei dem Angeklagten der **Anschein einer in Wirklichkeit nicht bestehenden Verfahrenslage** entstanden ist oder das Gericht bei diesem **einen Vertrauenstatbestand geschaffen** hat.[353] Die **Rechtsgrundlage** dieser Hinweispflicht ist **kaum geklärt**. Soweit auf die in § 265 Abs. 1 und 4 enthaltenen Rechtsgedanken abgestellt wird,[354] trägt diese Erwägung nicht, weil es sich nicht um Veränderungen der materiell-rechtlichen Bewertung der prozessualen Tat oder deren tatsächlichen Grundlagen handelt. Nur solche Konstellationen sind Regelungsgegenstand in § 265. In Frage kommt daher lediglich die Anknüpfung an **den Grundsatz des fairen Verfahrens**.[355] **Hinweispflichten aufgrund geänderter Verfahrenslage** hat die Rspr. in folgenden **Konstellationen** angenommen:

---

[341] KK-StPO/*Engelhardt* Rn. 28 und *Meyer-Goßner* Rn. 23 referieren die einschlägige Rspr. ohne eigene Stellungnahme.
[342] KMR/*Stuckenberg* Rn. 63; im Ergebnis ebenso Löwe/Rosenberg/*Gollwitzer* Rn. 81 und 82.
[343] Siehe nur *Eb. Schmidt* JR 1964, 188; AK-StPO/*Loos* Rn. 21; KMR/*Stuckenberg* Rn. 63; Löwe/Rosenberg/*Gollwitzer* Rn. 82.
[344] Nachw. wie Fn. zuvor.
[345] Dazu oben Rn. 69.
[346] Im Ausgangspunkt zutreffend ebenso AK-StPO/*Loos* Rn. 21.
[347] AA aber BGH v. 8. 10. 1963 – 1 StR 553/62, BGHSt 19, 141 (143); BGH v. 15. 11. 1978 – 2 StR 456/78, BGHSt 28, 196 (198) = NJW 1979, 663; BGH v. 30. 3. 1988 – 3 StR 78/88, StV 1988, 329; *Meyer* GA 1965, 257 (268); KMR/*Stuckenberg* Rn. 57 aE; Löwe/Rosenberg/*Gollwitzer* Rn. 81 und 85.
[348] Insoweit ebenso KMR/*Stuckenberg* Rn. 57 aE.
[349] Oben Rn. 70.
[350] Siehe oben Rn. 59 zur direkten Anwendung von Abs. 1.
[351] Vgl. *Niemöller*, Hinweispflicht S. 70; aA Saarl.OLG v. 20. 1. 1976 – Ss (B) 163/75, VRS 50, 438 (441).
[352] Grundlegend BGH v. 7. 6. 1989 – 2 StR 66/89, BGHSt 36, 210 (216) = NJW 1989, 2270; siehe auch *Schlothauer* StV 1986, 213 (225 ff.); AK-StPO/*Loos* Rn. 25; KMR/*Stuckenberg* Rn. 65 f.
[353] Etwa BGH v. 7. 6. 1989 – 2 StR 66/89, BGHSt 36, 210 (216) = NJW 1989, 2270; BGH v. 9. 7. 1997 – 5 StR 234/96, NStZ 1998, 312; BGH v. 30. 1. 1986 – 2 StR 485/85, StV 1986, 191; ausführlicher *Gillmeister* StraFo 1997, 8 (11 ff.); *Schlothauer* StV 1986, 213 (225 ff.).
[354] Etwa BGH v. 9. 7. 1997 – 5 StR 234/96, NStZ 1998, 312.
[355] Ebenso KMR/*Stuckenberg* Rn. 65.

80 Der praktisch wohl bedeutsamste Anwendungsfall besteht im Kontext der Berücksichtigung nach **§ 154 eingestellter Taten** und **nach § 154a ausgeschiedener Tatteile**; das Gericht darf im Rahmen seiner Strafzumessung nach § 154 ausgeschiedene Tatteile nur nach vorherigem Hinweis verwerten,[356] das gilt selbst dann, wenn die Feststellungen zu den Taten auf einem Geständnis des Angeklagten beruhen.[357] Gleiches gilt für die Berücksichtigung ausgeschiedener Tatteile im Rahmen der Beweiswürdigung in Bezug auf den verbliebenen Verfahrensgegenstand.[358] In entsprechender Weise verlangt die Rspr. einen Hinweis vor der Verwendung nach § 154a ausgeschiedener Tatteile sowohl im Rahmen der Strafzumessung[359] als auch der Beweiswürdigung[360] und vor einer Wiederbeziehung nach § 154a Abs. 3.[361] Die Notwendigkeit eines Hinweises ergibt sich daraus, dass **die Verfahrenseinstellung** bzw. das Ausscheiden von Tatteilen regelmäßig **einen Vertrauenstatbestand begründen**.[362] Dementsprechend bedarf es ausnahmsweise eines Hinweises nicht, wenn nach dem Gang der Hauptverhandlung ein Vertrauenstatbestand nicht geschaffen werden konnte.[363] Bezogen auf eine Einstellung gemäß § 154 Abs. 2 ist etwa ein Vertrauenstatbestand bei einer Verfahrenslage verneint worden, bei der das Gericht über sämtliche angeklagten Einzeltaten Beweis erhoben und erst danach eine Teileinstellung beschlossen hat.[364] Selbst bei fehlendem Vertrauenstatbestand kann aber ein klarstellender Hinweis zweckmäßig sein. Hatte das Gericht zunächst selbst eine Teileinstellung nach § 154 gegenüber den Verfahrensbeteiligten angeregt, war aber später von diesem Vorschlag abgerückt, bedarf es ebenfalls eines vorherigen Hinweises.[365]

81 Hinweispflichten wegen geänderter Verfahrenslage kommen auch bei **Abgehen von vorläufigen Bewertungen von Beweiserhebungen** in Betracht; so muss das Gericht einen Hinweis erteilen, wenn es von der **Zusage einer Wahrunterstellung** abrücken will.[366] Gleiches gilt, wenn ein tatsächlicher Umstand im Urteil verwertet werden soll, in Bezug auf den eine Beweiserhebung zuvor wegen Bedeutungslosigkeit abgelehnt worden war.[367] Sogar **förmlich hinweispflichtig** soll die Verwertung der Aussage eines fehlerhaft vereidigten Zeugen als uneidliche Aussage sein.[368]

82 Bereits auf der Basis des früheren Rechts hat die Rspr. Hinweispflichten bei **Abkehr von** im Rahmen (gescheiterter) **Urteilsabsprachen** gegebenen Zusagen/Einschätzungen über Art und Höhe der zu erwartenden Sanktion begründet.[369] Nach der gesetzlichen (Teil-)Regelung von Urteilsabsprachen sind solche Hinweispflichten im zukünftigen Recht einer eigenständigen Normierung unterworfen. § 257c Abs. 4 S. 4 sieht vor, dass das Gericht die Verfahrensbeteiligten unverzüglich darüber zu informieren hat, wenn es an einer getroffenen Verständigung über den Inhalt des Urteils nicht mehr festhalten will. Einer Heranziehung des fair trial-Prinzips als Grundlage entsprechender Hinweise bei Abgehen von den ursprünglich in Aussicht gestellten Strafobergrenzen/Strafuntergrenzen bedarf es damit allenfalls noch als Auslegungsmaßstab der gesetzlichen Regelungen.

83 Vor dem Hintergrund der hier vertretenen Auffassung zur Rechtsgrundlage von Hinweispflichten bei (bloß) veränderter Verfahrenslage lässt sich ein **förmlicher** (und dann protokollierungs-

---

[356] BGH v. 20. 3. 2001 – 1 StR 543/00, StraFo 2001, 236; BGH v. 23. 9. 2003 – 1 StR 292/03, NStZ 2004, 277 f. jeweils mwN.
[357] BGH v. 9. 9. 1981 – 3 StR 290/81, BGHSt 30, 197 (198); BGH v. 7. 9. 1983 – 2 StR 278/83, NStZ 1984, 20; BGH v. 1. 9. 1997 – 5 StR 284/97, NStZ-RR 1998, 264; BGH v. 23. 10. 1997 – 4 StR 348/97, StV 1998, 252; BGH v. 12. 9. 2000 – 4 StR 305/00, StV 2000, 656.
[358] Siehe BGH v. 16. 3. 1983 – 2 StR 826/82, BGHSt 31, 302 (303) = NJW 1983, 1504; BGH v. 3. 4. 1996 – 2 StR 590/95, NJW 1996, 2585 (2586); BGH v. 20. 3. 2001 – 1 StR 543/00, StraFo 2001, 236 f.; OLG Hamm v. 19. 7. 2001 – 3 Ss 478/01, StV 2002, 187 (188).
[359] BGH v. 1. 6. 1981 – 3 StR 173/81, BGHSt 30, 147 (148) = NJW 1981, 2422; BGH v. 28.6.200 – 3 StR 156/00, NStZ-RR 2001, 15 (16).
[360] BGH v. 16. 3. 1983 – 2 StR 826/82, BGHSt 31, 302 f. = NJW 1983, 1504; BGH v. 16. 11. 1993 – 1 StR 626/93, NStZ 1994, 195; BGH v. 8. 12. 1987 – 4 StR 621/87, StV 1988, 191 (192); BGH v. 26. 5. 1992 – 1 StR 131/92, StV 1992, 452.
[361] BGH v. 16. 11. 1993 – 1 StR 626/93, NStZ 1994, 495.
[362] BGH v. 20. 3. 2001 – 1 StR 543/00, StraFo 2001, 236 f.
[363] BGH v. 13. 2. 1985 – 1 StR 704/84, NJW 1985, 1479; BGH v. 7. 1. 1986 – 1 StR 541/85, NStZ 1987, 134; BGH v. 16. 11. 1993 – 1 StR 626/93, NStZ 1994, 195; BGH v. 3. 4. 1996 – 2 StR 590/95, NJW 1996, 2585 (2586); BGH v. 20. 3. 2001 – 1 StR 543/00, StraFo 2001, 236 f.; BGH v. 23. 9. 2003 – 1 StR 292/03, NStZ 2004, 277 (278); siehe auch BVerfG v. 16. 8. 1994 – 2 BvR 647/93 (2. Kammer des 2. Senats), NStZ 1995, 76.
[364] BGH v. 20. 3. 2001 – 1 StR 543/00, StraFo 2001, 236 (237).
[365] BGH v. 22. 4. 1999 – 1 StR 46/99, StV 1999, 353 f.
[366] BGH v. 16. 2. 1961 – 2 StR 489/60, BGHSt 21, 38 f. = NJW 1966, 989; BGH v. 6. 4. 1983 – 2 StR 222/83, BGHSt 32, 44 (47) = NJW 1984, 2228; KMR/*Stuckenberg* Rn. 66.
[367] BGH v. 18. 9. 1987 – 2 StR 350/87, StV 1988, 9 f.; BGH v. 15. 12. 1992 – 5 StR 394/92, StV 1993, 173 (174).
[368] BGH v. 23. 4. 1953 – 4 StR 635/52, BGHSt 4, 130 (131 f.); BGH v. 17. 3. 1982 – 2 StR 314/81, StV 1982, 346; BGH v. 18. 5. 2000 – 4 StR 647/99, NJW 2000, 2517 (2519) (in BGHSt 46, 73 f. nicht enthalten); vgl. aber auch BGH v. 7. 6. 2000 – 3 StR 559/99, StV 2001, 5.
[369] Exemplarisch aus jüngerer Zeit BGH v. 20. 2. 1996 – 5 StR 679/95, BGHSt 42, 46 (49 f.) = NJW 1996, 1763 (1764); BGH v. 26. 9. 2001 – 1 StR 142/01, NStZ 2002, 219 f.

pflichtiger) **Hinweis nicht fordern.**[370] Da es um eine Hinweispflicht wegen eines durch das Gericht geschaffenen Vertrauenstatbestandes geht, kann die **Pflicht allein durch das Gericht erfüllt werden;** von Seiten anderer Verfahrensbeteiligter bewirkte Aufklärung – soweit aus tatsächlichen Gründen überhaupt vorstellbar – genügt hier ebenso wenig und erst recht nicht. Wegen des Anscheins einer bestimmten Verfahrenslage (etwa Teileinstellung nach § 154 und damit Nichtberücksichtigung dieser Taten im Urteil) bedarf es stets eines **ausdrücklichen Hinweises** an den Angeklagten. Der **Inhalt** des Hinweises muss so **eindeutig** sein, dass der Angeklagte seine weitere Verteidigung auf die geänderte Verfahrenslage einstellen kann. Im Fall der Teileinstellung nach § 154 oder des Ausscheidens von Tatteilen gemäß § 154a muss das Gericht den Angeklagten inhaltlich darauf hinweisen, dass der ausgeschiedene Prozessstoff dennoch etwa bei der Sanktionsbemessung berücksichtigt werden soll. Nur so wird der Angeklagte in die Lage versetzt, zB seine Täterschaft in Bezug auf die ausgeschiedenen Taten/Tatteile in Abrede zu stellen.

IV. Nebenstrafen und Nebenfolgen

Der Wortlaut von § 265 Abs. 2 ordnet einen Hinweis bei Anordnung anderer als in der zugelassenen Anklage bereits angesprochener Sanktionen lediglich für Maßregeln der Besserung und Sicherung an. Hinweispflichten im Kontext der Verhängung von Nebenstrafen und Nebenfolgen lassen sich daher **nicht auf eine unmittelbare Anwendung von Abs. 2** stützen. Der Regelungsbereich von Abs. 1 erfasst diese Fälle ebenfalls nicht, weil es sich bei den im Gesetz zugelassenen Nebenstrafen und -folgen nicht um ein „anderes Strafgesetz" handelt, sondern um Rechtsfolgen, die – soweit gesetzlich vorgesehen – Gegenstand jeder Verurteilung sein können. Ungeachtet dessen lässt sich aber kaum bestreiten, dass die Information über sämtliche und nicht nur über die in Abs. 2 genannten Rechtsfolgen einer Straftat von Bedeutung für die Ausrichtung der Verteidigung ist.[371] Angesichts der Eingriffsintensität einiger Nebenfolgen, die nicht hinter denen mancher (ambulanter) Maßregeln zurückbleibt, ist das Informationsbedürfnis nicht geringer, als bei drohender Maßregelanordnung. **Existenz und Grenzen von Hinweispflichten** sowie dessen mögliche **Rechtsgrundlagen** bei der Verhängung von Nebenstrafen und Nebenfolgen dennoch **umstritten**.

Die höchstrichterliche **Rspr.** lehnt im Grundsatz **Hinweispflichten** bei Nebenstrafen und Nebenfolgen **ab**[372] und stützt sich auf zwei Argumente: Auf formaler Ebene wird geltend gemacht, Nebenstrafen und -folgen gehörten nicht zu den notwendigen Inhalten des Anklagesatzes gemäß § 200 Abs. 1,[373] so dass es letztlich wohl an einem geeigneten Vergleichsmaßstab für die Abweichung von der „zugelassenen Anklage" fehlen soll. Auf materialer Ebene verneint die Rspr. die Schutzbedürftigkeit des Angeklagten, indem auf dessen Obliegenheit verwiesen wird, sich selbst über sämtliche Unrechtsfolgen zu informieren.[374] Der Grundsatz soll unabhängig davon gelten, ob die Verhängung der Nebenstrafen und -folgen obligatorisch ist oder im Ermessen des Gerichts steht.[375] Für fakultative Nebenfolgen ist allerdings vereinzelt eine Durchbrechung angenommen worden.[376] In Umsetzung des Grundsatzes sind **Hinweispflichten** in folgenden Konstellationen **abgelehnt** worden: Anordnung der **Einziehung** (§ 74 StGB);[377] Anordnung des **Verfalls** (§ 73 StGB);[378] Anordnung des Verlusts bürgerlicher Ehrenrechte gemäß § 45 StGB[379] sowie bei der **Bekanntmachung der Verurteilung** nach § 200 StGB bei öffentlich oder durch Verbreiten von Schriften begangenen Beleidigungsdelikten.[380]

---

[370] Siehe bereits oben Rn. 78 zu der parallelen Fragestellung bei Hinweisen wegen geänderter tatsächlicher Grundlage der verfahrensgegenständlichen Tat.
[371] Vgl. insoweit KMR/*Stuckenberg* Rn. 54 sowie auch AK-StPO/*Loos* Rn. 20.
[372] Siehe nur BGH v. 27. 9. 1951 – 3 StR 596/51, BGHSt 2, 85 (88); BGH v. 8. 2. 1961 – 2 StR 622/60, BGHSt 16, 47 (48) = NJW 1961, 1222; BGH v. 8. 5. 1980 – 4 StR 172/80, BGHSt 29, 274 (276 ff.) = NJW 1980, 2479.
[373] BGH v. 27. 9. 1951 – 3 StR 596/51, BGHSt 2, 85 (88); BGH v. 8. 2. 1961 – 2 StR 622/60, BGHSt 16, 47 (48) = NJW 1961, 1222; BGH v. 8. 5. 1980 – 4 StR 172/80, BGHSt 29, 274 (276 ff.) = NJW 1980, 2479; OLG Stuttgart v. 23. 5. 1972 – 3 Ss 171/72, VRS 44, 134.
[374] BGH v. 8. 5. 1980 – 4 StR 172/80, BGHSt 29, 274 (277) = NJW 1980, 2479; KG v. 14. 4. 1977 – 3 Ss 102, 77, VRS 53, (1977), 42 f.; siehe auch *Meyer* JR 1971, 518; KK-StPO/*Engelhardt* Rn. 6; *Meyer-Goßner* Rn. 24; SK-StPO/*Schlüchter* Rn. 9 und 35.
[375] BGH v. 5. 3. 1969 – 4 StR 610/68, BGHSt 22, 336 (338); BGH v. 8. 5. 1980 – 4 StR 172/80, BGHSt 29, 274 (277) = NJW 1980, 2479; KG v. 14. 4. 1977 – 3 Ss 102, 77, VRS 53, (1977), 42; zustimmend KK-StPO/*Engelhardt* Rn. 6; *Meyer-Goßner* Rn. 24; SK-StPO/*Schlüchter* Rn. 35.
[376] OLG Hamm v. 22. 3. 1971 – 1 Ss 411/77, VRS 41, 100 f.; zustimmend *Schlothauer* StV 1986, 213 (221); siehe auch unten Rn. 86.
[377] BGH v. 8. 2. 1961 – 2 StR 622/60, BGHSt 16, 47 (48) = NJW 1961, 1222; aA BGH v. 2. 10. 1984 – 5 StR 620/84, StV 1984, 453 mAnm *Schlothauer* StV 1986, 213 (222); *Hamm* Rn. 1054.
[378] RG v. 7. 2. 1884 – 139/1884, RGSt 10, 139 (140).
[379] KK-StPO/*Engelhardt* Rn. 6; KMR/*Stuckenberg* Rn. 53; *Meyer-Goßner* Rn. 24; siehe auch BGH v. 5. 3. 1969 – 4 StR 610/68, BGHSt 22, 336 (337).
[380] RG v. 5. 10. 1900 – 2791/00, RGSt 33, 398 (399).

86 Als **Ausnahme** wird eine – meist – auf eine analoge Anwendung von § 265 Abs. 1 und 2 gestützte **Hinweispflicht** aber von Teilen der Rspr. **bei Nebenfolgen** angenommen, deren Verhängung **besondere Umstände** erfordern; das ist letztlich allein für das **Fahrverbot nach § 25 StVG** befürwortet worden.[381] In diesem Kontext soll eine Hinweispflicht sogar bestehen, wenn das Gericht abweichend vom Bußgeldbescheid die Vergünstigung des § 25 Abs. 2 a StVG nicht anwenden will.[382] Da bei dem **Fahrverbot des § 44 StGB** solche besonderen Umstände nicht erforderlich sind, wird für diese Nebenfolge eine **Hinweispflicht** von der wohl überwiegenden Auffassung **abgelehnt**.[383] Vereinzelt wird eine differenzierende Auffassung eingenommen und das Bestehen einer Hinweispflicht davon abhängig gemacht, ob der Angeklagte nach dem Gang der Hauptverhandlung mit der Verhängung der fraglichen Nebenstrafe oder -folge rechnen musste.[384] Allerdings ist eine Hinweispflicht bejaht worden, wenn der Tatrichter in einem Ordnungswidrigkeitenverfahren entgegen einer in der Hauptverhandlung geäußerten Bewertung doch wie bereits im Bußgeldbescheid ein Fahrverbot verhängen will;[385] allerdings rührt hier die Hinweisweispflicht aus dem vom Gericht geschaffenen Vertrauenstatbestand her und betrifft damit die Konstellation der Hinweispflicht bei geänderter Verfahrenslage.[386]

87 Die uneinheitliche und wenig konsequente **Rspr. überzeugt nicht.** Bereits ihre beiden Prämissen[387] sind nicht tragfähig. Zum einen legt die Informationsfunktion der Anklageschrift eine Aufnahme auch von allein die Rechtsfolgen betreffenden Vorschriften nahe.[388] Zum anderen ist ein sachlich legitimierender Grund für die unterschiedliche Behandlung von Maßregeln einerseits und Nebenstrafen bzw. Nebenfolgen andererseits vor dem Hintergrund der Gewährleistung einer sachgerechten Verteidigung nicht zu erkennen.[389] Im Hinblick auf das Letztgenannte besteht bei der Anordnung von Nebenstrafen und -folgen eine auf die **analoge Anwendung von Abs. 2 gestützte Hinweispflicht** in allen Konstellationen, in denen der Schutzzweck dieser Vorschrift und die Rechtsähnlichkeit diese gebietet. Das ist jedenfalls immer dann der Fall, wenn **besondere Umstände** für die Anordnung der Rechtsfolgen erforderlich sind, deren Vorliegen sich erst in der Hauptverhandlung ergibt und die daher in der zugelassenen Anklage nicht enthalten sind.[390] Darüber hinaus besteht die Hinweispflicht auf der genannten Grundlage auch bei **im Ermessen des Gerichts stehenden Nebenstrafen und Nebenfolgen** (wie etwa grundsätzlich die Einziehung nach § 74 StGB), weil die Verteidigung sich auf die für die Ausübung des Ermessens leitenden tatsächlichen und rechtlichen Aspekte einrichten können muss, um auf die Entscheidung des Gerichts Einfluss nehmen zu können.[391] Ebenso besteht eine **Hinweispflicht** entsprechend Abs. 2 bei **Übergang von** einer in der Anklage enthaltenen **Maßregel** (etwa §§ 69, 69a StGB) **auf eine Nebenstrafe**;[392] in der umgekehrten Konstellation wäre Abs. 2 ohnehin unmittelbar einschlägig. Beruht die mögliche Verhängung von Nebenstrafen oder -folgen auf in der Anklage nicht angesprochenem tatsächlichem Geschehen muss der Angeklagte Gelegenheit erhalten, sich zu diesem zu äußern (arg. Art. 103 Abs. 1 GG).[393]

---

[381] BGH v. 8. 5. 1980 – 4 StR 172/80, BGHSt 29, 274 (279) = NJW 1980, 2479; OLG Düsseldorf v. 24. 7. 1989 – 2 Ss 16/89 – 96/89 II, VRS 77, 367; OLG Düsseldorf v. 4. 3. 1994 – 5 Ss OWi 56/94 – 50/94 I, VRS 87, 203 f.; OLG Hamm v. 26. 3. 1979 – 3 Ss OWi 169/79, MDR 1980, 161; OLG Hamm v. 12. 4. 2005 – 3 Ss OWi 191/05, StraFo 2005, 298; KG v. 14. 4. 1977 – 3 Ss 102/77, VRS 53, 42 (43); OLG Koblenz v. 14. 5. 1986 – 1 Ss 125/86, VRS 71, 209 (210 ff.); OLG Koblenz v. 27. 3. 2008 – 2 Ss 18/08, VRR 2008, 163; OLG Köln v. 19. 7. 1974 – 1 Ss OWi 132/74, VRS 48, 52 (53); OLG Stuttgart v. 23. 5. 1972 – 3 Ss 171/72, VRS 44, 134 f.; zustimmend Löwe/Rosenberg/*Gollwitzer* Rn. 35; *Meyer-Goßner* Rn. 24; KMR/*Stuckenberg* Rn. 54; SK-StPO/*Schlüchter* Rn. 35.
[382] OLG Schleswig v. 25. 9. 2002 – 1 SsOWi 11/02, SchlHA 2003, 214 – unklar, ob die Grundlage § 265 Abs. 2 oder die allgemeine Fürsorgepflicht sein soll.
[383] KG v. 14. 4. 1977 – 3 Ss 102/77, VRS 53, 42 (43); OLG Koblenz v. 25. 3. 1971 – 1 Ss I/71, NJW 1971, 1472 f. mAnm *Händel*; KK-StPO/*Engelhardt* Rn. 6; *Meyer-Goßner* Rn. 24; SK-StPO/*Schlüchter* Rn. 35; aA BayObLG v. 21. 6. 1078 – RReg 1 St 89/78, BayObLGSt 1978, 89 (92 f.); OLG Hamm v. 22. 3. 1971 – 4 Ss 1063/70, VRS 41, 100 f. mAnm *Meyer* JR 1971, 518; OLG Hamm v. 21. 9. 1979 – 4Ss 1284/79, GA 1981, 174; *Hanack* JZ 1972, 433; *Schlothauer* StV 1986, 213 (221 f.); *Sarstedt/Hamm* Rn. 1054; KMR/*Stuckenberg* Rn. 54; offen gelassen von BGH v. 8. 5. 1980 – 4 StR 172/80, BGHSt 29, 274 (281) = NJW 1980, 2479.
[384] Vor allem OLG Celle v. 27. 9. 1977 – 1 Ss 411/77, VRS 54, 268 (269); siehe auch OLG Düsseldorf v. 4. 3. 1994 – Ss OWi 56/94 – 50/94 I, MDR 1994, 822.
[385] OLG Oldenburg v. 29. 3. 1993 – Ss 91/93 – 54 Js 31448/92, NZV 1993, 278.
[386] Oben Rn. 79 und 82; Bewertung wie hier auch bei KMR/*Stuckenberg* Rn. 66.
[387] Oben Rn. 85.
[388] Zutreffend KMR/*Stuckenberg* Rn. 54 mwN.
[389] Ebenso OLG Hamm v. 22. 3. 1971 – 4 Ss 1063/70, VRS 41, (1971), 100 (101); KMR/*Stuckenberg* Rn. 54; siehe auch Löwe/Rosenberg/*Gollwitzer* Rn. 35.
[390] Wie hier bereits BGH v. 8. 5. 1980 – 4 StR 172/80, BGHSt 29, 274 (280) = NJW 1980, 2479; *Schlothauer* StV 1986, 213 (221 f.), KMR/*Stuckenberg* Rn. 54; Löwe/Rosenberg/*Gollwitzer* Rn. 35.
[391] BGH v. 2. 10. 1984 – 5 StR 620/84, StV 1984, 453 mAnm *Schlothauer*; *Hanack* JZ 1972, 433; *Schlothauer* StV 1986, 213 (221 f.); HK-StPO/*Julius* Rn. 4; KMR/*Stuckenberg* Rn. 54.
[392] KMR/*Stuckenberg* Rn. 54; insoweit aA OLG Celle v. 27. 9. 1977 – 3 Ss 102/77, VRS 54, 268.
[393] Vgl. Löwe/Rosenberg/*Gollwitzer* Rn. 35 aE.

Beruht die Hinweispflicht auf einer analogen Anwendung von Abs. 2 resultiert daraus die 88
Notwendigkeit eines **förmlichen und protokollierungspflichtigen Hinweises**. Die bloße Unterrichtung durch andere Verfahrensbeteiligte oder aufgrund des Gangs der Hauptverhandlung als solcher genügt nicht.[394]

D. Verfahren nach Erteilung des Hinweises

Das Gesetz enthält für die Gestaltung des Verfahrens nach einem auf Abs. 1 oder 2 beruhenden 89
Hinweis lediglich die Vorgabe, dass dem Angeklagten **Gelegenheit zur Verteidigung** zu geben ist. Es obliegt dem **Vorsitzenden** in Umsetzung dieser Vorgabe, dem Angeklagten diese Gelegenheit einzuräumen, indem er ihm ermöglicht, **zu der veränderten tatsächlichen und rechtlichen Lage Stellung zu nehmen** sowie ggf. **Anträge zu stellen**.[395] Um eine effektive Neuausrichtung der Verteidigung zu gewährleisten, wird es **regelmäßig einer ausdrücklichen Befragung** des Angeklagten durch den Vorsitzenden bedürfen.[396] Bedarf die Wahrnehmung der Gelegenheit zur Verteidigung etwa wegen Art und Ausmaß der neuen rechtlichen Bewertung der Tat oder wegen für Abs. 1 oder 2 relevanter neuer Tatsachen eines längeren Zeitraums, kann – auch außerhalb von Abs. 3 und 4 – eine Verschiebung des Hauptverhandlungstermins erforderlich sein.[397] Sollte sich die Notwendigkeit des Hinweises erst unmittelbar vor der Beratung des Gerichts oder der Urteilsverkündung[398] ergeben, muss der Vorsitzende gegenüber dem Angeklagten eindeutig zum Ausdruck bringen, dass das Gericht ungeachtet des Verfahrensstadiums bereit ist, Äußerungen des Anklagten zur neuen Lage und darauf bezogene Anträge entgegen zu nehmen und sich damit auseinander zu setzen.[399] Das Gericht darf sich dann nicht ohne Weiteres zur Beratung zurückziehen und das Urteil ohne vorherige Befragung des Angeklagten verkünden;[400] erfolgt der Hinweis erst nach der Beratung, bedarf es ohnehin bereits des Wiedereintritts in die Verhandlung und der erneuten Gewährung des letzten Wortes an den Angeklagten.[401]

Die in Abs. 1 und 2 („entsprechend zu verfahren") vorgeschriebene Einräumung der „Gelegenheit zur Verteidigung" ergibt sich auch aus dem Schutzzweck der Vorschrift, eine sachgerechte 90
Verteidigung auf informeller Grundlage zu gewährleisten. Die zuvor genannte Verfahrensweise, den Angeklagten durch Befragung seitens des Vorsitzenden die Möglichkeit zu geben, sich zu äußern und Anträge zu stellen, ist wegen der weitgehend gleichen Schutzrichtung **auch bei** solchen **Hinweispflichten** anzuwenden, die ihre Grundlage entweder in einer **entsprechenden Anwendung von Abs. 1 und 2 oder unmittelbar dem fair trial-Grundsatz** haben.[402]

Führt die hinweispflichtige Änderung des rechtlichen Gesichtspunkts oder die veränderte Sank- 91
tionserwartung zu dem Vorliegen der Voraussetzungen **notwendiger Verteidigung** (§ 140 Abs. 1 und 2), muss mit der Erteilung des Hinweises dem bis dahin unverteidigten Angeklagten ein Pflichtverteidiger bestellt werden.[403]

E. Aussetzung der Hauptverhandlung nach Abs. 3 und 4

I. Allgemeines

Die durch Abs. 3 und 4 notwendige oder mögliche Aussetzung (§ 228 Abs. 1) der Hauptverhand- 92
lung **ergänzt den durch** die Hinweispflichten nach **Abs. 1 und 2 bewirkten Schutz** vor Überraschung um eine zeitliche Komponente, um dem Angeklagten auch insoweit Gelegenheit zu geben, seine Verteidigung auf die neue Sach- und Rechtslage einzustellen.[404] Der wesentliche Unterschied besteht – von einer Abweichung im Anwendungsbereich abgesehen[405] – darin, dass **Abs. 3** dem Angeklagten auf seinen Antrag hin einen **Anspruch auf Aussetzung** gewährt, bei dem allein die Länge der Aussetzungsfrist im Ermessen des Gerichts steht. **Abs. 4** eröffnet dagegen dem Gericht ein Er-

---

[394] Insoweit ebenso OLG Hamm v. 12. 4. 2005 – 3 Ss OWi 191/05, StraFo 2005, 298 f. mit zahlr. Nachw.
[395] Siehe BGH v. 17. 5. 1990 – 1 StR 157/90, NStZ 1990, 449; BGH v. 19. 12. 1995 – 4 StR 691/95, StV 1996, 197 f.; KK-StPO/*Engelhardt* Rn. 22; KMR/*Stuckenberg* Rn. 48; Löwe/Rosenberg/*Gollwitzer* Rn. 65.
[396] Wie hier KMR/*Stuckenberg* Rn. 48; Löwe/Rosenberg/*Gollwitzer* Rn. 65; SK-StPO/*Schlüchter* Rn. 26.
[397] BayObLG v. 30. 1. 1985 – 2 Ob OWi 347/84, bei *Rüth* DAR 1986, 248.
[398] Zum Zeitpunkt der Hinweiserteilung oben Rn. 65.
[399] Vgl. RG v. 25. 4. 1894 – 1370/94, RGSt 25, 340 (341 f.); Löwe/Rosenberg/*Gollwitzer* Rn. 65.
[400] RG v. 25. 4. 1894 – 1370/94, RGSt 25, 340 (341 f.); KK-StPO/*Engelhardt* Rn. 22; KMR/*Stuckenberg* Rn. 48; Löwe/Rosenberg/*Gollwitzer* Rn. 65.
[401] Oben Rn. 65.
[402] Zu solchen Hinweispflichten oben Rn. 67–88.
[403] OLG Düsseldorf v. 1. 3. 1984 – 5 Ss 63/84 – 59/84 I, StV 1984, 369 (370).
[404] Dazu bereits oben Rn. 7.
[405] Unten Rn. 93.

messen, **ob es** überhaupt einer **Aussetzung bedarf.** Die Anregung dazu kann – auch als Antrag – von anderen Verfahrensbeteiligten ausgehen.[406]

93 Die Aussetzung nach Abs. 3 und 4 kommt **in allen Verfahrensstadien** in Betracht, in denen auch ein Hinweis nach Abs. 1 oder 2 geboten ist.[407] Bei **Abs. 3** besteht insoweit eine **Ausnahme,** als dieser **im Privatklageverfahren nicht** zur Anwendung gelangt (vgl. § 384 Abs. 4).

II. Aussetzung bei veränderter Sach- und Rechtslage (Abs. 3)

94 Ein Aussetzungsanspruch des Angeklagten nach Abs. 3 setzt eine **Änderung sowohl der Sach- als auch der Rechtslage** voraus; das Hervortreten neuer tatsächlicher Umstände allein genügt ebenso wenig wie eine bloße neue rechtliche Bewertung des unveränderten tatsächlichen Geschehens.[408] Verändert sich ausschließlich das der Tat zugrunde liegende tatsächliche Geschehen, kommt aber eine Aussetzung nach Abs. 4 in Betracht. Die Voraussetzungen des Aussetzungsanspruchs gemäß Abs. 3 sind mit denen der Hinweispflicht nach Abs. 1 und 2 kongruent, so dass **neben der** (beantragten) **Aussetzung** auch **stets** ein rechtlicher **Hinweis** ergehen muss. Die Erteilung des Hinweises ist aber keine Voraussetzung des Aussetzungsanspruchs.[409] Die Voraussetzungen des Abs. 3 einschließlich des erforderlichen Antrages müssen für jeden **Mitangeklagten** in eigener Person vorliegen.[410]

95 **1. Voraussetzungen.** Auf der Ebene der **Änderung der Sachlage** bedarf es „neu hervorgetretener Umstände". Entsprechend dem zu Abs. 2 Ausgeführten[411] liegen **neue** Umstände nicht nur dann vor, wenn es sich um tatsächliches Geschehen handelt, das nicht bereits in der zugelassenen Anklage oder anderen Bezugsgegenständen[412] enthalten war (insoweit allgM) sondern auch, wenn zwar der tatsächliche Umstand als solcher bereits Gegenstand der zugelassenen Anklage etc. war, seine rechtsfolgenrelevante Bedeutung aber erst in der jetzigen Hauptverhandlung erkannt wird.[413] Dieses Verständnis der Neuheit der Tatsachen gilt sowohl für straferhöhende Umstände als auch solche, die zur Anordnung bisher nicht angesprochener Maßregeln führen können. Die in der Rspr. zu Abs. 2 vorgenommene Differenzierung zwischen straf- und maßregelrelevanten neuen Umständen bei der Bestimmung der Neuheit der Tatsachen ist aus den zu Abs. 2 erörterten Gründen nicht zu folgen.[414] Neue tatsächliche **Umstände** sind sämtliche, die die Merkmale des jeweiligen Straftatbestands ausfüllen und für den Rechtsfolgenausspruch von Bedeutung sind; nicht erfasst sind davon neue Beweismittel,[415] bei deren Vorliegen aber Abs. 4 zur Anwendung gelangen kann.

96 Auf der Ebene der **Änderung der Rechtslage** müssen die neu hervorgetretenen Umstände die Bestrafung des Angeklagten aus einem schwereren als dem in der zugelassenen Anklage enthaltenen Strafgesetz oder die Anordnung einer dort nicht genannten Maßregel zulassen. Die **Schwere des Strafgesetzes** ist daran zu messen, ob anstelle oder neben dem in der Anklage genannten Straftatbestand ein solcher mit einem **abstrakt höheren Strafrahmen** tritt;[416] so etwa bei dem Übergang von § 212 zu § 211 StGB.[417] Ob es sich um rechtsfolgenrelevante Änderungen handelt, bestimmt sich nach denselben Regeln wie bei Abs. 2;[418] erfasst sind damit nicht nur **Qualifikationen** und in **Regelbeispielen** vertypte besonders schwere Fälle sondern auch die Anwendung eines allgemeinen besonders schweren Falls außerhalb der Regelbeispiele und bei gänzlich unbenannten besonders schweren Fällen. Kommt aufgrund neu hervorgetretener Umstände die Anwendung in der zugelassenen Anklage nicht enthaltener **Nebenstrafen** oder **-folgen** in Betracht, bedarf es in Entsprechung zu der diesbezüglichen Hinweispflicht[419] einer **analogen Anwendung von Abs. 3.**

---

[406] Näher Unten Rn. 116.
[407] Zum Anwendungsbereich von Abs. 1 und 2 insoweit oben Rn. 8–11.
[408] Vgl. RG v. 22. 5. 1906 – V 142/06, RGSt 39, 17 (18); AK-StPO/*Loos* Rn. 35 f.; KK-StPO/*Engelhardt* Rn. 25; KMR/*Stuckenberg* Rn. 70.
[409] AK-StPO/*Loos* Rn. 34; KMR/*Stuckenberg* Rn. 70.
[410] *Gollwitzer*, FS Sarstedt, 1981, S. 15 (32 u. 35); HK-StPO/*Julius* Rn. 25; KMR/*Stuckenberg* Rn. 69; Löwe/Rosenberg/*Gollwitzer* Rn. 86.
[411] Oben Rn. 44.
[412] Oben Rn. 15–18.
[413] AK/StPO/*Loos* Rn. 35 iVm. Rn. 7; KMR/*Stuckenberg* Rn. 70; aA BGH v. 24. 1. 2006 – 1 StR 561/05, wistra 2006, 191.
[414] Oben Rn. 44.
[415] RG v. 12. 10. 1918 – V 656/18, RGSt 52, 249 (251); KK-StPO/*Engelhardt* Rn. 26; KMR/*Stuckenberg* Rn. 70; Löwe/Rosenberg/*Gollwitzer* Rn. 87; Meyer-Goßner Rn. 36; SK-StPO/*Schlüchter* Rn. 36.
[416] AK-StPO/*Loos* Rn. 36; Löwe/Rosenberg/*Gollwitzer* Rn. 89; Meyer-Goßner Rn. 36.
[417] BGH v. 1. 3. 1993 – 5 StR 698/92, NStZ 1993, 400.
[418] Dazu oben Rn. 46–48.
[419] Oben Rn. 87.

Der Aussetzungsanspruch nach Abs. 3 setzt **vom Angeklagten bestrittene, neu hervorgetretene** 97
Umstände voraus. Stellt der Angekagte die Richtigkeit der tatsächlichen Umstände nicht in Abrede, sondern bestreitet er lediglich deren Relevanz für den Rechtsfolgenausspruch oder begehrt er ohne Bestreiten der Richtigkeit der Tatsachen lediglich mehr Zeit für die Vorbereitung seiner Verteidigung, begründet dies keinen Anspruch gemäß Abs. 3 (allgM).[420]

Der Anspruch aus Aussetzung verlangt einen auf die Behauptung, auf seine Verteidigung nicht 98 genügend vorbereitet zu sein, gestützten **Antrag** des Angeklagten.[421] Die **Behauptung ungenügender Vorbereitung** genügt; einer näheren Darlegung der ungenügenden Vorbereitung bedarf es als Zulässigkeitsvoraussetzung des Antrags nicht.

2. Belehrung über das Antragsrecht. Das Gesetz enthält **keine ausdrückliche** an das Gericht ad- 99 ressierte **Pflicht**, den Angeklagten **über das Antragsrecht** nach Abs. 3 zu **belehren**. Gelegentlich wird wegen der Möglichkeit des Gerichts, gemäß Abs. 4 selbst ohne Antrag des Angeklagten auszusetzen, eine aus der fair trial-Grundsatz oder der allgemeinen Fürsorgepflicht abgeleitete Belehrungspflicht verneint.[422] Angesichts des in Abs. 3 gewährten Aussetzungsanspruchs in Relation zur bloßen Ermessensentscheidung des Gerichts in Abs. 4 dürfte es jedoch vorzugswürdig sein, eine auf die allgemeine gerichtliche **Fürsorgepflicht** gestützte, durch den Vorsitzenden zu erfüllende **Belehrungspflicht** über das Antragsrecht **anzunehmen**.[423] Bleibt ein Antrag trotz entsprechender Belehrung aus, kann das Gericht nach eigenem Ermessen dennoch auf der Grundlage von Abs. 4 aussetzen.[424]

3. Entscheidung des Gerichts. Die Entscheidung über den Aussetzungsantrag trifft das Gericht 100 durch **Beschluss**, der in der Hauptverhandlung verkündet und begründet wird.[425] Dieser sollte **unverzüglich** auf den Antrag hin ergehen, um dem Angeklagten im Fall der Ablehnung noch in der Hauptverhandlung die Gelegenheit zur Stellungnahme und ggf. weiteren Anträgen zu geben.[426] Ein Zuwarten mit der Beschlussfassung bis zum Ende der Beweisaufnahme ist zulässig, wenn deren Ergebnis auf die Entscheidung Einfluss haben kann.[427]

Liegen die Voraussetzungen des Aussetzungsanspruchs[428] vor, **muss das Gericht** die Aussetzung 101 **beschließen**. Ob neue tatsächliche Umstände vorliegen, aufgrund derer eine Verurteilung aus einer schweren Straftat oder die Anordnung einer Maßregel in Frage kommt, hat allein das Gericht zu beurteilen. An die Einschätzung des Angeklagten, der sich dazu in seinem Antrag auch nicht verhalten muss,[429] ist es insoweit nicht gebunden. Gebunden ist das Gericht dagegen an die Behauptung des Angeklagten, wegen der geänderten Sach- und Rechtslage nicht genügend auf seine Verteidigung vorbereitet zu sein.[430]

Beschließt das Gericht die Aussetzung, liegt die Bestimmung der **Dauer im Ermessen des Ge-** 102 **richts**.[431] Die Ermessensausübung hat sich an den Verteidigungsinteressen des Angeklagten zu orientieren;[432] eine zu kurze Dauer ist ermessensfehlerhaft.[433] Selbst wenn eine bloße Unterbrechung der Hauptverhandlung den Verteidigungsinteressen des Angeklagten auf Grund der konkreten Umstände genügen mag, sieht das Gesetz im Rahmen von Abs. 3 eine **Unterbrechung** nicht vor; deren Anordnung ist daher **nicht zulässig**.[434] Die derzeitige Regelung mag wenig praktikabel

---

[420] Siehe nur BGH v. 24. 1. 2006 – 1 StR 561/05, wistra 2006, 191; KK-StPO/*Engelhardt* Rn. 27; Löwe/Rosenberg/*Gollwitzer* Rn. 91; SK-StPO/*Schlüchter* Rn. 38.
[421] Zur Formulierung des Antrags siehe *Burhoff* StV 1997, 432 (433).
[422] Vgl. BGH v. 16. 9. 1997 – 5 StR 491/97, StV 1998, 252 (im Ergebnis offen lassend); SK-StPO/*Schlüchter* Rn. 40; wohl auch *Meyer-Goßner* Rn. 36.
[423] RG v. 26. 3. 1931 – III 113/31, RGSt 65, 246 (248); OLG Düsseldorf v. 20. 8. 1982 – 5 Ss OWi 222/82 – 184/82 I, StV 1982, 559 (560); AK-StPO/*Loos* Rn 38; HK-StPO/*Julius* Rn. 15; KK-StPO/*Engelhardt* Rn. 28; KMR/*Stuckenberg* Rn. 73.
[424] RG v. 26. 3. 1931 – III 113/31, RGSt 65, 246 (247); AK-StPO/*Loos* Rn. 38; KK-StPO/*Engelhardt* Rn. 28; KMR/*Stuckenberg* Rn. 73 aE; Löwe/Rosenberg/*Gollwitzer* Rn. 86.
[425] Löwe/Rosenberg/*Gollwitzer* Rn. 94.
[426] AllgM; siehe AK-StPO/*Loos* Rn. 39; KK-StPO/*Engelhardt* Rn. 28; KMR/*Stuckenberg* Rn. 74; Löwe/Rosenberg/*Gollwitzer* Rn. 94; *Meyer-Goßner* Rn. 37; SK-StPO/*Schlüchter* Rn. 42.
[427] AK-StPO/*Loos* Rn. 39; KMR/*Stuckenberg* Rn. 74; Löwe/Rosenberg/*Gollwitzer* Rn. 94; SK-StPO/*Schlüchter* Rn. 42.
[428] Rn. 94–97.
[429] Oben Rn. 97 aE; siehe auch AK-StPO/*Loos* Rn. 39; KK-StPO/*Engelhardt* Rn. 26; KMR/*Stuckenberg* Rn. 72; Löwe/Rosenberg/*Gollwitzer* Rn. 93; *Meyer-Goßner* Rn. 36.
[430] Vgl. HK-StPO/*Julius* Rn. 15; KK-StPO/*Engelhardt* Rn. 27; KMR/*Stuckenberg* Rn. 72; Löwe/Rosenberg/*Gollwitzer* Rn. 93; SK-StPO/*Schlüchter* Rn. 39.
[431] KMR/*Stuckenberg* Rn. 74; Löwe/Rosenberg/*Gollwitzer* Rn. 94.
[432] Zu den berücksichtigungsfähigen Aspekten im Einzelnen unten Rn. 117–119.
[433] BGH v. 20. 3. 1963 – 3 StR 57/62 (zit. nach KK-StPO/*Engelhardt* Rn. 26).
[434] Zutreffend BGH v. 24. 1. 2003 – 2 StR 215/02, BGHSt 48, 183 mAnm *Mitsch* NStZ 2004, 396; AK-StPO/*Loos* Rn. 39; HK-StPO/*Julius* Rn. 16; *Meyer-Goßner* Rn. 37; aA aber contra legem etwa KMR/*Stuckenberg* Rn. 74; SK-StPO/*Schlüchter* Rn. 43; siehe auch Löwe/Rosenberg/*Gollwitzer* Rn. 94 iVm. Rn. 108.

sein, ihre Umgehung ist aber auf dem Weg der Auslegung angesichts des eindeutigen Wortlauts nicht zu erreichen.[435]

III. Aussetzung bei Veränderung ausschließlich der Sachlage (Abs. 4)

103 **1. Allgemeines.** Abweichend von Abs. 3 erfasst die durch **Abs. 4** eröffnete Aussetzungsmöglichkeit **bloße Veränderungen der Sachlage**,[436] soweit sich durch diese Änderungen Auswirkungen auf die sachgerechte Vorbereitung der Anklage oder der Verteidigung ergeben können. Durch die Einbeziehung des Interesses an genügender Zeit zur **Vorbereitung der Anklage** nach Änderungen der Sachlage in der Hauptverhandlung geht Abs. 4 auch **im Schutzzweck über** die ausschließlich an den Verteidigungsinteressen ausgerichteten **Abs. 1–3 hinaus**. Ob aufgrund und aus Anlass einer veränderten Sachlage das Gericht die Hauptverhandlung aussetzt,[437] beurteilt sich nach dessen **pflichtgemäßem Ermessen**.[438] Ein **Aussetzungsanspruch** (oder Unterbrechungsanspruch) von Verfahrensbeteiligten **besteht nicht**, lediglich ein solcher auf ermessensfehlerfreie Entscheidung.[439]

104 Die durch Abs. 4 eröffnete Aussetzungsmöglichkeit ist **in allen Verfahrensstadien** anwendbar, in denen auch die Hinweispflicht nach Abs. 1 oder 2 eingreift.[440] § 154a Abs. 3 S. 3 ordnet die entsprechende Geltung von § 265 Abs. 4 ausdrücklich für die Wiedereinbeziehung nach § 154a ausgeschiedener Tatteile an.

105 Die Aussetzung nach Abs. 4 kommt lediglich dann in Betracht, wenn sie der **Vorbereitung entweder der Anklage oder der Verteidigung dient**. Aussetzung zum Zwecke der eigenen Vorbereitung des Gerichts ist auf dieser Grundlage nicht zulässig;[441] insofern sind gelegentliche Hinweise, die Aussetzung könne auch durch eine bessere Sachaufklärung begründet sein,[442] mindestens missverständlich. Abs. 4 gestattet die Aussetzung lediglich dann, wenn damit auch der Vorbereitung von Anklage oder Verteidigung gedient ist. Die Verbesserung der Sachaufklärung ist nicht Zweck sondern lediglich Nebeneffekt.[443] Erst recht gestattet Abs. 4 nicht die Aussetzung, um die Entscheidung eines anderen Gerichts abzuwarten[444] oder um dem Angeklagten Gelegenheit zu geben, sich zu bewähren.[445] Auch die Aussetzung bzw. Unterbrechung um (erneut) eine Schadensregulierung gegenüber dem Geschädigten vorzunehmen, unterfällt grundsätzlich nicht Abs. 4.[446]

106 Nach allgM ist der **Anwendungsbereich von Abs. 4 weit auszulegen**.[447] Methodisch dürfte ein solches Grundverständnis auf einer verfassungs- und völkerrechtskonformen Auslegung im Hinblick auf den Schutzzweck der Vorschrift beruhen, aufgrund des fair trial-Grundsatzes und der Gewährung rechtlichen Gehörs, die Interessen aller Verfahrensbeteiligten insbesondere aber des Verteidigungsinteresses des Angeklagten zu gewährleisten.[448] Dieses methodische Vorgehen wirkt sich vor allem bei der Auslegung der Wendung „**veränderte Sachlage**" aus.[449] Es besteht insoweit weitgehend Einigkeit, unter „Sachlage" in großzügiger Interpretation **nicht nur Veränderungen des** den Verfahrensgegenstand bildenden **tatsächlichen Geschehens** zu verstehen **sondern auch** bloße **Änderungen der Verfahrenslage**, wenn und soweit sie Verteidigungs- oder Anklageinteressen berühren.[450] Bei Aussetzungen aufgrund geänderter Verfahrenslage dürfte sogar der Hauptanwendungsfall liegen; es lässt sich – ohne praktische Relevanz – darüber nachdenken, ob es sich bei Aussetzung aufgrund veränderter Verfahrenslage um eine direkte[451] oder analoge Anwendung[452] von Abs. 4 handelt.

---

[435] Vgl. insoweit *Mitsch* NStZ 2004, 395 (396).
[436] Dazu unten Rn. 107.
[437] Zur Frage, ob eine Unterbrechung genügen kann, unten Rn. 118.
[438] Oben Rn. 92 aE.
[439] Siehe BGH v. 27. 2. 2007 – 3 StR 44/07, StraFo 2007, 243 (244); KMR/*Stuckenberg* Rn. 75.
[440] Dazu oben Rn. 8 – 11.
[441] Zutreffend KMR/*Stuckenberg* Rn. 76.
[442] Etwa AK-StPO/*Loos* Rn. 40 aE; Löwe/Rosenberg/*Gollwitzer* Rn. 95; insoweit ebenso missverständlich – aber im Ergebnis zutreffend – OLG Dresden v. 13. 12. 2007 – 1 Ws 310/07, JR 2008, 304 (305) mAnm *Gössel*.
[443] Siehe bereits oben Rn. 6.
[444] BGH v. 22. 4. 1983 – 3 StR 420/82, BGHSt 31, 323 (327).
[445] AK-StPO/*Loos* Rn. 41; KK-StPO/*Engelhardt* Rn. 29; KMR/*Stuckenberg* Rn. 76; Löwe/Rosenberg/*Gollwitzer* Rn. 97.
[446] BGH v. 27. 2. 2007 – 3 StR 44/07, StraFo 2007, 243 (244).
[447] Etwa BGH v. 19. 6. 1958 – 4 StR 725/57, NJW 1958, 1736 (1737); LG Duisburg v. 16. 7. 1983 – V KLs 18 Js 107/81, StV 1984, 19 (20); AK-StPO/*Loos* Rn. 41; KK-StPO/*Engelhardt* Rn. 29; KMR/*Stuckenberg* Rn. 76; Löwe/Rosenberg/*Gollwitzer* Rn. 96; *Meyer-Goßner* Rn. 39; SK-StPO/*Schlüchter* Rn. 44.
[448] Vgl. Löwe/Rosenberg/*Gollwitzer* Rn. 96.
[449] Näher unten Rn. 107 f.
[450] Näher unten Rn. 109–115.
[451] So offenbar etwa KK-StPO/*Engelhardt* Rn. 31 iVm. Rn. 31 a; KMR/*Stuckenberg* Rn. 78; Löwe/Rosenberg/*Gollwitzer* Rn. 101.
[452] So ausdrücklich AK-StPO/*Loos* Rn. 41.

2. Änderung der Sachlage. Eine geänderte Sachlage ist gegeben, wenn bei Wahrung der Identität der prozessualen Tat (§ 264) **tatsächliches Geschehen** zum Gegenstand des Urteils gemacht werden soll, das **in der zugelassenen Anklage nicht enthalten** ist. Diese neuen Tatsachen müssen **entscheidungserheblich sein**.[453] Die Erheblichkeit kann sich dabei sowohl auf den Schuldspruch als auch auf den Strafausspruch beziehen; dementsprechend genügt die Relevanz des neuen tatsächlichen Geschehens für die Verhängung von Nebenstrafen oder Nebenfolgen oder für die Anordnung von Maßregeln. Angesichts der Grundentscheidung für ein möglichst weites Verständnis von Abs. 4[454] sollte die Veränderung der Sachlage nicht nur angenommen werden, wenn in der Anklage nicht enthaltenes tatsächliches Geschehen in der Hauptverhandlung erstmals hervortritt, sondern **auch** dann, **wenn dessen Entscheidungserheblichkeit sich erstmals in der Hauptverhandlung zeigt.**[455]

Ob die Änderung der tatsächlichen Grundlagen eine Aussetzung aus Sicht des Gerichts erforderlich macht, ist nach anhand der Einschätzung des Gerichts über die Notwendigkeit einer Neuausrichtung von Anklage oder Verteidigung zu beurteilen. Generalisierende Krititerien lassen sich kaum angeben, so dass letztlich die **Umstände des Einzelfalls ausschlaggebend** sind.[456] Denkbar ist eine Aussetzung gemäß Abs. 4 vor allem bei der Einbeziehung weiterer Einzelakte in materiellrechtliche Handlungseinheiten wie etwa die Bewertungseinheit oder weiteres tatsächliches Geschehen bei einer Dauerstraftat,[457] soweit es sich noch um dieselbe prozessuale Tat handelt. Anderenfalls bedarf es der Nachtragsanklage, um das neue Geschehen noch in das laufende Verfahren einbeziehen zu können.

3. Änderung der Verfahrenslage. Gemessen an der Zahl veröffentlichter höchstrichterlicher Rspr. macht die Veränderung der Verfahrenslage den ganz überwiegenden Teil auf Abs. 4 (direkt oder analog) gestützter Verfahrensaussetzungen aus. Generelle Leitlinien für die Handhabung der Aussetzung in diesen Fällen, die über die im Gesetz angelegte Erforderlichkeit der Vorbereitung von Anklage oder Verteidigung hinausgehen, lassen sich kaum angeben. Es haben sich allerdings **zwei große Fallgruppen** der Anwendung herausgebildet: einerseits der **Zugang der Verteidigung zu Beweismitteln** und andererseits die **Verteidigung des Angeklagten durch einen Verteidiger seines Vertrauens.**

Im Kontext des Zugangs der Verteidigung zu Beweismitteln ist eine Aussetzung bisher u.a. in folgenden **Konstellationen** angenommen worden: der Angeklagte hat die **Anklageschrift nicht erhalten**;[458] fehlende oder **unzureichende Gewährung von Akteneinsicht**;[459] späteres **Nachschieben von Beweismitteln**,[460] unabhängig von einem möglicherweise verfahrensfehlerhaften Zurückhalten kommt eine Aussetzung auch dann in Betracht, wenn Beweismittel erstmals in der Hauptverhandlung hervortreten, etwa das Gutachten eines erst in der Hauptverhandlung zugezogenen Sachverständigen.[461]

Hat der der deutschen Sprache nicht mächtige Angeklagte die Anklage lediglich in Deutsch erhalten, soll dies **keine Aussetzung** begründen, wenn es sich um einen einfach gelagerten Sachverhalt handelt und die Anklage zu Beginn der Hauptverhandlung mündlich übersetzt worden ist.[462] Etwas anderes kann im Einzelfall gelten, falls die Verteidigungsinteressen des Angeklagten wegen der ihm nicht verständlichen Anklage bereits beeinträchtigt sind,[463] was lediglich bei tatsächlich und/oder rechtlich komplexeren Strafsachen eintreten kann. Die Berücksichtigung eines dem Angeklagten bereits bekannten (neuen) Sachbeweismittels soll eine Aussetzung ebenfalls nicht erforderlich machen.[464]

---

[453] AK-StPO/*Loos* Rn. 42; Löwe/Rosenberg/*Gollwitzer* Rn. 99.
[454] Oben Rn. 106.
[455] So insoweit zutreffend BGH v. 24. 1. 2006 – 1 StR 561/05, wistra 2006, 191; AK-StPO/*Loos* Rn. 42 iVm. Rn. 7; enger offenbar BayObLG v. 28. 5. 1971 – RReg 5 St 524/71 OWi, BayObLGSt 1971, 91; Löwe/Rosenberg/*Gollwitzer* Rn. 99.
[456] Löwe/Rosenberg/*Gollwitzer* Rn. 100; Meyer-Goßner Rn. 41 aE, siehe auch KK-StPO/*Engelhardt* Rn. 31.
[457] Vgl. BGH v. 15. 1. 1985 – 1 StR 707/84, NStZ 1985, 325; BGH v. 26. 5. 1992 – 1 StR 131/92, bei *Holtz* MDR 1992, 935; *Schlothauer* StV 1986, 213 (225); Löwe/Rosenberg/*Gollwitzer* Rn. 100.
[458] BGH v. 14. 9. 1977 – 3 StR 278/77, bei *Holtz* MDR 1978, 111; vgl. auch OLG Celle v. 24. 6. 1997 – 21 Ss 73/97, StraFo 1998, 19.
[459] BGH v. 16. 10. 1984 – 5 StR 643/84, StV 1985, 4; KG v. 30. 9. 1981 – 1 Ss 130/81, StV 1982, 10; OLG Köln v. 22. 6. 1993 – Ss 170/93, VRS 85, 443 (445).
[460] Siehe BGH v. 29. 11. 1989 – 2 StR 264/89, BGHSt 36, 305 (313) = NJW 1990, 584 – Ergebnisse einer Telefonüberwachung; BayObLG 28. 4. 1981 – 1 Ob OWi 140/81, VRS 61, 129 f. - Lichtbilder; OLG München v. 14. 2. 2005 – 5 St 1/05, NStZ 2005, 706 – spätere Übersendung von Aktenteilen (zu § 228 Abs. 1, § 299 Abs. 4); LG Duisburg v. 16. 7. 1983 – V KLs 18 Js 107/81, StV 1984, 19 (20) – Akten; LG Nürnberg-Fürth v. 24. 11. 1981 – 13 KLS 342 Js 32400/81, StV 1982, 11 – Vernehmungsprotokolle; vgl. auch *Odenthal* StV 1991, 441 (446 f.); AK-StPO/*Loos* Rn. 43; KK-StPO/*Engelhardt* Rn. 29; KMR/*Stuckenberg* Rn. 78; Löwe/Rosenberg/*Gollwitzer* Rn. 101.
[461] OLG Koblenz v. 30. 7. 1980 – 2 Ss 358/80, VRS 60, (1981), 119; Löwe/Rosenberg/*Gollwitzer* Rn. 101.
[462] Hans.OLG Hamburg v. 14. 9. 1992 – 2 Ws 396/92H, MDR 1993, 164.
[463] KMR/*Stuckenberg* Rn. 79; Löwe/Rosenberg/*Gollwitzer* Rn. 101.
[464] LG Bochum v. 4. 9. 1987 – KLs 35 Js 31/84 – I 31/85, NJW 1988, 1533 f. – Patientenkartei.

§ 265   112–114   *Zweites Buch. Verfahren im ersten Rechtszug*

112   Eine Aussetzung auf der Grundlage von Abs. 4 kommt in Betracht, wenn ohne eine solche das in Art. 6 Abs. 3 c EMRK und § 137 gewährleistete Recht des Angeklagten, sich durch einen **Verteidiger seines Vertrauens verteidigen zu lassen**, beeinträchtigt wäre.[465] Nach allgM bleibt in solchen Konstellationen Raum für eine Anwendung von Abs. 4, weil weder § 145 Abs. 3, § 228 Abs. 2 Fallgestaltungen der Verhinderung des Verteidigers abschließend regeln.[466] Dieses Verständnis ist in Bezug auf die **§ 228 Abs. 2** zugrunde liegende gesetzgeberische Wertung allerdings nur dann haltbar, wenn dessen Anwendungsbereich im Sinne einer **verfassungs- bzw. völkerrechtskonformen Auslegung** als **durch den fair trial-Grundsatz begrenzt** angesehen wird.[467] Selbst unter Berücksichtigung des Vorgenannten kann aber wegen der in § 288 Abs. 2 enthaltenen Wertung nicht jede Verhinderung eines Wahlverteidigers eine Aussetzung nach § 265 Abs. 4 erforderlich machen.[468] Vielmehr kommt die Anwendung von § 265 Abs. 4 in den Verhinderungsfällen nur in Betracht, wenn dem Angeklagten unter Berücksichtigung der **Umstände des Einzelfalles** die Durchführung der Hauptverhandlung ohne die Beteiligung des von ihm gewählten Verteidigers **unzumutbar** wäre.[469] Auf dieser Grundlage hat die Rspr. in großzügigem Umfang u. a. in folgenden **Einzelfällen** eine Aussetzung angenommen:

113   **Verhinderung**: Tod des Verteidigers;[470] plötzlich Erkrankung des Verteidigers;[471] verkehrsbedingte[472] oder sonstige Verhinderung des Verteidigers.[473] **Mandatsniederlegung**: wenn diese für den Angeklagten überraschend erfolgt;[474] die Aussetzung soll hier sogar in Betracht kommen, wenn bei zwei Wahlverteidigern einer das Mandat niederlegt[475] (sehr zweifelhaft) oder neben dem (bisherigen) Wahlverteidiger ohnehin ein Pflichtverteidiger bestellt war.[476] Die Verhinderung des Wahlverteidigers wegen Teilnahme an einer **Fortbildungsveranstaltung** wird die Aussetzung in der Abwägung vor allem mit dem Beschleunigungsgrundsatz die Aussetzung nicht begründen, wenn zugleich ein Pflichtverteidiger bestellt ist.[477] **Nicht rechtzeitige Mandatserteilung**: kann ebenfalls zu einer Aussetzung führen, wenn diese ihre Ursache in einer durch das Gericht zu verantwortenden verspäteten Ablehnung eines Antrages auf Beiordnung eines Pflichtverteidigers[478] oder eines Vertagungsantrages beruht.[479] **Zurückweisung des Verteidigers durch das Gericht**: bei ohne Robe erschienenem Verteidiger[480] oder bei als Wahlverteidiger erschienenem Referendar, selbst wenn dieser durch das Gericht geladen war.[481] **Unvorbereiteter Verteidiger**: In sehr extensiver Anwendung von Abs. 4 ist eine neue Verfahrenslage auch bei einem Verteidiger angenommen worden, der aus nicht vom Angeklagten zu vertretenden Gründen nicht in der Lage war, in der Sache zum Gegenstand des Verfahrens Stellung zu nehmen.[482]

114   Nach den Umständen des Einzelfalles bestimmt sich auch, ob bei **Wechsel des Verteidigers** eine Aussetzung der Hauptverhandlung in Betracht kommt. Die StPO enthält selbst für die Fälle der notwendigen Verteidigung keine Regelung, dass die Hauptverhandlung in durchgängiger Anwesenheit desselben Verteidigers durchgeführt werden muss.[483] Dementsprechend genügt nach einem Wechsel des Verteidigers in laufender Hauptverhandlung dessen Unterrichtung über den bis-

---

[465] OLG Braunschweig v. 17. 3. 2008 – Ss 33/08, StV 2008, 293.
[466] BGH v. 25. 6. 1965 – 4 StR 309/65, NJW 1965, 2164 mAnm *Schmidt-Leichner*; *Heubel* NJW 1981, 2678 f.; AK-StPO/*Loos* Rn. 44; KMR/*Stuckenberg* Rn. 80; Löwe/Rosenberg/*Gollwitzer* Rn. 103.
[467] Zutreffend KMR/*Stuckenberg* Rn. 80; siehe insoweit auch BGH v. 9. 11. 2006 – 1 StR 474/06, NStZ-RR 2007, 81 (82); BayObLG v. 3. 11. 1982 – RReg 4 St 196/82, StV 1983, 270 mAnm *Weider*; OLG Düsseldorf v. 24. 8. 1993 – 5 Ss 227/93 – 64/93 I, StV 1995, 69.
[468] Wie hier im Ergebnis Löwe/Rosenberg/*Gollwitzer* Rn. 103, siehe aber auch Rn. 104.
[469] In diesem Sinne BayObLG v. 3. 11. 1982 – RReg 4 St 196/82, StV 1983, 270 mAnm *Weider*; BayObLG v. 29. 3. 1995 – 2 Ob OWi 61/95, NJW 1995, 3134 (OWi-Verfahren); OLG Düsseldorf v. 24. 8. 1993 – 5 Ss 227/93 – 64/93 I, StV 1995, 69 f.; OLG Hamm v. 8. 3. 1974 – 4 Ss OWi 31/74, VRS 47, 358; OLG Koblenz v. 28. 10. 1976 – 1 Ss 517/76, VRS 52, 428 (430); OLG Stuttgart v. 19. 11. 1987 – 3 Ss 633/87, StV 1988, 145 (146); KK-StPO/*Engelhardt* Rn. 31; KMR/*Stuckenberg* Rn. 80.
[470] BayObLG 3. 11. 1982 – RReg 4 St 196/82, StV 1983, 270 mAnm *Weider*.
[471] OLG Celle v. 15. 7. 1965 – 1 Ss 207/65, NJW 1965, 2264 (2265); OLG Düsseldorf 24. 8. 1993 – 5 Ss 227/93 – 64/93 I, StV 1995, 69 f.
[472] BayObLG v. 26. 7. 1984 – RReg 1 St 130/84, StV 1985, 6 f.; BayObLG v. 30. 11. 1988 – 1 Ob OWi 248/88, StV 1989, 94 (95).
[473] BGH v. 24. 6. 1998 – 5 StR 120/98, StV 1998, 414; OLG Celle v. 30. 4. 1964 – 1 Ss 507/63, Nds.Rpfl. 1964, 234 (235); OLG Köln v. 27. 10. 1989 – Ss 148/89, StV 1990, 257.
[474] BGH v. 2. 2. 2002 – 1 StR 537/99, StV 2000, 183; OLG Celle v. 30. 4. 1964 – 1 Ss 507/63; Nds.Rpfl. 1964, 234 (235); OLG Zweibrücken v. 1. 12. 1965 – Ss 172/65, MDR 1966, 528 f.
[475] RG v. 20. 9. 1973 5 D 524/37, RGSt 71, 353 (354).
[476] BGH v. 11. 9. 1986 – 1 StR 472/86, StV 1986, 516.
[477] BGH v. 9. 11. 2006 – 1 StR 474/06, NStZ-RR 2007, 81 (82).
[478] RG v. 24. 11. 1922 – I 732/22, RGSt 57, 147 (148); OLG Hamm v. 13. 9. 1972 – 4 Ss 1024/72, NJW 1973, 381 f.
[479] OLG Düsseldorf v. 26. 9. 1978 – 5 Ss 302/78, StV 1980, 559 (560).
[480] OLG Köln v. 23. 8. 1985 – 1 Ss 465/85, VRS 70, (1986), 21.
[481] OLG Köln v. 23. 12. 1969 – 1 Ws OWi 186/69, NJW 1970, 720 f.
[482] BayObLG v. 24. 10. 1956 – 1 St 510/56, DAR 1957, 131 f.; OLG Hamm v. 15. 2. 1977 – 5 Ss 842/76, GA 1977, 310.
[483] Vgl. BGH v. 30. 10. 1959 – 1 StR 418/59, BGHSt 13, 337 (341 f.).

herigen Verfahrensstand ohne Aussetzung, um die Verteidigungsinteressen des Angeklagten zu gewährleisten.[484] Dennoch hat die Rspr. in zahlreichen Fallgestaltungen eine Aussetzung gemäß Abs. 4 nach Wechsel des Verteidigers angenommen: **zu kurze Vorbereitungszeit** des neuen Verteidigers;[485] das wird allerdings nur bei komplexeren Verfahrensgegenständen in Frage kommen, wenn die Information über den bisherigen Verfahrensstand nicht genügt, um eine sachgerechte (weitere) Verteidigung des Angeklagten zu gewährleisten. So kann es sich verhalten, wenn der neue Verteidiger die Glaubwürdigkeit von (Belastungs-)Zeugen wegen der fehlenden Beteiligung an deren Vernehmung nicht beurteilen kann;[486] der notwendige persönliche Eindruck kann hier kaum durch Dritte vermittelt werden. Allerdings kann insoweit eine Wiederholung der betroffenen Beweisaufnahme genügen.[487] Hat das Gericht nach Wechsel des Verteidigers die Zusage gegeben, nur in Anwesenheit des neuen Verteidigers zu verhandeln, bedarf es einer Aussetzung, wenn das Gericht von dieser Zusage abrückt.[488]

In **sonstigen Fällen** der Beeinträchtigung der Verteidigungsmöglichkeit kommt eine Aussetzung etwa in Betracht, wenn nach Weggang des Wahlverteidigers eines jugendlichen Angeklagten, das Gericht erwartungswidrig noch einmal in die mündliche Verhandlung eintritt und dort einen rechtlichen Hinweis erteilt.[489]

4. Antrag auf Aussetzung. Die Aussetzung gemäß Abs. 4 kann von Amts wegen oder auf Antrag von Verfahrensbeteiligten hin erfolgen. Das **Antragsrecht** steht unstreitig dem Angeklagten sowie im Jugendgerichtsverfahren seinem gesetzlichen Vertreter oder Erziehungsberechtigtem zu (vgl. § 67 JGG), der Staatsanwaltschaft und dem Privatkläger zu. Ein Antragsrecht des **Nebenklägers** wird von der ganz überwiegenden Auffassung verneint.[490] Das überzeugt im Hinblick auf die Rechtsstellung des Nebenklägers[491] nach Anschlusserklärung (§ 397 Abs. 1 S. 2 iVm. § 385 Abs. 1) nicht;[492] allerdings wird eine Notwendigkeit zur Aussetzung zum Zwecke der Vorbereitung der Anklage oder Nebenklage nur selten in Betracht kommen. Die Angabe von konkreten Gründen, die die Notwendigkeit der Vorbereitung von Verteidigung oder Anklage begründen, ist keine Zulässigkeitsvoraussetzung des Antrags, empfiehlt sich aber, um auf die Ermessensentscheidung des Gerichts Einfluss nehmen zu können.

5. Gerichtliche Entscheidung über die Aussetzung. Die Entscheidung über die Aussetzung nach Abs. 4 trifft das **Gericht durch Beschluss**, nicht der Vorsitzende im Rahmen seiner Sachleitungskompetenz. Ist von einem dazu Berechtigten[493] auf Aussetzung angetragen worden, muss der **Antrag in der Hauptverhandlung beschieden** werden; eine Bekanntgabe erst mit der Urteilsbegründung genügt nicht.[494] Wird ein Antrag verworfen, bedarf der ablehnende Beschluss einer **Begründung** (arg. § 34).[495] Das hat auch zu gelten, wenn das Gericht – im Rahmen des ihm gewährten Ermessens[496] – anstelle der beantragten Aussetzung eine Unterbrechung der Hauptverhandlung zur Wahrung der Interessen der Verfahrensbeteiligten für genügend erachtet. Wegen der Möglichkeit, die Ermessensausübung im Rahmen der Revision gegen das im fraglichen Verfahren ergangenen Urteil überprüfen zu lassen (vgl. § 388 Nr. 8),[497] ist zu verlangen, dass das Gericht die für seine Ermessensausübung tragenden Erwägungen in die Begründung des Beschlusses aufnimmt.[498]

Das **Ermessen** des Gerichts betrifft sowohl das **Ob einer Aussetzung** als auch deren **Dauer**. Ungeachtet des Wortlauts von Abs. 4 und abweichend von dem Aussetzungsanspruch nach Abs. 3[499]

---

[484] BGH v. 25. 6. 2002 – 5 StR 60/02, NStZ-RR 2002, 270.
[485] BGH v. 1. 7. 1966 – 4 StR 144/66, VRS 31, (1966), 188 (189); BGH v. 24. 5. 1998 – 5 StR 120/98, StV 1998, 414 (415); BGH v. 2. 2. 2000 – 1 StR 537/99, StV 2000, 183 f.; siehe auch BGH v. 19. 6. 1958 – 4 StR 725/57, NJW 1958, 1736 (1737) bei kurzfristiger Bestellung eines Wahlverteidigers nach Untätigkeit des bestellten Pflichtverteidigers.
[486] BGH v. 25. 10. 1963 – 4 StR 404/63, VRS 26, (1964), 46 (47).
[487] BGH v. 2. 2. 2000 – 1 StR 537/99, NJW 2000, 1350; BGH v. 25. 6. 2002 – 5 StR 60/02, NStZ-RR 2002, 270.
[488] OLG Celle v. 22. 9. 1988 – 2 Ss 193/88, StV 1989, 8; vgl. auch BayObLG v. 8. 7. 1982 – 1 Ob OWi 169/82, VRS 63, (1982), 279 für Nichteinhaltung in Aussicht gestellten Einstellung.
[489] Saarl.OLG v. 8. 11. 1962 – 1 Ss 36/62, VRS 25, 66.
[490] AK-StPO/*Loos* Rn. 40; HK-StPO/*Julius* Rn. 16; KK-StPO/*Engelhardt* Rn. 29; Löwe/Rosenberg/*Gollwitzer* Rn. 95; *Meyer-Goßner* Rn. 39; SK-StPO/*Schlüchter* Rn. 49.
[491] § 397 Rn. 1 und 4.
[492] Vgl. KMR/*Stuckenberg* Rn. 84.
[493] Oben Rn. 116.
[494] AK-StPO/*Loos* Rn. 46; HK-StPO/*Julius* Rn. 19; KK-StPO/*Engelhardt* Rn. 29; KMR/*Stuckenberg* Rn. 85; Löwe/Rosenberg/*Gollwitzer* Rn. 107; *Meyer-Goßner* Rn 45.
[495] BGH 11. 9. 1986 – 1 StR 472/86, StV 1986, 516; KK-StPO/*Engelhardt* Rn. 31; KMR/*Stuckenberg* Rn. 85; Löwe/Rosenberg/*Gollwitzer* Rn. 107; SK-StPO/*Schlüchter* Rn. 51.
[496] Unten Rn. 118.
[497] Unten Rn. 131.
[498] In der Sache weitgehend übereinstimmend SK-StPO/*Schlüchter* Rn. 51; wohl auch Löwe/Rosenberg/*Gollwitzer* Rn. 107.
[499] Oben Rn. 102.

kann eine rechtsfehlerfreie Ausübung des Ermessens dazu führen, dass für die Vorbereitung einer sachgerechten Verteidigung oder Anklage auch eine **bloße Unterbrechung der Hauptverhandlung ausreichend** ist.[500] Die Ausübung des Ermessens hat sich in erster Linie an der allgemeinen gerichtlichen **Fürsorgepflicht** zu orientieren,[501] die sich insoweit als Ausprägung des fair trial-Grundsatzes erweist. Daneben muss zumindest in den Konstellationen der Änderungen des verfahrensgegenständlichen Sachverhalts[502] auch das Gebot der **Gewährung rechtlichen Gehörs** (Art. 103 Abs. 1 GG) berücksichtigt werden, weil die Verurteilung nicht auf tatsächliche Umstände gestützt werden darf, zu denen sich der Angeklagte nicht äußern konnte. Mit der Aussetzung mag wegen der verbesserten Vorbereitungsmöglichkeit für Verteidigung und ggf. auch Anklage der **Sachaufklärung** gedient werden;[503] insoweit handelt es sich aber nur um einen Abwägungsfaktor von mehreren. **Im Einzelnen** wird die Ermessensausübung von folgenden Aspekten regelmäßig **von folgenden Aspekten** bestimmt werden:

119   Die Bedeutung der Sache allgemein und die des neu hinzutretenden Umstandes, die Schwierigkeit der Sach- und Rechtslage sowie das (erkennbare) Ausmaß der Fähigkeit des Angeklagten, sich selbst sachgerecht zu verteidigen, werden typischerweise gegen das Beschleunigungsgebot, die mögliche Dauer der Aussetzung unter Berücksichtigung der Belastung des Gerichts und das konkrete Verfahrensstadium abzuwägen sein.[504] Das **Gewicht der einzelnen Faktoren** wird in der konkreten **Abwägung** dadurch beeinflusst, **wer** die zu einer (möglichen) Beeinträchtigung der Verteidigung führenden **Gründe zu vertreten hat**. Stammen diese aus der Sphäre des Gerichts oder der Staatsanwaltschaft, wird dies regelmäßig zu einer Aussetzung des Verfahrens führen, wenn sich Auswirkungen auf die Verteidigungsmöglichkeiten ergeben können.[505] Umgekehrt wird einer Aussetzung regelmäßig entgegen stehen, wenn der Angeklagte das Ausbleiben seines Verteidigers oder dessen mangelnde Vorbereitung selbst vertreten muss.[506] Jedenfalls muss nicht zwingend ausgesetzt werden, wenn der Verteidiger aufgrund planbarer anderer Termine gehindert ist, an der Hauptverhandlung teilzunehmen.[507] Soweit der Verteidiger erklärt, auf die Hauptverhandlung trotz Änderung der Sach- oder Verfahrenslage ausreichend vorbereitet zu sein, bedarf es regelmäßig keiner Aussetzung; etwas anders kann nur bei offensichtlicher Unrichtigkeit dieser Erklärung gelten.[508]

F. Förmlichkeiten

120   Die Notwendigkeit der Aufnahme der Hinweiserteilung in die Niederschrift der Hauptverhandlung ist lediglich bei der unmittelbaren Anwendung von § 265 Abs. 1 und 2 eindeutig im Gesetz geregelt.[509] Selbst über den **Umfang der Protokollierungspflicht** besteht aber hier **keine Einigkeit**. Das gilt erst recht für die Hinweispflichten außerhalb der direkten Anwendung von Abs. 1 und 2; einheitliche Lösungen nach transparenten Regeln fehlen bisher; sie lassen sich nur bei einer Rückkoppelung an die jeweils in Betracht gezogenen Rechtsgrundlagen der außerhalb von § 265 liegenden Hinweispflichten gewinnen. Mit der Frage nach der **Protokollierungspflicht** korrespondiert die nach der **Art des Nachweises** des erfolgten oder unterbliebenen Hinweises; besteht die Pflicht zur Aufnahme in die Sitzungsniederschrift, kann die Erteilung des Hinweises

---

[500] BGH v. 2. 2. 2000 – 1 StR 537/99, StV 2000, 183; siehe auch BGH v. 29. 11. 1989 – 2 StR 264/89, BGHSt 36, 305 (313) = NJW 1990, 584; AK-StPO/*Loos* Rn. 45 mwN.
[501] Vgl. BayObLG v. 25. 6. 1986 – 1 St 55/86, bei *Bär* DAR 1987, 312 Nr. 7 a; OLG Hamm v. 10. 6. 1987 – 4 Ss OWi 706/87, VRS 74, (1988), 36 (38); KMR/*Stuckenberg* Rn. 83; Löwe/Rosenberg/*Gollwitzer* Rn. 105.
[502] Oben Rn. 107 f.
[503] AK-StPO/*Loos* Rn. 40; KMR/*Stuckenberg* Rn. 83; Löwe/Rosenberg/*Gollwitzer* Rn. 105.
[504] Nahezu allgM; siehe etwa BGH v. 26. 1. 1963 – 4 StR 431/82, NStZ 1983, 281; BGH v. 2. 2. 2000 – 1 StR 537/99, StV 2000, 183 f.; BGH v. 19. 1. 2006 – 1 StR 490/05, NJW 2006, 2788 (LS) = NStZ-RR 2006, 272; BGH v. 9. 11. 2006 – 1 StR 474/06, NStZ-RR 2007, 81 (82); OLG Braunschweig v. 17. 3. 2008 – Ss 33/08, StV 2008, 293; OLG Celle v. 24. 6. 1997 – 21 Ss 73/97, StraFo 1998, 19 (20); OLG Düsseldorf v. 24. 8. 1993 – 5 Ss 227/93 – 64/93 I, StV 1995, 69 (70); OLG Frankfurt v. 30. 7. 1996 – 3 Ss 116/96, NStZ-RR 1996, 304 (305); OLG Hamm v. 28. 10. 1976 – 1 Ss 517/76, VRS 52, (1977), 428 (430); OLG Stuttgart v. 19. 11. 1987 – 3 Ss 633/87, StV 1988, 145 f.; OLG Zweibrücken 5. 10. 1983 – 1 Ss 79/83, StV 1984, 45; AK-StPO/*Loos* Rn. 45; HK-StPO/*Julius* Rn. 21; KK-StPO/*Engelhardt* Rn. 31; KMR/*Stuckenberg* Rn. 83; Löwe/Rosenberg/*Gollwitzer* Rn. 103 und 105; SK-StPO/*Schlüchter* Rn. 50 f.
[505] Exemplarisch BayObLG v. 8. 7. 1982 – 1 Ob OWi 169/82, VRS 63, 279 f.; BayObLG v. 28. 10. 1983 – 224/83, StV 1984, 13 f.; OLG Düsseldorf 18. 3. 1982 – 5 Ss OWi 97/82 – 21/82 V, StV 1982, 559 f.; OLG Stuttgart v. 19. 11. 1987 – 6 Ss 633/87, StV 1988, 145 (146); siehe auch KMR/*Stuckenberg* Rn. 83 mwN.
[506] BGH v. 19. 6. 1958 – 4 StR 725/57, NJW 1958, 1736 (1737 f.); OLG Düsseldorf v. 26. 9. 1978 – 5 Ss 182/78 – 42/78 V, GA 1979, 226 (227); AK-StPO/*Loos* Rn. 44; KK-StPO/*Engelhardt* Rn. 31; KMR/*Stuckenberg* Rn. 83; Löwe/Rosenberg/*Gollwitzer* Rn. 104; SK-StPO/*Schlüchter* Rn. 50.
[507] BGH v. 24. 1. 1961 – 1 StR 132/60, BGHSt 15, 306 (308); BGH v. 2. 2. 2000 – 1 StR 537/99, StV 2000, 183 (184).
[508] BGH v. 26. 1. 1983 – 4 StR 431/82, NStZ 1983, 281; BGH v. 25. 2. 1997 – 1 StR 600/96, JR 1998, 251 f. mAnm *Rogat*; BGH v. 24. 11. 1999 – 3 StR 390/99, StV 2000, 402 (403) mAnm *S. Stern*.
[509] Unten Rn. 121.

(und sein Fehlen) **grundsätzlich**[510] nur durch das **Protokoll bewiesen** werden (vgl. § 274). Ansonsten darf das Rechtsmittelgericht im Freibeweisverfahren prüfen. Besteht keine Protokollierungspflicht ist das Gericht dennoch **stets berechtigt**, einen **erteilten Hinweis** und seinen Inhalt **in das Sitzungsprotokoll aufzunehmen**.[511]

I. Hinweis in unmittelbarer Anwendung von Abs. 1 und 2

Der auf der Grundlage von Abs. 1 oder 2 erteilte Hinweis ist eine **wesentliche Förmlichkeit**, die in die Sitzungsniederschrift aufgenommen werden muss und **nach § 274** grundsätzlich nur durch diese **bewiesen werden** kann.[512] Gleiches gilt für den wesentlichen Inhalt des erteilten Hinweises;[513] zu diesem gehört **auch die Aufnahme der veränderten Tatsachengrundlage**, auf denen der neue rechtliche Gesichtspunkt beruht (**strg.**).[514] Richtigerweise ist davon auszugehen, den vom Recht geforderten Inhalt des Hinweises[515] auch für den Umfang der Protokollierung maßgebend sein zu lassen.[516] Selbst wenn aber der Umfang der Protokollierungspflicht enger als hier gezogen wird, empfiehlt sich eine (möglichst wörtliche) Niederlegung von Art und Umfang des erteilten Hinweises in der Sitzungsniederschrift,[517] um eine spätere freibeweisliche Klärung des Inhalts eines Hinweises unnötig zu machen. Die Protokollierungspflicht in dem vorstehend beschriebenen Umfang erfasst sämtliche Konstellationen von Hinweisen nach Abs. 1 und 2, also auch die des wiederholten Hinweises;[518] in den Rechtsmittelinstanzen die Abweichung des (neuen) Tatrichters von der Anklage[519] einschließlich der von der zugelassenen Anklage abweichenden Würdigung des neuen Tatrichters im Wiederaufnahmeverfahren[520] sowie sämtliche Fallgestaltungen der Hinweispflicht nach Abs. 2.[521]

Soweit die Sitzungsniederschrift den Wortlaut des erteilten Hinweises enthält, erstreckt sich die **Beweiskraft nach § 274** nicht nur auf die **Erteilung des Hinweises** als solche sondern **auch** auf dessen **Inhalt** (allgM).[522] Beschränkt sich dagegen das Protokoll auf die wesentlichen Inhalte des Hinweises, ohne den Wortlaut wieder zu geben, wird eine **ergänzende Feststellung** seines Inhalts durch das Revisionsgericht **mittels Freibeweises** zu Recht für zulässig gehalten.[523] Entsprechendes hat auch zu gelten, wenn entgegen der hier vertretenen Auffassung[524] die Protokollierungspflicht nicht auf die der veränderten rechtlichen Bewertung zugrunde liegenden Tatsachen erstreckt wird. Um etwa die Beruhensfrage klären zu können, wird auch dann eine freibeweisliche Ermittlung von Art und Umfang des erteilten Hinweises durch das Revisionsgericht für zulässig gehalten werden müssen.[525]

II. Hinweis außerhalb der unmittelbaren Anwendung von Abs. 1 und 2

Die in der Rspr. zahlreich entwickelten Konstellationen von Hinweispflichten außerhalb der direkten Anwendung von Abs. 1 und 2 lassen **klare Leitlinien in Bezug** auf die Art des zu erteilenden

---

[510] Zu Durchbrechungen unten Rn. 122.
[511] Siehe bereits oben Rn. 77.
[512] BGH v. 8. 10. 1963 – 1 StR 553/62, BGHSt 19, 141 (143); BGH v. 30. 7. 1969 – 4 StR 237/69, BGHSt 23, 95 (96); BGH v. 18. 11. 1997 – 1 StR 520/97, StV 1998, 583 f.; BayObLG v. 26. 10. 1981 – RReG 2 Str 302/81, VRS 62, 129; BayObLG v. 8. 4. 2004 – 1 St RR 056/04, NStZ-RR 2004, 248; OLG Brandenburg v. 29. 7. 1999 – 1 Ss (OWi) 60 B/99, NStZ-RR 2000, 54; OLG Braunschweig v. 5. 3. 2002 – 2 Ss (BZ) 6/02, NStZ-RR 2002, 179; OLG Dresden v. 16. 10. 2003 – Ss (OWi) 283/03, DAR 2004, 52; OLG Stuttgart v. 6. 6. 1989, DAR 1989, 392 – 3 Ss 341/89; Thüring.OLG v. 22. 6. 2006 – 1 Ss 232/04, StV 2007, 230 (232); siehe auch BGH v. 16. 6. 2004 – 1 StR 166/04, NStZ-RR 2004, 297 sowie OLG Koblenz v. 10. 9. 2003 – 2 Ss 248/03, zfs 2003, 615.
[513] BGH v. 27. 5. 1952 – 1 StR 160/52, BGHSt 2, 371 (373); BGH v. 8. 10. 1963 – 1 StR 553/62, BGHSt 19, 141 (143); BGH v. 23. 7. 1969 – 2 StR 214/69, bei *Dallinger* MDR 1970, 198.
[514] BGH v. 8. 10. 1963 – 1 StR 553/62, BGHSt 19, 141 (143); KMR/*Stuckenberg* Rn. 51; in der Sacht wohl auch Löwe/Rosenberg/*Gollwitzer* Rn. 75 iVm. Rn. 77; aA offenbar BGH v. 8. 10. 1963 – 1 StR 553/62, BGHSt 2, 371 (373).
[515] Oben Rn. 59–64.
[516] Insoweit ebenso Löwe/Rosenberg/*Gollwitzer* Rn. 76 f.
[517] BGH 15. 2. 1996 – 1 StR 770/96, StV 1996, 297 f.; Löwe/Rosenberg/*Gollwitzer* Rn. 78; Meyer-Goßner Rn. 23.
[518] Oben Rn. 22.
[519] Oben Rn. 24.
[520] Oben Rn. 25.
[521] Oben Rn. 44–48, 50–52.
[522] Siehe nur Löwe/Rosenberg/*Gollwitzer* Rn. 78.
[523] BGH 3. 11. 1959 – 1 StR 425/59, BGHSt 13, 320 (323); BGH v. 8. 10. 1963 – 1 StR 553/62, BGHSt 19, 141 (143); OLG Frankfurt 25. 1. 1985 – 2 Ws (B) 3/85 OWiG, StV 1985, 224; AK-StPO/*Loos* Rn. 31; HK-StPO/*Julius* Rn. 30; KK-StPO/*Engelhardt* Rn. 23; KMR/*Stuckenberg* Rn. 51; Löwe/Rosenberg/*Gollwitzer* Rn. 78; Meyer-Goßner Rn. 33; SK-StPO/*Schlüchter* Rn. 52; aA *Hänlein/Moos* NStZ 1990, 481 (482); unklar BGH v. 27. 5. 1952 – 1 StR 160/52, BGHSt 2, 371 (373).
[524] Oben Rn. 121.
[525] Vgl. insoweit auch Löwe/Rosenberg/*Gollwitzer* Rn. 78.

Hinweises und damit im Zusammenhang stehend der **Protokollierungspflicht** vermissen. Eine Pflicht zur Ausnahme des Hinweises in die Sitzungsniederschrift besteht jeweils dann, wenn ein förmlicher Hinweis zu erteilen ist; welche Fallgestaltungen außerhalb der direkten Anwendung von Abs. 1 und 2 aber einen förmlichen Hinweis erfordern, ist nicht geklärt. Die Rspr. hält ohne eindeutig benannten Sachgrund in Ausnahmefällen[526] einen förmlichen Hinweis für erforderlich. Nach der hier vertretenen Auffassung **bestimmt die Rechtsgrundlage des Hinweises dessen Art** (förmlich/nicht förmlich) **und** damit auch **die Protokollierungspflicht**.[527] Beruht die Hinweispflicht auf einer **analogen Anwendung von Abs. 1 und 2**, ist förmlich hinzuweisen und der **Hinweis in die Sitzungsniederschrift** aufzunehmen. Bei anderen Rechtsgrundlagen wie dem fair trial-Grundsatz (Art. 6 Abs. 3 EMRK) oder dem Gebot der Gewährung rechtlichen Gehörs (Art. 103 Abs. 1 GG) lässt sich eine Protokollierungspflicht nicht begründen.[528] Daraus folgt für die **unterschiedlichen Konstellationen** von Hinweispflichten außerhalb der unmittelbaren Anwendung von Abs. 1 und Abs. 2:

124   Will im **Rechtsmittelzug** das jeweils zuständige Gericht (Berufungsgericht; neuer Tatrichter nach Aufhebung und Zurückverweisung durch das Revisionsgericht; neuer Tatrichter im Rahmen des Wiederaufnahmeverfahrens) von der zugelassenen Anklage in rechtlicher Hinsicht oder im Hinblick auf die durch Abs. 2 erfassten Rechtsfolgenänderungen abweichen, beruht die Hinweispflicht zumindest auf einer **entsprechenden Anwendung von Abs. 1 oder 2**.[529] Der **Hinweis** ist dann förmlich zu erteilen und **zu protokollieren**; für den Umfang der Protokollierung gilt das zuvor Ausgeführte.[530] Kehrt dagegen das Gericht in den vorgenannten Fallgestaltungen – nach zwischenzeitlich abweichender Würdigung – wieder zu der in der Anklage enthaltenen rechtlichen Wertung zurück, beruht die Hinweispflicht auf dem fair-trial Grundsatz. Es bedarf dann zwar eines ausdrücklichen aber keines förmlichen Hinweises. Eine Protokollierungspflicht besteht nicht.

125   Bei **bloßen Änderungen der Tatsachenlage** ist anhand der formulierten Leitlinie[531] zu differenzieren: Betreffen die **Änderungen** solches **tatsächliche Geschehen, das Tatbestandsmerkmale** der vorgeworfenen materiellen Tat **ausfüllt**, ohne zu einer neuen rechtlichen Würdigung zu führen, erfordert die analoge Anwendung von Abs. 1 den Hinweis. Dieser ist dann förmlich zu erteilen und **zu protokollieren**.[532] Handelt es sich dagegen um sonstiges für den Schuld- und/oder Strafausspruch relevantes tatsächliches Geschehen, das Änderungen unterworfen ist, besteht keine Pflicht zu einem förmlichen (sondern lediglich zu einem ausdrücklichen) Hinweis und damit auch keine Protokollierungspflicht.[533] Für die in der **Rspr.** vorgenommene Differenzierung einen förmlichen und zu protokollierenden Hinweis allein bei **Änderung der Tatzeit** anzunehmen,[534] gibt es keinen sachlich tragenden Grund.[535]

126   **Änderungen der Verfahrenslage**, die mit einer Hinweispflicht verbunden sind,[536] führen angesichts der Rechtsgrundlagen, auf denen sie beruhen, nicht zu einer Pflicht zum förmlichen Hinweis und sind deshalb auch **nicht protokollierungspflichtig**.[537] Soweit der BGH in einer Sonderkonstellation der Verwertung einer Zeugenaussage nach einem Fehler bei der Beeidigung einen förmlichen, protokollierungspflichtigen Hinweis für erforderlich gehalten hat,[538] ist dem aus dem vorgenannten Grund nicht zu folgen.[539]

127   Führen Änderungen der tatsächlichen Grundlage oder eine neue Bewertung der vorhandenen Tatsachen dazu, in der zugelassenen Anklage nicht enthaltene **Nebenstrafen oder Nebenfolgen** anzuordnen, besteht eine Hinweispflicht in **analoger Anwendung von Abs. 2**.[540] Dementsprechend ist der Hinweis förmlich zu erteilen und **in die Sitzungsniederschrift aufzunehmen**. Zum Umfang der Protokollierung gilt das Gesagte.[541]

---

[526] Exemplarisch Rn. 75 bzgl. Änderungen der Tatzeit sowie Rn. 83 Verwertung einer Zeugenaussage nach Fehler bei der Beeidigung.
[527] Sieben oben Rn. 23 aE und 24 aE.
[528] AA Thüring.OLG v. 22. 5. 2007 – 1 Ss 346/06, VRS 113, (2007), 330 (332) für einen unmittelbar auf Art. 103 Abs. 1 GG gestützten Hinweis bei Erhöhung der Geldbuße im OWi-Verfahren.
[529] Oben Rn. 23–25 jeweils aE.
[530] Oben Rn. 121 f.
[531] Oben Rn. 123 aE.
[532] Oben Rn. 70 und 78 mit Nachw. zum Streitstand; anders KMR/*Stuckenberg* Rn. 63; Löwe/Rosenberg/*Gollwitzer* Rn. 81 jeweils mwN.
[533] Oben Rn. 70 und 78; insoweit ebenso KMR/*Stuckenberg* Rn. 63; Löwe/Rosenberg/*Gollwitzer* Rn. 81.
[534] Oben Rn. 75.
[535] Zutreffend KMR/*Stuckenberg* Rn. 63.
[536] Oben Rn. 79–82.
[537] Oben Rn. 83.
[538] BGH v. 23. 4. 1953 – 4 StR 635/52, BGHSt 4, 130 (131 f.); BGH v. 17. 3. 1982 – 2 StR 314/81, StV 1982, 346; BGH v. 18. 5. 2000 – 4 StR 647/99, NJW 2000, 2517 (2519) (in BGHSt 46, 73 f. nicht enthalten); vgl. aber auch BGH v. 7. 6. 2000 – 3 StR 559/99, StV 2001 1 (5).
[539] Siehe auch bereits oben Rn. 83.
[540] Oben Rn. 87 f.
[541] Oben Rn. 121 f.

III. Aussetzung der Hauptverhandlung (Abs. 3 und 4)

Der **Aussetzungsantrag** des Angeklagten nach **Abs. 3** ist eine wesentliche Förmlichkeit des Verfahrens und damit **protokollierungspflichtig**.[542] Das wird ungeachtet des Ermessenscharakters der Vorschrift auch für einen **Antrag nach Abs. 4** gelten, weil das Gericht verpflichtet ist, den entsprechenden Antrag eines Verfahrensbeteiligten zu bescheiden. Die durch Beschluss zu treffende **Entscheidung des Gerichts** über eine Aussetzung (oder ggf. Unterbrechung bei Abs. 4)[543] ist als wesentliche Förmlichkeit einschließlich ihres wesentlichen Inhalts ebenfalls in die Sitzungsniederschrift aufzunehmen.[544] Soweit der Beschluss schriftlich abgefasst worden ist, wird er als Anlage zum Protokoll genommen.

G. Rechtsbehelfe

I. Anrufung des Gerichts (§ 238 Abs. 2)

Gegen die **Ablehnung** eines (angeregten) **Hinweises** nach Abs. 1 oder 2 durch den Vorsitzenden kann gemäß § 238 Abs. 2 die **Entscheidung des Gerichts** beantragt werden.[545] Erteilt dagegen der Vorsitzende einen Hinweis ist ein Antrag nach § 238 Abs. 2 nicht statthaft.[546] Da die Entscheidungen über Anträge nach Abs. 3 und 4 durch Beschluss des Gerichts erfolgen, kommt auch insoweit der Rechtsbehelf nach 238 Abs. 2 nicht in Betracht.

II. Beschwerde

Ablehnung und Erteilung eines Hinweises nach Abs. 1 oder 2 sind nach § 305 S. 1 der Beschwerde entzogen;[547] beides kann lediglich im Rahmen der Revision gegen das Urteil überprüft werden. Gleiches gilt im Grundsatz auch für die Entscheidung über die **Aussetzung** (ggf. Unterbrechung) nach **Abs. 3 und 4**,[548] weil es sich insoweit um eine mit der Urteilsfällung im Zusammenhang stehende Entscheidung handelt. **Ausnahmsweise** unterliegt die Aussetzung der Beschwerde, wenn mit der Aussetzung nicht die Vorbereitung der Anklage oder Verteidigung bezweckt sondern andere (sachfremde) Intentionen (etwa eigene Vorbereitung des Gerichts) verfolgt werden.[549]

III. Revision

1. Rügeart und -umfang. Verletzungen von § 265 Abs. 1–4 können mit entsprechenden **Verfahrensrügen** geltend gemacht werden. Die rechtsfehlerhafte Ablehnung von Hinweisen nach **Abs. 1 und 2** stellt sich ausschließlich als relativer Revisionsgrund nach § 337 dar.[550] Dagegen kann die fehlerhafte Ablehnung von Aussetzungsanträgen nach Abs. 3 und 4 seitens der Verteidigung auch gemäß § 338 Nr. 8 gerügt werden.[551] Bei der ermessensfehlerhaften Ablehnung eines auf Abs. 4 gestützten Aussetzungsantrags durch andere Verfahrensbeteiligte als dem Angeklagten und seinem Verteidiger bewendet es allerdings bei einem relativen Revisionsgrund nach § 337. Soweit ein Hinweis nach Abs. 1 oder 2 fehlerhaft während des Ausschlusses der Öffentlichkeit erteilt worden ist, kann darin ein Revisionsgrund nach § 338 Nr. 6 liegen.[552] An sich steht die Rechtsmittelbefugnis bei Verletzungen von § 265 Abs. 1–4 sämtlichen Verfahrensbeteiligten zu. Allerdings können mangels Beschwer Staatsanwaltschaft sowie Neben- und Privatkläger eine Revision

---

[542] Löwe/Rosenberg/*Gollwitzer* Rn. 107 a.
[543] Zu dieser Möglichkeit oben Rn. 118.
[544] Vgl. auch insoweit Löwe/Rosenberg/*Gollwitzer* Rn. 107 a.
[545] KMR/*Stuckenberg* Rn. 86; Löwe/Rosenberg/*Gollwitzer* Rn. 50; *Meyer-Goßner* Rn. 28; SK-StPO/*Schlüchter* Rn. 18.
[546] KK-StPO/*Engelhardt* Rn. 16; KMR/*Stuckenberg* Rn. 86; Löwe/Rosenberg/*Gollwitzer* Rn. 50; SK-StPO/*Schlüchter* Rn. 18.
[547] KG v. 23. 4. 1988 – 4 Ws 74/88, StV 1989, 8 (9) mAnm *Danckert*, KMR/*Stuckenberg* Rn. 87; Löwe/Rosenberg/*Gollwitzer* Rn. 109; SK-StPO/*Schlüchter* Rn. 56.
[548] OLG Dresden v. 13. 12. 2007 – 1 Ws 310/07, JR 2008, 304 mAnm *Gössel*; KMR/*Stuckenberg* Rn. 87; Löwe/Rosenberg/*Gollwitzer* Rn. 109; SK-StPO/*Schlüchter* Rn. 56.
[549] OLG Dresden v. 13. 12. 2007 – 1 Ws 310/07, JR 2008, 304 mAnm *Gössel*;KMR/*Stuckenberg* Rn. 87; Löwe/Rosenberg/*Gollwitzer* Rn. 109 und Löwe/Rosenberg/*Matt* § 305 Rn. 26; SK-StPO/*Schlüchter* Rn. 56; siehe auch § 228 Rn. 28 f. und § 305 Rn. 6.
[550] KMR/*Stuckenberg* Rn. 88; Löwe/Rosenberg/*Gollwitzer* Rn. 110; SK-StPO/*Schlüchter* Rn. 57.
[551] BGH 15. 2. 1996 – 1 StR 770/95, StV 1996, 298; BGH v. 24. 6. 1998 – 5 StR 120/98, NStZ 1998, 530 f.; BGH v. 2. 2. 2000, NJW 2000, 1350; OLG Braunschweig v. 17. 3. 2008 – Ss 33/08, StV 2008, 293; OLG Celle v. 15. 7. 1965 – 1 Ss 206/65, NJW 1965, 2264; AK-StPO/*Loos* Rn. 48; KK-StPO/*Engelhardt* Rn. 32; KMR/*Stuckenberg* Rn. 88; Löwe/Rosenberg/*Gollwitzer* Rn. 112.
[552] Vgl. BGH v. 25. 7. 1995 – 1 StR 342/95, NJW 1996, 138.

nicht auf den rechtsfehlerhaften Umgang mit § 265 stützen, wenn der Hinweis oder die Aussetzungspflicht bzw. -möglichkeit ausschließlich den Verteidigungsinteressen des Angeklagten dient;[553] so verhält es sich regelmäßig bei unterbliebenen Hinweisen nach Abs. 1 und 2 sowie der fehlerhaften Ablehnung eines nach Abs. 3 gestellten Aussetzungsantrags.

132 Der rechtsfehlerhafte Umgang mit § 265 kann zugleich auch **andere Verfahrensfehler** beinhalten.[554] Das gilt insbesondere für die unterbliebene oder unzureichende Gewährung rechtlichen Gehörs iSv. Art. 103 Abs. 1 GG, wenn eine abweichende rechtliche Würdigung der verfahrensgegenständlichen Tat auf neuen Tatsachen beruht, zu denen sich der Angeklagte nicht hatte äußern können oder wenn es – außerhalb der unmittelbaren Anwendung von Abs. 1 und 2 – um ausschließliche Änderungen der Sach- oder Verfahrenslage geht.[555] Häufig wird auch eine Verletzung der Amtsaufklärungspflicht mit einer fehlerhaften Anwendung von § 265 einhergehen, die dann zusätzlich mit der **Aufklärungsrüge** geltend zu machen ist.[556]

133 **2. Verletzungen der Hinweispflicht nach Abs. 1 und 2. a) Revisionsbegründung.** Um den Anforderungen von § 344 Abs. 2 S. 2 bei der Rüge des rechtsfehlerhaft **unterbliebenen Hinweises** nach Abs. 1 oder 2 zu genügen, muss die **Revisionsbegründung** grundsätzlich den **Inhalt der zugelassenen Anklage** mitteilen und darlegen, dass die Verurteilung auf der Grundlage eines anderen Strafgesetzes, unter Anwendung einer dort nicht enthaltenen Sanktion iSv. Abs. 2 oder – innerhalb derselben prozessualen Tat – aufgrund eines veränderten Sachverhaltes erfolgt ist.[557] Soweit der Verfahrensgegenstand mehrere prozessuale Taten oder eine prozessuale Tat mehrere materiellrechtliche Straftaten umfasst, muss sich aus der Revisionsbegründung unter Beachtung der vorgenannten Anforderungen ergeben, auf welche von diesen sich die Verletzung der Hinweispflicht bezieht.[558] In einzelnen Fällen ist die **Mitteilung des Inhalts der zugelassenen Anklage** für **entbehrlich** gehalten worden; das soll in Frage kommen, wenn das Revisionsgericht den Inhalt von Anklage und Eröffnungsbeschluss wegen der von Amts wegen vorzunehmenden Prüfung der Prozessvoraussetzungen ohnehin zur Kenntnis nehmen muss.[559] Welche Fälle damit erfasst werden sollen, ist völlig unklar, weil die Wirksamkeit von Anklage und Eröffnungsbeschluss stets als Verfahrensvoraussetzung zu prüfen ist.[560] Die Angabe des Inhalts der zugelassenen Anklage ist daher stets zu verlangen. Soweit die **Unvollständigkeit des Hinweises** gerügt wird, muss aus der Revisionsbegründung nicht nur hervorgehen, welche weiteren rechtlichen Ausführungen hätten erfolgen sollen sondern auch, ob Angeklagter und/oder Verteidiger in der Hauptverhandlung um Ergänzung oder Präzisierung gebeten haben.[561] Soweit das Gericht verpflichtet ist, auch die der geänderten rechtlichen Bewertung zugrunde liegenden Tatsachen mitzuteilen,[562] wird die Revisionsbegründung mitzuteilen haben, welche tatsächlichen Gegebenheiten hätten mitgeteilt werden müssen. Zu der **Frage des Beruhens** des Urteils auf dem unterbliebenen Hinweis **muss** sich die **Revisionsbegründung** als Zulässigkeitserfordernis iSv. § 344 Abs. 2 S. 2 **nicht verhalten**. Es kann aber zweckmäßig sein aufzuzeigen, welche Verteidigungsmöglichkeiten sich eröffnet hätten, wenn ein vollständiger Hinweis erteilt worden wäre.[563]

134 **b) Beruhen.** Ist ein Hinweis rechtsfehlerhaft unterblieben, **beruht das Urteil bereits dann auf dem** Unterbleiben, **wenn die Möglichkeit einer anderweitigen Verteidigung** in Bezug auf den Schuld- oder den Rechtsfolgenausspruch **nicht** mit Sicherheit **ausgeschlossen** werden kann (allgM).[564] Im Umkehrschluss ist ein **Beruhen** nur dann **zu verneinen**, wenn mit Sicherheit nach Hinweiserteilung

---

[553] Siehe BGH v. 11. 4. 1967 – 1 StR 79/67, bei *Dallinger* MDR 1968, 18; KMR/*Stuckenberg* Rn. 89.
[554] Näher Löwe/Rosenberg/*Gollwitzer* Rn. 116. mwN.
[555] Exemplarisch BVerfG 11. 2. 1987 – 1 BvR 475/85, BVerfGE 74, 228 (233) = NJW 1987, 2067.
[556] Vgl. Löwe/Rosenberg/*Gollwitzer* Rn. 116.
[557] OLG Hamm 13. 6. 2000 – 2 Ss 401/00, NStZ-RR 2001, 273 f.; KMR/*Stuckenberg* Rn. 90; Löwe/Rosenberg/*Gollwitzer* Rn. 113; *Meyer-Goßner* Rn. 47; SK-StPO/*Schlüchter* Rn. 57; siehe aber auch OLG Stuttgart v. 11. 1. 1990 – 1 Ss 770/89, MDR 1990, 569.
[558] KMR/*Stuckenberg* Rn. 90; Löwe/Rosenberg/*Gollwitzer* Rn. 113.
[559] Siehe OLG Stuttgart v. 11. 1. 1990 – 1 Ss 770/89, MDR 1990, 569; OLG Hamm 13. 6. 2000 2 Ss 401/00, NStZ-RR 2001, 273 (274); vgl. aber auch BGH v. 30. 5. 1996 – 4 StR 109/96 (juris; in NStZ-RR 1997, 65 nicht mit veröffentlicht).
[560] Zutreffend KMR/*Stuckenberg* Rn. 90.
[561] Vgl. BGH 11. 12. 1997 – 4 StR 323/97, NStZ 1998, 568 f. mAnm *Dierlamm* und mAnm *Park* StV 1998, 417 f.
[562] Oben Rn. 63.
[563] BGH 25. 3. 1992 – 3 StR 519/91, NStZ 1992, 450 f.; *Sarstedt/Hamm* Rn. 1062; KMR/*Stuckenberg* Rn. 92.
[564] Etwa BGH 12. 3. 1963 – 1 StR 54/63, BGHSt 18, 288 (289 f.); BGH 30. 7. 1969 – 4 StR 237/69, BGHSt 23, 95 (98); BGH 20. 2. 1974 – 2 StR 448/73, BGHSt 25, 287 (290); BGH 24. 7. 1991 – 2 StR 271/91, StV 1991, 501; BGH 24. 11. 1992 – 1 StR 368/92, NStZ 1993, 200; BGH v. 10. 6. 2005 – 2 StR 206/05, NStZ-RR 2005, 376 f.; BayObLG v. 26. 10. 1981 – RReg 2 St 302/81, VRS 62, (1982), 129 (130); OLG Braunschweig v. 17. 3. 2008 – Ss 33/08, StV 2008, 293 (294); OLG Schleswig v. 20. 9. 2004 – 2 Ss 117/04, SchlHA 2005, 262 Nr. 25; *Hanack* JZ 1972, 433 (434); *Michel* JuS 1991, 852; AK-StPO/*Loos* Rn. 50; HK-StPO/*Julius* Rn. 30; KK-StPO/*Engelhardt* Rn. 33; KMR/*Stuckenberg* Rn. 92; SK-StPO/*Schlüchter* Rn. 58.

eine andere und mit mehr Erfolg durchgeführte Verteidigung ausgeschlossen werden kann.[565] In welchen Konstellationen ein Beruhen auf dem Unterbleiben des Hinweises auszuschließen ist, kann generalisierend kaum festgelegt werden, sondern hängt von den Umständen des Einzelfalles ab. Als grobe Leitlinie lässt sich formulieren, dass hohe Anforderungen an den Ausschluss des Beruhens zu stellen sind;[566] lediglich in den Fällen, in denen hier im Zweifel eine Hinweispflicht angenommen worden ist,[567] kann das Beruhen unter weniger strengen Anforderungen entfallen. Die Erörterung des neuen rechtlichen Gesichtspunktes **durch einen anderen Verfahrensbeteiligten** schließt jedenfalls das Beruhen nicht ohne Weiteres aus.[568]

Ungeachtet des vorgenannten strengen Maßstabes hat die **Rspr.** das Beruhen entweder dann verneint, wenn der **neue rechtliche Gesichtspunkt von dem Angeklagten** oder seinem **Verteidiger selbst** angesprochen worden ist oder die Verurteilung unter einem rechtlichen Gesichtspunkt erfolgte, der dem in der zugelassenen Anklage eingenommenen Standpunkt in etwa gleichwertig ist.[569] **Im Einzelnen:** der **Verteidiger** hat sich mit der abweichenden rechtlichen Würdigung in der Hauptverhandlung oder seinem Plädoyer selbst **befasst** und anderweitige Verteidigungsmöglichkeiten wären auch bei Hinweiserteilung nicht ersichtlich;[570] bei **verspäteter Hinweiserteilung**, wenn dennoch Aussetzungsantrag nicht gestellt worden ist.[571] Auf einer anderen Linie liegt der gelegentlich angenommene Ausschluss des Beruhens bei einem die Tat vollständig bestreitenden Angeklagten;[572] angesichts der gebotenen hohen Anforderungen wird sich hier das Beruhen nicht ohne Weiteres annehmen lassen.[573] Bei abweichender rechtlicher Würdigung aufgrund **anderer Beteiligungs- oder Konkurrenzformen** ist das Beruhen ausgeschlossen worden bei: Übergang von Mittäterschaft zu Beihilfe;[574] Übergang von Mittäterschaft zu Alleintäterschaft;[575] in der Umkehrung jedenfalls dann, wenn der Angeklagte sämtliche Tatbestandsmerkmale ohnehin in eigener Person verwirklicht hat;[576] Übergang von Tatmehrheit (§ 53 StGB) zu Tateinheit (§ 52 StGB).[577] Bei abweichender Würdigung im Rahmen des **Besonderen Teils des StGB** hat die Rspr. das Beruhen ausgeschlossen bei: Übergang von (vers.) Mord zu (vers.) Totschlag;[578] Übergang von versuchtem Totschlag zu vollendeter (gef.) Körperverletzung;[579] Übergang vom Bandendiebstahl zum einfachen Diebstahl[580] sowie räuberischer Erpressung zum Raub;[581] Übergang von Untreue zum Betrug (zweifelhaft)[582] und innerhalb der Untreue vom Missbrauchs- zum Treubruchstatbestand.[583]

3. Verletzungen der Aussetzungspflicht (Abs. 3) oder des Aussetzungsermessens (Abs. 4).
a) Revisionsbegründung. Wird die fehlerhafte **Ablehnung eines Aussetzungsantrags** nach Abs. 3 gerügt, muss die Revisionsbegründung wegen § 344 Abs. 2 S. 2 den Aussetzungsantrag und zumindest den wesentlichen Inhalt des Ablehnungsbeschlusses mitteilen.[584] Da der Anspruch nach Abs. 3 das Hervortreten neuer Umstände und deren Bestreiten voraussetzt,[585] muss die Revisionsbegründung auch die neuen Umstände und die Tatsache, dass der Angeklagte diese bestritten

---

[565] BGH 8. 5. 1951 – 1 StR 168/51, BGHSt 2, 250 (251); BGH v. 15. 10. 1979 – AnwSt (R) 3/79 , BGHSt 29, 124 (127f.) = NJW 1980, 897; BGH 25. 2. 1992 – 5 StR 483/91, NStZ 1992, 292 (293); BGH v. 14. 2. 1995 – 1 StR 725/94, NStZ-RR 1996, 10; BGH 5. 5. 1998 – 1 StR 140/98, StV 1998, 582 (583); BGH v. 13. 8. 2002 – 3 StR 204/02, NStZ 2003, 34 (bei Schuldspruchberichtigung); OLG Frankfurt 7. 3. 1991 – 3 Ss 531/90, StV 1992, 60; OLG Köln 24. 10. 1978 1 Ss 544/78, VRS 56, (1979), 281 (282); *Hanack* JZ 1972, 433 (434); *Michel* JuS 1991, 852; AK-StPO/*Loos* Rn. 50; HK-StPO/*Julius* Rn. 30; KK-StPO/*Engelhardt* Rn. 33; KMR/*Stuckenberg* Rn. 92; Löwe/Rosenberg/*Gollwitzer* Rn. 114; SK-StPO/*Schlüchter* Rn. 58.
[566] Vgl. AK-StPO/*Loos* Rn. 50; KK-StPO/*Engelhardt* Rn. 33.
[567] Oben Rn. 28, 34, 39, 56.
[568] Vgl. BGH v. 5. 11. 2002 – 4 StR 316/02, StV 2003, 151; BGH v. 16. 6. 2004 – 1 StR 166/04, NStZ-RR 2004, 297.
[569] Siehe dazu KMR/*Stuckenberg* Rn. 94 und 95.
[570] BGH 18. 11. 1997 – 1 StR 520/97, StV 1998, 329 (330); BGH 19. 10. 1994 – 2 StR 336/94, NStZ 1995, 247; BGH v. 26. 5. 1998 – 5 StR 196/98 (juris); BGH v. 9. 7. 2008 – 1 StR 280/08, NStZ-RR 2008, 10; OLG Schleswig v. 15. 2. 2002 – 2 Ss 365/01, SchlHA 2003, 192 Nr. 32.
[571] BGH v. 22. 10. 1992 – 1 StR 575/92 (juris; insoweit in NStZ 1993, 141 nicht mit veröffentlicht); HK-StPO/*Julius* Rn. 30; KMR/*Stuckenberg* Rn. 93; Löwe/Rosenberg/*Gollwitzer* Rn. 130.
[572] So etwa BGH v. 2. 3. 1993 – 1 StR 882/92 (juris).
[573] Siehe BGH 18. 11. 1997 – 1 StR 520/97, StV 1998, 583 f.; OLG Stuttgart v. 28. 4. 2008 – 2 Ss 106/08, StV 2008, 626 mwN; HK-StPO/*Julius* Rn. 30; Löwe/Rosenberg/*Gollwitzer* Rn. 114; ohne Stellungnahme KMR/*Stuckenberg* Rn. 94.
[574] BGH 20. 7. 1976 – 1 StR 327/76, MDR 1977, 63.
[575] BGH v. 29. 7. 1982 – 4 StR 265/82, bei *Pfeiffer/Miebach* NStZ 1983, 359 Nr. 33.
[576] BGH 21. 11. 1991 – 1 StR 552/90, NStZ 1992, 292 (293); BGH 19. 10. 1994 – 2 StR 336/94, NStZ 1995, 247.
[577] BGH v. 22. 11. 1955 – 1 StR 385/55 (zit. nach KK-StPO/*Engelhardt* Rn. 33).
[578] BGH 14. 2. 1995 – 1 StR 725/94, NStZ-RR 1996, 10.
[579] BGH v. 30. 5. 1996 – 4 StR 109/96 (juris).
[580] BGH v. 14. 8. 1990 – 1 StR 422/90, StV 1991, 8.
[581] BGH v. 15. 11. 1966 – 1 StR 491/66 (zit. nach KK-StPO/*Engelhardt* Rn. 33).
[582] BGH v. 8. 3. 1988 – 1 StR 14/88, StV 1988, 329.
[583] BGH v. 5. 7. 1984 – 4 StR 255/84, NJW 1984, 2539 (2540).
[584] KMR/*Stuckenberg* Rn. 96; Löwe/Rosenberg/*Gollwitzer* Rn. 113.
[585] Oben Rn. 97.

hat, enthalten.⁵⁸⁶ Gleiches gilt für die (nicht zu substantiierende) Behauptung ungenügender Vorbereitung. Ist dem Aussetzungsantrag stattgegeben worden, rügt der Angeklagte aber eine zur Vorbereitung der Verteidigung **unzureichende Aussetzungsfrist**, bedarf es in der Revisionsbegründung auch Ausführungen dazu, warum die Frist zur Vorbereitung einer sachgerechten Verteidigung nicht genügte.⁵⁸⁷

137 Bei der Rüge einer fehlerhaften Ablehnung eines **Aussetzungsantrags nach Abs. 4** oder der Rüge eines **ermessensfehlerhaften Unterbleibens der Aussetzung von Amts wegen** muss die Revision im Hinblick auf den Prüfungsumfang des Revisionsgerichts⁵⁸⁸ ausführen, dass das Gericht die für die Anwendung von Abs. 4 maßgeblichen Rechtsbegriffe (etwa Anforderungen an die „veränderte Sachlage") verkannt oder das ihm zustehende Ermessen fehlerhaft ausgeübt hat.⁵⁸⁹ Da der Anwendungsbereich von Abs. 4 lediglich bei veränderter Sachlage eröffnet ist, müssen im Hinblick auf § 344 Abs. 2 S. 2 die Tatsachen benannt werden, die diese Veränderung gegenüber der bisherigen Sachlage ausmachen. Dazu wird regelmäßig eine Beschreibung der vorherigen und der neuen Sachlage erforderlich sein. Die Revisionsbegründung muss unter Angabe der entsprechenden Tatsachen deutlich machen, warum eine Aussetzung zur Vorbereitung wegen der geänderten Sachlage erforderlich war; dazu gehören vor allem Erwägungen, warum in zeitlicher Hinsicht ohne Aussetzung eine sachgerechte Verteidigung nicht möglich war.⁵⁹⁰ In den praktisch häufig vorkommenden Fällen der **Änderung der Verfahrenslage** im Kontext der Verhinderung des (gewählten) Verteidigers müssen die Gründe der Verhinderung benannt werden.⁵⁹¹ Gelegentlich ist in der Rspr. im Hinblick auf die ungenügende Vorbereitung sogar verlangt worden, anzugeben, welches Prozessverhalten wegen der fehlenden Aussetzung nicht vorgenommen werden konnte (zweifelhaft).⁵⁹² Soweit ausgesetzt worden ist, die Frist aber als ermessensfehlerhaft kurz gerügt oder beanstandet wird, dass nicht ausgesetzt sondern lediglich unterbrochen worden ist,⁵⁹³ müssen die Tatsachen dargelegt werden, aus denen sich die Notwendigkeit einer längeren Aussetzungsfrist zum Zwecke der sachgerechten Vorbereitung der Verteidigung ergibt.

138 b) **Prüfungsumfang des Revisionsgerichts.** Das Revisionsgericht darf die Anwendung von Abs. 4 durch den Tatrichter **nicht in vollem Umfang** überprüfen. Nachprüfbar ist die richtige Anwendung der maßgeblichen Rechtsbegriffe, insbesondere des Vorliegens einer „veränderten Sachlage".⁵⁹⁴ Die Ermessensausübung im Hinblick auf die Erforderlichkeit einer Aussetzung (oder Unterbrechung) zum Zwecke der Vorbereitung der Verteidigung darf dagegen lediglich im Hinblick auf **Ermessensfehler** überprüft werden.⁵⁹⁵ Lehnt das Tatgericht einen Aussetzungsantrag nach Abs. 4 lediglich mit formelhaften Wendungen ab, kann dies auf einen Ermessensfehlgebrauch bzw. Ermessensnichtgebrauch hindeuten.⁵⁹⁶ Einen Ermessensfehler nimmt die Rspr. auch an, wenn trotz Vorliegen der Voraussetzungen von Abs. 4 keine Aussetzung angeordnet worden ist, obwohl ein rechtsstaatliches Verfahren dies erforderte und die Notwendigkeit der Aussetzung für eine genügende Vorbereitung der Verteidigung offensichtlich war.⁵⁹⁷ Hat das <aoGericht bereits seine Hinweispflicht nach Abs. 1 oder 2 verletzt, so liegt bei unterbliebener Aussetzung regelmäßig auch ein Verstoß gegen Abs. 4 vor.⁵⁹⁸

139 c) **Beruhen.** Bei Verstößen gegen Abs. 3 oder Abs. 4 wird sich das Beruhen allenfalls in Ausnahmefällen ausschließen lassen (allgM).⁵⁹⁹

---

⁵⁸⁶ So wohl auch Löwe/Rosenberg/*Gollwitzer* Rn. 113 mit dem – zutreffenden – Hinweis, alle Anspruchsvoraussetzungen müssten aufgezeigt werden.
⁵⁸⁷ Vgl. BGH v. 29. 8. 1995 – 1 StR 404/95, NStZ 1996, 99; weicher („ggf.") KMR/*Stuckenberg* Rn. 96.
⁵⁸⁸ Unten Rn. 138.
⁵⁸⁹ BGH v. 18. 12. 1997 – 1 StR 483/97, NStZ 1998, 311 f.; OLG Celle v.30. 4. 1964 – 1 Ss 507/63, NdsRpfl. 1964, 234; OLG Koblenz v.13. 5. 1976 – 1 Ss 138/76, VRS 51, (1976), 288 (289); HK-StPO/*Julius* Rn. 33; KK-StPO/*Engelhardt* Rn. 32; KMR/*Stuckenberg* Rn. 97; Löwe/Rosenberg/*Gollwitzer* Rn. 106; *Meyer-Goßner* Rn. 46; SK-StPO/*Schlüchter* Rn. 61.
⁵⁹⁰ Vgl. BGH v. 29. 8. 1995 – 1 StR 404/95, NStZ 1996, 99; BGH v. 18. 12. 1997 – 1 StR 483/97, StV 1998, 414; BGH v. 14. 2. 2001 – 1 StR 534/00, BGHR StPO § 265 Abs. 4 Verteidigung, angemessene 7.
⁵⁹¹ KMR/*Stuckenberg* Rn. 99.
⁵⁹² Siehe etwa BGH v. 29. 8. 1995 – 1 StR 404/95, StV 1996, 298; BGH v. 14. 2. 2001 – 1 StR 534/00, StV 2004, 303 mwN.
⁵⁹³ Zur Zulässigkeit der bloßen Unterbrechung auf der Grundlage von Abs. 4 oben Rn. 118 f.
⁵⁹⁴ Vgl. RG v. 11. 2. 1896 – 5127/95, RGSt 28, 124.
⁵⁹⁵ In der Sache ebenso BGH v. 27. 2. 2007 – 3 StR 44/07, StraFo 2007, 243 (244); OLG Koblenz v. 13. 5. 1976 – 1 Ss 138/76, VRS 51, 288 (289); KMR/*Stuckenberg* Rn. 97; aA offenbar AK-StPO/*Loos* Rn. 52 aE.
⁵⁹⁶ BGH v. 11. 9. 1986 – 1 StR 472/86, StV 1986, 516.
⁵⁹⁷ BGH v. 28. 6. 1955 – 5 StR 646/54, BGHSt 8, 92 (96 f.); BGH v. 26. 1. 1983 – 3 StR 431/82, NStZ 1983, 281; KK-StPO/*Engelhardt* Rn. 30; KMR/*Stuckenberg* Rn. 98 jeweils mwN.
⁵⁹⁸ BGH v. 28. 6. 1955 – 5 StR 646/54, BGHSt 8, 92 (96 f.).
⁵⁹⁹ AK-StPO/*Loos* Rn. 52; KMR/*Stuckenberg* Rn. 100; Löwe/Rosenberg/*Gollwitzer* Rn. 115; siehe dazu auch BGH v. 28. 6. 1955 – 5 StR 646/54, BGHSt 8, 92 (96).

4. Verletzungen von Hinweispflichten außerhalb der unmittelbaren Anwendung von Abs. 1 oder 2. Soweit Hinweispflichten außerhalb der direkten Anwendung von Abs. 1 oder 2, insb. bei der bloßen Änderung der Sachlage, angenommen werden,[600] gelten die vorgenannten Anforderungen an die Revisionsbegründung sowie die Ausführungen zum Beruhen lediglich bei einer analogen Anwendung von Abs. 1 oder 2. Ansonsten richten sich die Erfordernisse der Revisionsbegründung nach den für die konkrete Rüge geltenden Maßstäben, etwa der Aufklärungsrüge[601] bei Verletzung der Amtsaufklärungspflicht oder bei Verstößen gegen das einfachgesetzliche Recht auf Gehör iSv. § 243 Abs. 4.[602]

IV. Verfassungsbeschwerde

Nach der hier vertretenen Auffassung stellt nicht jede Verletzung von § 265 zugleich auch einen Verstoß gegen die verfassungsrechtliche Gewährleistung des Anspruchs auf rechtliches Gehör aus Art. 103 Abs. 1 GG dar.[603] Vielmehr sind die einfachgesetzlichen Hinweispflichten des § 265 eine Voraussetzung für die umfassende Ausübung des Gebots, rechtliches Gehör zu gewähren.[604] Angesichts des Schutzbereichs von Art. 103 Abs. 1 GG[605] kommt ein mit der **Verfassungsbeschwerde** rügbarer Verfassungsverstoß nur dann in Betracht, wenn der Angeklagte auf einer von der zugelassenen Anklage **abweichenden rechtlichen und/oder tatsächlichen Grundlage verurteilt** worden ist, zu der er sich **zuvor nicht äußern konnte**.[606] Auch bei der Erhebung einer entsprechenden Verfassungsbeschwerde muss der Beschwerdeführer aber darlegen, was er bei einer ausreichenden Gewährung des rechtlichen Gehörs im strafgerichtlichen Verfahren vorgetragen hätte.[607] Soweit zugleich eine Verletzung von einfachgesetzlichen Hinweispflichten des § 265 vorliegt, ist die **Subsidiarität der Verfassungsbeschwerde** zu beachten.[608]

§ 265 a [Auflagen oder Weisungen]

¹Kommen Auflagen oder Weisungen (§§ 56b, 56c, 59a Abs. 2 des Strafgesetzbuches) in Betracht, so ist der Angeklagte in geeigneten Fällen zu befragen, ob er sich zu Leistungen erbietet, die der Genugtuung für das begangene Unrecht dienen, oder Zusagen für seine künftige Lebensführung macht. ²Kommt die Weisung in Betracht, sich einer Heilbehandlung oder einer Entziehungskur zu unterziehen oder in einem geeigneten Heim oder einer geeigneten Anstalt Aufenthalt zu nehmen, so ist er zu befragen, ob er hierzu seine Einwilligung gibt.

Schrifttum: *Doleisch von Dolsperg*, Strafaussetzung zur Bewährung – Probleme aus der Praxis, StraFo 2005, 45; *Wulf*, Zu den Änderungen des Verfahrens- und Jugendrechts und den Übergangsvorschriften im 1. StrRG, JZ 1970, 160.

I. Zweck und Anwendungsbereich der Vorschrift

Die Vorschrift ergänzt die materiell-rechtlichen Reglungen über die Gestaltung der Auflagen und Weisungen **bei Aussetzung der Vollstreckung einer Freiheitsstrafe** (§§ 56b und c StGB) sowie bei **Verwarnung mit Strafvorbehalt** (§ 59a Abs. 2 StGB). Durch die **Befragung nach S. 1** wird zum einen **der Angeklagte** über die durch §§ 56b und c, § 59a Abs. 2 StGB gewährleistete Möglichkeit, die Anordnung von Bewährungsauflagen und -weisungen durch deren freiwillige Übernahme von Leistungen zu vermeiden, **aufgeklärt**.[1] Zum anderen dient die Befragung der Verbreiterung der tatsächlichen Grundlagen für die gerichtliche Entscheidung nach § 268a Abs. 1 über die Aussetzung der Vollstreckung einer Freiheitsstrafe und deren Modalitäten.[2] Insoweit handelt es sich um einen Ausfluss der allgemeinen gerichtlichen Aufklärungspflicht.[3] Zugleich erhält der Angeklagte **rechtliches Gehör** im Hinblick auf die anstehenden Aussetzungsentscheidungen (vgl.

---

[600] Zum Streitstand oben Rn. 67–73.
[601] § 244 Rn. 173 ff.
[602] § 243 Rn. 55.
[603] Oben Rn. 3.
[604] Oben Rn. 3.
[605] Dazu BeckOK-GG/*Radtke/Hagemeier* Art. 103 Rn. 3–5 mwN.
[606] In diesem Sinne auch BayVerfGH v. 27. 10. 2004 – Vf. 11-VI-02, BeckRS 2005 20878; BGH v. 8. 2. 1961 – 2 StR 622/60, BGHSt 16, 47 (48); BGH v. 5. 3. 1969 – 4 StR 610/68, BGHSt 22, 336 (339); SK-StPO/*Schlüchter* Rn. 65.
[607] BVerfG v. 21. 8. 2001 – 2 BvR 2290/00, BeckRS 2001 30200287; BVerfG (3. Kammer des 2. Senats) v. 2. 10. 2003 – 2 BvR 149/03, NJW 2004, 1443 mwN.
[608] BVerfG v. 22. 11. 2001 – BvR 46/01, NStZ-RR 2002, 113.
[1] AK-StPO/*Loos* Rn. 1; KMR/*Stuckenberg* Rn. 1.
[2] HK-StPO/*Julius* Rn. 1; KK-StPO/*Engelhardt* Rn. 1; Löwe/Rosenberg/*Gollwitzer*, 25. Aufl., Rn. 1; Meyer-Goßner Rn. 2.
[3] AK-StPO/*Loos* Rn. 1; HK-StPO/*Julius* Rn. 1.

auch § 453 Abs. 1 S. 2). Hinter dem Gebot der Befragung nach S. 1 und den korrespondierenden materiellrechtlichen Regelungen, bei freiwilliger Übernahme von Leistungen von der Auferlegung von Auflagen oder Weisungen abzusehen, steht die Erwartung einer besseren spezialpräventiven Wirksamkeit freiwillig erbrachter Leistungen. Die **Befragung nach S. 2** zieht die Konsequenz aus dem in § 56c Abs. 3 StGB enthaltenen Einwilligungserfordernis für die dort genannte Weisung. Angesichts des Zwecks der Vorschrift ist ihre systematische Einordnung im Gesetz fragwürdig.

2   Das Gebot der Befragung nach S. 1 und S. 2 gilt nicht nur in der **erstinstanzlichen Hauptverhandlung** sondern **ebenso in der Berufungsinstanz,**[4] auch nach Zurückverweisung durch das Revisionsgericht (vgl. § 354 Abs. 2). Die Vorschrift findet auf das Berufungsgericht Anwendung, wenn dieses in der Sache über die Berufung entscheidet, weil dadurch der ursprüngliche Bewährungsbeschluss der ersten Instanz entfällt,[5] und aus Sicht des Berufungsgerichts die allgemeinen Voraussetzungen des § 265a vorliegen. In welchem Umfang in der Berufungsinstanz das **Verschlechterungsverbot** (§ 331) in Bezug auf die Verhängung von Auflagen und Weisungen im Kontext der Aussetzung der Vollstreckung von Freiheitsstrafen zu beachten ist,[6] wird nicht durch § 265a bestimmt. Maßgeblich ist allein § 331. Soweit die Nachholung eines durch das Berufungsgericht versehentlich unterbliebenen Beschlusses gemäß § 268a Abs. 1 für zulässig gehalten wird,[7] beruht die Pflicht zur Anhörung des Angeklagten nicht auf § 265a sondern auf der entsprechenden Anwendung von § 453 Abs. 1 S. 2.[8] Trotz der durch § 354 Abs. 1a eröffneten Möglichkeit einer eigenen revisionsgerichtlichen Strafzumessungsentscheidung gilt § 265a **in der Revisionsinstanz nicht**. Zwar kann das Revisionsgericht die Strafaussetzung zur Bewährung bei eindeutigem Vorliegen der Voraussetzungen bewilligen.[9] Für den Beschluss nach § 268a Abs. 1 über die Auflagen und Weisungen bleibt aber der Tatrichter zuständig.[10] Dementsprechend obliegt ihm die auf den Beschluss nach § 268a Abs. 1 bezogene Befragung auch in der genannten Konstellation.

3   In **Jugendstrafverfahren** sowohl gegen Jugendliche als auch gegen Heranwachsende wird § 265a durch die Befragung nach § 57 **Abs. 3 JGG** verdrängt (für Heranwachsende vgl. § 109 Abs. 2 JGG).[11]

II. Voraussetzungen

4   Die Befragung nach S. 1 und S. 2 ist auf eine Prognose gegründet. Es muss aus Sicht des Gerichts **ein Schuldspruch** und im Strafausspruch eine **Freiheitsstrafe, deren Vollstreckung zur Bewährung ausgesetzt** werden wird (vgl. § 56 Abs. 1 und 2 StGB), **zu erwarten sein**.[12] Zudem muss das Gericht die **Verbindung der Aussetzungsentscheidung mit** der Anordnung von **Auflagen und Weisungen** für wahrscheinlich halten. Das Vorliegen der Voraussetzungen im Sinne der vorgenannten Prognose muss das Gericht erforderlichenfalls aufgrund einer **Zwischenberatung** feststellen.[13] Ob es der Zwischenberatung bedarf, wird auch dadurch bestimmt, zu welchem Zeitpunkt sich für das Gericht Anhaltspunkte für das Vorliegen der Voraussetzungen der Befragung ergeben.[14]

5   Für die **Befragung nach S. 1** muss aus Sicht des erkennenden Gerichts ein für den Verzicht auf die Anordnung von Auflagen und Weisungen **geeigneter Fall** vorliegen. Die Eignung hängt wesentlich von dem Verhalten des Angeklagten ab; sie ist insbesondere dann gegeben, wenn dessen Person und Persönlichkeit die Einhaltung der abzugebenden Zusagen erwarten lassen.[15] Bei einem die Tat

---

[4] AllgM; siehe nur KMR/*Stuckenberg* Rn. 2, SK-StPO/*Schlüchter* Rn. 3; siehe auch KG v. 6. 3. 2000 – 1 Ss 7/00 (veröffentlicht bei juris).
[5] OLG Celle v. 21. 6. 2007 – 32 Ss 86/07, NdsRpfl 2007, 332 (333 f.); OLG Dresden v. 29. 11. 2000 – 3 Ws 37/00, NJ 2001, 323 f.; KK-StPO/*Engelhardt* § 268a Rn. 1; *Meyer-Goßner* § 268a Rn. 2.
[6] Zum Streitstand § 331 Rn. 12; vgl. auch KG v. 6. 3. 2000 – 1 Ss 7/00 (veröffentlicht bei juris) einerseits und KK-StPO/*Schlüchter* Rn. 3 andererseits.
[7] OLG Celle v. 21. 6. 2007 – 32 Ss 86/07, NdsRpfl 2007, 332 (333 f.); OLG Köln v. 30. 4. 1991 – 2 Ws 166/91, NStZ 1991, 453 f.; Löwe/Rosenberg/*Gollwitzer*, 25. Aufl., § 268a Rn. 22; *Meyer-Goßner* § 354 Rn. 2; aA OLG Dresden v. 29. 11. 2000 – 3 Ws 37/00, NJ 2001, 323 f.; OLG Düsseldorf v. 3. 5. 1999 – 4 Ws 75/99, StV 2001, 225 f.; OLG Hamm v. 2. 12. 1999 – 3 Ws 711/99, NStZ-RR 2000, 126 f.; KK-StPO/*Fischer* § 453 Rn. 3; siehe auch *König* NJ 2001, 324.
[8] Vgl. die Nachw. in Fn. 7.
[9] BGH v. 8. 10. 1996 – 5 StR 481/96, NStZ 1997, 377; BayObLG v. 4. 8. 2003 – 1 St RR 88/03, BayObLGSt 2003, 90 (94) = NJW 2003, 3498 (3499); *Meyer-Goßner* § 354 Rn. 26 d.
[10] BGH v. 18. 7. 1989 – 4 StR 338/89, NJW 1990, 425 f.; BayObLG v. 4. 8. 2003 – 1 St RR 88/03, BayObLGSt 2003, 90 (94) = NJW 2003, 4398 (3499).
[11] HK-StPO/*Julius* Rn. 8; KMR/*Stuckenberg* Rn. 2.
[12] KMR/*Stuckenberg* Rn. 3; Löwe/Rosenberg/*Gollwitzer*, 25. Aufl., Rn. 4; SK-StPO/*Schlüchter* Rn. 4.
[13] AllgM; *Schmidt-Hieber* NJW 1982, 1017 (1020); KK-StPO/*Engelhardt* Rn. 2; KMR/*Stuckenberg* Rn. 3; Löwe/Rosenberg/*Gollwitzer*, 25. Aufl., Rn. 4; *Meyer-Goßner* Rn. 5; SK-StPO/*Schlüchter* Rn. 4.
[14] Zum davon zu unterscheidenden Zeitpunkt der Durchführung der Befragung Rn. 9.
[15] KK-StPO/*Engelhardt* Rn. 2; KMR/*Stuckenberg* Rn. 4; Löwe/Rosenberg/*Gollwitzer*, 25. Aufl., Rn. 5; *Meyer-Goßner* Rn. 6; SK-StPO/*Schlüchter* Rn. 6.

bestreitenden Angeklagten bedarf es grundsätzlich keiner Befragung, weil bei einer solchen Verteidigungsstrategie auf einem Schuldspruch aufbauende Zusagen nicht zu erwarten sind.[16]

Die **Befragung nach S. 2** hängt nicht von einem Eignungsmoment ab. Als Ausfluss des materiell-strafrechtlich vorgesehenen Einwilligungserfordernisses bei einer Weisung nach § 56c Abs. 3 StGB muss das Gericht[17] die Befragung vornehmen, wenn aus seiner Sicht die Erteilung einer solchen zu erwarten ist. Die Befragungspflicht nach S. 2 erschöpft sich jedoch nicht in Formalismus. Der sachliche Hintergrund des Einwilligungserfordernisses und der Befragungspflicht als prozessuales Pendant ist die Erwartung, die eingriffsintensive Weisung nach § 56c Abs. 3 StGB könne nur bei einer Mitwirkungsbereitschaft des Probanden Erfolg haben.[18]

III. Durchführung der Befragung

Die Durchführung der Befragung ist eine **verhandlungsleitende Maßnahme nach § 238 Abs. 1**, die dem **Vorsitzenden** obliegt. Da die Befragung aber der Vorbereitung einer Aussetzungsentscheidung im Urteil und der des ergänzenden Beschlusses nach § 268a Abs. 1 dient, bedarf es im Kollegialgericht regelmäßig der vorherigen Verständigung über das Vorliegen der Voraussetzungen der Befragung.[19]

§ 265a gibt keine strikten Vorgaben für die **inhaltliche Gestaltung** der Befragung. Für die Fälle des S. 2 muss sie das Einholen der Einwilligung zu der Weisung nach § 56c Abs. 3 StGB zum Inhalt haben. Um den mit den in § 265a genannten materiell-rechtlichen Regelungen verfolgten Zwecken zu entsprechen, bietet sich aber die Durchführung der Befragung als Rechtsgespräch über die im Rahmen einer Aussetzungsentscheidung in Betracht kommenden Möglichkeiten an.[20] Durch die Gestaltung als offenes Rechtsgespräch lässt sich vermeiden, auf den Angeklagten unzulässigen Druck im Hinblick auf die „freiwillige" Übernahme von Leistungen oder die Erteilung der Zustimmung zur Weisung nach § 56c Abs. 3 StGB auszuüben.[21] Die Ankündigung des Vorsitzenden im Fall der Weigerung, freiwilliger Leistungserbringung die Bewährung ganz zu versagen, ist ebenso unzulässig wie die Überredung unzumutbare Leistungen (vgl. § 56b Abs. 1 S. 2, § 56c Abs. 1 S. 2 StGB) zu übernehmen.[22] Bei der Befragung nach S. 2 sollte der Angeklagte **auf die rechtliche und tatsächliche Bedeutung seiner Einwilligung** in die Erteilung der eingriffsintensiven Weisung nach § 56c Abs. 3 StGB sowie auf die zu erwartenden Behandlungsmaßnahmen **hingewiesen werden**.[23] Trotz der angezeigten Ausgestaltung der Befragung als Rechtsgespräch lässt sich aus § 265a wegen des spezifischen Normzwecks[24] für die Frage der Zulässigkeit von Absprachen im Strafverfahren allgemein nichts herleiten.[25]

Den **Zeitpunkt der Befragung** regelt die Vorschrift nicht ausdrücklich. Seine Auswahl ist durch den Vorsitzenden – ggf. nach Zwischenberatung über das Vorliegen der Voraussetzungen der Befragung[26] – vor allem **an dem Prozessverhalten des Angeklagten auszurichten**. Bei einem geständigen Angeklagten kommt eine Befragung bereits im Rahmen seiner Vernehmung zur Sache (§ 243 Abs. 4 S. 2) in Betracht.[27] Ansonsten wird die Befragung regelmäßig **nach dem Schluss der Beweisaufnahme** und vor dem letzten Wort des Angeklagten vorzunehmen sein.[28] Ist die Befragung vor der Urteilsberatung versäumt worden oder zeigen sich die Voraussetzungen des § 265a erst während dieser, kann die **Befragung vor der Urteilsverkündung nachgeholt** werden.[29] Dazu ist der Wiedereintritt in die Verhandlung nach § 258 erforderlich.[30] Versäumt der Vorsitzende die Nachholung vor der Urteilsverkündung kann die Befragung auch noch **nach der Urteilsverkündung aber vor der Verkündung des Beschlusses nach § 268a Abs. 1** erfolgen; in die-

---

[16] Wulf JZ 1970, 160 (161); AK-StPO/Loos Rn. 4; HK-StPO/Julius Rn. 2; KMR/Stuckenberg Rn. 4; siehe auch Löwe/Rosenberg/Gollwitzer, 25. Aufl., Rn. 5.
[17] Zur Zuständigkeit innerhalb des Spruchkörpers unten Rn. 7.
[18] Siehe MünchKommStGB/Groß, § 56c Rn. 29 aE.
[19] Oben Rn. 4; siehe auch Löwe/Rosenberg/Gollwitzer, 25. Aufl., Rn. 8; SK-StPO/Schlüchter Rn. 7.
[20] AK-StPO/Loos Rn. 4 aE; SK-StPO/Schlüchter Rn. 6; in der Sache ähnlich Meyer-Goßner Rn. 2.
[21] Zu den prozessualen Konsequenzen einer unzulässigen Einwirkung unten Rn. 13.
[22] KMR/Stuckenberg Rn. 7.
[23] HK-StPO/Julius Rn. 3; KK-StPO/Engelhardt Rn. 1; KMR/Stuckenberg Rn. 8; Löwe/Rosenberg/Gollwitzer, 25. Aufl., Rn. 7; SK-StPO/Schlüchter Rn. 12.
[24] Oben Rn. 1.
[25] Zutreffend AK-StPO/Loos Rn. 3.
[26] Oben Rn. 4.
[27] Löwe/Rosenberg/Gollwitzer, 25. Aufl., Rn. 9; SK-StPO/Schlüchter Rn. 8.
[28] Wulf JZ 1970, 160 (161); AK-StPO/Loos Rn. 6; HK-StPO/Julius Rn. 2; KK-StPO/Engelhardt Rn. 3; KMR/Stuckenberg Rn. 10; Löwe/Rosenberg/Gollwitzer Rn. 9; Meyer-Goßner Rn. 10; SK-StPO/Schlüchter Rn. 8.
[29] Im Ergebnis allgM; siehe nur KMR/Stuckenberg Rn. 10; Löwe/Rosenberg/Gollwitzer, 25. Aufl., Rn. 10; SK-StPO/Schlüchter Rn. 8.
[30] Nachw. wie Fn. zuvor.

ser Konstellation muss dem Beschluss über die Bewährungsmodalitäten eine erneute Beratung vorausgehen.[31]

10 Der **anwesende Angeklagte** hat das Recht, auf die Befragung zu antworten aber keine Pflicht. Aus der Wahrnehmung seines Rechts zu schweigen (§ 243 Abs. 4 S. 1) dürfen ihm keine prozessualen Nachteile erwachsen.[32] Die Verweigerung ansonsten gewährter Strafaussetzung als „Sanktion" für die fehlende Kooperationsbereitschaft wäre unzulässig.[33] Äußert sich der Angeklagte auf eine Befragung nach S. 1 nicht, begibt er sich allerdings der Möglichkeit, die Verhängung von Auflagen und Weisungen durch freiwillige Leistungen abzuwenden. Erteilt der Angeklagte im Rahmen einer Befragung nach S. 2 seine **Einwilligung in die Weisung nach § 56 c Abs. 3 StGB**, kann er diese bis zur Erteilung der Weisung **frei widerrufen**.[34] Ein Widerruf nach diesem Zeitpunkt stellt sich als Antrag auf nachträgliche Änderung der Weisung gemäß § 56 e StGB dar, über den im Verfahren nach § 453 zu entscheiden ist.[35] In praktischer Hinsicht ist ohnehin schwer ersichtlich, wie eine Weisung iS von § 56 c Abs. 3 StGB ohne Mitwirkungsbereitschaft des Probanden umgesetzt werden können sollte.[36]

11 **Vertretung** des abwesenden Angeklagten bei der Befragung durch seinen im Rahmen von § 234 berechtigten Verteidiger ist **zulässig**. Diese Vertretung umfasst sowohl die Übernahme von freiwilligen Leistungen im Kontext von S. 1 als auch die Einwilligung in die Weisung im Rahmen von S. 2.[37] Die Einwilligung ist durch den Angeklagten bis zu dem in Rn. 10 genannten Zeitpunkt widerruflich. Im Hinblick auf den mit § 265 a und den korrespondierenden materiellen Regelungen verfolgten Zweck[38] sollte eine Vertretung bei der Befragung aber möglichst vermieden werden. Bei Entbindung des Angeklagten von der Anwesenheitspflicht in der Hauptverhandlung gemäß § 233 ist die Befragung daher tunlichst in seiner kommissarischen Vernehmung durchzuführen.[39]

IV. Förmlichkeiten

12 Die Vornahme der Befragung und die darauf abgegebenen Erklärungen bzw. Einwilligungen des Angeklagten sind als **wesentliche Förmlichkeiten in das Protokoll** der Hauptverhandlung **aufzunehmen**.[40] Im Hinblick auf das Vollstreckungsverfahren sollten die vom Angeklagten gemachten Zusagen und die Erteilung der Einwilligung in eine Maßnahme nach § 56 c Abs. 3 StGB genau protokolliert werden.

V. Rechtsbehelfe

13 Da es sich bei der Befragung um eine sitzungsleitende Maßnahme des Vorsitzenden gemäß § 238 Abs. 1 handelt,[41] kann deren **Durchführung nach § 238 Abs. 2** beanstandet werden. Denkbar ist dies etwa bei der Ausübung unzulässigen Drucks auf den Angeklagten.[42] Führt der Vorsitzende die Befragung vor dem Schluss der Beweisaufnahme durch,[43] kann dies jedenfalls bei einem zur Sache schweigenden oder die Tat bestreitenden Angeklagten die Besorgnis der Befangenheit begründen.[44] Beruht die „verfrühte" Befragung auf einer Zwischenberatung[45] des zuständigen Kollegialgerichts wird die Befangenheit sämtliche Mitglieder des Spruchkörpers betreffen. Die Befragung als solche ist **nicht mit Rechtsbehelfen anfechtbar**.

---

[31] *Wulf* JZ 1970, 160 (161); KK-StPO/*Engelhardt* Rn. 3; KMR/*Stuckenberg* Rn. 10; Löwe/Rosenberg/*Gollwitzer*, 25. Aufl., Rn. 11; SK-StPO/*Schlüchter* Rn. 8.
[32] AK-StPO/*Loos* Rn. 7; KMR/*Stuckenberg* Rn. 7; Löwe/Rosenberg/*Gollwitzer*, 25. Aufl., Rn. 12; *Meyer-Goßner* Rn. 3; SK-StPO/*Schlüchter* Rn. 9.
[33] Oben Rn. 8.
[34] BGH v. 1. 2. 1989 – StB 48/88, BGHSt 36, 97 (99) = NJW 1989, 1556; OLG Celle 24. 6. 1987 – 1 Ws 166/87, MDR 1987, 956; KMR/*Stuckenberg* Rn. 9; Löwe/Rosenberg/*Gollwitzer*, 25. Aufl., Rn. 13; *Meyer-Goßner* Rn. 8; SK-StPO/*Schlüchter* Rn. 15.
[35] Vgl. die Nachw. wie Fn. zuvor.
[36] Zutreffend SK-StPO/*Schlüchter* Rn. 15.
[37] KK-StPO/*Engelhardt* Rn. 3; Löwe/Rosenberg/*Gollwitzer*, 25. Aufl., Rn. 14; *Meyer-Goßner* Rn. 9; SK-StPO/*Schlüchter* Rn. 9 und 14.
[38] Oben Rn. 1.
[39] Löwe/Rosenberg/*Gollwitzer*, 25. Aufl., Rn. 14; SK-StPO/*Schlüchter* Rn. 14.
[40] Allg. M; AK-StPO/*Loos* Rn. 7; HK-StPO/*Julius* Rn. 4; KK-StPO/*Engelhardt* Rn. 3; KMR/*Stuckenberg* Rn. 11; Löwe/Rosenberg/*Gollwitzer*, 25. Aufl. Rn. 15; *Meyer-Goßner* Rn. 11; SK-StPO/*Schlüchter* Rn. 17.
[41] Oben Rn. 7.
[42] HK-StPO/*Julius* Rn. 5; KMR/*Stuckenberg* Rn. 12.
[43] Siehe oben Rn. 9.
[44] Vgl. HK-StPO/*Julius* Rn. 6; KMR/*Stuckenberg* Rn. 12, siehe zur Befragung zur „Unzeit" auch KK-StPO/*Engelhardt* Rn. 3 und Löwe/Rosenberg/*Gollwitzer*, 25. Aufl., Rn. 8 f.
[45] Oben Rn. 4.

Dementsprechend kann mit einer **Beschwerde** lediglich der **Beschluss** nach § 268a Abs. 1 mit 14
der Begründung angegriffen werden, die Anordnung der Auflagen und Weisungen sei **gesetzwidrig** (§ 305a Abs. 1 S. 2).[46] Diese ist jedenfalls bei Erteilung einer Weisung nach § 56c Abs. 3 oder § 59a Abs. 2 S. 3 StGB, bei der die Einwilligung des Angeklagten fehlt, gegeben;[47] insoweit führt die Verletzung der Befragungspflicht aus S. 2 mittelbar zum Erfolg der Beschwerde gegen den Beschluss nach § 268a Abs. 1. Auch die Anordnung von für den Angeklagten unzumutbaren (vgl. § 56b Abs. 1 S. 2 und § 56c Abs. 1 S. 2 StGB) Auflagen und Weisungen begründet die Gesetzwidrigkeit des entsprechenden Beschlusses.[48] Außerhalb dessen führt das Unterbleiben der nach S. 1 gebotenen Befragung nicht zur Gesetzwidrigkeit des Beschlusses nach § 268a Abs. 1.[49]

Verletzungen von § 265a sind mit der Revision grundsätzlich **nicht angreifbar**. Denkbar ist **allenfalls eine Verfahrensrüge**, mit der das Unterbleiben einer nach S. 1 gebotenen Befragung geltend gemacht wird. Unter Einhaltung der Anforderungen des § 344 Abs. 2 S. 2 muss vorgetragen werden, dass bei Durchführung der Befragung eine Strafaussetzung zur Bewährung gewährt worden wäre.[50] Der Sache nach handelt es sich dabei um eine Aufklärungsrüge,[51] die lediglich dann Erfolg haben kann, wenn bestimmte Tatsachen vorhanden sind und mit der Rüge vorgetragen werden, aus denen sich die Möglichkeit einer Gewährung von Strafaussetzung ergibt, wenn der Angeklagte befragt worden wäre.[52] Beruht die Ablehnung der Strafaussetzung auf dem Fehlen einer positiven Prognose (§ 56 Abs. 1 StGB) oder von besonderen Umständen (vgl. § 56 Abs. 2 StGB) wird eine Verletzung der Befragungspflicht, die allein die Modalitäten einer zu gewährenden Strafaussetzung betrifft, kaum den Erfolg der entsprechenden Verfahrensrüge begründen können. Außerhalb des genannten Sonderfalls kann die Verletzung von § 265a nicht Gegenstand einer Revision sein, weil Bewährungsauflagen und -weisungen nicht Bestandteil des Urteils sondern des mit der Beschwerde anzugreifenden Beschlusses nach § 268a Abs. 1 sind. Erfolgt die Anordnung von Auflagen und Weisungen versehentlich im Urteil, so wird eine dagegen gerichtete Revision als Beschwerde behandelt.[53] 15

§ 266 [Nachtragsanklage]

(1) Erstreckt der Staatsanwalt in der Hauptverhandlung die Anklage auf weitere Straftaten des Angeklagten, so kann das Gericht sie durch Beschluß in das Verfahren einbeziehen, wenn es für sie zuständig ist und der Angeklagte zustimmt.

(2) ¹Die Nachtragsanklage kann mündlich erhoben werden. ²Ihr Inhalt entspricht dem § 200 Abs. 1. ³Sie wird in die Sitzungsniederschrift aufgenommen. ⁴Der Vorsitzende gibt dem Angeklagten Gelegenheit, sich zu verteidigen.

(3) ¹Die Verhandlung wird unterbrochen, wenn es der Vorsitzende für erforderlich hält oder wenn der Angeklagte es beantragt und sein Antrag nicht offenbar mutwillig oder nur zu Verzögerung des Verfahrens gestellt ist. ²Auf das Recht, die Unterbrechung zu beantragen, wird der Angeklagte hingewiesen.

Schrifttum: *Fahl*, Der „doppelte" Rechtsreferendar, Jura 2008, 453; *Greff*, Die verfahrensrechtliche Bewältigung wahldeutiger Verurteilungen bei mehreren prozessualen Taten, 2002; *Gubitz/Bock*, Zur Verbindung weiterer Verfahren während einer bereits begonnenen Hauptverhandlung gegen denselben Angeklagten, StraFo 2007, 225; *Hilger*, Kann auf eine Nachtragsanklage (§ 266 StPO) die Eröffnung des Hauptverfahrens mangels hinreichenden Tatverdachts abgelehnt werden?, JR 1983, 441; *Jahn/Schmitz*, Rechtsmißbrauch im Strafverfahren bei Verweigerung notwendiger Mitwirkungshandlungen, wistra 2001, 328; *Kudlich*, Aus der Praxis: Die in der Hauptverhandlung festgestellte Wahlfeststellung, JuS 2005, 236; *Keller/Kelnhofer*, Anm. zu OLG Karlsruhe vom 19. 5. 2000 – 3 Ws 35/00, StV 2002, 186; *Meyer-Goßner*, Nachtragsanklage und Ablehnung der Eröffnung des Hauptverfahrens, JR 1984, 53; *ders.*, Nachholung fehlender Entscheidungen durch das Rechtsmittelgericht, JR 1985, 452; *ders.*, Die Verbindung von Strafsachen beim Landgericht, NStZ 2004, 353; *ders.*, Prozesshindernisse und Einstellung des Verfahrens, FS Eser, 2005, S. 373; *Palder*, Anklage – Eröffnungsbeschuss – Urteil. Eine Trias mit Tücken, JR 1986, 119; *Th. Schröder*, Aus der Praxis: Die in der Hauptverhandlung festgestellte Wahlfeststellung – Die Sicht der Verteidigung, JuS 2005, 707.

---

[46] AK-StPO/*Loos* Rn. 9; KMR/*Stuckenberg* Rn. 13; Löwe/Rosenberg/*Gollwitzer*, 25. Aufl., Rn. 16.
[47] OLG Hamm v. 15. 2. 1990 – 4 Ws 52/90, StV 1990, 308; KMR/*Stuckenberg* Rn. 13; *Meyer-Goßner* Rn. 12; SK-StPO/*Schlüchter* Rn. 18.
[48] Löwe/Rosenberg/*Gollwitzer*, 25. Aufl., Rn. 16.
[49] *Doleisch von Dolsperg* StraFo 2005, 45 (46); AK-StPO/*Loos* Rn. 9; KMR/*Stuckenberg* Rn. 13; Löwe/Rosenberg/*Gollwitzer*, 25. Aufl., Rn. 16; *Meyer-Goßner* Rn. 12; SK-StPO/*Schlüchter* Rn. 18.
[50] HK-StPO/*Julius* Rn. 7; KMR/*Stuckenberg* Rn. 14; Löwe/Rosenberg/*Gollwitzer*, 25. Aufl., Rn. 17; SK-StPO/*Schlüchter* Rn. 20.
[51] Vgl. insoweit Rn. 1.
[52] Wie hier SK-StPO/*Schlüchter* Rn. 20.
[53] AllgM; siehe nur OLG Celle v. 21. 6. 2007 – 32 Ss 86/07, NdsRpfl 2007, 332 f.; KK-StPO/*Engelhardt* Rn. 4; KMR/*Stuckenberg* Rn. 14; *Meyer-Goßner* Rn. 13.

Übersicht

	Rn.
I. Normzweck	1, 2
II. Anwendungsbereich der Vorschrift	3–5
III. Anforderungen an die Nachtragsanklage (Abs. 1 und Abs. 2 S. 1 und 2)	6–16
1. Gegenstand und Voraussetzungen der Nachtragsanklage	6–10
2. Form und Inhalt der Nachtragsanklage (Abs. 2 S. 1 und 2)	11–13
3. Zeitpunkt der Nachtragsanklage	14, 15
4. Wirkung der Nachtragsanklage	16
IV. Voraussetzungen des Einbeziehungsbeschlusses	17–23
1. Zustimmung des Angeklagten	17–21
2. Zuständigkeit des Gerichts	22
3. Hinreichender Tatverdacht	23
V. Einbeziehungsbeschluss	24–26
1. Zuständigkeit, Form und Inhalt	24, 25
2. Wirkung und Wirksamkeit	26
VI. Verfahren nach Einbeziehungsbeschluss (Abs. 2 S. 4 und Abs. 3)	27–30
1. Weitere Durchführung der Hauptverhandlung	27, 28
2. Unterbrechung der Hauptverhandlung	29, 30
VII. Ablehnung der Einbeziehung	31–34
1. Zuständigkeit	31
2. Form und Inhalt	32, 33
3. Wirkungen	34
VIII. Förmlichkeiten	35
IX. Rechtsbehelfe	36–39

I. Normzweck

1 Die Vorschrift **ermöglicht die Einbeziehung weiterer Taten (im prozessualen Sinne)** des Angeklagten in ein bereits in das Stadium der Hauptverhandlung gelangtes Strafverfahren. Die Einbeziehung erfolgt, ohne dass es einer schriftlichen Anklage gemäß § 200, der Durchführung des Zwischenverfahrens und des dieses abschließenden Eröffnungsbeschlusses (vgl. § 207) bedarf. Mündliche Nachtragsanklage[1] und der gerichtliche Einbeziehungsbeschluss (Abs. 2 S. 2)[2] substituieren schriftliche Anklage und Eröffnungsbeschluss.[3] Der **Zweck** des § 266 wird daher **primär in der Prozessökonomie** gesehen.[4] Daneben findet sich häufiger ein Hinweis, die Einbeziehung weiterer prozessualer Taten könne wegen der Ersparnis weiterer Verfahren auch im **Interesse des Angeklagten** liegen.[5] Das mag im Einzelfall, etwa bei Serienstraftaten mit weitgehend identischen Beweismitteln, so sein.[6] Normzweck ist aber die Stärkung der Interessen des Angeklagten im Sinne der Meidung eines weiteren eigenständigen Verfahrens nicht. Aus dem zwingenden Zustimmungserfordernis in Abs. 1 S. 2 lässt sich vielmehr ableiten, dass die Vorschrift der **Sicherung einer sachgerechten Verteidigung** auch bei sich im Verlaufe des Prozesses erweiternden Verfahrensgegenstandes durch Schutz vor Überrumpelung[7] dient.[8] Zugleich **gewährleistet** § 266 die **Geltung des Anklageprinzips (§ 151)**,[9] indem selbst für erst in der Hauptverhandlungssituation einzubeziehende prozessuale Taten an dem Erfordernis einer Anklage festgehalten wird.

2 Ob der Regelungszweck der Vorschrift zudem darin besteht, die Einbeziehung weiterer Taten im prozessualen Sinne in ein im Stadium der Hauptverhandlung befindliches Strafverfahren durchgängig von den Voraussetzungen des § 266 abhängig zu machen, ist bisher kaum untersucht worden. Insofern ließe sich an eine **von § 266 ausgehende Sperrwirkung** denken.[10] Diese mögliche Sperrwirkung steht vor dem Hintergrund, dass nach ganz hM in Rspr. und Wissenschaft es im pflichtgemäßen Ermessen des Tatrichters steht, **weitere prozessuale Taten nach Erhebung einer regulären Anklage (§ 200)** und nach Durchführung des Zwischenverfahrens durch Eröffnungsbeschluss sowie sich anschließenden Verbindungsbeschluss die bereits verfahrensgegenständliche Tat und die neu hinzugekommene Tat **zum Gegenstand einer einheitlichen Entscheidung zu ma-**

---

[1] Unten Rn. 11.
[2] Unten Rn. 24–26.
[3] BGH v. 29. 6. 1956 – 2 StR 252/56, BGHSt 9, 243 (245) = NJW 1956, 1366; *Jahn/Schmitz* wistra 2001, 328 (333); KK-StPO/*Engelhardt* Rn. 1.
[4] *Gubitz/Bock* StraFo 2007, 225 (227); AK-StPO/*Loos* Rn. 1; HK-StPO/*Julius* Rn. 1; KK-*Engelhardt* Rn. 1; Löwe/Rosenberg/*Gollwitzer*, 25. Aufl., Rn. 1; SK-StPO/*Schlüchter* Rn. 1; *Fezer* 9/35.
[5] Etwa *Gollwitzer* JR 1985, 126; AK-StPO/*Loos* Rn. 1; HK-StPO/*Julius* Rn. 1; Löwe/Rosenberg/*Gollwitzer*, 25. Aufl., Rn. 2; SK-StPO/*Schlüchter* Rn. 1.
[6] Vgl. aber für eine eindeutig gegenteilige Interessenlage bei Nachtragsanklage in Konstellationen der Wahlfeststellung *Th. Schröder* JuS 2005, 707 (708).
[7] Siehe *Gollwitzer* JR 1985, 126; *Roxin* § 46 Rn. 4.
[8] Insoweit zutreffend *Gubitz/Bock* StraFo 2007, 225 (228).
[9] *Jahn/Schmitz* wistra 2001, 328 (333); *Roxin* § 46 Rn. 3; SK-StPO/*Schlüchter* Rn. 1.
[10] *Gubitz/Bock* StraFo 2007, 225 (227f.).

chen.[11] Soweit für die Möglichkeit und Zulässigkeit eines solchen Verbindungsbeschlusses nach Anklage und Eröffnungsbeschluss im Regelverfahren überhaupt Rechtsgrundlagen benannt werden, finden sich Hinweise auf §§ 3, 4[12] oder zusätzlich auf § 2 Abs. 1 und 2 iVm. § 13 Abs. 1 StPO.[13] Ob eine direkte oder analoge Anwendung gemeint ist, wird nicht klargestellt.[14] Vor dem Hintergrund der Zulässigkeit einer Erweiterung des Verfahrensgegenstandes im Stadium der Hauptverhandlung auf dem beschriebenen Weg leiten *Gubitz/Bock* aus dem Normzweck der Sicherung einer sachgerechten Verteidigung die angesprochene Sperrwirkung des § 266 ab.[15] Diese soll vor allem dahingehend wirken, den nachträglichen Einbeziehungsbeschluss nach regulärer Anklageerhebung und Eröffnungsbeschluss von einer § 266 Abs. 1 S. 2 entsprechenden Zustimmung des Angeklagten abhängig zu machen.[16] Bereits die Annahme einer **Sperrwirkung des § 266** ist aber **nicht zutreffend**. Denn zum einen trifft § 266 lediglich Regelungen für die Einbeziehung weiterer prozessualer Taten in ein bereits in das Stadium der Hauptverhandlung getretenes Verfahren unter Wegfall der ansonsten geltenden Regeln für Anklage und deren Zulassung in §§ 199 ff. Insoweit bedarf es der Schutzmechanismen des § 266 (vor allem des Zustimmungserfordernisses) um mögliche Beeinträchtigung der Verteidigungsmöglichkeiten[17] auszugleichen. Bei regulärer Anklageerhebung gewährleisten aber die Mitwirkungsrechte im Zwischenverfahren die Vorbereitung einer sachgerechten Verteidigung im Hauptverfahren. Zum anderen beruht die Zulässigkeit der in der Rspr. akzeptierten nachträglichen Verfahrensverbindung bei Verbindung von Taten, deren Aburteilung in die Zuständigkeit desselben Spruchkörpers gehören, auf einem Erstrecht-Schluss aus § 2 Abs. 1 und § 13 Abs. 1.[18] Eine Erstreckung des Verfahrensgegenstandes auf weitere prozessuale Taten im Stadium der Hauptverhandlung kann daher nicht nur durch Nachtragsanklage sondern auch durch Anklage nach § 200, Eröffnungsbeschluss und anschließendem Einbeziehungsbeschluss erfolgen.[19]

II. Anwendungsbereich der Vorschrift

Die Möglichkeit der Nachtragsanklage (Abs. 2 S. 1) und des darauf bezüglichen Einbeziehungsbeschlusses (Abs. 1) steht bei Vorliegen der allgemeinen Voraussetzungen[20] lediglich in **Verfahren zur Verfügung, die in der ersten Tatsacheninstanz anhängig sind**. In der Berufungsinstanz steht der Anwendung von § 266 regelmäßig entgegen, dass vor dem Hintergrund der in Abs. 1 ausdrücklich angesprochenen Zuständigkeit des Gerichts für die Aburteilung der neu angeklagten prozessualen Tat dem **Berufungsgericht** die **funktionale Zuständigkeit** für ein erstinstanzliches Verfahren **fehlt**.[21] Der Zuständigkeitsmangel kann nicht durch die für den Einbeziehungsbeschluss notwendige Zustimmung des Angeklagten überwunden werden.[22] Die gerichtliche Zuständigkeit steht ungeachtet des Schutzzwecks von Art. 101 Abs. 1 S. 2 GG nicht zur Disposition des Einzelnen. Die Anwendbarkeit von § 266 in der Berufungsinstanz lässt sich seit den Zuständigkeitsänderungen durch das RechtspflegeentlastungG 1993[23] auch nicht mehr auf die Erwägung stützen, die gemeinsame Verhandlung unterschiedlicher prozessualer Taten könne ohnehin durch Anklageerhebung im Regelverfahren und, nach Eröffnungsbeschluss, Verbindung zur gemeinsamen Verhandlung (nicht Entscheidung) gemäß § 237 vor dem Berufungsgericht erfolgen.[24] Den als Berufungsgericht – mit Ausnahme der Großen Jugendkammer (vgl. § 41 Abs. 2 JGG iVm. § 33 b Abs. 1 JGG) – allein noch zuständigen Kleinen Strafkammern (§ 74 Abs. 3 GVG iVm. § 76 Abs. 1 S. 1 Hs. 2 GVG) fehlt jegliche erstinstanzliche Zuständigkeit, so dass der von der Gegenauffassung vorgeschlagene Weg auf

---

[11] Siehe etwa BGH v. 5. 3. 1953 – 5 StR 676/52, NJW 1953, 836; BGH v. 5. 2. 1963 – 1 StR 265/62, BGHSt 18, 238 = NJW 1963, 869; BGH v. 8. 12. 1999 – 5 StR 32/99, BGHSt 45, 342 (350 f.) = NJW 2000, 1274; BGH v. 19. 2. 2008 – 1 StR 503/07, StV 2008, 226 (227); *Meyer-Goßner* NStZ 2004, 353 (355); *Meyer-Goßner* § 4 Rn. 6.
[12] BGH v. 19. 2. 2008 – 1 StR 503/07, StV 2008, 226 (227).
[13] *Meyer-Goßner* NStZ 2004, 353 (355).
[14] Auch *Gubitz/Bock* StraFo 2007, 225 (226) nennen keine entsprechende Quelle für die hier interessierende Konstellation.
[15] *Gubitz/Bock* StraFo 2007, 225 (227–229).
[16] *Gubitz/Bock* StraFo 2007, 225 (228–230).
[17] Zu solchen *Gubitz/Bock* StraFo 2007, 225 (228 f.).
[18] Zutreffend *Meyer-Goßner* NStZ 2004, 353 (355); aA *Gubitz/Bock* StraFo 2007, 225 (230) ohne tragfähiges dogmatisches Argument.
[19] Nachw. wie Fn. 11.
[20] Unten Rn. 6–10.
[21] OLG Stuttgart v. 22. 6. 1994 – 2 Ss 198/94, NStZ 1995, 51; *Fahl* Jura 2008, 453; *Meyer-Goßner* JR 1985, 452 (454); AK-StPO/*Loos* Rn. 8; HK-StPO/*Julius* Rn. 5; Löwe/Rosenberg/*Gollwitzer*, 25. Aufl., Rn. 11; *Meyer-Goßner* Rn. 10; SK-StPO/*Schlüchter* Rn. 11; aA KK-StPO/*Engelhardt* Rn. 5; KMR/*Paulus* Rn. 3.
[22] Wie hier Löwe/Rosenberg/*Gollwitzer*, 25. Aufl., Rn. 11; weniger streng AK-StPO/*Loos* Rn. 8; aA KK-StPO/*Engelhardt* Rn. 5.
[23] BGBl. 1993 I S. 50.
[24] So aber KK-StPO/*Engelhardt* Rn. 5; KMR/*Paulus* Rn. 3.

eine Zuständigkeitsmanipulation hinausläuft.[25] Das gilt dann in gleicher Weise für die Anwendbarkeit des § 266. Allenfalls für die Große Jugendkammer, die funktional sowohl erstinstanzlich als auch als Berufungsgericht zuständig ist, wäre die Zulassung einer Nachtragsanklage noch in der Berufungsinstanz zu erwägen.[26]

4   Der **Anwendungsbereich von § 266 ist nicht eröffnet**, wenn die Nachtragsanklage in der Berufungsinstanz erhoben wird, um damit eine prozessuale Tat, die nur vom erstinstanzlichen Urteil nicht aber von Anklage und Eröffnungsbeschluss erfasst war, nachträglich in das Verfahren einzubeziehen, und so **nachträglich das Fehlen von Prozessvoraussetzungen zu heilen**.[27] Soweit in der ersten Instanz überhaupt nur wegen einer nicht angeklagten Tat verurteilt worden ist, scheitert die Anwendbarkeit von § 266 bereits an dem zwingenden Erfordernis der Anklage einer „weiteren" Tat im prozessualen Sinne.[28] Umfasste das erstinstanzliche Urteil außer der nicht angeklagten prozessualen Tat auch solche, auf die sich Anklage und Eröffnungsbeschluss erstreckte, kann dennoch in der Berufungsinstanz keine Nachtragsanklage erhoben werden.[29] Anderenfalls würde die Bedeutung der Prozessvoraussetzung aufgehoben.

5   In der **Revisionsinstanz** ist § 266 nach allgM **unanwendbar**; dem Revisionsgericht fehlt die erforderliche tatrichterliche Zuständigkeit.[30]

III. Anforderungen an die Nachtragsanklage (Abs. 1 und Abs. 2 S. 1 und 2)

6   **1. Gegenstand und Voraussetzungen der Nachtragsanklage.** Der in Abs. 1 verwendete Begriff „weitere Straftaten" meint nach allgM den prozessualen **Tatbegriff des § 264**.[31] Ob eine andere als die bisher verfahrensgegenständliche prozessuale Tat **Gegenstand der Nachtragsanklage** und des auf diese bezüglichen Einbeziehungsbeschlusses ist, richtet sich nach den für die Bestimmung des prozessualen Tatbegriffs geltenden allgemeinen Regeln.[32] Bei der Klärung dieser Frage sind die durch § 264 gestatteten Möglichkeiten des erkennenden Gerichts, die durch Anklage und Eröffnungsbeschluss umgrenzte prozessuale Tat in tatsächlicher und rechtlicher Hinsicht umzugestalten, zu berücksichtigen.[33] Erst wenn die Grenzen der Umgestaltungsbefugnis und -pflicht des Gerichts erreicht sind, beginnt der Anwendungsbereich der Nachtragsanklage.[34] Da mit der Umgestaltungsbefugnis die Hinweispflichten nach § 265 korrespondieren, trennt die Reichweite des prozessualen Tatbegriffs die Anwendungsbereiche von § 265 einerseits und § 266 andererseits.[35] Soweit in dem bereits in das Stadium der Hauptverhandlung gelangten Prozess mehrere Taten im prozessualen Sinne Verfahrensgegenstand sein können, hängt die Zulässigkeit der Nachtragsanklage davon ab, ob sämtliche bereits verfahrensgegenständlichen prozessualen Taten von dem Verfolgungswillen der Staatsanwaltschaft erfasst waren.[36] Um Taten, bezüglich derer das Verfahren gemäß **§ 154** eingestellt worden war, zum Gegenstand der laufenden Hauptverhandlung (nach Wiederaufnahme gemäß § 154 Abs. 3 oder Abs. 5) zu machen, bedarf es der Nachtragsanklage, ein rechtlicher Hinweis gemäß § 265 genügt nicht.[37] Will die Staatsanwaltschaft eine andere als die bisher verfahrensgegenständliche prozessuale Tat unter dem rechtlichen Aspekt einer Ordnungswidrigkeit im Wege der Nachtragsanklage in das Verfahren einbeziehen lassen, muss sie zuvor die **Verfolgung der Ordnungswidrigkeit gemäß § 42 OWiG übernehmen**.[38]

7   Im Hinblick auf die **persönliche Dimension des prozessualen Tatbegriffs**[39] liegt eine andere prozessuale Tat, die eine Nachtragsanklage erforderlich macht, auch dann vor, wenn das bisher

---

[25] Vgl. AK-StPO/*Loos* Rn. 8 sowie *Meyer-Goßner* JR 1985, 452 (455) und *ders.* NStZ 2004, 353 (357 f.).
[26] In diese Richtung offenbar Löwe/Rosenberg/*Gollwitzer*, 25. Aufl., Rn. 11 wohl auch AK-StPO/*Loos* Rn. 8.
[27] So aber noch RG v. 2. 2. 1931 – II 57/31, RGSt 65, 113; KMR/*Paulus* Rn. 3; wie hier BGH v. 4. 4. 1985 – 5 StR 193/85, BGHSt 33, 167 (168) = NJW 1985, 1720 mAnm *Naucke* JR 1986, 120; AK-StPO/*Loos* Rn. 8; KK-StPO/ *Engelhardt* Rn. 2 und 5 aE; Löwe/Rosenberg/*Gollwitzer*, 25. Aufl., Rn. 12 aE jeweils mwN.
[28] BGH v. 4. 4. 1985 – 5 StR 193/85, BGHSt 33, 167 (168) = NJW 1985, 1720 mAnm *Naucke* JR 1986, 120; *Meyer-Goßner* JR 1986, 452 (454); AK-StPO/*Loos* Rn. 8; KK-StPO/*Engelhardt* Rn. 5 aE; Löwe/Rosenberg/*Gollwitzer*, 25. Aufl., Rn. 12 aE jeweils mwN.
[29] AK-StPO/*Loos* Rn. 8; Löwe/Rosenberg/*Gollwitzer*, 25. Aufl., Rn. 12; aA *Palder* JR 1986, 94 (96) „wenn keine Instanz wegfalle und die Zuständigkeitsregeln gewahrt sind"; vgl. auch BGH v. 31. 1. 1986 – 2 StR 726/85, NStZ 1986, 276.
[30] *Fahl* Jura 2008, 453; Löwe/Rosenberg/*Gollwitzer*, 25. Aufl., Rn. 13.
[31] BGH v. 24. 2. 1970 – 1 StR 557/69, NJW 1970, 904; *Jahn/Schmitz* wistra 2001, 328 (332 f.); AK-StPO/*Loos* Rn. 2; KK-StPO/*Engelhardt* Rn. 2; Löwe/Rosenberg/*Gollwitzer*, 25. Aufl., Rn. 2; *Meyer-Goßner* Rn. 2; SK-StPO/ *Schlüchter* Rn. 3.
[32] § 264 Rn. 20–58.
[33] § 264 Rn. 75–81.
[34] Zutreffend *Jahn/Schmitz* wistra 2001, 328 (333).
[35] SK-StPO/*Schlüchter* Rn. 1.
[36] Dazu näher § 264 Rn. 60–62.
[37] OLG Hamm v. 13. 2. 2003 – 4 Ss 58/03 (juris).
[38] Löwe/Rosenberg/*Gollwitzer*, 25. Aufl., Rn. 2 aE; siehe auch KK-StPO/*Engelhardt* Rn. 2; *Meyer-Goßner* Rn. 2 und SK-StPO/*Schlüchter* Rn. 2.
[39] § 264 Rn. 8.

allein einem Angeklagten vorgeworfene, von der ursprünglich angeklagten Tat umfasste Geschehen nunmehr aufgrund der in der Hauptverhandlung gewonnenen Erkenntnisse einem anderen Mitangeklagten vorgeworfen werden soll.[40] Ein Hinweis nach § 265 Abs. 1 genügt insoweit nicht.

Ob und in welchem Umfang bei **Dauerdelikten, Organisationsdelikten, Bewertungseinheiten** 8
und **Serienstraftaten** (ggf. auch bei Fortsetzungszusammenhang) bei nachträglichem Bekanntwerden weiterer Einzeltaten Nachtragsanklage erhoben werden kann, richtet sich nach der Reichweite der bereits angeklagten Tat(en).[41] Wird wie hier strikt an einem ontologisch-faktischen Begriff der Tat im prozessualen Sinne festgehalten, bedarf es bei nicht über faktische Kriterien hergestellter prozessualer Tatidentität regelmäßig der Nachtragsanklage (oder der Anklageerhebung im Regelverfahren). Für die **Rspr.** gilt dagegen Folgendes: Bei **Dauerstraften** soll sich die gerichtliche Kognitionspflicht ohnehin auf später bekannt werdende Einzelakte beziehen; ebenso bei Bewertungseinheiten.[42] Ist allerdings in der Hauptverhandlung kein im bisher angeklagten Zeitraum erfasster Einzelakt nachweisbar, können weitere, außerhalb dieses Zeitraums liegende Einzelakte dem Gericht im laufenden Verfahren nur durch Nachtragsanklage unterbreitet werden.[43] Soweit noch die Begehung von Straftaten im Fortsetzungszusammenhang für rechtlich möglich gehalten wird, muss bei in der Hauptverhandlung bekannt gewordenen Handlungen, die nicht Teilakt der fortgesetzten Tatausführung sind, ebenfalls Nachtragsanklage erhoben werden.[44] In Bezug auf **Bewertungseinheiten** würde die höchstrichterliche Rspr. entsprechend entscheiden. Hält man die **Alternativität von Handlungsvorgängen** zur Begründung von prozessualer Tatidentität in Postpendenz- oder Wahlfeststellungskonstellationen für nicht genügend,[45] kann zum Zwecke der Herbeiführung einer Verurteilung auf wahldeutiger Grundlage der bisher nicht angeklagte alternative Handlungsvorgang durch Nachtragsanklage dem Gericht unterbreitet werden.[46] Bei Verweigerung der Zustimmung des Angeklagten und Unterbleiben einer regulären Anklageerhebung mit der Anregung von Verbindung[47] mit der bereits in der Hauptverhandlung befindlichen Verfahren über dem alternativen Handlungsvorgang besteht bei getrennten Verfahren die Möglichkeit von zwei freisprechenden Urteilen.[48] Hat die Staatsanwaltschaft bei alternativen Handlungsvorgängen eine Anklage auf wahldeutiger Grundlage versäumt, sollte die Verteidigung erwägen, dem Angeklagten von einer Zustimmung zu der Einbeziehung des alternativen Handlungsvorgangs abzuraten.[49]

Über das Genannte hinaus weist die Erhebung der Nachtragsanklage **keine weiteren Voraus-** 9
setzungen[50] auf. Insbesondere wird ein **sachlicher Zusammenhang** mit der bereits verfahrensgegenständlichen Tat **nicht verlangt**.[51] Es bedarf weder der (materiell-rechtlichen oder prozessualen) Gleichartigkeit der fraglichen Taten noch muss eine Gesamtstrafenbildung zu erwarten sein.[52] Aus den Anforderungen über den Einbeziehungsbeschluss (Abs. 1 vorletzter Halbs.) ergibt sich allerdings, dass die Nachtragsanklage eine prozessuale Tat zum Gegenstand haben muss, die in die (sachliche) **Zuständigkeit des Gerichts** gehören muss, vor dem die Hauptverhandlung stattfindet.[53] Da die Nachtragsanklage ein Surrogat für die Erhebung der regulären Anklage ist, muss aus Sicht der Staatsanwaltschaft aufgrund der im Zeitpunkt der Hauptverhandlung vorhandenen Erkenntnisse genügender Anlass zur Erhebung der Klage (vgl. § 170 Abs. 1), dh. **hinreichender Tatverdacht** vorliegen.[54]

Ob die Staatsanwaltschaft bei Vorliegen der Voraussetzungen Nachtragsanklage erhebt oder 10
die weitere prozessuale Tat durch reguläre Anklageerhebung in einem gesonderten Verfahren rechtshängig macht, steht in ihrem **pflichtgemäßen Ermessen**.[55] Als die Ausübung des Ermessens leitende Gesichtspunkte sind auf der einen Seite die sich aus Abs. 3 möglicherweise ergebenden

---

[40] BGH v. 18.12.1980 – 4 StR 275/80, zit. nach KK-StPO/*Engelhardt* Rn. 2; Löwe/Rosenberg/*Gollwitzer*, 25. Aufl., Rn. 3; SK-StPO/*Schlüchter* Rn. 4.
[41] § 264 Rn. 30–56.
[42] Siehe nur Löwe/Rosenberg/*Gollwitzer*, 25. Aufl., Rn. 3 mwN.
[43] BGH v. 2.2.1977 – 2 StR 307/76, BGHSt 27, 115 = NJW 1977, 1206; *Meyer-Goßner* Rn. 2.
[44] BGH v. 25.6.1993 – 3 StR 304/03, NJW 1993, 3338.
[45] Zum Streitstand ausführlich § 264 Rn. 55–58.
[46] Vgl. OLG Düsseldorf v. 27.4.1999 – 2 Ss 31/99, NStZ-RR 1999, 304 f.; *Kudlich* JuS 2005, 236 f.; *Th. Schröder* JuS 2005, 707 (708 f.); *Meyer-Goßner* Rn. 2; ausführlich *Greff*, Die verfahrensrechtliche Bewältigung wahldeutiger Verurteilungen bei mehreren prozessualen Taten, 2002, S. 89 ff.
[47] Zu dieser Möglichkeit oben Rn. 2.
[48] Zutreffend *Th. Schröder* JuS 2007, 707 (708).
[49] *Th. Schröder* JuS 2007, 707 (708).
[50] Zur Frage der gerichtlichen Zuständigkeit unten Rn. 22.
[51] AllgM; KK-StPO/*Engelhardt* Rn. 2; Löwe/Rosenberg/*Gollwitzer*, 25. Aufl., Rn. 4; *Meyer-Goßner* Rn. 3; SK-StPO/*Schlüchter* Rn. 3.
[52] Nachw. wie Fn. zuvor.
[53] Zu den gerichtlichen Zuständigkeiten für den Einbeziehungsbeschluss unten Rn. 22.
[54] Insoweit allgM; *Hilger* JR 1983, 441 (442); AK-StPO/*Loos* Rn. 4; Löwe/Rosenberg/*Gollwitzer*, 25. Aufl., Rn. 6; SK-StPO/*Schlüchter* Rn. 5.
[55] AK-StPO/*Loos* Rn. 4; Löwe/Rosenberg/*Gollwitzer*, 25. Aufl., Rn. 5; SK-StPO/*Schlüchter* Rn. 5 mwN.

Verzögerungen für das laufende Verfahren sowie auf der anderen Seite die Konsequenzen eines Zuwartens mit der Anklageerhebung im Regelverfahren gegeneinander abzuwägen.[56]

11   **2. Form und Inhalt der Nachtragsanklage (Abs. 2 S. 1 und 2).** Entgegen der in Abs. 2 S. 1 gewählten „Kann-Formulierung" **muss** die Nachtragsanklage **mündlich** erhoben werden,[57] weil es sich um eine in der Hauptverhandlung abzugebende **Prozesserklärung** handelt. Daher bedarf es selbst bei einer von der Staatsanwaltschaft vorbereiteten Anklageschrift deren Verlesung in der Hauptverhandlung.[58] Das gilt wegen des Charakters als Prozesserklärung selbst dann, wenn die Staatsanwaltschaft die Anklageschrift dem Gericht und dem Angeklagten (sowie ggf. anderer Verfahrensbeteiligten) zeitlich vor der Hauptverhandlung überlassen hat.[59] Verliest der Sitzungsvertreter die vorbereitete Anklageschrift, kann diese als Anlage zur Sitzungsniederschrift der Hauptverhandlung genommen werden.[60]

12   Abs. 2 S. 1 stellt klar, dass die **inhaltlichen Anforderungen** der Nachtragsanklage denen **des § 200 Abs. 1** entsprechen müssen. Die Nachtragsanklage muss also ungeachtet ihrer Erhebung in mündlicher Form sowohl die **Umgrenzungsfunktion**[61] als auch die **Informationsfunktion**[62] jeder Anklage gewährleisten. Die mündliche Nachtragsanklage muss dementsprechend die dem Angeklagten zur Last gelegte Tat bei Hervorhebung deren gesetzlicher Merkmale und der diese ausfüllenden Tatsachen sowie den Ort, die Zeit und die näheren Modalitäten ihrer Begehung genau bezeichnen.[63] In Abweichung von dem für die reguläre Anklage zwingenden Inhalt bedarf es bei der Nachtragsanklage selbst dort keiner **Darstellung des wesentlichen Ergebnisses der Ermittlungen,** wo § 200 Abs. 2 diese fordert. Die Verweisung in Abs. 2 S. 1 bezieht sich allein auf § 200 Abs. 1. Relevanz hat die Erleichterung bei Nachtragsanklagen, die nicht vor dem Strafrichter erfolgen.

13   Die Erhebung einer den Anforderungen von § 200 Abs. 1 und § 266 Abs. 2 S. 1 genügenden Nachtragsanklage ist **Prozessvoraussetzung,** die von Amts wegen zu beachten ist.[64] Das ergibt sich aus der die Anklage im Regelverfahren substituierenden Funktion der Nachtragsanklage.

14   **3. Zeitpunkt der Nachtragsanklage.** Nach dem Wortlaut von Abs. 1 kann die Nachtragsanklage „in der Hauptverhandlung" erhoben werden. Da die Urteilsverkündung zur Hauptverhandlung gehört (§ 268 Abs. 3),[65] ist der **Abschluss der Urteilsverkündung** der letztmögliche Zeitpunkt für die Erhebung der Nachtragsanklage.[66] Ein praktisch relevanter Unterschied zu der Gegenauffassung, die den Beginn der Urteilsverkündung für maßgeblich hält,[67] ist allerdings nicht gegeben. Zum einen ist nur schwer vorstellbar, dass das erkennende Gericht derart spät erhobene Nachtragsanklagen nicht für prozessökonomisch sinnvoll erachtet und eine Einbeziehung beschließt.[68] Zum anderen muss das Gericht bei jeder nach dem Schluss der Beweisaufnahme erhobenen Nachtragsanklage ohnehin erneut in die Beweisaufnahme eintreten, den Angeklagten zu dieser vernehmen (vgl. Abs. 2 S. 4) und sämtlichen Verfahrensbeteiligten (ggf. erneute) Schlussanträge sowie dem Angeklagten das letzte Wort gewähren.[69]

15   Erfolgt die **Einbeziehung einer weiteren prozessualen Tat** im Stadium der Hauptverhandlung nicht durch Nachtragsanklage sondern **durch reguläre Anklageerhebung** sowie Eröffnungs- und anschließenden **Verbindungsbeschluss,**[70] gelten für die Hauptverhandlung über (auch) die neue Tat die allgemeinen Regeln. Ob in einer solchen Konstellation die Tatgerichte jedenfalls dann gehalten sind, mit der nun zur gemeinsamen Entscheidung (§§ 2, 3 und 4) führenden Hauptverhandlung neu zu beginnen, wenn der Angeklagte zuvor die Zustimmung zur Einbeziehung der

---

[56] Vgl. Löwe/Rosenberg/*Gollwitzer,* 25. Aufl., Rn. 5; SK-StPO/*Schlüchter* Rn. 5.
[57] AllgM; siehe nur AK-StPO/*Loos* Rn. 6; KK-StPO/*Engelhardt* Rn. 3; *Meyer-Goßner* Rn. 8.
[58] AllgM; Nachw wie Fn. zuvor.
[59] Zutreffend Löwe/Rosenberg/*Gollwitzer,* 25. Aufl., Rn. 8 aE.
[60] BayObLG v. 22. 5. 1984 – RR 1 StS 104/84, bei *Rüth* DAR 1985, 245; AK-StPO/*Loos* Rn. 8; *Meyer-Goßner* Rn. 7; SK-StPO/*Schlüchter* Rn. 8; zu den in der Sitzungsniederschrift aufzunehmenden wesentlichen Förmlichkeiten siehe unten Rn. 36.
[61] § 200 Rn. 1.
[62] § 200 Rn. 1.
[63] KK-StPO/*Engelhardt* Rn. 3; Löwe/Rosenberg/*Gollwitzer,* 25. Aufl., Rn. 7; *Meyer-Goßner* Rn. 6; SK-StPO/*Schlüchter* Rn. 8 jeweils mwN.
[64] BGH v. 23. 10. 1985 – 2 StR 514/85, bei *Pfeiffer/Miebach* NStZ 1986, 206; Löwe/Rosenberg/*Gollwitzer,* 25. Aufl., Rn. 6; *Meyer-Goßner* Rn. 6 aE; siehe auch unten Rn. 38 zu den Folgen einer nicht wirksamen Nachtragsanklage.
[65] § 268 Rn. 2; *Meyer-Goßner* § 268 Rn. 14.
[66] KMR/*Paulus* Rn. 8; Löwe/Rosenberg/*Gollwitzer* Rn. 9; im Ergebnis auch SK-StPO/*Schlüchter* Rn. 9.
[67] BGH v. 15. 3. 1955 – 5 StR 661/54, bei *Dallinger* MDR 1955, 397; AK-StPO/*Loos* Rn. 7; HK-StPO/*Julius* Rn. 3; KK-StPO/*Engelhardt* Rn. 4; *Meyer-Goßner* Rn. 4.
[68] Zutreffend SK-StPO/*Schlüchter* Rn. 9.
[69] Vgl. BGH v. 26. 6. 1984 – 1 StR 188/84, NJW 1984, 2172; AK-StPO/*Loos* Rn. 7; KK-StPO/*Engelhardt* Rn. 4; Löwe/Rosenberg/*Gollwitzer,* 25. Aufl., Rn. 9.
[70] Dazu oben Rn. 2.

weiteren Tat per Nachtragsanklage abgelehnt hatte, beurteilen die Strafsenate des BGH nicht einheitlich.[71] Ungeachtet der hier verneinten Sperrwirkung des § 266[72] dürfte eine solche Wiederholung schon deshalb angezeigt sein,[73] um einer planmäßigen Umgehung des Zustimmungserfordernisses und des durch § 266 Abs. 3 bezweckten Schutzes entgegen zu wirken.

4. Wirkung der Nachtragsanklage. Mit der **Erhebung** der Nachtragsanklage wird die davon umfasste Tat bei dem Gericht, vor dem sie mündlich erhoben worden ist, **anhängig**.[74] Mit der Nachtragsanklage unterbreitet die Staatsanwaltschaft die Sache dem Gericht ausschließlich zur Aburteilung durch Einbeziehung in das bereits laufende Verfahren.[75] Dementsprechend bietet eine **Nachtragsklage keine Grundlage für einen** auf diese bezogenen **Eröffnungsbeschluss**, der außerhalb des Verfahrens ergeht, in dem sie erhoben worden ist.[76]

IV. Voraussetzungen des Einbeziehungsbeschlusses

1. Zustimmung des Angeklagten. Die wirksame **Zustimmung** des Angeklagten zu der Einbeziehung ist **zwingende Voraussetzung** des gerichtlichen Einbeziehungsbeschlusses.[77] Die Zustimmung ist eine **höchstpersönliche Entscheidung des Angeklagten**.[78] Für diese Einordnung spricht sowohl der von § 266 auch bezweckte Schutz des Angeklagten vor „Überrumpelung" und dadurch bedingter Beeinträchtigungen seiner Verteidigungsmöglichkeiten[79] als auch die prozessuale Bedeutung der Zustimmung als **verfahrensgestaltende Erklärung**. Wegen des höchstpersönlichen Charakters muss bei mehreren von der Nachtragsanklage betroffenen **Mitangeklagten** jeder gesondert der Einbeziehung zustimmen. Umgekehrt hängt die Wirksamkeit der Zustimmungserklärung in Bezug auf den einzelnen Mitangeklagten nicht von der Zustimmung der übrigen Mitangeklagten ab.[80] Wegen des genannten Schutzzwecks muss die Zustimmung **ausdrücklich** und **inhaltlich eindeutig** erklärt werden.[81] **Konkludentes Verhalten** des Angeklagten **genügt** diesen Anforderungen **nicht**. Dementsprechend liegt keine Zustimmungserklärung vor, wenn der Angeklagte sich in der Sache auf die von der Nachtragsanklage angeklagte Tat einlässt[82] oder lediglich zu der Erhebung der Nachtragsanklage schweigt.[83] Auch mit dem Stellen eines Unterbrechungsantrages auf Nachtragsanklage hin, erklärt der Angeklagte keine Zustimmung zur Einbeziehung.[84] Selbst wenn das Gesetz keine Belehrung fordert, sollte der unverteidigte Angeklagte in Ausprägung der gerichtlichen Fürsorgepflicht über Bedeutung und Wirkung der Zustimmungserklärung unterrichtet werden.[85] Dem verteidigten Angeklagten sollte die Beratung mit seinem Verteidiger vor der Abgabe der Erklärung gestattet werden.

Der höchstpersönliche Charakter der Zustimmung setzt der **Vertretung** des Angeklagten **bei der Abgabe der Erklärung** Grenzen. Nach mittlerweile wohl allgM kann bei in Abwesenheit des Angeklagten geführter Hauptverhandlung selbst der nach § 234 zur Vertretung berechtigte **Verteidiger** die Zustimmung nicht für den Angeklagten erklären.[86] Dagegen will die ganz überwiegende Auffassung eine wirksame Erklärung des Angeklagten annehmen, wenn in seiner Anwesenheit sein Verteidiger die Zustimmung erteilt und der Angeklagte – etwa durch Schweigen –

---

[71] Siehe BGH v. 19. 2. 2008 – 1 StR 503/07, StV 2008, 226 (227).
[72] Oben Rn. 2.
[73] Für eine Wiederholung BGH v. 3. 8. 1998 – 5 StR 311/98, NStZ-RR 1999, 303 in nicht tragenden Gründen; offen gelassen von BGH v. 19. 2. 2008 – 1 StR 503/07, StV 2008, 226 (227).
[74] Vgl. OLG Karlsruhe v. 19. 5. 2000 – 3 Ws 35/00, NStZ 2001, 209 (210).
[75] LG München I v. 27. 7. 1977 – 9 Qs 61/77, MDR 1978, 161 (162); *Keller/Kelnhofer* StV 2002, 186 (187); in der Sache auch OLG Karlsruhe v. 19. 5. 2000 – 3 Ws 35/00, NStZ 2001, 209 (210).
[76] OLG Karlsruhe v. 19. 5. 2000 – 3 Ws 35/00, NStZ 2001, 209 (210); LG München I v. 27. 7. 1977 – 9 Qa 61/77, MDR 1978, 161 (162); *Keller/Kelnhofer* StV 2002, 186 (187); siehe auch BGH v. 3. 8. 1998 – 5 StR 311/98, NStZ-RR 1999, 303.
[77] BGH v. 3. 8. 1998 – 5 StR 311/98, NStZ-RR 1999, 303; *Jahn/Schmitz* wistra 2001, 328 (333); zu den Folgen des Fehlens einer wirksamen Zustimmung unten Rn. 38.
[78] AK-StPO/*Loos* Rn. 8; Löwe/Rosenberg/*Gollwitzer*, 25. Aufl., Rn. 16; SK-StPO/*Schlüchter* Rn. 13.
[79] Oben Rn. 1.
[80] HK-StPO/*Julius* Rn. 13 mwN.
[81] AllgM; BGH v. 26. 6. 1984 – 1 StR 188/84, NJW 1984, 2172 mAnm *Gollwitzer* JR 1985, 126; AK-StPO/*Loos* Rn. 10; KK-StPO/*Engelhardt* Rn. 7; Löwe/Rosenberg/*Gollwitzer*, 25. Aufl., Rn. 14; SK-StPO/*Schlüchter* Rn. 13.
[82] AllgM; siehe nur *Meyer-Goßner* Rn. 11.
[83] BGH v. 26. 6. 1984 – 1 StR 188/84, NJW 1984, 2172 mAnm *Gollwitzer* JR 1985, 126; LG München I v. 27. 7. 1977 – 9 Qs 61/77, MDR 1978, 161; *Jahn/Schmitz* wistra 2001, 328 (333); KK-StPO/*Engelhardt* Rn. 7; Löwe/Rosenberg/*Gollwitzer*, 25. Aufl., Rn. 14.
[84] OLG Hamm v. 12. 12. 1995 – 4 Ss 888/95, StV 1996, 532; Löwe/Rosenberg/*Gollwitzer*, 25. Aufl., Rn. 14.
[85] AK-StPO/*Loos* Rn. 9.
[86] AK-StPO/*Loos* Rn. 9; KK-StPO/*Engelhardt* Rn. 7; KMR/*Paulus* Rn. 11; Löwe/Rosenberg/*Gollwitzer*, 25. Aufl., Rn. 16; SK-StPO/Schlüchter Rn. 13.

zum Ausdruck bringt, mit der Einbeziehung einverstanden zu sein.[87] Dem ist nicht zuzustimmen.[88] Die Gegenauffassung setzt sich zu den eigenen Prämissen über den höchstpersönlichen Charakter der Zustimmungserklärung und der ansonsten geforderten Konkludenz ausschließenden Ausdrücklichkeit in Widerspruch. Auf der praktischen Ebene kann die Problematik durch eine ausdrückliche Befragung des Angeklagten nach Erteilung der Zustimmungserklärung seitens seines Verteidigers gelöst werden.[89] Hat umgekehrt der Angeklagte seine Zustimmung zu der Einbeziehung erklärt, steht ein **Widerspruch seines Verteidigers** gegen die Einbeziehung der Wirksamkeit der Erklärung nicht entgegen.[90] Den etwaigen Widerspruch des Verteidigers wird das Gericht aber bei der Ermessensentscheidung über den Einbeziehungsbeschluss[91] berücksichtigen, wenn der Verteidiger geltend macht, die Verteidigung bei Einbeziehung der neuen Tat nicht sachgerecht betreiben zu können und einen Aussetzungsantrag ankündigt.[92]

19   Die **Zustimmungserklärung** muss im **Zeitpunkt** des Erlasses des Einbeziehungsbeschlusses vorliegen. Hat der Angeklagte seine Zustimmung einmal wirksam erklärt, soll ein späterer **Widerruf** die Wirksamkeit der Zustimmung nicht aufheben.[93] Ob das bei Widerruf vor Ergehen des Einbeziehungsbeschlusses zwingend aus dem Charakter als verfahrensgestaltende Erklärung[94] folgt, ist zweifelhaft. Jedenfalls soll aber der vor dem Einbeziehungsbeschluss erklärte Widerruf bei der Ermessensausübung des Gerichts über den Erlass des Beschlusses berücksichtigt werden.[95]

20   Die **hM** bewertet die **Zustimmungserklärung nicht als Prozessvoraussetzung** im eigentlichen Sinne.[96] Ungeachtet dessen soll aber nach der Rspr. das **Fehlen der Zustimmung** ein die Prozessvoraussetzungen so eng berührender Verfahrensverstoß sein, der – auf eine entsprechende **Verfahrensrüge** hin – zur **Einstellung des Verfahrens** wegen der einbezogenen prozessualen Tat führt.[97] Da der Einbeziehungsbeschluss nach der gesetzlichen Konzeption das Vorliegen einer Zustimmungserklärung als Wirksamkeitsvoraussetzung fordert und der Normzweck des § 266 die Zustimmungserklärung des Angeklagten auch in der Sache gebietet, ist die rechtliche Wirkung, Verfahrenseinstellung bei Fehlen der Zustimmung, zutreffend.[98] Dann ist aber die Einordnung der **Zustimmung** als **Verfahrensvoraussetzung** unausweichlich;[99] die StPO kennt – mit Ausnahme der im hiesigen Kontext nicht einschlägigen §§ 153 ff. – eine Verfahrenseinstellung ohne Vorliegen eines Verfahrenshindernisses nicht.[100] Dementsprechend handelt es sich bei dem Vorliegen einer wirksamen **Zustimmungserklärung des Angeklagten** um eine auf zulässiges Rechtsmittel hin **von Amts wegen zu berücksichtigende Verfahrensvoraussetzung**.[101] Ein ohne die erforderliche Zustimmung ergangener Einbeziehungsbeschluss ist unwirksam.[102] Der Mangel kann nicht durch eine vor Urteilsverkündung erteilte nachträgliche Zustimmung geheilt werden.[103]

21   Eine **Verwirkung des Zustimmungsrechts** des Angeklagten bei rechtsmissbräuchlicher Verweigerung – unabhängig von der Frage eines allgemeinen strafprozessualen Rechtsmissbrauchs – kommt nicht in Frage.[104] Zum einen kompensiert das Zustimmungserfordernis die mit der späten Einbeziehung eines weiteren Lebenssachverhalts in ein laufendes Verfahren verbundenen mög-

---

[87] *Jahn/Schmitz* wistra 2001, 328 (333); HK-StPO/*Julius* Rn. 5; KK-StPO/*Engelhardt* Rn. 7; Löwe/Rosenberg/*Gollwitzer*, 25. Aufl., Rn. 16; *Meyer-Goßner* Rn. 12; SK-StPO/*Schlüchter* Rn. 13.
[88] AK-StPO/*Loos* Rn. 9.
[89] Insoweit zutreffend Löwe/Rosenberg/*Gollwitzer* Rn. 16.
[90] HK-StPO/*Julius* Rn. 5; KK-StPO/*Engelhardt* Rn. 5; KMR/*Paulus* Rn. 11; Löwe/Rosenberg/*Gollwitzer*, 25. Aufl., Rn. 16; SK-StPO/*Schlüchter* Rn. 13; aA *Rieß* NJW 1977, 883 Fn. 34.
[91] Unten Rn. 24 f.
[92] Löwe/Rosenberg/*Gollwitzer* Rn. 16.
[93] KK-StPO/*Engelhardt* Rn. 7; KMR/*Paulus* Rn. 10; Löwe/Rosenberg/*Gollwitzer*, 25. Aufl., Rn. 15; vorsichtiger AK-StPO/*Loos* Rn. 10.
[94] Oben Rn. 16.
[95] KK-StPO/*Engelhardt* Rn. 7; KMR/*Paulus* Rn. 12; Löwe/Rosenberg/*Gollwitzer*, 25. Aufl., Rn. 15; *Meyer-Goßner* Rn. 13; siehe auch AK-StPO/*Loos* Rn. 10.
[96] BGH v. 5. 7. 1977 – 1 StR 258/77, bei *Holtz* MDR 1977, 984; BGH v. 3. 8. 1998 – 5 StR 311/98, NStZ-RR 1999, 303; BGH v. 7. 3. 2001 – 1 StR 41/01, wistra 2001, 311; OLG Karlsruhe v. 19. 5. 2000 – 3 Ws 35/00, NStZ-RR 2001, 209 mAnm *Keller/Kelnhofer* StV 2002, 186 f.; KK-StPO/*Engelhardt* Rn. 7; KMR/*Paulus* Rn. 12; Löwe/Rosenberg/*Gollwitzer*, 25. Aufl., Rn. 17; SK-StPO/*Schlüchter* Rn. 14.
[97] Nachw. wie Fn. zuvor.
[98] Insoweit auch *Jahn/Schmitz* wistra 2001, 328 (333 f.).
[99] LG München I v. 17. 7. 1977 – 9 Qs 61/77, MDR 1978, 161; AK-StPO/*Loos* Rn. 12; *Meyer-Goßner* Rn. 14; siehe auch *Meyer-Goßner*, FS Eser, 2005, S. 373 (381).
[100] *Meyer-Goßner*, FS Eser, S. 373 (381).
[101] LG München I v. 7. 7. 1977 – 9 Qs 61/77, MDR 1978, 161; AK-StPO/*Loos* Rn. 12; *Meyer-Goßner* Rn. 14; siehe auch *Meyer-Goßner*, FS Eser, S. 373 (381).
[102] AA BGH v. 13. 11. 1956 – 1 StR 121/56; zit. nach KK-StPO/*Engelhardt* Rn. 8.
[103] LG München I v. 7. 7. 1977 – 9 Qs 61/77, MDR 1978, 161 f.; AK-StPO/*Loos* Rn. 10; wohl auch *Meyer-Goßner* Rn. 14; aA KMR/*Paulus* Rn. 12; Löwe/Rosenberg/*Gollwitzer* Rn. 17; SK-StPO/*Schlüchter* Rn. 15.
[104] Siehe *Jahn/Schmitz* wistra 2001, 328 ff.; ob in BGH v. 3. 8. 1998 – 5 StR 311/98, NStZ-RR 1999, 303 die Möglichkeit einer Verwirkung der Zustimmung wegen rechtsmissbräuchlicher Verweigerung ernsthaft in Erwägung gezogen wird, ist zweifelhaft.

lichen Beeinträchtigungen einer sachgerechten Verteidigung; die Verweigerung der Zustimmung kann bereits deshalb kaum jemals rechtsmissbräuchlich sein. Zum anderen kann bei Vorliegen der Voraussetzungen selbst bei fehlender Zustimmung die zunächst mit der Nachtragsanklage unterbreitete prozessuale Tat durch reguläre Anklage und spätere Verbindung zum Gegenstand des bereits laufenden Verfahrens gemacht werden.[105]

2. Zuständigkeit des Gerichts. Das per Nachtragsanklage um Einbeziehung angegangene Gericht muss für die Aburteilung der weiteren Tat **sachlich zuständig** sein;[106] das umfasst auch die Zuständigkeit für eine etwaige Gesamtstrafenbildung.[107] Die Zuständigkeit eines höheren Gerichts für die Aburteilung der Nachtragsanklage schließt einen Einbeziehungsbeschluss aus.[108] Das sachlich unzuständige Gericht darf auch keinen Einbeziehungsbeschluss erlassen, um die einbezogenen Tat gemeinsam mit der bereits verfahrensgegenständlichen gemäß § 270 an das zuständige höhere Gericht zu verweisen.[109] Ein späterer Verweisungsbeschluss nach § 270 ist nach Abtrennung der einbezogenen Tat aber nicht gesperrt, wenn sich die Zuständigkeit des höheren Gerichts erst während der weiteren Durchführung der Hauptverhandlung erweist.[110] Die **örtliche Zuständigkeit** des angegangenen Gerichts beruht durchgängig auf § 13. 22

3. Hinreichender Tatverdacht. Aus der Funktion des Einbeziehungsbeschlusses, Surrogat des Eröffnungsbeschlusses im Regelverfahren zu sein, ergibt sich, dass dieser nur ergehen kann, wenn das zuständige Gericht auf der Grundlage der Nachtragsanklage **hinreichenden Tatverdacht**[111] annimmt.[112] Die Gegenauffassung[113] bezieht die Zustimmung zu Unrecht auf das Erfordernis eines qualifizierten Verdachts.[114] Mit der Zustimmung verzichtet der Angeklagte lediglich auf die Durchführung des Zwischenverfahrens und akzeptiert die daraus möglicherweise resultierenden Beeinträchtigungen einer sachgerechten Verteidigung. Selbst bei Annahme von hinreichendem Tatverdacht und bei Vorliegen der übrigen Voraussetzungen ist das zuständige Gericht nicht zur Einbeziehung verpflichtet; der Erlass des Einbeziehungsbeschlusses steht vielmehr im **pflichtgemäßen Ermessen des Gerichts**.[115] Wie für die Staatsanwaltschaft bei der Erhebung der Nachtragsanklage auch wird die Entscheidung sich im Wesentlichen daran orientieren, ob der durch die Einbeziehung insoweit eintretende prozessökonomische Effekt nicht durch die mögliche Verzögerung (vgl. Abs. 3) bei der Aburteilung des bereits verfahrensgegenständlichen Stoffs aufgezehrt wird.[116] 23

V. Einbeziehungsbeschluss

1. Zuständigkeit, Form und Inhalt. Für den Erlass des Einbeziehungsbeschlusses ist das **Gericht**, nicht der Vorsitzende allein,[117] in der für die Hauptverhandlung vorgeschriebenen Besetzung zuständig. Eine Entscheidung über die Nachtragsanklage außerhalb der Hauptverhandlung, etwa als Eröffnungsbeschluss, ist ausgeschlossen.[118] Der Beschluss muss gemäß § 35 Abs. 1[119] **in der Hauptverhandlung verkündet** werden.[120] Sonstige Anforderungen an die Form des Beschlusses enthält das Gesetz unmittelbar nicht.[121] Dementsprechend ist seine **Abfassung in schriftlicher Form nicht geboten**. Ebensowenig bedarf es seiner Begründung.[122] Die einen Eröffnungsbeschluss im Regelverfahren vertretende Funktion des Einbeziehungsbeschlusses erfordert aber, diesen so zu fassen, dass die in die Hauptverhandlung **einbezogene prozessuale Tat** nach den prozessuale Tatidentität stiftenden Kriterien[123] in tatsächlicher und rechtlicher Hinsicht **unverwechselbar festge-** 24

---

[105] Dazu oben Rn. 2.
[106] AllgM; siehe nur KK-StPO/*Engelhardt* Rn. 7; *Meyer-Goßner* Rn. 9.
[107] *Löwe/Rosenberg/Gollwitzer*, 25. Aufl., Rn. 10; SK-StPO/*Schlüchter* Rn. 9.
[108] KK-StPO/*Engelhardt* Rn. 7; *Löwe/Rosenberg/Gollwitzer*, 25. Aufl., Rn. 10; *Meyer-Goßner* Rn. 9.
[109] AllgM; AK-StPO/*Loos* Rn. 13; *Löwe/Rosenberg/Gollwitzer*, 25. Aufl., Rn. 10; *Meyer-Goßner* Rn. 9.
[110] Siehe *Meyer-Goßner* JR 1985, 452 (455); KMR/*Paulus* Rn. 7; *Löwe/Rosenberg/Gollwitzer*, 25. Aufl., Rn. 10.
[111] § 203 Rn. 2 f.
[112] *Hilger* JR 1983, 441; AK-StPO/*Loos* Rn. 14; *Löwe/Rosenberg/Gollwitzer*, 25. Aufl., Rn. 19; *Meyer-Goßner* Rn. 17 siehe auch *Meyer-Goßner* JR 1984, 53.
[113] *Fezer* 9/289.
[114] AK-StPO/*Loos* Rn. 14.
[115] AK-StPO/*Loos* Rn. 15; KK-StPO/*Engelhardt* Rn. 8; *Löwe/Rosenberg/Gollwitzer*, 25. Aufl., Rn. 20.
[116] SK-StPO/*Schlüchter* Rn. 17.
[117] BGH v. 21. 2. 1995 – 1 StR 787/94, StV 1995, 342; BGH v. 5. 9. 2001 – 3 StR 175/01, StV 2002, 183; KK-StPO/*Engelhardt* Rn. 8; *Meyer-Goßner* Rn. 15.
[118] Nachw. wie Fn. 95.
[119] Zutreffend SK-StPO/*Schlüchter* Rn. 17.
[120] AllgM; AK-StPO/*Loos* Rn. 16; HK-StPO/*Julius* Rn. 10; KK-StPO/*Engelhardt* Rn. 8; *Meyer-Goßner* Rn. 15.
[121] KK-StPO/*Engelhardt* Rn. 9; *Löwe/Rosenberg/Gollwitzer*, 25. Aufl., Rn. 21.
[122] *Meyer-Goßner* Rn. 18; SK-StPO/*Schlüchter* Rn. 17.
[123] § 264 Rn. 20–25.

legt wird.[124] Um dem zu entsprechen, braucht der Einbeziehungsbeschluss aber nicht sämtliche für die Umgrenzung der einbezogenen prozessualen Tat erforderlichen Merkmale selbst zu benennen. Aus der formal allein auf § 200 Abs. 1 und nicht auf § 207 bezogenen Verweisung in § 266 wird abgleitet, der Einbeziehungsbeschluss könne auch durch **Bezugnahmen auf den Inhalt der** protokollierten mündlichen **Nachtragsanklage** und/oder der als Protokollanhang vorhandenen schriftlichen Nachtragsanklage seiner Funktion, den neu einbezogenen Verfahrensgegenstand festzulegen, genügen.[125] Die Abweichungen von den Anforderungen des Eröffnungsbeschlusses sind aber nur insoweit akzeptabel, wie sie aus der nachträglichen Anklageerhebung ohne vollständige Aktenbasis in der Hauptverhandlung resultieren. Bei gestatteter Bezugnahme auf den Inhalt der Nachtragsanklage setzt die Wirksamkeit des Einbeziehungsbeschlusses[126] voraus, dass für sämtliche Verfahrensbeteiligten das dem Angeklagten **nunmehr vorgeworfene tatsächliche Geschehen und dessen** (vorläufige; vgl. § 264 Abs. 2) **rechtliche Bewertung** eindeutig **klargestellt** ist.[127] Weicht der Einbeziehungsbeschluss unter den in § 207 Abs. 2 genannten Aspekten von der Nachtragsanklage ab, müssen daher die Abweichungen in einer § 207 Abs. 2 inhaltlich genügenden Weise im Beschluss dargelegt werden, auch wenn die genannte Vorschrift formal keine Anwendung findet.

25   Funktion des Einbeziehungsbeschlusses und die Schutzbedürftigkeit des Angeklagten in der Sondersituation des erst in der Hauptverhandlung erweiterten Verfahrensgegenstandes erfordern eine **ausdrückliche Beschlussfassung**. Ein **konkludenter Beschluss** durch die sachliche Befassung mit der durch die Nachtragsanklage unterbreiteten Tat seitens des Gerichts **genügt** selbst dann **nicht**, wenn die Erstreckung der Verhandlung auf die weitere Tat für die übrigen Verfahrensbeteiligten ersichtlich ist.[128] Soweit die Rspr. ausnahmsweise konkludentes Verhalten des Gerichts als für eine wirksame Einbeziehung ausreichend erachtet worden ist,[129] ist dem aus den vorgenannten Gründen nicht zu folgen.[130]

26   **2. Wirkung und Wirksamkeit.** Mit der Verkündung des Einbeziehungsbeschlusses wird die von der Nachtragsanklage umfasste prozessuale Tat bei dem Gericht **rechtshängig**, das den Beschluss erlassen hat.[131] Die Staatsanwaltschaft kann die Nachtragsanklage nicht mehr zurücknehmen (§ 156 analog); das Gericht darf den Beschluss jedenfalls nicht mehr wegen abweichender Beurteilung der Zweckmäßigkeit der Einbeziehung aufheben.[132] Angesichts der prozessualen Funktion des Einbeziehungsbeschlusses, den Eröffnungsbeschluss zu ersetzen, beurteilt sich seine **Wirksamkeit** inhaltlich nach den für diesen geltenden Regeln.[133] Die fehlende Bezugnahme des § 266 auf § 207 trägt zwar die Annahme gegenüber § 207 formal geringerer Anforderungen (etwa durch Gestattung der Bezugnahme auf die Nachtragsanklage), gestattet aber wegen der prozessualen Funktion des Einbeziehungsbeschlusses, den erweiterten Verfahrensgegenstand festzulegen, ansonsten keine geringeren Anforderungen an die Wirksamkeit als bei einem Eröffnungsbeschluss.[134] Der **wirksame Einbeziehungsbeschluss** ist **Prozessvoraussetzung** für das Verfahren über die durch Nachtragsanklage umgrenzte prozessuale Tat.[135]

VI. Verfahren nach Einbeziehungsbeschluss (Abs. 2 S. 4 und Abs. 3)

27   **1. Weitere Durchführung der Hauptverhandlung.** Aus der den Eröffnungsbeschluss ersetzenden Funktion des Einbeziehungsbeschlusses ergäbe sich eigentlich, dass weitere Verfahren nach Einbeziehung den Regeln der §§ 243, 244 zu unterstellen. Das ist aber im Hinblick auf das Verfahrens-

---

[124] In der Sache insoweit allgM; siehe nur AK-StPO/*Loos* Rn. 16 aE; Löwe/Rosenberg/*Gollwitzer*, 25. Aufl., Rn. 18; Meyer-Goßner Rn. 15; SK-StPO/*Schlüchter* Rn. 17.
[125] OLG Oldenburg v. 28. 7. 1970 – 1 Ss 130/70, MDR 1970, 946; KK-StPO/*Engelhardt* Rn. 8; KMR/*Paulus* Rn. 15; Löwe/Rosenberg/*Gollwitzer*, 25. Aufl., Rn. 18.
[126] Dazu unten Rn. 26.
[127] KK-StPO/*Engelhardt* Rn. 8; Meyer-Goßner Rn. 15; SK-StPO/*Schlüchter* Rn. 17 jeweils mwN.
[128] BGH v. 21. 2. 1995 – 1 StR 787/94, StV 1995, 342; BGH v. 4. 9. 1995 – 4 StR 480/95, StV 1996, 5; AK-StPO/*Loos* Rn. 16; Löwe/Rosenberg/*Gollwitzer* 25. Aufl., Rn. 21; SK-StPO/*Schlüchter* Rn. 17.
[129] BGH v. 9. 11. 1989 – 4 StR 520/89, NJW 1990, 1055 für die Konstellation, dass bezüglich sämtlicher ursprünglich verfahrensgegenständlicher Taten nach §§ 154, 154a verfahren und nur noch über die durch Nachtragsanklage unterbreitete Tat verhandelt wurde; OLG Oldenburg v. 11. 12. 1962 – 1 Ss 335/62, JR 1963, 109.
[130] Wie hier Löwe/Rosenberg/*Gollwitzer*, 25. Aufl., Rn. 21; großzügiger Meyer-Goßner Rn. 15 aE; ohne eigene Wertungen AK-StPO/*Loos* Rn. 16 a; KK-StPO/*Engelhardt* Rn. 9.
[131] Löwe/Rosenberg/*Gollwitzer*, 25. Aufl., Rn. 22; SK-StPO/*Schlüchter* Rn. 21.
[132] Siehe aber auch Löwe/Rosenberg/*Gollwitzer*, 25. Aufl., Rn. 22 mit Fn. 58.
[133] Zu diesen § 207 Rn. 13 ff.
[134] In der Sache wie hier Löwe/Rosenberg/*Gollwitzer*, 25. Aufl., Rn. 22.
[135] AllgM; siehe nur BGH v. 29. 6. 1956 – 2 StR 252/56, BGHSt 9, 243 (245) = NJW 1956, 1366; AK-StPO/*Loos* Rn. 17; KK-StPO/*Engelhardt* Rn. 8; Meyer-Goßner Rn. 20.

stadium, in dem die Einbeziehung erfolgt, eindeutig nicht sachgerecht.¹³⁶ So bedarf es wegen der dem Einbeziehungsbeschluss vorausgehenden mündlichen Nachtragsanklage **nicht** der (erneuten) **Verlesung des Anklagesatzes.**¹³⁷ Nach Abs. 2 S. 4 muss der Vorsitzende dem Angeklagten die Gelegenheit geben, sich gegen den Vorwurf zu verteidigen. Das erfordert **zwingend die Vernehmung des Angeklagten zum Gegenstand der Nachtragsanklage.**¹³⁸ Die vorherige Zustimmung des Angeklagten zu der Einbeziehung ersetzt die Vernehmung nicht. Ob der Vernehmung zur Nachtragsanklage eine **erneute Belehrung gemäß § 243 Abs. 4 S. 1 über das Schweigerecht** vorausgehen muss, obwohl der Angeklagte zu Beginn der Vernehmung zur Sache im ursprünglichen Verfahren bereits entsprechend belehrt worden war, **wird unterschiedlich beurteilt.**¹³⁹ Da an sich die Hauptverhandlung wegen der neu einbezogenen Tat erst nach dem Einbeziehungsbeschluss beginnt und die erneute Belehrung angesichts der ohnehin erforderlichen Vernehmung zur Sache in den Hauptverhandlungsablauf integriert werden kann, spricht alles auch unter Berücksichtigung der Bedeutung des nemo tenetur-Grundsatzes für eine **erneute Belehrungspflicht**.

Soweit **vor dem Einbeziehungsbeschluss erörterter Verfahrensstoff** auch für die Aburteilung der einbezogenen Tat von Bedeutung ist, **kann** dieser dem einheitlichen Urteil **zugrunde gelegt werden** (Gedanke des § 261).¹⁴⁰ Eine vollständige oder teilweise **Wiederholung der Beweisaufnahme** ist daher **grundsätzlich nicht geboten.**¹⁴¹ Anderes gilt in Bezug auf Verfahrensstoff, der in Abwesenheit des Angeklagten verhandelt worden ist.¹⁴² Jenseits dessen kann aber die Amtsaufklärungspflicht des § 244 Abs. 2 ausnahmsweise eine Wiederholung der Beweisaufnahme gebieten.¹⁴³

2. Unterbrechung der Hauptverhandlung. Die durch Abs. 3 eröffnete Möglichkeit der Unterbrechung der Hauptverhandlung von Amts wegen oder auf Antrag des Angeklagten nach Einbeziehungsbeschluss besteht lediglich **innerhalb der Fristen des § 229**. Die Unterbrechung **von Amts wegen**, die prozessleitende Maßnahme des Vorsitzenden gemäß § 238 Abs. 1 ist, wird vor allem an den erforderlichen Gegebenheiten zur weiteren Durchführung der Hauptverhandlung (Beweismittel) und den Interessen des Angeklagten an einer sachgerechten Verteidigung zu orientieren sein.¹⁴⁴ Ob eine Unterbrechung von Amts wegen erforderlich ist, beurteilt der Vorsitzende¹⁴⁵ nach pflichtgemäßem Ermessen. Dieser Maßstab gilt auch, soweit andere Verfahrensbeteiligte als der Angeklagte eine Unterbrechung anregen; ein Antragsrecht steht diesen nicht zu. Ein **Antrag des Angeklagten** kann nur aus den in Abs. 3 S. 1 ausdrücklich genannten Gründen der Mutwilligkeit oder der Verzögerungsabsicht abgelehnt werden. Beide Ablehnungsgründe scheiden regelmäßig aus, wenn der Angeklagte nachvollziehbare Verteidigungsinteressen geltend machen kann.¹⁴⁶ **Abs. 3 S. 2** schreibt den **Hinweis** an den Angeklagten **auf** sein **Antragsrecht** ausdrücklich vor. Der Hinweis muss spätestens vor der Vernehmung des Angeklagten zum Gegenstand der Nachtragsanklage erfolgen.¹⁴⁷

Die **Aussetzung** des Verfahrens nach einem Einbeziehungsbeschluss kann sich nicht aus § 266 ergeben; auf einen anderen Rechtsgrund (etwa § 265 Abs. 4) lässt sich aber die Aussetzung auch zeitlich nach Einbeziehung der Nachtragsanklage stützen.¹⁴⁸

VII. Ablehnung der Einbeziehung

1. Zuständigkeit. Die Entscheidung über die Ablehnung der Einbeziehung der Nachtragsanklage trifft grundsätzlich das **Gericht durch Beschluss**.¹⁴⁹ Das gilt für sämtliche Gründe, auf die eine Ablehnung gestützt werden kann.¹⁵⁰ Soweit bei einer Ablehnung, die damit begründet

---

¹³⁶ BGH v. 24. 4. 1955 – 1 StR 614/54, bei *Dallinger* MDR 1955, 387; KK/*Engelhardt* Rn. 9; Löwe/Rosenberg/ *Gollwitzer*, 25. Aufl., Rn. 25.
¹³⁷ KK-StPO/*Engelhardt* Rn. 9; KMR/*Paulus* Rn. 15; Löwe/Rosenberg/*Gollwitzer*, 25. Aufl., Rn. 25.
¹³⁸ Nahezu allgM; BGH v. 29. 6. 1956 – 2 StR 252/56, BGHSt 9, 243 (245) = NJW 1956, 1366; AK-StPO/*Loos* Rn. 18; HK-StPO/*Julius* Rn. 10; KK-StPO/*Engelhardt* Rn. 9; Löwe/Rosenberg/*Gollwitzer*, 25. Aufl., Rn. 25; *Meyer-Goßner* Rn. 21; SK-StPO/*Schlüchter* Rn. 21.
¹³⁹ Gegen eine Pflicht zur erneuten Belehrung BGH v. 1. 2. 1966 – 5 StR 531/65, zit. nach KK-StPO/*Engelhardt* Rn. 9; Löwe/Rosenberg/*Gollwitzer*, 25. Aufl., Rn. 25; *Meyer-Goßner* Rn. 21; aA HK-StPO/*Julius* Rn. 10; KMR/*Paulus* Rn. 17; SK-StPO/*Schlüchter* Rn. 21.
¹⁴⁰ Zutreffend Löwe/Rosenberg/*Gollwitzer*, 25. Aufl., Rn. 25.
¹⁴¹ BGH v. 26. 6. 1984 – 1 StR 188/84, NJW 1984, 2172 mAnm *Gollwitzer* JR 1985, 125; KK-StPO/*Engelhardt* Rn. 4; *Meyer-Goßner* Rn. 21; Löwe/Rosenberg/*Gollwitzer*, 25. Aufl., Rn. 25; SK-StPO/*Schlüchter* Rn. 21.
¹⁴² BGH v. 26. 6. 1984 – 1 StR 188/84, NJW 1984, 2172 mAnm *Gollwitzer* JR 1985, 125.
¹⁴³ HK-StPO/*Julius* Rn. 10; siehe auch Löwe/Rosenberg/*Gollwitzer*, 25. Aufl., Rn. 25.
¹⁴⁴ Vgl. Löwe/Rosenberg/*Gollwitzer*, 25. Aufl., Rn. 29; *Meyer-Goßner* Rn. 22; SK-StPO/*Schlüchter* Rn. 22.
¹⁴⁵ Zum Rechtsbehelf nach § 238 Abs. 2 unten Rn. 36.
¹⁴⁶ Löwe/Rosenberg/*Gollwitzer*, 25. Aufl., Rn. 30.
¹⁴⁷ AK-StPO/*Loos* Rn. 21; Löwe/Rosenberg/*Gollwitzer*, 25. Aufl., Rn. 25.
¹⁴⁸ AK-StPO/*Loos* Rn. 19; KK-StPO/*Engelhardt* Rn. 10; SK-StPO/*Schlüchter* Rn. 23.
¹⁴⁹ Vgl. insoweit Löwe/Rosenberg/*Gollwitzer*, 25. Aufl., Rn. 23; SK-StPO/*Schlüchter* Rn. 18.
¹⁵⁰ Wie hier SK-StPO/*Schlüchter* Rn. 18 f.; zu den Gründen nachstehend Rn. 32.

wird, der per Nachtragsanklage unterbreitete Lebenssachverhalt sei Teil der bereits verfahrensgegenständlichen Tat, ein entsprechender **Hinweis des Vorsitzenden** für genügend gehalten wird,[151] ist dem nicht zu folgen.[152] Ansonsten fehlte es an einer Entscheidung über einen in der Hauptverhandlung gestellten Antrag der Staatsanwaltschaft (Rechtsgedanke von § 34 Alt. 2).

32 2. Form und Inhalt. Die **Ablehnung** der Einbeziehung der Nachtragsanklage kann **auf unterschiedlichen Gründen beruhen:** (1.) Die Nachtragsanklage und der damit verbundene Antrag auf deren Einbeziehung in das bereits laufende Verfahren kann **unzulässig** sein. Dies ist stets bei Fehlen der rechtlichen Voraussetzungen für die Erhebung der Nachtragsanklage vor dem Gericht der Hauptverhandlung der Fall; also etwa bei **nicht prozessordnungsgemäßer Erhebung der Nachtragsanklage**[153] (zB unzureichende Umgrenzungsfunktion) sowie bei Zuständigkeit eines Gerichts höherer Ordnung.[154] Entgegen teilweise vertretener Auffassung liegt Unzulässigkeit auch vor, wenn der von der Nachtragsanklage erfasste Lebenssachverhalt bereits Gegenstand des in der Hauptverhandlung befindlichen Verfahrens ist.[155] In der Sache ist auch das **Fehlen der Zustimmung** des Angeklagten ein Unzulässigkeitsgrund,[156] der in dem Ablehnungsbeschluss zum Ausdruck gebracht wird (2.) Die Ablehnung kann bei Vorliegen der Zulässigkeitsvoraussetzungen auf der **Ermessensausübung des Gerichts** beruhen, die Nachtragsanklage – etwa wegen Beeinträchtigungen der Durchführung des bereits laufenden Verfahrens – nicht einzubeziehen.[157] (3.) Hält man wie hier die Annahme hinreichenden Tatverdachts seitens des Gerichts für eine notwendige Voraussetzung des Einbeziehungsbeschlusses,[158] kann die Ablehnung der Einbeziehung auch auf der **Verneinung des hinreichenden Tatverdachts** beruhen.

33 Ob es bei sämtlichen Ablehnungsgründen[159] eines mit einer **Begründung** versehenen Beschlusses bedarf, wird nicht einheitlich beurteilt. Weitgehende Einigkeit besteht lediglich dahingehend, eine **Begründung bei der Ablehnung wegen Unzulässigkeit** der Nachtragsanklage für erforderlich zu halten.[160] Wie weit die Unzulässigkeit der Nachtragsanklage inhaltlich reicht, ist jedoch bestritten.[161] Soweit die Ablehnung auf einer **Ausübung des gerichtlichen Ermessens** beruht, wird von der überwiegenden Auffassung die Erforderlichkeit einer Begründung mit der Erwägung verneint, es handele sich um eine nicht selbstständig anfechtbare Entscheidung.[162] Weder Ergebnis noch Argumentation überzeugen. Auch der auf Unzulässigkeit der Nachtragsanklage gestützte Ablehnungsbeschluss ist nicht anfechtbar (§ 305 S. 1),[163] eine Differenzierung damit nicht tragfähig. In der Sache geht es zudem stets um eine Entscheidung über einen in der Hauptverhandlung gestellten Antrag der Staatsanwaltschaft auf Erweiterung des Verfahrensgegenstandes. Die **Begründungspflicht** ergibt sich damit **aus dem in § 34 Alt. 2** enthaltenen Rechtsgedanken.[164] Das gilt auch bei Ablehnung der Einbeziehung mit dem Argument, der fragliche Lebenssachverhalt sei bereits Gegenstand des laufenden Verfahrens.[165] Dementsprechend ist eine Begründung auch dann erforderlich, wenn die Ablehnung auf das Fehlen von hinreichendem Tatverdacht[166] gestützt wird.[167] Das gilt unabhängig davon, dass ein derart begründeter Ablehnungsbeschluss in den Rechtswirkungen nicht einem Nicht-Eröffnungsbeschluss gleichgestellt ist und daher nicht den Strafklageverbrauch des § 211 auslöst.[168]

34 3. Wirkungen. Die Ablehnung der Einbeziehung **beendet die Anhängigkeit** der von der Nachtragsanklage erfassten prozessualen Tat.[169] Um die Anhängigkeit zu beenden, bedarf es weder der

---

[151] Löwe/Rosenberg/*Gollwitzer*, 25. Aufl., Rn. 23.
[152] Vgl. auch BGH v. 24. 2. 1970 – 1 StR 557/69, NJW 1970, 904; SK-StPO/*Schlüchter* Rn. 19.
[153] SK-StPO/*Schlüchter* Rn. 19.
[154] HK-StPO/*Julius* Rn. 7; Löwe/Rosenberg/*Gollwitzer*, 25. Aufl., Rn. 23; *Meyer-Goßner* Rn. 19.
[155] Oben Rn. 31.
[156] Offen gelassen bei Löwe/Rosenberg/*Gollwitzer*, 25. Aufl., Rn. 24.
[157] Siehe *Meyer-Goßner* JR 1984, 53; AK-StPO/*Loos* Rn. 15; KK-StPO/*Engelhardt* Rn. 8; Löwe/Rosenberg/*Gollwitzer*, 25. Aufl., Rn. 24; *Meyer-Goßner* Rn. 15.
[158] Oben Rn. 23.
[159] Oben Rn. 32.
[160] Löwe/Rosenberg/*Gollwitzer*, 25. Aufl., Rn. 24; SK-StPO/*Schlüchter* Rn. 18.
[161] Oben Rn. 32.
[162] Nachw. wie Fn. 156.
[163] Unten Rn. 37.
[164] Zutreffend SK-StPO/*Schlüchter* Rn. 18.
[165] Oben Rn. 32.
[166] § 203 Rn. 2 f.
[167] Im Ergebnis wie hier SK-StPO/*Schlüchter* Rn. 19.
[168] AA *Hilger* JR 1983, 441; näher unten Rn. 34.
[169] BGH v. 20. 1. 2005 – 4 StR 222/04, StraFo 2005, 203; OLG Karlsruhe v. 19. 5. 2000 – 3 Ws 35/00, NStZ-RR 2001, 209 (210) mit zustimmender Anm. *Keller/Kelnhofer* StV 2002, 186 f.; Löwe/Rosenberg/*Gollwitzer*, 25. Aufl., Rn. 24a; *Meyer-Goßner* Rn. 21a.

Rücknahme der Anklage durch die Staatsanwaltschaft gemäß § 156 noch der Einstellung gemäß § 206 a.[170] Da mit der Ablehnung der Einbeziehung die Anhängigkeit der nachträglich angeklagten Tat endet, kann auf der Grundlage der Nachtragsanklage auch kein Eröffnungsbeschluss im Regelverfahren ergehen.[171] Die Nachtragsanklage entfaltet nur innerhalb des Hauptverfahrens, in dem sie erhoben worden ist, rechtliche Wirkungen.[172] Der Beschluss über die Ablehnung der Nichteinbeziehung löst **keinen Strafklageverbrauch** aus. Das gilt auch bei einer mit dem Fehlen hinreichenden Tatverdachts begründeten Ablehnung; § 211 greift nicht.[173] Die Gegenansicht[174] verkennt, dass die Ablehnung der Einbeziehung mangels hinreichenden Tatverdachts auf einer weitaus unzuverlässigeren tatsächlichen Grundlage beruht, als dies bei einem Beschluss nach § 207 der Fall ist. Die für den Strafklageverbrauch bei verfahrenserledigenden Beschlüsse relevanten Kriterien[175] gestatten die Annahme eines solchen gerade nicht.

VIII. Förmlichkeiten

Die **Sitzungsniederschrift** der Hauptverhandlung, in der die Nachtragsanklage erhoben wurde, 35 muss folgende Umstände **als wesentliche Förmlichkeiten** des Verfahrens (§ 273) beurkunden, deren Vorliegen lediglich durch die Sitzungsniederschrift bewiesen werden können:[176] (1.) Die mündliche **Erhebung der Nachtragsanklage und** deren Inhalt; soweit der Sitzungsvertreter eine schriftlich vorbereitete Nachtragsanklage in der Hauptverhandlung verlesen hat, bedarf es einer ausdrücklichen Bezugnahme auf den Schriftsatz, um diese als Anlage zu einem Teil der Sitzungsniederschrift werden zu lassen.[177] Die Protokollierung der Nachtragsanklage muss derart erfolgen, dass die Wahrung der Informations- und Umgrenzungsfunktion einer jeden Anklage erkennbar ist. (2.) Entsprechendes gilt für die Protokollierung der **Zustimmungserklärung des Angeklagten**; die Sitzungsniederschrift muss die ausdrückliche Erteilung dieser Zustimmung ausweisen.[178] (3.) Protokollierungsbedürftig ist zudem die Verkündung des **Einbeziehungsbeschlusses;**[179] Entsprechendes gilt für den **Ablehnungsbeschluss**.[180] (4.) Nach der Einbeziehung gehört die **Vernehmung des Angeklagten** in der Sache **zu dem Gegenstand der Nachtragsanklage**[181] ebenso zu den zu protokollierenden Förmlichkeiten wie die **Belehrung des Angeklagten über sein Recht aus Abs. 3 S. 2**, die Unterbrechung der Hauptverhandlung zu verlangen.[182] (5.) Beantragt der Angeklagte die Aussetzung, ist die **Entscheidung des Vorsitzenden** über diesen Antrag unabhängig von ihrem Inhalt als wesentliche Förmlichkeit zu protokollieren.[183] Soweit dessen Entscheidung nach § 238 Abs. 2 beanstandet worden ist, gehören die **Beanstandung** und die **gerichtliche Entscheidung darüber** als wesentliche Förmlichkeiten ebenfalls in das Protokoll.

IX. Rechtsbehelfe

Gegen die Entscheidung des Vorsitzenden, trotz entsprechenden Antrags des Angeklagten 36 (Abs. 3 S. 2), die Hauptverhandlung nicht zu unterbrechen, steht diesem das Recht der **Beanstandung** nach § 238 Abs. 2 zu. Nimmt er dieses nicht wahr, kann er mit der Revision die Ablehnung der Unterbrechung nicht mehr geltend machen.[184] Das gilt allerdings nicht bei einem unverteidigten Angeklagten, der nicht über das Recht aus § 238 Abs. 2 belehrt worden war.

---

[170] OLG Karlsruhe v. 19. 5. 2000 – 3 Ws 35/00, NStZ-RR 2001, 209 (210); ebenso *Keller/Kelnhofer* StV 2002, 186 (187).
[171] OLG Karlsruhe v. 19. 5. 2000 – 3 Ws 35/00, NStZ-RR 2001, 209 (210); LG München I v. 7. 7. 1977 – 9 Qs 61/77, MDR 1978, 161 (162); *Keller/Kelnhofer* StV 2002, 186 (187); siehe auch BGH v. 3. 8. 1998 – 5 StR 311/98; NStZ-RR 1999, 303 sowie bereits oben Rn. 16.
[172] LG München I v. 7. 7. 1977 – 9 Qs 61/77, MDR 1978, 161 (162).
[173] *Meyer-Goßner* JR 1984, 53; AK-StPO/*Loos* Rn. 14; Löwe/Rosenberg/*Gollwitzer*, 25. Aufl., Rn. 24 a; *Meyer-Goßner* Rn. 18; SK-StPO/*Schlüchter* Rn. 19; siehe auch oben Rn. 33.
[174] *Hilger* JR 1983, 441.
[175] Dazu ausführlich *Radtke*, Die Systematik des Strafklageverbrauchs verfahrenserledigender Entscheidungen im Strafprozeß, 1993, S. 323 ff.
[176] Siehe die Übersichten bei Löwe/Rosenberg/*Gollwitzer*, 25. Aufl., Rn. 33 f.; SK-StPO/*Schlüchter* Rn. 25.
[177] BGH 26. 6. 1984 – 1 StR 188/84, NJW 1984, 2172 f. = JR 1985, 125 mAnm *Gollwitzer*.
[178] Wie Fn. zuvor; SK-StPO/*Schlüchter* Rn. 33.
[179] BGH 16. 2. 1995 – 1 StR 4/95, StV 1995, 342; BGH v. 7. 3. 2001 – 1 StR 41/01, wistra 2001, 211 f.; *Meyer-Goßner* Rn. 17; SK-StPO/*Schlüchter* Rn. 25.
[180] SK-StPO/*Schlüchter* Rn. 25.
[181] KK-StPO/*Engelhardt* Rn. 9; Löwe/Rosenberg/*Gollwitzer*, 25. Aufl., Rn. 34.
[182] Löwe/Rosenberg/*Gollwitzer*, 25. Aufl., Rn. 34; SK-StPO/*Schlüchter* Rn. 25.
[183] Löwe/Rosenberg/*Gollwitzer*, 25. Aufl., Rn. 34; SK-StPO/*Schlüchter* Rn. 25.
[184] HK-StPO/*Julius* Rn. 16; SK-StPO/*Schlüchter* Rn. 30.

37 Mit der **Beschwerde** kann wegen § 305 S. 1 weder der **Einbeziehungsbeschluss**[185] noch der **Ablehnungsbeschluss** angegriffen werden.[186] Das gilt für Letztgenannten auch dann, wenn dieser auf die Verneinung hinreichenden Tatverdachts gestützt wird.[187]

38 Auf zulässig erhobene **Revision** hin ist das Verfahren von Amts wegen im Hinblick auf die **Nachtragsanklage** einzustellen, wenn es an einer solchen, den allgemeinen Wirksamkeitsvoraussetzungen[188] genügenden Anklage und damit an einer **Prozessvoraussetzung** fehlt.[189] Das gilt sowohl bei Mängeln in der Anklageerhebung (etwa fehlende Mündlichkeit) als auch bei unzureichender Informations- oder Umgrenzungsfunktion. Die Prüfungspflicht von Amts wegen aufgrund zulässig erhobener Revision erfasst auch die Prozessvoraussetzungen in Bezug auf solche Taten, bezüglich derer bereits Teilrechtskraft eingetreten ist.[190] Prozessvoraussetzungen sind zudem das Vorliegen einer wirksamen **Zustimmungserklärung des Angeklagten** und eines wirksamen **Einbeziehungsbeschlusses**. Das Fehlen eines wirksamen Einbeziehungsbeschlusses ist nach allgM ebenfalls von Amts wegen zu berücksichtigen[191] und führt regelmäßig zur Einstellung des Verfahrens gemäß § 260 Abs. 3.[192] Trotz der Annahme einer Prozessvoraussetzung hat die Rspr. allerdings in Einzelfällen von einer Einstellung abgesehen und eine Zurückverweisung an das Tatgericht zugelassen.[193] Denkbar erscheint dies allenfalls, wenn wegen einer anderen als der von der Nachtragsanklage erfassten prozessualen Tat ohnehin eine Zurückverweisung zu erfolgen hat und in der erneuten Hauptverhandlung vor dem zuständigen Tatgericht wirksam Nachtraganklage und Einbeziehungsbeschluss ergehen könnten.[194] Selbst in diesem eng umgrenzten Fall würde aber die Bedeutung der Verfahrensvoraussetzung überspielt, die erst nachträglich geschaffen würde. Es ist daher stets Einstellung des die Nachtragsanklage betreffenden Verfahrens geboten. Nach der hier vertretenen Auffassung handelt es sich auch bei der **Zustimmungserklärung des Angeklagten** um eine Prozessvoraussetzung,[195] deren Vorliegen **von Amts wegen zu berücksichtigen** ist. Entgegen der überwiegend vertretenen Auffassung[196] bedarf es daher keiner entsprechenden Verfahrensrüge, um den Mangel bei der oder das Fehlen der Zustimmung mit der Revision geltend zu machen.[197]

39 **Sonstige Rechtsfehler** bei der Anwendung von § 266 können lediglich mit der **Verfahrensrüge**, die den Anforderungen von § 344 Abs. 2 zu genügen hat, geltend gemacht werden.[198] Als solche kommen das **Unterbleiben** sowohl **der Vernehmung** des Angeklagten zum Gegenstand der Nachtragsanklage (Verletzung von § 243 Abs. 4 S. 2)[199] als auch **der** (erneuten) **Belehrung** des Angeklagten gemäß § 243 Abs. 4 S. 1[200] in Betracht; ebenso eine Verwertung von den ursprünglichen Verfahrensgegenstand betreffenden Prozessstoffs vor Einbeziehung, wenn dieser in Abwesenheit des Angeklagten verhandelt worden war und dennoch für das Urteil über die von der Nachtragsanklage umfasste Tat verwertet wird.[201] Das **Unterbleiben oder die Unzulänglichkeit des Hinweises nach Abs. 3 S. 2** zum Antragsrecht auf Unterbrechung können vom Angeklagten auf der Grundlage von § 338 Nr. 8 mit der Verfahrensrüge geltend gemacht werden. Entsprechendes gilt auch, wenn auf seinen **Antrag nach Abs. 3 S. 2** hin, **durch gerichtliche Entscheidung** (vgl. § 238 Abs. 2), die Unterbrechung **abgelehnt** oder nur eine zur sachgerechten Verteidigung gegen die einbezogene Tat ungenügende Unterbrechungsfrist gewährt worden ist.[202] Die Ablehnung eines solchen Antrags oder die unzureichende Fristgewährung durch den Vorsitzenden muss der Angeklagte zunächst im Wege der Beanstandung nach § 238 Abs. 2 geltend machen.[203] Anderes gilt lediglich für den unverteidigten Angeklagten, der nicht auf das Beanstandungsrecht hingewiesen worden war.[204]

---

[185] AllgM; AK-StPO/*Loos* Rn. 23; KK-StPO/*Engelhardt* Rn. 8; KMR/*Paulus* Rn. 23; *Meyer-Goßner* Rn. 24.
[186] Nachw. wie Fn. zuvor.
[187] AA *Hilger* JR 1983, 441; siehe auch bereits oben Rn. 34.
[188] Oben Rn. 11–13.
[189] BGH 31. 1. 1986 – 2 StR 726/85, NStZ 1986, 276; Löwe/Rosenberg/*Gollwitzer*, 25. Aufl., Rn. 36; SK-StPO/*Schlüchter* Rn. 28.
[190] Hans.OLG Hamburg v. 15. 9. 2004 – II – 72/04 (juris).
[191] Siehe nur AK-StPO/*Loos* Rn. 24; KK-StPO/*Engelhardt* Rn. 11; Löwe/Rosenberg/*Gollwitzer*, 25. Aufl. Rn. 36.
[192] Nachw. wie Fn. zuvor.
[193] BGH 26. 6. 1984 – 1 StR 188/84, NJW 1984, 2172 f. = JR 1985, 125 mAnm *Gollwitzer*; OLG Düsseldorf v. 27. 4. 1999 – 27. 4. 1999 – 2 Ss 31/95, NStZ-RR 1999, 304 (305).
[194] Vgl. AK-StPO/*Loos* Rn. 24.
[195] Oben Rn. 20.
[196] Nachw. wie Fn. 96.
[197] Oben Rn. 20 mit Nachw. in Fn. 99.
[198] Löwe/Rosenberg/*Gollwitzer*, 25. Aufl., Rn. 37; SK-StPO/*Schlüchter* Rn. 30.
[199] Oben Rn. 27.
[200] Streitig; siehe oben Rn. 27 mit Fn. 138.
[201] Zu solchen Konstellationen oben Rn. 28.
[202] Insoweit allgM; KMR/*Paulus* Rn. 26; Löwe/Rosenberg/*Gollwitzer*, 25. Aufl., Rn. 38; SK-StPO/*Schlüchter* Rn. 31.
[203] Oben Rn. 36; aA Löwe/Rosenberg/*Gollwitzer*, 25. Aufl., Rn. 38, der ohne vorherige Beanstandung Revisibilität im Rahmen von § 337 annimmt.
[204] Oben Rn. 36.

§ 267 [Urteilsgründe]

(1) ¹Wird der Angeklagte verurteilt, so müssen die Urteilsgründe die für erwiesen erachteten Tatsachen angeben, in denen die gesetzlichen Merkmale der Straftat gefunden werden. ²Soweit der Beweis aus anderen Tatsachen gefolgert wird, sollen auch diese Tatsachen angegeben werden. ³Auf Abbildungen, die sich bei den Akten befinden, kann hierbei wegen der Einzelheiten verwiesen werden.

(2) Waren in der Verhandlung vom Strafgesetz besonders vorgesehene Umstände behauptet worden, welche die Strafbarkeit ausschließen, vermindern oder erhöhen, so müssen die Urteilsgründe sich darüber aussprechen, ob diese Umstände für festgestellt oder für nicht festgestellt erachtet werden.

(3) ¹Die Gründe des Strafurteils müssen ferner das zur Anwendung gebrachte Strafgesetz bezeichnen und die Umstände anführen, die für die Zumessung der Strafe bestimmend gewesen sind. ²Macht das Strafgesetz Milderungen von dem Vorliegen minder schwerer Fälle abhängig, so müssen die Urteilsgründe ergeben, weshalb diese Umstände angenommen oder einem in der Verhandlung gestellten Antrag entgegen verneint werden; dies gilt entsprechend für die Verhängung einer Freiheitsstrafe in den Fällen des § 47 des Strafgesetzbuches. ³Die Urteilsgründe müssen auch ergeben, weshalb ein besonders schwerer Fall nicht angenommen wird, wenn die Voraussetzungen erfüllt sind, unter denen nach dem Strafgesetz in der Regel ein solcher Fall vorliegt; liegen diese Voraussetzungen nicht vor, wird aber gleichwohl ein besonders schwerer Fall angenommen, so gilt Satz 2 entsprechend. ⁴Die Urteilsgründe müssen ferner ergeben, weshalb die Strafe zur Bewährung ausgesetzt oder einem in der Verhandlung gestellten Antrag entgegen nicht ausgesetzt worden ist; dies gilt entsprechend für die Verwarnung mit Strafvorbehalt und das Absehen von Strafe. ⁵Ist dem Urteil eine Verständigung (§ 257c) vorausgegangen, ist auch dies in den Urteilsgründen anzugeben.

(4) ¹Verzichten alle zur Anfechtung Berechtigten auf Rechtsmittel oder wird innerhalb der Frist kein Rechtsmittel eingelegt, so müssen die erwiesenen Tatsachen, in denen die gesetzlichen Merkmale der Straftat gefunden werden, und das angewendete Strafgesetz angegeben werden; bei Urteilen, die nur auf Geldstrafe lauten oder neben einer Geldstrafe ein Fahrverbot oder die Entziehung der Fahrerlaubnis und damit zusammen die Einziehung des Führerscheins anordnen, oder bei Verwarnungen mit Strafvorbehalt kann hierbei auf den zugelassenen Anklagesatz, auf die Anklage gemäß § 418 Abs. 3 Satz 2 oder den Strafbefehl sowie den Strafbefehlsantrag verwiesen werden. ²Absatz 3 Satz 5 gilt entsprechend. ³Den weiteren Inhalt der Urteilsgründe bestimmt das Gericht unter Berücksichtigung der Umstände des Einzelfalls nach seinem Ermessen. ⁴Die Urteilsgründe können innerhalb der in § 275 Abs. 1 Satz 2 vorgesehenen Frist ergänzt werden, wenn gegen die Versäumung der Frist zur Einlegung des Rechtsmittels Wiedereinsetzung in den vorigen Stand gewährt wird.

(5) ¹Wird der Angeklagte freigesprochen, so müssen die Urteilsgründe ergeben, ob der Angeklagte für nicht überführt oder ob und aus welchen Gründen die für erwiesen angenommene Tat für nicht strafbar erachtet worden ist. ²Verzichten alle zur Anfechtung Berechtigten auf Rechtsmittel oder wird innerhalb der Frist kein Rechtsmittel eingelegt, so braucht nur angegeben zu werden, ob die dem Angeklagten zur Last gelegte Straftat aus tatsächlichen oder rechtlichen Gründen nicht festgestellt worden ist. ³Absatz 4 Satz 3 ist anzuwenden.

(6) ¹Die Urteilsgründe müssen auch ergeben, weshalb eine Maßregel der Besserung und Sicherung angeordnet, eine Entscheidung über die Sicherungsverwahrung vorbehalten oder einem in der Verhandlung gestellten Antrag entgegen nicht angeordnet oder nicht vorbehalten worden ist. ²Ist die Fahrerlaubnis nicht entzogen oder eine Sperre nach § 69a Abs. 1 Satz 3 des Strafgesetzbuches nicht angeordnet worden, obwohl dies nach der Art der Straftat in Betracht kam, so müssen die Urteilsgründe stets ergeben, weshalb die Maßregel nicht angeordnet worden ist.

Schrifttum: *Detter*, Zum Strafzumessungs- und Maßregelrecht, NStZ 2006, 146; *Jäger*, Anforderungen an die Sachdarstellung im Urteil bei Steuerhinterziehung, StraFo 2006, 477; *Kudlich/Christensen*, Zum Relevanzhorizont strafgerichtlicher Entscheidungsbegründungen, GA 2002, 337; *Meyer-Goßner*, Hinweise zur Abfassung des Strafurteils aus revisionsrechtlicher Sicht, NStZ 1988, 529; *Niehaus*, Rechtsmittelbeschränkung im Verkehrsordnungswidrigkeitenverfahren, NZV 2003, 409; *Pelz*, Die revisionsgerichtliche Überprüfung der tatrichterlichen Beweiswürdigung, NStZ 1993, 361; *Wagner*, Die Beweiswürdigungspflicht im tatrichterlichen Urteil, ZStW 106 (1994), 259; *Winkler*, Schreiben wir uns tot? – Vom Mut zur Kürze bei der Begründung eines Urteils in Strafsachen, SchlHA 2006, 245.

Übersicht

	Rn.
I. Allgemeines	1, 2
II. Form und Inhalt der Urteilsgründe (Abs. 1)	3–18
1. Vermeidung von Verweisen	4–6
2. Persönliche Verhältnisse des Angeklagten	7
3. Als erwiesen erachtete Tatsachen	8–18
a) Tathergang	10–12
b) Beweiswürdigung	13–18
aa) Allgemeines	13, 14
bb) Einlassung des Angeklagten; Zeugen und Sachverständige	15–17
cc) Indizien	18
III. Vom Strafgesetz besonders vorgesehene Umstände (Abs. 2)	19
IV. Angewandte Strafgesetze und Rechtsfolgenausspruch (Abs. 3)	20–37
1. Angewandte Strafnormen	20, 21
2. Rechtsfolgenausspruch	22–37
a) Minder schwere und besonders schwere Fälle (Abs. 3 S. 2 und 3)	30–33
b) Strafaussetzung zur Bewährung, Verwarnung mit Strafvorbehalt und Absehen von Strafe (Abs. 3 S. 4)	34–36
c) Vorausgegangene Absprachen (Abs. 3 S. 5)	37
V. Abgekürztes Urteil (Abs. 4)	38–43
1. Voraussetzungen	38
2. Inhalt	39–41
3. Ergänzung der Urteilsgründe	42, 43
VI. Freisprechendes Urteil (Abs. 5)	44–48
1. Freispruch aus tatsächlichen Gründen (Abs. 5 S. 1 Alt. 1)	45, 46
2. Freispruch aus rechtlichen Gründen (Abs. 5 S. 1 Alt. 2)	47
3. Abgekürzte Urteilsgründe bei Freispruch (Abs. 5 S. 2 und 3)	48
VII. Maßregeln der Besserung und Sicherung (Abs. 6)	49–53
VIII. Berichtigung der Urteilsgründe	54, 55
IX. Revision	56

I. Allgemeines

1 In den Urteilsgründen soll das **Ergebnis der Hauptverhandlung** wiedergegeben werden. Entsprechend müssen diese auch mit dem Beratungsergebnis übereinstimmen. Umstände, die erst nach der Beratung bekannt geworden sind, dürfen daher nicht berücksichtigt werden.[1] Der Normzweck des § 267 besteht in der **Kontrollfunktion**,[2] sowohl nach innen im Sinne einer Eigenkontrolle für das Gericht als auch nach außen:[3] Die Verfahrensbeteiligten, insbesondere der Angeklagte, sollen überzeugt werden, dass Recht gesprochen worden ist,[4] dh. die dem Urteil zugrunde liegenden Erwägungen des Gerichts sollen klar zu Tage treten;[5] weshalb unangemessen breite Darstellungen, die dazu geeignet sind, den Blick auf das Wesentliche zu verstellen, zu vermeiden sind.[6] Damit korrespondiert die Funktion, den Rechtsmittelberechtigten die Argumentation des Gerichts zur Entscheidung über die Einlegung eines Rechtsmittels an die Hand zu geben.[7] Außerdem soll das zuständige Rechtsmittelgericht in die Lage versetzt werden, das Urteil auf mögliche Fehler hin zu untersuchen.[8] Darüber hinaus sollen die Urteilsgründe den **Prozessgegenstand** abgrenzen, welcher den Strafklageverbrauch, der mit der Rechtskraft des Urteils eintritt, bestimmt.[9]

2 Allerdings ist es nicht die Aufgabe der Urteilsgründe, die Vorgänge in der Hauptverhandlung quasi protokollarisch lückenlos zu dokumentieren.[10] Entsprechend bedeutet ein nicht in die Urteilsgründe aufgenommenes Beweisgeschehen nicht, dass das Gericht sich mit den fraglichen Tatsachen überhaupt nicht auseinandergesetzt hätte.[11] Auch das verfahrensrechtliche Vorgehen in der Hauptverhandlung muss in den Urteilsgründen nicht erörtert werden.[12]

---

[1] Vgl. BGH v. 3. 11. 1987 – 4 StR 496/87, bei *Miebach* NStZ 1988, 209 (213).
[2] Ausführlich hierzu SK-StPO/*Schlüchter/Frister* Rn. 2 mwN.
[3] Im Einzelnen hierzu *Wagner* ZStW 106, 259 (275 ff.).
[4] Vgl. zu diesem sog. Legitimitätstransfer *Kudlich/Christensen* GA 2002, 337 (337 ff.).
[5] Hierzu *Wagner* ZStW 106, 259 (277 ff.); Löwe/Rosenberg/*Gollwitzer*, 25. Aufl., Rn. 1.
[6] BGH v. 3. 2. 2009 – 1 StR 687/08, NStZ-RR 2009, 183.
[7] Anw-StPO/*Martis* Rn. 1.
[8] AllgM, siehe nur Anw-StPO/*Martis* Rn. 1; HK-StPO/*Julius* Rn. 1; KMR/*Paulus* Rn. 2; Löwe/Rosenberg/*Gollwitzer*, 25. Aufl., Rn. 1.
[9] Vgl. KMR/*Paulus* Rn. 2; SK-StPO/*Schlüchter/Frister* Rn. 3 („Definitionsfunktion" der Urteilsgründe).
[10] Unstr., vgl. BGH v. 26. 4. 1994 – 1 StR 820/93, NStZ 1995, 18 (20); KK-StPO/*Engelhardt* Rn. 2; Löwe/Rosenberg/*Gollwitzer*, 25. Aufl., Rn. 3; Meyer-Goßner Rn. 1; *Pfeiffer* Rn. 1.
[11] So BGH v. 9. 2. 1951 – 4 StR 49/50, NJW 1951, 325; vgl. hierzu auch OLG Düsseldorf v. 22. 1. 1985 – 5 Ss 6/85 – 8/85; NStZ 1985, 323; HK-StPO/*Julius* Rn. 6; KK-StPO/*Engelhardt* Rn. 2; SK-StPO/*Schlüchter* Rn. 28.
[12] Vgl. KMR/*Paulus* Rn. 3; Meyer-Goßner Rn. 1.

II. Form und Inhalt der Urteilsgründe (Abs. 1)

Da die Form der Urteilsgründe der Ernsthaftigkeit und vielfach auch der Tragik des abgeurteilten Sachverhalts Rechnung zu tragen hat und das Urteil in seinen Folgen oftmals einen erheblichen Eingriff für den Angeklagten darstellt, versteht es sich von selbst, dass die Urteilsgründe weder in lustiger noch satirischer Weise oder gar in Form eines Kriminalromans abgefasst werden dürfen.[13] Moralisch wertende oder „gefühlsbetonte" Beschreibungen sind ebenso zu vermeiden,[14] könnten sie doch den Anschein erwecken, das Gericht habe sich bei seiner Entscheidung nicht nur von sachlichen Erwägungen leiten lassen. In Anbetracht der Funktion der Urteilsgründe ist das Gericht außerdem gehalten, sich einer klaren und verständlichen Sprache zu bedienen und auf „unnötige juristische Förmelei"[15] zu verzichten, um gerade dem Angeklagten den wesentlichen Inhalt des Urteils nachvollziehbar zu machen.

1. Vermeidung von Verweisen. Das Urteil muss eine klare, in sich geschlossene und **aus sich selbst heraus verständliche Darstellung** sein.[16] Diesen Grundsatz beachtend, erschließen sich die Grenzen des Zulässigen recht schnell: Sie sind immer dann erreicht, wenn neben den formulierten Urteilsgründen weitere schriftliche Quellen herangezogen werden müssen, um die Entscheidung des Gerichts denklogisch und lückenlos nachvollziehbar zu machen. Entsprechend verbieten sich jegliche **Verweise** und Bezugnahmen auf **andere Schriftstücke**[17] zumindest dann, wenn die Urteilsgründe nicht selbst alle erforderlichen Feststellungen enthalten.[18] Die eigene Sachdarstellung des Gerichts kann also nicht ersetzt werden durch Verweise auf Schriftstücke desselben Verfahrens wie Sitzungs- und Vernehmungsprotokolle,[19] die Anklageschrift,[20] den Eröffnungsbeschluss,[21] das Sachverständigengutachten[22] oder den Ablehnungsbeschluss zu einem Beweisantrag.[23] Auch in Fällen, die eine komplizierte Berechnung des durch den Angeklagten verursachten Schadens erfordern, zB bei der Steuerhinterziehung gemäß § 370 AO,[24] ist es nicht zulässig, allein auf die Ausführungen des Finanzamtes[25] oder auf Betriebsprüfungsberichte[26] zu verweisen;[27] eigene Ausführungen des Gerichts hierzu sind nur dann entbehrlich, wenn der Angeklagte, der sachkundig zur Berechnung der Steuern in der Lage ist, ein Geständnis abgelegt hat.[28]

Auch auf andere **Urteile** darf grundsätzlich nicht verwiesen werden. Das gilt für Urteile, die in einer anderen Sache ergangen sind, da das Gericht alle Feststellungen selbst zu treffen hat.[29] Dass das Gericht auf eigene frühere Urteile oder Teile[30] daraus, wenn das entsprechende Urteil aufgehoben wurde, ebenfalls nicht verweisen darf,[31] versteht sich von selbst. Jedoch ist anerkannt, dass das Berufungsgericht auf das Urteil der ersten Instanz Bezug nehmen darf,[32] wenn und solange es genau angibt, in welchem Umfang es sich die tatsächlichen oder rechtlichen Ausführungen des

---

[13] So BGH v. 9. 7. 1998 – 4 StR 254/98, der ein solches Vorgehen außerdem als mit der Würde des Gerichts unvereinbar ansieht, bei *Kusch* NStZ-RR 1999, 257 (261); BGH v. 11. 8. 1999 – 4 StR 289/99, bei *Kusch* NStZ-RR 2000, 289 (293); Urteilsgründe in Gedichtform: AG Höxter v. 21. 6. 1995 – 8 Cs 47 Js 655/95, 8 Cs 47 Js 96/95, NJW 1996, 1162; hierzu OLG Karlsruhe v. 26. 4. 1956 – 2 Ss 27/56, NJW 1990, 2009 (2009 f.).
[14] So BGH v. 3. 12. 2008 – 2 StR 435/08, NStZ-RR 2009, 103 (104).
[15] Löwe/Rosenberg/*Gollwitzer*, 25. Aufl., Rn. 7.
[16] Vgl. BGH v. 5. 11. 1984 – AnwSt 11/84, BGHSt 33, 59 (60) = NJW 1985, 1089; BGH v. 18. 4. 1994 – 5 StR 160/94, NStZ 1994, 400; BGH v. 5. 4. 2000 – 3 StR 58/00, NStZ-RR 2000, 304.
[17] Vgl. BGH v. 30. 1. 2007 – 5 StR 517/06, NStZ 2007, 478 (478 f.).
[18] Löwe/Rosenberg/*Gollwitzer*, 25. Aufl., Rn. 3 mwN; *Pfeiffer* Rn. 3.
[19] Vgl. BGH v. 5. 4. 2000 – 3 StR 58/00, NStZ-RR 2000, 304; BGH v. 1. 7. 2003 – 4 StR 55/03, StV 2004, 4.
[20] Siehe KK-StPO/*Engelhardt* Rn. 3; KMR/*Paulus* Rn. 10, beide mwN.
[21] So OLG Braunschweig v. 26. 8. 1955 – Ss 98/55; NJW 1956, 72; HK-StPO/*Julius* Rn. 7.
[22] Siehe KK-StPO/*Engelhardt* Rn. 3 mwN.
[23] Hierzu BGH v. 6. 6. 2002 – 1 StR 33/02, bei *Becker* NStZ-RR 2003, 97 (99).
[24] Zur Feststellung der steuerlich erheblichen Tatsachen im Urteil vgl. BGH v. 12. 5. 2009 – 1 StR 718/08, NStZ 2009, 639 (640).
[25] Vgl. BGH v. 13. 12. 2005 – 5 StR 427/05, wistra 2006, 110.
[26] Siehe BGH v. 9. 6. 2004 – 5 StR 579/03, NStZ 2004, 577 (577 f.) mwN; *Jäger* StraFo 2006, 477 (479).
[27] Zur möglichen „Verklammerung" des Urteils mit angehängten Berechnungstabellen vgl. BGH v. 15. 3. 2005 – 5 StR 592/04 bei *Becker* NStZ-RR 2007, 1 (5) zur Berechnung BGH v. 12. 5. 2009 – 1 StR 718/08, NStZ 2009, 639 (640).
[28] St. Rspr., vgl. BGH v. 13. 10. 2005 – 5 StR 368/05, wistra 2006, 66 mwN; hierzu auch *Jäger* StraFo 2006, 477 (481).
[29] So BGH v. 2. 12. 2005 – 5 StR 268/05, NStZ-RR 2007, 22; BGH v. 24. 9. 1991 – 1 StR 382/91, NStZ 1992, 49; BGH v. 5. 11. 1984 – AnwSt (R) 11/84, BGHSt 33, 59 (60) = NJW 1985, 1089; OLG Stuttgart v. 10. 12. 2002 – 1 Ss 501/02, NStZ-RR 2003, 83.
[30] Zur unzulässigen Verweisung auf Strafzumessungserwägungen vgl. OLG München v. 16. 1. 2006 – 5 St RR 259/05, wistra 2006, 160.
[31] Vgl. BGH v. 23. 3. 2001 – 2 StR 59/01, NStZ-RR 2002, 99; BGH v. 14. 5. 1993 – 3 StR 176/93, NStZ 1994, 25.
[32] Siehe KK-StPO/*Egelhardt* Rn. 5; Löwe/Rosenberg/*Gollwitzer*, 25. Aufl., Rn. 30; *Meyer-Goßner* Rn. 2 a; krit. HK-StPO/*Julius* Rn. 7.

ersten Gerichts zu eigen macht.[33] Allerdings darf die „Klarheit und Sicherheit der Gesamtdarstellung" darunter keinesfalls leiden.[34]

6 Eine gesetzlich normierte **Ausnahme** vom grundsätzlichen Verweisverbot findet sich in Abs. 1 S. 3: Hiernach darf **wegen der Einzelheiten** auf bei den Akten befindliche **Abbildungen** verwiesen werden. Unter Abbildungen sind Fotos, Zeichnungen und andere graphische Darstellungen einschließlich Tatort- und Unfallskizzen zu verstehen,[35] darüber hinaus sollen auch Tatvideos als Ganzes geeignete Abbildungen sein.[36] Auch hier gilt aber der Grundsatz, dass das Urteil aus sich selbst heraus verständlich sein muss, so dass ggf. zumindest kurz auf den Inhalt der Abbildung einzugehen ist.[37] Gerade wenn die Abbildung nur eingeschränkt geeignet erscheint, für die erheblichen Tatsachen Beweis zu erbringen, wie es beispielsweise bei einem unscharfen **Radarfoto** der Fall sein kann, muss das Gericht begründen, warum dieses Beweismittel dennoch zu seiner Überzeugung beigetragen hat.[38] Bei einem Foto, das die Gesichtszüge deutlich erkennen lässt und damit zur Identifizierung uneingeschränkt geeignet ist, erübrigen sich weitere Ausführungen.[39] Allerdings muss das Gericht die Abbildung **explizit in Bezug nehmen**,[40] allein seine Erwähnung reicht hingegen nicht aus.[41] Unterlässt das Gericht dies, so muss das Urteil im Falle eines Radarfotos wiederum Ausführungen zur Qualität des Bildes machen und die abgebildete Person anhand eindeutiger Identifizierungsmerkmale beschreiben, so dass eine Überprüfung des Urteils auch ohne das Bild möglich ist.[42]

7 **2. Persönliche Verhältnisse des Angeklagten.** Die Darstellung der persönlichen Verhältnisse des Angeklagten, die in aller Regel am Anfang der Urteilsgründe erfolgt, ist nur in dem Umfang nötig, wie sie für die Strafzumessung und den sonstigen Rechtsfolgenausspruch bestimmend ist;[43] für die Entscheidung unerhebliche Details sind wegzulassen.[44] Im Regelfall genügt ein relativ kurz zusammengefasster Lebenslauf des Angeklagten.[45] Ein gänzliches Absehen von der Darstellung der persönlichen Verhältnisse stellt allerdings in der Regel einen sachlichrechtlichen Mangel dar, da für die Strafzumessung und deren Überprüfung der **Werdegang** und die **Lebensverhältnisse** des Angeklagten unverzichtbar sind.[46]

8 **3. Als erwiesen erachtete Tatsachen.** Gemäß Abs. 1 S. 1 müssen die Urteilsgründe die als erwiesen erachteten tatrelevanten Tatsachen wiedergeben. Im Urteil muss daher deutlich werden, welche Tatsachen das Gericht als erwiesen ansieht und damit der rechtlichen Beurteilung zugrunde legt.[47] Dies gilt auch für ein Urteil im Ordnungswidrigkeitenverfahren[48] (§ 267 iVm. § 71 Abs. 1 OWiG), auch wenn an die Gründe des Urteils in Ordnungswidrigkeitssachen im Allgemeinen geringere Anforderungen zu stellen sind.[49] Darüber hinaus muss zwischen der Feststellung der als erwiesen erachteten Tatsachen, der Beweiswürdigung und der rechtlichen Würdigung klar unterschieden werden.[50]

---

[33] So BGH v. 5. 11. 1984 – AnwSt (R) 11/84, BGHSt 33, 59 (60) = NJW 1985, 1089; OLG Stuttgart v. 10. 12. 2002 – 1 Ss 501/02, NStZ-RR 2003, 83; *Meyer-Goßner* Rn. 2 a mwN.
[34] OLG Stuttgart v. 10. 12. 2002 – 1 Ss 501/02, NStZ-RR 2003, 83 (84); KK-StPO/*Engelhardt* Rn. 5 mwN; Löwe/Rosenberg/*Gollwitzer*, 25. Aufl., Rn. 30.
[35] So *Meyer-Goßner* Rn. 9; SK-StPO/*Schlüchter* Rn. 35.
[36] OLG Dresden v. 25. 5. 2009 – Ss (OWi) 83/09, NZV 2009, 520 mwN.
[37] Das gilt auch für Videoaufzeichnungen, vgl. OLG Brandenburg v. 22. 9. 2009 – 1 Ss 74/09, NStZ-RR 2010, 89 (90).
[38] Vgl. BGH v. 19. 12. 1995 – 4 StR 170/95, BGHSt 41, 376 (384) = NJW 1996, 1420 (1422) = NStZ 1996, 150; OLG Koblenz v. 2. 10. 2009 – 2 SsBs 100/09, NZV 2010, 212 (213).
[39] Vgl. OLG Frankfurt v. 6. 8. 2008 – 2 Ss – OWi 366/08, NStZ-RR 2008, 322 (323); Anw-StPO/*Martis* Rn. 16; KK-StPO/*Engelhardt* Rn. 6.
[40] Vgl. BGH v. 19. 12. 1995 – 4 StR 170/95, BGHSt 41, 376 (382) = NJW 1996, 1420 (1421); BayObLG v. 30. 11. 1994 – 2 Ob OWi 563/94, NZV 1995, 163 (164); OLG Bamberg v. 21. 4. 2008 – 2 Ss OWi 499/08; NZV 2008, 469 (470), „deutlich und zweifelsfrei".
[41] So OLG Frankfurt v. 14. 2. 2001 – 2 Ws (B) 56/01, NZV 2002, 135; OLG Hamm v. 8. 2. 2007 – 2 Ss OWi 101/07, NZV 2007, 376 (377); vgl. auch *Meyer-Goßner* Rn. 8 mwN; zur Verweisung auf eine Videosequenz OLG Hamm v. 9. 12. 2009 – 3 Ss OWi 948/09, NJW-Spezial 2010, 42 (42 f.).
[42] Hierzu BGH v. 19. 12. 1995 – 4 StR 170/95, BGHSt 41, 376 (384) = NJW 1996, 1420 (1422); vgl. auch OLG Frankfurt v. 14. 2. 2001 – 2 Ws (B) 56/01, NZV 2002, 135 mAnm *Schulz*.
[43] BGH v. 19. 4. 1995 – 3 StR 118/95, NStZ 1996, 49; lesenswert hierzu *Winkler* SchlHA 2006, 245 (246); *Meyer-Goßner* NStZ 1988, 529 (531).
[44] Hierzu BGH v. 5. 7. 2005 – 3 StR 184/05 bei *Becker* NStZ-RR 2007, 129 (132).
[45] So BGH v. 7. 11. 2003 – 3 StR 216/02, bei *Becker* NStZ-RR 2004, 65 (66).
[46] Hierzu BGH v. 24. 4. 2007 – 4 StR 558/06, NStZ-RR 2007, 236; OLG Köln v. 24. 3. 2009 – 83 Ss 22/09, StraFo 2009, 242 (242 f.).
[47] Vgl. BGH v. 14. 7. 2005 – 3 StR 238/05 bei *Becker* NStZ-RR 2007, 129 (131); KK-StPO/*Engelhardt* Rn. 8 mwN.
[48] OLG Hamm v. 25. 6. 2009 – 2 Ss OWi 376/09, über juris; OLG Bamberg v. 8. 7. 2009 – 3 Ss OWi 670/09, NZV 2010, 369 (370).
[49] BGH v. 19. 8. 1993 – 4 StR 627/92, BGHSt 39, 291 (308).
[50] So BGH v. 27. 9. 1983 – 4 StR 550/83, StV 1984, 64 (LS); BGH v. 12. 11. 1991 – 5 StR 492/91, bei *Kusch* NStZ 1992, 224 (225); hierzu im Einzelnen *Wagner* ZStW 106, 259 (267).

Idealerweise können die Urteilsgründe in fünf Abschnitte gegliedert werden: die persönlichen 9
Verhältnisse des Angeklagten, den Sachverhalt, wie er nach der Überzeugung des Gerichts feststeht, die Beweiswürdigung, die rechtliche Würdigung inklusive der Aufführung der angewandten Rechtsnormen sowie die Strafzumessung.[51]

a) **Tathergang.** Der Tathergang muss im Urteil mit den vom Gericht als erwiesen angesehenen 10
inneren und äußeren Tatsachen geschildert werden. Dies sollte aus Gründen der Nachvollziehbarkeit durch eine **geschlossene Darstellung** des äußeren Geschehens und den damit zusammenhängenden subjektiven Tatschen erfolgen.[52] Der fachkundige Leser des Urteils muss in die Lage versetzt werden, zweifelsfrei und ohne weiteren Abgleich der Gründe mit dem Schuldspruch erkennen zu können, welche der festgestellten Tatsachen den einzelnen objektiven und subjektiven Tatbestandsmerkmalen zuzuordnen sind.[53] **Rechtsbegriffe**, insbesondere normative Tatbestandsmerkmale, sind durch die Darstellung der entsprechenden tatsächlichen Vorgänge mit Leben zu füllen, soweit es sich nicht um im allgemeinen Sprachgebrauch geläufige Begriffe handelt und deshalb eine Missdeutung nicht zu befürchten ist.[54]

Namen von Beteiligten sind nur dann im Urteil aufzuführen, wenn sie zur Identifizierung der Tat 11
vonnöten sind.[55] Das Gleiche gilt für Angaben zu **Ort und Zeit** der Tat.[56] Letztere sind insbesondere bei **Verkehrsdelikten** im Rahmen des gesamten zu schildernden Verkehrsvorgangs zu nennen[57] und immer dann, wenn der Angeklagte eine **Vielzahl von gleichartigen Taten** begangen hat, deren Begehungsweisen entsprechend nur unwesentlich differieren. In diesem Fall sind zur Qualifizierung der einzelnen Taten Ort und Zeit der Begehung sowie Geschädigte und Schaden aufzuführen;[58] auf eine darüber hinausgehende genaue Darstellung der einzelnen Taten kann im Urteil verzichtet werden,[59] wenn die Tatsachen erkennbar bleiben, welche den gesetzlichen Tatbestand erfüllen.[60] Eine Wiederholung des Gesetzeswortlauts reicht auch hier entsprechend ebenso wenig aus[61] wie eine tabellarische Aufstellung der Begehungsweisen ohne Betrachtung der einzelnen Handlungen.[62] Es ist zu beachten, dass auch bei Serienstraftaten, wie jahrelangem sexuellen Missbrauch, das Gericht von dem Vorliegen der einzelnen Straftaten überzeugt sein muss; es muss sich zumindest objektiv nachvollziehbar die Überzeugung verschaffen, dass es im fraglichen Zeitraum zu einer bestimmten Mindestzahl von Straftaten gekommen ist.[63] Auch bei einer rechtlich einheitlichen Tat, die aus mehreren selbständigen Handlungen besteht, ist das Geschehen jedes Einzelaktes in den Urteilsgründen so darzulegen, dass dieser in seiner Tatbestandsmäßigkeit nachprüfbar ist.[64] Dasselbe gilt für die Darstellung von vor der Entscheidung des GrS[65] als fortgesetzte Taten gewerteten Serienstraftaten.[66]

Das **innere Tatgeschehen** sollte zusammen mit den korrespondierenden äußeren Tatsachen 12
dargestellt werden. Der Vorsatz des Angeklagten ist immer zu prüfen, auch wenn der betreffende Tatbestand keine besonderen Anforderungen an diesen stellt und von Seiten des Angeklagten kein Tatbestandsirrtum nach § 16 StGB behauptet wird.[67] Auch hier müssen die Rechtsbegriffe durch die Darstellung der sie ausfüllenden Tatsachen „aufgelöst" werden.[68] Entsprechend ist die alleinige Wiedergabe des Inhalts der rechtlichen Begriffe, wie zB billigendes Inkaufnehmen beim dolus eventualis, nicht ausreichend.[69] Dies gilt insbesondere in den Fällen, in denen dolus eventualis

---

[51] Ausführlich zu den einzelnen Punkten *Meyer-Goßner* NStZ 1988, 529 (531 ff.).
[52] Vgl. BGH v. 12. 5. 1989 – 3 StR 55/89, wistra 1989, 264 (265).
[53] BGH v. 29. 11. 2007 – 4 StR 386/07, NStZ-RR 2008, 83 (84); vgl. auch BGH v. 13. 1. 2005 – 3 StR 473/04, BGHR StPO, § 267 I 1 Sachdarstellung 1.
[54] Vgl. KK-StPO/*Engelhardt* Rn. 9; Löwe/Rosenberg/*Gollwitzer*, 25. Aufl., Rn. 32, beide mwN.
[55] So KK-StPO/*Engelhardt* Rn. 9; Löwe/Rosenberg/*Gollwitzer*, 25. Aufl., Rn. 34; aA wohl SK-StPO/*Schlüchter* Rn. 7.
[56] Vgl. BGH v. 21. 2. 1968 – 2 StR 719/67, BGHSt 22, 90 (91 f.) = NJW 1968, 1148.
[57] Löwe/Rosenberg/*Gollwitzer*, 25. Aufl., Rn. 36 mwN.
[58] Hierzu BGH v. 5. 2. 2009 – 4 StR 640/08, StV 2010, 61 (62); OLG Koblenz v. 10. 3. 2010 – 2 Ss 220/09, über juris: dies gilt auch bei einem freisprechenden Urteil; *Meyer-Goßner* Rn. 5 mwN; *Pfeiffer* Rn. 2.
[59] Vgl. BGH v. 27. 11. 1991 – 3 StR 157/91, NStZ 1992, 602 (603).
[60] BGH v. 18. 10. 2007 – 4 StR 481/07, wistra 2008, 109.
[61] BGH v. 29. 6. 2000 – 4 StR 190/00, NStZ 2000, 607 (608).
[62] Siehe hierzu BGH v. 27. 11. 1991 – 3 StR 157/91, NStZ 1992, 602 (603); HK-StPO/*Julius* Rn. 10 mwN.
[63] BGH v. 25. 3. 2010 – 5 StR 83/10, NStZ-RR 2010, 205.
[64] Vgl. BGH v. 11. 11. 1981 – 2 StR 727/80, NStZ 1982, 128; Löwe/Rosenberg/*Gollwitzer*, 25. Aufl., Rn. 40.
[65] BGH v. 3. 5. 1994 – GSSt 2/93, GSSt 3/93, BGHSt 40, 138 (145 ff.) = NJW 1994, 1663 (1664 ff.).
[66] Vgl. BGH v. 19. 5. 1987 – 1 StR 159/87, JR 1988, 475 mAnm *Schäfer*; HK-StPO/*Julius* Rn. 10; Löwe/Rosenberg/*Gollwitzer*, 25. Aufl., Rn. 40; *Meyer-Goßner* Rn. 6; zur Konkretisierung der Anzahl der begangenen gleichartigen Handlungen vgl. SK-StPO/*Schlüchter* Rn. 17; *Meyer-Goßner* Rn. 6 a mwN.
[67] HM, siehe BGH v. 8. 12. 1953 – 5 StR 252/53, BGHSt 5, 143 (146) = NJW 1954, 283 (283 f.); KK-StPO/*Engelhardt* Rn. 10; Löwe/Rosenberg/*Gollwitzer*, 25. Aufl., Rn. 42; SK-StPO/*Schlüchter* Rn. 8 mwN.
[68] Vgl. KMR/*Paulus* Rn. 31; Löwe/Rosenberg/*Gollwitzer*, 25. Aufl., Rn. 41 mwN; *Meyer-Goßner* Rn. 7; modifizierend SK-StPO/*Schlüchter* Rn. 9.
[69] So BGH v. 7. 6. 1983 – 4 StR 51/83, NStZ 1983, 407; Löwe/Rosenberg/*Gollwitzer*, 25. Aufl., Rn. 42; SK-StPO/*Schlüchter* Rn. 10.

von einer bewussten Fahrlässigkeit abzugrenzen ist.[70] Erfordert ein Tatbestand bestimmte Absichten, so müssen diese im Urteil natürlich dargelegt werden.[71] Falls der Sachverhalt dazu Anlass bietet, beim Angeklagten ein **fehlendes Unrechtsbewusstsein** iSd. § 17 StGB anzunehmen, muss das Urteil über diese Frage in jedem Fall Aufschluss geben, und zwar unabhängig davon, ob sich der Angeklagte darauf berufen hat oder nicht.[72]

13 **b) Beweiswürdigung. aa) Allgemeines.** § 267 Abs. 1 enthält abgesehen von Satz 2, welcher lediglich die Beweisanzeichen betrifft, **keine Regelung** für die Darstellung der **Beweisgründe**. Aufgrund der Notwendigkeit der rechtlichen Überprüfbarkeit ist aber anerkannt, dass die Beweisgründe in dem Umfang dargestellt werden müssen, wie es notwendig ist, um die Erwägungen und Wertungen des Gerichts, auf welchen das Urteil basiert, nachvollziehbar zu machen.[73] Mit anderen Worten: Die Überzeugungsbildung des Gerichts muss so dargelegt werden, dass es dem Revisionsgericht, das keine eigene Beweisaufnahme durchführen kann, möglich ist, die konkrete Beweiswürdigung nachzuprüfen.[74] Entsprechend sind die Beweisgründe ebenso wie der Tathergang so abzufassen, dass sie in sich geschlossen, logisch, klar und nachvollziehbar sind.[75] Das Gericht hat in den Urteilsgründen darzulegen, dass es die Beweistatsachen erschöpfend gewürdigt hat;[76] die Beweiswürdigung erfordert allerdings **keine Dokumentation** der Beweisaufnahme, das heißt, es müssen nicht alle erhobenen Beweise im Urteil auch erwähnt werden.[77] Umgekehrt ersetzt eine Beweisdokumentation im Urteil nicht die fehlende **Beweiswürdigung**.[78] Ausführungen zur Verwertbarkeit von Beweismitteln sind nicht erforderlich.[79]

14 Das Gericht ist auch selbstverständlich nicht gehalten, Ausführungen zu jeglichen in Betracht kommenden Beweismitteln zu machen, geschweige denn, **überflüssige Beweiserhebungen** zu erörtern.[80] Vielmehr kann es sich zB auf ein glaubhaftes Geständnis des Angeklagten beschränken und muss hinsichtlich der so nach seiner Überzeugung erwiesenen Tatsachen auf keine weiteren Beweise zurückgreifen.[81]

15 **bb) Einlassung des Angeklagten; Zeugen und Sachverständige.** Die **Einlassung** des **Angeklagten** zur Sache sowie die Auseinandersetzung des Gerichts mit seiner Aussage müssen in den Urteilsgründen aufgeführt werden.[82] Es versteht sich von selbst, dass **einander widersprechende Aussagen** des Angeklagten[83] oder von Zeugen und Angeklagtem im Rahmen der Beweiswürdigung sorgfältig zu erörtern sind, so dass die Entscheidung des Gerichts nachvollziehbar ist.[84] Wenn Aussage gegen Aussage steht, muss im Urteil erkennbar sein, dass alle Umstände, die geeignet erscheinen, die Entscheidung zu beeinflussen, in die Abwägung mit einbezogen worden sind.[85] Dies gilt insbesondere dann, wenn die einzige Belastungszeugin in der Hauptverhandlung ihre Vorwürfe im Wesentlichen nicht mehr aufrecht erhält.[86] Auch muss aus den Urteilsgründen ersichtlich sein, dass der Angeklagte zu neuen Tatsachen gehört worden ist.[87] Hat dieser erhebliche Bedenken gegen den

---

[70] Vgl. BGH v. 22. 4. 1955 – 5 StR 35/55, BGHSt 7, 363 (369) = NJW 1955, 1688 (1690); BGH v. 26. 10. 1990 – 2 StR 396/90, StV 1991, 510; zur Prüfung des bedingten Tötungsvorsatzes bei äußerst gefährlichen Tathandlungen BGH v. 8. 1. 2009 – 5 StR 548/08, StraFo 2009, 162 (163); zu den einzelnen Anforderungen vgl. Löwe/Rosenberg/*Gollwitzer*, 25. Aufl., Rn. 42 mit zahlreichen wN.
[71] Siehe SK-StPO/*Schlüchter* Rn. 10 mwN.
[72] So BGH v. 8. 12. 1953 – 5 StR 252/53, BGHSt 5, 143 (146) = NJW 1954, 283 (283 f.); KK-StPO/*Engelhardt* Rn. 10.
[73] Hierzu *Wagner* ZStW 106, 259 (268 ff.); HK-StPO/*Julius* Rn. 13; KK-StPO/*Engelhardt* Rn. 12; im Einzelnen Löwe/Rosenberg/*Gollwitzer*, 25. Aufl., Rn. 51 ff., 54.
[74] Hierzu *Pelz* NStZ 1993, 361 (362) mwN.
[75] Vgl. Anw-StPO/*Martis* Rn. 9; ausführlich hierzu SK-StPO/*Schlüchter* Rn. 23.
[76] Vgl. BGH v. 21. 9. 2005 – 2 StR 311/05, NStZ 2007, 538.
[77] So BGH v. 7. 12. 2006 – 2 StR 470/06, NStZ 2007, 720; *Winkler* SchlHA 2006, 245 (247); *Meyer-Goßner* Rn. 12.
[78] Vgl. BGH v. 12. 8. 1999 – 3 StR 271/99, bei *Kusch* NStZ-RR 2000, 289 (293); BGH v. 16. 12. 2003 – 3 StR 417/03, wistra 2004, 150; Anw-StPO/*Martis* Rn. 8.
[79] Nach BGH v. 7. 3. 2006 – 1 StR 534/05, wistra 2006, 311 (313), sind solche Ausführungen regelmäßig sogar „tunlichst zu vermeiden".
[80] Vgl. BGH v. 9. 10. 2002 – 2 StR 297/02, NStZ-RR 2003, 49.
[81] So zB zur Begründungspflicht bei eingeräumter Geschwindigkeitsübertretung SchlH OLG v. 26. 2. 2003 – 1 Ss OWi 12/03, NZV 2003, 394.
[82] Vgl. BGH v. 23. 1. 1997 – 4 StR 526/96, NStZ-RR 1997, 172; BGH v. 17. 3. 2009 – 1 StR 479/08, wistra 2009, 315 (316); OLG Bamberg v. 9. 7. 2009 – 3 Ss OWi 290/09, über juris; KMR/*Paulus* Rn. 40; Löwe/Rosenberg/*Gollwitzer*, 25. Aufl., Rn. 58; *Meyer-Goßner* Rn. 12; *Pfeiffer* Rn. 9; wohl aA KK-StPO/*Engelhardt* Rn. 14.
[83] Siehe BGH v. 27. 7. 2009 – 5 StR 238/09, StV 2009, 629 (630); OLG Hamm v. 8. 2. 2007 – 2 Ss 548/06, StV 2007, 630 (631).
[84] Siehe hierzu BGH v. 19. 5. 1993 – 4 StR 237/93, StV 1993, 508 (509).
[85] So BGH v. 8. 1. 2009 – 5 StR 578/08, NStZ-RR 2009, 145 (146); BGH v. 17. 12. 2008 – 1 StR 552/08, NStZ-RR 2009, 116 (117); BGH v. 21. 9. 2005 – 2 StR 311/05, NStZ 2007, 538; BGH v. 6. 3. 2002 – 5 StR 501/01, NStZ-RR 2002, 174 (175); OLG Frankfurt v. 16. 6. 2003 – 3 Ss 175/03, NZV 2004, 158 (159).
[86] BGH v. 3. 3. 2010 – 2 StR 427/09, NStZ-RR 2010, 182.
[87] Vgl. BGH v. 15. 11. 1978 – 2 StR 456/78, BGHSt 28, 196 (197 f.) = NJW 1979, 663.

Wert eines erhobenen Beweises geäußert, so muss sich das Gericht auch hiermit auseinandersetzen.[88]

Die Wiedergabe und Würdigung von **Zeugenaussagen** ist ebenfalls nur dann notwendig, wenn 16 diese für die Entscheidung bedeutsam und entsprechend für die Verständlichkeit des Urteils erforderlich sind.[89] Dies ist immer dann der Fall, wenn das Urteil auf der Aussage von Zeugen beruht und der Angeklagte zu den Vorwürfen geschwiegen hat.[90] Entscheidungserhebliche **Widersprüche** zwischen Aussagen von Angeklagten und Zeugen oder Sachverständigen müssen ebenso auf jeden Fall im Urteil eindeutig gelöst werden.[91] Die pauschale Formulierung „die Bekundungen der Nebenklägerin werden gestützt durch die Beweisaufnahme im Übrigen" ohne Nennung der entsprechenden Anknüpfungspunkte reicht in einem solchen Fall nicht aus.[92] Mögliche Zweifel an der Glaubwürdigkeit des Zeugen oder auch nur an der Glaubhaftigkeit einzelner Aussagen, sofern sie für das Urteil von Relevanz sind, sind ebenfalls zu thematisieren.[93]

Hält der Tatrichter die Hinzuziehung eines **Sachverständigen** für erforderlich, so hat er dessen 17 Ausführungen in einer zusammenfassenden Darstellung unter Mitteilung der zugrunde liegenden Anknüpfungstatsachen und der daraus gezogenen Schlussfolgerungen wiederzugeben, um dem Revisionsgericht die gebotene Nachprüfung zu ermöglichen.[94] Bezieht sich das Gutachten auf ein weitgehend standardisiertes und **anerkanntes Verfahren**, zB bei einem daktyloskopischen Identitätsnachweis, so reicht in aller Regel der Hinweis auf das Ergebnis des Gutachtens aus.[95] Bedient sich der Sachverständige allerdings noch nicht hinreichend anerkannter oder **umstrittener Methoden**, so hat das Gericht durch die Darstellung des Streitstandes, soweit dies leistbar ist, und der Abwägung bei der Entscheidung für die Übernahme des Ergebnisses des Sachverständigen darzulegen, dass es seiner Pflicht zur **umfassenden Würdigung** nachgekommen ist.[96] Das Gericht ist allerdings nicht gehalten, wenn es sich dem Sachverständigengutachten anschließt, eigene sachkundige Ausführungen zu machen, da der Sachverständige in aller Regel eben aufgrund fehlender eigener Sachkundigkeit des Gerichts herangezogen wird.[97] Im Falle zweier sich widersprechender Gutachten hat das Gericht seine Gründe für die Zustimmung zu dem einen und für die Ablehnung des anderen Gutachtens darzulegen;[98] das Gleiche gilt in dem Fall, in dem das Gericht sich dem einzigen eingeholten Gutachten nicht anschließt.[99] Dann sind sowohl die Ausführungen des Sachverständigen in das Urteil einzubringen als auch die abweichende Einschätzung des Gerichts in nachvollziehbarer Weise zu begründen.[100] Im Falle eines vom Sachverständigen festgestellten **Schuldminderungsgrundes** iSv. § 21 StGB hat das Gericht, wenn es die Strafe nach §§ 21, 49 Abs. 1 StGB mildert, nicht nur darzulegen, warum es einen solchen im Einklang mit dem Gutachter für gegeben hält,[101] sondern auch, dass beim Täter dadurch zum **Zeitpunkt der Tat** die Einsichtsfähigkeit erheblich vermindert war.[102]

cc) Indizien. Die etwas kryptisch anmutende Formulierung des Abs. 1 S. 2 normiert die 18 Nennung von **Indizien** (oder auch Beweisanzeichen) in den Urteilsgründen. Obwohl es sich nach dem Wortlaut und der damaligen gesetzgeberischen Intention[103] um eine **Sollvorschrift** han-

---

[88] Vgl. BGH v. 10. 4. 1993 – 3 StR 52/91, StV 1991, 410; Meyer-Goßner Rn. 12 a.
[89] So KK-StPO/*Engelhardt* Rn. 15; Löwe/Rosenberg/*Gollwitzer*, 25. Aufl., Rn. 59.
[90] Vgl. BGH v. 6. 2. 2000 – 3 StR 28/00, StV 2000, 599 (600); BGH v. 17. 3. 2009 – 4 StR 662/08; NStZ-RR 2009, 212.
[91] Hierzu *Pelz* NStZ 1993, 361 (365); s. außerdem zur Einbeziehung von aus eingestellten Verfahren gewonnenen Erkenntnissen im Rahmen der Beweiswürdigung BGH v. 9. 12. 2008 – 5 StR 511/08, NStZ 2009, 228.
[92] So BGH v. 10. 2. 2009 – 5 StR 12/09.
[93] Vgl. BGH v. 29. 7. 1998 – 1 StR 94/98, BGHSt 44, 153 (158) = NJW 1998, 3788 (3790); BGH v. 23. 5. 2000 – 1 StR 156/00, NStZ 2000, 496 (497); BGH v. 25. 2. 2009 – 5 StR 538/08, NStZ-RR 2009, 181.
[94] BGH v. 21. 9. 2005 – 2 StR 311/05, NStZ 2007, 538; BGH v. 24. 4. 1996 – 3 StR 131/96, NStZ-RR 1996, 233; BGH v. 4. 11. 2009 – 2 StR 347/09, NStZ-RR 2010, 77. Anw-StPO/*Martis* Rn. 12; KK-StPO/*Engelhardt* Rn. 15.
[95] Vgl. BGH v. 29. 9. 1992 – 1 StR 494/92, NStZ 1993, 95; Löwe/Rosenberg/*Gollwitzer*, 25. Aufl., Rn. 61; *Meyer-Goßner* Rn. 13 mwN.
[96] Vgl. BGH v. 12. 1. 1994 – 5 StR 620/93, NStZ 1994, 250; BGH v. 27. 10. 1999 – 3 StR 241/99, NStZ 2000, 106 (107); zur Beweiswürdigung bei anthropologischen Identitätsgutachten OLG Bamberg v. 6. 4. 2010 – 3 Ss OWi 378/10, über juris; Löwe/Rosenberg/*Gollwitzer*, 25. Aufl., Rn. 61 mwN; SK-StPO/*Schlüchter* Rn. 31.
[97] So SK-StPO/*Schlüchter* Rn. 32.
[98] Hierzu BGH v. 11. 1. 2006 – 5 StR 372/05, NStZ 2006, 296 mwN; *Pelz* NStZ 1993, 361 (364); *Meyer-Goßner* Rn. 13.
[99] Hierzu Löwe/Rosenberg/*Gollwitzer*, 25. Aufl., Rn. 61 mwN; auch bei „erheblichen Zweifeln" am Ergebnis des Sachverständigengutachtens, dem sich das Gericht dennoch anschließt, ist diese Entscheidung zu begründen, BGH v. 7. 4. 2010 – 4 StR 644/09, NStZ-RR 2010, 202.
[100] Vgl. BGH v. 28. 3. 2006 – 4 StR 575/05, NStZ 2006, 511; BGH v. 25. 10. 2006 – 5 StR 316/06; NStZ 2007, 114 mwN; zur Beweiswürdigung bei mangelhaften Gutachten BGH v. 27. 1. 2010 – StR 535/09, NJW 2010, 1214 (1215).
[101] Hierzu BGH v. 28. 10. 2009 – 2 StR 383/09, NStZ-RR 2010, 73 (74).
[102] Zur Strafmilderung bei der Steuerhinterziehung eines Täters mit depressiver Störung BGH v. 17. 3. 2009 – 1 StR 627/08, NJW 2009, 1979 (1981).
[103] Hierzu Löwe/Rosenberg/*Gollwitzer*, 25. Aufl., Rn. 48 mwN; SK-StPO/*Schlüchter* Rn. 22.

delt,[104] besteht weitgehend Übereinstimmung dahingehend, dass das Gericht die Beweisanzeichen thematisieren *muss*, soweit dies für das Verständnis und die Nachprüfbarkeit des Urteils nötig ist.[105] Im Ergebnis gilt also für die Indizien nichts anderes als für die Beweiswürdigung im Allgemeinen; bei der Verwertung der Indizien ist allerdings in der Begründung besondere Sorgfalt an den Tag zu legen, da diese in ihrem Beweiswert deutlich hinter den Beweistatsachen zurückbleiben und erst mit den Tatsachen in Beziehung gesetzt werden müssen.[106] An welcher Stelle im Urteil die Indiztatsachen zu erwähnen sind, ist unter Berücksichtigung der Verständlichkeit und Übersichtlichkeit des Urteils zu entscheiden:[107] So sind bei einem Urteil, das auf einer Vielzahl von Indizien beruht, diese im Rahmen der Beweiswürdigung darzustellen, um den Tathergang nicht unnötig zu überfrachten und damit unübersichtlich zu machen.[108]

III. Vom Strafgesetz besonders vorgesehene Umstände (Abs. 2)

19   Nach Abs. 2 sind gesetzlich besonders vorgesehene Umstände, die die Strafbarkeit ausschließen, vermindern oder erhöhen, sofern sie in der Hauptverhandlung von einem Beteiligten **behauptet** oder entgegen der Anklage verneint worden sind,[109] in den Urteilsgründen zu behandeln. Aufgeführt werden müssen demnach die **explizit** im Strafgesetzbuch normierten Fälle, also Rechtfertigungsgründe, Schuld-[110] und Strafausschließungsgründe sowie Strafmilderungs- oder Strafschärfungsgründe, wenn sie im Sinne eines Tatbestandes voll umschrieben sind wie zB § 21 StGB.[111] Für unbenannte Rechtsfolgenänderungen, auch unbenannte Regelbeispiele,[112] gilt Abs. 3 S. 2 und 3.[113] Zu beachten ist, dass Abs. 2 auch auf Tatbestände des Nebenstrafrechts anzuwenden ist, so zB auf § 31 BtMG.[114] Nach Ansicht des BGH ist eine Überprüfung des Urteils dahingehend, ob der Angeklagte in der Hauptverhandlung Tatsachen iSd. Abs. 2 behauptet hat, durch das Revisionsgericht nicht möglich.[115]

IV. Angewandte Strafgesetze und Rechtsfolgenausspruch (Abs. 3)

20   **1. Angewandte Strafnormen.** Die Urteilsgründe müssen nach Abs. 3 S. 1 die angewandten Strafnormen erkennen lassen; die Liste der angewandten Vorschriften, die gemäß § 260 Abs. 5 im Tenor aufgeführt werden, ersetzt die Nennung in den Urteilsgründen nicht.[116] Es muss aus den Gründen **zweifelsfrei ersichtlich** sein, welche Straftatbestände vom Angeklagten verwirklicht worden sind, und zusätzlich, welche Vorschriften für die Strafzumessung von Bedeutung gewesen sind.[117] Hierbei kommt es nicht auf die Nennung der Paragraphen an, vielmehr ist es ausreichend, den Gesetzeswortlaut bzw. die gesetzlichen Überschriften zu zitieren,[118] vorausgesetzt, dass sich die angewandte Norm daraus eindeutig ergibt. Entsprechend ist ein **Schreibfehler** hinsichtlich der Paragraphen für den Bestand des Urteils unschädlich, wenn sich die tatsächlich angewandte Norm aus den Urteilsgründen dennoch eindeutig ergibt.[119] Zu nennen sind ggf. auch die Vorschriften über die Art der Teilnahme an einem Delikt, die Versuchsvorschriften sowie die Konkurrenzen.[120] Bei **Blankettvorschriften** ist die ausfüllende Norm mit aufzuführen.[121]

---

[104] So Anw-StPO/*Martis* Rn. 7; *Meyer-Goßner* Rn. 11.
[105] Ausführlich hierzu Löwe/Rosenberg/*Gollwitzer*, 25. Aufl., Rn. 48 ff.; *Meyer-Goßner* Rn. 11.
[106] Vgl. KK-StPO/*Engelhardt* Rn. 18; zur unterlassenen Würdigung von Indizien vgl. BGH v. 23. 7. 2008 – 2 StR 150/08, NJW 2008, 2792 (2793 f.).
[107] Vgl. zuletzt BGH v. 17. 2. 2009 – 3 StR 490/08, NStZ 2009, 403.
[108] So BGH v. 14. 7. 2005 – 3 StR 238/05 bei *Becker* NStZ-RR 2007, 129 (131).
[109] Hierzu SK-StPO/*Schlüchter* Rn. 41 mwN.
[110] BGH v. 14. 1. 2009 – 2 StR 565/08, NStZ-RR 2009, 136 bei einem unter Epilepsie leidenden Angeklagten.
[111] Vgl. OLG Köln v. 5. 2. 2010 – III-1 RVS 25/10, über juris; im Einzelnen Löwe/Rosenberg/*Gollwitzer*, 25. Aufl., Rn. 64; SK-StPO/*Schlüchter* Rn. 40.
[112] Es ist str., ob auch benannte Regelbeispiele nicht unter § 267 Abs. 2 fallen; bejahend KMR/*Paulus* Rn. 25; Löwe/Rosenberg/*Gollwitzer*, 25. Aufl., Rn. 64; SK-StPO/*Schlüchter* Rn. 40; ablehnend HK-StPO/*Julius* Rn. 15; KK-StPO/ *Engelhardt* Rn. 19; *Pfeiffer* Rn. 12; unklar *Meyer-Goßner* Rn. 15, der aber für die gleiche Problematik bei § 265 Rn. 19 für benannte Regelbeispiele eine Hinweispflicht annimmt.
[113] KK-StPO/*Engelhardt* Rn. 19; *Meyer-Goßner* Rn. 15.
[114] Hierzu BGH v. 24. 9. 2009 – 3 StR 188/09, NStZ-RR 2010, 57 (58).
[115] Str., vgl. BGH v. 2. 11. 1982 – 5 StR 622/82, BGHSt 31, 139 (140) = NStZ 1983, 278 m. abl. Anm. *Fezer*; zust. Anw-StPO/*Martis* Rn. 17; KK-StPO/*Engelhardt* Rn. 20; *Pfeiffer* Rn. 12; SK-StPO/*Schlüchter* Rn. 42; aA Löwe/Rosenberg/*Gollwitzer*, 25. Aufl., Rn. 71; *Meyer-Goßner* Rn. 15 mwN.
[116] AllgM, KMR/*Paulus* Rn. 45; Löwe/Rosenberg/*Gollwitzer*, 25. Aufl., Rn. 73; *Meyer-Goßner* Rn. 17; *Pfeiffer* Rn. 13; SK-StPO/*Schlüchter* Rn. 43.
[117] Siehe KK-StPO/*Engelhardt* Rn. 21; Löwe/Rosenberg/*Gollwitzer*, 25. Aufl., Rn. 73.
[118] Hierzu *Meyer-Goßner* NStZ 1988, 529 (533); KK-StPO/*Engelhardt* Rn. 21 mwN; krit. HK-StPO/*Julius* Rn. 14.
[119] So KK-StPO/*Engelhardt* Rn. 21 mwN; Löwe/Rosenberg/*Gollwitzer*, 25. Aufl., Rn. 75.
[120] Vgl. hierzu KMR/*Paulus* Rn. 45; Löwe/Rosenberg/*Gollwitzer*, 25. Aufl., Rn. 73; SK-StPO/*Schlüchter* Rn. 43.
[121] So Löwe/Rosenberg/*Gollwitzer*, 25. Aufl., Rn. 73.

Wenn das Gesetz mehrere Tatbestandsalternativen beinhaltet, muss die durch den Angeklagten 21
verwirklichte Variante klar ersichtlich sein, ggf. durch die Nennung des entsprechenden Absatzes,
Satzes und der Nummer.[122] Erklärende **Rechtsausführungen** sind an dieser Stelle nur dann nötig,
wenn es das Klarheitsgebot erfordert, beispielsweise um Zweifel der Beteiligten daran auszuräumen, das Gericht habe eine evidente Rechtsfrage nicht gesehen.[123]

2. **Rechtsfolgenausspruch.** Nach Abs. 3 S. 1 2. Hs. müssen die Umstände angeführt werden, 22
welche für die Strafzumessung **bestimmend**[124] gewesen sind. Diese ergeben sich aus §§ 46 ff.
StGB. Auch hier ist **keine erschöpfende Darstellung** aller Strafzumessungsgründe notwendig,[125]
sondern der Umfang der Darstellungspflicht[126] ergibt sich wiederum aus dem Klarheitsgebot.[127]
Deshalb sind jedenfalls nahe liegende Milderungsgründe zu erörtern;[128] ebenso muss die Entscheidung für die **Sanktionsart** begründet werden.[129] Bei einer Geldstrafe ist sowohl die Zahl
als auch die Höhe der **Tagessätze** zu begründen,[130] ebenso die Schätzung der Tagessatzhöhe
nach § 40 Abs. 3 StGB. Wenn eine Freiheitsstrafe unter sechs Monaten verhängt wird, müssen
gemäß § 267 Abs. 3 S. 2 2. Hs. die besonderen Umstände iSd. **§ 47 Abs. 1 StGB** dargelegt werden.[131] Nicht ausreichend ist hierfür der Satz „Die verhängte kurze Freiheitsstrafe von 3 Monaten ist unbedingt erforderlich".[132] Umgekehrt muss die Ablehnung eines Antrags auf Verhängung einer Freiheitsstrafe von unter sechs Monaten durch das Gericht ebenso begründet
werden.[133]

Je mehr sich jedoch die im Einzelfall verhängte Strafe dem unteren oder oberen Rand des zur 23
Verfügung stehenden **tatrichterlichen Spielraums** nähert, umso höher sind die Anforderungen, die
an eine umfassende Abwägung und eine erschöpfende Würdigung der maßgeblichen Umstände zu
stellen sind.[134] Dies gilt umso mehr, wenn in vergleichbaren Konstellationen von anderen Gerichten deutlich **abweichende Strafen** verhängt worden sind.[135] Bei **mehreren Angeklagten** in einem
Verfahren ist zu beachten, dass die verhängten Strafen in einem gerechten Verhältnis zueinander
zu stehen haben; entsprechend müssen Unterschiede, wenn sie sich nicht aus der Sache selbst ergeben, begründet werden.[136] Wenn das Gericht der Berufungsinstanz trotz Feststellung strafmildernd zu berücksichtigender Umstände dieselbe Strafhöhe wie das erste Gericht verhängt, liegt es
nahe, dass diese Entscheidung einer besonders sorgfältigen Begründung bedarf.[137]

Auch das **Verhalten des Angeklagten** nach der Straftat, das für die Strafzumessung von Bedeu- 24
tung ist, muss im Urteil thematisiert werden; erfüllt beispielsweise ein Straftäter die ihm nach der
Rechtsordnung obliegende Verpflichtung, den dem Geschädigten zugefügten Schaden zu ersetzen,
nicht, sondern behält er weiterhin seinen „Beuteanteil", so zeigt er damit eine rechtsfeindliche
Haltung, die zu seinen Lasten berücksichtigt werden kann und muss.[138] Dies gilt nur dann nicht,
wenn er die Tat leugnet oder sich auf Notwehr beruft[139] und durch eine **Schadenswiedergutmachung** seine Verteidigungsposition gefährden würde.[140]

Mit dem Delikt einhergehende vorhersehbare Folgen für den Täter, die dieser bewusst auf sich 25
genommen hat, sind grundsätzlich nicht strafmildernd zu berücksichtigen.[141] Darüber hinausgehende, **besonders schwerwiegende Folgen**, wie zB die Insolvenz des Angeklagten, dürfen in die
Abwägung eingestellt werden.[142] Hierzu zählt auch der besondere Druck durch die **Berichterstat-**

---

[122] So BGH v. 13. 6. 2000 – 4 StR 166/00, NStZ-RR 2001, 19; vgl. auch *Pfeiffer* Rn. 13.
[123] Vgl. KK-StPO/*Engelhardt* Rn. 22; KMR/*Paulus* Rn. 45; Löwe/Rosenberg/*Gollwitzer*, 25. Aufl., Rn. 77; SK-StPO/*Schlüchter* Rn. 43.
[124] Hierzu BGH v. 17. 3. 2009 – 1 StR 479/08, NStZ 2009, 512 (513).
[125] Ständige Rspr., vgl. BGH v. 7. 11. 2007 – 1 StR 164/07, NStZ-RR 2008, 343 mwN; KMR/*Paulus* Rn. 49.
[126] Vgl. im Einzelnen hierzu *Detter* NStZ 2006, 146 ff.
[127] Vgl. HK-StPO/*Julius* Rn. 17; zu den Anforderungen bei Betäubungsmittelstraftaten vgl. OLG Hamm v. 19. 3. 2009 – 3 Ss 562/08, über juris, mwN.
[128] Hierzu im einzelnen HK-StPO/*Julius* Rn. 20 mwN; für den Aussagenotstand nach § 157 Abs. 1 StGB BayObLG v. 25. 4. 1996 – 5 St RR 45/96, NJW 1996, 2244; BayObLG v. 20. 1. 1999 – 2 St RR 249/98, NStZ-RR 1999, 174.
[129] So *Meyer-Goßner* Rn. 18.
[130] Siehe Löwe/Rosenberg/*Gollwitzer*, 25. Aufl., Rn. 90 mwN.
[131] Hierzu *Fischer* § 47 Rn. 7 mwN; *Pfeiffer* Rn. 14.
[132] OLG Oldenburg v. 10. 9. 2009 – 1 Ss 159/09, BeckRS 2009 27054.
[133] Vgl. HK-StPO/*Julius* Rn. 21 mwN; KK-StPO/*Engelhardt* Rn. 32; Löwe/Rosenberg/*Gollwitzer*, 25. Aufl., Rn. 101.
[134] Vgl. BGH v. 17. 1. 2003 – 2 StR 471/02, NStZ-RR 2003, 138 (139); BGH v. 16. 12. 2004 – 3 StR 362/04, NStZ-RR 2005, 168 (169); *Meyer-Goßner* Rn. 18 mwN.
[135] Vgl. HK-StPO/*Julius* Rn. 21; KK-StPO/*Engelhardt* Rn. 25; *Meyer-Goßner* Rn. 18 mwN.
[136] So BGH v. 24. 2. 2009 – 5 StR 8/09, NStZ 2009, 382 (383).
[137] Hierzu BGH v. 20. 8. 1982 – 2 StR 296/82, NJW 1983, 54; OLG München v. 23. 4. 2009 – 5 St RR 81/09, über juris; KK-StPO/*Engelhardt* Rn. 25 mwN.
[138] BGH v. 16. 12. 2004 – 3 StR 362/04, NStZ-RR 2005, 168 (169).
[139] Vgl. BGH v. 20. 9. 2005 – 3 StR 303/05, NStZ 2006, 96.
[140] BGH v. 16. 12. 2004 – 3 StR 362/04, NStZ-RR 2005, 168 (169).
[141] So BGH v. 20. 7. 2005 – 2 StR 168/05, wistra 2005, 458.
[142] Hierzu BGH v. 22. 3. 2006 – 5 StR 475/05, wistra 2006, 265 (265 f.).

tung in den Medien.¹⁴³ Ob allerdings der Verlust des Bürgermeisteramtes bei einem Angeklagten, der in erpresserischer Weise Gegenleistungen für seine Diensthandlungen gefordert hatte, als bestimmender Umstand für die Strafzumessung aufgeführt werden muss, erscheint sehr fraglich.¹⁴⁴

26 Um die Feststellungen zu den **persönlichen Verhältnissen** des Angeklagten,¹⁴⁵ welche für die Strafzumessung in aller Regel unabdingbar sind,¹⁴⁶ muss sich das Gericht zumindest erkennbar bemüht haben, und zwar auch dann, wenn der Angeklagte zu seinem Werdegang keine Aussagen getroffen hat.¹⁴⁷ Bei der Berücksichtigung von **Vorstrafen** des Angeklagten sind Einzelheiten nur mitzuteilen, wenn sie für die neue Entscheidung von Bedeutung sind;¹⁴⁸ anzuführen sind aber jedenfalls der Zeitpunkt der Verurteilung, Art und Höhe der verhängten Strafe und deren Vollstreckung¹⁴⁹ sowie in der gebotenen Kürze der Gegenstand der früheren Verurteilung.¹⁵⁰ Ggf. sind auch die Zumessungserwägungen zu den Vorstrafen darzulegen.¹⁵¹ Auch eine erst nach den verfahrensgegenständlichen Taten erfolgte **weitere Verurteilung** kann grundsätzlich strafschärfend berücksichtigt werden, dies allerdings nur dann, wenn die neuerlich begangene Tat „nach ihrer Art und nach der Persönlichkeit des Täters auf Rechtsfeindlichkeit, Gefährlichkeit und die Gefahr künftiger Rechtsbrüche schließen lässt".¹⁵² Wird eine **frühere Verurteilung** zur Bildung einer **Gesamtstrafe** herangezogen, ist es erforderlich, die einzelnen Taten und die jeweils verhängte Einzelstrafe konkret zu bezeichnen sowie ggf. die Umstände anzuführen, die für die Zumessung der nunmehr zu bildenden Gesamtstrafe bestimmend gewesen sind.¹⁵³ Auf die Strafzumessungsgründe des einbezogenen Urteils darf nicht Bezug genommen werden.¹⁵⁴ Hinsichtlich der Bildung von Gesamtstrafen ist zu beachten, dass diese einen besonderen Akt der Strafzumessung darstellt, der neben der Bemessung der Einzelstrafen extra zu begründen ist.¹⁵⁵

27 Bei der Verhängung einer **lebenslangen Freiheitsstrafe** gelten die besonderen vom BVerfG entwickelten Begründungsanforderungen, namentlich die besondere Schwere der Schuld gemäß §§ 57a, 57b StGB muss im Urteil festgestellt werden.¹⁵⁶ Diese Feststellung erfordert schon aufgrund ihrer gravierenden Folgen für den Angeklagten eine besonders sorgfältige Gesamtwürdigung von Tat und Täter.¹⁵⁷

28 Besondere Vorsicht ist bei wesentlichen **Verfahrensverzögerungen** geboten, welche als rechtsstaatswidrig iSd. **Art. 6 Abs. 1 S. 1 EMRK** anzusehen¹⁵⁸ und daher nach dem Vollstreckungsmodell des BGH der noch zu verbüßenden Strafe zu berücksichtigen sind.¹⁵⁹ In diesem Fall sind die Verzögerung und ihre Ursachen im Urteil konkret festzustellen, und im Anschluss muss entschieden werden, welcher bezifferte Teil der Gesamtstrafe zur Kompensation als vollstreckt gilt.¹⁶⁰

29 Insgesamt ist darauf zu achten, dass das Gericht den **konkreten Fall** eigenständig und plausibel würdigt.¹⁶¹ Pauschale Verweise auf die gängige Praxis ohne nähere Begründung sowie inhaltsleere Floskeln (zB die Strafe sei „tat- und schuldangemessen")¹⁶² empfehlen sich daher ebenso wenig wie die alleinige Verweisung auf **standardisierte Orientierungshilfen** wie die BKatV, die den Richter nicht binden.¹⁶³ Es sollte zumindest begründet werden, dass ein Durchschnittsfall vorliegt bzw. warum der konkrete Fall vom Durchschnitt abweicht und daher anders zu behandeln ist.¹⁶⁴

30 a) **Minder schwere und besonders schwere Fälle (Abs. 3 S. 2 und 3).** In Abs. 3 S. 2 und 3 wird eine Begründungspflicht explizit für die Fälle statuiert, in denen ein minder schwerer oder ein be-

---

¹⁴³ So im Falle der Verurteilung eines Angeklagten im sog. Gammelfleischskandal BGH v. 7. 11. 2007 – 1 StR 164/07, NStZ-RR 2008, 343 (344).
¹⁴⁴ Vgl. BGH v. 24. 4. 2007 – 4 StR 558/06, NStZ 2008, 421.
¹⁴⁵ Siehe hierzu oben Rn. 7.
¹⁴⁶ Hierzu HK-StPO/*Julius* Rn. 18; ausführlich Löwe/Rosenberg/*Gollwitzer*, 25. Aufl., Rn. 79; SK-StPO/*Schlüchter* Rn. 54.
¹⁴⁷ So BGH v. 29. 9. 1998 – 5 StR 464/98, StV 1998, 636; Löwe/Rosenberg/*Gollwitzer*, 25. Aufl., Rn. 79 mwN.
¹⁴⁸ Hierzu SK-StPO/*Schlüchter* Rn. 26 mwN.
¹⁴⁹ So *Meyer-Goßner* Rn. 18.
¹⁵⁰ Vgl. BGH v. 18. 4. 1996 – 1 StR 134/96, NStZ-RR 1996, 266.
¹⁵¹ So SK-StPO/*Schlüchter* Rn. 45 mwN.
¹⁵² BGH v. 26. 9. 2001 – 2 StR 383/01, wistra 2002, 21; BGH v. 9. 11. 2006 – 5 StR 338/06, NStZ 2007, 150.
¹⁵³ BGH v. 12. 12. 1986 – 3 StR 530/86, NStZ 1987, 183.
¹⁵⁴ BGH v. 12. 5. 2009 – 4 StR 130/09, NStZ-RR 2009, 277.
¹⁵⁵ Hierzu BGH v. 4. 6. 2004 – 2 StR 163/04, wistra 2004, 383 (384); BGH v. 18. 2. 2009 – 2 StR 603/08, NStZ-RR 2009, 167; KK-StPO/*Engelhardt* Rn. 28; ausführlich Löwe/Rosenberg/*Gollwitzer*, 25. Aufl., Rn. 92 mwN.
¹⁵⁶ Hierzu BVerfG v. 3. 6. 1992 – 2 BvR 1041/88, 78/89, BVerfGE 86, 288 (315 ff.); BGH v. 22. 11. 1994 – GSSt 2/94, BGHSt 40, 360 (366) = NStZ 1995, 122 (213) = StV 1995, 20 (22).
¹⁵⁷ Vgl. BGH v. 3. 12. 2008 – 2 StR 435/08, NStZ-RR 2009, 103; Löwe/Rosenberg/*Gollwitzer*, 25. Aufl., Rn. 89 a.
¹⁵⁸ Hierzu *Detter* NStZ 2006, 146 (147 f.).
¹⁵⁹ Zum nun von der Rspr. praktizierten „Vollstreckungsmodell" zur Kompensation der überlangen Verfahrensdauer in Abgrenzung zur „Strafabschlagslösung" BGH GrS v. 17. 1. 2008 – GSSt 1/07, NJW 2008, 860 (863 ff.).
¹⁶⁰ BGH v. 6. 3. 2008 – 3 StR 514/07, NStZ 2008, 478.
¹⁶¹ So KK-StPO/*Engelhardt* Rn. 25; Löwe/Rosenberg/*Gollwitzer*, 25. Aufl., Rn. 88.
¹⁶² Hierzu SK-StPO/*Schlüchter* Rn. 46; *Pfeiffer* Rn. 14.
¹⁶³ Hierzu Löwe/Rosenberg/*Gollwitzer*, 25. Aufl., Rn. 91.
¹⁶⁴ Vgl. KK-StPO/*Engelhardt* Rn. 25; Löwe/Rosenberg/*Gollwitzer*, 25. Aufl., Rn. 89.

sonders schwerer Fall vorliegt. Gemeint sind hier im Gegensatz zu Abs. 2[165] die unbenannten Fälle. Da sich bei minder schweren bzw. besonders schweren Fällen der **Strafrahmen** verändert, sind die entsprechenden Begründungen im Urteil deutlich von den erst anschließenden Erläuterungen zur Strafzumessung zu trennen.[166]

Bei **minder schweren Fällen** sind im Urteil die Umstände anzugeben, aufgrund derer ein solcher angenommen wird. Die Ablehnung eines minder schweren Falles muss gemäß Abs. 3 S. 2 grundsätzlich nur dann begründet werden, wenn durch einen in der Verhandlung gestellten **Antrag** das Vorliegen eines minder schweren Falles geltend gemacht wurde.[167] Dieser Antrag – ein bloßes Behaupten eines minder schweren Falles in der Hauptverhandlung ist nicht ausreichend, um die Begründungspflicht nach Abs. 3 S. 2 auszulösen[168] – muss nicht explizit einen bestimmten Strafmilderungsgrund nennen. Es ist vielmehr ausreichend, wenn beantragt wird, dass eine Strafe, die nur bei Annahme eines Milderungsgrundes möglich ist, verhängt wird.[169] Wenn die Verneinung eines minder schweren Falles allerdings auf der Hand liegt, bedarf dies keiner Ausführungen im Urteil.[170] Umgekehrt kann eine Begründung, warum kein minder schwerer Fall angenommen wurde, aber dann erforderlich sein, wenn ein minder schwerer Fall nach den Gesamtumständen nahe liegt und daher für den Fall einer **revisionsrechtlichen Überprüfung** geboten erscheint;[171] der Richter muss hierbei im Urteil erkennen lassen, dass er sich der Möglichkeiten zur Strafmilderung bewusst war, und die Gründe angeben, warum er davon dennoch keinen Gebrauch gemacht hat.[172] Wird ein nach Abs. 3 S. 2 gestellter Antrag vom Gericht ignoriert, so begründet dies die Revision.[173]

Das Vorliegen der im Gesetz als Regelbeispiele ausgestalteten (unbenannten) **besonders schweren Fälle** muss vom Gericht besonders dargetan werden, wenn kein Regelbeispiel explizit eingreift, ein besonders schwerer Fall aber dennoch angenommen wird.[174] Ebenso muss die Ablehnung eines besonders schweren Falles begründet werden, wenn die Voraussetzungen eines gesetzlich normierten Regelbeispieles vorliegen. Aus den Gründen muss eine Gesamtbetrachtung des Falls hervorgehen, die alle für die Wertung der Tat und des Täters erheblichen Umstände enthalten muss.[175] Zu beachten ist, dass Umstände, die einen besonders schweren Fall begründen, als solche nicht noch einmal zulasten des Angeklagten berücksichtigt werden dürfen (sog. **Doppelverwertungsverbot**, § 46 Abs. 3 StGB).[176]

Bei jugendlichen Straftätern bzw. Heranwachsenden, bei denen **Jugendstrafrecht** angewandt wird, ergibt sich gemäß § 54 Abs. 1 JGG hinsichtlich der Strafzumessung ein zusätzliches Begründungserfordernis aus dem dem Jugendstrafrecht innewohnenden Erziehungsgedanken, welchem im Urteil Rechnung zu tragen ist.[177]

b) Strafaussetzung zur Bewährung, Verwarnung mit Strafvorbehalt und Absehen von Strafe (Abs. 3 S. 4). Wird die im Urteil verhängte Strafe zur **Bewährung** ausgesetzt, so ist diese Entscheidung gemäß Abs. 3 S. 4 1. Hs. zu **begründen**; dasselbe gilt, wenn die Strafe entgegen einem in der Hauptverhandlung gestellten **Antrag** nicht zur Bewährung ausgesetzt wird.[178] Unabhängig von diesem verfahrensrechtlichen Begründungserfordernis ist sachlichrechtlich allerdings auch dann eine Begründung notwendig, wenn nach der Sachlage eine Bewährungsstrafe nahe liegt und das Gericht dennoch von einer solchen absieht.[179] Hier ist eine eingehende Erörterung wiederum schon aus Gründen der revisionsrechtlichen Nachprüfbarkeit ratsam.[180]

Das Gericht muss jedenfalls darlegen, dass es die Voraussetzungen des § 56 StGB gesehen und entsprechend abgewogen hat;[181] ein **Erörterungsmangel** ist daher anzunehmen, wenn das Urteil auf wesentliche, im Gesetz ausdrücklich aufgeführte Gesichtspunkte, wie die von der Strafausset-

---

[165] S. o. Rn. 19.
[166] So BGH v. 14. 8. 1985 – 3 StR 287/85, NStZ 1985, 546.
[167] Vgl. Anm. *Schlotenhauer* zu BGH v. 20. 6. 1989 – 1 StR 300/89, StV 1990, 100 (101), mit Verweis auf BGH v. 12. 4. 1988 – 1 StR 39/88, NStZ 1988, 367.
[168] AllgM, vgl. Löwe/Rosenberg/*Gollwitzer*, 25. Aufl., Rn. 97 mwN; differenzierend SK-StPO/*Schlüchter* Rn. 53.
[169] Hierzu SK-StPO/*Schlüchter* Rn. 52, die den Antrag der „mildesten Strafe" ausreichen lassen will; zust. KK-StPO/*Engelhardt* Rn. 31 mwN; *Pfeiffer* Rn. 17.
[170] So BGH v. 8. 10. 1986 – 3 StR 368/86, GA 1987, 226.
[171] BGH v. 19. 12. 2002 – 3 StR 401/02, NStZ-RR 2003, 110 (111); KK-StPO/*Engelhardt* Rn. 29 mwN; SK-StPO/*Schlüchter* Rn. 53.
[172] Hierzu KK-StPO/*Engelhardt* Rn. 30 mwN; detailliert hierzu SK-StPO/*Schlüchter* Rn. 49 f., 52.
[173] Vgl. BGH v. 18. 11. 1998 – 1 StR 525/98, StV 1999, 137; *Pfeiffer* Rn. 28.
[174] Vgl. Löwe/Rosenberg/*Gollwitzer*, 25. Aufl., Rn. 96; SK-StPO/*Schlüchter* Rn. 55 mwN.
[175] BGH v. 25. 2. 2009 – 2 StR 554/08, NStZ-RR 2009, 203 mwN.
[176] Hierzu BGH v. 17. 8. 2005 – 2 StR 6/05, NStZ-RR 2005, 374 (375).
[177] Vgl. BGH v. 11. 11. 1960 – 4 StR 387/60, BGHSt 15, 224 (227) = NJW 1961, 278 (279); BGH v. 4. 11. 2009 2 StR 424/09, NStZ-RR 2010, 88 (89).
[178] Hierzu BGH v. 13. 3. 2008 – 4 StR 534/07, StV 2008, 345.
[179] Vgl. BGH v. 21. 4. 1986 – 2 StR 62/86, NStZ 1986, 374.
[180] Vgl. KK-StPO/*Engelhardt* Rn. 34.
[181] Siehe KK-StPO/*Engelhardt* Rn. 33; SK-StPO/*Schlüchter* Rn. 58.

zung zu erwartenden Wirkungen auf den Angeklagten nach § 56 Abs. 1 S. 2 StGB, nicht eingeht.[182] Eine bloße Wiederholung des Gesetzeswortlautes ist für die Begründung in aller Regel ebenso wenig ausreichend[183] wie allgemeine Floskeln ohne Bezug zum konkreten Fall.[184] Auch die Ablehnung der Strafaussetzung mit Hinweis auf die **Verteidigung der Rechtsordnung** gemäß § 56 Abs. 3 StGB bedarf – schon im Hinblick auf den sehr weiten Wortlaut der Vorschrift – einer äußerst sorgfältigen Begründung.[185] Darüber hinaus ist es fehlerhaft, die Strafaussetzung zur Bewährung mit dem pauschalen Hinweis auf einen bestimmten erfüllten, besonders schwer wiegenden Straftatbestand abzulehnen.[186]

36   Für die **Verwarnung mit Strafvorbehalt** und das **Absehen von Strafe** gilt gemäß Abs. 3 S. 4 2. Hs. dieselbe Begründungspflicht, dh. auch hier muss die Entscheidung für eine Verwarnung mit Strafvorbehalt oder das Absehen von Strafe bzw. deren Ablehnung entgegen einem in der Hauptverhandlung gestellten Antrag im Urteil begründet werden. Darüber hinaus ist die entsprechende Entscheidung auch unabhängig von einem Antrag zumindest soweit zu begründen, dass Zweifel hinsichtlich einer sachgerechten Abwägung des Gerichts ausgeräumt werden, auch wiederum im Sinne einer revisionsrechtlichen Nachprüfbarkeit des Urteils.[187] Hinsichtlich der vorbehaltenen Strafe ist zu beachten, dass diese genau wie eine verhängte Strafe zu begründen ist.[188] Ebenso sind Nebenfolgen wie zB Einziehung und Verfall, für die sich keine verfahrensrechtliche Regelung findet, den sachlichrechtlichen Anforderungen entsprechend zu begründen.[189]

37   c) **Vorausgegangene Absprachen (Abs. 3 S. 5).** Durch das Gesetz zur Regelung der Verständigung im Strafverfahren,[190] das nach einigem Hin und Her am 28. 5. 2009 verabschiedet worden und am 4. 8. 2009 in Kraft getreten ist,[191] ist Satz 5 an Abs. 3 angehängt worden, nach dem eine dem Urteil vorangegangene Verständigung in den Urteilsgründen aufzuführen ist. Mit der Regelung wird, wie auch mit der notwendigen Aufnahme der Verständigung ins Protokoll nach § 273 Abs. 1,[192] eine größtmögliche Transparenz hinsichtlich der Absprache bezweckt.[193] Dafür ist es ausreichend, wenn in den Urteilsgründen lediglich mitgeteilt wird, dass dem Urteil eine Verständigung vorausgegangen ist. Die Angabe des Inhalts der Verständigung ist hingegen nicht erforderlich, es kann vielmehr auf das Sitzungsprotokoll verwiesen werden.[194] Zu beachen ist, dass selbstverständlich auch Urteile mit vorausgegangener Verständigung den Anforderungen des § 267 gerecht werden müssen.[195]

V. Abgekürztes Urteil (Abs. 4)

38   **1. Voraussetzungen.** Für ein **verurteilendes Urteil**, für ein freisprechendes gilt Abs. 5 S. 2 und 3, kann eine abgekürzte Form gewählt werden, wenn gemäß Abs. 4 S. 1 alle Rechtsmittelberechtigten auf die Einlegung eines Rechtsmittels verzichten oder das Urteil mangels eingelegter Rechtsmittel bereits rechtskräftig geworden ist. Der Rechtsmittelverzicht muss sich auf den Schuld- und den Strafausspruch beziehen.[196] Auf Urteile, die von vorneherein unanfechtbar sind, ist Abs. 4 nicht anwendbar.[197] Ob das Gericht in diesen Fällen von der Möglichkeit eines abgekürzten Urteils Gebrauch macht, entscheidet es nach eigenem **Ermessen**.[198]

39   **2. Inhalt.** Ein abgekürztes Urteil sollte durch einen entsprechenden Vermerk hinter der Überschrift „Gründe", zB „abgekürzt nach Abs. 4 StPO", kenntlich gemacht werden.[199] Der **Mindestinhalt** eines solchen Urteils umfasst gemäß Abs. 4 S. 1 die erwiesenen Tatsachen, die den gesetzli-

---

[182] Siehe BGH v. 13. 2. 2001 – 1 StR 519/00, NStZ 2001, 366 (367).
[183] So BGH v. 29. 6. 2000 – 4 StR 190/00, NStZ 2000, 607 (607 f.); *Meyer-Goßner* NStZ 1988, 529 (536).
[184] Vgl. Löwe/Rosenberg/*Gollwitzer*, 25. Aufl., Rn. 105 mwN.
[185] Vgl. KK-StPO/*Engelhardt* Rn. 33; SK-StPO/*Schlüchter* Rn. 58 mwN; *Pfeiffer* Rn. 19; aA *Meyer-Goßner* Rn. 23; vgl. auch BGH v. 6. 6. 1989 – 1 StR 221/89, NStZ 1989, 527; BGH v. 10. 8. 1989 – 4 StR 178/89, NStZ 1989, 527; zur Anwendung des § 56 Abs. 3 StGB bei folgenschweren Verkehrsdelikten *Molketin* NZV 1990, 289 ff.
[186] Vgl. BGH v. 23. 4. 1954 – 2 StR 79/54, BGHSt 6, 298 = NJW 1954, 1087.
[187] So KK-StPO/*Engelhardt* Rn. 34; Löwe/Rosenberg/*Gollwitzer*, 25. Aufl., Rn. 111.
[188] Vgl. KK-StPO/*Engelhardt* Rn. 34; Löwe/Rosenberg/*Gollwitzer*, 25. Aufl., Rn. 110.
[189] Hierzu ausführlich SK-StPO/*Schlüchter* Rn. 59 mwN.
[190] BT-Drucks. 16/13095.
[191] Vgl. hierzu § 257 c Rn. 8.
[192] Hierzu § 273 Rn. 19 ff.
[193] Siehe die Gesetzesbegründung BT-Drucks. 16/12310 S. 15.
[194] BGH v. 13. 1. 2010 – 3 StR 528/09, NStZ 2010, 348.
[195] BGH v. 28. 10. 2009 – 5 StR 171/09, NStZ-RR 2010, 54.
[196] So Löwe/Rosenberg/*Gollwitzer*, 25. Aufl., Rn. 122; *Meyer-Goßner* Rn. 24 mwN; aA *Niehaus* NZV 2003, 409 (412) zu horizontaler Rechtsmittelbeschränkung.
[197] Siehe BVerfG v. 6. 8. 2003 – 2 BvR 1071/03, NJW 2004, 209 (210).
[198] Vgl. Löwe/Rosenberg/*Gollwitzer*, 25. Aufl., Rn. 125.
[199] So KK-StPO/*Engelhardt* Rn. 37; Löwe/Rosenberg/*Gollwitzer*, 25. Aufl., Rn. 126; *Meyer-Goßner* Rn. 24.

chen Tatbestand ausmachen, sowie die angewandten Strafnormen. Im Gegensatz zu ungekürzten Urteilen müssen die Vorgaben des Abs. 1 S. 2, Abs. 2 und Abs. 3 nicht berücksichtigt werden. Gemäß Abs. 4 S. 3 liegt der über die Mindestbestandteile hinausgehende Inhalt des Urteils im den Einzelfall berücksichtigenden **Ermessen** des Gerichts, wobei die Bedeutung der Sache und damit zusammenhängend die Schwere der Strafe in das Ermessen einfließen müssen, so dass bei Bagatelldelikten in aller Regel von weiteren Begründungen abgesehen werden kann, während bei schwerwiegenden Strafen weitere Ausführungen angezeigt sein können.[200] Sinnvollerweise sollte das Urteil zumindest die für etwaige spätere Verurteilungen wichtigen Gesichtspunkte sowie die für den Vollzug der Strafe bedeutsamen Tatsachen beinhalten, wenn diese nicht ohne weiteres aus den Akten ersichtlich sind.[201] Eine dem Urteil vorausgegangene **Absprache** ist gemäß Abs. 4 S. 2, der auf Abs. 3 S. 5 verweist, auch in abgekürzten Urteil immer aufzuführen.

Bei auf **Geldstrafe** lautenden Urteilen, auch wenn sie daneben Fahrverbot oder die Entziehung der Fahrerlaubnis anordnen, sowie bei einer **Verwarnung mit Strafvorbehalt** kann gemäß Abs. 4 S. 1 2. Hs. auf den Anklagesatz, die Anklage bzw. den Strafbefehl oder den Strafbefehlsantrag **verwiesen** und damit letztlich vollständig auf eigene abgefasste Urteilsgründe verzichtet werden.[202] 40

Zum Inhalt von **Einstellungsurteilen** nach § 260 Abs. 3 findet sich keine Regelung in § 267. Die Entscheidung ist daher nach § 34 in revisionsrechtlich nachprüfbarer Weise zu begründen, es ist das Prozesshindernis zu benennen und die tatsächlichen Voraussetzungen hierfür sind darzulegen.[203] 41

3. Ergänzung der Urteilsgründe. Wenn gegen die Versäumnis der Rechtsmittelfrist, aufgrund derer ein abgekürztes Urteil erlassen wurde, **Wiedereinsetzung in den vorigen Stand** beantragt und vom Gericht gewährt wurde, können die Urteilsgründe gemäß Abs. 4 S. 4 nachträglich ergänzt werden, wenn dies erforderlich ist, um das Urteil für die Rechtsmittelinstanz überprüfbar zu machen.[204] Die **Ergänzung** muss innerhalb der Frist des § 275 Abs. 1 S. 2 erfolgen, wobei diese naturgemäß nicht mit der Urteilsverkündung zu laufen beginnt, sondern erst an dem Tag, an dem die Akten bei dem für die Ergänzung zuständigen Gericht eingehen.[205] Allein die Dauer der Frist bestimmt sich nach § 275 Abs. 1 S. 2. 42

In Fällen, in denen sich eine Rechtsmittelrücknahme als unwirksam herausstellt, ist das Gericht in entsprechender Anwendung des Abs. 4 S. 4 befugt, die Urteilsgründe zu ergänzen.[206] Eine Ergänzung von anderweitig **fehlerhaft**, dh. ohne die Voraussetzungen des Abs. 4 S. 1 abgekürzten Urteilsgründen ist grundsätzlich nicht mehr möglich, sobald das Urteil den gerichtsinternen Geschäftsbetrieb verlassen hat.[207] 43

VI. Freisprechendes Urteil (Abs. 5)

Für den Fall eines freisprechenden Urteils regelt Abs. 5 den notwendigen Inhalt der Urteilsgründe. Verfahrensrechtlich ist lediglich gemäß Abs. 5 S. 1 zu unterscheiden, ob der Angeklagte **aus tatsächlichen Gründen** oder **aus rechtlichen Gründen** freigesprochen wird. Allerdings muss das Revisionsgericht auch bei einem freisprechenden Urteil überprüfen können, ob dem Tatrichter Fehler unterlaufen sind. Entsprechend müssen die Urteilsgründe grundsätzlich (mit Ausnahme des abgekürzten Urteils nach Abs. 5 S. 2) alle wesentlichen Gesichtspunkte gemäß den **Anforderungen des Abs. 1**[208] darlegen.[209] 44

1. Freispruch aus tatsächlichen Gründen (Abs. 5 S. 1 Alt. 1). Bei einem Freispruch aus tatsächlichen Gründen ist im Urteil darzulegen, welche Tatsachen das Gericht für erwiesen hält und wel- 45

---

[200] Löwe/Rosenberg/*Gollwitzer*, 25. Aufl., Rn. 128; krit. HK-StPO/*Julius* Rn. 29.
[201] Hierzu KK-StPO/*Engelhardt* Rn. 38; Löwe/Rosenberg/*Gollwitzer*, 25. Aufl., Rn. 128; *Meyer-Goßner* Rn. 28.
[202] Vgl. *Meyer-Goßner* Rn. 26; krit. HK-StPO/*Julius* Rn. 29.
[203] Vgl. HK-StPO/*Julius* Rn. 32; KK-StPO/*Engelhardt* Rn. 45; SK-StPO/*Schlüchter* Rn. 76.
[204] Im Einzelnen hierzu SK-StPO/*Schlüchter* Rn. 68.
[205] So BGH v. 10. 9. 2008 – 2 StR 134/08, NJW 2008, 3509 (3510 f.); BGH v. 15. 1. 2009 – 3 StR 601/08, BeckRS 2009, 05126; zust. OLG München v. 23. 7. 2009 – 4 StRR 107/09, über juris; OLG Brandenburg v. 13. 7. 2009 – 1 Ss (OWi) 114 B/09, über juris; BGH v. 22. 5. 2009 – 2 Ss OWi 368/09, über juris; offen gelassen BGH v. 9. 10. 2003 – 3 StR 136/03, NStZ 2004, 508 (509); zust. *Meyer-Goßner* Rn. 30; abl. KK-StPO/*Engelhardt* Rn. 39 und SK-StPO/*Schlüchter* Rn. 69 mwN, die auf den Tag, an dem der Beschluss zur Wiedereinsetzung in den Gerichtsauslauf gelangt, abstellen.
[206] Vgl. BGH v. 8. 8. 2001 – 5 StR 211/01, bei *Becker* NStZ-RR 2002, 2257 (261); zust. KK-StPO/*Engelhardt* Rn. 39; Löwe/Rosenberg/*Gollwitzer*, 25. Aufl., Rn. 145; aA *Meyer-Goßner* Rn. 30 mwN.
[207] So BGH v. 13. 3. 1997 – 4 StR 499/96, BGHSt 43, 22 (26) = NJW 1997, 1862 (1863); im Einzelnen hierzu Löwe/Rosenberg/*Gollwitzer*, 25. Aufl., Rn. 145; SK-StPO/*Schlüchter* Rn. 70 mwN.
[208] S. o. Rn. 3 ff.
[209] Vgl. OLG Hamm v. 20. 11. 2007 – 1 Ss 66/07, BeckRS 2008 10033; vgl. zum freisprechenden Urteil bei Steuerhinterziehung BGH v. 17. 3. 2005 – 5 StR 461/04, NStZ-RR 2005, 209 (210); KK-StPO/*Engelhardt* Rn. 41 mwN; *Meyer-Goßner* Rn. 33.

che wiederum nach seiner Überzeugung nicht erwiesen sind,[210] um dann zu begründen, warum die als erwiesen angesehenen Tatsachen für eine Verurteilung nicht ausreichen.[211] Die Anforderungen an eine umfassende Würdigung der festgestellten Tatsachen sind im Fall eines freisprechenden Urteils nicht geringer als bei einer Verurteilung.[212] Insbesondere die gegen den Angeklagten sprechenden Gründe müssen erörtert werden.[213] Die Beweiswürdigung ist auch hier von besonderer Bedeutung; beim Vorliegen einer Vielzahl von **Beweisanzeichen** sind diese in ihrer **Gesamtheit** sorgfältig zu würdigen.[214] Auch wenn die **persönlichen Verhältnisse** des Angeklagten sowie etwaige einschlägige **Vorstrafen** eher bei einem verurteilenden Urteil von Bedeutung sind, u. a. für die Begründung des Rechtsfolgenausspruchs, ist das Gericht bei einem Freispruch zumindest dann zu diesbezüglichen Feststellungen verpflichtet, wenn diese für die Beurteilung des Tatvorwurfs relevant und deshalb zur Überprüfung des Urteils durch das Revisionsgericht notwendig sind.[215]

46 Erfolgt der Freispruch aus **subjektiven Gründen**, so ist in aller Regel trotzdem zunächst der objektive Tatbestand darzustellen,[216] da innere Vorgänge häufig nur anhand des äußeren Tatgeschehens festzustellen sind.[217] Nur in Ausnahmefällen darf ohne Eingehen auf die objektiven Tatsachen aus subjektiven Gründen freigesprochen werden: wenn sich diese Gründe auch ohne Ermittlung des äußeren Tatgeschehens hinreichend sicher beurteilen lassen.[218]

47 **2. Freispruch aus rechtlichen Gründen (Abs. 5 S. 1 Alt. 2).** Ist die Tat zwar durch den Angeklagten erwiesenermaßen begangen worden, aber nicht strafbar, so muss das Gericht zunächst die Tat darlegen und dann die Gründe, aus denen eine Strafbarkeit des Angeklagten verneint wird.[219] Da es hier um einen Freispruch aus rechtlichen Gründen geht, erübrigt sich eine Beweiswürdigung.[220] Ausführungen zu unerheblichen Rechtsfragen sind entbehrlich, allein die für die Entscheidung **bestimmende Rechtsauffassung** muss vom Gericht dargelegt werden.[221] Ergeht der Freispruch allerdings aufgrund eines zugunsten des Angeklagten eingreifenden **Rechtfertigungsgrundes**, so ist dessen Eingreifen anhand der entsprechenden Tatsachen darzulegen;[222] reine Rechtsausführungen reichen hier nicht aus.[223]

48 **3. Abgekürzte Urteilsgründe bei Freispruch (Abs. 5 S. 2 und 3).** Ebenso wie bei einem verurteilenden Urteil besteht gemäß Abs. 5 S. 2 bei einem Freispruch die **Möglichkeit eines abgekürzten Urteils**. Die Voraussetzungen sind dieselben,[224] es muss also bei grundsätzlicher Anfechtbarkeit des Urteils auf Rechtsmittel verzichtet worden oder die Rechtsmittelfrist verstrichen sein.[225] Liegt eine dieser Voraussetzungen vor, so muss im Urteil lediglich festgestellt werden, ob der Angeklagte aus tatsächlichen oder aus rechtlichen Gründen freigesprochen wird. Eine Schilderung der angeklagten Tat ist nicht erforderlich, es empfiehlt sich aber zur Eingrenzung der Tat und insbesondere zum Umfang der Rechtskraft eine kurze Darstellung bzw. die Bezugnahme auf die Anklage.[226] Wird nach versäumter Einlegung eines Rechtsmittels Wiedereinsetzung in den vorigen Stand gewährt, kann das Urteil gemäß Abs. 5 S. 3 iVm. Abs. 4 S. 4 wiederum in seinen Gründen soweit ergänzt werden, dass eine revisionsrechtliche Überprüfung des Urteils möglich wird.[227]

---

[210] Vgl. BGH v. 26. 11. 2003 – 2 StR 293/03, NStZ-RR 2005, 67.
[211] BGH v. 11. 2. 2010 – 4 StR 433/09, wistra 2010, 219. HK-StPO/*Julius* Rn. 30 mwN.
[212] BGH v. 6. 2. 2002 – 2 StR 507/01, NStZ 2002, 446; BGH v. 17. 3. 2009 – 1 StR 479/08, NStZ 2009, 512 (513).
[213] So BGH v. 22. 8. 2002 – 5 StR 240/02, NStZ-RR 2002, 338; *Meyer-Goßner* Rn. 33.
[214] Hierzu BGH v. 22. 5. 2007 – 1 StR 586/06, BeckRS 2007 09489 mAnm *Dietmeier* ZIS 2008, 101 ff.; BGH v. 23. 7. 2008 – 2 StR 150/08, NJW 2008, 2792 (2793); SK-StPO/*Schlüchter* Rn. 72 mwN.
[215] So BGH v. 17. 12. 2008 – 1 StR 552/08, NStZ-RR 2009, 116 (117); BGH v. 14. 2. 2008 – 4 StR 317/07, NStZ-RR 2008, 206 (207) bei einschlägigen Vorstrafen wegen sexueller Nötigung und gefährlicher Körperverletzung und immer identischer Begehungsweise des Angeklagten; BGH v. 23. 7. 2008 – 2 StR 150/08, NJW 2008, 2792 (2793).
[216] So *Meyer-Goßner* Rn. 33 a.
[217] Vgl. SK-StPO/*Schlüchter* Rn. 72 mwN.
[218] Siehe BGH v. 6. 4. 2005 – 5 StR 441/04; NStZ-RR 2005, 211 zu dem Fall, wenn Feststellungen zum objektiven Tatgeschehen nicht möglich sind; KMR/*Paulus* Rn. 105; Löwe/Rosenberg/*Gollwitzer*, 25. Aufl., Rn. 151 mwN.
[219] Vgl. KK-StPO/*Engelhardt* Rn. 42; *Meyer-Goßner* Rn. 34.
[220] Vgl. Löwe/Rosenberg/*Gollwitzer*, 25. Aufl., Rn. 152 mwN; *Meyer-Goßner* Rn. 34; SK-StPO/*Schlüchter* Rn. 73.
[221] So Löwe/Rosenberg/*Gollwitzer*, 25. Aufl., Rn. 152.
[222] Hierzu BGH v. 13. 11. 2008 – 5 StR 384/08, NStZ-RR 2009, 70 (71); BGH v. 21. 3. 1996 – 5 StR 432/95, BGHSt 42, 97 (102) = NJW 1996, 2315 (2315 f.); KK-StPO/*Engelhardt* Rn. 42.
[223] Vgl. KK-StPO/*Engelhardt* Rn. 42; *Pfeiffer* Rn. 24; SK-StPO/*Schlüchter* Rn. 73 mwN.
[224] S. o. Rn. 37 ff.
[225] Hierzu SK-StPO/*Schlüchter* Rn. 75.
[226] So KK-StPO/*Engelhardt* Rn. 44; Löwe/Rosenberg/*Gollwitzer*, 25. Aufl., Rn. 155 mwN; *Meyer-Goßner* Rn. 36; *Pfeiffer* Rn. 25.
[227] S. hierzu Rn. 41 f.

VII. Maßregeln der Besserung und Sicherung (Abs. 6)

Nach Abs. 6 S. 1 muss das Gericht eine **Maßregel** dann **begründen**, wenn sie **angeordnet** oder **49** entgegen einem Antrag nicht angeordnet wurde. Die Begründung muss die Rechtsgrundlage zur Anordnung der Maßregel und deren Voraussetzungen darlegen, darüber hinaus muss erkennbar sein, dass das Gericht sein **Ermessen** ausgeübt hat.[228] Hinsichtlich der Voraussetzungen für eine Maßregel ist zu beachten, dass neben den tatbezogenen Umständen eine **Prognose** hinsichtlich des künftigen Legalverhaltens des Angeklagten zu stellen ist, die einer sorgfältigen Begründung in den Urteilsgründen bedarf.[229] Auch eine Änderung der Vollstreckungsreihenfolge von Freiheitsstrafe und Unterbringung nach § 67 Abs. 2 S. 1 StGB muss im Urteil begründet werden.[230]

Die **vorbehaltene Sicherungsverwahrung** nach § 66 a StGB ist ebenfalls nach Abs. 6 S. 1 zu begründen. Da für deren Anordnung gemäß § 66 a Abs. 1 StGB bis auf die Gefährlichkeitsprognose alle Voraussetzungen der Sicherungsverwahrung nach § 66 Abs. 3 StGB vorliegen müssen,[231] sind diese Voraussetzungen entsprechend darzulegen.[232] Darüber hinaus muss auch der Vorbehalt der Entscheidung der Sicherungsverwahrung begründet werden.[233] Insgesamt sind schon aufgrund der hohen Intensität des Eingriffs in die Grundrechte des Täters durch die Verhängung einer Maßregel an die Begründung hohe Anforderungen zu stellen.[234] Insbesondere muss nachvollziehbar sein, dass der Grundsatz der **Verhältnismäßigkeit**, der gemäß § 62 StGB bei der Verhängung einer Maßregel immer zu beachten ist, vom Gericht gewahrt wurde.[235] **50**

Abweichend von der verfahrensrechtlichen Begründungspflicht nach Abs. 6 S. 1 kann eine fehlende Begründung auch in dem Fall, in dem das Gericht keine Maßregel anordnet und ein entsprechender Antrag auch nicht gestellt wurde, einen revisionsrechtlichen Mangel darstellen, nämlich dann, wenn sich die Anordnung einer Maßregel nach den Feststellungen des Gerichts geradezu **aufgedrängt** hätte.[236] So muss zum Beispiel bei festgestellter fehlender oder deutlich verminderter Schuldfähigkeit des Angeklagten aus den Urteilsgründen erkennbar sein, dass sich das Gericht mit der Möglichkeit einer Unterbringung des Angeklagten in einem psychiatrischen Krankenhaus nach § 63 StGB auseinandergesetzt hat.[237] **51**

Hinsichtlich einer möglichen **Entziehung der Fahrerlaubnis** verdichtet sich die sachlich rechtliche Begründungspflicht bei unterbliebener Entziehung nach § 69 StGB bzw. unterbliebener Anordnung einer Sperre nach § 69 a Abs. 1 S. 3 StGB zu einer verfahrensrechtlichen Begründungspflicht gemäß § 267 Abs. 6 S. 2,[238] dh. diese Entscheidung ist unabhängig von einem Antrag immer zu begründen. **52**

Hinsichtlich anderer strafrechtlicher **Nebenfolgen** wie Verfall, Einziehung etc. sieht § 267 keine Begründungspflicht vor. Die entsprechenden rechtlichen und tatsächlichen Grundlagen sind insoweit aus sachlich rechtlichen Gründen darzulegen, eine verfahrensrechtliche Pflicht in Analogie zu Abs. 3 S. 1 besteht allerdings nicht.[239] **53**

VIII. Berichtigung der Urteilsgründe

Eine **Berichtigung** der Urteilsgründe ist innerhalb der **Frist des § 275 Abs. 1 S. 2** möglich, solange das Urteil nicht den inneren Dienstbereich des Gerichts verlassen hat.[240] Danach ist es nicht mehr möglich, fehlende Feststellungen in den Urteilsgründen nachzuschieben; diese Ergänzungen haben revisionsrechtlich keine Bedeutung mehr,[241] da eine Berichtigung schon dann unzulässig ist, wenn auch nur der Verdacht einer nachträglichen sachlichen Änderung und damit einer Ver- **54**

---

[228] Hierzu BGH v. 4. 1. 1994 – 4 StR 718/93, StV 1994, 479 (479 f.); HK-StPO/*Julius* Rn. 26; SK-StPO/*Schlüchter/rister* Rn. 78.
[229] Vgl. HK-StPO/*Julius* Rn. 26; *Pfeiffer* Rn. 20; SK-StPO/*Schlüchter/Frister* Rn. 78.
[230] BGH v. 22. 4. 2009 – 5 StR 138/09, NStZ 2010, 84.
[231] Hierzu *Fischer* § 66 a Rn. 3 a mwN.
[232] Im Einzelnen hierzu SK-StPO/*Schlüchter/Frister* Rn. 79 a.
[233] So SK-StPO/*Schlüchter/Frister* Rn. 79 a.
[234] Vgl. Löwe/Rosenberg/*Gollwitzer*, 25. Aufl., Rn. 114.
[235] Hierzu SK-StPO/*Schlüchter/Frister* Rn. 81.
[236] Vgl. BGH v. 10. 4. 1990 – 1 StR 9/90, BGHSt 37, 5 (9) = MDR 1990, 735 (735 f.); BGH v. 9. 6. 1999 – 3 StR 89/99, JR 2000, 207 (208) mAnm *Schöch*; Kudlich/Christensen GA 2002, 337 (340 f.).
[237] So KMR/*Paulus* Rn. 98; Löwe/Rosenberg/*Gollwitzer*, 25. Aufl., Rn. 113; SK-StPO/*Schlüchter/Frister* Rn. 82.
[238] Vgl. KK-StPO/*Engelhardt* Rn. 36; SK-StPO/*Schlüchter/Frister* Rn. 82.
[239] So KK-StPO/*Engelhardt* Rn. 36; *Pfeiffer* Rn. 21; SK-StPO/*Schlüchter/Frister* Rn. 59; aA Löwe/Rosenberg/*Gollwitzer*, 25. Aufl., Rn. 118.
[240] Siehe BGH v. 13. 3. 1997 – 4 StR 455/96, NJW 1997, 1862 (1863); *Meyer-Goßner* Rn. 39; SK-StPO/*Schlüchter/Frister* Rn. 83; aA *Pfeiffer* Rn. 27, der auf den Zeitpunkt abstellt, zu dem das unterschriebene Urteil zur Geschäftsstelle gelangt.
[241] So BGH v. 19. 12. 2007 – 5 StR 534/07, BeckRS 2008 01445 bei zum Urteil nachgereichten dienstlichen Äußerungen des Richters; BGH v. 24. 4. 2007 – 4 StR 558/06, NStZ-RR 2007, 236 (237) bei nachträglicher Ergänzung der persönlichen Verhältnisse des Angeklagten.

fälschung des Urteils entstehen kann.[242] Ein Widerspruch zwischen Tenor und Gründen, der einen materiell rechtlichen Verstoß darstellt und in aller Regel zur Aufhebung des Urteils durch das Revisionsgericht führt, kann entsprechend nicht berichtigt werden.[243]

55   Nur wenn ein **offensichtliches Versehen** vorliegt, das unzweifelhaft bereits aus der Urteilsurkunde hervorgeht, wie zB ein Schreibfehler, kann ein Widerspruch im Urteil berichtigt werden und das Urteil Bestand haben.[244] Die Berichtigung der schriftlichen Urteilsgründe erfolgt in Gestalt eines **Berichtigungsbeschlusses** durch die Richter, die an dem Urteil mitgewirkt und es unterschrieben haben, wobei bei Verhinderung eines Richters ein Beschluss der Mehrheit und ein Verhinderungsvermerk nach § 275 Abs. 2 S. 2 ausreicht.[245]

IX. Revision

56   Die **schriftlichen Urteilsgründe** sollen dem Revisionsgericht ermöglichen, das Urteil auf seine Übereinstimmung mit dem materiellen Recht zu überprüfen. Allein sie sind daher maßgeblich; ein Auseinanderfallen von schriftlichen und mündlich verkündeten Gründen kann entsprechend nicht gerügt werden.[246] Mögliche Verstöße gegen § 267 machen in aller Regel die Urteilsbegründung unzureichend, wogegen die **Sachrüge** erhoben werden kann;[247] dementsprechend ist die Bedeutung der Verfahrensrüge wegen Nichtbeachtung des § 267 vergleichsweise gering.[248] Das Urteil ist aufzuheben, wenn die Urteilsgründe unvollständig sind, so zB wenn die Tatsachenfeststellungen nicht ausreichend sind,[249] Beweisgründe oder Beweiswürdigung fehlen[250] oder auch die Strafzumessungsgesichtspunkte nicht hinreichend dargestellt sind,[251] und nicht ausgeschlossen werden kann, dass das Urteil auf dem Begründungsmangel beruht. Ebenso ist ein sachlich rechtlicher Mangel anzunehmen, wenn die Urteilsgründe nicht im Einklang mit dem Urteilstenor stehen.[252] Hinsichtlich der einzelnen für die Revision bedeutsamen Verletzungen des § 267 sei auf die obigen Erläuterungen verwiesen.[253] Der absolute Revisionsgrund des § 338 Nr. 7 liegt nur dann vor, wenn das Urteil überhaupt keine Gründe enthält; unvollständige Gründe fallen nicht hierunter.[254]

§ 268 [Urteilsverkündung]

(1) Das Urteil ergeht im Namen des Volkes.

(2) ¹Das Urteil wird durch Verlesung der Urteilsformel und Eröffnung der Urteilsgründe verkündet. ²Die Eröffnung der Urteilsgründe geschieht durch Verlesung oder durch mündliche Mitteilung ihres wesentlichen Inhalts. ³Die Verlesung der Urteilsformel hat in jedem Fall der Mitteilung der Urteilsgründe voranzugehen.

(3) ¹Das Urteil soll am Schluß der Verhandlung verkündet werden. ²Es muss spätestens am elften Tage danach verkündet werden, andernfalls mit der Hauptverhandlung von neuem zu beginnen ist. ³§ 229 Abs. 3 und Abs. 4 Satz 2 gilt entsprechend.

(4) War die Verkündung des Urteils ausgesetzt, so sind die Urteilsgründe tunlichst vorher schriftlich festzustellen.

Schrifttum: *Becker,* Aus der Rechtsprechung des BGH zum Strafverfahrensrecht, NStZ-RR 2006, 257.

---

[242] So BGH v. 3. 2. 1959 – 1 StR 644/58, BGHSt 12, 374 (376 f.) = NJW 1959, 899 (900); BGH v. 24. 4. 2007 – 4 StR 558/06, NStZ-RR 2007, 236 (237).
[243] Vgl. *Meyer-Goßner* Rn. 39a mwN.
[244] Vgl. BGH v. 19. 12. 2007 – 5 StR 534/07, BeckRS 2008 01445.
[245] So KK-StPO/*Engelhardt* Rn. 46 mwN; SK-StPO/*Schlüchter/Frister* Rn. 84.
[246] Vgl. BGH v. 22. 4. 1955 – 5 StR 35/55, BGHSt 7, 363 (371) = NJW 1955, 1688 (1690); BGH v. 2. 12. 1960 – 4 StR 433/60, BGHSt 15, 263 (264 f.) = NJW 1961, 419 (420); KK-StPO/*Engelhardt* Rn. 47; Löwe/Rosenberg/*Gollwitzer,* 25. Aufl., Rn. 161.
[247] So KK-StPO/*Engelhardt* Rn. 47 mwN; Löwe/Rosenberg/*Gollwitzer,* 25. Aufl., Rn. 162.
[248] Vgl. Löwe/Rosenberg/*Gollwitzer,* 25. Aufl., Rn. 161; SK-StPO/*Schlüchter* Rn. 88.
[249] Vgl. BGH v. 18. 10. 2007 – 4 StR 481/07; wistra 2008, 109; zur Abgrenzung von Sach- und Verfahrensrüge bei mangelhafter Beweiswürdigung vgl. *Pelz* NStZ 1993, 361 (362); SK-StPO/*Schlüchter* Rn. 25 f.
[250] So BGH v. 7. 5. 1998 – 4 StR 88/98, NStZ-RR 1999, 45.
[251] Hierzu im Einzelnen Löwe/Rosenberg/*Gollwitzer,* 25. Aufl., Rn. 170 mwN.
[252] So BGH v. 15. 2. 1990 – 4 StR 48/90, BGHR StPO § 260 Abs. 1 Urteilstenor 3; s. hierzu auch Rn. 53.
[253] Siehe hierzu außerdem Löwe/Rosenberg/*Gollwitzer,* 25. Aufl., Rn. 162 ff.; SK-StPO/*Schlüchter* Rn. 89 ff. jeweils mwN.
[254] Hierzu KK-StPO/*Engelhardt* Rn. 47; *Meyer-Goßner* § 338 Rn. 52 f. mwN; *Pfeiffer* Rn. 28.

I. Allgemeines

Gemäß der in Abs. 1 festgelegten Eingangsformel ergeht das Urteil **im Namen des Volkes**. Diese Formel beinhaltet den in Art. 20 Abs. 2 S. 1 GG normierten demokratischen Grundsatz, dass alle Staatsgewalt vom Volk ausgeht, welches durch die demokratisch legitimierten Vertreter der Legislative auch die dem Urteil zugrunde liegenden Rechtsnormen zu verantworten hat. Weitergehende Funktionen[1] oder Rechtsfolgen sind an diese Formel nicht geknüpft, entsprechend bleibt deren Auslassen oder Vergessen grundsätzlich folgenlos für das Urteil.[2] Ebenso wenig kann eine Revision auf das Fehlen dieser Formel gestützt werden.[3]

II. Urteilsverkündung

Das Urteil wird **mündlich** vom Vorsitzenden Richter verkündet; eine Delegation auf andere berufsrichterliche Mitglieder des Gerichts wird bei gesundheitlichen Problemen des Vorsitzenden für zulässig erachtet,[4] die Übertragung dieser Aufgabe auf Referendare ist hingegen nicht möglich.[5] Da die Verkündung noch zur Hauptverhandlung gehört, ist hierbei die Anwesenheit der Verfahrensbeteiligten grundsätzlich notwendig, das heißt, das Gericht muss bei der Verkündung in vollständiger Besetzung auftreten, ebenso müssen Staatsanwalt, Urkundsbeamter, Angeklagter und, wenn es sich um eine notwendige Verteidigung handelt, der Verteidiger anwesend sein.[6] Die Urteilsverkündung erfolgt grundsätzlich **öffentlich**, eine Ausnahme bilden die Jugendsachen nach § 48 JGG. Ein Ausschluss der Öffentlichkeit ist gemäß § 173 Abs. 2 GVG außerdem bei der Eröffnung der Urteilsgründe ganz oder teilweise möglich. Bei ausländischen Angeklagten, die einen Dolmetscher benötigen, sind Urteilsformel und -gründe durch diesen zu übersetzen.[7]

1. Urteilsformel. Die Verkündung beginnt mit der Urteilsformel, die zu **verlesen** ist. Das bedeutet, dass sie vorher schriftlich fixiert sein muss,[8] was der Verminderung des Risikos einer Abweichung der verkündeten von der im schriftlichen Urteil niedergelegten Formel dienen soll.[9] Durch die Verlesung der Urteilsformel wird das Urteil generiert, ohne diesen Urteilsspruch fehlt es an einem Urteil im Rechtssinne.[10] Die Urteilsformel ist gemäß § 268 Abs. 2 S. 3 immer vor den Gründen zu verlesen. Diese Regelung trägt dem Umstand Rechnung, dass es dem Angeklagten nicht zugemutet werden soll, die für ihn über Wohl und Wehe entscheidende Urteilsformel erst nach der unter Umständen langen Begründung zu Gehör zu bekommen.[11] Die **Anwesenheit des Angeklagten** ist bei der Verlesung der Urteilsformel zwingend erforderlich und nur im Falle des § 231 Abs. 2 verzichtbar.[12]

Bei einer **Divergenz** zwischen der verkündeten und der in der Urteilsurkunde niedergeschriebenen Urteilsformel ist gemäß § 274 der Wortlaut in der Sitzungsniederschrift maßgebend.[13] Die Annahme eines besonders schweren Falles soll grundsätzlich nicht in die Urteilsformel aufgenommen werden, da sie nicht zur rechtlichen Bezeichnung der Tat iSv. § 260 Abs. 4 S. 1 gehört.[14] Auch die Liste der angewandten Vorschriften gemäß § 260 Abs. 5 gehört nicht in die Urteilsformel, vielmehr ist sie nur Bestandteil des schriftlichen Urteils und ist daher nicht zu verkünden.[15]

2. Urteilsgründe. Die Eröffnung der Urteilsgründe erfolgt entweder durch Verlesen[16] oder, was in der Praxis häufiger anzutreffen sein dürfte, durch die mündliche Mitteilung ihres **wesentlichen**

---

[1] Fragwürdig KK-StPO/*Engelhardt* Rn. 1, der hierin zusätzlich eine Erinnerung des Richters daran sieht, dass die Rechtsprechungstätigkeit „nur ihren Zweck (...) erreichen kann, wenn sie sich im Einklang mit den Grundüberzeugungen des Volkes weiß".
[2] Löwe/Rosenberg/*Gollwitzer*, 25. Aufl., Rn. 14; Meyer-Goßner Rn. 1; SK-StPO/*Schlüchter* Rn. 4.
[3] KK-StPO/*Engelhardt* Rn. 15; Löwe/Rosenberg/*Gollwitzer*, 25. Aufl., Rn. 63; Meyer-Goßner Rn. 20; *Pfeiffer* Rn. 6.
[4] So KK-StPO/*Engelhardt* Rn. 2; Löwe/Rosenberg/*Gollwitzer*, 25. Aufl., Rn. 15 mwN.
[5] OLG Oldenburg v. 2. 9. 1952 – Ss 183/52, NJW 1952, 1310; Löwe/Rosenberg/*Gollwitzer*, 25. Aufl., Rn. 15.
[6] Siehe hierzu KK-StPO/*Engelhardt* Rn. 7; Löwe/Rosenberg/*Gollwitzer*, 25. Aufl., Rn. 6.
[7] BVerfG v. 17. 5. 1983 – 2 BvR 731/80, NJW 1983, 2762 (2764); HK-StPO/*Julius* Rn. 7.
[8] RG v. 7. 6. 1926 – II 358/26, RGSt 60, 270.
[9] Vgl. RG v. 21. 12. 1880 – Rep. 3037/80, RGSt 3, 131; SK-StPO/*Schlüchter* Rn. 8.
[10] BGH v. 2. 12. 1960 – 4 StR 433/60, BGHSt 15, 263 (264) = NJW 1961, 419.
[11] So Löwe/Rosenberg/*Gollwitzer*, 25. Aufl., Rn. 16; Meyer-Goßner Rn. 7.
[12] BGH v. 26. 7. 1961 – 2 StR 575/60, BGHSt 16, 178 (180) = NJW 1961, 1980; Anw-StPO/*Martis* Rn. 3; KK-StPO/*Engelhardt* Rn. 7.
[13] BGH v. 4. 2. 1986 – 1 StR 643/85, BGHSt 34, 11 (12); BGH v. 9. 5. 2001 – 2 StR 42/01, NStZ-RR 2002, 100; OLG Köln v. 7. 11. 2006 – 83 Ss 70/06, NStZ 2007, 481.
[14] BGH v. 7. 10. 2003 – 1 StR 212/03, NJW 2003, 3717 (3718).
[15] BGH v. 25. 9. 1996 – 3 StR 245/96, NStZ-RR 1997, 166; KMR/*Voll* Rn. 3.
[16] Vgl. hierzu BGH v. 10. 11. 2004 – 1 StR 414/04, wistra 2005, 110.

Inhalts. Die Wirksamkeit des Urteils hängt nicht von der Eröffnung der Urteilsgründe ab,[17] auch bedarf es im Gegensatz zur Urteilsformel nicht zwingend der Anwesenheit des Angeklagten.[18] Dennoch ist die Urteilsverkündung erst dann abgeschlossen, wenn auch die Gründe vollständig vorgetragen worden sind.[19] Die Abwesenheit des Angeklagten bei der Eröffnung der Urteilsgründe macht eine Zustellung des Urteils erforderlich, auch wenn der Angeklagte bei der Verlesung der Urteilsformel noch anwesend war.[20]

7   Wenn die Verkündung des Urteils **ausgesetzt** wird,[21] so sollen gemäß § 268 Abs. 4 die Urteilsgründe vorher schriftlich fixiert werden. Diese Regelung, deren Wortlaut („sind ... festzuhalten") zunächst auf eine Pflicht des Gerichts hinzuweisen scheint, der aber durch das Wort „tunlichst" modifiziert wird, stellt eine Soll-Vorschrift dar, deren Nichtbeachtung keine Rechtsfolgen auslöst.[22] Doch auch ohne eine Aussetzung des Urteils ist das Gericht nicht daran gehindert, im Laufe des Verfahrens ein Votum, also einen Urteilsentwurf anzufertigen, welcher im Wesentlichen identisch ist mit dem letztendlich ergangenen Urteil; den Schluss einer Vorverurteilung lässt ein solches Vorgehen jedenfalls nicht zu.[23]

8   **3. Verkündungszeitpunkt.** Gemäß Abs. 3 soll das Urteil möglichst am **Schluss der Verhandlung**, das heißt im Anschluss an die Beratung verkündet werden. Allerdings kann die Verkündung ausgesetzt werden, was die Möglichkeit einer ausführlichen Beratung bei umfangreichen und rechtlich oder tatsächlich schwierigen Sachen eröffnet.[24] Die Verkündung muss dann spätestens am elften Tag nach Ende der Verhandlung stattfinden, wenn eine ansonsten gemäß Abs. 3 S. 2 obligatorische Wiederholung der Hauptverhandlung vermieden werden soll.

9   Eine **Verlängerung** dieser Frist, etwa bei Großverfahren, ist mangels Verweisung des § 268 Abs. 3 auf § 229 Abs. 2 nicht möglich,[25] der Verweis in § 268 Abs. 3 S. 3 auf § 229 Abs. 3 erlaubt lediglich die Hemmung des Laufs dieser Frist während der Dauer einer krankheitsbedingten Verhinderung von beteiligten Richtern und Schöffen oder dem Angeklagten, welche wiederum sechs Wochen nicht überschreiten darf. Fällt der Tag des Fristablaufs auf einen Sonn- oder Feiertag, so muss das Urteil gemäß §§ 268 Abs. 3 S. 3, 229 Abs. 3 S. 2 erst am darauffolgenden Werktag verkündet werden. Zu beachten ist, dass, falls der Termin für die Verkündung nicht in der Verhandlung bekannt gegeben wird, die Beteiligten vom Gericht schriftlich zu laden sind.[26]

10 **4. Wirkungen der Urteilsverkündung.** Die Verkündung des Urteils schließt die Hauptverhandlung nach § 260 Abs. 1 ab, das heißt sie endet mit dem letzten Wort der mündlichen Bekanntgabe der Urteilsgründe.[27] Dies bedeutet, dass das Gericht bzw. der Vorsitzende bis zum Ende der Verkündung grundsätzlich **Anträge** der Prozessbeteiligten annehmen *kann*; dies muss es allerdings vom Beginn der Verkündung an nicht mehr tun.[28] Entsprechend muss eine Ablehnung der Unterbrechung der Urteilsverkündung auch nicht begründet werden.[29] Allerdings kann gegen diese Ablehnung ggf. eine Aufklärungsrüge erhoben werden.[30] Eine **Änderung der Urteilsformel** ist daher zulässig, solange die Urteilsverkündung noch nicht abgeschlossen ist.[31] In diesem Fall muss mit der Verkündung von vorne begonnen werden. Bei ausländischen Angeklagten, denen ein Dolmetscher zur Seite gestellt wurde, ist zu beachten, dass die Verhandlung erst mit dem Abschluss der Übersetzung durch den Dolmetscher beendet ist.[32]

11 Nach hM ist aber eine **Berichtigung** der Urteilsformel nach Ende der Verkündung durch einen Beschluss analog §§ 319 ff. ZPO zulässig.[33] Bei einer Berichtigung handelt es sich lediglich um eine

---

[17] Hierzu BGH v. 8. 7. 1955 – 5 StR 43/55, BGHSt 8, 41; KMR/*Voll* Rn. 7.
[18] Vgl. BGH v. 2. 12. 1960 – 4 StR 433/60, BGHSt 15, 263 = NJW 1961, 419; BGH v. 26. 7. 1961 – 2 StR 575/60, BGHSt 16, 178 (180) = NJW 1961, 1980.
[19] BGH v. 16. 6. 1953 – 1 StR 508/52, BGHSt 5, 5 (9); zu den rechtlichen Folgen s. u. Rn. 10 f.
[20] BGH v. 10. 5. 2000 – 1 StR 617/99, NStZ 2000, 498; Anw-StPO/*Martis* Rn. 9 mwN; *Meyer-Goßner* Rn. 19; *Pfeiffer* Rn. 5.
[21] S. u. Rn. 8.
[22] Vgl. Anw-StPO/*Martis* Rn. 7.
[23] BGH v. 10. 11. 2004 – 1 StR 414/04, wistra 2005, 110 (111); hierzu auch *Becker* NStZ-RR 2006, 257 (260).
[24] Vgl. Anw-StPO/*Martis* Rn. 6; KK-StPO/*Engelhardt* Rn. 9.
[25] BGH v. 17. 9. 1981 – 4 StR 496/81, StV 1982, 4 (5); BGH v. 11. 2. 2003 – 4 StR 5/03, NStZ 2004, 52; BGH v. 13. 10. 2005 – 5 StR 432/05, StV 2006, 516.
[26] So BGH v. 30. 6. 1983 – 4 StR 351/83, NStZ 1984, 41; KMR/*Voll* Rn. 10; *Meyer-Goßner* Rn. 16; *Pfeiffer* Rn. 5; aA Löwe/Rosenberg/*Gollwitzer*, 25. Aufl., Rn. 9; SK-StPO/*Schlüchter* Rn. 19.
[27] BGH v. 28. 5. 1974 – 4 StR 633/73, BGHSt 25, 333 (335); *Meyer-Goßner* Rn. 8 mwN.
[28] BGH v. 2. 12. 1960 – 4 StR 433/60, BGHSt 15, 263 (264) mwN = NJW 1961, 419; *Pfeiffer* Rn. 4.
[29] Vgl. Löwe/Rosenberg/*Gollwitzer*, 25. Aufl., Rn. 4.
[30] So HK-StPO/*Julius* Rn. 14 mwN.
[31] So BVerwG v. 16. 3. 2004 – 2 WD 3/04, BVerwGE 120, 193; BGH v. 28. 5. 1974 – 4 StR 633/73, BGHSt 25, 333 (335 f).
[32] Vgl. BGH v. 22. 2. 1996 – 1 StR 23/96, NStZ-RR 1996, 337; Anw-StPO/*Martis* Rn. 4; HK-StPO/*Julius* Rn. 7.
[33] Kritisch hinsichtlich einer analogen Anwendung des § 319 ZPO Löwe/Rosenberg/*Gollwitzer*, 25. Aufl., Rn 43.

Klarstellung dessen, was ungenügend zum Ausdruck gebracht wurde, nicht aber um eine inhaltliche Änderung.[34] Zulässig ist sie daher nur dann, wenn damit Abweichungen des verkündeten Urteils vom tatsächlich beratenen und beschlossenen Sachverhalt korrigiert werden sollen und es sich um ein Schreibversehen oder eine offensichtliche Unrichtigkeit handelt,[35] wie beispielsweise die irrtümliche Aussetzung einer 3-jährigen Haftstrafe zur Bewährung.[36] Darüber hinaus muss sich das tatsächlich Beschlossene nicht nur aus den nachträglichen schriftlichen Urteilsgründen, sondern bereits aus der mündlichen Begründung ergeben haben.[37] Entsprechend sind Fehler, die dadurch entstanden sind, dass sich das Gericht mit der betreffenden Materie gar nicht auseinander gesetzt hat, wie etwa bei einer fehlenden Kostenentscheidung,[38] nicht im Wege der Berichtigung zu korrigieren, da sich das Gericht zu diesem Punkt des Urteils offensichtlich gar keine Meinung gebildet hatte.[39] Insgesamt erscheint die Rechtsprechung zur Zulässigkeit einer Berichtigung allerdings uneinheitlich, die Besonderheiten des Einzelfalles sind daher immer zu beachten.[40]

III. Rechtsmittel

Das Weglassen der Eingangsformel ist nicht revisibel.[41] Auch das Unterlassen der Verlesung der Urteilsformel stellt keinen absoluten Revisionsgrund dar,[42] und auch ein Beruhen des Urteils auf diesem Verfahrensfehler ist zu verneinen.[43]

Weisen die verkündete Urteilsformel und die im schriftlichen Urteil niedergelegte Formel **Unterschiede** auf, so kann dies zu einer Aufhebung des Urteils führen, wenn dargelegt wird, worin die fehlende Übereinstimmung zu sehen ist und dass es sich hierbei nicht lediglich um eine völlig unerhebliche Abweichung handelt, welche den Sinn des Urteils nicht verändern kann.[44] Eine Abweichung der schriftlichen Urteilsgründe von den mündlich verkündeten hingegen ist unerheblich, da die mündlich eröffneten Gründe lediglich eine Vorinformation zu den für das Urteil ausschlaggebenden Gründen darstellen; nur die in der unterzeichneten Urteilsurkunde aufgeführten Urteilsgründe sind maßgeblich.[45]

Bei einer **unzureichenden Übersetzung** der Urteilsgründe für einen der deutschen Sprache nicht mächtigen Angeklagten ist eine Revision nach § 337 möglich; allerdings muss vorgetragen werden, dass der Angeklagte bei korrekter Übersetzung und damit Kenntnis der Urteilsgründe die Wiedereröffnung der Hauptverhandlung beantragt hätte.[46] Dasselbe gilt für den Fall, in dem sich das Gericht während der Übersetzung der Urteilsgründe entfernt hat. Auch hier muss plausibel dargestellt werden, dass der Angeklagte zum Zeitpunkt der Abwesenheit des Gerichts einen Punkt vorgetragen hätte, der die Richter zum Wiedereintritt in die Hauptverhandlung bewegt haben müsste.[47]

Die **Abwesenheit** einer Person, die in der Hauptverhandlung anwesend sein muss, bei der Verkündung der Urteilsformel stellt einen absoluten Revisionsgrund nach § 338 Nr. 5 dar.[48] Ob dies gleichermaßen für die Verkündung der Urteilsgründe gilt, ist umstritten;[49] die Rechtsprechung geht davon aus, dass die Verkündung der Urteilsgründe keinen wesentlichen Bestandteil der Hauptverhandlung iSd. § 338 Nr. 5 darstellt.[50] Hinsichtlich einer Revision nach § 337 in dieser Konstellation wird teilweise vertreten, dass diese in aller Regel nicht durchgreifen könne, da das Urteil nicht auf einer Gesetzesverletzung beruhen könne, die der Urteilsfindung nachfolgt.[51] Auch wenn das Urteil nicht in öffentlicher Sitzung verkündet wurde, obwohl die Öffentlichkeit nicht rechtmäßig ausgeschlossen wurde, liegt ein absoluter Revisionsgrund nach § 338 Nr. 6

---

[34] Ausführlich hierzu Löwe/Rosenberg/*Gollwitzer*, 25. Aufl., Rn. 42 ff.
[35] Vgl. BGH v. 16. 6. 1953 – 1 StR 508/52, BGHSt 5, 5 (9) = NJW 1953, 1926 (1927); OLG Düsseldorf v. 26. 1. 2981 – 5 Ss 5/81 I, MDR 1981, 606; HK-StPO/*Julius* Rn. 6; Löwe/Rosenberg/*Gollwitzer*, 25. Aufl., Rn. 46 ff.
[36] Siehe OLG Karlsruhe v. 9. 11. 1998 – 3 Ws 209/98, NStZ-RR 1999, 112 f.
[37] BGH v. 3. 2. 1959 – 1 StR 644/58, BGHSt 12, 374 (375 f.) = NJW 1959, 899 (900); BGH v. 15. 4. 1981 – 2 StR 645/80, NStZ 1983, 212; OLG Karlsruhe v. 9. 11. 1998 – 3 Ws 209/98, NStZ-RR 1999, 112 (113).
[38] Vgl. OLG Karlsruhe v. 17. 12. 1996 – 2 Ws 214/96, NStZ-RR 1997, 157 (158).
[39] Zust. OLG Köln v. 4. 1. 2008 – 82 Ss 180/07, NStZ-RR 2008, 207 (208).
[40] Einen Überblick über Entscheidungen zur Berichtigung bietet KMR/*Voll* Rn. 19.
[41] S. o. Rn. 1; HK-StPO/*Julius* Rn. 11; KK-StPO/*Engelhardt* Rn. 15; Löwe/Rosenberg/*Gollwitzer*, 25. Aufl., Rn. 63.
[42] So RG v. 9. 12. 1937 – 3 D 639/37, RGSt 71, 377 (379).
[43] Vgl. BGH v. 4. 2. 1986 – 1 StR 643/85, NJW 1986, 1820; KK-StPO/*Engelhardt* Rn. 16.
[44] Vgl. hierzu RG v. 25. 11. 1887 – 2687/87, RGSt 16, 347 (349).
[45] BGH v. 2. 12. 1960 – 4 StR 433/60, BGHSt 15, 263 (264); KMR/*Voll* Rn. 7, 22 mwN.
[46] Hierzu BGH v. 16. 10. 1962 – 5 StR 405/62, GA 1963, 148; HK-StPO/*Julius* Rn. 11.
[47] BGH v. 22. 2. 1996 – 1 StR 23/96, NStZ-RR 1996, 337; HK-StPO/*Julius* Rn. 11.
[48] Vgl. zur Abwesenheit des Angeklagten BGH v. 2. 12. 1960 – 4 StR 433/60, BGHSt 15, 263; BGH v. 26. 7. 1961 – 2 StR 575/60, BGHSt 15, 178 (180).
[49] Löwe/Rosenberg/*Gollwitzer*, 25. Aufl., Rn. 69; ablehnend KMR/*Voll* Rn. 20.
[50] BGH v. 2. 12. 1960 – 4 StR 433/60, BGHSt 15, 263 (264); BGH v. 26. 7. 1961 – 2 StR 575/60, BGHSt 16, 178 (180); zust. KMR/*Voll* Rn. 7.
[51] So KMR/*Voll* Rn. 20 mwN; SK-StPO/*Schlüchter* Rn. 32.

vor.[52] Die Nichtbeachtung der 11-Tages-Frist des § 268 Abs. 3 S. 2 ist revisibel,[53] ein Ausschluss des Beruhens des Urteils auf diesem Verfahrensverstoß soll nur in Ausnahmefällen möglich sein.[54]

§ 268a [Strafaussetzung oder Aussetzung von Maßregeln zur Bewährung]

(1) Wird in dem Urteil die Strafe zur Bewährung ausgesetzt oder der Angeklagte mit Strafvorbehalt verwarnt, so trifft das Gericht die in den §§ 56a bis 56d und 59a des Strafgesetzbuches bezeichneten Entscheidungen durch Beschluss; dieser ist mit dem Urteil zu verkünden.

(2) Absatz 1 gilt entsprechend, wenn in dem Urteil eine Maßregel der Besserung und Sicherung zur Bewährung ausgesetzt oder neben der Strafe Führungsaufsicht angeordnet wird und das Gericht Entscheidungen nach den §§ 68a bis 68c des Strafgesetzbuches trifft.

(3) [1] Der Vorsitzende belehrt den Angeklagten über die Bedeutung der Aussetzung der Strafe oder Maßregel zur Bewährung, der Verwarnung mit Strafvorbehalt oder der Führungsaufsicht, über die Dauer der Bewährungszeit oder der Führungsaufsicht, über die Auflagen und Weisungen sowie über die Möglichkeit des Widerrufs der Aussetzung oder der Verurteilung zu der vorbehaltenen Strafe (§ 56f Abs. 1, §§ 59b, 67g Abs. 1 des Strafgesetzbuches). [2] Erteilt das Gericht dem Angeklagten Weisungen nach § 68b Abs. 1 des Strafgesetzbuches, so belehrt der Vorsitzende ihn auch über die Möglichkeit einer Bestrafung nach § 145a des Strafgesetzbuches. [3] Die Belehrung ist in der Regel im Anschluss an die Verkündung des Beschlusses nach den Absätzen 1 oder 2 zu erteilen. [4] Wird die Unterbringung in einem psychiatrischen Krankenhaus zur Bewährung ausgesetzt, so kann der Vorsitzende von der Belehrung über die Möglichkeit des Widerrufs der Aussetzung absehen.

Schrifttum: *Böttcher/Mayer*, Änderungen des Strafverfahrensrechts durch das Entlastungsgesetz, NStZ 1993, 153; *Kusch*, Aus der Rechtsprechung des BGH zum Strafverfahrensrecht, NStZ 1995, 218.

I. Allgemeines

1   Mit dem Urteil entscheidet das Gericht auch über die Aussetzung einer Strafe oder Maßregel zur Bewährung nach den §§ 56 und 67b Abs. 1 StGB, die Verwarnung mit Strafvorbehalt nach § 59 StGB sowie die Anordnung der Führungsaufsicht nach § 68 StGB. § 268a regelt die Formalia für die damit einhergehenden Entscheidungen: Diese müssen gemäß Abs. 1 in Form eines **Beschlusses** ergehen, welcher mit dem Urteil zu verkünden ist.

2   § 268a gilt kraft Verweisung in § 332 auch für die **Berufungsinstanz**. Dies ergibt sich auch bereits dadurch, dass das Berufungsgericht eine erneute und selbständige Prüfung und Beurteilung des zugrunde liegenden Sachverhalts vornimmt und demnach auch über die Frage der Aussetzung zur Bewährung nebst den damit zusammenhängenden Beschlüssen neu entscheiden muss.[1] Der Beschluss des erstinstanzlichen Gerichts wird daher mit Erlass des Berufungsurteils gegenstandslos. Somit entscheidet das Berufungsgericht auch dann neu nach § 268a, wenn es die Berufung als unbegründet – die Fälle des § 322 Abs. 1 und des § 329 Abs. 1 S. 1 sind also nicht erfasst[2] – verwirft.[3] Die Entscheidung kann auch in der Bestätigung des Beschlusses des erstinstanzlichen Gerichts bestehen.[4] Das **Revisionsgericht** hingegen, welches das erstinstanzliche Urteil aufheben kann, ist für den Erlass eines Beschlusses nach § 268a nicht zuständig; vielmehr muss es dem Tatrichter die neue Entscheidung überlassen.[5]

---

[52] Vgl. BGH v. 22. 5. 1953 – 2 StR 539/52, BGHSt 4, 279 = NJW 1953, 1442.
[53] BGH v. 30. 11. 2006 – 4 StR 452/06, NStZ 2007, 235 mwN.
[54] So BGH v. 11. 2. 2003 – 4 StR 5/03, NStZ 2004, 52; BGH v. 13. 10. 2005 – 5 StR 432/05, StV 2006, 516; BGH v. 30. 11. 2006 – 4 StR 452/06, NStZ 2007, 235 mwN; KMR/*Voll* Rn. 23; Löwe/Rosenberg/*Gollwitzer*, 25. Aufl., Rn. 68; SK-StPO/*Schlüchter* Rn. 34 mwN; aA nun der 5. Strafsenat, der § 268 Abs. 3 S. 2 als Ordnungsvorschrift wertet, auf deren Verletzung allein das Urteil nicht beruhen könne, vgl. BGH v. 9. 11. 2006 – 5 StR 349/06, NJW 2007, 96.

[1] So auch KK-StPO/*Engelhardt* Rn. 1.
[2] Vgl. KMR/*Voll* Rn. 5; *Meyer-Goßner* Rn. 2.
[3] OLG Frankfurt v. 23. 3. 2010 – 3 Ws 241/10, NStZ-RR 2010, 187; KMR/*Voll* Rn. 5, der den Beschluss als „seiner Natur nach akzessorischen Anhang des angefochtenen Urteils" ansieht; Löwe/Rosenberg/*Gollwitzer*, 25. Aufl., Rn. 19; *Meyer-Goßner* Rn. 2.
[4] Löwe/Rosenberg/*Gollwitzer*, 25. Aufl., Rn. 19.
[5] Vgl. BGH v. 21. 4. 1999 – 2 StR 162/99, NStZ-RR 1999, 281; Anw-StPO/*Martis* Rn. 5; KMR/*Voll* Rn. 7; *Pfeiffer* Rn. 3; SK-StPO/*Schlüchter* Rn. 6.

II. Beschlüsse nach Abs. 1 und 2

An einem Beschluss nach § 268 Abs. 1 oder Abs. 2 wirken die Laienrichter mit.[6] Er wird in der Hauptverhandlung im Anschluss an das Urteil verkündet, wobei es dem Gericht überlassen bleibt, ob es diesen direkt nach der Verlesung der Urteilsformel oder aber erst nach der Eröffnung der Urteilsgründe bekannt gibt.[7] Allerdings ist im Interesse des Angeklagten der Verkündung nach der Urteilsformel den Vorzug zu geben.[8] Ein Beschluss nach § 268a Abs. 1 oder 2 ist eine im Laufe der Verhandlung ergangene Entscheidung iSd. § 273 Abs. 1 und ist daher in das Protokoll aufzunehmen.[9]

1. Strafaussetzung zur Bewährung und Verwarnung mit Strafvorbehalt (Abs. 1). Nach Abs. 1 kommen bei einer Aussetzung der Strafe zur Bewährung bzw. einer Verwarnung mit Strafvorbehalt Beschlüsse folgenden Inhalts in Betracht: Gemäß § 56a Abs. 1 StGB muss die Bewährungszeit festgelegt werden. § 56b StGB bietet die Möglichkeit, dem Verurteilten Auflagen zu erteilen, welche in § 56b Abs. 2 StGB aufgezählt sind. Außerdem können nach § 56c StGB Weisungen erteilt werden und der Verurteilte gemäß § 56d StGB für die bzw. einen Teil der Zeit der Bewährung einem Bewährungshelfer unterstellt werden. Abgesehen von dem Beschluss über die Dauer der Bewährungszeit nach § 56a StGB können diese Beschlüsse auch nachträglich getroffen, geändert oder aufgehoben werden (§ 56e StGB), was die Möglichkeit bietet, adäquat auf eine sich verändernde Bewährungssituation einzugehen.[10] § 59a StGB regelt die entsprechenden Möglichkeiten bei einer Verwarnung mit Strafvorbehalt.

2. Aussetzung einer Maßregel zur Bewährung und Führungsaufsicht (Abs. 2). Abs. 2 ist auf die Führungsaufsicht zugeschnitten:[11] wenn das Gericht die Unterbringung in einem psychiatrischen Krankenhaus oder in einer Entziehungsanstalt nach § 67b Abs. 1 S. 1 StGB zur Bewährung aussetzt, so wird der Verurteilte gemäß § 67 Abs. 2 StGB automatisch, dh. qua Gesetz, der Führungsaufsicht unterstellt. Darüber hinaus kann aber auch das Gericht nach § 68 Abs. 1 StGB Führungsaufsicht anordnen. In beiden Fällen findet § 268a Abs. 2 iVm. Abs. 1 Anwendung, wenn das Gericht Entscheidungen nach den §§ 68a bis 68c StGB trifft, in denen die Möglichkeiten geregelt sind, einen Bewährungshelfer zu bestellen (§ 68a StGB), Weisungen zu erteilen (§ 68b StGB) und die Dauer der Führungsaufsicht zu bestimmen (§ 68c StGB).

3. Begründung und Erlass des Beschlusses. Ob die Beschlüsse zu begründen sind, ist streitig.[12] Nach einhelliger Meinung ist eine Begründung aber zumindest dann erforderlich, wenn auf Zusagen oder Anerbieten des Angeklagten vom Gericht nicht eingegangen wurde.[13]

Die Nachholung eines **vergessenen Bewährungsbeschlusses** analog § 453, 462a Abs. 2 ist nach wohl mittlerweile überwiegender Meinung nicht möglich, da der Bewährungsbeschluss gemäß § 268a Abs. 1 aE mit dem Urteil zu verkünden ist, womit Urteil und Bewährungsbeschluss in einem unlösbaren inneren Zusammenhang stehen[14] und die zu treffenden Bewährungsentscheidungen auf dem in der Hauptverhandlung gewonnenen Eindruck beruhen müssen,[15] welcher in einer nachgeholten Entscheidung, die unter Umständen in einigem zeitlichen Abstand zur Hauptverhandlung steht, schwerlich rekonstruierbar erscheint. Darüber hinaus wird teilweise vertreten, dass der Verurteilte darauf vertrauen dürfe, dass die ausgesprochene Bewährung nicht einfach im Nachhinein mit Auflagen und Weisungen angereichert werde.[16] Lediglich die gesetz-

---

[6] KK-StPO/*Engelhardt* Rn. 7; Löwe/Rosenberg/*Gollwitzer*, 25. Aufl., Rn. 2.
[7] Vgl. BGH v. 28. 5. 1974 – 4 StR 633/73, BGHSt 25, 333 (337) = NJW 1974, 1518 (1519).
[8] So auch KK-StPO/*Engelhardt* Rn. 9.
[9] So KK-StPO/*Engelhardt* Rn. 15; Löwe/Rosenberg/*Gollwitzer*, 25. Aufl., Rn. 18.
[10] Einschränkend jedoch Anw-StPO/*Martis* Rn. 2.
[11] Vgl. hierzu SK-StPO/*Schlüchter* Rn. 8.
[12] Bejahend KK-StPO/*Engelhardt* Rn. 8; Löwe/Rosenberg/*Gollwitzer*, 25.Aufl., Rn. 5; wohl auch bejahend SK-StPO/*Schlüchter* Rn. 9; ablehnend BGH v. 3.7. 1987 – 2 StR 213/87, BGHSt 34, 392 (393); Anw-StPO/*Martis* Rn. 5; KMR/*Voll* Rn. 4, der eine „mündliche Erläuterung (...) mit Blick auf den Angeklagten" aber für zweckmäßig hält; Meyer-Goßner Rn. 7; *Pfeiffer* Rn. 1.
[13] Eingehend hierzu SK-StPO/*Schlüchter* Rn. 9.
[14] OLG Düsseldorf v. 26. 7. 2007 – 4 Ws 401/07, VRS 2007, 304 (305) mwN; OLG Dresden v. 29. 11. 2000 – 3 Ws 37/00, NJ 2001, 323 (324); OLG Hamm v. 2. 12. 1999 – 3 Ws 710/99, NStZ-RR 2000, 126; OLG Köln v. 28. 9. 1999 – 2 Ws 509/99, NStZ-RR 2000, 200; aA Anw-StPO/*Martis* Rn. 1 mwN; HK-StPO/*Julius* Rn. 4; *Pfeiffer* Rn. 1; aA OLG Celle v. 21. 6. 2007 – 32 Ss 86/07, NdsRpfl 2007, 332 (333 f.) = BeckRS 2007, 12338, mit Hinweis auf § 56e StGB; KMR/*Voll* Rn. 8; SK-StPO/*Schlüchter* Rn. 12; für eine beschränkte nachträgliche Anordnungsmöglichkeit OLG Frankfurt v. 28. 10. 1982 – 3 Ws 822/82, StV 1983, 24; OLG Köln v. 28. 9. 1999 – 2 Ws 502/99, StV 2001, 227.
[15] So zutreffend HK-StPO/*Julius* Rn. 4.
[16] OLG Düsseldorf v. 26. 7. 2007 – 4 Ws 401/07, VRS 2007, 304 (305); OLG Düsseldorf v. 3. 5. 1999 – 4 Ws 75/99, NStZ-RR 2000, 146 (147); LG Freiburg v. 27. 4. 1992 – II Qs 41/92, MDR 1992, 798; zust. *Pfeiffer* Rn. 1; wiederum aA OLG Celle v. 21. 6. 2007 – 32 Ss 86/07, NdsRpfl 2007, 332 (333 f.) = BeckRS 2007, 12338.

lich bestimmte Mindestdauer der Bewährung nach § 56a Abs. 1 S. 2 StGB kann nachträglich festgesetzt werden.[17]

III. Belehrung gemäß Abs. 3

8   Der Vorsitzende hat den Verurteilten über **Inhalt und Bedeutung** der Beschlüsse zu belehren. Eine Ausnahme bildet nach § 268a Abs. 3 S. 4 die Belehrung über den möglichen Widerruf der Aussetzung bei einer Unterbringung des Verurteilen in einem psychiatrischen Krankenhaus, hierüber *kann* der Vorsitzende aufklären. Ebenso wie die Beschlüsse selbst ist die Belehrung, welche eine wesentliche Förmlichkeit iSd. § 273 Abs. 1 darstellt, ins Protokoll aufzunehmen, wobei diese im Gegensatz zum Beschluss nicht etwa wörtlich aufgenommen, sondern lediglich die Tatsache, dass eine Belehrung stattgefunden hat, vermerkt wird.[18] Die Belehrung, deren Zweck es ist, dem Verurteilten die inhaltliche Bedeutung des entsprechenden Beschlusses begreiflich zu machen, ebenso wie ihm die Reaktionsmöglichkeiten des Gerichts bei mangelnder Erfüllung von Auflagen und Weisungen oder erneuter Straffälligkeit im Bewährungszeitraum vor Augen zu führen, ist zur Erreichung dieses Ziels grundsätzlich mündlich zu erteilen.[19] Im Strafbefehlsverfahren, in dem gemäß § 409 Abs. 1 S. 2 ebenfalls entsprechend zu belehren ist, ist die Beifügung eines Merkblattes ausreichend.[20] Der Mindestinhalt der Belehrung ist in § 268a Abs. 3 S. 1 und 2 festgelegt.

9   **Unterbleibt** eine Belehrung, so wird dadurch der Bestand des Beschlusses nicht in Frage gestellt; allerdings ist es denkbar, dass das Verhalten des Angeklagten in der Bewährungszeit aufgrund der mangelnden Belehrung bei einem neuerlichen Beschluss, zB wegen Verstößen des Angeklagten gegen Auflagen oder Weisungen, anders bewertet werden muss.[21]

IV. Rechtsmittel

10 Die **Revision** gegen das Urteil kann nicht mit Rügen gegen Bewährungsanordnungen begründet werden,[22] da diese nicht Bestandteil des Urteils sind. Gegen Beschlüsse nach § 268a Abs. 1 und 2 ist die **Beschwerde** nach § 304 Abs. 1 zulässig, welche gemäß § 305a Abs. 1 S. 2 nur darauf gestützt werden kann, dass der Beschluss rechtswidrig war.[23] Die Beschwerde erübrigt sich nach dem oben Dargelegten allerdings, wenn gegen das Urteil Berufung eingelegt wurde, da die Beschlüsse mit Erlass des Berufungsurteils gegenstandslos werden.[24] Auch die Entscheidung des Berufungsgerichts ist mit der Beschwerde anfechtbar.[25] Das Verbot der reformatio in peius gilt für den neuen Beschluss nicht,[26] da der Beschluss nach § 56e StGB nachträglich geändert werden kann und dem Angeklagten gegenüber schon deswegen kein Vertrauenstatbestand geschaffen wurde; ein solcher wäre ohnehin im Zeitpunkt des Vorgehens gegen eben diesen Beschluss fraglich.

§ 268b [Fortdauer der Untersuchungshaft]

¹Bei der Urteilsfällung ist zugleich von Amts wegen über die Fortdauer der Untersuchungshaft oder einstweiligen Unterbringung zu entscheiden. ²Der Beschluß ist mit dem Urteil zu verkünden.

I. Allgemeines

1   Allgemein erfolgt die Prüfung der Voraussetzungen für die Untersuchungshaft oder einstweilige Unterbringung, solange diese andauert, von Amts wegen nach § 117 bzw. §§ 126a, 117. Liegen die Voraussetzungen nicht mehr vor, so ist der Haft- bzw. der Unterbringungsbefehl gemäß der §§ 120 Abs. 1 und 126a Abs. 3 S. 1 Alt. 1 aufzuheben. Nichts anderes gilt auch für die Zeit der

---

[17] Hierzu OLG Hamm v. 22. 12. 1999 – 3 Ws 710/99, NStZ-RR 2000, 126; eine Nachholung als überflüssig erachtet *Meyer-Goßner* Rn. 8 mwN; vgl. auch *Pfeiffer* Rn. 1.
[18] Vgl. Löwe/Rosenberg/*Gollwitzer*, 25. Aufl., Rn. 18.
[19] So Löwe/Rosenberg/*Gollwitzer*, 25. Aufl., Rn. 16.
[20] Vgl. Anw-StPO/*Martis* Rn. 4; KK-StPO/*Engelhardt* Rn. 13; Löwe/Rosenberg/*Gollwitzer*, 25. Aufl., Rn. 16; SK-StPO/*Schlüchter* Rn. 13; *Böttcher/Mayer* NStZ 1993, 153 (156).
[21] So Anw-StPO/*Martis* Rn. 4; Löwe/Rosenberg/*Gollwitzer*, 25. Aufl., Rn. 26; KK-StPO/*Engelhardt* Rn. 11.
[22] Vgl. HK-StPO/*Julius* Rn. 7; Löwe/Rosenberg/*Gollwitzer*, 25. Aufl., Rn. 24; SK-StPO/*Schlüchter* Rn. 19 mwN.
[23] Siehe hierzu § 305a Rn. 1.
[24] HK-StPO/*Julius* Rn. 6; Löwe/Rosenberg/*Gollwitzer*, 25. Aufl., Rn. 19; *Pfeiffer* Rn. 3; SK-StPO/*Schlüchter* Rn. 16.
[25] Löwe/Rosenberg/*Gollwitzer*, 25. Aufl., Rn. 20.
[26] Str., zustimmend BGH v. 29. 11. 1994 – 4 StR 657/94, bei *Kusch* NStZ 1995, 218 (220); OLG Düsseldorf v. 2. 11. 1993 – 3 Ws 596 – 597/93, NStZ 1994, 198 (199); OLG Oldenburg v. 14. 3. 1996 – 1 Ws 8/96, NStZ-RR 1997, 9 (9 f.); KMR/*Voll* Rn. 6 mwN; Löwe/Rosenberg/*Gollwitzer*, 25. Aufl., Rn. 20; einschränkend SK-StPO/*Schlüchter* Rn. 5.

Sechster Abschnitt. Hauptverhandlung 2–6 § 268b

laufenden Hauptverhandlung.[1] Zusätzlich schreibt § 268b eine erneute Entscheidung für den Zeitpunkt der Urteilsfällung vor, welche einen verfahrensmäßigen Einschnitt darstellt.[2] Bei einem Freispruch erfolgt die Aufhebung des Haftbefehls allerdings bereits zwingend nach § 120 Abs. 1 S. 2,[3] dasselbe gilt gemäß § 126a Abs. 3 S. 1 für den Unterbringungsbefehl, wenn das Gericht im Urteil keine Unterbringung anordnet.

II. Der Beschluss

Das Gericht muss in Form eines Beschlusses über die Fortdauer von Untersuchungshaft oder 2 einstweiliger Unterbringung entscheiden. **Inhalt** des Beschlusses kann die Aufhebung oder Aufrechterhaltung des Haft- oder Unterbringungsbefehls oder aber die Aussetzung seines Vollzuges sein, was nach Maßgabe der §§ 112ff. zu entscheiden ist. Nach ganz überwiegender Meinung ist § 268b auch dann anwendbar, wenn der Vollzug des Haftbefehls bereits gemäß § 116 ausgesetzt ist.[4] Möglich ist auch die erstmalige Anordnung eines Haft- oder Unterbringungsbefehls, wenn ein solcher bis zur Urteilsverkündung noch nicht ergangen war.[5]

Am Beschluss nach § 268b sind, wie auch bei den Beschlüssen nach § 268a Abs. 1 und 2, die 3 Laienrichter beteiligt.[6] Wird der Beschluss allerdings vergessen, so muss das Gericht – im Eilfall kann der Vorsitzende gemäß § 126 Abs. 2 S. 4 alleine mit Zustimmung der Staatsanwaltschaft über die Aufhebung oder die Aussetzung des Vollzuges entscheiden – diesen **nachholen**.[7] Für den Fortbestand des Haft- oder Unterbringungsbefehls ist ein vergessener Beschluss nach § 268b folgenlos.

Der Beschluss ist gemäß § 273 Abs. 1 ins **Sitzungsprotokoll** aufzunehmen und darüber hinaus zu 4 begründen. Eine **Begründung** des dringenden Tatverdachts erübrigt sich dabei naturgemäß, da dieser durch das Urteil als belegt anzusehen sein sollte.[8] Auch sonst sind an die Begründung der Aufrechterhaltung des Haftbefehls keine übertrieben hohen Anforderungen zu stellen, es wird vielmehr als ausreichend angesehen, wenn die Begründung den Haftgrund enthält und die Aufrechterhaltung „nach Maßgabe der Verurteilung" geschieht.[9] Zu beachten ist, dass der Haftgrund der Verdunkelungsgefahr mit dem Urteil entfallen dürfte; in diesem Fall ist ggf. auf das Vorliegen eines anderen Haftgrundes einzugehen.[10] Weicht das Urteil allerdings inhaltlich von den im Haftbefehl aufgeführten Vorwürfen ab, so muss der Haftbefehl dem Urteil angepasst[11] und entsprechend begründet werden.[12]

Die Entscheidung ist gemäß § 268b S. 2 mit dem Urteil zu **verkünden**, das heißt nach der Ur- 5 teilsformel. Ob die Haftentscheidung aber noch vor der Eröffnung der Urteilsgründe oder erst nach deren Ende verkündet wird, liegt im freien Ermessen des Gerichts.[13] Ein Beschluss, der nach der Hauptverhandlung erlassen wurde oder dessen Verkündung in der Hauptverhandlung vergessen wurde, muss dem Verurteilten zugestellt werden.[14]

III. Rechtsbehelfe

Gegen den Haftbeschluss ist die **Beschwerde** nach § 304 Abs. 1 zulässig, darüber hinaus der 6 Antrag auf **Haftprüfung** nach § 117 Abs. 1.[15] Nach zutreffender überwiegender Meinung im

---

[1] Vgl. HK-StPO/*Julius* Rn. 1; *Meyer-Goßner* Rn. 1; SK-StPO/*Schlüchter* Rn. 1.
[2] KMR/*Voll* Rn. 1.
[3] So auch KMR/*Voll* Rn. 2; *Meyer-Goßner* Rn. 2; aA HK-StPO/*Julius* Rn. 1.
[4] Bejahend HK-StPO/*Julius* Rn. 1; KMR/*Voll* Rn. 1; Löwe/Rosenberg/*Gollwitzer*, 25. Aufl., Rn. 2; SK-StPO/*Schlüchter* Rn. 3 mit zutreffendem Hinweis auf die Belastungen, die mit der Aussetzung verbunden sein können; aA mit Wortlautargument *Meyer-Goßner* Rn. 2.
[5] So HK-StPO/*Julius* Rn. 1; KK-StPO/*Engelhardt* Rn. 4; SK-StPO/*Schlüchter* Rn. 6.
[6] KK-StPO/*Engelhardt* Rn. 3; Löwe/Rosenberg/*Gollwitzer*, 25. Aufl., Rn. 7; *Meyer-Goßner* Rn. 3; vgl. zur Gerichtsbesetzung bei einem nicht öffentlichen Haftprüfungstermin außerhalb aber während der Hauptverhandlung OLG Köln v. 7. 1. 2009 – 2 Ws 640–641/08, 589 (589 ff.); zust. OLG Jena v. 28. 9. 2009 – 1 Ws 373/09, BeckRS 2009, 86302; siehe hierzu auch BVerfG v. 28. 3. 1998 – 2 BvR 2037/97, NStZ 1998, 418.
[7] Vgl. KMR/*Voll* Rn. 6; *Meyer-Goßner* Rn. 4; *Pfeiffer* Rn. 2.
[8] Vgl. BGH v. 8. 1. 2004 – 2 StE 4/02 – 5 StB 20/03, NStZ 2004, 276 (277), auch zum Auftauchen von neuen Beweisen; BGH v. 28. 10. 2005 – 2 StE 4/02 – 5 StB 15/05, NStZ 2006, 297; Löwe/Rosenberg/*Gollwitzer*, 25. Aufl., Rn. 4; SK-StPO/*Schlüchter* Rn. 7.
[9] Anw-StPO/*Martis* Rn. 3; vgl. auch *Pfeiffer* Rn. 2.
[10] So KMR/*Voll* Rn. 5; Löwe/Rosenberg/*Gollwitzer*, 25. Aufl., Rn. 5 mwN; *Pfeiffer* Rn. 2.
[11] OLG Karlsruhe v. 26. 9. 2000 – 3 Ws 196/00, StV 2001, 118; OLG Stuttgart v. 25. 1. 2007 – 1 Ws 24/07, BeckRS 2007, 02388; Anw-StPO/*Martis* Rn. 3; HK-StPO/*Julius* Rn. 2.
[12] Hierzu Anw-StPO/*Martis* Rn. 3.
[13] Hierzu KK-StPO/*Engelhardt* Rn. 5; Löwe/Rosenberg/*Gollwitzer*, 25. Aufl., Rn. 9; SK-StPO/*Schlüchter* Rn. 8.
[14] Vgl. *Meyer-Goßner* Rn. 4; SK-StPO/*Schlüchter* Rn. 9.
[15] Zum möglichen Inhalt vgl. HK-StPO/*Julius* Rn. 3.

Schrifttum muss der Verurteilte über die Beschwerdemöglichkeit belehrt werden, wenn ein neuer Haft- bzw. Unterbringungsbefehl ergeht.[16]

§ 268c [Belehrung über Beginn des Fahrverbots]

¹Wird in dem Urteil ein Fahrverbot angeordnet, so belehrt der Vorsitzende den Angeklagten über den Beginn der Verbotsfrist (§ 44 Abs. 3 Satz 1 des Strafgesetzbuches). ²Die Belehrung wird im Anschluß an die Urteilsverkündung erteilt. ³Ergeht das Urteil in Abwesenheit des Angeklagten, so ist er schriftlich zu belehren.

I. Allgemeines

1 Gemäß § 44 Abs. 1 StGB kann das Gericht als **Nebenstrafe** ein Fahrverbot von einem Monat bis zu drei Monaten anordnen, wenn der Täter wegen einer Straftat verurteilt worden ist, die er bei oder im Zusammenhang mit dem Führen eines Kraftfahrzeugs oder unter Verletzung der Pflichten eines Kraftfahrzeugführers begangen hat.[1] Der Sinn der Belehrung nach § 268c besteht darin, dass im Falle eines Fahrverbotes dem Verurteilten Nachteile aus seiner Unkenntnis hinsichtlich der rechtlichen Folgen entstehen können, da nicht zu erwarten ist, dass sich der rechtsunkundige Laie darüber im Klaren ist, dass das Fahrverbot mit der Rechtskraft des Urteils beginnt, er infolgedessen ab diesem Zeitpunkt nicht mehr mit seinem Kraftfahrzeug am Straßenverkehr teilnehmen darf[2] und er sich folglich nach § 21 StVG strafbar machen kann, wenn er dennoch mit einem Fahrzeug fährt.[3] Auch eine unbeabsichtigte Verlängerung des Fahrverbotes infolge des Auseinanderfallens der Wirksamkeit des Fahrverbots und dem möglicherweise durch verspätete Abgabe des Führerscheins deutlich späteren Beginn der Verbotsfrist kann mit der entsprechenden Belehrung vermieden werden.[4]

II. Belehrungspflicht

2 Der Vorsitzende ist für die Belehrung gemäß § 268c S. 1 zuständig. Diese hat mündlich zu erfolgen. Die Aushändigung eines **Merkblattes** ist additiv möglich, ersetzt aber nicht die mündliche Belehrung;[5] gemäß § 268c S. 3 ist nur dem in Abwesenheit Verurteilten die Belehrung schriftlich zu erteilen. Die Belehrungspflicht gilt über § 332 auch für die **Berufungsinstanz**, und zwar unabhängig davon, ob eine Belehrung bereits in der Eingangsinstanz stattgefunden hat oder nicht,[6] sowie im Strafbefehlsverfahren über § 409 Abs. 1 S. 1.

3 Die Belehrung muss nicht ins Protokoll aufgenommen werden, da sie keine wesentliche Förmlichkeit iSd. § 273 Abs. 1 darstellt.[7] Auch ihr Unterlassen bleibt ohne (prozess)rechtliche Folgen; ein **Rechtsmittel** gegen die Anordnung des Fahrverbots kann nicht auf eine unterlassene Belehrung nach § 268c gestützt werden,[8] noch weniger eine Revision nach § 337.[9]

III. Belehrungsinhalt

4 Zu belehren ist gemäß § 268c über den Beginn der Verbotsfrist. Dieser fällt gemäß § 44 Abs. 2 S. 1 StGB nur dann mit der **Rechtskraft** der Entscheidung zusammen, wenn der Verurteilte keine Fahrerlaubnis hat oder der Führerschein bereits nach § 94 oder § 111a in amtlicher Verwahrung ist.[10] In dem Fall, dass sich dieser noch beim Verurteilten befindet, beginnt die Frist gemäß § 44

---

[16] So KMR/*Voll* Rn. 7; Löwe/Rosenberg/*Gollwitzer*, 25. Aufl., Rn. 10; *Pfeiffer* Rn. 3; KK-StPO/*Engelhardt* Rn. 6; eine Belehrungspflicht auch bei der Aufrechterhaltung von Haft- oder Unterbringungsbefehl annehmend SK-StPO/*Schlüchter* Rn. 11; ablehnend hingegen *Meyer-Goßner* Rn. 5.

[1] Eine entsprechende Belehrungspflicht hinsichtlich eines im OWi-Verfahren neben einer Geldbuße verhängten Fahrverbots ist in § 25 Abs. 8 StVG geregelt.

[2] Hierzu KMR/*Voll* Rn. 1, der dies als notwendigen Inhalt der Belehrung ansieht, mwN; Löwe/Rosenberg/*Gollwitzer*, 25. Aufl., Rn. 1; SK-StPO/*Schlüchter* Rn. 1 mwN.

[3] Hierzu Löwe/Rosenberg/*Gollwitzer*, 25. Aufl., Rn. 4.

[4] Vgl. Anw-StPO/*Martis* Rn. 1; HK-StPO/*Julius* Rn. 1.

[5] So KMR/*Voll* Rn. 2; Löwe/Rosenberg/*Gollwitzer*, 25. Aufl., Rn. 7; SK-StPO/*Schlüchter* Rn. 5 mwN.

[6] Einhellige Meinung, vgl. KMR/*Voll* Rn. 2; KK-StPO/*Engelhardt* Rn. 5; *Meyer-Goßner* Rn. 1; SK-StPO/*Schlüchter* Rn. 3.

[7] So KK-StPO/*Engelhardt* Rn. 6; zust. HK-StPO/*Julius* Rn. 2, der die Protokollierung dennoch für zweckmäßig hält; ebenso KMR/*Voll* Rn. 5; Löwe/Rosenberg/*Gollwitzer*, 25. Aufl., Rn. 10; *Meyer-Goßner* Rn. 4; SK-StPO/*Schlüchter* Rn. 9, allerdings alle ohne Begründung.

[8] Vgl. KK-StPO/*Engelhardt* Rn. 6.

[9] So Löwe/Rosenberg/*Gollwitzer*, 25. Aufl., Rn. 11; SK-StPO/*Schlüchter* Rn. 8, 10.

[10] *Fischer* § 44 Rn. 17a.

Abs. 3 S. 1 StGB erst mit dem ersten Tag der **amtlichen Verwahrung** nach § 44 Abs. 2 S. 2 StGB. Falls es sich um einen ausländischen Führerschein iSd. § 44 Abs. 2 S. 4 handelt, der nicht verwahrt wird, sondern in dem stattdessen das Fahrverbot vermerkt wird, beginnt die Frist entsprechend mit dem Eintrag des Vermerks.

Darüber hinaus dürfte es im Interesse des Verurteilten sein zu erfahren, dass ungeachtet der Wirksamkeit des Fahrverbotes mit Rechtskraft die Verbotsfrist erst mit der Abgabe seines Führerscheins bei der zuständigen Behörde zu laufen beginnt, er diese folglich zeitnah veranlassen sollte.[11] Auch über die für die Verwahrung zuständige Stelle kann in diesem Kontext aufgeklärt werden.[12] Diese möglichen Inhalte einer Belehrung gehen zwar über den Wortlaut des § 268c hinaus, erscheinen aber angebracht.

IV. Belehrungszeitpunkt

Gemäß S. 2 soll die Belehrung im Anschluss an die Urteilsverkündung erteilt werden. Das bedeutet, dass im Falle eines Beschlusses nach § 268a oder § 268b, welche nach dem Gesetzeswortlaut mit dem Urteil verkündet werden, die Belehrung erst nach deren Verkündung und vor der Rechtsmittelbelehrung stattfinden soll.[13]

Die **Nachholung** einer vergessenen Belehrung durch das Gericht zu einem späteren Zeitpunkt ist gesetzlich nicht vorgeschrieben. Möglich bleibt allerdings die in § 59a Abs. 4 S. 1 StVollstrO vorgesehene Belehrung durch die **Vollstreckungsbehörde**, wenn diese den Führerschein noch nicht in Gewahrsam hatte und den Verurteilten zur Herausgabe auffordert und zudem aus den Akten ersichtlich ist, dass eine Belehrung bis dahin unterblieben ist.

§ 268d [Belehrung bei Vorbehalt der Entscheidung über Sicherungsverwahrung]

Wird in dem Urteil die Entscheidung über die Anordnung der Sicherungsverwahrung nach § 66a Abs. 1 des Strafgesetzbuches einer weiteren gerichtlichen Entscheidung vorbehalten, so belehrt der Vorsitzende den Angeklagten über den Gegenstand der weiteren Entscheidungen sowie über den Zeitraum, auf den sich der Vorbehalt erstreckt.

I. Allgemeines

Mit der vorbehaltenen Sicherungsverwahrung nach § 66a StGB hat der Gesetzgeber ein Instrument geschaffen, dessen Einsatz von erheblicher Tragweite für den Verurteilten ist. Dem Gericht steht die Möglichkeit offen, bei **verbleibenden Zweifeln** an der Gefährlichkeit für die Allgemeinheit eines wegen einer der in § 66 Abs. 3 S. 1 StGB genannten Taten Verurteilten iSd. § 66 Abs. 1 Nr. 3 StGB sich die Entscheidung über die Anordnung der Sicherungsverwahrung vorzubehalten.[1] Das bedeutet, dass das Gericht diese Entscheidung gemäß § 66a Abs. 2 S. 1 StGB bis sechs Monate vor dem Zeitpunkt einer möglichen Strafrestaussetzung zur Bewährung nach § 57 Abs. 1 S. 1 Nr. 1 bzw. § 57a Abs. 1 Nr. 1 StGB treffen kann, dass also bis dahin über dem Verurteilten sozusagen das Damoklesschwert einer sich möglicherweise anschließenden Sicherungsverwahrung schwebt. Dieser Bedeutung, die die Vorbehaltsentscheidung für den Verurteilten hat, soll mit der Belehrung nach § 268d Rechnung getragen werden,[2] welche nach dem Gesetzeswortlaut den Gegenstand der weiteren Entscheidungen und den Zeitraum, für den der Vorbehalt gilt, beinhalten soll.

II. Inhalt der Belehrung

Nach dem oben Dargelegten soll der Verurteilte über die Bedeutung der vorbehaltenen Entscheidung über die Anordnung der Sicherungsverwahrung aufgeklärt werden. Das bedeutet zunächst die Erläuterung der Regelungen des § 66a Abs. 2 StGB: Der Vorsitzende muss den Verurteilten darüber in Kenntnis setzen, dass über die Anordnung der Sicherungsverwahrung zum Zeitpunkt der Urteilsverkündung noch nicht entschieden werden kann, weil für das Gericht nicht mit hinreichender Sicherheit feststeht, dass er iSd. § 66 Abs. 1 Nr. 3 StGB eine **Gefahr für die All-**

---

[11] Vgl. KMR/*Voll* Rn. 1.
[12] So KMR/*Voll* Rn. 1; Löwe/Rosenberg/*Gollwitzer*, 25. Aufl., Rn. 4; SK-StPO/*Schlüchter* Rn. 4; dies als obligatorisch ansehend HK-StPO/*Julius* Rn. 2.
[13] Vgl. SK-StPO/*Schlüchter* Rn. 6.
[1] Im Einzelnen hierzu *Fischer* § 66a StGB Rn. 4 ff.
[2] Siehe BT-Drucks. 14/8586, S. 8.

gemeinheit darstellt und dass daher zu einem späteren Zeitpunkt vom Gericht zu beurteilen ist, ob von ihm weitere erhebliche Straftaten mit der Folge schwerer körperlicher oder seelischer Schädigungen bei den Opfern zu erwarten sind und dass bejahendenfalls die vorbehaltene in eine angeordnete Sicherungsverwahrung umschlagen wird. In diesem Zusammenhang ist dem Verurteilten besonders deutlich zu machen, dass dieser neuerlichen Einschätzung hinsichtlich seiner Gefährlichkeit maßgeblich seine **Entwicklung im Strafvollzug**,[3] insbesondere auch die Bereitschaft, Behandlungsangebote wahrzunehmen, zugrunde gelegt werden wird.[4]

3 Auch muss er darüber belehrt werden, dass diese Entscheidung spätestens sechs Monate vor einer möglichen Aussetzung der Vollstreckung des Strafrests zur Bewährung getroffen wird, das heißt der Zeitraum des Vorbehalts muss – soweit das zum Zeitpunkt der Urteilsverkündung möglich ist[5] – eingegrenzt werden.

4 Das prozessuale Vorgehen nach § 275a, etwa dass die Entscheidung im Rahmen einer neuen Hauptverhandlung ergehen muss oder dass Sachverständigengutachten zur Gefährlichkeitsprognose eingeholt werden, kann dem Verurteilten erläutert werden,[6] ist aber von untergeordneter Bedeutung und für den Verurteilten vermutlich von geringem Interesse, da es ihm auf die tatsächlichen Folgen und weniger auf das Procedere ankommen dürfte.

III. Belehrungspflicht

5 Der Vorsitzende belehrt den Verurteilten nach der Urteilsverkündung und vor der Rechtsmittelbelehrung mündlich.[7] Eine **unterlassene Belehrung** ist unverzüglich nachzuholen,[8] bleibt aber im Falle ihres vollständigen Unterlassens, wie auch bei § 268a, folgenlos, sie hindert nicht an der nachträglichen Anordnung der Sicherungsverwahrung.[9] Ihr Fehlen kann allerdings im Rahmen der Beurteilung des Verhaltens des Täters im Vollzug herangezogen werden.[10]

6 Da es sich bei der Belehrung nach § 268d nicht um eine wesentliche Förmlichkeit iSd. § 273 Abs. 1 handelt, ist sie nicht obligatorisch in das **Sitzungsprotokoll** aufzunehmen,[11] dennoch erscheint ihre Protokollierung im Hinblick auf die folgende Anordnungsentscheidung sinnvoll.[12]

§ 269 [Sachliche Unzuständigkeit]

Das Gericht darf sich nicht für unzuständig erklären, weil die Sache vor ein Gericht niederer Ordnung gehöre.

I. Allgemeines

1 Die Vorschrift des § 269 dient der **Verfahrensbeschleunigung** und der **Prozessökonomie**,[1] indem sie bestimmt, dass nach Rechtshängigkeit eine Verweisung von einem Gericht höherer an eines niederer Ordnung nicht möglich ist und somit Verweisungen vermieden werden, die nicht wegen mangelnder Strafkompetenz unerlässlich sind.[2] Ob hiermit von dem in § 6 niedergelegten Grundsatz, dass das Gericht seine Zuständigkeit in jeder Verfahrenslage zu prüfen hat, abgewichen wird[3] oder ob aufgrund der Tatsache, dass die Zuständigkeit des Gerichts höherer Ordnung die des Gerichts niederer Ordnung einschließt, kein Widerspruch zu § 6 besteht,[4] ist umstritten, dürfte aber von geringer praktischer Relevanz sein. Weitgehende Einigkeit besteht allerdings dar-

---

[3] Vgl. KMR/*Voll* Rn. 2.
[4] Vgl. SK-StPO/*Frister* Rn. 2.
[5] Hierzu KMR/*Voll* Rn. 2.
[6] So KMR/*Voll* Rn. 2; *Meyer-Goßner* Rn. 1.
[7] Anw-StPO/*Martis* Rn. 1; KMR/*Voll* Rn. 3; *Meyer-Goßner* Rn. 2.
[8] SK-StPO/*Frister* Rn. 4 mit dem Hinweis, dass die nachgeholte Belehrung selbstverständlich ebenfalls mündlich zu erfolgen hat, da „nur so dem Angeklagten eindringlich die Bedeutung seines Verhaltens im Strafvollzug vor Augen geführt werden kann".
[9] Einhellige Meinung, vgl. KK-StPO/*Engelhardt* Rn. 3; *Meyer-Goßner* Rn. 3 mwN.
[10] So Anw-StPO/*Martis* Rn. 2; KMR/*Voll* Rn. 3; *Meyer-Goßner* Rn. 3, welcher betont, dass in diesem Fall die Voraussetzungen nach § 66a Abs. 2 S. 2 besonders sorgfältig geprüft werden müssten; zust. KK-StPO/*Engelhardt* Rn. 3; *Pfeiffer* Rn. 2; SK-StPO/*Frister* Rn. 4.
[11] Vgl. *Pfeiffer* Rn. 1.
[12] So auch Anw-StPO/*Martis* Rn. 2; KMR/*Voll* Rn. 3.
[1] Vgl. BGH v. 22. 12. 2000 – 3 StR 378/00, BGHSt 46, 238 (240); BGH v. 22. 4. 1997 – 1 StR 701/96, NJW 1997, 2689; SK-StPO/*Frister* Rn. 1 mwN.
[2] Vgl. Löwe/Rosenberg/*Gollwitzer*, 25. Aufl., Rn. 4.
[3] So KK-StPO/*Engelhardt* Rn. 5; *Meyer-Goßner* Rn. 1.
[4] So KMR/*Voll* Rn. 1; SK-StPO/*Frister* Rn. 1; siehe auch Löwe/Rosenberg/*Gollwitzer*, 25. Aufl., Rn. 4, der von einer „vorrangigen Auffangzuständigkeit des § 269" spricht, welche § 6 ergänze.

über, dass der Angeklagte durch die Verhandlung vor einem Gericht höherer Ordnung nicht benachteiligt wird.[5]

II. Regelungsinhalt

Im Gegensatz zum Eröffnungsverfahren, in dem das Gericht, wenn es die Zuständigkeit eines Gerichts niederer Ordnung in seinem Bezirk für begründet hält, gemäß § 209 Abs. 1 das Hauptverfahren an diesem anderen Gericht eröffnen kann, ist eine Verweisung an ein Gericht niederer Ordnung gemäß § 269 unzulässig, sobald das Hauptverfahren eröffnet worden ist. Dieses **Verweisungsverbot** ist recht umfassend: Es gilt auch dann, wenn alle Verfahrensbeteiligten mit einer Verweisung einverstanden sind.[6] Eine **Verfahrenstrennung** nach Eröffnung des Hauptverfahrens lässt die einmal begründete Zuständigkeit des höherrangigen Gerichts ebenfalls unberührt, so dass auch das abgetrennte Verfahren nicht an ein Gericht niederer Ordnung verwiesen werden kann, wenn dieses ohne die Verbindung für die abgetrennte Sache zuständig gewesen wäre.[7] Selbst bei einer unbegründeten Verweisung nach § 270 des niederrangigen Gerichts an das höherrangige greift § 269 ein, so dass eine Zurückverweisung nicht möglich ist.[8] Dasselbe gilt auch für einen Verweisungsbeschluss, der die formellen Anforderungen nicht erfüllt.[9] Allein ein unwirksamer Verweisungsbeschluss entfaltet keine Rechtswirkungen und bindet somit das höherrangige Gericht nicht, das die Sache an das Gericht niederer Ordnung zurückgeben kann.[10]

Anders stellt sich der Fall dar, in dem die Sache bereits bei einem Gericht niederer Ordnung anhängig ist; § 269 verleiht dem Gericht höherer Ordnung nicht die Kompetenz, diese bereits anhängige Sache an sich zu ziehen, vielmehr muss es, sobald es Kenntnis von der anderweitigen **Anhängigkeit** erhält, sein Verfahren einstellen.[11]

III. Anwendungsbereich

§ 269 betrifft die **sachliche Zuständigkeit** des Gerichts,[12] weder die örtliche noch die funktionelle Zuständigkeit wird erfasst.[13] Welches ein Gericht höherer Ordnung im Sinne dieser Vorschrift ist, bestimmt sich nach der umfassenderen Rechtsfolgenkompetenz.[14] Über dem Strafrichter steht folglich das Schöffengericht, darüber die kleine und die große Strafkammer und darüber wiederum der Strafsenat des OLG.[15] § 269 ist ebenfalls auf **Jugendsachen** anzuwenden; hier ergibt sich eine aufsteigende Hierarchie vom Jugendrichter zum Jugendschöffengericht zur Jugendkammer.[16] Auch bei einer Verweisung von einem Erwachsenengericht an ein Jugendgericht ist § 269 anwendbar,[17] da es sich nach hM bei den Jugendgerichten lediglich um besondere Abteilungen der allgemeinen Strafgerichte handelt.[18] In der umgekehrten Konstellation der Zuständigkeit eines niederrangigen allgemeinen Strafgerichts ist eine Verweisung des Jugendgerichts ebenfalls ausgeschlossen, wobei hier gemäß § 47a JGG auch nicht an ein gleichrangiges allgemeines Strafgericht verwiesen werden darf. § 47a JGG übernimmt den Rechtsgedanken des § 269 für das Verhältnis von Jugendgerichten und gleichrangigen Gerichten der Erwachsenenstrafbarkeit; es wird davon ausgegangen, dass Jugendgerichte ebenso wie Erwachsenengerichte in der Lage sind, Strafsachen gegen Erwachsene zu verhandeln.[19]

---

[5] Vgl. BGH v. 22. 4. 1997 – 1 StR 701/96, BGHSt 43, 53 (55) = NJW 1997, 2689; BGH v. 22. 12. 2000 – 3 StR 378/00, BGHSt 46, 238 (240) = NStZ 2001, 265; KMR/*Voll* Rn. 9; *Meyer-Goßner* Rn. 1; SK-StPO/*Frister* Rn. 1 mwN; aA HK-StPO/*Julius* Rn. 1, mit Hinweis darauf, dass der Angeklagte eine Tatsacheninstanz verliere und die Verurteilung durch ein ranghöheres Gericht eine größere Stigmatisierung darstelle.
[6] Anw-StPO/*Martis* Rn. 2; Löwe/Rosenberg/*Gollwitzer*, 25. Aufl., Rn. 5; *Meyer-Goßner* Rn. 5; SK-StPO/*Frister* Rn. 7; krit. HK-StPO/*Julius* Rn. 4.
[7] BGH v. 26. 9. 2001 – 2 StR 340/01, BGHSt 47, 116 (117 f.) = NJW 2002, 526; KK-StPO/*Engelhardt* Rn. 5; KMR/*Voll* Rn. 3; Löwe/Rosenberg/*Gollwitzer*, 25. Aufl., Rn. 10.
[8] Hierzu *Meyer-Goßner* Rn. 3; *Pfeiffer* Rn. 1; SK-StPO/*Frister* Rn. 2 mwN.
[9] Vgl. BGH v. 15. 2. 2001 – 3 StR 546/00, NStZ-RR 2002, 65; Anw-StPO/*Martis* Rn. 4; Löwe/Rosenberg/*Gollwitzer*, 25. Aufl., Rn. 9 mwN.
[10] Vgl. BGH v. 1. 4. 1954 – StE 4/54, BGHSt 6, 109 (113) = NJW 1954, 1375 (1376); SK-StPO/*Frister* Rn. 2.
[11] Hierzu BGH v. 30. 8. 1968 – 4 StR 335/68, BGHSt 22, 232 (233) = NJW 1968, 2387 (2388); KK-StPO/*Engelhardt* Rn. 6; *Meyer-Goßner* Rn. 4; einschränkend, jedoch ohne Begründung KMR/*Voll* Rn. 7; Löwe/Rosenberg/*Gollwitzer*, 25. Aufl., Rn. 11; SK-StPO/*Frister* Rn. 7, die eine Verfahrenseinstellung in den Fällen ablehnen, in denen das höherrangige Gericht über eine „umfassendere Aburteilungsmöglichkeit" verfüge.
[12] Vgl. KK-StPO/*Engelhardt* Rn. 3.
[13] Näher hierzu SK-StPO/*Frister* Rn. 4.
[14] Siehe hierzu BGH v. 20. 4. 1993 – KRB 15/92, BGHSt 39, 202 (207) = NJW 1993, 2325 (2326); KK-StPO/*Engelhardt* Rn. 4; Löwe/Rosenberg/*Gollwitzer*, 25. Aufl., Rn. 7 f.
[15] Näher hierzu SK-StPO/*Frister* Rn. 5.
[16] Vgl. KMR/*Voll* Rn. 5 mwN.
[17] So BGH v. 20. 12. 1962 – 2 ARs 81/62, BGHSt 18, 173 (176) = NJW 1963, 500 (501); KMR/*Voll* Rn. 1.
[18] SK-StPO/*Frister* Rn. 6 mwN.
[19] BGH v. 3. 12. 2003 – 2 Ars 383/03, BGHR JGG § 47a Zuständigkeit 1.

5 Neben dem o. g. Ausschluss der mehrfachen Rechtshängigkeit findet das Verweisungsverbot des § 269 seine Grenzen im **Willkürverbot**.[20] Willkür ist anzunehmen, wenn die unzutreffende Bejahung der Zuständigkeit durch das Gericht bei Berücksichtigung der Gedanken des Grundgesetzes nicht nachvollziehbar und daher unhaltbar erscheint;[21] es müssen sachfremde Erwägungen zugrunde liegen und nicht ein bloßer irrtumsbedingter Verfahrensfehler.[22] In einem solchen Fall ist § 269 nicht anwendbar, es gilt vielmehr § 6.[23]

IV. Rechtsmittel

6 In Ansehung des Regelungsgehalts des § 269 kann eine Revision logischer Weise grundsätzlich nicht darauf gestützt werden, dass ein Gericht niederer Ordnung zuständig gewesen wäre.[24] Etwas anderes gilt, wenn der Angeklagte durch das Verfahren vor einem höherrangigen Gericht **willkürlich** seinem gesetzlichen Richter iSd. Art. 101 Abs. 1 S. 2 GG entzogen worden ist;[25] in diesem Fall liegt ein absoluter Revisionsgrund nach § 338 Nr. 4 vor.[26] Ob das Revisionsgericht das Fehlen der sachlichen Zuständigkeit nach § 6 von Amts wegen zu beachten hat oder nur auf eine entsprechende Verfahrensrüge hin tätig wird, ist unter den BGH-Senaten wie im Schrifttum umstritten.[27]

§ 270 [Verweisung an höheres zuständiges Gericht]

(1) ¹Hält ein Gericht nach Beginn einer Hauptverhandlung die sachliche Zuständigkeit eines Gerichts höherer Ordnung für begründet, so verweist es die Sache durch Beschluß an das zuständige Gericht; § 209a Nr. 2 Buchstabe a gilt entsprechend. ²Ebenso ist zu verfahren, wenn das Gericht einen rechtzeitig geltend gemachten Einwand des Angeklagten nach § 6a für begründet hält.

(2) In dem Beschluß bezeichnet das Gericht den Angeklagten und die Tat gemäß § 200 Abs. 1 Satz 1.

(3) ¹Der Beschluß hat die Wirkung eines das Hauptverfahren eröffnenden Beschlusses. ²Seine Anfechtbarkeit bestimmt sich nach § 210.

(4) ¹Ist der Verweisungsbeschluß von einem Strafrichter oder einem Schöffengericht ergangen, so kann der Angeklagte innerhalb einer bei der Bekanntmachung des Beschlusses zu bestimmenden Frist die Vornahme einzelner Beweiserhebungen vor der Hauptverhandlung beantragen. ²Über den Antrag entscheidet der Vorsitzende des Gerichts, an das die Sache verwiesen worden ist.

I. Allgemeines

1 § 270 trägt zwei Grundsätzen Rechnung, nämlich zum einen dem Recht des Angeklagten auf ein Verfahren vor dem sachlich zuständigen Gericht, eine Voraussetzung, die gemäß § 6 in jeder Lage des Verfahrens durch das Gericht von Amts wegen geprüft werden muss, und zum anderen dem Grundsatz der **Prozessökonomie** dergestalt, dass bei der Feststellung der Zuständigkeit eines höherrangigen Gerichts das Verfahren nicht nach § 260 Abs. 3 eingestellt werden muss, sondern die Sache qua Beschluss bindend an das zuständige Gericht verwiesen werden kann.

2 Zu beachten ist, dass der Anwendungsbereich von § 270 enger ist als der des § 269: Während § 269 für den gesamten Zeitraum des Hauptverfahrens gilt, erfasst § 270 nur den zeitlich engeren Rahmen der Hauptverhandlung, das heißt nach Aufruf der Sache und vor der vollständigen Ur-

---

[20] Siehe zuletzt BGH v. 19. 2. 2009 – 3 StR 439/08, NStZ 2009, 579 (579 f.).
[21] Vgl. BGH v. 10. 5. 2001 – 1 StR 504/00, BGHSt 47, 16 (18) = NStZ 2001, 495 (496); KMR/*Voll* Rn. 7.
[22] Vgl. BVerfG v. 30. 6. 1970 – 2 BvR 48/70, BVerfGE 29, 45 (48), „Durch einen error in procedendo wird niemand seinem gesetzlichen Richter entzogen."; Anw-StPO/*Martis* Rn. 5; SK-StPO/*Frister* Rn. 8.
[23] *Meyer-Goßner* Rn. 8.
[24] Vgl. BGH v. 4. 10. 1956 – 4 StR 294/56, BGHSt 9, 367 (368) = NJW 1957, 33; KMR/*Voll* Rn. 9.
[25] Vgl. BGH v. 12. 12. 1991 – 4 StR 506/91, BGHSt 38, 172 (176) = NJW 1992, 1775 mAnm *Rieß* NStZ 1992, 548 ff.; BGH v. 21. 4. 1994 – 4 StR 136/94, BGHSt 40, 120 (122) = NJW 1994, 2368; BGH v. 22. 12. 2000 – 3 StR 378/00, BGHSt 46, 238 (241) = NStZ 2001, 265 (266).
[26] Hierzu *Meyer-Goßner* § 338 Rn. 32; *Pfeiffer* Rn. 4.
[27] Bejahend der 4. Strafsenat, vgl. BGH v. 12. 2. 1998 – 4 StR 428/97, BGHSt 44, 34 (36) = NJW 1998, 2149 (2150); BGH v. 22. 4. 1999 – 4 StR 19/99, BGHSt 45, 58 (59) = NJW 1999, 2604; siehe auch BGH v. 22. 12. 2000 – 3 StR 378/00, BGHSt 46, 238 (245) = NStZ 2001, 265 (267) mwN; HK-StPO/*Julius* Rn. 7; KMR/*Voll* Rn. 9; *Meyer-Goßner* Rn. 8; *Pfeiffer* Rn. 4; aA der 1. Strafsenat, vgl. BGH v. 22. 4. 1997 – 1 StR 701/96, BGHSt 43, 53 (56) = NJW 1997, 2689 (2690); Anw-StPO/*Martis* Rn. 5 mwN.

teilsverkündung.[1] Für die Zeit vor der Eröffnung der Hauptverhandlung gilt § 225 a, im Eröffnungsverfahren § 209 Abs. 2.

§ 270 betrifft nur die **sachliche**, nicht aber die örtliche Zuständigkeit des Gerichts.[2] Die geschäftsplanmäßige Unzuständigkeit, welcher mit einer formlosen Abgabe begegnet wird,[3] ist ebenso wenig erfasst.

Eine **analoge Anwendung** der Vorschrift wird für den Fall bejaht, in dem zunächst bei der Eröffnung des Hauptverfahrens das Delikt, das die Zuständigkeit des höheren Gerichts begründet hatte, nach § 154 a Abs. 1 ausgeschieden worden ist, dann aber durch das eröffnende Gericht niederer Ordnung nach § 154 a Abs. 3 wieder in das Verfahren einbezogen wird.[4] Darüber hinaus hat der BGH eine entsprechende Anwendung des § 270 angenommen, wenn der Kartellsenat des OLG im Kartellbußgeldverfahren den hinreichenden Tatverdacht hinsichtlich eines Straftatbestandes für gegeben hält; die Sache sei in diesem Fall an ein zuständiges Amtsgericht oder Landgericht als Strafgericht zu verweisen.[5]

II. Verweisung (Abs. 1)

Bei Zuständigkeit eines höherrangigen Gerichts verweist das Gericht nach Beginn der Hauptverhandlung die Sache durch einen **bindenden Beschluss** an das entsprechend zuständige Gericht, ohne dass dafür das Verfahren eingestellt werden oder erneut Anklage erhoben werden muss.[6] Die Verweisung geschieht von Amts wegen, da das Gericht gemäß § 6 zu jeder Zeit des Verfahrens seine Zuständigkeit zu prüfen hat; ein Antrag eines Prozessbeteiligten ist also nicht erforderlich.[7]

Grundsätzlich setzt eine Verweisung voraus, dass ein hinreichender Tatverdacht bezüglich einer durch den Angeklagten begangenen Straftat vorliegt, deren Aburteilung in die Zuständigkeit eines Gerichts höherer Ordnung fällt.[8] Der **hinreichende Tatverdacht** ist dann zu bejahen, wenn bei vorläufiger Tatbewertung[9] die Verurteilung des Angeklagten in der Hauptverhandlung zu erwarten ist.[10] Welche Anforderungen an diese Prognoseentscheidung zu stellen sind, ist abhängig von der Fallgruppe, der man die Verweisung zuordnen kann.

1. Fallgruppen der Verweisung. Die Verweisung an ein höherrangiges Gericht ist aufgrund verschiedener Konstellationen möglich: Unproblematisch kann sie beschlossen werden, wenn bereits bei Beginn der Hauptverhandlung feststellbar ist, dass schon auf der Grundlage der Anklage von vornherein ein höherrangiges Gericht für die Aburteilung der Straftat zuständig war und das Verfahren versehentlich am falschen Gericht eröffnet worden ist.[11] In diesem Fall der so genannten **korrigierenden Verweisung** ist diese ohne eine weitere Prüfung des angeklagten Sachverhalts, also ohne Beweisaufnahme möglich.[12]

Bei der zweiten Fallgruppe ergibt sich die Zuständigkeit des höheren Gerichts erst durch im Laufe des Verfahrens **neu bekannt gewordene Tatsachen**. In diesem Fall muss sich das Gericht vom Vorliegen dieser Tatsachen überzeugen,[13] das heißt die Verweisung ist erst dann zulässig, wenn sich ein **hinreichender Tatverdacht** bezüglich eines die Zuständigkeit des höherrangigen Gerichts begründenden Deliktes so verfestigt hat, dass nicht zu erwarten steht, dass er im weiteren Verlauf der Verhandlung wieder entfällt.[14] Ob ein hinreichender Tatverdacht vorliegt oder ob zur Klärung noch eine Beweisaufnahme erforderlich erscheint, entscheidet das Gericht nach pflichtgemäßem Ermessen.[15]

---

[1] Vgl. KK-StPO/*Engelhardt* Rn. 3; SK-StPO/*Schlüchter/Frister* Rn. 4.
[2] So KK-StPO/*Engelhardt* Rn. 4; *Pfeiffer* Rn. 1.
[3] Hierzu BGH v. 12. 1. 1977 – 2 StR 662/76, BGHSt 27, 99 (102) = NJW 1977, 1070.
[4] Vgl. BGH v. 26. 9. 1980 – 1 BJs 202/79 – 5 StB 32/80, BGHSt 29, 341 (344 f.) = NJW 1981, 180 (180 f.); Löwe-Rosenberg/*Gollwitzer*, 25. Aufl., Rn. 17; *Meyer-Goßner* Rn. 2.
[5] BGH v. 20. 4. 1993 – KRB 15/92, BGHSt 39, 202 (205 ff.) = NJW 1993, 2325 (2325 f.); krit. *Göhler* wistra 1994, 17 ff. mwN.
[6] Vgl. KMR/*Voll* Rn. 1; *Meyer-Goßner* Rn. 1.
[7] So HK-StPO/*Julius* Rn. 11; KK-StPO/*Engelhardt* Rn. 8.
[8] Vgl. BGH v. 20. 11. 1987 – 3 StR 493/87, NStZ 1988, 236; Löwe-Rosenberg/*Gollwitzer*, 25. Aufl., Rn. 10; SK-StPO/*Schlüchter/Frister* Rn. 6.
[9] BGH v. 22. 7. 1870 – 3 StR 237/69, BGHSt 23, 304 (306).
[10] BGH v. 18. 5. 2000 – III ZR 180/99, StV 2001, 579 (580).
[11] OLG Düsseldorf v. 12. 5. 1986 – 1 Ws 401/85, NStZ 1986, 426 (427); HK-StPO/*Julius* Rn. 3; KK-StPO/*Engelhardt* Rn. 10; KMR/*Voll* Rn. 13.
[12] Vgl. HK-StPO/*Julius* Rn. 3; KK-StPO/*Engelhardt* Rn. 10; *Meyer-Goßner* Rn. 8; Löwe-Rosenberg/*Gollwitzer*, 25. Aufl., Rn. 16 und SK-StPO/*Schlüchter/Frister* Rn. 7 betonen die Unzulässigkeit eines weiteren Betreibens der Hauptverhandlung durch das unzuständige Gericht.
[13] Ausführlich hierzu SK-StPO/*Schlüchter/Frister* Rn. 8; Löwe-Rosenberg/*Gollwitzer*, 25. Aufl., Rn. 10 f.
[14] BGH v. 17. 3. 1999 – 2 BJs 122 – 98 – 1-3 Ars 2 – 99, BGHSt 45, 26 (27 ff.) = NJW 1999, 1876; KK-StPO/*Engelhardt* Rn. 7.
[15] So KMR/*Voll* Rn. 15; Löwe-Rosenberg/*Gollwitzer*, 25. Aufl., Rn. 12; SK-StPO/*Schlüchter/Frister* Rn. 8.

9 Die dritte Fallgruppe betrifft die Fälle, in denen das Gericht zur Aburteilung der Tat zwar grundsätzlich zuständig ist, es allerdings eine **Rechtsfolge** für angemessen hält, die außerhalb seiner Rechtsfolgenkompetenz liegt. Für die Verweisung entscheidend ist die *konkret* zu erwartende Rechtsfolge unter Berücksichtigung eines etwaig vorliegenden minder schweren Falles,[16] und nicht etwa der abstrakt mögliche Strafrahmen des Deliktes.[17] Maßgeblich ist wiederum eine hinreichend hohe Wahrscheinlichkeit der zu erwartenden Strafe. Dafür ist erforderlich, dass das Gericht die Hauptverhandlung so lange weiterführt, bis deren Ergebnis bestätigt, dass eine die Strafgewalt des Gerichts übersteigende Rechtsfolge angezeigt ist.[18]

10 **2. Gerichte höherer Ordnung.** Hinsichtlich der Rangfolge der Gerichte sei nach oben auf die Kommentierung zu § 269 verwiesen.[19] Eine Besonderheit gilt hier allerdings im Verhältnis vom Einzelrichter zum Schöffengericht: Nach hM in der Rechtsprechung und der Literatur ist eine Verweisung gemäß § 270 Abs. 1 eines Einzelrichters an das eigentlich zuständige Schöffengericht nicht mit der Begründung möglich, dass der Einzelrichter nach Eröffnung der Hauptverhandlung entgegen der ursprünglichen Rechtsfolgenerwartung eine höhere Freiheitsstrafe als zwei Jahre verhängen möchte.[20] Der Strafrichter ist vielmehr befugt, jede in die **Strafgewalt des Amtsgerichts** fallende Strafe zu verhängen.[21] Dasselbe gilt auch im Verhältnis vom Jugendrichter zum Erwachsenenschöffengericht.[22]

11 Gemäß § 270 Abs. 1 Hs. 2 iVm. § 209a Abs. 2 Nr. 2a gelten die **Jugendgerichte** gegenüber den normalen Strafgerichten gleicher Ordnung als höherrangig, wenn das Verfahren gegen einen Jugendlichen oder Heranwachsenden geführt wird.[23] Der Strafrichter kann also an den Jugendrichter im Rahmen des § 270 Abs. 1 verweisen, ebenso wie an das Jugendschöffengericht und die Jugendkammer von den eigentlich gleichgestellten Strafgerichten verwiesen werden kann.[24] § 209a Abs. 2 Nr. 2b wird von § 270 Abs. 1 nicht in Bezug genommen, weshalb eine entsprechende Verweisung an ein gleichrangiges Jugendgericht nicht für **Jugendschutzsachen** möglich ist;[25] hier gilt die Höherrangigkeit der Jugendgerichte nicht.[26]

12 Auch ein Verfahren, das gemäß § 209 Abs. 1 durch ein höherrangiges Gericht bei einem Gericht niedrigerer Ordnung eröffnet wurde, kann nach § 270 Abs. 1 an das höherrangige Gericht zurückverwiesen werden.[27]

13 **3. Verweisung auf Einwand des Angeklagten (Abs. 1 S. 2).** Die Feststellung der Zuständigkeit eines höherrangigen Gerichts als Verweisungsgrund steht einem begründeten **Einwand des Angeklagten** nach § 6a, eine besondere Strafkammer sei zuständig, gleich. Der Einwand muss rechtzeitig erhoben werden, also gemäß § 6a S. 3 bis zur Vernehmung des Angeklagten zur Sache in der Hauptverhandlung. Hat der Angeklagte bis dahin den Einwand der funktionellen Unzuständigkeit nicht erhoben, so wird die an sich unzuständige Strafkammer damit zuständig; dies gilt auch dann, wenn die Umstände, welche die Unzuständigkeit begründen, erst nach diesem Zeitpunkt bekannt werden.[28]

III. Inhalt des Verweisungsbeschlusses (Abs. 2)

14 Der Verweisungsbeschluss, über den das Gericht in der für die Hauptverhandlung vorgesehenen Besetzung entscheidet,[29] muss gemäß § 270 Abs. 2 die Angaben, welche für den Anklagesatz nach § 200 Abs. 1 S. 1 vorgeschrieben sind, beinhalten; außerdem sollen die Umstände, welche die Zuständigkeit des höheren Gerichts bedingen, aus ihm ersichtlich werden.[30] Letzteres ist naturgemäß dann entbehrlich, wenn die Sache bei gleich bleibender rechtlicher Bewertung aufgrund

---

[16] Vgl. hierzu OLG Zweibrücken v. 17. 5. 1992 – 1 AR 126/90 – 1, MDR 1992, 178.
[17] Ausführlich hierzu SK-StPO/*Schlüchter/Frister* Rn. 10.
[18] OLG Düsseldorf v. 12. 5. 1986 – Ws 401/85, NStZ 1986, 426 (427); OLG Frankfurt v. 30. 6. 1997 – 3 Ws 472/97, NStZ-RR 1997, 311 (312); OLG Karlsruhe v. 24. 8. 1989 – 2 AR 21/98, NStZ 1990, 100; Löwe/Rosenberg/ *Gollwitzer*, 25. Aufl., Rn. 19 mit zahlreichen weiteren Nachweisen.
[19] § 269 Rn. 4.
[20] BGH v. 3. 12. 2003 – 2 Ars 383/03, BGHR JGG § 47a Zuständigkeit 1; BayObLG v. 8. 2. 1985 – RReg 2 St 165/84, NStZ 1985, 470 (471) mAnm *Achenbach*; OLG Düsseldorf v. 15. 6. 2000 – 1 Ws 293/00, NStZ-RR 2001, 222 (222 f.); Anw-StPO/*Martis* Rn. 3; *Meyer-Goßner* Rn. 5; *Pfeiffer* Rn. 3.
[21] So BGH v. 6. 10. 1961 – 2 StR 362/61, BGHSt 16, 248 (248 f.); krit. HK-StPO/*Julius* Rn. 4 mwN.
[22] BGH v. 3. 12. 2003 – 2 Ars 383/03, BGHR JGG § 47a Zuständigkeit 1.
[23] Vgl. BGH v. 23. 5. 2002 – 3 StR 58/02, BGHSt 47, 311 (314) = NJW 2002, 2483 (2484).
[24] *Pfeiffer* Rn. 2.
[25] So BGH v. 31. 1. 1996 – 2 StR 621/95, BGHSt 42, 39 = NStZ 1996, 346.
[26] Ausführlich hierzu KK-StPO/*Engelhardt* Rn. 14; KMR/*Voll* Rn. 17; SK-StPO/*Schlüchter/Frister* Rn. 12.
[27] So Anw-StPO/*Martis* Rn. 3; KK-StPO/*Schneider*, § 209 Rn. 12 mwN.
[28] So BGH v. 11. 12. 2008 – 4 StR 376/08, NStZ 2009, 404 (405).
[29] Vgl. BGH v. 1. 4. 1954 – StE 4/54, BGHSt 6, 109 (112 f.); KK-StPO/*Engelhardt* Rn. 17; *Meyer-Goßner* Rn. 14.
[30] Vgl. KMR/*Voll* Rn. 22; *Meyer-Goßner* Rn. 15; aA wohl SK-StPO/*Schlüchter/Frister* Rn. 21.

nicht ausreichender Rechtsfolgenkompetenz verwiesen wird. Darüber hinaus muss der Verweisungsbeschluss das Gericht, an welches verwiesen wird, aufführen.[31]

IV. Wirkungen des Verweisungsbeschlusses (Abs. 3 S. 1)

Der Verweisungsbeschluss hat gemäß Abs. 3 S. 1 dieselbe Wirkung wie ein **Eröffnungsbeschluss**. Er ändert den ursprünglichen Eröffnungsbeschluss für das weitere Verfahren ab, kann einen fehlenden Eröffnungsbeschluss allerdings wegen mangelnder Prüfung der Voraussetzungen für die Eröffnung des Hauptverfahrens nicht ersetzen.[32]

1. Rechtshängigkeit. Nach hM tritt unmittelbar durch den Beschluss **Rechtshängigkeit** an dem höherrangigen Gericht ein.[33] Dies wirft allerdings hinsichtlich der Möglichkeiten zeitnaher gerichtlicher Entscheidungen, insbesondere von Haftentscheidungen in der abgegebenen Sache, Probleme auf, da davon auszugehen ist, dass die Akten nicht zeitgleich mit dem Beschluss das nun zuständige Gericht erreichen. Ohne diese können aber keinerlei Entscheidungen getroffen werden, und da das verweisende Gericht nach hM mit dem Beschluss seine Zuständigkeit verliert,[34] besitzt auch dieses eigentlich keine Kompetenz zur weiteren Beschlussfassung in der verwiesenen Sache. Nach hM in der Literatur[35] schließt dies auch die Entscheidung zur **Fortdauer der Untersuchungshaft** ein, so dass der Beschluss nach § 207 Abs. 4 vom verweisenden Gericht ebenfalls nicht mehr getroffen werden kann. In Ansehung dieser Problematik hat das OLG Karlsruhe[36] dem verweisenden Gericht bis zur Abgabe der Akten die Kompetenz zur Vorlage der Akten nach § 122 Abs. 1 zur Prüfung der Fortdauer der U-Haft durch das OLG zugestanden, wenn dies nach der in § 121 Abs. 1 normierten Frist alsbald geboten sei,[37] was in Teilen der Literatur zur *Pflicht* des verweisenden Gerichts zur **Vorlage der Akten** nach § 122 Abs. 1 erhoben worden ist.[38] Konsequenterweise ist allerdings der Ansicht zuzustimmen, welche eine den Verweisungsbeschluss überdauernde Zuständigkeit des Gerichts für Eilentscheidungen bis zum Eintreffen der Akten beim anderen Gericht annimmt,[39] da Eilentscheidungen ansonsten faktisch nicht bzw. nur mit erheblichen Verzögerungen durch das neu mit der Sache befasste Gericht getroffen werden können, was dem in Haftsachen zu beachtenden Beschleunigungsgebot[40] zuwider liefe.[41]

2. Bindungswirkung. Das Gericht, an welches verwiesen wurde, ist an den Beschluss gebunden.[42] Dies gilt grundsätzlich auch für fehlerhafte Verweisungsbeschlüsse.[43] Die **Bindungswirkung** des Beschlusses entfällt allerdings dann, wenn er einem kundigen Betrachter als willkürlich erscheint und damit ein Verstoß gegen das Recht auf den gesetzlichen Richter gemäß Art. 101 Abs. 1 S. 2 GG nahe liegt. Sie ist nach der hA in der Rechtsprechung[44] jedenfalls dann zu verneinen, wenn der Beschluss mit rechtsstaatlichen Grundsätzen nicht in Einklang zu bringen ist, insbesondere wenn er offensichtlich gesetzeswidrig ist und auf Willkür beruht.[45] Streitig ist allerdings, welche Folgen ein derartiger Beschluss hinsichtlich der **Transportwirkung** zeitigt. Nach Meinung des **BGH**[46] und einer Ansicht in der Literatur[47] ist auch ein willkürlicher Beschluss

---

[31] Vgl. KMR/*Voll* Rn. 22; Löwe/Rosenberg/*Gollwitzer*, 25. Aufl., Rn. 25; *Meyer-Goßner* Rn. 15.
[32] AllgM; vgl. BGH v. 20. 11. 1987 – 3 StR 493/87, NStZ 1988, 236; Anw-StPO/*Martis* Rn. 7; HK-StPO/*Julius* Rn. 8; Löwe/Rosenberg/*Gollwitzer*, 25. Aufl., Rn. 32; KK-StPO/*Engelhardt* Rn. 23; KMR/*Voll* Rn. 24; *Meyer-Goßner* Rn. 18; SK-StPO/*Schlüchter/Frister* Rn. 23.
[33] Vgl. KK-StPO/*Engelhardt* Rn. 23; *Meyer-Goßner* Rn. 18; *Pfeiffer* Rn. 8; differenzierend Löwe/Rosenberg/*Gollwitzer*, 25. Aufl., Rn. 33.
[34] Vgl. KK-StPO/*Engelhardt* Rn. 24; Löwe/Rosenberg/*Gollwitzer*, 25. Aufl., Rn. 33; *Pfeiffer* Rn. 8.
[35] Siehe Anw-StPO/*Martis* Rn. 7; KK-StPO/*Engelhardt* Rn. 21, 23; *Meyer-Goßner* Rn. 21; SK-StPO/*Schlüchter/Frister* Rn. 25.
[36] OLG Karlsruhe v. 5. 10. 1984 – 3 Hes 170/84, Justiz 1984, 429.
[37] So OLG Karlsruhe v. 5. 10. 1984 – 3 Hes 170/84, Justiz 1984, 429.
[38] So *Meyer-Goßner* Rn. 21; SK-StPO/*Schlüchter/Frister* Rn. 25.
[39] Vgl. Löwe/Rosenberg/*Gollwitzer*, 25. Aufl., Rn. 33; wohl zustimmend KMR/*Voll* Rn. 25, welcher zumindest eine mit dem Verweisungsbeschluss ergangene Haftentscheidung nach § 207 Abs. 4 für gültig hält.
[40] Hierzu *Kazele*, Untersuchungshaft, 2008, S. 88 f.
[41] So KMR/*Voll* Rn. 25.
[42] BGH v. 12. 1. 1977 – 2 StR 662/76, BGHSt 27, 99 (103) = NJW 1977, 1070; BGH v. 20. 11. 1987 – 3 StR 493/87, NStZ 1988, 236.
[43] AllgM, vgl. BGH v. 13. 2. 1980 – 3 StR 5/80, BGHSt 29, 216 (219) = NJW 1980, 1586; BGH v. 22. 4. 1999 – 4 StR 19/99, NJW 1999, 2604 mwN; für viele SK-StPO/*Schlüchter/Frister* Rn. 26 mwN.
[44] Vgl. BGH v. 13. 2. 1980 – 3 StR 5/80, BGHSt 29, 216 (219) = NJW 1980, 1586; BGH v. 29. 9. 2006 – 2 ARs 349/06; OLG Frankfurt v. 7. 2. 1995 – 3 Ws 97/95, NStZ-RR 1996, 42 (43); OLG Hamburg v. 11. 12. 1998 – 2a Ws 39/98 H, StV 1999, 163; OLG Karlsruhe v. 24. 8. 1989 – 2 AR 21/98, NStZ 1990, 100.
[45] Ob bis hierzu bereits eine unsorgfältigen Begründung des Beschlusses bereits der Fall ist, erscheint fragwürdig; so im Ergebnis aber KG Berlin v. 13. 3. 2009 – 4 ARs 11/09, 1 AR 273/09, über juris.
[46] Vgl. BGH v. 22. 4. 1999 – 4 StR 19/99, NJW 1999, 2604 (2604 f.); BGH v. 11. 12. 2008 – 4 StR 376/08, NStZ 2009, 404 (405).
[47] So Anw-StPO/*Martis* Rn. 8; HK-StPO/*Julius* Rn. 9; wohl auch *Meyer-Goßner* Rn. 20; SK-StPO/*Schlüchter/Frister* Rn. 28.

wirksam, er entfalte lediglich keine Bindungswirkung gegenüber dem ranghöheren Gericht; eine Transportwirkung komme ihm hingegen zu, so dass das Verfahren zunächst am ranghöheren Gericht rechtshängig wird, sich dieses Gericht aber gegebenenfalls durch Beschluss für unzuständig zu erklären und die Sache zurückzuverweisen habe.[48] Der Gesetzgeber nehme dabei die Bindung des höheren Gerichts durch fehlerhafte Beschlüsse in Kauf.[49] Falle die Sache allerdings trotz der Willkürlichkeit der Verweisung in den sachlichen Zuständigkeitsbereich des Gerichts, so verbleibe sie bei diesem.[50]

18 Nach der in der **Literatur**[51] wohl überwiegenden Meinung und der (bisherigen) Ansicht der Mehrzahl der **Oberlandesgerichte** ist eine willkürliche Verweisung, welche den Angeklagten seinem gesetzlichen Richter entzieht, **nichtig**[52] und entfaltet daher auch **keinerlei Transportwirkung**. Das Verfahren bleibt entsprechend am Gericht niederer Ordnung rechtshängig[53] und kann qua formloser Abgabe oder deklaratorischen Beschlusses an das verweisende Gericht zurückgegeben werden.[54]

19 Ein aus einer Verweisung resultierender **negativer Kompetenzstreit** zwischen den Gerichten, wenn das höherrangige Gericht die Verweisung für willkürlich hält, das verweisende Gericht aber eine bindende Verweisung annimmt, ist durch eine Entscheidung des gemeinsamen oberen Gerichts analog §§ 14, 19 aufzulösen.[55]

V. Anfechtbarkeit des Verweisungsbeschlusses (Abs. 3 S. 2)

20 Die Anfechtbarkeit des Verweisungsbeschlusses richtet sich gemäß § 270 Abs. 3 S. 2 nach § 210. Dies bedeutet, dass der Angeklagte den Beschluss nicht anfechten kann (vgl. § 210 Abs. 1). Für die Staatsanwaltschaft gilt entsprechend § 210 Abs. 2, dass sie gegen den Verweisungsbeschluss nur mittels sofortiger **Beschwerde** vorgehen kann, wenn sie die Verweisung an ein noch höheres Gericht beantragt hatte.[56] Die Ablehnung einer Verweisung hingegen ist nicht nach § 270 Abs. 3 S. 2 anfechtbar, für sie gilt § 305 S. 1.[57]

VI. Beweiserhebung auf Antrag des Angeklagten (Abs. 4)

21 **1. Allgemeines.** Gemäß § 270 Abs. 4 hat der Angeklagte bei einer Verweisung durch einen Strafrichter oder ein Schöffengericht die Möglichkeit, einzelne Beweiserhebungen vor der neuen Hauptverhandlung zu beantragen. Zweck der Vorschrift ist der **Schutz** des möglicherweise vor dem Amtsgericht anwaltlich nicht vertretenen Angeklagten,[58] welchem deutlich gemacht werden soll, dass im Hinblick auf eine effektive Verteidigung Beweisanträge noch vor der Hauptverhandlung beantragt werden können.[59] Streitig ist, ob die Vorschrift auch für Verweisungen an den Jugendrichter oder das Jugendschöffengericht gilt; der Wortlaut der Norm lässt hier jedoch keine Unterscheidung zu.[60] Dem Schutzzweck der Vorschrift entsprechend bedarf der Beweisantrag keiner besonderen Form, er muss lediglich die **Beweistatsachen** und **Beweismittel** aufführen.[61]

---

[48] So *Meyer-Goßner* Rn. 20; indifferent *Pfeiffer* Rn. 9; aA KMR/*Voll* Rn. 31, der konsequenterweise nur eine schlichte faktische Rückgabe, ggf. in Form eines deklaratorischen Beschlusses, für erforderlich hält.
[49] So BGH v. 17. 3. 1999 – 2 BJs 122 – 98 – 1-3 Ars 2 – 99, BGHSt 45, 26 (27 ff.) = NJW 1999, 1876.
[50] BGH v. 22. 4. 1999 – 4 StR 19/99, NJW 1999, 2604; *Meyer-Goßner* Rn. 20; abl. KK-StPO/*Engelhardt* Rn. 32; KMR/*Voll* Rn. 31.
[51] So jedenfalls KK-StPO/*Engelhardt* Rn. 26; KMR/*Voll* Rn. 31; aA nunmehr SK-StPO/*Schlüchter*/*Frister* Rn. 28; unentschlossen Löwe/Rosenberg/*Gollwitzer*, 25. Aufl., Rn. 37.
[52] So OLG Bremen v. 17. 12. 1997 – III AR 24/97, StV 1998, 558 (559); OLG Frankfurt v. 7. 2. 1995 – 3 Ws 97/95, NStZ-RR 1996, 42 (42 f.); v. 31. 5. 1996 – 3 Ws 436/96, NStZ-RR 1996, 338 (339) und v. 30. 6. 1997 – 3 Ws 472/97, NStZ-RR 1997, 311 (312); OLG Hamburg v. 11. 12. 1998 – 2a Ws 39/98 H, StV 1999, 163; OLG Hamm v. 10. 5. 1993 – 2 Ss 372/93, MDR 1993, 1002 (1002 f.); OLG Karlsruhe v. 24. 8. 1989 – 2 AR 21/89, NStZ 1990, 100; OLG Zweibrücken v. 12. 5. 1998 – 1 AR 30/98, NStZ-RR 1998, 280; so auch die frühere Rspr. des OLG Bamberg v. 17. 11. 1998 – Ws 779/98; unklar OLG Düsseldorf v. 12. 5. 1986 – 1 Ws 401/85, NStZ 1986, 426 (427).
[53] AA OLG Bamberg v. 13. 6. 2005 – Ws 338/05, NStZ-RR 2005, 377; unklar LG Regensburg v. 9. 11. 2005 – 2 KLs 107 Js 15 129/2004, wistra 2006, 119 (129), welches dem offensichtlich rechtswidrigen Beschluss zwar eine Bindungswirkung abspricht, aber dennoch eine Zurückverweisung als notwendig ansieht.
[54] So KMR/*Voll* Rn. 31; Löwe/Rosenberg/*Gollwitzer*, 25. Aufl., Rn. 37 mwN.
[55] Siehe BGH v. 17. 3. 1999 – 2 BJs 122 – 98 – 1–3 Ars 2 – 99, BGHSt 45, 26 (27 ff.) = NJW 1999, 1876 (1876 f.); Löwe/Rosenberg/*Gollwitzer*, 25. Aufl., Rn. 37 a.
[56] AllgM, vgl. nur KK-StPO/*Engelhardt* Rn. 25; *Meyer-Goßner* Rn. 22; SK-StPO/*Schlüchter*/*Frister* Rn. 29 mwN.
[57] AllgM, vgl. nur KMR/*Voll* Rn. 33; Löwe/Rosenberg/*Gollwitzer*, 25. Aufl., Rn. 46 mwN; SK-StPO/*Schlüchter*/*Frister* Rn. 30 mwN; krit. allerdings HK-StPO/*Julius* Rn. 11.
[58] Vgl. KMR/*Voll* Rn. 34; *Meyer-Goßner* Rn. 23; SK-StPO/*Schlüchter*/*Frister* Rn. 31.
[59] So Löwe/Rosenberg/*Gollwitzer*, 25. Aufl., Rn. 39.
[60] So auch KMR/*Voll* Rn. 34 mwN; zust. auch Löwe/Rosenberg/*Gollwitzer*, 25. Aufl., Rn. 40, Fn. 120; aA SK-StPO/*Schlüchter*/*Frister* Rn. 31.
[61] Siehe Löwe/Rosenberg/*Gollwitzer*, 25. Aufl., Rn. 43; *Meyer-Goßner* Rn. 25.

Mögliche Beweisanträge des Angeklagten haben innerhalb der nach Abs. 4 S. 1 im Beschluss 22
festzulegenden **Frist** zu erfolgen, welche dem Angeklagten der Schwierigkeit der Sache entsprechend ausreichend Zeit geben muss, über die Stellung eines Beweisantrags zu entscheiden.[62] Die Beweisantragsfrist wird zeitgleich mit dem Verweisungsbeschluss in aller Regel gemäß § 35 Abs. 1 in der Hauptverhandlung verkündet.

2. Entscheidung über den Antrag (Abs. 4 S. 2). Der Vorsitzende des Gerichts, an das verwiesen 23
worden ist, entscheidet über den Beweisantrag. Ihm wird stattgegeben, wenn der Beweis für die Urteilsfindung **erheblich** ist und er außerdem notwendigerweise vor der neuen Hauptverhandlung erhoben werden muss.[63] Eine ablehnende Entscheidung ist gemäß § 34 zu begründen.

VII. Revision

Eine zu Unrecht **unterbliebene Verweisung** mit der Folge, dass das urteilende Gericht zum Zeit- 24
punkt des Erlasses des Urteils sachlich unzuständig war, stellt ein vom Revisionsgericht von Amts wegen zu prüfendes Verfahrenshindernis dar.[64] Bei rechtsfehlerhaften Verweisungen ist zu differenzieren: Ist die Verweisung fehlerhaft, aber wirksam, so ist das höhere Gericht daran gebunden und hat damit seine Zuständigkeit nicht zu Unrecht angenommen.[65] Es bleibt in diesem Fall alleine die revisionsrelevante Möglichkeit, dass ein noch über dem ranghöheren Gericht stehendes Gericht zuständig gewesen wäre, an das aber nicht weiterverwiesen worden ist.[66] Verstößt der Verweisungsbeschluss hingegen evident gegen rechtsstaatliche Grundsätze, so fehlt es wiederum an einer Verfahrensvoraussetzung, welche von der Revisionsinstanz von Amts wegen zu prüfen ist.[67] Bei einem rechtsfehlerhaft nicht beachteten Einwand des Angeklagten nach § 6 a kann der Revisionsgrund des § 338 Nr. 4 vorliegen, dasselbe gilt für eine unterlassene Überweisung ans Jugendgericht.[68]

§ 271 [Sitzungsprotokoll]

(1) ¹Über die Hauptverhandlung ist ein Protokoll aufzunehmen und von dem Vorsitzenden und dem Urkundsbeamten der Geschäftsstelle, soweit dieser in der Hauptverhandlung anwesend war, zu unterschreiben. ²Der Tag der Fertigstellung ist darin anzugeben.

(2) ¹Ist der Vorsitzende verhindert, so unterschreibt für ihn der älteste beisitzende Richter. ²Ist der Vorsitzende das einzige richterliche Mitglied des Gerichts, so genügt bei seiner Verhinderung die Unterschrift des Urkundsbeamten der Geschäftsstelle.

§ 271 schreibt vor, dass über die Hauptverhandlung ein Protokoll aufzunehmen ist. Die Vor- 1
schrift regelt im Wesentlichen, wer die Verantwortung für das Protokoll trägt; nicht hingegen, welchen Inhalt das Protokoll haben muss (s. hierzu §§ 272, 273).

I. Form des Protokolls

Obwohl sich dies nicht ausdrücklich aus Abs. 1 ergibt, ist unumstritten, dass das Protokoll 2
schriftlich (handschriftlich oder maschinenschriftlich) zu führen ist. Eine Protokollierung in Kurzschrift soll ebenso wenig genügen[1] wie Tonbandaufnahmen.[2] Stenografische Mitschriften können aber als Grundlage für eine spätere Reinschrift, die auch nach der Hauptverhandlung angefertigt werden darf,[3] herangezogen werden. Nach hM werden derartige handschriftliche Aufzeichnun-

---

[62] KMR/*Voll* Rn. 35; Löwe/Rosenberg/*Gollwitzer*, 25. Aufl., Rn. 41; SK-StPO/*Schlüchter/Frister* Rn. 31.
[63] Hierzu KK-StPO/*Engelhardt* Rn. 29; KMR/*Voll* Rn. 36.
[64] Siehe BGH v. 10. 1. 1957 – 2 StR 575/56, BGHSt 10, 74 (76) = NJW 1957, 511; HK-StPO/*Julius* Rn. 14; *Meyer-Goßner* Rn. 27.
[65] So KK-StPO/*Engelhardt* Rn. 33; Löwe/Rosenberg/*Gollwitzer*, 25. Aufl., Rn. 52.
[66] Vgl. SK-StPO/*Schlüchter/Frister* Rn. 38.
[67] So BGH v. 1. 4. 1954 – StE 4/54, BGHSt 6, 109 (113); KK-StPO/*Engelhardt* Rn. 32; *Pfeiffer* Rn. 11.
[68] Hierzu Löwe/Rosenberg/*Gollwitzer*, 25. Aufl., Rn. 54; KMR/*Voll* Rn. 37; *Meyer-Goßner* Rn. 27; SK-StPO/*Schlüchter/Frister* Rn. 40.
[1] KK-StPO/*Engelhardt* Rn. 4; vgl. RG v. 9. 11. 1931 – III 462/31, RGSt 65, 436; RG v. 5. 7. 1920 – III 473/20, RGSt 55, 1.
[2] OLG Koblenz v. 25. 9. 1987 – 1 Ws 554/87, NStZ 1988, 42 (Aufzeichnung der mündl. Urteilsbegründung); vgl. auch LR/*Gollwitzer* Rn. 2 sowie BGH v. 4. 2. 1964 – 1 StR 510/63, BGHSt 19, 193 = NJW 1964, 602 (Aufzeichnung von Äußerungen des Angeklagten, Zeugen und Sachverständigen als Gedächtnisstütze für die Beratung).
[3] BGH v. 30. 6. 1959 – 5 StR 184/59, GA 1960, 61. Dass das Protokoll auch nach der Hauptverhandlung fertiggestellt werden darf, folgt auch aus § 273 Abs. 2 S. 1 (s. dazu unten § 273 Rn. 30).

gen ebenso wenig Bestandteil der Akten wie Tonbandaufnahmen, die als Grundlage der Endfassung herangezogen wurden.[4] Es besteht insoweit deshalb auch kein Akteneinsichtsrecht.[5]

3 Weist das Protokoll **äußere Mängel** auf, wie zB erkennbare nachträgliche Änderungen,[6] so kann dies die Beweiskraft des hiervon betroffenen Protokollteils beeinträchtigen. Zulässig sind jedoch Änderungen durch nachträgliche Randvermerke, die von den beiden Urkundspersonen[7] zu autorisieren sind. Kommt es hierbei zu Ungenauigkeiten, so kann auch dies die Beweiskraft der diesbezüglichen Protokollteile beeinträchtigen.

4 Schon aus § 184 Satz 1 GVG folgt, dass das Protokoll in **deutscher Sprache** abzufassen ist. § 185 Abs. 1 Satz 2 lässt jedoch auch die Protokollierung von Aussagen und Erklärungen in fremder Sprache zu, soweit das Gericht dies für erforderlich hält.

5 Das Protokoll muss sich auf die gesamte Hauptverhandlung erstrecken. Bei mehrtägigen Hauptverhandlungen ist für jeden Tag ein Protokoll aufzunehmen. Ob insoweit für jeden Sitzungstag ein gesondertes **Teilprotokoll** erstellt wird, bleibt nach hM dem Ermessen des Vorsitzenden und des Urkundsbeamten überlassen.[8] Insbesondere besteht nach der Rechtsprechung des BGH kein Anspruch darauf, dass bei mehrwöchiger Hauptverhandlung bereits vorab Teilprotokolle fertiggestellt und an die Verfahrensbeteiligten ausgehändigt werden.[9] Es gilt auch in diesen Fällen der Grundsatz der **Einheit des Hauptverhandlungsprotokolls**.[10] Das Akteneinsichtsrecht besteht erst nach Fertigstellung des Gesamtprotokolls.[11] Der Angeklagte selbst hat nach Ansicht des BGH keinen Anspruch auf Übersendung des Protokolls der Hauptverhandlung.[12]

II. Unterzeichnung des Protokolls

6 **1. Notwendige Unterschriften.** Das Protokoll ist grundsätzlich vom Urkundsbeamten der Geschäftsstelle, dessen Anwesenheit § 226 Abs. 1 vorschreibt, zu führen. Lediglich vor dem Strafrichter kann nach § 226 Abs. 2 auch ohne Urkundsbeamten verhandelt werden. Der Vorsitzende hat Überwachungsfunktion (vgl. Nr. 144 RiStBV), er hat keine generelle Weisungsbefugnis gegenüber dem Urkundsbeamten; er darf insbesondere bei unterschiedlichen Wahrnehmungen eines Vorgangs den Urkundsbeamten nicht anweisen, die Darstellung des Vorsitzenden in das Protokoll aufzunehmen. Der Vorsitzende kann jedoch eine Protokollierung anordnen, wenn dies aus Rechtsgründen erforderlich ist.[13]

7 Der Vorsitzende und der Urkundsbeamte tragen **gemeinsam Verantwortung** für die Vollständigkeit und Richtigkeit des Hauptverhandlungsprotokolls.[14] Weist das ihm vorgelegte Protokoll Unrichtigkeiten oder Unvollständigkeiten auf, so hat der Vorsitzende auf eine Korrektur hinzuwirken.[15] Etwaigen Änderungen und Ergänzungen muss der Protokollführer zustimmen, damit sie wirksam werden.[16] Dies setzt voraus, dass er die Richtigkeit der Änderungen im Nachhinein bestätigen kann. Eine im Vorhinein erklärte pauschale Einwilligung reicht hierzu nicht aus.[17] Kommt es zu keiner Einigung zwischen den Urkundspersonen, muss dies im Protokoll deutlich gemacht werden. Das erkennende Gericht hat nicht das Recht, hierüber zu entscheiden. Eine so dokumentierte Divergenz verhindert, dass dem Protokoll die Beweiskraft des § 274 zukommt.[18]

8 Nach Abs. 1 ist das Protokoll vom Vorsitzenden und dem Urkundsbeamten zu unterzeichnen, soweit dieser in der Hauptverhandlung anwesend war. Haben an der Hauptverhandlung mehrere Urkundsbeamte teilgenommen, so sind die Abschnitte, die von ihnen protokolliert wurden,

---

[4] BGH v. 29. 10. 1980 – StB 43/80, BGHSt 29, 394 = NJW 1981, 411; BGH v. 5. 4. 1973 – 2 StR 427/70, MDR 1973, 903 (bei *Dallinger*); OLG Koblenz v. 25. 9. 1987 – 1 Ws 554/87, NStZ 1988, 42; vgl. auch OLG Karlsruhe v. 15. 9. 1981, XIV – 58/80, NStZ 1982, 299.
[5] LR/*Gollwitzer* Rn. 2.
[6] RG v. 8. 6. 1900 – II D 1767/00, GA 47, 377: Ausschaben oder Überkleben.
[7] S. unten Rn. 7.
[8] Vgl. LR/*Gollwitzer* Rn. 10.
[9] BGH v. 11. 2. 1993 – 1 StR 419/92 (insoweit in NStZ 1993, 294 nicht abgedruckt); BGH v. 22. 10. 1992 – 1 StR 575/92, NStZ 1993, 141.
[10] BGH 20. 11. 1961 – 2 StR 395/61, BGHSt 16, 306 = NJW 1962, 165; vgl. auch BVerfG v. 11. 11. 2001 – 2 BvR 1151/01, StV 2002, 521; BGH v. 29. 10. 1980 – StB 43/80, BGHSt 29, 394.
[11] BGH 29. 10. 1980 – StB 43/80, BGHSt 29, 394, 395 = NJW 1981, 411; BGH v. 15. 4. 1975 – 5 StR 508/74, MDR 1975, 725 (bei *Dallinger*).
[12] BGH v. 15. 8. 2001 – 3 StR 259/01.
[13] LR/*Gollwitzer* Rn. 17.
[14] Vgl. BGH v. 14. 6. 2005 – 3 StR 446/04, NJW 2005, 3434.
[15] Vgl. BGH v. 30. 4. 1953 – 4 StR 534/52, GA 1954, 119.
[16] Vgl. BGH v. 20. 6. 1995 – 1 StR 140/95, StV 1995, 568; BayObLG v. 24. 4. 1985 – RReg. 1 St 93/85, BayObLGSt 1985, 57 = StV 1985, 360.
[17] LR/*Gollwitzer* Rn. 16; *Meyer-Goßner* Rn. 14.
[18] *Meyer-Goßner* Rn. 4.

jeweils gesondert von ihnen zu unterzeichnen.[19] Erforderlich ist stets eine **eigenhändige Unterschrift** mit dem vollen bürgerlichen Namen, es muss ein die Identität des Unterschreibenden ausreichend kennzeichnender individueller Schriftzug vorliegen.[20] Die Namenszüge sind zwar regelmäßig am Ende des Textes anzubringen (**Unter**schrift), zwingend erforderlich ist dies jedoch nicht.[21] Dies gilt grundsätzlich auch für das Protokoll einer mehrtägigen Hauptverhandlung. Solange nicht Teilprotokolle für die einzelnen Verhandlungstage angefertigt werden,[22] ist den Anforderungen des Abs. 1 genügt, wenn das Protokoll am Ende unterzeichnet ist (hM).[23] Werden Anlagen zum Protokoll genommen, müssen diese nicht unterzeichnet werden.[24] Eine lediglich auf einer Anlage zum Protokoll angebrachte Unterschrift erfüllt die Anforderungen des Abs. 1 nicht.[25]

Die Unterschriften sind anzubringen, wenn das Protokoll fertiggestellt ist. Das ergibt sich nicht unmittelbar aus dem Gesetzeswortlaut, wohl aber aus dem Gesamtzusammenhang. Da das Gesetz keine ausdrückliche Frist vorsieht, kann die Unterschrift auch noch nachträglich angebracht werden.[26] Das Verbot der Rügeverkümmerung[27] gilt insoweit nicht.

Für den Fall der **Verhinderung des Vorsitzenden** sieht Abs. 2 – anders als § 275 Abs. 2 S. 2 – vor, dass der dienstälteste beisitzende Richter zu unterzeichnen hat (vgl. § 21 h GVG). Eine Verhinderung iSv. Abs. 2 liegt vor, wenn ein Zuwarten bis zum Wegfall des Hindernisses die geregelte Abwicklung des weiteren Verfahrens wesentlich verzögern würde.[28] Das Protokoll soll so rasch unterzeichnet werden, dass seine **Beweisqualität** nicht in Frage steht. Die Gründe für eine Verhinderung können tatsächlicher Natur (zB langfristige Erkrankung) oder rechtlicher Natur (zB Ausscheiden aus dem Richterdienst) sein.[29] Die in der Rechtsprechung zu § 275 Abs. 2 entwickelten Kriterien für eine Verhinderung können ergänzend herangezogen werden. Wird das Protokoll durch den Vertreter unterzeichnet, so muss (ähnlich wie bei § 275 Abs. 2 Satz 2) der Verhinderungsgrund angegeben werden.[30]

Für den Fall der **Verhinderung des Urkundsbeamten** enthält das Gesetz keine ausdrückliche Regelung. Eine entsprechende Anwendung des Abs. 2 scheidet aus, da für den Urkundsbeamten kein Stellvertreter benannt werden kann. Das Protokoll kann in diesen Fällen nur vom Vorsitzenden unterzeichnet werden.[31]

2. Tag der Fertigstellung (Abs. 1 S. 2). Nach Abs. 1 Satz 2 ist im Hauptverhandlungsprotokoll der Tag der Fertigstellung anzugeben. Diesem kommt im Hinblick auf § 273 Abs. 4 rechtliche Bedeutung zu. Der Zeitpunkt der Fertigstellung ist nach formalen Kriterien zu bestimmen, dh. es kommt auf die **Beifügung der letzten Unterschrift** an,[32] bei Teilprotokollen auf den Zeitpunkt der Unterzeichnung des letzten Teilprotokolls.[33] Im Nachhinein festgestellte Mängel des Protokolls (Lücken, Widersprüche etc.) berühren die Richtigkeit des Vermerks nach Abs. 1 Satz 2 nicht,[34] sondern allenfalls die formelle Beweiskraft.[35]

Das Gesetz schreibt für den Inhalt des Vermerkes keinen bestimmten Wortlaut vor. Aus praktischen Notwendigkeiten folgt, dass der Vermerk regelmäßig von dem Letztunterschreibenden anzu-

---

[19] BGH v. 9. 4. 1991 – 4 StR 158/91, wistra 1991, 272.
[20] Vgl. *Meyer-Goßner* Einl. Rn. 129.
[21] Vgl. BGH v. 8. 8. 2001 – 3 StR 258/01, BGHR § 273 Abs. 4 Fertigstellung 2.
[22] S. oben Rn. 5.
[23] BGH v. 20. 11. 1961 – 2 StR 395/61, BGHSt 16, 306, 307 = NJW 1962, 165; OLG Stuttgart v. 30. 11. 2001 – 3 Ss 575/01, StraFo 2002, 133.
[24] OLG Düsseldorf v. 31. 7. 1985 – 2 Ss (Owi) 250/85 – 186/85 II , MDR 1986, 166.
[25] OLG Hamm v. 28. 11. 2000 – 2 Ss OWi 1099/00 NStZ-RR 2001, 83 sowie OLG Hamm v. 15. 11. 2000 – 2 Ss OWi 1078/00, NStZ 2001, 220 (Unterschrift des Richters auf einer die Urteilsformel beinhaltenden Anlage zum Protokoll).
[26] BGH v. 24. 10. 2001 – 1 StR 163/01, NStZ 2002, 160 (Unterzeichnung nach Eingang der Revisionsbegründung); LR/*Gollwitzer* Rn. 20; vgl. ergänzend aus der Zeit vor Einführung des § 273 Abs. 4: BGH v. 20. 2. 1957 – 2 StR 34/57, BGHSt 10, 145, 146 = NJW 1957, 798.
[27] S. dazu unten Rn. 18 ff.
[28] LR/*Gollwitzer* Rn. 24.
[29] Vgl. *Busch* JZ 1964, 748.
[30] *Meyer-Goßner* Rn. 18; *Börtzler* MDR 1972, 187.
[31] Vgl. OLG Schleswig v. 26. 2. 1996 – 2 Ws 55/96, bei *Lorenzen/Schiemann* SchlHA 1997, 171.
[32] BGH v. 23. 4. 2007 – GSSt 1/06, BGHSt 51, 298, 317 = NJW 2007, 2419, 2424; BGH v. 15. 9. 1969 – AnwSt (B) 2/69, BGHSt 23, 115 = JR 71, 208 mAnm *Koffka*; BGH v. 16. 12. 1976 – 4 StR 614/76, BGHSt 27, 80 = NJW 1977, 541 (zu § 273 Abs. 4); BayObLG v. 28. 11. 1990 – 1 ObOWi 548/80, BayObLGSt 1980, 140 = NJW 1981, 1795; *Meyer-Goßner* Rn. 19.
[33] LR/*Gollwitzer* Rn. 32.
[34] BGH v. 23. 4. 2007 – GSSt 1/06, BGHSt 51, 298, 317 = NJW 2007, 2419, 2424; BGH v. 7. 10. 1983 – 3 StR 358/83, NStZ 1984, 89; BayObLG v. 28. 11. 1990 – 1 ObOWi 548/80, BayObLGSt 1980, 140 = NJW 1981, 1795.
[35] S. dazu unten § 274 Rn. 4.

bringen ist.³⁶ Fehlt der Vermerk, so beweist dies nicht, dass das Protokoll noch nicht fertiggestellt ist, § 274 gilt nicht.³⁷ Der Nachweis der Fertigstellung kann auch durch andere Beweismittel erbracht werden. Hat der Vorsitzende ohne Kenntnis oder hinreichende Bestätigung des Urkundsbeamten Änderungen vorgenommen, dann war das Protokoll mit der Unterzeichnung durch den Vorsitzenden noch nicht fertiggestellt.³⁸ Nichts anderes kann gelten, wenn die Urteilsformel unvollständig ist.³⁹

III. Nachträgliche Änderungen

14 **1. Zulässigkeit von nachträglichen Änderungen.** Das Gesetz enthält zwar Vorschriften über die Aufstellung und die Unterzeichnung des Protokolls, sowie generelle Aussagen über seinen Inhalt. Es fehlt jedoch – anders als in der ZPO (vgl. § 164 ZPO) – eine Regelung dazu, unter welchen Umständen das Hauptverhandlungsprotokoll geändert, insbesondere berichtigt werden kann.⁴⁰ Die hierzu entwickelten Grundsätze haben durch die Entscheidung des Großen Senats für Strafsachen vom 23. 4. 2007⁴¹ wesentliche Änderungen erfahren.

15 Unverändert zulässig ist die nachträgliche Änderung oder Berichtigung eines **noch nicht fertiggestellten Protokolls**, solange beide Urkundspersonen übereinstimmend die Neufassung für richtig halten.⁴² Wurden auf der Grundlage des noch nicht fertiggestellten Protokolls oder ohne Einsichtnahme in das Protokoll bereits Verfahrensrügen erhoben, kann die nachträgliche Änderung oder Ergänzung auch diesen Rügen die Grundlage entziehen.⁴³

16 Auch das **fertiggestellte Protokoll** kann nach hM aber jederzeit berichtigt werden.⁴⁴ Die Urkundspersonen müssen dabei deutlich machen, dass es sich um eine nachträgliche Änderung handelt.⁴⁵ Der Tag der Berichtigung ist anzugeben.⁴⁶ Die Berichtigung darf nicht durchgeführt werden, wenn sich eine der beiden Urkundspersonen nicht mehr an den Vorgang erinnert.⁴⁷

17 Die Berichtigung kann von Amts wegen vorgenommen werden, wenn die Unrichtigkeit im Nachhinein bemerkt wird. Daneben können alle Prozessbeteiligten **Anträge auf Protokollberichtigung** stellen. Wird eine Ergänzung des Protokolls um einen nicht zu protokollierenden Vorgang begehrt,⁴⁸ kann der Vorsitzende den Antrag selbst zurückweisen, da die Zurückweisung auf rechtlichen Erwägungen beruht. In allen anderen Fällen muss zunächst der Sachverhalt aufgeklärt werden.⁴⁹ Insbesondere muss sich der Urkundsbeamte zum Änderungsantrag äußern. Da Änderungen des Protokolls nur bei inhaltlicher Übereinstimmung der beiden Urkundspersonen vorgenommen werden können, ist der Antrag bereits abzulehnen, wenn eine der Urkundspersonen ihn für unbegründet hält.

18 **2. Beachtlichkeit der Änderungen („Verbot der Rügeverkümmerung").** Eine nachträgliche Änderung ist im Revisionsverfahren stets zu beachten, wenn sie zu Gunsten des Beschwerdeführers wirkt,⁵⁰ oder wenn sie – bei einem einheitlichen Vorgang – teilweise zu seinen Gunsten, teilweise zu seinen Ungunsten vorgenommen wird.⁵¹

---

³⁶ LR/*Gollwitzer* Rn. 36.
³⁷ BGH v. 15. 9. 1969 – AnwSt (B) 2/69 BGHSt 23, 115 = JR 1971, 208; OLG Düsseldorf v. 6. 8. 1990 – 3 Ws 664/90, MDR 1991, 557; vgl. auch *Börtzler* MDR 1972, 186.
³⁸ BGH v. 3. 1. 1991 – 3 StR 377/90, BGHSt 37, 287 = NJW 1991, 1902; BGH 20. 6. 1995 – 1 StR 140/95, wistra 1995, 273; BayObLG v. 24. 4. 1985 – RReg. 1 St 93/85, BayObLGSt 1985, 57 = StV 1985, 360; vgl. auch OLG Düsseldorf v. 6. 8. 1990 – 3 Ws 664/90, MDR 1991, 557.
³⁹ OLG Stuttgart v. 7. 4. 1995 – 1 Ss 153/95, MDR 1995, 842.
⁴⁰ Kritisch hierzu *Fezer* StV 2006, 290.
⁴¹ BGH v. 23. 4. 2007 – GSSt 1/06, BGHSt 51, 298 = NJW 2007, 2419.
⁴² BGH v. 4. 10. 1991 – 1 StR 396/91, GA 1992, 319; BGH v. 30. 4. 1953 – 4 StR 534/52, GA 1954, 119.
⁴³ BGH v. 24. 10. 2001 – 1 StR 163/01, NStZ 2002, 160 (entgegen BGH v. 20. 2. 1957 – 2 StR 34/57, BGHSt 10, 145); vgl. auch LR/*Gollwitzer* Rn. 40; *Meyer-Goßner* Rn. 22.
⁴⁴ BGH v. 23. 4. 2007 – GSSt 1/06, BGHSt 51, 298, 304 = NJW 2007, 2419, 2420.
⁴⁵ So mit Recht LR/*Gollwitzer* Rn. 52.
⁴⁶ Vgl. zur Protokollberichtigung RG v. 30. 10. 1923 – I 562/23, RGSt 57, 394, 396.
⁴⁷ OLG Nürnberg v 30. 8. 1983. – Ws 710/83, MDR 1984, 74; OLG Schleswig v. 22. 12. 1959 – Ws 411/59, MDR 1960, 521.
⁴⁸ OLG Frankfurt v. 6. 10. 1992 – 3 Ws 655/92, StV 1993, 463.
⁴⁹ Vgl. KG v.25. 4. 1990 – 4 Ws 84, 85/90, NStZ 1990, 405 (Wiederherstellung eines verlorengegangenen Protokolls); OLG Düsseldorf v. 29. 3. 1985– 1 Ws 231/85, StV 1985, 359; OLG Hamburg v. 12. 1. 1971 – 1 Ws 519/70, NJW 1971, 1326.
⁵⁰ BGH v. 23. 4. 2007 – GSSt 1/06, BGHSt 51, 298, 304 = NJW 2007, 2419, 2420; vgl. ferner BGH v. 12. 1. 2005 – 2 StR 138/04, NStZ 2005, 281; BGH v. 8. 10. 1953 – 5 StR 245/53, BGHSt 4, 364, 365; sowie BGH v. 18. 9. 1987 – 3 StR 398/87, NStZ 1988, 85 (instl. bestätigt Vortrag der Revision).
⁵¹ BGH v. 23. 4. 2007 – GSSt 1/06, BGHSt 51, 298, 304 = NJW 2007, 2419, 2420 unter Hinweis auf BGH v. 31. 5. 1951 – 3 StR 106/51, BGHSt 1, 259; RG v. 8. 4. 1921 – IV 1592/20, RGSt 56, 29.

Nach der neueren Rechtsprechung des Bundesgerichtshofs[52] ist die nachträgliche Änderung des 19
Protokolls im Revisionsverfahren aber auch dann beachtlich, wenn durch sie einer bereits erhobenen Verfahrensrüge die Grundlage entzogen wird.[53] Der Große Senat für Strafsachen hat mit Beschluss vom 23. 4. 2007 die frühere Rechtsprechung zum „Verbot der Rügeverkümmerung" ausdrücklich aufgegeben.[54] Das BVerfG hat in dieser Rechtsprechungsänderung keine Überschreitung der den Gerichten zustehenden Befugnis zur Rechtsfortbildung gesehen und sie mehrheitlich als verfassungskonform bewertet.[55] Das Schrifttum folgt der Ansicht des Großen Senats für Strafsachen zu Recht nicht.[56] Aus der Systematik der §§ 271 Abs. 1 S. 2 und 273 Abs. 4 ist abzuleiten, dass der Beschwerdeführer mit Zustellung des Urteils ein Recht auf unveränderten Bestand der Grundlagen seiner Rügen hat.[57]

Die **nachträgliche Berichtigung** soll in Fällen, in denen sie sich zum Nachteil des Beschwerde- 20
führers auswirken kann, nach Ansicht des BGH nunmehr in mehreren Schritten erfolgen: Die Absicht der Berichtigung ist dem Beschwerdeführer mitzuteilen. Widerspricht der Beschwerdeführer substantiiert, sind weitere Ermittlungen durchzuführen. Halten die Urkundspersonen die Berichtigung danach für geboten, ist sie vorzunehmen und zu begründen. Die begründete Entscheidung unterliegt im Rahmen der erhobenen Verfahrensrüge der Überprüfung durch das Revisionsgericht. Verbleiben dem Revisionsgericht – auch nach weiteren Ermittlungen im Freibeweisverfahren – **Zweifel an der Richtigkeit der Berichtigung**, hat es die ursprüngliche Fassung zu Grunde zu legen.[58]

IV. Rechtsmittel

Wird eine beantragte Protokollberichtigung abgelehnt, kann hiergegen **Beschwerde** eingelegt 21
werden (§ 304). Dies ist auch möglich, wenn das Protokoll von Amts wegen oder auf Antrag eines anderen Verfahrensbeteiligten berichtigt wird. Angesichts der beschränkten Erkenntnismöglichkeiten des Beschwerdegerichts wird das Beschwerdeverfahren aber regelmäßig nur zu einer begrenzten Überprüfung der Entscheidung des Vorsitzenden führen. Insbesondere kann das Beschwerdegericht das Protokoll nicht selbst berichtigen oder die für den Protokollinhalt allein verantwortlichen Urkundspersonen zu bestimmten Änderungen oder Ergänzungen anweisen.[59] Das Beschwerdegericht kann die getroffene Entscheidung aber aufheben, wenn **Rechtsfehler** unterlaufen sind. Diese können etwa darin liegen, dass der Vorsitzende es versäumt hat, den Urkundsbeamten anzuhören.[60] Geltend gemacht werden kann auch, dass der Begriff der wesentlichen Förmlichkeiten (§ 273 Abs. 1) falsch angewandt wurde[61] oder dass die ablehnende Entscheidung sonst rechtsfehlerhafte Erwägungen enthält.[62]

Da das Hauptverhandlungsprotokoll im Revisionsverfahren nur ein Beweismittel ist, können 22
weder Mängel des Protokolls, noch Fehler bei seiner Aufstellung die **Revision** begründen. Selbst wenn das Sitzungsprotokoll vollständig fehlt, ist das für sich genommen noch kein Grund, das Urteil aufzuheben, denn es kann auf dem Fehlen des Protokolls nicht beruhen. Kommt es nach den Vorgaben des BGH (s. o. Rn. 19) zu einer nachträglichen Berichtigung des Protokolls, so

---

[52] BGH v. 23. 4. 2007 – GSSt 1/06, BGHSt 51, 298 = NJW 2007, 2419. Vgl. ferner BGH v. 23. 8. 2006 – 1 StR 466/05, NStZ 2007, 51 (Vorlagebeschluss des 1. Senats) sowie BGH v. 23. 8. 2007 – 1 StR 466/05, NStZ 2007, 719 (Entscheidung in der Sache nach Beschluss des Großen Senats).

[53] Vgl. aus der Zeit vor der Entscheidung des Großen Senats: BGH v. 13. 10. 2005 – 1 StR 386/05, NStZ 2006, 181; BGH v. 12. 1. 2005 – 2 StR 138/04, NStZ 2005, 281 = StV 2005, 256 mAnm *Park*; *Kellermann* StV 2005, 287; BGH v. 12. 1. 2000 – 5 StR 617/99, NStZ 2000, 216.

[54] Vgl. zur historischen Entwicklung: *Hamm* NJW 2007, 3166; s. a. *Dehne-Niemann* ZStW 121 (2009), 321 ff.; zu den Grenzen der neuen Rechtsprechung s. BGH v. 8. 7. 2009 – 2 StR 54/09, BGHSt 54, 37 = NJW 2009, 2836 und (andererseits) BGH v. 28. 1. 2010 – 5 StR 169/09, StV 2010, 171.

[55] BVerfG v. 15. 1. 2009 – 2 BvR 2044/07, BVerfGE 122, 248 = NJW 2009, 1469 = JR 2009, 245 mAnm *Fahl* = JZ 2009, 675; vgl. hierzu auch *Bertheau*, NJW 2010, 973.

[56] Vgl. *Meyer-Goßner* Rn. 26; *H. Wagner*, GA 2008, 442; *Knauer* FS Widmaier, S. 291; *Ventzke*, HRRS 2008, 180.

[57] *Schumann* JZ 2007, 927; *R. Hamm* NJW 2007, 3166; vgl. zur Thematik auch *Hebenstreit* HRRS 2008, 172; *Fahl* JR 2007, 340 und JR 2009, 259; *Schlothauer*, FS Hamm, S. 655 ff.

[58] Vgl. zu den einzelnen Schritten und den an sie zu stellenden Anforderungen: BGH v. 23. 4. 2007 – GSSt 1/06, BGHSt 51, 298, 316 = NJW 2007, 2419, 2424; BGH v. 28. 1. 2010 – 5 StR 169/09, StV 2010, 171; BGH v. 9. 12. 2009 – 1 StR 563/09; BGH v. 2. 9. 2009 – 1 StR 423/09, wistra 2009, 484; BGH v. 3. 6. 2008 – 3 StR 527/07, NStZ 2008, 580; BGH v. 3. 4. 2008 – 1 StR 51/08; s. ergänzend auch BGH v. 11. 4. 2007 – 3 StR 108/07.

[59] LR/*Gollwitzer* Rn. 68 mwN.

[60] OLG Hamm v. 27. 4. 1951 – 1 Ws 55/51, JZ 1951, 466; OLG Schleswig v. 26. 2. 1996 – 2 Ws 55/96, SchlHA 1997, 171 (bei *Lorenzen/Schiemann*).

[61] Vgl. OLG Schleswig v. 16. 10. 1958 – Ws 329/58, NJW 1959, 162.

[62] *Meyer-Goßner* Rn. 29 unter Hinweis auf KG v. 29. 7. 1959 – 1 Ws 241/59, JR 1960, 28; OLG Düsseldorf v. 29. 3. 1985 – 1 Ws 231/85, StV 1985, 359; OLG Karlsruhe v. 21. 12. 1973 – 1 Ws 405/73, GA 1974, 285; OLG Karlsruhe v. 26. 4. 1977 – 1 Ws 136, 137/77, Justiz 1977, 387.

muss Gelegenheit bestehen, Verfahrensrügen zu erheben, die sich aus dem geänderten Protokollinhalt ergeben. Ob dies durch Eröffnung einer neuen Revisionsbegründungsfrist ab Zustellung des Berichtigungsbeschlusses oder durch Wiedereinsetzung in den vorigen Stand zur Nachholung der Verfahrensrüge zu geschehen hat, ist noch ungeklärt. Die besseren Gründe sprechen für die Gewährung einer neuen Frist nach § 345 (Rechtsgedanke des § 273 Abs. 4).[63]

§ 272 [Inhalt des Protokolls]

Das Protokoll über die Hauptverhandlung enthält

1. den Ort und den Tag der Verhandlung;
2. die Namen der Richter und Schöffen, des Beamten der Staatsanwaltschaft, des Urkundsbeamten der Geschäftsstelle und des zugezogenen Dolmetschers;
3. die Bezeichnung der Straftat nach der Anklage;
4. die Namen der Angeklagten, ihrer Verteidiger, der Privatkläger, Nebenkläger, Verletzten, die Ansprüche aus der Straftat geltend machen, der sonstigen Nebenbeteiligten, gesetzlichen Vertreter, Bevollmächtigten und Beistände;
5. die Angabe, daß öffentlich verhandelt oder die Öffentlichkeit ausgeschlossen ist.

I. Allgemeines

1   Die Vorschrift regelt, welche Mindestangaben das Protokoll enthalten muss, damit es Beweis über die Durchführung einer Hauptverhandlung in einem bestimmten Strafverfahren erbringen kann. Sie gibt damit den äußeren Rahmen des Protokolls vor. Was über den Gang der Hauptverhandlung zu protokollieren ist, regelt § 273 im Einzelnen.

II. Notwendiger Protokollinhalt

2   **1. Ort und Tag der Verhandlung.** Wird am Sitz des Gerichts verhandelt, so reicht es aus, wenn der Ortsname im Protokoll angegeben ist.[1] Findet die Verhandlung jedoch nicht am Gerichtssitz, sondern (etwa im Rahmen einer Ortsbesichtigung) außerhalb des Gerichtsgebäudes statt, so ist dies im Protokoll zu vermerken (einschließlich Straße, Hausnummer etc.). Wird am Sitz einer Zweigstelle des Gerichts verhandelt, so muss dies aus dem Text deutlich werden. Die Verhandlungstage sind mit dem Kalenderdatum aufzuführen. Nach hM sind darüber hinaus Angaben zur Uhrzeit, insbesondere auch über Unterbrechungen, in das Protokoll aufzunehmen.[2] Kürzere Pausen sollen hiervon nicht erfasst werden.[3]

3   **2. Namen der Richter, Schöffen etc.** § 272 Nr. 2 schreibt vor, dass die als Vertreter der Justiz an der Hauptverhandlung mitwirkenden Personen im Protokoll aufzuführen sind. Dies sind die berufsrichterlichen Mitglieder des Gerichts (mit Dienstbezeichnung), die Beamten der Staatsanwaltschaft und die Urkundsbeamten der Geschäftsstelle. Auch die Schöffen (ohne Angaben über Beruf und Wohnort)[4] und ein etwa hinzugezogener Dolmetscher (vgl. §§ 185, 187 GVG) sind aufzuführen. Wird der Beamte der StA, der Urkundsbeamte oder der Dolmetscher[5] während der Verhandlung ersetzt, so ist dies ebenfalls zu vermerken.[6] Ist eine sprachkundige Person als Sachverständiger tätig (zB bei der Übersetzung fremdsprachiger Urkunden), stellt dies einen Akt der Beweisaufnahme dar, der im Rahmen von § 273 Abs. 1 zum Zeitpunkt der Durchführung protokolliert werden muss, eine Aufnahme des Sachverständigen in den Kopf des Protokolls ist nicht notwendig. Wenn Schöffen gem. § 45 DRiG (vgl. § 51 GVG aF) vereidigt werden, ist dies keine wesentliche Förmlichkeit nach § 273 Abs. 1,[7] ein Hinweis hierauf muss auch nicht nach Nr. 2 in das Protokoll aufgenommen werden.[8] Die Vereidigung des Dolmetschers (§ 189 GVG) ist hingegen nach § 273 Abs. 1 zu protokollieren.[9] Die Anwesenheit anderer Personen, wie etwa des Vertreters der Finanzbehörde

---

[63] Ebenso *Meyer-Goßner* Rn. 26c.
[1] LR/*Gollwitzer* Rn. 4.
[2] *Meyer-Goßner* Rn. 3; LR/*Gollwitzer* Rn. 6; vgl. aber BGH v. 14. 10. 2008 – 4 StR 460/08, NStZ 2009, 105, 106.
[3] BGH v. 22. 11. 1966 – 1 StR 492/66, JZ 1967, 185 (Unterbrechung für eine Mittagspause ist keine wesentliche Förmlichkeit iSv. § 273 Abs. 1); LR/*Gollwitzer* Rn. 7; SK-StPO/*Schlüchter/Frister* Rn. 4; vgl. auch BGH v. 14. 10. 2008 – 4 StR 460/08, NStZ 2009, 105, 106.
[4] AA LR/*Gollwitzer* Rn. 9 (Angabe empfehlenswert).
[5] BGH v. 15. 7. 1999 – 5 StR 203/99, NStZ-RR 2000, 297 (bei *Kusch*).
[6] LR/*Gollwitzer* Rn. 10/11; SK-StPO/*Schlüchter/Frister* Rn. 6.
[7] BGH v. 19. 12. 1972 – 1 StR 528/72, MDR 1973, 372 (bei *Dallinger*).
[8] LR/*Gollwitzer* Rn. 9; SK-StPO/*Schlüchter/Frister* Rn. 5.
[9] BGH v. 10. 3. 2005 – 4 StR 3/05, wistra 2005, 272; BGH v. 29. 6. 1987 – 3 StR 285/87, BGHR GVG § 189 Beeidigung 1; LR/*Gollwitzer* Rn. 12.

(§ 407 AO) oder nach § 175 Abs. 2 GVG oder § 48 JGG zugelassener Personen, muss nicht im Protokoll vermerkt werden.[10]

3. Bezeichnung der Straftat. Das Gesetz verlangt, in das Protokoll eine Bezeichnung der Straftat aufzunehmen, über die verhandelt wird. Die geforderte Bezeichnung soll aus der Anklageschrift übernommen werden. Das kann bei umfangreichen Anklagen nicht mehr sein als eine stichwortartige Kennzeichnung, die im Protokoll ohne wesentliche sachliche Funktion bleibt.

4. Name des Angeklagten, des Verteidigers etc. Der Angeklagte, die Verteidiger und die übrigen Verfahrensbeteiligten sind ebenfalls namentlich aufzuführen. Über den Gesetzeswortlaut hinaus fordert die hM beim Angeklagten nicht nur die Angabe des Namens, sondern auch Angaben zum Geburtstag, Geburtsort sowie der Anschrift.[11] § 272 Nr. 4 macht den Inhalt des „Protokollkopfes" nicht von der Anwesenheit des Angeklagten abhängig; er ist deshalb auch aufzuführen, wenn er nicht erschienen ist.[12] Die **Namen der Verteidiger** sind anzugeben. Ob dies nur dann zu geschehen hat, wenn ein Verteidiger zumindest zeitweise an der Hauptverhandlung teilgenommen hat, ist streitig.[13] § 272 Nr. 4 enthält keine ausdrückliche Beschränkung nur auf die anwesenden Personen, so dass sie auch aufzuführen sind, wenn sie nicht erschienen sind.[14]

5. Öffentlichkeit der Verhandlung. Nr. 5 regelt – anders als Nr. 1 bis Nr. 4 – nicht lediglich den Protokollinhalt hinsichtlich einer Äußerlichkeit der Verhandlung, sondern hinsichtlich einer Frage der Verfahrensgestaltung. Ob öffentlich verhandelt wird, ist zu Beginn des Protokolls zu vermerken.[15] Verbleibt es hierbei, genügt dieser Vermerk, – auch bei mehrtägigen Verhandlungen.[16] Entscheidungen über den Ausschluss der Öffentlichkeit müssen protokolliert werden. In das Protokoll ist ferner aufzunehmen, ob über den Ausschluss öffentlich oder nicht öffentlich verhandelt und ob der Beschluss über den Ausschluss in öffentlicher Sitzung bekanntgegeben wurde (vgl. § 174 GVG).[17] Die praktische Umsetzung des Beschlusses ist festzuhalten, ebenso die spätere Wiederherstellung der Öffentlichkeit.[18] Das Protokoll muss ergeben, für welche Verfahrensteile die Öffentlichkeit nicht zugelassen war.[19] Bei Widersprüchen im Protokoll (zB Eintragung über die Wiederherstellung, nicht aber über den vorangegangenen Ausschluss der Öffentlichkeit) lässt der BGH die formelle Beweiskraft entfallen, mit der Folge, dass freibeweislich geklärt werden kann, bei welchen Verfahrensteilen die Öffentlichkeit ausgeschlossen war.[20]

§ 273 [Beurkundung der Hauptverhandlung]

(1) ¹Das Protokoll muss den Gang und die Ergebnisse der Hauptverhandlung im wesentlichen wiedergeben und die Beachtung aller wesentlichen Förmlichkeiten ersichtlich machen, auch die Bezeichnung der verlesenen Schriftstücke oder derjenigen, von deren Verlesung nach § 249 Abs. 2 abgesehen worden ist, sowie die im Laufe der Verhandlung gestellten Anträge, die ergangenen Entscheidungen und die Urteilsformel enthalten. ²In das Protokoll muss auch der wesentliche Ablauf und Inhalt einer Erörterung nach § 257 b aufgenommen werden.

(1 a) ¹Das Protokoll muss auch den wesentlichen Ablauf und Inhalt sowie das Ergebnis einer Verständigung nach § 257 c wiedergeben. ²Gleiches gilt für die Beachtung der in § 243 Absatz 4, § 257 c Absatz 4 Satz 4 und Absatz 5 vorgeschriebenen Mitteilungen und Belehrungen. ³Hat eine Verständigung nicht stattgefunden, ist auch dies im Protokoll zu vermerken.

(2) ¹Aus der Hauptverhandlung vor dem Strafrichter und dem Schöffengericht sind außerdem die wesentlichen Ergebnisse der Vernehmungen in das Protokoll aufzunehmen; dies gilt nicht, wenn alle zur Anfechtung Berechtigten auf Rechtsmittel verzichten oder innerhalb der Frist kein Rechtsmittel eingelegt wird. ²Der Vorsitzende kann anordnen, dass anstelle der Aufnahme der wesentlichen Vernehmungsergebnisse in das Protokoll einzelne Vernehmungen im Zusammenhang auf Tonträger aufgezeichnet werden. ³Der Tonträger ist zu den Akten zu nehmen oder bei der Geschäftsstelle mit den Akten aufzubewahren. ⁴§ 58 a Abs. 2 Satz 1 und 3 bis 6 gilt entsprechend.

---

[10] LR/*Gollwitzer* Rn. 21; SK-StPO/*Schlüchter/Frister* Rn. 11.
[11] *Meyer-Goßner* Rn. 6; SK-StPO/*Schlüchter/Frister* Rn. 8.
[12] Vgl. KK-StPO/*Engelhardt* Rn. 7; LR/*Gollwitzer* Rn. 17: Die Anwesenheit ist nach § 273 Abs. 1 zu beurkunden.
[13] Vgl. LR/*Gollwitzer* Rn. 18 mwN; SK-StPO/*Schlüchter/Frister* Rn. 9.
[14] So auch KK-StPO/*Engelhardt* Rn. 7.
[15] *Meyer-Goßner* Rn. 7.
[16] Vgl. BGH v. 31. 3. 1994 – 1 StR 47/94, BGHR StPO § 274 Beweiskraft 15; LR/*Gollwitzer* Rn. 20.
[17] LR/*Gollwitzer* Rn. 20.
[18] BGH v. 19. 4. 1977 – 5 StR 191/77, MDR 1977, 810 (bei *Holtz*).
[19] BGH v. 31. 3. 1994 – 1 StR 48/94, StV 1994, 471.
[20] Vgl. BGH v. 10. 4. 1962 – 1 StR 125/62, BGHSt 17, 220 = NJW 1962, 1308; LR/*Gollwitzer* Rn. 20; s. dazu auch unten § 274 Rn. 4.

(3) ¹Kommt es auf die Feststellung eines Vorgangs in der Hauptverhandlung oder des Wortlauts einer Aussage oder einer Äußerung an, so hat der Vorsitzende von Amts wegen oder auf Antrag einer an der Verhandlung beteiligten Person die vollständige Niederschreibung und Verlesung anzuordnen. ²Lehnt der Vorsitzende die Anordnung ab, so entscheidet auf Antrag einer an der Verhandlung beteiligten Person das Gericht. ³In dem Protokoll ist zu vermerken, daß die Verlesung geschehen und die Genehmigung erfolgt ist oder welche Einwendungen erhoben worden sind.

(4) Bevor das Protokoll fertiggestellt ist, darf das Urteil nicht zugestellt werden.

I. Notwendiger Protokollinhalt (Abs. 1)

1   Die Protokollvorschriften der StPO sehen für das Verfahren vor den Landgerichten und das erstinstanzliche Verfahren vor den Oberlandesgerichten ein Inhaltsprotokoll der Hauptverhandlung nicht vor. Zu dokumentieren sind nach § 273 (sowie den ergänzenden Vorschriften in den §§ 255, 272 StPO sowie §§ 174, 182, 183 und 185 GVG) insbesondere die wesentlichen äußeren **Rahmenbedingungen** des Verfahrens sowie die zentralen Verfahrenshandlungen. Hierdurch soll eine Überprüfung des Verfahrensverlaufs in der Rechtsmittelinstanz ermöglicht werden,[1] nicht aber eine Überprüfung der Überzeugungsbildung. Diesem generellen Zweck folgt die in Abs. 1 enthaltene Regelung über den Umfang der Protokollierung, die nunmehr durch das Gesetz zur Regelung der Verständigung im Strafverfahren[2] geändert und durch den neuen Abs. 1a ergänzt wurde.

2   **1. Gang und Ergebnisse der Hauptverhandlung.** Aus der Verpflichtung, den „Gang" der Hauptverhandlung zu protokollieren, folgt, dass das Protokoll die zeitliche Abfolge der einzelnen Verfahrensschritte zutreffend festhalten muss. Nur so kann es seiner Funktion genügen, Beweis darüber zu erbringen, ob die insbesondere in den §§ 243, 244, 257, 258 und 260 enthaltenen Bestimmungen über den Verlauf einer strafrechtlichen Hauptverhandlung eingehalten wurden. Dass daneben auch die „Ergebnisse" der Hauptverhandlung festgehalten werden sollen, hat wenig praktische Bedeutung, weil hiermit insbesondere nicht die Ergebnisse der Beweisaufnahme gemeint sind, sondern lediglich die als Ergebnis der Verhandlung anzusehenden Entscheidungen.[3]

3   **2. Anträge und getroffene Entscheidungen.** Zu protokollieren sind nach Abs. 1 die in der Hauptverhandlung gestellten Anträge, also zB die gestellten Beweisanträge (ebenso wie Beweisermittlungsanträge), Einstellungsanträge, Ablehnungsanträge oder auch Protokollierungsanträge.[4] Im Protokoll muss dabei jeweils vermerkt werden, wer den Antrag gestellt hat. Beim Beweisantrag sind die Beweistatsache und die benannte Beweismittel aufzunehmen,[5] nach hM muss die Begründung hingegen nicht protokolliert werden.[6]

4   Zu protokollieren sind auch die getroffenen Entscheidungen, somit insbesondere die **Beschlüsse** des Gerichts oder Anordnungen des Vorsitzenden.[7] Sowohl bei Anträgen als auch bei Beschlüssen kann die genaue Wiedergabe im Protokoll dadurch ersetzt werden, dass der schriftlich formulierte Text als **Anlage** dem Protokoll beigefügt und in der Niederschrift auf ihn Bezug genommen wird.[8]

5   **3. Wesentliche Förmlichkeiten.** Das Gesetz enthält in Abs. 1 nur die Verpflichtung, die wesentlichen Förmlichkeiten zu protokollieren, ohne im Einzelnen festzulegen, worauf sich diese Verpflichtung erstreckt. Aus dem Gesetzeswortlaut wird vielfach abgeleitet, dass nur die Verfahrensvorgänge zu protokollieren sind, deren Unterlassung, Nichtbeachtung oder fehlerhafte Behandlung im Rahmen einer Verfahrensrüge zur Aufhebung des Urteils führen kann.[9] Der Kreis der zu protokollierenden Vorgänge sollte aber nicht allein mit Blick auf die Revisibilität bestimmt werden, sondern vielmehr danach, welche Verfahrensvorgänge als so bedeutsam einzustufen sind, dass eine zuverlässige Dokumentation gewährleistet sein muss, um ihre jederzeitige, verbindliche Rekonstruierbarkeit im Rechtsmittelverfahren sicherzustellen.[10] Auch die Frage, ob bloße Ordnungsvorschriften eingehalten wurden, sollte anhand des Protokolls überprüfbar sein, selbst wenn nach hM auf die Verletzung solcher Vorschriften eine Verfahrensrüge nicht gestützt werden kann. Das

---

[1] Vgl. BGH v. 14. 6. 2005 – 3 StR 446/04, NJW 2005, 3434.
[2] BGBl. I 2009, S. 2353.
[3] So auch KK-StPO/*Engelhardt* Rn. 3.
[4] KK-StPO/*Engelhardt* Rn. 8.
[5] LR/*Gollwitzer* Rn. 24.
[6] LR/*Gollwitzer* Rn. 25; KK-StPO/*Engelhardt* Rn. 10. SK-StPO/*Schlüchter/Frister* Rn. 11.
[7] KK-StPO/*Engelhardt* Rn. 12.
[8] BGH v. 11. 12. 1990 – 5 StR 500/90, BGHR StPO § 273 Abs. 1 Protokollinhalt 2 (für Gerichtsbeschlüsse); vgl. ferner LR/*Gollwitzer* Rn. 26.
[9] Vgl. KK-StPO/*Engelhardt* Rn. 4.
[10] Vgl. hierzu SK-StPO/*Schlüchter/Frister* Rn. 5.

Gesetz sieht in Abs. 1 S. 2 und Abs. 1 a nunmehr eine ausdrückliche Protokollierungspflicht für bestimmte Verfahrenshandlungen vor. Wie weit daneben der Kreis der zu protokollierenden Vorgänge reicht, lässt sich nur anhand der einzelnen Vorschriften beurteilen. Im Einzelnen gilt Folgendes:

a) **Äußere Umstände der Hauptverhandlung.** Die Protokollierung der wesentlichen äußeren Rahmenbedingungen der Hauptverhandlung ist bereits durch § 272 vorgeschrieben. Danach sind Ort und Tag der Verhandlung, sowie die Namen der beteiligten Richter aufzuführen (s. § 272 Rn. 2 ff.). 6

Zu den wesentlichen Förmlichkeiten zählt die **Anwesenheit** der Personen, deren ständige Gegenwart nach dem Gesetz Voraussetzung für die Durchführung einer Hauptverhandlung ist (§ 226 StPO). Das Protokoll muss dokumentieren, ob die in § 226 genannten Personen ununterbrochen an der Hauptverhandlung teilgenommen haben. Es muss auch mit der notwendigen Klarheit ergeben, bei welchen Verfahrensvorgängen diese Personen fehlten, wenn sie sich vorübergehend aus der Hauptverhandlung entfernt haben.[11] Wesentliche Förmlichkeit ist in den Fällen der notwendigen Verteidigung (§ 140) auch die **Anwesenheit eines Verteidigers**,[12] nicht jedoch die Anwesenheit eines zweiten Verteidigers.[13] Aus dem Protokoll muss sich deshalb ergeben, ob sich die Verteidiger – sei es auch nur kurzzeitig – entfernt haben.[14] Die **Anwesenheit von Zeugen oder Sachverständigen** ist nicht zwingend erforderlich. Ob ein Zeuge erschienen ist, kann zwar zB im Rahmen von § 245 von Bedeutung sein, eine wesentliche Förmlichkeit ist dies jedoch nicht.[15] Darin ändert auch die in § 243 Abs. 1 S. 2 enthaltene Pflicht, die Präsenz festzustellen, nichts.[16] Für das Erscheinen des Sachverständigen gilt nichts anderes.[17] 7

Das Protokoll muss ausweisen, ob in **Anwesenheit des Angeklagten** verhandelt wurde (vgl. § 231) oder ob einer der Ausnahmefälle vorlag, in denen eine **Verhandlung ohne den Angeklagten** zulässig ist (vgl. §§ 231a, 231b, 232, 233 und 247). Insbesondere in den Fällen des zeitweisen Ausschlusses des Angeklagten müssen sich aus dem Protokoll nicht nur die Vorgänge ergeben, mit denen der Ausschluss begründet wurde (Anträge und ergangene Beschlüsse), sondern auch, zu welchem Zeitpunkt der Angeklagte den Sitzungssaal verlassen, wann er ihn wieder betreten hat und welche Vorgänge in seiner Abwesenheit stattgefunden haben. Soweit das Gesetz – wie in § 247 S. 4 – nach Rückkehr des Angeklagten in den Sitzungssaal eine besondere Unterrichtungspflicht vorsieht, ist auch diese eine wesentliche Förmlichkeit.[18] 8

Wesentliche Förmlichkeit ist ferner die Hinzuziehung eines Dolmetschers. Auch der Grund der Hinzuziehung ist anzugeben, wird sich aber häufig von selbst verstehen. Wird der **Dolmetscher** nach § 189 Abs. 1 GVG in der Hauptverhandlung vereidigt, so muss sich dies aus dem Protokoll ergeben.[19] Das gilt auch, wenn er sich nach § 189 Abs. 2 GVG auf seinen früher geleisteten Eid beruft.[20] 9

b) **Anfangsphase der Hauptverhandlung.** Der Gang der Hauptverhandlung wird durch § 243 geregelt. Mehrere der am Beginn der Hauptverhandlung stehenden Vorgänge haben so große Bedeutung, dass sie als wesentliche Förmlichkeiten im Protokoll dokumentiert werden müssen. Das gilt zuallererst für die in § 243 Abs. 2 S. 2 vorgeschriebene Vernehmung des Angeklagten zur Person.[21] Das Protokoll muss ferner ausweisen, ob die Anklageschrift verlesen wurde,[22] bzw. ob die an die Stelle der Anklageschrift tretenden Entscheidungen (wie zB Beschlüsse nach § 270) verlesen wurden[23] und ob die nach § 243 Abs. 4 S. 1 gebotene Mitteilung erfolgt ist (vgl. Abs. 1 a S. 2). Auch die Erteilung des Hinweises nach § 243 Abs. 5 ist wesentliche Förmlichkeit.[24] Wesentliche Förmlich- 10

---

[11] LR/*Gollwitzer* Rn. 9.
[12] BGH v. 8. 8. 2001 – 2 StR 504/00, NStZ 2002, 270 (mAnm *Fezer*) = StV 2002, 525 (mAnm *Köberer*); BGH v. 5. 1. 1972 – 2 StR 376/71, BGHSt 24, 280, 281 = NJW 1972, 695.
[13] BGH v. 8. 8. 2001 – 2 StR 504/00, NStZ 2002, 270 (mAnm *Fezer*) = StV 2002, 525 (mAnm *Köberer*).
[14] Vgl. zB BGH v. 30. 3. 1983 – 2 StR 173/82, NStZ 1983, 375. sowie zur Missbräuchlichkeit einer entsprechenden Verfahrensrüge BGH v. 11. 8. 2006 – 3 StR 284/05, BGHSt 51, 88 = NJW 2006, 3579 (mAnm *Widmaier*).
[15] BGH v. 5. 1. 1972 – 2 StR 376/71, BGHSt 24, 280 = NJW 1972, 695.
[16] *Meyer-Goßner* § 243 Rn. 5.
[17] BGH v. 28. 8. 1984 – 1 StR 427/84, NStZ 1985, 207 (bei *Pfeiffer/Miebach*).
[18] BGH v. 20. 4. 2004 – 4 StR 67/04, NStZ-RR 2005, 259 (bei *Becker*), BGH v. 21. 2. 1992 – 2 StR 46/92, StV 1992, 359.
[19] BGH v. 10. 3. 2005 – 4 StR 3/05, wistra 2005, 272; BGH v. 29. 6. 1987 – 3 StR 285/87, BGHR GVG § 189 Beeidigung 1; BGH 31. 8. 1995 – 1 StR 452/95, StV 1996, 531.
[20] BGH v. 10. 3. 2005 – 4 StR 3/05, wistra 2005, 272.
[21] BayObLG v. 17.1953 – RevReg. 1 St 113/53, BayObLGSt 1953, 130, 131; OLG Köln v. 20. 9. 1988 – Ss 346/88, NStZ 1989, 44.
[22] BGH v. 23. 4. 2007 – GSSt 1/06, BGHSt 51, 298 = NJW 2007, 2419; BGH v. 3. 12. 2003 – 5 StR 462/03, NStZ 2004, 451; BGH v. 13. 12. 1994 – 1 StR 641/94, NStZ 1995, 200. Auch der Beschluss zur Einbeziehung einer Nachtragsanklage ist wesentliche Förmlichkeit (BGH v. 7. 3. 2001 – 1 StR 41/01, StV 2002, 183).
[23] Vgl. oben § 243 Rn. 23 sowie *Meyer-Goßner* § 243 Rn. 14.
[24] *Meyer-Goßner* § 243 Rn. 23.

keit ist die Vernehmung des Angeklagten zur Sache,[25] nicht jedoch der Inhalt seiner Äußerungen.[26] Zu dokumentieren ist, ob der Angeklagte von seinem Schweigerecht Gebrauch macht[27] und ob er später doch noch zur Sache ausgesagt hat.[28] Keine wesentliche Förmlichkeit ist der Eintritt in die Beweisaufnahme, er ist jederzeit formlos möglich.

11   c) **Verlauf der Beweisaufnahme.** Wesentliche Förmlichkeiten sind die Vernehmung von Zeugen und Sachverständigen,[29] die regelmäßig nach den §§ 57, 72 zu erteilenden Belehrungen, die zusätzlich im Einzelfall nach den §§ 52 Abs. 3, 55 Abs. 2 und 61 zu erteilenden Belehrungen[30] sowie eine Belehrung über den möglichen Verzicht auf ein aus § 252 resultierendes Verwertungsverbot.[31] Wesentliche Förmlichkeiten sind auch die **Vereidigung** nach § 59[32] oder die Berufung auf den früheren Eid nach § 67.[33] Die Entscheidung über das Unterbleiben der Vereidigung eines Zeugen nach § 64 aF galt als wesentliche Förmlichkeit.[34] Nachdem durch das JuMoG[35] die Vereidigungsvorschriften geändert wurden und die Nichtvereidigung nunmehr die Regel ist, soll ein fehlender Protokollvermerk nicht beweisen, dass keine Entscheidung über die Vereidigung getroffen wurde.[36] Dies ist jedoch nicht unumstritten.[37] Keine wesentlichen Förmlichkeiten sind die Inhalte der Aussagen von Zeugen und Sachverständigen[38] sowie die Übersetzung einzelner Äußerungen durch den zugezogenen Dolmetscher.[39]

12   Wesentliche Förmlichkeit ist die Verlesung von **Urkunden** nach § 249,[40] die Anordnung nach § 249 Abs. 2[41] sowie der Vermerk über die Kenntnisnahme vom Wortlaut (§ 249 Abs. 2 S. 3).[42] Die Verlesung nach § 249 Abs. 1 wird nicht durch den Protokollvermerk nachgewiesen, eine Urkunde sei zum Gegenstand der Hauptverhandlung gemacht worden.[43] Nicht protokollierungsbedürftig ist es nach hM, wenn eine Urkunde lediglich als Vernehmungsbehelf zum Zwecke des Vorhalts verlesen wird.[44]

13   In den Fällen des § 251 ist wesentliche Förmlichkeit die Erklärung des Einverständnisses mit der Verlesung nach § 251 Abs. 1 Nr. 1 sowie § 251 Abs. 2 Nr. 3,[45] ebenso der Widerspruch gegen eine solche Verlesung.[46] Nach hM soll eine stillschweigende Einverständniserklärung möglich sein, die nicht im Protokoll zu beurkunden ist.[47] Wesentliche Förmlichkeit ist ferner, ob ein Gerichtsbeschluss nach § 251 Abs. 4 ergangen ist,[48] sowie ob eine Entscheidung über die nachträgliche Vereidigung nach § 251 Abs. 4 getroffen wurde.[49] Wesentliche Förmlichkeit ist sodann, ob die Verlesung auch tatsächlich stattgefunden hat.[50]

---

[25] BGH v. 22. 4. 1952 – 1 StR 622/51, BGHSt 2, 300, 304; BGH 14. 2. 1990 – 3 StR 426/89, BGHR StPO § 274 Beweiskraft 5.
[26] BGH v. 14. 6. 1996 – 3 StR 198/96, StV 1997, 455.
[27] Vgl. BGH v. 28. 10. 1999 – 4 StR 370/99, NStZ 2000, 217.
[28] BGH v. 11. 4. 2007 – 3 StR 108/07; BGH v. 10. 12. 1997 – 3 StR 441/97, NStZ 1998, 267 (erstmalige Äußerung nach anfängl. Schweigen); BGH v. 29. 6. 1995 – 4 StR 72/95, NJW 1996, 533; vgl. auch BGH v. 27. 6. 1997 – 1 StR 341/97, BGHR StPO § 274 Beweiskraft 20; vgl. hierzu auch BGH 27. 3. 2008 – 3 StR 38/08.
[29] Vgl. BGH v. 29. 6. 1995 – 4 StR 72/95, NJW 1996, 533.
[30] KK-StPO/*Engelhardt* Rn. 4.
[31] BGH v. 26. 9. 2006 – 4 StR 353/06, StV 2007, 22.
[32] BGH v. 16. 11. 2005 – 2 StR 457/05, BGHSt 50, 282 = NJW 2006, 388.
[33] KK-StPO/*Engelhardt* Rn. 4.
[34] BGH v. 8. 5. 1951 – 1 StR 113/51, BGHSt 1, 216, 217 = NJW 1951, 810; vgl. auch BGH v. 24. 4. 1997 – 1 StR 152/97.
[35] Erstes Gesetz zur Modernisierung der Justiz vom 28.8 2004, in Kraft seit dem 1. 9. 2004 (BGBl. I S. 2198).
[36] BGH v. 16. 11. 2005 – 2 StR 457/05, BGHSt 50, 282 = NJW 2006, 388; vgl. auch BGH v. 17. 8. 2005 – 2 StR 284/05, NStZ 2006, 114 sowie BGH v. 7. 7. 2009 – 1 StR 268/09, NStZ 2009, 647 = StV 2009, 565.
[37] Vgl. BGH v. 20. 1. 2005 – 3 StR 455/04, NStZ 2005, 340; BGH v. 15. 2. 2005 – 1 StR 584/04, StraFo 2005, 244 sowie (die frühere Ansicht aufgebend) BGH v. 7. 7. 2009 – 1 StR 268/09, NStZ 2009, 647 = StV 2009, 565; vgl. auch *Schuster* StV 2005, 628, 629.
[38] RG v. 10. 6. 1910 – II 377/10, RGSt 43, 437, 438.
[39] RG v. 16./20. 6. 1910 – I 467/10, RGSt 43, 441, 442.
[40] BGH v. 18. 3. 1992 – 3 StR 63/92, BGHR StPO § 274 Beweiskraft 13; BGH v. 10. 3. 1998 – 1 StR 12/98 (insoweit in NStZ-RR 1998, 277 nicht abgedruckt).
[41] Das folgt bereits aus der in § 249 Abs. 2 S. 3 enthaltenen Protokollierungspflicht.
[42] BGH v. 8. 7. 2009 – 2 StR 54/09, BGHSt 54, 37 = NJW 2009, 2836; BGH v. 30. 9. 2009 – 2 StR 280/09, StraFo 2010, 27; BGH v. 26. 1. 2005 – 1 StR 523/04; BGH v. 30. 8. 2000 – 2 StR 85/00, BGHR StPO § 249 Kenntnisnahme 1; BGH v. 7. 7. 2004 – 5 StR 412/03, NStZ 2005, 160, BGH v. 21. 9. 1999 – 1 StR 389/99, NStZ 2000, 47; BGH v. 7. 6. 2000 – 3 StR 84/00; BGH v. 24. 2. 2003 – 1 StR 25/03; KK-StPO/*Engelhardt* Rn. 4; s. dazu auch BGH v. 28. 1. 2010 – 5 StR 169/09, StV 2010, 171.
[43] OLG Düsseldorf v. 20. 7. 1987 – 5 Ss 240/87 – 182/87 I, NStE StPO § 274 Nr. 1; BGH v. 23. 10. 1957 – 3 StR 37/57, BGHSt 11, 29, 30 = NJW 1957, 1846.
[44] BGH v. 13. 1. 2006 – 2 StR 461/05, NStZ-RR 2006, 183.
[45] *Meyer-Goßner* § 251 Rn. 7 und Rn. 24; ebenso für § 251 aF: KK-StPO/*Engelhardt* Rn. 4.
[46] BGH v. 7. 6. 1951 – 4 StR 29/51, BGHSt 1, 284, 286.
[47] *Meyer-Goßner* § 251 Rn. 27 mwN.; s. dazu oben § 251 Rn. 20 ff.
[48] *Meyer-Goßner* § 251 Rn. 40.
[49] *Meyer-Goßner* § 251 Rn. 43.
[50] Vgl. BGH v. 2. 7. 1991 – 5 StR 151/91, wistra 1992, 30 sowie BGH v. 18. 3. 1992 – 3 StR 63/92, BGHR StPO § 274 Beweiskraft 13.

Wesentliche Förmlichkeit ist ferner eine gerichtliche **Augenscheinseinnahme**,[51] nicht jedoch 14
die Verwendung eines Augenscheinsobjekts als Vernehmungsbehelf.[52] Diese Unterscheidung
kommt in der Praxis im Wortlaut des Hauptverhandlungsprotokolls nicht immer klar zum Ausdruck.[53]

Wesentliche Förmlichkeiten sind die Befragung des Angeklagten nach § 257 Abs. 1,[54] die Abgabe einer **Erklärung nach § 257 Abs. 2**,[55] die Erteilung der Zustimmung nach § 266 Abs. 1,[56] 15
der Beschluss zur Einbeziehung einer **Nachtragsanklage**,[57] die Erteilung eines Hinweises nach
§ 265.[58] Keine wesentliche Förmlichkeit soll hingegen die Erörterung gerichtskundiger Tatsachen
sein.[59]

Umstritten ist, ob der nach der sog. **Widerspruchslösung** des BGH erforderliche Widerspruch 16
gegen die Verwertung eines Beweismittels als wesentliche Förmlichkeit anzusehen ist.[60] Die besseren Gründe dürften dafür sprechen, ihn als wesentliche Förmlichkeit anzusehen.

d) Schlussphase der Hauptverhandlung. Aus der Schlussphase der Hauptverhandlung sind we- 17
sentliche Förmlichkeiten insbesondere die Erteilung des Rederechts für den **Schlussvortrag** (§ 258
Abs. 1) und die Befragung des Angeklagten nach § 258 Abs. 3.[61] Zu protokollieren sind ferner
die Anträge, einen minder schweren Fall anzunehmen oder eine Strafe zur Bewährung auszusetzen (§ 267 Abs. 3) und die nach § 268a Abs. 3 erforderliche Belehrung,[62] nicht hingegen die Belehrung nach § 268c.[63] Keine wesentliche Förmlichkeit ist nach hM die **Beratung** des Gerichts,[64]
was in den Fällen praktische Bedeutung gewinnt, in denen nach bereits durchgeführter Beratung
nochmals in die Beweisaufnahme eingetreten und sodann ohne eine neuerliche Unterbrechung
entschieden wird.[65] Ebenfalls keine wesentliche Förmlichkeit ist nach hM ein **Rechtsmittelverzicht**, der im Anschluss an die Urteilsverkündung abgegeben wird.[66] Der Rechtsmittelverzicht
kann aber als protokollierte Erklärung gem. § 273 Abs. 3 in die Sitzungsniederschrift aufgenommen werden und nimmt dann an der Beweiskraft des § 274 teil.[67]

Aus der Verpflichtung, das Ergebnis der Hauptverhandlung zu protokollieren, folgt auch, dass 18
die verlesene **Urteilsformel** im vollen Wortlaut zum Bestandteil des Protokolls gemacht werden
muss. Ist dies geschehen, hat bei etwaigen Widersprüchen die im Protokoll enthaltene Urteilsformel den Vorrang vor der in den schriftlichen Urteilsgründen enthaltenen Urteilsformel.[68] Im Protokoll ist ferner festzuhalten, dass die Urteilsgründe eröffnet wurden.[69]

e) Verständigung im Strafverfahren (Abs. 1, Satz 2; Abs. 1 a). Nach Inkrafttreten des Gesetzes 19
zur Regelung der Verständigung im Strafverfahren ist es nunmehr im Protokoll festzuhalten,
wenn ein Gespräch nach § 257b geführt wird. Das Gesetz fordert die Dokumentation von Ablauf
und Inhalt der Erörterung. Der bloße Hinweis, mit den Verfahrensbeteiligten sei die Sach- und

---

[51] BGH v. 7. 4. 2004 – 2 StR 436/03, StV 2005, 6; BGH v. 2. 12. 2003 – 1 StR 340/03; BGH v. 20. 2. 2002 – 3 StR 345/01; BGH v. 23. 10. 2001 – 4 StR 249/01, StV 2002, 531; BGH v. 10. 3. 1998 – 1 StR 12/98.
[52] BGH v. 2. 12. 2003 – 1 StR 340/03; BGH v. 9. 7. 1997 – 3 StR 268/97, StV 2000, 241.
[53] Vgl. zB BGH v. 5. 5. 2004 – 2 StR 492/03, NStZ-RR 2004, 237; BGH v. 4. 5. 2004 – 1 StR 391/03, StraFo 2004, 319; BGH v. 23. 10. 2002 – 1 StR 234/02, NJW 2003, 597; BGH v. 20. 2. 2002 – 3 StR 345/01.
[54] KK-StPO/*Engelhardt* Rn. 4; *Meyer-Goßner* § 257 Rn. 4; vgl. auch BGH v. 22. 10. 1993 – 3 StR 337/93, StV 1994, 468 mAnm *Schlothauer*.
[55] *Meyer-Goßner* § 257 Rn. 7; vgl. auch *Burkhard* StV 2004, 397.
[56] Vgl. BGH v.26. 6. 1984 – 1 StR 188/84, NJW 1984, 2172.
[57] BGH v. 7. 3. 2001 – 1 StR 41/01, StV 2002, 183, 184.
[58] BGH v. 13. 10. 2005 – 1 StR 386/05, NStZ 2006, 181; BGH v. 8. 10. 1963 – 1 StR 553/62, BGHSt 19, 141 = NJW 1964, 308; BGH v. 27. 5. 1952 – 1 StR 160/52, BGHSt 2, 371, 373 = NJW 1952, 899; OLG Braunschweig v. 5. 3. 2002 – 2 Ss (BZ) 6/02, NStZ-RR 2002, 179; *Meyer-Goßner* § 265 Rn. 33.
[59] BGH v. 21. 10. 1997 – 5 StR 356/97, NStZ 1998, 98; BGH v. 6. 2. 1990 – 2 StR 29/89, BGHSt 36, 354, 359 = NJW 1990, 1740.
[60] So insb. BayObLG v. 19. 7. 1996 – 1 St RR 71/96, BayObLGSt 1996, 112, 114 = NStZ 1997, 99; offen gelassen in BGH v. 9. 4. 1997 – 3 StR 2/97, NStZ 1997, 614.
[61] BGH v. 12. 1. 2005 – 2 StR 138/04, NStZ 2005, 281; BGH v. 7. 5. 2002 – 3 StR 499/01, StV 2002, 530; BGH v. 22. 2. 1991 – 3 StR 487/90, BGHR StPO § 274 Beweiskraft 8; BGH v. 15. 11. 1968 – 4 StR 190/68, BGHSt 22, 278, 280 = NJW 1969, 473; BGH v. 9. 1. 1985 – 3 StR 514/84, wistra 1985, 154.
[62] KK-StPO/*Engelhardt* Rn. 4; *Meyer-Goßner* § 268a Rn. 9.
[63] KK-StPO/*Engelhardt* Rn. 5; *Meyer-Goßner* § 268c Rn. 4.
[64] Vgl. BGH v. 14. 10. 2008 – 4 StR 260/08, NStZ 2009, 105; BGH v. 23. 11. 2000 – 3 StR 428/00; BGH v. 29. 1. 1954 – 1 StR 329/53, BGHSt 5, 294 = NJW 1954, 650; BGH v. 9. 6. 1987 – 1 StR 236/87, NStZ 1987, 472.
[65] Vgl. dazu BGH v. 14. 6. 2001 – 5 StR 87/01, BGHR StPO § 260 Abs. 1 Beratung 6.
[66] BGH v. 12. 2. 1963 – 1 StR 561/62, BGHSt 18, 257 = NJW 1963, 963.
[67] BGH v. 17. 6. 2009 – 1 StR 252/09; BGH v. 23. 1. 2007 – 4 StR 593/06; BGH v. 6. 5. 1999 – 4 StR 79/99, NStZ 1999, 526; KK-StPO/*Engelhardt* Rn. 4 unter Hinweis auf OLG Düsseldorf Beschl. v. 31. 7. 1996 – 3 Ws 445/96. Zum Wegfall der Beweiskraft eines im Protokoll festgehaltenen Rechtsmittelverzichts vgl. OLG München v. 25. 5. 2009 – 5 St RR 101/09, StV 2010, 126.
[68] BGH v. 9. 5. 2001 – 2 StR 42/01, NStZ-RR 2002, 100 (bei *Becker*); BGH v. 4. 2. 1986 – 1 StR 643/85 BGHSt 34, 11 = NJW 1986, 1820; KK-StPO/*Engelhardt* Rn. 14; LR/*Gollwitzer* § 268 Rn. 27.
[69] KK-StPO/*Engelhardt* Rn. 15.

Rechtslage erörtert worden, wird dem nicht genügen. Wurde die Beweislage oder die materiellrechtliche Bewertung des Sachverhalts erörtert, muss der wesentliche Inhalt der Aussagen des Gerichts festgehalten werden. Äußern sich die Prozessbeteiligten hierzu, ist nach dem Wortlaut des Abs. 1 Satz 2 auch dies im Protokoll festzuhalten.

20 Die in Abs. 1a enthaltene Verpflichtung, den Ablauf einer Verständigung im Protokoll festzuhalten, nimmt die vor Inkrafttreten des Gesetzes zur Regelung der Verständigung im Strafverfahren ergangene Rechtsprechung auf. Nach bisheriger Rechtslage war unter bestimmten Voraussetzungen und in bestimmten Grenzen eine Verständigung über das Ergebnis einer strafrechtlichen Hauptverhandlung möglich,[70] sie musste als für das Verfahren wesentlicher Vorgang im Protokoll festgehalten werden.[71] Das Gesetz sieht nunmehr eine ausdrückliche Verpflichtung zur Dokumentation von Ablauf und Inhalt von Gesprächen nach § 257c vor. Danach ist es jedenfalls im Protokoll zu vermerken, wenn das Gericht nach § 257c Abs. 3 S. 1 bekanntgibt, welchen Inhalt eine Verständigung haben könnte. Ebenfalls zu protokollieren sind die Benennung einer Ober- oder Untergrenze der Strafe (§ 257c Abs. 3 S. 2), die Tatsache, dass die Verfahrensbeteiligten Gelegenheit zur Stellungnahme erhalten haben (§ 257c Abs. 3 S. 3) sowie etwaige Zustimmungserklärungen der Staatsanwaltschaft und des Angeklagten (§ 257c Abs. 3 S. 4). Aus der gesetzlichen Verpflichtung, den wesentlichen Ablauf, den Inhalt und das Ergebnis der Verständigung zu dokumentieren, folgt nicht die Verpflichtung, das Geständnis, das nach § 257c Abs. 2 S. 2 Bestandteil jeder Verständigung sein soll, inhaltlich im Protokoll zu wiederzugeben.

21 Nach Abs. 1a Satz 2 muss es darüber hinaus im Protokoll festgehalten werden, wenn das Gericht zu der Überzeugung gelangt, dass der in Aussicht gestellte Strafrahmen nicht mehr tat- oder schuldangemessen ist oder das Prozessverhalten des Angeklagten nicht dem Verhalten entspricht, das der Prognose zugrundelag (er also insbesondere kein Geständnis abgelegt hat). Ebenfalls zu protokollieren ist es, wenn auf Grund der eingetretenen Abweichung ein Geständnis nicht mehr verwertbar ist (§ 257c Abs. 4 S. 3). Diese Rechtsfolge ergibt sich zwar unmittelbar aus dem Gesetz. Da das Gericht aber nach § 257c Abs. 4 S. 4 und Abs. 5 auf alle wesentlichen Abweichungen hinweisen soll, muss es in der Hauptverhandlung auch klarstellen, ob ein Geständnis nach seiner Überzeugung als verwertbar gilt.[72]

22 Dass Abs. 1a S. 3 auch die Verpflichtung enthält, es im Protokoll festzuhalten, wenn eine Verständigung nicht stattgefunden hat, soll sicherstellen, dass nicht ohne Beachtung der Förmlichkeiten Verständigungen stattgefunden haben („Negativattest").[73] Das folgt bei fehlender Eintragung der Förmlichkeiten bereits aus der negativen Beweiskraft des Protokolls[74] und ist deshalb überflüssig. Fehlt hingegen der nach Abs. 1a S. 3 vorgeschriebene Vermerk, so entsteht im Hinblick auf die in § 274 geregelte formelle Beweiskraft revisionsrechtlich eine unklare und letztlich widersprüchliche Beweissituation, die die Systemwidrigkeit der Bestimmung zeigt. Sie muss im Ergebnis zu einer Beweiserhebung im Freibeweisverfahren führen.

23 Die Protokollierungspflicht gilt auch für die nach § 35a vorgeschriebene Rechtsmittelbelehrung. Das war bereits für die nach früherer Rechtslage von der Rechtsprechung als notwendig angesehene Belehrung anerkannt.[75] Es besteht kein Anlass, dies nunmehr anders zu bewerten. Sie erstreckt sich darüber hinaus nach dem Gesetzeswortlaut auch auf die nach § 243 Abs. 4 gebotene Feststellung zu Beginn der Hauptverhandlung und alle etwaigen Änderungen.

Für die Beweiskraft des Protokolls gelten die Grundsätze des § 274 (s. dort Rn. 7 ff.).

II. Protokollierungspflicht nach Abs. 2

24 Abs. 2 sieht in der seit 1974 geltenden Fassung[76] vor, dass in den Verhandlungen vor dem Strafrichter und dem Schöffengericht ein Inhaltsprotokoll zu führen ist, das für das Berufungsverfahrens im Rahmen von § 325 Bedeutung haben kann.

---

[70] BGH v. 3. 3. 2005 – GSSt 1/04, BGHSt 50, 40 = NJW 2005, 1440; BGH v. 28. 8. 1997 – 4 StR 240/97, BGHSt 43, 195 = NJW 1998, 86; s. hierzu im Einzelnen oben § 257c Rn. 4 ff.
[71] BGH v. 27. 2. 2007 – 3 StR 32/07; BGH v. 5. 8. 2003 – 3 StR 231/03, NStZ 2004, 342; BGH v. 15. 3. 2001 – 3 StR 61/01, NJW 2001, 2642; BGH v. 19. 10. 1999 – 4 StR 86/99, BGHSt 45, 227 = NJW 2000, 526; BGH v. 28. 8. 1997 – 4 StR 240/97, BGHSt 43, 195, 206 = NJW 1998, 86, 88.
[72] Zur Hinweispflicht nach früherer Rechtslage vgl. BGH v. 21. 1. 2003 – 4 StR 472/02, NJW 2003, 1404.
[73] BT-Drucks. 16/12310, S. 15; vgl. BGH v. 31. 3. 2010 – 2 StR 31/10, StV 2010, 346.
[74] Vgl. die zutreffende Kritik des Bundesrates im Gesetzgebungsverfahren (BT-Drucks. 16/12310, S. 19) und die Antwort der Bundesregierung (BT-Drucks. 16/12310, S. 22). Vgl. zur Thematik auch *Jahn/M. Müller* NJW 2009, 2625, 2630; *Meyer-Goßner* Rn. 12c; *Niemöller/Schlothauer/Weider/Niemöller* § 273 Rn. 28 ff. sowie *Brand/Petermann* NJW 2010, 268.
[75] BGH v. 3. 3. 2005 – GSSt 1/04, BGHSt 50, 40, 61 = NJW 2005, 1440, 1446; vgl. auch BGH v. 13. 5. 2009 – 2 StR 123/09, StraFo 2009, 335 (keine Verpflichtung zur Protokollierung des Wortlauts der Belehrung).
[76] Vgl. hierzu *Rieß* NJW 1975, 88.

Von der Protokollierungspflicht nach Abs. 2 umfasst sind sowohl die Vernehmung des Ange- 25
klagten, als auch die Vernehmungen der Zeugen und der Sachverständigen. Für den Urkundsbeweis erübrigt sich eine inhaltliche Protokollierung, für die Augenscheinseinnahme ist sie aus praktischen Gründen ohnehin fernliegend.

Das Gesetz fordert keine vollständige Protokollierung des Wortlauts der Vernehmungen, die 26
ohne technische Hilfsmittel auch kaum möglich wäre. Festzuhalten ist lediglich der **wesentliche Inhalt**. Die gesetzliche Regelung verlangt damit vom Urkundsbeamten eine eigenständige Zusammenfassung und Bewertung der Aussagen. Nach hM hat der Vorsitzende zu beurteilen, was als wesentlich anzusehen ist und kann dementsprechend dem Urkundsbeamten Weisungen erteilen.[77] Dies kann im Extremfall so weit gehen, dass der Vorsitzende den wesentlichen Inhalt der Vernehmungen selbst in das Protokoll diktiert.

Obwohl der Protokollstandard bei der Vernehmung in der Hauptverhandlung damit niedriger 27
und die Wiedergabe der Aussagen ungenauer ist als bei richterlichen Vernehmungen außerhalb der Hauptverhandlung (vgl. § 168a), wird die Vernehmung als richterliche Vernehmung iSd. §§ 251, 254 gewertet.[78] Unterschiede in der Detailgenauigkeit und der Umstand, dass der Vernommene keinen Einfluss auf den Inhalt des Protokolls hat, sind beim Beweiswert zu berücksichtigen.

Da von Abs. 2 nur eine zusammenfassende Protokollierung gefordert ist, werden Bezugnahmen 28
auf im Vorverfahren abgegebene Aussagen oder bei den Akten befindliche Gutachten eines Sachverständigen als zulässig angesehen.[79]

Die durch Abs. 2 vorgeschriebene teilweise Dokumentation des Inhalts der Beweisaufnahme 29
soll im Ergebnis aber nichts daran ändern, dass der für die Entscheidung maßgebliche Sachverhalt im Urteil festgestellt wird. Soweit es hierfür auf die Würdigung der Angaben des Angeklagten, der Zeugen und des Sachverständigen ankommt, ist das Gericht an den Inhalt des Protokolls nicht gebunden. Dies findet seine Entsprechung im Rechtsmittelverfahren: Die Beweiskraft des Hauptverhandlungsprotokolls nach § 274 erstreckt sich nicht auf die nach Abs. 2 im Protokoll festgehaltenen Inhalte der Vernehmungen. Durch das Protokoll wird auch hier mit der Beweiskraft des § 274 lediglich bewiesen, dass ein Zeuge in der Hauptverhandlung vernommen wurde.[80] Mit dem Protokollinhalt kann deshalb bei einer **Sprungrevision** (§ 335) auch nicht bewiesen werden, dass ein Zeuge anders ausgesagt habe, als im Urteil festgestellt. Das schließt es aber nach zutreffender Ansicht nicht aus, dass eine im Protokoll festgehaltene Äußerung als Grundlage einer Aufklärungsrüge herangezogen wird.

Nach dem Gesetzeswortlaut gilt die Protokollierungspflicht nicht, wenn alle zur Anfechtung Be- 30
rechtigten auf **Rechtsmittel verzichten** oder innerhalb der Frist **kein Rechtsmittel eingelegt wird**. Diese Beschränkung der Protokollierungspflicht bewirkt für die Hauptverhandlung selbst keine Vereinfachung, weil zu diesem Zeitpunkt regelmäßig noch nicht abzusehen ist, ob es zu einem rechtskräftigen Urteil kommen wird. Der Urkundsbeamte muss also in jedem Fall zunächst Mitschriften anfertigen. Steht dann fest, dass es nicht zu einem Rechtsmittelverfahren kommen wird, kann auf die Übertragung in eine Reinschrift verzichtet werden.[81] Die Freistellung von der Pflicht, ein Protokoll anzufertigen, soll im Übrigen nichts daran ändern, dass die angefertigten Notizen zu den Akten genommen werden müssen, um für den Fall eines späteren Wiedereinsetzungsgesuches die nachträgliche Anfertigung eines vollständigen Protokolls zu ermöglichen.[82]

Abs. 2 gibt dem Vorsitzenden seit dem Jahr 2004[83] ferner die Befugnis, die schriftliche Auf- 31
zeichnung der Aussageinhalte durch eine Aufnahme auf **Tonträger** zu ersetzen.[84] Der Tonträger ist nach Abs. 2 S. 3 zu den Akten zu nehmen, die Rechte der Verfahrensbeteiligten sind durch den Pauschalverweis auf § 58a Abs. 2 S. 1 und S. 3–6 geregelt. Welche Beweiskraft einem auf diese Weise angefertigten Protokoll im Revisionsverfahren zukommt (zum Berufungsverfahren vgl. § 323 Abs. 2), ist noch nicht abschließend geklärt.

III. Protokollierungspflicht nach Abs. 3

Abs. 3 eröffnet zumindest teilweise die Möglichkeit zur inhaltlichen Protokollierung der Haupt- 32
verhandlung. Die Bestimmung sieht nach ihrem Wortlaut eine Protokollierungspflicht („hat ... anzuordnen") vor, regelt aber die Voraussetzungen der Protokollierungspflicht nur unpräzise. Dem

---

[77] So auch LR/*Gollwitzer* Rn. 34; *Meyer-Goßner* Rn. 14; KMR/*Gemählich* Rn. 23; SK-StPO/*Schlüchter/Frister* Rn. 16.
[78] BGH v. 21. 7. 1971 – 2 StR 199/71, BGHSt 24, 183 = NJW 1971, 2082; LR/*Gollwitzer* Rn. 35.
[79] LR/*Gollwitzer* Rn. 35; *Meyer-Goßner* Rn. 15; KMR/*Gemählich* Rn. 24.
[80] LR/*Gollwitzer* Rn. 36; *Meyer-Goßner* Rn. 17; SK-StPO/*Schlüchter/Frister* Rn. 18; vgl. auch OLG Brandenburg v. 25. 3. 2009 – 1 Ss 15/09, NStZ-RR 2009, 247.
[81] Vgl. LR/*Gollwitzer* Rn. 33.
[82] LR/*Gollwitzer* Rn. 33.
[83] Opferrechtsreformgesetz vom 24. 6. 2004 (BGBl. 2004 I S. 1354).
[84] Vgl. hierzu *Neuhaus* StV 2004, 624 sowie BT-Drucks. 15/1976 und BR-Drucks. 829/03.

Vorsitzenden kommt nach dem Gesetzeswortlaut ein Ermessen nicht zu,[85] die weit gefasste Regelung der Anordnungsvoraussetzungen eröffnet aber erhebliche Entscheidungsspielräume.

33   1. **Voraussetzungen der Protokollierung.** Die Protokollierungspflicht kann sowohl dadurch ausgelöst werden, dass der Vorgang für das laufende, als auch dadurch, dass er für ein anderes Verfahren Bedeutung hat.[86] Der Gesetzeswortlaut sieht keine Beschränkungen vor, so dass die Protokollierungspflicht durch **jedes rechtlich geschützte Interesse** ausgelöst werden kann. Für das laufende Verfahren kann sich ein solches Interesse zB daraus ergeben, dass sich aus einem bestimmten Vorgang weitergehende prozessrechtliche Rechtsfolgen ergeben. So ist anerkannt, dass die Voraussetzungen des § 273 Abs. 3 gegeben sein können, wenn Vorgänge oder Äußerungen Einfluss auf den Umfang der Aufklärungspflicht haben können oder wenn sich aus ihnen ein **Verstoß gegen das Verfahrensrecht** ergibt, der im weiteren Verlauf möglicherweise mit einer Revisionsrüge beanstandet werden kann.[87]

34   Protokolliert werden können nach Abs. 3 **Vorgänge aller Art**, soweit sie sich in der Hauptverhandlung ereignen. Nach hM fällt hierunter zB das Verhalten der Prozessbeteiligten, wie etwa die Mimik oder die Gestik des Angeklagten, eines Zeugen oder eines Richters.[88] In Betracht kommt aber auch zB das Verhalten der Zuschauer. Ausgenommen sollen lediglich Vorgänge sein, die sich vor Beginn der Sitzung, in einer Sitzungspause oder außerhalb des Sitzungssaals ereignen.[89] Eine Protokollierungspflicht nach § 273 Abs. 3 S. 1 soll bestehen, wenn der Vorsitzende eine Frist für die Anbringung weiterer Beweisanträge setzt.[90]

35   Hinsichtlich der Protokollierung von **Aussagen** oder **Äußerungen**[91] legt die hM Abs. 3 einengend aus. Danach sind Aussagen nur zu protokollieren, wenn es **nicht lediglich auf den Inhalt** sondern auf den **genauen Wortlaut** der Aussage ankommt.[92] Insbesondere soll es nicht genügen, wenn eine Aussage entscheidungserheblich ist, weil sie im Rahmen der Beweiswürdigung zentrale Bedeutung hat.[93]

36   Die Feststellung des genauen Wortlauts einer Aussage kann aber geboten sein, um Beweise für ein anderes Verfahren zu sichern. Bereits nach § 183 GVG hat das Gericht die Aufgabe, den Tatbestand einer in der Sitzung begangenen Straftat im Protokoll festzuhalten. Darüber hinaus kann eine Protokollierung erforderlich sein, wenn sich aus einer in der Hauptverhandlung abgegebenen Aussage **Hinweise auf eine andere Straftat** ergeben. Ob sich beim Verdacht eines Aussagedelikts die Protokollierungspflicht bereits aus § 183 GVG oder erst aus § 273 Abs. 3 ergibt, ist eine Frage des Einzelfalls. Um in den künftigen Verfahren eine aufwändige und häufig unzuverlässige Beweiserhebung über den Aussageinhalt zu vermeiden, wird es sich in derartigen Fällen jedenfalls empfehlen, die Aussage zu protokollieren.[94] Zu beachten ist, dass § 185 Abs. 1 Satz 2 GVG eine eigenständige Protokollierungsmöglichkeit für fremdsprachige Aussagen vorsieht.

37   2. **Antragsrecht der Verfahrensbeteiligten.** Den Prozessbeteiligten wird in Abs. 3 ein Antragsrecht eingeräumt. Nach hM steht dieses Recht dem Angeklagten, dem Verteidiger, dem Staatsanwalt, den Berufsrichtern und Schöffen,[95] nicht jedoch dem Nebenkläger, sowie den Zeugen und den Sachverständigen zu.[96] Der Protokollierungsantrag ist selbst in das Protokoll aufzunehmen.[97]

38   Aus dem Antragsrecht ergibt sich nach hM auch ein **Anspruch auf Protokollierung**, wenn die gesetzlichen Voraussetzungen vorliegen.[98] Dass dies der Fall ist, hat der Antragsteller darzulegen. Er muss den zu protokollierenden Vorgang genau bezeichnen und sein rechtliches Interesse darle-

---

[85] Vgl. *E. Müller*, FS Volk, S. 490.
[86] Vgl. BGH v. 17. 7. 2003 – 4 StR 194/03, NStZ 2004, 97. KK-StPO/*Engelhardt* Rn. 23.
[87] *Meyer-Goßner* Rn. 22; KMR/*Gemählich*, Rn. 30.
[88] KK-StPO/*Engelhardt* Rn. 21; Meyer-Goßner Rn. 19; *E. Müller*, FS Volk, S. 488.
[89] *Meyer-Goßner* Rn. 19; SK-StPO/*Schlüchter/Frister* Rn. 20.
[90] BGH v. 23. 9. 2008 – 1 StR 484/04, BGHSt 52, 356, 363 = NJW 2009, 605; kritisch zu dieser Entscheidung: *Gaede*, NJW 2009, 608; *König* StV 2009, 171; *Fezer* HRRS 2009, 17; *Eidam* JZ 2009, 318. Vgl. hierzu auch BVerfG Beschl. v. 6. 10. 2009 – 2 BvR 2580/08, NJW 2010, 592 = NStZ 2010, 155 = StV 2010, 113 und BGH v. 9. 7. 2009 – 5 StR 263/08, StV 2009, 581, 582.
[91] Als „Äußerungen" werden u. a. Erklärungen der Richter, Staatsanwälte und Verteidiger sowie Erklärungen von Zeugen und Sachverständigen außerhalb ihrer Vernehmungen angesehen (*E. Müller*, FS Volk, S. 489).
[92] *Meyer-Goßner* Rn. 22; KMR/*Gemählich* Rn. 32; OLG Schleswig v. 9. 5. 1975 – 2 Ss OWi 224/75, SchlHA 1976, 172 (bei *Ernesti/Jürgensen*); anderer Meinung: *Schröder*, Festgabe für E. Schlüchter, Baden-Baden, 1998, S. 97; *Meyer-Mews* NJW 2002, 103.
[93] LR/*Gollwitzer* Rn. 42; SK-StPO/*Schlüchter/Frister* Rn. 23; *Rieß* NJW 1982, 1625; anderer Meinung: *Krekeler* AnwBl. 1984, 417; *Ulsenheimer* NJW 1980, 2276.
[94] Vgl. hierzu *Nierwetberg* NJW 1996, 433; LR/*Gollwitzer* Rn. 43.
[95] Vgl. im Einzelnen: *Ulsenheimer* NJW 1980, 2273, 2274.
[96] *Meyer-Goßner* Rn. 26; LR/*Gollwitzer* Rn. 48; KMR/*Gemählich* Rn. 34; aA: *Ulsenheimer* NJW 1980, 2274.
[97] LR/*Gollwitzer* Rn. 54.
[98] KK-StPO/*Engelhardt* Rn. 25 (unter Hinweis auf BGH v. 20. 5. 1980 – 1 StR 177/80); LR/*Gollwitzer* Rn. 49.

gen.[99] Nach hM soll sich ein berechtigtes Interesse nicht schon daraus ergeben, dass durch eine Protokollierung der Fehldeutung einer Aussage im Rahmen der Urteilsberatung vorgebeugt werden kann.[100]

3. Entscheidung über einen Protokollierungsantrag. Über den Antrag entscheidet der Vorsitzende 39 als für die Protokollierung zuständige Person. Lehnt er ihn ab, weil die gesetzlichen Voraussetzungen nicht gegeben sind, dann kann nach Abs. 3 Satz 2 eine **Entscheidung des Gerichts** herbeigeführt werden. Nach hM steht die Befugnis zur Herbeiführung einer Entscheidung des Spruchkörpers allen Antragsberechtigten (s. oben Rn. 37) zu.[101] Der Rechtsbehelf nach Abs. 3 Satz 2 kann auch von den Verfahrensbeteiligten eingelegt werden, die nicht selbst den Protokollierungsantrag gestellt haben. Das Gericht entscheidet – wie beim Antrag nach § 238 Abs. 2 – durch Beschluss unter Mitwirkung der Schöffen. Hebt das Gericht die ablehnende Entscheidung des Vorsitzenden auf und ordnet die Protokollierung an, so bindet dies die Urkundspersonen.[102] Für den Inhalt der Protokollierung verbleibt die Verantwortung jedoch bei den Urkundspersonen.[103]

Da das Antragsrecht nach Abs. 3 nichts an der Verantwortlichkeit der beiden Urkundspersonen 40 für den Protokollinhalt ändert, kann ein Protokollierungsantrag auch mit der Begründung abgelehnt werden, dass der Vorsitzende den fraglichen Vorgang nicht wahrgenommen hat. Hat zumindest der Urkundsbeamte den Vorgang bemerkt, dann ist dessen Wahrnehmung im Protokoll festzuhalten. Sie kann mit einem Zusatz versehen werden, der die eingeschränkte Beweiskraft deutlich macht. Hat weder der Vorsitzende noch der Urkundsbeamte das fragliche Ereignis bemerkt, dann steht dies der Protokollierung entgegen. Der Antrag auf gerichtliche Entscheidung nach Abs. 3 Satz 2 kann dann nicht mit dem Ziel gestellt werden, das Gericht zu einer inhaltlichen Anordnung der Protokollierung zu veranlassen (hM).[104]

4. Durchführung der wörtlichen Protokollierung. Wird die wörtliche Protokollierung (auf An- 41 trag oder von Amts wegen) angeordnet, dann muss der Wortlaut der fraglichen Äußerung (bzw. die verbale Beschreibung des beobachteten Vorgangs) entweder vom Vorsitzenden diktiert werden oder der Urkundsbeamte nimmt die Aussage aus eigener Wahrnehmung in das Protokoll auf. Weder der Verfahrensbeteiligte, der den Protokollierungsantrag gestellt hat, noch die betroffene Beweisperson (Zeuge, Sachverständiger) hat einen Anspruch darauf, dem Urkundsbeamten selbst die Formulierungen vorzugeben.

Abs. 3 Satz 1 sieht vor, dass der Wortlaut nach der Niederschreibung zu **verlesen** ist, was nach 42 Satz 3 im Protokoll festgehalten werden muss. Der protokollierte Wortlaut ist sodann nach Satz 3 zu genehmigen. Das Gesetz regelt nicht, wer die Genehmigung zu erteilen hat. Jedenfalls muss die Genehmigung der Antragsberechtigten (s. oben Rn. 37) eingeholt werden. Bezieht sich die Protokollierung auf die Aussage des Angeklagten, eines Zeugen oder Sachverständigen, so steht die **Genehmigungsbefugnis** dem Betroffenen zu. Kommt es nicht zur Genehmigung und werden Einwände erhoben, so sind auch diese im Protokoll festzuhalten.

5. Bedeutung des Protokollinhalts. In der Rechtsprechung des Bundesgerichtshofs ist aner- 43 kannt, dass mit der Revision geltend gemacht werden kann, das Tatgericht habe sich mit einer nach Abs. 3 wörtlich niedergeschriebenen, verlesenen und genehmigten Aussage in den Urteilsgründen nicht auseinandergesetzt.[105] Mit nach Abs. 3 protokollierten Ergebnissen der Beweisaufnahme lässt sich der „**Gegenbeweis**" gegen die Urteilsfeststellungen führen.[106] Ob für nach Abs. 3 protokollierte Aussagen die formelle Beweiskraft des § 274 gilt, ist umstritten.[107] Inwieweit die zu den nach Abs. 3 protokollierten Aussagen entwickelten Grundsätze auch für Tonbandprotokolle gelten, ist ebenfalls umstritten.[108]

IV. Zeitpunkt der Urteilszustellung (Abs. 4)

Abs. 4 enthält eine für den Ablauf des Revisionsverfahrens zentrale Verfahrensvorschrift. Erst 44 nach Fertigstellung des Protokolls[109] darf das schriftliche Urteil zugestellt werden. Eine früher

---

[99] Vgl. OLG Bremen v. 14. 1. 1986 – Ss 57/85, NStZ 1986, 183 (Protokollierung der Inaugenscheinnahme eines Films).
[100] LR/*Gollwitzer* Rn. 51; vgl. zur Bedeutung der Rechte der Verteidigung in diesem Zusammenhang: *E. Müller*, FS Volk, S. 492/493.
[101] Meyer-Goßner Rn. 30; SK-StPO/*Schlüchter/Frister* Rn. 33.
[102] KK-StPO/*Engelhardt* Rn. 27; SK-StPO/*Schlüchter/Frister* Rn. 34.
[103] LR/*Gollwitzer* Rn. 53; SK-StPO/*Schlüchter/Frister* Rn. 34.
[104] LR/*Gollwitzer* Rn. 52; KK-StPO/*Engelhardt* Rn. 26 (Antrag „nicht statthaft").
[105] BGH v. 3. 7. 1991 – 2 StR 45/91, NStZ 1991, 500; KK-StPO/*Engelhardt* Rn. 31.
[106] Meyer-Goßner Rn. 36.
[107] LR/*Gollwitzer* Rn. 54; SK-StPO/*Schlüchter/Frister* Rn. 8.
[108] Dafür Meyer-Goßner Rn. 36; *Neuhaus* StV 2004, 625.
[109] S. dazu oben § 271 Rn. 12.

durchgeführte Zustellung ist unwirksam.[110] Ist die **Zustellung unwirksam**, so setzt sie die Revisionsbegründungsfrist des § 345 nicht in Lauf. Noch nicht fertiggestellt ist das Protokoll auch dann, wenn sich der Urkundsbeamte zu Ergänzungen noch nicht erklärt hat, die der Vorsitzende nachträglich eingefügt hat.[111] Die Berichtigung bloßer Schreibfehler oder rein sprachliche Änderungen sollen aber an der Fertigstellung und damit an der Wirksamkeit der Zustellung nichts ändern. Nach hM ist dabei der Zeitpunkt des Eingangs beim Zustellungsempfänger maßgeblich.[112] Wenn fest steht, dass das Protokoll spätestens am Tag vor dem Eingang fertiggestellt war, hindert auch das Fehlen des nach § 271 Abs. 2 Satz 2 vorgeschriebenen Vermerks die Wirksamkeit der Zustellung nicht.[112]

V. Revision

45   Mängel des Protokolls sind grundsätzlich nicht geeignet, die Revision zu begründen. In der Zurückweisung eines Protokollierungsantrages nach Abs. 3 kann zwar ein Verfahrensfehler liegen. Das Urteil wird auf der Zurückweisung eines Protokollierungsantrages aber in aller Regel nicht beruhen.[114]

§ 274 [Beweiskraft des Protokolls]

¹Die Beobachtung der für die Hauptverhandlung vorgeschriebenen Förmlichkeiten kann nur durch das Protokoll bewiesen werden. ²Gegen den diese Förmlichkeiten betreffenden Inhalt des Protokolls ist nur der Nachweis der Fälschung zulässig.

I. Allgemeines

1   Historisch in der Absicht entstanden, eine eindeutige Grundlage für die Entscheidung von Verfahrensfragen in der Rechtsmittelinstanz zu schaffen,[1] enthält die seit 1877 unverändert gebliebene Vorschrift eine für das Revisionsverfahren zentrale **Beschränkung der Beweismittel**.[2] Der Nachweis, dass die für die Hauptverhandlung vorgeschriebenen Förmlichkeiten (iSv. § 273 Abs. 1) beachtet wurden, kann nur durch das Protokoll geführt werden; es ist ausschließliches Beweismittel.[3] Über Vorgänge, die nicht als wesentliche Förmlichkeiten anzusehen sind, muss im Revisionsverfahren durch Freibeweis (insbesondere Erklärungen der Verfahrensbeteiligten) Beweis erhoben werden.

II. Voraussetzungen der formellen Beweiskraft

2   Die Beweiskraft des § 274 hat das Hauptverhandlungsprotokoll nur, wenn es den gesetzlichen Anforderungen entspricht, also insbesondere vom Vorsitzenden und dem Urkundsbeamten unterzeichnet ist.[4] Entstehen zwischen den Urkundspersonen Meinungsverschiedenheiten über den Inhalt des Protokolls, dann kann dies die formelle Beweiskraft in Frage stellen.[5] Auch äußere Mängel (durchgestrichene Worte, Randvermerke ohne Beglaubigung etc.) können dazu führen, dass die Beweiskraft entfällt.[6]

---

[110] BGH v. 16. 12. 1976 – 4 StR 614/76, BGHSt 27, 80, 81 = NJW 1977, 541; BGH v: 3. 1. 1991 – 3 StR 377/90, BGHSt 37, 287 = NJW 1991, 1902; BGH v. 20. 6. 1995 – 1 StR 140/95, NStZ 1996, 22 (bei *Kusch*); LR/*Gollwitzer* Rn. 57; KK-StPO/*Engelhardt* Rn. 33.
[111] BGH v. 3. 1. 1991 – 3 StR 377/90, BGHSt 37, 287 = NJW 1991, 1902.
[112] KK-StPO/*Engelhardt* Rn. 33; LR/*Gollwitzer* Rn. 57.
[112] OLG Köln v. 14. 11. 1969 – 1 Ws 107/69, MDR 1972, 260.
[114] *Meyer-Goßner* Rn. 36; vgl. auch BGH v. 10. 2. 1993 – 3 StR 443/92, NStZ 1994, 25 (bei *Kusch*); BGH v. 9. 6. 1993 – 3 StR 49/93; siehe hierzu auch *Ulsenheimer* NJW 1980, 2273, 2276, der auf § 338 Nr. 8 StPO hinweist.
[1] Vgl. *Hahn/Mugdan*, Die gesamten Materialien zu den Reichsjustizgesetzen, Bd. 3, Berlin 1885 (Neudruck 1983), Motive des Entwurfs, S. 257; *Köberer* StV 2002, 529.
[2] Vgl. *Schumann* JZ 2007, 927.
[3] Es ist keine öffentliche Urkunde, vgl. RG v. 7. 1. 1924 – II 950/23, RGSt 58, 58; RG v. 23. 12. 1924 I 700/24, RGSt 59, 13, 19; OLG Hamm v. 5. 11. 1976 – 3 Ss 392/76, NJW 1977, 592; LR/*Gollwitzer* Rn. 2.
[4] BGH v. 29. 11. 1983 – 4 StR 681/83, NStZ 1984, 181; vgl. auch BGH v. 24. 10. 2001 – 1 StR 163/01, NStZ 2002, 160.
[5] Vgl. u. a. BGH v. 18. 9. 1987 – 3 StR 398/87, NStZ 1988, 85; vgl. ergänzend BGH v. 18. 5. 1988 – 2 StR 151/88, BGHR StPO § 274 Beweiskraft 3; BGH v. 11. 9. 1990 – 1 StR 504/90, BGHR StPO § 274 Beweiskraft 6; vgl. OLG München v. 25. 5. 2009 – 5 StRR 101/09, StV 2010, 126 = StraFo 2009, 335 (nachträgliche Distanzierung durch eine der beiden Urkundspersonen).
[6] LR/*Gollwitzer* Rn. 2.

Generell kann die Beweiskraft entfallen, wenn das Protokoll **offenkundige Fehler** enthält.[7] Das ist insbesondere bei Lücken und Widersprüchen der Fall.[8] Eine **Lücke** liegt vor, wenn das Protokoll eine Eintragung enthält, die denknotwendig einen anderen Vorgang voraussetzt, der nicht protokolliert ist. So setzt etwa die Ablehnung eines Antrages voraus, dass dieser zuvor gestellt wurde; die Wiederherstellung der Öffentlichkeit setzt voraus, dass diese zuvor ausgeschlossen wurde.[9] Auch wenn ein Zeuge nicht mehr erwähnt wird, nachdem er bereits aufgerufen, belehrt und zunächst aus dem Sitzungssaal entlassen war, kann hierin eine Lücke liegen,[10] oder wenn ein Antrag auf Verhängung einer Freiheitsstrafe, nicht jedoch die Strafhöhe,[11] oder wenn zwar ein gerichtlicher Hinweis vermerkt ist, nicht jedoch die Reaktion auf diesen Hinweis.[12] Ist ein Beschluss über die Wiederherstellung der Öffentlichkeit protokolliert, nicht aber dessen tatsächlicher Vollzug, so liegt hierin keine Lücke des Protokolls.[13]

Weist das Protokoll innere **Widersprüche** auf, so lässt dies ebenfalls die formelle Beweiskraft entfallen. Das kann etwa gegeben sein, wenn für verschiedene Verhandlungstage unterschiedliche Richter als Mitwirkende aufgeführt sind,[14] bei widersprüchlichen Angaben über die Öffentlichkeit der Verhandlung,[15] oder wenn über einen Anklagepunkt verhandelt worden ist, obwohl im Protokoll ein Beschluss über eine Einstellung nach § 154a enthalten ist.[16] Nach Ansicht des BGH kann die Beweiskraft unter besonderen Umständen auch entfallen, wenn für einen bestimmten Zeitraum die Anwesenheit eines Verteidigers nicht im Protokoll vermerkt ist.[17]

Nach hM entfällt die formelle Beweiskraft auch, wenn die Urkundspersonen in Folge unrichtiger Gesetzesauslegung einen Vorgang als nicht protokollierungsbedürftig angesehen haben.[18]

Nicht jede Unklarheit im Wortlaut des Protokolls führt aber zum Wegfall der formellen Beweiskraft. Wie jedes Dokument ist auch das Hauptverhandlungsprotokoll **auslegungsfähig**. § 274 steht dem nicht entgegen.[19] Bleibt der sachliche Gehalt einer Eintragung zweifelhaft, dann können andere Erkenntnisquellen herangezogen werden, um ihn näher aufzuklären,[20] insbesondere dienstliche Erklärungen der Richter,[21] die Urteilsgründe,[22] in Einzelfällen auch der Inhalt der Verfahrensakten, einschließlich der Revisionsbegründungsschrift.[23] Führt auch dies nicht zu einem klaren Ergebnis, entfällt die formelle Beweiskraft und der Verfahrensvorgang ist freibeweislich aufzuklären.[24]

III. Reichweite der formellen Beweiskraft

Schon weil die formelle Beweiskraft sich nur durch die Bedeutung des Protokolls für das Rechtsmittelverfahren rechtfertigt, gilt sie **nur für das jeweilige Verfahren**.[25] Kommt es nach Aufhebung und Zurückverweisung eines Verfahrens in der neuen Hauptverhandlung darauf an, ob in der ersten Hauptverhandlung eine bestimmte Verfahrenshandlung stattgefunden hat, so ist hierüber Beweis zu erheben, § 274 gilt nicht. Ist in einem Verfahren wegen eines Aussagedeliktes zu

---

[7] BGH v. 20. 11. 1961 – 2 StR 395/61, BGHSt 16, 306, 308 = NJW 1962, 165; BGH v. 10. 4. 1962 – 1 StR 125/62, BGHSt 17, 220, 222 = NJW 1962, 1308.
[8] Vgl. u. a. BGH v. 13. 10. 2005 – 1 StR 386/05, NStZ 2006, 181 sowie BGH v. 28. 1. 2010 – 5 StR 169/09, StV 2010, 171.
[9] Vgl. KK-StPO/*Engelhardt* Rn. 9 sowie BGH v. 7. 7. 1999 – 1 StR 303/99, NStZ-RR 2000, 293 (bei *Kusch*); vgl. auch OLG Hamm v. 14. 8. 2008 – 3 Ss OWi 813/07, NStZ-RR 2008, 382 (Stellung eines Hilfsbeweisantrages).
[10] BGH v. 24. 2. 1976 – 1 StR 764/75, NJW 1976, 977.
[11] BGH v. 12. 2. 1992 – 3 StR 481/91, BGHR StPO § 274 Beweiskraft 12; vgl. ferner BGH v. 23. 3. 1976 – 1 StR 9/76 (Antrag auf Entziehung der Fahrerlaubnis, jedoch kein Antrag zur Strafhöhe), zit. nach KK-StPO/*Engelhardt* Rn. 10.
[12] BGH v. 10. 1. 1995 – 1 StR 343/95, NStZ 1995, 356.
[13] BGH Beschl. v. 19. 4. 1977 – 5 StR 191/77, zit. nach KK-StPO/*Engelhardt* Rn. 10.
[14] BGH v. 20. 11. 1961 – 2 StR 395/61, BGHSt 16, 306, 308 = NJW 1962, 165; hierzu: *Hanack* JZ 1972, 489; vgl. auch zur Anwesenheit eines Verteidigers: BGH v. 27. 6. 2006 – 3 StR 174/06, NStZ-RR 2008, 66 (bei *Becker*).
[15] BGH v. 7. 7. 1999 – 1 StR 303/99, NStZ-RR 2000, 293 (bei *Kusch*); BGH v. 20. 9. 2005 – 3 StR 214/05, NStZ 2006, 117.
[16] BGH Beschl. v. 13. 5. 1975 – 1 StR 97/75, zit. nach KK-StPO/*Engelhardt* Rn. 11.
[17] BGH v. 8. 8. 2001 – 2 StR 504/00, NStZ 2002. 270; hiergegen zutreffend: *Fezer* NStZ 2002, 272; *Köberer* StV 2002, 527; *Meyer-Goßner* Rn. 17 sowie BGH v. 11. 8. 2004 – 3 StR 202/04, NStZ 2005, 46; vgl. auch BGH v. 27. 6. 2006 – 3 StR 174/06, NStZ-RR 2008, 66 (bei *Becker*).
[18] So etwa LR/*Gollwitzer* Rn. 6; *Alsberg* JW 1930, 3859; aA *G. Schäfer*, FS 50 Jahre BGH, S. 711.
[19] BGH v. 6. 11. 1990 – 1 StR 726/99, NStZ 1991, 143, 144; BGH v. 20. 4. 1982 – 1 StR 833/81, BGHSt 31, 39 = NJW 1982, 2739; BGH v. 20. 3. 1959 – 4 StR 416/58, BGHSt 13, 53, 59 = NJW 1959, 1093; BGH v. 30. 4. 1953 – 3 StR 12/53, BGHSt 4, 140, 142 = NJW 1953, 996; *Meyer-Goßner* Rn. 5; LR/*Gollwitzer* Rn. 7.
[20] *Meyer-Goßner* Rn. 5.
[21] BayObLG v. 13. 5. 1994 – 4 StRR 53/94, NJW 1995, 976.
[22] BGH v. 6. 11. 1990 – 1 StR 726/89, NStZ 1991, 143, 144.
[23] BGH v. 6. 11. 1990 – 1 StR 726/89, NStZ 1991, 143, 144; KG v. 15. 3. 1972 – 1 Ss 301/71, VRS 43, 199.
[24] BGH v. 20. 4. 1982 – 1 StR 833/81, BGHSt 31, 39 = NJW 1982, 2739.
[25] *Meyer-Goßner* Rn. 7; BGH v. 17. 2. 1976 – 1 StR 863/75, BGHSt 26, 281, 282 = NJW 1976, 812.

klären, welche Belehrungen einem Zeugen erteilt wurden oder ob er vereidigt wurde, so ist hierüber nach allgemeinen Grundsätzen Beweis zu erheben, § 274 hat keine Bedeutung.[26]

8 § 274 bestimmt den Umfang der formellen Beweiskraft mit einem anderen Wortlaut als § 273 Abs. 1 den Umfang der Protokollierungspflicht. Unzweifelhaft ist aber, dass sich die formelle Beweiskraft auf die **wesentlichen Förmlichkeiten iSd. § 273 Abs. 1** erstreckt.[27] Nach der Neuregelung der Verständigung im Strafverfahren muss die Beweiskraft des § 274 auch für die nach § 273 Abs. 1 S. 2 und § 273 Abs. 1 a S. 1 und S. 2 zu protokollierenden Vorgänge gelten. Zu den iSv. § 274 „vorgeschriebenen Förmlichkeiten" zählen bei einer Verständigung iSv. § 257 c auch die für diese Verfahrensform vorgesehenen Schritte. Dass das Gesetz in § 273 sprachlich zwischen „wesentlichen Förmlichkeiten" (§ 273 Abs. 1 S. 1) und sonstigen Vorgängen unterscheidet, für die durch § 273 Abs. 1 S. 2 und § 273 Abs. 1 a eine gesonderte Protokollierungspflicht aufgestellt wird, rechtfertigt im Zusammenhang mit § 274 keine abweichende Beurteilung.[28]

Daneben sind die nach § 271 Nr. 1 zu protokollierenden Angaben, die nach den § 272 Nr. 2, 4 zu protokollierenden Angaben über die **Personen**, die an der Hauptverhandlung teilzunehmen haben (nicht aber die Richtigkeit ihrer Personalien) und die Angabe, dass öffentlich verhandelt wurde (§ 272 Nr. 5) von der Beweiskraft erfasst.[29] Nicht erfasst sind die Abwesenheit von Personen, deren Anwesenheit das Gesetz nicht zwingend vorschreibt[30] sowie die Bezeichnung der Straftat (§ 272 Nr. 3). Dass öffentlich verhandelt wurde (§ 272 Nr. 5) beweist zwar, dass kein Beschluss zum Ausschluss der Öffentlichkeit ergangen ist, nicht aber, dass der Öffentlichkeitsgrundsatz auch tatsächlich vollständig gewahrt wurde.[31]

9 Da sich die Beweiskraft auf Förmlichkeiten beschränkt, erstreckt sie sich generell nicht auf den Inhalt von Erklärungen des Angeklagten[32] oder Inhalte von Zeugenaussagen oder Sachverständigengutachten, sofern diese ausnahmsweise im Protokoll festgehalten wurden. Das gilt insbesondere für nach § 273 Abs. 2 protokollierte Aussagen.[33] Wird eine Aussage ordnungsgemäß nach § 273 Abs. 3 niedergeschrieben und verlesen, ohne dass Beanstandungen erhoben werden, so kommt diesem Protokollinhalt die Beweiskraft nach § 274 zu.[34]

10 Der authentische Wortlaut der **Urteilsformel** ergibt sich mit der Beweiskraft des § 274 aus dem Hauptverhandlungsprotokoll.[35] Nicht von der Beweiskraft des § 274 erfasst sind nach hM die **Beratungen** und die mit ihr zusammenhängenden Vorgänge (wie zB Abstimmung).[36] Nach hM handelt es sich hier um Vorgänge außerhalb der Hauptverhandlung. Noch zur Hauptverhandlung zählt hingegen die nach Urteilsverkündigung zu erteilende Rechtsmittelbelehrung (§ 35 a).[37] Erklärt der Angeklagte auf die ihm erteilte Belehrung, er verzichte auf Rechtsmittel, so muss dies ordnungsgemäß nach § 273 Abs. 3 protokolliert werden, damit der Erklärung die formelle Beweiskraft des § 274 zukommt.[38] Genügt das Protokolleintragung nicht den Voraussetzungen des § 273 Abs. 3, hat das Revisionsgericht bei einem späteren Streit über den Erklärungsinhalt freibeweislich zu ermitteln, welchen Inhalt die abgegebene Erklärung hatte.[39] Dem Protokollinhalt kommt dabei aber erheblicher Beweiswert zu.[40] Werden in der Berufungsinstanz Erklärungen zum Inhalt des Rechtsmittels abgegeben (Beschränkung, Rücknahme), sind diese als Verfahrenshandlungen von der Beweiskraft des § 274 erfasst.

---

[26] KMR/*Gemählich*, Rn. 6; *G. Schäfer*, FS 50 Jahre BGH, S. 708; *Sarstedt*, FS E. Hirsch, Berlin 1968, S. 186.
[27] *Meyer-Goßner* Rn. 8; LR/*Gollwitzer* Rn. 10; BGH v. 6. 2. 1990 – 2 StR 29/89, BGHSt 36, 354, 357 = NJW 1990, 1740.
[28] Zur Bedeutung der formellen Beweiskraft im Zusammenhang mit § 273 Abs. 1 a S. 3 siehe § 273 Rn. 22; vgl. ferner BGH v. 31. 3. 2010 – 2 StR 31/10, StV 2010, 346.
[29] So auch KK-StPO/*Engelhardt* Rn. 4; SK-StPO/*Schlüchter/Frister* Rn. 6/7.
[30] So auch KK-StPO/*Engelhardt* Rn. 4; SK-StPO/*Schlüchter/Frister* Rn. 6/7.
[31] So zutreffend *Meyer-Goßner* Rn. 8; KK-StPO/*Engelhardt* Rn. 4.
[32] LR/*Gollwitzer* Rn. 12.
[33] *Meyer-Goßner* Rn. 10; SK-StPO/*Schlüchter/Frister* Rn. 8.
[34] So auch KK-StPO/*Engelhardt* Rn. 5; aA LR/*Gollwitzer* Rn. 11.
[35] Vgl. OLG Köln v. 7. 11. 2006 – 83 Ss 70/06, NStZ 2007, 481; BGH v. 9. 5. 2001 – 2 StR 42/01, NStZ-RR 2002, 100 (bei *Becker*); BGH v. 4. 2. 1986 – 1 StR 643/85, BGHSt 34, 11, 12.
[36] BGH v. 14. 10. 2008 – 4 StR 260/08, NStZ 2009, 105; LR/*Gollwitzer* Rn. 15.
[37] Zur früheren Rechtslage vgl. BGH v. 3. 3. 2005 – GSSt 1/04, BGHSt 50, 40, 61 = NJW 2005, 1440, 1446; s. hierzu über § 273 Rn. 19.
[38] *Meyer-Goßner* Rn. 11; BGH v. 12. 2. 1963 – 1 StR 561/62, BGHSt 18, 257 = NJW 1963, 963; BGH v. 9. 5. 1988 – 3 StR 161/88, BGHR § 274 Beweiskraft 2.
[39] BGH v. 12. 2. 1963 – 1 StR 561/62, BGHSt 18, 257; BGH v. 17. 9. 1963 – 1 StR 301/63, BGHSt 19, 101, 105 = NJW 1963, 2236; *Meyer-Goßner* Rn. 11.
[40] BGH v. 9. 5. 1988 – 3 StR 161/88, BGHR § 274 Beweiskraft 2.

IV. Inhalt der formellen Beweiskraft

§ 274 hat zur Folge, dass es in seinem Geltungsbereich für die Frage, ob eine bestimmte Verfahrenshandlung stattgefunden hat, alleine auf den Inhalt des Hauptverhandlungsprotokolls ankommt. Ist die Förmlichkeit im Protokoll vermerkt, so ist hierdurch nachgewiesen, dass sie stattgefunden hat, sofern nicht einer der o. g. Ausnahmefälle vorliegt (positive Beweiskraft). Ist der Vorgang nicht vermerkt, so folgt hieraus, dass er nicht geschehen ist (negative Beweiskraft). Jeglicher Gegenbeweis, zB durch dienstliche Äußerungen der Gerichtsmitglieder und der Prozessbeteiligten oder durch die Urteilsgründe ist unbeachtlich.[41] Der Große Senat für Strafsachen hat jedoch durch seinen Beschluss vom 23. 4. 2007[42] in weitreichendem Umfang nachträgliche Änderungen des Protokolls zugelassen.[43]

Wurde nach dem Hauptverhandlungsprotokoll ein Zeuge nicht vernommen, so steht dies für das Revisionsverfahren fest. Wird im Urteil gleichwohl eine Aussage von ihm wiedergegeben, so liegt ein Verstoß gegen § 261 vor.[44] Ergibt sich aus dem Protokoll nicht, dass ein Antrag (zB Beweisantrag oder Befangenheitsantrag) gestellt wurde, dann gilt er im Revisionsverfahren als nicht gestellt.[45] Ergibt sich aus dem Hauptverhandlungsprotokoll nicht, dass dem Angeklagten das letzte Wort erteilt wurde, so ist hiermit ein Verstoß gegen § 258 nachgewiesen.[46] Ergibt sich aus einem Protokollvermerk, dass der Angeklagte sich zur Sache geäußert hat, nachdem er anfangs nach Belehrung gem. § 243 Abs. 5 nF geschwiegen hatte, so steht dies für das Revisionsverfahren fest.[47] Ergibt sich aus dem Protokoll nicht, dass der Angeklagte zur Sache ausgesagt hat, dann ist ein Verfahrensfehler nachgewiesen, wenn im Urteil eine Aussage des Angeklagten referiert wird.[48]

Schon vor Inkrafttreten des Gesetzes zur Regelung der Verständigung im Strafverfahren war in der Rechtsprechung anerkannt, dass die dargelegten Grundsätze auch in Bezug auf das Zustandekommen einer Verständigung im Strafverfahren gelten sollen,[49] – mit der Folge, dass ein Vertrauenstatbestand, auf den sich der Angeklagte verlassen konnte, erst bestand, wenn die Absprache auch im Protokoll festgehalten war.[50] Nachdem das Gesetz nunmehr eine ausdrückliche Protokollierungspflicht für alle wesentlichen Verfahrenshandlungen im Zusammenhang mit einer Verständigung enthält, kann nichts anderes gelten. Sowohl für das Zustandekommen einer Verständigung als auch für die in diesem Zusammenhang bestehenden gerichtlichen Hinweispflichten gelten deshalb die Grundsätze des § 274.

Nach bislang herrschender Meinung folgte aus der formellen Beweiskraft u. a., dass sich der Verteidiger zur Begründung einer Revisionsrüge auf den Inhalt des Hauptverhandlungsprotokolls stützen durfte, auch wenn sich ein Verfahrensvorgang tatsächlich möglicherweise anders abgespielt hatte.[51] Nach einer neueren Entscheidung des BGH handelt jedoch der Verteidiger **rechtsmissbräuchlich**, wenn er genau weiß oder im Zuge des Revisionsverfahrens erfährt, dass in der Hauptverhandlung ordnungsgemäß verfahren worden ist, er aber gleichwohl unter Berufung auf den Inhalt des Protokolls die Rüge erhebt bzw. aufrechterhält.[52] Diese Rechtsprechung ist abzulehnen.[53]

Die Beweiskraft des § 274 entfällt, wenn der **Nachweis der Fälschung** geführt wird (§ 274 Satz 2). Fälschung iSv. § 274 Satz 2 ist dabei sowohl die Anfertigung des Protokolls durch hierfür nicht zuständige Personen als auch die bewusst falsche Darstellung der Verfahrensvorgänge durch die zuständigen Personen.[54] Wird ein solcher Einwand erhoben, so reicht es aus, wenn Beweis-

---

[41] *Meyer-Goßner* Rn. 3; vgl. BGH v. 8. 7. 2009 – 2 StR 54/09, BGHSt 54, 37 = NJW 2009, 2836.
[42] BGH v. 23. 4. 2007 – GSSt 1/06, BGHSt 51, 298 = NJW 2007, 2419.
[43] S. dazu oben § 271 Rn. 19 ff.
[44] Vgl. BGH v. 23. 10. 2001 – 4 StR 249/01, NStZ 2002, 219 (Augenscheinseinnahme).
[45] BGH v. 19. 12. 1974 – 1 StR 313/74, MDR 1975, 368 (bei *Dallinger*), Hilfsbeweisantrag; KG v. 15. 3. 1972 – 1 Ss 301/71, VRS 43, 199; *Meyer-Goßner* Rn. 14.
[46] BGH v. 15. 11. 1968 – 4 StR 190/68, BGHSt 22, 278, 280 = NJW 1969, 473.
[47] BGH v. 13. 9. 1991 – 3 StR 338/91, NStZ 1992, 49; vgl. auch BGH v. 10. 12. 1997 – 3 StR 441/97, NStZ-RR 1998, 264; BGH v. 14. 6. 1996 – 3 StR 198/96, StV 1997, 455.
[48] BGH v. 14. 5. 2002 – 3 StR 35/02, StV 2002, 531; vgl. auch BGH v. 11. 4. 2007 – 3 StR 108/07, NStZ-RR 2007, 245 (Aussage eines Mitangeklagten) sowie BGH v. 28. 10. 1999 – 4 StR 370/99, NStZ 2000, 217; BGH v. 29. 6. 1995 4 StR 72/95 NStZ 1995, 560.
[49] BGH v. 27. 2. 2007 – 3 StR 32/07, NStZ 2007, 355; BGH v. 19. 10. 1999 – 4 StR 86/99, BGHSt 45, 227, 228 = NJW 2000, 526: vgl. ergänzend BGH v. 11. 4. 2007 – 3 StR 108/07, NStZ-RR 2007, 245.
[50] BGH v. 5. 8. 2003 – 3 StR 231/03, NStZ 2004, 342; BGH v. 21. 1. 2003 – 4 StR 472/02, NJW 2003, 1404.
[51] Vgl. *Sarstedt/Hamm* Rn. 292; *Tepperwien*, FS Meyer-Goßner, 2001, S. 595.
[52] BGH v. 11. 8. 2006 – 3 StR 284/05, BGHSt 51, 88 = NJW 2006, 3579; vgl. hierzu *Fahl* JR 2007, 34; *Gaede* StraFo 2007, 29; *Satzger/Hanft* NStZ 2007, 185; *Hollaender* JR 2007, 6.
[53] Vgl. dazu *Lindemann/Reichling* StV 2007, 152; *H. Wagner* StraFo 2007, 496; *Krawczyk* HRRS 2007, 101; *Beulke*, FS Amelung, Berlin 2009, S. 558/559.
[54] OLG Düsseldorf v. 27. 7. 1983 – 1 Ws 422/83, StV 1984, 108; KMR/*Gemählich* Rn. 21.

mittel für den Vorwurf benannt werden; die notwendigen Ermittlungen sind vom Gericht durchzuführen.[55] Fehler, Nachlässigkeiten und Missverständnisse sind durch Protokollberichtigungen zu korrigieren; sie rechtfertigen den Vorwurf der Fälschung nicht und lassen deshalb auch nicht die Beweiskraft nach § 274 Satz 2 entfallen.[56]

§ 275 [Frist und Form der Urteilsniederschrift; Ausfertigungen]

(1) [1]Ist das Urteil mit den Gründen nicht bereits vollständig in das Protokoll aufgenommen worden, so ist es unverzüglich zu den Akten zu bringen. [2]Dies muß spätestens fünf Wochen nach der Verkündung geschehen; diese Frist verlängert sich, wenn die Hauptverhandlung länger als drei Tage gedauert hat, um zwei Wochen, und wenn die Hauptverhandlung länger als zehn Tage gedauert hat, für jeden begonnenen Abschnitt von zehn Hauptverhandlungstagen um weitere zwei Wochen. [3]Nach Ablauf der Frist dürfen die Urteilsgründe nicht mehr geändert werden. [4]Die Frist darf nur überschritten werden, wenn und solange das Gericht durch einen im Einzelfall nicht voraussehbaren unabwendbaren Umstand an ihrer Einhaltung gehindert worden ist. [5]Der Zeitpunkt des Eingangs und einer Änderung der Gründe ist von der Geschäftsstelle zu vermerken.

(2) [1]Das Urteil ist von den Richtern, die bei der Entscheidung mitgewirkt haben, zu unterschreiben. [2]Ist ein Richter verhindert, seine Unterschrift beizufügen, so wird dies unter der Angabe des Verhinderungsgrundes von dem Vorsitzenden und bei dessen Verhinderung von dem ältesten beisitzenden Richter unter dem Urteil vermerkt. [3]Der Unterschrift der Schöffen bedarf es nicht.

(3) Die Bezeichnung des Tages der Sitzung sowie die Namen der Richter, der Schöffen, des Beamten der Staatsanwaltschaft, des Verteidigers und des Urkundsbeamten der Geschäftsstelle, die an der Sitzung teilgenommen haben, sind in das Urteil aufzunehmen.

(4) Die Ausfertigungen und Auszüge der Urteile sind von dem Urkundsbeamten der Geschäftsstelle zu unterschreiben und mit dem Gerichtssiegel zu versehen.

I. Frist zur Fertigstellung der Urteilsgründe (Abs. 1)

1   Das Gesetz schreibt vor, dass die schriftlichen Urteilsgründe unverzüglich zu den Akten zu bringen sind (Abs. 1 Satz 1). Jede nicht durch andere Dienstgeschäfte verursachte Verzögerung ist deshalb zu vermeiden.[1] Vor allem dann, wenn der Angeklagte sich in Untersuchungshaft befindet, gelten das aus Art. 2 GG iVm. dem Rechtstaatsprinzip und das aus Art. 5 EMRK abzuleitende Beschleunigungsgebot für Haftsachen.[2] Das BVerfG hat klargestellt, dass hieraus auch die Pflicht zur besonderen Beschleunigung bei der Urteilsabsetzung resultiert.[3] Kommt es zu vermeidbaren Verzögerungen, so kann daraus die Verpflichtung zur Haftentlassung resultieren. Verstöße gegen das Unverzüglichkeitsgebot begründen aber nicht die Revision, da das vor Fristbeginn verkündete Urteil regelmäßig nicht auf ihnen beruhen wird. Bei der Urteilsabsetzung auftretende Verzögerungen können aber im Einzelfall im Rahmen der Rechtsprechung zu Verzögerungen im Revisionsverfahren zu berücksichtigen sein.[4]

2   Die in Abs. 1 Satz 2 enthaltenen Fristen dürfen nicht überschritten werden. Für ihre Berechnung gilt § 43. Die Mindestfrist beträgt fünf Wochen. Bei vier- bis zehntägiger Hauptverhandlung gilt eine Frist von sieben Wochen, bei elf- bis zwanzigtägiger Hauptverhandlung eine Frist von neun Wochen,[5] bei einundzwanzig- bis dreißigtägiger Hauptverhandlung eine Frist von elf Wochen usw.[6] Als Verhandlungstage werden dabei auch solche Tage gewertet, an denen nicht zur Sache verhandelt wurde (zB weil der Angeklagte oder ein Verteidiger nicht erschienen ist).[7] Die Kriterien des § 229 StPO gelten nicht. Wurde ein Verkündungstermin anberaumt (vgl. § 268 Abs. 3), so wird dieser ebenfalls mitgezählt. Wird bei einer mehrtägigen Hauptverhandlung ein Angeklagter für einen Teil der Sitzungstage nach § 231c beurlaubt, ergeht aber gleichwohl ein gemeinsa-

---

[55] So mit Recht *Meyer-Goßner* Rn. 20.
[56] Vgl. OLG Düsseldorf v. 27. 2. 1997 – 1 Ws 1093/96, NJW 1997, 1718; KMR/*Gemählich* Rn. 22.
[1] Vgl. *Rieß* NStZ 1982, 442; BGH v. 12. 12. 1991 – 4 StR 436/91, NStZ 1992, 398.
[2] Vgl. OLG Naumburg v. 24. 1. 2008 – 1 Ws 35/08, StV 2008, 201.
[3] BVerfG v. 29. 12. 2005 – 2 BvR 2057/05, NJW 2006, 677, 679.
[4] BGH v. 12. 12. 2005 – 5 StR 507/05, NStZ 2006, 296 (in außergewöhnlich gelagerten Einzelfällen); vgl. auch BGH v. 16. 3. 2006 – 3 StR 27/06, NStZ 2006, 463 (offen gelassen); vgl. ergänzend *Schmidt* NStZ 2006, 317 sowie *Rieß* NStZ 1982, 442.
[5] BGH v. 12. 4. 1988 – 5 StR 94/88, BGHSt 35, 259 = NJW 1988, 3215; BGH v. 30. 4. 2009 – 4 StR 133/09.
[6] Vgl. *Meyer-Goßner* Rn. 8.
[7] So *Meyer-Goßner* Rn. 9; KK-StPO/*Engelhardt* Rn. 44; vgl. BGH v. 4. 4. 1984 – 2 StR 767/83, NStZ 1984, 466.

mes Urteil, dann ist die Frist nach der Gesamtzahl der Verhandlungstage zu bestimmen.[8] Wird in einem solchen Fall das Verfahren gegen einen der Angeklagten vorzeitig beendet, dann ist für ihn die bis zur Verkündung seines Urteils erreichte Zahl von Verhandlungstagen maßgeblich. Wird dem Angeklagten nachträglich Wiedereinsetzung in die Frist zur Revisionseinlegung gewährt, so beginnt die Frist zur Ergänzung der abgekürzten Urteilsgründe mit dem Eingang der Akten bei dem für die Ergänzung zuständigen Gericht.[9]

Zwar ist die Frist nicht verlängerbar, sie darf jedoch unter den Voraussetzungen des Abs. 1 Satz 4 überschritten werden. Diese Voraussetzungen liegen nicht vor, wenn die Fristüberschreitung auf einem **Irrtum** der Beteiligten beruht, so etwa wenn die Frist unzutreffend berechnet wird,[10] oder wenn die Berufsrichter irrtümlich davon ausgehen, es sei bereits Rechtskraft eingetreten.[11] Auch Mängel in der **Organisation des Gerichts**,[12] oder eine allgemeine Arbeitsüberlastung des zuständigen Richter[13] oder des Schreibdienstes[14] können die Fristüberschreitung regelmäßig nicht rechtfertigen. Dies kommt allenfalls in Ausnahmefällen in Betracht, zB bei einem völlig unvorhersehbaren Personalengpass oder überraschend aufgetretenen technischen Schwierigkeiten.[15] Die Unauffindbarkeit der Akten[16] rechtfertigt die Fristüberschreitung ebenso wenig wie die zeitweilige Versendung der Akten.[17]

Der überraschende Tod des für die Urteilsabsetzung zuständigen Berichterstatters ist ein unvorhersehbarer Umstand, der eine Fristüberschreitung rechtfertigen kann, wenn zu diesem Zeitpunkt noch kein Urteilsentwurf vorliegt.[18] Bei Kollegialgerichten kann eine Verpflichtung des Vorsitzenden oder des zweiten Beisitzers bestehen, einen vom Berichterstatter bereits begonnenen Urteilsentwurf innerhalb der Frist fertigzustellen, wenn der Berichterstatter erkrankt.[19] Dies kommt nicht in Betracht, wenn die notwendigen Aufzeichnungen nicht zur Verfügung stehen oder wenn die Berufsrichter durch ihre sonstige richterliche Tätigkeit zu stark belastet sind, um die Urteilsgründe fertigzustellen.[20] Die Fristüberschreitung kann gerechtfertigt sein, wenn der Berichterstatter am Tag vor dem Fristablauf überraschend an der Fertigstellung des Urteils gehindert ist[21] oder wenn bei Gerichten, die nur mit einem Berufsrichter besetzt sind, dieser überraschend erkrankt.[22]

Das Gesetz sieht bei Verhinderung des zuständigen Richters keine ausdrücklich zahlenmäßig benannte Fristverlängerung vor. Nach hM ist die Fristüberschreitung vielmehr nur so lange gerechtfertigt, wie das Hindernis fortbesteht.[23] Hierbei sind neu auftretende Hindernisse zu berücksichtigen.[24]

---

[8] BGH v. 4. 4. 1980 – 5 StR 688/79, MDR 1980, 631 (bei *Holtz*); *Rieß* NStZ 1982, 442; *Meyer-Goßner* Rn. 10.
[9] BGH v. 10. 9. 2008 – 2 StR 134/08, BGHSt 52, 349 = NJW 2008, 3509 = JR 2009, 164 mAnm *Stuckenberg*.
[10] BGH v. 30. 4. 2009 – 4 StR 133/09; BGH v. 12. 8. 1997 – 1 StR 449/97, NStZ 1998, 99; BGH v. 5. 3. 1997 – 3 StR 18/97, NStZ-RR 1997, 204; BGH v. 27. 11. 1984 – 1 StR 701/84, NStZ 1985, 207 (bei *Pfeiffer/Miebach*); BGH v 11. 1. 1984 – 2 StR 598/83, StV 1984, 143; BGH v. 17. 1. 1989 – 5 StR 8/89, BGHR StPO § 275 Abs. 1 Satz 4 Umstand 3.
[11] BGH v. 26. 1. 1988 – 5 StR 1/88, StV 1988, 193.
[12] So auch *Meyer-Goßner* Rn. 14; vgl. auch BGH v. 9. 4. 2003 – 2 StR 513/02, BGHR StPO § 275 Abs. 1 Satz 4 Umstand 5; BGH v. 17. 1. 1989 – 5 StR 8/89, BGHR StPO § 275 Abs. 1 Satz 4 Umstand 3 (Arbeitsüberlastung eines Richters);.OLG Koblenz v. 21. 2. 2007 – 2 Ss 46/07, StV 2009, 11, 12.
[13] BGH v. 9. 4. 2003 – 2 StR 513/02, BGHR StPO § 275 Abs. 1 Satz 4 Umstand 5; BGH v. 17. 1. 1989 – 5 StR 8/89, NStZ 1989, 285 (Arbeitsüberlastung eines Richters); vgl. auch BGH v. 11. 12. 1987 – RiZ (R) 8/87 NJW 1988, 1094 (Widerruf von Erholungsurlaub zwecks Einhaltung der Frist in § 275); BGH v. 11. 12. 1991 – 4 StR 436/91 = NStZ 1992, 398; KG v. 13. 1. 1986 (Abwesenheit eines Berufsrichters am Tage des Fristablaufs); vgl. auch BGH v. 26. 7. 2007 – 1 StR 368/07, NStZ 2008, 55 und OLG Koblenz v. 21. 2. 2007 – 2 Ss 46/07, StV 2009, 11, 12.
[14] BayObLG v. 3. 9. 1985 – RReg ,4 St 176/85 StV 1986, 145; OLG Hamm v. 31. 7. 1975, VRS 50, 121; OLG Koblenz v. 13. 6. 1983, VRS 65, 451, 453 (Erkrankung einer Kanzleikraft); OLG Köln v. 9. 6. 1978 – 1 Ss 347/78, MDR 1978, 864; OLG Zweibrücken v. 21. 6. 1977 – Ss 160/77, VRS 54, 130; vgl. auch *Meyer* JR 1976, 343.
[15] So auch *Meyer-Goßner* Rn. 14; *Rieß* NJW 1975, 88; KMR/*Gemählich* Rn. 25.
[16] Hierzu OLG Celle v. 2. 4. 1981, 1 Ss 148/81, NJW 1982, 397 (zeitweiliges Verlegen der Akten); SchlHA 1988, 111; vgl. ferner OLG Hamm v. 2. 5. 1988 – 4 Ss 114/88, NJW 1988, 1991 (zeitweiliger Verlust der Akten kann Fristüberschreitung rechtfertigen).
[17] BGH v. 21. 4. 1989 – 3 StR 76/89, StV 1989, 469 (Akteneinsicht an Verteidiger); OLG Jena v. 13. 5. 2004 – 1 Ss 87/04, VRS 107, 374 (verspätete Rückleitung der Akten durch StA); vgl. auch OLG Koblenz v. 21. 2. 2007 – 2 Ss 46/07, StV 2009, 11, 12.
[18] BGH v. 24. 11. 2006 – 1 StR 558/06, NStZ-RR 2007, 88.
[19] Vgl. BGH v. 6. 2. 2008 – 2 StR 492/07, NStZ-RR 2008, 181; BGH v. 27. 4. 1999 – 4 StR 141/99, NStZ 1999, 474; BGH v. 9. 8. 1988 – 5 StR 295/88, NStZ 1988, 513; siehe ferner BGH v. 2. 4. 1975 – 1 StR 701/75, BGHSt 26, 247 = JR 1976, 342 mAnm *Meyer* und BGH v. 4. 11. 1981 – 2 StR 318/81, NStZ 1982, 80.
[20] *Meyer-Goßner* Rn. 15; vgl. aber BGH v. 6. 2. 2008 – 2 StR 492/07, NStZ-RR 2008, 181.
[21] BGH v. 12. 8. 1986 – 1 StR 420/86, NStZ 1986, 564 (plötzliche Erkrankung am Vorabend des Fristablaufs).
[22] *Meyer-Goßner* Rn. 13; vgl. OLG Koblenz v. 10. 2. 1976 – 2 Ss 8/76, GA 1976, 251 sowie OLG Düsseldorf v. 17. 10. 2007 – 5 Ss 160/07, NStZ-RR 2008, 117.
[23] BGH v. 21. 6. 1995 – 3 StR 215/95, StV 1995, 514; BGH v. 7. 9. 1982 – 1 StR 249/82, NStZ 1982, 519. vgl. auch OLG Koblenz v. 10. 2. 1976 – 2 Ss 8/76, GA 1976, 251.
[24] BayObLG v. 9. 11. 1982 – RReg 1 St 261/82, BayObLGSt 1982, 139 = MDR 1983, 340.

6 War die Einhaltung der Frist aufgrund äußerer Umstände nicht möglich, so sollte dies in den Akten in geeigneter Weise dokumentiert werden.[25] Das Gesetz schreibt dies nicht ausdrücklich vor. Doch erscheint dies schon im Hinblick darauf, dass die Fristüberschreitung nach § 338 Nr. 7 StPO zur Urteilsaufhebung führen kann, rechtlich geboten.

7 Um Unklarheiten zu vermeiden, sieht das Gesetz in Abs. 1 Satz 5 vor, dass der Urkundsbeamte der Geschäftsstelle den **Eingang des Urteils auf der Geschäftsstelle** zu dokumentieren hat. Dem Vermerk kommt innerhalb des Revisionsverfahrens nicht die formelle Beweiskraft des § 274 zu, weil er nicht Bestandteil des Hauptverhandlungsprotokolls ist.[26] Dass das Urteil rechtzeitig eingegangen ist, kann deshalb auch auf anderem Wege, insbesondere durch dienstliche Erklärungen, nachgewiesen werden.[27] Das Gesetz verlangt nicht, dass der Vermerk innerhalb der Frist des Abs. 1 Satz 2 anzubringen ist. Er kann deshalb auch noch nach Fristablauf angebracht werden.

8 Mit Fristablauf darf das Urteil nicht mehr verändert werden (Abs. 1 Satz 3). Umgekehrt bleiben Änderungen, gleich welcher Art, bis Fristablauf zulässig. Wird nach Fristablauf eine Änderung vorgenommen, die über bloße sprachliche Korrekturen hinausgeht, so hat diese keine rechtliche Wirkung.[28] **Nachträgliche Änderungen** oder Ergänzungen der Urteilsurkunde durch einen der Berufsrichter sind nicht gestattet. Erweisen sich diese als notwendig, so ist ein förmlicher Berichtigungsbeschluss zu erlassen.[29]

II. Notwendige Unterschriften (Abs. 2)

9 Nach Abs. 2 ist das schriftliche Urteil von den Richtern zu unterzeichnen, die an der Hauptverhandlung mitgewirkt haben. Sie übernehmen damit die Verantwortung für den Urteilstext, der das Beratungsergebnis wahrheitsgetreu wiedergeben soll.[30] In den Fällen, in denen ein Urteil darauf beruht, dass nicht die in § 263 Abs. 1 vorgeschriebene Mehrheit für eine dem Angeklagten nachteilige Entscheidung erreicht wurde, kommt den Urteilsgründen letztlich die Funktion zu, die verbliebenen Zweifel zu dokumentieren.

10 Voraussetzung für eine wirksame Unterzeichnung ist zunächst, dass eine **verbindliche Textfassung** vorliegt. Zweifel hieran können auftreten, wenn innerhalb eines Kollegialgerichts zunächst lediglich eine Unterschrift geleistet wird, der Zweitunterzeichner jedoch Korrekturen anbringt. Nach der Rechtsprechung des BGH muss in diesen Fällen der geänderte Text nochmals dem Erstunterzeichner vorgelegt werden, damit dieser die Änderungen autorisiert.[31] Eine pauschale Ermächtigung zu Korrekturen ist unwirksam.[32] Ohne Rücksprache mit dem Erstunterzeichner erlaubt sind lediglich nachträgliche Ergänzungen, durch die Schreibversehen verbessert, stilistische Korrekturen angebracht oder Hinweise auf Entscheidungen und Schrifttum eingefügt werden.[33]

11 Der verbindliche Text ist sodann von **allen Berufsrichtern** zu unterschreiben, die an der Beratung beteiligt waren. Eine Unterzeichnung durch die Schöffen ist nicht erforderlich, aber auch nicht verboten.[34] Wie an anderen Stellen der Rechtsordnung, an denen durch Unterzeichnung von Schriftstücken wirksam Verantwortung übernommen werden soll, muss auch hier die Unterschrift einen individualisierbaren Namenszug erkennen lassen.[35]

12 Nach hM sind auch in der Beratung überstimmte berufsrichterliche Mitglieder des Gerichts verpflichtet, die Urteilsurkunde zu unterzeichnen.[36] Weigert sich ein Richter, die Urteilsgründe zu unterzeichnen, kann dies einer Verhinderung an der Unterzeichnung gleichzuachten sein,[37] wenn die Weigerung unberechtigt ist. Begründet der Ablehnende seine Entscheidung aber damit, dass

---

[25] Vgl. BGH v. 23. 1. 1991 – 3 StR 415/90, NStZ 1991, 297.
[26] *Meyer-Goßner* Rn. 18 sowie *Meyer-Goßner* NZV 2002, 470 (Anm. zu OLG Dresden v. 31. 8. 2001 – 2 Ss 454/01, NZV 2002, 283, berichtigt in NZV 2002, 344); vgl. zur Beweiskraft auch BGH v. 9. 11. 2006 – 1 StR 388/06, NStZ-RR 2007, 53, 54.
[27] BGH v. 5. 7. 1979 – 4 StR 272/79, BGHSt 29, 43, 46/47 = NJW 1980, 298; BGH v. 10. 5. 1988 – 1 StR 80/88, NStZ 1988, 449 (bei *Miebach*).
[28] BGH v. 3. 11. 1992 – 5 StR 565/92, NStZ 1993, 200.
[29] KK-StPO/*Engelhardt* Rn. 56.
[30] BGH v. 25. 2. 1975 – 1 StR 558/74, BGHSt 26, 92, 93 = NJW 1975, 1177; BGH v. 18. 1. 1983 – 1 StR 757/82, BGHSt 31, 212, 213 = NJW 1983, 1745.
[31] BGH v. 10. 1. 1978 – 2 StR 654/77, BGHSt 27, 334, 335 = NJW 1978, 899.
[32] BGH v. 10. 1. 1978 – 2 StR 654/77, BGHSt 27, 334, 336 = NJW 1978, 899; vgl. auch BGH v. 9. 3. 1984 – 2 StR 860/83, NStZ 1984, 378.
[33] KK-StPO/*Engelhardt* Rn. 27 unter Bezugnahme. auf BGH v. 10. 1. 1978 – 2 StR 654/77, BGHSt 27, 334 = NJW 1978, 899 und BGH v. 21. 3. 1979 – 2 StR 453/78, MDR 1979, 638 (bei *Holtz*).
[34] KK-StPO/*Engelhardt* Rn. 24.
[35] BGH v. 30. 8. 1988 – 1 StR 377/88, BGHR StPO § 275 Abs. 2 Satz 1 Unterschrift 1; BayObLG v. 28. 5. 2003 – 1 ObOWi 177/2003, NStZ-RR 2003, 305.
[36] BGH v. 25. 2. 1975 – 1 StR 558/74, BGHSt 26, 92, 93 = NJW 1975, 1177; OLG Naumburg v. 6. 10. 2008 – 1 Ws 504/07, NJW 2008, 3585, 3586.
[37] So KK-StPO/*Engelhardt* Rn. 33; aA KMR/*Gemählich* Rn. 35.

die schriftliche Fassung nicht das Beratungsergebnis wiedergibt, kann seine Unterschrift nicht durch ein anderes Mitglied der Kammer ersetzt werden, die auftauchenden Fragen müssen vielmehr durch Beratung geklärt und notfalls durch Abstimmung mehrheitlich entschieden werden.[38]

Da das Gesetz die Unterzeichnung durch sämtliche Berufsrichter auch vorsieht, um eine gegenseitige Kontrolle zu gewährleisten, kommt eine **Ersetzung der Unterschrift** nach § 275 Abs. 2 S. 2 nur unter strengen Voraussetzungen in Betracht.

Ein Richter kann aus **Rechtsgründen an der Unterzeichnung gehindert** sein. Das ist in der Rechtsprechung angenommen worden in Fällen, in denen ein Richter in der Zeit zwischen Urteilsverkündung und Urteilsunterzeichnung aus dem Richterdienst ausgeschieden war[39] oder durch Ernennung zum Staatsanwalt seinen Richterstatus verloren hatte.[40] Wird ein Richter auf Probe (vgl. §§ 12, 13 DRiG) bei der Staatsanwaltschaft eingesetzt, dann berührt dies seinen richterlichen Status nicht, mit der Folge, dass er nicht iSv. § 275 Abs. 2 Satz 2 an der Unterschriftsleistung gehindert ist.[41] Weil der Richterstatus unberührt bleibt, ist auch die Versetzung an ein anderes Gericht,[42] oder die Abordnung in die Justizverwaltung[43] kein rechtlicher Hinderungsgrund. Aus ihr kann sich nach Ansicht des BGH jedoch ein tatsächlicher Hinderungsgrund ergeben.

Eine **Verhinderung** kann sich auch **aus tatsächlichen Gründen** ergeben. Zu beachten ist dabei stets, dass der Vorsitzende oder sein Vertreter verpflichtet ist, für eine Einhaltung der Anforderungen des § 275 Sorge zu tragen.[44] Kein Hinderungsgrund liegt vor, wenn ein Richter am Nachmittag des letzten Tages der Frist nicht erreichbar ist.[45] Befindet sich der zuständige Richter auf einer Urlaubsreise im Ausland, so kann dies einen Verhinderungsfall begründen.[46] Als Hinderungsgrund anerkannt hat der BGH auch die Versetzung an ein anderes, vom Ort der notwendigen Unterschriftsleistung räumlich erheblich entferntes Gericht.[47]

Das Gesetz sieht in § 275 Abs. 2 die Verpflichtung vor, den Eintritt des Verhinderungsfalls zu dokumentieren. Der Vorsitzende hat einen entsprechenden **Vermerk auf der Urteilsurkunde** anzubringen. Ist er selbst verhindert, so darf der Vermerk nicht durch seinen an der Hauptverhandlung nicht beteiligten Stellvertreter angebracht werden.[48] In dem Vermerk ist der **Grund der Verhinderung** zu dokumentieren.[49] Der Vermerk ist zu unterzeichnen; im Ergebnis muss eindeutig erkennbar sein, von wem er stammt.[50] Ist kein Verhinderungsgrund angegeben, prüft das Revisionsgericht (nach entsprechender Verfahrensrüge), ob ein Verhinderungsfall vorlag.[51]

III. Der Urteilskopf (Abs. 3)

Abs. 3 legt fest, welche Daten in den Urteilskopf aufzunehmen sind. Als Tag der Sitzung ist dabei der Tag anzugeben, an dem das Urteil verkündet worden ist.[52] Unter den mitwirkenden Richtern ist der Vorsitzende hervorzuheben. Die Schöffen sind als solche zu kennzeichnen. Ergänzungsrichter müssen nicht aufgeführt werden.

Haben mehrere Beamte der Staatsanwaltschaft und mehrere Verteidiger mitgewirkt, so sind alle anzugeben. Als Urkundsbeamter ist nur derjenige anzugeben, der als Protokollführer an der Verkündung mitgewirkt hat. Über den Wortlaut des Abs. 3 hinaus ist es erforderlich, die Identität des Angeklagten anzugeben, wobei die Mitteilung des Wohnortes, des Berufs und des Familienstandes nicht erforderlich sind.[53] Der Privatkläger ist aufzuführen,[54] der Nebenkläger nur, wenn er an der Hauptverhandlung teilgenommen hat.[55]

---

[38] BGH v. 25. 2. 1975 – 1 StR 558/74, BGHSt 26, 92, 93 = NJW 1975, 1177.
[39] BGH v. 5. 7. 1994 – 5 StR 664/93, BGHR StPO § 275 Abs. 2 Satz 2 Verhinderung 5; BayObLG v. 30. 3. 1967 – RReg 4 b St 65/66, NJW 1967, 1578.
[40] BGH v. 5. 7. 1994 – 5 StR 664/93, StV 1994, 641.
[41] BGH v. 8. 11. 2006 – 2 StR 294/06, NStZ-RR 2007, 88; BGH v. 26. 7. 2005 – 3 StR 196/05, StV 2006, 459.
[42] BGH v. 22. 6. 1982 – 1 StR 249/81, NStZ 1982, 476.
[43] BGH v. 26. 4. 2006 – 5 StR 21/06, NStZ 2006, 586.
[44] BGH v. 26. 4. 2006 – 5 StR 21/06, NStZ 2006, 586; BGH v. 14. 11. 1978 – 1 StR 448/78, BGHSt 28, 194, 195 = NJW 1979, 663; vgl. auch BGH v. 24. 4. 2006 – 2 StR 497/05, NStZ-RR 2008, 66 (bei *Becker*).
[45] BGH v. 14. 11. 1978 – 1 StR 448/78, BGHSt 28, 194, 195 = NJW 1979, 663; BGH v. 23. 1. 1991 – 3 StR 415/90, NStZ 1991, 297; vgl. auch BGH v. 23. 10. 1992 – 5 StR 364/92, BGHR § 275 Abs. 2 Satz 2 Verhinderung 3.
[46] So auch KK-StPO/*Engelhardt* Rn. 32; vgl. hierzu ergänzend BGH v. 24. 4. 2006 – 2 StR 497/05, NStZ-RR 2008, 66 (bei *Becker*).
[47] Vgl. BGH v. 30. 5. 1988 – 1 StR 176/88, BGHR StPO § 275 Abs. 2 Satz 2 Verhinderung 1.
[48] BGH v. 12. 5. 1993 – 2 StR 191/93, NStZ 1993, 448.
[49] BGH v. 18. 1. 1983 – 1 StR 757/82, BGHSt 31, 212, 214 = NJW 1983, 1745.
[50] So auch KK-StPO/*Engelhardt* Rn. 35; LR/*Gollwitzer* Rn. 52.
[51] BGH v. 14. 11. 1978 – 1 StR 448/78, BGHSt 28, 194, 195 = NJW 1979, 663; BGH v. 23. 10. 1992 – 5 StR 364/92, NStZ 1993, 96; vgl. auch *Foth* NJW 1979, 1310.
[52] KK-StPO/*Engelhardt* Rn. 7.
[53] KK-StPO/*Engelhardt* Rn. 10; aA KMR/*Gemählich* Rn. 43.

IV. Herstellung von Ausfertigungen (Abs. 4)

19 Das von den Berufsrichtern unterzeichnete Original der Urteilsurkunde verbleibt bei den Verfahrensakten. Von dieser Urschrift werden amtliche Kopien (Abschriften) hergestellt. Diese Ausfertigungen sind vom Urkundsbeamten jeweils mit einem Ausfertigungsvermerk, einem Siegel und der eigenen Unterschrift zu versehen. Durch den Vermerk wird bestätigt, dass die Ausfertigung mit der bei den Akten befindlichen Urschrift übereinstimmt. Er bezieht sich auch darauf, dass die Unterschrift vollständig wiedergegeben ist.[56] Die auf diese Weise hergestellten **Ausfertigungen** werden in der Regel den Verfahrensbeteiligten zugestellt. Ein nach Unterzeichnung der Urschrift hergestellter neuer Ausdruck, in dem Tippfehler berichtigt sind, die sich in der Urschrift befanden, kann zwar zu den Akten genommen werden. Er tritt aber nicht an die Stelle der Urschrift, auch um eine Ausfertigung handelt es sich jedenfalls solange nicht, solange der Ausfertigungsvermerk fehlt.[57]

V. Revision

20 Die Überschreitung der Frist nach § 275 Abs. 1 ist ein absoluter Revisionsgrund (§ 338 Nr. 7).[58] In der Revisionsbegründung muss vorgetragen werden, wann das Urteil verkündet wurde und wann es zu den Akten gebracht wurde.[59] Das Revisionsgericht kann im Freibeweis feststellen, wann das Urteil zu den Akten gebracht wurde.[60] Der Vermerk nach § 275 Abs. 1 Satz 3 hat keine formelle Beweiskraft. Herangezogen werden können insbesondere Vermerke der Berufsrichter über den Zeitpunkt, zu dem sie das Urteil zu den Akten gebracht haben.[61]

21 Der absolute Revisionsgrund des § 338 Nr. 7 liegt auch vor, wenn das Urteil zwar rechtzeitig zu den Akten gebracht wurde, aber nicht alle nach dem Gesetz erforderlichen Unterschriften trägt.[62] Weist das Urteil **keine Unterschrift** auf, so ist dies bereits auf die Sachrüge hin beachtlich.[63] Wird mit der Revision geltend gemacht, es sei zu Unrecht davon ausgegangen worden, dass ein Richter an der Unterschrift gehindert sei, so prüft das Revisionsgericht dies nur in eingeschränktem Umfang: Ist als Verhinderungsgrund eine Tatsache angegeben, die grundsätzlich als Verhinderungsgrund geeignet ist, so beschränkt sich die Überprüfung auf eine **Willkürkontrolle**. Das Revisionsgericht prüft nicht nach, ob die angegebenen Tatsachen vorgelegen haben und auch zu einer Verhinderung geführt haben.[64] Fehlt die Angabe eines solchen Verhinderungsgrundes, dann prüft das Revisionsgericht freibeweislich, was der fehlenden Unterzeichnung zugrundelag.[65] Für eine Beschränkung der Überprüfung auf eine Willkürkontrolle besteht jedoch kein Anlass; es fehlt insoweit eine ausreichende rechtliche Grundlage.

---

[54] KMR/*Gemählich* Rn. 47; SK-StPO/*Schlüchter/Frister* Rn. 42.
[55] KK-StPO/*Engelhardt* Rn. 17, 18; SK-StPO/*Schlüchter/Frister* Rn. 42.
[56] OLG Karlsruhe v. 24. 2. 1989 – 3 Ss 142/88, NStE StPO § 275 Nr. 10; KK-StPO/*Engelhardt* Rn. 63.
[57] Vgl. hierzu BGH v. 24. 8. 1994 – 1 StR 74/94, BGHR StPO § 275 Abs. 1 Satz 1 Akten 2; zur Bedeutung des § 275 im OWi-Verfahren vgl. OLG Frankfurt v. 18. 9. 2008 – 2 Ss – OWi 432/08, NStZ-RR 2009, 37; BayObLG v. 28. 7. 1976 – 2 ObOwi 221/76, BayObLGSt 1976, 97; KMR/*Gemählich* Rn. 64.
[58] BGH v. 2. 12. 1975 – 1 StR 701/75, BGHSt 26, 247, 249 = NJW 1976, 431.
[59] BGH v. 5. 7. 1979 – 4 StR 272/79, BGHSt 29, 43, 44 = NJW 1980, 298; BGH v. 6. 2. 1980 – 2 StR 729/79, BGHSt 29, 203 = NJW 1980, 1292; vgl. auch BGH v. 9. 11. 2006 – 1 StR 388/06., NStZ-RR 2007, 53, 54.
[60] KK-StPO/*Engelhardt* Rn. 74.
[61] BGH v. 5. 7. 1979 – 4 StR 272/79, BGHSt 29, 43, 46 = NJW 1980, 298; BGH v. 10. 5. 1988 – 1 StR 80/88, BGHR StPO § 275 Abs. 1 Satz 5 Eingangsvermerk 1.
[62] BGH v. 26. 4. 2006 – 5 StR 21/06, NStZ 2006, 586; BGH v. 1. 4. 2010 – 3 StR 30/10.
[63] OLG Hamm v. 29. 4. 2008 – 4 Ss 90/08, NStZ-RR 2009, 24; BGH v. 21. 11. 2000 – 4 StR 354/00, BGHSt 46, 204, 206 = NJW 2001, 831.
[64] BGH v. 18. 1. 1983 – 1 StR 757/82, BGHSt 31, 212, 214 = NJW 1983, 1745; BGH v. 23. 10. 1992 – 5 StR 364/92, NStZ 1993, 96. vgl. hierzu ergänzend BGH v. 24. 4. 2006 – 2 StR 497/05, NStZ-RR 2008, 66 (bei *Becker*).
[65] BGH v. 23. 1. 1991 – 3 StR 415/90, NStZ 1991, 297; KK-StPO/*Engelhardt* Rn. 70.

Siebenter Abschnitt. Entscheidung über die im Urteil vorbehaltene oder die nachträgliche Anordnung der Sicherungsverwahrung

§ 275 a [Vorbehaltene oder nachträgliche Anordnung der Sicherungsverwahrung]

(1) ¹Ist über die im Urteil vorbehaltene oder die nachträgliche Anordnung der Sicherungsverwahrung (§§ 66 a und 66 b des Strafgesetzbuches) zu entscheiden, übersendet die Vollstreckungsbehörde die Akten rechtzeitig an die Staatsanwaltschaft des zuständigen Gerichts. ²Prüft die Staatsanwaltschaft, ob eine nachträgliche Anordnung der Sicherungsverwahrung in Betracht kommt, teilt sie dies dem Betroffenen mit. ³Die Staatsanwaltschaft soll den Antrag auf nachträgliche Anordnung der Sicherungsverwahrung nach § 66 b Abs. 1 oder 2 des Strafgesetzbuches spätestens sechs Monate vor dem Zeitpunkt stellen, in dem der Vollzug der Freiheitsstrafe oder der freiheitsentziehenden Maßregel der Besserung und Sicherung gegen den Betroffenen endet. ⁴Sie übergibt die Akten mit ihrem Antrag unverzüglich dem Vorsitzenden des Gerichts.

(2) Für die Vorbereitung und die Durchführung der Hauptverhandlung gelten die §§ 213 bis 275 entsprechend, soweit nachfolgend nichts anderes geregelt ist.

(3) ¹Nachdem die Hauptverhandlung nach Maßgabe des § 243 Abs. 1 begonnen hat, hält ein Berichterstatter in Abwesenheit der Zeugen einen Vortrag über die Ergebnisse des bisherigen Verfahrens. ²Der Vorsitzende verliest das frühere Urteil, soweit es für die Entscheidung über die vorbehaltene oder die nachträgliche Anordnung der Sicherungsverwahrung von Bedeutung ist. ³Sodann erfolgt die Vernehmung des Verurteilten und die Beweisaufnahme.

(4) ¹Das Gericht holt vor der Entscheidung das Gutachten eines Sachverständigen ein. ²Ist über die nachträgliche Anordnung der Sicherungsverwahrung zu entscheiden, müssen die Gutachten von zwei Sachverständigen eingeholt werden. ³Die Gutachter dürfen im Rahmen des Strafvollzugs oder des Vollzugs der Unterbringung nicht mit der Behandlung des Verurteilten befasst gewesen sein.

(5) ¹Sind dringende Gründe für die Annahme vorhanden, dass die nachträgliche Sicherungsverwahrung angeordnet wird, so kann das Gericht bis zur Rechtskraft des Urteils einen Unterbringungsbefehl erlassen. ²In den Fällen des § 66 b Abs. 3 des Strafgesetzbuches ist das für die Entscheidung nach § 67 d Abs. 6 des Strafgesetzbuches zuständige Gericht für den Erlass des Unterbringungsbefehls so lange zuständig, bis der Antrag auf Anordnung der nachträglichen Sicherungsverwahrung bei dem für diese Entscheidung zuständigen Gericht eingeht. ³In den Fällen des § 66 a des Strafgesetzbuches kann das Gericht bis zur Rechtskraft des Urteils einen Unterbringungsbefehl erlassen, wenn es im ersten Rechtszug bis zu dem in § 66 a Abs. 2 Satz 1 des Strafgesetzbuches bestimmten Zeitpunkt die vorbehaltene Sicherungsverwahrung angeordnet hat. ⁴Die §§ 114 bis 115 a, 117 bis 119 a und 126 a Abs. 3 gelten entsprechend.

Schrifttum: *Baltzer,* Die Sicherung des gefährlichen Gewalttäters – eine Herausforderung an den Gesetzgeber, 2005; *Bender,* Die nachträgliche Sicherungsverwahrung, Diss. jur. Frankfurt a. M. 2007; *Bock,* Das Elend der klinischen Kriminalprognose, StV 2007, 269; *Brandt,* Sicherheit durch nachträgliche Sicherungsverwahrung?, Diss. jur. Konstanz 2008; *Brettel,* Offene Fragen der Sicherungsverwahrung im Jugendstrafrecht, R & P 2010, 19; *Eisenberg,* Austausch „neuer Tatsachen" bezüglich § 66 b StGB durch das Revisionsgericht?, JR 2008, 146; *Eschelbach,* Feststellungen, FS Widmaier, 2008, S. 127 ff.; *Finger,* Vorbehaltene und nachträgliche Sicherungsverwahrung, 2008; *Folkers,* Die nachträgliche Sicherungsverwahrung in der Rechtsanwendung – eine Zwischenbilanz, NStZ 2006, 426; *Freuding,* Das Sanktionssystem des § 106 JGG bei Schwerstverbrechen heranwachsender Täter, NStZ 2010, 251; *Graebsch,* Der Gesetzgeber als gefährlicher Wiederholungstäter, FS Eisenberg, 2009, S. 725 ff.; *Harrendorf,* Wo sind die Adressaten der Sicherungsverwahrung?, JR 2008, 6; *Jansing,* Nachträgliche Sicherungsverwahrung: Entwicklungslinien in der Dogmatik der Sicherungsverwahrung, Diss. jur. Münster 2004; *Kinzig,* Das Recht der Sicherungsverwahrung nach dem Urteil des EGMR in Sachen M. gegen Deutschland, NStZ 2010, 233; *ders.,* Die Legalbewährung gefährlicher Rückfalltäter, 2008; *Milde* Die Entwicklung der Normen zur Anordnung der Sicherungsverwahrung in den Jahren von 1998 bis 2004, Diss. jur. Berlin 2006; *H. E. Müller,* Die Sicherungsverwahrung, das Grundgesetz und die Europäische Menschenrechtskonvention, StV 2010, 207; *Peglau,* Nachträgliche Sicherungsverwahrung in Erledigungsfällen mit Reststrafenverbüßung, NJW 2009, 957; *ders.,* Nachträgliche Sicherungsverwahrung – erlaubte und nicht erlaubte „Korrekturen" früherer Verurteilungen, NJW 2008, 1634; *ders.,* Mehrfache Verfahren zur nachträglichen Verhängung der Sicherungsverwahrung – ein prozessuales Problem der strafrechtlichen Gefahrenabwehr, JR 2006, 14; *ders.,* Die nachträgliche Sicherungsverwahrung, das Rechtsmittelverfahren und das Verschlechterungsverbot, NJW 2004, 3599; *Ullenbruch,* BVerfG IV zur nachträglichen Sicherungsverwahrung – was für ein Ritt auf der Rasierklinge?!, StraFo 2009, 52; *ders.,* Anm. zum Beschluss des Großen Senats für Strafsachen des BGH v. 7. 10. 2008, NStZ 2009, 143; *ders.,* Das „Gesetz zur Einführung der nachträglichen Sicherungsverwahrung bei Verurteilungen nach Jugendstrafrecht" – ein Unding?, NJW 2008, 2609; *ders.,*Vorbehaltene Sicherungsverwahrung – noch eine „Norm ohne Land"?, NStZ 2008, 5; *ders.,* Nachträgliche Sicherungsverwahrung – ein legislativer „Spuk" im judikativen „Fegefeuer?", NStZ 2007, 62; *ders.* Nachträgliche Sicherungsverwahrung – heikle Materie in den Händen des BGH!, NJW 2006, 1377; *ders.,* Anm. zu BGH v. 11. 5. 2005 – 1 StR 37/05, NStZ 2005, 563; *von Freyer,* Verfahrensidentität und Prozessgegenstand des Verfahrens zur nachträglichen Sicherungsverwahrung, ZStW 120 (2008), 273; *Wollmann,* Wie konventionswidrig ist die nachträgliche Sicherungsverwahrung?, NK 4/2007, 152.

Übersicht

	Rn.
A. Allgemeines	1–12
I. Gehalt der Regelung	3
II. Bedeutung der Regelung	4–7
III. (Indirekte) Problematik der Regelung	8–12
B. Erläuterungen	13–189
I. Nachträgliche Sicherungsverwahrung ohne Vorbehalt I (§ 66 b Abs. 1 S. 1 StGB)	14–114
1. Betroffener Personenkreis	15
2. Gerichtlicher Entscheidungsbedarf (Abs. 1 S. 1 Hs. 1)	16, 17
3. „Einleitung" des Verfahrens	18, 19
4. Zuständige Staatsanwaltschaft (Abs. 1 S. 1 Hs. 2)	20
5. Rechtzeitige Aktenübersendung	21
6. Gegenstand und Dauer der staatsanwaltlichen (Vor-)Prüfung	22–25
7. Information des Betroffenen (Abs. 1 S. 2)	26–28
8. Antrag (Abs. 1 S. 3)	29–50
a) Erfordernis	29
b) Antragsberechtigte	30
c) Antragsfrist	31–42
aa) Die geltende Regelung	32
bb) Schwachstellen	33–36
cc) Konsequenzen der Fristüberschreitung	37–42
d) Form und Inhalt	43–49
e) Rücknahme	50
9. Unverzügliche Aktenübergabe (Abs. 1 S. 4)	51
10. Mitteilung an StVK	52
11. Zuständiges Gericht	53, 54
12. Kein Zwischenverfahren	55
13. Mitteilung des Antrags an Betroffenen	56
14. Pflichtverteidiger	57
15. Beauftragung zweier Sachverständiger (Abs. 4)	58–62
16. Nebenklage	63
17. Sonstige Vorbereitung der Hauptverhandlung (Abs. 2)	64
18. Durchführung der Hauptverhandlung (Abs. 3)	65–71
a) Grundsatz der Öffentlichkeit	66
b) Beginn der Hauptverhandlung	67
c) Berichterstattung	68
d) (Teilweise) Urteilsverlesung	69
e) Vernehmung des Verurteilten	70
f) Beweisaufnahme	71
19. Entscheidung	72–87
a) Vorrang des Erkenntnisverfahrens	72
b) Alternativen	73
c) Zeitpunkt	74–76
d) Form	77
e) Prüfungsgegenstand	78–83
f) Prüfungsmaßstab	84
g) Darlegungen	85–87
20. Wiederaufnahme	88
21. „Verbrauchte" Tatsachen	89
22. Option „neuer" Verfahren	90–92
23. Unterbringungsbefehl (Abs. 5)	93–114
a) Bedeutung	94
b) Charakter	95
c) Zweck	96
d) Zuständigkeit	97
e) Zeitpunkt	98
f) Voraussetzungen (Abs. 5 S. 1)	99–104
aa) Antrag der StA	99
bb) Dringende Gründe (Abs. 5 S. 1)	100, 101
cc) Antrag gemäß Abs. 1 S. 3?	102
dd) Späte Erkenntnis	103
ee) Pflichtgemäße Ermessensausübung	104
g) Inhalt, Form, Bekanntgabe (Abs. 5 S. 4)	105
h) Vollzug/Außervollzugsetzung	106
i) Besonderes Haftprüfungsverfahren?	107
j) Geltungsdauer	108
k) Aufhebung	109–111
l) Ordentliche Rechtsbehelfe	112, 113
m) Verfassungsbeschwerde	114
II. Nachträgliche Sicherungsverwahrung ohne Vorbehalt II (§ 66 b Abs. 2 StGB)	115–119
1. Betroffener Personenkreis	116
2. Bezugnahmen	117
3. Besonderheiten	118, 119
III. Nachträgliche Sicherungsverwahrung ohne Vorbehalt III (§ 66 b Abs. 3 StGB)	120–142
1. Betroffener Personenkreis	121–123
2. Gerichtlicher Entscheidungsbedarf (Abs. 1 S. 1 Hs. 1)	124

	Rn.
3. „Einleitung" des Verfahrens	125
4. Das Prüfungsverfahren der Staatsanwaltschaft	126
5. Antrag	127–136
a) Erfordernis	127
b) Berechtigte	128
c) Frist	129
d) Form und Inhalt	130, 131
e) Kein offener Strafrest aus Bezugsurteil	132–135
f) Rücknahme	136
6. Weiterer Gang des Verfahrens	137
7. Unterbringungsbefehl (Abs. 5)	138–140
a) Bedeutung	138
b) (Vorübergehende) Sonderzuständigkeit (Abs. 5 S. 2)	139
c) Voraussetzungen	140
8. Sonderfall: Gleichzeitige Erledigungserklärung mehrerer Maßregelanordnungen	141, 142
IV. Nachträgliche Sicherungsverwahrung ohne Vorbehalt IV (§ 66 b Abs. 1 S. 2 StGB)	143–148
1. Betroffener Personenkreis	144–146
2. Bezugnahmen	147
3. Besonderheiten	148
V. Nachträgliche Sicherungsverwahrung nach Vorbehalt (§ 66 a StGB)	149–189
1. Betroffener Personenkreis	150, 151
2. Gerichtlicher Entscheidungsbedarf (Abs. 1 S. 1 Hs. 2)	152
3. „Fortsetzung" des Verfahrens	153
4. Zuständige Staatsanwaltschaft (Abs. 1 S. 1 Hs. 2)	154
5. Rechtzeitige Aktenübersendung	155
6. Gegenstand und Dauer der staatsanwaltlichen Prüfung	156
7. Information des Betroffenen (Abs. 1 S. 2)	157
8. Antrag (Abs. 1 S. 4)	158
9. Unverzügliche Aktenübergabe	159
10. Mitteilung an StVK	160
11. Zuständiges Gericht	161
12. Kein Zwischenverfahren	162
13. Mitteilung des Antrags an Betroffenen	163
14. Pflichtverteidiger	164
15. Beauftragung eines Sachverständigen (Abs. 4 S. 1)	165
16. Nebenklage	166
17. Sonstige Vorbereitung der Hauptverhandlung (Abs. 2)	167
18. Durchführung der Hauptverhandlung (Abs. 3)	168
19. Entscheidung	169–181
a) Alternativen	169
b) Zeitpunkt	170–176
aa) Bestandskräftiger Vorbehalt als Anordnungserfordernis	171
bb) Fristüberschreitung als Anordnungshindernis	172–176
c) Form	177
d) Prüfungsgegenstand	178–180
e) Darlegungen	181
20. Rechtswirkung	182
21. Option „neuer Verfahren"	183
22. Unterbringungsbefehl (Abs. 5)	184–189
a) Bedeutung	184
b) Zuständigkeit	185
c) Voraussetzungen	186, 187
aa) Rechtzeitige erstinstanzliche Anordnung (Abs. 5 Satz 3)	186
bb) Dringende Gründe	187
d) Geltungsdauer und Aufhebung	188
e) Sonstige Bezugnahmen	189
C. Rechtsbehelfe	190–196
I. Revision	191–194
1. Verfahren nach § 66 b StGB	192, 193
2. Verfahren nach § 66 a StGB	194
II. Verfassungsbeschwerde	195
III. Beschwerde zum EGMR	196
D. Andere Rechtsgebiete	197–211
I. Vorbehalt der Sicherungsverwahrung gegen Heranwachsende	198–202
II. Nachträgliche Sicherungsverwahrung ohne Vorbehalt gegen Heranwachsende I (Erwachsenenstrafrecht)	203–206
III. Nachträgliche Sicherungsverwahrung ohne Vorbehalt gegen Heranwachsende II sowie gegen Jugendliche I (Jugendstrafrecht)	207–211
E. Entschädigung	212
F. Zentralregister	213
G. Rechtsanwaltsgebühren	214
H. Reformüberlegungen	215

A. Allgemeines

1 Nach der (gegenwärtigen) Gesetzessystematik bildet die Norm das „prozessuale" Gegenstück zu den §§ 66a und 66b StGB sowie zu den §§ 7 und 106 JGG. Erklärtes Anliegen dieser „materiellen" Regelungen wiederum ist die (zukunftsorientierte) **Verhinderung der Entlassung** weiterhin **für gefährlich erachteter Personen** zum Strafende. § 275a stellt – so gesehen – lediglich die zentrale Vorschrift für die Formalien der Entscheidung über die nachträgliche Sicherungsverwahrung (nSV) nach/ohne vorangegangenem/n Vorbehalt dar. Zudem hat der Gesetzgeber das Verfahren bewusst in einem eigenen – 7. – Abschnitt innerhalb der Vorschriften über das Verfahren im ersten Rechtszug geregelt, direkt im Anschluss an die Regelungen zur Durchführung der Hauptverhandlung. Das alles täuscht aber: Faktische Bezugspunkte sind überwiegend besondere Fallgruppen der „**Wiederaufnahme zu ungunsten**".[1] Die Regelung einer derartigen Materie gehört – wenn überhaupt – *insgesamt* in die StPO.[2] Nichtsdestotrotz ist die sorgfältige Abschichtung zwischen bereits „verbrauchten" und noch nicht „verbrannten" Tatsachen bereits de lege lata von zentraler Bedeutung. Der Hinweis auf das unverzichtbare Erfordernis „neuer Tatsachen" sowie ggf. die Identifizierung (und Eliminierung) entsprechend untauglicher Umstände sind bis auf weiteres wesentlicher Bestandteil jeglichen Verteidigerhandelns. Hinzu kommt aber Folgendes:

2 Ein grundsätzlicher „**Umbau**" insbes. der §§ 66b StGB, 275a StPO steht unmittelbar bevor. Anordnungen nSV durch den (früheren) Tatrichter und die nachträgliche Verlängerung (ursprünglich rechtskräftig befristeter) Sicherungsverwahrung durch den Vollstreckungsrichter auf Grundlage eines (neuen) § 67d Abs. 3 StGB sind weitgehend wesensgleich. Hinsichtlich der letztgenannten Fallgruppe bereits 1998 schriftlich (und lautstark) geäußertes Unbehagen[3] blieb zwar 2004 – trotz mündlicher Wiederholung als „Sachverständiger" – vom BVerfG „unerhört".[4] Erst sechs Jahre später (Ende 2009) hat nunmehr der **EGMR** einen doppelten Verstoß der deutschen Norm gegen die Vorschriften der **MRK** festgestellt (Art. 5 Abs. 1, Art. 7 Abs. 1).[5] Der zuständige Ausschuss hat am 10. 5. 2010 den Antrag der Bundesregierung auf Verweisung der Rechtssache an die „Große Kammer" einstimmig abgelehnt. Die Entscheidung ist damit „endgültig". Aufgrund der Wesensgleichheit der Grundproblematik hat das längst vorhersehbare „Fiasko" die deutsche einfachgesetzliche materielle und prozessuale Rechtslage zwangsläufig bis ins Mark erschüttert.[6]

I. Gehalt der Regelung

3 Der Gesetzgeber wollte – insoweit lobenswert – die neuartigen Rechtsinstitute nicht nur überhaupt prozessual handhabbar machen, sondern durch die konkrete Ausgestaltung des Verfahrens auch sicherstellen – Stichwort: „**Legitimation durch Verfahren**" –, dass grundsätzlich die gleichen Garantien gelten wie bei der Anordnung dieser Rechtsfolge durch die verurteilende Entscheidung selbst.[7] So ist etwa jeweils aufgrund einer zweiten Hauptverhandlung durch Urteil zu entscheiden. Die im Gesetzentwurf zur Einführung der vorbehaltenen Sicherungsverwahrung[8] noch vorgesehene Anordnung durch Beschluss der StVK[9] wurde zu Recht im Rechtsausschuss[10] verworfen.[11] Unbeschadet dessen vermag ein derartiger „prozessualer" Ansatz naturgemäß nicht die Vielzahl der verfassungs- und konventionsrechtlichen Bedenken gegen die „materiellen" Vorschriften,[12] auf die sich § 275a bezieht, zu zerstreuen.

II. Bedeutung der Regelung

4 Bislang[13] erwuchsen **gerade einmal 13 nachträgliche Anordnungen** von Sicherungsverwahrung (ohne und nach entsprechendem Vorbehalt) relativ (dh. zumindest national[14]) in Rechts-

---

[1] In diesem Sinne bereits *Ullenbruch* NStZ 2003, 255 (256); vgl. auch BGH v. 15. 4. 2008 – 5 StR 635/07, BGHSt 52, 213 (217) = NStZ 2008, 332 (333), im Anschluss an BGH v. 22. 2. 2006 – 5 StR 585/05, BGHSt 50, 373 (380) = NStZ 2006, 568 (570), wiederum im Anschluss an MünchKommStGB/*Ullenbruch* § 66b Rn. 41.
[2] Näher dazu unten Rn. 10.
[3] *Ullenbruch* NStZ 1998, 326; ähnl. *Kinzig* StV 2000, 330.
[4] BVerfG v. 5. 2. 2004 – 2 BvR 2029/01, NJW 2004, 739.
[5] EGMR v. 17. 12. 2009 – Individualbeschwerde-Nr. 19 359/04 (Rechtssache M./Deutschland), NStZ 2010, 263 m. Bespr. *Kinzig* NStZ 2010, 233.
[6] Wie hier *H. E. Müller*, StV 2010, 207 (211 f.); s. auch unten Rn. 196.
[7] BT-Drucks. 15/2887, S. 15; ebenso HK-StPO/*Julius* Rn. 196.
[8] BT-Drucks. 14/8586.
[9] Krit. zu diesem Aspekt von Anfang an *Ullenbruch* NStZ 2001, 292 (295) und NStZ 2002, 466 (467).
[10] BT-Drucks. 14/9264.
[11] Wie hier SK-StPO/*Frister* Rn. 2; vgl. zum Ganzen auch *Bender*, Die nachträgliche Sicherungsverwahrung, S. 109.
[12] Vgl. dazu unten Rn. 195 f.
[13] Stand: 15. 7. 2010.
[14] Zur europarechtlichen Durchbrechbarkeit der Rechtskraft zugunsten des Betroffenen (§ 359 Nr. 6) siehe unten Rn. 196.

kraft.¹⁵ Aus der geringen Anzahl der Anordnungen eine geringe Bedeutung des § 275a abzuleiten, wäre indes ein Trugschluss.¹⁶ Im Gegenteil: Die **Praxisrelevanz** der Vorschrift ist kaum **hoch** genug einzuschätzen. Das hat **mehrere Gründe**:
  Zum einen ist die **Anzahl der** tatsächlich durchgeführten **Verfahren** um ein Vielfaches **höher**. 5
Die fünf Strafsenate des BGH haben bislang überwiegend restriktiv entschieden und in mehr als 50 Entscheidungen um die 50 (rechtsstaatliche) Einschränkungen entwickelt.¹⁷ Infolgedessen endet nur ein Bruchteil der von den StAen gestellten Anträge mit einer (rechtskräftigen) Anordnung. Die formellen Voraussetzungen einer der Varianten der nSV erfüllen hingegen derzeit mehr als 7000 Strafgefangene¹⁸ (und damit fast jeder 10. rechtskräftig Inhaftierte).¹⁹ Etwa 1500 „Fälle" wurden bislang von den JVAen für eine justizförmige Entscheidung antragsvorschlagsmäßig „aufbereitet" und den Justizministerien (als Aufsichtsbehörden) bzw. sogleich den StAen (als Vollstreckungsbehörden) zugeleitet.²⁰ Tatsächlich fanden bislang bundesweit annähernd 300 Gerichtsverfahren nach § 66b StGB statt.²¹ Dass unzählige weitere folgen werden, ist bereits jetzt gewiss. Kaum auszudenken sind aber die Folgen der zusätzlichen „**Inflationsgefahr**", nachdem der 5. StS des BGH es unlängst unterlassen hat, schleunigst die von ihm – bislang weitgehend unbemerkt – „sperrangelweit" geöffnete Tür zur Anordnungsmöglichkeit im Falle sämtlicher zwischenzeitlich erfolgter (aber auch womöglich bereits anstehender neuer) *rechtlicher* Erweiterungen des Anwendungsbereichs wieder zu schließen.²²
  Darüber hinaus entfaltet bereits die **bloße Existenz der Vorschrift** iVm. der jahrelang präsenten 6
Gefahr der Einleitung eines Verfahrens durch einen entsprechenden Antrag der StA fatale **Rückwirkungen auf das Vollzugsklima**. Inzwischen wird in nahezu allen Bundesländern der gesamte „Bestand" an Strafgefangenen ständig daraufhin analysiert, wer die formellen Voraussetzungen nach § 66b Abs. 1/Abs. 2 erfüllt. Diese werden sodann unter **verstärkte Beobachtung** gestellt, ob bezogen auf sie „neue (negative) Tatsachen" erkennbar werden. Ist dem so, ist dies sorgfältig zu dokumentieren. Vollzugslockerungen sind faktisch nahezu ausgeschlossen. Die Betroffenen sind in hohem Maße durch Mitgefangene erpressbar.²³ Entsprechend der **politisch vorgegebenen Grundlinie**, insbesondere wenn es sich um Sexualstraftäter handelt, **eher mehr als weniger** anzuregen, wird – nicht zuletzt mit Blick auf die Presse – die Verantwortung an die StA weitergegeben, die sie ihrerseits – nach dem selben Prinzip des „Heiligen St. Florian" – häufig (und nahezu „volley") an das Gericht „weiterreicht".²⁴ Dort wiederum entwickelt sich nicht selten ein „Ping-Pong" zwischen LG und BGH, das – hierarchiekonform – meist damit endet, dass die Durchschlagung des „Gordischen Knotens" letztlich beim LG „hängen bleibt.".
  Schließlich ist selbst ein **hoheitlicher „Missbrauch"** der Vorschrift (wohl) systembedingter Teil 7
der Rechtswirklichkeit: So kommt es – nicht nur in sozialtherapeutischen Anstalten – immer wieder vor, dass die nSV als **Druckmittel** eingesetzt wird, um den Betroffenen zu („willigerer") therapeutischer Aufarbeitung seiner Problematik zu „motivieren".²⁵ Daneben gibt sie Vollzugsbediensteten Gelegenheit, unter bloßem (subtilem) Hinweis auf die Vorschrift des § 66b StGB **Wohlverhalten** im Vollzug in Gestalt der Vermeidung jeglicher auch nur ansatzweise freiheitsverlängernd-initiativ auslegungsfähiger und dokumentierbarer „neuer (negativer) Tatsachen" anzumahnen – und dies vor dem Hintergrund einer bezogen auf die Atmo- und Intimsphäre gleichzeitig so respektfeindlichen wie einerseits negativ-aggressionsgeladenen, andererseits positiv-reizarmen „totalen Institution".²⁶ Nicht selten spielt die Judikative – in Gestalt der erstinstanzlichen Richter (vor allem im Süden Deutschlands) – das üble „Spiel" der Exekutive auch noch mit. **Beispiel 1**: Ein (bayerischer) Strafgefangener übergibt an einen Mitgefangenen 1,3 g Haschisch;²⁷ **Beispiel 2**: Ein anderer (bayerischer) Strafgefangener „schlägt auf eine Grünpflanze ein", nachdem ihm wegen ei-

---

¹⁵ Gem. § 66a StGB: 0 (vgl. Rn. 150f.); gem. § 66b Abs. 1 S. 1 StGB: 4 (vgl. Rn. 15); gem. § 66b Abs. 1 S. 2 StGB: 2 (vgl. Rn. 144); gem. § 66b Abs. 2 StGB: 4 (vgl. Rn. 116); gem. § 66b Abs. 3 StGB: 2 (vgl. Rn. 121 ff.); gem. § 7 JGG: 1 (vgl. Rn. 209); gem. § 106 JGG: 0 (vgl. Rn. 200f., 204).
¹⁶ Vgl. zB die verkürzte Wahrnehmung der Rechtswirklichkeit bei LK-StGB/*Rissing-van Saan/Peglau* § 66b Rn. 17, 23.
¹⁷ Übersichten bei *Ullenbruch* NJW 2006, 1377 ff. und NStZ 2007, 62 ff.; s. auch u. Rn. 192 f.
¹⁸ *Ullenbruch* NStZ 2007, 62 (70); vgl. auch *Kreuzer* BewHi 2006, 195 (207).
¹⁹ Zu den Bestandszahlen in den JVAen (jüngster Stichtag: 31. 3. 2010: bundesweit 72052 Personen) vgl. jew. Statistisches Bundesamt – Fachserie 10 Reihe 4.1.
²⁰ Vgl. zB für die JVA Straubing *Kreuzer/Bartsch* GA 2008, 655 (657).
²¹ So das Ergebnis einer „privaten" Umfrage des *Verf.* in seiner Eigenschaft als 2. Vorsitzender der Bundesvereinigung der Anstaltsleiter und Anstaltsleiterinnen im Justizvollzug (BVAJ).
²² Ausf. dazu unten Rn. 145 ff.
²³ Ausf. zum Ganzen *Ullenbruch* NStZ 2007, 62 (70f.).
²⁴ Zur „Praxis" s. auch *Bender*, Die nachträgliche Sicherungsverwahrung, S. 109f.
²⁵ So einer der vielen zutreffenden „Feldforschungsbefunde" bei *Bender*, Die nachträgliche Sicherungsverwahrung, S. 112.
²⁶ Vgl. dazu *Goffmann*, Asyle, Frankfurt/Main 1973.
²⁷ BGH v. 29. 8. 2006 – 1 StR 306/06, StV 2007, 29 zu LG Amberg v. 24. 3. 2006.

§ 275a 8–10   Zweites Buch. Verfahren im ersten Rechtszug

nes disziplinarischen Vorfalls Vollzugslockerungen „gestrichen" worden waren;[28] **Beispiel 3:** Ein Strafgefangener (in Schleswig-Holstein) wirft einem anderen Inhaftierten, der als sog. „Hausarbeiter" eingesetzt ist, bei der Essensausgabe die als „Beilage" gereichte Banane „mit großer Wucht an die Brust" und moniert, diese sei „verfault";[29] **Beispiel 4:** Ein (wiederum bayerischer) Strafgefangener bittet seine Schwester brieflich, ihm ein „sommerbezogenes aktuelles Foto" von sich zu schicken.[30]

III. (Indirekte) Problematik der Regelung

8 Eigentlicher (materieller) **Bezugspunkt** des Verfahrens ist die **(Un-)Gefährlichkeit einer Person** zu einem bestimmten (prozessualen) Zeitpunkt: Wegfall einer bestehenden Rechtsgrundlage für die Entziehung der Freiheit – aufgrund Strafende nach Vollverbüßung einer zeitigen Freiheitsstrafe (nach § 38 StGB) oder Erledigungserklärung einer Maßregelanordnung (nach § 63 StGB). Die hierdurch aufgeworfene Problematik ist überaus komplex:

9 Spiritus rector des Rechtsinstituts der nSV (in all ihren Varianten) ist eine **geänderte öffentliche Wahrnehmung** bestimmter Formen der Gewalt- bzw. Sexualkriminalität in Deutschland insbesondere zum Nachteil von Kindern und Jugendlichen.[31] Diese ist zum einen durch den „politisch-publizistischen Verstärkerkreislauf"[32] geprägt, zum anderen paradox: während die Anzahl entsprechender Straftaten objektiv sinkt,[33] steigt das subjektive Bedrohungsgefühl. Vor dem Hintergrund der „neuen Perspektive" (der Gegenwart) erscheinen gleichwohl zahlreiche Entscheidungen/Unterlassungen der Tatrichter, der Staatsanwälte und der Gesetzgeber (der Vergangenheit) nunmehr als (vermeintliche) Fehler. Einer nachträglichen **Korrektur** stehen in einem Rechtsstaat schier unüberwindbare Hürden der Bedeutung der **Rechtskraft** und des Vertrauens des Bürgers in das grundsätzliche Tabu einer rückwirkenden Änderung der Normsetzung des Staates zu seinen Lasten gerade in diesem sensiblen Teilbereich des Öffentlichen Rechts (Strafrecht) entgegen.

10 Lösungsmöglichkeiten – wenngleich sehr begrenzt – bestehen insoweit allenfalls in Gestalt eines Verfahrens der „**Wiederaufnahme zu ungunsten**".[34] Demnach müsste zum einen eine einfachgesetzliche Rechtsgrundlage (am besten in der StPO, vgl. § 362) geschaffen werden, in der relevante neue Tatsachen exakt (und enumerativ) legaldefiniert werden; zum anderen müsste bestimmt werden, dass das **gesamte Strafverfahren neu „aufgerollt"** wird. Diesem Ansatz hat sich der **Gesetzgeber** indes bislang hartnäckig **verweigert**. Stattdessen „entdeckte" er – unter tatkräftiger „Mithilfe" bestimmter Presseorgane[35] – eine (vermeintliche) Schutzlücke nach der anderen. In einem ersten Schritt wurde so – im Wege eines „aberratio ictus" – die Vorbehaltsregelung des § 66 a StGB geschaffen.[36] Der zweite Schritt (§ 66 b StGB) brachte eine Verfahrensmöglichkeit sui generis hervor – nach Art einer „Berufung zu Lasten des Verurteilten unter Beschränkung auf den Rechtsfolgenausspruch" aus Anlass des Vorliegens „neuer Tatsachen" in Gestalt von Indizien bereits in der rechtskräftig abgeurteilten Straftat wirkkräftiger, aber erst im Verlauf der Strafvollstreckung sich offenbarender Gefährlichkeit. Der Betroffene ist demnach im Vollzug permanent Objekt eines „neuen Ermittlungsverfahrens", in welchem nicht nur der rechtsstaatliche Grundsatz des „nemo tenetur" außer Kraft gesetzt ist.[37] Im dritten und jüngsten Schritt **verzichtete** der Gesetzgeber für die Fälle vermeintlicher Versäumnisse der Vorgängergesetzgeber nach und nach auch noch **auf das Erfordernis von „nova"**[38] – ganz abgesehen davon, dass auch der weitere – jahrzehntelang bewährte – rechtsstaatliche Garant der primären Sicherungsverwahrung (gem. § 66 StGB), der „**Hang**", en passant sukzessive gleich mit „weggeschliffen" wird.[39]

---

[28] Vgl. BVerfG v. 23. 8. 2006, NStZ 2007, 87 (89) unter Hinweis auf BGH v. 8. 12. 2005 – 1 StR 482/05, HRRS 2006 Nr. 107 zu LG München I v. 6. 5. 2005.
[29] OLG Schleswig v. 17. 10. 2008 – 2 Ws 405/08, NStZ-RR 2009, 75 (77) zu LG Kiel v. 6. 10. 2008.
[30] BGH v. 22. 1. 2009 – 1 StR 618/08, StV 2010, 186 zu LG Augsburg v. 17. 6. 2008.
[31] Ausf. dazu MünchKommStGB/*Ullenbruch* § 66 b Rn. 10 ff.
[32] Treffend beschrieben von *Laubenthal* ZStW 116 (2004), 703, 704; anschaulich „aktualisiert" von *Brandt*, Sicherheit durch nachträgliche Sicherungsverwahrung, 2008, S. 57 ff.
[33] Näher dazu *Kinzig*, Die Legalbewährung gefährlicher Rückfalltäter, S. 296 ff. mwN (zB Zweiter Periodischer Sicherheitsbericht 2006, S. 59 f.; Hrsg.: Bundesregierung).
[34] Dazu bereits MünchKommStGB/*Ullenbruch* § 66 b Rn. 41; ebenso BVerfG v. 10. 2. 2004 – 2 BvR 834/02 u. 1588/02, abweichende Meinung, NJW 2004, 759 (761); vgl. des Weiteren grundlegend *Hanack*, FS Riess, Berlin 2002, S. 709 (719); aA (ergebnisorientiert) LK-StGB/*Rissing-van Saan/Peglau* § 66 b Rn. 20, 28, denenzufolge die Zuordnung der nSV zum Strafrecht im Übrigen nach wie vor „eher zweifelhaft" ist.
[35] Näher dazu *Albrecht*, FS Schwind, 2006, S. 191 (200); vgl. auch *Schluckebier* DRiZ 2005, 78 ff. und *Kinzig* Die Legalbewährung gefährlicher Rückfalltäter, S. 41 f.
[36] Näher dazu Rn. 149 ff.
[37] Siehe dazu auch *von Freyer* ZStW 120 (2008), 273 (303 Fn. 110 mwN); zur Schwachbrüstigkeit der „Argumentation" der Gegenansicht vgl. zB LK-StGB/*Rissing-van Saan/Peglau* § 66 b Rn. 46.
[38] Vgl. Rn. 12, 145 f., 208 ff.
[39] Vgl. Rn. 119, 209.

Unbeschadet der rechtssystematisch verfehlten Verortung des Rechtsinstituts, führt der eingeschlagene Weg aus zwei Gründen immer weiter in die Irre: Zum einen steht das Postulat, dass sich eine entsprechende Gefährlichkeit *erst im Strafvollzug* manifestiert, **quer zum Stand jeglicher Erfahrungswissenschaft**[40] und generiert einen kasuistisch-ergebnisorientierten „Eiertanz". Die Gefährlichkeit eines Gewalttäters hätte (ggf.) – sorgfältige und sachkundige Befunderhebung vorausgesetzt – in aller Regel bereits zum Zeitpunkt der Hauptverhandlung über die Anlassstat(en) erkannt werden können.[41] 11

Zum anderen ist die Leugnung einer Durchbrechung der Rechtskraft – unlängst gar in Gestalt einer dreiköpfigen Kammer des BVerfG („tangiert")[42] – verfassungsrechtlich nicht haltbar, so dass in der – nicht nur (aber auch) unter Aspekten der Gewaltenteilung – rechtsstaatlich überfälligen Grundsatzentscheidung des 2. Senats des BVerfG zur nSV[43] unter anderem zumindest die Feststellung der ausnahmslosen **Unverzichtbarkeit von** „nova" zu erwarten steht. Der BGH hat denn auch zutreffend klargestellt, dass § 66b Abs. 1 S. 2 StGB für § 66b Abs. 2 StGB nicht anwendbar ist.[44] Die vereinzelte Witterung von Morgenluft iS eines Paradigmawechsels in Richtung der gleichzeitigen Entbehrlichkeit neuer Tatsachen und des Hanges[45] ist nach alledem nicht nur rechtsstaatlich, sondern auch (jedenfalls derzeit noch) rechtstatsächlich nicht begründet. 12

B. Erläuterung

Die **gegenwärtige Fassung** des § 275a StPO ist wahrlich **kein „Meisterwerk"** des Gesetzgebers. Im Gegenteil: Sie ähnelt einem legislativen „Monster". Die „Verfahrensregelung"[46] ist nur unzureichend auf die materiellrechtlichen Regelungen der §§ 66a, 66b StGB abgestimmt, woraus sich zahlreiche Fragen und Lücken ergeben.[47] Der prozessuale Regelungsbedarf der nSV auch (und gerade) aus verfassungsrechtlicher Sicht und die real existierende Regelungsdichte stehen so im Verhältnis umgekehrter Proportionalität. Der Wortlaut wurde zudem wiederholt geändert – und das mit heißer Nadel. Dementsprechend nahm die **Unübersichtlichkeit** kontinuierlich zu, statt ab. Ein Hauptproblem ist, dass durch *eine* prozessuale Norm gleich *vier* materielle Vorschriften „abgedeckt" werden sollen, die nicht nur kompliziert sind, sondern sich auch noch auf zahlreiche „Untergruppen" beziehen. Die ständigen, ihrerseits teilweise wieder eingeschränkten **Verweisungen** auf andere Vorschriften der StPO verwirren selbst sachkundige Leser weiter. Jeder Rechtsanwender muss Satz für Satz (der fünf Absätze) zunächst sorgfältig daraufhin prüfen, ob er für die entsprechende Fallgruppe überhaupt gilt. Ggf. ist sodann zu ermitteln, ob nicht je nach Bezugspunkt unterschiedliche Vorgaben gemacht werden. Frühestens der dritte Schnitt eröffnet die Frage, *welche* dies sind. Die vorliegende **Kommentierung** versucht, dem Rechnung zu tragen, indem sie die verschiedenen **Fallgruppen** jeweils gesondert bespricht – in der Reihenfolge entsprechend ihrer praktischen Relevanz: 13

I. Nachträgliche Sicherungsverwahrung ohne Vorbehalt I (§ 66b Abs. 1 S. 1 StGB)

Die „materielle" Vorschrift trat zum 29.7.2004 in Kraft.[48] Sie richtet sich an (bestimmte) Strafgefangene mit (bestimmter/n) Vorverurteilung(en) oder zumindest einer (qualifizierten) Erstverurteilung wegen *mehrerer* Taten. (Jedenfalls geäußerter) Glaube des Gesetzgebers ist, mit ihrer Hilfe werde verhindert, dass (bestimmte) Strafgefangene **zum Strafende nicht entlassen** werden, wenn sie noch gefährlich sind.[49] Erfahrungsgeschichtliches Wissen ist inzwischen, dass die Regelung nahezu jeden Rechtsanwender in eine „Zwickmühle" versetzt: **Einerseits** spricht das Erfordernis der Breite der Entscheidungsgrundlage dafür, das Verfahren **möglichst spät** in Gang zu setzen, um möglichst viele „neue Tatsachen" berücksichtigen zu können; **andererseits** drängen der Grundsatz der **Beschleunigung** und die irreparable Freiheitsentziehung im Falle der letztlichen Nichtanordnung der Maßregel ggf. nach vorläufiger Unterbringung über das Strafende hinaus in die entgegengesetzte Richtung. Unbeschadet dessen macht gerade die außerordentliche Belastung des Betroffenen bereits durch das bloße Verfahren vor dessen Ingangsetzung stets eine sorgfältige 14

---
[40] Siehe dazu nur *Kreuzer/Bartsch* GA 2008, 655 (659 mwN).
[41] Vgl. nur die empirische Untersuchung in den hessischen JVAen der Sicherheitsstufe I einsitzender Gewalttäter von *Baltzer*, 2005.
[42] BVerfG v. 22.10.2008 – 2 BvR 749/08, NJW 2009, 980 (982); näher dazu *Ullenbruch* StraFo 2009, 52 (53 f.); siehe auch unten Rn. 148.
[43] Siehe dazu unten Rn. 195, 210.
[44] BGH v. 17.6.2008 – 1 StR 227/08, StV 2008, 636 (637).
[45] Vgl. zB *Peglau* NJW 2009, 957 (958 f.).
[46] Zur Fragwürdigkeit dieses Verständnisansatzes oben Rn. 1 f.
[47] Ähnl. LK-StGB/*Rissing-van Saan/Peglau* § 66b Rn. 180 und *von Freyer* ZStW 120 (2008), 273 (274: „fragmentarisch").
[48] BGBl. I 2004 S. 1838.
[49] Ausf. zum Normzweck MünchKommStGB/*Ullenbruch* § 66b Rn. 2 ff.

(und ihrerseits zeitraubende Prüfung) erforderlich. Die Verfehlung der richtigen „Schnittstelle" und deren (auch verfahrensrechtliche) Konsequenzen sind folglich ein auch vom Verteidiger durchgängig zu beachtender Faktor.

15   1. **Betroffener Personenkreis.** Das Erfordernis der Unterscheidung zwischen Anzahl der Anordnungen und potenziell Betroffenen wurde eingangs dargestellt.[50] In den mehr als sechs Jahren seit Bestehen der legislativen Ermächtigungsgrundlage hat die Judikative **bislang**[51] insgesamt **4 Personen (3 Männer, 1 Frau) rechtskräftig** nachträglich gem. § 66 b Abs. 1 S. 1 StGB in der Maßregel der Sicherungsverwahrung **untergebracht**.[52] Der Gesetzgeber hatte bei Einführung des Abs. 1 des § 66 b StGB (2004) Strafgefangene im Auge, die ausschließlich zu einer Freiheitsstrafe verurteilt worden sind. Auch bei der Änderung des Abs. 1 (2007)[53] war dem so. An die Konstellation der gleichzeitigen Verhängung einer Freiheitsstrafe und einer Unterbringung in einem psychiatrischen Krankenhaus (§ 63 StGB), die später – bei noch offenem Strafrest – für erledigt erklärt wird (§ 67 d Abs. 6 StGB) dachte der Gesetzgeber lediglich im Zusammenhang mit Abs. 3 des § 66 b StGB, nicht etwa als Gruppe von Sonderfällen, die – womöglich gar unter Absenkung der Anordnungshürden – in Abs. 1 (oder Abs. 2) einzubeziehen sind. Dies hat im Jahr 2008 der Große Strafsenat „nachgeholt". Auf die Gesamtproblematik einer derartigen **judikativen Erweiterung** und die hierbei erfolgte Einführung sog. „**anderer Tatsachen**" ist an anderer Stelle einzugehen.[54]

16   2. **Gerichtlicher Entscheidungsbedarf (Abs. 1 S. 1 Hs. 1).** Bereits die erste Hälfte des ersten Satzes des ersten Absatzes der Vorschrift offenbart deren sich bis zum letzten (und 15.) Satz durchziehende Unübersichtlichkeit.[55] Bezogen auf die nSV ohne vorangegangenen Vorbehalt nach §§ 66 b Abs. 1 S. 1 StGB setzt sie das Bestehen von Entscheidungsbedarf (apodiktisch) voraus, obwohl dessen **Entstehen** – im Unterschied zu den gemäß dem Klammerzusatz gleichfalls umfassten Fallgruppen des §§ 66 a, 66 b Abs. 3 StGB – weder hier noch andernorts (also: **nirgendwo**) gesetzlich statuiert ist.

17   Ein **Fortbestehen eines gerichtlichen Handlungsbedarfs** – in Folge der Anklageerhebung wegen der/den sog. „Anlasstat(en)" nach § 66 b Abs. 1 S. 1 StGB – ist jedenfalls **nicht gegeben**. Für den Tatrichter ist das Verfahren mit der rechtskräftigen Aburteilung beendet. Mit der Vollstreckung der Strafe (und entsprechenden Folgeentscheidungen) hat er nichts zu tun. Das gilt sowohl für den Fall, dass er hinsichtlich der Maßregel der Sicherungsverwahrung keinerlei Entscheidung getroffen hat, als auch dann, wenn er diese neben der Verhängung einer Freiheitsstrafe im Ausgangsurteil „primär" (gem. § 66 StGB) angeordnet hat. Im letzteren Falle ist für entsprechende Folgeentscheidungen die StVK zuständig (§ 78 b Abs. 1 Nr. 1 GVG). Das bedeutet, dass in der hier besprochenen Konstellation nach § 66 b Abs. 1 S. 1 StGB aus Sicht des Gerichtes ohne erneute **externe Initiative** nichts (mehr) zu veranlassen ist.

18   3. „**Einleitung**" **des Verfahrens.** Nachdem das Gericht das Verfahren auf Anordnung nach § 66 b Abs. 1 S. 1 StGB nicht von Amts wegen in Gang setzt, stellt sich die Frage, **wer** insoweit zum Verfahrensinitiator berufen ist. Das Gesetz trifft hierüber keine Aussage. In Betracht kommen (nur) JVA oder StA. **Theorie und Praxis** klaffen (auch) insoweit auseinander. Der Gesetzgeber hat das entsprechende Antragsrecht ausschließlich der **Staatsanwaltschaft** erteilt (Abs. 1 S. 3).[56] Dies entspricht der Tatsache, dass es sich hierbei um die für die Strafvollstreckung zuständige Behörde handelt (§ 451 Abs. 1). Dass die „Verantwortung" für die Einleitung des Verfahrens deshalb auch die StA „trifft",[57] ist indes nur „formal" richtig. In der „**Wirklichkeit**" ist in aller Regel entscheidender Auslöser eine entsprechende Stellungnahme der **Justizvollzugsanstalt**.

19   Der Verurteilte (und ggf. sein Verteidiger) müssen sich in allen Verfahrensabschnitten bewusst sein, dass es sich hierbei häufig nicht nur um eine „Anregung" handelt, sondern („faktisch") schon um den „Antrag", den die StA – ähnlich einem Notar – lediglich nochmals hinsichtlich der formellen Voraussetzungen prüft und sodann ggf. „weiterleitet". Die Bedeutung der verfassungsrechtlich zentralen neuen Tatsachen,[58] wird dabei in der Regel maßgeblich von der Darstellungs-

---

[50] Oben Rn. 5 ff.
[51] Stand: 15. 7. 2010.
[52] 1. LG München I v. 9. 5. 2006, bestätigt durch BGH v. 10. 10. 2006 – 1 StR 475/06, NStZ 2007, 30; 2. LG Duisburg v. 15. 5. 2006, bestätigt durch BGH v. 21. 12. 2006 – 3 StR 396/06, BGHSt 51, 185 = StV 2007, 238; 3. LG München II v. 12. 4. 2007, bestätigt durch BGH v. 12. 9. 2007 – 1 StR 391/07, HRRS 2007 Nr. 971; 4. LG Ravensburg v. 19. 2. 2008, bestätigt durch BGH v. 28. 5. 2008 – 1 StR 192/08, BGHSt 52, 225 = NStZ-RR 2008, 278.
[53] S. Rn. 143.
[54] S. Rn. 133.
[55] Dazu oben Rn. 13.
[56] Siehe unten Rn. 20, 30.
[57] So SK-StPO/*Frister* Rn. 12.
[58] Dazu oben Rn. 10 und 12 sowie unten Rn. 47.

kraft und **Vorwertung** der JVA beeinflusst.[59] So gesehen waren die Regelungen in den Straftäter-Unterbringungsgesetzen der Länder, die der Bundesregelung des § 66 b StGB vorangegangen sind, wesentlich „transparenter", indem sie das Antragsrecht gleich bei der JVA lokalisierten.[60] Verfassungsrechtlich bedenklich war die „faktische" Geltung des „Opportunitätsprinzips" ausgerechnet im Kontext der „ultima ratio"[61] des Strafrechts indes bereits damals.[62]

4. Zuständige Staatsanwaltschaft (Abs. 1 S. 1 Hs. 2). Die Vorschrift stellt – merkwürdig „verdeckt" – klar, dass nur die StA **bei dem erkennenden Gericht** das Verfahren auf nSV nach § 66 b StGB betreiben darf.[63] Dies versteht sich *nicht* von selbst. Die StA, die die Strafvollstreckung führt, kann – nicht etwa muss (wie der Wortlaut nahelegt) – durchaus örtlich und personell eine andere sein als die für das erkennende Gericht zuständige.[64] Unbeschadet dessen ist nach der behördeninternen Geschäftsverteilung häufig die Bearbeitung der Verfahren nach § 66 b StGB nicht der Vollstreckungsabteilung zugewiesen. Welches Gericht „erkennendes" Gericht ist, ergibt sich aus dem GVG.[65]   20

5. Rechtzeitige Aktenübersendung. Die zuständige StA benötigt für ihr Tätigwerden die Akten. Befinden sich diese an anderer Stelle,[66] ist diese verpflichtet, sie ihr „rechtzeitig" zu übersenden (Abs. 1 S. 1 Hs. 2). Häufig dürfte es sich nur um eine behördeninterne Übergabe – von (Vollstreckungs-)Abteilung zu (allgemeiner) Abteilung – handeln.[67] Die Vorschrift lehnt sich insoweit an § 321 an.[68] Bezugspunkt für die Beurteilung der Frage der Rechtzeitigkeit ist die weitestmögliche Gewährleistung der Einhaltung der Frist für die Antragstellung.[69] Die Berücksichtigung der Möglichkeit der Erforderlichkeit der vorherigen Einholung von Gutachten seitens der StA ginge allerdings zu weit.[70] Zu der Frage, ob die ggf. übersendende Vollstreckungsbehörde ihrerseits eine **„Vorprüfung"** der Voraussetzungen einer nSV vornehmen darf/muss schweigt das Gesetz. Die Antwort ergibt sich aus dem Grundsatz der Beschleunigung und der erklärten Absicht des Gesetzgebers, die Befassung der ggf. übersendenden Stelle ausschließlich auf eine **„technische Unterstützung"** zu beschränken.[71] Dementsprechend stehen ihr keinerlei inhaltliche Befugnisse zu.   21

6. Gegenstand und Dauer der staatsanwaltlichen (Vor-)Prüfung. Zu Inhalt, Umfang und Dauer der Prüfung verhält sich die prozessuale Vorschrift mit keinem Wort. Bezugpunkt ist § 66 b Abs. 1 S. 1 StGB sowie der ggf. erforderliche Antragsinhalt.[72] Demnach muss die StA selbst feststellen, ob die formellen Voraussetzungen der nSV vorliegen, ob „neue Tatsachen" iSd. Rspr. der obersten Strafrichter und ein „Hang" iSd. Vorschrift gegeben sind sowie ob eine Gesamtwürdigung die „Prognose der Prognose" zukünftiger Gefährlichkeit trägt.   22

Die Prüfung ist **einerseits sorgfältig** durchzuführen. Das sollte sich eigentlich von selbst verstehen. Die obersten Strafrichter fühlten sich indes – warum auch immer – bemüßigt, richterrechtlich das Erfordernis eines „Vorprüfungsverfahrens" extra zu statuieren.[73] Jedenfalls muss die StA vor Antragstellung „alle verfügbaren Erkenntnisquellen ausschöpfen".[74] Als **Materialien** in Betracht kommen die Strafakten (einschließlich sämtlicher Vorakten, ggf. samt Bewährungs- und Vollstreckungsheften), die sog. „Gefangenen-Personalakten" (einschließlich der „Gesundheitsakten") sowie aktuelle Registerauszüge (Bundeszentralregister und staatsanwaltschaftliches Verfahrensregister; Letztere, um zu ersehen, ob (und ggf. welche) Verfahren gegen den Betroffenen anhängig sind und in welchem Verfahrensstand sie sich befinden),[75] Berichte der JVA (einschließlich Stellungnahmen des psychologischen Dienstes), ggf. erste „Äußerungen" des Verurteilten und seines Verteidigers.[76]   23

---

[59] So zutr. *Bender*, Die nachträgliche Sicherungsverwahrung, S. 112.
[60] Zu den StrUBGs vgl. *Ullenbruch* NStZ 2001, 292 ff. und NStZ 2002, 466 ff.
[61] So bereits BGH v. 9. 10. 1981 – 2 StR 337/81, BGHSt 30, 220 (222) = NStZ 1982, 44 (45).
[62] Vgl. Rn. 25.
[63] Anw-StPO/*Martis* Rn. 2.
[64] *Meyer-Goßner* Rn. 5; Anw-StPO/*Martis* Rn. 2.
[65] Dazu unten Rn. 53 f.
[66] Vgl. Rn. 20.
[67] Krit. zum aktuellen Gesamtkonstrukt des Gesetzgebers bereits MünchKommStGB/*Ullenbruch* § 66 b Rn. 151 f.
[68] Anw-StPO/*Martis* Rn. 2.
[69] Unten Rn. 31 ff.
[70] So aber Anw-StPO/*Martis* Rn. 2; vgl. auch Rn. 24.
[71] So zutr. *Bender*, Die nachträgliche Sicherungsverwahrung, S. 111; vgl. dazu auch *Kinzig* NStZ 2004, 655 (659).
[72] Unten Rn. 43 ff.
[73] BGH v. 3. 11. 2005 – 3 StR 345/05, NStZ-RR 2006, 145; vgl. auch *Bender*, Die nachträgliche Sicherungsverwahrung, S. 111.
[74] So zutr. *Bender*, Die nachträgliche Sicherungsverwahrung, S. 111.
[75] Instruktiv insoweit *Folkers* NStZ 2006, 426 (427); vgl. auch *Bender*, Die nachträgliche Sicherungsverwahrung, S. 111.
[76] Dazu unten Rn. 26.

24 Die Prüfung ist **andererseits zügig** durchzuführen, da der Antrag – unabhängig von der Frist des Abs. 1 S. 3[77] – in jedem Fall unverzüglich nach Eingang der Akten zu stellen ist (Abs. 1 S. 4).[78] Die **Dauer** der Prüfung hängt jedoch vom Einzelfall ab. Sie kann durchaus längere Zeit in Anspruch nehmen, nachdem sich zB – im Unterschied zu einer Prüfung nach entsprechendem Vorbehalt (§ 66 a Abs. 2 StGB) – die Prognosefrage hier erstmals stellen kann.[79] Die Frage, ob auch die StA bereits selbst Gutachten einholen kann (bzw. womöglich sogar muss), hat der Gesetzgeber – wie so vieles – offen gelassen. Eine entsprechende Verpflichtung ist insbesondere mit Blick auf den Grundsatz der Beschleunigung abzulehnen.[80] Die StA wird allenfalls im Ausnahmefall selbst ein Gutachten einholen.[81]

25 Mit Blick auf das grundsätzliche Zeit-Qualitäts-Dilemma und die (nicht) gegebene personelle Ausstattung der StA läuft nach alledem das Vorprüfungsverfahren in der **Rechtswirklichkeit** in aller Regel auf eine bloße Prüfung der formellen Voraussetzungen hinaus. Hinsichtlich des Vorliegens (und der konkreten Gewichtung) „neuer Tatsachen" wird sie sich gar in einer bloßen **Plausibilitätskontrolle** der Vorwertung der JVA erschöpfen.[82] Die „große Freiheit" der „objektivsten" Behörde, selbst zu entscheiden, ob sie im Einzelfall (unter tausenden Fällen gegebener formeller Voraussetzungen) einen Vorstoss zur Durchbrechung der – ja auch von ihr zunächst eröffneten – Rechtskraft einleiten will (oder nicht), erscheint **verfassungsrechtlich** höchst **bedenklich**.[83]

26 **7. Information des Betroffenen (Abs. 1 S. 2).** Im Falle eines Vorbehalts der Anordnung der Sicherungsverwahrung (§ 66 a Abs. 1 StGB) hat der Gesetzgeber dem Tatrichter ausdrücklich eine entsprechende Belehrungspflicht auferlegt (§ 268 d). Von einer entsprechenden Forderung – auch nur in Gestalt einer „Mitteilung" – hat er für den Fall der Bejahung der formellen Voraussetzungen für eine nSV ohne entsprechenden Vorbehalt (§ 66 b Abs. 1 und Abs. 2 StGB) abgesehen. Über dem Verurteilten schwebt also fortan ein „**unsichtbares Damoklesschwert**". Auch die JVA darf (bzw. muss[84]) ihn zwar unter „verschärfte Beobachtung" stellen, macht dies aber in der Regel zunächst nur „insgeheim".[85] Umso mehr gebietet der Anspruch auf ein „**faires Verfahren**", dass der Betroffene jedenfalls dann **sofort informiert** wird, wenn sich auch nur die Möglichkeit eines Einsatzes des „Schwertes" verdichtet. Nur so hat er eine Chance, ggf. durch eine „Schutzschrift" bereits den staatsanwaltschaftlichen Willensbildungsprozess zu beeinflussen, was erfahrungsgemäß wesentlich aussichtsreicher ist, als nach entsprechender behördlicher „Festlegung" in einem späteren Verfahrensabschnitt eine Änderung deren einmal eingenommener Haltung herbeizuführen.

27 Nach Vorlage der Akten (denen in der Regel bereits eine Stellungnahme der JVA beigefügt ist) muss sich die StA (mit Blick auf die Fristen)[86] sogleich „überlegen", ob sie einen Antrag auf nSV stellt (oder nicht). **Mit der Fragestellung** tritt die Behörde in eine entsprechende Prüfung ein. Dies muss sie dem Verurteilten unverzüglich mitteilen. Der Gesetzeswortlaut ist insofern sehr weitgehend, aber eindeutig: „**Prüft die Staatsanwaltschaft**, ob eine nSV in Betracht kommt, teilt sie dies dem Betroffenen mit." In der Lit. besteht zwar Einigkeit darüber, dass durch die frühzeitige Information dem Verurteilten „rechtzeitig" rechtliches Gehör gewährt werden soll.[87] Nach einer verbreiteten Auffassung soll dies aber erst (und nur) gelten, wenn die StA „ernsthaft"[88] in Betracht zieht, einen Antrag auf Unterbringung nach § 66 b StGB auch tatsächlich zu stellen; das Gesetz spreche zwar von „prüfen", eine Mitteilung „könne" aber dann nicht verlangt werden, wenn diese Prüfung durch die Staatsanwaltschaft ergibt, dass eine nSV nicht in Betracht kommt;[89] eine gleichwohl erfolgende Mitteilung an den Betroffenen wäre dann überflüssig und für diesen nur beunruhigend.[90] Dem kann nicht gefolgt werden:

28 Die Vorstellung des Rechtsausschusses in einer Empfehlung an den Gesetzgeber, „in der Praxis" werde der Betroffene nach einer entsprechenden „Initiative" der JVA „regelmäßig" bereits durch diese entsprechend § 6 Abs. 3 StVollzG vorab informiert,[91] hat mit der **Rechtswirklichkeit** wenig gemein. Im Gegenteil: Die JVAen halten sich in aller Regel schon mit Blick auf andernfalls

---

[77] Dazu unten Rn. 31 ff.
[78] SK-StPO/*Frister* Rn. 15.
[79] Anw-StPO/*Martis* Rn. 3.
[80] Wie hier bereits *Bender,* Die nachträgliche Sicherungsverwahrung, S. 111.
[81] AA wohl Anw-StPO/*Martis* Rn. 2; vgl. auch Rn. 19.
[82] So zutr. *Bender,* Die nachträgliche Sicherungsverwahrung, S. 112.
[83] Instruktiv dazu Matt/Renzikowski/*Eschelbach* § 66 b Rn. 23 f. zum „Legalitätsprinzip" und Art. 3 Abs. 1 GG.
[84] Siehe oben Rn. 6.
[85] Dazu *Ullenbruch* NStZ 2007, 62 (70 f.).
[86] Vgl. Rn. 31 ff.
[87] Anw-StPO/*Martis* Rn. 2.
[88] So zB SK-StPO/*Frister* Rn. 15.
[89] *Folkers* NStZ 2006, 426 (431); *Bender,* Die nachträgliche Sicherungsverwahrung, S. 112.
[90] *Meyer-Goßner* Rn. 6.
[91] BT-Drucks. 15/3346, S. 18.

zu befürchtende „atmosphärische" Verwerfungen während der verbleibenden Dauer der Inhaftierung mit entsprechenden „Selbstbezichtigungen" naturgemäß provozierender Verlängerungsversuche hinsichtlich der Dauer der Freiheitsentziehung des Betroffenen extrem zurück.[92] Nach alledem ist die StA ausnahmslos zu entsprechender Mitteilung an den Betroffenen verpflichtet.[93] Sie sollte allerdings *vorher* die JVA in Kenntnis setzen, damit diese zB erforderlichenfalls rechtzeitig psychologischen Beistand für den Betroffenen sicherstellen kann. In der Praxis erfolgt auch das derzeit häufig leider nicht.[94]

8. Antrag (Abs. 1 S. 3). a) Erfordernis. Wie bereits dargestellt,[95] darf ein Gericht gegen einen Verurteilten nicht von Amts wegen ein Verfahren auf nSV nach § 66b Abs. 1 S. 1 StGB einleiten. Die Stellung eines entsprechenden Antrages ist vielmehr eine Verfahrensvoraussetzung. Umgekehrt stellt ein fehlender Antrag ein **Verfahrenshindernis** dar.[96]

b) Antragsberechtigte. Wie gleichfalls bereits dargestellt,[97] darf nur die **Staatsanwaltschaft bei dem erkennenden Gericht** den Antrag auf Entscheidung über eine nSV ohne vorangegangen Vorbehalt stellen, **nicht** hingegen eine **Justizvollzugsanstalt** oder eine StA in ihrer Eigenschaft als Vollstreckungsbehörde.

c) Antragsfrist. Hierbei handelt es sich um einen Kernbestandteil der Regelung und somit um einen zentralen **Ansatzpunkt jeder Verteidigung**. Davon zu trennen ist die Frage, ob es (auch) für das Ergehen einer Anordnung Fristen gibt. Darauf ist an anderer Stelle einzugehen.[98] Im Folgenden soll zunächst die aktuell geltende Regelung vorgestellt werden (aa), bevor die wichtigsten Schwachstellen beleuchtet (bb) und schließlich die Konsequenzen im Hinblick auf mögliche Verfahrenshindernisse gezogen werden (cc).

aa) Die geltende Regelung. Einen Antrag auf nSV nach § 66b Abs. 1 S. 1 des StGB *soll* die StA **spätestens sechs Monate** vor dem Zeitpunkt stellen, in dem der Vollzug der Freiheitsstrafe oder der freiheitsentziehenden Maßregel der Besserung und Sicherung gegen den Betroffenen endet (Abs. 1 S. 3). Damit sieht der Wortlaut des Gesetzes – anders als bei der Entscheidung über eine Anordnung nach vorangegangenem Vorbehalt nach § 66a StGB[99] – keine Frist für die Entscheidung des Gerichts, sondern nur für den Antrag der StA vor.[100] Eine andere Frage ist, ob sich aus anderen Gründen gleichwohl auch insoweit zeitliche Einschränkungen ergeben.[101]

bb) Schwachstellen. Der Gesetzgeber dürfte der Meinung gewesen sein, hierdurch der Überlegung ausreichend Rechnung zu tragen, Grundlage der Fortsetzung einer Freiheitsentziehung über das Strafende hinaus solle eine Entscheidung eines Gerichtes in der Hauptsache sein. Dies wiederum setzt voraus, dass das **Gericht rechtzeitig** damit **befasst** wird. Ein (grundsätzlich) geeignetes Mittel hierzu ist, der StA eine Frist zur Stellung eines Antrages zu setzen. Die Vorschrift ist insoweit aber weder ausreichend klar, noch geht sie weit genug, noch ist sie ausreichend konsequent:

Zunächst legt der Wortlaut das Missverständnis nahe, Bezugspunkt sei das Ende bislang rechtskräftig angeordneter Freiheitsentziehungen insgesamt. Dem ist nicht so. Gemeint sind ausschließlich Rechtsfolgen freiheitsentziehender Art, die im Rahmen einer Verurteilung festgesetzt wurden, die (wiederum) entsprechend § 66b Abs. 1 oder Abs. 2 StGB „qualifiziert" ist; etwaige **Anschlussvollstreckungen** anderer Art bleiben bei der Fristberechnung außer Betracht.

Eine Sechsmonatsfrist greift des Weiteren (im vorliegenden Zusammenhang) **zu kurz**. Schließlich geht es nicht nur um das schutzwürdige Interesse des Betroffenen, sich auf den weiteren Ablauf des Verfahrens einstellen zu können;[102] in die Frist ist vielmehr die voraussichtliche **Dauer des Verfahrens** mit **einzukalkulieren**.[103] Ein Zeitraum von 6 Monaten reicht angesichts der umfangreichen Vorbereitungen und der mit besonderer Sorgfalt durchzuführenden Verhandlung in aller Regel nicht aus, das Hauptsacheverfahren erstinstanzlich bis zum Strafende abzuschließen. Außerdem vermag die Vorgabe schon im Ansatz *gerade nicht* zu bewirken, dass der Antrag „im Ergebnis in gleicher Frist wie bei der vorbehaltenen Sicherungsverwahrung (gestellt werden) soll.[104] Während sich die in § 66a Abs. 2 normierte Frist einerseits bereits auf die Entscheidung

---

[92] So zutr. *Bender*, Die nachträgliche Sicherungsverwahrung, S. 112.
[93] Im Erg. wie hier auch *Zschieschak/Rau* JR 2006, 6 (9) und HK-StPO/*Julius* Rn. 3.
[94] So wiederum zutr. *Bender*, Die nachträgliche Sicherungsverwahrung, S. 113.
[95] Oben Rn. 16 ff.
[96] Ebenso LK-StGB/*Rissing-van Saan/Peglau* § 66b Rn. 33.
[97] Oben Rn. 20.
[98] Siehe unten Rn. 74 ff.
[99] Vgl. dazu unten Rn. 170 ff.
[100] SK-StPO/*Frister* Rn. 11.
[101] Näher dazu Rn. 76.
[102] Vgl. BT-Drucks. 15/3346, S. 17.
[103] SK-StPO/*Frister* Rn. 11.
[104] So aber *Meyer-Goßner* Rn. 6.

des Gerichts, andererseits auf einen Zeitpunkt potenzieller vorzeitiger Entlassung bezieht, geht es hier einerseits erst um die Einleitung eines gerichtlichen Verfahrens, andererseits um das „absolute" Strafende.[105]

36 Schließlich dürfte der Gesetzgeber einen Gesichtspunkt völlig übersehen haben: Zumindest gedanklich ist bei der Berechnung der erforderlichen Frist ein **Zeitraum** von 3 Monaten **für die Vorbereitung der Entlassung** eines jeden Strafgefangenen **hinzuzuzählen**. Die Bedeutung entsprechender Maßnahmen einschließlich wenn irgend möglich zu gewährender Lockerungen des Vollzuges kann nicht hoch genug eingeschätzt werden.[106] Sie ist nicht zuletzt auch „sicherheitsrelevant" im Sinne weitestmöglicher Minimierung der Rückfallgefahr – ein Gesichtspunkt, auf den nicht zuletzt der 5. StS des BGH schon unter Vorsitz der zwischenzeitlichen GBA nachdrücklich hingewiesen hat.[107] Nach alledem wäre es „sachgerecht" – und folglich wohl auch verfassungsrechtlich geboten –, dass der Gesetzgeber der StA aufgibt, den Antrag in der Regel **spätestens 1 Jahr** vor dem „einschlägigen" Strafende zu stellen.[108]

37 **cc) Konsequenzen der Fristüberschreitung.** Die Frage, ob eine **Fristüberschreitung** die Anordnung hindert, ist nicht abschließend entschieden. Die Gesetzesbegründung schweigt auch hierzu.[109] Die obersten Strafrichter haben bislang lediglich eine **„absolute" Grenze** gezogen: Eine Antragstellung, die erst nach **vollständiger Vollstreckung** der Strafe des Ausgangsverfahrens erfolgt, sei unzulässig.[110] Dem ist zuzustimmen[111] Ist der Antrag verspätet, liegt (wiederum) ein Verfahrenshindernis vor. Das ergibt sich zwar nicht aus dem Wortlaut des Gesetzes. Die entsprechende Vorstellung des Gesetzgebers lässt sich aber unschwer den Materialien entnehmen.[112]

38 Den **Umkehrschluss**, eine Fristüberschreitung bleibe bis zu diesem Zeitpunkt immer folgenlos, hat die Rechtsprechung **bislang nicht gezogen**. Sie hat die Frage möglicher negativer Konsequenzen (im Gegenteil) ausdrücklich offengelassen.[113] Die Lit. verneint sie überwiegend.[114] Zur Begründung wird u. a. darauf hingewiesen, nur so könne auf negative Entwicklungen des Verurteilten noch bis kurz vor seiner Entlassung reagiert werden; wie die Formulierung „soll" zeige, handele es sich um eine bloße Sollvorschrift;[115] eine Überschreitung bleibe folgenlos, da die StA notfalls (nach Abs. 5) einen Unterbringungsbefehl beantragen könne.[116] Dem kann so nicht gefolgt werden:

39 Richtig ist, dass ein Antrag, der spätestens 6 Monate vor dem entsprechenden Strafende gestellt wird, jedenfalls nach derzeitiger einfachgesetzlicher Rechtslage stets rechtzeitig ist – unbeschadet der Tatsache, dass eine frühere Antragstellung wünschenswert wäre.[117] Richtig ist auch, dass es sich bei der Sechs-Monats-Frist nicht um eine sog. „Ausschlussfrist" handelt, mit der Folge, dass ihre Nichtbeachtung den Antrag stets verspätet machen würde.[118] Nicht zutreffend ist hingegen, dass ein Antrag, der diesseits der absoluten Grenze des Strafendes gestellt wird – und sei es am Vortag – *stets* rechtzeitig ist. Zu beachten sind insoweit vielmehr **„relative" Grenzen**:

40 Sie ergeben sich aus der Abwägung zwischen den gegenläufigen Interessen – hier das Interesse des Staates an längstmöglicher Reaktionsmöglichkeit, dort das Interesse des Betroffenen an frühestmöglicher Klarheit über die Entlassungsperspektive.[119] Demnach ist eine Antragstellung ab Überschreitung der **Sechs-Monats-Grenze** nur noch fristgemäß, wenn sie mangels früherer Erkennbarkeit der den Antrag begründenden „neuen" Tatsachen erst jetzt möglich wurde.[120] In diesem Zusammenhang ist im Übrigen auch ein Verstoß gegen das Gebot unverzüglicher Antragstellung nach Erhalt der Akten entsprechend Abs. 1 S. 4[121] zu beachten. Eine Überschreitung der (entlassungsorientierten) **Drei-Monats-Grenze** ist nur in Extremfällen, etwa der Begehung erheblicher neuer Straftaten denkbar.[122]

---

[105] Teilweise auch nicht bedacht wohl von SK-StPO/*Frister* Rn. 11.
[106] Vgl. dazu Schwind/Böhm/Jehle/Laubenthal/*Ullenbruch*, StVollzG, 5. Aufl. 2009, § 11 Rn. 1, § 13 Rn. 1.
[107] BGH v. 22. 2. 2006 – 5 StR 585/05, BGHSt 50, 373 (384) = NJW 2006, 1442 (1445).
[108] So i. Erg. auch *Folkers* NStZ 2006, 426 (427); *Meyer-Goßner* Rn. 6.
[109] Vgl. BT-Drucks. 15/2887, S. 15 ff.
[110] Ebenso BGH v. 25. 11. 2005 – 2 StR 272/05, BGHSt 50, 284 (290); BGH v. 17. 2. 2005 – 2 StR 9/05, BGHSt 50, 180 (181 f.) = NStZ 2005, 684 (685).
[111] *Ullenbruch* NStZ 2007, 62 (68), ebenso Anw-StPO/*Martis* Rn. 3.
[112] So zutr. LK-StGB/*Rissing-van Saan*/*Peglau* § 66 b Rn. 185 (unter Hinweis auf BT-Drucks. 15/2887, S. 12).
[113] BGH v. 22. 2. 2006 – 5 StR 585/05, BGHSt 50, 373 (376), insow. nicht veröff. in NStZ 2006, 568.
[114] *Meyer-Goßner* Rn. 6.
[115] LK-StGB/*Rissing-van Saan*/*Peglau* § 66 b Rn. 185; Hörnle StV 2006, 188.
[116] Anw-StPO/*Martis* Rn. 3.
[117] Näher dazu soeben Rn. 36.
[118] So aber wohl *Milde*, Die Entwicklung der Normen zur Anwendung der Sicherungsverwahrung in den Jahren von 1998 bis 2004, S. 272.
[119] Vgl. dazu oben Rn. 14.
[120] Eher zweifelnd *Bender*, Die nachträgliche Sicherungsverwahrung, S. 115; wie hier dagegen *Renzikowski* NStZ 2006, 283 f. („Verfahrenshindernis").
[121] Dazu unten Rn. 51.
[122] Die vom *Verf.* bislang vertretene, noch „engere" Auffassung (NJW 2006, 1377 (1379)) wird hiermit aufgegeben.

Der Einwand, derartige Grenzziehungen bedürften einer gesetzlichen Grundlage,[123] geht fehl: 41
Das Erfordernis der Beachtung des Grundsatzes der **Verhältnismäßigkeit** ist gerade im Bereich
der nSV besonders anerkannt. Das gilt auch – und nicht zuletzt – für das Verfahrensrecht. Die
Missachtung eines einfachgesetzlich statuierten „Soll" durch Zulassung eines Abweichens hiervon
ohne jegliches Begründungserfordernis wäre damit nicht zu vereinbaren. Im vorliegenden
Zusammenhang zu berücksichtigen sind deshalb nicht nur die Dauer der verbüßten Strafhaft und
die durch eine strikte Anwendung der Führungsaufsicht gegebenen Kontrollmöglichkeiten, sondern
ggf. auch der Umstand, dass ein Verfahren – entgegen dem von § 275 a angestrebten Ablauf –
zB erst weniger als einen Monat vor Haftende (und mehr als ein Jahr nach einem eine Anordnung
der Massregel nach § 66 a StGB rechtskräftig ausschließenden Beschluss des BGH) eingeleitet
worden ist.[124]

Hinsichtlich der Frage, ab wann eine Antragstellung **frühestens** zulässig ist, gibt es nur eine – 42
absolute – Grenze: Nachdem das Verfahren zur Anordnung einer nSV nach § 66 b Abs. 1 S. 1
StGB eine rechtskräftige Verurteilung wegen der Anlasstat voraussetzt, darf es erst eingeleitet
werden, wenn Schuld- und Strafausspruch **rechtskräftig** sind.[125]

d) Form und Inhalt. Das Gesetz verhält sich zum (**Mindest-)Inhalt** eines Antrages auf Unter- 43
bringung nach § 66 b Abs. 1 S. 1 StGB mit keinem Wort. Die Rspr. hat diese Lücke gefüllt, indem
sie die Regelungen über den Inhalt einer **Anklageschrift** (§ 200) bzw. einer Antragschrift im Sicherungsverfahren
(§ 414 Abs. 2) sinngemäß heranzieht.[126] Die Lit. hat dies von Anfang an gefordert[127]
bzw. sich dem zu Recht angeschlossen.[128]

Demnach muss der Antrag eine **Begründung** enthalten, aus der sich (1.) ergibt, auf welcher Va- 44
riante des § 66 b StGB er beruht, dass (2.) dessen formelle Voraussetzungen erfüllt sind und
(3.) welche neuen Tatsachen während der Strafvollstreckung erkennbar geworden sind[129] sowie
(4.) dass und (5.) warum die StA davon ausgeht, das Verfahren ende mit einer Gesamtwürdigung,
derzufolge der Betroffene weiterhin besonders gefährlich iSd. § 66 b StGB sei.[130]

Ausnahmsweise haben die obersten Strafrichter für eine **Übergangszeit** auch Anträge ohne die 45
erforderliche Begründung für zulässig erklärt. Zur Begründung hierfür wurde in der „Anfangszeit"
des § 66 b StGB ausgeführt, es handele sich um eine „insoweit nicht vorhersehbare Rechtsentwicklung",
die „auf Mängeln der Gesetzesfassung beruht".[131] Jüngst wurde das Fehlen jeglicher Begründung
dahingehend, dass die Voraussetzungen des § 66 b Abs. 1 S. 1 StGB vorliegen, als unschädlich
für eine Fortsetzung" des Verfahrens nach einem Fehlschlag eines Antrages gem. § 66 b
Abs. 3 StGB damit begründet, dass „erst durch die Entscheidung des Großen Senats für Strafsachen
dieser Vorschrift Bedeutung zukommt"; ausnahmsweise sei deshalb(!) hinzunehmen, dass
dem Betroffenen die neuen Tatsachen „erst in der (zweiten) Hauptverhandlung mitgeteilt werden."[132]
Dem darf nicht gefolgt werden.[133] Der Grundsatz des „fairen Verfahrens" gebietet auch
(und gerade) im Bereich der nSV, dass Irrtümer des Gesetzgebers (und verspätete „Erleuchtungen"
der judikativen Rechtsanwender) nicht zu Lasten der Betroffenen gehen. Die Fälle der Gerichtsstandsbestimmung
durch den BGH sind enumerativ geregelt (§ 13 a) und einer analogen Anwendung
zu Lasten der Betroffenen nicht zugänglich.

Für den **Verteidiger** ergeben sich insoweit zahlreiche **Ansatzpunkte**: Die fehlerhafte Bejahung 46
der **formellen Voraussetzungen** (seitens der StA) offenbart sich nicht selten (zwingend) erst im
Revisionsverfahren. Eine frühzeitigere kritische Hinterfragung könnte das Verfahren häufig abkürzen.
Auch wenn dies angesichts der komplexen Materie mühselig ist, sollte nach Erhalt der
Antragschrift unter Zuhilfenahme entsprechender Kommentarliteratur[134] geprüft werden, ob die
StA nicht etwa zB eine Rückfallverjährung (§ 66 Abs. 4 S. 3 und 4 StGB) übersehen hat oder in

---

[123] LK-StGB/*Rissing-van Saan/Peglau* § 66 b Rn. 185.
[124] OLG Schleswig v. 17. 10. 2008 – 2 Ws 405/08, Rn. 39 (insoweit nicht veröff. in NStZ-RR 2009, 75); im Erg. wohl ähnl. *von Freyer* ZStW 120 (2008), 273 (275).
[125] SK-StPO/*Frister* Rn. 10.
[126] BGH v. 25. 11. 2005, BGHSt 50, 284 (289 f.) = NStZ 2006, 156 (158) mwN.; vgl. auch das Antragsmuster bei *Folkers* NStZ 2006, 426 (432).
[127] Vgl. nur MünchKommStGB/*Ullenbruch* § 66 b Rn. 65 f., 72, 146.
[128] *Meyer-Goßner* Rn. 6 a; SK-StPO/*Frister* Rn. 15; Anw-StPO/*Martis* Rn. 3.
[129] Vgl. BGH v. 25. 11. 2005, BGHSt 50, 284 (290 f.) = NStZ 2006, 156 (158) = JR 2006, 209 mit Anm. *Zschieschack/Rau*; s. auch OLG Hamm v. 29. 5. 2008 – 4 Ws 143/08, StV 2010, 179.
[130] BGH v. 3. 11. 2005 – 3 StR 345/05, NStZ-RR 2006, 145 (146).
[131] BGH v. 22. 2. 2006 – 5 StR 585/05, BGHSt 50, 373 (376) = NJW 2006, 1442 (1443) und BGH v. 25. 11. 2005 – 2 StR 272/05, BGHSt 50, 284 (292 f.) = NJW 2006, 531 (533 f.); vgl. dazu auch *Bender*, Die nachträgliche Sicherungsverwahrung, S. 114.
[132] BGH v. 10. 2. 2009 – 4 StR 391/07, NStZ-RR 2009, 171; dem „ergeben" folgend LG Saarbrücken v. 17. 7. 2009, S. 22 f.; vgl. auch Rn. 142.
[133] Vgl. *Ullenbruch* NJW 2006, 1377 (1379).
[134] ZB. MünchKommStGB/*Ullenbruch* § 66 b Rn. 95 ff.

der Konstellation § 66b Abs. 1 S. 1 iVm. § 66 Abs. 1 Nr. 1 StGB hinsichtlich der Vortaten und Vorverurteilungen in der Reihenfolge „Tat-Urteil-Tat-Urteil" außer Tritt geraten ist.[135]

47 Besonders kritisch zu hinterfragen ist die Behauptung antragstellender StAe, es lägen hier „**neue Tatsachen**" vor. Das wird nicht selten „erkennbar von dem verständlichen Bemühen (geleitet), die Allgemeinheit vor einem äußerst gefährlichen Straftäter zu schützen; nichtsdestotrotz „weitet ... (es die) unverzichtbare Voraussetzung für die nachträgliche Anordnung der Sicherungsverwahrung ... in einer Weise aus, dass sie die ihr zugewiesene Bedeutung vollständig verliert; und hält rechtlicher Nachprüfung (folglich) nicht stand."[136] Nach der Rspr. der oberen und obersten Strafrichter sind an die Annahme neuer Tatsachen **strenge Anforderungen** zu stellen.[137] Nicht selten liegt insoweit ein Verstoß gegen den sog. „**Vorrang des Erkenntnisverfahrens**" vor.[138] Auch sonst muss ein zeitlich „neuer" Umstand noch lange inhaltlich keine „neue Tatsache" sein. Womöglich handelt es sich bloß um eine Wiederholung bereits früher bekannt gewordener Verhaltensweisen ohne jegliche Veränderung der Persönlichkeit[139] oder zB auch lediglich um die an die Bedingungen der Haft angepasste Fortsetzung eines Verhaltens, welches der Betroffene bereits vor seiner Inhaftierung gezeigt hatte.[140] Im Falle der Heranziehung von Äußerungen eines Betroffenen gegenüber einem psychiatrischen Sachverständigen im Rahmen einer Exploration ohne vorangegangene entsprechende Belehrung als „nova" kommt ein Verwertungsverbot in Betracht.[141] Ein – aus Sicht der Verteidigung – häufig erfolgversprechender Ansatzpunkt ist – insbesondere bei länger zurückliegenden Belastungsumständen – die (relativierende) Fokussierung auf das **Ausbleiben neuer (negativer) Tatsachen** in der jüngeren Vergangenheit.[142] Auf den Sonderfall der Erledigungserklärung der Maßregel des § 63 StGB bei offenem Strafrest und das Phänomen sog. „anderer Tatsachen" ist an anderer Stelle einzugehen.[143]

48 Zur nSV gem. § 66b Abs. 1 S. 1 StGB bedarf es nach (zutr.) hM der Feststellung eines **Hangs** iS von § 66 Abs. 1 Nr. 3 StGB.[144]

49 Die verbreitete Auffassung, der Ansatzpunkt „Prognose der Prognose" – **Gesamtwürdigung** – bringe vergleichsweise wenig, ist so nicht zutr. Zwar steht dem LG insoweit ein Beurteilungsspielraum zu; die Prognoseentscheidung ist aber vom Revisionsgericht nur eingeschränkt überprüfbar. Selbst wenn das Instanzgericht – fast schon „abenteuerlich" – das Vorliegen einer „hohen Wahrscheinlichkeit" für die Begehung erheblicher Straftaten verneint, aber meint, von einer „mittelgradigen" Gefährlichkeit ausgehen zu müssen (oder umgekehrt), nimmt der BGH dies denn auch häufig hin (oder auch nicht).[145] Gleichwohl wird es den sorgfältiger Verteidiger stets den Einzelfall auch anhand der Prüfungsfolie „hohes Maß an Gewissheit"[146] und „**Gegenwärtigkeit**"[147] messen. Auch gilt es, ein vom BVerfG unlängst in verwandtem Zusammenhang betontes Erfordernis kritischer Hinterfragung eigenmächtiger Weichenstellung von JVA und StVK unter Überbetonung von Sicherheitsüberlegungen für den Bereich der nSV fruchtbar zu machen. Demnach begründet das Übermaßverbot bei länger dauernder Freiheitsentziehung verfahrensrechtliche Anforderungen, die vor allem das Verfahren zur Wahrheitserforschung und damit insbesondere die Feststellung der den Entscheidungen zugrunde liegenden Prognosebasis betreffen.[148] Der Richtervorbe-

---

[135] Vgl. dazu BGH v. 28. 5. 2008 – 1 StR 192/08, BGHSt 52, 225 = NStZ-RR 2008, 278 und BGH v. 17. 12. 2008 – 2 StR 481/08, NStZ-RR 2009, 137.
[136] BGH, Beschl. v. 19. 10. 2007, 3 StR 378/07 (Rn. 15); vgl. auch BGH v. 15. 4. 2008 – 5 StR 635/07, BGHSt 52, 213 (215) = NStZ 2008, 332; siehe auch Rn. 192.
[137] Vgl. oben Rn. 5.
[138] Vgl. nur 1. BGH v. 22. 2. 2006 – 5 StR 585/05, BGHSt 50, 373 (380); 2. BGH v. 15. 4. 2008 – 5 StR 635/07; BGHSt 52, 213 (216 f.) = NStZ 2008, 332 f.; 3. OLG Schleswig v. 17. 10. 2008 – 2 Ws 405/08, NStZ-RR 2009, 75 (76 f.) – Anordnung der nSV gem. § 66b StGB trotz Unterbleibens einer vorbehaltenen Anordnung gem. § 66a StGB; 4. OLG Hamm v. 5. 1. 2010 – 4 Ws 348/09, StV 2010, 189; vgl. auch Rn. 151, 153; 5. KG v. 26. 6. 2009 – 3 Ws 425/08, StraFo 2009, 393 – Anordnung der nSV gem. § 7 Abs. 2 JGG gegen nach Jugendstrafrecht Verurteilte; vgl. auch Rn. 72.
[139] Vgl. nur BGH v. 17. 6. 2008 – 1 StR 227/08, StV 2008, 636.
[140] BGH v. 22. 4. 2009 – 2 StR 21/09 (Rn. 18).
[141] Offengelassen in BGH v. 22. 1. 2009 – 1 StR 618/08 (Rn. 16) (Offenbarung des Hegens „sexueller Wünsche und Phantasien gegenüber seiner ehemaligen Betreuerin); vgl. auch Rn. 62.
[142] Vgl. zB BGH v. 22. 1. 2009 – 1 StR 618/08 (Rn. 16); zur Bedeutung einer „offenen" Quer- und Längsschnittbetrachtung der Dynamik des Vollzugsverhaltens bereits *Ullenbruch* NStZ 2008, 5 (9).
[143] Rn. 132 ff.
[144] BVerfG v. 23. 8. 2006 – 2 BvR 226/06, NJW 2006, 3483 (3485); BGH v. 11. 5. 2005 – 1 StR 37/05, BGHSt 50, 121 (132) = NStZ 2005, 561 (563) mAnm *Ullenbruch*; MünchKommStGB/*Ullenbruch* § 66b Rn. 95; Fischer § 66b Rn. 33; aA Lackner/Kühl § 66b Rn. 8; *Passek* GA 2005, 96 (112); skeptisch auch LK-StGB/*Rissing-van Saan/Peglau* § 66b Rn. 150 ff. – entsprechend einer der ominösen *-Einschränkungen aber tatsächlich wohl nur *Peglau*.
[145] Vgl. BGH v. 11. 10. 2007 – 4 StR 246/07, NStZ-RR 2008, 40 (41).
[146] Vgl. dazu BGH v. 25. 3. 2009 – 5 StR 21/09 (Rn. 17).
[147] Vgl. dazu BGH v. 3. 9. 2008 – 5 StR 281/08, StraFo 2008, 435 und BVerfG v. 22. 10. 2008 – 2 BvR 749/08, NJW 2009, 980 (982) m. Bespr. *Ullenbruch* StraFo 2009, 52 (53).
[148] Zur Frage der Kriminalprognose und den damit verbundenen Problemen vertiefend *Kinzig*, Die Legalbewährung gefährlicher Rückfalltäter, S. 105 ff.

halt (Art. 104 Abs. 2 S. 1 GG) gebiete zB eine eigenständige Prüfung verfassungswidriger Lockerungsversagung unter dem Aspekt, dass die unvorbereitete Entlassung in die Freiheit nach langen Jahren des Vollzuges ohne vorangegangene Erprobung in Freiheit für sich genommen einen erheblichen Risikofaktor für einen Rückfall begründe.[149] Ein weiterer Ansatzpunkt zur Verdeutlichung der Fragwürdigkeit entsprechender Prognosen ist der Hinweis auf die zahllosen Fälle, in denen – häufig gleich mehrere – Gutachter eine fortbestehende Gefährlichkeit bejaht haben, die Betroffenen indes – oft aufgrund Entscheidungen des BGH – letztlich doch in Freiheit entlassen werden mussten und trotz teilweise mehrjähriger Existenz dort bislang keine entsprechende neue Straffälligkeit bekanntgeworden ist. So wurden nach einer Untersuchung an der Ruhr-Universität Bochum bis zum 30. 6. 2008 **lediglich drei von 67 Haftentlassenen** wegen danach begangener Gewaltdelikte **erneut** rechtskräftig **verurteilt**.[150]

e) **Rücknahme.** Die StA kann den Antrag grundsätzlich ohne weiteres wieder zurücknehmen.[151] Zwar enthält § 275 a insoweit keine ausdrückliche gesetzliche Regelung,[152] er beinhaltet aber auch keine diesbezügliche Einschränkung.[153] Fraglich ist nur, ob dies tatsächlich gilt, solange das Gericht noch keine Entscheidung getroffen hat, oder ob es nach Beginn der Hauptverhandlung der **Zustimmung** des Betroffenen bedarf. Der BGH hat diese Frage noch nicht abschließend entschieden, der 3. StS neigt der letztgenannten Alternative zu.[154] Dem ist zuzustimmen. Schließlich muss der Betroffene unter Berücksichtigung rechtsstaatlicher Grundsätze die Möglichkeit haben, eine rechtskräftige Ablehnung des Antrages zu erzwingen, um vor einer erneuten Antragstellung auf der Grundlage *derselben* Tatsachengrundlage geschützt zu sein.[155]

9. **Unverzügliche Aktenübergabe (Abs. 1 S. 4).** Der Gesetzgeber hat die StA verpflichtet, die Akten mit ihrem Antrag unverzüglich dem Vorsitzenden des Gerichts zu übergeben. Die **Fassung** ist auch insoweit **missglückt**. Gemeint ist nicht etwa, dass der Antrag nach Fertigstellung unverzüglich zu übergeben ist, sondern dass er **unverzüglich fertigzustellen** (und sodann gleichfalls unverzüglich zu übergeben) ist. Unverzüglich heißt auch hier „ohne schuldhaftes Zögern".[156] Dem Antrag sind nicht nur die Akten (und die Vorakten), sondern ggf. auch eine Stellungnahme des Betroffenen infolge der Mitteilung über die „Prüfung"[157] beizufügen.[158] Exakter Adressat ist der „Vorsitzende" des Gerichts.

10. **Mitteilung an StVK.** Zuständiges Gericht für Anträge auf nSV nach § 66 b Abs. 1 S. 1 StGB ist nicht die StVK.[159] Die StVK ist hingegen zuständig für Entscheidungen über eine vorzeitige Entlassung nach §§ 57, 57a StGB. Es besteht demnach die **Gefahr divergierender Entscheidungen**. Um dies weitestmöglich zu vermeiden, empfiehlt es sich aus Sicht der StA, bereits bei Antragstellung an das zuständige Gericht die zuständige StVK mit gleicher Post ebenfalls zu benachrichtigen. Gleichzeitig sollte sie etwaige Entscheidungen der StVK überwachen, um ggf. rechtzeitig einen Antrag auf Erlass eines Unterbringungsbefehls nach Abs. 5 stellen zu können.[160]

11. **Zuständiges Gericht.** Zuständiges Gericht für die Entscheidung über einen Antrag auf nSV nach § 66 b Abs. 1 S. 1 StGB ist das **Gericht des ersten Rechtszuges** (§ 74 f Abs. 1 GVG).[161] War dies ein AG, so entscheidet eine Große Strafkammer beim übergeordneten LG (§ 74 f Abs. 2 GVG), schon weil das AG auf eine Unterbringung in der Sicherungsverwahrung nicht erkennen darf (§ 24 Abs. 1 Nr. 2, Abs. 2 GVG). War dies ein OLG, so entscheidet der Strafsenat, der auch über die Tat(en) in erster Instanz entschieden hat (§ 120a Abs. 1 GVG). Bei einer wegen mehrerer Taten vollstreckten Strafe ist die Zuständigkeit gem. § 74 f Abs. 3, 120a Abs. 3 GVG in entsprechender Anwendung des § 462a Abs. 3 S. 2 und 3 zu bestimmen.[162]

Hinsichtlich der **Besetzung** des Gerichts ist zweierlei zu berücksichtigen: Zum einen sind zwischenzeitlich eingetretene **personelle Veränderungen** unerheblich.[163] Zum anderen ist stets in **nicht**

---

[149] BVerfG v. 30. 4. 2009 – 2 BvR 2009/08, NJW 2009, 246.
[150] Vgl. Presse-Info Nr. 274 (v. 10. 9. 2008) der Ruhruniversität Bochum; zu diesem Ansatz siehe auch *Kinzig* Die Legalbewährung gefährlicher Rückfalltäter. S. 29 und 153 (dort insbes. Fn. 197) sowie *Kreuzer/Bartsch* GA 2008, 655 (660 mwN); vgl. zu all dem noch *Harrendorf* JR 2008, 6.
[151] BGH v. 3. 11. 2005 – 3 StR 345/05, NStZ-RR 2006, 145.
[152] Insoweit zutr. *Folkers* NStZ 2006, 426 (432).
[153] LK-StGB/*Rissing-van Saan/Peglau* § 66 b Rn. 187.
[154] BGH v. 3. 11. 2005 – 3 StR 345/05, NStZ-RR 2006, 145.
[155] Ebenso *Rissing-van Saan*, FS Nehm, 2006, S. 191 ff. (202); *Meyer-Goßner* Rn. 6 b; *Folkers* NStZ 2006, 426 (432).
[156] *Meyer-Goßner* Rn. 7.
[157] Oben Rn. 26 ff.
[158] *Meyer-Goßner* Rn. 7.
[159] Unten Rn. 53 f.
[160] LK-StGB/*Rissing-van Saan/Peglau* § 66 b Rn. 182.
[161] Zum gänzlichen Missglücken dieser Vorschrift vgl. *Meyer-Goßner* § 74 f GVG Rn. 4.
[162] SK- StPO/*Frister* Rn. 2.
[163] *Meyer-Goßner* Rn. 8.

reduzierter Besetzung zu entscheiden (vgl. §§ 76 Abs. 1 S. 1, 74 f Abs. 3 Hs. 2 GVG), auch wenn das Ausgangsurteil in einer Besetzung nur mit zwei Berufsrichtern (einschließlich des Vorsitzenden) getroffen worden ist. Der Gesetzeswortlaut „Gericht des ersten Rechtszuges" ist zwar auch insoweit unklar (bis missverständlich), die Materialien legen aber nahe, dass der Gesetzgeber stillschweigend davon ausgegangen ist, es werde (immer) in nicht reduzierter Besetzung entschieden.[164]

55   **12. Kein Zwischenverfahren.** Stellt die StA einen Antrag auf nSV gem. § 66 b Abs. 1 S. 1 StGB, muss das Gericht stets eine mündliche Hauptverhandlung durchführen und das Verfahren durch ein Urteil abschließen.[165] Der Gesetzgeber hat – bewusst oder versehentlich – ein Zwischenverfahren, in dem die Erfolgsaussichten des Antrags geprüft werden (vgl. § 203), nicht vorgesehen.[166] Hierbei handelt es sich um ein gravierendes prozessuales Legitimationsdefizit im Hinblick auf eine legislativ (bewusst) nicht eingebaute – jahrzehntelang bewährte – „Sicherung" auf dem faktisch auch hier betretenen Terrain der „Wiederaufnahme zu ungunsten".[167] Das ist besonders **unbefriedigend**, wenn zB bereits die formellen Voraussetzungen nicht gegeben sind.[168] Auch dann bleibt aber – jedenfalls nach Auffassung der obersten Strafrichter – nur (ggf. nach einem entsprechenden gerichtlichen Hinweis) die Möglichkeit einer Rücknahme des Antrages seitens der StA.[169] Allerdings hat der 1. StS des BGH womöglich eine **„Hintertür"** offengelassen, indem er die Frage „dahinstellte", ob ein Verstoß mangels „Beruhens" der Entscheidung auf dem Rechtsfehler (vgl. § 337) je einen Revisionsgrund darstellen könne.

56   **13. Mitteilung des Antrags an Betroffenen.** Auf die Bedeutung der frühestmöglichen (und effizienten) Beteiligung des Betroffenen an dem Verfahren wurde bereits an anderer Stelle hingewiesen.[170] Hierzu zählt auch die – einfachgesetzlich leider nirgends ausdrücklich geregelte Pflicht – des Gerichts, dem Betroffenen einen entsprechenden Antrag unverzüglich, das heißt **nicht** etwa **erst mit** der **Ladung** zur Hauptverhandlung,[171] sondern sofort nach Eingang der Akten in Gestalt einer Ausfertigung bzw. Ablichtung zu übermitteln.[172] Auch sie ergibt sich letzlich aus dem Recht auf ein „faires Verfahren".

57   **14. Pflichtverteidiger.** Die Mitwirkung eines Verteidigers ist stets notwendig, weil die Hauptverhandlung im ersten Rechtszug – entsprechend der gesetzlichen Zuständigkeitszuweisung[173] – zwingend vor dem LG oder dem OLG stattfindet (§ 140 I Nr. 1). Sofern der Betroffene nicht bereits „wahlverteidigt" ist, gebietet das Recht auf ein **„faires Verfahren"**, dass ihn der Vorsitzende **sofort nach** Eingang der Akten **auf** sein **Vorschlagsrecht** hinsichtlich eines Pflichtverteidigers **hinweist** und sodann das Verfahren auf Beiordnung schnellstmöglich betreibt, damit der Verteidiger ggf. zB bereits bei der Auswahl der Sachverständigen in Gestalt eines Vorschlages mitwirken kann.[174]

58   **15. Beauftragung zweier Sachverständiger (Abs. 4).** Ist über die nSV ohne vorangegangenen Vorbehalt (nach § 66 b Abs. 1 S. 1 StGB) zu entscheiden, muss das Gericht die Gutachten von **(mindestens) zwei** Sachverständigen einholen (Abs. 4 S. 2 iVm. S. 1). Die gemeinsame Abfassung eines schriftlichen Gutachtens durch zwei Sachverständige ist nicht ausreichend.[175] Die Erstellung muss nach dem Gesetzeswortlaut „vor der Entscheidung" erfolgen. Im Hinblick auf die Sorgfaltsanforderungen (Studium sämtlicher Vorakten, mündliche Exploration etc.) bedeutet das in aller Regel, dass „vor Beginn der mündlichen Hauptverhandlung" ein schriftliches Vorgutachten anzufertigen ist. Das braucht Zeit. Im Hinblick auf den Grundsatz ganz besonderer Beschleunigung des Verfahrens[176] heißt das, dass es Sache des Vorsitzenden ist, sich bei der Vorbereitung der Hauptverhandlung ganz zuvorderst mit der Beauftragung entsprechender Gutachter zu beschäftigen.

59   Die Beauftragung der Gutachter **obliegt** ausschließlich dem **Gericht.** Sie ist nicht Sache der StA.[177] Im Unterschied zu der Fallgestaltung, dass bereits ein Vorbehalt angeordnet (§ 66 a Abs. 2 StGB) und lediglich ein Sachverständiger zwingend vorgesehen ist,[178] wird die Frage einer Anordnung von Sicherungsverwahrung hier erstmals thematisiert. Die Kontrolle durch eine „zweite

---

[164] So auch LK-StGB/*Rissing-van Saan/Peglau* § 66 b Rn. 189 (unter zutr. Hinweis auf BT-Drucks. 15/2887, S. 18).
[165] BGH v. 6. 12. 2005 – 1 StR 441/05, NStZ 2006, 178 (179).
[166] *Rissing-van Saan*, FS Nehm, 2006, S. 191 ff. (202); *Meyer-Goßner* Rn. 6 b; SK-StPO/*Frister* Rn. 16.
[167] Näher dazu oben Rn. 2 und 10; ähnl. Matt/Renziskowski-StGB/*Eschelbach* § 66 b Rn. 26.
[168] Dazu *Ullenbruch* NJW 2006, 1377 (1384); vgl. auch *Bender*, Die nachträgliche Sicherungsverwahrung, S. 115 f.
[169] Dazu oben Rn. 50.
[170] Rn. 26 ff.
[171] Dazu Rn. 64.
[172] Ähnl. bereits *Bender*, Die nachträgliche Sicherungsverwahrung, S. 118; vgl. auch *Meyer-Goßner* Rn. 9.
[173] Dazu oben Rn. 53 f.
[174] Dazu sogleich insbes. Rn. 60.
[175] OLG Hamm v. 21. 10. 2008 – 4 Ws 294/08, StraFo 2009, 39.
[176] Dazu oben Rn. 14.
[177] Krit. dazu *Folkers* NStZ 2006, 426 (428), wie hier *Meyer-Goßner* Rn. 10.
[178] Vgl. dazu unten Rn. 165.

Meinung" ist deshalb sachgerecht.[179] Entgegen dem Gesetzeswortlaut liegt die Anzahl der Gutachter nicht zwingend bei „zwei". Selbstverständlich darf das Gericht – zB bei nicht überzeugender oder divergierender Einschätzung des/der Sachverständigen – auch weitere Gutachtensaufträge erteilen. Andererseits muss das Gericht nicht in jedem Fall einer entsprechenden Antragstellung auch Gutachten einholen.[180] Ist es zB der Auffassung, dass bereits die formellen Voraussetzungen nicht gegeben sind, kann (bzw. muss) es hierauf auch mit Blick auf die Schonung der begrenzten Ressourcen aller Beteiligten und die andernfalls unnötigerweise dem Steuerzahler zur Last fallenden Verfahrenskosten verzichten. Ist in einer früheren Verhandlung bereits ein Gutachten eingeholt worden, genügt dies allerdings nicht.[181]

Die Auswahl der Sachverständigen ist ein zentraler Punkt des gesamten Verfahrens und muss deshalb auch im „Fokus" jedes Verteidigers stehen. Sie ist zwar letztlich Sache des Gerichts. Auch ist die Auswahl der Sachverständigen als Entscheidung, die der Urteilsfällung vorausgeht, der Beschwerde entzogen.[182] Das Gericht ist gleichwohl nicht völlig „frei". Gesetzgeber, oberste Strafrichter *und* der Grundsatz pflichtgemäßen „Ermessens" setzen ihm Grenzen: Zwingend als Sachverständiger ausgeschlossen ist zunächst, wer im Rahmen des Strafvollzuges (oder des Vollzugs der Unterbringung) mit der Behandlung des Verurteilten befasst war (Abs. 4 S. 3). Der Gesetzgeber hat dies – im Unterschied zum Verfahren bei der Prüfung der Aussetzung eines Strafrestes (§ 454 Abs. 2) – ausdrücklich klargestellt. Durch die Hinzuziehung „externer" Sachverständiger soll gewährleistet werden, dass die Gutachter nicht bereits auf Grund ihres Umgangs mit dem Verurteilten während der bisherigen Freiheitsentziehung voreingenommen sind.[183] Dies ist zu begrüßen. Der Wortlaut stellt das Anliegen des Gesetzgebers aber nicht ausreichend sicher. Er umfasst auch im Strafvollzug tätige Sachverständige, unter Umständen sogar aus derselben JVA, solange sie nur nicht mit der Behandlung des Betroffenen befasst waren.[184] Die im Vollzug gewonnenen Erkenntnisse dürfen (bzw. müssen) im Übrigen selbstverständlich gleichwohl berücksichtigt werden. So dürfen Anstaltspsychologen, Stockwerksbeamte usw. als Zeugen benannt und befragt werden. Wichtig ist aber – und hierauf sollte insbesondere der Verteidiger achten – dass sie nicht als „interne Sachverständige" behandelt werden.[185]

Außerdem muss mindestens einer der beiden Sachverständigen ein Facharzt mit psychiatrischer Ausbildung und Erfahrung sein.[186] Die Beteiligung **zweier Psychiater** ist indes nicht erforderlich.[187] Zur Verbreiterung der Entscheidungsgrundlagen kann es durchaus angezeigt sein, Sachverständige unterschiedlicher Fachrichtungen, zB einen Psychiater und einen Psychologen, zu beauftragen.[188] Des Weiteren als Gutachter in Betracht kommen **Kriminologen**.[189]

Schließlich ist es Aufgabe des **Verteidigers**, ggf. selbst durch entsprechende **Vorschläge** und Anregungen bereits auf die Bestimmung der Gutachter Einfluss zu nehmen bzw. entsprechende Beauftragungen seitens des Gerichts kritisch zu hinterfragen (Erfahrung des Gutachters bei der Erstellung derartiger Gutachten usw.). Derzeit gibt es allerdings kaum fachlich kompetente Sachverständige für die Erstellung derartiger Gutachten.[190] Bislang noch nicht abschließend geklärt ist die Frage eines **Verwertungsverbots** – wofür vieles spricht – von Äußerungen des Betroffenen gegenüber dem Gutachter ohne vorangegangene Belehrung (analog § 136 Abs. 1 S. 2).[191] Gut überlegt werden muss im übrigen bereits die Frage, ob sich der Betroffene überhaupt mit einer weiteren Begutachtung einverstanden erklärt. Angesichts der (zutr.) Rspr., dass eine neue sachverständige Bewertung derselben Tatsachen mit dem Ergebnis einer veränderten Diagnose auch dann keine neue Tatsache darstellt, wenn sich zwischenzeitlich der Stand der wissenschaftlichen Erkenntnisse über die Aussagekraft von Anknüpfungstatsachen geändert hat,[192] birgt die **Schaffung neuer Anknüpfungstatsachen** im Rahmen einer neuerlichen Exploration stets ein kaum wägbares Risiko.

---

[179] Ebenso *Meyer-Goßner* Rn. 10.
[180] So unzutreffend KK-StPO/*Engelhardt* Rn. 5.
[181] *Müller- Metz* StV 2003, 42 (50); *Meyer-Goßner* Rn. 10.
[182] OLG Bamberg v. 17. 1. 2006 – 1 Ws 1014/05.
[183] *Meyer-Goßner* Rn. 10; vgl. dazu bereits BT-Drucks. 14/8586, S. 8 (zu § 66 a StGB).
[184] Krit. dazu bereits MünchKommStGB/*Ullenbruch* § 66 b Rn. 159; vgl. auch *Bender*, Die nachträgliche Sicherungsverwahrung, S. 119.
[185] Gleichermaßen missverständlich insoweit die Begrifflichkeiten bei *Meyer-Goßner* Rn. 10 und KK-StPO/*Engelhardt* Rn. 5.
[186] BGH v. 11. 5. 2005, BGHSt 50, 121 (129) = NStZ 2005, 561(562); unzutreffend zurückhaltend dagegen SK-StPO/*Frister* Rn. 20: „... wird es sich in der Regel empfehlen ...".
[187] KK-StPO/*Engelhardt* Rn. 5; *Meyer-Goßner* Rn. 10.
[188] LK-StGB/*Rissing-van Saan*/*Peglau* § 66 b Rn. 190.
[189] SK-StPO/*Frister* Rn. 20; HK-StPO/*Julius* Rn. 6; *Kinzig* NStZ 2004, 655 (659); *Meyer-Goßner* Rn. 10.
[190] Vgl. Rechtsausschuss, Protokoll Nr. 47 v. 5. 5. 2004: *Leygraf* S. 15 ff.; *Schäfer* spricht gar von vier Sachverständigen deutschlandweit, S. 21; zum „Elend der klinischen Kriminalprognose" aus kriminologischer Sicht *Bock* StV 2007, 269 ff.; vgl. noch *Bender*, Die nachträgliche Sicherungsverwahrung, S. 111.
[191] Näher dazu zB *Eisenberg* JR 2008, 146 (148).
[192] Vgl. zB OLG München v. 7. 5. 2009 – 2 Ws 209/09, StV 2010, 193.

63 **16. Nebenklage.** Im Verfahren über die nSV nach § 66 b Abs. 1 S. 1 StGB ist die Nebenklage **nicht zulässig.**[193] Die StPO sieht sie – aus guten Gründen[194] – nur bei erhobener öffentlicher Klage und bei einem Antrag im Sicherungsverfahren vor (vgl. § 395 Abs. 1 S. 1).

64 **17. Sonstige Vorbereitung der Hauptverhandlung (Abs. 2).** Entsprechend der gesetzlichen Verweisung in Abs. 2 hat der Vorsitzende die Hauptverhandlung ansonsten **"entsprechend"** den allgemeinen Vorschriften des 5. Abschnitts des 2. Buches (**§§ 213–225 a**) vorzubereiten, also insbesondere einen Termin anzuberaumen (§ 213) und die Verfahrensbeteiligten, Zeugen und Sachverständigen hierzu zu laden (§§ 214 ff). Geladene Zeugen und Sachverständige sind den Prozessbeteiligten namhaft zu machen (§ 222 Abs. 1). Außerdem ist der Verurteilte bereits bei seiner Ladung zu befragen, welche Anträge er zu seiner Verteidigung für die Hauptverhandlung zu stellen gedenkt (§ 216 Abs. 2 S. 2).[195]

65 **18. Durchführung der Hauptverhandlung (Abs. 3).** Auch für die Durchführung der Hauptverhandlung gelten nach (Abs. 2) grundsätzlich die **allgemeinen Vorschriften**, dh. diejenigen des 6. Abschnitts des 2. Buches (§§ 226–275), jedenfalls soweit nachfolgend (Abs. 3) nichts anderes geregelt ist. Die Einschränkung bezieht sich lediglich darauf, dass die Verlesung der Anklageschrift durch die „Rekapitulation" des bisherigen Verfahrens mittels eines „Vortrags" des Berichterstatters[196] und der (teilweisen) Urteilsverlesung durch den Vorsitzenden[197] „ersetzt" wird.[198]

66 **a) Grundsatz der Öffentlichkeit.** Die Hauptverhandlung ist öffentlich. Zudem sind zwei der fünf entscheidenden Richter sog. „Laien" bzw. „Schöffen" (vgl. §§ 169, 76 Abs. 1 S. 2 GG). Das sichert einerseits **Transparenz** des Verfahrens, andererseits öffnet es ein Einfallstor medialen Drucks sondersgleichen (Beispiel: „Hier spaziert der gefährlichste Kinderschänder aus dem Knast.").[199] Hierzu gibt es aber keine Alternative. Andernfalls würde der politisch-publizistische Verstärkerkreislauf ohne die gegenwärtig mitunter unübersehbar peinliche Selbstdokumentation womöglich nur *noch* subtiler (und damit letztlich noch effizienter) den verfassungsrechtlichen Grundsatz der Gewaltenteilung unterhöhlen.[200]

67 **b) Beginn der Hauptverhandlung.** Die Hauptverhandlung beginnt – wie üblich – mit dem **Aufruf der Sache.** „Der Vorsitzende" stellt fest, ob der Betroffene und der Verteidiger anwesend und die Beweismittel herbeigeschafft, insbesondere die geladenen Zeugen und Sachverständigen erschienen sind (Abs. 3 S. 1 iVm. § 243 Abs. 1). Nachdem die Zeugen den Sitzungssaal verlassen haben, vernimmt der Vorsitzende den Betroffenen über seine persönlichen Verhältnisse (Abs. 2 iVm. § 243 Abs. 2 S. 1 und 2).

68 **c) Berichterstattung.** Darauf hält ein (vom Vorsitzenden zuvor bestimmter) „Berichterstatter" – womöglich auch der hierzu sich zuvor selbst bestimmt habende Vorsitzende – einen „Vortrag" über die „Ergebnisse des bisherigen Verfahrens" (Abs. 3 S. 1). Die originär (bloß) auf § 66 a StGB „gemünzte" Gesetzesformulierung ist nach Einführung des § 66 b StGB insoweit nicht geändert worden. Sie mag für die vorliegende Fallgruppe der „Wiederaufnahme zuungunsten"[201] wohl grundsätzlich, gerade nicht aber in der vorliegend gewählten Gesamtkonstruktion[202] passen. Die Berichterstattung soll – wie im Berufungsverfahren (vgl. § 324) – an die Stelle der Verlesung der Anklage (vgl. § 243 Abs. 3 S. 1) treten[203] und diese in ihrer **Informationsfunktion** ersetzen. Der Vortrag soll die Aufgabe haben, die Verfahrensbeteiligten, insbesondere die aktenunkundigen Schöffen, aber auch die Öffentlichkeit über den Gegenstand „des Verfahrens" (welches?) zu unterrichten. Er müsse sich deshalb zumindest auf den bisherigen Verfahrensverlauf und die für die Entscheidung über die nSV wesentlichen Ergebnisse des – nicht (wie bei der Berufung oder bei § 66 a Abs. 2 StGB) desselben[204] – Verfahrens erstrecken.

69 **d) (Teilweise) Urteilsverlesung.** In unmittelbarem Anschluss daran verliest der Vorsitzende das „frühere" Urteil, „soweit" es für die Entscheidung über die nSV „von Bedeutung" ist (Abs. 3 S. 2). Auch das soll der **Information** der Schöffen, die mit denen des Ausgangsurteils im Zweifel nicht

---

[193] BGH v. 24. 3. 2006 – 1 StR 27/06, HRRS 2006 Nr. 387; vgl. auch bereits OLG Brandenburg v. 13. 9. 2005 – 2 Ws 137/05, NStZ 2006, 183; *Meyer-Goßner* Rn. 14; Anw-StPO/*Martis* Rn. 4; LK-StGB/*Rissing-van Saan/Peglau* § 66 b Rn. 191.
[194] Zum Ganzen überzeugend *Bender*, Die nachträgliche Sicherungsverwahrung, S. 126.
[195] SK-StPO/*Frister* Rn. 16.
[196] Dazu Rn. 68.
[197] Dazu Rn. 69.
[198] SK-StPO/*Frister* Rn. 18.
[199] BILD v. 28. 6. 2006; zit. nach *Bender*, Die nachträgliche Sicherungsverwahrung, S. 121.
[200] Im Erg. wohl ähnl. *Bender*, Die nachträgliche Sicherungsverwahrung, S. 121.
[201] Vgl. dazu oben Rn. 2, 10.
[202] Näher dazu *von Freyer* ZStW 120 (2008), 273 (311, 324).
[203] *Meyer-Goßner* Rn. 9.
[204] Zu diesem systemischen „Knackpunkt" s. Rn. 79 ff.

identisch sind und den Akteninhalt folglich (noch) nicht kennen,[205] dienen. Anders als bei der Verlesung des erstinstanzlichen Urteils im Berufungsverfahren (vgl. § 324 Abs. 1 S. 2 Hs. 2) kann deshalb auf diese Verlesung selbst im Einvernehmen aller Verfahrensbeteiligter **nicht verzichtet** werden.[206] Für die Entscheidung von Bedeutung sind insbesondere alle „Feststellungen" zu der/den von dem Verurteilten begangenen Tat(en), aber auch – sofern vorhanden – zu der in dem Ausgangsurteil noch nicht abschließend beurteilten Gefährlichkeit (iSd. § 66 Abs. 1 Nr. 3 StGB), sind diese doch – ggf. – nunmehr in die nach § 66 b StGB vorzunehmende Gesamtwürdigung einzubeziehen.[207]

e) **Vernehmung des Verurteilten.** Sodann ist der Betroffene darauf hinzuweisen, dass es ihm 70 freisteht, sich zu dem Antrag der StA zu äußern oder nicht zur „Sache" auszusagen (Abs. 2 iVm. § 243 Abs. 4 S. 1). Ist er zur Äußerung bereit, wird er nunmehr **zur „Sache"** vernommen; dabei soll ihm nicht zuletzt auch Gelegenheit gegeben werden, die zu seinen Gunsten sprechenden „Tatsachen" geltend zu machen (Abs. 3 S. 3 sowie Abs. 2 iVm. § 243 Abs. 4 S. 2 iVm. § 136 Abs. 2).

f) **Beweisaufnahme.** Im Anschluss daran folgt die Beweisaufnahme (Abs. 3 S. 3). Auch insoweit 71 gelten die allgemeinen „Regeln" (Abs. 2 iVm. §§ 244 bis 257). Der Gegenstand der Beweisaufnahme soll nach wohl noch hM durch den begrenzten **Verfahrensgegenstand** erheblich eingeschränkt sein;[208] Beweisanträge, die dies nicht beachten, seien unzulässig.[209] Auf den tatsächlich sehr großen Umfang des Prüfungsgegenstandes ist an anderer Stelle einzugehen.[210] Von besonderer Bedeutung ist die zwingend vorgesehene mündliche Erstattung der Gutachten von (mindestens) zwei Sachverständigen.[211]

19. **Entscheidung. a) Vorrang des Erkenntnisverfahrens.** Hat die antragsbegründende „neue Tat- 72 sache" die Gestalt (des Verdachtes) einer **neuen Straftat** (im Vollzug), steht dieser Umstand dem Abschluss eines Verfahrens nach § 66 b Abs. 1 S. 1 StGB (zumindest solange) entgegen wie nicht geklärt ist, ob die Tat durch Anklage (und Hauptverhandlung) zur Anordnung von (primärer) Sicherungsverwahrung (nach § 66 StGB) führt.[212] Auch das sog. „objektive Sicherungsverfahren" (vgl. §§ 413 ff.) ist, soweit es sich auf während des Vollzugs erkennbar gewordene Tatsachen bezieht, grundsätzlich vorrangig.[213] Der sog. „Vorrang des Erkenntnisverfahrens" ist insoweit unantastbar.[214] Auf die bislang von der Rspr. entwickelten fünf „Konstellationen" ist an anderer Stelle einzugehen.[215]

b) **Alternativen.** Im Falle des Bestehens eines Verfahrenshindernisses (zB Tod des Betroffenen 73 oder verspätete Antragstellung)[216] ist das Verfahren einzustellen (§ 206 a). Ansonsten hat das Gericht nur die Möglichkeit, entweder die nSV anzuordnen oder (wegen Unzulässigkeit oder Unbegründetheit) von der Anordnung abzusehen. Zur Klarstellung auch hinsichtlich der Möglichkeit weiterer Verfahren[217] sollte das LG letzterenfalls wie folgt tenorieren: „Der Antrag der StA X vom … auf Antrag der nachträglichen Sicherungsverwahrung gegen Y wird zurückgewiesen." Mit der Anordnung zugleich die **Unterbringung nach § 63 StGB** auszusprechen, ist – nicht zuletzt mit Blick auf den „gesetzlichen Richter" – nicht zulässig; dies ist **erst nachträglich** durch die StVK möglich (§ 67 a Abs. 2 StGB).[218] Im Falle einer erst in der Haftzeit aufgetretenen psychischen Erkrankung dürfte eine Anordnung nach § 66 b StGB im Übrigen auch schon aus kompetenzrechtlichen Gründen – Länderzuständigkeit – ausscheiden.[219]

c) **Zeitpunkt.** Der Gesetzeswortlaut sieht eine Frist für die gerichtliche Entscheidung über einen 74 Antrag auf nSV ohne vorangegangenen Vorbehalt – im Unterschied zu der Fallgruppe nach § 66 a StGB[220] – jedenfalls „ausdrücklich" nicht vor. **Gesetzlich** festgeschrieben ist **lediglich** eine **Frist für die Stellung eines entsprechenden Antrags** seitens der StA (Abs. 1 S. 3).[221] Die Bestimmung

---

[205] *Meyer-Goßner* Rn. 9.
[206] Löwe/Rosenberg/*Gollwitzer*, Nachtr. 25. Aufl., Rn. 18; *Meyer-Goßner* Rn. 9.
[207] SK-StPO/*Frister* Rn. 19.
[208] *Meyer-Goßner* Rn. 9.
[209] Löwe/Rosenberg/*Gollwitzer*, 25. Aufl. Nachtr., Rn. 24; *Meyer-Goßner* Rn. 9.
[210] Siehe unten Rn. 78 ff.
[211] Ausf. dazu Rn. 58 ff.
[212] Vgl. dazu BGH v. 22. 2. 2009 – 5 StR 585/05, BGHSt 50, 373 (380) = NJW 2006, 1442 (1444).
[213] BGH v. 23. 3. 2006 – 1 StR 476/05, R & P 2006, 205.
[214] Wie hier *Bender*, Die nachträgliche Sicherungsverwahrung, S. 121.
[215] Siehe oben Rn. 47.
[216] Siehe oben Rn. 37.
[217] Dazu unten Rn. 90 ff.
[218] BGH v. 23. 3. 2006 – 1 StR 476/05, R & P 2006, 205; BGH v. 15. 2. 2006 – 2 StR 4/06, NStZ-RR 2006, 303; krit. auch *Kinzig* Die Legalbewährung gefährlicher Rückfalltäter, S. 103; *Meyer-Goßner* Rn. 13; aA LG Hildesheim R & P 2006, 45 (46) m. zust. Anm. *Pollähne*.
[219] Zumindest zweifelnd insoweit auch LK-StGB/*Rissing-van Saan*/*Peglau* § 66 b Rn. 98.
[220] Dazu unten Rn. 172 ff.
[221] Dazu oben Rn. 31 ff.

der Grenzen, wann frühestens und wann spätestens eine (erstinstanzliche) Entscheidung ergehen kann, obliegt folglich der Rechtsprechung:

75 **Zweifellos** möglich ist eine Entscheidung im gesamten **Zeitraum** zwischen Eintritt der Rechtskraft des „Ausgangsurteils" und Ende der Vollstreckung desselben. Zweifellos nicht möglich ist eine Entscheidung bereits vor Eintritt der Rechtskraft des „früheren" Urteils.

76 Nach bisheriger Rechtsprechung der obersten Strafrichter ist die fortbestehende Inhaftierung des Betroffenen keine Anordnungsvoraussetzung. Demnach darf eine Entscheidung auch noch nach dem Ende der Strafvollstreckung aus der Ausgangsverurteilung ergehen; selbst wenn der Betroffene – mangels Erlasses eines Unterbringungsbefehls (Abs. 5)[222] – bereits aus der JVA entlassen worden ist. Nach Auffassung des 2. StS des BGH ist nur erforderlich, dass der Antrag der StA vor der Haftentlassung gestellt und dem Verurteilten zuvor mitgeteilt worden ist.[223] Die Lit. schließt sich dem zum Teil an.[224] Andere sehen im Fortbestehen der „**Inhaftierung**" des Betroffenen eine formelle **Anordnungsvoraussetzung** des materiellen Strafrechts[225] bzw. in deren Fehlen ein prozessrechtliches Verfahrenshindernis.[226] Auch wenn sowohl der Wortlaut (gänzlich) als auch die Motive (weitgehend) sowohl zu § 66b StGB als auch zu § 275a sich auch insoweit in Schweigen hüllen, bedarf die bisherige Rspr. des BGH aus rechtsstaatlichen Gründen dringend einer einschränkenden Fortentwicklung: Die Entlassung eines Verurteilten nach Vollverbüßung in die Freiheit unter bewusster Unterlassung der Beantragung (bzw. des Erlasses) eines Unterbringungsbefehls setzt die rechtliche Grundlage eines Vertrauenstatbestands, der die Fortführung des Verfahrens auf nachträgliche Anordnung der Maßregel hindert.[227] Das entspricht im übrigen auch dem **Willen des Gesetzgebers,** der durch die Zeitgrenze für die Erkennbarkeit „neuer Tatsachen" mittelbar auch klarstellen wollte, dass die Maßregel nicht mehr angeordnet werden darf, wenn der Betroffene endgültig aus der Haft entlassen worden ist.[228]

77 **d) Form.** Die Entscheidung muss stets durch **Urteil** ergehen (Abs. 2 iVm. § 260 Abs. 1). Nach der – nicht überzeugenden – Rspr. gilt dies ohne Ausnahme. Selbst wenn zB offensichtlich ist, dass bereits die formellen Voraussetzungen nicht gegeben sind, komme eine Ablehnung des Antrages der StA im rein schriftlichen Verfahren – nach Art eines **Nichteröffnungsbeschlusses** – nicht in Betracht.[229]

78 **e) Prüfungsgegenstand.** Der Verfahrens- oder Prozessgegenstand erlangt nicht erst Bedeutung für den Umfang der Rechtskraft; er bestimmt vielmehr bereits als Bezugspunkt möglicher Beweisführung zB die „Leitplanken" des Beweisantragsrechts. Gleichwohl verhält sich das Gesetz hierzu nicht.[230] Der Gegenstand der gerichtlichen Prüfung ist nicht in jedem Falle identisch mit den „Tatbestandsmerkmalen" des § 66b Abs. 1 S. 1 StGB. **Einschränkungen** können sich zum einen aus dem Umfang der Rechtskraft des Ausgangsurteils ergeben, zum anderen aus dem Antrag der StA; andererseits gibt es **aber auch Erweiterungen:**

79 Unstreitig ist zunächst, dass die Rechtskraft des Ausgangsurteils den Schuld- und Strafausspruch umfasst. Fraglich ist, ob sich die **Rechtskraft** auch auf die **Feststellungen** bezieht. Nach (bisheriger) Auffassung der obersten Strafrichter ist dem so: „Die Feststellungen ... bleiben aufrechterhalten und binden das Gericht, das über die nachträgliche Sicherungsverwahrung zu befinden hat. Die Bindungswirkung ist nur insoweit eingeschränkt, als die Anordnung einer nachträglichen Sicherungsverwahrung in Betracht kommt."[231] Weite Teile der Kommentarliteratur sind dem gefolgt.[232] Andererseits wird der Glaube an die Richtigkeit und Bindungswirkung der Urteilsfeststellungen angesichts verbreiteter Unterlassungssünden bei den Tatsachenfeststellungen immer wieder in Frage gestellt: Bereits die Prämisse der tatgerichtlichen Mehrheitsüberzeugung von den Feststellungen sei mangels Unterliegens des § 263 Abs. 1 fehlerhaft. Außerdem sei allgemein bekannt, dass Urteile häufig revisionssicher „frisiert" würden; die wahre Kunst des Bericht-

---

[222] Dazu unten Rn. 93 ff.
[223] BGH v. 1.7.2005 – 2 StR 9/05, BGHSt 50, 180 (181 f.) = NStZ 2005, 684 (685); BGH v. 15.2.2006 – 2 StR 4/06, StV 2006, 413.
[224] So zB LK-StGB/*Rissing-van Saan/Peglau* § 66b Rn. 66, 79, 195 und *Meyer-Goßner* Rn. 13.
[225] So wohl NK-StGB/*Böllinger/Pollähne* § 66b Rn. 16.
[226] Ausgesprochen krit. insoweit zB *Renzikowski* NStZ 2006, 280 (284).
[227] Ausf. dazu bereits *Ullenbruch* NStZ 2007, 62 (69); vgl. auch *ders.* NJW 2006, 1377 (1379).
[228] S. dazu BT-Drucks. 15/3346, S. 17; wie hier wohl auch SK-StPO/*Frister* Rn. 10; desgleichen krit. *Kinzig* Die Legalbewährung gefährlicher Rückfalltäter, S. 99 f.; vgl. noch *Bender,* Die nachträgliche Sicherungsverwahrung, S. 121 f., derzufolge es auch unter den einzelnen Senaten des BGH unterschiedliche Auffassungen darüber gibt, ob die Entlassung in die Freiheit (nicht) das Ende des Verfahrens bedeuten „müsse".
[229] BGH v. 1.7.2005 – 2 StR 9/05, BGHSt 50, 180 (186) = NStZ 2005, 684 (685); ebenso *Meyer-Goßner* Rn. 13; LK-StGB/*Rissing-van Saan/Peglau* § 66b Rn. 192; aA *Ullenbruch* NJW 2006, 1377 (1384); ähnlich *Römer* JR 2006, 5 (7).
[230] So treffend *von Freyer* ZStW 120 (2008), 273 (274, 276 f.).
[231] BGH v. 11.5.2005 – 1 StR 37/05, BGHSt 50, 121 (131) = NStZ 2005, 561 (563).
[232] Vgl. zB SK-StPO/*Frister* Rn. 23 mwN.

erstatters sei dabei nicht das Schreiben, sondern das *Weglassen* störender Umstände. Hinsichtlich falscher Sachdarstellungen im Strafurteil müssten deshalb bereits aus Gründen der rechtsstaatlichen Notwendigkeit effektiven Rechtsschutzes bereits de lege lata entsprechende Lösungen gesucht (und gefunden) werden.[233]

Der **BGH** ist in seiner ersten Entscheidung zur nSV **auf der falschen Spur** gelandet, indem er 80 die zu Berufungsverfahren entwickelten Grundsätze einfach auf das vorliegende Nachverfahren übertragen hat, obwohl es sich faktisch um Fallgruppen der „Wiederaufnahme zuungunsten" handelt.[234] Gleichzeitig stellt er die ganz herrschende Prozessrechtslehre auf den Kopf. Nach gewachsener Rspr. des BGH erwachsen grundsätzlich nur die Rechtsfolgen vorangegangener Urteile in materielle Rechtskraft, nicht aber die insoweit ausschlaggebenden Entscheidungsgründe.[235] Die obersten Strafrichter haben damit hinsichtlich des Beweisantragsrechts zutreffend – weniger, aber auch nicht mehr – eine starke Vermutungsregel für die Richtigkeit der früheren Feststellungen statuiert.[236] Eine andere Betrachtungsweise, zumal im vorliegenden Zusammenhang, ist weder dogmatisch begründbar, noch verfassungsrechtlich haltbar:[237]

Zum einen kann es vorliegend allenfalls um Fälle der Wiederaufnahme wegen „konkreter 81 nova" gehen und nicht um eine permante Reduzierung des Bürgers zum Objekt der Untersuchung seines So-Seins in Freiheit als möglicher Gefahr für andere. Zum anderen wäre eine systemwidrige Bindungswirkung der Feststellungen mit den Anforderungen der Einräumung einer angemessenen Verteidigung nicht vereinbar, zumal sonst die Tat der Sache nach lediglich neu bewertet, aber nicht neu verhandelt würde. Praktisch zwar schwierig, rechtsstaatlich gleichwohl unverzichtbar ist nach alledem die Feststellung einer **umfassenden Kognitionspflicht** des Gerichts.[238] Hinsichtlich der Beweisanträge entspricht dem, dass ein verantwortungsbewusster Verteidiger „alle Register ziehen" darf (bzw. muss)[239] und ggf. darauf drängt, dass sich die „Nach-Richter" die Überzeugung hinsichtlich des vorgeblich zukünftig gefährlichkeitsbegründenden „**historischen**" **Geschehens komplett neu erarbeiten**.

Beschränkungen des Prüfungsgegenstandes können sich vor allem auch durch den **Antrag der** 82 **StA** ergeben. Dieser hat ua eine wesentliche **Umgrenzungsfunktion** – nicht zuletzt mit Blick auf die Rechtskraft. Das bedeutet, dass nur diejenigen Umstände als „neue Tatsachen" – im Sinne eines „Türöffners"[240] – für die weiteren Prüfungsschritte zugrundegelegt werden dürfen, die bereits in der Antragsschrift als solche enthalten und bezeichnet sind; „neue Tatsachen" dürfen nachträglich nicht mehr „ergänzt" oder „ausgetauscht" werden.[241] Auf Ausnahmen der Rspr. insbes. für den Fall fehlgeschlagener Anträge nach § 66 b Abs. 3 StGB aufgrund offener Strafreste ist an anderer Stelle einzugehen.[242] Die leider wiederholt vom BGH verfügte Aufhebung einer Anordnung nachträglicher Sicherungsverwahrung, weil die ihr und dem Antrag zugrundegelegten „neuen Tatsachen" keine solchen iSd. § 66 b Abs. 1 und Abs. 2 StGB seien und die Zurückverweisung einer Sache an das Instanzgericht zur neuen Verhandlung im Hinblick auf die Möglichkeit, dass sich dabei „Umstände ergeben könnten, die als neue Tatsachen die Verhängung der Maßregel rechtfertigen könnten",[243] ist nicht zulässig.[244]

Denkbar ist in diesen Fällen jedoch die Einleitung eines „neuen" Verfahrens durch Stellung eines 83 weiteren Antrages, falls dies „fristgemäß"[245] noch möglich ist.[246] Unproblematisch ist auch die „Verwertung" des „neuen Umstandes" als Aspekt der Gesamtwürdigung, falls die Tür zu diesem Prüfungsschritt durch eine andere „neue Tatsache" bereits geöffnet worden ist.

f) **Prüfungsmaßstab.** Eine (uneingeschränkte) Bindung des Tatrichters an die rechtliche Bewer- 84 tung in der Antragschrift besteht nicht. Stützt die StA zB ihren Antrag allein auf § 66 b Abs. 2 StGB, muss das Gericht den Verfahrensgegenstand gleichwohl von Amts wegen unter allen materiellrechtlich in Betracht kommenden Gesichtspunkten – also auch nach § 66 b Abs. 1 S. 1 StGB – prüfen (Abs. 2 iVm. § 264 analog).[247] Ggf. bedarf es insoweit eines entsprechenden **rechtlichen**

---

[233] Überaus innovativ in diesem Sinne zB *Eschelbach*, Feststellungen, FS Widmaier, 2008, S. 127 ff. (131 ff.).
[234] Näher dazu oben Rn. 2, 10.
[235] Grundlegend für das Strafrecht BGH v. 30. 3. 2004 – 1 StR 354/03, BGHSt 43, 106 = NStZ-RR 2004, 238 (240).
[236] So treffend *von Freyer* ZStW 120 (2008), 273 (290).
[237] Ausf. zum Ganzen *von Freyer* ZStW 120 (2008), 273 (insbes. 303 ff.).
[238] In diesem Sinne bereits *von Freyer* ZStW 120 (2008), 273 (321 ff.).
[239] So bereits MünchKommStGB/*Ullenbruch* § 66 b Rn. 162.
[240] *Ullenbruch* NStZ 2005, 563 (564).
[241] So bereits *Ullenbruch* NStZ 2007, 62 (69).
[242] Dazu oben Rn. 45.
[243] Vgl. zB BGH v. 19. 10. 2007 – 3 StR 378/07 (Rn. 22).
[244] *Ullenbruch* NStZ 2007, 62 (69); ebenso *Kinzig* Die Legalbewährung gefährlicher Rückfalltäter, S. 103.
[245] Oben Rn. 31 ff.
[246] Vgl. dazu auch unten Rn. 90 ff.
[247] BGH v. 6. 12. 2005 – 1 StR 441/05, NStZ 2006, 178 (179); die früher vertretene Auffassung (*Ullenbruch* NJW 2006, 1379) wird insoweit – aber auch nur insoweit – aufgegeben.

Hinweises (Abs. 2 iVm. § 265 analog). Das heißt aber nicht, dass die StA ihren Antrag während des Verfahrens jederzeit auf *alle* anderen Varianten des § 66 b StGB umstellen kann.[248] Zu bedenken ist, dass sich dessen Abs. 1 S. 1/Abs. 2 einerseits, Abs. 1 S. 2/Abs. 3 andererseits auf gänzlich verschiedene Verfahrensgegenstände beziehen. Im einen Fall sind es „neue Tatsachen", im anderen Fall handelt es sich um eine „Erledigungserklärung (nach § 67 d Abs. 6 StGB) bzw. eine Änderung der Rechtslage. Ein Wechsel der Prüfungsfolie betrifft folglich nicht (zulässigerweise) den rechtlichen Gesichtspunkt, sondern (unzulässigerweise) den **Verfahrensgegenstand**. Dies haben selbst oberste Strafrichter erst jüngst verkannt, indem sie die Fortführung eines Verfahrens nach § 66 b Abs. 3 StGB auf der Grundlage eines solchen nach § 66 b Abs. 1. S. 1 StGB veranlasst haben.[249] Der Sache nach handelt es sich hierbei um einen neuen Antrag, der mehr als zwei Jahre nach Vollstreckungsende gestellt bzw. richterlich „fingiert" worden ist. Bereits mit Abschluss der Vollstreckung der Strafe aus dem Ausgangsurteil kommt aber eine Nachbesserung der Antragsschrift nicht mehr in Betracht.[250] Ganz abgesehen davon, dass das Revisionsgericht die Anordnung der Maßregel sowieso nicht auf eine andere Rechtsgrundlage stützen darf als der Tatrichter.[251]

85 **g) Darlegungen.** Die Urteilsgründe müssen ergeben, weshalb eine nSV angeordnet oder – entgegen einem in der Verhandlung gestellten Antrag – nicht angeordnet worden ist (§ 275 a Abs. 2 iVm. § 267 Abs. 6 S. 1). Hinsichtlich der Anforderungen an den Urteilsinhalt sind zunächst die **allgemeinen Grundsätze** heranzuziehen.[252] Das heißt, die Darstellung der Feststellungen muss – wie sonst auch – klar, geschlossen und aus sich heraus verständlich sein (§ 275 a Abs. 2 iVm. § 267 Abs. 1 S. 1).[253]

86 Wichtig ist insbesondere eine eingehende Darstellung der für erwiesen erachteten „neuen" Tatsachen, von denen in § 66 b Abs. 1 S. 1 StGB die Anordnung der Maßregel abhängig gemacht ist. Dazu ist der Erkenntnisstand zum Zeitpunkt der Aburteilung der Anlasstat zu schildern, ggf. warum eine bestehende Tatsache für das Gericht nicht erkennbar war, und wann die Tatsache erkennbar geworden ist.[254]

87 Auf jeden Fall ist darzulegen, ob und inwieweit im **Ausgangsurteil** Ausführungen zur Sicherungsverwahrung oder zur vorbehaltenen Sicherungsverwahrung enthalten sind.[255] Eine Bezugnahme auf das Ausgangsurteil ist – in engen Grenzen – zulässig, der Umfang der in Bezug genommenen Feststellungen muss aber eindeutig und zweifelsfrei erkennbar sein.[256] Wie auch bei der Sicherungsverwahrung bereits durch den Tatrichter (§ 66 StGB) ist die **Gesamtwürdigung** umfassend zu begründen. Das Gericht muss auch erkennen lassen, dass es sein Ermessen erkannt und ausgeübt hat.[257] Ein unkommentiertes Hineinkopieren von Teilen der vorbereitenden schriftlichen Gutachten der hinzugezogenen Sachverständigen in die Urteilsgründe ersetzt eine solche Erörterung iS einer vertieften Auseinandersetzung nicht.[258] Außerdem muss der Tatrichter in den Urteilsgründen die vom Verurteilten zu erwartenden Taten hinreichend deutlich konkretisieren, um dem Revisionsgericht die Prüfung zu ermöglichen, ob es sich tatsächlich um besonders schwere Straftaten handelt.[259]

88 **20. Wiederaufnahme.** Wenn aufgrund eines entsprechenden Antrages die Wiederaufnahme des Verfahrens angeordnet wird, darf – weil dadurch die für das Nachverfahren notwendige Rechtskraft der Verurteilung beseitigt wird[260] – das **Verfahren** nach § 275 a **nicht** mehr **fortgeführt** werden. Eine eventuell bereits ergangene Entscheidung über die nachträgliche Anordnung der Sicherungsverwahrung wird von der Anordnung der Wiederaufnahme mit erfasst. Deshalb kann es sich empfehlen, das Verfahren auszusetzen, wenn ein Wiederaufnahmeverfahren mit Aussicht auf Erfolg betrieben wird.[261]

---

[248] Insoweit zumindest missverständlich LK-StGB/*Rissing-van Saan/Peglau* § 66 b Rn. 192 und *Bender*, Die nachträgliche Sicherungsverwahrung, S. 120.
[249] BGH v. 10. 2. 2009 – 4 StR 391/07, NStZ-RR 2009, 171; vgl. auch unten Rn. 111.
[250] Wie hier OLG Hamm v. 29. 5. 2008 – 4 Ws 143/08.
[251] Vgl. dazu BGH v. 17. 12. 2008 – 2 StR 481/08, NStZ-RR 2009, 137.
[252] So ausdrücklich BGH v. 11. 5. 2005, BGHSt 50, 121 (131 f.) = NStZ 2005, 561 (563).
[253] Vgl. nur BGH v. 13. 10. 1981 – 1 StR 471/81, BGHSt 30, 225 (227); BGH v. 5. 11. 1984 – AnwSt (R) 11/84; BGHSt 33, 59 (60); ebenso *Bender*, Die nachträgliche Sicherungsverwahrung, S. 123 und *Meyer-Goßner* Rn. 13 a.
[254] BGH v. 21. 12. 2006 – 3 StR 396/06; BGHSt 51, 185 (189 f.) = NJW 2007, 1148 (1149); *Meyer-Goßner* Rn. 13 a; LK-StGB/*Rissing-van Saan/Peglau* § 66 b Rn. 193.
[255] *Meyer-Goßner* Rn. 13 a; *Bender*, Die nachträgliche Sicherungsverwahrung, S. 123.
[256] BGH v. 17. 12. 1971 – 2 StR 522/71, BGHSt 24, 274 (275); *Meyer-Goßner* Rn. 13 a.
[257] Vgl. näher BGHSt v. 11. 5. 2005 – 1 StR 37/05, BGHSt 50, 121 (131 f.); LK-StGB/*Rissing-van Saan/Peglau* § 66 b Rn. 193.
[258] BGH, Beschl. v. 28. 8. 2007 – 5 StR 267/07, NStZ-RR 2007, 370 (371).
[259] BGH v. 22. 4. 2009 – 5 StR 21/09 (Rn. 22).
[260] SK-StPO/*Frister/Deiters* § 370 Rn. 22.
[261] Löwe/Rosenberg/*Gollwitzer*, 25. Aufl. Nachtr., Rn. 36; *Meyer-Goßner* Rn. 13.

21. „Verbrauchte" Tatsachen. Die bereits im Antrag zu bezeichnenden „neuen Tatsachen" 89 bestimmen und begrenzen den **Verfahrensgegenstand.**[262] Umgekehrt: Die nach der rechtskräftigen Ablehnung der Anordnung aufgrund dieses Antrages dieser Entscheidung zugrunde gelegten nova sind „verbraucht", dh. ein – grundsätzlich möglicher[263] – neuer Antrag darf nicht mehr auf diese „neuen Tatsachen" gestützt werden. Dies bedeutet hingegen nicht, dass alle der Entscheidung zugrundegelegten Tatsachen – wie zB das frühere Urteil – nicht im Rahmen der Gesamtwürdigung erneut herangezogen werden dürfen.[264] Ausgeschlossen ist demnach nur ein wiederholter Antrag über *denselben* Prozessgegenstand.[265]

22. Option „neuer" Verfahren. Das Gesetz schweigt zu der Frage, ob und unter welchen Voraus- 90 setzungen gegen denselben Betroffenen mehrere Verfahren auf Anordnung nach § 66 b Abs. 1 S. 1 StGB durchgeführt werden dürfen. Die zeitversetzte Stellung verschiedener Anträge ist grundsätzlich zulässig.[266] Wichtig sind dabei allerdings die sorgfältige Abgrenzung des jeweiligen Verfahrensgegenstandes und die vorrangige Prüfung, inwieweit die diesen bestimmenden nova nicht bereits verbraucht sind.[267] Ist dem so, entfaltet ein auf der Grundlage dieser neuen Tatsache eingeleitetes und rechtskräftig abgeschlossenes Verfahren hinsichtlich der erneuten Einleitung eines Verfahrens auf derselben Grundlage eine „Sperrwirkung".[268] Andererseits können auch nicht alle erst nach Einleitung des einen Verfahrens aufgetretenen weiteren Gefährlichkeitstatsachen die Einleitung eines weiteren Verfahrens begründen.[269] Sie müssen vielmehr noch zu einem Zeitpunkt erkennbar geworden sein, zu dem die Antragsfrist noch nicht abgelaufen war.[270] Stammen sie aus dem entsprechenden „Zeitfenster", **ist** je nach dem Stand des Erstverfahrens **zu differenzieren:**[271]

Ist das **Erstverfahren erstinstanzlich** noch **nicht abgeschlossen,** dauert die Vollstreckung der 91 Freiheitsstrafe aus dem Ausgangsurteil noch an und ist auch die Antragsfrist noch nicht abgelaufen, kann die StA – vergleichbar einer Nachtragsanklage – ihren Antrag auch auf die neuen „neuen Tatsachen" erstrecken und das Gericht sie durch Beschluss einbeziehen (Abs. 2 iVm. § 266). Ist die Antragsfrist abgelaufen, können die „neuen Tatsachen" nicht mehr als „Türöffner" fungieren, sondern nur noch im Rahmen der Gesamtwürdigung berücksichtigt werden. Ist hingegen das Erstverfahren bereits rechtskräftig abgeschlossen, kann unter Hinweis auf die neuen „nova" jederzeit ein neues Verfahren eingeleitet werden, sofern die Antragsfrist noch nicht abgelaufen ist.

Ist aber im Erstverfahren erstinstanzlich **bereits eine Entscheidung ergangen,** das Urteil aber 92 vom Revisionsgericht aufgehoben und die Sache zurückverwiesen worden, bleibt es dabei, dass die Einleitung eines weiteren Verfahrens nur in Betracht kommt, wenn die Antragsfrist noch nicht abgelaufen ist. Ist dem so, kann die StA auch hier ihren Antrag entsprechend umstellen und das Gericht die neuen Tatsachen durch Beschluss einbeziehen. Ist bereits ein zweites Verfahren vor Ablauf der Antragsfrist eingeleitet worden, kann dieses aufgrund des Verfahrenshindernisses der anderweitigen Rechtshängigkeit eingestellt werden (Abs. 2 iVm. § 260 Abs. 3 entspr.).[272] Ist aber die Antragsfrist bereits abgelaufen, kommt eine Berücksichtigung der neuen „neuen Tatsachen" nur noch im Rahmen der Gesamtwürdigung in Betracht. Der **BGH** hat insoweit **noch kein Problembewusstsein** entwickelt.[273] Teilweise „stellt" er einfach selbst „um",[274] teilweise weist er ausdrücklich deshalb an das LG zurück, weil nicht auszuschließen sei, dass in der neuen, also der zweiten erstinstanzlichen Hauptverhandlung „neue" neue Tatsachen zu Tage gebracht werden.[275]

23. Unterbringungsbefehl (Abs. 5). Sind dringende Gründe für die Annahme vorhanden, dass 93 die nSV angeordnet werden wird, so kann das Gericht bis zur Rechtskraft des Urteils einen Unterbringungsbefehl (UB) erlassen.

a) Bedeutung. In der Rechtspraxis der nSV nach § 66 b Abs. 1 S. 1 StGB kommt dem Institut 94 eine große Bedeutung zu. Zum einen werden die entsprechenden Hauptsacheanträge häufig sehr

---

[262] Rn. 47, 83.
[263] Dazu sogleich Rn. 90 ff.
[264] Zumindest missverständlich insoweit *Meyer-Goßner* Rn. 13.
[265] Wie hier *Bender,* Die nachträgliche Sicherungsverwahrung, S. 124; missverständlich Rechtsausschuss, BT-Drucks. 15/3346, S. 18.
[266] Vgl. dazu bereits *Ullenbruch* NJW 2006, 1377 (1380) und NStZ 2007, 62 (69); siehe auch LK-StGB/*Rissing-van Saan*/*Peglau* § 66 b Rn. 186 sowie *Peglau* JR 2006, 14 ff. und *Bender,* Die nachträgliche Sicherungsverwahrung, S. 124.
[267] Dazu oben Rn. 89.
[268] *Bender,* Die nachträgliche Sicherungsverwahrung, S. 124.
[269] Insoweit eher missverständlich *Bender,* Die nachträgliche Sicherungsverwahrung, S. 125.
[270] Dazu oben Rn. 31 ff.
[271] Im Folgenden weitgehend im Anschluss an *Bender,* Die nachträgliche Sicherungsverwahrung, S. 125.
[272] Auch insoweit ähn. *Bender,* Die nachträgliche Sicherungsverwahrung, S. 125; vgl. noch *Peglau* JR 2006, 14 (17).
[273] Dazu bereits *Ullenbruch* NStZ 2007, 62 (69).
[274] Vgl. zB BGH v. 22. 2. 2006 – 5 StR 585/05, BGHSt 50, 373 (383) = NStZ 2006, 568 (570).
[275] Vgl. zB BGH v. 12. 11. 2006 – 4 StR 405/05, HRRS 2006 Nr. 325.

spät gestellt,²⁷⁶ so dass eine erstinstanzliche Verhandlung bis zur Entlassung des Betroffenen nicht möglich ist und diese folglich nur durch den Erlass eines entsprechenden UB (vorläufig) verhindert werden kann – und häufig auch wird. Zum anderen bezieht sich dessen Geltungsdauer nicht nur auf diesen Zeitraum, sondern auch auf den zwischen der Entscheidung und dem Eintritt dessen Rechtskraft. Wie nicht erst die zweitjüngste Entscheidung des BVerfG gezeigt hat, stellt dies einen überaus bedeutsamen zweiten **Ansatzpunkt für** jede **Verteidigungsstrategie** dar.²⁷⁷ Die OLGe haben von Anfang an tendenziell mutig erstinstanzliche Unterbringungsbefehle zeitnah aufgehoben und mit ihrer Freilassungsweisung noch vor der erstinstanzlichen Verhandlung in der Hauptsache die StA nicht selten zur Rücknahme des Antrages noch vor deren Beginn ermuntert. Andererseits steht die Nutzung der „zweiten Spur" zwar grds. auch der StA offen, rechtstatsächlich waren entsprechende Versuche bislang aber eher durch Bumerang-Effekte gekennzeichnet. **Beispiel 1:** 22. 1. 2008: Antrag der StA auf Anordnung der nSV und Erlass eines UB; 15. 2. 2008: Das **LG München II** lehnt den Antrag auf Erlass eines UB ab; 10. 3. 2008: Das OLG München erlässt auf Beschwerde der StA einen UB; 27. 2. 2009: Das LG München II weist den Antrag auf Anordnung der nSV zurück und hebt den UB auf; 7. 5. 2009: Das OLG München verwirft die Beschwerde der StA gegen die Aufhebung des UB als unbegründet;²⁷⁸ die Erfolgsaussichten der von der StA mit gleicher Post eingelegten Revision gegen die Ablehnung der Anordnung der Maßregel verringern sich infolge der überzeugenden 11seitigen Argumentation des OLG drastisch; 13. 1. 2010: Der BGH verwirft die Revision.²⁷⁹ **Beispiel 2:** 29. 9. 2008: Antrag der StA auf Anordnung der nSV gem. § 66b Abs. 1 S. 1 StGB und Erlass eines UB; 6. 10. 2008: Das **LG Kiel** lehnt den Antrag auf einstweilige Unterbringung ab;²⁸⁰ 17. 10. 2008: Das OLG Schleswig versagt der dagegen gerichteten Beschwerde der StA den Erfolg;²⁸¹ 21. 10. 2008: Der Betr. wird zum Strafzeitende entlassen; Anfang Februar 2009: Die StA nimmt den Antrag auf Anordnung der nSV zurück.

95 b) **Charakter.** Der UB ist eine **vorläufige Maßnahme.**²⁸² Sein Bezugspunkt ist ausschließlich eine Unterbringung in einer Maßregel nach §§ 66a, 66b StGB sowie §§ 7 und 106 JGG. Es geht nicht etwa um die spätere Vollstreckung einer Freiheitsstrafe oder auch einer freiheitsentziehenden Sicherungsmaßregel. Deshalb kommt hier nicht der Erlass eines Haftbefehles in Betracht, sondern nur – wie in sonstigen Fällen der Unterbringung (vgl. § 126a) – der Erlass eines UB.²⁸³ Eine bundeseinheitliche Regelung, wo und insbesondere in welcher Vollzugsform die einstweilige Unterbringung durchzuführen ist, gibt es auch Jahre nach Einführung des Rechtsinstituts nicht. Die Praxis behilft sich in der Regel mit der – problematischen – Verlegung in Untersuchungshaftanstalten. Dem entspricht, dass nach der seit 1. 1. 2010 geltenden Neufassung des § 275a (Abs. 5 Satz 4) auch § 119a entsprechend gilt. Demnach kann nunmehr auch der dort Untergebrachte gerichtliche Entscheidung gegen behördliche Entscheidungen oder Maßnahmen bzw. vollzugsbehördliche Untätigkeit beantragen.

96 c) **Zweck.** Der Möglichkeit des Erlasses eines UB liegt die Vorstellung zu Grunde, hierdurch könne – ggf. – verhindert werden, dass ein – nach vorläufiger Betrachtung – für nach wie vor „**gefährlich**" gehaltener Verurteilter wegen Vollverbüßung der Strafe aus der Strafhaft in die Freiheit **entlassen** werden müsse, wo er – möglicherweise – alsbald weitere schwere Straftaten begehen würde.²⁸⁴

97 d) **Zuständigkeit.** Im Verfahren auf nSV nach § 66b Abs. 1 S. 1 StGB richtet sich die Zuständigkeit für den Erlass eines UB nach der Zuständigkeit für das Hauptverfahren (§ 74f GVG).²⁸⁵

98 e) **Zeitpunkt.** Der Gesetzgeber hat für den Erlass des UB keinen bestimmten Zeitpunkt vorgesehen. Es stellt sich deshalb die **Frage, ob auch nach Vollstreckung der Anlassverurteilung** noch der Erlass eines UB zulässig ist. Nach einer Auffassung hindert allein die Tatsache, dass der Verurteilte zwischenzeitlich in Freiheit gelangt ist, das Gericht nicht an dem Erlass eines UB. In diesem Falle seien lediglich höhere Anforderungen an die Begründung für die Gefährlichkeit des Betroffenen zu stellen, wenn dieser nicht unerhebliche Zeit in Freiheit verbracht habe, ohne rückfällig zu werden; andererseits sei aber zu bedenken, dass auch allein der – notwendig vor Strafende – gestellte Antrag auf Anordnung der nSV in dieser Hinsicht womöglich schon ausreichend ab-

---

²⁷⁶ Dazu oben Rn. 14.
²⁷⁷ Ausf. dazu unten Rn. 114.
²⁷⁸ OLG München v. 7. 5. 2009 – 2 Ws 209/09, OLGSt StGB § 66b Nr 7.
²⁷⁹ BGH v. 13. 1. 2010 – 1 StR 372/09.
²⁸⁰ LG Kiel v. 6. 10. 2008 – 2 KLs 16/08.
²⁸¹ OLG Schleswig v. 17. 10. 2008 – 2 Ws 405/08, NStZ-RR 2009, 75.
²⁸² KK-StPO/*Engelhardt* Rn. 8.
²⁸³ *Meyer-Goßner* Rn. 16.
²⁸⁴ Vgl. BT-Drucks. 15/2887, S. 16.
²⁸⁵ KK-StPO/*Engelhardt* Rn. 9; *Meyer-Goßner* Rn. 19; SK-StPO/*Frister* Rn. 22.

schreckend gewirkt haben könnte.²⁸⁶ Dem kann – genau unter dem letztgenannten Aspekt – nicht gefolgt werden. Die Anträge bzw. Entscheidungen nach Abs. 1 S. 3 und Abs. 5 S. 1 sind unmittelbar aufeinander bezogen, so dass für beide auch die gleichen Hinderungsgründe gelten. Demnach muss auch der Antrag auf Erlass eines UB zwingend vor dem Ende der Vollstreckung der Strafe aus der Ausgangsverurteilung gestellt werden. Auf die Frage, ob er dann schon „verspätet" ist, ist an anderer Stelle einzugehen.²⁸⁷

f) Voraussetzungen. aa) Antrag der StA. Vor Stellung eines Antrags auf nSV ist für den Erlass eines UB **grundsätzlich** ein Antrag der StA erforderlich. Konstellationen der Gefahr im Verzug, mit der Folge der Berechtigung eines Richters zum Tätigwerden als Notstaatsanwalt (vgl. § 165) sind schwer vorstellbar. Nach Stellung eines Antrags auf nSV kann das Gericht einen UB auch von Amts wegen erlassen; die StA ist aber vorher zu hören (vgl. § 33 Abs. 1 und Abs. 2). 99

bb) Dringende Gründe (Abs. 5 S. 1). Der Erlass eines UB kommt indes nur in Betracht, wenn dringende Gründe für die Annahme vorhanden sind, dass die nSV (hier: nach § 66b Abs. 1 S. 1 StGB) angeordnet (werden) wird. Das ist der Fall, wenn die endgültige Verhängung der Maßregel nach dem derzeitigen Ermittlungsstand **hoch wahrscheinlich** ist.²⁸⁸ Dies wiederum setzt voraus, dass – jedenfalls nach sorgfältiger vorläufiger Betrachtung – das Vorliegen der formellen Voraussetzungen für eine Anordnung nach § 66b Abs. 1 S. 1 StGB, mindestens einer „neuen" Tatsache iS. der Rechtsprechung der obersten Strafrichter²⁸⁹ sowie ein Hang und eine entsprechende Gefährlichkeitsprognose bejaht werden. Keinesfalls darf ein UB deshalb erlassen werden, weil erst – etwa im Rahmen der erforderlichen Begutachtung durch zwei Sachverständige – Tatsachen ermittelt werden sollen, die die Anordnung der nSV zu tragen geeignet sind.²⁹⁰ Auch die naturgemäße Einschränkung der Potenz eines UB zur Gefahrenabwehr ist stets zu beachten. Auf der Ebene des Straf- und Strafverfahrensrechts steht insoweit schwerpunktmäßig nur das Instrument der Führungsaufsicht zur Verfügung.²⁹¹ 100

Am schwierigsten ist meist die Erstellung einer „**Prognose der Prognose**" des Gerichts zur Frage der Gefährlichkeit des Betr. am Ende der Hauptverhandlung. Hat die StA vor der Antragstellung im Hauptsacheverfahren bereits ein Gutachten eingeholt, erleichtert dies die Aufgabe. Diese Vorgehensweise ist zwar jedenfalls hinsichtlich des UB zweckmäßig,²⁹² sie ist aber keinesfalls zwingend²⁹³ und häufig aus Zeitgründen nicht machbar. In der Regel²⁹⁴ wird die Prognoseprognose hinsichtlich der Gefährdung der Allgemeinheit deshalb ohne jegliche gutachterliche Grundlage erstellt, was seitens der Verteidigung ggf. zu problematisieren sein dürfte.²⁹⁵ 101

cc) Antrag gemäß Abs. 1 S. 3? Im Unterschied zum Verfahren auf nSV nach entsprechendem Vorbehalt (§ 66a Abs. 2 StGB) bedarf es hier keiner vorangegangenen Anordnung,²⁹⁶ eine erstinstanzliche Entscheidung ist aber unschädlich, solange sie noch nicht in Rechtskraft erwachsen ist. Erforderlich ist nicht einmal, dass ein Antrag gem. Abs. 1 Satz 3 auf Unterbringung nach § 66b Abs. 1 S. 1 StGB bereits gestellt worden ist oder zumindest zeitgleich gestellt wird. Eine solche Antragstellung muss lediglich **formell noch zulässig** sein, dh. die Strafe aus der Ausgangsverurteilung darf noch nicht in toto vollstreckt sein.²⁹⁷ 102

dd) Späte Erkenntnis. Stellt sich erst gegen Ende der Strafhaft heraus, dass eine erhebliche Gefährdung durch den Verurteilten für die Allgemeinheit besteht, liegt die Notwendigkeit des Erlasses eines UB auf der Hand²⁹⁸ – unbeschadet grundsätzlicher Bedenken gegen die Bezugsvorschriften der §§ 66b Abs. 1 und Abs. 2 StGB.²⁹⁹ Anders liegt es aber, wenn die angeführten „neuen" Tatsachen tatsächlich „alt" sind und der Zeitdruck lediglich auf **Saumseligkeiten** seitens der JVA und/oder der StA bzw. des LG³⁰⁰ zurückzuführen ist. In diesem Fall ist die Möglichkeit des Erlasses eines UB **verwirkt**. Das Rechtsstaatsprinzip verbietet es, einen von einem Eingriff in die Freiheit der Person Betroffenen, länger als unbedingt notwendig über den faktischen Entlassungszeit- 103

---

²⁸⁶ *Bender*, Die nachträgliche Sicherungsverwahrung, S. 131.
²⁸⁷ Siehe unten Rn. 103.
²⁸⁸ OLG Rostock v. 18. 1. 2005 – 2 Ws 560/04, StV 2005, 279 (280); SK-StPO/*Frister* Rn. 21.
²⁸⁹ Dazu oben Rn. 47.
²⁹⁰ OLG Schleswig v. 17. 10. 2008 – 2 Ws 405/08, NStZ-RR 2009, 75 (76); ähnl. bereits OLG Saarbrücken v. 4. 7. 2007 – 1 Ws 137/07 (Rn. 13) und OLG Koblenz v. 21. 9. 2004 – 1 Ws 561/04, NStZ 2005, 97 (100).
²⁹¹ OLG Schleswig v. 17. 10. 2008 – 2 Ws 405/08, Rn. 40 (insoweit nicht abgedruckt in NStZ-RR 2009, 75).
²⁹² OLG Rostock StV 2005, 279 (280); SK-StPO/*Frister* Rn. 21.
²⁹³ OLG München v. 30. 12. 2004 – 2 Ws 1319/04, NStZ 2005, 573 (574); KK-StPO/*Engelhardt* Rn. 10; *Meyer-Goßner* Rn. 16.
²⁹⁴ Anders *Meyer-Goßner* Rn. 16.
²⁹⁵ Vgl. dazu auch *Bender*, Die nachträgliche Sicherungsverwahrung, S. 130.
²⁹⁶ Insoweit missverständlich *Meyer-Goßner* Rn. 16.
²⁹⁷ Dazu oben Rn. 31 ff.; vgl. auch *Bender*, Die nachträgliche Sicherungsverwahrung, S. 129.
²⁹⁸ Ähnl. *Meyer-Goßner* Rn. 16.
²⁹⁹ Dazu oben Rn. 5 ff.
³⁰⁰ S. Rn. 110 f.

§ 275a 104–108   Zweites Buch. Verfahren im ersten Rechtszug

punkt im Unklaren zu lassen.[301] Gleichfalls ihr grundsätzliches Antragsrecht missbraucht eine StA, der es nur darauf ankommt, mehr Zeit zu gewinnen, etwa um das Vorliegen neuer Tatsachen erst zu prüfen.[302]

104   ee) **Pflichtgemäße Ermessensausübung.** Der Erlass eines UB ist nach dem Gesetzeswortlaut nicht zwingend („kann"), auch wenn das Vorliegen dringender Gründe bejaht wird. Das entspricht den materiellen Vorgaben in § 66b Abs. 1 S. 1 StGB. Das Gericht entscheidet nach pflichtgemäßem Ermessen. Hierzu gehört auch die Berücksichtigung des **Zeitfaktors** jenseits der absoluten Erlasshindernisse bzw. Aufhebungsvorgaben.[303]

105   g) **Inhalt, Form, Bekanntgabe (Abs. 5 S. 4).** Hinsichtlich der in der Abschnittsüberschrift bezeichneten Bezugspunkte der Anordnung gelten die Vorschriften über den Haftbefehl entsprechend.[304] Demnach bedarf der UB der **Schriftform**; inhaltlich sind vor allem die nach § 66b Abs. 1 S. 1 StGB erforderlichen Voraussetzungen darzulegen (Abs. 5 S. 4 iVm. § 114 Abs. 2).[305] Der UB ist dem Betroffenen vom Gericht durch **mündliche Eröffnung** und Aushändigung einer Abschrift bekanntzugeben (Abs. 5 S. 4 iVm. § 114 a); die Rechte und Pflichten zur Benachrichtigung Angehöriger sind zu beachten (Abs. 5 S. 4 iVm. § 114 b). War der Betroffene bei (beabsichtigter oder bereits angeordneter) nSV auf freien Fuß gelangt – was allerdings „eher selten" der Fall sein dürfte[306] – sind entsprechende Sonderregelungen zu beachten (Abs. 5 S. 4 iVm. § 115 a).[307]

106   h) **Vollzug/Außervollzugsetzung.** Für den Vollzug der Unterbringung nach Abs. 5 gelten die Regelungen für die Untersuchungshaft entsprechend (Abs. 5 S. 4 iVm. § 119). Eine **Außervollzugsetzung** des UB (vgl. § 116) ist kraft Gesetzes – wie in § 126a – **ausgeschlossen** (Abs. 5 S. 4); sie verbietet sich hier nach der Vorstellung des Gesetzgebers im Hinblick auf die vermutete Gefährlichkeit des Betroffenen ohnehin.[308] Zu bedenken ist aber, dass der Betroffene einen privilegierten Status innehat, da er seine Strafe voll verbüßt hat, von ihm also ein Sonderopfer im Interesse der Allgemeinheit abverlangt wird – ähnl. einem Untersuchungsgefangenen, wobei hier nicht einmal der konkrete Verdacht einer (begangenen) Straftat im Raum steht, so dass die Eingriffsschwelle durchaus noch höher liegen muss.[309] Auch eine Anrechnung im Falle einer späteren Verurteilung zu einer Freiheitsstrafe ist hier naturgemäß nicht möglich. Der Grundsatz der Verhältnismäßigkeit kann deshalb eine Aufhebung des UB gebieten.[310]

107   i) **Besonderes Haftprüfungsverfahren?** Für den Fall der Fortdauer der U-Haft **über sechs Monate** hinaus sieht die StPO ein besonderes Haftprüfungsverfahren vor (§§ 121 f.). Für den Vollzug einer einstweiligen Unterbringung in einem psychiatrischen Krankenhaus gilt dies entsprechend, mit der Maßgabe, dass das OLG prüft, ob die Voraussetzungen der einstweiligen Unterbringung weiterhin vorliegen (§ 126 a Abs. 2 S. 2). Für den Vollzug eines UB im Zusammenhang mit einer Unterbringung in Sicherungsverwahrung gem. §§ 66a, 66b StGB enthält der Gesetzeswortlaut – in Gestalt einer unübersichtlichen Verweisungskette – keine entsprechende Inbezugnahme (§ 275 a Abs. 5 S. 4). Nach Auffassung des **OLG München** soll es sich hierbei um ein „planmäßiges Schweigen" handeln und folglich um **keine Gesetzeslücke**; ein **effektiver Grundrechtsschutz** sei auch so gewährleistet.[311] Das überzeugt nicht. Zum einen besteht die Vorschrift aus einem „Flickenteppich", der gerade einen „Plan" des Gesetzgebers vermissen lässt.[312] Zum anderen ist es dessen erklärte Absicht, die Legitimation der materiellen Vorschrift durch weitestgehende Verfahrensregelungen abzusichern.[313] Mit dem **LG München** ist deshalb davon auszugehen, dass die Vorlage der Akten analog § 121 Abs. 1 an das OLG anzuordnen ist, wenn die Fortdauer der einstweiligen Unterbringung über sechs Monate hinaus für erforderlich gehalten wird.

108   j) **Geltungsdauer.** Der UB gilt – vorbehaltlich des Erfolges eines ordentlichen Rechtsbehelfs[314] – **längstens** bis zur **Rechtskraft des Urteils** über die Anordnung.[315] Es besteht allerdings die Mög-

---

[301] Grds. wegweisend hierzu BGH v. 14. 12. 2006 – 3 StR 269/06, BGHSt 51, 159 (161) = NStZ 2007, 327 m. Bespr. *Ullenbruch* NStZ 2008, 5 (6 ff.).
[302] Ähnl. *Bender*, Die nachträgliche Sicherungsverwahrung, S. 128; vgl. auch *Meyer-Goßner* Rn. 16.
[303] Siehe dazu oben Rn. 98 und unten Rn. 109 ff.
[304] KK-StPO/*Engelhardt* Rn. 11.
[305] *Meyer-Goßner* Rn. 18.
[306] So zutr. *Bender*, Die nachträgliche Sicherungsverwahrung, S. 129.
[307] *Meyer-Goßner* Rn. 18.
[308] *Meyer-Goßner* Rn. 18.
[309] *Bender*, Die nachträgliche Sicherungsverwahrung, S. 129; vgl. dazu bereits MünchKommStGB/*Ullenbruch* § 66 b Rn. 167.
[310] Siehe unten Rn. 110 f.
[311] OLG München v. 9. 10. 2008 – 2 Ws 861/08, NStZ-RR 2009, 20 unter Hinweis auf BT-Drucks. 15/2887, S. 17; dem folgend HK-StPO/*Julius* Rn. 11.
[312] Dazu oben Rn. 13.
[313] Dazu oben Rn. 3.
[314] Dazu sogleich Rn. 112 f.
[315] KK-StPO/*Engelhardt* Rn. 8; *Meyer-Goßner* Rn. 16.

lichkeit seiner Aufhebung.³¹⁶ Außerdem kann es aus Sicht der Verteidigung sinnvoll sein, ihn parallel zum Fortgang des Hauptsacheverfahrens weiterhin „anzugreifen" – bis hin zur Verfassungsbeschwerde.³¹⁷

k) Aufhebung. Sind dringende Gründe, dass die nSV angeordnet werden wird, nicht mehr gegeben oder beantragt die StA die Aufhebung des insoweit erlassenen UB gar selbst, weil sie keinen Antrag auf nSV mehr stellen will,³¹⁸ muss das Gericht, das den UB erlassen hat, diesen aufheben (Abs. 5 S. 4 iVm. § 126a Abs. 3 S. 3 iVm. § 120 Abs. 3).³¹⁹ Auch nach Einlegung der Revision bleibt insoweit das Gericht zuständig, dessen Urteil angefochten ist (vgl. § 126 Abs. 2 Satz 2 iVm. § 126a Abs. 2 Satz 1).³²⁰ Fraglich ist, ob eine förmliche Aufhebung auch erforderlich ist, wenn das Revisionsgericht eine vom LG getroffene Anordnung der nSV endgütig aufhebt oder ob der UB damit „automatisch" entfällt. Ein entsprechender Ausspruch in Verbindung mit der sofortigen Freilassungsweisung dürfte zumindest zur Klarstellung stets sinnvoll sein.³²¹ Unverzichtbar ist der Erlass eines neuen UB, wenn das BVerfG eine vom BGH bestätigte Anordnung der nSV aufhebt und die Sache an das LG zurückverweist. Auch einen „untoten Unterbringungsbefehl" gibt es nicht. Dieser hat sich vielmehr mit dem (zunächst) rechtskräftigen Urteil/Beschluss erledigt.³²²

Gleichfalls aufheben muss das Gericht einen UB auf Antrag des Betroffenen, wenn der Befehl bereits unverhältnismäßig lange besteht. Die Tatsache, dass er bereits erheblich „verspätet" ergangen ist,³²³ kann dazu führen, dass bereits ein sehr kurzer „überschießender" Zeitraum die Verlängerung über das Strafende hinaus **unverhältnismäßig** macht. Die vorläufige Unterbringung aufgrund § 275a Abs. 5 StPO darf nicht als (eigenständige) Rechtsgrundlage einer womöglich jahrelangen Freiheitsentziehung missbraucht werden. Die vom BVerfG entwickelten Vorgaben zur Untersuchungshaft sind auf vorläufige Unterbringungen zu übertragen und rechtfertigen die in der Rechtspraxis nicht seltenen Freiheitsentziehungen ohne rechtskräftige Rechtsgrundlage nicht, müssen aber von der Verteidigung ggf. nachdrücklich geltend gemacht werden.³²⁴ Die denkbaren Konstellationen sind vielgestaltig:

Beispiel 1: Strafende: 19. 3. 2002; Entlassung: 13. 12. 2006; dazwischen: Unterbringung nach Landesrecht, Entscheidung des BVerfG, Unterbringung nach Bundesrecht, Rückverweisung des BGH an das **LG Magdeburg**.³²⁵ **Beispiel 2:** Strafende: 26. 1. 2007; „Entlassung": 22. 6. 2009; dazwischen: vorläufige Unterbringung nach Strafende; 28. 2. 2007: Anordnung der nSV durch **LG Bielefeld**; Revision des Betr.; 5. 2. 2008: Der BGH setzt das Verfahren im Hinblick auf eine Rechtsfrage aus;³²⁶ 7. 10. 2008: Der Große Senat für Strafsachen entscheidet;³²⁷ 10. 2. 2009: Der BGH hebt das Urteil des LG Bielefeld auf und verweist die Sache zu neuer Verhandlung und Entscheidung an das LG zurück;³²⁸ 22. 6. 2009: Das LG Bielefeld hebt den UB auf.³²⁹ **Beispiel 3:** Strafende: 22. 6. 2007: Entlassung: 12. 5. 2010; dazwischen: Vorläufige Unterbringung nach Strafende; 4. 4. 2007: Anordnung der nSV durch LG Saarbrücken; Revision des Betr.; 5. 2. 2008: Aussetzung des Verfahrens etc. wie beim vorstehenden Beispiel 2; 17. 7. 2009: erneute Anordnung der nSV durch LG Saarbrücken; erneute Revision des Betr.; 11. 2. 2010: Der BGH „stellt" die Entscheidung über die Revision „zurück"; der 4. StS sieht sich hierzu „jedenfalls solange (gehalten)" bis der EGMR „die Frage des Strafcharakters von Sicherungsverwahrung ... endgültig ... entschieden" habe;³³⁰ 30. 3. 2010: Das LG Saarbrücken weist einen Antrag des Betr. auf den UB aufzuheben, einerseits sei die Entscheidung des EGMR „nicht rechtskräftig" (gemeint: endgültig), andererseits habe man dem Betr. schließlich selbst eine „Gefährlichkeitsprognose" gestellt;³³¹ 12. 5. 2010: Der 4. StS des BGH ordnet – unter Hinweis auf die Endgültigkeit der Entscheidung des EGMR – die sofortige Freilassung des Betr. an.³³² **Beispiel 4:** (ursprünglich notiertes) Strafende: 22. 9. 2009; ab

---

³¹⁶ Dazu sogleich Rn. 109 ff.
³¹⁷ Vgl. Rn. 114.
³¹⁸ Zu den Gründen der rechtstatsächlichen Seltenheit dieser Konstellation vgl. *Bender*, Die nachträgliche Sicherungsverwahrung, S. 130.
³¹⁹ *Meyer-Goßner* Rn. 21.
³²⁰ BGH v. 11. 3. 2010 – 4 StR 577/09.
³²¹ So zB BGH, Beschl. v. 19. 10. 2007 – 3 StR 378/07 (Rn. 22); für Fälle der Zurückverweisung vgl. § 126 Abs. 3.
³²² Ausf. dazu *Ullenbruch* NStZ 2007, 62 (70).
³²³ Siehe dazu nur die (Extrem-)Beispiel 4 unten Rn. 111.
³²⁴ Ausf. zum Problem der überlangen Verfahrensdauer *Ullenbruch* NStZ 2007, 62 (69); ähnl. *Bender*, Die nachträgliche Sicherungsverwahrung, S. 128.
³²⁵ BGH v. 11. 10. 2007 – 4 StR 246/07, NStZ-RR 2008, 40; vgl. auch *Ullenbruch* NStZ 2005, 563 (565).
³²⁶ BGH v. 5. 2. 2008 – 4 StR 314/07, 4 StR 391/07, BGHSt 52, 379 = NStZ 2008, 333 m. Anm. *Ullenbruch*.
³²⁷ BGH v. 7. 10. 2008 – GSSt 1/08, NStZ 2009, 141 mAnm *Ullenbruch*.
³²⁸ BGH v. 10. 2. 2009 – 4 StR 314/07.
³²⁹ Vgl. dazu unten Rn. 121, 134.
³³⁰ BGH v. 11. 2. 2010 – 4 StR 577/09; wg. Einzelheiten zur dem EGMR vorliegenden Rechtssache s. unten Rn. 196.
³³¹ LG Saarbrücken v. 30. 3. 2010 – 2 Ks 36 Js 17 113/88 (2/09).
³³² BGH v. 12. 5. 2010 – 4 StR 577/09, zum Urt. des EGMR vgl. o. Rn. 2.

§ 275a   112-118   Zweites Buch. Verfahren im ersten Rechtszug

3. 8. 2009: Vorläufige Unterbringung; 17. 10. 2006(!): Die StA beim **LG Baden-Baden** stellt bei der zuständigen SchwurgK den Antrag gem. § 66 b Abs. 1 StGB aF; das Gericht bestimmt – nach wiederholten Sachstandsanfragen der StA – Hauptverhandlungstermin auf den 5. 8. 2009(!); der Entlassungstermin – rückt selbst bei geringem Interesse an der vollzuglichen Sach- und Rechtslage des Betroffenen nicht überraschend – auf den 5. 8. 2009 vor (§ 43 Abs. 9 StVollzG); 18. 8. 2009: Das LG Baden-Baden ordnet nSV an;[333] 14. 1. 2010: Der BGH verwirft die Revision des Betr. „ohne großes Federlesen".[334] 30. 6. 2010: Das BVerfG lehnt den im Hinblick auf die vorbezeichnete Entscheidung des EGMR gestellten Antrag auf Erlass einer einstweiligen Anordnung ab und verweist den Betr. auf das Hauptsacheverfahren.[335]

112 l) **Ordentliche Rechtsbehelfe.** Gegen den UB kann der Betroffene **Beschwerde** einlegen (§§ 304 Abs. 1, Abs. 4 S. 2 Nr. 1, 305 S. 2).[336] Er kann aber vor Beginn der Hauptverhandlung auch mündliche „**Haftprüfung**" beantragen (Abs. 5 S. 4 iVm. §§ 117, 118) und – falls die Unterbringung aufrechterhalten bleibt – dies durch weitere Beschwerde anfechten (§ 310 Abs. 1).[337]

113 Die Zuständigkeit für die Entscheidung über die Beschwerde liegt im Regelfall – Erlass des UB durch das LG – beim **OLG** (§ 121 Abs. 1 Nr. 2 GVG), im Ausnahmefall – Erlass des UB durch das OLG – entscheidet der **BGH** (§ 135 Abs. 2 GVG).

114 m) **Verfassungsbeschwerde.** Häufig bekämpfen Verteidiger einen UB zunächst heftig, verlieren ihn aber nach Zurückweisung der sofortigen Beschwerde durch das OLG schnell aus den Augen; alle Hoffnungen konzentrieren sich fortan auf die – nicht selten Jahre in Anspruch nehmende – Revision gegen die Hauptsacheentscheidung.[338] Die Verteidiger übersehen dabei, dass es ggf. eine „zweite Spur" gibt, die sich womöglich als „**Überholspur**" darstellt: Die konsequente parallele Weiterverfolgung des Widerstands gegen den UB auch nach Erschöpfung des ordentlichen Rechtswegs in Gestalt einer Verfassungsbeschwerde.[339]

II. Nachträgliche Sicherungsverwahrung ohne Vorbehalt II (§ 66 b Abs. 2 StGB)

115 Die „materielle" Vorschrift trat zum 29. 7. 2004 in Kraft.[340] Sie richtet sich an bestimmte Strafgefangene mit (mindestens) *einer* Verurteilung wegen *mehrerer* Taten , aber auch solche mit *einer* Verurteilung wegen *einer* Tat. (Jedenfalls geäußerter) **Glaube des Gesetzgebers** ist, mit ihrer Hilfe lasse sich verhindern, dass (zumindest bestimmte) gefährliche Strafgefangene zum Strafende entlassen werden.[341]

116 **1. Betroffener Personenkreis.** Das Erfordernis der Unterscheidung zwischen Anzahl der Anordnungen und potenziell Betroffenen wurde bereits dargestellt.[342] In den mehr als sechs Jahren seit Bestehen der materiellen Vorschrift sind bislang[343] insgesamt **4 Personen rechtskräftig** nachträglich gem. § 66 b Abs. 2 StGB in der Maßregel der Sicherungsverwahrung **untergebracht worden**.[344] Eine weitere Anordnung erwuchs zunächst in Rechtskraft,[345] wurde dann jedoch vom BVerfG unter Zurückverweisung an das LG wieder aufgehoben.[346]

117 **2. Bezugnahmen.** Abgesehen von einigen Besonderheiten,[347] gelten im Wesentlichen die Ausführungen zu der Fallgruppe der nSV gem. § 66 b Abs. 1 S. 1 entsprechend.[348]

118 **3. Besonderheiten.** Freilich ist auch in diesem Zusammenhang noch vieles umstritten. So hat der BGH zB bei § 66 b Abs. 2 StGB bislang immer noch nicht abschließend entschieden, wann bei

---

[333] LG Baden-Baden v. 18. 8. 2009 – 1 Ks 401 VRs 400/90 2 Js 776/88; vgl. auch den Verfahrensgang unten Rn. 153 (Beispiel 2).
[334] BGH v. 14. 1. 2010 – 1 StR 595/09.
[335] BVerfG v. 30. 6. 2010 – 2 BvR 571/10.
[336] SK-StPO/*Frister* Rn. 22.
[337] *Meyer-Goßner* Rn. 20; KK-StPO/*Engelhardt* Rn. 12.
[338] Vgl. oben Rn. 110 f.
[339] Beispiel: BVerfG v. 22. 10. 2008 – 2 BvR 749/08, NJW 2009, 980; ausf. zur Verteidigungsstrategie *Ullenbruch* StraFo 2009, 52 (53).
[340] BGBl. 2004 S. 1838.
[341] Ausf. zum Normzweck MünchKommStGB/*Ullenbruch* § 66 b Rn. 2 ff.; zur „Zwickmühle" vgl. oben Rn. 14.
[342] Oben Rn. 5 ff.
[343] Stand: 15. 7. 2010.
[344] 1. LG Münster v. 8. 7. 2005, bestätigt durch BGH v. 9. 11. 2005 – 4 StR 483/05, BGHSt 50, 275 = NStZ 2006, 155; 2. LG Augsburg v. 19. 9. 2005, bestätigt durch BGH v. 24. 3. 2006 – 1 StR 27/06, HRRS 2006 Nr. 387; 3. LG Coburg v. 8. 10. 2008, bestätigt durch BGH v. 17. 3. 2009 – 1 StR 34/09: 4. LG Baden-Baden v. 18. 8. 2009, bestätigt durch BGH v. 14. 1. 2010 – 1 StR 595/09.
[345] LG München I v. 6. 5. 2005, bestätigt durch BGH v. 8. 12. 2005 – 1 StR 482/05, HRRS 2006 Nr. 107.
[346] BVerfG v. 23. 8. 2006 – 2 BvR 226/06, NStZ 2007, 87 m. Bespr. *Ullenbruch* NStZ 2007, 62.
[347] Dazu sogleich Rn. 118 f.
[348] Rn. 16 ff.

Siebenter Abschn. Vorbehaltene oder nachträgl. Anordnung der SV 119–122 § 275a

einer tateinheitlichen Verurteilung wegen einer oder mehrerer Katalogtaten sowie weiterer Straftaten die formellen Voraussetzungen vorliegen.[349]

Auch ob es zur nSV gem. § 66 b Abs. 2 StGB der Feststellung eines **Hangs** bedarf, ist wesentlich 119 strittiger als hinsichtlich Abs. 1 der Vorschrift.[350] Nach Auffassung einer Kammer des BVerfG soll dies – jedenfalls „grundsätzlich" – nicht erforderlich sein.[351] Der BGH hat dem die Gefolgschaft verweigert.[352] Die Lit. ist gespalten.[353] Zu folgen ist der Auffassung, die auch hier die Feststellung eines Hangs fordert. Ein *sachlicher* Grund, wieso die Anforderungen an § 66 b StGB niedriger sein sollen als bei § 66 StGB oder § 66 a StGB, ist nach wie vor nicht ersichtlich.[354]

III. Nachträgliche Sicherungsverwahrung ohne Vorbehalt III (§ 66 b Abs. 3 StGB)

Die „materielle" Vorschrift trat zum 29. 7. 2004 in Kraft.[355] Die „Theorie" des Gesetzgebers 120 „lautete", mit ihrer Hilfe werde verhindert, dass (bestimmte) Untergebrachte entlassen werden, obwohl sie noch gefährlich sind.[356] Konkret fokussiert ist dabei der Fall, dass die StVK die Unterbringung in einem psychiatrischen Krankenhaus (§ 63 StGB) nach Beginn der Vollstreckung für erledigt erklärt hat, weil der die Schuldfähigkeit ausschließende oder vermindernde **Zustand** (§§ 20, 21 StGB) **zum Zeitpunkt der Erledigungsentscheidung nicht (mehr)** bestanden hat (§ 67 d Abs. 6 S. 1 1. Alt. StGB).[357] Genaugenommen werden auch hier zwei verschiedene Varianten geregelt: Eine Anordnung der nSV für (bzw. gegen) „Erstverurteilte" (§ 66 b Abs. 3 Nr. 1 1. Alt. StGB) und eine solche für (bzw. gegen) „Vorverurteilte" (§ 66 b Abs. 3 Nr. 1 2. Alt. StGB). Eine Erledigungserklärung, weil die weitere Vollstreckung der Maßregel unverhältnismäßig wäre (§ 67 d Abs. 6 S. 1 2. Alt. StGB), kommt als Auslöser indes (unstr.) nicht in Betracht.[358] Auf die Frage, ob eine Fehleinweisung tauglicher Anknüpfungspunkt sein kann, ist an anderer Stelle einzugehen.[359]

1. Betroffener Personenkreis. Das Erfordernis der Unterscheidung zwischen Anzahl der Anord- 121 nungen und potenziell Betroffenen wurde bereits dargestellt.[360] Die (systemfremde) Einfügung des § 66 b Abs. 3 in das StGB wurde von der (Rechts-)Praxis bundesweit zunächst ignoriert.[361] Erst im Oktober 2006 stellte eine StA den ersten Antrag – pikanterweise in einer Sache, in der sie bereits einmal beim BGH mit ihrem Antrag auf primäre Sicherungsverwahrung (§ 66 StGB) unterlegen war.[362] Im dritten Jahr der Einführung der Vorschrift erfolgten schließlich die ersten beiden erstinstanzlichen Anordnungen – mit Urteilen v. 28. 2. 2007 **(LG Bielefeld)** und v. 4. 4. 2007 **(LG Saarbrücken)**. Beide Betroffene mussten aber inzwischen[363] entlassen werden.[364] In den sechs Jahren seit Bestehen der materiellen Vorschriften wurden bislang[365] insgesamt **2 Personen rechtskräftig** nachträglich gem. § 66 b Abs. 3 StGB in der Maßregel der Sicherungsverwahrung untergebracht:

Fall 1: Der Betroffene G. wurde am 6. 2. 1992 wegen Mordes in drei Fällen sowie wegen vers. 122 Mordes zu einer Gesamtfreiheitsstrafe von 15 Jahren verurteilt; daneben wurde seine Unterbringung in einem psychiatrischen Krankenhaus angeordnet. Nach anfänglichem Vollzug der Unterbringung kam es – in Umkehrung der Vollstreckungsreihenfolge – zu einem Vorwegvollzug der Freiheitsstrafe (§ 67 Abs. 2 S. 1, Abs. 3 S. 1 StGB). Am 20. 3. 2005 war die Freiheitsstrafe vollstreckt. Wohl aufgrund skandalös-fehlerhafter Berechnung der anzurechnenden Zeit im Maßregelvollzug seitens JVA/StA/StVK[366] verblieb der Betroffene zunächst mehr als ein Jahr ohne Rechtsgrundlage in der JVA, bevor die StVK mit Beschluss vom 5. 4. 2007 die Unterbringung für erledigt

---
[349] Ausdrücklich offengelassen zB von BGH v. 6. 11. 2007 – 1 StR 290/07, StV 2008, 76 (78).
[350] Dazu oben Rn. 48.
[351] BVerfG v. 23. 8. 2006 – 2 BvR 226/06, NJW 2006, 3483 (3485); krit. dazu *Ullenbruch* NStZ 2007, 62 (67); ebenso - und ungewohnt „scharf" – *Fischer* § 66 b Rn. 35.
[352] BGH v. 9. 1. 2007 – 1 StR 605/06, BGHSt 51, 191 (198 ff.), NJW 2007, 1074 (1076 f.).
[353] „Gegen" einen Hang zB Lackner/Kühl § 66 b Rn. 10 mwN; eher nein auch LK-StGB/*Rissing-van Saan/Peglau* § 66 b Rn. 150 ff. mwN (tatsächlich eine Frage von *Peglau*; vgl. die ominöse *-Fußnote bei Rn. 150); „für" einen Hang zB *Fischer* § 66 b Rn. 34 f. und MünchKommStGB/*Ullenbruch* § 66 b Rn. 115.
[354] So zutr. bereits *Rissing-van Saan* FS Nehm 2006, S. 191 (199); ebenso *Ullenbruch* NStZ 2007, 62 (67).
[355] BGBl. I 2004, 1834.
[356] Ausf. zum Normzweck MünchKommStGB/*Ullenbruch* § 66 b Rn. 2 ff.
[357] Zu Einschränkungen siehe unten Rn. 130 ff.
[358] Vgl. bereits MünchKommStGB/*Ullenbruch* § 66 b Rn. 127.
[359] Siehe dazu Rn. 130.
[360] Oben Rn. 5 ff.
[361] Vgl. *Ullenbruch* NStZ 2007, 62 f.
[362] BGH v. 8. 1. 2004 – 4 StR 147/03, NStZ 2004, 384.
[363] Stand: 15. 7. 2010.
[364] Näher dazu Rn. 134, 142.
[365] Stand: 15. 7. 2010.
[366] So zutr. zum konkreten „Fall G" *Baltzer* R & P 2008, 146 (150); ausf. zur Grundproblematik der „Strafzeitberechnung nach Maßregelabbruch – Art. 2 Abs. 2 GG mitten im Tohuwabohu" bereits *Ullenbruch* NStZ 2000, 287.

§ 275a 123-129   Zweites Buch. Verfahren im ersten Rechtszug

erklärte (§ 67d Abs. 6 S. 1 StGB) und einen UB erließ (§ 275a Abs. 5 S. 2). Mit Urteil vom 13. 3. 2008 ordnete das **LG Frankfurt/Main** gem. § 66b Abs. 3 StGB nSV an.[367] Mit Beschluss vom 10. 9. 2008 verwarf der 2. StS des BGH die Revision des Betroffenen – *ohne Begründung* – als unbegründet.[368] Der Betroffene G. legte hiergegen Verfassungsbeschwerde ein.[369]

123 **Fall 2:** Mit Urteil vom 9. 4. 2008 ordnete das **LG Frankfurt/Main** gegen den Betroffenen K. gleichfalls nSV gem. § 66b Abs. 3 StGB an. Mit Beschluss v. 21. 11. 2008 verwarf derselbe 2. Strafsenat – diesmal mit einer Begründung in immerhin *vier Sätzen* – dessen Revision.[370] Auch der Betroffene K. legte hiergegen Verfassungsbeschwerde ein. Mit Beschluss vom 5. 8. 2009 nahm das BVerfG die Verfassungsbeschwerden beider Betroffener nicht zur Entscheidung an.[371] Die Entscheidung – die einmal mehr auf die Ebene einer *Kammer* verlagert wurde – ist rechtsstaatlich äußerst befremdlich. Die Relativierung der Problematik der „echten Rückwirkung" unter Hinweis auf die Überweisung zwischen zwei Maßregeln (Unterbringung im psychiatrischen Krankenhaus und in der Sicherungsverwahrung), die lediglich ein **anderes Übel** – nicht etwa ein geringeres bzw größeres – darstellen sollen,[372] ist lebensfremd.[373]

124 **2. Gerichtlicher Entscheidungsbedarf (Abs. 1 S. 1 Hs. 1).** Wie bei den Fallgruppen des § 66b Abs. 1 S. 1 und Abs. 2 StGB setzt die Vorschrift auch insoweit das Bestehen von Entscheidungsbedarf (apodiktisch) voraus.[374]

125 **3. „Einleitung" des Verfahrens.** Auch das Verfahren auf Anordnung nach § 66b Abs. 3 StGB ist vom Gericht nicht von Amts wegen in Gang zu setzen. Es bedarf auch hier eines Antrages.[375] Insoweit ist jedoch eine „Vorprüfung" erforderlich. Der Gesetzgeber hat diese auch für die vorliegende Fallgruppe der **Staatsanwaltschaft** in ihrer Eigenschaft als Vollstreckungsbehörde (§ 451 Abs. 1) auferlegt (Abs. 1 S. 3). Gegen die – theoretisch (auch hier) denkbare – Alternative der Übertragung auf das psychiatrische Krankenhaus spricht bereits, dass die betroffenen Maßregelvollzugseinrichtungen zwischenzeitlich – im Unterschied zu den JVAen – häufig zumindest teilweise privatisiert sind.

126 **4. Das Prüfungsverfahren der Staatsanwaltschaft.** Insoweit ist weitgehend auf die Ausführungen zu einer Prüfung hinsichtlich § 66b Abs. 1 und Abs. 2 StGB zu verweisen.[376] **Zuständige Staatsanwaltschaft** ist auch insoweit die StA bei dem erkennenden Gericht, an die erforderlichenfalls eine **rechtzeitige Aktenübersendung** erfolgen muss (Abs. 1 S. 1 Hs. 2). Die Prüfung muss **zügig** erfolgen. Eine **Information des Betroffenen** (Abs. 1 S. 2) ist auch hier ausnahmslos unverzichtbar; die Schlußfolgerung, dementsprechend begegne es keinen Bedenken, wenn das Verständnis des BVerfG von § 66b Abs. 3 StGB in Zukunft dazu führe, dass Strafurteilen, in denen eine Unterbringung nach § 63 StGB angeordnet, die Unterbringung in der Sicherungsverwahrung jedoch abgelehnt wird, von vornherein auch nach Eintritt der Unanfechtbarkeit des Strafurteils (formelle Rechtskraft) nur begrenzte Bindungswirkung (materielle Rechtskraft) zukommt,[377] rechtsstaatlich fatal.

127 **5. Antrag. a) Erfordernis.** Auch in den Fällen des § 66b Abs. 3 StGB ist ein **Antrag** der StA erforderlich. Abs. 1 S. 3 der prozessualen Norm erwähnt diesen Bereich der materiellen Norm zwar nicht. Auch insoweit ist die Vorschrift indes missglückt. Aus den Materialien ergibt sich, dass der Gesetzgeber generell von einem erforderlichen Antrag ausgegangen ist.[378]

128 **b) Berechtigte.** Antragsberechtigt ist auch hier die StA bei dem erkennenden Gericht, an dessen Urteil der Antrag anknüpft (Abs. 1 S. 1 Hs. 2). Insoweit gelten die Ausführungen zu Anträgen nach § 66b Abs. 1 S. 1 StGB sinngemäß.[379]

129 **c) Frist.** Eine Antragsfrist gibt es hier **nicht**. Abs. 1 S. 3, der in erster Linie als Vorschrift zu lesen ist, die den Zeitpunkt der Antragstellung regelt,[380] erwähnt die vorliegende Fallgruppe nicht. Im Unterschied zu seinem Schweigen zum Antragserfordernis,[381] dürfte sich der Gesetzgeber in-

---

[367] Ausf. zum Verfahrensgang und zu den Gründen *Baltzer*, R & P 2008, 146 ff.
[368] BGH v. 10. 9. 2008 – 2 StR 320/08; vgl. noch BGH, Mitteilung der Pressestelle Nr. 176/2008 (v. 17. 9. 2008); zum Ganzen *Ullenbruch* StraFo 2009, 52 (55).
[369] Dazu sogleich Rn. 123.
[370] BGH v. 21. 11. 2008 – 2 StR 437/08, NStZ 2009, 323.
[371] BVerfG v. 5. 8. 2009 – 2 BvR 2098/08, 2 BvR 2633/08, R & P 2009, 209; siehe dazu auch unten Rn. 131, 195.
[372] BVerfG aaO (Rn. 31).
[373] Ausf. dazu *Ullenbruch* NStZ 2009, 143 (144).
[374] Siehe oben Rn. 16 f.
[375] Dazu unten Rn. 127.
[376] Siehe oben Rn. 20 ff.
[377] BVerfG v. 5. 8. 2009 – 2 BvR 2098/08, 2 BvR 2633/08 (Rn. 33), R & P 2009, 209.
[378] Vgl. BT-Drucks. 15/2887, S. 16; wie hier auch LK-StGB/*Rissing-van Saan/Peglau* § 66b Rn. 181.
[379] Rn. 29.
[380] Wie hier LK-StGB/*Rissing-van Saan/Peglau* § 66b Rn. 181.
[381] Vgl. nochmals Rn. 29.

soweit etwas gedacht haben. Zum einen ist der Entlassungszeitpunkt hier allenfalls kurzfristig vorher absehbar.[382] Zum anderen ergibt sich das „Zeitfenster" aus dem Regelungszusammenhang in Verbindung mit dem Grundsatz des Vertrauens auf Rechtssicherheit. Das bedeutet aber andererseits, dass der Antrag **unverzüglich**, dh. in unmittelbarer zeitlicher Nähe zu der Erledigungserklärung gestellt werden muss. Keinesfalls zulässig ist eine Jahre später erfolgte Rückbesinnung hierauf, nachdem andere Anträge fehlgeschlagen sind.[383]

d) **Form und Inhalt.** Insoweit kann zunächst weitgehend auf die Ausführungen zu der Fallgruppe der Anträge nach § 66 b Abs. 1 S. 1 StGB verwiesen werden.[384] Es gibt indes **Besonderheiten:** So ist hinsichtlich der formellen Voraussetzungen fraglich, ob eine Erledigungserklärung, weil der von § 63 StGB vorausgesetzte Zustand von Anfang an nicht bestanden hat (**Fehleinweisung**) ausreichend ist. Nach apodiktischer" Auffassung des 2. StS des BGH ist dem so.[385] Eine Kammer des BVerfG hat sich dem angeschlossen.[386] Dem kann nicht gefolgt werden. Ist doch nahezu unstreitig, dass de lege lata – und unter kategorialer Missachtung der Problematik der „Wiederaufnahme zu Ungunsten"[387] – die Feststellung **„neuer Tatsachen"** nicht erforderlich ist.[388] Diese „Funktion" übernimmt de facto die Erledigungserklärung (§ 67 d Abs. 6 StGB), bei der es sich wiederum um eine rein formelle Anordnungsvoraussetzung handeln soll, die keiner inhaltlichen Überprüfung durch das erkennende Gericht unterliegt.[389] Die Formulierung des BVerfG offenbart auch insoweit fehlendes Problembewusstsein. Demnach soll § 66 b Abs. 3 StGB grundsätzlich die Möglichkeit eröffnen, „Entscheidungen, in denen die originäre Anordnung der Sicherungsverwahrung fehlerhaft abgelehnt worden ist, nachträglich aufgrund einer im Lichte neuer Beweismittel (das heißt vor allem: neuer Sachverständigengutachten) veränderten Bewertung einer tatsächlich unveränderten Situation zu korrigieren."[390] Im Ergebnis läuft all dies darauf hinaus, dass das grundsätzliche Verbot der „Korrektur" einer rechtskräftigen „Fehleinweisung"[391] umgangen wird.[392] Auch das ist rechtsstaatlich unerträglich. Unabhängig davon hat das für die Entscheidung über einen Antrag auf Anordnung von nSV zuständige Gericht stets in eigener Verantwortung zu prüfen, ob der Betroffene **aktuell** an einem „Zustand" iSv. § 20 StGB leidet. Ggf. ist eine Unterbringung nach § 66 b StGB bereits hierdurch stets ausgeschlossen.[393]

Umstritten ist gleichfalls, ob neben der Gefährlichkeit die zusätzliche Feststellung eines **Hanges** zu erheblichen Straftaten erforderlich ist. Nach Auffassung des 2. StS des BGH ist dem nicht so.[394] Auch eine Kammer des BVerfG hat sich dem angeschlossen.[395] Ein Teil der Lit. sieht das ebenso.[396] Der Hinweis auf den Wortlaut des Gesetzes und die Motive[397] überzeugt indes nicht. Es bedarf vielmehr auch hier eines erfahrungswissenschaftlichen Substrates in Gestalt des Hangs, um den symptomatischen Zusammenhang zwischen Anlasstat(en) und drohenden weiteren Taten festzustellen.[398]

e) **Kein offener Strafrest aus Bezugsurteil.** Hat der Betr. nach Erklärung der Erledigung der Unterbringung in einem psychiatrischen Krankenhaus noch Freiheitsstrafe zu verbüßen, auf die zugleich mit der Unterbringung erkannt worden ist, so steht dies der Anordnung der nSV nach § 66 b Abs. 3 StGB entgegen. Mit diesem Leitsatz hat der Große Strafsenat des BGH unlängst[399] die Meinung des 1. StS[400] bestätigt und der gegenteiligen Auffassung des 4. StS[401] zu Recht eine Absage erteilt. Richtig ist auch, dass diese Einschränkung stets gilt, dh. auch für den Fall ausste-

---

[382] SK-StPO/*Frister* Rn. 11.
[383] Siehe dazu unten Rn. 141 f.
[384] Vgl. oben Rn. 43 ff.
[385] BGH v. 21. 11. 2008 – 2 StR 437/08, NStZ 2009, 323.
[386] BVerfG v. 5. 8. 2009 – 2 BvR 2098/08, 2 BvR 2633/08 (Rn. 29 mwN), R & P 2009, 209.
[387] Näher dazu oben Rn. 2, 10.
[388] BGH v. 5. 2. 2008 – 4 StR 314/07, 391/07, NStZ 2008, 333 (335); BGH v. 28. 8. 2007 – 1 StR 268/07, BGHSt 52, 31 (33) = NJW 2008, 240 (241); *Fischer* § 66 b Rn. 40; aA *Baltzer* R & P 2008, 146 (149).
[389] So zB LG Saarbrücken v. 17. 7. 2009 – 2 Ks 2/09, S. 23; ebenso *Fischer* § 66 b Rn. 14.
[390] BVerfG v. 5. 8. 2009 – 2 BvR 2098/08, 2 BvR 2633/08 (Rn. 30).
[391] So der treffende dogmatische Befund zB bei *Baltzer*, R & P 2008, 146 (150).
[392] Vgl. auch oben Rn. 62.
[393] Wie hier *Fischer* § 66 b Rn. 14.
[394] BGH v. 21. 11. 2008 – 2 StR 437/08, NStZ 2009, 323 (324); ebenso LG Saarbrücken v. 17. 7. 2009 – 2 Ks 2/09, S. 26.
[395] BVerfG v. 5. 8. 2009 – 2 BvR 2098/08, 2 BvR 2633/08 (2. Kammer) (Rn. 20), R & P 2009, 209.
[396] Vgl. zB *Fischer* § 66 b Rn. 40.
[397] BT-Drucks. 15/2887, S. 10, 13 f.
[398] Ähnl. *Baltzer* R & P 2008, 146 (150); vgl. auch *Koller* R & P 2007, 57 (67).
[399] BGH v. 7. 10. 2008 – GSSt 1/08, BGHSt 52, 379 = NStZ 2009, 141 (142) mAnm *Ullenbruch*; vgl. auch Anm. *Peglau* NJW 2009, 957.
[400] BGH v. 28. 8. 2007 – 1 StR 268/07, BGHSt 52, 31 = NJW 2008, 240; ihm folgend *Ullenbruch* NStZ 2008, 335.
[401] BGH v. 19. 6. 2008 – 4 StR 314/07, 4 StR 391/07, NJW 2008, 2661; ihm folgend *Zschieschack/Rau*, StraFo 2008, 372 (374 f.).

hender kurzer Reststrafe nicht ihrerseits wieder eingeschränkt wird.[402] Richtig ist schließlich, dass nur die Vollstreckung des Restes derjenigen Strafe, die in der Anlassverurteilung ausgesprochen worden war, der Anwendung des § 66 b Abs. 3 StGB entgegensteht.[403] Auf die (Un)Möglichkeit eines „Austauschens" des Bezugspunktes im Laufe des Verfahrens gem. § 66 b Abs. 3 StGB nach gleichzeitiger Erledigungserklärung mehrerer Maßregelanordnungen in einem einzigen Beschluss gem. § 67 d Abs. 6 StGB ist an anderer Stelle einzugehen.[404]

133 Richtig ist schließlich auch (noch) die Feststellung des Großen Strafsenats, dass in den Fällen eines offenen Strafrestes dieser nur eine Sperrwirkung gegen eine Anwendung des Abs. 3 entfaltet, nicht etwa eine vorangegangene Erledigungserklärung gem. § 67 d Abs. 6 StGB eine Anwendung des § 66 b Abs. 1/Abs. 2 StGB sperrt.[405] Die Feststellung des Fehlens einer Sperrwirkung ist indes sorgfältig von der Frage eines (teilweisen) Verzichts auf die Voraussetzungen der folglich grundsätzlich anwendbaren Norm zu trennen. Insoweit **soll** nach dem **Großen Strafsenat** für die Annahme neuer Tatsachen in vorliegender Fallkonstellation **genügen**, dass vor dem Hintergrund der nicht (mehr) vorhandenen Voraussetzungen der Unterbringung nach § 63 StGB die qualifizierte Gefährlichkeit des Verurteilten **auf abweichender Grundlage belegt** wird.[406] Dem muss entschieden widersprochen werden. Der ergebnisorientierte Kunstgriff der obersten Strafrichter folgt in etwa folgender fataler „Logik": „Auch eine alte Tatsache, die in einem neuen Licht erscheint, ist eine neue Tatsache iSd. § 66 b des StGB." Damit sind sämtliche Grenzen richterlicher Rechtsfortbildung überschritten, so dass eine Rechtsprechung der Strafsenate entsprechend dieser „Vorgabe" gegen den Grundsatz der Gewaltenteilung verstieße.[407] Hat der Gesetzgeber – wie hier in der geltenden Fassung des § 66 b StGB – eine eindeutige Entscheidung getroffen, so darf der Richter diese nicht aufgrund eigener rechtspolitischer Vorstellungen verändern und durch eine judikative Lösung ersetzen, die so im Parlament bisher nicht erreichbar war.[408]

134 Ausgerechnet der (vorlegende und letztlich „unterlegene") **4. Strafsenat des BGH** hat der Entscheidung des Großen Strafsenats denn auch – rechtsstaatlich verdienstvollerweise (iS eines Abstandnehmens von der ursprünglich beabsichtigten „schlanken" Verwerfung der beiden vorlagegegenständlichen Rechtsmittel) – zeitnah wenigstens einige Zähne gleich wieder gezogen.[409] Demnach kommt eine Unterbringung nach § 66 b Abs. 1 S. 1/Abs. 2 StGB – „schon mangels neuer Erkenntnisse" – nicht in Betracht, wenn „die (mögliche) qualifizierte Gefährlichkeit des Verurteilten (weiterhin) auf der (dauerhaften) psychischen Störung des Verurteilten beruht, die in der Anlassverurteilung zur Unterbringung in einem psychiatrischen Krankenhaus geführt hat." Anderes gelte nur, „wenn die möglicherweise fortbestehende (qualifizierte) Gefährlichkeit des Verurteilten **aus anderen Tatsachen herzuleiten** ist, als denjenigen, die im Anlassurteil zur Begründung des länger andauernden Zustandes herangezogen wurden, die zur positiven Feststellung mindestens erheblich verminderter Schuldfähigkeit bei der Tatbegehung und zur Anordnung nach § 63 StGB geführt haben."[410] Und: „Die neuen Tatsachen dürfen sich nicht darin erschöpfen, dass die der Persönlichkeitsstörung bzw. -akzentuierung des Verurteilten zu Grunde liegenden Tatsachen lediglich neu beschrieben oder umbewertet werden."[411] Das **LG Bielefeld**, an das der BGH die Sache zu neuer Verhandlung und Entscheidung zurückverwiesen hat, hat denn auch mit Beschl. v. 22. 6. 2009 das Verfahren ausgesetzt und den Unterbringungsbefehl aufgehoben.[412] Der zweite vom Vorlageverfahren des 4. StS Betroffene wurde zwischenzeitlich – unter Hinweis auf die Entscheidung des EGMR v. 17. 12. 2009 – freigelassen.[413] Das **LG Saarbrücken** hatte einen entsprechenden „Hinweis" des Senats noch[414] dahingehend verstanden, die Anordnung der nSV komme „nur dann" nicht in Betracht, wenn die Gefährlichkeit des Verurteilten auch heute noch auf der psychischen Dauer-)Störung iSd. § 20 StGB beruht, die in der Anlassverurteilung Grundlage der Unterbringung gem. § 63 StGB gewesen war. Dies wiederum könne auch dann der Fall sein, wenn die

---

[402] BGH v. 7. 10. 2008 – GSSt 1/08, BGHSt 52, 379 (392) = NStZ 2009, 141 (143); vgl. dazu *Ullenbruch* NStZ 2009, 143 (144) mwN.
[403] BGH v. 7. 10. 2008 – GSSt 1/08, BGHSt 52, 379 (392) = NStZ 2009, 141 (143); vgl. dazu *Ullenbruch* NStZ 2009, 143 (144).
[404] Dazu unten Rn. 141 f.
[405] BGH v. 7. 10. 2008 – GSSt 1/08, BGHSt 52, 379 (389) = NStZ 2009, 141 (142); zu diesem „Popanz" des Großen Strafsenats vgl. *Ullenbruch* NStZ 2009, 143 (144).
[406] BGH v. 7. 10. 2008 – GSSt 1/08, BGHSt 52, 379 (390 ff.) = NStZ 2009, 141 (142 f.).
[407] Ausf. krit. hierzu bereits *Ullenbruch* NStZ 2009, 143 (144 f.); vgl. auch Matt/Renzikowski-StGB/*Eschelbach* § 66 b Rn. 18 und OLG Karlsruhe v. 10. 2. 2009 – 2 Ws 19/09, StraFo 2009, 251.
[408] BVerfG v. 3. 4. 1990 – 1 BvR 1186/89, BVerfGE 82, 6 = NJW 1990, 1593; ebenso unlängst OLG München v. 7. 5. 2009 – 2 Ws 209/09 (Rn. 82), OLGSt StGB § 66 b Nr. 7.
[409] BGH v. 10. 2. 2009 – 4 StR 314/07.
[410] BGH v. 10. 2. 2009 – 4 StR 314/07, Rn. 17 f.
[411] BGH v. 10. 2. 2009 – 4 StR 314/07, Rn. 18.
[412] Vgl. auch oben Rn. 111.
[413] BGH v. 12. 5. 2010 – 4 StR 314/07; s. dazu auch o. Rn. 111; zum Urt. d. EGMR s. o. Rn. 2.
[414] BGH v. 10. 2. 2009 – 4 StR 391/07, Rn. 10.

"Neuheit" der rechtlichen Einschätzung darauf beruhe, dass sich die **forensisch-psychiatrische Bewertung** zB der dissozialen Persönlichkeitsstörung „im Laufe der Jahre **verändert**" habe, mit der Folge, dass aus der aktuellen Perspektive ein Eingangsmerkmal des § 20 StGB auch schon zum Zeitpunkt der Ausgangsverurteilung nicht erfüllt gewesen sei.[415] Das geht entschieden zu weit (bzw. greift zu kurz).[416]

Zu einem ähnlichen Ergebnis kam – gleichfalls verdienstvollerweise – das **OLG Karlsruhe** in einem Beschluss vom selben Tage,[417] indem es – entgegen der Vorinstanz[418] – die Entscheidung des Großen Strafsenats in einem fast schon atemberaubenden rechtsstaatlichen Rettungsversuch kurzerhand dahin „versteht", dass „allenfalls dann, wenn – losgelöst von den zur Begründung des Maßregelausspruchs herangezogenen Tatsachen, die damit gleichsam „**verbraucht**" sind – nunmehr eine Disposition des Verurteilten zur Begehung schwerwiegender Straftaten bejaht werden könnte, ... die Anordnung ... überhaupt in Betracht (käme)."[419] Zur Begründung führt das OLG – ohne auf den Wortlaut der „interpretierten" Entscheidung einzugehen – zutreffend aus: „Jedes andere Verständnis würde dazu führen, dass allein die Erledigung der Maßregel als neue Tatsache im Sinne des § 66b Abs. 1 S. 1 StGB anzusehen wäre und der Wille des Gesetzgebers umgangen würde, demzufolge die nachträgliche Anordnung nicht zu einer Korrektur des rechtskräftigen Urteils führen darf."[420] In Betracht kämen nach alledem – wenn überhaupt – fast nur noch Umstände aus dem Vollzugsverhalten.[421] Das BVerfG hat in seiner Entscheidung zu § 66b Abs. 3 StGB ausdrücklich offengelassen, ob die vom Großen Strafsenat für die Auslegung des § 66b Abs. 1 S. 1, Abs. 2 StGB in den Fällen der Erledigung einer Unterbringung mit anschließender Verbüßung einer (Rest-)Freiheitsstrafe entwickelten Maßstäbe selbst einer verfassungsrechtlichen Überprüfung standhalten.[422]

135

f) **Rücknahme.** Die Ausführungen zu den Varianten des § 66b Abs. 1 S. 1/Abs. 2 StGB gelten sinngemäß.[423]

136

6. Weiterer Gang des Verfahrens. Hat sich die StA erst einmal zur Stellung eines Antrages auf Anordnung von nSV nach Abs. 3 des § 66b StGB entschlossen, entspricht der weitere Verfahrensgang im Wesentlichen dem nach einer Antragstellung gem. Abs. 1 S. 1 oder Abs. 2 der genannten Vorschrift. Folglich ist auch insoweit auf die dortigen Ausführungen Bezug zu nehmen. Das gilt für die **unverzügliche Aktenübergabe** (Abs. 1 S. 4)[424] an das **zuständige Gericht**[425] und die **Vorbereitung**[426] bzw. **Durchführung der Hauptverhandlung**[427] wie für die **Entscheidung.**[428] Bei der Prüfung der Zuständigkeit ist allerdings zu beachten, dass ein LG X auch dann nicht stets für die Anordnung von nSV im Hinblick auf ein Urteil des LG Y zuständig ist, wenn Maßregelanordnungen beider Gerichte für erledigt erklärt worden sind. Der 4. StS des BGH verkennt in seiner Bezugnahme auf § 74f Abs. 3 S. 1 GVG iVm. § 462a Abs. 3 S. 2 StPO,[429] dass die entsprechende Anwendung der letztgenannten Vorschrift eine Situation voraussetzt, in der eine Anordnung von nSV unter Anknüpfung an *beide* Urteile grds. möglich ist, was im verfahrensgegenständlichen Fall gerade nicht möglich war.[430] Eine eigenständige Gerichtsstandsbestimmung des BGH sehen die geltenden Vorschriften zur Gerichtsverfassung nicht vor. Insbesondere ist § 13a einer analogen Anwendung nicht zugänglich. Eine zusätzliche (ungeschriebene) Anordnungsvoraussetzung liegt in der **Unanfechtbarkeit** der Erledigungserklärung nach § 67d Abs. 6 StGB.[431] Hinsichtlich des Prüfungsgegenstandes ist umstritten, ob durch Erledigungsbeschluss auch insoweit bindend festgestellt ist, dass ein krankhafter Zustand iSv. § 63 StGB nicht vorgelegen habe.[432] Im Hinblick auf die insoweit grundsätzlich zu übertragenden Überlegungen zu den Varianten des § 66b Abs. 1 S. 1/Abs. 2 StGB ist dies zu verneinen.[433] Der Hinweis der Gegenansicht

137

---

415 LG Saarbrücken v. 17. 7. 2009 – 2 Ks 2/09, S. 23 ff.
416 Vgl. dazu auch oben Rn. 130 und unten Rn. 142.
417 OLG Karlsruhe v. 10. 2. 2009 – 2 Ws 19/09, StraFo 2009, 251.
418 LG Freiburg v. 15. 12. 2008 – 2 KLs 100 Js 32 367/07 (NS V) AK 18/08.
419 OLG Karlsruhe v. 10. 2. 2009 – 2 Ws 19/09, StraFo 2009, 251(253).
420 OLG Karlsruhe aaO.
421 Zur Problematik deren fehlender Aussagekraft vgl. Ullenbruch NStZ 2007, 62 (64 ff. mwN).
422 BVerfG v. 5. 8. 2009 – 2 BvR 2098/08, 2 BvR 2633/08 (Rn. 35), R & P 2009, 209.
423 Vgl. dazu oben Rn. 50.
424 Vgl. Rn. 51.
425 Vgl. Rn. 53 f.
426 Vgl. Rn. 55 ff.
427 Vgl. Rn. 65 ff.
428 Vgl. Rn. 72 ff.
429 BGH v. 10. 2. 2009 – 4 StR 391/07, NStZ-RR 2009, 171 (172).
430 Vgl. Rn. 142.
431 In diese Richtung auch LK-StGB/*Rissing-van Saan/Peglau* § 66b Rn. 161.
432 So LG Frankfurt/Main lt. *Baltzer*, R & P 2008, 146 (147): „rechtskräftig festgestellt".
433 Vgl. Erl. oben Rn. 78 ff.

auf den Wortlaut und den Schutzzweck der Norm[434] darf nicht dazu führen, dass der (gegenwärtige) „gesetzliche Richter" wider besseres Wissen einen Verurteilten in der falschen Maßregel (nSV statt psychiatrischem Krankenhaus) unterbringen muss, nur weil ein anderes Gericht im Rahmen einer (früheren) Erledigungserklärung fälschlicherweise einen Zustand des Betroffenen iSv. § 20 StGB verneint hat.

138 **7. Unterbringungsbefehl (Abs. 5). a) Bedeutung.** Hinsichtlich Bedeutung, Charakter und Zweck des Unterbringungsbefehls gelten die Ausführungen zu Verfahren nach § 66 b Abs. 1 S. 1 und Abs. 2 StGB sinngemäß.[435]

139 **b) (Vorübergehende) Sonderzuständigkeit (Abs. 5 S. 2).** Auch hier ergibt sich die Zuständigkeit des Gerichts grundsätzlich aus § 74 f GVG – wie bei Verfahren nach § 66 b Abs. 1 S. 1 und Abs. 2 StGB.[436] Im Unterschied dazu entsteht der Handlungsbedarf aber vergleichsweise plötzlich: wird die Unterbringung in einem psychiatrischen Krankenhaus für erledigt erklärt, muss im Regelfall auch (nahezu) sofort über die vorläufige Unterbringung entschieden werden. Und: Die Zuständigkeit für die Erledigungserklärung liegt in der Regel bei der **StVK** (§§ 463 Abs. 5, 462, 462 a). Dem trägt Abs. 5 S. 2 Rechnung, indem er – außerhalb des GVG – ausnahmsweise der StVK eine Art „Notzuständigkeit" überträgt – allerdings nur vorübergehend. Mit Eingang des Antrags auf Anordnung der nachträglichen Sicherungsverwahrung bei dem Gericht, das über die Anordnung entscheidet, geht auch die Zuständigkeit für den Erlass und die Überprüfung des UB auf dieses Gericht über.[437]

140 **c) Voraussetzungen.** Auch hinsichtlich der Voraussetzungen gelten die Ausführungen zu den Fallgruppen nach § 66 b Abs. 1 S. 1 und Abs. 2 StGB weitgehend sinngemäß.[438] Die wesentliche **Besonderheit** besteht darin, dass die Anordnungsprognose hier unabhängig von der Bejahung „neuer Tatsachen" zu stellen ist.[439]

141 **8. Sonderfall: Gleichzeitige Erledigungserklärung mehrerer Maßregelanordnungen.** Ab und zu werden in ein und derselben Entscheidung einer StVK gem. § 67 d Abs. 6 StGB zugleich *mehrere* Maßregelanordnungen gem. § 63 StGB für erledigt erklärt. Die – abgeleitet von der/den Ausgangsentscheidung(en) – für einen Antrag nach § 66 b Abs. 3 StGB zuständige(n) **StA**(en) hat/haben dann ein **Wahlrecht**, ob sie an sämtliche Ausgangsunterbringungen anknüpfen bzw. wenn nicht, an welche. Die Entscheidung ist von doppelter Bedeutung: Zum einen wird hierdurch das für die Entscheidung zuständige Gericht und vor allem der Verfahrensgegenstand bestimmt. Zum anderen ist eine Unterlassung nicht mehr heilbar. Entsprechende Anträge müssen unverzüglich gestellt werden. Ein späterer „**Austausch**" im Laufe des Verfahrens ist schon deshalb **nicht** mehr möglich, weil einem neuen Antrag bereits nach allgemeinen Grundsätzen der Ablauf der „Frist" entgegenstünde.[440] Das hat der BGH in einer Entscheidung unlängst (einmal mehr) verkannt.[441]

142 Zum bisherigen Gegenstand und Gang des Verfahrens: 28. 11. 2005: Die StVK des **LG Saarbrücken** erklärt sowohl eine Unterbringungsanordnung des LG Saarbrücken als auch eine solche des LG Trier für erledigt; 4. 4. 2007: Das **LG Saarbrücken** ordnet auf Antrag der StA Saarbrücken **in Anknüpfung an** die vom **LG Saarbrücken** ursprünglich angeordnete Unterbringung gem. § 63 StGB nunmehr nachträgliche Sicherungsverwahrung gem. § 66 b Abs. 3 StGB an; der Betroffene legt hiergegen Revision ein; 22. 6. 2007: Strafende; seitdem vorläufige Unterbringung des Betr. nach Verbüßung des Strafrestes aus dem Urteil des LG Saarbrücken; 7. 10. 2008: Der Große Strafsenat schreibt fest, dass ein offener Strafrest einer Anwendung des § 66 b Abs. 3 StGB unter Anknüpfung an diese Anlassverurteilung – also hier des LG Saarbrücken – entgegensteht;[442] eine Anordnung nach. § 66 b Abs. 1/Abs. 2 StGB kommt – womöglich haben alle Mitglieder des Großen Strafsenats übersehen, dass die formellen Voraussetzungen in Abs. 1 S. 1/Abs. 2 und Abs. 3 des § 66 b StGB nicht deckungsgleich sind – im konkreten Fall bereits mangels formeller Voraussetzungen nicht in Betracht; 10. 2. 2009: Der 4. StS des BGH hebt das Urteil des LG Saarbrücken auf und weist die Sache zu neuer Verhandlung und Entscheidung an das LG Saarbrücken zurück – unter Hinweis auf eine mögliche Anordnung gem. § 66 b Abs. 3 StGB unter **Anknüpfung** an die ursprüngliche Anordnung der Unterbringung gem. § 63 StGB mit Urteil des **LG Trier** vom 28. 2.

---

[434] So zB bei LK-StGB/*Rissing-van Saan/Peglau* § 66 b Rn. 162.
[435] Rn. 93 ff.
[436] Siehe Rn. 97.
[437] SK-StPO/*Frister* Rn. 22; zum Ganzen vgl. auch KK-StPO/*Engelhardt* Rn. 9 und *Meyer-Goßner* Rn. 19.
[438] Siehe Rn. 99 ff.
[439] Dies scheint *Meyer-Goßner* Rn. 16 zu verkennen.
[440] So bereits *Ullenbruch* NStZ 2009, 143 (144).
[441] BGH v. 10. 2. 2009 – 4 StR 391/07, NStZ-RR 2009, 171.
[442] Vgl. oben Rn. 132 ff.

1991.⁴⁴³ Zur Begründung führt er aus, die ausschließliche Anknüpfung in Antrag der StA und Urteil des LG Saarbrücken an das Urteil des LG Saarbrücken sei „unschädlich"; in der *Begründung* des Antrages seien doch beide Urteile genannt; außerdem komme einer derartigen Differenzierung erst durch die Entscheidung des Großen Strafsenats Bedeutung zu.⁴⁴⁴ Diese Argumentation verkennt die rechtsstaatliche Bedeutung des Erfordernisses eines Antrages überhaupt wie dessen „fristgemäßer" Stellung. Die Entscheidung des BGH kommt einer Aufforderung an das Instanzgericht gleich, den Verfahrensgegenstand zur Umgehung eines Verfahrenshindernisses (fehlender Antrag) kurzerhand zu ändern.⁴⁴⁵ Das **LG Saarbrücken** ordnet gleichwohl mit Urteil v. 17. 7. 2009 nSV an.⁴⁴⁶ Noch im April 2010 – nach fast 3jähriger „Untersuchungshaft sui generis" – verwarf das Saarl. OLG eine Haftbeschwerde.⁴⁴⁷ Erst auf die (erneute) Revision des Betroffenen erteilte der 4 StS des BGH am 12. 5. 2010 – unter Hinweis auf die Entscheidung des EGMR v. 17. 12. 2009 – sofortige Freilassungsweisung.⁴⁴⁸

IV. Nachträgliche Sicherungsverwahrung ohne Vorbehalt IV (§ 66 b Abs. 1 S. 2 StGB)

Mit Wirkung zum 18. 4. 2007 wurde die Regelung des § 66 b Abs. 1 StGB dahingehend **erweitert**, materieller Anlass für die nSV könne auch sein, dass zum Zeitpunkt der Verurteilung die vom Verurteilten ausgehende Gefahr schon erkennbar gewesen ist, **aus rechtlichen Gründen** aber keine Sicherungsverwahrung angeordnet werden konnte (S. 2).⁴⁴⁹ Der (jedenfalls geäußerte) Glaube des Gesetzgebers lautete dabei, mit Hilfe der Ergänzung des Abs. 1 des § 66 b StGB werde verhindert, dass drei (womöglich bislang nicht erfasste) Sondergruppen von Strafgefangenen zum Strafende entlassen werden, wenn sie noch gefährlich sind:⁴⁵⁰ 1. Beitrittsgebiet I (bis zum 31. 7. 1995) – Weitgehende Nichtgeltung der Vorschriften über die Sicherungsverwahrung aufgrund Einigungsvertrag; 2. Beitrittsgebiet II (vom 1. 8. 1995 bis 29. 7. 2004) – Erstreckung des § 66 StGB, falls wenigstens eine der auf dem Territorium der ehemaligen DDR begangenen Anlasstaten nach dem 1. 8. 1995 verübt wurde; 3. § 66 Abs. 3 StGB-Fälle (vom 31. 8. 1998 bis zum 29. 7. 2004) – Möglichkeit der Anordnung nur, wenn (wenigstens) eine Anlasstat nach dem 31. 1. 1998 begangen wurde.

1. Betroffener Personenkreis. Das Erfordernis der Unterscheidung zwischen Anzahl der Anordnungen und potenziell Betroffenen wurde bereits dargestellt.⁴⁵¹ In den gut drei Jahren seit Bestehen der materiellen Vorschrift sind **bislang**⁴⁵² **2 Personen rechtskräftig** nachträglich gem. § 66 b Abs. 1 S. 2 StGB in der Maßregel der Sicherungsverwahrung **untergebracht** worden.⁴⁵³ In einem weiteren Fall hatte das **LG Leipzig** am 14. 3. 2008 einen UB erlassen,⁴⁵⁴ den das OLG Dresden auch bestätigte.⁴⁵⁵ Das **BVerfG** hob den UB aber mit der Begründung auf, im konkreten Einzelfall⁴⁵⁶ verstoße er gegen das Freiheitsgrundrecht des Betroffenen aus Art. 2 Abs. 2 S. 2 GG.⁴⁵⁷ Gänzlich *anders* gelagert ist indes der vorerwähnte zweite Anwendungsfall:

Mit Urteil vom 4. 7. 1997 hatte das **LG Berlin** (SchwurgK) gegen den Betroffenen M. wegen Totschlags (seiner damaligen Ehefrau) eine Freiheitsstrafe von acht Jahren verhängt. Die formellen Voraussetzungen für die gleichzeitige Anordnung (primärer) Sicherungsverwahrung (§ 66 StGB) waren zum damaligen Zeitpunkt nicht erfüllt – gänzlich **unbeschadet** der Frage eines **Tatorts** im sog. „Beitrittsgebiet" oder im Bereich der sog. „BRD alt". Gleichwohl ordnete das LG Berlin mit Urteil vom 24. 2. 2009 die nSV gegen den Betroffenen an. Zur Begründung zog es § 66 b Abs. 1 S. 2 iVm. § 66 Abs. 3 S. 1 StGB heran; neue Tatsachen seien entbehrlich; der Rückgriff auf die erstbezeichnete Norm sei zulässig, obwohl diese im Zeitpunkt der Anlasstat noch nicht existierte, weil es

---

⁴⁴³ BGH v. 10. 2. 2009 – 4 StR 391/07, NStZ-RR 2009, 171.
⁴⁴⁴ BGH v. 10. 2. 2009 – 4 StR 391/07, NStZ-RR 2009, 171 (172).
⁴⁴⁵ Vgl. dazu bereits *Ullenbruch* NStZ 2009, 141 (144) mwN; zur örtlichen (Un-)Zuständigkeit des Gerichts siehe Rn. 137.
⁴⁴⁶ LG Saarbrücken v. 17. 7. 2009 – 2 Ks 2/09.
⁴⁴⁷ Saarl. OLG v. 23. 4. 2010 – 1 Ws 73/10 – 2 Ks 2/09.
⁴⁴⁸ BGH v. 12. 5. 2010 – 4 StR 577/09; s. auch oben Rn. 111; zum Urt. des EGMR s. oben Rn. 2.
⁴⁴⁹ BGBl. I 2007 S. 513.
⁴⁵⁰ Vgl. BT-Drucks. 16/4740, S. 49 f. und LK-StGB/*Rissing-van Saan/Peglau* § 66 b Rn. 125.
⁴⁵¹ Oben Rn. 5 ff.
⁴⁵² Stand: 15. 4. 2010.
⁴⁵³ 1. LG Frankfurt/Oder v. 10. 5. 2007, bestätigt durch BGH v. 15. 4. 2008 – 5 StR 431/07, BGHSt 52, 205 = NStZ 2008, 330; 2. LG Berlin v. 24. 2. 2009, bestätigt durch BGH v. 27. 10. 2009 – 5 StR 296/09, NJW 2010, 245 (dazu sogleich Rn. 145 f.).
⁴⁵⁴ LG Leipzig v. 14. 3. 2008 – 3 KLs 49 b Js 111 347/92.
⁴⁵⁵ OLG Dresden v. 10. 4. 2008 – 1 Ws 70/08.
⁴⁵⁶ Zur (angeblichen) Verfassungsmäßigkeit der Regelung siehe sogleich Rn. 148.
⁴⁵⁷ BVerfG v. 22. 10. 2008 – 2 BvR 749/08, NJW 2009, 980 (983) mAnm *Ullenbruch* StraFo 2009, 52; vgl. auch Rn. 114.

(allein) auf die im Zeitpunkt der Entscheidung über die nSV geltende Rechtslage ankomme.[458] Der BGH bestätigte die Anordnung mit Urteil vom 27. 10. 2009.[459] Dem kann nicht gefolgt werden:

146 Der Wortlaut des § 66b Abs. 1 StGB nF mag zwar auf den ersten Blick darauf hindeuten, dass die Vorschrift auch auf die vorstehend bezeichnete „Konstellation" Anwendung finden solle, er ist andererseits aber auch nicht in der Weise eindeutig, dass er einer restriktiven, dem Willen des Gesetzgebers Rechnung tragenden Auslegung zwingend entgegenstünde. Dessen durchgreifende rechtliche Auslegungsrelevanz hat der Große Senat des BGH für Strafsachen unlängst ausdrücklich anerkannt.[460] Voraussetzung ist allerdings, dass der **entgegenstehende Wille des Gesetzgebers** eindeutig ist. Dem ist vorliegend so. Von der Neuregelung sollten lediglich ganz bestimmte „Altfälle" erfasst werden.[461] Keinesfalls war beabsichtigt, eine generelle „Öffnungsklausel" zu installieren, dahingehend, dass sich (auch) jede künftige Erweiterung der Sicherungsverwahrung automatisch rückwirkend dergestalt auswirkt, dass die (erweiternde) Neubestimmung der rechtlichen Gründe das Erfordernis neuer Tatsachen in Wegfall bringt. Im Gegenteil: In den Motiven findet sich angesichts des überhasteten Gesetzgebungsverfahrens hierzu zwar wenig; das Wenige aber ist unmissverständlich: Im Rechtsausschuss wurde die beabsichtigte Reichweite der Neuregelung ausdrücklich erörtert.[462] Klarstellende Änderungsanträge wurden zwar abgelehnt, aber nur, weil für eine Klarstellung kein Bedürfnis gesehen wurde. Die abschließene Empfehlung des Rechtsausschusses ist eindeutig: erfasst werden sollen lediglich die oben enumerativ aufgezählten Fallgruppen.[463] Im weiteren Gesetzgebungsverfahren wird dies weder vom BT noch vom BR in Frage gestellt. Die aktuelle Gesetzeslage ist demnach eindeutig.[464] Sie darf allenfalls vom Gesetzgeber korrigiert werden. Das vorgenannte Urteil des LG Berlin stellt folglich eine **unzulässige judikative Erweiterung** dar. Der 5. StS des BGH hätte die erstinstanzliche Entscheidung aufheben müssen – auch wenn sich die obersten Strafrichter gleichzeitig selbst hätten korrigieren müssen. Just derselbe Strafsenat hatte – bislang weithin unbemerkt (und womöglich „unbewusst") – in seiner Grundsatzentscheidung „zur Anwendbarkeit der Vorschrift des § 66b Abs. 1 S. 2 StGB" die Tür „sperrangelweit" geöffnet.[465]

147 **2. Bezugnahmen.** Die Ausführungen zur Fallgruppe des § 66b Abs. 1 S. 1 StGB gelten im Wesentlichen entsprechend.[466] Das Erfordernis der Beachtung der umfassenden Kognitionspflicht,[467] greift hier erst recht.[468]

148 **3. Besonderheiten.** Das BVerfG hat in einer *Kammerentscheidung* befunden, die mit § 66b Abs. 1 S. 2 StGB einhergehende Erweiterung der Möglichkeiten der Anordnung von nSV verstoße nicht gegen das Grundgesetz.[469] Dem muss scharf widersprochen werden. Insbesondere der **Verzicht auf das Erfordernis jeglicher „neuer Tatsachen"** ist mit Blick auf das allgemeine Vertrauensschutzgebot, den rechtsstaatlichen Stellenwert der Rechtskraft und die tatsächliche Verortung der Regelungsmaterie im Bereich der Wiederaufnahme zuungunsten des Betroffenen nicht hinnehmbar.[470]

V. Nachträgliche Sicherungsverwahrung nach Vorbehalt (§ 66a StGB)

149 Die „materielle" Vorschrift trat zum 28. 8. 2002 in Kraft.[471] Die **Theorie des Gesetzgebers** war, dass der Tatrichter, der die (zukünftige) Gefährlichkeit bestimmter Angeklagter zwar zu erahnen meint, jedoch (noch) nicht „feststellen" kann, sich die Unterbringung in der Sicherungsverwahrung wenigstens (erst einmal) „vorbehalten" und (später) – in einem zweiten Schritt – (feststellungsgegebenfalls) die Maßregel (endgültig) „anordnen" können soll.[472]

150 **1. Betroffener Personenkreis.** Die praktische Relevanz der Vorschrift tendiert gegen Null. Der Befund einer „**Norm ohne Land**"[473] drängt sich förmlich auf. Hoffnungsvoll in die Zukunft gedacht, besteht – durchaus – eine Chance auf einen prominenten Platz im **Museum symbolischer Ge-

---

[458] LG Berlin v. 24. 2. 2009 – (540) M 13/1 Kap Js 2826/96 VRs (14/08), insbes. S. 28 ff.
[459] Oben Rn. 144.
[460] BGH v. 7. 10. 2008 – GSSt 1/08, BGHSt 52, 379 (386 f.) = NStZ 2009, 141 mAnm *Ullenbruch*.
[461] Siehe oben Rn. 143.
[462] Vgl. dazu *Brandt*, Sicherheit durch nachträgliche Sicherungsverwahrung, S. 48 ff. mwN.
[463] BT-Drucks. 16/4740, S. 22 ff., 46.
[464] Wie hier LK-StGB/*Rissing-van Saan/Peglau* § 66b Rn. 131; ausf. *Peglau* NJW 2007, 1558 (1562).
[465] BGH v. 15. 4. 2008 – 5 StR 431/07, BGHSt 52, 205 (209) = NStZ 2008, 330 (331 f.).
[466] Oben Rn. 16 ff.
[467] Dazu oben Rn. 81.
[468] Näher dazu *von Freyer* ZStW 120 2008), 273 (323 ff.); im Erg. ähnl. Matt/Renzikowski/*Eschelbach* § 66b Rn. 27.
[469] BVerfG v. 22. 10. 2008 – 2 BvR 749/08, NJW 2009, 980.
[470] Ausf. dazu *Ullenbruch* StraFo 2009, 52 (53 ff.); vgl. auch Rn. 10, 47.
[471] BGBl. I 2002, 3344.
[472] Ausf. zum Normzweck MünchKommStGB/*Ullenbruch* § 66a Rn. 1 f.
[473] So bereits *Ullenbruch* NStZ 2008, 5.

Siebenter Abschn. Vorbehaltene oder nachträgl. Anordnung der SV 151 § 275a

setzgebung. Bis dahin dürfte die Regelung allerdings – dazuhin auch noch als missliche „Frucht" eines wider die Gewaltenteilung medial-erpressten „aberratio ictus"[474] – ein trauriges Mauerblümchendasein fristen. Jedenfalls steht derzeit weniger als eine „Handvoll"[475] der fast 75 000 Strafgefangenen in Deutschland[476] unter einem entsprechenden Vorbehalt, geschweige denn gibt es eine belastbare Bestätigung der Existenz auch nur eines einzigen rechtskräftig „Weggesperrten" auf Grundlage einer einem entsprechenden Vorbehalt nachfolgenden Anordnung der Maßregel. In den gut sieben Jahren seit Inkrafttreten der Vorschrift fundstellenmäßig belegbar bestätigt hat der BGH bislang lediglich *zwei* Anordnungen eines *Vorbehaltes*: 1. Durch das **LG Bayreuth** v. 29. 4. 2005[477] 2. Durch das **LG Deggendorf** v. 22. 2. 2008.[478] Ob der erstgenannten Entscheidung tatsächlich eine erstinstanzliche Anordnung im Nachverfahren (entsprechend § 66a Abs. 2 StGB) folgte, ist nicht bekannt. Dies erscheint aber eher unwahrscheinlich. Das LG Deggendorf wiederum könnte/müsste auf der Grundlage der – unzutreffenden, da gegen das Verschlechterungsverbot verstoßenden Rechtsauffassung des 1. StS des BGH[479] konsequenterweise zum frühestmöglichen Zeitpunkt[480] eine erstinstanzliche Anordnung der nSV gem. § 66a Abs. 2 StGB treffen.

Sämtliche sechs des weiteren bundesweit bekanntgewordene erstaktig angeordnete Vorbehalte sind indes – belastbar belegt – folgenlos geblieben: **Fall 1:** Mit Urteil vom 11. 8. 2003 hatte das **LG Essen** die Anordnung der Sicherungsverwahrung gegen einen Betroffenen vorbehalten. Die Frist für das Anordnungsverfahren gem. § 66a Abs. 2 StGB wurde versäumt. Der Versuch der StA, dies Jahre später durch einen Antrag gem. § 66b Abs. 1 StGB zu „heilen", scheiterte kläglich.[481] **Fall 2:** Mit Urteil vom 21. 8. 2003 hatte das **LG Amberg** die Anordnung der Sicherungsverwahrung gegen einen Betroffenen vorbehalten und mit Urteil vom 22. 4. 2005 nachträglich angeordnet. Der **BGH** hob die Entscheidung auf die Revision des Verurteilten mit Beschluss vom 25. 10. 2005 unter Hinweis auf die unzureichende Darlegung der materiellen Voraussetzungen der nachträglichen Anordnung der Maßregel auf und verwies die Strafsache an eine andere StrK des **LG Amberg** zu neuer Verhandlung und Entscheidung zurück. Mit Urteil vom 24. 5. 2006 ordnete diese erneut die Sicherungsverwahrung gegen den Betroffenen an. Der **BGH** hob die Anordnung auf die (erneute) Revision des Verurteilten mehr als fünf Monate danach, ua unter Hinweis darauf, das materiellrechtlich zur Begründung zukünftiger Gefährlichkeit herangezogene Verhalten sei „vollzugstypisch", auf und erkannte auf den endgültigen Wegfall der (vorbehaltenen) Anordnung.[482] **Fall 3:** Mit Urteil vom 4. 11. 2003 hatte das **LG Duisburg** die Anordnung der Sicherungsverwahrung gegen einen Betroffenen vorbehalten und mit Urteil vom 29. 3. 2006 nachträglich angeordnet. Der **BGH** hob die Anordnung auf die Revision des Verurteilten mehr als 8 Monate danach unter Hinweis auf die Verspätung der Anordnung[483] auf.[484] **Fall 4:** Mit Urteil vom 1. 7. 2004 hatte das **LG Kiel** die Anordnung der Sicherungsverwahrung gegen einen Betr. vorbehalten und mit Urteil vom 29. 3. 2007 nachträglich angeordnet. Der **BGH** hob die Anordnung knapp 6 Monate danach auf Revision des Betroffenen auf und ordnete das Unterbleiben der vorbehaltenen Anordnung der Sicherungsverwahrung unter Hinweis auf die erhebliche Überschreitung der materiellen Frist nach § 66a Abs. 2 StGB an.[485] **Fall 5:** Mit Urteil vom 12. 11. 2007 hatte das **LG Gera** die Anordnung gegen einen Betr. vorbehalten. Der **BGH** hob die Entscheidung auf die Revision des Verurteilten mit Beschluss vom 5. 9. 2008 auf und verwies die Sache an das LG zu neuer Verhandlung und Entscheidung zurück, unter Hinweis darauf, dass der neue Tatrichter anhand des rechtlich zutreffenden Maßstabs zu prüfen habe, ob die Unsicherheit über die Gefährlichkeit tatsächlich „zum gegenwärtigen Zeitpunkt" besteht.[486] **Fall 6:** Mit Urteil vom 28. 12. 2007 hatte (wiederum) das **LG Gera** die Anordnung gegen einen Betroffenen vorbehalten. Der 2. StS des **BGH** hob auch diese Entscheidung auf Revision des Betroffenen mit ähnl. Begründung und zutr. Hinweis auf das Verschlechterungsverbot wie im Fall 4 unter Zurückverweisung an das LG auf.[487] Das – dem entgegenstehende – restriktive Verständnis des Verschlech-

---

[474] Vgl. dazu nur MünchKommStGB/*Ullenbruch* § 66a Rn. 8.
[475] Stand: 15. 7. 2010.
[476] Siehe oben Rn. 5.
[477] BGH v. 6. 12. 2005 – 1 StR 347/05, StraFo 2006, 81.
[478] BGH v. 9. 9. 2008 – 1 StR 449/08, NStZ 2009, 566.
[479] Dazu sogleich unten Rn. 151.
[480] Hierzu unten Rn. 176.
[481] OLG Hamm v. 5. 1. 2010 – 4 Ws 348/09, StV 2010, 189; ausf. dazu unten Rn. 153 (Beispiel 2).
[482] BGH v. 10. 11. 2006 – 1 StR 483/06, NStZ 2007, 267; vgl. Bespr. *Ullenbruch* NStZ 2008, 5 (8 ff.).
[483] Näher dazu unten Rn. 172 ff.
[484] BGH v. 14. 12. 2006 – 3 StR 269/06, BGHSt 51, 159 = NStZ 2007, 327; vgl. Bespr. *Ullenbruch* NStZ 2008, 5 (6 ff.).
[485] BGH v. 11. 9. 2007 – 3 StR 323/07, StraFo 2007, 514.
[486] BGH v. 5. 9. 2008 – 2 StR 237/08, StV 2008, 635; vgl. auch Rn. 194 (zum Verschlechterungsverbot bezüglich § 66 StGB).
[487] BGH v. 5. 9. 2008 – 2 StR 265/08, NStZ 2009, 27; vgl. auch nochmals Rn. 194.

terungsverbots seitens des 1. StS des **BGH** in seiner Bestätigung der rechtswidrigen Anordnung eines Vorbehalts durch das **LG Deggendorf**[488] ist rechtsstaatlich unerträglich: zur Vermeidung einer (vermeintlichen) Schutzlücke[489] verneint er eine „Beschwer" des Betroffenen hierdurch mittels des Kunstgriffes einer spekulativen Würdigung der Würdigung der Erstinstanzrichter im Brustton der – „... unter diesen Umständen ... in ihrer Gesamtheit mit genügender Klarheit ..." gewonnenen – Überzeugung, diese hätten bei „rechtsfehlerfreier" Erkenntnis, es bedürfe keiner „zusätzlicher Erkenntnisse" hinsichtlich der Feststellung der (aktuellen) Gefährlichkeit des Betroffenen (etwa in Gestalt einer psychiatrischen Exploration), ihr Ermessen hinsichtlich der primären Anordnung der Sicherungsverwahrung (gem. § 66 Abs. 3 S. 2 bzw. Abs. 2 StGB) bejahend ausgeübt.[490] Das beinhaltet die rechtsstaatlich waghalsige Unterstellung, die Landrichter hätten keinesfalls in Kenntnis der abweichenden Rechtsansicht der obersten Strafrichter – und sei es aus „liberaler Hasenfüßigkeit" iVm. modifiziertem Begründungsansatz – lediglich von der Vorbehaltsmöglichkeit gem. § 66a StGB Gebrauch gemacht. Ließe man – verfassungsrechtlich – eine derartige Einführung der Rechtsfigur der revisionsrichterlichen „Ersetzung des Ermessens" des vorinstanzlichen Spruchkörpers im Bereich des Strafrechts zu, könnte man auch gleich – konsequent ergebnisorientiert – die richterliche Unabhängigkeit in diesem Rechtspflegesektor in Gänze als letztlich obsolet „entsorgen".

152 2. **Gerichtlicher Entscheidungsbedarf (Abs. 1 S. 1 Hs. 2).** Im Unterschied zu Verfahren auf nSV ohne vorangegangenen Vorbehalt (§ 66b Abs. 1 oder Abs. 2 StGB)[491] bedarf es hier keiner externen Initiative (etwa in Gestalt eines Antrages der StA).[492] Wegen des Vorbehalts (§ 66a Abs. 1) ist das ursprüngliche Hauptverfahren noch gar nicht beendet. Das (nach wie vor) zuständige Gericht muss daher **von Amts wegen** über den 2. Teil – die vorbehaltene Sicherungsverwahrung – entscheiden.[493]

153 3. **„Fortsetzung" des Verfahrens.** Auch wenn das Hauptverfahren – wie soeben ausgeführt – mit dem Abschluss der Anordnung des Vorbehalts nicht beendet ist, bedarf es zu seiner Fortführung eines erneuten „Impulses", der allerdings allenfalls untechnisch als erneute „Einleitung"[494] zu verstehen ist. Der Gesetzgeber wollte sich insoweit wohl (nur) nicht auf eine entsprechende „Wiedervorlage" des Gerichts verlassen; stattdessen hat er (auch insoweit) die Verantwortung der „Vollstreckungsbehörde" auferlegt.[495] Dass (auch) diese Rechnung nicht (immer) aufgeht, zeigen (bereits) folgende Verfahrensgänge: **Beispiel 1:** Oktober 2006: Das **LG München II** verhängt eine Freiheitsstrafe und behält eine Anordnung von Sicherungsverwahrung vor; Stichtag für die Entscheidung hierüber: 5. 12. 2008; Mai 2008: Staatsanwaltschaftsintern wird eine Wiedervorlagefrist versäumt; September 2008: Die Behörde leitet die Akten dem Gericht (endlich) zu; das LG München II trifft bis zum 5. 12. 2008 (gleichwohl) keine Entscheidung; der Vorsitzende verabschiedet sich in den Ruhestand; Die Anordnung der nSV unterbleibt letztlich bereits wegen Fristüberschreitung; der Betroffene wird (voraussichtlich) im Februar 2011 (Strafende) entlassen werden.[496] **Beispiel 2:** Auch das **LG Essen** erkannte am 11. 8. 2003 auf eine Freiheitsstrafe und behielt sich zugleich die Anordnung der Sicherungsverwahrung vor; Stichtag für die Entscheidung hierüber: 7. 3. 2007; die (Weiter-)Betreibung des Verfahrens auf Anordnung der Sicherungsverwahrung gem. § 66a StGB wurde indes versäumt; unter Berücksichtigung geleisteter Arbeitszeiten (§ 43 Abs. 9 StVollzG) errechnete sich der Endstrafenzeitpunkt auf den 21. 12. 2009. 12 Tage zuvor – mit Antragsschrift vom 9. 12. 2009 – begehrte die StA Essen die Anordnung der nSV des Betr. gem. § 66b Abs. 1 StGB; das LG Essen bejahte dringende Gründe für eine derartige Anordnung und erließ diesbezüglich am 16.12. 2009 einen UB gem. Abs. 5 S. 1; auf Beschwerde des Betr. hob das OLG Hamm den UB am 5. 1. 2010 auf, weil im Falle einer Versäumung der Frist gem. § 66a Abs. 2 S. 1 StGB ein nachfolgendes Verfahren auf Anordnung der nSV gem. § 66b StGB nur auf solche Tatsachen gestützt werden könne, die nach Ablauf der vorbezeichneten Frist erkennbar geworden sind.[497]

154 4. **Zuständige Staatsanwaltschaft (Abs. 1 S. 1 Hs. 2).** Die Ausführungen zum Verfahren auf nSV ohne vorangegangenen Vorbehalt gelten sinngemäß.[498]

---

[488] Hierzu oben Rn. 150.
[489] Allg. dazu Rn. 47, 192.
[490] BGH v. 9. 9. 2008 – 1 StR 449/08, NStZ 2009, 566 (567); ähnl. bereits BGH v. 6. 12. 2005 – 1 StR 347/05, StraFo 2006, 81.
[491] Dazu oben Rn. 16 f.
[492] SK-StPO/*Frister* Rn. 14.
[493] Löwe/Rosenberg/*Gollwitzer*, 25. Aufl. Nachtr., Rn. 12; *Meyer-Goßner* Rn. 6; SK-StPO/*Frister* Rn. 17.
[494] So aber SK-StPO/*Frister* Rn. 12.
[495] SK-StPO/*Frister* Rn. 12.
[496] Vgl. „Süddeutsche Zeitung" v. 7. 8. 2009.
[497] OLG Hamm v. 5. 1. 2010 – 4 Ws 348/09, StV 2010, 189 (191 ff.); vgl. auch Rn. 41, 72, 151.
[498] Dazu oben Rn. 20.

5. Rechtzeitige Aktenübersendung. Bezugspunkt für die Beurteilung ist hier die Frist in § 66 a 155 Abs. 2 S. 1 StGB. Die Akten sind folglich so frühzeitig zu übersenden, dass das Gericht spätestens 6 Monate vor dem Zeitpunkt, ab dem eine Aussetzung der Vollstreckung des Strafrests zur Bewährung nach §§ 57 Abs. 1 S. 1 Nr. 1, 57a Abs. 1 S. 1 Nr. 1 StGB (auch iVm. § 454b Abs. 3 StPO) möglich ist, zumindest eine erstinstanzliche Entscheidung über die Anordnung der Sicherungsverwahrung treffen kann.[499] Bei der Abschätzung der für die Vorbereitung und Durchführung der HV erforderlichen Zeit ist insbesondere zu berücksichtigen, dass das Gericht vor der Entscheidung das Gutachten eines Sachverständigen einzuholen hat (§ 275a Absatz 4 S. 1), dessen Erstellung erfahrungsgemäß längere Zeit in Anspruch nimmt.[500]

6. Gegenstand und Dauer der staatsanwaltlichen Prüfung. Die Staatsanwaltschaft prüft, wie sie 156 sich zur Frage der Anordnung der bislang nur vorbehaltenen Sicherungsverwahrung verhält. Bezugspunkt sind die Voraussetzungen des § 66a Abs. 2 StGB. Als **Materialien** kommen vor allem Berichte der JVA (einschließlich Stellungnahmen des psychologischen Dienstes), ggf. aber auch hier erste „Äußerungen" des Betroffenen und seines Verteidigers in Betracht. Ein Gutachten zur Kriminalprognose wird die StA in aller Regel nicht selbst in Auftrag geben.[501] Die Prüfung ist – auch mit Blick auf die Konsequenzen einer Fristüberschreitung[502] – auch hier äußerst zügig durchzuführen.

7. Information des Betroffenen (Abs. 1 S. 2). Die gesetzliche Vorgabe bezieht sich auch auf Verfahren 157 nach entsprechendem Vorbehalt. Im Hinblick auf die **Belehrungspflicht** am Ende des „1. Teils" (§ 268d) ist sie allerdings nicht ganz so bedeutend wie bei der nachträglichen Anordnung gemäß § 66b Abs. 1 oder Abs. 2 StGB. Die dortigen Ausführungen gelten gleichwohl sinngemäß.[503]

8. Antrag (Abs. 1 S. 4). Entgegen dem Gesetzeswortlaut bedarf es hier keines förmlichen „An- 158 trages" der StA.[504]

9. Unverzügliche Aktenübergabe. Jedenfalls „faktisch" wird das Verfahren zur Anordnung von 159 Sicherungsverwahrung nach vorangegangenem Vorbehalt erst mit „Eingang" der Akten bei dem Vorsitzenden „fortgeführt".[505] Vor allem mit Blick darauf dürfte der Gesetzgeber die StA verpflichtet haben, auch hier die Akten „unverzüglich" (nach Erhalt von der Vollstreckungsbehörde) an den Vorsitzenden des Gerichts zu übergeben (Abs. 1 S. 4). In einer früheren Fassung hatte er sogar verlangt, dass dies „innerhalb einer Woche" erfolgt.[506] Nach wie vor dürfte das Ende dieses Zeitraums in der Regel die Grenze markieren, jenseits der „**schuldhaftes Zögern**" beginnt. Im Übrigen gelten die Ausführungen zum Verfahren auf Unterbringung nach § 66b Abs. 1 oder Abs. 2 StGB sinngemäß.[507]

10. Mitteilung an StVK. Auch hier besteht die Gefahr divergierender Entscheidungen. Die Aus- 160 führungen zum Einbau entsprechender „Sicherungen" aus Sicht der StA gelten deshalb sinngemäß.[508]

11. Zuständiges Gericht. Die Entscheidung über die vorbehaltene Sicherungsverwahrung ob- 161 liegt ausnahmslos dem Gericht, das auch den „1. Teil" der Hauptverhandlung erstinstanzlich durchgeführt hat (§ 74 f Abs. 1, 120a Abs. 1 GVG). Zwischenzeitlich erfolgte personelle Veränderungen sind unschädlich.[509]

12. Kein Zwischenverfahren. Während das (legislative) Absehen von einem Zwischenverfahren 162 im Verfahren auf Anordnung nachträglicher Sicherungsverwahrung ohne vorangegangenen Vorbehalt womöglich auf einem Versehen beruht,[510] wäre es hier im Hinblick auf die „Einheit" des Verfahrens keinesfalls sachgerecht.

13. Mitteilung des Antrags an Betroffenen. Die Ausführungen zum Verfahren auf Anordnung 163 von Sicherungsverwahrung gemäß § 66b Abs. 1 oder Abs. 2 StGB gelten entsprechend.[511]

---

[499] *Meyer-Goßner* Rn. 5.
[500] SK-StPO/*Frister* Rn. 13.
[501] AA wohl *Meyer-Goßner* Rn. 10.
[502] Vgl. unten Rn. 172 ff.
[503] Rn. 26 ff.
[504] Vgl. Rn. 152.
[505] Ähnl. SK-StPO/*Frister* Rn. 17.
[506] Vgl. BT-Drucks. 15/2887, S. 15.
[507] Oben Rn. 51.
[508] Oben Rn. 52.
[509] *Meyer-Goßner* Rn. 8.
[510] Dazu Rn. 55.
[511] Oben Rn. 56.

164 14. Pflichtverteidiger. Die Notwendigkeit der Mitwirkung eines Verteidigers folgt bereits aus der Tatsache, dass es sich vorliegend lediglich um den „2. Teil" eines „einheitlichen" Verfahrens[512] handelt, dessen Hauptverhandlung(en) im ersten Rechtszug zwingend vor dem LG oder dem OLG stattfindet/n (§ 140 Abs. 1 Nr. 1).[513] Infolge **Fortwirkung der Beiordnung** für den „1. Teil" ist eine erneute Bestellung (grundsätzlich) nicht erforderlich. Auf Grund der nicht selten großen zeitlichen Distanz zwischen den beiden Verfahrensabschnitten muss der Vorsitzende aber nach Erhalt der Akten unverzüglich klären, ob der Betroffene „tatsächlich" noch von seinem früheren Verteidiger vertreten wird. Ist dieser hierzu nicht mehr willens (oder in der Lage) und beantragt der Verurteilte (nach entsprechender Anfrage) auch nicht seinerseits die Beiordnung eines anderen Verteidigers, ist ihm schnellstmöglich ein „neuer" Pflichtverteidiger zu bestellen (analog § 141 Abs. 2).[514]

165 15. Beauftragung eines Sachverständigen (Abs. 4 S. 1). Ist über die nachträgliche Anordnung der Sicherungsverwahrung nach vorangegangenem Vorbehalt (§ 66a Abs. 2 StGB) zu entscheiden, muss das Gericht (**mindestens**) **ein Gutachten** eines Sachverständigen einholen, der den Verurteilten tunlichst vorher explorieren sollte.[515] Das ergibt sich im Übrigen bereits aus § 246a S. 1.[516] Hinsichtlich der Bedeutung (und der Problematik) der Qualität der Gutachten (und der Einflussnahme der Verteidiger auf die Auswahl des Sachverständigen etc.) gelten die Ausführungen zum Verfahren über die Anordnung der nachträglichen Sicherungsverwahrung gemäß § 66b Abs. 1 oder Abs. 2 StGB sinngemäß.[517]

166 16. Nebenklage. Im Unterschied zum Verfahren auf nachträgliche Anordnung der Sicherungsverwahrung ohne vorangegangenen Vorbehalt – und mithin nach dem insoweit endgültig „abgeschlossenen" Ursprungsverfahren – bleibt einem Berechtigten aufgrund der „Einheit des Verfahrens"[518] die **Befugnis** zum Anschluss (grundsätzlich) erhalten (vgl. § 395).[519]

167 17. Sonstige Vorbereitung der Hauptverhandlung (Abs. 2). Entsprechend der gemeinsamen Verweisungsvorschrift gelten die Ausführungen zum Verfahren auf nachträgliche Anordnung der Maßregel ohne vorangegangenen Vorbehalt sinngemäß.[520]

168 18. Durchführung der Hauptverhandlung (Abs. 3). Auch insoweit gelten – entsprechend der gemeinsamen Verweisungsvorschrift – die Ausführungen zum Verfahren auf nachträgliche Anordnung der Maßregel nach § 66b Abs. 1 oder Abs. 2 StGB sinngemäß.[521] Der **Berichterstatter** hat hier überdies sorgfältig darzulegen, aus welchen Gründen das Gericht die Entscheidung über die Sicherungsverwahrung (lediglich) vorbehalten hat.[522] Im Rahmen der **Urteilverlesung** sind insbesondere alle Feststellungen zu den formellen Voraussetzungen der Sicherungsverwahrung und zu der in dem Urteil noch nicht abschließend beurteilten Gefährlichkeit (iSd. § 66 Abs. 1 Nr. 3 StGB) in die Hauptverhandlung einzubringen.[523]

169 19. Entscheidung. a) Alternativen. Das Gericht hat nur die Möglichkeit, entweder die nachträgliche Sicherungsverwahrung anzuordnen oder davon abzusehen. Dabei ist die exakte Bezeichnung des früheren Urteils vor allem wegen der registerrechtlichen Folgen[524] wichtig.[525]

170 b) Zeitpunkt. Die (erstinstanzliche) Entscheidung im „2. Teil" des Verfahrens auf Anordnung von Sicherungsverwahrung nach vorangegangenem Vorbehalt darf nur innerhalb eines bestimmten **Zeitfensters** ergehen, dh. es gibt sowohl hinsichtlich des frühest-, als auch hinsichtlich des spätestmöglichen Zeitpunktes Grenzen:

171 aa) Bestandskräftiger Vorbehalt als Anordnungserfordernis. Die Durchführung des „2. Teils" setzt (bereits aus Gründen der Logik) die vorangegangene Durchführung eines „1. Teils" voraus. Das bedeutet, dass zumindest erstinstanzlich ein Vorbehalt nach § 66a Abs. 1 StGB angeordnet worden sein muss. Der Vorbehalt muss in der Urteilsformel zum Ausdruck gebracht worden sein

---

[512] Dazu oben Rn. 152.
[513] *Meyer-Goßner* Rn. 8; Anw-StPO/*Martis* Rn. 3.
[514] So zutr. SK-StPO/*Frister* Rn. 17; ähnl. – aber unter Inbezugnahme von § 140 Abs. 1 – Löwe/Rosenberg/*Gollwitzer* 25., Aufl. Nachtr., Rn. 14.
[515] MünchKommStGB/*Ullenbruch* § 66a Rn. 59; ebenso Matt/Renzikowski-StGB/*Eschelbach* § 66a Rn. 11.
[516] SK-StPO/*Frister* Rn. 20; *Meyer-Goßner* Rn. 10.
[517] Oben Rn. 58 ff.
[518] Dazu oben Rn. 152.
[519] Löwe/Rosenberg/*Gollwitzer*, 25. Aufl. Nachtr., Rn. 39; *Meyer-Goßner* Rn. 14.
[520] Dazu oben Rn. 64.
[521] Rn. 65 ff.
[522] Löwe/Rosenberg/*Gollwitzer*, 25. Aufl. Nachtr., Rn. 19; SK-StPO/*Frister* Rn. 18.
[523] SK-StPO/*Frister* Rn. 19; auch insow. teilw. ähnl. bereits Löwe/Rosenberg/*Gollwitzer*, 25. Aufl. Nachtr. § 275a Rn. 20.
[524] Vgl. dazu unten Rn. 213.
[525] SK-StPO/*Frister* Rn. 29.

(§ 260 Abs. 4 S. 3). Ohne einen solchen Vorbehalt ist die Strafklage auch hinsichtlich der Rechtsfolge der Sicherungsverwahrung grundsätzlich „verbraucht". Eine Sicherungsverwahrung kann dann nur noch unter den Voraussetzungen des § 66 b StGB als eine die Rechtskraft des Ersturteils durchbrechende nachträgliche Sicherungsverwahrung angeordnet werden.[526] Daraus folgt indes **nicht**, dass der Vorbehalt **bereits** zum Zeitpunkt der „**Einleitung**" des „**Nachverfahrens**" **rechtskräftig** geworden sein muss, dh. Schuldspruch und Feststellung der formellen Voraussetzungen der Sicherungsverwahrung nicht mehr mit Rechtsmitteln angreifbar sein dürfen.[527] Zum einen wird das Verfahren lediglich „fortgeführt", zum anderen bedarf es zwingend einer „Entscheidung" auch insoweit[528] – schließlich muss diese spätestens zu einem bestimmten Zeitpunkt erfolgen.[529] Eine andere Frage ist, welchen Inhalt diese Entscheidung hat: ohne vorangegangenen Eintritt der Rechtskraft hinsichtlich der Anordnung des Vorbehaltes kommt eine Anordnung der Maßregel nicht in Betracht; nach dem spätesten Zeitpunkt für deren Anordnung kommt eine revisionsgerichtliche Bestätigung eines vom Betroffenen angegriffenen Vorbehaltes nicht mehr in Betracht.

bb) Fristüberschreitung als Anordnungshindernis. Im Unterschied zum Verfahren über die nachträgliche Anordnung der Sicherungsverwahrung ohne vorangegangenen Vorbehalt[530] hat der Gesetzgeber für die vorliegende Fallgruppe folgende Bestimmung getroffen: „Über die Anordnung der Sicherungsverwahrung entscheidet das Gericht spätestens sechs Monate vor dem Zeitpunkt, ab dem eine Aussetzung der Vollstreckung des Strafrestes zur Bewährung nach § 57 Abs. 1 S. 1 Nr. 1, § 57a Abs. 1 S. 1 Nr. 1, auch in Verbindung mit § 454 b Abs. 3 der Strafprozessordnung möglich ist." (§ 66a Abs. 2 S. 1 StGB). **Ob** es sich hierbei um eine „**Ausschlussfrist**" handelt – ihre Überschreitung mithin der Anordnung der Sicherungsverwahrung entgegensteht – oder lediglich um eine unverbindliche Ordnungsvorschrift, ist in Rspr. und Lit. nach wie vor **umstritten**:

Rspr.: In einer ersten Entscheidung hatte der 1. StS des BGH in einer (allerdings sehr kurzen) Fristüberschreitung keinen durchgreifenden Rechtsfehler gesehen.[531] Der 3. Strafsenat des BGH vertrat indes die Auffassung, es handelte sich um eine grundsätzlich verbindliche materiellrechtliche Voraussetzung für die Anordnung der Sicherungsverwahrung; ob im Falle einer ganz kurzfristigen (von der Justiz nicht zu verantwortenden) Überschreitung der Verstoß gegen § 66a Abs. 2 S. 1 StGB ausnahmsweise unschädlich sein könnte, ließ er offen.[532] Das LG Kiel erklärte mit Urteil vom 29. 3. 2007 ausdrücklich, es teile diese Rechtsauffassung bereits im Grundsatz nicht und ordnete trotz Fristüberschreitung bundesweit erst- und bislang einmalig[533] gegen einen Betroffenen nSV gem. § 66 a Abs. 2 StGB an.[534] Der 3. Strafsenat des BGH hob diese Entscheidung unter Festhaltung an seiner Rechtsauffassung auf, ließ das Bestehen einer Ausnahmemöglichkeit bei kurzfristiger Überschreitung weiterhin offen, stellte aber klar, dass ein ausdrückliches Einverständnis des Betr. und seines Verteidigers mit Verlegungen der Hauptverhandlung unschädlich sei.[535] Das OLG Schleswig und das OLG Hamm gehen von einer materiellrechtlichen zwingenden Frist aus.[536]

Lit.: Nach einer Auffassung handelt es sich um eine bloße Ordnungsvorschrift, deren Nichtbeachtung im Allgemeinen folgenlos bleibt.[537] Auch Abs. 5 gehe davon aus, dass eine Fristüberschreitung die Anordnung der Sicherungsverwahrung nicht hindere.[538] Nach anderer Auffassung legt es die in § 268 d vorgesehene Belehrung über den „Zeitraum, auf den sich der Vorbehalt bezieht", nahe, den Vorbehalt als verfallen anzusehen, wenn über ihn nicht in diesem Zeitraum entschieden wurde.[539] Nach diesem Zeitpunkt komme eine Anordnung der Maßregel jedenfalls nach § 66a StGB nicht mehr in Betracht.[540]

Eigene Meinung: Zunächst ist festzustellen, dass es insoweit nur ein „**Entweder – Oder**" gibt. Dass der 3. Strafsenat beide Entscheidungen für vereinbar hält, ist verwunderlich, denn wenn die

---

[526] Löwe/Rosenberg/*Gollwitzer*, 25. Aufl. Nachtr., § 260 Rn. 1; SK-StPO/*Frister* Rn. 6; siehe dazu auch unten Rn. 183.
[527] So aber SK-StPO/*Frister* Rn. 6 und Löwe/Rosenberg/*Gollwitzer*, 25. Aufl. Nachtr., Rn. 3.
[528] Dazu oben Rn. 152.
[529] Dazu sogleich unten Rn. 172 ff.
[530] Dazu oben Rn. 74 ff.
[531] BGH v. 6. 12. 2005 – 1 StR 347/05, StraFo 2006, 81.
[532] So BGH v. 14. 12. 2006 – 3 StR 269/06, BGHSt 51, 159 = NStZ 2007, 327.
[533] OLG Schleswig v. 17. 10. 2008 – 2 Ws 405/08, NStZ-RR 2009, 75; OLG Hamm v. 5. 1. 2010 – 4 Ws 348/09, StV 2010, 189 (191); vgl. auch oben Rn. 153.
[534] LG Kiel v. 29. 3. 2007 – 559 Js 58 847/03 – II KLs 15/04.
[535] BGH v. 11. 9. 2007 – 3 StR 323/07, StraFo 2007, 514.
[536] Siehe oben Rn. 153.
[537] LK-StGB/*Rissing-van Saan/Peglau* § 66 a Rn. 79.
[538] Anw-StPO/*Martis* Rn. 2.
[539] SK-StPO/*Frister* Rn. 9.
[540] *Fischer* § 66 a Rn. 9.

Fristbeachtung eine zwingende Voraussetzung ist, muss auch eine nur geringfügige Fristüberschreitung der Anordnung entgegen stehen.[541] Die Zeitgrenze ist folglich eine absolute. Der Schutz des Vertrauens des Verurteilten, dass wegen derselben Tat, die schon den Grund für die Strafvollstreckung bildet, nicht auf unbestimmte Zeit der Ausspruch einer weiteren Sanktion droht, ist zu schützen.[542]

176 Die Zeitgrenze gilt allerdings **nur für das erste tatrichterliche Urteil**, nicht hingegen für nachfolgende Entscheidungen im Rechtsmittelverfahren.[543] Das war früher umstritten. Durch die Neufassung des Abs. 5 S. 3 ist dies klargestellt. Das ist auch sachgerecht. Bei der Vollstreckung mehrerer Freiheitsstrafen kommt es auf den Zeitpunkt möglicher gemeinsamer Reststrafenaussetzung (§ 454 b Abs. 3) an.[544] Einen frühestmöglichen Zeitpunkt sieht das Gesetz nicht vor. Die Entscheidung darf jedoch nicht vor dem Zwei-Drittel-Zeitpunkt erfolgen.[545] Dies gebietet bereits der Grundsatz der Verhältnismäßigkeit. Andernfalls würde dem Betroffenen die Möglichkeit genommen, möglichst viele Umstände, die nach der Anordnung des Vorbehalts eingetreten sind und für eine eindeutige Beurteilung iSd. Gefährlichkeit herangezogen werden können, bereits im Laufe des Hauptverfahrens ins Feld zu führen.

177 c) **Form.** Auch bei dieser Fallgruppe muss die Entscheidung stets durch **Urteil** ergehen. Die Ausführungen zum Verfahren auf nachträgliche Anordnung ohne vorangegangenen Vorbehalt gelten sinngemäß.[546]

178 d) **Prüfungsgegenstand.** Der Prüfungsgegenstand ist **extrem eingeschränkt**. Er ergibt sich zum einen aus dem (eigentlichen) Entscheidungsgegenstand. Dieser wiederum folgt aus § 66 a Abs. 2 S. 2 StGB: Anordnung/Nichtanordnung der Sicherungsverwahrung in Abhängigkeit von der Feststellung der qualifizierten Gefährlichkeit des Betroffenen. Zum anderen sind auch insoweit gewisse Bindungen an die Feststellungen im Vorbehaltsurteil gem. § 66 a Abs. 2 S. 1 StGB zu beachten. Außerdem bedarf es bezogen darauf der Feststellung relevanter „neuer Tatsachen". Demnach hat sich die Beweisaufnahme **ausschließlich** auf den Bereich der weiteren **Persönlichkeitsentwicklung** des Betroffenen **während** der **Vollstreckung** der Strafe **aus** der **Ausgangsverurteilung** zu erstrecken.

179 Umgekehrt bedeutet dies: Sind die **formellen Voraussetzungen** für eine Anordnung der Maßregel im Vorbehaltsurteil zu Unrecht bejaht worden, oder werden sie nunmehr bestritten, ist das Gericht gleichwohl an seine ursprüngliche (rechtskräftige) Auffassung gebunden. Gleiches gilt sogar für den Fall, dass sich „neue Tatsachen" herausstellen, die die **Unschuld** des Betroffenen nahelegen. Es bleibt nur die Möglichkeit, eines Antrages auf **Wiederaufnahme des Verfahrens**, über den aber ein anderes Gericht zu entscheiden hat (§ 140 a GVG) und ggf. eine **Aussetzung** des vorliegenden Verfahrens.[547]

180 Alle im Zeitpunkt der Anordnung des Vorbehalts bereits existenten Tatsachen, die für die Beurteilung der Gefährlichkeit von Bedeutung sind, sind **keine „neuen Tatsachen"** im vorbezeichneten Sinne. Nur so kann dem Grundsatz des Vertrauensschutzes und der Bedeutung der Rechtskraft eines Strafurteils ausreichend Rechnung getragen werden.[548]

181 e) **Darlegungen.** Auf jeden Fall darzulegen ist, ob und inwieweit im Ausgangsurteil Ausführungen zur Sicherungsverwahrung oder vorbehaltenen Sicherungsverwahrung enthalten sind"[549] Ansonsten gelten die Ausführungen zum Verfahren auf Anordnung nach § 66 b StGB sinngemäß.[550]

182 20. **Rechtswirkung.** Mit der hier ergehenden Entscheidung – (rechtskräftige) Anordnung oder Ablehnung der Sicherungsverwahrung – ist der **Vorbehalt** des 1. Urteils endgültig **erledigt**.[551]

183 21. Option „neuer Verfahren". Der Umstand, dass **bereits** ein **Verfahren nach § 66 a StGB durchgeführt** und mit der Anordnung des Unterbleibens der im Ausgangserkenntnis vorbehaltenen Anordnung der Sicherungsverwahrung abgeschlossen wurde, schließt grundsätzlich die Möglichkeit nicht aus, zu einem späteren Zeitpunkt nach den Grundsätzen des § 66 b StGB doch noch

---

[541] *Ullenbruch* NStZ 2008, 5 (7); ebenso *Meyer-Goßner* Rn. 5.
[542] So bereits *Ullenbruch* NStZ 2008, 5 (7); ähnl. Matt/Renzikowski-StGB/*Eschelbach* § 66 a Rn. 12.
[543] *Meyer-Goßner* Rn. 5.
[544] SK-StPO/*Frister* Rn. 7.
[545] (Damals noch) etwas zurückhaltender: MünchKommStGB/*Ullenbruch* § 66 a Rn. 44; ebenso Matt/Renzikowski-StGB/*Eschelbach* § 66 a Rn. 12.
[546] Dazu oben Rn. 43 ff.
[547] Vgl. dazu SK-StPO/*Frister* Rn. 23 und *Meyer-Goßner* Rn. 12.
[548] Im Erg. wie hier SK-StPO/*Frister* Rn. 27; enger (iS einer Begrenzung auf das Tatgeschehen) *Meyer-Goßner* Rn. 12 und Löwe/Rosenberg/*Gollwitzer* 25. Aufl. Nachtr., Rn. 24; vgl. dagegen aber BT-Drucks. 14/8586, S. 5 und 14/9264, S. 10.
[549] *Meyer-Goßner* Rn. 13 a.
[550] Vgl. oben Rn. 85 ff.
[551] *Meyer-Goßner* Rn. 12.

zur Anordnung einer nachträglichen Sicherungsverwahrung zu gelangen.[552] Die Zulässigkeit setzt allerdings zum einen eine rechtzeitige Antragsstellung voraus.[553] Zum anderen müssen tatsächlich neue „neue Tatsachen" vorliegen. Entscheidender zeitlicher Bezugspunkt ist insoweit die letzte Tatsachenverhandlung. Dies gilt – Stichwort: Vorrang des Erkenntnisverfahrens[554] – selbst dann, wenn die Anordnung der vorbehaltenen Sicherungsverwahrung allein an der landgerichtlichen Versäumung der materiellrechtlichen Frist des § 66a Abs. 2 S. 1 StGB gescheitert ist. Die vertrauensbegründende Wirkung einer derartigen rechtskräftigen Entscheidung ist nicht als geringer zu bewerten als diejenige einer solchen, die aus inhaltlichen Gründen von der Anordnung der Maßregel absieht.[555]

22. Unterbringungsbefehl (Abs. 5). a) Bedeutung. Auch im Falle der vorbehaltenen Sicherungsverwahrung (§ 66 a StGB) kann das Gericht einen UB erlassen. Hinsichtlich des Zwecks des Instituts kann auf die Ausführungen zum Verfahren auf nachträgliche Anordnung ohne vorangegangenen Vorbehalt verwiesen werden.[556] Auch die Einheitlichkeit des Charakters als UB (entsprechend den sonstigen Fällen der Unterbringung nach § 126 a) versteht sich inzwischen von selbst, nachdem früher bei der vorbehaltenen Sicherungsverwahrung mitunter Untersuchungshaft für zulässig erachtet worden war.[557] Dagegen ist die Bedeutung im vorliegenden Zusammenhang geringer, weil hinsichtlich der Voraussetzungen seines Erlasses zusätzliche Einschränkungen zu beachten sind.[558] 184

b) Zuständigkeit. Soweit die Anordnung der Sicherungsverwahrung nach § 66 a StGB vorbehalten wurde, richtet sich die Zuständigkeit für den Erlass des UB nach der Zuständigkeit für das Hauptverfahren; sie ergibt sich damit aus § 74 f GVG.[559] 185

c) Voraussetzungen. aa) Rechtzeitige erstinstanzliche Anordnung (Abs. 5 Satz 3). Der Erlass eines UB kommt nur in Betracht, wenn zwei Voraussetzungen erfüllt sind. Zum einen muss das Gericht die vorbehaltene Sicherungsverwahrung im ersten Rechtszug bereits **angeordnet** haben; nicht ausreichend ist, wenn die StA gegen die Nichtanordnung der Sicherungsverwahrung Revision eingelegt hat.[560] Zum anderen muss diese **spätestens** bis zu der in § 66 a Abs. 2 S. 1 StGB vorgeschriebenen Frist – 6 Monate plus verbleibender Strafrest[561] – erfolgt sein (§ 275 a Abs. 5 S. 3). Anderenfalls ist der Betroffene nach völliger Strafverbüßung zwingend auf freien Fuß zu setzen.[562] 186

bb) Dringende Gründe. Auch hier sind für den Erlass des UB „dringende Gründe" erforderlich. Diese ergeben sich aber bereits aus der Anordnung der Sicherungsverwahrung im erstinstanzlichen Urteil. Es genügt deshalb ggf. eine Bezugnahme hierauf.[563] 187

d) Geltungsdauer und Aufhebung. Hinsichtlich der Geltungsdauer des UB gelten die Ausführungen zum Verfahren auf Anordnung nach § 66 b StGB weitgehend sinngemäß.[564] Abs. 5 S. 4 erklärt § 126 a Abs. 3 für entsprechend anwendbar. Das bedeutet, dass eine Aufhebung nur durch das Revisionsgericht zusammen mit der Urteilsaufhebung in Betracht kommt,[565] weil im Fall des § 66 a StGB ein UB nur nach Erlass des die Sicherungsverwahrung anordnenden erstinstanzlichen Urteils ergehen darf.[566] § 115 a kann nur von Bedeutung sein, wenn nach Erlass eines die vorbehaltene Sicherungsverwahrung anordnenden Urteils der Betroffene auf freien Fuß gelangt war.[567] 188

e) Sonstige Bezugnahmen. Abgesehen von Vorstehendem gelten die Ausführungen zu einem UB im Verfahren auf Anordnung nach § 66 b StGB weitgehend sinngemäß.[568] 189

---

[552] OLG Schleswig v. 17. 10. 2008 – 2 Ws 405/08, NStZ-RR 2009, 75 (76); SK-StPO/*Frister* Rn. 9; vgl. auch BT-Drucks. 15/2887, S. 12 sowie oben Rn. 171.
[553] Dazu oben Rn. 31 ff.
[554] Vgl. Rn. 47, 72, 153.
[555] Insoweit zutr. OLG Schleswig v. 17. 10. 2008 – 2 Ws 405/08, NStZ-RR 2009, 75 (77), das allerdings fälschlicherweise den Hang als formelle Voraussetzung bezeichnet und auch zwischen der Tauglichkeit von Umständen als „nova" und Teil der Gesamtwürdigung nicht sorgfältig trennt.
[556] Oben Rn. 96.
[557] Vgl. dazu zB KMR-Voll Rn. 4 und *Meyer-Goßner* Rn. 16.
[558] Dazu sogleich unten Rn. 186 ff.
[559] *Meyer-Goßner* Rn. 19.
[560] KK-StPO/*Engelhardt* Rn. 8; *Meyer-Goßner* Rn. 17.
[561] Ausf. MünchKommStGB/*Ullenbruch* § 66 a Rn. 40 ff.
[562] *Meyer-Goßner* Rn. 17.
[563] *Meyer-Goßner* Rn. 17 f.
[564] Vgl. oben Rn. 108.
[565] *Meyer-Goßner* Rn. 21.
[566] Vgl. oben Rn. 186.
[567] *Meyer-Goßner* Rn. 18.
[568] Vgl. Erl. Rn. 93 ff.

C. Rechtsbehelfe

190   Seit der Abschaffung der Todes- und Leibesstrafen ist die Sicherungsverwahrung nicht nur im Bereich des Strafrechts die eingriffsintensivste Maßnahme des Staates gegen einen seiner Bürger. Bereits ihre Anordnung durch den Tatrichter ist verfassungsrechtlich höchst problematisch. Die *nachträgliche* Anordnung wirft zusätzlich **gewichtige einfach-(StGB/StPO/GVG), verfassungs- (GG) und konventionsrechtliche (MRK) Fragen** auf. Ein Verteidiger, der seinem Mandanten empfiehlt, eine erstinstanzliche Anordnung der Maßregel hinzunehmen, setzt sich demnach in der Regel der Gefahr der Inregressnahme aus. Selbst die Beschränkung auf den ordentlichen Rechtsweg erscheint insoweit grundsätzlich problematisch. Angesichts der eklatanten Fragwürdigkeit des bestehenden Rechtsinstituts und der (selektiven) Befassung und Spruchpraxis der Kammern des BVerfG erscheint mitunter sogar die Erinnerung daran geboten, dass es inzwischen nicht nur innerstaatliche Rechtsbehelfe gibt.

191   **1. Revision.** Dem vorstehenden Befund entsprechend **intensiv genutzt** werden in der Rechtswirklichkeit zumindest die von der StPO zur Verfügung gestellten ordentlichen innerstaatlichen Rechtsbehelfe. Dass eine nachträgliche Anordnung von Sicherungsverwahrung bereits unmittelbar nach der mündlichen Urteilsverkündung oder nach Ablauf der Rechtsmittelfrist in Rechtskraft erwächst, ist kaum vorstellbar.

192   **a) Verfahren nach § 66 b StGB.** Nach den allgemeinen **deutschen Vorschriften** kommt nur die **Revision** in Betracht (vgl. § 333). Zuständig ist ausschließlich der BGH (vgl. § 135 Abs. 1 GVG). Der Verurteilte kann dieses Rechtsmittel gegen die Anordnung der nSV einlegen, die StA gegen deren Ablehnung, aber auch (zu Gunsten des Betroffenen) gegen deren Anordnung. Mit der Revision können sowohl die Rechtmäßigkeit des Verfahrens (Verfahrensrüge) als auch die Rechtmäßigkeit der in ihm ergangenen Entscheidung (Sachrüge) zur Überprüfung gestellt werden. Ein Rechtsfehler des Verfahrens liegt zB vor, wenn bei der Entscheidung verwertete Feststellungen des früheren Urteils (entgegen Abs. 3 S. 2) nicht in die Hauptverhandlung eingeführt wurden.[569] Bislang[570] hat der **BGH fast 60 Entscheidungen** zur nSV ohne vorangegangenen Vorbehalt getroffen. Die Grundtendenz ist überwiegend restriktiv.[571] Die vier wichtigsten **übergeordneten Leitsätze** lauten: **1.** Die Anordnung der Maßregel der nSV darf nicht der nachträglichen Korrektur rechtskräftiger Urteile dienen.[572] **2.** Sie stellt eine auf Ausnahmefälle zu beschränkende Maßnahme dar, die nicht dazu dient, unklare Gefährdungslagen vorsorglich abzuwenden.[573] **3.** Auch das (verständliche) Bemühen, die Allgemeinheit vor einem für äußerst gefährlich gehaltenen Straftäter zu schützen, vermag den Wegfall ansonsten unverzichtbarer Voraussetzungen allein aus sich heraus nicht zu begründen.[574] **4.** Dem Schutz der Allgemeinheit kommt kein absoluter Rang zu. Der Blick auf – wiewohl mitunter unbefriedigende – nicht erfasste Ausnahmefälle, kann eine Auslegung einer Vorschrift gegen ihren Wortlaut bzw. ihren Sinn und Zweck nicht rechtfertigen.[575] „Der" **(ungeschriebene) Obersatz** lautet (zumindest bislang): In einem Rechtsstaat obliegt es – zumal im Falle des „Abtauchens" des BVerfG[576] – zuvorderst den obersten Strafrichtern, rein ergebnisorientierten Bestrebungen von Stammtisch/naturgemäß (auch) wiederwahlorientierter Politik/StA als weisungsabhängiger Behörde entgegenzutreten bzw. die (teilweise mit „Proberichtern" besetzten) Instanzgerichte hierbei zu stützen und zu (be)stärken. Der **1. StS**, der allein bislang[577] sieben Anordnungen nSV bestätigt hat, während die anderen vier Strafsenate zusammen lediglich sechs Revisionen Betroffener gegen erstinstanzliche Anordnungen verworfen haben, lässt allerdings immer wieder erkennen, dass ihm das **Korsett de lege lata zu eng** erscheint.[578] Auch der 2. Strafsenat scheint der Versuchung rechtsstaatlicher „Kompromisse" zunehmend weniger Widerstand entgegenzusetzen.[579] Letzteres erscheint mit Blick auf die mittels teilweiser Personalunion vergleichsweise „effektive" Flankierung in der Kommentarliteratur[580] zumindest bemerkensbedürftig.

---

[569] Löwe/Rosenberg/*Gollwitzer*, 25. Aufl. Nachtr. § 275 a Rn. 40; *Meyer-Goßner* Rn. 14.
[570] Stand: 15. 7. 2010.
[571] Vgl. Rn. 5 und 47.
[572] StRspr.; vgl. nur BGH v. 7. 10. 2008 – GSSt 1/08, BGHSt 52, 379 (390) = NStZ 2009, 141 (...) mwN.
[573] Unmissverständlich insoweit zB BGH v. 1. 12. 2006 – 2 StR 475/06, NStZ-RR 2007, 301 (303).
[574] Vgl. zB BGH v. 15. 4. 2008 – 5 StR 635/07, BGHSt 52, 213 (215) = NStZ 2008, 332; siehe auch Rn. 47.
[575] Vgl. zB BGH v. 14. 12. 2006 (zu § 66 a Abs. 2 S. 1 StGB), BGHSt 51, 159 (163 ff.) = NStZ 2007, 327 (328); vgl. auch Anm. *Ullenbruch* NStZ 2008, 5 (8).
[576] Dazu sogleich Rn. 195.
[577] Stand: 15. 7. 2010.
[578] Vgl. zB BGH v. 17. 6. 2008 – 1 StR 227/08, StV 2008, 636 (Rn. 29); überaus problematisch auch unlängst BGH v. 9. 9. 2008 – 1 StR 449/08, NStZ 2009, 566 (zu § 66 a StGB); vgl. dazu auch oben Rn. 151; noch bedenklicher BGH v. 9. 3. 2010 – 1 StR 554/09, vgl. dazu auch unten Rn. 209.
[579] Vgl. zB BGH v. 13. 8. 2008 – 2 StR 240/08; ausf. dazu unten Rn. 201.
[580] LK-StGB/*Rissing-van Saan/Peglau* §§ 66 ff.

Hat das LG ohne mündliche Hauptverhandlung (durch **Beschluss**) entschieden,[581] begründet 193
allein dieser Fehler die **Revision**.[582] Das Revisionsgericht darf die Anordnung der Maßregel nicht
auf eine andere Rechtsgrundlage stützen als der Tatrichter.[583] Die Rücknahme der Revision ist
möglich, nach Beginn der Hauptverhandlung bedarf es allerdings der Zustimmung des Verurteilten (vgl. § 303).[584] Rechtsmittel eines Nebenklägers kommen bereits deshalb nicht in Betracht,
weil die Nebenklage nicht zugelassen ist.[585] § 356 a erfasst auch Urteile der Revisionsgerichte.
Eine Verletzung des rechtlichen Gehörs ist jedoch kaum vorstellbar, wenn der Betr. oder sein Verteidiger vor dem Revisionsgericht anwesend sind.[586]

b) Verfahren nach § 66 a StGB. Insoweit gelten zunächst die Ausführungen zu Verfahren nach 194
§ 66 b StGB entsprechend.[587] Ergänzend ist zu bedenken, dass sich das Rechtsmittel selbstverständlich nur gegen das im 2. Teil des Verfahrens (nach § 275 a), **nicht gegen** das im **1. Teil** ergangene Urteil richten kann.[588] Hat der Tatrichter anhand eines rechtlich unzutreffenden Maßstabes trotz bestehender Gefährlichkeit des Verurteilten lediglich einen Vorbehalt angeordnet,
hiergegen aber nur der Betroffene Revision eingelegt, ist zum einen die Anordnung des Vorbehalts
nach § 66 a Abs. 1 StGB aufzuheben; zum anderen steht hier nicht zutr. Ansicht des 2. StS des BGH
einer Anwendung von § 66 StGB das **Verschlechterungsverbot** (§ 358 Abs. 2 S. 1) entgegen.[589]
Nebenklage ist hier zwar zugelassen,[590] der Nebenkläger kann die Ablehnung aber nicht anfechten (vgl. § 400 Abs. 1).[591]

2. Verfassungsbeschwerde. Nach Erschöpfung des ordentlichen Rechtswegs kommt in Verfahren auf nSV – mit wie auch ohne vorangegangenem Vorbehalt (§§ 66 a, 66 b StGB) – die Einlegung einer Verfassungsbeschwerde in Betracht. Das BVerfG hat zu dieser Materie denn auch **bereits drei Entscheidungen** getroffen: **1.** (2006) zu § 66 Abs. 2 StGB;[592] **2.** (2008) zu § 66 b Abs. 1
S. 2 StGB;[593] **3.** (2009) zu § 66 b Abs. 3 StGB.[594] Auf den aktuellen Stand der Diskussion zur Verfassungsmäßigkeit der Vorschriften kann an dieser Stelle nicht eingegangen werden.[595] Der
rechtsstaatlichen Bedeutung der Problematik hat das BVerfG allerdings bislang bereits deshalb
nicht gebührend Rechnung getragen, weil **jeweils lediglich** eine dreiköpfige **Kammer** mit der Entscheidung befasst worden ist.[596] Angesichts der extremen Eingriffstiefe und der besonderen Gesamtverantwortung der Gesellschaft für die Personengruppe junger Staatsbürger steht indes zu
erwarten, dass wenigstens die anstehende Entscheidung zur nSV ohne vorangegangenen Vorbehalt gegen nach Jugendstrafrecht Verurteilte Jugendliche und Heranwachsende vom Zweiten
Senat des BVerfG gebührend erörtert und entschieden werden wird.[597] Außerdem hat das BVerfG
eine grundsätzliche Entscheidung zu den durch den EGMR zur Sicherungsverwahrung aufgeworfenen Rechtsfragen in Aussicht gestellt.[598]

3. Beschwerde zum EGMR. Nach Erschöpfung des innerstaatlichen Rechtswegs kommt eine 196
Überprüfung der deutschen Entscheidungen durch den EGMR im Hinblick auf eine **Verletzung der
MRK** in Betracht. Sollte diese festgestellt werden, eröffnet dies die Möglichkeit einer Wiederaufnahme zu Gunsten des Verurteilten (§ 359 Nr. 6). Auf die zahlreichen Ansatzpunkte für einen Verstoß gegen die MRK kann hier nicht eingegangen werden.[599] Beim EGMR sind **mehrere Beschwerden** zum Bereich der Sicherungsverwahrung **anhängig**. In der Sache „Reinhard M./Deutschland" –

---

[581] Näher zur Form oben Rn. 77.
[582] BGH v. 1. 7. 2005 – 2 StR 9/05, BGHSt 50, 180 = NStZ 2005, 684.
[583] Siehe oben Rn. 84.
[584] BGH v. 3. 11. 2005 – 3 StR 345/05, NStZ-RR 2006, 145; *Meyer-Goßner* Rn. 14.
[585] Vgl. oben Rn. 63.
[586] BGH v. 26. 11. 2009 – 5 StR 296/09, NStZ-RR 2010, 117.
[587] Rn. 192 f.
[588] *Meyer-Goßner* Rn. 14.
[589] BGH v. 5. 9. 2008 – 2 StR 237/08,StV 2008, 635; BGH v. 5. 9. 2008 – 2 StR 265/08, NStZ 2009, 27 (28); befremdlich extensiv dagegen BGH v. 9. 9. 2008 – 1 StR 449/08, NStZ 2009, 566 (567); vgl. auch Rn. 47, 150 f.
[590] Rn. 166.
[591] *Löwe/Rosenberg/Gollwitzer*, 25. Aufl. Nachtr., Rn. 39; *Meyer-Goßner* Rn. 14; SK-StPO/*Frister* Rn. 30.
[592] BVerfG v. 23. 8. 2006 – 2 BvR 226/06, NStZ 2007, 87 m. krit. Bespr. *Ullenbruch* NStZ 2007, 62.
[593] BVerfG v. 22. 10. 2008 – 2 BvR 749/08, NJW 2009, 980 = StraFo 2008, 516 m. krit. Bespr. *Ullenbruch* StraFo 2009, 52.
[594] BVerfG v. 5. 8. 2009 – 2 BvR 2098/08, 2 BvR 2633/08, R & P 2009, 209; vgl. auch Rn. 123.
[595] Vgl. zu § 66 b StGB *Ullenbruch* NStZ 2007, 62 (64), zu § 66 a StGB *Ullenbruch* NStZ 2008, 5 (6) – jew. mwN.
[596] Ausf. zu diesem Aspekt *Ullenbruch* StraFo 2009, 52 (54 f.).
[597] Zum Verfahrensstand s. unten Rn. 209 f.; zur Verfassungswidrigkeit der Regelung *Ullenbruch* NJW 2008, 2609 ff.; vgl. auch Rn. 210.
[598] Dazu sogleich Rn. 196.
[599] Zum Streitstand vgl. vor allem *Renziskowski* JR 2004, 271 (272) und MünchKommStGB/*Ullenbruch* § 66 b Rn. 50 ff., gleichfalls instruktiv Matt/Renzikowski-StGB/*Eschelbach* § 66 b Rn. 13 und SK-StGB/*Sinn* § 66 b Rn. 11 sowie schließlich LK-StGB/*Rissing-van Saan/Peglau* § 66 b Rn. 47 ff. – immerhin mit der Konzession eines „gewissen Unsicherheitspotentials" im Hinblick auf eine mögliche Konventionswidrigkeit – jew. mwN.

Gegenstand: *rückwirkende* Entfristung der erstmaligen Sicherungsverwahrung gem. § 66 StGB[600] wurde seit dem 1. 7. 2008 verhandelt.[601] Ende Dezember 2009 hat eine „Kleine Kammer" des **EGMR** einstimmig die nachträgliche Verlängerung der ursprünglich befristeten Sicherungsverwahrung durch das Vollstreckungsgericht für konventionswidrig erklärt; zum einen fehle es an dem erforderlichen Kausalbezug iSd. Art. 5 Abs. 1 EMRK, zum anderen handele es sich bei der „Maßregel" sehr wohl um eine **„Strafe"** iSd. **Rückwirkungsverbots** gem. Art. 7 Abs. 1 EMRK.[602] Die Entscheidung ist „endgültig", nachdem die Bundesregierung vergeblich eine Entscheidung der „Großen Strafkammer" des EGMR beantragt hatte. Die – mittelbaren – Auswirkungen auf die deutschen Regelungen zur nSV können folglich bereits jetzt nicht mehr ignoriert werden.[603] Die Rspr. trägt dem bislang nicht ausreichend Rechnung. So hat der 1. StS des BGH sich im Rahmen der Bestätigung einer nSV einen Monat nach Ergehen der Entscheidung des EGMR auf den bloßen Hinweis beschränkt, diese sei noch nicht endgültig.[604] In einer weiteren Anordnungsbestätigung drei Monate nach dem EGMR-Urteil ergänzte er – ziemlich „tumb" –, dieses beziehe sich auf einen zum Tatzeitpunkt bereits Erwachsenen, nicht hingegen auf einen – wie nunmehr revisionsverfahrensgegenständlich – erst Heranwachsenen.[605] Der 4. StS des BGH hat demgegenüber – zutr. – bereits zwei Tage nach Eintritt der Endgültigkeit der Entscheidung des EGMR die sofortige Freilassung eines aufgrund eines Antrages auf Anordnung der nSV fast drei Jahre vorläufig Untergebrachten verfügt.[606] Das BVerfG wiederum hat den Erlass einer einstweiligen Aussetzung der Fortdauer der Sicherungsverwahrung eines Betr. zwar abgelehnt, jedoch angekündigt, die durch den EGMR zur Sicherungsverwahrung aufgeworfenen Rechtsfragen im Verfassungsbeschwerdeverfahren „zu klären".[607] Zumindest eine grundsätzliche Überarbeitung der §§ 66 b StGB, 275 a StPO steht nach alledem zu erwarten.[608]

D. Andere Rechtsgebiete

197 Funktion und Bedeutung des § 275 a erschöpfen sich nicht in Verfahren nach Anträgen auf Anordnung von Sicherungsverwahrung gegen Erwachsene nach dem StGB. Die Vorschrift ist vielmehr entsprechend (bzw. sinngemäß) anzuwenden in Verfahren nach Anträgen auf Anordnung von Sicherungsverwahrung gegen **Jugendliche und Heranwachsende** nach dem JGG (§§ 7 Abs. 4 S. 2, 106 Abs. 7 JGG).

I. Vorbehalt der Sicherungsverwahrung gegen Heranwachsende

198 Ist wegen der Straftat eines Heranwachsenden (mindestens 18-, aber noch nicht 21-Jähriger, § 1 Abs. 2 JGG) das **allgemeine Strafrecht** anzuwenden (§ 105 JGG), darf der Tatrichter nach wie vor (und zumindest bislang) nicht bereits neben der Strafe Sicherungsverwahrung anordnen (§ 106 Abs. 3 S. 1 JGG). Seit dem 1. 4. 2004[609] kann das Gericht aber unter bestimmten Voraussetzungen – ua Verurteilung zu einer **Mindestfreiheitsstrafe von fünf Jahren** – auch gegen Heranwachsende die Anordnung der Maßregel **vorbehalten** (§ 106 Abs. 3 S. 2 JGG).

199 Die Regelung knüpft (indirekt) an während des „Schutzalters" für die primäre Sicherungsverwahrung begangene Taten an, verstösst deshalb bereits wegen dessen Umgehung durch bloße Zeitversetzung gegen das Gebot der Zurückhaltung und ist somit wegen **Unverhältnismäßigkeit** schlichtweg verfassungswidrig.[610]

200 Soweit bekannt, ist denn auch bislang lediglich **eine rechtskräftige Anordnung** (dazu sogleich Rn. 201) eines entsprechenden Vorbehaltes, nicht hingegen auch nur eine rechtskräftige nachträgliche Anordnung der Maßregel bekanntgeworden.[611] Das entspricht dem rechtstatsächlichen Befund, dass zwischen 1990 und 2006 bundesweit überhaupt insgesamt weniger als 10 Anordnungen von Sicherungsverwahrung gegenüber jungen Erwachsenen zwischen 21 und 30 Jahren erfolgt sind.[612]

---

[600] Bislang „letztes nationales Wort": BVerfG v. 5. 2. 2004 – 2 BvR 2029/01, NJW 2004, 739.
[601] AZ 19 359/04; vgl. „Der Spiegel" v. 30. 6. 2008, S. 48 ff. („Lebenslänglich durch die Hintertür"); dazu auch *Kreuzer/Bartsch* GA 2008, 655 (661 f.).
[602] EGMR, Urt. V. 17. 12. 2009 – Individualbeschwerde-Nr. 19 359/04 (Rechtssache M./Deutschland), StV 2010, 181.
[603] S. dazu oben Rn. 2.
[604] BGH v. 14. 1. 2010 – 1 StR 595/09; s. auch oben Rn. 111 (Beispiel 4).
[605] BGH v. 9. 3. 2010 – 1 StR 554/09; s. auch unten Rn. 209 (Fall 2).
[606] BGH v. 12. 5. 2010 – 4 StR 577/09; s. auch oben Rn. 111 (Beispiel 3).
[607] BVerfG v. 30. 6. 2010 – 2 BvR 571/10.
[608] Wie hier *H. M. Müller*, StV 2010, 207 (211 f.); s. auch oben Rn. 2.
[609] BGBl. 2003 I, 3007.
[610] Ausf. dazu MünchKommStGB/*Ullenbruch* § 66 a Rn. 102 iVm. § 66 Rn. 12; aA LK-StGB/*Rissing-van Saan/Peglau* § 66 a Rn. 42.
[611] *Ullenbruch* NStZ 2008, 5 (6).
[612] *Diemer/Schoreit/Sonnen*, JGG, § 106 Rn. 9 mwN.

Nach Auffassung des 2. Strafsenats des BGH (Verfahrensgegenstand: Gemeinschaftliche Ermordung eines Heranwachsenden in einem *vierfach* belegten Haftraum[613] in der **JVA Siegburg** am 11. 11. 2006 u. a. durch einen zur Tatzeit gerade 19 Jahre „alten" Mitgefangenen) soll die Anordnung eines Vorbehaltes selbst bei Fehlen jeglicher Vortaten (bzw. Vorverurteilungen) in Betracht kommen; der in § 106 Abs. 3 S. 2 Nr. 2 JGG enthaltene Verweis auf frühere Taten greife nur ein, wenn auch für die Anordnung nach der allgemeinen Vorschrift des § 66 StGB solche Vortaten erforderlich seien. Außerdem soll das Tatgericht aus sachlich-rechtlichen Gründen stets verpflichtet sein, sich mit der Anordnung des Vorbehalts der Sicherungsverwahrung gegen einen Heranwachsenden in den Urteilsgründen auseinandersetzen, wenn die nach § 106 Abs. 3 S. 2 JGG erforderlichen formellen Voraussetzungen gegeben sind und die Feststellung eines Hanges iSv. § 106 Abs. 3 Nr. 3 JGG naheliege.[614] Dem – brav und ergeben – folgend hat das **LG Bonn** mit – nach Rücknahme der Revisionen von StA und Angeklagtem rechtskräftigen – Urteil v. 8. 5. 2009 den Betroffenen zu einer Freiheitsstrafe von 15 Jahren verurteilt und die Anordnung der nSV „vorbehalten".[615] Eine endgültige Klärung dürfte – wenngleich nunmehr (leider) nicht mehr im vorbezeichneten Fall – auch insoweit dem BVerfG vorbehalten bleiben. Gleiches gilt für das Urteil des **LG Ulm** v. 31. 3. 2010. Im sog. „Vierfachmordprozess von Eislingen" wurde ein zur Tatzeit 18jähriger zu einer lebenslangen Freiheitsstrafe – unter Feststellung besonderer Schuldschwere – verurteilt und gleichzeitig die Anordnung der nSV vorbehalten.[616] Der Betr. hat Revision eingelegt. 201

Seit dem 12. 7. 2008[617] gelten für das Verfahren und die Entscheidung über die im Urteil vorbehaltene Anordnung der Unterbringung in der Sicherungsverwahrung die §§ 275 a StPO, 74 f, 120 a GVG sinngemäß (§ 106 Abs. 7 JGG). Die gleichzeitige Streichung des bis dahin gegebenen ausdrücklichen Anführung des § 106 JGG in den allgemeinen Verfahrens- und Zuständigkeitsvorschriften (§§ 275 a Abs. 1 S. 1 und 3, Abs. 5 S. 2 und 3 StPO aF, 74 f Abs. 1 und Abs. 3, 120 a Abs. 1 und Abs. 2 GVG aF) ist „konsequent". Sie ist indes Ausdruck der **formalisierten Unterstellung des Jugendstrafrechts unter das allgemeine Recht** und daher geeignet, die altersgruppenbezogenen inhaltlichen Einwände zu verdecken.[618] Inhaltlich wurde der „alte" prozessuale Rechtszustand nicht geändert. Die Zuständigkeit für die Entscheidung über die Frage, ob eine vorbehaltene Sicherungsverwahrung tatsächlich auch nachträglich angeordnet wird, bleibt bei derselben JugK. § 66a Abs. 2 und Abs. 3 StGB gelten entsprechend (§ 106 Abs. 3 S. 3 JGG). Insgesamt kann weitgehend auf die Ausführungen zum Vorbehalt in Verfahren gegen Erwachsene Bezug genommen werden.[619] Hinsichtlich der Sachverständigenbeteiligung (Abs. 4 S. 1) ist bei Heranwachsenden zudem wegen der besonderen Dynamik und Spezifität der Adoleszenz die Begutachtung durch Kinder- und Jugendpsychologen erforderlich.[620] 202

II. Nachträgliche Sicherungsverwahrung ohne Vorbehalt gegen Heranwachsende I (Erwachsenenstrafrecht)

Auch für das Verfahren und die Entscheidung über die nachträgliche Anordnung der Unterbringung in der Sicherungsverwahrung ohne vorangegangenen Vorbehalt gegen Heranwachsende gelten nunmehr die §§ 275 a StPO, 74 f, 120 a GVG sinngemäß (§ 106 Abs. 7 JGG). Seit dem 29. 7. 2004[621] kann das Gericht unter bestimmten Voraussetzungen die Unterbringung in der Sicherungsverwahrung **nachträglich** auch ohne vorangegangenen Vorbehalt anordnen, wenn nach einer entsprechend qualifizierten Verurteilung eines **Heranwachsenden** zu einer Freiheitsstrafe (also unter Anwendung **allgemeinen Strafrechts**) vor Ende des Vollzuges dieser Freiheitsstrafe (neue) **Tatsachen** auf eine für die Verurteilten erhebliche Gefährlichkeit des Verurteilten für die Allgemeinheit hinweisen (§ 106 Abs. 5 S. 1 JGG). 203

Soweit bekannt, ist **bislang**[622] nicht nur **keine** rechtskräftige, sondern nicht einmal auch nur eine erstinstanzliche nachträgliche **Anordnung** der Maßregel (ohne vorangegangenen Vorbehalt) nach dieser Vorschrift erfolgt.[623] Das steht wiederum im Einklang mit dem rechtstatsächlichen Gesamtbefund zur Anordnungshäufigkeit gegen junge Erwachsene.[624] 204

---

[613] Zum verfassungsrechtlichen Gebot der Einzelunterbringung vgl. bereits *Ullenbruch* NStZ 1999, 429.
[614] BGH v. 13. 8. 2008 – 2 StR 240/08, BGHSt 52, 316 (320) = NStZ 2008, 696 (697) mit Bespr. *Freuding* NStZ 2010, 251 und Anm. *Eisenberg* NJW 2008, 3299; vgl. auch *Rau/Zschieschack* JR 2009, 39.
[615] LG Bonn v. 8. 5. 2009 – 22 KLs 38/08; vgl. auch dazu *Freuding* NStZ 2010, 251.
[616] Vgl. „Der Spiegel" Nr. 14 v. 3. 4. 2010, S. 34 ff.
[617] BGBl. I S. 1212.
[618] So zutr. *Eisenberg*, JGG, § 106 Rn. 10.
[619] Rn. 152 ff.
[620] *Karanedialkova-Krohn/Fegert* ZJJ 2007, 287; *Diemer/Schoreit/Sonnen* § 106 JGG Rn. 10.
[621] BGBl. I S. 1838.
[622] Stand: 15. 7. 2010.
[623] Vgl. *Ullenbruch* NStZ 2007, 62 ff.
[624] Oben Rn. 200.

205 Seit dem 18. 4. 2007[625] bedarf es zumindest nach der einfachgesetzlichen Regelung *keiner* neuen Tatsache, wenn der Verurteilung *keine* nach dem 1. 4. 2004 begangene Katalogtat zugrundelag (§ 106 Abs. 5 S. 2 JGG). Der gänzliche **Verzicht auf** „**nova**" ist im Hinblick auf die Durchbrechung der Rechtskraft und das allgemeine Vertrauensschutzgebot (Art. 2 Abs. 2, Art. 20 Abs. 3 GG) verfassungsrechtlich **unerträglich**. Daran vermag auch die gegenteilige Entscheidung des BVerfG zur „DDR-Altfall-Regelung" (§ 66 b Abs. 1 S. 2 StGB), in der gleichfalls auf fehlende gesetzliche Möglichkeiten des Tatrichters abgestellt wurde,[626] nichts zu ändern.[627] Zum einen handelt es sich lediglich um die unzureichend durchdachte Sichtweise einer *Kammer*, nicht um eine Entscheidung des Zweiten *Senats*.[628] Zum anderen dürfte selbst der dort bemühte Verhältnismäßigkeitsgrundsatz im Hinblick auf den vorliegend betroffenen Personenkreis zwingend zu einer anderen Einschätzung führen.

206 Neben der nachträglichen Anordnung der Maßregel nach Freiheitsstrafe hat der Gesetzgeber zum 29. 7. 2004 unter bestimmten Voraussetzungen die nachträgliche Anordnung der Sicherungsverwahrung auch nach einer **Erledigung** der gegen einen Heranwachsenden unter Anwendung von Erwachsenenstrafrecht angeordneten **Unterbringung** in einem **psychiatrischen Krankenhaus** (§ 7 Abs. 1 JGG iVm. §§ 61 Nr. 3, 63, 67d Abs. 6 S. 1 StGB) ermöglicht (§ 106 Abs. 6 JGG). Auch insoweit ist bislang kein einziger Anwendungsfall bekanntgeworden. Die Regelung entspricht der bereits länger bestehenden Regelung für Erwachsene (§ 66 b Abs. 3 StGB), so dass die Erläuterungen hierzu sinngemäß gelten.[629]

III. Nachträgliche Sicherungsverwahrung ohne Vorbehalt gegen Heranwachsende II und Jugendliche I (Jugendstrafrecht)

207 Ist wegen der Straftat eines **Jugendlichen** (mindestens 14-, aber noch nicht 18-Jähriger) oder eines **Heranwachsenden** das **Jugendstrafrecht** anzuwenden (§§ 1 Abs. 1, 105 JGG), darf der Tatrichter nach wie vor (bzw. zumindest bis auf weiteres) nicht bereits neben der Strafe Sicherungsverwahrung anordnen. Auch die Möglichkeit der Anordnung eines Vorbehalts besteht nicht (§§ 5, 105 JGG). Seit dem 12. 7. 2008[630] kann die Jugendkammer aber unter bestimmten Voraussetzungen – u. a. Verurteilung zu einer **Mindestjugendstrafe von sieben Jahren** – die Unterbringung in der Sicherungsverwahrung **nachträglich** anordnen (§ 7 Abs. 2 JGG):

208 Im Extremfall darf eine Jugendkammer nach einer einzigen schweren Straftat eines gerade 14-Jährigen Sicherungsverwahrung verhängen – viele Jahre nach deren rechtskräftiger Aburteilung, **ohne jegliche** „**Vorwarnung**" im Ausgangsurteil, selbst bei unveränderter Tatsachengrundlage. Zum potenziell **betroffenen Personenkreis** gehören zunächst bundesweit schätzungsweise deutlich mehr als 350 Jungtäter, die zum Zeitpunkt des Inkrafttretens der Neuregelung bereits inhaftiert waren. Im Hinblick auf die umstrittene Senatsentscheidung des BVerfG,[631] zwischenzeitlich bestätigt durch einen Kammerbeschluss,[632] wonach Maßregeln dem Anwendungsbereich des absoluten Rückwirkungsverbots (Art. 103 Abs. 2 GG) nicht unterfallen, wurde die Neuregelung mit ihrem Inkrafttreten sofort auch auf sie anwendbar. Hinzukommen dürften bundesweit jeweils etwa 100 „Neufälle", in denen Jugendliche und Heranwachsende zu einer Jugendstrafe verurteilt werden, die die formellen Voraussetzungen für eine nachträgliche Anordnung erfüllt.[633]

209 Bislang ist **eine einzige rechtskräftige Anordnung** der Maßregel in der vorliegenden Fallgruppe erfolgt. Faktisch betroffen in Form der Durchführung entsprechender *Verfahren* waren indes bereits mindestens *drei* (ehemalige) Jungtäter: **Fall 1:** Mit Urteil vom 21. 1. 2009 lehnte das **LG Berlin** die Anordnung der nachträglichen Unterbringung eines inzwischen 38-Jährigen ab, der 1987 als 17-Jähriger zwei Säuglinge entführt und einen davon missbraucht und getötet hatte; der Betroffene sei mittlerweile medikamentös gefahrvermeidend „eingestellt".[634] **Fall 2:** Mit Urteil vom 22. 6. 2009 ordnete das **LG Regensburg** die nachträgliche Unterbringung in der Sicherungsverwahrung gegen einen inzwischen 31-Jährigen, der 1997 als gerade 19-Jähriger eine Joggerin missbraucht und ermordet hatte (sog. „Waldhäusl"-Mord),[635] an. Ausreichend hierfür seien be-

---

[625] BGBl. I 2007 S. 513.
[626] BVerfG v. 22. 10. 2008 – 2 BvR 749/08, NJW 2009, 980.
[627] Zur Kritik an der Neuregelung siehe oben Rn. 146, 148.
[628] Ausf. Kritik bei *Ullenbruch* StraFo 2009, 52.
[629] Vgl. oben Rn. 120 ff.
[630] BGBl I 2008 S. 1212.
[631] BVerfG v. 5. 2. 2004 – 2 BvR 2029/01, NJW 2004, 739; zur Kritik MünchKommStGB/*Ullenbruch* § 66 Rn. 17 mwN.
[632] BVerfG v. 23. 8. 2006 – 2 BvR 226/06, NJW 2006, 3483 (3484); zur Gegenposition bereits *Ullenbruch* NStZ 1998, 326.
[633] Ausf. dazu bereits *Ullenbruch* NJW 2008, 2609 (2611).
[634] Vgl. „Berliner Morgenpost" v. 21. 1. 2009.
[635] Zur Anlasstat vgl. „Focus" Nr. 9 v. 21. 2. 2009, S. 38 f.; s. auch „Der Spiegel" Nr. 10 v. 8. 3. 2010, S. 36 f.

reits die Begehung einer einzigen in der Vergangenheit begangenen (qualifizierten) Straftat iVm. einer entsprechenden aktuell (qualifizierten) Gefährlichkeitsprognose. Verzichtbar seien nicht nur das Vorliegen jeglicher neuer Tatsache(n) im Vergleich zum rechtskräftigen Ausgangsurteil, sondern auch die Feststellung eines entsprechenden Hangs.[636] Der Betroffene hat gegen diese – dem krassen legislativen Systembruch brav und ergeben folgende – Entscheidung Revision eingelegt. Der BGH hat das Rechtsmittel im März 2010 verworfen.[637] Im Hinblick auf die evidente Unvereinbarkeit von § 7 Abs. 2 JGG nF[638] mit dem Grundgesetz erschien eine Aussetzung des Revisionsverfahrens unter Vorlage der Sache an das BVerfG gem. Art. 100 Abs. 1 S. 1 GG wahrscheinlich. Der 1. StS sah hierfür indes keine Veranlassung. Uno actu beendete er abrupt seine bisherige Praxis jedenfalls hinsichtlich des Hangerfordernisses strikt rechtsstaatlichen Judizierens.[639] Schließlich fühlte er sich auch nach der Entscheidung des EGMR vom Dezember 2009 zur Sicherungsverwahrung[640] völlig „frei": Zum einen sei diese noch nicht „endgültig"; zum anderen beziehe sie sich (konkret) nur auf als Erwachsene Verurteilte. **Fall 3:** Mit Beschluss vom 26. 6. 2009 verwarf das KG die Beschwerde der StA gegen die Ablehnung des Erlasses eines UB seitens des **LG Berlin** gem §§ 7 Abs. 4 JGG, 275 a Abs. 5 S. 1 StPO mit der Begründung , eine Anordnung der nSV komme jedenfalls dann *nicht* in Betracht, wenn die zu Grunde liegenden Tatsachen in einem zwischenzeitlich durchgeführten Errkenntnisverfahren nach allgemeinem Strafrecht erörtert und dort keine Sicherungsverwahrung angeordnet worden sei.[641]

Auch diese Vorschrift ist – insbesondere wegen des eklatanten Verstoßes gegen das Gebot der 210 Berechenbarkeit staatlicher Eingriffe in das Freiheitsrecht des Einzelnen (Art. 2 Abs. 2 iVm. Art. 104 Abs. 1 S. 1 GG) – **verfassungsrechtlich unerträglich**.[642] Eine Entscheidung des BVerfG steht bereits im Rahmen einer Verfassungsbeschwerde gegen den UB des LG Regensburg v. 14. 7. 2008,[643] bestätigt vom OLG Nürnberg,[644] an. Die Tatsache, dass das BVerfG diesen nach entsprechender Rechtsfolgenabwägung nicht bereits im Wege einer einstweiligen Anordnung aufgehoben hat,[645] sagt in derartigen Verfahren über den Tenor der Entscheidung in der Hauptsache bekanntlich wenig aus.[646] Gleiches gilt für die Verfassungsbeschwerde im Hauptsacheverfahren.[647] Bis zur hoffentlich schnellen Entscheidung des BVerfG werden die Bemühungen der Jugendstrafanstalten um **Resozialisierung** zahlreicher Inhaftierter durch große Unsicherheit **erschwert** bleiben. Auch insoweit hat der Gesetzgeber zum 12. 7. 2008 die – an anderer Stelle bereits beklagte[648] – formalisierte Unterstellung des Jugendstrafrechts unter das allgemeine Recht konsequent umgesetzt: In Fällen, in denen später die Anordnung von nSV in Betracht kommt, ist künftig zwar generell die JugK bereits als erkennendes Gericht des ersten Rechtszuges für das Urteil über die Tat zuständig (§ 7 Abs. 4 S. 1 iVm. §§ 74 f, 120 a GVG), für das Verfahren und die Entscheidung auf nachträgliche Anordnung gilt indes § 275 a StPO sinngemäß (§ 7 Abs. 4 S. 1 JGG).

Neben der Anordnung der Maßregel nach Jugendstrafe hat der Gesetzgeber zum 12. 7. 2008 211 unter bestimmten Voraussetzungen die Anordnung von nSV auch nach einer **Erledigung der Unterbringung** in einem **psychiatrischen Krankenhaus** (§ 7 Abs. 1 JGG iVm. §§ 61 Nr. 3, 63, 67 d Abs. 6 S. 1 StGB) ermöglicht (§ 7 Abs. 3 JGG). Die Regelung entspricht den bereits länger bestehenden Regelungen für Erwachsene (§ 66 b Abs. 3 StGB)[649] und nach allgemeinem Strafrecht verurteilte Heranwachsende (§ 106 Abs. 6 JGG).[650]

E. Entschädigung

Die einstweilige Unterbringung nach § 275 a Abs. 5 StPO ist eine **Strafverfolgungsmaßnahme** 212 nach § 2 Abs. 2 Nr. 1 StrEG.[651] Die **Zuständigkeit** für den Ausspruch über die Verpflichtung zur

---

[636] LG Regensburg v. 22. 6. 2009 – NS V 121 Js 17 270/1996 jug.
[637] BGH v. 9. 3. 2010 – 1 StR 554/09.
[638] Dazu sogleich Rn. 210.
[639] Vgl. nur BGH v. 9. 7. 2007 – 1 StR 605/06, BGHSt 51, 191 (198 f.).
[640] Ausf. dazu oben Rn. 196.
[641] KG v. 26. 6. 2009 – 3 Ws 425/08, StraFo 2009, 393; LG Berlin v. 15. 10. 2008 – 509 – 27/95, NStZ 2010, 96; vgl. auch Rn. 47.
[642] Ausf. dazu *Ullenbruch* NJW 2008, 2609 ff.
[643] LG Regensburg v. 14. 7. 2008 – KLs 121 Js 17 270/1998 jug.; vgl. dazu auch soeben Rn. 209.
[644] OLG Nürnberg v. 22. 10. 2008 – 2 Ws 499/08.
[645] BVerfG v. 4. 12. 2008 – 2 BvR 2333/08.
[646] Vgl. nur einerseits BVerfG v. 22. 5. 2008 – 2 BvR 749/08, juris, andererseits BVerfG v. 22. 10. 2008 – 2 BvR 749/08, NJW 2009, 980; näher dazu Rn. 144, 195.
[647] Dazu oben Rn. 210 (Fall 2).
[648] Siehe oben Rn. 202.
[649] Oben Rn. 120 ff.
[650] Oben Rn. 206 ff.
[651] BGH v. 11. 3. 2008 – 3 StR 378/07, StraFo 2008, 266; BGH v. 15. 4. 2008 – 5 StR 635/07, BGHSt 52, 213 (219), insoweit nicht abgedruckt in NStZ 2008, 332; OLG Düsseldorf v. 8. 12. 2005 – 2 Ws 828/05, NStZ 2007, 56 (LS); OLG Koblenz, Beschl. v. 8. 12. 2005 – 2 Ws 828/05, NStZ 2007, 56 (LS) = JBl RP 2006, 38.

§ 275a 213–215   *Zweites Buch. Verfahren im ersten Rechtszug*

Entschädigung liegt bei dem Gericht, das die das Verfahren abschließende Entscheidung getroffen hat (vgl. § 8 StrEG). Hebt der BGH das Urteil eines LG, mit dem die nSV angeordnet worden war, auf und spricht aus, dass die Anordnung der Sicherungsverwahrung entfällt, obliegt ihm auch der Ausspruch über die Verpflichtung zur Entschädigung.[652] Diese ist in aller Regel zu bejahen, es sei denn, es gibt greifbare Anhaltspunkte für Umstände, die zum Ausschluss oder der Versagung der Entschädigung Anlass geben könnten. Das wird in der Regel nicht der Fall sein. Es empfiehlt sich dann folgender Tenor: „Der Verurteilte ist für die in der Zeit vom ... bis zum ... vollzogene einstweilige Unterbringung nach § 275 a Abs. 5 StPO zu entschädigen." Mitunter wird dem Verurteilten gleichwohl (und zumindest nicht „nachvollziehbar") wegen grob fahrlässiger Verursachung der vorläufigen Unterbringung eine Entschädigung auch versagt.[653]

F. Zentralregister

213   Der Vorbehalt ist in das Zentralregister einzutragen (§ 5 Abs. 1 Nr. 7 BZRG). Die Entscheidung über den Vorbehalt wird gleichfalls im Zentralregister vermerkt (§ 12 Abs. 1 Nr. 9 BZRG). Ist von der Anordnung der Sicherungsverwahrung rechtskräftig abgesehen worden, darf der Vorbehalt nicht mehr in das Führungszeugnis aufgenommen werden (§ 32 Abs. 2 Nr. 12 BZRG). Der Verteidiger sollte ggf. **sicherheitshalber nachprüfen**, ob die registerrechtlichen Vorgaben auch tatsächlich umgesetzt worden sind.

G. Rechtsanwaltsgebühren

214   Für die Tätigkeit im Verfahren über die Entscheidung über die Anordnung der nSV erhält der Rechtsanwalt die Gebühren **gesondert**.[654]

H. Reformüberlegungen

215   Die bestehende einfachgesetzliche Rechtslage (§§ 66 ff. StGB, § 275 a StPO) wird *so* nicht mehr lange Bestand haben. Einerseits gibt es in *Deutschland* Bestrebungen iS einer **Verschärfung** in Gestalt der Schließung (vermeintlicher) weiterer „Lücken.[655] Andererseits drängt – und wird weiter drängen – der EGMR entsprechend dem zeitgemäßen *europäischen Rechtsverständnis* auf **Entschärfung**.[656] Letztere Sichtweise wird sich vermutlich durchsetzen. Die Frage, welchen Wortlaut der § 275 a hat, der Bezugspunkt der 2. Aufl. dieses Kommentars sein wird, ist derzeit offen.[657]

---

[652] Zutr. BGH, Beschl. v. 11. 3. 2008 – 3 StR 378/07, StraFo 2008, 266; anders noch BGH, Urt. v. 25. 11. 2005 – 2 StR 272/05 (Rn. 44); insoweit nicht abgedruckt in BGHSt 50, 284, jedoch in NStZ 2006, 156 (159).
[653] Beispiel: LG Magdeburg v. 13. 12. 2006; vgl. insoweit bislang n. veröff. Hinweis bei BGH v. 11. 10. 2007 – 4 StR 246/07, NStZ-RR 2008, 40.
[654] Vorbem. 4.1 Abs. 1 der Anlage 1 VV (Vergütungsverzeichnis) zum RVG (Rechtsanwaltsvergütungsgesetz); eingefügt durch Art. 7 des Ges. zur Einführung der nachträglichen Sicherungsverwahrung v. 23. 7. 2004, BGBl. I S. 1838 (1840).
[655] Vgl. zB TOP II.1. der Herbstkonferenz der Justizministerinnen und Justizminister am 5. 11. 2009 in Berlin.
[656] Siehe dazu soeben Rn. 196.
[657] Vgl. oben Rn. 2.

Achter Abschnitt. Verfahren gegen Abwesende

§ 276 [Abwesender Beschuldigter]
Ein Beschuldigter gilt als abwesend, wenn sein Aufenthalt unbekannt ist oder wenn er sich im Ausland aufhält und seine Gestellung vor das zuständige Gericht nicht ausführbar oder nicht angemessen erscheint.

I. Allgemeines

Gegenstand der Regelung des 8. Abschnitts des Zweiten Buches ist das sog. „Verfahren gegen Abwesende". Schon im Hinblick auf den **Grundsatz des rechtlichen Gehörs** (Art. 103 Abs. 1 GG) bedarf eine Verhandlung gegen einen „Abwesenden" stets einer besonderen Rechtfertigung. Die StPO unterscheidet insoweit je nach den Ursachen. In bestimmten Konstellationen und unter bestimmten Voraussetzungen lässt sie es zu (vgl. §§ 231 Abs. 2, 231 a, 231 b, 232, 233). 1

Bei Abwesenden iSd. 8. Abschnitts schließt sie eine Verhandlung in Abwesenheit des Betroffenen generell aus (§ 285 Abs. 1 Satz 2). Vorgesehen ist nur noch ein Beweissicherungsverfahren sowie zur Erzwingung oder Sicherung der Gestellung des Beschuldigten die Vermögensbeschlagnahme und das sichere Geleit.[1] Die Frage, wann ein Betroffener iSd. §§ 276 ff. als abwesend zu behandeln ist, ist folglich von gewisser Bedeutung. Hierauf will § 276 eine Antwort geben. Der Gesetzgeber hat hierfür nicht nur das Mittel einer Legaldefinition gewählt, sondern das einer **gesetzlichen Fiktion**".[2] Liegen ihre Voraussetzungen vor, so gilt der Beschuldigte selbst dann als abwesend, wenn er in Wahrheit anwesend ist.[3] 2

II. Beschuldigter

Voraussetzung des Verfahrens nach §§ 285–295 ist, dass es sich um einen Beschuldigten iSd. § 276 handelt.[4] Die dortige Bezeichnung „Beschuldigter" ist missverständlich. § 276 gilt für das gesamte Strafverfahren, also **auch** für den **Angeschuldigten und den Angeklagten** (§ 157).[5] Auch in den Rechtsmittelzügen kommt die Vorschrift nicht selten zur Anwendung.[6] Bedeutsam ist das Abwesenheitsverfahren aber vor allem im Ermittlungsverfahren.[7] 3

III. Abwesenheit

Die gesetzliche Fiktion der Abwesenheit umfasst **drei Varianten**: Entweder der Aufenthaltsort des Beschuldigten ist unbekannt oder er ist zwar bekannt, liegt aber im Ausland und ist „gestellungshindernd"[8] (bzw. „gestellungswidrig"),[9] sei es wegen Unausführbarkeit, sei es wegen Unangemessenheit. 4

1. Unbekannter Aufenthalt. Der Aufenthalt des Beschuldigten ist unbekannt, wenn weder die Ermittlungsbehörde noch das Gericht ihn kennt, wenn sie ihn auch nicht mit einem der Bedeutung der Sache entsprechenden Aufwand ermitteln könnte und wenn auch nicht damit zu rechnen ist, dass er ihnen aus anderen Gründen demnächst bekannt wird.[10] 5

2. Aufenthalt im Ausland mit Gestellungshindernis. a) Ausland. Ausland auch iSd. §§ 276 ff. sind alle Orte, die **nicht** zum **Hoheitsgebiet der Bundesrepublik** Deutschland gehören. Das Inland umfasst das Landgebiet der Bundesrepublik Deutschland und ihre Eigen- und Küstengewässer.[11] 6

b) Gestellung. Gestellung ist die **Bewirkung des Erscheinens durch Ladung**. Die Möglichkeit der Androhung und Anwendung von Zwangsmitteln zur Erzwingung des Erscheinens gehört nicht zum Begriff der Gestellung, da die Möglichkeit besteht und ausreicht, dass der Geladene freiwillig erscheint.[12] 7

---

[1] *Meyer-Goßner* Vor. § 276 Rn. 1.
[2] So *Meyer-Goßner* Rn. 1, SK-StPO/*Schlüchter/Frister* Rn. 3.
[3] *Löwe/Rosenberg/Gollwitzer*, 25. Aufl., Rn. 1; *Meyer-Goßner* Rn. 1; SK-StPO/*Schlüchter/Frister* Rn. 3.
[4] Anw-StPO/*Martis* Rn. 1.
[5] KK-StPO/*Engelhardt* Rn. 1.
[6] *Meyer-Goßner* Rn. 1; KK-StPO/*Engelhardt* Rn. 1; *Löwe/Rosenberg/Gollwitzer*, 25. Aufl., Rn. 8.
[7] SK-StPO/*Schlüchter/Frister* Rn. 2.
[8] *Meyer-Goßner* Rn. 1.
[9] SK-StPO/*Schlüchter/Frister* Rn. 2.
[10] *Löwe/Rosenberg/Gollwitzer*, 25. Aufl., Rn. 4; KK-StPO/*Engelhardt* Rn. 3; *Meyer-Goßner* Rn. 2.
[11] KK-StPO/*Engelhardt* Rn. 4.
[12] *Oppe* NJW 1966, 2237 (2239); KK-StPO/*Engelhardt* Rn. 5.

8 **c) Unausführbarkeit.** Die Gestellung „erscheint" nicht ausführbar, wenn ein Auslieferungsersuchen **unmöglich** ist oder keinen Erfolg verspricht[13] und mit Sicherheit zu erwarten ist, dass der Beschuldigte trotz Ladung zur Hauptverhandlung nicht erscheint.[14] Eines fehlgeschlagenen Gestellungsversuches bedarf es nicht („**erscheint**"), wenn der Beschuldigte bereits „glaubhaft" erklärt hat, er werde einer Ladung ggf. keine Folge leisten.[15]

9 **d) Unangemessenheit.** Die Gestellung „erscheint" nicht angemessen, wenn der zu erwartende finanzielle und/oder personelle Aufwand eines Auslieferungsverfahrens **außer Verhältnis** zu der Bedeutung der Sache und damit dem staatlichen Strafverfolgungsinteresse stehen. Berücksichtigungsfähig sind dabei auch mit einer Erzwingung für den Beschuldigten ggf. verbundene Nachteile[16] und die Erfolgsaussichten eines Auslieferungsbegehrens.[17]

§§ 277–284 (weggefallen)

§ 285 [Beweissicherung]

(1) ¹Gegen einen Abwesenden findet keine Hauptverhandlung statt. ²Das gegen einen Abwesenden eingeleitete Verfahren hat die Aufgabe, für den Fall seiner künftigen Gestellung die Beweise zu sichern.

(2) Für dieses Verfahren gelten die Vorschriften der §§ 286 bis 294.

I. Allgemeines

1 Der **Anspruch auf rechtliches Gehör** ist verfassungsrechtlich verbürgt (Art. 103 Abs. 1 GG). Die Vorschrift zieht die einfachgesetzliche Konsequenz hieraus für das Verfahren gegen Abwesende iSd. § 276. Sie will sicherstellen, dass niemand verurteilt wird, ohne dass er die Möglichkeit hatte, sich zu verteidigen und durch seine Anwesenheit zur Sachaufklärung beitragen zu können. Sie will andererseits gleichzeitig klarstellen, dass eine (vorläufige) Beweissicherung insoweit unbedenklich ist.[1]

II. Verhandlungsverbot (Abs. 1 Satz 1)

2 Die Abwesenheit iSd. § 276 hindert nur die Durchführung einer Hauptverhandlung.[2] Entsprechend dem Anliegen der Vorschrift erstreckt sich das Verbot ausschließlich auf die Fälle, in denen der Angeklagte noch keine Gelegenheit erhalten hat, sich angemessen zu verteidigen.[3] Ein **darüber hinausgehendes Verfahrenshindernis**, das der Eröffnung des Hauptverfahrens oder jedem sonstigen Weiterbetreiben des Verfahrens entgegenstünde, ist die Abwesenheit **nicht**.[4] Auf den Beschuldigten bleiben deshalb nach wie vor die §§ 231 Abs. 2,[5] 232[6] und 233 anwendbar.[7] Auch die Möglichkeit, in Verfahren über Berufung (§ 329) oder Revision (§ 350) eine Hauptverhandlung ohne den Angeklagten durchzuführen, bleibt erhalten.[8]

3 Im **Strafbefehlsverfahren** kommt hingegen die Anberaumung einer Hauptverhandlung trotz Abwesenheit des Beschuldigten nicht in Betracht. Bei einem Abwesenden iSd. § 276 ist nicht ausreichend sicher gewährleistet, dass er von dem unverzichtbaren Angebot, rechtliches Gehör vor dem Richter zu erhalten, auch tatsächlich Gebrauch machen kann.[9]

---

[13] Vgl. OLG Frankfurt v. 2. 5. 1972 – 2 Ws 103/71, NJW 1972, 1875.
[14] *Meyer-Goßner* Rn. 3.
[15] Ebenso KK-StPO/*Engelhardt* Rn. 8; *Meyer-Goßner* Rn. 3; aA *Oppe* NJW 1966, 2237.
[16] *Meyer-Goßner* Rn. 3.
[17] KK-StPO/*Engelhardt* Rn. 9.
[1] Ausf. dazu Löwe/Rosenberg/*Gollwitzer*, 25. Aufl., Rn. 1; vgl. auch SK-StPO/*Schlüchter/Frister* Rn. 1 und KK-StPO/*Engelhardt* Rn. 1.
[2] KK-StPO/*Engelhardt* Rn. 7.
[3] SK-StPO/*Schlüchter/Frister* Rn. 2.
[4] KK-StPO/*Engelhardt* Rn. 7.
[5] BGH v. 22. 6. 1977 – 3 StR 139/77, BGHSt 27, 216 = NJW 1977, 1888; SK-StPO/*Schlüchter/Frister* Rn. 2; *Meyer-Goßner* Rn. 1; KK-StPO/*Engelhardt* Rn. 4; Löwe/Rosenberg/*Gollwitzer*, 25. Aufl., Rn. 2.
[6] *Meyer-Goßner* Rn. 1; SK-StPO/*Schlüchter/Frister* Rn. 3; Löwe/Rosenberg/*Gollwitzer*, 25. Aufl., Rn. 2; wohl aA KK-StPO/*Engelhardt* Rn. 3.
[7] HansOLGBremen v. 4. 9. 1967 – Ws 161/67, MDR 1968, 343; SK-StPO/*Schlüchter/Frister* Rn. 2; KK-StPO/*Engelhardt* Rn. 5; *Meyer-Goßner* Rn. 1; vgl. auch *Oppe* NJW 1966, 2237 (2239).
[8] KK-StPO/*Engelhardt* Rn. 6; *Meyer-Goßner* Rn. 1; SK-StPO/*Schlüchter/Frister* Rn. 3.
[9] Wie hier SK-StPO/*Schlüchter/Frister* Rn. 3; anders die (noch) hM *Meyer-Goßner* Rn. 2; Löwe/Rosenberg/*Gollwitzer*, 25. Aufl., Rn. 2; Anw-StPO/*Martis* Rn. 1; HK-GS/*Lemke* Rn. 1; *Rieß* JZ 1975, 268; wohl auch KK-StPO/*Engelhardt* Rn. 6.

III. Beweissicherungsverfahren (Abs. 1 Satz 2, Abs. 2)

Mit dieser Bestimmung gemeint ist nur die Einleitung eines „gerichtlichen" Verfahrens.[10] Nicht gemeint ist das **Ermittlungsverfahren** der StA. Dieses ist ohne besondere gesetzliche Erwähnung auch bei Abwesenheit des Beschuldigten zulässig (vgl. § 112 Abs. 1 Nr. 1).[11] Stellt sich die Abwesenheit des Beschuldigten indes erst nach Anklageerhebung heraus („Zwischenverfahren"), kann die StA entweder die Anklage zurücknehmen (§ 156) und das Verfahren selbst einstellen (entsprechend § 205) oder sie kann die Anklage aufrechterhalten, etwa damit das Gericht ein erforderliches Beweissicherungsverfahren durchführt (für das nach Abs. 2 die §§ 286 bis 294 gelten) und das Verfahren anschließend vorläufig eingestellt wird.[12] Ergibt sich die Abwesenheit des Beschuldigten erst nach Eröffnung des Hauptverfahrens, ist § 289 einschlägig.[13]

§ 286 [Beistand]

¹ Für den Angeklagten kann ein Verteidiger auftreten. ² Auch Angehörige des Angeklagten sind, auch ohne Vollmacht, als Vertreter zuzulassen.

I. Allgemeines

Das Recht, sich in jeder Lage des Verfahrens des Beistands eines Verteidigers zu bedienen, ist als Ausdruck des „**Rechts auf faires Verfahren**" verfassungsrechtlich verbürgt.[1] Für den „Normalfall" ist dies in § 137 Abs. 1 Satz 1 einfachrechtlich nochmals statuiert. § 286 will auch für den abwesenden Beschuldigten die Interessenwahrnehmung zumindest durch ein mutmaßliches „Sprachrohr" weitestmöglich gewährleisten.

II. Verteidiger (Satz 1)

1. „Angeklagter". Der Wortlaut des Gesetzes ist missverständlich. Der Begriff „Angeklagter" ist **nicht im engen Sinne** des § 157 **zu verstehen**. Die Bestimmung gilt nicht erst nach Eröffnung des Hauptverfahrens, sondern auch bereits im Vor- und Zwischenverfahren.[2] Ein sachlicher Grund, das Auftreten eines Verteidigers auf bestimmte Verfahrensabschnitte zu beschränken, ist nicht ersichtlich.[3] Es ist unverständlich, dass der Gesetzgeber sein „Redaktionsversehen"[4] nicht längst korrigiert hat.

2. Verteidiger. Auch für den abwesenden Beschuldigten kann jederzeit ein **Wahlverteidiger** auftreten. Er muss aber – vom Beschuldigten oder einem Vertreter – entsprechend bevollmächtigt sein.[5] Die Abwesenheit des Beschuldigten begründet nicht automatisch eine „notwendige Verteidigung" (§ 140 Abs. 1). Die Bestellung eines **Pflichtverteidigers** wird aber – vor allem bei unbekanntem Aufenthalt – häufig geboten sein (§ 140 Abs. 2, insbes. dessen letzte Alt.).[6] Die **Befugnisse** des Verteidigers ergeben sich aus den allgemeinen Vorschriften (§§ 137 ff), die entsprechend anzuwenden sind; auch § 145 a gilt analog.[7]

III. Angehöriger (Satz 2)

Der Begriff „**Angehöriger**" ist **weit auszulegen**. Er umfasst nicht nur nahestehende Personen iSd. §§ 11 Abs. 1 Nr. 1 StGB, 52 Abs. 1 Nr. 1 bis 3 StPO. Hierzu zählen auch entferntere Verwandte und Stiefeltern, nicht aber zB die geschiedene Ehepartner.[8]

Vertretung iSd. Vorschrift ist eine Interessenwahrnehmung nach Art der „Verteidigung", nicht etwa rechtsgeschäftliche Vertretung.[9] Obwohl eine „Notbefugnis"[10] haben sie dieselben

---

[10] SK-StPO/*Schlüchter/Frister* Rn. 5; KK-StPO/*Engelhardt* Rn. 9; *Meyer-Goßner* Rn. 2.
[11] Löwe/Rosenberg/*Gollwitzer*, 25. Aufl., Rn. 7; KK-StPO/*Engelhardt* Rn. 8; SK-StPO/*Schlüchter/Frister* Rn. 7.
[12] *Meyer-Goßner* Rn. 2.
[13] KK-StPO/*Engelhardt* Rn. 10; *Meyer-Goßner* Rn. 2; SK-StPO/*Schlüchter* Rn. 6.
[1] Vgl. nur BVerfG v. 6. 11. 1984 – 2 BvL 16/83, BVerfGE 68, 237 (255) = NJW 1985, 727 (729).
[2] SK-StPO/*Schlüchter/Frister* Rn. 2; *Meyer-Goßner* Rn. 1; *Joecks* Rn. 1; HK-GS/*Lemke* Rn. 1.
[3] *Meyer-Goßner* Rn. 1.
[4] Näher dazu Löwe/Rosenberg/*Gollwitzer*, 25. Aufl., Rn. 6.
[5] *Meyer-Goßner* Rn. 1; HK-GS/*Lemke* Rn. 2.
[6] Ebenso *Meyer-Goßner* Rn. 2 und SK-StPO/*Schlüchter/Frister* Rn. 3; ähnl. Löwe/Rosenberg/*Gollwitzer*, 25. Aufl., Rn. 3 und Anw-StPO/*Martis* Rn. 1; *Joecks* Rn. 1.
[7] Löwe/Rosenberg/*Gollwitzer*, 25. Aufl., Rn. 3; *Meyer-Goßner* Rn. 2; SK-StPO/*Schlüchter/Frister* Rn. 3; KK-StPO/*Engelhardt* Rn. 3; *Joecks* Rn. 1.
[8] SK-StPO/*Schlüchter/Frister* Rn. 4; KK-StPO/*Engelhardt* Rn. 3; *Meyer-Goßner* Rn. 3; Löwe/Rosenberg/*Gollwitzer*, 25. Aufl., Rn. 5; *Joecks* Rn. 3; Anw-StPO/*Martis* Rn. 1; HK-GS/*Lemke* Rn. 3; enger hingegen KMR/*Haizmann* Rn. 4.
[9] *Meyer-Goßner* Rn. 4; *Joecks* Rn. 4.
[10] So HK-GS/*Lemke* Rn. 3.

§§ 287, 288   Zweites Buch. Verfahren im ersten Rechtszug

Befugnisse wie Verteidiger; ihr Äußerungsrecht ist gegenüber § 149 sogar insofern erweitert, als es jedes Stadium des Verfahrens selbst dann betrifft, wenn keine Vollmacht vorliegt;[11] eine Vertetungsmacht iSd. § 234 kommt ihnen indes in keinem Falle zu.[12]

6   Angehörige haben grundsätzlich einen Anspruch auf Zulassung („sind"). Das Gericht kann – nicht muss – aber ihre Zahl auf **höchstens drei** beschränken, wenn andernfalls die ordnungsgemäße Durchführung des Verfahrens in Frage gestellt würde.[13]

§ 287 [Benachrichtigung]

(1) **Dem abwesenden Beschuldigten steht ein Anspruch auf Benachrichtigung über den Fortgang des Verfahrens nicht zu.**

(2) **Der Richter ist jedoch befugt, einem Abwesenden, dessen Aufenthalt bekannt ist, Benachrichtigungen zugehen zu lassen.**

I. Allgemeines

1   Die Vorschrift will dem Umstand Rechnung tragen, dass jemand, der sich **selbst** aus dem **Interaktionskreis** eines Strafverfahrens **ausgeschlossen** hat, zumindest keinen „Rechtsanspruch" mehr auf Information über dessen Fortgang hat.[1]

II. Kein Anspruch des Abwesenden (Abs. 1)

2   Ist der Aufenthalt des Beschuldigten unbekannt, versteht sich der Ausschluss eines Rechtsanspruches auf Benachrichtigung von selbst. Dem ist nach dem klaren Wortlaut der Vorschrift aber auch so, wenn eine Information – etwa weil der ausländische Aufenthaltsort bekannt ist – tatsächlich möglich erscheint.[2] Dies gilt **sogar** in dem Fall, dass eine **Zustellungsvollmacht** hinterlegt ist.[3]

III. Ermessen (Abs. 2)

3   Ist der Aufenthaltsort des Beschuldigten bekannt – und damit eine Benachrichtigung des Abwesenden „tatsächlich" möglich – ist eine Information nicht nur „nicht ausgeschlossen"[4] bzw. eine bloße „Befugnis" gegeben, dem Beschuldigten gleichwohl Nachrichten zukommen zu lassen,[5] der Richter ist vielmehr unter dem Gesichtspunkt pflichtgemäßer Ermessensausübung geradezu verpflichtet, zu prüfen, ob der Grundsatz der Gewährung eines **„fairen Verfahrens"** eine entsprechende Information nicht gebietet. Das wird zB bei der beabsichtigten Zulassung eines Angehörigen zur Vertretung des Beschuldigten (§ 286 Satz 2) oder angesichts eines bevorstehenden Termins zur Vernehmung eines Zeugen regelmäßig der Fall sein.[6]

IV. Unberührte Ansprüche der Beistände

4   Neben der soeben erwähnten Befugnis des Richters werden durch die Vorschrift auch nicht die Rechte derjenigen beeinträchtigt, die die Interessen des Beschuldigten wahrnehmen (vgl. § 286 Abs. 1); so müssen sowohl dem bevollmächtigten Verteidiger als auch einem als Vertreter zugelassenen Angehörigen die nach den allgemeinen Regeln **gesetzlich vorgeschriebenen Nachrichten** auch erteilt werden (insbes. zB nach § 168c Abs. 5).[7] Der allgemeine Zustellungsbevollmächtigte zählt hingegen nicht zu dem zu informierenden Personenkreis.[8]

§ 288 [Aufforderung zum Erscheinen]

Der Abwesende, dessen Aufenthalt unbekannt ist, kann in einem oder mehreren öffentlichen Blättern zum Erscheinen vor Gericht oder zur Anzeige seines Aufenthaltsortes aufgefordert werden.

---

[11] Löwe/Rosenberg/*Gollwitzer*, 25. Aufl., Rn. 6; SK-StPO/*Schlüchter/Frister* Rn. 5.
[12] *Meyer-Goßner* Rn. 2, KK-StPO/*Engelhardt* Rn. 5; *Joecks* Rn. 4; Anw-StPO/*Martis* Rn. 1.
[13] Löwe/Rosenberg/*Gollwitzer*, 25. Aufl., Rn. 6; *Meyer-Goßner* Rn. 2; *Joecks* Rn. 2.
[1] Näher dazu, auch zur geschichtlichen Entwicklung, SK-StPO/*Schlüchter/Frister* Rn. 1 mwN.
[2] KK-StPO/*Engelhardt* Rn. 1; SK-StPO/*Schlüchter/Frister* Rn. 2.
[3] *Meyer-Goßner* Rn. 1; SK-StPO/*Schlüchter/Frister* Rn. 2; HK-GS/*Lemke* Rn. 1.
[4] So KK-StPO/*Engelhardt* Rn. 1.
[5] So etwas missverständlich SK-StPO/*Schlüchter/Frister* Rn. 1.
[6] So wohl auch HK-GS/*Lemke* Rn. 1.
[7] Löwe/Rosenberg/*Gollwitzer*, 25. Aufl., Rn. 11; *Meyer-Goßner* Rn. 2; KK-StPO/*Engelhardt* Rn. 2; SK-StPO/*Schlüchter/Frister* Rn. 2; BeckOK-StPO/*Lemke* Rn. 2.
[8] Löwe/Rosenberg/*Gollwitzer*, 25. Aufl., Rn. 10; KK-StPO/*Engelhardt* Rn. 2; SK-StPO/*Schlüchter/Frister* Rn. 2.

Achter Abschnitt. Verfahren gegen Abwesende 1 § 289

I. Allgemeines

Das Erscheinen des Beschuldigten vor Gericht ist – in der Regel – vor allem aus zwei Gründen 1 erstrebenswert: Zum einen wird hierdurch die **Sachaufklärung** gefördert; zum anderen steigen die **Verteidigungsmöglichkeiten**.[1] Aber auch die bloße Kenntnis der aktuellen Anschrift ermöglicht es dem Gericht, dem Beschuldigten zB Gelegenheit zur Stellungnahme zu geben, bevor es einen Angehörigen als seinen „Vertreter" zulässt (§ 286). § 288 will deshalb eine Möglichkeit eröffnen, dem „abwesenden" Beschuldigten durch eine öffentliche Aufforderung sein persönliches Erscheinen oder zumindest die Anzeige seines Aufenthaltsortes nahezulegen. Nutzen und praktische Relevanz der Vorschrift erscheinen allerdings fraglich.

II. Qualifizierte Aufforderung

Die Aufforderung zum Erscheinen oder der Bekanntgabe des Aufenthaltsortes ist **keine La-** 2 **dung**. Sie stellt auch keine (öffentliche) Zustellung (vgl. § 40) dar.[2] Die Aufforderung nach § 288 zeitigt keinerlei Rechtsfolgen.[3] Keine Maßnahme des Gerichts oder der StA im Abwesenheitsverfahren ist von ihrer Durchführung abhängig.[4] Sie gleicht eher einem (unverbindlichen) **schriftlichen „Ratschlag"**, der allerdings „in aller Öffentlichkeit" erteilt wird.

Ist Gegenstand der Aufforderung das Erscheinen vor Gericht, müssen neben dem Ort und der 3 Zeit des bestimmten Termins auch die Anschrift des Gerichts angegeben werden. Umgekehrt ist für die Anzeige des Aufenthaltsortes die gleiche **Genauigkeit** zu verlangen.[5]

Die Vorschrift nennt als Mittel der „Veröffentlichung" ausschließlich **„öffentliche Blätter"**. 4 Nach zutreffender hM brauchen diese nicht amtlicher Natur sein; gemeint sind vielmehr alle Zeitungen, deren Adressatenkreis von unbestimmt vielen und nicht nur von einem eng (zB beruflich) begrenzten Personenkreis gebildet wird.[6]

Nach hM soll die Aufforderung auch auf andere Weise unternommen werden dürfen, etwa 5 durch **moderne(re) Medien** wie Funk und Fernsehen.[7] Angesichts des klaren Wortlautes und der entsprechend dem Verbreitungsgrad anderer grundrechtlichen Eingriffstiefe erscheint die Auslegung „Ein öffentliches Blatt im Sinne des Gesetzes ist auch das Fernsehen" indes äußerst fragwürdig.

III. Ermessen des Vorsitzenden

Die Entscheidung, ob die von § 288 zugelassene Aufforderung vorzunehmen ist, kann von dem 6 **Vorsitzenden** allein getroffen werden,[8] nachdem sich hieraus keine Rechtsfolgen ergeben.

§ 289 [Beweisaufnahme]

Stellt sich erst nach Eröffnung des Hauptverfahrens die Abwesenheit des Angeklagten heraus, so erfolgen die noch erforderlichen Beweisaufnahmen durch einen beauftragten oder ersuchten Richter.

I. Allgemeines

Die Bestimmung will dazu beitragen, dass auch **im Falle einer** (späteren) **Gestellung** des (derzeit 1 abwesenden) Angeklagten (noch) sinnvoll eine Hauptverhandlung durchgeführt werden kann. Sie will sicherstellen, dass – zur Beweissicherung (vgl. § 285 Abs. 1 Satz 2) – auch dann zeitnah Beweiserhebungen durchgeführt werden, wenn sich deren Erforderlichkeit – aufgrund Abwesenheit des Betroffenen – erst nach Eröffnung des Hauptverfahrens ergibt. Sie legt deshalb fest, wessen Sache deren Durchführung ist.[1*]

---

[1] Ähnl. SK-StPO/*Schlüchter/Frister* Rn. 1.
[2] KK-StPO/*Engelhardt* Rn. 1; *Meyer-Goßner* Rn. 2; SK-StPO/*Schlüchter/Frister* Rn. 2; Anw-StPO/*Martis* Rn. 1.
[3] *Meyer-Goßner* Rn. 2; KK-StPO/*Engelhardt* Rn. 4; Löwe/Rosenberg/*Gollwitzer*, 25. Aufl., Rn. 12; SK-StPO/ *Schlüchter/Frister* Rn. 2.
[4] KK-StPO/*Engelhardt* Rn. 4; Anw-StPO/*Martis* Rn. 1.
[5] KK-StPO/*Engelhardt* Rn. 3; SK-StPO/*Schlüchter/Frister* Rn. 2.
[6] *Meyer-Goßner* Rn. 1; KK-StPO/*Engelhardt* Rn. 2; SK-StPO/*Schlüchter/Frister* Rn. 3; HK-GS/*Lemke* Rn. 1.
[7] HK-GS/*Lemke*, Rn. 1; *Meyer-Goßner* Rn. 1; Löwe/Rosenberg/*Gollwitzer*, 25. Aufl., Rn. 12; KMR/*Haizmann* Rn. 3; SK-StPO/*Schlüchter/Frister* Rn. 3.
[8] *Meyer-Goßner* Rn. 1; SK-StPO/*Schlüchter/Frister* Rn. 2; KK-StPO/*Engelhardt* Rn. 4; HK-GS/*Lemke* Rn. 1.
[1*] Allg. dazu SK-StPO/*Schlüchter/Frister* Rn. 1.

II. Bestimmtes Verfahrensstadium

2 § 289 enthält lediglich eine Sonderregelung für die Beweissicherung **nach Eröffnung des Hauptverfahrens**.[2] Wann sich die Abwesenheit herausstellt, ist gleichgültig.[3] Die Vorschrift gilt selbst dann noch, wenn das Gericht das Verfahren bereits nach § 205 vorläufig eingestellt hat.[4]

3 **Im Vorverfahren** bleibt es bei den allgemeinen Regeln. Danach ist auch im Abwesenheitsverfahren die Staatsanwaltschaft für die erforderliche Beweissicherung (§ 285 Abs. 1 Satz 2) zuständig.[5] Sie muss überlegen, ob sie die Beweise selbst erheben will oder hierfür den Ermittlungsrichter heranzieht (§ 162).[6] Einer Eröffnung des Hauptverfahrens bedarf es nur für eine Vermögensbeschlagnahme (§§ 290 ff), nicht für sonstige Beweisaufnahmehandlungen.[7] **Im Zwischenverfahren** bleibt es grundsätzlich bei der Kompetenz der Staatsanwaltschaft. Es sei denn, das Gericht leitet die erforderlichen Maßnahmen selbst ein.[8] Jedenfalls muss das Gericht die Beweiserhebung in diesem Stadium nicht selbst durchführen.[9] **Nach Eröffnung** liegt das Verfahren in der Hand des Gerichts[10] – jedenfalls iSd. alleinigen Anordnungskompetenz.

III. Die Anordnung

4 Die Bestimmung lässt die **Kompetenz** zur Anordnung der erforderlichen Beweiserhebungen **unberührt**. Diese trifft nach wie vor das erkennende Gericht.[11] Es beauftragt durch einen Gerichtsbeschluss den ersuchten oder beauftragten Richter mit der Durchführung.

IV. Die Durchführung

5 Die **Erhebung der Beweise** ist Sache des beauftragten oder ersuchten Richters. Das Beweisthema ist durch das erkennende Gericht vorgegeben. Für die Durchführung gelten die allgemeinen Regeln (§§ 223 ff).[12] Zu benachrichtigen und anwesenheitsberechtigt sind entsprechend § 224 stets die Staatsanwaltschaft und ggf der Verteidiger.[13] Das gilt ebenso für den als Vertreter des Angeklagten zugelassenen Angehörigen (vgl. § 286 Abs. 1 Satz 2), der in gleichem Maße wie ein Angeklagter zugegen sein darf.[14] Der Angeklagte selbst hat hingegen auch insoweit keinen entsprechenden „Anspruch" (§ 287 Abs. 1); der Richter „kann" ihn aber auch über diesen Fortgang des Verfahrens informieren (§ 287 Abs. 2).[15]

§ 290 [Vermögensbeschlagnahme]

(1) Liegen gegen den Abwesenden, gegen den die öffentliche Klage erhoben ist, Verdachtsgründe vor, die den Erlaß eines Haftbefehls rechtfertigen würden, so kann sein im Geltungsbereich dieses Bundesgesetzes befindliches Vermögen durch Beschluß des Gerichts mit Beschlag belegt werden.

(2) Wegen Straftaten, die nur mit Freiheitsstrafe bis zu sechs Monaten oder mit Geldstrafe bis zu einhundertachtzig Tagessätzen bedroht sind, findet keine Vermögensbeschlagnahme statt.

I. Allgemeines

1 Die Anwesenheit eines Beschuldigten iSd. Abwesenheitsverfahrens (als Voraussetzung der Durchführung einer Hauptverhandlung) lässt sich in aller Regel nicht unmittelbar durch Erlass und Vollzug eines Haftbefehls „erzwingen". Durch die Beschlagnahme des Inlandsvermögens soll – mittelbar – dasselbe erreicht werden: **Gestellung des Beschuldigten (Angeklagten) – nach Ent-**

---

[2] *Meyer-Goßner* Rn. 1; HK-GS/*Lemke* Rn. 1.
[3] HK-GS/*Lemke* Rn. 1.
[4] SK-StPO/*Schlüchter/Frister* Rn. 2; insoweit gleichermaßen missverständlich KK-StPO/*Engelhardt* Rn. 2 und AnwStPO/*Martis* Rn. 1.
[5] *Meyer-Goßner* Rn. 1; HK-GS/*Lemke* Rn. 1; KK-StPO/*Engelhardt* Rn. 1.
[6] SK-StPO/*Schlüchter/Frister* Rn. 1.
[7] KK-StPO/*Engelhardt* Rn. 1.
[8] KK-StPO/*Engelhardt* Rn. 1; SK-StPO/*Schlüchter/Frister* Rn. 1.
[9] Löwe/Rosenberg/*Rieß* § 202 Rn. 15; SK-StPO/*Schlüchter/Frister* Rn. 1.
[10] KK-StPO/*Engelhardt* Rn. 2.
[11] *Meyer-Goßner* Rn. 1; SK-StPO/*Schlüchter/Frister* Rn. 3; HK-GS/*Lemke* Rn. 1; *Joecks* Rn. 1.
[12] *Meyer-Goßner* Rn. 2.
[13] *Meyer-Goßner* Rn. 2; Löwe/Rosenberg/*Gollwitzer*, 25. Aufl., Rn. 3; HK-GS/*Lemke* Rn. 2.
[14] SK-StPO/*Schlüchter/Frister* Rn. 3; *Meyer-Goßner* Rn. 2; KMR/*Haizmann* Rn. 3.
[15] *Meyer-Goßner* Rn. 2; SK-StPO/*Schlüchter/Frister* Rn. 3.

zug seiner finanziellen Mittel.[1] Sie soll weder den Strafanspruch sichern, noch ist sie eine Ungehorsamsfolge; genausowenig dient sie Fiskalinteressen des Staates und (zumindest nicht primär) zur Sicherung des Vermögensinteresses des Verletzten.[2]

II. Voraussetzungen (Abs. 1)

1. Erhebung der öffentlichen Klage. Erste Voraussetzung der Anordnung der Beschlagnahme ist, dass die StA gegen den Abwesenden[3] bereits Anklage erhoben hat. Unerheblich ist, ob sich die Abwesenheit des Beschuldigten erst danach herausgestellt hat, oder ob die Anklage nur zu dem Zweck erfolgt ist, die Vermögensbeschlagnahme zu ermöglichen.[4]

Die Vermögensbeschlagnahme soll sogar selbst dann noch möglich sein, wenn der Beschuldigte **rechtskräftig verurteilt** ist und sich der Strafvollstreckung entzieht.[5] Dies erscheint im Hinblick auf den Normzweck und das allgemeine Analogieverbot fragwürdig. Unstreitig ist hingegen, dass die Vermögensbeschlagnahme mit Rücknahme der Klage durch die StA unzulässig wird.[6]

2. Dringender Tatverdacht. Zweite Voraussetzung der Anordnung der Vermögensbeschlagnahme ist, dass der Beschuldigte einer qualifizierten[7] Straftat dringend verdächtig ist. Der (vorgängige) Erlass eines **Haftbefehls** ist **nicht Voraussetzung** der Anordnung.[8]

Umstritten ist, ob auch ein **Haftgrund** nach §§ 112 Abs. 2, 112a vorliegen muss. Nach wohl (noch) überwiegender Meinung ist dem nicht so.[9] Das Bestehen von **Verdachtsgründen** iSd. § 112 Abs. 1, die den Erlass eines Haftbefehls rechtfertigen würden, soll genügen.[10] Nach anderer Auffassung muss ein Haftgrund gegeben sein.[11] Letzterem ist schon im Hinblick auf den insgesamt restriktiven Zweck dieser Einschränkung zu folgen.[12]

III. Verhältnismäßigkeit (Abs. 2)

Bei **Straftaten von geringem Gewicht** ist die Beschlagnahme des Inlandsvermögens ausgeschlossen. Abs. 2 bestimmt dies mit bindender Wirkung in Abhängigkeit von der Strafrohung für bestimmte Delikte. Aber auch jenseits dieser starren Grenze darf sie nicht angeordnet werden, wenn ihre Auswirkungen im Einzelfall außer Verhältnis zu den Rechtsfolgen stehen, mit denen der Abwesende wegen der Tat zu rechnen hat.[13]

IV. Keine sonstigen Hinderungsgründe

Die Vermögensbeschlagnahme darf nicht angeordnet werden, wenn feststeht, dass ihr **Zweck nicht erreichbar** ist.[14] Beispiele: Der Abwesende ist nicht reisefähig; er wird gegen seinen Willen im Ausland festgehalten;[15] oder: sein Vermögen ist so gering, dass die Beschlagnahme ihn nicht beeindruckt.[16]

Der Umstand, dass von dem Aufenthaltsstaat die **Auslieferung oder Abschiebung** des Beschuldigten nicht verlangt werden kann, hindert eine Vermögensbeschlagnahme indes nicht.[17] Gleiches gilt für dessen Erklärung, er werde in die Bundesrepublik trotz Verlustes seines Vermögens nicht zurückkehren.[18]

---

[1] BayObLG v. 2. 10. 1963 – Breg. 1 Z 153/63 = NJW 1964, 301; ausf. dazu *Börner* NStZ 2005, 547 (548 mwN); vgl. auch *Meyer-Goßner* Rn. 1 und KK-StPO/*Engelhardt* Rn. 1, HK-GS/*Lemke* Rn. 1.
[2] Löwe/Rosenberg/*Gollwitzer*, 25. Aufl., Rn. 1; HK-GS/*Lemke* Rn. 1.
[3] Zum Begriff des Beschuldigten s. § 276 Rn. 3.
[4] KK-StPO/*Engelhardt* Rn. 2; Anw-StPO/*Martis* Rn. 2; ausf. dazu Löwe/Rosenberg/*Gollwitzer*, 25. Aufl., Rn. 7.
[5] OLG Düsseldorf v. 30. 8. 1996 – 1 Ws 435/96, NStZ 1997, 103; ebenso KK-StPO/*Engelhardt* Rn. 2 und Anw-StPO/*Martis* Rn. 1.
[6] Löwe/Rosenberg/*Gollwitzer*, 25. Aufl., Rn. 6; SK-StPO/*Schlüchter/Frister* Rn. 3.
[7] Dazu u. Rn. 6.
[8] KK-StPO/*Engelhardt* Rn. 4; *Meyer-Goßner* Rn. 2.
[9] KK-StPO/*Engelhardt* Rn. 4; SK-StPO/*Schlüchter/Frister* Rn. 4; *Joecks* Rn. 2.
[10] So zB *Meyer-Goßner* Rn. 2.
[11] Löwe/Rosenberg/*Gollwitzer*, 25. Aufl., Rn. 8; KMR/*Haizmann* Rn. 6; *Börner* NStZ 2005, 547 (549); *Hilger* NStZ 1982, 375 Fn. 8.
[12] Wie hier HK-GS/*Lemke* Rn. 3.
[13] Löwe/Rosenberg/*Gollwitzer*, 25. Aufl., Rn. 5; *Meyer-Goßner* Rn. 3; KK-StPO/*Engelhardt* Rn. 5.
[14] HK-GS/*Lemke* Rn. 2.
[15] KK-StPO/*Engelhardt* Rn. 1.
[16] *Meyer-Goßner* Rn. 1; Löwe/Rosenberg/*Gollwitzer*, 25. Aufl., Rn. 3; HK-GS/*Lemke* Rn. 2.
[17] KK-StPO/*Engelhardt* Rn. 2; HK-GS/*Lemke* Rn. 1.
[18] Löwe/Rosenberg/*Gollwitzer*, 25. Aufl., Rn. 2; *Börner* NStZ 2005, 548 (549); ebenso *Meyer-Goßner* Rn. 1; HK-GS/*Lemke* Rn. 1.

V. Zuständigkeit

9 Zuständig ist das Gericht, bei dem die Strafsache **anhängig** ist;[19] das kann zB auch das Berufungsgericht sein, das das Verfahren nach § 205 eingestellt hat.[20]

VI. Form und Inhalt

10 Die Vermögensbeschlagnahme ist durch **Beschluss** anzuordnen (Abs. 1). Eines Antrages der StA bedarf es nicht; auch eine Entscheidung von Amts wegen ist möglich.[21] Das Gericht entscheidet nach pflichtgemäßem Ermessen („kann"). Der Beschluß ist mit Gründen zu versehen (§ 34). Außerdem muss der Beschuldigte genau bezeichnet werden.[22] Die einzelnen Vermögensgegenstände müssen hingegen nicht im einzelnen bestimmt werden; ausreichend ist vielmehr die abstrakte Anordnung der Beschlagnahme des gesamten in Deutschland befindlichen Vermögens.[23] Zur Frage, ob die Art der Bekanntmachung in den Beschluss aufzunehmen ist, vgl. § 291 Rn. 3.

VII. Wirksamwerden

11 Die Bekanntmachung des Beschlagnahmebeschlusses regelt **§ 291**, die Wirkung der Bekanntmachung § 292; zur Aufhebung s. § 293.

VIII. Rechtsbehelfe

12 Gegen einen Beschluss, der die Vermögensbeschlagnahme anordnet, kann der Beschuldigte **Beschwerde** einlegen (§ 304 Abs. 1); das Recht hierzu hat auch ein nach § 286 Abs. 1 zugelassener Angehöriger;[24] Gleiches steht der StA im Falle der Ablehnung eines entsprechenden Antrages zu (§ 304 Abs. 1, Abs. 4 S. 2 Nr. 1).[25]

§ 291 [Bekanntmachung des Beschlagnahmebeschlusses]

Der die Beschlagnahme verhängende Beschluß ist im elektronischen Bundesanzeiger bekannt zu machen und kann nach dem Ermessen des Gerichts auch auf andere geeignete Weise veröffentlicht werden.

I. Allgemeines

1 Der Erlass eines Beschlagnahmebeschlusses ist eine Sache (§ 290), der Eintritt der Wirkung eine andere (§ 292). Das entsprechende „**Bindeglied**" ist die Bekanntmachung". § 291 soll festlegen, in welcher Art Letzteres erfolgen muss.

II. Wirksamkeitsvoraussetzung

2 Erst mit der ordnungsgemäßen Bekanntmachung eines entsprechenden Beschlusses verliert der Beschuldigte das Recht, über das in Beschlag genommene Vermögen unter Lebenden zu verfügen (§ 292 Abs. 1). Sie ist unabdingbare Voraussetzung der **Wirksamkeit** des Beschlusses.[1] Die Beschlagnahme wird mit dem Ablauf des Tages wirksam, an dem sie im elektronischen Bundesanzeiger veröffentlicht wird.[2]

3 Ob die Art der Bekanntmachung in Gestalt der Veröffentlichung im Bundesanzeiger ausdrücklich in den Beschlagnahmebeschluss aufgenommen werden muss, ist umstritten. Nach einer Meinung ist dem so.[3] Nach anderer Auffassung genügt eine **Anordnung des Vorsitzenden** (entspr. § 36 Abs. 1 Satz 1).[4] Dem ist zu folgen. Die Art der Bekanntmachung ist insoweit in § 291 zwingend vorgeschrieben und damit bereits gesetzlich bestimmt.

---

[19] HK-GS/*Lemke* Rn. 5.
[20] Löwe/Rosenberg/*Gollwitzer*, 25. Aufl., Rn. 13; *Meyer-Goßner* Rn. 5.
[21] KK-StPO/*Engelhardt* Rn. 6; *Meyer-Goßner* Rn. 4.
[22] *Meyer-Goßner* Rn. 4; KK-StPO/*Engelhardt* Rn. 6.
[23] Vgl. dazu nur KK-StPO/*Engelhardt* Rn. 6 und *Meyer-Goßner* Rn. 4, jew. mwN.
[24] HK-GS/*Lemke* Rn. 6.
[25] *Meyer-Goßner* Rn. 6; SK-StPO/*Schlüchter/Frister* Rn. 9.
[1] *Meyer-Goßner* Rn. 1.
[2] *Meyer-Goßner* Rn. 1; Löwe/Rosenberg/*Gollwitzer*, 25. Aufl., § 292 Rn. 1.
[3] *Meyer-Goßner* Rn. 1; Löwe/Rosenberg/*Gollwitzer*, 25. Aufl., Rn. 2; HK-GS/*Lemke* Rn. 1; unklar Anw-StPO/*Martis* § 292 Rn. 1: „um Wirksamkeitsmängel auszuschließen".
[4] KK-StPO/*Engelhardt* Rn. 1; SK-StPO/*Schlüchter/Frister* Rn. 3.

Einigkeit besteht hingegen, dass eine Bekanntmachung **anderer Art** in einem **Beschluss** angeordnet werden muss, dass dies aber nicht unbedingt im Beschlagnahmebeschluss selbst erfolgen muss, sondern ggf. auch noch nachträglich erfolgen kann.[5]

III. Zulässige Medien

Die Bekanntmachung muss seit dem 1. 1. 2007 im **elektronischen Bundesanzeiger** erfolgen,[6] dessen Nutzung zwingend vorgeschrieben ist. Was eine „andere geeignete Weise" ist, ist auslegungsbedürftig. Zur Veröffentlichung geeignet sind grundsätzlich alle gedruckten Zeitungen. Anders als in § 288[7] kommen hier als „Blätter" auch Zeitungen für bestimmte Berufsstände in Betracht, wenn sich die Veröffentlichung in ihnen wegen der Art des beschlagnahmten Vermögens anbietet.[8] ZB kann die Veröffentlichung in **Zeitschriften**, die von bestimmten Berufsgruppen oder sonst in Frage kommenden Personenkreisen gelesen werden, zweckmäßig sein.[9] Auch elektronische Medien sind nicht mehr ausgeschlossen, dürften allerdings idR unzweckmäßig sein.[10]

IV. Ermessen

Der Wortlaut der Vorschrift ist nicht eindeutig. Nach ihm könnte auch eine alternative Bekanntmachung im Bundesanzeiger oder in anderer Form ausreichend sein. Dem ist aber nicht so. Die Veröffentlichung muss **in jedem Fall im Bundesanzeiger** erfolgen.[11] Das Ermessen des Gerichts bezieht sich ausschließlich auf die **Frage, ob kumulativ** hierzu auch noch eine weitere Veröffentlichung an anderer Stelle erfolgt und wenn ja, welche dies sein soll.

V. Ausführung

Wem die Durchführung der Anordnung obliegt, ist umstritten. Nach einer Meinung ist sie Sache des **Gerichts**,[12] nach anderer Auffassung ist sie durch die StA (entspr. § 36 Abs. 2 Satz 1) zu veranlassen.[13] Zutreffend ist die erstgenannte Sichtweise. Die Veröffentlichung ist selbst keine „Vollstreckung" im prozessualen Sinne.[14] Zur Mitteilung des Beschlusses an die für die Einleitung einer Pflegschaft zuständige Behörde vgl. § 292 Rn. 5 ff.

§ 292 [Wirkung der Bekanntmachung]

(1) Mit dem Zeitpunkt der ersten Bekanntmachung im elektronischen Bundesanzeiger verliert der Angeschuldigte das Recht, über das in Beschlag genommene Vermögen unter Lebenden zu verfügen.

(2) ¹Der die Beschlagnahme verhängende Beschluß ist der Behörde mitzuteilen, die für die Einleitung einer Pflegschaft über Abwesende zuständig ist. ²Diese Behörde hat eine Pflegschaft einzuleiten.

I. Allgemeines

Die Beschlagnahme des Vermögens stellt eine einschneidende Maßnahme dar. Deshalb ist zum einen möglichst genau festzulegen, wie sie wirkt. Zum anderen muss – im Interesse des Beschuldigten und des Staates – weitestmöglich sichergestellt werden, dass das **Vermögen erhalten** bleibt. Beides soll die Bestimmung leisten.[1]

II. Absolutes Verfügungsverbot (Abs. 1)

Die Beschlagnahme enthält ein absolutes Verbot, unter Lebenden Verfügungen über sein gegenwärtiges oder künftiges Vermögen zu treffen.[2] Es **wirkt gegen jedermann**. Auf den guten Glauben eines Dritten kommt es nicht an.[3] Die Eintragung im Grundbuch ist folglich entbehrlich.[4] Zum Auskunftsrecht s. unten Rn. 12.

---

[5] KK-StPO/*Engelhardt* Rn. 1; *Meyer-Goßner* Rn. 1; Löwe/Rosenberg/*Gollwitzer*, 25. Aufl., Rn. 2; HK-GS/*Lemke* Rn. 1.
[6] BGBl. I 2006 S. 2350.
[7] S. dort Rn. 4.
[8] KK-StPO/*Engelhardt* Rn. 2, der allerdings seiner Kommentierung den veralteten Gesetzestext zugrundelegt.
[9] HK-GS/*Lemke* Rn. 1.
[10] Anw-StPO/*Martis* Rn. 1.
[11] *Meyer-Goßner* Rn. 1; KK-StPO/*Engelhardt* Rn. 1; HK-GS/*Lemke* Rn. 1.
[12] *Meyer-Goßner* Rn. 2; KK-StPO/*Engelhardt* Rn. 1; Anw-StPO/*Martis* Rn. 1.
[13] Löwe/Rosenberg/*Gollwitzer*, 25. Aufl., Rn. 1.
[14] Ebenso SK-StPO/*Schlüchter/Frister* Rn. 3.
[1] BayObLG v. 2. 10. 1963 – Breg. 1 Z 153/63, NJW 1964, 301; ausf. dazu SK-StPO/*Schlüchter/Frister* Rn. 1.
[2] *Meyer-Goßner* Rn. 1; SK-StPO/*Schlüchter/Frister* Rn. 2.
[3] BayObLGZ 12, 31, 32; KK-StPO/*Engelhardt* Rn. 1; Anw-StPO/*Martis* Rn. 1.
[4] *Meyer-Goßner* Rn. 1; KK-StPO/*Engelhardt* Rn. 1; ebenso SK-StPO/*Schlüchter/Frister* Rn. 2 mwN; Löwe/Rosenberg/*Gollwitzer*, 25. Aufl., Rn. 3.

3 Ihm zuwiderlaufende Verfügungen des Beschuldigten sind **nichtig** (§ 134 BGB).[5] Auch bereits bestehende Rechte an den beschlagnahmten Vermögensgegenständen bleiben unberührt.[6] Dritte können aber nicht die Teilaufhebung der Beschlagnahme beantragen, sondern ihre Rechte nur im Wege des Zivilprozesses geltend machen; dort allerdings bis hin zur Zwangsvollstreckung in das beschlagnahmte Vermögen.[7] Verfügungen von Todes wegen sind ausgenommen.[8]

4 **Wirksam** wird die Vermögensbeschlagnahme mit Ablauf des Veröffentlichungstages im elektronischen Bundesanzeiger (§ 187 Abs. 1 BGB).[9] Eine ggf. frühere Bekanntmachung auf andere Weise ist insoweit ohne Bedeutung.[10]

III. Mitteilung an das Vormundschaftsgericht (Abs. 2 Satz 1)

5 Damit aus Gründen der **Fürsorge** für das Vermögen des Beschuldigten eine sog. Abwesenheitspflegschaft[11] eingerichtet werden kann, ist der Beschlagnahmebeschluss schnellstmöglich der hierfür zuständigen „Behörde" mitzuteilen.

6 **Zuständige Behörde** für die Anordnung der Pflegschaft ist das Amtsgericht – Vormundschaftsgericht – (§ 35 FGG), in dessen Bezirk der Abwesende seinen Wohnsitz hat (§ 39 Abs. 1 FGG). Hat der Abwesende keinen Wohnsitz oder Aufenthalt im Inland, so sind, wenn er Deutscher ist, das AG Schöneberg in Berlin-Schöneberg (§§ 39 Abs. 2, 36 Abs. 2 S. 1 FGG), wenn er Ausländer ist, jedes AG zuständig, in dessen Bezirk er Vermögen besitzt (§§ 39 Abs. 2, 37 Abs. 2 FGG).[12]

7 Wem die **Veranlassung** der Mitteilung obliegt, ist umstritten. Nach einer Meinung ist dies Sache der StA, weil es sich insoweit um einen Akt der Vollstreckung handelt (§ 36 Abs. 2 Satz 1).[13] Nach anderer Meinung obliegt es dem Vorsitzenden des die Beschlagnahme beschließenden Gerichts, da es sich um keine Vollstreckungsmaßnahme handelt.[14] Letzterem ist zuzustimmen.

IV. Einleitung einer Abwesenheitspflegschaft (Abs. 2 Satz 2)

8 Das Vormundschaftsgericht muss **stets** eine Pflegschaft einleiten („hat"). Hat der Beschuldigte selbst einen „Vertreter" für die Wahrnehmung seiner Vermögensangelegenheiten bestellt, ist er zwar nicht an ihrer Besorgung „verhindert" (§ 1921 Abs. 1 BGB). Zweck der Pflegschaft ist jedoch auch die Verhütung der Beiseiteschaffung des Vermögens des Beschuldigten.[15]

9 Der Pfleger ist **kein gesetzlicher Vertreter** des Beschuldigten iSd. § 298 Abs. 1.[16] Seine Aufgabe ist es, das inländische Vermögen des Beschuldigten sicherzustellen und zu verwalten (vgl. § 1911; 1915, 1921 BGB). Vermögensverfügungen darf er nur treffen, soweit der Zweck der Beschlagnahme[17] nicht entgegensteht.[18] Beispiel: Erfüllung von Ansprüchen des durch die Straftat Geschädigten.[19]

10 Umstritten ist, wie zu verfahren ist, wenn Verfügungen des Pflegers, für die er eine gerichtliche Genehmigung benötigt, **dem Zweck** der Beschlagnahme **zuwiderlaufen**. Nach einer Meinung hat auch hierüber allein das Vormundschaftsgericht zu befinden, da hiervon kein Bereich „auszugrenzen" sei.[20] Nach zutreffender anderer Auffassung muss das Strafgericht sie genehmigen, weil sie als Teilaufhebung der Beschlagnahme angesehen werden können.[21]

---

[5] KK-StPO/*Engelhardt* Rn. 1; Löwe/Rosenberg/*Gollwitzer*, 25. Aufl., Rn. 2; *Meyer-Goßner* Rn. 1; SK-StPO/*Schlüchter/Frister* Rn. 3; *Pfeiffer* Rn. 1; HK-GS/*Lemke* Rn. 1; *Joecks*. Rn. 1.
[6] *Meyer-Goßner* Rn. 1; Anw-StPO/*Martis* Rn. 1; HK-GS/*Lemke* Rn. 1; *Joecks*. Rn. 1.
[7] SK-StPO/*Schlüchter/Frister* Rn. 3 mwN; KK-StPO/*Engelhardt* Rn. 1 mwN; vgl. auch *Hilger* NStZ 1982, 374 (375).
[8] SK-StPO/*Schlüchter/Frister* Rn. 3; *Meyer-Goßner* Rn. 1; Anw-StPO/*Martis* Rn. 1; HK-GS/*Lemke* Rn. 1.
[9] Anw-StPO/*Martis* Rn. 2; Löwe/Rosenberg/*Gollwitzer*, 25. Aufl., Rn. 1; SK-StPO/*Schlüchter/Frister* Rn. 4.
[10] SK-StPO/*Schlüchter/Frister* Rn. 4; *Meyer-Goßner* Rn. 1; KK-StPO/*Engelhardt* Rn. 3.
[11] S. unten Rn. 8 ff.
[12] KK-StPO/*Engelhardt* Rn. 9; SK-StPO/*Schlüchter/Frister* Rn. 5; Löwe/Rosenberg/*Gollwitzer*, 25. Aufl., Rn. 5.
[13] KK-StPO/*Engelhardt* Rn. 4; Anw-StPO/*Martis* Rn. 2.
[14] *Meyer-Goßner* Rn. 2; SK-StPO/*Schlüchter/Frister* Rn. 5; Löwe/Rosenberg/*Gollwitzer*, 25. Aufl., Rn. 4.
[15] BayObLGZ 33, 374 (377); KK-StPO/*Engelhardt* Rn. 5, 8; Löwe/Rosenberg/*Gollwitzer*, 25. Aufl., Rn. 3; SK-StPO/*Schlüchter/Frister* Rn. 6.
[16] OLG Karlsruhe v. 29. 2. 1984 – 3 Ws 227/83, Die Justiz 1984, 291; *Meyer-Goßner* Rn. 2; SK-StPO/*Schlüchter/Frister* Rn. 7.
[17] Dazu § 290 Rn. 1.
[18] KK-StPO/*Engelhardt* Rn. 6; SK-StPO/*Schlüchter/Frister* Rn. 7.
[19] *Hilger* NStZ 1982, 374; *Meyer-Goßner* Rn. 2; SK-StPO/*Schlüchter/Frister* Rn. 7; zu Einzelheiten vgl. Löwe/Rosenberg/*Gollwitzer*, 25. Aufl., Rn. 5 ff. und KK-StPO/*Engelhardt* Rn. 11.
[20] SK-StPO/*Schlüchter/Frister* Rn. 8; im Erg. ebenso Löwe/Rosenberg/*Gollwitzer*, 25. Aufl., Rn. 6.
[21] KK-StPO/*Engelhardt* Rn. 11; vgl. auch BayObLG v.2. 10. 1963 – Breg 1 Z 153/63, NJW 1964, 301.

Achter Abschnitt. Verfahren gegen Abwesende 1–3 § 293

V. Rechtsbehelfe

Gegen die Bekanntmachung nach Abs. 1 gibt es kein Rechtsmittel. Dieses hat sich gegen die **11** Beschlagnahme zu richten.[22] Gegen die Anordnung der Pflegschaft steht dem Beschuldigten das Recht der **Beschwerde** zu (§§ 19 Abs. 1, 20 Abs. 1 FGG).[23] Gegen die Ablehnung wie auch gegen die Bestellung eines ungeeigneten Pflegers im Hinblick auf den Zweck der Pflegschaft steht auch der StA das Recht der Beschwerde zu (vgl. § 57 Abs. 1 Nr. 3 FGG).[24]

Eine **Auskunft** über die Verwaltung seines Vermögens kann der Beschuldigte nicht verlangen. **12** Über das Verfügungsverbot hinaus ist ihm jeder Gebrauch seiner Vermögensrechte entzogen. Schließlich soll die Beschlagnahme den Beschuldigten in der Gesamtheit ihrer Wirkungen zur Gestellung zwingen.[25]

§ 293 [Aufhebung der Beschlagnahme]

(1) Die Beschlagnahme ist aufzuheben, wenn ihre Gründe weggefallen sind.

(2) ¹Die Aufhebung der Beschlagnahme ist auf dieselbe Weise bekannt zu machen, wie die Bekanntmachung der Beschlagnahme. ²Ist die Veröffentlichung nach § 291 im elektronischen Bundesanzeiger erfolgt, ist zudem deren Löschung zu veranlassen; die Veröffentlichung der Aufhebung der Beschlagnahme im elektronischen Bundesanzeiger ist nach Ablauf von einem Monat zu löschen.

I. Allgemeines

Der Grundsatz der **Verhältnismäßigkeit** gebietet, dass eine derart eingriffsintensive Maßnahme **1** wie die Vermögensbeschlagnahme nur solange aufrechterhalten bleibt, wie dies unbedingt notwendig ist.[1] Die Vorschrift regelt, wie lange dies der Fall ist und wie andernfalls zu verfahren ist. Sie stellt insofern gleichzeitig das „Gegenstück" zu den §§ 290 und 291 dar.

II. Aufhebung der Beschlagnahme (Abs. 1)

1. Wegfall der Anordnungsgründe. Ein Wegfall der (ursprünglich gegebenen) Gründe der An- **2** ordnung einer Vermögensbeschlagnahme kann **verschiedene Ursachen** haben: (1.) Die Eröffnung des Hauptverfahrens wird abgelehnt.[2] (2.) Der dringende Tatverdacht[3] ist entfallen.[4] (3.) Das Verfahren wird wegen eines Prozesshindernisses eingestellt.[5] (4.) Der Abwesende steht nunmehr (infolge Auslieferung, Verhaftung oder Gestellung) für das Strafverfahren zur Verfügung.[6] (5.) Er ist verstorben.[7] (6.) Es ist nicht zu erwarten, dass die Fortdauer der Beschlagnahme den Beschuldigten zur Rückkehr bewegen wird.[8] Bei letzterer Annahme ist allerdings Vorsicht geboten.[9]

2. Kein Ermessen. Wenn die Voraussetzungen der Vermögensbeschlagnahme weggefallen sind, **3** muss diese **zwingend** aufgehoben werden („ist").[10] Andererseits darf sie auch nur dann aufgehoben werden, wenn ihre Gründe entfallen sind. Eine Aufhebung lediglich nach pflichtgemäßem Ermessen des Gerichts – Stichwort: Übermaßverbot – kommt nicht in Betracht.[11] Andernfalls würde die Maßnahme „ausgehöhlt", indem der ersten „strikten" Verhältnismäßigkeitserwägung quasi eine zweite „weiche" angefügt würde.[12]

---

[22] SK-StPO/*Schlüchter/Frister* Rn. 10.
[23] KK-StPO/*Engelhardt* Rn. 10; SK-StPO/*Schlüchter/Frister* Rn. 12; Anw-StPO/*Martis* Rn. 2
[24] BayObGZ 1910, 559 (565) KK-StPO/*Engelhardt* Rn. 10; SK-StPO/*Schlüchter/Frister* Rn. 12 mwN; HK-GS/*Lemke* Rn. 2; Anw-StPO/*Martis* Rn. 2.
[25] KG v. 18. 1. 1935 – 1 a X 1283/34, JW 1935, 1882; KK-StPO/*Engelhardt* Rn. 2; ebenso SK-StPO/*Schlüchter/Frister* Rn. 2.
[1] Ähnl. SK-StPO/*Schlüchter/Frister* Rn. 1.
[2] *Meyer-Goßner* Rn. 1; SK-StPO/*Schlüchter/Frister* Rn. 2; HK-GS/*Lemke* Rn. 1.
[3] Dazu § 290 Rn. 4.
[4] *Meyer-Goßner* Rn. 1; SK-StPO/*Schlüchter/Frister* Rn. 2; Anw-StPO/*Martis* Rn. 1.
[5] *Meyer-Goßner* Rn. 1; SK-StPO/*Schlüchter/Frister* Rn. 2 mwN; HK-GS/*Lemke* Rn. 1.
[6] *Meyer-Goßner* Rn. 1; SK-StPO/*Schlüchter/Frister* Rn. 2; HK-GS/*Lemke* Rn. 1; KK-StPO/*Engelhardt* Rn. 1; Anw-StPO/*Martis* Rn. 1.
[7] *Löwe/Rosenberg/Gollwitzer*, 25. Aufl., Rn. 1; *Meyer-Goßner* Rn. 1; SK-StPO/*Schlüchter/Frister* Rn. 2; HK-GS/*Lemke* Rn. 1.
[8] OLG Hamburg HRR 1935 Nr. 1571; Anw-StPO/*Martis* Rn. 1; HK-GS/*Lemke* Rn. 1.
[9] KK-StPO/*Engelhardt* Rn. 1; ebenso SK-StPO/*Schlüchter/Frister* Rn. 2.
[10] *Meyer-Goßner* Rn. 1; SK-StPO/*Schlüchter/Frister* Rn. 2; HK-GS/*Lemke* Rn. 1; *Joecks* Rn. 1; Anw-StPO/*Martis* Rn. 1.
[11] So aber Löwe/Rosenberg/*Gollwitzer*, 25. Aufl., Rn. 2.
[12] Ähnl. SK-StPO/*Schlüchter/Frister* Rn. 3.

4   **3. Zuständigkeit.** Die Aufhebung der Vermögensbeschlagnahme ist Sache des **Gerichts**, das sie auch angeordnet hat[13] bzw. nunmehr damit befasst ist.[14] Eine Abwesenheitspflegschaft ist ggf. anschließend von dem zu benachrichtigenden Vormundschaftsgericht aufzuheben.[15]

5   **4. Entscheidungsbedarf.** Ob Handlungsbedarf besteht, muss das Gericht jederzeit auf einen entsprechenden Antrag hin prüfen; von Amts wegen ist es hierzu von Zeit zu Zeit gleichfalls verpflichtet.[16] Angemessen dürfte insoweit in der Regel eine Wiedervorlage mindestens alle 6 Monate sein.[17]

6   **5. Form und Verfahren.** Die Aufhebung erfolgt durch **Beschluss**. Die StA ist vorher anzuhören (§ 33 Abs. 2). Hat sie Bedenken, wird sie ggf. vorsorglich beantragen, die Vollziehung auszusetzen und die Veröffentlichung zurückzustellen (§ 307 Abs. 2).[18]

7   **6. Wirksamwerden.** Wann die Aufhebung der Beschlagnahme wirksam wird, ist **umstritten**. Nach (noch) hM lässt erst die Bekanntmachung der Aufhebung das absolute Verfügungsverbot entfallen.[19] Begründet wird dies vor allem mit andernfalls gefährdeter Sicherheit des Rechtsverkehrs im Hinblick auf die Beschwerdemöglichkeit der StA.[20] Nach anderer Auffassung spricht die Parallele zum Grundstücks- und Grundbuchrecht gegen die Publizitätsbedürftigkeit.[21] Das überzeugt. Die Rechtssicherheit kann genauso durch ausreichendes Zuwarten[22] im Falle vorangegangenen Widerspruchs der StA im Rahmen deren Anhörung[23] gewährleistet werden.

III. Rechtsbehelfe

8   Gegen den Aufhebungsbeschluss kann allein die StA **Beschwerde** einlegen (§ 304).[24] Hat die StA im Rahmen ihrer Anhörung zumindest Bedenken angemeldet, empfiehlt es sich aus Gründen der Rechtssicherheit ihr eine „Frist" von etwa 14 Tagen einzuräumen, binnen der sie ggf. Beschwerde erheben kann.[25] Dem Abwesenheitspfleger steht kein Beschwerderecht zu.[26] Der Beschuldigte ist hierdurch nicht beschwert; die Interessen des Staates werden durch die StA hinreichend wahrgenommen.[27] Wird der Aufhebungsbeschluss angefochten, so muss dies dem Vormundschaftsgericht ebenfalls mitgeteilt werden, damit es die Rechtsmittelentscheidung abwarten kann.[28]

IV. Bekanntmachung (Abs. 2)

9   Die Aufhebung ist so bekannt zu machen wie auch die Beschlagnahme bekanntgemacht worden ist.[29] Dh. die Bekanntmachung hat für bis zum 31. 12. 2006 im gedruckten Bundesanzeiger veröffentlichte Beschlagnahmen dort zu erfolgen. In dem **elektronischen Bundesanzeiger**, dessen Nutzung durch das am 1. 1. 2007 in Kraft getretene Gesetz v. 24. 10. 2006[30] vorgeschrieben ist, ist mit der Veröffentlichung der Aufhebung zugleich die Beschlagnahme zu löschen.[31] Der Aufhebungsbeschluss ist auch dem Vormundschaftsgericht mitzuteilen, das die Abwesenheitspflegschaft aufzuheben hat."[32] Die Bekanntmachung der Aufhebung wiederum ist nach Ablauf eines Monats zu löschen.[33]

---

[13] KK-StPO/*Engelhardt* Rn. 1; Anw-StPO/*Martis* Rn. 1.
[14] Löwe/Rosenberg/*Gollwitzer*, 25. Aufl., Rn. 3; SK-StPO/*Schlüchter/Frister* Rn. 5.
[15] Anw-StPO/*Martis* Rn. 1.
[16] HK-GS/*Lemke* Rn. 1; KK-StPO/*Engelhardt* Rn. 1; Löwe/Rosenberg/*Gollwitzer*, 25. Aufl., Rn. § 294 Rn. 5; Anw-StPO/*Martis* Rn. 1; *Joecks*. Rn. 1.
[17] Ähnl. SK-StPO/*Schlüchter/Frister* Rn. 4.
[18] SK-StPO/*Schlüchter/Frister* Rn. 7; vgl. auch Löwe/Rosenberg/*Gollwitzer*, 25. Aufl., Rn. 4.
[19] Statt vieler vgl. nur Löwe/Rosenberg/*Gollwitzer*, 25. Aufl., Rn. 3 f. u. SK-StPO/*Schlüchter/Frister* Rn. 5 f.
[20] SK-StPO/*Schlüchter/Frister* Rn. 5.
[21] So *Just* FS Meyer-Goßner S. 180; ohne Meinung insoweit *Joecks* Rn. 2; wohl eher unentschlossen Meyer-Goßner Rn. 2.
[22] Dazu sogleich Rn. 8.
[23] Dazu oben Rn. 6.
[24] SK-StPO/*Schlüchter/Frister* Rn. 10; *Pfeiffer* Rn. 3; *Joecks* Rn. 3.
[25] SK-StPO/*Schlüchter/Frister* Rn. 8.
[26] AA HK-GS/*Lemke* Rn. 2.
[27] So zutr. SK-StPO/*Schlüchter/Frister* Rn. 10.
[28] KK-StPO/*Engelhardt* Rn. 2; SK-StPO/*Schlüchter/Frister* Rn. 9; Löwe/Rosenberg/*Gollwitzer*, 25. Aufl., Rn. 5; HK-GS/*Lemke* Rn. 2.
[29] SK-StPO/*Schlüchter/Frister* Rn. 1; Einzelheiten oben § 291 Rn. 7.
[30] BGBl. I S. 2350.
[31] Meyer-Goßner Rn. 2; HK-GS/*Lemke* Rn. 2.
[32] Löwe/Rosenberg/*Gollwitzer*, 25. Aufl., Rn. 5; Meyer-Goßner Rn. 2; KK-StPO/*Engelhardt* Rn. 3; SK-StPO/*Schlüchter/Frister* Rn. 9; HK-GS/*Lemke* Rn. 2.
[33] Meyer-Goßner Rn. 2.

§ 294 [Verfahren nach Anklageerhebung]

(1) Für das nach Erhebung der öffentlichen Klage eintretende Verfahren gelten im übrigen die Vorschriften über die Eröffnung des Hauptverfahrens entsprechend.

(2) In dem nach Beendigung dieses Verfahrens ergehenden Beschluß (§ 199) ist zugleich über die Fortdauer oder Aufhebung der Beschlagnahme zu entscheiden.

I. Allgemeines

Im Hinblick auf die Eingriffsintensität der Vermögensbeschlagnahme bedarf deren Anordnung der Vorschaltung eines **Zwischenverfahrens**. Die Bestimmung will sicherstellen, dass das Verfahren nach Erhebung der öffentlichen Klage zwar nicht nur die Beweissicherung zum Ziel hat, sondern auch die umfassende Sachaufklärung,[1] dass aber bei Beendigung des Zwischenverfahrens zwingend eine Entscheidung über die Aufrechterhaltung der Beschlagnahme getroffen werden muss.[2]   1

II. Geltende Vorschriften (Abs. 1)

Die Verweisung auf die Vorschriften des 4. Abschnitts im 2. Buch ist **eingeschränkt**. Diese gelten nur „**entsprechend**". Zu berücksichtigen sind einerseits – wie erwähnt – das Ziel umfassender Sachverhaltsklärung, andererseits die Besonderheiten des Abwesenheitsverfahrens. Insbesondere sind die §§ 203 und 207 nicht anwendbar, da eine Eröffnung des Hauptverfahrens nicht in Betracht kommt;[3] ebensowenig ein beschleunigtes Verfahren.[4] Zulässig ist hingegen die weitere Aufklärung gemäß § 202.[5] Die Benachrichtigungen (§§ 201, 204 Abs. 2) dürfen, müssen aber nicht erfolgen.[6]   2

Für die **Entscheidung**, mit der das Gericht das Zwischenverfahren beendet, gibt es nur zwei Möglichkeiten: **Entweder** es erlässt – mangels hinreichenden Tatverdachts – einen Nichteröffnungsbeschluss (§ 204) **oder** es stellt das Verfahren – wegen Abwesenheit des Beschuldigten – vorläufig ein (Abs. 2 iVm. § 205 Satz 1). Ein Eröffnungsbeschluss (§ 207) kommt nicht in Betracht.[7]   3

III. Entscheidung über Fortdauer oder Aufhebung der Beschlagnahme (Abs. 2)

In dem Beschluss, der das Zwischenverfahren beendet, muss („ist zugleich") über die Aufrechterhaltung der Beschlagnahme entschieden werden. Lehnt das Gericht die Eröffnung des Hauptverfahrens (§ 204) ab, wird es in jedem Fall die Aufhebung der Beschlagnahmeanordnung aussprechen. Aber auch im Falle einer vorläufigen Einstellung (§ 205) muss das Gericht **sorgfältig prüfen**, ob nicht ein Aufhebungsgrund vorliegt. Massstab der Entscheidung ist insoweit § 293 Abs. 1. Denkbar ist zB, dass sich der Tatverdacht nur noch auf leichtere Vergehen bezieht (vgl. § 290 Abs. 2), oder etwa, dass die Fortdauer der Beschlagnahme sich aus anderen Gründen (nunmehr) als unangemessen herausstellt.[8] Ordnet das Gericht die Aufhebung der Beschlagnahme an, ist dieser Teil des Beschlusses entsprechend den Vorgaben des § 293 Abs. 2 zu veröffentlichen.[9]   4

§ 295 [Sicheres Geleit]

(1) Das Gericht kann einem abwesenden Beschuldigten sicheres Geleit erteilen; es kann diese Erteilung an Bedingungen knüpfen.

(2) Das sichere Geleit gewährt Befreiung von der Untersuchungshaft, jedoch nur wegen der Straftat, für die es erteilt ist.

(3) Es erlischt, wenn ein auf Freiheitsstrafe lautendes Urteil ergeht oder wenn der Beschuldigte Anstalten zur Flucht trifft oder wenn er die Bedingungen nicht erfüllt, unter denen ihm das sichere Geleit erteilt worden ist.

---

[1] *Meyer-Goßner* Rn. 1.
[2] Zum Ganzen vgl. auch SK-StPO/*Schlüchter/Frister* Rn. 1.
[3] KK-StPO/*Engelhardt* Rn. 1; Löwe/Rosenberg/*Gollwitzer*, 25. Aufl., Rn. 3.
[4] KK-StPO/*Engelhardt* Rn. 1; SK-StPO/*Schlüchter/Frister* Rn. 2.
[5] Löwe/Rosenberg/*Gollwitzer*, 25. Aufl., Rn. 2; SK-StPO/*Schlüchter/Frister* Rn. 2.
[6] SK-StPO/*Schlüchter/Frister* Rn. 3; vgl. auch Erl. § 287 Rn. 3.
[7] *Meyer-Goßner* Rn. 2; Löwe/Rosenberg/*Gollwitzer*, 25. Aufl., Rn. 3; SK-StPO/*Schlüchter/Frister* Rn. 3; HK-GS/*Lemke* Rn. 2.
[8] Löwe/Rosenberg/*Gollwitzer*, 25. Aufl., Rn. 44; SK-StPO/*Schlüchter/Frister* Rn. 4.
[9] Löwe/Rosenberg/*Gollwitzer*, 25. Aufl., Rn. 4; KK-StPO/*Engelhardt* Rn. 2; SK-StPO/*Schlüchter/Frister* Rn. 5.

I. Allgemeines

1 Auch im Abwesenheitsverfahren sind gleichermaßen **zwei Interessen** zu beachten: Das des Staates an der Durchführung des Strafverfahrens[1] und die Möglichkeit der persönlichen Teilnahme des Beschuldigten (auch zur Erwirkung seiner Freisprechung).[2] Die Vorschrift will dem Beschuldigten vor allem (aber nicht nur) das gefahrlose Erscheinen in dem gegen ihn geführten Strafverfahren ermöglichen.[3]

II. Erteilung (Abs. 1)

2 **1. Abwesender Beschuldigter.** Sicheres Geleit kann nur ein „**Beschuldigter**" erhalten. Der Begriff ist auch hier wieder „weit" zu verstehen.[4] § 295 ist in jedem Verfahrensabschnitt anwendbar. Sicheres Geleit kann gleichermaßen im Ermittlungs-, Zwischen- und Hauptverfahren wie auch noch im Rechtsmittelzug gewährt werden und zwar sowohl für das Verfahren insgesamt wie auch lediglich für einzelne Prozesshandlungen.[5] Der Beschuldigte muss „**abwesend**" sein.[6] Das gilt freilich nur für den Zeitpunkt der Erteilung des sicheren Geleits. Der spätere Wegfall dieses Umstandes ist ja gerade Zweck der Erteilung und folglich insoweit unerheblich.[7]

3 **2. Keine zwingende Verfahrensbezogenheit.** Zweck der Erteilung sicheren Geleits kann nicht nur die Teilnahme am „eigenen" Strafverfahren sein. Unstreitig darf es auch zur Teilnahme des Beschuldigten als Zeuge in einem **Strafverfahren gegen** einen **anderen** Beschuldigten erfolgen.[8]

4 Umstritten ist hingegen, ob das Geleit auch zur Teilnahme an einem **Zivilrechtsstreit** gewährt werden darf.[9] Teilweise wird dies verneint. Teilweise wird es bejaht. So hat der Ermittlungsrichter des BGH die Gewährung sicheren Geleits zur Durchführung einer Parteivernehmung im Zivilprozess als zulässig erklärt; die nach freiem Ermessen zu treffende Entscheidung setze allerdings eine **sorgfältige Abwägung** der Interessen der Verfahrensbeteiligten, insbesondere der das sichere Geleit begehrenden Partei, gegen das Verfolgungsinteresse des Staates in dem gegen den Beschuldigten anhängigen Strafverfahren voraus.[10] Dem ist zuzustimmen. Eine gegenteilige Beschränkung ist weder dem Wortlaut noch dem Zweck des Gesetzes zu entnehmen.[11]

5 **3. Ermessen.** Das Gericht entscheidet über die Frage der Erteilung sicheren Geleits nach seinem pflichtgemäßen Ermessen.[12] Dieses ist bei der Frage, wie das staatliche Verfolgungsinteresse durchzusetzen ist, „weit".[13] Zur Möglichkeit der Verknüpfung mit Bedingungen sogleich Rn. 6 ff.

6 **4. Bedingungen.** Die Verknüpfung der Erteilung sicheren Geleits mit „Bedingungen" ist grundsätzlich zulässig (Abs. 1 2. Hs.). Sie sollte jedoch nur ausnahmsweise erfolgen, um die Effektivität des Instituts zu erhalten.[14]

7 **Zweckfremde** Bedingungen sind in jedem Fall **unzulässig**. Unzulässig wäre zB ein Verbot, öffentlich aufzutreten oder an Versammlungen teilzunehmen.[15] In Betracht kommen zB Anweisungen über den Aufenthaltsort und den Reiseweg, über Sicherheitsleistungen, die Abgabe des Reisepasses oder regelmäßige Meldungen.[16]

8 Die Bedingungen dürfen **nicht nachträglich** erteilt werden. Selbst bei veränderter Sachlage gibt es keine Möglichkeit, Bedingungen später zu verschärfen oder gar neu(e) hinzuzufügen.[17] Zum Widerruf s. unten Rn. 18.

---

[1] Vgl. dazu HansOLG Hamburg v. 1. 8. 1978 – 1 Ws 280/78, JR 1979, 174 mAnm *Gössel*.
[2] *Meyer-Goßner* Rn. 1.
[3] KK-StPO/*Engelhardt* Rn. 1; Löwe/Rosenberg/*Gollwitzer*, 25. Aufl., Rn. 1.
[4] Vgl. Erl. § 276 Rn. 3.
[5] *Meyer-Goßner* Rn. 2; SK-StPO/*Schlüchter/Frister* Rn. 2.
[6] Vgl. dazu Erl. § 276 Rn. 4 ff.
[7] OLG Köln v. 1. 10. 1954 – Ws 347/54, NJW 1954; 1856; Löwe/Rosenberg/*Gollwitzer*, 25. Aufl., Rn. 3; *Meyer-Goßner* Rn. 1; SK-StPO/*Schlüchter/Frister* Rn. 4; KK-StPO/*Engelhardt* Rn. 1.
[8] BGH v. 24. 2. 1988 - 3 StR 476/87, BGHSt 35, 216 = NJW 1988, 3105 mAnm *Julius* StV 1988, 233; *Meyer-Goßner* Rn. 1; Löwe/Rosenberg/*Gollwitzer*, 25. Aufl., Rn. 1, 24; SK-StPO/*Schlüchter/Frister* Rn. 3; KK-StPO/*Engelhardt* Rn. 1.
[9] *Meyer-Goßner* Rn. 1; HK-GS/*Lemke* Rn. 1; eher skeptisch auch SK-StPO/*Schlüchter/Frister* Rn. 2.
[10] BGH v. 12. 6. 1991 – 4 BJs 42/89 – 3 2 BGs 177/91, NJW 1991, 2500 (Zivilklage des ehemaligen Spionagechefs der DDR, Markus Wolf).
[11] Im Erg. wie hier KK-StPO/*Engelhardt* Rn. 1; ebenso Anw-StPO/*Martis* Rn. 2.
[12] OLG Düsseldorf v. 22. 12. 1998 – 3 Ws 672/98, NStZ-RR 1999, 245; *Meyer-Goßner* Rn. 1; Anw-StPO/*Martis* Rn. 2.
[13] OLG Köln v. 8. 2. 2007 – 2 Ws 67/07, NStZ-RR 2007, 243.
[14] SK-StPO/*Schlüchter/Frister* Rn. 11; vgl. auch Löwe/Rosenberg/*Gollwitzer*, 25. Aufl., Rn. 9.
[15] Löwe/Rosenberg/*Gollwitzer*, 25. Aufl., Rn. 11; KK-StPO/*Engelhardt* Rn. 5; *Meyer-Goßner* Rn. 3.
[16] *Meyer-Goßner* Rn. 3; SK-StPO/*Schlüchter/Frister* Rn. 11.
[17] Löwe/Rosenberg/*Gollwitzer*, 25. Aufl., Rn. 9, 12; *Meyer-Goßner* Rn. 3; SK-StPO/*Schlüchter/Frister* Rn. 12; *Lemke* Rn. 2.

5. Zuständigkeit. Während des Ermittlungsverfahrens ist der Ermittlungsrichter für die Erteilung des sicheren Geleits zuständig, sofern es nicht über dieses Stadium hinauswirkt (§§ 162, 169).[18] Soll es über die Erhebung der öffentlichen Klage hinauswirken, ist das **Gericht** zuständig, das auch für eine Hauptverhandlung zuständig ist.[19] Auch das von einem unzuständigen Gericht erteilte sichere Geleit ist indes wirksam.[20]

6. Geleitbrief. Das sichere Geleit wird durch einen Gerichtsbeschluss, den sog. „Geleitbrief" erteilt. Dieser kann auf Antrag des Beschuldigten oder der Staatsanwaltschaft, aber **auch von Amts wegen** ergehen.[21]

In dem Beschluss muss die Straftat, auf die sich das sichere Geleit bezieht, **genau bezeichnet** werden; ferner sind der Umfang des Geleits, zB auch das Gericht, vor dem eine umfasste Prozesshandlung stattfindet, sowie ggf. Bedingungen, an die das sichere Geleit geknüpft wird, genau zu bezeichnen.[22]

III. Wirkungen (Abs. 2)

1. Befreiung. Der wesentliche Inhalt des sicheren Geleits besteht darin, dass dem Beschuldigten die Verschonung mit der Untersuchungshaft **bindend** zugesichert wird.[23] Es schließt den Erlass eines Haftbefehls nicht aus; dieser darf – wie ein ggf. vor seiner Erteilung bereits bestehender Haftbefehl – lediglich nicht vollzogen werden.[24]

Auch wenn ein bestehender Haftbefehl bereits **ausgesetzt** ist (§ 116), ist die Erteilung sicheren Geleits zulässig.[25] Sie wird auch nicht etwa „in der Regel" überflüssig sein,[26] da nicht selten Befürchtungen hinsichtlich einer möglichen Aufhebung der Außervollzugsetzung zu zerstreuen sein werden.[27]

Auf **andere freiheitsentziehende Maßnahmen** – insbesondere Haft nach §§ 230 Abs. 2, 236 – ist § 295 entsprechend anzuwenden.[28]

2. Für eine bestimmte Straftat. Das sichere Geleit befreit nur von der Verfolgung wegen der „bestimmten Tat", für die es erteilt worden ist. Gemeint ist damit die Tat **im prozessualen Sinne**. Dagegen ist die im Geleitbrief vorgenommene rechtliche Würdigung unerheblich.[29]

Möglich ist es auch, das sichere Geleit gleichzeitig ausdrücklich auf mehrere bestimmte Straftaten zu beziehen.[30] Vor der Verfolgung wegen neuer, nach der Einreise begangener Straftaten, wie etwa einer im Prozess begangenen Falschaussage, schützt das sichere Geleit hingegen nicht.[31]

3. Dauer. Die Dauer des sicheren Geleits richtet sich zunächst nach dem Geleitbrief.[32] Es **kann** zeitlich befristet – zB bis zum Abschluß der Vernehmung des Beschuldigten in der Hauptverhandlung – oder auf bestimmte Vernehmungen (zB im Ermittlungsverfahren) **beschränkt werden**. Andernfalls erstreckt es sich auf das gesamte Strafverfahren (bis zum Erlass eines auf Freiheitsstrafe lautenden Urteils).[33] Das Gericht kann bereits während des Ermittlungsverfahrens für das gesamte Verfahren sicheres Geleit erteilen.[34]

4. Widerruf. Sobald der Beschuldigte von dem ihm erteilten sicheren Geleit Gebrauch gemacht hat, ist ein Widerruf nicht mehr möglich.[35] Auch wenn der Beschuldigte das sichere Geleit noch nicht in Anspruch genommen hat, ist ein Widerruf nur **ausnahmsweise** zulässig. Voraussetzung hierfür ist, dass er sein mangelndes Interesse an der Inanspruchnahme deutlich gemacht hat, in-

---

[18] KK-StPO/*Engelhardt* Rn. 7; *Meyer-Goßner* Rn. 10; SK-StPO/*Schlüchter/Frister* Rn. 9; Löwe/Rosenberg/*Gollwitzer*, 25. Aufl., Rn. 14.
[19] OLG Hamburg v. 1. 8. 1978 – 1 Ws 280/ 78, JR 1979, 174; KK-StPO/*Engelhardt* Rn. 7; SK-StPO/*Schlüchter/Frister* Rn. 9; Löwe/Rosenberg/*Gollwitzer*, 25. Aufl., Rn. 14.
[20] Löwe/Rosenberg/*Gollwitzer* Rn. 16; *Meyer-Goßner* Rn. 10; HK-GS/*Lemke* Rn. 4.
[21] SK-StPO/*Schlüchter/Frister* Rn. 7; *Meyer-Goßner* Rn. 9; Löwe/Rosenberg/*Gollwitzer* , 25. Aufl., Rn. 13.
[22] *Meyer-Goßner* Rn. 9; SK-StPO/*Schlüchter/Frister* Rn. 5.
[23] KK-StPO/*Engelhardt* Rn. 3.
[24] OLG Köln NStZ-RR 2007, 243; *Meyer-Goßner* Rn. 5; Löwe/Rosenberg/*Gollwitzer*, 25. Aufl., Rn. 5; SK-StPO/*Schlüchter/Frister* Rn. 13.
[25] *Meyer-Goßner* Rn. 5 Löwe/Rosenberg/*Gollwitzer*, 25. Aufl., Rn. 5; SK-StPO/*Schlüchter/Frister* Rn. 13.
[26] So aber *Meyer-Goßner* Rn. 5 und Löwe/Rosenberg/*Gollwitzer*, 25. Aufl., Rn. 5.
[27] Ebenso SK-StPO/*Schlüchter/Frister* Rn. 13; HK-GS/*Lemke* Rn. 5.
[28] *Meyer-Goßner* Rn. 5; SK-StPO/*Schlüchter/Frister* Rn. 14; KK-StPO/*Engelhardt* Rn. 3; Löwe/Rosenberg/*Gollwitzer*, 25. Aufl., Rn. 5.
[29] SK-StPO/*Schlüchter/Frister* Rn. 15; *Meyer-Goßner* Rn. 6; Löwe/Rosenberg/*Gollwitzer*, 25. Aufl., Rn. 6.
[30] SK-StPO/*Schlüchter/Frister* Rn. 15; vgl. auch Löwe/Rosenberg/*Gollwitzer*, 25. Aufl., Rn. 17.
[31] SK-StPO/*Schlüchter/Frister* Rn. 15; vgl. auch BGH v. 26. 8. 2003 – 1 StR 282/03, NStZ 2004, 347.
[32] KK-StPO/*Engelhardt* Rn. 6.
[33] *Meyer-Goßner* Rn. 7.
[34] KK-StPO/*Engelhardt* Rn. 6; *Meyer-Goßner* Rn. 7; aA. OLG Oldenburg NdsRpfl. 1972, 223.
[35] KK-StPO/*Engelhardt* Rn. 9; *Meyer-Goßner* Rn. 4; SK-StPO/*Schlüchter/Frister* Rn. 16.

dem er zB im Ausland verborgen bleibt, Ladungen keine Folge leistet oder sein Erscheinen von weiteren unerfüllbaren Bedingungen abhängig macht.[36] Zum Erlöschen s. sogleich Rn. 19.

IV. Erlöschen (Abs. 3)

19 Zur Verhinderung eines Missbrauches des sicheren Geleits hat der Gesetzgeber enumerativ und alternativ **drei Erlöschensgründe** statuiert. Liegt einer von ihnen vor, so ist das sichere Geleit erloschen. Eines Gerichtsbeschlusses bedarf es hierfür nicht. Dieser kann aber zweckmäßig sein, wenn der Erlöschensgrund nicht offensichtlich ist.[37]

20 **1. Urteil.** Das sichere Geleit erlischt, wenn ein auf Freiheitsstrafe lautendes Urteil ergeht. Auf den Eintritt der Rechtskraft kommt es nicht an, nur auf die **Verkündung**.[38]

21 **2. Flucht.** Das sichere Geleit erlischt auch, wenn der Beschuldigte Anstalten zur Flucht ergreift (vgl. § 116 Abs. 4 Nr. 2). Die Annahme, dass er fliehen will, muss sich auf **Tatsachen** stützen; die bloße Vermutung genügt nicht.[39] Dies ist aber dann nicht der Fall, wenn das sichere Geleit auf einen bestimmten Verfahrensteil beschränkt war, dieser abgeschlossen ist und der Beschuldigte nunmehr die Bundesrepublik wieder verlassen will.[40]

22 **3. Verstoß gegen Bedingungen.** Das sichere Geleit erlischt schließlich, wenn der Beschuldigte Bedingungen nicht erfüllt, unter denen es erteilt worden ist.[41] Voraussetzung ist aber, dass der Beschuldigte **schuldhaft** im Sinne einer vorwerfbaren Pflichtverletzung handelt.[42] Eine gröbliche Zuwiderhandlung – wie etwa in § 116 Abs. 4 Nr. 1 – wird indes nicht vorausgesetzt.[43]

III. Rechtsmittel

23 Gegen die **Gewährung** sicheren Geleits steht der StA die **Beschwerde** nach § 304 zu; dem Beschuldigten nur, sofern er ggf. durch entsprechende Bedingungen hierdurch beschwert ist.[44]

24 Gegen die **Versagung** und den **Widerruf** des sicheren Geleits sowie die Feststellung dessen Erlöschens können StA und Beschuldigter gleichermaßen Beschwerde einlegen.[45]

25 Eine **weitere Beschwerde** ist nach § 310 ausgeschlossen, da das sichere Geleit nicht unmittelbar die Grundlage der Haft ist.[46]

26 Die Rechtsbehelfe des Haftrechts bleiben unberührt. Wird der Beschuldigte unter Verletzung des sicheren Geleits verhaftet, so kann er Antrag auf **Haftprüfung** stellen (§ 117) oder **Haftbeschwerde** einlegen (§ 304 Abs. 1).[47]

IV. Internationaler Rechtshilfeverkehr

27 Das „sichere Geleit" nach § 295 ist nicht identisch mit dem sog. „freien Geleit", das sich aus den Regeln des zwischenstaatlichen Rechtshilfeverkehrs ergibt. Letzteres „überlagert" teilweise ersteres.[48]

28 Eine **allgemeine Regel** des Völkerrechts, dass ein Zeuge, der im Ausland zur Vernehmung in einem Strafverfahren vor ein inländisches Gericht geladen wird, bei vertragslosem Rechtshilfeverkehr auch ohne Zusicherung oder sonstige Gewährleistung freies Geleit hat, gibt es **nicht**.[49]

29 Besonders **bedeutsam** ist nach wie vor das „Europäische Übereinkommen über die Rechtshilfe in Strafsachen" (**EuRHÜbk**) vom 20. 4. 1959.[50] Demnach darf zB ein Beschuldigter, der vor eine

---

[36] OLG Zweibrücken v. 14. 4. 1996 – Ws 65/66, NJW 1966, 1722; SK-StPO/*Schlüchter/Frister* Rn. 17; *Meyer-Goßner* Rn. 4; Löwe/Rosenberg/*Gollwitzer*, 25. Aufl., Rn. 23; KK-StPO/*Engelhardt* Rn. 9; Anw-StPO/*Martis* Rn. 4; HK-GS/*Lemke* Rn. 3.
[37] Löwe/Rosenberg/*Gollwitzer*, 25. Aufl., Rn. 20; KK-StPO/*Engelhardt* Rn. 10; *Meyer-Goßner* Rn. 8; SK-StPO/*Schlüchter/Frister* Rn. 20.
[38] Löwe/Rosenberg/*Gollwitzer*, 25. Aufl., Rn. 20; *Meyer-Goßner* Rn. 8; SK-StPO/*Schlüchter/Frister* Rn. 18; vgl. auch BGH v. 24. 2. 1988 – 3 StR 476/87, NJW 1988, 3105; HK-GS/*Lemke* Rn. 6.
[39] Löwe/Rosenberg/*Gollwitzer*, 25. Aufl., Rn. 18; SK-StPO/*Schlüchter/Frister* Rn. 19; HK-GS/*Lemke* Rn. 6.
[40] KK-StPO/*Engelhardt* Rn. 6; *Meyer-Goßner* Rn. 8.
[41] Oben Rn. 6 ff.
[42] SK-StPO/*Schlüchter/Frister*; Löwe/Rosenberg/*Gollwitzer*, 25. Aufl., Rn. 20.
[43] *Meyer-Goßner* Rn. 8; Löwe/Rosenberg/*Gollwitzer*, 25. Aufl., Rn. 18; aA HK-GS/*Lemke* Rn. 6; HK-*Julius* Rn. 4.
[44] HansOLG Hamburg v. 1. 8. 1978 – 1 Ws 280/78, JR 1979, 174; Löwe/Rosenberg/*Gollwitzer*, 25. Aufl., Rn. 26.
[45] *Meyer-Goßner* Rn. 11.
[46] OLG Frankfurt v. 31. 3. 1952 – 2 Ws 92/52, NJW 1952, 908; OLG Köln v. 15. 9. 1958 – 2 Ws 338/58, NJW 1958, 1985; KK-StPO/*Engelhardt* Rn. 11; *Meyer-Goßner* Rn. 11; Anw-StPO/*Martis* Rn. 5.
[47] *Meyer-Goßner* Rn. 11; KK-StPO/*Engelhardt* Rn. 11.
[48] Ausf. zum Ganzen SK-StPO/*Schlüchter/Frister* Rn. 21 ff. und KK-StPO/*Engelhardt* Rn. 12 f., jew. mwN.
[49] BGH v. 24. 2. 1988 – 3 StR 476/87, BGHSt 35, 216 = NJW 1988, 3105; Anw-StPO/*Martis* Rn. 6.
[50] BGBl. 1964 II S. 1386; vgl. dazu *Walter* NJW 1977, 983 und *Linke* EuGRZ 1980, 155 (156); instruktiv auch SK-StPO/*Schlüchter/Frister* Rn. 21 ff.

deutsche Justizbehörde geladen ist, um sich wegen einer ihm zur Last gelegten Handlung strafrechtlich zu verantworten, in Deutschland wegen Handlungen oder Verurteilungen aus der Zeit seiner Abreise aus einem anderen Vertragsstaat weder verfolgt noch in Haft gehalten, noch einer sonstigen Beschränkung seiner persönlichen Freiheit unterworfen werden (Art. 12 Abs. 2 EuRÜbk). Dieser Schutz endet erst, wenn die geschützte Person während 15 aufeinander folgender Tage, nachdem ihre Anwesenheit von den Justizbehörden nicht mehr verlangt wurde, das deutsche Hoheitsgebiet verlassen konnte und trotzdem hiergeblieben ist oder nach Verlassen des Bundesgebiets hierher zurückgekehrt ist (Art. 12 Abs. 3 EuRÜbk).

DRITTES BUCH. RECHTSMITTEL

Erster Abschnitt. Allgemeine Vorschriften

§ 296 [Rechtsmittelberechtigte]

(1) Die zulässigen Rechtsmittel gegen gerichtliche Entscheidungen stehen sowohl der Staatsanwaltschaft als dem Beschuldigten zu.

(2) Die Staatsanwaltschaft kann von ihnen auch zu Gunsten des Beschuldigten Gebrauch machen.

Schrifttum: *Beukelmann*, Bedeutung der Anhörungsrüge nach § 356a StPO und Gegenvorstellung, NJW-Spezial 2008, 344; *T.-M. Hoffmann*, Die Untätigkeitsbeschwerde der Staatsanwaltschaft bei Nichtentscheidung über die Eröffnung des Hauptverfahrens – Versuch einer neuen Grenzziehung, NStZ 2006, 256; *Hohmann*, Die Gegenvorstellung – „Stiefkind" des Strafverfahrens, JR 1991, 10; *Kaiser*, Die Beschwer als Voraussetzung strafprozessualer Rechtsmittel, 1993; *Krack*, Die Rehabilitierung des Beschuldigten im Strafverfahren, 2002; *Löffelmann*, Der Rechtsschutz gegen Ermittlungsmaßnahmen, StV 2009, 379; *Matt*, Die Gegenvorstellung im Strafverfahren, MDR 1992, 820; *Papier*, Verhältnis des Bundesverfassungsgerichts zu den Fachgerichtsbarkeiten, DVBl. 2009, 473; *Plöttner*, Die Beschwer des Angeklagten im Rechtsmittelverfahren, Jur. Dissertation Freiburg 1973; *Sternberg-Lieben*, Einstellungsurteil oder Freispruch?, ZStW 108 (1996), S. 721; *Tolksdorf*, Die unterbliebene Unterbringung gemäß § 64 StGB und die Überprüfung im Revisionsverfahren, Stree/Wessels-FS, 1993, S. 753; *Weis*, Gegenvorstellung bei der Verletzung von Verfahrensgrundrechten, NJW 1987, 1314; *Werner*, Strafprozessuale Gegenvorstellung und Rechtsmittelsystem, NJW 1991, 19; *Wiedemann*, Die Korrektur strafprozessualer Entscheidungen außerhalb des Rechtsmittelverfahrens, 1981; *Wölfl*, Die Gegenvorstellung im Strafprozess, StraFo 2003, 222.

A. Bedeutung des 1. Abschnitts des 3. Buchs

Das 3. Buch der StPO normiert mit der **Beschwerde** in allen ihren Varianten (sog. einfache Beschwerde, sofortige Beschwerde, weitere Beschwerde, §§ 304–311), der **Berufung** (§§ 312 ff.) und der **Revision** (§§ 333 ff.) die drei im deutschen Strafverfahrensrecht zur Verfügung stehenden eigentlichen **Rechtsmittel**. Mit diesen Rechtsmitteln sind die Möglichkeiten der Anfechtung von gerichtlichen oder sonstigen Entscheidungen im Strafverfahrensrecht jedoch nicht erschöpft. Vielmehr ist eine Vielzahl von **förmlichen** oder **nicht förmlichen** (außerordentlichen) **Rechtsbehelfen** vorhanden, die zu einer Korrektur strafverfahrensrechtlicher Entscheidungen oder Maßnahmen führen können.[1] Trotz seiner Überschrift „Allgemeine Vorschriften" regelt der 1. Abschnitt des 3. Buchs nicht sämtliche allgemeinen Voraussetzungen von strafprozessualen Rechtsmitteln und erst recht nicht sämtlicher Rechtsbehelfe. Vielmehr handelt es sich lediglich um einen Ausschnitt der Rechtsregeln, die für die Einlegung von Rechtsmitteln und/oder Rechtsbehelfen von Bedeutung sind. Der Abschnitt enthält vor allem Regelungen über die (personale) Berechtigung zur Erhebung von Rechtsmitteln (§§ 296–298) sowie über deren Zurücknahme (§ 302) und enthält die Auslegungsregel des § 300 StPO. Wesentliche Voraussetzungen für Rechtsmittel und weitgehend auch für Rechtsbehelfe, wie vor allem die Beschwer,[2] sind aber weder hier noch an anderer Stelle in der StPO statuiert.

B. Rechtsmittel und Rechtsbehelfe des Strafverfahrensrechts

I. Rechtsmittel

Das geltende Strafverfahrensrecht stellt mit der Beschwerde, der Berufung und der Revision drei Rechtsmittel zur Verfügung, die eine Überprüfung gerichtlicher Entscheidungen vor Eintritt der Rechtskraft durch einen anderen gerichtlichen Spruchkörper als den, der die beanstandete Entscheidung getroffen hat, gestatten. Das einfache Recht trägt damit der allgemeinen Erfahrung menschlicher Fehlbarkeit Rechnung. Zugleich macht die über Rechtsmittel erfolgende mehrfache Prüfung der Angelegenheit den Eintritt der Rechtskraft erträglich;[3] jedenfalls bei einer durch unterschiedliche Instanzen erfolgten tatsächlichen und/oder rechtlichen Prüfung kann hingenommen werden, dass sich in einem nie auszuschließenden Konflikt zwischen der Rechtssicherheit und der Gerechtigkeit im Einzelfall Erstgenannte durchsetzt.[4] Einen **verfassungsrechtlichen Anspruch auf**

---

[1] Siehe den Überblick Rn. 3–6.
[2] Unten Rn. 22–37.
[3] Vgl. *Krack*, Die Rehabilitierung des Beschuldigten im Strafverfahren, 2002, S. 9 f.
[4] Zum Verhältnis von Rechtssicherheit und Gerechtigkeit allgemein sowie zu den lediglich im Einzelfall bestehenden Spannungsverhältnis zwischen beiden ausführlich *Radtke*, Die Systematik des Strafklageverbrauchs verfahrenserledigenden Entscheidungen im Strafprozeß, 1993, S. 41 ff.

einen **Instanzenzug** gibt Art. 19 Abs. 4 GG **nicht,**[5] auch das Rechtsstaatsprinzip des Art. 20 Abs. 3 GG garantiert ihn nicht.[6]

3   Die im 3. Buch normierten **Rechtsmittel** richten sich, wenn auch in unterschiedlicher Weise, stets **gegen gerichtliche Entscheidungen**. Dabei können mit der **Berufung** und der **Revision** lediglich **Urteile angefochten** werden. Die **Beschwerde** in allen ihren Formen wendet sich **gegen gerichtliche Beschlüsse** und **richterliche Verfügungen**. Abweichend von der genannten Regel steht die sofortige Beschwerde (§ 311) als Rechtsmittel gegen die Kostenentscheidung im Urteil zur Verfügung. Im (gerichtlichen) Ordnungswidrigkeitenverfahren und im Rechtsmittelzug in Strafvollstreckungsangelegenheiten sehen § 79 OWiG und § 116 StVollzG mit der Rechtsbeschwerde ein der Revision im Wesentlichen nachgebildetes Rechtsmittel vor. Den drei Rechtsmitteln des 3. Buchs der StPO ist die Zuständigkeit für die Überprüfung der angefochtenen Entscheidung in der Sache durch ein höherrangiges Gericht (sog. **Devolutiveffekt**) gemeinsam. **Für die Beschwerde** ist der Devolutiveffekt **durch** die Abhilfemöglichkeit des **§ 306 Abs. 2 eingeschränkt.** Die Einlegung von **Berufung und Revision** hindert zudem den Eintritt der Rechtskraft der angefochtenen Entscheidung und damit auch deren Vollstreckbarkeit (sog. **Suspensiveffekt**). Dieser Effekt tritt durch die **Beschwerde lediglich ausnahmsweise** (vgl. § 307 Abs. 1) in den gesetzlich normierten Fällen (etwa § 81 Abs. 4; § 231a Abs. 3 S. 3; § 454 Abs. 2 S. 2; § 462 Abs. 3 S. 2) oder bei gerichtlicher Anordnung im Einzelfall auf der Grundlage von § 307 Abs. 2 ein.

II. Förmliche Rechtsbehelfe im Strafverfahrens

4   Das Strafverfahrensrecht stellt neben den Rechtsmitteln des 3. Buchs weitere an unterschiedlichster Stelle lozierte **Anfechtungsmöglichkeiten** zur Verfügung, die sich gegen polizeiliche, staatsanwaltschaftliche oder auch gerichtliche Maßnahmen oder Entscheidungen richten können. Solche **Rechtsbehelfe** lassen sich nach unterschiedlichsten Kriterien systematisieren,[7] ohne dass damit allerdings ein relevanter Erkenntnisgewinn verbunden wäre. In den Details sind die Rechtsbehelfe nach ihrer Art, der Zielrichtung, der angegriffenen Entscheidung oder Maßnahme sowie der Wirkung im Erfolgsfall so unterschiedlich, dass sich nur wenige gemeinsame Voraussetzungen und Strukturmerkmale ausmachen lassen. Eine grobe Unterscheidung lässt sich zwischen den **im Gesetz geregelten förmlichen Rechtsbehelfen** und **den nicht gesetzlich geregelten nicht förmlichen Rechtsbehelfen** treffen. Innerhalb der förmlichen Rechtsbehelfe kann zwischen solchen unterschieden werden, die sich gegen rechtskräftige (gerichtliche) Entscheidungen (**außerordentliche Rechtsbehelfe**) richten und solchen, die auf nicht rechtskräftige bzw. der Rechts- oder Bestandskraft nicht fähige Entscheidungen bezogen sind (**ordentliche Rechtsbehelfe**).

5   Die förmlichen **ordentlichen Rechtsbehelfe** sind **zahlreich** und **vielfältig**.[8] Sie richten sich nicht allein gegen gerichtliche Entscheidungen sondern betreffen auch Maßnahmen bzw. Entscheidungen anderer Organe wie die Staatsanwaltschaft oder ihrer Ermittlungspersonen. Das Spektrum reicht von der – im Hinblick auf §§ 304 ff. irreführend – **Beschwerde** an die übergeordnete Staatsanwaltschaft im **Rahmen des Klageerzwingungsverfahrens** (§ 172 Abs. 1) über diverse **Anträge auf gerichtliche Entscheidung** in unterschiedlichsten Verfahrensstadien (etwa § 111l Abs. 6, § 161a Abs. 3; § 163 Abs. 3, § 172 Abs 2, § 458) einschließlich der **Anträge auf Entscheidung durch das Rechtsmittelgericht** (§ 319 Abs. 2, § 346 Abs. 2). Im Kostenrecht tritt die **Erinnerung** gegen Kostenentscheidungen des Kostenbeamten (Urkundsbeamter der Geschäftsstelle) hinzu (§ 464 b). **Justizverwaltungsakte** können auf dem Rechtsweg nach **§§ 23 ff. EGGVG** angegriffen werden.

6   Zu den **außerordentlichen Rechtsbehelfen** gehören die lediglich gegen rechtskräftige Urteile statthafte[9] **Wiederaufnahme des Verfahrens** (§§ 359 ff.), die **Wiedereinsetzung in den vorigen Stand** (§§ 44 ff., 235, 329 Abs. 3, 391) sowie die Regelungen über die nachträgliche Gewährung rechtlichen Gehörs (§ 33a, § 311a, § 356a), die in ihren Wirkungen ähnlich wie eine Wiedereinsetzung in den vorigen Stand wirken,[10] sowie **außerhalb der StPO** die **Verfassungsbeschwerde** (Art. 93 Abs. 1 Nr. 4a GG, §§ 90 ff. BVerfGG) sowie die **Individualbeschwerde vor dem EGMR** (§§ 25 ff. MRK, arg. § 359 Nr. 6 StPO). Jenseits des Genannten wird für das Strafverfahrensrecht

---

[5] Exemplarisch BVerfG v. 29. 10. 1975 – 2 BvR 630/73, BVerfGE 40, 272 (275); BVerfGE v. 16. 12. 1975 – 2 BvR 854/75, BVerfGE 41, 26; BVerfGE v. 4. 7. 1995 – 1 BvR 1421/86, BVerfGE 92, 365 (410) ; BGH v. 13. 6. 1978 – StB 51/78, BGHSt 28, 57 (58); ausführlich auch SK-StPO/*Frisch* Vor § 296 Rn. 17.
[6] Strg.; siehe ausführlich SK-StPO/*Frisch* Vor § 296 Rn. 18 auch mit Nachw. zur Gegenauffassung.
[7] Vgl. SK-StPO/*Frisch* Vor § 296 Rn. 10 f.
[8] Siehe Löwe/Rosenberg/*Hanack*, 25. Aufl., Vor § 296 Rn. 2; ausführlicher SK-StPO/*Frisch* Vor § 296 Rn. 10 f.
[9] Teilweise abweichend *Trepper*, Zur Rechtskraft strafprozessualer Beschlüsse, 1995, S. 143 ff.; dazu kritisch *Radtke* GA 1997, 145-147
[10] Zu der Frage, ob eine auf Nachholung des rechtlichen Gehörs (§ 33a) ergangene Entscheidung mit der Beschwerde angegriffen werden kann Thüring.OLG v. 21. 12. 2006 – 1 Ws 421/06, VRS 112 (2007), 353 f.

eine „außerordentliche Beschwerde" in Fällen **greifbarer Gesetzwidrigkeit nicht** anerkannt;[11] das hat entgegen teilweise vertretener Auffassung[12] auch bei der Anfechtung möglicherweise grob gesetzwidriger Eröffnungsbeschlüsse durch den Angeklagten zu gelten.[13] An sich kennt das geltende Strafverfahrensrecht auch **keine** reine „**Untätigkeitsbeschwerde**".[14] Ausnahmsweise soll eine solche Beschwerde der Staatsanwaltschaft aber statthaft und zulässig sein, wenn die bislang ausgebliebene Entscheidung selbst anfechtbar wäre und dem Unterbleiben die Bedeutung einer ablehnenden Sachentscheidung zukommt.[15] Diese Voraussetzungen können zB. gegeben sein, wenn nach Anklageerhebung eine **Entscheidung** des zuständigen Gerichts **über die Eröffnung des Hauptverfahrens ausbleibt** und bei weiterer Untätigkeit Verjährung droht.[16] Angesichts des Ausnahmecharakters der Untätigkeitsbeschwerde ist eine Ausdehnung auf Konstellationen, in denen wegen der Verzögerung der Eröffnungsentscheidung bei der späteren Sanktion oder deren Vollstreckung Abschläge vorzunehmen wären (Strafzumessungs- oder Vollstreckungslösung),[17] zwar diskutabel aber im Ergebnis auf der Basis der lex lata kaum zu begründen.

III. Nicht förmliche Rechtsbehelfe

Nicht förmliche Rechtsbehelfe im Strafverfahrensrecht sind vor allem die **Gegenvorstellung** 7 und die **Dienstaufsichtsbeschwerde**. Beide sind nicht gesetzlich geregelt und dementsprechend **nicht an Fristen oder Formvorschriften gebunden**.[18] Ihnen kommen nicht die charakteristischen Wirkungen von Rechtsmitteln, nämlich der Devolutiv- und/oder Suspensiveffekt,[19] zu. Beide Rechtsbehelfe werden allgemein für statthaft gehalten.[20] Insbesondere bei der Gegenvorstellung bestehen aber verschiedene Zulässigkeitsvoraussetzungen.

1. **Gegenvorstellung. a) Zulässigkeit.** Die auf das Petitionsrecht des Art. 17 GG zurückgeführ- 8 te[21] Gegenvorstellung ist darauf gerichtet, die Stelle, die eine bestimmte Entscheidung getroffen hat, nachträglich nochmals zu der **Überprüfung der eigenen Entscheidung anzuhalten**.[22] Dieser Zwecksetzung entsprechend ist die Gegenvorstellung nur **zulässig**, wenn deren **Adressat verfahrensrechtlich befugt** ist, die **eigene** getroffene **Entscheidung** nachträglich **wiederaufzuheben, abzuändern** oder zumindest eine darauf gerichtete Anordnung zu treffen (allgM).[23] Damit ist sie vor allem in Bezug auf Entscheidungen zulässig, die der einfachen Beschwerde unterliegen, oder solche, die als der Urteilsfindung vorausgehend wegen § 305 S. 1 nicht angegriffen werden können.[24] Die Möglichkeit ein Rechtsmittel wie die Beschwerde erneut einzulegen oder einen erneuten Sachantrag zu stellen, schließt die Möglichkeit der Gegenvorstellung nicht aus.[25] Der Wahl-

---

[11] BGH v. 19. 3. 1999 – 2 ARs 109/99, BGHSt 45, 37 (38–42) = NJW 1999, 2290; BGH v. 24. 6. 2006 – 2 ARs 121/06 – 2 AR 84/06; siehe auch BGH v. 31. 10. 2007 – 2 ARs 365/07 – 2 AR 228/07; OLG Frankfurt v. 26. 11. 2002 – 3 Ws 1256/02 (Abs. 11); Pfälz.OLG Zweibrücken v. 26. 2. 2003 – 1 Ws 55/03, StV 2004, 30 mAnm. *Duttge* StV 2004, 31 f. und *Meyer-Goßner* NZV 2003, 436
[12] Etwa SK-StPO/*Paeffgen* § 210 Rn. 4 f. und 9 mwN.
[13] Näher OLG Frankfurt v. 26. 11. 2002 – 3 Ws 1256/02.
[14] BGH v. 22. 12. 1992 – 4 (85) StB 15/92, NJW 1993, 1279; OLG Stuttgart v. 5. 6. 2003 – 1 Ws 131/03, NStZ-RR 2003, 284; siehe auch OLG Dresden v. 20. 6. 2005 – 2 Ws 182/05, NJW 2005, 2791 ff. = NStZ 2005, 652 f.
[15] BGH v. 22. 12. 1992 – 4 (85) StB 15/92, NJW 1993, 1279; OLG Dresden v. 20. 6. 2005 – 2 Ws 182/08, NJW 2005, 2791 f. = NStZ 2005, 652; OLG Frankfurt v. 29. 10. 2001 – 3 Ws 986/01, NStZ 2002, 220; OLG Stuttgart v. 5. 6. 2003 – 1 Ws 131/03, NStZ-RR 2003, 284.
[16] OLG Frankfurt v. 29. 10. 2001 – 3 Ws 986/01, NStZ 2002, 220 (221); dazu befürwortend *Hoffmann* NStZ 2006, 256 (257) und ablehnend *Wirringer* NStZ 2002, 389 (390); restriktiv auch OLG Dresden v. 20. 6. 2005 – 2 Ws 182/05, NJW 2005, 2791 f. = NStZ 2005, 652 „nur wenn Hinausschieben ein endgültiges Verfahrenshindernis nach sich zieht".
[17] *Hoffmann* NStZ 2006, 256 (259).
[18] AA *Wölfl* StraFo 2003, 222 (225) bzgl. der Form (schriftlich) bei der Gegenvorstellung.
[19] Oben Rn. 3.
[20] Siehe nur KK-StPO/*Paul* Vor § 296 Rn. 4; Löwe/Rosenberg/*Hanack*, 25. Aufl., Vor § 296 Rn. 4, 77 ff. mwN.
[21] Mittlerweile hM; vgl. BVerfG v. 8. 1. 1959 – 1 BvR 396/55, BVerfGE 9, 89 (107) = NJW 1959, 427 (430); OLG Karlsruhe v. 28. 9. 1992 – 3 Ws 53/92, NStZ 1993, 88 mwN.; *Matt* MDR 1992, 820 (824); *Wölfl* StraFo 2003, 222 (224 f.); Löwe/Rosenberg/*Hanack*, 25. Aufl. Vor § 296 Rn. 77; *Meyer-Goßner* Vor § 296 Rn. 23; siehe aber auch SK-StPO/*Frisch* Vor § 296 Rn. 32.
[22] Exemplarisch OLG Düsseldorf v. 5. 9. 1988 – 1 Ws 861 – 862/88, NStZ 1989, 86; OLG Hamm v. 20. 3. 2000 – 2 Ws 80/00, wistra 2000, 318 (319); OLG Hamm v. 4. 5. 2006 – 4 Ss 75/06; *Hohmann* JR 1991, 10 f.; *Werner* NJW 1991, 19 f.; *Wölfl* StraFo 2003, 222 (224 f.); KK-StPO/*Paul* Vor § 296 Rn. 4; *Meyer-Goßner* Vor § 296 Rn. 23 mwN.
[23] BGH v. 29. 7. 1998 – 1 StR 202/98, wistra 1998, 307; BGH v. 10. 2. 1988 – 3 StR 579/87, BGHR StPO § 349 Abs. 2 Beschluss 2; OLG Frankfurt v. 23. 1. 1997 – 3 Ws 67-68/97, NStZ-RR 1997, 273; OLG Hamm v. 20. 3. 2000 – 2 Ws 80/00, wistra 2000, 318 (319); OLG Hamm v. 4. 5. 2006 – 4 Ss 75/06; *Hohmann* JR 1991, 10; AK-StPO/*Achenbach* Vor § 296 Rn. 51; HK-StPO/*Rautenberg* Rn. 5; KK-StPO/*Paul* Vor § 296 Rn. 4; *Meyer-Goßner* Vor § 296 Rn. 23.
[24] Insoweit allgM; siehe nur KK-StPO/*Paul* Vor § 296 Rn. 4; Löwe/Rosenberg/*Hanack*, 25. Aufl., Vor § 296 Rn. 82; SK-StPO/*Frisch* Vor § 296 Rn. 34 f.
[25] *Hohmann* JR 1991, 10 (12); Löwe/Rosenberg/*Hanack*, 26. Aufl., Vor § 296 Rn. 82; *Meyer-Goßner* Vor § 296 Rn. 24; SK-StPO/*Frisch* Rn. 33.

§ 296 9–12   Drittes Buch. Rechtsmittel

möglichkeit kann vor allem im Kontext von Haftentscheidungen Bedeutung zukommen. Die **Beschwer**[26] ist **keine Voraussetzung**.[27] Es bedarf auch nicht des Vorbringens neuer tatsächlicher Umstände; es genügt, eine erneute Überprüfung ohne Änderung der Tatsachenbasis zu erstreben.

9   Die Gegenvorstellung ist **im Grundsatz unzulässig** bei solchen **Enscheidungen**, die bereits **rechtskräftig** sind oder lediglich durch ein übergeordnetes Gericht abgeändert werden können. Das schließt die Gegenvorstellung gegen Urteile sowie gegen lediglich mit der sofortigen Beschwerde anfechtbare Beschlüsse aus.[28] Dem Vorgenannten entsprechend kann wegen der bereits eingetretenen Rechtskraft nach Revisionsverwerfung gemäß § 349 Abs. 2 das rechtskräftige Urteil nicht auf Gegenvorstellung hin abgeändert werden.[29] Bei Verstößen des Revisionsgerichts gegen das Gebot rechtlichen Gehörs gilt § 356a. Die Gegenvorstellung ist auch unzulässig, wenn die Sache (etwa im Zuge des Rechtsmittelverfahrens) nicht mehr bei dem Gericht anhängig ist, dessen Entscheidung der Petent im Wege der Selbstüberprüfung korrigiert sehen möchte.[30] Wegen der Möglichkeit der Abänderbarkeit der Entscheidung kann Gegenvorstellung auch dann nicht mehr zulässig erhoben werden, wenn die Entscheidung überholt ist.

10 Von dem Grundsatz der Unzulässigkeit der Gegenvorstellung in Bezug auf rechtskräftige Entscheidungen werden in der Rechtsprechung **zahlreiche Ausnahmen** zugelassen, die sich nur schwer auf einheitliche Prinzipien zurückführen bzw. aus diesen ableiten lassen.[31] Soweit überhaupt ein übergreifender Aspekt vorhanden ist, geht es vor allem um die **Beseitigung von Verstößen gegen Verfahrensgrundrechte** („grobes prozessuales Unrecht"),[32] um die Korrektur durch die Fachgerichtsbarkeit statt erst durch das BVerfG auf eine entsprechende Verfassungsbeschwerde hin zu erreichen.[33] Die vorherige Erhebung einer (zulässigen) **Gegenvorstellung** ist allerdings – weder unter dem Aspekt der Rechtswegerschöpfung (vgl. § 90 Abs. 2 S. 1 BVerfGG) noch unter dem der Subsidiarität – **keine Zulässigkeitsvoraussetzung der Verfassungsbeschwerde**.[34] Besteht die Verletzung von Verfahrensgrundsätzen in der Nichtgewährung rechtlichen Gehörs hält das einfache Gesetzesrecht Nachholmöglichkeiten bereit (§§ 33a, 311a, 356a). Darüber hinaus soll die Gegenvorstellung gegen eine rechtskräftige **Verwerfung eines Rechtsmittels als unzulässig** (etwa § 349 Abs. 1) zulässig sein, wenn die entsprechende Entscheidung auf einem Irrtum des Gerichts über die tatsächlichen Voraussetzungen der Zulässigkeit beruht.[35]

11 Im Übrigen ist die Erhebung einer Gegenvorstellung **nicht form- und fristgebunden**.[36] Allerdings wird der Rechtsbehelf unzulässig, wenn die Sache nicht mehr bei dem Gericht, das seine Entscheidung abändern soll, anhängig ist.[37] Ein erheblicher zeitlicher Abstand zwischen dem Ergehen der fraglichen Entscheidung und der Gegenvorstellung kann zu deren Unzulässigkeit führen.[38]

12 **b) Entscheidung und Verfahren.** Die Gegenvorstellung löst keinen Devolutiv- und Suspensiveffekt aus.[39] Ob und in welcher Art die Gegenvorstellung eine **Pflicht** des Gerichts **zur erneuten Befassung** mit **oder** gar **Entscheidung** der Sache auslöst, wird **unterschiedlich beurteilt**.[40] Da es sich bei der Gegenvorstellung um einen Ausfluss des Petitionsrecht (Art. 17 GG) handelt,[41] besteht eine Pflicht des angegangenen Gerichts, das die beanstandete Entscheidung getroffen hat, zur er-

---

[26] Unten Rn. 22–39.
[27] OLG Schleswig v. 23. 1. 1978 – 1 Ss 534/77, NJW 1978, 1016 *Hohmann* JR 1991, 10 (11); *Matt* MDR 1992, 820 (824); *Meyer-Goßner* Vor § 296 Rn. 23 aE; SK-StPO/*Frisch* Vor § 296 Rn. 34.
[28] Vgl. OLG München v. 30. 4. 1987 – 2 Ws 419-421/87, MDR 1987, 782; LG Koblenz v. 2. 10. 2006 – 2 Qs 90/06, StraFo 2007, 41; *Werner* NJW 1991, 19 (20); Löwe/Rosenberg/*Hanack*, 25. Aufl., Vor § 296 Rn. 83; *Meyer-Goßner* Vor § 296 Rn. 25.
[29] BGH v. 17. 1. 1962 – 4 StR 392/61, BGHSt 17, 94 (97) = NJW 1962, 818 (819); BGH v. 13. 8. 1969- 1 StR 124/69, BGHSt 23, 102 (103) = NJW 1969, 2057; BGH v. 10. 2. 1988 – 3 StR 579/87, BGHR StPO § 349 Abs. 2 Beschluss 2; BGH v. 13. 10. 2004 – 3 StR 2537/04; Thüring.OLG v. 10. 1. 1996 – 1 Ss 59/95, NStZ-RR 1997, 10.
[30] Löwe/Rosenberg/*Hanack*, 25. Aufl., Vor § 296 Rn. 84.
[31] Insoweit nach wie vor zutreffend *Werner* NJW 1991, 19; Löwe/Rosenberg/*Hanack*, 25. Aufl., Vor § 296 Rn. 83.
[32] *Meyer-Goßner* Vor § 296 Rn. 4.
[33] Zum Verhältnis von BVerfG und Fachgerichtsbarkeiten auch in diesem Kontext *Papier* DVBl. 2009, 473 ff.
[34] Stdg. Rspr des BVerfG seit der Plenarentscheidung BVerfG v. 30. 6. 2003 – PbvU 1/02, BVerfGE 107, 395 (417); siehe auch BVerfG v. 22. 10. 2008 – 2 BvR 2028/08 (2. Kammer des 2. Senats); BVerfG v. 25. 11. 2008 – 1 BvR 848/07, DVBl. 2009, 311; BVerfG v. 2. 3. 2009 – 2 BvR 197/09; zu der Plenarentscheidung auch *Papier* DVBl. 2009, 473.
[35] Löwe/Rosenberg/*Hanack*, 25. Aufl., Vor § 296 Rn. 83; *Meyer-Goßner*, Vor § 296 Rn. 25 mwN.
[36] AA *Wölfl* StraFo 2003, 222 (225) bzgl. der Form („Schriftform").
[37] Oben Rn. 9.
[38] OLG Koblenz v. 8. 11. 1984 – 1 Ws 591/82, MDR 1985, 344; ebenso Löwe/Rosenberg/*Hanack*, 25. Aufl., Vor § 296 Rn. 78; *Meyer-Goßer* Vor § 296 Rn. 23.
[39] Oben Rn. 7.
[40] Näher *Hohmann* JR 1991, 10 (13); *Matt* MDR 1992, 820 (824 f.); Löwe/Rosenberg/*Hanack*, 25. Aufl., Vor § 296 Rn. 85-87; SK-StPO/*Frisch* Vor § 296 Rn. 35 einerseits sowie KK-StPO/*Paul* Vor § 296 Rn. 4 aE; KMR/*Plöd* Vor § 296 Rn. 4 andererseits.
[41] Oben Rn. 8.

neuten Befassung mit der Sache.[42] Die Anforderungen des Petitionsrechts erfordern auch eine Information des Petenten über das Ergebnis der (erneuten) Beschäftigung mit der Sache. Eine Pflicht über die Gegenvorstellung in der Form zu entscheiden, in der die angegangene Entscheidung ergangen ist, gibt es dagegen grundsätzlich nicht. Das gilt unabhängig davon, ob mit der Gegenvorstellung neue Tatsachen und Beweismittel vorgebracht worden sind oder nicht.[43] Sie ergibt sich weder aus Art. 17 GG noch unter dem Aspekt der Zulässigkeitsvoraussetzungen der Verfassungsbeschwerde; das BVerfG macht diese gerade nicht von der Einlegung einer Gegenvorstellung abhängig.[44] **Art und Inhalt** der gerichtlichen Reaktion auf die Gegenvorstellung bestimmen sich vom Ergebnis und den damit verbundenen Wirkungen.[45] Bei zulässiger und **begründeter Gegenvorstellung** ergeht die neue Sachentscheidung in derselben Form wie die ursprüngliche Entscheidung, regelmäßig also in Beschlussform. Für ihr Zustandekommen (einschließlich der Gewährung rechtlichen Gehörs gegenüber allen Beteiligten) und ihre Bekanntgabe gelten die allgemeinen Regeln der jeweiligen Entscheidungsart. Auf eine **unzulässige oder unbegründete Gegenvorstellung** ergeht – nicht allein als nobile officium – ein Bescheid, der den Petenten über die Gründe für das Festhalten an der bisherigen Entscheidung unterrichtet.[46]

c) Rechtsbehelfe. Die auf die **erfolgreiche Gegenvorstellung** hin ergangene Entscheidung unterliegt der **Anfechtung** nach der für die jeweilige Entscheidungsart **allgemein geltenden Regeln** (allgM).[47] Dagegen ist gegen den eine Änderung der getroffenen Entscheidung **ablehnenden Bescheid** – gleich in welcher Form dieser getroffen wird – ein **Rechtsbehelf nicht statthaft**.[48] Auch ein **Befangenheitsantrag** gegen die Richter innerhalb des Gegenvorstellungsverfahrens ist **unzulässig**.[49]

2. Dienstaufsichtsbeschwerde. Die Dienstaufsichtsbeschwerde ist ein nicht förmlicher Rechtsbehelf, der sich im Bereich der Strafrechtspflege grundsätzlich sowohl gegen richterliches, staatsanwaltschaftliches oder polizeiliches Handeln richten kann. Ihre Grundlage findet sie ebenfalls im Petitionsrecht des Art. 17 GG.[50] Sie kann sich entweder gegen das dienstliche Verhalten des „Beamten" (eigentliche Dienstaufsichtsbeschwerde) oder als sog. **Sachdienstaufsichtsbeschwerde** gegen die in der Sache getroffene Entscheidung richten. Beiden Formen kommt im Bereich der gerichtlichen Tätigkeit angesichts der sehr begrenzten Dienstaufsicht gegenüber Richtern (§ 26 DRiG) und Rechtspflegern (§ 9 RpflG) kaum Bedeutung zu. Dagegen hat im Bereich der **Staatsanwaltschaft** die **Sachdienstaufsichtsbeschwerde** vor allem bei staatsanwaltschaftlichen **Entscheidungen über die Verfahrenserledigung nach den §§ 153 ff.** angesichts des durch § 172 Abs. 2 S. 3 weitgehend ausgeschlossenen Klageerzwingungsverfahrens zahlenmäßig große Relevanz. Anders als die Gegenvorstellung richtet sich die Dienstaufsichtsbeschwerde nicht auf die Änderung durch das Organ, das die beanstandete Entscheidung getroffen hat, sondern durch den Dienstvorgesetzten. Bei den Staatsanwaltschaften stehen diesem dazu die Möglichkeiten nach §§ 145, 146 GVG zur Verfügung.

Die Dienstaufsichtsbeschwerde ist an **keine Form und Frist** gebunden; bei großem zeitlichem Abstand zwischen dem Ergehen der beanstandeten Handlung oder dem dienstlichen Verhalten und der Einlegung der Beschwerde wird wie bei der Gegenvorstellung Unzulässigkeit anzunehmen sein.[51] Auf eine **Beschwer** im eigentlichen Sinne kommt es **nicht** an. Aufgrund der Zuordnung zum Petitionsrecht ist der Dienstvorgesetzte grundsätzlich gehalten, der Beschwerde nachzugehen und dem Beschwerdeführer einen mit Gründen versehenen **Bescheid** zu erteilen;[52] aus diesem sollten möglichst die durchgeführten Maßnahmen erkennbar sein. Bei offensichtlich **querulatorischen Dienstaufsichtsbeschwerden** besteht **keine Bescheidungspflicht**.[53]

---

[42] Insoweit ebenso OLG Düsseldorf v. 5. 9. 1988 – 1 Ws 861 – 862/88, NStZ 1989, 86; *Hohmann* JR 1991, 10 (13); *Matt* MDR 1992, 820 (824 f.); Löwe/Rosenberg/*Hanack*, 25. Aufl., Vor § 296 Rn. 85–87; *Meyer-Goßner* Vor § 296 Rn. 26; SK-StPO/*Frisch* Vor § 296 Rn. 35; zu der Sachbefassungspflicht aus Art. 17 GG BVerfG v. 15. 5. 1992 – 1 BvR 1553/90, NJ 1992, 3033.
[43] Insoweit aA *Matt* MDR 1992, 820 (824).
[44] Oben Rn. 10 mit Nachw. in Fn. 32.
[45] Im Lösungsansatz ebenso *Hohmann* JR 1991, 10 (13); *Matt* MDR 1992, 820 (824 f.); Löwe/Rosenberg/*Hanack*, 25. Aufl., Vor § 296 Rn. 86 f.
[46] *Wölfl* StraFo 2003, 222 (227); Löwe/Rosenberg/*Hanack*, 25. Aufl., Vor § 296 Rn. 86; *Meyer-Goßner* Vor § 296 Rn. 26.
[47] *Hohmann* JR 1991, 10 (13); Löwe/Rosenberg/*Hanack*, 25. Aufl., Vor § 296 Rn. 87; *Meyer-Goßner* Vor § 296 Rn. 26.
[48] *Hohmann* JR 1991, 10 (13); *Matt* MDR 1992, 820 (825); Löwe/Rosenberg/*Hanack*, 25. Aufl., Vor § 296 Rn. 86; SK-StPO/*Frisch* Rn. 35.
[49] BGH v. 6. 8. 1993 – 3 StR 277/93, NStZ 1993, 600; BGH v. 11. 7. 2001 – 3 StR 462/00, NStZ-RR 2001, 333 OLG Hamm v. 29. 4. 1993 – 3 Ws 123/93, MDR 1993, 789; Löwe/Rosenberg/*Hanack*, 25. Aufl, Vor § 296 Rn. 86 aE mwN.
[50] BVerwG v. 1. 9. 1976, VII B 101/75, NJW 1977, 118; Löwe/Rosenberg/*Hanack*, 25. Aufl., Vor § 296 Rn. 88; *Meyer-Goßner* Vor § 296 Rn. 22; SK-StPO/*Frisch* Vor § 296 Rn. 37.
[51] Vgl. oben Rn. 11 aE mwN.
[52] Löwe/Rosenberg/*Hanack*, 25. Aufl., Vor § 296 Rn. 88; SK-StPO/*Frisch* Vor § 296 Rn. 37.
[53] Näher HK-StPO/*Rautenberg* Rn. 7.

IV. Gemeinsame Voraussetzungen von Rechtsbehelfen

16 **1. Statthaftigkeit. a) Allgemeines.** Rechtsmittel (im Sinne des 3. Buchs) und ordentliche Rechtsbehelfe können lediglich dann eingelegt werden, wenn **eine gesetzliche Regelung** für den konkreten Fall eine entsprechende **Anfechtungsmöglichkeit vorsieht (Statthaftigkeit).** So ist etwa die Anfechtung einer Revisionsentscheidung des BGH oder eines Oberlandesgerichts – gleich durch welche Person auch immer – nicht statthaft, weil das Gesetz kein Rechtsmittel oder Rechtsbehelf dagegen vorsieht; lediglich bei Nichtgewährung rechtlichen Gehörs gelangt § 256a zur Anwendung. Selbst wenn ein statthaftes Rechtsmittel oder ein ordentlicher Rechtsbehelf zur Verfügung steht, kommen regelmäßig **zusätzliche Zulässigkeitsvoraussetzungen** für die Einlegung von Rechtsmitteln oder ordentlichen Rechtsbehelfen hinzu. So ist etwa der Kreis der zur Einlegung Befugten bei den einzelnen Rechtsmitteln unterschiedlich gestaltet (**Anfechtungsbefugnis**).[54] Über die Anfechtungsbefugnis hinaus kann – mit erheblichen Abweichungen bezüglich von Rechtsmittel/ordentlichen Rechtsbehelfen der Staatsanwaltschaft – nur derjenige Verfahrensbeteiligte zulässig das Rechtsmittel erheben, der durch die angefochtene Entscheidung **beschwert ist**.[55] Bei einzelnen Rechtsmitteln sind zudem **Fristen und/oder Formen** für das Erheben des Rechtsmittels und/oder dessen Begründung zu beachten, deren Nichteinhaltung zur Unzulässigkeit führt. Die diesbezüglichen Regelungen sind im Kontext der einzelnen Rechtsmittel statuiert (etwa §§ 341, 344, 345 für die Revision).

17 **b) Vorliegen eines Rechtsmittels.** Selbst bei Vorhandensein eines an sich statthaften Rechtsmittels lässt sich Eingaben nicht stets entnehmen, ob es sich überhaupt um die Einlegung eines Rechtsmittels handelt. Bleibt lediglich unklar, welches Rechtsmittel eingelegt werden soll, gilt die Auslegungsregel des § 300.[56] Handelt es sich dagegen ausschließlich um **Unmutsäußerungen,** die sich von vornherein als unstatthaftes oder offensichtlich unzulässiges Rechtsmittel erweisen würden, ist das zuständige Gericht nicht gehalten, die Eingaben immer wieder als Rechtsmittel auszulegen und im förmlichen Verfahrens zu bescheiden.[57] Entsprechend ist mit Eingaben zu verfahren, die in erheblichem Umfang **beleidigende Äußerungen** beinhalten. Weist eine solche Eingabe keinen für ein Rechtsmittel erforderlichen Mindestinhalt sondern stellt sich ausschließlich oder weit überwiegend als Schmähschrift dar, kann dieses als rechtsmissbräuchlich bezeichnet und als unstatthaft jedenfalls aber unzulässig verworfen werden.[58] Das gilt nicht für beleidigende Äußerungen in einer ansonsten den Anforderungen an ein Rechtsmittel genügenden Eingabe.[59]

18 **2. Zulässigkeit. a) Allgemeines.** Die Zulässigkeit eines statthaften Rechtsmittels macht das Gesetz für die verschiedenen Rechtsmittel und die unterschiedlichen Anfechtungsberechtigten von im Einzelnen divergierenden Voraussetzungen abhängig.[60] Ein Teil der Zulässigkeitsvoraussetzungen gilt allerdings unabhängig von den Besonderheiten einzelner Rechtsmittel/ordentlicher Rechtsbehelfe und einzelner Anfechtungsberechtiger. Fehlt es an der Zulässigkeit des Rechtsmittels, findet eine Befassung mit dem Rechtsmittel in der Sache nicht statt. In Bezug auf einzelne Zulässigkeitsvoraussetzungen ist sogar das Gericht zur Verwerfung des Rechtsmittels befugt, dessen Urteil/Entscheidung angefochten worden ist (etwa § 346 Abs. 1).

19 **b) Form.** Rechtsmittel können regelmäßig lediglich **in schriftlicher Form**[61] oder **zu Protokoll der Geschäftsstelle**[62] erhoben werden (§§ 306, 314, 341). Im Einzelfall kann für die Begründung des Rechtsmittels über die Schriftlichkeit hinaus die **Unterzeichnung** der Schrift **durch einen Rechtsanwalt** verlangt sein (§ 345 Abs. 2). Rechtsmittel sind grundsätzlich an dasjenige Gericht zu adressieren, das die angefochtene Entscheidung erlassen hat (sog. **judex a quo**) nicht an das Rechtsmittelgericht (sog. **judex ad quem**).

20 **c) Fristfragen. Berufung** und **Revision** können zulässig lediglich innerhalb bestimmter Fristen erhoben werden (§§ 314, 341). Bei der Beschwerde besteht ein Fristerfordernis lediglich für die **sofortige Beschwerde** (§ 311); die meist sog. **einfache Beschwerde** (§ 304) unterliegt dagegen kei-

---

[54] *Krack*, Rehabilitierung, S. 9; *von Löbbecke*, Begriff und Wesen der Beschwer im strafprozessualen Rechtsmittelverfahren, 1972, S. 30 ff.
[55] Ausführlicher unten Rn. 22–39.
[56] Siehe näher die Erläuterungen dort.
[57] BGH v. 18. 12. 2006 – 1 StR 161/01, NStZ 2007, 283; zustimmend KK-StPO/*Paul* Vor § 296 Rn. 8; SK-StPO/*Frisch*, Vor § 296 Rn. 212.
[58] BVerfG v. 22. 4. 1953 – 1 BvR 162/51, BVerfGE 2, 225 (229); OLG Düsseldorf v. 27. 12. 1991 – 1 Ws 1186/91 und 1187/91, wistra 1992, 200; HK-StPO/*Rautenberg* Rn. 7; KK-StPO/*Paul* Vor § 296 Rn. 9; Löwe/Rosenberg/*Hanack*, 25. Aufl., Vor § 296 Rn. 22 mwN auch zur älteren Rspr. in Fn. 33.
[59] Vgl. OLG Frankfurt v. 6. 3. 1979 – 3 Ws 9-25, 84-85/79, NJW 1979, 1613; im Ergebnis ebenso KK-StPO/*Paul* Vor § 296 Rn. 9; Löwe/Rosenberg/*Hanack*, 25. Aufl., Vor § 296 Rn. 22; SK-StPO/*Frisch* Vor § 296 Rn. 212.
[60] Oben Rn. 16.
[61] Zu den Anforderungen im Einzelnen *Meyer-Goßner* Einl. Rn. 128–130.
[62] Näher *Meyer-Goßner* Einl. 131–138.

ner Frist. Für die Berechnung der Frist gelten die §§ 42, 43; der Lauf der Frist für die Einlegung des Rechtsmittels beginnt regelmäßig mit der Bekanntgabe (etwa § 311 Abs. 2 Halbs. 2; § 314 Abs. 1 und 2; § 341 Abs. 1 und 2) die in unterschiedlichen Formen (zB. mündl. Verkündung, Zustellung) erfolgen kann. Der Fristbeginn für den Lauf der Revisionsbegründungsfrist setzt die Zustellung des angefochtenen tatrichterlichen Urteils an den Angeklagten voraus (§ 345 Abs. 1). Ein an sich statthaftes Rechtsmittel kann **grundsätzlich nicht zulässig** eingelegt werden, **bevor** die angefochtene **Entscheidung** überhaupt **erlassen** worden **ist.**[63] Allerdings kann der Zulässigkeitsmangel im Zeitpunkt der Verkündung der angefochtenen Entscheidung entfallen; das ist jedenfalls dann anzunehmen, wenn es sich bei der verfrühten Erklärung eindeutig um ein ansonsten zulässiges Rechtsmittel handelt.[64] Das Rechtsmittel lässt sich als ein (zulässig) unter die Rechtsbedingung des Ergehens der Entscheidung mit dem erwarteten Inhalt verstehen. Bei der **einfachen Beschwerde** (§ 304), ggf. auch bei an sich ungefristeten Rechtsbehelfen, kann nach hM unter dem rechtlichen Gesichtspunkt der **Verwirkung bei einer langen Zeitspanne** zwischen dem Ergehen der angefochtenen Entscheidung und dem Rechtsmittel **Unzulässigkeit** eintreten.[65] Über das Verstreichen eines längeren Zeitablaufs hinaus, wird für die Verwirkung regelmäßig hinzukommen müssen, dass sonstige Verfahrensbeteiligte mittlerweile auf den Bestand der Entscheidung vertrauen durften.[66] Hat sich aufgrund des Zeitablaufs ein eingelegtes Rechtsmittel **überholt**, so handelt es sich vor allem um eine Rechtsfrage der (fortbestehenden) **Beschwer.**[67]

d) **Bedingungsfeindlichkeit des Rechtsmittels.** Die Einlegung eines Rechtsmittels unter einer (echten) **Bedingung**, dh. eines vom Willen des Anfechtenden unabhängigen tatsächlichen Umstandes (etwa nur bei Einlegung eines Rechtsmittels auch durch einen anderen Verfahrensbeteiligten) führt zur Unzulässigkeit.[68] Sog. **Rechtsbedingungen**, zB die Abhängigkeit des Rechtsmittels von der Unzulässigkeit eines anderen Rechtsmittels/Rechtsbehelfs, sollen davon ausgenommen sein;[69] die Abgrenzung im Einzelfall kann durchaus schwierig sein. 21

3. **Beschwer.** a) **Bedeutung.** Die **Zulässigkeit** eines an sich statthaften Rechtsmittels hängt nach im Kern allgM davon ab, dass der grundsätzlich anfechtungsberechtigte Rechtsmittelführer durch die angefochtene Entscheidung **beschwert** ist.[70] Die Beschwer als Zulässigkeitsvoraussetzung ist gesetzlich nicht ausdrucklich geregelt sondern wurde richterrechtlich entwickelt.[71] Die Grundlagen und die Bedeutung der Beschwer sind nicht vollständig geklärt. Im Hinblick auf die Funktion von Rechtsmitteln, (auch) einen Ausgleich zwischen Rechtssicherheit durch Rechtkraft und gerechter Entscheidung des Einzelfalls herbeizuführen, dient die Beschwer im Wesentlichen dazu, eine Überprüfung der ergangenen Entscheidung und damit ein Hinausschieben der Rechtskraft nur durch solche Beteiligte antragen zu lassen, die ein berechtigtes eigenes Interesse an der „gerechten Entscheidung" haben.[72] Für Rechtsmittel der Staatsanwaltschaft gelten wegen deren Funktion als „Wächter des Gesetzes" Besonderheiten.[73] 22

---

[63] BGH v. 16. 5. 1973 – 2 StR 497/72, BGHSt 25, 187 (189) mit Anm. *Hanack* JR 1974, 296; OLG Frankfurt v. 15. 3. 2005 – 3 Ws 130/05 (juris); *Meyer-Goßner* Vor § 296 Rn. 4; Löwe/Rosenberg/*Hanack*, 25. Aufl., Vor § 296 Rn. 30.
[64] *Hanack* JR 1974, 296; AK-StPO/*Achenbach* Vor § 296 Rn. 11; Löwe/Rosenberg/*Hanack*, 25. Aufl., Vor § 296 Rn. 30; SK-StPO/*Frisch* Vor § 296 Rn. 77.
[65] Etwa OLG Hamm v. 13. 11. 2003 – 4 Ws 576-578/03, NStZ-RR 2004, 114; OLG Oldenburg v. 16. 11. 2006 – 1 Ws 551/06, Nds.Rpfl. 2007, 79; *Ellersiek*, Die Beschwerde im Strafprozeß, 1981, S. 147; KK-StPO/*Paul* Vor § 296 Rn. 8; Löwe/Rosenberg/*Hanack*, 25. Aufl., Vor § 296 Rn. 27; *Meyer-Goßner* Vor § 296 Rn. 27; vgl. auch BVerfG v. 26. 1. 1972 – 2 BvR 225/67, BVerfGE 32, 305 = NJW 1972, 675; zweifelnd SK-StPO/*Frisch* Vor § 296 Rn. 189; ablehnend *Schlüchter*, GedS Meyer, 1990, S. 445 (447 ff.).
[66] OLG Oldenburg v. 16. 11. 2006 – 1 Ws 551/06, Nds.Rpfl. 2007, 79 bzgl. eines Antrag der StA auf Bewährungswiderruf.
[67] Dazu unten Rn. 22–39.
[68] BVerfG v. 29. 10. 1975 – 2 BvR 630/73, BVerfGE 40, 272 (275); BGH v. 16. 5. 1973 – 2 StR 497/72, BGHSt 25, 187 (188) mit Anm. *Hanack* JR 1974, 296; Thüring.OLG v. 11. 3. 2005 – 1 Ws 81/05 (juris), Löwe/Rosenberg/*Hanack*, 25. Aufl., Vor § 296 Rn. 23; *Meyer-Goßner* Vor § 296 Rn. 5; SK-StPO/*Frisch*, Vor § 296 Rn. 261 f.
[69] Löwe/Rosenberg/*Hanack*, 25. Aufl., Vor § 296 Rn. 23; *Meyer-Goßner* Vor § 296 Rn. 5; SK-StPO/*Frisch*, Vor § 296 Rn. 261 f.
[70] Exemplarisch BGH v. 24. 11. 1961 – 1 StR 140/61, BGHSt 16, 374 = NJW 1962, 404; BGH v. 9. 1. 1985 – 3 StR 502/84, BGHSt 33, 114 (118) = NJW 1985, 1175 (1176); BGH v. 4. 2. 1986 – 1 StR 643/85, 34, 11 (12) = NJW 1986, 1820; BGH v. 10. 4. 1990 – 1 StR 9/90, BGHSt 37, 5 (7); = NJW 1990, 2143 f.; BGH v. 16. 7. 1997 – 2 StR 545/96, BGHSt 43, 146 = NJW 1997, 2963; BGH v. 11. 5. 1998 – 1 StR 531/98, NStZ-RR 2000, 43; OLG Hamm v. 7. 2. 2006 – 4 Ws 48/06, NJW 2006, 2057; ausführlicher *Kaiser*, Die Beschwer als Voraussetzung strafprozessualer Rechtsmittel, 1993, S. 84 ff.; *Krack*, Rehabilitierung, S. 9 ff.; siehe auch AK-StPO/*Achenbach* Vor § 296 Rn. 14; KK-StPO/*Paul* Vor § 296 Rn. 5; Löwe/Rosenberg/*Hanack*, 25. Aufl., Vor § 296 Rn. 46; *Meyer-Goßner* Vor § 296 Rn. 8; SK-StPO/*Frisch* Vor § 296 Rn. 123 f.; anders insoweit KMR/*Plöd* Vor § 296 Rn. 13, der die Behauptung der Beschwer als Zulässigkeitsvoraussetzung genügen lässt.
[71] Näher *Kaiser*, Beschwer, S. 30 ff.
[72] Im Wesentlichen ebenso *Krack*, Rehabilitierung, S. 10.
[73] Unten Rn. 32.

§ 296 23–25 *Drittes Buch. Rechtsmittel*

23   **b) Maßstab der Beschwer.** Im Hinblick auf die vorgenannte Bedeutung bzw. Funktion der Beschwer liegt diese nach stdg. Rspr. und hM lediglich dann vor, wenn der an sich **Anfechtungsberechtigte** durch die fragliche Entscheidung in seinem Rechten und geschützten Interessen **unmittelbar beeinträchtigt ist.**[74] Ob eine solche **unmittelbare Beeinträchtigung** vorliegt, ist **objektiv** und nicht nach der subjektiven Einschätzung des Anfechtungsberechtigten **zu bestimmen.**[75] Auch soweit bestimmte Personen (etwa der gesetzliche Vertreter, § 298) für den von der Entscheidung eigentlich Betroffenen Rechtsmittel einlegen dürfen, kommt es auf die die unmittelbare Beeinträchtigung des Betroffenen an.[76] Das Kriterium der objektiv unmittelbaren Beeinträchtigung des Anfechtungsberechtigten durch die fragliche Entscheidung mag kein völlig präzise zu handhabender Maßstab für das Vorliegen oder Nichtvorliegen einer Beschwer sein.[77] Es taugt aber allemal als **Richtschnur für die Beurteilung des Vorliegens der Beschwer.** Im Kern zu Recht erweist sich die Notwendigkeit der unmittelbaren Beeinträchtigung durch die Entscheidung als Inhaltsausfüllung des Umstandes, dass nur derjenige eine Entscheidung anfechten darf, der ein berechtigtes Interesse an der Überprüfung der Entscheidung hat. Der Maßstab der unmittelbaren Beeinträchtigung wird durch weitere – teils kontrovers diskutierte – **Subkriterien** inhaltlich ausgefüllt:

24   Nach ganz überwiegender Rspr. und hM kann sich die unmittelbare **Beeinträchtigung** (grundsätzlich) lediglich **aus** der **Entscheidungsformel** (Grundsatz der **Tenorbeschwer**) ergeben und nicht aus den Entscheidungsgründen.[78] Die Beschränkung auf die Tenorbeschwerde wird entweder generell oder zumindest in bestimmten Konstellationen von Teilen der Strafverfahrenswissenschaft kritisiert oder gänzlich in Abrede gestellt.[79] In verschiedenen Fallgestaltungen ist vereinzelt auch in der obergerichtlichen Rspr. ausnahmsweise auch eine auf die Entscheidungsgründe gestützte Beschwer angenommen worden.[80] Eine **Ausnahme** von dem Grundsatz der Tenorbeschwer wird vor allem bei sich **aus den Entscheidungsgründen ergebender Grundrechtsverletzungen** diskutiert;[81] weiteren diskutierten Ausnahmen[82] dürfte eine noch geringere Bedeutung zukommen als dem der Grundrechtsverletzungen. Bloße Unrichtigkeiten im Rubrum einer Entscheidung begründen keine Beschwer, können aber durch das Rechtsmittelgericht berichtigt werden.[83] Keinesfalls liegt eine Beschwer vor, wenn der Rechtsmittelführer weder den Schuld- noch den Rechtsfolgenausspruch sondern ausschließlich die Urteilsbegründung mit dem Ziel angreift, eine Rechtsfrage zu erneuter Entscheidung zu bringen.[84]

25   Der **Grundsatz der Tenorbeschwer** ist **im Kern** sachlich **berechtigt,** um das Vorliegen einer unmittelbaren Beeinträchtigung durch die anzufechtende Entscheidung zu bestimmen. Aus der Entscheidungsformel ergibt sich regelmäßig bereits eindeutig, ob dem grundsätzlich Anfechtungsberechtigten Belastungen auferlegt werden. Allerdings bedarf die Tenorbeschwer Konkretisierungen, um sie als Kriterium handhaben zu können.[85] So kann die Entscheidungsformel, insbesondere bei einen Antrag verwerfenden Entscheidungen, häufig nur unter Heranziehung der Gründe inhaltlich erfasst und für die Beurteilung der unmittelbaren Beeinträchtigung fruchtbar gemacht wer-

---

[74] BGH v. 18. 1. 1955 – 5 StR 449/54, BGHSt 7, 153; BGH v. 24. 11. 1961 – 1 StR 140/61, BGHSt 16, 374 (376); BGH v. 21. 5. 1999 – 2 StR 366/98, wistra 1999, 347; *Krack,* Rehabilitierung, S. 10 f. mwN; KK-StPO/*Paul* Vor § 296 Rn. 5; *Meyer-Goßner* Vor § 296 Rn. 9; skeptisch gegenüber der „Unmittelbarkeit" Löwe/Rosenberg/*Hanack,* 25. Aufl., Vor § 296 Rn. 49 f.; ablehnend *Kaiser,* Beschwer, S. 43 ff.; SK-StPO/*Frisch* Vor § 296 Rn. 125, die auf die „Zuständigkeit für die Wahrnehmung des Interesses an der Verwirklichung des Rechts" abstellen; zutreffende Gegenkritik durch *Krack,* Rehabilitierung, S. 10 f.

[75] BGH v. 21. 3. 1979 – 2 StR 743/78, BGHSt 28, 327 (330 f.) = NJW 1979, 1941; OLG Düsseldorf v. 15. 9. 1992 – 2 Ws 405/92, NStZ 1993, 452; Löwe/Rosenberg/*Hanack,* 25. Aufl., Vor § 296 Rn. 51; *Meyer-Goßner* Vor § 296 Rn. 10 jeweils mwN.

[76] Näher § 298 Rn. 4.

[77] Kritisch daher *Kaiser,* Beschwer, S. 43; Löwe/Rosenberg/*Hanack,* 25. Aufl., Vor § 296 Rn. 50 „weitgehend unspezifisch".

[78] BGH v. 18. 1. 1955 – 5 StR 499/54, BGHSt 7, 153 = NJW 1955, 639; BGH v. 26. 3. 1959 – 2 StR 566/58, BGHSt 13, 75 (77) = NJW 1959, 1449; BGH v. 4. 2. 1986 – 4 StR 643/85, BGHSt 34, 11 (12) = NJW 1986, 1820; HK-StPO/*Rautenberg* Rn. 11; KK-StPO/*Paul* Rn. 5 a; *Meyer-Goßner* Vor § 296 Rn. 11; grds. auch Löwe/Rosenberg/*Hanack,* 25. Aufl., Vor § 296 Rn. 57; ausführliche Nachw. auch bei *Krack,* Rehabilitierung, S. 184 Rn. 2.

[79] Vgl. *Kaiser,* Beschwer, S. 205 ff.; *Plöttner,* Beschwer des Angeklagten, S. 167 ff.; *Bloy* JuS 1986, 585 (587); *Hartung* JuS 1996, 807 (808 f.); AK-StPO/*Achenbach* Vor § 296 Rn. 15 f.; SK-StPO/*Frisch* Vor § 296 Rn. 160.

[80] Etwa Hans.OLG Hamburg v. 13. 6. 61 – Ws 290/61, JR 1962, 268 f.; Saarl.OLG v. 6. 7. 1960 – Ws 60/60, NJW 1960, 2068.

[81] Vgl. BVerfG v.14.4.1970 – 1 BvR 33/68, BVerfGE 28, 151 (160 f.); *Ellersiek,* Beschwerde, S. 53; *Krack,* Rehabilitierung, S. 24; AK-StPO/*Achenbach* Vor § 296 Rn. 17; HK-StPO/*Rautenberg* Rn. 11; siehe aber auch Löwe/Rosenberg/*Hanack,* 25. Aufl., Vor § 296 Rn. 62.

[82] Dazu *Krack,* Rehabilitierung, S. 24 f.

[83] Näher Löwe/Rosenberg/*Hanack,* 25. Aufl., Vor § 296 Rn. 60 mwN.

[84] Hans.OLG Hamburg v. 5. 3. 2007 – 1 Ss 5/07 (juris) mwN.

[85] Im methodischen Ansatz ebenso Löwe/Rosenberg/*Hanack,* 25. Aufl., Vor § 296 Rn. 58 f. „Tenorbeschwer kein Dogma".

den.[86] Unabdingbar ist die Berücksichtigung der Entscheidungsgründe auch dann, wenn eine Beschwer bei dem Ausbleiben für den (möglichen) Rechtsmittelführer uU. günstigen Anordnungen (etwa Unterbleiben der bewährungsweisen Aussetzung der Vollstreckung bei einer an sich aussetzungsfähigen Freiheitsstrafe).[87] Dagegen lässt sich die Frage der Anfechtung eines auf Schuldunfähigkeit gestützten Freispruchs[88] oder einer auf der Annahme eines Verfahrenshindernisses beruhenden Verfahrenseinstellung trotz Interesse des Angeklagten an der Klärung des Tatverdachts nicht von der Frage der Beschwer bei den Rechtsmitteln sondern umfassend lediglich von Bestehen und Reichweite eines Rehabilitierungsanspruchs des Beschuldigten/Angeklagten her lösen.[89] Aus dem Maßstab der unmittelbaren Beeinträchtigung durch die Entscheidungsformel ergeben sich folgende Konsequenzen für die verschiedenen Verfahrensbeteiligten:

c) **Beschwer des Beschuldigten/Angeklagten.** Dieser ist durch jede ihm unmittelbar nachteilige 26 Entscheidung beschwert. Das ist bei einem **Schuldspruch stets** der Fall, selbst wenn ein Rechtsfolgenausspruch bei Verwarnung mit Strafvorbehalt (§ 59 StGB), wegen Absehens von Strafe (§ 60 StGB), Straffreierklärung (§ 199 StGB) oder Aussetzung der Entscheidung über die Verhängung einer Jugendstrafe (§ 27 JGG) nicht erfolgt.[90] Die Auferlegung von Nebenfolgen (etwa der Einziehung) beschwert den Angeklagten. Gleiches gilt regelmäßig bei Annahme von Tateinheit statt Tatmehrheit.[91] Bei Verurteilung zu Freiheitsstrafe beschwert isoliert die Gewährung von **Strafaussetzung zur Bewährung** den Angeklagten grundsätzlich nicht; anders soll es sich dagegen nach der Rspr. des BGH verhalten, wenn – was kontrovers diskutiert wird[92] – die Vollstreckung der Freiheitsstrafe zur Bewährung ausgesetzt worden ist, obwohl die Strafe durch Anrechnung der Untersuchungshaft (§ 51 Abs. 1 S. 1 StGB) vollständig verbüßt ist.[93] Ihm ungünstige **Kostenentscheidungen** beschweren den Angeklagten.[94] Dagegen bewirkt die Beiordnung eines Verletztenbeistandes (§§ 397a, 406g) keine unmittelbare Beinträchtigung, so dass der Beschuldigte/Angeklagte dadurch nicht beschwert ist (strg.).[95]

Der Angeklagte ist durch die im Urteilsausspruch zu treffende[96] Festellung des Vorliegens der 27 **besonderen Schwere der Schuld (§ 57a StGB)** beschwert;[97] dementsprechend kann ein Rechtsmittel auch grundsätzlich wirksam auf diese Frage beschränkt werden.[98] Der Angeklagte ist in diesen Fällen durch eine – seitens des Tatgerichts unzulässige – Festlegung einer Mindestverbüßungsdauer beschwert;[99] diese in der Sache akzeptable Rspr. ist mit dem Grundsatz der Tenorbeschwer kaum zu vereinbaren. Dagegen liegt keine Beschwer des Angeklagten vor, wenn ein Urteilsausspruch zu der besonderen Schuldschwere fehlt, weil für das Vollstreckungsverfahren davon auszugehen ist, dass diese nicht vorhanden ist.[100] Allerdings ist die Staatsanwaltschaft dann beschwert, ohne dass es darauf ankäme, ob sich das Urteil zu der besonderen Schuldschwere gar nicht verhält oder diese ausdrücklich ablehnt.[101]

Die **Anordnung von** ambulanten oder stationären **Maßregeln** beschwert den Angeklagten bzw. 28 Beschuldigten (vgl. § 415) ebenfalls durchgängig. Erfolgt Freispruch und daneben – etwa nach § 63 StGB – die Anordnung einer Maßregel, soll nach hM die Beschwer lediglich die Maßregel nicht aber den Freispruch erfassen.[102]

In welchen Konstellationen eine Beschwer des Angeklagten sich aus dem **Unterbleiben einer** für 29 ihn (möglicherweise) **günstigen Entscheidung oder Maßnahme** vorliegt, ist **nicht abschließend geklärt.** Unabhängig von der Lösung einzelner Fallgestaltungen gerät der Grundsatz der Tenorbeschwer an seine Grenzen, weil sich die geforderte unmittelbare Beeinträchtigung hier nicht unmit-

---

[86] Zu weiteren Konstellationen der notwendigen Heranziehung der Entscheidungsgründe für die Beurteilung des Vorliegens einer unmittelbaren Beeinträchtigung Löwe/Rosenberg/*Hanack*, 25. Aufl., Vor § 296 Rn. 59.
[87] Näher unten Rn. 29.
[88] Unten Rn. 30.
[89] Dazu zutreffend und umfassend *Krack*, Rehabilitierung, S. 22 ff.
[90] Vgl. Löwe/Rosenberg/*Hanack*, 25. Aufl., Vor § 296 Rn. 64; *Meyer-Goßner* Vor § 296 Rn. 12; SK-StPO/*Frisch* Vor § 296 Rn. 141.
[91] BGH v. 13. 6. 1986 – 3 StR 197/86.
[92] Vgl. *Stree* NStZ 1982, 327 f. mwN.
[93] BGH v. 24. 3. 1982 – 3 StR 29/82, BGHSt 31, 25 (27) = NStZ 1982, 326 f. mit abl. Anm. *Stree*; BGH v. 25. 11. 1998 – 2 StR 514/98; BGH v. 8. 2. 2002 – 3 StR 453/01; BGH v. 21. 3. 2002 – 5 StR 566/01, wistra 2002, 260 (261).
[94] Löwe/Rosenberg/*Hanack*, 25. Aufl., Vor § 296 Rn. 65 mwN; siehe aber auch Rn. 31 aE.
[95] OLG Hamm v. 7. 2. 2006 – 4 Ws 48/06, NJW 2006, 2057 mwN.
[96] BGH v. 21. 1. 1993 – 4 StR 560/92, BGHSt 39, 121 (LS 1) = NJW 1993, 1084.
[97] BGH v. 22. 4. 1993 – 4 StR 153/93, BGHSt 39, 208 (209) = NJW 1993, 1999 mAnm. *Stree* JR 1994, 166.
[98] BGH wie Fn. zuvor; in der Sache ebenso BGH v. 2. 3. 1995 – 1 StR 595/94, BGHSt 41, 57 (60) = NJW 1995, 2365 f.
[99] BGH v. 11. 2. 2003 – 3 StR 212/07, StraFo 2003, 208.
[100] BGH v. 31. 3. 1993 – 3 StR 92/93, NStZ 1993, 449 f.
[101] KK-StPO/*Paul* Vor § 296 Rn. 5 mwN.
[102] BGH v. 21. 3. 1979 – 2 StR 743/78, BGHSt 28, 327 (331); Löwe/Rosenberg/*Hanack*, 25. Aufl., Vor § 296 Rn. 66 mwN.

telbar aus dem Urteilsausspruch ergibt. Das Ausbleiben einer **Strafaussetzung zur Bewährung** beschwert den Angeklagten; ebenso grundsätzlich das Unterbleiben der gebotenen **Gesamtstrafenbildung**.[103] Ordnet die angefochtene Entscheidung eine **Maßregel** nicht an, soll daraus im Grundsatz keine Beschwer resultieren[104] und zwar selbst dann nicht, wenn der Angeklagte um die Anordnung der Maßregel gebeten hat und die Maßregel seiner Heilung dienen könnte.[105] Dieser Grundsatz wird in Teilen der Strafrechtswissenschaft jedenfalls im Hinblick auf die Maßregel nach § 64 StGB mit Hinweis auf das Vorenthalten einer im Gesetz vorgesehenen Hilfsmöglichkeit für den suchtmittelabhängigen Täter zu Recht kritisiert.[106] Außer der Entziehung einer im Gesetz vorgesehenen Hilfsmöglichkeit sprechen auch die in der Rspr. stets anerkannten Rückkoppelungen der Unterbringung auf die (bei § 21 StGB) neben der Unterbringung zu verhängenden Strafe[107] für eine aus dem Unterbleiben der Maßregelanordnung resultierende Beschwer. Die Rspr. ist im Übrigen wenig konsequent, weil sie bei ansonsten zulässiger Revision die Nichtanwendung des § 64 StGB zum revisionsgerichtlichen Prüfungsumfang zählt.[108] Tatrichterliche Urteile, die sich zu der nahe liegenden Möglichkeit der Anwendung von § 64 StGB nicht verhalten, verfallen regelmäßig der Aufhebung, weil Auswirkungen auf die Strafhöhe nicht ausgeschlossen werden können. Mangels Beschwer unzulässig ist damit nach hM allein die ausschließlich auf die Nichtanwendung von § 64 StGB gestützte Revision des Angeklagten. Für § 63 StGB hat Entsprechendes zu gelten.

30 Entsprechend dem Grundsatz der Tenorbeschwer[109] ist der Angeklagte nach hM durch einen **Freispruch nicht beschwert**. Das soll sowohl bei einem auf Schuldunfähigkeit als auch für einen auf Mangel an Beweisen beruhenden Freispruch gelten.[110] Diese Auffassung wird in Teilen der Strafrechtswissenschaft vor allem für den auf Schuldunfähigkeit beruhenden Freispruch unter Hinweis auf die von den Urteilsgründen möglicherweise ausgehenden diskriminierenden Wirkungen (etwa bei Annahme einer dauerhaften erheblichen psychischen Erkrankung) kritisiert.[111] Letztendlich lässt sich jedoch eine Sonderstellung des auf festgestellter Schuldunfähigkeit beruhenden Freispruchs nicht begründen,[112] und zwar selbst dann nicht, wenn das Vorliegen einer tatbestandsmäßig rechtwidrigen Tat durch das Gericht wegen der Überzeugung von der Schuldunfähigkeit offen gelassen worden ist.[113] Unmittelbare Nachteile erleidet der Freigesprochene durch die Entscheidung gerade nicht. Nichts anderes gilt jedenfalls auf der Basis des geltenden Rechts auch für den Freispruch aus Mangel aus Beweisen (zu dem auch die nicht festgestellte aber nicht ausschließbare Schuldunfähigkeit als Freispruchsgrund zählt). Ob de lege ferenda in diesen Konstellationen unter bestimmten Voraussetzungen ein Anspruch auf Verfahrensfortsetzung zur Klärung der Schuldfrage besteht,[114] wäre nicht unter dem Aspekt der Beschwer zu erörtern sondern unter dem eines Rehabilitierungsanspruchs. Wird in den Fällen von § 20 StGB der Angeklagte zwar freigesprochen aber gegen ihn eine Maßregel gemäß § 63 oder § 64 StGB angeordnet, ist er allein durch die Maßregelanordnung beschwert.[115]

---

[103] BGH v. 30. 6. 1958 – GSSt 2/58, BGHSt 12, 1 (9 f.); BGH v. 18. 9. 1974 – 3 StR 217/74, 25, 382 (383 f.); siehe aber auch BGH v. 6. 8. 1969 – 4 StR 233/69, BGHSt 23, 98 (101 f.).
[104] Zu den Gründen *Kaiser*, Beschwer, S. 93 ff.; siehe auch SK-StPO/*Frisch* Vor § 296 Rn. 159.
[105] BGH v. 21. 3. 1979 – 2 StR 743/78, BGHSt 28, 327 (332 f.) = NJW 1979, 1941; BGH v. 10. 4. 1990 – 1 StR 9/90, BGHSt 37, 5 (7); BGHSt 38, 4 (7) = NStZ 1991, 501; BGH v. 14. 5. 1987 – 4 StR 123/87, BGHR StGB § 64 Ablehnung 1; BGH v. 1. 6. 2005 – 2 StR 186/05, bei *Becker* NStZ-RR 2007, 5; BGH v. 19. 7. 2006 – 2, NStZ 2007, 213; BGH v. 10. 1. 2008 – 4 StR 665/07, NStZ-RR 2008, 142; BGH v. 7. 1. 2009 – 3 StR 458/08, NStZ 2009, 261; BGH v. 27. 10. 2009 – 3 StR 424/09, NStZ 2010, 270; KK-StPO/*Paul* Vor § 296 Rn. 5; *Meyer-Goßner* Vor § 296 Rn. 10; siehe auch *Kaiser*, Beschwer, S. 157 mwN.
[106] *Loos* JR 1996, 80 f.; *Tolksdorf*, FS Stree/Wessels, 1993, S. 753 (757 ff.); Löwe/Rosenberg/*Hanack*, 25. Aufl., Vor § 296 Rn. 66.
[107] Siehe insoweit nur BGH v. 10. 4. 1990 - 1 StR 9/90, BGHSt 37, 5 (10); *Loos* JR 1996, 80 mwN.
[108] Exemplarisch wiederum BGH v. 10. 4. 1990 – 1 StR 9/90, BGHSt 37, 5 (10); wN bei Löwe/Rosenberg/*Hanack*, 25. Aufl., Vor § 296 Rn. 66 aE.
[109] Oben Rn. 24 f.
[110] Siehe etwa BGH v. 18. 1. 1955 – 5 StR 499/54, BGHSt 7, 153; BGH v. 21. 12. 1956 – 1 StR 337/56, BGHSt 10, 88 (93); BGH v. 26. 3. 1959 – 2 StR 566/58, BGHSt 13, 75 (77); BGH v. 21. 10. 1977 – 4 StR 686/76, BGHSt 27, 290 (293); HK-StPO/*Rautenberg* Rn. 12; KK-StPO/*Paul* Vor § 296 Rn. 5 a; Löwe/Rosenberg/*Hanack*, 25. Aufl., Vor § 296 Rn. 73–75; *Meyer-Goßner* Rn. 13 jeweils mwN.; siehe auch BVerfG v. 8. 10. 1956 – 1 BvR 205/56, BVerfGE 6, 7 (7); siehe bzgl. des Meinungsstandes bei Freispruch aufgrund Mangels an Beweisen auch *Krack*, Rehabilitierung, S. 23 f. mit Fn. 6–16.
[111] Etwa *Plöttner*, Beschwer des Angeklagten, S. 167 ff., s. a. *Bloy* JuS 1986, 585 (587); *Hardtung* JuS 1996, 807 (808 f.); AK-StPO/*Achenbach* Vor § 296 Rn. 16; SK-StPO/*Frisch* Vor § 296 Rn. 160; ausführliche Nachw. zum Streitstand bei *Krack*, Rehabilitierung, S. 184 Fn. 2 und 3.
[112] Näher *Krack*, Rehabilitierung, S. 186 ff., 217 f., im Ergebnis ebenso Löwe/Rosenberg/*Hanack*, 25. Aufl., Vor § 296 Rn. 75.
[113] Löwe/Rosenberg/*Hanack*, 25. Aufl., Vor § 296 Rn. 75.
[114] Dafür *Krack*, Rehabilitierung, S. 180–182.
[115] Oben Rn. 28.

Erster Abschnitt. Allgemeine Vorschriften 31, 32 § 296

Ob und unter welchen Voraussetzungen der Beschuldigte/Angeklagte eine **Verfahrenseinstel-** 31
lung beschwert sein kann, ist **wenig geklärt**. Für einen Teil der praktisch bedeutsamen Entscheidungen stellt sich die Frage der Beschwer nicht, weil das Gesetz die Anfechtungsbefugnis ausschließt; so etwa durch § 173 Abs. 2 S. 3 wegen einer Vielzahl von Einstellungen auf der Grundlage des Opportunitätsprinzips. Relevant bleibt die Beschwer vor allem bei **Einstellungsentscheidungen wegen** des Vorliegens von **Verfahrenshindernissen** (§§ 206 a, 260 Abs. 3). Der Stand der Meinungen ist unübersichtlich, weil die **Beschwer** durch ein Einstellungsurteil gemäß § 260 Abs. 3 einerseits und einen Einstellungsbeschluss nach § 206 a andererseits **unterschiedlich** beurteilt wird.[116] Soweit nicht eine Beschwer durch derartige Verfahrenseinstellungen durchgängig negiert wird,[117] lehnt die hM eine solche durch auf **endgültigen Verfahrenshindernissen** beruhenden Urteilen gemäß § 260 Abs. 3 ab.[118] Dagegen soll der Angeklagte bei **behebbaren Verfahrenshindernissen** wegen der damit einhergehenden Beschränkung des Beschleunigungsgrundsatzes durch die Verfahrenseinstellung **beschwert** sein.[119] Gelegentlich wird bei erst in der Hauptverhandlung eintretenden oder bekannt werdenden Verfahrenshindernissen ein Anspruch auf Verfahrensfortsetzung angenommen.[120] Bei Einstellungsbeschlüssen gemäß **§ 206 a** ist das Meinungsbild etwas vielfältiger;[121] ganz überwiegend wird jedoch auch hier eine **Beschwer** verneint.[122] Nach Maßgabe des Grundsatzes der Tenorbeschwer liegt deren Ablehnung in sämtlichen Fällen der Verfahrenseinstellung wegen Verfahrenshindernissen nahe; zu einem anderen Ergebnis kann lediglich gelangen, wer einen Rehabilitierungsanspruch des Beschuldigten/Angeklagten postuliert, der durch die Prozessentscheidung nicht erfüllt ist.[123] Dass die Unschuldsvermutung einen solchen gebietet, ist angesichts des Fehlens der Zuschreibung von Schuld sehr zweifelhaft.[124] Ungeachtet dessen wird bei **liquider Freispruchslage** in der Hauptverhandlung eine **Beschwer** des Angeklagten und dessen Berufung oder Revision grundsätzlich für zulässig gehalten, wenn statt des Freispruchs ein Einstellungsurteil ergeht.[125] Dagegen folgt einer auf unbehebbarem Verfahrenshindernis (Verjährung) beruhenden Verfahrenseinstellung aus einer den Angeklagten nicht beschwerenden Nebenentscheidung selbst dann keine zur Zulässigkeit des Rechtsmittels gegen die Einstellung führende Beschwer, wenn die Nebenentscheidung bei freisprechendem Urteil hätte anders ausfallen können.[126]

d) „Beschwer" der Staatsanwaltschaft. Für Rechtsmittel der Staatsanwaltschaft gelten, wegen 32
ihrer prozessualen Stellung, die **Zulässigkeitsvoraussetzung der Beschwer und ihre Einzelmerkmale** lediglich **mit** deutlichen **Einschränkungen** (insoweit allgM).[127] Soweit sie nicht ein Rechtsmittel gemäß § 296 Abs. 2 ausschließlich zu Gunsten des Beschuldigten einlegt, der durch die angefochtene Entscheidung nach den allgemeinen Regeln beschwert sein muss,[128] kann die Staatsanwaltschaft zulässig das statthafte Rechtsmittel gegen jede Entscheidung einlegen, die nach ihrer Einschätzung der Rechtslage nicht entspricht.[129] Die ansonsten für die Beschwer erforderliche unmittelbare Beeinträchtigung durch den Entscheidungsausspruch (**Grundsatz der Te-**

---

[116] Näher zum Meinungsstand *Krack*, Rehabilitierung, S. 222–226.
[117] *Kaiser*, Beschwer, S. 213 ff.; SK-StPO/*Frisch* Vor § 296 Rn. 149–151.
[118] BGH v. 26. 3. 1959 – 2 StR 566/58, BGHSt 13, 75 (77) = NJW 1959, 1449; BGH v. 4. 5. 1970 – AnwSt (R) 6/69, BGHSt 23, 257 (259) = NJW 1970, 1466, BGH v. 29. 10. 1969 – 2 StR 57/69, NJW 1970, 154 (155); BGH v. 25. 4. 1996 – 5 StR 54/96, NStZ-RR 1996, 299; BayObLG v. 10. 3. 1989 – 2 Ob OWi 417/88, JR 1989, 477 (478); *Plöttner*, Beschwer des Angeklagten, S. 231 ff.; HK-StPO/*Rautenberg* Rn. 11; KK-StPO/*Paul* Vor § 296 a Rn. 5 a; Löwe/Rosenberg/*Hanack*, 25. Aufl., Vor § 296 Rn. 69; *Meyer-Goßner* Vor § 296 Rn. 14.
[119] BayObLG v. 10. 3. 1989 – 2 Ob OWi 417/88, JR 1989, 497 (478) mit Anm. *Göhler*, OLG Stuttgart v. 21. 12.1962 – 2 Ss 774/62, NJW 1963, 1417; *Plöttner*, Beschwer des Angeklagten, S. 221 ff.; HK-StPO/*Rautenberg* Rn. 11; KK-StPO/*Paul* Vor § 296 Rn. Rn. 5 a; Löwe/Rosenberg/*Hanack*, 25. Aufl., Vor § 296 Rn. 70; *Meyer-Goßner* Vor § 296 Rn. 14; aA die in Fn. 113 Genannten.
[120] *Sternberg-Lieben* ZStW 108 (1996), 721 (733 ff., 754); in Bezug auf einzelne Verfahrenshindernisse siehe auch *Krack*, Rehabilitierung, S. 315 ff.
[121] Näher dazu *Krack*, Rehabilitierung, S. 225 f. mit Fn. 24-32.
[122] Etwa OLG Frankfurt v. 17. 4. 2002 – 2 Ws 16/02, NStZ-RR 2002, 246 f.; OLG Frankfurt v. 3. 3. 2006 – 3 Ws 61/06, NStZ-RR 2006, 159 f.;OLG Karlsruhe v. 12. 5. 1980 – 3 Ws 93/80, JR 1981, 38 mAnm. *Meyer*; Thüring.OLG v. 17. 5. 2006 – 1 Ws 174/06, NStZ-RR 2006, 311 AK-StPO/*Loos* § 206 a Rn. 9; KK-StPO/*Schneider* § 206 a Rn. 13; *Meyer-Goßner* § 206 a Rn. 10; aA etwa Löwe/Rosenberg/*Stuckenberg* § 206 a Rn. 103; SK-StPO/*Paeffgen* § 206 a Rn. 28.
[123] Für einen solchen im Ergebnis *Stuckenberg*, Untersuchungen zur Unschuldsvermutung, 1998, S. 530 ff.; in engeren Grenzen auch *Krack*, Rehabilitierung, S. 227 ff.; *Sternberg-Lieben* ZStW 108 (1996), S. 721 (733 ff.).
[124] Thüring.OLG v. 17. 5. 2006 – 1 Ws 174/06, NStZ-RR 2006, 311.
[125] Etwa BGH v. 13. 10. 1954 – 1 StR 57/59, BGHSt 13, 268 (273); BGH v. 28. 10. 1965 – KRB 3/65, BGHSt 20, 333 (335); OLG Oldenburg v. 22. 10. 1984 – Ss 486/84, NJW 1985, 1177; Löwe/Rosenberg/*Hanack*, 25. Aufl., Vor § 296 Rn. 69 mwN; *Meyer-Goßner* Vor § 296 Rn. 54; SK-StPO/*Frisch* Vor § 296 Rn. 150.
[126] BGH v. 25. 4. 1996 – 5 StR 54/96, NStZ-RR 1996, 299 f.
[127] Siehe nur HK-StPO/*Rautenberg* Rn. 13; KK-StPO/*Paul* Vor § 296 Rn. 6; *Meyer-Goßner* Vor § 296 Rn. 16 mwN.
[128] Unten Rn. 45.
[129] Vgl. KG v. 23. 3. 1994 – 5 Ws 107/94, JR 1994, 372; HK-StPO/*Rautenberg* Rn. 13; KK-StPO/*Paul* Vor § 296 Rn. 6; *Meyer-Goßner* Vor § 296 Rn. 16.

norbeschwer) ist für die Staatsanwaltschaft weitgehend ohne Bedeutung. Relevanz kommt dem Grundsatz der Tenorbeschwer nur insoweit zu, als auch die Staatsanwaltschaft das Rechtsmittel nicht allein gegen die Begründung der angefochtenen Entscheidung richten darf.[130] Dagegen sind Rechtsmittel der Staatsanwaltschaft selbst dann zulässig, wenn sie sich gegen eine Entscheidung wendet, die einem von ihr gestellten Antrag entspricht oder auf einen solchen Antrag hin ergangen ist.[131] Auch auf einer Verständigung beruhende Entscheidung kann die Staatsanwaltschaft mit einem Rechtsmittel zulässig überprüfen lassen.[132]

33 e) **Beschwer anderer Verfahrensbeteiligter (insb. des Nebenklägers).** Durch strafverfahrensrechtliche Entscheidungen können eine Vielzahl von Personen unmittelbar in ihren Rechten und Interessen beeinträchtigt sein, etwa eine nicht beschuldigte Person, bei der eine Durchsuchung durchgeführt wird (siehe § 103) oder ein Zeuge, gegen den Maßnahmen nach § 70 verhängt werden. Soweit gegen sie beeinträchtigende Maßnahmen ein statthaftes Rechtsmittel/ein statthafter Rechtsbehelf zur Verfügung steht und sie anfechtungsberechtigt sind, richtet sich die **Beschwer nach den allgemeinen** für Rechtsmittel/Rechtsbehelfe des Beschuldigten geltenden **Grundsätzen**. Allerdings enthält das Gesetz in verschiedenen Zusammenhängen Einschränkungen der Anfechtungsbefugnis; so steht dem **Nebenkläger** zwar grundsätzlich eine Anfechtungsbefugnis in Bezug auf zur Nebenklage berechtigende Delikte zu (§ 395 Abs. 4 S. 2, § 401 Abs. 1 S. 1); diese Befugnis ist aber durch § 400 Abs. 1 hinsichtlich der Anfechtung des Rechtsfolgenausspruchs von Urteilen erheblich begrenzt. Auch wenn § 400 Abs. 1 die Anfechtungsbefugnis regelt, ergibt sich im Umkehrschluss, dass der Nebenkläger selbst bei Verurteilung des Angeklagten beschwert ist, wenn diese aus einem milderen Strafgesetz (etwa versuchter Totschlag statt versuchter Mord) erfolgt. Der Nebenkläger kann auch durch Verfahrensentscheidungen beschwert sein, wenn eine unmittelbare Beeinträchtigung vorliegt.

34 f) **Zeitpunkt der Beschwer.** Die Beschwer muss grundsätzlich im **Zeitpunkt der Entscheidung über das Rechtsmittel** (noch) bestehen.[133] Im Hinblick auf das Ziel von Rechtsmitteln (und eines Teils von Rechtsbehelfen), die Überprüfung und ggf. Aufhebung einer angefochtenen Entscheidung zu ermöglichen, um eine gerechte Entscheidung des Einzelfalls herbeizuführen, sieht das Strafverfahrensrecht **im Grundsatz keine Überprüfung** vor, die sich in der **Feststellung der Rechtswidrigkeit** einer früheren Entscheidung oder Maßnahme erschöpft.[134] § 101 Abs. 7 S. 2 stellt eine Ausnahme davon dar.[135] Nach dem Grundgedanken der Beschwer soll eine Überprüfungsmöglichkeit regelmäßig – mit Ausnahmen bei Rechtsmitteln der Staatsanwaltschaft – nur demjenigen eingeräumt sein, dessen Rechte und Interessen durch die fragliche Entscheidung unmittelbar beeinträchtigt sind.[136] Gehen von der angefochtenen Entscheidung im maßgeblichen Zeitpunkt **keine solchen beeinträchtigenden Wirkungen** mehr aus, kann diese grundsätzlich **nicht mehr angefochten** werden. Solche Konstellationen können sich ergeben, wenn die Entscheidung aus tatsächlichen oder rechtlichen Gründen[137] nicht mehr korrigiert werden kann, was vor allem bei **prozessualer Überholung** bzw. **Erledigung** der Fall sein kann.[138]

35 Solche **Fallgestaltungen prozessualer Überholung** können sich in allen Verfahrensstadien ergeben, dürften aber rechtstatsächlich am häufigsten während des Ermittlungsverfahrens auftreten. So liegt prozessuale Überholung vor, wenn eine mit der Beschwerde angefochtene **Beschlagnahmeanordnung** mittlerweile gemäß § 98 Abs. 2 S. 2 **richterlich bestätigt** worden ist[139] oder die **Anordnung der Auskunftserteilung über Telekommunikationsverbindungen** (§ 100 g, § 100 h) inzwischen **zurückgenommen** ist.[140] Gleiches gilt im **Recht der Untersuchungshaft** für eine Haftbeschwerde, nachdem aufgrund Urteilsrechtskraft der (nunmehr) Verurteilte die Strafhaft an-

---

[130] KK-StPO/*Paul* Vor § 296 Rn. 6; *Meyer-Goßner* Vor § 296 Rn. 16 mwN.
[131] Siehe RG v. 8. 12. 1913 – I 578/13, RGSt 48, 26; OLG Koblenz v. 19. 11. 1981 – 1 Ss 278/81, NJW 1982, 1770; HK-StPO/*Rautenberg* Rn. 13; KK-StPO/*Paul* Vor § 296 Rn. 6; *Meyer-Goßner* Vor § 296 Rn. 16; vgl. auch SK-StPO/ *Frisch* Vor § 296 Rn. 170 f.
[132] KG v. 23. 3. 2004 – (5) 1 Ss 249/01, NStZ-RR 2004, 175.
[133] Vgl. OLG Hamm v. 30. 3. 2009 – 2 Ws 84, 85/09, NStZ 2009, 592 mwN; HK-StPO/*Rautenberg* Rn. 14; KK-StPO/*Paul* Vor § 296 Rn. 7; *Meyer-Goßner* Vor § 296 Rn. 17.
[134] BGH v. 13. 6. 1978 – 1 BJs 93/77, StB 51/78, NJW 1978, 1815; OLG Frankfurt v. 5. 1. 1995 – 3 Ws 34/95, NJW 1995, 1302; HK-StPO/*Rautenberg* Rn. 14; *Meyer-Goßner* Vor § 296 Rn. 18.
[135] Zu weiteren außerhalb spezieller gesetzlicher Regelungen anerkannter Ausnahmen siehe *Meyer-Goßner* Vor § 296 Rn. 18.
[136] Oben Rn. 23.
[137] Zutreffend *Meyer-Goßner* Vor § 296 Rn. 17.
[138] Siehe BGH v. 21. 12. 1956 – 1 StR, BGHSt 10, 88 (91); BGH v. 15. 10. 1999 – 2 BJs 20/97 – 2 StB 9/- 99, NStZ 2000, 154; OLG Hamm v. 30. 4. 1998 – 2 Ws 189/98 (juris); OLG Hamm v. 15. 1. 1998 – 3 Ws 11/98 (juris); OLG Hamm v. 1. 9. 2003 – 1 Ws 266/03 (juris); OLG Hamm v. 30. 3. 2009 – 2 Ws 84, 85/09, NStZ 2009, 592.
[139] BGH v. 15. 10. 1999 – 2 BJs 20/97 – 2 StB 9/99, NStZ 2000, 154.
[140] LG Koblenz v. 20. 11. 2002 – 9 Qs 138/02, NStZ 2003, 330.

getreten hat.[141] Ist eine verhängte **Freiheitstrafe vollständig vollstreckt** worden, kann mangels aktueller Beschwer eine sofortige Beschwerde gegen die Ablehnung einer bewährungsweisen Aussetzung der (früheren) Reststrafe (§ 454 Abs. 3, § 57 Abs. 1 StGB) nicht mehr zulässig erhoben werden.[142] Nach Ende der Strafvollstreckung kann deren Zulässigkeit **nicht** (mehr) mit dem **Antrag auf gerichtliche Entscheidung nach § 458** überprüft werden.[143]

Die **Art der Entscheidung** über ein **wegen prozessualer Überholung unzulässiges Rechtsmittel** hängt von dem Zeitpunkt des Eintritts der Überholung ab. Tritt die **Überholung** erst **nach** der **Einlegung** des Rechtsmittels ein, so wird dieses durch Beschluss, der keine Kostenentscheidung enthält, angesichts der Gegenstandslosigkeit für **erledigt erklärt**.[144] War das Rechtsmittel dagegen bereits **vor** seiner **Einlegung** durch die Entwicklung überholt, verwirft das zuständige Gericht dieses mit der **Kostenfolge aus § 473 Abs. 1 als unzulässig**.[145] 36

Das BVerfG hat – zunächst in Bezug auf richterlich angeordnete Durchsuchungsanordnungen – im Hinblick auf Art. 19 Abs. 4 GG den **Grundsatz fehlender strafprozessualer Überprüfbarkeit erledigter** bzw. prozessual überholter **Maßnahmen** und Entscheidungen mit weitreichenden **Ausnahmen** versehen.[146] Trotz der prozessualen Überholung ist auf der Grundlage dieser verfassungsgerichtlichen Rspr. eine Beschwerde zulässig, wenn sich die Belastung durch die Maßnahme nach dem typischen Verfahrensablauf auf eine Zeitspanne beschränkt, in der eine gerichtliche Entscheidung in der Beschwerdeentscheidung normalerweise nicht erlangt werden kann.[147] Die Zulässigkeit der Beschwerde trotz Erledigung bzw. Überholung wird mittlerweile über erledigte Durchsuchungen hinaus auf eine Vielzahl von allem von Grundrechtseingriffen im Ermittlungsverfahren erstreckt: so für die **Beschlagnahme**,[148] verschiedene Arten von **Freiheitsentziehung**[149] sowie die länger dauernde **Observation**.[150] Für das Auskunftsverlangen bzgl. Telekommunikationsverbindungsdaten (§ 100g, § 100h) räumt § 101 Abs. 7 S. 2 ausdrücklich ein Überprüfungsrecht nach Erledigung an. Die Rspr. des BVerfG stellt als Gründe für die Zulässigkeit der Beschwerde in den fraglichen Konstellationen trotz Erledigung/Überholung maßgeblich auf die regelmäßig fehlende vorherige Gewährung rechtlichen Gehörs für den Betroffenen sowie die typischerweise nicht ausreichende Zeitspanne zur (rechtzeitigen) Einlegung des ursprünglich statthaften Rechtsmittels ab.[151] Angesichts dessen besteht kein Anlass, außerhalb dieser spezifischen Konstellationen ein Rechtsmittel trotz Überholung/Erledigung zuzulassen;[152] inoweit verbleibt es bei dem Grundsatz, im Strafverfahrensrecht keine nachträgliche Rechtmäßigkeitsüberprüfung erledigter Maßnahmen oder Entscheidungen zu eröffnen.[153] Im Übrigen steht auch die **nachträgliche Überprüfung der Rechtmäßigkeit** überholter bzw. erledigter Maßnahmen oder Entscheidungen **nicht grenzenlos** zur Verfügung. Lässt der an sich Anfechtungsberechtigte einen **langen Zeitraum** zwischen dem Ergehen der beanstandeten Entscheidung und der (nachträglichen) Erhebung der Beschwerde ergehen, kann diese wegen **fehlenden Rechtsschutzbedürfnisses** unzulässig werden.[154] Ist das fragliche Strafverfahren insgesamt abgeschlossen, kommt eine nachträgliche Überprüfung der Rechtmäßigkeit einzelner Entscheidungen ohnehin nur noch ausnahmsweise in Betracht.[155] 37

---

[141] OLG Hamm v. 1.10.1998 – 2 Ws 351/98, NJW 1999, 229; siehe aber auch OLG Hamm v. 6.11.2001 – 2 Ws 271/01, StraFo 2002, 100 mAnm. *Nobis*; siehe auch *Meyer-Goßner* Vor § 296 Rn. 17.
[142] OLG Hamm v. 30.4.1998 – 2 Ws 189/98, NStZ 1998, 638; OLG Hamm v. 30.3.2009 – 2 Ws 84, 85/08, NStZ 2009, 592.
[143] OLG Stuttgart v. 20.8.2002 – 4 Ws 199/02, NStZ-RR 2003, 60.
[144] OLG Hamm v. 1.9.2003 – 1 Ws 266/03; OLG Hamm v. 30.3.2009 – 2 Ws 84, 85/09, NStZ 2009, 592; *Meyer-Goßner* Vor § 296 Rn. 17 aE mwN.
[145] OLG Hamm v. 14.10.2003 – 2 Ws 239 u. 240/03; OLG Hamm v. 30.3.2009 – 2 Ws 84, 85/09, NStZ 2009, 592.
[146] BVerfG v. 30.4.1997 – 2 BvR 817/90 u.a., BVerfGE 96, 27 ff. = NJW 1997, 2163 ff. mAnm *Amelung* JR 1997, 382; siehe auch BVerfG v. 24.3.1998 – 1 BvR 1935/96 u.a., BVerfG NJW 1998, 2131; dazu *Achenbach* JuS 2000, 27; *Esskandari* StraFo 1997, 289; *Fezer* JZ 19 976,19976; *Meyer/Rettenmaier* NJW 2009,1238; *Rabe von Kühlewein* NStZ 1998, 580; *Roxin* StV 1997, 654; *Schroth* StV 1999, 117; ausführlich *Amelung*, 50 Jahre BGH, Festgabe aus der Wissenschaft, Band IV, 2000, S. 911 (918).
[147] BVerfG v. 30.4.1997 – 2 BvR 817/90 u.a, BVerfGE 96, 27 (27ff.) = NJW 1997, 2163, 2164.
[148] BVerfG v. 15.7.1998 – 2 BvR 446/98, NJW 1999, 273.
[149] BVerfG v. 31.10.05 – 2 BvR 2233/04, StraFo 2006, 20 (Untersuchungshaft); BVerfG v. 8.4.2004 – 2 BvR 1811/03, NStZ-RR 2004, 252 (Vollstreckungshaftbefehl); BVerfG v. 9.9.2005 – 2 BvR 431/02, NJW 2006, 40 (Ordnungshaft gemäß § 70 Abs. 2 gegen Zeugen); OLG Celle v. 21.2.2003 – 2 Ws 39/03, NStZ-RR 2003, 17 (LS) (Haftbefehl gemäß § 230 Abs. 2 gegen ausgebliebenen Angeklagten).
[150] OLG Frankfurt v. 2.12.2005 – 3 Ws 972/05, StV 2006, 122.
[151] BVerfG v. 30.4.1997 – 2 BvR 817/90, BVerfGE 96, 27 (27ff.) = NJW 1997, 2163 (2164).
[152] Vgl. OLG Hamm v. 30.3.2009 – 2 Ws 84, 85/09, NStZ 2009, 592.
[153] Oben Rn. 34 f.
[154] BVerfG v. 18.12.2002 – 2 BvR 1660/02, NJW 2003, 1514.
[155] OLG Frankfurt v. 4.4.2003 – 3 Ws 301/03, NStZ-RR 2003, 175; zustimmend *Meyer-Goßner* Vor § 296 Rn. 18 aE; siehe aber auch BVerfG v. 14.12.2004 – 2 BvR 1451/04, NJW 2005, 1855.

C. Bedeutung von § 296
I. Zweck der Vorschrift und Anwendungsbereich

38 Die Vorschrift trifft in **Abs. 1** eine **Teilregelung der Anfechtungsbefugnis** bei Rechtsmitteln des 3. Buchs.[156] Der Charakter als Teilregelung ergibt sich aus der Beschränkung der Gewährung der Anfechtungsbefugnis gegen gerichtliche Entscheidungen (Beschlüsse und Urteile) an Staatsanwaltschaft und Beschuldigten. Der **Kreis der Anfechtungsberechtigten** ist damit **nicht abschließend normiert**; aus einer Vielzahl von Einzelregelungen der StPO ergeben sich Anfechtungsberechtigungen auch für weitere Personen.[157] **Abs. 2** bringt die sich bereits aus der Stellung der Staatsanwaltschaft als Staatsorgan (und nicht als Partei des Strafverfahrens) resultierende Konsequenz zum Ausdruck, dass deren Rechtsmittel keine als unmittelbare Beeinträchtigung verstandene eigene Beschwer als Zulässigkeitsvoraussetzung erfordern.[158] Ob und inwieweit aus Abs. 2 eine Beschränkung der Anfechtungsbefugnis der Staatsanwaltschaft allein auf Rechtsmittel zugunsten des Beschuldigten (Angeklagten) abgeleitet werden kann, ist nicht vollständig geklärt.

II. Rechtsmittelberechtigte

39 **1. Allgemeines.** Die StPO enthält keine generelle Regelung über die zur Einlegung von Rechtsmitteln befugten Personen. Die in § 296 Abs. 1 erfolgte Einräumung der Anfechtungsbefugnis in Bezug auf gerichtliche Entscheidungen für Beschuldigten und Staatsanwaltschaft findet Ergänzung in einer Vielzahl von Einzelvorschriften, die teils sämtliche Rechtsmittel (Beschwerde, Berufung, Revision) teils lediglich die Beschwerde oder auch sonstige Rechtsbehelfe betreffen: für den **Privatkläger** legt § 390 die Anfechtungsbefugnis im Wesentlichen orientiert an der Berechtigung der Staatsanwaltschaft fest; die Anfechtungsbefugnis für den **Nebenkläger** normiert § 397 sowie speziell für die Rechtsmittel §§ 400, 401, die zugleich Beschränkungen der Rechtsmittelbefugnis enthalten; **dem Verteidiger** des Beschuldigten verleiht § 297 ein eigenes, allerdings durch den entgegenstehenden Willen des Beschuldigten begrenztes Anfechtungsrecht; im Wesentlichen Gleiches gilt über § 298 für den **gesetzlichen Vertreter des Beschuldigten** sowie durch § 67 Abs. 3 JGG für den **Erziehungsberechtigten** des jugendlichen Beschuldigten; dagegen sieht das Gesetz keine Anfechtungsbefugnis für das Jugendamt, auch nicht in seiner Funktion als Jugendgerichtshilfe (§ 38 JGG) vor.[159] Für die **Beschwerde** aber auch ausschließlich für diese verleiht § 304 **Abs. 2** sämtlichen Personen, die durch Beschlüsse oder Verfügungen betroffen sind, eine **Beschwerdebefugnis**. Darüber hinaus nehmen **Einziehungsbeteiligte** (§ 431 Abs. 1 S. 1) im Einziehungsverfahren grundsätzlich eine dem Angeklagten entsprechende Stellung (§ 433 Abs. 1 S. 2) und damit auch Anfechtungsrechte in dem diesem zustehenden Umfang ein. Gleiches gilt für Beteiligte am Verfahren der Anordnung des Verfalls, Vernichtung, Unbrauchbarmachung und Beseitigung eines gesetzwidrigen Zustandes (§ 442 Abs. 1). Ist im Strafverfahren auch über die Festsetzung von Geldbußen gegen **juristische Personen und Personenvereinigungen** (§ 30 OWiG) zu entscheiden (§ 444 Abs. 1), so steht dem von gesetzlichen Vertretern auszuübende Anfechtungsbefugnis nach Maßgabe von § 437 Abs. 1–3 zu (§ 444 Abs. 2).

40 Die jeweilige **Rechtsmittelbefugnis** beschränkt sich auf das **zulässige Rechtsmittel**. Gemeint ist damit das gegen die anzufechtende Entscheidung gesetzlich vorgesehene **statthafte Rechtsmittel**. Ob ein solches statthaftes Rechtsmittel zur Verfügung steht und ob es durch den Anfechtenden angefochten werden darf, richtet sich nach der **Art der Entscheidung**. Um welche Art es sich handelt, **bestimmt** deren **sachlicher Inhalt**, nicht die gewählte Bezeichnung (allgM).[160] Hätte eine Entscheidung nach den gesetzlichen Vorgaben als Urteil ergehen müssen, zB. eine Berufungsverwerfung gemäß § 329 Abs. 1, so ist diese mit den für die Anfechtung von Urteilen statthaften Rechtsmitteln angreifbar, auch wenn in Beschlussform entschieden worden ist.[161] Das gilt selbst dann, wenn in der konkreten Verfahrenssituation eine mündliche Verhandlung hätte erfolgen müssen, die aber tatsächlich unterblieben ist.[162] Umgekehrt lässt eine durchgeführte Hauptverhandlung eine dort verkündete Entscheidung nicht zum Urteil werden, wenn das Gesetz für die in der Sache zu treffende Entscheidung ausschließlich die Beschlussform vorsieht.[163]

---

[156] Zu den Rechtsmitteln oben Rn. 2.
[157] Unten Rn. 39.
[158] Oben Rn. 32.
[159] OLG Frankfurt v. 21. 2. 1995 – 3 Ws 109/95, NStZ-RR 1996, 251.
[160] BGH v. 20. 12. 1955 – 5 StR 363/55, BGHSt 8, 383 (384) = NJW 1956, 478; BGH v. 15. 5. 1963 – 2 ARs 66/63, BGHSt 18, 381 (385) = NJW 1963, 1747 mAnm. *Eb. Schmidt* JZ 1963, 714; BGH v. 30. 10. 1973 – 5 StR 496/73, BGHSt 25, 242 (243) = NJW 1974, 154; BGH v. 17. 9. 1981 – 4 StR 384/81, GA 1982, 219; KK-StPO/*Paul* Rn. 2; *Meyer-Goßner* Rn. 11; SK-StPO/*Frisch* Rn. 3.
[161] Einzelfälle bei *Meyer-Goßner* Rn. 13 mwN.
[162] BGH v. 20. 12. 1955 – 5 StR 363/55, BGHSt 8, 383 (384) = NJW 1956, 478.
[163] Zutreffend *Meyer-Goßner* Rn. 13 aE.

Erster Abschnitt. Allgemeine Vorschriften 41–46 § 296

2. Rechtsmittel des Beschuldigten/Angeklagten. Dem Beschuldigten bzw. Angeklagten räumt 41
§ 296 Abs. 1 eine umfassende Rechtsmittelbefugnis in Bezug auf die jeweils statthaften Rechtsmittel ein. Die wirksame **Ausübung der Befugnis** als Vornahme einer Prozesshandlung macht die hM von der nach allgemeinen Regeln zu bestimmenden **Verhandlungsfähigkeit**[164] des Beschuldigten/Angeklagten abhängig.[165] Dagegen ist die (zivilrechtliche) **Geschäftsfähigkeit keine Voraussetzung** der wirksamen Ausübung der Rechtsmittelbefugnis. Der verhandlungsfähige jugendliche Beschuldigte/Angeklagte kann daher die im Jugendstrafverfahren statthaften Rechtsmittel (vgl. die Beschränkung in § 55 JGG) eigenständig und unabhängig von seinem gesetzlichen Vertreter und/oder Erziehungsberechtigten einlegen. Beiden Genannten steht aber eine Rechtsmittelbefugnis im eigenen Namen zu.[166]

3. Rechtsmittel anderer Rechtsmittelberechtigter. Die Ausübung der Rechtsmittelbefugnis 42
durch andere Anfechtungsberechtigte[167] hängt von den gleichen Voraussetzungen wie bei dem Beschuldigten ab; diese müssen ebenfalls verhandlungsfhig sein, um wirksam ein Rechtsmittel einlegen zu können.

4. Rechtsmittel der Staatsanwaltschaft. a) Allgemeines. Aus der Stellung der Staatsanwaltschaft 43
im Strafverfahren sowie dem Zusammenhang von Abs. 1 und 2 ergibt sich, dass diese Rechtsmittel sowohl zugunsten als auch zuungunsten des Beschuldigten einlegen darf.[168] Auf das Vorliegen einer **Beschwer** kommt es **allein bei** gemäß **Abs. 2** ausschließlich zugunsten des Beschuldigten eingelegten Rechtsmitteln an.[169] Rechtsmittel der Staatsanwaltschaft, die diese zuungunsten des Beschuldigten eingelegt hat, wirken gemäß § 301 auch zu dessen Gunsten. **Ob** die Staatsanwaltschaft von ihrer Befugnis, ein statthaftes **Rechtsmittel** einzulegen, Gebrauch machen, entscheidet sie nach **pflichtgemäßem Ermessen.**[170] Intern geben Nr. 147 Abs. 1 und 2 Leitlinien für die Ausübung des Ermessens vor. Die dortige Anknüpfung daran, dass wesentliche Belange der Allgemeinheit die Einlegung des Rechtsmittels gebieten, ist angesichts der Aufgabe der Staatsanwaltschaft, für die Einhaltung des Gesetzes zu sorgen, zu eng.

Für die Entscheidung über die Einlegung des Rechtsmittels und für die Abgabe der entspre- 44
chenden Erklärung ist die Staatsanwaltschaft bei dem Gericht **zuständig,** das die fragliche Entscheidung erlassen hat (allgM);[171] Einzelheiten der Zuständigkeiten ergeben sich aus §§ 143, 145 GVG;[172] in Bezug auf die die Zuständigkeit für die Einlegung von Rechtsmitteln können landesrechtliche Unterschiede bestehen.[173] Die Wirksamkeit der Rechtsmitteleinlegung hängt nicht davon ab, dass sie im Einklang mit den Vorgaben des Behördenleiters steht.[174]

b) Rechtsmittel der Staatsanwaltschaft zugunsten des Beschuldigten (Abs. 2). Die insoweit be- 45
stehende Anfechtungsbefugnis bezieht sich **lediglich auf die Rechtsmittel des 3. Buchs** (Beschwerde, Berufung, Revision)[175] nicht auf sonstige Rechtsbehelfe.[176] Sie besteht unabhängig von dem Willen des Beschuldigten; ihre Ausübung setzt daher dessen Zustimmung nicht voraus[177] und kann dementsprechend sogar gegen dessen Willen erfolgen.[178] Nach der Einlegung zugunsten des Beschuldigten darf die Staatsanwaltschaft das Rechtsmittel aber nur noch mit dessen Zustimmung zurücknehmen (§ 302 Abs. 1 S. 2).

Abweichend von sonstigen Rechtsmitteln der Staatsanwaltschaft kann diese das statthafte 46
Rechtsmittel zugunsten des Beschuldigten lediglich gegen solche Entscheidungen einlegen, durch die der **Beschuldigte** nach den allgemeinen Regeln **beschwert ist.** Dementsprechend gelten die Grundsätze über dessen Beschwer[179] auch für das zu seinen Gunsten eingelegte Rechtsmittel der Staatsanwaltschaft.

---

[164] Einl. Rn. 55 u. 88.
[165] BGH v. 14. 12. 1995 – 5 StR 208/95, NStZ 1996, 242; BGH v. 4. 1. 1996 – 4 StR 741/95, NStZ 1996, 297; HK-StPO/*Rautenberg* Rn. 18; KK-StPO/*Paul* Rn. 3; Löwe/Rosenberg/*Hanack*, 25. Aufl., Rn. 5; aA insb. SK-StPO/*Frisch* Rn. 7 mwN.
[166] Oben Rn. 39.
[167] Aufzählung oben Rn. 39.
[168] Siehe bereits oben Rn. 32.
[169] Unten Rn. 46.
[170] Ausführlich *Amelunxen*, Die Revision der Staatsanwaltschaft, 1980, S. 20 ff.; *Leonhardt*, Rechtsmittelermessen der Staatsanwaltschaft, 1994, S. 132 ff., 241 ff.
[171] Siehe nur Löwe/Rosenberg/*Hanack*, 25. Aufl., Rn. 8 mwN.
[172] Für eine spezielle Konstellation der wirksamen Rechtsmitteleinlegung durch einen beauftragten Staatsanwalt siehe BGH v. 18. 11. 1994 – 2 StR 172/94, NStZ 1995, 204.
[173] Näher *Meyer-Goßner* Rn. 3 mwN.
[174] Vgl. BGH v. 3. 7. 1964 – 2 StR 208/64, BGHSt 19, 377 (382).
[175] Oben Rn. 2
[176] HK-StPO/*Rautenberg* Rn. 26; Löwe/Rosenberg/*Hanack*, 25. Aufl. Rn. 14; *Meyer-Goßner* Rn. 16; SK-StPO/*Frisch* Rn. 14.
[177] OLG Bamberg v. 11. 1. 2006 – 2 Ss OWi 1583/05, NStZ 2007, 292.
[178] KK-StPO/*Paul* Rn. 5.
[179] Oben Rn. 26–31.

47 Die Staatsanwaltschaft ist nach Nr. 147 Abs. 3 RiStBV gehalten „deutlich zum Ausdruck" zu bringen, dass das Rechtsmittel zugunsten des Beschuldigten eingelegt wird. Vorzugswürdig ist eine entsprechende (ausdrückliche) Erklärung in der Rechtsmittelbegründung. Fehlt es an einer ausdrücklichen eindeutigen Erklärung der Beschränkung, kann die entsprechende Willensrichtung der Staatsanwaltschaft aus den im Zusammenhang mit der Rechtsmitteleinlegung abgegebenen Erklärungen, nicht aber aus sonstigen Umständen, abgeleitet werden.[180] Lässt sich selbst nach Auslegung eine Einlegung ausschließlich zugunsten des Beschuldigten nicht ermitteln, gilt das Rechtsmittel entsprechend der Grundregel als auch zu dessen Ungunsten eingelegt (allgM).[181]

48 Hat die Staatsanwaltschaft das Rechtsmittel im Sinne von Abs. 2 ausschließlich zugunsten des Beschuldigten (Angeklagten) eingelegt, so gilt für die Berufung und die Revision jeweils das **Verschlechterungsverbot** (§ 331 Abs. 2; § 358 Abs. 2).

49 c) **Rechtsmittel anderer Verfahrensbeteiligter zugunsten des Beschuldigten.** § 346 Abs. 2 ist einer Ausdehnung seines Anwendungsbereichs auf andere Verfahrensbeteiligte nicht zugänglich. Sowohl der **Nebenkläger** als auch der **Privatkläger** haben anders als die Staatsanwaltschaft nicht die Aufgabe, insgesamt für die Einhaltung des Gesetzes zu sorgen, sondern sind lediglich in Bezug auf ihre eigenen Rechte und Interessen betreffende Entscheidungen anfechtungsbefugt. Sie haben daher **keine Befugnis**, ein Rechtsmittel **ausschließlich zugunsten des Beschuldigten**/Angeklagten einzulegen.[182] Allerdings kann ihr zuungusten des Beschuldigten erhobenes Rechtsmittel zu dessen Gunsten wirken.[183]

50 d) **Rechtsmittel der Staatsanwaltschaft zugunsten anderer Verfahrensbeteiligter (Abs. 2 analog).** Die Einlegung von Rechtsmittel durch die Staatsanwaltschaft zugunsten anderer Verfahrensbeteiligter bzw. Nebenbeteiligter (vgl. § 304 Abs. 2) wird **grundsätzlich für zulässig** gehalten.[184] Ob das allerdings auch in Bezug auf den Nebenkläger ist, wird streitig diskutiert.[185] Die Funktion der Nebenklage, dem Nebenkläger die Gelegenheit zu eröffnen, seine persönlichen Interessen auf Genugtuung zu verfolgen,[186] ist mit der Aufgabe der Staatsanwaltschaft als Rechtspflegorgan nicht vollständig kompatibel, so dass jedenfalls im Grundsatz keine Anfechtungsbefugnis der Staatsanwaltschaft zugunsten des Nebenklägers anzuerkennen ist.[187]

III. Vorliegen mehrerer Rechtsmittel

51 Liegen – etwa aufgrund § 296 Abs. 2 – mehrere Rechtsmittel unterschiedlicher Rechtsmittelführer vor, so bleiben die jeweiligen **Rechtsmittel eigenständig**,[188] dh. die Zulässigkeitsvoraussetzungen, Rechtsmittelfristen usw. sind getrennt zu beurteilen. Versäumt der Beschuldigte die Rechtsmittelfrist, kann die Staatsanwaltschaft nicht zu dessen Gunsten Wiedereinsetzung in die Versäumung der Frist beantragen, weil § 296 Abs. 2 lediglich auf Rechtsmittel nicht aber auf Rechtsbehelfe wie die Wiedereinsetzung anwendbar ist.[189] Ungeachtet der Eigenständigkeit der Rechtsmittel muss über diese, wenn sie ein dieselbe prozessuale Tat betreffen, einheitlich entschieden werden.[190]

§ 297 [Rechtsmittel des Verteidigers]

Für den Beschuldigten kann der Verteidiger, jedoch nicht gegen dessen ausdrücklichen Willen, Rechtsmittel einlegen.

---

[180] Siehe BGH v. 25. 1. 1952 – 2 StR 3/52, BGHSt 2, 43 = NJW 1952, 435; OLG Celle v. 13. 9. 2000 – 33 Ss 73/00, NStZ-RR 2001, 90; HK-StPO/*Rautenberg* Rn. 22; KK-StPO/*Paul* Rn. 5; Löwe/Rosenberg/*Hanack* Rn. 16; SK-StPO/*Frisch* Rn. 13.
[181] Löwe/Rosenberg/*Hanack*, 25. Aufl., Rn. 17; *Meyer-Goßner* Rn. 14; SK-StPO/*Frisch* Rn. 13.
[182] BGH v. 12. 7. 1990 – 4 StR 247/290, BGHSt 37, 136 (137) = NJW 1990, 2479; Löwe/Rosenberg/*Hanack*, 25. Aufl., Rn. 22.
[183] Vgl. Hans.OLG Hamburg v. 13. 1. 1958 – Ss 179/57, NJW 1958, 1313; BayOLG v. 23. 3. 1966 – 1 a St 351/65, NJW 1966, 1829; HK-StPO/*Rautenberg* Rn. 25; KK-StPO/*Paul* Rn. 6 aE; Löwe/Rosenberg/*Hanack*, 25. Aufl., Rn. 22 aE.
[184] HK-StPO/*Rautenberg* Rn. 24; KK-StPO/*Paul* Rn. 7; *Meyer-Goßner* Rn. 15.
[185] Ablehnend LG Dresden v. 19. 1. 1994 – 5 Qs 6/94, NStZ 1994, 251; *Meyer-Goßner* Rn. 15; bejahend OLG Dresden v. 2. 8. 1999 – 1 Ws 206/99, NStZ-RR 2000, 115; HK-StPO/*Rautenberg* Rn. 24; KK-StPO/*Paul* Rn. 7; Nachw. zur früheren Rspr. bei Löwe/Rosenberg/*Hanack*, 25. Aufl., Rn. 21 mit Fn. 39.
[186] Vgl. BGH v. 23. 1. 1979 – 5 StR 748/78, BGHSt 28, 272 (273).
[187] Zu Ausnahmen Löwe/Rosenberg/*Hanack*, 25. Aufl., Rn. 21.
[188] Löwe/Rosenberg/*Hanack*, 25. Aufl., Rn. 9 und 19.
[189] Oben Rn. 2 und 45.
[190] Vgl. OLG Düsseldorf v. 5. 6. 2000 – 2a Ss 98/00, NStZ-RR 2001, 246; *Meyer-Goßner*, FS Gössel, 2002, S. 643 (644f.).

I. Zweck und Bedeutung

Die Vorschrift räumt dem Verteidiger (§§ 137, 141) eine im eigenen Namen ausgeübte **Anfechtungsbefugnis zugunsten des Beschuldigten** (Angeklagten) ein, die durch dessen entgegenstehenden ausdrücklichen Willen beschränkt ist. Mit ihr ist vor allem eine Verfahrensvereinfachung bezweckt; § 297 begründet eine **gesetzliche Vermutung** der Anfechtungsbefugnis des Verteidigers, die sich auf das **Handeln im Auftrag** des Beschuldigten und aufgrund einer entsprechenden **Vollmacht** bezieht.[1] Wegen der Vermutung bedarf es für die Wirksamkeit des von dem Verteidiger eingelegten Rechtsmittels keines Nachweises von Beauftragung und Vollmacht.[2] Die dem Verteidiger eingeräumte Anfechtungsbefugnis ist in mehrfacher Hinsicht begrenzt. Sie reicht nicht weiter als die des Beschuldigten selbst, setzt also insbesondere dessen eigene Anfechtungsbefugnis und dessen Beschwer voraus. Die in § 297 elementare Bindung an den entgegenstehenden ausdrücklichen Willen des Beschuldigten nimmt **§ 302 Abs. 2** für den Rechtsmittelverzicht auf.

II. Anwendungsbereich und Voraussetzungen

1. Verteidiger. § 297 gewährt lediglich dem **Verteidiger** des Beschuldigten eine eigene Anfechtungsbefugnis. Verteidiger ist der durch den Beschuldigten gewählte (**§ 137**) oder der durch das Gericht gemäß **§ 141** bestellte. **Kein Verteidiger** ist der **Sozius** des nach § 141 bestellten Verteidigers.[3] Auf sonstige Bevollmächtigte oder Beistände des Beschuldigten ist die Vorschrift nicht, auch nicht analog, anwendbar.[4]

2. Umfang der Anfechtungsbefugnis des Verteidigers. Die Anfechtungsbefugnis des Verteidigers aus § 297 beschränkt sich auf die **Rechtsmittel** des 3. Buchs (Beschwerde, Berufung, Revision). Auf sonstige förmliche Rechtsbehelfe des Strafverfahrensrechts[5] findet sie keine Anwendung (allgM);[6] etwas anderes gilt nur bei ausdrücklichem gesetzlichen Verweis auf § 297 (zB in § 410 Abs. 1 S. 2). Die Auffassung, § 297 auf einen Wiederaufnahmeantrag des Verteidigers zu erstrecken, wenn dieser die Frist für ein von § 297 erfasstes Rechtsmittel versäumt hat,[7] führt zwar zu einem sachgerechten Ergebnis, ist aber mit Worlaut und systematischer Stellung des § 297 kaum zu vereinbaren. Selbst wenn die Anfechtungsbefugnis aus § 297 zugunsten des Verteidigers besteht, hängt die Zulässigkeit des Rechtsmittels von den allgemeinen Voraussetzungen, insb. der Beschwer des Beschuldigten/Angeklagten, ab.

3. Voraussetzungen der Anfechtungsbefugnis des Verteidigers. Die Anfechtungsbefugnis aus § 297 setzt die **wirksam begründete Stellung als Verteidiger zum Zeitpunkt der Einlegung** des entsprechenden Rechtsmittels voraus (im Ergebnis allgM).[8] Die gesetzliche Vermutung betrifft die Bevollmächtigung des Verteidigers ein Rechtsmittel einzulegen nicht die Stellung als Verteidiger selbst.[9] Bei dem gewählten Verteidiger fehlt es nach dem Ende des Mandatsverhältnisses (etwa durch Entzug des Mandats) daran, bei dem bestellten Verteidiger nach Rücknahme oder Widerruf der Bestellung. War die Stellung des gewählten oder bestellten Verteidigers in der ersten Instanz wirksam begründet worden, so besteht diese auch für die Rechtsmittelinstanz fort, wenn und soweit nicht einer der exemplarisch genannten Beendigungsgründe zur Beendigung geführt hat. Für den in Fällen notwendiger Verteidigung nach § 140 Abs. 2 bestellten Verteidiger kann anderes gelten, wenn dort eine Beschränkung der Bestellung auf die Verteidigung allein in erster Instanz für rechtlich möglich gehalten wird.[10] Der **Tod des Beschuldigten** beendet die Stellung als dessen Verteidiger, so dass nach Todeseintritt keine Anfechtungsbefugnis des Verteidigers aus § 297 mehr besteht (allgM).[11]

Die **Stellung als Verteidiger** kann auch **nach dem Erlass der anzufechtenden Entscheidung** wirksam begründet werden. Voraussetzung der Anfechtungsbefugnis aus § 297 ist dann jedoch, die wirksame Begründung dieser Verteidigerstellung vor dem Ablauf der Rechtsmittelfrist.[12]

---

[1] OLG Düsseldorf v. 6. 2. 1996 – 1 Ws 62/96, NStZ 1997, 52; Löwe/Rosenberg/*Hanack*, 25. Aufl., Rn. 1; Meyer-Goßner Rn. 2.
[2] Unten Rn. 6.
[3] BayObLG v. 6. 10. 1980 - RReg 5 St 170/80, BayObLGSt 80, 97 = NJW 1981, 1629.
[4] Löwe/Rosenberg/*Hanack*, 25. Aufl., Rn. 3 mwN.
[5] § 296 Rn. 4–6.
[6] Siehe nur Löwe/Rosenberg/*Hanack*, 25. Aufl., Rn. 3; Meyer-Goßner Rn. 1; SK-StPO/*Frisch* Rn. 4.
[7] Löwe/Rosenberg/*Hanack*, 25. Aufl., Rn. 3 mwN.
[8] RG v. 21. 11. 1912 – I 957/12, RGSt 46, 372; Hans.OLG Bremen v. 14. 10. 1953 – Ws 140/53, NJW 1954, 46; HK-StPO/*Rautenberg* Rn. 3; KK-StPO/*Paul* Rn. 1; siehe auch Löwe/Rosenberg/*Hanack*, 25. Aufl., Rn. 4.
[9] Oben Rn. 1.
[10] Dazu näher § 140 Rn. 4.
[11] BayObLG v. 24. 4. 1927 – Reg I U Nr. 85/1927, BayObLGSt 27, 107; KG v. 24. 4. 1968 – I Ss 483/67 (6/68), JR 1968, 433; HK-StPO/*Rautenberg* Rn. 6; KK-StPO/*Paul* Rn. 3; Löwe/Rosenberg/*Hanack*, 25. Aufl., Rn. 6; Meyer-Goßner Rn. 6.
[12] RG v. 21. 11. 1912 – I 957/12, RGSt 46, 372; Löwe/Rosenberg/*Hanack*, 25. Aufl., Rn. 5.

6 Keine Voraussetzung der Anfechtungsbefugnis ist der **Nachweis der Begründung der Verteidigerstellung** im Zeitpunkt der Einlegung des Rechtsmittels.[13] Der entsprechende Nachweis kann auf unterschiedliche Weise, auch durch Freibeweis (anwaltliche Versicherung der Bevollmächtigung),[14] geführt werden. Erfolgt er durch Vorlage einer Vollmachtsurkunde kommt es auf deren Datierung nicht an,[15] wenn materiell die Verteidigerstellung bei Einlegung des Rechtsmittels wirksam begründet war.

7 **4. Bedeutung des Willens des Beschuldigten (Halbs. 2).** § 297 Halbs. 2 schließt die Einlegung eines Rechtsmittels durch den Verteidiger gegen den ausdrücklichen Willen des Beschuldigten aus. Diese Verknüpfung der Anfechtungsbefugnis des Verteidigers mit dem (erklärten entgegenstehenden) **Willen des Beschuldigten wirkt sich auf unterschiedlichen Ebenen aus:**

8 Bei dem **gewählten Verteidiger** (§ 137) kann der Beschuldigte von vornherein die **Anfechtungsbefugnis aus dem Mandat ausnehmen oder beschränken**.[16] Für einen solchen Entzug der Anfechtungsbefugnis wird eine ausdrückliche (aber formlose) Erklärung gefordert, deren Adressat sowohl der gewählte Verteidiger als auch das Gericht sein kann.[17] Das Erfordernis einer ausdrücklichen Herausnahme oder Beschränkung der Befugnis ist trotz des Wortlautes von § 297 weniger zwingend als offenbar allgemein angenommen. § 297 stellt eine gesetzliche Vermutung der Berechtigung des Verteidigers zum Einlegen des Rechtsmittels auf, deren tatsächliche Grundlage das wirksame Bestehen eines Mandats ist. War das Mandat bereits sachlich beschränkt, ist das Bestehen der Vermutungsgrundlage zweifelhaft. Im Hinblick auf den Worlaut der Vorschrift und den Nachweis der Willensrichtung zum Zeitpunkt der Einlegung des Rechtsmittels ist die ausdrückliche Erklärung des entgegenstehenden Willens letztlich vorzugswürdig.

9 Auch wenn die Stellung als Verteidiger im Zeitpunkt der Einlegung des Rechtsmittels wirksam begründet war und damit die Rechtsmittelbefugnis aufgrund des § 297 bestand, kann der Beschuldigte die **Vollmacht des Verteidigers entziehen**. Ob dieser Entzug bei einem von dem Verteidiger zuvor (wirksam) eingelegten Rechtsmittel als **Rücknahme des Rechtsmittels** zu werten ist, muss durch Auslegung (§ 300) ermittelt werden.[18]

10 Bei unbeschränkt erteiltem Mandat und bei dem bestellten Verteidiger muss der Beschuldigte seinen einer Rechtsmitteleinlegung durch den Verteidiger **entgegenstehenden Willen ausdrücklich erklären**, um dessen gesetzlich vermutete Anfechtungsbefugnis auszuschließen. Der entgegenstehende Wille kann gegenüber dem Verteidiger oder dem Gericht erklärt werden.[19] Die Grundlage der gesetzlichen Vermutung der Anfechtungsbefugnis und der entsprechenden Vollmacht besteht nur, solange kein entgegenstehender Wille des Beschuldigten erklärt worden ist. Bei Anhaltspunkten dafür, muss das Gericht die Willensrichtung aufklären.[20]

11 Der Vorrang des Willens des Beschuldigten gilt auch bei von diesem einerseits und dem (anfechtungsberechtigten) Verteidiger andererseits eingelegten **unterschiedlichen Rechtsmitteln oder derselben Rechtsmitteln in unterschiedlichem Umfang**.[21] Möchte der Beschuldigte das eingelegte Rechtsmittel als Berufung durchführen, fehlt es dem Verteidiger für die Einlegung einer Revision an der Anfechtungsberechtigung;[22] das Rechtsmittel wird entsprechend der Willensrichtung des Beschuldigten als Berufung durchgeführt.

12 Erklärt der Beschuldigte gegenüber dem Gericht einen wirksamen **Rechtsmittelverzicht** (§ 302), fällt die Anfechtungsbefugnis des Verteidigers weg.[23] Ein vor der Verzichtserklärung eingelegtes Rechtsmittel des Verteidigers verliert seine Wirkung.[24]

13 **5. Rechtsmittel des Verteidigers ohne Anfechtungsbefugnis.** Die Anfechtungsbefugnis ist Voraussetzung der Zulässigkeit des Rechtsmittels. Mangelt es wegen des Fehlens der Voraussetzun-

---

[13] Siehe BGH v. 9. 10. 1989 – 2 StR 352/89, BGHSt 36, 259 (260) = NJW 1990, 587; BGH v. 27. 10. 1999 – 3 StR 267/99, BGHR StPO § 346 Abs. 1 Form 1; KG v. 10. 4. 2007 – 2 Ss 58/07 und 3 Ws (B) 148/07; OLG Hamm v. 17. 1. 2005 – 2 Ws 7/05, VRS 108 (2005), S. 266 f.; HK-StPO/*Rautenberg* Rn. 3; Löwe/Rosenberg/*Hanack*, 25. Aufl., Rn. 7.
[14] Siehe Löwe/Rosenberg/*Hanack*, 25. Aufl., Rn. 7 mwN.
[15] OLG Hamm v. 17. 1. 2005 – 2 Ws 7/05, VRS 108 (2005), S. 266 f.
[16] Zutreffend Löwe/Rosenberg/*Hanack*, 25. Aufl., Rn. 9.
[17] OLG Düsseldorf v. 9. 1. 1989 – 4 Ws 4/89, NStZ 1989, 289; Löwe/Rosenberg/*Hanack*, 25. Aufl., Rn. 9; *Meyer-Goßner* Rn. 4; wohl auch KK-StPO/*Paul* Rn. 3.
[18] Löwe/Rosenberg/*Hanack*, 25. Aufl., Rn. 12; anders *Meyer-Goßner* Rn. 6 „idR unberührt".
[19] Vgl. BGH v. 12. 1. 1972 – 3 StR 282/71, GA 1973, 46; OLG Düsseldorf v. 9. 1. 1989 – 4 Ws 4/89, NStZ 1989, 289; OLG Hamm v. 17. 1. 2005 – 2 Ws 7/05, VRS 108 (2005), 266 (267), MDR 1993, 676.
[20] OLG Düsseldorf. v. 7. 2. 1996 – 1 Ws 62/96, NStZ 1997, 52; OLG Karlsruhe v. 2. 12. 2003 – 1 Ws 123/03, NStZ-RR 2004, 271; HK-StPO/*Rautenberg* Rn. 4; Löwe/Rosenberg/*Hanack*, 25. Aufl., Rn. 8; *Meyer-Goßner* Rn. 4; SK-StPO/*Frisch* Rn. 13.
[21] Vgl. OLG Karlsruhe v. 2. 12. 2003 – 1 Ws 123/03, NStZ-RR 2004, 271; KK-StPO/*Paul* Rn. 3.
[22] Vgl. BayObLG v. 23. 5. 1977 – RReg 3 St 87/77, BayObLG 1977, 102; OLG Düsseldorf v. 12. 2. 1993 – 2 Ss 393/92 – 2/93 II , MDR 1993, 676; OLG Düsseldorf v. 14. 12. 1999 – 2 b Ss 337/99 – 119/99 I, NStZ-RR 2000, 148.
[23] BGH v. 9. 8. 1985 – 3 StR 289/85, bei *Pfeiffer/Miebach* NStZ 1986, 208.
[24] BGH v. 12. 1. 1972 – 3 StR 282/71, GA 1973, 46; OLG Düsseldorf v. 16. 12. 1982 – 1 Ws 999/82, MDR 1983, 512.

gen des § 297 oder wegen des entgegenstehenden Willens des Beschuldigten[25] daran, ist das Rechtsmittel des Verteidigers unzulässig. Legt der Verteidiger ohne eine Bevollmächtigung oder gegen den Willen des Beschuldigten ein Rechtsmittel für diesen ein, hat der Verteidiger die **Kosten** zu tragen.[26]

III. Rechtsmittel durch andere Vertreter

Der Beschuldigte kann andere Personen als den Verteidiger zu der Einlegung von Rechtsmitteln zu seinen Gunsten bevollmächtigen.[27] Es handelt sich nicht um ein eigenes Rechtsmittel sondern um die Ausübung des Rechtsmittels des Beschuldigten. Eine gesetzliche Vermutung der Bevollmächtigung wie in § 297 besteht nicht. Voraussetzung für die Ausübung der Vertretung ist allein die Verhandlungsfähigkeit des Vertreters.[28] Eine Bevollmächtigung des Bewährungshelfers des Verurteilten soll wegen möglicher Interessenkollisionen ausgeschlossen sein.[29]

14

§ 298 [Rechtsmittel des gesetzlichen Vertreters]

(1) Der gesetzliche Verteter eines Beschuldigten kann binnen der für den Beschuldigten laufenden Frist selbstständig von den zulässigen Rechtsmitteln Gebrauch machen.

(2) Auf ein solches Rechtsmittel und auf das Verfahren sind die für die Rechtsmittel des Beschuldigten geltenden Vorschriften entsprechend anzuwenden.

I. Zweck und Bedeutung

§ 297 Abs. 1 verleiht dem gesetzlichen Vertreter des Beschuldigten eine **eigene Anfechtungsbefugnis**, die **ausschließlich zugunsten des Beschuldigten** (Angeklagten) ausgeübt werden kann.[1] Die Einräumung der Anfechtungsberechtigung ähnelt strukturell der eigenen Rechtsmittelbefugnis des Verteidigers aus § 297, beruht aber nicht wie dort auf der gesetzlichen Vermutung einer durch den Beschuldigten erteilten Vollmacht sondern auf der Rechtsstellung als dessen gesetzlicher Vertreter selbst. Dementprechend unterliegt die Ausübung der Anfechtungsbefugnis des gesetzlichen Vertreters weitaus geringeren Beschränkungen durch den (entgegenstehenden) Willen des Beschuldigten als bei § 297. Auf das Rechtsmittelrecht des gesetzlichen Vertreters wirkt sich dieser lediglich bei der Rücknahme oder der nachträglichen Beschränkung des bereits eingelegten Rechtsmittels aus.[2] Für das Jugendstrafverfahren bestimmt **§ 67 Abs. 3 JGG**, dass die **Rechtsmittelbefugnis** des gesetzlichen Vertreters **auch** den **Erziehungsberechtigten** zusteht.[3] Hinter beiden Regelungen steht die Erwägung, dass gesetzliche Vertreter bzw. Erziehungsberechtigte typischerweise besonders geeignet sind, den Interessen des (regelmäßig jugendlichen) Beschuldigten Rechnung zu tragen.[4] Die Rechtsstellung des „Vertretenen" wird durch das eigene Anfechtungsrecht des gesetzlichen Vertreters nicht geschmälert. Vielmehr bleibt dem Vertretenen die eigene Rechtsmittelbefugnis in vollem Umfang erhalten.

1

Für den Fall der Einlegung des Rechtsmittels des gesetzlichen Vertreters räumt **Abs. 2** diesem weitestgehend **dieselben Befugnisse ein, die** der **Beschuldigte** bei Einlegung des Rechtsmittels **im weiteren Verfahren über das Rechtsmittel** selbst hat.[5] Die Gewährung des eigenen Rechtsmittelrechts des gesetzlichen Vertreters und die Einräumung der denen des Beschuldigten entsprechenden Verfahrensrechte bringt mit sich, dass etwaige **Rechtsmittel** des Beschuldigten einerseits und des gesetzlichen Vertreters andererseits **selbständig** sind.[6]

2

§ 298 schließt die Möglichkeit für den Beschuldigten nicht aus, seinen **gesetzlichen Vertreter** zu der Einlegung des eigenen Rechtsmittels **zu bevollmächtigen**.[7] Die Wirksamkeit des Rechtsmittels

3

---

[25] Oben Rn. 7–12.
[26] OLG Celle v. 2. 4. 1997 – 1 Ss 350/96 (juris); OLG Frankfurt v. 11. 6. 1991 – 2 Ws 79/91, NJW 1991, 3164; OLG Hamm v. 14. 8. 2008 – 3 Ws 309/08, NJW 2008, 3799; OLG Stuttgart v. 5. 5. 1994 – 1 Ss 113/94 (juris), Thüring.OLG v. 25. 1. 2006 – 1 Ws 16/06 (juris).
[27] KK-StPO/*Paul* Rn. 4; *Meyer-Goßner*, 25. Aufl., Rn. 7 mwN.
[28] *Meyer-Goßner* Rn. 7; SK-StPO/*Frisch* Rn. 17.
[29] OLG Koblenz v. 7.5.1996 – 2 Ws 276/96, NStZ-RR, 1996, 300.
[1] BGH v. 29. 11. 1963 – 4 StR 390/63, BGHSt 19, 168; Löwe/Rosenberg/*Hanack*, 25. Aufl., Rn. 3 mwN; SK-StPO/*Frisch* Rn. 1; vgl. auch *Eisenberg*, JGG § 67 Rn. 13.
[2] Unten Rn. 11.
[3] Zum Verhältnis von gesetzlicher Vertretung und Erziehungsberechtigung unten Rn. 4.
[4] BGH v. 17. 12. 1963 – 1 StR 391/63, BGHSt 19, 174 (176); Löwe/Rosenberg/*Hanack*, 25. Aufl., Rn. 1; SK-StPO/*Frisch* Rn. 1; siehe aber auch *Eisenberg*, JGG, § 67 Rn. 4.
[5] Unten Rn. 15, siehe ausführlich SK-StPO/*Frisch* Rn. 13.
[6] Näher unten Rn. 11–14.
[7] HK-StPO/*Rautenberg* Rn. 3; Löwe/Rosenberg/*Hanack*, 25. Aufl., Rn. 9 mit zahlr. Nachw. zu älterer Rspr.; *Meyer-Goßner* Rn. 4, SK-StPO/*Frisch* Rn. 2.

setzt dann eine nach den allgemeinen Regeln wirksame Bevollmächtigung des gesetzlichen Vertreters durch den Beschuldigten im Zeitpunkt der Einlegung des Rechtsmittels voraus. Die Vollmacht muss zu diesem Zeitpunkt noch nicht nachgewiesen sein.[8] § 298 findet in diesen Konstellationen **keine Anwendung,** weil es sich nicht um ein eigenes Rechtsmittel des gesetzlichen Vertreters handelt. Ob der gesetzliche Vertreter seine eigene Anfechtungsbefugnis ausübt oder für den Beschuldigten dessen Rechtsmittel einlegt, ist durch Auslegung zu ermitteln. Im Zweifel ist schon wegen der Eigenständigkeit von dem eigenen Rechtsmittel des gesetzlichen Vertreters auszugehen.[9] Der gesetzliche **Vertreter** kann sich sowohl bei dem eigenen Rechtsmittel des § 298 als auch bei dem stellvertretend für den Beschuldigten erhobenen Rechtsmittel für die Ausübung eines Vertreters (etwa eines Rechtsanwaltes) **bedienen.**[10] Die Wirksamkeit des Rechtsmittels setzt auch insoweit dessen Bevollmächtigung im Zeitpunkt der Einlegung voraus.

II. Anwendungsbereich und Voraussetzungen (Abs. 1)

4   **1. Gesetzlicher Vertreter.** Welche Personen **gesetzliche Vertreter** sind, bestimmt sich **zivilrechtsakzessorisch** nach dem Bürgerlichen Recht;[11] gleiches gilt für die in § 67 Abs. 3 genannten Erziehungsberechtigten.[12] Diese sind bei ehelichen Kindern im Regelfall auch gesetzliche Vertreter des Jugendlichen. Das Sorgerecht beinhaltet die Vertretungsmacht (§ 1629 Abs. 1 BGB). Ein Abwesenheitspfleger (§ 1911 BGB) des flüchtigen Beschuldigten ist kein gesetzlicher Vertreter nach § 298.[13] Bei **volljährigen Beschuldigten** kommt in den allein relevanten Fällen der **Betreuung** (§§ 1896, 1902 BGB) eine gesetzliche Vertretung iSv § 298 nur in Betracht, wenn der Unfang der Betreuung gerade auch die Vertretung in Strafverfahren (ggf. unter Einschluss des Vollstreckungsverfahrens) umfasst.[14]

5   **2. Umfang der Anfechtungsbefugnis des gesetzlichen Vertreters.** Die eigene Anfechtungsbefugnis des gesetzlichen Vertreters aus § 298 beschränkt sich auf die **Rechtsmittel** des 3. Buchs (Beschwerde, Berufung, Revision). Auf **sonstige förmliche Rechtsbehelfe** des Strafverfahrensrechts[15] findet sie **keine Anwendung** (allgM);[16] etwas anderes gilt, soweit bezüglich einzelner Rechtsbehelfe dem gesetzlichen Vertreter eine eigene Anfechtungsbefugnis eingeräumt wird (zB in § 117 Abs. 1, § 118 b, § 365, § 410 Abs. 1 S. 2). Da § 298 Abs. 2 – anders als § 297 – auf das Rechtsmittel des gesetzlichen Vertreters die für das (eigene) Rechtsmittel des Beschuldigten geltenden Vorschriften für anwendbar erklärt, kann der gesetzliche Vertreter bei Fristversäumung bzgl. des eigenen Rechtsmittels **Wiedereinsetzung in den vorigen Stand** beantragen und bei Verwerfung dieses Rechtsmittels als unzulässig **Entscheidung des Rechtsmittelgerichts nach § 319 Abs. 2 oder § 346 Abs. 2** beantragen.[17] Dagegen kann er nicht aufgrund der eigenen Rechtsmittelbefugnis einen Antrag auf Wiedereinsetzung im Hinblick auf eine von dem Beschuldigten im Kontext seines Rechtsmittels versäumte Frist stellen. Die Wiedereinsetzung ist weder ein Rechtsmittel noch enthalten die §§ 44 ff. eine Anfechtungsbefugnis für den gesetzlichen Vertreter.

6   § 298 gewährt dem gesetzlichen Vertreter eine eigene **Rechtsmittelbefugnis.** Ist **über das Rechtsmittel entschieden, erlischt die Befugnis.** Wird etwa das von dem Vertreter mit der Revision angegriffene Urteil aufgehoben und die Sache zurückverwiesen, hat dieser in der neuen Hauptverhandlung nicht mehr die Rechte des Verfahrensbeteiligten gemäß § 298 Abs. 2, weil es sich nicht mehr um das Rechtsmittelverfahren handelt.[18] Kann allerdings die Beschuldigte die in der neuen Hauptverhandlung ergangene Entscheidung mit einem statthaften und zulässigen Rechtsmittel angreifen, steht dann auch dem gesetzlichen Vertreter erneut die Anfechtungsbefugnis aus § 298 zu. Das gilt sogar, wenn er gegen die erste anfechtbare Entscheidung auf sein Anfechtungsrecht verzichtet hatte.[19]

---

[8] Die Ausführungen zu § 297 Rn. 6 gelten insoweit entsprechend.
[9] Vgl. RG v. 12. 2. 1891 – Rep. 417/91, RGSt 21, 335; OLG Düsseldorf v. 21. 8. 1986 – 1 Ws 737/86, JMBlNRW 1987, 71; Löwe/Rosenberg/*Hanack*, 25. Aufl., Rn. 9; SK-StPO/*Frisch* Rn. 2 aE.
[10] KK-StPO/*Paul* Rn. 4.
[11] BayObLG v. 25. 5. 1954 – RReg. 2 St. 30/54, BayObLGSt 1954, 51 = NJW 1954, 1378; OLG Hamm v. 3. 5. 2007 – 4 Ws 209/07, NStZ 2008, 119 mAnm. *Bienwald* RuP 2008, 60 f.; HK-StPO/*Rautenberg* Rn. 1; KMR/*Plöd* Rn. 1; Löwe/Rosenberg/*Hanack*, 25. Aufl. Rn. 3; SK-StPO/*Frisch* Rn. 2.
[12] Siehe die Aufzählung der einschlägigen BGB-Vorschriften bei *Eisenberg*, JGG § 67 Rn. 5.
[13] OLG Karlsruhe v. 29. 2. 1984 – 3 Ws 227/83, Justiz 1984, 291; Löwe/Rosenberg/*Hanack*, 25. Aufl., Rn. 3; SK-StPO/*Frisch* Rn. 3.
[14] OLG Hamm v. 3. 5. 2007 – 4 Ws 209/07, NStZ 2008, 119; Löwe/Rosenberg/*Hanack*, 25. Aufl. Rn. 3.
[15] § 296 Rn. 4–6.
[16] Siehe nur Löwe/Rosenberg/*Hanack*, 25. Aufl., Rn. 5; SK-StPO/*Frisch* Rn. 4.
[17] Vgl. RG v. 25. 3. 1905 – 420/05, RGSt 38, 9; HK-StPO/*Rautenberg* Rn. 7; KMR/*Plöd* Rn. 2; KK-StPO/*Paul* Rn. 2; Löwe/Rosenberg/*Hanack*, 25. Aufl., Rn. 5; SK-StPO/*Frisch* Rn. 4.
[18] Löwe/Rosenberg/*Hanack*, 25. Aufl., Rn. 14 wmN.
[19] OLG Hamm v. 10. 4. 1973 – 2 Ws 59/73, NJW 1973, 1850.

3. Voraussetzungen der Anfechtungsbefugnis und deren wirksamer Ausübung. a) Stellung als 7
gesetzlicher Vertreter. Die Anfechtungsbefugnis aus § 298 setzt voraus, dass die **gesetzliche Vertretung im Zeitpunkt der Einlegung des Rechtsmittels** wirksam besteht. Die **Wirksamkeit** bestimmt sich **zivilrechtsakzessorisch**.[20] Endet die gesetzliche Vertretung nach einem wirksamen Einlegen des Rechtsmittels, führt das nicht zur Unwirksamkeit des Vertreterrechtsmittels,[21] vielmehr tritt der neue gesetzliche Vertreter in die vorhandene Verfahrenslage ein.[22] Fällt die gesetzliche Vertretung, etwa wegen Erreichens der Volljährigkeit, weg, geht die **Befugnis**, das zuvor wirksam eingelegte Rechtsmittel des (früheren) gesetzlichen Vertreters weiter zu betreiben, **auf den Beschuldigten** über.[23] Das gilt selbst dann, wenn der Beschuldigte auf sein eigenes Rechtsmittel wirksam verzichtet oder dieses wirksam zurückgenommen hat.[24] Betreibt nach einem Wechsel in der Person des gesetzlichen Vertreters der neue Vertreter das vom Vorgänger eingelegte eigene Rechtsmittel nicht weiter, geht die Befugnis ebenfalls auf den Beschuldigten selbst über.[25] Früherer Verzicht oder Rücknahme des eigenen Rechtsmittels stehen wiederum nicht entgegen. Mit der Einräumung der vorstehenden umfassenden Dispositionbefugnis des Beschuldigten wird sowohl der Eigenständigkeit beider Rechtsmittel als auch dem verallgemeinerungsfähigen Rechtsgedanken in § 302 Abs. 1 S. 3 Rechnung getragen.

b) Allgemeine Zulässigkeitsvoraussetzungen. Die eigene Anfechtungsbefugnis des gesetzlichen 8
Vertreters beschränkt sich nach § 298 Abs. 1 auf die **für den Beschuldigten selbst zulässigen (statthaften) Rechtsmittel**.[26] Angesichts der Rückbindung an die für den Beschuldigten „zulässigen Rechtsmittel" hängt die Zulässigkeit des Rechtsmittels des gesetzlichen Vertreters vor allem von der nach den allgemeinen Regeln zu bewertenden **Beschwer des Beschuldigten/Angeklagten**[27] ab.

Die in § 298 Abs. 1 statuierte **Bindung an** die für das **Rechtsmittel des Beschuldigten** geltende 9
Frist als Zulässigkeitsvoraussetzung betrifft **lediglich die Rechtsmitteleinlegungsfristen** (§ 311 Abs. 2, § 314 Abs. 1; § 341) **nicht aber die Rechtsmittelbegründungsfristen** (relevant vor allem § 345 Abs. 1). Diese beginnen für das Rechtsmittel des Vertreters eigenständig erst mit der Zustellung des Urteils an ihn zu laufen[28] Dagegen setzt der Lauf der Frist zur Einlegung des eigenen Rechtsmittels selbst dann ein, wenn dem gesetzlichen Vertreter die fragliche Entscheidung nicht bekannt gemacht worden ist.[29] Eine gesetzliche Pflicht zur **Bekanntgabe der fraglichen Entscheidung** gegenüber dem gesetzlichen Vertreter besteht nach allgemeinem Strafverfahrensrecht nicht; auch § 67 Abs. 2 JGG statuiert lediglich eine Sollvorschrift.[30] Angesichts dessen ist der gesetzliche Vertreter gehalten, sich über den Verfahrensstand zu informieren. Kommt er dem nicht nach, ist die Versäumung der Rechtsmitteleinlegungfrist regelmäßig selbst dann nicht unverschuldet, wenn die anzufechtende Entscheidung ihm nicht bekannt gemacht worden war.[31] **Wiedereinsetzung in den vorigen Stand** in die Versäumung zur Frist der Einlegung des eigenen Rechtsmittels kann dann regelmäßig **nicht** gewährt werden.[32]

Die für das fragliche Rechtsmittel und seine ggf. vorgeschriebene Begründung (§ 344) geltenden 10
Formvorschriften finden auch auf das eigene Rechtsmittel des gesetzlichen Vertreters Anwendung.

III. Eigenständigkeit der Rechtsmittelbefugnis/des Rechtsmittels des gesetzlichen Vertreters

Rechtsmittelbefugnis und **Rechtsmittel** des Beschuldigten einerseits sowie seines gesetzlichen 11
Vertreters andererseits bestehen im Grundsatz **jeweils eigenständig**.[33] Die Eigenständigkeit wirkt

---
[20] Oben Rn. 4.
[21] BGH v. 20. 3. 1957 – 2 StR 583/56, BGHSt 10, 174; BGH v. 12. 6. 1964 – 4 StR 171/64, NJW 1964, 1732; Löwe/Rosenberg/*Hanack*, 25. Aufl., Rn. 17; SK-StPO/*Frisch* Rn. 18 mwN.
[22] Löwe/Rosenberg/*Hanack*, 25. Aufl., Rn. 17; SK-StPO/*Frisch* Rn. 19.
[23] BGH v. 20. 3. 1957 – 2 StR 583/56, BGHSt 10, 174 (176) = NJW 1957, 799; BGH v. 12. 6. 1964 – 4 StR 171/64, NJW 1964, 1732; Löwe/Rosenberg/*Hanack*, 25. Aufl., Rn. 17; *Meyer-Goßner* Rn. 6; SK-StPO/*Frisch* Rn. 18.
[24] BGH v. 20. 3. 1957 – 2 StR 583/56, BGHSt 10, 174 (176) = NJW 1957, 799; OLG Celle v. 18. 10. 1963 – 3 Ws 637/63, NJW 1964, 417; KK-StPO/*Paul* Rn. 8; Löwe/Rosenberg/*Hanack*, 25. Aufl., Rn. 12; SK-StPO/*Frisch* Rn. 18; vgl. auch BGH v. 19. 2. 1969 – 4 StR 357/68, BGHSt 20, 321 (326 f.) = NJW 1969, 887 (888).
[25] Löwe/Rosenberg/*Hanack*, 25. Aufl., Rn. 17; SK-StPO/*Frisch* Rn. 19.
[26] Zum sachlichen Umfang oben Rn. 5.
[27] § 296 Rn. 22–39.
[28] HK-StPO/*Rautenberg* Rn. 4; Löwe/Rosenberg/*Hanack*, 25. Aufl., Rn. 11; SK-StPO/*Frisch* Rn. 10.
[29] BGH v. 25. 9. 1962 – 1 StR 368/62, BGHSt 18, 22; *Hanack* JZ 1973, 660; Löwe/Rosenberg/*Hanack*, 25. Aufl., Rn. 10; SK-StPO/*Frisch* Rn. 6; siehe auch OLG Hamm v. 15. 1. 2008 – 3 Ws 10 u. 11/08, NStZ 2009, 43 (44 Abs. 7 – bzgl. § 67 Abs. 2 JGG).
[30] OLG Hamm v. 15. 1. 2008 – 3 Ws 10 u. 11/08, NStZ 2009, 43 (44 Abs. 7 – bzgl. § 67 Abs. 2 JGG).
[31] Vgl. OLG Hamm v. 15. 1. 2008 – 3 Ws 10 u. 11/08, NStZ 2009, 43 (44 Abs. 7 – bzgl. § 67 Abs. 2 JGG); siehe auch BGH v. 25. 9. 1962 – 1 StR 368/62, BGHSt 18, 22; *Hanack* JZ 1973, 660; *Meyer-Goßner* Rn. 5; SK-StPO/*Frisch* Rn. 6; zu Ausnahmen Löwe/Rosenberg/*Hanack*, 25. Aufl., Rn. 19 mwN.
[32] Nachw. wie Fn. zuvor; siehe aber auch OLG Stuttgart v. 31. 5. 1960 – BwReg. 4 St 33/60, NJW 1960, 2352 und OLG Schleswig v. 9. 7. 1984 – 1 Ss 328/84, SchlHA 1985, 134.
[33] Oben Rn. 2.

sich vor allem bei der **Disposition über das Rechtsmittel** aus. So bleibt die Anfechtungsbefugnis des gesetzlichen Vertreters auch dann bestehen, wenn der Beschuldigte wirksam auf sein Rechtsmittel verzichtet,[34] das zuvor eingelegte zurücknimmt oder dieses nachträglich (wirksam) beschränkt. Umgekehrt bleibt das **Rechtsmittel des Beschuldigten** selbst **unbeeinflusst durch Verzicht, Rücknahme** oder **Beschränkung** auf das/des Rechtsmittel(s) **des gesetzlichen Vertreters**. Ficht einer der beiden Berechtigten die Entscheidung (wirksam) nur beschränkt an, ist die Entscheidung dennoch wegen des anderen unbeschränkten Rechtsmittels in vollem Umfang angefochten. Das Rechtsmittelgericht hat dann über das umfänglichere Rechtsmittel zu entscheiden. Unterbleibt das, kann der Rechtsfehler auch von demjenigen gerügt werden, der sein Rechtsmittel beschränkt hatte.[35]

12   Die von den Rechtsmittelführern jeweils abgegebenen **Erklärungen** entfalten jeweils wegen der Eigenständigkeit ausschließlich Wirkung in Bezug auf das eigene Rechtsmittel.[36] Der gesetzliche Vertreter vertritt sein eigenes Rechtsmittel und nicht das des Beschuldigten. § 298 Abs. 2 räumt dem Vertreter lediglich in Bezug auf sein eigenes Rechtsmittel die Befugnisse des Beschuldigten ein. Ohne eine Bevollmächtigung kann er für dessen Rechtsmittel keine Anträge stellen oder sonstige Erklärungen abgeben; das gilt auch für Wiedereinsetzungsanträge bei Fristversäumung des Beschuldigten.[37]

13   Die **Eigenständigkeit des Rechtsmittels** des gesetzlichen Vertreters erfährt **Ausnahmen für** die **Rücknahme** des wirksam eingelegten Rechtsmittels und dessen **nachträgliche Beschränkung.** Im Hinblick auf den Rechtsgedanken von § 302 Abs. 1 S. 3 sowie die ausdrückliche Regelung in § 55 Abs. 3 JGG für das Jugendstrafverfahrensrecht bedürfen Rücknahme und nachträgliche Beschränkung des eigenen Rechtsmittels des gesetzlichen Vertreters auch im allgemeinen Strafverfahrensrecht der **Zustimmung des Beschuldigten** (allgM).[38] Das gilt selbst nach einem wirksamen Verzicht des Beschuldigten auf sein eigenes Rechtsmittel.[39]

14   Ungeachtet der Eigenständigkeit der Rechtsmittel löst das ausschließlich zu Gunsten des Beschuldigten zulässig zu erhebende Rechtsmittel (Berufung und Revision) das **Verschlechterungsverbot** der § 331, § 358 Abs. 2 aus. Wird das eigene Rechtsmittel des gesetzlichen Vertreters durch den judex a quo als unzulässig verworfen (§ 319 Abs. 1, § 346 Abs. 1), kann der Beschuldigte selbst bei von ihm nicht erhobenem eigenen Rechtsmittel in Bezug auf das des gesetzlichen Vertreters **Antrag auf Entscheidung des Rechtsmittelgerichts** (§ 319 Abs. 2. § 346 Abs. 2) stellen und/oder – vorüber vorrangig zu entscheiden ist[40] – Wiedereinsetzung in den vorigen Stand beantragen.

V. Rechtsstellung des gesetzlichen Vertreters nach Einlegung des eigenen Rechtsmittels (Abs. 2)

15   Abs. 2 räumt dem gesetzlichen Vertreter **im Rechtsmittelverfahren** über das eigene Rechtsmittel, aber auch lediglich in diesem,[41] die Befugnisse ein, die ansonsten dem Beschuldigten zustehen.[42] Das umfasst das Anwesenheitsrecht in der etwaigen Hauptverhandlung, zu der er zu laden (§§ 323, 350) ist und zu der er bei eigener Haft ggf. vorzuführen ist[43] ebenso wie das Recht auf rechtliches Gehör. Die im Rechtsmittelverfahren ergehenden Entscheidungen sind ihm bekannt zu machen. Der gesetzliche Vertreter hat das Beweisantragsrecht sowie das Fragerecht aus § 240 Abs. 2. Verletzungen dieser Rechte im Verfahren kann nicht nur der gesetzliche Vertreter sondern auch der Beschuldigte geltend machen (allgM).[44] Ebenso kann er die auf das Rechtsmittel des gesetzlichen Vertreters hin ergangenen Entscheidungen unter den allgemeinen Voraussetzungen mit einem eigenen Rechtsmittel anfechten.[45] Das gilt auch in Bezug auf Verwerfungsentscheidungen des judex a quo.[46]

---

[34] OLG Schleswig v. 9. 7. 1984 – 1 Ss 328/84, SchlHA 1985, 134; HK-StPO/*Rautenberg* Rn. 5; SK-StPO/*Frisch* Rn. 9.
[35] Löwe/Rosenberg/*Hanack*, 25. Aufl., Rn. 9; SK-StPO/*Frisch* Rn. 15 aE jeweils mwN.
[36] Löwe/Rosenberg/*Hanack*, 25. Aufl., Rn. 7.
[37] Oben Rn. 5.
[38] OLG Celle v. 18. 10. 1963 – 3 Ws 637/63, NJW 1964, 417; OLG Düsseldorf v. 1. 2. 1957 – 2 Ws 5/57, NJW 1957, 840; HK-StPO/*Rautenberg* Rn. 6; KK-StPO/*Paul* Rn. 5; Löwe/Rosenberg/*Hanack*, 25. Aufl., Rn. 8; *Meyer-Goßner* Rn. 3; SK-StPO/*Frisch* Rn. 14; für das Zustimmungserfordernis bei nachträglicher Beschränkung auch OLG Hamm v. 8. 11. 1972 – 3 Ws 368/72, GA 1973, 380.
[39] Nachw. wie Fn. zuvor.
[40] § 346 Rn. 18.
[41] Vgl. oben Rn. 6.
[42] Ausführlicher SK-StPO/*Frisch* Rn. 13.
[43] RG v. 14. 10. 1930 – I 645/30, RGSt 64, 365 f.; KK-StPO/*Paul* Rn. 7; *Meyer-Goßner* Rn. 5.
[44] OLG Hamm v. 10. 4. 1973 – 2 Ws 59/73, NJW 1973, 1850; Löwe/Rosenberg/*Hanack*, 25. Aufl., Rn. 12 aE; *Meyer-Goßner* Rn. 5; SK-StPO/*Frisch* Rn. 16.
[45] KK-StPO/*Paul* Rn. 7.
[46] Oben Rn. 14

V. Kosten des Rechtsmittels des gesetzlichen Vertreters

Der gesetzliche Vertreter (wie auch der Erziehungsberechtigte, § 67 JGG) hat die Kosten des 16 von ihm eingelegten erfolglosen Rechtsmittels zu tragen (§ 473); in der Höhe ist die Kostentragungspflicht aber auf das seiner Verwaltung unterliegende Vermögen beschränkt;[47] die Beschränkung entfällt mit der Volljährigkeit des (zuvor) minderjährigen Beschuldigten.[48]

§ 299 [Im Freiheitsentzug befindlicher Beschuldigter]

(1) Der nicht auf freiem Fuß befindliche Beschuldigte kann die Erklärungen, die sich auf Rechtsmittel beziehen, zu Protokoll der Geschäftsstelle des Amtsgerichts geben, in dessen Bezirk die Anstalt liegt, wo er auf behördliche Anordnung verwahrt wird.

(2) Zur Wahrung einer Frist genügt es, wenn innerhalb der Frist das Protokoll aufgenommen wird.

I. Zweck und Bedeutung

§ 299 bezweckt den **Ausgleich von Beeinträchtigungen**, die den nicht auf freiem Fuß befindli- 1 chen Beschuldigten bei der Abgabe von auf Rechtsmittel bezogenen Erklärungen aufgrund **der Inhaftierung** treffen. Die ansonsten für die Einlegung von Rechtsmitteln und für auf Rechtsmittelerklärungen bezogene Erklärungen gesetzlich in zahlreichen Einzelregelungen vorgesehene Möglichkeit der Erklärung zu Protokoll der Geschäftsstelle des judex a quo wären für den inhaftierten Beschuldigten lediglich unter erheblichem **Aufwand** wegen **der Vorführung** bei dem Urkundsbeamten dieses Gerichts **oder einem Aufsuchen des Beschuldigten** in der Haftanstalt durch diesen zu realisieren. Diesen Aufwand und die damit verbundene Gefahr der Versäumung von rechtsmittelbezogenen Fristen zu vermeiden bezweckt § 299.[1] Der **Ausgleich erfolgt** durch die Einräumung des Anspruchs, auf Rechtsmittel bezogene **Erklärungen** zu Protokoll der **Geschäftsstelle des für die „Haftanstalt" örtlich zuständigen Amtsgerichts** abgeben zu können (Abs. 1) und durch die **Entlastung des Beschuldigten von dem Risiko des fristgerechten Eingangs** der protokollierten Erklärung ist auch für das Rechtsmittel zuständigen Gericht. Abs. 2 lässt für die Fristwahrung bereits die Protokollierung durch die Geschäftsstelle des für den Haftort zuständigen Amtsgerichts genügen. **Auf die Inanspruchnahme der durch § 299 Abs. 1** zusätzlich eröffneten Möglichkeit der Abgabe rechtsmittelbezogener Erklärungen, **hat** der inhaftierte **Beschuldigte einen Anspruch**. Allerdings hat er selbst mit dafür Sorge zu tragen, diesen Anspruch auch umsetzen zu können. Der inhaftierte Beschuldigte kann nicht darauf vertrauen, dass ihm zu jeder Zeit und innerhalb kürzester Frist die Erklärung zu Protokoll der Geschäftsstelle des Amtsgerichts, in dessen Bezirk er untergebracht ist, organisatorisch ermöglicht werden kann.[2]

Die Vorschrift bezweckt **lediglich eine Erweiterung bzw. Erleichterung** der Möglichkeiten des 2 nicht auf freiem Fuß befindlichen Beschuldigten, auf Rechtsmittel bezogene Erklärungen abzugeben. Die **ansonsten** gesetzlich vorgesehenen **Möglichkeiten der Abgabe solcher Erklärungen** bleiben ihm **erhalten**;[3] insbesondere ist es ihm unbenommen, die entsprechenden **Erklärungen schriftlich gegenüber dem judex a quo** abzugeben.[4] Entscheidet er sich für diese Form der Erklärung, bewendet es bei den allgemeinen Voraussetzungen. Für die Fristwahrung bei schriftlicher Erklärung kommt es auf den rechtzeitigen Eingang bei dem judex a quo an; die Übergabe einer schriftlichen Erklärung an den Urkundsbeamten des nach § 299 Abs. 1 zuständigen Amtsgerichts des „Haftortes" genügt zur Fristwahrung nicht.[5] Rechtsmittelrechtlich bleibt dem inhaftierten Beschuldigten auch die **Einlegung von Rechtsmitteln** bzw. von darauf bezogenen Erklärungen **zu Protokoll der Geschäftsstelle des judex a quo** erhalten.[6] Daraus lässt sich jedoch **nicht ableiten,**

---

[47] BGH v. 24. 1. 1964 – 1 StR 297/60, BGHSt 19, 196 (199); BGH v. 11. 11. 1955 – 1 StR 39/55, NJW 1956, 526; siehe auch § 473 Rn. 7.
[48] § 473 Rn. 7 mwN.
[1] Vgl. OLG Düsseldorf v. 6. 7. 1970 – 1 Ws 354/70, NJW 1970, 1890; Meyer JR 1982, 169; HK-StPO/*Rautenberg* Rn. 2 Löwe/Rosenberg/*Hanack*, 25. Aufl., Rn. 1; *Meyer-Goßner* Rn. 1; SK-StPO/*Frisch* Rn. 1; enger (nur Vermeidung des Aufwandes) AK-StPO/*Achenbach* Rn. 3.
[2] KG v. 30. 6. 2008 – 1 Ss 249/08, NStZ-RR 2009, 19; Thüring.OLG v. 29. 10. 2007 – 1 Ws 356/07 (Abs. 14, juris); zu den Konsequenzen daraus für die Wiederaufnahme unten Rn. 12.
[3] OLG Stuttgart v. 18. 8. 1981 – 3 Ws 221/81, NStZ 1981, 492 mAnm. Meyer JR 1982, 168 f.; HK-StPO/ *Rautenberg* Rn. 3; KK-StPO/*Paul* Rn. 1; Löwe/Rosenberg/*Hanack*, 25. Aufl. Rn. 1; SK-StPO/*Frisch* Rn. 3.
[4] Nachw. wie Fn. zuvor.
[5] Näher unten Rn. 8; siehe BVerfG v. 14. 8. 2006 – 2 BvQ 44/06 (2. Kammer des 2. Senats), BVerfGK 9, 34 (35 f.); KG v. 23. 4. 2007 – 2 AR 23/07 – 2 Ws 125/07 (Abs. 6, juris); KG v. 14. 12. 2001 – 5 Ws 779/01 Vollz; OLG Düsseldorf v. 23. 11. 1998 – 1 Ws 817/09 u. 819/09, NStZ-RR 1999, 147; OLG Hamm v. 10. 5. 1971 – 4 Ws 110/71, NJW 1971, 2181 (2182).
[6] SK-StPO/*Frisch* Rn. 3 aE.

dass der Beschuldigte verfassungsrechtlich oder einfachgesetzlich nach dem Rechtsregime der jeweiligen Form der Freiheitsentziehung[7] einen **Anspruch auf Vorführung vor der Geschäftsstelle des judex a quo** hätte.[8] Soweit unter bestimmten Umständen ein solcher Anspruch auf die dortige Vorführung angenommen[9] und von einem „**Wahlrecht**" gesprochen wird, ist das in der Sache unzutreffend und in der Terminologie missverständlich. Das Rechtsmittelrecht erweitert durch § 299 die Möglichkeiten des inhaftierten Rechtsmittelführers in Relation zu dem nicht Inhaftierten, rechtsmittelbezogenen Erklärungen wirksam abzugeben. Die mit der Freiheitsentziehung verbundenen faktischen Beeinträchtigungen sind dadurch ausreichend kompensiert. Verfassungsrechtlich kann daher weder unter dem Aspekt des Zugangs zu Gericht (Art. 19 Abs. 4 GG) noch unter der Gewährung rechtlichen Gehörs oder des allgemeinen Gleichheitssatzes eine Vorführung vor die Geschäftsstelle des judex a quo verlangt werden. Vollzugsrechtlich besteht allenfalls ein Anspruch auf ermessensfehlerfreie Entscheidung, bei dem der Anspruch aus § 299 Abs. 1 zentraler Abwägungsgesichtspunkt gegen eine anderweitige Vorführung ist. Der in der vorstehend skizzierten Diskussion gelegentlich verwendete Terminus „Wahlrecht" ist irreführend, weil zwar die rechtliche Möglichkeit der Erklärung zu Protokoll der Geschäftsstelle des judex a quo erhalten bleibt, die Ausübung aber regelmäßig nicht möglich ist. Gerade der Kompensation dessen dient § 299.

II. Anwendungsbereich (Abs. 1)

3   **1. Anwendungsbereich in persönlicher Hinsicht.** Durch § 299 sind diejenigen Beschuldigten begünstigt, die sich aufgrund einer **behördlichen Anordnung nicht auf freiem Fuß** befinden. Die damit angesprochene Verwahrung liegt bei allen Formen behördlich veranlasster Freiheitsentziehung vor.[10] Dazu gehören außer der **Straf-** und **Untersuchungshaft** der Vollzug **stationärer Maßregeln** der Besserung und Sicherung (Unterbringung im psychiatrischen Krankenhaus [§ 63 StGB], Unterbringung in der Entziehungsanstalt [§ 64 StGB], alle Formen der Sicherungsverwahrung [§§ 66-66b StGB]) sowie **Auslieferungshaft** (§ 62 AufentHG) und auf **polizeirechtlicher** Grundlage angeordneter **Gewahrsam**.[11] Bloße Freiheitsbeschränkungen[12] genügen dagegen nicht. Das Recht aus § 299 steht den Beschuldigten auch in Bezug auf solche rechtsmittelbezogenen Erklärungen zu, die nicht das Verfahren betreffen, in dessen Zusammenhang er sich in behördlich angeordneter Verwahrung befindet.[13]

4   Aufgrund der in § 298 Abs. 2 statuierten entsprechenden Anwendung der Befugnisse des Beschuldigten im Rechtsmittelverfahren[14] gilt § 299 auch für den **gesetzlichen Vertreter iSv. § 298 Abs. 1**,[15] der sich aufgrund behördlicher Anordnung nicht auf freiem Fuß befindet. Die entsprechende Anwendung erfasst lediglich das eigene zugunsten des Beschuldigten eingelegte Rechtsmittel des gesetzlichen Vertreters nicht das eigene Rechtsmittel des Beschuldigten, das der gesetzliche Vertreter aufgrund einer Vollmacht für diesen erhebt. Für **gewillkürte Vertreter** gilt § 299 nicht;[16] auch **nicht für den Privat- oder Nebenkläger**.[17]

5   **2. Anwendungsbereich in sachlicher Hinsicht.** Der sachliche Anwendungsbereich von § 299 mit der zusätzlichen Erklärungsmöglichkeit erfasst ausschließlich auf Rechtsmittel bezogene Erklärungen. **Rechtsmittel** sind lediglich die im 3. Buch normierten Rechtsmittel **Beschwerde, Berufung** und **Revision**. Die Vorschrift erfasst alle auf diese **Rechtsmittel bezogenen Erklärungen**. Das sind nicht allein die eigentlichen prozessualen Bewirkungshandlungen wie die **Einlegung** des Rechtsmittels, dessen **Begründung** sowie der **Verzicht**[18] darauf, die **Rücknahme** und die **Beschränkung** sondern sämtliche ein Rechtsmittelverfahren betreffenden Erklärungen; damit auch der **Wechsel des Rechtsmittels** (etwa Übergang von der Berufung zu der Sprungrevision).[19] Dazu gehören an-

---

[7] Dazu unten Rn. 3.
[8] Wie hier *Meyer* JR 1982, 168 f.; HK-StPO/*Rautenberg* Rn. 2; Löwe/Rosenberg/*Hanack*, 25. Aufl., Rn. 1; *Meyer-Goßner* Rn. 6; im Grundsatz auch ablehnend SK-StPO/*Frisch* Rn. 4.
[9] OLG Stuttgart v. 18. 8. 1981 – 3 Ws 221/81, NStZ 81, 492; AK-StPO/*Achenbach* Rn. 3; in engen Grenzen auch SK-StPO/*Frisch* Rn. 4 (offenbar kumulativ: ohnehin stattfindende Ausführung, gleich gute Erreichbarkeit).
[10] Zum Begriff der Freiheitsentziehung *Radtke*, in: Epping/Hillgruber, GG, Art. 104 Rn. 3 f. mwN.
[11] HK-StPO/*Rautenberg* Rn. 4; KK-StPO/*Paul* Rn. 2; Löwe/Rosenberg/*Hanack*, 25. Aufl., Rn. 2 f.; SK-StPO/*Frisch* Rn. 7.
[12] Dazu *Radtke*, in: Epping/Hillgruber, GG, Art. 104 Rn. 3 mwN.
[13] Ebenso Löwe/Rosenberg/*Hanack*, 15. Aufl., Rn. 4 aE.
[14] Dazu § 298 Rn. 15.
[15] Zum Personenkreis § 298 Rn. 4 und 7.
[16] OLG Hamm v. 22. 2. 1980 – 1 VollzG (Ws) 6/80, GA 1981, 90;Löwe/Rosenberg/*Hanack*, 25. Aufl., Rn. 5; SK-StPO/*Frisch* Rn. 8.
[17] OLG Hamm v. 10. 5. 1971 – 4 Ws 110/71, NJW 1971, 2181 f.; *Meyer-Goßner* Rn. 2 aE; SK-StPO/*Frisch* Rn. 8 aE.
[18] BGH v. 26. 6. 1998 – 1 StR 258/98, bei *Kusch* NStZ-RR 1999, 38.
[19] Vgl. BGH v. 25. 1. 1995 – 2 StR 456/94, BGHSt 40, 395 (397) = NJW 1995, 2367 f.

Erster Abschnitt. Allgemeine Vorschriften 6 § 299

sonsten vor allem **Gegenerklärungen** (etwa § 349 Abs. 3), **Stellungnahmen** zu Anträgen anderer Verfahrensbeteiligter und **Anträge auf Entscheidung des Rechtsmittelgerichts** (§ 319 Abs. 2; § 346 Abs. 2).[20] Angesichts des Wortlauts „auf Rechtsmittel beziehen" fallen auch Anträge auf **Wiedereinsetzung in den vorigen Stand** im Hinblick auf das Versäumen von Rechtsmitteleinlegungs- und Begründungsfristen in den sachlichen Anwendungsbereich.[21]

Über das Vorgenannte hinaus wird § 299 in mehreren Vorschriften ausdrücklich oder der Sache (etwa § 298 Abs. 2)[22] nach **für entsprechend anwendbar** erklärt; so etwa im **Recht der Untersuchungshaft** in § 118 b, bei der **Wiederaufnahme des Verfahrens** durch die Pauschalverweisung in § 365 sowie für den **Einspruch gegen einen Strafbefehl** in § 410 Abs. 1 S. 2. Weiterhin enthält § 120 Abs. 1 StVollzG in Strafvollzugsangelegenheiten für das dortige **Rechtsbeschwerdeverfahren** eine Pauschalverweisung auf die Vorschriften der StPO. Die bis 31. 8. 2009 für das Verfahren der **Anfechtung von Justizverwaltungsakten** (§§ 23 ff. EGGVG) in § 29 Abs. 2 GVG angeordnete entsprechende Anwendung der Grundsätze des Beschwerdeverfahrens der StPO, die auch § 299 als allgemeine Vorschrift über Rechtsmittel erfasste, ist weggefallen.[23] 6

Aus den zahlreichen Verweisungen auf § 299[24] wird zutreffend geschlossen, dass außerhalb dessen eine **analoge Anwendung der Vorschrift** auf vom Anwendungsbereich **nicht** erfasste strafverfahrensrechtliche Erklärungen, Anträge uä. – mangels planwidriger Regelungslücke – **nicht** in Betracht kommt.[25] Dementsprechend besteht die zusätzliche Erklärungsmöglichkeit nicht im **Klageerzwingungsverfahren** (§§ 172 ff.) und dem darauf bezogenen **Prozesskostenhilfeantrag**[26] sowie **nicht** bei Erklärungen etc. als **Privat- oder Nebenkläger**. Erst recht kann § 299 nicht auf rechtsmittelbezogene **Erklärungen außerhalb des Strafverfahrensrechts** angewendet werden;[27] im Verfahren der **Verfassungsbeschwerde** auch dann **nicht**, wenn sich diese gegen ein Strafurteil richtet.[28] Als Ausnahme fehlender Analogiefähigkeit des § 299 lässt sich lediglich das Verfahren der **Anfechtung von Justizverwaltungsakten (§§ 23 ff. EGGVG)** erwägen. Bis zum 31.8.2009 bestand völlige Einigkeit darüber, mittels der in § 29 Abs. 2 EGGVG aF enthaltenen Pauschalverweisung auf das strafverfahrensrechtliche Beschwerdeverfahren auch die allgemeinen Rechtsmittelgrundsätze, einschließlich § 299, für entsprechend anwendbar zu halten.[29] Trotz der erfolgten Streichung von § 29 Abs. 2 EGGVG aF enthalten die Gesetzesmaterialien[30] keine Anhaltspunkte für eine bewusste Entscheidung, die bis zur Reform geltende Rechtslage zu ändern.[31] Das gibt methodisch Raum für eine analoge Anwendung. 7

§ 299 Abs. 1 eröffnet dem nicht auf freiem Fuß befindlichen Beschuldigten die Möglichkeit rechtsmittelbezogene Erklärungen zu Protokoll der Geschäftsstelle des für seinen Verwahrort zuständigen Amtsgerichts abzugeben. Die **Erklärung zu Protokoll der Geschäftsstelle** setzt eine bei **beiderseitiger Anwesenheit** durch den Beschuldigten **gegenüber dem zuständigen Beamten der Geschäftsstelle abzugebende Erklärung** voraus, die durch diesen zu protokollieren ist.[32] Verfassungsrechtlich ist die **einfachgesetzliche Auslegung**, gleichzeitige Anwesenheit von Beschuldigtem und Urkundsbeamtem sowie der Abgabe einer Erklärung des Beschuldigten vor dem Urkundsbeamten der Geschäftsstelle zu verlangen, **nicht zu beanstanden**.[33] Den vorgenannten Anforderungen der Erklärung zu Protokoll der Geschäftsstelle **genügen nicht**: die **fernmündliche Einlegung** zu Protokoll der Geschäftsstelle;[34] die bloße **Übergabe einer** von dem Beschuldigten bereits vollständig verfassten **Beschwerdeschrift** gegenüber dem Urkundsbeamten.[35] Erst recht liegt in 8

---

[20] Siehe auch die Aufzählungen bei Löwe/Rosenberg/*Hanack*, 25. Aufl. Rn. 4 aE; SK-StPO/*Frisch* Rn. 10.
[21] HK-StPO/*Rautenberg* Rn. 6; Löwe/Rosenberg/*Hanack*, 25. Aufl. Rn. 4; SK-StPO/*Frisch* Rn. 10 aE.
[22] Oben Rn. 4.
[23] Zu den Konsequenzen Rn. 7.
[24] Oben Rn. 6.
[25] OLG Düsseldorf 14. 7. 1987 – 1 Ws 490/87, MDR 1988, 165; OLG Hamm v. 10. 5. 1971 – 4 Ws 110/71, NJW 1971, 2181; OLG Stuttgart v. 27. 12. 1983 – 1 Ws 409/83, Justiz 1983, 242; AK-StPO/*Achenbach* Rn. 4; HK-StPO/*Rautenberg* Rn. 8; KK-StPO/*Paul* Rn. 3; Löwe/Rosenberg/*Hanack*, 25. Aufl. Rn. 5; *Meyer-Goßner* Rn. 4; SK-StPO/*Frisch* Rn. 12; aA Hans.OLG Bremen v. 18. 5. 1961 – Ws 81/61, NJW 1962, 169.
[26] Nachw. wie Fn. zuvor.
[27] Zu den Gründen ausführlicher SK-StPO/*Frisch* Rn. 12.
[28] HK-StPO/*Rautenberg* Rn. 8; KK-StPO/*Paul* Rn. 3; Löwe/Rosenberg/*Hanack*, 25. Aufl., Rn. 6; *Meyer-Goßner* Rn. 4; SK-StPO/*Frisch* Rn. 12.
[29] Exemplarisch Löwe/Rosenberg/*Hanack*, 25. Aufl., Rn. 5; SK-StPO/*Frisch* Rn. 10; zu Unrecht verweist Meyer-Goßner, 53. Aufl., Rn. 5 immer noch auf „§ 29 II".
[30] BT-Drucks. 16/6308 S. 318.
[31] Im Ergebnis ebenso *Meyer-Goßner*, § 28 EGGVG Rn. 1.
[32] KG v. 23. 4. 2007 – 2 AR 23/07 – 2 Ws 125/07 (Abs. 14, juris); OLG Düsseldorf v. 6. 7. 1970 – 1 Ws 354/70, NJW 1970, S. 1890; OLG Düsseldorf v. 23. 11. 1998 – 1 Ws 818/09 u. 819/09, NStZ-RR 1999, 147; OLG Hamm v. 10. 5. 1971 – 4 Ws 110/71, NJW 1971, 2181 (2182).
[33] BVerfG v. 14. 8. 2006 – 2 BvQ 44/06 (2. Kammer des 2. Senats), BVerfGK 9, 34 (35 f.).
[34] OLG Düsseldorf v. 6. 6. 1983 – 1 Ws 409/83, Rpfleger 1983, 363 (364).
[35] KG v. 23. 4. 2007 – 2 AR 23/07 – 2 Ws 125/07 (Abs. 6 juris), siehe auch KG v. 14. 12. 2001 – 5 Ws 779/01.

der bloßen **schriftlichen Erklärung**, die dem Amtsgericht des Verwahrortes zugesandt wird, keine Erklärung zu Protokoll der Geschäftsstelle.[36]

III. Fristwahrung bei zu Protokoll der Geschäftsstelle des Amtsgerichts des Verwahrortes abgegebener Erklärungen (Abs. 2)

9   Bei auf Rechtsmittel bezogenen, fristgebundenen Bewirkungshandlungen oder Erklärungen (Rechtsmitteleinlegung und Rechtsmittelbegründung) hängt die Wirksamkeit von dem fristgerechten Eingang bei dem zuständigen Gericht ab. Abs. 2 erstreckt diese Grundregel auf das nach Abs. 1 zusätzlich für die Entgegennahme solcher Erklärungen zuständige Gericht des Verwahrortes und nimmt dem Beschuldigten das Risiko des nicht rechtzeitigen Eingangs der dort protokollierten Erklärung bei dem an sich zuständigen Gericht ab.[37] Abs. 2 bestimmt die **innerhalb der jeweils maßgeblichen Frist** (vor allem § 311 Abs. 2; § 314 Abs. 1, § 341 Abs. 1 und 2, § 345 Abs. 1) **zu Protokoll abgegebenen Erklärungen** des Beschuldigten **als fristwahrend**. Wann die protokollierte Erklärung bei dem für das Rechtsmittelverfahren zuständigen Gericht eingeht, ist irrelevant. Allerdings gilt **Abs. 2 lediglich für zu Protokoll der Geschäftsstelle des Amtsgerichts des Verwahrortes abgegebene Erklärungen**. Fehlt es an den dafür erforderlichen Voraussetzungen,[38] sind fristgebundene Erklärungen lediglich dann fristwahrend abgegeben, wenn sie innerhalb der jeweiligen Frist bei dem an sich zuständigen Gericht eingehen.[39] Macht der nicht auf freiem Fuß befindliche Beschuldigte von der Möglichkeit des Abs. 1 keinen Gebrauch, trägt er bei anderweitiger Erklärungsabgabe das Risiko des rechtzeitigen Eingangs bei dem zuständigen Gericht.

10 Die **Reichweite** der in **Abs. 2** getroffenen Wirksamkeitsregel ist **nicht vollständig geklärt**. Rspr. und hM wenden Abs. 2 auch auf die **Rücknahme- und Verzichtserklärung des Beschuldigten** mit der Konsequenz an, dass zu Protokoll der Geschäftsstelle des Amtsgerichts des Verwahrortes abgegebene Verzichts- oder Rücknahmeerklärungen **nicht mehr** gegenüber dem an sich zustädigen Gericht **widerrufen werden können**, selbst wenn der Widerruf zeitlich vor der protokollierten Verzichts-/Rücknahmeerklärung bei diesem Gericht eingeht.[40] Eine Gegenausnahme wird allerdings für Rücknahmeerklärungen zugelassen, die gegenüber dem Amtsgericht des Verwahrortes erfolgen, obwohl das Rechtsmittelgericht bereits mit der Sache befasst ist.[41] Der damit verbundene Ausschluss eines Widerrufs unter den Voraussetzungen von Abs. 1 abgegebener Rücknahme- und Verzichtserklärungen durch rechtzeitige Widerrufserklärung gegenüber dem für das Rechtsmittelverfahren zuständigen Gericht **verkehrt den Schutzzweck des § 299 in sein Gegenteil**.[42] Vorzugswürdig ist es deshalb, bei auf dem Weg von Abs. 1 erklärter Rücknahme und Verzicht einen Widerruf gegenüber dem an sich zuständigen Gericht zuzulassen. Die entsprechende Erklärung muss allerdings spätestens gleichzeitig mit der Rücknahme-/Verzichtserklärung bei diesem Gericht eingehen.[43]

IV. Rechtsbehelfe

11 Die **Ablehnung** der Erfüllung seines Anspruchs auf **Vorführung** vor den zuständigen Urkundsbeamten der Geschäftsstelle des Amtsgerichts des Verwahrortes kann der Beschuldigte mit der **Beschwerde** geltend machen.[44] Gegen die **Weigerung des Urkundsbeamten**, die Erklärung zu protokollieren, kann sich der Beschuldigte mit der **Erinnerung** nach § 11 Abs. 2 RpflG wenden.[45]

12 Versäumt der Beschuldigte eine auf ein Rechtsmittel bezogene Frist, weil die vom ihm begehrte Vorführung vor den Urkundsbeamten der Geschäftsstelle des Amtsgerichts des Verwahrortes nicht rechtzeitig bewirkt worden ist, kann darin ein Grund für die **Wiedereinsetzung in den vorigen Stand** liegen.[46] Allerdings muss der Beschuldigte, wenn er sich für die Form der Erklärungsabgabe nach Abs. 1 entscheidet, rechtzeitig gegenüber der Anstalt um die Vorführung bemühen. Er kann nicht darauf vertrauen, dass ihm zu jeder Zeit und und innerhalb kürzester Frist die Erklärung zu Protokoll der Geschäftsstelle des Amtsgerichts des Verwahrortes ermöglicht werden

---

[36] Vgl. OLG Düsseldorf v. 6.7.1970 – 1 Ws 354/70, NJW 1970, 1890; KK-StPO/*Paul* Rn. 4; Löwe/Rosenberg/*Hanack*, 25. Aufl., Rn. 8.
[37] Oben Rn. 1.
[38] Ausführlich oben Rn. 8.
[39] Vgl. BVerfG v. 14. 8. 2006 – 2 BvQ 44/06 (2. Kammer des 2. Senats), BVerfGK 9, 34 (35 f.).
[40] BGH v. 10. 1. 1958 – 5 StR 618/57, NJW 1958, 470; BGH v. 11. 4. 1967 – 1 StR 79/67, bei *Dallinger* MDR 1968, 18; BGH v. 8. 11. 1977 – 5 StR 446/77, bei *Holtz* MDR 1978, 281; HK-StPO/*Rautenberg* Rn. 10; KK-StPO/*Paul* Rn. 5; *Meyer-Goßner* Rn. 7.
[41] BGH v. 8. 11. 1977 – 5 StR 446/77, bei *Holtz* MDR 1978, 281 f.; KK-StPO/*Paul* Rn. 5; *Meyer-Goßner* Rn. 7.
[42] Zutreffend SK-StPO/*Frisch* Rn. 16.
[43] So bereits SK-StPO/*Frisch* Rn. 16; siehe auch Löwe/Rosenberg/*Hanack*, 25. Aufl., Rn. 7.
[44] OLG Stuttgart v. 18. 8. 1981 – 3 Ws 221/81, NStZ 1981, 492.
[45] *Meyer* JR 1982, 169; SK-StPO/*Frisch* Rn. 18.
[46] SK-StPO/*Frisch* Rn. 17.

kann.[47] Fehlt es an einem rechtzeitigen Bemühen des Beschuldigten um Vorführung, ist die Fristversäumung nicht unverschuldet.[48]

§ 300 [Irrtümliche Bezeichnung eines Rechtsmittels]
Ein Irrtum in der Bezeichnung des zulässigen Rechtsmittels ist unschädlich.

Schrifttum: *Kleinknecht,* Zur Frage des Übergangs eines Rechtsmittels zum anderen, JZ 1966, 755.

I. Zweck und Bedeutung

Nach seinem **Wortlaut** normiert § 300 lediglich die Konstellationen **eines Erklärungsirrtums** **(Bezeichnungsirrtums)** in Bezug auf die Bezeichnung eines an sich zulässigen Rechtsmittels. Die **Wirksamkeit des** statthaften **Rechtsmittels hängt nicht von** der Wahl der **zutreffenden Bezeichnung** durch den Rechtsmittelführer **ab**. Ebensowenig setzt die Wirksamkeit eines Rechtsmittels überhaupt eine Bezeichnung voraus.[1] Die Vorschrift bezweckt **vor dem Hintergrund** der verfassungsrechtlichen Anforderungen **des Art. 19 Abs. 4 GG**, der dem Bürger eine möglichst wirksame gerichtliche Kontrolle garantiert,[2] die Zulässigkeit auslegungsfähiger Rechtsmittelanträge nicht an der Unzulänglichkeit der Formulierung scheitern zu lassen.[3] § 300 wird angesichts der verfassungsrechtlichen Vorgaben durchgängig als **Ausdruck eines allgemeinen Rechtsgedankens** verstanden.[4] Angesichts dessen wird er weit über seinen Wortlaut hinausgehend als Instrument für eine **Auslegung** sowie **Umdeutung von auf Rechtsmittel und sonstige Rechtsbehelfe bezogenen Erklärungen** (direkt oder analog) herangezogen.[5] Der Zweck der Vorschrift geht insgesamt dahin, im Zusammenhang mit Rechtsmitteln bei vorhandenem Anfechtungswillen möglichst zu einem zulässigen Rechtsmittel und bei mehreren zulässigen zu dem zu gelangen, das die Überprüfung möglichst umfänglich erlaubt. Grenzen der Umdeutung oder Auslegung sind jedoch an sich erreicht, wenn von einem bewusst und gewollt eingelegten Rechtsmittel zu einem anderen übergegangen werden soll.[6]

II. Anwendungsbereich

1. Anwendungsbereich in persönlicher Hinsicht. Die Vorschrift findet ungeachtet ihres vor dem Hintergrund des Art. 19 Abs. 4 GG stehenden Regelungszwecks innerhalb des sachlichen Anwendungsbereichs[7] **auf sämtliche Personen, die ein Rechtsmittel oder einen sonstigen Rechtsbehelf eingelegt** haben, Anwendung. Außer Rechtsmitteln des **Beschuldigten/Angeklagten** sind auch solche der **Staatsanwaltschaft**[8] sowie des **Verteidigers** und des **gesetzlichen Vertreters** des Beschuldigten erfasst, auch wenn diese gemäß § 297 und § 298 von ihrer eigenen Rechtsmittelbefugnis zugunsten des Beschuldigten Gebrauch machen. Ob mit der Person des Rechtsmittelführers (rechtskundig/nicht rechtskundig) Unterschiede in Bezug auf den Maßstab der Auslegung des eingelegten Rechtsmittels verbunden sind, wird unterschiedlich beurteilt.[9]

2. Anwendungsbereich in sachlicher Hinsicht. Trotz des Wortlautes „Rechtsmittel" und der systematischen Stellung der Vorschrift im 3. Buch wird § 300 als Ausdruck eines allgemeinen Rechtsgedankens[10] **nicht lediglich** auf die eigentlichen Rechtsmittel **Beschwerde, Berufung** und **Revision** angewendet sondern **im Strafverfahren auf sämtliche Rechtsbehelfe**[11] **und Anträge** er-

---

[47] KG v. 30. 6. 2008 – 1 Ss 249/08, NStZ-RR 2009, 19; Thüring.OLG v. 29. 10. 2007 – 1 Ws 356/07 (Abs. 14, juris).
[48] Nachw. wie Fn. zuvor.
[1] Vgl. BGH v. 12. 12. 1951 – 3 StR 691/51, BGHSt 2, 63 (67) ; KK-StPO/*Paul* Rn. 2; Löwe/Rosenberg/*Hanack*, 25. Aufl., Rn. 2; *Meyer-Goßner* Rn. 2; SK-StPO/*Frisch* Rn. 3.
[2] BVerfG v. 29. 11. 1989 – 1 BvR 1011/88, BVerfGE 81, 123 (129) = NJW 1990, 1104; BVerfG v. 30. 4. 1997 – 2 BvR 817/90, BVerfGE 96, 27 (39) = NJW 1997, 2163; BVerfG v. 10. 9. 1999 – 2 BvR 184/99 (2. Kammer des 2. Senats), NJW 2000, 649 (650).
[3] Vgl. BVerfG v. 2. 3. 1993 – 1 BvR 249/92, BVerfGE 88, 118 (127) = NJW 1993, 1635; BVerfG v. 30. 4. 1997 – 2 BvR 817/90, BVerfGE 96, 44 (50) = NJW 1997, 2165; BVerfG v. 10. 9. 1999 – 2 BvR 184/99 (2. Kammer des 2. Senats), NJW 2000, 649 (650).
[4] BGH v. 17. 7. 1997 – 1 StR 208/97, StV 1997, 588; KK-StPO/*Paul* Rn. 1; Löwe/Rosenberg/*Hanack*, 25. Aufl., Rn. 2; *Meyer-Goßner* Rn. 1.
[5] Näher unten Rn. 3.
[6] Löwe/Rosenberg/*Hanack*, 25. Aufl. Rn. 1 aE; SK-StPO/*Frisch* Rn. 6; siehe auch unten Rn. 10 aE.
[7] Unten Rn. 3.
[8] BGH v. 1. 7. 2005 – 2 StR 9/05, BGHSt 50, 180 (186) = NJW 2005, 3078 (3080); *Meyer-Goßner* Rn. 2; siehe implizit auch OLG Hamm v. 24. 2. 2009 – 3 Ws 23/09, NStZ 2010, 105; OLG München v. 25. 1. 2005 – 2 Ws 1308/04, NStZ-RR 2005, 152 (153); Thüring.OLG v. 19. 3. 2009 – 1 Ws 87/09, NStZ 2010, 217.
[9] Unten Rn. 6 und 8.
[10] Oben Rn. 1.
[11] Löwe/Rosenberg/*Hanack*, 25. Aufl., Rn. 3; SK-StPO/*Frisch* Rn. 21-23 jeweils mwN.

streckt.¹² Damit sind etwa der Einspruch gegen den Strafbefehl (§ 41), Anträge auf gerichtliche Entscheidung oder auf solche des Rechtsmittelsgerichts (§ 319 Abs. 2, § 346 Abs. 2), Anträge auf Wiedereinsetzung in den vorigen Stand (§§ 44 ff.) sowie Rechtsmittel oder Rechtsbehelfe gegen Nebenentscheidungen (etwa Kostenentscheidungen) sowie sonstige strafverfahrensrechtliche Anträge erfasst (allgM).¹³ Die direkte oder analoge Anwendung erstreckt sich auf **sämtliche Stadien des Verfahrens** einschließlich der Vollstreckung.¹⁴ Die Anwendbarkeit gilt auch für die **Rechtsmittel und Rechtsbehelfe des Ordnungswidrigkeitenverfahrens**¹⁵ sowie im **Verhältnis zwischen den Rechtsmitteln/Rechtsbehelfen des Strafverfahrens** einerseits und des **Ordnungswidrigkeitenverfahrens** andererseits.¹⁶ Dem Letztgenannten entsprechend kann bei Verurteilung zu einer Geldbuße im Strafverfahren eine gegen das fragliche strafrichterliche Urteil eingelegte „Rechtsbeschwerde" (§§ 79, 80 OWiG) als Berufung gedeutet werden.¹⁷ Soweit es sich nicht um Erklärungsirrtümer (Bezeichnungsirrtümer) bzw. Auslegung/Umdeutung von **Rechtsmitteln des 3. Buchs der StPO** handelt, kommt jeweils nur eine **entsprechende Anwendung** in Betracht.¹⁸

III. Regelungsgehalt

1. Allgemeines. § 300 ordnet an sich lediglich die rechtliche Bedeutungslosigkeit eines **Erklärungsirrtums/Bezeichnungsirrtums** in Bezug auf die Wirksamkeit der Erhebung von Rechtsmitteln an. Dagegen soll er Irrtümer im Motiv des Anfechtenden nicht erfassen.¹⁹ Welche Konstellationen durch den Ausschluss des **Motivirrtums** aus dem Anwendungsbereich des § 300 herausfallen sollen, ist nicht vollständig klar. Letztlich bewendet es wohl bei solchen Fällen, in denen der Rechtsmittelführer selbst nach Aufklärung über die Unzulässigkeit des eingelegten Rechtsmittels auf dessen Einlegung (statt der eines an sich statthaften) beharrt²⁰ oder ein bewusst und gewollt ein klar bezeichnetes Rechtsmittel eingelegt hat, dieses aber später gegen ein anderes auswechseln möchte.²¹

2. Anfechtungswille. Zwingende Voraussetzung für die Möglichkeit einer auf § 300 gestützten Auslegung/Umdeutung eines Rechtsmittels/Rechtsbehelfs ist ein eindeutig zum Ausdruck kommender Wille, eine bestimmte Entscheidung anzufechten (**Anfechtungswille**).²² Dieser Anfechtungswille liegt dann vor, wenn aus einer entsprechenden **Erklärung deutlich hervorgeht, dass sich der Erklärende mit einer ihn beschwerenden gerichtlichen Entscheidung nicht abfinden will**.²³ Maßgebend für die Auslegung ist der **Sinngehalt**, der sich aus der **Gesamtheit** der innerhalb der Anfechtungsfrist eingehenden **Erklärungen** ergibt.²⁴ Bloße Ankündigungen, ein Rechtsmittel einlegen zu wollen, lassen einen Anfechtungswillen nicht ausreichend erkennen.²⁵ Die Frage, **ob ein Anfechtungswille erkennbar** erklärt worden ist, ist damit selbst **der Auslegung zugänglich** und eröffnet für den Fall der Annahme des Anfechtungswillens die Auslegung der abgegebenen Erklärung im Hinblick auf das gemeinte Rechtsmittel/den gemeinten Rechtsbehelf.

Die für die **Klärung des Anfechtungswillens** relevanten Maßstäbe sind nicht vollständig geklärt. Das zuständige Rechtsmittelgericht muss die für das Verständnis der Erklärung maßgeblichen

---

¹² RG v. 21. 2. 1933 – I 50/33, RGSt 67, 123 (125); HK-StPO/*Rautenberg* Rn. 1; KK-StPO/*Paul* Rn. 1 aE; Löwe/Rosenberg/*Hanack*, 25. Aufl., Rn. 3; *Meyer-Goßner* Rn. 1, siehe auch SK-StPO/*Frisch* Rn. 22 „entsprechende Anwendung".
¹³ Siehe nur Löwe/Rosenberg/*Hanack*, 25. Aufl., Rn. 3; *Meyer-Goßner* Rn. 1; aus der Rspr. exemplarisch KG v. 26. 2. 2004 – 5 Ws 696/03, NStZ-RR 2004, 190 f. mwN.
¹⁴ Lediglich exemplarisch OLG Hamm v. 24. 2. 2009 – 3 Ws 23/09, NStZ 2010, 105 f. (Rechtsmittel der Staatsanwaltschaft gegen einen Beschluss, mit dem die beantragte Verlängerung der Bewährungszeit abgelehnt wurde).
¹⁵ BGH v. 2. 4. 1970 – 4 StR 45/70, BGHSt 23, 233 (235) = NJW 1970, 1198 sowie Nachw. wie Fn. zuvor.
¹⁶ Exemplarisch Thüring.OLG v. 3. 3. 2009 – 1 Ss 280/08 und 1 Ws 69/09, VRS 117 (2009), 364 f.; SK-StPO/*Frisch* Rn. 23.
¹⁷ Thüring.OLG v. 3. 3. 2009 – 1 Ss 280/08 und 1 Ws 69/09, VRS 117 (2009), 364 f.
¹⁸ Zutreffend SK-StPO/*Frisch* Rn. 21-23.
¹⁹ BayObLG v. 27. 9. 1973 – GSSt 1/73, BayObLGSt 1973, 146; Löwe/Rosenberg/*Hanack*, 25. Aufl., Rn. 1; SK-StPO/*Frisch* Rn. 6 jeweils mwN.
²⁰ Vgl. OLG Düsseldorf v. 2. 2. 1962 – 1 Ws 47/62, MDR 1962, 327; Löwe/Rosenberg/*Hanack*, 25. Aufl., Rn. 12.
²¹ HK-StPO/*Rautenberg* Rn. 5; SK-StPO/*Frisch* Rn. 6.
²² BayObLG v. 28. 11. 1994 – 2 StR 221/94, NJW 1995, 1230; KG v. 14. 8. 2007 – 1 AR 1086/07 und 1 Ws 107/07 (juris); KG v. 26. 2. 2004 5 Ws 696/03, NStZ-RR 2004, 190 f.; OLG Düsseldorf v. 20. 2. 1980 – 5 Ss OWi 54/80 – 22/80 V, VRS 59 (1980), S. 358; LG Arnsberg v. 9. 2. 2007 – 2 Qs 18/07, SVR 2008, 112 mAnm. *Krumm*; LG Kaiserslautern v. 28. 2. 2005 – 8 Qs 4/05 (juris); *Kleinknecht* JZ 1960, 674; HK-StPO/*Rautenberg* Rn. 2; KK-StPO/*Paul* Rn. 2; Löwe/Rosenberg/*Hanack*, 25. Aufl., Rn. 4 f.; SK-StPO/*Frisch* Rn. 8 f.
²³ KG v. 26. 2. 2004 5 Ws 696/03, NStZ-RR 2004, 190 f.; Löwe/Rosenberg/*Hanack*, 25. Aufl., Rn. 5; SK-StPO/*Frisch* Rn. 10 mwN.
²⁴ BayObLG v. 25. 1. 1952 – 2 StR 3/52, BGHSt 2, 41 (43) = NJW 1952, 435 mAnm. *Cüppers*; BGH v. 24.03.1964 – 3 StR 60/63, BGHSt 19, 273 (275) = NJW 1964, 1234 (1235); KG v. 14. 8. 2007 – 1 AR 1086/07 u. 1 Ws 107/07; KG v. 26. 2. 2004 5 Ws 696/03, NStZ-RR 2004, 190 f.; KK-StPO/*Paul* Rn. 2; Löwe/Rosenberg/*Hanack*, 25. Aufl., Rn. 5; SK-StPO/*Frisch* Rn. 10.
²⁵ HK-StPO/*Rautenberg* Rn. 2; Löwe/Rosenberg/*Hanack*, 25. Aufl., Rn. 4; SK-StPO/*Frisch* Rn. 8.

erkennbaren Umstände umfassend würdigen.²⁶ Da § 300 Konstellationen des Erklärungs-/Bezeichnungsirrtums erfasst, wird in Bezug auf den Anfechtungswillen eine Pflicht zur Nachfrage (freibeweislich) bei dem Erklärenden, ob er anfechten wollte oder nicht, nach Ablauf einer eventuellen Rechtsmittelfrist nicht angenommen werden können, weil anderenfalls nachträglich eine Rechtsmitteleinlegung nach Fristablauf eröffnet werden könnte. Die Antwort auf Nachfragen innerhalb der Frist kann dagegen im Rahmen der Gesamtumstände der Erklärung berücksichtigt werden.²⁷ Die in der Rspr. gelegentlich eingenommene Position an den Anfechtungswillen eines Rechtskundigen höhere Anforderungen zu stellen als an den des Rechtsunkundigen,²⁸ trägt allenfalls als grobe Faustformel, kann aber bei komplexeren Anfechtungsfragen kaum gelten.²⁹ Können unterschiedliche **Teile einer** einheitlichen **Entscheidung** (zB. bei Urteil mit Kostenentscheidung) diese mit **unterschiedlichen Rechtsmitteln/Rechtsbehelfen** (zB. Berufung/Revison gegen den Schuld- und Strafausspruch, sof. Beschwerde gegen die Kostenentscheidung) **angefochten** werden, muss nach den allgemeinen Regeln geprüft werden, ob der Anfechtungswille innerhalb der jeweils zur Verfügung stehenden Frist (etwa der des § 311 Abs. 2) auch die Nebenentscheidung betrifft.³⁰ Im gewählten Beispiel folgt aus der Einlegung eines (ggf. auslegungsbedürftigen Rechtsmittels) nicht ohne Weiteres auch der auf die Kostenentscheidung bezogene Anfechtungswille.³¹

Einzelfälle: Die **Ankündigung,** einen Anwalt mit der Prüfung eines Rechtsmittels zu beauftragen, genügt regelmäßig nicht; durchaus aber das Gesuch um Bestellung eines Verteidigers zur Durchführung des Rechtsmittelverfahrens.³² Dem **Kostenfestsetzungsantrag** eines Verteidigers ist regelmäßig kein Anfechtungswille in Bezug auf die Kostenentscheidung zu entnehmen, so dass der Antrag grundsätzlich nicht als sofortige Beschwerde gegen die (ggf. auch unterbliebene) Kostenentscheidung zu sehen ist.³³ An dem erforderlichen Anfechtungswillen kann es auch fehlen, wenn sich die Erklärung in bloßen **Unmutsäußerungen** oder **Beleidigungen** erschöpft; selbst wenn sich dem im Einzelfall ein Anfechtungswille entnehmen lassen sollte, löst das nicht zwingend eine Pflicht zur Bescheidung aus.³⁴ 7

3. Auslegung/Umdeutung bei vorhandenem Anfechtungswillen. a) Allgemeines. Art und Um- 8 fang der durch § 300 (direkt oder entsprechend) ermöglichten **Auslegung oder Umdeutung** von Rechtsmitteln/Rechtsbehelfen hängen im Wesentlichen davon ab, **ob** gegen die Entscheidung, auf die sich der vorhandene Anfechtungswille³⁵ bezieht, für den Anfechtenden lediglich **ein statthaftes oder mehrere statthafte Rechtsmittel/Rechtsbehelfe** zur Verfügung stehen. Jeweils als Faustformeln der Auslegungsgrundsätze lässt sich formulieren: bei nur **einem zulässigen Rechtsmittel** ist regelmäßig anzunehmen, dass dieses Rechtsmittel erhoben worden ist, weil es allein den erstrebten Erfolg bewirken kann.³⁶ Stehen dagegen **mehrere statthafte Rechtsmittel/Rechtsbehelfe** zur Verfügung (etwa Berufung oder [Sprung]Revision gegen Urteile des Strafrichters und des Schöffengerichts), ist die entsprechende Erklärung etc. regelmäßig so auszulegen, dass die größtmögliche Überprüfung ermöglicht wird, um so dem Rechtsmittel/Rechtsbehelf die größten Erfolgschancen zu eröffnen.³⁷ Das gilt auch bei Widersprüchen zwischen den maßgeblichen Erklärungen des Beschuldigten/Angeklagten einerseits und seines Verteidigers (§ 297) andererseits.³⁸ Bei der

---

²⁶ Löwe/Rosenberg/*Hanack*, 25. Aufl., Rn. 5 mwN.
²⁷ Insoweit ebenso SK-StPO/*Frisch* Rn. 10 aE.
²⁸ Etwa im Kontext eines Kostenfestsetzungsantrages eines Verteidigers, vgl. KG v. 14. 8. 2007 – 1 AR 1086/07 und 1 Ws 107/07 (juris); KG v. 26. 2. 2004 5 Ws 696/03, NStZ-RR 2004, 190 f.; siehe auch KK-StPO/*Paul* Rn. 2; Löwe/Rosenberg/*Hanack*, 25. Aufl., Rn. 5; SK-StPO/*Frisch* Rn. 10, dagegen HK-StPO/*Rautenberg* Rn. 8.
²⁹ Unten Rn. 8 aE. mit Nachw. in Fn. 40.
³⁰ SK-StPO/*Frisch* Rn. 17.
³¹ BGH v. 8. 12. 1972 – 2 StR 29/72, BGHSt 25, 77 (81); BayObLG v. 27. 9. 1973 – GSSt 1/73, BayObLGSt 1973, 146 (154); siehe auch OLG Düsseldorf v. 4. 12. 1975 – 3 Ws 421/75, GA 1976, 183; *Meyer-Goßner* Rn. 3.
³² SK-StPO/*Frisch* Rn. 8.
³³ KG v. 14. 8. 2007 – 1 AR 1086/07 und 1 Ws 107/07 (juris); KG v. 26. 2. 2004 – 5 Ws 696/03, NStZ-RR 2004, 190 f.; OLG Düsseldorf v. 20. 2. 1980 – 5 Ss OWi 54/80 – 22/80 V, VRS 59 (1980), S. 358; LG Arnsberg v. 9. 2. 2007 – 2 Qs 18/07, SVR 2008, 112 mAnm. *Krumm;* LG Kaiserslautern v. 28. 2. 2005 – 8 Qs 4/05 (juris); siehe aber auch SK-StPO/*Frisch* Rn. 8 bei unterbliebener Kostenentscheidung.
³⁴ Näher § 296 Rn. 17.
³⁵ Oben Rn. 5–7.
³⁶ Exemplarisch BGH v. 16. 2. 1956 – 3 StR 473/55, NJW 1956, 756; RG v. 21. 2. 1933 – I 50/33, RGSt 67, 123 (125); OLG Düsseldorf v. 20. 2. 1980 – 5 Ss OWi 54/80 – 22/80 V VRS 59 (1980), S. 358; OLG Koblenz v. 24. 1. 1983 – 1 Ss 11/83, VRS 65 (1983), S. 45; OLG Schleswig v. 25. 11. 1986 – 2 Ws 654/86, SchlHA 1987, 119; vgl. in der Sache auch OLG Hamm v. 24. 2. 2009 – 3 Ws 23/09, NStZ 2010, 105 f. (Rechtsmittel der StA gegen den einen die Verlängerung der Bewährungsfrist ablehnenden Beschluss bei divergierender Rspr. der OLGe über das statthafte Rechtsmittel); siehe auch Löwe/Rosenberg/*Hanack*, 25. Aufl., Rn. 6; *Meyer-Goßner* Rn. 3; SK-StPO/*Frisch* Rn. 11 jeweils wmN.
³⁷ BGH v. 16. 2. 1956 – 3 StR 473/55, NJW 1956, 756; RG v. 21. 2. 1933 – I 50/33RGSt 67, 123 (125); OLG Düsseldorf v. 20. 2. 1980 – 5 Ss OWi 54/80 – 22/80 V, VRS 59 (1980), S. 358; OLG Koblenz v. 24. 1. 1983 – 1 Ss 11/83, VRS 65 (1983), S. 45; OLG Schleswig v. 25. 11. 1986 – 2 Ws 654/86, SchlHA 1987, 119; Löwe/Rosenberg/*Hanack*, 25. Aufl., Rn. 6; *Meyer-Goßner* Rn. 3; SK-StPO/*Frisch* Rn. 12.
³⁸ OLG Düsseldorf v. 12. 2. 1993 – 2 Ss 393/92 – 2/93 II, MDR 1993, 676.

Handhabung der vorgenannten Faustformeln sind allerdings die jeweiligen Umstände der Erklärung wie bei der Aufklärung des Anfechtungswillens mit zu berücksichtigen. Bringt der Rechtsmittelführer etwa bei der Alternativität von Berufung und Revision mit der Erklärung und den sie begleitenden Umständen zum Ausdruck, sich (auch) gegen die tatsächliche Grundlage des angefochtenen Urteils wenden zu wollen, ist das Rechtsmittel als Berufung auszulegen, selbst wenn es als Revision bezeichnet oder auf eine Bezeichnung völlig verzichtet wurde.[39] Verbleibende Unklarheiten, die vor allem dann relevant werden können, wenn **einzelne Teile einer Entscheidung mit unterschiedlichen Rechtsmitteln/Rechtsbehelfen angegriffen** werden können (Berufung/Revision gegen Schuld- und Strafausspruch, sofortige Beschwerde gegen Kostenentscheidung) sind ggf. durch **Befragung** des Anfechtenden innerhalb der jeweiligen Rechtsmittelfrist zu klären; das Ergebnis ist dann Indiz für das von Anfang an gemeinte Rechtsmittel.[40] Die vielfach formulierte „Auslegungsregel" der rechtskundige Rechtsmittelführer sei eher am Wortlaut seiner Erklärung festzuhalten als der Rechtsunkundige,[41] hat jedenfalls bei unklarer Rechtslage über das statthafte Rechtsmittel keine Berechtigung und scheint in der Rspr. auch nicht herangezogen zu werden.[42]

9 **b) Ein statthaftes Rechtsmittel.** Steht dem Anfechtenden ohnehin lediglich ein statthaftes Rechtsmittel/ein statthafter Rechtsbehelf zur Verfügung, ist **im Grundsatz jede Falschbezeichnung** oder fehlende Bezeichnung für die Wirksamkeit **unschädlich.** Das gilt letztlich auch bei dem von einem rechtskundigen Rechtsmittelführer eingelegten Rechtsmittel.[43] **Ausnahmsweise sind Rechtsbehelfe/Rechtsmittel aber dann unzulässig, wenn** der Anfechtende selbst **nach Kenntnis der Unzulässigkeit** des erhobenen Rechtsmittels **an diesem festhält.**[44]

10 **c) Mehrere statthafte Rechtsmittel.** Stehen dem Anfechtenden mehrere statthafte Rechtsmittel/Rechtsbehelfe zur Verfügung, gilt der **Grundsatz,** von dem **Rechtsmittel/Rechtsbehelf** auszugehen, **das zu der umfassendsten Überprüfung führt.**[45] Die Anwendung dieses Grundsatzes kann dazu führen, dass das klar bezeichnete (nicht statthafte) Rechtsmittel in statthafte Rechtsmittel umgedeutet und innerhalb der dann verbleibenden Mehrzahl von Rechtsmitteln dasjenige mit dem größeren Überprüfungsumfang angenommen wird. So verhält es sich etwa bei einer gegen ein strafrichterliches Urteil im Strafverfahren wegen einer Ordnungswidrigkeit eingelegten „Rechtsbeschwerde" die regelmäßig als Berufung und nicht als an sich auch statthafte Revision gedeutet wird.[46] Allerdings ist von dem Grundsatz bei Auswahl zwischen mehreren Rechtsmitteln selbst dann auszugehen, wenn das falsch oder gar nicht bezeichnete Rechtsmittel sogar – wie im Verhältnis Berufung/Revision – den Anforderungen des mit (höheren) Begründungsaufwand verbundenen Rechtsmittels entspricht.[47] Ergibt sich innerhalb der jeweils maßgeblichen Rechtsmittelfrist eine eindeutige Entscheidung des Anfechtenden für ein bestimmtes Rechtsmittel, so ist dieses eingelegt, selbst wenn ein anderes Rechtsmittel zu einer weitergehenden Überprüfung führen könnte.[48] Kann gegen ein Urteil Berufung oder (Sprung)Revision (§ 335) eingelegt werden, wird das zunächst unbestimmt eingelegte Rechtsmittel als Berufung behandelt, wenn nicht innerhalb der Frist des § 345 eine Erklärung eingeht, das Rechtsmittel als Revision durchführen zu wollen.[49] Dagegen gewährt § 300 nicht den Übergang von einem bewusst eingelegten Rechtsmittel zu einem anderen.[50]

---

[39] SK-StPO/*Frisch* Rn. 12 mwN.
[40] Vgl. BGH v. 12. 12. 1951 – 3 StR 691/51, BGHSt 2, 63 (67); BayObLG v. 28. 11. 1994 – 2St RR 221/94, NJW 1995, 1230; AK-StPO/*Achenbach* Rn. 2; HK-StPO/*Rautenberg* Rn. 6 aE; KK-StPO/*Paul* Rn. 2; Löwe/Rosenberg/*Hanack*, 25. Aufl., Rn. 10; *Meyer-Goßner* Rn. 2; SK-StPO/*Frisch* Rn. 12; siehe auch bereits oben Rn. 6.
[41] Etwa OLG Celle v. 25. 9. 1959 – 2 Ss 296/59, NJW 1960, 114 (115); Löwe/Rosenberg/*Hanack*, 25. Aufl., Rn. 6; SK-StPO/*Frisch* Rn. 10; aA HK-StPO/*Rautenberg* Rn. 8.
[42] Exemplarisch aus jüngerer Zeit OLG Hamm v. 24. 2. 2009 – 3 Ws 23/09, NStZ 2010, 105 f. (Rechtsmittel der StA gegen den einen die Verlängerung der Bewährungsfrist ablehnenden Beschluss bei divergierender Rspr. der OLGe über das statthafte Rechtsmittel); OLG München v. 25. 1. 2005 – 2 Ws 1308/04, NStZ-RR 2005, 152 f. (sofortige Beschwerde – statt eingelegter Berufung – der StA gegen Aussetzung der Jugendstrafe zur Bewährung).
[43] Siehe die Nachw. in der Fn. zuvor.
[44] OLG Düsseldorf v. 2. 2. 1962 – 1Ws 47/62, MDR 1962, 327; Löwe/Rosenberg/*Hanack*, 25. Aufl., Rn. 10 aE; *Meyer-Goßner* Rn. 2; SK-StPO/*Frisch* Rn. 5 und 14; aA AK-StPO/*Achenbach* Rn. 2.
[45] Oben Rn. 8 mit Nachw. in Fn. 34.
[46] Etwa BayObLG v. 20. 5. 1969 – 1 b Ws (B) 7/69, BayObLGSt 1969, 93 mAnm. *Göhler* JR 1969, 470; OLG Düsseldorf v. 2. 9. 1975 – 3 Ss 781/75, MDR 1976, 75; OLG Schleswig v. 25. 11. 1986 – 2 Ws 654/86, SchlHA 1987, 119; Thüring.OLG v. 3. 3. 2009 – 1 Ss 280/09 u. 1 Ws 69/09, VRS 117 (2009), 364 (365 f.); siehe auch Löwe/Rosenberg/*Hanack*, 25. Aufl., Rn. 13.
[47] BayObLG v. 20. 5. 1969 – 1 b Ws (B) 7/69, BayObLGSt 1969, 94 (96); OLG Düsseldorf v. 2.9. 1975 – 3 Ss 781/75, MDR 1976, 75 (76); OLG Köln v. 22. 4. 1980 – 3 Ss 148/80 MDR 1980, 690; SK-StPO/*Frisch* Rn. 19 mwN.
[48] Näher SK-StPO/*Frisch* Rn. 20.
[49] Löwe/Rosenberg/*Hanack*, 25. Aufl., Rn. 11.
[50] Oben Rn. 1 aE.

IV. Rechtsbehelfe

Die Anwendung von § 300 durch eine Vorinstanz unterliegt der revisionsgerichtlichen Überprüfung in vollem Umfang.[51] Das gilt auch für die Überprüfung durch Rechtsmittelgerichte bei anderen Rechtsmitteln/Rechtsbehelfen soweit nicht Besonderheiten für das jeweilige Rechtsmittel bestehen.

§ 301 [Wirkung des Rechtsmittels der Staatsanwaltschaft]

Jedes von der Staatsanwaltschaft eingelegte Rechtsmittel hat die Wirkung, dass die angefochtene Entscheidung auch zugunsten des Beschuldigten abgeändert oder aufgehoben werden kann.

Schrifttum: *Hamm,* Verfahrensspaltung bei gegenläufigen Revisionen des Angeklagten und der Staatsanwaltschaft, StV 2000, 637; *Meyer-Goßner/Cierniak,* Anm. zu OLG Zweibrücken v. 9. 2. 2007 – 1 Ss 274/99, NStZ 2000, 611.

I. Zweck und Bedeutung

Die Vorschrift schreibt in ihrem unmittelbaren Anwendungsbereich einem von der Staatsanwaltschaft ausschließlich zugunsten des Beschuldigten eingelegtem Rechtsmittel die Wirkung zu, dem **Rechtsmittelgericht** entgegen der „Anfechtungsrichtung" der Staatsanwaltschaft die **Prüfung und Abänderung bzw. Aufhebung der** zulässig **angefochtenen Entscheidung auch zugunsten des Beschuldigten** zu gestatten. Insoweit ordnet § 301 eine Wirkung an, die ansonsten dem Rechtsmittel der Staatsanwaltschaft lediglich von dem gemäß **§ 296 Abs. 2**[1] (ausschließlich) zugunsten des Beschuldigten eingelegten ausgeht. Dagegen stimmen das nach § 296 Abs. 2 erhobene und das zugunsten des Beschuldigten erhobene Rechtsmittel der Staatsanwaltschaft in den sonstigen Wirkungen nicht überein. Lediglich für das **staatsanwaltschaftliche Rechtsmittel nach § 296 Abs. 2** gilt das **Verschlechterungsverbot** bereits bei der Entscheidung über dieses selbst.[2] Das allein zugunsten des Beschuldigten eingelegte Rechtsmittel führt die Geltung des Verschlechterungsverbotes entweder aufgrund unmittelbarer Anwendung von § 358 Abs. 2 oder dessen erweiternder Auslegung erst in Bezug auf Entscheidungen des Gerichts herbei, bei dem das Verfahren nach der Entscheidung des jeweiligen Rechtsmittelgerichts über das zugunsten des Beschuldigten eingelegte Rechtsmittel anhängig ist (also etwa bei dem Revisionsgericht, nachdem das Berufungsgericht über eine zugunsten des Beschuldigten erhobene Berufung der Staatsanwaltschaft entschieden und dagegen Revision eingelegt worden ist).[3] Dagegen gilt für die Entscheidung über das **ausschließlich zugunsten** des Beschuldigten **eingelegte Rechtsmittel** der Staatsanwaltschaft selbst das **Verschlechterungsverbot der §§ 331, 358 Abs. 2 nicht.**[4] Auf dieses Rechtsmittel hin können – im Umfang der Anfechtung – Schuldspruch und Strafausspruch verschärft werden.

Der Regelungsgehalt der Vorschrift lässt sich plausibel lediglich vor dem Hintergrund der **Funktionen von Staatsanwaltschaft und Rechtsmittelgericht** erklären.[5] Ohne die Ausdehnung des Prüfungs- und Entscheidungsumfangs des Rechtsmittelgerichts zugunsten des Beschuldigten müsste dieses sehenden Auges eine fehlerhafte Ausgangsentscheidung bestehen lassen,[6] wenn es aufgrund eines ausschließlich zugunsten des Beschuldigten eingelegten Rechtsmittels mit der Sache befasst ist. Damit würde aber auch eine unzureichende Aufgabenerfüllung seitens der Staatsanwaltschaft perpetuiert, die zu Lasten des Beschuldigten wirkende Mängel der angefochtenen Entscheidung nicht erkannt oder jedenfalls nicht mit einem entsprechenden Rechtsmittel geltend gemacht hat.

II. Anwendungsbereich

1. Anwendungsbereich in persönlicher Hinsicht. Der **unmittelbare Anwendungsbereich** erfasst lediglich seitens der Staatsanwaltschaft zugunsten des Beschuldigten (Angeklagten etc.) eingelegte Rechtsmittel. Es besteht jedoch angesichts des Regelungszwecks[7] Bedarf eine **entsprechende Anwendbarkeit** in Bezug auf die personale Komponente in zweierlei Richtungen zuzulassen: zum

---

[51] Näher SK-StPO/*Frisch* Rn. 20.
[1] Dazu § 296 Rn. 45–48.
[2] § 296 Rn. 48.
[3] Näher unten Rn. 8.
[4] Vgl. OLG Zweibrücken v. 9. 2. 2000 – 1 Ss 274/99, NStZ 2000, 610; *Meyer-Goßner/Cierniak* NStZ 2000, 611; KK-StPO/*Paul* Rn. 1; Löwe/Rosenberg/*Hanack*, 25. Aufl., Rn. 1; SK-StPO/*Frisch* Rn. 1.
[5] Zutreffend Löwe/Rosenberg/*Hanack*, 25. Aufl., Rn. 1 aE.
[6] Ausführlicher SK-StPO/*Frisch* Rn. 2.
[7] Oben Rn. 2.

einen werden auch **Rechtsmittel der Staatsanwaltschaft zuungunsten anderer Verfahrensbeteiligter** als dem Beschuldigten erfasst;[8] das betrifft etwa Verfalls- oder Einziehungsbeteiligte (vgl. § 431 Abs. 1 S. 1, § 442 Abs. 1 und Abs. 2 S. 2) sowie juristische Personen und Personenverbände (siehe § 444). Die Wirkung des § 301 tritt aber auch bei **Rechtsmitteln anderer Verfahrensbeteiligter zuungunsten des Beschuldigten** etc., für die eine § 296 Abs. 2 entsprechende Anfechtungsbefugnis nicht besteht, ein. Für Rechtsmittel des **Privatklägers** ordnet § **390 Abs. 1 S. 3** die entsprechende Anwendung ausdrücklich ein; für den **Nebenkläger** wird eine analoge oder dem Rechtsgedanken nach erfolgende Heranziehung nach **allgM** angenommen.[9]

4   **2. Anwendungsbereich in sachlicher Hinsicht.** Ungeachtet der Formulierung „Rechtsmittel" und der systematischen Stellung der Vorschrift im 3. Buch wird § 301 als Ausdruck eines allgemeinen Rechtsgedankens[10] **nicht lediglich** auf die eigentlichen Rechtsmittel **Beschwerde, Berufung** und **Revision** angewendet sondern **im Strafverfahren auf andere Rechtsbehelfe**, vor allem auf das Wiederaufnahmeverfahren (§ 365) angewendet.[11] Außerhalb des Strafverfahrens entspricht die Anwendbarkeit auf die **Rechtsbeschwerde** (§§ 79, 80 OWiG) im **Ordnungswidrigkeitenverfahren** der allgM.[12]

III. Regelungsgehalt

5   **1. Anwendungsvoraussetzungen.** Die von § 301 ausgehenden Wirkungen auf den Prüfungsumfang des Rechtsmittelgerichts löst ausschließlich die **Einlegung eines statthaften und zulässigen Rechtsmittels** aus (allgM).[13] Das wird – die Einhaltung etwaiger Zulässigkeitserfordernisse(Form/Frist) unterstellt – bei Rechtsmitteln der Staatsanwaltschaft regelmäßig der Fall sein.[14] In den Fällen der entsprechenden Anwendung auf Rechtsmittel anderer Verfahrensbeteiligter sind der Umfang der Anfechtungsberechtigung und das Vorliegen der Beschwer zu bedenken.

6   **2. Wirkung.** Aufgrund der Anordnung des § 301 wird auch ein ausschließlich zu Lasten des Beschuldigten eingelegtes Rechtsmittel dem **Rechtsmittelgericht grundsätzlich in vollem Umfang zur Entscheidung** unterbreitet, so dass dieses eine sich zum Nachteil des Beschuldigten auswirkende fehlerhafte Rechtsanwendung ebenfalls berücksichtigen muss. Die Sache bleibt aufgrund der Wirkung von § 301 trotz der entgegenstehenden Anfechtungsintention des Rechtsmittelführers (auch) **zugunsten des Beschuldigten rechtshängig**.[15] Die Wirkungsweise des § 301 ist allerdings **durch den Umfang der Anfechtung begrenzt** (allgM). War das fragliche Rechtsmittel wirksam auf den Rechtsfolgenausspruch beschränkt, kann das Rechtsmittelgericht den Schuldspruch nicht zugunsten des Beschuldigten abändern.[16]

7   **3. Entscheidung des Rechtsmittelgerichts.** Liegt (im Umfang der Anfechtung) eine **dem Beschuldigten nachteilige fehlerhafte Rechtsanwendung** vor, **muss das Rechtsmittelgericht** die angefochtene Entscheidung **korrigieren** (allgM).[17] Welche **Möglichkeiten der Abänderung oder Aufhebung** dem Rechtsmittelgericht zur Verfügung stehen, richtet sich **nach den allgemeinen Regeln**. Deren Anwendung kann dazu führen, dass das Revisionsgericht auf eine zuungunsten des Angeklagten eingelegte Revision der Staatsanwalt gemäß § 354 Abs. 1 iVm. § 349 Abs. 4 diesen ohne Hauptverhandlung durch Beschluss freispricht.[18] Bei der **Tenorierung der Entscheidung des Rechtsmittelgerichts** ist die Wirkungsweise des § 301 zu berücksichtigen, so dass stets im Tenor klargestellt werden muss, ob und in welchem Umfang das erhobene Rechtsmittel Erfolg gehabt hat und inwieweit die angefochtene Entscheidung abgeändert worden ist.[19] Der Ausspruch über

---

[8] KK-StPO/*Paul* Rn. 2; Löwe/Rosenberg/*Hanack*, 25. Aufl., Rn. 10; *Meyer-Goßner* Rn. 3; SK-StPO/*Frisch* Rn. 10.
[9] BGH v. 20.3.1975 – 4 StR 7/75, VRS 50 (1976), S. 369 (370); BGH v. 19.3.1986 – 2 StR 38/86, NJW 1986, 2716 (2717); BGH v. 23.8.1995 – 2 StR 394/95, NStZ-RR 1996, 130; BGH v. 12.1.2010 – 4 StR 589/09, NStZ-RR 2010, 205 f.; HK-StPO/*Rautenberg* Rn. 6; KK-StPO/*Paul* Rn. 2 aE; Löwe/Rosenberg/*Hanack*, 25. Aufl., Rn. 10; SK-StPO/*Frisch* Rn. 11.
[10] SK-StPO/*Frisch* Rn. 12.
[11] HK-StPO/*Rautenberg* Rn. 6; KK-StPO/*Paul* Rn. 2 aE; Löwe/Rosenberg/*Hanack*, 25. Aufl., Rn. 10, SK-StPO/*Frisch* Rn. 12.
[12] Nachw. wie Fn. zuvor.
[13] Vgl. RG v. 7.6.1929 – I 275/29, RGSt 63, 184 (186) (unzulässiges Rechtsmittel bei fehlender Tenorbeschwer); Löwe/Rosenberg/*Hanack*, 25. Aufl., Rn. 4; *Meyer-Goßner* Rn. 1; SK-StPO/*Frisch* Rn. 3.
[14] Gegenbeispiel RG v. 7.6.1929 – I 275/29, RGSt 63, 184 (186).
[15] Zutreffend Löwe/Rosenberg/*Hanack*, 25. Aufl., Rn. 3; SK-StPO/*Frisch* Rn. 7.
[16] Löwe/Rosenberg/*Hanack*, 25. Aufl., Rn. 4; *Meyer-Goßner* Rn. 1; näher SK-StPO/*Frisch* Rn. 4 jeweils mwN.
[17] OLG Hamm v. 8.12.1952 – (2) 2 Ss 391/52, NJW 1953, 118 (119); Löwe/Rosenberg/*Hanack*, 25. Aufl., Rn. 5; *Meyer-Goßner* Rn. 1; SK-StPO/*Frisch* Rn. 5.
[18] BGH v. 6.11.1996 – 5 StR 219/96, NStZ 1997, 376; BGH v. 22.4.1998 – 5 StR 5/98, BGHSt 44, 68 (82) = NJW 1998, 2612; *Hamm* StV 2000, 637 f.
[19] Dazu näher *Meyer-Goßner/Cierniak* NStZ 2000, 611–613 gegen OLG Zweibrücken v. 9.2.2000 – 1 Ss 274/99; vgl. zu dem Abstellen auf den Erfolg des Rechtsmittels auch BGH v. 30.11.2006 – 4 StR 278/06, NStZ-RR 2007, 107.

den Erfolg (oder Misserfolg) des Rechtsmittels ist auch dann erforderlich, wenn das allein zuungunsten des Beschuldigten eingelegte Rechtsmittel ausschließlich zu seinen Gunsten abgeändert wird (strg.).[20] Das Rechtsmittel der Staatsanwaltschaft (oder bei entsprechender Anwendung anderer Beteiligter) ist neben dem Ausspruch über die Änderung etc. zu verwerfen. Die hM hält eine solche Verwerfung nur für erforderlich, wenn neben dem zuungunsten des Beschuldigten eingelegten Rechtsmittel über ein zu seinen Gunsten eingelegtes zu entscheiden war.[21]

4. Wirkungen im weiteren Verfahren. Die aufgrund eines allein zuungunsten des Beschuldigten eingelegten Rechtsmittels ergangene **Entscheidung des Rechtsmittelgerichts unterliegt** nach **den allgemeinen Regeln der Anfechtung.** Der Beschuldigte kann bei ansonsten gegebener Statthaftigkeit und Zulässigkeit diese Entscheidung selbst dann anfechten, wenn er gegen die ursprüngliche Entscheidung kein Rechtsmittel erhoben hatte.[22] Für die **Entscheidung des weiteren Gerichts** (sei es ein Revisionsgericht oder ein neuer Tatrichter bei erfolgter Aufhebung aufgrund einer nach § 301 wirkenden Revision)[23] gilt jeweils das **Verschlechterungsverbot** (allgM)[24] und zwar über den Wortlaut von § 358 Abs. 2 S. 1 hinausgehend selbst dann, wenn gegen diese Entscheidung wiederum lediglich die Staatsanwaltschaft zuungunsten des Betroffenen das Rechtsmittel einlegt (vor allem Revision, nachdem sie bereits gegen das erstinstanzliche Urteil Berufung erhoben hatte). 8

§ 302 [Erklärung von Rechtsmittelrücknahme und -verzicht]

(1) ¹Die Zurücknahme eines Rechtsmittels sowie der Verzicht auf die Einlegung eines Rechtsmittels können auch vor Ablauf der Frist zu seiner Einlegung wirksam erfolgen. ²Ist dem Urteil eine Verständigung (§ 257c) vorausgegangen, ist ein Verzicht ausgeschlossen. ³Ein von der Staatsanwaltschaft zugunsten des Beschuldigten eingelegtes Rechtsmittel kann ohne dessen Zustimmung nicht zurückgenommen werden.

(2) Der Verteidiger bedarf zur Zurücknahme einer ausdrücklichen Ermächtigung.

Schrifttum: *Altenhain/Haimerl*, Die gesetzliche Regelung der Verständigung im Strafverfahren – eine verweigerte Reform, JZ 2010, 327; *Braun*, Anmerkung zu dem Beschluss des Brandenburg. OLG v. 7. 2. 2000 – 1 Ss 4/00, StraFo 2001, 136; *d'Alquen/Geseke/Daxhammer/Kudlich*, Wirksamkeit des Rechtsmittelverzichts eines jugendlichen Angeklagten unmittelbar im Anschluss an die Urteilsverkündung, StV 2006, 220; *Dencker*, Willensmängel bei Rechtsmittelverzicht und Rechtsmittelrücknahme im Strafprozeß, 1972; *Eisenberg/Müller*, Jugendstrafverfahrensrecht: Widerruf der auf Irrtum beruhenden eigenhändigen Revisionsrücknahme eines in Haft befindlichen Minderjährigen, Jura 2006, 54; *Keller/Gericke*, Anmerkung zum Beschluss des OLG Hamburg v. 17. 5. 2005 – 1 Ss 61/05, StV 2006, 177; *Kleinbauer*, Anmerkung zum Beschluss des OLG München v. 13. 12. 2005 – 5 St RR 129/05, wistra 2007, 38; *König*, Anmerkung zum Beschluss des OLG München vom 2. 3. 2006 – 3 Ws 176/06, StV 2007, 460; *Kubli*, Die Anforderungen an die Ermächtigung zu Rechtsmittelübernahme oder -verzicht gemäß 302 II StPO, HRRS 2009, 290; *Malek*, Anmerkung zum Beschluss des BGH 14. 4. 2010 – 1 StR 64/10, StraFo 2010, 251; *F. Meyer*, Willensmängel beim Rechtsmittelverzicht des Angeklagten im Strafverfahren, 2003; *Murmann*, Reform ohne Wiederkehr? – Die gesetzliche Regelung der Absprachen im Strafverfahren, ZIS 2009, 526; *Peglau*, Rechtsmittelverzicht durch den unverteidigten Angeklagten im Falle notwendiger Verteidigung, NStZ 2002, 464; *Rieß*, Thesen zur rechtsdogmatischen und rechtspolitischen Fernwirkung der gesetzlichen Regelung der Urteilsabsprache, StraFo 2010, 10; *Rogall*, Anmerkung zum Beschluss des Hans.OLG Hamburg v. 31. 1. 1996 – 1 Ws 29/96, StV 1998, 643; *Schlothauer/Weider*, Das „Gesetz zur Regelung der Verständigung im, Strafverfahren" vom 3. August 2009, StV 2009, 600.

Übersicht

	Rn.
I. Zweck, Bedeutung und Anwendungsbereich der Vorschrift	1–5
1. Zweck	1
2. Bedeutung	2
3. Begriffsklärungen	3, 4
a) Zurücknahme (Rücknahme)	3
b) Verzicht	4
4. Anwendungsbereich der Vorschrift	5
II. Rechtscharakter und Bedeutung von Rücknahme/Verzicht	6, 7
1. Allgemeines	6
2. Verhältnis von Rücknahme und Verzicht	7
III. Gemeinsame Voraussetzungen der Wirksamkeit von Rücknahme und Verzicht	8–37
1. Wirksamkeitsvoraussetzungen in der Person des Erklärenden	8–11

---

[20] Wie hier SK-StPO/*Frisch* Rn. 6 mwN.
[21] Etwa BGH v. 20. 3. 1975 – 4 StR 7/75, VRS 50 (1976), S. 369 (370); HK-StPO/*Rautenberg* Rn. 7; Löwe/Rosenberg/*Hanack*, 25. Aufl., Rn. 9 mwN.
[22] Vgl. BGH v. 20. 12. 1982 – AnwSt (B) 20/82, MDR 1983, 778; KK-StPO/*Paul* Rn. 1; Löwe/Rosenberg/*Hanack*, 25. Aufl., Rn. 6; SK-StPO/*Frisch* Rn. 7.
[23] Für letztgenannte Konstellation BayObLG v. 20. 1. 2000 – 5 St RR295/99 (juris).
[24] BGH v. 3. 3. 1959 – 5 StR 4/59, BGHSt 13, 41 (42); BGH v. 28. 5. 1969 – 1 StR 220/69, bei *Dallinger* MDR 1969, 904; BayObLG v. 20. 1. 2000 – 5 St RR295/99 (juris); HK-StPO/*Rautenberg* Rn. 5; KK-StPO/*Paul* Rn. 1; Löwe/Rosenberg/*Hanack*, 25. Aufl., Rn. 3 und 7; SK-StPO/*Frisch* Rn. 8.

	Rn.
a) Erklärungsberechtigung	8
b) Prozessuale Handlungsfähigkeit (Verhandlungsfähigkeit)	9, 10
2. Sachliche Wirksamkeitsvoraussetzungen	11–13
a) Eindeutigkeit der Erklärung	11
b) Einzelfälle	12, 13
3. Gründe inhaltlicher Unwirksamkeit der Erklärung	14–25
a) Allgemeines	14, 15
b) Fehlende Möglichkeit der Konsultation eines Verteidigers	16–18
aa) Allgemeines	16
bb) Bestehendes Mandatsverhältnis	17
cc) Rechtsmittelverzicht bei notwendiger Verteidigung	18
c) Übereilte Erklärung	19
d) Unzulässiger Zwang, Täuschung und Irrtum	20–24
e) Nachweis der sachlichen Unwirksamkeitsgründe	25
4. Förmliche Wirksamkeitsvoraussetzungen	26–37
a) Form der Erklärung	26–31
aa) Schriftform	27, 28
bb) Erklärung zu Protokoll der Geschäftsstelle	29
cc) In die Sitzungsniederschrift aufgenommene Verzichts-/Rücknahmeerklärungen	30
dd) Wirkung der Aufnahme einer Verzichts-/Rücknahmeerklärung in das Protokoll	31
b) Adressat der Erklärung	32
c) Zeitraum der Erklärung (Abs. 1 S. 1)	33–36
aa) Allgemeines	33, 34
bb) Besonderheiten bei der Rücknahme	35
cc) Besonderheiten bei dem Verzicht	36
d) Widerruf von Rücknahme und Verzichtserklärungen	37
IV. Besonderheiten der Wirksamkeit von Rücknahme und Verzicht	38–58
1. Unwirksamkeit des Rechtsmittelverzichts bei Verständigung (Abs. 1 S. 2)	38–41
a) Anwendungsbereich und Regelungsgehalt	38–40
b) Protokollierung	41
2. Rücknahme seitens der Staatsanwaltschaft (Abs. 1 S. 3)	42–44
3. Rücknahme und Verzicht des Angeklagten, seines gesetzlichen Vertreters oder seines Erziehungsberechtigten	45, 46
4. Rücknahme und Verzicht durch den Verteidiger (Abs. 2)	47–58
a) Allgemeines	47
b) Anwendungsbereich	48, 49
aa) Art des Rechtsmittels	48
bb) Person des Anfechtenden	49
c) Wirksamkeitsvoraussetzungen der ausdrücklichen Ermächtigung	50–58
aa) Persönliche und sachliche Wirksamkeitsvoraussetzungen	50–52
bb) Förmliche Wirksamkeitsvoraussetzungen	53
cc) Zeitpunkt und Dauer der Ermächtigung	54
dd) Nachweis der Ermächtigung	55
ee) Widerruf der Ermächtigung	56–58
V. Wirkungen von Rücknahme und Verzicht	59–61
1. Allgemeines	59, 60
2. Ausgeschlossene Revidierbarkeit von Rücknahme und Verzicht	61
VI. Gerichtliche Entscheidungen im Zusammenhang mit Verzicht und Rücknahme	62–65
1. Wirksamer Verzicht oder wirksame Rücknahme	62–64
2. Gesonderte Entscheidung über die Wirksamkeit von Rücknahme/Verzicht	65
VII. Rechtsbehelfe	66, 67

I. Zweck, Bedeutung und Anwendungsbereich der Vorschrift

1. **Zweck.** Die Vorschrift trifft **Teilregelungen über die Wirksamkeitsvoraussetzungen von Rechtsmittelverzicht und Rechtsmittelrücknahme.** Wesentliche Voraussetzungen der Wirksamkeit der vorgenannten Prozesshandlungen sind aber in § 302 nicht ausdrücklich normiert, sondern ergeben sich aus allgemeinen verfahrensrechtlichen Grundsätzen (etwa der gerichtlichen Fürsorgepflicht oder dem fair-trial Grundsatz). Die **Wirkungen wirksamen Verzichts** oder wirksamer **Rücknahme** sind ebenfalls **nicht geregelt**; Abs. 1 S. 2 statuiert lediglich einen Sonderfall der Unwirksamkeit eines Rechtsmittelverzichts.[1] Einen einheitlichen Regelungszweck verfolgt § 302 nicht. Die Klarstellung in **Abs. 1 S. 1** über die Möglichkeit, vor Ablauf der ggf. geltenden Rechtsmittelfrist Verzicht oder Rücknahme zu erklären, dient letztlich der **Herstellung rascher Rechtssicherheit** wegen der bei entsprechender Erklärung vor Fristablauf eintretenden Rechtskraft.[2] Justizökonomischer Nebeneffekt ist die frühe Klarheit des erkennenden Gerichts darüber, ob es sich auf ein abgekürztes Urteil (§ 267 Abs. 4 S. 1) beschränken kann. Die in **Abs. 1 S. 2 und 3** sowie **Abs. 2** getroffenen Regelungen **sichern** dagegen im Kern übereinstimmend die **Dispositionsfreiheit**

---

[1] Eine Rücknahme des Rechtsmittels gegen ein auf Verständigung beruhendem Urteil ist nicht durch Abs. 1 S. 2 ausgeschlossen, BGH v. 14. 4. 2010 – 1 StR 64/10, NStZ 2010, 251 m Anm. *Malek* StraFo 2010, 251.
[2] Vgl. Löwe/Rosenberg/*Hanack*, 25. Aufl., Rn. 1.

Erster Abschnitt. Allgemeine Vorschriften 2, 3 § 302

des Beschuldigten/Angeklagten über sein bzw. ein zu seinen Gunsten eingelegtes **Rechtsmittel**. Der durch das Gesetz zur Regelung der Verständigung im Strafverfahren[3] eingefügte **Abs. 1 S. 2** dient nach den Vorstellungen des Gesetzgebers zudem dem **Schutz des Angeklagten vor Überrumpelung** durch eine möglicherweise rasch getroffene und umgesetzte verfahrensbeendende Verständigung iSv. § 257c.[4] Trotz der konsensualen Verfahrenserledigung soll ihm innerhalb der Rechtsmittelfrist die Möglichkeit, eine Nachprüfung des Urteils zu verlangen, erhalten bleiben.

2. Bedeutung. Die Bedeutung der Vorschrift ergibt sich nicht aus dem Umfang des gesetzlich zu 2 Rücknahme und Verzicht ausdrücklich Geregelten, sondern gerade daraus, dass § 302 diese Prozesshandlungen voraussetzt, ohne sie umfassend gesetzlich zu normieren. Wegen der vorausgesetzten Möglichkeit, Rechtsmittel zurückzunehmen oder auf diese zu verzichten, sind anhand der wenigen Anhaltspunkte in § 302 und ansonsten allgemeiner Grundsätze **richterrechtlich** die **Regeln über die Wirksamkeit und Wirkung von Rücknahme bzw. Verzicht** entwickelt worden, die jedoch nicht vollständig konsentiert, sondern mit zahlreichen streitig diskutierten Einzelaspekten verbunden sind. Die im Gesetz nicht ausdrücklich statuierten Aspekte von Rechtsmittelverzicht und -rücknahme betreffen die allgemeine Fähigkeit, entsprechende Erklärungen wirksam abzugeben sowie mögliche Gründe für die Unwirksamkeit einer bei genereller Verhandlungsfähigkeit abgegebenen Erklärung. Gerade angesichts der wenig umfänglichen Vorgaben lassen sich die Gründe für die Unwirksamkeit von Verzicht und Rücknahme kasuistisch einfacher benennen als umgekehrt abstrakt-generell Wirksamkeitsvoraussetzungen zu formulieren.[5] Den wenigen ausdrücklichen Regelungen innerhalb des § 302, insb. die in Abs. 2 über die Notwendigkeit einer ausdrücklichen Ermächtigung des Verteidigers zur Rücknahme lässt sich aber immerhin entnehmen, dass **wirksame Rücknahme** und **wirksamer Verzicht** als Prozesshandlungen **grundsätzlich nicht revidierbar** (weder durch Widerruf noch durch Rücknahme oder Anfechtung) sind;[6] das gilt auch im Jugendstrafverfahren für von dem Minderjährigen abgegebene Erklärungen.[7] Diese Wirkung erfordert, die Anforderungen an die Wirksamkeit vor allem des Verzichts aber auch der Rücknahme nicht gering anzusetzen, weil ansonsten schutzwürdige Interessen des Angeklagten an einer wohl überlegten Entscheidung auf informierter Grundlage gegenüber dem Interesse an rasch eintretender Rechtssicherheit zurücktreten würden. Mit einem wirksamen Verzicht begibt sich der Rechtsmittelberechtigte in Bezug auf ein bestimmtes Rechtsmittel vollständig der Möglichkeit, eine Entscheidung überprüfen zu lassen. Ein **trotz** vorherigen **wirksamen Verzichts** eingelegtes **Rechtsmittel** ist **unzulässig**.[8] Gleiches gilt für ein nach wirksamer Rücknahme erneut eingelegtes (gleiches) Rechtmittel.

3. Begriffsklärungen. a) Zurücknahme (Rücknahme). Die Zurücknahme (synonym: **Rücknah-** 3 me) eines Rechtsmittels ist die Erklärung eines Rechtsmittelsführers oder einer für diesen handelnden Person, ein **bereits eingelegtes Rechtsmittel** nicht mehr **weiterführen** zu wollen.[9] Eine Rücknahme liegt auch bei einer auf ein unstatthaftes oder unzulässiges Rechtsmittel bezogenen entprechenden Erklärung vor.[10] Eine Rücknahme ist begrifflich diejenige Erklärung, durch die der Erklärende zum Ausdruck bringt, die Anfechtungwirkung des erhobenen Rechtsmittels wieder beseitigen zu wollen. Eine entsprechende Erklärung kann unter den allgemeinen Voraussetzungen der Beschränkung eines Rechtsmittels auf selbstständig anfechtbare Teile einer Entscheidung beschränkt werden (**Teilrücknahme**).[11] Die Rücknahme **schließt** die **erneute Einlegung** des Rechtsmittels innerhalb des Laufs einer ggf. bestehenden Rechtsmittelfrist **nicht aus**.[12]

---

[3] BGBl. I 2009, S. 2353.
[4] BT-Drucks. 16/13 095 S. 10; OLG Frankfurt v. 23. 2. 2010 – 3 Ws 141/10, NStZ-RR 2010, 213; siehe dazu auch *Altenhain/Haimerl* JZ 2010, 327 (333); *Murmann* ZiS 2009, 526 (534); *Schothauer/Weider* StV 2009, 600 (601).
[5] Dazu SK-StPO/*Frisch* Rn. 21 ff., insb. 26 ff.
[6] Näher unten Rn. 61; zur Unwiderruflichkeit auch BVerfG v. 25. 1. 2008 – 2 BvR 325/06 (2 Kammer des 2. Senats), NStZ-RR 2008, 209; BGH v. 3. 5. 1957 – 5 StR 52/57, BGHSt 10, 245 (247) = NJW 1957, 1040; BGH v. 21. 4. 1999 – 5 StR 714/98, BGHSt 45, 51 (53); BGH v. 21. 4. 1999 – 5 StR 714/98, BGHR StPO § 302 Abs. 1 S. 1 Rechtsmittelverzicht 12; BGH v. 25. 10. 2005 – 1 StR 416/05 (juris); BGH v. 7. 11. 2006 – 1 StR 463/06, NStZ-RR 2007, 54; BGH v. 16. 4. 2007 – 5 StR 106/07, wistra 2007, 272; BGH v. 20. 9. 2007 – 4 StR 297/07, NStZ 2009, 51; BGH v. 20. 9. 2007 – 1 StR 416/07 (juris – Rn. 1); BGH v. 4. 3. 2009 – 4 StR 47/09 BeckRS 2009, 09 310; BGH v. 29. 9. 2009 – 1 StR 376/09, StV 2009, 679; OLG Hamm v. 26. 3. 2009 – 5 Ws 91/09, StV 2010, 67; OLG Hamm v. 22. 12. 2009 – 3 Ss OWi 825/09, NStZ-RR 2010, 215 (216); Thüring.OLG v. 24. 9. 2008 – 1 Ws 271 u. 272/08 (juris Rn. 19).
[7] BGH v. 13. 1. 2005 – 1 StR 563/04, StraFo 2005, 161; dazu teilw. krit. *Eisenberg/Müller* Jura 2006, 54 (55 f.).
[8] Unten Rn. 6.
[9] Vgl. Graf/*Cirener* Rn. 1; Löwe-Rosenberg/*Hanack*, 25. Aufl., Rn. 3; SK-StPO/*Frisch* Rn. 2.
[10] BGH v. 8. 7. 1992 – 3 StR 241/92, BGHR StPO § 302 Abs. 2 Rücknahme 7; BGH v. 10. 3. 1995 – 5 StR 434/94, NStZ 1995, 394, (397).
[11] BGH v. 5. 11. 1984 – AnwSt (R) 11/84, BGHSt 33, 59 = NJW 1985, 1089; KK-StPO/*Paul* Rn. 7; *Meyer-Goßner* Rn. 2; SK-StPO/*Frisch* Rn. 7 mwN.
[12] Siehe aber unten Rn.

4 **b) Verzicht.** Weitergehend hat ein **Verzicht** die Erklärung zum Gegenstand, von der **Erhebung eines** an sich statthaften und zulässigen Rechtsmittels **keinen Gebrauch** (mehr) **machen zu wollen.** Ist er wirksam, **bewirkt** er den endgültigen **Verlust des Rechtsmittels**, auf das sich die Verzichtserklärung bezieht. Der Verzicht kann bereits zeitlich **vor der Rechtsmitteleinlegung erklärt** werden. Ein Verzicht soll aber auch nach der Erhebung des Rechtsmittels nicht ausgeschlossen sein.[13] Dann umschließt der Verzicht als weiterer Begriff die Rücknahme.[14] Ob damit auf der sachlich-inhaltlichen Ebene entsprechende Konsequenzen verbunden sind (etwa: in jeder Rücknahme liegt auch ein Verzicht), wird unterschiedlich beurteilt.[15] **Teilverzicht** ist bei Vorliegen der Voraussetzungen einer Rechtsmittelbeschränkung möglich.[16] Ob eine derartige Beschränkung vorliegt, ist bei Teilrücknahme und Teilverzicht durch Auslegung der Erklärung zu ermitteln. Der **wirksam erklärte Verzicht schließt die Zulässigkeit** der Einlegung des Rechtsmittels **aus.**[17]

5 **4. Anwendungsbereich der Vorschrift.** § 302 gilt in seinem gesamten Anwendungsbereich **unmittelbar** lediglich für die **Rechtsmittel** des 3. Buchs der StPO. In Bezug auf verschiedene Rechtsbehelfe wird er allerdings für entsprechend anwendbar erklärt: so in **§ 161a Abs. 3 S. 3** (Antrag auf gerichtliche Entscheidung gegen staatsanwaltschaftliche Ordnungsmaßnahmen im Kontext von Zeugen- und Sachverständigenbeweis); in **§ 365** bei Wiederaufnahmeanträgen; in **§ 410** beim Einspruch gegen den Strafbefehl sowie in **§ 67 OWiG** bei dem Einspruch gegen ein Bußgeldbescheid. Eine Ermächtigung zu Rücknahme und Verzicht nach § 302 Abs. 2 bedarf der Verteidiger auch bei Anträgen im Rahmen der Haftprüfung (**§ 118b**). Im Übrigen ist der sachliche Anwendungsbereich bei den Einzelregelungen in § 302 unterschiedlich ausgestaltet.

II. Rechtscharakter und Bedeutung von Rücknahme/Verzicht

6 **1. Allgemeines.** Rücknahme und Verzicht sind **Prozesshandlungen** (allgM),[18] die auf die Herbeiführung von Rechtsfolgen, nämlich auf den Verlust der Anfechtungswirkung oder den Verlust einer bestimmten gesetzlich eingeräumten Anfechtungsmöglichkeit insgesamt gerichtet sind. Aus der Einordnung als Prozesshandlung wird geschlossen, dass diese **nicht unter** eine **Bedingung** gestellt werden können,[19] sofern es sich nicht lediglich um eine reine Rechtsbedingung handelt.[20] Im Fall der Wirksamkeit können Rücknahme und Verzicht **nicht revidiert** werden.[21] Das **schließt** sowohl einen **Widerruf,** eine **Rücknahme** als auch die **Anfechtung** der entsprechenden wirksamen Erklärung **aus.**[22] Auch eine **Wiedereinsetzung** in den vorigen Stand gegen die Versäumung der Rechtsmittelfrist kommt dann **nicht** in Betracht.[23] Mögliche Beeinträchtigungen der Entschließungsfreiheit des Rechtsmittelführers oder Willensmängel sind damit nicht bedeutungslos. Sie schließen aber nach ganz überwiegendem Verständnis bereits die Wirksamkeit der entsprechenden Erklärung aus und heben diese nicht erst nachträglich wieder auf. In den Wirkungen unterscheiden sich Rücknahme und Verzicht dadurch, dass allein Letzterer zum vollständigen Verlust des entsprechenden Rechtsmittels führt, die Rücknahme dagegen eine erneute Erhebung des Rechtsmittels innerhalb der Frist zulässt (strg.).[24]

---

[13] Siehe Löwe/Rosenberg/*Hanack*, 25. Aufl., Rn. 3; SK-StPO/*Frisch* Rn. 2 aE.
[14] Nachw. wie Fn. zuvor.
[15] Unten Rn. 7.
[16] Nachw. wie Fn. 11.
[17] BGH v. 23. 6. 1983 – 1 StR 351/83, NJW 1984, 1974 (1975); BGH v. 4. 6. 1992 – 1 StR 766/91, BGHR StPO § 302 Abs. 1 S. 1 Rechtsmittelverzicht 12; BGH v. 25. 10. 2005 – 1 StR 416/05 (BA S. 3); BGH v. 15. 11. 2006 – 2 StR 429/06, NStZ-RR 2007, 151 BGH v. 28. 9. 2009 – 1 StR 376/09, StV 2009, 679.
[18] BGH v. 21. 4. 1999 – 5 StR 714/98, BGHSt 45, 51 (53); BGH v. 4. 6. 1992 – 1 StR 766/91 , BGHR StPO § 302 Abs. 1 S. 1 Rechtsmittelverzicht 12 mwN, HK-StPO/*Rautenberg* Rn. 1; KK-StPO/*Paul* Rn. 1; SK-StPO/*Frisch* Rn. 3 mwN.
[19] BGH v. 12. 11. 1953 – 3 StR 435/53, BGHSt 5, 183 f.; BGH v. 25. 9. 1990 – 4 StR 204/90, BGHR StPO § 302 Abs. 2 Rücknahme 2; Graf/*Cirener* Rn. 2; KK-StPO/*Paul* Rn. 1; Löwe/Rosenberg/*Hanack*, 25. Aufl., Rn. 33; Meyer-Goßner Rn. 7; SK-StPO/*Frisch* Rn. 3.
[20] Graf/*Cirener* Rn. 2; Löwe/Rosenberg/*Hanack*, 25. Aufl., Rn. 33 mwN.
[21] Oben Rn. 2; BVerfG v. 25. 1. 2008 – 2 BvR 325/06 (2 Kammer des 2. Senats), NStZ-RR 2008, 209; BGH v. 3. 5. 1957 – 5 StR 52/57, BGHSt 10, 245 (247) = NJW 1957, 1040; BGH v. 21. 4. 1999 – 5 StR 714/98, BGHSt 45, 51 (53); BGH v. 4. 6. 1992 – 1 StR 766/91, BGHR StPO § 302 Abs. 1 S. 1 Rechtsmittelverzicht 12; BGH v. 25. 10. 2005 – 1 StR 416/05 (juris); BGH v. 7. 11. 2006 – 1 StR 463/06, NStZ-RR 2007, 54; BGH v. 16. 4. 2007 – 5 StR 106/07, wistra 2007, 272; BGH v. 20. 9. 2007 – 4 StR 297/07, NStZ 2009, 51; BGH v. 4. 3. 2009 – 2 StR 47/09 BeckRS 2009, 09 310; BGH v. 29. 9. 2009 – 1 StR 376/09, StV 2009, 679; OLG Hamm v. 26. 3. 2009 – 5 Ws 91/09, StV 2010, 67; OLG Hamm v. 22. 12. 2009 – 3 Ss OWi 825/09, NStZ-RR 2010, 215 (216); Thüring.OLG v. 24. 9. 2008 – 1 Ws 271 u. 272/08 (juris Rn. 19).
[22] Nachw. wie Fn. zuvor.
[23] BGH v. 20. 6. 1997 – 2 StR 275/97, NJW 1997, 2691; BGH v. 25. 10. 2005 – 1 StR 416/05 (BA S. 4/5); BGH v. 10. 9. 2009 – 4 StR 120/09, NStZ-RR 2010, 55.
[24] Unten Rn. 7.

2. Verhältnis von Rücknahme und Verzicht. Begrifflich lassen sich Rücknahme und Verzicht 7
anhand der von ihnen ausgehenden Wirkung unterschieden.[25] Ob sachlich von dem Rechtsmittelführer bzw. Rechtsmittelberechtigten das eine oder das andere erklärt worden ist, muss durch Auslegung (vgl. § 300) ermittelt werden.[26] Die hM neigt dazu, grundsätzlich **jede Rücknahme auch als Verzicht** auf das entsprechende Rechtsmittel **zu werten**.[27] Anders soll es sich verhalten, wenn der (bisherige) Rechtsmittelführer einen Vorbehalt gemacht hat, innerhalb des Laufs der Rechtsmittelfrist erneut das zurückgenommene Rechtsmittel einzulegen oder wenn sich aus den „Begleitumständen" der Rücknahmeerklärung eine entsprechende Willensrichtung ergibt.[28] Das ist wenig konsequent. Das Gesetz differenziert in § 302 zwischen Rücknahme und Verzicht, so dass eine Gleichstellung in den Wirkungen nicht nahe liegt; im Übrigen können etwaige Zweifel über die Willensrichtung des Erklärenden durch Nachfrage geklärt werden. Lässt sich der Erklärung, ggf. in Verbindung mit dem Ergebnis der Nachfrage, kein eindeutiger Verzichtswille entnehmen, bewendet es bei der Rücknahme.[29] Die praktische Bedeutung der Kontroverse ist gering. Nach wirksamer Rücknahme und Ablauf der Rechtsmittelfrist ist die erneute Einlegung eines Rechtsmittels wegen Fristversäumung unzulässig.

III. Gemeinsame Voraussetzungen der Wirksamkeit von Rücknahme und Verzicht

1. Wirksamkeitsvoraussetzungen in der Person des Erklärenden. a) Erklärungsberechtigung. 8
Zur Erklärung der Rücknahme oder des Verzichts ist diejenige **Person** berechtigt, **die** das entsprechende **Rechtsmittel eingelegt** hat.[30] Minderjährige Beschuldigte/Angeklagte sind bei Vorliegen prozessualer Handlungsfähigkeit[31] anfechtungsberechtigt.[32] Die Erklärungsberechtigung erfasst auch die nach § 297 und § 298 (bzw. § 67 Abs. 3 JGG) Anfechtungsberechtigten. Der **Verteidiger** braucht aber stets (also auch bei der Rücknahme) eine ausdrückliche Ermächtigung (§ 302 Abs. 2);[33] das gilt sowohl für das von dem Beschuldigten/Angeklagten selbst eingelegte Rechtsmittel als auch für das durch den Verteidiger im eigenen Namen (§ 297) erhobene. Gesetzliche Vertreter und Erziehungsberechtigte bedürfen für Rücknahme oder Verzicht ihres eigenen Rechtsmittels (§ 298, § 67 Abs. 3 JGG) stets der Zustimmung des Beschuldigten/Angeklagten.[34] Umgekehrt braucht der minderjährige Beschuldigte/Angeklagte für die Rücknahme oder den Verzicht nicht die Zustimmung seines gesetzlichen Vertreters.[35] Bei Rechtsmitteln der **Staatsanwaltschaft** liegt die Erklärungsberechtigung bei derjenigen Behörde, die das Rechtsmittel eingelegt hat und bei ihrer vorgesetzten Behörde (regelmäßig der Generalstaatsanwaltschaft). Nach Eingang der Akten bei dem Rechtsmittelgericht steht die Erklärungsberechtigung ohnehin auch der dort angesiedelten Staatsanwaltschaft zu.[36] Die Landesjustizverwaltungen als Aufsichtsbehörden der (Landes)Staatsanwaltschaften (§ 147 GVG) sind nicht erklärungsberechtigt. Der Generalbundesanwalt ist dies selbst bei Revisionsverfahren vor dem BGH in Bezug auf die Landesstaatsanwaltschaften erhobene Rechtsmittel nicht (siehe aber auch § 142a GVG).[37]

b) Prozessuale Handlungsfähigkeit (Verhandlungsfähigkeit). Die Wirksamkeit einer Rücknahme- 9
me oder Verzichtserklärung setzt im Zeitpunkt der Abgabe die **prozessuale Handlungsfähigkeit** des Erklärenden voraus (allgM).[38] Bei dieser handelt es sich um einen Sonderfall der allgemeinen Verhandlungsfähigkeit, die bei denjenigen gegeben ist, die aufgrund ihrer geistigen und körperlichen Fähigkeiten in der Lage sind, ihre **Interessen verständig wahrzunehmen** sowie Prozesshand-

---

[25] Oben Rn. 3 und 4.
[26] In der Sache ebenso SK-StPO/*Frisch* Rn. 4.
[27] Etwa BGH v. 3. 5. 1957 – 5 StR 52/57, BGHSt 10, 245 (247); BGH v. 13. 12. 1965 – 4 StR 466/68, GA 1969, 281; BGH v. 8. 7. 1992 – 3 StR 241/92, BGHR StPO § 302 Abs. 2 Rücknahme 7; BGH v. 16. 12. 1994 – 2 StR 461/94, NStZ 1995, 356; BGH v. 28. 7. 2004 – 2 StR 199/04, NStZ-RR 2004, 341; Graf/*Cirener* Rn. 1 aE; KK-StPO/*Paul* Rn. 1; *Meyer-Goßner* Rn. 12; vgl. auch BGH v. 20. 9. 2007 – 4 StR 297/07, NStZ 2009, 51 („Rücknahmeerklärung hat zum Verlust des Rechtsmittels geführt").
[28] Etwa BayObLG v. 24. 5. 1974 – RReg 5 St 543/74 OWi, BayObLGSt 1974, 56 (57); OLG Karlsruhe v. 21. 2. 1977 – 3 Ws 21/77, Justiz 1977, 356; KK-StPO/*Paul* Rn. 1; offen gelassen von BGH v. 3. 5. 1957 – 5 StR 52/57, BGHSt 10, 245 (247).
[29] Ebenso bereits Löwe/Rosenberg/*Hanack*, 25. Aufl., Rn. 29; SK-StPO/*Frisch* Rn. 5.
[30] *Meyer-Goßner* Rn. 3.
[31] Unten Rn. 9.
[32] Vgl. BGH v. 23. 7. 1997 – 3 StR 520/96, NStZ-RR 1998, 60.
[33] Zu den Anforderungen unten Rn. 47.
[34] § 298 Rn. 13 sowie unten Rn. 45.
[35] BGH v. 13. 1. 2005 – 1 StR 563/04, StraFo 2005, 161; dazu auch *Eisenberg/Müller* Jura 2006, 54 ff.
[36] SK-StPO/*Frisch* Rn. 61.
[37] *Meyer-Goßner* Rn. 5.
[38] Exemplarisch BGH v. 4. 1. 1996 – 4 StR 741/95, NStZ 1996, 297; BGH v. 19. 1. 1999 – 4 StR 693/98, NStZ 1999, 258; BGH v. 6. 5. 1999 – 4 StR 79/99, NStZ 1999, 526 (527); BGH v. 13. 6. 2006 – 4 StR 182/06, NStZ-RR 2007, 210 f.; HK-StPO/*Rautenberg* Rn. 4; KK-StPO/*Paul* Rn. 2; Löwe/Rosenberg/*Hanack*, 25. Aufl., Rn. 6; *Meyer-Goßner* Rn. 8a; SK-StPO/*Frisch* Rn. 14; vgl. auch BGH v. 5. 12. 2008 – 2 StR 495/08, NStZ-RR 2009, 147.

lungen mit Verständnis und Vernunft wahrzunehmen.³⁹ Voraussetzung dafür ist die Fähigkeit, die **verfahrensrechtliche Bedeutung** einer Rechtsmittelrücknahme oder eines Rechtsmittelverzichts **zu erkennen**.⁴⁰ Sie ist **nicht mit** der zivilrechtlichen **Geschäftsfähigkeit identisch (allgM)**.⁴¹ **Eingeschränkte Schuldfähigkeit** steht der prozessualen Handlungsfähigkeit jedenfalls bei erhaltener Einsichtsfähigkeit nicht entgegen.⁴² Vielmehr wird diese erst durch schwerwiegende psychische oder ggf. auch körperliche Erkrankungen und Beeinträchtigungen aufgehoben.⁴³ Hohes Alter allein schließt prozessuale Handlungsfähigkeit nicht aus.⁴⁴ Das Erfordernis prozessualer Handlungsfähigkeit bezieht sich auf alle Erklärungsberechtigten.

10 Das Vorliegen der prozessualen Handlungsfähigkeit stellt das zuständige Gericht⁴⁵ im **Freibeweisverfahren** fest;⁴⁶ das gilt auch für das Revisionsgericht, das sich dafür auf den Akteninhalt als Grundlage beschränken darf.⁴⁷ Können Zweifel an der prozessualen Handlungsfähigkeit nicht geklärt werden, soll nach ganz hM der Grundsatz „in dubio pro reo" nicht gelten.⁴⁸ Dem ist angesichts der Wirkung von Verzicht und Rücknahme nicht zu folgen, wenn die Fähigkeit des Erklärenden, die Bedeutung des Erklärten zu erfassen, nicht feststeht.⁴⁹

11 **2. Sachliche Wirksamkeitsvoraussetzungen. a) Eindeutigkeit der Erklärung.** Wirksame Rücknahme oder wirksamer Verzicht verlangen eine **inhaltlich eindeutig** auf die Herbeiführung deren jeweiliger Wirkung zielende **Erklärung**, die **von** einem entsprechenden **Rücknahme- oder Verzichtswillen** getragen wird. Das kann auch dann der Fall sein, wenn die Begriffe Verzicht und Rücknahme nicht verwendet werden. Maßgeblich ist der in der Erklärung zum Ausdruck kommende Wille des Erklärenden.⁵⁰ Ob diese Voraussetzungen gegeben sind und ob es sich um eine Rücknahme oder einen Verzicht handelt, ist bei inhaltlich nicht von vornherein eindeutigen Erklärungen **im Wege der Auslegung** unter Berücksichtigung des Gesamtsinns der Erklärung und den Umständen ihrer Abgabe zu ermitteln.⁵¹ Im Rahmen dieser Auslegung können etwa die sprachliche Ausdrucksfähigkeit,⁵² die zeitlichen Verhältnisse (etwa unmittelbar nach Urteilsverkündung)⁵³ sowie das Ausmaß der Fähigkeiten des Erklärenden, die Bedeutung der verfahrensrechtlichen Vorgänge und seiner Erklärungen zu erfassen, berücksichtigt werden.⁵⁴ So kann etwa eine protokollierte, jedoch nicht verlesene und vom Angeklagten nicht ausdrücklich genehmigte Verzichtserklärung als Beweisanzeichen für einen Verzicht herangezogen werden.⁵⁵ Unklarheiten zum Inhalt der Erklärung und zum Willen des Erklärenden sind im **Freibeweisverfahren** aufzuklären.⁵⁶ Vorrangig hat eine **Nachfrage** bei dem Erklärenden über den Inhalt seiner Erklärung und seine Willensrichtung zu erfolgen.⁵⁷ Bleiben nach Ausschöpfung der freibeweislichen Auf-

---

³⁹ BGH v. 8. 2. 1995 – 5 StR 434/94, BGHSt 41, 16 (18) = NJW 1995, 1973; BGH v. 8. 3. 1995 – 5 StR 434/94, BGHSt 41, 69, (72) = NStZ 1995, 394; vgl. auch HK-StPO/*Rautenberg* Rn. 4; KK-StPO/*Paul* Rn. 2; Löwe/Rosenberg/*Hanack*, 25. Aufl., Rn. 6; *Meyer-Goßner* Rn. 8 a; SK-StPO/*Frisch* Rn. 14.
⁴⁰ BGH v. 10. 1. 2001 – 2 StR 500/00, BGHSt 46, 257 (258) = NJW 2001, 1435; BGH v. 4. 1. 1996 – 4 StR 741/95, NStZ 1996, 297; BGH v. 1. 10. 1998 – 4 StR 470/98, NStZ-RR 1999, 109; BGH v. 8. 3. 2000 – 1 StR 607/99, NStZ 2000, 386 (387); BGH v. 19. 9. 2000 – 4 StR 337/00, bei *Becker* NStZ-RR 2001, 264.
⁴¹ BGH v. 11. 6. 1997 – 2 StR 191/97, NStZ-RR 1997, 305; BGH v. 6. 5. 1999 – 4 StR 79/99, NStZ 1999, 526; siehe auch BGH v. 13. 1. 2005 – 1 StR 563/04, StraFo 2005, 161.
⁴² BGH v. 28. 7. 2004 – 2 StR 199/04, NStZ-RR 2004, 341; BGH v. 11. 10. 2007 – 3 StR 368/07 (juris Rn. 6) bzgl. eines dem § 63 StGB Untergebrachten; siehe auch *Meyer-Goßner* Rn. 8 a mwN.
⁴³ BGH v. 8. 2. 1994 – 5 StR 39/94, wistra 1994, 197; BGH v. 3. 11. 1987 – 5 StR 555/87, BGHR StPO § 302 Abs. 1 S. 1 Rechtsmittelverzicht 3; HK-StPO/*Rautenberg* Rn. 4; KK-StPO/*Paul* Rn. 2; Löwe/Rosenberg/*Hanack*, 25. Aufl., Rn. 6; SK-StPO/*Frisch* Rn. 14; vgl. auch BGH v. 4. 1. 1996 – 4 StR 741/95, bei *Kusch* NStZ 1996, 297 („Psychose"); BGH v. 23. 7. 1997 – 3 StR 520/96, NStZ-RR 1998, 60 („schwere andere Abartigkeit").
⁴⁴ BGH v. 13. 6. 2006 – 4 StR 182/06, NStZ-RR 2007, 210 f.
⁴⁵ Unten Rn. 32.
⁴⁶ BGH v. 19. 1. 1999 – 4 StR 693/98, NStZ 1999, 258 (259); BGH v. 6. 5. 1999 – 4 StR 79/99, NStZ 1999, 526 (527); BGH v. 1. 10. 1998 – 4 StR 470/98, NStZ-RR 1999, 109 (110); siehe auch BGH v. 11. 10. 2007 – 3 StR 368/07 (juris – Rn. 5).
⁴⁷ BGH v. 11. 10. 2007 – 3 StR 368/07 (juris – Rn. 5).
⁴⁸ BGH v. 23. 8. 1984 – 1 StR 434/84, NStZ 1985, 207; BGH v. 16. 5. 1991 – 1 StR 725/90, bei *Pfeiffer/Miebach*, NStZ 1992, 29; BGH v. 28. 7. 2004 – 2 StR 199/04, NStZ-RR 2004, 341; HK-StPO/*Rautenberg* Rn. 4; KK-StPO/*Paul* Rn. 2; Löwe/Rosenberg/*Hanack*, 25. Aufl., Rn. 6 aE; *Meyer-Goßner* Rn. 8 a aE.
⁴⁹ In der Tendenz ebenso SK-StPO/*Frisch* Rn. 15.
⁵⁰ BGH v. 19. 9. 1996 – 1 StR 487/96, bei *Kusch* NStZ 1997, 378; BGH v. 11. 3. 2003 – 1 StR 60/03, bei *Becker* NStZ-RR 2004, 228; OLG Koblenz v. 25. 2. 1994 – 2 Ss 21/94, NStZ 1994, 354; OLG Naumburg v. 30. 6. 1997 – 1 Ss (B) 196/97, NStZ-RR 1997, 340; OLG Stuttgart v. 12. 12. 1989 – 1 Ws 455/89, NJW 1990, 1494.
⁵¹ SK-StPO/*Frisch* Rn. 18 mwN.
⁵² Vgl. BGH v. 3. 3. 2004 – 1 StR 1/04, NStZ-RR 2004, 214; Thüring.OLG v. 24. 9. 2008 – 1 WS 271 u. 272/08 (juris Rn. 13–16).
⁵³ BGH v. 6. 5. 1999 – 4 StR 79/99, NStZ 1999, 526.
⁵⁴ KK-StPO/*Paul* Rn. 11; Löwe/Rosenberg/*Hanack*, 25. Aufl., Rn. 22; SK-StPO/*Frisch* Rn. 18 jeweils mwN.
⁵⁵ OLG Köln v. 4. 11. 2005 – 2 Ws 517/05, NStZ-RR 2006, 83 f.
⁵⁶ BGH v. 19. 9. 1996 – 1 StR 487/96, bei *Kusch* NStZ 1997, 378; BGH v. 20. 6. 1997 – 2 StR 275/97, NStZ 1997, 611 (612); OLG Köln v. 4. 11. 2005 – 2 Ws 517/05, NStZ-RR 2006, 83 f.; in der Sache ebenso (Einholung dienstlicher Erklärungen der Beteiligten) Thüring.OLG v. 24. 9. 2008 – 1 WS 271 u. 272/08 (juris Rn. 13–16).
⁵⁷ § 300 Rn. 8; AK-StPO/*Achenbach* Rn. 19; Löwe/Rosenberg/*Hanack*, 25. Aufl., Rn. 22; SK-StPO/*Frisch* Rn. 19.

klärungsmöglichkeiten Zweifel an einer von einem entsprechenden Willen getragenen Rücknahme- oder Verzichtserklärung, so liegt **keine wirksame Rücknahme** bzw. **kein wirksamer Verzicht** vor.[58] Dem ist zuzustimmen. Für eine abweichende Bewertung bei verbleibenden Zweifeln an der prozessualen Handlungsfähigkeit besteht dann allerdings kein sachlich tragfähiger Grund.[59]

b) **Einzelfälle.** Die Erklärung, ein **Urteil „annehmen"** zu wollen, kann sich als Verzicht darstellen;[60] allerdings ist hier sorgfältig zu prüfen, ob damit im Bewusstsein des Verlustes des Rechtsmittels tatsächlich ein Verzicht erklärt werden sollte. Zweifel sind wiederum durch Befragung zu beheben. Ein **Kopfnicken des Angeklagten** nach Verlesen des Protokolls mit einem Rechtsmittelverzicht soll nicht zwingend eine eindeutige Erklärung sein.[61] In Bezug auf eine solche Geste lassen sich generelle Vorgaben kaum formulieren; treten weitere gegen die Eindeutigkeit sprechende Umstände hinzu (etwa ausländische Staatsangehörigkeit; unklarer Protokollinhalt),[62] ist im Zweifel vom Fehlen einer Verzichts- bzw. Rücknahmeerklärung auszugehen. Die Bitte um **Übersendung der Kostenrechnung**, um die Angelegenheit rasch abschließen zu können, soll eine eindeutige Verzichtserklärung sein.[63] Gleiches gilt für die Zahlung einer Geldbuße im Rahmen des Ordnungswidrigkeitenverfahrens.[64] Dagegen liegt in dem **Antrag** des Sitzungsvertreters der Staatsanwaltschaft, die **Berufung der eigenen Behörde zu verwerfen**, keine Rücknahmeerklärung.[65]

Kann eine Entscheidung bzw. können verschiedene Teile einer einheitlichen Entscheidung mit **unterschiedlichen Rechtsmitteln** angegriffen werden, stellt sich vor allem für den Verzicht ggf. die Frage nach der Reichweite der Verzichtserklärung (seltener der Rücknahmeerklärung). So muss ein eindeutiger **Verzicht auf die Anfechtung eines Urteils** mit der Berufung oder der Revision nicht zwingend auch den Verzicht auf die **sofortige Beschwerde** (§ 464 Abs. 3 iVm. § 311) **gegen die Kostenentscheidung** umfassen.[66] Entsprechendes gilt in Bezug auf die gesonderte Beschwerde gegen die Modalitäten der bewährungsweisen Aussetzung der Vollstreckung einer Freiheitsstrafe (§ 305 a).[67]

3. Gründe inhaltlicher Unwirksamkeit der Erklärung. a) Allgemeines. Es besteht Einigkeit darüber, dass eine **inhaltlich eindeutig** Verzicht oder Rücknahme ausdrückende und den formalen Wirksamkeitsvoraussetzungen[68] genügende **Erklärung** unter verschiedenen rechtlichen Gesichtspunkten und unter unterschiedlichen tatsächlichen Umständen dennoch **unwirksam sein kann**.[69] Die Annahme solcher sachlichen Unwirksamkeitsgründe steht vor dem Hintergrund der weithin akzeptierten Nichtrevidierbarkeit von Rücknahme und vor allem Verzicht[70] sowie den letztlich zum Verlust des Rechtsmittels führenden Wirkungen entsprechender (wirksamer) Erklärungen. Bisher ist es allerdings kaum gelungen, abstrakt-generelle Voraussetzungen für die Wirksamkeit von Verzichts- und Rücknahmeerklärungen herauszuarbeiten.[71] Die Rspr. orientiert sich an bestimmten Fallgruppen der Unwirksamkeit und geht in erheblichem Umfang kasuistisch vor.[72] Die Strafverfahrensrechtswissenschaft beschränkt sich weitgehend auf Stellungnahmen zu der fallgruppenorientierten Rspr. und hat nur in geringem Umfang eigene übergreifende Modelle von Wirksamkeitsvoraussetzungen bzw. in der Umkehrung Unwirksamkeitsvoraussetzungen entwickelt. Soweit überhaupt nach Beurteilungsmaßstäben gesucht wird, werden diese aus den Schutz-

---

[58] BGH v. 22. 2. 1984 – 2 StR 725/83 (zit. nach KK-StPO/*Paul* Rn. 11); OLG Hamm v. 13. 3. 1986 – 6 Ws 77/86, NStZ 1986, 378; OLG Zweibrücken v. 25. 5. 1992 – 1 Ws 269/92, VRS 83 (1992), 358 (359); KK-StPO/*Paul* Rn. 11; SK-StPO/*Frisch* Rn. 19.
[59] Oben Rn. 10.
[60] Vgl. BGH v. 13. 6. 1952 – 4 StR 117/52, JR 1952, 483; OLG Celle v. 15. 6. 1964 – 2 Ss 222/64, MDR 1964, 864; Hans.OLG Hamburg v. 17. 5. 2005 – 1 Ss 61/05, StV 2006, 175 (176) mAnm. *Keller/Gericke*; Löwe/Rosenberg/*Hanack*, 25. Aufl., Rn. 22; SK-StPO/*Frisch* Rn. 20.
[61] Vgl. OLG Hamm v. 22. 5. 2003 -3 Ws 188/03, wistra 2003, 440 (bei zugleich inhaltlich unklarer Protokollierung); OLG Zweibrücken v. 25. 5. 1992 – 1 Ws 269/92, VRS 83 (1992), 358 (359 f.) (bei einem portugiesischem und unverteidigtem Angeklagten); zur Bedeutung des Kopfnickens im Kontext der Ermächtigung nach § 302 Abs. 2 vgl. BGH v. 20. 3. 2002 – 5 StR 1/02, NStZ 2002, 496; BGH v. 7. 7. 2004 – 1 StR 256/04, NStZ 2005, 47; skeptisch gegenüber der fehlenden Eindeutigkeit des Kopfnickens KK-StPO/*Paul* Rn. 12; SK-StPO/*Frisch* Rn. 20 aE.
[62] Siehe die Nachw. in der Fn. zuvor.
[63] OLG Köln v. 13. 10. 1971 – Ss OWi 121/71, VRS 42 (1972), 133.
[64] OLG Stuttgart v. 24. 2. 1981 – 1 Ss 72/81, Justiz 1981, 371; weitere Beispiele bei SK-StPO/*Frisch* Rn. 20.
[65] OLG Koblenz v. 25. 2. 1994 – 2 Ss 21/94, NStZ 1994, 354 f. mwN.
[66] Dazu OLG Nürnberg v. 28. 11. 1996 – Ws 1360/96, NStZ 1997, 302; Löwe/Rosenberg/*Hanack*, 25. Aufl., Rn. 27 mwN.
[67] Löwe/Rosenberg/*Hanack*, 25. Aufl., Rn. 27 aE.
[68] Unten Rn. 26 ff.
[69] Siehe nur AK-StPO/*Achenbach* Rn. 22 f.; Löwe/Rosenberg/*Hanack*, 25. Aufl. Rn. 49 ff.; SK-StPO/*Frisch* Rn. 21 ff.; ausführlich dazu *Dencker*, Willensfehler bei Rechtsmittelverzicht und Rechtsmittelrücknahme im Strafprozeß, 1972; *F. Meyer*, Willensmängel beim Rechtsmittelverzicht des Angeklagten im Strafverfahren, 2003
[70] Oben Rn. 2.
[71] Zutreffend *Rogall* StV 1998, 643; SK-StPO/*Frisch* Rn. 26.
[72] Unten Rn. 16 ff.

zwecken außerhalb des Rechtsmittelrechts stehender Regelungszusammenhänge (etwa dem der notwendigen Verteidigung oder den verbotenen Vernehmungsmethoden iSv. § 136a) gewonnen.

15 Ein durch Leitprinzipien gekennzeichnetes **Konzept inhaltlicher Wirksamkeitsvoraussetzungen**, insbesondere des Verzichts, hat bislang vor allem *Frisch* vorgelegt.[73] Er geht von dem Zweck des Verzichts aus, rasch eine rechtsfriedenstiftende Verfahrenserledigung herbeizuführen und sieht den Verzicht als wirksam an, wenn die entsprechende Erklärung sich als eine darauf gerichtete Disposition über das Rechtsmittel darstellt.[74] Davon ausgehend verlangt die Wirksamkeit des Verzichts eine auf einer über die **Bedeutung dieser Erklärung informierten Grundlage getroffene Entscheidung eines im Willen freien Erklärenden,** dem regelmäßig zuvor eine Überlegungsfrist und die Möglichkeit der Einholung von Rechtsrat zur Verfügung stand.[75] Etwaige Fehlvorstellungen des Erklärenden über die Bedeutung des inhaltlich eindeutig Erklärten stehen der Wirksamkeit nur entgegen, wenn diese ihre Ursache nicht im Verantwortungsbereich des Erklärenden haben.[76] Auf dieser Grundlage lassen sich die bislang praktisch bedeutsam gewordenen Konstellationen möglicher Unwirksamkeit von Verzichts- und Rücknahmeerklärungen anhand relativ verlässlicher Leitlinien beurteilen. Die Unwirksamkeit entsprechender Erklärungen ist vor allem in folgenden Konstellationen relevant geworden: fehlende Konsultation eines Verteidigers insb. bei notwendiger Verteidigung; unzureichende Überlegungsfrist; fehlerhafte Information über die Rechtslage und die Bedeutung des Rechtsmittelverzichts; verbotene Einwirkung auf die freie Entscheidung des Erklärenden.

16 b) **Fehlende Möglichkeit der Konsultation eines Verteidigers. aa) Allgemeines.** Die allgemeinen Wirksamkeitsvoraussetzungen werden in einzelnen Konstellationen durch die Schutzzwecke bestimmter Verfahrensprinzipien konkretisiert und ergänzt. So ist etwa bei der Frage der Verteidigerkonsultation als mögliche Voraussetzung eines wirksamen Rechtsmittelverzichts außer der notwendigen Information des Verzichtenden über die Bedeutung des Verzichts, die nicht stets allein durch den Richter vermittelt werden kann,[77] das **Gebot einer effektiven Verteidigung** (Art. 6 Abs. 3 MRK, Art. 20 Abs. 3 GG) zu berücksichtigen.[78] Zwar ist die Möglichkeit der Verteidigerkonsultation keine durchgängig bestehende Wirksamkeitsvoraussetzung eines Rechtsmittelverzichts (erst recht nicht einer Rücknahme).[79] Ein ausreichend informierter und sich der Bedeutung des Verzichts bewusster Angeklagter kann einen solchen gegen den Widerspruch seines Verteidigers abgegeben.[80] Besteht allerdings ein Mandatsverhältnis oder lag ein Fall notwendiger Verteidigung gemäß § 140 Abs. 1 oder 2 vor, hängt die Wirksamkeit eines Rechtsmittelverzichts regelmäßig von der Möglichkeit, einen Verteidiger zu konsultieren, ab (im Einzelnen strg.).

17 bb) **Bestehendes Mandatsverhältnis.** Wird dem Angeklagten im Rahmen eines bestehenden Mandatsverhältnisses **nicht** die Möglichkeit eingeräumt, mit seinem in der Hauptverhandlung **anwesenden Verteidiger** vor einer Erklärung über den Rechtsmittelverzicht **Rücksprache** zu nehmen, führt dies nach häufig vertretener Auffassung zur **Unwirksamkeit** einer dennoch abgegebenen Erklärung.[81] Das gilt jedenfalls, wenn Angeklagter und Verteidiger zu erkennen geben, die Frage des Verzichts noch erörtern zu wollen.[82] Unwirksamkeit einer Verzichtserklärung ist dementsprechend auch dann gegeben, wenn der Angeklagte **durch den Vorsitzenden gedrängt** wird, eine **Rechtsmittelerklärung** vor der Beratung mit seinem Verteidiger **abzugeben**.[83] Im Einzelfall kann vor einem Rechtsmittelverzicht die Hinzuziehung des (bereits bestellten) Pflichtverteidigers

---

[73] SK-StPO/*Frisch* Rn. 26–32.
[74] SK-StPO/*Frisch* Rn. 26.
[75] Vgl. SK-StPO/*Frisch* Rn. 28–31.
[76] SK-StPO/*Frisch* Rn. 30.
[77] BGH v. 21. 4. 1999 – 5 StR 714/98, BGHSt 45, 51 (57) = NJW 1999, 2449 (2452).
[78] BGH v. 21. 4. 1999 – 5 StR 714/98, BGHSt 45, 51 (57) = NJW 1999, 2449 (2452).
[79] Insoweit zutreffend KK-StPO/*Paul* Rn. 12; siehe auch BayObLG v. 10. 9. 1997 – 4St RR 203/97, wistra 1997, 359 (360); Thüring.OLG v. 24. 9. 2008 – 1 Ws 271 u. 272/08 (juris Rn. 13–16).
[80] BGH v. 21. 4. 1999 – 5 StR 714/98, BGHSt 45, 51 (56) = NJW 1999, 2449 (2452); BGH v. 4. 1. 1996 – 4 StR 741/95, BGHR StPO § 302 Abs. 1 S. 1 Rechtsmittelverzicht 16; OLG Oldenburg v. 14. 6. 1982 – Ss 303/82, NStZ 1982, 520; *Peglau* NStZ 2002, 464 (465).
[81] Vgl. BGH v. 12. 2. 1963 – 1 StR 561/62, BGHSt 18, 257 (260); BGH v. 17. 9. 1963 – 1 StR 301/63, BGHSt 19, 101 (104) = NJW 1963, 2236; BGH v. 21. 4. 1999 – 5 StR 714/98, BGHSt 45, 51 (57) = NJW 1999, 2449; BGH v. 24. 3. 1983 – 1 StR 166/83, bei *Pfeiffer/Miebach* NStZ 1984, 18; BGH v. 23. 8. 2004 – 1 StR 199/04, NStZ 2005, 114; BGH v. 11. 6. 1997 – 2 StR 191/97; BGH v. 12. 1. 1999 – 4 StR 649/98; BGH v. 4. 1. 1996 – 4 StR 741/95, BGHR StPO § 302 Abs. 1 S. 1 Rechtsmittelverzicht 16; OLG Köln v. 17. 5. 2005 – Ss 87/05, wistra 2005, 438; OLG Köln v. 29. 9. 2009 – 83 Ss 74/09, StV 2010, 67; siehe auch ergänzend BVerfG v. 25. 1. 2008 – 2 BvR 325/06 (2. Kammer des 2. Senats), NStZ-RR 2008, 209 (210).
[82] BGH v. 12. 2. 1963 – 1 StR 561/62, BGHSt 18, 257 (260) = NJW 1963, 963; BGH v. 17. 9. 1963 – 1 StR 301/63, BGHSt 19, 101 (103 f.) = NJW 1963, 2266; BGH v. 13. 1. 2000 – 4 StR 619/99, NStZ 2000, 441 (442); siehe auch BVerfG v. 25. 1. 2008 – 2 BvR 325/06 (2. Kammer des 2. Senats), NStZ-RR 2008, 209 (210).
[83] BGH v. 17. 9. 1963 – 1 StR 301/63, BGHSt 19, 101 (103) = NJW 1963, 2236; BGH v. 20. 6. 1997 – 2 StR 275/97, NStZ 1997, 611 (612); BGH v. 6. 5. 1999 – 4 StR 79/99, NStZ 1999, 526; BGH v. 13. 1. 2000 – 4 StR 619/99, NStZ 2000, 441; BGH v. 4. 1. 1996 – 4 StR 741/95, BGHR StPO § 302 Abs. 1 S. 1 Rechtsmittelverzicht 16.

erforderlich sein, wenn der Wahlverteidiger aufgrund einer bestimmten Rechtsauffassung an den Gesprächen, in deren Rahmen ein Rechtsmittelverzicht erklärt wurde, nicht teilnimmt.[84] **Unterbleibt die Ladung des Verteidigers** zu dem Termin, in dem ein **Rechtsmittelverzicht** erklärt wird, ist der Verzicht regelmäßig **nicht wirksam** (strg.).[85] Besteht ein Mandatsverhältnis, hat der Angeklagte einen Anspruch auf effektive Verteidigung, was die Möglichkeit der Konsultation einschließt. Aus der Möglichkeit des unverteidigten Angeklagten sowie des verteidigten gegen den Widerspruch des Verteidigers zu verzichten, folgt nichts anderes. Hier hat der Angeklagte sich der Möglichkeit der Beratung begeben bzw. sich über den erteilten Rat hinweggesetzt. Außerhalb der notwendigen Verteidigung bringt das Gesetz selbst zum Ausdruck, eine anwaltliche Beratung nicht für zwingend erforderlich zu halten. Hat der Angeklagte sich außerhalb dessen für eine Wahlverteidigung entschieden, darf er nicht um die Möglichkeit der daraus resultierenden Beratung gebracht werden.

cc) **Rechtsmittelverzicht bei notwendiger Verteidigung.** Die **Wirksamkeit** einer **Verzichtserklärung,** die ohne die Mitwirkung eines Verteidigers trotz Vorliegens der Voraussetzungen notwendiger Verteidigung gemäß § 140 Abs. 1 oder 2 erfolgt, wird in der obergerichtlichen **Rspr. uneinheitlich beurteilt.**[86] Ein kleinerer Teil von OLGen hält einen Rechtsmittelverzicht selbst dann für wirksam, wenn dieser durch einen trotz Vorliegens der Voraussetzungen notwendiger Verteidigung unverteidigten Angeklagten abgegeben wird.[87] Maßgeblich sei allein, ob der Verzichtende sich der Bedeutung und Tragweite bewusst sei.[88] **Überwiegend** beurteilt die obergerichtliche Rspr. in diesen Fällen einen **Rechtsmittelverzicht** des unverteidigten Angeklagten als **unwirksam.**[89] Dem ist schon deshalb zuzustimmen, weil der Gesetzgeber mit der Anordnung notwendiger Verteidigung die Wertung vorgenommen hat, dass der Angeklagte ohne Verteidiger zu einer sachgerechten Wahrnehmung seiner Interessen nicht in der Lage ist. Diese Wertung gilt auch hinsichtlich der Entscheidung über den (unwiderruflichen) Verzicht auf ein Rechtsmittel. Dementsprechend ist bei notwendiger Verteidigung auch ein nach Beratung mit einem nicht zugelassenen Verteidiger erklärter Rechtsmittelverzicht wegen der „rechtsstaatlich unverzichtbaren Rechtsberatung" unwirksam.[90]

18

c) **Übereilte Erklärung.** Im Einzelfall ist die Unwirksamkeit eines Rechtsmittelverzichts auch auf das Fehlen der **Möglichkeit** zu **reiflicher Überlegung** gestützt worden.[91] Die einschlägigen Entscheidungen stehen häufig im Zusammenhang mit der nicht gewährten Beratung mit einem Verteidiger.[92] Die Unwirksamkeit einer entsprechenden Rechtsmittelverzichtserklärung wird daher meist bereits aus den dort erörterten Gründen[93] anzunehmen sein. Eigenständige Bedeutung kann eine mangelnde Überlegungsfrist dann haben, wenn diese damit verbunden ist, dass sich der Verzichtende der Tragweite seiner Entscheidung nicht bewusst ist.[94] Das kann vor allem bei Jugendlichen oder Heranwachsenden sowie der deutschen Sprache nicht ausreichend mächtigen ausländischen Staatsangehörigen der Fall sein.[95] Auf eine Erklärung über ein Rechtsmittel unmit-

19

---

[84] BGH v. 21. 4. 1999 – 5 StR 714/98, BGHSt 45, 51 (57) = NJW 1999, 2449; siehe auch BGH v. 23. 8. 2004 – 1 StR 199/04, NStZ 2005, 114.
[85] AA Hans.OLG Hamburg v. 31. 1. 1996 – 1 Ws 29/96, NStZ 1997, 53; KK-StPO/*Paul* Rn. 12; siehe ergänzend auch OLG Oldenburg v. 14. 6. 1982 – Ss 303/82, NStZ 1982, 520; OLG München v. 25. 3. 2009 – 2 Ws 255/09, NStZ-RR 2010, 19 f.
[86] Vgl. *Keller/Gericke* StV 2007, 177 ff. einerseits und *Peglau* NStZ 2002, 464 ff. andererseits.
[87] Brandb.OLG v. 7. 2. 2000 – 1 Ss 4/00, StraFo 2001, 136 f. mAnm. *Braun*; Hans.OLG Hamburg v. 3. 1. 1996 – 1 Ws 29/96, StV 1998, 641 (642) mAnm. *Rogall*; Hans.OLG Hamburg v. 17. 5. 2005 – 1 Ss 61/05, StV 2006, 175 (176 – nicht tragend) mAnm. *Keller/Gericke*; OLG Naumburg v. 12. 2. 2001 – 1 Ws 23/01, NJW 2001, 2190; dazu *Peglau* NStZ 2002, 464; siehe auch OLG München v. 25. 3. 2009 – 2 Ws 255/09, NStZ-RR 2009, 19 f. bzgl. einer Berufungsrücknahme durch einen in der Berufungshauptverhandlung unverteidigten Angeklagten bei unterbliebener Ladung der Pflichtverteidigerin.
[88] Nachw. wie Fn. zuvor.
[89] Exemplarisch BayObLG v. 23. 6. 1988 – RReg 1 St 84/88, NStE Nr. 20 zu § 302 StPO; OLG Frankfurt v. 5. 5. 1993 – 3 Ws 253/93, NStZ 1993, 507; KG v. 24. 8. 1998 – 1 AR 598/98 – 4 Ws 137/98, StV 1998, 646; KG v. 18. 7. 2006 – 3 Ws 355/06, NStZ-RR 2007, 209; OLG Düsseldorf v. 23. 11. 1992 – 1 Ws 994/92, StV 1993, 237 (238); OLG Düsseldorf v. 6. 7. 1994 – 5 Ss 232/94, NStZ 1995, 147 (148); OLG Düsseldorf v. 11. 9. 1998 – 5 Ws 303/98 – 47/98 IV, StV 1998, 647; OLG Frankfurt v. 5. 3. 1991 – 3 Ws 67/91, StV 1991, 296 (297); OLG Hamm v. 26. 3. 2009 – 5 Ws 91/09, StV 2010, 67; OLG Köln v. 30. 5. 1997 – Ss 219/97, NStZ-RR 1997, 336 (337); OLG Köln v. 3. 12. 1996 – Ss 595/96, StV 1998, 645; OLG Köln v. 24. 11. 2003 – Ss 465/03, StV 2004, 68 (LS); OLG München v. 13. 12. 2005 – 5 St RR 129/05, NJW 2006, 789 f. (bei fehlender Entscheidung über die beantragte Pflichtverteidigerbestellung) mAnm. *Kleinbauer* wistra 2007, 38; vgl. für einen Sonderfall auch BGH v. 5. 2. 2002 – 5 StR 617/01, BGHSt 47, 238 (239 f.) = NJW 2002, 1436.
[90] BGH v. 5. 2. 2002 – 5 StR 617/01, BGHSt 47, 238 (239 f.) = NJW 2002, 1436.
[91] Vgl. etwa OLG Düsseldorf v. 13. 7. 1981 – 2 Ws 334/81, NStZ 1982, 521; OLG Frankfurt v. 5. 3. 1991 -3 Ws 67/91, StV 1991, 29; siehe auch ausführlich *Dencker*, Willensfehler, S. 69 ff. sowie ergänzend Löwe/Rosenberg/*Hanack*, 25. Aufl., Rn. 55; SK-StPO/*Frisch* Rn. 24.
[92] Etwa BGH v. 12. 2. 1963 – 1 StR 561/62, BGHSt 18, 257 (260).
[93] Oben Rn. 16-18.
[94] Vgl. Thüring.OLG v. 24. 9. 2008 – 1 Ws 271 u. 272/08 (juris – Rn. 12).
[95] Thüring.OLG v. 24. 9. 2008 – 1 Ws 271 u. 272/08 (juris – Rn. 12); OLG Zweibrücken v. 3. 11. 1993 – 1 Ws 539/93, StV 1994, 362; Löwe/Rosenberg/*Hanack*, 25. Aufl., Rn. 55.

telbar nach Urteilsverkündung sollte keinesfalls hingewirkt werden. Die gelegentlich mit der Überlegungsfrist in Zusammenhang gebrachte Schutzwirkung der Form des Rechtsmittelverzichts[96] verstärkt lediglich die von der Einräumung einer Überlegungsfrist ausgehende Schutzfunktion. Bei der **Rechtsmittelrücknahme** spielt die **Überlegungsfrist** regelmäßig **keine Rolle**.

20   d) **Unzulässiger Zwang, Täuschung und Irrtum.** Die Ausübung prozessual **unzulässigen Zwangs** (Drohung) sowie die (bewusste) Täuschung des Erklärenden oder die (nicht bewusste) Herbeiführung eines erklärungsrelevanten Irrtums bei ihm durch das Gericht können eine inhaltlich eindeutige Verzichts- oder Rücknahmeerklärung unwirksam machen.[97] So führt etwa die mit § 136a Abs. 1 S. 3 unvereinbare (konkludente) **Drohung** des Gerichts mit der offensichtlich **rechtwidrigen Invollzugsetzung eines Haftbefehls** zu der Unwirksamkeit eines dadurch bewirkten Rechtsmittelverzichts.[98] Gleiches gilt bei einer „eklatant sachwidrigen" Verknüpfung zwischen einem angekündigten Antrag bzgl. der Aufhebung der Außervollzugsetzung eines Haftbefehls und dem eingeforderten Rechtsmittelverzicht des Angeklagten **seitens der Staatsanwaltschaft**.[99] Dagegen stellt es keine unzulässige Drohung mit der Aufrechterhaltung der Untersuchungshaft dar, wenn erst die geänderten Umstände nach einer Rechtsmittelrücknahme des (bis dahin bestreitenden) Angeklagten die Außervollzugsetzung des Haftbefehls ermöglichen.[100] Ebenso wenig soll die Ankündigung der Staatsanwaltschaft, ein eigenes Rechtsmittel einlegen zu wollen, wenn der Angeklagte keinen Rechtsmittelverzicht erkläre, eine unzulässige Drohung darstellen.[101]

21   Eine bewusste **Täuschung** des Angeklagten führt regelmäßig zu der Unwirksamkeit der dadurch hervorgerufenen Verzichts- oder Rücknahmeerklärung.[102] Beruht die Erklärung auf einer lediglich unbewusst **unrichtigen Auskunft des Gerichts** bzw. **des Vorsitzenden**, sind Verzicht und Rücknahme ebenfalls im Regelfall unwirksam, wenn die entsprechende Erklärung auf dem von dem Gericht verursachten Irrtum beruht.[103] An diesem Kausalitätserfordernis fehlt es bei einer aufgrund der Kenntnis der verkündeten Urteilsgründe abgegebenen Verzichtserklärung, deren Unwirksamkeit der Erklärende auf die angebliche Fehlerhaftigkeit des schriftlichen Urteils stützen will.[104] Unabhängig davon kann es bereits an einem auf Verzicht oder Rücknahme gerichteten Willen fehlen, wenn der Angeklagte sich aufgrund des Irrtums nicht der Bedeutung des Erklärten bewusst ist.[105] Von dem Gericht nicht verursachte Irrtümer des Angeklagten (etwa Einziehung durch Urteil nicht eingezogener Gegenstände durch die Verwaltungsbehörde) führen nicht zur Unwirksamkeit einer Verzichtserklärung;[106] insoweit begründet auch die gerichtliche Fürsorge keine Aufklärungspflicht.[107] Dagegen kann es die gerichtliche Fürsorgepflicht und das Gebot effektiver Verteidigung gebieten, bei einer unklaren Verfahrenslage über das in Frage kommende Rechtsmittel und den Fortbestand einer Pflichtverteidigung den Angeklagten auf die Rechtslage hinzuweisen, um ihm ein seinen Interessen entsprechendes Vorgehen zu ermöglichen. Unterbleibt dies, ist eine in einer solchen Situation erklärte Rücknahme ausnahmsweise unwirksam.[108]

22   Im Gegensatz zu durch das Gericht verursachten Irrtümern soll eine diesem unbekannt gebliebene (unbewusst) **fehlerhafte Auskunft der Staatsanwaltschaft**, die den Angeklagten zur Verzichts- oder Rücknahmeerklärung bewegt, nicht zur Unwirksamkeit führen.[109] Dem kann allenfalls zugestimmt werden, wenn der entsprechende Irrtum nicht dazu geführt hat, dem (grenz-

---

[96] Dazu unten Rn. 26–31.
[97] Grundlegend BGH v. 6. 12. 1961 – 2 StR 485/60, BGHSt 17, 14 (18) = NJW 1962, 598; siehe auch BGH v. 25. 9. 1962 – 1 StR 368/62, BGHSt 18, 21; BGH v. 21. 4. 1999 – 5 StR 714/98, BGHSt 45, 51 (53) = NJW 1999, 2449 (2451); BGH v. 20. 6. 1997 – 2 StR 275/97, NJW 1997, 2691; BGH v. 6. 5. 1999 – 4 StR 79/99, NStZ 1999, 526; BGH v. 8. 3. 2000 – 1 StR 607/99, NStZ 2000, 386; BGH v. 5. 12. 2001 – 1 StR 482/01, wistra 2002, 108; BGH v. 25. 4. 2001 – 5 StR 53/01, NStZ-RR 2002, 101; BGH v. 9. 3. 2006 – 5 StR 551/05, StraFo 2006, 244 f.; OLG Frankfurt v. 23. 2. 2010 – 3 Ws 141/10, NStZ-RR 2010, 213 (214) – nicht tragend; bezüglich „schwerer Willenmängel" auch BGH v. 10. 1. 2001 – 2 StR 500/00, BGHSt 46, 257 (258); siehe auch KK-StPO/*Paul* Rn. 13; Löwe/Rosenberg/*Hanack*, 25. Aufl. Rn. 51; SK-StPO/*Frisch* Rn. 22.
[98] BGH v. 16. 9. 2004 – 4 StR 84/04, NStZ 2005, 279 (280) mAnm. *Eidam* StV 2005, 201 und *Vahle* Kriminalistik 2005, 374; siehe auch BGH v. 6. 12. 1961 – 2 StR 485/60, BGHSt 17, 14 (18); BGH v. 20. 4. 2004 – 5 StR 11/04, NJW 2004, 1885 f.
[99] BGH v. 20. 4. 2004 – 5 StR 11/04, NJW 2004, 1885 f.
[100] BGH v. 9. 3. 2006 – 5 StR 551/05, StraFo 2006, 244 f.
[101] BGH v. 14. 1. 1986 – 1 StR 589/85, NStZ 1986, 277.
[102] Vgl. BGH v. 21. 4. 1999 – 5 StR 714/98, BGHSt 45, 51 (55) = NJW 1999, 2449 (2451) – nicht tragend.
[103] Dazu BGH v. 10. 1. 2001 – 2 StR 500/00, BGHSt 46, 257 = NJW 2001, 1435; BGH v. 25. 4. 2001 – 5 StR 53/01, NStZ-RR 2002, 101; BGH v. 5. 12. 2001 – 1 StR 482/01, NStZ-RR 2002, 114; siehe auch KG v. 28. 2. 2007 – 2 Ss 253/06 – 3 Ws (B) 92/07, NStZ 2007, 541 (542); OLG Koblenz v. 2. 5. 1996 – 2 Ss 102/96, NStZ-RR 1996, 306 (307); OLG Stuttgart v. 11. 7. 1995 – 5 Ss 150/95, NStZ-RR 1996, 146; KK-StPO/*Paul* Rn. 13; SK-StPO/*Frisch* Rn. 22.
[104] BGH v. 21. 1. 1997 – 1 StR 732/96, NStZ-RR 1997, 173 (174).
[105] SK-StPO/*Frisch* Rn. 22.
[106] BGH v. 21. 1. 1997 – 1 StR 732/96, NStZ-RR 1997, 173 (174).
[107] BGH v. 21. 1. 1997 – 1 StR 732/96, NStZ-RR 1997, 173 (174).
[108] BGH v. 18. 2. 2004 – 5 StR 577/05, NStZ 2004, 636.
[109] BGH v. 18. 9. 1987 – 2 StR 430/87, StV 1988, 372 mAnm. *Sieg*.

debilen) Angeklagten eine falsche Vorstellung über Bedeutung und Wirkung der Erklärung zu vermitteln. Das wäre bei bloßen Fehlvorstellungen über die Auswirkungen des Rechtsmittels oder bei falschen Erwartungen des Angeklagten nicht der Fall.[110]

Beruht die Verzichts- oder Rücknahmeerklärung auf einem durch den **Verteidiger hervorgerufenen Irrtum** des Erklärenden, soll dies nicht zur Unwirksamkeit der Erklärung führen.[111] Ist sich der Erklärende aufgrund des Irrtums der Bedeutung des Verzichts oder der Rücknahme nicht bewusst, wird aber anders zu entscheiden sein, weil eine autonome Entscheidung nicht gewährleistet ist und auch ansonsten das Verschulden des Verteidigers nicht ohne weiteres dem Mandanten zugerechnet wird. In Ausnahmesituationen eines erkennbar über die Rechts- und Verfahrenslage verunsicherten Angeklagten können allerdings die Fürsorgepflicht und das Gebot effektiver Verteidigung das Gericht dazu verpflichten, selbst den verteidigten Angeklagten über die Auswirkungen einer Rechtsmittelrücknahme aufzuklären.[112] 23

Fehlvorstellungen über die **Auswirkungen des Urteils** (einschließlich solcher über die Modalitäten seiner Vollstreckung) sowie **enttäuschte Erwartungen** begründen **keine Unwirksamkeit** der Erklärung.[113] 24

e) **Nachweis der sachlichen Unwirksamkeitsgründe.** Die zur Unwirksamkeit einer inhaltlich eindeutigen Verzichts- oder Rücknahmerklärungen führenden Gründe müssen nach ganz hM **erwiesen sein;** im Freibeweisverfahren nicht behebbare **Zweifel sollen zu Lasten des Rechtsmittelführers gehen.**[114] 25

4. Förmliche Wirksamkeitsvoraussetzungen. a) Form der Erklärung. Das Gesetz schreibt **keine bestimmte Form** vor. Es besteht aber **Einigkeit** darüber, die für die Einlegung von Rechtsmitteln geltenden Formvorschriften anzuwenden,[115] so dass die Erklärung **schriftlich** oder **zu Protokoll der Geschäftsstelle** (beachte § 299) abgegeben werden muss.[116] Die Bindung an diese Erklärungsformen wird mit dem Schutz vor übereilten Erklärungen begründet.[117] Eine **schriftliche Erklärung** kann auch **in ausländischer Sprache** abgefasst sein;[118] sie wird aber erst mit dem Eingang einer deutschen Übersetzung wirksam.[119] 26

aa) **Schriftform.** Deren Einhaltung setzt nicht die handschriftliche Unterzeichnung durch den Erklärenden voraus. Maßgeblich ist lediglich, dass der Erklärende eindeutig als Urheber des entsprechenden Schreibens erkennbar ist.[120] Der Schriftform ist bereits dann genügt, wenn eine von dem Erklärenden selbst oder einer von ihm ermächtigten Person niedergeschriebene Erklärung vorliegt, aus der sich die Urheberschaft zweifelsfrei ergibt und das bloße Vorliegen eines Entwurfs ausgeschlossen werden kann.[121] Dementsprechend ist der Schriftform bei Erklärung durch **Telegramm** oder **Fernschreiben** genügt;[122] entsprechendes hat unter der vorgenannten Voraussetzung für das **Telefax** zu gelten. 27

Lediglich **mündlich abgegebene Erklärungen** genügen an sich der Schriftform nicht.[123] Das gilt auch für **fernmündliche Erklärungen,** selbst wenn diese von dem Empfänger schriftlich als Ver- 28

---

[110] Vgl. BGH v. 13. 5. 2003 – 4 StR 135/03, bei *Becker* NStZ-RR 2004, 228.
[111] BGH v. 13. 5. 2003 – 4 StR 135/03, bei *Becker* NStZ-RR 2004, 228.
[112] BGH v. 18. 2. 2004 – 5 StR 577/05, NStZ 2004, 636.
[113] Stdg. Rspr. des BGH, siehe BGH v. 24. 5. 2000 – 1 StR 110/00, StV 2000, 542; BGH v. 9. 11. 2000 – 1 StR 379/00, NStZ 2001, 220; BGH v. 13. 5. 2003 – 4 StR 135/03, bei *Becker* NStZ-RR 2004, 228.
[114] Siehe BGH v. 16. 5. 2002 – 5 StR 12/02 (juris – Rn. 4); OLG Düsseldorf v. 8. 5. 1996 – 2 Ws 150/96, NStZ-RR 1996, 307; OLG Frankfurt v. 23. 2. 2010 – 3 Ws 141/10, NStZ-RR 2010, 213 (214); OLG Köln v. 4. 11. 2005 – 2 Ws 217/05, NStZ-RR 2006, 83f.; OLG München v. 4. 2. 2000 – 2 Ws 102/00, StV 2000, 188; siehe aber Rn. 10 und 11 jeweils aE.
[115] Exemplarisch BGH v. 12. 2. 1963 – 1 StR 561/62, BGHSt 18, 257 (260) = NJW 1963, 963; BGH v. 18. 1. 1983 – 1 StR 490/82, BGHSt 30, 64 (111); BGH v. 6. 5. 1999 – 4 StR 199/99, NStZ 1999, 526; BGH v. 20. 9. 2007 – 4 StR 297/07, NStZ 2009, 51; OLG Hamm v. 22. 12. 2009 – 3 Ss OWi 825/09, NStZ-RR 2010, 215 f.; Graf/*Cirener* Rn. 4; HK-StPO/*Rautenberg* Rn. 8; KK-StPO/*Paul* Rn. 8; Löwe/Rosenberg/*Hanack*, 25. Aufl., Rn. 15; SK-StPO/*Frisch* Rn. 43 jeweils mwN.
[116] Nachw. wie Fn. zuvor.
[117] Grundlegend BGH v. 12. 2. 1963 – 1 StR 561/62, BGHSt 18, 257 (260) = NJW 1963, 963; BGH v. 26. 3. 1981 – 1 StR 206/80, BGHSt 30, 64 (68) = NJW 1981, 1627 (1628); SK-StPO/*Frisch* Rn. 44 mwN.
[118] BGH v. 21. 10. 1986 – 1 StR 433/86, BGHR StPO § 302 Abs. 1 Rücknahme 1; BGH v. 27. 3. 1996 – 2 StR 480/95; BGH v. 24. 10. 2001 – 2 StR 430/01, NStZ-RR 2002, 261; OLG München v. 13. 7. 1998 – 2 Ws 621/98, StV 1998, 646; KK-StPO/*Paul* Rn. 8; SK-StPO/*Frisch* Rn. 48.
[119] BGH v. 21. 12. 1986 – 1 StR 433/86, NStE Nr. 8 zu § 302 StPO; BGH v. 21. 10. 1986 – 1 StR 433/86, BGHR StPO § 302 Abs. 1 Rücknahme 1; Hans.OLG Hamburg v. 8. 9. 1988- 1 Ws 289/88, NStZ 1988, 566; SK-StPO/*Frisch* Rn. 48; siehe auch BGH v. 14. 7. 1981 – 1 StR 815/80, BGHSt 30, 182 f. = NJW 1982, 532 f. sowie OLG Düsseldorf v. 20. 8. 1999 – 1 Ws 371/99, NStZ-RR 1999, 364 („Unbeachtlichkeit einer in ausländischer Sprache gefassten Eingabe").
[120] BGH v. 9. 3. 1982 – 1 StR 817/81, BGHSt 31, 7 (8) = NJW 1982, 1470; BGH v. 26. 1. 2000 – 3 StR 588/99, NStZ-RR 2000, 305 mwN; KK-StPO/*Paul* Rn. 8.
[121] Siehe BGH v. 23. 6. 1983 – 1 StR 351/83, NJW 1984, 1974; KK-StPO/*Paul* Rn. 9; SK-StPO/*Frisch* Rn. 46.
[122] BGH v. 9. 3. 1982 – 1 StR 817/81, BGHSt 31, 7 f. = NJW 1982, 1470; HK-StPO/*Rautenberg* Rn. 8; KK-StPO/*Paul* Rn. 8; SK-StPO/*Frisch* Rn. 45 aE.
[123] Bzgl. der Erklärung zu Protokoll der Geschäftsstelle unten Rn. 29.

merk festgehalten werden;[124] auch als Erklärungen zu Protokoll der Geschäftsstelle können sie nicht wirksam abgegeben werden.[125]

29   bb) **Erklärung zu Protokoll der Geschäftsstelle.** Sie setzt eine bei **beiderseitiger Anwesenheit** durch den Beschuldigten/Angeklagten **gegenüber dem zuständigen Beamten** der Geschäftsstelle **abzugebende Erklärung** voraus, die durch diesen zu protokollieren ist.[126] Verfassungsrechtlich ist die **einfachgesetzliche Auslegung,** gleichzeitige Anwesenheit von Beschuldigtem und Urkundesbeamtem sowie der Abgabe einer Erklärung des Beschuldigten vor diesem zu verlangen, **nicht zu beanstanden.**[127] Sind die entsprechenden Förmlichkeiten eingehalten, handelt es sich bei einer im Anschluss an die Urteilsverkündung abgegebenen, in die Sitzungsniederschrift aufgenommenen Verzichts- oder Rücknahmeerklärung um eine solche zu Protokoll der Geschäftsstelle.[128] Da der Protokollführer jedoch regelmäßig nicht der nach § 24 Abs. 1 RpflG (Übertragung auf den Rechtspfleger) zuständige Urkundsbeamte ist,[129] bedarf es dazu jedenfalls auch der Unterschrift des Vorsitzenden.[130]

30   cc) **In die Sitzungsniederschrift aufgenommene Verzichts-/Rücknahmeerklärungen.** Erfüllt eine in die Sitzung aufgenommene Verzichts- oder Rücknahmeerklärung die vorgenannten Voraussetzungen nicht, kann es sich dennoch um eine **der Schriftform genügende Erklärung** handeln.[131] So verhält es sich regelmäßig, wenn der Protokollführer die **Verzichts- oder Rücknahmeerklärung wörtlich** in die Sitzungsniederschrift **aufgenommen,** dieses **unterschrieben** hat und der entsprechende Vermerk dem Erklärenden **vorgelesen** sowie von ihm **genehmigt** worden ist.[132] Eine den vorstehenden Erfordernissen entsprechende Aufnahme der Erklärung in die Sitzungsniederschrift kann auch in einem anderen Verfahren vor dem zuständigen Gericht[133] oder von einem unzuständigen Gericht erfolgen.[134] Ist die **Erklärung nicht wörtlich aufgenommen, nicht verlesen** und dementsprechend nicht vom Erklärenden genehmigt, kommt dem Protokollvermerk die Bedeutung eines **Beweisanzeichens** für die (schriftliche) Verzichts- oder Rücknahmeerklärung zu;[135] die Richtigkeit des Protokollvermerks ist im **Freibeweisverfahren** zu klären.[136] Ist die Protokollierung einer Verzichts- oder Rücknahmeerklärung versehentlich unterblieben, ist den Formerfordernissen nicht entsprochen, so dass es an einer wirksamen Erklärung fehlt.[137]

31   dd) **Wirkung der Aufnahme einer Verzichts-/Rücknahmeerklärung in das Protokoll.** Die in der Hauptverhandlung vor dem Rechtsmittelgericht erklärte **Rücknahmeerklärung** ist als wesentliche Förmlichkeit unter Beachtung des § 273 Abs. 3 in die Sitzungsniederschrift aufzunehmen und

---

[124] BGH v. 26. 3. 1981 – 1 StR 206/80, BGHSt 30, 64 (66) = NJW 1981, 1627; OLG Karlsruhe v. 7. 5. 1986 – 1 U 188/85, Justiz 1986, 307; OLG Stuttgart v. 3. 3. 1982 – 1 Ws 72/82, NJW 1982, 1472; HK-StPO/*Rautenberg* Rn. 8; KK-StPO/*Paul* Rn. 8; *Meyer-Goßner* Rn. 7; SK-StPO/*Frisch* Rn. 45; aA Hans.OLG Hamburg v. 22. 1. 1981 – 1 Ss 13/81, MDR 1981, 424 (unter bestimmten Bedingungen wirksam als Erklärung zu Protokoll der Geschäftsstelle); siehe auch OLG Düsseldorf v. 29. 7. 1985 – 2 Ss (OWi) 335/85 – 197/85 II, NStZ 1986, 82.
[125] Zu den formalen Anforderungen an die Erklärung zu Protokoll der Geschäftsstelle § 299 Rn. 5; aA unter bestimmten Bedingungen (insb. Identitätsfeststellung des Erklärenden durch den Urkundsbeamten) Hans.OLG Hamburg v. 22. 1. 1981 – 1 Ss 13/81, MDR 1981, 424.
[126] KG v. 23. 4. 2007 – 2 AR 23/07 – 2 Ws 125/07 (Abs. 14, juris); OLG Düsseldorf v. 6. 7. 1970 – 1 Ws 354/70, NJW 1970, S. 1890; OLG Düsseldorf v. 23. 11. 1998 – 1 Ws 818/99 u. 819/99, NStZ-RR 1999, 147; OLG Hamm v. 10. 5. 1971 – 4 Ws 110/71, NJW 1971, 2181 (2182); siehe auch § 299 Rn. 8
[127] BVerfG v. 14. 8. 2006 – 2 BvQ 44/06 (2. Kammer des 2. Senats), BVerfGK 9, 34 (35 f.).
[128] BGH v. 19. 8. 1982 – 1 StR 595/81, BGHSt 31, 109; BGH v. 4. 1. 1996 – 4 StR 741/95, NStZ 1996, 297; BGH v. 20. 6. 1997 – 2 StR 275/97, NJW 1997, 2691; BGH v. 6. 5. 1999 – 4 StR 79/99, NStZ 1999, 526; siehe auch OLG Zweibrücken v. 3. 11. 1993 – 1 Ws 539/93 wistra 1994, 156; SK-StPO/*Frisch* Rn. 46.
[129] Näher Löwe/Rosenberg/*Hanack*, 25. Aufl., Rn. 18.
[130] BGH v. 19. 8. 1982 – 1 StR 595/81, BGHSt 31, 109; SK-StPO/*Frisch* Rn. 46 mwN.
[131] Vgl. BGH v. 23. 6. 1983 – 1 StR 351/83, NJW 1984, 1974; BGH v. 14. 1. 1986 – 1 StR 589/85, NStZ 1986, 277; BGH v. 11. 6. 1997 – 2 StR 191/97, NStZ-RR 1997, 305; siehe auch BayObLG v. 21. 12. 1993 – 4St RR 143/93, wistra 1994, 118 (119); OLG Köln v. 4. 11. 2005 – 2 Ws 517/05, NStZ-RR 2006, 83 f.
[132] Siehe BGH v. 23. 6. 1983 – 1 StR 351/83, NJW 1984, 1974; BGH v. 14. 1. 1986 – 1 StR 589/85, NStZ 1986, 277; BGH v. 11. 6. 1997 – 2 StR 191/97, NStZ-RR 1997, 305; BGH v. 12. 1. 1999 – 4 StR 649/98, wistra 1999, 227; BayObLG v. 5. 3. 1996 – 5St RR 15/96, NStZ-RR 1996, 276; OLG Koblenz v. 2. 5. 1996 – 2 Ss 102/96, NStZ-RR 1996, 306; vgl. auch OLG Köln v. 4. 11. 2005 – 2 Ws 517/05, NStZ-RR 2006, 83 f.; KK-StPO/*Paul* Rn. 9; SK-StPO/*Frisch* Rn. 46.
[133] BGH v. 1. 9. 1988 – 4 StR 394/88, wistra 1989, 67.
[134] Vgl. BGH v. 7. 11. 2006 – 1 StR 463/06, NStZ-RR 2007, 54 f.
[135] BGH v. 12. 2. 1963 – 1 StR 561/62, BGHSt 18, 257 (258) = NJW 1963, 963; BGH v. 29. 11. 1983 – 4 StR 681/83; NStZ 1984, 181; BGH v. 11. 6. 1997 – 2 StR 191/97, NStZ-RR 1997, 305; OLG Hamm v. 13. 3. 1986 - 6 Ws 77/86, NStZ 1986, 378; OLG Hamm v. 22. 12. 2009 – 3 Ss OWi 825/09, NStZ-RR 2010, 215; OLG Köln v. 17. 5. 2005 – 8 Ss 87/05, BeckRS 2005, 06940; OLG Köln v. 4. 11. 2005 – 2 Ws 517/05, NStZ-RR 2006, 83 f.; HK-StPO/*Rautenberg* Rn. 8 aE; KK-StPO/*Paul* Rn. 9 aE; SK-StPO/*Frisch* Rn. 46.
[136] OLG Hamm v. 22. 12. 2009 – 3 Ss OWi 825/09; NStZ-RR 2010, 215 (216); OLG Köln v. 4. 11. 2005 – 2 Ws 517/05, NStZ-RR 2006, 83 f.
[137] SK-StPO/*Frisch* Rn. 47 mwN.

Erster Abschnitt. Allgemeine Vorschriften 32–34 § 302

nimmt an der Beweiskraft des § 274 teil.[138] Für die – notwendig erst nach Urteilsverkündung vorliegende – **Verzichtserklärung** nimmt die überwiegende Auffassung Gleiches an.[139] Das ist nicht überzeugend, weil die Erklärung nach Verkündung gerade keine wesentliche Förmlichkeit der Hauptverhandlung ist; der Protokollierung unter den Voraussetzungen von § 273 Abs. 3 kommt ein erhöhter Beweiswert zu, nicht aber die absolute Beweiskraft des § 274.[140]

b) **Adressat der Erklärung.** Die Rücknahme- oder der Verzicht ist gegenüber dem **zuständigen** 32 **Gericht** zu erklären.[141] Zuständig ist **vor** der **Abgabe der Akten an** das **Rechtsmittelgericht** der **judex a quo; nach** diesem Zeitpunkt das Rechtsmittelgericht.[142] Die Zuständigkeit des judex a quo bleibt allerdings während der Phase (regelmäßig während des Laufs der Revisionsbegründungsfrist) bestehen, in der noch von der Berufung zur Revision übergegangen werden kann.[143] Eine an die Staatsanwaltschaft adressierte Erklärung ist als wirksam angesehen worden, wenn diese rechtzeitig zu den Akten gelangt ist.[144] Macht ein auf behördliche Anordnung verwahrter Rechtsmittelführer von der Möglichkeit des § 299 Gebrauch und erklärt die Rücknahme oder den Verzicht zu **Protokoll der Geschäftsstelle des Amtsgerichts des Verwahrortes** und nicht zu Protokoll der Geschäftsstelle des nach dem Vorgenannten zuständigen Gerichts, wird die Erklärung erst mit dem dortigen Eingang wirksam (strg.).[145]

c) **Zeitraum der Erklärung (Abs. 1 S. 1). aa) Allgemeines. Abs. 1 S. 1** enthält lediglich eine **Teil-** 33 **regelung** über den für eine wirksame Verzichts- bzw. Rücknahmeerklärung zur Verfügung stehenden Zeitraum. Der frühestmögliche und der letztmögliche Zeitpunkt für eine wirksame Erklärung sind nicht gesetzlich geregelt. Ungeachtet dessen können nach **allgM** Verzicht und Rücknahme jedenfalls **während des Laufs der jeweiligen Frist zur Einlegung des Rechtsmittels** wirksam erklärt werden,[146] die Rücknahme nur bei bereits erhobenem Rechtsmittel. Verzicht und Rücknahme könne auch auf die nicht fristgebundene einfache Beschwerde (§ 304) bezogen sein;[147] im Fall der Rücknahme endet die Möglichkeit spätestens mit der Entscheidung des Beschwerdegerichts.[148] Der **Beginn des Fristenlaufs** hängt weder bei der Rücknahme noch bei dem Verzicht von der Erteilung einer Rechtsmittelbelehrung ab (allgM).[149]

Rücknahme und Verzicht können **nicht mehr wirksam** erklärt werden, wenn **über** das **Rechts-** 34 **mittel** bereits **(endgültig) entschieden** ist.[150] Verwerfungsbeschlüsse des judex a quo gemäß § 319 Abs. 1 oder § 346 Abs. 1 stehen der **Erklärung nicht entgegen**, solange diese noch nicht rechtskräftig sind,[151] die Entscheidung des Rechtsmittelgerichts also noch beantragt werden kann. Ist das Verfahren wegen **eines Verfahrenshindernisses eingestellt** worden, können Rücknahme und Verzicht **nicht mehr wirksam** erklärt werden (allgM).[152] Der bloße Eintritt des Verfahrenshindernisses schließt die entsprechenden Erklärungen dagegen nicht aus, weil dadurch allein die Verfahrenseinstellung noch nicht herbeigeführt wird (strg.).[153]

---

[138] BGH v. 20. 9. 2007 – 1 StR 416/07; Graf/*Cirener* Rn. 4.2.; HK-StPO/*Rautenberg* Rn. 8; SK-StPO/*Frisch* Rn. 46; vgl. auch BGH v. 12. 2. 1963 – 1 StR 561/62, BGHSt 18, 257 (258) = NJW 1963, 963; zu einer vor Aufruf der Sache erklärten Teilrücknahme der Berufung BayObLG v. 21. 12. 1993 – 4St RR 143/93, wistra 1994, 118 (119).
[139] BGH v. 12. 2. 1963 – 1 StR 561/62, BGHSt 18, 257 (258) = NJW 1963, 963; OLG Düsseldorf v. 27. 7. 1983 – 1 Ws 422/83, NStZ 1984, 44; OLG Hamm v. 13. 3. 1986 – 6 Ws 77/86, NStZ 1986, 378; HK-StPO/*Rautenberg* Rn. 8.
[140] Zutreffend Löwe/Rosenberg/*Hanack*, 25. Aufl., Rn. 17.
[141] BGH v. 1. 6. 1972 – 3 StR 282/71, GA 1973, 46; OLG Düsseldorf v. 25. 10. 1984 – 1 Ws (OWi) 1000/84, JZ 1985, 300; Hans.OLG Hamburg v. 1. 11. 1982 – 1 Ss 47/82, MDR 1983, 154; HK-StPO/*Rautenberg* Rn. 7; SK-StPO/*Frisch* Rn. 43; siehe auch OLG Karlsruhe v. 10. 4. 1991 – 2 Ws 46/91, JR 1992, 302 f. mit krit. Anm. *Sommermeyer*.
[142] BGH v. 7. 12. 1977 – 3 StR 431/77, bei *Holtz* MDR 1978, 281 (282); BGH v. 10. 9. 1991 – 2 StR 326/91, bei *Kusch* NStZ 1992, 225; Hans.OLG Hamburg v. 1. 11. 1982 – 1 Ss 47/82, MDR 1983, 154, (155); OLG Karlsruhe v. 5. 8. 1981 – 1 Ss 144/81, Justiz 1981, 447; SK-StPO/*Frisch* Rn. 43.
[143] BGH v. 25. 1. 1995 – 2 StR 456/94, BGHSt 40, 395 = NJW 1995, 2367
[144] OLG Karlsruhe v. 10. 4. 1991 – 2 Ws 46/91, JR 1992, 302 f. mit krit. Anm. *Sommermeyer*.
[145] Näher mit Nachw. zum Streitstand § 299 Rn. 10.
[146] Löwe/Rosenberg/*Hanack*, 25. Aufl., Rn. 8; SK-StPO/*Frisch* Rn. 32 jeweils mwN.
[147] Löwe/Rosenberg/*Hanack*, 25. Aufl., Rn. 8; SK-StPO/*Frisch* Rn. 32 jeweils mwN.
[148] Siehe unten Rn. 34.
[149] BGH v. 15. 4. 1997 – VII R 74/96, NJW 1997, 2692; BGH v. 29. 11. 1983 – 4 StR 681/83, NStZ 1984, 181; BGH v. 9. 8. 1985 – 3 StR 289/85, bei *Pfeiffer/Miebach* NStZ 1986, 208; Hans.OLG Hamburg v. 29. 2. 1993 – 2 Ws 62/93, MDR 1993, 568; HK-StPO/*Rautenberg* Rn. 10; Löwe/Rosenberg/*Hanack*, 25. Aufl., Rn. 7; SK-StPO/*Frisch* Rn. 34.
[150] Vgl. BGH v. 28. 1. 1997 – 1 StR 456/96, bei *Kusch* NStZ 1998, 27; BGH v. 5. 9. 1997 – 3 StR 271/97, NStZ 1998, 52 (53) mwN; Hans.OLG Hamburg v. 1. 11. 1982 – 1 Ss 47/82, NStZ 1983, 426 (nur LS) = MDR 1983, 154; Löwe/Rosenberg/*Hanack*, 25. Aufl., Rn. 11; *Meyer-Goßner* Rn. 6 iVm. 14; KK-StPO/*Paul* Rn. 4; SK-StPO/*Frisch* Rn. 35,
[151] BGH v. 5. 9. 1997 – 3 StR 271/97, NStZ 1998, 52 (53) mwN; Löwe/Rosenberg/*Hanack*, 25. Aufl., Rn. 11; *Meyer-Goßner* Rn. 6.
[152] Siehe nur Löwe/Rosenberg/*Hanack*, 25. Aufl., Rn. 11.
[153] KK-StPO/*Paul* Rn. 5; Löwe/Rosenberg/*Hanack*, 25. Aufl., Rn. 12; *Meyer-Goßner* Rn. 6; ausführlich SK-StPO/*Frisch* Rn. 37; aA BayObLG v. 31. 1. 1974 – RReg. 1 St 1/74, BayObLSt 1974, 8 f. m. abl. Anm. *Teyssen* JR 1975, 121.

35 bb) Besonderheiten bei der Rücknahme. Die Rücknahme kann sich auch auf ein unzulässiges Rechtsmittel beziehen.[154] Soweit über das Rechtsmittel durch Hauptverhandlung zu entscheiden ist,[155] bedarf die nach deren Beginn (Aufruf der Sache)[156] erklärte Rücknahme der Zustimmung des Rechtsmittelgegners (§ 303 S. 1).[157] Das Verfahren muss zudem noch als **Rechtsmittelverfahren anhängig** sein;[158] nach Überführung in ein erstinstanzliches Verfahren[159] oder nach Verschmelzung mit einem solchen[160] ist das nicht mehr der Fall. Dagegen ist eine Berufungsrücknahme grundsätzlich noch möglich, wenn das Revisionsgericht das Berufungsurteil vollständig aufgehoben und die Sache vollumfänglich zurückverwiesen hat.[161] Bei bloßer Teilaufhebung durch das Revisionsgericht kann die Berufung nicht mehr zurückgenommen werden.[162] Die Rücknahme kann sich auch nicht (mehr) auf durch Einstellungsbeschluss gemäß § 154 Abs. 2 ausgeschiedenen Verfahrensstoff beziehen (strg.),[163] weil das Verfahren insoweit nicht mehr anhängig ist.[164] Die von der Gegenauffassung angeführte Erwägung des „latent anhängigen" Verfahrensstoffs[165] trägt nicht.[166] § 302 Abs. 1 S. 2 ordnet lediglich die Unwirksamkeit des Rechtsmittelverzichts bezüglich eines auf **Verständigung** beruhenden Urteils an (§ 257 c), die **Rücknahme** eines gegen ein solches Urteil bereits eingelegten Rechtsmittels **soll wirksam erfolgen können**;[167] das ist jedenfalls dann fragwürdig, wenn der konkrete Verfahrensablauf Anhaltspunkte (Rücknahme 1 Std. nach Einlegung) für eine Umgehung des in § 302 Abs. 1 S. 2 angeordneten Verzichtsverbots bietet.[168]

36 cc) Besonderheiten bei dem Verzicht. Vor dem Erlass der fraglichen **Entscheidung** kann ein Rechtsmittelverzicht **nicht** erklärt werden (allgM);[169] ein zuvor vorsorglich ausgesprochener Verzicht wird mit dem Ergehen der Entscheidung nicht wirksam.[170] Ob ein **Verzicht wirksam erst nach Kenntnis** des Erklärenden **von dem Urteilsspruch** und den **Urteilsgründen** bzw. den Entscheidungsgründen erklärt werden kann, wird **uneinheitlich beurteilt.** Bei in **Anwesenheit des Rechtsmittelberechtigten** verkündeten Entscheidungen sollte angesichts der Rechtsmittelerklärung auf informierter Grundlage[171] eine wirksame Verzichtserklärung zeitlich erst nach der Verkündung der Entscheidungsgründe angenommen werden;[172] in der Rspr. ist in Einzelfällen davon abgewichen worden.[173] Tolerabel ist das allenfalls bei der Anfechtung von Entscheidungen, die keine Gründe enthalten müssen. Bei in **Abwesenheit des Rechtsmittelberechtigten** ergangenen Entscheidungen kann der Verzicht nach der Zustellung wirksam erklärt werden (allgM).[174] Die Rspr. lässt allerdings einen vor Zustellung erklärten Verzicht zu, wenn der Rechtsmittelberechtigte zuvor Gelegenheit hatte, sich verlässlich über den Inhalt der Entscheidung zu informieren;[175] ob diese Möglichkeit bestand, ist im Freibeweisverfahren zu klären. Die dennoch verbleibenden Unsicherheiten, den frühestmöglichen Zeitpunkt der Verzichtserklärung in solchen Konstellationen zu ermitteln, sprechen gegen einen wirksamen Verzicht vor Zustellung der Entscheidung.[176]

---

[154] Oben Rn. 2.
[155] Dazu § 303 Rn. 2.
[156] § 303 Rn. 4.
[157] Zum Begriff Rn. 5–8.
[158] SK-StPO/*Frisch* Rn. 36.
[159] BGH v. 30. 10. 1986 – 4 StR 368/86, BGHSt 34, 208 = NJW 1987, 1212.
[160] BGH v. 21. 5. 1992 – 4 StR 81/92, NJW 1992, 2644.
[161] KK-StPO/*Paul* Rn. 4; SK-StPO/*Frisch* Rn. 35.
[162] OLG Stuttgart v. 27. 11. 1981 – 1 Ss 706/81, NJW 1982, 897 mAnm. *Gössel* JR 1982, 270; KK-StPO/*Paul* Rn. 4; SK-StPO/*Frisch* Rn. 36.
[163] § 154 Rn. 44; KG v. 22. 1. 1990 – 3 Ws 369/89, NStZ 1990, 251; OLG Frankfurt v. 9. 11. 1987 – 3 Ws 1026/87, NStZ 1988, 328 m. abl. Anm. *Dörr/Taschke*; KK-StPO/*Paul* Rn. 5 aE; *Meyer-Goßner* Rn. 6; SK-StPO/*Frisch* Rn. 36; aA Löwe/Rosenberg/*Hanack*, 25. Aufl. Rn. 13.
[164] § 154 Rn. 44.
[165] Löwe/Rosenberg/*Hanack*, 25. Aufl. Rn. 13; siehe auch Löwe/Rosenberg/*Beulke*, § 154 Rn. 52.
[166] § 154 Rn. 44.
[167] BGH v. 14. 4. 2010 – 1 StR 64/10, NStZ 2010, 409 m. abl. Anm. *Malek* StraFo 2010, 251; siehe aber unten Rn. 38–40.
[168] Insoweit zutreffend *Malek* StraFo 2010, 251 f.
[169] BGH v. 28. 8. 1997 – 4 StR 240/97, BGHSt 43, 195 (205) = NJW 1998, 85 (88); BGH v. 19. 10. 1999 – 4 StR 86/99, BGHSt 45, 227 (230) = NJW 2000, 526 (527); OLG Stuttgart v. 26. 11. 1997 – 1 Ws 199/97, NJW 1999, 375 (376); *Dencker*, Willensfehler, S. 42; *Rönnau* wistra 1998, 1998, 40 (50); *Weigend* NStZ 1999, 57 (60); HK-StPO/*Rautenberg* Rn. 10; KK-StPO/*Paul* Rn. 6; Löwe/Rosenberg/*Hanack*, 25. Aufl., Rn. 10; *Meyer-Goßner* Rn. 14; SK-StPO/*Frisch* Rn. 39.
[170] Löwe/Rosenberg/*Hanack*, 25. Aufl., Rn. 10.
[171] Oben Rn. 15.
[172] AA Löwe/Rosenberg/*Hanack*, 25. Aufl., Rn. 9 (insb. in Bezug auf rechtskundige Erklärende).
[173] Nachw. bei SK-StPO/*Frisch* Rn. 40.
[174] SK-StPO/*Frisch* Rn. 41.
[175] BGH v. 9. 10. 1973 – 5 StR 505/73, BGHSt 25, 234 = NJW 1974, 66 m abl. Anm. *Peters* JR 1974, 250; BGH v. 9. 8. 1985 – 3 StR 289/85, bei *Pfeiffer/Miebach* NStZ 1986, 208; KK-StPO/*Paul* Rn. 6.
[176] *Peters* JR 1974, 250; AK-StPO/*Achenbach* Rn. 17; SK-StPO/*Frisch* Rn. 41.

§ 302 Abs. 1 S. 2 schließt einen Rechtsmittelverzicht bei einem auf einer Verständigung beruhenden Urteil (§ 257c) aus.[177]

d) **Widerruf von Rücknahme und Verzichtserklärungen.** Wirksame Rücknahme- oder Verzichtserklärungen können weder durch Widerruf, Anfechtung oder sonstige Rücknahme revidiert werden.[178] **Vor** dem Wirksamwerden, also dem **Eingang bei dem zuständigen Adressaten,**[179] können Verzicht und Rücknahme noch **widerrufen** werden (allgM).[180] Für den **Widerruf** wird **keinerlei Form** verlangt, sie kann daher auch außerhalb der für Rücknahme und Verzicht erforderlichen Formen fernmündlich[181] oder konkludent (bei Verzicht etwa durch Einlegung des Rechtsmittels) erfolgen.[182] Der Widerruf nimmt der zuvor abgegebenen Rücknahme- oder Verzichtserklärung aber nur dann die Wirkung, wenn Ersterer zeitlich früher bei dem zuständigen Adressaten eingeht als die entsprechende Erklärung, diese also gleichsam überholt.[183] Das gilt auch bei konkludentem Widerruf eines Verzichts durch Rechtsmitteleinlegung.[184] Lässt sich trotz Ausschöpfung der freibeweislichen Aufklärungsmöglichkeiten nicht aufklären, ob zuerst die Verzichts- oder Rücknahmeerklärung oder deren Widerruf bei dem zuständigen Adressaten eingegangen ist (was bei **Eingang am selben Tag** möglich erscheint), wird mittlerweile das Rechtsmittel als zulässig bewertet.[185]

IV. Besonderheiten der Wirksamkeit von Rücknahme und Verzicht

1. **Unwirksamkeit des Rechtsmittelverzichts bei Verständigung (Abs. 1 S. 2). a) Anwendungsbereich und Regelungsgehalt.** Die durch das Gesetz zur Regelung der Verständigung im Strafverfahren[186] eingefügte Regelung in Abs. 1 S. 2 erklärt den **Rechtsmittelverzicht** bezüglich eines **auf einer Verständigung iSv. § 257c beruhenden Urteils** für **unwirksam.** Das geltende Recht geht damit über die richterrechtlichen Regelungen über die Zulässigkeit der Verständigung[187] vor deren gesetzlicher Regelung hinaus.[188] Der Große Senat für Strafsachen[189] hatte einen Rechtsmittelverzicht als Gegenstand einer Verständigung nicht für unwirksam gehalten, sondern dessen Wirksamkeit (zusätzlich) von einer sog. qualifizierten Belehrung abhängig gemacht.[190] Der Gesetzgeber verfolgt mit der Unwirksamkeitsanordnung das Ziel, den Revisionsgerichten eine bessere Kontrolle über die Einhaltung der jetzt gesetzlichen Regeln konsensualer Verfahrenserledigung zu ermöglichen.[191] Um dieses Ziel zu erreichen, setzt das Gesetz auf zwei ergänzende Elemente: So ist die **qualifizierte Belehrung** nunmehr in § 35a S. 3 positivrechtlich statuiert. Welche Bedeutung diese Regelung neben der Anordnung der Unwirksamkeit allerdings konkret haben soll, ist kaum zu erkennen.[192] Denn das Unterbleiben der Belehrung und damit der Verstoß gegen § 35a S. 3 soll folgenlos bleiben und insbesondere die Rechtsmittelfrist nicht beeinflussen.[193] Um die revisionsgerichtliche Kontrolle über § 302 Abs. 1 S. 2 hinaus zu verbessern, verlangt **§ 273 Abs. 1a S. 3** im Protokoll ein sog. **Negativattest,** in dem das Gericht das Unterbleiben einer Verständigung bestätigt.[194] Die Notwendigkeit, zur Erreichung einer besseren Kontrolle konsensualer Verfahrenserledigung und zum Schutz des Angeklagten vor Überrumpelung die Unwirksamkeit eines

---

[177] Unten Rn. 38–40.
[178] Oben Rn. 2.
[179] Oben Rn. 32.
[180] OLG Hamm v. 12. 11. 2007 – 3 Ws 643/07, wistra 2008, 78; KK-StPO/*Paul* Rn. 16; Löwe/Rosenberg/*Hanack*, 25. Aufl., Rn. 39; SK-StPO/*Frisch* Rn. 56 mwN.
[181] Vgl. BGH v. 9. 8. 1995 – 1 StR 699/94, NStZ 1996, 202; KK-StPO/*Paul* Rn. 16; Löwe/Rosenberg/*Hanack*, 25. Aufl., Rn. 39; SK-StPO/*Frisch* Rn. 56.
[182] BGH v. 21. 3. 1967 – 1 StR 111/67, NJW 1967, 1046; BGH 12. 1. 1972 – 3 StR 282/71, GA 1973, 46; Löwe/Rosenberg/*Hanack*, 25. Aufl., Rn. 39; *Meyer-Goßner* Rn. 21; SK-StPO/*Frisch* Rn. 56.
[183] BGH v. 2. 9. 1960 – 4 StR 311/60, NJW 1960, 2202 (2203); BGH v. 12. 1. 1972 – 3 StR 282/71, GA 1973, 46; OLG Hamm v. 12. 11. 2007 – 3 Ws 643/07, wistra 2008, 78; siehe auch BGH v. 9. 8. 1995 – 1 StR 699/94, NStZ 1996, 202 (bei fehlender Überholung); KK-StPO/*Paul* Rn. 16; SK-StPO/*Frisch* Rn. 57 mwN.
[184] BGH v. 12. 1. 1972 – 3 StR 282/71, GA 1973, 46.
[185] BGH v. 2. 9. 1960 – 4 StR 311/60, NJW 1960, 2202; BGH v. 3. 5. 1991 – 3 StR 70/91, bei *Kusch* NStZ 192, 29; BGH v. 19. 5. 1994 – 1 StR 132/94, BGHR StPO § 302 Abs. 1 Rücknahme 4; KK-StPO/*Paul* Rn. 16; Löwe/Rosenberg/*Hanack*, 25. Aufl., Rn. 40; *Meyer-Goßner* Rn. 15; SK-StPO/*Frisch* Rn. 58; siehe aber auch BGH v. 23. 6. 1992 – 4 StR 281/92, BGHR StPO § 302 Abs. 1 Rechtsmittelverzicht 11.
[186] BGBl. 2009 I S. 2353 f.
[187] BGH v. 3. 3. 2005 – GSSt 1/04, BGHSt 50, 40 ff. = NJW 2005, 1440 ff.
[188] Zutreffend *Weimar/Mann* StraFo 2010, 12 (15).
[189] BGH v. 3. 3. 2005 – GSSt 1/04, BGHSt 50, 40 (61) = NJW 2004, 1440 (1446).
[190] Siehe dazu nur KK-StPO/*Paul* Rn. 13a mN.
[191] Siehe BT-Drucks. 16/12 310 S. 15.
[192] Vgl. *Altenhain/Haimerl* JZ 2010, 327 (333).
[193] BT-Drucks. 16/13 095 S. 10 f.; siehe zur früheren Rechtslage auch bereits BGH v. 3. 3. 2005 – GSSt 1/04, BGHSt 50, 40 (62) = NJW 2004, 1440 (1447).
[194] Unten Rn. 41.

Rechtsmittelverzichts anzuordnen, wird rechtspolitisch unterschiedlich beurteilt.[195] An der Erreichbarkeit des Ziels werden angesichts der Neigung aller an der Verständigung Beteiligten, rasch Rechtskraft zu bewirken, Zweifel geäußert.[196]

39   Abs. 1 S. 2 ordnet die **Unwirksamkeit lediglich** für den **Rechtsmittelverzicht** bezüglich eines auf Verständigung beruhenden Urteils an. Die **Unwirksamkeit setzt** aber den **Nachweis voraus,** dass das fragliche **Urteil auf** einer **Absprache beruht**.[197] Insoweit gilt nichts anderes als bei den bisher bereits richterrechtlich anerkannten Unwirksamkeitsgründen;[198] Zweifel an dem Vorliegen der Unwirksamkeitsvoraussetzungen sollen zu Lasten des Rechtsmittelführers gehen.[199] Solche Zweifel können in Bezug auf die Verständigung allerdings nur entstehen, wenn das Gericht den Protokollierungspflichten aus § 273 Abs. 1a S. 1 und S. 3 nicht nachgekommen ist.[200] Ob dann das Vorliegen einer Verständigung freibeweislich aufgeklärt werden kann, wird unterschiedlich beurteilt.[201]

40   Nach dem Wortlaut und wegen der abweichenden Entscheidungssituation lässt sich die Regelung nach Auffassung des **BGH nicht** auf die **Rücknahme** eines Rechtsmittels anwenden.[202] Das soll jedenfalls dann gelten, wenn die Rücknahme auf einer vorherigen Beratung mit dem Verteidiger beruht und das Urteil der zuvor bekannt gegebenen Strafe entspricht.[203] Auch wenn der Hinweis auf Wortlaut und Telos grundsätzlich trägt, sollte bei konkreten Anhaltspunkten für eine Umgehung der Unwirksamkeit (Revisionseinlegung und Rücknahme innerhalb einer Stunde am Tag der mündlichen Urteilsverkündung)[204] eine auf den Rechtsgedanken von Abs. 1 S. 2 gestützte Anwendung auch auf die Rücknahme zugelassen werden.[205] Auf einen **vor der Gesetzesänderung erklärten,** nach damaliger Rechtslage **wirksamen Verzicht** kann Abs. 1 S. 2 **nicht** angewendet werden, weil durch die Erklärung Rechtskraft eingetreten und damit eine Entscheidung des Rechtsmittelgerichts nach neuem Recht ausgeschlossen ist.[206]

41   b) **Protokollierung. § 273 Abs. 1a S. 1** schreibt die Protokollierung des wesentlichen Ablaufs, des Inhalts und Ergebnisses einer Verständigung vor; der Protokollierung kommt die Beweiskraft des § 274 zu.[207] Gleiches gilt aber auch für das Negativattest gemäß **§ 273 Abs. 1a S. 3**. Enthält die Sitzungsniederschrift weder eine Protokollierung der Absprache noch ein Negativattest, sind die Konsequenzen nicht völlig geklärt.[208] Da dem vollständigen Schweigen der Niederschrift vor dem Hintergrund der genannten gesetzlichen Vorgaben keinerlei Beweiswirkung zukommt, muss das Vorliegen einer Absprache im Hinblick auf die Unwirksamkeit eines eventuellen Verzichts im **Freibeweisverfahren** geklärt werden.[209]

42   2. **Rücknahme seitens der Staatsanwaltschaft (Abs. 1 S. 3)**. Abs. 1 S. 3 macht die **Wirksamkeit der Rücknahme** der für die Abgabe der Erklärung zuständigen Staatsanwaltschaft[210] von der **Zustimmung des Beschuldigten** abhängig, wenn es sich um ein **ausschließlich zu dessen Gunsten eingelegtes Rechtsmittel** handelt. Diese Voraussetzung ist gegeben, wenn mit dem Rechtsmittel seitens der Staatsanwaltschaft ausschließlich (tatsächliche oder rechtliche) Gesichtspunkte geltend gemacht werden, die dem Beschuldigten günstig sind.[211] Die in § 301 angeordnete Wirkung jedes Rechtsmittels der Staatsanwaltschaft auch zugunsten des Beschuldigten löst das Zustimmungserfordernis nicht aus (allgM).

---

[195] Befürwortend etwa *Altenhain/Haimerl* JZ 2010, 327 (333); *Schothauer/Weider* StV 2009, 600 (601); kritisch bzw. ablehnend etwa *Bittmann* wistra 2009, 414 (417); *Burhoff* StRR 2009, 324 (330); *Graf/Eschelbach*, § 257b Rn. 11; *Meyer-Goßner* Rn. 2f.
[196] Exemplarisch *Rieß* StraFo 2010, 10 (11).
[197] OLG Frankfurt v. 23. 2. 2010 – 3 Ws 141/10, NStZ-RR 2010, 213f.
[198] Oben Rn. 25.
[199] OLG Frankfurt v. 23. 2. 2010 – 3 Ws 141/10, NStZ-RR 2010, 213 (214); siehe zudem oben Rn. 25 aber auch Rn. 10 und 11.
[200] Unten Rn. 41.
[201] OLG Frankfurt v. 23. 2. 2010 – 3 Ws 141/10, NStZ-RR 2010, 213 (214); *Brand/Peter* NJW 2010, 268 (271) einerseits; *Bittmann* wistra 2009, 414 (416); *Jahn/Müller* NJW 2009, 2625 (2630), *Meyer-Goßner* § 273 Rn. 5 andererseits.
[202] BGH v. 14. 4. 2010 – 1 StR 64/10, NStZ 2010, 409 (410 Rn. 17–19); ablehnend *Malek* StraFo 2010, 251f., der in Bezug auf das konkrete Verfahren (nachvollziehbar) von einer Umgehung des § 302 Abs. 1 S. 2 ausgeht.
[203] BGH v. 14. 4. 2010 – 1 StR 64/10, NStZ 2010, 409 (410 Rn. 20).
[204] BGH v. 14. 4. 2010 – 1 StR 64/10, NStZ 2010, 409 (410).
[205] Im Ergebnis ähnlich *Malek* StraFo 2010, 251f.
[206] BGH v. 29. 9. 2009 – 1 StR 376/09, StV 2009, 679 (680); siehe auch *Graf/Cirener* Rn. 23 aE.
[207] Vgl. OLG Frankfurt v. 23. 2. 2010 – 3 Ws 141/10, NStZ-RR 2010, 213 (214).
[208] Siehe OLG Frankfurt v. 23. 2. 2010 – 3 Ws 141/10, NStZ-RR 2010, 213 (214); *Brand/Peter* NJW 2010, 268 (271) einerseits; *Bittmann* wistra 2009, 414 (416); *Jahn/Müller* NJW 2009, 2625 (2630), *Meyer-Goßner* § 273 Rn. 5 andererseits.
[209] OLG Frankfurt v. 23. 2. 2010 – 3 Ws 141/10, NStZ-RR 2010, 213 (214); *Brand/Peter* NJW 2010, 268 (271).
[210] Oben Rn. 8.
[211] *Löwe/Rosenberg/Hanack*, 25. Aufl., Rn. 61; SK-StPO/*Frisch* Rn. 63 mwN.

Für die erforderliche **Zustimmung des Beschuldigten** ist eine bestimmte **Form nicht vorge-** 43 **schrieben** (hM).[212] Da de facto die Zustimmung aber die Wirksamkeit der von der Staatsanwaltschaft erklärten Rücknahme erst herbeiführt und damit in ihrer Wirkung dem eigenen Verzicht weitestgehend entspricht, ist es vorzugswürdig, die **für die eigene Rücknahmeerklärung erforderliche Form** zu verlangen. Selbst wenn aber jegliche Erklärungsform für ausreichend gehalten wird, **genügt** ein **bloßes Schweigen** auf die Rücknahmeerklärung der Staatsanwaltschaft **nicht**.[213] Im Hinblick auf die Wirkung der Zustimmungserklärung muss der **Beschuldigte** bei der Abgabe **prozessual handlungsfähig**[214] und sich der Bedeutung und Tragweite der Erklärung bewusst sein. Die **Zustimmungserklärung** ist wie jede Prozesshandlung **bedingungsfeindlich** und kann allenfalls von einer Rechtsbedingung abhängig gemacht werden (allgM).[215] Die **Voraussetzungen** der Wirksamkeit sind im **Freibeweisverfahren** zu klären, was regelmäßig lediglich bei einer außerhalb der Hauptverhandlung abgegebenen Erklärung erforderlich werden kann. Der Beschuldigte kann sich bei der Erklärung (nicht im Willen) **vertreten** lassen (hM).[216] Die Ermächtigung des Verteidigers kann im Rahmen der allgemeinen Prozessvollmacht erteilt werden. Schweigen des Angeklagten auf eine Zustimmung seines Verteidigers zu der Rücknahmeerklärung der Staatsanwaltschaft soll regelmäßig nicht genügen; die Ermächtigung nach Abs. 2 ebenfalls nicht.[217]

Ungeachtet des Zustimmungserfordernisses aus Abs. 1 S. 3 steht die **Entscheidung** über die 44 Rücknahme oder der Verzicht im Hinblick auf das eigene Rechtsmittel **im Ermessen der** zuständigen **Staatsanwaltschaft**.[218]

3. Rücknahme und Verzicht des Angeklagten, seines gesetzlichen Vertreters oder seines Erzie- 45 **hungsberechtigten.** Die Rücknahme des eigenen Rechtsmittels unterliegt für den Angeklagten lediglich der Grenze des § 303 S. 1 (Zustimmung des Gegners). **Minderjährige Beschuldigte/Angeklagte** können ihr eigenes Rechtsmittel ohne Zustimmung ihres gesetzlichen Vertreters (§ 298) oder ihres Erziehungsberechtigten wirksam zurücknehmen oder auf dieses verzichten.[219] Die **Rücknahmeerklärung des Angeklagten erstreckt sich** auch **auf das von** seinem **Verteidiger eingelegte Rechtsmittel**, selbst wenn es sich um das nach § 297 im eigenen Namen des Verteidigers erhobene handelt;[220] bei minderjährigen Angeklagten **nicht** aber **auf die eigenständigen Rechtsmittel seines gesetzlichen Vertreters** (§ 298) oder **seines Erziehungsberechtigten** (§ 67 Abs. 3 JGG).

Deren Rechtsmittel sind trotz ihrer jeweiligen Eigenständigkeit nicht völlig unabhängig von 46 dem Willen des Beschuldigten/Angeklagten. Im Hinblick auf den verallgemeinerungsfähigen Rechtsgedanken in § 302 Abs. 1 S. 3 bedarf die Rücknahme ihres zugunsten des Beschuldigten/ Angeklagten eingelegten Rechtsmittels dessen Zustimmung.[221]

4. Rücknahme und Verzicht durch den Verteidiger (Abs. 2). a) Allgemeines. Das in **Abs. 2** ver- 47 langte Erfordernis **sichert** die **Autonomie des Beschuldigten/Angeklagten** über zu seinen Gunsten eingelegte Rechtsmittel und stellt klar, dass seine Willensrichtung maßgeblich für dessen Durchführung oder Nichtdurchführung ist. Zugleich zieht die Regelung die Konsequenz aus § 297, der dem Verteidiger zwar das Recht zur Einlegung im eigenen Namen – anders als bei dem gesetzlichen Vertreter (§ 298) – nicht aber ein eigenes Rechtsmittel einräumt.[222] Abweichend von Rechtsmitteln der Staatsanwaltschaft ausschließlich zugunsten des Beschuldigten und solchen des gesetzlichen Vertreters bzw. Erziehungsberechtigten bewendet es hier nicht bei der bloßen Zustimmung des Beschuldigten/Angeklagten. Zugleich führt die Notwendigkeit einer ausdrücklichen Ermächigung **Rechtsklarheit** in Bezug auf die Wirksamkeit einer von dem Verteidiger abgebene Erklärung bezüglich der (weiteren) Durchführung eines Rechtsmittels herbei. **Fehlt** es im Zeitpunkt der Abgabe der Erklärung des Verteidigers an einer **wirksamen ausdrücklichen Ermächtigung** seitens des Beschuldigten/Angeklagten ist die **Rücknahme des Verteidigers unwirksam**.[223] Die vom Gesetz geforderte ausdrückliche Ermächtigung braucht sich nicht allein auf den Vertei-

---

[212] HK-StPO/*Rautenberg* Rn. 15; Löwe/Rosenberg/*Hanack*, 25. Aufl., Rn. 62; *Meyer-Goßner* Rn. 27; siehe aber auch SK-StPO/*Frisch* Rn. 64.
[213] HK-StPO/*Rautenberg* Rn. 15; *Meyer-Goßner* Rn. 27; SK-StPO/*Frisch* Rn. 64; offener Löwe/Rosenberg/*Hanack*, 25. Aufl., Rn. 62 „wird meist nicht genügen".
[214] Oben Rn. 9 f.
[215] Siehe nur Löwe/Rosenberg/*Hanack*, 25. Aufl., Rn. 62.
[216] Löwe/Rosenberg/*Hanack*, 25. Aufl., Rn. 63; SK-StPO/*Frisch* Rn. 60 mwN.
[217] Nachw. wie Fn. zuvor.
[218] Zur Zuständigkeit oben Rn. 8.
[219] Oben Rn. 8.
[220] BGH v. 13. 1. 2005 – 1 StR 563/04, StraFo 2005, 161.
[221] Oben Rn. 8; OLG Celle v. 18. 10. 1963 – 3 Ws 637/63, NJW 1964, 417; Löwe/Rosenbeg/*Hanack*, 25. Aufl., Rn. 64; SK-StPO/*Frisch* Rn. 60.
[222] § 297 Rn. 1.
[223] Nähe unten Rn. 50 ff.

diger zu beschränken, sondern kann sowohl bei Wahl- als auch bei notwendiger Verteidigung die Erteilung einer **Untervollmacht** zur Abgabe entsprechender Erklärungen umfassen.[224]

48 **b) Anwendungsbereich. aa) Art des Rechtsmittels.** Abs. 2 ist über seinen Wortlaut hinaus nicht lediglich auf die **Rücknahme**[225] und notwendig eingeschlossen die **Teilrücknahme**,[226] die stets bei einer Beschränkung des Rechtsmittels nach Ablauf der Begründungsfrist vorliegt,[227] sondern auch auf den **Verzicht**[228] und den **Teilverzicht anwendbar.** Angesichts der über die Rücknahme hinausgehenden Wirkung des Verzichts ergibt sich dies bereits aus einem „Erst-recht-Schluss". **Kein Teilverzicht ist die von vornherein (zulässig) beschränkte Einlegung eines Rechtsmittels;**[229] der Verteidiger bedarf dafür keiner ausdrücklichen Ermächtigung nach Abs. 2.[230]

49 **bb) Person des Anfechtenden.** Abs. 2 gilt sowohl für das vom **Verteidiger gemäß § 297** im eigenen Namen eingelegte als auch das **vom Beschuldigten/Angeklagten selbst erhobene Rechtsmittel.**[231] Hat der **gesetzliche Vertreter** des Beschuldigten gemäß **§ 298** oder dessen **Erziehungsberechtigter gemäß § 67 Abs. 3 JGG** sein eigenes Rechtsmittel eingelegt und einen Verteidiger mit dessen Durchführung beauftragt, bedürfen Rücknahme und Verzicht durch diesen in entsprechender Anwendung von § 302 Abs. 2 der ausdrücklichen Ermächtigung seitens des gesetzlichen Vertreters bzw. Erziehungsberechtigten.[232] Haben diese **stellvertretend für den Beschuldigten/Angeklagten** dessen Rechtsmittel eingelegt[233] und einen Verteidiger mit der Durchführung dieses Rechtsmittels mandatiert, benötigen Rücknahme und Verzicht der ausdrücklichen **Ermächtigung durch den Beschuldigten.**

50 **c) Wirksamkeitsvoraussetzungen der ausdrücklichen Ermächtigung. aa) Persönliche und sachliche Wirksamkeitsvoraussetzungen.** Die von dem Beschuldigten erklärte ausdrückliche Ermächtigung setzt wie jede rechtsmittelbezogene Prozesshandlung dessen **prozessuale Handlungsfähigkeit**[234] sowie seine Fähigkeit, die Tragweite und Bedeutung seiner Erklärung einzuschätzen, voraus. Angesichts der Wirkungen der Ermächtigung, nämlich der Rücknahme- oder Verzichtserklärung des Verteidigers Wirksamkeit zu verleihen, gelten die zur Unwirksamkeit der eigenen Rücknahme- oder Verzichtserklärung des Beschuldigten/Angeklagten führenden Gründe[235] entsprechend auch für die Ermächtigung.

51 Welche **inhaltlichen Anforderungen** an die Ermächtigung sich einerseits aus dem Wortlaut „ausdrücklich" und andererseits aus dem Schutzzweck von Abs. 2 ergeben, wird **nicht einheitlich beurteilt.** Die Frage spitzt sich angesichts der allgM, dass eine **bestimmte Erklärungsform nicht vorgeschrieben** ist,[236] vor allem darauf zu, ob eine ausdrückliche Ermächtigung bereits **allgemein und zeitlich vor dem Ergehen der fraglichen Entscheidung mit der Mandatierung** (etwa durch eine entsprechende Klausel in **Vollmachtsformular**) erteilt werden kann oder es einer **konkreten, auf ein bestimmtes Rechtsmittel bezogenen Erklärung bedarf.**[237] Weite Teile der obergerichtlichen Rspr. lassen eine im Vorhinein und allgemein erteilte Ermächtigung bereits durch entsprechendes Vollmachtsformular genügen.[238] In jüngerer Zeit wird aber zunehmend darauf abgestellt, dass eine bereits zu Beginn des erstinstanzlichen Verfahrens allgemein erteilte Ermächtigung nicht

---

[224] BGH v. 16. 12. 1994 – 2 StR 461/94, NStZ 1995, 357 m. Anm. *Ehrlicher*; KG v. 23. 3. 1981 – 3 Ws 51/81, JR 1981, 480 f.
[225] Oben Rn. 3.
[226] OLG Hamm v. 12. 2. 2008 – 3 Ss 514/07 (juris – Rn. 7); *Meyer-Goßner* Rn. 29; SK-StPO/*Frisch* Rn. 67.
[227] Oben Rn. 3; BGH v. 13. 6. 1991 – 4 StR 105/91, BGHSt 38, 4; OLG Hamm v. 8. 8. 2000 – 4 Ss 193/00; OLG Hamm v. 17. 5. 2005 – 1 Ss 62/05; OLG Hamm v. 12. 2. 2008 – 3 Ss 514/07 (juris – Rn. 7).
[228] BGH v. 20. 3. 2002 – 5 StR 1/02, NStZ 2002, 496; BGH v. 15. 11. 2006 – 2 StR 429/06, NStZ-RR 2007, 151; RG v. 5. 5. 1930 – II 1028/29, RGSt 64, 164 (165); BayObLG v. 28. 7. 1994 – 3 ObOWi 63/94, BayObLGSt 1994, 130 (132) = NStZ 1995, 142 f.; KG (Schiffahrtsobergericht Berlin) v. 19. 1. 2009 – 3 Ws 474/08, NJW 2009, 1686 (1687); *Kuhli* HRRS 2009, 290; KK-StPO/*Paul* Rn. 20; *Meyer-Goßner* Rn. 29 f.; SK-StPO/*Frisch* Rn. 67.
[229] BGH v. 13. 6. 1991 – 4 StR 105/91, BGHSt 38, 4 (6) = NJW 1991, 3162; BGH v. 27. 10. 1992 – 5 StR 517/92, BGHSt 38, 366 (367) = NJW 1993, 476.
[230] BGH v. 13. 6. 1991 – 4 StR 105/91, BGHSt 38, 4 (6) = NJW 1991, 3162; OLG Koblenz v. 8. 2. 2000 – 1 Ss 5/00, NStZ-RR 2001, 247.
[231] Vgl. BGH v. 9. 8. 1995 – 1 StR 699/94, NStZ 1996, 202; KK-StPO/*Paul* Rn. 20; SK-StPO/*Frisch* Rn. 66 mwN.
[232] *Löwe/Rosenberg/Hanack*, 25. Aufl., Rn. 66; zustimmend SK-StPO/*Frisch* Rn. 68.
[233] Zu dieser Möglichkeit § 298 Rn. 3.
[234] BGH v. 19. 9. 2000 – 4 StR 337/00, NStZ-RR 2001, 264; BGH v. 27. 4. 2001 – 3 StR 502/99, NStZ-RR 2002, 101 f.; OLG Zweibrücken v. 5. 2. 2010 – 1 Ss 5/10, StraFo 2010, 252; Graf/*Cirener* Rn. 25; KK-StPO/*Paul* Rn. 22; SK-StPO/*Frisch* Rn. 69; vgl. auch BGH v. 19. 9. 1996 – 1 StR 487/96, bei *Kusch* NStZ 1997, 378; zu den Anforderungen oben Rn. 9 f.
[235] Oben Rn. 14–24.
[236] Unten Rn. 53.
[237] Vgl. *Kuhli* HRRS 2009, 290 ff.; SK-StPO/*Frisch* Rn. 69 und 72 f.
[238] Etwa BayObLG v. 7. 2. 1984 – 1 Ob OWi 431/83, BayObLGSt 1984, 9; OLG Düsseldorf v. 9. 1. 1989 – 4 Ws 4/89, NStZ 1989, 289; OLG Hamm v. 17. 5. 2005 – 1 Ss 62/05, BeckRS 2005, 10 598; OLG Karlsruhe v. 26. 8. 1996 – 3 Ws 139/96, NJW 1997, 672 (673); OLG München v. 28. 4. 1987 – 2 Ws 445/87 K, NStZ 1987, 342.

Erster Abschnitt. Allgemeine Vorschriften 52, 53 **§ 302**

ausreicht, sondern diese sich auf ein konkretes Rechtsmittel beziehen muss.[239] Diese Voraussetzung kann dann gegeben sein, wenn in einer Vollmachturkunde das fragliche Rechtsmittel (und die Gestattung dessen Rücknahme) eindeutig bezeichnet ist[240] oder sich bei allgemeiner Ermächtigung aus den konkreten Umständen ergibt, dass lediglich ein bestimmtes Rechtsmittel gemeint sein kann.[241] Selbst das trägt aber der Autonomie und dem Schutzbedürfnis des Angeklagten nicht hinreichend Rechnung. Von einer **wirksamen „ausdrücklichen Ermächtigung"** kann in inhaltlicher Hinsicht erst gesprochen werden, wenn die Ermächtigung sich auf eine **konkrete, bereits erlassene Entscheidung bezieht**,[242] weil ansonsten der Beschuldigte/Angeklagte keine Entscheidung auf ausreichend informierter Grundlage treffen kann. Die gelegentlich bei einer allgemein vorab erklärten Ermächtigung geforderte, seitens des Verteidigers vorzunehmende Prüfung, ob Rücknahme oder Verzicht noch dem aktuellen Willen des Rechtsmittelführers entsprechen,[243] genügt schon angesichts der Unsicherheit im Nachweis der vorgenannten Voraussetzung nicht.

Das Erfordernis „ausdrücklicher" Ermächtigung hindert, bloßes **Schweigen des Beschuldigten/** 52 **Angeklagten** als eine den gesetzlichen Vorgaben entsprechende Ermächtigung anzusehen.[244] Fehlt es an sonstigen Äußerungen des Angeklagten, kann jedenfalls in seinem Schweigen auf die Ankündigung seines Verteidigers, das Rechtsmittel zurückzunehmen, falls der Angeklagte sich nicht „rückäußere", keine Abs. 2 genügende Ermächtigung gesehen werden.[245] Dagegen ist in der Rspr. in einem Einzelfall (und nicht tragend) angenommen worden, für die Annahme einer ausdrücklichen Erklärung könne bei einem **in Anwesenheit des Angeklagten erklärten Verzicht** (od. Rücknahme) seines Verteidigers das **Schweigen** bzw. der **fehlende Widerspruch** genügen.[246] Es ist jedoch schon **nach dem Wortlaut ausgeschlossen**, eine Nicht-Erklärung („kein Widerspruch") als „**ausdrückliche**" Erklärung zu werten.[247] Ebensowenig ist dem Erfordernis „ausdrücklich" entsprochen, wenn ein Angeklagter bei einem auf einer Absprache (vor Inkrafttreten von § 257c) beruhenden Urteil nach einem von seinem Verteidiger erklärten Rechtsmittelverzicht „zustimmend nickt".[248] Von der vorstehend erörterten Frage des Vorliegens einer „ausdrücklichen" Erklärung ist die **Frage ihres Nachweises** zu unterscheiden.[249] Insoweit können sich aus nonverbaler Kommunikation Rückschlüsse auf eine frühere ausdrückliche Erklärung ergeben.

bb) **Förmliche Wirksamkeitsvoraussetzungen.** Über die „Ausdrücklichkeit" hinaus schreibt das 53 Gesetz eine **bestimmte Form** der Erklärung **nicht** vor. Sie kann daher nach ganz hM über die für Einlegung und Rücknahme/Widerruf vorgeschriebenen Formen der Schriftlichkeit und der Erklärung zu Protokoll der Geschäftsstelle hinaus auch **mündlich**[250] oder **fernmündlich**[251] erklärt werden. Angesichts der Wirkung der Ermächtigung, einer Rücknahme- oder Verzichtserklärung des Verteidigers überhaupt erst Wirksamkeit zu verleihen und dem damit verbundenen Verlust des Rechtsmittels, ist allerdings kein Sachgrund vorhanden, an die Ermächtigung geringe formale

---

[239] BGH v. 2. 8. 2000 – 3 StR 284/00, NStZ 2000, 665; KG (Schiffahrtsobergericht Berlin) v. 19. 1. 2009 – 3 Ws 474/08, NJW 2009, 1686 (1687); OLG Oldenburg v. 18. 4. 2000 – 1 Ws 197/99, NStZ-RR 2001, 246 (247) – bzgl. Rücknahme seitens eines Nebenklägervertreters.
[240] Vgl. BGH v. 23. 4. 1998 – 4 StR 132/98, NStZ 1998, 531 (532); KG (Schiffahrtsobergericht Berlin) v. 19. 1. 2009 – 3 Ws 474/08, NJW 2009, 1686 (1687); ebenso KK-StPO/*Paul* Rn. 22.
[241] KG (Schiffahrtsobergericht Berlin) v. 19. 1. 2009 – 3 Ws 474/08, NJW 2009, 1686 (1687), zustimmend *Kuhli* HRRS 2009, 290 (291).
[242] Im Ergebnis weitgehend übereinstimmend AK-StPO/*Achenbach* Rn. 10; Löwe/Rosenberg/*Hanack*, 25. Aufl., Rn. 70; SK-StPO/*Frisch* Rn. 71 mwN in Fn. 72.
[243] Etwa OLG Stuttgart v. 9. 4. 1981 – 1 Ws 90/81, MDR 1981, 780; weit. Nachw. bei Löwe/Rosenberg/*Hanack*, 25. Aufl. Rn. 70 Fn. 157.
[244] Insoweit übereinstimmend Löwe/Rosenberg/*Hanack*, 25. Aufl., Rn. 71 „Schweigen keine ‚ausdrückliche' Ermächtigung".
[245] OLG Oldenburg v. 2. 7. 2010 – 1 WS 303/10 (juris Rn. 8) = NJW-Spezial 2010, 538 (Kurzwiedergabe).
[246] OLG Karlsruhe v. 6. 2. 1970 – 1 Ss (B) 18/70, NJW 1970, 1697 (nicht tragend und bzgl. einer Rechtsbeschwerde im OWi-Verfahren); *Meyer-Goßner/Paul* Rn. 22 genanntes Entscheidungen BGH v. 20. 3. 2002 – 5 StR 1/02, NStZ 2002, 496 (betrifft ein Kopfnicken des Angeklagten nach der Erklärung des Verteidigers); BayObLG v. 30. 10. 1984 – RReg. 2 St 244/84, BayObLGSt 1984, 116 (117) (die Entscheidung betrifft die keine Ausdrücklichkeit fordernde Zustimmung des Gegners nach § 303) und KG v. 23. 3. 1981 – 3 Ws 51/81, JR 1981, 480 f. (die Entscheidung betrifft einen Rechtsmittelverzicht eines (unterbevollmächtigten) Verteidigers bei abwesendem Angeklagten) sind nicht einschlägig.
[247] Zutreffend BayObLG v. 28. 7. 1994 – 3 ObOWi 63/94, BayObLGSt 1994, 130 (132) = NStZ 1995, 142 f.
[248] AA BGH v. 20. 3. 2002 – 5 StR 1/02, NStZ 2002, 496; BGH v. 7. 7. 2004 – 1 StR 265/04, NStZ 2005, 47 (nicht tragend – ausweislich des Sitzungsprotokolls hatte der Angeklagte selbst auf sein Rechtsmittel verzichtet hatte und den entsprechenden Protokolleintrag genehmigt hatte) wie hier im Ergebnis bereits Löwe/Rosenberg/*Hanack*, 25. Aufl., Rn. 71; SK-StPO/*Frisch* Rn. 71.
[249] Unten Rn. 55.
[250] BGH v. 3. 5. 1957 – 5 StR 52/57, BGHSt 10, 245 (246) = NJW 1957, 1040; BGH v. 16. 12. 1994 – 2 StR 461/94, NStZ 1995, 356 (357); BGH v. 7. 4. 2003 – 5 StR 407/02, NStZ-RR 2003, 241; BGH v. 15. 11. 2006 – 2 StR 429/06, NStZ-RR 2007, 151.
[251] BGH v. 30. 6. 2000 – 3 StR 141/00, wistra 2000, 391, 392.

§ 302   54–57   Drittes Buch. Rechtsmittel

Anforderungen als an die eigenen Rücknahme- oder Verzichtserklärung. Richtigerweise ist daher **Schriftform oder Erklärung zu Protokoll der Geschäftsstelle** zu verlangen. **Adressat** der Erklärung ist regelmäßig der **Verteidiger**. Sie kann aber auch gegenüber dem Gericht erklärt werden.[252]

54   **cc) Zeitpunkt und Dauer der Ermächtigung.** Diese muss **spätestens im Zeitpunkt der Abgabe der Rücknahme- oder Verzichtserklärung** des Verteidigers vorliegen.[253] Sie kann nach der hier vertretenen Auffassung frühestens nach dem Erlass der Entscheidung erklärt werden, auf die sich die Rücknahme- oder Verzichtserklärung des Verteidigers beziehen soll.[254] Mangelt es zu diesem Zeitpunkt an der ausdrücklichen Ermächtigung, ist die Rechtsmittelerklärung des Verteidigers unwirksam. Die Möglichkeit einer **nachträglichen Genehmigung** der Erklärung des Verteidigers besteht **nicht**.[255] Die Ermächtigung **wirkt**, soweit sie nicht vorher widerrufen wird,[256] **bis zum Ende des Mandats**; dieses tritt allerdings auch bereits mit einem Wechsel vom bisherigen Wahlmandat zur Pflichtverteidigung ein.[257]

55   **dd) Nachweis der Ermächtigung.** Die ausdrückliche Erteilung der Ermächtigung muss nachgewiesen sein (allgM). Dafür steht das **Freibeweisverfahren** zur Verfügung.[258] Dementprechend genügt die **anwaltliche Versicherung** als Nachweis. Dieser braucht nicht bereits im Zeitpunkt der Abgabe der Rechtsmittelerklärung des Verteidigers geführt werden sondern kann noch **bis zu der Entscheidung über das fragliche Rechtsmittel** erbracht werden (allgM).[259] Zum Zwecke des Nachweises einer bereits zuvor erteilten ausdrücklichen Ermächtigung kann ein „zustimmendes Nicken" im Rahmen des Gesamtverhaltens des Angeklagten Bedeutung erlangen.[260]

56   **ee) Widerruf der Ermächtigung.** Nach allgM kann die Ermächtigung seitens des Beschuldigten/Angeklagten nach ihrer Erteilung jederzeit **frei** und unabhängig vom Fortbestand des Mandats **widerrufen** werden.[261] Eine **bestimmte Form** für den Widerruf wird **nicht** verlangt; sie kann daher außer in den für die Einlegung von Rechtsmitteln vorgesehenen Formen auch **mündlich** oder **fernmündlich** erfolgen.[262] Ein **konkludenter Widerruf** wird ebenfalls grundsätzlich zugelassen;[263] das ist jedenfalls bei eigener Rechtsmitteleinlegung,[264] eigener Begründung eines solchen[265] oder der Anweisung an den Verteidiger, Rechtsmittel einzulegen,[266] der Fall. Die **Mandatierung eines anderen Verteidigers** wird regelmäßig als Widerruf der dem bisherigen Verteidiger eingeräumten Ermächtigung zu deuten sein.[267] Die Beendigung des bisherigen Mandats hebt ohnehin die Wirkung der in diesem Verhältnis erteilten Ermächtigung auf.[268]

57   Der Widerruf kann **gegenüber dem bisherigen Verteidiger oder dem Gericht** erklärt werden.[269] **Die Ermächtigung aufhebende Wirkungen** gehen von dem Widerruf aber lediglich dann aus, wenn er gegenüber einem tauglichen Adressaten erklärt worden ist, **bevor die Rücknahme- oder Verzichtserklärung** des zuvor ermächtigten Verteidigers **bei dem dafür zuständigen Gericht**[270]

---

[252] Löwe/Rosenberg/*Hanack*, 25. Aufl., Rn. 67.
[253] Löwe/Rosenberg/*Hanack*, 25. Aufl., Rn. 72; SK-StPO/*Frisch* Rn. 72; siehe auch BGH v. 15. 11. 2006 – 2 StR 429/06, NStZ-RR 2007, 151.
[254] Oben Rn. 51.
[255] RG v. 30. 5. 1932 – 50/32, RGSt 65, 265 (267) „Schwebezustand mit geordnetem Verfahren unvereinbar"; Löwe/Rosenberg/*Hanack*, 25. Aufl., Rn. 72, SK-StPO/*Frisch* Rn. 72 mwN; vgl. auch BGH v. 15. 11. 2006 – 2 StR 429/06, NStZ-RR 2007, 151 bzgl. des spätestmöglichen Zeitpunkts für einen Widerruf der Ermächtigung.
[256] Unten Rn. 56.
[257] BGH v. 8. 11. 1990 – 4 StR 457/90, NStZ 1991, 94; OLG Koblenz v. 8. 2. 2000 – 1 Ss 5/00, NStZ-RR 2001, 247.
[258] BGH v. 19. 9. 2000 – 4 StR 337/00, NStZ-RR 2001, 264; BGH v. 27. 4. 2001 – 3 StR 502/99, NStZ-RR 2002, 101 f.; BGH v. 10. 9. 2009 – 4 StR 120/09, NStZ-RR 2010, 55; BayObLG v. 28. 7. 1994 – 3 ObOWi 63/94, NStZ 1995, 142; OLG Oldenburg v. 2. 7. 2010 – 1 Ws 303/10 (juris – Rn. 7) KK-StPO/*Paul* Rn. 22; Löwe/Rosenberg/*Hanack* Rn. 75; SK-StPO/*Frisch* Rn. 69.
[259] BGH v. 9. 10. 1989 – 2 StR 352/89, BGHSt 36, 259 (260 f.) = NJW 1990, 586; BGH v. 16. 12. 1994 – 2 StR 461/94, NStZ 1995, 356 f.; BGH v. 30. 6. 2000 – 3 StR 141/00, wistra 2000, 391; BGH v. 10. 9. 2009 – 4 StR 120/09, NStZ-RR 2010, 55; *Meyer-Goßner* MDR 1979, 810; KK-StPO/*Paul* Rn. 22.
[260] Vgl. BGH v. 20. 3. 2002 – 5 StR 1/02, NStZ 2002, 496.
[261] BGH v. 15. 11. 2006 – 2 StR 429/06, NStZ-RR 2007, 151; Graf/*Cirener* Rn. 28; HK-StPO/*Rautenberg* Rn. 19; KK-StPO/*Paul* Rn. 23; Löwe/Rosenberg/*Hanack*, 25. Aufl., Rn. 73; *Meyer-Goßner* Rn. 34; SK-StPO/*Frisch* Rn. 75.
[262] Vgl. BGH v. 3. 5. 1957 – 5 StR 52/57, BGHSt 10, 245 (247) = NJW 1957, 1040; BGH v. 15. 11. 2006 – 2 StR 429/06, NStZ-RR 2007, 151; Löwe/Rosenberg/*Hanack*, 25. Aufl., Rn. 73; *Meyer-Goßner* Rn. 34, SK-StPO/*Frisch* Rn. 75 jeweils mwN
[263] OLG München v. 28. 4. 1987 – 2 Ws 445/87 K, NStZ 1987, 342; SK-StPO/*Frisch* Rn. 75 mwN.
[264] BGH v. 21. 3. 1967 – 1 StR 111/67, NJW 1967, 1046.
[265] BayObLG v. 7. 2. 1984 – 1 Ob OWi 431/83, BayObLGSt 1984, 9.
[266] OLG Düsseldorf v. 9. 1. 1989 – 4 Ws 4/89, NStZ 1989, 289.
[267] Näher zum Diskussionsstand SK-StPO/*Frisch* Rn. 75.
[268] Oben Rn. 54.
[269] BGH v. 15. 11. 2006 – 2 StR 429/06, NStZ-RR 2007, 151.
[270] Oben Rn. 32.

eingegangen ist.[271] Erfolgt der Widerruf erst nach diesem Zeitpunkt, ist bei sonst gegebenen Wirksamkeitsvoraussetzungen aufgrund Rücknahme oder Verzicht des (noch) ermächtigten Verteidigers die fragliche Entscheidung rechtskräftig geworden; der Wideruf geht dann ins Leere.

Die **Voraussetzungen eines wirksamen Widerrufs** sind wie die einer wirksamen Ermächtigung[272] im **Freibeweisverfahren** zu klären.[273] Das gilt auch für die Zeitpunkte des Eingangs der Rechtsmittelerklärung des (zuvor) ermächtigten Verteidigers und des der Erklärung des Widerrufs. Besteht insoweit ein **non liquet** ist angesichts der einer Verzichts- oder Rücknahmeerklärung vergleichbaren Wirkung der Ermächtigung entgegen der hM[274] von einem rechtzeitigen Widerruf auszugehen und die Rechtsmittelerklärung des Verteidigers als unwirksam zu behandeln.[275] Im Rahmen des Freibeweisverfahrens kann, um den Erklärungsinhalt, etwa eines Kopfnickens des Angeklagten nach einer Rechtsmittelerklärung seines Verteidigers, zu ermitteln auf den Gesamtzusammenhang des Verfahrensablaufs abgestellt werden.[276] Nach der hier vertretenen Auffassung kann Kopfnicken allerdings nicht als „ausdrückliche" Ermächtigung verstanden werden.[277]

V. Wirkungen von Rücknahme und Verzicht

1. Allgemeines. Eine wirksam erklärte **Rücknahme hebt** die **Anfechtungswirkung** des Rechtsmittels **auf** und **führt**, soweit nicht von anderen Berechtigten Rechtsmittel eingelegt worden ist, den Eintritt der **Rechtskraft** der ursprünglich angefochtenen Entscheidung **herbei**.[278] Bei Teilrücknahme, Trennbarkeit vorausgesetzt, tritt Teilrechtskraft ein. Der wirksam erklärte **Verzicht** bewirkt den **Verlust des entsprechenden Rechtsmittels** und führt dementsprechend ebenfalls die Rechtskraft der Entscheidung herbei, gegen die das statthafte Rechtsmittel hätte eingelegt werden können. Das gilt nicht bei zugleich von einem anderen Anfechtungsberechtigten eingelegten Rechtsmittel. Da der Verzicht auf das jeweilige Rechtsmittel beschränkt ist,[279] kann etwa der Angeklagte trotz eines Verzichts auf eine eigene Berufung noch wirksam Revision gegen ein auf Berufung der Staatsanwaltschaft ergangenes Berufungsurteil einlegen.[280]

Die vorgenannten **Wirkungen** treten im Falle der Wirksamkeit **ex tunc** mit dem **Eingang der** Verzichts- oder Rücknahmeerklärung bei dem zuständigen Adressaten[281] ein. Erreicht die Erklärung das zuständige Gericht erst nachdem dieses über das Rechtsmittel (rechtskräftig) entschieden hat, entfaltet die Rücknahme die beschriebenen Wirkungen nicht.[282] Umgekehrt wird eine Entscheidung des Rechtsmittelgerichts gegenstandslos, die in Unkenntnis der bereits wirksam gewordenen Rücknahme ergangen ist.[283] Der Rechtsmittelverzicht in Bezug auf ein auf Verständigung (§ 257c) beruhendes Urteil ist stets unwirksam (§ 302 Abs. 1 S. 2).

2. Ausgeschlossene Revidierbarkeit von Rücknahme und Verzicht. Nach einer wirksamen Rücknahme des Rechtsmittels oder dem Verzicht auf dieses können die entsprechenden Erklärungen **nicht** mehr durch Widerruf, Anfechtung oder sonstige Rücknahme revidiert werden.[284] Beeinträchtigungen der Autonomie des Erklärenden oder unzureichende Erfassung der Tragweite und Bedeutung der Rücknahme und erst recht des Verzichts können aber der materialen Wirksamkeit der abgegebenen Erklärung entgegenstehen.[285]

VI. Gerichtliche Entscheidungen im Zusammenhang mit Verzicht und Rücknahme

1. Wirksamer Verzicht oder wirksame Rücknahme. Hat der Rechtsmittelberechtigte **wirksam** den **Verzicht** auf ein ihm zustehendes Rechtmittel erklärt und damit den Verlust des entsprechen-

---

[271] BGH v. 3. 5. 1957 – 5 StR 52/57, BGHSt 10, 245 (247) = NJW 1957, 1040; BGH v. 8. 3. 2005 – 4 StR 573/04, NStZ-RR 2005, 211; BGH v. 15. 11. 2006 – 2 StR 429/06, NStZ-RR 2007, 151; Löwe/Rosenberg/*Hanack* Rn. 74 mwN.
[272] Oben Rn. 55.
[273] BGH v. 3. 5. 1957 – 5 StR 52/57, BGHSt 10, 245 (247) = NJW 1957, 1040; SK-StPO/*Frisch* Rn. 76.
[274] BGH v. 3. 5. 1957 – 5 StR 52/57, BGHSt 10, 245 (247) = NJW 1957, 1040; BGH v. 27. 5. 1983 – 3 StR 85/83, NStZ 1983, 469; AK-StPO/*Achenbach* Rn. 11; KK-StPO/*Paul* Rn. 23; Löwe/Rosenberg/*Hanack*, 25. Aufl., Rn. 75 mwN; *Meyer-Goßner* Rn. 35 mwN.
[275] Zutreffend SK-StPO/*Frisch* Rn. 76 aE.
[276] BGH v. 20. 3. 2002 – 5 StR 1/02, NStZ 2002, 496; BGH v. 7. 7. 2004 – 1 StR 265/04, NStZ 2005, 47.
[277] Oben Rn. 52.
[278] Oben Rn. 3.
[279] KK-StPO/*Paul* Rn. 14.
[280] SK-StPO/*Frisch* Rn. 50.
[281] Oben Rn. 32.
[282] Hans.OLG Hamburg v. 1. 11. 1982 – 1 Ss 47/82, MDR 1983, 154; OLG Karlsruhe v. 5. 8. 1981 – 1 Ss 144/81, Justiz 1981, 447; Löwe/Rosenberg/*Hanack* Rn. 35; AK-StPO Rn. 36 mwN.
[283] BGH v. 10. 9. 1991 – 2 StR 326/91, bei *Kusch* NStZ 1992, 225; OLG Karlsruhe v. 5. 8. 1981 – 1 Ss 144/81, Justiz 1981, 447; Löwe/Rosenberg/*Hanack*, 25. Aufl., Rn. 35; SK-StPO/*Frisch* Rn. 53.
[284] Oben Rn. 2.
[285] Oben Rn. 14–26.

des Rechtsmittels herbeigeführt, ist das danach **dennoch eingelegte Rechtsmittel** als **unzulässig** zu verwerfen. **Das Gleiche** gilt nach hM auch für die **wirksame Rücknahme**,[286] die zugleich als Verzicht auf das Rechtsmittel gedeutet wird, wenn und soweit nicht zugleich ein Vorbehalt erneuter Einlegung des Rechtsmittels erklärt worden ist.[287] Jedenfalls nach wirksamer Rücknahme und Ablauf der Rechtsmittelfrist ist das danach erhobene Rechtsmittel unzulässig. Die **Entscheidung darüber, ob** das trotz Verzicht oder Rücknahme eingelegte **Rechtsmittel** wegen der entsprechenden vorherigen Rechtsmittelerklärung **unzulässig** ist, **trifft** allein das **zuständige Rechtsmittelgericht**.[288] Die dem judex a quo in § 319 Abs. 1und § 346 Abs. 1 eingeräumte Kompetenz zur Verwerfung des Rechtsmittels erfasst bei der Berufung allein die Einhaltung der Frist sowie bei der Revision die Einhaltung von Frist und Form.[289]

63   Hat das **Rechtsmittelgericht in Unkenntnis** der **wirksamen Rücknahme** eine **Entscheidung über das Rechtsmittel** getroffen, so ist diese **gegenstandslos**.[290] Das Rechtsmittelgericht stellt durch Beschluss die Wirksamkeit der Rücknahme fest und erklärt die eigene vorangegangene Entscheidung über das (zurückgenommene) Rechtsmittel im Beschlusstenor für gegenstandslos.[291]

64   Bei **wirksamer Rücknahme des Rechtsmittels** ist gemäß § 473 über dessen **Kosten** durch Beschluss zu entscheiden. Der Beschluss hat durch dasjenige Gericht zu ergehen, das der für die Rücknahmeerklärung zuständige Adressat ist;[292] also nach Abgabe der Akten das Rechtsmittelgericht zuvor der judex a quo.[293]

65   **2. Gesonderte Entscheidung über die Wirksamkeit von Rücknahme/Verzicht.** Besteht Unklarheit bzw. Streit zwischen den Verfahrensbeteiligten über die Wirksamkeit insbesondere einer Rechtsmittelrücknahme, kann nach allgM über die Wirksamkeit gesondert gerichtlich entschieden werden.[294] Die **gerichtliche Zuständigkeit** für die (deklaratorische) Feststellung der Wirksamkeit der Rücknahme wird **nicht** völlig **einheitlich beurteilt**. Häufig wird die Zuständigkeit des judex a quo angenommen, solange die Akten noch nicht dem Rechtsmittelgericht vorgelegt worden sind.[295] Nach diesem Zeitpunkt ist die Zuständigkeit des Rechtsmittelgerichts begründet. Insbesondere der 4. Strafsenat des BGH lässt eine abschließende Entscheidung des Rechtsmittelgerichts aber auch dann zu, wenn der judex a quo bereits über die Wirksamkeit entschieden hat, der Streit über diese aber weiter besteht.[296] Ob dies in dieser Verfahrenslage lediglich unter Einhaltung der Voraussetzungen von § 346 Abs. 2 möglich ist[297] oder eine Entscheidung des Revisionsgerichts formlos und ohne Einhaltung einer Frist herbeigeführt werden kann, ist noch nicht abschließend geklärt.[298] Angesichts des ansonsten drohenden Schwebezustandes hinsichtlich der Wirksamkeit der Rücknahme und damit der fortbestehenden Anhängigkeit der Sache bei dem Rechtsmittelgericht ist es aus Gründen der Rechtssicherheit vorzugswürdig, den **Rechtsgedanken des § 346 Abs. 2** (bzw. § 319 Abs. 2) bzgl. des Antragserfordernisses und der Antragsfrist **heranzuziehen. Im Tenor** der jeweiligen Entscheidung ist die **Wirksamkeit der Rücknahme festzustellen.**[299] Umgekehrt gilt dies auch für die Feststellung der Unwirksamkeit;[300] ist die Rücknahme

---

[286] Siehe nur BGH v. 10. 9. 2009 – 4 StR 120/09, NStZ-RR 2010, 55 (56) mwN.
[287] Oben Rn. 7.
[288] Vgl. BGH v. 24. 11. 1999 – 2 StR 534/99, NStZ 2000, 217; BGH v. 16. 5. 2000 – 4 StR 110/00, NStZ 2000, 553; BGH v. 5. 10. 2006 – 4 StR 375/06, NJW 2007, 165; BGH v. 11. 9. 2003 – 1 StR 289/03, NStZ-RR 2004, 50; BGH v. 12. 1. 2005 – 2 StR 529/04, NStZ-RR 2005, 150; BGH v. 11. 9. 2002 – 2 StR 301/02; KK-StPO/*Kuckein* § 346 Rn. 3 mwN.
[289] Siehe BGH v. 8. 11. 2000 – 2 StR 426/00, bei *Becker* NStZ-RR 2001, 257 (265) sowie die Nachw. wie Fn. zuvor.
[290] BGH v. 27. 4. 2001 – 3 StR 502/99, NStZ-RR 2002, 101 f.; BGH v. 12. 10. 2004 – 5 StR 181/04, StraFo 2005, 71 f.
[291] BGH v. 27. 4. 2001 – 3 StR 502/99, NStZ-RR 2002, 101 f.; BGH v. 12. 10. 2004 – 5 StR 181/04, StraFo 2005, 71 f.
[292] Oben Rn. 32.
[293] BGH v. 19. 12. 1958 – 1 StR 485/58, BGHSt 12, 217 (219) = NJW 1959, 348; vgl. auch BGH v. 24. 10. 2001 – 2 StR 430/01, NStZ-RR 2002, 261 (mit Kostenentscheidung des Senats bei einer wirksam zurückgenommenen Revision); KK-StPO/*Paul* Rn. 24; SK-StPO/*Frisch* Rn. 77.
[294] Für die Revision etwa BGH v. 12. 7. 2000 – 3 StR 257/00, NStZ 2001, 104; BGH v. 20. 7. 2004 – 4 StR 249/04, NStZ 2005, 113; BGH v. 8. 3. 2005 – 4 StR 573/04, NStZ-RR 2005, 211; BGH v. 14. 9. 2006 – 4 StR 300/06, bei *Cierniak* NStZ-RR 2009, 33 (34 f.); BGH v. 20. 9. 2007 – 4 StR 297/07, NStZ 2009, 51; BGH v. 10. 9. 2009 – 4 StR 120/99, NStZ-RR 2010, 2010, 55; siehe auch *Meyer-Goßner* Rn. 11 a, SK-StPO/*Frisch* Rn. 78 mwN.
[295] Löwe/Rosenberg/*Hanack*, 25. Aufl., Rn. 76; *Meyer-Goßner* Rn. 11 a.
[296] BGH v. 20. 7. 2004 – 4 StR 249/04, NStZ 2005, 113; BGH v. 8. 3. 2005 – 4 StR 573/04, NStZ-RR 2005, 211; BGH v. 14. 9. 2006 – 4 StR 300/06, bei *Cierniak* NStZ-RR 2009, 33 (34 f.); BGH v. 20. 9. 2007 – 4 StR 297/07, NStZ 2009, 51.
[297] So *Meyer-Goßner* Rn. 11 a.
[298] BGH v. 14. 9. 2006 – 4 StR 300/06, bei *Cierniak* NStZ-RR 2009, 33 (35) hat die Frage mangels Entscheidungserheblichkeit offen gelassen.
[299] Vgl. BGH v. 27. 4. 2001 – 3 StR 502/99, NStZ-RR 2002, 101 f.; BGH v. 12. 10. 2004 – 5 StR 181/04, StraFo 2005, 71 f.; BGH v. 14. 9. 2006 – 4 StR 300/06, bei *Cierniak* NStZ-RR 2009, 33 (35); BGH v. 10. 9. 2009 – 4 StR 120/99, NStZ-RR 2010, 55.
[300] Vgl. OLG Köln v. 7. 8. 2001 – 1 Ss 325/01, StraFo 2001, 386 f.

unwirksam, setzt deren gerichtliche Feststellung nicht erneut den Lauf der Rechtsmittelbegründungsfrist in Gang.[301]

VII. Rechtsbehelfe

Ergeht nach den vorgenannten Grundsätzen[302] eine die Wirksamkeit der Rücknahme feststellende Entscheidung des judex a quo, kann bei einer **auf eine Revision bezogenen Rücknahme** die Entscheidung des Revisionsgerichts entsprechend den Voraussetzungen von § 346 Abs. 2 beantragt werden.[303] Gegen die Entscheidung des Revisionsgerichts über die Wirksamkeit der Rücknahme besteht kein Rechtsmittel (§ 304 Abs. 4). Bezieht sich die **Rücknahme auf eine Berufung** wird nach nahezu allgM gegen einen feststellenden **Beschluss des Berufungsgerichts** in entsprechender Anwendung von § 322 Abs. 2 StPO die **sofortige Beschwerde** für statthaft gehalten.[304] Hat der erstinstanzliche Richter eine – vor Abgabe der Akten an das Berufungsgericht – erklärte Rücknahme als wirksam festgestellt, kann in entsprechender Anwendung von § 319 Abs. 2 dagegen die Entscheidung des Berufungsgerichts beantragt werden. 66

Gegen die **Kostenentscheidung** nach Rücknahme[305] kann unter den allgemeinen Voraussetzungen die Kostenbeschwerde erhoben werden, in deren Rahmen die Wirksamkeit der Rücknahme nicht (mehr) geprüft wird.[306] 67

§ 303 [Rücknahme des Rechtsmittels]

¹Wenn die Entscheidung über das Rechtsmittel aufgrund mündlicher Verhandlung stattzufinden hat, so kann die Zurücknahme nach Beginn der Hauptverhandlung nur mit Zustimmung des Gegners erfolgen. ²Die Zurücknahme eines Rechtsmittels des Angeklagten bedarf jedoch nicht der Zustimmung des Nebenklägers.

Schrifttum: *Rieß,* Zur Auslegung des § 303 StPO, JR 1986, 441.

I. Zweck und Bedeutung

Die Vorschrift **begrenzt die Disposition des Rechtsmittelführers** über seine Rechtsmittel hinsichtlich der Rücknahme[1] bei solchen, über die aufgrund einer Hauptverhandlung zu entscheiden ist, indem die **Wirksamkeit der Rücknahme von der Zustimmung des Rechtsmittelgegners abhängig** gemacht wird. Diese Bindung an die Willensäußerung des Rechtsmittelgegners schließt es entgegen der wohl hM[2] aus, den Zweck der Regelung ausschließlich in der Gewährleistung der materiellen Gerechtigkeit zu sehen. Zwar eröffnet das Fehlen der Zustimmung dem Rechtsmittelgericht trotz der in der Rücknahme ausgedrückten Intention des Rechtsmittelführers die Möglichkeit, die sachgerechte, dem Rechtsmittelgegner günstige Entscheidung zu treffen. Das dient zwar der materiellen Gerechtigkeit. Bezweckte § 303 aber ausschließlich deren Gewährleistung, dürfte die Rücknahme nicht von der Zustimmung des Gegners sondern eher von der des Rechtsmittelgerichts abhängen.[3] Die Abhängigkeit der Wirksamkeit der von § 303 erfassten Rücknahme spricht daher dafür, den **vorrangigen Zweck** in dem **Schutz des jeweiligen Gegners** zu sehen; die **Verwirklichung der materiellen Gerechtigkeit** wird – abhängig von der Willensentschließung des Rechtsmittelgegners – **reflexiv** mit gewährleistet.[4] In rechtstatsächlicher Hinsicht kommt § 303 seine größte Bedeutung bei der Berufung zu,[5] weil über diese regelmäßig durch Urteil zu entscheiden ist. 1

---

[301] OLG Köln v. 7. 8. 2001 – 1 Ss 325/01, StraFo 2001, 386 f.; *Meyer-Goßner* Rn. 11 a aE.
[302] Oben Rn. 65.
[303] Oben Rn. 65.
[304] OLG Düsseldorf v. 8. 5. 1996 – 2 Ws 150/96, NStZ-RR 1996, 307; OLG Frankfurt v. 9. 11. 1987 – 3 Ws 1026/87, NStZ 1988, 328 mAnm. *Dörr/Taschke*; OLG Karlsruhe v. 10. 4. 1991 – 2 Ws 46/91, JR 1992, 302 mAnm. *Sommermeyer*; SK-StPO/*Frisch* Rn. 78 mwN.
[305] Oben Rn. 64.
[306] SK-StPO/*Frisch* Rn. 77 aE mwN.
[1] Zu dem davon Erfassten unten Rn. 3.
[2] So aber BGH v. 16. 6. 1970 – 5 StR 602/69, BGHSt 23, 277 (279); HK-StPO/*Rautenberg* Rn. 1; KK-StPO/*Paul* Rn. 1; *Meyer-Goßner* Rn. 1.
[3] Zutreffend SK-StPO/*Frisch* Rn. 1; siehe auch Löwe/Rosenberg/*Hanack*, 25. Aufl., Rn. 1.
[4] In der Sache weitgehend ebenso bereits *Rieß* JR 1986, 441 (443 f.), SK-StPO/*Frisch* Rn. 1 aE.
[5] HK-StPO/*Rautenberg* Rn. 1.

II. Anwendungsbereich

2 **1. Betroffene Rechtsmittel.** § 300 ist lediglich auf die Rechtsmittel (des 3. Buchs der StPO) anwendbar, über die aufgrund einer **mündlichen Verhandlung** (Hauptverhandlung) zu entscheiden ist. Dies ist bei der **Beschwerde nicht** der Fall (§ 309 Abs. 1).[6] Diese kann daher stets zustimmungsfrei zurückgenommen werden. Auf die **Berufung** findet dagegen § 303 **im Grundsatz Anwendung,** soweit nicht nach § 313 Abs. 2 S. 2 verfahren wird. § 329 Abs. 2 S. 2 ordnet **als Ausnahme** die Unanwendbarkeit von § 300 in Bezug auf eine Berufung der Staatsanwaltschaft an, wenn der Angeklagte in der Berufungshauptverhandlung unvertreten und ohne genügende Entschuldigung ausbleibt. Diese Ausnahmeregelung gilt lediglich in der fraglichen Berufungshauptverhandlung;[7] in dem unentschuldigten Fernbleiben des Angeklagten kann nicht sein konkludenter Verzicht auf das Zustimmungserfordernis für die Zukunft gesehen werden.[8] Dementsprechend gilt § 329 Abs. 2 S. 2 nicht in einer Berufungshauptverhandlung nach Zurückverweisung durch das Revisionsgericht.[9] Anwendbar ist § 300 auch auf die **Revision,** wenn und soweit nach § 349 Abs. 5 darüber durch Urteil entschieden wird. § 411 Abs. 3 ordnet die entsprechende Anwendung für den **Einspruch gegen den Strafbefehl** an.

3 **2. Rücknahme.** Wie im Kontext von § 302 ist mit „Rücknahme" nicht allein die des Rechtsmittels insgesamt zu verstehen. Vielmehr gilt das Zustimmungserfordernis auch bei der **Teilrücknahme** und der **nachträglichen Rechtsmittelbeschränkung** auf abtrennbare Teile der Entscheidung (allgM).[10]

III. Regelungsgehalt und Anwendungsvoraussetzungen

4 **1. Nach Beginn der Hauptverhandlung.** In zeitlicher Hinsicht setzt das Zustimmungserfordernis erst mit dem Beginn der Hauptverhandkung, also mit dem **Aufruf der Sache** (§§ 324, 351 jeweils iVm § 243 Abs. 1 S. 1),[11] ein. Vor diesem Zeitpunkt kann – mit Ausnahme von § 302 Abs. 1 S. 3[12] – das jeweilige Rechtsmittel zustimmungsfrei zurückgenommen werden. Das Zustimmungserfordernis besteht **vom Beginn der ersten Hauptverhandlung an** und gilt dann für das gesamte weitere Verfahren.[13] Daher gilt das Zustimmungserfordernis **auch nach Aussetzung** (§ 228) oder bei **erneuerter Hauptverhandlung** (§ 229)[14] ebenso fort wie **nach Aufhebung** des Berufungsurteils und **Zurückverweisung durch das Revisionsgericht.**[15] Unabhängig von dem Zustimmungserfordernis **endet** die Möglichkeit der Rücknahme des Rechtsmittels **endgültig mit dem Beginn der Urteilsverkündung.**[16]

5 **2. Begriff des Gegners.** § 303 verleiht das Zustimmungserfordernis dem Gegner des Rechtsmittelführers. Bei **Rechtsmitteln der Staatsanwaltschaft** ist dies der **Angeklagte** (insoweit allgM), **nicht** dagegen sein **Verteidiger**[17] trotz der eigenen Anfechtungsbefugnis in § 297 und sein **gesetzlichen Vertreter** selbst dann nicht, wenn dieser nach § 298 sein eigenes Rechtsmittel verfolgt.[18]

---

[6] HK-StPO/*Rautenberg* Rn. 1; HK-StPO/*Paul* Rn. 1; Löwe/Rosenberg/*Hanack*, 25. Aufl., Rn. 2; *Meyer-Goßner* Rn. 1; SK-StPO/*Frisch* Rn. 3.
[7] OLG München v. 24. 9. 2007 – 2 Ws 890/07, NStZ 2008, 120; zustimmend HK-StPO/*Paul* Rn. 2.
[8] Zutreffend OLG München v. 24. 9. 2007 – 2 Ws 890/07, NStZ 2008, 120 gegen LG Dresden v. 16. 11. 1998 – 8 Ns 103 Js 12 674/96, NStZ 1999, 265; siehe auch SK-StPO/*Frisch* Rn. 7 aE.
[9] Vgl. KK-StPO/*Paul* Rn. 1; SK-StPO/*Frisch* Rn. 3.
[10] RG v. 19. 3. 1931 – II 921/ 923/30, RGSt 65, 231 (235); OLG Frankfurt v. 21. 1. 1976 – 2 Ss 541/75, VRS 50 (1976), 416; OLG Hamm v. 13. 10. 2009 – 3 Ss 422/09, StRR 2010, 42 f.; OLG Koblenz v. 21. 8. 1986 – 1 Ss 357/86, BA 1986, 458 (459); HK-StPO/*Rautenberg* Rn. 2; KK-StPO/*Paul* Rn. 1 aE; Löwe/Rosenberg/*Hanack*, 25. Aufl., Rn. 3; *Meyer-Goßner* Rn. 1; SK-StPO/*Frisch* Rn. 2 aE mwN.
[11] AllgM; siehe nur BayObLG v. 21. 12. 1993 – 4 StRR 143/93, wistra 1994, 118 (119); KK-StPO/*Paul* Rn. 2; Löwe/Rosenberg/*Hanack*, 25. Aufl., Rn. 4; SK-StPO/*Frisch* Rn. 5; missverständlich HK-StPO/*Rautenberg* Rn. 3 bzgl. des Beginns der Revisionshauptverhandlung.
[12] Dazu § 302 Rn. 42–44.
[13] BGH v. 16. 6. 1970 – 5 StR 602/69, BGHSt 23, 277 = NJW 1970, 1512; BayObLG v. 3. 7. 1973 – 2 St 61/73, BayObLGSt 1973, 125 mAnm. *Peters* JR 1974, 251; OLG München v. 24. 9. 2007 – 2 Ws 890/07, NStZ 2008, 120; *Rieß* JR 1986, 441; AK-StPO/*Achenbach* Rn. 4; HK-StPO/*Rautenberg* Rn. 4; KK-StPO/*Paul* Rn. 2; Löwe/Rosenberg/*Hanack*, 25. Aufl., Rn. 4; *Meyer-Goßner* Rn. 2; SK-StPO/*Frisch* Rn. 6 mit ausführlichen Nachw. zum früheren Diskussionsstand.
[14] BGH v. 16. 6. 1970 – 5 StR 602/69, BGHSt 23, 277 = NJW 1970, 1512; *Peters* JZ 1960, 62; *Rieß* JR 1986, 441 f.; KK-StPO/*Paul* Rn. 2; Löwe/Rosenberg/*Hanack*, 25. Aufl., Rn. 4 und SK-StPO/*Frisch* Rn. 6 jeweils mit zahlr. Nachw. zur älteren Rspr.
[15] BayObLG v. 3. 7. 1973 – 2 St 61/73, BayObLGSt 1973, 125 mAnm. *Peters* JR 1972, 251; BayObLG v. 30. 10. 1984 – 2 St 244/84, BayObLGSt 1984, 116 = NJW 1985, 754; OLG Stuttgart v. 31. 8. 1990 – 8 W 342/89, Justiz 1990, 469; *Rieß* JR 1986, 441 (443); HK-StPO/*Rautenberg* Rn. 4; KK-StPO/*Paul* Rn. 2; Löwe/Rosenberg/*Hanack*, 25. Aufl., Rn. 4; *Meyer-Goßner* Rn. 2; SK-StPO/*Frisch* Rn. 7.
[16] HK-StPO/*Rautenberg* Rn. 5; KK-StPO/*Paul* Rn. 2 aE; Löwe/Rosenberg/*Hanack*, 25. Aufl., Rn. 11 mwN; siehe auch unten Rn. 12.
[17] BayObLG v. 30. 10. 1984 – 2 St 244/84, BayObLGSt 1984, 116 = NJW 1985, 754.
[18] KK-StPO/*Paul* Rn. 3; SK-StPO/*Frisch* Rn. 8, insoweit aA Löwe/Rosenberg/*Hanack*, 25. Aufl., Rn. 7.

Erster Abschnitt. Allgemeine Vorschriften 6–11 § 303

Die Entscheidung über die Zustimmung obliegt dem Angeklagten in eigener Person.[19] Er kann sich zwar bei der Abgabe der Erklärung vertreten lassen;[20] eine **Vertretung im Willen** ist dagegen lediglich **im Fall des** § 234 durch den bevollmächtigten Verteidiger möglich.[21] Richtet sich das Rechtsmittel der Staatsanwaltschaft gegen Nebenbeteiligte (etwa Einziehungs- oder Verfallsbeteiligte), so sind diese Gegner.[22] Dagegen ist der Nebenkläger bei Rechtsmitteln der Staatsanwaltschaft kein Gegner; deren Rücknahme bedarf daher nicht seiner Zustimmung.

Bei **Rechtsmitteln des Privat- oder Nebenklägers** ist ebenfalls der **Angeklagte Gegner**. 6

Gegner eines von dem **Angeklagten eingelegten Rechtsmittels** sind die **Staatsanwaltschaft, der** 7 **Privatkläger**[23] und ggf. der **Nebenkläger**. Dessen Zustimmung ist aber nach S. 2 keine Voraussetzung für die Wirksamkeit der Rücknahme durch den Angeklagten.

Die Rücknahme von **Rechtsmitteln des gesetzlichen Vertreters** (§ 298) des Angeklagten oder 8 seines **Erziehungsberechtigten** (vgl. § 67 Abs. 3 JGG) bedarf der Zustimmung der **Staatsanwaltschaft** (ggf. des Privatklägers), weil diese **Gegnerin** des Rechtsmittels ist. Dagegen bedürfte es nicht auf der Grundlage von § 303 einer Zustimmung des vertretenen Angeklagten, weil dieser kein Gegner des zu seinen Gunsten eingelegten Rechtsmittels ist. Allerdings ergibt sich dessen ungeachtet das Erfordernis seiner Zustimmung zur Rücknahme im Jugendstrafrechtsverfahren aus der ausdrücklichen Anordnung in § 55 Abs. 3 JGG und im Übrigen aus dem Rechtsgedanken von § 302 Abs. 1 S. 3.[24]

3. Zustimmungserklärung. a) Adressat. Die Zustimmung ist gegenüber dem jeweils zuständigen 9 Gericht zu erklären,[25] das ist dasjenige, bei dem die Sache in der Rechtsmittelinstanz anhängig ist.

b) Rechtscharakter. Die Zustimmungserklärung des Rechtsmittelgegners ist eine (bei wirksa- 10 mer Erteilung) **unwiderrufliche und unanfechtbare Prozesserklärung** (allgM).[26] Sie wird **mit dem Eingang** bei dem zuständigen Gericht **wirksam**.

c) Form. Das Gesetz schreibt für die Zustimmungserklärung keine besondere Form vor 11 (allgM). Sie kann daher **ausdrücklich** (mündlich oder schriftlich) **oder konkludent** erklärt werden. Das gilt für die Erklärung aller „Gegner", auch für die Staatsanwaltschaft.[27] Inhaltlich muss es sich um eine die Zustimmung eindeutig zum Ausdruck bringende Erklärung handeln. Angesichts dessen kann aus dem **Schweigen des Rechtsmittelgegners** nicht ohne weiteres auf dessen konkludente Zustimmung geschlossen werden.[28] Vielmehr wird dem Schweigen ein zustimmender Erklärungswert nur dann beigemessen werden können, wenn ihm aus der Rücknahme lediglich Vorteile erwachsen[29] oder wenn gesichert ist, dass dem Gegner die Bedeutung sowie die Tragweite der Rücknahme bekannt sind und sein Prozessverhalten keine Anhaltspunkte für ein Fehlen des Einverständnisses mit der Rücknahme erkennen lässt.[30] Letzteres ist jedenfalls bei Anpassung seines Prozessverhaltens an die Rücknahme anzunehmen.[31] Besondere Schwierigkeiten bereitet die Bestimmung des „Erklärungsgehalts des Schweigens", wenn der **Verteidiger des anwesenden Angeklagten** einer Rücknahme seitens der Staatsanwaltschaft (oder des Privat- oder Nebenklägers) **zustimmt** und der **Angeklagte selbst** dazu **schweigt**. Da die Vertretung bei der Erklärung möglich ist, deutet die hM das Schweigen des Angeklagten als eigene konkludente Zustimmung.[32] Dem kann wie bei der Bestimmung des „Erklärungsgehalts von Schweigen" überhaupt

---

[19] OLG Hamm v. 5. 9. 1968 – 2 Ss 915/68, NJW 1969, 151 mAnm. *Peters* JZ 1969, 269; AK-StPO/*Achenbach* Rn. 6; HK-StPO/*Rautenberg* Rn. 7; KK-StPO/*Paul* Rn, 3; *Meyer-Goßner* Rn. 3, SK-StPO/*Frisch* Rn. 7; insoweit nicht abweichend Löwe/Rosenberg/*Hanack*, 25. Aufl., Rn. 7.
[20] Näher unten Rn. 11.
[21] AK-StPO/*Achenbach* Rn. 6; KK-StPO/*Paul* Rn. 3; Löwe/Rosenberg/*Hanack*, 25. Aufl., Rn. 7; *Meyer-Goßner* Rn. 3.
[22] Löwe/Rosenberg/*Hanack*, 25. Aufl., Rn. 8; SK-StPO/*Frisch* Rn. 8.
[23] KK-StPO/*Paul* Rn. 3; *Meyer-Goßner* Rn. 3; SK-StPO/*Frisch* Rn. 7.
[24] § 298 Rn. 13 mwN.
[25] OLG Hamm v. 5. 9. 1968 – 2 Ss 915/68, NJW 1969, 151; Löwe/Rosenberg/*Hanack*, 25. Aufl., Rn. 9; SK-StPO/*Frisch* Rn. 9.
[26] Siehe nur Löwe/Rosenberg/*Hanack*, 25. Aufl., Rn. 12; SK-StPO/*Frisch* Rn. 13.
[27] Vgl. OLG Hamm v. 13. 10. 2009 – 3 Ss 422/09, StRR 2010, 42 (43).
[28] Siehe nur OLG Hamm v. 13. 10. 2009 – 3 Ss 422/09, StRR 2010, 42 f.; SK-StPO/*Frisch* Rn. 10.
[29] Siehe OLG Düsseldorf v. 31. 5. 1983 – 2 Ss 223/83 u. a., MDR 1983, 1045; OLG Hamm v. 5. 9. 1968 – 2 Ss 915/68, NJW 1969, 151; OLG Hamm v. 13. 10. 2009 – 3 Ss 422/09, StRR 2010, 42 (43); KK-StPO/*Paul* Rn. 4; Löwe/Rosenberg/*Hanack*, 25. Aufl., Rn. 10; vgl. auch KG v. 7. 1. 1980 – 3 Ws (B) 300/79, VRS 65 (1980),59 (60).
[30] OLG Hamm v. 13. 10. 2009 – 3 Ss 422/09, StRR 2010, 42 (43); OLG Stuttgart v. 6. 2. 1990 – 3 Ss 562/89; SK-StPO/*Frisch* Rn. 10.
[31] Vgl. OLG Schleswig v. 29. 6. 1983 – 2 Ss 276/83, SchlHA 1984, 106; Löwe/Rosenberg/*Hanack*, 25. Aufl., Rn. 10.
[32] BayObLG v. 30. 10. 1984 – 2 St 244/84, BayObLGSt 1984, 116 (117) = NJW 1985, 754 (755); HK-StPO/*Rautenberg* Rn. 10; KK-StPO/*Paul* Rn. 4; *Meyer-Goßner* Rn. 3; siehe auch BGH v. 20.3.2002 – 5 StR 1/02, wistra 2002, 269; OLG Hamm v. 13. 10. 2009 – 3 Ss 422/09.

nur unter der Voraussetzung zugestimmt werden, dass das sonstige Prozessverhalten des Angeklagten keine Anhaltspunkte für eine Ablehnung der Zustimmung enthält.[33] Die für die **Beurteilung** einer **konkludenten Zustimmung** maßgeblichen Umstände sind **freibeweislich** aufzuklären.[34] Dazu bedarf es regelmäßig der Befragung des Rechtsmittelgegners.[35]

12   d) **Erklärungsfrist.** Der Rechtsmittelgegner muss sich nicht unverzüglich zu der Rücknahme äußern; ihm steht eine **angemessene Erklärungsfrist** zu (allgM).[36] Im Hinblick auf die Überlegungsfrist entsteht nach der Rücknahmeerklärung zunächst ein **Schwebezustand** hinsichtlich **der Wirksamkeit der Rücknahme** des Rechtsmittels. Der Schwebezustand endet entweder mit einer Erklärung des Gegners über die Zustimmung bzw. Ablehnung, mit Ablauf einer gesetzen Frist[37] oder spätestens mit dem Beginn der Urteilsverkündung, weil dann die Zulässigkeit der Rechtsmittelrücknahme insgesamt endet.[38] Erfolgt innerhalb einer angemessenen Frist keine Zustimmungserklärung, so ist grundsätzlich von der Ablehnung auszugehen;[39] anderes gilt nur soweit das Schweigen des Rechtsmittelgegners ausnahmsweise als Zustimmung gewertet werden kann.[40] Um Unklarheiten über die Erklärung des Rechtsmittelgegners zu vermeiden, sollte diesem eine Erklärungsfrist gesetzt und seine Willensrichtung durch Nachfrage geklärt werden.

13   e) **Protokollierung.** Die **ausdrückliche Erklärung** des Rechtsmittelgegners über die Zustimmung oder deren Verweigerung ist bei Abgabe in der Hauptverhandlung **in die Sitzungsniederschrift** aufzunehmen (§ 273).[41] Die Beurkundung nimmt an der Beweiskraft des § 274 teil (allgM). Dagegen kann dem Schweigen des Protokolls nur entnommen werden, dass eine ausdrückliche Erklärung nicht abgegeben worden ist.[42] Die **Sitzungsniederschrift** hat aber **keine negative Beweiskraft** im Hinblick auf das **Fehlen einer konkludenten oder durch Schweigen** zum Ausdruck gebrachten **Zustimmungserklärung** (allgM).[43] Ob Umstände gegeben sind, die die Annahme einer konkludenten Zustimmung gestatten, ist vielmehr freibeweislich zu klären.[44]

14   f) **Wirkungen.** Mit der **Erteilung der Zustimmung**[45] wird die **Rücknahme** des Rechtsmittels **wirksam.** Dagegen führt die **Ablehnung** oder das fruchtlose Verstreichen der Erklärungsfrist[46] zur **Unwirksamkeit der Rücknahme,** so dass das Rechtsmittelgericht über das Rechtsmittel zu entscheiden hat. Da die Erklärung des Rechtsmittelgegners zu der Rücknahme unwiderruflich ist,[47] kann dieser nach erfolgter Zustimmungsverweigerung die Rücknahme nicht noch nachträglich genehmigen.[48] Nicht ausgeschlossen ist eine Zustimmungserklärung, wenn und soweit der Rechtsmittelführer – unter Beachtung der gesetzlichen Voraussetzungen – sein Rechtsmittel erneut zurückgenommen hat.[49]

15   g) **Gerichtliche Entscheidung.** Ist die **Rücknahme** des Rechtsmittels **nicht wirksam,** entscheidet das **Rechtsmittelgericht über das Rechtsmittel** nach den allgemeinen Regeln; im Anwendungsbereich des § 303 also durch Sachurteil.[50] Für die sich als Teilrücknahme erweisende nachträgliche Beschränkung des Rechtsmittels ist in der Rspr. anerkannt, dass das Rechtsmittelgericht die Voraussetzungen der **Wirksamkeit der Teilrücknahme von Amts wegen**, also ohne entsprechende

---

[33] SK-StPO/*Frisch* Rn. 11; siehe für die Konstellation des Schweigens des Sitzungsvertreters der Staatsanwaltschaft auf Rücknahme eines Rechtsmittels durch den Angeklagten auch OLG Hamm v. 13. 10. 2009 – 3 Ss 422/09, StRR 2010, 42 (43).
[34] BayObLG v. 30. 10. 1984 – 2 St 244/84, BayObLGSt 1984, 116 (117) = NJW 1985, 754 (755); OLG Hamm v. 13. 10. 2009 – 3 Ss 422/09, StRR 2010, 42 f.; KK-StPO/*Paul* Rn. 4.
[35] *Peters* JZ 1969, 269; AK-StPO/*Achenbach* Rn. 8; Löwe/Rosenberg/*Hanack*, 25. Aufl., Rn. 10 aE.
[36] OLG Düsseldorf v. 31. 5. 1983 – 2 Ss 223/83 u.a., MDR 1983, 1045; HK-StPO/*Rautenberg* Rn. 12; KK-StPO/*Paul* Rn. 5; Löwe/Rosenberg/*Hanack*, 25. Aufl., Rn. 11; *Meyer-Goßner* Rn. 4; SK-StPO/*Frisch* Rn. 12.
[37] Zur Zulässigkeit einer Fristsetzung durch das Rechtsmittelgericht Löwe/Rosenberg/*Hanack*, 25. Aufl., Rn. 11; SK-StPO/*Frisch* Rn. 12.
[38] Dazu oben Rn. 4 aE.
[39] Vgl. RG v. 19. 3. 1931 – II 921/ 923/ 30, RGSt 65, 231 (235); Löwe/Rosenberg/*Hanack*, 25. Aufl., Rn. 11; SK-StPO/*Frisch* Rn. 12.
[40] Dazu oben Rn. 11.
[41] BayObLG v. 30. 10. 1984 – 2 St 244/84, BayObLGSt 1984, 116 = NJW 1985, 754; HK-StPO/*Rautenberg* Rn. 13; KK-StPO/*Paul* Rn. 6; SK-StPO/*Frisch* Rn. 14.
[42] OLG Hamm v. 13. 10. 2009 – 3 Ss 422/09, StRR 2010, 42 f.; OLG Koblenz v. 7. 10. 1971 – 1 Ss 133/71, VRS 42 (1972), 135 (136); Löwe/Rosenberg/*Hanack*, 25. Aufl., Rn. 13.
[43] Siehe nur BayObLG v. 30. 10. 1984 – 2 St 244/84, BayObLGSt 1984, 116 = NJW 1985, 754; OLG Hamm v. 13. 10. 2009 – 3 Ss 422/09, StRR 2010, 42 f.; OLG Koblenz v. 7. 10. 1971 – 1 Ss 133/71, VRS 42 (1972), 135 (136); Löwe/Rosenberg/*Hanack*, 25. Aufl., Rn. 13; SK-StPO/*Frisch* Rn. 14.
[44] Oben Rn. 11.
[45] Oben Rn. 10.
[46] Oben Rn. 12.
[47] Oben Rn. 10.
[48] SK-StPO/*Frisch* Rn. 13.
[49] Löwe/Rosenberg/*Hanack*, 25. Aufl., Rn. 12; SK-StPO/*Frisch* Rn. 13.
[50] RG v. 13. 7. 1933 – III 461/33, RGSt 67, 281 (287); Löwe/Rosenberg/*Hanack*, 25. Aufl., Rn. 14; *Meyer-Goßner* Rn. 7; SK-StPO/*Frisch* Rn. 15.

Verfahrensrüge, zu prüfen hat.[51] Geht das Rechtsmittelgericht von einer **wirksamen Rechtsmittelrücknahme aus, erklärt** es das **Rechtsmittel** im Urteil für **erledigt** (allgM).[52] Gehen **Rücknahme- und Zustimmungserklärung außerhalb der Hauptverhandlung** dem zuständigen Gericht zu, kann die **Erledigungserklärung** durch **Beschluss** erfolgen.[53] Bei wirksamer Rücknahme des Rechtsmittels kann die Kostenentscheidung ebenfalls durch Beschluss erfolgen.[54]

IV. Rechtsbehelfe

Ist von dem zuständigen Gericht die Rücknahme des Rechtsmittels, etwa wegen fehlender Zustimmung, für unwirksam gehalten worden, kann das auf das dann weiterhin erhobene Rechtsmittel ergangene Urteil mit dem allgemein statthaften (weiteren) Rechtsmittel überprüft werden. Durfte das Rechtsmittelgericht die wegen wirksamer Rücknahme eingetretene **Erledigung** ausnahmsweise durch **Beschluss** aussprechen,[55] ist dagegen die **Beschwerde** (§ 304) zulässig soweit diese nicht durch § 305 ausgeschlossen ist.[56]

16

---

[51] Vgl. BayObLG v. 21. 12. 1993 – 4 StRR 143/03 (juris); OLG Frankfurt vom 29. 10. 1996 – 3 Ss 310/96, NStZ-RR 1997, 45; OLG Hamm v. 13. 10. 2009 – 3 Ss 422/09, StRR 2010, 42 f.
[52] Nachw. wie Fn. 50.
[53] KK-StPO/*Paul* Rn. 6; Löwe/Rosenberg/*Hanack*, 25. Aufl., Rn. 14; SK-StPO/*Frisch* Rn. 15.
[54] SK-StPO/*Frisch* Rn. 16 mwN.
[55] Oben Rn. 15.
[56] Löwe/Rosenberg/*Hanack*, 25. Aufl., Rn. 14; SK-StPO/*Frisch* Rn. 15.

Zweiter Abschnitt. Beschwerde

§ 304 [Zulässigkeit der Beschwerde]

(1) Die Beschwerde ist gegen alle von den Gerichten im ersten Rechtszug oder im Berufungsverfahren erlassenen Beschlüsse und gegen die Verfügungen des Vorsitzenden, des Richters im Vorverfahren und eines beauftragten oder ersuchten Richters zulässig, soweit das Gesetz sie nicht ausdrücklich einer Anfechtung entzieht.

(2) Auch Zeugen, Sachverständige und andere Personen können gegen Beschlüsse und Verfügungen, durch die sie betroffen werden, Beschwerde erheben.

(3) Gegen Entscheidungen über Kosten oder notwendige Auslagen ist die Beschwerde nur zulässig, wenn der Wert des Beschwerdegegenstands 200 Euro übersteigt.

(4) ¹Gegen Beschlüsse und Verfügungen des Bundesgerichtshofes ist keine Beschwerde zulässig. ²Dasselbe gilt für Beschlüsse und Verfügungen der Oberlandesgerichte; in Sachen, in denen die Oberlandesgerichte im ersten Rechtszug zuständig sind, ist jedoch die Beschwerde zulässig gegen Beschlüsse und Verfügungen, welche
1. die Verhaftung, einstweilige Unterbringung, Unterbringung zur Beobachtung, Beschlagnahme, Durchsuchung oder die in § 101 Abs. 1 bezeichneten Maßnahmen betreffen,
2. die Eröffnung des Hauptverfahrens ablehnen oder das Verfahren wegen eines Verfahrenshindernisses einstellen,
3. die Hauptverhandlung in Abwesenheit des Angeklagten (§ 231a) anordnen oder die Verweisung an ein Gericht niederer Ordnung aussprechen,
4. die Akteneinsicht betreffen oder
5. den Widerruf der Strafaussetzung, den Widerruf des Straferlasses und die Verurteilung zu der vorbehaltenen Strafe (§ 453 Abs. 2 Satz 3), die Anordnung vorläufiger Maßnahmen zur Sicherung des Widerrufs (§ 453c), die Aussetzung des Strafrestes und deren Widerruf (§ 454 Abs. 3 und 4), die Wiederaufnahme des Verfahrens (§ 372 Satz 1) oder den Verfall, die Einziehung oder die Unbrauchbarmachung nach den §§ 440, 441 Abs. 2 und § 442 betreffen.

³§ 138d Abs. 6 bleibt unberührt.

(5) Gegen Verfügungen des Ermittlungsrichters des Bundesgerichtshofes und des Oberlandesgerichts (§ 169 Abs. 1) ist die Beschwerde nur zulässig, wenn sie die Verhaftung, einstweilige Unterbringung, Beschlagnahme, Durchsuchung oder die in § 101 Abs. 1 bezeichneten Maßnahmen betreffen.

I. Anwendungsbereich der Beschwerde

1   **1. Statthaftigkeit.** Die Beschwerde ist grundsätzlich gegen alle noch nicht formell rechtskräftigen richterlichen Entscheidungen und Maßnahmen statthaft, insbesondere gegen **Beschlüsse** und **Verfügungen**, nicht jedoch gegen den Beschluss, mit dem ein Antrag auf Beweiserhebung gem. § 166 abgelehnt wird.[1] Gegen **Justizverwaltungsakte** oder Entscheidungen, für die der Ausschluss der Beschwerde gesetzlich angeordnet ist, ist die Beschwerde hingegen nicht statthaft. Gegen **Urteile** ist grundsätzlich Berufung oder Revision, die Beschwerde dagegen nur in den Fällen des § 464 Abs. 3 S. 1 (Entscheidung über Kosten und Auslagen), des § 8 Abs. 3 S. 1 StrEG (Entschädigungspflicht der Staatskasse) und § 59 Abs. 1 JGG (Aussetzung der Jugendstrafe) statthaft. Auch gegen **unterlassene Maßnahmen** kann Beschwerde eingelegt werden, sofern die Maßnahme im Fall des Erlasses beschwerdefähig wäre[2] und auch keine Untätigkeit des Gerichts vorliegt.[3]

2   Für die Statthaftigkeit kommt es nicht darauf an, auf wessen **Antrag** die angefochtene Entscheidung ergangen ist oder gar von Amts wegen geboten war[4] bzw. die unterlassene Entscheidung beantragt worden ist.

3   Das Beschwerderecht ist nach § 310 Abs. 2 eingeschränkt, soweit es die Anfechtbarkeit von Entscheidungen betrifft, die auf eine Beschwerde hin erlassen wurden.[5]

4   **2. Entscheidung im ersten Rechtszug oder Berufungsverfahren.** Die angefochtene Entscheidung muss im ersten Rechtszug oder im Berufungsverfahren ergangen sein bzw. im Fall des Unterlas-

---
[1] LG Berlin v. 10. 3. 2003 – 521 Qs 11/03, StV 2004, 10.
[2] BGH v. 22. 12. 1992 – StB 15/92, 3 BJs 960/91 – 4(85) – StB 15/92, NJW 1993, 1279; *Meyer-Goßner* Rn. 3 mwN.
[3] *Pfeiffer* Rn. 1.
[4] KK-StPO/*Engelhardt* Rn. 1.
[5] NK-StPO/*Unger/Halbritter* Rn. 1.

sens hätte die Entscheidung im ersten Rechtszug ergehen müssen. Die Zuordnung richtet sich danach, ob der der Entscheidung zugrunde liegende Gegenstand erstmalig entschieden wurde bzw. hätte entschieden werden müssen.[6] Auch Beschlüsse im **Wiederaufnahmeverfahren** sind beschwerdefähig, § 372 Abs. 1, sowie die **Versagung eines Wiedereinsetzungsantrags** im Rahmen eines Beschwerdeverfahrens.[7] Keine Entscheidung eines Gerichts des ersten Rechtszugs liegt vor bei Entscheidungen nach §§ 12 Abs. 2, 13 Abs. 2 (Übertragung bei mehreren Gerichtsständen), § 14 (Zuständigkeitsstreit) sowie nach § 15 (Verhinderung des zuständigen Gerichts).[8] Ist eine erstinstanzliche Zuständigkeit des OLG gegeben, ist die Beschwerde nur in den von Abs. 4 abschließend aufgezählten Fällen statthaft.

3. Gegenstand der Entscheidung. Der Anwendungsbereich der Vorschrift erstreckt sich vornehmlich auf die Beschwerde gegen die **richterliche Anordnung prozessualer Zwangsmaßnahmen** und **Vorführungen**, der **Anordnung der Untersuchungshaft, Vollzugsentscheidungen** gemäß § 119 Abs. 6 und Entscheidungen über **Ordnungsmittel** gegen Zeugen. Abs. 1 stellt Entscheidungen des erkennenden Gerichts solchen des Vorsitzenden, des Richters im Vorverfahren und eines beauftragten oder ersuchten Richters gleich. Verfügungen des Richters im Vorverfahren sind solche des Ermittlungsrichters, nicht dagegen Maßnahmen, die der Vorbereitung der Entscheidung des Gerichts über die Eröffnung des Hauptverfahrens dienen;[9] für Verfügungen des Ermittlungsrichters des BGH und OLG gilt Abs. 5. Die Beschwerde gegen Entscheidungen des beauftragten oder ersuchten Richters kann nur damit begründet werden, dass dieser nicht dem Auftrag oder Ersuchen entsprechend gehandelt oder die ihm eingeräumte Entscheidungsbefugnis fehlerhaft gebraucht habe.[10] Auch **Entscheidungen außerhalb der Hauptverhandlung**, insbesondere die ihrer Vorbereitung dienenden[11] sowie sitzungspolizeiliche Maßnahmen nach §§ 176ff. GVG werden von der Beschwerde erfasst. 5

4. Teilanfechtung und Teilrücknahme. Die Teilanfechtung bzw. Teilrücknahme ist möglich, wenn der angefochtene Teil der Entscheidung einer gesonderten Prüfung und Beurteilung zugänglich ist.[12] 6

5. Zuständigkeit. Die Zuständigkeit des Beschwerdegerichts ergibt sich aus §§ 73, 74a Abs. 1, 74b, 121 Abs. 1 Nr. 2, 135 Abs. 2 GVG. 7

II. Ausschluss der Beschwerde

Abs. 1 Hs. 2 schließt die Beschwerde aus, wenn das Gesetz Entscheidungen ausdrücklich einer Anfechtung entzieht. Einen ausdrücklichen Ausschluss enthalten die folgenden Vorschriften:[13] 8

§§ 28 Abs. 1, 46 Abs. 2, 81c Abs. 3 S. 4, 100 Abs. 3 S. 3, 138d Abs. 6 S. 3, 147 Abs. 4 S. 2, 153 Abs. 2 S. 4, 153a Abs. 2 S. 4, 161a Abs. 3 S. 4, 163a Abs. 3 S. 3, 201 Abs. 2 S. 2, 202 S. 2, 229 Abs. 3 S. 2, 419 Abs. 2 S. 2, 464 Abs. 3 S. 1 Hs. 2, 467 Abs. 3, 469 Abs. 3 sowie §§ 41, S. 3, 52 Abs. 4, 53 Abs. 2, 54 Abs. 3 S. 1, 181 GVG. Die genannten Vorschriften beschränken den Ausschluss der Anfechtbarkeit teilweise auf bestimmte Verfahrensbeteiligte, Inhalte oder Verfahrenssituationen. Der Katalog ist **nicht abschließend**; die Beschwerde ist entsprechend ausgeschlossen, wenn entweder das Gesetz ausdrücklich ein anderes Rechtsmittel oder ein anderen Rechtsbehelf zur Anfechtung vorsieht oder Sinn und Zweck der Entscheidung einer Anfechtung entgegenstehen, wie zB im Falle der Ablehnung des Antrags des Angeschuldigten auf Verlängerung der Erklärungsfrist gemäß § 201 Abs. 1.[14] Der Ausschluss verletzt nicht das allgemeine Rechtsstaatsprinzip, das Recht auf rechtliches Gehör, den Gleichheitssatz sowie das eingeräumte Recht auf ein rechtsstaatliches Verfahren gemäß Art. 19 Abs. 4 GG.[15] 9

III. Ausschluss der Kostenbeschwerde (Abs. 3)

Die isolierte Anfechtung einer Kosten- oder Auslagenentscheidung mit der Beschwerde ist ausgeschlossen, wenn der von Abs. 3 genannte einheitliche **Beschwerdewert** von 200,00 € nicht 10

---

[6] AnwK-StPO/*Rotsch*/*Gasa* Rn. 3.
[7] OLG Koblenz v. 9. 5. 1961 – 1 Ws 120/61, NJW 1961, 1418; AnwK-StPO/*Rotsch*/*Gasa* Rn. 3; *Pfeiffer* Rn. 3.
[8] *Meyer-Goßner* Rn. 2.
[9] KK-StPO/*Engelhardt* Rn. 18.
[10] Löwe/Rosenberg/*Matt* Rn. 19, 22; KK-StPO/*Engelhardt* Rn. 22.
[11] Löwe/Rosenberg/*Matt* Rn. 6.
[12] NK-StPO/*Unger*/*Halbritter* Rn. 2.
[13] Vgl. den Überblick bei: *Giesler*, Der Ausschluß der Beschwerde gegen richterliche Entscheidungen im Strafverfahren (1981), S. 34ff., 111ff., 163ff.
[14] BGH v. 21. 12. 1956 – 1 StR 337/56, St 10, 88; *Meyer-Goßner* Rn. 5; KK-StPO/*Engelhardt* Rn. 25.
[15] AnwK-StPO/*Rotsch*/*Gasa* Rn. 6; SK-StPO/*Frisch* Rn. 31; Löwe/Rosenberg/*Matt* Rn. 29; aA *Amelung* NJW 1979, 1690; *Giesler*, Der Ausschluß der Beschwerde gegen richterliche Entscheidungen im Strafverfahren, 1981, S. 22ff., 132ff.; *Krekeler* NJW 1979, 189.

§ 304 11   *Drittes Buch. Rechtsmittel*

überschritten wird. Der Beschwerdewert beurteilt sich nach dem aus der Entscheidung voraussichtlich ergebenden Kosten- bzw. Auslagenbetrag bzw. – sofern die Festsetzung angefochten wird – aus der Differenz zwischen dem festgesetzten und den durch die Beschwerde behaupteten festzusetzenden Betrag.[16] Die Mehrwertsteuer ist einzubeziehen.[17] Maßgeblicher **Beurteilungszeitpunkt** für die Ermittlung des Beschwerdewerts ist der, zu dem die Beschwerde eingelegt wird;[18] spätere Wertminderungen finden keine Berücksichtigung. Auf § 8 Abs. 3 StrEG findet Abs. 3 keine Anwendung.[19]

IV. Ausschluss der Beschwerde in den Fällen der Abs. 4 und 5

11   Da kein übergeordnetes Gericht existiert, sind Entscheidungen des BGH gemäß Abs. 4 S. 1 grundsätzlich nicht mit der Beschwerde anfechtbar;[20] dies gilt auch für Verfügungen des Senatsvorsitzenden.[21] Gleiches gilt für beschwerdefähige Entscheidungen der OLG bzw Verfügungen des Senatsvorsitzenden, selbst wenn es sich um eine Entscheidung in Staatsschutzsachen handelt, für die das OLG als erste Instanz zuständig ist.[22] Allerdings stellt Abs. 4 S. 2 Hs. 2 einen **Ausnahmekatalog** solcher Fälle auf, in denen die Beschwerde zum BGH zulässig ist. Die Vorschrift ist eng auszulegen und zumindest für die StPO abschließend,[23] jedoch lässt der BGH in engsten Ausnahmen eine **entsprechende Anwendung** zu.[24] Abs. 4 nennt folgende Fälle:
- **Verhaftungen** und andere Eingriffe wie **Unterbringung, Beschlagnahme oder Durchsuchung**, Wobei die Beschwerde gegen die Verhaftung anordnende Entscheidungen nur in dem Umfang zulässig ist, den die weitere Beschwerde nach § 310 Abs. 1 vorsieht, also nur gegen die den Bestand betreffene Entscheidung und nicht etwa gegen Auflagen und Beschränkungen nach §§ 116 Abs. 1 S. 2, 119 Abs. 3.[25] Dabei meint Verhaftung auch die Erzwingungs-,[26] nicht jedoch die Ersatzordnungshaft.[27] Anordnungen nach § 81a, die eine längere Unterbringung zur Folge haben (können), stehen in entsprechender Anwendung der Nr. 1 zur Überprüfung.[28] Für den Fall, dass er der Sicherstellung der Einziehung oder des Verfalls von Wertersatz dient, ist auch der **Arrest** nach § 111d vom Fall der Beschlagnahme erfasst,[29] nicht hingegen die **Telefonüberwachung** nach § 100a.[30]
- **Ablehnung der Eröffnung und Einstellung des Verfahrens;** ein Fall der Nr. 2 liegt hingegen nicht vor, wenn die Eröffnungsentscheidung bei Verfahrensabtrennung bezüglich eines von mehreren Angeschuldigten möglich bleibt.[31]
- **Anordnung der Abwesenheitsverhandlung** sowie der **Verweisung** an ein niederes Gericht. Dasselbe gilt für die Eröffnung des Hauptverfahrens vor einem Gericht niederer Ordnung nach § 209 Abs. 1 wegen einer Straftat, die kein Staatsschutzdelikt ist, § 210 Abs. 2, § 120 Abs. 2 S. 2 GVG.[32]
- **Akteneinsicht** – allerdings beschränkt auf Verfahrensbeteiligte[33] –. Im Übrigen lässt die Ausnahme § 147 Abs. 4 S. 2 unberührt, betrifft jedoch nicht Abschriften oder Kopien der Akten für den Angeklagten.[34]
- **Widerruf der Strafaussetzung und des Straferlasses,** auch die Entscheidung über die **Wiederaufnahme.** Andere einen Annex zur Strafaussetzung bildende Entscheidungen wie etwa die Entscheidung über die **Bewährungszeit** oder über **Auflagen und Weisungen** sind dagegen aufgrund

---
[16] AnwK-StPO/*Rotsch/Gasa* Rn. 9; Löwe/Rosenberg/*Matt* Rn. 48.
[17] OLG Bremen v. 5. 9. 1955 – Ws 159/55, NJW 1956, 72; *Meyer-Goßner* Rn. 9.
[18] KK-StPO/*Engelhardt* Rn. 32; *Meyer-Goßner* Rn. 9.
[19] OLG München v. 28. 2. 1972 – 2 Ws 5/72, MDR 1972, 1056; KK-StPO/*Engelhardt* Rn. 32; *Meyer-Goßner* Rn. 9.
[20] AnwK-StPO/*Rotsch/Gasa*, Rn. 10; *Meyer-Goßner* Rn. 10; *Pfeiffer* Rn. 4.
[21] BGH v. 27. 4. 2001 –3 StR I 12/01, NStZ 2001, 551.
[22] AnwK-StPO/*Rotsch/Gasa*, Rn. 11; *Meyer-Goßner* Rn. 11.
[23] BVerfG v. 21. 6. 1977 – 2 BvR 308/77, E 45, 363; BGH v. 25. 1. 1973 – 7 BJs 316/70, NStZ 2000, 330 m Anm *Hilger*; AnwK-StPO/*Rotsch/Gasa*, Rn. 11.
[24] BGH v. 5. 1. 1977 – 3 StR 433/76 (L), St 27, 96.
[25] BGH v. 25. 1. 1973 – 7 BJs 316/70, St 25, 120; BGH v. 28. 1. 1976 – StB 1/76, St 26, 270; AnwK-StPO/*Roth/Gasa*, Rn. 11.
[26] BGH v. 3. 5. 1989 – 4 StB 15/89, St 36, 192; *Meyer-Goßner* Rn. 13; aA *Wedel* MDR 1990, 786.
[27] BGH v. 22. 12. 1993 – 3 BJs II 14/91 – 4 (108 – StB 21/93, NStZ 1994, 198.
[28] BGH v. 4. 8. 1995 – 3 StE 6/94 u.a., StV 1995, 628; *Meyer-Goßner* Rn. 13; SK-StPO/*Frisch* Rn. 63.
[29] BGH v. 11. 5. 1979 – StB 26/79, St 29, 13, BGH v. 20. 11. 1980 – 4 BJs 165/80 – StB 55/80 n. v., AnwK-StPO/*Rotsch/Gasa*, Rn. 11.
[30] *Meyer-Goßner* Rn. 13; SK-StPO/*Frisch* Rn. 66 mwN; aA KK/*Nack* § 100b Rn. 11, § 100d Rn. 4.
[31] BGH v. 22. 12. 1992 – 3 BJs 960/91 – 4 (85) StB 15/92, NJW 1993, 1279.
[32] AnwK-StPO/*Rotsch/Gasa*, Rn. 11; KK/*Engelhardt* Rn. 10 mwN.
[33] BGH v. 19. 12. 1989 – KRB 4/89, St 36, 338; *Meyer-Goßner* Rn. 16.
[34] BGH v. 10. 8. 1977 – StB 153/77, St 27, 244; BGH v. 29. 10. 1980 – 1 StB 43/80, St 29, 394; AnwK-StPO/*Rotsch/Gasa*, Rn. 11; *Meyer-Goßner* Rn. 16.

Zweiter Abschnitt. Beschwerde 12–17 § 304

des geringeren Gewichts im Vergleich zu den ausdrücklich normierten Entscheidungen auch nicht in entsprechender Aufwendung der Nr. 5 vom Ausnahmekatalog des Abs. 4 erfasst.[35]
– **Verteidigerausschluss.** Ausgeschlossen ist die Beschwerde jedoch gegen die Zurückweisung eines Verteidigers wegen unzulässiger Zahl der Wahlverteidiger wegen **Mehrfachverteidigung.**[36]

Abs. 5 macht eine Ausnahme von dem Grundsatz, dass Entscheidungen des BGH mangels 12 übergeordneten Gerichts nicht mit der Beschwerde anfechtbar sind, insofern, als gegen Entscheidungen, die die Verhaftung, einstweiligen Unterbringung, Beschlagnahme oder Durchsuchung betreffen, die Beschwerde zulässig ist. Entsprechendes gilt auch für die Entscheidungen der OLG. Über die hierauf eingelegte Beschwerde entscheidet das OLG, § 120 Abs. 3 S. 2 GVG, bzw. der BGH, § 135 GVG, selbst. Dies gilt auch für Entscheidungen in Beschlussform sowie dann, wenn ein Antrag auf eine entsprechende Entscheidung abgelehnt wurde.[37]

Verhaftungen und andere Eingriffe wie **Unterbringung, Beschlagnahme oder Durchsuchung,** 13 wobei die Beschwerde gegen die Verhaftung anordnende Entscheidungen nur in dem Umfang zulässig ist, den die weitere Beschwerde nach § 310 Abs. 1 vorsieht, also nur gegen die den Bestand betreffene Entscheidung und nicht etwa gegen Auflagen und Beschränkungen nach §§ 116 Abs. 1 S. 2, 119 Abs. 3.[38] Verhaftung in diesem Sinne ist auch die Erzwingungs-,[39] nicht jedoch die Ersatzordnungshaft.[40] Sind Anordnungen nach § 81a mit einer längeren Unterbringung verbunden, ist Nr. 1 analog anzuwenden.[41] Für den Fall, dass er der Sicherstellung der Einziehung oder des Verfalls von Wertersatz dient, ist auch der **Arrest** nach § 111d vom Fall der Beschlagnahme erfasst,[42] nicht hingegen die **Telefonüberwachung** nach § 100a.[43]

Des Weiteren ist die Beschwerde zulässig gegen die **Ablehnung der Eröffnung und Einstellung** 14 **des Verfahrens.** Bleibt die Eröffnungsentscheidung möglich, so ist die Verfahrensabtrennung bezüglich eines von mehreren Angeschuldigten kein Fall der Nr. 2.[44]

Die Anordnung der **Abwesenheitsverhandlung** sowie der **Verweisung** an ein niederes Gericht 15 sind ebenfalls ausnahmsweise mit der Beschwerde anfechtbar. Dasselbe gilt für die Eröffnung des Hauptverfahrens vor einem Gericht niederer Ordnung nach § 209 Abs. 1 wegen einer Straftat, die kein Staatsschutzdelikt ist, § 210 Abs. 2, § 120 Abs. 2 S. 2 GVG.[45] Darüber hinaus ist die Beschwerde – allerdings beschränkt auf Verfahrensbeteiligte[46] – zulässig gegen Entscheidungen über die **Akteneinsicht.** Im Übrigen lässt die Ausnahme § 147 Abs. 4 S. 2 unberührt, betrifft jedoch nicht Abschriften oder Kopien der Akten für den Anklagten.[47] Außerdem sind der **Widerruf der Strafaussetzung und des Straferlasses** wie auch die Entscheidung über die **Wiederaufnahme** mit der Beschwerde anfechtbar. Andere einen Annex zur Strafaussetzung bildende Entscheidungen wie etwa die Entscheidung über die **Bewährungszeit** oder über **Auflagen und Weisungen** sind dagegen aufgrund des geringeren Gewichts im Vergleich zu den ausdrücklich normierten Entscheidungen auch nicht in entsprechender Anwendung der Nr. 5 vom Ausnahmekatalog des Abs. 4 erfasst.[48]

Schließlich kann gegen Entscheidungen über den **Verteidigerausschluss** Beschwerde erhoben 16 werden, wie sich aus der Formulierung des Abs. 4 S. 2 Hs. 3, der die Geltung des § 138d Abs. 6 für von § 304 unberührt erklärt, ergibt. Ausgeschlossen ist die Beschwerde gegen die Zurückweisung eines Verteidigers wegen unzulässiger Zahl der Wahlverteidiger wegen **Mehrfachverteidigung.**[49]

Eine Ausnahme von dem Grundsatz, dass Entscheidungen des BGH mangels übergeordneten 17 Gerichts nicht mit der Beschwerde anfechtbar sind, macht **Abs. 5** insofern, als der Entscheidungen, die der Verhaftung, einstweiligen Unterbringung, Beschlagnahme oder Durchsuchung betreffen, die Beschwerde – über die dann der BGH selbst entscheidet, § 135 GVG – zulässig ist. Entsprechendes gilt für die Entscheidungen der OLG. Über Beschwerden hingegen entscheiden diese ebenfalls selbst, § 120 Abs. 3 Satz 2 GVG. Dies gilt auch für Entscheidungen in Beschluss

---

[35] AnwK-StPO/*Rotsch/Gasa*, Rn. 11; SK-StPO/*Frisch* Rn. 72.
[36] BGH v. 14. 10. 76 – KRB 1/76, NJW 1977, 156; AnwK-StPO/*Rotsch/Gasa*, Rn. 11.
[37] BGH (Fn. 29); AnwK-StPO/*Rotsch/Gasa*, Rn. 12.
[38] BGH v. 25. 1. 1973 – 7 BJs 316/70, St 25, 120; BGH v. 28. 1. 1976 – StB 1/76, St 26, 270.
[39] BGH v. 3. 5. 1989 – 4 – StB 15/89, St 36, 192; *Meyer-Goßner* Rn. 13; aA *Wedel* MDR 1990, 786.
[40] BGH v. 22. 12. 1993 – 3 BJs 1114/91 – 4 (108) – StB 21/93, NStZ 1994, 198.
[41] BGH v. 4. 8. 1995 – 3 StE 6/94 u. a., StV 1995, 628; *Meyer-Goßner* Rn. 13; SK-StPO/*Frisch* Rn. 63.
[42] BGH v. 11. 5. 1979 – StB 26/79, St 29, 13; BGH v. 20. 11. 1980 – 4 BJs 165/80 – StB 55/80 n. v.
[43] *Meyer-Goßner* Rn. 13; SK-StPO/*Frisch* Rn. 66 mwN; aA KK-StPO/*Nack* § 100b Rn. 11, § 100d Rn. 4.
[44] BGH v. 22. 12. 1992 – 3 BJs 960/91 – 4 (85) StB 15/92, NJW 1993, 1279.
[45] KK-StPO/*Engelhardt* Rn. 10 mwN.
[46] BGH v. 19. 12. 1989 – KRB 4/89, St 36, 338; *Meyer-Goßner* Rn. 16.
[47] BGH v. 10. 8. 1977 – StB 153/77, St 27, 244; BGH v. 29. 10. 1980 – 1 StB 43/80, St 29, 394; *Meyer-Goßner* Rn. 16.
[48] SK-StPO/*Frisch* Rn. 72.
[49] BGH v. 14. 10. 76 – KRB 1/76, NJW 1977, 156.

form sowie dann, wenn ein Antrag auf eine entsprechende Entscheidung abgelehnt wurde.⁵⁰ Eine entsprechende Anwendung der Vorschrift scheidet aus.⁵¹

V. Beschwerdebefugnis und Beschwer

18 1. **Beschwerdebefugnis.** Beschwerdeberechtigt nach Abs. 1 sind die Verfahrensbeteiligten; das ist die **StA**, der **Beschuldigte** gemäß § 296, der **Verteidiger** für den Beschuldigten nach Maßgabe des § 297 bzw der Verteidiger selbst, wenn eigene Rechte betroffen sind, wie zB die Verletzung des ungehinderten Verkehrs mit dem Mandanten gemäß § 148 oder im Falle der Ausschließung nach §§ 138 a ff.,⁵² der **gesetzliche Vertreter** des Beschuldigten nach § 298, der **Vertreter einer juristischen Person oder Personenvereinigung** in den Fällen des § 444 und der **Einziehungsbeteiligte** nach § 433.

19 Abs. 2 räumt weiteren Personen ein Beschwerderecht ein, die durch die richterliche Entscheidung unmittelbar in ihrer Freiheit, in ihrem Vermögen oder sonstigen Rechten betroffen sind.⁵³ Erforderlich ist die Verletzung eigener Rechte, dh. die Beeinträchtigung eines eigenen Rechts in sachlich- oder verfahrensrechtlicher Art.⁵⁴ Nicht ausreichend dagegen ist eine lediglich mittelbare Betroffenheit.⁵⁵

20 2. **Beschwer.** Der Betroffene ist beschwert, wenn er in seinen (eigenen) Rechten oder schutzwürdigen Interessen unmittelbar beeinträchtigt ist.⁵⁶ Einer Beschwer für die StA bedarf es jedoch nicht.⁵⁷ Die unmittelbare Betroffenheit folgt bereits aus dem Erlass der Entscheidung, nicht erst aus deren Vollzug.⁵⁸ In der Regel entfällt die Beschwer nach dem Vollzug der Entscheidung, sofern von ihr keine weitere Wirkung mehr ausgeht; eine Feststellungsentscheidung wie in § 28 Abs. 1 S. 4 EGGVG ergeht nicht.⁵⁹

§ 305 [Entscheidungen vor Urteilsfällung]

¹ Entscheidungen der erkennenden Gerichte, die der Urteilsfällung vorausgehen, unterliegen nicht der Beschwerde. ² Ausgenommen sind Entscheidungen über Verhaftungen, die einstweilige Unterbringung, Beschlagnahmen, die vorläufige Entziehung der Fahrerlaubnis, das vorläufige Berufsverbot oder die Festsetzung von Ordnungs- oder Zwangsmitteln sowie alle Entscheidungen, durch die dritte Personen betroffen werden.

I. Allgemeines

1 Die Vorschrift dient der **Verfahrensbeschleunigung**.¹ Sie schützt zudem die **Verfahrensherrschaft** des erkennenden Gerichts, indem sie dem Beschwerdegericht die (vorläufige) Überprüfung solcher Entscheidungen entzieht, die in das Urteil einfließen und über die Rechtsmittel der Berufung und Revision überprüfbar sind.² Grundsätzlich der Beschwerde entzogen sind daher Entscheidungen des erkennenden Gerichts nur dann, wenn das Urteil selbst anfechtbar ist,³ die Entscheidungen im inneren Zusammenhang mit der Urteilsfällung stehen, ausschließlich ihrer Vorbereitung dienen, bei der Urteilsfällung selbst der nochmaligen Prüfung des Gerichts unterliegen⁴ und keine weiteren Verfahrenswirkungen zeigen.⁵

2 Die Vorschrift ist **restriktiv** auszulegen.⁶ Eine **analoge Anwendung** der Vorschrift kommt ihrem Verständnis nach jedoch auch außerhalb der Hauptverhandlung in Betracht,⁷ zB im Verfahren der

---

⁵⁰ BGH (Fn. 29).
⁵¹ BGH (Fn. 29); BGH v. 12. 11. 1993 – 1 BJs 193/84 – 5 StB 20/93, NJW 1994, 465.
⁵² *Meyer-Goßner* Rn. 6.
⁵³ KK-StPO/*Engelhardt* Rn. 28.
⁵⁴ BGH v. 22. 4. 1952 – 1 StR 96/52, NJW 1952, 714; NK-StPO/*Unger/Halbritter* Rn. 3.
⁵⁵ KK-StPO/*Engelhardt* Rn. 29.
⁵⁶ BGH v. 11. 1. 1955 – 5 StR 290/54, St 7, 153; BGH v. 21. 5. 1999 – 2 StR 366/98, wistra 1999, 347; *Meyer-Goßner* vor § 296 Rn. 8 ff.
⁵⁷ AnwK-StPO/*Rotsch/Gasa* Rn. 15; KK-StPO/*Engelhardt* Rn. 30; Löwe/Rosenberg/*Matt* Rn. 43.
⁵⁸ Löwe/Rosenberg/*Matt* Rn. 57.
⁵⁹ BGH v. 23. 10. 1978 – 2 StB 202/78; 1 BJs 93/77, St 28, 160; AnwK-StPO/*Rotsch/Gasa* Rn. 15; Löwe/Rosenberg/*Matt* Rn. 36; krit: *Ellersiek*, Die Beschwerde im Strafprozeß (1981), S. 137 ff.
¹ Löwe/Rosenberg/*Matt* Rn. 2; *Meyer-Goßner* Rn. 1.
² RG v. 2. 12. 1940 – 2 D 512/40, St 74, 394; NK-StPO/*Unger/Halbritter* Rn. 1.
³ OLG Hamm v. 30. 1. 1986 – 6 Ws 23/86, NStZ 1986, 328.
⁴ OLG Braunschweig v. 12. 6. 1987 – Ws 113/87, StV 1987, 332; OLG Frankfurt v. 25. 11. 2004 – 3 Ws 1221/04, NJW 2005, 771; OLG Frankfurt v. 2. 12. 2005 – 3 Ws 972/05, 1021/05, StV 2006, 122; *Meyer-Goßner* Rn. 1.
⁵ OLG Karlsruhe v. 25. 8. 1976 – 2 Ws 143/76, NJW 1977, 309; OLG Stuttgart v. 6. 2. 1976 – 3 Ws 30/76, NJW 1976, 1647.
⁶ Löwe/Rosenberg/*Matt* Rn. 4; NK-StPO/*Unger/Halbritter* Rn. 1.
⁷ NK-StPO/*Unger/Halbritter* Rn. 1.

Strafvollstreckungskammer[8] oder im Wiederaufnahmeverfahren,[9] sofern die Zwischenentscheidung der Vorbereitung der Sachentscheidung dient.

Die Vorschrift steht der Erhebung der **Verfassungsbeschwerde** entgegen;[10] bis zur Rechtskraft des Urteils ist der Rechtsweg nicht ausgeschöpft.[11] Das erkennende Gericht selbst kann jedoch die Zwischenentscheidung jederzeit abändern;[12] der Ausschluss nach S. 1 gilt nicht. 3

S. 2 stellt eine **Rückausnahme** für die dort – nicht abschließend – genannten Fälle dar. 4

II. Voraussetzungen (S. 1)

1. Erkennendes Gericht. Erkennendes Gericht ist das Gericht, bei dem das Hauptverfahren anhängig ist.[13] Dies gilt ab dem **Eröffnungsbeschluss** – auch hinsichtlich zeitgleich ergangener Entscheidungen[14] – bis zum Zeitpunkt der **Urteilsfällung.** Nicht um das erkennende Gericht handelt es sich bei demjenigen, das in seinem Eröffnungsbeschluss das Verfahren vor einem anderen Gericht eröffnet.[15] Ab dem Zeitpunkt des Eingangs der Akten gemäß §§ 321 S. 2, 347 Abs. 2 ist das **Berufungs- bzw. Revisionsgericht** das erkennende Gericht;[16] im Falle der **Zurückverweisung** ist das zuständige Gericht ab Eingang der Akten gemäß §§ 328 Abs. 2, 354 Abs. 2, 3, 355 erkennendes Gericht.[17] Im **Strafbefehlsverfahren** oder im **beschleunigten Verfahren** ist nach der Entscheidung, einen Termin zur Hauptverhandlung anzuberaumen oder die Sache an ein Schöffengericht zu verweisen, das jeweilige Gericht das Erkennende.[18] Entscheidungen des Vorsitzenden des erkennenden Gerichts oder des beauftragten Richters sind dem erkennenden Gericht gleichzustellen.[19] 5

2. Entscheidungen iSd S. 1. S. 1 findet zeitlich keine Anwendung auf Entscheidungen nach Urteilsfällung sowie sachlich auf Entscheidungen, die im inneren Zusammenhang mit der Urteilsfällung stehen, nur der Vorbereitung des Urteils dienen und keine darüber hinausgehenden Rechtswirkungen erzeugen.[20] Es bedarf eines **qualifizierten Zusammenhangs** der Entscheidung zum Urteil; kann die Entscheidung im Rechtsmittelverfahren zur Überprüfung durch das Rechtsmittelgericht stehen, ist die Beschwerde ausgeschlossen.[21] Der Beschwerde stets entzogen sind daher Entscheidungen,[22] die die **Beweisaufnahme** vorbereiten, den **Fortgang** und die **Gestaltung** des Verfahrens betreffen, zB die **Verbindung** von Sachen anordnen oder ablehnen oder einen Verfahrensteil **abtrennen,**[23] die Unwirksamkeit einer Berufungsrücknahme feststellen,[24] den Antrag auf Entbindung des Angeklagten vom Erscheinen nach § 233 ablehnen, das persönliche Erscheinen nach § 236 oder die Durchführung der Hauptverhandlung ohne den Beschuldigten anordnen, die Terminsanberaumung durch den Vorsitzenden oder die Entscheidung über die Zurückweisung eines Verteidigers wegen möglicher Mehrfachverteidigung.[25] Demgegenüber bleiben Entscheidungen mit der Beschwerde anfechtbar, deren **Beschwer** nicht mit dem Urteil behoben werden kann, zB gegen die Anordnung nicht unerheblicher körperlicher Untersuchungen nach § 81 a,[26] die Ablehnung der Bestellung des Wahlverteidigers zum Pflichtverteidiger,[27] die Versagung der Akteneinsicht während der Hauptverhandlung[28] oder die Nichtzulassung als 6

---

[8] KG v. 29. 3. 2001 – 5 Ws 145/01 Vollz, NStZ 2001, 448.
[9] Löwe/Rosenberg/*Gössel*, § 372 Rn 7 f. mwN.
[10] BVerfG v. 11. 10. 1951 – 1 BvR 23/51, E 1, 9; v. 14. 4. 1959 – 1 BvR 109/58, E 9, 261; Löwe/Rosenberg/*Matt* Rn. 2; *Meyer-Goßner* Rn. 1.
[11] AnwK/*Rotsch/Gasa* Rn. 1.
[12] *Meyer-Goßner* Rn. 1; NK-StPO/*Unger/Halbritter* Rn. 2.
[13] BGH v. 13. 11. 1951 – 1 StR 597/51, St 2, 1.
[14] BayObLG v. 21. 6. 1955 – 1 St 140/55, MDR 1955, 629.
[15] OLG Bremen JR 1958, 189; KK-StPO/*Engelhardt* Rn. 2; aA KG JR 1979, 479; Löwe/Rosenberg/*Matt* Rn. 8; *Meyer-Goßner* Rn. 2.
[16] *Meyer-Goßner* Rn. 2.
[17] *Meyer-Goßner* Rn. 2; NK-StPO/*Unger/Halbritter* Rn. 3.
[18] NK-StPO/*Unger/Halbritter* Rn. 3.
[19] OLG Düsseldorf v. 2. 12. 1985 – 2 Ws 652/85, NStZ 1986, 138; OLG Hamm v. 12. 11. 1987 – 3 Ws 536/87, MDR 1988, 696; KK-StPO/*Engelhardt* Rn. 4 mwN; *Meyer-Goßner* Rn. 3; NK-StPO/*Unger/Halbritter* Rn. 3.
[20] Löwe/Rosenberg/*Matt* Rn. 16, 17, 21, 22; KK-StPO/*Engelhardt* Rn. 5; *Meyer-Goßner* Rn. 4.
[21] SK-StPO/*Frisch* Rn. 15 f.
[22] Weitere Beispiele bei *Engelhardt* in: KK-StPO Rn. 6.
[23] OLG Hamm v. 9. 2. 1999 – 2 Ws 46/99, wistra 1999, 235 m. abl. Anm. *Weidemann* wistra 1999, 399.
[24] OLG Frankfurt v. 25. 11. 2004 – 3 Ws 1221/04, NStZ-RR 2005, 46.
[25] OLG Hamm v. 19. 5. 1988 – 27 U 275/87, MDR 1988, 868; Beispiele nach *Meyer-Goßner* Rn. 4.
[26] OLG Köln v. 23. 7. 2002 – 3 Ws 336/02, NStZ-RR 2002, 306.
[27] OLG Bremen v. 9. 3. 1951 – Ws 8/51, NJW 1951, 454; LG Arnsberg v. 19. 11. 2001 – 2 Ws 172/01, StV 2002, 648; KK-StPO/*Engelhardt* Rn. 8 mwN; *Meyer-Goßner* Rn. 4; aA OLG Hamm v. 9. 5. 1985 – 3 Ws 277/85, NStZ 1985, 518; OLG Zweibrücken v. 26. 3. 1987 – 1 Ws 139 – 142/87, NStZ 1987, 477.
[28] OLG Köln v. 2. 10. 1998 – 2 Ws 512/98, StV 1999, 12.

§ 305a 1–3   Drittes Buch. Rechtsmittel

Nebenkläger;[29] jedoch nicht die Ablehnung des Antrags auf Aktenbeiziehung durch das Gericht.[30]

7   **3. Eröffnung eines Rechtsmittels.** Die Einlegung eines Rechtsmittels muss möglich sein;[31] fehlt es an einer **Rechtsmittelbefugnis** des Beschwerdeführers, findet S. 1 keine Anwendung.

III. Ausnahmefälle (S. 2)

8   Die Aufzählung in S. 2 ist **nicht abschließend**.[32] S. 2 benennt exemplarisch solche Entscheidungen, die bei der Urteilsfällung nicht überprüft werden, weil sie nicht rückwirkend beseitigt oder nachgeholt werden können;[33] diese unterfallen bereits tatbestandlich nicht S. 1. Beschwerdefähig ist sowohl die **Anordnung** als auch die **Ablehnung der Maßnahme**.[34]

9   Der Begriff der **Verhaftung** geht über den der §§ 304 Abs. 4 S. 2 Nr. 1, 310 Abs. 1[35] hinaus und beinhaltet auch Maßnahmen im Zusammhanhang mit der Untersuchungshaft nach § 119;[36] Entscheidungen über die **einstweilige Unterbringung** sind solche nach § 126a und § 71 Abs. 2 JGG nicht jedoch nach § 81 oder die die **körperliche Untersuchung** nach § 81a,[37] über die **Beschlagnahme** und **Durchsuchung** solche nach §§ 94, 98, 99, 100, 105, und 111b, über die **vorläufige Entziehung der Fahrerlaubnis** solche nach § 111a. Zu den **Ordnungs- und Zwangsmitteln** gehört auch die Vorführung des Beschuldigten zB nach §§ 134, 230 Abs. 2.[38] Entscheidungen, die **dritte Personen** betreffen, können solche nach §§ 70, 81c, 103 oder §§ 177, 178 GVG sein.

§ 305a [Beschwerde gegen den Beschluß nach § 268a Abs. 1, 2]

(1) ¹Gegen den Beschluß nach § 268a Abs. 1, 2 ist Beschwerde zulässig. ²Sie kann nur darauf gestützt werden, daß eine getroffene Anordnung gesetzwidrig ist.

(2) Wird gegen den Beschluß Beschwerde und gegen das Urteil eine zulässige Revision eingelegt, so ist das Revisionsgericht auch zur Entscheidung über die Beschwerde zuständig.

I. Regelungsgehalt

1   S. 1 stellt deklaratorisch fest, dass der Beschluss nach § 268a Abs. 1, 2 mit der Beschwerde anzufechten ist. Die **Zulässigkeit** der Beschwerde ergibt sich bereits aus § 304 Abs. 1. Der Prüfungsumfang wird jedoch nach Abs. 1 S. 2 eingeschränkt; die Beschwerde kann nur darauf gestützt werden, dass der Beschluss nach § 268a Abs. 1, 2 gesetzwidrig ist. Sinn und Zweck der Regelung ist, dass die Anfechtung des Urteils mit Berufung oder Revision sich nicht auf den selbständig neben dem Urteil stehenden Beschluss nach § 268a erstrecken soll.[1] Werden hingegen die nach § 268a einem gesonderten Beschluss vorbehaltenen Entscheidungen versehentlich im Urteil getroffen, besteht die Anfechtungsmöglichkeit nach dieser Vorschrift.[2]

II. Allgemeines

2   **1. Verfahren und Frist.** Auf das Verfahren finden die allgemeinen Vorschriften der StPO Anwendung. Der Einhaltung einer **Frist** bedarf es nicht.[3]

3   **2. Beschwerdebefugnis.** Die Beschwerde setzt eine **Beschwerdebefugnis** des Rechtsmittelführers voraus. Beschwerdebefugt sind der Angeklagte, sein gesetzlicher Vertreter[4] und die StA. Die StA kann von dem Rechtsmittel auch zu Ungunsten des Angeklagten Gebrauch machen.[5] Hingegen sind weder der Nebenkläger[6] noch der Verletzte[7] beschwerdebefugt.

---

[29] Vgl. § 396 Rn. 12.
[30] OLG Saarbrücken v. 30. 4. 2004 – 1 Ws 72/04, NStZ 2005, 344.
[31] NK-StPO/*Unger/Halbritter* Rn. 6.
[32] OLG Koblenz v. 26. 11. 1993 – 1 Ws 672/93, NStZ 1994, 355; *Meyer-Goßner* Rn. 7.
[33] *Meyer-Goßner* Rn. 6.
[34] AnwK-StPO/*Rotsch/Gasa* Rn. 4; *Meyer-Goßner* Rn. 6; SK-StPO/*Frisch* Rn. 26.
[35] Vgl. § 304 Rn. 13 und § 310 Rn. 5.
[36] OLG Karlsruhe v. 6. 12. 1996 – 3 Ws 321/96, StV 1997, 312; AnwK-StPO/*Rotsch//Gasa* Rn. 5; Löwe/Rosenberg/*Matt* Rn. 22.
[37] Für eine generelle Anwendung: BayObLG v. 1. 8. 1956 – BeschwReg. 1 St 109/56, St 1956, 180; AK-StPO/*Altenhain/Günther* Rn. 30 mwN; aA OLG Celle v. 12. 11. 1970 – 3 Ws 434/70, NJW 1971, 256; OLG Koblenz v. 26. 11. 1993 – 1 Ws 672/93, NStZ 1994, 355; SK-StPO/*Frisch* Rn. 29 mwN.
[38] *Meyer-Goßner* Rn. 7.
[1] *Meyer-Goßner* Rn. 1; KK-StPO/*Engelhardt* Rn. 2.
[2] Löwe/Rosenberg/*Matt* Rn. 1; KK-StPO/*Engelhardt* Rn. 3.
[3] KK-StPO/*Engelhardt* Rn. 4.
[4] § 298 Rn. 4.
[5] KK-StPO/*Engelhardt* Rn. 5; *Meyer-Goßner* Rn. 2; aA: OLG Hamm v. 7. 3. 1969 – 3 Ss 1503/68, NJW 1969, 890.
[6] Vgl. § 400 Rn. 1; *Meyer-Goßner* Rn. 2.
[7] OLG Düsseldorf v. 9. 11. 1999 – 1 Ws 859/99, StV 2001, 228.

3. Begründungserfordernis. Die Beschwerde ist nicht zu begründen; Abs. 1 S. 1 beschränkt lediglich die Prüfungsbefugnis des Beschwerdegerichts.[8]

4. Abhilfe. Das Ausgangsgericht kann der Beschwerde abhelfen, § 306 Abs. 2.[9] Die Einschränkung nach Abs. 1 S. 2 greift nicht. Das Ausgangsgericht ist daher nicht nur bei **Gesetzwidrigkeit** des Beschlusses oder dann, wenn das Ausgangsgericht zu der Erkenntnis gelangt, dass die Entscheidung überhaupt nicht oder nicht in der getroffenen Weise hätte ergehen können, zur Abhilfe berechtigt.[10] Umstritten ist, ob eine **Schlechterstellung** des Beschwerdeführers in Betracht kommt; grundsätzlich unzulässig ist sie nicht.[11] Änderungen zum Nachteil des Beschwerdeführers sind aber nur aufgrund neuer tatsächlicher Gesichtspunkte zulässig.[12]

III. Entscheidung durch Beschluss

1. Beschluss. Die Entscheidung des Beschwerdegerichts ergeht durch gesonderten **Beschluss**,[13] und zwar in der Sache selbst. Dies gilt auch, wenn das Berufungsgericht den Beschluss des erstinstanzlichen Gerichts nur iSd. Abs. 1 S. 2 überprüft hat, anstatt selbst eine Entscheidung nach § 268a zu treffen.[14] Die Beschwerde ist unbegründet und nicht unzulässig, wenn das Beschwerdegericht eine Gesetzeswidrigkeit der Anordnung nicht feststellen kann.[15] Die Gesetzmäßigkeit der Anordnung beurteilt sich nach dem materiellen Recht, insbesondere der §§ 56a ff., 59a, 68b und 68c StGB. **Ermessensfehler** machen die Entscheidung gesetzwidrig, so dass die Anordnung auch auf Ermessensfehler hin überprüft werden kann.[16] Das Beschwerdegericht entscheidet nach Gebrauch eigenen Ermessens.

2. Zuständigkeit (Abs. 2). Das Beschwerdegericht ist zuständig. Im Falle der Berufung ist jedoch das **Berufungsgericht** zuständig, solange das Urteil nicht in Rechtskraft erwächst.[17] Wird neben der Beschwerde über den Beschluss nach § 268a gegen das Urteil Revision eingelegt, so gilt hinsichtlich der Zuständigkeit für die Beschwerde die Sonderregelung des Abs. 2. Zuständig auch für die Entscheidung über die Beschwerde ist dann aus Gründen der Verfahrensvereinfachung das **Revisionsgericht**. Die Zuständigkeit bleibt bestehen, wenn das Revisionsgericht bei der Entscheidung über die Revision versehentlich nicht über die Beschwerde entschieden hat,[18] nicht aber, wenn die Revision unzulässig oder durch Entscheidung oder Rücknahme erledigt ist.[19]

3. Verfahren bei Rechtskraft, Berufung und Revision. Ist das Urteil bereits rechtskräftig, kann der Beschluss nach § 268a weiterhin mit der Beschwerde angefochten werden.[20] Wird gegen das Urteil, dem der Strafaussetzungsbeschluss nach § 268a zuzuordnen ist, **Berufung** eingelegt, wird dieser gegenstandslos und muss durch das Berufungsgericht unabhängig davon, ob es zu einem neuen Strafausspruch im Berufungsurteil kommt oder die Berufung verworfen wird, neu erlassen werden.[21] Gegen diesen Beschluss ist erneut Beschwerde zulässig, selbst wenn das Berufungsgericht sich irrig als Beschwerdegericht angesehen hat.[22] Eine reine Beschwerdeentscheidung ergeht im Berufungsverfahren nur, wenn die Berufung sich nicht auf die Strafaussetzung zur Bewährung erstreckt, bereits als unzulässig verworfen ist oder vom Rechtsmittelführer zurückgenommen wird.[23] Im Fall der gleichzeitig mit der Beschwerde eingelegten zulässigen **Revision** bedarf es bei Aufhebung des Urteils und Zurückverweisung ebenfalls keiner Entscheidung über die Beschwerde; der Ausgangsbeschluss wird mit Verwerfung des Urteils gegenstandslos. In den übrigen Fällen entscheidet das Revisionsgericht im Sinne des Abs. 2 auch über die Beschwerde.[24]

---

[8] OLG Düsseldorf (Fn. 7); AnwK-StPO/*Rotsch/Gasa* Rn. 3; KK-StPO/*Engelhardt* Rn. 6; Löwe/Rosenberg/*Matt* Rn. 3; *Meyer-Goßner* Rn. 3.
[9] § 306 Rn. 5 ff.
[10] KK-StPO/*Engelhardt* Rn. 7; *Meyer-Goßner* Rn. 1.
[11] KG v. 17. 6. 2005 – 1 AR 951/04 – 5 Ws 453/04, NStZ-RR 2006, 137; AnwK-StPO/*Rotsch/Gasa* Rn. 4; *Meyer-Goßner* Rn. 4; diff. KK-StPO/*Engelhardt* Rn. 12, der eine Verschlechterung grundsätzlich für unzulässig hält, sie aber bei Erfüllung der Voraussetzungen des § 56e StGB zulassen will.
[12] KK-StPO/*Engelhardt* Rn. 7.
[13] BGH v. 15. 6. 1954 – 1 StR 67/54 n. v.
[14] KK-StPO/*Engelhardt* Rn. 15; *Meyer-Goßner* Rn. 4.
[15] KK-StPO/*Engelhardt* Rn. 9.
[16] BGH v. 17. 6. 1998 – 1 StR 245/98, StV 1998, 658; *Meyer-Goßner* Rn. 1.
[17] *Meyer-Goßner* Rn. 5.
[18] BGH v. 7. 5. 1986 – 3 StR 209/85 – n. v.
[19] BayObLG v. 3. 8. 1960 – Allg. Reg. 38/60, St 1960, 186.
[20] OLG Hamm v. 29. 11. 1963 – 1 Ws 354/64, NJW 1964, 937; OLG Braunschweig v. 2. 7. 1969 – Ws 105/69, MDR 1970, 69; *Meyer-Goßner* Rn. 2.
[21] KK-StPO/*Engelhardt* Rn. 14.
[22] AnwK-StPO/*Rotsch/Gasa* Rn. 5; KK-StPO/*Engelhardt* Rn. 15.
[23] AnwK-StPO/*Rotsch/Gasa* Rn. 5; Löwe/Rosenberg/*Matt* Rn. 15.
[24] AnwK-StPO/*Rotsch/Gasa* Rn. 5; KK-StPO/*Engelhardt* Rn. 18.

§ 306 [Beschwerdeverfahren]

(1) Die Beschwerde wird bei dem Gericht, von dem oder von dessen Vorsitzenden die angefochtene Entscheidung erlassen ist, zu Protokoll der Geschäftsstelle oder schriftlich eingelegt.

(2) Erachtet das Gericht oder der Vorsitzende, dessen Entscheidung angefochten wird, die Beschwerde für begründet, so haben sie ihr abzuhelfen; andernfalls ist die Beschwerde sofort, spätestens vor Ablauf von drei Tagen, dem Beschwerdegericht vorzulegen.

(3) Diese Vorschriften gelten auch für die Entscheidungen des Richters im Vorverfahren und des beauftragten oder ersuchten Richters.

I. Einlegung der Beschwerde (Abs. 1)

1   **1. Adressat.** Die Beschwerde ist bei dem Gericht einzulegen, das die anzufechtende Entscheidung erlassen hat. Das Gericht hat damit die Möglichkeit, der Beschwerde auf einfachem Weg **abzuhelfen**.[1] Wurde die Entscheidung durch den Vorsitzenden, den Richter im Vorverfahren oder dem beauftragten oder ersuchten Richter erlassen, gilt Abs. 1 entsprechend, Abs. 3.

2   **2. Form.** Die Beschwerde ist **schriftlich** oder zu **Protokoll der Geschäftsstelle** einzulegen. Dies schließt die Einlegung per Telegramm, Telefax oder Fernschreiben ein; hingegen genügt die telefonische Beschwerdeerklärung nicht.[2] Ist die Beschwerde bereits in das **Hauptverhandlungsprotokoll** aufgenommen worden, genügt dieses den Formerfordernissen des Abs. 1.[3] Zuständig ist der **Urkundsbeamte** des Ausgangs- oder Beschwerdegerichts.[4] Anstelle eines Urkundsbeamten kann die Niederschrift auch von einem Richter aufgenommen werden, § 8 Abs. 1 RPflG. Wird die Beschwerde bei einem **unzuständigen Gericht** eingelegt, ist dieses grundsätzlich keine wirksame Rechtsmitteleinlegung;[5] die Übersendung an das zuständige Gericht genügt jedoch der Form, wenn die Niederschrift nicht nur von dem Urkundsbeamten, sondern auch von dem Beschwerdeführer unterschrieben wurde.[6]

3   **3. Frist.** Die Beschwerde ist, von den Fällen der sofortigen Beschwerde nach § 311 Abs. 2 abgesehen, nicht an eine Frist gebunden. Sie kann jedoch durch den Fortgang des Verfahrens **gegenstandslos** bzw. **verwirkt** werden.[7] Dies ist dann der Fall, wenn eine Änderung der angefochtenen Entscheidung nicht mehr möglich oder ihr Vollzug beendet ist.[8] Die Beschwerde kann frühestens erhoben werden, wenn die Entscheidung ergangen ist, gegen die sie sich richtet.[9]

4   **4. Begründung.** Die Beschwerde bedarf keiner Begründung; sie ist aber **zulässig und zweckmäßig**.[10] Kündigt der Beschwerdeführer eine Begründung an, reicht eine solche aber nicht ein, hat das Beschwerdegericht mit seiner Entscheidung eine angemessene Zeit zu warten.[11] Das Beschwerdegericht muss dann im Hinblick auf Art. 103 Abs. 1 GG dem Beschwerdeführer eine angemessene **Frist** zur Abgabe der Begründung setzen.[12] Die Angemessenheit der Frist hängt von den Umständen des Einzelfalls ab, insbesondere von der Schwierigkeit und dem Umfang des Entscheidungsstoffs, der Notwendigkeit etwaiger Besprechungen oder der Unterlagenbeschaffung.[13] Stellt der Beschwerdeführer einen Verlängerungsantrag, so ist dieser für das Beschwerdegericht nur beachtlich, wenn die Frist zu kurz war, um die Begründung rechtzeitig abzugeben.[14] Die **Wiedereinsetzung in den vorigen Stand** ist nicht möglich;[15] ebenso ist die Anwendung des **§ 33a** ausgeschlossen.[16] Eine nach Fristablauf, aber vor Erlass der Entscheidung bei dem Gericht eingehende Begründung hat das Gericht zu berücksichtigen.[17] Unterlässt das Ausgangsgericht die Weiterleitung einer nachträg-

---

[1] KK-StPO/*Engelhardt* Rn. 1.
[2] OLG Stuttgart v. 21. 7. 1983 1 – Ws 255/83, MDR 1984, 75; AnwK-StPO/*Rotsch/Gasa* Rn. 2; KK-StPO/*Engelhardt* Rn. 5; Meyer-Goßner Rn. 3; aA SK-StPO/*Frisch* Rn. 7 mwN.
[3] OLG Bremen v. 21. 5. 1953 – Ws 87/53, JZ 1953, 516.
[4] KK-StPO/*Engelhardt* Rn. 4.
[5] KK-StPO/*Engelhardt* Rn. 7.
[6] KK-StPO/*Engelhardt* Rn. 7; Löwe/Rosenberg/*Matt* Rn. 1.
[7] Vgl. *Meyer-Goßner* Rn. 4.
[8] KK-StPO/*Engelhardt* Rn. 3.
[9] AnwK-StPO/*Rotsch/Gasa* Rn. 2; KK-StPO/*Engelhardt* Rn. 2 mwN.
[10] AnwK-StPO/*Rotsch/Gasa* Rn. 2; Löwe/Rosenberg/*Matt* Rn. 13; *Meyer-Goßner* Rn. 5.
[11] BVerfG v. 26. 11. 1963 – 2 BvR 301/63, E 17, 191.
[12] BVerfG v. 22. 7. 1958 – 1 BvR 113/57, E 8, 89; AnwK-StPO/*Rotsch/Gasa* Rn. 3; *Meyer-Goßner* Rn. 5; SK-StPO/*Frisch* Rn. 13.
[13] BVerfG v. 7. 7. 1955 – 1 BvR 455/54, BVerfGE 4, 190; *Meyer-Goßner* Rn. 5.
[14] *Röhl* NJW 1964, 277; AnwK-StPO/*Rotsch/Gasa* Rn. 3.
[15] Vgl. § 44 Rn. 4.
[16] OLG Bamberg v. 8. 11. 1990 – Ws 411/90, MDR 1991, 665.
[17] OLG Karlsruhe v. 26. 10. 1982 – 3 Ws 149/82, MDR 1983, 250; AnwK-StPO/*Rotsch/Gasa* Rn. 3; *Meyer-Goßner* Rn. 6.

lichen Begründung an das Beschwerdegericht, stellt dieses einen Verstoß gegen Art. 103 Abs. 1 GG dar, wenn daraufhin die Beschwerdeentscheidung ohne Berücksichtigung der Beschwerdebegründung ergeht.[18]

II. Abhilfeverfahren (Abs. 2 Hs. 1)

1. Verfahren. Das Ausgangsgericht prüft nach Eingang der Beschwerde, ob die Beschwerde Anlass gibt, die angefochtene Entscheidung zu ändern. Hierdurch wird dem Ausgangsgericht bei begründeter Beschwerde im Interesse eines beschleunigten Verfahrens die Möglichkeit gegeben, seine Entscheidung zu berichtigen und dem Beschwerdegericht die Befassung mit der Sache zu ersparen.[19]

2. Abhilfeentscheidung. Gelangt das Ausgangsgericht zu der Erkenntnis, dass die Entscheidung überhaupt nicht oder nicht in der getroffenen Weise hätte ergehen dürfen, so hilft es mit dem Erlass der neuen bzw. der Aufhebung der angefochtenen Entscheidung der Beschwerde ab. Die Abhilfeentscheidung ergeht in derselben Form wie die angefochtene Entscheidung und bildet mit dieser eine prozessuale Einheit.[20] Sie ist zu **begründen**[21] und dem Beteiligten **bekanntzugeben**.[22] Das Gericht kann der Beschwerde auch teilweise abhelfen, wenn und soweit die Beschwerde auf einen Teil der Entscheidung beschränkt werden konnte.[23] Das Ausgangsgericht selbst darf die Beschwerde jedoch nicht verwerfen, wenn es sie für **unzulässig**[24] oder **unbegründet**[25] hält, sondern hat die Beschwerde vielmehr binnen drei Tagen dem Beschwerdegericht vorzulegen.

Vor der Abhilfeentscheidung muss das Ausgangsgericht dem Beschwerdegegner **rechtliches Gehör** gewähren, wenn diese aufgrund neuen tatsächlichen Vorbringens oder weiterer Ermittlungen in Betracht gezogen wird.[26]

3. Vorlage an Beschwerdegericht. Wird der Beschwerde nicht abgeholfen, ist sie dem Beschwerdegericht vorzulegen; einer Bekanntgabe bedarf es nicht. Die Entscheidung ist nicht zu begründen; einer Begründung bedarf sie lediglich dann, wenn der angefochtene Beschluss nicht begründet ist oder das Beschwerdevorbringen erhebliche (neue) Tatsachenbehauptungen enthält.[27] Dieser Beschluss ist dem Beschwerdeführer mitzuteilen.[28] Die Nichtabhilfeentscheidung des Ausgangsgerichts selbst ist nicht anfechtbar.[29]

III. Beschwerdeverfahren (Abs. 2 Hs. 2)

Das Ausgangsgericht hat die Beschwerde binnen drei Tagen nach Einlegung dem Beschwerdegericht zuzuleiten, wenn es der Beschwerde nicht oder nicht vollständig abhilft. Entscheidender Zeitpunkt für den **Fristbeginn** ist nicht der des Eingangs beim Beschwerdegericht, sondern derjenige der Anordnung des Erstgerichts zur Vorlage beim Beschwerdegericht.[30] Eine Fristhemmung tritt nicht ein, selbst wenn das Ausgangsgericht weitere Ermittlungen für erforderlich hält; können diese nicht binnen der 3-Tagesfrist durchgeführt werden, hat das Ausgangsgericht die Beschwerde dem Beschwerdegericht zuzuleiten, dass dann auch die Entscheidung trifft, ob die Ermittlungen überhaupt erforderlich sind.[31] Der Weg der Beschwerde zum Beschwerdegericht verläuft im Hinblick auf die §§ 308 Abs. 1, 309 Abs. 1 zweckmäßigerweise über die StA.[32] Das Ausgangsgericht und die StA dürfen die Zuleitung an das Beschwerdegericht weder zurückhalten, weil eine Beschwerdebegründung von dem Beschwerdeführer angekündigt worden ist, noch darf dem Beschwerdeführer für die Begründung der Beschwerde eine Frist gesetzt werden.[33]

---

[18] BVerfG v. 7. 12. 1982 – 2 BvR 1118/82 E 62, 347.
[19] BGH v. 25. 2. 1992 – 1 StR 4/92, NJW 1992, 2169.
[20] *Ellersiek*, Die Beschwerde im Strafprozeß, 1981, S. 32, 170; *Gollwitzer* JR 1974, 206; AnwK-StPO/*Rotsch/Gasa* Rn. 5.
[21] Vgl. § 34 Rn. 4 f.
[22] § 35 Rn. 2.
[23] § 304 Rn. 6; *Meyer-Goßner* Rn. 8.
[24] KK-StPO/*Engelhardt* Rn. 16.
[25] KK-StPO/*Engelhardt* Rn. 16.
[26] KK-StPO/*Engelhardt* Rn. 13; Löwe/Rosenberg/*Matt* Rn. 18.
[27] BGH v. 3. 7. 1987 – 2 StR 213/87, St 34, 392; KK-StPO/*Engelhardt* Rn. 17.
[28] *Meyer-Goßner* Rn. 9.
[29] KK-StPO/*Engelhardt* Rn. 20.
[30] SK-StPO/*Frisch* Rn. 28.
[31] KK-StPO/*Engelhardt* Rn. 18; *Meyer-Goßner* Rn. 11; aA OLG München v. 9. 4. 1973 – 2 Ws 165/73, NJW 1973, 1143.
[32] *Meyer-Goßner* Rn. 11; SK-StPO/*Frisch* Rn. 29.
[33] OLG Hamm v. 11. 11. 2002 – 2 Ws 421/02, StraFo 2002, 177; *Meyer-Goßner* Rn. 11; aA Löwe/Rosenberg/*Matt* Rn. 7.

10 Hat das Ausgangsgericht der Beschwerde nicht abgeholfen, so ist eine **Zurückverweisung** an dieses durch das Beschwerdegericht nicht mit der Begründung möglich, dass die Abhilfeentscheidung nicht auf einer umfassenden Würdigung des Beschwerdevorbringens beruht.[34] Die Prüfung und Entscheidung über die Nichtabhilfeentscheidung des Ausgangsgerichts obliegt alleine dem Beschwerdegericht. Das Beschwerdegericht kann die Sache aber an das Ausgangsgericht zum Zwecke der Nachholung des Abhilfeverfahrens zurückverweisen, wenn dadurch das Verfahren beschleunigt wird[35] oder wenn das Beschwerdegericht an einer sofortigen eigenen Sachentscheidung gehindert ist.[36] Das dann einzuleitende Abhilfeverfahren des Ausgangsgerichts stellt jedoch keine Verfahrensvoraussetzung für die spätere Entscheidung des Beschwerdegerichts dar.[37]

§ 307 [Keine vollzugshemmende Wirkung]

(1) **Durch Einlegung der Beschwerde wird der Vollzug der angefochtenen Entscheidung nicht gehemmt.**

(2) **Jedoch kann das Gericht, der Vorsitzende oder der Richter, dessen Entscheidung angefochten wird, sowie auch das Beschwerdegericht anordnen, daß die Vollziehung der angefochtenen Entscheidung auszusetzen ist.**

I. Keine aufschiebende Wirkung (Abs. 1)

1 Die Beschwerde hat **keine aufschiebende Wirkung**; trotz Einlegung eines Rechtsmittels sind Beschlüsse und Verfügungen des Gerichts im Gegensatz zu Urteilen **sofort vollziehbar**. Dies gilt grundsätzlich auch für die **sofortige Beschwerde** nach § 311,[1] sofern das Gesetz die aufschiebende Wirkung nicht ausdrücklich anordnet, wie in § 81 Abs. 4 S. 1 (Anordnung der Unterbringung zur Beobachtung), § 231a Abs. 3 S. 3 (Verhandlung in Abwesenheit des Angeklagten), § 454 Abs. 3 S. 2 (Aussetzung der Vollstreckung eines Strafrestes nach § 454 Abs. 1), § 462 Abs. 3 S. 2 (Unterbrechung der Vollstreckung), § 181 Abs. 2 iVm. § 180 (Ordnungsmittel außerhalb der Sitzung) und § 65 Abs. 2 S. 3 JGG (nachträgliche Entscheidungen über Weisungen und Auflagen). Zudem wird die aufschiebende Wirkung der Beschwerde in entsprechender Anwendung des § 449 angenommen, wenn die Vollstreckung einer Strafe oder Maßregel vom Ergebnis einer sofortigen Beschwerde abhängt.[2]

2 Die Vorschrift dient der **Verfahrensbeschleunigung**, um das Verfahren vor wiederholten Beschwerden gegen richterliche Beschlüsse zu schützen.[3]

II. Aussetzung der Vollziehung (Abs. 2)

3 Abs. 2 räumt zur Vermeidung von Härten dem zuständigen Richter die Befugnis ein, die Aussetzung der Vollziehung einer Entscheidung anzuordnen, die mit der Beschwerde angefochten wird, sofern das Gesetz die sofortige Vollziehung nicht ausdrücklich anordnet, so zB bei der Aufhebung des Haftbefehls gemäß § 120 Abs. 2.[4] Die Entscheidung ist eine **Ermessensentscheidung**,[5] bei der das öffentliche Interesse an sofortiger Vollziehung gegen die dem Beschwerdeführer drohenden Nachteile abgewogen werden muss.[6]

4 **1. Zuständigkeit.** Zuständig für die Aussetzung ist sowohl das **Ausgangs-** als auch das **Beschwerdegericht**, Abs. 2 Hs. 1. Dies gilt nicht, wenn die Sache bereits an das Beschwerdegericht abgegeben wurde; dann ist ausschließlich das Beschwerdegericht zuständig.[7] Das Ausgangsgericht ist jedoch verpflichtet, nach Abgabe eingehende Anträge auf Aussetzung der Vollziehung bzw. nachträglich bekannt gewordene Umstände, die Relevanz für die Frage der Aussetzung haben, an das Beschwerdegericht weiterzuleiten.[8]

5 **2. Verfahren.** Eines gesonderten **Antrags** des Beschwerdeführers bedarf es nicht. Das Ausgangs- und Beschwerdegericht haben von Amts wegen zu prüfen, ob eine Aussetzung der Vollziehung in

---

[34] KK-StPO/*Engelhardt* Rn. 20; aA OLG München (Fn. 31).
[35] OLG München (Fn. 31).
[36] *Meyer-Goßner* Rn. 10.
[37] *Gollwitzer* JR 1974, 207; Löwe/Rosenberg/*Matt* Rn. 21; *Meyer-Goßner* Rn. 10.
[1] SK-StPO/*Frisch* Rn. 1.
[2] OLG Karlsruhe v. 17. 1. 1964 – 1 Ws 4/64, NJW 1964, 1085; KK-StPO/*Engelhardt* Rn. 1; *Meyer-Goßner* Rn. 1.
[3] AnwK-StPO/*Rotsch/Gasa* Rn. 1.
[4] KK-StPO/*Engelhardt* Rn. 2.
[5] OLG Karlsruhe v. 2. 8. 1976 – 3 Ws 92/76, NJW 1976, 2274.
[6] OLG Frankfurt v. 5. 11. 1975 – 2 Ws 298/75, NJW 1976, 303.
[7] Löwe/Rosenberg/*Matt* Rn. 1; *Meyer-Goßner* Rn. 3; aA KK-StPO/*Engelhardt* Rn. 4.
[8] *Pfeiffer* Rn. 2.

Betracht kommt.[9] Das Gericht entscheidet nach pflichtgemäßen Ermessen, insbesondere unter Berücksichtigung der Erfolgsaussichten des eingelegten Rechtsmittels. Das Ermessen ist regelmäßig auf Null reduziert, wenn der Richter erkennt, dass die angefochtene Entscheidung unrichtig war, er der Beschwerde aber nach § 311 Abs. 3 S. 1 nicht abhelfen kann.[10] Ist die angefochtene Entscheidung bereits vollzogen, kann die Aussetzung nur angeordnet werden, um die Vollziehung einstweilen rückgängig zu machen.[11]

Das Gericht kann die **Dauer der Aussetzung** ausdrücklich bestimmen oder nachträglich ändern, wenn es dieses nach den Umständen des Falles für geboten hält. 6

Der Beschwerdegegner ist vor der Entscheidung nicht **anzuhören**.[12] 7

3. Rechtsmittel. Gegen die Aussetzungsentscheidung des Ausgangsgerichts ist das Rechtsmittel der **Beschwerde** eröffnet. Gegen die Entscheidung des Beschwerdegerichts jedoch nur dann, wenn gegen die Entscheidung in der Sache selbst die weitere Beschwerde zulässig ist.[13] Die Beschwerde wird gegenstandslos, wenn das Beschwerdeverfahren in der Sache entschieden oder anderweitig beendet wird.[14] Einer ausdrücklichen Entscheidung bedarf es lediglich dann, wenn ein Antrag gestellt ist.[15] 8

III. Zeitpunkt der Aussetzungsentscheidung

Die Entscheidung über die Aussetzung der Vollziehung ist bereits vor Anfechtung der Entscheidung in der Sache möglich,[16] kommt allerdings nur dann zum Tragen, wenn für das Gericht erkennbar wird, dass die Entscheidung selbst angefochten wird.[17] 9

§ 308 [Befugnisse des Beschwerdegerichts]

(1) [1]Das Beschwerdegericht darf die angefochtene Entscheidung nicht zum Nachteil des Gegners des Beschwerdeführers ändern, ohne daß diesem die Beschwerde zur Gegenerklärung mitgeteilt worden ist. [2]Dies gilt nicht in den Fällen des § 33 Abs. 4 Satz 1.

(2) Das Beschwerdegericht kann Ermittlungen anordnen oder selbst vornehmen.

I. Regelungsgehalt

Abs. 1 S. 1 setzt zwingend die **Anhörung** des Beschwerdegegners voraus und gewährt diesem **rechtliches Gehör** nach Art. 103 Abs. 1 GG.[1] Der Regelungsgehalt der Vorschrift geht teilweise über den des Art. 103 Abs. 1 GG hinaus, weil die Anhörung nicht allein auf Tatsachen und Beweisergebnisse beschränkt ist; teilweise bleibt der Regelungsgehalt jedoch hinter dem des Art. 103 Abs. 1 GG zurück, weil rechtliche Erwägungen des Beschwerdegerichts dem Beschwerdegegner nicht mitzuteilen sind.[2] Abs. 2 liegen vor allem Erwägungen zur **Zweckmäßigkeit und Sachdienlichkeit** zu Grunde.[3] 1

1. Beschwerdegegner. Gegner des Beschwerdeführers ist **jeder Verfahrensbeteiligte**, der durch die erstrebte Entscheidung in seinem rechtlichen Interesse beeinträchtigt sein kann.[4] Bei der Beschwerde durch den Beschuldigten sind dies die StA,[5] aber auch der Privat-[6] und der Nebenkläger[7] sowie Dritte.[8] Legt die StA Beschwerde ein, sind Beschwerdegegner der Beschuldigte, sein Verteidiger, sei es als selbstständiger Verfahrensbeteiligter oder aber als bevollmächtigter Vertreter des Beschuldigten,[9*] sowie sein gesetzlicher Vertreter[10*] und Dritte, wie etwa der von einer Durchsuchung Betroffene. Legt ein Drittbeteiligter Beschwerde ein, ist die StA stets anzuhören, der Beschuldigte dann, 2

---

[9] KK-StPO/*Engelhardt* Rn. 5; Löwe/Rosenberg/*Matt* Rn. 5; *Meyer/Goßner* Rn. 2.
[10] *Meyer-Goßner* Rn. 2.
[11] KK-StPO/*Engelhardt* Rn. 10.
[12] KK-StPO/*Engelhardt* Rn. 6; Löwe/Rosenberg/*Matt* Rn. 7; *Meyer-Goßner* Rn. 2.
[13] Löwe/Rosenberg/*Matt* Rn. 9; *Meyer-Goßner* Rn. 4.
[14] AnwK-StPO/*Rotsch/Gasa* Rn. 7; KK-StPO/*Engelhardt* Rn. 11; *Meyer-Goßner* Rn. 4.
[15] *Meyer-Goßner* Rn. 3.
[16] AnwK-StPO/*Rotsch/Gasa* Rn. 5; SK-StPO/*Frisch* Rn. 8; aA *Pfeiffer* Rn. 2.
[17] KK-StPO/*Engelhardt* Rn. 8.
[1] AnwK-StPO/*Rotsch/Gasa* Rn. 1; SK-StPO/*Frisch* Rn. 8 mwN.
[2] KK-StPO/*Engelhardt* Rn. 1; SK-StPO/*Frisch* Rn. 7 f.
[3] BVerfG v. 1. 10. 1957 – 1 BvR 92/57, E 7, 109; KK-StPO/*Engelhardt* Rn. 1; Löwe/Rosenberg/*Matt* Rn. 7.
[4] BGH v. 30. 1. 1968 – 1 StR 319/67, St 22, 48 mwN; AnwK-StPO/*Rotsch/Gasa* Rn. 3; KMR/*Paulus* § 304 Rn. 12.
[5] Löwe/Rosenberg/*Matt* Rn. 9.
[6] AnwK-StPO/*Rotsch/Gasa* Rn. 3.
[7] KK-StPO/*Engelhardt* Rn. 2.
[8] § 304 Rn. 18, 19.
[9*] AnwK-StPO/*Rotsch/Gasa* Rn. 3; Löwe/Rosenberg/ *Matt* Rn. 8.
[10*] Löwe/Rosenberg/*Matt* Rn. 8.

wenn seine Interessen unmittelbar berührt sind, wie zB bei der Beschwerde gegen eine Kostenentscheidung nach § 51 Abs. 1 S. 1.¹¹ Legt der Privat- oder Nebenkläger Beschwerde ein, ist der Beschuldigte Beschwerdegegner.¹²

3 **2. Änderung der Entscheidung zum Nachteil des Gegners.** Nach dem klaren Wortlaut des Abs. 1 S. 1 ist der Beschwerdegegner nur dann anzuhören, wenn das Beschwerdegericht eine für diesen nachteilige Entscheidung treffen will. Ein Nachteil des Beschwerdegegners liegt vor, wenn die Entscheidung über die Beschwerde einen **Eingriff in seine Rechte** begründet oder verstärkt oder anderweitig sein Interesse am Verfahrensausgang tangiert,¹³ was auch durch eine Teiländerung der angefochtenen Entscheidung der Fall sein kann.¹⁴ Auch die Änderung der Begründung kann einen Nachteil für den Beschwerdegegner darstellen;¹⁵ daher sollte in jedem Fall der Begründungsänderung von der Verpflichtung zur Anhörung des Abs. 1 S. 1 ausgegangen werden.¹⁶

4 Ein Nachteil für die StA liegt vor, wenn die Entscheidung oder ihre Begründung ganz oder teilweise zu Gunsten des Beschwerdeführers geändert wird.¹⁷ Dies ist daher nicht der Fall, wenn die Beschwerde vollständig verworfen wird¹⁸ sowie, wenn die Beschwerdeentscheidung ausschließlich zum Nachteil des Beschwerdeführers ergeht. Die **Pflicht zur Anhörung** ist nach dem klaren Wortlaut des Abs. 1 S. 1 unabhängig davon, ob der Beschwerdeführer neue Tatsachen oder rechtliche Gesichtspunkte vorträgt.¹⁹

5 **3. Mitteilung der Beschwerde.** Die beabsichtigte Beschwerdeentscheidung zum Nachteil für den Beschwerdegegner ist diesem zur **Gegenerklärung** mitzuteilen. Die Mitteilung muss den gesamten Inhalt der Beschwerde umfassen.²⁰ Bei Anordnung weiterer Ermittlungen durch das Beschwerdegericht sind dem Beschwerdegegner vor dem Hintergrund des Art. 103 Abs. 1 GG auch die hierdurch erlangten Ergebnisse mitzuteilen.²¹ Rechtliche Erwägungen des Beschwerdegerichts brauchen dem Beschwerdegegner hingegen nicht mitgeteilt zu werden; die prozessuale **Fürsorgepflicht** des Gerichts kann jedoch die Erteilung eines Hinweises gebieten, wenn neue rechtliche Gesichtspunkte Anlass für ergänzenden Tatsachenvortrag sein können.²² Eine Anhörungspflicht des Beschwerdeführers begründet Abs. 1 S. 1 nicht; Art. 103 Abs. 1 GG verpflichtet das Beschwerdegericht jedoch zur Anhörung des Beschwerdeführers, wenn dieses der Beschwerde nicht oder nur teilweise stattgeben will.²³ Die Mitteilung kann **formlos** erfolgen;²⁴ der Zugang der Mitteilung muss allerdings feststellbar sein.²⁵ Hat bereits die StA oder das Ausgangsgericht die Mitteilung veranlasst, so muss das Beschwerdegericht sie nicht wiederholen.²⁶ Dem Beschwerdegegner ist eine angemessene Frist zur Gegenerklärung einzuräumen, anderenfalls ist für einen angemessenen Zeitraum mit der Beschwerdeentscheidung abzuwarten.²⁷

6 Auch die Gegenerklärung kann formlos erfolgen. Sie ist dem Beschwerdeführer zur Kenntnis zu bringen, wenn sie neue Tatsachen oder Beweisergebnisse enthält.²⁸

7 **4. Beschwerdegericht.** Beschwerdegericht ist regelmäßig dasjenige Gericht, das nach dem Instanzenzug des GVG dem die angefochtene Entscheidung erlassenen Gericht übergeordnet ist. Dies gilt selbst dann, wenn Letzteres für den Erlass der Entscheidung örtlich nicht zuständig war.²⁹ Es ist daher stets das **nächst höhere Gericht** örtlich zuständig, zu dessen Bezirk das Ausgangsgericht gehört. Sachlich zuständig ist bei allen nicht in Form des Urteils ergehenden Entscheidungen des Amtsgerichts (Beschlüsse, Verfügungen und Maßnahmen) – sei es des Strafrichters, des Schöffengerichts, des Vorsitzenden oder des Richters im Vorverfahren – die Strafkammer beim Landgericht (vgl. §§ 73 Abs. 1, 76 GVG, § 41 Abs. 2 S. 2 JGG). Dementsprechend ist bei Beschwerden gegen Entscheidungen der Strafkammer des LG oder ihres Vorsitzenden der Strafsenat des OLG sachlich

---

[11] Meyer-Goßner Rn. 2; SK-StPO/Frisch Rn. 12.
[12] Vgl. BVerfG v. 18. 12. 1963 – 2 BvR 253/63, E 17, 197; AnwK-StPO/Rotsch/Gasa Rn. 3.
[13] AnwK-StPO/Rotsch/Gasa Rn. 4; Meyer-Goßner Rn. 3.
[14] Löwe/Rosenberg/Matt Rn. 4; SK-StPO/Frisch Rn. 13.
[15] KK-StPO/Engelhardt Rn. 6; Meyer-Goßner Rn. 3.
[16] KK-StPO/Engelhardt Rn. 6.
[17] Löwe/Rosenberg/Matt Rn. 14; Meyer-Goßner Rn. 3.
[18] Meyer-Goßner Rn. 3.
[19] BVerfG v. 26. 11. 1963 – 2 BvR 677/62, BVerfGE 17, 188; KK-StPO/Engelhardt Rn. 3.
[20] BVerfG (Fn. 19).
[21] KK-StPO/Engelhardt Rn. 7; SK-StPO/Frisch Rn. 17.
[22] AnwK-StPO/Rotsch/Gasa Rn. 5; Meyer-Goßner Rn. 4; SK-StPO/Frisch Rn. 17.
[23] BVerfG v. 25. 10. 1956 – 1 BvR 440/54, BVerfGE 6, 12; KK-StPO/Engelhardt Rn. 8.
[24] KK-StPO/Engelhardt Rn. 9.
[25] BVerfG v. 9. 10. 1973 – 2 BvR 482/72, BVerfGE 36, 85; Meyer-Goßner Rn. 4.
[26] Meyer-Goßner Rn. 4.
[27] BVerfG v. 7. 7. 1955 – 1 BvR 455/54, BVerfGE 4, 190; Ellersiek, Die Beschwerde im Strafprozeß, 1981, S. 183; Meyer-Goßner Rn. 4.
[28] BVerfG (Fn. 23); Löwe/Rosenberg/Matt Rn. 15.
[29] AnwK-StPO/Rotsch/Gasa Rn. 2; Meyer-Goßner Rn. 2.

zuständig (vgl. §§ 121 Abs. 1 S. 2, 120 Abs. 4 GVG). Für Beschwerden gegen Beschlüsse und Verfügungen des OLG ist schließlich der BGH zuständig (§ 135 Abs. 2 GVG). Ausnahme bildet § 120 Abs. 4 GVG; in Fällen der erstinstanzlichen Zuständigkeit des OLG entscheidet ein nicht mit der Sache befasster Senat über die Beschwerde. Das Gesetz legt darüber hinaus – zB in § 120 Abs. 3 S. 1 GVG oder in § 181 Abs. 3 GVG – für eine Vielzahl von Fällen das Beschwerdegericht abweichend von diesem Grundsatz gesondert fest.[30]

II. Ausnahmen von der Anhörungspflicht

In den in § 33 Abs. 4 S. 1 genannten Fällen bedarf es einer Anhörung des Gegners nicht; eine Anhörung würde den **Zweck der Anordnung** der Maßnahme gefährden.[31] Die Entscheidung darüber, ob die Mitteilung unterbleiben kann oder gar muss, liegt im **pflichtgemäßen Ermessen** des Beschwerdegerichts.[32] Die Anhörung unterbleibt bei der Beschwerde der StA gegen den einen Haftbefehlerlass ablehnenden Beschluss ebenso, wie wenn der Angeklagte flüchtig ist.[33] Dementsprechend ist auch die Maßnahme zwar vollziehbar, ihrem Wesen nach jedoch solange nur vorläufiger Art, bis die Anhörung nachgeholt wurde.[34]

III. Unterbliebene Anhörung

Verstößt das Beschwerdegericht gegen die Anhörungspflicht des Abs. 1 S. 1, bleibt die hierauf ergangene Entscheidung des Beschwerdegerichts trotzdem wirksam.[35] Die Anhörung muss nachgeholt werden.[36] Ist gegen die Entscheidung die **weitere Beschwerde** statthaft (vgl. § 310 Abs. 1), wird dem nicht angehörten Beschwerdegegner rechtliches Gehör gewährt.[37] Ist die weitere Beschwerde nicht statthaft, ist die Anhörung nach § 311a oder § 33a zur Gewährung rechtlichen Gehörs nachzuholen. Die Anhörung erfolgt nach § 311a, wenn dem Beschwerdegegner die Beschwerde nicht oder nicht vollständig und nicht mit angemessener Frist zur Gegenerklärung mitgeteilt worden ist.[38] Die unterbliebene Anhörung erfolgt nach § 33a, wenn der Beschwerdegegner nicht zum Ergebnis weiterer Ermittlungen gehört worden oder dem Beschwerdeführer das rechtliche Gehör versagt worden ist.[39]

IV. Ergänzende Ermittlungen (Abs. 2)

Nach Abs. 2 kann das Beschwerdegericht Ermittlungen anordnen oder selbst vornehmen. Diese ergänzenden Ermittlungen können sich als notwendig erweisen, weil das Beschwerdegericht anstelle des Erstgerichts eine **Sachentscheidung** trifft.[40] Das Beschwerdegericht hat die Ermittlungen **von Amts wegen** anzustellen. Der Umfang der Ermittlungen ergibt sich aus dem Gegenstand der Beschwerde.[41] Hierbei ist das Beschwerdegericht nicht an etwaige Anträge des Beschwerdeführers oder -gegners gebunden.[42] Das Beschwerdegericht kann die Ermittlungen selbst vornehmen, einen Richter damit beauftragen oder ihn um Ermittlung ersuchen sowie Amtshilfe von StA oder Polizei erbitten.[43] Eine Verpflichtung der Polizei oder der StA zur Amtshilfe besteht indes nicht.[44] Im Ermittlungsverfahren ist die Aufklärungsbefugnis jedoch eingeschränkt. Herrin des Verfahrens ist die StA.[45] Ihr obliegt daher die Bestimmung des Ermittlungsumfangs sowie die Entscheidung über Art und Reihenfolge der Ermittlungen.[46] Die Ermittlungsbefugnis des Beschwerdegerichts erstreckt sich dagegen während des Ermittlungsverfahrens auf Umstände und Beweismittel, die die Ermittlungsbehörde zur Grundlage einer beantragten gerichtlichen Entscheidung gemacht wissen will.[47]

---

[30] Vgl. die Übersicht bei: SK-StPO/*Frisch* Rn. 3.
[31] BVerfG v. 11. 10. 1978 – 2 BvR 1055/76, BVerfGE 49, 329.
[32] KK-StPO/*Engelhardt* Rn. 12.
[33] OLG Hamburg v. 22. 6. 1979 – 2 Ws 165/79, MDR 1979, 865; KK-StPO/*Engelhardt* Rn. 14; *Pfeiffer* Rn. 3.
[34] BVerfG v. 8. 1. 1959 – 1 BvR 396/55, BVerfGE 9, 89, 106; *Meyer-Goßner* Rn. 5; SK-StPO/*Frisch* Rn. 21.
[35] BGH v. 20. 7. 1964 – AnwSt (B) 4/64, NJW 1964, 2119; OLG Hamm v. 27. 9. 1951 – 2 Ws 164/51, JZ 1952, 310; KK-StPO/*Engelhardt* Rn. 15.
[36] BVerfG (Fn. 34); OLG Hamburg v. 22. 6. 1979 – 2 Ws 165/79, MDR 1979, 865.
[37] *Meyer-Goßner* Rn. 5; SK-StPO/*Frisch* Rn. 25.
[38] OLG Hamburg (Fn. 36); KK-StPO/*Engelhardt* Rn. 15.
[39] *Meyer-Goßner* Rn. 5; SK-StPO/*Frisch* Rn. 25.
[40] § 309 Rn. 7.
[41] KK-StPO/*Engelhardt* Rn. 17; Löwe/Rosenberg/*Matt* Rn. 19.
[42] *Meyer-Goßner* Rn. 6.
[43] *Meyer-Goßner* Rn. 6.
[44] SK-StPO/*Frisch* Rn. 20 mwN.
[45] AnwK-StPO/*Rotsch/Gasa* Rn. 10; *Meyer-Goßner* Rn. 6.
[46] KK-StPO/*Engelhardt* Rn. 18.
[47] KK-StPO/*Engelhardt* Rn. 18; Löwe/Rosenberg/*Matt* Rn. 20; *Meyer-Goßner* Rn. 6.

11 Die Beschwerde der StA ist zu verwerfen, wenn die ermittelten Umstände nicht zum Erlass der durch sie begehrten Entscheidung ausgereicht haben.[48] Über das Ergebnis der Ermittlungen sind die Verfahrensbeteiligten nach § 33 Abs. 3 zu unterrichten, wenn diese zum Nachteil des jeweiligen Verfahrensbeteiligten verwertet werden sollen.[49]

12 Die Anordnung weiterer Ermittlungen ist mit der **weiteren Beschwerde** nach § 310 anfechtbar, wenn das Verfahren eine Verhaftung oder einstweilige Unterbringung betrifft.[50] Im Übrigen sind solche Anordnungen unanfechtbar, § 310 Abs. 2.

§ 309 [Entscheidung ohne mündliche Verhandlung]

(1) Die Entscheidung über die Beschwerde ergeht ohne mündliche Verhandlung, in geeigneten Fällen nach Anhörung der Staatsanwaltschaft.

(2) Wird die Beschwerde für begründet erachtet, so erläßt das Beschwerdegericht zugleich die in der Sache erforderliche Entscheidung.

I. Allgemeines

1 **1. Entscheidung im schriftlichen Verfahren, Abs. 1.** Das Beschwerdegericht entscheidet zur Verfahrensbeschleunigung über die Beschwerde im **schriftlichen Verfahren** nach Aktenlage;[1] eine **mündliche Verhandlung** findet vor dem Beschwerdegericht grundsätzlich nicht statt.[2] Das Gericht ist im Hinblick auf § 308 Abs. 2 jedoch nicht gehindert, die Verfahrensbeteiligten oder Beweispersonen mündlich **anzuhören**.[3] Die Entscheidung ergeht durch **Beschluss**, der nach § 34 zu begründen ist.[4] Ausgenommen von der Entscheidung im schriftlichen Verfahren ist die Beschwerde gegen einen Haftbefehl, § 118 Abs. 2 und die Beschwerde gegen einen Beschluss, durch den eine für die Aussetzung des Haftvollzugs geleistete Sicherheit für verfallen erklärt wird, § 124 Abs. 2 S. 3.

2 **2. Anhörung der StA, Abs. 1 Hs. 2.** Die Vorschrift schränkt § 33 Abs. 2 insoweit ein, als die StA als Vertreterin des öffentlichen Interesses nur in geeigneten Fällen gehört werden muss.[5] Die Anhörung steht im pflichtgemäßen Ermessen des Beschwerdegerichts;[6] von ihr kann nur abgesehen werden, wenn der Beschwerde der StA stattgegeben oder die Beschwerde eines anderen Verfahrensbeteiligten verworfen wird.[7] Die Pflicht zur Gewährung rechtlichen Gehörs nach § 308 Abs. 1 S. 1 bleibt hiervon unberührt.[8]

II. Entscheidung des Beschwerdegerichts (Abs. 2).

3 **1. Verwerfung der Beschwerde.** Das Beschwerdegericht verwirft die Beschwerde als unzulässig, wenn diese nicht **statthaft**,[9] **nicht formgerecht eingelegt**,[10] **verspätet**[11] oder der Beschwerdeführer durch die angefochtene Entscheidung **nicht beschwert ist**.[12] Ist die Beschwerde zulässig, muss das Beschwerdegericht grundsätzlich alle für die Entscheidung wesentlichen **Tatsachen prüfen und aufklären**, auch und soweit Tatsachen erst durch das Beschwerdevorbringen bekannt geworden sind.[13] Der Prüfungsumfang wird jedoch nicht durch eine ggfs. erfolgte Beschwerdebegründung beschränkt; dies vermögen einzig die Vorschriften der §§ 305a Abs. 1 S. 2 und 453 Abs. 2.[14] Für den Prüfungsumfang des Beschwerdegerichts ist auch nicht maßgeblich, ob das Ausgangsgericht auf der Grundlage seiner Rechtsansicht Tatsachen für unerheblich halten durfte oder nicht.[15] Eine **Zurückverweisung** zur weiteren Aufklärung des Sachverhalts ist – von den unten genannten Fällen abgesehen[16] – unzulässig.[17]

---

[48] KK-StPO/*Engelhardt* Rn. 18.
[49] *Meyer-Goßner* Rn. 6.
[50] KK-StPO/*Engelhardt* Rn. 19.
[1] BGH v. 21. 4. 1959 – 1 StR 504/58, St 13, 102.
[2] KK-StPO/*Engelhardt* Rn. 22, SK-StPO/*Frisch* Rn. 2.
[3] *Meyer-Goßner* Rn. 1.
[4] *Meyer-Goßner* Rn. 1.
[5] AnwK-StPO/*Rotsch/Gasa* Rn. 3.
[6] *Meyer-Goßner* Rn. 2.
[7] KK-StPO/*Engelhardt* Rn. 3.
[8] AnwK-StPO/*Rotsch/Gasa* Rn. 3.
[9] § 304 Rn. 1 ff.
[10] § 306 Rn. 2.
[11] § 306 Rn. 3.
[12] § 304 Rn. 20.
[13] BGH v. 20. 7. 1964 – AnwSt (B) 4/64, NJW 1964, 2119; OLG Koblenz v. 7. 6. 1974 – 1 Ws 205/74, MDR 1975, 241.
[14] AnwK-StPO/*Rotsch/Gasa* Rn. 5; KK-StPO/*Engelhardt* Rn. 6.
[15] Rn. 5.
[16] Rn. 5.
[17] KK-StPO/*Engelhardt* Rn. 7.

Entscheidender **Zeitpunkt** für die Sach- und Rechtslage ist derjenige der Beschwerdeentscheidung.[18] Hält das Beschwerdegericht nach Prüfung der Sach- und Rechtslage die Entscheidung für zutreffend, verwirft es die Beschwerde als unbegründet.[19] Wenn es sich bei der ausgangsgerichtlichen Entscheidung um eine **Ermessensentscheidung** gehandelt hat, trifft das Beschwerdegericht die Entscheidung nach Ausübung eigenen Ermessens.[20] 4

2. Zurückverweisung. Eine Zurückverweisung an das Ausgangsgericht kommt ausnahmsweise in Betracht, wenn das Beschwerdegericht den Mangel der Ausgangsentscheidung nicht ausgleichen kann, indem es sich an die Stelle des Ausgangsgerichts setzt und etwa den **Verfahrensfehler** heilt oder die **notwendige Sachaufklärung** betreibt.[21] Eine Zurückverweisung kommt daher in Betracht, wenn ein Verfahrensmangel vorliegt, den das Beschwerdegericht nicht beheben kann,[22] zB wenn die angefochtene Entscheidung nicht von dem gesetzlich vorgesehenen Spruchkörper getroffen worden ist,[23] das Ausgangsgericht eine zwingend vorgeschriebene mündliche Anhörung unterlassen hat,[24] eine unzulässige Teilentscheidung über die Eröffnung des Hauptverfahrens getroffen hat[25] oder der Betroffene im selbstständigen Einziehungsverfahren nicht beteiligt worden ist.[26] Weiter kommt eine Zurückverweisung in Betracht, wenn bei der angefochtenen Entscheidung ein ausgeschlossener Richter mitgewirkt,[27] eine den Sachverhalt ausschöpfende erstinstanzliche Entscheidung zur Sache selbst gefehlt hat –[28] oder die Entscheidung unter einem Verstoß gegen § 29 DRiG zustande gekommen ist.[29] Demgegenüber begründet die Verletzung des Anspruchs auf **rechtliches Gehör** gemäß Art. 103 Abs. 1 GG nicht eine Zurückverweisung der Sache; die Verletzung gilt als geheilt, wenn der Beschwerdeführer nach Erlass der angefochtenen Entscheidung Gelegenheit hatte, sich zu den die Entscheidung tragenden Feststellungen zu äußern.[30] 5

Selbst die **Unzuständigkeit** des Ausgangsgerichts führt nicht zwingend zur Zurückverweisung; es ist zu differenzieren. Bei örtlicher Unzuständigkeit muss das Beschwerdegericht die Entscheidung aufheben.[31] Da eine Verweisung an das örtlich zuständige Gericht ebenfalls ausgeschlossen ist, kommt es zu keiner Sachentscheidung.[32] Lediglich dann, wenn das an sich zuständige Gericht in demselben Bezirk des Beschwerdegerichts wie das unzuständige Ausgangsgericht liegt, trifft das Beschwerdegericht eine Sachentscheidung.[33] Liegt der Mangel der Ausgangsentscheidung hingegen in der sachlichen Unzuständigkeit begründet, hat also das Landgericht statt des an sich zuständigen Amtsgerichts die Ausgangsentscheidung erlassen, verweist das OLG die Sache zur Entscheidung an das Amtsgericht zurück.[34] Im umgekehrten Fall gibt das als Beschwerdegericht mit der Sache befasste LG der Beschwerde statt, hebt den Beschluss auf und entscheidet selbst als Gericht erster Instanz.[35] 6

3. Entscheidung in der Sache selbst. Ergibt die Nachprüfung des Beschwerdegerichts, dass die angefochtene Entscheidung inhaltlich fehlerhaft ist, so ist die Beschwerde begründet. Das Beschwerdegericht hebt sie auf und setzt die eigene Entscheidung an ihre Stelle. Es erlässt auch den aus sachlichen Gründen nicht ergangenen Haft- oder Vorführungsbefehl und den Eröffnungsbeschluss oder ordnet eine Beschlagnahme an.[36] Fehlt es hingegen an einer nachprüfbaren Entscheidung, zB bei der Beschwerde gegen eine **Unterlassung**, ist eine Entscheidungsbefugnis des Beschwerdegerichts nicht gegeben.[37] Die Untätigkeit des Ausgangsgerichts kann jedoch selbst eine beschwerdefähige (stillschweigende) Entscheidung darstellen.[38] Das Beschwerdgericht spricht dann 7

---

[18] AK-StPO/*Renzikowski/Günther* Rn. 9; SK-StPO/*Frisch* Rn. 8.
[19] AnwK-StPO/*Rotsch/Gasa* Rn. 5; KK-StPO/*Engelhardt* Rn. 8; *Meyer-Goßner* Rn. 3.
[20] OLG Schleswig v. 20. 1. 1976 – 1 Ws 332/75, NJW 1976, 1467.
[21] KK-StPO/*Engelhardt* Rn. 7, 11.
[22] KK-StPO/*Engelhardt* Rn. 11; *Meyer-Goßner* Rn. 8.
[23] BGH v. 24. 6. 1992 – StB 8/92, St 38, 312.
[24] KG v. 11. 12. 1998 – 5 Ws 672/98, NStZ 1999, 320; OLG Jena v. 23. 3. 2006 – 1 Ws 105/06, NStZ 2007, 421; OLG Koblenz v. 23. 6. 1983 – 1 Ws 396/83, NStZ 1984, 189; LG Bonn v. 7. 8. 1986 – 31 Qs 109/86, NStZ 1986, 574.
[25] OLG Düsseldorf v. 4. 7. 1985 – 1 Ws 107/85, GA 1986, 37.
[26] OLG Karlsruhe v. 19. 10. 1973 – 1 Ws 177/73, NJW 1974, 709.
[27] OLG Saarbrücken v. 15. 9. 1965 – Ws 148/65, NJW 1966, 167; OLG Bremen v. 21. 12. 1965 – Ws 247/65, NJW 1966, 605.
[28] OLG Frankfurt v. 22. 10. 1982 – 1 Ws 266/82, NStZ 1983, 426.
[29] OLG Frankfurt v. 5. 7. 2004 – 3 Ws 753 + 754/04, NStZ-RR 2004, 300.
[30] BGH v. 15. 11. 1955 – 2 BJs 241/55, St 8, 194; aA OLG Hamburg v. 8. 2. 1963 – 1 Ws 475/62, GA 1963, 215, für die sofortige Beschwerde.
[31] AnwK-StPO/*Rotsch/Gasa* Rn. 7.
[32] KK-StPO/*Engelhardt* § 308 Rn. 10; *Meyer-Goßner* Rn. 6; aA *Fröhlich* NStZ 1999, 585.
[33] OLG Nürnberg v. 31. 1. 2000 – Ws 36/00, StraFo 2000, 280.
[34] OLG Saarbrücken v. 21. 1. 2004 – 1 Ws 2/04, NStZ-RR 2004, 112.
[35] *Meyer-Goßner* Rn. 6.
[36] BGH v. 28. 7. 1964 – 2 StE 15/56, MDR 1964, 1019.
[37] *Meyer-Goßner* Rn. 5.
[38] *Meyer-Goßner* Rn. 5.

§ 310 1, 2 *Drittes Buch. Rechtsmittel*

die Verpflichtung an das Ausgangsgericht aus, die Entscheidung zu erlassen, wenn die Sache entscheidungsreif ist, die Unterlassung rechtswidrig war und der Beschwerdeführer hierdurch beschwert wurde.[39]

8 Im Übrigen beurteilt sich die von Abs. 2 geforderte Erforderlichkeit der Entscheidung in der Sache nach dem **Urteilsspruch** der angefochtenen Erstentscheidung.[40] Ist die Fehlerhaftigkeit der Entscheidung Folge der fehlerhaften Beantwortung einer Vorfrage, so entscheidet das Beschwerdegericht auch alle weiteren, sich nach der richtigen Beantwortung der Vorfrage stellenden Fragen selbst,[41] weil eine dem § 358 Abs. 1 entsprechende Vorschrift fehlt.[42]

9 **4. Wirkung der Entscheidung.** Die Beschwerdeentscheidung wirkt für **alle Verfahrensbeteiligten**, wenn und soweit die Änderung der angefochtenen Entscheidung für alle nur einheitlich beurteilt werden kann.[43] Ist die Entscheidung inhaltlich teilbar und eine Änderung damit nur in der Weise möglich ist, dass sie – wie etwa eine **Kostenentscheidung** – nur einzelne Beteiligte betrifft, wirkt sie auch nur dementsprechend.[44] Über eine entsprechende Anwendung des § 357 kann ihre Wirkung jedoch auf andere Verfahrensbeteiligte erstreckt werden.

10 **5. Verbot der Schlechterstellung.** Das Schlechterstellungsverbot gilt mangels §§ 331, 358, 373 entsprechender Vorschriften im Beschwerdeverfahren grundsätzlich nicht. Ausgenommen sind solche Entscheidungen, die Rechtsfolgen endgültig festlegen und insoweit das Verfahren – einem Urteil gleich – durch eine Sachentscheidung abschließen.[45] Hierzu gehören etwa Beschlüsse über die nachträgliche Gesamtstrafenbildung,[46] über Ordnungsmittel[47] oder den Widerruf der Strafaussetzung.[48]

§ 310 [Anfechtung durch weitere Beschwerde]

(1) Beschlüsse, die von dem Landgericht oder von dem nach § 120 Abs. 3 des Gerichtsverfassungsgesetzes zuständigen Oberlandesgericht auf die Beschwerde hin erlassen worden sind, können durch weitere Beschwerde angefochten werden, wenn sie

1. eine Verhaftung,
2. eine einstweilige Unterbringung oder
3. eine Anordnung des dinglichen Arrestes nach § 111b Abs. 2 in Verbindung mit § 111d über einen Betrag von mehr als 20 000 Euro

betreffen.

(2) Im übrigen findet eine weitere Anfechtung der auf eine Beschwerde ergangenen Entscheidungen nicht statt.

I. Allgemeines

1 Eine **weitere Beschwerde** gegen richterliche Entscheidungen wird in Abs. 2 grundsätzlich ausgeschlossen. Vor dem Hintergrund der Prozessökonomie und der Verfahrensbeschleunigung besteht für die meisten Entscheidungen, die keine Urteile sind, kein Bedürfnis für eine zweifache kollegialische Beschlussfassung.[1] Abs. 1 stellt drei abschließend aufgezählte und eng auszulegende **Ausnahmen** von diesem Grundsatz Abs. 2 voran. Abs. 1 wurde durch das Gesetz zur Stärkung der Rückgewinnungshilfe und der Vermögensabschöpfung bei Straftaten vom 24. 10. 2006[2] geändert und um die Eröffnung der weiteren Beschwerde gegen dingliche Arreste, die sich auf mehr als 20 000,00 € belaufen, ergänzt.

II. Regelungsgehalt

2 **1. Grundsatz: Keine weitere Beschwerde.** Eine weitere Beschwerde gegen Beschwerdeentscheidungen ist grundsätzlich nicht zulässig, Abs. 2. Dies gilt nicht nur für den Beschwerdeführer, son-

---

[39] *Ellersiek*, Die Beschwerde im Strafprozeß, 1981, S. 194.
[40] AnwK-StPO/*Rotsch*/*Gasa* Rn. 8; KK-StPO/*Engelhardt* Rn. 12.
[41] KK-StPO/*Engelhardt* Rn. 12 mwN.
[42] *Mohrbutter* ZStW 1984, 612; KK-StPO/*Engelhardt* Rn. 12, vgl. § 358 Rn. 3 ff.
[43] AnwK-StPO/*Rotsch*/*Gasa* Rn. 9.
[44] KK-StPO/*Engelhardt* Rn. 14.
[45] *Meyer-Goßner* vor § 304 Rn. 5.
[46] LG Zweibrücken v. 30. 10. 1953 – Ls 16/52 – Ns, NJW 1953, 934.
[47] OLG Hamm v. 25. 7. 1960 – 3 Ws 396/60, MDR 1960, 946.
[48] OLG München v. 1. 2. 1980 – 2 Ws 92/80, MDR 1980, 517.
[1] *Ellersiek*, Die Beschwerde im Strafprozeß, 1981, S. 87; *Klawitter* NStZ 1981, 133; AnwK-StPO/*Rotsch*/*Gasa* Rn. 1.
[2] BGBl I, S. 2350.

dern auch für alle anderen Verfahrensbeteiligten, insbesondere auch für den Beschwerdegegner[3] und zwar unabhängig davon, ob er durch die Beschwerdeentscheidung erstmalig beschwert ist, ein neuer Beschwerdegrund vorliegt oder er die Verletzung von Verfassungsrechten geltend macht.[4]

Nach dem Wortlaut von Abs. 1 und 2 ist die weitere Beschwerde lediglich für solche Entscheidungen ausgeschlossen, die **auf die Beschwerde ergangen** sind.[5] Die Formulierungen auf die Beschwerde ergangen, Abs. 2, und auf die Beschwerde hin erlassen, Abs. 1, sind inhaltlich identisch. Es muss sich überhaupt um eine Beschwerdeentscheidung handeln;[6] ein Verfahrensbeteiligter muss daher eine Erklärung abgegeben haben, die als Beschwerde ausgelegt werden kann und mit der entsprechend verfahren wurde.[7] Die Beschwerdeentscheidung muss denselben Verfahrensgegenstand betreffen wie die angefochtene Ausgangsentscheidung,[8] wobei es nicht auf den Gleichlaut der Entscheidungsformeln, sondern auf die **Würdigung der gesamten Prozesslage** ankommt.[9] Stellt etwa das LG auf die Beschwerde gegen eine Verfahrenseinstellung nach § 206a und Aufhebung dieser Entscheidung seinerseits das Verfahren nach § 205 ein, so ist hiergegen eine weitere Beschwerde nicht statthaft.[10] Wurde eine Beschwerde jedoch überhaupt nicht eingelegt, liegen die Voraussetzungen des § 310 nicht vor, weil es sich bei der Entscheidung – unabhängig davon, ob das LG sich irrig für erstinstanzlich zuständig hielt[11] oder irrig davon ausging, auf eine Beschwerde hin zu entscheiden[12] – schon um keine Beschwerdeentscheidung handelt. Hat das LG dagegen über eine Beschwerde gegen die Entscheidung des AG entschieden, für die dieses sachlich nicht zuständig war, so handelt es sich nicht um eine Beschwerdeentscheidung, sondern um eine solche des ersten Rechtszugs, so dass bereits die einfache Beschwerde zulässig ist;[13] die Frage der weiteren Beschwerde stellt sich nicht. Ergehen Entscheidungen auf Anträge, die erst im Beschwerdeverfahren außerhalb oder neben der Beschwerde selbst gestellt werden, so sind diese ebenfalls nicht auf die Beschwerde ergangen, unterfallen daher nicht dem Grundsatz nach Abs. 2 und sind mittels der einfachen Beschwerde anfechtbar.[14]

2. Ausnahmen. Abs. 1 nennt mit Beschlüssen, die einen Antrag auf Verhaftung, auf einstweilige Unterbringung oder auf Anordnung des dinglichen Arrests nach § 111b Abs. 2 iVm. § 111d betreffen, drei Entscheidungsgegenstände, die ein besonderes Gewicht aufweisen, hinsichtlich ihrer Folgen häufig nicht mehr rückgängig gemacht werden und außerdem bereits bei bloßem Verdacht angeordnet werden können. Diesen Besonderheiten trägt das Gesetz Rechnung, wenn es von der in Abs. 2 grundsätzlich angeordneten Unzulässigkeit der weiteren Beschwerde abweicht. **Zuständig** für die Entscheidung über die weitere Beschwerde ist das OLG, § 121 Abs. 1 Nr. 2 GVG.[15] War dieses selbst das Beschwerdegericht (vgl. § 120 Abs. 3 GVG), ist der BGH zuständig § 135 Abs. 2 GVG.[16] Hinsichtlich der Abhilfeentscheidung gelten die allgemeinen Regeln, dh sie wird vom Beschwerdegericht erlassen, § 306 Abs. 2. Für die Nachholung rechtlichen Gehörs gilt § 311a Abs. 1.[17] Da es sich bei den genannten Entscheidungen um Ausnahmen handelt, sind sie eng auszulegen[18] und auch **keiner Analogie zugänglich**.[19]

a) **Verhaftung.** Beschlüsse iSd. Abs. 1, die die Verhaftung betreffen, sind solche Entscheidungen, die unmittelbar die Frage betreffen, ob ein Beschuldigter in Haft zu nehmen oder zu halten ist, nicht dagegen solche, die sich mit der Art der Durchführung der Haft beschäftigen.[20] Ersteres ist nur der **Haftbefehl** nach §§ 112ff., 230 Abs. 2, 236 und 329 Abs. 4 S. 1, nicht dagegen der nach §§ 453c und 457, die Ingewahrsamsnahme nach § 231 Abs. 1 S. 2, die Ordnungs- oder Erzwingungshaft nach § 51 und §§ 70 Abs. 2, 95 oder 96 OWiG,[21] der Vorführungsbefehl nach § 230 Abs. 2 sowie die Ablehnung des sicheren Geleits nach § 295. Ebenfalls nicht der weiteren Be-

---

[3] *Meyer-Goßner* Rn. 1.
[4] OLG Celle v. 10. 7. 1996 – 2 WS 142/96, MDR 1996, 1284; OLG Köln v. 23. 4. 2002 – 2 Ws 183/02, NStZ-RR 2002, 244.
[5] AnwK-StPO/*Rotsch/Gasa* Rn. 3.
[6] AnwK-StPO/*Rotsch/Gasa* Rn. 3.
[7] OLG Köln v. 17. 12. 1979 – 2 Ws 870/79, MDR 1980, 600; SK-StPO/*Frisch* Rn. 5.
[8] OLG Hamm v. 22. 4. 1970 – 5 Ws 139/70, NJW 1970, 2127; KK-StPO/*Engelhardt* Rn. 3; *Meyer-Goßner* Rn. 2.
[9] OLG Celle v. 7. 7. 1976 – 2 Ws 113/76, MDR 1977, 74; OLG Nürnberg v. 25. 9. 1998 – Ws 1124/98, NStZ-RR 1999, 53; *Ellersiek*, Die Beschwerde im Strafprozeß, 1981, S. 89.
[10] Vgl. KK-StPO/*Engelhardt* Rn. 6.
[11] KK-StPO/*Engelhardt* Rn. 3.
[12] KK-StPO/*Engelhardt* Rn. 3.
[13] OLG Bremen v. 13. 6. 1967 – Ws 113/67, NJW 1967, 1975; SK-StPO/*Frisch* Rn. 8 ff.
[14] *Ellersiek*, Die Beschwerde im Strafprozeß, 1981, S. 89; SK-StPO/*Frisch* Rn. 6.
[15] *Meyer-Goßner* Rn. 9; *Pfeiffer* Rn. 5.
[16] *Meyer-Goßner* Rn. 9.
[17] *Meyer-Goßner* Rn. 10; *Pfeiffer* Rn. 5.
[18] BGH v. 25. 1. 1973 – 7 BJs 316/70, St 25, 120; SK-StPO/*Frisch* Rn. 16.
[19] AnwK-StPO/*Rotsch/Gasa* Rn. 6; SK-StPO/*Frisch* Rn. 16.
[20] AnwK-StPO/*Rotsch/Gasa* Rn. 7; SK-StPO/*Frisch* Rn. 18 mwN.
[21] OLG Hamm v. 8. 3. 1974 – 1 Ss OWi 165/74, MDR 1974, 688.

schwerde unterliegen die Beschwerdeentscheidungen über den Verfall der Sicherheit für die Verschonung vor Untersuchungshaft²² oder den Verkehr mit dem Verteidiger betreffende Beschlüsse.²³

6   Betrifft der mit der Beschwerde angefochtene Beschluss die **Aussetzung des Haftbefehls** nach § 116, so ist die weitere Beschwerde zulässig, wenn die Entscheidung sich als Herbeiführung oder Aufrechterhaltung einer Freiheitsentziehung auswirkt und sich die Verhaftung iSd. Realisierung der angeordneten Haft darstellt.²⁴ Etwas anderes gilt für solche Entscheidungen über **Auflagen und Weisungen**, die mit der Aussetzungsentscheidung lediglich verbunden sind, es sei denn, die Auflage ist so gestaltet, dass sie – wie etwa eine sehr hohe Sicherheitsleistung – keine andere Folge als die Freiheitsentziehung haben kann.²⁵ Ob auch solche Entscheidungen mit der weiteren Beschwerde angefochten werden können, die den Erlass oder Fortbestand eines außer Vollzug gesetzten Haftbefehls betreffen, ist umstritten,²⁶ mit der überwiegenden Ansicht aber zu bejahen.²⁷ Der Grund hierfür liegt in der bereits konkreten Bedrohung der Freiheit des Beschuldigten und dessen daraus folgendem berechtigten Interesse an der Feststellung des Nichtvorliegens der Anordnungsvoraussetzungen einer Freiheitsentziehung auch bei deren ausgesetztem Vollzug.²⁸ Dies muss um so mehr dann gelten, wenn es für den Eintritt der Freiheitsentziehung keines weiteren richterlichen Akts bedarf, der dann mit der (einfachen) Beschwerde angefochten werden könnte, etwa weil der Haftbefehl nur deswegen nicht vollzogen wird, weil der Beschuldigte sich wegen einer anderen Sache in Untersuchungshaft befindet.²⁹ Auch bei **Nichterlass eines Haftbefehls** oder einer **Unterbringungsanordnung** ist die weitere Beschwerde zulässig.³⁰ Beschwerdeführer wird hier in der Regel die StA sein.³¹

7   b) **Einstweilige Unterbringung.** Einstweilige Unterbringung meint nur diejenige nach § 126a und § 71 Abs. 1 JGG, nicht aber die nach § 81.³²

8   c) **Dinglicher Arrest.** Für die neu eingefügte Ausnahme der weiteren Beschwerde gegen die Anordnung des dinglichen Arrests, kommt es auf den im Anordnungsbeschluss genannten Betrag und nicht etwa auf den Umfang der bisherigen Vollstreckung an.³³

§ 311 [Sofortige Beschwerde]

(1) Für die Fälle der sofortigen Beschwerde gelten die nachfolgenden besonderen Vorschriften.

(2) Die Beschwerde ist binnen einer Woche einzulegen; die Frist beginnt mit der Bekanntmachung (§ 35) der Entscheidung.

(3) ¹Das Gericht ist zu einer Abänderung seiner durch Beschwerde angefochtenen Entscheidung nicht befugt. ²Es hilft jedoch der Beschwerde ab, wenn es zum Nachteil des Beschwerdeführers Tatsachen oder Beweisergebnisse verwertet hat, zu denen dieser noch nicht gehört worden ist, und es auf Grund des nachträglichen Vorbringens die Beschwerde für begründet erachtet.

I. Regelungsgehalt

1   Die Vorschrift dient der Rechtssicherheit; in bestimmten Fällen, in denen ein besonders starkes Interesse an Rechtssicherheit besteht, wird die Beschwerde an eine Frist gebunden und bewirkt somit, dass die Entscheidung nach Ablauf dieser Frist in **formelle Rechtskraft** erwächst.¹ Die so-

---

²² OLG Hamm v. 22. 1. 1963 – 3 Ws 26/63, NJW 1963, 1264; Löwe/Rosenberg/*Matt* Rn. 14.
²³ OLG Braunschweig, Niedersächsische Rechtspflege 1955, 119.
²⁴ AK-StPO/*Renzikowski/Günther* Rn. 15; Meyer-Goßner Rn. 7 mwN; SK-StPO/*Frisch* Rn. 20; aA OLG Bremen v. 29. 7. 1980 – Ws 171/80, StV 1981, 131 mAnm *Klawitter*; OLG Zweibrücken v. 23. 1. 1990 – 1 Ws 713/89, StV 1991, 219 mAnm *Wendisch*.
²⁵ OLG Frankfurt v. 5. 10. 1972 – 1 Ws 233/72, NJW 1973, 209; *Matt* NJW 1991, 1803; SK-StPO/*Frisch* Rn. 20; aA wohl AK-StPO/*Renzikowski/Günther* Rn. 19.
²⁶ Vgl. den Überblick über den Streitstand bei: Löwe/Rosenberg/*Matt* Rn. 11; *ders.* NJW 1991, 1801.
²⁷ Löwe/Rosenberg/*Matt* Rn. 11 mwN.
²⁸ OLG Köln v. 15. 3. 1994 – 2 Ws 64/94, StV 1994, 321; OLG Hamburg v. 22. 2. 1994 – 1 Ws 40/94, StV 1994, 323; *Hohmann* NStZ 1990, 567; AnwK-StPO/*Rotsch/Gasa* Rn. 8; Meyer-Goßner Rn. 7; SK-StPO/*Frisch* Rn. 11; aA *Giesler*, Der Ausschluß der Beschwerde gegen richterliche Entscheidungen im Strafverfahren, 1981, S. 149.
²⁹ Meyer-Goßner Rn. 7; aA OLG Koblenz v. 21. 9. 1977 – 1 Ws 459/77, MDR 1978, 339.
³⁰ BGH v. 4. 4. 1990 – 3 StB 5/90, BGHSt 36, 396; BGH v. 9. 10. 1997 – StB 9/97, BGHSt 43, 262; OLG Braunschweig v. 17. 2. 1965 – Ws 19/65, NJW 1965, 1288; AnwK-StPO/*Rotsch/Gasa* Rn. 9; SK-StPO/*Frisch* Rn. 22 mwN; Löwe/Rosenberg/*Matt* Rn. 18 ff.
³¹ AnwK-StPO/*Rotsch/Gasa* Rn. 9.
³² AnwK-StPO/*Rotsch/Gasa* Rn. 7.
³³ AnwK-StPO/*Rotsch/Gasa* Rn. 7.
¹ KK-StPO/*Engelhardt* Rn. 1.

fortige Beschwerde unterscheidet sich von der einfachen zudem darin, dass sie in Abs. 3 S. 1 eine Abhilfeentscheidung durch das Ausgangsgericht untersagt. Eine Ausnahme macht Abs. 3 S. 2; dann, wenn bei der Beschwerdeentscheidung Tatsachen oder Beweisergebnisse verwertet worden sind, zu denen der Beschwerdeführer noch nicht gehört worden ist, kann das Ausgangsgericht der Beschwerde abhelfen. § 33a findet entsprechende Anwendung.[2] Wie bei der einfachen Beschwerde hindert die sofortige Beschwerde den Eintritt der **Rechtskraft** der angefochtenen Entscheidung, nicht jedoch deren **Vollziehbarkeit**.[3]

II. Voraussetzungen

1. Anwendungsbereich. Die sofortige Beschwerde kommt nur in den im Gesetz abschließend geregelten Fällen in Betracht; eine entsprechende Anwendung der Vorschrift auf im Gesetz nicht benannte Fälle ist nicht zulässig.[4] Jedoch ist die sofortige Beschwerde auch gegen eine **stillschweigend erlassene** Entscheidung oder gegen das **gesetzwidrige Unterlassen** einer Entscheidung statthaft, falls sie beim förmlichen Erlass der Entscheidung zulässig wäre.[5] Da der Zeitpunkt des förmlichen Erlasses der unterlassenen Entscheidung nicht bestimmt werden kann, ist die sofortige Beschwerde in letztem Fall praktisch unbefristet möglich.[6] Eine **weitere sofortige Beschwerde** ist wegen des eng begrenzten Anwendungsbereichs des § 310 ausgeschlossen;[7] es tritt formelle Rechtskraft ein, wenn und soweit die sofortige Beschwerde verworfen wird.[8]

2. Verfahren. Für das Verfahren gelten die in der Vorschrift aufgestellten Sonderregelungen hinsichtlich der Beschwerdefrist und des Abhilfeverbots, im Übrigen die Vorschriften der §§ 296ff. und der §§ 304ff.

3. Frist, Form und Begründung. Für die sofortige Beschwerde gilt die **Beschwerdefrist** von einer Woche. Sie beginnt mit der **Bekanntmachung** der Entscheidung durch Verkündung oder Zustellung und ist nach § 43 zu berechnen. Bei formloser oder unterlassener Bekanntmachung wird eine Frist selbst bei Nachweisbarkeit nicht in Gang gesetzt, § 35 Abs. 2 S. 2.[9] Wird die sofortige Beschwerde verspätet eingelegt, darf, wie bei der einfachen Beschwerde, nur das Berufungsgericht diese als unzulässig verwerfen.[10] Bei Zweifeln an der Fristwahrung gelten die Grundsätze des § 261.[11] Bei unverschuldeter Fristversäumnis ist **Wiedereinsetzung in den vorherigen Stand** möglich.[12]

Die sofortige Beschwerde ist **schriftlich** oder zu **Protokoll der Geschäftsstelle** bei dem Gericht einzulegen, das die angefochtene Entscheidung erlassen hat.[13]

Ebenfalls Anwendung findet § 299; der nicht auf freiem Fuß befindliche Beschuldigte kann die sofortige Beschwerde zu Protokoll der Geschäftsstelle des Amtsgerichts geben, in dessen Bezirk die Anstalt liegt, in der er auf behördliche Anordnung verwahrt wird. Wie auch bei der einfachen Beschwerde ist eine **Begründung** nicht erforderlich.[14] Sie kann aber mit der Beschwerde eingereicht oder angekündigt werden, worauf hin dem Beschwerdeführer vom Beschwerdegericht eine angemessene Frist zur Begründung zu setzen ist.[15] Das Beschwerdegericht hat alles zu berücksichtigen, was der Beschwerdeführer bis zur Entscheidung, ggfs. auch nach Ablauf der gesetzten Begründungsfrist, vorbringt.[16]

4. Abhilfeentscheidung. Eine Abhilfe durch das Ausgangsgericht ist grundsätzlich nicht möglich, Abs. 3 S. 1. Eine Abänderung oder Ergänzung der Entscheidung auf die sofortige Beschwerde darf das Ausgangsgericht daher nicht vornehmen,[17] was auch nicht mittels einer **Umdeutung** in eine Gegenvorstellung umgangen werden kann.[18] Auch eine **Abänderung von Amts wegen** ist

---

[2] BGH v. 6. 5. 1975 – 7 BJs 14/69, BGHSt 26, 127; KK-StPO/*Engelhardt* Rn. 1.
[3] AnwK-StPO/*Rotsch*/*Gasa* Rn. 1.
[4] OLG Köln v. 9. 4. 1957 – 1 Ws 102/57, NJW 1957, 1204; OLG Nürnberg v. 20. 9. 1958 – Ws 420/58, MDR 1958, 942; OLG Oldenburg v. 14. 9. 1959 – 1 Ws 109/59, NJW 1959, 2275; KK-StPO/*Engelhardt* Rn. 2; *Meyer-Goßner* Rn. 1; aA OLG Hamm v. 18. 7. 1960 – 3 Ws 233/60, NJW 1961, 135.
[5] LG Braunschweig v. 5. 9. 1972 – 11 Qs 181/72, NJW 1973, 210; *Meyer-Goßner* Rn. 1.
[6] AnwK-StPO/*Rotsch*/*Gasa* Rn. 2; SK-StPO/*Frisch* Rn. 6.
[7] *Meyer-Goßner* Rn. 1; *Pfeiffer* Rn. 1.
[8] AnwK-StPO/*Rotsch*/*Gasa* Rn. 2; SK-StPO/*Frisch* Rn. 24.
[9] Vgl. § 35 Rn. 18.
[10] AnwK-StPO/*Rotsch*/*Gasa* Rn. 2; *Meyer-Goßner* Rn. 2.
[11] Vgl. § 261 Rn. 31 ff.; *Meyer-Goßner* Rn. 2.
[12] BGH v. 8. 12. 1972 – 2 StR 29/72, BGHSt 25, 77.
[13] Vgl. § 306 Rn. 2.
[14] Vgl. § 306 Rn. 4.
[15] Vgl. § 306 Rn. 4.
[16] OLG Karlsruhe v. 26. 10. 1982 – 3 Ws 149/82, MDR 1983, 250; KK-StPO/*Engelhardt* Rn. 5; *Meyer-Goßner* § 306 Rn. 6.
[17] OLG München v. 30. 4. 1987 – 2 Ws 420/87, MDR 1987, 782.
[18] ANwK-StPO/*Rotsch*/*Gasa* Rn. 6.

§ 311a 1, 2 Drittes Buch. Rechtsmittel

damit ausgeschlossen.[19] Dasselbe gilt für jede **Entscheidungsergänzung**, die sachlich eine Änderung bedeutet.[20]

8 Abs. 3 S. 2 macht eine **Ausnahme** bei der Verletzung rechtlichen Gehörs. Hat das Gericht Tatsachen oder Beweisergebnisse verwertet, zu denen der Beschwerdeführer noch nicht gehört worden ist, und hält es aufgrund des Beschwerdevorbringens die sofortige Beschwerde für begründet, so hilft es ihr ab, vorausgesetzt sie ist fristgemäß eingelegt und auch sonst zulässig.[21] Außerdem muss – wie bei § 33a – der Mangel des rechtlichen Gehörs gerade die **Ursache für die Unrichtigkeit der Entscheidung** und damit die Begründetheit der Beschwerde sein.[22] Das nachträgliche Vorbringen des Beschwerdeführers kann auch dann zur Abhilfe führen, wenn es zwar keine neuen Tatsachen enthält, sondern das Gericht die (bekannten) Tatsachen anders rechtlich würdigt[23] und die angefochtene Entscheidung gerade auf der neuen, anderen Würdigung jener Tatsachen beruht, zu denen der Beschwerdeführer zunächst nicht gehört wurde.[24] Die Abänderung erfolgt durch **Beschluss**, der den Beteiligten nach § 35 Abs. 2 **bekanntzugeben** ist.[25] Gegen diesen Beschluss ist wiederum die sofortige Beschwerde eröffnet.[26] Hilft das Ausgangsgericht der Beschwerde jedoch nicht ab, bedarf es eines gesonderten Beschlusses nicht; es genügt ein Vermerk in den Akten, bevor das Ausgangsgericht diese dem Beschwerdegericht zuleitet.[27]

9 5. **Wirkung und Verfahren.** Die sofortige Beschwerde hat grundsätzlich **keine aufschiebende Wirkung**, § 307 Abs. 1. Ausnahmen finden sich in § 81 Abs. 4 S. 2, § 231a Abs. 3 S. 3, § 454 Abs. 2 S. 2 sowie § 65 Abs. 2 S. 3 JGG. Zudem gilt § 307 Abs. 2; Ausgangsgericht und Beschwerdegericht können die **Vollziehung der angefochtenen Entscheidung aussetzen**.[28] Die **Rechtskraft** der Entscheidung ist bis zum Ablauf der Frist des Abs. 2 S. 1 gehemmt, wenn kein Rechtsmittelverzicht vorliegt.[29]

§ 311a [Nachträgliche Anhörung des Gegners]

(1) ¹Hat das Beschwerdegericht einer Beschwerde ohne Anhörung des Gegners des Beschwerdeführers stattgegeben und kann seine Entscheidung nicht angefochten werden, so hat es diesen, sofern der ihm dadurch entstandene Nachteil noch besteht, von Amts wegen oder auf Antrag nachträglich zu hören und auf einen Antrag zu entscheiden. ²Das Beschwerdegericht kann seine Entscheidung auch ohne Antrag ändern.

(2) Für das Verfahren gelten die §§ 307, 308 Abs. 2 und § 309 Abs. 2 entsprechend.

I. Regelungsgehalt

1 Die Vorschrift dient der Sicherung des verfassungsrechtlich gebotenen Anspruchs auf **Gewährung rechtlichen Gehörs**. Insoweit ergänzt sie den auch im Beschwerdeverfahren geltenden § 33a, geht einerseits zum Teil über diesen hinaus, indem sie nicht voraussetzt, dass Tatsachen oder Beweisergebnisse auch verwertet wurden, bleibt andererseits aber auch hinter ihm zurück, indem sie nur die Gegner des Beschwerdeführers und keine anderen Verfahrensbeteiligten schützt.[1] Gleichzeitig schließt die Vorschrift eine Beschwerde oder einen Wiedereinsetzungsantrag des Gegners des Beschwerdeführers aus.[2] Die Vorschrift zwingt zu einem Nachverfahren, wenn die in der Vorschrift genannten Voraussetzungen erfüllt sind.

II. Nachverfahren

2 Das Nachverfahren, in dessen Rahmen dem Gegner des Beschwerdeführers rechtliches Gehör gewährt wird, kann von Amts wegen oder auf Antrag in Gang gesetzt werden. Hierbei gelten nach Abs. 2 die §§ 307, 308 Abs. 2 und 309 Abs. 2 entsprechend. Das Beschwerdegericht gibt

---

[19] *Meyer-Goßner* Rn. 5; SK-StPO/*Frisch* Rn. 3, 17.
[20] OLG Hamm v. 10. 5. 1971 – 4 Ws 295/70, NJW 1971, 1471; *Ellersiek*, Die Beschwerde im Strafprozeß, 1981, S. 173.
[21] OLG Düsseldorf v. 29. 11. 1985 – 4 Ws 346/85, MDR 1986, 341; *Katzenstein* StV 2003, 361 Fn. 31; KK-StPO/*Engelhardt* Rn. 7; *Meyer-Goßner* Rn. 6; aA Löwe/Rosenberg/*Matt* Rn. 12.
[22] KK-StPO/*Engelhardt* Rn. 6; Löwe/Rosenberg/*Matt* Rn. 13.
[23] AK-StPO/*Renzikowski*/*Günther* Rn. 24; KK-StPO/*Engelhardt* Rn. 6.
[24] AK-StPO/*Renzikowski*/*Günther* Rn. 24; AnwK-StPO/*Rotsch*/*Gasa* Rn. 7.
[25] *Meyer-Goßner* Rn. 6.
[26] *Meyer-Goßner* Rn. 6.
[27] AnwK-StPO/*Rotsch*/*Gasa* Rn. 8.
[28] AnwK-StPO/*Rotsch*/*Gasa* Rn. 9; KK-StPO/*Engelhardt* Rn. 8; *Pfeiffer* Rn. 4.
[29] AnwK-StPO/*Rotsch*/*Gasa* Rn. 9; *Meyer-Goßner* Rn. 8.
[1] AnwK-StPO/*Rotsch*/*Gasa* Rn. 1.
[2] OLG Karlsruhe v. 1. 4. 1974 – 1 Ws 56/74, MDR 1974, 685 Nr. 79; KK-StPO/*Engelhardt* Rn. 1.

dem Beschwerdegegner die **Möglichkeit der Äußerung** und kann ihm hierfür eine angemessene Frist setzen. Darüber hinaus nimmt es eigene Ermittlungen nach § 308 Abs. 2 vor. Ist das Nachverfahren auf **Antrag des Beschwerdegegners** in Gang gesetzt worden, so muss das Beschwerdegericht auf den Antrag hin neu entscheiden; Entscheidungsgegenstand ist nicht der Antrag, sondern die Beschwerde selbst.[3] Das Beschwerdegericht bestätigt die Beschwerdeentscheidung, wenn sich diese als zutreffend erweist; anderenfalls wird sie abgeändert.[4] Eine zum Nachteil des Beschwerdeführers ergangene Entscheidung kann von Amts wegen geändert werden; es kommt dann nicht zu einer Entscheidung im Beschwerdeverfahren.[5] Die Wirksamkeit der Beschwerdeentscheidung wird durch einen Antrag auf das Nachverfahren nicht berührt, jedoch kann das Beschwerdegericht den Vollzug der Entscheidung nach § 307 Abs. 2 aussetzen.[6] Die Aussetzung endet dann mit der neuen Entscheidung. Trifft das Beschwerdegericht eine solche Entscheidung nicht, so muss das Beschwerdegericht die Aussetzung wieder aufheben.[7] Sowohl die Aussetzung also auch ihre Wiederaufhebung sind den Beteiligten gemäß § 35 Abs. 1, 2 **bekanntzugeben**.[8]

III. Voraussetzungen

Ein **Nachverfahren** ist durchzuführen, wenn
– der Gegner des Beschwerdeführers nicht angehört wurde,
– der Beschwerde stattgegeben wurde,
– die Entscheidung nicht mehr angefochten werden kann und
– der dem Beschwerdeführer entstandene Nachteil noch besteht, die Entscheidung also nicht aus anderen Gründen aufgehoben worden oder durch den Fortgang des Verfahrens überholt ist.

1. Gegner des Beschwerdeführers. Gegner des Beschwerdeführers ist jeder Beteiligte, der durch die Beschwerdeentscheidung in seinen rechtlichen Interessen beeinträchtigt sein kann.[9] Für den Beschwerdeführer selbst gilt § 33 a.

2. Anhörung. Der Beschwerdegegner ist stets anzuhören, § 308 Abs. 1 S. 1. Es kommt nicht darauf an, ob die Nichtanhörung nach Abs. 1 S. 2 ausnahmsweise zulässig[10] oder ob sie rechtsfehlerhaft war.[11]

3. Stattgabe der Beschwerde. Das Beschwerdegericht gibt der Beschwerde statt, indem es die angefochtene Entscheidung ganz oder teilweise zum Nachteil des Beschwerdegegners ändert.[12]

4. Keine prozessuale Überholung. Der dem Beschwerdeführer entstandene Nachteil besteht noch, wenn die Entscheidung nicht aufgehoben oder durch den Fortgang des Verfahrens überholt ist.

5. Unanfechtbarkeit. Nicht mehr anfechtbar ist die Beschwerdeentscheidung, wenn sie nicht der weiteren Beschwerde nach § 310 Abs. 1 unterliegt, neben dem § 311a nicht anwendbar ist.[13] Allerdings kann das Beschwerdegericht im Abhilfeverfahren eine nachgeholte Äußerung berücksichtigen.

IV. Beschwerde

Gegen die **Entscheidung des Beschwerdegerichts** ist die Beschwerde zulässig.[14] Bei dieser Entscheidung handelt es sich um eine verfahrensrechtliche Entscheidung erster Instanz[15] und nicht um eine Entscheidung auf die Beschwerde.[16] Ebenfalls mit der Beschwerde anfechtbar ist die Entscheidung über die **Aussetzung des Vollzugs** bzw. deren Aufhebung im Rahmen des Nachverfahrens.[17] Hingegen ist die **Überprüfungsentscheidung im Nachverfahren** selbst nicht anfechtbar;[18] sie ergeht auf die Beschwerde.

---

[3] KK-StPO/*Engelhardt* Rn. 8.
[4] *Meyer-Goßner* § 308 Rn. 2.
[5] KK-StPO/*Engelhardt* Rn. 9; *Pfeiffer* Rn. 3.
[6] AnwK-StPO/*Rotsch/Gasa* Rn. 5.
[7] KK-StPO/*Engelhardt* Rn. 9.
[8] Vgl. § 35 Rn. 7, 16.
[9] Vgl. § 308 Rn. 2; KK-StPO/*Engelhardt* Rn. 2.
[10] Vgl. § 308 Rn. 1.
[11] KK-StPO/*Engelhardt* Rn. 4.
[12] Vgl. § 308 Rn. 3.
[13] AnwK-StPO/*Rotsch/Gasa* Rn. 6.
[14] AnwK-StPO*Rotsch/Gasa* Rn. 6; KK-StPO/*Engelhardt* Rn. 13; *Meyer-Goßner* Rn. 3.
[15] AnwK-StPO/*Rotsch/Gasa* Rn. 6.
[16] Vgl. § 310 Rn. 3; KK-StPO/*Engelhardt* Rn. 13.
[17] AnwK-StPO/*Rotsch/Gasa* Rn. 6; KK-StPO/*Engelhardt* Rn. 14; aA OLG Celle v. 10. 7. 1996 – 2 Ws 142/96, MDR 1996, 1284; SK-StPO/*Frisch* Rn. 23.
[18] KG v. 2. 2. 1966 – 1 Ws 6/65, NJW 1966, 991; KK-StPO/*Engelhardt* Rn. 8.

Dritter Abschnitt. Berufung

§ 312 [Zulässigkeit]
Gegen die Urteile des Strafrichters und des Schöffengerichts ist Berufung zulässig.

I. Allgemeines

1 Die Berufung ist eine gänzlich **neue Tatsacheninstanz**. In ihr wird der Anklagevorwurf umfassend in tatsächlicher und rechtlicher Hinsicht neu verhandelt, sofern nicht die Berufung gem. § 318 wirksam auf einzelne Punkte beschränkt wurde. Fehler der 1. Instanz werden nicht überprüft.[1] § 312 regelt die Frage der generellen Zulässigkeit der Berufung: sie ist nur gegen Urteile des Amtsgerichts (Strafrichter oder Schöffengericht) zulässig.

II. Zuständiges Berufungsgericht

2 **Zuständiges Berufungsgericht** ist das Landgericht (§ 74 Abs. 3 GVG). Dort ist zuständig die Kleine Strafkammer (§ 76 Abs. 1 GVG). Wenn gegen Urteile des erweiterten Schöffengerichts (§ 29 Abs. 2 GVG) Berufung eingelegt wird, ist ein 2. Berufsrichter hinzuzuziehen (§ 76 Abs. 3 GVG; OLG Düsseldorf NStZ 1994, 97). Gegen Urteile des Jugendrichters (§ 39 JGG) verhandelt die Jugendkammer (§ 41 Abs. 2 JGG) als Kleine Jugendkammer und gegen Urteile des Jugendschöffengerichts (§ 40 JGG) als Große Jugendkammer (§ 33 b Abs. 1 JGG).

III. Berufungsgegenstand

3 Nur gegen **Urteile des Amtsgerichts** ist die Berufung zulässig, also gegen die des Einzelrichters gem. § 25 GVG oder die des Schöffengerichts gem. § 24 GVG bzw. gegen die des Jugendrichters gem. § 39 JGG oder die des Jugendschöffengerichts gem. § 40 JGG. Auch wenn erstinstanzlich nur wegen einer Ordnungswidrigkeit verurteilt wurde, obwohl eine Straftat angeklagt war, ist statt der Rechtsbeschwerde die Berufung zulässig.[2] Gegen Beschlüsse ist die Berufung nicht möglich. Die Urteilsurkunde muss noch nicht vorliegen; sie tut es auch binnen der Wochenfrist (§ 314) in aller Regel nicht. Geht die Strafakte nebst Urteil verloren, ist der Inhalt im Wege des Freibeweises zu rekonstruieren. Einer Berufung gegen das noch nicht abgesetzte Urteil steht kein Verfahrenshindernis entgegen.[3] **Nebenentscheidungen** wie insbesondere die Kostenentscheidung sind für sich genommen nicht berufungsfähig;[4] hier ist nur die sofortige Beschwerde zulässig.

IV. Berufungsberechtigung

4 Die **Beschwer** und die **Anfechtungsberechtigung** richten sich nach den allgemeinen Vorschriften.[5] Der **Nebenkläger** kann gem. § 400 Abs. 1 das Urteil nicht mit dem Ziel anfechten, dass eine andere Rechtsfolge der Tat verhängt wird oder dass der Angeklagte wegen einer Gesetzesverletzung verurteilt wird, die nicht zum Anschluss des Nebenklägers berechtigt. Wegen dieser nur eingeschränkten Anfechtungsmöglichkeit hat der Nebenkläger abweichend von § 317 das Ziel seiner Berufung grundsätzlich mitzuteilen.[6] Durch die Berufungseinlegung kann ein Nebenklageberechtigter seinen Anschluss erklären (§§ 396, 402).

V. Revision

5 Gegen die Berufungsurteile ist dann wiederum die **Revision** nach § 333 zulässig.

§ 313 [Annahme der Berufung]

(1) ¹Ist der Angeklagte zu einer Geldstrafe von nicht mehr als fünfzehn Tagessätzen verurteilt worden, beträgt im Falle einer Verwarnung die vorbehaltene Strafe nicht mehr als fünfzehn Tagessätze oder ist eine Verurteilung zu einer Geldbuße erfolgt, so ist die Berufung nur zulässig, wenn sie angenommen wird. ²Das gleiche gilt, wenn der Angeklagte freigesprochen oder das Ver-

---

[1] Vgl. nur KK-StPO/*Paul* Rn. 1.
[2] Vgl. BGH v. 19. 5. 1988 – 1 StR 359/87, BGHSt 35, 290 = NStZ 1988, 465; KK-StPO/*Paul* Rn. 4.
[3] OLG Saarbrücken v. 21. 6. 1994 – 1 Ws 79/94, NJW 1994, 2711.
[4] BeckOK-StPO/*Eschelbach* Rn. 10.
[5] Vgl. § 296.
[6] OLG Düsseldorf v. 19. 4. 1994 – 1 Ws 271/94, NStZ 1994, 507; *Riegner* NStZ 1990, 11.

fahren eingestellt worden ist und die Staatsanwaltschaft eine Geldstrafe von nicht mehr als dreißig Tagessätzen beantragt hatte.

(2) ¹Die Berufung wird angenommen, wenn sie nicht offensichtlich unbegründet ist. ²Andernfalls wird die Berufung als unzulässig verworfen.

(3) ¹Die Berufung gegen ein auf Geldbuße, Freispruch oder Einstellung wegen einer Ordnungswidrigkeit lautendes Urteil ist stets anzunehmen, wenn die Rechtsbeschwerde nach § 79 Abs. 1 des Gesetzes über Ordnungswidrigkeiten zulässig oder nach § 80 Abs. 1 und 2 des Gesetzes über Ordnungswidrigkeiten zuzulassen wäre. ²Im übrigen findet Absatz 2 Anwendung.

I. Allgemeines

In Fällen der Bagatellkriminalität hat der Gesetzgeber mit dem am 1. 3. 1993 in Kraft getretenen RPflEntlG[1] eine Hürde als besondere Zulässigkeitsvoraussetzung eingebaut, nämlich die Erforderlichkeit der Annahme der Berufung. § 313 ist trotz aller berechtigter Kritik[2] **verfassungsgemäß**.[3] 1

II. Voraussetzungen

Diese Hürde greift gem. Abs. 1 S. 1 zum einen für jeden Berufungsführer (Angeklagter, StA, Nebenkläger, Nebenbeteiligter) bei alleiniger Verurteilung zu einer **Geldstrafe von nicht mehr als 15 Tagessätzen**, seien sie nach § 40 StGB verhängt (1. Alt.) oder nach § 59 StGB vorbehalten (2. Alt.). Wurde neben der Geldstrafe noch eine **Maßregel** angeordnet (zB Entziehung der Fahrerlaubnis gem. §§ 69 ff. StGB), eine **Nebenstrafe** (Fahrverbot gem. § 44 StGB) oder sonstige Maßnahme (zB gem. §§ 73 ff. StGB) verhängt, so ist die Berufung stets zulässig. Wenn der Angeklagte neben einer Geldstrafe von nicht mehr als 15 Tagessätzen daneben noch im **Adhäsionsverfahren** verurteilt wurde, kommt es darauf an, ob die Anfechtung eines zivilrechtlichen Urteils wegen Nichterreichen der Berufungssumme ebenfalls verwehrt wäre.[4] Die Berufung ist ohne weiteres zulässig, wenn neben der Geldstrafe von nicht mehr als 15 Tagessätzen von einer Strafe nach § 60 StGB abgesehen wurde,[5] nicht aber bei **Absehen von Strafe** nach § 158 Abs. 1 StGB,[6] nach § 113 Abs. 4 S. 1 StGB[7] oder nach § 29 Abs. 5 BtMG.[8] Bei einer **Gesamtgeldstrafe** kommt es auf diese an.[9] Bei mehreren, nicht gesamtstrafenfähigen Geldstrafen sind diese zu addieren;[10] kommt im Laufe des Berufungsverfahrens eine dieser Geldstrafen durch Berufungsbeschränkung oder Teileinstellung zum Wegfall, so ist das für die Zulässigkeit der Berufung nicht mehr erheblich.[11] Diese Zulässigkeitsvoraussetzung muss auch erfüllt sein, wenn die Geldstrafe im **beschleunigten Verfahren** verhängt wurde, nicht jedoch im **Jugendverfahren**.[12] 2

Zum anderen greift diese Hürde dann, wenn im Strafverfahren nur wegen einer **Ordnungswidrigkeit** verurteilt wurde (Abs 1 S. 1 3. Alt.). **Mit Absatz 3** ist eine Berufung gegen ein auf Geldbuße, Freispruch oder Einstellung wegen einer Ordnungswidrigkeit lautendes Urteil unabhängig von der verhängten oder beantragten Geldbuße stets anzunehmen, wenn die Rechtsbeschwerde nach § 79 Abs. 1 OWiG zulässig oder nach § 80 Abs. 1 und 2 OWiG zuzulassen wäre. 3

Wurde sowohl wegen einer Straftat unterhalb des Schwellenwerts als auch wegen einer **Ordnungswidrigkeit** verurteilt, müssen die Voraussetzungen getrennt geprüft werden:[13] Wenn die Berufung bzgl. der Geldstrafe nicht angenommen wird, muss die Verurteilung wegen der Ordnungswidrigkeit mit der Rechtsbeschwerde angefochten werden. Wird die Berufung hinsichtlich der Straftat angenommen, wird die gegen die Geldbuße gerichtete Rechtsbeschwerde im Berufungsverfahren behandelt.[14] 4

Außerdem ist gem. **Abs. 1 S. 2** die Annahme der Berufung notwendig, wenn der Angeklagte freigesprochen oder das Verfahren eingestellt wurde und die Staatsanwaltschaft eine Geldstrafe von 5

---

[1] BGBl. I 1993 S. 50; dazu *Böttcher/Mayer* NStZ 1993, 153, 155; *Rieß* AnwBl. 1993, 55.
[2] *Fezer* NStZ 1995, 265; *Meyer-Goßner* ZRP 2000, 345, 350; *Rieß*, FS Kaiser, 1998, S. 1461.
[3] BVerfG v. 9. 7. 1999 – 2 BvR 934/96.
[4] *Meyer-Goßner* Rn. 6a; OLG Jena v. 19. 12. 1996 – 1 Ws 12/96, NStZ-RR 1997, 274; aA KK-StPO/*Paul* Rn. 2a mwN.
[5] OLG Oldenburg v. 12. 3. 1998 – 1 Ws 120/98, NStZ-RR 1998, 309.
[6] LG Bad Kreuznach v. 2. 6. 2001 – 1006 Js 12788/99 Cs Ns, NStZ-RR 2002, 217.
[7] OLG Stuttgart v. 27. 1. 2001 – 4 Ws 18/06, Die Justiz 2006, 256 = BeckRS 2006, 01944.
[8] LG Hamburg v. 11. 5. 2007 – 711 Ns 27/07, StraFo 2007, 421.
[9] OLG Stuttgart v. 4. 8. 1999 – 5 Ws 26/99, Die Justiz 1999, 494.
[10] Vgl. *Meyer-Goßner* Rn. 5.
[11] KK-StPO/*Paul* Rn. 2a mit Verweis auf OLG Stuttgart v. 4. 8. 1999 – 5 Ws 26/99, Die Justiz 1999, 494; *Meyer-Goßner* Rn. 5a.
[12] *Schäfer* NStZ 1998, 334.
[13] KK-StPO/*Paul* Rn. 2a; *Meyer-Goßner* Rn. 7; jeweils mwN.
[14] Vgl. § 83 Abs. 2 OWiG; BGH v. 19. 5. 1988 – 1 StR 359/87, BGHSt 35, 290 = NJW 1988, 3214.

nicht mehr als 30 Tagessätzen beantragt hat. Diese Hürde gilt dann auch für den Nebenkläger. Für den Angeklagten ist die Berufung in diesem Fall ohnehin mangels Beschwer nicht zulässig. Zulassungsfrei ist die Berufung, wenn die Staatsanwaltschaft daneben noch auf eine Maßregelanordnung oder eine Nebenstrafe oder sonstige Nebenfolge plädiert hat.[15] Wenn die Staatsanwaltschaft selbst Freispruch beantragt hat und nun trotzdem Berufung einlegt, ist danach zu entscheiden, ob sie für den Fall einer Verurteilung mehr als 30 Tagessätze beantragt hätte;[16] das muss die Staatsanwaltschaft in ihrer Berufungsbegründung darlegen. Nach der Rechtsprechung soll Abs. 1 S. 2 in dieser Fallkonstellation nicht gelten.[17]

III. Verfahren

6   Die Berufung ist anzunehmen, wenn sie **nicht offensichtlich unbegründet** ist (**Abs. 2 S. 1**). Offensichtlich unbegründet ist die Berufung – parallel zu § 349 Abs. 2 – nach herrschender, verfassungsrechtlich nicht zu beanstandender Ansicht der Strafgerichte, wenn für jeden Sachkundigen anhand der Urteilsgründe und einer eventuell vorliegenden Berufungsbegründung sowie des Protokolls der Hauptverhandlung erster Instanz ohne längere Prüfung erkennbar ist, dass das Urteil sachlich-rechtlich nicht zu beanstanden ist und keine Verfahrensfehler vorliegen, die die Revision begründen würden.[18] Das Tatbestandsmerkmal der Offensichtlichkeit in Abs. 2 S. 1 ist bei Ankündigung neuer Beweisanträge nur dann erfüllt, wenn an der Richtigkeit der tatsächlichen Feststellungen vernünftigerweise kein Zweifel bestehen kann oder wenn ein Grund vorliegt, der gem. § 244 die Ablehnung eines Beweisantrags rechtfertigt; im Regelfall wird die Ankündigung neuer Beweisanträge dazu führen, dass es grundsätzlich ausgeschlossen ist, die Berufung als offensichtlich unbegründet anzusehen.[19] Auch im Übrigen kann der Berufungsführer durch seine Berufungsbegründung solche Zweifel an dem erstinstanzlichen Urteil wecken, dass die Vorschrift praktisch leerläuft.[20]

7   Ist die Berufung **offensichtlich unbegründet**, ist sie als unzulässig zu verwerfen (Abs. 2 S. 2). Das Berufungsgericht muss diese Ablehnung im Gegenschluss zu § 322 a S. 3 begründen.[21]

8   Das **Amtsgericht prüft vorab nur die Fristwahrung**. Ist die Berufung bereits verspätet eingelegt, wird sie gem. § 319 Abs. 1 als unzulässig verworfen. Ansonsten legt es die Berufung dem Landgericht vor, das im Fall einer Annahmeberufung darüber per Beschluss entscheidet (§ 322 a).

IV. Sprungrevision, Verfassungsbeschwerde

9   Ob in Fällen der Annahmeberufung ohne weiteres die **Sprungrevision** zulässig ist, ist heftig umstritten. Das Schrifttum will die Sprungrevision nur zulassen, wenn die Berufung zulässig ist, wohingegen nach der Rechtsprechung die Sprungrevision annahmefrei ist.[22]

10 Will der Beschwerdeführer angesichts der Tatsache, dass der Beschluss gemäß § 322 a S. 2 nicht mit der Beschwerde anfechtbar ist und wenn keine Ausnahme davon vorliegt[23] dann **Verfassungsbeschwerde** einlegen, muss er zur notwendigen Erschöpfung des Rechtswegs die durch § 33 a eröffnete Möglichkeit, sich durch einen entsprechenden Antrag nachträglich rechtliches Gehör zu verschaffen, gebrauchen.[24]

§ 314 [Form und Frist]

(1) Die Berufung muß bei dem Gericht des ersten Rechtszuges binnen einer Woche nach Verkündung des Urteils zu Protokoll der Geschäftsstelle oder schriftlich eingelegt werden.

(2) Hat die Verkündung des Urteils nicht in Anwesenheit des Angeklagten stattgefunden, so beginnt für diesen die Frist mit der Zustellung, sofern nicht in den Fällen der §§ 234, 387 Abs. 1, § 411 Abs. 2 und § 434 Abs. 1 Satz 1 die Verkündung in Anwesenheit des mit schriftlicher Vollmacht versehenen Verteidigers stattgefunden hat.

---

[15] KK-StPO/*Paul* Rn. 2 b mit Verweis auf *Böttcher/Mayer* NStZ 1993, 153, 155.
[16] *Meyer-Goßner* Rn. 4 a; KK-StPO/*Paul* Rn. 2 c; *Ebert* JR 1998, 265, 269 f.
[17] OLG Köln v. 31. 7. 1995 – 2 Ws 320/95, NStZ 1996, 150; OLG Koblenz v. 20. 7. 1994 – 2 Ws 464/94, NStZ 1994, 601; weitere Nachweise bei *Meyer-Goßner* Rn. 4 b.
[18] BVerfG v. 7. 12. 2006 – 2 BvR 2228/06.
[19] BVerfG v. 18. 5. 1996 – 2 BvR 2847/95, NJW 1996, 2785.
[20] Vgl. dazu KK-StPO/*Paul* Rn. 5; *Tolksdorf*, FS Salger, 1995, S. 393, 408 f.; *Fezer* NStZ 1995, 265.
[21] BVerfG v. 18. 5. 1996 – 2 BvR 2847/95, NJW 1996, 2785; BVerfG v. 15. 10. 1998 – 2 BvR 1719/98.
[22] Nachweise bei *Meyer-Goßner* § 335 Rn. 21 f.; KK-StPO/*Paul* Rn. 4.
[23] Vgl. OLG Hamburg v. 17. 9. 1998 – 2 Ws 246/98, StV 2001, 333; OLG Zweibrücken v. 13. 6. 1994 – 1 Ws 280/94, NStZ 1994, 601.
[24] Vgl. BVerfG v. 23. 3. 1999 – 2 BvR 285/99, v. 1. 3. 1994 – 2 BvR 2112/93 und v. 15. 10. 1998 – 2 BvR 1719/98.

I. Form

Die Berufung muss **nicht als solches so bezeichnet** werden. Es genügt, dass der Berufungsführer zu erkennen gibt, dass er das Urteil angreifen möchte. Möglich ist es deshalb auch, zunächst nur „Rechtsmittel" einzulegen und dann bis zum Ablauf der Revisionsbegründungsfrist (§ 345 Abs. 1), also innerhalb eines Monats nach Zustellung des Urteils, auf Berufung oder Revision einzuschwenken (Wahlmöglichkeit unter Ausschöpfung der vollständigen Frist).[1] Wird keine Wahl getroffen, wird das Rechtsmittel als Berufung durchgeführt.[2] Die Berufung kann **erst nach Verkündung des Urteils** eingelegt werden und ist **bedingungsfeindlich** (vgl. aber § 315).

Die Berufungseinlegung erfolgt **gegenüber dem Gericht des ersten Rechtszugs** („iudex a quo"). Die Berufungseinlegung beim Berufungsgericht ist nicht wirksam, ebenso nicht die Einlegung bei der Staatsanwaltschaft oder einem unzuständigen Gericht. Etwaige Postlaufzeiten gehen dann zu Lasten des Berufungsführers.[3] In dem Fall, dass das erkennende Gericht die **Zweigstelle** eines Gerichts ist, kann die Berufung sowohl dort als auch beim Stammgericht eingelegt werden.[4]

Die Berufung muss **schriftlich oder zu Protokoll** der Geschäftsstelle eingelegt werden.[5] Zulässig sind neben Brief auch Telefax oder neuerdings e-mail (§ 41 a). Unzulässig ist die rein mündliche oder fernmündliche Einlegung. Der **inhaftierte Angeklagte** kann gem. § 299 die Berufung zu Protokoll der Geschäftsstelle des Amtsgerichts einlegen, in dessen Bezirk die Anstalt liegt, wo er auf behördliche Anordnung verwahrt wird. Legt er die Berufung schriftlich ein, ist § 299 nicht anwendbar, so dass die Berufung rechtzeitig beim „iudex a quo" eingehen muss.[6] Denkbar ist auch die Berufungseinlegung zu Protokoll noch im Sitzungssaal im Anschluss an die Urteilsverkündung.[7] Die Berufung muss in **deutscher Sprache** formuliert sein (§ 184 GVG).

II. Frist

Die Frist beträgt **1 Woche** ab Verkündung des Urteils gem. § 268 Abs. 2 S. 1. Zur Berechnung der Wochenfrist s. § 43. Die Frist kann nicht verlängert werden. Wird sie versäumt, kann nur versucht werden, Wiedereinsetzung in den vorigen Stand zu erhalten. Im Zweifel über die Fristeinhaltung ist der Sachverhalt im Wege des Freibeweises aufzuklären.[8]

Wenn das **Urteil in Abwesenheit des Angeklagten** ergeht – und sei es, weil er zeitweise unerlaubt abwesend war –,[9] so läuft die 1-Wochenfrist erst ab der Zustellung des Urteils mit den Gründen,[10] es sei denn, dass die Verkündung in Anwesenheit des mit schriftlicher Vollmacht versehenen Verteidigers stattgefunden hat (**Abs. 2**). Diese **Rückausnahme** wurde durch das 1. JuMoG vom 24. 8. 2004[11] eingefügt. **Absatz 2 gilt entsprechend für die StA**,[12] ebenso für den Privatkläger,[13] und für den Nebenkläger gilt § 401 Abs. 2. Für den gesetzlichen Vertreter greift § 298 Abs. 1, für den Einziehungsbeteiligten § 326 Abs. 4 S. 1.[14]

§ 315 [Berufung und Wiedereinsetzungsantrag]

(1) Der Beginn der Frist zur Einlegung der Berufung wird dadurch nicht ausgeschlossen, daß gegen ein auf Ausbleiben des Angeklagten ergangenes Urteil eine Wiedereinsetzung in den vorigen Stand nachgesucht werden kann.

(2) ¹Stellt der Angeklagte einen Antrag auf Wiedereinsetzung in den vorigen Stand, so wird die Berufung dadurch gewahrt, daß sie sofort für den Fall der Verwerfung jenes Antrags rechtzeitig eingelegt wird. ²Die weitere Verfügung in bezug auf die Berufung bleibt dann bis zur Erledigung des Antrags auf Wiedereinsetzung in den vorigen Stand ausgesetzt.

(3) Die Einlegung der Berufung ohne Verbindung mit dem Antrag auf Wiedereinsetzung in den vorigen Stand gilt als Verzicht auf die letztere.

---

[1] Vgl. OLG Frankfurt a. M. v. 29. 4. 1991 – 3 Ss 334/90, NStZ 1991, 506; BGH v. 19. 4. 1985 – 2 StR 317/84, BGHSt 33, 183 = NJW 1985, 2960.
[2] KK-StPO/*Kuckein* § 335 Rn. 6.
[3] KK-StPO/*Paul* Rn. 4 f.
[4] BayObLG v. 29. 1. 1975 – 1 St 227/74, NJW 1975, 946.
[5] Sehr ausführlich KK-StPO/*Paul* Rn. 7 ff.
[6] KK-StPO/*Paul* Rn. 6.
[7] *Meyer-Goßner* Rn. 5 aE.
[8] Ausführlich bei KK-StPO/*Paul* Rn. 3.
[9] KK-StPO/*Paul* Rn. 1; OLG Stuttgart v. 13. 12. 1985 – 4 Ws 374/85, NStZ 1986, 520 mit abl. Anm. *Paulus*; aA auch LR-StPO/*Gollwitzer* Rn. 28: nur wenn der Angeklagte vor Verlesung der Urteilsformel den Sitzungssaal verlässt.
[10] BGH v. 2. 12. 1960 – 4 StR 433/60, BGHSt 15, 263 = NJW 1961, 419.
[11] BGBl. I 2004 S. 2198.
[12] KK-StPO/*Paul* Rn. 2; *Meyer-Goßner* § 341 Rn. 10.
[13] OLG Frankfurt a. M. v. 10. 10. 1995 – 3 Ws 661/95, NStZ-RR 1996, 43; diff. *Meyer-Goßner* § 341 Rn. 10.
[14] KK-StPO/*Paul* Rn. 2 aE.

1 § 315 regelt das **Aufeinandertreffen von Wiedereinsetzung und Berufung** parallel zu § 342. Gegen das auf sein Ausbleiben hin aus seiner Sicht zu Unrecht ergangene Urteil sollte der Angeklagte **gleichzeitig mit dem Antrag auf Wiedereinsetzung Berufung** einlegen. Er darf nicht abwarten, wie über seinen Wiedereinsetzungsantrag entschieden wird und erst dann Berufung einlegen; dann wäre sie verfristet. Vielmehr sollte er am besten zugleich mit dem Antrag auf Wiedereinsetzung Berufung einlegen für den Fall der Verwerfung des Wiedereinsetzungsantrags (**Abs. 2 S. 1**), jedenfalls aber binnen 1 Woche nach Urteilszustellung (§ 314 Abs. 2; § 235 S. 1). Bis zur rechtskräftigen Entscheidung über den Wiedereinsetzungsantrag (§ 46 Abs. 3) bleibt das weitere Berufungsverfahren ausgesetzt (**Abs. 2 S. 2**). Wenn Wiedereinsetzung gewährt wird, wird die Berufung gegenstandslos.

2 Wenn der Angeklagte **nur Berufung** einlegt, verzichtet er damit auf den Antrag auf Wiedereinsetzung (**Abs. 3**). Unklare Erklärungen sind aufzuklären; im Zweifel werden Wiedereinsetzung und Berufung begehrt.[15]

§ 316 [Hemmung der Rechtskraft]

(1) Durch rechtzeitige Einlegung der Berufung wird die Rechtskraft des Urteils, soweit es angefochten ist, gehemmt.

(2) Dem Beschwerdeführer, dem das Urteil mit den Gründen noch nicht zugestellt war, ist es nach Einlegung der Berufung sofort zuzustellen.

1 Die fristgerechte Einlegung der Berufung **hemmt die Rechtskraft** des Urteils (**Abs. 1**). Dadurch bleibt das Verfahren rechtshängig und das Urteil noch nicht vollstreckbar (§ 449); wenn nun Verfahrenshindernisse eintreten, wird das Verfahren eingestellt.[1] Bei verspäteter Berufungseinlegung verwirft das Gericht des ersten Rechtszugs die Berufung gem. § 319 Abs. 1 als unzulässig. Die Hemmung dauert bis zur rechtskräftigen Beschlussverwerfung durch das LG nach § 322, bis zur rechtskräftigen Sachentscheidung des Berufungsgerichts oder bis zur Berufungsrücknahme an.

2 Wenn nur einer von **mehreren Angeklagten oder Nebenbeteiligten** in Berufung geht, wirkt die Hemmung der Rechtskraft grundsätzlich nicht zugunsten eines anderen. Wenn aber die Entscheidung des Gerichts mehrere Personen zugleich betrifft (zB bei der Einziehungsanordnung gem. § 74), dann wird die Rechtskraft des Urteils insoweit zugunsten aller gehemmt.[2]

3 Soweit die **Berufung wirksam gem. § 318** beschränkt wird, werden die nicht angefochtenen Urteilsteile rechtskräftig.[3]

4 Wenn dem Beschwerdeführer das **Urteil nebst Gründen** noch nicht zugestellt war, ist dies nach der Einlegung der Berufung sofort nachzuholen (**Abs. 2**), unabhängig davon, ob die Berufung schon begründet wurde; der Berufungsführer kann hierauf nicht verzichten. Er soll so in die Lage versetzt werden, entscheiden zu können, ob er die Berufung aufrecht erhalten will oder ob er möglicherweise zum Rechtsmittel der Revision wechselt. Wenn dies zu Unrecht unterbleibt, berechtigt dies den Berufungsführer, die Aussetzung der Berufungsverhandlung zu verlangen. Er muss dies aber rügen, weil es nicht von Amts wegen beachtet wird.[4] Unterbleiben kann die Zustellung, wenn die Berufung nicht statthaft oder verspätet ist.[5] Eine **verloren gegangene Urteilsurkunde** ist vom Amtsrichter so genau wie möglich zu rekonstruieren.[6]

§ 317 [Berufungsbegründung]

Die Berufung kann binnen einer weiteren Woche nach Ablauf der Frist zur Einlegung des Rechtsmittels oder, wenn zu dieser Zeit das Urteil noch nicht zugestellt war, nach dessen Zustellung bei dem Gericht des ersten Rechtszuges zu Protokoll der Geschäftsstelle oder in einer Beschwerdeschrift gerechtfertigt werden.

1 Es steht im **Ermessen des Berufungsführers**, seine Berufung zu begründen.[1*] Die Begründung dient dazu, die Stoßrichtung der Berufung aufzuzeigen, sei es, wie weit das Urteil angefochten werden soll oder welche neue Zeugen oder Sachverständigen zu hören sind. Der Berufungsführer kann so in der Praxis in komplizierten Sach- und Rechtslagen auch schon vor der eigentlichen

---

[15] KK-StPO/*Paul* Rn. 4.
[1] KK-StPO/*Paul* Rn. 1.
[2] KK-StPO/*Paul* Rn. 1 aE; BeckOK-StPO/*Eschelbach* Rn. 6.
[3] Ausführlich § 327 Rn. 3; bei KK-StPO/*Paul* § 318 Rn. 9.
[4] BGH v. 19. 4. 1985 – 2 StR 317/84, BGHSt 33, 183 = NStZ 1985, 563.
[5] KK-StPO/*Paul* Rn. 6.
[6] Vgl. dazu LR-StPO/*Gollwitzer* Rn. 17 f.; KK-StPO/*Paul* Rn. 8.
[1*] Zur ursprünglichen geplanten Reform durch Einführung einer Begründungspflicht s. BT-Drucks. 16/3659.

Berufungshauptverhandlung seine Sicht der Dinge darstellen und im Nachgang dazu in aller Regel in einem Gespräch mit dem Berufungsgericht dessen Einschätzung einholen. Eine Begründung empfiehlt sich mit Blick auf die Kostentragungspflicht nach § 473 Abs. 3, 4 mitunter auch unter **wirtschaftlichen Gesichtspunkten**. Die **Staatsanwaltschaft** muss gem. Nr. 156 RiStBV ihr Rechtsmittel begründen; tut sie es nicht, hat das auf die Zulässigkeit der Berufung aber keine Auswirkung. In der Praxis ist die Begründung in Fällen der Sperrberufung oder um das gem. § 331 bei alleiniger Berufung des Angeklagten geltende Verschlechterungsverbot aufzuheben zuweilen grotesk. Eine **Gegenerklärung** des Angeklagten ist – anders als bei § 347 Abs. 1 im Rahmen der Revision – nicht vorgesehen. Im Fall der **Annahmeberufung** empfiehlt sich eine Begründung, um dem Berufungsgericht aufzuzeigen, dass die Berufung jedenfalls nicht offensichtlich unbegründet ist. Wegen seiner nur eingeschränkten Anfechtungsmöglichkeit gem. § 400 Abs. 1 hat der **Nebenkläger** abweichend von § 317 das Ziel seiner Berufung grundsätzlich mitzuteilen.[2]

Auch wenn nach dem Gesetz die Begründung beim Gericht des ersten Rechtszugs eingereicht werden soll, kann dies **auch gegenüber dem Berufungsgericht** erfolgen. 2

Die **Begründungsfrist** beträgt laut Gesetz 1 weitere Woche, beginnend mit dem Ablauf der Frist zur Einlegung der Berufung oder – wie im Normalfall wenn zu dieser Zeit das Urteil noch nicht zugestellt war – nach dessen Zustellung. Sie wird nach § 43 berechnet. Die Versäumung der Frist ist – außer im Fall der Annahmeberufung[3] – unbeachtlich; das Berufungsgericht muss – und wird in der Regel gerne – auch spätere Ausführungen berücksichtigen.[4] Lässt der Berufungsführer diese Frist ungenutzt verstreichen, ohne dem Berufungsgericht auch nur eine Stellungnahme anzukündigen, muss er damit rechnen, dass das Berufungsgericht ohne weitere Nachfrage entscheidet.[5] 3

§ 318 [Beschränkung der Berufung]

¹Die Berufung kann auf bestimmte Beschwerdepunkte beschränkt werden. ²Ist dies nicht geschehen oder eine Rechtfertigung überhaupt nicht erfolgt, so gilt der ganze Inhalt des Urteils als angefochten.

I. Allgemeines

§ 318 regelt den **Umfang der Berufung**. Die Berufung kann hiernach auf bestimmte Beschwerdepunkte beschränkt werden (vgl. auch §§ 302, 303). Eine Beschränkung der Berufung und die Abgabe einer Berufungsbegründung empfiehlt sich mitunter auch unter dem Gesichtspunkt der Kostenfolge.[1] Wenn die Berufung nicht beschränkt wird, gilt gem. S. 2 das ganze Urteil als angefochten. Ausgangspunkt für die Beurteilung ist der **Wille des Berufungsführers:** Die ihm eingeräumte „Macht zum unmittelbaren Eingriff in die Sachgestaltung"[2*] gebietet es, den in Rechtsmittelerklärungen zum Ausdruck kommenden Bewirkungs-(Gestaltungs-)willen im Rahmen des rechtlich Möglichen zu respektieren. Das Berufungsgericht kann und darf also diejenigen Entscheidungsteile nicht nachprüfen, deren Nachprüfung von keiner Seite begehrt wird.[3*] Wenn der Wille in unlauterer Weise beeinflusst wurde, gelten dieselben Grundsätze wie bei der Rechtsmittelrücknahme oder beim -verzicht (vgl. § 302 Rn. 15). Die Berufungsbeschränkung ist eine Prozesserklärung, die **grundsätzlich nicht anfechtbar** ist. Sie ist jedoch unwirksam, wenn der Angeklagte sie aufgrund eines Irrtums abgegeben hat, der vom Gericht verursacht worden ist und sei es auf Grund einer – auch irrtümlich – objektiv unrichtigen Erklärung oder Auskunft des Gerichts.[4*] Gleiches gilt, wenn sie abgenötigt wurde.[5*] **Im Zweifelsfall** ist die Reichweite im Wege der **Auslegung der Rechtsmittelerklärung** zu beantworten. Sie darf nicht am Wortlaut haften, sondern muss nach dem aus den Willensäußerungen des Berufungsführers erkennbaren Sinn und Ziel seines Rechtsmittels fragen. Führt die Auslegung zu keinem eindeutigen Ergebnis, darf eine Rechtsmittelbeschränkung nicht angenommen werden. Allerdings kann der Angeklagte noch in der Berufungsverhandlung Zweifel ausräumen, wenn er (nach Belehrung über die rechtlichen 1

---

[2] OLG Düsseldorf v. 19. 4. 1994 – 1 Ws 271/94, NStZ 1994, 507; s. § 312 Rn. 1.
[3] S. Rn. 1.
[4] Vgl. *Meyer-Goßner* Rn. 2.
[5] Vgl. BVerfG v. 27. 5. 2002 – 2 BvR 682/02, NJW 2002, 2940.
[1] S. § 317 Rn. 1.
[2*] Vgl. BGH v. 21. 10. 1980 – 1 StR 262/80, NJW 1981, 589 mwN.
[3*] BGH v. 22. 7. 1971 – 4 StR 184/71, BGHSt 24, 185 = NJW 1971, 1948.
[4*] Vgl. BGH v. 21. 4. 1999 – 5 StR 714/98, BGHSt 45, 51 = NJW 1999, 2449; BGH v. 10. 1. 2001 – 2 StR 500/00, NStZ 2001, 493; KG v. 23. 3. 2004 – (5) 1 Ss 249/01 (36/01), NStZ-RR 2004, 175; OLG Stuttgart v. 11. 7. 1995 – 5 Ss 150/95, NStZ-RR 1996, 146; KK-StPO/*Paul* Rn. 2 a.
[5*] Vgl. OLG Dresden v. 24. 8. 2009 – 3 Ss 214/09, BeckRS 2010, 00259.

Folgen der Rechtsmittelbeschränkung) unmissverständlich verdeutlicht, dass er nur die Straffrage zur Nachprüfung stellt.[6]

II. Beschränkung

2   Eine Beschränkung auf bestimmte Beschwerdepunkte ist jedoch **nicht unter allen Umständen möglich.** Sie ist zulässig und wirksam, wenn diese sich auf einen Teil der in der Urteilsformel enthaltenen Entscheidung beziehen, der vom Berufungsgericht losgelöst vom nicht angegriffenen Teil der Entscheidung, nach dem inneren Zusammenhang rechtlich und tatsächlich selbständig geprüft und beurteilt werden kann (sog. „**Trennbarkeitsformel**") und wenn durch die neue Entscheidung keine Widersprüche zu dem Entscheidungsteil entstehen, dessen Bestand nicht angegriffen wird („**Widerspruchsfreiheit**").[7] Diese Anforderungen prüft das Berufungsgericht **von Amts wegen** endgültig erst aus der Sicht des Ergebnisses der Beratungen über die zu treffende Entscheidung;[8] das Revisionsgericht prüft ebenfalls von Amts wegen, ob das Berufungsgericht zu Recht und in richtigem Umfang von einer Berufungsbeschränkung ausgegangen ist.[9] **Ist die Beschränkung nicht möglich, ist sie unwirksam.**[10] Die Anfechtung reicht dann soweit, wie dies nach der Trennbarkeitsformel und dem Grundsatz der Widerspruchsfreiheit der Feststellungen erforderlich ist.[11] Das führt zu einer umfangreichen **Kasuistik:**[12]

3   Bei **mehreren sachlich-rechtlich selbstständigen** Taten, die auch Gegenstand selbstständiger Verfahren hätten sein können, kann das Rechtsmittel auf jede rechtlich selbstständige Tat beschränkt werden.[13] Möglich ist auch die Beschränkung bei zwar materiell-rechtlich selbstständigen Taten, die aber **in prozessualer Tateinheit** (§ 264) stehen, sofern in diesem Fall der Beschwerdeführer nicht Feststellungen oder Erwägungen beanstandet, die auch für die nicht angefochtene Tat von Bedeutung sind.[14]

4   Bei **Tateinheit** lässt sich die Berufung nicht auf einzelne rechtliche Aspekte des Schuldspruchs beschränken, selbst dann nicht, wenn das Amtsgericht irrtümlich die von ihm festgestellten Ereignisse als mehrere rechtlich selbstständige Handlungen bewertet hat.[15] Mit der Anfechtung wird folglich das Urteil insgesamt angefochten, also auch der **Schuldumfang,** der durch die Art der Tatbestandserfüllung charakterisiert wird (zB Ausmaß und Folgen der Körperverletzung; Höhe des Betrugsschadens; Menge und Qualität des Rauschgifts).[16]

5   Die **Berufungsbeschränkung auf den Rechtsfolgenausspruch ist zulässig,** soweit die Feststellungen zum Schuldspruch die auch für die Strafzumessung wesentlichen Modalitäten als doppelrelevante Tatsachen enthalten und klar und widerspruchsfrei sind. Dabei ist eine Berufungsbeschränkung auf den Rechtsfolgenausspruch nicht etwa schon deswegen ausgeschlossen, weil das Amtsgericht geltendes Recht falsch angewendet haben sollte; eine fehlerhafte Subsumtion hindert die Beschränkung der Berufung nicht.[17] Eine Beschränkung der Berufung auf den Rechtsfolgenausspruch ist u. a. dann unwirksam, wenn die Feststellungen des Erstgerichts Art und Umfang der Schuld nicht in dem zur Überprüfung des Strafausspruchs notwendigen Maße bestimmen, wenn sie zu dürftig sind, um die Schuld des Angekl. auch nur in groben Zügen erkennen zu lassen, so dass die sonst in der Regel gegebene Trennbarkeit zwischen Schuld- und Strafausspruch ausnahmsweise zu verneinen ist.[18] Bei einer Verurteilung wegen einer Trunkenheitsfahrt muss demzufolge das tatrichterliche Urteil Feststellungen zu den Umständen der Alkoholaufnahme und zu den Gegebenheiten der Fahrt selbst enthalten. Fehlen sie, ist eine Beschränkung der Berufung auf den Rechtsfolgenausspruch in der Regel unwirksam.[19]

6   **Innerhalb des Rechtsfolgenausspruchs** kann wiederum beschränkt werden, so auf die Entscheidung über die Höhe des Tagessatzes bei der Geldstrafe[20] oder über die Anzahl der Tagessät-

---

[6] BGH v. 21. 10. 1980 – 1 StR 262/80, BGHSt 29, 359 = NJW 1981, 589 mwN.
[7] Vgl. nur BGH v. 2. 3. 1995 – 1 StR 595/94, BGHSt 41, 57 = NStZ 1995, 493; *Meyer-Goßner* Rn. 6 f.
[8] BGH v. 26. 5. 1967 – 2 StR 129/67, BGHSt 21, 256 = NJW 1967, 1972; BGH v. 22. 7. 1971 – 4 StR 184/71, BGHSt 24, 185 = NJW 1971, 1948.
[9] BGH v. 30. 11. 1976 – 1 StR 319/76, BGHSt 27, 70 = NJW 1977, 442; BayObLG v. 7. 11. 2001 – 4 St RR 114/2001, NStZ-RR 2002, 89; *Meyer-Goßner* Rn. 33.
[10] OLG Karlsruhe v. 22. 12. 2006 – 3 Ss 129/06, NStZ-RR 2007, 147.
[11] *Schäfer* Rn. 732.
[12] Vgl. bei KK-StPO/*Paul* Rn. 4 ff.
[13] *Schäfer* Rn. 726.
[14] BGH v. 22. 7. 1971 – 4 StR 184/71, BGHSt 24, 185 = NJW 1971, 1948: zur schuldhafte Herbeiführung eines Unfalls und der nachfolgenden Unfallflucht.
[15] BGH v. 21. 11. 2002 – 3 StR 296/02, NStZ 2003, 264.
[16] Vgl. *Schäfer* Rn. 727.
[17] OLG Hamm v. 24. 1. 2008 – 2 Ss 4/08, NZV 2008, 371; OLG Köln v. 27. 12. 2005 – 83 Ss 72/05, BeckRS 2006, 00868.
[18] BGH v. 14. 7. 1993 – 3 StR 334/93, NStZ 1994, 130 mwN.
[19] BayObLG v. 25. 11. 1996 – 1 St RR 189/96, NStZ 1997, 359.
[20] BGH v. 30. 11. 1976 – 1 StR 319/76, BGHSt 27, 70 = NJW 1977, 442.

ze,[21] über Zahlungserleichterungen nach § 42 StGB, über die Bildung einer Gesamtstrafe sowie deren Höhe,[22] den Verfall oder über die Strafaussetzung zur Bewährung.[23] Auf **Nebenstrafen und Nebenfolgen** wie das Fahrverbot nach § 44 StGB[24] oder die Einziehung nach § 74 StGB[25] kann die Berufung regelmäßig nicht beschränkt werden, weil eine starke Wechselwirkung mit den übrigen Rechtsfolgen unter dem Aspekt des gerechten Schuldausgleichs besteht. Bei den **Sicherungsmaßregeln** kann die Berufung grundsätzlich auf die Anordnung der Unterbringung in einem psychiatrischen Krankenhaus nach § 63 StGB, die Unterbringung in einer Entziehungsanstalt nach § 64 StGB oder die Anordnung der Sicherungsverwahrung nach § 66 StGB beschränkt werden. Bei der **Entziehung der Fahrerlaubnis** (§§ 69, 69a) ist eine Beschränkung dann nicht möglich, wenn die Maßregel nicht auf körperliche Mängel, sondern auf Charaktermängel des Täters gestützt ist. Beim **Berufsverbot** (§ 70) liegt regelmäßig eine Wechselwirkung mit den übrigen Rechtsfolgen vor, so dass eine isolierte Anfechtung ausscheidet.

§ 319 [Verspätete Einlegung]

(1) Ist die Berufung verspätet eingelegt, so hat das Gericht des ersten Rechtszuges das Rechtsmittel als unzulässig zu verwerfen.

(2) ¹Der Beschwerdeführer kann binnen einer Woche nach Zustellung des Beschlusses auf die Entscheidung des Berufungsgerichts antragen. ²In diesem Falle sind die Akten an das Berufungsgericht einzusenden; die Vollstreckung des Urteils wird jedoch hierdurch nicht gehemmt. ³Die Vorschrift des § 35a gilt entsprechend.

Wenn die Frist zur Einlegung der Berufung versäumt wird, verwirft bereits das **Gericht des ersten Rechtszugs** diese als unzulässig (Abs. 1). Mit dieser Art Vorprüfung sollen Berufungen, deren Unzulässigkeit leicht festgestellt werden kann, vom Berufungsgericht ferngehalten werden.[1] Ein weitergehendes Prüfungsrecht hat das Amtsgericht nicht: Alle anderen Zulässigkeitsfragen (zB Beschwer oder Rechtsmittelverzicht) klärt das Berufungsgericht.[2] Wenn das Gericht des ersten Rechtszugs dennoch die Berufung als unzulässig verwirft, ist die Entscheidung nicht unwirksam. Sie muss mit der einfachen (unbefristeten) Beschwerde gem. § 304 angefochten werden[3] und nicht gem. Abs. 2. **Bei Zweifeln über die Fristwahrung** gilt die Berufungseinlegung als fristgemäß.[4] Der Beschluss, die Berufung als unzulässig zu verwerfen, ergeht nach **Anhörung der Staatsanwaltschaft** gem. § 33 Abs. 2. Er ist **zu begründen** und gem. § 35a mit Belehrung über das Antragsrecht nach Abs. 2 **zuzustellen** (Abs. 2 S. 3). 1

Gegen diesen Beschluss nach Abs. 1 kann der Berufungsführer, dessen Berufung vom Gericht des ersten Rechtszugs als verspätet verworfen wurde, gem. **Abs. 2** das Berufungsgericht anrufen. Mit dem Antrag auf Entscheidung des Berufungsgerichts wird die Zulässigkeit der Berufung insgesamt geprüft.[5] Es handelt sich um keine sofortige Beschwerde,[6] sondern um einen **Rechtsbehelf eigener Art**.[7] Der auch formlose Antrag ist **binnen 1 Woche**[8] (Berechnung gem. § 43) nach Zustellung des Verwerfungsbeschlusses **beim Amtsgericht** zu stellen, das keine Abhilfe- oder Entscheidungsmöglichkeit hat.[9] Das Amtsgericht muss die Akten dem Berufungsgericht vorlegen. 2

Hebt das Berufungsgericht den Verwerfungsbeschluss des Amtsgericht auf, leitet es die Akten an das Amtsgericht zurück und das Berufungsverfahren nimmt seinen weiteren gewohnten Gang (s. §§ 320, 321). Wenn das Berufungsgericht den Antrag **als unzulässig verwirft oder bestätigt es den Verwerfungsbeschluss des Amtsgerichts**, ist das Verfahren abgeschlossen. Die Rechtskraft ist jedoch bereits mit Ablauf der Rechtsmittelfrist gem. § 314 eingetreten. Der Beschluss des Beru- 3

---

[21] OLG Koblenz v. 15. 1. 1976 – 1 Ss 270/75, NJW 1976, 1275.
[22] BGH v. 13. 11. 1997 – 4 StR 432/97, BGHR StPO Strafausspruch 2; LR-StPO/*Gollwitzer* Rn. 79.
[23] OLG Brandenburg v. 9. 1. 2007 – 2 Ss 88/06, NStZ-RR 2007, 196; OLG Hamburg v. 9. 2. 2005 – 1 Ss 5/05, NStZ-RR 2006, 18; zur Ablehnung der Strafaussetzung zur Bewährung und zugleich die Anordnung einer Maßregel nach den §§ 69, 69a StGB vgl. BGH v. 15. 5. 2001 – 4 StR 306/00, NJW 2001, 3134.
[24] OLG Hamm v. 25. 5. 2005 – 2 Ss 207/05, NStZ 2006, 592.
[25] BGH v. 22. 12. 1992 – 1 StR 618/92, NStZ 1993, 400.
[1] KK-StPO/*Paul* Rn. 1.
[2] Vgl. BGH v. 24. 11. 1999 – 2 StR 534/99, NStZ 2000, 217.
[3] *Bloy* Jus 1986, 585, 591; KK-StPO/*Paul* Rn. 2.
[4] Vgl. BayObLG v. 9. 12. 1965 – RReg. 4b St 79/65, NJW 1966, 947; aA OLG Düsseldorf v. 19. 3. 1964 – (1) Ss 18/64, NJW 1964, 1684: „im Zweifel zugunsten der Rechtskraft"; für im Zweifel nicht fristgemäße Berufung der StA zuungunsten des Angeklagten („im Zweifel für den Angeklagten") OLG Hamburg v. 24. 4. 1975 – 1 Ws 99/75, NJW 1975, 1750.
[5] BGH v. 21. 1. 1958 – 1 StR 236/57, BGHSt 11, 152 = NJW 1958, 509; *Meyer-Goßner* Rn. 4.
[6] Vgl. OLG Frankfurt NStZ-RR 2003, 47; LR-StPO/*Gollwitzer* Rn. 10.
[7] KK-StPO/*Paul* Rn. 5.
[8] Zur Wiedereinsetzung in den vorigen Stand wegen Fristversäumnis vgl. KK-StPO/*Paul* Rn. 12 ff.
[9] KK-StPO/*Paul* Rn. 9.

§§ 320–322

fungsgerichts hat insofern nur deklaratorische Wirkung.¹⁰ Die Entscheidung enthält keine Kosten- und Auslagenentscheidung.

4   Die **Vollstreckung des Urteils** wird nicht gehemmt (Abs. 2 S. 2 2. Hs.).

§ 320 [Aktenvorlage an Staatsanwaltschaft]

¹Ist die Berufung rechtzeitig eingelegt, so hat nach Ablauf der Frist zur Rechtfertigung die Geschäftsstelle ohne Rücksicht darauf, ob eine Rechtfertigung stattgefunden hat oder nicht, die Akten der Staatsanwaltschaft vorzulegen. ²Diese stellt, wenn die Berufung von ihr eingelegt ist, dem Angeklagten die Schriftstücke über Einlegung und Rechtfertigung der Berufung zu.

1   §§ 320, 321 regeln den weiteren Aktenlauf. Das Amtsgericht legt **nach Ablauf der Frist nach § 317** bezüglicher aller Anfechtungsberechtigten die Akten der Staatsanwaltschaft vor, unabhängig davon, ob eine Berufungsbegründung eingegangen ist oder nicht (S. 1). Wenn zuvor ein Verfahren gem. § 319 wegen verspäteter Berufungseinlegung durchlaufen werden muss, wartet das Amtsgericht ab, bis dieses erledigt ist.

2   Wenn die **Staatsanwaltschaft** Berufung eingelegt hat, stellt sie selbst dem Angeklagten die Berufungseinlegung und -begründung zu (S. 2). Wurde nicht zugestellt, kann die Aussetzung der Hauptverhandlung beantragt werden.¹ Der Staatsanwaltschaft muss die Berufungseinlegung und -begründung eines Angeklagten oder Nebenklägers nicht zugestellt werden, weil ihr ohnehin die Akten zugeleitet werden.

§ 321 [Aktenweitergabe an das Berufungsgericht]

¹Die Staatsanwaltschaft übersendet die Akten an die Staatsanwaltschaft bei dem Berufungsgericht. ²Diese übergibt die Akten binnen einer Woche dem Vorsitzenden des Gerichts.

1   Nur dann, wenn das Berufungsgericht eine eigene Staatsanwaltschaft hätte, erhält S. 1 eine eigene praktische Bedeutung. Die Staatsanwaltschaft beim Landgericht übernimmt jedoch die staatsanwaltlichen Aufgaben beim Amtsgericht,¹* so dass es keiner Aktenübersendung bedarf.

2   Die Staatsanwaltschaft leitet dann **binnen 1 Woche** die Akten **dem Vorsitzenden der Kleinen Strafkammer** als zuständigem Berufungsgericht zu (S. 2). Die Wochenfrist ist nur eine Ordnungsvorschrift.² Gem. **Nr. 158 RiStBV** benennt der **Staatsanwalt** bei Übersendung der Akten an das Berufungsgericht nur solche Zeugen und Sachverständige, deren Vernehmung zur Durchführung der Berufung notwendig ist. Außerdem stellt die Staatsanwaltschaft die von ihr für erforderlich gehaltenen Anträge, zB Terminsbestimmung, Verwerfung der Berufung nach § 322 oder Einstellung nach § 206 a.³

3   Erst mit dem Eingang der Akten beim Berufungsgericht wird die Sache dort **anhängig**, es sei denn der Berufungsführer wechselt noch wirksam zum Rechtsmittel der Revision über.⁴

§ 322 [Verwerfung ohne Hauptverhandlung]

(1) ¹Erachtet das Berufungsgericht die Vorschriften über die Einlegung der Berufung nicht für beobachtet, so kann es das Rechtsmittel durch Beschluß als unzulässig verwerfen. ²Andernfalls entscheidet es darüber durch Urteil; § 322 a bleibt unberührt.

(2) Der Beschluß kann mit sofortiger Beschwerde angefochten werden.

1   Das Berufungsgericht prüft **von Amts wegen** die Zulässigkeitsvoraussetzungen. Nach dem Gesetzestext (Abs. 1 S. 1) steht ihm dabei ein **Ermessen** zu („kann"). Wenn Zweifel bestehen, kann das Gericht die Entscheidung dem erkennenden Gericht in der Hauptverhandlung überlassen,¹** das dann durch Urteil entscheidet (Abs. 1 S. 2 1. Hs.).²* Andernfalls reduziert sich das Ermessen auf Null. Die **Vorschriften über die Einlegung der Berufung sind nicht gewahrt,**

---

¹⁰ *Meyer-Goßner* Rn. 9; aA LR-StPO/*Gollwitzer* Rn. 8: Rechtskraft erst mit Ablauf der Antragsfrist gem. Abs. 2 oder Verwerfung des Antrags.
¹ OLG Köln v. 4. 4. 1984 – 3 Ss 104/84, NStZ 1984, 475 mwN; KK-StPO/*Paul* Rn. 2.
¹* Vgl. *Meyer-Goßner* NStZ 1981, 168, 171.
² *Meyer-Goßner* Rn. 2.
³ KK-StPO/*Paul* Rn. 3.
⁴ Vgl. BGH v. 25. 1. 1995 – 2 StR 456/94, BGHSt 40, 395 = NJW 1995, 2367.
¹** OLG Celle GA 1963, 380.
²* S. unten Rn. 8.

Dritter Abschnitt. Berufung **1, 2 § 322a**

– wenn die Frist zur Berufungseinlegung nicht eingehalten wurde, das Amtsgericht aber nicht 2
schon selbst die Berufung als unzulässig gem. § 319 Abs. 1 verworfen hat,
– wenn die Form des § 314 Abs. 1 nicht eingehalten wurde, 3
– wenn der Berufungsführer nicht beschwert ist,
– wenn der Berufungsführer nicht zur Anfechtung befugt ist (vgl. § 55 Abs. 1 S. 1 JGG; nicht als 4
Rechtsanwalt zugelassen),
– wenn ein zeitlich vorher eingelegtes Rechtsmittel bereits wirksam zurückgenommen wurde, 5
– wenn ein Rechtsmittelverzicht erklärt worden ist.

Gem. Abs 1. S. 2 2. Hs. bleibt § 322a unberührt, dh. in den Fällen einer Annahmeberufung 6
(§ 313) verbleibt es bei der Sonderregelung des § 322a mit der fehlenden Anfechtbarkeit der Entscheidung des Berufungsgerichts gem. § 322a S. 2.[3] Der Beschluss, die Berufung als unzulässig zu verwerfen, ist **zu begründen** und dem Berufungsführer **zuzustellen**.

Gegen den Beschluss nach Abs. 1 S. 1 steht dem Berufungsführer **gem. Abs. 2 sofortige Be-** 7
schwerde zu. Wenn das OLG den Beschluss sodann aufhebt, kommt es zu einer Berufungshauptverhandlung. Das Berufungsgericht ist weder an seine eigene Entscheidung noch an die Auffassung des OLG gebunden (§ 358 Abs. 1 ist nicht analog anzuwenden); es kann also in seinem Urteil die Berufung durch Urteil als unzulässig verwerfen, wogegen dann die Revision statthaft ist.[4] Wenn das OLG den Beschluss nicht aufhebt, erwächst das Urteil mit dieser Verwerfungsentscheidung in Rechtskraft.[5]

§ 322 findet **entsprechende Anwendung**, wenn unter den Prozessbeteiligten Streit über die 8
Wirksamkeit der Berufungsrücknahme entstanden ist. In diesem Fall kann das Berufungsgericht die Berufung durch Beschluss für erledigt erklären, gegen den dann das Rechtsmittel der sofortigen Beschwerde gem. Abs. 2 zulässig ist.[6] Besteht darüber hinaus Streit über die **Auswirkungen einer Berufungsrücknahme**, ist gegen den die Berufung für erledigt erklärenden Beschluss ebenfalls das Rechtsmittel der sofortigen Beschwerde statthaft.[7] Besteht Streit darüber, ob tatsächlich ein Fall der Annahmeberufung (§ 313 Abs. 1) vorliegt, so ist der Beschluss der Berufungskammer, mit dem sie die Annahme ablehnt und damit die Annahmepflicht bejaht, gemäß Abs. 2 mit der sofortigen Beschwerde anfechtbar.[8] Die sofortige Beschwerde gem. Abs. 2 ist auch dann eröffnet, wenn das Amtsgericht die **Berufung aus einem anderen als dem in § 319 Abs. 1 genannten Gründen** verworfen hat oder aber zur Verwerfung nicht mehr befugt war. Dann handelt es sich bei der formal auf § 319 Abs. 2 gestützten Entscheidung des Berufungsgerichts der Sache nach um eine (Erst-)Entscheidung gem. Abs. 1.[9] Wird die **Berufung des gesetzlichen Vertreters** des Angeklagten als unzulässig verworfen, hat der Angeklagte dagegen ein eigenes Beschwerderecht. Das gilt auch dann, wenn er selbst auf Berufung verzichtet hatte.[10]

Wenn die Berufung erst mit Urteil (oder fehlerhaft durch Beschluss)[11] als unzulässig verworfen 9
wird, kann hiergegen **Revision** eingelegt werden.[12]

§ 322a [Entscheidung über Annahme der Berufung]

[1] Über die Annahme einer Berufung (§ 313) entscheidet das Berufungsgericht durch Beschluß. [2] Die Entscheidung ist unanfechtbar. [3] Der Beschluß, mit dem die Berufung angenommen wird, bedarf keiner Begründung.

Die **Kleine Strafkammer** außerhalb der Hauptverhandlung ohne Schöffen (§ 76 Abs. 1 S. 2 1
GVG) – und nicht das Gericht des ersten Rechtszugs – entscheidet über die Annahmeberufung nach § 313. Die Annahmeentscheidung setzt eine **im übrigen zulässige Berufung** voraus.[1]

Der **Annahmebeschluss bedarf keiner besonderen Form** und kann beispielsweise in der Ter- 2
minsbestimmung liegen. Wenn die Berufung nicht angenommen wird, muss die **Ablehnung** entgegen § 34 begründet werden (Umkehrschluss zu Satz 3). Dabei muss sich das Berufungsgericht mit

---

[3] KK-StPO/*Paul* Rn. 5.
[4] KK-StPO/*Paul* Rn. 4 mwN; s. Rn. 7.
[5] *Meyer-Goßner* Rn. 2.
[6] OLG München v. 12. 2. 1968 – Ws 127/68, NJW 1968, 1000.
[7] OLG Frankfurt a. M. v. 9. 11. 1987 – 3 Ws 1026/87, NStZ 1988, 328 mit Anm *G. H. Dörr/Taschke*.
[8] OLG Köln v. 31. 7. 1995 – 2 Ws 320/95, NStZ 1996, 150; OLG Koblenz v. 20. 7. 1994 – 2 Ws 464/94, NStZ 1994, 601.
[9] OLG Frankfurt a. M. v. 5. 11. 2002 – 3 Ws 1172/02, NStZ-RR 2003, 47; OLG Düsseldorf v. 9. 9. 1993 – 1 Ws 777 – 778/93, VRS 86 (1994), 129; *Meyer-Goßner* § 319 Rn. 5.
[10] OLG Hamm v. 10. 4. 1973 – 2 Ws 59/73, NJW 1973, 1850; KK-StPO/*Paul* Rn. 4.
[11] *Meyer-Goßner* § 322 Rn. 7 mit Verweis auf OLG Zweibrücken JBlRP 1998, 222.
[12] BayObLG v. 27. 6. 1996 – 3 St RR 15/96, NStZ-RR 1996, 366.
[1] KK-StPO/*Paul* Rn. 2.

dem Vorbringen des Berufungsführers auseinandersetzen.[2] Er muss aber nicht noch einmal gehört werden.[3]

3 Die **Entscheidung kann gem. S. 2 nicht angefochten werden**.[4] Wenn aber fälschlich seitens des Gerichts angenommen wurde, dass es sich um einen Fall der Annahmeberufung handelt und die Berufung abgelehnt wurde, ist hiergegen sofortige Beschwerde zulässig.[5]

§ 323 [Vorbereitung der Hauptverhandlung]

(1) [1]Für die Vorbereitung der Hauptverhandlung gelten die Vorschriften der §§ 214 und 216 bis 225. [2]In der Ladung ist der Angeklagte auf die Folgen des Ausbleibens ausdrücklich hinzuweisen.

(2) [1]Die Ladung der im ersten Rechtszug vernommenen Zeugen und Sachverständigen kann nur dann unterbleiben, wenn ihre wiederholte Vernehmung zur Aufklärung der Sache nicht erforderlich erscheint. [2]Sofern es erforderlich erscheint, ordnet das Berufungsgericht die Übertragung eines Tonbandmitschnitts einer Vernehmung gemäß § 273 Abs. 2 Satz 2 in ein schriftliches Protokoll an. [3]Wer die Übertragung hergestellt hat, versieht die eigene Unterschrift mit dem Zusatz, dass die Richtigkeit der Übertragung bestätigt wird. [4]Der Staatsanwaltschaft, dem Verteidiger und dem Angeklagten ist eine Abschrift des schriftlichen Protokolls zu erteilen. [5]Der Nachweis der Unrichtigkeit der Übertragung ist zulässig. [6]Das schriftliche Protokoll kann nach Maßgabe des § 325 verlesen werden.

(3) Neue Beweismittel sind zulässig.

(4) Bei der Auswahl der zu ladenden Zeugen und Sachverständigen ist auf die von dem Angeklagten zur Rechtfertigung der Berufung benannten Personen Rücksicht zu nehmen.

1 Die **Regeln für die erstinstanzliche Hauptverhandlung** gelten auch für die Vorbereitung der Berufungshauptverhandlung. Der Vorsitzende bestimmt also u. a. den Termin der Hauptverhandlung, verfügt die Ladungen und bestimmt ggf. den Berichterstatter (§ 76 Abs. 3 GVG). Da es eine neue Tatsacheninstanz ist, müssen auch alle **Zeugen und Sachverständige** erneut vernommen werden, es sei denn, ihre wiederholte Vernehmung erscheint zur Aufklärung der Sache nicht erforderlich (Abs. 2 S. 1; vgl. auch Nr. 158 RiStBV); ggf. können erstinstanzliche Aussagen gem. § 325 verlesen werden. Bei der Auswahl der Beweismittel hat das Gericht auf die etwaige Berufungsbegründung des Angeklagten Rücksicht zu nehmen (Abs. 4). Neue Beweismittel, also beispielsweise neue Zeugen, sind gem. Abs. 3 explizit zulässig.

2 In der **Ladung an den Angeklagten** (die Zustellung an den Verteidiger genügt nur, wenn dieser zur Empfangnahme von Ladungen ausdrücklich ermächtigt ist, § 145 a Abs. 2 S. 1) ist er gem. Abs. 1 S. 2 auf die Folgen seines Ausbleibens ausdrücklich schriftlich hinzuweisen, also dass gem. § 329 die Berufung unter Umständen verworfen oder auf die Berufung der Staatsanwaltschaft hin ohne ihn verhandelt werden kann. Nur dann ist die Ladung ordnungsgemäß erfolgt.[1]

3 Die **Tonträgeraufnahme** regeln Abs. 2 S. 2 bis 6, die durch das Opferrechtsreformgesetz vom 24. 6. 2004[2*] zur Verfahrensvereinfachung eingefügt wurden. Wenn beim Amtsgericht einzelne Vernehmungen gem. § 273 Abs. 2 S. 2 auf Tonträger aufgenommen wurden und diese Zeugenaussage von Bedeutung für das Berufungsverfahren ist, ordnet das Berufungsgericht gem. Abs. 2 S. 2 die Übertragung in ein schriftliches Protokoll an, das seinerseits nach Maßgabe des § 325 verlesen werden kann (Abs. 2 S. 6). Der Übertragende unterschreibt das Protokoll mit dem Zusatz, dass die Richtigkeit der Übertragung bestätigt wird (Abs. 2 S. 3). Der Nachweis der Unrichtigkeit der Übertragung ist – anders als die Beweiskraft des Protokolls der Hauptverhandlung (§ 274) – zulässig (Abs. 2 S. 5). Das Protokoll wird sodann an die Verfahrensbeteiligten versandt (Abs. 2 S. 4).

§ 324 [Gang der Hauptverhandlung]

(1) [1]Nachdem die Hauptverhandlung nach Vorschrift des § 243 Abs. 1 begonnen hat, hält ein Berichterstatter in Abwesenheit der Zeugen einen Vortrag über die Ergebnisse des bisherigen Verfahrens. [2]Das Urteil des ersten Rechtszuges ist zu verlesen, soweit es für die Berufung von Bedeu-

---

[2] BVerfG v. 18. 5. 1996 – 2 BvR 2847/95, NJW 1996, 2785.
[3] OLG Koblenz v. 28. 9. 1994 – 2 Ws 598/94, NStZ 1995, 251; OLG Frankfurt a. M. v. 23. 1. 1997 – 3 Ws 67–68/97, NStZ-RR 1997, 273; *Meyer-Goßner* Rn. 7.
[4] OLG Frankfurt a. M. v. 16. 11. 1995 – 3 Ws 753/95, NStZ-RR 1996, 78.
[5] PfzOLG Zweibrücken v. 13. 6. 1994 – 1 Ws 280/94, NStZ 1994, 601; *Rieß*, FS Kaiser, 1998, S. 1478; KK-StPO/*Paul* Rn. 1 mwN.
[1] BayObLG v. 4. 12. 1962 – RReg. 4 St 4/62, NJW 1962, 1928.
[2*] BGBl. I 2004 S. 1454.

Dritter Abschnitt. Berufung § 325

tung ist; von der Verlesung der Urteilsgründe kann abgesehen werden, soweit die Staatsanwaltschaft, der Verteidiger und der Angeklagte darauf verzichten.

(2) Sodann erfolgt die Vernehmung des Angeklagten und die Beweisaufnahme.

§ 324 regelt den **Gang der Berufungshauptverhandlung**, soweit nicht über die Verweisung in § 332 die Regeln über die erstinstanzliche Hauptverhandlung gelten. Nach dem Aufruf der Sache und der Präsenzfeststellung gem. § 243 Abs. 1 berichtet der Vorsitzende (nur bei Berufungen gegen Urteile des Jugendschöffengerichts kann der Berichterstatter ein anderer sein) in Abwesenheit der Zeugen über den Gang des bisherigen Verfahrens. Der **Vortrag des Berichterstatters und die Urteilsverlesung** sollen den Gegenstand der Verhandlung klar herausstellen und die Verfahrensbeteiligten in den Stand setzen, schon während der Verhandlung ihr Augenmerk auf das zu richten, worauf es für den Verfahrensgegenstand in tatsächlicher und rechtlicher Beziehung ankommt.[3] Diese Abschnitte gehören nicht zur Beweisaufnahme,[4] weshalb eine gesonderte Regelung in § 325 zur Verlesung von Schriftstücken erforderlich ist. Das erstinstanzliche Urteil wird auszugsweise verlesen, soweit es für die Berufung von Bedeutung ist und die Verfahrensbeteiligten hierauf nicht verzichten.[5] Der Verzicht ist zu protokollieren. Wenn das Berufungsurteil in der Revision aufgehoben wird, kann auch diese Revisionsentscheidung auszugsweise verlesen werden;[6] es muss auszugsweise vorgelesen werden, wenn es nunmehr bindende Feststellungen enthält. Ohne Bedeutung sind **Urteilsfeststellungen in Bezug nur auf Mitangeklagte,** gegen die nicht verhandelt wird, oder die nicht angefochten sind, so bei auf einzelne tatmehrheitliche Verurteilungen oder auf den Rechtsfolgenausspruch beschränkter Berufung.[7] Die **Beweiswürdigung und die Strafzumessungsgründe** sollten nach Möglichkeit nicht vorgelesen werden.[8] Gegen die Verlesung kann um Entscheidung nach § 238 Abs. 2 nachgesucht werden. Unter Umständen ist es angezeigt, **noch vor der Vernehmung Fragen der Rechtsmittelzulässigkeit oder über Ziel und Umfang der Berufung zu klären.**[9] 1

Sodann erfolgt die **Belehrung** gem. § 243 Abs. 4 S. 1[10] und die **Vernehmung des Angeklagten** und die **Beweisaufnahme** (Abs. 2). Schweigt der Angeklagte nunmehr in der Berufungsverhandlung, so darf seine Einlassung in der Hauptverhandlung erster Instanz festgestellt und verwertet werden. Soll die Einlassung auf Grund des erstinstanzlichen Urteils festgestellt werden, so muss dieses zu Beweiszwecken verlesen werden. Dass es im Rahmen der Berichterstattung nach § 324 Abs. 1 schon einmal verlesen worden ist, ist dabei ohne Belang.[11] 2

Das Unterlassen des Vortrags und der Urteilsverlesung kann die **Revision** begründen.[12] In einfach gelagerten Fällen kann das Beruhen des Schuldspruchs auf dem Gesetzesverstoß jedoch ausgeschlossen sein. Die unterlassene Vernehmung des Angeklagten zur Sache führt zur Aufhebung des Urteils.[13] Wenn Teile des Berichterstattervortrags wie Beweisergebnisse verwertet werden, stellt dies einen Verfahrensfehler dar, wenn nicht im Rahmen der Berichterstattung ein deutlicher Hinweis an die Verfahrensbeteiligten erfolgt ist.[14] 3

§ 325 [Verlesung von Schriftstücken]

Bei der Berichterstattung und der Beweisaufnahme können Schriftstücke verlesen werden; Protokolle über Aussagen der in der Hauptverhandlung des ersten Rechtszuges vernommenen Zeugen und Sachverständigen dürfen, abgesehen von den Fällen der §§ 251 und 253, ohne die Zustimmung der Staatsanwaltschaft und des Angeklagten nicht verlesen werden, wenn die wiederholte Vorladung der Zeugen oder Sachverständigen erfolgt ist oder von dem Angeklagten rechtzeitig vor der Hauptverhandlung beantragt worden war.

---

[3] OLG Hamburg v. 12. 12. 1984 – 1 Ss 147/83, NStZ 1985, 379.
[4] BGH v. 29. 9. 1986 – AnwSt (R) 17/86, NStZ 1987, 135; OLG Stuttgart v. 7. 4. 2003 – 1 Ss 103/03, NStZ-RR 2003, 270.
[5] Im Privatklageverfahren auch der Privatkläger, § 385 Abs. 1 StPO; ggf. auch der Nebenkläger, wenn seine Interessen durch die „Nichtverlesung berührt sein können, KK-StPO/*Paul* Rn. 5, aA *Meyer-Goßner* Rn. 6.
[6] BGH GA 1976, 368.
[7] *Meyer-Goßner* Rn. 5.
[8] *Meyer-Goßner* Rn. 5; vgl. auch Widmaier/*Chasklowicz/Seitz*, MAH Strafverteidigung § 11 Rn. 88.
[9] *Meyer-Goßner* Rn. 2; LR-StPO/*Gollwitzer* Rn. 2 f.
[10] OLG Stuttgart v. 16. 8. 1974 – 3 Ss 169/73, NJW 1975, 703.
[11] OLG Hamm v. 10. 7. 1974 – 4 Ss 287/74, NJW 1974, 1880; KK-StPO/*Paul* Rn. 8.
[12] OLG Hamburg v. 12. 12. 1984 – 1 Ss 147/83, NStZ 1985, 379; weitergehend OLG Zweibrücken v. 6. 11. 1985 – 2 Ss 198/85, StV 1986, 240: unterlassene Verlesung des Urteils ist absoluter Revisionsgrund gem. § 338 Nr. 5 StPO.
[13] OLG Köln v. 28. 6. 1955 – Ss 146/55, NJW 1955, 1333.
[14] Vgl. *Meyer-Goßner* Rn. 9; LR-StPO/*Gollwitzer* Rn. 8 f.; KK-StPO/*Paul* Rn. 10.

I. Allgemeines

1 Dass im Rahmen der Beweisaufnahme Schriftstücke verlesen werden dürfen, ist schon in §§ 249–256, 332 geregelt. Mit § 325 wird nur klargestellt, dass das auch im Zuge der Berichterstattung nach § 324, die nicht zur Beweisaufnahme gehört,[1] erlaubt ist. **Sinn und Zweck** der Vorschrift ist es, die Beweiserhebung im Berufungsrechtszug zu erleichtern.[2] Ob dieses Ziel erreicht wird, ist **zweifelhaft**. Denn der Berufungsrichter muss entscheiden, ob er sich auf die Beweiserhebung gerade des angegriffenen Urteils bei seiner eigenen Überzeugungsbildung stützen kann.[3]

II. Voraussetzungen für die Verlesung

2 Protokolle über Aussagen der in der erstinstanzlichen Hauptverhandlung vernommenen Zeugen und Sachverständigen dürfen – außer in den Fällen der §§ 251 und 253 – nur **unter bestimmten Voraussetzungen verlesen** werden: Wenn nämlich die erneute Ladung der Zeugen oder Sachverständigen erfolgt ist oder von dem Angeklagten rechtzeitig vor der Hauptverhandlung beantragt wurde, müssen **Staatsanwaltschaft und der Angeklagte der Verlesung zustimmen**. Auch der **Verteidiger** muss dann der Verlesung zustimmen.[4] Die Zustimmung kann auch konkludent erfolgen.[5] Sie muss protokolliert werden.

3 **Nur Protokolle aus der vorausgegangenen erstinstanzlichen Hauptverhandlung** sind von dieser Vorschrift erfasst. Protokolle früherer Hauptverhandlungen oder außerhalb einer Hauptverhandlung protokollierte Aussagen können nicht gem. § 325 verlesen werden.[6] Die protokollierte Aussage ist in vollem Umfang zu verlesen.[7] Protokolle, bei deren Zustandekommen wesentliche Verfahrensvorschriften verletzt wurden, dürfen nicht verlesen werden.[8] Wenn ein Zeuge in seiner erstinstanzlichen Vernehmung von seinem **Zeugnisverweigerungsrecht** keinen Gebrauch gemacht hat, kann seine Aussage in der Berufungshauptverhandlung verlesen werden, es sei denn, er teilt dem Berufungsgericht mit, dass er seine Aussage verweigern wolle.[9] Nach der Verlesung ist es dafür zu spät.[10] Soll der Zeuge in der Berufungsinstanz **vereidigt** werden, so ist er zu laden oder kommissarisch vernommen und vereidigt werden.[11]

4 **Rechtzeitig** wurde die Ladung durch den Angeklagten beantragt, wenn das Gericht die Ladung im normalen Geschäftslauf ohne Verschiebung der Hauptverhandlung veranlassen kann (ob die allenfalls noch telefonisch mögliche Ladung durch das Gericht noch rechtzeitig ist, liegt in der Risikosphäre des Angeklagten). Mitunter empfiehlt sich die Aufnahme des Antrags schon in den Schriftsatz zur Einlegung der Berufung.[12] Wenn die zunächst geladenen Zeugen oder Sachverständigen wieder abgeladen werden, muss der Angeklagte sie selbst laden, wenn er rechtzeitig von der Abladung erfährt.[13]

5 Mit Zustimmung der Prozessbeteiligten ist die Verlesung stets zulässig, kann aber angesichts § 244 Abs. 2 nicht opportun sein. Denn die **Sachaufklärungspflicht** kann zur persönlichen Zeugeneinvernahme zwingen, so bei widersprüchlichen Aussagen und wenn die Glaubwürdigkeit dieses Zeugen von entscheidender Bedeutung ist,[14] selbst wenn die Verfahrensbeteiligten der Verlesung zugestimmt haben.[15]

III. Revision

6 In der **Revision** kann die Verlesung der Sitzungsniederschrift unter Verstoß von Abs. 1 Hs. 2 gerügt werden. Flankierend kann eine Aufklärungsrüge nach § 244 Abs. 2 erhoben werden, wenn statt der Verlesung die persönliche Anhörung der Beweisperson hätte erfolgen müssen.[16]

---

[1] S. § 324 Rn. 1.
[2] KK-StPO/*Paul* Rn. 1.
[3] Kritisch auch *Meyer-Goßner* Rn. 2; KK-StPO/*Paul* Rn. 1; SK-StPO/*Frisch* Rn. 7, 23 ff.; *Meyer-Goßner* NJW 1987, 1161, 1165.
[4] *Meyer-Goßner* Rn. 4; *Pfeiffer* Rn. 3; aA OLG Stuttgart v. 20. 12. 1976 – 3 Ss (8) 862/76, MDR 1977, 513; KK-StPO/*Paul* Rn. 6.
[5] BayObLG v. 28. 2. 1978 – 1 Ob OWi 729/77, NJW 1978, 1817; OLG Stuttgart v. 20. 12. 1976 – 3 Ss (8) 862/76, MDR 1977, 513.
[6] BayObLG v. 5. 4. 1990 – RReg 1 St 47/90, StV 1990, 399; KK-StPO/*Paul* Rn. 4.
[7] KK-StPO/*Paul* Rn. 8.
[8] OLG Stuttgart v. 6. 8. 1969 – 1 Ss 411/69, NJW 1970, 343; *Meyer-Goßner* Rn. 11; LR-StPO/*Gollwitzer* Rn. 21.
[9] *Meyer-Goßner* Rn. 11; *Pfeiffer* Rn. 5.
[10] LR-StPO/*Gollwitzer* Rn. 25.
[11] OLG Hamm v. 22. 1. 1965 – 1 Ss 1436/64, NJW 1965, 1344; ausführlich bei KK-StPO/*Paul* Rn. 9.
[12] Vgl. *Michalke*, in: Formularbuch für den Strafverteidiger (Hrsg. *Hamm/Lohberger*), B 1, Anm. 4.
[13] OLG Stuttgart v. 20. 12. 1976 – 3 Ss (8) 862/76, MDR 1977, 513.
[14] Vgl. nur OLG Celle v. 20. 10. 1993 – 1 Ss 159/93, StV 1994, 474; BayObLG v. 21. 11. 1991 – RReg 4 St 193/91, StV 1992, 152; *Meyer-Goßner* Rn. 12; KK-StPO/*Paul* Rn. 2; LR-StPO/*Gollwitzer* Rn. 3 f.
[15] OLG Zweibrücken v. 15. 8. 1991 – 1 Ss 218/90, NStZ 1992, 147.
[16] *Meyer-Goßner* Rn. 15.

§ 326 [Schlussvorträge]

¹Nach dem Schluß der Beweisaufnahme werden die Staatsanwaltschaft sowie der Angeklagte und sein Verteidiger mit ihren Ausführungen und Anträgen, und zwar der Beschwerdeführer zuerst, gehört. ²Dem Angeklagten gebührt das letzte Wort.

Abweichend von § 258 Abs. 1 regelt § 326 S. 1 die **Reihenfolge der Schlussvorträge**. Der Beschwerdeführer wird zuerst gehört. Bei mehreren Beschwerdeführern hält derjenige zuerst sein Plädoyer, der das Urteil am weitestgehenden angefochten hat; bei Gleichstand gilt § 258 Abs. 1.[1] Nur StA und Nebenkläger haben das Recht zur Erwiderung, wenn sie zuerst ihren Schlussantrag gehalten haben.[2] S. 1 ist eine bloße Ordnungsvorschrift, die nicht mit der Revision angefochten werden kann. Dass der Beschwerdeführer zuerst das Wort erhält, ist also nicht zwingend.[3]   1

Der Angeklagte hat das **letzte Wort** (S. 2).[4] Ein Verstoß gegen S. 2 führt regelmäßig zur Aufhebung des Urteils.[5]   2

§ 327 [Umfang der Urteilsprüfung]

Der Prüfung des Gerichts unterliegt das Urteil nur, soweit es angefochten ist.

Das Berufungsgericht prüft neben der wirksamen Beschränkung der Berufung (§ 318) auch die **Zulässigkeit der Berufung und die Prozessvoraussetzungen**.[1*] So ist beispielsweise die Verjährung vom Berufungsgericht selbst dann zu berücksichtigen, wenn nur die Entscheidung über die Strafaussetzung angefochten ist.[2*] Eine solche Entscheidung ergeht dann per Urteil (§ 260 Abs. 3), in dem sinnvollerweise zur Klarstellung das erstinstanzliche Urteil aufgehoben wird.[3*]   1

Wenn die **Berufung nicht (wirksam) beschränkt** wurde, ist die gesamte Tat im Sinne des § 264 Gegenstand des Berufungsverfahrens.[4*] Etwaige unter Verstoß gegen § 264 nicht abgeurteilte Taten urteilt das Berufungsgericht in den Grenzen des § 331 ab.[5*] Das Berufungsgericht darf die tatsächlichen Feststellungen des erstinstanzlichen Urteils nicht einfach übernehmen, selbst wenn der Berufungsführer sie nicht angreift oder sich der Angeklagte ihnen etwa durch Rechtsmittelverzicht unterworfen hat.[6] Wenn das Amtsgericht einen verfahrensrechtlich selbständigen Teil, der vom Eröffnungsbeschluss aber mitumfasst ist, noch nicht abgeurteilt hat, kann das Berufungsgericht hierüber nicht entscheiden. Die Sache ist insoweit noch beim Amtsgericht anhängig.[7] Im Berufungsverfahren gegen einen **wegen Schuldunfähigkeit freigesprochenen Angeklagten**, gegen den eine Sicherungsmaßregel nach § 64 StGB oder § 69 StGB angeordnet wurde, muss das Gericht ohne Bindung an die Feststellungen des erstinstanzlichen Urteils das Vorliegen einer rechtswidrigen Tat[8] und die Schuldunfähigkeit des Angeklagten selbstständig prüfen.[9]   2

Wenn die **Berufung gem. § 318 wirksam beschränkt** wurde, ist das Berufungsgericht hieran gebunden. Die eingetretene Teilrechtskraft oder bei horizontaler Teilanfechtung die Bindungswirkung der nicht angefochtenen Feststellungen ist zu beachten. Das Berufungsgericht darf sich nur mit dem befassen, was der Berufungsführer noch in 2. Instanz überprüft haben will und kann.[10] **Bindung und Beschränkbarkeit entfallen** aber, wo Schuldspruch und Strafzumessung so miteinander verknüpft sind, dass ein die Strafbarkeit erhöhender oder mindernder Umstand einen untrennbaren Teil der Schuldfrage (eine doppelrelevante Tatsache also) bildet und der Berufungsführer, wenn nicht dem Wortlaut, so doch der Sache nach, sich (auch) dagegen wendet, dass das Amtsgericht einen solchen Umstand angenommen oder nicht angenommen hat, weil das Beru   3

---

[1] *Meyer-Goßner* Rn. 1.
[2] BGH v. 23. 1. 1979 – 5 StR 748/78, BGHSt 28, 272 = NJW 1979, 1310.
[3] KK-StPO/*Paul* Rn. 2.
[4] Vgl. § 258 Abs. 3 StPO, der über § 332 StPO auch hier gilt.
[5] Vgl. dazu *Meyer-Goßner* § 258 Rn. 34.
[1*] KK-StPO/*Paul* Rn. 2 f.; BGH v. 4. 4. 1985 – 5 StR 193/85, BGHSt 33, 167 = NStZ 1985, 324: In der Berufungsverhandlung kann ein fehlender Eröffnungsbeschluss nicht mehr nachgeholt werden (Ergänzung zu BGH v. 18. 3. 1980 – 1 StR 213/79, BGHSt 29, 224 = NJW 1980, 1858).
[2*] BGH v. 26. 6. 1958 – 4 StR 145/58, BGHSt 11, 393 = NJW 1958, 1307.
[3*] KK-StPO/*Paul* Rn. 1.
[4*] *Meyer-Goßner* Rn. 2.
[5*] Vgl. OLG Düsseldorf v. 16. 12. 1982 – 5 Ss 487/82 – 378/82 I, NJW 1983, 767.
[6] *Meyer-Goßner* Rn. 3.
[7] BGH v. 17. 8. 2000 – 4 StR 245/00, BGHSt 46, 130 = NJW 2000, 3293; *Meyer-Goßner* Rn. 4; aA BayObLG v. 2. 2. 1999, 1 St RR 7/99, BayObLGSt 1999, 29.
[8] BGH v. 11. 8. 1988 – 4 StR 250/88, NStZ 1989, 84; BayObLG v. 24. 7. 1984 – RReg. 1 St 199/84, NStZ 1985, 90; BayObLG v. 13. 1. 1978 – RReg 1 St 422/77, BayObLGSt 1978, 1 = JZ 1978, 409.
[9] *Meyer-Goßner* Rn. 8 mwN.
[10] Vgl. BGH v. 21. 10. 1980 – 1 StR 262/80, BGHSt 29, 359 = NJW 1981, 589; BayObLG v. 2. 10. 1986 – RReg 1 St 170/86, BayObLGSt 1986, 100 = VRS 72 (1987), 76.

4 Bei einer **wirksamen Beschränkung der Berufung auf den Rechtsfolgenausspruch** darf das Berufungsgericht also **keine abweichenden, aber ergänzende Feststellungen zur Schuldfrage** treffen.[12] Bei einer fortgesetzten Tat darf es nicht die Anzahl der Einzeltaten überprüfen.[13] Es darf keine abweichenden Feststellungen über die Schuldart,[14] die Vorverlagerung der Schuld,[15] die Vorsatzart[16] oder den Grad der Fahrlässigkeit[17] oder das Maß der Pflichtwidrigkeit[18] treffen. Auch Feststellungen zur Schadenshöhe[19] sind dann ausgeschlossen. Ebenfalls teil an der Bindungswirkung haben die vom Erstgericht getroffenen Feststellungen über den Zeitpunkt des Tatentschlusses,[20] den tatauslösenden Moment[21] und die Beweggründe für die Tatbegehung.[22] Auch die dem rechtskräftigen Schuldspruch zugrunde liegenden Feststellungen, die das Tatgeschehen lediglich näher beschreiben, binden den Richter, der erneut über die Strafzumessung zu entscheiden hat.[23]

5 Das **Revisionsgericht** prüft von Amts wegen, ob das Berufungsgericht über alles entschieden hat, was aufgrund der Berufung und ihrer etwaigen Beschränkung noch zu verhandeln war. Es entscheidet also auch darüber, ob das Berufungsgericht von einer richtigen Begrenzung des seiner Prüfung unterstellten Sachverhalts ausgegangen ist, insbesondere auch, ob die Berufungsbeschränkung, die es seiner Entscheidung zugrunde gelegt hat, wirksam war.[24] Wenn das Berufungsgericht andererseits die Beschränkung der Berufung und die Bindungswirkung verkennt, ist das Urteil schon deshalb aufzuheben, wenn es zu vom Amtsgericht abweichenden Feststellungen und zu einem anderen Ergebnis kommt.[25] Entscheidet das Berufungsgericht auf die Berufung der Staatsanwaltschaft zuungunsten des Angeklagten, ohne dessen Berufung zu bescheiden, so liegt ein auf die zulässige Verfahrensrüge hin zu beachtender Rechtsfehler vor, auf dem das Urteil jedoch in der Regel nicht beruht.[26]

§ 328 [Inhalt des Berufungsurteils]

(1) Soweit die Berufung für begründet befunden wird, hat das Berufungsgericht unter Aufhebung des Urteils in der Sache selbst zu erkennen.

(2) Hat das Gericht des ersten Rechtszuges mit Unrecht seine Zuständigkeit angenommen, so hat das Berufungsgericht unter Aufhebung des Urteils die Sache an das zuständige Gericht zu verweisen.

I. Allgemeines

1 § 328 gewährt dem Berufungsgericht **2 Entscheidungsmöglichkeiten**, nämlich einerseits die eigene Sachentscheidung (Abs. 1), wenn die Berufung zulässig ist und keine Verfahrenshindernisse bestehen,[1] andererseits die Verweisung an das zuständige Gericht (Abs. 2). Über **mehrere Berufungen** ist durch ein- und dasselbe Urteil zu entscheiden.[2]

II. Eigene Sachentscheidung des Berufungsgerichts

2 Wenn das Berufungsgericht zu **demselben Ergebnis** kommt wie das Amtsgericht, also im wesentlichen dieselben Feststellungen trifft, diese rechtlich gleich würdigt und dieselben Rechtsfol-

---

[11] BGHSt 29, 359 = NJW 1981, 589 („zu Straferschwerungsgründe nach § 243 Abs. 1, 2 Nrn. 1, 2 und 4 StGB") mwN.
[12] Vgl. nur BGH v. 31. 3. 1955 – 4 StR 68/55, BGHSt 7, 283 = NJW 1955, 917.
[13] BGH v. 14. 1. 1982 – 4 StR 642/81, BGHSt 30, 340 = NJW 1982, 1295.
[14] OLG Frankfurt a. M. v. 29. 10. 1996 – 3 Ss 310/96, NStZ-RR 1997, 45.
[15] BayObLG v. 25. 1. 1994 – 1 St RR 231/93, NJW 1994, 1358; BayObLG v. 23. 7. 1968 – RReg 2 a St 113/68, NJW 1968, 2299; OLG Stuttgart v. 26. 6. 1995 – 5 Ss 186/95, Die Justiz 1996, 26.
[16] BGH v. 19. 12. 1956 – 4 StR 524/56, BGHSt 10, 71 = NJW 1957, 433.
[17] BGH v. 17. 11. 1978 – 2 StR 632/78.
[18] BGH v. 14. 1. 1982 – 4 StR 642/81, BGHSt 30, 340 = NJW 1982, 1295.
[19] BGH v. 24. 3. 1981 – 1 StR 688/80, NStZ 1981, 448.
[20] BGH v. 14. 11. 1978 – 1 StR 439/78.
[21] BGH v. 15. 4. 1977 – 2 StR 97/77; BGH v. 6. 5. 1981 – 2 StR 105/81, StV 1981, 607.
[22] BGH v. 23. 2. 1979 – 2 StR 728/78; BGH v. 6. 5. 1981 – 2 StR 105/81, StV 1981, 607; *Meyer-Goßner* Rn. 6.
[23] BGH v. 14. 1. 1982 – 4 StR 642/81, BGHSt 30, 340 = NJW 1982, 1295.
[24] BayObLG v. 25. 11. 1996 – 1 St RR 189/96, NStZ 1997, 359; BGH v. 30. 11. 1976 – 1 StR 319/76, BGHSt 27, 70 = NJW 1977, 442.
[25] BayObLG v. 13. 1. 1978 – RReg 1 St 422/77, BayObLGSt 1978, 1 = JZ 1978, 409; KK-StPO/*Paul* Rn. 11; *Meyer-Goßner* Rn. 9 mwN.
[26] OLG Düsseldorf v. 5. 6. 2000 – 2a Ss 98/00, NStZ-RR 2001, 246.
[1] S. § 327 Rn. 1.
[2] Vgl. zur Fassung der Urteilsformel, wenn auf Grund von Strafmaßberufungen sowohl des Angeklagten als auch der StA die Einzelstrafen teilweise erhöht und teilweise herabgesetzt werden OLG Zweibrücken v. 9. 2. 2000 – 1 Ss 274/99, NStZ 2000, 610 mit Anm. *Meyer-Goßner/Cierniak*.

gen ausspricht, wird die Berufung als unbegründet verworfen und es ergeht eine Kostenentscheidung gem. § 473 Abs. 1.[3]

Kommt das Berufungsgericht zu einem **anderen Ergebnis** als das Gericht des ersten Rechtszugs, 3 so hebt es das erstinstanzliche Urteil soweit auf und erlässt ein eigenes Urteil, wenn nicht die Berufungsentscheidung durch eine bloße Änderung des Urteilsausspruchs des Gerichts des ersten Rechtszugs klargestellt werden kann. Auch der Beschluss nach § 268 a[4] oder nach § 8 StrEG ist ggf. neu zu fassen. Die Kosten- und Auslagenentscheidung bezieht sich dann auf das gesamte bisherige Verfahren.[5] Möglich ist aber auch eine (teilweise) Einstellung gem. §§ 153 ff. durch Beschluss.

Eine **Zurückverweisung** der Sache an das Amtsgericht ist selbst dann nicht mehr zulässig, wenn 4 grobe Verfahrensfehler dem Angeklagten die Verteidigungsmöglichkeiten in erheblichem Umfang verkürzt haben oder wenn absolute Revisionsgründe vorliegen würden.[6] Auch dann, wenn die Staatsanwaltschaft im Berufungsrechtszug die Wiedereinbeziehung von Tatteilen beantragt, die vom AG gemäß § 154a ausgeschieden worden waren, ist das Berufungsgericht auch zur Entscheidung über diese Tatteile berufen; eine Rückverweisung an das AG ist nicht zulässig.[7] Eine Zurückverweisung ist aber dann zulässig, wenn das Amtsgericht wegen eines nicht vorliegenden Verfahrenshindernisses das Verfahren eingestellt hat.[8]

Bezugnahmen auf das erstinstanzliche Urteil sind zulässig, aber aus Gründen des gebotenen 5 Verständnisses der Urteilsgründe aus sich heraus möglichst zu unterlassen.[9]

Entscheidet das Landgericht zugleich in einer **erstinstanzlichen Sache** mit einer hinzuverbundenen Berufungssache, so wird die Berufung, wenn die Urteilsgewalt des Amtsgericht nunmehr 6 überschritten wird, nicht verworfen, sondern das amtsgerichtliche Urteil aufgehoben, weil es durch die neue erstinstanzliche Entscheidung gegenstandslos wird.[10]

III. Verweisung an das zuständige Gericht

Die Verweisung an das zuständige Gericht gem. **Abs. 2** erfolgt **bei örtlicher oder sachlicher Un-** 7 **zuständigkeit** des Gerichts des ersten Rechtszugs. Die Unzuständigkeit allein nach dem internen Geschäftsverteilungsplan (funktionelle Unzuständigkeit) ist unbeachtlich. Mit der **Verweisung durch Urteil**[11] wird zugleich das erstinstanzliche Urteil aufgehoben; das aber ist nicht zwingend erforderlich, weil dieses Urteil notwendigerweise von selbst entfällt.[12] Das Urteil muss Feststellungen enthalten, aus denen sich die materiell-rechtlichen Voraussetzungen für die Verweisung ergeben.[13]

Die **örtliche Zuständigkeit** des Gerichts des ersten Rechtszugs wird auch ohne gesonderten Einwand berücksichtigt, wenn der Angeklagte sie in der erstinstanzlichen Hauptverhandlung gem. 8 § 16 S. 3 rechtzeitig geltend gemacht hat.[14] Wenn er diesen Einwand nicht zurücknimmt, verweist das Berufungsgericht die Sache an das örtliche zuständige Gericht, ggf. auch außerhalb seines Bezirks.[15]

Die **sachliche Zuständigkeit** (§§ 25, 25, 26, 28 GVG) hat das Berufungsgericht ebenfalls von 9 Amts wegen zu beachten. Nur dann aber, wenn das Gericht des ersten Rechtszugs seine Kompetenzen überschritten hat, zwingt das zur Zurückverweisung (arg. § 269).[16] Nur die willkürliche Annahme der Zuständigkeit ist ein Grund zur Zurückverweisung.[17] Die versehentliche Annahme der sachlichen Zuständigkeit kann auch erst auf Grund der Beweisaufnahme in der Berufungsinstanz erkannt werden; entscheidend ist die objektive Rechtslage.[18] Der sachlichen Zuständigkeit gleich steht die Zuständigkeit der Jugendgerichte.[19]

---

[3] Vgl. KK-StPO/*Paul* Rn. 3.
[4] KK-StPO/*Paul* Rn. 9.
[5] OLG Hamburg v. 8. 7. 1971 – 2 Ws 261/71, NJW 1971, 2183.
[6] *Meyer-Goßner* Rn. 4.
[7] OLG Karlsruhe v. 9. 2. 2005 – 2 Ws 15/05, NStZ 2005, 402.
[8] OLG Koblenz v. 16. 2. 1990 – 1 Ss 44/90, NStZ 1990, 296; OLG Stuttgart v. 9. 11. 1994 – 4 Ss 289/94, NStZ 1995, 301.
[9] Vgl. dazu KK-StPO/*Paul* Rn. 8.
[10] BGH v. 2. 4. 1985 – 4 StR 112/85, NStZ 1986, 210 (Nr. 27) mwN.
[11] BGH v. 15. 4. 1975 – 1 StR 388/74, BGHSt 26, 106 = NJW 1975, 1236.
[12] BGH v. 3. 5. 1967 – 2 StR 103/67, BGHSt 21, 245 = NJW 1967, 1576; *Hanack* JZ 1973, 694.
[13] BayObLG v. 16. 12. 1999 – 2 St RR 209/99, NStZ-RR 2000, 177; KK-StPO/*Paul* Rn. 10.
[14] BayObLG v. 26. 3. 1987 – RReg. 3 St 43/87, NJW 1987, 3091.
[15] OLG Hamm v. 1. 9. 2005 – 2 Ss 66/05, wistra 2006, 37; *Meyer-Goßner* Rn. 6.
[16] *Meyer-Goßner* Rn. 7 mit Verweis auf *Hegmann* NStZ 2000, 577.
[17] OLG Koblenz v. 23. 5. 1996 – 1 Ss 4/96, StV 1996, 588.
[18] *Meyer-Goßner* Rn. 7; KK-StPO/*Paul* Rn. 13.
[19] OLG Oldenburg v. 7. 10. 1980 – Ss 467/80, NJW 1981, 1384; *Meyer-Goßner* Rn. 8.

10 Das Berufungsgericht hat **keine weitergehende sachliche Zuständigkeit als die 1. Instanz**.[20] Wenn also das Berufungsgericht eine Rechtsfolge verhängen möchte, die das Amtsgericht gem. § 24 Abs. 2 GVG nicht hätte verhängen dürfen, und steht § 331 nicht entgegen, so muss es die Sache an die Große Strafkammer zur erstinstanzlichen Verhandlung verweisen.[21] Bei der Großen Jugendkammer, die gem. § 33 b Abs. 1 JGG als Berufungskammer fungiert, stellt sich noch das Problem, dass sie an sich selbst als erstinstanzlich zuständige Schwurgerichtskammer (§ 41 Abs. 1 Nr. 1 JGG) verweisen könnte; hier sollte eine klare Verweisung stattfinden.[22] Das Berufungsgericht ist auch an einer Gesamtstrafenbildung gem. § 55 StGB gehindert, wenn es dadurch die Strafkompetenz des Amtsgerichts überschreitet;[23] in einem solchen Fall wird die Gesamtstrafe gem. § 460 gebildet.[24]

11 **Mit der Verweisung** geht die Rechtshängigkeit auf das Gericht über, an das verwiesen wird. Eine Berufungsbeschränkung wird gegenstandslos,[25] eine Rücknahme der Berufung ist nicht mehr möglich.[26] Eine eingetretene vertikale Teilrechtskraft wirkt fort.[27] Das Verweisungsurteil bindet das Gericht, an das verwiesen wurde, nicht: Es muss ggf. nach §§ 225 a, 270 verfahren oder sich für unzuständig erklären.[28] Es gilt das Verschlechterungsverbot.[29]

IV. Revision

12 Das Verweisungsurteil gem. Abs. 2 kann mit der Revision angefochten werden. Das **Revisionsgericht** hat von Amts wegen einen Verstoß gegen die Vorschrift des Abs. 2 zu prüfen.[30]

§ 329 [Ausbleiben des Angeklagten]

(1) ¹Ist bei Beginn einer Hauptverhandlung weder der Angeklagte noch in den Fällen, in denen dies zulässig ist, ein Vertreter des Angeklagten erschienen und das Ausbleiben nicht genügend entschuldigt, so hat das Gericht eine Berufung des Angeklagten ohne Verhandlung zur Sache zu verwerfen. ²Dies gilt nicht, wenn das Berufungsgericht erneut verhandelt, nachdem die Sache vom Revisionsgericht zurückverwiesen worden ist. ³Ist die Verurteilung wegen einzelner von mehreren Taten weggefallen, so ist bei der Verwerfung der Berufung der Inhalt des aufrechterhaltenen Urteils klarzustellen; die erkannten Strafen können vom Berufungsgericht auf eine neue Gesamtstrafe zurückgeführt werden.

(2) ¹Unter den Voraussetzungen des Absatzes 1 Satz 1 kann auf eine Berufung der Staatsanwaltschaft auch ohne den Angeklagten verhandelt werden. ²Eine Berufung der Staatsanwaltschaft kann in diesen Fällen auch ohne Zustimmung des Angeklagten zurückgenommen werden, es sei denn, daß die Voraussetzungen des Absatzes 1 Satz 2 vorliegen.

(3) Der Angeklagte kann binnen einer Woche nach der Zustellung des Urteils die Wiedereinsetzung in den vorigen Stand unter den in den §§ 44 und 45 bezeichneten Voraussetzungen beanspruchen.

(4) ¹Sofern nicht nach Absatz 1 oder 2 verfahren wird, ist die Vorführung oder Verhaftung des Angeklagten anzuordnen. ²Hiervon ist abzusehen, wenn zu erwarten ist, daß er in der neu anzuberaumenden Hauptverhandlung ohne Zwangsmaßnahmen erscheinen wird.

I. Allgemeines

1 Das Berufungsgericht führt selbständig eine Hauptverhandlung durch und entscheidet in eigener Verantwortung auf Grund der von ihm durchgeführten Beweisaufnahme nach seiner freien, aus dem Inbegriff der Verhandlung geschöpften Überzeugung. Die das Verfahren in der Hauptverhandlung beherrschenden Prinzipien der Mündlichkeit, der Öffentlichkeit und der Unmittel-

---

[20] BGH v. 13. 5. 1982 – 3 StR 129/82, BGHSt 31, 63 = NStZ 1982, 2674; BGH v. 23. 4. 1996 – 4 StR 142/96, NStZ-RR 1997, 22; KK-StPO/*Paul* Rn. 12.
[21] BayObLG v. 10. 3. 2000 – 4 St RR 25/00, StraFo 2000, 230.
[22] *Meyer-Goßner* Rn. 10 f.; KK-StPO/*Paul* Rn. 12.
[23] BGH v. 23. 4. 1996 – 4 StR 142/96, NStZ-RR 1997, 22.
[24] BGH v. 30. 10. 1986 – 4 StR 368/86, BGHSt 34, 204 = NJW 1987, 1212.
[25] BGH v. 18. 9. 1986 – 4 StR 461/86, BGHSt 34, 159 = NJW 1987, 1211.
[26] BGH v. 30. 10. 1986 – 4 StR 368/86, BGHSt 34, 204 = NJW 1987, 1212.
[27] KK-StPO/*Paul* Rn. 14.
[28] *Meyer-Goßner* Rn. 13.
[29] KK-StPO/*Paul* Rn. 14 mit Verweis auf OLG Hamm JMBlNRW 1990, 91; *Meyer-Goßner* NStZ 1989, 297.
[30] *Meyer-Goßner* Rn. 14 mwN; missverständlich BGH v. 30. 7. 1996 – 5 StR 288/95, BGHSt 42, 205 = NJW 1997, 204 (nur auf eine entsprechende Verfahrensrüge hin), vgl. dazu nämlich BGH v. 20. 1. 2000 – 5 StR 280/98, NStZ 2000, 387; OLG Brandenburg v. 2. 3. 2000 – 2 Ss 76/97, NStZ 2001, 611; differenzierend KK-StPO/*Paul* Rn. 15.

Dritter Abschnitt. Berufung 2–4 § 329

barkeit gelten grundsätzlich auch vor dem Berufungsgericht.[1] Ein Abwesenheitsverfahren findet für die Berufungsinstanz grundsätzlich nicht statt. Im Verfahren nach § 329 Abs. 1 Satz 1 findet keine Verhandlung zur Sache statt.[2] Vielmehr wird das erstinstanzliche, unter Anwesenheit des Angeklagten zu Stande gekommene Urteil aufrechterhalten. Das beruht auf der Unterstellung, dass der Berufungsführer, der zu Beginn der Hauptverhandlung ausbleibt, auf das Rechtsmittel und damit auf eine sachliche Nachprüfung des angefochtenen Urteils verzichtet.[3] § 329 sichert damit zum einen die **Verfahrensökonomie** dadurch, dass es der Angeklagte nicht durch sein Nichterscheinen in der Hand haben soll, das Verfahren gegen sich zu verzögern;[4] das Gesetz nimmt es im Interesse der erstrebten Beschleunigung des Verfahrens in Kauf, dass ein sachlich unrichtiges Urteil nur wegen des nicht genügend entschuldigten Ausbleibens des Angeklagten in der Berufungsverhandlung rechtskräftig wird.[5] Daneben ist die **angestrebte persönliche Anwesenheit des Angeklagten in der Hauptverhandlung** einerseits ein Recht, andererseits aber zugleich auch eine Pflicht.[6] Die Vorschriften der Strafprozessordnung über die Anwesenheit des Angeklagten stellen diesen als selbstverantwortlichen Menschen mit eigenen Verteidigungsrechten in den Mittelpunkt der Hauptverhandlung.[7] Der hierbei möglicherweise eintretende endgültige Verlust der Äußerungsmöglichkeit gebietet eine enge **Auslegung des § 329 Abs. 1 S. 1**.[8] § 329 ist **verfassungsgemäß** und mit Art. 6 MRK vereinbar.[9]

Voraussetzung für die Verwerfung der Berufung ist ihre **Zulässigkeit**. Ist sie unzulässig, muss 2 sie nach § 322 Abs. 1 S. 2 verworfen werden.[10]

II. Berufung des Angeklagten (Abs. 1)

1. Zu Beginn der Hauptverhandlung. Die Verwerfung der Berufung gem. Abs. 1 S. 1 geht nur 3 „zu Beginn der Hauptverhandlung", nicht aber, wenn die Hauptverhandlung nur unterbrochen ist und der Angeklagte im Fortsetzungstermin nicht erscheint und nicht zulässig vertreten ist.[11] Die Verwerfung ist aber zulässig nach der Aussetzung einer Hauptverhandlung und sodann neuer Berufungsverhandlung[12] oder wenn eine neue Verhandlung stattfindet, nachdem gegen ein Verwerfungsurteil Wiedereinsetzung beantragt wurde.[13] Außerdem ist eine Verwerfung zulässig nach einer Zurückverweisung durch das Revisionsgericht, wenn das Rechtsmittel in dem früheren Berufungstermin ebenfalls nach dieser Vorschrift verworfen worden war; Abs. 1 S. 2 steht nicht entgegen.[14] Abs. 1 S. 2 hilft allein dem säumigen Angeklagten, wenn bereits eine Entscheidung zur Sache ergangen ist. Solange das Verwerfungsurteil zu Beginn der Hauptverhandlung noch nicht ergangen ist, kann der Angeklagte noch „rechtzeitig" erscheinen. Das Berufungsgericht hat - wie in den Fällen des § 228 und des § 412 - eine angemessene Zeit zu warten, **mindestens 15 Minuten**.[15] Wenn der Angeklagte mitteilt, dass er sich unverschuldet verspätet, ist auch länger zu warten,[16] wenn nicht gleich die Hauptverhandlung unterbrochen wird.

Keine Hinderungsgründe für eine Verwerfung sind die fehlende Zustellung des amtsgericht- 4 lichen Urteils im Zeitpunkt der Berufungsverhandlung,[17] die Anordnung des persönlichen Erscheinens des Angeklagten nach § 236,[18] die Anwesenheit eines zwar verteidigungsbereiten, aber nicht

---

[1] Vgl. KK-StPO/*Paul* § 312 Rn. 1.
[2] Vgl. OLG Köln v. 11. 12. 1998 – Ss 528/98, NStZ-RR 1999, 112; OLG Oldenburg v. 20. 10. 1998 – Ss 397/98, NStZ 1999, 156; BayObLG v. 25. 11. 1999 – 4 St RR 232/99, NStZ-RR 2000, 307.
[3] BGH v. 23. 11. 1960 – 4 StR 265/60, BGHSt 15, 287 = NJW 1961, 567; BayObLG v. 12. 9. 2000 – 5 St RR 259/00, StV 2001, 338.
[4] Vgl. LR-StPO/*Gössel* Rn. 1, 77.
[5] BGH v. 6. 10. 1970 – 5 StR 199/70, BGHSt 23, 331 = NJW 1970, 2253.
[6] Vgl. BGH v. 21. 2. 1975 – 1 StR 107/74, BGHSt 26, 84 = NJW 1975, 885.
[7] Weiterführend BVerfG v. 27. 12. 2006 – 2 BvR 535/04.
[8] BVerfG v. 29. 3. 2007 – 2 BvR 2366/06, BeckRS 2007, 23772; BGH v. 1. 8. 1962 – 4 StR 122/62, NJW 1962, 2020; OLG Bamberg v. 26. 2. 2008 – 3 Ss 118/07, BeckRS 2009, 05252.
[9] *Meyer-Goßner* Rn. 2 aE mit Verweis auf BayObLG v. 25. 11. 1999 – 4 St RR 232/99, NStZ-RR 2000, 307; aA *Meyer-Mews* NJW 2002, 1928.
[10] *Meyer-Goßner* Rn. 7.
[11] *Meyer-Goßner* Rn. 3: nur Möglichkeit des § 231 Abs. 2 StPO.
[12] KK-StPO/*Paul* Rn. 2.
[13] *Meyer-Goßner* Rn. 3.
[14] BGH v. 10. 8. 1977 – 3 StR 240/77, BGHSt 27, 236 = NJW 1977, 2273; OLG Stuttgart v. 3. 1. 2005 – 2 Ss 454/04, NStZ-RR 2005, 241 mit abl. Anm. *Schall* NStZ 2005, 586; aA OLG Oldenburg v. 16. 6. 2009 – 1 Ss 101/09, BeckRS 2009, 18327.
[15] BerlVerfGH v. 12. 12. 2003 – VerfGH 36/03, 36 A/03, NJW 2004, 1158; *Meyer-Goßner* Rn. 13: „in der Regel".
[16] KG v. 19. 12. 2001 – (3) 1 Ss 149/01(92/91), NStZ-RR 2002, 218; OLG Köln v. 13. 1. 2004 – Ss 547/03 – 285, StraFo 2004, 143; OLG München v. 5. 7. 2007 – 4 St RR 122/07, VRS 113 (2007), 117: mehr als 30 min, wenn der Angeklagte zum Berufungstermin irrtümlich vor dem erstinstanzlichen Gericht erscheint, sich sodann aber sofort auf den Weg zum Berufungsgericht machte, das hiervon sogleich in Kenntnis gesetzt wurde; *Meyer-Goßner* Rn. 13.
[17] BayObLG v. 7. 7. 1993 – 4 St RR 104/93, NJW 1994, 1748.
[18] BayObLG MDR 1963, 700.

vertretungsberechtigten oder -willigen Verteidigers[19] und die Abwesenheit des Verteidigers in Fällen einer notwendigen Verteidigung.[20]

5   Verweigert der Angeklagte zu Beginn der Hauptverhandlung **Angaben zur Person,** so führt der Verstoß gegen § 111 Abs. 1 OWiG nur dann zur Verwerfung der Hauptverhandlung, wenn zu diesem Zeitpunkt seine Identität nicht auf andere Weise festgestellt werden kann. Nur so ist gewährleistet, dass § 329 nicht umgangen wird.[21]

6   Entfernt sich der Angeklagte erst **nach Beginn der Hauptverhandlung,** ist Abs. 1 nicht mehr anwendbar;[22] Gleiches gilt bei erst danach eingetretener selbst verschuldeter Verhandlungsunfähigkeit. Über den Fall der körperlichen Abwesenheit hinaus ist der Angeklagte auch dann nicht erschienen, wenn er im Zustand der **Verhandlungsunfähigkeit** (Trunkenheit oder Genuss anderer berauschender Mittel) zu Beginn der Hauptverhandlung erschienen ist, dies verschuldet hat und er weiß, dass er dadurch die Hauptverhandlung vereitelt.[23]

7   Stellt der Verteidiger erst in der Berufungshauptverhandlung einen **Aussetzungsantrag,** kann dieser stillschweigend durch Erlass des Verwerfungsurteils abgelehnt werden.[24] Wenn der Verteidiger die **Entbindung des Angeklagten vom persönlichen Erscheinen** nach § 233 erst in der Berufungshauptverhandlung stellt, ist die Verwerfung der Berufung nach Ablehnung des Antrags zulässig.[25]

8   Ob Abs. 1 auch bei **Fehlen einer Prozessvoraussetzung** Anwendung findet, ist umstritten. Nach einer Auffassung kann die Berufung nur dann nicht verworfen werden, wenn das Verfahrenshindernis erst in der Berufungsinstanz eingetreten ist; dann ist das Verfahren nach § 206a bzw. § 260 Abs. 3 einzustellen. In dem Fall, dass die Verfahrenshindernis schon in der 1. Instanz bestanden hat, aber vom Amtsgericht übersehen wurde, müsse dies unberücksichtigt bleiben, weil das Berufungsgericht nur bei Erscheinen des Angeklagten die Richtigkeit des amtsgerichtlichen Urteils überprüfen, also nur dann in eine Begründetheitsprüfung eintreten dürfe.[26] Damit stellt sich aber die Frage, wie das Berufungsgericht feststellen soll, wann das Verfahrenshindernis eingetreten ist, also ob schon in der 1. Instanz oder erst in der Berufungsinstanz. Das Berufungsgericht muss also ohnehin die Prozessvoraussetzungen prüfen und darf dann mE nicht „sehenden Auges" die Berufung gem. § 329 Abs. 1 verwerfen. Auch nach wohl überwiegender Meinung findet § 329 Abs. 1 keine Anwendung, wenn das Berufungsgericht ein Verfahrenshindernis feststellt, das auch schon in erster Instanz vorgelegen hat.[27]

9   **2. Ordnungsgemäße Ladung.** Der Angeklagte muss gem. §§ 216, 323 Abs. 1 S. 1 ordnungsgemäß geladen sein.[28] Die **Nichteinhaltung der Ladungsfrist des § 217 Abs. 1** soll die Verwerfung nicht hindern.[29] Das überzeugt nicht, denn die Ladungsfrist soll dem Angeklagten ausreichend Gelegenheit zur Vorbereitung seiner Verteidigung geben. Erhält er also im Extremfall die Ladung erst am Tag der für den Nachmittag anberaumten Hauptverhandlung, so wird ihm zugemutet, dass er – womöglich unverteidigt – noch vor der Hauptverhandlung schriftlich einen Aussetzungsantrag nach § 217 Abs. 2 stellt und begründet und dann zum Termin erscheint. Es ist daher zur klaren Abgrenzung angezeigt, den Verstoß des Berufungsgerichts gegen die Ladungsfrist nicht mit der Berufungsverwerfung zu ahnden, sondern dem Gericht aufzugeben, ordnungsgemäß zu laden. Der Verstoß gegen die **Ladung des Verteidigers nach § 218** führt hingegen in jedem Fall dazu, dass die Berufung nicht gem. § 329 Abs. 1 verworfen werden darf.[30]

10   Das **Erscheinen eines Vertreters** reicht in den Fällen aus, in denen ein **Strafbefehl** erlassen wurde; nicht aber im Fall des § 408 Abs. 3 S. 2.[31] Denn der Angeklagte kann sich gem. § 411 Abs. 2 S. 2 in der Hauptverhandlung durch einen mit schriftlicher Vollmacht versehenen Verteidiger vertreten

---

[19] OLG Köln v. 11. 12. 1998 – Ss 528/98, NStZ-RR 1999, 112; aA BayObLG v. 21. 8. 1980 – RReg. 4 St 93/80, NStZ 1981, 112 mit abl. Anm. *Meyer-Goßner*.
[20] OLG Hamm v. 29. 1. 1970 – 5 Ss 1177&69, NJW 1970, 1245.
[21] AA LG Berlin v. 5. 12. 1996 – (574) 55/141 PLs 4163/95 Ns (93/96), NStZ-RR 1997, 338: Klärung seiner Identität auf andere Weise (durch den Verteidiger) reicht nicht; *Meyer-Goßner* Rn. 13: immer „erschienen".
[22] BGH v. 6. 10. 1970 – 5 StR 199/70, BGHSt 23, 331 = NJW 1970, 2253; OLG Brandenburg v. 7. 10. 2009 – 1 Ss 86/09, BeckRS 2009, 87252; OLG Karlsruhe v. 24. 10. 1989 – (1) 2 Ss 178/89, NStZ 1990, 297.
[23] Vgl. BGH v. 6. 10. 1970 – 5 StR 199/70, BGHSt 23, 331 = NJW 1970, 2253; OLG Frankfurt a. M. v. 4. 4. 2005 – 3 Ws 224/05, NStZ-RR 2005, 174; OLG Celle v. 31. 8. 1993 – 2 Ss 193/93, StV 1994, 365; OLG Karlsruhe v. 24. 10. 1989 – (1) 2 Ss 178/89, NStZ 1990, 297.
[24] OLG Saarbrücken v. 13. 2. 1975 – Ss 123/74, NJW 1975, 1613.
[25] BGH v. 29. 1. 1974 – 1 StR 198/73, BGHSt 25, 281 = NJW 1974, 868.
[26] Ausführlich *Meyer-Goßner* Rn. 8 mwN.
[27] OLG Karlsruhe v. 28. 9. 1977 – 3 Ss 204/77, NJW 1978, 840; *Paulus* NStZ 2001, 445; vgl. auch BGH v. 16. 9. 1971 – 1 StR 284/71, BGHSt 24, 208; offen gelassen von BGH v. 13. 12. 2000 – 2 StR 56/00, BGHSt 46, 230 = NStZ 2001, 440; ebenso offen gelassen von OLG Hamm v. 7. 5. 2009 – 2 Ss 158/09, BeckRS 2009, 87717.
[28] Vgl. dazu § 216 Rn. 2 ff.; § 323 Rn. 2.
[29] BGH v. 18. 5. 1971 – 3 StR 10/71, BGHSt 24, 143 = NJW 1971, 1278; *Meyer-Goßner* Rn. 11; differenzierend KK-StPO/*Paul* Rn. 3.
[30] BayObLG v. 13. 3. 2000 – 5 St RR 58/02, StV 2002, 356; OLG Köln v. 1. 10. 1999 – Ss 466/99 – 248, VRS 98 (2000), 138.
[31] OLG Koblenz v. 22. 5. 1990 – 1 Ss 181/90, Rpfleger 1990, 385.

lassen. Das gilt auch in der Berufungshauptverhandlung, selbst wenn nach § 236 das persönliche Erscheinen des Angeklagten angeordnet wurde;[32] das Gericht kann aber die in § 236 vorgesehen Zwangsmittel anordnen. Wenn die Vertretung durch den erschienenen Verteidiger nicht zulässig ist, kann die Berufung aber verworfen werden.[33] In **Strafsachen von geringer Bedeutung** (§ 232), deren Vorliegen sich nun nach der in 1. Instanz verhängten Strafe richtet,[34] kann der Angeklagte sich auch in der Berufungsinstanz gem. § 234 vertreten lassen. Dass das Unterlassen des Hinweises an den Angeklagten, dass ohne ihn verhandelt werden kann, oder dass das Unterlassen der Anordnung des persönlichen Erscheinens, dazu führt, dass die Vertretung nach § 234 nicht zulässig ist,[35] geht einseitig zu Lasten des Angeklagten. Die Vertretung ist auch in solchen Fällen zulässig.[36]

3. Nicht genügende Entschuldigung. Für eine Verwerfung muss das Ausbleiben des Angeklagten nicht genügend entschuldigt sein. Es kommt nicht darauf an, ob er sich entsprechend entschuldigt hat.[37] Deshalb können sich hinreichende Entschuldigungsgründe auch aus anderen Quellen wie beispielsweise aus den Akten,[38] aus Erklärungen des Verteidigers,[39] aus nahe liegenden Zusammenhängen,[40] aus allgemeinkundigen Tatsachen oder aus Aussagen von Zeugen ergeben. Der Angeklagte muss dann den Entschuldigungsgrund nicht selbst rechtzeitig geltend[41] oder glaubhaft[42] gemacht haben. 11

Das Gericht muss ausgehend von der von Verfassungs wegen gebotenen engen Auslegung von § 329 Abs. 1 S. 1 ggf. Anhaltspunkten im Wege des *Freibeweises* nachgehen,[43] so bei Vorlage einer für den Beleg einer Verhandlungsunfähigkeit nicht ohne weiteres geeigneten Arbeitsunfähigkeitsbescheinigung[44] oder einem nichtssagenden Attest.[45] Der Anklagte ist zur Mitwirkung nicht verpflichtet; die Nichterfüllung der Auflage, ein amtsärztliches Zeugnis beizubringen, rechtfertigt nicht die Verwerfung der Berufung.[46] Legt der Angeklagte eine ärztliche Arbeitsunfähigkeitsbescheinigung vor, so liegt darin in der Regel die Entbindung des Arztes von seiner Verschwiegenheitspflicht.[47] Zur Prüfung des Vorliegens einer genügenden Entschuldigung ist das Gericht nur zur Erhebung solcher Beweise verpflichtet, die **sofort zur Verfügung** stehen, also die nur zu einer geringfügigen Verzögerung der Entscheidung führen, nicht aber zu solchen, die im Ergebnis einer gerade zu vermeidenden Aussetzung der Hauptverhandlung gleichkommen. Danach sind jedenfalls solche Ermittlungen geboten, die eine Entscheidung noch in derselben Hauptverhandlung zulassen.[48] 12

Genügend entschuldigt ist das Ausbleiben, wenn es glaubhaft erscheint, dass den Angeklagten kein Verschulden trifft.[49] Zweifel reichen für eine Verwerfung nicht.[50] Nur die bestimmte Feststellung der Unrichtigkeit des tatsächlichen Vorbringens des Angeklagten oder der fehlenden Beweiskraft der vorgelegten Urkunden rechtfertigen die Verwerfung.[51] Aus dieser von Verfassungs wegen gebotenen engen Auslegung von § 329 Abs. 1 Satz 1 folgt das generelle Gebot, bei der **Verschuldensfrage eine weite Auslegung zu Gunsten des Angeklagten** vorzunehmen.[52] Entscheidend ist, ob 13

---

[32] OLG Celle v. 14. 10. 1969 – 3 Ss 289/69, NJW 1970, 906; *Meyer-Goßner* Rn. 15 mwN.
[33] Vgl. OLG Oldenburg v. 20. 10. 1998 – Ss 397/98, NStZ 1999, 156.
[34] OLG Stuttgart v. 13. 7. 1962 – 2 Ss 972/61, NJW 1962, 2023.
[35] BGH v. 27. 3. 1973 – 5 StR 655/72, BGHSt 25, 165 = NJW 1973, 1006 mit abl. Anm *Küper*, NJW 1973, 1334; BayObLG v. 20. 11. 1969 – RReg. 4 b St 84/69, NJW 1970, 1055 mit abl. Anm *Küper*, NJW 1970 1562 mwN; *Meyer-Goßner* Rn. 15.
[36] Ebenso *Küper* aaO.
[37] OLG Nürnberg v. 19. 1. 2009 – 2 St OLG Ss 259/08, NJW 2009, 1761; OLG Düsseldorf v. 5. 9. 1986 – 2 Ss 375/86 – 200/86 II, StV 1987, 9; *Meyer-Goßner* Rn. 18.
[38] OLG Düsseldorf v. 28. 1. 1983 – 5 Ss 550/82 – 19/83 I, StV 1983, 193.
[39] OLG Köln v. 14. 3. 2006 – 82 Ss 23/06, StraFo 2006, 205.
[40] OLG Stuttgart v. 3. 8. 2004 – 1 Ss 132/04, NStZ-RR 2004, 338: Abschiebung; BayObLG v. 12. 9. 2000 – 5 St RR 259/00, StV 2001, 339: Ausweisung.
[41] OLG Düsseldorf v. 22. 6. 1983 – 2 Ss 143/83 – 90/83 III, NStZ 1984, 331.
[42] BayObLG v. 20. 10. 1997 – 3 St RR 54/97, NJW 1998, 172.
[43] BVerfG v. 29. 3. 2007 – 2 BvR 2366/06, BeckRS 2007, 23772; BayObLG v. 20. 10. 1997 – 3 St RR 54/97, NJW 1998, 172; OLG Stuttgart v. 14. 8. 2003 – 1 Ss 376/03, Die Justiz 2004, 126; *Meyer-Goßner* Rn. 19.
[44] OLG Düsseldorf VRS 78, 439.
[45] BayObLG v. 11. 5. 1998 – 1 ObOWi 169/98, NJW 1999, 879.
[46] *Meyer-Goßner* Rn. 19.
[47] BayObLG v. 30. 10. 1998 – 3 St RR 114/98, NStZ-RR 1999, 143; OLG Nürnberg v. 19. 1. 2009 – 2 St OLG Ss 259/08, NJW 2009, 1761; OLG Karlsruhe v. 28. 10. 1993 – 3 Ws 154/93, NStZ 1994, 141; *Meyer-Goßner* Rn. 19 aE.
[48] BayObLG v. 6. 11. 2002 – 5 St RR 279/02, NStZ-RR 2003, 87.
[49] *Meyer-Goßner* Rn. 21.
[50] OLG Bamberg v. 26. 2. 2008 – 3 Ss 118/07, BeckRS 2008, 05252.
[51] BVerfG v. 29. 3. 2007 – 2 BvR 2366/06, BeckRS 2007, 23772; BayObLG v. 20. 10. 1997 – 3 St RR 54/97, NJW 1998, 172; BayObLG v. 30. 10. 1998 – 3 St RR 114/98, NStZ-RR 1999, 143; OLG Frankfurt a. M. v. 20. 2. 1987 – 1 Ss 468/86, NJW 1988, 2965; OLG Düsseldorf v. 5. 9. 1986 – 2 Ss 375/86 – 200/86 II, StV 1987, 9; OLG Hamm v. 18. 3. 1997 – 2 Ss 142/97, NStZ-RR 1997, 240.
[52] BVerfG v. 29. 3. 2007 – 2 BvR 2366/06, BeckRS 2007, 23772; BGH v. 1. 8. 1962 – 4 StR 122/62, NJW 1962, 2020; BayObLG v. 12. 2. 2001 – 2 St RR 17/01, NJW 2001, 1438 mwN; OLG Frankfurt a. M. v. 20. 2. 1987 – 1 Ss 468/86, NJW 1988, 2965.

ihm sein Fernbleiben billigerweise zum Vorwurf gemacht werden kann.[53] Nicht zuzustimmen ist *Meyer-Goßner* darin, dass Abs. 1 nach seinem Sinn auch dann anzuwenden ist, wenn für den angesetzten Termin zwar ein Entschuldigungsgrund besteht, der Angeklagte aber ersichtlich unter keinen Umständen bereit sei, überhaupt zur Berufungsverhandlung zu erscheinen.[54] Diese Prognose manifestiert sich eben erst dann, wenn der Angeklagte tatsächlich unentschuldigt ausbleibt, und erst dann ist die Verwerfung angesichts der verfassungsrechtlich gebotenen engen Auslegung zulässig. Ob die in Betracht kommenden Gründe eine „genügende Entschuldigung" iSd. § 329 I darstellen, ist eine Rechtsfrage, deren Entscheidung dem Richter **keinen Ermessensspielraum** lässt.[55]

14 **Einzelfälle:**[56]

15 **Anreise:** Der Angeklagte muss seine Anreise so planen und durchführen, dass er trotz vorhersehbarer Verzögerungen rechtzeitig zum Termin erscheint.[57] Ein üblicherweise hohes Verkehrsaufkommen oder zu erwartende Verkehrsstauungen beispielsweise zu Zeiten von Berufsverkehr müssen einkalkuliert werden. Auf einen elektronischen Routenplaner darf man sich deshalb nur bedingt verlassen.[58] Der Angeklagte muss aber nicht so frühzeitig zum Gerichtstermin aufbrechen, dass er im Regelfall Gefahr läuft, viel zu früh anzukommen und seine Zeit mit unangemessen langem Warten zubringen zu müssen.[59] Eine Panne ist in der Regel nicht vorhersehbar und entschuldigt deshalb,[60] Parkplatznot am Gericht nicht.[61]

16 **Auskunft Dritter:** Die unrichtige Auskunft des **Gerichts** entschuldigt,[62] ebenso wenn der **Verteidiger** eine falsche Uhrzeit für den Verhandlungsbeginn benennt,[63] wahrheitswidrig erklärt, der Termin sei abgesetzt,[64] wenn er mitteilt, dass die Verhandlung wegen eines Verlegungsantrags nicht stattfinden werde,[65] wenn er das beabsichtigte Ausbleiben seines Mandanten diesem gegenüber für genügend entschuldigt hält[66] oder den Angeklagten nach längerer Wartezeit vor dem Sitzungssaal zum Verlassen des Gerichtsgebäudes auffordert.[67]

17 **Entfernung:** Die weite Entfernung vom Gerichtsort genügt nicht.[68] Wurde der Angeklagte abgeschoben, muss er alle zumutbaren Maßnahmen ausschöpfen, zB ein Kurzvisum beantragen.[69] Ist die Einreise aufenthaltsrechtlich untersagt, entschuldigt das.[70]

18 **Haft:** Nur dann, wenn er ohne Grund seine Vorführung verweigert, ist er nicht genügend entschuldigt.[71] Er muss, wenn er in anderer Sache in Haft ist, nicht die JVA auf die Notwendigkeit seiner Vorführung hinweisen.[72] Das Ausbleiben ist auch dann entschuldigt, wenn der Angeklagte nach Erhalt der Terminsladung erneut eine Straftat begeht und deswegen im Ausland inhaftiert wird,[73] denn § 329 Abs. 1 dient nicht dem Zweck, von weiteren Straftaten abzuhalten. Die (vielleicht auch berechtigte) Sorge, in Haft genommen zu werden, entschuldigt hingegen nicht.[74]

19 **Krankheit:** Selbst wenn keine Verhandlungsunfähigkeit vorliegt,[75] entschuldigt Krankheit, wenn sie nach Art und Auswirkungen eine Anwesenheit in der Hauptverhandlung unzumutbar

---

[53] OLG Brandenburg v. 13. 2. 1997 – 2 Ss 10/97, NJW 1998, 842; *Meyer-Goßner* Rn. 23 mwN.
[54] *Meyer-Goßner* Rn. 23 mit Verweis auf OLG Karlsruhe v. 14. 7. 1977 – 2 Ss 132/77, MDR 1978, 75.
[55] BayObLG v. 6. 11. 2002 – 5 St RR 279/92, NStZ-RR 2003, 87; KK-StPO/*Paul* Rn. 10.
[56] Vgl. *Meyer-Goßner* Rn. 25 ff.; KK-StPO/*Paul* Rn. 11 f.
[57] Vgl. OLG Bamberg v. 14. 10. 1994 – Ws 581/94, NJW 1995, 740. Zur Inanspruchnahme eines Taxis, wenn Pkw-Fahrer unerwartet ausbleibt, vgl. OLG Oldenburg v. 16. 6. 2009 – 1 Ss 101/09, BeckRS 2009, 18327.
[58] OLG Jena v. 5. 7. 2005 – 1 Ss 178/05, NStZ-RR 2006, 147.
[59] BerlVerfGH v. 12. 12. 2003 – VerfGH 36/03, 36 A/03, NJW 2004, 1158; BerlVerfGH v. 8. 3. 2000 – VerfGH 121/98, NJW-RR 2000, 1451.
[60] *Meyer-Goßner* Rn. 27 mwN.
[61] AA OLG Nürnberg OLGSt § 44 Nr. 2.
[62] OLG Zweibrücken v. 1. 12. 1999 – 1 Ws 643/99, NStZ-RR 2000, 111.
[63] OLG Karlsruhe v. 27. 1. 1977 – 2 Ws 6/77, AnwBl 1977, 224.
[64] OLG Hamm v. 12. 2. 2010 – 3 Ws 51/10, BeckRS 2010, 10781; OLG Hamm v. 11. 10. 1996 – 2 Ws 405/96, NStZ-RR 1997, 111; OLG Köln v. 15. 11. 1996 – Ss 554/96, NStZ-RR 1997, 208.
[65] Str.; aA LG Berlin v. 9. 5. 2005 – 505 Qs 41/05, NStZ 2005, 655; wenn der Angeklagte aber eine Nachricht des Gerichts erhält, die in klar erkennbarem Widerspruch dazu steht, ist er nicht entschuldigt, vgl. BayObLG v. 2. 10. 2002 – 2 ObOWi 408/02, NStZ-RR 2003, 85.
[66] AA *Meyer-Goßner* Rn. 29 mit Verweis auf OLG Hamm JMBlNW 1978, 32.
[67] AA *Meyer-Goßner* Rn. 29 mit Verweis auf OLG Hamm VRS 55, 275.
[68] *Meyer-Goßner* Rn. 25.
[69] LG Bielefeld v. 23. 4. 1998 – 3 Ns A 3/98 III, NStZ-RR 1998, 343; KG v. 5. 3. 1991 – 1 Ss 3/91, StV 1992, 567.
[70] OLG Bremen v. 14. 6. 2005 – Ss 39/03, StraFo 2005, 381.
[71] OLG Karlsruhe v. 15. 1. 1974 – 1 Ss 278/73, MDR 1974, 598; *Meyer-Goßner* Rn. 24.
[72] OLG Braunschweig v. 1. 11. 2001 – 1 Ss 65/01, NStZ 2002, 163 mwN.
[73] AA OLG Frankfurt a. M. v. 22. 9. 1998 – 2 Ss 298/98, NStZ-RR 1999, 144; *Meyer-Goßner* Rn. 24.
[74] OLG Hamm JMBlNW 1976, 9.
[75] OLG Stuttgart v. 19. 4. 2006 – 1 Ss 137/06, NStZ-RR 2006, 313; OLG Düsseldorf v. 2. 8. 1985 – 5 Ss 135/85 – 185/85 I, StV 1987, 9.

macht;[76] psychische Belastung durch die Verhandlung selbst genügt in der Regel nicht.[77] Die Beeinträchtigung muss erheblich sein oder die Gefahr der Verschlimmerung bestehen.[78] In die Beurteilung dieser Frage fließen die Einschränkung der Verteidigungsmöglichkeiten sowie die Bedeutung der Strafsache ein.[79] Ein Operationstermin entschuldigt nicht, wenn er ohne weiteres verschiebbar ist,[80] ein Selbstmordversuch dann nicht, wenn er nur der Verzögerung dient.[81]

Terminskollision: Eine Terminskollision muss grundsätzlich über das Stellen eines Verlegungsantrags gelöst werden. Wurde ein Verlegungsantrag rechtsfehlerhaft abgelehnt oder ein rechtzeitig gestellter Antrag nicht verbeschieden, kann dies das Fernbleiben des Angeklagten entschuldigen.[82] Die Frage ist aber, ob das Ausbleiben auch dann noch entschuldigt ist, wenn diesem Antrag nicht stattgegeben wurde. **Berufliche oder private Angelegenheiten** entschuldigen das Ausbleiben nur, wenn sie unaufschiebbar und von solcher Bedeutung sind, dass dem Angeklagten das Erscheinen billigerweise nicht zugemutet werden kann, so dass die öffentlich-rechtliche Pflicht zum Erscheinen in der Hauptverhandlung ausnahmsweise zurücktreten muss,[83] zB drohende wirtschaftliche Verluste,[84] drohender Verlust des Arbeitsplatzes,[85] Arbeitsbeginn nach langer Erwerbslosigkeit,[86] Beerdigungsformalitäten[87] oder religiöse Grunde.[88] Eine bereits gebuchte Urlaubsreise entschuldigt jedenfalls in Bagatellsachen.[89] Ob eine Dienstreise verschoben oder unterbrochen werden muss, hängt von der Art der Geschäfte, ihrer Wichtigkeit und ihrer unaufschiebbaren Dringlichkeit ab.[90] 20

Unkenntnis von dem Termin entschuldigt nicht, wenn der Angeklagte sie selbst verschuldet hat, sei es dadurch, dass er den Zugang der Ladung nicht mitbekommt[91] oder dadurch, dass er sie sich nicht hat übersetzen lassen.[92] Bei außergewöhnlich langer Ladungsfrist muss der Angeklagte darlegen, dass zumutbare Vorkehrungen gegen das Vergessen getroffen wurden.[93] Ein Zustellungsempfänger, der ein Schriftstück nicht erhalten haben will, muss in aller Regel Einzelheiten vortragen und glaubhaft machen, aus denen sich ergeben kann, dass aufgrund der konkreten Umstände ein Abhandenkommen der Sendung möglich erscheinen.[94] 21

4. Entscheidung des Berufungsgerichts. Das **Verwerfungsurteil ergeht in der Regel unmittelbar nach der Feststellung,** dass das Ausbleiben des Angeklagten nicht genügend entschuldigt ist. Wenn auch die Staatsanwaltschaft in Berufung gegangen ist, wird zunächst die Berufung des Angeklagten verworfen und dann über die Berufung der Staatsanwaltschaft verhandelt und entschieden.[95] Beide Entscheidungen können in einem Urteil getroffen werden,[96] müssen aber jedenfalls auf dieselbe Weise gem. § 37 **zugestellt** werden;[97] § 232 Abs. 4 gilt nicht.[98] 22

Wenn das Berufungsgericht die Berufung verwirft, darf es das erstinstanzliche Urteil grundsätzlich nicht ändern. Nur gem. **Abs. 1 S. 3** ist eine Klarstellung und eine Gesamtstrafenbildung zuläs- 23

---

[76] OLG Stuttgart v. 19. 4. 2006 – 1 Ss 137/06, NStZ-RR 2006, 313: Vereiterung des gesamten Ober- und Unterkieferbereichs; OLG Düsseldorf v. 22. 6. 1983 – 2 Ss 143/83 – 90/83 III, NStZ 1984, 331: Abzess in der Mundhöhle; OLG Hamm v. 8. 4. 1998 – 2 Ss 394/98, StraFo 1998, 233: eitrige Entzündungen; OLG Köln v. 23. 5. 2006 – 1 Ws 14/06, VRS 111 (2006), 43: Durchfallerkrankung; *Meyer-Goßner* Rn. 26.
[77] OLG Düsseldorf v. 19. 4. 1994 – 2 Ss 34/94 – 8/94 III, NStE Nr. 16 zu StPO.
[78] *Meyer-Goßner* Rn. 26.
[79] OLG Stuttgart v. 19. 4. 2006 – 1 Ss 137/06, NStZ-RR 2006, 313; OLG Düsseldorf v. 26. 10. 1972 – 1 Ss 663/72, NJW 1973, 109.
[80] OLG Koblenz OLGSt Nr. 3.
[81] OLG Koblenz v. 19. 9. 1974 – 1 Ss 196/74, NJW 1975, 322.
[82] BayObLG v. 8. 9. 2005 – 5 St RR 66/05, NStZ-RR 2006, 20; LR-StPO/*Gössel* Rn. 43.
[83] *Meyer-Goßner* Rn. 28; OLG Düsseldorf v. 3. 3. 1960 – (1) Ss 38/60, NJW 1960, 1921; OLG Saarbrücken v. 28. 2. 1997 – 1 Ws 6/97, StraFo 1997, 175; OLG Hamm v. 5. 9. 2005 – 2 Ss OWi 526/05, NZV 2006, 165.
[84] OLG Düsseldorf v. 3. 3. 1960 – (1) Ss 38/60, NJW 1960, 1921.
[85] OLG Hamm v. 3. 2. 1994 – 1 Ws 8/94, NJW 1995, 207.
[86] OLG Hamm v. 3. 2. 1994 – 1 Ws 8/94, NJW 1995, 207.
[87] OLG Köln v. 11. 10. 1989 – Ss 512/89.
[88] OLG Köln v. 26. 1. 1993 – Ss 569/92, NJW 1993, 1345: jüdisches Neujahrsfest für gläubiges und praktizierendes Mitglied der entsprechenden Religionsgemeinschaft.
[89] OLG Düsseldorf v. 26. 10. 1972 – 1 Ss 663/72, NJW 1973, 109; OLG Hamm v. 25. 5. 2005 – 2 Ss 210/05, VRS 109 (2005), 40; OLG Hamm v. 14. 12. 2005 – 2 Ss OWi 769/05, VRS 110 (2006), 28; zur Unterbrechung eines unbefristeten Auslandsaufenthalts vgl. BayObLG v. 7. 7. 1993 – 4 St RR 104/93, NJW 1994, 1748.
[90] *Meyer-Goßner* Rn. 28 aE mit Verweis auf OLG Hamm v. 5. 9. 2005 – 2 Ss OWi 526/05, NZV 2006, 165.
[91] OLG Düsseldorf JMBlNRW 1985, 286.
[92] OLG Nürnberg v. 20. 10. 2009 – 1 St OLG Ss 160/09, BeckRS 2010, 0215; OLG Hamm v. 20. 1. 1981 – 5 Ss 2336/80, JMBlNRW 1981, 166; zw., wenn Angeklagter gerichtsbekannt nicht der deutschen Sprache mächtig ist, weil dann Ladung in einer ihm verständlichen Sprache erfolgen muss.
[93] OLG Düsseldorf v. 5. 12. 1995 – 1 Ws 940/95, NStZ-RR 1996, 169: 11 Monate; OLG Saarbrücken v. 31. 10. 1990 – Ss 66/90 (136/90), NStZ 1991, 147: knapp 1 Jahr.
[94] OLG Hamm v. 6. 10. 2009 – 3 Ss 425/09, BeckRS 2009, 86913.
[95] BayObLG v. 1. 2. 1956 – RReg. 1 St 508/55, NJW 1956, 838; *Meyer-Goßner*, FS Gössel, 2002, S. 644.
[96] RG v. 19. 3. 1931 – II 921, II 923/30, RGSt 65, 231; OLG Karlsruhe v. 18. 5. 1972 – 1 Ss 73/72, NJW 1972, 1871.
[97] *Meyer-Goßner* Rn. 31.
[98] *Meyer-Goßner* Rn. 34; § 232, Rn. 26 mwN.

sig. Diese Vorschrift trägt dem Umstand Rechnung, dass ein – zwischen Erlass des erstinstanzlichen und des Berufungsurteils eingetretener – Wegfall einer Verfahrensvoraussetzung oder eine Einstellung eine uneingeschränkte Berufungsverwerfung verbieten. Er eröffnet in solchen Fällen dem Berufungsgericht die Möglichkeit, der nachträglich eingetretenen Änderung Rechnung zu tragen.[99] Der Wegfall der Verurteilung wegen einzelner von mehreren Taten ist möglich, wenn das Verfahren nach den §§ 153 ff.[100] oder wegen eines Verfahrenshindernisses eingestellt oder ein Verfahrensteil abgetrennt wurde.[101] Eine nachträgliche Gesamtstrafenbildung gem. § 55 StGB ist ausgeschlossen.[102] Eine entsprechende Anwendung von Abs. 1 S. 3 auf den Fall, dass infolge Zeitablaufs die Sperrfrist nach § 69a StGB abgelaufen ist, kommt nicht in Betracht.[103]

24 Das Verwerfungsurteil muss **begründet** werden (vgl. § 34). Wenn keine Entschuldigungsgründe ersichtlich sind, genügt die formularhafte Verwerfung ohne nähere Begründung.[104] Ansonsten muss sich das Urteil mit allen geltend oder ersichtlichen Tatsachen, die als Entschuldigung dienen könnten, so in den Urteilsgründen auseinandersetzen, dass sie vom Revisionsgericht nachgeprüft werden können.[105] Wenn dazu Anlass besteht, muss das Verwerfungsurteil auch die Zulässigkeit der Berufung und das Fehlen von Prozesshindernissen thematisieren.[106]

III. Berufung der StA (Abs. 2)

25 Wenn auch oder nur die Staatsanwaltschaft Berufung eingelegt hat, kann unter den Voraussetzungen des Abs. 1 S. 1 (im Fall der beidseitigen Berufung nach Verwerfung der Berufung des Angeklagten) gem. **Abs. 2** auch ohne den Angeklagten verhandelt werden. Der Angeklagte soll es nicht in der Hand haben, den weiteren Ablauf des von der Staatsgewalt im Interesse der Allgemeinheit gegen ihn eingeleiteten Verfahrens aufzuhalten und es auf kürzere oder längere Zeit unmöglich zu machen, dass seine Verfehlung alsbald die gerechte Ahndung findet.[107] Diese Möglichkeit hat aus Gründen der Verfahrensbeschleunigung auch Vorrang vor der Möglichkeit, sein Erscheinen in der Berufungsverhandlung nach Abs. 4 zu erzwingen.[108] Das Berufungsgericht kann grundsätzlich **ohne Rücksicht auf die Höhe der zu erwartenden Strafe** verhandeln und ist nicht an den in § 233 Abs. 1 vorgesehenen Strafrahmen gebunden.[109]

26 Das Berufungsgericht muss jedoch prüfen, ob die **Pflicht zur Erforschung der Wahrheit** (§ 244 Abs. 2) **oder andere Umstände die Zuziehung des Angeklagten zur Hauptverhandlung** im Wege der Vorführung oder der Verhaftung verlangen.[110] Solche **anderen Umstände** können sein die Notwendigkeit, sich einen auf persönlicher Beobachtung des Angeklagten beruhenden Eindruck von ihm zu verschaffen,[111] wenn es im Zusammenhang mit der Entscheidung über den von der Staatsanwaltschaft begehrten Wegfall der Strafaussetzung um die Beurteilung der persönlichen Voraussetzungen des Angeklagten im Sinne des § 56 Abs. 1 StGB geht oder eine deutlich höhere Strafe als die erstinstanzlich verhängte erwogen wird.[112]

27 Abs. 2 S. 2 1. Halbsatz ist eine Ausnahme von § 303 S. 1: die Staatsanwaltschaft darf die Berufung auch ohne Zustimmung des Angeklagten in der Berufungshauptverhandlung zurücknehmen.[113] Das gilt nach dem 2. Halbsatz nicht, wenn die Sache erneut verhandelt wird, nachdem sie vom Revisionsgericht zurückverwiesen wurde.

IV. Wiedereinsetzung in den vorigen Stand (Abs. 3)

28 Binnen einer Woche nach Zustellung des Urteils nach Abs. 1 S. 1 oder Abs. 2 S. 1 kann der Angeklagte **Wiedereinsetzung in den vorigen Stand** unter den Voraussetzungen der §§ 44, 45 beantragen (**Abs. 3**). Wenn das Verwerfungsurteil erst ergangen ist und das Ausbleiben des Angeklag-

---

[99] OLG Rostock v. 17. 2. 1994 – 1 Ss 45/93 I 7/93, NStZ 1994, 401.
[100] Zu § 154a StPO vgl. OLG Rostock v. 17. 2. 1994 – 1 Ss 45/93 I 7/93, NStZ 1994, 401; ablehnend *Meyer-Goßner* Rn. 32.
[101] *Meyer-Goßner* Rn. 32.
[102] OLG Stuttgart v. 3. 7. 1998 – 1 Ss 265/98, Die Justiz 1998, 572.
[103] *Meyer-Goßner* Rn. 32; aA LG Kiel v. 9. 4. 1976 – II 24/76, NJW 1976, 1326.
[104] OLG Frankfurt a. M. v. 27. 11. 1969 – 1 Ss 720/69, NJW 1970, 959.
[105] BayObLG v. 6. 11. 2002 – 5 St RR 279/2002, NStZ-RR 2003, 87; OLG Hamm v. 7. 10. 1999 – 2 Ss 1011/99, NStZ-RR 2000, 84.
[106] *Meyer-Goßner* Rn. 33 aE.
[107] BGH v. 1. 8. 1962 – 4 StR 122/62, BGHSt 17, 391 = NJW 1962, 2020.
[108] OLG Karlsruhe v. 11. 11. 2002 – 2 Ss 64/02, NStZ-RR 2004, 21.
[109] BGH v. 1. 8. 1962 – 4 StR 122/62, BGHSt 17, 391 = NJW 1962, 2020.
[110] BGH v. 1. 8. 1962 – 4 StR 122/62, BGHSt 17, 391 = NJW 1962, 2020.
[111] OLG Stuttgart v. 10. 3. 1987 – 3 Ws 66/87, NStZ 1987, 377.
[112] Vgl. OLG Karlsruhe v. 11. 11. 2002 – 2 Ss 64/02, NStZ-RR 2004, 21; OLG Hamburg StV 1982, 558; OLG Hamm v. 17. 8. 1995 – 2 Ss 810/95, StV 1997, 346; LR-StPO/*Gollwitzer* Rn. 83; *Meyer-Goßner* Rn 36f.
[113] Nach LG Dresden v. 16. 11. 1998 – 8 Ns 103 Js 12 674-96, NStZ 1999, 265, auch noch, wenn die Hauptverhandlung ausgesetzt wurde.

ten genügend entschuldigt ist, kann das Berufungsgericht noch im Sitzungssaal, aber außerhalb der Hauptverhandlung, Wiedereinsetzung in den vorigen Stand gewähren und sodann die Hauptverhandlung durchführen.[114]

Wenn der **Angeklagte nicht ordnungsgemäß geladen** war, ist er an sich nicht säumig.[115] Nach hM soll er aber aus Praktikabilitätsgründen und einem „Erst-Recht-Schluss" dem Säumigen gleichgestellt sein und ohne Rücksicht auf ein Verschulden Wiedereinsetzung in den vorigen Stand gewährt bekommen, wenn das Gericht das Fehlen oder die Unwirksamkeit der Ladung übersehen hat.[116] Demgegenüber vertritt die Gegenmeinung[117] den Standpunkt, ein solches Urteil sei nur mit der Revision anfechtbar.[118] Es wird auch demjenigen Angeklagten Wiedereinsetzung gem. § 329 Abs. 3 analog ohne Rücksicht auf sein etwaiges Verschulden gewährt, dessen **Berufung zu Unrecht wegen Verhandlungsunfähigkeit verworfen** wurde.[119] 29

Nach § 45 setzt die Wiedereinsetzung in den vorigen Stand voraus, dass innerhalb der gesetzlich bestimmten Wochenfrist ein begründeter Antrag gestellt wird, in dem alle **Tatsachen,** die für die Entscheidung über seine Zulässigkeit und Begründetheit von Bedeutung sind, **geltend und glaubhaft gemacht** werden,[120] und die dem Berufungsgericht **nicht bekannt waren.** Wenn das Berufungsgericht diese Tatsachen bereits (fehlerhaft) berücksichtigt hat, kann das Verwerfungsurteil nur mit der Revision angefochten werden.[121] Solche bereits bekannten Tatsachen können nur im Zusammenhang mit neuen Tatsachen gewürdigt werden;[122] neue Beweismittel für bereits bekannte Tatsachen sind nicht relevant.[123] Der Grundsatz, dass eine Wiedereinsetzung nicht mit der gleichen Tatsachenbehauptung beantragt werden kann, mit der ein Angeklagter sein Nichterscheinen bereits entschuldigt hat, gilt aber dann nicht, wenn es das Berufungsgericht versäumt hat, diese Tatsache in dem Urteil nach § 329 Abs. 1 als nicht ausreichend zu würdigen.[124] 30

Wird Wiedereinsetzung gewährt, wird das Verwerfungsurteil beseitigt, ohne dass es ausdrücklich aufgehoben werden muss.[125] Ein etwaiges auf die Berufung der Staatsanwaltschaft hin ergangenen Urteil wird ebenfalls gegenstandslos; es ist wieder über beide Berufungen zu entscheiden.[126] 31

Gegen den Beschluss ist **nach § 46 Abs. 3 sofortige Beschwerde** zulässig. 32

V. Vorführung oder Verhaftung des Angeklagten (Abs. 4)

Wenn das Gericht nicht nach Abs. 1 oder Abs. 2 ein Verwerfungsurteil erlässt, etwa wegen Abs. 1 S. 2 oder weil es sich auf die Berufung der Staatsanwaltschaft hin einen persönlichen Eindruck vom Angeklagten verschaffen will,[127] so kann es gem. Abs. 4 S. 1 die Vorführung oder Verhaftung des Angeklagten anordnen. Dies gilt gem. Abs. 4 S. 2 aus Gründen der Verhältnismäßigkeit nicht, wenn zu erwarten ist, dass er in der neu anzuberaumenden Hauptverhandlung auch ohne Zwangsmaßnahmen erscheinen wird oder wenn in der nächsten Hauptverhandlung auch bei unentschuldigtem Fernbleiben des Angeklagten ein Urteil nach Maßgabe des § 329 Abs. 1, Abs. 2 ergehen könnte.[128] 33

VI. Revision

Gegen das Verwerfungsurteil ist die **Revision** zulässig, auch neben einem Wiedereinsetzungsantrag.[129] Sie ist unzulässig im Fall des § 55 Abs. 2 JGG, ebenso bei einem Heranwachsenden im 34

---

[114] Meyer-Goßner Rn. 40.
[115] S. oben Rn. 9.
[116] Meyer-Goßner Rn. 41; BGH v. 11. 11. 1986 – 1 StR 207/86, NJW 1987, 1776; OLG Hamm v. 6. 10. 2009 – 3 Ss 425/09, BeckRS 2009, 86 913; OLG Köln v. 14. 3. 2000 – Ss 10/00, NStZ-RR 2002, 142; jeweils mwN.
[117] Vgl. KG v. 1. 9. 1983 – (3) Ss 211/83 (68/83), JR 1984, 78; Meyer JR 1979, 122 (Anm. zu OLG Celle v. 2. 6. 1978 – 3 Ws 104/78, JR 1979, 121); Meyer NStZ 1982, 523 (Anm. zu OLG Hamm v. 23. 8. 1982 – 1 Ws 102/82, NStZ 1982, 521).
[118] Differenzierend OLG Düsseldorf v. 22. 7. 1987 – 2 Ws 313/87, NStZ 1987, 523: Wiedereinsetzung in den vorigen Stand gegen die Versäumung der Berufungshauptverhandlung zu gewähren, wenn gegen das Berufungsurteil keine Revision zulässig ist.
[119] OLG Frankfurt a. M. v. 4. 4. 2005 – 3 Ws 224/05, NStZ-RR 2005, 174: Trunkenheit nicht schon zu Beginn der Hauptverhandlung, sondern erst während der Beweisaufnahme. Ebenso bei zu Unrecht angenommener Säumigkeit nach OLG brandenburg v. 7. 10. 2009 – 1 Ss 86/09, BeckRS 2009, 87252.
[120] OLG Köln v. 14. 3. 2000 – Ss 10/00, NStZ-RR 2002, 145; Meyer-Goßner Rn. 42.
[121] OLG Hamm v. 22. 1. 1997 – 2 Ws 9/97, wistra 1997, 157; OLG Düsseldorf v. 24. 4. 2003 – III-3 Ws 127 – 129/03, NStZ-RR 2004, 47.
[122] Meyer-Goßner Rn. 42.
[123] OLG Düsseldorf v. 6. 9. 1991 – 1 Ws 789/91, NStZ 1992, 99.
[124] OLG München v. 21. 4. 1988 – 2 Ws 191/88, NStZ 1988, 377 mwN.
[125] OLG Stuttgart v. 5. 5. 1961 – 1 Ss 142/61, NJW 1961, 1687.
[126] RG v. 19. 3. 1931 – II 921, II 923/30, RGSt 65, 232; Meyer-Goßner Rn. 44.
[127] S. oben Rn. 26.
[128] BVerfG v. 18. 12. 2000 – 2 BvR 1706/00, NJW 2001, 1341.
[129] Meyer-Goßner Rn. 46.

§ 330   1   Drittes Buch. Rechtsmittel

Fall des § 109 Abs. 2 JGG.¹³⁰ Das unentschuldigte Ausbleiben des Angeklagten zu Beginn der Berufungsverhandlung ist keine vom Revisionsgericht von Amts wegen zu prüfende Voraussetzung für die Berufungsverwerfung.¹³¹

35   Mit einer den Anforderungen des § 344 Abs. 2 S. 2 genügenden **Verfahrensrüge** kann gegen ein gem. § 329 Abs. 1 ergangenes Verwerfungsurteil geltend gemacht werden, dass dieses zu Unrecht davon ausgeht, dass ein Angeklagter nicht genügend entschuldigt gewesen sei.¹³² Danach sind die den Mangel enthaltenden Tatsachen so vollständig und genau mitzuteilen, dass das Revisionsgericht allein anhand der Revisionsbegründung prüfen kann, ob die Rüge begründet ist, wenn die behaupteten Tatsachen zutreffen.¹³³ Die hierfür maßgebenden Erwägungen müssen deshalb in den Urteilsgründen so dargestellt werden, dass sie vom Revisionsgericht nachgeprüft werden können.¹³⁴ An die Zulässigkeit der Rüge einer Verletzung des § 329 dürfen allerdings keine allzu strengen Anforderungen gestellt werden.¹³⁵

36   Das **Revisionsgericht prüft** dann, ob der Revisionsführer dort geladen wurde, wo er gewohnt hat,¹³⁶ oder ob die besondere Vollmacht nach § 145a Abs. 2 vorlag.¹³⁷ Weiter prüft es, ob das Berufungsgericht seine Aufklärungspflicht verletzt hat, indem es seinem Urteil nicht alle in diesem Zeitpunkt erkennbaren Entschuldigungsgründe zugrunde gelegt hat oder ob es die Rechtsbegriffe des Ausbleibens oder der genügenden Entschuldigung verkannt hat.¹³⁸ An die tatsächlichen Feststellungen ist das Revisionsgericht gebunden; es kann diese Feststellungen nicht im Wege des Freibeweises nachprüfen oder ergänzen.¹³⁹ Zweifel über die Wirksamkeit der Ladung oder das Vorliegen einer genügenden Entschuldigung führen zur Urteilsaufhebung.¹⁴⁰

37   Auf die **Sachrüge** hin überprüft das Revisionsgericht nur, ob im Revisionsverfahren die Prozessvoraussetzungen und Verfahrenshindernisse entstanden sind.¹⁴¹ Richtet sie sich nur gegen das 1. Urteil, so ist sie unzulässig.¹⁴² Die Sachrüge kann in die Verletzung des § 329 umgedeutet werden, wenn sie den Anforderungen des § 344 Abs. 2 genügt.¹⁴³

38   Wird das Verwerfungsurteil in der Revision **aufgehoben,** wird auch das Urteil über die Berufung der Staatsanwaltschaft gegenstandslos.¹⁴⁴ Wird hingegen nur das auf die Berufung der Staatsanwaltschaft hin ergangene Urteil aufgehoben, berührt das den Bestand des Verwerfungsurteils nicht,¹⁴⁵ es sei denn, das Urteil wurde aufgehoben, weil die Voraussetzungen des Abs. 1 gefehlt haben.¹⁴⁶

§ 330 [Maßnahmen bei Berufung durch gesetzlichen Vertreter]

(1) Ist von dem gesetzlichen Vertreter die Berufung eingelegt worden, so hat das Gericht auch den Angeklagten zu der Hauptverhandlung vorzuladen und kann ihn bei seinem Ausbleiben zwangsweise vorführen lassen.

(2) ¹Bleibt allein der gesetzliche Vertreter in der Hauptverhandlung aus, so ist ohne ihn zu verhandeln. ²Ist weder der gesetzliche Vertreter noch der Angeklagte bei Beginn einer Hauptverhandlung erschienen, so gilt § 329 Abs. 1 entsprechend; ist lediglich der Angeklagte nicht erschienen, so gilt § 329 Abs. 2 Satz 1 entsprechend.

1   Legt der gesetzliche Vertreter oder der Erziehungsberechtigte, der nicht gesetzlicher Vertreter ist (§ 67 Abs. 3 JGG), Berufung ein (§ 298), so hat das Gericht gem. **Abs. 1** auch den Angeklagten zu

---

¹³⁰ BGH v. 14. 5. 1981 – 4 StR 694/80, BGHSt 30, 98 = NJW 1981, 2422.
¹³¹ BGH v. 23. 11. 1960 – 4 StR 265/60, BGHSt 15, 287 = NJW 1961, 567.
¹³² Vgl. nur OLG Nürnberg v. 21. 5. 2008 – 2 St OLG Ss 228/07, StraFo 2008, 248 mwN; OLG Nürnberg v. 19. 1. 2009 – 2 St Ss 259/08, NJW 2009, 1761.
¹³³ Zur behaupteten nicht ordnungsgemäßen Ladung vgl. OLG Hamm v. 3. 11. 2004 – 4 Ss 359/04, NStZ-RR 2005, 114; OLG Karlsruhe v. 28. 8. 1995 – 2 Ss 72/95, NZV 1996, 164; BayObLG v. 19. 3. 2001 – 1 St RR 30/01, NStZ-RR 2001, 374.
¹³⁴ BayObLG v. 6. 11. 2002 – 5 St RR 279/2002, NStZ-RR 2003, 87.
¹³⁵ OLG Nürnberg v. 19. 1. 2009 – 2 St OLG Ss 259/08, NJW 2009, 1761; OLG Nürnberg v. 21. 5. 2008 – 2 St OLG Ss 228/07, StraFo 2008, 248; OLG München v. 27. 10. 2008 – 5 St RR 200/08, NJW 2008, 3797; BayObLG v. 24. 3. 1999 – 5St RR 245/98, BayObLGSt 1999, 69.
¹³⁶ BGH v. 11. 11. 1986 – 1 StR 207/86, NJW 1987, 1776.
¹³⁷ OLG Düsseldorf v. 3. 11. 1981 – 2 Ss 570/81, StV 1982, 127.
¹³⁸ *Meyer-Goßner* Rn. 48.
¹³⁹ BGH v. 11. 4. 1979 – 2 StR 306/78, BGHSt 28, 384 = NJW 1979, 2319.
¹⁴⁰ OLG Stuttgart v. 20. 7. 1988 – 1 Ss 331/88, NStZ 1989, 91; OLG Düsseldorf v. 19. 9. 1989 – 5 Ss 352/89 – 134/89 I, VRS 78 (1990), 130; *Meyer-Goßner* Rn. 48.
¹⁴¹ OLG Köln v. 12. 12. 2000 – Ss 446/00, NJW 2001, 1223 mwN; aA OLG Dresden v. 12. 7. 2000 – 1 Ss 166/00, NJW 2000, 3295: auch Verletzung des Abs. 1 StPO ist Prüfungsgegenstand der allgemeinen Sachrüge.
¹⁴² *Meyer-Goßner* Rn. 49.
¹⁴³ OLG Brandenburg v. 5. 5. 1997 – 2 Ss (OWi) 10B/97, NStZ-RR 1997, 275; *Meyer-Goßner* Rn. 49 aE.
¹⁴⁴ OLG Stuttgart v. 5. 5. 1961 – 1 Ss 142/61, NJW 1961, 1687.
¹⁴⁵ OLG Stuttgart v. 2. 8. 1999 – 1 Ss 411/99, NStZ 2000, 52.
¹⁴⁶ *Meyer-Goßner*, FS Gössel, 2002, S. 646.

Dritter Abschnitt. Berufung 1–4 § 331

der Hauptverhandlung zu laden und kann ihn bei seinem Ausbleiben zwangsweise gem. §§ 133 Abs. 2, 134 vorführen lassen. Eine **Verhaftung ist nicht zulässig.**[1]

Bleibt nur der gesetzliche Vertreter in der Hauptverhandlung aus, so ist ohne ihn zu verhandeln (**Abs. 2 S. 1**). Der gesetzliche Vertreter kann sich durch einen Rechtsanwalt vertreten lassen.[2] In Ergänzung des § 329 bestimmt **Abs. 2 S. 2 1. Hs.**, dass § 329 Abs. 1 entsprechend gilt, wenn **weder der gesetzliche Vertreter noch der Angeklagte** erscheint. Bleibt nur der Angeklagte aus, so gilt § 329 Abs. 2 S. 1[3] entsprechend (Abs. 2 S. 2 2. Hs.). 2

§ 331 [Verbot der reformatio in peius]

(1) Das Urteil darf in Art und Höhe der Rechtsfolgen der Tat nicht zum Nachteil des Angeklagten geändert werden, wenn lediglich der Angeklagte, zu seinen Gunsten die Staatsanwaltschaft oder sein gesetzlicher Vertreter Berufung eingelegt hat.

(2) Diese Vorschrift steht der Anordnung der Unterbringung in einem psychiatrischen Krankenhaus oder einer Entziehungsanstalt nicht entgegen.

I. Allgemeines

Mit § 331 billigt der Gesetzgeber dem Angeklagten ein Verbot der Schlechterstellung zu, wenn nur er oder zu seinen Gunsten die Staatsanwaltschaft oder sein gesetzlicher Vertreter Berufung eingelegt hat. Das Verschlechterungsverbot ist keine zwingende Folge des Rechtsstaatsprinzips, sondern eine dem Angeklagten gewährte **Rechtswohltat.**[1*] Der Angeklagte soll bei seiner Entscheidung darüber, ob er von einem ihm zustehenden Rechtsmittel Gebrauch machen will, nicht durch die Besorgnis beeinträchtigt werden, es könne ihm durch die Einlegung des Rechtsmittels ein Nachteil in Gestalt härterer Bestrafung entstehen.[2*] Das führt dazu, dass ihm die durch das 1. Urteil erlangten „Vorteile" selbst dann belassen werden, wenn sie gegen sachliches Recht verstoßen oder das Gericht unzuständig war.[3*] 1

In der Rechtsprechung ist die Wirkung des Schlechterstellungsverbots als **eine zugunsten des Angeklagten eintretende beschränkte Rechtskraft** erklärt worden.[4] 2

II. Gegenstand des Verschlechterungsverbots

§ 331 gilt **nur für Urteile,** dann aber im gesamten weiteren Verfahren, nicht aber in einem neuen Verfahren.[5] Das Verbot der Schlechterstellung gilt also auch, wenn und soweit das frühere Urteil auf eine Revision der Staatsanwaltschaft, die zuungunsten des Angeklagten eingelegt worden war, gemäß § 301 zugunsten des Angeklagten aufgehoben worden ist[6] und beim Übergang vom Sicherungsverfahren nach § 413 zum ordentlichen Strafverfahren.[7] Andererseits greift das Verbot nicht, wenn das Verfahren wegen eines Prozesshindernisses eingestellt wird und die Staatsanwaltschaft nach dessen Beseitigung neue Anklage erhebt.[8] 3

Art und Höhe der Rechtsfolgen dürfen nicht zum Nachteil des Angeklagten geändert werden. Gegen das Verschlechterungsverbot wird dann nicht verstoßen, wenn die Gesamtschau der verhängten Ahndungsmaßnahmen keine Veränderung zum Nachteil des Betroffenen erkennen lässt.[9] Rechtsfolgen sind nur die unmittelbar im Urteil verhängten, nicht aber die im Bewährungsbeschluss aufgeführten Auflagen und Weisungen oder etwaige Zahlungserleichterungen nach § 42 StGB. Das Verschlechterungsverbot gilt auch nicht für die Kosten- und Auslagenentscheidung, für die Entschädigung nach StrEG oder Ersatzansprüche zivilrechtlicher Natur.[10] Das Verbot der 4

---

[1] KK-StPO/*Paul* Rn. 2.
[2] OLG Bremen v. 13. 1. 1960 – Ss 105/59, NJW 1960, 1171.
[3] S. § 329 Rn. 25.
[1*] BGH v. 7. 5. 1980 – 2 StR 10/80, BGHSt 29, 269 = NJW 1980, 1967.
[2*] BGH v. 4. 5. 1977 – 2 StR 9/77, BGHSt 27, 176 = NJW 1977, 1544 mwN.
[3*] *Meyer-Goßner* Rn. 1 mwN.
[4] U. a. BGH v. 29. 4. 1958 – 1 StR 68/58, BGHSt 11, 319 = NJW 1958, 1050; offen gelassen von BGH v. 4. 5. 1977 – 2 StR 9/77, BGHSt 27, 176 = NJW 1977, 1544; aA LR-StPO/*Gollwitzer* Rn. 3; *Meyer-Goßner* Rn. 2.
[5] KK-StPO/*Paul* Rn. 9.
[6] BGH v. 3. 3. 1959 – 5 StR 4/59, BGHSt 13, 41 = NJW 1959, 950.
[7] BGH v. 29. 4. 1958 – 1 StR 68/58, BGHSt 11, 319 = NJW 1958, 1050.
[8] BGH v. 27. 10. 1964 – 1 StR 358/64, BGHSt 20, 77 = NJW 1965, 52; *Meyer-Goßner* Rn. 4a; KK-StPO/*Paul* Rn. 9; aA OLG Hamburg v. 14. 1. 1975 – 2 Ss 132/74, NJW 1975, 1473; BayObLG v. 10. 5. 1961 – RReg. 1 St 133/61, NJW 1961, 1487; LG Zweibrücken v. 15. 11. 1996 – 1 Qs 136/96, NStZ-RR 1997, 111.
[9] BGH v. 11. 11. 1970 – 4 StR 66/70, BGHSt 24, 11 = NJW 1971, 105.
[10] *Meyer-Goßner* Rn. 6; OLG Brandenburg v. 7. 10. 2009 – 1 Ss 82/09, BeckRS 2009, 29985; BGH v. 18. 10. 2000 – 3 StR 426/00, BeckRS 2000, 30137492.

Schlechterstellung steht der Bildung einer neuen Gesamtstrafe, durch die die Strafaussetzung zur Bewährung gegenstandslos wird,[11] nur entgegen, wenn der erstinstanzliche Richter selbst eine Rechtsfolge festgesetzt hat, um deren Verschärfung es geht. Fehlt es hieran, so liegt eine richterliche Entscheidung, die Gegenstand einer Änderung zum Nachteil des Angeklagten sein könnte, überhaupt nicht vor.[12]

5 **Schuldspruchänderungen sind auch zuungunsten des Angeklagten zulässig.**[13] Wer sein Rechtsmittel nicht auf den Rechtsfolgenausspruch beschränkt, muss sie in Kauf nehmen,[14] so kann unter Aufrechterhaltung der Geldbuße statt wegen einer Ordnungswidrigkeit auch wegen einer Straftat verurteilt werden. Wenn der Verurteilung eine zulässige Absprache zugrunde liegt, wird von einer Schuldspruchänderung aber abzusehen sein.[15] Legen der Angeklagte unbeschränkt, die Staatsanwaltschaft eine Strafmaßberufung ein, so darf das Berufungsgericht auf Grund der Berufung des Angeklagten den Schuldspruch zu seinen Ungunsten ändern sowie auf Grund der wirksam auf den Rechtsfolgenausspruch beschränkten Berufung der Staatsanwaltschaft den bereits vom Amtsgericht angewendeten Strafrahmen straferhöhend ausschöpfen.[16]

6 Anders herum führt die **Verringerung des Schuldumfangs oder eine rechtliche mildere Beurteilung der Tat** nicht automatisch zur Herabsetzung der Strafe, auch nicht zur Annahme eines minder schweren Falls oder zum Wegfall eines Straferhöhungsgrundes.[17] Entsprechendes gilt für den Wegfall einer oder mehrerer Einzelstrafen bei Tatmehrheit: die Gesamtstrafe muss nicht herabgesetzt werden, wenn die verbleibenden Einzelstrafen sie rechtfertigen; bleibt nur eine Einzelstrafe übrig, darf deren Strafmaß nicht überschritten werden.[18]

7 Bei **Fortsetzungs- und Dauerstraftaten** gilt das Verbot der Verschlechterung naturgemäß nicht für Taten nach dem erstinstanzlichen Urteil. Das Gericht darf wegen solcher Taten die Strafe verschärfen[19] oder die Strafaussetzung aufheben.[20]

8 Die **Strafart** darf nicht verschlechtert werden, also nicht eine Geldstrafe durch eine Freiheitsstrafe ersetzt werden, und sei es auf Bewährung.[21] Eine Verbesserung ist erlaubt, also Geld- statt Freiheitsstrafe, wobei die Anzahl der Tagessätze nicht die Freiheitsstrafe übersteigen darf.[22] Neben der Geldstrafe ist dann auch die Verhängung eines Fahrverbots erlaubt. War schon im 1. Urteil neben der Freiheitsstrafe auch eine Geldstrafe verhängt, so darf die Geldstrafe bei Wegfall der Freiheitsstrafe entsprechend erhöht werden.

9 Statt Freiheitsstrafe darf nicht auf eine höhere **Jugendstrafe** erkannt werden.[23] Anstelle Jugendstrafe darf umgekehrt auf eine niedrigere Freiheitsstrafe umgestellt werden, wenn sie so bemessen ist, dass der Jugendliche zur gleichen Zeit entlassen werden kann wie bei der Jugendstrafe.[24] Statt Jugendarrest darf auf Geldstrafe erkannt werden, wenn sie nach den Umständen des Einzelfalls nicht schwerer wiegt.[25]

10 **Im Einzelnen:**[26]

11 Bei der **Geldstrafe** darf weder die Zahl der Tagessätze noch die Höhe der Gesamtgeldstrafe erhöht werden.[27] Wenn die Höhe des Tagessatzes erhöht wird, muss deshalb zugleich die Anzahl der Tagessätze reduziert werden.[28]

12 Die **Freiheitsstrafe** darf nicht erhöht werden, selbst wenn eine daneben verhängte Geldstrafe wegfällt. Gleiches gilt auch dann, wenn eine höhere Freiheitsstrafe zur Bewährung ausgesetzt

---

[11] Vgl. BGH v. 16. 12. 1954 – 3 StR 189/54, BGHSt 7, 180 = NJW 1955, 758.
[12] BGH v. 14. 5. 1981 – 4 StR 599/80, BGHSt 30, 93 = NJW 1981, 2071; BGH v. 11. 2. 1988 – 4 StR 516/87, BGHSt 35, 208= NStZ 1988, 284; BGH v. 28. 3. 1996 – 4 StR 120/96, NStZ 1997, 73.
[13] BGH v. 26. 5. 1967 – 2 StR 129/67, BGHSt 21, 256 = NJW 1967, 1972.
[14] *Meyer-Goßner* Rn. 8.
[15] *Meyer-Goßner* Rn. 8 mit Verweis auf BGH v. 13. 8. 2003 – 5 StR 286/03, StraFo 2003, 384.
[16] BayObLG v. 29. 6. 2000 – 4 St RR 76/2000, NStZ-RR 2000, 379 mwN: unerlaubtes Handeltreiben mit Betäubungsmitteln in nicht geringer Menge hin zu größerer Wirkstoffmenge; abl. *Cierniak* NStZ 2001, 399: keine Begrenzung; *Meyer-Goßner* Rn. 9; *ders.*, FS Gössel, 2002, S. 650: Rechtsmittel streng trennen, so dass hinsichtlich der staatsanwaltlichen Berufung von dem durch diese nicht angefochtenen Schuldspruch auszugehen ist.
[17] *Meyer-Goßner* Rn. 11 mwN.
[18] OLG Düsseldorf v. 11. 11. 1983 – 5 Ss 418/83 – 352/83 I, StV 1986, 146.
[19] BGH v. 18. 7. 1956 – 6 StR 28/56, BGHSt 9, 324 = NJW 1956, 1725; BayObLG v. 14. 1. 1986 – RReg. 4 St 273/85, NStZ 1986, 319.
[20] *Meyer-Goßner* Rn. 10 mit Verweis auf BayObLGSt 57, 83 = JR 1957, 303.
[21] OLG Hamburg v. 5. 5. 1982 – 2 Ss 40/82, MDR 1982, 776.
[22] OLG Düsseldorf v. 8. 2. 1993 – 2 Ss 389/92 – 149/92 II, NJW 1994, 1016; arg.: Ersatzfreiheitsstrafe gem. § 43 StGB.
[23] BGH v. 7. 5. 1980 – 2 StR 10/80, BGHSt 29, 269 = NJW 1980, 1967; vgl. zu § 31 JGG OLG Celle v. 13. 9. 2000 – 33 Ss 73/00, NStZ-RR 2001, 90.
[24] *Meyer-Goßner* Rn. 14.
[25] BayObLG v. 29. 7. 1970 – RReg. 5 St 84/70, NJW 1970, 2258.
[26] Vgl. *Meyer-Goßner* Rn. 15 ff.
[27] BayObLG v. 10. 8. 1979 – RReg. 2 St 74/79, NJW 1980, 849: zur Kompensation mit gleichzeitig wegfallendem Fahrverbot.
[28] *Meyer-Goßner* Rn. 16.

wird.²⁹ Wurde erstinstanzlich eine Bewährungsstrafe verhängt, darf diese nun nicht wegfallen, selbst wenn sie der Höhe nach erheblich reduziert wird.³⁰ Es darf nicht weniger U-Haft als in 1. Instanz angerechnet werden.³¹

Auch für die **Gesamtstrafe** gilt das Verbot der Verschlechterung.³² Wird auf die Berufung des Angeklagten eine Einheitstat in mehrere selbständige Straftaten aufgelöst, so dürfen zwar die Einzelstrafen die frühere Einheitsstrafe erreichen; die Gesamtstrafe darf diese aber nicht übersteigen;³³ bei einer solchen Gestaltung muss also gegebenenfalls die an sich vorgesehene Schärfung der Einsatzstrafe unterbleiben. Wird in der Berufungsinstanz Tateinheit statt Tatmehrheit angenommen, so darf auf eine Strafe in Höhe der bisherigen Gesamtstrafe erkannt werden.³⁴ Beim Wegfall einer oder mehrerer Einzelstrafen bei Tatmehrheit muss die Gesamtstrafe nicht herabgesetzt werden, wenn die verbleibenden Einzelstrafen sie rechtfertigen; bleibt nur eine Einzelstrafe übrig, darf deren Strafmaß aber nicht überschritten werden.³⁵ Wenn eine einbezogene Geldstrafe vor Erlass des Berufungsurteils bezahlt wird, muss sie berücksichtigt werden, selbst wenn dies zur Unterschreitung der gesetzlichen Strafuntergrenze führt.³⁶ 13

Wird eine **Gesamtstrafe aus Freiheits- und Geldstrafe** aufgehoben und auf beide Strafarten nebeneinander erkannt, so darf die Summe aus der Freiheitsstrafe und den Tagessätzen aus der Geldstrafe (als Ersatzfreiheitsstrafe) nicht die Höhe der früheren Gesamtstrafe übersteigen.³⁷ Bei alleiniger Berufung des Angeklagten liegt ein Verstoß gegen das Verschlechterungsverbot vor, wenn das Berufungsgericht bei einer Gesamtstrafe aus Freiheits- und Geldstrafe daraus nachträglich eine Gesamtfreiheitsstrafe bildet, die das Erstgericht abgelehnt hatte.³⁸ Das Berufungsgericht ist aber durch das Verschlechterungsverbot nicht daran gehindert, aus der in seinem Verfahren ausgesprochenen Geldstrafe und einer anderweit rechtskräftig verhängten, dem Erstrichter unbekannt gebliebenen Freiheitsstrafe eine Gesamtfreiheitsstrafe zu bilden.³⁹ Nimmt das Berufungsgericht erstmals einen **Härteausgleich**⁴⁰ vor und verhängt es in seinem Urteil gleichwohl die vom Erstgericht verhängte Einzelstrafe, so stellt dies bei einer alleinigen Berufung des Angeklagten einen Verstoß gegen das Verschlechterungsverbot dar.⁴¹ 14

Für **Maßregeln der Besserung und Sicherung** gilt ebenfalls grundsätzlich das Verbot der Verschlechterung. Gem. **Abs. 2** darf aber die Unterbringung in einem psychiatrischen Krankenhaus oder einer Entziehungsanstalt angeordnet werden;⁴² die Kleine Strafkammer muss im Fall der möglichen Unterbringung nach § 63 StGB die Sache entsprechend § 328 Abs. 2 an die Große Strafkammer verweisen.⁴³ Inwieweit die unterbliebene Anordnung der Maßregel der Unterbringung in einem psychiatrischen Krankenhaus nach **§ 63 StGB** vom Rechtsmittelangriff ausgenommen werden kann, ist umstritten. Nach einer Meinung kann dies erfolgen, wenn eine derartige Beschränkung nicht nach allgemeinen Grundsätzen wegen enger Verknüpfung einer möglichen Maßregelanordnung mit dem sonstigen Inhalt des angefochtenen Urteils ausgeschlossen ist.⁴⁴ Nach der anderen Meinung fehlt dem Berufungsführer dazu die Dispositionsbefugnis.⁴⁵ Der BGH hat dies ausdrücklich offen gelassen, sieht das aber wohl eher einschränkend.⁴⁶ Die Nichtanwendung der Maßregel nach **§ 64 StGB** kann ausgenommen werden.⁴⁷ Abs. 2 findet keine entsprechende Anwendung auf die **Sicherungsverwahrung**.⁴⁸ 15

---

²⁹ BGH v. 13. 10. 1955 – 4 StR 372/55, JZ 1956, 101.
³⁰ BayObLG v. 10. 1. 1962 – RReg. 1 St 671/61, NJW 1962, 1261; BayObLG v. 29. 5. 1959 – RReg. 3 St 149/58, NJW 1959, 1838; OLG Frankfurt a. M. v. 17. 7. 1963 – 1 Ss 511/63, NJW 1964, 368.
³¹ BGH v. 18. 9. 1952 – 4 StR 409/52, JZ 1952, 754.
³² Meyer-Goßner Rn. 18 mwN.
³³ RG v. 26. 5. 1933 – I 1067/21, RGSt 67, 236; BGH v. 14. 10. 1959 – 2 StR 291/59, BGHSt 14, 5 = NJW 1960, 732.
³⁴ KK-StPO/*Paul* Rn. 2 a mwN.
³⁵ OLG Düsseldorf v. 11. 11. 1983 – 5 Ss 418/83 – 352/83 I, StV 1986, 146.
³⁶ Meyer-Goßner Rn. 18 mit Verweis auf OLG Oldenburg v. 23. 3. 2006 – Ss 36/06 (I 16), StraFo 2006, 208.
³⁷ BayObLG v. 8. 4. 1982 – RReg 1 St 58/82, BayObLGSt 1983, 43 = VRS 62 (1982), 440 mwN. Beachte aber OLG Hamburg v. 5. 5. 1982 – 2 Ss 40/82, MDR 1982, 776.
³⁸ OLG Düsseldorf v. 8. 5. 2000 – 2 a Ss 114/00 – 21/00 III, NStZ-RR 2001, 21.
³⁹ BGH v. 11. 2. 1988 – 4 StR 516/87, BGHSt 35, 28 = NStZ 1988, 284.
⁴⁰ Dazu BGH v. 29. 7. 1982 – 4 StR 75/82 = NStZ 1983, 260.
⁴¹ OLG München v. 7. 2. 2006 – 4 St RR 7/06 = NJW 2006, 1302; OLG Koblenz v. 15. 4. 2004 – 1 Ss 63/04, NStZ-RR 2004, 330.
⁴² Vgl. dazu aber *Kretschmer*, Das strafprozessuale Verbot der reformatio in peius und die Maßregeln der Besserung und Sicherung, 1999.
⁴³ Meyer-Goßner Rn. 22 aE mwN.
⁴⁴ OLG Düsseldorf v. 27. 11. 2006 – III-3 Ws 524/06, StraFo 2007, 66.
⁴⁵ Meyer-Goßner Rn. 22.
⁴⁶ BGH v. 20. 9. 2002 – 2 StR 335/02, NStZ-RR 2003, 18; BGH v. 1. 9. 2004 – 2 StR 268/04, BeckRS 2004, 09308.
⁴⁷ BGH v. 7. 10. 1992 – 2 StR 374/92, BGHSt 38, 362 = NStZ 1993, 97; BGH v. 1. 9. 2004 – 2 StR 268/04, BeckRS 2004, 09 308; aA Meyer-Goßner Rn. 22; *Hanack* JR 1993, 430.
⁴⁸ BGH v. 25. 10. 1972 – 2 StR 422/72, BGHSt 25, 38 = NJW 1973, 107; *Peglau* NJW 2004, 3599; Meyer-Goßner Rn. 22.

16 Statt der **Entziehung der Fahrerlaubnis** darf auf Fahrverbot erkannt werden.[49] Bei vorläufiger Entziehung der Fahrerlaubnis nach § 111a darf das Berufungsgericht aber dieselbe Sperre festsetzen wie das Gericht erster Instanz,[50] nicht aber verlängern.[51] Das Verbot der Schlechterstellung steht daher der nachträglichen Einziehung im Rechtsmittelzuge nicht entgegen.[52]

17 **Nebenfolgen** sind Rechtsfolgen der Tat. Das Verbot der Schlechterstellung erfasst auch die Entscheidung über die Anordnung eines Verfalls[53] oder die Anordnung der Einziehung.[54] Es gilt aber nicht für den Verfalls- oder Einziehungsbeteiligten.[55]

III. Revision

18 Verstößt das Berufungsgericht gegen § 331, ist dies **vom Revisionsgericht von Amts wegen zu berücksichtigen**.[56]

§ 332 [Verfahrensvorschriften]

Im übrigen gelten die im sechsten Abschnitt des zweiten Buches über die Hauptverhandlung gegebenen Vorschriften.

1 Soweit in den §§ 312ff. keine besonderen Regelungen für das Berufungsverfahren getroffen sind, gelten gem. § 332 die Vorschriften über die Hauptverhandlung (§§ 226–275). Die Vorschriften über die besondere Arten des Verfahrens (§§ 407ff.) gehen aber vor.[1] Daneben gelten aber auch andere Vorschriften der, die dort nicht loziert sind, so über die Ladungsfristen oder die Vereidigung.[2]

---

[49] BayObLG v. 29. 7. 1970 – RReg. 5 St 84/70, NJW 1970, 2258 mwN.
[50] *Meyer-Goßner* Rn. 23 mwN.
[51] BayObLG v. 24. 11. 1965 – RReg. 1b St 216/65 = NJW 1966, 896.
[52] BGH v. 5. 11. 1953 – 3 StR 504/53, BGHSt 5, 168 = NJW 1954, 159.
[53] OLG Hamm v. 8. 10. 2007 – 3 Ws 560/07, 3 Ws 592/07, wistra 2008, 38; BGH v. 15. 5. 1990 – 1 StR 182/90, NStZ 1991, 120, 122.
[54] BGH v. 15. 5. 1990 – 1 StR 182/90, NStZ 1991, 120, 122.
[55] *Meyer-Goßner* Rn. 21.
[56] BGH v. 7. 5. 1980 – 2 StR 10/80, BGHSt 29, 269 = NJW 1980, 1967; BGH v. 23. 8. 2000 – 2 StR 171/00, wistra 2000, 475; OLG Düsseldorf v. 8. 5. 2000 – 2a Ss 114/00 – 21/00 III, NStZ-RR 2001, 21; KK-StPO/*Paul* Rn. 10.
[1] *Meyer-Goßner* Rn. 1.
[2] KK-StPO/*Paul* Rn. 1.

Vierter Abschnitt. Revision

§ 333 [Zulässigkeit]
Gegen die Urteile der Strafkammern und der Schwurgerichte sowie gegen die im ersten Rechtszug ergangenen Urteile der Oberlandesgerichte ist Revision zulässig.

Schrifttum: *Basdorf*, Eingeschränkte Anwendung des § 357 StPO, FS Meyer-Goßner, 2001, S. 665; *Becker*, Aus der Rechtsprechung des BGH zum Strafverfahrensrecht, NStZ-RR 2001, 257; *Herdegen*, Die Beruhensfrage im strafprozessulen Revisionsrecht, NStZ 1990, 513; *Hillenkamp*, Die Urteilsabsetzungs- und Revisionsbegründungsfrist im deutschen Strafprozess, 1998; *Krause*, Revision im Strafverfahren, 5. Aufl. 2001; *Meyer*, Anm. zu OLG Celle v. 2. 4. 1981 – 1 Ss 148/81, NJW 1982, 397; *Meyer-Goßner*, Die Verbindung verschiedener gegen denselben Angeklagten bei demselben Landgericht anhängiger Strafverfahren, NStZ 1989, 297; *ders.*, Zu den „besonderen" Entscheidungsmöglichkeiten des Revisionsgerichts, GedS Schlüchter, 2002, S. 515; *ders.*, Verurteilung und Freispruch versus Einstellung, FS Riess, 2002, S. 331; *Meyer-Goßner/Cierniak*, Grenzen des Revisionsrechts?, StV 2000, 696; *Rath*, Zum Begriff der Verhandlungsunfähigkeit im Strafverfahren, GA 1997 (144), 215; *Rieß/Hilger*, Das neue Strafverfahrensrecht – Opferschutzgesetz und Strafverfahrensänderungsgesetz, NStZ 1987, 145; *Rüping*, Das Strafverfahren, 3. Aufl. 1997; *Rüth*, Die Rechtsprechung des Bayerischen Obersten Landesgerichtes in Verkehrssachen und Bußgeldsachen, DAR 1976, 169; *Sander*, Die Zulässigkeit von Verfahrensrügen in der Rechtsprechung des BGH, NStZ-RR 2007, 97; *Schlothauer*, Ermittlungsrichterliche Entscheidungen und ihre Revisibilität, StrFo 1998, 402; *Schlothauer/Weider*, Verteidigung im Revsionsverfahren, 1. Aufl. 2008; *E. Schmidt*, Revisionsverhandlung und Verteidigung, NJW 1967, 853; *Schulte*, Die Gewährung rechtlichen Gehörs in der Praxis des Revisionsverfahrens in Strafsachen, FS Rebmann, 1989, S. 465; *Tolksdorf*, Zur Annahmeberufung nach § 313 StPO, FS Salger, 1995, 393; *Weider*, Sinkende Verfahrenskontrolle und steigende Rügeanforderungen im Revisionsverfahren, StraFo 2000, 328; *Widmaier*, Bindungswirkung der teilaufhebenden Revisionsentscheidung, StraFo 2004, 366; *Wimmer*, Verwerfung der Revision durch Urteil oder Beschluss?, NJW 1950, 201; *Wollweber*, Fortgesetzte Probleme der fortgesetzten Handlung, NJW 1996, 2632.

I. Allgemeines

1. Begriff und Zweck der Revision. Die Revision ist ein **Rechtsmittel mit Suspensiv- und Devolutiveffekt,** mit dem noch nicht rechtskräftige Gerichtsentscheidungen einer **rechtlichen Nachprüfung** in letzter Instanz unterworfen werden. Das Revisionsgericht prüft, ob „eine Rechtsnorm nicht oder nicht richtig angewendet worden ist" und ob das Urteil hierauf „beruht" (§ 337). Den Gegenstand der Nachprüfung bildet mithin die Frage, ob das angefochtene Urteil in verfahrensrechtlich einwandfreier Weise zustande gekommen ist und ob es mit den in Betracht zu ziehenden materiellen Rechtsnormen im Einklang steht.[1] In dieser Beschränkung auf die rechtliche Seite der angegriffenen Entscheidung unterscheidet sich das Revisionsverfahren grundlegend von der Berufung, bei der die Möglichkeit besteht, erneut Tatsachenfeststellungen zur Schuldfrage und zu den Rechtsfolgen der Tat zu treffen (Berufung als zweite Tatsacheninstanz).[2] Das Revisionsgericht ist hingegen an die tatsächlichen Feststellungen und Ermessensentscheidungen des Tatgerichts grundsätzlich gebunden und kann eine neue Tatsachenverhandlung vor dem Tatgericht nur mittelbar durch Aufhebung und Zurückverweisung des angegriffenen Urteils gem. § 354 Abs. 2 erreichen. Gemäß dieser Arbeits- und Verantwortungsverteilung bei der Behandlung von Tat- und Rechtsfragen prüft das Revisionsgericht nicht die Richtigkeit der tatrichterlichen Entscheidung, sondern allenfalls ihre Vertretbarkeit.[3] 1

Aus dieser Fokussierung des Revisionsgerichts auf die rechtliche Nachprüfung eines angefochtenen tatrichterlichen Urteils ergibt sich zugleich der vordergründige Zweck der Revision: Sie dient in erster Linie der **Gewährung eines realistischen Rechtsschutzes**[4] sowie der **Sicherung der Rechtseinheit.**[5] Durch die revisionsinstanzliche Rechtsprechung soll erreicht werden, dass Verfahrensvorschriften einheitlich angewendet und auch Divergenzen bei der Auslegung des materiellen Rechts möglichst vermieden werden. Von der Zielrichtung einer einheitlichen Rechtsanwendung zeugt insbesondere die zentrale Stellung des BGH, dem die Aufgabe zukommt, nicht nur in seinem eigenen Bereich (§ 132 Abs. 2 GVG), sondern im Wege der Vorlageentscheidung nach § 121 Abs. 2 GVG auch unter den als Revisionsinstanz tätigen OLGen für eine homogene Rechtsprechung zu sorgen. Daneben darf jedoch nicht unberücksichtigt bleiben, dass die Revision ein Rechtsmittel darstellt, mit dem der Revisionsführer die Änderung der von ihm als rechtsfehlerhaft und ungerecht empfundenen tatrichterlichen Entscheidung begehrt. Daher dient das Revisionsverfahren auch der **Herstellung von Einzelfallgerechtigkeit.**[6] Darüber hinaus obliegt den Revisionsgerichten die grundsätzliche Aufgabe der Rechtsfortbildung: In Anbetracht neuer Entwick- 2

---
[1] KK-StPO/*Kuckein* Vor § 333 Rn. 1.
[2] Anw-StPO/*Lohse* Vor § 333 Rn. 2; HK-StPO/*Temming* Vor § 333 Rn. 2.
[3] Vgl. *Meyer-Goßner* Vor § 333 Rn. 2, 3; aA Löwe/Rosenberg/*Hanack*, 25. Aufl., Vor § 333 Rn. 5.
[4] Vgl. *Roxin* § 53 B II Rn. 10.
[5] SK-StPO/*Frisch* Vor § 333 Rn. 14; HK-GS/*Maiwald* Rn. 1.
[6] SK-StPO/*Frisch* Rn. 17; HdbStA/*Wiegner* 5. Teil Rn. 132.

lungen und geänderter Anforderungen an die Strafrechtspflege sind die als oberste Instanz ausgestalteten Revisionsgerichte angehalten, leitende Impulse zur Fortbildung des Rechts zu geben, wenn dies notwendig erscheint (vgl. § 132 Abs. 4 GVG).[7] Die Revision ist folglich heute weitestgehend **richterrechtlich** geprägt.[8]

3   **2. Erfolgsaussichten.** Beim BGH wurden 2009 insgesamt 2950 Revisions- und Vorlegungssachen erledigt. Über die Revisionen wurde in 136 Fällen durch **Urteil** entschieden. 2714 Revisionen wurden im **Beschlussverfahren** gemäß § 349 erledigt. In 69 Fällen erkannten die Strafsenate auf Aufhebung des Urteils nach § 349 Abs. 4, in 343 Fällen auf Aufhebung des Urteils nach § 349 Abs. 2 und Abs. 4. Damit wurde in insgesamt 412 Fällen das landgerichtliche Urteil aufgehoben. 2.276 Revisionen wurden gemäß § 349 Abs. 2 als offensichtlich unbegründet verworfen. Bezogen auf die Gesamtzahl der erledigten Revisionen entfielen auf die Urteile 4,6%, auf die Aufhebung nach § 349 Abs. 4 (einschließlich der Beschlüsse nach 349 Abs. 2 und 4) 14,0% und auf die Verwerfung nach § 349 Abs. 2 77,2%. Von den entschiedenen Revisionen waren 96% innerhalb eines Zeitraums von 3 Monaten sowie weitere 3,3% innerhalb von 6 Monaten nach Eingang der Akten beim BGH abgeschlossen. Bei den Beschlusssachen (§ 349 Abs. 1, 2 und 4) waren 97,1% der Verfahren schon nach 3 Monaten abgeschlossen.[9]

4   **3. Reformüberlegungen.** Trotz vielfältiger Reformüberlegungen in den letzten Jahren hat eine grundlegende Neuordnung des Revisionsverfahrens bis heute nicht stattgefunden.[10] Zu den erwähnenswerten Änderungen in neuerer Zeit gehört die Neufassung des § 354 durch das 1. Justizmodernisierungsgesetz vom 24. 8. 2004 (BGBl. I S. 2198), die einen Ausfluss der Bestrebungen darstellt, das Verfahren für eigene Entscheidungsmöglichkeiten des Revisionsgerichts behutsam zu öffnen.[11] Zu den gegenwärtig noch aktuellen Reformvorschlägen gehören neben der Abschaffung der Sprungrevision (§ 335) und der Anwendbarkeit des § 153a in der Revisionsinstanz vor allem die Einführung eines Wahlrechtsmittels nach dem Muster des § 55 Abs. 2 JGG für Angriffe gegen amtsrichterliche Strafurteile[12] sowie eine Ausweitung der Annahmeberufung.[13]

II. Gegenstand der Revision

5   **1. Urteile.** Mit der Revision können **nur** Urteile angegriffen werden, dh. gerichtliche Entscheidungen, die den Rechtszug beenden und nach dem Gesetz eine Hauptverhandlung sowie eine öffentliche Verkündung voraussetzen.[14] Als solche kommen für ein Revisionsverfahren Urteile der Strafkammern und der Schwurgerichte sowie die erstinstanzlichen Urteile der OLGe in Betracht. Die **Urteile des AG** (§ 312) können im Wege der **Sprungrevision** nach § 335 angefochten werden. Ist Berufung rechtswirksam eingelegt, bleibt der Übergang zur Revision zulässig.[15] Eine fälschliche Bezeichnung der angegriffenen Entscheidung, etwa als „Beschluss" anstatt „Urteil" oder umgekehrt, ist für die Frage der Zulässigkeit im Sinne einer **Statthaftigkeit**[16] der Revision ohne Bedeutung; maßgebend ist allein ihr Inhalt.[17]

6   Zu den mit der Revision angreifbaren Entscheidungen der Landgerichte gehören auch **Berufungsurteile,** und zwar unabhängig davon, ob sie eine Sachentscheidung nach § 328 Abs. 1 enthalten, auf Zurückverweisung lauten, die Sache gemäß § 328 Abs. 2 an ein Gericht höherer Ordnung verweisen[18] oder eine Entscheidung nach § 329 Abs. 1 beinhalten.[19]

7   Einen **gesetzlichen Ausschluss** erfährt die Revision im **selbständigen Einziehungsverfahren** (§ 441 Abs. 3 S. 2) sowie in **Jugendstrafsachen** (§ 55 Abs. 2 S. 1 JGG); danach kann das Berufungsurteil nicht mehr mit der Revision angegriffen werden, wenn eine zulässige Berufung eingelegt worden ist. Ausnahmen davon bestehen nur insoweit, als die Berufung von vornherein unzulässig war[20] oder innerhalb der Revisionsbegründungsfrist wieder zurückgenommen wurde.[21] Ferner ist die

---

[7] Ausführlich Löwe/Rosenberg/*Hanack,* 25. Aufl., Vor § 333 Rn. 7, 8; KK-StPO/*Kuckein* Vor § 333 Rn. 2–6.
[8] Vgl. *Dahs* Revision Rn. 2.
[9] www.bundesgerichtshof.de, Statistik, dort Tätigkeitsberichte.
[10] Vgl. Löwe/Rosenberg/*Hanack,* 25. Aufl., Vor § 333 Rn. 9 ff.; ausführlich KK-StPO/*Kuckein* Vor § 333 Rn. 8; Anw-StPO/*Lohse* Vor § 333 Rn. 5.
[11] Näher dazu § 354 Rn. 27.
[12] Näher dazu *Meyer-Goßner* Rn. 2 mwN.
[13] Vgl. Anw-StPO/*Lohse* Vor § 333 Rn. 5 mwN.
[14] SK-StPO/*Frisch* Rn. 4; Löwe/Rosenberg/*Hanack,* 25. Aufl., Rn. 4; HK-GS/*Maiwald* Rn. 6.
[15] Näher dazu s. u. § 335 Rn. 6, 7.
[16] KMR/*Mutzbauer* Rn. 1.
[17] BGH v. 30. 10. 1973 – 5 StR 496/73, BGHSt 25, 242 (243) = NJW 1974, 154; Löwe/Rosenberg/*Hanack,* 25. Aufl., Rn. 5–7; KK-StPO/*Kuckein* Rn. 3; *Meyer-Goßner* Rn. 1; BeckOK-StPO/*Wiedner* Rn. 1.
[18] BGH v. 15. 4. 1975 – 1 StR 388/74, BGHSt 26, 106 (108) = NJW 1975, 1236.
[19] KK-StPO/*Kuckein* Rn. 2; BeckOK-StPO/*Wiedner* Rn. 6.
[20] Vgl. BGH v. 14. 5. 1981 – 4 StR 694/80, BGHSt 30, 98 (99) = NJW 1981, 2422.
[21] BGH v. 19. 3. 1974 – 5 StR 12/74, BGHSt 25, 321 (323 f.).

Revision nach § 10 des Gesetzes über das gerichtliche Verfahren in Binnenschifffahrtsachen von 27. 9. 1952 (BGBl. I S. 641) gesetzlich ausgeschlossen.

2. Nebenentscheidungen. Nebenentscheidungen, die im Urteil zu treffen sind, können nicht im Wege der Revision, sondern nur mit **sofortiger Beschwerde** angegriffen werden. Konkret geht es dabei vor allem um die Entscheidung über die Kosten des Verfahrens und die notwendigen Auslagen nach § 464 Abs. 3 S. 1, die Aussetzung der Jugendstrafe zur Bewährung (§ 59 Abs. 1 JGG) und die Entschädigung für Strafverfolgungsmaßnahmen (§ 8 Abs. 3 StrEG).[22] Ebenso sind Nebenentscheidungen im Urteil, die durch besonderen Beschluss hätten getroffen werden müssen, nur mit der sofortigen Beschwerde anfechtbar, so beispielsweise die Entscheidung über die DNA-Identitätsfeststellung nach § 81 g,[23] die Aussetzung der Strafvollstreckung nach § 57 StGB[24] oder die Festsetzung der Bewährungsauflagen.[25] Allerdings ist das Revisionsgericht trotz dieser Differenzierung nicht daran gehindert, Revisions- und Beschwerdeentscheidung miteinander zu verbinden[26] oder – im Falle der Aufhebung – die Erledigung der Beschwerde auszusprechen.[27] Denn die im Urteil getroffenen Nebenentscheidungen sind, auch wenn sie nicht der Revision unterfallen, durch die Revision mit angefochten, soweit keine zulässige Beschränkung greift.[28]

3. Bußgeldverfahren. Im Bußgeldverfahren tritt an die Stelle der Revision das Rechtsmittel der **Rechtsbeschwerde** nach §§ 67 Abs. 1, 79 Abs. 1 OWiG. Werden Straftaten und Ordnungswidrigkeiten als selbständige prozessuale Taten in einem Verfahren behandelt und sollen beide Taten angegriffen werden, sind sowohl Revision als auch Rechtsbeschwerde zu erheben; treffen jedoch Straftaten und Ordnungswidrigkeiten in einer prozessualen Tat zusammen, so kommen für eine Anfechtung nur die strafprozessualen Rechtsmittel in Betracht.[29]

III. Anfechtungsberechtigung

1. Personen. Die **Befugnis zur Revision** haben neben der StA, die nach pflichtgemäßem Ermessen sowohl zu Gunsten als auch zu Ungunsten des Angeklagten Revision einlegen kann (§ 296; Nr. 147 RiStBV), alle Verfahrensbeteiligten, die durch das ergangene Urteil **beschwert** sind. Danach kommen alle Verfahrensbeteiligten mit Ausnahme von Zeugen und Sachverständigen als mögliche Revisionsführer in Betracht.[30] Zulässig ist auch die **Vertretung** durch jede beliebige verhandlungsfähige, auch juristische, Person.[31] Folglich kommen neben dem Angeklagten, der durch jede für ihn nachteilige Entscheidung beschwert ist, und als dessen Vertreter dem bevollmächtigten bzw. bestellten Verteidiger (§ 297),[32] auch der Privatkläger (§ 390 Abs. 1), der Nebenkläger hinsichtlich des Nebenklagedelikts (§§ 400, 401)[33] oder der Einziehungs- oder Verfallbeteiligte (§§ 433 Abs. 1, 437, 440 Abs. 3, 442 Abs. 1; vgl. aber auch § 441 Abs. 3 S. 2 – Ausschluss der Revision durch Einlegung einer zulässigen Berufung) in Betracht. Eine selbständige Befugnis zur Revisionseinlegung haben darüber hinaus der gesetzliche Vertreter des Beschuldigten (§ 298) sowie der Erziehungsberechtigte des Jugendlichen (§ 67 Abs. 3 JGG).[34]

2. Beschwer. Eine Beschwer in diesem Sinne liegt nur in unmittelbaren Beeinträchtigung der Rechte oder schutzwürdiger Interessen der betroffenen Beteiligten vor.[35] Sie muss sich aus dem **Urteilstenor** ergeben.[36] Davon unabhängig ist die Frage, ob das Urteil rechtmäßig oder unter Verletzung geltenden Rechts zustande gekommen ist. Es geht ausschließlich um die Frage, ob der Tenor des Urteils dem Revisionsführer einen Nachteil zugefügt hat. Dies trifft zum Beispiel für den Nebenkläger im Falle eines Freispruchs des Angeklagten zu, nicht jedoch für jenen im Falle der Einstellung des Verfahrens anstatt eines Freispruchs.[37]

---

[22] Vgl. zB Anw-StPO/*Lohse* Rn. 2.
[23] BGH v. 8. 5. 2001 – 4 StR 105/01, NStZ-RR 2002, 67.
[24] BGH v. 17. 9. 1981 – 4 StR 384/81, StV 1982, 61.
[25] OLG Hamm v. 3. 1. 1969 – 3 Ss 1590/68, VRS 37, 263; vgl. ferner BeckOK-StPO/*Wiedner* Rn. 9 mit weiteren Bsp.
[26] Vgl. BGH v. 8. 12. 1973 – 2 StR 29/72, BGHSt 25, 77 = NJW 1973, 336.
[27] KK-StPO/*Kuckein* Rn. 3.
[28] Vgl. *Dahs* Revision Rn. 5.
[29] BGH v. 19. 5. 1988 – 1 StR 359/87, BGHSt 35, 290 (296) = NJW 1988, 3214.
[30] Näher dazu s. u. § 341 Rn. 2, 3.
[31] OLG Hamm v. 25. 4. 1952 – 2 Ws 41/52, NJW 1952, 1150; *Dahs* Revision Rn. 16.
[32] Vgl. SK-StPO/*Frisch* Rn. 10; *Sarstedt/Hamm* Rn. 38.
[33] BGH v. 13. 2. 1980 – 3 StR 5/80 (S), BGHSt 29, 216 (217f.) = NJW 1980, 1586.
[34] Vgl. ferner BGH v. 21. 5. 1999 – 2 StR 366/98, NStZ 1999, 573.
[35] BGH v. 24. 11. 1961 – 1 StR 140/61, BGHSt 16, 374 = NJW 1962, 404; vgl. *Meyer-Goßner*, Vor § 296 Rn. 9 ff.
[36] RG v. 7. 6. 1929 – I 275/29, RGSt 63, 185; BGH v. 24. 11. 1961 – 1 StR 140/61, BGHSt 16, 374 = NJW 1962, 404.
[37] Vgl. ausführlich *Dahs* Revision Rn. 31–39; *Sarstedt/Hamm* Rn. 56–80 jeweils mwN.

IV. Zuständigkeit

12 Die Zuständigkeit der Revisionsgerichte ergibt sich aus §§ 121, 135 GVG. Demnach ist der BGH für die Revision gegen erstinstanzliche Urteile der LGe (soweit der Ausnahmefall des § 121 Abs. 1 Nr. 1 c GVG [Verletzung einer in den Landesgesetzen enthaltenen Rechtsnorm] nicht einschlägig ist) und der OLGe zuständig (§ 135 Abs. 1 GVG). In allen übrigen Fällen ist gemäß § 121 Abs. 1 Nr. 1 GVG die Zuständigkeit der OLGe begründet, also bei Revisionen gegen die mit der Berufung nicht anfechtbaren Urteile des Strafrichters, gegen die Berufungsurteile der kleinen und großen Strafkammern sowie gegen die Urteile des Landgerichts im ersten Rechtszug, wenn die Revision ausschließlich auf die Verletzung einer in den Landesgesetzen enthaltenen Rechtsnorm gestützt wird.

13 Besonderheiten gilt es bei **Überschreitung der amtsgerichtlichen Strafgewalt** zu beachten: Hebt die Strafkammer ein Urteil des Schöffengerichts mit der Begründung auf, dieses sei gem. § 24 GVG nicht zuständig gewesen, und erklärt, als erstinstanzliches Gericht tätig zu werden, geht die Revision an den BGH.[38] Überschreitet die Berufungskammer entgegen des Verbots der reformatio in peius die amtsgerichtliche Strafgewalt, wird das Berufungsurteil durch das OLG als Revisionsinstanz überprüft.[39] Bei **Verbindung** einer erstinstanzlichen Sache vor der Großen Strafkammer mit einer Berufungssache ist zu unterscheiden: Führt sie zu einer endgültigen Verschmelzung im Sinne des § 4, ist für die Revision gegen das Urteil der BGH zuständig;[40] wird sie hingegen nur zur gemeinsamen Hauptverhandlung nach § 237 vorgenommen, bleiben beide Verfahren prozessual selbständig.[41]

§ 334 (weggefallen)

§ 335 [Sprungrevision]

(1) Ein Urteil, gegen das Berufung zulässig ist, kann statt mit Berufung mit Revision angefochten werden.

(2) Über die Revision entscheidet das Gericht, das zur Entscheidung berufen wäre, wenn die Revision nach durchgeführter Berufung eingelegt worden wäre.

(3) [1] Legt gegen das Urteil ein Beteiligter Revision und ein anderer Berufung ein, so wird, solange die Berufung nicht zurückgenommen oder als unzulässig verworfen ist, die rechtzeitig und in der vorgeschriebenen Form eingelegte Revision als Berufung behandelt. [2] Die Revisionsanträge und deren Begründung sind gleichwohl in der vorgeschriebenen Form und Frist anzubringen und dem Gegner zuzustellen (§§ 344 bis 347). [3] Gegen das Berufungsurteil ist Revision nach den allgemein geltenden Vorschriften zulässig.

Schrifttum: *Hartwig*, Sprungrevision bei Nichtannahme der Berufung, NStZ 1997, 111; *Meyer-Goßner*, Annahmeberufung und Sprungrevision, NStZ 1998, 19; *ders.*, Annahmefreie Revision in Bagatellstrafsachen, NJW 2003, 1369.

I. Funktion und Verfahren

1 Amtsgerichtliche Urteile können im Regelfall gemäß § 312 mit der **Berufung** angegriffen werden. Daneben besteht aber generell (auch in sogenannten Bagatellsachen)[1] die Möglichkeit, diese zweite Tatsacheninstanz zu überspringen und gemäß § 335 direkt (Sprung-)Revision einzulegen. Die Vorschrift dient der **Vereinfachung des Verfahrens**, denn dem Beschwerdeführer wird auf diesem Wege die Option in die Hand gegeben, Rechts- und Verfahrensfragen rascher klären zu lassen, wenn es für ihn auf eine Neuverhandlung der Sache in tatsächlicher Hinsicht nicht ankommt (Prozessökonomie).[2] Daneben hat die Sprungrevision aber auch eine erhebliche Funktion als Disziplinierungsmittel zur Einhaltung der Verfahrensvorschriften durch AGe.[3]

2 Im Falle einer Sprungrevision kann das Urteil des AGs nur einheitlich angefochten werden. Abgesehen von Abs. 3 bestehen im Übrigen **keine verfahrensrechtliche Besonderheiten**; insbesondere

---

[38] BGH v. 21. 3. 1967 – 1 StR 60/67, BGHSt 21, 229 = NJW 1967, 1239; BGH v. 18. 6. 1970 – 4 StR 141/70, BGHSt 23, 283 = NJW 1970, 1614; SK-StPO/*Frisch* Rn. 16; *Sarstedt/Hamm* Rn. 85.
[39] BGH v. 13. 5. 1982 – 3 StR 129/82, BGHSt 31, 63 = NJW 1982, 2674.
[40] BGH v. 18. 1. 1990 – 4 StR 616/89, BGHSt 36, 348 = NJW 1990, 1490; BGH v. 24. 4. 1990 – 4 StR 159/90, BGHSt 37, 15 = NJW 1991, 239; ausführlich *Meyer-Goßner* NStZ 1989, 297 (297); *Sarstedt/Hamm* Rn. 86 f.
[41] BGH v. 22. 5. 1990 – 4 StR 210/90, BGHSt 37, 42 = NJW 1990, 2697.
[1] HK-StPO/*Temming* Rn. 2 mwN.
[2] SK-StPO/*Frisch* Rn. 1; Anw-StPO/*Lohse* Rn. 1; HK-GS/*Maiwald* Rn. 1.
[3] Löwe/Rosenberg/*Hanack*, 25. Aufl., Rn. 1.

findet § 357 genauso Anwendung[4] wie § 121 Abs. 2 GVG (Vorlagepflicht der OLGe).[5] Ist die Revision erfolgreich, kommt es zur Zurückverweisung an das AG; der Beschwerdeführer kann dann das neue Urteil mit der Berufung und das Berufungsurteil mit der Revision anfechten, wenn er nicht erneut die Sprungrevision bevorzugt.[6]

II. Unbestimmte Anfechtung

Da der Beschwerdeführer erst beim Vorliegen der vollständigen Urteilsgründe eine sachgemäße 3 Entscheidung über die Frage einer direkten Sprungrevision oder erneuten Tatsachenverhandlung in der Berufungsinstanz treffen kann, ist es zulässig, das Urteil innerhalb der Frist der §§ 314 Abs. 1, 341 Abs. 1 **zunächst unbestimmt** anzufechten und die Wahl zwischen Berufung und Revision anfänglich noch offenzulassen.[7] Dies kann in der Weise geschehen, dass keine ausdrückliche Benennung erfolgt oder unter ausdrücklichem Vorbehalt seiner späteren Benennung „Rechtsmittel" eingelegt[8] oder eine gehäufte Anfechtung („Berufung oder Revision") erklärt wird.[9] Im Zweifel ist anzunehmen, dass das Rechtsmittel nicht endgültig gewählt ist.[10]

Hat der Beschwerdeführer das Urteil zunächst unbestimmt angefochten, kann die **endgültige** 4 **Wahl** zwischen Berufung und Revision spätestens bis zum Ablauf der Revisionsbegründungsfrist nach § 345 Abs. 1 erfolgen.[11] Wird eine solche Wahl getroffen, ist diese Entscheidung unwiderruflich.[12] Der Beschwerdeführer ist nicht verpflichtet, eine bestimmte Wahl zu treffen. Äußert er sich innerhalb der Revisionsbegründungsfrist nicht oder erfolgt die Erklärung nicht fristgerecht beim zuständigen AG bzw. in mehrdeutiger Weise,[13] wird das Rechtsmittel als Berufung behandelt.[14] Bei Wahl der Revision wird diese als unzulässig verworfen, wenn sie nicht fristgerecht oder nicht in der vorgeschriebenen Weise begründet wird. Sie wird dann wegen dieser Formwidrigkeit auch nicht als Berufung behandelt.[15] Nur in Ausnahmefällen ist die Wahl der Revision unwirksam und das Rechtsmittel als Berufung zu behandeln, so zB bei Abgabe der Erklärung gegenüber dem unzuständigen Gericht[16] oder bei Verletzung der prozessualen Fürsorgepflicht durch das Gericht.[17]

III. Wiedereinsetzung in den vorigen Stand

Eine Wiedereinsetzung in den vorigen Stand wegen Versäumung der Wahl wird nach rechtzeitiger Rechtsmitteleinlegung nicht gewährt.[18] Insofern geht die Wahlmöglichkeit mit Ablauf der 5 Frist des § 345 Abs. 1 endgültig unter. Allerdings ist eine Wiedereinsetzung wegen der Versäumung der Anfechtungsfrist genauso möglich wie wegen der Versäumung der Revisionsbegründungsfrist. Unter dieser Voraussetzung kann der Beschwerdeführer innerhalb der neuen Revisionsbegründungsfrist von der Revision zur Berufung übergehen.[19]

IV. Übergang zum anderen Rechtsmittel

Die anfängliche Bezeichnung des einen Rechtsmittels schließt den **späteren** Übergang zum an- 6 deren Rechtsmittel innerhalb der Revisionsbegründungsfrist nicht aus.[20] Ein nochmaliger Wech-

---

[4] Meyer-Goßner Rn. 1.
[5] BGH v. 8. 7. 1980 – 5 StR 686/79, BGHSt 29, 305 (307) = NJW 1980, 2364.
[6] Löwe/Rosenberg/Hanack, 25. Aufl., Rn. 2.
[7] BGH v. 20. 11. 1953 – 1 StR 279/53, BGHSt 5, 338 (339) = NJW 1954, 687; BeckOK-StPO/Wiedner Rn. 3 mwN zur Rspr.
[8] BGH v. 3. 12. 2003 – 5 StR 249/03, NJW 2004, 789.
[9] OLG Köln v. 22. 12. 1953 – Ss 369/53, NJW 1954, 692.
[10] BGH v. 19. 3. 1974 – 5 StR 12/74, BGHSt 25, 321 (324).
[11] BGH v. 22. 1. 1962 – 5 StR 442/61, BGHSt 17, 44 = NJW 1962, 820; SK-StPO/Frisch Rn. 6; HK-StPO/Temming Rn. 3; HdbStA/Wiegner 5. Teil Rn. 136.
[12] BGH v. 15. 1. 1960 – 1 StR 627/59, BGHSt 13, 388 (392) = NJW 1960, 494 f.; Löwe/Rosenberg/Hanack, 25. Aufl., Rn. 9; SK-StPO/Frisch Rn. 10; Meyer-Goßner Rn. 3; aA OLG Celle v. 2. 4. 1981 – 1 Ss 148/81, NJW 1982, 397, abl. Anm. Meyer JR 1982, 39.
[13] OLG Düsseldorf v. 12. 2. 1993 – 2 Ss 393/92 – 2/93 II, MDR 1993, 676; OLG Hamm v. 16. 9. 2002 – 2 Ss 741/02, NJW 2003, 1469.
[14] BGH v. 19. 4. 1985 – 2 StR 317/84, BGHSt 33, 183 (189) = NJW 1985, 2960 (2961); KK-StPO/Kuckein Rn. 6; Meyer-Goßner Rn. 4, 5; Pfeiffer Rn. 2; BeckOK-StPO/Wiedner Rn. 4.
[15] KG v. 5. 6. 1986 – (3) 1 Ss 26/86 (86), JR 1987, 217; OLG München v. 12. 3. 2010 – 4 StRR 10/10, wistra 2010, 240; Löwe/Rosenberg/Hanack, 25. Aufl., Rn. 12.
[16] BayObLG v. 15. 7. 1983 – RReg 5 St 138/83, MDR 1983, 1045.
[17] Bspw. OLG Köln v. 15. 10. 1991 – Ws 481/91, NStZ 1992, 204.
[18] OLG Dresden v. 21. 4. 2005 – 3 Ss 136/05, wistra 2005, 318; KMR/Mutzbauer Rn. 16; aA OLG Zweibrücken v. 28. 8. 1984 – 1 Ws 201/84, GA 132 (1985), 279; Sarstedt/Hamm Rn. 21.
[19] OLG Köln v. 12. 3. 1993 – Ss 42/93, NStZ 1994, 199; SK-StPO/Frisch Rn. 17; aA OLG Zweibrücken v. 28. 8. 1984 – 1 Ws 201/84, MDR 1985, 517.
[20] BGH v. 20. 11. 1953 – 1 StR 279/53, BGHSt 5, 338 (339) = NJW 1954, 687; BGH v. 15. 1. 1960 – 1 StR 627/59, BGHSt 13, 388 (392) = NJW 1960, 494 (495); BGH v. 19. 4. 1985 – 2 StR 317/84, BGHSt 33, 183 (189) = NJW 1985, 2960 (2961); BGH v. 3. 12. 2003 – 5 StR 249/03, NJW 2004, 789; OLG Celle v. 2. 4. 1982 – 1 Ss 148/81, NJW 1982, 397; SK-StPO/Frisch Rn. 8; BeckOK-StPO/Wiedner Rn. 12.

sel des Rechtsmittels ist aber ausgeschlossen.[21] Da der Beschwerdeführer, der anfänglich Berufung eingelegt hatte, zur Revision – durch eine **Erklärung gegenüber dem AG**[22] – übergehen kann, darf gegen dessen Willen vor Ablauf der Revisionsbegründungsfrist keine Berufungsverhandlung durchgeführt werden.[23] Ein Wechsel des Rechtsmittels kann ausnahmsweise dann nicht mehr möglich sein, wenn sich der Beschwerdeführer zweifelsfrei und abschließend auf eines der beiden Rechtsmittel festgelegt hat.[24]

V. Annahmeberufung

7   Entgegen gewichtiger Stimmen in der Literatur[25] ist mit der höchstrichterlichen Rechtsprechung davon auszugehen, dass in Fällen einer Annahmeberufung nach § 313 kein Annahmebeschluss des Berufungsgerichts gemäß § 322a erforderlich ist, um Sprungrevision einlegen zu können.[26] Allerdings ist die Einlegung der Revision unter dem Vorbehalt der Nichtannahme der Berufung unzulässig.[27] Auch in den Fällen der Annahmeberufung besteht die Möglichkeit der unbestimmten Anfechtung des Urteils.[28] Strittig ist aber, ob ein Übergang zur Revision bei noch offener Revisionsbegründungsfrist möglich ist, wenn das Berufungsgericht einen Nichtannahmebeschluss nach § 322a gefasst hat.[29]

VI. Zuständigkeit (Abs. 2)

8   Zuständig für Entscheidungen über die Sprungrevision ist gemäß §§ 121 Abs. 1 Nr. 1 GVG iVm. 312 StPO das OLG (Abs. 2). In jedem Falle muss aber die Revision, wie sich aus § 335 Abs. 3 Satz 1 ergibt, formgerecht nach § 341 eingelegt worden sein; sonst kann sie nicht einmal als Berufung behandelt werden und wird daher sogleich als unzulässig verworfen. Da jedes **Rechtsmittel** beim iudex a quo einzulegen ist, entscheidet zunächst das AG, ob das eingelegte Rechtsmittel Berufung oder Revision ist. Legt es die Sache dem LG als Berufung vor, so ist dieses angehalten, selbst eine Entscheidung über die Art des Rechtsmittels zu treffen.[30] Ist das LG der Auffassung, dass es sich um eine Revision handelt, so gibt es die Sache direkt an das Revisionsgericht ab.[31] Das Revisionsgericht, das das Rechtsmittel als Berufung ansieht, entscheidet mit bindender Wirkung durch Beschluss über die Abgabe der Sache an das Berufungsgericht.[32]

9   Bei einem **verfristeten Eingang der unbestimmten Anfechtung** entscheidet das Berufungsgericht über den Antrag auf Wiedereinsetzung in den vorigen Stand und gibt die Sache an das Revisionsgericht ab, falls es sie nach seiner Auffassung für eine Revision hält.[33] Im umgekehrten Falle verweist das Revisionsgericht die Sache entsprechend § 348 an ein bestimmtes Landgericht.[34]

VII. Vorrang der Berufung (Abs. 3)

10 Die Berufung führt auch zur Prüfung in tatsächlicher Hinsicht und genießt daher als das umfassendere Rechtsmittel bei **verschiedenartiger Anfechtung des Urteils durch mehrere Verfahrensbeteiligte** den Vorrang (Abs. 3 Satz 1, vgl. § 83 Abs. 2 OWiG).[35] Die rechtzeitig und in der vorgeschriebenen Form eingelegte Revision wird als Berufung behandelt, wenn ein Beteiligter (auch nur eine beschränkte)[36] Berufung gegen dasselbe Urteil – nicht unbedingt gegen die Verurteilung wegen derselben Tat[37] – eingelegt hat und diese weder zurückgenommen noch als unzulässig ver

---

[21] BGH v. 15. 1. 1960 – 1 StR 627/59, BGHSt 13, 388 (392) = NJW 1960, 494 f.; diff. OLG Köln v. 16. 1. 1996 – Ss 553/95, NStZ-RR 1996, 175 (176).
[22] BGH v. 25. 1. 1995 – 2 StR 456/94, BGHSt 40, 395 = NJW 1995, 2367.
[23] BGH v. 25. 1. 1995 – 2 StR 456/94, BGHSt 40, 395 (398) = NJW 1995, 2367 (2368); OLG Frankfurt v. 29. 4. 1991 – 3 Ss 334/90, NStZ 1991, 506 f.
[24] BGH v. 15. 1. 1960 – 1 StR 627/59, BGHSt 13, 388 = NJW 1960, 494.
[25] *Meyer-Goßner* Rn. 21; *Pfeiffer* Rn. 5.
[26] BGH v. 25. 1. 1995 – 2 StR 456/94, BGHSt 40, 395 (397) = NJW 1995, 2367; BayObLG v. 19. 8. 1993 – 5 St RR 78/93, StV 1993, 572; OLG Karlsruhe v. 16. 3. 1994 – 2 Ss 113/93, StV 1994, 292; BayObLG v. 29. 12. 1993 – 5St RR 116/93, StV 1994, 238.
[27] OLG Frankfurt v. 14. 2. 1996 – 3 Ss 29/96, NStZ-RR 1996, 174; OLG Zweibrücken v. 7. 1. 1994 – 1 Ss 140/93, StV 1994, 119 (121) = NStZ 1994, 203 (204).
[28] KG v. 4. 12. 1998 – (3) 1 Ss 235 – 98 (123 – 98) – 2 Ws 627 – 98, NStZ-RR 1999, 146.
[29] OLG Frankfurt v. 25. 10. 2002 – 3 Ss 290/02, NStZ-RR 2003, 53; OLG Zweibrücken v. 7. 1. 1994 – 1 Ss 140/93, NStZ 1994, 203; *Dahs* Revision Rn. 12; abl. BayObLG v. 29. 4. 1994 – 2St RR 59/94, StV 1994, 364.
[30] BGH v. 13. 11. 1959 – 2 StR 239/59, BGHSt 13, 303.
[31] KK-StPO/*Kuckein* Rn. 8; aA SK-StPO/*Frisch* Rn. 31; aA *Meyer-Goßner* Rn. 20 mwN.
[32] BGH v. 21. 12. 1983 – 2 ARs 388/82, BGHSt 31, 183 = NJW 1983, 1437.
[33] KK-StPO/*Kuckein* Rn. 8.
[34] BGH v. 21. 12. 1983 – 2 ARs 388/82, BGHSt 31, 183 = NJW 1983, 1437; BGH v. 19. 3. 1993 – 2 ARs 43/93, BGHSt 39, 162 = NJW 1993, 1808; Anw-StPO/*Lohse* Rn. 8.
[35] Ausführlich KK-StPO/*Kuckein* Rn. 17.
[36] *Meyer-Goßner* Rn. 14.
[37] SK-StPO/*Frisch* Rn. 20; Löwe/Rosenberg/*Hanack*, 25. Aufl., Rn. 21.

worfen wurde. Dadurch wird verhindert, dass eine Sache vor verschiedene Rechtsmittelgerichte kommt.[38] Beteiligter im Sinne des Abs. 3 ist jeder Verfahrensbeteiligter, der ein eigenes Anfechtungsrecht hat.[39]

Mit der bedingten Behandlung der Revision des anderen Verfahrensbeteiligten als Berufung ist eine **Umwandlung der Revision** nicht verbunden. Daher bleibt die Revision so lange bedingt bestehen, bis das Berufungsgericht sachlich entschieden hat oder die Revision nicht mehr zurückgenommen werden kann.[40] Die **Anfechtung des Berufungsurteils** richtet sich gemäß § 335 Abs. 3 S. 3 nach den allgemeinen Vorschriften. 11

VIII. Wiederaufleben der Revision

Im Falle ihres Wiederauflebens **bei Rücknahme oder Verwerfung der Berufung** des anderen Beteiligten als unzulässig, wobei umstritten ist, ob eine Verwerfung nach § 329 Abs. 1[41] oder eine Nichtannahme nach § 322a[42] einer Zurücknahme bzw. Verwerfung als unzulässig im Sinne des § 335 gleichstehen, entscheidet das Revisionsgericht über die Sprungrevision.[43] Deshalb muss die Revision zwar für eine Sachbehandlung in der Berufungsinstanz nicht begründet worden sein.[44] Allerdings wird die nicht rechtzeitig und formgerecht begründete Revision (§ 335 Abs. 3 Satz 2) als unzulässig verworfen.[45] Im Falle der konkurrierenden Rechtsmittel sollte deshalb vor Ablauf der Revisionsbegründungspflicht entschieden werden, ob man bei der Revision bleiben will und in diesem Falle vorsorglich eine Revisionsbegründung abgegeben werden.[46] 12

§ 336 [Vorausgegangene Entscheidungen]

¹Der Beurteilung des Revisionsgerichts unterliegen auch die Entscheidungen, die dem Urteil vorausgegangen sind, sofern es auf ihnen beruht. ²Dies gilt nicht für Entscheidungen, die ausdrücklich für unanfechtbar erklärt oder mit der sofortigen Beschwerde anfechtbar sind.

I. Prüfung vorausgegangener Entscheidungen

Die Möglichkeit der Beschwerde gegen Entscheidungen, die der Urteilsfällung vorausgehen, wird in § 305 auf einzelne näher bestimmte **Ausnahmefälle** beschränkt. Als Gegenstück zu dieser Vorschrift wird in § 336 bestimmt, dass verfahrensrechtliche Entscheidungen in dem Verfahren, in dem das angefochtene Urteil ergangen ist, wegen ihres inneren Zusammenhangs mit diesem Urteil der revisionsgerichtlichen Nachprüfung unterliegen. Allerdings sind hier nur **Entscheidungen des erkennenden Gerichts** – auch des Vorsitzenden innerhalb und außerhalb der Hauptverhandlung –[1] gemeint: Allein auf fehlerhaften Verfahrenshandlungen anderer Beteiligter, insbesondere der StA, kann das Urteil nicht beruhen, sofern sie nicht von dem erkennenden Gericht übernommen und dem Urteil zu Grunde gelegt worden sind.[2] 1

II. Anwendungsbereich

Da der Eröffnungsbeschluss die Grundlage des Verfahrens bildet, kommen grundsätzlich nur solche **gerichtliche Entscheidungen** in den Anwendungsbereich der Vorschrift, die **nach dem Eröffnungsbeschluss** gefällt worden sind. Wird die Rechtmäßigkeit von Beweiserhebungen im Ermittlungsverfahren bestritten, muss die revisionsrechtliche Beanstandung daher regelmäßig an die Unzulässigkeit der Verwertung durch den Tatrichter anknüpfen.[3] Gleiches gilt für Entscheidungen aus früheren Hauptverhandlungen.[4] Allerdings ist von diesem Prinzip dann eine Ausnahme zu 2

---

[38] KMR/*Mutzbauer* Rn. 35 vgl. ferner BeckOK-StPO/*Wiedner* Rn. 31.
[39] HK-StPO/*Temming* Rn. 7; *ders.* ausführlich § 333 Rn. 10; *ders.* § 341 Rn. 3.
[40] *Pfeiffer* Rn. 6; HK-StPO/*Temming* Rn. 7.
[41] Abl. RG v. 29. 1. 1925 – III 933/24, RGSt 59, 63; Löwe/Rosenberg/*Hanack*, 25. Aufl., Rn. 24; *Meyer-Goßner* Rn. 17; aA KK-StPO/*Kuckein* Rn. 11; *Roxin* § 53 A II 2 c.
[42] Abl. OLG Karlsruhe v. 20. 7. 1995 – 3 Ss 88/94; *Meyer-Goßner* Rn. 17; *ders.* NStZ 1998, 19; *ders.* NJW 2003, 1369; aA BayObLG v. 29. 12. 1993 – 5 St RR 116/93, StV 1994, 238; OLG Stuttgart v. 26. 6. 2002 – 5 Ss 209/02, NJW 2002, 3487; *Hartwig* NStZ 1997, 111; diff. SK-StPO/*Frisch* Rn. 24.
[43] BayObLG v. 29. 12. 1993 – 5St RR 116/93, StV 1994, 238.
[44] BayObLG v. 6. 2. 1970 – RReg. v. St 220/69, NJW 1970, 1202.
[45] Löwe/Rosenberg/*Hanack*, 25. Aufl., Rn. 23.
[46] Vgl. BeckOK-StPO/*Wiedner* Rn. 38; *Sarstedt/Hamm* Rn. 24.
[1] BGH v. 25. 2. 1992 – 5 StR 483/91, NJW 1992, 1841; HK-GS/*Maiwald* Rn. 2.
[2] BGH v. 5. 10. 1954 – 2 StR 194/54, BGHSt 6, 326 (328); BGH v. 7. 10. 1994 – 3 StR 392/94, BGHR StPO § 349 Abs. 1 Unzulässigkeit 1; SK-StPO/*Frisch* Rn. 5.
[3] Anw-StPO/*Lohse* Rn. 2; BeckOK-StPO/*Wiedner* Rn. 6.1.
[4] BGH v. 26. 1. 2006 – 5 StR 500/05, NJW 2006, 854; diff. BGH v. 24. 3. 1982 – 2 StR 105/82, BGHSt 31, 15 = NJW 1982, 1712.

§ 336   3–7   Drittes Buch. Rechtsmittel

machen, wenn die Möglichkeit besteht, dass die Entscheidung bis zum Urteil fortgewirkt hat, so zB bei fehlender oder nicht rechtzeitiger Bestellung eines Verteidigers.[5] Wirksame, aber fehlerhafte Eröffnungsbeschlüsse[6] sind genauso wenig mit der Revision angreifbar wie Einstellungsbeschlüsse nach §§ 153 ff.[7] Dagegen erfasst die revisionsgerichtliche Nachprüfung auch die nach § 305 Satz 2 beschwerdefähigen Entscheidungen, wobei es nicht darauf ankommt, ob tatsächlich Beschwerde eingelegt wurde.[8]

3   Mit einer den Anforderungen des § 344 Abs. 2 gerecht werdenden **Verfahrensrüge** können u. a. folgende Entscheidungen im Sinne des § 336 angegriffen werden: Verfahrensverbindung oder -trennung nach § 4,[9] die Ablehnung von Anträgen auf Gewährung von Akteneinsicht,[10] die Ablehnung oder Nichtbescheidung des Antrags auf Bestellung eines Pflichtverteidigers[11] einschließlich der Entscheidung über dessen Auswahl,[12] die Abberufung des bestellten Pflichtverteidigers,[13] die Zurückweisung des Verteidigers (wegen Doppel- oder Mehrfachverteidigung),[14] die Zulassung von Nebenklägern.[15]

III. Ausnahmen (S. 2)

4   **Unanfechtbare** oder **mit sofortiger Beschwerde** anfechtbare Entscheidungen werden gemäß § 336 Satz 2 nicht vom Revisionsgericht überprüft.[16]

5   Dies folgt für **die erste Alternative** aus der Rechtskraft der betroffenen Rechtsakte.[17] Hierzu zählen insbesondere: §§ 28 Abs. 1, 30, 46 Abs. 2, 68 b Satz 4, 81 c Abs. 3 Satz 4, 81 h Abs. 2 Satz 5, 100 Abs. 3 Satz 3, 138 c Abs. 3 Satz 3, 138 d Abs. 6 Satz 3, 147 Abs. 4 Satz 2, 161 a Abs. 3 Satz 4, 168 e Satz 5, 201 Abs. 2 Satz 2, 202 Satz 2, 210 Abs. 1, 225 a Abs. 3 Satz 3, Abs. 4 Satz 2 Halbsatz 2, 226 Abs. 2 Satz 2, 229 Abs. 3 Satz 2, 247 a Satz 2, 270 Abs. 3 Satz 2, 304 Abs. 4 Satz 1 und 2, 304 Abs. 5, 322 a Abs. 2, 348 Abs. 3, 372 Abs. 2, 390 Abs. 5 Satz 2, 396 Abs. 2 Satz 2 Halbsatz 2, 397 a Abs. 3 Satz 2, 400 Abs. 2 Satz 1, 404 Abs. 5 Satz 3 Halbsatz 2, 406 e Abs. 3 Satz 2, Abs. 4 Satz 3, 406 f Abs. 3 Satz 2 Halbsatz 2, 406 g Abs. 1 Satz 3 Halbsatz 2, Abs. 2 Satz 2 Halbsatz 2, 408 a Abs. 2 Satz 2, 419 Abs. 2 Satz 2, 431 Abs. 5 Satz 1, 440 Abs. 3, 444 Abs. 2 Satz 2, Abs. 3 Satz 1, 467 a Abs. 3, 469 Abs. 3, 475 Abs. 3 Satz 3, 478 Abs. 3 Satz 2, sowie §§ 41 Satz 4, 52 Abs. 4,[18] 53 Abs. 2 Satz 2, 54 Abs. 3 Satz 1, 171 b Abs. 3 GVG.

6   Hinsichtlich **der zweiten Alternative** ist der Gesichtspunkt ausschlaggebend, dass in Fällen der der sofortigen Beschwerde unterliegenden Entscheidungen alsbald Klarheit geschaffen und somit im Ergebnis eine Auswirkung auf das Urteil ausgeschlossen werden soll.[19] Die Anfechtbarkeit mit der sofortigen Beschwerde kommt u. a. in Betracht bei: §§ 28 Abs. 2 Satz 1, 46 Abs. 3, 81 Abs. 4 Satz 1, 101 Abs. 7 Satz 3, 111 g Abs. 2 Satz 2, 111 i Abs. 6 Satz 3, 124 Abs. 2 Satz 2, 138 d Abs. 6 Satz 1, 206 a Abs. 2, 206 b Satz 2, 210 Abs. 2, 225 a Abs. 3 Satz 3, Abs. 4 Satz 2 Halbsatz 2, 231 a Abs. 3 Satz 3,[20] 270 Abs. 3 Satz 2, 322 Abs. 2, 372 Satz 1, 379 a Abs. 3 Satz 3, 383 Abs. 2 Satz 3, 400 Abs. 2 Satz 1, 406 a Abs. 1 Satz 1, 408 Abs. 1 Satz 1 Halbsatz 2, 411 Abs. 1 Satz 1 Halbsatz 1, Satz 3 Halbsatz 3, 431 Abs. 5 Satz 2, 440 Abs. 3, 441 Abs. 2, 444 Abs. 2 Satz 2, Abs. 3 Satz 1, 454 Abs. 3 Satz 1, 462 Abs. 3 Satz 1, 464 Abs. 3 Satz 1.

7   Allerdings findet der Ausschluss der revisionsgerichtlichen Nachprüfung gemäß § 336 Satz 2 dort seine Grenze, wo es unter Berücksichtigung der Belange der Rechtssicherheit und des Rechtsfriedens vom Standpunkt der Gerechtigkeit unerträglich wäre, die Entscheidung als verbindlichen Richterspruch hinzunehmen.[21] Dies gilt nicht für Entscheidungen, die wegen des Ranges der entscheidenden Instanz für unanfechtbar erklärt sind;[22] insoweit handelt es sich entgegen vereinzelter

---

[5] Vgl. BGH v. 25. 7. 2000 – 1 StR 169/00, BGHSt 46, 93 (103) = NJW 2000, 3505 (3509); HK-StPO/*Temming* Rn. 3; ausführlich *Schlothauer* StraFo 98, 402 ff.
[6] Ausführlich SK-StPO/*Frisch* Rn. 9.
[7] SK-StPO/*Frisch* Rn. 10; Löwe/Rosenberg/*Hanack*, 25. Aufl., Rn. 5.
[8] *Pfeiffer* Rn. 2.
[9] BGH v. 5. 2. 1963 – 1 StR 265/62, BGHSt 18, 238 (239) = NJW 1963, 963.
[10] OLG Hamm v. 2. 12. 1971 – 4 Ss 1055/71, NJW 1972, 1096; OLG Hamm v. 23. 5. 2008 – 2 Ss OWi 859/07, VRR 2008, 349 f.
[11] BVerfG v. 3. 12. 2003 – 2 BvR 2003 (juris); BGH v. 17. 7. 1997 – 1 StR 781/96, BGHSt 43, 153 (154) = NJW 1997, 3385.
[12] vgl. BVerfG v. 25. 9. 2001 – 2 BvR 1152/01, NStZ 2002, 99 f.; BGH v. 25. 10. 2000 – 5 StR 408/00, NJW 2001, 237 (238).
[13] BGH v. 12. 12. 2000 – 1 StR 184/00, NStZ 2001, 305 (306).
[14] BGH v. 23. 3. 1977 – 1 BJs 55/75, StB 52/77, BGHSt 27, 154 (159) = NJW 1977, 1208 (1209).
[15] Vgl. KK-StPO/*Kuckein* Rn. 8; vgl. ferner BeckOK-StPO/*Wiedner* Rn. 13 mit weiteren Bsp.
[16] S. ferner die Auflistung bei KMR/*Mutzbauer* Rn. 16 ff.
[17] Anw-StPO/*Lohse* Rn. 5.
[18] BGH v. 13. 8. 1985 – 1 StR 330/85, BGHSt 33, 290 (292) = NJW 1986, 1356.
[19] KK-StPO/*Kuckein* Rn. 12.
[20] Dazu BGH v. 13. 1. 1993 – 5 StR 650/92, BGHSt 39, 110 (111) = NJW 1993, 1147.
[21] Vgl. BGH v. 22. 3. 2002 – 4 StR 485/01, BGHSt 47, 270 (272) = NJW 2002, 2401 (2402).
[22] Löwe/Rosenberg/*Hanack*, 25. Aufl., Rn. 16; KK-StPO/*Kuckein* Rn. 11.

Vierter Abschnitt. Revision **§ 337**

Stimmen in der Literatur[23] um unanfechtbare Zwischenentscheidungen im Sinne des § 336 Satz 2. Allerdings liegt ein solcher Fall vor, wenn das Gericht seine sachliche Zuständigkeit im Eröffnungsbeschluss willkürlich angenommen und damit dem Angeklagten seinen gesetzlichen Richter entzogen hat (grundrechtsgleicher Anspruch aus Art. 101 Abs. 1 Satz 2 GG).[24] Ebenso wird diskutiert, ob in den Fällen, in denen sich aus der Vorentscheidung Verstöße gegen das Verfassungsrecht und etwa zusätzlich absolute Revisionsgründe ergeben (zB massive Beschränkung der Verteidigung), eine ähnliche Ausnahme von § 336 Satz 2 anzunehmen ist.[25]

§ 337 [Revisionsgründe]

(1) Die Revision kann nur darauf gestützt werden, daß das Urteil auf einer Verletzung des Gesetzes beruhe.

(2) Das Gesetz ist verletzt, wenn eine Rechtsnorm nicht oder nicht richtig angewendet worden ist.

Schrifttum: *Basdorf*, Formelle und informelle Präklusion im Strafverfahren, StV 1997, 488; *Becker*, Aus der Rechtsprechung des BGH zum Strafverfahrensrecht, NStZ-RR 2001, 257; NStZ-RR 2006, 257; *Cierniak*, Aus der Rechtsprechung des BGH zum Strafverfahrensrecht, NStZ-RR 2009, 1; *Dahs*, Das Schweigen des Verteidigers zu tatrichterlichen Verfahrensfehlern und die Revision, NStZ 2007, 241; *ders.*, Münchner Anwaltshandbuch Strafverteidigung, Rn. 96 ff.; *ders.*, Die Revision in Strafprozeß, 7. Aufl. 2008, Rn. 118 ff.; *Diemer*, Zur Bedeutung der Videoaufzeichnung im Revisionsverfahren, NStZ 2002, 16; *Frisch*, Die erweiterte Revision, FS Eser, 2005, S. 257; *ders.*, Inhalt und Hintergrund des „Beruhens" im Revisionsrecht, FS Rudolphi, 2004, S. 609; *Goydke*, Strafmaßrevision, Strafberufung und Sachrüge, FS Meyer-Goßner, 2001, S. 541; *Gropp*, Zum verfahrenslimitierenden Wirkungsgehalt der Unschuldsvermutung, JZ 1991, 804; *Grüner*, Über den Missbrauch von Mitwirkungsrechten und Mitwirkungspflichten des Verteidigers im Strafprozeß, 2000, S. 201, 220 ff.; *Herdegen*, Die Überprüfung der tatsächlichen Feststellungen durch das Revisionsgericht auf Grund einer Verfahrensrüge, StV 1992, 590; *ders.*, Die Beruhensfrage im strafprozessualen Revisionsrecht, NStZ 1990, 513; *ders.*, Die Rüge der Nichtschöpfung eines Beweismittels, FS Salger, 1995, S. 301; *Hilger*, Absolute Revisionsgründe, NStZ 1993, 337; *Hofmann*, Videoaufzeichnung in der Hauptverhandlung und Rekonstruktionsverbot, StraFo 2004, 303; *Jähnke*, Zur Abgrenzung von Verfahrens- und Sachrüge, FS Meyer-Goßner, 2001, S. 559; *Kuckein*, Relativierung absoluter Revisionsgründe, StraFo 2000, 397; *Leitner*, Videoaufzeichnung in der Hauptverhandlung und Rekonstruktionsverbot, StraFo 2004, 306; *Meyer-Goßner*, Über die „Gerichtskundigkeit", FS Tröndle, 1989, S. 551; *Mehle*, Die „Relativierung" der absoluten Revisionsgründe – vom Niedergang der Formenstrenge, FS Dahs, 2005, S. 381; *Nack*, Revisibilität der Beweiswürdigung – Teil 1, StV 2002, 510; *ders.*, Revisibilität der Beweiswürdigung – Teil 2, StV 2002, 558; *Nagel*, Verwertung und Verwertungsverbote im Strafverfahren, 1999, S. 57 ff., 119 ff.; *Neuhaus*, Rekonstruktionsverbot und Alternativrüge, StraFo 2004, 407; *ders.*, Beruhensfrage (§ 337 Abs. 1 StPO) und unzureichende Verteidigerleistung, StV 2002, 43; *Pelzer*, Die revisionsrechtliche Überprüfung der tatrichterlichen Beweiswürdigung, NStZ 1993, 361; *Riess*, Gedanken zum gegenwärtigen Zustand und zur Zukunft der Revision in Strafsachen, FS Hanack, 1999, S. 397; *Sarstedt/Hamm*, Rn. 136 ff.; *Satzger/Hanft*, Erheben einer bewusst unwahren Protokollrüge im Rahmen der Revision als Rechtsmissbrauch? – Besprechung des Urteils des 3. Senats des BGH v. 11. 8. 2006 – 3 StR 284/05 (NStZ 2007, 49), NStZ 2007, 185; *G. Schäfer*, Die Abgrenzung der Verfahrensrüge von der Sachrüge, FS Riess, 2002, S. 477; *Schlothauer/Weider*, Verteidigung im Revisionsverfahren, 1. Aufl. 2008, Rn. 156 ff. anhand zahlreicher Beispiele von Verfahrensrügen; *Tepperwien*, Beschleunigung über alles? Das Beschleunigungsgebot im Straf- und Ordnungswidrigkeitenverfahren, NStZ 2009, 1; *Tolksdorf*, Revision und tatrichterlicher Beurteilungsspielraum bei der Gesetzesanwendung, FS Meyer-Goßner, 2001, S. 523; *Widmaier*, Überholende Kausalität bei Verfahrensrügen, FS Hanack, 1999, S. 387.

Übersicht

	Rn.
A. Allgemeines	1–4
B. Verletzung des Gesetzes	5–34
I. Begriff des Gesetzes (Abs. 1)	5–8
II. Verletzung des Gesetzes (Abs. 2)	9–34
1. Vorbemerkungen	9, 10
2. Verfahrensvoraussetzungen	11, 12
3. Verletzung des Verfahrensrechts	13–21
a) Abgrenzung zum materiellen Recht	13
b) Revisibilität	14, 15
c) Begründung einer Verfahrensrüge	16–20
d) Beschwer	21
4. Verstöße gegen sachliches Recht	22–34
a) Prüfungsgrundlage	23, 24
b) Fehlerhafte Rechtsanwendung	25–34
aa) Fehlerhafte Urteilsfeststellungen	26
bb) Mangelhafte Beweiswürdigung	27, 28
cc) Fehlerhafte Gesetzesanwendung	29, 30
dd) Rechtsfehler bei der Strafzumessung	31–34
C. Beruhen des Urteils auf der Gesetzesverletzung	35–41
I. Grundsatz	35–37
II. Einzelfälle	38, 39
III. Beschwer und Rechtskreis des Beschwerdeführers	40, 41

---

[23] SK-StPO/*Frisch* Rn. 21; HK-GS/*Maiwald* Rn. 6; *Sarstedt/Hamm* Rn. 360.
[24] BGH v. 22. 12. 2000 – 3 StR 378/00, BGHSt 46, 238 (246) = NJW 2001, 1359 (1361); OLG Karlsruhe v. 19. 2. 1981 – 3 Ss 302/80, NStZ 1981, 272; HK-StPO/*Temming* Rn. 6.
[25] Zust. KK-StPO/*Kuckein* Rn. 13; aA Löwe/Rosenberg/*Hanack*, 25. Aufl., Rn. 13; *Meyer-Goßner* Rn. 6 [für einen Ausschluss des § 338 im Anwendungsbereich des § 336 S. 2].

A. Allgemeines

1 Die Revision wird ausdrücklich auf die Rüge der Verletzung des Gesetzes beschränkt. Dadurch eröffnet die Revision eine **Nachprüfung** des angefochtenen Urteils **in rechtlicher**, nicht in tatsächlicher **Hinsicht**.[1] Die Revision dient damit primär dem Interesse an einer **einheitlichen Rechtsanwendung** und **Rechtsfortbildung**.[2] Das Revisionsgericht hat folglich nicht für die Richtigkeit der tatrichterlichen Entscheidung über Schuld und Strafe einzustehen.[3]

2 Das Revisionsgericht ist vielmehr grundsätzlich an die tatrichterlichen Feststellungen gebunden. Im Einzelfall kann es deshalb auf die **Abgrenzung von Tat und Rechtsfrage** ankommen.[4] Aus dieser **prozessualen Arbeits- und Verantwortungsteilung** folgen die Grenzen der Prüfungsbefugnis des Revisionsgerichts. Eine **Rekonstruktion der Beweisaufnahme** in der Rechtsmittelinstanz scheidet aus,[5] Beweise zur Schuldfrage können ebenso wenig erhoben werden wie über Abweichungen der Urteilsfeststellungen zum Akteninhalt[6] oder anderer Mitschriften von Prozessbeteiligten.[7] Der Revisionsführer muß von der faktischen Richtigkeit des vom Tatgericht festgestellten Sachverhalts ausgehen.[8] Auf das, was das Revisionsgericht leisten könnte, kommt es nicht an.

3 Die **Bindung an die tatrichterlichen Feststellungen** setzt aber voraus, dass diese **rechtsfehlerfrei** getroffen wurden[9] und objektiv geeignet sind, die Entscheidung zu tragen. Eine Bindung entfällt mithin, wenn die Feststellungen widersprüchlich, unklar oder erkennbar lückenhaft sind oder gegen gesicherte Denk- und Erfahrungssätze verstoßen.[10] Beruhen die Feststellungen hingegen auf **Schlussfolgerungen**, müssen diese nicht zwingend, sondern nur **denkgesetzlich möglich** sein;[11] andererseits dürfen sie sich aber nicht soweit von einer festen Grundlage entfernen, dass sie letztlich bloße **Vermutungen** sind.[12] Auch muss sich das Tatgericht an den Grundsatz in dubio pro reo halten.[13] Die Bindung erstreckt sich unter diesen Voraussetzungen auch auf festgestellte **allgemein-** und **gerichtsbekannte** Tatsachen sowie historische Erkenntnisse,[14] tatsächliche Hinweise in Beschreibungen, einschließlich der Auswertung von Schallaufnahmen und Lichtbildern.[15] Ebenso kann eine Bindung an **Verfahrenstatsachen** bestehen, sofern das Revisionsgericht nicht von Amts wegen oder aufgrund schlüssiger Verfahrensrügen zu eigenen Feststellungen befugt ist.[16]

4 Der **Umfang der revisionsrechtlichen Prüfung** wird maßgeblich durch die Art der gewählten Rüge bestimmt (§ 352 Abs. 1). Die **Sachrüge** führt grundsätzlich zu umfassender Überprüfung der materiellrechtlichen Grundlagen des Schuld- und Rechtsfolgenausspruchs des angefochtenen Urteils, auch wenn sie nur in allgemeiner Form erhoben wurde.[17] Der Schuldspruch wird daraufhin untersucht, ob die aus Rechtsgründen nicht zu beanstandenden Tatsachenfeststellungen die Subsumption unter die angewandte Strafvorschrift rechtfertigen und sie auf einer zuverlässigen Beweisgrundlage beruhen.[18] Auf die **Verfahrensrüge** hin wird überprüft, ob die tatrichterlichen Feststellungen unter Verletzung von Verfahrensrecht zustande gekommen sind[19] und mithin das angefochtene Urteil tragen können. Das Revisionsgericht prüft, ob die Tatsachen, die nach Ansicht des Revisionsführers den Verfahrensfehler ergeben, gem. § 344 Abs. 2 S. 2 **dargelegt** und **bewiesen** sind.[20] Dies kann im Einzelfall eine **kombinierte Sach- und Verfahrensrüge** erforderlich machen.[21]

---

[1] KK-StPO/*Kuckein* Rn. 3; Anw-StPO/*Lohse* Rn. 1; *Meyer-Goßner* Vor § 333 Rn. 1; Rn. 1.
[2] Vgl. § 333 Rn. 2.
[3] KK-StPO/*Kuckein* Rn. 1; *Meyer-Goßner* Vor § 333 Rn. 2.
[4] Vgl. SK-StPO/*Frisch* Rn. 10 ff.; KK-StPO/*Kuckein* Rn. 3; *Meyer-Goßner* Rn. 1.
[5] KK-StPO/*Kuckein* Rn. 3; Anw-StPO/*Lohse* Rn. 1; BeckOK-StPO/*Wiedner* Rn. 2.
[6] BGH v. 2. 6. 1992 – 1 StR 182/92, NJW 1992, 2840 = NStZ 1992, 506.
[7] BGH v. 8. 2. 1961 – 2 StR 625/60, BGHSt 15, 347 = NJW 1961, 789.
[8] Vgl. Widmaier/*Dahs* MAH Strafverteidigung § 12 Rn. 234.
[9] BGH v. 3. 7. 1991 – 2 StR 45/91, BGHSt 38, 14 (15) = NJW 1992, 252 (252); KK-StPO/*Kuckein* Rn. 3.
[10] BVerfG v. 30. 4. 2003 – 2 BvR 2045/02, NJW 2003, 593 (596); BGH v. 29. 4. 1997 – 1 StR 511/95, BGHSt 43, 66 (68) = NJW 1997, 2460 (2461) (st. Rspr.); SK-StPO/*Frisch* Rn. 6.
[11] BGH v. 7. 6. 1979 – 4 StR 441/78, BGHSt 29, 18 (20) = NJW 1979, 2318 (2319); BGH v. 6. 9. 2005 – 5 StR 284/05, NStZ-RR 2005, 373; KK-StPO/*Kuckein* Rn. 3, 18.
[12] BGH v. 24. 11. 1992 – 5 StR 456/92, BGHR StPO § 261 Vermutung 11 = StV 1993, 510; BGH v. 12. 12. 2001 – 5 StR 2520/01, StV 2002, 235.
[13] S. u. Rn. 13, 30; KK-StPO/*Kuckein* Rn. 18 mwN.
[14] BGH v. 14. 7. 1954 – 6 StR 180/54, BGHSt 6, 292 (296) = NJW 1954, 1656 (1657).
[15] KK-StPO/*Kuckein* Rn. 3 mwN.
[16] BGH v. 26. 5. 1970 – 1 StR 132/70, BGHSt 23, 265 (267) = NJW 1970, 1158; KK-StPO/*Kuckein* Rn. 3 mwN.
[17] S. u. Rn. 22 ff.; SK-StPO/*Frisch* Rn. 98; KK-StPO/*Kuckein* Rn. 5.
[18] Vgl. Anw-StPO/*Lohse* Rn. 2.
[19] KK-StPO/*Kuckein* Rn. 4.
[20] BGH v. 19. 10. 1993 – 1 StR 662/93, NStZ 1994, 196; KK-StPO/*Kuckein* Rn. 5.
[21] Vgl. BGH v. 19. 2. 2004 – 4 StR 371/03, BGHSt 49, 84 = NStZ 2004, 338, mAnm *Weider*; KK-StPO/*Kuckein* Rn. 5.

Vierter Abschnitt. Revision 5–9 § 337

B. Verletzung des Gesetzes
I. Der Begriff des Gesetzes (Abs. 1)

Gesetz iSd. § 337 ist **jede Rechtsnorm** (Abs. 2; § 7 EGStPO). Der Begriff erfasst nicht nur alle 5
zurzeit der Tat geltenden bundes- und landesrechtlichen Normen des Verfassungsrechts, des materiellen und des prozessualen Rechts,[22] sondern alle Vorschriften des gesetzten und ungeschriebenen Rechts, die das Merkmal der Allgemeinverbindlichkeit tragen.[23] Dazu zählen auch **übernationale Rechtssätze**, insbesondere die allgemeinen Regeln des Völkerrechts (Art. 25 GG), Auslieferungsabkommen und sonstige internationale Konventionen,[24] durch Gesetz ins deutsche Recht umgesetzte völkerrechtliche oder bilaterale Verträge[25] sowie Vorschriften des ausländischen Rechts, soweit sie Bezug zu dem entschiedenen Fall haben.[26] Ebenso gehören hierher die Gesetze des **Gewohnheitsrechts** und **Handelsbräuche**.[27]

Von der **richtigen Rechtsanwendung** ist die Beachtung der **allgemeinen Grundregeln der Rechts-** 6
anwendung im Einzelfall nicht zu trennen. Auf ihre falsche Handhabung kann die Revision ebenfalls gestützt werden.[28] Hierzu zählen auch die allgemein anerkannten Grundsätze über die **Methoden** der Rechtsfindung und die **Auslegung** von Rechtsvorschriften,[29] auch denen des Europarechts,[30] der Grundsatz in dubio pro reo[31] sowie die Anforderungen an eine sachgerechte Ausübung des dem Tatrichter eingeräumten Ermessens.[32]

Ordnungsvorschriften (Sollbestimmungen) sind ebenfalls Rechtsnormen iSd. § 337;[33] ob ein 7
Verstoß mit der Revision gerügt werden kann, hängt von ihrer Funktion im Einzelfall ab.[34] Maßgebend ist u. a. die Auswirkung eines Verstoßes auf die Rechtsstellung des Angeklagten,[35] ob es sich um einen bedeutsamen Verstoß handelt und ob das Urteil auf der Verletzung der Sollvorschrift beruhen kann.

Keine Rechtsnormen sind sich nur auf einen begrenzten Adressatenkreis richtende **Verwaltungs-** 8
anordnungen und **interne Dienstvorschriften**,[36] wie insbesondere die **Richtlinien für das Straf- und Bußgeldverfahren**,[37] die Dienstvorschriften der **Bundesbahn**[38] sowie der **Bundeswehr**[39] und die **Unfallverhütungsvorschriften** der Berufsgenossenschaften.[40] Das Revisionsgericht ist daher an deren Wiedergabe und Auslegung durch das Tatgericht gebunden, soweit nicht verfassungsrechtliche Gründe entgegenstehen oder gegen allgemein anerkannte Auslegungsregeln verstoßen wurde.[41] Auch der **Geschäftsverteilungsplan** ist keine Rechtsnorm,[42] sodass im Rahmen der Revision nach § 338 Nr. 1[43] nur die Gesetzwidrigkeit seines Zustandekommens oder die willkürliche Nichteinhaltung gerügt werden kann.[44]

II. Verletzung des Gesetzes (Abs. 2)

1. Vorbemerkungen. Das Gesetz ist verletzt, wenn eine Rechtsnorm „nicht oder nicht richtig 9
angewendet worden ist". Das Gesetz unterscheidet mithin **sachlich-rechtliche** von **verfahrens-**

---

[22] KK-StPO/*Kuckein* Rn. 9, 11; HK-GS/*Maiwald* Rn. 1.
[23] SK-StPO/*Frisch* Rn. 29; KK-StPO/*Kuckein* Rn. 8; Anw-StPO/*Lohse* Rn. 3; HK-StPO/*Temming* Rn. 4; BeckOK-StPO/*Wiedner* Vor § 337; *Dahs* Revision Rn. 87.
[24] Zur EMRK vgl. BGH v. 11. 11. 2004 – 5 StR 376/03, BGHSt 49, 342 = NJW 2005, 518 = NStZ 2005, 390, mAnm *Sander*.
[25] BGH v. 24. 10. 2007 – 1 StR 160/07, BGHSt 52, 67 = NJW 2008, 595.
[26] Löwe/Rosenberg/*Hanack*, 25. Aufl., Rn. 7 ff.; KK-StPO/*Kuckein* Rn. 8; *Meyer-Goßner* Rn. 2 jeweils mwN.
[27] SK-StPO/*Frisch* Rn. 29; KK-StPO/*Kuckein* Rn. 12; BeckOK-StPO/*Wiedner* Rn. 6.
[28] KK-StPO/*Kuckein* Rn. 16 ff. mwN.
[29] KK-StPO/*Kuckein* Rn. 19; *Sarstedt/Hamm* Rn. 887 f.; aA *Dahs* Revision Rn. 87 [Rechtsnorm].
[30] Vgl. BeckOK-StPO/*Wiedner* Rn. 8–9.
[31] KK-StPO/*Kuckein* Rn. 18; *Meyer-Goßner* Rn. 3, 8; aA Löwe/Rosenberg/*Hanack*, 25. Aufl., Rn. 14; *Dahs* Revision Rn. 88 [Rechtsnorm].
[32] KK-StPO/*Kuckein* Rn. 19.
[33] BGH v. 3. 11. 1981 – 5 StR 566/81, BGHSt 30, 255 (256) = NJW 1982, 293.
[34] Löwe/Rosenberg/*Hanack*, 25. Aufl.; KK-StPO/*Kuckein* Rn. 13; HK-StPO/*Temming* Rn. 5; *Dahs* Revision Rn. 89; abl. *Meyer-Goßner* Rn. 4; BeckOK-StPO/*Wiedner* Rn. 13.
[35] BGH v. 14. 5. 1974 – 1 StR 366/73, BGHSt 25, 325 (329) mwN = NJW 1974, 1570 (1571); KK-StPO/*Kuckein* Rn. 13; HK-GS/*Maiwald* Rn. 16; *Dahs* Revision Rn. 89; *Rüping*, Das Strafverfahren, 1997, Rn. 636; *Sarstedt/Hamm* Rn. 47 f.
[36] Vgl. OLG Hbg. v. 12. 1. 1984 – 2 Ss 232/83 OWi, NStZ 1984, 273; SK-StPO/*Frisch* Rn. 33; HK-GS/*Maiwald* Rn. 8; *Meyer-Goßner* Rn. 3.
[37] Löwe/Rosenberg/*Hanack*, 25. Aufl., Rn. 9 mwN.
[38] BGH v. 30. 10. 1958 – 4 StR 329/58, VRS 16, 53.
[39] BGH v. 10. 12. 1965 – 1 StR 327/65, BGHSt 20, 315 (318, 323) = NJW 1966, 673 (675).
[40] Diff. BayObLG v. 14. 7. 1986 – 3 Ob OWi 28/86, MDR 1987, 80.
[41] BGH v. 10. 12. 1965 – 1 StR 327/65, BGHSt 20, 315 (319); *Dahs* Revision Rn. 90.
[42] RG v. 24. 9. 1942 – 3 D 83/42, RGSt 76, 233; SK-StPO/*Frisch* Rn. 33; KK-StPO/*Kuckein* Rn. 15; BeckOK-StPO/*Wiedner* Rn. 12; *Roxin* § 53 D I 2.
[43] Vgl. zu § 338 Rn. 9 ff.
[44] KK-StPO/*Kuckein* Rn. 15; HK-GS/*Maiwald* Rn. 8; *Dahs* Revision Rn. 91.

rechtlichen Verstößen, zu denen auch die Verletzung des Verfassungsrechts zählt.[45] Der Unterschied hat für die Revision entscheidende Bedeutung, da bezüglich der Geltendmachung der Verletzung einer Verfahrensnorm die für die Begründung der Verfahrensrügen strenge Frist- und Formvorschriften (§§ 344, 345) gelten. Davon zu unterscheiden ist die von Amts wegen vorzunehmende Prüfung des Vorliegens der **Prozessvoraussetzungen** bzw. **Verfahrenshindernisse**.[46] Diese setzt keine Verfahrensrüge, wohl aber eine zulässige und formgerecht begründete Revision voraus, wobei eine allgemeine Sachrüge ausreichend ist.

10   Die Gesetzesverletzung braucht grundsätzlich **nicht verschuldet** zu sein, sie beurteilt sich nach objektiven Gesichtspunkten.[47] Nach Ansicht der Rspr. hindert das nicht, im Rahmen einzelner Verfahrensrügen der Frage der Verantwortung des Gerichts entscheidungserhebliche Bedeutung beizumessen.[48]

11   **2. Verfahrensvoraussetzungen.** Das **Vorliegen der Verfahrensvoraussetzungen** bzw. das **Fehlen der Prozesshindernisse** sind von Amts wegen zu prüfen. Dabei kommt es nicht darauf an, ob das Urteil wegen Beschränkung des Rechtsmittels bereits teilweise rechtskräftig ist.[49] Das Revisionsgericht prüft nach den **Regeln des Freibeweises**[50] und ist weder an die tatsächlichen Feststellungen noch an die Beweiswürdigung des Tatgerichts gebunden, soweit es sich nicht um sog. doppelrelevante Tatsachen, die der Tatrichter zum Schuldspruch im strengen Beweis festgestellt hat, handelt.[51] Ist eine umfangreiche Beweisaufnahme erforderlich, kann das Revisionsgericht das Urteil aufheben und an das Tatgericht zurückverweisen.[52] Von der **Verhandlungsfähigkeit** des Angeklagten kann das Revisionsgericht ausgehen, wenn diese durch das Tatgericht sorgfältig geprüft und ohne Rechtsfehler festgestellt wurde.[53] Im Übrigen gilt bezüglich der Verfahrenshindernisse der Grundsatz in dubio pro reo.[54]

12   Zu den zu beachtenden Verfahrensvoraussetzungen gehören u. a. die **sachliche Zuständigkeit**,[55] die **deutsche Gerichtsbarkeit**, die Wirksamkeit von **Anklage**[56] und des **Eröffnungsbeschlusses**,[57] der **Strafantrag** oder das **besondere öffentliche Interesse** bei Antragsdelikten, der **Nichteintritt der Strafverfolgungsverjährung**,[58] das **Fehlen anderweitiger Rechtshängigkeit**[59] sowie kein **Strafklageverbrauch**.[60] Zu beachten ist mithin das Verbot der Doppelbestrafung.[61] Die Rspr. hat eine **Erweiterung der anerkannten Verfahrenshindernisse** überwiegend abgelehnt,[62] insbesondere auch für eine durch Verletzung des Beschleunigungsgrundsatzes eintretende rechtsstaatswidrige Verfahrensverzögerung (Art. 6 Abs. 1 MRK).[63]

13   **3. Verletzung des Verfahrensrechts. a) Abgrenzung zum materiellen Recht.** Alle Rechtsnormen,[64] die den prozessualen Weg der richterlichen Entscheidungsfindung bestimmen, gehören dem Verfahrensrecht an;[65] unerheblich ist, ob sich die Vorschrift in der StPO oder anderen Gesetzen findet. Der revisionsgerichtlichen Nachprüfung unterliegen so grundsätzlich alle Verfahrensverstöße unabhängig davon, ob sie in dem Ermittlungsverfahren, dem Zwischenverfahren, bei der

---

[45] Vgl. BeckOK-StPO/*Wiedner* Rn. 19; *Dahs* Revision Rn. 106.
[46] BGH v. 13. 12. 2000 – 2 StR 56/00, BGHSt 46, 230 (236) = NJW 2001, 1509 (1511); *Dahs* Revision Rn. 94 ff.; 462; *Sarstedt/Hamm* Rn. 1113 ff.
[47] KK-StPO/*Kuckein* Rn. 23 mwN; BeckOK-StPO/*Wiedner* Rn. 20 a.
[48] KK-StPO/*Kuckein* Rn. 23; vgl. zB § 338 Rn. 53.
[49] SK-StPO/*Frisch* Rn. 46; Anw-StPO/*Lohse* Rn. 6; *Meyer-Goßner* Rn. 6; BeckOK-StPO/*Wiedner* Rn. 25 jeweils mwN.
[50] BayObLG v. 28. 6. 2000 – 4 St RR 54/00, NStZ-RR 2001, 271; KK-StPO/*Kuckein* Rn. 25; *Meyer-Goßner* Rn. 6.
[51] Löwe/Rosenberg/*Hanack*, 25. Aufl., Rn. 35; *Meyer-Goßner* Rn. 6 mwN; diff. Widmaier/*Dahs* MAH Strafverteidigung § 12 Rn. 62.
[52] BGH v. 27. 10. 1961 – 2 StR 193/61, BGHSt 16, 399 (403) = NJW 1962, 646 (647); SK-StPO/*Frisch* Rn. 48; Anw-StPO/*Lohse* Rn. 6.
[53] BGH v. 19. 10. 2005 – 2 StR 98/05, NStZ-RR 2006, 42.
[54] BeckOK-StPO/*Wiedner* Rn. 27; *Dahs* Rn. 966; *ders.* Revision Rn. 485 mwN.
[55] S. u. § 338 Rn. 39.
[56] BGH v. 17. 8. 2000 – 4 StR 245/00, BGHSt 46, 130 = NJW 2000, 3293.
[57] BGH v. 25. 1. 1995 – 3 StR 448/94, BGHSt 40, 390 (392) = NJW 1996, 1221 (1222).
[58] BGH v. 22. 4. 1952 – 1 StR 622/51, BGHSt 2, 301 (306); BGH v. 21. 4. 1953 – 1 StR 176/53, BGHSt 4, 135.
[59] BGH v. 24. 4. 1989 – 1 StR 632/88, BGHSt 36, 175 = NJW 1989, 2403.
[60] BGH v. 9. 6. 2008 – 5 StR 342/08, StV 2008, 506 ff.; OLG Stuttgart v. 11. 4. 2007 – 2 Ws 41/2007, wistra 2007, 276 (278).
[61] BGH v. 18. 4. 1990 – 3 StR 252/88, BGHSt 37, 10 (11) = NJW 1990, 1924 (1924).
[62] Vgl. KK-StPO/*Kuckein* Rn. 25 mwN.
[63] BGH GrS v. 17. 1. 2008 – GSSt 1/07, BGHSt 52, 124 = NStZ 2008, 234; BGH v. 25. 10. 2000 – 2 StR 232/00, BGHSt 46, 159 (171) = NJW 2001, 1146 (1148) = JZ 2001, 1094 mAnm *Ostendorf/Radtke*; vgl. sodann Rspr.-Übers. bei *Sander* NStZ-RR 2002, 1; *ders.* NStZ-RR 2003, 33; *ders.* NStZ-RR 2005, 1; *ders.* NStZ-RR 2006, 33, *ders.* NStZ-RR 2007, 68; *ders.* NStZ-RR 2007, 97; *ders.* NStZ-RR 2008, 1; KK-StPO/*Kuckein* Rn. 25 mwN; diff. *Tepperwien* NStZ 2009, 1 (4).
[64] S. o. oben Rn. 5 ff.
[65] BGH v. 10. 1. 1973 – 2 StR 451/72, BGHSt 25, 100 = NJW 1973, 523; SK-StPO/*Frisch* Rn. 23; Löwe/Rosenberg/*Hanack*, 25. Aufl., Rn. 66; KK-StPO/*Kuckein* Rn. 27; *Meyer-Goßner* Rn. 8.

Eröffnung der Hauptverhandlung oder in der Hauptverhandlung vorgekommen sind.[66] Neben der Verletzung spezieller Vorschriften kommt zudem die **Nichtbeachtung allgemeiner strafverfahrensrechtlicher Grundsätze**, insbesondere der **Missbrauch** verfahrensrechtlicher Gestaltungsmöglichkeiten,[67] in Betracht. In welchem Umfang Vorschriften, insbesondere die allgemeinen Grundregeln der Rechtsanwendung,[68] zum Verfahrensrecht zu zählen sind, oder bereits auf allgemeine Sachrüge hin vom Revisionsgericht überprüft werden, ist im Einzelnen umstritten.[69] Durch die Sachrüge wird im Wesentlichen die Rechtssubsumtion des im Urteil festgestellten Sachverhalts mit der Behauptung angefochten, durch eine fehlerhafte oder Nichtanwendung des sachlichen Rechts beschwert zu sein.[70] Deshalb wird bereits auf die Sachrüge hin u. a. die Verletzung der Denkgesetze,[71] des Grundsatzes in dubio pro reo[72] und die Verwertung von Vorstrafen unter Verstoß gegen § 51 BZRG[73] geprüft. Dagegen begründet die unzulässige Verwertung des Schweigens des Angeklagten[74] sowie der Zeugnisverweigerung eines Angehörigen[75] einen Verfahrensmangel.

b) Revisibilität. Das Verfahrensrecht ist verletzt, wenn gesetzlich vorgeschriebene Handlungen unterblieben oder fehlerhaft vorgenommen worden sind bzw. überhaupt unzulässige Entscheidungen getroffen wurden.[76] Maßgebend ist die vom Revisionsgericht ermittelte wirkliche Sachlage grundsätzlich unabhängig davon, ob die den Mangel begründenden Tatsachen dem Beschwerdeführer oder dem Tatrichter bekannt waren.[77] Mithin können **nachträgliche Ereignisse** einer begründeten Verfahrensrüge grundsätzlich nicht den Boden entziehen.[78] 14

Verfahrensfehler können aber durch nachträgliche Umstände **geheilt** oder **rechtlich neutralisiert** worden sein.[79] Von **Heilung** wird in den Fällen gesprochen, in denen der fehlerhafte Verfahrensvorgang rechtsfehlerfrei wiederholt oder durch allseitigen und **zulässigen Verzicht** oder auf andere Weise **gegenstandslos** geworden ist.[80] Demgegenüber spricht man von **Verwirkung**, wenn der **Rügeverlust** aktivem oder passivem **Verhalten von Prozessbeteiligten** folgt.[81] Ungesehen der gesetzlich geregelten Fälle der **Rügepräklusion**[82] und des Rügeverzichts folgt der Rügeverlust idR einem passiven Verhalten des Verteidigers, wie dem Unterlassen eines Widerspruchs gegen Beweiserhebungen oder des Nichtanrufens des Gerichts nach § 238 Abs. 2.[83] Darüber hinaus verfestigt sich in der Rspr. des BGH die Tendenz, eine **Verwirkung** durch **arglistiges Verhalten** des Beschwerdeführers aufgrund eines **allgemeinen Missbrauchsverbots** anzunehmen mit der Folge, dass entsprechende Verfahrensrügen unzulässig werden.[84] Der Revisionsführer sollte daher in der Revisionsbegründung auch die Tatsachen vortragen, die der Annahme einer Verwirkung der Rüge durch arglistiges Verhalten entgegenstehen.[85] Maßgebend ist mithin, dass der geltend gemachte Verfahrensverstoß sich tatsächlich auf die tatrichterliche Entscheidung ausgewirkt hat und rechtlich gerügt werden darf. 15

---

[66] Vgl. ausführlich *Dahs* Revision Rn. 216 ff.; Widmaier/*Dahs* MAH Strafverteidigung § 12 Rn. 169 ff. (178); *Schlothauer*/*Wieder* Revision Rn. 1857 ff.
[67] Vgl. BGH v. 1. 4. 2008 – 5 StR 357/07, NStZ 2008, 475 f. [unstatthafte Besetzungsrüge]; BGH v. 21. 11. 2007 – 1 StR 539/07, NStZ-RR 2008, 85 [Irreführender Vortrag]; KK-StPO/*Kuckein* Rn. 26 mwN.
[68] S. o. Rn. 6.
[69] Vgl. *Meyer-Goßner* Rn. 8 mwN; *Sarstedt*/*Hamm* Rn. 933.
[70] S. u. Rn. 22 ff.; Widmaier/*Dahs* MAH Strafverteidigung § 12 Rn. 233.
[71] BGH v. 14. 10. 1952 – 2 StR 306/52, BGHSt 3, 213 (215); *Meyer-Goßner* Rn. 8; Widmaier/*Dahs* MAH Strafverteidigung § 12 Rn. 259 ff.; *Dahs* Revision Rn. 416 ff.; *Schlothauer*/*Weider* Revision Rn. 2209.
[72] HK-GS/*Maiwald* Rn. 13 f.; *Meyer-Goßner* Rn. 8 mwN; Widmaier/*Dahs* MAH Strafverteidigung § 12 Rn. 275.
[73] BGH v. 26. 1. 1977 – 2 StR 650/76, BGHSt 27, 108 = NJW 1977, 816; *Meyer-Goßner* Rn. 8.
[74] BGH v. 26. 10. 1983 – 3 StR 251/83, BGHSt 32, 140 = NStZ 1984, 377; Löwe/Rosenberg/*Hanack*, 25. Aufl., Rn. 67; aA *Meyer-Goßner* Rn. 8 mwN.
[75] OLG Karlsruhe v. 16. 5. 1974 – 1 Ss 80/74, GA (122) 1975, 182; Löwe/Rosenberg/*Hanack*, 25. Aufl., Rn. 67; aA BGH v. 22. 10. 1980 – 2 StR 612/80, JR 1981, 432 m. krit. Anm. *Hanack*; *Meyer-Goßner* Rn. 8.
[76] SK-StPO/*Frisch* Rn. 68; Löwe/Rosenberg/*Hanack*, 25. Aufl., Rn. 69; KK-StPO/*Kuckein* Rn. 26; *Meyer-Goßner* Rn. 9; HK-StPO/*Temming* Rn. 10; *Krause* Revision Rn. 14 a.
[77] BGH v. 25. 10. 1968 – 4 StR 412/68, BGHSt 22, 266 (267); BGH v. 15. 12. 1987 – 5 StR 649/87, StV 1988, 89.
[78] Widmaier, FS Hanack, 1999, S. 387 (396); *Meyer-Goßner* Rn. 9.
[79] *Basdorf* StV 1997, 488; *Dahs* NStZ 2007, 241; *Satzger*/*Hanft* NStZ 2007, 185; *Dahs* Rn. 779 ff.; *ders.* Revision Rn. 376; *Grüner*, Über den Missbrauch von Mitwirkungsrechten und Mitwirkungspflichten des Verteidigers im Strafprozeß, 2000, S. 201 ff., 220 ff.; *Sarstedt*/*Hamm* Rn. 1049 ff.
[80] Vgl. HK-GS/*Maiwald* Rn. 22; Widmaier/*Dahs* MAH Strafverteidigung § 12 Rn. 90; *ders.* Revision Rn. 379 ff.; *Sarstedt*/*Hamm* Rn. 129 ff., 511.
[81] Vgl. BGH v. 24. 7. 2008 – 4 StR 84/08, wistra 2008, 398 f.; Widmaier/*Dahs* MAH Strafverteidigung § 12 Rn. 91; *Dahs* Revision Rn. 376 f.
[82] S. dazu § 338 Rn. 4 ff.; zu 222 a: § 222 a Rn. 11; zu 222 b: § 222 b Rn. 2; zu § 6 a: § 6 a Rn. 6; zu § 16: § 16 Rn. 4.
[83] Krit. HK-GS/*Maiwald* Rn. 23; Widmaier/*Dahs* MAH Strafverteidigung § 12 Rn. 93; *Dahs* Rn. 380 f.
[84] Vgl. BGH v. 26. 6. 2005 – 5 StR 129/05, StV 2006, 113 mAnm *Dahs*; BGH v. 16. 6. 2005 – 5 StR 440/04, NStZ 2005, 646 = wistra 2005, 390; BGH v. 11. 8. 2006 – 3 StR 284/95, NStZ 2007, 49; BGH v. 4. 12. 2007 – 5 StR 404/07, StV 2008, 123 [widersprüchliches Verhalten]; ausführlich *Dahs* NStZ 2007, 241 ff.; *Satzger*/*Hanft*, NStZ 2007, 185; vgl. ferner BeckOK-StPO/*Wiedner* Rn. 64–72; *Dahs* Revision Rn. 384 a mwN.
[85] Widmaier/*Dahs* MAH Strafverteidigung § 12 Rn. 95; *Dahs* Revision Rn. 502 a.

16 c) **Begründung einer Verfahrensrüge.** Eine Berücksichtigung von Verfahrensverstößen durch das Revisionsgericht setzt weiterhin voraus, dass die Verfahrensmängel **gem. § 344 Abs. 2 S. 2 gerügt** sind und der **Nachweis** für ihr Vorliegen geführt ist.[86] Nach Ansicht der Rspr. erfordert das den Vortrag aller den Verfahrensverstoß begründenden Tatsachen, die auch nur entfernt – positiv oder negativ – für die rechtliche Prüfung und Beurteilung irgendeine Bedeutung haben können.[87] Die an eine Rügebegründung gestellten rechtlichen Anforderungen dürfen allerdings nicht de facto den Zugang zum Rechtsmittel versperren.[88] Aufgrund der umfangreichen Kasuistik ist der Revisionsführer deshalb verpflichtet, zu jedem Aspekt seiner spezifischen Verfahrensrüge die aktuelle Rspr. des BGH zu studieren.[89]

17 Der **Nachweis** der Verfahrensmängel ist erbracht, wenn diese zur vollen Überzeugung des Revisionsgerichts feststehen.[90] Die Behauptung eines Verfahrensmangels, dessen Beweis unmöglich ist (vgl. § 43 DRiG für das Beratungsgeheimnis), führt zur Unzulässigkeit der Rüge.[91] Ist eine Verfahrensrüge ordnungsgemäß erhoben, stehen dem **Revisionsrichter** dagegen in begrenztem Umfang[92] **eigene Möglichkeiten der Aufklärung** und Überprüfung zur Verfügung. An die Würdigung des Tatrichters ist das Revisionsgericht nicht gebunden. Eine „Beweislast" trifft den Revisionsführer nicht.[93] Allerdings muss der Revisionsführer den **Verstoß konkret behaupten** und die dafür erforderlichen Beweistatsachen angeben. **Beweisgrundlage** ist **primär** die Sitzungsniederschrift (§ 274),[94] ansonsten kommt Freibeweis in Betracht.[95] Auch die **Urteilsgründe** können den Verfahrensmangel ausweisen; insoweit ist allerdings umstritten, ob die Erhebung einer Verfahrensrüge erforderlich ist, oder ob die Sachrüge ausreicht.[96] Grundsätzlich setzt die Beanstandung eines Verfahrensfehlers eine Verfahrensrüge voraus,[97] es sei denn, es entspricht dem **erkennbaren Willen des Beschwerdeführers**, dass er den Rechtsfehler, der auch das sachliche Recht berührt, Rügen will.[98]

18 Das **Freibeweisverfahren** ist insbesondere dann eröffnet, wenn **Mängel des Protokolls** dessen absolute Beweiskraft[99] entfallen lassen.[100] Durch die bloße Behauptung, die Sitzungsniederschrift enthalte einen bestimmten Verfahrensvorgang nicht und sei daher lückenhaft, wird hingegen nur eine sog. **Protokollrüge** erhoben, die **unbeachtlich** ist und keine wirksame Verfahrensrüge darstellt.[101] Unter dem Gesichtspunkt des **Rechtsmissbrauchs** geht der BGH allerdings nunmehr von einer „uneingeschränkten" formellen Beweiskraft der Sitzungsniederschrift aus und lässt eine an strenge Voraussetzungen geknüpfte **rügevernichtende Protokollberichtigung** zu.[102] Ebenso führt eine **unwahre Verfahrensrüge**, die sich auf die absolute Beweiskraft des (nicht berichtigten) Protokolls in Kenntnis dessen sachlicher Unrichtigkeit stützt, zur Unzulässigkeit der Rüge, unabhängig davon, zu welchem Zeitpunkt der Revisionsführer Kenntnis von der Unwahrheit der Rügebehauptung erlangt hat.[103]

---

[86] KK-StPO/*Kuckein* Rn. 26; *Meyer-Goßner* Rn. 10.
[87] Vgl. *Dahs* Revision Rn. 464 mwN.
[88] BVerfG v. 25. 1. 2005 – 2 BvR 656/99, 2 BvR 657/99, 2 BvR 683/99, BVerfGE 112, 185 (212 f.) = NJW 2005, 1999 (2001).
[89] Vgl. dazu insb. die lfd. Publikationen bei *Sander* in NStZ-RR „Zur Zulässigkeit von Verfahrensrügen in der Rspr. des BGH" (s. o. Fn. 61) sowie bei *Detter* „Zum Strafzumessungs- und Maßregelrecht" in NStZ 2008, 264, 554; *ders.* NStZ 2007, 206; 627; *ders.* NStZ 2006, 146, 560; *ders.* NStZ 2005, 143, 498; *Birkenstock*, Verfahrensrügen im Strafprozess, Bd. I–II, 2004; vgl. auch Entscheidungen der Strafsenate des BGH bei BGH-*Nack*.
[90] BGH v. 19. 10. 1993 – 1 StR 662/93, NStZ 1994, 196; KK-StPO/*Kuckein* § 344 Rn. 32 ff.; *Meyer-Goßner* § 344 Rn. 20 ff.; *Sarstedt/Hamm* Rn. 297; aA *Löwe/Rosberg/Hanack*, 25. Aufl., Rn. 76.
[91] Anw-StPO/*Lohse* Rn. 12 mwN; HK-StPO/*Temming* Rn. 14; BeckOK-StPO/*Wiedner* Rn. 43.
[92] Vgl. dazu BGH v. 7. 10. 1966 – 1 StR 305/66, BGHSt 21, 149 (151) = NJW 1967, 213; KK-StPO/*Kuckein* Rn. 26 mwN.
[93] BGH v. 28. 6. 1961 – 2 StR 154/61, BGHSt 16, 164 (166) mwN = NJW 1961, 1979 (1980); *Dahs* Revision Rn. 486.
[94] Vgl. nunmehr BGH GrS v. 23. 4. 2007 – GSSt 1/06 = StV 2007, 403 [Protokollberichtigung und „Rügeverkümmerung"]; s. § 274 Rn. 11; SK-StPO/*Frisch* Rn. 71; KK-StPO/*Kuckein* Rn. 27.
[95] *Meyer-Goßner* Rn. 11; *Dahs* Revision Rn. 486.
[96] *Löwe/Rosenberg/Hanack*, 25. Aufl., Rn. 67, 127 f.; KK-StPO/*Kuckein* Rn. 27.
[97] Vgl. dazu BGH v. 23. 6. 2004 – 1 ARs 5/04, BGH v. 11. 11. 2004 – 5 StR 376/03, BGHSt 49, 342 = NStZ 2005, 223 = NStZ 2005, 390 mAnm *Sander*; *Jähnke*, FS Meyer-Goßner, 2001, S. 559; *G. Schäfer* FS Riess, 2002, S. 477.
[98] BGH v. 16. 10. 2006 – 1 StR 180/06, NStZ 2007, 115 (116); BGH v. 21. 11. 2006 – 1 StR 392/06 (juris) [Umdeutung]; BGH v. 13. 6. 2007 – 3 StR 194/07 (juris); KK-StPO/*Kuckein* Rn. 27.
[99] Vgl. ausführlich *Sarstedt/Hamm* Rn. 291 ff.
[100] BeckOK-StPO/*Wiedner* Rn. 45 f.; ausführlich § 274 Rn. 2–6; *Dahs* Revision Rn. 487 ff. mwN.
[101] *Dahs* Rn. 913; *ders.* Revision Rn. 471, 491; *Sarstedt/Hamm* Rn. 238 f.
[102] Vgl. BGH GrS v. 23. 4. 2007 – GSSt 1/06, NJW 2007, 2419 = StV 2007, 403; BGH v. 12. 1. 2006 – 1 StR 466/05, NStZ-RR 2006, 112; *Dahs* Revision 489.
[103] BGH v. 11. 8. 2006 – 3 StR 284/05, NStZ 2007, 49; krit. *Satzger/Hanft* Anm. zu BGH v. 11. 8. 2006 – 3 StR 284/05, NStZ 2007, 185; krit. *Gaede* Anm. zu BGH v. 11. 8. 2006 – 3 StR 284/05, StraFo 2007, 29 sowie *Meyer-Mews* zu BGH v. 11. 8. 2006 – 3 StR 284/05, StraFo 2007, 194; *Dahs* Revision Rn. 490; *Sarstedt/Hamm* Rn. 292 ff.; *Satzger/Hanft* NStZ 2007, 185 mwN.

Vierter Abschnitt. Revision 19–22 § 337

Eine **Rekonstruktion der Beweisaufnahme** des Tatgerichts über Schuld- und Rechtsfolgenfragen 19
findet nicht statt, da das Revisionsgericht an die tatrichterlichen Feststellungen gebunden ist.[104]
Der Revisionsführer kann daher grundsätzlich weder mit der **Aufklärungsrüge** (§ 244 Abs. 2) oder
mit der **Rüge der Verletzung des** § 261 noch mit der sog. **alternativen Verfahrensrüge**[105] die **Aktenwidrigkeit** der Urteilsfeststellungen rügen[106] bzw. deren Widerspruch zu einer Zeugenaussage
oder der Einlassung des Angeklagten[107] behaupten. Urteilsfeststellungen können mit der Verfahrensrüge nach § 244 oder § 261 nur dann angegriffen werden, wenn der Beweis von deren Unrichtigkeit ohne Rekonstruktion der Hauptverhandlung erbracht werden kann,[108] das Revisionsgericht den Rechtsfehler also **mit den Mitteln des Revisionsrechts** feststellen kann.[109] Voraussetzung
ist mithin, dass der Inhalt einer Aussage nach § 273 Abs. 3 protokolliert[110] oder eine Urkunde verlesen[111] wurde, so bei Vernehmungsprotokollen,[112] schriftlichen Erklärungen[113] und Gutachten[114]
oder einer nach § 255 a Abs. 1 vorgeführten Videoaufzeichnung.[115] Eine Protokollierung nach
§ 273 Abs. 2 reicht hingegen nicht.[116] Wird die Vernehmung auf Video nach § 247 a S. 4[117] oder
§ 255 a Abs. 2 in die Hauptverhandlung eingeführt, kommt nach Ansicht der Rspr. hingegen kein
Gegenbeweis in Betracht.[118] Eine Rekonstruktion ist schließlich dann nicht erforderlich, wenn sich
der Inhalt der Aussagen aus dem Urteil selbst ergibt.[119]

Kann der Revisionsführer den Nachweis nicht erbringen, wirken **Zweifel** an dem Verfahrens- 20
verstoß nicht zu seinen Gunsten; der „in-dubio-Grundsatz" gilt für behauptete Verfahrensfehler
nicht,[120] es sei denn, die Nichterbringlichkeit des Nachweises folgt einem Verschulden der Justizbehörden.[121]

d) **Beschwer.** Ein Verfahrensfehler kann nur von dem Beteiligten gerügt werden, der durch ihn 21
beschwert ist.[122] Ausreichend ist eine **mittelbare** Beschwer, solange der Beschwerdeführer durch
den gegenüber einem Mitangeklagten begangenen Verfahrensfehler betroffen wird. Eine Rüge setzt
idR nicht voraus, dass sich der Revisionsführer dem fehlerhaft abgelehnten Antrag eines Mitangeklagten angeschlossen hatte.[123] Allerdings wirkt eine erhobene Verfahrensrüge nur für den Beschwerdeführer, der sie erhoben hatte, auch wenn der Verfahrensfehler mehrere Prozessbeteiligte in
gleicher Weise betroffen hat.[124]

4. Verstöße gegen sachliches Recht. Wird mit der Revision die fehlerhafte Anwendung des 22
sachlichen Rechts gerügt, müssen die den Mangel begründenden Tatsachen nicht angegeben werden. Es genügt zur Begründung die entsprechende Erklärung als **allgemeine Sachrüge**, allgemeine
Redewendungen wie eine Anfechtung des Urteils „in seinem ganzen Umfang" reichen aber idR
nicht aus.[125] Dabei setzt die **Wirksamkeit einer Sachrüge** voraus, dass sie auf die Verletzung einer

---

[104] S. o. Rn. 2–3; BGH v. 3. 4. 2001 – 1 StR 58/01, StV 2002, 354; *Meyer-Goßner* Rn. 13; krit. *Pelz* NStZ 1993, 361 (362); *Herdegen*, FS Salger, 1995, S. 301 (315).
[105] Vgl. BGH v. 11. 8. 2006 – 3 StR 284/05, bei *Cierniak* NStZ-RR 2009, 1 (6); *Neuhaus* StraFo 2004, 407 (412); *Dahs* Revision Rn. 250 a f.; *Sarstedt/Hamm* Rn. 279 ff. (288).
[106] BGH v. 16. 10. 2006 – 1 StR 180/06, NStZ 2007, 115 (116) (st. Rspr.); BGH v. 7. 8. 2007 – 4 StR 142/07 = NStZ 2008, 55; SK-StPO/*Frisch* Rn. 86; *Krause* Revision Rn. 95.
[107] BGH v. 15. 1. 2004 – 3 StR 481/03, NStZ 2004, 392; Widmaier/*Widmaier* MAH Strafverteidigung § 9 Rn. 106, 125 ff.
[108] BGH v. 24. 11. 2000 – 2 StR 361/00, bei *Becker* NStZ-RR 2001, 257 (262); BeckOK-StPO/*Wiedner* Rn. 51; *Sarstedt/Hamm* Rn. 513 ff., 818 ff.
[109] BGH v. 19. 1. 2000 – 3 StR 531/99, BGHSt 45, 367 = StV 2000, 293; KK-StPO/*Kuckein* Rn. 26 a.
[110] BGH v. 3. 7. 1991 – 2 StR 45/91, BGHSt 38, 14 mwN = JZ 1992, 106 mAnm *Fezer*; KMR/*Mutzbacher* Rn. 148; *Sarstedt/Hamm* Rn. 291.
[111] Vgl. BGH v. 19. 8. 2008 – 3 StR 252/08, StV 2008, 566; OLG Hamm v. 8. 2. 2007 – 2 Ss 548/06, StV 2007, 630 f.
[112] Vgl. Löwe/Rosenberg/*Hanack*, 25. Aufl., Rn. 80 mwN.
[113] BGH v. 20. 8. 1991 – 5 StR 354/91, StV 1991, 549.
[114] BGH v. 29. 5. 1991 – 2 StR 68/91, NJW 1991, 3290 = NStZ 1991, 448.
[115] *Diemer* NStZ 2002, 16 (19); *Meyer-Goßner* Rn. 14.
[116] BGH v. 3. 7. 1991 – 2 StR 45/91, BGHSt 38, 14 = NJW 1992, 252; *Meyer-Goßner* Rn. 14; aA Löwe/Rosenberg/*Hanack*, 25. Aufl., Rn. 86.
[117] Vgl. *Hofmann* StraFo 2004, 303.
[118] BGH v. 15. 4. 2003 – 1 StR 64/03, BGHSt 48, 268 (273) = NJW 2003, 2761 (2763) = StV 2003 abl.mAnm *Schlothauer*; *Meyer-Goßner* Rn. 14; aA auch *Leitner* StraFo 2004, 306.
[119] BGH v. 2. 6. 1992 – 1 StR 182/92, NJW 1992, 2840 = NStZ 1992, 506; BGH v. 31. 5. 1994 – 5 StR 557/93, NStZ 1995, 27; aA *Herdegen* StV 1992, 596.
[120] BGH v. 22. 1. 2008 – 1 StR 607/07, NStZ 2008, 353 = StV 2008, 567 f.; Anw-StPO/*Lohse* Rn. 13; *Meyer-Goßner* Rn. 12; aA SK-StPO/*Frisch* Rn. 76; Löwe/Rosenberg/*Hanack*, 25. Aufl., Rn. 36.
[121] OLG Celle v. 24. 6. 1997 – 21 Ss 73/97, StV 1998, 531; Thür. OLG v. 22. 3. 2004 – 1 Ss 253/03, StraFo 2004, 357.
[122] BGH v. 23. 1. 1957 – 2 StR 600/56, BGHSt 10, 119 (121); Löwe/Rosenberg/*Hanack*, 25. Aufl., Rn. 93; *Meyer-Goßner* Rn. 18 mwN; BeckOK-StPO/*Wiedner* Rn. 57 mwN.
[123] *Meyer-Goßner* Rn. 18 mwN.
[124] BGH v. 15. 2. 1991 – 3 StR 422/90, StV 1991, 247; *Dahs* Revision Rn. 463.
[125] Vgl. Löwe/Rosenberg/*Hanack*, 25. Aufl., zu § 344 Rn. 70 mwN; *Dahs* Revision Rn. 503.

Rechtsnorm (§ 337 Abs. 1) gestützt wird, sodass sie unzulässig (§ 349 Abs. 1) bzw. unwirksam ist, wenn sie sich in Wirklichkeit gegen die tatsächlichen Feststellungen oder die Beweiswürdigung des Gerichts wendet.[126]

23 a) **Prüfungsgrundlage.** Grundlage für die materiellrechtliche Prüfung bildet grundsätzlich das Urteil, an dessen Feststellungen das Revisionsgericht gebunden ist. Maßgebend sind die in der Urteilsurkunde enthaltenen **schriftlichen Entscheidungsgründe**[127] und die Abbildungen (Lichtbilder, Tatortsskizzen etc.), auf die nach § 267 Abs. 1 S. 3 verwiesen worden ist.[128] Das Revisionsgericht muß die erforderlichen Tatsachenfeststellungen **aus dem Zusammenhang der Urteilsgründe** sicher entnehmen können.[129] Dem Revisionsgericht steht insoweit allerdings nur eine **Rechtskontrolle** zu, insbesondere darf es **keine Beweisaufnahme** durchführen und zum Beispiel Lichtbilder und andere Abbildung in Augenschein nehmen,[130] sondern hat von der Schilderung von deren Aussagehalt im Urteil auszugehen.[131]

24 Die nach § 268 Abs. 2 S. 2 mitgeteilten **mündlichen Urteilsgründe** sind unbeachtlich,[132] ebenso wie eine mangelnde Übereinstimmung der Urteilsgründe mit dem **Inhalt** lediglich der Sitzungsniederschrift beigefügter **Schriftstücke**.[133] Unbeachtlich sind ferner unzulässige Berichtigungsbeschlüsse sowie Urteilsergänzungen nach § 267 Abs. 4, wenn deren gesetzliche Voraussetzungen nicht vorgelegen haben.[134] Schließlich darf das Revisionsgericht auch bei der Prüfung der Sachrüge den **Akteninhalt** nicht berücksichtigen, die **Rüge der Aktenwidrigkeit** ist auch insoweit unzulässig.[135] Außerhalb des Urteils kann das Revisionsgericht nur **allgemeinkundige** und **gerichtskundige Tatsachen** berücksichtigen.[136]

25 b) **Fehlerhafte Rechtsanwendung.** Die Prüfung des Revisionsgerichts beschränkt sich nicht darauf, ob die Anwendung der Strafvorschriften auf den festgestellten Sachverhalt gerechtfertigt ist und das Tatgericht den Sachverhalt unter allen rechtlich möglichen Gesichtspunkten gewürdigt und seine Pflicht zu erschöpfenden Würdigung der Beweise (§ 261) erfüllt hat. Es prüft vielmehr auch, ob die **Urteilsfeststellungen** überhaupt eine **tragfähige Grundlage** für diese Prüfung bieten.[137] Fehlen die Urteilsgründe ganz, liegt nicht nur ein Verstoß gegen § 338 Nr. 7,[138] sondern auch ein sachlich rechtlicher Mangel vor.[139]

26 aa) **Fehlerhafte Urteilsfeststellungen.** Die Urteilsfeststellungen bieten dann keine ausreichende Prüfungsgrundlage, wenn sie an **Widersprüchen, Unklarheiten** oder **Unvollständigkeit** leiden.[140] Das ist insbesondere dann der Fall, wenn die Urteilsfeststellungen **lückenhaft**[141] oder deshalb fehlerhaft sind, weil sie mit den **Denkgesetzen**, gesicherten **Erfahrungssätzen**[142] oder mit allgemein- oder gerichtsbekannten Tatsachen **unvereinbar** sind.[143]

27 bb) **Mangelhafte Beweiswürdigung.** Die tatrichterliche Beweiswürdigung unterliegt ebenso nur einer eingeschränkten Prüfung durch das Revisionsgericht.[144] Die Beweiswürdigung wird nur auf Rechtsfehler hin geprüft, nicht aber durch eine eigene Beweiswürdigung des Revisionsgerichts ersetzt. Dabei ist die tatrichterliche Beweiswürdigung bereits dann als fehlerhaft anzusehen, wenn sie für das Revisionsgericht **nicht plausibel** und mithin **nicht nachvollziehbar** ist.[145] Rechtsfehlerhaft ist die Beweiswürdigung ebenso wie bei den Tatsachenfeststellungen, wenn die **tatrichterlichen Er-**

---

[126] BGH v. 6. 5. 1992 – 2 StR 21/92, bei *Kusch* NStZ 1993, 31; *Meyer-Goßner* § 344 Rn. 19; *Dahs* Revision Rn. 504.
[127] BGH v. 18. 9. 1995 – 1 StR 463/95, bei *Kusch* NStZ 1996, 326 f.
[128] KK-StPO/*Kuckein* Rn. 27; Anw-StPO/*Lohse* Rn. 14; HK-GS/*Maiwald* Rn. 6; *Meyer-Goßner* Rn. 22; HK-StPO/ *Temming* Rn. 17; BeckOK-StPO/*Wiedner* Rn. 78.
[129] Widmaier/*Dahs* MAH Strafverteidigung § 12 Rn. 238.
[130] BGH v. 19. 12. 1995 – 4 StR 170/95, BGHSt 41, 376 (382) = NJW 1996, 1420; *Meyer-Goßner* Rn. 24 mwN.
[131] KK-StPO/*Kuckein* Rn. 27; *Roxin* § 53 D III 2 Rn. 23.
[132] SK-StPO/*Frisch* Rn. 101; KK-StPO/*Kuckein* Rn. 27; *Meyer-Goßner* Rn. 22 mwN; BeckOK-StPO/*Wiedner* Rn. 79.
[133] BGH v. 25. 5. 1976 – StR 560/75 = DB 1977, 1776; KK-StPO/*Kuckein* Rn. 27.
[134] KK-StPO/*Kuckein* Rn. 27; *Meyer-Goßner* Rn. 22 mwN.
[135] *Meyer-Goßner* Rn. 23 mwN; *Dahs* Revision Rn. 92, 392, 505; aA HK-StPO/*Temming* Rn. 25 mwN.
[136] BGH v. 11. 12. 2003 – 3 StR 120/03, BGHSt 49, 34 (41) = NStZ 2004, 204 (205); *Meyer-Goßner* Rn. 25 mwN; Löwe/Rosenberg/*Hanack*, 25. Aufl., Rn. 103; *Meyer-Goßner*, FS Tröndle, 1989, S. 551.
[137] BGH v. 4. 3. 1960 – 4 StR 31/60, BGHSt 14, 162, 165.
[138] S. u. Rn. 62.
[139] KK-StPO/*Kuckein* Rn. 28 mwN.
[140] KK-StPO/*Kuckein* Rn. 28; BeckOK-StPO/*Wiedner* Rn. 81–86; Widmaier/*Dahs* MAH Strafverteidigung § 12 Rn. 242 f.; *Dahs* Rn. 956–958; Revision Rn. 387 ff.; *Krause* Revision Rn. 17 ff.; *Sarstedt*/Hamm Rn. 899 ff.
[141] Vgl. BGH v. 10. 8. 2007 – 2 StR 204/07, StV 2008, 235 f.; BGH v. 5. 4. 2006 – 2 StR 41/06, NStZ-RR 2006, 235, 236; KK-StPO/*Kuckein* Rn. 28 mwN; Widmaier/*Dahs* MAH Strafverteidigung § 12 Rn. 239.
[142] Widmaier/*Dahs* MAH Strafverteidigung § 12 Rn. 244 f.; *Sarstedt*/Hamm Rn. 914 ff.
[143] Vgl. auch oben Rn. 3 mwN.
[144] ausführlich *Nack* StV 2002, 510, 558; KK-StPO/*Kuckein* Rn. 29; *Meyer-Goßner* Rn. 26; BeckOK-StPO/*Wiedner* Rn. 87.
[145] Vgl. *Meyer-Goßner* Rn. 26; *Frisch*, FS Eser, 2005, S. 257; *Riess*, FS Hanack, 1999, S. 397 (406).

wägungen in sich **widersprüchlich**,[146] **lückenhaft**[147] oder **unklar**[148] sind, gegen **Denkgesetze**,[149] anerkannte **Erfahrungssätze**[150] oder gesicherte **wissenschaftliche Erkenntnisse** verstoßen[151] oder wenn der Tatrichter **überspannte Anforderungen**[152] an die für eine Verurteilung erforderliche Gewissheit gestellt hat. So dürfen die Erwägungen des Tatrichters insbesondere nicht auf einen Kreisschluss (**Zirkelschluss**),[153] auf Begriffsverwechslungen,[154] **Rechenfehlern**[155] oder auf der irrtümlichen Annahme beruhen, Verdachtsgründe seien Indizien[156] oder eine Schlussfolgerung müsse zwingend und nicht nur möglich und nachvollziehbar sein.[157] Mithin darf der Tatrichter seine Überzeugung nicht auf bloße **Vermutungen** stützen[158] oder voreilige Schlüsse aus dem **Prozessverhalten des Angeklagten**,[159] insbesondere aus seinem Schweigen[160] oder aus **Angaben eines Belastungszeugen**[161] ziehen. Ebenso dürfen **Lügen** des Beschuldigten nur beschränkt als Indiz für seine Schuld gewertet werden.[162]

Die Beweiswürdigung ist insbesondere dann **lückenhaft**, wenn es an der gebotenen Gesamtschau aller Beweise fehlt[163] oder nicht alle aus dem Urteil ersichtlichen Umstände – zugunsten oder zuungunsten – des Angeklagten gewürdigt worden sind.[164] Auch muss das Tatgericht die erhöhten Anforderungen an die Beweiswürdigung in **speziellen Beweissituationen** beachten, zB bei Würdigung von **Zeugen von Hörensagen**,[165] bei **Aussage gegen Aussage**-Konstellationen,[166] beim **Indizienbeweis**,[167] bei sich widersprechenden Glaubwürdigkeitsgutachten oder bei der Problematik des wiederholten **Wiedererkennens**.[168] An einer erschöpfenden Auswertung aller vorhandenen Beweise fehlt es weiterhin, wenn das Urteil den Inhalt der Aussagen von Zeugen ersichtlich **ohne eigenverantwortliche Würdigung** ausführt[169] oder wesentliche Indizien im Urteil unzureichend würdigt, insbesondere wenn es den Angeklagten aufgrund einer **Beweiskette** für überführt hält.[170] Schließlich können auch Verstöße gegen Beweis und Beweisverwertungsverbote[171] uU mit der Sachrüge geltend gemacht werden.[172]

cc) Fehlerhafte Gesetzesanwendung. Das Revisionsgericht prüft die **rechtliche Subsumtion** der tatrichterlichen Urteilsfeststellungen, soweit sie rechtsfehlerfrei zustande gekommen sind.[173] Die

---

[146] HK-StPO/*Temming* Rn. 20; Widmaier/*Dahs* MAH Strafverteidigung § 12 Rn. 257 f.
[147] OLG Hamm v. 22. 9. 2009 – 3 Ss 354/09 (juris); SK-StPO/*Frisch* Rn. 130; *Meyer-Goßner* Rn. 29 mwN; Widmaier/*Dahs* MAH Strafverteidigung § 12 Rn. 249 ff.; *Sarstedt/Hamm* Rn. 846.
[148] *Meyer-Goßner* Rn. 28 mwN; zu den Darlegungserfordernissen ausführlich *Sarstedt/Hamm* Rn. 819 ff.
[149] SK-StPO/*Frisch* Rn. 133; *Meyer-Goßner* Rn. 30, 30 a mwN; Widmaier/*Dahs* MAH Strafverteidigung § 12 Rn. 259 ff.; *Dahs* Rn. 960; *Sarstedt/Hamm* Rn. 890 ff.
[150] *Meyer-Goßner* Rn. 31 mwN; HK-StPO/*Temming* Rn. 21; Widmaier/*Dahs* MAH Strafverteidigung § 12 Rn. 263 ff.; *ders.* Rn. 964; *Sarstedt/Hamm* Rn. 151 f.
[151] BGH v. 30. 8. 2006 – 2 StR 198/06, NStZ-RR 2007, 43, 44 (st. Rspr.); OLG Hamm v. 10. 1. 2008 – 3 Ss OWi 824/07 (juris).
[152] BGH v. 19. 4. 2000 – 5 StR 20/00, StV 2001, 440 (st. Rspr.); BeckOK-StPO/*Wiedner* Rn. 89.
[153] BGH v. 8. 12. 2004 – 2 StR 441/04, bei *Becker* NStZ-RR 2006, 257 (258); KK-StPO/*Kuckein* Rn. 29; *Meyer-Goßner* Rn. 30, 30 a mwN; *Dahs* Revision Rn. 418; *Sarstedt/Hamm* Rn. 907 f.
[154] *Dahs* Revision Rn. 419.
[155] *Meyer-Goßner* Rn. 30 mwN.
[156] BGH v. 10. 7. 1980 – 4 StR 303/80, NJW 1980, 2423 (2424); *Meyer-Goßner* Rn. 30; Widmaier/*Dahs* MAH Strafverteidigung § 12 Rn. 266 ff.; *Dahs* Revision Rn. 419.
[157] BGH v. 16. 11. 2000 – 3 StR 457/00, StV 2001, 460; BGHR § 261 Beweiswürdigung 2, 5 (st. Rspr.); beim Freispruch: BGH v. 26. 11. 2003 – 2 StR 293/03, bei *Becker* NStZ-RR 2005, 65 (67); BGH v. 11. 1. 2005 – 1 StR 478/04, NStZ 2005, 147; BGH v. 3. 2. 2005 – 4 StR 540/04, NStZ 2005, 149; BGH v. 7. 11. 2007 – 5 StR 325/07, wistra 2008, 107 (108) mwN; KK-StPO/*Kuckein* Rn. 29 mwN.
[158] Vgl. Löwe/Rosenberg/*Hanack*, 25. Aufl., § 261 Rn. 159 mwN.
[159] Vgl. BGH v. 23. 7. 2008 – 5 StR 257/08, NStZ-RR 2008, 341 f.; Brandenburgisches OLG v. 27. 3. 2008 – 2 Ss (OWi) 2B/08, DAR 2008, 392; OLG München v. 26. 11. 2007 – 4 St RR 148/07, StRR 2008, 226.
[160] Vgl. BGH v. 18. 4. 2002 – 3 StR 370/01, NStZ 2003, 45 (46); KK-StPO/*Kuckein* Rn. 29; *G. Schäfer*, FS Riess, 2002, S. 477 (485 f.) [Verfahrensrüge/Sachrüge].
[161] Vgl. BGH v. 5. 8. 2008 – 3 StR 242/08, StV 2008, 565 f.
[162] BGH v. 5. 7. 1995 – 2 StR 137/95, BGHSt 41, 153 (156) = NJW 1995, 2997 (2998); BGH v. 5. 1. 2000 – 3 StR 560/99, NStZ 2001, 439; BGH v. 17. 5. 2000 – 1 StR 106/00, NStZ 2001, 439.
[163] BGH v. 23. 10. 2001 – 1 StR 415/01, NStZ 2002, 161 (162); *Sarstedt/Hamm* Rn. 852 ff.
[164] Vgl. BGH v. 13. 2. 2008 – 3 StR 481/07, NStZ 2008, 475 = StV 2008, 288 f.; OLG Hamm v. 4. 3. 2008 – 3 Ss 490/07, StV 2008, 401 f.; *Meyer-Goßner* Rn. 29 mwN; Widmaier/*Dahs* MAH Strafverteidigung § 12 Rn. 249 f.
[165] BGH v. 11. 11. 1987 – 2 StR 575/87, NStZ 1988, 144.
[166] Vgl. ausführlich *Nack* StV 2002, 558.
[167] *Meyer-Goßner* Rn. 29 mwN.
[168] BGH v. 1. 10. 2008 – 5 StR 439/08, StV 2008, 622 f.; Anw-StPO/*Lohse* Rn. 18 mwN.
[169] BGH v. 29. 9. 1999 – 2 StR 218/99, NStZ 2000, 48; KK-StPO/*Kuckein* Rn. 30 mwN.
[170] BGH v. 5. 2. 2003 – 2 StR 321/02, NStZ-RR 2003, 166, 167; Anw-StPO/*Lohse* Rn. 17.
[171] Vgl. BGH v. 20. 12. 2007 – 3 StR 318/07, BGHSt 52, 110 = NJW 2008, 1090 = NStZ 2008, 356; BGH v. 18. 4. 2007 – 5 StR 546/06, BGHSt 51, 285 = NStZ 2007, 601; ausführlich KK-StPO/*Kuckein* Rn. 30 mwN; *Nagel*, Verwertung und Verwertungsverbote im Strafverfahren, 1999, S. 57 ff., 119 ff.; *Sarstedt/Hamm* Rn. 934 ff.
[172] BGH v. 10. 1. 1973 – 2 StR 451/72, BGHSt 25, 100 = NJW 1973, 523; BGH v. 22. 10. 1980 – 2 StR 612/80, NStZ 1981, 70.
[173] Vgl. dazu *Meyer-Goßner* NStZ 1986, 49 u. 103; BeckOK-StPO/*Wiedner* Rn. 103; *Sarstedt/Hamm* Rn. 1178 ff.

Verletzung des sachlichen Rechts kann sowohl durch die nicht oder fehlerhafte Anwendung bestehender, als auch durch die Anwendung nicht bestehender oder unanwendbarer Rechtsnormen begründet werden. Ebenso kann die Nichtachtung des Vorrangs höherwertiger, jüngerer oder milderer (§ 2 StGB) Rechtsvorschriften einen Rechtsfehler begründen.[174] Zum Bereich des materiellen Rechts gehören insoweit insbesondere die Auslegungsvorschriften und ungeschriebenen Auslegungsregeln einschließlich des Analogieverbots,[175] **nicht** die Auslegung von Äußerungen, Erklärungen, Urkunden, Verträgen u.a.; diese ist Tatsachenwürdigung und gehört in den Bereich der Tatsachenfeststellung, den das Revisionsgericht nur auf Rechtsfehler hin prüfen darf.[176]

30 Gegenstand der Sachbeschwerde ist somit ferner die Prüfung sog. Rechtstatsachen, die selbst keine Sachverhaltsfeststellungen sind,[177] wie **normative Tatbestandsmerkmale, doppelrelevante Tatsachen** sowie insbesondere **unbestimmte Rechtsbegriffe**, bei denen eine fehlerhafte Beurteilung der rechtlichen Entscheidungsgrundlage und das Überschreiten des **tatrichterlichen Beurteilungsspielraums** die Revision begründen kann.[178] Auch die Verletzung des Grundsatzes in dubio pro reo und mithin der **Unschuldsvermutung**[179] begründet einen Verstoß gegen das sachliche Recht.

31 dd) **Rechtsfehler bei der Strafzumessung.** Gem. § 267 Abs. 3 S. 1 müssen die Gründe des Strafurteils alle Umstände anführen, die für die Zumessung der Strafe bestimmend gewesen sind. Mit der Sachrüge kann folglich auch die Unzulänglichkeit der Strafzumessungsgründe geltend gemacht werden. Dabei müssen die **Strafzumessungstatsachen** von den **Strafzumessungserwägungen** unterschieden werden. Für erstere gilt, dass sie ebenso wie die Tatsachen zum Schuldspruch einwandfrei festgestellt und erwiesen sein müssen. Für sie gelten dieselben Kriterien wie für die Schuldfeststellung.[180]

32 Der Rechtsfolgenausspruch ist mithin Rechtsanwendung und von dem Revisionsgericht überprüfbar.[181] Der Tatrichter muss die Strafzumessungserwägungen in einem die Nachprüfung ermöglichenden Umfang darlegen.[182] Fehlt es an einer Begründung[183] oder hat sich der Tatrichter darauf beschränkt, in formelhafterweise auszuführen, „nach Wertung aller für und gegen den Angeklagten sprechenden Gesichtspunkte sei die Strafe erforderlich, aber auch ausreichend",[184] ist der Rechtsfolgenausspruch rechtsfehlerhaft. Liegt eine Begründung vor, hat das Revisionsgericht allerdings in Zweifelsfällen die Wertung des Tatrichters zu respektieren.[185] Insbesondere die **Bemessung der Strafhöhe** ist Sache des Tatrichters, eine erschöpfende Darstellung aller Strafzumessungsgesichtspunkte ist weder nötig noch möglich.[186] Eine Richtigkeitskontrolle einzelner Strafzumessungserwägungen erfolgt nur in bestimmtem Umfang.[187]

33 Rechtsfehlerhafte Strafzumessungserwägungen liegen insbesondere vor, wenn von einem **falschen Strafrahmen** ausgegangen,[188] die **Bildung einer Gesamtstrafe** unterlassen[189] wird, eine **Doppelverwertung** von Tatbestandsmerkmalen (§ 46 Abs. 3 StGB) unterlaufen ist,[190] gegen das **Verbot der Verwertung getilgter oder tilgungsreifer Vorstrafen** verstoßen wurde[191] oder die für das Strafmaß materiellrechtlich maßgeblichen Gesichtspunkte (§ 46 StGB) nicht richtig, widersprüchlich oder nicht zugrunde gelegt worden sind.[192]

34 Ein Rechtsfehler kann auch durch die **Außerachtlassung anerkannter Strafzwecke**[193] sowie dadurch begründet werden, dass das Tatgericht die Strafe **unvertretbar hoch oder niedrig** bestimmt

---

[174] Vgl. *Dahs* Revision Rn. 433.
[175] Vgl. Anw-StPO/*Lohse* Rn. 16; *Dahs* Revision Rn. 434.
[176] *Meyer-Goßner* Rn. 32 mwN.
[177] Vgl. Widmaier/*Dahs* MAH Strafverteidigung § 12 Rn. 236.
[178] *Tolksdorf*, FS Meyer-Goßner, 2001, S. 523 (538 f.); KK-StPO/*Kuckein* Rn. 31; *Meyer-Goßner* Rn. 33.
[179] *Gropp* JZ 1991, 804; vgl. dazu auch *Dahs* Revision Rn. 435 f. mwN.
[180] Vgl. *Dahs* Rn. 438 f. mwN.
[181] BVerfG v. 14. 6. 2007 – 2 BvR 1447/05, 2 BvR 136/05, NJW 2007, 2977 (2978); SK-StPO/*Frisch* Rn. 147 ff.; vgl. auch HK-GS/*Maiwald* Rn. 17; *Meyer-Goßner* Rn. 34; HK-StPO/*Temming* Vor § 333 Rn. 8; *Dahs* Rn. 968.
[182] OLG Düsseldorf v. 25. 1. 1988 – 5 Ss 443/87 – 338/87 I, NStZ 1988, 325; HK-GS/*Maiwald* Rn. 18.
[183] KK-StPO/*Kuckein* Rn. 32 mwN.
[184] *Dahs* Revision Rn. 438.
[185] BGH v. 23. 8. 1983 – 5 StR 88/83, StV 1983, 502; *Meyer-Goßner* Rn. 34 mwN; BeckOK-StPO/*Wiedner* Rn. 107 mwN zur Rspr.
[186] BGH v. 30. 11. 1971 – 1 StR 485/71, BGHSt 24, 268 = NJW 1972, 454 (455); BGH v. 23. 10. 1992 – 2 StR 483/92, StV 1993, 72 (st. Rspr.).
[187] Vgl. BGH v. 10. 4. 1987 – GSSt 1/86, BGHSt 34, 345 (349) = NJW 1987, 3014 (3015); *Goydke*, FS Meyer-Goßner, 2001, S. 541 (542 f.).
[188] BGH v. 22. 10. 2002 – 5 StR 441/02, NStZ-RR 2003, 52; KK-StPO/*Kuckein* Rn. 32 mwN; *Meyer-Goßner* Rn. 35; *Dahs* Revision Rn. 440.
[189] BGH v. 9. 11. 1995 – 4 StR 650/95, BGHSt 41, 310 = NJW 1996, 667.
[190] BGH v. 3. 4. 1998 – 2 StR 101/98, NStZ 1998, 404.
[191] Vgl. BGH v. 8. 3. 2005 – 4 StR 569/04, NStZ 2005, 397; KK-StPO/*Kuckein* Rn. 32 mwN.
[192] Vgl. BGH v. 19. 8. 2008 – 3 StR 252/08, StV 2008, 566; *Dahs* Rn. 968; *ders.* Revision Rn. 440 f.
[193] Vgl. dazu BGH v. 31. 8. 2004 – 1 StR 213/04, bei *Böhm* NStZ-RR 2005, 288 (290); KK-StPO/*Kuckein* Rn. 32 mwN.

Vierter Abschnitt. Revision 35–37 **§ 337**

und somit in einem Missverhältniss zur Schuld und Gefährlichkeit des Täters rechtsfehlerhaft festgesetzt hat.[194] Auch dürfen **generalpräventive Überlegungen** nicht zur Überschreitung der schuldangemessenen Strafe führen,[195] ebenso wie **Milderungsgründe** Berücksichtigung finden müssen. Hierzu zählt insbesondere die Verkennung des Milderungsgebots bei – unverschuldeter – **überlanger Verfahrensdauer**.[196] Die notwendige Gesamtwürdigung von Tat und Täter bei Entscheidungen über die Gewährung oder Versagung der **Strafaussetzung** gem. § 56 Abs. 2 StGB wird durch das Revisionsgericht nur auf Ermessensfehler hin überprüft;[197] die tatrichterliche Überzeugungsbildung ist auch hier im Rahmen des vertretbaren zu respektieren.[198]

C. Beruhen des Urteils auf der Gesetzesverletzung

I. Grundsatz

Die Verletzung des Gesetzes begründet die Revision nur, wenn das Urteil, dh. die Entscheidung über die Schuld des Angeklagten und über die Rechtsfolgen der Tat,[199] auf ihr **beruht** (§ 337 Abs. 1). Das Beruhen wird angenommen, wenn das **Urteil ohne die Gesetzesverletzung möglicherweise anders ausgefallen** wäre.[200] Diese Kausalität braucht **nicht erwiesen** zu sein und ist von Amts wegen zu prüfen.[201] Die Möglichkeit des Beruhens entfällt nur dann, wenn sie **mit Sicherheit auszuschließen** ist.[202] Die Rspr. verlangt vom Revisionsführer den Vortrag aller Tatsachen, aufgrund derer das Beruhen durch das Revisionsgericht geprüft werden kann.[203] 35

Die Frage des Beruhens wird anhand aller den **Einzelfall betreffenden tatsächlichen Umstände** beantwortet; eine allgemeine Rechtsregel oder wissenschaftliche Erfahrungssätze gibt es nicht.[204] Maßgebend ist, ob der Tatrichter auch ohne den Fehler **zweifelsfrei** zu dem gleichen Ergebnis gekommen sein würde.[205] Das Revisionsgericht hat bei der Prüfung sowohl die festgestellten Tatumstände als auch den Verfahrensablauf zu berücksichtigen und darf bei einer Verfahrensrüge **insoweit auf den Akteninhalt zurückgreifen**.[206] Die Möglichkeit eines **Teilberuhens** ist dabei zu prüfen.[207] 36

Grundsätzlich gilt: Auf **Verfahrensfehlern**, die vor der Eröffnung des Hauptverfahrens unterlaufen sind, beruht das Urteil nur, sofern die Entscheidungen aus besonderen Gründen fortwirken.[208] Auf nach Urteilserlass begründete Verfahrensfehler kann ein Urteil grundsätzlich nicht beruhen.[209] Demgegenüber folgt bei **sachlich rechtlichen Fehlern** das Beruhen ohne weiteres aus dem Urteil.[210] Ein Beruhen des Urteils auf dem Verfahrensfehler ist ferner ausgeschlossen, sofern der Verstoß rechtzeitig geheilt[211] wurde, was auch durch wirksamen Verzicht auf die Verfahrensrüge geschehen kann.[212] 37

---

[194] BGH v. 29. 11. 2006 – 2 StR 435/06 (juris); BGH v. 26. 9. 2002 – 3 StR 278/02, StraFo 2003, 97 mAnm *Salditt*; HK-StPO/*Temming* Vor § 333 Rn. 8.
[195] BGH v. 28. 1. 1987 – 3 StR 373/86, BGHSt 34, 272 = BGHR StGB § 46 Abs. 1 Generalprävention 1 = NJW 1987, 1274; BGH v. 3. 10. 1989 – 1 StR 372/89, BGHSt 36, 255 = BGHR StGB § 46 Abs. 1 Generalprävention 4; BGH v. 4. 10. 1989 – 2 StR 261/89, BGHR StGB § 46 Abs. 1 Generalprävention 5; BGH v. 29. 1. 1992 – 2 StR 427/91, BGHR StGB § 46 Abs. 1 Generalprävention 6 = NStZ 1992, 275; BGH v. 17. 2. 1993 – 2 StR 31/93, BGHR StGB § 46 Abs. 1 Generalprävention 7; BGH v. 17. 2. 1994 – 2 StR 343/94, BGHR StGB § 46 Abs. 1 Generalprävention 9 = NStZ 1995, 77; BGH v. 8. 11. 1999 – 5 StR 632/98, BGHSt 45, 270 = BGHR StGB § 46 Abs. 1 Generalprävention 11 = NJW 2000, 443.
[196] Vgl. dazu BGH GrS v. 17. 1. 2008 – GSSt 1/07, BGHSt 52, 124 = NJW 2008, 860; *Fischer* § 46 Rn. 61 ff.; KK-StPO/*Kuckein* Rn. 32 mwN.
[197] KK-StPO/*Kuckein* Rn. 32 mwN; Anw-StPO/*Lohse* Rn. 20; Widmaier/*Dahs* MAH Strafverteidigung § 12 Rn. 278.
[198] BGH v. 26. 4. 2007 – 4 StR 557/06, NStZ-RR 2007, 232; vgl. aber BGH v. 13. 3. 2008 – 4 StR 534/07, StV 2008, 345 [fehlerhafte Nichterörterung].
[199] KK-StPO/*Kuckein* Rn. 34.
[200] BGH v. 15. 11. 1968 – 4 StR 190/68, BGHSt 22, 278, 280 = NJW 1969, 473 (st. Rspr.); *Neuhaus* StV 2002, 43 (49); *Frisch*, FS Rudolphi, 2004, S. 609; ausführlich SK-StPO/*Frisch* 186 ff.; HK-GS/*Maiwald* Rn. 19; BeckOK-StPO/*Wiedner* Rn. 122; *Dahs* Revision Rn. 438; *Sarstedt/Hamm* Rn. 482 ff.
[201] *Herdegen* NStZ 1990, 513 (517); *Dahs* Rn. 937.
[202] BGH v. 2. 9. 1997 – 1 StR 500/97, NStZ-RR 1998, 15 (st. Rspr.); Löwe/Rosenberg/*Hanack*, 25. Aufl., Rn. 258; KK-StPO/*Kuckein* Rn. 33 mwN; *Meyer-Goßner* Rn. 37; HK-StPO/*Temming* Rn. 34.
[203] BGH v. 31. 1. 1996 – 2 StR 596/95, NStZ 1996, 400; *Dahs* Revision Rn. 460.
[204] KK-StPO/*Kuckein* Rn. 34; *Dahs* Revision Rn. 458.
[205] BGH v. 15. 10. 1985 – 1 StR 338/85, NStZ 1986, 130 (st. Rspr.).
[206] BGH v. 5. 12. 2007 – 5 StR 331/07, NStZ 2008, 171 (172); KK-StPO/*Kuckein* Rn. 36.
[207] Vgl. KK-StPO/*Kuckein* Rn. 45 mwN.
[208] BGH v. 25. 7. 2000 – 1 StR 169/00, BGHSt 46, 93 (103) = NJW 2000, 3505 (3509); *Meyer-Goßner* Rn. 38.
[209] S. o. Rn. 15; vgl. KK-StPO/*Kuckein* Rn. 34 mwN.
[210] *Meyer-Goßner* Rn. 40.
[211] BGH v. 1. 4. 1981 – 2 StR 791/80, BGHSt 30, 74 (76) = NJW 1981, 1568 (st. Rspr.); vgl. HK-GS/*Maiwald* Rn. 21 mit weiteren Bsp.; vgl. auch Rn. 15.
[212] Vgl. ausführlich *Meyer-Goßner* Rn. 41 ff.

II. Einzelfälle

38 Das **Beruhen** des Urteils kann **grundsätzlich** bei Verstoß gegen die Vorschriften über Beeidigung oder Nichtvereidigung von Zeugen,[213] gegen § 229,[214] bei unterlassener Berufung auf den geleisteten Dolmetschereid,[215] bei Nichtbeachtung der Anforderungen nach § 265,[216] bei fehlendem Hinweis auf die Berechtigung des letzten Wortes,[217] der unterlassenen Belehrung nach § 243 Abs. 4[218] oder bei Nichtbelehrung über ein Zeugnisverweigerungsrecht[219] **nicht ausgeschlossen** werden. Auch die nicht rechtzeitige oder unterbliebene Verlesung des Anklagesatzes wirkt sich regelmäßig auf das Urteil aus.[220]

39 Ein **Verfahrensfehler** ist aber **grundsätzlich unschädlich,** wenn das Verfahren aufgrund einer anderen Vorschrift rechtmäßig ist[221] und ausgeschlossen werden kann, dass ein anderes Verfahrensverhalten des Beschwerdeführers zu einem anderen Ergebnis geführt hätte.[222] Ein **Nichtberuhen** ist grundsätzlich auch anzunehmen, wenn lediglich gegen eine **Ordnungsvorschrift** verstoßen wurde, der Angeklagte selbst auf den veränderten rechtlichen Gesichtspunkt (§ 265) hingewiesen hatte[223] oder es dem Angeklagten nach der Sach- und Rechtslage unmöglich gewesen wäre, sich anders als bisher zu verteidigen.[224] Insbesondere scheidet ein Beruhen aus, wenn sich aus den Urteilsgründen ergibt, dass der Tatrichter aus fehlerhaft eingeführten Schriftstücken nur bestätigende, für die Überzeugungsbildung nicht maßgebende Indizien gewonnen hat.[225]

III. Beschwer und Rechtskreis des Beschwerdeführers

40 Die Revision ist **unabhängig von der Frage des Beruhens** nur erfolgreich, wenn die Rechtsverletzung sich zum Nachteil des Revisionsführers ausgewirkt hat.[226] Die Frage, ob der Revisionsführer beschwert ist oder nicht, hängt vom **Urteilstenor** ab.[227]

41 Insoweit handelt es sich um eine allgemeine **Zulässigkeitsvoraussetzung** eines jeden Rechtsmittels.[228] Ob darüber hinaus eine Rechtsverletzung als Revisionsgrund von vornherein ausgeschlossen ist, wenn sie den Rechtskreis des Revisionsführers nicht berührt, ist umstritten.[229]

§ 338 [Absolute Revisionsgründe]

Ein Urteil ist stets als auf einer Verletzung des Gesetzes beruhend anzusehen,

1. wenn das erkennende Gericht nicht vorschriftsmäßig besetzt war; war nach § 222a die Mitteilung der Besetzung vorgeschrieben, so kann die Revision auf die vorschriftswidrige Besetzung nur gestützt werden, soweit
   a) die Vorschriften über die Mitteilung verletzt worden sind,
   b) der rechtzeitig und in der vorgeschriebenen Form geltend gemachte Einwand der vorschriftswidrigen Besetzung übergangen oder zurückgewiesen worden ist,
   c) die Hauptverhandlung nicht nach § 222a Abs. 2 zur Prüfung der Besetzung unterbrochen worden ist oder
   d) das Gericht in einer Besetzung entschieden hat, deren Vorschriftswidrigkeit es nach § 222b Abs. 2 Satz 2 festgestellt hat;
2. wenn bei dem Urteil ein Richter oder Schöffe mitgewirkt hat, der von der Ausübung des Richteramtes kraft Gesetzes ausgeschlossen war;

---

[213] Vgl. aber BGH v. 16. 11. 2005 – 2 StR 457/05, BGHSt 50, 282 = NStZ 2006, 234; ausführlich KK-StPO/*Kuckein* Rn. 37 mwN.
[214] BGH v. 16. 10. 2007 – 3 StR 254/07, NStZ 2008, 115 = StV 2008, 58.
[215] KK-StPO/*Kuckein* Rn. 37.
[216] Vgl. OLG Stuttgart v. 28. 4. 2008 – 2 Ss 106/08, StV 2008, 626.
[217] BGH v. 13. 4. 1999 – 4 StR 117/99, StV 2000, 296 (st. Rspr.); zur Ausnahme: BGH v. 20. 8. 2008 – 5 StR 350/08, NStZ 2009, 50 = wistra 2008, 171.
[218] BGH v. 14. 5. 1974 – 1 StR 366/73, BGHSt 25, 325 (331) = NJW 1974, 1570 (1571).
[219] BGH v. 23. 7. 1986 – 3 StR 164/86, BGHSt 34, 138 (139) = NJW 1987, 1955; vgl. ferner BeckOK-StPO/*Wiedner* Rn. 127, 128 – 139 mit weiteren Bsp.
[220] BGH v. 12. 1. 2006 – 1 StR 466/05, NStZ-RR 2006, 112 (113); KK-StPO/*Kuckein* Rn. 37 mwN.
[221] *Meyer-Goßner* Rn. 38 mwN.
[222] Vgl. BGH v. 5. 12. 2007 – 5 StR 331/07, NStZ 2008, 171 f.; *Dahs* Revision Rn. 460 mwN.
[223] BGH v. 20. 6. 1996 – 4 StR 680/95, StV 1996, 584 (585); vgl. auch BGH v. 9. 7. 2008 – 1 StR 280/08, NStZ 2008, 316 = StraFo 2008, 385.
[224] BGH v. 26. 9. 1996 – 1 StR 547/95, StV 1996, 82; KK-StPO/*Kuckein* Rn. 38 mwN.
[225] BGH 23. 3. 2006 – 4 StR 584/05, NStZ 2006, 512; KK-StPO/*Kuckein* Rn. 38 mwN.
[226] Vgl. SK-StPO/*Frisch* Rn. 92; ausführlich KK-StPO/*Kuckein* Rn. 41; vgl. auch oben Rn. 21.
[227] BGH v. 23. 7. 1986 – 3 StR 164/86 BGHSt 16, 374 (376 f.) = NJW 1962, 404 (405).
[228] Vgl. *Dahs* Revision Rn. 31 ff.; *Sarstedt/Hamm* Rn. 56 ff.
[229] Vgl. ausführlich KK-StPO/*Kuckein* Rn. 44 mwN; *Krause* Revision 99; *Sarstedt/Hamm* Rn. 46, 64, 252 f.

3. wenn bei dem Urteil ein Richter oder Schöffe mitgewirkt hat, nachdem er wegen Besorgnis der Befangenheit abgelehnt war und das Ablehnungsgesuch entweder für begründet erklärt war oder mit Unrecht verworfen worden ist;
4. wenn das Gericht seine Zuständigkeit mit Unrecht angenommen hat;
5. wenn die Hauptverhandlung in Abwesenheit der Staatsanwaltschaft oder einer Person, deren Anwesenheit das Gesetz vorschreibt, stattgefunden hat;
6. wenn das Urteil auf Grund einer mündlichen Verhandlung ergangen ist, bei der die Vorschriften über die Öffentlichkeit des Verfahrens verletzt sind;
7. wenn das Urteil keine Entscheidungsgründe enthält oder diese nicht innerhalb des sich aus § 275 Abs. 1 Satz 2 und 4 ergebenden Zeitraums zu den Akten gebracht worden sind;
8. wenn die Verteidigung in einem für die Entscheidung wesentlichen Punkt durch einen Beschluß des Gerichts unzulässig beschränkt worden ist.

Schrifttum: *Becker*, Aus der Rechtsprechung des BGH zum Strafverfahrensrecht, NStZ-RR 2003, 1; *Bernsmann*, Anm. zu BGH v. 22. 4. 1997 – 1 StR 701/96, JZ 1998, 627; *Dahs*, Münchner Anwaltshandbuch Strafverteidigung, Rn. 96 ff.; *ders.*, Die Revision im Strafprozeß, 7. Aufl. 2008, Rn. 118 ff.; *Gillmeister*, Anm. zu BGH v. 7. 3. 1996 – 1 StR 688/95, NStZ 1997, 43; *Hilger*, Absolute Revisionsgründe – Aus der neueren Rechtsprechung des BGH, NStZ 1993, 337; *Kuckein*, Relativierung absoluter Revisionsgründe, StraFo 2000, 397; *Kusch*, Aus der Rechtsprechung des BGH zum Strafverfahrensrecht – Januar bis Juli 1993, NStZ 1994, 23; *Mehle*, Die „Relativierung" der absoluten Revisionsgründe – vom Niedergang der Formenstrenge, FS Dahs, 2005, S. 381; *Miebach*, Aus der (vom BGH nicht veröffentlichten) Rechtsprechung des Bundesgerichtshofes in Strafsachen zum Verfahrensrecht – Januar bis Juni 1988 –, NStZ 1988, 446; NStZ 1990, 24; *Niemöller*, Besetzungsrüge und „Willkürformel", StV 1987, 311; *Sarstedt/Hamm*, Die Revision in Strafsachen, 6. Aufl. 1998, Rn. 301 ff.; *Schlothauer/Weider*, Verteidigung im Revisionsverfahren, 1. Auflage 2008, Rn. 156 ff.; *Velten*, Justizentlastung durch Präklusion von Verfahrensrechten?, FS Grünwald, 1999, S. 753.

Übersicht

	Rn.
A. Allgemeines	1
B. Die absoluten Revisionsgründe	2–71
I. Vorschriftwidrige Besetzung des Gerichts (Nr. 1)	3–27
1. Der Revisionsgrund	3–4
2. Die Zulässigkeit der Besetzungsrüge	5–7
3. Die Prüfung der Gerichtsbesetzung	8–23
a) Geschäftsverteilungsplan	9–20
aa) Entstehung	10
bb) Inhalt	11–18
cc) Änderung	19, 20
b) Die Prüfung der Schöffen	21–23
4. Mängel in der Person eines Berufs- oder Laienrichters	24–27
a) Rechtliche Mängel	25
b) Persönliche Mängel	26
c) Anforderungen an Revisionsrüge	27
II. Mitwirkung eines ausgeschlossenen Richters (Nr. 2)	28, 29
III. Mitwirkung eines abgelehnten Richters (Nr. 3)	30–37
1. Die Ablehnungsgründe	30–33
2. Rechtfertigung der Rüge nach Nr. 3	34–36
3. Darstellungserfordernisse	37
IV. Unzuständigkeit des Gerichts (Nr. 4)	38–41
V. Abwesenheit von Prozessbeteiligten (Nr. 5)	42–50
1. Prozessbeteiligte	42–48
a) Die Staatsanwaltschaft	43
b) Die Verteidigung	44
c) Der Angeklagte	45–47
d) Der Dolmetscher	48
2. Abwesenheit	49
3. Darstellungserfordernisse	50
VI. Unzulässige Einschränkung der Öffentlichkeit (Nr. 6)	51–61
VII. Fehlen oder verspätete Urteilsbegründung (Nr. 7)	62–67
VIII. Unzulässige Beschränkung der Verteidigung (Nr. 8)	68–71

A. Allgemeines

Absolute Revisionsgründe haben grundsätzlich zwingenden Charakter.[1] Ein **Beruhen** des Urteils im Sinne des § 337[2] wird **unwiderlegbar vermutet**; das tatrichterliche Urteil wird mithin auch dann aufgehoben, wenn es inhaltlich richtig ist. Eine **Ausnahme** gilt aber, sofern **Auswirkungen** revisionsbegründender Verfahrensverstöße auf das angefochtene Urteil **denkgesetzlich ausgeschlossen** werden können.[3] Das Urteil kann auch nur teilweise aufgehoben wer-

---
[1] KK-StPO/*Kuckein* Rn. 1 mwN; *Dahs* Revision Rn. 118 ff.; *Sarstedt/Hamm* Rn. 301.
[2] S. o. § 337 Rn. 35–41.
[3] Vgl. BGH 4. 12. 2007 – 5 StR 404/07 = StV 2008, 123 f.; KK-StPO/*Kuckein* Rn. 5; HK-GS/*Maiwald* Rn. 1; *Meyer-Goßner* Rn. 2; HK-StPO/*Temming* Rn. 1; *Dahs* Revision Rn. 118 mwN und zahlreichen Bsp. zur Rspr.

den.[4] Die Geltendmachung absoluter Revisionsgründe setzt daher eine entsprechende **Verfahrensrüge** (§ 344 Abs. 2 S. 2) voraus.[5] Wird der Verfahrensfehler erkannt, ist der Tatrichter grundsätzlich berechtigt und verpflichtet, durch Wiederholung der fehlerhaften Teile der Hauptverhandlung den **Verstoß zu heilen**.[6] **Zur Rüge berechtigt** sind nur die Verfahrensbeteiligten, die durch den Verfahrensfehler unmittelbar betroffen sind.[7]

B. Die absoluten Revisionsgründe

2   Die absoluten Revisionsgründe sind in § 338 Nr. 1–7 **enumerativ** genannt. Nr. 8 enthält in Wirklichkeit keinen absoluten, sondern einen relativen Revisionsgrund.[8]

I. Vorschriftswidrige Besetzung des Gerichts (Nr. 1)

3   **1. Der Revisionsgrund.** Als Garant des Anspruches auf den **gesetzlichen Richter** nach Art. 101 Abs. 1 S. 2 GG beansprucht der Revisionsgrund **Verfassungsrang**. Er reicht über das gesetzliche Verbot der Richterentziehung (§ 16 S. 2 GVG) hinaus und erfasst grundsätzlich alle Fälle, in denen das Gericht eine vorhandene Besetzungsregelung falsch anwendet.[9] Ein rechtsstaatliches Verfahren setzt voraus, dass der **Richter** in einem **streng gebundenen Verfahren** nach allgemeinen Merkmalen durch Gesetz oder eine entsprechende Maßnahme **im Voraus bestimmt** und jede Manipulation dieses Verfahrens ausgeschlossen wird.[10] Ist die gesetzliche Regelung klar und eindeutig, kommt es daher auf die **objektive Gesetzwidrigkeit** an, andernfalls, ob das Gericht die Regelung **vertretbar** angewandt hat.[11] Ein Besetzungsfehler des erkennenden Gerichts[12] kann daher auf einer Verletzung sowohl einer die Gerichtsbesetzung ausdrücklich regelnden Vorschrift als auch des Grundsatzes, dass niemand seinem gesetzlichen Richter entzogen werden darf, beruhen.[13]

4   Der Besetzungseinwand betrifft das **erkennende Gericht**, das in der Hauptverhandlung das Urteil fällt.[14] Eine **erfolgreiche Revisionsrüge** setzt mithin in den Fällen einer möglichen **Rügepräklusion**[15] voraus, den Besetzungsfehler in der Tatsacheninstanz zu erkennen[16] und zu beanstanden.[17] Soweit aufgrund der durch das Rechtspflegeentlastungsgesetz 1993 eingeführten **Zweierbesetzung** der Strafkammern nach § 76 Abs. 2 GVG, die nunmehr bis zum 31. 12. 2011 Geltung haben soll,[18] die Rechtmäßigkeit der Zweierbesetzung gerügt werden soll, **gilt ohne Einschränkung die Rügepräklusion des § 222 b**.[19] Deren Bestimmung ist keine Ermessensentscheidung, sodaß das Revisionsgericht auf zulässige Rüge prüft, ob Umfang und Schwierigkeit eine reduzierte Besetzung erlaubten.[20] Unabhängig davon darf die Strafkammer nicht in der Zweierbesetzung verhandeln, wenn sie den nach § 76 Abs. 2 GVG geforderten ausdrücklichen Beschluß unterlassen hat.[21]

5   **2. Die Zulässigkeit der Besetzungsrüge.** Gem. § 222 b Abs. 1 S. 1 muß der **Besetzungseinwand** bis zur Vernehmung des ersten Angeklagten geltend gemacht werden, sofern die Besetzung des Gerichts **nach § 222 a mitgeteilt** worden ist. Die Zulässigkeit der Besetzungsrüge hängt mithin in den Verfahren, in denen die Hauptverhandlung in der ersten Instanz vor dem Landgericht oder Oberlandesgericht (§ 222 a) stattfindet, von den in § 338 Nr. 1 2 Hs. Buchst. a–d geregelten Voraussetzungen ab.[22] Andernfalls ist die Rüge sowohl bei einem Besetzungsfehler als auch bei einem Anwesenheitsverstoß[23] ohne rechtzeitige Geltendmachung des Einwands **präkludiert**.

---

[4] Vgl. BGH 23. 10. 2002 – 1 StR 234/02, NJW 2003, 597 (597 f.) = NStZ 2003, 218; KK-StPO/*Kuckein* Rn. 6; *Meyer-Goßner* Rn. 2 mwN; BeckOK-StPO/*Wiedner* Rn. 3.
[5] Vgl. SK-StPO/*Frisch* Rn. 5; KK-StPO/*Kuckein* Rn. 4, 7.
[6] Vgl. KK-StPO/*Kuckein* Rn. 3; *Meyer-Goßner* Rn. 3; BeckOK-StPO/*Wiedner* Rn. 2.
[7] Vgl. BGH v. 23. 1. 1957 – 2 StR 600/56, BGHSt 10, 119 (121); KK-StPO/*Kuckein* Rn. 4; *Meyer-Goßner* Rn. 4.
[8] Vgl. *Meyer-Goßner* Rn. 58; Widmaier/*Dahs* MAH Strafverteidigung § 12 Rn. 97; *Dahs* Rn. 928; *Dahs* Revision Rn. 119; aA *Gillmeister* Anm. zu BGH v. 7. 3. 1996 – 1 StR 688/95, NStZ 1997, 43 (44); Velten, FS Grünwald, 1999, S. 753 (767); Löwe/Rosenberg/*Hanack*, 25. Aufl., Rn. 125; KK-StPO/*Kuckein* Rn. 1; *Sarstedt/Hamm* Rn. 303.
[9] Vgl. KK-StPO/*Kuckein* Rn. 18, 19; *Sarstedt/Hamm* Rn. 308 f.
[10] BVerfG 27. 9. 2002 – 2 BvR 1843/00, NVwZ 2003, 471; BGH v. 13. 11. 1978 – AnwSt (R) 17/77, BGHSt 28, 183 (190) = NJW 1979, 2256 (2258); KK-StPO/*Kuckein* Rn. 18.
[11] Vgl. KK-StPO/*Kuckein* Rn. 20, 21 mwN.
[12] Vgl. BGH v. 23. 1. 2002 – 5 StR 130/01, BGHSt 47, 220 = NStZ 2002, 608.
[13] Vgl. BGH v. 9. 8. 2007 – 5 StR 96/07, BGHSt 52, 24 = NJW 2007, 3364 = NStZ 2008, 113; *Meyer-Goßner* Rn. 6.
[14] BGH v. 23. 1. 2002 – 5 StR 130/01, BGHSt 47, 220, (221) = NStZ 2002, 608; KK-StPO/*Kuckein* Rn. 23.
[15] Vgl. KK-StPO/*Kuckein* Rn. 9; Anw-StPO/*Lohse* Rn. 4.
[16] Vgl. KK-StPO/*Kuckein* Rn. 8; *Dahs* Revision Rn. 122.
[17] Vgl. die Beispiele bei *Schlothauer/Weider* Revision Rn. 156–295.
[18] vgl. Art. 15 Abs. 2 d. G v. 11. 1. 1993 (BGBl. I S. 50), zuletzt geändert durch G v. 7. 12. 2008 (BGBl. I S. 2348).
[19] BGH v. 11. 1. 2005 – 3 StR 488/04, StV 2005, 204; § 76 GVG Rn. 8.
[20] KK-StPO/*Kuckein* Rn. 31.
[21] BGH v. 5. 8. 2008 – 5 StR 317/08, StV 2008, 505 f.; BGH v. 16. 5. 2007 – 2 StR 154/07, NStZ 2007, 317 = StV 2007, 562; BGH v. 23. 8. 2005 – 1 StR 350/05, NStZ-RR 2006, 214; ausführlich *Dahs* Revision Rn. 128 a mwN.
[22] Vgl. Löwe/Rosenberg/*Hanack*, 25. Aufl., Rn. 54; KK-StPO/*Kuckein* Rn. 10 ff.; *Meyer-Goßner* Rn. 16 ff.
[23] BVerfG v. 19. 3. 2003 – 2 BvR 1540/01, NJW 2003, 3545.

Wird der Einwand durch das Gericht übergangen oder zurückgewiesen, bleibt die Rüge in Bezug auf die Tatsachen, die der Beschwerdeführer mit dem Einwand geltend gemacht hat, erhalten (§ 338 Nr. 1 2 Hs. Buchst. b).[24] Ebenso tritt grundsätzlich **keine Rügepräklusion** ein, wenn die **Besetzungsmitteilung** nicht form- und fristgerecht erfolgte (§ 338 Nr. 1 2 Hs. Buchst. a), **unrichtig** oder **unvollständig** war bzw. der Angeklagte **keinen ausreichenden Einblick in die Besetzungsunterlagen** (§ 222a Abs. 3) erhalten hat; im Falle **verspäteter Mitteilung** ist jedoch Voraussetzung, dass zur Prüfung der Besetzung Unterbrechung der Hauptverhandlung beantragt (§ 222a Abs. 2) und ggfls. eine nicht ausreichende Unterbrechungsfrist – regelmäßig eine Woche – ausdrücklich **beanstandet** wird.[25] Allerdings kann das Gericht einen Unterbrechungsantrag ohne Begründung ablehnen, sofern ein Besetzungsfehler ausgeschlossen erscheint.[26] Dadurch wird der Antragsteller nicht beschwert, da ihm die Rüge dann ebenfalls erhalten bleibt (§ 338 Nr. 1 2 Hs. Buchst. c).[27] 6

Voraussetzung der Rügepräklusion ist weiterhin, dass der Besetzungsfehler **objektiv erkennbar**[28] war; offensichtlich musste er nicht sein.[29] Dies gilt auch für Verfahrensrügen nach § 76 Abs. 2 GVG.[30] Ist der Besetzungsmangel evident oder bekannt, muß der Besetzungseinwand dennoch in der Form des § 222b Abs. 1 S. 2 erhoben werden. Fehler der Verteidigung in der Tatsacheninstanz können in der Revision nicht durch Nachschieben weiterer Besetzungsrügen oder Prozesstatsachen behoben werden.[31] Ist der **Mangel** erst, nachdem er nicht mehr beanstandet werden konnte, **entstanden** oder **erkennbar** geworden, gilt der Rügeausschluss ebenso wenig wie in den Fällen einer **gezielten Manipulation** durch das Gericht.[32] 7

3. Die Prüfung der Gerichtsbesetzung. Die Besetzung des Gerichts folgt maßgeblich dem nach § 21e GVG zu bestimmenden **Geschäftsverteilungsplan**.[33] Die Geschäftsverteilung des einzelnen Spruchkörpers erfolgt intern nach Maßgabe des § 21g GVG durch Beschluss[34] im sog. **kleinen Geschäftsverteilungsplan**, der an die Regelung des § 21e angelehnt ist. Ausgangspunkt für die Prüfung der Schöffen, bei denen es sich nur dann um den gesetzlichen Richter handelt, sofern sie rechtlich einwandfrei zu ehrenamtlichen Richtern berufen (§ 31 GVG iVm. § 44 DRiG) und zur betreffenden Sitzung einberufen worden sind, ist die **Schöffenliste** (§ 44 GVG). Dem Verteidiger muss Einsicht zur Prüfung der Besetzung gewährt werden.[35] 8

a) Der Geschäftsverteilungsplan. Der Geschäftsverteilungsplan, der nicht entsprechend § 21e GVG zustande gekommen ist, einen gesetzwidrigen Inhalt hat oder nicht durchführbar ist bzw. nicht seinem Inhalt gemäß angewendet wird, verletzt damit zugleich das GVG und begründet grundsätzlich den absoluten Revisionsgrund des § 338 Nr. 1.[36] Die Rechtsprechung setzt allerdings darüber hinaus voraus, dass durch dessen fehlerhafte Anwendung zugleich eine Grundrechtsverletzung nach Art. 101 Abs. 1 S. 2 GG begründet wird und erfordert so **Willkür oder sonstigen Rechtsmissbrauch** des Gerichts.[37] Das gilt auch bei Nichtbeachtung oder Verletzung des § 21g GVG.[38] Ein Eingriff in die gesetzliche Regelung der sachlichen Zuständigkeit begründet stets die Revision nach Nr. 1.[39] 9

aa) Entstehung. Die **Aufstellung** (§ 21e Abs. 1 GVG) und die **Abänderung** des Geschäftsverteilungsplans obliegt dem Präsidium. In Eilfällen entscheidet das **Präsidium** zunächst allein (§ 21i 10

---

[24] Vgl. *Meyer-Goßner* Rn. 18.
[25] BGH v. 10. 6. 1980 – 5 StR 464/79, BGHSt 29, 283 = NJW 1980, 2364 (2365); KK-StPO/*Kuckein* Rn. 13 mwN.
[26] OLG Bremen v. 30. 7. 1985 – BL 186/85, StV 1986, 540.
[27] Vgl. *Meyer-Goßner* § 222a Rn. 21.
[28] BVerfG v. 14. 3. 1984 – 2 BvR 249/84, NStZ 1984, 370 (371); BGH v. 17. 10. 1996 – 4 StR 404/96, StV 1997, 59; BGH v. 11. 2. 1999 – 4 StR 657/98, BGHSt 44, 361 = StV 1999, 529; KK-StPO/*Kuckein* Rn. 9; *Meyer-Goßner* Rn. 16; HK-StPO/*Temming* Rn. 10; BeckOK-StPO/*Wiedner* Rn. 14; *Dahs* Revision Rn. 122.
[29] BGH v. 17. 10. 1996 – 4 StR 404/96, StV 1997, 59; KK-StPO/*Kuckein* Rn. 10; BeckOK-StPO/*Wiedner* Rn. 14.1.
[30] BGH v. 11. 1. 2005 – 3 StR 488/04, NStZ 2005, 465; KK-StPO/*Kuckein* Rn. 10 mwN.
[31] BVerfG v. 14. 3. 1984 – 2 BvR 249/84, NStZ 1984, 370 (371); BGH v. 1. 9. 1986 – 3 StR 362/86, StV 1986, 516; BGH v. 30. 7. 1998 – 5 StR 574/97, BGHSt 44, 161 = StV 1999, 1; BGH v. 25. 10. 2006 – 2 StR 104/06, NStZ 2007, 536 = StraFo 2007, 59; *Dahs* Revision Rn. 122.
[32] BGH v. 11.2.1999 – 4 StR 657/98, BGHSt 44, 361 = NJW 1999, 1724; BGH v. 8. 12. 2004 – 3 StR 422/04, StraFo 2005, 162; SK-StPO/*Frisch* Rn. 58; KK-StPO/*Kuckein* Rn. 9 mwN; vgl. aber BGH v. 10. 12. 2008 – 1 StR 322/08, BGHSt 53, 99 = NJW 2009, 381 f. = wistra 2009, 114 f.
[33] KK-StPO/*Kuckein* Rn. 22,26 ff.; *Sarstedt/Hamm* Rn. 317ff.
[34] Vgl. BGH v. 5. 5. 2004 – 2 StR 383/03, BGHSt 49, 130 = NStZ 2004, 638; Anw-StPO/*Lohse* Rn. 12.
[35] BVerwG v. 26. 5. 1961 – VII C 7.61, BVerwGE 12, 261; § 44 GVG, Rn. 3.
[36] Vgl. BGH v. 19. 12. 1952 – 1 StR 353/52, BGHSt 3, 353 = NJW 1953, 272; BGH v. 22. 10. 1963 – 1 StR 374/63, BGHSt 19, 116 = NJW 1964, 167; KK-StPO/*Kuckein* Rn. 27 ff.
[37] Vgl. KK-StPO/*Kuckein* Rn. 26; HK-GS/*Maiwald* Rn. 7; *Meyer-Goßner* Rn. 7; BeckOK-StPO/*Wiedner* Rn. 31; *Dahs* Revision Rn. 126 jeweils mwN zur Rspr.
[38] BGH v. 13. 12. 1979 – 4 StR 632/79, BGHSt 29, 162 = NJW 1980, 951.
[39] BGH v. 29. 10. 1992 – 4 StR 199/92, BGHSt 38, 376 = NStZ 1993, 248 mAnm *Rieß* = JR 1993, 477 mAnm *Kindhäuser*.

Abs. 2 GVG). War das Präsidium infolge einer unrichtigen Gesetzesauslegung nicht richtig besetzt, begründet dieser Gesetzesverstoß die Revision nur, sofern der Fehler klar erkennbar war.[40]

11   bb) **Inhalt.** Voraussetzung ist zunächst, dass der Geschäftsverteilungsplan ohne Inanspruchnahme der dem Präsidenten zukommenden Notkompetenz **funktionsfähig** ist. Andernfalls kommt ein revisibler Rechtsfehler in Betracht.[41]

12   Die **Verteilung der Sachen** muss anhand **allgemeiner Merkmale** erfolgen. Ermöglicht der Geschäftsverteilungsplan eine Zuteilung im Einzelfall nach Zweckmäßigkeitsgesichtspunkten, ist er gesetzeswidrig. Folglich darf eine Zuteilung nicht vom zeitlichen Eingang der Sachen bei der Geschäftsstelle abhängen,[42] wohl aber einem rollierenden System entsprechend der Eingänge folgen, so sachfremde Einflüsse ausgeschlossen sind.[43]

13   Bei Regelung der **funktionellen Zuständigkeit** der Spruchkörper darf der Geschäftsverteilungsplan nicht von vornherein von der in § 74 Abs. 2 GVG vorgeschriebenen Konzentration in **Schwurgerichtssachen** bei einer Strafkammer absehen, andernfalls ist er gesetzeswidrig.[44] Ebenso ist § 74c Abs. 1 GVG für Wirtschaftsstrafkammern zu beachten, wobei dem Konzentrationsgrundsatz bereits entsprochen wird, sofern diese überwiegend mit **Wirtschaftsstrafsachen** befasst sind.[45]

14   Soweit der Geschäftsverteilungsplan die **personelle Zusammensetzung** der einzelnen Spruchkörper regelt, muss er die Zuständigkeit sowie die Zahl und Person der einzelnen Richter so eindeutig wie möglich festlegen.[46] Eine **Überbesetzung**, die an sich zulässig ist,[47] ist verfassungswidrig, wenn sie in vermeidbarer Weise Möglichkeiten zu willkürlicher Manipulation bietet und mithin erlaubt, in zwei personell voneinander verschiedenen Sitzgruppen Recht zu sprechen.[48] Eine zulässige Überbesetzung setzt folglich eine interne Geschäftsverteilung voraus, durch die die Mitwirkung der einzelnen Richter schriftlich festgelegt und aufgrund abstrakter Merkmale ein System geschaffen wird, das es für den Regelfall erlaubt, die Besetzung der Richterbank daraus für die einzelne Sache im Voraus abzuleiten.[49]

15   Die **Geschäftsverteilung innerhalb eines Spruchkörpers** ist nach Maßgabe des § 21g GVG ebenfalls nach objektiv abstrakten Merkmalen vorzunehmen.[50] Den Vorsitz hat nach § 21f Abs. 1 GVG der Präsident oder ein Vorsitzender Richter zu führen, sofern es sich nicht um eine Hilfsstrafkammer als nicht ständigem Spruchkörper handelt.[51] Über deren Bestimmung wird im Geschäftsverteilungsplan durch das Präsidium entschieden (§ 21e GVG). Unterbleibt das, ist der Geschäftsverteilungsplan gesetzeswidrig, sofern für den Posten keine Planstelle ausgewiesen ist[52] oder eine Besetzung aufgrund haushaltsrechtlicher Sparmaßnahmen erst mit zeitlicher Verzögerung vorgenommen wird.[53] Die Bestimmung eines Vorsitzenden Richters für mehrere Strafkammern ist grundsätzlich zulässig.[54]

16   Der Geschäftsverteilungsplan muss ferner eine **Vertretungsregelung** enthalten.[55] Ist die **Vertreterkette** zu gering oder sind zu viele stellvertretende Vorsitzende bestimmt, ist er gesetzeswidrig.[56] Bei personell knapper Besetzung der Spruchkörper ist aber eine **Ringvertretung** zulässig.[57] Voraussetzung der Vertretung des Vorsitzenden ist eine **Verhinderung** (§ 21f Abs. 2 GVG). Diese

---

[40] Vgl. BGH v. 28. 11. 1958 – 1 StR 449/58, BGHSt 12, 227 (234) = JR 1959, 148; BGH v. 13. 2. 1959 – 4 StR 446/58, BGHSt 12, 402 (406) = MDR 1959, 591; Löwe/Rosenberg/*Hanack*, 25. Aufl., Rn. 20; KK-StPO/*Kuckein* Rn. 29; aA *Meyer-Goßner* Rn. 7.
[41] BGH v. 8. 2. 1955 – 5 StR 561/54, BGHSt 7, 205; Löwe/Rosenberg/*Hanack*, 25. Aufl., Rn. 2; *Sarstedt/Hamm* Rn. 318.
[42] BGH v. 17. 8. 1960 – 2 StR 237/60, BGHSt 15, 116 (117) = NJW 1960, 2109; BGH v. 2. 11. 1989 – 1 StR 354/89, BGHR StPO § 338 Nr. 1 Geschäftsverteilungsplan 1 = NStZ 1990, 138.
[43] BGH v. 2. 11. 1989 – 1 StR 354/89, BGHR StPO Nr. 1 Geschäftsverteilungsplan 1 = NStZ 1990, 138.
[44] BGH v. 9. 2. 1978 – 4 StR 636/77, BGHSt 27, 349 = NJW 1978, 1273; KK-StPO/*Kuckein* Rn. 28.
[45] BGH v. 22. 4. 1983 – 3 StR 420/82, BGHSt 31, 323 = NJW 1983, 2335.
[46] BVerfG v. 24. 3. 1964 – 2 BvR 42/63, BVerfGE 17, 294 = NJW 1964, 1020; *Dahs* Revision Rn. 128.
[47] Vgl. BGH v. 13. 11. 1978 – AnwSt (R) 17/77, BGHSt 28, 183 (185); KK-StPO/*Kuckein* Rn. 31; HK-GS/*Maiwald* Rn. 5; HK-StPO/*Temming* Rn. 6.
[48] BVerfG v. 8. 4. 1997 – 1 PBvU 1/95, BVerfGE 95, 322 = NJW 1997, 1497; BGH v. 13. 11. 1978 – AnwSt (R) 17/77, BGHSt 28, 183 (185); BGH v. 11. 11. 2003 – 5 StR 359/03, NJW 2004, 1118 = StV 2005, 2; BeckOK-StPO/*Wiedner* Rn. 27; *Dahs* Revision Rn. 128.
[49] VGrS des BGH v. 5. 5. 1994 – VGS 1 – 4/93, BGHSt 40, 168 = NJW 1994, 1735; s. § 21g GVG Rn. 1, 6.
[50] BGH v. 29. 9. 1999 – 1 StR 460/99, NStZ 2000, 50 (51); BGH v. 5. 5. 2004 – 2 StR 383/03, BGHSt 49, 130 (133) = NJW 2004, 2992; KK-StPO/*Kuckein* Rn. 33 mwN.
[51] BGH v. 7. 6. 1983 – 4 StR 9/83, BGHSt 31, 389 (392) = NJW 1983, 2952f. mwN.
[52] BGH v. 22. 10. 1963 – 1 StR 374/63, BGHSt 19, 116 = NJW 1964, 167; BGH v. 1. 2. 1979 – 4 StR 657/78, BGHSt 28, 290 = NJW 1979, 1052.
[53] OLG Hbg. v. 2. 7. 1984 – 2 Ss 57/84, NStZ 1984, 570.
[54] BGH v. 9. 9. 1966 – 4 StR 226/66, BGHSt 21, 131 (133) = NJW 1966, 2368f.
[55] Vgl. KK-StPO/*Kuckein* Rn. 34ff.
[56] BGH v. 19. 8. 1987 – 2 StR 160/87, NJW 1988, 1921; BGH v. 9. 2. 1988 – 5 StR 6/88, bei *Miebach* NStZ 1988, 446 (449); OLG Hamm v. 4. 11. 2003 – 3 Ss 572/03, StV 2004, 366.
[57] BGH v. 30. 11. 1990 – 2 StR 237/90, NStZ 1991, 195.

wird durch jede tatsächliche und rechtliche Unmöglichkeit, an der Hauptverhandlung oder einer sonstigen richterlichen Aufgabe mitzuwirken, begründet.[58] Allerdings ist die **vorübergehende Verhinderung**, wie Urlaub, Krankheit oder Abordnung von der **dauernden Verhinderung** zu unterscheiden, bei der der Vorsitzende auf nicht absehbare Zeit seine Aufgaben nicht mehr erfüllen kann. Bei ersterer wird diese durch den Vorsitzenden selbst festgestellt, so diese auf tatsächlichen, offenkundigen Tatsachen beruht;[59] entsprechendes gilt bei deren Wegfall.[60] Bedarf es hingegen einer Ermessensentscheidung, wie im Falle der Überlastung, ist der Präsident des Landgerichts zuständig.[61] Bei dauernder Verhinderung muss hingegen das Präsidium den Geschäftsverteilungsplan ändern (§ 21e Abs. 3 GVG).[62] Entsprechendes gilt für den Beisitzer.[63]

Im Rahmen der **Revision** werden notwendige Sachverhaltsfeststellungen im Wege des Freibeweises getroffen. Allerdings prüft das Revisionsgericht grundsätzlich nur, ob rechtlich zutreffend von einer vorübergehenden oder dauerhaften Verhinderung bzw. einer fehlerhaften Vertreterbestellung durch das Präsidium oder den Gerichtspräsidenten ausgegangen wurde.[64]   17

Der **Ergänzungsrichter** (§ 192 Abs. 2 GVG) wird hingegen ohne Rückgriff auf den Geschäftsverteilungsplan nach pflichtgemäßen Ermessen des Vorsitzenden hinzugezogen. Voraussetzung ist die Verhinderung eines zunächst berufenen Richters. Fehler bei der Anwendung des Rechtsbegriffes der Verhinderung[65] begründen ebenso wie deren willkürliche Annahme[66] die Revision.   18

cc) **Änderung.** Die **Abänderung** des Geschäftsverteilungsplans obliegt gemäß § 21e Abs. 3 GVG dem Präsidium und ist während des Geschäftsjahres nur aus zwingenden justizmäßigen Gründen zulässig. Erfolgt sie in gesetzwidriger Weise, wird das Urteil in der Revision häufig keinen Bestand haben.[67]   19

Der Präsident ist zur Errichtung von **Hilfsstrafkammern** (§ 21e Abs. 3 GVG) berechtigt.[68] Besteht diese über das ihrer Einrichtung folgende Jahr hinaus, kann sie zu einer unstatthaften Dauereinrichtung werden.[69] Eine Verteilung der Geschäfte auf die Hilfsstrafkammern muss ebenfalls aufgrund objektiver, allgemeiner und feststehender Kriterien erfolgen.[70] Der Präsidiumsbeschluss über die Errichtung einer Hilfsstrafkammer ist zu begründen.[71] Für deren Sitzungen sind grundsätzlich die für die entlastete ordentliche Strafkammer für den Sitzungstag ausgelosten Hauptschöffen heranzuziehen.[72]   20

b) **Die Prüfung der Schöffen.** Bei Überprüfung der Schöffen ist für die Revision zu beachten, dass es sich um ein komplexes, **richterrechtlich geprägtes Rechtsgebiet** mit vielen Einzelfallentscheidungen handelt. Die **Hauptschöffen** müssen für den ordentlichen Sitzungstag, an dem die Hauptverhandlung beginnt, **ausgelost** sein (§ 45 GVG).[73] Die Rechtmäßigkeit der Besetzung wird durch den Fortgang der Hauptverhandlung nicht berührt,[74] es sei denn, die Hauptverhandlung beginnt nach einer Unterbrechung von neuem (§ 229 Abs. 4) oder der erste Sitzungstag wird verlegt. Die Durchführung der **Schöffenauslosung** unterliegt dabei strenger revisionsgerichtlicher Kontrolle und muss als **richterliche Aufgabe** im Geschäftsverteilungsplan geregelt sein. Durch die Auslosung werden die für die einzelnen Sitzungen maßgebenden **Schöffenlisten** und die **Hilfsschöffenlisten** mit der maßgebenden Reihenfolge ihrer Heranziehung gewonnen.[75] Die Auslosung   21

---

[58] BGH v. 21. 3. 1989 – 4 StR 98/89, bei *Miebach* NStZ 1990, 24 (29); BGH v. 18. 2. 1966 – 4 StR 637/65, BGHSt 21, 40 (42) = NJW 1966, 941.
[59] BGH v. 22. 3. 1988 – 4 StR 35/88, BGHR GVG § 21e Abs. 1 Verhinderung 1 = NStZ 1988, 325.
[60] BGH v. 9. 9. 1987 – 3 StR 233/87, BGHSt 35, 55 = NJW 1988, 1922 mwN.
[61] BGH v. 21. 3. 1989 – 4 StR 98/89, BGHR StPO § 338 Nr. 1 Vorsitzender 3 = StV 1989, 338; KK-StPO/*Kuckein* Rn. 34.
[62] Vgl. BGH v. 8. 1. 2009 – 5 StR 537/08, NJW 2009, 331f. = wistra 2009, 163f.
[63] Vgl. BGH v. 8. 7. 1986 – 5 StR 184/86, BGHR StPO § 338 Nr. 1 Beisitzer 1 = StV 1986, 418.
[64] BGH v. 27. 9. 1988 – 1 StR 187/88, BGHR StPO § 338 Nr. 1 Vorsitzender 2 = StV 1989, 2f.; BGH v. 18. 4. 2001 – 2 StR 492/00, NStZ 2001, 491; *Niemöller* StV 1987, 311 (317) mwN; KK-StPO/*Kuckein* Rn. 36; Meyer-Goßner Rn. 8.
[65] BGH v. 27. 9. 1988 – 1 StR 187/88, BGHR StPO § 338 Nr. 1 Vorsitzender 2 = StV 1989, 2; Löwe/Rosenberg/ *Hanack*, 25. Aufl., Rn. 37; offen gelassen BGH v. 5. 10. 1988 – 2 StR 250/88, BGHSt 35, 366 (373) = NJW 1989, 1681 (1683).
[66] BGH v. 5. 10. 1988 – 2 StR 250/88, BGHSt 35, 366 = NJW 1989, 1681; BGH v. 23. 1. 2002 – 5 StR 130/01, BGHSt 47, 220 = NStZ 2002, 608; *Niemöller* StV 1987, 311 mwN.
[67] *Dahs* Revision Rn. 125 mwN.
[68] Vgl. ausführlich KK-StPO/*Kuckein* Rn. 37, 38.
[69] BGH v. 22. 8. 1985 – 4 StR 398/85, BGHSt 33, 303 = NJW 1986, 144; BGH v. 29. 5. 1987 – 3 StR 242/86, BGHSt 34, 379 = NJW 1988, 1397; KK-StPO/*Kuckein* Rn. 30.
[70] BGH v. 4. 8. 2009 – 3 StR 174/09, StRR 2010, 26f.; BGH v. 17. 8. 1960 – 2 StR 237/60, BGHSt 15, 116f. = NJW 1960, 2109.
[71] BGH v. 9. 4. 2009 – 3 StR 376/08, NJW-Spezial 2009, 377.
[72] BGH v. 7. 2. 2007 – 2 StR 370/06, NStZ 2007, 537 = StV 2008, 62; KK-StPO/*Kuckein* Rn. 42.
[73] BGH v. 28. 2. 1984 – 5 StR 1000/83, NStZ 1984, 274; Anw-StPO/*Lohse* Rn. 18; BeckOK-StPO/*Wiedner* Rn. 19.
[74] Ausnahmefall BGH v. 14. 7. 1964 – 1 StR 216/64, BGHSt 19, 382.
[75] *Meyer-Goßner* § 44 GVG Rn. 1.

erfolgt auf der Grundlage der durch die **Schöffenwahl** (§ 42 GVG) aus der **Vorschlagsliste der Gemeinde** (§ 36 GVG) gewonnenen **Schöffenliste** (§ 44 GVG).

22   Für die **Prüfung einer Besetzungsrüge** bedeutet das: die ordnungsgemäße Besetzung des Gerichts kann grundsätzlich nicht durch Fehler außerhalb des Justizbereiches in Frage gestellt werden.[76] Kommt es im Verantwortungsbereich der Strafrechtspflege, insbesondere bei der Schöffenwahl, zu Fehlern, begründen diese eine **vorschriftswidrige Besetzung** grundsätzlich nur, sofern sie **besonders schwerwiegend** und offenkundig sind.[77]

23   **Hilfsschöffen** werden bei Wegfall eines Hauptschöffen (§§ 52 ff. GVG), bei Verhinderung im Einzelfall (§ 54 GVG) oder bei Bildung einer weiteren Strafkammer (§§ 77, 46 GVG) benötigt. Revisionsrechtlich ist im Einzelfall zu prüfen, ob der gesetzliche Grund für seine Mitwirkung vorgelegen und danach, ob der richtige Hilfsschöffe an der Sitzung teilgenommen hat.[78] Auch der **Ergänzungsschöffe** ist Hilfsschöffe und daher der Hilfsschöffenliste zu entnehmen.

24   **4. Mängel in der Person eines Berufs- oder Laienrichters.** Rechtliche und persönliche Mängel in der Person eines Berufs- oder Laienrichters begründen ebenfalls eine nicht ordnungsgemäße Besetzung des Gerichts. Besetzungsrügen, die mit persönlichen Mängeln eines Richters begründet werden, unterliegen grundsätzlich **keiner Rügepräklusion** und können mithin erst in der Revisionsinstanz geltend gemacht werden.[79]

25   **a) Rechtliche Mängel.** Der **Richter** muss während der Hauptverhandlung die **Befähigung zum Richteramt** innehaben (§§ 8 ff. DRiG), seine Ernennung darf nicht zurückgenommen (§ 19 DRiG) und er darf nicht aus seinem Dienstverhältnis entlassen worden sein (§ 21 DRiG). Ein Mangel liegt auch in der **fehlenden Vereidigung** eines Schöffen (entspr. § 45 Abs. 2–4 DRiG) begründet.[80]

26   **b) Persönliche Mängel.** Der **Vorsitzende** muss seine **Leitungsaufgaben** wahrnehmen können.[81] Er muss mithin durch seine Persönlichkeit und Erfahrung Gewähr dafür bieten, die Rechtsprechung seiner Kammer richtungsweisend lenken zu können.[82] Daraus folgt, dass er normalerweise in 75% der Fälle selbst den Vorsitz zu führen hat und nicht im Voraus einen bestimmten Teil der Sachen seinem Vertreter übertragen darf. Vorsitzende, Beisitzer und Schöffen müssen ferner der Hauptverhandlung **körperlich** und **geistig** folgen können. Deshalb begründet die Mitwirkung eines **blinden,**[83] **stummen** und **tauben**[84] Richters ebenso die Revision wie dessen **Verhandlungsunfähigkeit.** Dieser steht die **geistige Abwesenheit** wegen Schlafes, Übermüdung, anderweitiger Lektüre, Überarbeitung eines Urteilsentwurfes etc. **während wesentlicher Verfahrensvorgänge über eine ins Gewicht fallende Zeitspanne** gleich.[85] Nach Ansicht der Rechtsprechung reicht insoweit nicht aus, dass der Richter während des Schlussplädoyers des Verteidigers oder des letzten Wortes des Angeklagten die Urteilsformel niederschreibt.[86]

27   **c) Anforderungen an Revisionsrüge.** Die Revision muß den rechtzeitigen Besetzungseinwand vor dem Landgericht darlegen und den Zurückweisungsbeschluß wiedergeben.[87] Die die vorschriftswidrige Besetzung begründenden Tatsachen, insbesondere die Regelungen des Geschäftsverteilungsplans oder die Gründe, weshalb dessen Änderung gesetzwidrig war,[88] müssen umfassend bezeichnet werden.[89] Der **Vortrag des Sachverhalts** (§ 344 Abs. 2) muss sämtliche Tatsachen vor-

---

[76] BGH v. 30. 4. 1968 – 1 StR 87/68, BGHSt 22, 122 (124) = NJW 1968, 1436; BGH v. 13. 8. 1985 – 1 StR 330/85, BGHSt 33, 290 = NJW 1986, 1356; BGH v. 30. 7. 1991 – 5 StR 250/91, BGHR StPO § 338 Nr. 1 Schöffe 4 = NJW 1991, 3043; HK-StPO/*Temming* Rn. 8.

[77] Vgl. BGH v. 24. 6. 1986 – 5 StR 114/86, BGHSt 34, 121 (122) = NJW 1986, 2585; BGH v. 16. 7. 2008 – 2 StR 83/08, BGHR GVG § 36 Abs. 1 Vorschlagsliste 2 = StV 2008, 566 KK-StPO/*Kuckein* Rn. 39, 46; *Meyer-Goßner* Rn. 9; krit. *Sarstedt/Hamm* Rn. 334 ff.

[78] Vgl. *Dahs* Revision Rn. 150 mwN; KK-StPO/*Kuckein* Rn. 39, 40, 43.

[79] BGH v. 17. 12. 1987 – 4 StR 440/87, BGHSt 35, 164 = NJW 1988, 1333; BGH v. 17. 10. 1996 – 4 StR 404/96, StV 1997, 59 f.

[80] BGH v. 22. 5. 2003 – 4 StR 21/03, BGHSt 48, 290 = NJW 2003, 2545 (2546); OLG Celle 15. 9. 1998 – 22 Ss 106/98, StV 1999, 201; KK-StPO/*Kuckein* Rn. 48 f.; *Meyer-Goßner* Rn. 9.

[81] BGH v. 16. 11. 1972 – 1 StR 418/72, BGHSt 25, 54 (55 f.) = NJW 1973, 205.

[82] BGH v. 9. 9. 1966 – 4 StR 226/66, BGHSt 21, 133 = NJW 1966, 2368; OLG Hamm v. 3. 11. 2003 – 3 Ss 572/03, NStZ – RR 2004, 146; KK-StPO/*Kuckein* Rn. 32 mwN; *Dahs* Revision Rn. 133.

[83] BVerfG v. 10. 3. 2004 – 2 BvR 577/01, NJW 2004, 2150; BGH v. 27. 11. 1986 – 4 StR 536/86, BGHSt 34, 236 = NJW 1987, 1210; Widmaier/*Dahs* MAH Strafverteidigung § 12 Rn. 104; *Sarstedt/Hamm* Rn. 347; einschränkend KK-StPO/*Kuckein* Rn. 50 f.; *Meyer-Goßner* Rn. 11.

[84] Vgl. auch BGH v. 28. 4. 1953 – 5 StR 136/53, BGHSt 4, 191 = NJW 1953, 1115; Anw-StPO/*Lohse* Rn. 21; HK-StPO/*Temming* Rn. 4; *Dahs* Revision Rn. 133.

[85] BGH v. 20. 10. 1982 – 5 StR 564/81, NStZ 1982, 41; KK-StPO/*Kuckein* Rn. 31; Löwe/Rosenberg/*Hanack*, 25. Aufl., Rn. 44.

[86] BGH v. 22. 11. 1957 – 5 StR 477/57, BGHSt 11, 74 = NJW 1958, 31; zurecht krit. *Dahs* Revision Rn. 155 mwN; *Roxin* § 44 VI 3 b.

[87] Vgl. BGH v. 12. 7. 2001 – 4 StR 550/00, NJW 2001, 3062; Widmaier/*Dahs* MAH Strafverteidigung § 12 Rn. 99; *Sarstedt/Hamm* Rn. 350.

[88] Vgl. BGH v. 26. 7. 1994 – 5 StR 98/94, BGHSt 40, 218 (240) = NStZ 1994, 532 (534).

[89] Vgl. KK-StPO/*Kuckein* Rn. 52 ff.; *Meyer-Goßner* Rn. 21 mwN.

bringen, mit denen im Wege des Freibeweises zur vollen Überzeugung des Revisionsgerichts bewiesen werden kann, welcher Richter aufgrund welcher Tatsachen innerhalb welchen Zeitraumes zB abwesend war und welchen wesentlichen Gegenstand der Hauptverhandlung er mithin nicht folgen konnte.[90] Der Beweis der vorgetragenen Tatsachen bedarf besonderer Aufmerksamkeit.

II. Mitwirkung eines ausgeschlossenen Richters (Nr. 2)

Die Mitwirkung eines **kraft Gesetzes** ausgeschlossenen Richters an dem Urteil begründet nach 28 Nr. 2 die Revision.[91] Die Fälle sind in §§ 22, 23 Abs. 1, 31 Abs. 1 und 148a Abs. 2 S. 1 geregelt. Es bedarf keiner besonderen Ablehnung, sie ist aber zulässig (§ 24 Abs. 1).[92]

Die Unwirksamkeit des Urteils setzt seine **form- und fristgerechte Anfechtung** voraus.[93] Der 29 Revisionsgrund geht als lex specialis § 338 Nr. 1 vor, sodass die dort vorgesehene Rügepräklusion nicht greift.[94] Die Mitwirkung an Entscheidungen und Verfügungen zur Vorbereitung der Hauptverhandlung oder an dem Eröffnungsbeschluss reicht nicht; sie kann aber als relativer Revisionsgrund besonders im Zusammenhang mit § 336 Bedeutung gewinnen.[95] Liegen die Voraussetzungen des § 22 in der Person des **Staatsanwalts** vor, begründet das keine Revisionsrüge nach § 338 Nr. 2.[96]

III. Mitwirkung eines abgelehnten Richters (Nr. 3)

1. Die Ablehnungsgründe. Voraussetzung der Rüge ist die erfolglose Ablehnung eines Richters 30 wegen der **Besorgnis der Befangenheit** (§ 24) in der Hauptverhandlung und dessen Mitwirkung an dem angefochtenen Urteil.[97] Die Besorgnis der Befangenheit liegt vor, „wenn vom Standpunkt des Ablehnenden aus **vernünftige Gründe**[98] vorliegen, an der Unparteilichkeit des Richters zu zweifeln".[99] Ablehnungsgründe können sich dabei aus dem **Verhalten** oder aus **Äußerungen** des Richters **innerhalb** und **außerhalb** der Hauptverhandlung ergeben.[100] Auch Kontroversen mit der Verteidigung können im Einzelfall die Ablehnung begründen.[101]

Außerhalb der Hauptverhandlung führen Erklärungen, Äußerungen oder Handlungen zu einem 31 Ablehnungsgrund, durch die der Richter, zB gegenüber der Presse,[102] den Eindruck entstehen lässt, bereits zu einer Verurteilung entschlossen zu sein. Auch **Verfahrensabsprachen** unter Ausschaltung oder zu Lasten anderer Prozessbeteiligter können den Eindruck der Befangenheit begründen.[103] Allerdings ist es einem Richter nicht verwehrt, zwecks Förderung des Verfahrens mit den Verfahrensbeteiligten auch außerhalb der Hauptverhandlung Einzelgespräche zu führen.[104]

Die bloße **Vorbefassung**, auch die Mitwirkung bei Vor- oder Zwischenentscheiden, genügt da- 32 gegen nach Ansicht der Rechtsprechung grundsätzlich nicht.[105] Ebenso wenig reicht die Kenntnis von vorverurteilenden Presseberichten.

Dagegen begründen Äußerungen und Erklärungen **innerhalb der Hauptverhandlung**, auch 33 Rechtsfehler in der Verhandlungsleitung und in prozessualen Entscheidungen in der Regel keine Besorgnis der Befangenheit.[106] Es muss sich schon um grobe Wortentgleisungen oder Beleidigungen handeln[107] oder um grobe Rechtsfehler, wie insbesondere das nachhaltige Einwirken auf den

---

[90] Vgl. BGH v. 11. 7. 1997 – 3 StR 75/97, NStZ-RR 1997, 353; OLG Hamm v. 2. 3. 2006 – 2 Ss 47/06, NJW 2006, 1449; *Dahs* Revision Rn. 156; Widmaier/*Dahs* MAH Strafverteidigung § 12 Rn. 100; Schlothauer/Weider Revision Rn. 207; 229 f.; 261 ff.; 294; 335; 340; 343; 345; 347.
[91] Vgl. BGH v. 18. 10. 2006 – 2 StR 499/05, BGHSt 51, 100 (109 f.) = NStZ 2007, 583 (584); BGH v. 22. 11. 2007 – 3 StR 417/07, StV 2008, 123; BGH v. 22. 1. 2008 – 4 StR 507/07, StV 2008, 283 f.; KK-StPO/*Kuckein* Rn. 55; Widmaier/*Dahs* MAH Strafverteidigung § 12 Rn. 105.
[92] Vgl. *Meyer-Goßner* Rn. 22; BeckOK-StPO/*Wiedner* Rn. 50.
[93] BGH v. 16. 10. 1980 – StB 29/80, BGHSt 29, 351 (355) = NJW 1981, 133 (134).
[94] Vgl. Löwe/Rosenberg/*Hanack*, 25. Aufl., Rn. 61; KK-StPO/*Kuckein* Rn. 57; HK-StPO/*Temming* Rn. 12.
[95] BVerfG v. 20. 3. 1956 – 1 BvR 479/55, BVerfGE 4, 412 (418) = NJW 1956, 123; Löwe/Rosenberg/*Hanack*, 25. Aufl., Rn. 61; ders. § 336 Rn. 6; *Meyer-Goßner* Rn. 22; *Dahs* Revision Rn. 157 mwN.
[96] BGH v. 27. 8. 1991 – 1 StR 438/91, NStZ 1991, 595 mwN; *Dahs* Revision Rn. 160.
[97] Vgl. *Meyer-Goßner* Rn. 24.
[98] Krit. *Dahs* Revision Rn. 166.
[99] BVerfG v. 25. 1. 1972 – 2 BvA 1/69, BVerfGE 32, 288 = DÖV 1972, 312; BGH v. 14. 2. 1992 – 2 StR 254/91, NStZ 1992, 290 (291); KK-StPO/*Kuckein* Rn. 60; Anw-StPO/*Lohse* Rn. 26.
[100] Ausführlich zur Rspr. KK-StPO/*Pfeiffer* § 24 Rn. 5 ff.; Löwe/Rosenberg/*Weidisch* § 24 Rn. 11 ff.; vgl. *Dahs* Revision Rn. 168 f.
[101] BGH v. 5. 4. 1995 – 5 StR 681/94, StV 1995, 396 f.; OLG Hamm v. 7. 10. 2004 – 2 Ss 345/04, NStZ-RR 2005, 15.
[102] BGH v. 9. 7. 1953 – 5 StR 282/53, BGHSt 4, 264; BeckOK-StPO/*Wiedner* Rn. 74.
[103] BGH v. 28. 8. 1997 – 4 StR 240/97, BGHSt 43, 195 = NJW 1998, 31; BGH v. 23. 1. 1991 – 3 StR 365/09, BGHSt 37, 298 = NJW 1991, 1692; BeckOK-StPO/*Wiedner* Rn. 73.
[104] BGH v. 18. 12. 2007 – 1 StR 301/07, NStZ 2008, 229 = StV 2008, 174.
[105] Vgl. KK-StPO/*Kuckein* Rn. 60; krit. *Dahs* Revision Rn. 167, 168 mwN.
[106] Vgl. BGH v. 12. 9. 2007 – 5 StR 227/07, NStZ 2008, 172 = StV 2007, 618 [Strafobergrenze].
[107] Vgl. KG Berlin v. 10. 7. 2008 (3) – 1 Ss 354/07 (123/07), NJW 2009, 96; LG Mainz v. 15. 4. 2004 – 3214 Js 22893/03 – 1 Ks, StraFo 2004, 350 mAnm *König*.

Angeklagten, sich zur Sache einzulassen[108] oder unter Verweis auf die erstinstanzliche Beweisaufnahme, das Rechtsmittel zurück zu nehmen.[109]

34 **2. Rechtfertigung einer Rüge nach Nr. 3.** Das Revisionsgericht kann mit einer Ablehnung nur befasst werden, wenn es sich um die **Ablehnung eines erkennenden Richters** handelt.[110] Die Ablehnung des Sitzungsvertreters der Staatsanwaltschaft analog § 24 rechtfertigt nach hM eine Rüge nach § 338 Nr. 3 nicht.[111] Die nach § 27 zur Entscheidung über das Ablehnungsgesuch berufenden Richter sind ebenfalls erkennende Richter iSd. § 338 Nr. 3.[112] Mithin ist die Revision gegen das Urteil insoweit die **in § 28 Abs. 2 S. 2 benannte Anfechtung** und sachlich eine Beschwerde.[113]

35 Die **Zulässigkeit der Revision** richtet sich deshalb nach § 304. Die Anfechtung von Beschlüssen des OLG ist ausgeschlossen.[114] Die Formvorschriften der Revision müssen aber eingehalten werden. Neue Tatsachen und Beweismittel können nicht nachgeschoben werden.[115] Die Rüge nach § 338 Nr. 3 ist gerechtfertigt, wenn die die Ablehnung tatsächlich rechtfertigenden Umstände im Ablehnungsgesuch geltend gemacht worden sind.[116] Das Revisionsgericht prüft nach den freieren Grundsätzen des Beschwerdeverfahrens, ob die Zurückweisung des Ablehnungsgesuchs im Zeitpunkt des angefochtenen Beschlusses **tatsächlich und rechtlich** begründet war und folglich die Ermessensentscheidung des Tatrichters zu billigen ist.[117] Es kann sein eigenes Ermessen an die Stelle des Tatrichters setzen.[118]

36 Die unter Mitwirkung des abgelehnten Richters beschlossene **Verwerfung** eines Ablehnungsgesuchs **gemäß § 26 a als unzulässig** unterliegt der Prüfung des Revisionsgerichts. Beruht die Verwerfung auf einer willkürlichen oder die Anforderungen des Art. 101 Abs. 1 S. 2 GG grundlegend verkennenden Rechtsanwendung, ist die Rüge begründet.[119] Das Revisionsgericht entscheidet über die Frage der **Unverzüglichkeit**[120] sowie in der Sache selbst, sofern es die Verwerfung nicht billigt, kann umgekehrt aber auch ein als zulässig bewertetes Gesuch als unzulässig verwerfen[121] und den Verwerfungsgrund nach § 26 a auch austauschen.[122] Revisionsrechtlich wird bei der Frage, ob der Beschwerdeführer **ohne schuldhaftes Verzögern** gehandelt hat, ein strenger Maßstab angelegt.[123] Ist das Ablehnungsgesuch aber sachlich unbegründet und die Ablehnung als unzulässig rechtsfehlerhaft, aber nicht willkürlich, erfolgt, ist Nr. 3 nicht erfüllt.[124] Die **fehlende Selbstablehnung** eines Richters nach § 30 begründet ebenfalls keine Revision,[125] ebenso kein Verstoß gegen die Wartepflicht des § 29 Abs. 1, wenn der Richter nach Ansicht des Revisionsgerichts nicht befangen war.[126]

37 **3. Darstellungserfordernisse.** Es müssen alle die Zulässigkeit und Begründetheit des Ablehnungsgesuchs rechtfertigenden Tatsachen vorgetragen werden.[127] Dazu zählen insbesondere die genaue Bezeichnung des abgelehnten Richters, der vollständige die Besorgnis der Befangenheit begründende Sachverhalt, Zeitpunkt und Anlass des Ablehnungsgesuchs, Ablauf des Ablehnungs-

---

[108] BGH v. 15. 5. 2007 – 3 StR 132/07, NStZ 2007, 711 = StV 2007, 449.
[109] OLG Nürnberg v. 20. 11. 2007 – 2 St OLG Ss 133/07, NStZ-RR 2008, 114 = StV 2008, 289.
[110] BGH v. 24. 3. 1982 – 2 StR 105/82, BGHSt 31, 15 (16) = NStZ 1982, 341; *Dahs* Revision Rn. 161.
[111] Vgl. BVerfG v. 16. 4. 1969 – 2 BvR 115/69, BVerfGE 25, 336 (345) = NJW 1969, 1104; BGH v. 25. 9. 1979 – 1 StR 702/78, NJW 1980, 845; KK-StPO/*Pfeiffer*, § 24 Rn. 14; *Sarstedt/Hamm* Rn. 363 ff.
[112] BGH v. 10. 11. 1967 – 4 StR 512/66, BGHSt 21, 334 = NJW 1968, 710; KG v. 4. 6. 1975 – 3 Ws 116/75, JR 1976, 26; HK-GS/*Maiwald* Rn. 14.
[113] BGH v. 11. 9. 1956 – 5 StR 5/56, JR 1957, 68; KK-StPO/*Kuckein* Rn. 59; *Meyer-Goßner* Rn. 27; HK-StPO/*Temming* Rn. 16; BeckOK-StPO/*Wiedner* Rn. 52.
[114] BGH v. 5. 1. 1977 – 3 StR 433/76 (L), BGHSt 27, 96 = NJW 1977, 1829; KK-StPO/*Kuckein* Rn. 58; *Meyer-Goßner* Rn. 26; aA *Sarstedt/Hamm* Rn. 360.
[115] BGH v. 13. 7. 1966 – 2 StR 157/66, BGHSt 21, 85 (88) = NJW 1966, 2321; Löwe/Rosenberg/*Hanack*, 25. Aufl., Rn. 64; *Meyer-Goßner* Rn. 27.
[116] Vgl. nur BGH v. 14. 8. 2007 – 3 StR 266/07, NStZ 2008, 170 f. [„Sanktionsschere"].
[117] Vgl. *Dahs* Revision Rn. 163 mwN.
[118] BGH v. 13. 2. 1973 – 1 StR 541/72, BGHSt 25, 122 (126); vgl. *Meyer-Goßner* Rn. 27.
[119] BVerfG v. 2. 6. 2005 – 2 BvR 625/01, NJW 2005, 3410; BGH v. 10. 8. 2005 – 5 StR 180/05, BGHSt 50, 216 = NStZ 2006, 50; BGH v. 26. 6. 2007 – 5 StR 138/07, NStZ 2008, 46 f.; BGH v. 2. 4. 2008 – 5 StR 129/07, NStZ-RR 2008, 267 = wistra 2008, 267; BGH v. 10. 4. 2008 – 4 StR 443/07, NStZ 2008, 523 = wistra 2008, 313; OLG Celle v. 28. 2. 2007 – 322 Ss 21/07, StV 2007, 627; BeckOK-StPO/*Wiedner* Rn. 60.
[120] BGH v. 10. 6. 2008 – 5 StR 24/08, NStZ 2008, 578.
[121] *Dahs* Revision Rn. 164.
[122] BGH v. 27. 7. 2006 – 5 StR 249/06, StraFo 2006, 452 = wistra 2006, 431.
[123] Zu den einzelnen Fallgestaltungen: § 25 Rn. 8; *Meyer-Goßner*, zu § 25 Rn. 8; *Dahs* Revision Rn. 164 mwN.
[124] BGH v. 29. 8. 2006 – 1 StR 371/06, NStZ 2007, 161; BGH v. 27. 8. 2008 – 2 StR 261/08, NStZ 2009, 223 = wistra 2008, 473; BGH v. 12. 12. 2008 – 2 StR 479/08, StraFo 2009, 145.
[125] KK-StPO/*Kuckein* Rn. 59; Widmaier/*Dahs* MAH Strafverteidigung § 12 Rn. 110.
[126] BGH v. 3. 4. 2003 – 4 StR 506/02, BGHSt 48, 264 = NJW 2003, 2396.
[127] Löwe/Rosenberg/*Hanack*, 25. Aufl., Rn. 136; KK-StPO/*Kuckein* § 344 Rn. 47; *Meyer-Goßner* Rn. 29; BeckOK-StPO/*Wiedner* Rn. 77; *Dahs* Revision Rn. 171; Widmaier/*Dahs* MAH Strafverteidigung § 12 Rn. 113, 116; Schlothauer/*Weider* Revision Rn. 316 ff.

verfahrens, Hinweis, dass der abgelehnte Richter in dem Urteil mitgewirkt hat und alle die Zulässigkeit des Gesuchs begründenden Tatsachen.

IV. Unzuständigkeit des Gerichts (Nr. 4)

§ 338 Nr. 4 betrifft nur den Fall, dass dem gesamten Spruchkörper die **sachliche, örtliche** oder **funktionelle Zuständigkeit** fehlt. Die aus dem Geschäftsverteilungsplan folgende Verteilung der Geschäfte unter den Spruchkörpern desselben Gerichts hat insoweit keine Bedeutung.[128] **38**

Als **Prozessvoraussetzung** ist die **sachliche Zuständigkeit von Amts wegen** zu prüfen; Nr. 4 hat insoweit keine Bedeutung.[129] Die Unzuständigkeit wird aber ohne besondere Rüge nur beachtet, wenn statt des erkennenden Gerichts ein Gericht höherer Ordnung zuständig war[130] oder das OLG seine sachliche Zuständigkeit zu Unrecht bejaht hat.[131] Treffen Staatsanwalt und/oder Gericht die Entscheidung über die Zuständigkeit jedoch **objektiv willkürlich** und entziehen so dem Angeklagten seinen gesetzlichen Richter, kann auch ohne formgerechte Rüge wegen offensichtlicher Unzuständigkeit ein Prozesshindernis von Amts wegen geprüft und das Urteil aufgehoben werden.[132] In diesem Fall tritt auch § 269 wieder hinter § 6 zurück.[133] Jede andere Art der Unzuständigkeit setzt eine besondere, form- und fristgerechte Rüge voraus.[134] **39**

Bei der Rüge der **örtlichen Zuständigkeit** gilt die Rügepräklusion des § 16;[135] für die **besondere Zuständigkeit** vor Spezialkammern gilt § 6a.[136] Die rechtsfehlerhafte Anwendung des normativen Zuständigkeitsmerkmals für Wirtschaftsstrafsachen (§ 74c Abs. 1 Nr. 6 GVG) ist revisionsrechtlich ohne Bedeutung, solange keine Willkür vorliegt.[137] Wird die Nichtbeachtung der **Zuständigkeit der Jugendgerichte** gerügt,[138] gilt § 6a nicht.[139] Das ein Jugendgericht statt eines allgemeinen Gerichts entschieden hat, kann hingegen wegen § 47a JGG nicht gerügt werden.[140] **40**

Die **richterliche Kontrolle** einer Entscheidung der Staatsanwaltschaft nach § 24 Abs. 1 Nr. 3 GVG (bewegliche Zuständigkeit) beschränkt sich grundsätzlich auf das Zwischenverfahren.[141] Wird die **unterlassene Verweisung** nach § 270 wegen eines in der Hauptverhandlung entstandenen Verdachts einer schwereren Straftat gerügt, hebt das Revisionsgericht das Urteil auf Revision der StA oder des Nebenklägers auf, sofern der Verdacht noch in dem angefochtenen Urteil durch das niedere Gericht bejaht wurde[142] oder das Revisionsgericht entgegen der Ansicht des Tatgerichts einen Tatverdacht für gegeben hält.[143] Alle die Unzuständigkeit des erkennenden Gerichts begründenden Tatsachen (§ 344 Abs. 2 S. 2) sind in der Revisionsrüge vorzutragen.[144] **41**

V. Abwesenheit von Prozessbeteiligten (Nr. 5)

1. Prozessbeteiligte. Dem Revisionsgrund liegen die Vorschriften der §§ 145, 226, 230 ff., 247 StPO, 185 GVG zugrunde und er bezieht sich auf die **Mitglieder des Gerichts**, den **Staatsanwalt**, den **Urkundsbeamten** der Geschäftsstelle,[145] den notwendigen **Verteidiger**, den Angeklagten so- **42**

---

[128] Vgl. KK-StPO/*Kuckein* Rn. 65; Anw-StPO/*Lohse* Rn. 28; *Meyer-Goßner* Rn. 30 mwN; HK-StPO/*Temming* Rn. 17; BeckOK-StPO/*Wiedner* Rn. 81.
[129] Vgl. KK-StPO/*Kuckein* Rn. 66; *Meyer-Goßner* Rn. 32; HK-StPO/*Temming* Rn. 18.
[130] BGH GrS v. 5. 10. 1962 – GSSt 1/62, BGHSt 18, 79 (83) = NJW 1963, 60 (61 f.).
[131] BGH v. 22. 12. 2000 – 3 StR 378/00, BGHSt 46, 238 (245) = NStZ 2001, 265.
[132] Vgl. BGH v. 12. 12. 1991 – 4 StR 506/91, BGHSt 38, 172 = NJW 1992, 1775; BGH v. 27. 7. 1999 – 4 StR 336/99, NStZ 1999, 578; BGH v. 21. 4. 1994 – 4 StR 136/94, BGHSt 40, 120 = NStZ 1994, 399 = StV 1994, 414 = JR 1995, 257 mAnm *Sowada*; KK-StPO/*Kuckein* Rn. 66; *Sarstedt/Hamm* Rn. 373 f.; aA BGH v. 22. 4. 1997 – 1 StR 701/96, BGHSt 43, 53; *Bernsmann* Anm. zu BGH v. 22. 4. 1997 – 1 StR 701/96, JZ 1998, 627 (629).
[133] Vgl. *Sarstedt/Hamm* Rn. 369 mwN.
[134] *Dahs* Revision Rn. 173.
[135] Vgl. OLG Köln v. 10. 1. 2003 – Ss 530/02, StV 2004, 314; KK-StPO/*Kuckein* Rn. 67; HK-GS/*Maiwald* Rn. 16; *Meyer-Goßner* Rn. 31; BeckOK-StPO/*Wiedner* Rn. 80.
[136] Zu § 6a Rn. 6; BGH v. 21. 4. 1994 – 136/94, BGHSt 40, 120 (124) = NStZ 1994, 399.
[137] BGH v. 23. 3. 1985 – 1 StR 417/84, NStZ 85, 464 (466).
[138] Vgl. BGH v. 5. 10. 1962 – GSSt 1/62, BGHSt 18, 79 = NJW 1963, 60; BGH v. 11. 4. 2007 – 2 StR 107/07, StraFo 2007, 337; ausführlich KK-StPO/*Kuckein* Rn. 69; *Sarstedt/Hamm* Rn. 372.
[139] Vgl. BGH v. 4. 11. 1981 – 2 StR 242/81, BGHSt 30, 260 = NJW 1982, 454; vgl. *Meyer-Goßner* Rn. 34.
[140] BGH v. 3. 12. 2003 – 2 ARs 383/03, StraFo 2004, 103.
[141] vgl. zu der Problematik Widmaier/*Dahs* MAH Strafverteidigung § 12 Rn. 119; *Sarstedt/Hamm* Rn. 310 f.
[142] Vgl. *Meyer-Goßner* Rn. 32a.
[143] OLG Oldenburg v. 26. 2. 1996 – Ss 486/95, NStZ-RR 1996, 240.
[144] vgl. ausführlich Widmaier/*Dahs* MAH Strafverteidigung § 12 Rn. 118; *Schlothauer/Weider* Revision Rn. 164, 173, 179, 190 ff., 227.
[145] BayObLG v. 31. 7. 2001 – 1 ObOWi 308/01, BayObLGSt 01, 103 = NStZ-RR 2002, 16; SK-StPO/*Frisch* Rn. 101; HK-StPO/*Temming* Rn. 20.

wie im Einzelfall den **Dolmetscher**. Die **Abwesenheit von Richtern** infolge eines Besetzungsfehlers wird nicht von Nr. 5, sondern von § 338 Nr. 1 erfasst.[146] Nr. 5 gilt ferner nicht beim Nichterscheinen der **Jugendgerichtshilfe** (§ 50 Abs. 3 JGG);[147] der **Sachverständige** gehört ebenso nicht zu den Personen, deren ständige Anwesenheit vorgeschrieben ist.[148] Ebenso wenig braucht der **Nebenkläger** anwesend zu sein (§ 398). Dessen Abwesenheit begründet allerdings einen Verfahrensfehler, sofern er nicht ordnungsgemäß geladen worden ist und kann mithin ebenfalls zur Aufhebung des Urteils führen (§ 337).[149]

43 a) **Die Staatsanwaltschaft**. Die Staatsanwaltschaft muss **sachlich zuständig** sein.[150] Die örtliche Zuständigkeit ist insoweit ohne Bedeutung.[151] Ebenso darf kein **Ausschlussgrund** vorliegen, so wenn der Staatsanwalt bereits in derselben Sache als Richter tätig war.[152] Wird der **Staatsanwalt als Zeuge** vernommen, ist er in seiner Eigenschaft als Staatsanwalt abwesend und muss vertreten werden. Im Anschluss kann er grundsätzlich die Anklage wieder vertreten,[153] darf sich aber im Fortgang des Verfahrens und im Schlussvortrag nicht mit seiner Aussage als Zeuge befassen.[154] Die Anwesenheit des Staatsanwalts ist eine wesentliche Förmlichkeit des Verfahrens (§ 273), die nur durch das Sitzungsprotokoll bewiesen werden kann (§ 274).[155]

44 b) **Die Verteidigung**. Voraussetzung ist, dass ein Fall **notwendiger Verteidigung** (§ 140 Abs. 1) vorliegt;[156] die Abwesenheit des **Wahlverteidigers** begründet keinen absoluten Revisionsgrund, kann aber uU zu einem relativen Revisionsgrund führen.[157] Ist die Beiordnung eines Verteidigers im Falle des § 140 Abs. 2 unterblieben, gilt ebenfalls Nr. 5,[158] ebenso wenn ein Verteidiger mitgewirkt hat, dessen Zulassung zur Rechtsanwaltschaft widerrufen war.[159] Die körperliche Anwesenheit des Verteidigers muss sich aus dem Hauptverhandlungsprotokoll ergeben (§ 273, 274).[160] Als **Abwesenheit** gilt hingegen auch die **Verhandlungsunfähigkeit**,[161] sofern diese **erkennbar** ist,[162] ebenso wie sonstige geistige Beeinträchtigungen, etwa durch Schlaf oder Übermüdung. Demgegenüber kann die Revision nicht darauf gestützt werden, der Verteidiger habe die Verteidigung mangels Vorbereitung **nicht ordnungsgemäß** geführt.[163] Auch ein **fehlendes Vertrauensverhältnis** oder die Weigerung des Verteidigers, bestimmte Prozesshandlungen vorzunehmen wie eine insgesamt nicht ordnungsgemäße Verteidigung begründen den Revisionsgrund des § 338 Nr. 5 nicht. Anders ist es nur, wenn sich im Falle der notwendigen Verteidigung der anwesende Verteidiger ausdrücklich weigert, die Verteidigung zu führen.[164] Entfernt sich der Verteidiger eigenmächtig von der Urteilsverkündung, ist die Rüge verwirkt.[165] Wird der notwendige **Verteidiger als Zeuge** vernommen,[166] ist er als Verteidiger abwesend, sodass ein anderer Verteidiger an seine Stelle treten muss.[167]

---

[146] BGH v. 11. 2. 1999 – 4 StR 657/98, BGHSt 44, 361 (365) = NStZ 1999, 365 (366); Löwe/Rosenberg/*Hanack*, 25. Aufl., Rn. 80; KK-StPO/*Kuckein* Rn. 71; BeckOK-StPO/*Wiedner* Rn. 89; Widmaier/*Dahs* MAH Strafverteidigung § 12 Rn. 121 f.; krit. *Sarstedt/Hamm* Rn. 383 ff.
[147] Vgl. KK-StPO/*Kuckein* Rn. 70 mwN; BeckOK-StPO/*Wiedner* Rn. 119.
[148] Vgl. KK-StPO/*Kuckein* Rn. 70; Meyer-Goßner § 80 Rn. 5; *ders.* Rn. 43; BeckOK-StPO/*Wiedner* Rn. 120.
[149] Löwe/Rosenberg/*Hanack*, 25. Aufl., Rn. 99; *Dahs* Revision Rn. 195.
[150] Anw-StPO/*Lohse* Rn. 38; Meyer-Goßner Rn. 39; §§ 141, 142 a GVG.
[151] RG v. 19. 1. 1939 – 2 D 728/38, RGSt 73, 86; KK-StPO/*Kuckein* Rn. 72.
[152] OLG Stuttgart v. 1. 4. 1974 – 3 Ss 33/74, NJW 1974, 1394 = MDR 1974, 688; Löwe/Rosenberg/*Hanack*, 25. Aufl., Rn. 87; aA HK-StPO/*Temming* Rn. 23.
[153] BGH v. 13. 7. 1966 – 2 StR 157/66, BGHSt 21, 85 = NJW 1966, 2321; BGH v. 24. 10. 2007 – 1 StR 480/07, NStZ 2008, 353 f.; Löwe/Rosenberg/*Hanack*, 25. Aufl., Rn. 87; KK-StPO/*Kuckein* Rn. 72; abl. Meyer-Goßner Rn. 39; BeckOK-StPO/*Wiedner* Rn. 112.
[154] BGH v. 13. 7. 1966 – 2 StR 157/66, BGHSt 21, 85 = NJW 1966, 2321; BGH v. 24. 10. 2007 – 1 StR 480/07, NStZ 2008, 353 f. = StV 2008, 337.
[155] *Dahs* Revision Rn. 178 mwN.
[156] Vgl. OLG Hamm v. 17. 9. 2007 – 2 Ss 380/07, StV 2008, 120; KK-StPO/*Kuckein* Rn. 79; HK-StPO/*Temming* Rn. 26; BeckOK-StPO/*Wiedner* Rn. 105.
[157] BGH v. 6. 7. 1999 – 1 StR 142/99, NStZ 1999, 527.
[158] OLG Hamm v. 26. 9. 1996 – 3 Ss 1079/96, NStZ-RR 1997, 78; OLG Hamm v. 24. 4. 2008 – 2 Ss 164/08, Rpfleger 2008, 531 f. = StV 2009, 85.
[159] BGH v. 5. 2. 2002 – 5 StR 617/01, BGHSt 47, 238 = NJW 2002, 1436; BGH v. 20. 6. 2006 – 4 StR 192/06; KK-StPO/*Kuckein* Rn. 79.
[160] Vgl. BGH v. 23. 8. 2006 – 1 StR 466/05, NStZ 2007, 51 = NJW 2006, 3587 mAnm *Widmaier*.
[161] *Dahs* Revision Rn. 179, 187 mwN.
[162] BGH v. 24. 11. 1999 – 3 StR 390/99, NStZ 2000, 212.
[163] BGH v. 26. 8. 1993 – 4 StR 364/93, BGHSt 39, 310 (314) = NStZ 1993, 600 (602); BGH v. 24. 11. 1999 – 3 StR 390/99, NStZ 2000, 212 (213) mAnm *Hammerstein* = StV 2000, 402 mAnm *Stern*; BeckOK-StPO/*Wiedner* Rn. 107; *Sarstedt/Hamm* Rn. 409.
[164] OLG Karlsruhe v. 5. 9. 2002 – 2 Ss 131/02, StV 2003, 152.
[165] BGH v. 26. 11. 1997 – 5 StR 561/97, NStZ 1998, 209; KK-StPO/*Kuckein* Rn. 79.
[166] BGH v. 26. 6. 1985 – 3 StR 145/85, NJW 1986, 78; Löwe/Rosenberg/*Dahs* vor § 48 Rn. 45; KK-StPO/*Kuckein* Rn. 79.
[167] RG v. 2. 12. 1919 – IV 972/19, RGSt 54, 175; BGH v. 26. 1. 1996 – 2 Ars 441/95, NStZ-RR 1997, 71 = StV 1996, 469; BeckOK-StPO/*Wiedner* Rn. 94.

c) Der Angeklagte. Die **ununterbrochene Anwesenheit** des Angeklagten ist grundsätzlich unverzichtbar (§ 230 Abs. 1, 231 Abs. 1, 285 Abs. 1 S. 1).[168] Die Abwesenheit eines Mitangeklagten begründet für die übrigen Angeklagten keine Revision.[169] 45

Revisionsrechtliche Problemstellungen folgen mithin im Wesentlichen aus den Fällen, in denen das Gesetz Ausnahmen vorsieht (§§ 231 Abs. 2, 231 a, 231 b, 231 c, 232, 233, 247, 329).[170] 46

Folgt die Abwesenheit der Anwendung des **§ 231 Abs. 2**, wird vorausgesetzt, dass der Angeklagte **eigenmächtig** gehandelt hat.[171] Das Revisionsgericht prüft diese Frage selbstständig im Freibeweisverfahren nach.[172] Das Risiko einer **Beurlaubung** von einem Angeklagten nach § 231 c oder einer (evtl. mehrfachen) vorübergehenden **Abtrennung** des Verfahrens gegen einen Angeklagten liegt darin begründet, dass während der Abwesenheit nur Vorgänge verhandelt werden dürfen, die den Abwesenden nicht betreffen.[173]

Die **Entfernung** des Angeklagten aus dem Sitzungssaal nach § 247 setzt einen **Gerichtsbeschluss** voraus.[174] Die **Verkündigung** des Beschlusses muss in Anwesenheit des Angeklagten erfolgen.[175] Fehlt eine Begründung, kann das die Revision rechtfertigen,[176] ebenso eine Fortführung der Hauptverhandlung in Abwesenheit über den durch § 247 gedeckten Verfahrensvorgang hinaus, sofern der Angeklagte dadurch an Vorgängen von selbstständiger Bedeutung, wie zB einer Beweiserhebung, nicht teilgenommen hat.[177] Rechtsfehler bei der Unterrichtung des Angeklagten nach § 247 S. 4 begründen dagegen den absoluten Revisionsgrund des § 338 Nr. 5 nicht.[178] 47

d) Der Dolmetscher. Die Zuziehung des Dolmetschers erfolgt nach pflichtgemäßem Ermessen des Tatrichters, dessen fehlerhafte Ausübung auf form- und fristgerechte Rüge der revisionsrechtlichen Nachprüfung unterliegt.[179] Die Anwesenheit des Dolmetschers ist grundsätzlich während der gesamten Hauptverhandlung erforderlich (§ 185 Abs. 1 S. 1 GVG), wobei eine Reihe von Ausnahmen zu beachten sind.[180] Kann der Angeklagte allerdings die deutsche Sprache, ist eine zeitweilige Abwesenheit des Dolmetschers unschädlich.[181] 48

2. Abwesenheit. Anwesenheit muss sowohl in körperlicher als auch in geistiger Hinsicht gegeben sein. Anwesenheit setzt mithin **Verhandlungsfähigkeit** voraus.[182] Die Revision ist nur begründet, wenn ein Verfahrensbeteiligter – auch nur vorübergehend – **bei einem wesentlichen Teil der Hauptverhandlung** abwesend ist[183] und ein Einfluß des Verfahrensfehlers nicht denkgesetzlich ausgeschlossen ist.[184] Zu den Einzelfällen wird auf die umfangreiche Literatur verwiesen.[185] **Wesentliche Teile** der Hauptverhandlung sind insoweit die Vernehmung des Angeklagten zur Person und zur Sache, die Verlesung des Anklagesatzes, die Beweisaufnahme, die Schlussvorträge und die Verlesung der Urteilsformel, nicht aber die Bekanntgabe der Urteilsgründe.[186] **Nichtwesentlich** sind ferner zB der Aufruf der Zeugen und Sachverständigen, die Belehrung nach § 57, die Festsetzung von Ordnungsmitteln, die Feststellung der Identität und Verhandlungsfähigkeit des Angeklagten und die Verkündung von Beschlüssen nach den §§ 268 a und b.[187] 49

---

[168] BGH v. 24. 3. 1998 – 4 StR 663/97, NStZ 1998, 476.
[169] BGH v. 24. 10. 1989 – 5 StR 238 – 239/89, NJW 1990, 845 (846); *Meyer-Goßner* Rn. 40.
[170] Vgl. Löwe/Rosenberg/*Hanack*, 25. Aufl., Rn. 92 ff.; ausführlich KK-StPO/*Kuckein* Rn. 74 ff.; *Dahs* Revision Rn. 181 ff.
[171] BGH v. 7. 11. 2007 – 1 StR 275/07, NStZ-RR 2008, 285 = wistra 2008, 110; BGH v. 8. 7. 2008 – 3 StR 172/08, StraFo 2008, 430 f.; KK-StPO/*Kuckein* Rn. 76; BeckOK-StPO/*Wiedner* Rn. 101; *Sarstedt/Hamm* Rn. 390 ff.
[172] BGH v. 26. 7. 1961 – 2 StR 575/60, BGHSt 16, 178 (181); BGH v. 21. 3. 1989 – 5 StR 120/88, NStZ 1989, 283.
[173] Vgl. *Meyer-Goßner* Rn. 40 mwN.
[174] Vgl. BGH v. 15. 8. 2001 – 3 StR 225/01, NStZ 2002, 44; KK-StPO/*Kuckein* Rn. 77; BeckOK-StPO/*Wiedner* Rn. 95.
[175] BGH v. 21. 4. 1999 – 5 StR 715/98, StV 2000, 120 mwN.
[176] OLG Hamm v. 12. 2. 2004 – 2 Ss 39/04, StV 2005, 8; *Dahs* Revision Rn. 186.
[177] Vgl. BGH v. 5. 2. 2002 – 5 StR 437/01, NStZ 2002, 384; *Sarstedt/Hamm* Rn. 398 ff.
[178] BGH v. 14. 6. 1993 – 4 StR 288/93, bei *Kusch* NStZ 1994, 23 (24).
[179] BGH v. 22. 11. 2001 – 1 StR 471/01, StV 2002, 296; BGH v. 21. 2. 1989 – 1 StR 631/88, BGHSt 36, 124 = NJW 1989, 1435; BGH v. 8. 8. 1990 – 3 StR 153/90, BGHR StPO § 338 Nr. 5 Dolmetscher 3 = StV 1990, 485.
[180] BGH v. 11. 5. 1988 – 3 StR 566/87, BGHR StPO § 338 Nr. 5 Dolmetscher 1 = NJW 1989, 465; BGH v. 21. 2. 1989 – 1 StR 631/88, BGHSt 36, 124 = NJW 1989, 1435; BGH v. 8. 8. 1990 – 3 StR 153/90, BGHR StPO § 338 Nr. 5 Dolmetscher 3 = StV 1990, 485; vgl. KK-StPO/*Kuckein* Rn. 80; *Meyer-Goßner* Rn. 44.
[181] BGH v. 22. 11. 2001 – 1 StR 471/01, NStZ 2002, 275; *Meyer-Goßner* Rn. 44; BeckOK-StPO/*Wiedner* Rn. 117.
[182] Löwe/Rosenberg/*Hanack*, 25. Aufl., Rn. 83; KK-StPO/*Kuckein* Rn. 74.
[183] BGH v. 21. 2. 1975 – 1 StR 107/74, BGHSt 26, 84 (91); KK-StPO/*Kuckein* Rn. 74, 79; *Meyer-Goßner* Rn. 36 mwN; HK-StPO/*Temming* Rn. 21; *Dahs* Rn. 931.
[184] BGH v. 19. 7. 2007 – 3 StR 163/07, BGHR StPO § 338 Beruhen 2.
[185] Vgl. *Hilger* NStZ 1983, 340; SK-StPO/*Frisch* Rn. 105 f.; Löwe/Rosenberg/*Hanack*, 25. Aufl., Rn. 86 f.; KK-StPO/*Kuckein* Rn. 74 ff.; *Meyer-Goßner* Rn. 37 f.
[186] Vgl. SK-StPO/*Frisch* Rn. 105; *Meyer-Goßner* Rn. 37; Widmaier/*Dahs* MAH Strafverteidigung § 12 Rn. 175 jeweils mwN zur Rspr.
[187] Vgl. *Meyer-Goßner* Rn. 38 mwN.

50 **3. Darstellungserfordernisse.** Wird die **Abwesenheit eines Verteidigers** gerügt, muß die Revision darlegen, in welchem wesentlichen Abschnitt der Hauptverhandlung der Angeklagte nicht verteidigt war[188] und im Fall des § 140 Abs. 2, warum dessen gesetzliche Voraussetzungen vorgelegen haben.[189] Zum **Sachvortrag des Revisionsführers** gehören – so er seine Abwesenheit rügt – zB die seine Entfernung betreffenden Verfahrensvorgänge (vollständiger Gerichtsbeschluss, Ausführung, Abwesenheit, Dauer, Verfahrensvorgänge in seiner Abwesendheit[190]).[191] Insoweit kann er sich auf die absolute Beweiskraft des Protokolls (§§ 273, 274) stützen. Ferner ist auch insoweit darzulegen, dass es sich um einen wesentlichen Verfahrensvorgang gehandelt hat[192] und aus welchen Gründen der Ausschließungsbeschluss rechtsfehlerhaft war.[193] Abschließend ist vorzutragen, dass die in seiner Abwesenheit abgelaufenen Verfahrensvorgänge nicht wiederholt worden sind (sog. Negativtatsachen).[194]

VI. Unzulässige Einschränkung der Öffentlichkeit (Nr. 6)

51 § 338 Nr. 6 setzt nach Auffassung der Rechtsprechung voraus, dass das Gericht an der unzulässigen Einschränkung der Öffentlichkeit ein **Verschulden trifft** und es nicht **denkgesetzlich ausgeschlossen** ist, dass das Urteil auf dem Verfahrensfehler beruht.[195] Dennoch ist die **Öffentlichkeit der Gerichtsverhandlung** eine grundlegende Einrichtung des Rechtsstaats, sodaß selbst der Angeklagte, der die Ausschließung verlangt hatte, im Anschluß die Rüge erheben kann.[196] Der Grundsatz der Öffentlichkeit steht daher nicht zur **Disposition der Beteiligten**.[197]

52 § 338 Nr. 6 garantiert keinen Anspruch auf Ausschluss der Öffentlichkeit.[198] Die Vorschriften der §§ 169 bis 175 GVG sollen vielmehr den Anspruch auf **Anwesenheit der Öffentlichkeit** sichern. Folglich ist Nr. 6 bei unzulässiger Erweiterung der Öffentlichkeit nicht anwendbar.[199] Ist die Öffentlichkeit gem. § 175 Abs. 2 S. 1 GVG zulässig ausgeschlossen und wird dennoch einzelnen Personen der Zutritt gestattet, liegt mithin ebenso kein revisibler Verfahrensverstoß vor[200] wie in den Fällen der Ablehnung eines Antrages des Angeklagten auf Ausschluß der Öffentlichkeit.

53 Der Öffentlichkeitsgrundsatz **erfordert die Sicherstellung**, dass **jedermann** sich **ohne besondere Schwierigkeiten** davon Kenntnis verschaffen kann, wo die Hauptverhandlung statt findet und grundsätzlich jederzeit an ihr teilnehmen kann.[201] Mithin ist der Verhandlungsort **durch Aushang** bekannt zu machen.[202] Ist die Öffentlichkeit beschränkt, trifft das Gericht ein **Verschulden** nur, wenn das durch das Gericht bemerkt wurde bzw. für das Gericht bemerkbar gewesen ist.[203] Nur dann begründet nach Ansicht der Rechtsprechung die verschlossene Tür des Sitzungssaals,[204] ein falscher Aushang oder das Abschließen des Gerichtsgebäudes einen revisiblen Verfahrensverstoß.[205] Ein Verschulden untergeordneter Beamter begründet die Revison nicht.[206]

54 Vorausgesetzt ist deshalb, dass das Gericht, insbesondere der Vorsitzende, der Sicherung der Öffentlichkeit seine Aufmerksamkeit gewidmet hat und seiner **Aufsichtspflicht** nachgekommen

---

[188] BGH v. 9. 10. 1985 – 3 StR 473/84, StV 1986, 287; *Schlothauer/Weider* Revision Rn. 511; 625.
[189] OLG Hamm v. 19. 11. 2007 – 2 Ss 322/07, VRS 114, 35; OLG Hamm v. 12. 2. 2008 – 3 Ss 541/07, NJW Spezial 2008, 378; *Meyer-Goßner* Rn. 41; BeckOK-StPO/*Wiedner* Rn. 122.
[190] Vgl. BGH v. 8. 8. 2007 – 2 StR 224/07, NStZ 2007, 717 f. mAnm *Ventzke* NStZ 2008, 262 = StV 2008, 232.
[191] Vgl. *Schlothauer/Weider* Revision Rn. 370 ff. [§ 230]; 382 ff. [§ 232]; 393 ff. [§ 233]; 409 f. [§ 231 Abs. 2]; 414 ff. [§ 231 a]; 425 ff. [§ 231 b]; 435 [§ 231 c]; 445 ff.; 455; 465; 476 [§ 247]; 479, 483, 491, 493, 495 [§§ 230, 247]; 499 [§ 247 S. 4].
[192] BVerfG v. 22. 9. 2005 – 2 BvR 93/05, StraFo 2005, 512; BGH v. 22. 7. 2008 – 4 StR 245/08 = NStZ 2008, 644 = StV 2008, 566 f.
[193] Widmaier/*Dahs* MAH Strafverteidigung § 12 Rn. 186 mwN
[194] vgl. ausführlich Widmaier/*Dahs* MAH Strafverteidigung § 12 Rn. 123, 130, 134; *Schlothauer/Weider* Revision Rn. 356 ff. [StA]; 362 [Urkundsbeamter]; 518 ff. [Dolmetscher].
[195] BGH v. 4. 12. 2007 – 5 StR 404/07, NStZ 2008, 354; BGH v. 15. 4. 2003 – 1 StR 64/03, BGHSt 48, 268 = StV 2003, 650; *Meyer-Goßner* Rn. 49 – 50 b.
[196] Vgl. BGH v. 4. 12. 2007 – 5 StR 404/07, NStZ 2008, 354; Anw-StPO/*Lohse* Rn. 42; *Meyer-Goßner* Rn. 46.
[197] SK-StPO/*Frisch* Rn. 125; KK-StPO/*Kuckein* Rn. 90 mwN; HK-GS/*Maiwald* Rn. 25; *Sarstedt/Hamm* Rn. 440.
[198] BGH v. 19. 12. 2006 – 1 StR 583/06, StV 2008, 10; BGH v. 2. 7. 1969 – 4 StR 226/69, BGHSt 23, 82 = JZ 70, 34 mAnm *Eb. Schmidt*; HK-StPO/*Temming* Rn. 28; *Dahs* Rn. 933; aA *Sarstedt/Hamm* Rn. 422 ff. (428).
[199] BGH v. 21. 11. 1969 – 3 StR 249/68, BGHSt 23, 176 (178) = NJW 1970, 523 (524); KK-StPO/*Kuckein* Rn. 84; *Meyer-Goßner* Rn. 47; aA *Roxin* § 45 C II 2; *Rüping*, Das Strafverfahren, 1997, Rn. 429.
[200] RG v. 14. 5. 1943 – 1 D 98/43, RGSt 77, 66.
[201] BGH v. 6. 3. 1987 – 2 StR 675/86, BGHR StPO § 338 Nr. 6 Ortstermin 1; OLG Köln v. 2. 7. 1999 – Ss 245/99, NStZ-RR 1999, 335; KK-StPO/*Kuckein* Rn. 85.
[202] Vgl. *Dahs* Revision Rn. 197 mit zahlreichen Nachweisen zur Rspr.
[203] BGH v. 10. 6. 1966 – 4 StR 72/66, BGHSt 21, 72 (74) = NJW 1966, 1976; BGH v. 18. 12. 1968 – 3 StR 297/68, BGHSt 22, 297 = NJW 1969, 756.
[204] BGH v. 28. 11. 1994 – 5 StR 611/94, NStZ 1995, 143.
[205] Abl. *Dahs* Revision Rn. 198 mwN; *Roxin* § 45 C 2.
[206] OLG Karlsruhe v. 14. 4. 2004 – 1 Ss 150/03, NZV 2004, 421.

ist.²⁰⁷ Dabei dürfen nach der Rechtsprechung keine überspannten Anforderungen gestellt werden.²⁰⁸ Eine bloße Übertragung der Modalitäten und ordnungsgemäßen Ausführung auf die Wachtmeisterei genügt aber nicht. Das Gericht muss zumindest stichprobenweise die ordnungsgemäße Sicherung der Öffentlichkeit prüfen.²⁰⁹ Andernfalls sind Vernachlässigungen untergeordneter Beamter dem Vorsitzenden und dem Gericht als eigenes Verschulden zuzurechnen.²¹⁰

Der **Verhandlungsraum** muss für jeden erkennbar und zugänglich sein. Im Rahmen der tatsächlichen Verhältnisse des Gerichts muss er in seinen Proportionen ausreichend sein, wobei die Öffentlichkeit gewahrt sein soll, wenn zwei Sitzplätze vorhanden sind und die wenigen Stehplätze an Journalisten vergeben werden.²¹¹ **Zuhörer** sind in der **Reihenfolge ihrer Ankunft** einzulassen. Eine Verlegung der Hauptverhandlung wegen großen Publikumsandranges außerhalb des Gerichts ist unzulässig. Demgegenüber können aus Gründen der Sicherheit und Ordnung die Zuhörer Kontrollen unterzogen werden.²¹² 55

Der Ausschluss der Öffentlichkeit darf nur durch **Beschluss** (§ 174, 171 a ff. GVG) erfolgen. Erforderlich ist ein Gerichtsbeschluss (§ 174 Abs. 1 S. 2), eine Anordnung des Vorsitzenden genügt nicht.²¹³ Dies gilt nicht für die Entscheidung, bereits über den Ausschlussantrag nicht öffentlich zu verhandeln; hier genügt die richterliche Anordnung.²¹⁴ Die **Verkündung** des Beschlusses ebenso wie seine Begründung haben idR öffentlich zu erfolgen (§§ 174 Abs. 1 Nr. 2, 3). Das gilt auch für notwendige Folgebeschlüsse.²¹⁵ 56

Die **Begründung** des Ausschlussbeschlusses muss aus sich heraus verständlich sein und den konkreten gesetzlichen Grund für den Ausschluss benennen.²¹⁶ Insoweit können je nach Einzelfall sowohl der **Hinweis auf die gesetzliche Vorschrift**²¹⁷ als auch Bezugnahmen auf in der Hauptverhandlung gestellte Anträge²¹⁸ oder vorangegangene gleichartige Beschlüsse ausreichend sein. Hingegen werden die **tatsächlichen Umstände**, die zum Ausschluss der Öffentlichkeit geführt haben, nicht geprüft. 57

Kommt es bei der **Durchführung des Beschlusses** zu Fehlern, ist häufig die Revision begründet. Das gilt vor allem für dessen **Reichweite**. Andere als die in dem Beschluss bzw. mit ihnen in unmittelbarem Zusammenhang stehenden Vorgänge dürfen während der Zeitdauer des Ausschlusses nicht vorgenommen werden. Dies gilt auch, wenn der Ausschluss der Öffentlichkeit in dem Gerichtsbeschluss nicht nur persönlich, sondern auch sachlich thematisch eingegrenzt wird.²¹⁹ 58

Der Beschluss über den Ausschluss der Öffentlichkeit ist eine wesentliche Förmlichkeit des Verfahrens (§§ 273, 274), der nur durch das Protokoll bewiesen werden kann.²²⁰ Dies gilt grundsätzlich auch für den Beschluss, die Öffentlichkeit wiederherzustellen.²²¹ Ist die Wiederherstellung versehentlich unterblieben, greift die Revision durch. 59

Der **Ausschluss eines einzelnen Zuhörers**,²²² auch einer zum Mitschreiben anwesenden **Angestellten des Verteidigers**²²³ kann ebenso wie die bloße Bitte des Vorsitzenden an einen Zuhörer, den Gerichtssaal zu verlassen, eine Gesetzesverletzung begründen, es sei denn, der Zuhörer kommt als Zeuge in Betracht.²²⁴ Die Entscheidung ist Vorsitzenden ist aber zu beanstanden und eine **Entscheidung des Gerichts nach § 238 Abs. 2** herbeizuführen. Andernfalls kann die Revision auf einen solchen Verfahrensfehler nicht gestützt werden.²²⁵ 60

---

²⁰⁷ OLG Saarbrücken v. 25. 5. 2007 – Ss (B) 22/2007 (20/07), NStZ-RR 2008, 50.
²⁰⁸ BGH v. 18. 12. 1968 – 3 StR 297/68, BGHSt 22, 297 = NJW 1969, 756; Löwe/Roseberg/*Hanack*, 25. Aufl., Rn. 114; *Meyer-Goßner* Rn. 50.
²⁰⁹ Widmaier/*Dahs* MAH Strafverteidigung § 12 Rn. 198.
²¹⁰ BGH v. 18. 12. 1968 – 3 StR 297/68, BGHSt 22, 297 (301) = NJW 1969, 756 (758).
²¹¹ So BGH v. 10. 1. 2006 – 1 StR 527/05, NStZ-RR 2007, 55.
²¹² BVerfG v. 7. 4. 1978 – 2 BvR 202/78, BVerfGE 48, 118 (123) = NJW 1978, 1048 (1049); KK-StPO/*Kuckein* Rn. 88 mwN; HK-StPO/*Temming* Rn. 30.
²¹³ BGH v. 1. 12. 1998 – 4 StR 585/98, StV 2000, 242; OLG Hamm v. 13. 3. 2000 – 2 Ss 213/2000, 2 Ss 213/00, StraFo 2000, 195.
²¹⁴ BGH v. 1. 12. 1998 – 4 StR 585/98, StV 2000, 242.
²¹⁵ BGH v. 30. 10. 2007 – 3 StR 410/07, NStZ 2008, 476 f. = StV 2008, 126 f.; vgl. auch BGH v. 3. 3. 2009 – 3 StR 584/08, NStZ-RR 2009, 213 f.
²¹⁶ *Dahs* Revision Rn. 201 mwN; einschränkend BGH v. 9.6.1999 – 1 StR 325/98, BGHSt 45, 117 = NJW 1999, 474.
²¹⁷ BGH v. 10. 5. 1995 – 3 StR 145/95, BGHSt 41, 145 = NJW 1995, 3195 (für § 172 Nr. 1 a GVG); BGH 9. 6. 1999 – 1 StR 325/98, StV 2000, 246 mAnm *Park*.
²¹⁸ BGH v. 27. 11. 1987 – 2 StR 591/87, BGHR StPO § 338 Nr. 6 Begründungsmangel 2.
²¹⁹ Vgl. aber BGH v. 12. 9. 2007 – 2 StR 187/07, StV 2008, 230 f. = StraFo 2008, 76 f. [Augenscheineinnahme]; *Dahs* Revision Rn. 202 ausführlich mwN zur Rspr.
²²⁰ BGH v. 17. 5. 1977 – 4 StR 102/77, BGHSt 27, 189 (189) = NJW 1977, 1643.
²²¹ Vgl. aber *Hilger* NStZ 1983, 337 (342).
²²² BGH v. 11. 5. 1988 – 3 StR 566/87, NStZ 1988, 467; KK-StPO/*Kuckein* Rn. 91.
²²³ BGH v. 15. 1. 1963 – 5 StR 528/62, BGHSt 18, 179 = NJW 1963, 599.
²²⁴ Vgl. *Meyer-Goßner* Rn. 48 mwN zur Rspr; HK-StPO/*Temming* Rn. 31.
²²⁵ BGH v. 29. 5. 2008 – 4 StR 46/08, NStZ 2008, 582 = StraFo 2008, 385 f.

61 Der Revisionsführer hat die tatsächlichen Umstände vorzutragen, aus denen sich die Beschränkung der Öffentlichkeit ergibt.[226] Im Falle eines Teilfreispruchs hat er zudem pauschal den Gegenstand der Aussage des während des Öffentlichkeitsausschlusses vernommenen Zeugen mitzuteilen, damit das Gericht prüfen kann, ob das Beruhen des Urteils auf dem Fehler denkgesetzlich ausgeschlossen ist.[227] Soweit es ihm möglich ist, hat er auch darzulegen, aus welchen Gründen das Gericht den Verfahrensverstoß verschuldet hat.[228]

VII. Fehlende oder verspätete Urteilsbegründung (Nr. 7)

62 Die Gründe des schriftlichen Urteils bilden die hauptsächliche Grundlage für die Nachprüfung des Revisionsgerichts. Mithin führt ihr **Fehlen** zwingend – schon auf die Sachrüge hin – zur Aufhebung des Urteils, auch auf die Rüge der Staatsanwaltschaft hin.[229] Voraussetzung ist aber, dass die schriftlichen Urteilsgründe gänzlich fehlen;[230] dem steht das Fehlen jeglicher richterlicher **Unterschriften** gleich.[231] Ist eine beglaubigte Ausfertigung vorhanden, schadet der Verlust der Urschrift nicht.[232] Kommen die Urteilsgründe **abhanden**, steht das ihrem Fehlen gleich, sofern sie nicht rekonstruiert werden können. Unvollständige oder sonst mangelhafte Entscheidungsgründe fallen hingegen nicht unter Nr. 7.

63 Der Revisionsgrund ist auch gegeben, wenn die schriftlichen Urteilsgründe **verspätet** in die Akten gelangt sind.[233] Die Fristen sind in § 275 Abs. 1 geregelt. Eine fehlerhafte Berechnung der Fristen begründet die Revision, unabhängig davon, ob diese auf einem Irrtum[234] oder einer fehlerhaften Rechtsanwendung zurückzuführen ist.[235] Zur Fristwahrung ist es nach Ansicht der Rechtsprechung ausreichend, dass der zuletzt unterschreibene Richter das Urteil **fristgemäß in die Akten legt** und diese **auf den Weg zur Geschäftsstelle** bringt.[236] Der Eingang auf der Geschäftsstelle, der gem. § 275 Abs. 1 Nr. 5 vermerkt werden muss, ist insoweit unbeachtlich. Der Zeitpunkt des Urteilseingangs wird im Freibeweisverfahren geklärt; der Eingangsvermerk dient nur als Beweisanzeige.[237] Die Rüge ist begründet, wenn die Rechtzeitigkeit nicht zur Gewissheit des Revisionsgerichts festgestellt werden kann.[238]

64 Bereits eine nur **geringfügige Überschreitung** der gesetzlichen Fristen begründet grundsätzlich die Revision.[239] **Nicht vorhersehbare, unabwendbare Umstände** iSd. § 275 Abs. 1 S. 4 können aber ausnahmsweise eine Fristüberschreitung rechtfertigen.[240] Eine besondere zeitliche Beanspruchung durch eine andere Hauptverhandlung,[241] die Überlastung oder Abordnung eines Richters, die zeitweilige Dienstunfähigkeit des Berichterstatters,[242] die Unerreichbarkeit eines mitwirkenden Richters ebenso wie die Erkrankung des Vorsitzenden[243] rechtfertigen eine Fristüberschreitung hingegen ebenso wenig, wie Fehler in dem Kanzlei- und Geschäftsstellenbetrieb sowie Organisationsmängel.[244] Ist eine Fristüberschreitung unvermeidbar, so muss sie so kurz wie möglich gehalten werden.[245]

---

[226] Vgl. BGH v. 10. 1. 2006 – 1 StR 527/05, NJW 2006, 1220 = StV 2008, 10 ff.; *Meyer-Goßner* Rn. 50 a; Widmaier/*Dahs* MAH Strafverteidigung § 12 Rn. 135 ff.; *Sarstedt/Hamm* Rn. 443; *Schlothauer/Weider* Revision Rn. 557 ff., 583 ff.
[227] BGH v. 4. 12. 2007 – 5 StR 404/07, NStZ 2008, 354 = StV 2008, 123 ff. mAnm *Ventzke* = StraFo 2008, 252; BeckOK-StPO/*Wiedner* Rn. 141.
[228] OLG Saarbrücken v. 25. 5. 2007 – Ss (B) 22/2007 (20/07), Ss (B) 22/07 (20/07), NStZ-RR 2008, 50.
[229] BGH v. 30. 1. 2002 – 2 StR 504/01, bei *Becker* NStZ-RR 2003, 1 (5 f.); KK-StPO/*Kuckein* Rn. 92; Anw-StPO/*Lohse* Rn. 47; *Meyer-Goßner* Rn. 52, 54; BeckOK-StPO/*Wiedner* Rn. 142.
[230] RG v. 24. 5. 1907 – II 59/07, RGSt 40, 184; Löwe/Rosenberg/*Hanack*, 25. Aufl., Rn. 116.
[231] BGH v. 21. 11. 2000 – 4 StR 354/00, BGHSt 46, 204 ff. = NStZ 2001, 219 f. = StV 2001, 155; OLG Hamm 29. 4. 2008 – 4 Ss 90/08, NStZ-RR 2009, 24; HK-StPO/*Temming* Rn. 33.
[232] OLG Stuttgart v. 16. 2. 1976 – 3 Ss (7) 697/75, JR 1977, 126.
[233] SK-StPO/*Frisch* Rn. 146; *Dahs* Revision Rn. 210; *Sarstedt/Hamm* Rn. 449 ff.
[234] BGH v. 12. 12. 1991 – 4 StR 436/91, NStZ 1992, 398 (399); BGH v. 18. 11. 1994 – 2 StR 172/94, NStZ 1995, 204.
[235] Vgl. *Sarstedt/Hamm* Rn. 454 mwN.
[236] BGH v. 5. 7. 1979 – 4 StR 272/79, BGHSt 29, 43 = NJW 1980, 298; zutr. krit. *Sarstedt/Hamm* Rn. 456.
[237] Vgl. OLG Dresden v. 31. 8. 2001 – 2 Ss 454/01, NZV 2002, 283 mAnm *Heimann*; KK-StPO/*Kuckein* Rn. 96.
[238] BGH v. 18. 1. 1983 – 1 StR 757/82, BGHSt 31, 212 = NJW 1983, 1745; BGH v. 26. 10. 1999 – 4 StR 459/99, StV 2000, 184; BGH v. 21. 10. 2002 – 5 StR 433/02, NStZ-RR 2003, 85.
[239] BGH v. 12. 10. 2004 – 5 StR 394/04, StraFo 2005, 76; *Meyer-Goßner* Rn. 54 mwN; BeckOK-StPO/*Wiedner* Rn. 145.
[240] BGH v. 2. 7. 1986 – 2 StR 285/86, NStZ 1986, 564; BGH v. 12. 12. 1991 – 4 StR 436/91, NStZ 1992, 398.
[241] BGH v. 12. 12. 1991 – 4 StR 436/91, NStZ 1992, 398.
[242] BGH v. 6. 2. 2008 – 2 StR 492/07, NStZ-RR 2008, 181 = StV 2008, 232.
[243] OLG Düsseldorf v. 17. 10. 2007 III – 5 Ss 160/07 – 82/07 I, NStZ-RR 2008, 117 = StV 2008, 131 = wistra 2008, 77.
[244] OLG Koblenz v. 21. 2. 2007 – 2 Ss 46/07, StV 2009, 11 f.; s. § 275 Rn. 3–6 mwN.
[245] BGH v. 7. 9. 1982 – 1 StR 249/82, NStZ 1982, 519.

Das Urteil muss formell ordnungsgemäß (§ 275 Abs. 2 Abs. 3) und vollständig, insbesondere 65
von allen Richtern unterzeichnet oder mit einem **Verhinderungsvermerk** versehen[246] und sachlich
fertig sein.[247] Das **Fehlen einer Unterschrift** wird aber nur auf eine entsprechende Verfahrensrüge,
nicht auf die Sachrüge hin überprüft.[248] Macht der Revisionsführer geltend, der Verhinderungsvermerk beruhe auf willkürlichen, sachfremden Erwägungen oder sei rechtsfehlerhaft, prüft das
Revisionsgericht die Voraussetzungen einer Verhinderung iSd. § 275 Abs. 2 S. 2 nach.[249] Ein
Entwurf des Urteils reicht nicht, eine Reinschrift muss allerdings ebenfalls nicht vorliegen.[250] Das
Urteil muss aber in der Form bei den Akten bleiben, in der es zur Geschäftsstelle gelangt ist; wird
es nochmals korrigiert, lag keine Endfassung vor.[251]

§ 338 Nr. 7 ist nicht entsprechend anwendbar, wenn das Hauptverhandlungsprotokoll fehlt.[252] 66
Ebenso findet die Vorschrift keine Anwendung, wenn ein Urteil lückenhaft, widersprüchlich oder
unverständlich ist.[253]

Zum **Sachvortrag der Rüge** gehören alle Tatsachen, die dem Revisionsgericht die selbstständige 67
Berechnung der Frist des § 275 Abs. 1 S. 2 ermöglichen sowie der Zeitpunkt, zu dem das Urteil in
die Akten gelangt bzw. auf dem Weg der Geschäftsstelle gebracht worden ist.[254] Rein vorsorglich
sollten auch die Tatsachen Erwähnung finden, die der Annahme besonderer Umstände entgegenstehen (Negativtatsachen).[255]

VIII. Unzulässige Beschränkung der Verteidigung (Nr. 8)

Eine unzulässige Beschränkung der Verteidigung kommt grundsätzlich nur in Betracht, wenn be- 68
sondere, der Sicherung der Verteidigung dienende Verfahrensvorschriften verletzt worden sind.[256]
Sie begründet die Revision nur, wenn sie in einem **wesentlichen Punkt** vorgenommen wird; die generelle abstrakte Möglichkeit genügt nicht.[257] **Wesentlich** ist eine Beschränkung dann, wenn das
Urteil auf ihr beruht bzw. beruhen kann.[258] Damit liegt in Wirklichkeit ein relativer Revisionsgrund vor.[259]

Der Revisionsgrund soll eine **unbehinderte und wirksame Verteidigung** (§ 6 Abs. 3 lit. c EMRK) 69
garantieren.[260] Ihm kommt insoweit eine **Auffangfunktion** zu, dh. Nr. 8 greift überall dort, wo das
Gesetz keine ausdrückliche Vorsorge getroffen hat.[261] Die Rüge ist daher auch bei einer **sachwidrigen Sitzordnung**,[262] einer unzulässigen **Fesselung** des Angeklagten, einer Verletzung der **gerichtlichen Fürsorgepflicht** oder bei Verstößen gegen das **Gebot des fairen Verfahrens** begründet.[263] Danach gebietet es die Fürsorgepflicht des Gerichts und der Anspruch des Betroffenen auf ein faires
Verfahren, die Hauptverhandlung im Falle einer aus wichtigen Gründen bestehenden **Verhinderung des Wahlverteidigers**, zu einem späteren Zeitpunkt beginnen zu lassen oder zu verlegen.[264]

Die Beschränkung muss grundsätzlich auf einem **in der Hauptverhandlung** ergangenen Be- 70
schluss beruhen.[265] Dem beschränkenden Beschluss steht die unterlassene Bescheidung eines Antrages gleich.[266] Maßgebend ist daher die unzureichende Beachtung der Rechtsposition des Ver-

---

[246] BGH v. 21. 10. 2002 – 5 StR 433/02, StraFo 2003, 57; KK-StPO/*Kuckein* Rn. 97.
[247] Vgl. KK-StPO/*Kuckein* Rn. 97 mwN; *Sarstedt/Hamm* Rn. 455.
[248] BGH v. 21. 11. 2000 – 4 StR 354/00, BGHSt 46, 204 = NJW 2001, 838; OLG Hamm 29. 4. 2008 – 4 Ss 90/08, NStZ-RR 2009, 24; BeckOK-StPO/*Wiedner* Rn. 149.
[249] BGH v. 8. 11. 2006 – 4 StR 294/06, StraFo 2007, 66; BGH v. 24. 4. 2006 – 2 StR 497/05, StraFo 2006, 334; *Dahs* Revision Rn. 210 mwN.
[250] OLG Rostock v. 15. 1. 1996 – 2 Ss (OWi) 103/95 I 6/96, StV 1996, 253.
[251] BGH v. 3. 11. 1992 – 5 StR 565/92, StV 1993, 117.
[252] Vgl. BGH v. 17. 7. 1991 – 3 StR 4/91, NStZ 1991, 502 mwN.
[253] Löwe/Rosenberg/*Hanack*, 25. Aufl., Rn. 117; *Meyer-Goßner* Rn. 53.
[254] Vgl. BeckOK-StPO/*Wiedner* Rn. 212; *Dahs* Revision Rn. 212; Widmaier/*Dahs* MAH Strafverteidigung § 12 Rn. 161; *Mehle*, FS Dahs, 2005, S. 381 (392 ff.); *Sarstedt/Hamm* Rn. 461; *Schlothauer/Weider* Revision Rn. 1718 ff.
[255] Vgl. Löwe/Rosenberg/*Hanack*, 25. Aufl., Rn. 140; KK-StPO/*Kuckein* Rn. 98; *Dahs* Revision Rn. 212; *Sarstedt/Hamm* Rn. 461.
[256] BGH v. 10. 11. 1967 – 4 StR 512/66, BGHSt 21, 334 (360); SK-StPO/*Frisch* Rn. 155; Löwe/Rosenberg/*Hanack*, 25. Aufl., Rn. 128; KK-StPO/*Kuckein* Rn. 99; *Meyer-Goßner* Rn. 59.
[257] BGH v. 10. 4. 1996 – 3 StR 557/95, NStZ 1996, 454; Löwe/Rosenberg/*Hanack*, 25. Aufl., Rn. 125 mwN; KK-StPO/*Kuckein* Rn. 101.
[258] BGH v. 10. 10. 2007 – 1 StR 455/07, NStZ 2008, 110; BGH v. 24. 11. 1999 – 3 StR 390/99, NStZ 2000, 212 (213) mwN.
[259] BGH v. 26. 5. 1981 – 1 StR 48/81, BGHSt 30, 131 (135); *Meyer-Goßner* Rn. 58; aA *Kuckein* StraFo 2000, 397 (399); *Mehle*, FS Dahs, 2005, S. 381 (392 ff.); Löwe/Rosenberg/*Hanack*, 25. Aufl., Rn. 125; *Sarstedt/Hamm* Rn. 463 ff.
[260] BGH v. 6. 11. 1991 – 4 StR 515/91, NStZ 1992, 247.
[261] Vgl. KK-StPO/*Kuckein* Rn. 100, 105.
[262] OLG Köln v. 13. 6. 1979 – 3 Ss 1069/78, NJW 1980, 302.
[263] KK-StPO/*Kuckein* Rn. 101 mwN; *Dahs* Revision Rn. 213 ff.; *Sarstedt/Hamm* Rn. 471 ff.
[264] OLG Braunschweig v. 27. 2. 2009 – Ss (Owi) 37/09, VRR 2009, 232 f.
[265] BGH v. 17. 7. 2008 – 3 StR 250/08, StV 2008, 567 = StraFo 2008, 472 f.; HK-GS/*Maiwald* Rn. 32; HK-StPO/*Temming* Rn. 37; BeckOK-StPO/*Wiedner* Rn. 155.
[266] KK-StPO/*Kuckein* Rn. 102; *Meyer-Goßner* Rn. 60 jeweils mwN.

teidigers durch das Gericht.[267] Wird der Wahlverteidiger nicht durch das Gericht geladen und erfährt er auch nicht auf andere Weise den Termin zur Hauptverhandlung, liegt darin ebenso eine unzulässige Beschränkung der Verteidigung[268] begründet wie in der ermessensfehlerhaften Ablehnung eines Verlegungsantrages wegen Verhinderung im anberaumten Hauptverhandlungstermin[269] oder im Einzelfall der Nichtbeiordnung des Verteidigers des Vertrauens.[270] Demgegenüber gibt es keinen Anspruch der Verteidigung auf Übersetzung und Einsicht in einer fremden Sprache aufgezeichnete Telefongespräche.[271] Auch der Angeklagte kann nicht die Vernehmung seines Verteidigers als Zeuge über seine „Aussagekonstanz" verlangen.[272]

71 Zur **Begründung der Revisionsrüge** muss neben den vollständigen Verfahrenstatsachen dargelegt werden, dass die Verteidigung im Hinblick auf das Urteil durch den angegriffenen Beschluss tatsächlich beschränkt worden ist.[273]

§ 339 [Rechtsnormen zu Gunsten des Angeklagten]

Die Verletzung von Rechtsnormen, die lediglich zugunsten des Angeklagten gegeben sind, kann von der Staatsanwaltschaft nicht zu dem Zweck geltend gemacht werden, um eine Aufhebung des Urteils zum Nachteil des Angeklagten herbeizuführen.

1 Die Vorschrift enthält eine Einschränkung des § 337 bei Revisionen der StA, die demnach eine Revision zu Ungunsten des Angeklagten nicht auf die Rüge stützen kann, es seien zu dessen Nachteil Rechtsnormen verletzt, die lediglich zu seinen Gunsten gegeben sind. Der Regelung liegt der Gedanke zu Grunde, dass bei diesen nur zu Gunsten des Angeklagten wirkenden Regelungen der **Rechtskreis der StA** als Rechtsmittelführerin **nicht berührt** ist, weshalb dem Revisionsgericht die Prüfung der Beruhensfrage von vornherein erspart wird.[1] Für Privat- und Nebenkläger gilt § 339 entsprechend.[2] Keine Anwendung findet § 339 bei Revisionen der StA, die zu Gunsten des Angeklagten eingelegt werden, oder bei denen die fehlerhafte Anwendung von Rechtsnormen zu dessen Gunsten gerügt wird.[3] Unter Rechtsnormen im Sinne des § 339 sind nur **Verfahrensvorschriften** zu verstehen;[4] die Sachrüge der Verletzung materiell-rechtlicher Vorschriften steht der StA daher auch bei einer zu Ungunsten des Angeklagten eingelegten Revision ohne Einschränkungen zu.

2 Zu den **allein zu Gunsten des Angeklagten** wirkenden Normen zählen in erster Linie solche, die sein Recht absichern, sich umfassend gegen die erhobenen Vorwürfe zu verteidigen.[5] Dazu zählen insbesondere die Regelungen über die (notwendige) Verteidigung (§§ 140, 145, 231a Abs. 4) und sonstige, dem absoluten Revisionsgrund des § 338 Nr. 8 unterliegende Schutzvorschriften.[6] Hinzu kommen neben dem Verbot der Wahrunterstellung von Tatsachen zu Ungunsten des Angeklagten gemäß § 244 Abs. 3[7] die besonderen Belehrungs- und Hinweisvorschriften und sonstige Regelungen, die die verfahrensbezogene Stellung des Angeklagten stärken, so vor allem §§ 136 Abs. 1, 217, 228 Abs. 3, 243 Abs. 4 Satz 1, 247 S. 4, 257, 258 Abs. 2, 265, 266 Abs. 1.[8]

3 Nicht in den Anwendungsbereich des § 339 fallen hingegen Vorschriften, die nicht nur zu Gunsten des Angeklagten eingreifen, sondern **(zugleich auch)** dem **öffentlichen Interesse**, insbesondere der Ermittlung der Wahrheit,[9] dienen. Dies gilt in erster Linie für die absoluten Revisionsgründe des § 338 Nr. 1 bis 7.[10] Ferner zählen dazu vor allem §§ 22, 23, 136a, 230 Abs. 1, 231 Abs. 1,[11] 246a, 264, 275,[12] § 169 GVG und die Vorschriften über die Gerichtsbesetzung.[13] Gleiches gilt für die Wahrunterstellung von Tatsachen zu Gunsten des Angeklagten gemäß § 244 Abs. 3.[14]

---

[267] *Dahs* Revision Rn. 214 mwN zur Rspr.; vgl. ferner Widmaier/*Dahs* MAH Strafverteidigung § 12 Rn. 166.
[268] BGH v. 24. 7. 2008 – 4 StR 84/08, StV 2008, 563 = wistra 2008, 398 f.
[269] OLG Braunschweig v. 17. 3. 2008 – Ss 33/08, StV 2008, 293 = StraFo 2008, 244.
[270] BGH v. 17. 7. 1997 – 1 StR 781/96, BGHSt 43, 153 (157, 158) = NJW 1997, 3385 (3386).
[271] BGH v. 4. 12. 2007 – 3 StR 404/07, NStZ 2008, 230 f.
[272] BGH v. 12. 9. 2007 – 5 StR 257/07, NStZ 2008, 115 = StV 2008, 284.
[273] BGH v. 11. 11. 2004 – 5 StR 299/03, BGHSt 49, 317 = NStZ 2005, 569 mAnm *Pananis* = JR 2005, 114 mAnm *Vogel*; Bsp. bei *Schlothauer/Weider* Revision Rn. 600, 625, 660, 708, 740, 1618, 1628, 1680.
[1] Löwe/Rosenberg/*Hanack*, 25. Aufl., Rn. 1.
[2] Vgl. SK-StPO/*Frisch* Rn. 11; HK-GS/*Maiwald* Rn. 2; KMR/*Paulus* Rn. 2; HK-StPO/*Temming* Rn. 1.
[3] *Meyer-Goßner* Rn. 1; BeckOK-StPO/*Wiedner* Rn. 3.
[4] SK-StPO/*Frisch* Rn. 2; *Pfeiffer* Rn. 3.
[5] KK-StPO/*Kuckein* Rn. 2.
[6] Anw-StPO/*Lohse* Rn. 2.
[7] Dazu ausführlich BGH v. 11. 7. 1984 – 2 StR 320/84, NStZ 1984, 564.
[8] SK-StPO/*Frisch* Rn. 8; Löwe/Rosenberg/*Hanack*, 25. Aufl., Rn. 3.
[9] Vgl. BGH v. 5. 5. 1995 – 2 StE 1/94 – StB 15/95, StB 15/95, NStZ 1995, 610.
[10] KK-StPO/*Kuckein* Rn. 3.
[11] BGH v. 30. 11. 1990 – 2 StR 44/90, BGHSt 37, 249, 250 = NJW 1991, 1364.
[12] BGH v. 27. 11. 1984 – 1 StR 701/84, NStZ 1985, 184.
[13] HK-GS/*Maiwald* Rn. 5; *Meyer-Goßner* Rn. 5.
[14] BGH v. 11. 7. 1984 – 2 StR 320/84, NStZ 1984, 564.

In erweiternder Auslegung wird der Vorschrift zudem der **allgemeine Gedanke** entnommen, 4
dass ein Rechtsmittel nicht auf die Verletzung einer verfahrensrechtlichen Rechtsnorm, die nicht
allein zu Gunsten des Angeklagten wirkt, gestützt werden darf, wenn deren rechtsfehlerfreie Anwendung sich nur zu dessen Gunsten hätte auswirken können.[15] Dies gilt auch bei sämtlichen
Rechtsmitteln der StA zu Ungunsten des Angeklagten.[16]

§ 340 (weggefallen)

§ 341 [Form und Frist]

(1) **Die Revision muß bei dem Gericht, dessen Urteil angefochten wird, binnen einer Woche
nach Verkündung des Urteils zu Protokoll der Geschäftsstelle oder schriftlich eingelegt werden.**

(2) **Hat die Verkündung des Urteils nicht in Anwesenheit des Angeklagten stattgefunden, so
beginnt für diesen die Frist mit der Zustellung, sofern nicht in den Fällen der §§ 234, 387 Abs. 1,
§ 411 Abs. 2 und § 434 Abs. 1 Satz 1 die Verkündung in Anwesenheit des mit schriftlicher Vollmacht versehenen Verteidigers stattgefunden hat.**

Schrifttum: *Fezer*, Anm. zu BGH v. 19. 8. 1982 – 1 StR 595/81, JR 1983, 383; *Göhler*, Anm. zu BayObLG v. 8. 5.
1996 – 1 ObOwi 140/96, JR 96, 433; *Knauer/Wolf*, Zivilprozessuale und strafprozessuale Änderungen durch das Erste Justizmodernisierungsgesetz – Teil 2: Änderungen der StPO, NJW 2004, 2932; *Paulus*, Anm. zu OLG Stuttgart v.
13. 12. 1985 – 4 Ws 374/85, NStZ 1986, 520; *Rüping*, Anmerkung zu BVerfG v. 17. 5. 1983 – 2 BvR 731/80, JZ
1983, 663.

I. Revisionseinlegung

1. Revisionserklärung. Das Rechtsmittel muss durch eine ernsthafte, ausreichend formulierte 1
Erklärung eingelegt werden, die den Willen zur Anfechtung eines bestimmten Urteils und den Beschwerdeführer erkennen lässt.[1] Die Bezeichnung als „Revision" ist grundsätzlich ebenso unbedeutend (§ 300) wie ein versehentlich angegebener falscher Betreff.[2] Legen mehrere Verfahrensbeteiligte Revision ein, sind es selbstständige Revisionserklärungen, auch wenn im Ergebnis
dasselbe Ziel verfolgt wird.[3] Eine einheitliche Revisionserklärung liegt hingegen vor, wenn der
Angeklagte sie zu Protokoll der Geschäftsstelle abgibt und sein Verteidiger sie schriftlich einreicht
bzw. mehrere Revisionsschriften für denselben Angeklagten abgegeben werden.[4] Bei entsprechender Ermächtigung führt die Rücknahme durch einen Verteidiger in solchen Fällen zur Erledigung
des Rechtsmittels insgesamt.[5]

Das Rechtsmittel muss **ohne Bedingungen** erklärt werden[6] und eindeutig erkennen lassen, von 2
wem es herrührt.[7] Von Bedingungen darf eine Revision als verfahrensgestaltende Prozesserklärung
wie jedes Rechtsmittel nicht abhängig gemacht werden.[8] Unschädlich ist aber die Angabe des Beweggrundes ebenso wie die Erklärung, die Revision „zur Fristwahrung" einzulegen.[9] Zulässig ist
auch die Verknüpfung der Revisionserklärung mit bloßen **Rechtsbedingungen**, zB die Revision
von der Unzulässigkeit der Berufung oder der Verwerfung eines gleichzeitig gestellten Wiedereinsetzungsantrages abhängig zu machen.[10] Die ausdrückliche Erklärung, die Revision „vorsorglich"
oder „hilfsweise" einzulegen, sollte vermieden werden, weil bereits Zweifel, ob eine andere als eine
Rechtsbedingung vorliegt, die Revision unzulässig machen.[11] Die Erklärung muss ferner grundsätzlich in **deutscher Sprache** (§ 184 GVG) erfolgen.[12]

---

[15] SK-StPO/*Frisch* Rn. 12; Löwe/Rosenberg/*Hanack*, 25. Aufl., Rn. 6; aA HK-StPO/*Temming* Rn. 4.
[16] *Meyer-Goßner* Rn. 6.
[1] BGH v. 12. 11. 1953 – 3 StR 435/53, BGHSt 5, 183 (184) = NJW 1954, 243; OLG Hbg. v. 15. 2. 1965 – 2 Ws
43/65, NJW 1965, 1147; Anw-StPO/*Lohse* Rn. 1.
[2] BGH v. 9. 6. 1999 – 1 StR/ 325/98, BGHSt 45, 117 = NStZ 1999, 474; SK-StPO/*Frisch* Rn. 3; HK-StPO/*Temming*
Rn. 1; BeckOK-StPO/*Wiedner* Rn. 2.
[3] Löwe/Rosenberg/*Hanack*, 25. Aufl., Rn. 2; KK-StPO/*Kuckein* Rn. 5; *Meyer-Goßner* Rn. 2.
[4] BGH v. 2. 2. 1999 – 4 StR 626/98, BGHSt 45, 14, wistra 1999, 244; HK-StPO/*Temming* Rn. 3.
[5] BGH v. 3. 5. 1957 – 3 StR 52/57, BGHSt 10, 245 = NJW 1957, 1040.
[6] BGH v. 16. 5. 1973 – 2 StR/497/72, BGHSt 25, 187 (189) = NJW 1974, 66 (66); BGH v. 11. 9. 2002 – 2 StR 301/
02, NStZ-RR 2003, 292; HK-StPO/*Temming* Rn. 6.
[7] BGH v. 7. 1. 1959 – 2 StR 550/58, BGHSt 12, 317 = NJW 1959, 734; BGH v. 17. 4. 2002 = NStZ 2002, 558.
[8] RG v. 4. 11. 1926 – III 568/26, RGSt 60, 355 (357); BVerfG v. 29. 10. 1975 – 2 S BvR 630/73, BVerfGE 40, 272
(274) = NJW 1976, 141; BGH v. 16. 5. 1973 – 2 StR/497/72, BGHSt 25, 187 (188) = NJW 1974, 66 (66).
[9] Löwe/Rosenberg/*Hanack*, 25. Aufl., Rn. 4, 5.
[10] SK-StPO/*Frisch* Rn. 5; Löwe/Rosenberg/*Hanack*, 25. Aufl., Rn. 4; KK-StPO/*Kuckein* Rn. 3.
[11] Vgl. BGH v. 12. 11. 1953 – 3 StR 435/53, BGHSt 5, 183 (184) = NJW 1954, 243; BGH v. 13. 6. 2002 – 3 StR
151/02, NStZ-RR 2002, 309; KK-StPO/*Kuckein* Rn. 3; BeckOK-StPO/*Wiedner* Rn. 4.
[12] Vgl. OLG Düsseldorf v. 2. 11. 1999 – 1 Ws 907/99, NStZ – RR 2000, 215 f.; KK-StPO/*Kuckein* Rn. 11; Anw-StPO/*Lohse* Rn. 2; HK-StPO/*Temming* Rn. 10.

§ 341 3–10 *Drittes Buch. Rechtsmittel*

3   Mit der Revisionserklärung sollte **keine Kurzbegründung** wie etwa: „Es wird die Verletzung formellen und materiellen Rechts gerügt", verbunden werden. Dadurch wird für den Fall einer Fristversäumung der Weg der Wiedereinsetzung verbaut, weil zur Nachholung einzelner Rügen in der Regel keine Wiedereinsetzung bewilligt wird.[13]

4   a) **Erklärender. Beschwerdeberechtigt** sind neben der StA und dem Angeklagten (§ 296) grundsätzlich dessen Vertreter[14] (§ 298) und der **Verteidiger** kraft eigenen Rechts in eigenem Namen (§ 297). In diesen Fällen hängt die Wirksamkeit der Revisionserklärung vom Bestehen einer Vertretungsbefugnis ab.[15] Eine **schriftliche Bevollmächtigung** kann später nachgereicht werden.[16] Verstößt die Einlegung der Revision gegen § 137 Abs. 1 S. 2 oder § 146, bleibt die Erklärung wirksam (§ 146 a Abs. 2).[17]

5   Im **Jugendstrafverfahren** steht das Recht zur Einlegung von Rechtsmitteln auch dem Erziehungsberechtigten (§§ 55 Abs. 2, 3, 67 JGG) und dem Nebenklageberechtigten nach erfolgter Anschlusserklärung (§§ 396, 401) zu.

6   b) **Adressat.** Adressat der Revision ist das Gericht, dessen Urteil angefochten werden soll.[18] **Das erkennende Gericht** bleibt Adressat der Schriftsätze, bis es die Revision von Amts wegen an das zuständige Revisionsgericht abgibt. Nimmt der Verfasser auf die Rechtsprechung des vermeintlich zuständigen Revisionsgerichts Bezug, sollte er daher diese nur hervorheben, wenn er sich seiner Argumentation ganz sicher ist.[19]

7   Gegen ein **Berufungsurteil** ist Adressat grundsätzlich das Landgericht,[20] bei der **Sprungrevision** das AG (§ 335 Abs. 1). Zur rechtzeitigen Einlegung gegen ein Urteil einer auswärtigen Strafkammer (§ 78 GVG) oder eines auswärtigen **OLG-Senats** (§ 116 Abs. 2 GVG) genügt der Eingang beim Stammgericht.[21] Für den Fall einer gemeinsamen Briefannahme, eines gemeinsamen Telefaxgerätes von mehreren Justizbehörden oder der Einrichtung eines Nachtbriefkastens gilt der Eingang für alle daran angeschlossenen Gerichte. Auf die „richtige Anschrift" kommt es grundsätzlich nicht an.[22] Ob bei einer erkennbar **fehlgeleiteten Rechtsmittelschrift** dem unzuständigen Gericht eine Fürsorgepflicht obliegt und Wiedereinsetzung in den vorherigen Stand (§ 44) zu gewähren ist, hängt vom Einzelfall ab. Dem **Verteidiger** ist daher dringend zu raten, auf die richtige Anschrift zu achten und sich über den Eingang der Rechtsmittelschrift zu unterrichten.

8   Grundsätzlich ist nur die **Geschäftsstelle des Gerichts**, dessen Urteil angefochten wird, für die Aufnahme der Revisionserklärung des Angeklagten zuständig. Eine Einlegung durch den Verteidiger zu Protokoll der Geschäftsstelle ist unzulässig.[23] Geschäftsstelle iSd. § 341 ist auch die Rechtsantragsstelle.[24] Die Protokollierung obliegt dem Rechtspfleger (§ 24 Abs. 1 Nr. 1 Buchst. b RpflG). Voraussetzung für die Wirksamkeit ist die formgerechte Aufnahme eines Protokolls.[25] Bei Unterzeichnung der Erklärung durch den Angeklagten genügt auch die Abgabe beim Wachtmeister.[26]

9   Ein **nicht auf freiem Fuß** befindlicher Angeklagter kann die Revisionserklärung zu Protokoll der Geschäftsstelle des AG einlegen, in dessen Bezirk er inhaftiert ist (§ 299 Abs. 1). Ist der Beschwerdeführer der deutschen Sprache nicht mächtig, hat er einen Anspruch auf eine Verständigungshilfe.[27]

10 Die Revision kann auch im Anschluss an die Urteilsverkündung in Anwesenheit des Gerichts wirksam zum Hauptverhandlungsprotokoll erklärt werden.[28] Davon sollte durch den Verteidiger

---

[13] Vgl. ausführlich *Dahs* Rn. 927 mwN; ferner HdbSta/*Wiegner* 5. Teil Rn. 46 mwN zur Rspr.
[14] BGH v. 25. 9. 1962 – 1 StR 368/62, BGHSt 18, 21 = NJW 1962, 262; BGH v. 13. 9. 1995 – 3StR 393/05, NStZ 1996, 50.
[15] BGH v. 2. 8. 2000 – 3 StR 502/99, NStZ 2001, 52.
[16] BGH v. 9. 10. 1989 – 2 StR 352/89, BGHSt 36, 259 = NJW 1990, 586; BeckOK-StPO/*Wiedner* Rn. 10.
[17] Löwe/Rosenberg/*Hanack*, 25. Aufl., Rn. 7; diff. KK-StPO/*Kuckein* Rn. 13.
[18] BGH v. 25. 1. 1995 – 2 StR 456/94, BGHSt 40, 395 (397) = NJW 1995, 2367 (2368); HK-StPO/*Temming* Rn. 7.
[19] Vgl. auch *Sarstedt/Hamm* Rn. 81.
[20] BayObLG 11. 3. 1975 – 2 Ob OWi 27/75, bei *Rüth* DAR 1976, 169 (178); SK-StPO/*Frisch* Rn. 9.
[21] BGH v. 25. 1. 1995 – 2 StR 456/94, BGHSt 40, 395 (397) = NJW 1995, 2367 (2368); BGH v. 19. 5. 1999 – 3 StR 200/99, bei *Kusch* NStZ-RR 2000, 33, (38); OLG Hamm v. 6. 8. 2003 – 2 Ws 164/03, NStZ-RR 2004, 81; BeckOK-StPO/*Wiedner* Rn. 15.
[22] *Sarstedt/Hamm* Rn. 127.
[23] BVerfG v. 20. 6. 1995 – 1 BvR 165/93, BVerfGE 93, 99, 114 f. = NJW 1995, 3173 (3175); BVerfG v. 3. 1. 2001 – 1 BvR 2147/00, NJW 2001, 1343; BVerfG v. 17. 3. 2005 – 1 BvR 950/04, NJW 2005, 2137.
[24] OLG Rostock v. 6. 12. 1993 – 2 Ss (Owi) – 47/93 I 19/93, NStZ 1994, 200.
[25] *Dahs* Revision Rn. 24.
[26] OLG Koblenz v. 20. 8. 1981 – 1 Ss 398/81, MDR 1982, 166.
[27] BVerfG v. 17. 5. 1983 – 2 BvR 731/80, BVerfGE 64, 135, 145 ff. = NJW 1983, 2762 ff.; vgl. auch *Rüping* mAnm zu BVerfG v. 17. 5. 1983 – 2 BvR 731/80, JZ 1983, 659 (663 ff.).
[28] BGH v. 19. 8. 1982 – 1 StR 595/81, BGHSt 31, 109 (113) = JR 1983, 383, mAnm *Fezer*; *Dahs* Rn. 926; AnwStPO/*Lohse* Rn. 8; *Roxin* § 51 IV 3 Rn. 22.

kein Gebrauch gemacht werden, weil er damit rechnen müsste, an die Geschäftsstelle verwiesen zu werden (Nr. 142 Abs. 2 RiStBV).[29]

2. Form. Die Revisionserklärung muss **schriftlich** abgegeben werden. Eine telefonische Einlegung zu Protokoll der Geschäftsstelle reicht nicht aus.[30] Demgegenüber genügt für die Übermittlung der Rechtsmittelschrift jeder geeignete Weg. Ob die Einlegung durch Telegramm,[31] Fernschreiben;[32] Telebrief[33] und Telefax erfolgt, ist grundsätzlich ohne Bedeutung. Ein **Telefax** (Telekopie, Telebrief, Computerfax)[34] muss unterschrieben sein.[35] Lässt sich nicht aufklären, ob ein Telefaxschreiben bei Gericht eingegangen ist, geht dies zu Lasten des Rechtsmittelführers. Allein der vorgelegte Sendebericht vermag den ordnungsgemäßen Eingang nicht zu beweisen.[36] Auch im Falle des verspäteten Zugangs kann die Wahl des Transportmittels Bedeutung gewinnen.[37] 11

Nach § 41a kann ein Rechtsmittel grundsätzlich auch durch elektronische Post eingelegt werden.[38] Mit der Aufzeichnung durch die für den Empfang bestimmte Einrichtung des Gerichts ist ein elektronisches Dokument gemäß § 41a Abs. 1 S. 3 „eingegangen". Voraussetzung ist, dass die Einreichung elektronischer Dokumente bei dem zuständigen Gericht durch eine auf der Grundlage des § 41a erlassene Rechtsverordnung für zulässig erklärt wurde. Die aufgrund dessen am elektronischen Gerichts- und Verwaltungspostfach teilnehmenden Gerichte finden sich auf der Internetseite www.egvp.de. Eine einfache **E-Mail** genügt allerdings auch nach Einführung des § 41a nicht den Formerfordernissen. 12

II. Frist zur Einlegung der Revision

1. Die Frist zur Einlegung der Revision. Diese beträgt grundsätzlich eine Woche (§ 43). Die Frist ist nicht verlängerbar. Im Falle der Fristversäumung gilt § 346 (s. d.), daneben bleibt nur die Möglichkeit der Wiedereinsetzung in den vorherigen Stand (§ 44).[39] Ein **Verschulden des Verteidigers** ist dem Angeklagten nicht zuzurechnen.[40] Das Fehlen einer Rechtsmittelbelehrung[41] ist ebenso wenig wie eine unrichtige oder unvollständige Belehrung[42] für den Fristablauf von Bedeutung, führt aber zu einem zwingenden Wiedereinsetzungsgrund (§ 44 S. 2). 13

2. Eröffnung der Urteilsgründe. Die Frist beginnt durch die Eröffnung der Urteilsgründe.[43] Folglich sind zu unterscheiden: 14

a) Anwesenheitsurteile (Abs. 1). Die Frist beginnt mit der Verkündung des Urteils, dh. mit der Verlesung der Urteilsformel und der Eröffnung der Urteilsgründe (§ 268 Abs. 2). Fehlt es an der mündlichen Eröffnung der Urteilsgründe, beginnt die Frist erst mit der Zustellung des Urteils.[44] Auch für den Fristbeginn ist die Rechtsmittelbelehrung (§ 35 a) bedeutungslos.[45] 15

b) Abwesenheitsurteile (Abs. 2). Die Frist beginnt mit Zustellung des **vollständigen** Urteils, es sei denn, dass bei der Urteilsverkündung ein mit schriftlicher Vollmacht versehender Verteidiger anwesend war. Dann läuft die Rechtsmittelfrist ab Verkündung.[46] Der Fristbeginn setzt die Zustellung des vollständigen mit der Urschrift übereinstimmenden Urteils voraus.[47] Die Zustellung der Urteilsformel allein genügt nur in Bußgeldverfahren.[48] In den Fällen einer **Hauptverhandlung** 16

---

[29] KK-StPO/*Kuckein* Rn. 9.
[30] BGH v. 26. 3. 1981 – 1 StR 206/80, BGHSt 30, 64 = NJW 1981, 1627; KK-StPO/*Kuckein* Rn. 11; *Meyer-Goßner* Rn. 7; HK-StPO/*Temming* Rn. 10.
[31] BGH v. 11. 10. 1955 – 6 StR 289/54, BGHSt 8, 174 (176) = NJW 1955, 1846.
[32] BGH v. 9. 3. 1982 – 1 StR 817/81, BGHSt 31, 7 (8) = NJW 1982, 1470.
[33] BGH v. 18. 7. 1989 – 4 StR 348/89, BGHR StPO § 341 Schriftform 1.
[34] GMS-OGB v. 5. 4. 2000 – GMS-OGB 1/98, BGHZ 144, 160 = NJW 2000, 2340; vgl. auch BeckOK-StPO/ *Wiedner* Rn. 20.
[35] BGH v. 18. 7. 1989 – 4 StR 348/89, wistra 1989, 313; OLG Koblenz v. 2. 1. 1984 – 2 Ss 540/83, NStZ 1984, 236; KG Berlin v. 23. 12. 1996 – 1 Ss 318/96, NJW 1997, 1864.
[36] KG Berlin v. 1. 11. 2005 – 3 Ws (B) 490/05, NStZ-RR 2007, 24; OLG Karlsruhe v. 21. 9. 1993 – 3 Ss 100/93, NStZ 1994, 200; OLG Düsseldorf v. 13. 3. 1995 – 1 Ws 204/95, 1 Ws 295/95, NJW 1995, 2303.
[37] *Dahs* Revision Rn. 25; 524.
[38] OLG Karlsruhe v. 21. 9. 1993 – 3 Ss 100/93, NStZ 1994, 200; SK-StPO/*Frisch* Rn. 19; Löwe/Rosenberg/*Hanack*, 25. Aufl., Rn. 17 a.
[39] *Dahs* Rn. 893.
[40] Vgl. BGH v. 11. 3. 1987 – 2 StR 84/87, StV 1988, 44 (st. Rspr.); *Sarstedt/Hamm* Rn. 114.
[41] BGH v. 2. 5. 1974 – IV ARZ (Vz) 71/73, NJW 1974, 1335 (1336); BGH v. 29. 11. 1983 – 4 StR 681/83, NStZ 1984, 181; BGH v. 3. 4. 1984 – 3 StR 172/84, NStZ 1984, 329; *Meyer-Goßner* § 35 a Rn. 13.
[42] OLG Köln v. 15. 2. 1972 – 3 Ss OWi 31/72, VRS 43, 295 (296); Löwe/Rosenberg/*Wendisch* § 35 a Rn. 30.
[43] BGH v. 25. 9. 1962 – 1 StR 368/62, BGHSt 18, 21, 24 = NJW 1962, 2262 (2263).
[44] RG v. 6. 2. 1880, RGSt 1, 192; Löwe/Rosenberg/*Hanack*, 25. Aufl., Rn. 19.
[45] BGH v. 2. 5. 1974 – IV ARZ (Vz) 26/73, NJW 1974, 1335.
[46] *Knauer/Wolf* NJW 2004, 2932 (2938); Anw-StPO/*Lohse* Rn. 13; HK-GS/*Maiwald* Rn. 3.
[47] *Widmaier/Dahs* MAH Strafverteidigung § 12 Rn. 25; aA BeckOK-StPO/*Wiedner* Rn. 31.
[48] BGH v. 13. 3. 1997 – 4 StR 455/96, BGHSt 43, 22; BGH v. 6. 8. 2004 – 2 StR 523/03, BGHSt 50, 230 = NJW 2004, 3643; BayObLG v. 8. 5. 1996 – 1 ObOwi 140/96, BayObLGSt 96, 61 = JR 96, 433, mAnm *Göhler*.

trotz **Ausbleibens** des Angeklagten gilt § 232 Abs. 4.[49] **Abwesend** ist der Angeklagte allerdings auch dann, wenn er sich vor Urteilsverkündung eigenmächtig[50] oder aus sonstigen Gründen entfernt hat oder entfernt worden ist.[51] Dies gilt ebenso, wenn der Angeklagte nur zeitweise abwesend war.[52]

17 Für **Nebenkläger** und **Privatkläger**, die in der Hauptverhandlung überhaupt nicht anwesend sind, gilt dasselbe.[53] Ob deren Abwesenheit bei der Urteilsverkündung ausreichend ist, ist umstritten.[54] Hingegen ist der Wortlaut eindeutig: § 401 Abs. 2 S. 2 erfordert, dass der Nebenkläger oder Privatkläger „überhaupt" nicht anwesend ist, mithin an der ganzen Hauptverhandlung nicht teilnimmt.

18 Eine **persönliche Zustellung** an den Angeklagten ist nicht erforderlich, so sie an den zum Empfang bevollmächtigten **Verteidiger** erfolgt (§ 145 a).[55] Eine **Ersatzzustellung** an den Lebensgefährten (§ 37 Abs. 1, § 181 Abs. 1 1. Alt. ZPO) genügt nicht.[56] Wird das Urteil sowohl an den Angeklagten als auch an den Verteidiger zugestellt, gilt die letzte Zustellung (§ 37 Abs. 2). Eine Zustellung sowohl an den **Pflichtverteidiger** als auch an den **Wahlverteidiger** ist nicht erforderlich.[57] Meldet sich in der Revisionsinstanz ein zusätzlicher oder anderer Verteidiger und wird ihm innerhalb der laufenden Anfechtungsfrist das Urteil selbst noch zugestellt, beginnt die Frist erst mit dieser Zustellung.[58] Zur Wirksamkeit der Zustellung im Einzelnen wird auf § 37 verwiesen.[59]

19 **3. Fristwahrung.** Die Frist ist nur gewahrt, wenn die schriftliche Rechtsmitteleinlegung rechtzeitig bei dem Gericht eingeht.[60] Darüber ist im Streitfalle Beweis zu erheben. Der **Verteidiger** hat aus diesem Grunde dafür Sorge zu tragen, den Eingang seiner Revisionsschrift nachweisen zu können.[61] Verbleibende **Zweifel** gehen grundsätzlich **zugunsten** des Beschwerdeführers.[62] Dies gilt allerdings nicht, sofern zweifelhaft ist, ob der Schriftsatz überhaupt bei Gericht eingegangen ist.[63] Befindet sich der Angeklagte in **Haft**, hat er bei Abgabe des Schreibens an den Justizvollzugsbeamten am letzten Tag der Frist auf den drohenden Ablauf ausdrücklich hinzuweisen.[64]

§ 342 [Wiedereinsetzung und Revision]

(1) Der Beginn der Frist zur Einlegung der Revision wird dadurch nicht ausgeschlossen, daß gegen ein auf Ausbleiben des Angeklagten ergangenes Urteil eine Wiedereinsetzung in den vorigen Stand nachgesucht werden kann.

(2) [1] Stellt der Angeklagte einen Antrag auf Wiedereinsetzung in den vorigen Stand, so wird die Revision dadurch gewahrt, dass sie sofort für den Fall der Verwerfung jenes Antrags rechtzeitig eingelegt und begründet wird. [2] Die weitere Verfügung in bezug auf die Revision bleibt dann bis zur Erledigung des Antrags auf Wiedereinsetzung in den vorigen Stand ausgesetzt.

(3) Die Einlegung der Revision ohne Verbindung mit dem Antrag auf Wiedereinsetzung in den vorigen Stand gilt als Verzicht auf die letztere.

I. Normzweck

1 Die Vorschrift betrifft – entsprechend § 315 im Rahmen der Berufung – **das Zusammentreffen von Wiedereinsetzung und Revision**. Hat die Hauptverhandlung in Abwesenheit des Angeklagten gemäß §§ 232, 329, 412 stattgefunden, so kann er binnen einer Woche nach Urteilszustellung die Wiedereinsetzung in den vorigen Stand gemäß §§ 235 Satz 1, 329 Abs. 3, 412 Satz 1 beantragen. Wenn er jedoch nur das fehlerhafte Urteil angreifen will oder keinen durchgreifenden Wiederein-

---

[49] Ausführlich *Sarstedt/Hamm* Rn. 108.
[50] OLG Stuttgart v. 13. 12. 1985 – 4 Ws 374/85, NStZ 1986, 520, m. abl. Anm. *Paulus*.
[51] BGH v. 10. 5. 2000 – 1 StR 617/99, NStZ 2000, 498.
[52] BGH v. 2. 12. 1960 – 4 StR 433/60, BGHSt 15, 263 (265); BayObLG v. 4. 5. 1993 – 3 Ob OWi 37/93, MDR 1993, 892 (893); SK-StPO/*Frisch* Rn. 22; HK-StPO/*Temming* Rn. 12.
[53] SK-StPO/*Frisch* Rn. 25; Anw-StPO/*Lohse* Rn. 14; KK-StPO/*Kuckein* Rn. 20.
[54] HK-StPO/*Temming* Rn. 14; *Sarstedt/Hamm* Rn. 111.
[55] KK-StPO/*Kuckein* Rn. 19.
[56] BGH v. 8. 1. 1987 – 1 StR 381/86, BGHSt 34, 250 = NJW 1987, 1567.
[57] BVerfG v. 20. 3. 2001 – 2 BvR 2058/00, NStZ 2001, 436; KK-StPO/*Kuckein* Rn. 19.
[58] Widmaier/*Dahs* MAH Strafverteidigung § 12 Rn. 24.
[59] Vgl. § 37 Rn. 1 ff.
[60] SK-StPO/*Frisch* Rn. 27; *Meyer-Goßner* vor § 42 Rn. 13 ff.
[61] Widmaier/*Dahs* MAH Strafverteidigung § 12 Rn. 26.
[62] BGH v. 2. 5. 1995 – 1 StR 123/95, BGHR StPO § 341 Frist 1 = StV 1995, 454; Löwe/Rosenberg/*Hanack*, 25. Aufl., Rn. 24; HK-StPO/*Temming* Rn. 15; aA BeckOK-StPO/*Wiedner* Rn. 3 mwN zur Rspr.; *Sarstedt/Hamm* Rn. 112.
[63] BGH v. 6. 11. 1998 – 3 StR 511/97, NStZ 1999, 372 (373) = BGHR StPO § 345 Frist 1; OLG Düsseldorf v. 23. 12. 1999 – 2b Ss (OWi) 287/99 – (OWi) 113/99 I, NStZ-RR 2000, 180 (181).
[64] BGH v. 7. 12. 2000 – 3 StR 491/00, bei *Becker* NStZ-RR 2001, 257 (259).

setzungsgrund vorbringen kann, steht ihm auch die Möglichkeit offen, sogleich Revision einzulegen. Entscheidet sich der Angeklagte sowohl für einen Wiedereinsetzungsantrag als auch für eine Revisionseinlegung, so bestimmt § 342 Abs. 2 Satz 1, dass beide Rechtsmittel zwar selbständig nebeneinander stehen können, aber der Beschwerdeführer nicht die Entscheidung über die Wiedereinsetzung abwarten darf, sondern alsbald vorsorglich Revision einlegen und diese auch fristgemäß begründen muss, wenn ihm nicht bereits vor Ablauf der entsprechenden Fristen Wiedereinsetzung gewährt worden ist.[1] Für Privat- und Nebenkläger gilt § 342 entsprechend.[2]

II. Beginn der Revisionsfrist

In dem geschilderten Sinne wird in Abs. 1 wie in Abs. 2 Satz 1 klar gestellt, dass der Beginn der Revisionsfrist von der **Stellung eines Wiedereinsetzungsantrags unabhängig** ist und sich nach den allgemeinen Grundsätzen des § 341 richtet. Dies gilt ausweislich des Abs. 2 Satz 1 auch für die fristgemäße Begründung nach § 345 Abs. 1. Im Ganzen wird aber die Entscheidung über die vorsorglich eingelegte Revision bis zum rechtskräftigen Abschluss des vorrangig zu behandelnden Wiedereinsetzungsverfahrens zurückgestellt (Abs. 2 Satz 2). Der Antrag auf Wiedereinsetzung in den vorigen Stand und die Einlegung der Revision müssen in einem **einheitlichen Schriftsatz** vorgebracht oder gleichzeitig eingereicht werden.[3]

III. Gesetzliche Bedingung

Wird der Antrag des Beschwerdeführers auf **Wiedereinsetzung** abgelehnt, so entfällt diese der Revisionseinlegung beigefügte Bedingung, wodurch die Revision voll zum Zuge kommt. Im Gesetz wird dieser Umstand mit der Formulierung „für den Fall der Verwerfung des Antrags" zum Ausdruck gebracht, denn das Rechtsmittel der Revision kann nur gegen ein fortbestehendes Urteil eingelegt werden, das aber im Falle einer Gewährung der Wiedereinsetzung beseitigt würde.[4]

IV. Verwerfung des Wiedereinsetzungsantrages

Nach der Verwerfung des Wiedereinsetzungsantrags kommt es für den Erfolg der Revision allein darauf an, ob sie bei rechtzeitiger und formgerechter Einlegung zulässig und inhaltlich begründet ist. Dabei ist das Revisionsgericht an die Gründe des Ablehnungsbeschlusses nicht gebunden.[5] Daher ist auch möglich, dass das Revisionsgericht die Frage der Wahrung der Einlegungsfrist hinsichtlich der mit dem Wiedereinsetzungsantrag gemeinsam eingelegten Revision anders beurteilt als das den Wiedereinsetzungsantrag als verfristet verwerfende Gericht in der gleichen Sache.[6] Hat der Beschwerdeführer bei **Versäumung** nicht nur **der Hauptverhandlung**, sondern auch **der Frist des § 341** einen Wiedereinsetzungsantrag (auch) bezüglich der letzteren gestellt, so beginnt die Revisionseinlegungsfrist erst mit der Zustellung des dem Antrag stattgebenden Beschlusses.[7]

V. Gewährung der Wiedereinsetzung

Wird dem Wiedereinsetzungsantrag stattgegeben, so ist das Urteil beseitigt, wodurch die Revision gegenstandslos wird.[8] In diesem Umstand liegt auch der Grund für die Regelung in Abs. 2 Satz 1, wonach über die Revision erst nach dem rechtskräftigen Abschluss des Wiedereinsetzungsverfahrens entschieden werden darf.

VI. Verzicht auf die Wiedereinsetzung (Abs. 3)

In Abs. 3 wird eine **unwiderlegliche Vermutung** für einen Verzicht auf die Wiedereinsetzung aufgestellt, wenn die Einlegung der Revision nicht mit dem Antrag auf Wiedereinsetzung verbunden wurde.

1. Unterschiedliche Schriftsätze. Zwar kann der Wiedereinsetzungsantrag in einem einheitlichen Schriftsatz mit der Revision verbunden werden; doch zwingend ist das nicht. Fertigt der Beschwerdeführer **zwei verschiedene** Schriftsätze, so genügt deren gleichzeitiger Eingang beim Ge-

---

[1] Löwe/Rosenberg/*Hanack*, 25. Aufl. Rn. 2; HK-StPO/*Temming* Rn. 2.
[2] SK-StPO/*Frisch* Rn. 15; KK-StPO/*Kuckein* Rn. 9; BeckOK-StPO/*Wiedner* Rn. 2.
[3] Anw-StPO/*Lohse* Rn. 3.
[4] KK-StPO/*Kuckein* Rn. 4.
[5] Vgl. OLG Düsseldorf v. 17. 3. 1998 – 5 Ss (OWi) 68/88 – 59/88 I, NJW 1988, 1681 (1682).
[6] Löwe/Rosenberg/*Hanack*, 25. Aufl. Rn. 5.
[7] BGH v. 8. 1. 1982 – 2 StR 751/80, BGHSt 30, 335 = NJW 1982, 1110; BayObLG v. 4. 11. 1972 – 7 St 215/71, MDR 1972, 343; HK-StPO/*Temming* Rn. 3.
[8] Löwe/Rosenberg/*Hanack*, 25. Aufl., Rn. 4; HK-GS/*Maiwald* Rn. 2.

richt;[9] allerdings reicht es nicht aus, wenn sie am selben Tag *nacheinander* (zB mit einem Abstand von 1³⁄₄ Stunden) eingehen.[10] Die nachträgliche Stellung eines Wiedereinsetzungsantrags wegen dessen Verspätung ist unzulässig.[11]

2. Bloßer Wiedereinsetzungsantrag. Stellt der Beschwerdeführer zunächst nur einen Wiedereinsetzungsantrag, so kann er danach immer noch im zeitlichen Rahmen des § 341 Revision einlegen. Soll an dem Wiedereinsetzungsantrag festgehalten werden, muss auf ihn Bezug genommen werden.[12] Wenn der Wiedereinsetzungsantrag nicht vor oder gleichzeitig mit der Revisionseinlegung bei Gericht angebracht wird, gilt die Verzichtsvermutung ausnahmslos.[13] Die Verzichtsvermutung wird nicht entkräftet, wenn sich der Beschwerdeführer die Stellung eines Wiedereinsetzungsantrages vorbehält.[14] Gleiches gilt, wenn die Revision bereits nicht statthaft war (etwa wegen § 55 Abs. 2 JGG) oder vor Beginn der Frist des § 341 eingelegt wurde oder später zurückgenommen und dann erneut, diesmal zusammen mit einem Wiedereinsetzungsantrag, eingelegt wird.[15]

3. Ausnahme von der Verzichtsvermutung. Entgegen der allgM ist von dieser Vermutung eine Ausnahme zu machen, wenn der (anwaltlich nicht vertretene) Angeklagte nicht darüber belehrt worden ist, dass die Einlegung der Revision von Gesetzes wegen als Verzicht auf die Wiedereinsetzung angesehen wird.[16] Außer in Fällen der fehlenden wirksamen Ladung im Rahmen des § 329[17] soll nach gewichtigen Stimmen auch eine Wiedereinsetzung von Amts wegen nach § 45 Abs. 2 Satz 3 die Verzichtsvermutung des § 342 Abs. 3 nicht entkräften können.[18] Im Sinne eines effektiven Rechtsschutzes ist dagegen in allen Fällen des § 45 Abs. 2 Satz 3 eine Gewährung der Wiedereinsetzung zuzulassen.[19]

§ 343 [Hemmung der Rechtskraft]

(1) Durch rechtzeitige Einlegung der Revision wird die Rechtskraft des Urteils, soweit es angefochten ist, gehemmt.

(2) Dem Beschwerdeführer, dem das Urteil mit den Gründen noch nicht zugestellt war, ist es nach Einlegung der Revision zuzustellen.

I. Hemmung der Rechtskraft

Eine rechtzeitig eingelegte statthafte Revision bewirkt wie die entsprechende Berufung (§ 316) eine Hemmung der Rechtskraft des Urteils **im Umfang der Anfechtung.** Folge ist, dass das Urteil, soweit es durch die Einlegung der Revision weiterhin anhängig bleibt, noch nicht vollstreckt werden kann (§ 449, s. aber auch § 346 Abs. 2 Satz 2 Halbsatz 2). Wird die Entscheidung nur in Teilen angefochten (vgl. § 344 Abs. 1), so wird der andere Teil rechtskräftig und unterliegt der Vollstreckung nach allgemeinen Grundsätzen.

Die Rechtskraft bleibt bei einer fristgemäßen Revision auch dann gehemmt, wenn diese aus anderen Gründen als wegen Versäumung der Frist des § 341 unzulässig ist.[1] Eine Ausnahme davon gilt jedoch dann, wenn die Revision bereits nicht statthaft war (so zB nach § 441 Abs. 3 oder § 55 Abs. 2 JGG).[2] Von einer Hemmung der Rechtskraft ist auch dann auszugehen, wenn der Revisionsführer in der Tatsacheninstanz auf Rechtsmittel verzichtet hat. Dies folgt entgegen der alten Rechtsprechung[3] nach den Maßstäben der neueren Rechtsprechung zum wirksamen Rechtsmittelverzicht.[4] Die Frage, ob der Verzicht wirksam ist, kann nur anhand einer inhaltlichen

---

[9] SK-StPO/*Frisch* Rn. 7; Löwe/Rosenberg/*Hanack*, 25. Aufl. Rn. 7; HK-GS/*Maiwald* Rn. 5; BeckOK-StPO/*Wiedner* Rn. 5.1.
[10] Vgl. OLG Stuttgart v. 6. 9. 1984 – 1 Ws 321/84, NJW 1984, 2900.
[11] *Pfeiffer* Rn. 3.
[12] KK-StPO/*Kuckein* Rn. 8.
[13] Löwe/Rosenberg/*Hanack*, 25. Aufl., Rn. 8.
[14] Anw-StPO/*Lohse* Rn. 5.
[15] Meyer-Goßner Rn. 4; HK-StPO/*Temming* Rn. 7.
[16] SK-StPO/*Frisch* Rn. 9; Anw-StPO/*Lohse* Rn. 5; AK/*Maiwald* Rn. 5; HK-GS/*Maiwald* Rn. 6; ebenfalls krit. gegenüber. hM Löwe/Rosenberg/*Hanack*, 25. Aufl., Rn. 9; aA OLG Neustadt v. 23. 7. 1964 – Ws 117/64, NJW 1964, 1868; KK-StPO/*Kuckein* Rn. 7; Meyer-Goßner Rn. 3, die auch einen Verstoß gegen Belehrungspflichten nach §§ 35 a über die Revision und § 235 Satz über die Wiedereinsetzung für unschädlich halten.
[17] OLG Hbg. v. 3. 8. 2000 – 1 Ws 168/00, NStZ-RR 2001, 302; *Pfeiffer* Rn. 3.
[18] KK-StPO/*Kuckein* Rn. 7; Meyer-Goßner Rn. 4; HK-StPO/*Temming* Rn. 8.
[19] OLG Düsseldorf 28. 3. 1979 – 2 Ss OWi 89/79 – 13/79 V, NJW 1980, 1704 f.; SK-StPO/*Frisch* Rn. 9; Anw-StPO/*Lohse* Rn. 6.
[1] BGH v. 17. 7. 1968 – 3 StR 117/68, BGHSt 22, 213 = NJW 1968, 2253; BeckOK-StPO/*Wiedner* Rn. 1.
[2] SK-StPO/*Frisch* Rn. 4; Löwe/Rosenberg/*Hanack*, 25. Aufl., Rn. 1; *Pfeiffer* Rn. 1; aA HK-GS/*Maiwald* Rn. 3 mwN.
[3] OLG München v. 12. 2. 1968 – Ws 81/68, NJW 1968, 1001; OLG Karlsruhe v. 8. 1. 1997 – 3 Ws 364/96, NStZ 1997, 301.
[4] BGH GrSt v. 3. 3. 2005 – GSSt 1/04, NJW 2005, 1440.

Prüfung des Revisionsvorbringens geprüft werden. Die Statthaftigkeit der trotz des Verzichts eingelegten Revision kann mithin nicht von vornherein verneint werden.[5] Diese Konstellation ist so zu behandeln wie die übrigen Fälle, bei denen die Zulässigkeit ebenfalls zweifelhaft ist, solange nur die Frist des § 341 Abs. 1 eingehalten ist.[6]

Die Hemmung dauert so lange an, bis über die Revision gemäß §§ 346, 349 Abs. 1, 5 oder durch Sachentscheidung **endgültig entschieden** worden ist; die formelle und materielle Rechtskraft des gesamten angefochtenen Urteils tritt erst nach diesem Zeitpunkt ein, und zwar auch dann, wenn versehentlich nicht im vollen Umfang über das Urteil entschieden wurde.[7]   3

Durch die Einlegung des Rechtsmittels besteht die Rechtshängigkeit weiterhin fort. Es ist deshalb auch ein möglicher **Wegfall der Verfahrensvoraussetzungen** zu prüfen. Insofern kommen zwei Konstellationen in Betracht: Zum einen kann es um ein bereits bestehendes Verfahrenshindernis, zB um eine schon eingetretene Verjährung, gehen, das aber vom Tatrichter übersehen worden ist. Zum anderen kann ein Verfahrenshindernis erst nach der tatrichterlichen Entscheidung eingetreten sein. Im ersten Fall ist dessen Nachprüfung nur durch eine zulässig erhobene Revision möglich; liegt diese nicht vor, wird das Rechtsmittel trotz des an sich gegebenen Verfahrenshindernisses als unzulässig verworfen.[8] Tritt das Verfahrenshindernis erst nach dem angefochtenen Urteil ein, beispielsweise durch Rücknahme des Strafantrags nach § 77d StGB, ist das Verfahren, je nachdem wo sich die Akten zum Zeitpunkt des Eintritts des Verfahrenshindernisses befinden, entweder vom Tatrichter oder vom Revisionsgericht einzustellen.[9] Das Verfahren ist stets im Umfang des Prozesshindernisses einzustellen, auch wenn das Urteil nur beschränkt angefochten worden ist.[10]   4

II. Urteilszustellung (Abs. 2)

Damit der Beschwerdeführer seine Revision begründen kann, ist ihm das Urteil mit den Gründen nach Einlegung des Rechtsmittels **alsbald zuzustellen**, sofern nicht bereits eine Zustellung nach § 341 Abs. 2 erfolgt ist. Dies gilt auch dann, wenn eine Revisionsbegründung schon vorliegt.[11] Die Verpflichtung zur Urteilszustellung entfällt nur, wenn die Revision nicht statthaft ist oder nicht rechtzeitig eingelegt wurde.[12] Bestehen Zweifel über die Zulässigkeit oder sonstige Verfahrensfehler, zB Fehlen einer ordnungsgemäßen Vollmacht zur Einlegung des Rechtsmittels, muss das Urteil zugestellt werden.[13] Im Falle einer nach der tatrichterlichen Entscheidung erfolgten Revisionseinlegung durch einen Nebenkläger muss zunächst über dessen Anschlussberechtigung entschieden werden, bevor ihm das Urteil zugestellt wird.[14] Die Zustellung ist vom Vorsitzenden des mit der Sache befassten Spruchkörpers zu veranlassen und von der Geschäftsstelle zu bewirken.[15] Grundsätzlich muss die Urteilsausfertigung zugestellt werden; allerdings reicht auch eine beglaubigte Abschrift aus.[16]   5

Empfänger der Zustellung ist der Beschwerdeführer. Ausweislich des § 297 ist der Angeklagte auch dann als Beschwerdeführer anzusehen, wenn sein Verteidiger Revision eingelegt hat. Falls sich die entsprechende Vollmacht in den Akten befindet, kann gemäß § 145a Abs. 1 auch an den **Verteidiger** zugestellt werden. In diesem Falle erhält der Angeklagte eine formlose Abschrift gem. § 145a Abs. 3, wobei aber ein Verstoß dagegen die Wirksamkeit der Zustellung nicht berührt.[17] Hat allein der gesetzliche Vertreter eines Angeklagten Revision eingelegt, so muss nur an diesen, wenn beide Rechtsmittel erhoben haben, an beide zugestellt werden.[18]   6

§ 344 [Revisionsbegründung]

(1) Der Beschwerdeführer hat die Erklärung abzugeben, inwieweit er das Urteil anfechte und dessen Aufhebung beantrage (Revisionsanträge), und die Anträge zu begründen.

---

[5] Anw-StPO/*Lohse* Rn. 2.
[6] Vgl. BGH v. 11. 5. 2005 – 5 StR 124/05, NStZ-RR 2005, 271; BGH v. 20. 9. 2005 – 5 StR 354/05, wistra 2006, 28, 29.
[7] SK-StPO/*Frisch* Rn. 7; *Meyer-Goßner* Rn. 1.
[8] Vgl. dazu auch BGH v. 13. 12. 2000 – 2 StR 56/00, BGHSt 46, 230 (234 ff.) = NJW 2001, 1509, 1510; HK-StPO/*Temming* Rn. 2.
[9] KK-StPO/*Kuckein* Rn. 2.
[10] BGH v. 26. 6. 1958 – 4 StR 145/58, BGHSt 11, 393 (394) = NJW 1958, 1307.
[11] *Meyer-Goßner* Rn. 2.
[12] HK-StPO/*Temming* Rn. 3.
[13] Löwe/Rosenberg/*Hanack*, 25. Aufl., Rn. 5; BeckOK-StPO/*Wiedner* Rn. 4.
[14] Anw-StPO/*Lohse* Rn. 4.
[15] SK-StPO/*Frisch* Rn. 12.
[16] BGH v. 15. 5. 1975 – 4 StR 51/75, BGHSt 26, 140 (141) = NJW 1975, 1612.
[17] Löwe/Rosenberg/*Hanack*, 25. Aufl., Rn. 8.
[18] HK-StPO/*Temming* Rn. 6.

(2) ¹Aus der Begründung muß hervorgehen, ob das Urteil wegen Verletzung einer Rechtsnorm über das Verfahren oder wegen Verletzung einer anderen Rechtsnorm angefochten wird. ²Ersterenfalls müssen die den Mangel enthaltenden Tatsachen angegeben werden.

Schrifttum: *Becker,* Aus der Rechtsprechung des BGH zum Strafverfahrensrecht, NStZ-RR 2004, 225; NStZ-RR 2005, 257; NStZ-RR 2007, 129; NStZ-RR 2007, 289; *Dahs,* Neue Aspekte zu § 344 Abs. 2 StPO, FS Salger, 1995, S. 217; *Dallinger,* Aus der Rechtsprechung des Bundesgerichtshofes in Strafsachen, MDR 1970, 897; *Krause,* Einzelfragen zur Revisionsbegründung nach § 344 Abs. 2 StPO, StV 1984, 483; *Kusch,* Aus der Rechtsprechung des BGH zum Strafverfahrensrecht, NStZ-RR 2000, 33; NStZ-RR 2000, 289; *Pfeifer,* Aus der Rechtsprechung des Bundesgerichtshofes in Strafsachen zum Verfahrensrecht, NStZ 1981, 295; *Pfeifer/Miebach,* Aus der (vom BGH nicht veröffentlichen) Rechtsprechung des Bundesgerichtshofes in Strafsachen zum Verfahrensrecht, NStZ 1983, 354; NStZ 1986, 206; *Spiegel,* Die Rechtsprechung des Bundesgerichtshofes in Verkehrsstrafsachen und Bußgeldverfahren, DAR 1977, 169; *Ventzke,* § 344 Abs. 2 Satz 2 StPO – Einfallstor revisionsrechtlichen Gutdünkens?, StV 1992, 338; *Weiler,* Substantiierungsanforderungen an die Verfahrensrüge gemäß § 344 Abs. 2 Satz 2 StPO, FS Meyer-Goßner, 2001, S. 572; *Widmaier,* Anforderungen an die Verfahrensrüge nach § 344 Abs. 2 S. 2 StPO, StraFo 2006, 437.

I. Revisionsanträge (Abs. 1)

1   Der Revisionsantrag muss die Erklärung enthalten, in welchem Umfang das Urteil angefochten wird (§ 352 Abs. 1). Der Antrag ist in der Begründungsschrift, nicht erst in der Revisionshauptverhandlung zu stellen. **Fehlt** der Antrag ist das solange unerheblich, solange das **Ziel der Revision** sich aus dem Inhalt der Revisionsschrift[1] oder aus dem Gang des Verfahrens[2] eindeutig ergibt.

2   **1. Unbeschränkte Anfechtung.** In der **Erhebung der allgemeinen Sachrüge** ist regelmäßig die Erklärung enthalten, das Urteil uneingeschränkt anzufechten;[3] eines besonderen Revisionsantrages bedarf es in diesem Rahmen nicht. Eine Unterscheidung danach, ob Gegenstand des angefochtenen Urteils eine[4] oder mehrere Straftaten[5] sind, wird grundsätzlich nicht vorgenommen. Die Rechtsprechung des Bundesgerichtshofs ist hier großzügiger als die der Oberlandesgerichte.[6] Allerdings fordert auch der Bundesgerichtshof bei einer Vielzahl von Straftaten und/oder mehrerer Angeklagter bei einer Revision der Staatsanwaltschaft eine klare Antragstellung. Eine nicht näher ausgeführte allgemeine Sachrüge ohne Antragstellung führt in diesen Fällen zur Unzulässigkeit der Revision.[7]

3   **2. Beschränkte Anfechtung.** Die Revision kann ebenso wie die Berufung (§ 318) **bei der Einlegung** und **bei der Begründung** beschränkt werden. Wird die Revision beschränkt eingelegt, ist eine nachträgliche Erweiterung nur in der Frist des § 341 Abs. 1, nicht mehr in der Revisionsbegründungsfrist des § 345 Abs. 1 möglich.[8]

4   Der **zulässige Umfang** der Beschränkung entspricht dem bei der Berufung.[9] Die Geltendmachung eines absoluten Revisionsgrundes nach § 338 steht einer Beschränkung nicht entgegen.[10] Eine Beschränkung auf den Rechtsfolgenanspruch ist **unzulässig**, wenn das Landgericht rechtsfehlerhaft von einer entsprechenden Beschränkung ausgegangen ist.[11] Andererseits kann eine **Beschränkung gesetzlich vorgeschrieben** sein (vgl. § 400 Abs. 1, § 55 JGG). In einem solchen Fall muss sich aus der Begründung des Revisionsantrages das mit der Revision verfolgte Ziel eindeutig entnehmen lassen; andernfalls ist eine Revision ebenfalls unzulässig.[12]

5   Eine Beschränkung kann auch auf die erfolgte oder fehlende Feststellung der besonderen Schwere der Schuld iSd. § 57 StGB erfolgen,[13] denn die Bejahung oder Verneinung der besonderen Schuldschwere lässt den Schuldspruch nach § 211 ebenso wie die Verhängung der lebenslangen Freiheitsstrafe unberührt.[14]

6   Wird die Revision wirksam beschränkt, tritt **Teilrechtskraft** ein, sofern eine Verurteilung wegen mehrerer Straftaten erfolgte.[15] Andernfalls tritt nur eine **innerprozessuale Bindung** an die Fest-

---

[1] BGH v. 7. 1. 1999 – 4 StR 652/99, bei *Kusch* NStZ-RR 2000, 33 (38); KK-StPO/*Kuckein* Rn. 2; Anw-StPO/*Lohse* Rn. 1; *Meyer-Goßner* Rn. 2; BeckOK-StPO/*Wiedner* Rn. 3.
[2] *Meyer-Goßner* Rn. 2.
[3] KK-StPO/*Kuckein* Rn. 3; BeckOK-StPO/*Wiedner* Rn. 4.
[4] BGH v. 30. 11. 1982 – 5 StR 766/82, bei *Pfeifer/Miebach* NStZ 1983, 354 (359).
[5] BGH v. 7. 1. 1999 – 4 StR 652/99, bei *Kusch* NStZ-RR 2000, 33 (38).
[6] Vgl. OLG Oldenburg v. 13. 3. 2006 – Ss 35/06 (I 21), StraFo 2006, 245; *Meyer-Goßner* Rn. 3 mwN.
[7] BGH v. 7. 11. 2002 – 5 StR 336/02, NJW 2003, 839; BGH v. 21. 5. 2003 – 5 StR 69/03, bei *Becker* NStZ-RR 2004, 225 (228).
[8] Vgl. BGH v. 27. 10. 1992 – 5 StR 517/92 BGHSt 38, 366 = NJW 1993, 96 mwN; aA Löwe/Rosenberg/*Hanack*, 25. Aufl., Rn. 7; BeckOK-StPO/*Wiedner* Rn. 8.
[9] S. o. § 318 Rn. 2.
[10] BGH v. 9. 2. 1995 – 4 StR 37/95, NJW 1995, 1910.
[11] BayObLG v. 7. 12. 1994 – 1 St RR 195/94, BayObLGSt 1994, 253 = VRS 89, 128.
[12] BVerfG v. 6. 7. 2007 – 2 BvR 1824/06, NStZ-RR 2007, 385; HK-StPO/*Temming* Rn. 3.
[13] Vgl. BGH v. 2. 4. 2008 – 2 StR 621/07, NStZ-RR 2008, 328 f.; *Meyer-Goßner* Rn. 7 a; BeckOK-StPO/*Wiedner* Rn. 23.
[14] BGH v. 2. 3. 1995 – 1 StR 595/94, BGHSt 41, 57; 39, 208 = JR 1994, 164 mAnm *Stree*; SK-StPO/*Frisch* Rn. 28.
[15] SK-StPO/*Frisch* Rn. 30; KK-StPO/*Kuckein* Rn. 13; BeckOK-StPO/*Wiedner* Rn. 27.

stellungen zu den nicht angefochtenen Urteilsteilen ein. Eine unwirksame Beschränkung ist nach hM unbeachtlich und führt zur Überprüfung des Urteils in vollem Umfang.[16] Darauf ist der Beschwerdeführer unter dem Gesichtspunkt der Fairness des Verfahrens unter Umständen hinzuweisen.[17]

II. Wesentlicher Inhalt der Revisionsbegründung (Abs. 2)

§ 344 Abs. 2 normiert die Anforderungen an die Revisionsrechtfertigung.[18] Der Beschwerdeführer kann eine **Sach-** und/oder **Verfahrensrüge** erheben. Nur für letztere gelten die besonderen Begründungsanforderungen des Abs. 2 S. 2.[19] Daneben haben Rechtsprechung und Schrifttum eine Vielzahl von Regeln entwickelt, die für eine formgerechte Begründung zu beachten sind. Die strengen Anforderungen des Abs. 2 S. 2 kann nur erfüllen, wer in der Lage ist, die den Verstoß begründenden Verfahrenstatsachen so genau darzulegen, dass der Revisionsrichter die Schlüssigkeit des Vortrages ohne Rückgriff auf andere Schriftstücke als die Revisionsbegründungsschrift und das Urteil prüfen kann.[20] Die Auswertung der Rechtsprechung ist deshalb bei Fertigung einer Revisionsbegründungsschrift unabdingbar. 7

1. Verfahrenshindernisse oder fehlende Verfahrensvoraussetzungen. Verfahrenshindernisse bzw. Verfahrensvoraussetzungen werden grundsätzlich von Amts wegen geprüft; die besondere Erhebung einer Sach- oder Verfahrensrüge ist nicht erforderlich.[21] Dennoch sollte der Beschwerdeführer auch diese Revisionsgründe in seiner Revisionsschrift darlegen.[22] Die Prüfungspflicht des Revisionsgerichts entsteht grundsätzlich mit der Feststellung der Zulässigkeit der Revision und besteht auch bei einer wirksamen Revisionsbeschränkung; die Feststellung eines Verfahrenshindernisses führt dann zur Einstellung des Verfahrens insgesamt.[23] 8

Zu unterscheiden ist, ob das Fehlen einer Prozessvoraussetzung oder das Vorliegen eines Prozesshindernisses zu einem **Befassungsverbot** für das Gericht oder nur zu einem **Bestrafungsverbot** führt.[24] Zu letzteren zählen fehlender Strafantrag, Verjährung und Amnestie, die durch eine Sachrüge geltend zu machen sind,[25] sowie Verhandlungsunfähigkeit, überlange Verfahrensdauer und auslieferungsrechtliche Beschränkungen, die eine Verfahrensrüge erfordern sollen.[26] Zweifel an der **Verhandlungsfähigkeit** des Angeklagten müssen allerdings von der Verteidigung vom Tatgericht geltend gemacht werden. Das Revisionsgericht kann insoweit das Urteil des Tatrichters zugrunde legen.[27] 9

2. Bezeichnung der Rüge. Eine Bezeichnung der Rüge als Sach- oder Verfahrensrüge ist ebenso wenig wie die Angabe der verletzten Vorschriften[28] erforderlich.[29] Ein Irrtum bei der Bezeichnung des Revisionsantrages ist daher unerheblich,[30] nach § 352 Abs. 2 auch deren unrichtige Bezeichnung.[31] 10

Die Begründung der Revisionsanträge ist analog § 300 **auslegungsfähig**.[32] Dabei kommt es entscheidend auf deren Sinn, nicht auf den Wortlaut der Revisionsbegründung an.[33] Die Begründung ist dabei so auszulegen, dass das mit der Revision angestrebte Ziel eintreten kann.[34] Voraussetzung einer Auslegung ist allerdings, dass die Revisionsbegründung eine ausreichende Grundlage enthält. Dabei kommt es nur auf deren Inhalt, nicht auf die Revisionsbegründung anderer Beschuldigter an.[35] Unerheblich ist auch eine vom Angeklagten selbstverfasste Anlage[36] oder die 11

---

[16] Vgl. *Meyer-Goßner* Rn. 7 c mwN; diff. KK-StPO/*Kuckein* Rn. 16.
[17] BVerfG v. 6. 12. 2008 – 2 BvR 1082/08, NJW Spezial 2009, 120; *Meyer-Goßner* Rn. 7 c.
[18] Vgl. *Dahs* Revision Rn. 461.
[19] S. u. Rn. 18 ff.
[20] Ausführlich KK-StPO/*Kuckein* Rn. 18 – 21; *Sarstedt/Hamm* Rn. 222, 223.
[21] KK-StPO/*Kuckein* Rn. 22; BeckOK-StPO/*Wiedner* Rn. 59; aA KK-StPO/*Temming* Rn. 7.
[22] Vgl. *Dahs* Revision Rn. 462; Widmaier/*Dahs* MAH Strafverteidigung § 12 Rn. 67 ff.
[23] BGH v. 21. 5. 2003 – 5 StR 69/03, bei *Becker* NStZ-RR 2004, 225 (228); KK-StPO/*Kuckein* Rn. 23 mwN.
[24] BGH v. 10. 1. 2007 – 5 StR 305/06, BGHSt 51, 202 (205) = NJW 2007, 853 (854); *Meyer-Goßner* Einl. Rn. 143; Rn. 9.
[25] Vgl. *Meyer-Goßner*, Einl. Rn. 150.
[26] Vgl. *Meyer-Goßner*, aaO.
[27] BGH v. 20. 4. 2004 – 3 StR 172/04, bei *Becker* NStZ-RR 2005, 257 (261).
[28] BGH v. 15. 2. 1956 – 1 StR 580/55, JR 1956, 228; KG v. 5. 12. 1963 – 1 Ss 256/63,VRS 26, 287 (288).
[29] Vgl. OLG Hamm 15. 5. 1998 – 2 Ss 601/98, Rechtspfl. 98, 367; KK-StPO/*Kuckein* Rn. 19; Anw-StPO/*Lohse* Rn. 11.
[30] BGH v. 24. 3. 1964 – 3 StR 60/63, BGHSt 19, 273 (275) = NJW 1964, 1234 (1235).
[31] BGH v. 17. 11. 1964 – 1 StR 442/64, BGHSt 20, 95 (98) (st. Rspr.); *Meyer-Goßner* Rn. 10.
[32] BGH v. 22. 1. 1974 – 1 StR 586/73, BGHSt 25, 272 (275) = NJW 1974, 655 (656); BayObLG v. 29. 4. 1996 – 3 ObOWi 49/96, NStZ-RR 1996, 312.
[33] BGH v. 24. 3. 1964 – 3 StR 60/63, BGHSt 19, 273 (275) = NJW 1964, 1234 (1235); *Krause* StV 1984, 483 (485).
[34] Vgl. *Meyer-Goßner* Rn. 11 mwN.
[35] Löwe/Rosenberg/*Hanack*, 25. Aufl., Rn. 71; *Meyer-Goßner* Rn. 11.
[36] BayObLG v. 29. 4. 1996 – 3 ObOWi 49/96, NStZ-RR 1996, 312.

Beifügung einer Skizze, aus der die beabsichtigte Revisionsbegründung hervorgeht.[37] Auch die bloße Ankündigung einer Revisionsbegründung ist nicht ausreichend.[38]

12 Eine **auslegungsfähige Revisionsbegründung** fehlt ferner dann, wenn der Beschwerdeführer einen nicht näher ausgeführten Antrag auf Aufhebung und Zurückweisung stellt,[39] die Revision auf bestimmte Beschwerdepunkte beschränkt[40] oder nichts sagende Erklärungen abgibt, wie die Einlegung der Revision „nach allen Richtungen".[41]

13 Eine **bedingte Revisionsrüge** ist unzulässig;[42] dies gilt insbesondere für die Erhebung einer Revisionsrüge für den Fall, dass eine andere nicht durchgreift.[43] Ebenso ist die Rüge einer fehlerhaften Anwendung des §§ 344 Abs. 2 S. 2 durch das Revisionsgericht im Verfahren nach § 356a unzulässig.[44]

14 **3. Sachrüge.** Die Rüge muss nicht als Sachrüge bezeichnet werden.[45] Dass die Nachprüfung des angefochtenen Urteils in sachlich-rechtlicher Hinsicht begehrt wird, muss sich aber aus dem **Revisionsvorbringen** eindeutig ergeben.[46]

15 Zur **Zulässigkeit** der Sachrüge ist demnach ausreichend, die Verletzung des in dubio pro reo-Satzes oder widersprüchliche Urteilsfeststellungen hervorzuheben. Auch die Rüge, zu Unrecht bestraft worden zu sein oder der Antrag auf Freisprechung durch das Revisionsgericht kann insoweit ausreichend sein.[47] Allein die Beschränkung der Revision auf das Strafmaß ist aber unzureichend.[48]

16 Der **Inhalt** der Sachrüge ist mithin die Beanstandung, das Tatgericht habe das Recht auf den im Urteil festgestellten Sachverhalt unrichtig angewendet. Ob die Rechtsverletzung mit **Bestimmtheit** behauptet werden muss oder lediglich das Verlangen nach Nachprüfung in sachlich-rechtlicher Hinsicht ausreicht, ist umstritten. Der BGH fordert, dass der Revisionsführer die Rechtsverletzung mit Bestimmtheit behauptet.[49]

17 Eine **Begründung** erfordert die Sachrüge daher nicht. Die unausgeführt allgemeine Sachrüge beschränkt sich auf den Satz: „*Es wird die Verletzung sachlichen Rechts gerügt.*"[50] Die Staatsanwaltschaft hat allerdings Nr. 156 II RiStBV zu beachten. **Einzelausführungen** dienen daher nur dem Zweck, die Prüfung bestimmter Fragen zu beantworten. Enthalten Einzelausführungen hingegen nicht die Darlegung von Rechtsfehlern, können sie die Revision insgesamt unzulässig machen.[51] Das gilt insbesondere dann, wenn der Beschwerdeführer nur die Beweiswürdigung und die Richtigkeit der Urteilsfeststellungen beanstandet, ohne dabei die Rechtsanwendung anzugreifen, zB darzulegen, dass die Feststellungen gegen Denkgesetze oder Erfahrungssätze verstoßen, lückenhaft oder widersprüchlich sind oder den in dubio pro reo-Satz nicht beachtet haben, sondern die Fehlerhaftigkeit des Urteils stattdessen aus tatsächlichen Behauptungen herleitet, die in dem Urteil keine Stütze haben,[52] bzw. eine eigene, gegensätzliche Beweiswürdigung vornimmt.[53] Nichtsdestoweniger sollte eine Sachrüge durch einen Verteidiger näher begründet werden, schon um dem Anschein rechtsmissbräuchlicher Einlegung des Rechtsmittels zu begegnen.

18 **4. Verfahrensrüge.** Die Verfahrensrüge ist auszuführen und näher zu begründen.[54] Fehler bei der Darlegung des Revisionsgrundes führen zur **Unzulässigkeit** der Revision und oft zu deren uneingeschränkter Verwerfung.[55] Bei Erhebung einer Verfahrensrüge muss der Revisionsführer „die den

---

[37] OLG Stuttgart v. 16. 4. 2003 – 5 Ss 462/02, Justiz 2003, 596.
[38] BGH v. 17. 10. 1985 – 4 StR 516/85, bei *Pfeifer/Miebach* NStZ 1986, 206 (209).
[39] BGH v. 13. 12. 2005 – 3 StR 417/05, bei *Becker* NStZ-RR 2007, 289 (292) (st. Rspr.); KK-StPO/*Kuckein* Rn. 20.
[40] BGH v. 4. 12. 1979 – 5 StR 741/79, bei *Pfeifer* NStZ 1981, 295 (298); *Meyer-Goßner* Rn. 11 mwN.
[41] Vgl. OLG Hamm v. 22. 11. 1963 – 3 Ss 1039/63, NJW 1964, 1736; *Meyer-Goßner* Rn. 11 mwN.
[42] BGH v. 27. 7. 2006 – 1 StR 147/06, StraFo 2006, 454; *Meyer-Goßner* Rn. 12.
[43] BGH v. 14. 5. 1962 – 5 StR 51/62, BGHSt 17, 253 = JR 1962, 387; *Sarstedt/Hamm* Rn. 220.
[44] BGH 24. 7. 2008, 3 StR 515/07 (juris).
[45] S. o. § 337 Rn. 22.
[46] BGH v. 3. 11. 1999 – 3 StR 333/99, bei *Kusch* NStZ-RR 2000, 289 (294); OLG Hamm v. 2. 9. 1999, wistra 2000, 39; KK-StPO/*Kuckein* Rn. 26; HK-StPO/*Temming* Rn. 5.
[47] BGH v. 26. 6. 1992 – 3 StR 170/92, BGHR StPO § 338 Nr. 7 Entscheidungsgründe 2; *Meyer-Goßner* Rn. 14 mwN.
[48] BGH v. 27. 7. 2005 – 5 StR 201/05, bei *Becker* NStZ-RR 2007, 129 (132).
[49] Vgl. BGH v. 22. 1. 1974 – 1 StR 586/73, BGHSt 25, 272 (275) = NJW 1974, 655 (656) = JR 1974, 470 mAnm *Meyer*; ebenso KK-StPO/*Kuckein* Rn. 26; aA *Meyer-Goßner* Rn. 16 Löwe/Rosenberg/*Hanack*, 25. Aufl., Rn. 97.
[50] BGH v. 22. 1. 1974 – 1 StR 586/73, BGHSt 25, 272 (275) = NJW 1974, 655 (656); SK-StPO/*Frisch* Rn. 35; *Meyer-Goßner* Rn. 18; BeckOK-StPO/*Wiedner* Rn. 32.
[51] BGH v. 22. 1. 1974 – 1 StR 586/73, BGHSt 25, 272 (275) = NJW 1974, 655 (656); OLG Hamm v. 20. 5. 2008 – 2 Ss 176/08, StV 2009, 67 mAnm *Ventzke*; *Meyer-Goßner* Rn. 19.
[52] BGH v. 17. 1. 1992 – 3 StR 475/91, BGHR StPO § 344 Abs. 2 S. 1 Revisionsbegründung 2; *Dahs* Revision Rn. 504 mwN.
[53] BGH v. 17. 8. 1993 – 4 StR 462/93, AnwBl 1994, 92; KK-StPO/*Kuckein* Rn. 28.
[54] Vgl. BGH v. 14. 11. 2007 – 2 StR 465/07, NStZ-RR 2008, 163 = StraFo 2008, 120 f.; SK-StPO/*Frisch* Rn. 44; KK-StPO/*Kuckein* Rn. 32.
[55] *Sander* NStZ-RR 2007, 97; vgl. ferner Widmaier/*Dahs* MAH Strafverteidigung § 12, Rn. 61–72.

Mangel enthaltenden Tatsachen angeben" (Abs. 2 S. 2); dh., die Begründung der Verfahrensrüge muss die den Verfahrensverstoß begründenden Tatsachen zur Vollständigkeit genau wiedergeben, dass das Revisionsgericht allein aufgrund der Beschwerdeschrift prüfen kann, ob ein Verfahrensfehler vorliegt, wenn das tatsächliche Vorbringen der Revision zutrifft.[56] Genügt die Begründung der Verfahrensrüge diesen Anforderungen nicht, ist die Revision unzulässig.[57] Erfährt der Beschwerdeführer durch die Antragsschrift des Generalbundesanwalts von der Formwidrigkeit der Begründung, kommt **keine Wiedereinsetzung** in den vorherigen Stand in Betracht.[58] Mithin muss die Revisionsbegründungsschrift dem Revisionsgericht eine Schlüssigkeitsprüfung ermöglichen. Das ist solange leicht zu handhaben, solange die gesetzliche Vorschrift, deren Verstoß gerügt wird, aus sich allein heraus ein verständliches Ge- oder Verbot aufstellt. Das ist allerdings in der Regel nicht der Fall. Ist die Vorschrift Teil eines mehrschichtigen Regel-Ausnahme-Systems, wie beispielsweise die §§ 250 ff., muss in der Revisionsbegründung auch dargelegt werden, dass keine im Gesetz genannten Ausnahmen vorlag. Dadurch entsteht für den Beschwerdeführer nur unter Heranziehung der Rechtsprechung des Bundesgerichtshofs überhaupt zu beurteilende Fragestellungen, in welchen Fällen ein Vortrag sog. **Negativsachen** erforderlich ist.[59]

Zusammengefasst ergeben sich aus diesem Erfordernis insbesondere folgende weitere Anforderungen: Der Beschwerdeführer muss die den **Mangel begründenden Tatsachen vollständig** darlegen.[60] Das setzt voraus, dass dem Beschwerdeführer die Tatsachen zugänglich sind.[61] Wird ein Verteidiger erst für die Revisionsinstanz beauftragt, obliegt ihm bei zweifelhaften Verfahrensvorgängen eine **Erkundigungspflicht** sowohl beim Vorverteidiger[62] als auch beim Gericht.[63] Insgesamt dürfen allerdings hinsichtlich der rechtlichen Anforderungen an das notwendige Vorbringen des Revisionsvortrages **keine überspannten Anforderungen** gestellt werden.[64] 19

Werden Tatsachen vorgetragen, auf die **mehrere Verfahrensmängel** gestützt werden könnten, muss dargelegt werden, welcher Verfahrensmangel geltend gemacht wird.[65] Wird eine Verfahrensrüge auf Schriftstücke, Aktenteile und/oder Tonbandaufnahmen gestützt, sind diese im Einzelnen zu bezeichnen und wörtlich oder inhaltlich wiederzugeben.[66] Ein Lichtbild muss, wenn dessen fehlerhafte Nicht-Inaugenscheinnahme gerügt wird, in die Revisionsbegründungsschrift aufgenommen werden.[67] 20

Bezugnahmen und Verweisungen sind unzulässig.[68] Dies gilt sowohl für Anlagen oder Ausführungen anderer Verfahrensbeteiligter[69] als auch überhaupt für die Akten, das Sitzungsprotokoll oder andere Schriftstücke.[70] Das Revisionsgericht behandelt Bezugnahmen als nicht geschrieben.[71] Das gilt auch für **Einführungen,** die keinen Zusammenhang erkennen lassen[72] oder nicht lesbar sind.[73] 21

Das Revisionsgericht hat jedoch bei einer zulässig erhobenen Sachrüge die **Urteilsausführungen** zur Ergänzung der Verfahrensrügen heranzuziehen, ohne dass es insoweit einer ausdrücklichen Verweisung bedarf.[74] Der Revisionsführer sollte sich aber darauf nicht verlassen.[75] Das Revisionsgericht kann auch den bei der von Amts wegen vorgenommenen Prüfung von Verfahrens- 22

---

[56] BGH 4. 12. 2007 – 5 StR 404/07, NStZ 2008, 354 = StV 2008, 123; BGH v. 1. 4. 2008 – 5 StR 357/07, NStZ 2008, 475 = wistra 2008, 273; BGH 27. 5. 2008 – 3 StR 173/08, NStZ 2008, 282 (stRspr); HK-GS/*Maiwald* Rn. 10; KK-StPO/*Kuckein* Rn. 32; Anw-StPO/*Lohse* Rn. 16; *Meyer-Goßner* Rn. 21, 24; HK-StPO/*Temming* Rn. 10; BeckOK-StPO/*Wiedner* Rn. 35; krit. *Ventzke* StV 1992, 338; *Wieder* StraFo 2000, 328.
[57] S. § 349 Rn. 2.
[58] BGH 27. 3. 2008 – 3 StR 6/06, NJW 2008, 2356 = NStZ 2008, 527 f.; BGH v. 9. 4. 2008 – 3 StR 28/08 (juris) (st. Rspr.).
[59] Vgl. ausführlich *Dahs* Revision Rn. 472; *Sarstedt/Hamm* Rn. 224 ff.
[60] SK-StPO/*Frisch* Rn. 46; KK-StPO/*Kuckein* Rn. 38,39; vgl. auch *Sarstedt/Hamm* Rn. 236.
[61] BGH v. 1. 2. 1979 – 4 StR 657/78, BGHSt 28, 290 (291) = NJW 1979, 1052; BGH v. 13. 12. 1979 – 4 StR 632/79, BGHSt 29, 162 (164) = NJW 1980, 951.
[62] BVerfG v. 22. 9. 2005 – 2 BvR 93/05, StraFo 2005, 512; BGH v. 23. 11. 2004 – 1 StR 379/04, NStZ 2005, 283 = StV 2006, 459 abl. mAnm *Ventzke*.
[63] BGH 27. 7. 2006 – 1 StR 147/06, StraFo 2006, 454; *Meyer-Goßner* Rn. 22.
[64] BVerfG v. 25. 1. 2005 – 2 BvR 656/99, 2 BvR 657/99, 2 BvR 683/99, BVerfGE 112, 185 = NJW 2005, 1999; BVerfG v. 8. 12. 2005 – 2 BvR 449/05, StV 2006, 57; BGH v. 13. 2. 2008 – 3 StR 434/07, NStZ 2008, 345 = wistra 2008, 194 f; BGH v. 20. 3. 2008 – 1 StR 488/07, NJW 2008, 2451 = NStZ 2008, 457: Verfahrensverzögerung.
[65] BGH v. 26. 8. 1998 – 3 StR 256/98, NStZ 1999, 94; OLG München 19. 1. 2006 – 5 StR 130/05, NStZ 2006, 353.
[66] BGH v. 18. 12. 2007 – 1 StR 301/07, NStZ 2008, 280 = wistra 2008, 154 mwN.
[67] BGH v. 8. 3. 2001 – 4 StR 477/00, StV 2004, 304 = VRS 100, 341.
[68] BGH v. 13. 10. 2006 – 2 StR 362/06, NStZ 2007, 166; HK-GS/*Maiwald* Rn. 10.
[69] BGH v. 10. 1. 2006 – 1 StR 527/05, NJW 2006, 1220 = JR 2006, 389 mAnm *Humberg*; KK-StPO/*Kuckein* Rn. 39.
[70] BGH v. 5. 6. 2007 – 5 StR 383/06, NJW 2007, 3010 (3011) = NStZ 2008, 354 (st. Rspr.); *Meyer-Goßner* Rn. 21.
[71] BGH v. 7. 4. 1970 – 5 StR 308/69, bei *Dallinger* MDR 1970, 897 (900); BGH v. 8. 7. 1976 – 3 StR 451/76, bei *Spiegel* DAR 1977, 169 (179).
[72] BGH v. 24. 6. 2008 – 3 StR 515/07 (juris); BGH v. 7. 4. 2005 – 5 StR 532/04, NStZ 2005, 463.
[73] BGH v. 3. 10. 1984 – 2 StR 166/84, BGHSt 33, 44 = NJW 1985, 443; OLG Hamm v. 24. 8. 2001 – 2 Ss 688/01, NStZ-RR 2001, 376 [handgeschriebene Texte].
[74] BGH v. 20. 3. 1990 – 1 StR 693/89, BGHSt 36, 384 (385) = StV 1990, 242; BGH v. 19. 12. 2007 – 2 StR 510/07, StraFo 2008, 332 mwN; *Dahs,* FS Salger, 1995, S. 217 (219) mwN.
[75] Vgl. *Dahs* Revision Rn. 466.

hindernissen zur Kenntnis genommenen Akteninhalt[76] oder einen zu einer anderen zulässig erhobenen Verfahrensrüge vorgetragenen Sachverhalt berücksichtigen.[77]

23 Die Tatsachen müssen **bestimmt** behauptet, **nicht** jedoch durch Angaben von Beweismitteln **glaubhaft gemacht** werden.[78] Der Beschwerdeführer muss sie mithin in der Form der positiven Behauptung ihres Vorhandenseins vorbringen.[79] Werden die den Mangel begründenden Tatsachen vollständig vorgetragen, bedarf es keiner Mitteilung der Sitzungsniederschrift.[80] Auch wenn den Beschwerdeführer mithin keine Beweislast trifft, erfordert eine konkrete Behauptung eines Verfahrensverstoßes die Angaben der Beweistatsachen, wobei der Beweis durch das Sitzungsprotokoll oder durch Freibeweis geführt werden kann.[81] Wird der Tatsachenvortrag durch die Sitzungsniederschrift oder durch den Akteninhalt bestätigt, gilt er als erwiesen.[82] Der Zweifelsgrundsatz findet keine Anwendung.[83]

24 Aus den Angaben der Tatsachen muss die „Angriffsrichtung" deutlich und genau hervorgehen, mithin angegeben sein, gegen welches Gebot oder Verbot das Tatgericht verstoßen haben soll.[84] Es muss insoweit genau ersichtlich werden, gegen welches Gesetz verstoßen wird.[85] Der Vortrag darf **nicht widersprüchlich** sein,[86] auch genügen **keine wahlweisen oder unbestimmten** Tatsachenbehauptungen, wie die Rüge der Nichtvereidigung „verschiedener Zeugen" oder die Behauptung der Unfähigkeit „eines Teils der Schöffen".[87] Jede Einschränkung der Bestimmtheit des Vortrages führt zur Unzulässigkeit der Rüge.[88] Allerdings ist eine Verfahrensrüge auch bei einem hinreichend bestimmt behaupteten Verfahrensmangel unzulässig, wenn sie eindeutig unwahr[89] oder aufgrund des Verschweigens wesentlicher Umstände rechtsmissbräuchlich[90] ist.

25 Ein **erschöpfender Vortrag** kann es im Einzelfall auch erforderlich machen vorzutragen, dass bestimmte Tatsachen nicht gegeben sind (Negativtatsachen).[91] Das Erfordernis des Vorbringens **sog. Negativtatsachen** beruht auf dem Grundgedanken, dass der Beschwerdeführer auch diejenigen Fakten vorzutragen habe, die seiner Rüge den Boden entziehen und somit darzulegen hat, dass der gerügte Verfahrensfehler nicht ausgeglichen oder geheilt worden ist.[92] Demnach hat der Beschwerdeführer zB darzulegen, dass sich der Inhalt oder die Beweiserheblichkeit einer protokollierten Aussage nicht durch den weiteren Verlauf der Hauptverhandlung verändert hat.[93] Aus alledem folgt für den Beschwerdeführer die Notwendigkeit, sich zu jeder Verfahrensrüge in die umfangreiche Kasuistik des § 344 Abs. 2 S. 2 einzuarbeiten.[94]

26 Ausführungen zur **Beruhensfrage** sind in der Regel nicht erforderlich.[95] Sind die Tatsachen dargelegt, die eine Prüfung der Beruhensfrage ermöglichen, ist das ausreichend.[96] Allerdings empfehlen sich Ausführungen dort, wo ein Beruhen auf dem gerügten Verfahrensfehler eher unwahrscheinlich ist.[97]

---

[76] OLG Köln v. 30. 5. 1997 – Ss 219/97, NStZ-RR 1997, 336.
[77] Vgl. *Meyer-Goßner* Rn. 20 mwN.
[78] BGH v. 22. 9. 2006 – 1 StR 298/06, NStZ 2007, 235; BGH v. 9. 11. 2006 – 1 StR 388/06, NStZ-RR 2007, 53; SK-StPO/*Frisch* Rn. 46; HK-StPO/*Temming* Rn. 10.
[79] Vgl. *Sander* NStZ-RR 2007, 97 mwN zur Rspr.; *Dahs* Revision Rn. 468.
[80] BGH v. 21. 10. 2008 – 3 StR 275/08, StraFo 2009, 23.
[81] BGH v. 5. 6. 1996 – 2 StR 70/96, NStZ-RR 1997, 71; KK-StPO/*Kuckein* Rn. 40; *Dahs* Revision Rn. 48.
[82] BGH v. 22. 1. 2008 – 1 StR 607/07, NStZ 2008, 353.
[83] *Meyer-Goßner* Rn. 24.
[84] BGH v. 29. 2. 1952 – 2 StR 112/50, BGHSt 2, 168; OLG Brandenburg v. 22. 5. 1997 – 2 Ss (Owi) 298/97, StraFo 1997, 205; *Venske* StV 1992, 341 mwN; BeckOK-StPO/*Wiedner* Rn. 40.
[85] BGH v. 13. 3. 1997 – 1 StR 72/97, NStZ-RR 1997, 304 = StV 1999, 195; KK-StPO/*Kuckein* Rn. 34.
[86] BGH v. 19. 10. 2005 – 1 StR 117/05, NStZ-RR 2006, 181.
[87] Vgl. *Meyer-Goßner* Rn. 24 mwN.
[88] RG v. 29. 4. 1919 – IV 652/16, RGSt 53, 50 (51); Löwe/Rosenberg/*Hanack*, 25. Aufl., Rn. 69; *Dahs* Revision Rn. 468.
[89] HK-StPO/*Temming* Rn. 11.
[90] EGMR v. 19. 6. 2006 – 23130/04, NJW 2007, 2097; BGH v. 21. 11. 2007 – 1 StR 539/07, NStZ-RR 2008, 85; *Meyer-Goßner* Rn. 20.
[91] BVerfG v. 25. 1. 2005 – 2 BvR 656/99, NJW 2005, 1999 = NStZ 2005, 522; BVerfG v. 12. 1. 1983 – 2 BvR 864/81, BVerfGE 63, 45 (70f.) = StV 1983, 177 (183); BVerfG v. 17. 3. 1988 – 2 BvR 233/84, BVerfGE 78, 88 (89) = NVwZ 1988, 718; BGH v. 20. 7. 1999 – 1 StR 287/99, NStZ 2000, 49; einschränkend: BGH v. 8. 8. 2007 – 2 StR 224/07, NStZ 2007, 717; OLG Köln v. 19. 12. 2000 – Ss 468/00, NStZ-RR 2001, 140; krit. *Widmaier* StraFo 2006, 437; *Dahs*, Salger, 1995, S. 217 (225); *Weiler*, FS Meyer-Goßner, 2001, S. 571 (585).
[92] BGH v. 5. 6. 1996 – 2 StR 70/96, BGHR StPO § 344 Abs. 2 S. 2 Aufklärungsrüge 8 = StV 1996, 530 mwN; BGH v. 28. 11. 1990 – 3 StR 170/90, BGHSt 37, 245 (247f.) = MDR 1991, 270; KK-StPO/*Kuckein* Rn. 38, 43 mwN; AnwStPO/*Lohse* Rn. 15; *Dahs* Revision Rn. 472.
[93] BGH v. 3. 4. 2001 – 1 StR 58/01, StV 2002, 354.
[94] *Dahs* Revision Rn. 464ff. unter Hinweis auf die lfd. Publikationen in NStZ-RR zur „Zulässigkeit von Verfahrensrügen in der Rechtsprechung des BGH"; s. o. § 337 Rn. 16.
[95] Vgl. *Herdegen* NStZ 1990, 513 (517); SK-StPO/*Frisch* Rn. 67; KK-StPO/*Kuckein* Rn. 65; *Meyer-Goßner* Rn. 27 mwN.
[96] BGH v. 26. 5. 1981 – 1 StR 48/81, BGHSt 30, 131 (135) = StV 1981, 500 (502); KG v. 28. 9. 1999 – 1 Ss 166/99 (31/99), StV 2000, 189 (190) mwN.
[97] Vgl. Löwe/Rosenberg/*Hanack*, 25. Aufl., Rn. 87; *Meyer-Goßner* Rn. 27; *Dahs* Revision Rn. 460.

5. Die sog. Protokollrüge. Protokollrügen sind unzulässig.[98] Ein Urteil kann weder auf der Feh- 27
lerhaftigkeit des Sitzungsprotokolls[99] noch auf deren Fehlen[100] beruhen. Demzufolge kann die
Fehlerhaftigkeit eines Sitzungsprotokolls keine Revision begründen. Nimmt der Beschwerdeführer an die Stelle eigener Behauptungen eines Verfahrensverstoßes Bezug auf das Sitzungsprotokoll, fehlt es an dem Vortrag bestimmter rügebegründender Tatsachen.[101]

§ 345 [Revisionsbegründungsfrist]

(1) ¹Die Revisionsanträge und ihre Begründung sind spätestens binnen eines Monats nach Ablauf der Frist zur Einlegung des Rechtsmittels bei dem Gericht, dessen Urteil angefochten wird, anzubringen. ²War zu dieser Zeit das Urteil noch nicht zugestellt, so beginnt die Frist mit der Zustellung.

(2) Seitens des Angeklagten kann dies nur in einer von dem Verteidiger oder einem Rechtsanwalt unterzeichneten Schrift oder zu Protokoll der Geschäftsstelle geschehen.

Schrifttum: *Becker*, Aus der Rechtsprechung des BGH zum Strafverfahrensrecht, NStZ-RR 2003, 289; NStZ-RR 2005, 257; NStZ-RR 2007, 129; *Feuerich*, Anm. zu „OLG Celle: Verteidigung durch nicht mehr zugelassenen Rechtsanwalt, NStZ 1989, 338; *Grabenwarter*, Die Revisionsbegründungsfrist nach § 345 Abs. 1 StPO und das Recht auf angemessene Vorbereitung der Verteidigung (Art. 6 Abs. 3 lit. b EMRK), NJW 2002, 109; *Hillenkamp*, Die Urteilsabsetzungs- und Revisionsbegründungsfrist im deutschen Strafprozess 1998; *Krehl*, Die Revisionsbegründung zu Protokoll der Geschäftsstelle und effektiver Rechtsschutz, FS Hamm, 2008, S. 383; *Kusch*, Aus der Rechtsprechung des BGH zum Strafverfahrensrecht, NStZ 1994, 23; NStZ 1996, 21; *Miebach*, Aus der (vom BGH nicht veröffentlichen) Rechtsprechung des Bundesgerichtshofs in Strafsachen zum Verfahrensrecht – Juli bis Dezember 1987, NStZ 1988, 209; *Pfeifer*, Aus der (vom BGH nicht veröffentlichen) Rechtsprechung des Bundesgerichtshofs in Strafsachen zum Verfahrensrecht – 1981, NStZ 1983, 208; *Pfeifer/Miebach*, Aus der (vom BGH nicht veröffentlichen) Rechtsprechung des Bundesgerichtshofs in Strafsachen zum Verfahrensrecht – Januar bis Juni 1987, NStZ 1988, 17.

A. Begründungsfrist (Abs. 1)

I. Dauer der Frist

Die Frist beträgt ein Monat (Abs. 1 S. 1) und wird nach § 43 Abs. 1, 2 berechnet. Eine Verlän- 1
gerung ist auch bei schwierigen und umfangreichen Sachen nicht möglich.[1] Demnach sind dennoch gestellte Fristverlängerungsanträge nach derzeit hM von dem zuständigen Gericht als unzulässig zu verwerfen.[2] Ein Verzicht auf die Ausschöpfung der Frist ist allerdings möglich.[3] Im Falle der Sprungrevision (§ 335) muss innerhalb dieser Frist die Wahl zwischen Berufung und Revision vorgenommen werden.[4]

II. Fristbeginn

Maßgebend für die Fristberechnungen sind die **Frist zur Einlegung des Rechtsmittels** und **die** 2
Zustellung des Urteils. Die Frist beträgt bei Verkündung des Urteils in Anwesenheit des Angeklagten eine Woche (§ 341 Abs. 1), bei Verkündung in dessen Abwesenheit grundsätzlich eine Woche ab Urteilszustellung (§ 341 Abs. 2 1. Alt.).[5] Folglich ist die Revisionseinlegungsfrist in Abs. 1 nur dann von Bedeutung, wenn das Urteil vor deren Ablauf zugestellt wird. Ansonsten beginnt die Revisionsbegründungsfrist immer erst mit der Zustellung des Urteils.

Wird unter Verstoß gegen § 273 Abs. 4 das Urteil vor Fertigstellung des Sitzungsprotokolls zu- 3
gestellt, ist die Zustellung unwirksam.[6] Dementsprechend ist auch eine Zustellung unwirksam, wenn sich der Urkundsbeamte noch nicht zu den vom Vorsitzenden eingefügten sachlichen Erwägungen geäußert hat und mithin das Protokoll für die Verteidigung keine abgeschlossene Grundlage für etwaige Verfahrensrügen liefert.[7]

---

[98] SK-StPO/*Frisch* Rn. 51; Anw-StPO/*Lohse* Rn. 17; HK-GS/*Maiwald* Rn. 13; *Sarstedt/Hamm* Rn. 238.
[99] BGH v. 23. 8. 2006 – 1 StR 466/05, NStZ-RR 2007, 51 (52); *Meyer-Goßner* Rn. 26 mwN.
[100] BGH v. 17. 7. 1991 – 3 StR 4/91, NStZ 1991, 502.
[101] Vgl. Löwe/Rosenberg/*Hanack*, 25. Aufl., Rn. 86; *Dahs* Rn. 895; *Dahs* Revision Rn. 471, 491.
[1] BGH v. 10. 4. 1987 – 4 StR 52/07, bei *Pfeifer/Miebach* NStZ 1988, 17, (20); BGH v. 1. 8. 2002 – 3 StR 496/01, NStZ – RR 2003, 14 (st. Rspr.); SK-StPO/*Frisch* Rn. 1; KK-StPO/*Kuckein* Rn. 1 mwN; BeckOK-StPO/*Wiedner* Rn. 6.
[2] OLG Düsseldorf v. 2. 9. 1983 – 2 Ws 439/83, NStZ 1984, 91; vgl. ausführlich *Hillenkamp*, Die Urteilsabsetzungs- und Revisionsbegründungsfrist im deutschen Strafprozess, 1998, 105 (117).
[3] KK-StPO/*Kuckein* Rn. 1 mwN.
[4] BGH v. 25. 1. 1995 – 2 StR 456/94, BGHSt 40, 395 (398) = NJW 1995, 2367 (2368); vgl. § 335 Rn. 6.
[5] BGH v. 30. 8. 1989 – 3 StR 195/89, BGHSt 36, 241 = NJW 1990, 460; OLG Köln v.9. 1. 1987 – Ss 745/86, NStZ 1987, 243; OLG Bamberg v. 27. 4. 2007 – 3 Ss Owi 480/2007, 3 Ss Owi 480/07, OLGSt OWiG § 73 Nr. 11 = SVR 2008, 114; abw. BGH v. 10. 5. 2000 – 1 StR 617/99, BGHR StPO § 341 Anwesenheit 1 = NStZ 2000, 498; BeckOK-StPO/*Wiedner* Rn. 1.
[6] BGH v. 16. 12. 1976 – 4 StR 614/76, BGHSt 27, 80 (81) = NJW 77, 541; OLG Hamm v. 15. 11. 2000 – 2 Ss Owi 1078/00, NStZ 2001, 220; SK-StPO/*Frisch* Rn. 11; KK-StPO/*Kuckein* Rn. 7 mwN; Anw-StPO/*Lohse* Rn. 8; HK-StPO/*Temming* Rn. 3.
[7] BGH v. 3. 1. 1991 – 3 StR 377/90, BGHSt 37, 287 = NJW 1991, 1902.

4 **1. Zustellung vor Ablauf der Frist (Abs. 1 S. 1).** Bei Zustellung des Urteils vor Ablauf der Revisionseinlegungsfrist knüpft die Revisionsbegründungsfrist an die des § 341 Abs. 1 an, dh. beginnt mit deren Ablauf.[8] Ob die Revision schon vorher eingelegt oder zugleich mit der Revisionseinlegung begründet wurde, ist insoweit unbeachtlich.[9]

5 **2. Zustellung nach Ablauf der Frist (Abs. 1 S. 2).** Wird das Urteil nach Ablauf der Revisionseinlegungsfrist zugestellt, was regelmäßig der Fall ist, ist das **Zustellungsdatum** für den Fristbeginn maßgebend. Die Frist wird nur durch eine wirksame Zustellung, die **von Amts wegen** zu berücksichtigen ist,[10] nach den §§ 36 Abs. 1, 37, 40, 41 Abs. 1 in Gang gesetzt.

6 a) **Voraussetzungen ordnungsgemäßer Zustellung.** Eine ordnungsgemäße Zustellung[11] setzt zunächst voraus, dass sie von der zuständigen Stelle veranlasst wurde.[12] Bei Zustellungen an den Verteidiger ist § 145a zu beachten, sodass bei dem Wahlverteidiger vorausgesetzt ist, dass sich dessen Vollmacht bei den Akten befindet.[13] Bei Mehrfachverteidigung genügt die Zustellung an einen Verteidiger.[14] Wird das Urteil dem Angeklagten zugestellt, so beginnt damit die Revisionsbegründungsfrist – unabhängig davon, ob dem Verteidiger Zustellungsvollmacht erteilt wurde.[15] Grundsätzlich wird aber, so sich die Zustellungsvollmacht des Verteidigers bei den Akten befindet, das Urteil dem Verteidiger zugestellt und dem Angeklagten formlos übersandt.

7 Bei **mehrfacher Zustellung** gilt grundsätzlich der Zeitpunkt der ersten wirksamen Zustellung; wird das Urteil an **mehrere Personen** zugestellt, so ist der Zeitpunkt der zuletzt bewirkten Zustellung (§ 37 Abs. 2) ausschlaggebend.[16] Weiterhin setzt eine wirksame Zustellung voraus, dass das Urteil in **vollständiger Form** dem Empfänger ordnungsgemäß zugegangen ist. An einem ordnungsgemäßen Zugang fehlt es beispielsweise bei fehlender Unterzeichnung des Empfangsbekenntnisses durch den Verteidiger[17] bzw. der Unterzeichnung des Empfangsbekenntnisses durch einen anderen als den Pflichtverteidiger.[18]

8 Eine Ausfertigung oder beglaubigte Abschrift des – der Urschrift entsprechenden – Urteils muss die vollständige Urteilsformel, die Urteilsgründe und die durch die § 75 Abs. 2 S. 1 vorgeschriebenen Unterschriften bzw. Verhinderungsvermerke enthalten.[19] Nach der Rechtsprechung kommt es insoweit darauf an, ob ein **wesentlicher Mangel** vorliegt, aufgrund dessen der Inhalt der Urschrift nicht sicher erkennbar ist.[20] Zu unterscheiden ist weiter, ob es sich um einen Mangel der Zustellung oder einen Fehler des Urteils handelt. Das Fehlen einer Unterschrift oder eines Verhinderungsvermerkes begründet zwar einen Mangel des Urteils, führt aber nicht zu einer fehlerhaften Zustellung.[21] Entsprechendes gilt, wenn die Urteilsformel sowohl in der Urschrift als auch in der Ausfertigung fehlt.[22]

9 b) **Sonderfälle.** Bei der Berechnung der Frist tritt an die Stelle der Urteilszustellung die **Zustellung des Wiedereinsetzungsbeschlusses**,[23] sofern dem Beschwerdeführer nach Versäumung der Frist des § 341 Wiedereinsetzung in den vorherigen Stand gewährt wurde. Entsprechendes gilt im Falle eines die Urteilsgründe ergänzenden zulässigen Berichtigungsbeschlusses,[24] sofern die Er-

---

[8] BGH v. 30. 8. 1989 – 3 StR 195/89, BGHSt 36, 241 = StV 1990, 193; Anw-StPO/*Lohse* Rn. 2; *Meyer-Goßner* Rn. 4; aA OLG Bamberg v. 18. 10. 2005 – 2 Ss Owi 1099/05, NZV 2006, 322 mAnm *Kucklick*.
[9] SK-StPO/*Frisch* Rn. 5; *Löwe/Rosenberg/Hanack*, 25. Aufl., Rn. 4; *Meyer-Goßner* Rn. 3.
[10] BGH v. 21. 11. 2000 – 4 StR 354/00, BGHSt 46, 204 (205) = NStZ 2001, 219.
[11] Vgl. OLG Düsseldorf v. 7. 2. 1996 – 1 Ws 730 – 733/95, NStZ 1996, 403; OLG Düsseldorf v. 25. 11. 1999 – 1 Ws (Owi) 944 und 952/99, NStZ-RR 2000, 335.
[12] Vgl. BGH v. 18. 12. 1985 – 2 StR 619/85, NStZ 1986, 230 (231); OLG München v. 24. 6. 2009 – 5 StRR 157/09 (juris).
[13] BGH v. 24. 10. 1995 – 1 StR 474/95, NStZ 1996, 97; BeckOK-StPO/*Wiedner* Rn. 4.1.
[14] BGH v. 5. 1987 – 2 StR 170/87, BGHSt 34, 371 = JZ 1987, 788; vgl. auch BGH v. 12. 8. 1997 – 4 StR 329/97, NStZ-RR 1997, 364 [Wahlverteidiger/Pflichtverteidiger]; BGH v. 4. 3. 2003 – 4 StR 466/02, NStZ-RR 2003, 205; BGH v. 17. 9. 2008 – 1 StR 436/08, StraFo 2008, 509.
[15] BGH v. 18. 4. 1963 – KRB 1/62, BGHSt 18, 352 (354) = NJW 1963, 1558; OLG Düsseldorf v. 8. 9. 1988 – 1 Ws 868/88, NStZ 1989, 88.
[16] Vgl. KK-StPO/*Kuckein* Rn. 4.
[17] BGH v. 15. 11. 1995 – 3 StR 353/95, NStZ 1996, 149.
[18] BGH v. 25. 8. 1987 – 4 StR 426/87, bei *Miebach* NStZ 1988, 209 (213); BGH v. 28. 4. 2005 – 4 StR 21/05 (juris); KK-StPO/*Kuckein* Rn. 5 mwN.
[19] Vgl. *Meyer-Goßner* Rn. 5 mwN.
[20] Vgl. BGH v. 5. 2. 1981 – 4 StR 506/81, bei *Pfeifer* NStZ 1983, 208 (214); BGH v. 17. 3. 2004 – 2 StR 44/04, bei *Becker* NStZ-RR 2005, 257 (261 f.); BGH v. 24. 8. 2006 – 4 StR 286/06, NStZ 2007, 53; KK-StPO/*Kuckein* Rn. 6 mwN.
[21] Vgl. BGH v. 21. 11. 2000 – 4 StR 354/00, BGHSt 46, 204 = NJW 2001, 838; SK-StPO/*Frisch* Rn. 9; *Meyer-Goßner* Rn. 5a.
[22] BGH 5. 9. 2007 – 2 StR 306/07, ZJJ 2007, 414; KK-StPO/*Kuckein* Rn. 6 mwN.
[23] Vgl. RG v. 13. 11. 1942 – 1 D 363/42, RGSt 76, 280; SK-StPO/*Frisch* Rn. 13; KK-StPO/*Kuckein* Rn. 3 mwN; HK-StPO/*Temming* Rn. 3.
[24] Vgl. BGH v. 3. 2. 1959 – 1 StR 644/58, BGHSt 12, 374 (375) = NJW 1959, 899; BGH v. 14. 11. 1990 – 3 StR 310/90, NStZ 1991, 195.

gänzung der Sache nach gerechtfertigt und für die Revisionsbegründung von Belang ist,[25] sowie eines Aufhebungsbeschlusses nach § 346 Abs. 2[26] oder eines Beschlusses über die Zulassung des Nebenklägers.[27] In den Fällen, in denen dem Angeklagten eine Übersetzung auszufertigen ist (RiStBV Nr. 181 Abs. 2), ist ausschließlich die Zustellung der deutschen Urteilsschrift ausschlaggebend.[28]

III. Voraussetzungen der Fristenwahrung

Für die Fristwahrung genügt, wie bei der Einlegung der Revision, die rechtzeitige Übersendung der Revisionsbegründungsschrift per Telefax, Telebrief oder Fernschreiben, sofern die in Abs. 2 bestimmte Form eingehalten ist. Ebenso kann die Revisionsbegründung zu Protokoll der Geschäftsstelle grundsätzlich am letzten Tag der Frist erfolgen, auch im Falle des § 299.[29] Voraussetzung ist aber, dass der Rechtspfleger den Inhalt der Revisionsbegründung innerhalb der Frist prüfen kann.[30]   10

B. Form der Revisionsbegründung (Abs. 2)

I. Regelungszweck

Die Vorschrift dient der Gewährleistung einer gesetzmäßigen und sachgerechten Begründung der Revision und soll aus Sicht eines rechtsunkundigen Angeklagten verhindern, dass sein Rechtsmittel bereits an Form, Fehlern oder sonstigen Mängeln scheitert;[31] ebenso sollen die Revisionsgerichte vor einer durch die Prüfung unsachgemäßer und unvollständiger Anträge entstehenden Arbeitsbelastung bewahrt werden.[32]   11

II. Revisionsführer

Die in Abs. 2 genannten Möglichkeiten bestehen für den **Angeklagten**, seine **gesetzlichen Vertreter** (§ 238) bzw. **Erziehungsberechtigten** (§ 67 Abs. 3 JGG), daneben auch für den **Einziehungsbeteiligten** und dessen gesetzliche Vertreter (§§ 431, 432, 433 Abs. 1). Für die Revision der **StA** oder des Privat- und **Nebenklägers** gelten Besonderheiten. Bei der Revision der StA genügt einfache Schriftform (RiStBV Nr. 149), die bereits durch Übersendung einer beglaubigten Abschrift, die den Namen des Verfassers in Maschinenschrift wiedergibt, gewahrt ist.[33] Privat- und Nebenkläger können Revisionsanträge nur durch eine von einem Rechtsanwalt unterzeichnete Schrift anbringen (§ 390 Abs. 2) und haben kein Recht der Erklärung der Revisionsbegründung zu Protokoll.[34]   12

III. Begründung durch Verteidiger oder Rechtsanwalt

Die Revisionsbegründung muss von einem Verteidiger (§§ 138, 140) oder einem bei einem deutschen Gericht zugelassenen Rechtsanwalt unterzeichnet sein. Mithin kann auch ein Rechtsanwalt, dem die Verteidigung nicht übertragen ist, die Revision einlegen und begründen.[35] Ist der Angeklagte selbst Rechtsanwalt, kann er die Begründungsschrift selbst unterzeichnen.[36] Voraussetzung ist, dass er als Rechtsanwalt noch zugelassen und gegen ihn kein Berufsverbot nach §§ 150, 155 BRAO verhängt ist.[37]   13

---

[25] Vgl. OLG Hamm v. 27. 1. 1956 – 3 Ss 1566/55, NJW 1956, 923.
[26] Vgl. BayObLG v. 18. 10. 1996 – 2 ObOWi 777/96, NVZ 1998, 82.
[27] Vgl. *Meyer-Goßner* Rn. 6.
[28] Vgl. KK-StPO/*Kuckein* Rn. 3.
[29] BayObLG v. 16. 3. 2000 – 3 ObOWi 5/2000, BayObLG 2000, 26 = Rpfleger 2000, 295; vgl. ferner zu § 341 Rn. 8, 13.
[30] BGH v. 27. 11. 2008 – 5 StR 496/08, StraFo 2009, 23 f.; unten Rn. 21.
[31] Vgl. BVerfG v. 11. 1. 2001 – 2 BvR 1471/01, Rpfleger 2002, 279 (280); BGH v. 22. 1. 1974 – 1 StR 586/73, BGHSt 25, 272 (273).
[32] Vgl. BVerfG v. 17. 5. 1983 – 2 BvR 731/80, BVerfGE 64, 135 (153) = NJW 1983, 2762 (2764); BGH v. 28. 3. 1984 – 3 StR 95/84, BGHSt 32, 326 (327 f.); BGH v. 2. 8. 1984 – 4 StR 120/83, NStZ 1984, 563; BGH v. 5. 3. 1987 – 4 StR 26/87, NStZ 1987, 336; SK-StPO/*Frisch* Rn. 21; HK-GS/*Maiwald* Rn. 5.
[33] BGH v. 18. 10. 1951 – 3 StR 513/51, BGHSt 2, 77 (78); GmS-OGB v. 30. 4. 1979 – GmS-OGB 1/78, NJW 1980, 172 (174); SK-StPO/*Frisch* Rn, 57; BeckOK-StPO/*Wiedner* Rn. 39.
[34] BGH v. 14. 2. 1992 – 3 StR 433/91, NJW 1992, 1398; OLG Hamm v. 19. 7. 2007 – 2 Ss 294/07, StraFo 2007, 467.
[35] BGH v. 2. 8. 2000 – 3 StR 502/99, BGHR StPO § 345 Abs. 2 Rechtsanwalt = NStZ 2001, 52; SK-StPO/*Frisch* Rn. 25.
[36] Vgl. KG v. 30. 3. 1962 – Zs 790/61 – 1 Ws 71/62, GA 109 (1962), 311; BayObLG v. 25. 11. 1975 – 4 Ob Owi 87/75, BayObLGSt 1975, 153 (154) = MDR 1976, 248; SK-StPO/*Frisch* Rn. 26; BeckOK-StPO/*Wiedner* Rn. 22.
[37] Vgl. *Feuerich* mAnm zu OLG Celle v. 3. 6. 1988 – 2 Ss 37/88 = NStZ 1989, 338 (339) mwN; KK-StPO/*Kuckein* Rn. 11; Anw-StPO/*Lohse* Rn. 11; *Meyer-Goßner* Rn. 13.

14 **1. Vollmacht.** Der Verteidiger, der bereits in der Tatsacheninstanz tätig war, bedarf keiner besonderen Vollmacht.[38] Wird ein Rechtsanwalt oder Verteidiger mit der Anfertigung der Revisionsbegründungsschrift neu beauftragt, muss er vor Ablauf der Frist zu deren Unterzeichnung wirksam bevollmächtigt sein. Die Vollmacht kann mündlich erteilt und erst nach Ablauf der Frist nachgewiesen werden.[39]

15 **2. Schrift.** Der Schrift müssen die Revisionsanträge und deren Begründung so bestimmt entnommen werden können, dass das Revisionsgericht eine zuverlässige Grundlage für deren weitere Behandlung hat.[40] Auch wenn die Schrift insoweit in erster Linie dem Gebot der Lesbarkeit unterliegt,[41] folgt aus diesem Erfordernis die Unzulässigkeit der Revision, wenn weite Teile der schriftlichen Erklärung fehlen.[42]

16 Der Rechtsanwalt oder Verteidiger muss daher das Schriftstück **selbst verfassen**, sodass vom Angeklagten verfasste Ausführungen, auch wenn der Verteidiger auf diese Bezug nimmt[43] oder diese in seinem Verteidigerschriftsatz mit aufnimmt,[44] den Anforderungen nicht genügen. Folglich sind auch Bezugnahmen auf Schriftstücke anderer Verfahrensbeteiligter oder auf Aktenbestandteile oder auf Anlagen unzulässig.[45]

17 Die Schrift ist im Original beim Gericht einzureichen.[46] Abschriften oder Ablichtungen anderer Schriftstücke können als Anlagen beigefügt werden.[47] Eine Übersendung per Telegramm, Fernschreiben oder Telefax ist zulässig.[48]

18 **a) Eigenhändige Unterschrift.** Zur Unterzeichnung gehört grundsätzlich eine eigenhändige Unterschrift,[49] dh. ein Schriftzug, der ausreichend seinen Urheber erkennen lässt.[50] Insoweit darf der Pflichtverteidiger die Revisionsbegründungsschrift nicht durch seinen Sozius,[51] wohl aber durch einen **amtlich bestellten Vertreter** unterzeichnen lassen.[52] Die Unterschrift muss den gesamten Inhalt der Revisionsbegründungsschrift einschließlich der Anlagen, auf die Bezug genommen wird, decken.[53]

19 **b) Verantwortung für deren Inhalt.** Der Verteidiger oder Rechtsanwalt muss die volle Verantwortung für den Inhalt der Schrift übernehmen.[54] Dem steht ein von mehreren Verteidigern mehrerer Mitangeklagter gemeinsam eingereichter und unterschriebener Schriftsatz nicht entgegen.[55] Zweifel daran machen die Revisionsbegründung unzulässig.[56] Derartige Mängel der Revisionsbegründung können nach Ablauf der Revisionsbegründungsfrist nicht mehr geheilt werden.[57] Folglich darf der Verteidiger oder Rechtsanwalt sich nicht von dem Inhalt der Revisionsbegründungsschrift distanzieren, etwa indem er erkennbar macht, nur auf Wunsch, Auftrag, Anweisung oder Verlangen des Angeklagten tätig geworden zu sein[58] oder eine Schrift unterzeichnet, deren grobe inhaltliche Mängel deutlich machen, dass er sich darauf beschränkt hat, die Vorstellungen des

---

[38] SK-StPO/*Frisch* Rn. 22; *Meyer-Goßner* Rn. 11; *Sarstedt/Hamm* Rn. 199.
[39] Vgl. OLG Brandenbg. v. 6. 7. 1994 – 2 Ss 8/94, NStZ 1995, 52; OLG Nürnberg v. 10. 4. 2007 – 2 St OLG Ss 10/07, NJW 2007, 1767; KK-StPO/*Kuckein* Rn. 11; *Meyer-Goßner* Rn. 11–12 jeweils mwN.
[40] SK-StPO/*Frisch* Rn. 27; *Meyer-Goßner* Rn. 14.
[41] BGH v. 3. 10. 1984 – 2 StR 166/84, BGHSt 33, 44 (45) = NJW 1985, 443 (444); BeckOK-StPO/*Wiedner* Rn. 23.
[42] OLG Hamm v. 24. 8. 2001 – 2 Ss 688/01, NStZ-RR 2001, 376 (377).
[43] BayObLG v. 21. 12. 1955 – 1 St 870/55, BayObLGSt 55, 256 (257).
[44] OLG Düsseldorf v. 26. 6. 1991 – 5 Ss 202/91 – 71/91 I, wistra 92, 39 mwN; KK-StPO/*Kuckein* Rn. 11.
[45] Vgl. BGH v. 13. 10. 2006 – 2 StR 262/06, NStZ 2007, 166; diff. Löwe/Rosenberg/*Hanack*, 25. Aufl., Rn. 21; *Meyer-Goßner* Rn. 14; *Sarstedt/Hamm* Rn. 219.
[46] KK-StPO/*Kuckein* Rn. 14.
[47] BGH v. 3. 10. 1984 – 2 StR 166/84, BGHSt 33, 44 (45) = NJW 1985, 443 (444); OLG Hamm v. 24. 8. 2001 – 2 Ss 688/01, NStZ-RR 2001, 376 (377).
[48] Vgl. KK-StPO/*Kuckein* Rn. 17 mwN.
[49] Vgl. BGH v. 9. 3. 1982 – 1 StR 817/81, BGHSt 31, 7 (8) = NJW 1982, 1470; OLG Nürnberg v. 6. 12. 2006 – 2 St OLG Ss 260/06, NStZ-RR 2007, 151 (152); SK-StPO/*Frisch* Rn. 35; KK-StPO/*Kuckein* Rn. 11; Anw-StPO/*Lohse* Rn. 12; HK-GS/*Maiwald* Rn. 8; HK-StPO/*Temming* Rn. 6; BeckOK-StPO/*Wiedner* Rn. 23.
[50] Vgl. auch HdbStA/*Wiegner* 5. Teil Rn. 141.
[51] Vgl. BGH v. 17. 5. 1995 – 3 StR 45/95 = bei *Kusch* NStZ 1996, 21; BGH v. 9. 7. 2003 – 2 StR 146/03, NStZ 2003, 615.
[52] Vgl. BGH v. 5. 2. 1992– 5 StR 673/91, NStZ 1992, 248; BGH v. 22. 8. 2001 – 1 StR 354/01, NStZ-RR 2002, 12.
[53] Vgl. KK-StPO/*Kuckein* mwN.
[54] BVerfG v. 7. 12. 1995 – 2 BvR 1955/95, NJW 1996, 713; OLG Köln v. 24. 1. 2006 – 83 Ss – Owi 68/05 – 358, 83 Ss Owi 68/05, NZV 2006, 321 (322); HK-GS/*Maiwald* Rn. 7; HK-StPO/*Temming* Rn. 7.
[55] BGH v. 12. 8. 1997 – 1 StR 449/97, NStZ 1998, 99 mAnm *Widmaier*.
[56] BGH v. 22. 1. 1974 – 1 StR 586/73, BGHSt 25, 272 (273) = NJW 1974, 655; BGH v. 18. 10. 2005 – 1 Str 114/05, bei *Becker* NStZ-RR 2007, 132 (133); OLG Celle v. 25. 8. 2009 – 32 Ss 121/09, NdsRPfl 2010, 63 (64); KK-StPO/*Kuckein* Rn. 16 mwN.
[57] BGH v. 28. 10. 2002 – 3 StR 363/02, bei *Becker* NStZ-RR 2003, 292; OLG Rostock v. 20. 7. 2009 – 1 Ss 191/09 I 65/09, NStZ-RR 2009, 381 (382); OLG Celle v. 25. 8. 2009 – 32 Ss 121/09, NdsRPfl 2010, 63 (64).
[58] Vgl. BGH v. 17. 12. 1987 – 4 StR 668/87, BGHR StPO § 345 Abs. 2 Begründungsschrift 3; BGH v. 28. 10. 2002 – 3 StR 363/02, bei *Becker* NStZ-RR 2003, 292; BGH v. 21. 5. 2003 – 3 StR 180/03, NStZ 2004, 166; SK-StPO/*Frisch* Rn. 30; *Meyer-Goßner* Rn. 16; BeckOK-StPO/*Wiedner* Rn. 27.

Vierter Abschnitt. Revision 20–23 § 345

Angeklagten zu übernehmen.[59] Der Verteidiger oder Rechtsanwalt muss von der rechtlichen Vertretbarkeit der von ihm vorgetragenen Ansichten zumindest überzeugt sein.[60] Ausschließlich die Erhebung der Sachrüge ist grundsätzlich auch bei erkennbarer Aussichtslosigkeit der Revision zu verantworten.[61]

IV. Begründung zu Protokoll der Geschäftsstelle

Die Aufnahme des Revisionsvorbringens zu Protokoll hat der Rechtspfleger des zuständigen Gerichts (§ 24 RPflG) bei **persönlicher Anwesenheit** des Beschwerdeführers oder seines Vertreters vorzunehmen. Zuständig ist das Gericht, dessen Urteil angefochten wird;[62] durch die persönliche Anwesenheit des Beschwerdeführers wird dessen erforderliche Beratung und Besprechung von Einzelfragen gewährleistet, weshalb eine **telefonische Erklärung** zu Protokoll grundsätzlich nicht in Betracht kommt.[63] Die Erklärung kann nur innerhalb der normalen Dienststunden des Rechtspflegers abgegeben werden.[64] 20

Den Rechtspfleger trifft eine **prozessuale Fürsorgepflicht**; er muss die Anträge und deren Begründung prüfen und den Beschwerdeführer grundsätzlich belehren.[65] Allerdings hat der Rechtspfleger nicht – wie der Verteidiger oder Rechtsanwalt – die Erfolgsaussichten der Revision zu beurteilen, sodass durch ihn ein nicht völlig neben der Sache liegendes, in sachlicher Form vorgetragenes Revisionsvorbringen aufzunehmen ist.[66] Dabei ist zu beachten, dass der Rechtspfleger das Protokoll **persönlich** aufnimmt. Eine durch den Beschwerdeführer selbst gefertigte Revisionsbegründung, die der Rechtspfleger abzeichnet oder die ihm übergeben wird, genügt regelmäßig den Anforderungen des Abs. 2 nicht.[67] Demgegenüber können einzelne Ausführungen auf ausdrücklichen Wunsch des Beschwerdeführers in die Niederschrift aufgenommen werden.[68] Auf Verlangen des Beschwerdeführers ist eine allgemeine Sachrüge stets aufzunehmen,[69] während die Protokollierung offenkundig unzulässiger Verfahrensrügen abzulehnen ist.[70] 21

V. Mehrheit von Begründungen

Grundsätzlich kann sich der Angeklagte beider in Abs. 2 genannten Formen bedienen. Neben der Einreichung einer Rechtsbegründungsschrift durch einen Verteidiger oder Rechtsanwalt kann er zugleich eine Erklärung zu Protokoll der Geschäftsstelle abgeben.[71] In einem solchen Fall bilden alle Erklärungen – auch wenn sie widersprüchliche Ausführungen enthalten – verfahrensrechtlich eine Einheit.[72] 22

C. Nicht frist- und formgerechte Begründung

I. Unzulässigkeit der Revision

Die nicht frist- und formgerechte Anbringung der Revisionsanträge und ihrer Begründung führt zur Unzulässigkeit der Revision. Diese wird durch das Gericht, dessen Urteil angefochten wird (§ 346), oder spätestens durch das Revisionsgericht (§ 349 Abs. 1 und 5) als unzulässig verworfen. 23

---

[59] Vgl. OLG Rostock v. 20. 7. 2009 – 1 Ss 191/09 I 65/09, NStZ-RR 2009, 381 (382).
[60] Vgl. KK-StPO/*Kuckein* Rn. 15 mwN.
[61] Vgl. BGH v. 22. 1. 1974 – 1 StR 586/73, BGHSt 25, 272 (273) = NJW 1974, 655.
[62] BayObLG v. 7. 9. 1995 – 2 ObOWi 551/95, BayObLGSt 152, (153) = wistra 1996, 120 mwN; BGH v. 3. 2. 1993 – 3 StR 612/92, bei *Kusch* NStZ 1994, 23 (25); *Krehl*, FS Hamm, 2008, S. 383 ff.; SK-StPO/*Frisch* Rn. 44; Sarstedt/Hamm Rn. 194 ff.
[63] BGH v. 26. 3. 1981 – 1 StR 206/80, BGHSt 30, 64 (67) = NJW 1981, 1627; KK-StPO/*Kuckein* Rn. 20; AnwStPO/*Lohse* Rn. 15; BeckOK-StPO/*Wiedner* Rn. 36.
[64] BGH v. 6. 3. 1996 – 2 StR 683/95, NStZ 1996, 353.
[65] BVerfG 18. 9. 2006 – 2 BvR 1612/06 (juris); OLG Celle v. 8. 11. 1977 – 3 Ws 326/77, Nds. Rpfleger 1978, 16; OLG Celle v. 28. 11. 2007 – 1 Ws 438/07, 1 Ws 469/07, NStZ-RR 2008, 127 f.; vgl. RiStBV Nr. 150; BeckOK-StPO/*Wiedner* Rn. 32.
[66] BVerfG v. 28. 1. 1960 – 2 BvR 145/58, 1 BvR 746/58, BVerfGE 10, 274 (282) = NJW 1960, 427 (428).
[67] BGH v. 21. 6. 1996 – 3 StR 88/96, NStZ-RR 1997, 8 (9); BGH v. 21. 7. 1998 – 4 StR 274/98, NStZ 1999, 110; OLG Stuttgart v. 10. 7. 1997 – 1 Ss 614/96, NStZ-RR 1998, 22; OLG Celle v. 28. 11. 2007 – 1 Ws 438, 469/07, NStZ-RR 2008, 127.
[68] *Meyer-Goßner* Rn. 20.
[69] Vgl. KK-StPO/*Kuckein* Rn. 18; *Meyer-Goßner* Rn. 20.
[70] BGH. v. 25. 9. 2007 – 1 StR 432/07, NStZ-RR 2008, 18; HK-StPO/*Temming* Rn. 9.
[71] Vgl. aber BGH v. 27. 11. 2008 – 5 StR 496/08, StraFo 2009, 23 f.
[72] Vgl. BGH 2. 2. 1999 – 4 StR 626/98, NStZ 1999, 244; KK-StPO/*Kuckein* Rn. 21; BeckOK-StPO/*Wiedner* Rn. 38; *Krause*, Revision im Strafverfahren, 5. Auflage, 2001, Rn. 40.

II. Wiedereinsetzung in den vorigen Stand

24 Voraussetzung ist, dass den Beschwerdeführer **kein Verschulden** an der Versäumung der Rechtsbegründungsfrist trifft.[73] Ein solcher Fall liegt insbesondere auch dann vor, wenn die Fristversäumung durch den **Wahl- oder Pflichtverteidiger** verschuldet wurde und den Beschwerdeführer **kein Mitverschulden** trifft.[74] Deshalb kommt eine Wiedereinsetzung insbesondere in den Fällen eines Büroversehens, bei Verzögerung des Postlaufs oder bei **Verhinderung** des Verteidigers in Betracht.[75] Gleiches gilt wenn die Akten oder das Hauptverhandlungsprotokoll dem Verteidiger nicht rechtzeitig überlassen worden sind.[76]

25 Ebenso wie ein Verschulden des Verteidigers oder Rechtsanwalts kann eine **fehlerhafte Sachbehandlung im Justizbereich** die Wiedereinsetzung rechtfertigen. Dies gilt insbesondere in den Fällen, in denen der Verteidigung trotz rechtzeitiger Anforderung die Akten, insbesondere das Hauptverhandlungsprotokoll, nicht innerhalb der Frist zur Einsicht überlassen wurden oder wegen des extremen Umfangs des Aktenmaterials keine ordnungsgemäße Begründung innerhalb der Frist erfolgen konnte.[77] In diesen Fällen ist uU eine Rechtsmittelbelehrung über die Möglichkeit der Wiedereinsetzung erforderlich.[78]

26 Über den Weg der Wiedereinsetzung kann aber kein **Nachschieben** von Verfahrensrügen oder eine **Ergänzung** des Revisionsvorbringens erzielt werden.[79] Eine Fristversäumung liegt deshalb dann nicht vor, wenn innerhalb der Frist eine zwar nach Meinung des Beschwerdeführers unvollständige, aber den Anforderungen des § 345 entsprechende Begründungserklärung eingegangen ist.[80] Dies gilt auch, wenn die Revisionsbegründung zu Protokoll der Geschäftsstelle erklärt wurde und den Rechtspfleger an deren Unwirksamkeit kein Verschulden trifft.[81] Auch ein ausdrücklicher Ergänzungsvorbehalt vermag daran nichts zu ändern.[82]

§ 346 [Verwerfung durch das Tatgericht]

(1) Ist die Revision verspätet eingelegt oder sind die Revisionsanträge nicht rechtzeitig oder nicht in der in § 345 Abs. 2 vorgeschriebenen Form angebracht worden, so hat das Gericht, dessen Urteil angefochten wird, das Rechtsmittel durch Beschluß als unzulässig zu verwerfen.

(2) [1] Der Beschwerdeführer kann binnen einer Woche nach Zustellung des Beschlußes auf die Entscheidung des Revisionsgerichts antragen. [2] In diesem Falle sind die Akten an das Revisionsgericht einzusenden; die Vollstreckung des Urteils wird jedoch hierdurch nicht gehemmt. [3] Die Vorschrift des § 35 a gilt entsprechend.

Schrifttum: *Becker*, Aus der Rechtsprechung des BGH zum Strafverfahrensrecht, NStZ-RR 2001, 257; NStZ-RR 2006, 1; *Kusch*, Aus der Rechtsprechung des BGH zum Strafverfahrensrecht, NStZ 1995, 18; NStZ-RR 1999, 33.

I. Beschluss des Tatrichters

1 Ebenso wie das Amtsgericht im Falle der Berufung (§ 319) hat das Gericht, dessen Urteil mit der Revision angefochten wird – „iudex a quo" – von Amts wegen die Einhaltung der bei Einlegung und Begründung der Revision zu beachtenden Formvorschriften zu prüfen. Das weitere Verfahren setzt deren Einhaltung voraus (§ 347).

2 **1. Umfang der Verwerfungsbefugnis.** Die Verwerfungsbefugnis des Tatrichters dient damit einer **Vorprüfung der Revision** und ist auf die in § 346 Abs. 1 genannten Fälle beschränkt.[1] Eine über die Nichteinhaltung der Form- und Fristvorschriften hinausgehende Zulässigkeitsprüfung ist dem Tatrichter untersagt.[2] Dies gilt auch dann, wenn sich die Unzulässigkeit der Revision aus einem

---

[73] Vgl. BGH v. 18. 6. 2008 – 2 StR 485/07, NStZ 2008, 705 f.; BayObLG v. 29. 4. 1996 – 3 ObOWi 49/96, NStZ-RR 1996, 312 (313); HK-StPO/*Temming* Rn. 10.
[74] Vgl. BGH v. 25. 5. 1960 – 4 StR 193/60, BGHSt 14, 306 (308 f.) = NJW 1960, 1774 (1775); BGH v. 17. 7. 2003 – 3 StR 142/03, NStZ 2004, 166; BGH v. 15. 9. 2004 – 2 StR 232/04, StraFo 2005, 25; KK-StPO/*Kuckein* Rn. 25 mwN.
[75] BGH v. 7. 5. 2008 – 1 StR 203/08, NStZ-RR 2008, 247 (248).
[76] HK-StPO/*Temming* Rn. 10.
[77] Vgl. BVerfG 19. 2. 1998 – 2 BvR 1888/97 (juris); *Grabenwarter* NJW 2002, 109 (111) mwN; KK-StPO/*Kuckein* Rn. 26 mwN.
[78] BVerfG v. 14. 6. 2004, NStZ-RR 2005, 205 (206).
[79] Vgl. *Dahs* Rn. 895, 907; HdbStA/*Wiegner* 5. Teil Rn. 46 mwN zur Rspr.
[80] Vgl. KK-StPO/*Kuckein* Rn. 26 mwN.
[81] Vgl. BVerfG v. 11. 11. 2001 – 2 BvR 1471/01, Rpfleger 2002, 279; BVerfG v. 27. 6. 2006 – 2 BvR 1147/05, BVerfGK 8, 303 (305); BVerfG v. 18. 9. 2006 – 2 BvR 1612/06 (juris).
[82] OLG Nürnberg v. 6. 9. 2006 – 2 St OLG Ss 170/06, NStZ-RR 2006, 380 (381).
[1] Vgl. KK-StPO/*Kuckein* Rn. 2; *Meyer-Goßner* Rn. 1 mwN; HK-StPO/*Temming* Rn. 3.
[2] BGH v. 8. 11. 2000 – 1 StR 361/00, bei *Becker* NStZ-RR 2001, 257 (265); BGH v. 5. 10. 2006 – 4 StR 375/06, NJW 2007, 165; SK-StPO/*Frisch* Rn. 3; BeckOK-StPO/*Wiedner* Rn. 7.

Vierter Abschnitt. Revision 3–9 § 346

anderen Grunde ergibt und dieser mit Mängeln der Form- und Fristwahrung zusammentrifft, wie etwa bei Vorliegen wirksamer Verzichts- oder Rücknahmeerklärungen.[3] In diesen Fällen steht die Entscheidungsbefugnis ausschließlich dem Revisionsgericht zu und zwar auch dann, wenn die Revision unstatthaft ist (vgl. § 441 Abs. 3 S. 2; § 55 Abs. 2 JGG).[4]

Ist die Revision rechtzeitig eingelegt und dadurch gem. § 343 Abs. 1 die Rechtskraft des Urteils gehemmt, kann in Fällen **übersehener Verfahrenshindernisse** die Revision, auch wenn sie nur eine Sachrüge enthält, nicht als unzulässig verworfen werden.[5] Der Tatrichter ist allerdings nicht berechtigt, das Urteil daraufhin aufzuheben oder abzuändern.[6] Ist das Verfahrenshindernis **nach Urteilserlass** eingetreten, ist das Verfahren, solange die Akte noch nicht gem. § 347 Abs. 2 dem Revisionsgericht vorgelegt worden ist, gem. § 206 a einzustellen.[7] 3

Hat der Tatrichter dennoch die Revision als unzulässig verworfen, erwächst der Verwerfungsbeschluss in Rechtskraft, wenn er nicht angefochten wird.[8] 4

a) **Verspätete Revisionseinlegung.** Eine Versäumung der Revisionseinlegungsfrist setzt in den Fällen des § 341 Abs. 2 1. Alt. grundsätzlich eine wirksame Zustellung des Urteils voraus.[9] Ist die Frist versäumt, kommt für den Beschwerdeführer nur ein Wiedereinsetzungsantrag in Betracht, sofern ihn daran kein Verschulden trifft.[10] 5

b) **Form- und Fristverstoß bei der Revisionsbegründung.** Der Tatrichter hat ausschließlich zu prüfen, ob die Revisionsanträge und deren Begründungen innerhalb der in § 345 Abs. 1 genannten Frist in einer durch einen Verteidiger oder Rechtsanwalt unterzeichneten Schrift oder zu Protokoll der Geschäftsstelle eingelegt wurden.[11] Die Prüfungsbefugnis erstreckt sich insoweit auch auf deren ordnungsgemäße Unterzeichnung,[12] nicht jedoch darüber hinausgehend auf die Einhaltung der sich aus § 344 Abs. 2 ergebenen Begründungserfordernisse. Auch die Prüfung, ob der Unterzeichner die Verantwortung für den Erklärungsinhalt übernommen hat,[13] steht dem Tatrichter nicht zu.[14] 6

2. Verwerfungsbeschluss. Der Beschluss ergeht **von Amts wegen** ohne vorherige Anhörung des Beschwerdeführers. Die StA wird nach § 33 Abs. 2 gehört. Unter Umständen kann das Gericht aufgrund der ihm obliegenden Fürsorgepflicht gehalten sein, den Beschwerdeführer innerhalb der Frist auf einen formellen Begründungsmangel hinzuweisen und ihm Gelegenheit zur gehörigen Ergänzung zu geben.[15] Hat der Angeklagte mit fristgerechter Revisionseinlegung den **Antrag auf Bestellung eines Pflichtverteidigers** gestellt, muss zunächst über diesen Antrag entschieden werden.[16] Entsprechend ist zu verfahren, wenn ein Wiedereinsetzungsantrag gestellt oder Wiedereinsetzung von Amts wegen in Betracht kommt; in diesen Fällen sind die Akten dem zuständigen Revisionsgericht vorzulegen.[17] 7

Der Verwerfungsbeschluss darf grundsätzlich erst nach Fristablauf (§§ 341 Abs. 1, 345 Abs. 1) ergehen. Ist er im Ergebnis zu Recht ergangen, kann die Nichtbeachtung des Fristablaufs durch den Tatrichter unbeachtlich sein.[18] Der Verwerfungsbeschluss ist zu begründen (§ 34) und mit einer Kosten- und Auslagenentscheidung nach § 473 Abs. 1 zu versehen. 8

Der Beschluss ist wegen der befristeten Anfechtungsmöglichkeit (Abs. 2 S. 1) dem Beschwerdeführer **förmlich** zuzustellen (§§ 35 Abs. 2, 36, 37),[19] den übrigen Beteiligten formlos bekannt zu ge- 9

---

[3] BGH v. 5. 10. 2006 – 4 StR 375/06, NJW 2007, 165; BGH v. 12. 1. 2005 – 2 StR 529/04, NStZ-RR 2005, 150; BGH v. 19. 7. 2005 – 1 StR 177/05, NStZ-RR 2005, 352; BGH v. 8. 11. 2000 – 1 StR 361/00, bei *Becker* NStZ-RR 2001, 257 (265); SK-StPO/*Frisch* Rn. 5; *Meyer-Goßner* Rn. 2 mwN.
[4] OLG Dresden v. 26. 11. 2009 – 2 Ss 652/09 (juris); HK-GS/*Maiwald* Rn. 3.
[5] Vgl. BGH v. 13. 12. 2000 – 2 StR 56/00, BGHSt 46, 230 (234 f., 237) = NJW 2001, 1509 (1510 f.); OLG Hamm v. 2. 6. 2008 – 2 Ss 190/08, NStZ-RR 2008, 383.
[6] BGH v. 17. 7. 1968 – 3 StR 117/68, BGHSt 22, 213 (216), NJW 1968, 2253 (2254); *Meyer-Goßner* Rn. 3.
[7] Vgl. KK-StPO/*Kuckein* Rn. 2; *Meyer-Goßner* Rn. 3 mwN.
[8] BGH v. 21. 4. 1998 – 4 StR 103/98, bei *Kusch* NStZ-RR 1999, 33 f.; *Meyer-Goßner* Rn. 2; BeckOK-StPO/*Wiedner* Rn. 9.
[9] Vgl. Brandenburg. OLG v. 28. 1. 2008 – 1 Ss 96/07 (juris); vgl. zu § 341 Rn. 16; Anw-StPO/*Lohse* Rn. 4.
[10] S. o. § 345 Rn. 24 f.
[11] Vgl. BGH v. 8. 11. 2000 – 2 StR 426/00, NStZ-RR 2001, 265; BGH v. 17. 7. 2007 – 1 StR 271/07, StraFo 2007, 421; Thüringer OLG v. 16. 1. 2007 – 1 Ss 314/06, 1 Ws 5/07 (juris); HK-GS/*Maiwald* Rn. 2.
[12] Vgl. KK-StPO/*Kuckein* Rn. 8.
[13] S. zu § 345 Rn. 19.
[14] Vgl. KK-StPO/*Kuckein* Rn. 8, *Meyer-Goßner* Rn. 2.
[15] Vgl. BGH v. 18. 2. 2004 – 5 StR 566/03, NStZ 2004, 636; HK-StPO/*Temming* Rn. 5.
[16] BayObLG v. 29. 12. 1994 – 1 St RR 177/94, NStZ 1995, 300 (301); BayObLG v. 18. 4. 2002 – 1 Ob Owi 52/02, NZV 2002, 420; OLG Koblenz v. 2. 11. 2006 – 1 Ss 225/06, NStZ-RR 2008, 80 (81).
[17] Vgl. *Meyer-Goßner* Rn. 4.
[18] Vgl. BGH v. 13. 1. 1994 – 4 StR 730/93, bei *Kusch* NStZ 1995, 18 (21); OLG Frankfurt v. 25. 2. 2003 – 3 Ss 286/02, NStZ-RR 2003, 204 (205); OLG Koblenz v. 20. 11. 2007 – 1 Ss 311/07 (juris); BeckOK-StPO/*Wiedner* Rn. 15.
[19] Vgl. BGH v. 25. 8. 1987 – 4 StR 426/87, bei *Miebach* NStZ 1988, 209 (214); HK-StPO/*Temming* Rn. 5; BeckOK-StPO/*Wiedner* Rn. 18.

§ 346 10–15   Drittes Buch. Rechtsmittel

ben. Der Beschluss muss eine sich auf Form und Frist des Antrags und des zuständigen Gerichts beziehende Rechtsmittelbelehrung enthalten (Abs. 2 S. 3 iVm. § 35 a; vgl. RiStBV Nr. 442 Abs. 3).[20]

10   In den Fällen verspätet eingelegter Revision hat der Verwerfungsbeschluss nur deklaratorischen Charakter;[21] durch sie wird die Rechtskraft des Urteils nicht gehemmt. In den anderen Fällen tritt Rechtskraft erst nach Ablauf der in Abs. 2 Satz 1 genannten Frist bzw. mit Erlass eines Verwerfungsbeschlusses durch das Revisionsgericht ein. Mithin ist in diesen Fällen noch eine **Rücknahme** der (auch unzulässigen) Revision möglich.[22] Bestehen Zweifel über die **Wirksamkeit einer Revisionsrücknahme**, entscheidet das Revisionsgericht in entsprechender Anwendung des § 346 Abs. 2.[23] Ist der Verwerfungsbeschluss erlassen, kommt allerdings eine **Aufhebung** durch den Tatrichter nicht in Betracht. Beruht der Beschluss auf einem Irrtum über die zugrunde liegenden Tatsachen, kann innerhalb der Frist des § 45 entsprechend § 44 Wiedereinsetzung in den vorigen Stand gewährt werden.[24]

II. Antrag auf Entscheidung des Revisionsgerichts (Abs. 2)

11   **1. Besondere Rechtsbehelfe.** Der Antrag auf Entscheidung des Revisionsgerichts ist ein befristeter Rechtsbehelf eigener Art.[25] Auf ihn finden die Vorschriften über die sofortige Beschwerde (§ 311) grundsätzlich entsprechende Anwendung.[26] Antragsberechtigt ist nur der Beschwerdeführer und sein gesetzlicher Vertreter, der Angeklagte hat stets ein eigenes Antragsrecht.[27] Der Verteidiger kann den Antrag aufgrund seiner Vollmacht stellen.[28]

12   Der Antrag ist **schriftlich** innerhalb einer Woche nach Zustellung des Verwerfungsbeschlusses bei dem Gericht zu stellen, dessen Entscheidung angefochten wird.[29] Die Einlegung beim Revisionsgericht wahrt die Frist nicht.[30]

13   Einer besonderen **Form** bedarf der Antrag nicht. Aus ihm muss sich lediglich erkennen lassen, von wem er herrührt und dass sich der Antragsteller mit der Bitte um Nachprüfung des Verwerfungsbeschlusses an das Revisionsgericht wendet. Eine Abhilfe durch den Tatrichter ist ausgeschlossen.[31] Auch bei Versäumung der Antragsfrist sind die Akten dem Revisionsgericht zuzuleiten (Abs. 2 S. 2 1. Hs.). Eine Beschwerde nach § 304 Abs. 1 wird durch Abs. 2 ausgeschlossen.[32]

14   **2. Prüfung durch das Revisionsgericht.** Ist der **Antrag verspätet**, verwirft ihn das Revisionsgericht als unzulässig.[33] Ansonsten prüft es die Zulässigkeit umfassend in demselben Umfang, in dem sie das Revisionsgericht bei einer Prüfung nach § 349 Abs. 1 zu berücksichtigen hat.[34] Folglich prüft es auch, ob überhaupt eine Revision oder nur eine Berufung vorliegt.[35] Ist die Revision aus anderen Gründen unzulässig bzw. durfte der Tatrichter die Gründe nicht prüfen, hebt das Revisionsgericht den Beschluss nach Abs. 1 auf und verwirft die Revision nach § 349 Abs. 1 (st. Rspr.).[36]

15   Kommt es auf die rechtzeitige Einlegung der Revision an, ist **vorrangig** zu prüfen, ob Wiedereinsetzung in den vorigen Stand in Frage kommt.[37] Ist der Beschluss nach Abs. 1 zutreffend, wird der Antrag auf Entscheidung verworfen.[38] Wurde die Revision wirksam vor Erlass des Verwerfungsbeschlusses zurückgenommen, wird dieser aufgehoben und die wirksame Rücknahme der Revision festgestellt.[39] Ist der Antrag zulässig und begründet, wird der Verwerfungsbeschluss

---

[20] Vgl. auch AGH Rostock v. 25. 7. 2007 – AGH 6/07 (II/03), MDR 2008, 356.
[21] RG v. 1. 7. 1919 – IV 152/19, RGSt 53, 235 (236); SK-StPO/*Frisch* Rn. 13; KK-StPO/*Kuckein* Rn. 25; *Meyer-Goßner* Rn. 5; BeckOK-StPO/*Wiedner* Rn. 20.
[22] Vgl. BGH v. 26. 1. 2000 – 3 StR 588/99, NStZ-RR 2000, 305; BGH v. 12. 10. 2004, bei *Becker* NStZ-RR 2006, 1 (5).
[23] BGH v. 20. 7. 2004 – 4 StR 249/04, NStZ 2005, 113; BGH v. 20. 9. 2007 – 4 StR 297/07 (juris); KK-StPO/*Kuckein* Rn. 14, 24a mwN.
[24] Vgl. KK-StPO/*Kuckein* Rn. 14; *Meyer-Goßner* Rn. 6 mwN.
[25] BGH v. 16. 6. 1961 – 1 StR 95/61, BGHSt 16, 115 (118) = MDR 1961, 172; Anw-StPO/*Lohse* Rn. 7; HK-StPO/*Temming* Rn. 7; BeckOK-StPO/*Wiedner* Rn. 23.
[26] Vgl. SK-StPO/*Frisch* Rn. 16; *Meyer-Goßner* Rn. 8.
[27] Vgl. OLG Celle v. 18. 10. 1963 – 3 Ws 637/63, NJW 1964, 417; OLG Hamm v. 10. 4. 1973 – 2 Ws 59/73 NJW 1973, 1850.
[28] Vgl. SK-StPO/*Frisch* Rn. 17; *Meyer-Goßner* Rn. 9 mwN.
[29] BGH v. 1. 4. 1998 – 4 StR 103/98, bei *Kusch* NStZ-RR 1999, 33 f.; BeckOK-StPO/*Wiedner* Rn. 24.
[30] Vgl. KK-StPO/*Kuckein* Rn. 15.
[31] Vgl. *Meyer-Goßner* Rn. 8 mwN.
[32] Vgl. KK-StPO/*Kuckein* Rn. 19; *Meyer-Goßner* Rn. 14 mwN.
[33] Vgl. KK-StPO/*Kuckein* Rn. 21; *Meyer-Goßner* Rn. 10; BeckOK-StPO/*Wiedner* Rn. 26.
[34] BGH v. 19. 2. 2008 – 3 StR 23/08 (juris).
[35] Vgl. OLG Hamm v. 14. 1. 1997 – 2 Ss 1518/96, StraFo 1997, 210; OLG Hamm v. 16. 9. 2003 – 2 Ss 741/02, NJW 2003, 1469 (1470); SK-StPO/*Frisch* Rn. 22.
[36] Vgl. KK-StPO/*Kuckein* Rn. 20 mwN; *Meyer-Goßner* Rn. 10 mwN.
[37] Vgl. KK-StPO/*Kuckein* Rn. 21, 30; Anw-StPO/*Lohse* Rn. 12.
[38] BGH v. 11. 10. 2007 – 3 StR 428/07 (juris); KK-StPO/*Kuckein* Rn. 22; *Meyer-Goßner* Rn. 10 mwN.
[39] BGH v. 10. 2. 2005 – 3 StR 12/05, NStZ 2005, 583.

nach Abs. 1 aufgehoben mit der Folge, dass das Verfahren gem. § 347 Abs. 1 seinen Fortgang findet.

Bei einer Entscheidung über einen Antrag auf gerichtliche Entscheidung nach Abs. 2 handelt es 16
sich um eine **Revisionsentscheidung** im Sinne des § 356a, sodass für die Zulässigkeit der **Anhörungsrüge** nicht § 33a, sondern § 356a maßgeblich ist.[40] Die Entscheidung ist unanfechtbar und grundsätzlich auch unwiderruflich.[41] Eine Kostenentscheidung ist zu treffen. Das KVGKG sieht dafür keine Gebühr vor, Auslagen entstehen nicht.[42] Folglich werden auch die notwendigen Auslagen des mit dem Antrag erfolgreichen Antragstellers nicht der Staatskasse auferlegt.

3. **Vorläufige Vollstreckbarkeit (Abs. 2 Satz 2 2. Halbsatz).** Aus Abs. 2 Satz 2 2. Halbsatz folgt, 17
dass das Urteil erst ab Erlass des Verwerfungsbeschlusses auch bei verspäteter Revision vollstreckt werden kann. Nach Erlass des Verwerfungsbeschlusses wird das Urteil unabhängig von der Frage der Rechtskraft vorläufig vollstreckbar.[43] Praktische Bedeutung hat diese Vorschrift allerdings nur hinsichtlich der Frage des Übergangs von Untersuchungs- in Strafhaft. In den übrigen Fällen ist bis zur Erledigung des Antrags nach Abs. 2 abzuwarten.[44]

III. Zusammentreffen von Antrag und Wiedereinsetzung

Erfährt der Beschwerdeführer erst durch den Verwerfungsbeschluss nach Abs. 2 Tatsachen, 18
welche die Unzulässigkeit der Revision begründen, kann er neben dem Antrag nach Abs. 2 einen weiteren Antrag auf Wiedereinsetzung in den vorigen Stand stellen. In diesen Fällen prüft das Revisionsgericht nach § 346 Abs. 1 zunächst, ob die Frist versäumt ist. Liegt keine Fristversäumung vor, ist der Wiedereinsetzungsantrag gegenstandslos.[45] Andernfalls ist über den Wiedereinsetzungsantrag und uU die Frage der Wiedereinsetzung von Amts wegen (§ 45 Abs. 2 Satz 3) zu entscheiden.

§ 347 [Weiteres Verfahren]

(1) ¹Ist die Revision rechtzeitig eingelegt und sind die Revisionsanträge rechtzeitig und in der vorgeschriebenen Form angebracht, so ist die Revisionsschrift dem Gegner des Beschwerdeführers zuzustellen. ²Diesem steht frei, binnen einer Woche eine schriftliche Gegenerklärung einzureichen. ³Der Angeklagte kann letztere auch zu Protokoll der Geschäftsstelle abgeben.

(2) Nach Eingang der Gegenerklärung oder nach Ablauf der Frist sendet die Staatsanwaltschaft die Akten an das Revisionsgericht.

Schrifttum: *Drescher*, Stiefkind Gegenerklärung, NStZ 2003, 296; *Kalf*, Die Gestaltung der staatsanwaltlichen Gegenerklärung, NStZ 2005, 190; *Park*, Die Erwiderung der Verteidigung auf einen Revisionsverwerfungsantrag gem. § 349 Abs. 2 StPO, StV 1997, 550.

Bei rechtzeitiger Einlegung der Revision sowie fristgemäßer und formgerechter Begründung der 1
Revisionsanträge wird die Revisionsschrift nach der tatrichterlichen Vorprüfung gem. § 346¹ dem Gegner des Beschwerdeführers zugestellt (Abs. 1 Satz 1), um diesem die Abgabe einer Gegenerklärung zu ermöglichen. Dadurch wird die form- und fristgerechte Einlegung der Revision durch das Tatgericht indiziert. Es bedarf keiner gesonderten Entscheidung.[2] Andere Fragen der Zulässigkeit wie Berechtigung des Beschwerdeführers, Verzicht, Rücknahme u. a. unterliegen der Überprüfung durch das Revisionsgericht.[3]

I. Zustellung an den Beschwerdegegner

Zuzustellen entsprechend §§ 37, 41 sind der Schriftsatz, der die Revisionsanträge und ihre Be- 2
gründung enthält, sowie alle während der Revisionsbegründungsfrist eingehenden ergänzenden Rechtfertigungsschriften.[4] Hierzu zählt auch die zu Protokoll der Geschäftsstelle erklärte Revi-

---

[40] OLG Jena v. 4. 10. 2007 – 1 Ss 127/07, NJW 2008, 534 f.
[41] KK-StPO/*Kuckein* Rn. 22 mwN.
[42] SK-StPO/*Frisch* Rn. 24; KK-StPO/*Kuckein* Rn. 23 mwN; *Meyer-Goßner* Rn. 12.
[43] Vgl. KK-StPO/*Kuckein* Rn. 27; *Meyer-Goßner* Rn. 15.
[44] Vgl. *Arndt* DRez 1965, 369.
[45] BGH 21. 1. 1958 – 1 StR 236/57, BGHSt 11, 152 (154) = NJW 1958, 509 (510); HK-StPO/*Temming* Rn. 9; BeckOK-StPO/*Wiedner* Rn. 34.
[1] S. o. § 341 Rn. 6.
[2] Vgl. Widmaier/*Dahs* MAH Strafverteidigung § 12 Rn. 280; *Sarstedt/Hamm* Rn. 1229.
[3] BGH v. 11. 9. 2003 – 1 StR 289/03, NStZ-RR 2004, 50; BGH v. 8. 11. 2000 – 2 StR 426/00, bei *Becker* NStZ-RR 2001, 257 (265); BGH v. 24. 11. 1999 – 2 StR 534/99, NStZ 2000, 217; Widmaier/*Dahs* MAH Strafverteidigung § 12 Rn. 282.
[4] Anw-StPO/*Lohse* Rn. 2.

sionsbegründung, nicht jedoch eine vom Angeklagten persönlich abgegebene Begründungserklärung.[5] Ebenso gehören Schriftsätze, die verspätete Verfahrensrügen enthalten oder **ergänzende Ausführungen zur Sachbeschwerde** machen, nicht zum Umfang der zuzustellenden Revisionsschrift.[6] Die Zustellung ist stets durch das Gericht zu bewirken; eine förmliche Anordnung des Vorsitzenden ist zwar üblich, aber nicht zwingend, da es sich nicht um die Zustellung einer Entscheidung handelt.[7]

II. Beschwerdegegner

3 Gegner des Beschwerdeführers ist bei Revisionen der StA (auch zu Gunsten des Angeklagten) sowie bei Revisionen des Nebenklägers und des Privatklägers der Angeklagte, bei Revisionen des Angeklagten, des gesetzlichen Vertreters, des Erziehungsberechtigten und des Einziehungsbeteiligten die StA oder der Privatkläger sowie der Nebenkläger; haben beide Seiten Revision eingelegt, so sind die Revisionsschriften wechselseitig zuzustellen.[8]

III. Gegenerklärung

4 Eine gesetzliche Pflicht zur Abgabe einer Gegenerklärung (Abs. 2 Satz 2), die das rechtliche Gehör der Beteiligten sichern soll, besteht nicht. Nur die StA ist innerdienstlich zu einer Gegenerklärung verpflichtet, wenn Verfahrensmängel gerügt sind und anzunehmen ist, dass dadurch die Prüfung der Revisionsbeschwerden erleichtert wird (RiStbV Nr. 162 Abs. 2). Ob die Verwerfung der Revision als unzulässig wegen Nichterfüllung der Begründungsanforderungen des § 344 Abs. 2 Satz 2 nahe liegt, ist ohne Bedeutung.[9]

5 Die Gegenerklärung der StA soll die Tatsachen, auf die sich die Verfahrensrügen erstrecken, erschöpfend darstellen. Bezieht sich die Verfahrensrüge auf einen Vorgang, der aus dem Protokoll über die Hauptverhandlung nicht ersichtlich und auch von dem Sitzungsvertreter der StA nicht wahrgenommen worden ist, kann es geboten sein, dienstliche Äußerungen der Beteiligten über den betreffenden Vorgang herbeizuführen.[10] In der staatsanwaltlichen Gegenerklärung sind auch Angaben darüber zu erwarten, ob und ggf. inwieweit der Revisionsvortrag in tatsächlicher Hinsicht mit dem Akteninhalt übereinstimmt.[11] Tritt die Gegenerklärung der StA den tatsächlichen Behauptungen des Beschwerdeführers nicht entgegen, so wird das Revisionsgericht regelmäßig davon ausgehen, dass diese zutreffend sind.[12]

IV. Form und Frist

6 Die Gegenerklärung bedarf nur der einfachen **Schriftform**[13] und soll gemäß Abs. 1 Satz 2 innerhalb **einer Woche** nach Zustellung abgegeben werden; es handelt sich um **keine Ausschlussfrist**.[14] Ist die StA selbst Beschwerdegegnerin, ist unter dem Gesichtspunkt des **Beschleunigungsgebots** zu beachten, dass eine Fristüberschreitung vertretbar bleibt. Andernfalls muss sie bei der **Strafzumessung** zugunsten des Angeklagten Berücksichtigung finden.[15] Eine Verzögerung über einen Zeitraum von mehreren Jahren ohne sachlichen Grund kann nicht nur zu einem Strafnachlass, sondern unter besonderen Umständen auch zu einer Verfahrenseinstellung führen.[16] Der Angeklagte bzw. sein Verteidiger sollte eine beabsichtigte Gegenerklärung ankündigen und um Aufschub einer Entscheidung bis zu deren Eingang bitten.[17]

7 Die Gegenerklärung ist ebenfalls beim Gericht, dessen Urteil angefochten wird,[18] abzugeben. Möglich ist auch eine Abgabe zu Protokoll der Geschäftsstelle (Abs. 1 Satz 3). Die Gegenerklärung muss regelmäßig nicht zugestellt werden; die staatsanwaltliche Gegenerklärung wird in der Regel dem Beschwerdeführer oder seinem Verteidiger formlos mitgeteilt und zugleich dem Gericht vorgelegt (RiStBV Nr. 162 Abs. 3 Satz 1). Enthält die Gegenerklärung erhebliche **neue Tat-**

---

[5] HK-StPO/*Temming* Rn. 2.
[6] *Pfeiffer* Rn. 1.
[7] *Meyer-Goßner* Rn. 1; HK-StPO/*Temming* Rn. 3.
[8] SK-StPO/*Frisch* Rn. 3; Löwe/Rosenberg/*Hanack*, 25. Aufl., Rn. 1.
[9] Anw-StPO/*Lohse* Rn. 4.
[10] Ausführlich *Drescher* NStZ 2003, 296 sowie *Kalf* NStZ 2005, 190.
[11] KK-StPO/*Kuckein* Rn. 7.
[12] BGH v. 22. 11. 2001 – 1 StR 471/01, NStZ 2002, 275 (276); BeckOK-StPO/*Wiedner* Rn. 6.
[13] *Meyer-Goßner* Rn. 2; HK-StPO/*Temming* Rn. 5.
[14] SK-StPO/*Frisch* Rn. 6; *Pfeiffer* Rn. 2; BeckOK-StPO/*Wiedner* Rn. 5.
[15] Vgl. BGH v. 15. 5. 1996 – 2 StR 119/96, NStZ 1997, 29 f.; BGH v. 19. 3. 1997 – 2 StR 80/97, StV 1997, 409; OLG Koblenz v. 9. 4. 1997 – 1 Ss 84/97, StV 1997, 409.
[16] BGH v. 9. 12. 1987 – 3 StR 104/87, BGHSt 35, 137 (142) = NStZ 1988, 283 (284).
[17] Vgl. auch *Dahs* Revision Rn. 539.
[18] Löwe/Rosenberg/*Hanack*, 25. Aufl., Rn. 5.

sachen oder Beweisergebnisse, zB Angaben über dienstliche Äußerungen betreffend konkreter Verfahrensvorgänge, so schreibt RiStBV Nr. 162 Abs. 3 S. 2 eine förmliche Zustellung an den Beschwerdeführer vor, um insbesondere das Recht auf rechtliches Gehör nach Art. 103 Abs. 1 GG zu wahren.[19] Eine ergänzende Stellungnahme sollte bei einer Revision des Angeklagten bei potentiell erheblichen rechtlichen Gesichtspunkten erfolgen und direkt an die StA gerichtet werden, solange sich die Akten noch dort befinden (Nr. 162 IV, 163 RiStBV).[20]

V. Übersendung an das Revisionsgericht (Abs. 2)

Nach Eingang der Gegenerklärung oder mit Ablauf der entsprechenden Erklärungsfrist werden 8 die Akten auf Anordnung des Vorsitzenden über die beteiligten StAen dem Revisionsgericht vorgelegt (RiStBV Nr. 162 Abs. 4, 163); zu diesem Vorgang fügt die StA einen Übersendungsbericht gem. RiStBV Nr. 164–166 bei. Mit dem Eingang der Akten wird die Sache beim Revisionsgericht (erst) anhängig,[21] auch wenn das Revisionsgericht zuvor mit einem Antrag gemäß § 346 Abs. 2 befasst war.[22] Dabei ist ohne Bedeutung, ob das Revisionsgericht für die Entscheidung tatsächlich zuständig ist.[23] Bis zum Zeitpunkt der ordnungsgemäßen Vorlage der Akten an das Revisionsgericht bleibt die **Zuständigkeit des Tatrichters** auch für die Entgegennahme von revisionsrelevanten Erklärungen (Rücknahme etc.) bestehen.[24] War die Revisionsbegründungsfrist wegen Zustellungsmängeln noch nicht in Lauf gesetzt, so werden die Akten dem Tatrichter zur Nachholung der Zustellung und erneuten Vorlage nach § 347 zurückgegeben.[25]

VI. Zuständigkeit des Revisionsgerichts

Mit der **Anhängigkeit** der Sache geht die Zuständigkeit für alle weiteren mit dem Revisionsverfahren zusammenhängenden Entscheidungen auf das Revisionsgericht über, so zB für die Beschränkung oder Rücknahme der Revision einschließlich der damit zusammenhängenden Kosten,[26] die Zulassung von Verteidigern nach § 138 Abs. 2,[27] die Bestellung eines Verteidigers nach § 141 Abs. 4[28] oder eines Beistandes nach § 397a Abs. 1[29] und die Einstellung des Verfahrens wegen Eintritts von Verfahrenshindernissen.[30]

Hingegen hat die **Anhängigkeit** der Sache in solchen Fällen **keinen Einfluss** auf die Zuständigkeit, in denen das Revisionsgericht bereits mit Einlegung der Revision zuständig wird oder trotz der Revisionseinlegung die Zuständigkeit des Tatrichters fortbesteht. So wird das Revisionsgericht gem. **§ 46 Abs. 1** bereits mit Revisionseinlegung zuständig für Bescheidung der Wiedereinsetzungsanträge gegen Versäumung der Fristen für Einlegung und Begründung[31] sowie für Anträge nach § 346 Abs. 2.

Nach § 46 Abs. 1 entscheidet dagegen **allein das Tatgericht** über Anträge auf Wiedereinsetzung wegen einer Versäumung der Hauptverhandlung oder der Einspruchsfrist im Strafbefehlsverfahren.[32] Der letzte Tatrichter ist ebenso selbst nach Eingang der Akten beim Revisionsgericht zuständig für Entscheidungen über die Untersuchungshaft (§ 126 Abs. 2 Satz 2), die Beschlagnahme, die vorläufige Entziehung der Fahrerlaubnis und das vorläufige Berufsverbot.[33] Allerdings kann das Revisionsgericht einen **Haftbefehl** nach § 126 Abs. 3 aufheben, wenn sich bei Aufhebung des angefochtenen Urteils ohne weiteres ergibt, dass die Voraussetzungen des § 120 Abs. 1 vorliegen; in Ausnahmefällen kann eine solche **revisionsgerichtliche Aufhebung des Haftbefehls** auch vor Aufhebung des Urteils in Betracht kommen.[34]

---

[19] BVerfG v. 13. 2. 1958 – 1 BvR 56/57, BVerfGE 7, 275 = JZ 1958, 433; ausführlich *Dahs* Revision Rn. 541 mwN.
[20] *Park* StV 1997, 550; *Dahs* Revision Rn. 542; Widmaier/*Dahs* MAH Strafverteidigung § 12 Rn. 294 f.
[21] BGH v. 2. 6. 1992 – 5 ARs 30/92, BGHSt 38, 307 (308) = NJW 1992, 2306; SK-StPO/*Frisch* Rn. 11; BeckOK-StPO/*Wiedner* Rn. 12.
[22] KK-StPO/*Kuckein* Rn. 10.
[23] SK-StPO/*Frisch* Rn. 11; Löwe/Rosenberg/*Hanack*, 25. Aufl., Rn. 9.
[24] BGH v. 19. 12. 1958 – 1 StR 485/58, BGHSt 12, 217 = NJW 1959, 348; OLG Hbg. v. 1. 11. 1982 – 1 Ss 47/82, MDR 1983, 154.
[25] OLG Düsseldorf v. 5. 8. 1993 – 5 Ss (OWi) 218/93 – (OWi) 109/93 I, MDR 1994, 87; *Meyer-Goßner* Rn. 5.
[26] BGH v. 3. 5. 1957 – 5 StR 52/57, BGHSt 10, 245 (247) = NJW 1957, 1040; BGH v. 19. 12. 1958 – 1 StR 485/58, BGHSt 12, 217 = NJW 1959, 348.
[27] SK-StPO/*Frisch* Rn. 13; Löwe/Rosenberg/*Hanack*, 25. Aufl., Rn. 12.
[28] BGH v. 11. 7. 1996 – 1 StR 352/96, NStZ 1997, 48 (49).
[29] BGH v. 12. 5. 1999 – 1 ARs 4/99, NJW 1999, 2380; HK-StPO/*Temming* Rn. 12.
[30] BGH v. 17. 7. 1968 – 3 StR 117/68, BGHSt 22, 213 (218) = NJW 1968, 2253 (2254).
[31] Vgl. auch OLG Düsseldorf v. 2. 9. 1983 – 2 Ws 439/83, NStZ 1984, 91.
[32] BGH v. 31. 1. 1968 – 3 StR 19/68, BGHSt 22, 52; HK-StPO/*Temming* Rn. 13.
[33] *Meyer-Goßner* Rn. 7.
[34] BGH v. 8. 2. 1995 – 5 StR 434/94, BGHSt 41, 16 = NJW 1995, 1973; BGH v. 12. 12. 1996 – 1 StR 543/96, NStZ 1997, 145.

§ 348 [Unzuständigkeit des Gerichts]

(1) Findet das Gericht, an das die Akten gesandt sind, daß die Verhandlung und Entscheidung über das Rechtsmittel zur Zuständigkeit eines anderen Gerichts gehört, so hat es durch Beschluß seine Unzuständigkeit auszusprechen.

(2) Dieser Beschluß, in dem das zuständige Revisionsgericht zu bezeichnen ist, unterliegt keiner Anfechtung und ist für das in ihm bezeichnete Gericht bindend.

(3) Die Abgabe der Akten erfolgt durch die Staatsanwaltschaft.

1   Die Vorschrift regelt zwar ihrem Wortlaut nach nur die sachliche Zuständigkeit des Revisionsgerichts. Doch für die örtliche und funktionelle Zuständigkeit ist sie entsprechend anzuwenden.[1] Das Revisionsgericht, dem die Akten gemäß § 347 Abs. 2 vorgelegt wurden, kann in Zweifelsfällen mit bindender Wirkung über seine Zuständigkeit entscheiden; auf diese Weise sollen Kompetenzstreitigkeiten vermieden werden, wobei § 269 keine entsprechende Anwendung findet.[2] Hält sich das Revisionsgericht für unzuständig, so verweist es die Sache durch Beschluss an das seiner Auffassung nach zuständige Gericht, das ausdrücklich zu bezeichnen ist. Die Entscheidung ergeht ohne mündliche Verhandlung; strittig ist, ob die Beteiligten dabei vorher anzuhören sind.[3]

2   Der Beschluss über die Abgabe der Sache – vollzogen durch die StA (Abs. 3) – kann **nicht angefochten** werden und **bindet** das als zuständig bezeichnete Gericht (Abs. 2), auch wenn er unrichtig ist.[4] Deshalb kommt eine Rück- oder Zurückverweisung nicht in Betracht. Gleiches gilt für den Fall, dass das Revisionsgericht keinen Beschluss nach § 348 gefasst und in der Sache entschieden hat; auch diese Entscheidung ist unanfechtbar und kann von einem anderen Revisionsgericht nicht aufgehoben werden.[5] Eine Ausnahme ist nur bei objektiv willkürlicher Annahme der eigenen Zuständigkeit, gegen die im Wege einer Gegenvorstellung oder einer Verfassungsbeschwerde vorgegangen werden kann, anzuerkennen.[6] Das als zuständig bezeichnete Gericht ist nur an diese Verweisung gebunden; eine inhaltliche Bindung an die Rechtsauffassung des verweisenden Gerichts besteht nicht.[7]

3   § 348 ist **entsprechend anzuwenden**, wenn das Revisionsgericht bei Vorlage der Akten nach § 347 Abs. 2 ein vom vorlegenden Gericht als **Sprungrevision** angesehenes Rechtsmittel als Berufung bezeichnet[8] oder bei der **unbestimmten Urteilsanfechtung** das Rechtsmittel als Berufung qualifiziert.[9] Gleiches gilt, wenn der Tatrichter ein Rechtsmittel gem. § 346 Abs. 1 als unzulässig verworfen hat, aber das Revisionsgericht bei anschließender Prüfung nach § 346 Abs. 2 dieses Rechtsmittel als Berufung ansieht,[10] oder wenn Streit darüber herrscht, ob gegen eine amtsgerichtliche Entscheidung die Rechtsbeschwerde oder die sofortige Beschwerde gegeben ist; im letzteren Fall entscheidet das OLG mit bindender Wirkung.[11]

§ 349 [Entscheidung durch Beschluss]

(1) Erachtet das Revisionsgericht die Vorschriften über die Einlegung der Revision oder die über die Anbringung der Revisionsanträge nicht für beobachtet, so kann es das Rechtsmittel durch Beschluß als unzulässig verwerfen.

(2) Das Revisionsgericht kann auf einen Antrag der Staatsanwaltschaft, der zu begründen ist, auch dann durch Beschluß entscheiden, wenn es die Revision einstimmig für offensichtlich unbegründet erachtet.

(3) ¹Die Staatsanwaltschaft teilt den Antrag nach Absatz 2 mit den Gründen dem Beschwerdeführer mit. ²Der Beschwerdeführer kann binnen zwei Wochen eine schriftliche Gegenerklärung beim Revisionsgericht einreichen.

(4) Erachtet das Revisionsgericht die zugunsten des Angeklagten eingelegte Revision einstimmig für begründet, so kann es das angefochtene Urteil durch Beschluß aufheben.

---

[1] SK-StPO/*Frisch* Rn. 7; *Pfeiffer* Rn. 1; aA HK-GS/*Maiwald* Rn. 1.
[2] KK-StPO/*Kuckein* Rn. 1; HK-StPO/*Temming* Rn. 1; BeckOK-StPO/*Wiedner* Rn. 2.
[3] Für eine vorherige Anhörung, insbesondere des Beschwerdeführers und der StA, Anw-StPO/*Lohse* Rn. 1 und wohl auch Löwe/Rosenberg/*Hanack*, 25. Aufl., Rn. 2. Allein für eine Pflicht zur Anhörung der StA gem. § 33 Abs. 2 *Pfeiffer* Rn. 4.; abl. KK-StPO/*Kuckein* Rn. 2; *Meyer-Goßner* Rn. 2; HK-StPO/*Temming* Rn. 2.
[4] HK-GS/*Maiwald* Rn. 1; HK-StPO/*Temming* Rn. 3; BeckOK-StPO/*Wiedner* Rn. 5.
[5] SK-StPO/*Frisch* Rn. 5; Löwe/Rosenberg/*Hanack*, 25. Aufl., Rn. 4; KK-StPO/*Kuckein* Rn. 5; *Meyer-Goßner* Rn. 4; aA OLG Hamm v. 11. 12. 1979 – 4 Ss 926/70, NJW 1971, 1623 (1624).
[6] Anw-StPO/*Lohse* Rn. 2.
[7] *Pfeiffer* Rn. 4.
[8] SK-StPO/*Frisch* Rn. 8; KK-StPO/*Kuckein* Rn. 4; HK-StPO/*Temming* Rn. 4.
[9] BGH v. 21. 12. 1983 – 2 ARs 388/82, BGHSt 31, 183 = NJW 1983, 1437.
[10] Löwe/Rosenberg/*Hanack*, 25. Aufl., Rn. 5.
[11] BGH v. 19. 3. 1993 – 2 ARs 43/93, BGHSt 39, 162 = NJW 1993, 1808.

(5) **Wendet das Revisionsgericht Absatz 1, 2 oder 4 nicht an, so entscheidet es über das Rechtsmittel durch Urteil.**

Schrifttum: *Becker,* Aus der Rechtsprechung des BGH zum Strafverfahrensrecht – 2. Teil, NStZ-RR 2008, 65; *Dahs,* Schriftliches Verfahren statt „offensichtlich unbegründet" (§ 349 Abs. 2 StPO), NStZ 2001, 298; *Dallinger,* Aus der Rechtsprechung des Bundesgerichtshofes in Strafsachen, MDR 1966, 725; *ders.,* Aus der Rechtsprechung des Bundesgerichtshofes in Strafsachen, MDR 1975, 722; *Kusch,* Aus der Rechtsprechung des BGH zum Strafverfahrensrecht – Januar bis Juli 1992, NStZ 1993, 27; *ders.,* Aus der Rechtsprechung des BGH zum Strafverfahrensrecht – Januar bis Juli 1994, NStZ 1995, 18; *ders.,* Aus der Rechtsprechung des BGH zum Strafverfahrensrecht – Juli bis Dezember 1996 – 2. Teil, NStZ 1997, 376; *ders.,* Aus der Rechtsprechung des BGH zum Strafverfahrensrecht, NStZ-RR 2000, 33, *ders.,* Aus der Rechtsprechung des BGH zum Strafverfahrensrecht, NStZ-RR 2000, 289; *Neuhaus,* Anm. zu BGH v. 27. 3. 2000 – 2 BvR 434/00, StV 2001, 152; *Park,* Die Erwiderung der Verteidigung auf einen Revisionsverwerfungsantrag gem. § 349 Abs. 2 StPO, StV 1997, 550; *Rieß,* Anm. zu OLG Frankfurt v. 22. 6. 1977 – 4 Ws 30/77, JR 1978, 523; *Ventzke,* Anm. zu BGH 4. 6. 2002 – 3 StR 146/02, StraFo 2002, 324.

I. Unzulässige Revisionen (Abs. 1)

Das Revisionsgericht prüft nochmals die Zulässigkeit der Revisionseinlegung und -begründung, nachdem ihm die Akten übersandt wurden (§ 347) und es seine Zuständigkeit (§ 348) festgestellt hat. Stellt das Revisionsgericht die Unzulässigkeit der Revision fest, ist eine Rückgabe der Sache an das Tatgericht nicht möglich;[1] die Revision ist dann nach Abs. 1 oder durch Urteil zu verwerfen.[2] 1

Die Prüfung der Revision umfasst **alle denkbaren Zulässigkeitsvoraussetzungen.**[3] Die Prüfung geht damit über die des Tatgerichts (§ 346 Abs. 1) hinaus und erfasst nicht nur die Einlegungs- und Begründungsfristen (§§ 341, 345 Abs. 1) bzw. die Formerfordernisse bei der Begründung der Revisionsanträge (§ 345 Abs. 2), sondern erstreckt sich insbesondere auch auf die Prüfung der **Legitimation** zur Einlegung,[4] des **Zeitpunkts** der Einlegung[5] sowie des Vorliegens eines **wirksamen Rechtsmittelverzichts.**[6] Die Unzulässigkeit der Revision kann ferner aus **wesentlichen Begründungsfehlern** folgen,[7] so wenn nur die Beweiswürdigung[8] ohne Benennung konkreter Rechtsfehler angegriffen wird oder die Voraussetzungen des § 344 nicht beachtet worden sind.[9] Schließlich ist eine Revision auch unzulässig, wenn sie von vornherein **unstatthaft** war.[10] 2

Die Revision ist hingegen nicht unzulässig, wenn eine **wirksame Rücknahme** vorliegt. In diesen Fällen ist die Revision für **erledigt** zu erklären[11] oder **festzustellen,** dass die Revision wirksam zurückgenommen worden ist.[12] Ein **nachträglicher Rechtsmittelverzicht** steht der Rücknahme gleich. Eine versehentliche Entscheidung des Revisionsgerichts trotz wirksamer Rücknahme ist aufzuheben.[13] 3

Da in den Fällen der Unzulässigkeit keine ordnungsgemäß erhobene Revisionsrüge vorliegt, kommt weder eine Einstellung nach § 153[14] noch eine Entscheidung über bereits vor Erlass des angefochtenen Urteils bestehende Verfahrenshindernisse in Betracht.[15] 4

Der **Verwerfungsbeschluss** ergeht mit einfacher Mehrheit (§ 196 GVG) und ist mit einer Kostenentscheidung zu versehen (§§ 464, 473 Abs. 1).[16] 5

II. Verwerfung als „offensichtlich unbegründet" (Abs. 2)

1. Normzweck. Auch bei der Entscheidung ohne Hauptverhandlung kommt dem **rechtlichen Gehör** besondere Bedeutung zu. Die Verwerfung einer Revision als offensichtlich unbegründet setzt deshalb einen **begründeten Antrag** der StA, die **Gelegenheit zur Stellungnahme** für den Be- 6

---

[1] Vgl. BayObLG v. 30. 8. 1974 – Rreg 7 St 152/74, MDR 1975, 71 f.; Anw-StPO/*Lohse* Rn. 3; *Meyer-Goßner* Rn. 1; HK-StPO/*Temming* Rn. 2; BeckOK-StPO/*Wiedner* Rn. 7.
[2] BGH v. 26. 9. 2006 – 5 StR 327/06, NStZ-RR 2009, 37; *Meyer-Goßner* Rn. 1; HK-StPO/*Temming* Rn. 2.
[3] BGH v. 21. 1. 1951 – 1 StR 236/57, BGHSt 11, 152 (155); BGH v. 16. 6. 1961 – 1 StR 95/61, BGHSt 16, 115 (118) = NJW 1961, 1684 (1685).
[4] BGH v. 24. 1. 1964 – 1 StR 297/60, BGHSt 19, 196 (197) = NJW 1964, 674; KK-StPO/*Kuckein* Rn. 5.
[5] BGH v. 21. 1. 1959 – 4 StR 523/58, MDR 1959, 507.
[6] BGH v. 29. 11. 1983 – 4 StR 681/83, NStZ 1984, 181; BGH v. 18. 9. 1996 – 3 StR 373/96, NStZ 1997, 148; BGH v. 31. 5. 2005 – 1 StR 158/05, NStZ 2005, 582; BGH v. 7. 3. 2006 – 4 StR 16/06, NStZ 2006, 351; BGH v. 29. 9. 2009 – 1 StR 376/09, NJW 2010, 310 = StV 2009, 679 (680).
[7] Vgl. BGH v. 6. 5. 1992 – 2 StR 21/92, bei *Kusch* NStZ 1993, 27 (31); KK-StPO/*Kuckein* Rn. 8.
[8] OLG Düsseldorf v. 2. 9. 1992 – 2 Ss 303/92 – 98/92 II, NStZ 1993, 99; Brandenbg. OLG v. 21. 1. 2008 – 1 Ss 103/07 (juris).
[9] KK-StPO/*Kuckein* Rn. 8; *Sarstedt/Hamm* Rn. 1239.
[10] BGH v. 9. 5. 2006 – 1 StR 57/06, BGHSt 51, 34 (38) = NStZ 2006, 518 (519); KK-StPO/*Kuckein* Rn. 10 mwN.
[11] RG v. 7. 1. 1921 – IV 164/20, RGSt 55, 231.
[12] BGH v. 20. 7. 2004 – 4 StR 249/04, NStZ 2005, 113 (st. Rspr.); KK-StPO/*Kuckein* Rn. 6; BeckOK-StPO/*Wiedner* Rn. 10.
[13] BGH v. 3. 11. 1976 – 2 StR 381/76 (juris).
[14] Vgl. *Meyer-Goßner* Rn. 1.
[15] Vgl. KK-StPO/*Kuckein* Rn. 11; *Sarstedt/Hamm* Rn. 1240.
[16] SK-StPO/*Wohlers* Rn. 13.

schwerdeführer (Gegenerklärung) sowie eine **einstimmige** Entscheidung des Revisionsgerichts voraus. Auf diese Weise wird der Anspruch des Beschwerdeführers auf rechtliches Gehör gewahrt. Ein Anspruch auf eine Revisionshauptverhandlung und mündliche Erörterung folgt dagegen auch nicht aus Art. 103 Abs. 1 GG.[17]

7 Der Beschwerdeführer hat auch keinen Anspruch darauf zu erfahren, **aus welchen Gründen** das Revisionsgericht sein Revisionsvorbringen als offensichtlich unbegründet ansieht; denn die höchstrichterliche Rechtsprechung hält die Gründe des angefochtenen Revisionsurteils sowie den Inhalt des Verwerfungsantrages im Zusammenhang mit dem Merkmal der „Offensichtlichkeit" für ausreichend.[18]

8 Eine darüber hinausgehende ausführliche **Begründung des Revisionsgerichts** ist gerade durch die Vorschrift nicht vorgesehen,[19] auch wenn sich das Revisionsgericht der Verwerfungsansicht der StA nur im Ergebnis, nicht jedoch in der Begründung anschließt.[20]

9 Normzweck ist eine Entlastung der Revisionsgerichte.[21] Sie schafft mithin die Möglichkeit, offensichtlich unbegründete Revisionen durch Beschluss zu verwerfen. Dieses Verfahrensinstrument ist angesichts vieler Revisionen, die „nicht das Papier wert sind, auf dem sie stehen"[22] für die Revisionsgerichte ohne Zweifel notwendig. Im Hinblick auf die Gewährung rechtlichen Gehörs sowie auf die tatsächliche Akzeptanz des Beschlussverfahrens bestehen hingegen in den übrigen Fällen begründete Bedenken, wenn das Revisionsgericht sich in dem Verwerfungsbeschluss – wenn auch nur kurz – nicht mit dem Revisionsvorbringen auseinandersetzt; dies gilt insbesondere in den Fällen, in denen das Revisionsvorbringen in einer Gegenerklärung auf den Verwerfungsantrag der StA näher begründet wird.[23] Die Vorschrift räumt dem Revisionsgericht gerade ein Ermessen („kann") ein, trotz der Annahme „offensichtlicher Unbegründetheit" eine Entscheidung zu begründen.[24]

10 **2. Antrag der Staatsanwaltschaft.** Der Antrag der StA ist eine **zwingende Voraussetzung** der Beschlussverwerfung und soll **sicherstellen, dass sowohl die StA als auch das Gericht** unabhängig **voneinander** zu dem die Verwerfung der Revision ohne Hauptverhandlung rechtfertigenden Ergebnis „offensichtlicher Unbegründetheit" gelangen. Ein ohne einen Antrag der StA ergangener Verwerfungsbeschluss verstößt daher gegen das Willkürverbot.[25] Ebenso ist eine Antragstellung **auf Bestellung** durch das Revisionsgericht (ohne eigene Sachprüfung der StA) unzulässig.[26]

11 Die **Begründung** des Antrages muss darlegen, aus welchen Gründen das Vorbringen des Beschwerdeführers, namentlich die erhobenen Verfahrensrügen, nach Ansicht der StA erfolglos bleiben muss.[27] Dabei kann sich die Auseinandersetzung auf die wichtigsten Rügen beschränken. Ein Eingehen auf abwegiges Revisionsvorbringen ist nicht erforderlich. In den Fällen einer nur allgemein erhobenen Sachrüge genügt der Hinweis, dass das Urteil keine Rechtsfehler erkennen lässt.

12 Hat die StA ihren Verwerfungsantrag gestellt und der Revisionsführer darauf hin eine Gegenerklärung abgegeben, besteht kein Anspruch auf eine **ergänzende Stellungnahme**.[28] Vor dem Hintergrund, dass die StA nach nochmaliger Prüfung der Rechtslage grundsätzlich zur Änderung des Antrages berechtigt ist,[29] ist jedoch das Revisionsgericht im Einzelfall angehalten, die Gegenerklärung **zur erneuten Stellungnahme** der StA zuzuleiten.[30]

13 Die StA kann und muss ebenso wie bei der Revision des Angeklagten auch bei **Revisionen der StA** die Beschlussverwerfung beantragen.[31] Auch Revisionen der StA können nach Abs. 2 verwor-

---

[17] BVerfG v. 21. 1. 2002 – 2 BvR 1225/01, NStZ 2002, 487 (488); BVerfG v. 20. 6. 2007 – 2 BvR 746/07, NJW 2007, 3563.
[18] BVerfG v. 11. 1. 2002 – 2 BvR 1328/00 (juris); BGH v. 15. 2. 1994 – 5 StR 15/92, NStZ 1994, 353.
[19] BVerfG v. 17. 7. 2007 – 2 BvR 496/07, NStZ-RR 2007, 381; BGH v. 4. 6. 2002 – 3 StR 146/02, StraFo 2002, 324; BVerfG v. 22. 6. 1984 – 2 BvR 692/84, EuGRZ 1984, 442.
[20] BVerfG v. 10. 10. 2001 – 2 BvR 1620/01, NJW 2002, 814 (815); KK-StPO/*Kuckein* Rn. 16; Anw-StPO/*Lohse* Rn. 9.
[21] Vgl. KK-StPO/*Kuckein* Rn. 1; BeckOK-StPO/*Wiedner* Rn. 15; SK-StPO/*Wohlers* Rn. 17.
[22] *Dahs* NStZ 2001, 298; *Sarstedt/Hamm* Rn. 1255–1259.
[23] *Ventzke* mAnm zu BGH 4. 6. 2002 – 3 StR 146/02, StraFo 2002, 324 f.
[24] Vgl. auch BGH v. 5. 4. 2006 – 5 StR 35/06, NStZ-RR 2006, 244; *Dahs* NStZ 2001, 298 (299); *Schulte*, FS Rebmann, 1989, S. 465 (477); aaO S. 299; KK-StPO/*Kuckein* Rn. 16; *Meyer-Goßner* Rn. 14; *Sarstedt/Hamm* Rn. 1260.
[25] BVerfG v. 10. 11. 1981 – 2 BvR 1060/81, BVerfGE 59, 98 = NJW 1982, 324; *Meyer-Goßner* Rn. 12.
[26] BVerfG v. 27. 3. 2000 – 2 BvR 434/00, NStZ 2000, 382 f.; BVerfG 26. 10. 2006 – 2 BvR 1656/06; 17. 7. 2007 – 2 BvR 1359/007; Anw-StPO/*Lohse* Rn. 5; *Meyer-Goßner* Rn. 12; *Neuhaus* mAnm zu BGH v. 27. 3. 2000 – 2 BvR 434/00, StV 2001, 152; aA KG v. 15. 9. 1999 – (4) 1 Ss 384/98 (11/99), StV 2001, 153 f.
[27] Vgl. *Meyer-Goßner* Rn. 13; HK-StPO/*Temming* Rn. 4.
[28] BGH v. 14. 9. 2004 – 1 StR 124/04, NStZ-RR 2005, 14; BGH v. 17. 1. 2007 – 3 StR 277/06 (juris); BGH v. 21. 8. 2008 – 3 StR 229/08, NStZ-RR 2008, 285; *Meyer-Goßner* Rn. 13.
[29] KG v. 15. 9. 1999 – (4) 1 Ss 384/98 (11/99), StV 2001, 153 f.
[30] LR/*Hanack*, Rn. 20; KK-StPO/*Kuckein* Rn. 21.
[31] BGH v. 15. 4. 1975 – 5 StR 199/75, bei *Dallinger* MDR 1975, 722 (726); BGH v. 23. 1. 1992 – 1 StR 669/91, BGHR StPO § 349 Abs. 2 Verwerfung 1; Löwe/Rosenberg/*Hanack*, 25. Aufl., Rn. 14.

fen werden.³² Derartige Fälle kommen allerdings in der Praxis selten vor, da die StA beim Revisionsgericht, statt einen Antrag nach § 349 Abs. 2 StPO zu stellen, das Rechtsmittel entweder selbst zurücknimmt oder seine Rücknahme durch die örtliche StA veranlassen wird.³³

Bei der **Revision des Nebenklägers** und der des **Privatklägers** ist für einen Verwerfungsbeschluss 14 weder ein Antrag der StA noch eine Anhörung nach Abs. 3 erforderlich. Eine Bindung des Revisionsgerichts an den Antrag der StA besteht nicht.

3. **Offensichtlichkeit.** Das Erfordernis der Offensichtlichkeit entzieht sich der objektiven Be- 15 griffsbestimmung.³⁴ Nach ständiger Rechtsprechung ist dieses Merkmal erfüllt, wenn die zur Entscheidung berufenden Richter und andere Sachkundigen sofort und unschwer erkennen können, welche Rechtsfragen vorliegen, wie sie zu beantworten sind und dass daher die Revisionsrügen das Rechtsmittel nicht zu begründen vermögen.³⁵ Weder dem **Umfang der Revisionsbegründung,**³⁶ der **Dauer des Revisionsverfahrens**³⁷ noch dem wissenschaftlichen Ansehen des Revisionsverfassers soll insoweit Bedeutung zukommen. Entscheidend ist nach ständiger Rechtsprechung nur, ob die zur Prüfung unterbreiteten Rechtsfragen „zweifelsfrei" unter Beachtung der dazu ergangenen höchstrichterlichen Rechtsprechung zu beantworten sind und die Durchführung der Hauptverhandlung keine neuen Erkenntnisse tatsächlicher oder rechtlicher Art erwarten lässt.³⁸

Folglich wird von einer **offensichtlichen Unbegründetheit** auch dann ausgegangen, wenn es an 16 einem **Beruhen** des zu Recht durch die Revision aufgezeigten Rechtsfehlers fehlt³⁹ oder sich die Rechtsfehler erkennbar **nicht zum Nachteil** des Beschwerdeführers ausgewirkt haben. Zustimmung verdient daher die Ansicht, dass der Gesetzgeber das Wort „offensichtlich" streichen sollte, zumal dem Normzweck und der Sicherung des Anspruchs auf rechtliches Gehör durch das Antrags- und Einstimmigkeitserfordernis hinreichend Rechnung getragen wird.⁴⁰

4. **Einstimmigkeit.** Einstimmigkeit setzt Einigkeit über alle wesentlichen Punkte der Verwer- 17 fungsbegründung voraus.⁴¹ Dabei besteht keine Bindung an die in dem Verwerfungsantrag angegebenen Gründe, da es sich bei der Antragsbegründung der StA nur um eine prozessuale Voraussetzung der Beschwerdeverwerfung handelt.⁴² Der Verwerfungsbeschluss erfordert sowohl hinsichtlich der Unbegründetheit als auch der Offensichtlichkeit Einstimmigkeit.⁴³

5. **Der Verwerfungsbeschluss. Inhalt und Begründung** des Beschlusses liegen im Ermessen des 18 Gerichts. Das Merkmal der „offensichtlichen Unbegründetheit" braucht nicht ausdrücklich verwendet zu werden,⁴⁴ ebenso wenig das Merkmal der „Einstimmigkeit", auch wenn letzteres unter Hinweis auf den Antrag der StA zweckmäßig erscheint.⁴⁵ Der Beschluss kann auch eine **sachliche Begründung** enthalten, auch wenn diese nicht vorgeschrieben ist.⁴⁶ Im Hinblick auf den Anspruch des Beschwerdeführers auf rechtliches Gehör sollte eine Begründung erfolgen, sofern eine Gegenerklärung (Abs. 3 S. 2) rechtliche Erwägungen, die sich mit der einschlägigen höchstrichterlichen Rechtsprechung auseinandersetzen und dem Antrag der StA entgegentreten, enthält⁴⁷ oder der Entscheidung des Revisionsgerichts vom Antrag der StA abweichende Gründe zugrunde gelegt werden.⁴⁸

Der Verwerfungsbeschluss kann mit einer **Berichtigung oder Ergänzung des Urteils** zum Vor- 19 teil⁴⁹ als auch zum Nachteil des Beschwerdeführers verbunden werden. Dies gilt insbesondere für

---

32 BGH v. 13. 7. 2005 – 2 StR 504/04, StV 2005, 596 mwN; *Meyer-Goßner* Rn. 8; HK-StPO/*Temming* Rn. 3; SK-StPO/*Wohlers* Rn. 22.
33 Vgl. KK-StPO/*Kuckein* Rn. 31; *Sarstedt/Hamm*, 1261; *Dahs* Revision Rn. 549.
34 Vgl. *Sarstedt/Hamm* Rn. 1247.
35 Vgl. BVerfG v. 10. 10. 2001 – 2 BvR 1620/01, NJW 2002, 814 (815); BVerfG v. 21. 1. 2002 – 2 BvR 1225/01, NStZ 2002, 487 (489); BGH v. 16. 12. 1991 – StbSt (B)/2/91, BGHSt 38, 177 (184) = NStZ 1992, 239 f.
36 BGH v. 30. 7. 1999 – 3 StR 139/99, bei *Kusch* NStZ-RR 2000, 289 (295); BeckOK-StPO/*Wiedner* Rn. 19.
37 KK-StPO/*Kuckein* Rn. 23; *Meyer-Goßner* Rn. 10; aA OLG Hamm v. 2. 6. 1999 – 2 Ss 1002/99, StV 2001, 221.
38 BGH v. 12. 10. 2000 – 5 StR 414/99, NJW 2001, 85; *Meyer-Goßner* Rn. 11; HK-GS/*Maiwald* Rn. 6; SK-StPO/*Wohlers* Rn. 31 ff.
39 BVerfG v. 10. 10. 2001 – 2 BvR 1620/01, NJW 2002, 814 (815).
40 Vgl. *Tolksdorf*, FS Salger, 1995, S. 407; *Meyer-Goßner* Rn. 11.
41 SK-StPO/*Wohlers* Rn. 39; krit. *Sarstedt/Hamm* Rn. 1243.
42 KK-StPO/*Kuckein* Rn. 25 mwN.
43 Vgl. KK-StPO/*Kuckein* Rn. 26; *Meyer-Goßner* Rn. 18; *Dahs* Revision Rn. 550.
44 BGH v. 15. 2. 1994 – 5 StR 15/92, NStZ 1994, 353; *Meyer-Goßner* Rn. 19; SK-StPO/*Wohlers* Rn. 54; aA Löwe/Rosenberg/*Hanack*, 25. Aufl., Rn. 12.
45 Vgl. KK-StPO/*Kuckein* Rn. 27.
46 Vgl. BVerfG v. 23. 8. 2005 – 2 BvR 1066/05, NJW 2006, 136; BVerfG v. 17. 7. 2007 – 2 BvR 496/07, StraFo 2007, 463; BGH v. 11. 8. 2009 – 3 StR 131/09, wistra 2009, 483.
47 KK-StPO/*Kuckein* Rn. 28; *Meyer-Goßner* Rn. 20.
48 Vgl. BVerfG v. 10. 10. 2001 – 2 BvR 1620/01, NJW 2002, 814 (815); BVerfG v. 21. 1. 2002 – 2 BvR 1225/01, NStZ 2002, 487 (489); BGH v. 3. 2. 2004 – 5 StR 359/03, StraFo 2004, 212 (213); BGH v. 20. 2. 2004 – 2 StR 116/03, NStZ 2004, 511; BGH v. 8. 4. 2009 – 5 StR 40/09, wistra 2009, 283 [allg. Übung der Senate].
49 Vgl. *Dahs* Revision Rn. 552.

eine **Schuldspruchberichtigung,** auch auf eine Revision des Nebenklägers hin.[50] Einem Antrag der StA, den Verwerfungsbeschluss mit einer Schuldspruchänderung zu verbinden, steht aber eine uneingeschränkte Verwerfung nicht entgegen, solange die beantragte Änderung den Unrechts- und Schuldgehalt der abgeurteilten Tat nicht berührt.[51] Da Rechtsfehler hingenommen werden können, die sich nicht zum Nachteil des Angeklagten auswirken,[52] steht einem Beschluss nach Abs. 2 auch ein Teilaufhebungsantrag der StA zB wegen der Nichtanordnung der Unterbringung nach § 64 StGB[53] oder aus anderen Gründen[54] nicht entgegen.

20   Ist die Revision nur **teilweise** offensichtlich unbegründet, sollte **einheitlich** entweder Termin zur Hauptverhandlung bestimmt und durch Urteil oder durch „kombinierten" Beschluss nach Abs. 2 und Abs. 4 entschieden werden, auch wenn eine Kombination eines Verwerfungsbeschlusses nach Abs. 2 mit einer Hauptverhandlung über das weitergehende Rechtsmittel zulässig ist.[55] Bei Revisionen **mehrerer Angeklagter** können hingegen einzelne Revisionen im Beschlussweg nach Abs. 2, andere durch Urteil entschieden werden,[56] während sich bei **wechselseitigen Revisionen** der StA und des Angeklagten in der Regel eine einheitliche Entscheidung aufgrund einer mündlichen Verhandlung gebietet.[57]

21   Der **Beschluss** nach § 349 Abs. 2 StPO ist **unanfechtbar.** Er wird mit Unterzeichnung und Eingabe in den Geschäftsgang **wirksam.**[58] Geht vor Hinausgabe noch ein Schriftsatz des Beschwerdeführers ein, kann jeder Richter eine neue Beratung verlangen, ohne dass dazu allerdings eine Verpflichtung besteht.[59] **Rechtskraft** tritt mit Ablauf des Tages der Beschlussfassung ein (§ 34a). Bei Versagung des rechtlichen Gehörs gilt § 356a,[60] eine weitergehende Wiedereinsetzung in den vorigen Stand scheidet aus.[61] Die Möglichkeit einer **Rücknahme** des Verwerfungsbeschlusses wird vom BGH grundsätzlich verneint; ob der Beschluss auf einer tatsächlichen oder rechtlichen fehlerhaften Grundlage beruht, ist unerheblich.[62] Ebenso ist eine Gegenvorstellung nicht statthaft.[63] Eine fehlerhafte Entscheidung kann daher nur im Wege des Wiederaufnahme- oder des Gnadenverfahrens korrigiert werden.[64] Die **Kostenentscheidung** richtet sich nach den §§ 464, 473 Abs. 1, §§ 74, 109 Abs. 2 JGG.

III. Anhörung des Beschwerdeführers (Abs. 3)

22   Der Antrag der StA ist mit den Gründen dem Beschwerdeführer mitzuteilen. Dadurch soll sein **rechtliches Gehör** gesichert und er vor einem überraschenden Verwerfungsbeschluss geschützt werden.[65] Die **Mitteilung** erfolgt **durch die StA,** nicht durch das Gericht. Hat der Angeklagte einen Verteidiger, ist die Mitteilung an diesen zu richten, bei mehreren Verteidigern nur an denjenigen, der am Revisionsverfahren beteiligt ist.[66] Eine besondere Mitteilung an den Angeklagten erfolgt in diesen Fällen grundsätzlich unabhängig von einer etwaigen eigenen Begründung zu Protokoll der Geschäftsstelle nicht.[67] Anders wird nur verfahren, wenn dies aus besonderen Gründen zur Wahrung des rechtlichen Gehörs für erforderlich gehalten wird.

23   Der Beschwerdeführer ist über sein Recht, binnen zwei Wochen eine schriftliche Gegenerklärung beim Revisionsgericht einzureichen, zu **belehren,** auch wenn das Gesetz das nicht vorschreibt.[68] Die Mitteilung wird, da sie die Frist in Lauf setzt, dem Verteidiger gegen **Empfangsbekenntnis** förmlich zugestellt.[69] Hat der Angeklagte keinen Verteidiger und ist sein Aufenthalt unbekannt, ver-

---

[50] Vgl. BVerfG v. 14. 6. 2007 – 2 BvR 1447/05, 2 BvR 136/05, StV 2007, 393 (399); BGH v. 19. 4. 2007 – 4 StR 89/07 (juris); KK-StPO/*Kuckein* Rn. 29; HK-StPO/*Temming* Rn. 8.
[51] KK-StPO/*Kuckein* Rn. 29 mwN zur Rspr.
[52] BGH v. 10. 6. 1985 – 4 StR 153/85, BGHSt 33, 230 = NJW 1986, 200.
[53] Vgl. BGH v. 30. 9. 1992 – 3 StR 440/92, BGHR StPO § 349 Abs. 2 Verwerfung 3; BGH v. 6. 2. 2008 – 4 StR 659/07 (juris).
[54] KK-StPO/*Kuckein* Rn. 29 mwN; *Meyer-Goßner* Rn. 22 mwN.
[55] Vgl. KK-StPO/*Kuckein* Rn. 33; *Dahs* Revision Rn. 548; *Sarstedt/Hamm* Rn. 1266 f.
[56] BGH v. 9. 1. 1991 – 3 StR 205/90 (juris); KK-StPO/*Kuckein* Rn. 34.
[57] KK-StPO/*Kuckein* Rn. 34.
[58] KK-StPO/*Kuckein* Rn. 35; Anw-StPO/*Lohse* Rn. 14; SK-StPO/*Wohlers* Rn. 61.
[59] *Meyer-Goßner* Rn. 24; aA BGH v. 22. 9. 1993 – 4 StR 474/93, NStZ 1994, 96.
[60] KK-StPO/*Kuckein* Rn. 49; HK-StPO/*Temming* Rn. 12.
[61] BGH v. 3. 12. 2002 – 1 StR 327/02, StraFo 2003, 172 (st. Rspr.); *Meyer-Goßner* Rn. 25; aA Löwe/Rosenberg/*Hanack,* 25. Aufl., Rn. 29.
[62] BGH v. 4. 4. 2006 – 5 StR 514/04, wistra 2006, 271 mwN.
[63] BGH v. 14. 2. 2005 – 2 StR 446/04, StraFo 2005, 251.
[64] *Dahs* Revision Rn. 554.
[65] HK-StPO/*Temming* Rn. 6; BeckOK-StPO/*Wiedner* Rn. 30; SK-StPO/*Wohlers* Rn. 43.
[66] BGH v. 12. 1. 1998 – 5 StR 547/87, BGHR StPO § 349 Abs. 3 Mitteilung 2; Löwe/Rosenberg/*Hanack,* 25. Aufl., Rn. 19; *Meyer-Goßner* Rn. 15.
[67] BGH v. 3. 9. 1998 – 4 StR 93/98, NStZ 1999, 41 f. mwN; BGH 21. 12. 2006 – 2 StR 307/06 (juris) (st. Rspr.); KK-StPO/*Kuckein* Rn. 20.
[68] Vgl. Löwe/Rosenberg/*Hanack,* 25. Aufl., Rn. 18.
[69] *Meyer-Goßner* Rn. 16; BeckOK-StPO/*Wiedner* Rn. 31.

Vierter Abschnitt. Revision 24–28 **§ 349**

wirkt er damit seinen Anspruch auf rechtliches Gehör.[70] Eine öffentliche Zustellung nach § 40 Abs. 2 ist nicht erforderlich.[71]

Die **Gegenerklärung** ist innerhalb der zweiwöchigen Frist gegenüber dem Revisionsgericht abzugeben. Die Frist ist **nicht verlängerbar**.[72] Für die Gegenerklärung genügt die einfache Schriftform, § 345 Abs. 2 findet keine Anwendung. Der inhaftierte Angeklagte kann seine Stellungnahme nach § 299 zu Protokoll erklären. 24

Der **Verteidiger** sollte von dem Recht der Gegenerklärung Gebrauch machen.[73] Zwar hat der Verteidiger keinen Anspruch auf Übersendung der Akten in dieser Zeit;[74] nichtsdestoweniger sollte er sein Revisionsvorbringen unter Beachtung der Rechtsansicht der StA näher erläutern und begründen, so eine Überprüfung nicht auch eine Rücknahme des Rechtsmittels nahelegt. Da es sich bei der Zweiwochenfrist um **keine Ausschlussfrist** handelt,[75] ist eine Überschreitung grundsätzlich unschädlich. In diesem Fall sollte die Gegenerklärung aber angekündigt werden, da sie das Revisionsgericht grundsätzlich noch innerhalb angemessener Zeit berücksichtigt.[76] Eine Pflicht des Revisionsgerichts zur Berücksichtigung der Gegenerklärung nach Ablauf der Frist besteht allerdings nicht,[77] sodass ein solcher Vorbehalt eine Entscheidung des Revisionsgerichts innerhalb angemessener Frist nicht hindert.[78] 25

Ist eine Gegenerklärung dem Revisionsgericht zugegangen, kann es diese der **StA zur Kenntnis** geben. Eine Aufforderung zu **erneuter Stellungnahme** erfolgt grundsätzlich nicht,[79] da auch eine erstmalig ausgeführte Sachrüge in der Gegenerklärung keine entsprechende Pflicht der StA begründen.[80] Allerdings wird in dem Beschluss durch das Revisionsgericht in der Regel vermerkt, dass es vom Inhalt der Gegenerklärung Kenntnis genommen hat.[81] Eine Berücksichtigung der Gegenerklärung nach Erlass des Verwerfungsbeschlusses ist ausgeschlossen.[82] Eine Wiedereinsetzung gegen die Versäumung der Frist zur Gegenerklärung findet ebenfalls nicht statt.[83] 26

IV. Der Aufhebungsbeschluss (Abs. 4)

Die Aufhebung des Urteils kann bei Revisionen **zugunsten des Angeklagten** ohne mündliche Verhandlung erfolgen, wenn das Revisionsgericht das Rechtsmittel einstimmig für begründet hält. Dabei sind die **formellen Anforderungen** geringer als bei der Beschlussverwerfung nach Abs. 2; es muss weder ein begründeter Antrag der StA vorliegen noch ist eine Anhörung des Beschwerdeführers erforderlich. Ebenso wenig ist erforderlich, dass die bisherige Verurteilung auf einer offensichtlichen Unhaltbarkeit der materiellen oder verfahrensrechtlichen Gründe beruht.[84] 27

Voraussetzung einer Urteilsaufhebung durch Beschluss ist, dass die Revision **zu Gunsten des Angeklagten eingelegt** wurde. Das ist der Fall, wenn entweder der Angeklagte selbst oder für ihn sein Verteidiger, gesetzlicher Vertreter oder Erziehungsberechtigter oder die StA zu seinen Gunsten (§ 296 Abs. 2) Revision eingelegt haben. Eine Aufhebung durch Beschluss ist auch dann möglich, wenn die von der StA oder dem Nebenkläger[85] zu Ungunsten des Angeklagten eingelegte Revision gem. § 301 nur zu seinen Gunsten Erfolg hat.[86] Bei **abtrennbaren Teilen** einer Revision besteht darüber hinaus die Möglichkeit, sowohl nach Abs. 4 als auch nach Abs. 2 zu entscheiden.[87] 28

---

[70] Löwe/Rosenberg/*Hanack*, 25. Aufl., Rn. 19.
[71] *Meyer-Goßner* Rn. 16.
[72] BGH v. 6. 12. 2006 – 1 StR 532/06, wistra 2007, 158; BGH v. 13. 2. 2007 – 1 StR 497/07, NStZ-RR 2008, 151; BGH v. 27. 2. 2007 – 1 StR 8/07, wistra 2007, 231; HK-StPO/*Temming* Rn. 7; BeckOK-StPO/*Wiedner* Rn. 33.
[73] Vgl. *Park* StV 1997, 550; *Sarstedt/Hamm* Rn. 1252–1254.
[74] Vgl. *Dahs* Revision Rn. 544.
[75] BGH v. 3. 3. 1966 – 2 StR 496/65, bei *Dallinger* MDR 1966, 725 (728); Löwe/Rosenberg/*Hanack*, 25. Aufl., Rn. 20.
[76] Vgl. KK-StPO/*Kuckein* Rn. 19.
[77] BGH v. 13. 8. 1969 – 1 StR 124/69, BGHSt 23, 102 = NJW 1969, 2057; BGH v. 3. 1. 1997 – 3 StR 459/96 (juris); BGH v. 30. 7. 2008 – 2 StR 234/08, NStZ-RR 2008, 352.
[78] KK-StPO/*Kuckein* Rn. 19 mwN zur Rspr.; HK-GS/*Maiwald* Rn. 8.
[79] BGH v. 21. 9. 1993 – 1 StR 421/93, BGHR StPO § 349 Abs. 3 Gegenerklärung 1; BGH 4. 6. 2002 – 3 StR 146/02, StraFo 2002, 324; BGH v. 9. 5. 2007 – 2 StR 530/06, wistra 2007, 319.
[80] Vgl. BVerfG v. 17. 7. 2007 – 2 BvR 496/07, StraFo 2007, 463.
[81] BGH v. 31. 7. 2006 – 1 StR 240/06 (juris); BGH v. 13. 12. 2007 – 1 StR 497/07, NStZ-RR 2008, 151; *Meyer-Goßner* Rn. 17.
[82] BGH v. 3. 3. 1966 – 2 StR 496/65, bei *Dallinger* MDR 1966, 725 (728).
[83] *Meyer-Goßner* Rn. 17; Löwe/Rosenberg/*Hanack*, 25. Aufl., Rn. 29; *Dahs* Revision Rn. 546.
[84] KK-StPO/*Kuckein* Rn. 36; HK-StPO/*Temming* Rn. 9; *Dahs* Revision Rn. 555; *Sarstedt/Hamm* Rn. 1262.
[85] BGH v. 28. 8. 1995 – 2 StR 394/95, NStZ-RR 1996, 130 (131).
[86] BGH v. 22. 4. 1998 – 5 StR 5/98, BGHSt 44, 68 (82) = NStZ 2000, 195; KK-StPO/*Kuckein* Rn. 37 mwN; AnwStPO/*Lohse* Rn. 15; *Dahs* Revision Rn. 555; *Sarstedt/Hamm* Rn. 1262; aA *Meyer-Goßner* Rn. 28; HK-GS/*Maiwald* Rn. 12; KMR/*Paulus* Rn. 28.
[87] BGH v. 25. 3. 1997 – 1 StR 579/96, BGHSt 43, 31 = NStZ 1999, 95, mAnm *Wattenberg*; KK-StPO/*Kuckein* Rn. 38; *Sarstedt/Hamm* Rn. 1263.

29 Für den **Inhalt** des Aufhebungsbeschlusses sind die §§ 353 ff. maßgebend. Eine Aufhebung durch Beschluss erfolgt demnach, wenn die Revision infolge eindeutiger Fehler, die den ganzen Urteilsbestand berühren,[88] für begründet erachtet wird (§ 353 Abs. 1) und erstreckt sich insoweit auf die dem Urteil zugrunde liegenden und von der Gesetzesverletzung betroffenen Feststellungen (§ 353 Abs. 2). Es ist grundsätzlich zugleich die **Zurückweisung** der Sache an die Vorinstanz auszusprechen (§ 354 Abs. 2).

30 Eine Aufhebung des Urteils kann auch im Falle einer eigenen Sachentscheidung (§ 354 Abs. 1) erfolgen, sodass das Revisionsgericht **durch Beschluss auf Freispruch** erkennen[89] oder das Verfahren wegen eines Prozesshindernisses einstellen kann.[90] Auch wird nach umstrittener Auffassung eine Änderung des Strafausspruches nach § 354 Abs. 1a S. 2 durch Beschluss für zulässig gehalten.[91] Der Beschluss ist zu **begründen**.[92] Dabei ist eine knappe Begründung ausreichend, schwierige Rechtsfragen brauchen nicht erörtert zu werden.[93] Wird die Sache an den Tatrichter zurückverwiesen, hat das Revisionsgericht die Bindungswirkung des § 358 Abs. 1 zu beachten und zu erläutern, welche Rechtsauffassung der Urteilsaufhebung zugrunde liegt.[94]

31 Der Beschluss wird den Beteiligten **formlos** bekannt gegeben (§ 35 Abs. 2 S. 2). Wird das Verfahren abgeschlossen, ist auch eine endgültige Entscheidung über die Kosten der Revision und ggf. über die notwendigen Auslagen des Angeklagten zu treffen.[95] Andernfalls hat der Tatrichter über die Kosten und Auslagen zu entscheiden.[96] Wird das Urteil auf die Revision der StA hin aufgehoben und die Sache zu neuer Verhandlung und Entscheidung zurückverwiesen, bleibt davon eine mit der Verurteilung erfolgte Entscheidung über einen Adhäsionsantrag unberührt; über ihre Aufhebung ist vom Tatrichter zu entscheiden.[97]

32 Eine **Rücknahme** oder ein **Widerruf** ist ebenso wie bei einem Revisionsurteil ausgeschlossen.[98] Das gilt allerdings dann nicht, wenn das Revisionsgericht irrig zu Ungunsten des Angeklagten nach Abs. 4 entschieden hat. In diesem Fall ist der Beschluss aufzuheben.[99] Ebenfalls kommt bei einem **Verkündungsversehen** eine Berichtigung in Betracht.[100] Über die **formelle Rechtskraft** hinaus führt der Beschluss im Regelfall aber wegen der Zurückverweisung nicht zur rechtskräftigen Erledigung des Verfahrens insgesamt. Wurde bei der Entscheidung der Anspruch auf rechtliches Gehör verletzt, kann dagegen die Anhörungsrüge nach § 356a erhoben werden.[101]

V. Entscheidung durch Urteil (Abs. 5)

33 Wendet das Revisionsgericht Abs. 1, Abs. 2 oder Abs. 4 nicht an, entscheidet es aufgrund einer Hauptverhandlung (§ 350) durch Urteil (Abs. 5). Ob das Gericht eine Entscheidung aufgrund einer Hauptverhandlung für erforderlich hält, steht in dessen Ermessen.[102]

34 Daneben kann das Revisionsgericht das Verfahren auch nach den § 153 Abs. 2, 154 Abs. 2, 206a, 206b, 437 Abs. 4, 441 Abs. 4 durch Beschluss – auch in der Hauptverhandlung – einstellen.[103] Das Verhältnis zu den §§ 206a, 206b ist umstritten.[104] Die hM bejaht eine entsprechende Anwendung des § 206a beim Vorliegen eines Verfahrenshindernisses.[105] Daneben entscheidet das Revisionsgericht auch über die Kosten, über die zusammen mit der Revision erhobenen Kostenbeschwerden sowie über Zuspruch einer Entschädigung für Strafverfolgungsmaßnahmen nach § 8 StrEG.[106]

---

[88] Vgl. *Dahs* Revision Rn. 556 mit weiteren Bsp.
[89] Vgl. BGH v. 22. 4. 1998 – 5 StR 5/98, BGHSt 44, 68 (82) = NStZ 2000, 195; KK-StPO/*Kuckein* Rn. 39 mwN.
[90] BGH v. 27. 4. 1989 – 1 StR 632/88, BGHSt 36, 175 (179) = StV 1989, 513.
[91] BGH v. 7. 3. 2006 – 5 StR 547/05, NJW 2006, 1605 mwN; Löwe/Rosenberg/*Hanack*, 25. Aufl., Rn. 33; *Dahs* Revison Rn. 556 mwN.
[92] KK-StPO/*Kuckein* Rn. 40.
[93] Löwe/Rosenberg/*Hanack*, 25. Aufl., Rn. 33.
[94] Löwe/Rosenberg/*Hanack*, 25. Aufl., Rn. 39; HK-GS/*Maiwald* Rn. 14; *Meyer-Goßner* Rn. 31.
[95] KK-StPO/*Kuckein* Rn. 39.
[96] BGH v. 8. 12. 1972 – 2 StR 29/72, BGHSt 25, 77 (79) = NJW 1973, 336 (337); BGH v. 2. 12. 1975 – 1 StR 701/75, BGHSt 26, 250 (253) = NJW 1976, 431; BGH v. 28. 8. 2007 – 4 StR 305/07, NStZ-RR 2007, 368 [Kosten und StrEG].
[97] BGH v. 28. 11. 2007 – 2 StR 477/07, BGHSt 52, 96 (98) = NJW 2008, 1239 f.
[98] BGH v. 17. 9. 1996 – 1 StR 264/96, bei *Kusch* NStZ 1997, 376 (379); Löwe/Rosenberg/*Hanack*, 25. Aufl., Rn. 41; HK-StPO/*Temming* Rn. 12; SK-StPO/*Wohlers* Rn. 75; *Rieß* mAnm zu OLG Frankfurt v. 22. 6. 1977 – 4 Ws 30/77, JR 1978, 523.
[99] BGH v. 30. 3. 1994 – 3 StR 628/93, bei *Kusch* NStZ 1995, 18.
[100] BGH v. 5. 1. 1999 – 1 StR 577/98, bei *Kusch* NStZ-RR 2000, 33 (39).
[101] BGH v. 14. 2. 2005 – 2 StR 446/04, StraFo 2005, 251; BGH v. 22. 3. 2006 – 1 StR 2/06, bei *Becker* NStZ-RR 2008, 65 (67f.); HK-StPO/*Temming* Rn. 12.
[102] Vgl. BVerfG v. 20. 6. 2007 – 2 BvR 746/07, StraFo 2007, 370; BeckOK-StPO/*Wiedner* Rn. 58.
[103] KK-StPO/*Kuckein* Rn. 43; HK-StPO/*Temming* Rn. 11; *Sarstedt/Hamm* Rn. 1264.
[104] Vgl. Löwe/Rosenberg/*Hanack*, 25. Aufl., Rn. 35 mwN; *Meyer-Goßner* Rn. 29; *Neuhaus* mAnm zu OLG Hamm v. 2. 6. 1999 – 2 Ss 1002/99, StV 2001, 221.
[105] Vgl. KK-StPO/*Kucklein* Rn. 43 mwN zur Rspr.
[106] Vgl. ausführlich KK-StPO/*Kuckein* Rn. 44–46; BeckOK-StPO/*Wiedner* Rn. 62.

§ 350 [Terminmitteilung]

(1) ¹Dem Angeklagten und dem Verteidiger sind Ort und Zeit der Hauptverhandlung mitzuteilen. ²Ist die Mitteilung an den Angeklagten nicht ausführbar, so genügt die Benachrichtigung des Verteidigers.

(2) ¹Der Angeklagte kann in der Hauptverhandlung erscheinen oder sich durch einen mit schriftlicher Vollmacht versehenen Verteidiger vertreten lassen. ²Der Angeklagte, der nicht auf freiem Fuße ist, hat keinen Anspruch auf Anwesenheit.

(3) ¹Hat der Angeklagte, der nicht auf freiem Fuße ist, keinen Verteidiger gewählt, so wird ihm, falls er zu der Hauptverhandlung nicht vorgeführt wird, auf seinen Antrag vom Vorsitzenden ein Verteidiger für die Hauptverhandlung bestellt. ²Der Antrag ist binnen einer Woche zu stellen, nachdem dem Angeklagten der Termin für die Hauptverhandlung unter Hinweis auf sein Recht, die Bestellung eines Verteidigers zu beantragen, mitgeteilt worden ist.

Schrifttum: *Dahs*, Verteidigerbestellung zur Begründung der Revision eines inhaftierten Angeklagten, JR 1985, 256; *Dallinger*, Aus der Rechtsprechung des Bundesgerichtshofes in Strafsachen, MDR 1975, 21; *Pikart*, Anm. zu BVerfGE 65, 175 = NStZ 1984, 82; *Rieß*, Anm. zu BGH 41, 16 = JR 95, 472; *Wittmeyer*, Verhandlungsfähigkeit und Verteidigungsfähigkeit – Verjährung und Strafmaß – Zu den Entscheidungen des BGH und BVerfG im Revisionsverfahren gegen Erich Mielke, NStZ 1995, 361.

I. Allgemeines

1. Adressaten. Entscheidet das Revisionsgericht gem. § 349 Abs. 5 über das Rechtsmittel durch Urteil, sind grundsätzlich **alle Verfahrensbeteiligten** von Ort und Zeit der Hauptverhandlung zu unterrichten. Die Mitteilung des Termins muss über Abs. 1 Satz 1 hinaus auch an einen gesetzlichen Vertreter des Angeklagten (§§ 149 Abs. 2, 298), an die StA sowie an Nebenkläger und Nebenbeteiligte (§§ 404 Abs. 3, 431 Abs. 1 S. 1, 442, 444 Abs. 1 S. 1) erfolgen.[1] Die für den Angeklagten bestimmte Mitteilung kann grundsätzlich auch an seinen gewählten oder bestellten Verteidiger gesandt werden (§ 145a Abs. 1). Ohne Bedeutung ist, ob eine Zustellungsvollmacht iSv. § 145a Abs. 2 vorliegt, da es sich bei einer Terminsmitteilung nicht um eine Ladung im technischen Sinne (§§ 217, 218) handelt.[2] In Jugendstrafverfahren sind die §§ 50 Abs. 2, 67 Abs. 2 JGG zu beachten. § 50 Abs. 3 JGG gilt nicht für die Hauptverhandlung vor dem Revisionsgericht.[3]

Ist eine – rechtzeitige – Mitteilung an den Angeklagten nicht möglich, weil beispielsweise sein Aufenthaltsort unbekannt ist, genügt eine Mitteilung an den Verteidiger (Abs. 1 Satz 2). Eine Einstellung nach § 205 scheidet in diesen Fällen aus.[4] Hat der nicht erreichbare Angeklagte keinen Verteidiger, ist die Terminsmitteilung **öffentlich** nach § 40 zuzustellen.[5] Bei einer Revision durch die StA ist allerdings Voraussetzung, dass die Revisionsschrift dem Angeklagten zuvor bereits persönlich zugestellt worden war.[6]

2. Form und Frist. Eine Ladungsfrist besteht nicht.[7] Allen Verfahrensbeteiligten, die vom Termin der Hauptverhandlung unterrichtet werden, ist aber eine angemessene Vorbereitungszeit zu ermöglichen.[8] Dabei sind Umfang und Schwierigkeit der Sache zu berücksichtigen, sodass sich im Einzelfall daraus die Notwendigkeit ergeben kann, den Verhandlungstermin auf Antrag oder von Amts wegen zu verlegen.[9]

Grundsätzlich reicht eine **formlose** Mitteilung an die Verfahrensbeteiligten aus. Eine Ausnahme gilt nur, wenn der Angeklagte **nicht** auf freiem Fuß ist und **keinen** Wahlverteidiger hat (Abs. 3 Satz 1). Nicht auf freiem Fuß ist jeder, dem die Freiheit auf Anordnung des Richters oder einer Behörde entzogen und der dadurch in der Wahl seines Aufenthalts beschränkt ist.[10] In diesen Fällen ist der Angeklagte auf sein Recht hinzuweisen, die Bestellung eines Verteidigers nach Abs. 3

---

[1] KK-StPO/*Kuckein* Rn. 3; HK-StPO/*Temming* Rn. 3.
[2] OLG Braunschweig v. 5.11.1954 – Ss 239/54, GA (1955) 103, 219; KK-StPO/*Kuckein* Rn. 3; *Meyer-Goßner* Rn. 1; HK-StPO/*Temming* Rn. 2; BeckOK-StPO/*Wiedner* Rn. 3.
[3] *Eisenberg*, JGG § 50 Rn. 6; SK-StPO/*Wohlers* Rn. 7.
[4] Löwe/Rosenberg/*Hanack*, 25. Aufl., Rn. 4.
[5] RG v. 6.7.1931 – II 734/30, RGSt 65, 417 (419); E. *Schmidt* NJW 1967, 853 (857); KK-StPO/*Kuckein* Rn. 4; *Meyer-Goßner* Rn. 2; HK-StPO/*Temming* Rn. 6.
[6] BayObLG v. 30.3.1962 – RevReg. 3 St 4/62, BayObLGSt 1962, 84; KK-StPO/*Kuckein* Rn. 4; HK-GS/*Maiwald* Rn. 2; *Meyer-Goßner* Rn. 2.
[7] OLG Braunschweig v. 5.11.1954 – Ss 239/54, GA (1955) 103, 219; KK-StPO/*Kuckein* Rn. 6; *Meyer-Goßner* Rn. 1; *Pfeiffer* Rn. 1; BeckOK-StPO/*Wiedner* Rn. 3.
[8] Anw-StPO/*Lohse* Rn. 1.
[9] KK-StPO/*Kuckein* Rn. 6.
[10] BGH GrS v. 24.6.1953 – GSSt 1/53, BGHSt 4, 308 (309); BGH v. 30.6.1959 – 2 ARs 158/58, BGHSt 13, 209 (212) = NJW 1959, 1834 (1835); KK-StPO/*Kuckein* Rn. 2; *Meyer-Goßner*, zu § 35 Rn. 13.

beantragen zu können. Ebenso bedarf es der förmlichen Zustellung, weil damit die Antragsfrist des § 315 Abs. 3 Satz 2 in Lauf gesetzt wird.[11]

II. Anwesenheit des Angeklagten (Abs. 2)

5   Der Angeklagte, der sich auf **freiem Fuß** befindet, hat grundsätzlich das Recht, den Termin zur Revisionshauptverhandlung persönlich wahrzunehmen. Eine **Anwesenheitspflicht** besteht demgegenüber nicht.[12] Mithin ist seine Anwesenheit grundsätzlich nicht notwendig. Sein Erscheinen kann weder erzwungen werden, noch können aus seinem Nichterscheinen prozessuale Nachteile erwachsen. § 231 Abs. 1 ist ebenso wenig wie § 329 Abs. 1 Satz 1 entsprechend anwendbar.[13] Allerdings kann sein persönliches Erscheinen nach § 236 durch das Revisionsgericht angeordnet werden, wenn er im Freibeweisverfahren zu Verfahrensfragen vernommen werden soll.[14]

6   In den Fällen der **Verhinderung** ist danach zu unterscheiden, ob der Angeklagte Verlegung des Revisionshauptverhandlungstermins oder Wiedereinsetzung in den vorigen Stand[15] begehrt. Ein Anspruch auf Verlegung der Hauptverhandlung besteht auch beim Vorliegen von Verhinderungsgründen wie beispielsweise Urlaubsabwesenheit oder Krankheit nicht.[16] Ein Rücksichtsgebot kann aber im Einzelfall aus verfassungsrechtlichen Grundsätzen folgen und dem Revisionsgericht aufgeben, dem Antrag auf Verlegung nach Möglichkeit zu entsprechen.[17]

7   Der **in Haft** befindliche Angeklagte hat dagegen keinen Anspruch auf Anwesenheit (Abs. 2 S. 2). Er kann aber auf Antrag oder von Amts wegen vorgeführt werden.[18] Ebenso kann der in Haft befindliche Angeklagte sich stets von einem Verteidiger vertreten lassen (Abs. 2 S. 1), der in einem solchen Fall seine Rechte in der Hauptverhandlung wahrzunehmen hat.[19] Verfügt der Angeklagte nicht über die notwendigen Mittel zur Beauftragung eines Wahlverteidigers, ist uU im Interesse der Rechtspflege die Bestellung eines Pflichtverteidigers geboten.[20]

8   Diese Regelung, wonach die Anwesenheit des Angeklagten für die Durchführung der Revisionshauptverhandlung entbehrlich ist, verstößt nicht gegen Art. 103 Abs. 1 GG.[21] Demzufolge steht der Hauptverhandlung auch die **zeitweilige Verhandlungsunfähigkeit** grundsätzlich nicht entgegen.[22] Erforderlich ist aber, dass der Angeklagte die Fähigkeit hatte, selbstverantwortlich sowohl über die Einlegung des Rechtsmittels als auch zusammen mit seinem Verteidiger über deren Fortführung und Rücknahme eine Entscheidung zu treffen.[23] Der unbekannte Aufenthalt des Angeklagten hindert schließlich ebenso wenig die Durchführung der Revisionshauptverhandlung wie die Unmöglichkeit der Auslieferung aus völkerrechtlichen Gründen.[24]

III. Anwesenheit des Verteidigers (Abs. 2)

9   Die Anwesenheit des Verteidigers ist grundsätzlich ebenso wenig notwendig wie die des Angeklagten. Allerdings ist zu unterscheiden:

10   Der **Pflichtverteidiger**, der vom Vorsitzenden des Revisionsgerichts für die Revisionshauptverhandlung gem. § 350 Abs. 3 S. 1 beigeordnet oder nach § 140 Abs. 2 bestellt wurde, muss den Termin wahrnehmen.[25] Bleibt der Pflichtverteidiger dennoch dem Termin unbegründet fern, kann

---

[11] Löwe/Rosenberg/Hanack, 25. Aufl., Rn. 3; KK-StPO/Kuckein Rn. 5; KMR/Paulus Rn. 1; HK-StPO/Temming Rn. 4.
[12] KK-StPO/Kuckein Rn. 7, 9; BeckOK-StPO/Wiedner Rn. 5; SK-StPO/Wohlers Rn. 10.
[13] BGH v. 1. 10. 1974 – 5 StR 11/74, bei Dallinger MDR 1975, 21 (25) KK-StPO/Kuckein Rn. 7; Meyer-Goßner Rn. 3.
[14] Vgl. OLG Koblenz v. 10. 7. 1958 – 1 Ss 208/58, NJW 1958, 2027 (2028); Löwe/Rosenberg/Hanack, 25. Aufl., Rn. 6; KK-StPO/Kuckein Rn. 9; HK-GS/Maiwald Rn. 4; Meyer-Goßner Rn. 3; aA SK-StPO/Wohlers Rn. 11.
[15] S. u. Rn. 23.
[16] KK-StPO/Kuckein Rn. 11; Anw-StPO/Lohse Rn. 2; HK-StPO/Temming Rn. 9.
[17] Löwe/Rosenberg/Hanack, 25. Aufl., Rn. 15: [rechtliches Gehör; faires Verfahren]; KK-StPO/Kuckein Rn. 10.
[18] Meyer-Goßner Rn. 3; BeckOK-StPO/Wiedner Rn. 8.2.
[19] BGH v. 8. 3. 1995 – 5 StR 43494, BGHSt 41, 69 (72) = MDR 1995, 735.
[20] EuGMR v. 25. 4. 1983 – 2/1982/48/77 „Fall Pakelli", NStZ 1983, 373 f.; KK-StPO/Kuckein Rn. 1; Stöcker mAnm zu EuGMR v. 25. 4. 1983 – 2/1982/48/77 „Fall Pakelli", NStZ 1983, 373 (374).
[21] BVerfG v. 16. 4. 1980 – 1 BvR 505/78; BVerfGE 54, 100 (116) = NJW 1980, 1943 (1945); BVerfG v. 18. 10. 1983 – 2 BvR 462/82, BVerfGE 65, 171 = NJW 1984, 113 (114).
[22] Meyer-Goßner Rn. 3 a; BeckOK-StPO/Wiedner Rn. 8; SK-StPO/Wohlers Rn. 13.
[23] EKMR v. 25. 11. 1996 – Nr. 30 047/96, EuGRZ 1997, 148; BVerfG v. 24. 2. 1995 – 2 BvR 345/95, NStZ 1995, 391 (392); BGH v. 8. 2. 1995 – 5 StR 434/94, BGHSt 41, 16 (19) = NStZ 1995, 390 (391); BGH v. 21. 2. 2002 – 1 StR 538/01, StV 2002, 598; BGH v. 8. 3. 1995 – 5 StR 434/95, BGHSt 41, 69 (71) = NStZ 1995, 393; BGH v. 10. 3. 1995 – 5 StR 434/94, BGHSt 41, 72, (74 f.) = NStZ 1995, 394; BGH v. 14. 12. 1995 – 5 StR 208/95, NStZ 1996, 242; Wittmeyer NStZ 1995, 361; KK-StPO/Kuckein, § 351 Rn. 1; Meyer-Goßner Rn. 3 a; krit. Rath GA (1997) 144, 214 (226).
[24] Meyer-Goßner Rn. 3.
[25] Vgl. BVerfG v. 18. 10. 1983 – 2 BvR 462/82, BVerfGE 65, 171 = NStZ 1984, 82; KK-StPO/Kuckein Rn. 7; Meyer-Goßner Rn. 5; HK-StPO/Temming Rn. 10.

das standesrechtliche Folgen nach sich ziehen.²⁶ Die Verhandlung muss in einem solchen Fall ausgesetzt, notfalls ein anderer Verteidiger beigeordnet werden.²⁷ Die Pflichtstellung des in dem Verfahren vor dem Tatrichter nach § 140 Abs. 1, Abs. 2 beigeordneten Verteidigers bleibt davon allerdings unberührt. § 145 wird für die Revisionshauptverhandlung durch Abs. 2 ersetzt.²⁸

Dem **Wahlverteidiger** kann aus dem Anwaltsvertrag eine Pflicht zur Teilnahme an der Revisionshauptverhandlung obliegen, insbesondere, wenn der Angeklagte die Kosten der Terminswahrnehmung bereits bezahlt hat.²⁹ Verhandelt das Revisionsgericht ohne ihn, obwohl er sein Erscheinen angekündigt hat, kann darin ein Verstoß gegen das Gebot des fairen Verfahrens und/oder gegen Art. 103 Abs. 1 GG liegen.³⁰ Ist der Angeklagte nicht auf freiem Fuß oder nicht aus der Haft vorgeführt, darf in diesem Falle nicht verhandelt werden.³¹

IV. Anwesenheit sonstiger Verfahrensbeteiligter

Die Anwesenheit von Privat- und Nebenkläger, gesetzlichen Vertretern und Erziehungsberechtigten oder Einziehungsbeteiligten ist ebenso wenig notwendig wie die des Angeklagten und/oder seines Verteidigers. Notwendig ist allein die Mitwirkung eines Vertreters der StA beim Revisionsgericht.³²

V. Pflichtverteidigerbestellung

Die Bestellung eines Pflichtverteidigers für den Angeklagten in der Tatsacheninstanz erstreckt sich mit den daraus resultierenden gebührenrechtlichen Folgen nur auf die Einlegung und Begründung des Revisionsverfahrens sowie auf Gegenerklärungen nach § 347 Abs. 1 Satz 2 und § 349 Abs. 3 Satz 2, nicht jedoch auf die Wahrnehmung der Revisionshauptverhandlung.³³ Auf die Schwierigkeit der Sach- und Rechtslage vor dem Tatrichter kommt es nicht an. Das Revisionsgericht hat erneut zu prüfen, ob unter Berücksichtigung der Besonderheiten des Revisionsverfahrens in der Revisionshauptverhandlung noch ein Fall notwendiger Verteidigung gegeben ist.³⁴

1. Bestellung nach Abs. 3 Satz 1. Ohne Rücksicht auf die Schwierigkeit der Rechtslage wird ein Pflichtverteidiger bestellt, wenn der nicht auf freiem Fuß befindliche und nicht vorgeführte Angeklagte die Bestellung innerhalb der Frist des Abs. 3 Satz 2 beantragt hat. Die gleichzeitige Bestellung mehrerer Pflichtverteidiger nach Abs. 3 Satz 1 ist nur bei besonderem Umfang und außerordentlicher Schwierigkeit der Sach- und Rechtslage zulässig.³⁵

Dadurch soll gewährleistet werden, dass der so verhinderte Angeklagte auf die Meinungsbildung des Gerichts in gleicher Weise wie die StA einwirken kann.³⁶

Der Vorsitzende braucht grundsätzlich bei der Auswahl und Bestellung des Pflichtverteidigers (§ 141 Abs. 4) keine Rücksicht auf die Wünsche des Angeklagten zu nehmen, sofern dieser die Eignung des Verteidigers für die Revisionshauptverhandlung nicht beurteilen kann.³⁷ Die Bestellung ist zurückzunehmen, wenn der Angeklagte noch vor der Revisionshauptverhandlung wieder auf freien Fuß kommt und kein Fall einer notwendigen Verteidigung nach § 140 Abs. 2 vorliegt.

2. Bestellung nach § 140 Abs. 2. Unabhängig von der Möglichkeit einer Pflichtverteidigerbestellung nach Abs. 3 Satz 1 hat das Revisionsgericht auf Antrag oder von Amts wegen dem Angeklagten einen Pflichtverteidiger für die Revisionshauptverhandlung nach § 140 zu bestellen, wenn aufgrund der besonderen Anforderungen des Revisionsgerichts ein Fall notwendiger Verteidigung gegeben ist.³⁸

---

²⁶ Vgl. BGH v. 3. 3. 1964 – 5 StR 54/64, BGHSt 19, 258 (263) = NJW 1964, 1035 (1037).
²⁷ *Meyer-Goßner* Rn. 5.
²⁸ KK-StPO/*Kuckein* Rn. 7; *Meyer-Goßner* Rn. 4.
²⁹ KK-StPO/*Kuckein* Rn. 7.
³⁰ KK-StPO/*Kuckein* Rn. 7.
³¹ Vgl. BVerfG v. 18. 10. 1983 – 2 BvR 462/82, BVerfGE 65, 171 = NStZ 1984, 82; *Meyer-Goßner* Rn. 4.
³² KK-StPO/*Kuckein* Rn. 8; *Pfeiffer* Rn. 2.
³³ BGH v. 8. 3. 1988 – 1 StR 100/98, wistra 1988, 232 (233); BGH v. 11. 7. 1996 – 1 StR 352/96, NStZ 1997, 48; BGH v. 30. 5. 2000 – 4 StR 24/00, NStZ 2000, 552; Löwe/Rosenberg/*Hanack*, 25. Aufl., Rn. 8; KK-StPO/*Kuckein* Rn. 11; HK-StPO/*Temming* Rn. 10; BeckOK-StPO/*Wiedner* Rn. 10.
³⁴ BGH v. 3. 3. 1964 – 5 StR 54/64, BGHSt 19, 258 (263) = NJW 1964, 1035 (1037); BGH v. 19. 12. 1996 – 1 StR 76/96, NStZ 1997, 299; BGH v. 4. 9. 2006 – 1 StR 113/06, StraFo 2006, 455 f.
³⁵ KK-StPO/*Kuckein* Rn. 14; Löwe/Rosenberg/*Lüderssen/Jahn* § 141 Rn. 33 a.
³⁶ OLG Hamm v. 10. 11. 1972 – 3 Ws 61/72, NJW 1973, 259 (261); KK-StPO/*Kuckein* Rn. 11.
³⁷ *Meyer-Goßner* Rn. 10.
³⁸ BGH v. 11. 7. 1996 – 1 StR 352/96, NStZ 1997, 48 (49); KK-StPO/*Kuckein* Rn. 12; BeckOK-StPO/*Wiedner* Rn. 14.

§ 350 18–23

18   Die Mitwirkung eines Verteidigers in der Revisionshauptverhandlung ist in jedem Fall geboten, wenn dem Angeklagten schwere **Rechtsnachteile**, zB eine lebenslange Haft, drohen.[39] Ebenso ist die Notwendigkeit der Beiordnung folglich indiziert, wenn sich die Revision gegen ein freisprechendes Urteil wegen eines Verbrechens richtet.[40] In derartigen Fallkonstellationen gebietet schon der Grundsatz des fairen Verfahrens die Beiordnung eines Verteidigers.[41]

19   In den übrigen Fällen sind die Voraussetzungen umstritten. Ein schwerwiegender Fall im Sinne des § 140 Abs. 2 soll demnach nicht stets deshalb vorliegen, weil eine Freiheitsstrafe von über einem Jahr droht.[42] Auch soll eine Pflichtverteidigerbestellung dann nicht in Betracht kommen, wenn es um Fragen rechtlicher oder tatsächlicher Art geht, deren Beantwortung „auf der Hand liegt".[43] Die Anforderungen an die Beiordnung eines Verteidigers für das Revisionsverfahren im Allgemeinen sind folglich einer umfangreichen Rechsprechung unterworfen.[44] Wegen der damit verbundenen Unsicherheiten hält eine im Vordringen befindliche Meinung die Bestellung eines Verteidigers stets für notwendig.[45] Dem ist zuzustimmen.

20   Zuständig für die **Verteidigerbestellung** ist der Vorsitzende des Revisionsgerichts.[46] Die Bestellung des Verteidigers muss grundsätzlich ausdrücklich erfolgen.[47] Hat der Angeklagte zuvor einen Verteidiger gewählt, kann dieser selbst nur dann zum Pflichtverteidiger bestellt werden, wenn er zuvor sein Mandat niedergelegt hat.[48] In der Duldung des Auftretens eines nicht beigeordneten Pflichtverteidigers kann dessen stillschweigende Beiordnung liegen.[49]

21   Wird ein Verteidiger für den Angeklagten für die Hauptverhandlung vor dem BGH bestellt, erfolgt seine Vergütung nach den Grundsätzen des RVG. Bei erhöhtem Arbeitsaufwand kann eine **Pauschvergütung** beantragt werden (§ 51 RVG). Über den Antrag, insbesondere über die Abgeltung der Tätigkeit des Verteidigers für die Vorbereitung und Wahrnehmung der Revisionshauptverhandlung, entscheidet der Bundesgerichtshof.[50]

22   **3. Bestellung eines Beistands.** Die wirksam vorgenommene Bestellung eines Beistands für den Nebenkläger gem. § 397a Abs. 1 Satz 1 erstreckt sich auch auf die Hauptverhandlung vor dem Revisionsgericht. Dies gilt auch für die Gewährung der Prozesskostenhilfe, die im Strafverfahren lediglich dem Privat- oder Nebenkläger (§§ 379 Abs. 3, 397a Abs. 2; 404 Abs. 5, Satz 1; 406g Abs. 3) oder dem Antragsteller eines Klageerzwingungsverfahrens (§ 172 Abs. 3, Satz 2) gewährt wird.[51]

VI. Wiedereinsetzung in den vorigen Stand

23   Versäumt der Angeklagte den Antrag auf Bestellung eines Pflichtverteidigers nach Abs. 3 Satz 2 bzw. den Termin der Hauptverhandlung, stellt sich die Frage nach Wiedereinsetzung in den vorherigen Stand. Wiedereinsetzung gegen das Fristversäumnis nach Abs. 3 Satz 2 ist grundsätzlich nicht möglich.[52] Eine Verhinderung des Angeklagten ist im Allgemeinen selbst dann ohne Bedeutung, wenn er nicht auf sein Recht nach Abs. 3 hingewiesen wurde.[53] In diesen Fällen kann allerdings eine **Anhörungsrüge** (§ 356a) erfolgreich sein.[54] Ebenso wenig ist grundsätzlich Wiedereinsetzung wegen unverschuldeter Versäumung des Termins möglich. Für eine entsprechende Anwendung der

---

[39] Vgl. BVerfG v. 19. 10. 1977 – 2 BvR 462/77, BVerfGE 46, 202 = NJW 1978, 151; BVerfG v. 16. 4. 1980 – 1 BvR 505/78, BVerfGE 54, 100 (116) = NJW 1980, 1943 (1945).
[40] OLG Düsseldorf v. 9. 9. 1983 – 1 Ws 757/83, NStZ 1984, 43 (44).
[41] *Meyer-Goßner* Rn. 8.
[42] *Meyer-Goßner* Rn. 8; aA Löwe/Rosenberg/*Hanack*, 25. Aufl., Rn. 11.
[43] KK-StPO/*Kuckein* Rn. 12; *Meyer-Goßner* Rn. 8.
[44] Vgl. OLG Braunschweig v. 2. 8. 1949 – Ws 53/49, NJW 1950, 79; OLG Celle v. 14. 12. 1951 – Ws 446/51, Nds-Rpfleger 1952, 58; OLG Hamm v. 5. 2. 1981 – 1 Ws 15/81, NStZ 1982, 345; OLG Oldenburg v. 17. 5. 1984 – 2 Ws 209/84, NStZ 1984, 523; OLG Koblenz v. 20. 12. 2006 – 2 Ws 801/06, StraFo 2007, 117; KG v. 8. 8. 2006 – Ws 348/06, NStZ 2007, 663.
[45] Dafür *Dahs* JR 1985, 257; *Basdorf*, FS Meyer-Goßner, 2001, S. 665 (679); *Meyer-Goßner* Rn. 9; SK-StPO/*Wohlers* Rn. 21 ff.; aA *Seibert* NJW 1965, 1469; Löwe/Rosenberg/*Hanack*, 25. Aufl., Rn. 8; HK-StPO/*Temming* Rn. 12.
[46] BGH v. 3. 3. 1964 – 5 StR 54/64, BGHSt 19, 258 (261); OLG Hamm v. 4. 6. 1876 – 3 Ws 201/76, MDR 1976, 1038; *Meyer-Goßner* Rn. 9; HK-StPO/*Temming* Rn. 14; BeckOK-StPO/*Wiedner* Rn. 16; SK-StPO/*Wohlers* Rn. 28.
[47] KK-StPO/*Kuckein* Rn. 15 mwN zur Rspr.
[48] OLG Hamm v. 22. 9. 1975 – 2 Ws 257/75, MDR 1976, 73; Anw-StPO/*Lohse* Rn. 3.
[49] BGH v. 19. 12. 1996 – 1 StR 76/96, NStZ 1997, 299 (300); BGH v. 4. 9. 2006 – 1 StR 113/96, StraFo 2006, 455 (456); OLG Düsseldorf v. 9. 9. 1983 – 1 Ws 757/83, NStZ 1984, 43 (44).
[50] BGH v. 8. 6. 2005 – 2 StR 468/04, NStZ 2006, 239; BGH v. 23. 2. 2006 – 3 StR 281/04, NStZ 2006, 409; BGH v. 10. 5. 2006 – 2 StR 120/05 (juris); BGH v. 19. 7. 2006 – 2 StR 174/05 (juris); BGH v. 11. 10. 2006 – 4 StR 567/05, RVGreport 2007, 64 f.; BGH v. 19. 12. 2007 – 5 StR 461/06 (juris).
[51] Vgl. BGH v. 30. 5. 2000 – 4 StR 24/00, NStZ 2000, 552; BGH v. 2. 6. 2004 – 2 StR 2/04 (juris).
[52] HK-GS/*Maiwald* Rn. 7.
[53] E. *Schmidt* NJW 1967, 853 (857); KK-StPO/*Kuckein* Rn. 10; *Meyer-Goßner* Rn. 11; aA AK/*Maiwald* Rn. 9.
[54] *Meyer-Goßner* Rn. 11.

§§ 235, 315, 329 Abs. 3 ist kein Raum.[55] Eine Wiedereinsetzung ist selbst dann nicht zulässig, wenn die in Abs. 1 vorgeschriebene Mitteilung über Ort und Zeit der Hauptverhandlung unterblieben oder nicht ordnungsgemäß erfolgt ist.[56] Entsprechendes gilt bei Verhinderung anderer Verfahrensbeteiligter, so zB bei Nebenklägern.[57]

§ 351 [Hauptverhandlung]

(1) Die Hauptverhandlung beginnt mit dem Vortrag eines Berichterstatters.

(2) [1] Hierauf werden die Staatsanwaltschaft sowie der Angeklagte und sein Verteidiger mit ihren Ausführungen und Anträgen, und zwar der Beschwerdeführer zuerst, gehört. [2] Dem Angeklagten gebührt das letzte Wort.

I. Gang der Revisionsverhandlung

1. Anwendung allgemeiner Verfahrensgrundsätze. § 351 regelt nur einen Teil der Hauptverhandlung. Unter Beachtung der Besonderheiten des Revisionsverfahrens gelten im Übrigen die Vorschriften über die erstinstanzliche Hauptverhandlung.[1] Die Hauptverhandlung beginnt daher mit dem Aufruf der Sache und der Feststellung der Anwesenheit der Verfahrensbeteiligten (§ 243 Abs. 1). Ist der Angeklagte persönlich erschienen, ist festzustellen, ob er in der Revisionshauptverhandlung auftreten oder dieser als Zuhörer folgen möchte. Der Verteidiger kann insoweit die Rechte des Angeklagten ausüben.[2] Der Wahlverteidiger hat seine Bevollmächtigung in der Verhandlung nachzuweisen, wenn sich seine Vollmacht nicht bei den Akten befindet. 1

Die Hauptverhandlung ist idR öffentlich (§ 169 GVG).[3] Ablehnungsgründe sind grundsätzlich nur bis zu Beginn des Berichterstattervortrages zulässig (§ 25 Abs. 1 S. 1). 2

2. Vortrag des Berichterstatters (Abs. 1). Der Berichterstatter soll die für das Revisionsgericht bedeutsamen Ergebnisse des bisherigen Verfahrens, die Revisionsanträge und deren Begründung in die Hauptverhandlung einführen. Dabei kann er sich auf die **wesentlichen** Argumente beschränken. Kennen alle Verfahrensbeteiligten den Inhalt des angefochtenen Urteils, ist die **Verfahrensrüge** mit allen sich aus der Akte ergebenden Tatsachen und hierzu ggf. abgegebenen dienstlichen Erklärungen vorzutragen. Andernfalls ist auch das Urteil auszugsweise zu verlesen oder inhaltlich wiederzugeben.[4] Ausführungen zur Sachrüge können im Regelfall dem anwesenden Verteidiger überlassen werden. Liegt der Verhandlung eine Verurteilung wegen mehrerer Taten zugrunde oder wurde eine Vielzahl von Revisionsrügen erhoben, kann der Vortrag auf Anregung des Vorsitzenden zunächst auf bestimmte Teile oder Punkte beschränkt werden.[5] Der Vorsitzende kann den Ablauf der Hauptverhandlung nach Gesichtspunkten der **Zweckmäßigkeit** frei gestalten. Vorgeschrieben ist allein das letzte Wort des anwesenden Angeklagten (Abs. 2 S. 2).[6] 3

3. Anhörung der Beteiligten (Abs. 2 S. 1). An die Stelle der erstinstanzlichen Beweisaufnahme tritt grundsätzlich das **Anhörungsverfahren.** Soweit eine Beweiserhebung über prozessuale Taten zulässig[7] und geboten ist, ist das Ergebnis der Beweisaufnahme den Verfahrensbeteiligten mitzuteilen.[8] Die Anhörung der Beteiligten erfolgt grundsätzlich nach ihrer Stellung als Beschwerdeführer oder Beschwerdegegner. Die in Abs. 2 S. 1 bezeichnete Reihenfolge ist nicht bindend. Von ihr kann abgewichen werden, einer Bitte der Verteidigung, erst nach der StA gehört zu werden, sollte nachgekommen werden.[9] Der Vorsitzende kann auch insoweit unter Zweckmäßigkeitsgesichtspunkten gestalten und beispielsweise in umfangreichen und schwierigen Sachen den Beteiligten mehrfach das Wort erteilen.[10] 4

Umstritten ist die Frage, ob dem Revisionsgericht eine **Rechtspflicht** obliegt, mit den Verfahrensbeteiligten **Rechtsgespräche** zu führen. Eine Rechtspflicht wird auch unter Berücksichtigung 5

---

[55] BGH v. 1. 10. 1974 – 5 StR 11/74, bei *Dallinger* MDR 1975, 21 (25); KK-StPO/*Kuckein* Rn. 10; *Meyer-Goßner* Rn. 11; aA Löwe/Rosenberg/*Hanack*, 25. Aufl., Rn. 15.
[56] OLG Köln v. 16. 1. 1956 – Ss 243/56, NJW 1957, 74; KK-StPO/*Kuckein* Rn. 10; HK-GS/*Maiwald* Rn. 7 mwN; *Meyer-Goßner* Rn. 10; aA BeckOK-StPO/*Wiedner* Rn. 19; SK-StPO/*Wohlers* Rn. 35.
[57] OLG Koblenz v. 26. 4. 1966 – 1 Ss 13/66, DRiZ 1966, 239.
[1] KK-StPO/*Kuckein* Rn. 1; Anw-StPO/*Lohse* Rn. 2; HK-StPO/*Temming* Rn. 1; BeckOK-StPO/*Wiedner* Rn. 1; SK-StPO/*Wohlers* Rn. 1.
[2] BGH v. 8. 3. 1995 – 5 StR 434/94, BGHSt 41, 69 (71) = NStZ 1995, 393.
[3] KK-StPO/*Kuckein* Rn. 1 mwN; HK-StPO/*Temming* Rn. 1; BeckOK-StPO/*Wiedner* Rn. 1.
[4] KK-StPO/*Kuckein* Rn. 2; *Meyer-Goßner* Rn. 2.
[5] *Dahs* Rn. 949; *Meyer-Goßner* Rn. 2; *Sarstedt/Hamm* Rn. 1273; SK-StPO/*Wohlers* Rn. 10.
[6] KK-StPO/*Kuckein* Rn. 5; HK-GS/*Maiwald* Rn. 5.
[7] S. u. Rn. 9 ff.
[8] *Schulte*, FS Rebmann, 1989, S. 465 (472); *Meyer-Goßner* Rn. 3.
[9] RG v. 14. 4. 1930 – II 587/30, RGSt 64, 133 (134); Löwe/Rosenberg/*Hanack*, 25. Aufl., Rn. 6; *Meyer-Goßner* Rn. 4; *Sarstedt/Hamm* Rn. 1272.
[10] KK-StPO/*Kuckein* Rn. 3.

des Art. 103 Abs. 1 GG grundsätzlich abgelehnt.[11] Andererseits können Rechtsgespräche zur Klärung der für ein Ergebnis wesentlichen Rechtsfragen entscheidend beitragen und insbesondere bewirken, dass ein Urteil für den uU davon Betroffenen verständlich wird. Zumindest soweit eine Rechtspflicht auch dann nicht angenommen wird, wenn das Revisionsgericht von seiner bisherigen Rechtsprechung abweichen will, ist dem nicht zuzustimmen.[12] Gegenstand einer Revisionshauptverhandlung sind Rechtsfragen. Das Rechtsgespräch ist deshalb die **angemessene und notwendige Form des rechtlichen Gehörs**.[13] Das Revisionsgericht, auch wenn es nicht den Eindruck einer vorzeitigen Festlegung erwecken darf, wird von dem Berichterstatter einen „vorläufigen", aber begründeten Entscheidungsvorschlag zur sachgerechten Verhandlungsführung unterbreitet bekommen haben.[14] Kommt danach zum Beispiel eine Abweichung von der bisherigen Rechtsprechung in Betracht, wird der Berichterstatter diese wichtigen Fragen in einer Vorbesprechung erörtern.[15] Die StA hat zwar keinen Anspruch, über ein solches innerhalb des Gerichts erstattetes Votum des Berichterstatters unterrichtet zu werden. Sie hat aber ebenfalls die Möglichkeit, das Revisionsgericht vorab über ihre einstweilige geplante Stellungnahme zu unterrichten. Mithin hat der Angeklagte insbesondere in einer derartigen Situation, in der das Gericht in Erwägung zieht, von seiner bisherigen Rechtsprechung abzuweichen, nur über das durch seine Verteidiger geführte Rechtsgespräch die Möglichkeit, auf die Entscheidungsfindung Einfluss zu nehmen. Das setzt natürlich voraus, dass der Verteidiger in der Lage ist, fundierte Rechtsargumente ad hoc zu finden und einzubringen. Das Rechtsgespräch hat daher in die Praxis der Revisionsgerichte weitgehend Eingang gefunden.[16]

6   **4. Das letzte Wort (Abs. 2 S. 2).** Der Angeklagte hat das letzte Wort, wenn er anwesend ist. Als höchstpersönliches Recht steht es dem Verteidiger grundsätzlich nicht zu.[17] Allerdings ist dennoch in einem solchen Fall der Verteidigung die Gelegenheit einzuräumen, für den Angeklagten zu sprechen.[18]

7   **5. Beratung und Abstimmung.** Das Ergebnis der Hauptverhandlung kann grundsätzlich erst danach, nicht vorher beraten werden (§ 260 Abs. 1).[19] Dem steht jedoch eine sachgerechte Vorbereitung und folglich Vorberatung über Rechtsfragen nicht entgegen.[20] Das Revisionsgericht entscheidet grundsätzlich mit einfacher Mehrheit (§ 196 GVG).[21] Trifft es allerdings eine Entscheidung zur Schuld- oder Rechtsfrage (§ 354 Abs. 1, 1a, 1b) zu Ungunsten des Angeklagten, ist entsprechend § 263 eine ⅔-Mehrheit notwendig.[22] Eine Bedeutung hat diese Differenzierung jedoch nur für die mit 5 Richtern besetzten Revisionssenate des Bundesgerichtshofs.[23]

8   **6. Sitzungsprotokoll.** Die Vorschriften der §§ 271 ff. sind sinngemäß anzuwenden.[24]

II. Besonderheiten der Revisionsverhandlung

9   **1. Beweiserhebung über prozessuale Tatsachen.** Der Beschwerdeführer kann mit den von ihm erhobenen **Verfahrensrügen** nur Erfolg haben, wenn der zu ihrer Begründung vorgetragene Sachverhalt (§ 344 Abs. 2 S. 2) bewiesen ist. Ebenso kann die Aufklärung tatsächlicher Umstände zur Feststellung von **Prozessvoraussetzungen** notwendig sein.[25] Welche Anforderungen zB an die Verhandlungsfähigkeit des Angeklagten zu stellen sind, ist umstritten.[26] Schließlich können auch im Rahmen einer **Sachrüge** Erfahrungssätze oder der Inhalt ausländischen Rechts festgestellt werden müssen.[27]

---

[11] BVerfG v. 11. 8. 1964 – 2 BvR 456/64, NJW 1965, 147; BGH v. 5. 3. 1969 – 4 StR 610/68, BGHSt 22, 336 (339) = NJW 1969, 941 f.; KK-StPO/*Kuckein* Rn. 4; Anw-StPO/*Lohse* Rn. 2; *Meyer-Goßner* Rn. 5; HK-StPO/*Temming* Rn. 5; BeckOK-StPO/*Wiedner* Rn. 10.
[12] Vgl. BVerfG v. 5. 11. 1986 – 1 BvR 706/85, MDR 1987, 290; *Meyer-Goßner* Rn. 5.
[13] Vgl. BVerwG v. 4. 2. 1961 – I C 132.60, NJW 1961, 891; BVerwG v. 12. 5. 1961 – I C 129/60, NJW 1961, 1549; Löwe/Rosenberg/*Hanack*, 25. Aufl., Rn. 7; § 265 Rn. 7 a; SK-StPO/*Wohlers* Rn. 13; *Dahs* Revision Rn. 568.
[14] Vgl. KK-StPO/*Kuckein* Rn. 6.
[15] Vgl. *Wimmer* NJW 1950, 201 (202); Löwe/Rosenberg/*Hanack*, 25. Aufl., Rn. 10; KK-StPO/*Kuckein* Rn. 6.
[16] Vgl. *Dahs* Revision Rn. 568.
[17] *Meyer-Goßner* Rn. 6; HK-StPO/*Temming* Rn. 10; SK-StPO/*Wohlers* Rn. 15; aA BeckOK-StPO/*Wiedner* Rn. 12.
[18] Vgl. BGH v. 31. 1. 1978 – 5 StR 533/77, bei *Holtz* MDR 1978, 458 (460).
[19] HK-StPO/*Temming* Rn. 11; BeckOK-StPO/*Wiedner* Rn. 16; *Sarstedt/Hamm* Rn. 1269.
[20] KK-StPO/*Kuckein* Rn. 6; *Meyer-Goßner* Rn. 7.
[21] BGH v. 2. 12. 2004 – 3 StR 273/04, BGHSt 49, 371 = NStZ 2005, 284; *Roxin* § 53 J IV.
[22] KK-StPO/*Kuckein* Rn. 7; *Meyer-Goßner* Rn. 7; *Pfeiffer* Rn. 4; BeckOK-StPO/*Wiedner* Rn. 16; aA SK-StPO/*Wohlers* Rn. 14; offen gelassen: BGH v. 2. 12. 2004 – 3 StR 273/04, BGHSt 49, 371 (375) = NStZ 2005, 284.
[23] Löwe/Rosenberg/*Hanack*, 25. Aufl., Rn. 11; KK-StPO/*Kuckein* Rn. 7.
[24] Löwe/Rosenberg/*Hanack*, 25. Aufl., Rn. 9; KK-StPO/*Kuckein* Rn. 7.
[25] *Meyer-Goßner* Rn. 3.
[26] Ausführlich KK-StPO/*Kuckein*, zu § 351 Rn. 1 mwN.
[27] *Meyer-Goßner* Rn. 3.

Vierter Abschnitt. Revision **1 § 352**

Der durch den Beschwerdeführer zu erbringende Beweis kann – im positiven wie im negativen **10** Sinne – bereits durch den Akteninhalt erbracht worden sein, insbesondere durch das insoweit beweiskräftige Hauptverhandlungsprotokoll.[28] Ist das nicht der Fall, hat das Revisionsgericht – vor oder in der Hauptverhandlung – eine besondere Beweiserhebung im Wege des **Freibeweises** vorzunehmen.[29]

Das Revisionsgericht hat mithin im Rahmen seines pflichtgemäßen Ermessens Beweise jeder **11** Art zu erheben, wobei ihm allerdings Zeugen, die schon im Strengbeweisverfahren vernommen wurden, entzogen sind.[30] Ihm stehen somit alle Beweismittel zur Verfügung, soweit keine Beweisverbote entgegenstehen. Für behauptete prozessuale Tatsachen, durch die Verfahrensmängel bewiesen werden sollen, gilt der Grundsatz: „*in dubio pro reo*" nicht.[31] Demgegenüber schlägt der Zweifel bei der Feststellung von Prozessvoraussetzungen, so zB, wenn sich nicht feststellen lässt, wann eine Tat begangen wurde, zu Gunsten des Angeklagten aus.[32]

Eine **Beweisaufnahme über Tatfragen** findet hingegen nicht statt. Was zur Schuld- und Straf- **12** frage in den Urteilsgründen als Ergebnis der Verhandlung niedergelegt ist, bindet das Revisionsgericht. Es kann grundsätzlich eine tatrichterliche Beweiswürdigung nicht nachprüfen und darf seine eigene nicht an Stelle der tatrichterlichen Wertung setzen.[33]

2. Verbindung mehrerer anhängiger Verfahren. Die Frage, ob mehrere beim Revisionsgericht **13** anhängige Verfahren entsprechend § 4 verbunden werden können, ist strittig.[34] Dagegen spricht bereits, dass das Revisionsgericht nach § 337 auf die Überprüfung des angefochtenen Urteils beschränkt ist.[35] Dem steht allerdings eine Verbindung mehrerer bei demselben Senat anhängiger Verfahren entsprechend § 237 zur gemeinsamen Verhandlung nicht entgegen. Dem ist zuzustimmen.[36]

§ 352 [Umfang der Prüfung]

(1) Der Prüfung des Revisionsgerichts unterliegen nur die gestellten Revisionsanträge und, soweit die Revision auf Mängel des Verfahrens gestützt wird, nur die Tatsachen, die bei Anbringung der Revisionsanträge bezeichnet worden sind.

(2) Eine weitere Begründung der Revisionsanträge als die in § 344 Abs. 2 vorgeschriebene ist nicht erforderlich und, wenn sie unrichtig ist, unschädlich.

Schrifttum: *Becker,* Aus der Rechtsprechung des BGH zum Strafverfahrensrecht, NStZ-RR 2002, 97; *Holtz,* Aus der Rechtsprechung des Bundesgerichtshofes in Strafsachen, MDR 1978, 279, 803; *Pauly,* Mündlichkeit der Hauptverhandlung und Revisionsrecht, FS Hamm, 2008, S. 557; *Pfeiffer,* Aus der (vom BGH nicht veröffentlichen) Rechtsprechung des Bundesgerichtshofes in Strafsachen zum Stafverfahrensrecht – Januar bis Juni 1987, NStZ 1988, 17.

A. Prüfung durch das Revisionsgericht

I. Sachliche Entscheidungsbefugnis

§ 352 behandelt die Frage, in welchem Umfang das Revisionsgericht das angefochtene Urteil zu **1** prüfen hat. Voraussetzung ist zunächst die **Anhängigkeit** des Verfahrens.[1] Hat der Tatrichter über einen Teil der durch den Eröffnungsbeschluss zugelassenen Anklage nicht entschieden, ist der Fall insoweit noch bei diesem anhängig. Das Revisionsgericht kann über diesen Teil nicht entscheiden.[2]

---

[28] Zum Akteninhalt vgl. OLG Celle v. 12. 5. 2005 – 21 Ss 122/04, StV 2006, 402; KK-StPO/*Kuckein* Rn. 11; *Meyer-Goßner,* zu § 274 Rn. 2, 3.
[29] KG v. 8. 5. 2000 – (4) 1 Ss 180/99 (90/99), StV 2002, 122 (123); HK-StPO/*Temming* Rn. 6; BeckOK-StPO/ *Wiedner* Rn. 15.
[30] BayObLG v. 28. 6. 2000 – 4 St RR 54/2000, BayObLGSt 2000, 94 = NStZ-RR 2001, 271; *Eisenberg* mAnm BayObLG v. 28. 6. 2000 – 4 St RR 54/2000, JR 2001, 255; KK-StPO/*Kuckein* Rn. 11.
[31] BGH v. 4. 1. 1966 – 1 StR 299/65, BGHSt 21, 4 (10) = NJW 1966, 603 (604); HK-GS/*Maiwald* Rn. 4.
[32] BGH v. 19. 2. 1963 – 1 StR 318/62, BGHSt 18, 274 = NJW 1963, 1209; BGH v. 7. 11. 2001 – 5 StR 395/01, BGHSt 47, 138 = NJW 2002, 762.
[33] BGH v. 7. 6. 1979 – 4 StR 441/78, BGHSt 29, 18 = NJW 1979, 2318; *Roxin* § 53 D III 2. Rn. 23; BeckOK-StPO/ *Wiedner* Rn. 13.
[34] RG v. 19. 12. 1935 – 2 D 758/35, RG DR 1941, 776 krit. mAnm *Boldt.*
[35] Vgl. *Meyer-Goßner/Cierniak* StV 2000, 696 (698).
[36] *Meyer-Goßner/Cierniak,* aaO, 699 ff.; *Meyer-Goßner* Rn. 3 a mwN zur Rspr.
[1] BGH v. 17. 8. 2000 – 4 StR 245/00, BGHSt 46, 130 (138) = NJW 2000, 3293 (3295); BGH v. 18. 4. 2007 – 2 StR 114/07, NStZ 2007, 476; OLG Celle v. 22. 2. 2007 – 32 Ss 20/07, NStZ 2008, 118 (119); KK-StPO/*Kuckein* Rn. 1 mwN.
[2] Vgl. *Meyer-Goßner* JR 1985, 452 (453 f.); *Meyer-Goßner* Rn. 1.

II. Umfang der rechtlichen Nachprüfung

1. Zulässigkeit der Revision. Zu Beginn der Hauptverhandlung ist noch einmal vorab zu prüfen, ob das Rechtsmittel zulässig eingelegt wurde. Es gelten dieselben Maßstäbe wie bei § 349 Abs. 1.[3] Neben der Einhaltung der gesetzlichen Fristen (§§ 341, 345 Abs. 1) und der Form (§§ 344, 345 Abs. 2) ist insbesondere die **Befugnis** zur Anfechtung (Rn. 10 zu § 333) zu prüfen.[4]

2. Prozessvoraussetzungen und Verfahrenshindernisse. Im Anschluss ist von **Amts wegen** festzustellen, dass die Prozessvoraussetzungen vorliegen und keine Prozesshindernisse bestehen. Folglich ist u. a. zu prüfen, ob ein erforderlicher Strafantrag vorliegt,[5] die Anklage die abzuurteilende Tat umfassend erfasst hat[6] und ein entsprechender Eröffnungsbeschluss[7] ergangen ist. Die teilweise Rechtskraft infolge wirksamer **Beschränkung der Revision** ist insoweit unbeachtlich.[8] Erforderlich ist aber, dass die Revision zulässig ist und wirksam begründet wurde.[9] Verfahrenshindernisse, **die nach dem Urteil eingetreten sind,** sind allerdings nach rechtzeitiger Einlegung der Revision auch dann zu berücksichtigen, wenn die Revision nicht oder nicht ordnungsgemäß begründet worden ist.[10]

3. Revisionsanträge (Abs. 1). Der weitere Prüfungsumfang wird durch die Revisionsanträge bestimmt. Ist er deren Wortlaut nicht zu entnehmen, ist im Wege der Auslegung vom Sinn der Revisionsbegründung auszugehen.[11] Des Weiteren ist zu unterscheiden:

a) Teilanfechtung. Zu prüfen ist die **Rechtswirksamkeit** der mit der Revision vorgenommenen Beschränkung.[12] Voraussetzung ist, dass sie sich auf einen **abtrennbaren Teil** des angefochtenen Urteils bezieht.[13] Danach ist eine Beschränkung auf den Strafausspruch oder die Versagung der Strafaussetzung ebenso wirksam wie auf eine von mehreren Verurteilungen, nicht jedoch auf Teile eines zusammenhängenden Schuldspruchs oder auf einzelne Rechtsfragen.[14] Ist die Beschränkung wirksam, ist unbeachtlich, ob die erhobene Rüge an sich geeignet wäre, das gesamte Urteil anzufechten.[15] Unabhängig von der durch die Teilanfechtung bewirkten Rechtskraft muss das Revisionsgericht allein prüfen, ob der Angeklagte sich überhaupt strafbar gemacht hat bzw. auf der Grundlage gültiger Gesetze verurteilt wurde.[16]

b) Mehrheit von Rechtsmitteln. Haben sowohl der Angeklagte als auch die StA Revision eingelegt, wird der Prüfungsumfang durch beide Rechtsmittel bestimmt. Dabei ist zu beachten, dass die Revision der StA auch zu Gunsten des Angeklagten wirkt (§ 301).[17]

c) Revision des Nebenklägers. Bei der Revision des Nebenklägers ist zunächst dessen Anschlussbefugnis zu prüfen.[18] Will der Nebenkläger mit seiner Revision eine andere Rechtsfolge erzielen, ist sein Rechtsmittel unzulässig (§ 400 Abs. 1 S. 1).[19] Revisionsantrag und Revisionsbegründung müssen zweifelsfrei ergeben, dass der Nebenkläger ein zulässiges Ziel verfolgt.[20] Ist die

---

[3] Vgl. § 349 Rn. 2.
[4] KK-StPO/*Kuckein* Rn. 2; *Meyer-Goßner* Rn. 1; BeckOK-StPO/*Wiedner* Rn. 3.
[5] RG v. 12. 2. 1931 – II 986/30, RGSt 65, 150 (151).
[6] Vgl. § 264 Rn. 59.
[7] RG v. 2. 7. 1934 – 2 D 551/34, RGSt 68, 291; BGH v. 14. 5. 1957 – 5 StR 145/57, BGHSt 10, 278 (279) = NJW 1957, 1244 (1245); BGH v. 17. 8. 2000 – 4 StR 245/00, BGHSt 46, 130 (135) = NJW 2000, 3293 (3294); BGH v. 2. 11. 2005 – 4 StR 418/05, BGHSt 50, 267 = NStZ 2006, 298.
[8] BGH v. 24. 9. 1954 – 2 StR 598/53, BGHSt 6, 303 (305) = NJW 1954, 1776; BGH v. 11. 11. 1955 – 1 StR 409/55, BGHSt 8, 269 = NJW 1956, 110; BGH v. 26. 6. 1958 – 4 StR 145/58, BGHSt 11, 393 (395) = NJW 1958, 1307; BGH v. 13. 5. 1959 – 4 StR 122/59, BGHSt 13, 128 = NJW 1954, 1331; BGH v. 9. 11. 1960 – 4 StR 407/60, BGHSt 15, 203 (207) = NJW 1961, 328; BGH v. 6. 6. 1967 – 5 StR 147/67, BGHSt 21, 242 (243) = NJW 1967, 1476; BGH v. 28. 4. 1982 – 3 StR 35/82, BGHSt 31, 51 = NJW 1982, 1954.
[9] Vgl. OLG Oldenburg v. 14. 10. 2008 – Ss 337/08 (juris); KK-StPO/*Kuckein* Rn. 3, § 344 Rn. 22; aA *Meyer-Goßner* Rn. 2, Einl. Rn. 151, § 337 Rn. 6.
[10] BGH v. 17. 7. 1968 – 3 StR 117/68, BGHSt 22, 213 (217) = NJW 1968, 2253; vgl. *Meyer-Goßner*, FS Riess, 2002, S. 331 (332); *Dahs* Revision Rn. 103, 462.
[11] KK-StPO/*Kuckein* Rn. 4.
[12] KK-StPO/*Kuckein* Rn. 5; *Meyer-Goßner* Rn. 1.
[13] BGH v. 29. 2. 1956, BGHSt 10, 100 (101) = NJW 1956, 680 (681); BGH v. 21. 10. 1980 – 1 StR 262/80, BGHSt 29, 359 (364) = NJW 1981, 589 (590); BGH v. 21. 10. 1987 – 2 StR 345/87, NStZ 1988, 88; BGH v. 13. 6. 1991 – 4 StR 105/91, NStZ 1991, 501 (502); BGH v. 23. 10. 1991 – 3 StR 321/91, NStZ 1992, 126; HK-StPO/*Temming* Rn. 7; *Roxin* § 51 B III 1 Rn. 15.
[14] KK-StPO/*Kuckein* Rn. 5.
[15] KK-StPO/*Kuckein* Rn. 8.
[16] Vgl. BGH v. 13. 12. 1977 – 5 StR 728/77, bei *Holtz* MDR 1978, 282; BGH v. 22. 2. 1996 – 1 StR 721/94, NStZ 1996, 352 f.; BGH v. 14. 5. 1996 – 1 StR 51/96, NJW 1996, 2663 (2664 f.); KK-StPO/*Kuckein* Rn. 6 mwN.
[17] KK-StPO/*Kuckein* Rn. 9.
[18] Vgl. BGH v. 10. 5. 1995 – 1 StR 764/94, BGHSt 41, 140 (144) = NJW 1995, 2301 (2302).
[19] Vgl. ausführlich KK-StPO/*Kuckein* Rn. 9 mwN.
[20] BGH v. 17. 12. 1999 – 2 StR 574/99, NStZ 2000, 218 (219); BGH v. 6. 3. 2001 – 4 StR 505/00, bei *Becker* NStZ-RR 2002, 97 (104).

Revision zulässig, erfolgt grundsätzlich nur eine Überprüfung der Vorschriften, die zur Nebenklage berechtigen.[21]

d) **Verfahrensrügen.** Die Erwiesenheit der behaupteten Tatsachen, auf die sich die Revisionsanträge stützen, ist festzustellen. Dazu kann im Wege des Freibeweisverfahrens **Beweis** erhoben werden,[22] soweit § 274 nicht gilt und keine Rekonstruktion der Hauptverhandlung erfolgt.[23] Der Grundsatz: „*in dubio pro reo*" gilt nicht.[24]

Auf den Nachweis der vorgetragenen Tatsachen kommt es allerdings dann nicht an, wenn diese nicht geeignet sind, die Rügen zu rechtfertigen. Ist eine Rüge mithin nicht schlüssig erhoben, bleibt sie auch dann erfolglos, wenn sie durch andere Tatsachen zu rechtfertigen ist.[25] Allerdings ist zu prüfen, ob das Tatsachenvorbringen geeignet ist, eine andere, nicht vom Beschwerdeführer erhobene, Rüge zu rechtfertigen. Ist das der Fall, ist die erhobene Rüge umzudeuten.[26] Maßgeblich ist nicht die Bezeichnung der Rüge oder der Gesichtspunkte – etwa die fehlerhafte Ablehnung eines Beweisantrages, auf die sich die Revision ausdrücklich stützt, sondern eben die Tatsachen, die zu ihrer Begründung bezeichnet worden sind.[27]

e) **Sachrüge.** Auf die beschränkte Sachrüge wird nur der Urteilsinhalt in sachlich-rechtlicher Sicht einer Prüfung unterzogen.[28] Der in dem Urteil festgestellte Sachverhalt wird zunächst daraufhin überprüft, ob er eindeutige, widerspruchsfreie und lückenlose Feststellungen enthält. Sodann wird untersucht, ob diese Feststellungen durch die erhobenen Beweise belegt werden können und die Subsumtion des Lebenssachverhalts unter das angewendete Strafgesetz rechtfertigen.[29] Erwägungen, die ihren Niederschlag nur in den Akten, nicht aber im Urteil gefunden haben, darf das Revisionsgericht grundsätzlich nicht berücksichtigen.[30] Es darf aber von Amts wegen den Inhalt der Anklageschrift und des Eröffnungsbeschlusses heranziehen.[31] Auch ist es uU verpflichtet, den Tenor des schriftlichen Urteils auf Übereinstimmung mit der verkündeten Urteilsformel zu überprüfen.[32] Ob das Revisionsgericht darüber hinaus auf Aktenteile zurückgreifen darf, die durch eine zulässige Verfahrensrüge zum Gegenstand des Revisionsvortrages gemacht worden sind, ist umstritten. Für eine Heranziehung spricht, dass das Revisionsgericht alles, was zulässig in das Revisionsverfahren eingeführt ist, in den Grenzen des Revisionsrechts umfassend zu würdigen hat. Ein ausnahmsloses Verbot überzeugt daher nicht.[33]

4. Überflüssiger Sachvortrag (Abs. 2). Überflüssiger Sachvortrag ist ebenso unschädlich wie unrichtige Rechtsausführungen. Dies gilt sowohl für die Verfahrens- als auch für die Sachrüge. Der Beschwerdeführer kann seine Ausführungen noch bis zur Entscheidung ergänzen.[34] Das Revisionsgericht braucht aber eine angekündigte, weitere Revisionsbegründung nicht abzuwarten.[35]

5. Reihenfolge der Prüfung. Eine bestimmte Reihenfolge der Prüfung ist bei mehreren Revisionsrügen nicht vorgeschrieben. Greift zB die Sachrüge durch, kann auf die Prüfung der Verfahrensrüge verzichtet werden.[36] Der Beschwerdeführer hat keinen Anspruch auf die Prüfung einer bestimmten Rüge. Es gilt der Grundsatz, dass der weitreichendste Revisionsgrund Vorrang hat, wenn er zur Urteilsaufhebung führt.[37] Dementsprechend kann auch auf die Sachrüge verzichtet werden, wenn eine Verfahrensrüge durchgreift. Die sachlich-rechtliche Prüfung genießt nur dann Vorrang, wenn es möglich wäre, mit ihr eine freisprechende Entscheidung nach § 354 Abs. 1 zu

---

[21] BGH v. 12. 3. 1997 – 3 StR 627/96, BGHSt 43, 15 (16) = NStZ 1997, 402 (403); BGH v. 18. 12. 2007 – 5 StR 578/07, StraFo 2008, 164.
[22] BGH v. 7. 3. 2006 – 1 StR 316/05, NStZ 2006, 402 (403); SK-StPO/*Wohlers* Rn. 28.
[23] BGH v. 7. 10. 1966 – 1 StR 305/66, BGHSt 21, 149 (151) = NJW 1967, 213; BGH v. 2. 11. 1982 – 5 StR 622/82, BGHSt 31, 139 f. = NJW 1983, 186; BGH v. 9. 5. 2006 – 1 StR 37/06, NStZ 2006, 650 (651); *Pauly*, FS Hamm, 2008, S. 557 (564 ff.).
[24] BVerfG v. 11. 11. 2001 – 2 BvR 1151/01, StV 2002, 521; HK-StPO/*Temming* Rn. 4.
[25] Vgl. BGH v. 13. 2. 1952 – 1 StR 47/50, NJW 1951, 283; KK-StPO/*Kuckein* Rn. 14, 15; Anw-StPO/*Lohse* Rn. 2.
[26] BGH v. 27. 6. 1978 – 1 StR 172/78, bei *Holtz* MDR 1978, 803 (805); KK-StPO/*Kuckein* Rn. 15; *Meyer-Goßner* Rn. 5 mwN; *Krause*, Revision im Strafverfahren, 5. Aufl. 2001, Rn. 36.
[27] KG v. 8. 12. 1998 – 1 Ss 240/98, StV 1999, 197.
[28] KK-StPO/*Kuckein* Rn. 16; HK-GS/*Maiwald* Rn. 5; BeckOK-StPO/*Wiedner* Rn. 7.
[29] Vgl. BGH v. 17. 11. 1998 – 1 StR 450/98, BGHSt 44, 256 (258) = NJW 1999, 802 (803 f.); BayObLG v. 23. 1. 1999 – 4 St RR 219/99, NStZ-RR 2000, 123 (124); KK-StPO/*Kuckein* Rn. 16.
[30] KK-StPO/*Kuckein* Rn. 16; *Meyer-Goßner* § 337 Rn. 22, 23; HK-StPO/*Temming* Rn. 6; SK-StPO/*Wohlers* Rn. 25.
[31] BGH v. 13. 11. 2003 – 5 StR 376/03, NStZ 2004, 639 (641); BGH v. 4. 7. 2007 – 2 StR 258/07, StV 2008, 237.
[32] Vgl. BGH v. 7. 4. 2005 – 2 StR 522/05 (juris); KK-StPO/*Kuckein* Rn. 16.
[33] Vgl. BGH v. 7. 9. 1992 – 3 StR 278/92, StV 1993, 176; KK-StPO/*Kuckein* Rn. 16; aA BGH v. 10. 3. 1955 – 3 StR 584/54, GA (1955) 103, 269; *Meyer-Goßner* § 337 Rn. 23; *Pfeiffer* Rn. 10.
[34] BGH v. 10. 4. 1987 – 4 StR 52/07, bei *Pfeiffer* NStZ 1988, 17 (20).
[35] *Meyer-Goßner* Rn. 8.
[36] BGH v. 14. 5. 1962 – 5 StR 51/62, BGHSt 17, 253 (254) = NJW 1962, 1452 (1453); BGH v. 15. 3. 2007 – 5 StR 76/07 (juris); Anw-StPO/*Lohse* Rn. 4; HK-StPO/*Temming* Rn. 6.
[37] KK-StPO/*Kuckein* Rn. 18; *Meyer-Goßner* Rn. 9; HK-StPO/*Temming* Rn. 6; BeckOK-StPO/*Wiedner* Rn. 8; SK-StPO/*Wohlers* Rn. 28.

erlangen.[38] Im Übrigen gilt, dass nur diejenige Rüge geprüft werden muss, die zweifelsfrei zur Aufhebung führt. Sämtliche Verfahrensrügen sind nur dann abzuhandeln, wenn die Revision verworfen werden soll.[39]

B. Besonderheiten bei der Revision gegen Berufungsurteile

13   Bei der **unbeschränkten Revision** gegen ein auf unbeschränkte Berufung hin ergangenes Urteil hat das Revisionsgericht vorab von Amts wegen die **Zulässigkeit der Berufung** zu prüfen.[40] Folgt aus der Prüfung, dass das Berufungsgericht die verspätete oder unzulässige Einlegung der Berufung übersehen hat, ist dessen Urteil aufzuheben und die Berufung als unzulässig zu verwerfen.[41] Dem steht nach umstrittener Ansicht nicht entgegen, dass das erstinstanzliche Urteil infolge wirksamer Anfechtung durch andere Verfahrensbeteiligte noch nicht rechtskräftig geworden ist.[42]

14   Im Anschluss hat das Revisionsgericht von Amts wegen zu prüfen, ob das Berufungsgericht über das erstinstanzliche Urteil umfassend entschieden hat. Dabei ist es weder an eine sachliche Beschwerde des Revisionsführers noch an die rechtliche Beurteilung des Tatrichters gebunden.[43] Ist das nicht der Fall, muss das Berufungsgericht die Sache nach Zurückverweisung erschöpfend behandeln. Wo die Berufung darüber hinaus **beschränkt** worden ist, muss das Revisionsgericht auch die Wirksamkeit dieser Beschränkung prüfen.[44] Bei der **beschränkten Revision** hat das Revisionsgericht grundsätzlich nur den angefochtenen Teil des Berufungsurteils zu prüfen.[45]

§ 353 [Revisionsurteil]

(1) Soweit die Revision für begründet erachtet wird, ist das angefochtene Urteil aufzuheben.

(2) Gleichzeitig sind die dem Urteil zugrunde liegenden Feststellungen aufzuheben, sofern sie durch die Gesetzesverletzung betroffen werden, wegen deren das Urteil aufgehoben wird.

Schrifttum: *Becker*, Aus der Rechtsprechung des BGH zum Strafverfahrensrecht, NStZ-RR 2003, 289; NStZ-RR 2005 257; NStZ-RR 2007, 1; *Ernemann*, Bindung an Urteilsfeststellungen bei Teilrechtskraft des Schuldspruchs, FS Meyer-Goßner, 2001, S. 619; *Gössel*, FS Riess, 2002, S. 113; *Holtz*, Aus der Rechtsprechung des Bundesgerichtshofes in Strafsachen, MDR 1982, 280; *Kusch*, Aus der Rechtsprechung des BGH zum Strafverfahrensrecht – Januar bis Juli 1993, NStZ, 23.

I. Aufhebung des Urteils (Abs. 1)

1   Das angefochtene Urteil ist aufzuheben, soweit die Revision sich als begründet erweist. Als **Ziel einer jeden Revision** ist die Urteilsaufhebung notwendiger Gegenstand jedes Revisionsantrages.[1] Eine die Aufhebung feststellendes **Revisionsurteil** ergeht, soweit das Revisionsgericht nicht durch Beschluss entscheidet (§ 349 Abs. 5) aufgrund einer Revisionshauptverhandlung (§ 351). Im Revisionsverfahren sind **Teilentscheidungen** zulässig.[2]

2   Eine Aufhebung des angefochtenen Urteils erübrigt sich, soweit der Angeklagte allein Revision eingelegt hat und ihn das Urteil **nicht beschwert**.[3]

3   **1. Umfang der Aufhebung.** Wird die Revision für begründet erachtet, folgt der Umfang der Aufhebung grundsätzlich dem sich aus den Revisionsanträgen ergebenen **Umfang der Anfechtung.** Insoweit ist zu klären, ob sich der durch das Revisionsgericht festgestellte Fehler auf das gesamte oder nur auf einen Teil des angefochtenen Urteils auswirkt. Der durch die Anfechtung gezogene Rahmen kann dabei nur ausnahmsweise überschritten werden, so wenn sich zB das Fehlen von Verfahrensvoraussetzungen auch auf nicht angefochtene Teile des Urteils erstreckt.[4]

4   Die Aufhebung kann den **Schuld-** oder den **Rechtsfolgen-** einschließlich **Strafausspruch** betreffen. Soweit das Urteil aufgehoben wird, sind in der Regel auch die **zugehörigen Feststellungen**

---

[38] BGH v. 14. 5. 1962 – 5 StR 51/62, BGHSt 17, 253 (254) = NJW 1962, 1452 (1453).
[39] Vgl. KK-StPO/*Kuckein* Rn. 20.
[40] OLG Frankfurt v. 14. 10. 1986 – 2 Ss 333/86, StV 1987, 289; KK-StPO/*Kuckein* Rn. 22; *Meyer-Goßner* Rn. 3.
[41] Vgl. KK-StPO/*Kuckein* Rn. 22; *Meyer-Goßner* Rn. 3 mwN zur Rspr.
[42] RG v. 31. 3. 1931 – I 589/590/30, RGSt 65, 250 (255); KK-StPO/*Kuckein* Rn. 22, *Meyer-Goßner* Rn. 3; aA BayObLG v. 3. 8. 1993 – 5 StR RR 63/93, NStZ 1994, 48.
[43] Vgl. KK-StPO/*Kuckein* Rn. 23; *Meyer-Goßner* Rn. 4 mwN.
[44] BGH v. 30. 11. 1976 – 1 StR 319/76, BGHSt 27, 70 (72) = NJW 1977, 442; KG v. 28. 9. 2001 – (3) 1 Ss 241/01, NZV 2002, 240; OLG Hamm v. 13. 10. 2009 – 3 Ss 422/09, StRR 2010, 42 (43); KK-StPO/*Kuckein* Rn. 23 mwN.
[45] Vgl. KK-StPO/*Kuckein* Rn. 24.
[1] Vgl. *Dahs* Revision Rn. 580.
[2] BGH v. 6. 7. 2004 – 4 StR 85/03, BGHSt 49, 209 (211 f.) = NStZ 2004, 638; KK-StPO/*Kuckein* Rn. 1 mwN.
[3] BGH v. 30. 6. 1955 – 3 StR 13/55, BGHSt 8, 34 (37); BGH v. 22. 8. 2001 – 1 StR 339/01 (juris); KK-StPO/*Kuckein* Rn. 9, 17; *Dahs* Revision Rn. 580.
[4] Vgl. BGH v. 4. 4. 1985 – 5 StR 193/85, BGHSt 33, 167 (168) = NJW 1985, 1720; BGH v. 10. 3. 1995 – 5 StR 434/94, BGHSt 41, 72 (74) = NStZ 1995, 394 (395); KK-StPO/*Kuckein* Rn. 7; BeckOK-StPO/*Wiedner* Rn. 4.

(Abs. 2) aufzuheben. Dies folgt unabhängig von einem entsprechenden Antrag des Revisionsführers **von Amts wegen**. Die Nebenentscheidungen nach §§ 465 ff. und nach §§ 2 ff. StrEG entfallen ohne besonderen Ausspruch.[5]

Wird die Revision auf den Rechtsfolgen- bzw. den Strafausspruch beschränkt, wird dadurch der Umfang der Aufhebung nur bestimmt, sofern die **Anfechtungsbeschränkung wirksam** ist.[6] 5

Richtet sich die Revision gegen ein **Berufungsurteil**, ist auch das erstinstanzliche Urteil aufzuheben, wenn das Berufungsgericht trotz eingetretener Rechtskraft des Strafbefehls entschieden,[7] ein Verwerfungsurteil nach § 412 zu Unrecht bestätigt[8] oder gegen § 328 Abs. 2 verstoßen hat.[9] 6

a) **Teilaufhebung und Verwerfung im Übrigen.** Eine Teilaufhebung des angefochtenen Urteils kommt in Betracht, sofern das Urteil nur **beschränkt angefochten** wurde oder die Revision **nur zum Teil begründet** ist. Ist die Teilanfechtung wirksam, hat das Rechtsmittel vollen Erfolg, sodass für eine Verwerfung im Übrigen kein Raum ist.[10] Ergibt die rechtliche Prüfung hingegen nur eine teilweise Begründetheit der Revision – unabhängig davon, ob das Urteil insgesamt oder nur zum Teil angefochten wurde – wird das Urteil nur in entsprechendem Umfang aufgehoben, während das weitergehende Rechtsmittel zu verwerfen ist. In beiden Fallkonstellationen setzt eine Teilaufhebung voraus, dass die der Anfechtung unterliegenden Urteilsteile ohne Eingehung auf die übrigen Teile der Entscheidung in dem der Aufhebung folgenden weiteren Verfahren geprüft und rechtlich beurteilt werden können.[11] So kann die Aufhebung den Schuld- oder den Strafausspruch betreffen. Wird der Strafausspruch bei einer umfassenden Anfechtung des Urteils aufgehoben, wird die weitergehende Revision verworfen. Der Schuldspruch erwächst in Rechtskraft (**Teilrechtskraft**) und ist von dem Tatrichter, an den zurückverwiesen wurde, nicht mehr nachzuprüfen. 7

b) **Mehrere Revisionen.** Liegen mehrere Revisionen **verschiedener Beschwerdeführer** in derselben Sache vor, wird jede Revision so behandelt, als wäre sie alleine eingelegt. Über jede ist gesondert zu entscheiden, auch wenn dies in ein und demselben Revisionsurteil geschehen kann.[12] Allerdings ist auch denkbar, dass zB über die Revision der StA durch Urteil, über die Revision des Angeklagten im Beschlusswege nach § 349 Abs. 2 entschieden wird.[13] Ebenso kann bei gleicher Sach- und Rechtslage eine Revision vollen Erfolg haben, die andere hingegen als unzulässig oder unbegründet verworfen werden.[14] Die ganze- oder teilweise Aufhebung des Urteils betrifft nur denjenigen, der die Revision erfolgreich eingelegt hat. Wird für **einen Angeklagten** mehrfach, zB durch den Angeklagten selbst und seine Verteidiger, Revision eingelegt, liegt nur eine Revision im Rechtssinne vor.[15] 8

2. Schuldspruch. Ein fehlerhafter Schuldspruch führt im Falle einer erfolgreichen Revision grundsätzlich zur Aufhebung des Urteils. Eine Aufrechterhaltung des Strafausspruchs ist in diesem Falle stets ausgeschlossen.[16] Eine **Berichtigung** des Schuldspruchs kommt nur ausnahmsweise in Betracht.[17] Eine Entscheidung über einen Adhäsionsantrag bleibt hingegen bestehen, sofern dieser nicht ebenfalls angefochten worden ist.[18] 9

a) **Vollaufhebung.** Grundsätzlich ist der gesamte Schuldspruch in den Fällen betroffen, in denen der Angeklagte nur wegen **einer Tat** bzw. bei mehreren Taten durch einen **einheitlichen Schuldspruch** aufgrund des Vorliegens einer **natürlichen Handlungseinheit**[19] oder **Bewertungseinheit**,[20] wegen **tateinheitlicher Verletzung mehrerer Strafgesetze**[21] oder bei Vorliegen von **Gesetzeseinheit**[22] verurteilt wurde. In diesen Fällen bedarf es ebenso wenig einer ausdrücklichen Aufhebung des Schuldspruchs wie eines Hinweises darauf, dass auch der Rechtsfolgenausspruch aufgehoben ist. 10

---

[5] Vgl. *Meyer-Goßner* Rn. 4; BeckOK-StPO/*Wiedner* Rn. 31.
[6] BGH v. 20. 2. 1997 – 4 StR 642/96, NStZ 1997, 276; KK-StPO/*Kuckein* Rn. 7 mwN; *Meyer-Goßner* Rn. 6.
[7] OLG Oldenburg v. 30. 3. 1971 – 1 Ss 30/71, MDR 1971, 680 (681); Anw-StPO/*Lohse* Rn. 3.
[8] OLG Karlsruhe v. 22. 1. 1993 – 3 Ss 172/92, StV 1995, 8; HK-StPO/*Temming* Rn. 4.
[9] Vgl. KK-StPO/*Kuckein* Rn. 19; *Meyer-Goßner* Rn. 5 mwN.
[10] Vgl. KK-StPO/*Kuckein* Rn. 4.
[11] Vgl. KK-StPO/*Kuckein* Rn. 10 mwN.
[12] Vgl. KK-StPO/*Kuckein* Rn. 5; HK-StPO/*Temming* Rn. 5.
[13] BGH v. 7. 5. 1999 – 3 StR 460/98, NJW 1999, 2199; BGH v. 9. 1. 1991 – 3 StR 205/90, BGHR StPO § 351 Hauptverhandlung 1 = NStZ 1991, 233.
[14] Vgl. *Dahs* Revision Rn. 582.
[15] Vgl. KK-StPO/*Kuckein* Rn. 5.
[16] BGH v. 3. 7. 2007 – 1 StR 3/07, NJW 2007, 2706 (2709); *Meyer-Goßner* Rn. 6; SK-StPO/*Wohlers* Rn. 11.
[17] Vgl. KK-StPO/*Kuckein* Rn. 11.
[18] BGH v. 28. 11. 2007 – 2 StR 477/07, NStZ 2008, 648; HK-StPO/*Temming* Rn. 6 mwN.
[19] BGH v. 20. 2. 1997 – 4 StR 642/96, NStZ 1997, 276; BGH v. 20. 9. 2005 – 1 StR 288/05, NStZ-RR 2006, 10 (11).
[20] BGH v. 25. 7. 2002 – 4 StR 104/02, bei *Becker* NStZ – RR 2003, 289 (292); *Meyer-Goßner* Rn. 6 a.
[21] BGH v. 16. 3. 2005 – 1 StR 432/04, bei *Becker* NStZ – RR 2007, 1 (5); KK-StPO/*Kuckein* Rn. 12 mwN.
[22] KK-StPO/*Kuckein* Rn. 12 mwN zur Rspr; Anw-StPO/*Lohse* Rn. 5.

11 Im Übrigen richtet sich der Umfang der gebotenen Aufhebung in den Fällen der Zusammenfassung mehrerer Vorgänge zu einer rechtlich **einheitlichen Tat** nach den näheren Umständen des Einzelfalls. So kommt einem Teilfreispruch durch ein Schwurgericht gegenüber der Unteilbarkeit eines Urteilsgegenstandes innerhalb einer rechtlich einheitlichen Tat kein „Vorrang der Teilrechtskraft" zu.[23] Ebenso muss die Aufhebung des Urteils auch einen deswegen unwirksamen Teilfreispruch erfassen, wenn die Anklage infolge ihrer zu Unwirksamkeit führenden Mängel keine Grundlage für die Abgrenzung des Verfahrensstoffes bildet.[24]

12 b) **Teilaufhebung.** Ist die Annahme eines tateinheitlich begangenen Rechtsverstoßes fehlerhaft, besteht allerdings anstatt einer Vollaufhebung auch die Möglichkeit eines **Teilfreispruchs**.[25] Ebenso kommt bei **Tateinheit** eine Teilaufhebung in Betracht, sofern es nur hinsichtlich eines Straftatbestandes an einer Verfahrensvoraussetzung fehlt.[26]

13 Die Teilaufhebung kommt ferner in allen Fällen in Betracht, in denen eine Teilanfechtung zulässig ist.[27] Die Aufhebung kann sich insoweit auf einen abtrennbaren Teil der Entscheidung beschränken.

14 c) **Aufrechterhaltung des Schuldspruchs.** Der Schuldspruch kann grundsätzlich bestehen bleiben, wenn sich die **Verurteilung im Ergebnis rechtfertigt.** Ein solcher Fall kann vorliegen, wenn der Rechtsfehler nur den **Schuldumfang** betrifft,[28] zB die Feststellungen über Art und Höhe des Schadens, über Qualität und Mängel der Betäubungsmittel oder über die Höhe der hinterzogenen Steuer fehlerhaft sind. Ob in derartigen Fällen fehlerhafte Feststellungen schon durch die Aufhebung des Strafausspruchs behoben werden können, richtet sich nach den Umständen des Einzelfalles.[29]

15 Weiterhin kann der Schuldspruch bestehen bleiben, wenn nur eines von mehreren Mordmerkmalen fehlerhaft bejaht wurde und insoweit weitere Feststellungen erforderlich sind;[30] entsprechendes gilt bei fehlerhaft festgestellten Straferschwerungsgründen sowie beim Wegfall einer von mehreren Rauschtaten.[31]

16 d) **Grenzen der Schuldspruchaufhebung.** Eine Aufhebung des Schuldspruchs kommt grundsätzlich dann nicht in Betracht, wenn die Revision wirksam auf den Rechtsfolgenausspruch beschränkt wurde oder nur hinsichtlich der Rechtsfolgen der Tat Erfolg hat.[32] Dies betrifft insbesondere die Fälle, in denen die fehlerhaften Feststellungen in der Regel ausschließlich die Strafzumessung betreffen wie die Annahme oder Nichtannahme eines minderschweren (vgl. §§ 177 Abs. 5, 249 Abs. 2 StGB) oder besonders schweren Falles (vgl. §§ 243, 263 Abs. 3 StGB) oder die rechtsfehlerhafte Behandlung der Frage der verminderten Schuldfähigkeit (vgl. § 21 StGB).[33]

17 In den Fällen wirksamer Beschränkung der Revision auf den Rechtsfolgenausspruch kann allerdings eine **Mitaufhebung des Schuldausspruchs** bei **Fehlerhaftigkeit doppelrelevanter Tatsachen** erforderlich werden;[34] ebenso in den Fällen, in denen Angriffe gegen einen bestimmten Schuldumfang allein im Rahmen der gegen den Strafausspruch gerichteten Revisionsrüge vorgetragen werden. Auch in diesen Fällen kommt es auf die Umstände des Einzelfalles an.[35] So kann es sich als notwendig erweisen, die Aufhebung des Rechtsfolgenausspruchs auf den Schuldausspruch zu erstrecken, um einen verlässlichen Ausgangspunkt für die Neufestsetzung einer schuldangemessenen Strafe zu gewinnen.[36]

18 3. **Rechtsfolgenausspruch.** Der Rechtsfolgenausspruch erfasst sowohl die Strafe als auch die sonstigen Rechtsfolgen der Tat, wie Einziehung, Verfall sowie Strafaussetzung zur Bewährung, Maßregeln der Sicherung und Besserung u. a. Bei Aufhebung des Schuldspruchs bedarf es in der Regel keiner besonderen Aufhebung des Rechtsfolgenausspruchs.

19 Wird das Urteil im **Strafausspruch** aufgehoben, so entfallen damit grundsätzlich alle weiteren Rechtsfolgen der Tat.[37] Im Übrigen ist unter Beachtung der für die Rechtsmittelbeschränkung gel-

---

[23] BGH v. 8. 7. 1997 – 4 StR 271/97 = NStZ-RR 1997, 331 (332).
[24] BGH v. 5. 5. 1999 – 3 StR 153/99 = NStZ 1999, 520 (521).
[25] Vgl. BGH v. 17. 4. 1984 – 2 StR 63/84, NStZ 1984, 566; KK-StPO/*Kuckein* Rn. 12.
[26] Vgl. BGH v. 16. 3. 2005 – 1 StR 432/04, bei *Becker* NStZ-RR 2007, 1 (5).
[27] Vgl. *Meyer-Goßner* Rn. 6.
[28] Vgl. KK-StPO/*Kuckein* Rn. 13; *Meyer-Goßner* Rn. 7.
[29] BGH v. 20. 5. 1985 – StbSt (R) 9/84, BGHSt 33, 225 (229) = NJW 1985, 3032; KK-StPO/*Kuckein* Rn. 13 mwN.
[30] BGH v. 22. 8. 1995 – 1 StR 393/95, BGHSt 41, 222 (222) = NJW 1996, 471 (472); BeckOK-StPO/*Wiedner* Rn. 12.
[31] Vgl. KK-StPO/*Kuckein* Rn. 17; *Meyer-Goßner* Rn. 7 mwN.
[32] Vgl. KK-StPO/*Kuckein* Rn. 18.
[33] Vgl. KK-StPO/*Kuckein* Rn. 18 mwN; HK-StPO/*Temming* Rn. 7.
[34] OLG Frankfurt v. 29. 7. 1999 – 3 Ss 192/99, NStZ-RR 1999, 336.
[35] Vgl. KK-StPO/*Kuckein* Rn. 18 mwN.
[36] BGH v. 11. 11. 1981 – 3 StR 342/81, bei *Holtz* MDR 1982, 280 (283).
[37] Vgl. BGH v. 22. 6. 1960 – 2 StR 221/60, BGHSt 14, 381 (383) = NJW 1960, 1870.

tenden Grundsätze[38] zu unterscheiden, je nachdem, ob das Urteil umfassend oder nur zum Teil aufgehoben wurde, ob es sich um eine **Einzelstrafe** oder **Gesamtstrafe** handelt.

Bei Teilaufhebung des Schuldspruchs ist zunächst der Umfang der insoweit betroffenen Rechtsfolgen der Tat näher zu bestimmen. Ebenso kann die auf die Rechtsfolge beschränkte Revision nur zum Teil Erfolg haben. Folglich können weitere Rechtsfolgen der Tat, wie Einziehung, Unterbringung und sonstige Maßregeln, insbesondere die Entziehung der Fahrerlaubnis,[39] bestehen bleiben, sofern sie bei Aufhebung einer Gesamtstrafe rechtsfehlerfrei neben einer nicht aufgehobenen Einzelstrafe angeordnet wurden.[40] Ebenso kann trotz Aufhebung einer Einzelstrafe die Gesamtstrafe bestehen bleiben, sofern sich das aus Zahl und Höhe der übrigen Einzelstrafen rechtfertigt.[41]

Wurde fehlerhaft die Untersuchungshaft nicht angerechnet, wird die Aufhebung unter Aufrechterhaltung des übrigen Strafausspruchs hierauf beschränkt,[42] ebenso bei fehlerhafter Nichtanrechnung der Strafe nach § 51 Abs. 4 S. 2 StGB bzw. fehlerhafter Anwendung des § 42 StGB.[43] Deshalb ist der Umfang der Aufhebung im Revisionsurteil deutlich zu machen.[44] Dabei sind mit dem Strafausspruch grundsätzlich auch die ihn tragenden **zugehörigen Feststellungen** aufzuheben.[45]

Hinsichtlich der sonstigen über die Straffestsetzung hinausgehenden Rechtsfolgen der Tat ist zunächst zu prüfen, ob eine hierauf beschränkte Aufhebung erfolgen kann. Maßgebend dafür sind grundsätzlich die Urteilsgründe.[46]

II. Sonstige Entscheidungen

1. Verwerfung der Revision. Die Revision kann auch durch Urteil verworfen werden. Diese Entscheidung ist im Gegensatz zur Beschlussverwerfung endgültig von einer Rücknahme ausgeschlossen.[47] Eine solche Entscheidung kommt in Betracht, wenn dem angefochtenen Urteil kein Verfahrenshindernis oder prozessualer bzw. materieller Fehler zugrunde liegt oder sich die festgestellten Mängel nicht zum Nachteil des Beschwerdeführers ausgewirkt haben.[48] Gem. § 473 Abs. 1 ist zugleich über die Kosten zu entscheiden.

2. Einstellungsentscheidungen. Das Revisionsgericht kann das Verfahren ganz oder teilweise, vor oder in der Revisionshauptverhandlung, auch durch Beschluss einstellen.[49] Sofern sich aus dem angefochtenen Urteil die tatsächlichen Voraussetzungen einer Einstellung nach § 153 ergeben und keine Beweiserhebung notwendig ist, kann das Revisionsgericht nach Zustimmung der StA das Verfahren wegen **geringen Verschuldens** einstellen.[50] Ebenso kommen **Teileinstellungen** bei Mehrfachtätern (§ 154) und die **Beschränkung des Verfahrensgegenstandes** (§ 154a) sowie der Rechtsfolgen (§ 430) in Betracht. Das Gleiche gilt für Einstellungen nach § 154b Abs. 4 (Auslieferung) sowie § 153e.[51]

Soweit das Revisionsgericht nach § 354 Abs. 1 in der Sache selbst entscheiden kann, kommt auch eine Einstellungsentscheidung nach § 260 Abs. 3 in Betracht. Schließlich hat bei Teileinstellungen die Vorschrift des § 354 Abs. 1 a und b Vorrang.[52]

III. Aufhebung der Feststellungen (Abs. 2)

1. Umfang der Aufhebung. Die Aufhebung der dem Urteil zugrunde liegenden Feststellungen ist nur erforderlich, „sofern sie durch die Gesetzesverletzung betroffen werden", die zur Urteilsaufhebung führt. Um sachlich überflüssige Wiederholungen umfangreicher Beweisaufnahmen zu vermeiden, können bestimmte Feststellungen selbst dann bestehen bleiben, wenn die Revision hinsichtlich der gesamten Verurteilung oder eines vollen Freispruchs Erfolg hat.[53]

---
[38] Vgl. BGH v. 28. 6. 1983 – 1 StR 576/82, NJW 1984, 622 (623); *Meyer-Goßner* Rn. 8.
[39] BGH v. 8. 7. 1983 – 3 StR 215/83 (juris).
[40] Vgl. BGH v. 29. 8. 1985 – 4 StR 397/85, BGHSt 33, 306 (310) = NJW 1986, 1116; KK-StPO/*Kuckein* Rn. 21; *Fischer* § 53 Rn. 9.
[41] BGH v. 3. 8. 2006 – 3 StR 264/06 (juris); BGH v. 15. 11. 2006 – 2 StR 457/06 (juris) (st. Rspr.).
[42] BGH v. 12. 7. 1954 – VGS 1/54, BGHSt 7, 118 (124).
[43] Vgl. *Meyer-Goßner* Rn. 8.
[44] BGH v. 27. 6. 2006 – 4 StR 190/06, StV 2007, 23.
[45] Vgl. KK-StPO/*Kuckein* Rn. 22.
[46] Vgl. KK-StPO/*Kuckein* Rn. 23.
[47] Vgl. *Meyer-Goßner* Rn. 1.
[48] BGH v. 30. 6. 1955 – StR 133/55, BGHSt 8, 34 (37) = NJW 1955, 1407; KK-StPO/*Kuckein* Rn. 2.
[49] Vgl. KK-StPO/*Kuckein* Rn. 6.
[50] BGH v. 21. 2. 1968 – 2 StR 360/67, BGHSt 22, 94 (99); Löwe/Rosenberg/*Hanack*, 25. Aufl., Rn. 2; *Meyer-Goßner* Rn. 2; HK-StPO/*Temming* Rn. 2.
[51] Vgl. *Meyer-Goßner* Rn. 2 mwN; *Dahs* Revision Rn. 586.
[52] Vgl. KK-StPO/*Kuckein* Rn. 6; *Meyer-Goßner*, § 354 Rn. 24 ff.
[53] Vgl. BGH v. 12. 6. 2001 – 5 StR 432/00, NStZ 2002, 253 [Subsumtionsfehler]; BGH v. 21. 2. 2006 – 1 StR 456/05, NStZ-RR 2006, 270, (271) [Wertungsfehler]; OLG Koblenz v. 10. 10. 2007 – 1 Ss 267/07, NStZ-RR 2008, 120 (121) [Freispruch]; HK-StPO/*Temming* Rn. 9.

27   Um den Umfang der notwendigen Aufhebung zu bestimmen, ist mithin zunächst zu prüfen, ob und inwieweit sich der durch das Revisionsgericht festgestellte Rechtsverstoß auf die Sachverhaltsfeststellungen ausgewirkt hat.[54] Steht dies fest, ist zu klären, ob eine teilweise Aufhebung dieser Feststellungen möglich oder wegen eines tatsächlichen oder rechtlichen Zusammenhangs mit den anderen Feststellungen ausgeschlossen ist. Können danach einzelne Feststellungen aufgehoben werden, ist das im Urteilssatz grundsätzlich auszusprechen.[55] Denn die Aufrechterhaltung einzelner Feststellungen steht stets im Spannungsfeld möglicherweise andersartiger Erkenntnisse im neuen Verfahren.[56] Dem neuen Tatrichter sind deshalb die **Grenzen der Aufhebung** und folglich der **Umfang der Bindung** an nicht aufgehobene Feststellungen ggf. durch spezielle Hinweise aufzuzeigen.[57] Aus Gründen der Rechtsklarheit verdient deshalb grundsätzlich die Ansicht Zustimmung, nach der ohne ausdrücklichen Ausspruch die Feststellungen als in vollem Umfang aufgehoben gelten, soweit das Urteil aufgehoben wird.[58] Eine Ausnahme kann nur insoweit gelten, als die rechtsfehlerhaften, dem angefochtenen Urteil zugrunde gelegten Feststellungen trotz des Rechtsfehlers für das weitere Verfahren Bedeutung gewinnen können, zB im Rahmen der Strafzumessung.[59]

28   **2. Schuldspruchaufhebung.** Auch die dem Schuldspruch unterliegenden tatsächlichen Feststellungen können differenziert behandelt werden.[60] Bedeutsam kann insoweit sein, ob das Urteil aufgrund eines **Verfahrenshindernisses** oder auf eine **Verfahrensrüge** oder auf eine **Sachrüge** hin aufgehoben wird.

29   a) **Verfahrenshindernis.** Ob und inwieweit die Feststellungen des angefochtenen Urteils bestehen bleiben, richtet sich nach der Art des festgestellten Verfahrenshindernisses.[61] So werden bei teilweiser Aufhebung des angefochtenen Urteils wegen Verjährung die verjährten Straftaten nicht von selbst gegenstandslos, da sie auch weiterhin im Rahmen der Strafzumessung Bedeutung gewinnen können; werden sie nicht aufgehoben, sind sie für das weitere Verfahren bindend.[62]

30   b) **Verfahrensrüge.** Verfahrensfehler führen in der Regel zur Aufhebung des Urteils mit sämtlichen Feststellungen, auch wenn sie nur einzelne Abschnitte der Hauptverhandlung betreffen.[63] Allerdings kommt es auch insoweit auf die Art der Beanstandung an, sodass selbst bei Vorliegen eines absoluten Revisionsgrundes nicht notwendig die Aufhebung des Urteils mit sämtlichen Feststellungen folgt.[64]

31   c) **Sachrüge.** Werden **sachlich-rechtliche Mängel** durch das Revisionsgericht festgestellt, sind grundsätzlich die von der Gesetzesverletzung nicht berührten Feststellungen aufrechtzuerhalten. Ist beispielsweise allein die Prüfung der Schuldfähigkeit zweifelhaft, können die Feststellungen zum äußeren Tatgeschehen aufrechterhalten werden.[65] Entsprechendes gilt, wenn lediglich die subjektiven Abgrenzungsmerkmale von Mittäterschaft und Beihilfe oder die Voraussetzungen des Verbotsirrtums fehlerhaft beurteilt worden sind,[66] oder bei fehlerhafter Beurteilung der Frage des bedingten Vorsatzes[67] oder des niedrigen Beweggrundes im Sinne des § 211 StGB.[68] Dies gilt auch bei Aufhebung eines freisprechenden Urteils[69] für die Feststellungen zum äußeren Tatgeschehen bzw. wenn die Feststellungen insgesamt weder durch den Angeklagten noch durch die beschwerdeführende StA angegriffen werden.[70]

32   **3. Aufhebung im Straf- und/oder Rechtsfolgenausspruch.** Die Teilaufhebung des Urteils führt grundsätzlich dazu, dass nur die „zugehörigen Feststellungen" aufgehoben werden (Abs. 2). Wird ein Urteil nur im Strafausspruch aufgehoben, werden davon grundsätzlich alle diejenigen Feststel-

---

[54] BGH v. 27. 11. 1959 – 4 StR 394/59, BGHSt 14, 30 (34) = NJW 1960, 1393 (1394); KK-StPO/*Kuckein* Rn. 24 mwN; Anw-StPO/*Lohse* Rn. 7.
[55] Löwe/Rosenberg/*Hanack*, 25. Aufl., Rn. 18; KK-StPO/*Kuckein* Rn. 24; *Meyer-Goßner* Rn. 12; aA BGH v. 28. 3. 2007 – 2 StR 62/07, NJW 2007, 1540 (1541).
[56] Vgl. *Widmaier* StraFo 2004, 366 (337).
[57] Vgl. BGH v. 21. 3. 2006 – 5 StR 12/06, StraFo 2006, 246; BGH v. 28. 3. 2007 – 2 StR 62/07, NJW 2007, 1540 (1541); KK-StPO/*Kuckein* Rn. 26.
[58] Vgl. *Meyer-Goßner* Rn. 12 mwN.
[59] S. u. Rn. 33 ff.
[60] KK-StPO/*Kuckein* Rn. 24.
[61] BGH v. 25. 10. 1995 – 2 StR 433/95, BGHSt 41, 305 (307) = NStZ 1996, 197 (198); SK-StPO/*Wohlers* Rn. 19.
[62] BGH v. 25. 10. 1995 – 2 StR 433/95, BGHSt 41, 305 (307) = NStZ 1996, 197 (307); KK-StPO/*Kuckein* Rn. 28; aA *Wollweber* NJW 1996, 2632 (2633); *Meyer-Goßner* Rn. 13.
[63] Vgl. Löwe/Rosenberg/*Hanack*, 25. Aufl., Rn. 20; KK-StPO/*Kuckein* Rn. 28; *Meyer-Goßner* Rn. 14.
[64] RG v. 24. 2. 1919 – III 6/19, RGSt 53, 199 (202); BGH 29. 7. 1982 – 4 StR 38/82 (juris).
[65] BGH v. 27. 11. 1959 – 4 StR 394/59, BGHSt 14, 30 (34) = NJW 1960, 1393 (1394).
[66] Vgl. KK-StPO/*Kuckein* Rn. 29; *Meyer-Goßner* Rn. 15 mwN.
[67] BGH v. 13. 5. 1983 – 3 StR 22/83, StV 1983, 360.
[68] BGH v. 26. 7. 1979 – 4 StR 298/79, GA (1980) 127, 23 (24).
[69] Vgl. BGH v. 20. 8. 1991 – 1 StR 321/91, BGHSt 38, 58 (60) = NJW 1992, 382 (384).
[70] Vgl. OLG Koblenz v. 10. 10. 2007 – 1 Ss 267/07, NStZ-RR 2008, 120 (121).

lungen erfasst, die sich **ausschließlich auf den Strafausspruch** beziehen.[71] Darunter fallen nicht die sog. **doppelrelevanten** Feststellungen, also solche, die sich sowohl auf den Schuld- als auch auf den Strafausspruch auswirken können.[72] Ebenso bleiben alle den Schuldspruch tragenden – oder mit tragenden – Feststellungen bestehen.[73] Im Einzelfall ist mithin zu prüfen, welche Feststellungen den angefochtenen Straf- und/oder Rechtsfolgenausspruch tragen; dabei ist grundsätzlich von der Trennbarkeit der Schuldfeststellungen und der Strafzumessungstatsachen auszugehen.[74] Wird die Aufhebung auf die Strafaussetzung beschränkt, bleiben grundsätzlich alle Feststellungen zum Schuld- und Strafausspruch bestehen.

4. Bindungswirkung. In dem Umfang, in dem das Urteil aufgehoben worden ist, hat der Tatrichter umfassend eigene, neue Feststellungen zu treffen und in seine Entscheidung mit einzubeziehen.[75] Bei der Neufeststellung des Sachverhalts ist er nicht gebunden, eine Bezugnahme auf die aufgehobenen Feststellungen ist allerdings unzulässig.[76] 33

Wird das **Urteil insgesamt** aufgehoben, ist der Tatrichter mithin nur an die Aufhebungsansicht des Revisionsgerichts nach § 358 Abs. 1 gebunden. Diese Bindung steht allerdings unter dem Vorbehalt einer gleich bleibenden Sach- und Verfahrenslage.[77] 34

Wird das **Urteil teilweise** aufgehoben, so erwächst der bestehend bleibende Teil in Rechtskraft (Teilrechtskraft). Dieser Teil ist ebenso wie die ihn tragenden Feststellungen in dem neuen Verfahren nicht mehr nachzuprüfen,[78] und zwar auch dann nicht, wenn es sich um doppelt relevante Tatsachen handelt.[79] **Ergänzende Feststellungen** bleiben zwar zulässig, dürfen aber nie in Widerspruch zu den bestehen bleibenden treten.[80] Die Bindungswirkung des im Schuldspruch rechtskräftigen Teils erfasst allerdings keine Feststellungen, die nicht zum Tatgeschehen gehören, wie beispielsweise das Nachtatverhalten oder die fortdauernden Folgen der Tat.[81] 35

Die **Grenzen und der Inhalt der neuen Verhandlung und Entscheidung** werden bei teilweiser Aufhebung des Urteils durch die Feststellungen bestimmt, die aufrecht erhalten bleiben, weil sie von der zur Teilaufhebung führenden Gesetzesverletzung nicht betroffen sind. Im Umfang der innerprozessualen Bindungswirkung an die bestehend bleibenden Feststellungen darf keine **neue Beweisaufnahme** stattfinden. Auch eine andere **Bewertung** des festgestellten Tatgeschehens ist grundsätzlich ausgeschlossen.[82] Ob die Bindung des neuen Tatrichters allerdings auch dann bestehen bleibt, wenn sich in der neuen Hauptverhandlung die **Schuldunfähigkeit** oder **Unschuld** des Angeklagten aus tatsächlichen Gründen ergibt, ist offen und umstritten.[83] In solchen Fällen ist die Durchbrechung der (Teil-)Rechtskraft als notwendig zu erachten. Anderenfalls ist das mit der Sache befasste Gericht zu einer augenscheinlich unrichtigen Anwendung materiellen Rechts zum Nachteil des Angeklagten gezwungen,[84] die sodann gem. §§ 359 ff. angegriffen werden müsste[85] und damit dem Gedanken der Verfahrensökonomie widerspräche. 36

§ 354 [Eigene Sachentscheidung; Zurückverweisung]

(1) Erfolgt die Aufhebung des Urteils nur wegen Gesetzesverletzung bei Anwendung des Gesetzes auf die dem Urteil zugrunde liegenden Feststellungen, so hat das Revisionsgericht in der Sache selbst zu entscheiden, sofern ohne weitere tatsächliche Erörterungen nur auf Freisprechung oder auf Einstellung oder auf eine absolut bestimmte Strafe zu erkennen ist oder das Revisionsgericht in Übereinstimmung mit dem Antrag der Staatsanwaltschaft die gesetzlich niedrigste Strafe oder das Absehen von Strafe für angemessen erachtet.

---

[71] BGH v. 17. 12. 1971 – 2 StR 522/71, BGHSt 24, 274 (275) = NJW 1972, 548; BGH v. 13. 10. 1981 – 1 StR 471/81, BGHSt 30, 225 (227) = NJW 1982, 589.
[72] Vgl. *Roxin* § 51 B III 2 b Rn. 19.
[73] KK-StPO/*Kuckein* Rn. 25 mwN.
[74] Vgl. KK-StPO/*Kuckein* Rn. 22.
[75] BGH v. 17. 12. 1971 – 2 StR 522/71, BGHSt 24, 274 (275) = NJW 1972, 548; BGH v. 14. 5. 1993 – 3 StR 176/93, bei *Kusch* NStZ 1994, 23 (25); HK-StPO/*Temming* Rn. 11.
[76] BGH v. 29. 3. 2000 – 2 StR 71/00, NStZ 2000, 441; KK-StPO/*Kuckein* Rn. 31.
[77] KK-StPO/*Kuckein* Rn. 31.
[78] BGH v. 30. 11. 2005 – 5 StR 344/05, NStZ – RR 2006, 317 (318); BGH v. 10. 1. 2007 – 5 StR 305/06, NJW 2007, 853 (854); Anw-StPO/*Lohse* Rn. 10; HK-GS/*Maiwald* Rn. 7.
[79] ; KK-StPO/*Kuckein* Rn. 32 mwN; *Meyer-Goßner* Rn. 20 mwN; SK-StPO/*Wohlers* Rn. 27.
[80] Zuletzt BGH v. 31. 10. 1995 – 1 StR 454/95, NStZ – RR 1996, 203 (204) (st. Rspr.).
[81] BGH v. 27. 6. 2006 – 4 StR 190/06 = StV 2007, 23; BGH v. 26. 5. 2004 – 4 StR 149/04, bei *Becker* NStZ-RR 2005, 257 (262); BeckOK-StPO/*Wiedner* Rn. 45.
[82] BGH v. 30. 11. 2005 – 5 StR 344/05, NStZ-RR 2006, 317 (318).
[83] Vgl. *Ernemann*, FS Meyer-Goßner, 2001, S. 619 (627); KK-StPO/*Kuckein* Rn. 33 mwN; *Meyer-Goßner* Rn. 21 mwN; HK-StPO/*Temming* Rn. 11 mwN.
[84] *Roxin* § 51 B III Rn. 19.
[85] Vgl. *Gössel*, FS Riess, 2002, S. 113 (119) [für eine entsprechende Anwendung des § 359].

§ 354 1, 2   *Drittes Buch. Rechtsmittel*

(1 a) [1] Wegen einer Gesetzesverletzung nur bei Zumessung der Rechtsfolgen kann das Revisionsgericht von der Aufhebung des angefochtenen Urteils absehen, sofern die verhängte Rechtsfolge angemessen ist. [2] Auf Antrag der Staatsanwaltschaft kann es die Rechtsfolgen angemessen herabsetzen.

(1 b) [1] Hebt das Revisionsgericht das Urteil nur wegen Gesetzesverletzung bei Bildung einer Gesamtstrafe (§§ 53, 54, 55 des Strafgesetzbuches) auf, kann dies mit der Maßgabe geschehen, dass eine nachträgliche gerichtliche Entscheidung über die Gesamtstrafe nach den §§ 460, 462 zu treffen ist. [2] Entscheidet das Revisionsgericht nach Absatz 1 oder Absatz 1 a hinsichtlich einer Einzelstrafe selbst, gilt Satz 1 entsprechend. [3] Die Absätze 1 und 1 a bleiben im Übrigen unberührt.

(2) [1] In anderen Fällen ist die Sache an eine andere Abteilung oder Kammer des Gerichtes, dessen Urteil aufgehoben wird, oder an ein zu demselben Land gehörendes anderes Gericht gleicher Ordnung zurückzuverweisen. [2] In Verfahren, in denen ein Oberlandesgericht im ersten Rechtszug entschieden hat, ist die Sache an einen anderen Senat dieses Gerichts zurückzuverweisen.

(3) Die Zurückverweisung kann an ein Gericht niederer Ordnung erfolgen, wenn die noch in Frage kommende strafbare Handlung zu dessen Zuständigkeit gehört.

Schrifttum: *Becker*, Aus der Rechtsprechung des BGH zum Strafverfahrensrecht – 1. Teil, NStZ-RR 2006, 1; *Hamm*, Eingriffe in die „Domäne(n)" des Tatrichters, StV 2008, 205; *Ignor*, Eigene Sachentscheidungsbefugnis des Revisionsgerichts, FS Dahs, 2005, S. 281; *Köberer*, Zur Rechtsfolgenfestsetzungskompetenz des Revisionsgerichts, FS Hamm, 2008, S. 303; *Kusch*, Aus der Rechtsprechung des BGH zum Strafverfahrensrecht – Juli bis Dezember 1996, 2. Teil, NStZ 1997, 376; *ders.*, Aus der Rechtsprechung des BGH zum Strafverfahrensrecht, NStZ-RR 2000, 33; *Meyer*, Anm. zu BVerfG v. 14. 6. 2007 – 2 BvR 136, 144/05, NStZ 2008, 227; *Maier/Paul*, Anwendungsbereiche des § 354 Abs. 1a und Abs. 1b StPO in der Rechtsprechung des BGH, NStZ 2006, 82; *Paster/Sättele*, Zu den Möglichkeiten einer eigenen Sachentscheidung des Revisionsgerichts nach der Entscheidung des BVerfG zu § 354 Abs. 1a S. 1, NStZ 2007, 609; *Pfeifer/Miebach*, Aus der (vom BGH nicht veröffentlichten) Rechtsprechung des Bundesgerichtshofes in Strafsachen zum Verfahrensrecht – Juli bis Dezember 1984, NStZ 1985, 204; *dies.*, Aus der (vom BGH nicht veröffentlichten) Rechtsprechung des Bundesgerichtshofs in Strafsachen zum Verfahrensrecht – Januar bis Juni 1986, NStZ 1987, 16; *Ventzke*, Anm. zum Beschluss des BGH v. 8. 12. 2004 – 1 StR 483/04, NStZ 2005, 285, NStZ 2005, 461; *Senge*, Sachentscheidung durch das Revisionsgericht nach § 354 Abs. 1a StPO und ihre Grenzen, StraFo 2006, 314; *Spiegel*, Aus der Rechtsprechung des Bundesgerichtshofes in Verkehrssachen und Bußgeldsachen, DAR 1979, 173.

Übersicht

	Rn.
A. Entscheidung in der Sache selbst	1–24
I. Voraussetzungen	2
II. Freispruch	3–5
III. Verfahrenseinstellung	6
IV. Straffestsetzung	7–10
V. Weitere Entscheidungsmöglichkeiten	11–23
1. Schuldspruchberichtigung	13–18
2. Änderung des Rechtsfolgenausspruchs	19–21
3. Berichtigung offensichtlicher Versehen	22, 23
VI. Nebenentscheidungen	24
B. Rechtsfolgenentscheidung nach Abs. 1 a und 1 b	25–33
I. Aufrechterhaltung der Rechtsfolgen (Abs. 1 a S. 1)	26–28
II. Angemessene Herabsetzung der Rechtsfolgen (Abs. 1 a S. 2)	29, 30
III. Entscheidung über Gesamtstrafe (Abs. 1 b)	31–33
C. Zurückverweisung (Abs. 2 und 3)	34–42
I. Andere Abteilung oder Kammer	35–40
II. Zurückverweisung an ein anderes Gericht (Abs. 2 S. 1, Alt. 2)	41
III. Zurückverweisung an ein Gericht niedriger Ordnung (Abs. 3)	42

A. Entscheidung in der Sache selbst

1   Die Vorschrift regelt die Voraussetzungen, unter denen das Revisionsgericht bei Urteilsaufhebung (§ 353 Abs. 1) in der Sache selbst entscheiden kann. Dabei geht eine Entscheidung nach Abs. 1 der nach Abs. 2 und Abs. 3, die nach Abs. 3 der nach Abs. 2, § 355 aber insgesamt § 354 vor.[1] Eine Entscheidung nach Abs. 1 kommt danach nur in Betracht, wenn die Urteilsaufhebung auf den Urteilsausspruch als solchen beschränkt wird. In allen anderen Fällen muss die Sache zu neuer Verhandlung und Entscheidung zurückverwiesen werden.[2]

I. Voraussetzungen

2   Das Revisionsgericht kann in der Sache selbst auf **Freisprechung, Einstellung, Verhängung einer bestimmten Strafe** oder **Absehen von Strafe** erkennen, sofern der zur Aufhebung des Urteils führende Rechtsfehler „bei Anwendung des Gesetzes auf die dem Urteil zugrunde liegenden Feststellungen" entstanden ist. Folglich dürfen die Feststellungen des Tatrichters davon nicht betrof-

---
[1] *Meyer-Goßner* Rn. 1.
[2] KK-StPO/*Kuckein* Rn. 1.

fen sein, sodass nur in den Fällen einer Urteilsaufhebung wegen **sachlich-rechtlichen Mängeln** oder wegen **Prozesshindernissen** eine eigene Sachentscheidung des Revisionsgerichts zulässig ist.[3]

II. Freispruch

Das Revisionsgericht hat freizusprechen, sofern sich der Angeklagte auf Grundlage der bisherigen erkennbar vollständig und fehlerfrei getroffenen Feststellungen unter keinem rechtlichen Gesichtspunkt strafbar gemacht hat. Voraussetzung ist allerdings, dass unter Berücksichtigung des Gebots umfassender Sachaufklärung und erschöpfender Beweiswürdigung[4] keine **weiteren** dem Tatrichter vorbehaltenden **Tatsachenerörterungen** in einer neuen Hauptverhandlung zu erwarten sind.[5] Die Frage, ob eine neue Hauptverhandlung noch Aufschlüsse zu erbringen vermag, ist ausschließlich nach den Gründen des angefochtenen Urteils unter Beachtung der allgemeinen Lebenserfahrung zu beurteilen, ohne dass dafür der Akteninhalt herangezogen werden darf.[6] Allein die Möglichkeit weiterer schuldbegründender Feststellungen steht einem Freispruch entgegen, wobei bloße Vermutungen aber eine Zurückverweisung nicht rechtfertigen können.[7] 3

Hat der Tatrichter das Verfahren nach § 154a beschränkt, kommt ein Freispruch nicht in Betracht.[8] Es steht im Ermessen des Revisionsgerichts in diesem Falle die ausgeschiedenen Teile wieder einzubeziehen und die Sache zurückzuverweisen oder sich auf die Zurückweisung zu beschränken und die Wiedereinbeziehung dem Tatrichter zu überlassen.[9] Auch eine **teilweise** Freisprechung ist möglich.[10] Der (Teil-)Freisprechung steht die Aufhebung gesetzeswidriger Maßregeln der Besserung und Sicherung (§ 61 StGB) und sonstiger zu Unrecht verhängter Maßnahmen (§ 11 Abs. 1 Nr. 8 StGB) gleich.[11] 4

Ist auf Freispruch zu entscheiden, muss das Revisionsgericht zugleich die erforderlichen **Nebenentscheidungen** treffen (vgl. § 464 Abs. 1, Abs. 2; § 8 Abs. 1 S. 1 StrEG). 5

III. Verfahrenseinstellung

Aus dem Grundsatz des weitestreichenden Revisionsgrundes folgt, dass die Einstellung einer entscheidungsreifen Sache grundsätzlich zu unterbleiben hat, wenn ein Freispruch möglich ist.[12] Der Grundsatz „des Vorrangs des Freispruchs vor der Einstellung" gilt allerdings dort nicht, wo ein freisprechendes Urteil trotz fehlender Anklage ergangen ist. In diesem Fall ist das freisprechende Urteil aufzuheben und das Verfahren, wie grundsätzlich beim Vorliegen eines Verfahrenshindernisses, gem. § 260 Abs. 3 einzustellen.[13] Nur diese Verfahrenseinstellung ist in Abs. 1 gemeint.[14] Erfasst das Verfahrenshindernis nur einen abtrennbaren Teil, kann das Verfahren auch teilweise eingestellt werden.[15] Voraussetzung ist, dass das Fehlen der Verfahrensvoraussetzung nicht behoben werden kann.[16] In diesen Fällen entscheidet das Revisionsgericht, wenn es nicht nach § 349 Abs. 4 verfährt, nach Abs. 1, nicht nach § 206a;[17] nur bei vorübergehender Verhandlungsunfähigkeit des Angeklagten kann das Revisionsgericht das Verfahren selbst nach § 205 vorläufig einstellen.[18] 6

IV. Straffestsetzung

Das Revisionsgericht hat weiterhin in der Sache selbst zu entscheiden, sofern „auf eine absolut bestimmte Strafe" zu erkennen ist. Dazu zählt nicht nur eine **absolute Strafe** etwa des § 211 7

---

[3] Vgl. OLG Celle v. 22. 2. 2007 – 32 Ss 20/07, NStZ 2008, 118; KK-StPO/*Kuckein* Rn. 2; Anw-StPO/*Lohse* Rn. 1; *Meyer-Goßner* Rn. 2; *Ventzke* mAnm zu BGH v. 8. 12. 2004 – 1 StR 483/04, NStZ 2005, 461; aA Senge StraFo 2006, 314.
[4] BGH v. 26. 10. 1978 – 4 StR 429/78, BGHSt 28, 162 (164) = NJW 1979, 378; BGH v. 7. 6. 1979 – 4 StR 441/78, BGHSt 29, 18 = NJW 1979, 2318.
[5] BGH v. 22. 4. 2004 – 5 StR 534/02, NStZ-RR 2004, 270 (271); OLG Hamm v. 13. 9. 2007 – 4 Ss 389/07 (juris) (st. Rspr.); HK-StPO/*Temming* Rn. 6; BeckOK-StPO/*Wiedner* Rn. 8; *Dahs* Revision Rn. 587 mwN.
[6] Vgl. KK-StPO/*Kuckein* Rn. 3; *Meyer-Goßner* Rn. 3; offen BGH v. 7. 3. 1995 – 1 StR 523/94, BGHR StPO Freisprechung 1 = StV 1996, 81; aA KG 3. 4. 2006 – (5) 1 Ss 329/05 (12/06) = StraFo 2006, 413; KG v. 17. 1. 2007 – (2/5) 1 Ss 448/06 (73/06) = StraFo 2007, 245.
[7] Vgl. *Meyer-Goßner*, GedS-Schlüchter, 2002, S. 515 (519); *Meyer-Goßner* Rn. 3.
[8] BGH v. 15. 9. 1983 – 4 StR 535/83, BGHSt 32, 84 = NJW 1984, 1364; BGH v. 11. 7. 1985 – 4 StR 274/85, StV 1986, 45; BGH v. 26. 2. 1988 – 3 StR 477/87, NStZ 1988, 322; KK-StPO/*Kuckein* Rn. 3; Anw-StPO/*Lohse* Rn. 2; SK-StPO/*Wohlers* Rn. 10.
[9] Vgl. *Meyer-Goßner* Rn. 3 mwN.
[10] KK-StPO/*Kuckein* Rn. 4; *Meyer-Goßner* Rn. 4 mwN; HK-StPO/*Temming* Rn. 6.
[11] Vgl. Löwe/Rosenberg/*Hanack*, 25. Aufl., Rn. 5; *Meyer-Goßner* Rn. 4.
[12] KK-StPO/*Kuckein* Rn. 7 mwN; HK-GS/*Maiwald* Rn. 6; BeckOK-StPO/*Wiedner* Rn. 15; *Dahs* Revision Rn. 586.
[13] Vgl. BGH v. 17. 8. 2000 – 4 StR 245/00, BGHSt 46, 130 (135) = NJW 2000, 3293 f.
[14] Anw-StPO/*Lohse* Rn. 3.
[15] KK-StPO/*Kuckein* Rn. 7; SK-StPO/*Wohlers* Rn. 16.
[16] BGH v. 4. 4. 1985 – 5 StR 193/85, BGHSt 33, 167 = NJW 1985, 1720 [Eröffnungsbeschluss]; BGH v. 16. 9. 2004 – 1 StR 212/04, bei Becker NStZ-RR 2006, 1 (4) [fehlende Anklage]: HK-StPO/*Temming* Rn. 7.
[17] Vgl. *Meyer-Goßner* Rn. 6.
[18] BGH v. 14. 12. 1995 – 5 StR, NStZ 1996, 242 f.

StGB, sondern jede Strafe, bei deren Festsetzung nach Art und Höhe **keine Ermessensausübung** in Betracht kommt.[19] Eine zwingend vorgeschriebene Einziehung steht daher auch einer absolut bestimmten Strafe iSd. Abs. 1 gleich.[20] Entscheidend ist folglich, dass die durch das Revisionsgericht erkannte Strafe gesetzlich **zwingend vorgeschrieben** ist und mithin unterstellt werden kann, dass der Tatrichter bei zutreffender rechtlicher Würdigung auf diese Strafe erkannt hätte.[21]

8 Unter dieser Voraussetzung kann das Revisionsgericht anstelle einer rechtsfehlerhaft verhängten Gesamtstrafe eine Einzelstrafe aussprechen, eine zulässige Höchststrafe festsetzen[22] sowie beispielsweise auf Verwarnung mit Vorbehalt erkennen.[23]

9 In Übereinstimmung mit einem Antrag der StA kann das Revisionsgericht auch auf die „gesetzlich niedrigste Strafe" erkennen oder ganz von Strafe absehen.[24] Dem **Absehen von Strafe** steht die Straffreierklärung nach § 199 StGB gleich.[25] Als **gesetzliche Mindeststrafe** kommt in entsprechender Anwendung des Abs. 1 auch die nach den Umständen des Einzelfalles niedrigste in Betracht kommende Rechtsfolge in Frage.[26] Voraussetzung ist aber, dass nur eine Entscheidung rechtsfehlerfrei ergehen kann und der Revisionsrichter **kein eigenes Ermessen** über Art und Höhe der Rechtsfolge ausüben muss.[27] Dann kann das Revisionsgericht auch die für den Angeklagten günstigste Nebenfolge bzw. Maßregel anordnen[28] und **Strafaussetzung** gewähren.[29]

10 Vor einer Entscheidung ist dem Betroffenen regelmäßig **rechtliches Gehör** zu gewähren, sofern sich diese für ihn nachteilig auswirken kann. Die Anhörung der StA[30] ist dann nicht erforderlich, wenn dem Antrag der StA entsprochen wird oder nur eine Entscheidung rechtsfehlerfrei ist.

V. Weitere Entscheidungsmöglichkeiten

11 Jede Entscheidung, die ohne Änderung oder Ergänzung der tatrichterlichen Feststellungen getroffen werden kann und dadurch eine auch unter Berücksichtigung der Interessen des Angeklagten nicht notwendige Verlängerung des Verfahrens vermeidet, dh. eine eigene Sachentscheidung des Revisionsgerichts, ist grundsätzlich in entsprechender Anwendung von Abs. 1 zulässig. Voraussetzung ist allerdings, dass das Revisionsgericht eine aufgehobene **Verurteilung** durch einen zutreffend begründeten Urteilsspruch zu ersetzen hat. Wendet sich die Revision der StA oder eines Nebenklägers erfolgreich **gegen einen Freispruch** des Angeklagten, ist für eine entsprechende Anwendung des Abs. 1 kein Raum.[31] Eine Verurteilung des vom Tatrichter freigesprochenen Angeklagten kommt daher nur ganz ausnahmsweise in Betracht.[32]

12 In entsprechender Anwendung des Abs. 1 kommen danach insbesondere Modifikationen des Schuldspruchs (**Schuldspruchberichtigungen**), Beschränkungen des Schuldumfangs, Änderungen von Rechtsfolgeaussprüchen sowie Berichtigungen **offensichtlicher Fehler** in Betracht.[33]

13 **1. Schuldspruchberichtigung.** Eine Berichtigung des Urteils setzt voraus, dass sie im Rahmen der zugelassenen Anklage bleibt (§ 264) und kein rechtlicher Hinweis nach § 265 Abs. 1 nachgeholt werden muss.[34] Eine Schuldspruchberichtigung kommt allerdings auch ohne rechtlichen Hinweis nach § 265 Abs. 1 nach Ansicht der Rechtsprechung in Betracht, so sich der Angeklagte in tatsächlicher Hinsicht nicht anders hätte verteidigen können.[35] Da das Revisionsgericht diese

---

[19] KK-StPO/*Kuckein* Rn. 8; Anw-StPO/*Lohse* Rn. 6.
[20] *Meyer-Goßner* Rn. 9 mwN; HK-StPO/*Temming* Rn. 8.
[21] BGH v. 21. 12. 1995 – 5 StR 392/95, NStZ 1996, 296; BGH v. 17. 6. 1997 – 4 StR 60/97, StraFo 1997, 274 (275); BGH v. 18. 8. 2004 – 1 StR 325/04 (juris).
[22] Vgl. BGH v. 4. 2. 1999 – 4 StR 13/99, bei *Kusch* NStZ-RR 2000, 33 (39 f.); BayObLG v. 11. 9. 2003 – 1 St RR 108/03, NStZ – RR 2004, 22 (23).
[23] BGH v. 7. 2. 2001 – 5 StR 474/00, BGHSt 46, 279 (290 f.) = NJW 2001, 1802 (1805); KK-StPO/*Kuckein* Rn. 9 mwN.
[24] Vgl. BGH v. 20. 10. 1993 – 5 StR 473/93, BGHSt 39, 353 (371) = NJW 1994, 267 (271).
[25] *Meyer-Goßner* Rn. 11; BeckOK-StPO/*Wiedner* Rn. 28.
[26] Vgl. BVerfG v. 14. 6. 2007 – 2 BvR 1447/05, 2 BvR 136/05, BVerfGE 118, 212 = StV 2007, 393; BGH v. 27. 2. 2007 – 5 StR 459/06, BGHR § 354 Abs. 1 Strafausspruch 12; BGH v. 4. 7. 2007 – 1 StR 267/07 (juris); KK-StPO/*Kuckein* Rn. 10 mwN.
[27] Vgl. BVerfG v. 2. 6. 2006 – 2 BvR 906/06 (juris); *Meyer-Goßner* Rn. 27 mwN.
[28] Vgl. BGH v. 15. 11. 2007, 3 StR 390/07, StraFo 2008, 171; BGH v. 27. 3. 2008 – 3 StR 69/08 (juris) [zu § 67 Abs. 2, 5 StGB nF].
[29] KK-StPO/*Kuckein* Rn. 10 mwN.
[30] BGH v. 26. 6. 1952 – 5 StR 382/52, BGHSt 3, 73 (76); BGH v. 14. 5. 1998 – 4 StR 211/98, BGHR StGB § 69 a Abs. 1 Dauer 5 [Gründe]; vgl. auch KK-StPO/*Kuckein* Rn. 10 mwN zur Rspr.
[31] KK-StPO/*Kuckein* Rn. 13; HK-StPO/*Temming* Rn. 15; *Roxin* § 53 J III 1 Rn. 68.
[32] Vgl. KK-StPO/*Kuckein* Rn. 13 mwN; *Meyer-Goßner* Rn. 23, jeweils mwN zur Rspr.
[33] OLG Brandenburg v. 16. 9. 2009 – 1 Ss 63/09 (juris); vgl. HK-StPO/*Temming* Rn. 10.
[34] BGH v. 20. 10. 1993 – 5 StR 473/93, BGHSt 39, 353 (370) = NJW 1994, 267 (271); Löwe/Rosenberg/*Hanack*, 25. Aufl., Rn. 19, 20; Anw-StPO/*Lohse* Rn. 4; *Meyer-Goßner* Rn. 16; SK-StPO/*Wohlers* Rn. 32; *Dahs* Revision Rn. 588.
[35] BGH v. 28. 4. 1981 – 5 StR 692/80, NJW 1981, 1774 (1745); *Meyer-Goßner* Rn. 16 mwN.

Frage selbst beurteilen kann,[36] sollte sich der Revisionsführer, ggf. durch eigenen Sachvortrag, damit auseinandersetzen.[37]

Voraussetzung ist sodann die **Erhebung einer zulässigen Sachrüge**.[38] Ebenso müssen vollständige und tragfähige Urteilsfeststellungen vorliegen, deren Ergänzung in einer neuen Hauptverhandlung ausgeschlossen ist.

Sofern nur durch den Angeklagten Revision eingelegt wurde, ist dessen **Beschwer** eine weitere Voraussetzung, sofern nicht der Tatrichter ein völlig falsches Strafgesetz angewendet hat[39] oder das Urteil auch im Rechtsfolgenausspruch fehlerhaft ist und die Sache aus diesem Grunde zurückverwiesen werden muss.[40]

Unter diesen Voraussetzungen kann das Revisionsgericht – verfassungsrechtlich unbedenklich[41] – den Schuldspruch berichtigen. Es kann einen vom Tatrichter tateinheitlich angenommenen rechtlichen Gesichtspunkt ersatzlos streichen[42] oder umgekehrt einen neuen – übersehenen oder irrtümlich nicht herangezogenen – rechtlichen Gesichtspunkt hinzufügen.[43]

Ebenso kann bei einer Änderung des Schuldspruchs die angewandte Strafvorschrift ausgewechselt oder eine Qualifikationsvorschrift angewendet oder ausgelassen werden.[44] Desweiteren ist es möglich, die konkurrenzrechtliche Beurteilung oder angenommene Teilnahmeform zu verändern oder eine bestimmte Verurteilung in eine wahldeutige umzuwandeln.[45] Ist der **Umfang der Tat**[46] ungeklärt, muss der Schuldspruch grundsätzlich aufgehoben werden.[47] Folgt den rechtsfehlerfrei getroffenen Feststellungen allerdings, dass der Schuldumfang **geringer** als vom Tatrichter angenommen ist, kann das Revisionsgericht den Schuldspruch nominell aufrechterhalten und lediglich einen **verminderten Schuldumfang** im Urteilssatz oder in den Gründen des Revisionsurteils feststellen.[48]

Jede Änderung oder Beschränkung des Schuldspruchs führt in der Regel dazu, dass das Urteil im **Strafausspruch** aufgehoben werden muss.[49] Eine Aufrechterhaltung des Strafausspruchs kommt nach umstrittener Auffassung nur dann in Betracht, wenn nach Überzeugung des Revisionsgerichts die Schuldspruchänderung keinen Einfluss auf die durch das Tatgericht erkannte Strafe haben kann.[50] Davon kann beispielsweise ausgegangen werden, wenn die Strafdrohungen übereinstimmen oder nur geringfügig voneinander abweichen oder wenn die Strafe so milde ist, dass eine weitere Herabsetzung ausgeschlossen erscheint bzw. sich der geänderte Schuldspruch auf einen Tatbestand gleichen Unrechtsgehalts bezieht.[51]

2. Änderung des Rechtsfolgenausspruchs. Grundsätzlich kann in entsprechender Anwendung des Abs. 1 das Revisionsgericht auch am Ausspruch über die Rechtsfolgen der Tat selbst Korrekturen vornehmen. So kann es bei **Änderung des Konkurrenzverhältnisses** die durch das Tatgericht angenommene Gesamtstrafe als Einzelstrafe aufrechterhalten, wenn anzunehmen ist, dass der Tatrichter auf sie erkannt hätte,[52] während natürlich im umgekehrten Falle, dh. bei Annahme von Tatmehrheit statt Tateinheit, einheitlicher oder fortgesetzter Tat eine Zurückverweisung im Strafausspruch erforderlich ist.[53] Insoweit sind aber dem Revisionsgericht durch zwei Entscheidungen des Bundesverfassungsgerichts[54] Grenzen gezogen, auf die der Gesetzgeber mit der Einführung

---

[36] BGH v. 21. 3. 1985 – 1 StR 583/84, BGHSt 33, 163 (166) = NJW 1985, 1967 (1968); BGH v. 15. 9. 1988 – 4 StR 419/88, BGHR StPO § 354 Abs. 1 Strafausspruch 1; BGH v. 16. 3. 1990 – 2 StR 11/90, BGHR § 354 Abs. 1 Strafausspruch 3; Löwe/Rosenberg/*Hanack*, 25. Aufl., Rn. 20; *Meyer-Goßner* Rn. 16 mwN.
[37] Vgl. *Dahs* Revision Rn. 588.
[38] *Meyer-Goßner* Rn. 14; SK-StPO/*Wohlers* Rn. 31.
[39] BGH v. 30. 6. 1955 – 3 StR 13/55, BGHSt 8, 34 (37) = NJW 1955, 1407.
[40] BGH v. 4. 12. 2007 – 5 StR 404/07, NStZ 2008, 354; *Meyer-Goßner* Rn. 17.
[41] BVerfG v. 30. 11. 2000 – 2 BvR 1473/00, NStZ 2001, 187 (188); BVerfG v. 14. 6. 2007 – 2 BvR 1447/05, 2 BvR 136/05, BVerfGE 118, 212 (243) = StV 2007, 393 (399).
[42] BGH v. 20. 5. 1985 – StbSt (R) 9/84, BGHSt 33, 225 (229) = NJW 1985, 3032.
[43] BGH v. 19. 8. 1958 – 5 StR 338/58, BGHSt 12, 30 = NJW 1958, 1692; BGH v. 15. 9. 1981 – 5 StR 407/81, NStZ 1982, 27.
[44] HK-StPO/*Temming* Rn. 13.
[45] HK-StPO/*Temming* Rn. 13 mwN.
[46] Vgl. § 353 Rn. 10–11.
[47] BGH v. 15. 10. 1994 – 2 StR 411/94, NStZ 1995, 204; KK-StPO/*Kuckein* Rn. 17.
[48] Vgl. BGH 3. 2. 1953 – 4 StR 673/52 (juris).
[49] Vgl. BGH v. 21. 4. 1978 – 2 StR 686/77, BGHSt 28, 11 (17) = NJW 1978, 2040 (2041 f.); OLG Zweibrücken v. 3. 2. 1993 – 1 Ss 227/92, NZV 1993, 240 (241); HK-StPO/*Temming* Rn. 16.
[50] Vgl. BGH v. 14. 5. 1996 – 1 StR 245/96, NStZ 1996, 507 (508); aA HK-StPO/*Temming* Rn. 16 mwN.
[51] Vgl. KK-StPO/*Kuckein* Rn. 18; *Meyer-Goßner* Rn. 19 mwN.
[52] Vgl. BVerfG v. 1. 3. 2004 – 2 BvR 2251/03 = BVerfGK 3, 20; BGH v. 21. 12. 1995 – 5 StR 392/95, NStZ 1996, 296; BGH v. 17. 7. 2007 – 4 StR 220/07 (juris).
[53] BGH v. 27. 11. 1951 – 1 StR 19/50, NJW 1952, 274; *Meyer-Goßner* Rn. 22 mwN.
[54] Vgl. BVerfG v. 1. 3. 2004 – 2 BvR 2251/03 = BVerfGK 3, 20; BVerfG v. 7. 1. 2004 – 2 BvR 1704/01, NStZ 2004, 273 = mAnm *Junker* StraFo 2004, 132; HK-StPO/*Temming* Rn. 17; *Ignor*, FS Dahs, 2005, 281 (299 ff.).

der Absätze 1 a und 1 b durch das Erste Justizmodernisierungsgesetz vom 24. 8. 2004 reagiert hat.[55]

20 Zulässig ist danach zB die Korrektur einer **fehlerhaft bemessenen Strafe**, die das gesetzliche Höchstmaß überschreitet,[56] der **Tagessatzzahl oder dessen Höhe**[57] sowie die Nachholung von Entscheidungen über den Anrechnungsmaßstab ausländischer Freiheitsentziehung nach § 51 Abs. 4 S. 2 StGB[58] oder die Ersetzung einer vom Tatrichter zu Unrecht getroffenen Anordnung nach § 51 Abs. 1 S. 2 StGB durch Anrechnung der Untersuchungshaft.[59] Auch eine unterlassene **Anordnung von Zahlungserleichterungen** nach § 42 StGB kann nachgeholt werden bzw. eine rechtsirrig unter **Vorbehalt bestimmte Strafe** (§ 59 StGB) mit der Maßgabe aufrechterhalten werden, dass der Angeklagte vorbehaltlos verurteilt wird;[60] entsprechend kann anstatt einer vorbehaltlosen Strafe eine Verwarnung unter Vorbehalt dieser Strafe ausgesprochen werden.[61]

21 **Strafaussetzung zur Bewährung** kann das Revisionsgericht versagen, wenn die Voraussetzungen mit Sicherheit nicht vorliegen[62] bzw. bewilligen, wenn ihre Voraussetzungen eindeutig vorliegen;[63] allerdings sind die Festsetzung der Bewährungszeit, die Erteilung von Weisungen oder Auflagen und die Belehrung des Angeklagten nach § 268 a Abs. 1 und 3 regelmäßig dem Tatrichter zu überlassen.[64] Ist eine andere tatrichterliche Entscheidung nach Sachlage ausgeschlossen, kann auch die **Unterbringung** nach § 64 StGB[65] und die versehentlich unterbliebene Einziehung oder Unbrauchbarmachung[66] nachträglich ausgesprochen werden; dies gilt insbesondere auch für die unterlassene Anordnung der **Einziehung des Führerscheins** nach § 69 Abs. 3 S. 2 StGB.[67] Entsprechendes gilt für **Sicherungsmaßregeln** nach §§ 63, 64, 66 StGB sowie für die Entziehung der Fahrerlaubnis nach § 69 StGB, die in Wegfall gebracht oder angeordnet werden können.[68]

22 **3. Berichtigung offensichtlicher Versehen.** Bereits bei der **Verwerfung** der Revision besteht die Möglichkeit, den Schuldspruch zur Behebung offenkundiger Fehler zu berichtigen, sofern hierdurch keine sachliche Änderung des anders ergangenen Urteils erfolgt.[69] Dementsprechend ist auch sonst das Revisionsgericht nicht gehindert, offenkundige Versehen zu berichtigen. Eine Berichtigung ist notwendig, wenn **Widersprüche** zwischen **Urteilssatz** und **Urteilsgründen** beispielsweise dazu führen, dass sich die aus den Urteilsgründen eindeutig ergebende Verurteilung in der Urteilsformel nicht vollständig und klar wiederfindet.[70] Schreibfehler und ähnliche Mängel können danach berichtigt werden, gleichgültig, ob die Unrichtigkeit versehentlich oder infolge eines Rechtsirrtums des Tatrichters entstanden ist. Ebenso kann die Bezeichnung des Schuldform nachgeholt werden, wenn die Urteilsgründe hierfür sichere Anhaltspunkte liefern;[71] dies gilt unabhängig von der Rechtskraft des Schuldspruchs.[72] Ebenso kann das Revisionsgericht die spezielle Begehungsart eines vom Tatgericht nur allgemein umschriebenen Delikts unter Hervorhebung von Tatbestandsmerkmalen – wie beispielsweise die **Gewerbsmäßigkeit** oder **Bandenmitgliedschaft** – näher bezeichnen.[73]

23 Schließlich bleibt es dem Revisionsgericht unbenommen, die Urteilsformel dahingehend richtig zu stellen, dass die gesetzliche Überschrift (§ 260 Abs. 4 S. 2) benutzt wird, die Liste der angewendeten Vorschriften (§ 260 Abs. 5) nachträglich zu erstellen oder zu ergänzen und Entschei-

---

[55] Vgl. KK-StPO/*Kuckein* Rn. 19 a mwN.
[56] BGH v. 4. 2. 1999 – 4 StR 13/99, bei *Kusch* NStZ-RR 2000, 39 (40); BayObLG v. 11. 9. 2003 – 1 St RR 108/03, NStZ-RR 2004, 22; *Meyer-Goßner* Rn. 25 a mwN.
[57] *Meyer-Goßner* Rn. 25 b mwN.
[58] Vgl. BGH v. 22. 7. 2003 – 5 StR 162/03, NStZ-RR 2003, 364; KK-StPO/*Kuckein* Rn. 19 mwN.
[59] BGH v. 23. 2. 1999 – 4 StR 49/99, StV 1999, 312 f.; *Meyer-Goßner* Rn. 26 c mwN.
[60] BGH v. 12. 10. 1977 – 3 StR 287/77, BGHSt 27, 274 (275) = NJW 1978, 503 (504) = JR 78, 246 abl. mAnm *Peters*.
[61] Vgl. OLG Celle v. 5. 1. 1988 – 3 Ss 221/887, StV 1988, 109.
[62] BGH v. 13. 6. 1985 – 4 StR 210/85, NStZ 1985, 459; BayObLG v. 3. 7. 2003 – 5 St RR 95/03, NStZ-RR 2004, 42 (43).
[63] BGH v. 1. 10. 1991 – 5 StR 443/91, wistra 1992, 22; BGH v. 8. 10. 1996 – 5 StR 481/96, bei *Kusch* NStZ 1997, 376 (377 f.); BeckOK-StPO/*Wiedner* Rn. 53.
[64] KK-StPO/*Kuckein* Rn. 19 mwN.
[65] KK-StPO/*Kuckein* Rn. 19 mwN zur Rspr.
[66] BGH v. 17. 12. 1975 – 3 StR 4/71, BGHSt 26, 258 (266) = NJW 1976, 575 (578); KK-StPO/*Kuckein* Rn. 19; *Meyer-Goßner* Rn. 26 e.
[67] BGH v. 5. 7. 1978 – 2 StR 122/78, bei *Spiegel* DAR 1979, 173 (185).
[68] Vgl. *Meyer-Goßner* Rn. 26 f. mwN.
[69] Vgl. BGH v. 17. 3. 2000 – 2 StR 430/99, NStZ 2000, 386.
[70] BGH v. 25. 5. 2007 – 1 StR 223/07 (juris) [auf Aufhebung]; BGH v. 20. 2. 2008 – 2 StR 579/07 (juris) [es gilt die günstigere Strafe in den Gründen]; KK-StPO/*Kuckein* Rn. 20 mwN; *Meyer-Goßner* Rn. 33 mwN.
[71] BGH v. 10. 1. 1964 – 2 StR 427/63, BGHSt 19, 217 (219) = NJW 1964, 988; BGH v. 13. 5. 1969 – 2 StR 616/68, NJW 1969, 1582.
[72] BayObLG v. 7. 1. 1972 – Rreg 8 St 141/71, BayObLGSt 1992, 1 = MDR 1972, 342; OLG Saarbrücken v. 15. 5. 1974 – Ss 14/74, MDR 1975, 334.
[73] Vgl. BGH v. 16. 11. 2006 – 3 StR 204/06, NStZ 2007, 269 (270).

dungen über Nebenstrafen, Nebenfolgen und Maßnahmen zu treffen, wenn der Tatrichter es unterlassen hat, sie nach § 55 Abs. 2 StGB aufrecht zu erhalten.[74]

VI. Nebenentscheidungen

Alle das Verfahren vereinfachenden Entscheidungen, die dem Tatgericht möglich sind, kann das Revisionsgericht unter den Voraussetzungen des Abs. 1 schließlich selbst treffen.[75] 24

B. Rechtsfolgenentscheidung nach Abs. 1a und 1b

Durch Abs. 1a und Abs. 1b sollen den Revisionsgerichten neue und weitergehende Möglichkeiten zur Um- und Neugestaltung des Strafausspruchs eröffnet werden, um Zurückweisungen „nur" zu neuer Strafzumessung zu erübrigen.[76] Das Bundesverfassungsgericht hat den zunächst in der Rechtsprechung des Bundesgerichtshofs angenommenen weiten Anwendungsbereich[77] korrigiert und eingeschränkt.[78] Danach darf eine eigene Bewertung durch das Revisionsgericht nur vorgenommen werden, wenn zutreffend ermittelte, vollständige und aktuelle Feststellungen zur Strafzumessung, die alle wesentlichen Umstände, insbesondere zu § 46 StGB, enthalten, vorliegen. Bei einer Strafzumessungsentscheidung nach Abs. 1a S. 1 hat das Revisionsgericht dem Angeklagten zuvor **rechtliches Gehör** zu geben und auf die aus seiner Sicht für eine Sachentscheidung sprechenden Gründe hinzuweisen. Dabei können der Hinweis und die Anhörung des Angeklagten außerhalb der Hauptverhandlung schriftlich erfolgen.[79] 25

I. Aufrechterhaltung der Rechtsfolgen (Abs. 1a S. 1)

Die Antwort auf die Frage, ob die „verhängte Rechtsfolge angemessen" ist und mithin der Strafausspruch aufrechterhalten werden kann, ist in das Ermessen („kann") des Revisionsgerichts gestellt.[80] Die Frage stellt sich nur dort, wo der Rechtsfehler die **tatrichterliche Bewertung** der den Angeklagten belastenden Strafzumessungserwägungen berührt.[81] Folglich steht der Anwendung das Fehlen tragfähiger Feststellungen zu den Strafzumessungstatsachen entgegen.[82] Die Voraussetzung eines zutreffend ermittelten, vollständigen und aktuellen Strafzumessungssachverhalts[83] liegt bei einer Vielzahl von Strafzumessungsfehlern nicht vor.[84] Die Anwendung des Abs. 1a scheidet auch aus, wenn das Revisionsgericht nicht nur über Fehler bei der Zumessung der Rechtsfolgen zu befinden hat, sondern auch den Schuldspruch des tatrichterlichen Urteils korrigieren muss.[85] 26

Beabsichtigt das Revisionsgericht, nach Abs. 1a S. 1 zu entscheiden, muss es dem Angeklagten, ggf. über seinen Verteidiger, Gelegenheit zur Äußerung innerhalb einer angemessenen Frist und ggf. auch zur Erhebung von Einwendungen geben.[86] Will der Beschwerdeführer mit etwaigen Einwendungen Gehör finden, sollte er seinen neuen Tatsachenvortrag entsprechend den Regelungen in § 45 Abs. 2 S. 1, § 356a Abs. 3 **glaubhaft** machen.[87] Eine Entscheidung nach Abs. 1a S. 1 kann im Rahmen der Verwerfung der Revision gem. § 349 Abs. 2 ergehen und setzt keinen speziellen Antrag der StA voraus.[88] 27

Unter welchen Voraussetzungen Abs. 1a S. 1 Anwendung findet, ist im Einzelnen umstritten. Grundsätzlich ist die Vorschrift bei den Angeklagten begünstigenden Rechtsfehlern anwendbar, so beispielsweise bei Berücksichtigung unzulässiger Strafschärfungsgründe oder Außerachtlassung 28

---

[74] BGH v. 10. 4. 1979 – 4 StR 87/79, NJW 1979, 2113 = MDR 1979, 683; KK-StPO/*Kuckein* Rn. 22; Meyer-Goßner Rn. 33.
[75] Vgl. KK-StPO/*Kuckein* Rn. 23.
[76] Anw-StPO/*Lohse* Rn. 9; *Dahs* Revision Rn. 591 mwN.
[77] Vgl. dazu BGH v. 2. 12. 2004 – 3 StR 273/04, BGHSt 49, 371 = NStZ 2005, 284; *Maier/Paul* NStZ 2006, 82 ff.
[78] Vgl. BVerfG v. 14. 6. 2007 – 2 BvR 1447/05, 136/05, BVerfGE 118, 212 = NJW 2007, 2977; BVerfG v. 14. 8. 2007 – 2 BvR 760/07, StV 2007, 561; BVerfG v. 10. 10. 2007 – 2 BvR 1977/05, StV 2008, 169 f.; HK-StPO/*Temming* Rn. 18; *Hamm* StV 2008, 205 (207 ff.); *Köberer*, FS Hamm, 2008, S. 303 (319 ff.); *Meyer* Anm. zu BVerfG v. 14. 6. 2007 – 2 BvR 136, 144/05, NStZ 2008, 227; *Paster/Sättele* NStZ 2007, 609; BeckOK-StPO/*Wiedner* Rn. 62.
[79] Vgl. KK-StPO/*Kuckein* Rn. 26 d.
[80] BT-Drucks. 15/3482 S. 22; BGH v. 2. 12. 2004 – 3 StR 273/04, BGHSt 49, 371 (374) = StV 2005, 75.
[81] Vgl. BGH v. 14. 12. 2006 – 4 StR 472/06, StV 2008, 177 mAnm *Schneider*; OLG Nürnberg v. 21. 5. 2008 – 2 St OLG Ss 11/08, StraFo 2008, 249 f.
[82] BGH v. 7. 2. 2007 – 2 StR 577/06, StV 2007, 408; OLG Nürnberg v. 3. 4. 2007 – 2 St OLG Ss 318/06, StraFo 2007, 205.
[83] BGH v. 13. 10. 2009 – 5 StR 347/09, NStZ-RR 2010, 21.
[84] Vgl. BGH v. 7. 2. 2007 – 2 StR 577/06, StV 2007, 408; OLG Nürnberg v. 3. 4. 2007 – 2 St OLG Ss 318/06 u. a., StraFo 2007, 205.
[85] Vgl. BVerfG v. 14. 6. 2007 – 2 BvR 1447/05, 2 BvR 136/05, BVerfGE 118, 212 = StV 2007, 393; BVerfG v. 10. 10. 2007 – 2 BvR 1977/05, StV 2008, 169 f.; BGH v. 23. 8. 2007 – 3 StR 273/04, wistra 2007, 457 f.
[86] KK-StPO/*Kuckein* Rn. 26 f. mwN; HK-StPO/*Temming* Rn. 20.
[87] Vgl. *Paster/Sättele* NStZ 2007, 609 (613); KK-StPO/*Kuckein* Rn. 26 f.
[88] BGH v. 2. 12. 2004 – 3 StR 273/04, BGHSt 49, 371 (375) = NStZ 2005, 284; HK-GS/*Maiwald* Rn. 17.

gegebener Strafmilderungsgründe.[89] Weiterhin ist die Vorschrift anwendbar, wenn der Tatrichter von einem unzutreffenden Strafrahmen ausgegangen ist,[90] bei der Strafaussetzung zur Bewährung[91] sowie bei der fehlerhaften Behandlung rechtsstaatswidriger Verfahrensverzögerungen.[92] Ob die Vorschrift darüber hinaus auch bei unzulässiger Vereinbarung einer Punktstrafe Anwendung findet, ist umstritten.[93] Grundsätzlich gilt die Vorschrift weiterhin für die Frage der Angemessenheit des Anrechnungsmaßstabes für im Ausland erlittene Haft[94] sowie bei der Prüfung der Angemessenheit einer Jugendstrafe.[95] Insoweit ist allerdings besondere Zurückhaltung geboten.[96]

II. Angemessene Herabsetzung der Rechtsfolgen (Abs. 1 a S. 2)

29 Eine eigene Sachentscheidung gem. Abs. 1 a S. 2 kann das Revisionsgericht nur treffen, wenn die tatsächlichen Grundlagen für eine Entscheidung bereits vorliegen und eine umfassende neue Gesamtabwägung mit eigener Gewichtung der maßgeblichen Strafzumessungsgesichtspunkte nicht erforderlich ist.[97] Die Entscheidung setzt einen Antrag der StA voraus, an den das Revisionsgericht jedoch nicht gebunden ist.[98]

30 Auch diese Entscheidung kann durch Beschluss ergehen.[99] Die zu Abs. 1 a S. 1 vom Bundesverfassungsgericht entwickelten Maßstäbe gelten auch hier.[100] Eine angemessene Herabsetzung der Rechtsfolgen kommt sowohl für die Einzelstrafe(n) als auch für die Gesamtstrafe(n) in Betracht,[101] so zB bei Nichtberücksichtigung eines gebotenen Härteausgleichs[102] bzw. bei einer rechtsstaatswidrigen Verfahrensverzögerung.[103]

III. Entscheidung über Gesamtstrafe (Abs. 1 b)

31 Das Revisionsgericht kann die Entscheidung dem Beschlussverfahren nach den §§ 460, 462 überlassen, statt die Sache zur neuen Verhandlung in eine Hauptverhandlung zurückzuverweisen, wenn es nur um die Bildung einer (erstmalig festzusetzenden oder neu zu bestimmenden) Gesamtstrafe geht.[104] Ebenso kann es verfahren, wenn im Revisionsverfahren ein Teilfreispruch oder eine Teileinstellung (etwa nach § 154 Abs. 2 oder 206a Abs. 1) erfolgt und deshalb über die Gesamtstrafe neu zu befinden ist.[105] Abs. 1b findet sowohl bei den Angeklagten belastenden als auch bei ihn begünstigenden Rechtsfehlern Anwendung.[106] Schließlich ist die Vorschrift auch anwendbar, wenn im Tenor und in den Gründen des angefochtenen Urteils unterschiedliche Gesamtstrafen ausgewiesen sind[107] bzw. fehlerhaft rechtskräftig erkannte Strafen nicht in das Urteil nach § 55 StB einbezogen wurden.[108]

32 Bei Abs. 1b S. 1 obliegt die Bildung der Gesamtstrafe dem nach § 462a Abs. 3 zuständigen Gericht.[109] Einer ausdrücklichen Zuweisung durch das Revisionsgericht bedarf es aber nicht.[110] Trifft das Revisionsgericht die Kostenentscheidung zum Revisionsverfahren nicht selbst, muss diese mit der abschließenden Entscheidung im Nachverfahren ergehen.[111]

---

[89] Vgl. BGH v. 17. 1. 2006 – 2 StR 452/05 (juris); BGH v. 16. 3. 2006 – 4 StR 536/05, BGHSt 51, 18 (24) = NStZ 2006, 506 (507); BGH v. 30. 11. 2006 – 4 StR 278/06, NStZ-RR 2007, 107; BGH 20. 12. 2006 – 1 StR 595/06, StV 2008, 176; BGH v. 21. 12. 2006 – 3 StR 451/06, BGHR StGB § 239b Entführen 5.
[90] BGH v. 17. 6. 2004 – 3 StR 344/03, NStZ 2006, 109 (109); BGH v. 16. 1. 2007, 4 StR 524/06, NStZ 2007, 405.
[91] OLG Schleswig v. 6. 6. 2005 – 2 Ss 29/05 (30/05), StV 2006, 403 abl. mAnm *Jung*; *Meyer-Goßner* Rn. 28.
[92] Vgl. BGH v. 27. 9. 2007 – 4 StR 251/07, NStZ-RR 2008, 22; BGH v. 1. 4. 2008 – 5 StR 80/08 (juris); BGH v. 6. 3. 2008 – 3 StR 376/07, NStZ-RR 2008, 208 f.; KK-StPO/*Kuckein* Rn. 26 g mwN.
[93] BGH v. 22. 8. 2006 – 1 StR 293/06, NJW 2006, 3362; KK-StPO/*Kuckein* Rn. 26 g; HK-GS/*Maiwald* Rn. 17; aA *Meyer-Goßner* Rn. 28.
[94] *Maier/Paul* NStZ 2006, 82 (83) mwN.
[95] Vgl. BGH v. 17. 3. 2006 – 1 StR 577/05, NStZ 2006, 587; BGH v. 22. 3. 2006 – 1 StR 75/06, StraFo 2006, 299.
[96] Vgl. BGH v. 20. 4. 2005 – 3 StR 106/05, NStZ 2005, 650; KK-StPO/*Kuckein* Rn. 26 g.
[97] BGH v. 9. 1. 2008 – 5 StR 554/07, NStZ-RR 2008, 182 f.; BGH v. 8. 11. 2007 – 4 StR 522/07, NStZ 2008, 233 f.
[98] BT-Drucks. 15/999 S. 29; 15/3482 S. 22; OLG Karlsruhe v. 20. 10. 2004 – 1 Ss 76/03, StV 2005, 11; SK-StPO/*Wohlers* Rn. 68; aA HK-StPO/*Temming* Rn. 23.
[99] BGH v. 7. 3. 2006 – 5 StR 547/05, NJW 2006, 1605; *Meyer-Goßner* Rn. 29.
[100] BVerfG v. 14. 8. 2007 – 2 BvR 760/07, NStZ 2007, 710; *Meyer-Goßner* Rn. 29.
[101] *Meyer/Paul* NStZ 2006, 82 (85); KK-StPO/*Kuckein* Rn. 26 h.
[102] BGH v. 24. 1. 2007 – 2 StR 583/06, NStZ-RR 2007, 168.
[103] Vgl. BGH v. 22. 9. 2009 – 4 StR 292/09, StV 2009, 692 (693); KK-StPO/*Kuckein* Rn. 26 h mwN.
[104] BGH v. 13. 11. 2007 – 3 StR 415/07, NStZ-RR 2008, 72 f.; OLG Nürnberg v. 7. 12. 2006 – 2 St OLG Ss 270/06, NStZ-RR 2007, 72; HK-StPO/*Temming* Rn. 25.
[105] Vgl. KK-StPO/*Kuckein* Rn. 26 i; *Meyer-Goßner* Rn. 31 jeweils mwN zur Rspr.; BeckOK-StPO/*Wiedner* Rn. 84.
[106] BGH v. 30. 11. 2006 – 4 StR 278/06, NStZ-RR 2007, 107.
[107] BGH v. 25. 5. 2007 – 2 StR 186/07 (juris) [§ 354 Abs. 1b S. 1 analog]; KK-StPO/*Kuckein* Rn. 26 i.
[108] OLG Hamm v. 6. 3. 2008 – 3 Ss 68/08, NStZ-RR 2008, 235.
[109] BGH v. 28. 10. 2004 – 5 StR 430/04, StV 2005, 9; BGH v. 16. 11. 2004 – 4 StR 392/04, StV 2005, 76; BGH v. 9. 11. 2004 – 4 StR 426/04, StV 2005, 428.
[110] BGH v. 28. 10. 2004 – 5 StR 430/04, NJW 2004, 3788; OLG Köln v. 8. 10. 2004 – 8 Ss 415/04, StraFo 2004, 424.
[111] KK-StPO/*Kuckein* Rn. 26 j mwN; HK-GS/*Maiwald* Rn. 23.

Das Revisionsgericht kann ferner die Sache zur Bildung der Gesamtstrafe im Beschlussverfahren nach den §§ 460, 462 auch dann an das zuständige Gericht zurückgeben, wenn es nach Abs. 1 oder 1a eine Einzelstrafe selbst festgesetzt hat (Abs. 1b S. 2). Schließlich kann es die Gesamtstrafe selbst festsetzen oder eine Gesamtstrafe auf Antrag der StA angemessen herabsetzen (Abs. 1b S. 3). 33

C. Zurückverweisung (Abs. 2 und 3)

Eine Zurückverweisung ist erforderlich, wenn das Revisionsgericht nicht nach Abs. 1 entschieden hat. Sie erstreckt sich dann grundsätzlich auf den gesamten aufgehobenen Teil des tatrichterlichen Urteils einschließlich der zugehörigen Feststellungen, wenn diese nicht ausnahmsweise bestehen bleiben (§ 353 Abs. 2). Bei der Auswahl des Gerichts, an das die Sache zurückgewiesen wird, steht dem Revisionsgericht ein Ermessensspielraum zu.[112] 34

I. Andere Abteilung oder Kammer

Die Sache wird im Umfang der Aufhebung an das Gericht des ersten Rechtszuges oder an das Berufungsgericht zurückverwiesen. Vor Zurückverweisung an das Berufungsgericht ist allerdings zu prüfen, ob nicht bereits das Berufungsgericht hätte zurückverweisen können oder müssen und mithin eine Zurückverweisung an die erste Instanz geboten ist.[113] 35

Das Revisionsgericht verweist an einen **anderen Spruchkörper** desselben Gerichts, dh. an eine Abteilung oder Kammer, die sich in ihrer Bezeichnung von dem bislang in dieser Sache tätigen Spruchkörper unterscheidet.[114] 36

Eine nähere Bestimmung des Spruchkörpers erfolgt durch das Revisionsgericht nicht, auf das Fehlen eines anderen Spruchkörpers gleicher Art braucht das Revisionsgericht keine Rücksicht zu nehmen.[115] 37

Durch die Verpflichtung, an eine andere Abteilung oder Kammer oder an einen anderen Senat des Gerichts, dessen Urteil aufgehoben wird, zu verweisen, soll vor allem dem **Anschein der Vorcingenommenheit** entgegengewirkt werden. Welcher Spruchkörper danach in Betracht kommt, folgt dem Geschäftsverteilungsplan, sodass eine **Mitwirkung des früheren Richters** an der neuen Entscheidung grundsätzlich nicht ausgeschlossen ist. Ein dem § 23 Abs. 2 entsprechender **Ausschließungsgrund** ist nicht vorgesehen, ein Ablehnungsrecht aufgrund früherer Mitwirkung eines Richters grundsätzlich nicht gegeben.[116] Ob eine Ablehnung wegen Befangenheit (§ 24) in Betracht kommt, ist umstritten.[117] Nach der Rechtsprechung soll eine Befangenheit nur wegen eines unzulässigen Urteilsinhalts möglich sein.[118] Eine Befangenheit soll sich schließlich auch nicht daraus ergeben, dass der frühere Richter nun als StA an der neuen Verhandlung teilnimmt.[119] 38

Folgt aus dem Geschäftsverteilungsplan keine eindeutige Regelung, muss dieser notfalls entsprechend § 21e GVG ergänzt werden.[120] Ein Geschäftsverteilungsplan, der die erstentscheidende und die für die zurückverwiesenen Sachen zuständige Strafkammer mit demselben Richter besetzt, ist unzulässig.[121] 39

Wird an das Landgericht zurückverwiesen und richtet sich die Revision gegen Urteile von Strafkammern, für die eine besondere funktionelle Zuständigkeit festgelegt ist, ist deren Vorrang (§§ 47a JGG, 74e GVG) auch bei der Zurückverweisung zu beachten. Bei Zurückverweisung an das AG kommt es darauf an, ob der Strafrichter (§ 25 GVG) oder das Schöffengericht entschieden hat. Ggf. ist der Vorrang des Jugendschöffengerichts (§ 47a JGG) zu beachten. In den Verfahren, in denen ein Oberlandesgericht im ersten Rechtszug entschieden hat, ist die Sache an einen anderen Senat zurückzuverweisen (Abs. 2 S. 2). 40

---

[112] Vgl. KK-StPO/*Kuckein* Rn. 27 mwN; BeckOK-StPO/*Wiedner* Rn. 88.
[113] Vgl. Löwe/Rosenberg/*Hanack*, 25. Aufl., Rn. 52; KK-StPO/*Kuckein* Rn. 28; Anw-StPO/*Lohse* Rn. 22; BeckOK-StPO/*Wiedner* Rn. 90.
[114] Vgl. BGH v. 20. 7. 2004 – 5 StR 207/04, bei *Becker* NStZ-RR 2006, 65; KK-StPO/*Kuckein* Rn. 29 mwN; HK-GS/*Maiwald* Rn. 20.
[115] Vgl. KK-StPO/*Kuckein* Rn. 29; *Meyer-Goßner* Rn. 38 mwN: HK-StPO/*Temming* Rn. 30.
[116] Vgl. KK-StPO/*Kuckein* Rn. 30; *Meyer-Goßner* Rn. 39 jeweils mwN; HK-StPO/*Temming* Rn. 31.
[117] Vgl. ausführlich HK-GS/*Maiwald* Rn. 21 mwN.
[118] BGH v. 27. 4. 1972 – 4 StR 149/72, BGHSt 24, 336 = JZ 1973, 33 mAnm *Arzt*; BGH v. 15. 1. 1986 – 2 StR 630/85, bei *Pfeifer/Miebach* NStZ 1987, 16 (19); OLG Stuttgart v. 25. 9. 1985 – 5 (2) I StE 5/81, StV 1985, 492 mAnm *Hannover*; LG Bremen v. 22. 7. 1986 – 43 KLs 70 Js 16/79, StV 1986, 470; aA HK-GS/*Maiwald* Rn. 21; SK-StPO/*Wohlers* Rn. 38.
[119] BGH v. 27. 8. 1991 – 1 StR 438/91, NStZ 1991, 595.
[120] BGH v. 8. 4. 1981 – 3 StR 88/81, NStZ 1981, 489; BGH v. 25. 9. 1984 – 2 StR 418/84, bei *Pfeifer/Miebach* NStZ 1985, 204; *Meyer-Goßner* Rn. 38.
[121] OLG Hamm v. 11. 11. 2004 – 4 Ss 476/04, NStZ-RR 2005, 212.

II. Zurückverweisung an ein anderes Gericht (Abs. 2 S. 1, 2. Alt.)

41 Das Bundesverfassungsgericht hat das dem Revisionsgericht insoweit eingeräumte **Wahlrecht** für verfassungsrechtlich unbedenklich erklärt.[122] Die Ausübung des Ermessens sollte aber auf **sachlichen Erwägungen** beruhen.[123] Das andere Gericht muss demselben Bundesland angehören;[124] eine Zugehörigkeit zu demselben OLG-Bezirk ist hingegen nicht notwendig.[125]

III. Zurückverweisung an ein Gericht niedriger Ordnung (Abs. 3)

42 Insoweit wird dem Revisionsgericht ein weiter Ermessensspielraum eingeräumt. Reicht die Zuständigkeit eines Gerichts niedriger Ordnung nach Einschränkung des Schuldvorwurfs zur Aburteilung der noch zu beurteilenden strafbaren Handlung aus, kann – muss es aber nicht – an ein Gericht niedriger Ordnung zurückverweisen.[126] Die örtlichen Zuständigkeitsregelungen der §§ 7 ff. binden das Revisionsgericht bei der Auswahl des Gerichts, an das zurückverwiesen wird, nicht.[127]

§ 354 a [Entscheidung bei Gesetzesänderung]

Das Revisionsgericht hat auch dann nach § 354 zu verfahren, wenn es das Urteil aufhebt, weil zur Zeit der Entscheidung des Revisionsgerichts ein anderes Gesetz gilt als zur Zeit des Erlasses der angefochtenen Entscheidung.

Schrifttum: *Knauth*, Die Rückwirkung verfahrensrechtlicher Normen zum Zwecke der Verfolgbarkeit im Strafrecht, StV 2003, 418; *Kusch*, Aus der Rechtsprechung des BGH zum Strafverfahrensrecht – August bis Dezember 1993, NStZ 1994, 227; *ders.*, Aus der Rechtsprechung des BGH zum Strafverfahrensrecht, NStZ-RR 1999, 257.

I. Vorrang des milderen Gesetzes (§ 2 Abs. 3 StGB)

1 **1. Berücksichtigungsfähige Gesetzesänderung.** § 354 a erfasst alle den Täter begünstigenden Gesetzesänderungen im Zeitraum zwischen den Entscheidungen des Tat- und des Revisionsgerichts.[1] Insoweit überträgt die Vorschrift die sog. **Meistbegünstigungsklausel** des § 2 Abs. 3 StGB auf das Revisionsverfahren.

2 Unter **Gesetz** sind dabei alle Vorschriften zu verstehen, die die Voraussetzungen und den Umfang einer strafrechtlichen Verurteilung betreffen und nicht nur Strafgesetze, sondern auch alle auf dem Gebiet des Nebenstrafrechts ergangenen Rechtsvorschriften.[2] Mithin werden auch Rechtsänderungen erfasst, die nur den **Rechtsfolgenausspruch** betreffen.[3] Insoweit sind vor allem **Milderungen der Strafandrohung**,[4] der Bereich der **Aussetzung der Strafvollstreckung**,[5] der Wegfall besonderer Strafschärfungsgründe[6] und die Einführung von **Verwertungsverboten** zu nennen.[7]

3 Tritt in dem Zeitraum zwischen der Entscheidung des Tat- und des Revisionsgerichts eine Gesetzesänderung ein, ist zu prüfen, welche Vorschrift unter Berücksichtigung der besonderen Umstände des Einzelfalles im Wege eines Gesamtvergleichs im konkreten Fall für den Täter am günstigsten ist.[8] Dabei muss die gesetzliche Regelung einen Tatbestand betreffen, der im Unrechtstyp im Wesentlichen derselbe geblieben ist.[9] Die vor der Entscheidung eingetretenen Milderungen der

---

[122] BVerfG v. 25. 10. 1966 – 2 BvR 291/64, 2 BvR 656/64, BVerfGE 20, 336 = NJW 1967, 99; BVerfG 14. 6. 2007 – 2 BvR 1447/05, 136/05, BVerfGE 118, 212 (240) = NStZ 2007, 598 (600).
[123] Vgl. *Meyer-Goßner*, GedS-Schlüchter, 2002, S. 515 (524 ff.); KK-StPO/*Kuckein* Rn. 37; BeckOK-StPO/*Wiedner* Rn. 96.
[124] BGH v. 7. 2. 1967 – 5 StR 587/66, BGHSt 21, 191 (192).
[125] *Meyer-Goßner* Rn. 41.
[126] Vgl. BGH v. 9. 10. 2008 – 1 StR 359/08, NStZ-RR 2009, 17 (19); OLG Koblenz v. 10. 10. 2007 – 1 Ss 267/07, NStZ-RR 2008, 120 (122); KK-StPO/*Kuckein* Rn. 39 mwN; *Meyer-Goßner* Rn. 42 mwN; BeckOK-StPO/*Wiedner* Rn. 98; SK-StPO/*Wohlers* Rn. 85.
[127] BGH v. 28. 1. 1994 – 3 StR 439/93, BGHR StPO § 354 Abs. 3 Amtsgericht 1; BGH v. 10. 5. 1994 – 4 StR 75/94, BGHR StPO, § 354 Abs. 3 Zuständigkeit 1.
[1] BGH v. 17. 11. 1953 – 1 StR 362/53, BGHSt 5, 207 (208) = NJW 1954, 260; BGH v. 22. 9. 1998 – 4 StR 423 – 98, bei *Kusch* NStZ RR 1999, 257 (263); 203, 35; HK-StPO/*Temming* Rn. 1; SK-StPO/*Wohlers* Rn. 3.
[2] KK-StPO/*Kuckein* Rn. 4; Anw-StPO/*Lohse* Rn. 1.
[3] BGH v. 17. 11. 1953 – 1 StR 362/53, BGHSt 5, 207 (208) = NJW 1954, 260; BGH v. 29. 6. 1954 – 5 StR 233/54, BGHSt 6, 183 (186); BGH v. 1. 12. 1964 – 3 StR 35/64, BGHSt 20, 116 (118) = NJW 1965, 453.
[4] BGH v. 1. 12. 1964 – 3 StR 35/64, BGHSt 20, 116 (118) = NJW 1965, 453.
[5] BGH v. 24. 9. 1974 – 1 StR 365/74, BGHSt 26, 1 (2) = NJW 1975, 63 (64).
[6] BGH v. 3. 4. 1970 – 2 StR 47/70, BGHSt 23, 237 (238) = NJW 1970, 1196.
[7] Ausführlich mwN zur Rspr. KK-StPO/*Kuckein* Rn. 4.
[8] BGH GrS v. 10. 7. 1975 – GSSt 1/75, BGHSt 26, 167 (168) = NJW 1975, 214 (215); vgl. auch BGH v. 8. 9. 1964 – 1StR 292/64, BGHSt 20, 22 (29 f.) = NJW 1964, 2359 (2360); OLG München v. 29. 9. 2006 – 4 St RR 177/06, wistra 2007, 34 (35); *Fischer* § 2 Rn. 8 ff.
[9] BGH GrS v. 10. 7. 1975 – GSSt 1/75, BGHSt 26, 167 (168) = NJW 1975, 214 (215).

Gesetze sind sodann durch das Revisionsgericht zu berücksichtigen.[10] Das gilt dann auch für Maßregeln der Sicherung und Besserung (vgl. § 2 Abs. 6 StGB).[11] Die **Teilrechtskraft** des Schuldspruchs steht dem nicht entgegen.[12]

2. Anwendungsbereich. Nur **Änderungen des sachlichen Rechts** werden berücksichtigt, sofern 4 eine ordnungsgemäße Sachrüge erhoben worden ist.[13] Ist das Urteil nur zum Teil angefochten, kommt es darauf an, ob die Gesetzesänderung den Bereich betrifft, über den das Revisionsgericht noch zu entscheiden hat.[14]

Bei **Änderungen des Verfahrensrechts** ist der Grundsatz zu beachten, dass neue Vorschriften 5 nur für das weitere, auf ihr Inkrafttreten folgende Verfahren maßgebend sind, während früher liegende Prozessvorgänge grundsätzlich dem bisherigen Recht entsprechen müssen.[15] Zu prüfen ist damit nur, ob das anhängige Verfahren nach den neuen Vorschriften fortgeführt wurde.[16] Da folglich das Revisionsgericht das neue Recht anzuwenden hat, führen Verfahrensfehler dann nicht zur Aufhebung, wenn das Verfahren dem neuen Recht entsprochen hat. Dadurch kann **Verfahrensrügen** die Grundlage entzogen werden.[17] Hat sich die Rechtslage in Bezug auf die **Rechtsmittelbefugnis** geändert, gilt: Ein bereits eingelegtes Rechtsmittel bleibt grundsätzlich von einer veränderten Rechtslage unberührt,[18] ebenso ein zuvor abgeschlossenes Verfahren.[19] Im Übrigen setzt die Berücksichtigung des neuen Rechts voraus, dass der Beschwerdeführer die Anwendung des alten Rechts form- und fristgerecht gerügt hat.[20]

Prozessvoraussetzungen und **Verfahrenshindernisse** sind in jeder Lage des Verfahrens **von Amts** 6 **wegen** zu prüfen.[21] Werden Prozessvoraussetzungen neu geschaffen – zB die Schaffung eines Strafantragserfordernisses –, so sind sie so zu berücksichtigen, als ob sie von vornherein bestanden hätten.[22] Fallen Verfahrenshindernisse weg, ist die Verfolgung, soweit nicht ausnahmsweise der Vertrauensschutz entgegensteht, nunmehr möglich.[23] Entsprechend ist bei Umwandlung eines absoluten in ein relatives Antragsdelikt zu verfahren.[24] Einer Heranziehung des § 354a bedarf es insoweit nicht.[25]

Für **Änderungen der höchstrichterlichen Rechtsprechung** gilt § 354a grundsätzlich nicht.[26] Das 7 Revisionsgericht hat eine Änderung der Rechtsprechung unabhängig davon, ob sich die Änderung zu Gunsten oder zu Lasten eines Angeklagten auswirkt, bei der Prüfung der vom Tatrichter angewandten Vorschriften zu berücksichtigen.[27]

Ändern sich die **tatsächlichen Entscheidungsgrundlagen** findet § 354a ebenfalls grundsätzlich 8 keine Anwendung. So bleibt eine nach dem Erlass des tatrichterlichen Urteils eintretende **Tilgungsreife** einer Eintragung ins BZR grundsätzlich unberührt,[28] sofern das Revisionsgericht nicht in der Sache selbst entscheidet.[29] In entsprechender Anwendung des § 354a ist aber ein nach dem tatrichterlichen Urteil eingetretener Verstoß gegen das **Beschleunigungsverbot** von Amts wegen zu beachten.[30]

---

[10] BGH v. 6. 5. 1998 – 1 StR 196/98, StV 1998, 381; BGH v. 10. 10. 2007 – 2 StR 392/07 (juris), [zu § 67 Abs. 2 StGB nF].
[11] Vgl. auch BGH v. 24. 7. 2007 – 3 StR 231/07, NStZ 2008, 28 (29); BGH v. 15. 11. 2007 – 3 StR 390/07, NJW 2008, 1173; *Meyer-Goßner* Rn. 1.
[12] BGH v. 1. 12. 1964 – 3 StR 35/64, BGHSt 20, 116 (118) = NJW 1965, 453; *Meyer-Goßner* Rn. 5 mwN.
[13] KK-StPO/*Kuckein* Rn. 9; Anw-StPO/*Lohse* Rn. 4; *Meyer-Goßner* Rn. 2; HK-StPO/*Temming* Rn. 7; aA HK-GS/*Maiwald* Rn. 4 mwN; *Roxin* § 53 I bis III Rn. 58.
[14] BGH v. 24. 9. 1974 – 1 StR 365/74, BGHSt 26, 1 (2) = NJW 1975, 63 (64).
[15] BayObLG v. 25. 5. 1994 – 3 ObOWi 4/94, BayObLGSt 1994, 91 (92) = MDR 1994, 1034 mwN; OLG Hamm v. 13. 1. 1975 – 3 Ws 335/74, NJW 1975, 701 (702); HK-StPO/*Temming* Rn. 4; BeckOK-StPO/*Wiedner* Rn. 5.
[16] BGH v. 19. 2. 1969 – 4 StR 357/68, BGHSt 22, 321 (325); BGH v. 20. 2. 1976 – 2 StR 601/75, BGHSt 26, 288, 289 = NJW 1976, 1275.
[17] BayObLG v. 14. 2. 2005 – 5 St RR 248/04, NJW 2005, 1592; *Meyer-Goßner* Rn. 4.
[18] BVerfG v. 7. 7. 1992 – 2 BvR 1631/90, 2 BvR 1728/90, BVerfGE 87, 48 = NJW 1993, 1123; *Meyer-Goßner* Rn. 4.
[19] OLG Frankfurt v. 2. 3. 2007 – 3 Ws 240/07, NStZ-RR 2007, 180.
[20] KK-StPO/*Kuckein* Rn. 10.
[21] KK-StPO/*Kuckein* Rn. 6; BeckOK-StPO/*Wiedner* Rn. 6.
[22] BGH v. 15. 11. 1967 – 3 StR 26/66, BGHSt 21, 367 (369) = NJW 1968, 900; BGH v. 28. 10. 1999 – 4 StR 453/99, BGHSt 45, 261 (267) = NJW 2000, 820 (821); SK-StPO/*Wohlers* Rn. 7.
[23] KK-StPO/*Kuckein* Rn. 6 mwN.
[24] BGH v. 15. 3. 2001 – 5 StR 454/00, BGHSt 46, 310 (317) = NJW 2001, 2102 (2107) = StV 2003, 418 krit. mAnm *Knauth*.
[25] Löwe/Rosenberg/*Hanack*, 25. Aufl., Rn. 5; KK-StPO/*Kuckein* Rn. 6.
[26] KK-StPO/*Kuckein* Rn. 7; Anw-StPO/*Lohse* Rn. 6; HK-StPO/*Temming* Rn. 6; BeckOK-StPO/*Wiedner* Rn. 7; SK-StPO/*Wohlers* Rn. 8.
[27] Vgl. BVerfG v. 23. 6. 1990 – 2 BvR 752/90 NStZ 1990, 537 [zu § 316 StGB]; BGH v. 14. 2. 2002 – 4 StR 281/01, NStZ 2002, 375 (376); BGH v. 1. 9. 2003 – 1 StR 146/03, NStZ 2004, 398 (399).
[28] BGH v. 7. 12. 1993 – 5 StR 320/93, bei *Kusch* NStZ, 94, 227 (229).
[29] OLG Celle v. 20. 1. 1994 – 3 Ss 15/94, NZV 1994, 332.
[30] BGH v. 21. 12. 1994 – 2 StR 415/94, NStZ 1995, 335 (336) mAnm *Uerpmann*; BGH v. 11. 4. 2007 – 3 StR 115/07, NStZ 2007, 479.

II. Rechtsfolge

9 Die **Entscheidung des Revisionsgerichts** richtet sich grundsätzlich nach § 354.[31] Bedarf es keiner ergänzenden Feststellungen und ist ausgeschlossen, dass der Angeklagte sich anders verteidigen kann, kann es den Schuldspruch ändern[32] oder den Angeklagten freisprechen.[33] Grundsätzlich ist jedoch nur der **Rechtsfolgenausspruch** aufzuheben und die Sache zurückzuverweisen.[34] Entsprechend ist bei **Teilrechtskraft** zu verfahren, wenn die Anwendung des milderen Gesetzes sich auf den angefochtenen Teil des Urteils erstreckt.

10 Die Zurückverweisung kann grundsätzlich an ein Gericht niederer Ordnung erfolgen (§ 354 Abs. 3), bei Umwandlung einer Straftat in eine Ordnungswidrigkeit geht das Strafverfahren in ein Bußgeldverfahren über.[35] Ob bei nachträglichem Wegfall der Strafbarkeit das Verfahren außerhalb der Hauptverhandlung durch Beschluss gem. § 206b einzustellen oder nach § 349 Abs. 4 zu verfahren ist, ist umstritten.[36] Das Rechtsmittel ist jedoch zu verwerfen, wenn sich ein mit der Revision angegriffener Freispruch nachträglich als richtig erweist. Auf Mitangeklagte, die keine Revision eingelegt haben, erstrecken sich diese Entscheidungen nicht. § 357 findet keine Anwendung.[37]

§ 355 [Verweisung an das zuständige Gericht]

Wird ein Urteil aufgehoben, weil das Gericht des vorangehenden Rechtszuges sich mit Unrecht für zuständig erachtet hat, so verweist das Revisionsgericht gleichzeitig die Sache an das zuständige Gericht.

Schrifttum: *Becker*, Aus der Rechtsprechung des BGH zum Strafverfahrensrecht, NStZ-RR 2007, 1; *Holtz*, Aus der Rechtsprechung des Bundesgerichtshofs in Strafsachen, MDR 184, 441; *Rieß*, Die sachliche Zuständigkeit beim Wechsel von Kartellordnungswidrigkeiten und Straftat – zugleich Anmerkung zu BGH, NStZ 1993, 546, NStZ 1993, 513.

I. Anwendungsbereich

1 Unter der Voraussetzung, dass ein Gericht seine sachliche, örtliche oder funktionelle Zuständigkeit zu Unrecht angenommen hat,[1] gilt § 355 als Sondervorschrift zu § 354 Abs. 2.[2] Die Vorschrift trägt dem Gebot des gesetzlichen Richters Rechnung und ermöglicht dem Revisionsgericht eine bindende Zurückverweisung an das zuständige Gericht.[3]

2 Führt ein anderer Verfahrensverstoß zur Aufhebung des Urteils und zu einer Verweisung an ein höheres Gericht oder ein ihm nach § 209a gleichstehendes Gericht,[4] ist § 355 entsprechend anzuwenden.[5] Darüber hinaus findet § 355 im Rechtsbeschwerdeverfahren bei einem Hinweis nach § 81 OWiG Anwendung.[6]

II. Unzuständigkeit des Tatrichters

4 Die Anwendung der Vorschrift setzt mithin grundsätzlich voraus, dass das Tatgericht seine Zuständigkeit zu Unrecht angenommen hat.[7] Die örtliche, sachliche oder funktionelle Zuständigkeit des Gerichts bestimmt sich grundsätzlich nach der objektiven Sachlage im Zeitpunkt des Eröffnungsbeschlusses.[8]

5 Bei der **sachlichen Zuständigkeit** ist zu beachten:

---

[31] Vgl. KK-StPO/*Kuckein* Rn. 11 [analog]; *Meyer-Goßner* Rn. 6; SK-StPO/*Wohlers* Rn. 15.
[32] BGH v. 1. 12. 1964 – 3 StR 35/64, BGHSt 20, 116 (121) = NJW 1965, 453 (454).
[33] BGH v. 4. 3. 1971 – 4 StR 386/70, BGHSt 24, 106 = NJW 1971, 1189; *Meyer-Goßner* Rn. 6.
[34] BGH v. 24. 9. 1974 – 1 StR 365/74, BGHSt 26, 1 (4) = NJW 1975, 63 (64); KK-StPO/*Kuckein* Rn. 11.
[35] KK-StPO/*Kuckein* Rn. 12 mwN.
[36] Vgl. Löwe/Rosenberg/*Hanack*, 25. Aufl., Rn. 8 mwN; KK-StPO/*Kuckein* Rn. 13.
[37] BGH v. 26. 1. 1995 – 1 StR 798/94, BGHSt 41, 6 (7) = NJW 1995, 2424; BGH v. 7. 5. 2003 – 5 StR 535/02, NStZ-RR 2003, 335; HK-StPO/*Temming* Rn. 11; BeckOK-StPO/*Wiedner* Rn. 2.
[1] Vgl. RG v. 29. 10. 1907 – V 569/07, RGSt 40, 354 (359); BeckOK-StPO/*Wiedner* Rn. 2.
[2] Vgl. BGH v. 11. 12. 2008 – 4 StR 376/08; KK-StPO/*Kuckein* Rn. 1; Anw-StPO/*Lohse* Rn. 1; *Meyer-Goßner* Rn. 1; HK-StPO/*Temming* Rn. 1.
[3] Vgl. BGH v. 31. 1. 1996 – 2 StR 621/95, BGHSt 42, 39 (42) = NStZ 1996, 346.
[4] BGH v. 22. 12. 1959 – 3 StR 40/59, BGHSt 13, 378 (382) = NJW 1960, 493 (494).
[5] BGH v. 29. 10. 1992 – 4 StR 199/92, BGHSt 38, 376 (380) = NJW 1993, 672; KK-StPO/*Kuckein* Rn. 4, *Meyer-Goßner* Rn. 1; HK-StPO/*Temming* Rn. 2.
[6] *Rieß* NStZ 1993, 513 (514 f.).
[7] BGH v. 14. 7. 1998 – 4 StR 273/98, BGHSt 44, 121 (124) = NJW 1999, 157 (158) (zu § 225a); KK-StPO/*Kuckein* Rn. 2 mwN; SK-StPO/*Wohlers* Rn. 6.
[8] BGH v. 10. 5. 2001 – 1 StR 504/00, BGHSt 47, 16 (21) = NStZ 2001, 495 (496); BGH v. 16. 3. 2005 – 1 StR 43/05, bei *Becker* NStZ-RR 2007, 1 (5 f.).

Hat der Tatrichter seine **Strafgewalt** bei objektiv gegebener sachlicher Zuständigkeit überschritten, ist § 354 anzuwenden.[9] Gehörte die Sache vor ein Gericht niederer Ordnung, gilt § 269.[10] Eine Aufhebung des Urteils und Zurückverweisung an das an sich zuständige Gericht kommt nur in Betracht, wenn der Tatrichter seine sachliche Zuständigkeit objektiv willkürlich bejaht hatte.[11] Den Gerichten höherer Ordnung stehen dabei die aufgrund besonderer funktioneller Zuständigkeit in § 209 a benannten Gerichte gleich.[12] Die Unzuständigkeit des in der Sache entscheidenden Gerichts kann schließlich auch aus einer **unwirksamen Verfahrensverbindung** folgen.[13]

Im **Jugendrecht** sind die besonderen Vorschriften nach §§ 47a, 103 Abs. 2 JGG zu beachten. 6 Danach ist von einem grundsätzlichen Vorrang des Jugendgerichtsverfahrens auszugehen. Das gilt allerdings nicht im Verhältnis zwischen Schwurgericht und Jugendkammer.[14] Deshalb verbleibt es bei der Zuständigkeit des Jugendgerichts grundsätzlich auch dann, wenn der Tatrichter sie zu Unrecht angenommen hat.[15]

III. Voraussetzungen

Bei zulässiger Revision ist die sachliche Zuständigkeit grundsätzlich von Amts wegen zu prü- 7 fen.[16] Örtliche und funktionelle Zuständigkeitsmängel setzen demgegenüber **formgerechte Verfahrensrügen** und somit den rechtzeitigen **Einwand der Unzuständigkeit** voraus.[17] Bei dem Einwand, das Tatgericht habe gegen die örtliche Zuständigkeit verstoßen, ist mithin § 16[18] zu beachten. Wird eingewendet, das Tatgericht habe gegen seine funktionelle Zuständigkeit verstoßen, ist § 6a zu beachten. Beide Einwände müssen rechtzeitig erhoben worden und erfolglos geblieben sein.

Die spezielle Zuständigkeit im Verhältnis zwischen Jugend- und Erwachsenengericht wird 8 grundsätzlich nur auf besondere Verfahrensrüge nach § 338 Nr. 4 hin und nicht von Amts wegen geprüft.[19]

IV. Aufhebung des Urteils

§ 355 findet demnach immer dann Anwendung, wenn das Urteil wegen gesetzwidriger An- 9 nahme der Zuständigkeit aufgehoben wird oder die Sache aus anderen Gründen vor ein anderes Gericht gehört und deshalb dorthin zurückverwiesen wird. Entscheidend ist mithin nicht der Aufhebungsgrund, sondern die Verweisung, sodass aus der Vorschrift – in entsprechender Anwendung – die allgemeine Befugnis des Revisionsgerichts folgt, mit bindender Wirkung an das zuständige Gericht zurückzuverweisen.[20] Sie ermöglicht mithin eine Verweisung an das zuständige Gericht selbst in dem Fall, in dem sich eine Revision der StA als unbegründet erweist, weil das Tatgericht seine Zuständigkeit zu Recht verneint und das Verfahren deshalb eingestellt hat;[21] ebenso, wenn das zuständige Gericht sich zu Unrecht für unzuständig erklärt hat.[22]

V. Zurückverweisung

Erfolgt die Entscheidung nicht in einem Beschluss nach § 349 Abs. 4, ist sie Teil des Revisions- 10 urteils.[23] Bleibt der tatsächliche und rechtliche Inhalt der Beschuldigung unverändert, bedarf es keiner erneuten Ausführungen.[24] Ansonsten ist die Form des § 270 einzuhalten; diese Vorschrift gilt entsprechend.[25]

---

[9] BayObLG v. 10. 3. 2000 – 4 St RR 25/00, StraFo 2000, 230; KK-StPO/*Kuckein* Rn. 2; *Meyer-Goßner* Rn. 3; SK-StPO/*Wohlers* Rn. 7.
[10] OLG Düsseldorf v. 10. 8. 1990 – 5 Ss 265/90, GA (1990) 137, 567; BeckOK-StPO/*Wiedner* Rn. 3.
[11] BGH v. 21. 4. 1994 – 4 StR 136/94, BGHSt 40, 120 (123) = NJW 1994, 2369 (2370).
[12] Vgl. KK-StPO/*Kuckein* Rn. 2.
[13] BGH v. 26. 7. 1995 – 2 StR 74/95, NStZ 1996, 47; KK-StPO/*Kuckein* Rn. 6; *Meyer-Goßner* Rn. 9.
[14] BGH v. 23. 5. 2002 – 3 StR 358/02, BGHSt 47, 311 (313) = NJW 2002, 2483; KK-StPO/*Kuckein*, § 338 Rn. 69 mwN.
[15] Vgl. *Meyer-Goßner* Rn. 8 mwN; SK-StPO/*Wohlers* Rn. 9; aA BGH 1. 2. 1984 – 2 StR 623/83, bei *Holtz* MDR 84, 441 (444).
[16] BGH v. 5. 10. 1962 – GSSt 1/62, BGHSt 18, 79 (81) = NJW 1963, 60 (61); Anw-StPO/*Lohse* Rn. 2.
[17] BGH v. 29. 10. 1992 – 4 StR 199/92, BGHSt 38, 376 (377) = NJW 1993, 672.
[18] Vgl. OLG Hamm v. 1. 9. 2005 – 2 Ss 66/05, wistra 2006, 37.
[19] Vgl. BGH v. 11. 4. 2007 – 2 StR 107/07, StV 2008, 117 (117 f.).
[20] Vgl. auch BGH v. 29. 10. 1992 – 4 StR 199/92, BGHSt 38, 376 (380) = NJW 1993, 672 [Wirtschaftsstrafkammer]; BGH v. 21. 4. 1994 – 4 StR 136/94, BGHSt 40, 120 (124) = NJW 1994, 2369 (2370); BGH v. 26. 7. 1995 – 2 StR 74/95, NStZ 1996, 47; BGH v. 31. 1. 1996 – 2 StR 621/95, BGHSt 42, 39 (42) = NStZ 1996, 346. [JugK]; OLG Hamm v. 14. 3. 1996 – 4 Ss 156/96, NStZ-RR 1996, 308 [Willkür]; KK-StPO/*Kuckein* Rn. 4 mwN.
[21] BGH v. 25. 8. 1975 – 2 StR 309/75, BGHSt 26, 191 (201) = NJW 1975, 2304; Löwe/Rosenberg/*Hanack*, 25. Aufl., Rn. 3; KK-StPO/*Kuckein* Rn. 4; aA *Meyer-Goßner* Rn. 4.
[22] BGH v. 31. 1. 1996 – 2 StR 621/95, BGHSt 42, 39 (42) = NStZ 1996, 346.
[23] BGH v. 15. 4. 1975 – 1 StR 388/74, BGHSt 26, 106, 109 = NJW 1975, 1236 (1237); HK-StPO/*Temming* Rn. 5.
[24] BGH v. 2. 11. 1954 – 5 StR 492/54, BGHSt 7, 26 (28).
[25] Vgl. KK-StPO/*Kuckein* Rn. 8; *Meyer-Goßner* Rn. 4.

§ 356 1–4

11   Bei **mehreren zuständigen Gerichten** ist die StA zu hören (§ 33).[26] Dabei sollte grundsätzlich eine Verweisung nur innerhalb des Bezirkes erfolgen, für den der entscheidende Senat des Revisionsgerichts zuständig ist.[27] In verbundenen Verfahren, die gegen Erwachsene und Jugendliche gemeinsam geführt werden, wird die **Verfahrensverbindung getrennt**, sofern sich das Verfahren nur noch gegen den Jugendlichen oder Erwachsenen richtet. Wird das Verfahren nur noch gegen den Erwachsenen weitergeführt, wird grundsätzlich an die allgemeine Strafkammer zurückverwiesen,[28] eine Zurückverweisung an die Jugendkammer bleibt aber zulässig.[29] Wird das Verfahren gegen den Jugendlichen weitergeführt, wird grundsätzlich an die Jugendkammer oder an das Jugendschöffengericht zurückverwiesen.[30]

13   Anders ist nur bei **Revisionen gegen Berufungsurteile** zu verfahren: Maßgebend ist hier ausschließlich, welches Gericht im ersten Rechtszug entschieden hat.[31] Hat in einer Jugendsache versehentlich die allgemeine Strafkammer entschieden, erfolgt die Verweisung in der Regel an das Jugendschöffengericht, nicht an den Jugendrichter;[32] einer Verweisung an die zuständige Jugendkammer steht auch nicht entgegen, dass diese ihre Zuständigkeit im Zwischenverfahren verneint hatte.[33]

§ 356 [Urteilsverkündung]
Die Verkündung des Urteils erfolgt nach Maßgabe des § 268.

I. Verkündung

1   Gem. § 349 Abs. 5 entscheidet das Revisionsgericht durch Urteil, so kein Beschluss nach § 349 Abs. 1 bis 4 in Betracht kommt. Für die Urteilsverkündung gelten die §§ 268 Abs. 1, Abs. 2 und § 173 GVG; so erfolgt die Verkündung durch Verlesung der – vorher schriftlich abgefassten – Urteilsformel unter Eröffnung des wesentlichen Inhalts der Urteilsgründe (§ 268 Abs. 2) in öffentlicher Sitzung (§ 173 GVG).

2   Das Urteil ergeht im „Namen des Volkes" (§ 268 Abs. 1) regelmäßig – nach Beratung (§ 260 Abs. 1) – im Anschluss an die Revisionsverhandlung. Es kann allerdings ohne Bindung an die in § 268 Abs. 3 S. 2, 3 genannten Fristen ein gesonderter Verkündungstermin bestimmt werden.[1] Die persönliche Anwesenheit des Angeklagten oder seines Verteidigers ist nicht erforderlich, selbst wenn für die Verhandlung vor dem Revisionsgericht ein Verteidiger bestellt worden ist.[2] Demgegenüber ist aber die Anwesenheit eines Protokollführers und der StA vorgeschrieben.

II. Rechtskraft

3   Das Revisionsurteil wird mit der Verkündung rechtskräftig, sodass es keiner Rechtsmittelbelehrung bedarf.[3] Wird die Revision verworfen oder entscheidet das Revisionsgericht in der Sache selbst (§ 354 Abs. 1, 1a, 1b S. 3), tritt zugleich die Rechtskraft des tatrichterlichen Urteils ein.

III. Ausfertigung, Zustellung

4   Das schriftliche Urteil ist alsbald zu den Akten zu bringen. Die Fristen des § 275 Abs. 1 S. 2 bis 5 gelten aber nicht.[4] Die Bekanntmachung erfolgt nach § 35, sodass keine **förmliche** Zustellung mehr vorgeschrieben ist. Die förmliche Zustellung wird aber empfohlen, falls der Zugang des Urteils nachgewiesen werden muss.[5] § 145a Abs. 1, Abs. 2 ist anwendbar. Für die formellen Voraussetzungen und materiellen Wirkungen des Revisionsurteils kommt es auch gegenüber einem fremdsprachigen Angeklagten allein auf die **deutsche Urteilsschrift** an. Die Zuleitung der dem

---

[26] Vgl. KK-StPO/*Kuckein* Rn. 5; *Meyer-Goßner* Rn. 6.
[27] Vgl. KK-StPO/*Kuckein* Rn. 5; *Meyer-Goßner* Rn. 6; SK-StPO/*Wohlers* Rn. 13.
[28] BGH v. 28. 4. 1988 – 4 StR 33/88, BGHSt 35, 267 (269) = NJW 1988, 3216 (3217).
[29] BGH v. 27. 4. 1994 – 3 StR 690/93, StV 1994, 415 mAnm *Schneider*; *Meyer-Goßner* Rn. 8.
[30] BGH v. 15. 12. 1955 – 4 StR 342/55, BGHSt 8, 349 (355).
[31] BGH v. 30. 1. 1968 – 1 StR 319/67, BGHSt 22, 48 = NJW 1968, 952; KK-StPO/*Kuckein* Rn. 6 mwN; AnwStPO/*Lohse* Rn. 5; HK-StPO/*Temming* Rn. 6.
[32] BGH v. 15. 12. 1955 – 4 StR 342/55, BGHSt 8, 349 (355); BGH v. 9. 10. 2002 – 2 StR 344/02, StraFo 2003, 15; *Meyer-Goßner* Rn. 5.
[33] BGH v. 23. 5. 2002 – 3 StR 58/02, BGHSt 47, 311 (314) = NStZ 2003, 47 (48) mAnm *Rieß*.
[1] Vgl. Löwe/Rosenberg/*Hanack*, 25. Aufl., Rn. 1; KK-StPO/*Kuckein* Rn. 2; Anw-StPO/*Lohse* Rn. 1; *Meyer-Goßner* Rn. 1; BeckOK-StPO/*Wiedner* Rn. 1; aA HK-GS/*Maiwald* Rn. 1 mwN.
[2] Löwe/Rosenberg/*Hanack*, 25. Aufl., Rn. 1; KK-StPO/*Kuckein* Rn. 3; BeckOK-StPO/*Temming* Rn. 2; *Wiedner* Rn. 2; SK-StPO/*Wohlers* Rn. 3; aA KMR/*Paulus* Rn. 1.
[3] Vgl. KK-StPO/*Kuckein* Rn. 5 f.
[4] KK-StPO/*Kuckein* Rn. 7; *Meyer-Goßner* Rn. 3; HK-StPO/*Temming* Rn. 4; SK-StPO/*Wohlers* Rn. 5.
[5] Vgl. *Ries/Hilger* NStZ 1987, 153; HK-GS/*Maiwald* Rn. 3; Anw-StPO/*Lohse* Rn. 2; *Meyer-Goßner* Rn. 3.

fremdsprachigen Angeklagten gem. RiStBV Nr. 181 Abs. 2 zustehenden Übersetzung des Revisionsurteils ist insoweit unbeachtlich.[6]

§ 356a [Verletzung des Anspruches auf rechtliches Gehör]

[1] Hat das Gericht bei einer Revisionsentscheidung den Anspruch eines Beteiligten auf rechtliches Gehör in entscheidungserheblicher Weise verletzt, versetzt es insoweit auf Antrag das Verfahren durch Beschluss in die Lage zurück, die vor dem Erlass der Entscheidung bestand. [2] Der Antrag ist binnen einer Woche nach Kenntnis von der Verletzung des rechtlichen Gehörs schriftlich oder zu Protokoll der Geschäftsstelle beim Revisionsgericht zu stellen und zu begründen. [3] Der Zeitpunkt der Kenntniserlangung ist glaubhaft zu machen. [4] § 47 gilt entsprechend.

Schrifttum: Becker, Aus der Rechtsprechung des BGH zum Strafverfahrensrecht – 2. Teil, NStZ-RR 2008, 65; Widmaier, Die Anhörungsrüge nach § 33a und § 356a StPO, FS Böttcher, 2007, S. 223.

I. Verletzung rechtlichen Gehörs

Verletzt das Revisionsgericht bei seiner Entscheidung den Anspruch eines Beteiligten auf rechtliches Gehör in entscheidungserheblicher Weise, kann der Betroffene eine **Anhörungsrüge** erheben.[1] Verletzungen im vorausgegangenen Verfahren werden hingegen spätestens im Revisionsverfahren selbst geheilt.[2]

1. Anwendungsbereich. § 356a enthält eine gegenüber § 33a für Revisionsentscheidungen geltende spezielle Regelung. § 33a ist daneben nicht anwendbar.[3] Die für das Berufungsverfahren geltende Vorschrift des § 311a findet ebenfalls keine Anwendung.[4] Demgegenüber findet § 356a im Rechtmittelverfahren nach dem JGG gemäß § 55 Abs. 4 entsprechende Anwendung.

Voraussetzung der Anhörungsrüge nach § 356a ist eine **abschließende Entscheidung** des Revisionsgerichts, durch die der Anspruch auf rechtliches Gehör verletzt worden ist; dazu zählt auch eine Entscheidung nach § 346 Abs. 2.[5]

2. Anspruch auf rechtliches Gehör. Zu prüfen ist, ob das Revisionsgericht seiner Entscheidung Tatsachen und/oder Beweisergebnisse zum Nachteil des Beschwerdeführers zugrunde gelegt hat, zu denen er zuvor nicht gehört wurde. Von einer Verletzung des Anspruchs auf rechtliches Gehör ist danach insbesondere dann auszugehen, wenn zu berücksichtigendes Vorbringen des Beschwerdeführers übergangen und mithin entweder überhaupt nicht zur Kenntnis genommen oder aber bei der Entscheidung nicht in Erwägung gezogen wurde.[6*] Eine Verletzung des Anspruchs auf rechtliches Gehör kommt ferner in Betracht, wenn eine Entscheidung durch Beschluss (§ 349 Abs. 2) getroffen wurde, bevor die Frist zur Gegenerklärung auf den Antrag der StA (§ 349 Abs. 3) abgelaufen ist oder dem Angeklagten oder dessen Verteidiger diese Erklärung versehentlich nicht zugestellt war.[7] Desweiteren, wenn das Verfahren auf Antrag der StA ohne vorherige Anhörung des Angeklagten oder seines Verteidigers nach § 154 Abs. 2 teilweise eingestellt wurde[8] oder wenn das Revisionsgericht ohne Kenntnis einer in der Revisionsbegründung form- und fristgerecht erhobenen Verfahrensrüge[9] bzw. der Gegenerklärung[10] entschieden hat. Schließlich, wenn der Angeklagte oder sein Verteidiger keine Gelegenheit zur Stellungnahme zu bestimmten Ergebnissen eines durch das Revisionsgericht durchgeführten Freibeweisverfahrens[11] infolge eines unverschuldeten Fernbleibens in der Hauptverhandlung[12] hatte.

---

[6] BGH v. 14. 7. 1981 – 1 StR 815/80, BGHSt 30, 182, 183 = NJW 1982, 532 (533); BGH v. 17. 5. 1984 – 4 StR 139/84, BGHSt 32, 342 (344) = NJW 1984, 2050; BGH v. 30. 4. 1999 – 3 StR 215/98, NStZ 1999, 396 (399).
[1] Vgl. Widmaier, FS Böttcher, 2007, S. 223 (225 ff.); KK-StPO/Kuckein Rn. 1 mwN; SK-StPO/Wohlers Rn. 3.
[2] Meyer-Goßner Rn. 1.
[3] BGH v. 16. 5. 2006 – 4 StR 110/05, NStZ 2007, 236; BGH v. 24. 1. 2007 – 2 StR 431/06, NStZ 2008, 158; HK-StPO/Temming Rn. 2; BeckOK-StPO/Wiedner Rn. 2.
[4] Meyer-Goßner Rn. 1; HK-StPO/Temming Rn. 2.
[5] Thüringer OLG v. 4. 10. 2007 – 1 Ss 127/07, NJW 2008, 534; OLG Hamburg. v. 21. 4. 2008, 2 – 40/07 (REV) – 1 Ss 103/07, VRS 114, 371 f.; BeckOK-StPO/Wiedner Rn. 8.
[6*] BGH v. 13. 2. 2008 – 3 StR 507/07 (juris); BGH v. 11. 8. 2009 – 3 StR 131/09, wistra 2009, 483 (484) (st. Rspr.); KK-StPO/Kuckein Rn. 3 mwN; HK-StPO/Temming Rn. 3; SK-StPO/Wohlers Rn. 5; zu eng: BGH 31. 7. 2006 – 1 StR 240/06 (juris); Meyer-Goßner Rn. 3 – soweit nur auf „tatsächliches Vorbringen" abgestellt wird (vgl. BT-Drucks. 15/3706 S. 14).
[7] BT-Drucks. 15/3706 S. 17; KK-StPO/Kuckein Rn. 4 mwN.
[8] Vgl. BGH v. 11. 3. 2008 – 4 StR 454/07, NStZ-RR 2008, 183.
[9] BGH v. 12. 8. 1975 – 1 StR 680/74, hier Holtz MDR 1976, 633 (634 f.) (zu § 33a aF).
[10] Meyer-Goßner Rn. 1 mwN zur Rspr.
[11] Vgl. KK-StPO/Kuckein Rn. 4; SK-StPO/Wohlers Rn. 5.
[12] BGH v. 22. 11. 2006 – 1 StR 180/06, BGHR StPO § 25 Abs. 2 nach dem letzten Wort 1; zust. Kretschmer Anm. zu BGH v. 22. 11. 2006 – 1 StR 180/06, JR 2007, 172.

5 Die **Form- und Fristerfordernisse**, die der Beschwerdeführer bei Erhebung und Begründung seines Revisionsvorbringens zu beachten hat, werden durch die Möglichkeit einer Anhörungsrüge **nicht** berührt. § 356a findet daher **keine Anwendung**, wenn ein erst nach Ablauf der Revisionsbegründungsfrist eingereichter Schriftsatz dem Revisionsgericht erst im Anschluss an seine Entscheidung zugeht.[13] Im Rahmen einer Anhörungsrüge nach § 356a ist weder ein neuer Sachvortrag noch ein **Nachschieben** oder **Nachbessern einer Verfahrensrüge** zulässig.[14]

6 3. **Verletzung in entscheidungserheblicher Weise.** Voraussetzung ist weiterhin, dass sich der Gehörsverstoß auf die Entscheidung des Revisionsgerichts **ausgewirkt** hat. Zu prüfen ist insoweit, ob sich der Angeklagte anders hätte verteidigen können, als er es tatsächlich getan hat oder ob ausgeschlossen werden kann, dass das Revisionsgericht auch bei ordnungsgemäßer Anhörung nicht anders entschieden hätte.[15]

II. Verfahren

7 Die Anhörungsrüge nach § 356a unterscheidet sich ggü. § 33a durch das **Antragserfordernis**, die **Form- und Fristgebundenheit** des Antrages und eine teilweise notwendige **Glaubhaftmachung**.

8 1. **Antragserfordernis.** Die Nachholung des rechtlichen Gehörs setzt stets einen **Antrag eines Verfahrensbeteiligten** voraus, eine Nachholung des rechtlichen Gehörs erfolgt nicht auch von Amts wegen. **Antragsberechtigt** sind alle Verfahrensbeteiligte außer der StA, den anderen Verfahrensbeteiligten ist Gelegenheit zur Äußerung zu geben (§ 33 Abs. 2, 3).[16]

9 2. **Form und Frist.** Der Antrag ist schriftlich oder zu Protokoll der Geschäftsstelle beim Revisionsgericht zu stellen und zu begründen. An die **Begründung** sind **keine hohen Anforderungen** zu stellen;[17] es ist aber darzulegen, worin der Betroffene die Verletzung des rechtlichen Gehörs sieht, sodass die bloße Behauptung, das Revisionsgericht habe fehlerhaft entschieden, nicht ausreicht.[18] Allerdings ist nicht erforderlich, dass die Begründung durch einen Verteidiger oder Rechtsanwalt erfolgt; da eine völlig ungeeignete Begründung einer fehlenden Begründung gleich steht,[19] ist es aber im Regelfall ratsam, die Rüge durch einen Verteidiger oder Rechtsanwalt erheben zu lassen. Die **Pflichtverteidigerbestellung** dauert für das Verfahren nach § 356a fort.[20]

10 Der Antrag ist **binnen einer Woche** nach Kenntnis der Verletzung des rechtlichen Gehörs zu stellen (§ 356a S. 2). Der Rechtsbehelf ist somit befristet.[21] Die Frist gilt für alle abschließenden Entscheidungen des Revisionsgerichts und ist mithin auch dann zu beachten, wenn zugleich die Verletzung **anderer grundrechtsgleicher Verfahrensrechte** geltend gemacht wird.[22]

11 Die Frist beginnt mit **Kenntnis** der die Gehörsverletzung begründenden **tatsächlichen Umstände**.[23] Der Zeitpunkt der Kenntniserlangung muss, sofern er sich nicht ausnahmsweise aus den Akten ergibt,[24] **glaubhaft** gemacht und binnen der Wochenfrist mitgeteilt werden.[25] Zur **Glaubhaftmachung** dienen alle Mittel, die geeignet sind, die Wahrscheinlichkeit des Vorbringens darzutun.[26] Danach reicht eine **eigene eidesstattliche Versicherung** des Antragstellers nicht aus.[27]

12 Ist die Frist unverschuldet versäumt, kommt Wiedereinsetzung nach den Vorschriften der §§ 44 ff. in Betracht.[28] Allerdings wird ein **Verschulden des Verteidigers** dem Beteiligten entsprechend § 93 Abs. 2 S. 6 BVerfGG zugerechnet.[29] Schließlich ist die form- und fristgerechte Erhe-

---

[13] BGH v. 24. 6. 1993 – 4 StR 166/93, NStZ 1993, 552; BGH v. 19. 11. 2008 – 1 StR 593/08 (juris); HK-GS/*Maiwald* Rn. 3.
[14] BT-Drucks. 15/3706, S. 18; BGH v. 12. 2. 2008 – 1 StR 275/07 (juris); BGH v. 7. 8. 2007 – 4 StR 142/07 = NStZ 2008, 55.
[15] BT-Drucks. aaO; BGH v. 28. 4. 2005 – 2 StR 518/03 (juris); BGH v. 11. 3. 2008 – 4 StR 454/07, NStZ-RR 2008, 183.
[16] Vgl. KK-StPO/*Kuckein* Rn. 9; *Meyer-Goßner* Rn. 5; SK-StPO/*Wohlers* Rn. 7; aA HK-StPO/*Temming* Rn. 6.
[17] BT-Drucks. 15/3706, S. 18.
[18] BGH v. 7. 8. 2007 – 4 StR 142/07, NStZ 2008, 55; KK-StPO/*Kuckein* Rn. 10; *Meyer-Goßner* Rn. 7.
[19] OLG Nürnberg v. 18. 10. 2006 – 2 St OLG Ss 170/06, NStZ 2007, 237.
[20] BGH v. 24. 10. 2005 – 5 StR 269/05, BGHR StPO § 356a Verteidiger 1.
[21] Vgl. BT-Drucks. 15/3706, S. 18; Anw-StPO/*Lohse* Rn. 3.
[22] BVerfG v. 21. 6. 2005 – 2 BvR 658/05, BVerfGK 5, 337 (339); BGH v. 4. 4. 2006 – 5 StR 514/04, bei *Becker* NStZ-RR 2008, 65 (68).
[23] *Meyer-Goßner* Rn. 5.
[24] BGH v. 9. 3. 2005 – 2 StR 444/04, NStZ 2005, 462 (463).
[25] BGH v. 16. 5. 2006 – 4 StR 110/05, StraFo 2006, 375; *Meyer-Goßner* Rn. 6.
[26] Vgl. § 45 Rn. 8 ff.
[27] BGH v. 5. 3. 2008 – 2 StR 485/06, wistra 2008, 223 f.; HK-StPO/*Temming* Rn. 4.
[28] BGH v. 10. 8. 2005 – 2 StR 544/04 (juris).
[29] BGH v. 13. 8. 2008 – 1 StR 162/08, wistra 2009, 33 f.

bung der Anhörungsrüge Voraussetzung für eine Verfassungsbeschwerde, mit der die Verletzung rechtlichen Gehörs beanstandet werden soll.[30] Dabei ist zu berücksichtigen, dass der die Anhörungsrüge zurückweisende Beschluss selbst nicht mit der Verfassungsbeschwerde angreifbar ist, da er keine selbstständige Beschwer enthält.[31]

3. Entscheidung durch das Revisionsgericht. Die Entscheidung muss nicht zwingend durch dieselben Richter, die die beanstandete Entscheidung erlassen haben, erfolgen.[32] **13**

a) **Unzulässig oder unbegründet.** Ist der Antrag **nicht form- und/oder fristgerecht eingereicht** bzw. **nicht begründet** oder ist der Zeitpunkt der Kenntniserlangung nicht hinreichend glaubhaft gemacht worden, wird der Antrag als unzulässig verworfen. Wurde der Anspruch auf rechtliches Gehör nicht oder jedenfalls nicht in entscheidungserheblicher Weise verletzt, wird der Antrag als unbegründet verworfen. Betrifft die Verletzung des rechtlichen Gehörs nur **einzelne** abtrennbare Verfahrensteile, kann der Antrag auch **teilweise begründet** sein.[33] Ist der Antrag unzulässig oder unbegründet, hat der Antragsteller in entsprechender Anwendung des § 465 Abs. 1 die Kosten des Verfahrens in Höhe einer Gerichtsgebühr von 50,00 € zu tragen.[34] Der **Verwerfungsbeschluss ist unanfechtbar** (§ 304 Abs. 4). § 33 a ist nicht anwendbar.[35] Ein erneuter Antrag nach § 356 a bei einer neuerlichen Gehörsverletzung ist jedoch nicht ausgeschlossen.[36] **14**

b) **Zulässig und begründet.** Ist der Antrag zulässig und begründet, wird das Verfahren durch das Revisionsgericht durch Beschluss **in den Stand zurückversetzt**, der vor dem Erlass der Entscheidung bestand.[37] Beantragt der Beschwerdeführer zB Nachholung des rechtlichen Gehörs hinsichtlich der Zulässigkeit einer Verfahrensrüge, ist ihm Wiedereinsetzung in den vorigen Stand entsprechend § 44 zu gewähren.[38] **15**

Das Revisionsgericht kann den **Aufschub der Vollstreckung** bereits nach Antragstellung anordnen (§ 356 a S. 4 iVm. § 47 Abs. 2). Soweit der Antrag begründet ist und dadurch das Verfahren in die alte Lage versetzt wird, entfällt auch die Rechtskraft der angegriffenen Entscheidung. Allerdings lebt eine vor der Rechtskraft bestandene Untersuchungshaft wieder auf (§ 356 a S. 4 iVm. § 47 Abs. 3 S. 1). Allerdings ist § 47 Abs. 3 S. 2, 3 zu beachten, um daraus entstehende Nachteile für den Beschwerdeführer zu vermeiden. **16**

Im Anschluss ist nach **Anhörung der übrigen Beteiligten** (§ 33 Abs. 2 und 3) erneut über die Revision zu entscheiden. Insoweit kann die frühere Entscheidung aufrechterhalten oder abgeändert werden. Wurden im Revisionsverfahren zugleich andere Grundrechtsverstöße substantiiert gerügt, hat das Revisionsgericht diese Mängel in seiner Entscheidung mit zu beheben.[39] Eine Rechtsmittelbelehrung ist nicht erforderlich.[40] Übersehene Verfahrenshindernisse können so zu einer Einstellung des Verfahrens führen.[41] **17**

§ 357 [Revisionserstreckung auf Mitverurteilte]

¹ Erfolgt zugunsten eines Angeklagten die Aufhebung des Urteils wegen Gesetzesverletzung bei Anwendung des Strafgesetzes und erstreckt sich das Urteil, soweit es aufgehoben wird, noch auf andere Angeklagte, die nicht Revision eingelegt haben, so ist zu erkennen, als ob sie gleichfalls Revision eingelegt hätten. ² § 47 Abs. 3 gilt entsprechend.

Schrifttum: *Basdorf*, Eingeschränkte Anwendung des § 357 StPO, FS Meyer-Goßner, 2001, S. 665; *Becker*, Aus der Rechtsprechung des BGH zum Strafverfahrensrecht, NStZ-RR 2004, 225; *Gössel*, Über die Zulässigkeit der Wiederaufnahme gegen teilrechtskräftige Urteile, NStZ 1983, 391; *Kusch*, Aus der Rechtsprechung des BGH zum Strafverfahrensrecht – Juli bis Dezember 1996 – 2. Teil, NStZ 1997, 376; *Pfeifer*, Aus der Rechtsprechung des Bundesgerichtshofs in Strafsachen zum Verfahrensrecht – 2. Teil: 1979 §§ 256 bis 473 StPO, NStZ 1981, 295; *Wohlers/Gaede*, Die Revisionsbegründung auf Mitangeklagte – Plädoyer für eine konventionskonforme Auslegung des § 357 StPO, NStZ 2004, 9.

---

[30] BVerfG v. 25. 4. 2005 – 1 BvR 644/05, NJW 2005, 3059 f. [zu § 321 a ZPO]; BVerfG v. 21. 6. 2005 – 2 BvR 658/05, BVerfGK 5, 337.
[31] BVerfG 20. 6. 2007 – 2 BvR 746/07, NJW 2007, 3563; BVerfG v. 17. 7. 2007 – 2 BvR 496/07, NStZ-RR 2007, 381.
[32] BGH v. 23. 3. 2001 – 3 StR 389/00, bei *Becker* NStZ-RR 2002, 97 (100); *Meyer-Goßner* Rn. 8.
[33] Vgl. KK-StPO/*Kuckein* Rn. 13; *Meyer-Goßner* Rn. 9.
[34] OLG Nürnberg v. 18. 10. 2006 – 2 St OLG Ss 170/06, NJW 2007, 1013 (1014).
[35] BT-Drucks. 15/3706, S. 18.
[36] *Meyer-Goßner* Rn. 11.
[37] BT-Drucks. 15/3706, S. 18; SK-StPO/*Wohlers* Rn. 12.
[38] BGH v. 18. 6. 2008 – 2 StR 485/07, NStZ 2008, 705.
[39] BVerfG v. 13. 2. 2008 – 2 BvR 2406/07 (juris).
[40] BT-Drucks. 15/3706, S. 18.
[41] OLG München v. 3. 11. 2008 – 4 St RR 126/08, StraFo 2009, 24; *Meyer-Goßner* Rn. 13.

I. Normzweck

1 Die Vorschrift soll eine das Rechtsgefühl verletzende **Ungleichheit** bei der Aburteilung einer Mehrheit von Personen wegen **desselben Tathergangs** verhindern.[1] Führt eine Revision zur (teilweisen) Aufhebung eines Urteils wegen eines sachlich-rechtlichen Fehlers, einer von Amts wegen zu beachtenden Verfahrensvoraussetzung oder des Vorliegens eines Verfahrenshindernisses, soll sich unter den in der Vorschrift benannten Voraussetzungen die Aufhebungsentscheidung des Revisionsgerichts auf „andere Angeklagte, die nicht Revision eingelegt haben" erstrecken. Die dadurch bewirkte **Durchbrechung der Rechtskraft** findet ihre Rechtfertigung in der Idee der **materiellen Gerechtigkeit**,[2] sodass die Erstreckung der Urteilsaufhebung grundsätzlich ohne Rücksicht auf den Willen und die Vorstellungen der Mitverurteilten zu erfolgen hat.[3]

2 Bei der Vorschrift handelt es sich um eine **Ausnahmeregelung**.[4] Die Vorschrift ist **einschränkend** auszulegen.[5]

3 Eine **entsprechende Anwendung** kommt daher weder im Berufungsverfahren,[6] im Beschwerdeverfahren,[7] im Wiederaufnahmeverfahren[8] noch im ehrengerichtlichen Verfahren[9] in Betracht. Für das Rechtsbeschwerdeverfahren folgt die entsprechende Anwendung aus § 79 Abs. 3 S. 1 OWiG;[10] wobei insoweit auch für den Mitverurteilten die Voraussetzungen der Zulassung der Rechtsbeschwerde vorliegen müssen.[11] Darüber hinaus kommt eine (entsprechende) Anwendung des § 357 in den Fällen der Einziehungsbeteiligung in Betracht.[12]

II. Voraussetzungen der Aufhebungserstreckung

4 **1. Aufhebung des Urteils.** Führt eine Revision nach den §§ 333, 335 zu einer Aufhebung oder Teilaufhebung[13] des Urteils **zu Gunsten eines Angeklagten**, ist unerheblich, ob das Revisionsgericht durch **Urteil** oder **Beschluss** nach § 349 Abs. 4 entscheidet.[14] Ohne Bedeutung ist ferner, ob das Revisionsgericht zugleich mit der Urteilsaufhebung entscheidet (§ 354 Abs. 1) oder die Sache zurückweist (§§ 354 Abs. 2, Abs. 3, 355). Schließlich findet eine Erstreckung der Aufhebung auch statt, wenn das Revisionsgericht das Verfahren wegen eines Prozesshindernisses nach § 206a einstellt.[15] Dies gilt allerdings dann nicht, wenn das Verfahrenshindernis erst im Revisionsverfahren eingetreten ist, weil es in diesem Falle an einer für die Aufhebung vorausgesetzten Gesetzesverletzung fehlt.[16]

5 Entscheidend ist mithin das **Ergebnis der Revision**, nicht, durch wen die Revision eingelegt wurde. Eine Aufhebungserstreckung kommt daher auch dann in Betracht, wenn die Revision durch die StA eingelegt war – unabhängig von der Frage, ob die Revision zu Gunsten oder zu Ungunsten eines Angeklagten eingelegt wurde.[17]

6 **Zu Gunsten** eines Angeklagten wirkt sich eine Entscheidung des Revisionsgerichts dann aus, wenn sie ganz oder teilweise zu dessen Vorteil ausschlägt.[18]

7 Von einem **Vorteil** wird dabei nicht nur in den Fällen einer **milderen Entscheidung** ausgegangen. Ein Vorteil soll auch in der Gewährung einer **neuen Tatsachenverhandlung** bei Aufhebung

---

[1] BGH v. 23. 1. 1959 – 4 StR 428/58, BGHSt 12, 335 (341 f.) = NJW 1959, 894; RG v. 4. 6. 1936 – 5 D 330/36, RGSt 70, 229 (232); KK-StPO/*Kuckein* Rn. 1; *Wohlers/Gaede* NStZ 2004, 9; *Basdorf*, FS Meyer-Goßner, 2001, S. 665 ff.; Löwe/Rosenberg/*Hanack*, 25. Aufl., Rn. 1; Anw-StPO/*Lohse* Rn. 1; SK-StPO/*Wohlers* Rn. 1.
[2] BGH v. 23. 1. 1959 – 4 StR 428/58, BGHSt 12, 335 (341) = NJW 1959, 894; HK-GS/*Maiwald* Rn. 1; HK-StPO/*Temming* Rn. 1; BeckOK-StPO/*Wiedner* Rn. 1.
[3] BGH v. 27. 10. 1964 – 1 StR 358/64, BGHSt 20, 77 (80); Löwe/Rosenberg/*Hanack*, 25. Aufl., Rn. 1; KK-StPO/*Kuckein* Rn. 1; Meyer-Goßner Rn. 1.
[4] BGH v. 9. 5. 2006 – 1 StR 57/06, BGHSt 51, 34 (41) = NStZ 2006, 518 (520); Löwe/Rosenberg/*Hanack*, 25. Aufl., Rn. 3; HK-StPO/*Temming* Rn. 2.
[5] BGH v. 27. 10. 1955 – 3 StR 316/51, NJW 1955, 1934; Meyer-Goßner Rn. 1.
[6] OLG Stuttgart v. 14. 7. 1969 – 2 Ss 105/69, NJW 1970, 66; Meyer-Goßner Rn. 2 mwN.
[7] OLG Hamm v. 26. 1. 1973 – 4 Ws 304/72, MDR 1973, 1041 (1042); KK-StPO/*Kuckein* Rn. 23.
[8] *Gössel* NStZ 1983, 391 (395); SK-StPO/*Wohlers* Rn. 59.
[9] BGH v. 25. 3. 1991 – AR Anw 2/90, BGHSt 37, 361 = NJW 1991, 3034.
[10] Vgl. auch BGH v. 16. 9. 1971 – 1 StR 284/71, BGHSt 24, 208 = NJW 1971, 2272.
[11] BayObLG v. 18. 3. 1999 – 3 Ob Owi 32 – 99, NStZ 1999, 518.
[12] Vgl. BGH v. 10. 5. 1966 – 1 StR 592/65, BGHSt 21, 66 (69) = NJW 1966, 1465 f.; BGH v. 22. 5. 1979 – 1 StR 650/78, bei *Pfeifer* NStZ 1981, 295 (298).
[13] Vgl. BGH v. 10. 5. 1966 – 1 StR 592/65, BGHSt 21, 66 (69) = NJW 1966, 1465; BGH v. 9. 4. 1968 – 1 StR 60/68, BGHSt 22, 114 (118) = NJW 1968, 1435; BGH v. 19. 11. 1985 – 1 StR 489/85, BGHSt 33, 378 (382) = NJW 1986, 1623 (1624).
[14] BGH v. 16. 9. 1971 – 1 StR 284/71, BGHSt 24, 208 (213) = NJW 1971, 2272; KK-StPO/*Kuckein* Rn. 2; HK-GS/*Maiwald* Rn. 7; Meyer-Goßner Rn. 5 mwN; SK-StPO/*Wohlers* Rn. 14.
[15] BGH v. 16. 9. 1971 – 1 StR 284/71, BGHSt 24, 208 = NJW 1971, 2272; Löwe/Rosenberg/*Hanack*, 25. Aufl., Rn. 8; KK-StPO/*Kuckein* Rn. 2; SK-StPO/*Wohlers* Rn. 16.
[16] KK-StPO/*Kuckein* Rn. 7; Meyer-Goßner Rn. 5.
[17] RG v. 11. 9. 1900 – 3178/00, RGSt 33, 371 (379).
[18] Meyer-Goßner Rn. 6.

Vierter Abschnitt. Revision 8–14 § 357

und Zurückverweisung begründet liegen. Diese dem Gesetz zugrundeliegende Vorstellung stimmt in vielen Fällen mit der Wirklichkeit nicht überein. In vielen Fällen wird ein Urteil akzeptiert bzw. auf die Einlegung eines Rechtsmittels verzichtet, um die Belastungen einer weiteren kostspieligen und zeitraubenden Verhandlung mit ungewissem Ausgang zu vermeiden. Dies gilt insbesondere für den Nichtrevidenten, dem daher de lege lata ein Widerspruchsrecht einzuräumen ist.[19]

Zu Gunsten eines Angeklagten erfolgt die Aufhebung des Urteils, wenn zB das tatrichterliche Urteil aufgehoben wird, weil anstelle der gebotenen Freisprechung nur eine Einstellung erfolgte[20] oder der Angeklagte fehlerhaft als Mittäter verurteilt wurde.[21] 8

2. Gesetzesverletzung bei Anwendung des Strafgesetzes. Die Vorschrift gilt grundsätzlich nur für Aufhebungen aus **materiellrechtlichen**, nicht aus rein **verfahrensrechtlichen** Gründen. Erfolgreiche Verfahrensrügen wirken stets nur für den, der sie formgerecht erhoben hat.[22] Dabei ist unerheblich, ob der Verstoß gegen das materielle Recht den Schuldspruch, den Rechtsfolgenausspruch oder Nebenentscheidungen betrifft.[23] Allerdings führt eine Urteilsaufhebung nach § 354 a wegen einer nach Erlass des Urteils eingetretenen Gesetzesänderung nicht zur Erstreckung auf Mitangeklagte.[24] Dementsprechend findet keine Erstreckung statt, sofern die Urteilsaufhebung darauf beruht, dass das Bundesverfassungsgericht die Vorschrift in der Zwischenzeit für nichtig erklärt hat.[25] Als Sachmangel des Urteils wird es allerdings angesehen, wenn sich die höchstrichterliche Rechtsprechung zur Auslegung einer vom Tatrichter angewendeten Rechtsvorschrift ändert.[26] 9

Auch bei Geltendmachung von **absoluten Revisionsgründen** reicht hingegen die Verletzung verfahrensrechtlicher Vorschriften nicht aus.[27] Daraus folgt allerdings nicht, dass bei Vorliegen von Verfahrensfehlern eine Aufhebungserstreckung nicht in Betracht kommt. Erforderlich ist nur, dass der **sachliche Aufhebungsgrund** die Aufhebungsentscheidung mitträgt. Deshalb kann das Revisionsgericht unter entsprechender Anwendung der §§ 154, 154 a die Aufhebungsgründe beschränken und so die Erstreckung nach § 357 umgehen.[28] 10

Eine Gesetzesverletzung im Sinne des § 357 wird allerdings auch durch die Nichtbeachtung der von Amts wegen zu prüfenden Verfahrensvoraussetzungen oder des Vorliegens von Verfahrenshindernissen begründet.[29] 11

Voraussetzung ist allerdings, dass diese für die Nichtrevidenten Bedeutung haben können, wie Anklage und/oder Eröffnungsbeschluss[30] oder das Antragserfordernis für das Adhäsionsverfahren nach §§ 403 ff.[31] oder eine durch das Tatgericht vorgenommene Einstellung nach § 154 Abs. 2.[32] Keine Bedeutung hat hingegen beispielsweise das nur bei dem Revidenten erforderliche Strafantragserfordernis oder die nur bei ihm fehlende Zuständigkeit.[33] 12

3. Erfasste Nichtrevidenten. Eine Revisionserstreckung erfasst nach dem Wortlaut der Vorschrift „andere Angeklagte, die nicht Revision eingelegt haben". Ihnen kommt die Aufhebungserstreckung zugute. Die Vorschrift erfasst allerdings nicht nur den Fall der Nichteinlegung, sondern auch den der **Rücknahme der Revision** und **des Verzichts**.[34] Ebenso werden die Fälle erfasst, in denen die Revision auf den Rechtsfolgenausspruch beschränkt war bzw. wegen Unzulässigkeit bereits verworfen wurde (§§ 346 Abs. 1, 349 Abs. 1).[35] 13

Demgegenüber kommt eine Aufhebungserstreckung für Mitangeklagte, die gegen das tatrichterliche Urteil keine Revision einlegen konnten, nicht in Betracht. Das ist dann der Fall, wenn 14

---

[19] Vgl. BGH v. 28. 10. 2004 – 5 StR 276/04, NStZ-RR 2005, 53 (56); s. u. Rn. 20, 21.
[20] KK-StPO/*Kuckein* Rn. 4.
[21] BGH v. 27. 11. 1951 – 1 StR 19/50, NJW 1952, 274; BGH v. 31. 7. 1996 – 3 StR 269/96, bei *Kusch* NStZ 1997, 376 (379).
[22] BGH v. 15. 2. 1991 – 3 StR 422/90, BGHSt 37, 324 (329) = StV 1991, 246 (247); Löwe/Rosenberg/*Hanack*, 25. Aufl., Rn. 15; SK-StPO/*Wohlers* Rn. 15; *Dahs* Revision Rn. 595.
[23] Vgl. KK-StPO/*Kuckein* Rn. 5; *Meyer-Goßner* Rn. 9, jeweils mwN; SK-StPO/*Wohlers* Rn. 20.
[24] BGH v. 4. 9. 1998 – 2 StR 390/98, NStZ-RR 1999, 15 mwN; KK-StPO/*Kuckein* Rn. 6; HK-StPO/*Temming* Rn. 8; BeckOK-StPO/*Wiedner* Rn. 7; aA SK-StPO/*Wohlers* Rn. 54 f., § 354 a Rn. 10; *Roxin* § 53 K 2 c Rn. 77.
[25] BGH v. 26. 1. 1995 – 1 StR 798/94, BGHSt 41, 6 = NJW 1995, 2424.
[26] BGH v. 18. 4. 2001 – 3 StR 69/01, StV 2001, 407.
[27] KK-StPO/*Kuckein* Rn. 5 mwN.
[28] Vgl. BGH v. 17. 10. 2000 – 1 StR 118/00, BGHR StPO § 357 Erstreckung 8 = NStZ 2001, 101; BGH v. 16. 5. 2001 – 1 StR 98/01, bei *Becker* NStZ-RR 2002, 97 (103); KK-StPO/*Kuckein* Rn. 5 mwN.
[29] KK-StPO/*Kuckein* Rn. 7 mwN zur st. Rspr.
[30] BGH v. 19. 11. 2002 – 3 StR 395/02, StV 2004, 61.
[31] BGH v. 19. 3. 1998 – 4 StR 90/98 = NStZ 1998, 477.
[32] Vgl. OLG München v. 13. 2. 2008 – 5 SStRR 221/07, wistra 2008, 319.
[33] *Meyer-Goßner* Rn. 10.
[34] Vgl. Anw-StPO/*Lohse* Rn. 8; SK-StPO/*Wohlers* Rn. 26; *Dahs* Revision Rn. 95 mwN.
[35] *Meyer-Goßner* Rn. 7 mwN; HK-StPO/*Temming* Rn. 3.

eine Revision **nicht statthaft** wäre, weil das Gesetz sie ausdrücklich ausschließt (zB § 55 Abs. 2 JGG, § 441 Abs. 3 S. 2).[36]

15   4. **Zusammenhang (dasselbe Urteil).** Der Angeklagte, der durch die Aufhebung des Urteils begünstigt wird, und der Nichtrevident müssen **durch dasselbe Urteil** verurteilt worden sein.[37] Folglich reicht eine Aburteilung in **demselben Verfahren nicht** aus.[38] Richtet sich die Revision mithin gegen ein Berufungsurteil und wird dieses aufgehoben, erstreckt sich die Aufhebung nicht auf Mitangeklagte, die gegen das amtsgerichtliche Urteil überhaupt keine Berufung eingelegt haben.[39] Ebenso kommt keine Aufhebungserstreckung in Betracht, wenn der Mitangeklagte die Berufung auf das Strafmaß beschränkt hatte und das Revisionsgericht den Rechtsfehler nunmehr im Bereich des Schuldspruchs sieht[40] oder die Berufung einzelner Angeklagter nach § 329 Abs. 1 verworfen wurde.[41]

16   Weiterhin müssen die Mitangeklagten **wegen derselben Tat** verurteilt werden und mithin an demselben tatsächlichen Ereignis beteiligt gewesen sein.[42] Die Frage, ob ein sachlicher Zusammenhang eine Erstreckung erfordert, wird entsprechend dem verfahrensrechtlichen **Tatbegriff** des § 264 beurteilt.[43] Entscheidend für die **Nämlichkeit der Tat** ist somit, ob sich die Angeklagten nach natürlicher Betrachtung an dem tatsächlichen Ereignis in strafbarer Weise, wenn auch nicht notwendig in derselben Richtung, beteiligt haben.[44] Ein Zusammenhang iSv. § 357 ist mithin anzunehmen, wenn die Mitangeklagten in rechtlich differenzierter Art an einer Tat mitgewirkt haben, sei es als Nebentäter oder Mittäter und Gehilfe[45] oder bei Verurteilungen nach den §§ 332 und 333 StGB, bei Mord und Nichtanzeige des Verbrechens oder bei Abgabe inhaltsgleicher falscher Versicherungen. Tatidentität kommt ferner auch bei fahrlässiger strafbarer Beteiligung an demselben Verkehrsunfall in Betracht.[46]

17   Erforderlich ist weiter ein **gemeinsamer Revisionsgrund**, also eine **Gesetzesverletzung**, die sich auch **zugunsten des Nichtrevidenten** auswirkt.[47] Insoweit geht die überwiegende Ansicht von derselben Rechtsverletzung aus, sofern die rechtlichen Erwägungen, die die Urteilsaufhebung zu Gunsten des Angeklagten ergeben haben, auch zur Aufhebung hinsichtlich des Nichtrevidenten hätten führen müssen, falls dieser ebenfalls Revision eingelegt hätte.[48] Es kommt also darauf an, ob die rechtlichen Erwägungen zur gleichen Entscheidung zu Gunsten des Nichtrevidenten hätten führen müssen.[49]

18   Der Rechtsfehler muss sich nicht auf den Schuldausspruch beziehen. Rechtsfehler bei den Erwägungen zum Rechtsfolgenausspruch reichen aus, sofern die Aufhebungsgründe nicht nur in der Person des Beschwerdeführers vorliegen.[50] Eine gleichartige Gesetzesverletzung kommt daher auch beim Fehlen der Urteilsgründe[51] sowie bei dem Urteil insgesamt anhaftenden Feststellungsmängeln[52] in Betracht, in der Regel jedoch nicht bei der Beurteilung der Schuldfähigkeit.[53] Die **Verletzung des Verfahrensrechts** führt hingegen nicht zu einer Revisionserstreckung, weil sie in keinem unmittelbaren Zusammenhang mit der Frage des Unrechts, der Schuld – und mithin Straffrage – steht.[54]

---

[36] BGH v. 9. 5. 2006 – 1 StR 57/06, BGHSt 51, 34 = NStZ 2006, 518 = NStZ 2007, 283 m. abl. Anm *Altenhain*; OLG Hamm v. 17. 11. 2009 – Ss 447/09 (juris); Löwe/Rosenberg/*Hanack*, 25. Aufl., Rn. 11; HK-StPO/*Temming* Rn. 3.
[37] *Meyer-Goßner* Rn. 12; HK-StPO/*Temming* Rn. 11; BeckOK-StPO/*Wiedner* Rn. 8; SK-StPO/*Wohlers* Rn. 30.
[38] Löwe/Rosenberg/*Hanack*, 25. Aufl., Rn. 16; KK-StPO/*Kuckein* Rn. 11; *Pfeiffer* Rn. 4; SK-StPO/*Wohlers* Rn. 30.
[39] OLG Stuttgart v. 14. 7. 1969 – 2 Ss 105/69, NJW 1970, 66; HK-StPO/*Temming* Rn. 4; SK-StPO/*Wohlers* Rn. 31.
[40] OLG Frankfurt v. 21. 11. 2003 – 1 Ss 291/03, NStZ-RR 2004, 74 mwN.
[41] *Meyer-Goßner* Rn. 12 mwN zur Rspr.
[42] BGH v. 23. 1. 1959 – 4 StR 428/58, BGHSt 12, 335 (341) = NJW 1959, 894.
[43] Löwe/Rosenberg/*Hanack*, 25. Aufl., Rn. 17; KK-StPO/*Kuckein* Rn. 8; Anw-StPO/*Lohse* Rn. 6.
[44] KK-StPO/*Kuckein* Rn. 8 mwN; SK-StPO/*Wohlers* Rn. 41.
[45] Vgl. KK-StPO/*Kuckein* Rn. 8; *Meyer-Goßner* Rn. 13 mwN; SK-StPO/*Wohlers* Rn. 42.
[46] BGH v. 23. 1. 1959 – 4 StR 428/58, BGHSt 12, 335 (341) = NJW 1959, 894; KK-StPO/*Kuckein* Rn. 9; *Meyer-Goßner* Rn. 13.
[47] Vgl. BGH v. 18. 2. 2004 – 2 StR 423/03, StraFo 2004, 251; KK-StPO/*Kuckein* Rn. 16; HK-StPO/*Temming* Rn. 13.
[48] Vgl. Löwe/Rosenberg/*Hanack*, 25. Aufl., Rn. 20; KK-StPO/*Kuckein* Rn. 14.
[49] *Meyer-Goßner* Rn. 14.
[50] Vgl. BGH v. 10. 5. 1966 – 1 StR 592/65, BGHSt 21, 66 (69) = NJW 1966, 1465 (1466); BGH v. 22. 5. 1979 – 1 StR 650/78, bei *Pfeifer* NStZ 81, 295 (298) [Einziehungsentscheidung]; BGH v. 17. 12. 1991 – 5 StR 598/91, StV 1992, 417 [Strafaussetzung zur Bewährung]; BGH 4. 9. 1998 – 2 StR 390/98, NStZ-RR 1999, 15; BGH v. 16. 4. 2003 – 2 StR 60/03, bei *ecker* NStZ-RR 2004, 225 (229) [zu § 64 StGB]; BGH v. 10. 1. 2008 – 5 StR 365/07 = StraFo 2008, 336 [zu § 73 StGB].
[51] OLG Celle v. 8. 5. 1959 – 2 Ss 136/59, NJW 1959, 1647.
[52] OLG Köln v. 11. 4. 1961 – Ss 14/61, VRS 21, 447.
[53] BGH v. 9. 1. 1992 – 4 StR 615/91, StV 1992, 317; *Meyer-Goßner* Rn. 14.
[54] BGH v. 21. 10. 2008 – 4 StR 364/08, NStZ 2009, 108 f. = wistra 2009, 165 f.; *Meyer-Goßner* Rn. 11.

5. Entscheidung des Revisionsgerichts. Unter Beachtung der restriktiven Auslegung ist die Vorschrift zwingend, dh. die Voraussetzungen des § 357 sind von Amts wegen zu prüfen.[55] Die Entscheidung ergeht grundsätzlich ohne Rücksicht auf den Willen des Nichtrevidenten.[56] Es handelt sich um **keine Ermessensentscheidung**.[57] Aus diesem Grunde bedarf es grundsätzlich auch keiner Anhörung des Nichtrevidenten, sofern das Revisionsgericht in der Sache selbst entscheidet, also zB auf Freispruch des Revisionsführers von einem bestimmten Schuldvorwurf bzw. auf Schuldspruchänderung[58] oder auf Schuldspruchberichtigung[59] erkennt. Dieser Grundsatz kann aber dann nicht gelten, wenn die Entscheidung des Revisionsgerichts zur Zurückverweisung und mithin zu einer neuen Hauptverhandlung führt. Zwar darf eine Aufhebungserstreckung nicht deshalb unterbleiben, weil ungewiss ist, ob die neue Verhandlung vor dem Tatrichter wirklich zu einer milderen Strafe führen wird. Eine Zurückverweisung greift aber in der Regel in massiver Weise in die Rechtsstellung des Nichtrevidenten ein.[60] In diesen Fällen ist schon zweifelhaft, ob überhaupt eine Entscheidung zu Gunsten des Nichtrevidenten vorliegt. § 357 ist daher jedenfalls dann nicht anzuwenden, wenn bereits nach Überzeugung des Revisionsgerichts auszuschließen ist, dass das Ergebnis der neuen Verhandlung für den Nichtrevidenten günstiger werden kann.[61] Dies gilt auch, wenn durch die Zurückverweisung „ein auch aus Gründen der materiellen Gerechtigkeit **untragbares Missverhältnis**" zwischen der überhaupt in Betracht kommenden Strafmilderung und den mit der Fortführung des Verfahrens voraussichtlich verbundenen Belastungen entstünde.[62]

19

Daraus folgt, dass es dem Nichtrevidenten in den Fällen der Zurückverweisung grundsätzlich in Anwendung des § 33 nach Art. 103 Abs. 1, 20 Abs. 3 GG iVm. Art. 2 Abs. 1 GG, 6 Abs. 1 S. 1 MRK zusteht, vor einer Entscheidung des Revisionsgerichts angehört zu werden.[63] In diesen Fällen muss dem Nichtrevidenten möglich sein, zur Vermeidung unverhältnismäßiger weiterer Belastungen der Aufhebungserstreckung zu widersprechen.[64]

20

Wendet das Revisionsgericht § 357 an, wird der Nichtrevident so behandelt, als ob er selbst Revision eingelegt hätte. Allerdings dürfen ihm die Kosten des Revisionsverfahrens nicht auferlegt werden.[65] Der Nichtrevident hat keine Möglichkeit, durch eine „Rechtsmittelrücknahme" die weitere Teilnahme an dem Verfahren zu verhindern. Er ist zur Teilnahme an der neuen Verhandlung verpflichtet. Das Tatgericht ist auch nicht gehindert, ihm die für die zweite Hauptverhandlung entstehenden Kosten aufzuerlegen.[66]

21

Haft und Unterbringungsbefehle werden wieder wirksam (S. 2 iVm. § 47 Abs. 3 S. 1), eine schon begonnene Strafvollstreckung muss allerdings abgebrochen werden.[67] Im Fall einer erneuten Verurteilung wird eine bereits verbüßte Strafe angerechnet.[68] Gegen das neue Urteil steht ihm wiederum das Rechtsmittel der Revision zu; insoweit gilt das Verschlechterungsverbot.[69]

22

Hat das Revisionsgericht versehentlich § 357 nicht angewendet, kommt eine **Nachholung** der im Urteil unterlassenen Entscheidung nicht in Betracht.[70]

23

§ 358 [Bindung des Untergerichts; Verbot der reformatio in peius]

(1) Das Gericht, an das die Sache zur anderweiten Verhandlung und Entscheidung verwiesen ist, hat die rechtliche Beurteilung, die der Aufhebung des Urteils zugrunde gelegt ist, auch seiner Entscheidung zugrunde zu legen.

---

[55] KK-StPO/*Kuckein* Rn. 17; HK-StPO/*Temming* Rn. 16; SK-StPO/*Wohlers* Rn. 44; *Dahs* Revision Rn. 595 mwN.
[56] Vgl. Rn. 1.
[57] Löwe/Rosenberg/*Hanack*, 25. Aufl., Rn. 23 mwN.
[58] BGH v. 27. 11. 1951 – 1 StR 19/50, NJW 1952, 274.
[59] OLG Bremen v. 28. 10. 1957 – Ws 181/57, NJW 1958, 432; OLG Hamm v. 29. 10. 1973 – 4 Ss 1058/73, NJW 1974, 446 (467); Löwe/Rosenberg/*Hanack*, 25. Aufl., Rn. 7.
[60] Vgl. Löwe/Rosenberg/*Hanack*, 25. Aufl., Rn. 23; *Rüping*, Das Strafverfahren, 1997, Rn. 670.
[61] BGH v. 13. 10. 1995 – 3 StR 431/95 = NStZ 1996, 329; OLG Düsseldorf 3. 8. 1985 – 5 Ss 248/85, 189/85 = NJW 1986, 2266; KG v. 23. 2. 1956 – (2) I Ss 352/56, JR 1956, 308 (309); Löwe/Rosenberg/*Hanack*, 25. Aufl., Rn. 23.
[62] Vgl. Löwe/Rosenberg/*Hanack*, 25. Aufl., Rn. 24; KK-StPO/*Kuckein* Rn. 17.
[63] Vgl. BGH v. 28. 10. 2004 – 5 StR 276/04, NStZ-RR 2005, 53 (56); *Wohlers/Gähde* NStZ 2004, 9 (13 f.).
[64] Vgl. oben Rn. 7.
[65] KK-StPO/*Kuckein* Rn. 19.
[66] BGH v. 29. 1. 1963 – 1 StR 516/62, BGHSt 18, 231 (233) = NJW 1963, 724; BGH v. 27. 10. 1964 – 1 StR 358/64, BGHSt 20, 77 = NJW 1965, 52; KK-StPO/*Kuckein* Rn. 19.
[67] Löwe/Rosenberg/*Hanack*, 25. Aufl., Rn. 25 mwN.
[68] BGH v. 17. 6. 1907 – II 198/07, RGSt 40, 222; KMR/*Paulus* Rn. 33.
[69] BGH v. 22. 7. 1998 – 1 StR 263/98, BGHR StGB § 244 Abs. 1 Nr. 3 Bande 4 = StV 1999, 151; KK-StPO/*Kuckein* Rn. 21 mwN.
[70] Vgl. BGH v. 30. 5. 2000 – 1 StR 610/99, StV 2002, 12 mAnm *Sieg*; *Meyer-Goßner* Rn. 16; HK-StPO/*Temming* Rn. 19.

(2) ¹Das angefochtene Urteil darf in Art und Höhe der Rechtsfolgen der Tat nicht zum Nachteil des Angeklagten geändert werden, wenn lediglich der Angeklagte, zu seinen Gunsten die Staatsanwaltschaft oder sein gesetzlicher Vertreter Revision eingelegt hat. ²Wird die Anordnung der Unterbringung in einem psychiatrischen Krankenhaus aufgehoben, hindert diese Vorschrift nicht, an Stelle der Unterbringung eine Strafe zu verhängen. ³Satz 1 steht auch nicht der Anordnung der Unterbringung in einem psychiatrischen Krankenhaus oder einer Entziehungsanstalt entgegen.

Schrifttum: *Becker,* Aus der Rechtsprechung des BGH zum Strafverfahrensrecht, NStZ-RR 2003, 97; *ders.,* Aus der Rechtsprechung des BGH zum Strafverfahrensrecht, NStZ-RR 2006, 257; *Eisenberg,* Über die Grenzen der Bindung gemäß § 358 StPO, StraFo 1996, 129; *Kusch,* Aus der Rechtsprechung des BGH zum Strafverfahrensrecht, NStZ-RR 2000, 33; *Wömpner,* Zur Verlesung früherer Urteile, NStZ 1984, 481.

I. Bindungswirkung des Urteils (Abs. 1)

1 Die rechtliche Beurteilung des Revisionsgerichts, die der Aufhebung des Urteils zugrunde liegt (Aufhebungsansicht), bindet **jeden neuen Tatrichter**, soweit die Entscheidung durch sie unmittelbar getragen wird bzw. für diese mittelbar maßgebend ist.[1] Voraussetzung ist mithin deren Ursächlichkeit für das Revisionsurteil. Keine rechtliche Bindung erlangen daher bloße Rechtsausführungen, die das Revisionsgericht unabhängig von der konkreten Begründung nebenbei („**obiter dicta**") macht. Solche nicht bindenden Rechtsausführungen stellen zB eine **Billigung** von Rechtsansichten des Tatrichters[2] oder **Ratschläge** und **Empfehlungen** für eine neue Entscheidung dar. Auch **Hinweise** an den Tatrichter für die neue Verhandlung, seien sie tatsächlicher[3] oder rechtlicher Art, können keine Bindungswirkung entfalten, sofern sie in keinem unmittelbaren Begründungszusammenhang mit der Aufhebungsansicht stehen.[4]

2 Die rechtliche Beurteilung des Revisionsgerichts bindet auch dann, wenn sie im Einzelfall fehlerhaft ist und der gegebenen Sach- und Rechtslage nicht entspricht.[5] Ob das Revisionsgericht seine Vorlagepflicht nach den §§ 121 Abs. 2, 132 Abs. 2, Abs. 3 GVG beachtet hat, ist ohne Bedeutung.[6] Auch die Möglichkeit, die Entscheidung mit der **Verfassungsbeschwerde** anzugreifen, wird durch eine fehlerhafte Rechtsansicht grundsätzlich nicht eröffnet.[7]

3 **1. Umfang der Bindungswirkung.** Die Bindungswirkung der Aufhebungsansicht umfasst sowohl alle **sachlich-rechtlichen** und **verfahrensrechtlichen** Ausführungen als auch die **Beurteilung von Vorfragen**.[8] Insoweit ist zu unterscheiden:

4 Sachlich-rechtliche Gründe, die das Revisionsurteil tragen, bestimmen sogleich deren innerprozessuale Bindungswirkungen.[9] Wird ein Urteil nur im Strafausspruch aufgehoben, so bleiben die Feststellungen bestehen, die ausschließlich oder – als sog. doppelrelevante Feststellungen – auch den rechtskräftig gewordenen Schuldspruch betreffen.[10] Dabei werden nicht nur abstrakte Feststellungen zu den Tatbestandsmerkmalen, sondern auch jene Teile der Sachverhaltsdarstellung erfasst, die das Tatgeschehen im Sinne eines geschichtlichen Vorgangs näher beschreiben.[11] Bindend ist auch die Feststellung von Erfahrungssätzen.[12] **Ergänzende Feststellungen** durch den Tatrichter sind nur zulässig, solange diese in keinen Widerspruch mit den bindend gewordenen Feststellungen treten.[13]

5 Wird demgegenüber das Urteil mit der Begründung aufgehoben, das angefochtene Urteil leide unter **lückenhaften Feststellungen** und/oder **allgemeinen Begründungsmängeln**, ist die Auffassung

---

[1] BGH v. 30. 5. 1963 – 1 StR 6/63, BGHSt 18, 376 (378) = NJW 1963, 1627 (1628); BGH v. 3. 11. 1998 – 4 StR 523/98, NStZ 1999, 154 (155); BGH v. 17. 11. 1998 – 4 StR 528/98, NStZ 1999, 259 (260); KK-StPO/*Kuckein* Rn. 1; Anw-StPO/*Lohse* Rn. 1; *Meyer-Goßner* Rn. 3; BeckOK-StPO/*Wiedner* Rn. 2.
[2] BGH v. 19. 12. 1952 – 1 StR 2/52, BGHSt 3, 357 = NJW 1953, 351; SK-StPO/*Wohlers* Rn. 11.
[3] BGH v. 16. 4. 1985 – 4 StR 755/84, BGHSt 33, 172 (174) = NStZ 1985, 415; BGH v. 13. 7. 1993 – 5 StR 396/93, NStZ 1993, 552 [Lücken in den bisherigen Feststellungen].
[4] Vgl. KK-StPO/*Kuckein* Rn. 6; *Meyer-Goßner* Rn. 6.
[5] Vgl. KK-StPO/*Kuckein* Rn. 4.
[6] Vgl. KG v. 15. 8. 1957 – 1 Ss 185/57, JR 1958, 269 mAnm *Sarstedt*; KK-StPO/*Kuckein* Rn. 4; *Meyer-Goßner* Rn. 3; diff. SK-StPO/*Wohlers* Rn. 21 f.
[7] BVerfG v. 3. 10. 2001 – 2 BvR 1198/01, NStZ-RR 2002, 45 (46) [bindende Verneinung der Verfolgungsverjährung].
[8] Vgl. KK-StPO/*Kuckein* Rn. 7–10; *Meyer-Goßner* Rn. 3 – 6; HK-StPO/*Temming* Rn. 2.
[9] *Meyer-Goßner* Rn. 6.
[10] BGH v. 14. 1. 1982 – 4 StR 642/81, BGHSt 30, 340 (343 f.) = NJW 1982, 1295; BGH v. 16. 5. 2002 – 3 StR 124/02, bei *Becker* NStZ-RR 2003, 97 (101); BeckOK-StPO/*Wiedner* Rn. 8.
[11] BGH v. 17. 11. 1998 – 4 StR 528/98, NStZ 1999, 259 (260).
[12] BGH v. 13. 12. 1956 – 4 StR 494/56, VRS 12, 208; *Meyer-Goßner* Rn. 6.
[13] BGH v. 30. 8. 1978 – 2 StR 323/78, BGHSt 28, 119 (121) = NJW 1979, 54; BGH v. 21. 10. 1980 – 1 StR 262/80, BGHSt 29, 359 (366) = NJW 1981, 589n (590); BGH v. 14. 1. 1982 – 4 StR 642/81, BGHSt 30, 340 (343 f.) = NJW 1982, 1295 (st. Rspr.).

des Revisionsgerichts insoweit bindend. Diese Mängel sind dann bei der neuen Entscheidung zu vermeiden.[14]

Hat das Revisionsgericht dagegen das Urteil nur wegen eines **Verfahrensfehlers** aufgehoben, ist der Tatrichter im Übrigen in der sachlich-rechtlichen Beurteilung der Tat- und Schuldfrage frei.[15] 6

Die innerprozessuale Bindungswirkung umfasst schließlich generell die **Beurteilung von Vorfragen**. Dadurch, dass das Revisionsgericht das angefochtene Urteil sachlich-rechtlich geprüft hat, hat es zu erkennen gegeben, dass es von dem Vorliegen der **Prozessvoraussetzungen** und der **Verfassungsmäßigkeit der anzuwendenden Gesetze** ausgegangen ist.[16] Eine Vorlage der Sache nach Art. 100 Abs. 1 GG scheidet für den neuen Tatrichter ebenso aus[17] wie eine Einstellung wegen eines Prozesshindernisses.[18] 7

Im Übrigen erstreckt sich die Bindungswirkung nur auf die durch das Revisionsgericht entschiedene Sache, nicht auf Parallelverfahren, auch wenn in diesen dieselben Rechtsfragen zu beurteilen sind.[19] 8

Der Umfang der aufgrund der Aufhebungsansicht eintretenden Bindungswirkung ist vom Tatrichter festzustellen. Dazu hat er vom Revisionsurteil in der neuen Hauptverhandlung in geeigneter Weise Kenntnis zu nehmen. In welchem Umfang das Revisionsurteil gem. § 249 zu verlesen ist, ist unter Zweckmäßigkeitsgesichtspunkten zu entscheiden.[20] Die Nichtbeachtung der Bindungswirkung prüft bei **erneuter Revision** das Revisionsgericht, sofern die Sachrüge erhoben ist.[21] Hat sich die Aufhebung allein auf einen Verfahrensfehler gestützt, ist bei dessen Wiederholung wiederum eine form- und fristgerecht gem. § 344 Abs. 2 S. 2 zu begründende Verfahrensrüge erforderlich.[22] 9

2. Innerprozessuale Bindungswirkungen. Neben dem Gericht, an das zurückverwiesen wird, sind auch alle anderen im weiteren Verfahren mit der Sache befassten Gerichte an die Aufhebungsansicht gebunden. Folglich ist bei Zurückweisung an das AG auch das LG als Berufungsgericht sowie selbst das Revisionsgericht in die Bindung einbezogen, sofern erneut Revision eingelegt wird.[23] 10

3. Wegfall der Bindung. Die Bindung setzt zunächst eine gleich bleibende Verfahrens- und Sachlage voraus.[24] Bei **wesentlicher Änderung** der Entscheidungsgrundlage entfällt mithin die Bindungswirkung.[25] Wesentlich ist insoweit eine abweichende, neue Regelung durch den Gesetzgeber,[26] eine die Verfassungswidrigkeit der angewendeten Vorschrift feststellende Entscheidung des Bundesverfassungsgerichts[27] sowie eine **Änderung der Rechtsauffassung**, sofern das Revisionsgericht selbst seine Meinung geändert hat.[28] Schließlich entfällt die Bindung, wenn deren Befolgung einen offensichtlichen Verstoß gegen Verfassungsrecht begründen würde.[29] 11

II. Verbot der reformatio in peius (Abs. 2 S. 1)

Für das Revisionsgericht und den Tatrichter, an den zurückverwiesen wird, gilt das Verbot der Schlechterstellung wie in § 331 für das Berufungsverfahren und in § 373 Abs. 2 für das Wiederaufnahmeverfahren geregelt. Alle strafrechtlichen Entscheidungen gegen einen Angeklagten wegen desselben Verfahrensgegenstands werden davon umfasst.[30] Voraussetzung ist, dass lediglich vom Angeklagten oder zu seinen Gunsten Revision eingelegt ist. Der Angeklagte soll bei seiner Entscheidung darüber, ob er ein Rechtsmittel einlegen soll, nicht von der Besorgnis abgehalten 12

---

[14] BGH v. 30. 5. 2000 – 1 StR 610/99, NStZ 2000, 551 (552); KK-StPO/*Kuckein* Rn. 9; *Meyer-Goßner* Rn. 6.
[15] BGH v. 24. 11. 1967 – 4 StR 480/67, VRS 34, 356; KK-StPO/*Kuckein* Rn. 8; *Meyer-Goßner* Rn. 5; HK-StPO/*Temming* Rn. 4; SK-StPO/*Wohlers* Rn. 13.
[16] KK-StPO/*Kuckein* Rn. 9; *Meyer-Goßner* Rn. 4.
[17] BVerfG v. 19. 2. 1957 – 1 BvR 13/54, BVerfGE 6, 222 (242) = NJW 57, 625 (627); HK-StPO/*Temming* Rn. 2.
[18] KK-StPO/*Kuckein* Rn. 7; *Meyer-Goßner* Rn. 4.
[19] BGH v. 15. 5. 1956 – 1 StR 55/56, JR 1956, 430.
[20] Vgl. Wömpner NStZ 1984, 481 (487); KK-StPO/*Kuckein* Rn. 11.
[21] BGH v. 13. 7. 1993 – 5 StR 396/93, NStZ 1993, 552; BGH v. 30. 5. 2000 – 1 StR 610/99, NStZ 2000, 551 (552); SK-StPO/*Wohlers* Rn. 24.
[22] Vgl. KK-StPO/*Kuckein* Rn. 15.
[23] Vgl. GmS-OGB v. 6. 2. 1973 – GmS-OGB 1/72, BGHZ 60, 392 (396) = NJW 1973, 1273 (1274); BGH v. 10. 1. 2007 – 5 StR 305/06, BGHSt 51, 202 (203 f.) = NJW 2007, 853 (854); HK-GS/*Maiwald* Rn. 1, 5; HK-StPO/*Temming* Rn. 9; SK-StPO/*Wohlers* Rn. 6, 7.
[24] *Meyer-Goßner* Rn. 9; HK-StPO/*Temming* Rn. 8.
[25] Vgl. KG Berlin v. 21. 9. 2009 – (4) 1 Ss 240/09 (191/09) (juris); *Eisenberg* StraFo 1997, 129 (130).
[26] Löwe-Rosenberg/*Hanack*, 25. Aufl., Rn. 10; KK-StPO/*Kuckein* Rn. 17; *Meyer-Goßner* Rn. 8; BeckOK-StPO/*Wiedner* Rn. 10.
[27] Anw-StPO/*Lohse* Rn. 4.
[28] Vgl. GmS-OGB v. 6. 2. 1973 – GmS-OGB 1/72, BGHZ 60, 392 (396); BGH GrS v. 7. 11. 1985 – GSSt 1/85, BGHSt 33, 356 (358) = NJW 1986, 1764 (1765); KK-StPO/*Kuckein* Rn. 13; HK-StPO/*Temming* Rn. 7; *Dahs* Revision Rn. 597; aA *Meyer-Goßner* Rn. 8, 10.
[29] Vgl. Hess. StGH v. 10. 10. 2001 – P. St. 1629, NStZ 2002, 162 (163); KK-StPO/*Kuckein* Rn. 17.
[30] BGH v. 2. 12. 2004 – 4 StR 452/04, bei *Becker* NStZ-RR 2006, 257 (261).

werden, es könne ihm durch die Einlegung des Rechtsmittels ein Nachteil entstehen. Ob ein **Verstoß** gegen das Verbot der Schlechterstellung begründet ist, hängt davon ab, ob die Gesamtschau aller verhängten Ahndungsmaßnahmen eine dem alleinigen Beschwerdeführer nachteilige Veränderung erkennen lässt.[31] Ein Verstoß begründet für das weitere Verfahren ein **von Amts wegen** zu beachtendes **Verfahrenshindernis**.[32]

13 Für das Revisionsgericht gilt das Verschlechterungsverbot nur, sofern es selbst nach § 354 Abs. 1 entscheidet.[33] Es ist aber auch dann zu beachten, wenn die StA oder der Nebenkläger zu Ungunsten des Angeklagten Revision eingelegt haben, das Rechtsmittel aber gem. § 301 nur zu dessen Gunsten Erfolg hatte.[34]

14 Das Verschlechterungsverbot bezieht sich nur auf die Art und Höhe der **Rechtsfolgen** der Tat (Abs. 2 S. 1).[35] Es erstreckt sich deshalb auch auf die unterbliebene Feststellung der besonderen Schuldschwere nach § 57a StGB,[36] auf eine Entscheidung über den **Verfall**,[37] die Verhängung einer Jugend-[38] oder Geldstrafe[39] sowie im **Ergebnis** auch auf eine Änderung der Rechtsprechung zu einer die Rechtsfolgen betreffenden Rechtsfrage. So darf der Tatrichter auch unter Berücksichtigung der **Vollstreckungslösung**[40] die Höhe der unter Beachtung der **Strafabschlagslösung** festgestellten zu verbüßenden Freiheitsstrafe nicht überschreiten.[41] Bei Aufhebung des gesamten Strafausspruchs gilt das für alle Einzelstrafen.[42]

15 Der Begrenzung des Verschlechterungsverbots auf die Rechtsfolgen der Tat folgt, dass es weder einer **Verschärfung des Schuldspruchs**[43] oder der **Nachholung unterlassener Entscheidungen**[44] noch nachteiligen Änderungen von Nebenentscheidungen, wie der **Kostenentscheidung**, der Verpflichtung zur **Entschädigung** oder der Auferlegung eines **Schmerzensgeldes** im Wege des Adhäsionsverfahrens entgegensteht.[45] Folglich ist eine versäumte Einbeziehung einer Strafe in eine **nachträgliche Gesamtstrafenbildung** grundsätzlich auch dann zulässig, wenn die neu zu bildende Gesamtstrafe nicht mehr aussetzungsfähig ist.[46]

III. Sonderregelung bei Anordnung von Sicherungsmaßregeln (Abs. 2 S. 2, S. 3)

16 Zu den Rechtsfolgen gehören grundsätzlich auch die Maßregeln der Sicherung und Besserung (§ 61 StGB). Für diese gilt daher grundsätzlich auch das Verbot der Schlechterstellung. Davon ausgenommen sind in Abs. 2 S. 3 die Anordnung der Unterbringung in ein psychiatrisches Krankenhaus (§ 63 StGB) und in eine Erziehungsanstalt (§ 64 StGB). Auf die damit verbundene Beeinträchtigung kommt es nicht an.[47]

17 Ein Verstoß gegen das Verschlechterungsverbot liegt jedoch vor, wenn die im ersten Urteil angeordnete Unterbringung im zweiten Urteil durch **Sicherungsverwahrung** ersetzt wird.[48]

18 Nach Abs. 2 S. 2 ist es nun auch möglich, eine Strafe zu verhängen, wenn auf die Revision des Angeklagten die Unterbringungsanordnung aufgehoben wird. Mithin kann nunmehr auf die Revision des Angeklagten hin ein Freispruch aufgehoben werden, ein Schuldspruch ergehen und eine Strafe festgesetzt werden.[49]

---

[31] Vgl. OLG Celle v. 13. 9. 2000 – 33 Ss 73/00, NStZ-RR 2001, 90 f. mwN.
[32] BGH v. 10. 1. 2008 – 4 StR 626/07, NStZ-RR 2008, 140 (141); KK-StPO/*Kuckein* Rn. 23 mwN; SK-StPO/*Wohlers* Rn. 32; aA HK-GS/*Maiwald* Rn. 8.
[33] Vgl. *Meyer-Goßner* Rn. 11.
[34] BGH v. 18. 9. 1991 – 2 StR 288/91, BGHSt 38, 66 (67) = NJW 1992, 516 f.; KK-StPO/*Kuckein* Rn. 18; *Meyer-Goßner* Rn. 11.
[35] BGH v. 10. 11. 1999 – 3 StR 361/99, BGHSt 45, 308 (310) = NJW 2000, 748 (749); HK-StPO/*Temming* Rn. 12.
[36] BVerfG v. 3. 6. 1992 – 2 BvR 1041/88, 2 BvR 78/89, BVerfGE 86, 288 = NJW 1992, 2947.
[37] OLG Hamm v. 8. 10. 2007 – 3 Ws 560/07, StV 2008, 132 mwN.
[38] BGH v. 7. 5. 1980 – 2 StR 10/80, BGHSt 29, 269 = NJW 1980, 1967.
[39] BGH v. 15. 5. 1997 – 4 StR 89/97, NJW 1997, 2335 = JR 1998, 115 mAnm *Radtke*; vgl. auch OLG Hamm v. 27. 11. 2007 – 3 Ss 410/07, NStZ-RR 2008, 108 f. [unzulässige Ersetzung einer Freiheitsstrafe durch eine höhere Geldstrafe]; KK-StPO/*Kuckein* Rn. 19 mwN.
[40] Vgl. BGH v. 17. 1. 2008 – GSSt 1/07, BGHSt 52, 124 = NStZ 2008, 234.
[41] BGH v. 18. 1. 2008 – 3 StR 388/07, StV 2008, 399 f.; BGH v. 13. 2. 2008 – 3 StR 563/07, NStZ 2008, 168; BGH v. 19. 2. 2008 – 3 StR 536/07 (juris); BGH v. 5. 3. 2008 – 2 StR 54/08, StV 2008, 400.
[42] BGH v. 4. 2. 1999 – 4 StR 13/99, bei *Kusch* NStZ-RR 2000, 39 (40); BayObLG v. 11. 9. 2003 – 1 St RR 108/03, NStZ RR 2004, 22.
[43] BGH v. 30. 6. 2005 – 1 StR 227/05, NStZ 2006, 34 (35) (st. Rspr.); *Dahs* Revision Rn. 581; KK-StPO/*Kuckein* Rn. 18 mwN; Anw-StPO/*Lohse* Rn. 7; HK-StPO/*Temming* Rn. 13.
[44] Vgl. KK-StPO/*Kuckein* Rn. 19 mwN.
[45] OLG Brandenburg v. 7. 10. 2009 – 1 Ss 82/09 (juris).
[46] BGH v. 22. 11. 2001 – 1 StR 488/01 (juris) (st. Rspr.); KK-StPO/*Kuckein* Rn. 19 mwN.
[47] HK-StPO/*Temming* Rn. 17; *Roxin* § 51 B VI 2 e Rn. 34.
[48] BGH v. 25. 10. 1972 – 2 StR 422/72, BGHSt 25, 38 = NJW 1973, 107; BGH v. 5. 9. 2008 – 2 StR 237/08, StV 2008, 635 (636); KK-StPO/*Kuckein* Rn. 24; *Meyer-Goßner* zu § 331 Rn. 22; HK-StPO/*Temming* Rn. 17.
[49] Vgl. ausführlich KK-StPO/*Kuckein* Rn. 24, 24 a; *Meyer-Goßner* Rn. 12; HK-StPO/*Temming* Rn. 18.

Einer nachträglichen oder stellvertretenden Verhängung anderer als der in Abs. 2 genannten Maßregeln steht das Verbot der Schlechterstellung entgegen. Sie bleibt damit unzulässig. Das gilt auch für die **Entziehung** der Fahrerlaubnis. Dem steht aber eine nachträgliche **Einziehung** der Fahrerlaubnis nicht entgegen.[50]

---

[50] BGH v. 28. 7. 2005 – 4 StR 109/05, NStZ-RR 2005, 372 (st. Rspr.).

VIERTES BUCH. WIEDERAUFNAHME EINES DURCH RECHTSKRÄFTIGES URTEIL ABGESCHLOSSENEN VERFAHRENS

§ 359 [Wiederaufnahme zugunsten des Verurteilten]

Die Wiederaufnahme eines durch rechtskräftiges Urteil abgeschlossenen Verfahrens zugunsten des Verurteilten ist zulässig,

1. wenn eine in der Hauptverhandlung zu seinen Ungunsten als echt vorgebrachte Urkunde unecht oder verfälscht war;
2. wenn der Zeuge oder Sachverständige sich bei einem zuungunsten des Verurteilten abgelegten Zeugnis oder abgegebenen Gutachten einer vorsätzlichen oder fahrlässigen Verletzung der Eidespflicht oder einer vorsätzlichen falschen uneidlichen Aussage schuldig gemacht hat;
3. wenn bei dem Urteil ein Richter oder Schöffe mitgewirkt hat, der sich in Beziehung auf die Sache einer strafbaren Verletzung seiner Amtspflichten schuldig gemacht hat, sofern die Verletzung nicht vom Verurteilten selbst veranlaßt ist;
4. wenn ein zivilgerichtliches Urteil, auf welches das Strafurteil gegründet ist, durch ein anderes rechtskräftig gewordenes Urteil aufgehoben ist;
5. wenn neue Tatsachen oder Beweismittel beigebracht sind, die allein oder in Verbindung mit den früher erhobenen Beweisen die Freisprechung des Angeklagten oder in Anwendung eines milderen Strafgesetzes eine geringere Bestrafung oder eine wesentlich andere Entscheidung über eine Maßregel der Besserung und Sicherung zu begründen geeignet sind;
6. wenn der Europäische Gerichtshof für Menschenrechte eine Verletzung der Europäischen Konvention zum Schutze der Menschenrechte und Grundfreiheiten oder ihrer Protokolle festgestellt hat und das Urteil auf dieser Verletzung beruht.

Schrifttum: *Bertram*, Einzelne Fragen zum Wiederaufnahmeverfahren nach §§ 79 I BVerfGG, 359 ff. StPO, MDR 1962, 535; *Hanack/v. Gerlach/Wahle*, Denkschrift zur Reform des Rechtsmittelrechts und der Wiederaufnahme des Verfahrens im Strafprozess, 1971; *Radtke*, Materielle Rechtskraft bei der Anordnung freiheitsentziehender Maßregeln der Besserung und Sicherung, ZStW 110 (1998), 297; *Strate*, Der Verteidiger in der Wiederaufnahme, StV 1999, 228; *Waßmer*, Die Wiederaufnahme in Strafsachen – Bestandsaufnahme und Reform, Jura 2002, 454; *Weigend*, Die Europäische Menschenrechtskonvention als deutsches Recht – Kollisionen und ihre Lösung, StV 2000, 384.

Übersicht

	Rn.
I. Allgemeines	1–5
II. Die einzelnen Wiederaufnahmegründe	6–57
1. Unechte oder verfälschte Urkunden (Nr. 1)	6–10
2. Falsche Aussagen oder Gutachten (Nr. 2)	11–14
3. Strafbare Amtspflichtverletzungen (Nr. 3)	15–20
4. Aufhebung eines zivilgerichtlichen Urteils (Nr. 4)	21–25
5. Neue Tatsachen oder Beweismittel (Nr. 5)	26–51
a) Tatsachen und Beweismittel	27–31
b) Neuheit der Tatsachen oder Beweismittel	32–39
c) Geeignetheit von Tatsachen oder Beweismitteln	40–44
d) Antragsbegründung	45–51
6. Festgestellte Verletzung der EMRK (Nr. 6)	52–57

I. Allgemeines

Die Vorschrift regelt die **Voraussetzungen**, bei deren Vorliegen eine Wiederaufnahme **zu Gunsten des Verurteilten** zulässig ist. Der Katalog der Wiederaufnahmegründe der Nr. 1 bis 6 ist **abschließend**.[1] Der Gesetzgeber hat dort aus Gründen der materiellen Gerechtigkeit diejenigen Fälle bestimmt, in denen eine Ausnahme von dem der Rechtssicherheit dienenden Grundsatz der Bestandskraft rechtskräftiger Entscheidungen gelten soll.[2] Eine analoge Anwendung der gesetzlich normierten Wiederaufnahmegründe als außerordentliches Mittel der Rechtskraftdurchbrechung auf Fälle, die vom Wortlaut des Gesetzes in den Grenzen des möglichen Wortsinns nicht mehr erfasst sind, scheidet daher aus.[3]

Die einzelnen in Nr. 1 bis 6 genannten Wiederaufnahmegründe lassen sich zunächst danach unterscheiden, ob sie auf tatsächlichen oder rechtlichen Umständen beruhen.[4] Weiter lassen sie sich

---

[1] OLG Bamberg v. 11. 2. 1955 – Ws 27/55, NJW 1955, 1121; LG Hannover v. 24. 11. 1969 – 38 Qs 249/69, NJW 1970, 288 (289); *Waßmer* Jura 2002, 454 (455); KMR/*Eschelbach* Rn. 3; *Meyer-Goßner* Rn. 1; SK-StPO/*Frister/Deiters* Rn. 3.

[2] SK-StPO/*Frister/Deiters* Rn. 4.

[3] OLG Bamberg v. 11. 2. 1955 – Ws 27/55, NJW 1955, 1121 (1122); LG Hannover v. 24. 11. 1969 – 38 Qs 249/69, NJW 1970, 288 (289); *Meyer-Goßner* Rn. 1.

[4] Anw-StPO/*Rotsch* Rn. 3.

danach differenzieren, ob ihnen eine absolute oder eine relative Wirkung eigen ist.[5] Ein **absoluter Wiederaufnahmegrund** ist dadurch charakterisiert, dass bei seinem Vorliegen die Wiederaufnahme unabhängig davon angeordnet werden muss, ob das angefochtene Strafurteil auf ihm beruht und deshalb unrichtig ist.[6] Bei den **relativen Wiederaufnahmegründen** ist die Anordnung der Wiederaufnahme hingegen nur zulässig, wenn ihr Vorliegen das angefochtene Urteil inhaltlich beeinflusst hat.[7] Allein die Nr. 3 ist ein absoluter Wiederaufnahmegrund.[8] Einem solchen stehen die Wiederaufnahmegründe der Nr. 1 und 2 zwar nahe, sind aber wie die Übrigen der Nr. 4, 5 und 6 relative. Die einzelnen Wiederaufnahmegründe können nebeneinander geltend gemacht werden. Keiner der Wiederaufnahmegründe schließt einen anderen aus.[9]

3   **Zulässiges Ziel** einer Wiederaufnahme zu Gunsten des Verurteilten kann grundsätzlich jede Entscheidung sein, die im Tenor den Verurteilten weniger belastet als die angefochtene Entscheidung.[10] Allerdings ordnen die §§ 363 und 364 für alle Wiederaufnahmegründe geltende Beschränkungen an.[11] Im Fall eines auf Nr. 5 gestützten Wiederaufnahmeantrags sind darüber hinaus die dort normierten Beschränkungen der Wiederaufnahmeziele zu beachten.[12] Dementsprechend kann ein Wiederaufnahmeantrag zu Gunsten des Verurteilten nur die **Freisprechung** und die dieser gleichstehende **Einstellung** des Verfahrens, die **geringere Bestrafung** in Anwendung eines milderen Gesetzes sowie eine **wesentlich andere Entscheidung über Maßregeln** der Besserung und Sicherung zum Ziel haben.[13]

4   Einen weiteren **selbstständigen absoluten Wiederaufnahmegrund** enthält § 79 Abs. 1 BVerfGG.[14] Die Vorschrift erklärt „gegen ein Strafurteil, das auf einer mit dem Grundgesetz unvereinbar oder nach § 78 BVerfGG für nichtig erklärten Norm oder auf der Auslegung einer Norm beruht, die vom Bundesverfassungsgericht für unvereinbar mit dem Grundgesetz erklärt worden ist", die Wiederaufnahme des Verfahrens nach den Vorschriften der StPO für zulässig. Dieser Regelung liegt der Gedanke zugrunde, dass niemand gezwungen sein soll, den Makel einer Bestrafung auf sich ruhen zu lassen, die auf einer verfassungswidrigen Grundlage beruht.[15]

5   Es handelt sich bei § 79 Abs. 1 BVerfGG um einen **selbstständigen Wiederaufnahmegrund**,[16] da die Verweisung auf die Vorschriften der StPO sich ausschließlich auf die das Verfahren betreffenden Vorschriften (§§ 360, 361, 365, 366, 373 a) erstreckt. Die die sachlichen Voraussetzungen der Wiederaufnahme regelnden Normen (§§ 359, 362, 363, 364) sind nicht anwendbar.[17] **Antragsberechtigte** sind dementsprechend der Verurteilte und die Personen, die zu seinen Gunsten Rechtsmittel einlegen dürfen, sowie die Staatsanwaltschaft.[18] Für die **Zuständigkeit** des Gerichts ist auch hier § 140a GVG maßgeblich. Der Zulässigkeit der Wiederaufnahme nach § 79 Abs. 1 BVerfGG steht es nicht entgegen, wenn die Verurteilung auf der Grundlage einer (anderen) gültigen Norm Bestand haben könnte. Es muss dann wegen einer Tat nach der gültigen Norm verurteilt werden.[19] Ohne Wiederaufnahme ist eine solche „Berichtigung" des Urteils allerdings unzulässig.[20]

II. Die einzelnen Wiederaufnahmegründe

6   **1. Unechte oder verfälschte Urkunden (Nr. 1).** Ein Antrag auf Wiederaufnahme ist zunächst zulässig, wenn eine in der Hauptverhandlung zu Ungunsten des Verurteilten vorgebrachte Urkunde unecht oder verfälscht ist. Nach hM gilt auch im Strafprozessrecht der im materiellen Recht zu § 267 StGB vertretene **strafrechtliche Urkundenbegriff**.[21] Ebenfalls sind die Begriffe der unechten

---

[5] Löwe/Rosenberg/*Gössel* Rn. 1.
[6] BGH v. 2. 5. 1983 – 3 ARs 4/83 – StB 15/83, BGHSt 31, 365 (372) = NStZ 1983, 424 (425); Löwe/Rosenberg/*Gössel* Rn. 1.
[7] Löwe/Rosenberg/*Gössel* Rn. 1.
[8] Löwe/Rosenberg/*Gössel* Rn. 2.
[9] LG Regensburg v. 19. 6. 2009 – 1 Ns 127 Js 27857/08 WA, StraFo 2009, 522 (523); KK-StPO/*Schmidt* Rn. 3; *Meyer-Goßner* Rn. 1.
[10] Löwe/Rosenberg/*Gössel* Rn. 11.
[11] Vgl. u. § 363 Rn. 1 ff. sowie § 364 Rn. 1 ff.
[12] Vgl. u. Rn. 26 ff.
[13] HK-StPO/*Temming* Rn. 2; Löwe/Rosenberg/*Gössel* Rn. 11; *Marxen/Tiemann* Rn. 69.
[14] SK-StPO/*Frister/Deiters* Rn. 77.
[15] BVerfG v. 10. 5. 1961 – 2 BvR 55/61, BVerfGE 12, 338 (340) = NJW 1961, 1203; KK-StPO/*Schmidt* Rn. 17.
[16] *Bertram* MDR 1962, 535 (536); KK-StPO/*Schmidt* Rn. 21.
[17] BGH v. 9. 5. 1963 – 3 StR 19/63, BGHSt 18, 339 (343) = NJW 1963, 1364 (1365 f.); KK-StPO/*Schmidt* Rn. 22; aA LG Berlin v. 19. 1. 2001 – 503 – 1/01, NJW 2001, 2271 (2272).
[18] OLG Bremen v. 15. 10. 1962 – Ws 239/62, NJW 1962, 2169 (2170); KK-StPO/*Schmidt* Rn. 22.
[19] OLG Bamberg v. 8. 10. 1962 – Ws 254/62, NJW 1962, 2168; OLG Bremen v. 15. 10. 1962 – Ws 239/62, NJW 1962, 2169 (2170); KK-StPO/*Schmidt* Rn. 23; Löwe/Rosenberg/*Gössel* Rn. 164 u. 166.
[20] KK-StPO/*Schmidt* Rn. 23.
[21] Vgl. hierzu Schönke/Schröder/*Cramer/Heine*, § 267 StGB Rn. 2.

oder verfälschten Urkunde materiell-rechtlich[22] zu bestimmen.[23] Dementsprechend ist eine schriftliche Lüge keine unechte oder verfälschte Urkunde.[24] Ein auf deren Vorlage gestützter Wiederaufnahmeantrag ist nicht nach Nr. 1 zulässig.[25]

Beweiszeichen, wie etwa Eichzeichen und Siegelabdrücke, nicht aber bloße **Augenscheinsobjekte** oder bloße Kenn- und Unterscheidungszeichen sind als Urkunden iSd. der Nr. 1 zu qualifizieren.[26] **Technische Aufzeichnungen** iSd. § 268 StGB sind dem Urkundsbegriff der Nr. 1 zu subsumieren.[27] Zwar sind technische Aufzeichnungen keine Urkunden im materiell-rechtlichen Sinne.[28] Jedoch gebietet es das Ziel des Wiederaufnahmegrunds der Nr. 1 wie gleichfalls des von § 362 Nr. 1,[29] Fehlurteile zu beseitigen, die durch unechte oder verfälschte Dokumente veranlasst worden sind, eine Wiederaufnahme auch bei Vorlage unechter oder gefälschter technischer Aufzeichnungen zuzulassen.[30] Dem steht das Analogieverbot nicht entgegen, weil insofern nicht die Voraussetzungen der Strafbarkeit in Rede stehen.[31]

7

Die Urkunde muss in dem Strafverfahren **als eine echte vorgebracht** worden sein. Hierfür ist es unerheblich, von wem sie vorgebracht worden ist.[32] Entscheidend ist es allein, dass sie in prozessual ordnungsgemäßer Weise **als Beweismittel in die Hauptverhandlung eingeführt** worden ist; sei es durch Verlesung (§ 249) oder Bekanntgabe durch den Vorsitzenden.[33] Nicht ausreichend ist es, wenn die entsprechende Urkunde lediglich vorgehalten worden ist.[34] Eine Nutzung nur im Ermittlungsverfahren genügt ebenfalls nicht.[35] Vorgebracht werden muss die Urkunde zwar **zum Zwecke der Täuschung**,[36] jedoch ist eine Straftat nach §§ 267 oder 268 StGB nicht vorausgesetzt.[37] Eine Vorlage aus Versehen reicht nicht aus, da der „Täter" mit dolus directus 2. Grades bezüglich der Täuschungskomponente gehandelt haben muss.[38]

8

Zu Ungunsten des Verurteilten ist die unechte oder verfälschte Urkunde vorgebracht, sofern nicht auszuschließen ist, dass die Urkunde das Urteil zu seinem Nachteil beeinflusst haben kann.[39] Nicht ausreichend ist es, dass eine entsprechende Urkunde zwar mit dem Ziel vorgebracht worden ist, einen Belastungsbeweis zu führen, ein Einfluss der Urkunde auf das Urteil aber ausgeschlossen werden kann.[40]

9

In der **Antragsbegründung** müssen die Urkunde bezeichnet und die Tatsachen dargelegt werden, aus denen die Unechtheit oder Verfälschtheit der Urkunde folgt.[41] Dargetan werden muss weiter, in welcher Weise sie in der Hauptverhandlung als Beweismittel eingeführt worden ist.[42] Ferner muss ausgeführt werden, dass und warum die unechte oder verfälschte Urkunde die angegriffene Entscheidung zum Nachteil des Verurteilten beeinflusst haben kann.[43] Für den Verurteilten streitet allerdings gem. § 370 Abs. 1 eine widerlegliche Kausalitätsvermutung.[44] Nur wenn eine Straftat behauptet wird, müssen darüber hinaus die Voraussetzungen des § 364 dargetan werden.[45] Hierfür genügt jedoch regelmäßig ein Hinweis auf ein iSd. § 364 S. 1 ergangenes Strafurteil. Im Übrigen wird auf die Erläuterungen zu § 364 verwiesen.[46]

10

---

[22] Vgl. hierzu Schönke/Schröder/*Cramer/Heine*, § 267 StGB Rn. 48 u. 64.
[23] KK-StPO/*Schmidt* Rn. 5; KMR/*Eschelbach* Rn. 38; Löwe/Rosenberg/*Gössel* Rn. 16; *Meyer-Goßner* Rn. 4; SK-StPO/*Frister/Deiters* Rn. 16; aA HK-StPO/*Temming* Rn. 4; *Marxen/Tiemann* Rn. 136 ff.: Nur schriftliche Gedankenerklärungen, die beweisgerichtet und handschriftlich unterzeichnet sind (= strafprozessualer Urkundenbegriff).
[24] Anw-StPO/*Rotsch* Rn. 11; HK-StPO/*Temming* Rn. 5; SK-StPO/*Frister/Deiters* Rn. 19.
[25] KK-StPO/*Schmidt* Rn. 6; Meyer-Goßner Rn. 6; SK-StPO/*Frister/Deiters* Rn. 19.
[26] KK-StPO/*Schmidt* Rn. 5; Löwe/Rosenberg/*Gössel* Rn. 19; *Meyer-Goßner* Rn. 5; aA HK-StPO/*Temming* Rn. 4; KMR/*Eschelbach* Rn. 37: Beweisanzeichen nicht erfasst; zur Begrifflichkeit vgl. Schönke/Schröder/*Cramer/Heine*, § 267 StGB Rn. 20 ff.
[27] KK-StPO/*Schmidt* Rn. 6; *Meyer-Goßner* Rn. 5; aA KMR/*Eschelbach* Rn. 41; Löwe/Rosenberg/*Gössel* Rn. 18; SK-StPO/*Frister/Deiters* Rn. 18.
[28] Vgl. Schönke/Schröder/*Cramer/Heine*, § 268 StGB Rn. 6 ff.
[29] Vgl. u. § 362 Rn. 1.
[30] KK-StPO/*Schmidt* Rn. 6.
[31] KK-StPO/*Schmidt* Rn. 6.
[32] KK-StPO/*Schmidt* Rn. 7; KMR/*Eschelbach* Rn. 49.
[33] HK-StPO/*Temming* Rn. 5; KK-StPO/*Schmidt* Rn. 7; *Marxen/Tiemann* Rn. 140.
[34] HK-StPO/*Temming* Rn. 5; KK-StPO/*Schmidt* Rn. 7.
[35] SK-StPO/*Frister/Deiters* Rn. 21.
[36] Anw-StPO/*Rotsch* Rn. 12; KK-StPO/*Schmidt* Rn. 9.
[37] Anw-StPO/*Rotsch* Rn. 12; KMR/*Eschelbach* Rn. 49 u. 57; Löwe/Rosenberg/*Gössel* Rn. 21; *Meyer-Goßner* Rn. 6; aA HK-StPO/*Temming* Rn. 5; KK-StPO/*Schmidt* Rn. 9; *Marxen/Tiemann* Rn. 139.
[38] Anw-StPO/*Rotsch* Rn. 12; KK-StPO/*Schmidt* Rn. 9; *Marxen/Tiemann* Rn. 139; aA *Meyer-Goßner* Rn. 7.
[39] KK-StPO/*Schmidt* Rn. 8; Löwe/Rosenberg/*Gössel* Rn. 25; *Meyer-Goßner* Rn. 8; *Marxen/Tiemann* Rn. 141.
[40] Löwe/Rosenberg/*Gössel* Rn. 27; aA Anw-StPO/*Rotsch* Rn. 13.
[41] Anw-StPO/*Rotsch* Rn. 14; *Meyer-Goßner* Rn. 9.
[42] Anw-StPO/*Rotsch* Rn. 14; *Meyer-Goßner* Rn. 9.
[43] HK-StPO/*Temming* Rn. 6; Löwe/Rosenberg/*Gössel* Rn. 27; *Meyer-Goßner* Rn. 9; *Marxen/Tiemann* Rn. 142; aA Anw-StPO/*Rotsch* Rn. 14; KMR/*Eschelbach* Rn. 65.
[44] HK-StPO/*Temming* Rn. 6; Löwe/Rosenberg/*Gössel* Rn. 27.
[45] *Meyer-Goßner* Rn. 9.
[46] Vgl. u. § 364 Rn. 2 ff.

11 **2. Falsche Aussagen oder Gutachten (Nr. 2).** Der Wiederaufnahmegrund der falschen Aussage oder des falschen Gutachtens liegt bei jedem **Verstoß gegen die §§ 153–155 und 163 StGB** vor, sofern alle Merkmale sowohl des objektiven als auch des subjektiven Tatbestands verwirklicht sind und der Täter rechtswidrig und schuldhaft gehandelt hat.[47] Eine nicht unter Strafe gestellte fahrlässige falsche uneidliche Aussage reicht nicht aus.[48] Ein auf Nr. 2 gestützter Wiederaufnahmeantrag scheidet dementsprechend etwa dann aus, wenn der Zeuge strafunmündig[49] gewesen ist oder in einem entschuldbaren Irrtum gehandelt hat.[50] In diesen Fällen kommt jedoch ein Wiederaufnahmeantrag nach Nr. 5 in Betracht.[51] Ist die **Tat im Ausland** begangen worden, kann ein Wiederaufnahmeantrag nach Nr. 2 hierauf nur dann gestützt werden, sofern sie auch im Inland strafbar wäre.[52]

12 Hingegen kommt es nicht darauf an, in welchem **Verfahrensabschnitt** der Zeuge falsch ausgesagt oder der Sachverständige ein falsches Gutachten erstattet hat.[53] Der Wiederaufnahmegrund der Nr. 2 liegt auch dann vor, wenn die Niederschrift über eine **kommissarische Vernehmung** verlesen worden ist, in der der Zeuge falsch ausgesagt hat.[54] Dem Sachverständigen stehen **Dolmetscher (§ 191 GVG)** gleich.[55]

13 Die unrichtige Aussage oder das falsche Gutachten muss **Grundlage der Beweiswürdigung** sein und sich zu Ungunsten des Verurteilten ausgewirkt haben können.[56] Kann ein Einfluss auf das Urteil ausgeschlossen werden, ist eine Wiederaufnahme nach Nr. 2 unzulässig.

14 In der **Antragsbegründung** muss dementsprechend dargelegt werden, dass eine falsche Aussage oder ein falsches Gutachten die angegriffene Entscheidung zum Nachteil des Verurteilten beeinflusst hat.[57] Hierfür genügt regelmäßig ein Hinweis auf ein iSd. § 364 S. 1 ergangenes Strafurteil.[58] Im Übrigen wird auf die Erläuterungen zu § 364 verwiesen.[59] Weil der ursächliche Zusammenhang gem. § 370 Abs. 1 gesetzlich (widerleglich) vermutet wird, braucht der Nachweis nicht geführt zu werden, dass das Urteil auf der Falschaussage oder dem Falschgutachten beruht.[60]

15 **3. Strafbare Amtspflichtverletzungen (Nr. 3).** Zur Wiederaufnahme berechtigen ferner strafbare Amtspflichtverletzungen, sofern diese von einem an der Entscheidung **beteiligten Richter oder Schöffen** begangen worden sind. Eine entsprechende Anwendung der Norm auf andere Personen, bspw. Staatsanwälte und Urkundsbeamte, scheidet aus.[61] Ebenfalls ist der Wiederaufnahmegrund der Nr. 3 nicht einschlägig, wenn ein Richter seine Stellung durch Täuschung erlangt[62] hat oder sich Mängel aus seiner Persönlichkeit (etwa Geisteskrankheit)[63] ergeben. Auch eine analoge Anwendung der Vorschrift scheidet insofern aus.[64]

16 Die strafbare **Amtspflichtverletzung** muss sich auf das Strafverfahren selbst beziehen. Es reicht nicht aus, dass die Tat gelegentlich des Strafverfahrens begangen worden ist, wie etwa eine Beleidigung (§ 185 StGB) zum Nachteil des Angeklagten.[65] In Betracht kommen dementsprechend vor allem die Straftaten der **§§ 239, 240, 267, 331, 222, 339, 343 und 344 StGB**, wobei stets das Rechtsverständnis zum Zeitpunkt der Handlung maßgeblich ist.[66] Wie bei Nr. 2 ist es erforderlich, dass alle Merkmale sowohl des objektiven und subjektiven Tatbestands verwirklicht sind und der Täter rechtswidrig und schuldhaft gehandelt hat.[67] Eine bloß disziplinarrechtlich zu ahndende Amtspflichtverletzung genügt nicht.[68]

---

[47] OLG Hamburg v. 20. 5. 1969 – 2 Ws 181/69, NJW 1969, 2159; HK-StPO/*Temming* Rn. 7; *Meyer-Goßner* Rn. 11; KK-StPO/*Schmidt* Rn. 12; *Marxen/Tiemann* Rn. 148.
[48] SK-StPO/*Frister/Deiters* Rn. 22; *Hanack/v. Gerlach/Wahle*, S. 89.
[49] OLG Hamburg v. 20. 5. 1969 – 2 Ws 181/69, NJW 1969, 2159.
[50] Löwe/Rosenberg/*Gössel* Rn. 30; *Meyer-Goßner* Rn. 11; KK-StPO/*Schmidt* Rn. 12; *Marxen/Tiemann* Rn. 148.
[51] KK-StPO/*Schmidt* Rn. 12; *Marxen/Tiemann* Rn. 148.
[52] Löwe/Rosenberg/*Gössel* Rn. 29; *Meyer-Goßner* Rn. 11.
[53] HK-StPO/*Temming* Rn. 7; KK-StPO/*Schmidt* Rn. 10.
[54] HK-StPO/*Temming* Rn. 7; *Meyer-Goßner* Rn. 10; KK-StPO/*Schmidt* Rn. 10; SK-StPO/*Frister/Deiters* Rn. 25.
[55] Löwe/Rosenberg/*Gössel* Rn. 29; *Meyer-Goßner* Rn. 10; KK-StPO/*Schmidt* Rn. 11; aA Anw-StPO/*Rotsch* Rn. 16; SK-StPO/*Frister/Deiters* Rn. 23: Nur wenn der Dolmetscher als Zeuge aussagt.
[56] BGH v. 2. 5. 1983 – 3 ARs 4/83 – StB 15/ 83, BGHSt 31, 365 (371) = NStZ 1983, 424 (425); *Meyer-Goßner* Rn. 12; KK-StPO/*Schmidt* Rn. 12.
[57] Löwe/Rosenberg/*Gössel* Rn. 33; *Meyer-Goßner* Rn. 13.
[58] Anw-StPO/*Rotsch* Rn. 19; KMR/*Eschelbach* Rn. 99.
[59] Vgl. u. § 364 Rn. 2 ff.
[60] OLG Düsseldorf v. 6. 12. 1949 – Ws 250/49, NJW 1960, 616; Löwe/Rosenberg/*Gössel* Rn. 33.
[61] KK-StPO/*Schmidt* Rn. 13; Löwe/Rosenberg/*Gössel* Rn. 37; *Meyer-Goßner* Rn. 14.
[62] BGH v. 7. 7. 1976 – 5 StE 15/56 – StB 11/74.
[63] KK-StPO/*Schmidt* Rn. 13; KMR/*Eschelbach* Rn. 106.
[64] KK-StPO/*Schmidt* Rn. 13.
[65] HK-StPO/*Temming* Rn. 9; KK-StPO/*Schmidt* Rn. 14; *Meyer-Goßner* Rn. 13; *Marxen/Tiemann* Rn. 154.
[66] KK-StPO/*Schmidt* Rn. 14; KMR/*Eschelbach* Rn. 105; *Meyer-Goßner* Rn. 13.
[67] KMR/*Eschelbach* Rn. 107.
[68] Löwe/Rosenberg/*Gössel* Rn. 37.

Bei dem Wiederaufnahmegrund der Nr. 3 handelt es sich um einen **absoluten**, weil wegen 17
des Beratungsgeheimnisses die Kausalität zwischen der Amtspflichtverletzung und dem Urteil
nicht sicher aufgeklärt werden könnte.[69] Der Kausalzusammenhang wird **unwiderleglich vermutet**.[70]

Ist aber sicher auszuschließen, dass die Pflichtverletzung für die Entscheidung kausal werden 18
konnte, kann ein Wiederaufnahmeantrag nicht auf Nr. 3 gestützt werden.[71] Dies ist vor allem
dann der Fall, wenn die behauptete Amtspflichtverletzung in der ersten Instanz begangen und das
Urteil in einer Rechtsmittelinstanz mit dem Erfolg überprüft worden ist, dass mögliche Auswirkungen
des Verfahrensmangels ausgeschlossen sind, etwa weil in der Berufungsinstanz der Sachverhalt
völlig neu geprüft worden ist.[72]

Die Wiederaufnahme nach Nr. 3 ist auch dann ausgeschlossen, wenn der Verurteilte die Amts- 19
pflichtverletzung **selbst oder durch einen Dritten** veranlasst hat. Hingegen steht die bloße Kenntnis
vom Handeln des Dritten ohne jedes Zutun des Verurteilten einer Wiederaufnahme nach
Nr. 3 nicht entgegen.[73]

In der **Antragsbegründung** muss der Name des Richters oder Schöffen angegeben und die 20
Pflichtverletzung dargelegt werden.[74] Der Ursachenzusammenhang und das Nichtvorliegen eines
Ausschlussgrunds müssen nicht dargetan werden.[75] Im Übrigen gelten die Erläuterungen zu
§ 364.[76]

4. Aufhebung eines zivilgerichtlichen Urteils (Nr. 4). Wiederaufnahmegrund ist ferner die Auf- 21
hebung eines dem Strafurteil zugrunde gelegten zivilgerichtlichen Urteils und seine **Ersetzung**
durch eine andere, rechtskräftig gewordene zivilgerichtliche Entscheidung.

Weggefallen iSd. Nr. 4 ist das zivilgerichtliche Urteil aber nur dann, wenn es im Wege der Wie- 22
deraufnahme in Zivilsachen nach den §§ 578 ff. ZPO aufgehoben worden ist und die neue Entscheidung
zumindest inhaltlich von der früheren abweicht.[77]

Auf das Zivilurteil ist das Strafurteil nur dann iSd. Nr. 4 **gegründet**, wenn es sich bei dem Zi- 23
vilurteil entweder um ein bindendes Gestaltungsurteil gehandelt oder es als urkundliche Beweisgrundlage
(§ 249 Abs. 1 S. 1) Verwendung gefunden hat.[78] Eine Bindung des Strafurteils an das
zivilgerichtliche Urteil[79] ist von Nr. 4 zwar nicht vorausgesetzt, im Wiederaufnahmeverfahren
kann aber gerade eine Bindungswirkung zwischenzeitlich aufgehobener zivilrechtlicher Statusurteile
beseitigt werden.[80]

Zivilgerichtlichen Urteilen stehen **arbeits-, sozial-, verwaltungs- und finanzgerichtliche Urteile** 24
gleich.[81] Nicht gleich stehen hingegen **strafgerichtliche Urteile und Verwaltungsakte**.[82] Deren
Wegfall kann eine Wiederaufnahme nicht nach Nr. 4, wohl aber nach Nr. 5 begründen.

In der **Antragsbegründung** muss das frühere Zivilurteil und das dieses aufhebende Urteil be- 25
zeichnet werden.[83] Weiter ist darzulegen, dass die aufhebende Entscheidung rechtskräftig ist und
von der früheren abweicht.[84] Schließlich muss der ursächliche Zusammenhang zwischen Zivilurteil
und Strafurteil dargetan werden, weil anders als bei Nr. 1–3 keine Kausalitätsvermutung besteht.[85]

5. Neue Tatsachen oder Beweismittel (Nr. 5). Nach Nr. 5 ist die Wiederaufnahme zulässig auf 26
Grund neuer Tatsachen oder Beweismittel, die allein oder in Verbindung mit früher erhobenen

---

[69] KK-StPO/*Schmidt* Rn. 13; SK-StPO/*Frister/Deiters* Rn. 29; *Marxen/Tiemann* Rn. 154.
[70] KK-StPO/*Schmidt* Rn. 13; *Marxen/Tiemann* Rn. 154.
[71] BGH v. 2. 5. 1983 – 3 ARs 4/83 – StB 15/83, BGHSt 31, 365 (372) = NStZ 1983, 424 (425); KK-StPO/*Schmidt* Rn. 14.
[72] BGH v. 2. 5. 1983 – 3 ARs 4/83 – StB 15/83, BGHSt 31, 365 (372) = NStZ 1983, 424 (425); KK-StPO/*Schmidt* Rn. 14; *Meyer-Goßner* Rn. 13; aA *Hanack/v. Gerlach/Wahle*, S. 90 f.
[73] KK-StPO/*Schmidt* Rn. 14; Löwe/Rosenberg/*Gössel* Rn. 43.
[74] Anw-StPO/*Rotsch* Rn. 20; KMR/*Eschelbach* Rn. 111; Löwe/Rosenberg/*Gössel* Rn. 44; *Meyer-Goßner* Rn. 16; *Marxen/Tiemann* Rn. 154.
[75] KMR/*Eschelbach* Rn. 111; Löwe/Rosenberg/*Gössel* Rn. 44; *Meyer-Goßner* Rn. 16; *Marxen/Tiemann* Rn. 154.
[76] Vgl. u. § 364 Rn. 2 ff.
[77] Löwe/Rosenberg/*Gössel* Rn. 48; *Meyer-Goßner* Rn. 18; *Marxen/Tiemann* Rn. 163.
[78] KK-StPO/*Schmidt* Rn. 16; Löwe/Rosenberg/*Gössel* Rn. 49; *Meyer-Goßner* Rn. 19.
[79] Vgl. hierzu o. § 262 Rn. 6.
[80] KK-StPO/*Schmidt* Rn. 15; vgl. hierzu OLG Hamm v. 25. 2. 2004 – 2 StR 464/03, StraFo 2004, 283 (284).
[81] HK-StPO/*Temming* Rn. 11; KK-StPO/*Schmidt* Rn. 15; Löwe/Rosenberg/*Gössel* Rn. 46; *Meyer-Goßner* Rn. 17; *Hanack/v. Gerlach/Wahle*, S. 91.
[82] BGH v. 23. 7. 1969 – 4 StR 371/68, BGHSt 23, 86 (94) = NJW 1969, 2023 (2026); KK-StPO/*Schmidt* Rn. 15; KMR/*Eschelbach* Rn. 17; *Meyer-Goßner* Rn. 17; *Hanack/v. Gerlach/Wahle* S. 91 auch Löwe/Rosenberg/*Gössel* Rn. 47; *Marxen/Tiemann* Rn. 161. Nr. 4 findet für Verwaltungsakte entsprechende Anwendung; SK-StPO/*Frister/Deiters* Rn. 33: Nr. 4 findet für strafgerichtliche Urteile entsprechende Anwendung.
[83] KMR/*Eschelbach* Rn. 121; *Meyer-Goßner* Rn. 20; *Marxen/Tiemann* Rn. 165.
[84] KMR/*Eschelbach* Rn. 121; *Marxen/Tiemann* Rn. 165.
[85] KMR/*Eschelbach* Rn. 121; Löwe/Rosenberg/*Gössel* Rn. 50; *Meyer-Goßner* Rn. 20; *Marxen/Tiemann* Rn. 165.

Beweisen geeignet sind, die Freisprechung des Angeklagten oder in Anwendung eines milderen Strafgesetzes eine geringere Bestrafung oder eine wesentlich andere Entscheidung über eine Maßregel der Besserung und Sicherung zu begründen. Hierbei handelt es sich um den **in der Praxis relevanten Wiederaufnahmegrund**.[86]

27 a) **Tatsachen und Beweismittel.** Der Wiederaufnahmegrund der Nr. 5 erfordert zunächst, dass der Antrag auf neue Tatsachen oder Beweismittel gestützt wird. Es reicht aus, wenn zur Begründung entweder eine neue Tatsache **oder** ein neues Beweismittel vorgebracht wird.[87] Werden nur neue Tatsachen vorgebracht, setzt die Zulassung des Antrags nach § 368 Abs. 1 dennoch grds. auch die Bezeichnung von Beweismitteln voraus. Allerdings muss es sich bei diesen Beweismitteln nicht um neue handeln.[88]

28 **Tatsachen** sind alle dem Beweis zugänglichen, vergangenen oder gegenwärtigen, inneren oder äußeren Vorgänge, Gegebenheiten, Umstände, Eigenschaften und Zusammenhänge.[89] Dieser weite Tatsachenbegriff des materiellen Strafrechts liegt ebenfalls dem Strafverfahrensrecht zugrunde.[90] Überwiegend wird zwischen sog. materiellen Tatsachen und Beweistatsachen einerseits und sog. Prozess- und Rechtstatsachen andererseits **differenziert**.[91] Tatsachen iSd. Nr. 5 sind nur solche, welche die in dem rechtskräftigen Urteil als existierend festgestellten und diesem zugrunde gelegten tatsächlichen Vorgänge, Gegebenheiten, Umstände, Eigenschaften und Zusammenhänge betreffen.[92] Allein Rechtsfehler oder eine fehlerhafte Beweiswürdigung des rechtskräftigen Urteils können die Wiederaufnahme nicht rechtfertigen.[93]

29 **Materielle Tatsachen** sind diejenigen Umstände, welche für das Vorliegen oder Nichtvorliegen der einzelnen Merkmale der Deliktsstufen der Tatbestandsmäßigkeit, der Rechtswidrigkeit und der Schuld von Bedeutung sind.[94] Diese müssen sich nicht notwendig auf den Sachverhalt beziehen, sondern können auch die Person des Verurteilten betreffen. Eine Tatsache, auf die der Wiederaufnahmeantrag gestützt werden kann, ist daher auch das Lebensalter des Verurteilten, welches über seine Strafmündigkeit und die Anwendung von Jugend- oder Erwachsenenstrafrecht entscheidet.[95] Ebenfalls zählt hierzu eine geistige Erkrankung des Verurteilten, welche von Relevanz für die Anwendung des § 20 StGB ist,[96] ferner dessen Identität.[97] **Beweistatsachen** sind solche Umstände, die sich auf Beweisfragen beziehen, etwa auf das Vorliegen der im angegriffenen Urteil gewürdigten Indizien und die Zuverlässigkeit von Beweismitteln.[98] Der Wegfall von Beweismitteln zählt ebenfalls hier her,[99] sei es, weil der Verurteilte oder ein Mitangeklagter sein Geständnis, sei es, weil ein Zeuge seine belastenden Angaben widerrufen hat.[100]

30 **Prozesstatsachen,** dh. solche Tatsachen, die den Ablauf des Verfahrens betreffen, können die Zulässigkeit einen Wiederaufnahmeantrags nach Nr. 5 **nicht** begründen.[101] Hierzu zählen bspw. die Beachtung der Förmlichkeiten einer polizeilichen Beschuldigtenvernehmung gem. §§ 136 Abs. 1 S. 2, 163a Abs. 4 S. 2 und die Anwesenheit notwendiger Beteiligter in den verschiedenen Verfahrensabschnitten.[102] Sog. **Rechtstatsachen**, wie etwa nachträgliche Gesetzesänderungen oder ein Wandel in der Rechtsprechung, sind ebenfalls **keine** Tatsachen iSd. Nr. 5.[103] Gleiches gilt im

---

[86] Anw-StPO/*Rotsch* Rn. 22; KMR/*Eschelbach* Rn. 122; *Roxin/Schünemann* § 57 Rn. 9.
[87] Anw-StPO/*Rotsch* Rn. 23; KMR/*Eschelbach* Rn. 123; AnwFormulare/*Gorka* § 7 Rn. 74; *Marxen/Tiemann* Rn. 169.
[88] *Marxen/Tiemann* Rn. 169.
[89] HK-StPO/*Temming* Rn. 14; KMR/*Eschelbach* Rn. 125; *Meyer-Goßner* Rn. 22; ähnlich AnwFormulare/*Gorka* § 7 Rn. 71.
[90] *Marxen/Tiemann* Rn. 168.
[91] Eine solche Differenzierung ablehnend *Marxen/Tiemann* Rn. 171.
[92] BGH v. 3. 12. 1992 – StB 6/92, BGHSt 39, 75 (80) = BGH NJW 1993, 1481 (1482); Anw-StPO/*Rotsch* Rn. 24; KK-StPO/*Schmidt* Rn. 19; *Meyer-Goßner* Rn. 22.
[93] *Marxen/Tiemann* Rn. 168.
[94] KMR/*Eschelbach* Rn. 127; Löwe/Rosenberg/*Gössel* Rn. 62; *Meyer-Goßner* Rn. 22; AnwFormulare/*Gorka* § 7 Rn. 71.
[95] OLG Hamburg v. 8. 12. 1951 – Ws 356/51, NJW 1952, 1150; LG Landau v. 11. 6. 2002 – 2 Qs 19/02, NStZ-RR 2003, 28; Löwe/Rosenberg/*Gössel* Rn. 62; *Meyer-Goßner* Rn. 22.
[96] Löwe/Rosenberg/*Gössel* Rn. 62; *Meyer-Goßner* Rn. 22.
[97] Löwe/Rosenberg/*Gössel* Rn. 62.
[98] BGH v. 21. 1. 1997 – 1 StR 732/96, NStZ-RR 1997, 173 (174); OLG Düsseldorf v. 8. 2. 1999 – 1 Ws 826 – 828 – 98, NStZ-RR 1999, 245 (246); KMR/*Eschelbach* Rn. 129; Löwe/Rosenberg/*Gössel* Rn. 64; AnwFormulare/*Gorka* § 7 Rn. 71.
[99] KMR/*Eschelbach* Rn. 131.
[100] HK-StPO/*Temming* Rn. 16; Löwe/Rosenberg/*Gössel* Rn. 65.
[101] KG v. 1. 3. 1973 – 2 Ws 24/73, GA 1974, 25 (26); AnwFormulare/*Gorka* § 7 Rn. 71; aA KMR/*Eschelbach* Rn. 139 u. 144; SK-StPO/*Frister/Deiters* Rn. 10.
[102] Anw-StPO/*Rotsch* Rn. 24.
[103] BVerfG v. 10. 5. 1961 – 2 BvR 55/61, BVerfGE 12, 338 (340) = NJW 1961, 1203; BGH v. 3. 12. 1992 – StB 6/92, BGHSt 39, 75 (79) = BGH NJW 1993, 1481 (1482); OLG Bamberg v. 25. 1. 1982 – WS 692/81, NJW 1982, 1714 f.; OLG Düsseldorf v. 2. 5. 2991 – 1 Ws 323/91, JR 1992, 124 (126); KK-StPO/*Schmidt* Rn. 19; Löwe/Rosenberg/*Gössel* Rn. 75 u. 78; *Meyer-Goßner* Rn. 24.

Hinblick auf eine unrichtige Anwendung von Recht, selbst dann, wenn diese offensichtlich ist,[104] wie bspw. der Erlass eines Strafbefehls gegen Jugendliche.[105]

Beweismittel sind nur die förmlichen Beweismittel des Strengbeweises der StPO, also Zeugen, Sachverständige, Urkunden und Augenschein.[106] Beweismittel sind nur die Personen, nicht aber deren Erklärungen.[107] Veränderte Aussagen sind daher keine neuen Beweismittel, können aber neue Tatsachen sein.[108] Kein Beweismittel ist der Verurteilte selbst.[109] 31

b) Neuheit der Tatsachen oder Beweismittel. Ein auf Nr. 5 gestützter Antrag ist jedoch nur dann zulässig, wenn die beigebrachten Tatsachen **oder** die beigebrachten Beweismittel neu sind.[110] Neue Beweismittel müssen daher nur für bereits bekannte Tatsachen, nicht aber für neue Tatsachen beigebracht werden.[111] Beweismittel müssen aber stets iSd. § 368 Abs. 1 geeignet sein.[112] 32

Die Frage, ob eine Tatsache oder ein Beweismittel neu ist, ist ausschließlich aus der **Perspektive des Gerichts** zu entscheiden. Wann der Antragsteller hiervon erfahren hat; ist unerheblich.[113] Neu sind Tatsachen und Beweismittel dann, wenn sie erst zu einem Zeitpunkt aufgekommen sind, zu dem das Gericht sie für seine Entscheidung nicht mehr berücksichtigen konnte, oder sie dem Gericht zu diesem Zeitpunkt nicht bekannt gewesen sind.[114] **Maßgeblicher Zeitpunkt** ist beim Urteil der Abschluss der mündlichen Verhandlung und nicht erst der Abschluss der Beratung,[115] beim Strafbefehl der Zeitpunkt des Erlasses.[116] 33

Im Zeitpunkt der Entscheidung **aktenkundige** und in der Hauptverhandlung erörterte Tatsachen oder Beweismittel können daher niemals neu sein, selbst wenn das Gericht sie bei seiner Entscheidung nicht berücksichtigt hat.[117] Neu sind Tatsachen und Beweismittel hingegen aber dann, wenn der erkennende Richter sie zwar gekannt, von ihnen jedoch, gleich aus welchem Grund, **keinen Gebrauch gemacht** hat.[118] Neue Tatsachen sind auch nach dem maßgeblichen Zeitpunkt bekannt werdende Umstände, die die Tat rechtfertigen könnten.[119] Mit anderen Worten: Neu ist alles, was der Überzeugungsbildung des Gerichts nicht zugrunde gelegt worden ist, unabhängig davon, ob dies möglich gewesen wäre.[120] 34

Der Neuheit einer Tatsache steht nicht zwingend der Umstand entgegen, dass ihr **Gegenteil im Urteil festgestellt** ist.[121] Vielmehr ist danach zu differenzieren, ob die Berücksichtigung einer Tatsache durch das Gericht denknotwendig impliziert, dass das Gericht sich mit ihrem Gegenteil befasst hat. Ist dies nicht der Fall, erweist sich die vom Antragsteller behauptete Tatsache als neu.[122] 35

Im Hinblick auf die Neuheit der **Beweismittel** ist nach den einzelnen Arten zu unterscheiden. **Zeugen** sind neu, wenn sie in der Hauptverhandlung nicht oder zu einem anderen Beweisthema vernommen worden sind.[123] Ebenfalls neu sind Zeugen, die zuvor eine Aussage verweigert hatten,[124] deren Vernehmung das Gericht abgelehnt hat,[125] die nicht erreichbar waren, die der Ver- 36

---

[104] BGH v. 3. 12. 1992 – StB 6/92, BGHSt 39, 75 (79) = BGH NJW 1993, 1481 (1482); KK-StPO/*Schmidt* Rn. 19; Löwe/Rosenberg/*Gössel* Rn. 75; *Meyer-Goßner* Rn. 25; SK-StPO/*Frister/Deiters* Rn. 5.
[105] LG Landau v. 11. 6. 2002 – 2 Qs 19/02, NStZ-RR 2003, 28.
[106] Anw-StPO/*Rotsch* Rn. 25; KK-StPO/*Schmidt* Rn. 23; *Meyer-Goßner* Rn. 26.
[107] Anw-StPO/*Rotsch* Rn. 25; HK-StPO/*Temming* Rn. 16; KK-StPO/*Schmidt* Rn. 23; *Meyer-Goßner* Rn. 26.
[108] KK-StPO/*Schmidt* Rn. 23.
[109] OLG Karlsruhe v. 27. 12. 1957 – 1 Ws 240/57, NJW 1958, 1247; HK-StPO/*Temming* Rn. 16; KK-StPO/*Schmidt* Rn. 23; *Meyer-Goßner* Rn. 26; AnwFormulare/*Gorka* § 7 Rn. 73.
[110] HK-StPO/*Temming* Rn. 17; *Meyer-Goßner* Rn. 29; SK-StPO/*Frister/Deiters* Rn. 37.
[111] HK-StPO/*Temming* Rn. 17; Löwe/Rosenberg/*Gössel* Rn. 87; *Meyer-Goßner* Rn. 29.
[112] Vgl. u. § 368 Rn. 5.
[113] OLG Frankfurt v. 10. 5. 1983 – 1 Ws 31/83, StV 1984, 17; LG Saarbrücken v. 22. 8. 1988 – 5 Qs 94/88, NStZ 1989, 546; KK-StPO/*Schmidt* Rn. 24.
[114] KK-StPO/*Schmidt* Rn. 24.
[115] LG Gießen v. 26. 2. 1993 – 6 Js 24553.9/92 6 Ks, NJW 1994, 465 (466); KK-StPO/*Schmidt* Rn. 24; Löwe/Rosenberg/*Gössel* Rn. 88; aA KMR/*Eschelbach* Rn. 153; *Meyer-Goßner* Rn. 30; Marxen/Tiemann Rn. 177; AnwFormulare/*Gorka* § 7 Rn. 75: Zeitpunkt der Urteilsberatung.
[116] HK-StPO/*Temming* Rn. 20; KMR/*Eschelbach* Rn. 158; Rosenberg/*Gössel* Rn. 88; *Meyer-Goßner* Rn. 28.
[117] OLG Düsseldorf v. 23. 6. 1986 – 2 Ws 414/86, NJW 1987, 2030; OLG Frankfurt v. 20. 1. 1978 – 1 Ws 21/78, NJW 1978, 841; *Meyer-Goßner* Rn. 30; aA HK-StPO/*Temming* Rn. 20.
[118] OLG Frankfurt v. 20. 1. 1978 – 1 Ws 21/78, NJW 1978, 841; KK-StPO/*Schmidt* Rn. 24.
[119] *Meyer-Goßner* Rn. 31.
[120] BVerfG v. 14. 9. 2006 – 2 BvR 123/06, 2 BvR 429/06, 2 BvR 430/06, NJW 2007, 207 (208); OLG Frankfurt v. 20. 1. 1978 – 1 Ws 21/78, NJW 1978, 841; *Meyer-Goßner* Rn. 30.
[121] OLG Frankfurt v. 20. 1. 1978 – 1 Ws 21/78, NJW 1978, 841; KK-StPO/*Schmidt* Rn. 24; *Meyer-Goßner* Rn. 31; AnwFormulare/*Gorka* § 7 Rn. 75.
[122] BGH v. 22. 10. 1999 – 3 StE 15/93 – 1 – StB 4/99, NStZ 2000, 218; OLG Karlsruhe v. 27. 12. 1957 – 1 Ws 240/57, NJW 1958, 1247; Anw-StPO/*Rotsch* Rn. 28; HK-StPO/*Temming* Rn. 18; aA Strate StV 1999, 228 (230).
[123] HK-StPO/*Temming* Rn. 21; KK-StPO/*Schmidt* Rn. 29.
[124] OLG Hamm v. 28. 10. 1980 – 1 Ws 283/79, NStZ 1981, 155; OLG Koblenz v. 15. 12. 2004 – 1 Ws 759/04, NStZ-RR 2005, 272 (273).
[125] *Meyer-Goßner* Rn. 33.

urteilte nicht benannt[126] oder auf deren Vernehmung er zuvor verzichtet[127] hatte.[128] Kein neues Beweismittel ist der **frühere Mitangeklagte**, der nach Rechtskraft seiner Verurteilung als Zeuge vernommen werden kann.[129]

37 Ein **Sachverständiger** ist ein neues Beweismittel, wenn das Erstgericht in der Hauptverhandlung ohne Anhörung eines Sachverständigen aus eigener Sachkunde entschieden hat.[130] Verfügt das Wiederaufnahmegericht jedoch selbst über die erforderliche Sachkunde, ist der Sachverständige kein neues Beweismittel.[131] Hat das Erstgericht bereits einen Sachverständigen gehört, ist ein im Wiederaufnahmeverfahren benannter **anderer Sachverständiger desselben Fachgebiets** grds. kein neues Beweismittel.[132] Dies gilt auch dann, wenn der neue Sachverständige auf Grund der gleichen Anknüpfungstatsachen zu anderen Schlussfolgerungen kommt.[133] Insofern ist es unerheblich, ob der neu benannte Sachverständige gegenüber dem früher gehörten Sachverständigen über eine größere Sachkunde und ein größeres Erfahrungswissen verfügt.[134] Ein neues Beweismittel ist ein Sachverständiger aber dann, wenn er über **neue Anknüpfungstatsachen** verfügt, die dem bisherigen Beweisergebnis den Boden entziehen könnten.[135] Gleiches gilt, wenn er einem anderen Fachgebiet angehört als der früher gehörte Sachverständige oder diesem gegenüber über neue und **überlegene Forschungsmethoden oder -mittel** verfügt.[136] In diesen Fällen wird zugleich eine neue Tatsache behauptet.[137]

38 **Urkunden** sind neue Beweismittel, wenn sie bisher nicht förmlich als Beweismittel berücksichtigt worden sind, und dann, wenn das Gericht sie nicht oder fehlerhaft wahrgenommen hat.[138] Entsprechend gilt dies auch für die beantragte Einnahme eines richterlichen **Augenscheins**.[139] Sie ist jedenfalls dann ein neues Beweismittel, wenn dadurch Aussagen von Zeugen oder Sachverständigen oder bestimmte Urteilsfeststellungen erschüttert werden sollen.[140] Auch in diesen Fällen wird zugleich eine neue Tatsache behauptet.

39 Die Neuheit der Tatsache oder des Beweismittels ist **Zulässigkeitsvoraussetzung**. Sie muss deshalb feststehen, der Grundsatz des in dubio pro reo gilt für die Neuheitsfeststellung nicht.[141] Ob eine Tatsache oder ein Beweismittel neu ist, ist eine Beweisfrage, die im Freibeweisverfahren zu klären ist.[142]

40 c) **Geeignetheit von Tatsachen oder Beweismitteln**. Die Beweismittel oder Tatsachen müssen nicht nur neu, sondern **zusätzlich** allein oder in Verbindung mit den früher erhobenen Beweisen geeignet sein, die in Nr. 5 genannten Antragsziele, Freisprechung, geringere Bestrafung in Anwendung eines anderen oder milderen Strafgesetzes oder eine wesentlich andere Entscheidung über eine Maßregel der Besserung und Sicherung herbeizuführen.[143] Die Geeignetheit ist **zweistufig zu prüfen**.[144] Auf der ersten Stufe ist zu untersuchen, ob das Antragsvorbringen – seine Richtigkeit unterstellt – im Hinblick auf das angegriffene Urteil erheblich ist.[145] Nur wenn dies der Fall ist, bedarf es auf der zweiten Stufe der Prüfung, ob das Vorbringen wahrscheinlich ist und das Wiederaufnahmeziel erreichen kann.[146]

---

[126] OLG Frankfurt v. 10. 5. 1983 – 1 Ws 103/82, StV 1984, 17.
[127] OLG Köln v. 27. 12. 1962 – 2 Ws 446/62, NJW 1963, 967 (968).
[128] HK-StPO/*Temming* Rn. 21; KK-StPO/*Schmidt* Rn. 29; Löwe/Rosenberg/*Gössel* Rn. 110.
[129] OLG Düsseldorf v. 30. 1. 1985 – 1 Ws 56/85, JZ 1985, 452; KK-StPO/*Schmidt* Rn. 29; aA HK-StPO/*Temming* Rn. 21; KMR/*Eschelbach* Rn. 170; Löwe/Rosenberg/*Gössel* Rn. 111.
[130] KK-StPO/*Schmidt* Rn. 26.
[131] KK-StPO/*Schmidt* Rn. 26.
[132] KK-StPO/*Schmidt* Rn. 26; *Meyer-Goßner* Rn. 35; aA KMR/*Eschelbach* Rn. 174; Löwe/Rosenberg/*Gössel* Rn. 113 u. 117 ff.; SK-StPO/*Frister/Deiters* Rn. 41; *Marxen/Tiemann* Rn. 190.
[133] BGH v. 2. 5. 1983 – 3 ARs 4/83 – StB 15/83, BGHSt 31, 365 (370); BGH v. 3. 12. 1992 – StB 6/92, BGHSt 39, 75 (83 f.) = BGH NJW 1993, 1481 (1483); KG v. 11. 7. 1991 – (1) 1 AR 356/90 (4/90), NJW 1991, 2505 (2507); KK-StPO/*Schmidt* Rn. 26; *Meyer-Goßner* Rn. 35.
[134] OLG Hamburg v. 18. 10. 1999 – 2 Ws 136/99, NStZ-RR 2000, 50 (52); KK-StPO/*Schmidt* Rn. 26; *Meyer-Goßner* Rn. 35.
[135] OLG Frankfurt v. 21. 12. 2006 – 1 Ws 29/05, StraFo 2006, 114 (115); OLG Frankfurt v. 20. 1. 1978 – 1 Ws 21/78, NJW 1978, 841; OLG Hamburg v. 18. 10. 1999 – 2 Ws 136/99, NStZ-RR 2000, 50 (52); LG Gießen v. 26. 2. 1993 – 6 Js 24 553.9/92 6 Ks, NJW 1994, 465 (467); KK-StPO/*Schmidt* Rn. 27; *Meyer-Goßner* Rn. 35.
[136] KK-StPO/*Schmidt* Rn. 26; *Meyer-Goßner* Rn. 35.
[137] LG Gießen v. 26. 2. 1993 – 6 Js 24553.9/92 6 Ks, NJW 1994, 465 (467).
[138] HK-StPO/*Temming* Rn. 23; Löwe/Rosenberg/*Gössel* Rn. 108.
[139] HK-StPO/*Temming* Rn. 24.
[140] OLG Frankfurt v. 13. 7. 1966 – 1 Ws 174/66, NJW 1966, 2423 f.; KK-StPO/*Schmidt* Rn. 28.
[141] OLG Düsseldorf v. 8. 2. 1999 – 1 Ws 826 – 828 – 98, NStZ-RR 1999, 245 (246); KK-StPO/*Schmidt* Rn. 25; KMR/*Eschelbach* Rn. 165; AnwFormulare/*Gorka* § 7 Rn. 90.
[142] OLG Frankfurt v. 21. 12. 2006 – 1 Ws 29/05, StraFo 2006, 114; KK-StPO/*Schmidt* Rn. 25; KMR/*Eschelbach* Rn. 165.
[143] HK-StPO/*Temming* Rn. 26; KK-StPO/*Schmidt* Rn. 30.
[144] HK-StPO/*Temming* Rn. 25; *Marxen/Tiemann* Rn. 199 ff.
[145] *Marxen/Tiemann* Rn. 199.
[146] HK-StPO/*Temming* Rn. 26; *Marxen/Tiemann* Rn. 200.

Geeignet zur Herbeiführung einer Freisprechung sind alle Tatsachen und Beweismittel, die die 41
Täterschaft unter jedem rechtlichen Gesichtspunkt ausschließen oder Rechtfertigungs-, Schuldausschließungsgründe und persönliche Strafausschließungsgründe begründen können.[147] Bringt der Verurteilte vor, er habe die Tat für einen anderen auf sich genommen, steht der Wiederaufnahme die Möglichkeit der Verurteilung wegen einer Tat nach §§ 145 d, 164 und 258 StGB nicht entgegen, weil die vorgetäuschte Tat und die Vortäuschung der Tat nicht eine prozessuale Tat iSd. § 264[148] darstellen.[149] Richtet sich der Wiederaufnahmeantrag gegen eine Verurteilung auf wahldeutiger Grundlage, ist es ausreichend, wenn das Wiederaufnahmevorbringen eine der zur Wahl gestellten Taten betrifft.[150] Im Falle einer tatmehrheitlichen Verurteilung ist zulässiges Wiederaufnahmeziel eine nur teilweise Freisprechung.[151]

Die **endgültige Einstellung des Verfahrens** kann insofern zulässiges Wiederaufnahmeziel sein, als 42
sie in ihrer Wirkung einer Freisprechung nahe kommt.[152] Dies ist der Fall bei Prozessvoraussetzungen, die nicht allein das Verfahren, sondern auch die materiell-rechtliche Tat betreffen.[153] Neue Tatsachen oder Beweismittel, die sich auf die Strafmündigkeit, auf einen fehlenden Strafantrag,[154] einen Verstoß gegen das Verbot der Doppelbestrafung oder den Eintritt der Verfolgungsverjährung vor Erlass des Urteils beziehen, sind daher zur Herbeiführung einer endgültigen Verfahrenseinstellung geeignet.[155] Diese Geeignetheit fehlt hingegen bspw. Tatsachen und Beweismitteln, die lediglich für die Verhandlungsfähigkeit während der Hauptverhandlung oder die Prozessfähigkeit des Privatklägers von Relevanz sind.[156]

Ein auf neue Tatsachen oder Beweismittel gestützter Wiederaufnahmeantrag ist ferner mit dem 43
Ziel einer **Strafherabsetzung in Anwendung eines milderen Strafgesetzes** zulässig. Verfolgt der Antragsteller dieses Wiederaufnahmeziel, müssen die beigebrachten neuen Tatsachen und Beweismittel die Anwendung eines **anderen und zugleich milderen** Strafgesetzes ermöglichen.[157] Milder ist jedes Gesetz, dessen Strafdrohung im Hinblick auf die Mindest- oder Höchststrafe geringer ist oder das die Strafbarkeit vermindernde Umstände vorsieht. Um ein anders Strafgesetz handelt es sich, wenn nicht dasselbe Gesetz iSd. § 363 anzuwenden ist,[158] was etwa bei einer Verurteilung wegen Tateinheit statt Tatmehrheit, Beihilfe statt Täterschaft oder Anstiftung, Versuch statt Vollendung[159] und Strafvereitelung statt Haupttat der Fall ist. Kein zulässiges Antragsziel ist die Verurteilung wegen eines minder schweren Falls, der Wegfall eines angenommenen besonders schweren Falls[160] oder die Aussetzung der Strafe zur Bewährung gem. § 56 StGB.[161]

Eine **wesentlich andere Entscheidung über Maßregeln der Besserung und Sicherung** ist neben 44
dem völligen Wegfall[162] die Ersetzung einer schwereren durch eine mildere.[163] Stets ist das Verbot der Schlechterstellung des § 373 Abs. 2 zu beachten.[164] Eine wesentlich andere Entscheidung über eine Nebenstrafe oder sonstige Rechtsfolge ist kein nach Nr. 5 zulässiges Wiederaufnahmeziel. Insofern scheidet eine analoge Anwendung der Vorschrift aus.

d) **Antragsbegründung**. Die neuen Tatsachen und Beweismittel müssen so **beigebracht** werden, 45
dass sie unmittelbar vom Wiederaufnahmegericht verwertet werden können.[165] Erforderlich ist ein **schlüssiges Antragsvorbringen**.[166] Hierfür ist die bloße Mitteilung der Nova nicht ausreichend. Vielmehr müssen sie genau bezeichnet werden.[167] Den Antragsteller trifft eine **Beibringungslast**.[168]

Neue **Tatsachen** werden beigebracht, indem ihr Vorliegen mit Bestimmtheit behauptet wird.[169] 46
Zudem müssen die Tatsachen genau bezeichnet und vollständig vorgetragen werden.[170] Der

---

[147] HK-StPO/*Temming* Rn. 26; KK-StPO/*Schmidt* Rn. 30.
[148] BGH v. 3. 11. 1983 – 1 StR 178/83, BGHSt 32, 146 (148 f.) = NJW 1984, 2109 f.
[149] HK-StPO/*Temming* Rn. 26; KK-StPO/*Schmidt* Rn. 30; *Meyer-Goßner* Rn. 38.
[150] KK-StPO/*Schmidt* Rn. 31; *Meyer-Goßner* Rn. 38.
[151] HK-StPO/*Temming* Rn. 26; KK-StPO/*Schmidt* Rn. 31; *Meyer-Goßner* Rn. 38.
[152] *Meyer-Goßner* Rn. 39.
[153] HK-StPO/*Temming* Rn. 27; KK-StPO/*Schmidt* Rn. 34.
[154] OLG Bamberg v. 11. 2. 1955 – Ws 27/55 NJW 1955, 1121 (1122).
[155] KK-StPO/*Schmidt* Rn. 34; *Löwe/Rosenberg/Gössel* Rn. 142.
[156] KK-StPO/*Schmidt* Rn. 34; *Meyer-Goßner* Rn. 39.
[157] HK-StPO/*Temming* Rn. 28.
[158] Vgl. hierzu u. § 363 Rn. 4.
[159] OLG Hamm v. 14. 1. 1964 – 4 Ws 314/63, NJW 1964, 1040.
[160] OLG Stuttgart v. 15. 2. 1982 – 3 Ws 6/82, Justiz 1982, 166.
[161] *Meyer-Goßner* Rn. 41.
[162] LG Bremen v. 21. 5. 1980 – Ws 107/80, NStZ 1981, 317 (318).
[163] KK-StPO/*Schmidt* Rn. 36; *Meyer-Goßner* Rn. 42.
[164] *Radtke* ZStW 110 (1998), 297 (318 f.).
[165] HK-StPO/*Temming* Rn. 30; *Löwe/Rosenberg/Gössel* Rn. 179; *Meyer-Goßner* Rn. 45 u. 50.
[166] *Marxen/Tiemann* Rn. 254.
[167] KK-StPO/*Schmidt* Rn. 37; *Löwe/Rosenberg/Gössel* Rn. 179.
[168] KK-StPO/*Schmidt* Rn. 37.
[169] HK-StPO/*Temming* Rn. 31; *Löwe/Rosenberg/Gössel* Rn. 179; *Meyer-Goßner* Rn. 45.
[170] *Marxen/Tiemann* Rn. 256.

Antrag ist unzulässig, wenn nur Vermutungen und bestimmte Wahrscheinlichkeiten geäußert oder Schlussfolgerungen ohne Bezeichnung der konkreten Anknüpfungstatsachen dargetan werden.[171]

47 Neue **Beweismittel** müssen so genau bezeichnet sein, dass das Gericht sie beiziehen und benutzen kann.[172] Das Antragsvorbringen muss weiter genau angeben, welche konkreten Tatsachen durch die neuen Beweismittel bewiesen werden sollen. Ist das neue Beweismittel ein Zeuge, muss bestimmt behauptet werden, dass der Zeuge die in sein Wissen gestellten Tatsachen bestätigen wird. Wird der Wiederaufnahmeantrag etwa auf ein neu beigebrachtes Sachverständigengutachten gestützt, muss dieses notwendig vorgelegt werden.[173] Die bloße Ankündigung, der Sachverständige werde ein zu anderen Ergebnissen führendes Gutachten auf Grund seiner neuen wissenschaftlichen Erkenntnisse erstatten, genügt nicht.[174]

48 Eine **erweiterte Darlegungslast** trifft den Antragsteller bei **verfahrensinternen Widersprüchen** zwischen den beigebrachten neuen Tatsachen oder Beweismitteln einerseits und dem Gang der Hauptverhandlung, dem Verhalten eines Verfahrensbeteiligten oder dem Ergebnis der Beweisaufnahme andererseits.[175]

49 Die erweiterte Darlegungslast trifft den Antragsteller vor allem dann, wenn er ein früheres **Geständnis widerruft.** Der Verurteilte hat die Gründe für die Abgabe des falschen Geständnisses und den verspäteten Widerruf darzulegen,[176] auch dann, wenn es im Rahmen einer Verständigung abgelegt[177] worden ist. In diesem Fall wird der Verurteilte aber häufiger als sonst ein einleuchtendes Motiv für die Abgabe eines Geständnisses darlegen können.[178] Eine erweiterte Darlegungslast besteht ferner, wenn der Verurteilte im Wiederaufnahmevorbringen Einzelheiten der Tat vorbringt, obwohl er sich in der Hauptverhandlung auf **Erinnerungslücken** berufen[179] oder in der Hauptverhandlung hiermit **unvereinbar eingelassen** hat. Hat der Verurteilte in der Hauptverhandlung auf die Vernehmung eines zuvor polizeilich vernommenen Zeugen verzichtet, stützt seinen Wiederaufnahmeantrag aber gerade auf dessen Aussage, trägt er ebenfalls die erweiterte Darlegungslast.

50 Wird als neues Beweismittel ein **früherer Zeuge** benannt, der nach dem Antragsvorbringen nunmehr Tatsachen bekunden soll, die in einem **unauflösbaren Widerspruch** zu dessen früheren Bekundungen stehen, ist notwendig darzulegen, unter welchen Umständen und mit welcher Begründung der Zeuge seine frühere Aussage für unrichtig erklärt hat.[180] Entsprechendes gilt für den **Widerruf belastender Erklärungen durch einen Mitangeklagten** und die Benennung von Beweismitteln, die dem Verurteilten bereits in der Hauptverhandlung bekannt gewesen, aber von ihm dort nicht zu seiner Entlastung vorgebracht worden sind.[181]

51 Die **Geeignetheit** der neuen Tatsachen oder Beweismittel muss in dem Antrag nur dann dargelegt werden, wenn sie sich aus dem Antragsvorbringen nicht ohne weiteres ergibt.[182] Ist diese nicht offensichtlich oder erscheint sie gar ausgeschlossen, muss der Antrag erkennen lassen, weshalb ein Beweisergebnis zu Gunsten des Verurteilten wenigstens als möglich erscheint.[183]

52 **6. Festgestellte Verletzung der EMRK (Nr. 6).** Schließlich ist Grund für eine Wiederaufnahme des Verfahrens eine Verletzung der EMRK. Allerdings rechtfertigt nicht jede Konventionsverletzung die Wiederaufnahme.[184] Eine Wiederaufnahme des Verfahrens nach Nr. 6 ist vielmehr ausschließlich dann zulässig, wenn der **EGMR eine Verletzung der Konvention festgestellt** hat und

---

[171] Löwe/Rosenberg/*Gössel* Rn. 179; *Meyer-Goßner* Rn. 45.
[172] HK-StPO/*Temming* Rn. 31; *Meyer-Goßner* Rn. 50.
[173] BGH v. 2. 5. 1983 – 3 ARs 4/83 – StB 15/ 83, BGHSt 31, 365 (370) = NStZ 1983, 424 (425); BGH v. 3. 12. 1992 – StB 6/92, BGHSt 39, 75 (84) = BGH NJW 1993, 1481 (1483); KK-StPO/*Schmidt* Rn. 27.
[174] BGH v. 2. 5. 1983 – 3 ARs 4/83 – StB 15/83, BGHSt 31, 365 (370) = NStZ 1983, 424 (425); KK-StPO/*Schmidt* Rn. 27.
[175] HK-StPO/*Temming* Rn. 32; Löwe/Rosenberg/*Gössel* Rn. 181 ff.; *Meyer-Goßner* Rn. 46.
[176] BGH v. 7. 7. 1976 – 5 (7) (2) StE 15/56, NJW 1977, 59; OLG Düsseldorf v. 20. 3. 2003 – 2 Ws 45/03, NStZ 2004, 454 (455); OLG Köln v. 7. 9. 1990 – 2 Ws 140/90, NStZ 1991, 96 (97).
[177] BayVerfGH v. 11. 3. 2003 – Vf. 29-VI-02, NStZ 2004, 447 (449); KG v. 28. 2. 2005 – 5 Ws 673/04, NStZ 2006, 468 (469); OLG Stuttgart v. 26. 11. 1997 – 1 Ws 199 – 97, NJW 1999, 375 (376).
[178] AnwFormulare/*Gorka* § 7 Rn. 99.
[179] OLG Bremen v. 29. 4. 1981 – Ws 1/81, NJW 1981, 2827; OLG Frankfurt v. 10. 5. 1983 – 1 Ws 103/82, StV 1984, 17.
[180] BGH v. 7. 7. 1976 – 5 (7) (2) StE 15/56, NJW 1979, 59; OLG Karlsruhe v. 21. 12. 2004 – 1 Ws 211/04, NStZ-RR 2005, 179 (180); OLG Rostock v. 2. 3. 2006 – 1 Ws 13/06, NStZ 2007, 357 (358); OLG Köln v. 7. 9. 1990 – 2 Ws 140/90, NStZ 1991, 96 (98).
[181] OLG Stuttgart v. 12. 2. 2003 – 1 Ws 55/03, NStZ-RR 2003, 210 (211); *Meyer-Goßner* Rn. 49 a.
[182] Marxen/Tiemann Rn. 262 ff.
[183] BGH v. 7. 7. 1976 – 5 (7) StE 15/56, NJW 1979, 59; OLG Frankfurt v. 10. 5. 1983 – 1 Ws 103/82, StV 1984, 17; OLG München v. 13. 3. 1984 – 1 Ws 205/84, NStZ 1984, 380; KK-StPO/*Schmidt* Rn. 37; *Meyer-Goßner* Rn. 51.
[184] BVerfG v. 12. 1. 2000 – 2 BvR 2414/99 u. a., NJW 2000, 1480; KK-StPO/*Schmidt* Rn. 40.

das Strafurteil auf dieser Verletzung beruht.[185] Die Vorschrift der Nr. 6 findet keine entsprechende Anwendung bei einer Entscheidung des EuGH nach dem EuGHG.[186]

Die hM schränkt die Zulässigkeit der Wiederaufnahme nach Nr. 6 dadurch erheblich ein, dass der Wiederaufnahmegrund nur demjenigen zustehen soll, der **in eigener Person** ein Urteil des EGMR erstritten hat, in dem die Unvereinbarkeit einer Rechtsnorm, auf der das angegriffene Strafurteil beruht, mit einer Vorschrift der EMRK festgestellt ist.[187] Dies wird damit begründet, Entscheidungen des EGMR komme Bindungswirkung nur „inter partes" zu.[188]

Der Wortlaut der Nr. 6 bringt jedoch eine solche Einschränkung des persönlichen Anwendungsbereichs des Wiederaufnahmegrunds nicht zum Ausdruck.[189] Ebenfalls lassen die insofern missverständlichen Formulierungen in den Materialien[190] nicht zwingend auf einen entsprechenden Willen des Gesetzgebers schließen.[191] Zudem steht diese Auslegung der Nr. 6 in Widerspruch zu der Regelung des § 79 Abs. 1 BVerfGG. Danach ist eine Wiederaufnahme des Verfahrens ohne jede Einschränkung des persönlichen Anwendungsbereichs zulässig, wenn die angefochtene Entscheidung auf einer verfassungswidrigen Grundlage beruht.[192] Wegen der gleichartigen Konzeption von Nr. 6 und § 79 Abs. 1 BVerfGG[193] ist **allein maßgeblich, dass der EGMR eine Konventionswidrigkeit festgestellt** hat und das angegriffene deutsche Strafurteil hierauf beruht.[194]

Die Frage des **Beruhens** ist anhand eines Prüfungsmaßstabs zu entscheiden, der demjenigen entspricht, der im Rahmen des § 337 Abs. 1 für die erfolgreiche Rüge von Gesetzesverletzungen entwickelt worden ist.[195] Insofern wird zunächst auf die Erläuterungen zu § 337 verwiesen.[196] Weil eine gesetzliche Vermutung der Kausalität zwischen einer festgestellten Konventionswidrigkeit und dem rechtskräftigen deutschen Strafurteil nicht besteht,[197] kommt es darauf an, ob im Einzelfall das Urteil ohne Konventionsverstoß für den Verurteilten günstiger ausgefallen wäre.[198] Das ist nicht der Fall, wenn die Konventionsverletzung im weiteren Verlauf des Verfahrens geheilt worden ist oder aber wegen ihrer Art in dem abschließenden Urteil keinen Niederschlag gefunden haben kann.

Eine analoge Anwendung auf **Fälle der Konventionswidrigkeit, in denen keine Entscheidung des EGMR vorliegt,** scheidet aus.[199] Auch ist Nr. 6 bei sonstigen Verstößen gegen Gemeinschaftsrecht nicht entsprechend anwendbar.[200] Für den Wiederaufnahmegrund der festgestellten Verletzung der EMRK gelten die Einschränkungen des Wiederaufnahmeziels des § 363 nicht.[201]

In der **Antragsbegründung** muss die Entscheidung des EGMR bezeichnet werden, die die Konventionsverletzung feststellt.[202] Weiter ist darzulegen, dass die angegriffene Entscheidung auf der Konventionsverletzung beruht, weil anders als bei Nr. 1–3 keine gesetzliche Kausalitätsvermutung besteht.[203] Erforderlich ist auch für Nr. 6 eine aus sich heraus verständliche, in sich geschlossene Sachverhaltsdarstellung.[204]

§ 360 [Keine Hemmung der Vollstreckung]

(1) **Durch den Antrag auf Wiederaufnahme des Verfahrens wird die Vollstreckung des Urteils nicht gehemmt.**

(2) **Das Gericht kann jedoch einen Aufschub sowie eine Unterbrechung der Vollstreckung anordnen.**

---

[185] BVerfG v. 12. 1. 2000 – 2 BvR 2414/99 u. a., NJW 2000, 1480; OLG Stuttgart v. 26. 10. 1999 – 1 Ws 157/99, NStZ-RR 2000, 243; KK-StPO/*Schmidt* Rn. 40.
[186] OLG Karlsruhe v. 9. 8. 2004 – 3 Ws 182/04, OLGSt StPO § 359 Nr. 18; *Meyer-Goßner* Rn. 52; HK-StPO/*Temming* Rn. 34; *Marxen/Tiemann* Rn. 281.
[187] Anw-StPO/*Rotsch* Rn. 38; KK-StPO/*Schmidt* Rn. 40; KMR/*Eschelbach* Rn. 219; *Meyer-Goßner* Rn. 52.
[188] KK-StPO/*Schmidt* Rn. 40.
[189] *Weigend* StV 2000, 384 (388); *Marxen/Tiemann* Rn. 281.
[190] Vgl. BT-Drucks. 13/10333, S. 3 f.
[191] *Marxen/Tiemann* Rn. 281.
[192] *Weigend* StV 2000, 384 (388); *Marxen/Tiemann* Rn. 281.
[193] Vgl. hierzu o. Rn. 4 f.
[194] *Weigend* StV 2000, 384 (388); *Marxen/Tiemann* Rn. 281.
[195] *Weigend* StV 2000, 384 (388); Anw-StPO/*Rotsch* Rn. 38; KMR/*Eschelbach* Rn. 218; *Meyer-Goßner* Rn. 52.
[196] Vgl. o. § 337 Rn. 35 ff.
[197] OLG Stuttgart v. 26. 10. 1999 – 1 Ws 157/99, NStZ-RR 2000, 243 f.; KK-StPO/*Schmidt* Rn. 40.
[198] *Weigend* StV 2000, 384 (388); SK-StPO/*Frister/Deiters* Rn. 74.
[199] OLG Karlsruhe v. 9. 8. 2004 – 3 Ws 182/04, OLGSt StPO § 359 Nr. 18; KK-StPO/*Schmidt* Rn. 40; aA LG Ravensburg v. 4. 9. 2000 – 1 Qs 169/00, NStZ-RR 2001, 115 (116).
[200] *Marxen/Tiemann* Rn. 281.
[201] *Weigend* StV 2000, 384 (388); Anw-StPO/*Rotsch* Rn. 38.
[202] *Marxen/Tiemann* Rn. 283.
[203] *Marxen/Tiemann* Rn. 283.
[204] OLG Stuttgart v. 26. 10. 1999 – 1 Ws 157/99, NStZ-RR 2000, 243; *Meyer-Goßner* Rn. 52.

Schrifttum: *Radtke*, Materielle Rechtskraft bei der Anordnung freiheitsentziehender Maßregeln der Besserung und Sicherung, ZStW 110 (1998), 297.

I. Allgemeines

1   Die Vorschrift löst das **Spannungsverhältnis** zwischen dem Gebot der Vollstreckung gerichtlicher Entscheidungen des § 2 Abs. 1 StVollstrO und der im Interesse der materiellen Gerechtigkeit gebotenen Verhinderung der Vollstreckung von Fehlurteilen dahin auf, dass der Vollstreckung gerichtlicher Entscheidungen grundsätzlich der Vorrang eingeräumt wird.[1]

II. Kein Suspensiveffekt des Wiederaufnahmeantrags (Abs. 1)

2   Nach Abs. 1 hat der Antrag auf Wiederaufnahme des Verfahrens **keinen Suspensiveffekt**.[2] Der Zulassungsbeschluss gem. § 368 hemmt die Vollstreckung ebenfalls nicht.[3] Das Fehlen eines Suspensiveffekts entspricht der dogmatischen Stellung der Wiederaufnahme als außerordentlichem Rechtsbehelf.[4] Dem Verurteilten soll es nicht möglich sein, durch einen Wiederaufnahmeantrag die Vollstreckung aufzuschieben oder zu hemmen.[5] Die Vollstreckung wird regelmäßig erst aufgrund einer rechtskräftigen Anordnung der Wiederaufnahme und der Erneuerung der Hauptverhandlung nach § 370 Abs. 2 unzulässig.[6]

III. Aufschub oder Unterbrechung der Vollstreckung des Urteils (Abs. 2)

3   Dem Wiederaufnahmegericht räumt allerdings Abs. 2 die Möglichkeit ein, **im Einzelfall** einen **Aufschub** der noch nicht begonnenen Strafvollstreckung oder die **Unterbrechung** der bereits eingeleiteten Vollstreckung anzuordnen. In der Sache handelt es sich um eine Ausnahme vom Grundsatz der fortbestehenden Vollstreckbarkeit des Strafurteils nach Einreichung des Antrags auf Wiederaufnahme des Verfahrens.[7]

4   **1. Gegenstand der Anordnung.** Aufgeschoben oder unterbrochen werden kann grundsätzlich **jede im Urteil festgesetzte Maßnahme**.[8] In Betracht kommt daher ein Aufschub oder eine Unterbrechung der Vollstreckung einer **Einzelstrafe** mit der Folge, dass die Vollstreckung der Gesamtstrafe entfällt und über die Vollstreckung der anderen Einzelstrafen nach §§ 449 ff. zu entscheiden ist.[9] Ebenfalls kann der Aufschub oder die Unterbrechung von freiheitsentziehenden **Maßnahmen der Besserung und Sicherung**[10] wie auch einer **Sperre von Befugnissen** in Betracht kommen, etwa eines Berufsverbots (§ 70 StGB) oder eines Fahrverbots (§ 44 StGB).[11] Dagegen ist die Entziehung der Fahrerlaubnis mit deren Entziehung bereits abgeschlossen.[12] Enthält das Urteil eine **Verfalls- oder Einziehungsanordnung**, kann von der Verwertung, Unbrauchbarmachung oder Vernichtung nach § 68 Abs. 1 Satz 1 StrVollstrO abgesehen werden.[13]

5   **2. Anordnungsvoraussetzungen.** Der Aufschub einer noch nicht begonnenen und die Unterbrechung einer bereits begonnenen Vollstreckung wird angeordnet, sofern der Antrag auf Wiederaufnahme des Verfahrens **Erfolgsaussichten** hat.[14] Dies ist allerdings nicht schon dann der Fall, wenn die bloße Möglichkeit besteht, dass der Antrag begründet ist. Auch die Zulassung des Antrags genügt für sich alleine nicht.[15] Die behaupteten Wiederaufnahmetatsachen und die Art der Beweisantritte müssen vielmehr einen solchen **Grad innerer Wahrscheinlichkeit** haben, dass die Vollstreckung bedenklich erscheint.[16] Im Gegensatz zu einer auch in der Rechtsprechung vertre-

---

[1] KK-StPO/*Schmidt* Rn. 1.
[2] KMR/*Eschelbach* Rn. 2; *Meyer-Goßner* Rn. 1; SK-StPO/*Frister/Deiters* Rn. 1.
[3] Anw-StPO/*Rotsch* Rn. 1.
[4] KMR/*Eschelbach* Rn. 3.
[5] KMR/*Eschelbach* Rn. 3; KK-StPO/*Schmidt* Rn. 1; KMR/*Eschelbach* Rn. 3.
[6] KK-StPO/*Schmidt* Rn. 1; *Meyer-Goßner* Rn. 1.
[7] OLG Hamm v. 21. 8. 1980 – 2 Ws 204/80, JMBl NW 1980, 278; KMR/*Eschelbach* Rn. 4.
[8] *Marxen/Tiemann* Rn. 489.
[9] OLG Hamm v. 24. 10. 1989 – 1 Ws 336/89; KK-StPO/*Schmidt* Rn. 3; *Meyer-Goßner* Rn. 2.
[10] *Meyer-Goßner* Rn. 2; vgl. auch *Radtke* ZStW 110 (1998), 297 ff.
[11] Löwe/Rosenberg/*Gössel* Rn. 3.
[12] KMR/*Eschelbach* Rn. 14; Löwe/Rosenberg/*Gössel* Rn. 3; *Meyer-Goßner* Rn. 2; *Marxen/Tiemann* Rn. 490; offen gelassen bei OLG Hamm v. 18. 8. 1969 – 3 Ws 419/69, GA 1970, 309.
[13] Löwe/Rosenberg/*Gössel* Rn. 3; *Meyer-Goßner* Rn. 2; *Marxen/Tiemann* Rn. 489.
[14] OLG Hamm v. 21. 8. 1980 – 2 Ws 204/80, JMBl NW 1980, 278; LG Gießen v. 26. 2. 1993 – 6 Js 24553.9/92 6 Ks, NJW 1994, 465 (467).
[15] OLG Hamm v. 7. 3. 1978 – 6 Ws 145/78, MDR 1978, 691 (692); OLG Hamm v. 12. 10. 1988 – 2 Ws 443/88.
[16] OLG Hamm v. 24. 10. 1989 – 1 Ws 336/89; OLG Hamm v. 7. 3. 1978 – 6 Ws 145/78, MDR 1978, 691 (692); KK-StPO/*Schmidt* Rn. 2; Löwe/Rosenberg/*Gössel* Rn. 4; *Meyer-Goßner* Rn. 3; kritsch demgegenüber SK-StPO/*Frister/Deiters* Rn. 3 ff.

tenen Auffassung[17] ist – mangels einer Regelungslücke – kein Raum, dem Interesse der Sicherung der Vollstreckung durch entsprechende Anwendung des § 116 Abs. 1 Satz 2 Nr. 4 Rechnung zu tragen und die Anordnung von einer Sicherheitsleistung abhängig zu machen.[18]

Ist der Wiederaufnahmeantrag hinsichtlich einer von mehreren **tatmehrheitlichen Verurteilungen** rechtskräftig verworfen, scheidet eine Anordnung nach Abs. 2 aus.[19] Erscheint der Antrag von vornherein als mutwillig oder aussichtslos, ergeht eine Anordnung ebenfalls nicht.[20] 6

Die Anordnung des Aufschubs oder der Unterbrechung der Vollstreckung kann **aufgehoben** werden, wenn deren Voraussetzungen nachträglich – etwa im Rahmen der Beweisaufnahme nach § 369 – entfallen.[21] Mit der Rechtskraft des Beschlusses über die Anordnung der Wiederaufnahme nach § 370 Abs. 2 wird sie gegenstandslos, weil dann eine (weitere) Vollstreckung ohnehin ausgeschlossen ist.[22] 7

Zurückhaltung sollte die Verteidigung im Hinblick auf einen Antrag auf Unterbrechung oder Aufschub der Vollstreckung üben. Wird aufgrund eines solchen Antrags die nach der Rechtsprechung erforderliche Erfolgsaussicht des Antrags verneint, ist dies ein Präjudiz von erheblicher verfahrenspsychologischer Bedeutung.[23] Zwar ist die Entscheidung für das weitere Verfahren nicht bindend, aber de facto präjudiziell, denn das Gericht hat sich in der Sache mehr oder weniger festgelegt. 8

3. Zuständigkeit und Verfahren. Die Entscheidung, welche keinen Antrag voraussetzt,[23] ergeht **von Amts wegen** durch **Beschluss**.[24] Die Staatsanwaltschaft ist zuvor anzuhören, sofern sie nicht selbst einen Antrag gestellt hat.[25] Zuständig ist das Gericht, das über den Wiederaufnahmeantrag zu entscheiden hat. Ist gegen eine Entscheidung des Wiederaufnahmegerichts sofortige Beschwerde eingelegt, ist das Beschwerdegericht für eine Anordnung nach Abs. 2 zuständig.[26] 9

VI. Rechtsbehelfe

Der Antragsteller kann den eine Anordnung ablehnenden Beschluss nach § 372 Satz 1 mit der **sofortigen Beschwerde** anfechten.[27] Die Staatsanwaltschaft ist stets, der Nebenkläger[28] nie beschwerdeberechtigt. Die Entscheidung eines Gerichts, das als Beschwerdegericht mit dem Wiederaufnahmeantrag befasst ist, kann nicht angefochten werden.[29] 10

§ 361 [Vollstreckung und Tod keine Ausschlussgründe]

(1) Der Antrag auf Wiederaufnahme des Verfahrens wird weder durch die erfolgte Strafvollstreckung noch durch den Tod des Verurteilten ausgeschlossen.

(2) Im Falle des Todes sind der Ehegatte, der Lebenspartner, die Verwandten auf- und absteigender Linie sowie die Geschwister des Verstorbenen zu dem Antrag befugt.

Schrifttum: *Hassemer*, Verhandlungsunfähigkeit des Verurteilten im Wiederaufnahmeverfahren, NJW 1983, 2353; *Laubenthal*, Wiederaufnahme des Verfahrens zugunsten eines vor Rechtskraft des verkündeten Urteils verstorbenen Angeklagten, GA 1989, 20.

I. Allgemeines

Die Vorschrift soll den Anspruch eines Verurteilten auf **Rehabilitierung** umfassend gewährleisten.[1] Deshalb kann die Wiederherstellung des durch ein Fehlurteil geschädigten Rufs trotz Strafvollstreckung und – wegen des anerkannten postmortalen Persönlichkeitsrechts – trotz Todes des Verurteilten betrieben werden.[2] Ausgeschlossen ist jedoch die Wiederaufnahme zu Ungunsten ei- 1

---

[17] OLG Düsseldorf v. 16. 10. 1989 – 3 Ws 458/89, OLGSt StPO § 359 Nr. 4; KK-StPO/*Schmidt* Rn. 1; Löwe/Rosenberg/*Gössel* Rn. 4.
[18] Meyer-Goßner Rn. 3; *Marxen/Tiemann* Rn. 492; SK-StPO/*Frister/Deiters* Rn. 7.
[19] KK-StPO/*Schmidt* Rn. 3; Löwe/Rosenberg/*Gössel* Rn. 4.
[20] OLG Hamm v. 7. 3. 1978 – 6 Ws 145/78, MDR 1978, 691 (692).
[21] KK-StPO/*Schmidt* Rn. 7; Löwe/Rosenberg/*Gössel* Rn. 5; Meyer-Goßner Rn. 3.
[22] Löwe/Rosenberg/*Gössel* Rn. 5; Meyer-Goßner Rn. 3.
[23] KMR/*Eschelbach* Rn. 7.
[23] KK-StPO/*Schmidt* Rn. 3.
[24] KK-StPO/*Schmidt* Rn. 4; SK-StPO/*Frister/Deiters* Rn. 10; *Marxen/Tiemann* Rn. 495.
[25] Löwe/Rosenberg/*Gössel* Rn. 7.
[26] Meyer-Goßner Rn. 4.
[27] OLG Frankfurt v. 11. 8. 1964 – 1 Ws 157 – 159/64, NJW 1965, 314; SK-StPO/*Frister/Deiters* Rn. 10.
[28] OLG Oldenburg v. 30. 5. 2007 – 1 Ws 279/07, StraFo 2007, 336.
[29] BGH v. 18. 12. 1975 – 4 BJs 129/72; StB 64/75, NJW 1976, 431; OLG Hamm v. 27. 9. 1961 – 3 Ws 505/61, NJW 1961, 2363; KK-StPO/*Schmidt* Rn. 7.
[1] KK-StPO/*Schmidt* Rn. 1; Löwe/Rosenberg/*Gössel* Rn. 1.
[2] Anw-StPO/*Rotsch* Rn. 1; KK-StPO/*Schmidt* Rn. 1; KMR/*Eschelbach* Rn. 2.

nes verstorbenen Verurteilten nach § 362.[3] Der Gesetzeswortlaut ist insoweit missverständlich, als nicht nur der Antrag auf Wiederaufnahme des Verfahrens zu Gunsten eines Verurteilten, sondern allgemein die Wiederaufnahme auch dann zulässig sein soll, wenn die Strafvollstreckung bereits erfolgte oder der Verurteilte gestorben ist.[4]

II. Antragserfordernisse bei Vollstreckung und Tod des Verurteilten

2 **1. Vollstreckung und Tod des Verurteilten.** Ein Antrag auf Wiederaufnahme des Verfahrens ist nach Abs. 1 auch dann zulässig, wenn die **Strafe vollstreckt** worden oder der Verurteilte verstorben ist. Dem **Tod** des Verurteilten steht die Todeserklärung gem. § 2 VerschG gleich.[5] Nicht nur bei vollständiger, sondern auch bei erst **teilweiser Strafvollstreckung** ist der Antrag zulässig. Der Strafvollstreckung stehen Vollstreckungsverjährung nach § 79 StGB, Begnadigung und Amnestie gleich.[6] Die Wiederaufnahme kann auch beantragt werden, wenn die Eintragung der Verurteilung im Bundeszentralregister getilgt ist und nicht mehr verwertet werden darf (§§ 45 ff. BZRG).[7]

3 **2. Antragsbefugnis.** Das Antragsrecht steht grundsätzlich nur dem Verurteilten und ggf. seinen gesetzlichen Vertretern zu. Ist der Verurteilte verstorben oder für tot erklärt, erweitert Abs. 2 den Kreis der antragsberechtigten Personen. Die Aufzählung des **Abs. 2 ist abschließend**.[8]

4 Der **Ehegatte** ist nur dann antragsbefugt, wenn er im Zeitpunkt des Eintritts des Todes des Verurteilten mit diesem verheiratet gewesen ist. Die spätere Eingehung einer (neuen) Ehe lässt das Antragsrecht nicht entfallen.[9] Dagegen kann ein geschiedener Ehegatte die Wiederaufnahme nicht beantragen.[10] Der Begriff der **Verwandten** in auf- und absteigender Linie ist in § 1569 Satz 1 BGB definiert, der des **Lebenspartners** bestimmt sich nach §§ 1, 15 LPartG.[11] Allerdings ist der geschiedene Lebenspartner nicht antragsbefugt.[12]

5 Hat der hiernach antragsberechtigte Angehörige einen **gesetzlichen Vertreter**, ist dieser zur Antragstellung berechtigt.[13] Hingegen sind die gesetzlichen Vertreter und Erziehungsberechtigten des verstorbenen Verurteilten nur dann antragsberechtigt, wenn sie zum Kreis der in Abs. 2 genannten Personen gehören.[14] Darüber hinaus ist die **Staatsanwaltschaft** antragsberechtigt.[15] Im Hinblick auf den Zweck der Vorschrift kann sie allerdings nur die Wiederaufnahme zu Gunsten des Verurteilten beantragen.[16] Kein (eigenes) Antragsrecht hat hingegen der frühere **Verteidiger** des Verurteilten.

6 Den nach Abs. 2 antragsberechtigten Personen steht ein **Eintrittsrecht** zu,[17] sofern der Wiederaufnahmeantrag zu Gunsten des Verurteilten noch zu dessen Lebzeiten von ihm selbst oder seinem Verteidiger eingereicht worden und der Verurteilte vor einer Entscheidung über seinen Antrag[18] oder erst nach Anordnung der Wiederaufnahme und Erneuerung der Hauptverhandlung nach § 370 Abs. 2[19] verstorben ist. Erforderlich ist in diesen Fällen die **ausdrückliche Erklärung** der Absicht, an Stelle des Verstorbenen das Verfahren fortsetzen zu wollen.[20]

7 Stirbt der Verurteilte **vor Rechtskraft** der Entscheidung, soll nach der Rechtsprechung Abs. 2 nicht anwendbar sein.[21] Dies soll auch gelten, wenn der Verurteilte vor dem Ergehen einer rechtskräftigen Entscheidung dauernd verhandlungsunfähig geworden ist.[22] Diese Rechtsprechung wird jedoch dem Sinn und Zweck der Vorschrift nicht gerecht, das Rehabilitationsinteresse des Betroffenen zu wahren.[23]

---

[3] KK-StPO/*Schmidt* Rn. 1; KMR/*Eschelbach* Rn. 5; *Meyer-Goßner* Rn. 2; *Marxen/Tiemann* Rn. 497.
[4] Anw-StPO/*Rotsch* Rn. 1.
[5] Anw-StPO/*Rotsch* Rn. 1.
[6] Löwe/Rosenberg/*Gössel* Rn. 2; *Meyer-Goßner* Rn. 1.
[7] Anw-StPO/*Rotsch* Rn. 1; *Meyer-Goßner* Rn. 1.
[8] Löwe/Rosenberg/*Gössel* Rn. 3.
[9] KK-StPO/*Schmidt* Rn. 2; AnwFormulare/*Gorka* § 7 Rn. 23.
[10] KK-StPO/*Schmidt* Rn. 2; SK-StPO/*Frister/Deiters* Rn. 4; AnwFormulare/*Gorka* § 7 Rn. 24.
[11] BGBl. I 2001, S. 266 ff.
[12] SK-StPO/*Frister/Deiters* Rn. 4; AnwFormulare/*Gorka* § 7 Rn. 24.
[13] KK-StPO/*Schmidt* Rn. 4.
[14] *Meyer-Goßner* Rn. 2.
[15] BGH v. 8. 6. 1999 – 4 StR 595/97, BGHSt 45, 108 (115) = NJW 1999, 3644 (3646); Löwe/Rosenberg/*Gössel* Rn. 5; *Meyer-Goßner* Rn. 2.
[16] BGH v. 8. 6. 1999 – 4 StR 595/97, BGHSt 45, 108 (115) = NJW 1999, 3644 (3646); KK-StPO/*Schmidt* Rn. 6.
[17] BGH v. 8. 6. 1999 – 4 StR 595/97, BGHSt 45, 108 (115) = NJW 1999, 3644 (3646); KMR/*Eschelbach* Rn. 14.
[18] KK-StPO/*Schmidt* Rn. 7.
[19] *Marxen/Tiemann* Rn. 500.
[20] BGH v. 23. 7. 1997 – StB 11/97, BGHSt 43, 169 (170) = NJW 1997, 2762; KMR/*Eschelbach* Rn. 6.
[21] BGH v. 9. 11. 1982 – 1 StR 687/81, NStZ 1983, 179; zust. *Laubenthal* GA 1989, 20 (28 ff.); KK-StPO/*Schmidt* Rn. 3; *Meyer-Goßner* Rn. 3.
[22] OLG Frankfurt v. 21. 3. 1983 – 1 Ws 330/82, NJW 1983, 2398 (2399); zust. KK-StPO/*Schmidt* Rn. 7.
[23] *Hassemer* NJW 1983, 2353 ff.; Löwe/Rosenberg/*Gössel* Rn. 7 f.; *Marxen/Tiemann* Rn. 503.

Ist eine **andere Person unter dem Namen des Verstorbenen verurteilt,** so können die Angehöri- 8
gen des Verstorbenen entsprechend Abs. 2 die Urteilsberichtigung verlangen.[24] Die nach Abs. 2 antragsbefugten Angehörigen des tatsächlich Verurteilten können in direkter Anwendung des § 361
gegen das Urteil vorgehen.[25]

III. Verfahren

Ist der Antrag begründet, schließt § 371 Abs. 1 eine Erneuerung der Hauptverhandlung aus. 9
Stattdessen hat das Gericht durch **Beschluss** entweder auf Freisprechung zu erkennen oder den
Antrag auf Wiederaufnahme abzulehnen.[26]

Besteht, etwa weil der Verurteilte nach Antragstellung verstorben ist, ein Eintrittsrecht der in 10
Abs. 2 genannten Personen, das aber nicht ausgeübt wird, ist der Wiederaufnahmeantrag nach
§ 368 Abs. 1 als unzulässig zu verwerfen. Hatte das Gericht im Zeitpunkt des Versterbens bereits
die Wiederaufnahme und Erneuerung der Hauptverhandlung angeordnet, ist das **Verfahren einzustellen.**[27]

§ 362 [Wiederaufnahme zuungunsten des Angeklagten]

Die Wiederaufnahme eines durch rechtskräftiges Urteil abgeschlossenen Verfahrens zuungunsten des Angeklagten ist zulässig,
1. wenn eine in der Hauptverhandlung zu seinen Gunsten als echt vorgebrachte Urkunde unecht
   oder verfälscht war;
2. wenn der Zeuge oder Sachverständige sich bei einem zugunsten des Angeklagten abgelegten
   Zeugnis oder abgegebenen Gutachten einer vorsätzlichen oder fahrlässigen Verletzung der
   Eidespflicht oder einer vorsätzlichen falschen uneidlichen Aussage schuldig gemacht hat;
3. wenn bei dem Urteil ein Richter oder Schöffe mitgewirkt hat, der sich in Beziehung auf die Sache einer strafbaren Verletzung seiner Amtspflichten schuldig gemacht hat;
4. wenn von dem Freigesprochenen vor Gericht oder außergerichtlich ein glaubwürdiges Geständnis der Straftat abgelegt wird.

Schrifttum: *Grünwald,* Die Wiederaufnahme des Strafverfahrens zuungunsten des Angeklagten, ZStW 120 (2008),
545; *Hanack/v. Gerlach/Wahle,* Denkschrift zur Reform des Rechtsmittelrechts und der Wiederaufnahme, 1971; *Waßmer,* Die Wideraufnahme in Strafsachen – Bestandsaufnahme und Reform, Jura 2002, 454.

I. Allgemeines

Die Vorschrift regelt die **Voraussetzungen,** bei deren Vorliegen eine Wiederaufnahme zu Unguns- 1
ten des Angeklagten zulässig ist. § 362 räumt dem Interesse des rechtskräftig Abgeurteilten, wegen
ein und derselben Tat nicht mehrfach mit einem Strafverfahren überzogen zu werden, grundsätzlich den Vorrang vor einer gerechten Bestrafung ein.[1] Dieser Grundsatz wird nur in engbegrenzten
Ausnahmefällen durchbrochen.[2] Charakteristisch für Wiederaufnahmegründe zu Ungunsten des
Angeklagten war und ist es de lege lata, dass sie in der **Sphäre und Verantwortung des Angeklagten**
wurzeln:[3] Bei den Wiederaufnahmegründen propter falsa, weil das Verfahren in rechtswidriger
Weise beeinflusst worden ist, beim Geständnis, weil der Angeklagte selbst das Vertrauen in die
Richtigkeit der Entscheidung zerstört.[4] Aus diesem Grund können neue Tatsachen und Beweismittel – anders als im Falle einer Wiederaufnahme zu Gunsten des Verurteilten (vgl. § 359 Nr. 5) – eine
Wiederaufnahme zu Ungunsten des Angeklagten nicht rechtfertigen.[5] Gesetzesvorhaben, nach denen in bestimmten Konstellationen eine Wiederaufnahme zu Ungunsten des Angeklagten auch
beim Vorliegen neuer Tatsachen oder Beweismittel – wenn auch in engen Grenzen – zulässig sein
sollte, verfielen der Diskontinuität.[6]

II. Wiederaufnahmegründe

Die Gründe, die eine Wiederaufnahme mit dem Ziel rechtfertigen, den Freigesprochenen oder 2
den zu milde Bestraften – mit den Einschränkungen des § 363 – einer gerechten Strafe zuzufüh-

---

[24] Löwe/Rosenberg/*Gössel* Rn. 10; SK-StPO/*Frister/Deiters* Rn. 6.
[25] SK-StPO/*Frister/Deiters* Rn. 6; *Marxen/Tiemann* Fn. 985.
[26] Löwe/Rosenberg/*Gössel* Rn. 6.
[27] BGH v. 23. 7. 1997 – StB 11/97, BGHSt 43, 169 (170) = NJW 1997, 2762; BGH v. 8. 6. 1999 – 4 StR 595/97,
BGHSt 45, 108 (115) = NJW 1999, 3644 (3646); *Marxen/Tiemann* Rn. 501.
[1] Anw-StPO/*Rotsch* Rn. 1; *Grünwald* ZStW 120 (2008), 545 (547); *Hanack/v. Gerlach/Wahle* S. 76.
[2] *Hanack/v. Gerlach/Wahle* S. 76.
[3] *Hanack/v. Gerlach/Wahle* S. 76.
[4] *Grünwald* ZStW 120 (2008), 545 (575 ff.).
[5] Löwe/Rosenberg/*Gössel* Rn. 2; kritisch und de lege ferenda eine Ausweitung der Wiederaufnahmegründe fordernd
Waßmer Jura 2002, 454 (457).
[6] BT-Drucks. 13/3594; BT-Drucks. 16/7957; vgl. aber BR-Drucks. 222/10.

ren, sind **abschließend** aufgezählt.[7] Zwingend schließt der Eintritt der **Verfolgungsverjährung** eine Wiederaufnahme zu Ungunsten des Angeklagten aus.[8] Zwar wird im Falle der Wiederaufnahme das Strafverfahren in den Stand vor dem Eintritt der Rechtskraft zurück versetzt, nicht aber der Lauf der Verfolgungsverjährung.[9] Die u. a. vom BGH vertretene Gegenauffassung[10] hat zur Folge, dass jedes Delikt noch nach Jahrzehnten verfolgt werden könnte, selbst wenn der Unrechtsgehalt gering ist.[11] Zudem stellt diese Auffassung den freigesprochenen „Täter" schlechter als einen niemals verfolgten Täter.[12] Gegen ein **Einstellungsurteil** nach § 260 Abs. 3 ist ein Wiederaufnahmeantrag unzulässig, es sei denn, es enthält auch eine Sachentscheidung.[13]

3   **1. Wiederaufnahmegründe der Nr. 1–3.** Die Wiederaufnahmegründe der Nr. 1–3 entsprechen den Wiederaufnahmegründen des § 359 Nr. 1–3.[14] Diesen gegenüber weist allein Nr. 3 die Besonderheit auf, dass es danach **unerheblich** ist, ob der Angeklagte die Amtspflichtverletzung verursacht hat oder nicht.[15] Selbstverständlich, wenn auch im Einzelfall unbefriedigend ist es, dass auch eine Wiederaufnahme zu Ungunsten des Angeklagten nach Nr. 2 nur dann in Betracht kommt, wenn die Beweisperson eine Straftat nach den §§ 153–155, 163 StGB begangen hat und **sämtliche** Voraussetzungen der Strafbarkeit erfüllt sind. Daran fehlt es etwa, wenn der Zeuge nicht schuldhaft gehandelt hat,[16] weil er sich in einer von Angeklagten veranlassten Situation eines Nötigungsnotstandes (§ 35 Abs. 1 StGB) befunden hatte.[17]

4   **2. Wiederaufnahmegrund der Nr. 4.** Der Wiederaufnahmegrund der Nr. 4 setzt einen **völligen Freispruch** des Angeklagten voraus.[18] Eine fehlerhafte Verurteilung wegen einer weniger schweren Tat rechtfertigt auch bei einem glaubwürdigen Geständnis die Wiederaufnahme nicht.[19] Ist **bei Tatmehrheit teilweise freigesprochen** worden, ist insofern die Wiederaufnahme zu Ungunsten des Angeklagten zulässig.[20] Ist der Freispruch mit der Anordnung der Unterbringung in einem psychiatrischen Krankenhaus oder einem Berufsverbot verbunden, kommt es nur auf den Freispruch an.[21] Die Verhängung einer Maßregel der Besserung und Sicherung im Sicherungsverfahren nach den §§ 413 ff. steht einem Freispruch gleich.[22] Dementsprechend schließt eine Straffreierklärung nach § 199 StGB, das Absehen von Strafe gem. § 60 StGB, eine Verwarnung mit Strafvorbehalt gem. § 59 StGB ebenso wie die Verurteilung zu einem Jugendarrest und die Verurteilung zu anderen Zuchtmitteln iSd. §§ 13 ff. JGG eine Wiederaufnahme zu Ungunsten des Angeklagten aus.[23] Hingegen liegt im Falle eines Schuldspruches kein Freispruch iSd. Nr. 4 vor.

5   Ein **Geständnis** liegt vor, wenn der Angeklagte die Tatsachen[24] einräumt, die das Vorliegen einer vorsätzlichen und rechtswidrigen Straftat sowie der eigenen Täterschaft oder Teilnahme begründen. Die Hinzufügung von Angaben (die wie etwa die Berufung auf einen Irrtum oder eine Notwehrsituation auf die Verneinung einer strafbaren Handlung zielen) schließt – entgegen der hM[25] – ein Geständnis iSd. Nr. 4 aus.[26] Wer zwar eine tatbestandsmäßige Handlung einräumt, sich aber zugleich auf einen **Rechtfertigungs- oder Entschuldigungsgrund** beruft, legt gerade nicht ein „Geständnis einer Straftat" ab.[27] Ebenfalls liegt kein Geständnis vor, wenn nur einzelne Tatumstände zugegeben werden. Gleiches gilt im Hinblick auf nur allgemeine Bemerkungen, mit denen etwa ein nicht ganz richtiges Verhalten eingeräumt wird.[28]

---

[7] *Waßmer* Jura 2002, 454 (455); Löwe/Rosenberg/*Gössel* Rn. 1.
[8] OLG Nürnberg v. 4. 5. 1988 – Ws 297/88, NStZ 1988, 555; *Meyer-Goßner* Rn. 1; KK-StPO/*Schmidt* Rn. 7; KMR/*Eschelbach* Rn. 103; SK-StPO/*Frister/Deiters* Rn. 20; *Marxen/Tiemann* Rn. 297.
[9] OLG Hamburg v. 11. 8. 1965 – 1 b Ss 22/65, VRS 29, 359 (360 f.); KK-StPO/*Schmidt* Rn. 7.
[10] BGH v. 29. 11. 1972 – 2 StR 498/72, GA 1974, 149 (150); OLG Düsseldorf v. 22. 11. 2000 – 2 a Ss 295/00 – 78/00 I, StraFo 2001, 101 (103); OLG Düsseldorf v. 29. 1. 1988 – 1 Ws 1043/87, NJW 1988, 2251 f.; Löwe/Rosenberg/*Gössel* Rn. 3.
[11] KMR/*Eschelbach* Rn. 24; *Meyer-Goßner* Rn. 1.
[12] OLG Nürnberg v. 4. 5. 1988 – Ws 297/88, NStZ 1988, 555; *Roxin/Schünemann* § 57 Rn. 11.
[13] Löwe/Rosenberg/*Gössel* Rn. 4; *Meyer-Goßner* Rn. 3.
[14] Vgl. o. § 359 Rn. 6 ff.
[15] *Meyer-Goßner* Rn. 3; *Marxen/Tiemann* Rn. 300.
[16] KG v. 30. 7. 1996 – 1 AR 415/96 – 4 Ws 55/96, JZ 1997, 629; KMR/*Eschelbach* Rn. 75 u. 81; *Meyer-Goßner* Rn. 3; *Marxen/Tiemann* Rn. 301.
[17] Anw-StPO/*Rotsch* Rn. 2; *Marxen/Tiemann* Rn. 301.
[18] Löwe/Rosenberg/*Gössel* Rn. 8; *Meyer-Goßner* Rn. 4; *Marxen/Tiemann* Rn. 303.
[19] KK-StPO/*Schmidt* Rn. 9.
[20] Anw-StPO/*Rotsch* Rn. 3; *Marxen/Tiemann* Rn. 304.
[21] KMR/*Eschelbach* Rn. 93; *Marxen/Tiemann* Rn. 303.
[22] KK-StPO/*Schmidt* Rn. 9; Löwe/Rosenberg/*Gössel* Rn. 10; aA KMR/*Eschelbach* Rn. 93.
[23] Anw-StPO/*Rotsch* Rn. 3; Löwe/Rosenberg/*Gössel* Rn. 10.
[24] KMR/*Eschelbach* Rn. 87.
[25] Löwe/Rosenberg/*Gössel* Rn. 14; *Meyer-Goßner* Rn. 5; *Roxin/Schünemann* § 57 Rn. 11.
[26] KMR/*Eschelbach* Rn. 90.
[27] Anw-StPO/*Rotsch* Rn. 4.
[28] KMR/*Eschelbach* Rn. 90; Löwe/Rosenberg/*Gössel* Rn. 15.

Das abgelegte Geständnis muss **glaubhaft** sein.[29] Ob dies der Fall ist, entscheidet das Wiederaufnahmegericht nach pflichtgemäßem Ermessen.[30] Hierfür soll vor allem maßgeblich sein, ob das Geständnis denkgesetzlich überhaupt möglich und mit der Lebenserfahrung in Einklang zu bringen ist.[31] Die Glaubhaftigkeit eines Geständnisses wird nicht allein dadurch in Frage gestellt, dass der Freigesprochene es widerruft.[32]

Der Angeklagte muss **nach der Freisprechung** das Geständnis abgelegt haben.[33] Nicht vorausgesetzt ist es, dass das Geständnis erst nach Eintritt der Rechtskraft des freisprechenden Urteils abgelegt worden ist. Eine Wiederaufnahme ist daher zulässig, wenn das Geständnis im Zeitraum zwischen der letzten tatrichterlichen Verhandlung und der Revisionsentscheidung abgelegt wurde.[34] Stets muss der Abgeurteilte das Geständnis **selbst** abgelegt haben, das Geständnis eines Mittäters des Freigesprochenen ist nicht ausreichend.[35]

Ablegt werden kann das Geständnis **vor Gericht und außergerichtlich**,[36] also auch gegenüber Privatpersonen, selbst wenn diese nach § 203 StGB zur Verschwiegenheit verpflichtet sind. Unerheblich ist es ebenfalls, ob das Geständnis mündlich oder schriftlich abgelegt wird. Allerdings wird zu Recht ein Geständnis iSd. der Nr. 4 bei Äußerungen im innersten Kreis der privaten Sphäre, aus Anlass von Selbstgesprächen und bei Tagebuchaufzeichnungen verneint.[37]

III. Antragsbefugnis und Verfahren

1. Antragsbefugnis. Neben der **Staatsanwaltschaft** ist nur der **Privatkläger** antragsbefugt.[38] Hingegen kann der Nebenkläger keinen Antrag auf Wiederaufnahme des Verfahrens zu Ungunsten des Angeklagten stellen.[39] Das Recht des Nebenklägers, einen Wiederaufnahmeantrag zu stellen, ist mit dem sog. Opferschutzgesetz vom 18. 12. 1986 entfallen.[40] Das Gesetz enthält keine Norm mehr, nach der der Nebenkläger das Wiederaufnahmeverfahren selbstständig betreiben kann.[41]

2. Verfahren. Selbst wenn zureichende tatsächliche Anhaltspunkte für eine Wiederaufnahme zu Ungunsten des Angeklagten vorliegen, verpflichtet das Legalitätsprinzip des § 152 Abs. 2 die Staatsanwaltschaft allerdings nicht, die Wiederaufnahme zu Ungunsten des Angeklagten zu betreiben.[42] Die §§ 153 ff. sind sinngemäß mit der Einschränkung anzuwenden, dass die Zustimmung des Gerichts zur Einstellung nicht erforderlich ist.[43]

§ 363 [Unzulässigkeit]

(1) Eine Wiederaufnahme des Verfahrens zu dem Zweck, eine andere Strafbemessung auf Grund desselben Strafgesetzes herbeizuführen, ist nicht zulässig.

(2) Eine Wiederaufnahme des Verfahrens zu dem Zweck, eine Milderung der Strafe wegen verminderter Schuldfähigkeit (§ 21 des Strafgesetzbuches) herbeizuführen, ist gleichfalls ausgeschlossen.

Schrifttum: *Marxen/Tiemann*, Die Korrektur des Rechtsfolgenausspruchs im Wege der Wiederaufnahme, StV 1992, 534.

I. Allgemeines

Die Vorschrift regelt, wann eine Wiederaufnahme **unzulässig** ist. Während Abs. 1 sowohl für die Wiederaufnahme zu Gunsten des Verurteilten als auch zu Ungunsten des Angeklagten gilt, hat Abs. 2 nur für die Wiederaufnahme zu Gunsten des Verurteilten Bedeutung. Nur insofern kommt

---

[29] SK-StPO/*Frister/Deiters* Rn. 19.
[30] KK-StPO/*Schmidt* Rn. 14.
[31] Anw-StPO/*Rotsch* Rn. 5; Löwe/Rosenberg/*Gössel* Rn. 19; KK-StPO/*Schmidt* Rn. 14.
[32] OLG Hamm v. 19. 10. 1956 – 1 Ws 496/56, GA 1957, 123.
[33] *Meyer-Goßner* Rn. 5; *Marxen/Tiemann* Rn. 309.
[34] KK-StPO/*Schmidt* Rn. 13.
[35] KK-StPO/*Schmidt* Rn. 7; KMR/*Eschelbach* Rn. 95; *Meyer-Goßner* Rn. 5; *Marxen/Tiemann* Rn. 310.
[36] AA *Hanack/v. Gerlach/Wahle*, S. 94: Nur ein vor Gericht abgelegtes Geständnis.
[37] KMR/*Eschelbach* Rn. 97; *Marxen/Tiemann* Rn. 318; aA Löwe/Rosenberg/*Gössel* Rn. 18; SK-StPO/*Frister/Deiters* Rn. 13.
[38] KMR/*Eschelbach* Rn. 30.
[39] LG Münster v. 6. 9. 1989 – 7 Qs 41/89, NStZ 1989, 588; KK-StPO/*Schmidt* Rn. 6; KMR/*Eschelbach* Rn. 30; SK-StPO/*Frister/Deiters* Rn. 22; *Marxen/Tiemann* Rn. 46; aA Löwe/Rosenberg/*Gössel* Rn. 2; vgl. auch OLG Stuttgart v. 17. 8. 1987 – 3 Ws 243/87, NStZ 1988, 42 (43).
[40] BGBl. 2000 I, S. 2496.
[41] OLG Stuttgart v. 17. 8. 1987 – 3 Ws 243/87, NStZ 1988, 42 (43); LG Münster v. 6. 9. 1989 – 7 Qs 41/89, NStZ 1989, 588.
[42] *Meyer-Goßner* Rn. 1; *Marxen/Tiemann* Rn. 293; aA KK-StPO/*Schmidt* Rn. 4; Löwe/Rosenberg/*Gössel* Rn. 1.
[43] *Meyer-Goßner* Rn. 1.

eine Wiederaufnahme mit dem Ziel der milderen Bestrafung in Betracht.[1] Weil nach § 359 Nr. 5 die Zulässigkeit der Wiederaufnahme die Anwendung eines milderen Strafgesetzes bereits voraussetzt,[2] hat Abs. 1 insoweit keine eigenständige Bedeutung.[3] Die Beschränkungen des § 363 sind nur von Relevanz für die Prüfung der Zulässigkeit (§ 368) und Begründetheit (§ 370) des Wiederaufnahmeantrags. In der **erneuerten Hauptverhandlung** hat das Gericht über die Rechtsfolgenseite neu zu entscheiden, ohne dass die Beschränkungen des § 363 gelten.[4]

II. Keine andere Strafbemessung aufgrund desselben Strafgesetzes (Abs. 1)

2   Unzulässig ist eine Wiederaufnahme nach Abs. 1, wenn ihr Ziel ausschließlich ist, eine **andere Strafbemessung** aufgrund desselben Strafgesetzes zu erwirken. Eine bloße Änderung des Schuldspruches, die keine Auswirkungen auf den Rechtsfolgenausspruch hat, kann daher erst recht nicht Ziel eines Wiederaufnahmeantrags sein.[5]

3   **1. Andere Strafbemessung.** Abs. 1 gilt nur für die **Strafzumessung im eigentlichen Sinne**.[6] Die Aufhebung der Anordnung einer **Maßregel** der Besserung und Sicherung oder ihre Ersetzung durch eine wesentlich andere Entscheidung ist keine Frage des Strafmaßes.[7] Dies ergibt sich aus § 359 Nr. 5.[8] Der Wegfall von **Nebenstrafen und Nebenfolgen** steht einem Freispruch gleich, so dass § 363 in diesen Fällen einer Wiederaufnahme nicht entgegensteht.[9]

4   **2. Dasselbe Strafgesetz.** Eine **andere Strafvorschrift** iSd. § 363 ist jede Norm, die bestimmte Tatumstände vorsieht, bei deren Vorliegen die Strafbarkeit erhöht oder vermindert wird.[10] Hierfür kommt es nicht auf die Paragrafeneinteilung an.[11] Enthält das nach dem Wiederaufnahmeantrag anzuwendende Strafgesetz einen schwereren oder gleichartigen Strafrahmen, ist eine Wiederaufnahme wegen derselben Tat unzulässig. Eine Wiederaufnahme in **Jugendstrafverfahren** mit dem Ziel, Jugendstrafe durch Erziehungsmaßregeln oder Zuchtmittel zu ersetzen, scheidet daher aus.[12] Dagegen ist die Wiederaufnahme mit dem Ziel zulässig, dass Jungendstrafrecht anstelle von Erwachsenstrafrecht angewendet werden soll und umgekehrt.[13]

5   **Unbenannte Strafänderungsgründe** – minderschwere und besonders schwere Fälle – sind kein anderes Strafgesetz iSd. § 363, gleichgültig ob der Strafrahmen in einem anderen Paragrafen bestimmt ist oder nicht.[14] Gleiches gilt für **Regelbeispiele**.[15] Ein anderes Strafgesetz iSd. § 363 sind hingegen **benannte Strafmilderungsgründe**, etwa die der §§ 46 Abs. 2 und 46a StGB.[16]

6   Bei einer Verurteilung wegen **tatmehrheitlich** begangener Straftaten ist jede selbstständige Tat für sich wiederaufnahmefähig, nicht aber der Gesamtstrafenausspruch als solcher.[17] Bei **tateinheitlicher** Verurteilung ist die Wiederaufnahme nach Abs. 1 unzulässig, wenn alle anzuwendenden Strafvorschriften die gleiche Strafe androhen.[18] Zulässig ist sie aber bei ungleicher Strafdrohung in den Fällen des § 359, wenn sie sich gegen das schwerste Strafgesetz richtet, aus dem die Strafe entnommen worden ist (vgl. § 52 StGB),[19] und in den Fällen des § 362 Nr. 1 bis 3, wenn die weitere Verurteilung aus einer Norm erstrebt wird, aus der die Strafe nach § 52 StGB zu bilden wäre.

---

[1] Anw-StPO/*Rotsch* Rn. 1.
[2] Vgl. o. § 359 Rn. 43 f.
[3] Anw-StPO/*Rotsch* Rn. 1; *Meyer-Goßner* Rn. 1; aA BGH v. 20. 12. 2002 – StB 15/02, BGHSt 48, 153 (156 f.) = NStZ 2003, 678 (679).
[4] KK-StPO/*Schmidt* Rn. 2; KMR/*Eschelbach* Rn. 11; *Meyer-Goßner* Rn. 1.
[5] Anw-StPO/*Rotsch* Rn. 2; *Meyer-Goßner* Rn. 2; aA BGH v. 20. 12. 2002 – StB 15/02, BGHSt 48, 153 (156 f.) = NStZ 2003, 678 (679).
[6] Anw-StPO/*Rotsch* Rn. 2; Löwe/Rosenberg/*Gössel* Rn. 4.
[7] KK-StPO/*Schmidt* Rn. 3; KMR/*Eschelbach* Rn. 16.
[8] Vgl. o. § 359 Rn. 44.
[9] KMR/*Eschelbach* Rn. 17; Löwe/Rosenberg/*Gössel* Rn. 5; aA KK-StPO/*Schmidt* Rn. 3; *Meyer-Goßner* Rn. 2.
[10] BGH v. 20. 6. 1958 – 5 StR 219/58, BGHSt 11, 361 (362) = NJW 1958, 1309; Anw-StPO/*Rotsch* Rn. 3; Löwe/Rosenberg/*Gössel* Rn. 6; KK-StPO/*Schmidt* Rn. 4.
[11] KK-StPO/*Schmidt* Rn. 4.
[12] KK-StPO/*Schmidt* Rn. 4; Löwe/Rosenberg/*Gössel* Rn. 6.
[13] OLG Hamburg v. 8. 12. 1951 – Ws 356/51, NJW 1952, 1150; KK-StPO/*Schmidt* Rn. 4.
[14] OLG Stuttgart v. 9. 7. 2003 – 4 Ws 95/03, BGHR StPO § 359 Nr. 16; Löwe/Rosenberg/*Gössel* Rn. 8; KK-StPO/*Schmidt* Rn. 7; *Meyer-Goßner* Rn. 4; aA SK-StPO/*Frister/Deiters* Rn. 9.
[15] OLG Düsseldorf v. 5. 6. 1984 – 2 Ws 222/84, NStZ 1984, 571; KK-StPO/*Schmidt* Rn. 8; *Meyer-Goßner* Rn. 5; KMR/*Eschelbach* Rn. 32; aA OLG Stuttgart v. 27. 8. 1968 – 1 Ws 169/68, NJW 1968, 2206; SK-StPO/*Frister/Deiters* Rn. 11.
[16] Löwe/Rosenberg/*Gössel* Rn. 10 u. 13; KK-StPO/*Schmidt* Rn. 7; *Meyer-Goßner* Rn. 4 f.
[17] KK-StPO/*Schmidt* Rn. 10.
[18] BGH v. 20. 12. 2002 – StB 15/02, BGHSt 48, 153 (156) = NStZ 2003, 678 (679); KK-StPO/*Schmidt* Rn. 10; aA Löwe/Rosenberg/*Gössel* Rn. 7.
[19] *Meyer-Goßner* Rn. 3; aA *Marxen/Tiemann* StV 1992, 534 (536): Entscheidend ist es allein, ob mit einer wesentlich milderen Strafzumessungsentscheidung zu rechnen ist.

Unzulässig ist die Wiederaufnahme, wenn sie sich lediglich gegen die Verurteilung wegen eines Strafgesetzes richtet, das bei **Gesetzeskonkurrenz** zurückgetreten ist.[20]

III. Keine Milderung wegen verminderter Schuldfähigkeit (Abs. 2)

Obwohl § 21 StGB ein benannter Schuldminderungsgrund ist, schließt Abs. 2 die Wiederaufnahme mit dem Ziel seiner Anwendung aus. Dies gilt auch dann, wenn über § 21 StGB eine **Strafmilderung** oder Aussetzung der Strafe zur **Bewährung** erstrebt wird.[21] Ausgeschlossen ist die Wiederaufnahme auch dann, wenn die Anwendung des § 21 StGB – wie etwa im Falle des § 211 StGB – zu der Verhängung einer zeitigen Freiheitsstrafe statt der rechtskräftig festgesetzten lebenslangen Freiheitsstrafe führen könnte.[22] In entsprechender Anwendung des Abs. 2 ist eine Wiederaufnahme auch dann unzulässig, wenn mit ihr die Anerkennung außergewöhnlicher Umstände im Sinne der beim heimtückischen Mord vom BGH vertretenen Rechtsauffassung erreicht werden soll.[23]

§ 364 [Behauptung einer Straftat]

¹Ein Antrag auf Wiederaufnahme des Verfahrens, der auf die Behauptung einer Straftat gegründet werden soll, ist nur dann zulässig, wenn wegen dieser Tat eine rechtskräftige Verurteilung ergangen ist oder wenn die Einleitung oder Durchführung eines Strafverfahrens aus anderen Gründen als wegen Mangels an Beweis nicht erfolgen kann. ²Dies gilt nicht im Falle des § 359 Nr. 5.

Schrifttum: *Grünwald*, Die Wiederaufnahme des Strafverfahrens zuungunsten des Angeklagten, ZStW 120 (2008), 545.

I. Allgemeines

Ein Wiederaufnahmeantrag, der nach § 359 Nr. 1, 2 und 3 oder § 362 Nr. 1, 2 und 3 auf die Behauptung einer strafbaren Handlung von Verfahrensbeteiligten gestützt wird, ist nach § 364 S. 1 grundsätzlich nur dann zulässig, wenn wegen dieser Tat eine rechtskräftige **Verurteilung** ergangen ist. Nach Satz 2 der Vorschrift gilt dies nicht in den Fällen des § 359 Nr. 5.

II. Rechtskräftige Verurteilung (Satz 1)

Ein auf die Behauptung einer Straftat gestützter Wiederaufnahmeantrag (nach § 359 Nr. 1, 2 und 3 oder § 362 Nr. 1, 2 und 3) hat die rechtskräftige Verurteilung des Täters wegen der Tat zur Zulässigkeitsvoraussetzung.[1] Eine **wahldeutige Verurteilung** genügt nicht.[2] Ist der Beschuldigte bereits freigesprochen oder sonst eine **Sachentscheidung ohne Schuldspruch** ergangen, kann die Wiederaufnahme von vornherein nicht auf das Vorliegen einer Straftat gestützt werden.[3] Unzulässig ist die Wiederaufnahme nach Sinn und Zweck der Vorschrift auch dann, wenn sich das behauptete strafbare Verhalten (die angegriffene Urkunde oder Zeugen- und Sachverständigenaussage) überhaupt nicht auf das Urteil ausgewirkt haben kann.[4]

Ausgeschlossen ist eine auf die Behauptung einer Straftat gestützte Wiederaufnahme schließlich, wenn ein Strafverfahren wegen dieser Tat **aus Mangel an Beweisen** nicht eingeleitet oder durchgeführt werden kann. Ob das Verfahren zu Recht wegen mangelnder Beweise nicht eingeleitet oder eingestellt worden ist, unterliegt nicht der Prüfung durch das Wiederaufnahmegericht.[5]

Scheidet eine Verfolgung des Beschuldigten wegen eines **tatsächlichen oder rechtlichen Hindernisses** aus, entfällt das Zulässigkeitserfordernis einer vorherigen rechtskräftigen Verurteilung.[6] Zu solchen Hindernissen zählen etwa Tod, unbekannter Aufenthalt[7] und Verhandlungsunfähigkeit des

---

[20] KK-StPO/*Schmidt* Rn. 10; KMR/*Eschelbach* Rn. 26; Löwe/Rosenberg/*Gössel* Rn. 7.
[21] OLG Stuttgart v. 15. 2. 1982 – 3 Ws 6/82, Justiz 1982, 166; *Meyer-Goßner* Rn. 6.
[22] OLG Düsseldorf v. 22. 8. 1989 – 2 Ws 628/89, JMBl NW 1990, 46 (47); KK-StPO/*Schmidt* Rn. 11.
[23] OLG Bamberg v. 20. 1. 1982 – Ws 692/81, NJW 1982, 1714 (1715); OLG Stuttgart v. 9. 7. 2003 – 4 Ws 95/03, BGHR StPO § 359 Nr. 16; Anw-StPO/*Rotsch* Rn. 4.
[1] KG v. 30. 7. 1996 – 1 AR 415/96 – 4 Ws 55/96, 1 AR 415/96, 4 Ws 55/96, JZ 1997, 629; KK-StPO/*Schmidt* Rn. 1; *Meyer-Goßner* Rn. 1; aA Anw-StPO/*Rotsch* Rn. 1; Löwe/Rosenberg/*Gössel* Rn. 1: Satz 1 gilt nicht für § 359 Nr. 1 und § 362 Nr. 1.
[2] KK-StPO/*Schmidt* Rn. 5; Löwe/Rosenberg/*Gössel* Rn. 1; *Meyer-Goßner* Rn. 1; aA KMR/*Eschelbach* Rn. 14.
[3] KK-StPO/*Schmidt* Rn. 6; Löwe/Rosenberg/*Gössel* Rn. 1.
[4] BGH v. 2. 5. 1983 – 3 ARs 4/83 StB 15/83, BGHSt 31, 365 (371) = NStZ 1983, 424 (425); KK-StPO/*Schmidt* Rn. 5.
[5] Anw-StPO/*Rotsch* Rn. 1; Löwe/Rosenberg/*Gössel* Rn. 1.
[6] Löwe/Rosenberg/*Gössel* Rn. 2; *Meyer-Goßner* Rn. 1.
[7] BGH v. 20. 12. 2002 – StB 15/02, BGHSt 48, 153 (155); insoweit in NStZ 2003, 678 nicht abgedruckt.

§ 364a 1   *Viertes Buch. Wiederaufnahme eines durch*

Beschuldigten, eingetretene Verfolgungsverjährung, Amnestie und Fehlen der deutschen Gerichtsbarkeit.[8] Die **staatsanwaltschaftliche Einstellung** gem. § 154 Abs 1[9] und auch sonstige Opportunitätserwägungen nach den §§ 153 ff. stehen ebenfalls der Zulässigkeit des Wiederaufnahmeantrags nicht entgegen.[10] Kein solches Hindernis und auch keine Straftat iSd. § 364 liegt hingegen vor, wenn der Beschuldigte **zur Zeit der Tat schuldunfähig** gewesen ist.[11]

5   Kommt hiernach eine Wiederaufnahme grundsätzlich in Betracht, ist der Antrag zulässig, wenn das Antragsvorbringen zumindest einen **Anfangsverdacht iSd. § 152 Abs. 2** begründet, der die Einleitung eines Ermittlungsverfahrens gegen den Beschuldigten rechtfertigen würde.[12]

III. Ausnahme im Fall des § 359 Nr. 5 (Satz 2)

6   Nach Satz 2 kann ein Antrag auf Wiederaufnahme des Verfahrens und Erneuerung der Hauptverhandlung auch dann auf **neue Tatsachen oder Beweismittel** gestützt werden, wenn nach Satz 1 eine Wiederaufnahme gem. § 359 Nr. 1 bis 3 ausscheidet.[13] Dies hat zur Folge, dass dem Antragsteller, der die Unwahrheit einer Aussage geltend machen will, die Wiederaufnahmegründe nach § 359 Nr. 2 und 5 **wahlweise** zur Verfügung stehen.[14] Dieses Wahlrecht besteht auch dann, wenn bereits ein Urteil gegen den Zeugen oder Sachverständigen ergangen ist.[15] Allerdings ist es in diesen Fällen zweckmäßig, den Wiederaufnahmeantrag nur mit § 359 Nr. 2 zu begründen, da ausschließlich bei diesem Wiederaufnahmegrund eine gesetzliche Vermutung[16] für den ursächlichen Zusammenhang zwischen Falschaussage und Urteil spricht.[17] Satz 2 ermöglicht es zudem, den Wiederaufnahmeantrag auf das Vorbringen zu stützen, es lägen neue Tatsachen und Beweismittel vor, aus denen sich die **Unglaubwürdigkeit eines Zeugen** ergibt.[18] Eine entsprechende Anwendung des § 364 S. 2 in den Fällen des § 362 Nr. 1 bis 3 scheidet aus.[19]

§ 364a [Verteidiger für Wiederaufnahmeverfahren]

Das für die Entscheidungen im Wiederaufnahmeverfahren zuständige Gericht bestellt dem Verurteilten, der keinen Verteidiger hat, auf Antrag einen Verteidiger für das Wiederaufnahmeverfahren, wenn wegen der Schwierigkeit der Sach- oder Rechtslage die Mitwirkung eines Verteidigers geboten erscheint.

Schrifttum: *Wasserburg*, Die Pflichtverteidigerbestellung unter besonderer Berücksichtigung des Wiederaufnahmeverfahrens, GA 1982, 304.

I. Allgemeines

1   Die Vorschrift bestimmt die Voraussetzungen, unter denen dem Verurteilten für das Wiederaufnahmeverfahren **auf Antrag** ein Verteidiger bestellt werden kann. § 364a gilt ausschließlich für die **Wiederaufnahme zu Gunsten** des Verurteilten und schließt in ihrem Anwendungsbereich § 140 Abs. 2 aus.[1] Ein Verteidiger kann in entsprechender Anwendung der Vorschrift auch den nach § 361 Abs. 2 Antragsberechtigten bestellt werden.[2] Im Falle der **Wiederaufnahme zu Ungunsten** des Angeklagten kommt die Bestellung eines Verteidigers nur nach § 140 und Art. 6 Abs. 3 EMRK in Betracht.[3] Die Verteidigerbestellung endet ohne förmliche Aufhebung mit der

---

[8] KK-StPO/*Schmidt* Rn. 6; KMR/*Eschelbach* Rn. 17; Löwe/Rosenberg/*Gössel* Rn. 2; *Meyer-Goßner* Rn. 1.
[9] OLG Düsseldorf v. 12. 3. 1980 – 5 Ws 27/80, GA 1980, 393 (395); OLG Düsseldorf v. 27. 7. 1994 – 1 Ws 562/94, NStE Nr. 1 zu § 364 StPO.
[10] KK-StPO/*Schmidt* Rn. 6; *Meyer-Goßner* Rn. 1.
[11] KK-StPO/*Schmidt* Rn. 8; KMR/*Eschelbach* Rn. 17; Löwe/Rosenberg/*Gössel* Rn. 3.
[12] OLG Düsseldorf v. 27. 7. 1994 – 1 Ws 562/94, NStE Nr. 1 zu § 364 StPO; KK-StPO/*Schmidt* Rn. 8; Löwe/Rosenberg/*Gössel* Rn. 2; *Meyer-Goßner* Rn. 1; aA *Marxen/Tiemann* Rn. 287: Hinreichender Tatverdacht erforderlich.
[13] OLG Celle v. 2. 10. 1966 – 4 Ws 323/66, NJW 1967, 216; OLG Hamburg v. 20. 5. 1969 – 2 Ws 181/69, NJW 1969, 2159 (2160); OLG Rostock v. 2. 3. 2006 – 1 Ws 13/06, NStZ 2007, 357; *Marxen/Tiemann* Rn. 289.
[14] Löwe/Rosenberg/*Gössel* Rn. 6; KMR/*Eschelbach* Rn. 28; *Meyer-Goßner* Rn. 3; *Marxen/Tiemann* Rn. 289.
[15] KMR/*Eschelbach* Rn. 30; Löwe/Rosenberg/*Gössel* Rn. 6; *Marxen/Tiemann* Rn. 288; aA OLG Hamburg v. 8. 2. 2000 – 2 Ws 287/99, NStZ-RR 2000, 341 (342); KK-StPO/*Schmidt* Rn. 3; *Meyer-Goßner* Rn. 3.
[16] Vgl. o. § 359 Rn. 14.
[17] Löwe/Rosenberg/*Gössel* Rn. 6; *Marxen/Tiemann* Rn. 289.
[18] OLG Celle v. 2. 10. 1966 – 4 Ws 323/66, NJW 1967, 216; KK-StPO/*Schmidt* Rn. 1; *Marxen/Tiemann* Rn. 289.
[19] KK-StPO/*Schmidt* Rn. 2.
[1] OLG Stuttgart v. 26. 3. 2001 – 3 Ws 51/2001, NStZ-RR 2003, 114 (115); KK-StPO/*Schmidt* Rn. 3; *Marxen/Tiemann* Rn. 459.
[2] OLG Stuttgart v. 4. 5. 1999 – 1 Ws 59 – 99, NStZ 1999, 587 (588); KMR/*Eschelbach* Rn. 58; *Marxen/Tiemann* Rn. 507; aA HK-StPO/*Temming* Rn. 3; Löwe/Rosenberg/*Gössel* Rn. 2; KK-StPO/*Schmidt* Rn. 3; *Meyer-Goßner* Rn. 1.
[3] OLG Düsseldorf v. 14. 12. 1988 – 2 Ws 519/88, NJW 1989, 676; Löwe/Rosenberg/*Gössel* Rn. 2; *Meyer-Goßner* Rn. 1; aA KMR/*Eschelbach* Rn. 25.

Bestandskraft der Entscheidung nach § 370 Abs. 1 oder Abs. 2.[4] In dem wiederaufgenommenen Strafverfahren muss über eine erneute Bestellung ggf. nach § 140 entschieden werden.[5]

II. Voraussetzungen der Verteidigerbestellung

1. Kein Verteidiger. Die Bestellung eines Verteidigers setzt zunächst voraus, dass der Verurteilte keinen Verteidiger hat.[6] Das Mandat und die Vollmacht des Wahlverteidigers[7] und die Bestellung des Pflichtverteidigers[8] für das frühere Verfahren **dauern bis zur Rechtskraft des Beschlusses fort**, mit dem nach § 370 Abs. 2 die Wiederaufnahme des Verfahrens und die Erneuerung der Hauptverhandlung angeordnet werden.[9] Daher ist für die Bestellung eines Verteidigers nach § 364a nur Raum, wenn die dem früheren Wahlverteidiger **erteilte Vollmacht** – gleich aus welchen Gründen – **erloschen** und ein neuer Verteidiger nicht mandatiert oder nach § 364b bestellt worden ist.[10] Hat der frühere Verteidiger nach sachgerechter Prüfung die Stellung eines Wiederaufnahmeantrags wegen mangelnder Erfolgsaussicht abgelehnt, besteht kein Anspruch des Verurteilten auf Bestellung eines anderen Verteidigers.[11] Ebenso besteht kein Anspruch auf Ersetzung des etwa durch Tod ausgefallenen Pflichtverteidigers.[12]

2. Schwierigkeit der Sach- und Rechtslage. Zudem muss die Bestellung eines Verteidigers für das Wiederaufnahmeverfahren wegen der Schwierigkeit der Sach- und Rechtslage **geboten** sein. Die Schwere der Tat oder Art und Umfang der verhängten Rechtsfolgen sind im Gegensatz zu § 140 Abs. 2 nicht relevant.[13] Im Wiederaufnahmeverfahren ist regelmäßig jedenfalls die Rechtslage schwierig und die Bestellung eines Verteidigers geboten.[14] Einen bestimmten Grad der **Erfolgsaussicht** des Wiederaufnahmeantrags setzt die Bestellung eines Verteidigers nicht voraus.[15] Eine Ablehnung der Bestellung kommt nur dann in Betracht, wenn der Wiederaufnahmeantrag offensichtlich mutwillig oder aussichtslos ist.[16] Bloße Zweifel an seinem Erfolg rechtfertigen die Ablehnung nicht.[17]

III. Verfahren

1. Antrag. Die Bestellung eines Verteidigers setzt einen entsprechenden Antrag voraus. Eine Bestellung von Amts wegen ist ausgeschlossen.[18] Allerdings hat das Wiederaufnahmegericht im Rahmen seiner **Fürsorgepflicht** auf eine solche Antragstellung hinzuwirken, wenn es erkennt, dass der Verurteilte zu einer sachgerechten Antragstellung nicht in der Lage ist.[19] Zulässig ist der Antrag schon **vor** der Stellung des eigentlichen Wiederaufnahmeantrags.[20] Der Antrag bedarf einer Begründung. Das Vorliegen der Voraussetzungen des § 364a muss dort durch einen knapp gefassten Vortrag konkreter Tatsachen dargetan werden.[21] **Antragsberechtigt** sind der Verurteilte, sein gesetzlicher Vertreter, bei Jugendlichen die Erziehungsberechtigte, die Staatsanwaltschaft[22] und die in § 361 Abs. 2 genannten Personen.[23]

2. Zuständigkeit. Zur Entscheidung über den Antrag ist das nach § 140a GVG zuständige **Wiederaufnahmegericht** berufen.[24] Nach § 367 Abs. 1 S. 2 kann der Antrag auch bei dem Gericht ge-

---

[4] Vgl. u. Rn. 2.
[5] HK-StPO/*Temming* Rn. 4; KMR/*Eschelbach* Rn. 17; Löwe/Rosenberg/*Gössel* Rn. 5.
[6] *Wasserburg* GA 1982, 304 (319); AnwFormulare/*Gorka* § 7 Rn. 18.
[7] OLG Braunschweig v. 1. 11. 1960 – Ws 171/59, NJW 1960, 1970; OLG Düsseldorf v. 20. 12. 1989 – 1 Ws 1143 – 1144/89, wistra 1990, 168; *Meyer-Goßner* Rn. 2.
[8] OLG Bremen v. 18. 12. 1964 – VAs 6/64, NJW 1964, 2175; OLG Koblenz v. 8. 10. 1982 – 1 Ws 635/82, MDR 1983, 252; *Meyer-Goßner* Rn. 2; aA OLG Oldenburg v. 15. 4. 2009 – 1 Ws 205/09, StraFo 2009, 242; SK-StPO/*Frister/Deiters* Rn. 5 u. 14.
[9] AnwFormulare/*Gorka* § 7 Rn. 18.
[10] HK-StPO/*Temming* Rn. 2; KK-StPO/*Schmidt* Rn. 2; Löwe/Rosenberg/*Gössel* Rn. 3; *Meyer-Goßner* Rn. 2.
[11] OLG Bremen v. 3. 4. 1964 – Ws 36/64, AnwBl. 1964, 288; HK-StPO/*Temming* Rn. 2; KK-StPO/*Schmidt* Rn. 2; AnwFormulare/*Gorka* § 7 Rn. 18.
[12] KK-StPO/*Schmidt* Rn. 2; *Meyer-Goßner* Rn. 2; HK-StPO/*Temming* Rn. 2.
[13] HK-StPO/*Temming* Rn. 5; KMR/*Eschelbach* Rn. 2; *Meyer-Goßner* Rn. 6.
[14] KK-StPO/*Schmidt* Rn. 4; Löwe/Rosenberg/*Gössel* Rn. 6.
[15] KK-StPO/*Schmidt* Rn. 1; aA Löwe/Rosenberg/*Gössel* Rn. 6: Hinreichende Wahrscheinlichkeit der Zulässigkeit des Antrags.
[16] Anw-StPO/*Rotsch* Rn. 6; HK-StPO/*Temming* Rn. 5; KK-StPO/*Schmidt* Rn. 1; *Marxen/Tiemann* Rn. 469.
[17] HK-StPO/*Temming* Rn. 5; KK-StPO/*Schmidt* Rn. 1; *Meyer-Goßner* Rn. 5.
[18] Löwe/Rosenberg/*Gössel* Rn. 9; *Meyer-Goßner* Rn. 7.
[19] HK-StPO/*Temming* Rn. 6; KK-StPO/*Schmidt* Rn. 5.
[20] KK-StPO/*Schmidt* Rn. 5; Löwe/Rosenberg/*Gössel* Rn. 4.
[21] OLG Karlsruhe v. 13. 5. 1976 – 1 Ws 145/76, GA 1976, 344 (345); *Meyer-Goßner* Rn. 6.
[22] KK-StPO/*Schmidt* Rn. 5; *Meyer-Goßner* Rn. 7; SK-StPO/*Frister/Deiters* Rn. 19.
[23] OLG Stuttgart v. 4. 5. 1999 – 1 Ws 59 – 99, NStZ 1999, 587 (588); *Marxen/Tiemann* Rn. 459; aA *Meyer-Goßner* Rn. 1; SK-StPO/*Frister/Deiters* Rn. 11.
[24] AnwFormulare/*Gorka* § 7 Rn. 18.

stellt werden, dessen Urteil angegriffen wird. Die Entscheidung ergeht nach Anhörung der Staatsanwaltschaft ohne mündliche Verhandlung durch **Beschluss**.[25] Im Gegensatz zu § 141 Abs. 4 entscheidet das **Gericht** und nicht (nur) der Vorsitzende allein. Jedoch ist eine Verteidigerbestellung durch den Vorsitzenden allein nicht unwirksam;[26] erst recht sind die von dem Verteidiger abgegebenen Prozesserklärungen nicht unwirksam.[27] Beizuordnen ist grundsätzlich der Anwalt des Vertrauens des Verurteilten.[28] Die Beiordnung verpflichtet den Verteidiger zur Stellung des Wiederaufnahmeantrags.[29]

IV. Rechtsbehelfe

6 Nach § 304 Abs. 1 ist gegen einen die Verteidigerbestellung ablehnenden Beschuss die **einfache Beschwerde** zulässig. § 372 S. 1 findet keine Anwendung.[30] **Beschwerdebefugt** sind die Staatsanwaltschaft,[31] der Verurteilte, sein gesetzlicher Vertreter, bei einem Jugendlichen der Erziehungsberechtigte sowie generell die in § 361 Abs. 2 genannten Personen. Eine Beschränkung der Beschwerde auf die Auswahl des Verteidigers ist zulässig.[32] Entscheidungen eines Oberlandesgerichts sind unanfechtbar.[33] Die Ablehnung des Antrags auf Bestellung eines Verteidigers durch das Wiederaufnahmegericht erster Instanz wirkt grundsätzlich für das gesamte Wiederaufnahmeverfahren.[34]

§ 364 b [Verteidiger für Vorbereitung des Wiederaufnahmeverfahrens]

(1) [1]Das für die Entscheidungen im Wiederaufnahmeverfahren zuständige Gericht bestellt dem Verurteilten, der keinen Verteidiger hat, auf Antrag einen Verteidiger schon für die Vorbereitung eines Wiederaufnahmeverfahrens, wenn

1. hinreichende tatsächliche Anhaltspunkte dafür vorliegen, daß bestimmte Nachforschungen zu Tatsachen oder Beweismitteln führen, welche die Zulässigkeit eines Antrags auf Wiederaufnahme des Verfahrens begründen können,
2. wegen der Schwierigkeit der Sach- oder Rechtslage die Mitwirkung eines Verteidigers geboten erscheint und
3. der Verurteilte außerstande ist, ohne Beeinträchtigung des für ihn und seine Familie notwendigen Unterhalts auf eigene Kosten einen Verteidiger zu beauftragen.

[2]Ist dem Verurteilten bereits ein Verteidiger bestellt, so stellt das Gericht auf Antrag durch Beschluß fest, daß die Voraussetzungen der Nummern 1 bis 3 des Satzes 1 vorliegen.

(2) Für das Verfahren zur Feststellung der Voraussetzungen des Absatzes 1 Satz 1 Nr. 3 gelten § 117 Abs. 2 bis 4 und § 118 Abs. 2 Satz 1, 2 und 4 der Zivilprozeßordnung entsprechend.

Schrifttum: *Grüner/Wasserburg*, Die Mitwirkungspflicht des Staatsanwalts im Wiederaufnahmeverfahren zugunsten des Verurteilten, NStZ 1999, 286.

I. Allgemeines

1 Die Vorschrift ermöglicht es, dem Verurteilten schon für die **Vorbereitung des Wiederaufnahmeantrags** und nicht erst für die Antragsstellung einen Verteidiger zu bestellen. Der Verurteilte soll hierdurch in die Lage versetzt werden, mit rechtskundiger Hilfe die Erfolgsaussichten eines Wiederaufnahmeantrags abwägen zu können.[1] Dem bestellten Verteidiger fällt die Aufgabe zu, Nachforschungen zur Vorbereitung eines meist[2] auf § 359 Nr. 5 gestützten Wiederaufnahmeantrags anzustellen.[3] Der Ermittlungspflicht des bestellten Verteidigers steht eine Auskunftspflicht von Staatsanwaltschaft und Gericht gegenüber.[4] Die Ermittlungstätigkeit des Verteidigers findet ihre Grenzen im anwaltlichen Berufsrecht und dem materiellen Strafrecht.[5]

---

[25] HK-StPO/*Temming* Rn. 7; KK-StPO/*Schmidt* Rn. 5.
[26] HK-StPO/*Temming* Rn. 7; KMR/*Eschelbach* Rn. 61; Löwe/Rosenberg/*Gössel* Rn. 13; *Marxen/Tiemann* Rn. 474; aA KK-StPO/*Schmidt* Rn. 6; *Meyer-Goßner* Rn. 8.
[27] KK-StPO/*Schmidt* Rn. 6.
[28] HK-StPO/*Temming* Rn. 7; KK-StPO/*Schmidt* Rn. 5.
[29] KK-StPO/*Schmidt* Rn. 6; aA SK-StPO/*Frister/Deiters* Rn. 25.
[30] BGH v. 18. 12. 1975 – 4 BJs 129/72; StB 64/75, NJW 1976, 431 (432).
[31] KK-StPO/*Schmidt* Rn. 9; *Meyer-Goßner* Rn. 9.
[32] KK-StPO/*Schmidt* Rn. 9; *Meyer-Goßner* Rn. 9.
[33] BGH v. 18. 12. 1975 – 4 BJs 129/72; StB 64/75, NJW 1976, 431 (432).
[34] OLG Stuttgart v. 30. 7. 2003 – 4 Ws 163/03, NStZ-RR 2003, 334 (335); OLG Rostock v. 26. 3. 2004 – 1 Ws 974/02, NStZ-RR 2004, 273.
[1] *Meyer-Goßner* Rn. 1.
[2] Vgl. o. § 359 Rn. 26.
[3] KK-StPO/*Schmidt* Rn. 2; *Meyer-Goßner* Rn. 1.
[4] *Grüner/Wasserburg* NStZ 1999, 286 (290); KK-StPO/*Schmidt* Rn. 2; aA Löwe/Rosenberg/*Gössel* Rn. 8.
[5] KK-StPO/*Schmidt* Rn. 2; *Marxen/Tiemann* Rn. 456.

II. Voraussetzungen der Verteidigerbestellung (Abs. 1)

Nur der Verurteilte und der nach § 361 Abs. 2 Antragsbefugte,[6] die **keinen Verteidiger** haben, können die Bestellung eines Verteidigers beantragen.[7] Insofern wird auf die Ausführungen zu § 364a verwiesen.[8] Ein Rechtsanspruch auf Ersetzung des ausgefallenen Pflichtverteidigers besteht auch hier nicht.[9] Die weiteren Voraussetzungen sind in Abs. 1 Nr. 1 bis 3 normiert und rechtfertigen die Bestellung eines Verteidigers nur dann, wenn sie **kumulativ** vorliegen.[10]

1. Erfolgsaussichten (Nr. 1). Vorausgesetzt sind zunächst **hinreichende tatsächliche Anhaltspunkte** dafür, dass bestimmte Nachforschungen zu Tatsachen oder Beweismitteln führen, welche die Zulässigkeit eines Antrags auf Wiederaufnahme des Verfahrens begründen könnten.[11] Antragsreife nach § 359 Nr. 5 ist nicht vorausgesetzt.[12] Die nicht nur entfernte Möglichkeit, dass solche Tatsachen oder Beweismittel ausfindig gemacht werden können, ist ausreichend, nicht aber eine bloße Vermutung.[13] Es handelt sich um das prozessuale Gegenstück des Anfangsverdachts nach § 152 Abs. 2.[14]

2. Schwierigkeit der Sach- und Rechtslage (Nr. 2). Die Mitwirkung eines Verteidigers muss wegen der Schwierigkeit der Sach- und Rechtslage geboten erscheinen. Es kommt hierfür nicht darauf an, ob sich das Wiederaufnahmeverfahren selbst schwierig gestalten könnte. Entscheidend ist die **Schwierigkeit der Vorbereitung** des Wiederaufnahmeverfahrens.[15] Die Schwere der Tat oder Art und Umfang der verhängten Rechtsfolgen sind ebenso wie im Falle des § 364a nicht relevant.[16] Eine hinreichende Schwierigkeit der Rechtslage ist bereits dann anzunehmen, wenn es dem Verurteilten nicht möglich und zuzumuten ist, die Nachforschungen selbst anzustellen. Befindet sich der Verurteilte nicht auf freiem Fuß, ist er selbst zu Nachforschungen außerstande.[17]

3. Mittellosigkeit (Nr. 3). Weil dem rechtskräftig Verurteilten im Gegensatz zum Angeklagten die Unschuldsvermutung nicht mehr zur Seite steht, mutet ihm der Gesetzgeber zu, für seine Verteidigung selbst zu sorgen, sofern er über die erforderlichen finanziellen Mittel hierfür verfügt.[18] Für den **Nachweis**, dass der Verurteilte außerstande ist, ohne Beeinträchtigung des für ihn und seine Familie notwendigen Unterhalts einen Verteidiger zu beauftragen, gelten die in Abs. 2 genannten Normen der ZPO entsprechend. Danach hat der Verurteilte in einem amtlichen Vordruck eine Erklärung über seine persönlichen und wirtschaftlichen Verhältnisse abzugeben und diese ggf. glaubhaft zu machen. Das Gericht kann eigene Ermittlungen anstellen, aber auch bei Versäumnissen des Antragstellers die Feststellung der Bedürftigkeit ablehnen.[19]

III. Verfahren

1. Antrag. Die Bestellung eines Verteidigers setzt einen entsprechenden Antrag voraus. Eine Bestellung von Amts wegen ist ausgeschlossen.[20] In dem Antrag muss der Verurteilte das Vorliegen der Voraussetzungen des § 364b Abs. 1 S. 1 im Einzelnen dartun und begründen.[21] Bezeichnet werden muss, welche Art und Richtung der Nachforschungen erforderlich und welche neuen Tatsachen oder Beweismittel von ihnen zu erhoffen sind.[22] Die Anforderungen hieran dürfen nicht überzogen werden.[23] Vermutungen genügen allerdings nicht.[24] **Antragsberechtigt** sind der Verurteilte,

---

[6] HK-StPO/*Temming* Rn. 3.
[7] AnwFormulare/*Gorka* § 7 Rn. 15.
[8] Vgl. o. § 364a Rn. 2.
[9] Löwe/Rosenberg/*Gössel* Rn. 4.
[10] OLG Karlsruhe v. 13. 5. 1976 – 1 Ws 145/76, GA 1976, 344; Anw-StPO/*Rotsch* Rn. 2; KK-StPO/*Schmidt* Rn. 3; KMR/*Eschelbach* Rn. 17.
[11] OLG Karlsruhe v. 13. 5. 1976 – 1 Ws 145/76, GA 1976, 344.
[12] OLG Karlsruhe v. 13. 5. 1976 – 1 Ws 145/76, GA 1976, 344; KK-StPO/*Schmidt* Rn. 4.
[13] OLG Karlsruhe v. 13. 5. 1976 – 1 Ws 145/76, GA 1976, 344; HK-StPO/*Temming* Rn. 1; Löwe/Rosenberg/*Gössel* Rn. 9; Meyer-Goßner Rn. 5; Marxen/Tiemann Rn. 481.
[14] HK-StPO/*Temming* Rn. 4; KMR/*Eschelbach* Rn. 24; Meyer-Goßner Rn. 5.
[15] LG Köln v. 28. 1. 1991 – 151 – 230/90 181 JS 1189/90 WA, MDR 1991, 666; HK-StPO/*Temming* Rn. 5; KK-StPO/*Schmidt* Rn. 5; Meyer-Goßner Rn. 6.
[16] KK-StPO/*Schmidt* Rn. 5; Meyer-Goßner Rn. 6.
[17] KK-StPO/*Schmidt* Rn. 5; Löwe/Rosenberg/*Gössel* Rn. 10; Meyer-Goßner Rn. 6.
[18] Meyer-Goßner Rn. 7.
[19] HK-StPO/*Temming* Rn. 6; Marxen/Tiemann Rn. 484.
[20] Löwe/Rosenberg/*Gössel* Rn. 13.
[21] OLG Karlsruhe v. 13. 5. 1976 – 1 Ws 145/76, GA 1976, 344; OLG Düsseldorf v. 11. 2. 1991 – 1 Ws 122/91, MDR 1991, 984; KK-StPO/*Schmidt* Rn. 7.
[22] OLG Karlsruhe v. 13. 5. 1976 – 1 Ws 145/76, GA 1976, 344; OLG Düsseldorf v. 11. 2. 1991 – 1 Ws 122/91, MDR 1991, 984; KK-StPO/*Schmidt* Rn. 7.
[23] OLG Düsseldorf v. 19. 12. 1986 – 1 Ws 1120/86, NStE Nr. 2 zu § 364b StPO; Meyer-Goßner Rn. 8; Marxen/Tiemann Rn. 485.
[24] KK-StPO/*Schmidt* Rn. 7.

sein gesetzlicher Vertreter, bei Jugendlichen der Erziehungsberechtigte und generell die Staatsanwaltschaft.[25]

7 **2. Zuständigkeit.** Zur Entscheidung über den Antrag ist das nach § 140 a GVG zuständige **Wiederaufnahmegericht** berufen.[26] Eingereicht werden kann der Antrag nach § 367 Abs. 1 S. 2 auch bei dem Gericht, dessen Urteil angegriffen wird.

8 Die Entscheidung ergeht ohne mündliche Verhandlung nach Anhörung der Staatsanwaltschaft durch **Beschluss**. Es entscheidet das **Gericht** und nicht (nur) der Vorsitzende allein. Jedoch ist eine Bestellung durch den Vorsitzenden allein nicht unwirksam.[27]

9 Dauert eine **frühere Bestellung** fort, stellt das Gericht nach **Abs. 1 S. 2** auf Antrag fest, dass die Voraussetzungen des Abs. 1 S. 1 Nr. 1 bis 3 für das Vorbereitungsstadium bestehen. Im Hinblick auf die Gebühren und Auslagen wird der Verteidiger hierdurch einem nach § 364 b neu bestellten Verteidiger gleichgestellt.[28]

IV. Rechtsbehelfe

10 Nach § 304 Abs. 1 ist gegen einen ablehnenden Beschluss die **einfache Beschwerde** zulässig. § 372 S. 1 findet keine Anwendung.[29] **Beschwerdebefugt** sind der Verurteilte und die Staatsanwaltschaft.[30] Eine Beschränkung der Beschwerde auf die Auswahl des Verteidigers ist zulässig.[31] Entscheidungen eines Oberlandesgerichts sind unanfechtbar.[32]

§ 365 [Allgemeine Vorschriften für den Antrag]

Die allgemeinen Vorschriften über Rechtsmittel gelten auch für den Antrag auf Wiederaufnahme des Verfahrens.

I. Allgemeines

1 Weil die Wiederaufnahme des Verfahrens ein **Rechtsbehelf eigener Art** und kein Rechtsmittel im engeren Sinne ist, ordnet § 365 die Anwendbarkeit der allgemeinen Vorschriften über Rechtsmittel im Wiederaufnahmeverfahren bis zur bestandskräftigen Entscheidung nach § 370 Abs. 1 oder 2 an.[1] Ist die Wiederaufnahme erfolgreich und wird die Hauptverhandlung erneuert, kann das auf die erneuerte Hauptverhandlung ergangene Urteil nach den allgemeinen Vorschriften über Rechtsmittel angegriffen werden, die dann (wieder) unmittelbar gelten.[2]

II. Anzuwendende Vorschriften

2 **Allgemeine Vorschriften**, die Kraft gesetzlicher Anordnung im Wiederaufnahmeverfahren unmittelbar gelten, sind die §§ 296 bis 303.[3] Darüber hinaus sind im Wiederaufnahmeverfahren die Vorschriften über die Rechtsmittelbeschränkung (§§ 318, 327, 344 Abs. 1 und 352 Abs. 1) entsprechend anwendbar.[4]

3 **1. § 296.** Uneingeschränkt ist § 296 anzuwenden.[5] Nach § 296 Abs. 1 sind antragsberechtigt die Staatsanwaltschaft und der Verurteilte, auch wenn er minderjährig, geisteskrank oder verhandlungsunfähig ist,[6] sofern das angegriffene Urteil ihn beschwert.[7] Die Beschwer muss sich aus dem Tenor und nicht nur aus den Gründen des angegriffenen Urteils ergeben.[8] Eine Beschwer liegt auch vor, wenn nach § 60 StGB von Strafe abgesehen worden ist, nicht aber bei einem Freispruch, Einstellungsurteil und -beschluss.[9] Ist der Verurteilte verstorben, gilt § 361 Abs. 2.

---

[25] KK-StPO/*Schmidt* Rn. 7.
[26] AnwFormulare/*Gorka* § 7 Rn. 16.
[27] Vgl. o. § 364 a Rn. 5.
[28] KK-StPO/*Schmidt* Rn. 8.
[29] BGH v. 18. 12. 1975 – 4 BJs 129/72; StB 64/75, NJW 1976, 431.
[30] KK-StPO/*Schmidt* Rn. 9; Löwe/Rosenberg/*Gössel* Rn. 16.
[31] KK-StPO/*Schmidt* Rn. 9.
[32] BGH v. 18. 12. 1975 – 4 BJs 129/72; StB 64/75, NJW 1976, 431 (432); Löwe/Rosenberg/*Gössel* Rn. 16.
[1] Anw-StPO/*Rotsch* Rn. 1; KMR/*Eschelbach* Rn. 1.
[2] Löwe/Rosenberg/*Gössel* Rn. 1.
[3] KK-StPO/*Schmidt* Rn. 1; *Meyer-Goßner* Rn. 1.
[4] BGH v. 20. 6. 1958 – 5 StR 219/58, BGHSt 11, 361 (363 f.) = NJW 1958 1309; KK-StPO/*Schmidt* Rn. 1; Löwe/Rosenberg/*Gössel* Rn. 2; *Meyer-Goßner* Rn. 1.
[5] Löwe/Rosenberg/*Gössel* Rn. 3; *Meyer-Goßner* Rn. 2.
[6] KMR/*Eschelbach* Rn. 9; aA HK-StPO/*Temming* Rn. 3; *Meyer-Goßner* Rn. 2: Verhandlungsfähigkeit vorausgesetzt.
[7] Löwe/Rosenberg/*Gössel* Rn. 3.
[8] KK-StPO/*Schmidt* Rn. 2.
[9] KK-StPO/*Schmidt* Rn. 2.

Ebenfalls anwendbar ist § 296 Abs. 2. Die Staatsanwaltschaft kann Anträge zu Gunsten des Verurteilten stellen – auch gegen dessen Willen und nach dessen Tod. Zuständig ist die Staatsanwaltschaft bei dem Gericht, das nach § 140 a GVG über den Wiederaufnahmeantrag zu entscheiden hat. Nach Nr. 170 Abs. 1 RiStBV soll zwar der früher mit der Sache befasste Staatsanwalt nicht mitwirken,[10] gesetzlich ausgeschlossen ist er von einer Mitwirkung jedoch nicht.[11]

2. § 297. Ebenfalls **ohne Einschränkung** ist § 297 anwendbar. Der bevollmächtigte oder bestellte Verteidiger kann die Wiederaufnahme beantragen, sofern nicht der Wille des Verurteilten entgegensteht oder der Verurteilte verstorben ist.[12] Einer besonderen Vollmacht bedarf der Verteidiger nicht.[13] Der Verurteilte kann den Antrag seines Verteidigers jederzeit zurücknehmen.[14]

3. § 298. Nach § 298 kann der **gesetzliche Vertreter** des Verurteilten auch gegen dessen Willen die Wiederaufnahme des Verfahrens beantragen.[15] Für Erziehungsberechtigte gilt § 67 Abs. 3 JGG.[16] Endet die gesetzliche Vertretung und tritt der Verurteilte nicht in das Wiederaufnahmeverfahren ein, ist es einzustellen.[17]

4. §§ 299 bis 303. Schließlich gelten **uneingeschränkt** die §§ 299 bis 301. Nur **teilweise** gilt hingegen § 302, da der Wiederaufnahmeantrag nicht fristgebunden ist. Auf die Wiederaufnahme kann nicht verzichtet und ein entsprechender Antrag nicht verwirkt werden.[18] Allerdings kann ein Wiederaufnahmeantrag bis zum Erlass einer Entscheidung nach § 370 oder § 371 zurückgenommen werden.[19] Die Rücknahme eines von der Staatsanwaltschaft zu Gunsten des Verurteilten gestellten Wiederaufnahmeantrags ist nur mit dessen Zustimmung möglich. Der Verteidiger bedarf für eine wirksame Rücknahme des Antrags einer besonderen Ermächtigung durch den Verurteilten.[20] **Keine Bedeutung** für das Wiederaufnahmeverfahren hat § 303, weil eine Rücknahme des Antrags in der erneuerten Hauptverhandlung nicht mehr möglich ist.[21]

§ 366 [Inhalt und Form des Antrages]

(1) **In dem Antrag müssen der gesetzliche Grund der Wiederaufnahme des Verfahrens sowie die Beweismittel angegeben werden.**

(2) **Von dem Angeklagten und den in § 361 Abs. 2 bezeichneten Personen kann der Antrag nur mittels einer von dem Verteidiger oder einem Rechtsanwalt unterzeichneten Schrift oder zu Protokoll der Geschäftsstelle angebracht werden.**

Schrifttum: *Hanack/v. Gerlach/Wahle,* Denkschrift zur Reform des Rechtsmittelrechts und der Wiederaufnahme, 1971, *Strate,* Der Verteidiger in der Wiederaufnahme, StV 1999, 228.

I. Allgemeines

Die Vorschrift regelt die inhaltlichen Anforderungen an den Antrag auf Wiederaufnahme des Verfahrens und Erneuerung der Hauptverhandlung. Bei welchem Gericht dies erfolgen kann, bestimmt sich nach § 367 iVm. § 140 a GVG. Die inhaltlichen Anforderungen an den Wiederaufnahmeantrag haben eine Filterfunktion.[1] Hierdurch soll es dem Wiederaufnahmegericht ermöglicht werden, die Berechtigung des Antrags zu prüfen. Der Antrag muss daher erkennen lassen, welches Urteil der Antragsteller mit welchem Ziel angreifen will. Außerdem muss die Antragsschrift den gesetzlichen Grund der Wiederaufnahme und die Beweismittel angeben.[2] Die in der Praxis der Gerichte allgegenwärtige **Überdehnung der formalen Anforderungen** durch restriktive Anwendung des Gesetzes hat zur Folge, dass die überwiegende Anzahl von Wiederaufnahmeanträgen aus formellen Gründen scheitert.[3]

---

[10] Anw-StPO/*Rotsch* Rn. 3; KK-StPO/*Schmidt* Rn. 3.
[11] HK-StPO/*Temming* Rn. 3; KK-StPO/*Schmidt* Rn. 3; Löwe/Rosenberg/*Gössel* Rn. 4.
[12] KK-StPO/*Schmidt* Rn. 4; Löwe/Rosenberg/*Gössel* Rn. 5; Meyer-Goßner Rn. 3.
[13] BGH v. 10. 1. 1959 – 1 StR 510/58, BGHSt 12, 367 (370 f.) = NJW 1959, 731 (732); KK-StPO/*Schmidt* Rn. 4.
[14] Meyer-Goßner Rn. 3.
[15] Löwe/Rosenberg/*Gössel* Rn. 6.
[16] KMR/*Eschelbach* Rn. 14; Meyer-Goßner Rn. 4.
[17] HK-StPO/*Temming* Rn. 4; Meyer-Goßner Rn. 4; aA KK-StPO/*Schmidt* Rn. 5; Löwe/Rosenberg/*Gössel* Rn. 6: Verwerfung als unzulässig.
[18] KK-StPO/*Schmidt* Rn. 9; KMR/*Eschelbach* Rn. 41 ff.; Löwe/Rosenberg/*Gössel* Rn. 10; Meyer-Goßner Rn. 6.
[19] KG v. 15. 8. 1983 – 4 Ws 57/83, JR 1984, 393; KK-StPO/*Schmidt* Rn. 9; KMR/*Eschelbach* Rn. 36.
[20] OLG Braunschweig v. 11. 1. 1960 – Ws 171/59, NJW 1960, 1970; KK-StPO/*Schmidt* Rn. 10; Meyer-Goßner Rn. 6.
[21] KK-StPO/*Schmidt* Rn. 11; Löwe/Rosenberg/*Gössel* Rn. 11.
[1] KMR/*Eschelbach* Rn. 1.
[2] HK-StPO/*Temming* Rn 2.
[3] *Strate* StV 1999, 228 (235); Hanack/v. Gerlach/Wahle, S. 75.

II. Inhalt des Antrags (Abs. 1)

2   Nach dem Wortlaut des Abs. 1 sind die **inhaltlichen Anforderungen** an den Wiederaufnahmeantrag überschaubar. Angegeben werden müssen nur der gesetzliche Grund für die Wiederaufnahme sowie die Beweismittel. Die Kürze der Formulierung täuscht darüber, welche überzogenen Anforderungen die Gerichte an den Inhalt des Wiederaufnahmeantrags stellen.[4]

3   **1. Angriffsziel.** Der Antrag muss zunächst genau bezeichnen, **welches Urteil**[5] angegriffen und in welchem Umfang dessen Aufhebung begehrt wird.[6] Diesem Erfordernis ist Genüge getan, wenn aus dem Antragsinhalt das der Sache nach betroffene Urteil zweifelsfrei ermittelt werden kann.[7] Lässt weder der Antrag selbst noch die Begründung das angegriffene Urteil erkennen, gebietet es jedoch die prozessuale Fürsorgepflicht des Gerichts, dem Verurteilten oder seinem Verteidiger Gelegenheit zu geben, den Antrag zu vervollständigen.[8]

4   **2. Gesetzlicher Grund der Wiederaufnahme.** Der Begriff des gesetzlichen Grunds der Wiederaufnahme bezeichnet nicht nur die konkrete Norm des Wiederaufnahmerechts, auf die der Antrag gestützt wird, sondern fordert eine auf Tatsachen gegründete, **in sich geschlossene und aus sich heraus verständliche Sachdarstellung** zu den tatsächlichen Voraussetzungen des Wiederaufnahmegrunds.[9] Beantragt der Verurteilte die Vernehmung eines Zeugen, der ihn in der Hauptverhandlung belastet hatte, ihn jetzt aber im Gegensatz zu seiner früheren Aussage entlasten soll, sind darüber hinaus in dem Antrag die Umstände anzugeben, unter denen der Zeuge von seiner früheren Bekundung abgerückt ist.[10] Die Anforderungen an den Antrag entsprechen denjenigen an die Revisionsbegründungsschrift (§ 345 Abs. 2) und den Antrag im Klageerzwingungsverfahren (§ 172 Abs. 3 S. 1).[11] Über die Mitteilung von Tatsachen zu den Wiederaufnahmegründen hinaus muss nach hM die Sachdarstellung **schlüssig** sein.[12]

5   Eine **Verweisung oder Bezugnahme** auf Anlagen soll grundsätzlich **unzulässig** sein.[13] Eine Ausnahme hiervon macht die hM für Originale von Urkunden, die dem Wiederaufnahmeantrag als Anlage beigefügt sind.[14]

6   Die **Beweismittel** müssen so **genau bezeichnet** werden, dass das Gericht sie beiziehen und nach § 369 nutzen kann.[15] Bei Zeugen genügt die Angabe von Tatsachen, die ihre Ermittlung ermöglichen;[16] die Angabe der ladungsfähigen Anschrift ist allerdings tunlich. Urkunden und Augenscheinsobjekte sind regelmäßig vorzulegen, es sei denn, sie sind bereits in amtlichem Gewahrsam.[17]

7   Immerhin lässt die hM eine **Vervollständigung** des Antrags durch einen weiteren Schriftsatz vor der Entscheidung zu.[18] Unzulässig soll aber grundsätzlich das Nachschieben neuer Tatsachen und Beweismittel in der Beschwerdeinstanz sein.[19] Die Fürsorgepflicht des Gerichts gebietet es ausnahmslos und nicht nur bei ohne weiteres heilbaren Mängeln des Antrags, dem Antragsteller Gelegenheit zur Nachbesserung zu geben.[20]

---

[4] KMR/*Eschelbach* Rn. 13.
[5] RG v. 3. 12. 1943 – 1 D 367/43, RGSt 77, 282 (284); OLG Koblenz v. 12. 2. 1996 – 1 Ws 71/96, NStZ-RR 1997, 111 (112).
[6] Anw-StPO/*Rotsch* Rn. 2; KK-StPO/*Schmidt* Rn. 1.
[7] OLG Koblenz v. 12. 2. 1996 – 1 Ws 71/96, NStZ-RR 1997, 111 (112).
[8] OLG Hamm v. 16. 11. 1979 – 4 Ws 695/79, NJW 1980, 717; Anw-StPO/*Rotsch* Rn. 2; HK-StPO/*Temming* Rn. 1.
[9] BGH v. 7. 7. 1976 – 5 (7) (2) StE 15/56, NJW 1977, 59; OLG Düsseldorf v. 30. 9. 1992 – 1 Ws 494/92, wistra 1993, 159 f.; OLG Hamburg v. 7. 8. 2003 – 2 Ws 212/03, StraFo 2003, 430; OLG Hamm v. 16. 11. 1979 – 4 Ws 695/79, NJW 1980, 717; OLG Stuttgart v. 18. 2. 1965 – 3 Ws 196/64, NJW 1965, 1239 f.; OLG Stuttgart v. 26. 10. 1999 – 1 Ws 157/99, NStZ-RR 2000, 243 (244); *Strate* StV 1999, 228 (235); HK-StPO/*Temming* Rn. 2; KMR/*Eschelbach* Rn. 15; Löwe/Rosenberg/*Gössel* Rn. 2; *Meyer-Goßner* Rn. 1; AnwFormulare/*Gorka* § 7 Rn. 62.
[10] BGH v. 7. 7. 1976 – 5 (7) (2) StE 15/56, NJW 1977, 59; OLG Düsseldorf v. 12. 3. 1980 – 5 Ws 27/80, GA 1980, 394 (396); vgl. auch o. § 359 Rn. 50.
[11] KMR/*Eschelbach* Rn. 22; Löwe/Rosenberg/*Gössel* Rn. 2.
[12] BGH v. 28. 11. 1996 – StB 12/96, BGHSt 42, 324 (331) = NStZ 1997, 142 (143).
[13] OLG Schleswig v. 4. 5. 1953 – Ws 40/52, NJW 1953, 1445; OLG Stuttgart v. 18. 2. 1965 – 3 Ws 196/64, NJW 1965, 1239 f.; KK-StPO/*Schmidt* Rn. 1; Löwe/Rosenberg/*Gössel* Rn. 2; AnwFormulare/*Gorka* § 7 Rn. 62; vgl. aber *Strate* StV 1999, 228 (235).
[14] OLG Düsseldorf v. 12. 3. 1980 – 5 Ws 27/80, GA 1980, 393 (394); KK-StPO/*Schmidt* Rn. 1.
[15] OLG Nürnberg v. 5. 8. 1963 – Ws 243/63, MDR 1964, 171; KK-StPO/*Schmidt* Rn. 1; Löwe/Rosenberg/*Gössel* Rn. 3.
[16] KK-StPO/*Schmidt* Rn. 1; *Meyer-Goßner* Rn. 2.
[17] KMR/*Eschelbach* Rn. 19.
[18] OLG Düsseldorf v. 30. 9. 1992 – 1 Ws 494/92, wistra 1993, 159 f.; OLG Stuttgart v. 18. 2. 1965 – 3 Ws 196/64, NJW 1965, 1239; Löwe/Rosenberg/*Gössel* Rn. 1; *Meyer-Goßner* Rn. 1.
[19] OLG München v. 15. 9. 1981 – 1 Ws 743/81, MDR 1982, 250; KK-StPO/*Schmidt* Rn. 2.
[20] AA OLG Hamm v. 6. 11. 1979 – 4 Ws 695/79, NJW 1980, 717; KK-StPO/*Schmidt* Rn. 2: Nur bei ohne weiteres heilbaren Mängeln.

III. Form des Antrags (Abs. 2)

Für den Wiederaufnahmeantrag des **Verurteilten**, seines gesetzlichen Vertreters oder Erziehungsberechtigten sowie der nach § 361 Abs. 2 antragsbefugten Personen stellt Abs. 2 besondere Formerfordernisse auf.[21] Für die Staatsanwaltschaft gelten diese nicht, für den Privatkläger gilt wiederum die Spezialregelung des § 390 Abs. 2.[22]

Nach Abs. 2 ist es erforderlich, dass die Antragsschrift von einem Verteidiger oder einem Rechtsanwalt **eigenhändig** unterzeichnet ist.[23] Der Verurteilte kann den Antrag selbst unterzeichnen, sofern er Rechtsanwalt und als solcher (noch) zugelassen ist.[24] Der Antrag ist unzulässig, wenn sich aus Zusätzen ergibt, dass der Verteidiger oder Rechtsanwalt die Verantwortung nicht oder nicht vollständig übernehmen will.[25] Hat der Verurteilte die Antragsschrift selbst verfasst und der Verteidiger oder Rechtsanwalt diese unterzeichnet, ohne gestaltend an ihr mitgewirkt zu haben, ist sie ebenfalls formunwirksam.[26]

Der Wiederaufnahmeantrag kann auch zu **Protokoll der Geschäftsstelle** desjenigen Gerichts erklärt werden, das nach § 367 Abs. 1 iVm. § 140a GVG für die Wiederaufnahme zuständig ist oder dessen Urteil angefochten wird. Ist der Verurteilte nicht auf freiem Fuß, folgt die örtliche Zuständigkeit des Gerichts aus § 299.

§ 367 [Entscheidung über die Zulassung und Anträge nach §§ 364a und 364b]

(1) ¹Die Zuständigkeit des Gerichts für die Entscheidungen im Wiederaufnahmeverfahren und über den Antrag zur Vorbereitung eines Wiederaufnahmeverfahrens richtet sich nach den besonderen Vorschriften des Gerichtsverfassungsgesetzes. ²Der Verurteilte kann Anträge nach den §§ 364a und 364b oder einen Antrag auf Zulassung der Wiederaufnahme des Verfahrens auch bei dem Gericht einreichen, dessen Urteil angefochten wird; dieses leitet den Antrag dem zuständigen Gericht zu.

(2) Die Entscheidungen über Anträge nach den §§ 364a und 364b und den Antrag auf Zulassung der Wiederaufnahme des Verfahrens ergehen ohne mündliche Verhandlung.

I. Allgemeines

Die Vorschrift enthält im Wesentlichen **drei Regelungen**, nämlich die Bestimmung des für das Wiederaufnahmeverfahren (Abs. 1 S. 1) und des für die Entgegennahme von Wiederaufnahmeanträgen zuständigen Gerichts (Abs. 1 S. 2) sowie die des gerichtlichen Verfahrens der Bescheidung entsprechender Anträge (Abs. 2).

II. Zuständiges Gericht (Abs. 1)

Nach **Abs. 1 S. 1** bestimmt sich die Zuständigkeit des Gerichts für die Entscheidungen im Wiederaufnahmeverfahren nach den Vorschriften des GVG. Dort findet sich die Zuständigkeitsregelung für Gerichte in § 140a GVG.[1] Die Zuständigkeit der am Wiederaufnahmeverfahren beteiligten **Staatsanwaltschaft** folgt aus § 143 Abs. 1 GVG. Hiernach ist die Staatsanwaltschaft beim Wiederaufnahmegericht zuständig.[2] Für die Vollstreckung der Strafe aus dem mit dem Wiederaufnahmeantrag angegriffenen Urteil ist die Staatsanwaltschaft beim Tatgericht zuständig.[3]

Gem. **Abs. 1 S. 2** ist neben dem Wiederaufnahmegericht auch das Gericht für die **Entgegennahme von Anträgen des Verurteilten** auf Wiederaufnahme des Verfahrens und Bestellung eines Verteidigers gem. § 364a und § 364b zuständig, dessen Urteil angegriffen wird. Der Vorsitzende dieses – für die Entscheidung über die Anträge unzuständigen – Gerichts leitet durch Verfügung die Anträge an das Wiederaufnahmegericht weiter (Abs. 1 S. 2 2. Hs.).[4]

Die besondere Zuständigkeitsregelung für die Entgegennahme von Anträgen gilt nur für solche des **Verurteilten**, seines gesetzlichen Vertreters oder Erziehungsberechtigten sowie der nach § 361 Abs. 2 antragsbefugten Personen. **Staatsanwaltschaft und Privatkläger** können den Antrag nur beim Wiederaufnahmegericht einreichen.[5]

---

[21] Löwe/Rosenberg/Gössel Rn. 4.
[22] HK-StPO/Temming Rn. 4; KMR/Eschelbach Rn. 28 f.; Löwe/Rosenberg/Gössel Rn. 4.
[23] KMR/Eschelbach Rn. 33; Löwe/Rosenberg/Gössel Rn. 11; AnwFormulare/Gorka § 7 Rn. 62.
[24] KG v. 11. 9. 1968 – (1) Ss (63) 245/68, NJW 1969, 338; KMR/Eschelbach Rn. 32; KK-StPO/Schmidt Rn. 13.
[25] Löwe/Rosenberg/Gössel Rn. 13; Meyer-Goßner Rn. 4.
[26] KMR/Eschelbach Rn. 34; Löwe/Rosenberg/Gössel Rn. 13.
[1] Anw-StPO/Rotsch Rn. 2; Meyer-Goßner Rn. 1.
[2] Anw-StPO/Rotsch Rn. 2; KK-StPO/Schmidt Rn. 2.
[3] HK-StPO/Temming Rn. 6; KMR/Eschelbach Rn. 4; Meyer-Goßner Rn. 2.
[4] Meyer-Goßner Rn. 3.
[5] Anw-StPO/Rotsch Rn. 3; KK-StPO/Schmidt Rn. 5.

III. Verfahren (Abs. 2)

5 Entscheidungen über Anträge nach §§ 364a und 364b und den Antrag auf Zulassung der Wiederaufnahme des Verfahrens ergehen **ohne mündliche Verhandlung**. Das Gericht entscheidet durch Beschluss ohne Beteiligung von Schöffen (§ 76 S. 2 GVG).[6]

6 Hat ein **unzuständiges Gericht** entschieden, so ist die Entscheidung grundsätzlich wirksam.[7] Erkennt das Gericht seine **sachliche Unzuständigkeit** nach Zulassung des Wiederaufnahmeantrags, muss es unverzüglich das weitere Verfahren an das zuständige Gericht abgeben,[8] welches an die Entscheidung des unzuständigen Gerichts gebunden ist.[9] Hat hingegen ein **örtlich unzuständiges Gericht** die Wiederaufnahme für zulässig erklärt, muss es auch über deren Begründetheit entscheiden, ggf. nach vorheriger Beweisaufnahme.[10] Zugleich hat es das Gericht zu bestimmen, vor dem die erneuerte Hauptverhandlung stattfindet.[11]

§ 368 [Verwerfung wegen Unzulässigkeit]

(1) Ist der Antrag nicht in der vorgeschriebenen Form angebracht oder ist darin kein gesetzlicher Grund der Wiederaufnahme geltend gemacht oder kein geeignetes Beweismittel angeführt, so ist der Antrag als unzulässig zu verwerfen.

(2) Andernfalls ist er dem Gegner des Antragstellers unter Bestimmung einer Frist zur Erklärung zuzustellen.

Schrifttum: *Eisenberg*, Aspekte des Verhältnisses von materieller Wahrheit und Wiederaufnahme des Verfahrens gemäß §§ 359 ff. StPO, JR 2007, 360; *Wasserburg*, Anm. zu LG Mannheim v. 21. 8. 1990 – 6 Qs 65/90, StV 1992, 104.

I. Allgemeines

1 Die Vorschrift betrifft die **Prüfung der Zulässigkeit** des Wiederaufnahmeverfahrens. Während Abs. 1 die Voraussetzungen nennt, bei deren Vorliegen der Wiederaufnahmeantrag als unzulässig zu verwerfen ist, bestimmt Abs. 2, wann dem Antragsgegner rechtliches Gehör zu gewähren ist. Von der Begründetheitsprüfung nach § 370 unterscheidet sich die Prüfung nach § 368 Abs. 1 nur dadurch, dass die Richtigkeit des Wiederaufnahmevorbringens nicht untersucht, sondern unterstellt wird.[1]

II. Zulässigkeitsprüfung (Abs. 1)

2 **1. Besondere Zulässigkeitsvoraussetzungen.** Nach Abs. 1 hat das Wiederaufnahmegericht zu prüfen, ob der Antrag auf Wiederaufnahme des Verfahrens den besonderen Zulässigkeitsvoraussetzungen entspricht.[2] Geprüft wird die Einhaltung der **Form** des § 366 Abs. 2, das Vorliegen der vorgebrachten **Wiederaufnahmegründe** iSd. §§ 359 und 362, die **Antragsberechtigung**, die **Beschwer** sowie die **Geeignetheit der Beweismittel**.[3] Bei einem wiederholten Wiederaufnahmeantrag erstreckt sich die Prüfung zusätzlich auf einen etwaigen Verbrauch des Wiederaufnahmevorbringens.[4] Die Prüfung des Vorliegens von Wiederaufnahmegründen ist auf die geltend gemachten Gründe beschränkt.[5] Es erfolgt eine Schlüssigkeitsprüfung, bei der grundsätzlich die sachliche Richtigkeit des Wiederaufnahmevorbringens unterstellt wird.[6*]

3 a) **Wiederaufnahmegründe der §§ 359 Abs. 1 Nr. 1 bis 3, 362 Nr. 1 bis 3.** In den Fällen der §§ 359 Abs. 1 Nr. 1 bis 3, 362 Nr. 1 bis 3 ist zu prüfen, ob das Vorliegen der dort angeführten Straftaten und die nach § 364 S. 1 erforderliche **rechtskräftige Verurteilung** im Wiederaufnahmeantrag dargelegt ist.[7*] Ist kein Urteil ergangen, muss die Prüfung weiter darauf erstreckt

---

[6] Anw-StPO/*Rotsch* Rn. 4; *Meyer-Goßner* Rn. 4.
[7] OLG Hamm v. 8. 5. 1957 – 2 Ws 196/56, JMBl NW 1957, 155; Anw-StPO/*Rotsch* Rn. 5; HK-StPO/*Temming* Rn. 8; Löwe/Rosenberg/*Gössel* Rn. 36; KK-StPO/*Schmidt* Rn. 7; *Meyer-Goßner* Rn. 5.
[8] OLG Frankfurt v. 11. 7. 2006 – 3 Ws 652/06, NStZ-RR 2006, 275 (276); KK-StPO/*Schmidt* Rn. 7; KMR/*Eschelbach* Rn. 17; *Meyer-Goßner* Rn. 5; aA Löwe/Rosenberg/*Gössel* Rn. 36 u. 39: Entsprechende Anwendung des § 269.
[9] OLG Düsseldorf v. 7. 8. 1979 – 5 Ws 64/79 u. 5 Ws 6/79, JMBl. NW 1979, 259 (261); KK-StPO/*Schmidt* Rn. 7; *Meyer-Goßner* Rn. 5.
[10] HK-StPO/*Temming* Rn. 9; Löwe/Rosenberg/*Gössel* Rn. 41; KK-StPO/*Schmidt* Rn. 8; KMR/*Eschelbach* Rn. 17; *Meyer-Goßner* Rn. 5.
[11] KMR/*Eschelbach* Rn. 17; *Meyer-Goßner* Rn. 5.
[1] BGH v. 19. 6. 1962 – 5 StR 189/62, BGHSt 17, 303 (304) = NJW 1962, 1520; *Meyer-Goßner* Rn. 1.
[2] Löwe/Rosenberg/*Gössel* Rn. 7.
[3] HK-StPO/*Temming* Rn. 1; KK-StPO/*Schmidt* Rn. 2; *Meyer-Goßner* Rn. 1.
[4] HK-StPO/*Temming* Rn. 1; *Meyer-Goßner* Rn. 1.
[5] KK-StPO/*Schmidt* Rn. 3.
[6*] BGH v. 19. 6. 1962 – 5 StR 189/62, BGHSt 17, 303 (304) = NJW 1962, 1520; OLG Zweibrücken v. 1. 2. 1993 – 1 Ws 432/92, GA 1993, 463 (465); KK-StPO/*Schmidt* Rn. 4; *Meyer-Goßner* Rn. 1.
[7*] HK-StPO/*Temming* Rn. 2; KK-StPO/*Schmidt* Rn. 5.

werden, ob sich aus dem Antrag konkret der Verdacht der behaupteten Straftat ergibt und dargetan ist, aus welchen anderen Gründen als Mangel an Beweisen die Verurteilung nicht erfolgen kann.[8]

b) Wiederaufnahmegrund des § 359 Nr. 4. Im Fall des § 359 Nr. 4 ist Gegenstand der Prüfung, ob ein **anderes Urteil**, auf welches das Strafurteil gründet, **aufgehoben** worden ist. Im Fall des § 362 Nr. 4 wird lediglich geprüft, ob der Angeklagte ein Geständnis abgelegt hat; die Prüfung seiner Glaubwürdigkeit ist grundsätzlich eine Frage der Begründetheitsprüfung nach § 370.[9]

c) Geeignetheit der Beweismittel. Zu prüfen ist weiter bei allen Wiederaufnahmegründen, ob im Antrag geeignete Beweismittel hierfür angeführt sind.[10] Die Geeignetheit **fehlt** einem im Antrag angeführten Beweismittel, wenn seine Verwendung gem. § 244 Abs. 3 S. 1 unzulässig oder rechtsmissbräuchlich ist[11] und wenn es unerreichbar oder völlig untauglich ist.[12] Dies ist aber nicht bereits dann der Fall, wenn ein Zeuge zehn Jahre zurückliegende Vorgänge bekunden soll und der Verurteilte darlegt, auf welchen Umständen das Erinnerungsvermögen des Zeugen gründet.[13]

d) Wiederaufnahmegrund des § 359 Nr. 5. Zusätzlich ist im Fall des § 359 Nr. 5 die **Neuheit** und Erheblichkeit der vorgebrachten Tatsachen und Beweismittel zu prüfen.[14] **Tatsachen** sind nicht deshalb neu, weil sie im schriftlichen Urteil nicht angesprochen sind.[15] Ergeben sie sich aus dem Akteninhalt, soll dies dafür sprechen, dass das Gericht sie auch verwertet hat.[16] Hat der Verurteilte sie in der Hauptverhandlung gekannt, ist nach hM bis zum Beweis des Gegenteils zu vermuten, dass er sie geltend gemacht hat.[17] In beiden Konstellationen mangelt es an der Neuheit der Tatsachen. **Beweismittel** sind stets neu, wenn sie im Sitzungsprotokoll keine Erwähnung finden.[18] Hat der Verurteilte in der früheren Hauptverhandlung auf die Benennung eines ihn entlastender Zeugen verzichtet, kann er diese im Wiederaufnahmeverfahren als neue Beweismittel einführen. Allerdings hat er eingehend darzulegen, warum dieses Beweismittel geeignet ist, und einleuchtende Gründe für sein früheres Prozessverhalten vorzubringen.[19]

Im Fall des. § 359 Nr. 5 ist schließlich zu prüfen, ob die neuen Tatsachen oder Beweismittel über ihre allgemeine Eignung iSd. § 368 hinaus im Besonderen geeignet sind, die den Schuldspruch tragenden Feststellungen zu erschüttern (sog. **Erheblichkeit**).[20] Das muss zwar nicht sicher, aber genügend wahrscheinlich sein. Jedenfalls aber müssen ernsthafte Gründe für die Beseitigung des Urteils sprechen.[21] Die entsprechende Eignung hat der Antragsteller darzulegen, sofern sie nicht offensichtlich ist.

Bei der Prüfung, ob die Nova geeignet sind, das Wiederaufnahmeziel zu erreichen, hat das Wiederaufnahmegericht grundsätzlich von der Richtigkeit der vorgebrachten Tatsachen auszugehen und **zu unterstellen**, dass die beigebrachten Nova das vom Antragsteller behauptete Ergebnis haben werden.[22] Dies gilt ausnahmsweise nicht, wenn sich bereits aus dem Wiederaufnahmevorbringen selbst ergibt, dass es offensichtlich unwahr[23] oder denkgesetzlich unmöglich[24] ist, und wenn feststeht, dass der Verurteilte einen Zeugen veranlasst hat, zu seinen Gunsten falsch auszusagen.[25]

Nach der Rechtsprechung soll es zulässig und erforderlich sein, vor allem die vorgebrachten neuen Beweismittel bereits in der Zulässigkeitsprüfung auf ihren **Beweiswert zu prüfen**.[26] Gegen-

---

[8] HK-StPO/*Temming* Rn. 2; KK-StPO/*Schmidt* Rn. 5; *Meyer-Goßner* Rn. 2.
[9] KK-StPO/*Schmidt* Rn. 8; Löwe/Rosenberg/*Gössel* Rn. 14; *Meyer-Goßner* Rn. 2.
[10] HK-StPO/*Temming* Rn. 3.
[11] OLG Köln v. 27. 12. 1962 – 2 Ws 446/62, NJW 1963, 967 (968).
[12] HK-StPO/*Temming* Rn. 3; *Meyer-Goßner* Rn. 7; *Marxen/Tiemann* Rn. 232 f.
[13] OLG Frankfurt v. 10. 5. 1983 – 1 Ws 183/82, MDR 1984, 74.
[14] HK-StPO/*Temming* Rn. 4; KK-StPO/*Schmidt* Rn. 8.
[15] OLG Hamm v. 9. 11. 1956 – 3 Ws 275/56, GA 1957, 90; KK-StPO/*Schmidt* Rn. 8.
[16] HK-StPO/*Temming* Rn. 4; KK-StPO/*Schmidt* Rn. 8; Löwe/Rosenberg/*Gössel* Rn. 16.
[17] HK-StPO/*Temming* Rn. 4; KK-StPO/*Schmidt* Rn. 8.
[18] KK-StPO/*Schmidt* Rn. 8; *Meyer-Goßner* Rn. 6.
[19] BVerfG v. 30. 4. 1993 – 2 BvR 525/93, NJW 1994, 510; OLG Hamm v. 21. 6. 1999 – 2 Ws 184/99, NStZ-RR 2000, 85 (86); KG v. 28. 2. 2005 – 5 Ws 673/04, NStZ 2006, 468 (469); KK-StPO/*Schmidt* Rn. 9; vgl. auch o. § 359 Rn. 50.
[20] BGH v. 3. 12. 1992 – StB 6/92, BGHSt 39, 75 (84 f.) = NStZ 1993, 502 (504); HK-StPO/*Temming* Rn. 5; *Meyer-Goßner* Rn. 7; aA Anw-StPO/*Rotsch* Rn. 5: Identität der Geeignetheitsbegriffe.
[21] OLG Braunschweig v. 30. 1. 1959 – Ws 200/58, NJW 1959, 1984.
[22] BGH v. 19. 6. 1962 – 5 StR 189/62, BGHSt 17, 303 (304) = NJW 1962, 1520; OLG Zweibrücken v. 1. 2. 1993 – 1 Ws 432/92, GA 1993, 463 (465); *Meyer-Goßner* Rn. 8.
[23] BGH v. 7. 7. 1976 – 5 (7) (2) StE 15/56, NJW 1977, 59; OLG Hamm v. 5. 10. 1973 – 5 Ws 133/73, MDR 1974, 250 (251).
[24] *Meyer-Goßner* Rn. 8.
[25] KG v. 15. 8. 1983 – 4 Ws 57/83, JR 1984, 393.
[26] BGH v. 19. 6. 1962 – 5 StR 189/62, BGHSt 17, 303 (304) = NJW 1962, 1520; BGH v. 3. 12. 1992 – StB 6/92, BGHSt 39, 75 (84 f.) = NStZ 1993, 502 (504); BGH v. 22. 10. 1999 – 3 StE 15/93 – 1 – StB 4/99, NStZ 2000, 218; LG Gießen v. 26. 2. 1993 – 6 Js 24553.9/92 6 Ks, NJW 1994, 465 (466); aA *Eisenberg* JR 2007, 360 (365).

stand der Prüfung ist nach hM, ob das Urteil vom Standpunkt des erkennenden Gerichts bei Berücksichtigung der neuen Beweise anders ausgefallen wäre.[27]

10 Das Wiederaufnahmegericht hat das Antragsvorbringen zu dem gesamten Akteninhalt und zu dem früheren Beweisergebnis in Beziehung zu setzen.[28] Allerdings ist es dem Wiederaufnahmegericht hierbei verfassungsrechtlich verwehrt, im Wege der Eignungsprüfung Beweise zu prüfen und Feststellungen zu treffen, die nach der Struktur des Strafprozesses der erneuerten Hauptverhandlung vorbehalten sind.[29] Die Beweiskraft der beigebrachten Nova darf nur insoweit gewertet werden, als dies ohne förmliche Beweisaufnahme möglich ist.[30] Etwa die Prüfung der Glaubwürdigkeit von Zeugen ist dementsprechend der erneuerten Hauptverhandlung vorzubehalten.[31]

11 Zweifel an der Neuheit von Tatsachen oder Beweismitteln haben die Unzulässigkeit des Antrags zur Folge.[32] Der Grundsatz „in dubio pro reo" gilt im Rahmen der Zulässigkeitsprüfung nicht, weil hierbei gerade keine Tatsachen zur vollen Überzeugung des Gerichts festzustellen sind, sondern eine Prognoseentscheidung zu treffen ist.[33]

12 **2. Verfahren.** Nach § 367 Abs. 2 findet im Verfahren der Zulässigkeitsprüfung **keine mündliche Verhandlung** statt. Es endet mit einem dem Antragsteller und den sonstigen Beschwerdeberechtigten förmlich bekannt zu machenden **Beschluss**, der den Wiederaufnahmeantrag für zulässig erklärt oder als unzulässig verwirft.[34] Dem Gericht gebietet es die prozessuale Fürsorgepflicht vor der Verwerfung des Antrags als unzulässig, dem Antragsteller Gelegenheit zu Ergänzungen zu geben.[35] Der gem. § 34 zu begründende Beschluss kann den Wiederaufnahmeantrag auch teils zulassen, teils verwerfen, wenn er mehrere tatmehrheitlich begangene Taten zum Gegenstand hat.[36] Die Begründung des Beschlusses muss so ausführlich sein, dass sie dem Antragsteller eine Begründung der sofortigen Beschwerde nach § 372 S. 1 und dem Beschwerdegericht die Prüfung der Entscheidung ermöglicht.[37]

13 Wird mit dem Beschluss der Wiederaufnahmeantrag nicht nur aus formellen Gründen als unzulässig verworfen, tritt ein **Verbrauch der vorgebrachten Tatsachen und Beweismittel** ein.[38] Auf andere Nova kann ein erneuter Wiederaufnahmeantrag jedoch gestützt werden. Eine Wiederaufnahme des Wiederaufnahmeverfahrens ist allerdings unstatthaft.[39]

III. Anhörung des Gegners (Abs. 2)

14 Die Anhörung des Gegners ist nach Abs. 2 nur im Falle der Zulassung des Wiederaufnahmeantrags erforderlich. Sie erfolgt nach hM erst durch Zustellung des Zulassungsbeschlusses unter Bestimmung einer Erklärungsfrist, die verlängert werden kann.[40] Diese Auffassung ist jedoch mit dem Wortlaut der Norm, wonach „er", also der Antrag, dem Gegner zuzustellen ist, unvereinbar.[41] Art. 103 Abs. 1 GG mit seiner besonderen Ausprägung in § 33 zwingt das Gericht schon **vor** Erlass des Beschlusses zur Anhörung **aller** Verfahrensbeteiligten.[42] Dennoch erkennt das BVerfG keinen Verstoß gegen Art. 103 Abs. 1 GG, wenn dem Angeklagten erst mit der Zustellung des Zulassungsbeschlusses über den Wiederaufnahmeantrag zu seinen Ungunsten rechtliches Gehör gewährt wird.[43] Hingegen sollen auch nach hM die Staatsanwaltschaft sowie ggf. auch der Privat- und Ne-

---

[27] BGH v. 19. 6. 1962 – 5 StR 189/62, BGHSt 17, 303 (304) = NJW 1962, 1520; BGH v. 18. 1. 1963 – 4 StR 385/62, BGHSt 18, 225 (226) = NJW 1963, 1019 (1020); Meyer-Goßner Rn. 9; aA Wasserburg StV 1992, 104 (105); Löwe/Rosenberg/Gössel Rn. 26; Marxen/Tiemann Rn. 226: Standpunkt des Wiederaufnahmegerichts.
[28] OLG Braunschweig v. 7. 6. 1985 – Ws 118/85, NStZ 1987, 377; KG v. 11. 11. 1991 – (5) (7) (2) StE 15/56 (23/91), NJW 1992, 450; LG Gießen v. 26. 2. 1993 – 6 Js 24553.9/92 6 Ks, NJW 1994, 465 (466).
[29] BVerfG v. 7. 9. 1994 – 2 BvR 2093/93, NStZ 1995, 43 (44); KK-StPO/Schmidt Rn. 10; Löwe/Rosenberg/Gössel Rn. 25; Marxen/Tiemann Rn. 217.
[30] BGH v. 19. 6. 1962 – 5 StR 189/62, BGHSt 17, 303 (304) = NJW 1962, 1520; BGH v. 3. 12. 1992 – StB 6/92, BGHSt 39, 75 (84 f.) = NStZ 1993, 502 (504); BGH v. 22. 10. 1999 – 3 StE 15/93 – 1 – StB 4/99, NStZ 2000, 218; OLG Jena v. 23. 5. 2005 – 1 Ws 162/05, NStZ-RR 2005, 379; OLG Koblenz v. 15. 12. 2004 – 1 Ws 759/04, NStZ-RR 2005, 272 (273); Meyer-Goßner Rn. 9.
[31] OLG Koblenz v. 15. 12. 2004 – 1 Ws 759/04, NStZ-RR 2005, 272 (273); KK-StPO/Schmidt Rn. 10.
[32] Löwe/Rosenberg/Gössel Rn. 18.
[33] BGH v. 3. 12. 1992 – StB 6/92, BGHSt 39, 75 (85) = NStZ 1993, 502 (504); OLG Braunschweig v. 30. 1. 1959 – Ws 200/58, NJW 1959, 1984; OLG Düsseldorf v. 8. 2. 1999 – 1 Ws 826 – 828-98, NStZ-RR 1999, 245 (246); HK-StPO/Temming Rn. 7; KK-StPO/Schmidt Rn. 13; Löwe/Rosenberg/Gössel Rn. 18.
[34] HK-StPO/Temming Rn. 9; Marxen/Tiemann Rn. 333.
[35] OLG Hamm v. 16. 11. 1979 – 4 Ws 695/79, NJW 1980, 717; KK-StPO/Schmidt Rn. 1.
[36] HK-StPO/Temming Rn. 9; Marxen/Tiemann Rn. 333.
[37] Löwe/Rosenberg/Gössel Rn. 29; Meyer-Goßner Rn. 11.
[38] OLG Braunschweig v. 10. 2. 1966 – Ws 192/65, NJW 1966, 993 (994); KK-StPO/Schmidt Rn. 20.
[39] OLG Hamburg v. 18. 10. 1999 – 2 Ws 136/99, NStZ-RR 2000, 50 (51); KK-StPO/Schmidt Rn. 20.
[40] Meyer-Goßner Rn. 13.
[41] Anw-StPO/Rotsch Rn. 8.
[42] HK-StPO/Temming Rn. 8; Löwe/Rosenberg/Gössel Rn. 35; Marxen/Tiemann Rn. 327.
[43] BVerfG v. 7. 3. 1963 – 2 BvR 629 u. 637/62, BVerfGE 15, 303 (307) = NJW 1963 757 (758).

benkläger stets nach § 33 Abs. 2 schon zum Wiederaufnahmeantrag des Verurteilten zu hören sein.[44] Eine Erklärungspflicht besteht in keinem Fall.[45]

IV. Rechtsbehelf

Sowohl gegen den Beschluss, mit dem der Wiederaufnahmeantrag als unzulässig verworfen wird, als auch – sofern eine Beschwer gegeben ist – gegen den Zulassungsbeschluss ist nach § 372 S. 1 die sofortige Beschwerde zulässig.[46] Das Gericht ist zu einer Abänderung der vom ihm getroffenen Entscheidung nicht befugt. Abändern oder aufheben kann den Beschluss des Wiederaufnahmegerichts ausschließlich das Beschwerdegericht.[47]

15

§ 369 [Beweisaufnahme über das Begründetsein]

(1) Wird der Antrag für zulässig befunden, so beauftragt das Gericht mit der Aufnahme der angetretenen Beweise, soweit dies erforderlich ist, einen Richter.

(2) Dem Ermessen des Gerichts bleibt es überlassen, ob die Zeugen und Sachverständigen eidlich vernommen werden sollen.

(3) [1]Bei der Vernehmung eines Zeugen oder Sachverständigen und bei der Einnahme eines richterlichen Augenscheins ist der Staatsanwaltschaft, dem Angeklagten und dem Verteidiger die Anwesenheit zu gestatten. [2]§ 168c Abs. 3, § 224 Abs. 1 und § 225 gelten entsprechend. [3]Befindet sich der Angeklagte nicht auf freiem Fuß, so hat er keinen Anspruch auf Anwesenheit, wenn der Termin nicht an der Gerichtsstelle des Ortes abgehalten wird, wo er sich in Haft befindet, und seine Mitwirkung der mit der Beweiserhebung bezweckten Klärung nicht dienlich ist.

(4) Nach Schluß der Beweisaufnahme sind die Staatsanwaltschaft und der Angeklagte unter Bestimmung einer Frist zu weiterer Erklärung aufzufordern.

Schrifttum: *Wasserburg/Rübenstahl,* Verfahrensfehler bei Zwischenentscheidungen im Probationsverfahren und ihre Anfechtung, GA 2002, 29.

I. Allgemeines

Die Vorschrift regelt den **Umfang und die Durchführung der Beweisaufnahme** zur Vorbereitung der Entscheidung über die Begründetheit des Wiederaufnahmeantrags nach seiner Zulassung durch Beschluss des Wiederaufnahmegerichts.[1] Zur Vorbereitung der Entscheidung nach § 370 darf das Wiederaufnahmegericht auch Durchsuchungen, Beschlagnahmen von Beweismitteln und – in den Fällen des § 362 – Haft anordnen.[2] Die Beweisaufnahme nach § 369 darf allerdings diejenige in der erneuerten Hauptverhandlung nicht vorwegnehmen.

1

II. Beweisaufnahme

1. Erhebung der angetretenen Beweise (Abs. 1). Soweit dies erforderlich ist, werden die angetretenen Beweise von Amts wegen erhoben. Zu erheben sind all diejenigen Beweise, die zur Klärung der Richtigkeit des Wiederaufnahmevorbringens unentbehrlich sind.[3] Eine Beweisaufnahme im Hinblick auf Wiederaufnahmetatsachen, die nicht oder nicht formgerecht geltend gemacht sind, ist ausgeschlossen.[4] Jedoch ist das Wiederaufnahmegericht nicht auf die vom Antragsteller bezeichneten Beweismittel beschränkt; es gilt das **Amtsermittlungsprinzip**.[5]

2

Eine **Wahrunterstellung** ist **nicht zulässig**, erst recht nicht die Anordnung oder Ablehnung der Wiederaufnahme des Verfahrens ohne ausreichende Prüfung der Beweise.[6] Allerdings muss über offenkundige Tatsachen kein Beweis erhoben werden.[7] Ebenfalls kann eine Beweisaufnahme entbehrlich sein, sofern sich in der Fällen den § 359 Nr. 1 bis 4 und § 362 Nr. 1 bis 3 die Begründetheit des Antrags aus einem rechtskräftigen Urteil und im Fall des § 362 Nr. 4 aus einer notariellen Ur-

3

---

[44] KK-StPO/*Schmidt* Rn. 15.
[45] *Meyer-Goßner* Rn. 13.
[46] *Marxen/Tiemann* Rn. 339.
[47] HK-StPO/*Temming* Rn. 11; KK-StPO/*Schmidt* Rn. 18; *Meyer-Goßner* Rn. 14.
[1] OLG Düsseldorf v. 2. 12. 1988 – 3 Ws 735/88, NStE Nr. 1 zu § 369 StPO.
[2] KK-StPO/*Schmidt* Rn. 3; Löwe/Rosenberg/*Gössel* Rn. 2; *Meyer-Goßner* Rn. 1; aA *Marxen/Tiemann* Rn. 366.
[3] OLG Hamburg v. 17. 7. 2000 – 1 Ws 53/00, StV 2003, 229 (230); OLG Zweibrücken v. 1. 2. 1993 – 1 Ws 432/92, GA 1993, 463 (465); Anw-StPO/*Rotsch* Rn. 3; *Meyer-Goßner* Rn. 5; aA *Marxen/Tiemann* Rn. 365: Beschränkung auf die angetretenen Beweise.
[4] *Meyer-Goßner* Rn. 5.
[5] OLG Zweibrücken v. 1. 2. 1993 – 1 Ws 432/92, GA 1993, 463 (465); KK-StPO/*Schmidt* Rn. 2; Löwe/Rosenberg/*Gössel* Rn. 3; *Meyer-Goßner* Rn. 5; aA HK-StPO/*Temming* Rn. 2.
[6] Anw-StPO/*Rotsch* Rn. 2; *Meyer-Goßner* Rn. 2.
[7] KG v. 15. 8. 1983 – 4 Ws 57/83, JR 1984, 393; KK-StPO/*Schmidt* Rn. 4; Löwe/Rosenberg/*Gössel* Rn. 4.

kunde ergibt.⁸ Ergeben sich im Fall des § 359 Nr. 5 die neuen Tatsachen aus Originalurkunden, kann eine Beweisaufnahme entfallen, wenn sie allen Beteiligten bekannt ist und das Wiederaufnahmegericht zu erkennen gegeben hat, ihre Verwertung zu beabsichtigen. Die Verlesung der Urkunde ist in dieser Konstellation nicht erforderlich.⁹

4   Eine erforderliche Beweisaufnahme kann nicht durch Zeugenerklärungen zu Protokoll der Geschäftsstelle,¹⁰ eidesstattliche Versicherungen¹¹ und andere als die in § 256 genannten ärztlichen Gutachten¹² ersetzt werden. **Vorermittlungen** der Staatsanwaltschaft und von Ermittlungspersonen können eine Beweisaufnahme des Wiederaufnahmegerichts nicht ersetzen. Sie sind zwar zulässig, dürfen aber vom Gericht nicht berücksichtigt werden.¹³ Dies gilt auch für den Fall, dass die Vernehmung des Zeugen über einen längeren Zeitraum nicht möglich ist. § 251 wird in Abs. 3 nicht als entsprechend anwendbar erklärt.¹⁴

5   **2. Beweiserhebung durch den beauftragten Richter (Abs. 1).** Mit der Beweisaufnahme wird ein Richter beauftragt, der hinsichtlich der Beweisthemen und der Beweismittel an den Beschluss gebunden ist, mit dem er beauftragt worden ist.¹⁵ Nach hM kann ein Kollegialgericht den Beweis in voller Besetzung erheben¹⁶ und einen anderen Richter nach §§ 156 ff. GVG um die Beweiserhebung ersuchen.¹⁷ Polizei und Staatsanwalt dürfen nur zur technischen Hilfe herangezogen, nicht aber mit Beweiserhebungen beauftragt werden.¹⁸

6   **3. Vereidigung von Zeugen (Abs. 2).** Ausschließlich das Wiederaufnahmegericht entscheidet nach pflichtgemäßem **Ermessen** in dem Beweisanordnungsbeschluss über die Vereidigung von Zeugen.¹⁹ Dem vernehmenden Richter steht diese Entscheidung in keinem Fall zu;²⁰ § 63 gilt nicht. Für die Eidesleistung gelten die §§ 64 und 65.²¹

7   **4. Anwesenheitsrecht (Abs. 3).** Ein Anwesenheitsrecht bei der Vernehmung von Zeugen und Sachverständigen sowie bei der Augenscheinseinnahme haben im Wiederaufnahmeverfahren nach Abs. 3 S. 1 die **Staatsanwaltschaft**, der **Angeklagte** und sein **Verteidiger**. Der Angeklagte kann allerdings nach Abs. 3 S. 2 iVm. § 168c Abs. 3 ausgeschlossen werden, wenn seine Anwesenheit den Untersuchungserfolg gefährden würde.²²

8   Befindet sich der Verurteilte nicht auf freiem Fuß, ist er zur Anwesenheit berechtigt, wenn Beweis in einem **Gerichtsgebäude seines Haftorts** erhoben wird, gleichgültig bei welchem Gericht. Bei Beweiserhebungen außerhalb eines Gerichtsgebäudes oder in einem Gerichtsgebäude an einem anderen Ort als dem Haftort besteht ein Anwesenheitsrecht des Verurteilten nur dann, wenn seine Mitwirkung der mit der Beweiserhebung bezweckten Klärung **dienlich** ist (Abs. 3 S. 3). Der Begriff der Dienlichkeit ist weit auszulegen.²³ Über die Dienlichkeit entscheidet der mit der Beweiserhebung nach Abs. 1 beauftragte oder der ersuchte Richter. Besteht ein Anwesenheitsrecht des Verurteilten, ist dessen Vorführung vom Richter sicherzustellen.²⁴

9   Nach hM steht ein Anwesenheitsrecht auch dem gesetzlichen Vertreter bzw. Erziehungsberechtigten sowie den nach § 361 Abs. 2 antragsberechtigten Personen zu. Ein Recht zur Anwesenheit haben gem. §§ 385 Abs. 1 S. 1 und 397 Abs. 1 ebenfalls der Privat-²⁵ und der Nebenkläger.²⁶ In Jugendstrafverfahren gilt § 67 Abs. 1 und 2.²⁷

---

⁸ Anw-StPO/*Rotsch* Rn. 2; HK-StPO/*Temming* Rn. 1; KK-StPO/*Schmidt* Rn. 4; Löwe/Rosenberg/*Gössel* Rn. 4.
⁹ OLG Jena v. 4. 7. 1996 – 1 Ws 125/96, NStZ-RR 1997, 47.
¹⁰ OLG Düsseldorf v. 8. 1. 1976 – 3 Ws 1/76, MDR 1976, 777 (778).
¹¹ BGH v. 19. 6. 1962 – 5 StR 189/62, BGHSt 17, 303 (304) = NJW 1962, 1520 f.
¹² OLG Hamm v. 25. 3. 1977 – 4 Ws 66/77, MDR 1977, 778 (779).
¹³ OLG Düsseldorf v. 7. 8. 1979 – 5 Ws 64/79 u. 5 Ws 6/79, JMBl NW 1979, 259 (261); HK-StPO/*Temming* Rn. 3; Löwe/Rosenberg/*Gössel* Rn. 5; *Meyer-Goßner* Rn. 3; aA OLG Braunschweig v. 10. 6. 1986 – Ws 70/86, NStZ 1987, 377 (378).
¹⁴ *Meyer-Goßner* Rn. 3.
¹⁵ BGH v. 8. 4. 1954 – 4 StR 793/53, NJW 1954, 891; Löwe/Rosenberg/*Gössel* Rn. 13.
¹⁶ Anw-StPO/*Rotsch* Rn. 4; HK-StPO/*Temming* Rn. 3; KK-StPO/*Schmidt* Rn. 6; *Meyer-Goßner* Rn. 6.
¹⁷ OLG Düsseldorf v. 7. 8. 1979 – 5 Ws 64/79 u. 5 Ws 6/79, JMBl NW 1979, 259 (261); HK-StPO/*Temming* Rn. 3; KK-StPO/*Schmidt* Rn. 6; Löwe/Rosenberg/*Gössel* Rn. 12; aA *Wasserburg/Rübenstahl* GA 2002, 29 (33 f.).
¹⁸ OLG Celle v. 6. 6. 1991 – 1 Ws 129/91, 139/91, MDR 1991, 1077; OLG Düsseldorf v. 8. 1. 1976 – 3 Ws 1/76, MDR 1976, 777 (778); Anw-StPO/*Rotsch* Rn. 4; KK-StPO/*Schmidt* Rn. 7; Löwe/Rosenberg/*Gössel* Rn. 11; aA OLG Braunschweig v. 10. 6. 1986 – Ws 70/86, NStZ 1987, 377 (378).
¹⁹ KK-StPO/*Schmidt* Rn. 5; Löwe/Rosenberg/*Gössel* Rn. 15; *Meyer-Goßner* Rn. 8.
²⁰ BGH v. 8. 4. 1954 – 4 StR 793/53, NJW 1954, 891; KK-StPO/*Schmidt* Rn. 5.
²¹ *Meyer-Goßner* Rn. 8.
²² Anw-StPO/*Rotsch* Rn. 6.
²³ OLG Frankfurt v. 3. 7. 1990 – 1 Ws 159/90, StV 1990, 538; Löwe/Rosenberg/*Gössel* Rn. 20.
²⁴ *Meyer-Goßner* Rn. 10.
²⁵ Anw-StPO/*Rotsch* Rn. 6; KK-StPO/*Schmidt* Rn. 9.
²⁶ HK-StPO/*Temming* Rn. 5; *Meyer-Goßner* Rn. 9; KK-StPO/*Schmidt* Rn. 9; aA *Marxen/Tiemann* Rn. 372.
²⁷ KK-StPO/*Schmidt* Rn. 9.

Die zur Anwesenheit berechtigten Personen sind nach Abs. 3 S. 2 iVm. § 224 Abs. 1 S. 1 von 10
dem Beweistermin zu **benachrichtigen,** und zwar so rechtzeitig, dass eine angemessene Zeit zur
Vorbereitung verbleibt.[28] Einer besonderen Form bedarf die Benachrichtigung nicht.[29] Sie sollte
jedoch förmlich zugestellt werden.[30]

Der **Verurteilte** ist stets zu benachrichtigen. Hat er einen Verteidiger, muss er neben diesem be- 11
nachrichtigt werden, allerdings kann die Benachrichtigung an den Verteidiger gerichtet werden
(§ 145 a Abs. 1).[31] Die Benachrichtigung des Verurteilten darf auch dann nicht unterbleiben, wenn
er kein Anwesenheitsrecht hat oder von der Anwesenheit ausgeschlossen ist. Darüber, dass er ausgeschlossen ist, muss er unterrichtet werden, um ihm Gelegenheit zu geben, für die Anwesenheit eines Verteidigers zu sorgen. Gem. Abs. 3 S. 2 iVm. § 224 Abs. 1 S. 2 unterbleibt die Benachrichtigung
von Verurteiltem und Verteidiger, wenn sie den Erfolg der Beweisaufnahme gefährden würde.

5. Vorlegung des Protokolls (Abs. 3 S. 2). Nach Abs. 3 S. 2 iVm § 244 Abs. 1 S. 3 ist die Vorle- 12
gung der Protokolle an die Staatsanwaltschaft und den Verteidiger **zwingend,** auch denn, wenn
sie bei der Vernehmung anwesend gewesen sind.[32] Während der Staatsanwaltschaft die Akten zu
übersenden sind, ist gegenüber dem Verteidiger die Mitteilung ausreichend, er könne die Akten
einsehen. Der Verurteilte und die anderen Beteiligten haben keinen Anspruch auf Vorlage der Akten.[33]

III. Schlussanhörung (Abs. 4)

Die Anhörung nach Abschluss der Beweisaufnahme ist gem. Abs. 4 **zwingende Voraussetzung** 13
für eine Entscheidung über die Begründetheit des Antrags nach § 370 Abs. 1 und gewährleistet
den Beteiligten rechtliches Gehör. Anzuhören sind stets alle Beteiligten, die zur Anwesenheit bei
der Beweisaufnahme berechtigt waren.[34] Unverzichtbar ist die Anhörung auch dann, wenn der
Beteiligte bei der Beweisaufnahme anwesend gewesen[35] ist oder schon vorher Erklärungen abgegeben[36] hat.

Sofern einem Beteiligten das Protokoll der Beweisaufnahme nicht vorgelegt worden ist, muss er 14
von dem Ergebnis der Beweisaufnahme in angemessener Form über deren Ergebnis **in Kenntnis
gesetzt** werden.[37] Dies gilt hinsichtlich des Verurteilten jedoch nur, wenn er keinen Verteidiger
hat. Die Form der Unterrichtung bestimmt in diesen Fällen der Vorsitzende.[38]

Das Gericht hat nach Abs. 4 die Beteiligten unter **Bestimmung einer Frist** zur Abgabe einer Er- 15
klärung aufzufordern, die sich grundsätzlich auf die Ergebnisse der bisherigen Beweisaufnahme
beziehen soll. Zulässig ist es, die Erhebung weiterer Beweise zu beantragen. Wird dem Antrag
nachgegangen und findet eine weitere Beweisaufnahme statt, sind die Beteiligten hierzu erneut
anzuhören.[39]

IV. Rechtsbehelfe

Ein Rechtsbehelf, der sich gegen Art und Umfang der Beweisaufnahme richtet, ist **nicht statthaft.** 16
Allerdings kann der Verurteilte Beschwerde nach § 304 gegen seine Ausschließung von der Beweisaufnahme und – sofern er nicht auf freiem Fuß ist – gegen die Ablehnung seiner Vorführung einlegen.[40] Mit dem Abschluss der Beweisaufnahme wird die einfache Beschwerde gegenstandslos.[41]
Danach ist nur noch die sofortige Beschwerde gem. § 372 S. 1 gegen die Entscheidung nach § 370
Abs. 1 zulässig.[42]

Eine **unterbliebene Benachrichtigung** vom Beweistermin kann nur unverzüglich nach Vorle- 17
gung der Protokolle gerügt werden.[43] Ist die Rüge rechtzeitig erhoben und begründet, ist ein nach

---

[28] HK-StPO/*Temming* Rn. 6.
[29] OLG Bremen v. 22. 7. 1966 – Ws 128/66, MDR 1967, 61 (62).
[30] OLG Bremen v. 22. 7. 1966 – Ws 128/66, MDR 1967, 61 (62); HK-StPO/*Temming* Rn. 6; Löwe/Rosenberg/*Gössel* Rn. 23; *Meyer-Goßner* Rn. 11.
[31] KK-StPO/*Schmidt* Rn. 8.
[32] BGH v. 28. 8. 1974 – 2 StR 99/74, BGHSt 25, 357 (358) = NJW 1974, 2294.
[33] *Meyer-Goßner* Rn. 12.
[34] *Meyer-Goßner* Rn. 13.
[35] OLG Düsseldorf v. 25. 9. 1981 – 5 Ws 151-152, 175/81, NJW 1982, 839; OLG Hamm v. 25. 2. 1974 – 2 Ws 306/73, MDR 1974, 689.
[36] OLG Hamburg v. 6. 5. 1977 – 2 Ws 196/77, MDR 1977, 865.
[37] Anw-StPO/*Rotsch* Rn. 7; *Meyer-Goßner* Rn. 13.
[38] *Meyer-Goßner* Rn. 13.
[39] Anw-StPO/*Rotsch* Rn. 7; KK-StPO/*Schmidt* Rn. 13; *Meyer-Goßner* Rn. 13.
[40] Anw-StPO/*Rotsch* Rn. 8; *Meyer-Goßner* Rn. 14.
[41] OLG Hamm v. 21. 1. 1972 – 2 Ws 14/72, JMBl. NW 1972, 239 (240); *Meyer-Goßner* Rn. 14.
[42] OLG Hamm v. 21. 1. 1972 – 2 Ws 14/72, JMBl. NW 1972, 239 (240).
[43] OLG Celle v. 24. 5. 1963 – 3 Ws 267/63, NJW 1963, 2041.

§ 370 Abs. 1 ergangener Beschluss stets aufzuheben.[44] Eine unterbliebene Schlussanhörung führt ebenfalls zwingend zu dessen Aufhebung.[45]

§ 370 [Entscheidung über das Begründetsein]

(1) Der Antrag auf Wiederaufnahme des Verfahrens wird ohne mündliche Verhandlung als unbegründet verworfen, wenn die darin aufgestellten Behauptungen keine genügende Bestätigung gefunden haben oder wenn in den Fällen des § 359 Nr. 1 und 2 oder des § 362 Nr. 1 und 2 nach Lage der Sache die Annahme ausgeschlossen ist, daß die in diesen Vorschriften bezeichnete Handlung auf die Entscheidung Einfluß gehabt hat.

(2) Andernfalls ordnet das Gericht die Wiederaufnahme des Verfahrens und die Erneuerung der Hauptverhandlung an.

Schrifttum: *Eisenberg*, Aspekte des Verhältnisses von materieller Wahrheit und Wiederaufnahme des Verfahrens gemäß §§ 359 ff. StPO, JR 2007, 360; *Groß*, Folgen der Aufhebung eines die Fahrerlaubnis entziehenden Urteils im Wiederaufnahmeverfahren, NStZ 1993, 221.

I. Allgemeines

1 Die Vorschrift betrifft die **Prüfung der Begründetheit** des Wiederaufnahmeantrags. Die Struktur des § 370 entspricht derjenigen des § 368.[1] Während Abs. 1 die Voraussetzungen nennt, bei deren Vorliegen der Wiederaufnahmeantrag als unbegründet zu verwerfen ist, regelt Abs. 2, was anderenfalls zu geschehen hat. Von der Zulässigkeitsprüfung nach § 368 unterscheidet sich die Prüfung nach § 370 Abs. 1 vor allem dadurch, dass die Richtigkeit des Wiederaufnahmevorbringens untersucht und nicht nur unterstellt wird.

II. Verwerfung wegen Unbegründetheit (Abs. 1)

2 Der Wiederaufnahmeantrag wird ohne mündliche Verhandlung durch **Beschluss** verworfen, wenn er unbegründet ist. Dies ist nach Abs. 1 der Fall, wenn die Behauptungen des Antragstellers keine genügende Bestätigung gefunden haben. In den Fällen des § 359 Nr. 1 und 2 sowie des § 360 Nr. 1 und 2 ist der Antrag unbegründet, wenn nach Lage der Sache die Annahme ausgeschlossen ist, dass die in diesen Vorschriften bezeichnete Handlung auf die Entscheidung Einfluss gehabt hat.

3 1. **Keine genügende Bestätigung.** Das Wiederaufnahmegericht hat zu prüfen, ob aufgrund der erhobenen Beweise genügender Anlass zur Erneuerung der Hauptverhandlung besteht.[2] Der **Umfang der Prüfung** wird von dem geltend gemachten Wiederaufnahmegrund bestimmt.[3] In den Fällen der §§ 359 Nr. 3 und 362 Nr. 3 begründet die von § 364 Abs. 1 vorausgesetzte Verurteilung ohne weiteres die Anordnung der Wiederaufnahme des Verfahrens.[4] Ist der Wiederaufnahmeantrag auf § 359 Nr. 4 gestützt, muss der ursächliche Zusammenhang zwischen Zivil- und Strafurteil geprüft werden.[5] Im Fall des § 362 Nr. 4 kommt es auf die genügende Bestätigung der Tatsache, dass der Angeklagte ein glaubhaftes Geständnis abgelegt hat, sowie auf die Frage an, ob ein hinreichender Tatverdacht besteht.[6] Bei § 359 Nr. 5 ist zu prüfen, ob der bei der Zulässigkeitsprüfung als richtig zu unterstellenden Sachverhalt durch die Beweisaufnahme sachlich genügend bestätigt worden ist.[7] Zu beachten sind stets nur die geltend gemachten Wiederaufnahmegründe.[8]

4 Genügender Anlass zur Erneuerung der Hauptverhandlung besteht, wenn die vom Antragsteller aufgestellten Behauptungen eine ausreichende Bestätigung erfahren haben, also aufgrund der Würdigung der erhobenen Beweise die Richtigkeit der Behauptungen hinreichend wahrscheinlich ist.[9] Hierfür muss das Gericht es im Rahmen einer **Wahrscheinlichkeitsprognose** für zumindest naheliegend halten, dass eine erneuerte Hauptverhandlung zu einem anderen Ergebnis führen

---

[44] OLG Jena v. 31. 1. 1996 – 1 Ws 17/96, StraFo 1996, 89; Löwe/Rosenberg/*Gössel* Rn. 29.
[45] OLG Frankfurt v. 22. 10. 1982 – 1 Ws 266/82, NStZ 1983, 427 (428); KK-StPO/*Schmidt* Rn. 15; Löwe/Rosenberg/*Gössel* Rn. 29; aA HK-StPO/*Temming* Rn. 9: Aufhebung nur, wenn rechtliches Gehör nicht in der Beschwerdeinstanz nachgeholt werden kann.
[1] Anw-StPO/*Rotsch* Rn. 1.
[2] Anw-StPO/*Rotsch* Rn. 2.
[3] OLG Hamburg v. 8. 2. 2000 – 2 Ws 287/99, NStZ-RR 2000, 241 (242); HK-StPO/*Temming* Rn. 2; *Meyer-Goßner* Rn. 3.
[4] Anw-StPO/*Rotsch* Rn. 5; Löwe/Rosenberg/*Gössel* Rn. 13; *Meyer-Goßner* Rn. 3.
[5] Löwe/Rosenberg/*Gössel* Rn. 14.
[6] HK-StPO/*Temming* Rn. 2; *Meyer-Goßner* Rn. 3.
[7] Anw-StPO/*Rotsch* Rn. 5; HK-StPO/*Temming* Rn. 2; Löwe/Rosenberg/*Gössel* Rn. 16.
[8] Löwe/Rosenberg/*Gössel* Rn. 11.
[9] HK-StPO/*Temming* Rn. 3; KK-StPO/*Schmidt* Rn. 2; *Meyer-Goßner* Rn. 4.

würde.[10] Ein jeden Zweifel ausschließender Beweis ist für die genügende Bestätigung allerdings nicht erforderlich.[11]

Das Wiederaufnahmegericht hat sich für diese Prüfung auf den **Standpunkt des damals erkennenden Gerichts** zu stellen[12] und die von jenem in seinem Urteil verwerteten Beweisanzeichen ebenso zu werten wie dieses sie gewertet hat; es sei denn, die Beweisanzeichen sind unmittelbar durch den Wiederaufnahmegrund betroffen.[13] Das über die Zulässigkeit und Begründetheit der Wiederaufnahme beschließende Gericht darf insofern nicht in eine eigene neue Beweisaufnahme eintreten.[14] Für die anzustellende Wahrscheinlichkeitsprognose darf das Wiederaufnahmegericht vom Antragsteller nicht geltend gemachte Tatsachen berücksichtigen, sofern diese sich aus der Beweisaufnahme ergeben haben.[15]

2. Kein ursächlicher Zusammenhang. Über die Prüfung hinaus, ob das Wiederaufnahmevorbringen durch die Beweisaufnahme eine genügende Bestätigung gefunden, bedarf es der Untersuchung, ob ein ursächlicher Zusammenhang zwischen dem Wiederaufnahmegrund und dem angegriffenen Urteil besteht. Der ursächliche Zusammenhang zwischen den in § 359 Nr. 1 und 2 sowie der in § 362 Nr. 1 und 2 angeführten Handlungen und dem angegriffenen Urteil wird widerleglich vom Gesetz vermutet.[16] Der Antragsteller muss ihn nicht nachweisen.[17] Die Wiederaufnahme ist bereits dann anzuordnen, wenn das Wiederaufnahmegericht diese Vermutung nicht mit Sicherheit ausschließen kann.[18] **Grundlage der Prüfung** ist allein das angegriffene Urteil.[19] Außerhalb des Urteils liegende Beweistatsachen, etwa eine Vernehmung des erkennenden Richters,[20] dürfen nicht herangezogen werden.[21] Fehlt es an einer Verurteilung, muss geprüft werden, ob die behauptete Straftat eine genügende Bestätigung erfahren hat.[22]

3. Verwerfungsbeschluss. Finden die Wiederaufnahmegründe keine genügende Bestätigung oder besteht kein ursächlicher Zusammenhang, ist der Wiederaufnahmeantrag ohne vorherige mündliche Verhandlung durch Beschluss zu verwerfen. Der Verwerfungsbeschluss ist nach § 34 zu begründen.[23]

III. Anordnung der Wiederaufnahme (Abs. 2)

1. Beschluss. Haben die vom Antragsteller aufgestellten Behauptungen eine genügende Bestätigung erfahren und ist der ursächliche Zusammenhang zwischen dem Wiederaufnahmegrund und dem angegriffenen Urteil festgestellt, wird **ohne vorherige mündliche Verhandlung** durch Beschluss die Wiederaufnahme des Verfahrens und die Erneuerung der Hauptverhandlung angeordnet.[24] Der Beschluss ist gem. § 34 zu begründen und wird in das BZR eingetragen (§ 16 Abs. 1 BZRG).[25] Unschädlich ist es, wenn versehentlich nur die Anordnung der Erneuerung der Hauptverhandlung unterbleibt.[26] Der Beschluss, mit dem die Wiederaufnahme des Verfahrens und die Erneuerung der Hauptverhandlung angeordnet wird, kann mit einem Beschluss nach § 371 Abs. 1 oder 2 verbunden werden.[27]

Der rechtskräftige Wiederaufnahmebeschluss stellt die Rechtmäßigkeit der Wiederaufnahme des Verfahrens endgültig fest und ist eine **Prozessvoraussetzung des weiteren Verfahrens.**[28] In der

---

[10] KK-StPO/*Schmidt* Rn. 2.
[11] BVerfG v. 20. 6. 1990 – 2 BvR 1110/89, NStZ 1990, 499 (500); BGH v. 28. 11. 1996 – StB 13/96, BGHSt 42, 314 (323) = NStZ 1997, 140 (142); OLG Karlsruhe v. 20. 12. 1973 – 1 Ws 392/72, GA 1974, 250 (251); OLG Stuttgart v. 11. 7. 1988 – 4 Ws 57/88, StV 1990, 539; Anw-StPO/*Rotsch* Rn. 3; HK-StPO/*Temming* Rn. 3.
[12] HK-StPO/*Temming* Rn. 3; *Meyer-Goßner* Rn. 4; aA Löwe/Rosenberg/*Gössel* Rn. 22; *Eisenberg* JR 2007, 360 (367): Gericht entscheidet von seinem Standpunkt aus.
[13] BGH v. 28. 7. 1964 – 2 StE 15/56, BGHSt 19, 365 (366); KK-StPO/*Schmidt* Rn. 4.
[14] KK-StPO/*Schmidt* Rn. 4.
[15] KK-StPO/*Schmidt* Rn. 4.
[16] HK-StPO/*Temming* Rn. 2; *Meyer-Goßner* Rn. 5; Löwe/Rosenberg/*Gössel* Rn. 225; *Marxen/Tiemann* Rn. 353.
[17] BGH v. 28. 7. 1964 – 2 StE 15/56, BGHSt 19, 365 (366); Anw-StPO/*Rotsch* Rn. 4; Löwe/Rosenberg/*Gössel* Rn. 25.
[18] BGH v. 28. 7. 1964 – 2 StE 15/56, BGHSt 19, 365 (366); HK-StPO/*Temming* Rn. 2.
[19] KK-StPO/*Schmidt* Rn. 6.
[20] BGH v. 28. 7. 1964 – 2 StE 15/56, BGHSt 19, 365 (366).
[21] KK-StPO/*Schmidt* Rn. 6.
[22] OLG Oldenburg v. 5. 2. 2001 – 1 Ws 593/00, StV 2003, 234; *Meyer-Goßner* Rn. 3.
[23] Löwe/Rosenberg/*Gössel* Rn. 29.
[24] OLG München v. 27. 5. 1974 – 2 Ws 181/74, MDR 1974, 775; KK-StPO/*Schmidt* Rn. 9; Löwe/Rosenberg/*Gössel* Rn. 4.
[25] Anw-StPO/*Rotsch* Rn. 7.
[26] Anw-StPO/*Rotsch* Rn. 7; KK-StPO/*Schmidt* Rn. 9.
[27] KK-StPO/*Schmidt* Rn. 11; KMR/*Paulus* Rn. 2; Löwe/Rosenberg/*Gössel* Rn. 4; vgl. auch OLG Brandenburg v. 2. 3. 2009 – 1 Ws 226/08, NStZ-RR 2010, 22.
[28] BGH v. 9. 5. 1963 – 3 StR 19/63, BGHSt 18, 339 (340) = NJW 1963, 1364 (1365); HK-StPO/*Temming* Rn. 4; Löwe/Rosenberg/*Gössel* Rn. 29.

erneuerten Hauptverhandlung ist das Gericht an den Beschluss gebunden. Es darf diesen weder in Zweifel ziehen noch auf seine Richtigkeit hin überprüfen.

10 2. **Wirkung der Anordnung der Wiederaufnahme des Verfahrens.** Die Anordnung der Wiederaufnahme des Verfahrens nach Abs. 2 **beseitigt die Rechtskraft** des angegriffenen Urteils und setzt das Verfahren in den Zustand der Rechtshängigkeit zurück, in dem es sich vor dem Urteil befunden hat.[29] Dies ist entweder der Zustand nach dem Eröffnungsbeschluss oder – sofern ein Berufungsurteil angegriffen wird[30] – der Zustand nach Anberaumung der Berufungshauptverhandlung.

11 Mit dem Eintritt der Rechtskraft des Beschlusses nach Abs. 2 wird die **Vollstreckung** aus dem angegriffenen Urteil **ohne weiteres unzulässig**.[31] Im Falle einer Teilwiederaufnahme wird zwar die Gesamtfreiheitsstrafe gegenstandslos,[32] die weitere Vollstreckung der nicht berührten Einzelstrafen aber bleibt zulässig.[33] Gegenstandslos werden Maßregeln der Besserung und Sicherung sowie etwa zu dem Urteil ergangene Gnadenerweise.[34] Das Eigentum an eingezogenen Sachen gewinnt der Verurteilte ebenso zurück wie entzogene Rechte,[35] etwa eine entzogene Fahrerlaubnis, wodurch bei rechtskräftiger Aufhebung der Verurteilung rückwirkend eine Strafbarkeit nach § 21 Abs. 1 Nr. 1 StVG entfällt.[36] Haftbefehle und andere einstweilige Anordnungen leben nicht wieder auf, können aber erneut erlassen werden. Die Verjährungsfrist, die bis zum Eintritt der Rechtskraft des Beschlusses geruht hatte, wird wieder in Gang gesetzt, allerdings beginnt sie nicht neu zu laufen.[37]

IV. Rechtsbehelf

12 Nur gegen den **Verwerfungsbeschluss** nach Abs. 1 ist nach § 372 S. 2 die **sofortige Beschwerde** zulässig. Anfechtungsberichtigt sind die Antragsberechtigten, soweit sie beschwert sind. Hingegen ist der **Wiederaufnahmebeschluss** nach Abs. 2 **unanfechtbar** (§ 372 S. 2) und kann auch nicht zurück genommen werden; selbst dann nicht, wenn er erschlichen worden ist.[38]

13 Wird der Beschluss, mit dem der Wiederaufnahmeantrag als unbegründet verworfen worden ist, rechtskräftig, so kann auf die in der Beweisaufnahme nach § 370 geprüften Tatsachen und Beweismittel ein neuer Wiederaufnahmeantrag nicht gestützt werden.[39] Es tritt insoweit ein **Verbrauch** dieser Wiederaufnahmegründe ein.[40]

§ 371 [Freisprechung ohne Hauptverhandlung]

(1) Ist der Verurteilte bereits verstorben, so hat ohne Erneuerung der Hauptverhandlung das Gericht nach Aufnahme des etwa noch erforderlichen Beweises entweder auf Freisprechung zu erkennen oder den Antrag auf Wiederaufnahme abzulehnen.

(2) Auch in anderen Fällen kann das Gericht, bei öffentlichen Klagen jedoch nur mit Zustimmung der Staatsanwaltschaft, den Verurteilten sofort freisprechen, wenn dazu genügende Beweise bereits vorliegen.

(3) [1] Mit der Freisprechung ist die Aufhebung des früheren Urteils zu verbinden. [2] War lediglich auf eine Maßregel der Besserung und Sicherung erkannt, so tritt an die Stelle der Freisprechung die Aufhebung des früheren Urteils.

(4) Die Aufhebung ist auf Verlangen des Antragstellers im elektronischen Bundesanzeiger bekannt zu machen und kann nach dem Ermessen des Gerichts auch auf andere geeignete Weise veröffentlicht werden.

Schrifttum: *Hassemer*, Verhandlungsunfähigkeit des Verurteilten im Wiederaufnahmeverfahren, NJW 1983, 2353.

---

[29] BGH v. 11. 12. 1959 – 4 StR 321/59, BGHSt 14, 64 (66) = NJW 1960, 545; OLG Frankfurt v. 18. 10. 1979 – 3 Ws 911/79, GA 1980, 262 (264); BayObLG v. 22. 10. 1981 – RReg 1 St 260/81, JR 1982, 335 (336); Anw-StPO/*Rotsch* Rn. 8; *Meyer-Goßner* Rn. 8.
[30] RG v. 3. 12. 1943 – 1 D 367/43, RGSt 77, 282 (284).
[31] OLG Bremen v. 22. 9. 1955 – Ws 172/55, NJW 1956, 316; Anw-StPO/*Rotsch* Rn. 8.
[32] BGH v. 27. 1. 1960 – 2 StR 604/99, BGHSt 14, 85 (89).
[33] *Meyer-Goßner* Rn. 12.
[34] HK-StPO/*Temming* Rn. 5; Löwe/Rosenberg/*Gössel* Rn. 36 u. 45; *Meyer-Goßner* Rn. 12 f.
[35] BayObLG v. 16. 7. 1991 – RReg. 2 St 133/91, NJW 1992, 1120; OLG Frankfurt v. 6. 4. 1999 – 3 Ss 70/99, NStZ-RR 2000, 23; *Meyer-Goßner* Rn. 11; SK-StPO/*Frister/Deiters* Rn. 24; aA OVG Lüneburg v. 26. 1. 2009 – 12 ME 316/08, NJW 2009, 1160 f.; *Groß* NStZ 1993, 221 (222); KK-StPO/*Schmidt* Rn. 18.
[36] OLG Frankfurt v. 6. 4. 1999 – 3 Ss 70/99, NStZ-RR 2000, 23; *Meyer-Goßner* Rn. 11; aA *Groß* NStZ 1993, 221 (222).
[37] OLG Nürnberg v. 4. 5. 1988 – Ws 297/88, NStZ 1988, 555 (556); HK-StPO/*Temming* Rn. 5; KK-StPO/*Schmidt* Rn. 19; *Meyer-Goßner* Rn. 14; aA KMR/*Paulus* Rn. 25; Löwe/Rosenberg/*Gössel* Rn. 39.
[38] OLG Köln v. 23. 11. 1954 – Ws 317/54, NJW 1955, 314 (315); Anw-StPO/*Rotsch* Rn. 9; HK-StPO/*Temming* Rn. 6; *Meyer-Goßner* Rn. 19.
[39] KK-StPO/*Schmidt* Rn. 8.
[40] OLG Braunschweig v. 10. 2. 1966 – Ws 192/65, NJW 1966, 994 (995).

I. Allgemeines

Die Vorschrift bestimmt die Voraussetzungen, bei deren Vorliegen im wiederaufgenommenen 1
Verfahren eine **Entscheidung ohne erneuerte Hauptverhandlung** ergehen kann. Nach Abs. 1 ist es
möglich, den Verurteilten freizusprechen oder den Wiederaufnahmeantrag abzulehnen, sofern der
Verurteilte verstorben ist. Andere Fälle, in denen eine sofortige Freisprechung des Angeklagten in
Betracht kommt, regelt Abs. 2. Die Abs. 3 und 4 betreffen verfahrensrechtliche Fragen.

II. Freisprechung und Ablehnung des Antrags bei Tod des Verurteilten (Abs. 1)

Die Regelung des Abs. 1 trägt dem Umstand Rechnung, dass nach dem Tod des Verurteilten 2
gem. § 361 zwar ein Wiederaufnahmeverfahren, nicht aber eine erneuerte Hauptverhandlung zulässig ist.[1] Ist **nach dem Tod** des Verurteilten ein Wiederaufnahmeantrag nach § 368 für zulässig
erklärt worden, muss daher nach Abs. 1 außerhalb der Hauptverhandlung – ggf. nach Erhebung
noch erforderlicher Beweise – entschieden werden. Ein Beschluss nach § 370 Abs. 2 ergeht nicht.[2]

Etwa noch **erforderliche Beweise** sind gem. § 369 Abs. 1 vom beauftragten oder ersuchten Richter zu erheben.[3] Allerdings gilt für die Vereidigung von Zeugen § 369 Abs. 2 nicht.[4] Das Anwesenheitsrecht ist nicht durch § 369 Abs. 3 iVm. § 224 Abs. 1 S. 2 beschränkt.[5]

Nach Abs. 1 ist **nur die Freisprechung oder Ablehnung des Antrags** zulässig.[6] Einem Freispruch 4
steht die Einstellung wegen eines Verfahrenshindernisses gleich.[7] Die Freisprechung setzt einen
Nachweis der Unschuld nicht voraus.[8] Der Grundsatz **in dubio pro reo** findet wie in der erneuerten
Hauptverhandlung Anwendung,[9] da anderenfalls die Rehabilitierung des verstorbenen gegenüber
der des lebenden Verurteilten an strengere Voraussetzungen geknüpft wäre.[10]

Verstirbt der Verurteilte erst nach Stellung des Antrags auf Wiederaufnahme des Verfahrens, 5
wird das Verfahren eingestellt, wenn die Staatsanwaltschaft einen Antrag gem. § 362 zu Ungunsten
des Verurteilten gestellt hat.[11] Bei einem auf § 359 gestützten Wiederaufnahmeantrag der Staatsanwaltschaft zu Gunsten des Verurteilten hat dessen Tod keine Auswirkungen auf das Verfahren, es
wird fortgesetzt. Ist Antragsteller einer Wiederaufnahme zu Gunsten des Verurteilten nicht die
Staatsanwaltschaft, wird das Verfahren nur fortgesetzt, wenn ein nach § 361 Abs. 2 Antragsberechtigter oder die Staatsanwaltschaft durch **ausdrückliche Erklärung** mit dem Ziel der Freisprechung
in das Verfahren eintritt.[12] Dies ist auch noch nach Erlass eines Beschlusses nach § 370 Abs. 2 zulässig.[13] Entsprechende Anwendung findet Abs. 1, wenn der Verurteilte nach Erneuerung der
Hauptverhandlung dauerhaft verhandlungsunfähig wird.[14]

III. Sofortige Freisprechung in anderen Fällen (Abs. 2)

Die Möglichkeit, das Verfahren gegen den **lebenden Verurteilten** auch ohne vorherige mündliche Verhandlung und Beschlussfassung über die Erneuerung der Hauptverhandlung nach § 373 6
zu beenden, schafft Abs. 2. Allerdings kommen **nur die Freisprechung** und die Verfahrenseinstellung wegen eines Prozesshindernisses in Betracht, nicht aber die Einstellung nach §§ 153 ff.[15] Eine
teilweise Freisprechung ist zulässig, was selbst dann gilt, wenn der Antrag nicht von vornherein
auf eine von mehreren Taten beschränkt worden ist.[16] In dem Verfahren nach Abs. 2 ist dann jedoch eine neue Gesamtstrafe zu bilden.[17] Ebenso wenig wie im Fall des Abs. 1 muss die Unschuld

---

[1] Vgl. o. § 361 Rn. 9; HK-StPO/*Temming* Rn. 1; Löwe/Rosenberg/*Gössel* Rn. 1.
[2] *Meyer-Goßner* Rn. 1; aA OLG Bremen v. 26. 11. 1955 – Ws 212/55, JZ 1956, 100; KMR/*Paulus* Rn. 2: Verbindung der Beschlüsse nach §§ 370 Abs. 2 und 371.
[3] KK-StPO/*Schmidt* Rn. 2; KMR/*Paulus* Rn. 6; Löwe/Rosenberg/*Gössel* Rn. 7; *Meyer-Goßner* Rn. 2; aA SK-StPO/*Frister/Deiters* Rn. 7: Beweisaufnahme durch das erkennende Gericht selbst.
[4] Löwe/Rosenberg/*Gössel* Rn. 7; *Meyer-Goßner* Rn. 2.
[5] KMR/*Paulus* Rn. 6; Löwe/Rosenberg/*Gössel* Rn. 7; *Meyer-Goßner* Rn. 2.
[6] Anw-StPO/*Rotsch* Rn. 1; *Meyer-Goßer* Rn. 3.
[7] Anw-StPO/*Rotsch* Rn. 2; KK-StPO/*Schmidt* Rn. 1; Löwe/Rosenberg/*Gössel* Rn. 11; *Meyer-Goßner* Rn. 3.
[8] HK-StPO/*Temming* Rn. 3.
[9] Anw-StPO/*Rotsch* Rn. 2; HK-StPO/*Temming* Rn. 2; KK-StPO/*Schmidt* Rn. 2; Löwe/Rosenberg/*Gössel* Rn. 9; *Meyer-Goßner* Rn. 4; aA KMR/*Paulus* Rn. 9.
[10] *Meyer-Goßner* Rn. 4.
[11] HK-StPO/*Temming* Rn. 1; KK-StPO/*Schmidt* Rn. 4.
[12] BGH v. 23. 7. 1997 – StB 11/97, BGHSt 43, 169 (170) = NJW 1997, 2762; KK-StPO/*Schmidt* Rn. 1; KMR/*Paulus* Rn. 5; Löwe/Rosenberg/*Gössel* Rn. 13; *Meyer-Goßner* Rn. 5.
[13] BGH v. 16. 11. 1967 – 1 StE 1/64, BGHSt 21, 373 (375); Anw-StPO/*Rotsch* Rn. 2; KK-StPO/*Schmidt* Rn. 1; KMR/*Paulus* Rn. 5; aA OLG Hamm v. 29. 11. 1956 – 2 Ws 408/56, NJW 1957, 473.
[14] Löwe/Rosenberg/*Gössel* Rn. 3; *Hassemer* NJW 1983, 2353 (2357); aA *Meyer-Goßner* Rn. 6.
[15] Löwe/Rosenberg/*Gössel* Rn. 16 u. 18; *Meyer-Goßner* Rn. 8; HK-StPO/*Temming* Rn. 4; *Marxen/Tiemann* Rn. 446; aA OLG Hamm v. 20. 7. 1981 – 2 Ws 123/81, JMBl. NW 1981, 285.
[16] BGH v. 20. 12. 1955 – 5 StR 363/55, BGHSt 8, 383 (388) = NJW 1956, 478 (479); Löwe/Rosenberg/*Gössel* Rn. 19.
[17] BGH v. 27. 1. 1960 – 2 StR 604/59, BGHSt 14, 85 (89); Löwe/Rosenberg/*Gössel* Rn. 19.

erwiesen sein. Es genügt die Unmöglichkeit des Schuldnachweises, der Grundsatz in dubio pro reo gilt auch hier.[18]

7 Die Entscheidung nach § 371 steht im **Ermessen des Gerichts**[19] und soll nur bei unzweifelhaftem Ergebnis und nicht gegen den Willen des Verurteilten in Betracht kommen.[20] Ein bereits anberaumter Hauptverhandlungstermin steht einer Entscheidung nach Abs. 2 nicht entgegen.[21]

8 Bei öffentlichen Klagen setzt eine Entscheidung nach Abs. 2 zwingend die **Zustimmung der Staatsanwaltschaft** voraus; der Neben- und der Privatkläger müssen nicht zustimmen.[22] Einer Zustimmung des Privatklägers bedarf es auch im Privatklageverfahren nicht.[23] Nach Nr. 171 Abs. 1 S. 2, Abs. 2 RiStBV soll die Staatsanwaltschaft die Zustimmung nur ausnahmsweise erteilen. Derartige Konstellationen liegen vor allem vor, wenn einwandfrei festgestellt ist, dass der Verurteilte zur Tatzeit schuldunfähig gewesen ist, oder wenn seine Unschuld sonst klar zu Tage liegt und eine Erneuerung der Hauptverhandlung wegen der besonderen Umstände des Falles unzweckmäßig wäre. Die Zustimmung kann widerrufen werden.[24] Nicht erforderlich ist die Zustimmung des Verurteilten,[25] der aber vorher anzuhören ist.[26]

9 Die Rechtsprechung wendet **Abs. 2 entsprechend** an, wenn nach Rechtkraft eines Urteils, mit dem der Angeklagte unter Einbeziehung einer anderweitig rechtskräftig verhängten Strafe verurteilt worden ist, festgestellt wird, dass mit der einbezogenen Strafe zuvor schon eine Gesamtstrafe gebildet worden war.[27]

IV. Verfahren bei Freisprechung (Abs. 3)

10 Die Entscheidungen nach Abs. 1 und 2 ergehen **ohne mündliche Verhandlung durch Beschluss**,[28] der auch eine Entscheidung über die Kosten des Verfahrens und ggf. über eine Entschädigung enthält.[29] Mit der Freisprechung ist gem. Abs. 3 S. 1 die Aufhebung des angegriffenen Urteils zu verbinden.[30] Wurde in dem früheren Urteil allein eine Maßregel der Besserung und Sicherung verhängt, scheidet eine Freisprechung wegen des Fehlens einer Verurteilung aus. Nach Abs. 3 S. 2 ist in diesen Fällen nur die Aufhebung des Urteils zu beschließen.[31]

V. Öffentliche Bekanntmachung der Entscheidung (Abs. 4)

11 Nur auf **Verlangen des Antragstellers**, nicht aber auf Verlangen der Staatsanwaltschaft kann die Aufhebung der Verurteilung im elektronischen Bundesanzeiger bekanntgemacht werden.[32] Im Ermessen des Gerichts steht es, den Beschluss daneben an anderer geeigneter Stelle bekannt zu machen. Gegenstand der Bekanntmachung ist nur die Beschlussformel.[33]

12 Das Verlangen des Antragstellers ist an **keine Frist** gebunden und kann dementsprechend auch noch nach Bestandskraft des Beschlusses angebracht werden.[34] Die öffentliche Bekanntmachung trägt dem Rehabilitationsinteresse des Verurteilten Rechnung, weil im Fall des § 371 eine Rehabilitierung durch Urteilsverkündung in einer öffentlichen Hauptverhandlung ausgeschlossen ist.[35]

VI. Rechtsbehelfe

13 Nach § 372 ist gegen den Beschluss über die Freisprechung oder Ablehnung des Antrags auf Wiederaufnahme die **sofortige Beschwerde** zulässig.[36] Die Rechtsmittelbeschränkung durch § 370

---

[18] Anw-StPO/*Rotsch* Rn. 3; HK-StPO/*Krehl* Rn. 4; KK-StPO/*Schmidt* Rn. 7; Löwe/Rosenberg/*Gössel* Rn. 16; Meyer-Goßner Rn. 8.
[19] Löwe/Rosenberg/*Gössel* Rn. 22.
[20] KMR/*Paulus* Rn. 14; Meyer-Goßner Rn. 10.
[21] Meyer-Goßner Rn. 10.
[22] Anw-StPO/*Rotsch* Rn. 3; Löwe/Rosenberg/*Gössel* Rn. 21.
[23] KMR/*Paulus* Rn. 15; Löwe/Rosenberg/*Gössel* Rn. 21.
[24] KMR/*Paulus* Rn. 10; Meyer-Goßner Rn. 9.
[25] OLG Frankfurt v. 11. 8. 1964 – 1 WS 157 – 159/64, NJW 1965, 314 (315); Löwe/Rosenberg/*Gössel* Rn. 24; Meyer-Goßner Rn. 9.
[26] Meyer-Goßner Rn. 10.
[27] LG Duisburg v. 10. 1. 2003 – 35 KLs 22/02, NStZ 2004, 104 (105).
[28] BGH v. 20. 12. 1955 – 5 StR 363/55, BGHSt 8, 383 (384) = NJW 1956, 478; BGH v. 11. 12. 1959 – 4 StR 321/59, BGHSt 14, 64 (66) = NJW 1960, 545; HK-StPO/*Krehl* Rn. 6; KK-StPO/*Schmidt* Rn. 1; KMR/*Paulus* Rn. 7; Löwe/Rosenberg/*Gössel* Rn. 25; Meyer-Goßner Rn. 11.
[29] HK-StPO/*Krehl* Rn. 6; KK-StPO/*Schmidt* Rn. 3.
[30] Anw-StPO/*Rotsch* Rn. 4; KK-StPO/*Schmidt* Rn. 3; KMR/*Paulus* Rn. 8; Löwe/Rosenberg/*Gössel* Rn. 10.
[31] Anw-StPO/*Rotsch* Rn. 4; HK-StPO/*Krehl* Rn. 6.
[32] KK-StPO/*Schmidt* Rn. 5; KK-StPO/*Schmidt* Rn. 8.
[33] Meyer-Goßner Rn. 12.
[34] KK-StPO/*Schmidt* Rn. 8.
[35] KK-StPO/*Schmidt* Rn. 5; Meyer-Goßner Rn. 12.
[36] BGH v. 20. 12. 1955 – 5 StR 363/55, BGHSt 8, 383 (386) = NJW 1956, 478 (479); BGH v. 18. 12. 1975 – 4 BJs 129/72; StB 64/75, NJW 1976, 431; HK-StPO/*Krehl* Rn. 8; KK-StPO/*Schmidt* Rn. 9.

rechtskräftiges Urteil abgeschlossenen Verfahrens 1–3 § 372

S. 2 ist hier nicht einschlägig.[37] Ist der Beschluss nach Abs. 2 ergangen, ist eine sofortige Beschwerde der Staatsanwaltschaft nicht statthaft, wenn sie zugestimmt hatte.[38] Der Verurteilte kann einen wegen fehlender Zustimmung der Staatsanwaltschaft ergangenen Ablehnungsbeschluss nicht anfechten.[39] Gegen einen freisprechenden Beschluss kann die Staatsanwaltschaft nach § 362 ein neues Wiederaufnahmeverfahren betreiben.[40]

§ 372 [Sofortige Beschwerde]

¹ Alle Entscheidungen, die aus Anlaß eines Antrags auf Wiederaufnahme des Verfahrens von dem Gericht im ersten Rechtszug erlassen werden, können mit sofortiger Beschwerde angefochten werden. ² Der Beschluß, durch den das Gericht die Wiederaufnahme des Verfahrens und die Erneuerung der Hauptverhandlung anordnet, kann von der Staatsanwaltschaft nicht angefochten werden.

Alle Entscheidungen, welche aus Anlass eines Antrags auf Wiederaufnahme des Verfahrens von 1
einem Gericht des ersten Rechtszugs erlassen worden sind, können nach § 372 S. 1 mit der **sofortigen Beschwerde** angefochten werden. **Gericht des ersten Rechtszugs** ist dasjenige Gericht, welches nach § 367 Abs. 1 iVm. § 140a GVG über die Zulässigkeit und Begründetheit des Wiederaufnahmeantrags zu entscheiden hat.¹ Die sofortige Beschwerde kann sich dementsprechend auch gegen eine erstinstanzliche Entscheidung eines OLG im Wiederaufnahmeverfahren richten, sofern der Wiederaufnahmeantrag ein Berufungsurteil zum Gegenstand hat (§ 304 Abs. 4 S. 2 Nr. 5).² Aus Anlass eines Wiederaufnahmeantrags ergehen Entscheidungen über seine Zulässigkeit nach § 368 Abs. 1, seine Begründetheit nach § 370 Abs. 1 und Abs. 2 sowie § 371,³ ferner Entscheidungen über die Gewährung von Aufschub der Strafvollstreckung⁴ gem. § 360 Abs. 2.⁵ Ausschließlich diese Entscheidungen sind mit der sofortigen Beschwerde anfechtbar.

Gegen alle anderen Beschlüsse, die nicht unmittelbar die Zulässigkeit und Begründetheit des 2
Wiederaufnahmeantrags oder einen Aufschub der Strafvollstreckung betreffen, kommt die **einfache Beschwerde** nach § 304 in Betracht.⁶ Die Beschränkungen vor allem der Abs. 3 und 4 des § 304 gelten auch hier.⁷ Anfechtbar mit der einfachen Beschwerde sind insbes. die Beschlüsse nach §§ 364a und 364b.⁸ **Unanfechtbar** sind Beschlüsse über die Bestellung von Sachverständigen,⁹ die Vernehmung von Zeugen¹⁰ und über die Ablehnung eines Richters nach § 24¹¹ und eines Sachverständigen nach § 74¹² und den Umfang der Beweisaufnahme nach § 369.¹³ Die einen Ablehnungsantrag zurückweisende Entscheidung ist entsprechend § 28 Abs. 2 S. 2 nur zusammen mit der Endentscheidung anfechtbar.¹⁴ Nicht mit der einfachen Beschwerde anfechtbar sind schließlich Entscheidungen eines OLG; auch gilt § 305 S. 1 entsprechend.¹⁵

Beschwerdeberechtigt sind der Antragsteller und grundsätzlich die Staatsanwaltschaft, nicht 3
aber der Nebenkläger.¹⁶ § 372 S. 2 schränkt das Beschwerderecht der Staatsanwaltschaft ein. Hiernach scheidet eine Anfechtung eines Beschlusses nach § 370 Abs. 2 aus. Diese Einschränkung

---

[37] *Meyer-Goßner* Rn. 13.
[38] HK-StPO/*Krehl* Rn. 8; KK-StPO/*Schmidt* Rn. 9; *Meyer-Goßner* Rn. 13.
[39] OLG Frankfurt v. 11. 8. 1964 – 1 Ws 157-159/64, NJW 1965, 314; HK-StPO/*Krehl* Rn. 8; KK-StPO/*Schmidt* Rn. 9; KMR/*Paulus* Rn. 18.
[40] Löwe/Rosenberg/*Gössel* Rn. 31.
[1] BGH v. 25. 3. 1991 – AnwSt (B) 27/90, BGHSt 37, 356 (357) = NJW 1991, 2916; OLG Düsseldorf v. 6. 2. 1958 – 2 Ws 5/58 (5), NJW 1958, 1248; Löwe/Rosenberg/*Gössel* Rn. 2.
[2] HK-StPO/*Temming* Rn. 1; Löwe/Rosenberg/*Gössel* Rn. 3; *Meyer-Goßner* Rn. 1.
[3] KK-StPO/*Schmidt* Rn. 1.
[4] BGH v. 18. 12. 1975 – 4 BJs 129/72; StB 64/75, NJW 1976, 431; OLG Frankfurt v. 11. 8. 1964 – 1 Ws 157-159/64, NJW 1965, 314; OLG Koblenz v. 9. 5. 1961 – 1 Ws 120/61, NJW 1961, 1418; KK-StPO/*Schmidt* Rn. 1.
[5] Anw-StPO/*Rotsch* Rn. 1; HK-StPO/*Temming* Rn. 1; KK-StPO/*Schmidt* Rn. 1; KMR/*Paulus* Rn. 3; Löwe/Rosenberg/*Gössel* Rn. 4.
[6] HK-StPO/*Temming* Rn. 2; KK-StPO/*Schmidt* Rn. 1; Löwe/Rosenberg/*Gössel* Rn. 6.
[7] Anw-StPO/*Rotsch* Rn. 1; KK-StPO/*Schmidt* Rn. 1.
[8] KK-StPO/*Schmidt* Rn. 1.
[9] OLG Düsseldorf v. 9. 2. 1989 – 1 Ws 149/89, NStE Nr. 1 zu § 372 StPO; OLG Hamm v. 16. 4. 1969 – 1 Ws 55/69, MDR 1969, 950.
[10] *Meyer-Goßner* Rn. 2.
[11] OLG Koblenz v. 11. 3. 992 – 1 Ws 60/92, OLGSt StPO § 28 Nr. 5; *Meyer-Goßner* Rn. 2; aA OLG Düsseldorf v. 21. 11. 1994 – 3 Ws 671/94, NStE Nr. 5 zu § 28 StPO.
[12] OLG Koblenz v. 11. 3. 992 – 1 Ws 60/92, OLGSt StPO § 28 Nr. 5; OLG Frankfurt v. 11. 8. 1964 – 1 Ws 157-159/64, NJW 1965, 314; HK-StPO/*Temming* Rn. 2.
[13] OLG Frankfurt v. 8. 7. 1954 – 2 Ws 388/54, NJW 1955, 73.
[14] OLG Frankfurt v. 18. 1. 2007 – 2 Ws 2/07, NStZ-RR 2007, 148.
[15] HK-StPO/*Temming* Rn. 2; Löwe/Rosenberg/*Gössel* Rn. 7.
[16] HK-StPO/*Temming* Rn. 3; *Marxen/Tiemann* Rn. 340; aA OLG Stuttgart v. 17. 8. 1987 – 3 Ws 243/87, NStZ 1988, 43; KMR/*Paulus* Rn. 4; Löwe/Rosenberg/*Gössel* Rn. 9.

gilt entsprechend S. 2 auch für den Privat- und Nebenkläger.[17] Werden Beschlüsse, etwa nach §§ 368 und 370 Abs. 2, miteinander verbunden, die teilweise von der Staatsanwaltschaft nicht angefochten werden können, ist nach hM auch der ursprünglich nicht anfechtbare Teil mit dem Rechtsbehelf der sofortigen Beschwerde angreifbar.[18]

4   Die sofortige Beschwerde muss nicht in der strengen **Form** des § 366 Abs. 2 eingelegt werden. Es genügt die Form des § 306 Abs. 1.[19] Der Verurteilte kann den Rechtsbehelf selbst schriftlich einlegen.[20] Die Begründung erst nach Ablauf der Beschwerdefrist ist zulässig.[21] Hingegen ist das **Nachschieben neuer Tatsachen und Beweismittel** immer unzulässig, auch wenn der Rechtsbehelf in der Form des § 366 Abs. 2 eingelegt wird.[22] Zulässig ist es aber, bereits vorgebrachte Tatsachen oder Beweismittel zu konkretisieren, sofern der Kern des Vorbringens unverändert bleibt.[23]

5   **Beschwerdegericht** ist das dem Wiederaufnahmegericht (iSd. § 140a GVG) übergeordnete Gericht, das in der Sache regelmäßig selbst entscheidet, wenn die Beschwerde für begründet erachtet wird (§ 309 Abs. 2).[24] Allerdings muss das Beschwerdegericht von einer eigenen Sachentscheidung absehen, den angefochtenen Beschluss aufheben und die Sache zur anderweitigen Verhandlung an das Erstgericht zurückverweisen, wenn ein nach § 23 Abs. 2 ausgeschlossener Richter an der Entscheidung mitgewirkt hat.[25] Eine Zurückverweisung muss auch dann erfolgen, wenn dem Antragsteller nicht gem. § 369 Abs. 4 rechtliches Gehör gewährt worden ist[26] oder bei der Entscheidung nach § 370 Abs. 1 polizeiliche oder staatsanwaltschaftliche Vernehmungsprotokolle verwertet worden sind.[27]

6   Ist der die Wiederaufnahme des Verfahrens anordnende Beschluss unanfechtbar geworden, steht die Rechtmäßigkeit der Wiederaufnahme fest.[28] Der Beschluss kann dann nicht mehr zurückgenommen und seine Rechtmäßigkeit in der erneuerten Hauptverhandlung nicht mehr geprüft werden.[29]

§ 373 [Urteil nach erneuter Hauptverhandlung; Verbot der reformatio in peius]

(1) In der erneuten Hauptverhandlung ist entweder das frühere Urteil aufrechtzuerhalten oder unter seiner Aufhebung anderweit in der Sache zu erkennen.

(2) ¹Das frühere Urteil darf in Art und Höhe der Rechtsfolgen der Tat nicht zum Nachteil des Verurteilten geändert werden, wenn lediglich der Verurteilte, zu seinen Gunsten die Staatsanwaltschaft oder sein gesetzlicher Vertreter die Wiederaufnahme des Verfahrens beantragt hat. ²Diese Vorschrift steht der Anordnung der Unterbringung in einem psychiatrischen Krankenhaus oder einer Entziehungsanstalt nicht entgegen.

Schrifttum: *Groß*, Folgen der Aufhebung eines die Fahrerlaubnis entziehenden Urteils im Wiederaufnahmeverfahren, NStZ 1993, 221.

I. Allgemeines

1   Die Vorschrift bestimmt, **welche Entscheidungen** in einer erneuerten Hauptverhandlung möglich sind. Nach Abs. 1 wird entweder das frühere Urteil aufrecht erhalten oder unter seiner Aufhebung anderweitig in der Sache erkannt. Ist das Wiederaufnahmeverfahren ausschließlich zu Gunsten des Angeklagten betrieben worden, normiert Abs. 2 S. 1 ein **Verschlechterungsverbot**, von dem S. 2 allerdings die Anordnung von Maßregeln der Besserung und Sicherung nach den

---

[17] KMR/*Paulus* Rn. 7.
[18] *Meyer-Goßner* Rn. 4.
[19] OLG Braunschweig v. 10. 2. 1966 – Ws 192/65, NJW 1966, 993; OLG Hamm v. 30. 6. 1967 – 2 Ws 228/67, MDR 1968, 166 (167); HK-StPO/*Temming* Rn. 4; KK-StPO/*Schmidt* Rn. 5; Löwe/Rosenberg/*Gössel* Rn. 13; *Meyer-Goßner* Rn. 6.
[20] Anw-StPO/*Rotsch* Rn. 3; Löwe/Rosenberg/*Gössel* Rn. 13.
[21] Anw-StPO/*Rotsch* Rn. 3; HK-StPO/*Temming* Rn. 4.
[22] BGH v. 30. 10. 1996 – StB 19/96, BGHR StPO § 359 Neue Tatsache 6; OLG Düsseldorf v. 25. 9. 1981 – 5 Ws 151 – 152, 175/81, NJW 1982, 839; OLG München v. 15. 1. 1981 – 1 Ws 743/81, MDR 1982, 250; Anw-StPO/*Rotsch* Rn. 4; HK-StPO/*Temming* Rn. 5; Löwe/Rosenberg/*Gössel* Rn. 18; aA OLG Hamm v. 12. 3. 1976 – 2 Ws 42/76, NJW 1976, 1417.
[23] BGH v. 20. 2. 1985 – 4 StE 1/78, NStZ 1985, 496; OLG Celle v. 25. 3. 1966 – 5 Ws 26/66, NJW 1966, 943; KK-StPO/*Schmidt* Rn. 6; KMR/*Paulus* Rn. 10; *Meyer-Goßner* Rn. 7.
[24] Anw-StPO/*Rotsch* Rn. 5; KK-StPO/*Schmidt* Rn. 7.
[25] OLG Bremen v. 21. 12. 1965 – Ws 247/65, NJW 1966, 605; OLG Saarbrücken v. 15. 9. 1965 – Ws 148/65, NJW 1966, 167.
[26] OLG Düsseldorf v. 25. 9. 1981 – 5 Ws 151 – 152, 175/81, NJW 1982, 839; OLG Hamm v. 25. 2. 1974 – 2 Ws 306/73, MDR 1974, 689; KK-StPO/*Schmidt* Rn. 7; *Meyer-Goßner* Rn. 8.
[27] KK-StPO/*Schmidt* Rn. 7; *Meyer-Goßner* Rn. 8.
[28] KK-StPO/*Schmidt* Rn. 9.
[29] BGH v. 27. 1. 1960 – 2 StR 604/59, BGHSt 14, 85 (87 f.); KK-StPO/*Schmidt* Rn. 9; *Meyer-Goßner* Rn. 10.

§§ 63 und 64 StGB ausnimmt. Für die erneute Hauptverhandlung gelten im Übrigen die allgemeinen Vorschriften.[1]

II. Erneute Hauptverhandlung

1. Zuständiges Gericht. Zuständig für die erneuerte Hauptverhandlung ist nach § 140a GVG 2 ein Gericht desselben Rechtszugs, in dem das mit dem Wiederaufnahmeantrag angegriffene Urteil ergangen ist.[2] Hatte das frühere Gericht eine besondere Zuständigkeit, entscheidet erneut ein Gericht dieser Art.[3] Ist das angegriffene Urteil ein Revisionsurteil, ist ein anderer Senat desselben Revisionsgerichts zuständig.[4] **Ausgeschlossen** von der erneuerten Hauptverhandlung ist gem. § 23 Abs. 2 ein Richter, der an dem angegriffenen Urteil mitgewirkt hat.[5] Die Mitwirkung an der Beweisaufnahme nach § 369 und dem Beschluss nach § 370 Abs. 2 im Wiederaufnahmeverfahren bedingt hingegen keinen Ausschluss von der Mitwirkung in der neuen Hauptverhandlung.[6]

2. Neue Verhandlung. Die erneuerte Hauptverhandlung dient nicht der Prüfung des früheren 3 Urteils, sondern der in jeder Hinsicht **neuen und selbständigen Verhandlung** der Sache ohne Bindung an das frühere Urteil.[7] § 2 Abs. 3 StGB ist zu beachten.[8] Allerdings darf die Verhandlung nicht über den Inhalt des Wiederaufnahmebeschlusses hinausgehen, der die Rechtsgrundlage der erneuerten Hauptverhandlung bildet.[9] Der die Wiederaufnahme anordnende Beschluss kann nur auf seine formelle und sachliche Wirksamkeit sowie darauf geprüft werden, ob er dem Wiederaufnahmeverfahren wesensfremde Einschränkungen enthält.[10] Nicht geprüft wird die Richtigkeit der Entscheidung, die nach § 362 Nr. 2 Wiederaufnahmegrund ist.[11]

Eröffnet wird die erneuerte Hauptverhandlung, in der ggf. ein Verteidiger bestellt werden 4 muss,[12] in erster Instanz mit der **Verlesung des ursprünglichen Anklagesatzes** (§ 243 Abs. 3 S. 1) oder (gem. § 207 aF) des Eröffnungsbeschlusses und im Berufungsrechtszug mit der des erstinstanzlichen Urteils (§ 324 Abs. 1 S. 2).[13] Nicht erforderlich ist die Verlesung des Beschlusses nach § 370 Abs. 2. Unzulässig ist sie jedoch nur dann, wenn der Beschluss eine eingehende Beweiswürdigung enthält und Schöffen in der Hauptverhandlung mitwirken.[14] Die Verlesung des früheren Urteils ist zulässig, wenn sonst die neue Verhandlung unverständlich bliebe würde; verwertet werden darf das frühere Urteil allerdings nicht.[15]

Die **Beweise** sind neu zu erheben und zu würdigen.[16] **Neues Vorbringen** ist uneingeschränkt zu- 5 lässig.[17] Im Hinblick auf bereits in der früheren Hauptverhandlung einvernommene **Zeugen** ist zu beachten, dass im Falle der Anordnung ihrer Vereidigung diese nicht durch die Berufung auf einen bereits geleisteten Eid ersetzt werden kann.[18] Die tatsächliche Lage im Zeitpunkt der erneuerten Hauptverhandlung ist dafür maßgeblich, ob ein Vereidigungsverbot und ein Zeugnisverweigerungsrecht bestehen.[19] Frühere Mitangeklagte sind als Zeugen zu vernehmen.[20] **Hinweise** an den Angeklagten, etwa nach § 265, müssen wiederholt werden, sofern sie erneut erforderlich sind.[21] Ein **Nebenkläger** der bereits im früheren Verfahren eine Anschlusserklärung abgegeben hatte und zugelassen worden war, ist ohne erneute Anschlusserklärung wieder zuzulassen.[22]

---

[1] Anw-StPO/*Rotsch* Rn. 1.
[2] KMR/*Paulus* Rn. 3; Löwe/Rosenberg/*Gössel* Rn. 1; *Meyer-Goßner* Rn. 1.
[3] BGH v. 11. 12. 1959 – 4 StR 321/59, BGHSt 14, 64 (66) = NJW 1960, 545; *Meyer-Goßner* Rn. 1.
[4] KK-StPO/*Schmidt* Rn. 12; Löwe/Rosenberg/*Gössel* Rn. 1.
[5] HK-StPO/*Temming* Rn. 1; KK-StPO/*Schmidt* Rn. 2; KMR/*Paulus* Rn. 3; Löwe/Rosenberg/*Gössel* Rn. 3.
[6] HK-StPO/*Temming* Rn. 1; KK-StPO/*Schmidt* Rn. 2; Löwe/Rosenberg/*Gössel* Rn. 3; *Meyer-Goßner* Rn. 1.
[7] BGH v. 11. 12. 1959 – 4 StR 321/59, BGHSt 14, 64 (66) = NJW 1960, 545; OLG Frankfurt v. 21. 3. 1983 – 1 Ws 330/82, NJW 1983, 2398 (2399); HK-StPO/*Temming* Rn. 2; KMR/*Paulus* Rn. 2; Löwe/Rosenberg/*Gössel* Rn. 5; *Meyer-Goßner* Rn. 2.
[8] OLG München v. 17. 8. 1981 – 1 Ws 175/81, StV 1984, 471 (472); LG Frankfurt v. 12. 3. 1969 – 5/11 (9) Qs 159/68, NJW 1970, 70; KK-StPO/*Schmidt* Rn. 1.
[9] BGH v. 27. 1. 1960 – 2 StR 604/59, BGHSt 14, 85 (87f.) = NJW 1960, 780 (781); BGH v. 9. 5. 1963 – 3 StR 19/63, BGHSt 18, 338 (340f.); KK-StPO/*Schmidt* Rn. 1.
[10] BGH v. 9. 5. 1963 – 3 StR 19/63, BGHSt 18, 338 (341); KK-StPO/*Schmidt* Rn. 1.
[11] BGH v. 24. 8. 1984 – 5 StR 508/84, NStZ 1985, 208.
[12] Vgl. o. § 364a Rn. 2; KMR/*Paulus* Rn. 4.
[13] Löwe/Rosenberg/*Gössel* Rn. 8f.; *Meyer-Goßner* Rn. 2.
[14] BGH v. 29. 11. 1960 – 1 StR 465/60, MDR 1961, 250; KMR/*Paulus* Rn. 6; Löwe/Rosenberg/*Gössel* Rn. 10; aA SK-StPO/*Frister/Deiters* Rn 6.
[15] Löwe/Rosenberg/*Gössel* Rn. 11; *Meyer-Goßner* Rn. 2.
[16] KK-StPO/*Schmidt* Rn. 4; KMR/*Paulus* Rn. 7.
[17] KK-StPO/*Schmidt* Rn. 5; KMR/*Paulus* Rn. 7.
[18] RG v. 3. 1. 1889 – 2960/88, RGSt 18, 417 (419).
[19] Anw-StPO/*Rotsch* Rn. 4; KK-StPO/*Schmidt* Rn. 5.
[20] Anw-StPO/*Rotsch* Rn. 4; KK-StPO/*Schmidt* Rn. 4; Löwe/Rosenberg/*Gössel* Rn. 12.
[21] RG v. 18. 12. 1923 – IV 833/23, RGSt 58, 52; Anw-StPO/*Rotsch* Rn. 4; Löwe/Rosenberg/*Gössel* Rn. 15.
[22] OLG Köln v. 8. 3. 1983 – 2 Ws 106/83, OLGSt StPO § 401 Nr. 1; Anw-StPO/*Rotsch* Rn. 4; Löwe/Rosenberg/*Gössel* Rn. 14; *Meyer-Goßner* Rn. 2.

6   3. Neue Entscheidung. Nach Abs. 1 kann das Gericht entweder das frühere Urteil aufrecht erhalten oder unter seiner Aufhebung in der Sache anderweitig erkennen. In Betracht kommt ebenfalls eine Einstellung des Verfahrens.

7   a) Aufrechterhaltung der Entscheidung. Weicht das Gericht in seiner Entscheidung **in keinem Punkt** von dem früheren Urteil ab, erkennt es auf Aufrechterhaltung des Urteils. Das frühere Urteil wird also nicht aufgehoben und durch eine inhaltsgleiche Verurteilung ersetzt.[23] Der von Abs. 1 vorgeschriebenen Form kommt keine sachliche Bedeutung zu.[24] Zulässig ist es, den Tenor neu zu fassen, um einer zwischenzeitlichen Gesetzesänderung Rechnung zu tragen.[25] Eine vollständige Neufassung des Urteils ist aber erforderlich, wenn eine mildere Strafe verhängt wird.[26]

8   b) Aufhebung des früheren Urteils. Weicht hingegen das Gericht von dem früheren Urteil ab, ist dessen **Aufhebung auszusprechen und anderweitig zu erkennen.** Unschädlich ist es, wenn der Ausspruch der Aufhebung des früheren Urteils unterbleibt.[27] Der Inhalt des Urteils bestimmt sich nach § 267. Maßgebend ist ausschließlich die eigenständige Würdigung des Ergebnisses der Beweisaufnahme in der neuen Hauptverhandlung.[28] Auf die Feststellungen des früheren Urteils darf nicht Bezug genommen werden.[29] Früher als wesentlich erachtete Beweise können entkräftet oder in ihrem Gewicht gemildert werden.[30]

9   c) Verfahrenseinstellung. Das Gericht kann das Verfahren auch nach den §§ 206a, 260 Abs. 3 und 153ff. einstellen.[31] Gem. § 206a erfolgt die Einstellung, wenn das **Verfahrenshindernis** erst in der erneuerten Hauptverhandlung eingetreten ist.[32] Wurde im früheren Verfahren ein Verfahrenshindernis übersehen, muss das frühere Urteil nach § 371 Abs. 2 oder § 372 Abs. 1 aufgehoben und das Verfahren eingestellt werden.[33] Schließlich kann eine Beendigung des Verfahrens auch durch Fallenlassen der Klage nach § 411 Abs. 3[34] und Rücknahme des Rechtsmittels[35] sowie des Einspruchs im Strafbefehlsverfahren[36] herbeigeführt werden. Zulässig ist auch eine Verwerfung der Berufung nach § 329 Abs. 1.[37]

10   4. Frühere Rechtsfolgen. Im Falle eines **Freispruchs** werden die bereits gezahlte Geldstrafe und Gerichtskosten zurückerstattet.[38] Eine schon vollstreckte Geldstrafe kann jedenfalls dann auf in anderer Sache verhängte Freiheitsstrafen angerechnet werden, wenn bei einer Verurteilung eine Gesamtfreiheitsstrafe zu bilden wäre.[39] Hierfür gilt der Umrechnungsmaßstab des § 51 Abs. 4 S. 1 StGB. Eine mit dem früheren Urteil entzogene Fahrerlaubnis erlangt der Freigesprochene rückwirkend wieder.[40] Für die Entschädigung erlittener Strafverfolgungsmaßnahmen und Strafen gelten die §§ 1, 7 StrEG.

11   Im Falle einer **Verurteilung** werden bereits vollstreckte gleichartige **Strafen** auch ohne besonderen Ausspruch nach § 51 Abs. 2 StGB angerechnet. Tritt an die Stelle der früher verhängten Geldstrafe auf die erneute Hauptverhandlung hin eine Freiheitsstrafe, ist der Umrechnungsmaßstab des § 51 Abs. 4 S. 1 StGB anzuwenden.[41] Bei den **Maßregeln** der §§ 69 und 70 StGB wird die Zeit des bisherigen Verbots auf das neue angerechnet.[42] Wird eine **Einziehung** nicht erneut angeordnet, werden Einziehungsgegenstände zurückgegeben oder wird – wenn eine Einziehung nicht mehr möglich ist – eine Entschädigung nach §§ 1, 8 Abs. 1 StrEG angeordnet.[43] Ein früherer **Gnadenerweis** muss auf die neue Strafe angerechnet werden. Daher muss das Urteil mit der Änderung aufrecht erhalten werden, die es im Gnadenweg erfahren hat.[44]

---

[23] KK-StPO/*Schmidt* Rn. 5; *Meyer-Goßner* Rn. 6.
[24] OLG Bremen v. 22. 9. 1955 – Ws 172/55, NJW 1956, 316.
[25] LG Frankfurt v 12. 3. 1969 – 5/11 (9) Qs 159/68, NJW 1970, 70; KMR/*Paulus* Rn. 11; Löwe/Rosenberg/*Gössel* Rn. 28.
[26] *Meyer-Goßner* Rn. 6.
[27] Anw-StPO/*Rotsch* Rn. 7; Löwe/Rosenberg/*Gössel* Rn. 26.
[28] Anw-StPO/*Rotsch* Rn. 7.
[29] KK-StPO/*Schmidt* Rn 7.
[30] BGH v. 6. 11. 1998 – 2 StR 636 – 97, NJW 1999, 301 (302 f.).
[31] Anw-StPO/*Rotsch* Rn. 5; KMR/*Paulus* Rn. 10.
[32] OLG Frankfurt v. 21. 3. 1983 – 1 Ws 330/82, NJW 1983, 2398 (2399).
[33] *Meyer-Goßner* Rn. 4a.
[34] Löwe/Rosenberg/*Gössel* Rn. 18; aA *Meyer-Goßner* Rn. 4.
[35] KK-StPO/*Schmidt* Rn. 11; Löwe/Rosenberg/*Gössel* Rn. 18; aA *Meyer-Goßner* Rn. 4; KMR/*Paulus* Rn. 10.
[36] Anw-StPO/*Rotsch* Rn. 5; KK-StPO/*Schmidt* Rn. 6; Löwe/Rosenberg/*Gössel* Rn. 18.
[37] KK-StPO/*Schmidt* Rn. 11; aA *Meyer-Goßner* Rn. 4; SK-StPO/*Frister/Deiters* Rn. 10.
[38] *Meyer-Goßner* Rn. 9.
[39] OLG Frankfurt v. 18. 10. 1979 – 3 Ws 911/79, GA 1980, 262 (264); aA *Meyer-Goßner* Rn. 9.
[40] BayObLG v. 16. 7. 1991 – RReg. 2 St 133/91, NJW 1992, 1120 f.; Löwe/Rosenberg/*Gössel* Rn. 34; aA OVG Lüneburg v. 26. 1. 2009 – 12 ME 316/08, NJW 2009, 1160 f.; *Groß* NStZ 1993, 221 (222); KK-StPO/*Schmidt* Rn. 8 u. § 370 Rn. 1.
[41] BayObLG v. 14. 7. 1976 – RReg. 2 St 85/76, NJW 1976, 2139 (2140).
[42] KMR/*Paulus* Rn. 13; *Meyer-Goßner* Rn. 9.
[43] KK-StPO/*Schmidt* Rn. 8; KMR/*Paulus* Rn. 14.
[44] KMR/*Paulus* Rn. 19; *Meyer-Goßner* Rn. 12.

III. Verschlechterungsverbot (Abs. 2)

Das Verbot der Schlechterstellung des Abs. 2 entspricht demjenigen der §§ 331 und 358 Abs. 2.[45] 12
Eine **Ausnahme** vom Verschlechterungsverbot regelt Abs. 2 S. 2. Hiernach ist auch bei einem Wiederaufnahmeverfahren zu Gunsten des Verurteilten neben einem Freispruch die Anordnung einer Maßregel der Besserung und Sicherung iSd. §§ 63 und 64 StGB möglich.

IV. Rechtsbehelfe

Gegen das auf die erneuerte Hauptverhandlung ergangene Urteil sind die Rechtsmittel der Berufung und Revision nach den allgemeinen Vorschriften wie gegen ein sonstiges erst- oder zweitinstanzliches Urteil statthaft. Ebenfalls kann nach Rechtskraft des neuen Urteils die Wiederaufnahme des Verfahrens beantragt werden.[46] 13

§ 373a [Verfahren bei Strafbefehl]

(1) Die Wiederaufnahme eines durch rechtskräftigen Strafbefehl abgeschlossenen Verfahrens zuungunsten des Verurteilten ist auch zulässig, wenn neue Tatsachen oder Beweismittel beigebracht sind, die allein oder in Verbindung mit den früheren Beweisen geeignet sind, die Verurteilung wegen eines Verbrechens zu begründen.

(2) Im übrigen gelten für die Wiederaufnahme eines durch rechtskräftigen Strafbefehl abgeschlossenen Verfahrens die §§ 359 bis 373 entsprechend.

Schrifttum: *Neumann*, Zur Frage der Rechtskraft von Strafbefehlen, NJW 1984, 780.

I. Allgemeines

Die Vorschrift regelt **abschließend** die Wiederaufnahme eines durch Strafbefehl rechtskräftig 1
abgeschlossenen Verfahrens.[1] Während Abs. 1 einen besonderen Wiederaufnahmegrund normiert, erklärt Abs. 2 die allgemeinen Regelungen der §§ 359 bis 373 für entsprechend anwendbar.

II. Wiederaufnahmegründe

Die Wiederaufnahmegründe entsprechen mit zwei Ausnahmen denjenigen, die nach § 359 und 2
§ 362 bei einem Abschluss des Strafverfahrens durch Urteil gelten. Zum einen findet hierbei
§ 362 Nr. 4 keine Anwendung, weil es einen freisprechenden Strafbefehl nicht gibt.[2] Zum anderen kann nach Abs. 1 über die Gründe des § 362 hinaus das Verfahren zu Ungunsten des Verurteilten auch dann wieder aufgenommen werden, wenn die Staatsanwaltschaft **neue Tatsachen oder Beweismittel** beibringt, die allein oder in Verbindung mit früheren Beweisen geeignet sind, die Verurteilung wegen eines Verbrechens (§ 12 Abs. 1 StGB) zu begründen.[3]

Diese Einschränkung der Rechtskraftwirkung ist nach Auffassung der BVerfG **verfassungsrechtlich unbedenklich**.[4] Das Strafbefehlsverfahren sei ein summarisches Verfahren, das vornehmlich 3
der Vereinfachung und Beschleunigung diene. Hier fehle dem Richter im Unterschied zum ordentlichen Strafverfahren, in dem er seine Überzeugung aus dem Inbegriff der Hauptverhandlung gewinnt (§ 261 StPO), die Möglichkeit, den Unrechts- und Schuldgehalt der Tat gem. §§ 264, 265 StPO frei und umfassend zu ermitteln und so das öffentliche Interesse an einer gerechten Entscheidung uneingeschränkt zu wahren.[5] Diese Unzulänglichkeiten des Strafbefehlsverfahrens würden im Interesse der materiellen Gerechtigkeit die Möglichkeit einer Korrektur unumgänglich machen.[6] Aufgrund der Einschränkung, dass die Wiederaufnahme wegen neuer Tatsachen oder Beweismittel zu Ungunsten des Verurteilten nach beendetem Strafbefehlsverfahren nur das Ziel einer Verurteilung wegen eines Verbrechens haben kann, harmoniert die Vorschrift mit der Regelung des § 153a Abs. 1 S. 4 und des § 85 Abs. 3 S. 2 OWiG.[7]

---

[45] Vgl. zu den Einzelheiten o. § 331 Rn. 3 ff. und § 358 Rn. 12 ff.
[46] Anw-StPO/*Rotsch* Rn. 12; Löwe/Rosenberg/*Gössel* Rn. 38.
[1] BT-Drucks. 10/1313, S. 32.
[2] HK-StPO/*Temming* Rn. 1; KK-StPO/*Schmidt* Rn. 2.
[3] Löwe/Rosenberg/*Gössel* Rn. 6; KK-StPO/*Schmidt* Rn. 2.
[4] BVerfG v. 7. 11. 1983 – 2 BvR 282/80, NJW 1984, 604 (605); BVerfG v. 14. 9. 2006 – 2 BvR 123/06, 2 BvR 429/06, 2 BvR 430/06, NJW 2007, 207 (208).
[5] BVerfG v. 7. 11. 1983 – 2 BvR 282/80, NJW 1984, 604 (605); BVerfG v. 14. 9. 2006 – 2 BvR 123/06, 2 BvR 429/06, 2 BvR 430/06, NJW 2007, 207 (208).
[6] BVerfG v. 7. 11. 1983 – 2 BvR 282/80, NJW 1984, 604 (605); Anw-StPO/*Rotsch* Rn. 1; HK-StPO/*Temming* Rn. 1; Löwe/Rosenberg/*Gössel* Rn. 6.
[7] BVerfG v. 7. 11. 1983 – 2 BvR 282/80, NJW 1984, 604 (605); KK-StPO/*Schmidt* Rn. 3; Meyer-Goßner Rn. 3.

4   Eine Wiederaufnahme nach Abs. 1 kommt ausschließlich dann in Betracht, wenn die Tat entweder aufgrund **bisher unbekannter oder wegen nachträglich eingetretener Umstände** als Verbrechen zu qualifizieren ist.[8] Hingegen scheidet eine Wiederaufnahme nach Abs. 1 aus, falls in dem Strafbefehl die Tat rechtlich fehlerhaft als Vergehen qualifiziert worden ist.[9] Die Veränderung muss also im tatsächlichen, nicht im rechtlichen Bereich aufgetreten sein.[10] Ausgeschlossen ist die Wiederaufnahme zu Ungunsten des Verurteilten – wie generell[11] – auch dann, wenn die Tat auch als Verbrechen bereits verjährt ist.[12]

5   **Maßstab** für die Beurteilung, ob neue Tatsachen oder Beweismittel beigebracht sind, ist der Sachverhalt, der sich aus den Akten im Zeitpunkt des Erlasses des Strafbefehls ergibt.[13] Als Nova kommen nur diejenigen Tatsachen und Beweismittel in Betracht, die weder aus den Akten noch dem Strafbefehl ersichtlich sind.[14] Im Übrigen gelten im Hinblick auf das Beibringen neuer Tatsachen und Beweismittel die Erläuterungen zu § 359 Nr. 5 entsprechend.[15]

III. Verfahren

6   Im Verfahren der Wiederaufnahme eines durch Strafbefehl rechtskräftig abgeschlossenen Verfahrens ist, wie aus der Anordnung der entsprechenden Geltung der §§ 359 bis 373 in Abs. 2 folgt, zunächst nach § 368 über die **Zulässigkeit des Antrags** zu entscheiden. Sofern die Zulässigkeit durch Beschluss nach § 370 Abs. 2 festgestellt wird, schließt sich die **Beweisaufnahme** gem. § 369 und hiernach die **Entscheidung über die Begründetheit** des Wiederaufnahmeantrags (§ 370) an.[16] Wird nach § 370 Abs. 2 die Erneuerung der Hauptverhandlung angeordnet, ist in der neuen Hauptverhandlung entweder der Strafbefehl aufrechtzuerhalten oder dieser aufzuheben und anderweitig in der Sache zu entscheiden.[17] Es muss aufgrund einer Hauptverhandlung entschieden werden.[18] War allerdings das Strafbefehlsverfahren (etwa nach § 79 Abs. 1 JGG) unzulässig, ist das Verfahren nach § 371 Abs. 2 einzustellen.[19] Sofern keine Verjährung eingetreten ist, kann dann ggf. eine neue Anklage im ordentlichen Verfahren erhoben werden.[20]

7   Auch wenn mit dem Wiederaufnahmeantrag eine Verurteilung wegen eines Verbrechens erstrebt wird, trifft der nach § 140a GVG zuständige **Amtsrichter** die nach den §§ 368 ff. erforderlichen Entscheidungen. Im Falle der Anordnung der Wiederaufnahme des Verfahrens verweist er, wenn der Strafrichter den Strafbefehl erlassen hat, die Sache nach § 225a Abs. 1 an das für die Aburteilung des Verbrechens zuständige Gericht.[21] Dies gilt entsprechend, wenn ein Schöffengericht den Strafbefehl erlassen hat und dessen Strafgewalt nicht ausreicht oder eine Spezialzuständigkeit des LG oder OLG gegeben ist.[22] Lehnt das höhere Gericht die Übernahme ab, muss das Amtsgericht die Sache verhandeln und gem. § 270 Abs. 1 an das höhere Gericht verweisen.[23]

---

[8] KK-StPO/*Schmidt* Rn. 5; Löwe/Rosenberg/*Gössel* Rn. 9; *Meyer-Goßner* Rn. 2.
[9] *Neumann* NJW 1984, 779 (780); Anw-StPO/*Rotsch* Rn. 2; HK-StPO/*Temming* Rn. 2; KK-StPO/*Schmidt* Rn. 7; *Meyer-Goßner* Rn. 2.
[10] Anw-StPO/*Rotsch* Rn. 2; KK-StPO/*Schmidt* Rn. 7.
[11] Vgl. o. § 362 Rn. 2.
[12] HK-StPO/*Temming* Rn. 2; KK-StPO/*Schmidt* Rn. 6; Löwe/Rosenberg/*Gössel* Rn. 9.
[13] BVerfG v. 15. 2. 1993 – 2 BvR 1746/91, NJW 1993, 2735 (2736); BVerfG v. 19. 7. 2002 – 2 BvR 18/02, 2 BvR 76/02, StV 2003, 225; BVerfG v. 14. 9. 2006 – 2 BvR 123/06, 2 BvR 429/06, 2 BvR 430/06, NJW 2007, 207 (208); KK-StPO/*Schmidt* Rn. 7; Löwe/Rosenberg/*Gössel* Rn. 6; *Meyer-Goßner* Rn. 4.
[14] BVerfG v. 14. 9. 2006 – 2 BvR 123/06, 2 BvR 429/06, 2 BvR 430/06, NJW 2007, 207 (208 f.); KK-StPO/*Schmidt* Rn. 7; Löwe/Rosenberg/*Gössel* Rn. 6; *Meyer-Goßner* Rn. 4; aA KMR/*Eschelbach* § 359 Rn. 158; *Marxen/Tiemann* Rn. 178: Auch aktenkundige Umstände, die der Richter nicht berücksichtigt hat.
[15] Vgl. o. § 359 Rn. 45 ff.
[16] KK-StPO/*Schmidt* Rn. 11.
[17] Anw-StPO/*Rotsch* Rn. 3.
[18] KK-StPO/*Schmidt* Rn. 11.
[19] *Meyer-Goßner* Rn. 4.
[20] *Meyer-Goßner* Rn. 4; aA LG Landau v. 11. 6. 2002 – 2 Qs 19/02, NStZ-RR 2003, 28.
[21] Anw-StPO/*Rotsch* Rn. 4; KK-StPO/*Schmidt* Rn. 11; *Meyer-Goßner* Rn. 5.
[22] Anw-StPO/*Rotsch* Rn. 4; KK-StPO/*Schmidt* Rn. 11; *Meyer-Goßner* Rn. 5.
[23] Anw-StPO/*Rotsch* Rn. 4; KK-StPO/*Schmidt* Rn. 11; *Meyer-Goßner* Rn. 5.

# FÜNFTES BUCH. BETEILIGUNG DES VERLETZTEN AM VERFAHREN

Erster Abschnitt. Privatklage

§ 374 [Zulässigkeit und klageberechtigter Personenkreis]

(1) Im Wege der Privatklage können vom Verletzten verfolgt werden, ohne daß es einer vorgängigen Anrufung der Staatsanwaltschaft bedarf,
1. ein Hausfriedensbruch (§ 123 des Strafgesetzbuches),
2. eine Beleidigung (§§ 185 bis 189 des Strafgesetzbuches), wenn sie nicht gegen eine der in § 194 Abs. 4 des Strafgesetzbuches genannten politischen Körperschaften gerichtet ist,
3. eine Verletzung des Briefgeheimnisses (§ 202 des Strafgesetzbuches),
4. eine Körperverletzung (§§ 223 und 229 des Strafgesetzbuches),
5. eine Nachstellung (§ 238 Abs. 1 des Strafgesetzbuches) oder eine Bedrohung (§ 241 des Strafgesetzbuches),
5 a. eine Bestechlichkeit oder Bestechung im geschäftlichen Verkehr (§ 299 des Strafgesetzbuches),
6. eine Sachbeschädigung (§ 303 des Strafgesetzbuches),
6 a. eine Straftat nach § 323 a des Strafgesetzbuches, wenn die im Rausch begangene Tat ein in den Nummern 1 bis 6 genanntes Vergehen ist,
7. eine Straftat nach den §§ 16 bis 19 des Gesetzes gegen den unlauteren Wettbewerb,
8. eine Straftat nach § 142 Abs. 1 des Patentgesetzes, § 25 Abs. 1 des Gebrauchsmustergesetzes, § 10 Abs. 1 des Halbleiterschutzgesetzes, § 39 Abs. 1 des Sortenschutzgesetzes, § 143 Abs. 1, § 143 a Abs. 1 und § 144 Abs. 1 und 2 des Markengesetzes, § 51 Abs. 1 und § 65 Abs. 1 des Geschmacksmustergesetzes, den §§ 106 bis 108 sowie § 108 b Abs. 1 und 2 des Urheberrechtsgesetzes und § 33 des Gesetzes betreffend das Urheberrecht an Werken der bildenden Künste und der Photographie.

(2) ¹Die Privatklage kann auch erheben, wer neben dem Verletzten oder an seiner Stelle berechtigt ist, Strafantrag zu stellen. ²Die in § 77 Abs. 2 des Strafgesetzbuches genannten Personen können die Privatklage auch dann erheben, wenn der vor ihnen Berechtigte den Strafantrag gestellt hat.

(3) Hat der Verletzte einen gesetzlichen Vertreter, so wird die Befugnis zur Erhebung der Privatklage durch diesen und, wenn Körperschaften, Gesellschaften und andere Personenvereine, die als solche in bürgerlichen Rechtsstreitigkeiten klagen können, die Verletzten sind, durch dieselben Personen wahrgenommen, durch die sie in bürgerlichen Rechtsstreitigkeiten vertreten werden.

I. Vorbemerkungen

1. Allgemeines. Die Privatklage ist ein Strafverfahren mit dem Ziel, die Strafverfolgung des Beschuldigten zu gewährleisten und eine **Kriminalstrafe** gegen den Beschuldigten zu verhängen, die genau wie eine auf öffentliche Klage verhängte Strafe vollstreckt und in das Strafregister eingetragen wird.[1] Auf das Verfahren finden die allgemeinen Vorschriften der StPO entsprechend Anwendung, soweit in den §§ 374 bis 394 nicht etwas Anderes geregelt ist.[2]

2. Verfolgung durch die StA. Die StA verfolgt Privatklagedelikte nur dann, wenn an der Strafverfolgung ein **öffentliches Interesse** besteht (§ 376). Übernimmt die StA das Verfahren aus Opportunitätsgesichtspunkten (§ 377 Abs. 2), führt diese Übernahme nicht zur Einstellung des Privatklageverfahrens.[3] Vielmehr wird das Verfahren in der Lage, in der es sich zur Zeit der Übernahme befindet, nach den Vorschriften des ordentlichen Strafverfahrens durch die StA fortgesetzt.[4] Diesem Verfahren kann sich der – vormalige – Privatkläger nunmehr als Nebenkläger nach §§ 395 ff. anschließen.

3. Verfolgung durch Privatkläger. Der Privatkläger verfolgt hinsichtlich der Privatklagedelikte den **staatlichen Strafanspruch**. Dennoch handelt es sich um kein echtes Parteiverfahren. So ist das

---

[1] AnwK-StPO/*Schwätzler* Rn. 1; KK-StPO/*Senge* Vor § 374 Rn. 1; *Meyer-Goßner* Vor § 374 Rn. 1.
[2] KK-StPO/*Senge* Vor § 374 Rn. 1; *Meyer-Goßner* Vor § 374 Rn. 1.
[3] KK-StPO/*Senge* Vor § 374 Rn. 2.
[4] BGH v. 7. 11. 1957 – 2 Ars 143/57, St 11, 56.

Gericht für die **Aufklärung des Sachverhalts von Amts wegen** verantwortlich.[5] Im Gegensatz zur StA ist der Privatkläger an das **Legalitätsprinzip** nicht gebunden. Es steht dem Verletzten frei, ob und in welchem Umfang er Klage erheben will oder nicht. Zudem kann er die Privatklage auf einen von mehreren Beschuldigten oder auf eine von mehreren Taten beschränken,[6] die Privatklage zurücknehmen (§ 391 Abs. 1) und durch Vergleich beenden (§ 380).

4   Im Privatklageverfahren kann der Verletzte darüber hinaus **vermögensrechtliche Ansprüche**, die zur Zuständigkeit der ordentlichen Gerichte gehören und dort nicht anderweitig anhängig gemacht wurden, mit dem Adhäsionsverfahren (§§ 403 ff.) geltend machen.[7]

5   Der Privatkläger unterliegt auch nicht dem **Objektivitätsgrundsatz**, er kann sich daher auf belastendes Vorbringen beschränken und entlastende Tatsachen verschweigen. Die Erklärungen des Privatklägers zur Sache sind jedoch **Beweismittel** im weiteren Sinne und können vom Gericht, wenn dieses die Aussage für glaubhaft hält, der Entscheidung nach § 261 zugrunde gelegt werden.[8]

II. Verfahrensfragen

6   **1. Allgemeines.** Das Verfahren wird von dem **Verletzten** bzw. diesem gleichgestellten Personen (Abs. 2, 3) ohne Beteiligung der StA betrieben. Unzulässig ist die Privatklage gegen zur Tatzeit **Jugendliche** (§ 80 Abs. 1 JGG). Gegen einen jugendlichen Privatkläger kann jedoch Widerklage erhoben werden, in dessen Verfahren die Verhängung einer Jugendstrafe nicht erfolgen darf (§ 80 Abs. 2 JGG). Gegen Heranwachsende ist die Privatklage hingegen zulässig (§§ 2, 109 Abs. 1 JGG).

7   **2. Zuständigkeit.** Zuständig für die Verhandlung und Entscheidung über die Privatklage ist ausschließlich der **Strafrichter** (§ 25 Nr. 1 GVG). Werden verschiedene Verfahren gemäß § 4 verbunden, kann auch das Schöffengericht oder die große Strafkammer, nicht jedoch das Schwurgericht (§ 384 Abs. 5) mit der Privatklage befasst werden.[9] Im Verfahren gegen Heranwachsende ist der Jugendrichter zuständig (§§ 108, 39 JGG). Im Fall der Widerklage gegen einen Heranwachsenden oder einen jugendlichen Privatkläger verbleibt es bei der einmal begründeten Zuständigkeit des Strafrichters.

8   **3. Frist.** Die Erhebung der Privatklage ist nicht fristgebunden. Sie ist daher bis zum Eintritt der Verfolgungsverjährung möglich.[10]

9   **4. Prozessfähigkeit.** Der Privatkläger muss prozessfähig sein.[11]

III. Anwendungsbereich

10   **1. Privatklagedelikte (Abs. 1).** Abs. 1 beinhaltet einen abschließenden Katalog der Delikte, die mit der Privatklage verfolgt werden können. Antragsteller muss der **Verletzte** oder ein nach Abs. 3 Befugter sein; der Antrag eines anderen Verletzten/Berechtigten reicht nicht aus.[12]

11   **2. Zusammentreffen mit Offizialdelikt.** Die Privatklage ist ausgeschlossen, wenn zwischen einem Privatklagedelikt und einem Offizialdelikt **Tateinheit, Gesetzeskonkurrenz oder Tatmehrheit** im Rahmen einer prozessualen Tat iSv. § 264 vorliegt.[13] Dabei reicht bereits der hinreichende Verdacht, dass ein Offizialdelikt vorliegt, für die Zurückweisung der Privatklage aus.[14] Liegt hingegen Tatmehrheit zwischen Privatklagedelikt und Offizialdelikt vor, können die Taten in getrennten Verfahren abgeurteilt werden. Ebenso können Sie, von dem Fall des § 384 Abs. 5 abgesehen, nach § 4 verbunden werden.[15]

12   Ob es sich bei der angeklagten Tat um einen Offizial- oder Privatklagedelikt handelt, entscheidet das Gericht unabhängig von der rechtlichen Beurteilung der StA.[16] Ist das Gericht der Meinung, bei der angeklagten Tat handele es sich um ein **Offizialdelikt**, während die StA der Ansicht ist, die angeklagte Tat müsse im Privatklageverfahren verfolgt werden, legt das Gericht nach § 377 Abs. 1 S. 2 der StA die Akten vor und fordert sie auf, das Verfahren zu übernehmen. Die StA kann ihrer-

---

[5] AnwK-StPO/*Schwätzler* Vor § 374 Rn. 1; *Meyer-Goßner* Vor § 374 Rn. 1.
[6] AnwK-StPO/*Schwätzler* Rn. 1; KK-StPO/*Senge* Vor § 374 Rn. 5; Löwe/Rosenberg/*Hilger* Vor § 374 Rn. 5.
[7] KK-StPO/*Senge* Vor § 374 Rn. 6.
[8] BayObLG v. 10. 2. 1953 – 2 St 843/52, MDR 1953, 377; *Woesner* NJW 1959, 704; AnwK-StPO/*Schwätzler* Rn. 14; KMR/*Stöckel* Vor § 374 Rn. 10 ff.; *Meyer-Goßner* Vor § 374 Rn. 6.
[9] KK-StPO/*Senge* Vor § 374 Rn. 7.
[10] *Meyer-Goßner* Vor § 374 Rn. 2.
[11] Vgl. Rn. 19.
[12] KK-StPO/*Senge* Rn. 5; *Meyer-Goßner* Rn. 6; aA Löwe/Rosenberg/*Hilger* § 375 Rn. 3.
[13] RGSt 11, 128; KK-StPO/*Senge* Rn. 9; *Meyer-Goßner* Rn. 3.
[14] *Meyer-Goßner* Rn. 3.
[15] KK-StPO/*Senge* Rn. 7; *Meyer-Goßner* Rn. 4; Löwe/Rosenberg/*Hilger* Rn. 17.
[16] OLG Neustadt v. 15. 2. 1961 – Ws 22/61, MDR 1961, 955; KK-StPO/*Senge* Rn. 11; *Meyer-Goßner* Rn. 3.

Erster Abschnitt. Privatklage 13–15 § 374

seits die Übernahme des Verfahrens ablehnen. In diesem Fall erfolgt die Rückgabe der Akten an das Gericht.[17] Das Gericht kann seinerseits nunmehr die Klage zurückweisen (§ 383 Abs. 1). Nach Eintritt der Rechtskraft werden die Akten an die StA zurückgegeben.[18] Auch dann ist die StA nicht zur Übernahme verpflichtet; sie kann jedoch im Klageerzwingungsverfahren zur Erhebung der Anklage gezwungen werden (§ 172).[19]

Ist hingegen das Gericht der Auffassung, bei der angeklagten Tat handelt es sich entgegen der Auffassung der StA um ein Privatklagedelikt, kann das Gericht im Falle der Erhebung der öffentlichen Klage die Eröffnung ablehnen bzw. im eröffneten Verfahren lediglich die Verurteilung wegen eines Privatklagedeliktes aussprechen.[20]   13

3. Befugnisse des Verletzten nach Einstellung. Stellt die StA das Verfahren nach § 170 Abs. 2 ein, besteht für den Verletzten sowohl die Möglichkeit der Privtatklage, sofern es sich bei dem eingestellten Delikt um ein Privatklagedelikt handelt, als auch die Möglichkeit, ein Klageerzwingungsverfahren zu betreiben, wenn das Offizialdelikt mit einem Privatklagedelikt zusammentrifft. Ist das Verfahren nach §§ 153 ff. eingestellt worden, ist ein auf das Privatklagedelikt beschränktes gesondertes Verfahren unzulässig mit der Folge, dass dem Verletzten lediglich die Möglichkeit der Dienstaufsichtsbeschwerde eröffnet ist.[21]   14

4. Verletzter. Der Privatkläger muss Verletzter einer in Abs. 1 bezeichneten Tat sein. Er muss durch die Tat unmittelbar in seinen Rechten beeinträchtigt sein.[22] Verletzter ist derjenige, in dessen Rechtskreis der Täter durch die verbotene Handlung eingegriffen hat.[23] Verletzter ist: 15
– bei einem **Hausfriedensbruch** der Berechtigte Eigentümer, genauso wie der über den Zugang zu Räumen Verfügungsbefugte Mieter, Pächter bzw. Untermieter;[24]
– in den Fällen der **Beleidigung** nach §§ 185 bis 194 StGB der Beleidigte bzw. die Ehegatten und Kinder des Verstorbenen im Fall des § 189 StGB;[25]
– bei **Verletzung des Briefgeheimnisses** nach § 202 StGB bis zum Zugang beim Empfänger der Absender, auch wenn der Brief fälschlich an einen Dritten abgegeben wurde, nach Zugang der Empfänger;[26]
– bei **Körperverletzung** der Verletzte;
– bei einer Straftat gemäß § 323a StGB, derjenige, dessen Verletzungseigenschaft sich aus einer **Rauschtat**, die eine solche nach Abs. 1 Nr. 1–6 ist, ergibt,
– bei **Nachstellung** und **Bedrohung** nur das unmittelbare Opfer der Nachstellung bzw. der unmittelbar Bedrohte nicht auch etwaige Dritte oder Angehörige;[27]
– **Bestechung** oder **Bestechlichkeit im geschäftlichen Verkehr** der durch die Tat benachteiligte Mitbewerber sowie nach Abs. 2 iVm. § 301 Abs. 2 StGB die in § 8 Abs. 3 Nr. 1, 2 und 4 UWG genannten Gewerbetreibenden, Verbände und Kammern;[28]
– bei einer **Sachbeschädigung** der Eigentümer und der unmittelbare wie mittelbare Besitzer, nicht jedoch der Versicherer;[29]
– bei einer Verletzung von Vorschriften gegen den **unlauteren Wettbewerb** im Falle des § 16 Abs. 1 UWG die Mitbewerber, die Waren oder Leistungen gleicher oder verwandter Art herstellen oder in den Geschäftsverkehr bringen, nicht jedoch der Geschädigte aus dem Publikum;
– bei § 16 Abs. 2 UWG der zur Abnahme von Waren etc. Veranlasste und bei §§ 17, 18 und 19 UWG der berechtigte Inhaber des Geheimnisses bzw. derjenige, dem die Rechte aus der Vorlage der Vorschrift zustehen;[30]
– bei einer in Abs. 1 Nr. 8 aufgelisteten Straftat gegen das **Patent- und Urheberrecht** grundsätzlich die Inhaber der dort benannten jeweiligen Rechte;
– bei §§ 143, 143a und 144 MarkenG darüber hinaus der durch geographische Herkunftsangaben irregeführte Abnehmer, Käufer oder Wiederverkäufer
– sowie bei §§ 106, 108 und 108a UrhG die jeweils genannten Berechtigten und § 33 KUG der Abgebildete.[31]

---

[17] KK-StPO/*Senge* Rn. 11.
[18] OLG Neustadt (Fn. 16); AnwK-StPO/*Schwätzler* Rn. 4; KK-StPO/*Senge* Rn. 11 f.; KMR/*Stöckel* Rn. 21.
[19] *Kohlhaas* GA 1954, 129; AnwK-StPO/*Schwätzler* Rn. 4; SK-StPO/*Velten* Rn. 47.
[20] AnwK-StPO/*Schwätzler* Rn. 5; KK-StPO/*Senge* Rn. 11; KMR/*Stöckel* Rn. 22.
[21] AnwK-StPO/*Schwätzler* Rn. 6; AK-StPO/*Rössner* Rn. 6; Löwe/Rosenberg/*Hilger* Rn. 23.
[22] BGH v. 18. 1. 1993 – 1 StR 490/82, St 31, 207; *Meyer-Goßner* Rn. 5.
[23] BGH (Fn. 22); *Bauer* JZ 1953, 298; AnwK-StPO/*Schwätzler* Rn. 7; KK-StPO/*Senge* Rn. 2.
[24] *Meyer-Goßner* Rn. 5.
[25] KK-StPO/*Senge* Rn. 6; Löwe/Rosenberg/*Hilger* Rn. 6.
[26] AnwK-StPO/*Schwätzler* Rn. 7; Löwe/Rosenberg/*Hilger* Rn. 7; *Meyer-Goßner* Rn. 5; *Fischer* § 205 StGB Rn. 3.
[27] KK-StPO/*Senge* Rn. 6; Löwe/Rosenberg/*Hilger* Rn. 10; *Meyer-Goßner* Rn. 5.
[28] KK-StPO/*Senge* Rn. 6 f.
[29] AnwK-StPO/*Schwätzler* Rn. 7; Löwe/Rosenberg/*Hilger* Rn. 11; *Meyer-Goßner* Rn. 5.
[30] AnwK-StPO/*Schwätzler* Rn. 7; KMR/*Stöckel* Rn. 9.
[31] AnwK-StPO/*Schwätzler* Rn. 7; KK-StPO/*Senge* Rn. 6; KMR/*Stöckel* Rn. 10.

16 **5. Verzicht.** Der Verletzte darf nicht wirksam auf sein Privatklagerecht oder auf den Strafantrag, zB im Rahmen eines Vergleichs, verzichtet haben.[32]

17 **6. Antragsdelikte.** Mit Ausnahme des § 241 StGB handelt es sich bei den Privatklagedelikten um Antragsdelikte. Voraussetzung für die Erhebung der Privatklage ist daher, dass der Verletzte selbst oder ein für ihn befugt Handelnder (Abs. 3) rechtzeitig und wirksam einen Strafantrag nach § 77 StGB gestellt hat.[33] In der Erhebung der Privatklage innerhalb der Antragsfrist des § 77b StGB ist in der Regel zugleich ein Strafantrag zu sehen.[34]

18 **7. Privatklagerecht anderer Personen (Abs. 2).** Ein eigenes Antragsrecht haben weiter die in Abs. 2 genannten Personen. Hierzu gehört nach §§ 194 Abs. 3, 230 Abs. 2 StGB der **Dienstvorgesetzte** für den Fall, dass sich die Beleidigung oder Körperverletzung gegen einen Amtsträger während der Ausübung des Dienstes oder in Beziehung auf seinen Dienst richtete[35] und der Dienstvorgesetzte rechtzeitig Strafantrag gestellt hat. Der Strafantrag des unmittelbar Verletzten oder eines anderen Berechtigten genügt nicht.[36] Angehörige iSv. § 77 Abs. 2 StGB sind nach dem Tod des Verletzten zur Erhebung der Privatklage berechtigt, wenn der Verletzte oder ein Berechtigter vor dem Tod des Verletzten wirksam einen Strafantrag gestellt hat.[37]

19 **8. Prozessfähigkeit (Abs. 3).** Nach Abs. 3 ist die Prozessfähigkeit des Privatklägers iSv. §§ 51, 52 ZPO Voraussetzung für einen Privatklageprozess.[38] Ist die Prozessunfähigkeit nicht rechtskräftig festgestellt, ist der Privatkläger zunächst als prozessfähig zu behandeln; wird die Prozessfähigkeit verneint, kann er Rechtsmittel hiergegen einlegen.[39] Fehlt die Prozessfähigkeit, kann nur der gesetzliche Vertreter im Namen des Verletzten Privatklage erheben. Anderenfalls ist die Klage nach § 383 Abs. 1 zurückzuweisen oder nach §§ 206a, 260 Abs. 3 einzustellen. Der Mangel kann jedoch durch nachträgliche Zustimmung des gesetzlichen Vertreters bis zu einem etwaigen **Fristablauf** vor Zurückweisung der Klage geheilt werden.[40] Nach Fristablauf kann die Prozesshandlung jedoch nicht mehr vom gesetzlichen Vertreter mit rechtlicher Wirkung genehmigt werden.[41] Der gesetzliche Vertreter ist verhindert, wenn er selbst Beschuldiger ist; die Strafantragsfrist beginnt dann nicht mit der Erkenntnis des gesetzlichen Vertreters von der Tat zu laufen.[42] Auch wird eine fehlende Volljährigkeit des Privatklägers geheilt, falls dieser im Laufe des Verfahrens volljährig wird und das Verfahren fortführt.[43]

20 Die Vertreter von **juristischen Personen und Vereinen**, sowie deren gebietlichen Gliederungen und sonstigen Unterorganisationen können Privatklage für diese erheben, wenn die juristische Person in ihrer Ehre oder ihrem Vermögen verletzt sind.[44] Das Klagerecht wird dann von den gesetzlichen oder satzungsmäßigen Vertretern der juristischen Person oder des Vereins wahrgenommen.[45]

§ 375 [Mehrere klageberechtigte Personen]

(1) Sind wegen derselben Straftat mehrere Personen zur Privatklage berechtigt, so ist bei Ausübung dieses Rechts ein jeder von dem anderen unabhängig.

(2) Hat jedoch einer der Berechtigten die Privatklage erhoben, so steht den übrigen nur der Beitritt zu dem eingeleiteten Verfahren, und zwar in der Lage zu, in der es sich zur Zeit der Beitrittserklärung befindet.

(3) Jede in der Sache selbst ergangene Entscheidung äußert zugunsten des Beschuldigten ihre Wirkung auch gegenüber solchen Berechtigten, welche die Privatklage nicht erhoben haben.

I. Mehrere Klageberechtigte (Abs. 1)

1 **1. Mehrzahl von Klageberechtigten.** Von der Vorschrift werden sowohl die Fälle erfasst, in denen durch eine Tat im Sinne von § 374 Abs. 1 mehrere Personen verletzt werden oder neben dem

---

[32] Vgl. Meyer-Goßner Vor § 374 Rn. 15.
[33] Meyer/Goßner Rn. 6.
[34] AnwK-StPO/*Schwätzler* Rn. 2; KK-StPO/*Senge* Rn. 4; Meyer-Goßner Rn. 6.
[35] KK-StPO/*Senge* Rn. 13; Löwe/Rosenberg/*Hilger* Rn. 27.
[36] Meyer/Goßner Rn. 7; aA AK-StPO *Rössner* Rn. 10
[37] AnwK-StPO/*Schwätzler* Rn. 8; KK-StPO/*Senge* Rn. 13; Meyer-Goßner Rn. 7.
[38] OLG Hamm v. 23. 8. 1961 – 1 Ws 317/61, NJW 1961, 2322; KK-StPO/*Senge* Rn. 3.
[39] OLG Hamm (Fn. 39); KK-StPO/*Senge* Rn. 14.
[40] AnwK-StPO/*Schwätzler* Rn. 9.
[41] BayObLG v. 9. 12. 1955 – 1 BReg St 255/55, NJW 1956, 681.
[42] BGH v. 8. 4. 1954 – 3 StR 836/53, St 6, 155; KK-StPO/*Senge* Rn. 15.
[43] AnwK-StPO/*Schwätzler* Rn. 9; Meyer-Goßner Rn. 9.
[44] BGH v. 8. 1. 1954 – 1 StR 260/53, St 6, 186; OLG Düsseldorf v. 8. 3. 1979 – 5 Ss 5/79 I, NJW 1979, 2525; KK-StPO/*Senge* Rn. 3; Meyer-Goßner Rn. 10.
[45] KMR/*Stöckel* Rn. 31; Meyer-Goßner Rn. 10.

Erster Abschnitt. Privatklage § 376

Verletzten selbständige Antragsberechtigte nach § 374 Abs. 2 betroffen sind, die selbständig klagebefugt sind.[1] Ziel der Regelung ist es, das **eigenständige Bedürfnis eines Verletzten nach Sühne** zu befriedigen, ohne dabei gegen den in Art. 103 Abs. 3 GG verankerten Grundsatz „ne bis in idem" zu verstoßen und durch einander widersprechende rechtskräftige Entscheidungen unzulässig in die Belange der Prozessökonomie einzugreifen.[2]

2. Gemeinsame Klageerhebung. Infolgedessen ist auch die **gemeinsame Erhebung** der Privatklage durch mehrere Berechtigte statthaft.[3] 2

3. Strafantrag. Das Klagerecht setzt bei Antragsdelikten voraus, dass der Klageberechtigte fristgerecht **Strafantrag** gestellt hat oder in der Erhebung der Privatklage selbst ein solcher gesehen werden kann.[4] 3

II. Beitritt (Abs. 2)

1. Voraussetzungen. Hat bereits ein Klageberechtigter Privatklage erhoben, so ist eine selbständige Privatklage des weiteren Privatklageberechtigten wegen derselben Tat unzulässig. In diesem Fall ist allein der Beitritt zu dieser bereits erhobenen Privatklage möglich. Der Beitritt kann **schriftlich, zu Protokoll der Geschäftsstelle oder mündlich in der Hauptverhandlung** erklärt werden. Er setzt voraus, dass der Beitretende berechtigt ist, Privatklage zu erheben, insbesondere, sofern es sich bei der Tat um ein Antragsdelikt handelt, wirksam Strafantrag gestellt hat.[5] Der Beitritt ist bis zum **rechtskräftigen Abschluss** des Verfahrens jederzeit möglich, danach nur noch durch den Antrag und mit dem Zweck, das Verfahren wieder aufzunehmen.[6] 4

2. Form. Der Beitritt bedarf nicht der besonderen Förmlichkeiten, die für die Privatklage vorgeschrieben sind. Daher muss weder ein **Sühneversuch** nach § 380 erfolglos versucht worden sein, noch bedarf die Beitrittserklärung inhaltlich den Anforderungen des § 381.[7] 5

3. Entscheidung durch Beschluss. Das Gericht entscheidet über die Zulässigkeit des Beitritts durch **Beschluss**. Der Beitrittswillige kann den ablehnenden Beschluss mit der **Beschwerde** nach § 304 Abs. 1 anfechten; dem Angeklagten ist hingegen gegen den zulassenden Beschluss kein Rechtsmittel eröffnet.[8] Durch den zugelassenen Beitritt erlangt der Beigetretene die Stellung eines selbstständigen Privatklägers. Daher bleibt der Beitritt auch dann wirksam, wenn die ursprüngliche Privatklage, zu der beigetreten worden ist, unzulässig ist oder zurück genommen wird. Von dem Beitritt nach Abs. 2 zu unterscheiden ist der Fall, in dem mehrere Privatklagen am selben Tag von verschiedenen Berechtigten erhoben werden. Diese Verfahren werden von Amts wegen zu einem Verfahren verbunden.[9] Eine zeitlich nachfolgende Privatklage eines Klageberechtigten wird als Beitrittserklärung behandelt.[10] 6

III. Sachentscheidung (Abs. 3)

Die rechtskräftige Entscheidung über das Privatklagedelikt in der Sache führt zum **Strafklageverbrauch**. Der Strafklageverbrauch wirkt auch für etwaige andere Berechtigte mit der Folge, dass diese keine Privatklage mehr erheben können.[11] Durch die Wirkung des Abs. 3 ist die StA gehindert, nach § 377 Abs. 2 die Verfolgung zu übernehmen oder öffentliche Klage nach § 376 zu erheben.[12] Entscheidungen im Sinne von Abs. 3 sind nur **rechtskräftige Entscheidungen auf Freispruch, Bestrafung, Einstellung**, sowie der **zurückweisende Beschluss** nach § 383 Abs. 1 und der **Einstellungsbeschluss** nach § 383 Abs. 2; nicht vom Strafklageverbrauch erfasst wird hingegen die Rücknahme der Privatklage und der Vergleich im Privatklageverfahren.[13] 7

§ 376 [Öffentliche Klage]

Die öffentliche Klage wird wegen der in § 374 bezeichneten Straftaten von der Staatsanwaltschaft nur dann erhoben, wenn dies im öffentlichen Interesse liegt.

---

[1] KK-StPO/*Senge* Rn. 1; *Meyer-Goßner* Rn. 1.
[2] AnwK-StPO/*Schwätzler* Rn. 1.
[3] Löwe/Rosenberg/*Hilger* Rn. 2; *Meyer-Goßner* Rn. 2.
[4] Vgl. § 374 Rn. 17.
[5] Vgl. § 374 Rn. 17.
[6] KK-StPO/*Senge* Rn. 6; Löwe/Rosenberg/*Hilger* Rn. 7; *Meyer-Goßner* Rn. 3; SK-StPO/*Velten* Rn. 11.
[7] *Meyer-Goßner* Rn. 4.
[8] Löwe/Rosenberg/*Hilger* Rn. 12; *Meyer-Goßner* Rn. 5.
[9] LG Krefeld v. 20. 8. 1980 – 9 Qs 171/80, AnwBl 1981, 27; KK-StPO/*Senge* Rn. 4; *Meyer-Goßner* Rn. 7.
[10] LG Krefeld (Fn. 10); KK-StPO/*Senge* Rn. 5; *Meyer-Goßner* Rn. 7.
[11] KK-StPO/*Senge* Rn. 7; Löwe/Rosenberg/*Hilger* Rn. 13; *Meyer-Goßner* Rn. 8.
[12] AnwK-StPO/*Schwätzler* Rn. 6; KK-StPO/*Senge* Rn. 7; Löwe/Rosenberg/*Hilger* Rn. 13.
[13] AnwK-StPO/*Schwätzler* Rn. 6; Löwe/Rosenberg/*Hilger* Rn. 13 f.; *Meyer-Goßner* Rn. 8.

I. Öffentliches Interesse

1. Voraussetzungen. Nach dem Regelungsgehalt der Vorschrift hat die StA **von Amts wegen** aufgrund des Legalitätsprinzips bei Vorliegen eines **öffentlichen Interesses** die Verfolgung der in § 374 genannten Privatklagedelikte zu übernehmen und öffentliche Klage zu erheben.

Der Begriff des öffentlichen Interesses entspricht dem in § 153 Abs. 1 S. 1.[1] Nach RiStBV 86 Abs. 2 ist die Verfolgung der Privatklagedelikte als im öffentlichen Interesse liegend, wenn der Rechtsfrieden über den Lebenskreis des Verletzten hinaus gestört und die Strafverfolgung ein gegenwärtiges Anliegen der Allgemeinheit ist; uU schon dann, wenn dem Verletzten wegen seiner persönlichen Beziehungen zum Täter nicht zugemutet werden kann, Privatklage zu erheben. Diese Konkretisierung des unbestimmten Rechtsbegriffs bindet die StA, wenn deren Voraussetzungen vorliegen, insbesondere, wenn das **Ausmaß der Rechtsgutverletzung** erheblich ist, eine **wiederholte Begehung**, die **Rohheit und Gefährlichkeit der Tat** oder die **niedrigen Beweggründe** des Täters festgestellt werden können.[2] Daneben bestimmt die RiStBV konkrete tatbestandsspezifische Auslegungsregeln für das Vorliegen eines öffentlichen Interesses bei den in § 374 genannten Delikten, zum Beispiel die **erhebliche Ehrkränkung** als Kriterium bei der Beleidigung (RiStBV Nr. 229 Abs. 1, 232 Abs. 1), die **besondere Rohheit** der Tat bei der Körperverletzung (RiStBV Nr. 233), die **nicht nur geringfügige Verletzung** im Rahmen des unlauteren Wettbewerbs (RiStBV Nr. 260 Abs. 1) und die **nicht nur geringfügige Schutzrechtsverletzung** im Rahmen des Urheberrechts (RiStBV Nr. 261).[3] Hingegen kann allein mit dem Interesse des Beschuldigten an der Strafverfolgung das öffentliche Interesse nicht bejaht werden.[4] Da gegen jugendliche Beschuldigte die Privatklage nicht erhoben werden kann (§ 80 Abs. 1 S. 1 JGG) obliegt die Verfolgung der StA ohne Rücksicht auf das öffentliche Interesse. Nach § 80 Abs. 1 S. 2 JGG müssen Gründe der Erziehung oder ein berechtigtes Interesse des Verletzten, das dem Erziehungszweck nicht entgegen steht, die Verfolgung erfordern.

2. Besonderes öffentliches Interesse. Von dem Begriff des öffentliche Interesses ist der des **besonderen öffentlichen Interesses** abzugrenzen; Letzterer in §§ 183 Abs. 2, 230 Abs. 1, 248a, 257 Abs. 4 S. 2, 263 Abs. 4, 265a Abs. 3 und 266 Abs. 2 StGB verwandte Begriff ist enger.[5] Hat der Klageberechtigte fristgerecht einen **Strafantrag** gestellt, so übernimmt die StA die Strafverfolgung wenn dieses im öffentlichen Interesse liegt. Fehlt ein fristgerechter Strafantrag, so kann die StA das Verfahren dann übernehmen und Klage erheben, wenn sie das besondere öffentliche Interesse bejaht; das besondere öffentliche Interesse schließt dann das öffentliche Interesse mit ein.[6]

II. Entscheidung der StA

1. Vorermittlungen. Vorermittlungen nach §§ 160 ff. kann die StA anstellen, um darüber zu entscheiden, ob ein öffentliches Interesse vorliegt (RiStBV Nr. 86 Abs. 3).

2. Verweisung auf Privatklageweg. Verneint die StA das öffentliche Interesse, so stellt Sie das Ermittlungsverfahren ein und verweist den Anzeigenden auf den Privatklageweg.[7] Der Klageberechtigte kann gegen die Einstellung des Verfahrens und die Verweisung auf den Privatklageweg lediglich im Wege der **Gegenvorstellung und Dienstaufsichtsbeschwerde** vorgehen. Das Klageerzwingungsverfahren ist dem Klageberechtigten wegen § 172 Abs. 2 S. 3 ausdrücklich nicht eröffnet. Nach hM ist auch ein Antrag nach § 23 ff. EGGVG nicht zulässig.[8]

3. Anklageerhebung. Die StA erhebt Anklage, wenn es sich um eine **Katalogtat nach § 395 Abs. 1 und 3** handelt und sie das öffentliche Interesse an der Strafverfolgung bejaht. Es bedarf keines besonderen Hinweises in der Anklageschrift oder eines Aktenvermerks der StA, dass das öffentliche Interesse an der Strafverfolgung besteht.[9] Allein die Übernahme des Verfahrens und die darauf erfolgte Anklage sind ausreichend. Diesem Verfahren kann sich der Verletzte als Nebenkläger anschließen. Die Entscheidung der StA, das Verfahren zu übernehmen und Anklage zu erheben, unterliegt keiner gerichtlichen Überprüfung; der Verletzte kann die Entscheidung der StA daher

---

[1] Vgl. § 153 Rn. 24 ff.
[2] AnwK-StPO/*Schwätzler* Rn. 2; KMR/*Stöckel* Rn. 4; Löwe/Rosenberg/*Hilger* Rn. 2.
[3] AnwK-StPO/*Schwätzler* Rn. 2; KMR/*Stöckel* Rn. 4; *Meyer-Goßner* Rn. 1; zur Beachtung des OLG bei Körperverletzung: *Wulfhorst* DRiZ 89, 461; für das Urheberrecht: *Heghmanns* NStZ 1991, 112; zur Softwarepiraterie: *Meier/Böhm* wistra 1992, 167; zu weiteren Einzelheiten: SK-StPO/*Velten* Rn. 3 ff.
[4] AK-StPO/*Rössner* Rn. 3; *Meyer-Goßner* Rn. 1; aA *Rieß* NStZ 1981, 8.
[5] RiStBV Nr. 234 Abs. 1, Abs. 3.
[6] KMR/*Stöckel* Rn. 5; Löwe/Rosenberg/*Hilger* Rn. 3 f.; *Meyer-Goßner* Rn. 3; SK-StPO/*Velten* Rn. 2.
[7] *Meyer-Goßner* Rn. 6.
[8] AnwK-StPO/*Schwätzler* Rn. 5; KK-StPO/*Senge* Rn. 2; KMR/*Stöckel* Rn. 7; *Meyer-Goßner* Rn. 6; aA AK-StPO/*Rössner* Rn. 4.
[9] OLG Oldenburg GA 59, 187; OLG Stuttgart JR 1953, 349.

Erster Abschnitt. Privatklage 1 § 377

weder in dem anhängigen Strafverfahren[10] noch außerhalb des Hauptverfahrens überprüfen lassen. Es besteht lediglich die Möglichkeit der Dienstaufsichtsbeschwerde.[11]

III. Änderung der Ansicht der StA

Ändert die StA ihre Ansicht über das Vorliegen des öffentlichen Interesses, kann Sie bis zur Eröffnung des Hauptverfahrens die Klage nach § 156 **zurücknehmen**[12] und den Verletzten auf den Privatklageweg verweisen. Nach Eröffnung des Hauptverfahrens ist die Rücknahme ausgeschlossen; verneint die StA in diesem Verfahrensstudium das öffentliche Interesse, kann die nachträgliche Änderung bei Vorliegen eines Strafantrags nur als Zustimmung zur Verfahrenseinstellung nach § 153 Abs. 2 angesehen werden.[13] Bei fehlendem Strafantrag hat die Verneinung des öffentlichen Interesses die Einstellung des Verfahrens zur Folge.[14] 7

IV. Zusammentreffen von Privat- und Offizialklagedelikten

Treffen Privat- und Offizialklagedelikte zusammen, gilt der Grundsatz des **Vorrangs des Offizialverfahrens**.[15] Eine getrennte Verfolgung und Aburteilung ist nur zulässig, wenn es sich um mehrere prozessuale Taten im Sinne des § 264 handelt.[16] Unerheblich ist, ob es sich um **Tateinheit und Gesetzeskonkurrenz** oder um **tatmehrheitliche im Rahmen einer einheitlichen Tat im Sinne des § 264** verwirklichte Straftatbestände handelt.[17] Der Vorrang des Offizialverfahrens bewirkt, dass das Privatklagedelikt ohne Rücksicht auf das Vorliegen des öffentlichen Interesses ebenfalls Gegenstand der Urteilsfindung ist.[18] Dies gilt auch dann, wenn die StA den Verletzten bzgl. des Privatklagedelikts bereits auf den Privatklageweg verwiesen hat.[19] 8

Das gesamte Verfahren ist abgeschlossen wenn Privatklage- und Offizialdelikt sachlich zusammen treffen und das Verfahren nach §§ 153, 153a eingestellt wurde.[20] Hinsichtlich des Privatklagedeliktes ist der Verletzte an der Verfolgung durch Erhebung der Privatklage gehindert, weil **Strafklageverbrauch** eingetreten ist.[21] 9

V. Zusammentreffen von Privatklagedelikt und Ordnungswidrigkeit

Trifft ein Privatklagedelikt tateinheitlich mit einer **Ordnungswidrigkeit** zusammen und verneint die StA das Vorliegen des öffentlichen Interesses, so stellt sie das Verfahren ein. Der Verletzte wird auf den Privatklageweg verwiesen; die Ordnungswidrigkeit wird von der StA nach § 43 Abs. 1 OWiG zur Ahndung an die Verwaltungsbehörde abgegeben. Legt der Betroffene Einspruch gegen den ergangenen Bußgeldbescheid ein und hat der Privatklageberechtigte keine Privatklage erhoben, hat das Gericht nach § 81 OWiG das Verfahren in das Strafverfahren überzuleiten und das Privatklagedelikt mit abzuurteilen.[22] 10

§ 377 [Mitwirkung des Staatsanwalts]

(1) ¹Im Privatklageverfahren ist der Staatsanwalt zu einer Mitwirkung nicht verpflichtet. ²Das Gericht legt ihm die Akten vor, wenn es die Übernahme der Verfolgung durch ihn für geboten hält.

(2) ¹Auch kann die Staatsanwaltschaft in jeder Lage der Sache bis zum Eintritt der Rechtskraft des Urteils durch eine ausdrückliche Erklärung die Verfolgung übernehmen. ²In der Einlegung eines Rechtsmittels ist die Übernahme der Verfolgung enthalten.

I. Mitwirkung der StA (Abs. 1)

1. Mitwirkungspflicht (Abs. 1 S. 1). Die StA trifft grundsätzlich **keine Mitwirkungspflicht** im Privatklageverfahren. In der Regel erhält die StA von der Privatklage nicht einmal Kenntnis; eine 1

---

[10] OLG Oldenburg (Fn. 9), aA *Husmann* MDR 1988, 727.
[11] AnwK-StPO/*Schwätzler* Rn. 6; *Meyer-Goßner* Rn. 7.
[12] Vgl. § 156 Rn. 3.
[13] Löwe/Rosenberg/*Hilger* Rn. 18; *Meyer-Goßner* Rn. 8.
[14] BGH v. 3. 7. 1964 – 2 StR 208/64, St 19, 380; KK-StPO/*Senge* Rn. 6; Löwe/Rosenberg/*Hilger* Rn. 18; *Meyer-Goßner* Rn. 8.
[15] AnwK-StPO/*Schwätzler* Rn. 8.
[16] RGSt v. 15. 10. 1943 – 1 D 223/43, RGSt 77, 226; AK-StPO/*Rössner* Rn. 8; KK-StPO/*Senge* Rn. 7; *Meyer-Goßner* Rn. 9.
[17] *Meyer-Goßner* Rn. 9.
[18] *Meyer-Goßner* Rn. 10.
[19] RG (Fn. 16); AnwK-StPO/*Schwätzler* Rn. 8.
[20] *Meyer-Goßner* Rn. 11.
[21] Löwe/Rosenberg/*Hilger* Rn. 26 mwN; *Meyer-Goßner* Rn. 11.
[22] BayObLG v. 15. 10. 1976 – Rreg 1 St 362/76, MDR 1977, 246; LG Oldenburg v. 8. 9. 1980 – VI Qs 233/80, MDR 1981, 421; *Kellner* MDR 1977, 626; *Meyer-Goßner* Rn. 12.

Ladungs- und Zustellungsbefugnis besteht nicht. Im **Rechtsmittelverfahren** wirkt die StA jedoch nach § 390 Abs. 3 mit; die Aktenvorlage an das nächst höhere Gericht erfolgt durch sie.

2   **2. Mitwirkungsrecht.** Vor einer Übernahme der Verfolgung durch die StA (Abs. 2 S. 1) hat die StA auch kein **Mitwirkungsrecht.** In das Privatklageverfahren des Privatklägers darf die StA weder durch Stellungnahmen noch durch eigene Anträge eingreifen.[1] Eine beobachtende Teilnahme an der Hauptverhandlung ist jedoch für die Entscheidung, ob eine Übernahme nach Abs. 2 geboten ist, möglich.[2]

3   **3. Übernahme durch StA.** Hält das Gericht die **Übernahme der Verfolgung** durch die StA für geboten, muss das Gericht der StA nach Abs. 1 S. 2 die Akten vorlegen; die StA muss nicht auf eine Aktenvorlage durch das Gericht warten.[3] Sie kann von sich aus jederzeit zur Vorbereitung der Entscheidung, ob Sie die Übernahme nach Abs. 2 erklären will, Akteneinsicht verlangen. Will die StA die Verfolgung übernehmen, bedarf es hierzu einer **ausdrücklichen Erklärung**; eine schlüssige Handlung genügt nicht.[4] Die StA bei dem Landgericht, in dessen Bezirk die Privatklage anhängig ist, ist zuständig; dies gilt auch dann, wenn für eine andere StA ein Gerichtsstand gegeben wäre.[5]

II. Übernahmerechte der StA (Abs. 2)

4   **1. Übernahme ohne Antrag.** Die StA kann nach Abs. 2 S. 1 die Verfolgung auch ohne Antrag und gegen den Willen des Privatklägers in jeder Lage übernehmen; frühestens jedoch mit dem **Eingang der Privatklage** bei einem Gericht, das für die Entscheidung zuständig sein kann.[6]

5   **2. Übernahme durch ausdrückliche Erklärung.** Die Übernahme der Verfolgung muss durch ausdrückliche, bedingungslose Erklärung erfolgen.[7] In der **Einlegung eines Rechtsmittels** durch die StA zu Gunsten oder zu Ungunsten des Angeklagten ist die Erklärung zur Übernahme enthalten, Abs. 2 S. 2. Die StA kann daher nicht ein Rechtsmittel einlegen und gleichzeitig erklären, sie werde das Verfahren nicht übernehmen. Bei der Einlegung des Rechtsmittels gilt auch für die StA, die für den Privatkläger geltende Frist zu beachten.[8] Eine Übernahme nach Abs. 2 scheidet nach Eintritt der Rechtskraft des Urteils, also zum Zweck, die Wiederaufnahme nach §§ 359 ff. zu betreiben, aus.[9]

6   Vor **Eröffnung des Privatklageverfahrens** übernimmt die StA die Verfolgung durch einen **Antrag bei Gericht** auf Eröffnung des Hauptverfahrens. Eine neue Anklage braucht die StA nicht zu erheben; es empfiehlt sich aber für die Eröffnung in der für das Offizialverfahren vorgesehenen Form eine Anklageschrift vorzulegen.[10] Übernimmt die StA die Verfolgung ist die Zurücknahme der Klage unzulässig;[11] Gleiches gilt für eine Verfahrenseinstellung nach § 170 Abs. 1.[12]

7   Nach **Eröffnung des Privatklageverfahrens** hat die Erklärung der Übernahme durch die StA durch **schriftliche Erklärung** gegenüber dem zuständigen Gericht zu erfolgen; eines neuen Eröffnungsbeschlusses bedarf es nicht. Auch hier empfiehlt es sich, dass die StA dem Gericht eine Anklageschrift in der Form des § 200 vorlegt, die das Gericht dann zur Grundlage der Hinweise nach § 265 machen kann.[13]

8   In der **Hauptverhandlung** erfolgt die Übernahme durch **mündliche Erklärung**, die in der Sitzungsniederschrift zu beurkunden ist.[14]

9   **3. Übernahmegrund.** Die StA braucht den **Grund für die Übernahme**, sei es, dass die StA das öffentliche Interesse bejaht oder dass die StA die Annahme vertritt, dass kein Privatklage- sondern ein Offizialdelikt vorliegt oder dass das Privatklagedelikt in Tateinheit zu einem Offizialdelikt steht, nicht mitzuteilen.[15]

---

[1] KMR/*Stöckel*, Rn. 2, 3; *Meyer-Goßner* Rn. 2; aA KK-StPO/*Senge* Rn. 2.
[2] LG Regensburg JR 1990, 258; KMR/*Stöckel* Rn. 2, 4; Löwe/Rosenberg/*Hilger* Rn. 2; *Meyer-Goßner* Rn. 2; mAnm *Hilger*; aA AK-StPO/*Rössner* Rn. 1; KK-StPO/*Senge* Rn. 2.
[3] KK-StPO/*Senge* Rn. 2; Löwe/Rosenberg/*Hilger* Rn. 2; *Meyer-Goßner* Rn. 3.
[4] BGH v. 7. 11. 1957 – 2 ARs 143/57, St 11, 56; *Meyer-Goßner* Rn. 3; SK/*Velten* Rn. 5; aA KK-StPO/*Senge* Rn. 6.
[5] BGH (Fn. 4); KK-StPO/*Senge* Rn. 3; *Meyer-Goßner* Rn. 3.
[6] BGH v. 15. 10. 1975 – 2 ARs 296/75, BGHSt 26, 214.
[7] OLG Saarbrücken v. 24. 10. 1963 – Ss 33/63, NJW 1964, 679; AK-StPO/*Rössner* Rn. 4; Löwe/Rosenberg/*Hilger* Rn. 7; *Meyer-Goßner* Rn. 6.
[8] *Meyer-Goßner* Rn. 9.
[9] KK-StPO/*Senge* Rn. 5; *Meyer-Goßner* Rn. 5; AnwK/*Schwätzler* Rn. 4; aA *Pentz* MDR 1965, 885; KMR/*Stöckel* Rn. 8; Löwe/Rosenberg/*Hilger* Rn. 6.
[10] AnwK-StPO/*Schwätzler* Rn. 6; *Meyer-Goßner* Rn. 7.
[11] LG Göttingen v. 18. 1. 1956 – 6 Qs 254/55, NJW 1956, 882; KMR/*Stöckel* Rn. 17.
[12] *Meyer-Goßner* Rn. 7.
[13] AK-StPO/*Rössner* Rn. 5; KK-StPO/*Senge* Rn. 6; *Meyer-Goßner* Rn. 8.
[14] *Meyer-Goßner* Rn. 13.
[15] OLG Celle v. 22. 2. 1962 – 1 Ss 39/62, NJW 1962, 1217; KK-StPO/*Senge* Rn. 4; Löwe/Rosenberg/*Hilger* Rn. 13f.; *Meyer-Goßner* Rn. 10; AnwK-StPO/*Schwätzler* Rn. 5.

Erster Abschnitt. Privatklage 1–6 § 378

4. Rechtsfolgen. Folge der Übernahme ist die Umwandlung der Privatklage in eine **öffentliche** 10 **Klage**. Das Verfahren wird daher nicht eingestellt, sondern in der Lage, in der es sich befindet, als Strafverfahren weiter geführt.[16] Daraus folgt, dass auch eine erhobene Widerklage wirksam bleibt. Zugleich, dass ein Wechsel der Gerichtszuständigkeit nicht eintritt, auch wenn für die Offizialklage ein anderes Gericht zuständig gewesen wäre.[17] Der Strafrichter bleibt daher auch zuständig, wenn die Offizialklage vor dem Schöffengericht zu erheben gewesen wäre.[18]

Durch die Übernahme der Verfolgung durch die StA **scheidet der Privatkläger aus dem Verfahren aus**; er hat jedoch die Möglichkeit, sich durch Erklärung nach § 396 als Nebenkläger anzuschließen, wenn er nach § 395 nebenklageberechtigt ist.[19] Die StA hat den Privatkläger auf eine bestehende **Nebenklagebefugnis** und die Kostenfolge des § 472 Abs. 3 S. 2 hinzuweisen (RiStBV Nr. 172 Abs. 2). Unterlässt der Privatkläger den Anschluss als Nebenkläger, muss ihm der verurteilte Angeklagte die notwendigen Auslagen ersetzen, die er als Privatkläger gehabt hat.[20] 11

§ 378 [Beistand und Vertretung des Privatklägers]

¹ Der Privatkläger kann im Beistand eines Rechtsanwalts erscheinen oder sich durch einen mit schriftlicher Vollmacht versehenen Rechtsanwalt vertreten lassen. ² Im letzteren Falle können die Zustellungen an den Privatkläger mit rechtlicher Wirkung an den Anwalt erfolgen.

I. Beistand und Vertretung (S. 1)

1. Beistand und Vertretung durch einen Rechtsanwalt. Der Privatkläger kann in der Hauptverhandlung sowie bei der Beweisaufnahme nach § 202 und §§ 223, 225 im Beistand eines Rechtsanwalts erscheinen oder sich von einem Rechtsanwalt vertreten lassen. 1

2. Keine Verpflichtung zur Vertretung. Die Einschaltung eines Rechtsanwalts ist für den Privatkläger mit Ausnahme der Fälle der §§ 385 Abs. 3 und 390 Abs. 2 (Antrag auf Akteneinsicht, Revisionsanträge, Antrag auf Wiederaufnahme des rechtskräftig abgeschlossenen Verfahrens) **nicht vorgeschrieben**. Daher kann der Privatkläger die Privatklage selbst oder durch einen beliebigen Bevollmächtigten erheben bzw. unmittelbar oder durch Bevollmächtigte mit dem Gericht kommunizieren. Dem Privatkläger verbleiben **alle Verfahrensrechte**, auch wenn er einen Rechtsanwalt bevollmächtigt hat; so bleibt er berechtigt, selbst an der Hauptverhandlung teilzunehmen[1] und die Aussetzung des Verfahrens zu verlangen, wenn er verhandlungsunfähig ist.[2] Eine Pflicht zum persönlichen Erscheinen des Privatklägers besteht nur, wenn das Gericht dieses nach § 387 Abs. 3 angeordnet hat. 2

3. Beistand oder Vertreter in der Hauptverhandlung. Beistand oder Vertreter in der Hauptverhandlung kann nur ein Rechtsanwalt sein. Dieser kann selbst Untervollmacht einem anderen Rechtsanwalt erteilen[3] oder sich nach § 135 von einem Referendar vertreten lassen.[4] Wegen des eindeutigen Wortlauts des S. 1 sind juristische Hochschullehrer[5] und Rechtsbeistände[6] als Beistand oder Vertreter ausgeschlossen. 3

4. Prozessvollmacht. Die Form der Prozessvollmacht bestimmt sich nach den allgemeinen Vorschriften für die Verteidigervollmacht.[7] Die Vollmacht bedarf der Schriftform.[8] 4

5. Ladung. Die Ladung des Rechtsanwalts bestimmt sich nach den §§ 217, 218 Abs. 1.[9] 5

6. Wiedereinsetzung. Fragen der Wiedereinsetzung bei Verschulden des Rechtsanwalts beurteilen sich nach allgemeinen Vorschriften.[10] 6

---

[16] BGH (Fn. 4).
[17] BGH (Fn. 4).
[18] KK-StPO/*Senge* Rn. 8; Löwe/Rosenberg/*Hilger* Rn. 21; *Meyer-Goßner* Rn. 11.
[19] *Meyer-Goßner* Rn. 12.
[20] Vgl. § 472 Rn. 3.
[1] *Woesner* NJW 1959, 704.
[2] KG JR 1961, 106.
[3] *Meyer-Goßner* Rn. 3.
[4] Vgl. § 387 Abs. 2.
[5] HM AnwK-StPO/*Schwätzler* Rn. 3; KK-StPO/*Senge* Rn. 2; *Meyer-Goßner* Rn. 3; SK-StPO/*Velten* Rn. 3; aA AK-StPO/*Rössner* Rn. 5.
[6] *Meyer-Goßner* Rn. 3 mwN.
[7] KK-StPO/*Senge* Rn. 2; *Meyer-Goßner* Rn. 4.
[8] *Meyer-Goßner* Rn. 4.
[9] OLG Celle v. 25. 10. 1965 – 2 Ss 303/65, MDR 1966, 256; KK-StPO/*Senge* Rn. 3; *Meyer-Goßner* Rn. 5.
[10] Vgl. § 44 Rn. 27, 28.

II. Zustellung (S. 2)

7   Zustellungen an den Privatkläger können, müssen aber nicht, mit rechtlicher Wirkung an den Rechtsanwalt erfolgen, wenn sich eine **schriftliche Vollmacht** bei den Akten befindet.[11] Die Zustellung kann sowohl an den Privatkläger als auch den bevollmächtigten Rechtsanwalt erfolgen; für den Lauf etwaig gesetzter Fristen ist der Zeitpunkt der späteren Zustellung maßgeblich.[12]

§ 379 [Sicherheitsleistung]

(1) Der Privatkläger hat für die dem Beschuldigten voraussichtlich erwachsenden Kosten unter denselben Voraussetzungen Sicherheit zu leisten, unter denen in bürgerlichen Rechtsstreitigkeiten der Kläger auf Verlangen des Beklagten Sicherheit wegen der Prozeßkosten zu leisten hat.

(2) [1] Die Sicherheitsleistung ist durch Hinterlegung in barem Geld oder in Wertpapieren zu bewirken. [2] Davon abweichende Regelungen in einer auf Grund des Gesetzes über den Zahlungsverkehr mit Gerichten und Justizbehörden erlassenen Rechtsverordnung bleiben unberührt.

(3) Für die Höhe der Sicherheit und die Frist zu ihrer Leistung sowie für die Prozeßkostenhilfe gelten dieselben Vorschriften wie in bürgerlichen Rechtsstreitigkeiten.

I. Sicherheitsleistung (Abs. 1)

1   **1. Allgemeines.** Die Vorschrift regelt die finanzielle Beteiligung des Privatklägers an den Kosten für den **staatlichen Aufwand** und die uU zu unrecht dem **Beschuldigten entstehenden Kosten**. Die Vorschrift betrifft ausschließlich den Privatkläger, nicht den Beschuldigten.[1] Für die Sicherheitsleistung verweist Abs. 1 auf die §§ 108 bis 113 ZPO. Sicherheit ist gemäß § 110 Abs. 1 S. 1 ZPO nur auf Verlangen des Beschuldigten zu leisten. Zur Sicherheitsleistung verpflichtet ist der Privatkläger, der **Ausländer oder Staatenloser ohne Inlandswohnsitz** ist, § 110 Abs. 1 ZPO. Eine Ausnahme macht § 110 Abs. 2 S. 1, 3 ZPO; die Verpflichtung zur Sicherheitsleistung entfällt, wenn dem Privatkläger **Prozesskostenhilfe** bewilligt ist, § 122 Abs. 1 S. 2 ZPO. Reicht die in der ersten Instanz vom Privatkläger geleistete Sicherheit nicht aus, kann in der Rechtsmittelinstanz eine Sicherheitsleistung unter den Voraussetzungen des § 111 ZPO verlangt werden.[2]

2   **2. Höhe der Sicherheitsleistung.** Die Höhe der Sicherheitsleistung bestimmt das Gericht nach freiem Ermessen (Abs. 2 und 3 iVm. § 112 Abs. 1 ZPO). Das Gericht hat die voraussichtlich dem Beschuldigten entstehenden Kosten zu berücksichtigen; dabei sind die Kosten aller Rechtszüge zu berücksichtigen, die dem Privatkläger zur Verfügung stehen.[3]

3   **3. Fristsetzung.** Dem Privatkläger ist nach § 113 S. 1 ZPO zur Leistung der Sicherheit eine Frist zu setzen. Versäumt der Privatkläger diese Frist, gilt § 113 S. 2 ZPO; die Privatklage ist dann durch gesonderten **Beschluss** für zurückgenommen zu erklären, das Rechtsmittel des Privatklägers ist zu verwerfen. Anders als nach § 392 kann die Privatklage jedoch unter Nachholung der Sicherheitsleistung erneut erhoben werden.[4]

4   **4. Hinterlegung.** Nach Abs. 2 kann die Sicherheitsleistung nur durch Hinterlegung von Bargeld oder Wertpapieren (entgegen § 108 Abs. 1 S 2 ZPO nicht auch durch Bankbürgschaft) bewirkt werden.

II. Prozesskostenhilfe

5   **1. Voraussetzungen.** Für die Voraussetzungen und die Wirkung der Prozesskostenhilfe gelten die §§ 114 ff. ZPO entsprechend; für das Verfahren hingegen die allgemeinen Bestimmungen der StPO.[5] Prozesskostenhilfe kann dem Privatkläger bewilligt werden; dem Beschuldigten nur, wenn er zugleich Widerkläger ist.[6] Das gilt auch für den Fall, dass der Privatkläger anwaltlich vertreten ist.[7] Für die **Beiordnung eines Rechtsanwalts** wird daher Prozesskostenhilfe bewilligt, wenn des-

---

[11] Meyer-Goßner Rn. 7.
[12] Vgl. § 37 Abs. 2; Meyer-Goßner Rn. 7.
[1] SK-StPO/Velten Rn. 1.
[2] OLG Frankfurt v. 8. 1. 1980 – 2 Ws 232/79, NJW 1980, 2032; OLG Celle v. 15. 2. 1955 – 2 Ws 198/54, NJW 1955, 724; KK-StPO/Senge Rn. 2; Meyer-Goßner Rn. 3.
[3] OLG Celle (Fn. 2); Meyer-Goßner Rn. 5.
[4] Löwe/Rosenberg/Hilger Rn. 12; Meyer-Goßner Rn. 6.
[5] OLG Düsseldorf MDR 1987, 79; KK-StPO/Senge Rn. 4; Löwe/Rosenberg/Hilger Rn. 20; SK-StPO/Velten Rn. 6; aA Meyer-Goßner Rn. 8, nach dem die §§ 114 ff. ZPO auch auf das Verfahren Anwendung finden sollen.
[6] OLG Düsseldorf v. 3. 5. 1988 – 1 Ws 92/88, NStZ 1989, 92; Meyer-Goßner Rn. 7.
[7] Meyer-Goßner Rn. 7.

sen Mitwirkung vorgeschrieben[8] oder wenn dessen Beiordnung nach § 121 Abs. 2 ZPO erforderlich ist. Die Hinzuziehung eines Rechtsanwalts ist stets dann erforderlich, wenn eine besonders **schwierige Sach- und Rechtslage** vorliegt oder wenn Akteneinsicht notwendig ist, die der Privatkläger nach § 385 Abs. 3 nur durch einen Rechtsanwalt ausüben kann.[9] Hingegen ist die Beiordnung eines Rechtsanwalts auf Seiten des Privatklägers nicht wegen § 121 Abs. 2, 2. Alt. ZPO zwingend erforderlich, weil der Angeklagte mit einem Rechtsanwalt auftritt; die Vorschrift gilt nicht entsprechend.[10] Entsprechende Anwendung findet hingegen § 121 Abs. 3 ZPO, wonach ein auswärtiger Rechtsanwalt zu den Bedingungen eines ortsansässigen beigeordnet werden kann.[11]

Voraussetzung für die Bewilligung von Prozesskostenhilfe ist ein bedürftiger Privatkläger. Er darf nach seinen persönlichen und wirtschaftlichen Verhältnissen nicht in der Lage sein, die Kosten der Prozessführung aufzubringen (§§ 114, 115 ZPO). Weiter muss die Privatklage Aussicht auf Erfolg haben und darf nicht mutwillig erhoben sein. Mutwilligkeit ist zB dann gegeben, wenn ein Verletzter, der seine Kosten selbst aufbringen müsste, von der Erhebung der Privatklage absehen würde.[12] 6

2. Antrag. Prozesskostenhilfe wird nur auf Antrag des Privatklägers bewilligt. Der Antrag ist bei dem Gericht zu stellen, bei dem die Privatklage erhoben ist oder erhoben werden soll. Wird Prozesskostenhilfe erst in der Rechtsmittelinstanz beantragt, ist zuständiges Gericht das Rechtsmittelgericht. 7

3. Entscheidung über die Bewilligung von Prozesskostenhilfe. Die Entscheidung über die Bewilligung von Prozesskostenhilfe erfolgt für jeden Rechtszug gesondert durch Beschluss.[13] Wird die Prozesskostenhilfe versagt, ist der Beschluss mit Gründen zu versehen. 8

4. Bewilligung durch Beschluss. In dem Bewilligungsbeschluss setzt das Gericht ggf. die von dem Privatkläger zu zahlenden Monatsraten und die aus dem Vermögen zu zahlenden Beträge fest. Vor der Rechtskraft der Entscheidung über die Prozesskostenhilfe darf über die Privatklage nicht entschieden werden.[14] 9

III. Rechtsmittel

Gegen die für ihn nachteilige Entscheidung über die Sicherheitsleistung kann der Privatkläger Beschwerde nach § 304 Abs. 1 einlegen. Die Beschwerde nach § 304 Abs. 1 ist zudem eröffnet, wenn dem Privatkläger Prozesskostenhilfe versagt wurde.[15] Nach § 310 Abs. 1 und 2 ist die weitere Beschwerde jedoch ausgeschlossen. Auch gegen Entscheidungen des Berufungsgerichts ist entgegen § 127 Abs. 2 S. 2, § 567 Abs. 1 ZPO die Beschwerde zulässig; dem steht auch § 305 S. 1 nicht entgegen.[16] 10

§ 379 a [Zahlung des Gebührenvorschusses]

(1) Zur Zahlung des Gebührenvorschusses nach § 16 Abs. 1 des Gerichtskostengesetzes soll, sofern nicht dem Privatkläger die Prozeßkostenhilfe bewilligt ist oder Gebührenfreiheit zusteht, vom Gericht eine Frist bestimmt werden; hierbei soll auf die nach Absatz 3 eintretenden Folgen hingewiesen werden.

(2) Vor Zahlung des Vorschusses soll keine gerichtliche Handlung vorgenommen werden, es sei denn, daß glaubhaft gemacht wird, daß die Verzögerung dem Privatkläger einen nicht oder nur schwer zu ersetzenden Nachteil bringen würde.

(3) ¹Nach fruchtlosem Ablauf der nach Absatz 1 gestellten Frist wird die Privatklage zurückgewiesen. ²Der Beschluß kann mit sofortiger Beschwerde angefochten werden. ³Er ist von dem Gericht, das ihn erlassen hat, von Amts wegen aufzuheben, wenn sich herausstellt, daß die Zahlung innerhalb der gesetzten Frist eingegangen ist.

---

[8] So bei § 390 Abs. 2.
[9] AK-StPO/*Rössner* Rn. 6; AnwK-StPO/*Schwätzler* Rn. 6; *Meyer-Goßner* Rn. 10.
[10] BVerfG v. 12. 4. 1983 – 2 BvR 1304/80 und 2 BvR 432/81, E 63, 380; OLG Düsseldorf v. 21. 6. 1985 – 1 Ws 493/85, MDR 1986, 166; *Meyer-Goßner* Rn. 10; aA AK-StPO/*Rössner* Rn. 6.
[11] OLG Hamm v. 9. 12. 1982 – 3 Ws 98/82, NJW 1983, 1507; *Meyer-Goßner* Rn. 10.
[12] Löwe/Rosenberg/*Hilger* Rn. 17; *Meyer-Goßner* Rn. 9.
[13] *Meyer-Goßner* Rn. 12.
[14] KK-StPO/*Senge* Rn. 5; *Meyer-Goßner* Rn. 12.
[15] *Meyer-Goßner* Rn. 17.
[16] OLG Hamburg v. 24. 1. 1969 – 1 Ws 55/69, NJW 1969, 944; *Meyer-Goßner* Rn. 17.

I. Fristsetzung zur Zahlung des Gebührenvorschusses (Abs. 1)

1 Nach Abs. 1 hat der Privatkläger nach § 16 Abs. 1 S. 1 GKG für die **Privatklage**, die **Berufung** und **Revision** sowie den **Wiederaufnahmeantrag** und das **Verfahren nach §§ 440, 441** einen Gebührenvorschuss in Höhe der entsprechenden Nummern des KVGKG zu zahlen. Der Widerkläger ist zur Zahlung eines Gebührenvorschusses nicht verpflichtet, § 16 Abs. 1 S. 2 GKG.[1] Die Entscheidung über die Bestimmung zur Zahlung eines Gebührenvorschusses erfolgt durch **Beschluss** des Gerichts, nicht durch den Vorsitzenden allein.[2] Mit diesem Beschluss ist der Privatkläger aufzufordern, innerhalb einer **angemessenen Frist,** deren Ende eindeutig bezeichnet werden muss,[3] den Gebührenvorschuss zu zahlen. Entgegen der gesetzlichen Ausgestaltung als Soll-Vorschrift ist die Fristbestimmung zwingend.[4] Lässt sich das Ende der Frist nicht klar erkennen, wird kein Fristbeginn ausgelöst.[5] Der Beschluss muss ferner die **Höhe des Vorschusses** bestimmen sowie auf die Rechtsfolgen des Abs. 3 S. 1 hinweisen. Vor Ablauf der Frist besteht die Möglichkeit der **Fristverlängerung auf Antrag oder von Amts wegen.**[6] Eine Fristverlängerung von Amts wegen kommt in Betracht, wenn die Zahlung durch eine eingeschaltete Rechtsschutzversicherung oder von einem Dritten angekündigt ist.[7]

2 Stellt der Privatkläger vor Fristablauf einen **Antrag auf Prozesskostenhilfe,** so wird die gesetzte Frist gegenstandslos.[8] Wird die Bewilligung von Prozesskostenhilfe versagt, so ist dem Privatkläger eine neue Frist zu setzen; wird sie bewilligt, so entfällt die Zahlung des Gebührenvorschusses endgültig.

II. Gerichtliche Handlungen vor Zahlung des Vorschusses (Abs. 2)

3 Nach Abs. 2 sollen gerichtliche Handlungen vor Zahlung des Vorschusses nicht erfolgen. Geschieht dieses gleichwohl, sind diese Handlungen trotzdem wirksam, auch wenn ein Ausnahmefall nach Abs. 2 Hs. 2 nicht vorliegt. Ein solcher Ausnahmefall des für den Privatkläger schwer ersetzbaren Nachteils nach Abs. 2 Hs. 2 liegt zB dann vor, wenn eine Wiederholung der gegen ihn gerichteten Straftat droht;[9] das Vorliegen eines solchen Nachteils ist glaubhaft zu machen.

III. Folgen der Fristversäumnis (Abs. 3)

4 Als Folge der Fristversäumnis bestimmt Abs. 3, dass die Privatklage durch Beschluss ohne Rücksicht auf ein Verschulden des Privatklägers zurückzuweisen ist.[10] Bei unverschuldeter Säumnis ist **Wiedereinsetzung in den vorigen Stand** nach §§ 44, 45 Abs. 2 möglich.

5 **Fristwahrend** ist nur die Übergabe oder der Eingang der Zahlungsmittel, auch von Gerichtskostenmarken, bei der Gerichtskasse.[11] Zur Fristwahrung genügt bereits der innerhalb der Frist erfolgte Überweisungsauftrag an die kontoführende Bank.[12] Der Nachweis der Zahlung ist zur Fristwahrung nicht erforderlich.

6 Eine aufgrund Fristversäumnis nach Abs. 3 S. 1 zurückgewiesene Privatklage kann nach § 391 Abs. 2 iVm. § 392 nicht erneut erhoben werden.[13]

IV. Rechtsmittel

7 Der Beschluss über die Zahlungsaufforderung und Fristsetzung kann nach Abs. 1 mit der einfachen **Beschwerde** nach § 304 Abs. 1 angefochten werden.[14] Die **sofortige Beschwerde** nach § 311 ist gegen den Zurückweisungsbeschluss nach Abs. 3 S. 2 eröffnet. Entgegen § 311 Abs. 3 S. 1 muss das Gericht den Zurückweisungsbeschluss von Amts wegen aufheben, wenn sich herausstellt, dass die Zahlungsfrist nicht versäumt war (S. 3).

---

[1] Meyer-Goßner Rn. 1.
[2] Löwe/Rosenberg/Hilger Rn. 4.
[3] KK-StPO/Senge Rn. 2.
[4] Löwe/Rosenberg/Hilger Rn. 6; Meyer-Goßner Rn. 2.
[5] AnwK-StPO/Schwätzler Rn. 3; KK-StPO/Senge Rn. 2; Löwe/Rosenberg/Hilger Rn. 6; Meyer-Goßner Rn. 2.
[6] OLG Hamm v. 16. 3. 1973 – 4 Ws 61/73, NJW 1973, 1206; AK-StPO/Rössner Rn. 3; SK-StPO/Velten Rn. 5; Meyer-Goßner Rn. 3.
[7] OLG Celle v. 4. 4. 1966 – 4 Ws 15/65, NJW 1966, 1670; AK-StPO/Rössner Rn. 5; KK-StPO/Senge Rn. 3; Meyer-Goßner Rn. 3.
[8] KK-StPO/Senge Rn. 2; Meyer-Goßner Rn. 4; aA OLG Hamm (Fn. 6), das eine Fristverlängerung bis zur Entscheidung über den Antrag annimmt.
[9] AK-StPO/Rössner Rn. 6; Löwe/Rosenberg/Hilger Rn. 11; Meyer-Goßner Rn. 6.
[10] OLG Bamberg v. 12. 5. 1949 – Ws 99/49, NJW 1949, 835; Löwe/Rosenberg/Hilger Rn. 12; Meyer-Goßner Rn. 8.
[11] OLG Hamm v. 26. 10. 1959 – 3 Ws 539/59, NJW 1960, 547.
[12] Meyer-Goßner Rn. 9.
[13] BayObLG v. 10. 1. 1956 – RReg 3 St 180/55, NJW 1956, 758; Meyer-Goßner Rn. 11; aA OLG Hamburg v. 27. 1. 1989 – 1 Ws 283/88, NStZ 1989, 244; KMR/Stöckel Rn. 6; Löwe/Rosenberg/Hilger Rn. 14.
[14] BayObLG v. 15. 4. 1955 – RReg 3 St 304/54, NJW 1955, 1199; KMR/Stöckel Rn. 9; Meyer-Goßner Rn. 12.

Der Beschuldigte kann die Ablehnung seines Antrags auf Zurückweisung der Privatklage nicht anfechten, da er insoweit nicht beschwert ist;[15] ihm wird keine bereits begründete Rechtsposition genommen. 8

V. Auslagenvorschuss

Auf den **Auslagenvorschuss** nach § 17 Abs. 1 GKG findet die Regelung des § 379a keine Anwendung. Der Auslagenvorschuss ist nur auf gerichtliche Anordnung vom Privatkläger oder vom Beschuldigten, wenn Letzterer die Vornahme einer Handlung als Widerkläger beantragt, § 17 Abs. 4 S. 1 GKG, zu zahlen. Nach § 17 Abs. 3 GKG entfällt die Vorschusspflicht, wenn das Gericht von Amts wegen tätig wird. Der Auslagenvorschuss muss jedoch auch dann gezahlt werden, wenn das Gericht die Ladung von vom Beschuldigten benannten Zeugen anordnet.[16] Nach § 17 Abs. 1 S. 2 GKG hat die Nichtzahlung des Vorschusses zur Folge, dass die beantragte Handlung unterbleibt. 9

§ 380 [Erfolgloser Sühneversuch]

(1) [1] Wegen Hausfriedensbruchs, Beleidigung, Verletzung des Briefgeheimnisses, Körperverletzung (§§ 223 und 229 des Strafgesetzbuches), Bedrohung und Sachbeschädigung ist die Erhebung der Klage erst zulässig, nachdem von einer durch die Landesjustizverwaltung zu bezeichnenden Vergleichsbehörde die Sühne erfolglos versucht worden ist. [2] Gleiches gilt wegen einer Straftat nach § 323a des Strafgesetzbuches, wenn die im Rausch begangene Tat ein in Satz 1 genanntes Vergehen ist. [3] Der Kläger hat die Bescheinigung hierüber mit der Klage einzureichen.

(2) Die Landesjustizverwaltung kann bestimmen, daß die Vergleichsbehörde ihre Tätigkeit von der Einzahlung eines angemessenen Kostenvorschusses abhängig machen darf.

(3) Die Vorschriften der Absätze 1 und 2 gelten nicht, wenn der amtliche Vorgesetzte nach § 194 Abs. 3 oder § 230 Abs. 2 des Strafgesetzbuches befugt ist, Strafantrag zu stellen.

(4) Wohnen die Parteien nicht in demselben Gemeindebezirk, so kann nach näherer Anordnung der Landesjustizverwaltung von einem Sühneversuch abgesehen werden.

I. Sühneversuch vor Vergleichsbehörde

Durch das Sühneverfahren soll dem öffentlichen Interesse an einer **Befriedung der Parteien** durch Vergleich gerecht und der zur Privatklage Berechtigte von einer übereilten Klageerhebung abgehalten werden.[1] Vergleichsbehörden sind **Organe der Rechtspflege** und funktionell mit der Justizverwaltung verbunden.[2] **Vergleichsbehörden** im Sinne des Abs. 1 S. 1 sind: 1

Bundesland	Vergleichsbehörde	Rechtsvorschrift	2
Baden-Württemberg	Gemeinde	Gemeinde § 37 S. 1 BWAGGVG sowie VO v. 23. 10. 1971 (GBl. 422)	
Bayern	Gemeinde	Art. 49 Abs. 1 BayAGGVG und VO v. 13. 12. 1956 (BayBS I 611)	
Berlin	Schiedsamt	§ 35 SchiedsamtsG v. 7. 4. 1994 (GVBl. 109)	
Brandenburg	Schiedsstelle	Gesetz v. 13. 9. 1990 (GBl. 1527)	
Bremen	Amtsgericht	§ 2 AGStPO vom 18. 12. 1958 (GBl. 103), zuletzt geändert durch Bekanntmachung v. 16. 8. 1988 (GBl. 223) und VO v. 30. 12. 1958 (GBl. 105), zuletzt geändert durch Art. 2 des Gesetzes v. 4. 12. 2001 (GVBl. 407)	
Hamburg	Öffentliche Rechtsauskunfts- und Vergleichsstelle	§ 1 VO v. 4. 2. 1946 (VBl. 13) und GeschäftsO v. 15. 11. 1946 (Amtl. Anz. 1947, 10), zuletzt geändert durch VO v. 8. 12. 1974 (GVBl. 381)	
Hessen	Schiedsamt	§ 37 SchiedsamtsG v. 23. 3. 1994 (GVBl. 148) zuletzt geändert durch Art. 2 des Gesetzes v. 17. 12. 02 (GVBl. 809)	

---

[15] KMR/*Stöckel* Rn. 11; *Meyer-Goßner* Rn. 12.
[16] AnwK-StPO/*Schwätzler* Rn. 10; Löwe/Rosenberg/*Hilger* § 379 Rn. 2, 3; *Meyer-Goßner* Rn. 13; aA KK-StPO/*Senge* Rn. 7.
[1] KMR/*Stöckel* Rn. 1; Löwe/Rosenberg/*Hilger* Rn. 34; SK-StPO/*Velten* Rn. 1 ff.
[2] BGH v. 11. 12. 1961 – III ZR 172/60, Z 36, 193; Löwe/Rosenberg/*Hilger* Rn. 5.

Bundesland	Vergleichsbehörde	Rechtsvorschrift
Mecklenburg-Vorpommern	Schiedsstelle	Gesetz v. 13.9.1990 (GBl. 1527)
Niedersachsen	Schiedsamt	§ 37 SchiedsamtsG v. 1. 2. 1989 (GVBl. 389)
Nordrhein-Westfalen	Schiedsamt	§ 34 SchiedsamtsG v. 16. 12. 1992 (GVBl. 1993, 32), geändert durch Art. 2 des Gesetzes v. 9. 5. 2000 (GVBl. 476)
Rheinland-Pfalz	Schiedsperson	§§ 9 ff. SchiedsamtsO idF v. 12. 4. 1991 (GVBl. 209), zuletzt geändert durch Art. 1 des Gesetzes v. 25. 5. 2000 (GVBl. 215)
Saarland	Schiedsleute	§§ 30 ff. SchiedsO v. 6. 9. 1989 (ABl. 1509), geändert durch Gesetz v. 15. 7. 1992 (ABl. 838)
Sachsen	Schiedsstelle	Gesetz v. 13. 9. 1990 (GBl. 1527)
Sachsen-Anhalt	Schiedsstelle	Gesetz v. 13. 9. 1990 (GBl. 1527)
Schleswig-Holstein	Schiedsamt	§ 35 SchiedsO v. 10. 4. 1991 (GVBl. 232), geändert durch Gesetz vom 11. 12. 2001 (GVBl. 361)
Thüringen	Schiedsstelle	Gesetz v. 13. 9. 1990 (GBl. 1527)[3]

II. Sühneverfahren

3 **1. Katalogtat (Abs. 1).** Abs. 1 S. 1 und 2 bezeichnet die Delikte, wegen derer ein Sühneversuch erforderlich ist. Zuständig für die Durchführung des Sühneverfahrens sind die in Rn. 2 bezeichneten Stellen. Die Einhaltung des Sühneversuches ist **von Amts wegen** zu prüfen. Fehlt dieser, wird die Klage mit der Kostenfolge aus § 471 Abs. 2 als unzulässig zurückgewiesen.[4] Der Sühneversuch ist damit **Klagevoraussetzung,** nicht Prozessvoraussetzung.[5] Eine mangels Sühneversuch zurückgewiesene Privatklage kann aber bis zum Eintritt der Verjährung erneut erhoben werden.[6] Die vorherige Durchführung eines Sühneverfahrens ist nicht erforderlich, wenn eine Straftat nach Abs. 1 S. 1 und 2 mit einer anderen Straftat nach § 374 Abs. 1 zusammentrifft und eine einheitliche Tat iSd § 264 bildet.[7] Sie entfällt auch für die Widerklage, für den Beitritt nach § 375 Abs. 2 und für die Nachtragsanklage.[8]

4 Nach Erhebung der Privatklage kann der Sühneversuch nach hM nicht mehr nachgeholt werden.[9] Eröffnet das Gericht jedoch das Hauptverfahren trotz fehlenden Sühneversuchs, wirkt sich dieser Mangel nicht aus; das Fehlen des Sühneversuchs wird durch die **Durchführung des Hauptverfahrens geheilt.**[10] Hat das Gericht in Ermangelung eines durchgeführten Sühneversuchs die Privatklage zurückgewiesen, kann der Mangel nicht durch Beschwerde angefochten werden.[11]

5 **2. Verfahren.** Das Sühneverfahren ist noch **kein Strafverfahren;** da die Vergleichsbehörde demnach kein Strafverfolgungsorgan ist, besteht keine Belehrungspflicht nach § 136 Abs. 1.[12]

6 Bleibt der Sühneversuch erfolglos, wird die **Bescheinigung nach Abs. 1 S. 3** erteilt. Sie muss sich auf dieselbe Tat und dieselben Parteien beziehen wie die Privatklage. Da das Gericht die Einhaltung des Sühneversuchs in der Regel von Amts wegen vor Zulassung der Privatklage prüft, ist die Bescheinigung nach Abs. 1 S. 3 bereits der Privatklage beizulegen. Erfolgt dies nicht, kann bis zur Entscheidung des Gerichts über die Zulässigkeit der Privatklage die Bescheinigung nachgereicht werden.[13] Ggf. kann das Gericht aus **Fürsorgegründen** den Privatkläger unter Fristsetzung zur

---

[3] *Meyer-Goßner* Rn. 2.
[4] LG Aachen v. 9. 12. 1960 – III Qs 712/60, NJW 1961, 524; LG Hamburg v. 12. 9. 1972 – 39 Qs 128/71, NJW 1973, 382; *Meyer-Goßner* Rn. 11.
[5] OLG Hamburg v. 9. 11. 1955 – Vs 11/55, NJW 1956, 522; LG Neubrandenburg v. 2. 11. 1994 – II Qs 81/94, NStZ 1995, 149.
[6] OLG Hamm v. 18. 7. 1983 – 6 Vs 1/83, NJW 1984, 249; KMR/*Stöckel* Rn. 5, 8; *Meyer-Goßner* Rn. 12; aA LG Bonn v. 28. 10. 1963 – 13 Qs 567/63, NJW 1964, 417; LG Verden v. 28. 10. 1974 – 5 Qs 18/74, MDR 1975, 247.
[7] KMR/*Stöckel* Rn. 11.
[8] *Meyer-Goßner* Rn. 6.
[9] LG Aachen v. 31. 5. 1956 – III Qs 126/56, NJW 1956, 1611; LG Hamburg v. 12. 9. 1972 – 39 Qs 128/71, NJW 1973, 382; Löwe/Rosenberg/*Hilger* Rn. 37 ff.; *Meyer-Goßner* Rn. 10; aA LG Bielefeld JR 1951, 695; *Reiff* NJW 1956, 500.
[10] BayObLG v. 26. 3. 1958 – RevReg 1 St 961/57, NJW 1958, 1149; OLG Hamburg (Fn. 5); KK-StPO/*Senge* Rn. 8; *Meyer-Goßner* Rn. 10.
[11] LG Stuttgart v. 25. 6. 1963 – I Qs 515/63, NJW 1963, 1792.
[12] KK-StPO/*Senge* Rn. 7; Löwe/Rosenberg/*Hilger* Rn. 34; *Meyer-Goßner* Rn. 7.
[13] LG München I v. 21. 10. 1955 – III Qs 47/55, NJW 1956, 74; LG Stuttgart (Fn. 11).

Erster Abschnitt. Privatklage 1–4 § 381

Vorlage der Bescheinigung auffordern.[14] Bis zur Ausstellung der Bescheinigung ruht die **Strafantragsfrist**, vgl. § 77b Abs. 5 StGB.

3. Sühnevergleich. Ist das Sühneverfahren erfolgreich, wird ein Sühnevergleich geschlossen, der 7 sich an § 779 Abs. 1 BGB orientiert.[15] In dem Sühnevergleich ist ein Verzicht auf das Privatklagerecht enthalten; der Vergleich führt jedoch nicht automatisch zur Zurücknahme des Strafantrags. Dieses nur, wenn dies ausdrücklich in dem Vergleich vereinbart wurde.[16] Vom Vergleich unberührt bleiben weiter die Rechte der StA und anderer Klageberechtigter.[17]

III. Ausnahmen gemäß Abs. 3 und 4

Der Sühneversuch ist nach Abs. 3 entbehrlich, wenn eine Beleidigung oder eine Körperverletzung eines **Amtsträgers** vorliegt und der Vorgesetzte befugt ist, Strafantrag zu stellen. Die Befugnis reicht dabei aus; der Strafantrag muss nicht auch tatsächlich vom Vorgesetzten gestellt worden sein.[18] 8

Nach Abs. 4 kann der Sühneversuch entfallen, wenn die Parteien in **verschiedenen Gemeindebezirken wohnen,** es sei denn, die Anordnungen der Landesjustizverwaltungen ergeben etwas anderes. Besteht keine Vergleichsbehörde, weil in einem Bundesland noch keine Schiedsstellen eingerichtet oder abgeschafft worden sind, entfällt der Sühneversuch.[19] 9

§ 381 [Erhebung der Klage]

¹ Die Erhebung der Klage geschieht zu Protokoll der Geschäftsstelle oder durch Einreichung einer Anklageschrift. ² Die Klage muß den in § 200 Abs. 1 bezeichneten Erfordernissen entsprechen. ³ Mit der Anklageschrift sind zwei Abschriften einzureichen.

I. Erhebung der Privatklage (S. 1)

1. Erhebung der Privatklage. Die Privatklage kann **schriftlich** bei dem nach §§ 7ff. örtlich zuständigen Amtsgericht (§ 25 Nr. 1 GVG) oder **zu Protokoll der Geschäftsstelle** erhoben werden.[1] Im Falle der Klageerhebung zu Protokoll der Geschäftsstelle wirkt sich die Erklärung gegenüber einem örtlich nicht zuständigen Gericht nicht auf die Zulässigkeit der Klage aus.[2] Nimmt der Privatkläger Bezug auf andere **Schriftstücke**, macht dieses die Privatklage nicht unzulässig, erfordert aber die Beifügung einer Abschrift dieser Schriftstücke.[3] Mit der Anklageschrift sind zwei **Abschriften** einzureichen (S. 3). Wird die Klage zu Protokoll der Geschäftsstelle erhoben, fertigt das Gericht die Abschriften.[4] 1

2. Bedingungsfeindlichkeit. Die Klage darf nicht unter einer **Bedingung**, zB der Bewilligung von Prozesskostenhilfe, erhoben werden.[5] 2

3. Bevollmächtigte. Für die Klageerhebung durch **Bevollmächtigte** gilt § 378.[6] 3

II. Inhalt der Privatklage (S. 2)

1. Inhalt. Die Privatklage muss inhaltlich den **Anforderungen des § 200 Abs. 1**[7] entsprechen. Die Klageschrift muss das Gericht, den Beschuldigten, die ihm zur Last gelegte Tat, Zeit und Ort ihrer Begehung, die gesetzlichen Merkmale der Straftat, die anzuwendenden Vorschriften und die Beweismittel bezeichnen. Der Mitteilung des wesentlichen Ergebnisses der Ermittlungen bedarf es jedoch nicht.[8] 4

---

[14] *Meyer-Goßner* Rn. 9.
[15] *Meyer-Goßner* Rn. 8.
[16] *Meyer-Goßner* Rn. 8.
[17] KMR/*Stöckel* Rn. 4; Löwe/Rosenberg/*Hilger* Rn. 49 f.; *Meyer-Goßner* Rn. 8.
[18] KK-StPO/*Senge* Rn. 9; *Meyer-Goßner* Rn. 14.
[19] BezirksG Meiningen v. 11. 3. 1992 – Qs 26/92, NStZ 1992, 404; Löwe/Rosenberg/*Hilger* Rn. 56; *Meyer-Goßner* Rn. 16; aA LG Neubrandenburg (Fn. 5); *Kurt* NStZ 1997, 1, nach dessen Auffassung der Sühneversuch vom Gericht im Rahmen des Strafverfahrens zu unternehmen ist.
[1] Löwe/Rosenberg/*Hilger* Rn. 1; *Meyer-Goßner*, Rn. 1; SK-StPO/*Velten* Rn. 2.
[2] *Meyer-Goßner*, Rn. 1.
[3] AnwK-StPO/*Schwätzler* Rn. 2; Löwe/Rosenberg/*Hilger* Rn. 3; *Meyer-Goßner* Rn. 1.
[4] Löwe/Rosenberg/*Hilger* Rn. 2; *Meyer-Goßner* Rn. 1.
[5] Löwe/Rosenberg/*Hilger* Rn. 5; *Meyer-Goßner* Rn. 2; SK-StPO/*Velten* Rn. 5; aA LG Köln v. 26. 3. 1958 – 35 Qs 87/58, MDR 1958, 622; differenzierend KMR/*Stöckel* Rn. 4.
[6] Vgl. § 378 Rn. 2.
[7] Vgl. § 200 Rn. 3 ff.
[8] *Bohlander* NStZ 1994, 420; KK-StPO/*Senge* Rn. 3; Löwe/Rosenberg/*Hilger* Rn. 4; *Meyer-Goßner* Rn. 3; SK-StPO/*Velten* Rn. 6.

5 2. **Mängel.** Bei **Mängeln** der Klageschrift wird diese zurückgewiesen bzw. dem Privatkläger eine Frist zur Behebung gesetzt.[9]

§ 382 [Klagemitteilung an Beschuldigten]

Ist die Klage vorschriftsmäßig erhoben, so teilt das Gericht sie dem Beschuldigten unter Bestimmung einer Frist zur Erklärung mit.

I. Verfahren des Gerichts

1 1. **Gewährung rechtlichen Gehörs.** Die Vorschrift dient der Gewährung rechtlichen Gehörs iSd Art. 103 Abs. 1 GG. In der Regel ist dem Privatklageverfahren kein Ermittlungsverfahren vorgeschaltet, sodass die Mitteilung der Klage die erste Kenntnisnahmemöglichkeit für den Beschuldigten darstellt, um die mit der Klage gegen ihn erhobenen Vorwürfe auszuräumen, Stellung zu nehmen, Einwendungen zu erheben und im Hinblick auf die Eröffnungsentscheidung Beweiserhebungen beantragen zu können.[1]

2 2. **Ordnungsgemäße Klageerhebung.** Das Gericht prüft zunächst, ob die Klage vorschriftsmäßig im Sinne der §§ 379 bis 381 erhoben wurde. Hingegen prüft das Gericht das Vorliegen der **Prozessvoraussetzungen**, wie zum Beispiel die Zulässigkeit der Privatklage, die Zuständigkeit des angerufenen Gerichts, die rechtliche und tatsächliche Begründetheit der Klage sowie das Vorliegen eines Strafantrages etc., erst vor der Entscheidung über die Eröffnung des Hauptverfahrens.[2]

3 3. **Mitteilung an Beschuldigten.** Ist die Privatklage vorschriftsmäßig erhoben, wird sie dem Beschuldigten oder seinem Verteidiger (§ 145a Abs. 1) **unter Bestimmung einer Erklärungsfrist** mitgeteilt. Innerhalb dieser Frist kann der Beschuldigte entsprechend § 201 zu den Vorwürfen Stellung nehmen, Einwendungen gegen die Eröffnung des Hauptverfahrens vorbringen und Beweiserhebungen beantragen.[3] Eine **Belehrung** nach § 136 Abs. 1 S. 2 des Beschuldigten kann unterbleiben, weil die Mitteilung keine Anordnung der Vernehmung darstellt; durch die Mitteilung wird die Verjährung nicht gehemmt.[4]

4 4. **Zurückweisung bei nicht ordnungsgemäßer Klageerhebung.** Wurde die Klage nicht vorschriftsmäßig erhoben, wird grundsätzlich die Privatklage ohne Mitteilung an den Beschuldigten **zurückgewiesen.** Lediglich dann, wenn der Mangel der Privatklage noch behoben werden kann, wird dem Privatkläger unter Angabe des Mangels dafür eine **Frist gesetzt**, nach deren fruchtlosem Ablauf die Klage zurückgewiesen wird. In beiden Fällen erfolgt die Zurückweisung durch **Beschluss**, gegen den die einfache Beschwerde nach § 304 Abs. 1 eröffnet ist, sofern keine Sonderregelung besteht wie in § 379a Abs. 3 S. 2.[5]

5 5. **Erneute Klageerhebung.** Die Privatklage kann erneut nach Beseitigung des Mangels erhoben werden. Die Zustellung einer nicht vorschriftsmäßig erhobenen Privatklage kann Amtshaftungsansprüche auslösen.[6]

II. Mitteilung an StA

6 Das Gericht legt die Privatklage der StA nur vor, wenn das Gericht die Übernahme der Verfolgung durch die StA für geboten hält, § 377 Abs. 1 S. 2. Darüber hinaus sind jedoch die von Amts wegen zu beachtenden **Mitteilungspflichten** nach MiStra Nr. 4 Abs. 1 S. 1 Nr. 2, 16 Abs. 3, 23 Abs. 3, 26 Abs. 2, 28 Abs. 2, 39 Abs. 2 sowie § 14 Abs. 2 GVG zu beachten.[7]

§ 383 [Eröffnung, Zurückweisung oder Einstellung]

(1) [1]Nach Eingang der Erklärung des Beschuldigten oder Ablauf der Frist entscheidet das Gericht darüber, ob das Hauptverfahren zu eröffnen oder die Klage zurückzuweisen ist, nach Maßgabe der Vorschriften, die bei einer von der Staatsanwaltschaft unmittelbar erhobenen Anklage

---

[9] Vgl. § 382 Rn. 4.
[1] AnwK-StPO/*Schwätzler* Rn. 1; SK-StPO/*Velten* Rn. 1.
[2] AK-StPO/*Rössner* Rn. 1; KK-StPO/*Senge* Rn. 1; Löwe/Rosenberg/*Hilger* Rn. 1; *Meyer-Goßner* Rn. 1; vgl. § 383 Rn. 2.
[3] AK-StPO/*Rössner* Rn. 4; KK-StPO/*Senge* Rn. 5; Löwe/Rosenberg/*Hilger* Rn. 5; *Meyer-Goßner* Rn. 2; vgl. § 201 Rn. 5.
[4] BayObLG v. 25. 7. 1977 – 5 RReg St 113/77, MDR 1978, 72; AK-StPO/*Rössner* Rn. 3; KK-StPO/*Senge* Rn. 5; KMR/*Stöckel* Rn. 2; Löwe/Rosenberg/*Hilger* Rn. 6; aA SK-StPO/*Velten* Rn. 2 ff.
[5] LG Hannover NdsRpfl 1966, 18; KK-StPO/*Senge* Rn. 2; KMR/*Stöckel* Rn. 8; *Meyer-Goßner* Rn. 3.
[6] LG Lüneburg v. 12. 7. 1961 – 2 O 310/61, NJW 1961, 2349; KK-StPO/*Senge* Rn. 3; Löwe/Rosenberg/*Hilger* Rn. 1.
[7] *Meyer-Goßner* Rn. 4.

§ 384 1–3   *Fünftes Buch. Beteiligung des Verletzten am Verfahren*

kläger rechtliches Gehör nach § 33 Abs. 3 zu gewähren, wenn das Gericht die Zurückweisung auf allgemein kundige Tatsachen stützt.[10] Nach rechtskräftiger Zurückweisung der Privatklage ist eine neue Privatklage entsprechend § 211 nur aufgrund neuer Tatsachen oder Beweismittel zulässig.[11] Dies gilt nicht, wenn die Zurückweisung aus verfahrensrechtlichen Gründen erfolgt; der Privatkläger kann eine neue Privatklage erheben, sobald der Mangel beseitigt ist.[12] Bei Zurückweisung wegen Vorliegens eines Offizialdelikts gibt der Richter die Sache nach Rechtskraft des Beschlusses an die StA ab.[13]

IV. Rechtsmittel

6   Den Eröffnungsbeschluss kann weder der Angeklagte noch der Privatkläger anfechten, vgl. § 210 Abs. 1. Gegen den Zurückweisungsbeschluss kann der Privatkläger nach § 390 Abs. 1 S. 1 iVm. § 210 Abs. 2 die sofortige Beschwerde nach § 311 einlegen.[14]

§ 384 [Weiteres Verfahren]

(1) ¹Das weitere Verfahren richtet sich nach den Vorschriften, die für das Verfahren auf erhobene öffentliche Klage gegeben sind. ²Jedoch dürfen Maßregeln der Besserung und Sicherung nicht angeordnet werden.

(2) § 243 ist mit der Maßgabe anzuwenden, daß der Vorsitzende den Beschluß über die Eröffnung des Hauptverfahrens verliest.

(3) Das Gericht bestimmt unbeschadet des § 244 Abs. 2 den Umfang der Beweisaufnahme.

(4) Die Vorschrift des § 265 Abs. 3 über das Recht, die Aussetzung der Hauptverhandlung zu verlangen, ist nicht anzuwenden.

(5) Vor dem Schwurgericht kann eine Privatklagesache nicht gleichzeitig mit einer auf öffentliche Klage anhängig gemachten Sache verhandelt werden.

I. Verweisung (Abs. 1 S. 1)

1   **1. Verweisung auf Vorschriften für das Offizialverfahren.** Nach Abs. 1 S. 1 gelten die **Vorschriften für das Offizialverfahren** für das weitere Privatklageverfahren, soweit nicht in den Abs. 2 bis 5 und den §§ 385 ff. etwas anderes bestimmt wird oder die Mitwirkung des Privatklägers anstelle der StA Änderungen erfordern.[1] Anwendbar sind daher die §§ 48 ff. und 72 ff., der § 206 a, die §§ 213 ff. und 226 ff., die Vorschriften über Rechtsmittel, §§ 296 ff., die Wiederaufnahme, §§ 359 ff., die Strafvollstreckung und die Kosten des Verfahrens, §§ 449 ff.[2]

2   **2. Zwangsmittel.** Hingegen sind **Zwangsmittel** im Privatklageverfahren nur beschränkt zulässig. So darf ein Haftbefehl nicht erlassen werden, solange die StA die Verfolgung nach §§ 376, 377 nicht übernommen hat.[3] Unzulässig ist weiter die Unterbringung zur Beobachtung nach § 81.[4] Sofern der Verhältnismäßigkeitsgrundsatz Beachtung gefunden hat, kann jedoch die Beschlagnahme von Beweismitteln nach § 94 und von Einziehungsgegenständen nach § 111 b ff. zulässig sein.[5] Ebenfalls ist die Durchsuchung zum Zwecke der Beschlagnahme, §§ 102 ff., 111 b Abs. 4, möglich, aber nicht zur Ergreifung des Beschuldigten.[6] Maßnahmen gegen Zeugen und Sachverständige nach §§ 51, 70, 77 können angeordnet werden.[7] Weiter zulässig sind sitzungspolizeiliche Maßnahmen nach § 176 ff GVG.[8]

3   **3. Nachtragsanklage.** Unter den Voraussetzungen des § 266 ist mit Zustimmung des Beschuldigten die **Nachtragsanklage** ohne erfolglosen vorherigen Sühneversuch zulässig.[9]

---

[10] BVerfGE 12, 110; *Meyer-Goßner* Rn. 7.
[11] KK-StPO/*Senge*, Rn. 9; *Meyer-Goßner* Rn. 8; vgl. § 211 Rn. 3.
[12] *Meyer-Goßner* Rn. 8; vgl. auch § 382 Rn 4.
[13] *Meyer-Goßner* Rn. 8.
[14] KK-StPO/*Senge* Rn. 8; Löwe/Rosenberg/*Hilger* Rn. 14; *Meyer-Goßner* Rn. 9.
[1] *Meyer-Goßner* Rn. 1.
[2] Löwe/Rosenberg/*Hilger* Rn. 1; *Meyer-Goßner* Rn. 2.
[3] *Meyer-Goßner* Rn. 5.
[4] *Meyer-Goßner* Rn. 6.
[5] *Meyer-Goßner* Rn. 7 mwN.
[6] Löwe/Rosenberg/*Hilger* Rn. 22; *Meyer-Goßner* Rn. 8.
[7] KK-StPO/*Senge* Rn. 5 ff.; Löwe/Rosenberg/*Hilger* Rn. 20 ff.; *Meyer-Goßner* Rn. 9; aA *Sangmeister* NJW 1964, 16.
[8] KK-StPO/*Senge* Rn. 5 ff.; Löwe/Rosenberg/*Hilger* Rn. 20 ff.; *Meyer-Goßner* Rn. 10; aA *Sangmeister* NJW 1964, 16.
[9] KK-StPO/*Senge* Rn. 4; Löwe/Rosenberg/*Hilger* Rn. 17; *Meyer-Goßner* Rn. 3. Vgl. zu den Voraussetzungen § 266 Rn. 17 ff.

anzuwenden sind. ²In dem Beschluß, durch den das Hauptverfahren eröffnet wird, bezeichnet das Gericht den Angeklagten und die Tat gemäß § 200 Abs. 1 Satz 1.

(2) ¹Ist die Schuld des Täters gering, so kann das Gericht das Verfahren einstellen. ²Die Einstellung ist auch noch in der Hauptverhandlung zulässig. ³Der Beschluß kann mit sofortiger Beschwerde angefochten werden.

I. Entscheidung über die Eröffnung des Hauptverfahrens (Abs. 1)

1. Regelungsgehalt. Die Vorschrift bestimmt, unter welchen **Voraussetzungen** das Gericht das **Hauptverfahren eröffnet**, die Klage **zurückweist** oder wegen **Geringfügigkeit der Schuld** des Täters die Einstellung des Verfahrens beschließt. Die Entscheidung des Gerichts über die Eröffnung des Hauptverfahrens entspricht den §§ 199 ff. Das Gericht entscheidet nach Eingang der Erklärung des Beschuldigten oder nach Ablauf der ihm nach § 382 gesetzten Frist (S. 1). Die Erklärung des Beschuldigten muss dem Privatkläger nicht bekannt gegeben werden.¹ Funktional ist der **Strafrichter** für die Entscheidung zuständig, § 199 Abs. 1, § 25 Nr. 1 GVG. Die Anordnung von Untersuchungshaft ist ebenso wie das beschleunigte Verfahren im Privatklageverfahren ausgeschlossen.²

2. Prüfungspflicht des Gerichts. Die Prüfungspflicht des Gerichts umfasst die **allgemeinen Verfahrensvoraussetzungen, Prozesshindernisse,** die **besonderen Privatklagevoraussetzungen**, wie die Klageberechtigung des Klägers, die **private Klagefähigkeit,** das Nichtvorliegen eines Offizialdelikts und das Vorliegen eines **hinreichenden Tatverdachts.**³ Der hinreichende Tatverdacht muss sich aus dem Inhalt der Klageschrift mit den entsprechenden Beweisangeboten ergeben. Zur Ermittlung des Sachverhalts kann das Gericht von Amts wegen oder auf Antrag einzelne Beweiserhebungen nach § 202 S. 1 anordnen und selbst vornehmen oder im Wege der Rechtshilfe vornehmen lassen.⁴ Das Gericht kann auch die Polizei oder die eigene Geschäftsstelle mit der Beweiserhebung beauftragen.⁵ Im Rahmen richterlicher Beweiserhebungen haben der Privatkläger und sein Rechtsanwalt sowie der Beschuldigte und dessen Verteidiger bei der richterlichen Vernehmung ein **Anwesenheitsrecht** nach §§ 168c, 168d. Dem Privatkläger und dem Beschuldigten muss **Gelegenheit zur Äußerung** nach § 33 gegeben werden, wenn weitere Beweiserhebungen ohne deren Beteiligung und zu deren Nachteil stattgefunden haben.⁶

II. Eröffnung des Hauptverfahrens

1. Eröffnungsbeschluss. Über die Eröffnung des Hauptverfahrens beschließt das Gericht entsprechend § 203, wenn keine Prozesshindernisse erkennbar sind, nach dem Vorbringen des Privatklägers ein Privatklagedelikt vorliegt und der Beschuldigte nach diesem Vorbringen einer Straftat hinreichend verdächtig erscheint. Die **Glaubhaftigkeit** des Vorbringens wird jedoch erst in der Hauptverhandlung beurteilt.⁷

2. Anklagesatz. Im Eröffnungsbeschluss formuliert der Strafrichter den Anklagesatz, wie er im Offizialverfahren von der StA vorgenommen werden würde. Durch den Beschluss wird der Verhandlungsstoff für die Hauptverhandlung festgelegt. Mit der Zulassung der Privatklage zur Hauptverhandlung wird die Privatklage **rechtshängig**. Nach § 384 Abs. 2 ist der Eröffnungsbeschluss zu verlesen.

III. Zurückweisung der Privatklage

Die Zurückweisung der Privatklage erfolgt, wenn mindestens eine Voraussetzung für die Eröffnung fehlt oder wenn hinreichender Tatverdacht für ein Offizialdelikt vorliegt und die StA das Verfahren nicht übernimmt.⁸ Der **Zurückweisungsbeschluss** ist zu begründen und mit einer **Kostenentscheidung** nach § 471 Abs. 2 zu versehen; dem Privatkläger sind die Kosten einschließlich der notwendigen Auslagen des Beschuldigten aufzuerlegen.⁹ Vor Beschlussfassung ist dem Privat

---

¹ *Meyer-Goßner* Rn. 2.
² KK-StPO/*Senge* Rn. 1; KMR/*Stöckel* Rn. 2; Löwe/Rosenberg/*Hilger* Rn. 2.
³ KK-StPO/*Senge* Rn. 2 ff.; *Meyer-Goßner* Rn. 3.
⁴ OLG Zweibrücken v. 14. 6. 1965 – Ws 142/65, NJW 1966, 685; KK-StPO/*Senge* Rn. 5; KMR/*Stöckel* Rn. 11; *Meyer-Goßner* Rn. 4; vgl. § 202 Rn. 4.
⁵ BayVerfG v. 22. 1. 1962 – Vf VI 14/61, NJW 1962, 531; OLG Zweibrücken (Fn. 4).
⁶ BVerfG v. 22. 9. 1958 – 1 BvR 268/58, NJW 1958, 1723; KK-StPO/*Senge* Rn. 5; Löwe/Rosenberg/*Hilger* Rn. 11; *Meyer-Goßner* Rn. 4.
⁷ AnwK-StPO/*Schwätzler* Rn. 3; Löwe/Rosenberg/*Hilger* Rn. 8; *Meyer-Goßner* Rn. 5; aA *Nierwetberg* NStZ 1989, 212 nach dessen Auffassung der Privatkläger bereits die wesentlichen Beweisunterlagen vorzulegen hat.
⁸ *Meyer-Goßner* Rn. 7.
⁹ KK-StPO/*Senge* Rn. 7; *Meyer-Goßner* Rn. 7.

II. Maßregeln (Abs. 1 S. 2)

Nach Abs. 1 S. 2 sind **Maßregeln der Besserung und Sicherung** im Privatklageverfahren unzulässig. Hält das Gericht eine solche Maßregel für geboten, wird das Gericht die Privatklage zunächst nach § 383 Abs. 1 zurückweisen. Nach Eröffnung des Hauptverfahrens stellt das Gericht das Verfahren nach § 206a bzw. nach der Hauptverhandlung nach § 389 Abs. 1 ein. § 270 findet im Privatklageverfahren keine Anwendung, so dass eine Verweisung nicht möglich ist.[10] 4

III. Verlesen des Eröffnungsbeschlusses (Abs. 2)

Nach Abs. 2 verliest der Vorsitzende an Stelle der StA die Privatklageschrift in der Fassung des Eröffnungsbeschlusses. 5

Die Prozessbeteiligten sind berechtigt, **Beweisanträge** nach § 244 Abs. 3 bis Abs. 5 zu stellen; das Gericht muss einem Beweisantrag jedoch nur dann nachgehen, wenn es dies für die weitere Aufklärung des Sachverhalts nach § 244 Abs. 2 für erforderlich hält.[11] Das Verbot der Vorwegnahme der Beweiswürdigung gilt im Privatklageverfahren nicht.[12] Beweisanträge dürfen daher auch mit der Begründung abgelehnt werden, dass das Gegenteil der Beweistatsache bereits erwiesen sei und das neue Beweismittel nicht geeignet ist, die Überzeugung des Gerichts zu erschüttern.[13] Dementgegen gilt § 246 Abs. 2 auch im Privatklageverfahren; ein Beweisantrag darf daher nicht mit der Begründung abgelehnt werden, dieser sei verspätet gestellt.[14] Selbst wenn keiner der Ablehnungsgründe des § 244 Abs. 2, S. 2, 3 vorliegt, muss das Gericht den Anträgen der Prozessbevollmächtigten nicht stattgeben, von ihnen herbeigeführte Beweismittel zu benutzen oder die nach § 386 Abs. 2 unmittelbar geladenen Zeugen und Sachverständigen zu vernehmen.[15] Zur Ablehnung eines Beweisantrags, der nicht im Urteil beschieden werden kann, bedarf es nach §§ 34, 244 Abs. 6 eines Gerichtsbeschlusses.[16] Die Begründung muss den in § 244 Abs. 3, Abs. 4 bzw. § 245 Abs. 2 S. 2, S. 3 genannten Gründen entsprechen. Erfolgt die Ablehnung nicht im Zuge der vorgenannten Gründe, genügt jedoch der Hinweis darauf, dass das Gericht den Sachverhalt für genügend geklärt oder das Gegenteil der Beweistatsache für erwiesen hält.[17] 6

IV. Beweisaufnahme (Abs. 3)

Auch im Privatklageverfahren findet die Beweisaufnahme zur Schuld- und Rechtsfolgenfrage nach den Grundsätzen des Strengbeweises[18] statt; ihren **Umfang** bestimmt das Gericht.[19] 7

V. Aussetzung der Hauptverhandlung (Abs. 4)

Nach Abs. 4 hat der Angeklagte keinen Anspruch auf Aussetzung der Hauptverhandlung nach § 265 Abs. 3; die **Hinweispflichten** nach § 265 Abs. 4 bestehen jedoch auch im Privatklageverfahren, so dass der Beschuldigte, der aufgrund eines Strafgesetzes verurteilt werden soll, das im Eröffnungsbeschluss nicht angeführt ist, auf die **Veränderung des rechtlichen Gesichtspunkts** hinzuweisen ist.[20] 8

VI. Verbindung mit Schwurgerichtssachen (Abs. 5)

Nach Abs. 5 ist eine Verbindung mit Schwurgerichtssachen nicht zulässig, solange die StA das Verfahren nicht nach §§ 376, 377 übernommen hat. Seitdem Pressevergehen keine Schwurgerichtssachen mehr sind hat Abs. 5 keine praktische Bedeutung mehr.[21] 9

---

[10] AK-StPO/*Rössner* Rn. 5; KK-StPO/*Senge* Rn. 1; Löwe/Rosenberg/*Hilger* Rn. 2; *Meyer-Goßner* Rn. 11.
[11] BGH v. 21. 1. 1959 – KRB 11/58, St 12, 333; OLG Hamm v. 8. 9. 1969 – 4 Ws OWi 386/69, NJW 1969, 2161; *Meyer-Goßner* Rn. 14.
[12] Löwe/Rosenberg/*Hilger* Rn. 7; *Meyer-Goßner* Rn. 14.
[13] KK-StPO/*Senge* Rn. 3; *Meyer-Goßner* Rn. 14; aA SK-StPO/*Velten* Rn. 11; kritisch auch: Löwe/Rosenberg/*Hilger* Rn. 7.
[14] *Meyer-Goßner* Rn. 14.
[15] AnwK-StPO/*Schwätzler* Rn. 6; Löwe/Rosenberg/*Hilger* Rn. 9; *Meyer-Goßner* Rn. 14.
[16] BayObLG NJW 1970, 1202; Woesner NJW 1959; 704; KK-StPO/*Senge* Rn. 3; LR/*Hilger* Rn. 6; *Meyer-Goßner* Rn. 15.
[17] BayObLGE 51, 347; Löwe/Rosenberg/*Hilger* Rn. 7; *Meyer-Goßner* Rn. 15; aA Woesner NJW 1959, 704, der eine auf den Einzelfall abgestellte Begründung für erforderlich hält.
[18] Vgl. zu den Grundsätzen § 244 Rn. 9 ff.
[19] *Meyer-Goßner* Rn. 13.
[20] KK-StPO/*Senge* Rn. 4; Löwe/Rosenberg/*Hilger* Rn. 16; *Meyer-Goßner* Rn. 16.
[21] Löwe/Rosenberg/*Hilger* Rn. 19.

§ 385 [Stellung des Privatklägers]

(1) ¹Soweit in dem Verfahren auf erhobene öffentliche Klage die Staatsanwaltschaft zuzuziehen und zu hören ist, wird in dem Verfahren auf erhobene Privatklage der Privatkläger zugezogen und gehört. ²Alle Entscheidungen, die dort der Staatsanwaltschaft bekanntgemacht werden, sind hier dem Privatkläger bekanntzugeben.

(2) Zwischen der Zustellung der Ladung des Privatklägers zur Hauptverhandlung und dem Tag der letzteren muß eine Frist von mindestens einer Woche liegen.

(3) ¹Das Recht der Akteneinsicht kann der Privatkläger nur durch einen Anwalt ausüben. ²§ 147 Abs. 4 und 7 sowie § 477 Abs. 5 gelten entsprechend.

(4) In den Fällen der §§ 154a und 430 ist deren Absatz 3 Satz 2 nicht anzuwenden.

(5) ¹Im Revisionsverfahren ist ein Antrag des Privatklägers nach § 349 Abs. 2 nicht erforderlich. ²§ 349 Abs. 3 ist nicht anzuwenden.

I. Stellung des Privatklägers im Verfahren

1 **1. Zuziehung und Anhörung des Privatklägers (Abs. 1 S. 1).** Abs. 1 S. 1 stellt den Privatkläger im Verfahren der StA gleich. Der Privatkläger hat grundsätzlich die Rechte und Pflichten der StA, soweit sie nicht Ausfluss der staatsanwaltschaftlichen Amtsgewalt sind und soweit das Gesetz nicht etwas anderes bestimmt.¹ Der Privatkläger hat daher das **Anwesenheitsrecht** bei Beweiserhebungen und in der Hauptverhandlung; er kann Anträge, insbesondere **Beweisanträge** stellen. Dem Privatkläger ist weiter das **Fragerecht** nach § 240 Abs. 2 S. 1, das Recht, **Sachleitungsmaßnahmen** zu beanstanden, **Schlussvorträge** zu halten, auf sie zu erwidern und dabei Anträge zu stellen,² eröffnet. Fragen des Privatklägers kann der Richter nur mit der Begründung abweisen, dass sie ungeeignet seien oder nicht zu der Sache gehören.³ Dem Privatkläger ist insbesondere **rechtliches Gehör** entsprechend § 33 Abs. 1, Abs. 2 zu gewähren.⁴

2 Zu den Pflichten des Privatklägers gehört es, **wahrheitsgemäße Angaben** zu machen; allerdings ist der Privatkläger in diesem Rahmen nicht verpflichtet, die Objektivität zu wahren.⁵ Den Privatkläger trifft darüber hinaus nicht die Pflicht, wie die StA Ermittlungen anzustellen; insbesondere braucht er nicht die den Beschuldigten entlastenden Umstände zu ermitteln⁶ und dem Gericht mitzuteilen.⁷

3 **2. Bekanntmachung an den Privatkläger (Abs. 1 S. 2).** Alle Entscheidungen, die im Offizialverfahren der StA bekannt zu machen wären, müssen dem Privatkläger oder nach § 378 S. 2 seinem bevollmächtigten Rechtsanwalt nach §§ 35 Abs. 2, 37 bekannt gegeben werden. Dies gilt nicht, wenn der Privatkläger selbst oder sein bevollmächtigter Rechtsanwalt bei der Verkündung anwesend sind oder der Privatkläger Widerbeklagter ist und den Rechtsanwalt nicht ausdrücklich auch als seinen Verteidiger bevollmächtigt hat.⁸ Eine **Rechtsmittelbelehrung** hat nach § 35a stets auch gegenüber dem Privatkläger zu erfolgen.⁹

II. Ladung des Privatklägers (Abs. 2)

4 Der Privatkläger ist nach Abs. 2 zu laden. Die Zustellung kann wirksam an den bevollmächtigten Rechtsanwalt gemäß § 145a erfolgen, selbst dann, wenn das persönliche Erscheinen des Privatklägers nach § 387 Abs. 3 angeordnet wurde.¹⁰ Das Gericht hat in der Ladung auf die nach § 391 Abs. 2, Abs. 3 drohenden Rechtsnachteile hinzuweisen.¹¹ Die in Abs. 2 bestimmte **Ladungsfrist** entspricht der § 217 Abs. 1 für den Angeklagten; sie gilt auch in der Berufungsinstanz.¹² Wird die Ladungsfrist nicht eingehalten, kann der Privatkläger nach § 217 Abs. 2 die Aussetzung der Hauptverhandlung verlangen oder nach § 217 Abs. 3 auf die Einhaltung der Frist verzichten.¹³

---

¹ Vgl. § 384 Abs. 2.
² KK-StPO/*Senge* Rn. 2 ff.; Löwe/Rosenberg/*Hilger*, Rn. 3 f.; *Meyer-Goßner*, Rn. 3.
³ Vgl. § 241 Abs. 1; KK-StPO/*Senge* Rn. 3; Löwe/Rosenberg/*Hilger*, Rn. 3.
⁴ BVerfG v. 13. 2. 1962 – 2 BvR 173/60, E 14, 8; *Meyer-Goßner* Rn. 4.
⁵ *Seibert* MDR 1952, 278; AK-StPO/*Rössner* Rn. 3; KK-StPO/*Senge* Rn. 1; Löwe/Rosenberg/*Hilger* Rn. 2; *Meyer-Goßner* Rn. 2.
⁶ Vgl. § 160 Abs. 2.
⁷ *Seibert* MDR 1952, 278; *Meyer-Goßner* Rn. 2.
⁸ Vgl. § 145a Abs. 2; *Meyer-Goßner* Rn. 5.
⁹ KMR/*Stöckel* Rn. 4; *Meyer-Goßner* Rn. 6.
¹⁰ KMR/*Stöckel* Rn. 5; *Meyer-Goßner* Rn. 7.
¹¹ KK-StPO/*Senge* Rn. 7; *Meyer-Goßner* Rn. 7.
¹² *Meyer-Goßner* Rn. 8.
¹³ KK-StPO/*Senge* Rn. 7; KMR/*Stöckel* Rn. 5; *Meyer-Goßner* Rn. 8.

III. Akteneinsicht (Abs. 3)

Der Privatkläger kann das Recht auf Akteneinsicht wie der Angeklagte ausüben; die Akteneinsicht darf nur durch einen Rechtsanwalt erfolgen.[14] Dem Privatkläger selbst können jedoch nach Abs. 3 S. 2 in Verbindung mit § 147 Abs. 7 **Auskünfte und Abschriften** erteilt werden. Die Entscheidung und Anfechtung über den Antrag auf Akteneinsicht richten sich nach § 147 Abs. 7 S. 2 iVm. § 147 Abs. 5.[15] Außerhalb des Privatklageverfahrens dürfen die im Zuge der Akteneinsicht erlangten Informationen nur mit Zustimmung des Gerichts verwendet werden.[16]

IV. Beschränkung der Strafverfolgung (Abs. 4)

Eine Beschränkung der Strafverfolgung nach den §§ 154a, 430 bedarf der **Zustimmung** des Privatklägers.[17] Die StA ist zur Antragstellung nicht berechtigt, sofern und solange sie das Verfahren nicht übernommen hat.[18] Bereits ausgeschiedene Teile der Strafverfolgung können auch gegen den Willen des Privatklägers durch das Gericht wieder einbezogen werden.[19] Da Abs. 4 die Anwendung von § 154a Abs. 3 S. 2, 430 Abs. 3 S. 2 ausschließt, muss das Gericht zudem auch einem Antrag des Privatklägers auf Wiedereinbeziehung der ausgeschiedenen Teile der Strafverfolgung nicht entsprechen.[20] Die Prozessbeteiligten des Privatklageverfahrens müssen sowohl vor einer Beschränkung der Strafverfolgung als auch vor der Wiedereinbeziehung ausgeschiedener Teile gehört werden, damit sie sich auf die neue Prozesslage einrichten können.[21] § 154 Abs. 2 (Einstellung des Verfahrens durch das Gericht auf Antrag der StA) findet keine Anwendung.[22]

V. Revision (Abs. 5)

Für die Revisionsinstanz gelten nach Abs. 5 die allgemeinen Regeln der §§ 333 ff., soweit in § 390 nichts anderes bestimmt ist. Das Revisionsgericht kann die Revision ohne Antrag nach § 349 Abs. 2 als offensichtlich unbegründet verwerfen; ein Antrag des Privatklägers oder der StA ist nicht erforderlich; § 349 Abs. 3 findet keine Anwendung.[23] Dies gilt sowohl für die Revision des Angeklagten als auch für die des Privatklägers.[24]

§ 386 [Recht zur Ladung]

(1) Der Vorsitzende des Gerichts bestimmt, welche Personen als Zeugen oder Sachverständige zur Hauptverhandlung geladen werden sollen.
(2) Dem Privatkläger wie dem Angeklagten steht das Recht der unmittelbaren Ladung zu.

I. Ladung von Beweispersonen (Abs. 1)

Der Vorsitzende des Gerichts entscheidet über die **Ladung von Beweispersonen** und die **Herbeischaffung sachdienlicher Beweismittel** unabhängig von Beweisangeboten und -anträgen der Beteiligten auf Grundlage der Privatklageschrift. Für die Entscheidung des Vorsitzenden ist die Pflicht zur Sachaufklärung nach § 244 Abs. 2[1] maßgebend. Nach § 222 Abs. 1 hat der Vorsitzende den Prozessbeteiligten die geladenen Beweispersonen zur Kenntnis zu geben. Stellt der Privatkläger vor der Hauptverhandlung weitere Beweisanträge, so stellen diese für das Gericht lediglich **Beweisanregungen** dar; § 219 findet keine Anwendung.[2]

Im Berufungsrechtszug findet § 325 sinngemäß Anwendung, mit der Folge, dass Protokolle über Aussagen während der in der Hauptverhandlung des ersten Rechtszuges vernommenen Zeugen und Sachverständigen ohne Zustimmung des Privatklägers nicht verlesen werden dürfen.[3]

---

[14] *Hilger* NStZ 1988, 441; KK-StPO/*Senge* Rn. 8; Löwe/Rosenberg/*Hilger* Rn. 9; *Meyer-Goßner* Rn. 9.
[15] *Meyer-Goßner* Rn. 9.
[16] § 477 Abs. 5; *Meyer-Goßner* Rn. 9.
[17] AK-StPO/*Rössner* Rn. 8; KK-StPO/*Senge* Rn. 9; Löwe/Rosenberg/*Hilger* Rn. 11; *Meyer-Goßner* Rn. 10.
[18] *Meyer-Goßner* Rn. 10.
[19] KMR/*Stöckel* Rn. 8; Löwe/Rosenberg/*Hilger* Rn. 11; *Meyer-Goßner* Rn. 10.
[20] KK-StPO/*Senge* Rn. 9; Löwe/Rosenberg/*Hilger* Rn. 11; *Meyer-Goßner* Rn. 10.
[21] *Meyer-Goßner* Rn. 10.
[22] LG Regensburg JR 1990, 255.
[23] *Meyer-Goßner* Rn. 11.
[24] OLG Stuttgart v. 20. 7. 1966 – 3 Vs 3/66, NJW 1967, 792; OLG Köln v. 5. 12. 1967 – Ss 533/67, NJW 1968, 561; KK-StPO/*Senge* Rn. 10; *Meyer-Goßner* Rn. 11.
[1] Vgl. § 244 Rn. 29 ff.
[2] AnwK-StPO/*Schwätzler* Rn. 3; KMR/*Stöckel* Rn. 2; *Meyer-Goßner* Rn. 2; aA Löwe/Rosenberg/*Hilger* Rn. 2, nach dessen Auffassung ausschließlich § 244 Abs. 2 angewendet werden soll.
[3] AK-StPO/*Rössner* Rn. 4; KK-StPO/*Senge* Rn. 4; Löwe/Rosenberg/*Hilger* Rn. 5; *Meyer-Goßner* Rn. 4; *Pfeiffer* § 325 Rn. 2.

II. Unmittelbare Ladung (Abs. 2)

3 Das Recht der **unmittelbaren Ladung** nach §§ 220, 38 steht sowohl dem Angeklagten und seinem Verteidiger als auch dem Privatkläger und dessen Beistand oder Vertreter zu. Für das Gericht besteht keine Pflicht zur Vernehmung der unmittelbar geladenen Zeugen; § 245 findet keine Anwendung. Über deren Vernehmung entscheidet das Gericht vielmehr materiell im Rahmen der gerichtlichen **Aufklärungspflicht** nach § 244 Abs. 2.[4] Unmittelbar Geladene und Vernommene werden nach Maßgabe des § 220 Abs. 3 entschädigt, wenn deren Vernehmung zur Aufklärung der Sache dienlich war. Die **Mitteilungspflichten** nach § 222 Abs. 2 gelten auch in Privatklageverfahren.

§ 387 [Beistand und Vertretung des Angeklagten]

(1) In der Hauptverhandlung kann auch der Angeklagte im Beistand eines Rechtsanwalts erscheinen oder sich auf Grund einer schriftlichen Vollmacht durch einen solchen vertreten lassen.

(2) Die Vorschrift des § 139 gilt für den Anwalt des Klägers und für den des Angeklagten.

(3) Das Gericht ist befugt, das persönliche Erscheinen des Klägers sowie des Angeklagten anzuordnen, auch den Angeklagten vorführen zu lassen.

I. Anwesenheitspflicht und Vertretung des Angeklagten (Abs. 1)

1 **1. Anwesenheit in der Hauptverhandlung.** Der Angeklagte kann in der Hauptverhandlung selbst, im Beistand eines Rechtsanwalts erscheinen oder, sofern nicht sein **persönliches Erscheinen** angeordnet worden ist, sich durch einen Rechtsanwalt vertreten lassen. Fehlt sowohl der Angeklagte als auch sein Rechtsanwalt, so darf gegen ihn nur verhandelt werden, wenn die Voraussetzungen des § 232 Abs. 1 S. 1 vorliegen[1] oder wenn er nach § 233 von der Pflicht zum Erscheinen entbunden ist. Anderenfalls ist das Verfahren auszusetzen.[2] Als Vertreter und Beistand des Angeklagten kann nur ein **Rechtsanwalt** erscheinen. Hochschullehrer und andere Personen nach § 138 Abs. 2 können, wie beim Privatkläger auch, vom Angeklagten nicht bevollmächtigt werden.[3]

2 **2. Pflichtverteidigung.** Die Beiordnung eines **Pflichtverteidigers** ist unter den Voraussetzungen des § 140 Abs. 2 auch im Privatklageverfahren möglich.[4*] Der von dem Angeklagten beauftragte Rechtsanwalt hat dem Gericht bei Beginn der Hauptverhandlung seine **schriftliche Vollmacht** vorzulegen.[5]

II. Übertragung auf einen Referendar (Abs. 2)

3 Die Übertragung der Verteidigung auf einen Referendar ist nach § 139 zulässig. Dieses gilt auch für den Anwalt des Privatklägers.

III. Anordnung des persönlichen Erscheinens (Abs. 3)

4 Das Gericht kann zur Förderung der Sachverhaltsaufklärung das persönliche Erscheinen des Angeklagten sowie des Privatklägers anordnen. Abs. 3 findet auch im Berufungsrechtszug, nicht aber in der Revisionsinstanz Anwendung.[6]

IV. Rechtsmittel

5 Weder für den Angeklagten noch für den Privatkläger ist die Beschwerde nach § 304 gegen Beschlüsse des Gerichts eröffnet.[7]

V. Folgen des Ausbleibens

6 Sind nach einer angemessenen Wartezeit weder der Angeklagte noch sein Rechtsanwalt erschienen, kann gegen den Angeklagten ein **Vorführungsbefehl**,[8] aber kein Haftbefehl erlassen werden.[9]

---

[4] KMR/*Stöckel* Rn. 4; SK-StPO/*Velten* Rn. 4.
[1] Vgl. zu den Voraussetzungen § 232 Rn. 3 ff.
[2] AK-StPO/*Rössner* Rn. 8; KK-StPO/*Senge* Rn. 1; *Meyer-Goßner* Rn. 1.
[3] OLG Hamburg MDR 1966, 256; LG Braunschweig v. 23. 2. 1968 – 15 Qs 11/68, AnwBl. 1968, 165; *Brangsch* NJW 1962, 650; KK-StPO/*Senge* Rn. 4; KMR/*Stöckel* Rn. 2; aA LG Berlin Rpfleger 1953, 592; LG Dortmund Rpfleger 1954, 319; Löwe/Rosenberg/*Hilger* Rn. 19 f.
[4*] BVerfG v. 12. 4. 1983 – 2 BvR 1304/80, NJW 1983, 1599; AK-StPO/*Rössner* Rn. 11; KK-StPO/*Senge* Rn. 5; KMR/*Stöckel* Rn. 4; *Meyer-Goßner* Rn. 3; vgl. zu den Voraussetzungen § 140 Rn. 21 ff.
[5] *Meyer-Goßner* Rn. 4.
[6] *Woesner* NJW 1959, 707; Löwe/Rosenberg/*Hilger* Rn. 15; *Meyer-Goßner* Rn. 6; aA AK-StPO/*Rössner* Rn. 2.
[7] OLG Celle v. 28. 8. 1953 – Ws 287/53, NJW 1953, 1933; *Woesner* NJW 1959, 707.
[8] Vgl. § 230 Rn. 24.
[9] *Meyer-Goßner* Rn. 8.

Erster Abschnitt. Privatklage 1–3 § 388

Bleiben der Privatkläger und/oder sein Rechtsanwalt in der Hauptverhandlung aus, gilt die Privatklage nach § 391 Abs. 2, 3 als zurückgenommen.[10] Gleiches gilt, wenn das persönliche Erscheinen des Privatklägers angeordnet wurde und nur dessen Rechtsanwalt erscheint.[11] Die Vorschriften der §§ 230 bis 233 finden, auch im Berufungsrechtszug (§ 232), entsprechende Anwendung. § 329 gilt, wenn der Angeklagte Berufung eingelegt hat.[12]

§ 388 [Klage und Widerklage]

(1) Hat der Verletzte die Privatklage erhoben, so kann der Beschuldigte bis zur Beendigung des letzten Wortes (§ 258 Abs. 2 Halbsatz 2) im ersten Rechtszug mittels einer Widerklage die Bestrafung des Klägers beantragen, wenn er von diesem gleichfalls durch eine Straftat verletzt worden ist, die im Wege der Privatklage verfolgt werden kann und mit der den Gegenstand der Klage bildenden Straftat in Zusammenhang steht.

(2) ¹Ist der Kläger nicht der Verletzte (§ 374 Abs. 2), so kann der Beschuldigte die Widerklage gegen den Verletzten erheben. ²In diesem Falle bedarf es der Zustellung der Widerklage an den Verletzten und dessen Ladung zur Hauptverhandlung, sofern die Widerklage nicht in der Hauptverhandlung in Anwesenheit des Verletzten erhoben wird.

(3) Über Klage und Widerklage ist gleichzeitig zu erkennen.

(4) Die Zurücknahme der Klage ist auf das Verfahren über die Widerklage ohne Einfluß.

I. Vorbemerkung

1. Allgemeines. Die Widerklage ist eine besondere Form der Privatklage. Auf die Widerklage 1 finden die Vorschriften über die Privatklage grundsätzlich Anwendung. Dementsprechend kann **Prozesskostenhilfe** bewilligt werden. Allerdings gelten § 379 (Sicherheitsleistung), § 379a (Gebührenvorschuss) und § 380 (Sühneversuch) nicht.[1] Anders als die Privatklage ist die Widerklage auch gegen Jugendliche zulässig (§ 80 Abs. 2 JGG). Gegen den jugendlichen Widerbeklagten kann der Strafrichter nicht auf Jugendstrafe erkennen (§ 80 Abs. 2 JGG).[2]

2. Privatklage und Widerklage. Ob der zur Privatklage berechtigte Verletzte Widerklage oder ei- 2 ne selbständige Privatklage gegen den Privatkläger erheben will, steht ihm frei; eine Umdeutung der selbstständigen Privatklage in eine Widerklage ist unzulässig.[3] Statthaft ist dagegen eine **Verfahrensverbindung** nach § 237 mit umgekehrten Parteirollen.[4] Da mit oben genannten Ausnahmen die Vorschriften über die Privatklage für die Widerklage gelten, setzt auch die Widerklage die Prozessfähigkeit des Klägers voraus; Minderjährige können sie nur durch ihre gesetzlichen Vertreter erheben.[5]

II. Regelungsgehalt

1. Voraussetzungen der Widerklage (Abs. 1). Die Widerklage setzt eine zulässige, schon erho- 3 bene und noch nicht erledigte Privatklage voraus. Fehlt bereits für die Privatklage eine **Prozessvoraussetzung,** nicht nur der hinreichende Tatverdacht, ist die Widerklage unzulässig.[6] Dies gilt auch, wenn die Unzulässigkeit der Privatklage erst im späteren Verfahren festgestellt wird, aber bereits im Zeitpunkt der Erhebung der Widerklage unzulässig gewesen ist.[7] Tritt die Unzulässigkeit der Privatklage erst nach Erhebung der Widerklage ein, zB durch die Rücknahme eines Strafantrags oder durch die Übernahme der Verfolgung durch die StA, bleibt die Widerklage wirksam und wird als selbstständige Privatklage fortgeführt.[8] Wird die Widerklage hingegen erst nach dem zur Unzulässigkeit der Privatklage führenden Ereignis erhoben, ist diese unzulässig.[9]

---

[10] AK-StPO/*Rössner* Rn. 5; KMR/*Stöckel* Rn. 9; *Meyer-Goßner* Rn. 8.
[11] AnwK-StPO/*Schwätzler* Rn. 7.
[12] AK-StPO/*Rössner* Rn. 6; KK-StPO/*Senge* Rn. 3; KMR/*Stöckel* Rn. 8; *Meyer-Goßner* Rn. 8.
[1] OLG Hamburg v. 31. 5. 1956 – Ws 321/56, NJW 1956, 1890; AnwK-StPO/*Schwätzler* Rn. 1; *Meyer-Goßner* Rn. 3.
[2] KK-StPO/*Senge* Rn. 2.
[3] OLG Düsseldorf v. 15. 10. 1953 – Vs 14/53 685, NJW 1954, 123; KK-StPO/*Senge* Rn. 3; Löwe/Rosenberg/*Hilger* Rn. 18; *Meyer-Goßner* Rn. 2.
[4] KK-StPO/*Senge* Rn. 8; Löwe/Rosenberg/*Hilger* Nr. 18; *Meyer-Goßner* Rn. 2.
[5] *Meyer-Goßner* Rn. 1.
[6] BayObLG v. 26. 3. 1958 – 1 RevReg St 961/57, NJW 1958, 1149 mAnm *Parsch* NJW 1959, 1548; AK-StPO/*Rössner* Rn. 6; Löwe/Rosenberg/*Hilger* Rn. 2; *Meyer-Goßner* Rn. 5.
[7] AnwK-StPO/*Schwätzler* Rn. 2; KK-StPO/*Senge* Rn. 4; *Meyer-Goßner* Rn. 5.
[8] AnwK-StPO/*Schwätzler* Rn. 2; KK-StPO/*Senge* Rn. 4; *Meyer-Goßner* Nr. 5; SK-StPO/*Velten* Rn. 17.
[9] *Meyer-Goßner* Rn. 5.

§ 388 4–10 *Fünftes Buch. Beteiligung des Verletzten am Verfahren*

4 **2. Erhebung der Privatklage.** Erhoben wird die Widerklage in der Form der Privatklage nach § 381. Sie kann in der Hauptverhandlung auch durch mündliche Erklärung, die in der Sitzungsniederschrift zu beurkunden ist, erhoben werden. Wie die Privatklage ist auch die Widerklage bedingungsfeindlich.[10] Eines förmlichen Eröffnungsbeschlusses bedarf es für die Erhebung der Widerklage nicht.[11]

5 Die Widerklagetat muss ein **Privatklagedelikt** iSv. § 374 sein. Ist die Widerklagetat gleichzeitig ein Antragsdelikt, muss ein rechtzeitig gestellter **Strafantrag** vorliegen.[12] Bei wechselseitigen Privatklagedelikten ist § 77c StGB zu beachten; der Strafantrag kann grundsätzlich bis zur Beendigung des letzten Wortes in der Instanz nachgeholt werden, nicht jedoch, wenn die Antragsfrist für das erste Privatklagedelikt bereits versäumt wurde. Die Wirksamkeit des späteren Strafantrags hängt nicht davon ab, ob die Tat, auf die sich der erste Strafantrag bezieht, tatsächlich begangen wurde.[13]

6 Zwischen der Privatklagetat und der mit der Widerklage verfolgten Tat muss ein **Zusammenhang** bestehen. Ausreichend ist ein loser Zusammenhang.[14] Eines zeitlichen, ursächlichen oder Motivationszusammenhangs bedarf es hingegen nicht.[15] Es reicht aus, dass eine gemeinsame Sachbehandlung im Hinblick auf die angeklagten Taten und Täter zweckmäßig ist und beide Taten Ausfluss feindlicher Gesinnung sind.[16] Zwischen den Parteien muss daher, von den Fällen des Abs. 2 abgesehen, eine Personenidentität vorhanden sein, dh die Taten, die Gegenstand der Privatklage und der Widerklage sind, müssen zwischen denselben Personen stattgefunden haben.

7 **3. Zeitpunkt der Erhebung der Widerklage.** Die Widerklage kann von der Erhebung der Privatklage bis zu ihrer endgültigen Erledigung, längstens bis zur Beendigung des letzten Wortes im ersten Rechtszug erhoben werden.[17] Es ist stets die letzte Hauptverhandlung maßgeblich.[18]

8 **4. Gerichtsstand.** Die Widerklage kann bei dem Privatklagegericht ohne Rücksicht auf dessen örtliche Zuständigkeit erhoben werden.[19] Der einmal begründete Gerichtsstand bleibt bestehen, auch wenn die Privatklage zurückgenommen wird und für die Widerklage an sich ein anderes Gericht örtlich zuständig wäre.[20]

9 **5. Widerklage im Falle des Abs. 2.** Privatklage und Nebenklage müssen grundsätzlich zwischen denselben Personen erhoben werden. Die Privatklage kann nach § 374 Abs. 2 aber auch von einer anderen als der verletzten Person erhoben werden. Ist dieses der Fall muss nach Abs. 2 S. 1 eine Widerklage, dennoch gegen den Verletzten gerichtet werden.[21] Es bedarf dann nach Abs. 2 S. 2 der Zustellung der Widerklage an den Verletzten, sofern die Widerklage nicht in der Hauptverhandlung in Anwesenheit des Verletzten erhoben wurde. Der Verletzte ist zudem zur Hauptverhandlung zu laden.[22] Abs. 2 gilt nicht im Falle der gesetzlichen Vertretung des Privatklägers mit der Folge, dass eine Widerklage gegen den gesetzlichen Vertreter nicht erhoben werden kann.[23]

10 **6. Gleichzeitige Entscheidung (Abs. 3).** Nach Abs. 3 muss die Entscheidung über die Privat- und die Widerklage einheitlich ergehen. Damit soll verhindert werden, dass die Verfahren ohne Grund nach § 4 getrennt werden.[24] Abs. 3 schließt jedoch nicht aus, dass das Verfahren hinsichtlich einer oder beider Klagen wegen Geringfügigkeit nach § 383 Abs. 2 durch Beschluss eingestellt wird.[25] Ebenso kann das Gericht die Verfahren trennen, wenn nur eine der beiden Klagen entscheidungsreif ist.[26] Zudem tritt eine Verfahrenstrennung immer dann ein, wenn Privatklage und Widerklage nicht im selben Rechtszug anhängig sind, zB weil nur einer der Prozessbeteiligten

---

[10] *Meyer-Goßner* Rn. 12.
[11] OLG Hamburg (Fn. 1); KK-StPO/*Senge* Rn. 2; aA LG Duisburg v. 18. 5. 1953 – 23 Ps 14/53; MDR 1953, 633; AK-StPO/*Rössner* Rn. 5; *Meyer-Goßner* Rn. 14.
[12] AK-StPO/*Schwätzler* Rn. 3; *Meyer-Goßner* Rn. 6.
[13] AK-StPO/*Rössner* Rn. 5; KK-StPO/*Senge* Rn. 6; *Meyer-Goßner* Rn. 6.
[14] BGH v. 6. 4. 1962 – 1 StR 550/61, St 17, 194; AnwK-StPO/*Schwätzler* Rn. 4; KK-StPO/*Senge*, Rn. 7; *Meyer-Goßner* Rn. 7.
[15] BGH (Fn. 14); KK-StPO/*Senge* Rn. 7.
[16] AnwK-StPO/*Schwätzler* Rn. 4; KK-StPO/*Senge* Rn. 7; *Meyer-Goßner* Rn. 7.
[17] *Meyer-Goßner* Rn. 10; SK-StPO/*Velten* Rn. 9.
[18] *Meyer-Goßner* Rn. 9.
[19] KK-StPO/*Senge* Rn. 9; *Meyer-Goßner* Rn. 9.
[20] AK-StPO/*Rössner* Rn. 4; AnwK-StPO/*Schwätzler* Rn. 10; KK-StPO/*Senge* Rn. 9; SK-StPO/*Velten* Rn. 10.
[21] LG Paderborn v. 27. 7. 1949 – Qs 68/49, NJW 1950, 78; AK-StPO/*Rössner* Rn. 9; KK-StPO/*Senge* Rn. 8; *Meyer-Goßner* Rn. 8.
[22] *Meyer-Goßner* Rn. 8.
[23] LG Paderborn (Fn. 21); AK-StPO/*Rössner* Rn. 9; KK-StPO/*Senge* Rn. 6; *Meyer-Goßner* Rn. 8.
[24] *Meyer-Goßner* Rn. 15.
[25] OLG Düsseldorf v. 2. 2. 1962 – 1 Ws 47/62, MDR 1962, 327; *Meyer-Goßner* Rn. 15; aA BGH (Fn. 14); KK-StPO/*Senge* Rn. 11.
[26] AnwK-StPO/*Schwätzler* Rn. 8; KK-StPO/*Senge* Rn. 11; *Meyer-Goßner* Rn. 15.

ein Rechtsmittel eingelegt hat oder wenn das Rechtsmittelgericht das Urteil nur wegen einer der beiden Klagen aufhebt.[27]

7. Rücknahme der Privatklage (Abs. 4). Nach Abs. 4 hat die Rücknahme der Privatklage zur Folge, dass die Widerklage nunmehr zur selbständigen Privatklage wird. Dies gilt auch bei einer Einstellung der Privatklage nach § 383 Abs. 2 und bei Übernahme der Vefolgung durch die StA.[28] Auf den Fall der Unzulässigkeit der Privatklage ist Abs. 4 jedoch nicht entsprechend anwendbar.[29]

III. Mitteilungspflichten

Die Widerklage wird vom Gericht zunächst nach §§ 382, 383 geprüft. Bei schriftlicher Widerklage wird diese dem Privatkläger nach § 382 mitgeteilt; wird sie in der Hauptverhandlung erhoben, wird der Privatkläger dort mündlich gehört.[30] Das Gericht muss auch bei der Widerklage deren Gegenstand nach § 383 Abs. 1 in einem Eröffnungsbeschluss festlegen; hierauf kann nicht verzichtet werden.[31]

§ 389 [Einstellung durch Urteil]

(1) Findet das Gericht nach verhandelter Sache, daß die für festgestellt zu erachtenden Tatsachen eine Straftat darstellen, auf die das in diesem Abschnitt vorgeschriebene Verfahren nicht anzuwenden ist, so hat es durch Urteil, das diese Tatsachen hervorheben muß, die Einstellung des Verfahrens auszusprechen.

(2) Die Verhandlungen sind in diesem Falle der Staatsanwaltschaft mitzuteilen.

I. Verfahren bei Verdacht des Vorliegens eines Offizialdelikts (Abs. 1)

1. Einstellung durch Urteil. Vor der Hauptverhandlung weist das Gericht die Privatklage nach § 383 Abs. 1 S. 1 zurück, wenn aufgrund des Klagevorbringens nach Auffassung des Gerichts hinreichender Tatverdacht dafür besteht, dass ein Offizialdelikt vorliegt.[1]

In der Hauptverhandlung darf kein Sachurteil ergehen, wenn das Gericht nach verhandelter Sache hinreichenden Tatverdacht bzgl. eines Offizialdelikts erkennt; das Verfahren muss nach Abs. 1 eingestellt werden. Für die Feststellung des erforderlichen hinreichenden Tatverdachts muss der Sachverhalt nicht ausermittelt sein.[2] Das Gericht muss vor Erlass des Einstellungsurteils der StA auch nicht die Akten zur Entscheidung über die Übernahme des Verfahrens nach § 377 Abs. 1 S. 2 vorlegen. Gleichwohl kann die Vorlage der Akten sachdienlich sein.

Das **Einstellungsurteil** kann der Angeklagte und der Privatkläger sowie die StA zum Zwecke der Übernahme der Verfolgung nach § 377 Abs. 2 S. 2 anfechten.[3]

2. Rechtskraftwirkung des Urteils. Nach **Rechtskraft** des Urteils ist eine neue Privatklage unzulässig. Wegen des Legalitätsprinzips kann die StA jedoch erneut **Anklage wegen des Offizialdelikts** erheben.[4] Sieht die StA von der Verfolgung ab, kann der Privatkläger auf Antrag eine gerichtliche Entscheidung im Rahmen des Klageerzwingungsverfahrens nach § 172 Abs. 2 herbeiführen.[5] **Strafklageverbrauch** tritt erst ein, wenn das Gericht unter Verletzung des Abs. 1 ein Sachurteil erlässt.[6]

3. Reformatio in peius. Kommt es deshalb zum Offizialverfahren, weil der Angeklagte in dem Privatklageverfahren zunächst verurteilt worden ist und gegen seine Verurteilung Rechtsmittel eingelegt hat, so besteht das Verbot der Schlechterstellung (reformatio in peius).[7]

---

[27] AK-StPO/*Rössner* Rn. 12; Löwe/Rosenberg/*Hilger* Rn. 32; *Meyer-Goßner* Rn. 16.
[28] *Meyer-Goßner* Rn. 17; SK-StPO/*Velten* Rn. 17.
[29] KK-StPO/*Senge* Rn. 12.
[30] KMR/*Stöckel* Rn. 11; Löwe/Rosenberg/*Hilger* Rn. 23; *Meyer-Goßner* Rn. 13.
[31] LG Duisburg v. 18. 5. 1953 – 23 Ps 14/53, MDR 1953, 633; AK-StPO/*Rössner* Rn. 5; *Meyer-Goßner* Rn. 14; aA OLG Hamburg (Fn. 1); KK-StPO/*Senge* Rn. 2.
[1] *Meyer-Goßner* Rn. 2.
[2] BayObLGSt 1953, 260; AK-StPO/*Rössner* Rn. 3; KMR/*Stöckel* Rn. 4; *Meyer-Goßner* Rn. 3; aA SK-StPO/*Velten* Rn. 5.
[3] AK-StPO/*Rössner* Rn. 9; KMR/*Stöckel* Rn. 6; Löwe/Rosenberg/*Hilger* Rn. 10; *Meyer-Goßner* Rn. 4.
[4] Löwe/Rosenberg/*Hilger* Rn. 14 ff.; *Meyer-Goßner* Rn. 5.
[5] KK-StPO/*Senge* Rn. 5; KMR/*Stöckel* Rn. 7; *Meyer-Goßner* Rn. 5.
[6] RG v. 23. 6. 1883 – Rep. 1206/83, RGSt 9, 14; AK-StPO/*Rössner* Rn. 4; KK-StPO/*Senge* Rn. 4; KMR/*Stöckel* Rn. 8; *Meyer-Goßner* Rn. 7.
[7] RG v. 15. 11. 1883 – Rep. 2174, 83, RGSt 9, 324; AK-StPO/*Rössner* Rn. 8; KK-StPO/*Senge* Rn. 8; KMR/*Stöckel* Rn. 9; Löwe/Rosenberg/*Hilger* Rn. 11; SK-StPO/*Velten* Rn. 10; aA *Meyer-Goßner* Rn. 6 (kein Verbot der reformatio in peius).

II. Mitteilung an die StA (Abs. 2)

6   Nach Abs. 2 muss die Einstellung der StA mitgeteilt werden, damit diese prüfen kann, ob die Einleitung eines Offizialverfahrens zu erfolgen hat.[8]

§ 390 [Rechtsmittel des Privatklägers]

(1) [1]Dem Privatkläger stehen die Rechtsmittel zu, die in dem Verfahren auf erhobene öffentliche Klage der Staatsanwaltschaft zustehen. [2]Dasselbe gilt von dem Antrag auf Wiederaufnahme des Verfahrens in den Fällen des § 362. [3]Die Vorschrift des § 301 ist auf das Rechtsmittel des Privatklägers anzuwenden.

(2) Revisionsanträge und Anträge auf Wiederaufnahme des durch ein rechtskräftiges Urteil abgeschlossenen Verfahrens kann der Privatkläger nur mittels einer von einem Rechtsanwalt unterzeichneten Schrift anbringen.

(3) [1]Die in den §§ 320, 321 und 347 angeordnete Vorlage und Einsendung der Akten erfolgt wie im Verfahren auf erhobene öffentliche Klage an und durch die Staatsanwaltschaft. [2]Die Zustellung der Berufungs- und Revisionsschriften an den Gegner des Beschwerdeführers wird durch die Geschäftsstelle bewirkt.

(4) Die Vorschrift des § 379a über die Zahlung des Gebührenvorschusses und die Folgen nicht rechtzeitiger Zahlung gilt entsprechend.

(5) [1]Die Vorschrift des § 383 Abs. 2 Satz 1 und 2 über die Einstellung wegen Geringfügigkeit gilt auch im Berufungsverfahren. [2]Der Beschluß ist nicht anfechtbar.

I. Rechtsmittelbefugnis des Privatklägers (Abs. 1)

1   **1. Voraussetzungen.** Nach Abs. 1 S. 1 stehen dem Privatkläger die gleichen Rechtsmittel wie der StA im Offizialverfahren zu. Dieses gilt auch nach § 375 Abs. 2 für den dem Verfahren Beigetretenen.[1] Ist gegen den Privatkläger Widerklage erhoben worden, so hat er darüber hinaus die gleichen Rechte wie der Angeklagte. Dementgegen hat der Angeklagte als Widerkläger nur die Rechtsmittel des Privatklägers. Der **gesetzliche Vertreter** kann Rechtsmittel nur für den Privatkläger einlegen; er hat keine eigenständige Rechtsmittelbefugnis.[2] Der **Dienstvorgesetzte** des Privatklägers kann Rechtsmittel nur einlegen, wenn er selbst nach § 374 Abs. 2 die Privatklage erhoben hat.[3]

2   **2. Beschwer.** Die Rechtsmittelbefugnis des Privatklägers setzt eine Beschwer voraus.[4] Der Privatkläger ist beschwert, wenn die Entscheidung seinem Anliegen, durch das Verfahren rehabilitiert zu werden, entgegensteht.[5] Sie besteht auch dann, wenn mit der Entscheidung zwar seinen Anträgen entsprochen wurde, der Privatkläger aber eine Verschärfung des Urteils anstrebt.[6] Strebt der Privatkläger hingegen allein die Klärung von bloßen Rechtsfragen an, ist er nicht beschwert; das Recht zur Klärung von Rechtsfragen ist allein der StA eröffnet.[7] Jedoch kann der Privatkläger ein Rechtsmittel mit der Begründung einlegen, die Erweislichkeit einer Tatsache nach § 186 StGB sei nicht geprüft worden, wenn der Angeklagte vom Vorwurf der Straftat nach § 186 StGB freigesprochen wurde, ohne dass das Gericht auf den angebotenen Wahrheitsbeweis nach § 193 StGB eingegangen ist.[8*]

3   **3. Frist.** Die Rechtsmittelfrist beginnt, unabhängig von der Abwesenheit oder Vertretung des Privatklägers bei der **Urteilsverkündung** nach §§ 314 Abs. 1, 341 Abs. 1 entsprechend § 401 Abs. 2 S. 1 mit der Urteilsverkündung.[9] Ist dem Privatkläger der Verkündungstermin nicht bekannt gegeben worden, beginnt die Rechtsmittelfrist mit der Urteilszustellung zu laufen.[10]

4   **4. Wiederaufnahme.** Nach Abs. 1 S. 2 kann der Privatkläger die Wiederaufnahme des Verfahrens nur zu Ungunsten des Angeklagten nach § 362 beantragen. Stirbt der Privatkläger während des Wiederaufnahmeverfahrens, findet § 393 Anwendung.

---

[8] *Meyer-Goßner* Rn. 8.
[1] *Löwe/Rosenberg/Hilger* Rn. 1; *Meyer-Goßner* Rn. 1.
[2] KK-StPO/*Senge* Rn. 2; KMR/*Stöckel* Rn. 1; *Meyer-Goßner* Rn. 2; aA OLG Hamm v. 23. 8. 1961 – 1 Ws 31/61, NJW 1961, 2322.
[3] KK-StPO/*Senge* Rn. 3; *Meyer-Goßner* Rn. 1.
[4] KK-StPO/*Senge* Rn. 4; *Löwe/Rosenberg/Hilger* Rn. 5; *Meyer-Goßner* Rn. 1.
[5] SK-StPO/*Velten* Rn. 5 f.
[6] OLG Hamm (Fn. 2); *Meyer-Goßner* Rn. 3; aA AK-StPO/*Rössner* Rn. 4.
[7] KK-StPO/*Senge* Rn. 4; KMR/*Stöckel* Rn. 3; *Löwe/Rosenberg/Hilger* Rn. 5.
[8*] BGH v. 12. 2. 1958 – 4 StR 189/57, St 11, 273.
[9] OLG Frankfurt NStZ-RR 1996, 43; *Meyer-Goßner* Rn. 4.
[10] *Meyer-Goßner* Rn. 4; SK-StPO/*Velten* Rn. 4; aA KMR/*Stöckel* Rn. 2.

5. Wirkung der Rechtsmittel. Nach Abs. 1 S. 3 wirken die Rechtsmittel des Privatklägers nach 5
§ 301 auch zu Gunsten des Angeklagten.

II. Anbringung der Revisions- und Wiederaufnahmeanträge (Abs. 2)

Nach Abs. 2 setzt die Anbringung von Revisions- und Wiederaufnahmeanträgen entgegen 6
§§ 345 Abs. 2, 366 Abs. 2 eine vom **Rechtsanwalt unterzeichnete Schrift** voraus. Der Rechtsanwalt muss die volle Verantwortung für den Inhalt der Schrift übernehmen.[11] Ist der Privatkläger selbst Rechtsanwalt, so genügt seine Unterschrift.[12]

Abs. 2 ist abschließend; Revisions- und Wiederaufnahmeanträge können nicht zu Protokoll der 7
Geschäftsstelle erklärt werden.

III. Mitwirkung der StA im Rechtsmittelverfahren (Abs. 3)

Nach Abs. 3 S. 1 wirkt die StA im Rechtsmittelverfahren lediglich durch Vorlage und Einsendung der Akten an das Berufungsgericht gemäß §§ 320, 321 mit; im Revisionsverfahren erst nach 8
Zustellung der Revisionsbegründungsschrift durch die Geschäftsstelle des Gerichts, § 347 Abs. 2.
Die StA soll jedoch über das Privatklageverfahren unterrichtet bleiben und Gelegenheit zur Prüfung der Übernahme der Verfolgung nach § 377 Abs. 2 erhalten.

Nach Abs. 3 S. 2 erfolgt die **Zustellung** der Rechtsmittelschriften durch die Geschäftsstelle des 9
Gerichts.

IV. Gebührenvorschuss (Abs. 4)

Nach Abs. 4 gilt die Vorschrift des § 379a über den Gebührenvorschuss entsprechend. Die 10
Vorschusspflicht trifft nur den Privatkläger, nicht hingegen den Angeklagten, der gegen seine Verurteilung ein Rechtsmittel eingelegt hat.[13] Auch den widerbeklagten Privatkläger trifft keine Vorschusspflicht. Das Gericht hat eine **Frist zur Zahlung** zu setzen; die Frist zur Zahlung darf aber erst gesetzt werden, wenn die Begründungsfrist nach § 317 abgelaufen ist.[14] Das Rechtsmittel oder der Wiederaufnameantrag wird als unzulässig verworfen, wenn der Privatkläger den Vorschuss nicht innerhalb der vom Gericht gesetzten Zahlungsfrist leistet.[15] Der Beschluss ist nach
§ 379a Abs. 3 S. 2 mit der **sofortigen Beschwerde** anfechtbar.[16]

V. Einstellung wegen Geringfügigkeit (Abs. 5)

Nach Abs. 5 S. 1 ist die Einstellung wegen Geringfügigkeit nach § 383 Abs. 2 auch im Beru- 11
fungsverfahren zulässig. Der Einstellungsbeschluss ist nach Abs. 5 S. 2 **unanfechtbar**. Das gilt auch, wenn er unter Verletzung rechtlichen Gehörs ergangen ist oder fehlerhaft durch Urteil eingestellt wurde.[17]

§ 391 [Zurücknahme der Privatklage]

(1) ¹Die Privatklage kann in jeder Lage des Verfahrens zurückgenommen werden. ²Nach Beginn der Vernehmung des Angeklagten zur Sache in der Hauptverhandlung des ersten Rechtszuges bedarf die Zurücknahme der Zustimmung des Angeklagten.

(2) Als Zurücknahme gilt es im Verfahren des ersten Rechtszuges und, soweit der Angeklagte die Berufung eingelegt hat, im Verfahren des zweiten Rechtszuges, wenn der Privatkläger in der Hauptverhandlung weder erscheint noch durch einen Rechtsanwalt vertreten wird oder in der Hauptverhandlung oder einem anderen Termin ausbleibt, obwohl das Gericht sein persönliches Erscheinen angeordnet hatte, oder eine Frist nicht einhält, die ihm unter Androhung der Einstellung des Verfahrens gesetzt war.

(3) Soweit der Privatkläger die Berufung eingelegt hat, ist sie im Falle der vorbezeichneten Versäumungen unbeschadet der Vorschrift des § 301 sofort zu verwerfen.

(4) Der Privatkläger kann binnen einer Woche nach der Versäumung die Wiedereinsetzung in den vorigen Stand unter den in den §§ 44 und 45 bezeichneten Voraussetzungen beanspruchen.

---

[11] *Meyer-Goßner* Rn. 7.
[12] KK-StPO/*Senge* Rn. 5.
[13] *Meyer-Goßner* Rn. 10.
[14] *Meyer-Goßner* Rn. 10.
[15] AK-StPO/*Rößner* Rn. 10; KMR/*Stöckel* Rn. 9; Löwe/Rosenberg/*Hilger* Rn. 18; SK-StPO/*Velten* Rn. 11.
[16] KMR/*Stöckel* Rn. 10; Löwe/Rosenberg/*Hilger* Rn. 19; *Meyer-Goßner* Rn. 10.
[17] BGH v. 17. 1. 1962 – 4 StR 292/61, St 17, 94; KK-StPO/*Senge* Rn. 6; *Meyer-Goßner* Rn. 11.

I. Zurücknahme der Privatklage (Abs. 1)

1 **1. Rücknahmeerklärung.** Nach Abs. 1 S. 1 kann die Privatklage wie der Strafantrag (vgl. § 77 d Abs. 1 S. 1, 2 StGB) in jeder Lage des Verfahrens zurückgenommen werden. Ob die Zurücknahme der Privatklage auch die Zurücknahme des Strafantrags bedeutet, ist durch **Auslegung** der Erklärung des Privatklägers zu ermitteln.[1] Bestehen Zweifel, bedeutet die Zurücknahme der Privatklage zugleich die Zurücknahme des Strafantrags.[2] Umgekehrt wird in der Zurücknahme des Strafantrags nicht unbedingt zugleich die Zurücknahme der Privatklage angenommen werden können.[3] Durch die Zurücknahme des Strafantrags kann der Privatkläger jedoch eine Sachentscheidung über das nur auf Antrag zu verfolgende Delikt verhindern.

2 **2. Form.** Die Zurücknahme ist außerhalb der Hauptverhandlung **schriftlich** oder zu **Protokoll der Geschäftsstelle** zu erklären. In der Hauptverhandlung kann die Zurücknahme **mündlich** erklärt werden, ist dann jedoch in der Sitzungsniederschrift aufzunehmen.[4] Die Zurücknahme kann auch von dem vom Privatkläger bevollmächtigten Rechtsanwalt erfolgen; einer besonderen Vollmacht bedarf es nicht.[5] Die Rücknahmeerklärung wird mit Zugang bei dem mit der Sache befassten Gericht wirksam.

3 **3. Teilrücknahme; Rücknahmeerklärung einzelner Privatkläger.** Stehen mehrere im Privatklageverfahren verfolgte Taten tatmehrheitlich (§ 53 StGB) zueinander, ist auch eine **Teilrücknahme**, nicht hingegen bei in Tateinheit stehenden Delikten, zulässig. Sind mehrere Privatklagen unterschiedlicher Privatkläger verbunden, so kann jeder Privatkläger seine Klage unabhängig von den anderen zurücknehmen;[6] das Privatklagerecht eines anderen Berechtigten wird von der Rücknahme nicht berührt.[7]

4 **4. Zustimmung des Angeklagten.** Nach Abs 1 S. 2 ist die **Zustimmung** des Angeklagten zur Zurücknahme nur nach Beginn der Vernehmung des Angeklagten zur Sache in der Hauptverhandlung der 1. Instanz erforderlich. Finden mehrere Hauptverhandlungen statt, so ist die letzte maßgebend.[8]

5 **5. Entscheidung über Rücknahme.** Liegt eine wirksame Rücknahmeerklärung vor, ist das Verfahren durch gesonderten **Beschluss** einzustellen;[9] in der Hauptverhandlung ergeht ein **Einstellungsurteil** nach § 260 Abs. 3.[10] Nach § 383 Abs. 1 ist die Klage zurückzuweisen, wenn die Rücknahme vor Eröffnung des Hauptverfahrens erklärt wird. Ist der Privatkläger gleichzeitig Widerbeklagter, berührt die Zurücknahme der Privatklage die Widerklage jedoch nicht, vgl. § 388 Abs. 4.

6 **6. Vergleich über Rücknahme.** Wird die Zurücknahme der Privatklage nach Abs. 1 im Rahmen eines **gerichtlichen Vergleichs** erklärt, wird auch hierdurch das Verfahren unwiderruflich beendet.[11] Die Einstellung ist durch Beschluss festzustellen.[12] Die Vergleichserklärungen sind in der Hauptverhandlung abzugeben und im Sitzungsprotokoll zu beurkunden; der Vergleich kann unter dem Vorbehalt des **Widerrufs** geschlossen werden.[13] Liegt ein wirksamer Vergleich vor, ist dieser nicht anfechtbar;[14] er stellt zugleich einen **Vollstreckungstitel** im Sinne des § 794 Abs. 1 Nr. 1 ZPO dar, soweit er einen vollstreckbaren Inhalt hat. Besteht neben dem im Zuge der Privatklage verfolgten Delikt ein Offizialdelikt, wird das Verfolgungsrecht der StA durch den Vergleich nicht berührt,[15] sofern nicht in dem Vergleich ein zur Verfolgung erforderlicher Strafantrag zurückgenommen wird.

7 **7. Kostenentscheidung.** Nach wirksamer Rücknahmeerklärung hat das Gericht nach § 471 Abs. 2 in dem Beschluss bzw. Einstellungsurteil über die **Kosten** und **notwendigen Auslagen** des Beschuldigten zu entscheiden und dem Privatkläger die Kosten aufzuerlegen.

---

[1] KK-StPO/*Senge* Rn. 1; Löwe/Rosenberg/*Hilger* Rn. 1.
[2] *Meyer-Goßner* Rn. 2.
[3] Löwe/Rosenberg/*Hilger* Rn. 2; *Meyer-Goßner* Rn. 2.
[4] KMR/*Stöckel* Rn. 2; *Meyer-Goßner* Rn. 3.
[5] *Meyer-Goßner* Rn. 3.
[6] KK-StPO/*Senge* Rn. 2; *Meyer-Goßner* Rn. 4.
[7] *Meyer-Goßner* Rn. 7.
[8] *Meyer-Goßner* Rn. 6.
[9] KK-StPO/*Senge* Rn. 10; KMR/*Stöckel* Rn. 7; Löwe/Rosenberg/*Hilger* Rn. 10; *Meyer-Goßner* Rn. 7.
[10] *Meyer-Goßner* Rn. 7.
[11] KK-StPO/*Senge* Rn. 3; *Meyer-Goßner* Vor § 374 Rn. 1.
[12] KMR/*Stöckel* Vor § 374 Rn. 16; *Meyer-Goßner* Vor § 374 Rn. 12.
[13] KK-StPO/*Senge* Rn. 2; *Meyer-Goßner* Vor § 374 Rn. 11.
[14] *Meyer-Goßner* Vor § 374 Rn. 11.
[15] OLG Stuttgart JR 1953, 349; Löwe/Rosenberg/*Hilger* Rn. 21; *Meyer-Goßner* Vor § 374 Rn. 14.

III. Rücknahmefiktion (Abs. 2)

Nach Abs. 2 wird die Zurücknahme der Privatklage fingiert, wenn der ordnungsgemäß geladene und in der Hauptverhandlung auf die Folgen seines Ausbleibens hingewiesene Privatkläger in der Hauptverhandlung ohne dem Gericht bekannte Entschuldigungsgründe weder erscheint, noch durch einen Rechtsanwalt vertreten ist oder wenn er in der Hauptverhandlung oder einem anderen Termin ausbleibt, obwohl das Gericht sein persönliches Erscheinen angeordnet hat. Das Erscheinen eines Vertreters steht der Rücknahmefiktion nicht entgegen.[16] Gleiches gilt, wenn der Privatkläger und/oder sein anwaltlicher Vertreter schuldhaft eine **Frist** nicht einhält, die ihm unter Androhung der Einstellung des Verfahrens, zB zur Behebung eines Hindernisses, gesetzt war.[17] Mit der Androhung können jedoch keine Handlungen erzwungen werden, zu denen keine Rechtspflicht besteht.[18] Für die Erbringung des Gebührenvorschusses gilt hingegen ausschließlich § 379a; für den Auslagenvorschuss § 68 GVG.[19]

8

Die Fiktion findet auch im **Berufungsverfahren** zuungunsten des Privatklägers Anwendung, sofern der Angeklagte allein oder neben dem Privatkläger Berufung eingelegt hat.[20] Das Verfahren ist dann durch **Urteil** einzustellen, selbst wenn der Angeklagte ebenfalls nicht erschienen ist.[21] Hat der Privatkläger hingegen allein Berufung eingelegt, gilt Abs. 3.

9

III. Verwerfung der Berufung (Abs. 3)

Die Verwerfung der Berufung ist im Falle des Abs. 3 nur zulässig, wenn der Privatkläger allein Berufung eingelegt hat. Die Berufung wird sofort, also ohne Verhandlung zur Sache, verworfen, wenn der Angeklagte in 1. Instanz freigesprochen wurde.[22] Ist der Angeklagte verurteilt worden, ist die Berufungsverhandlung ohne den Privatkläger durchzuführen, wenn **nach Aktenlage** eine für den Angeklagten günstigere Entscheidung zu erwarten ist.[23] Ist bereits für das Gericht erkennbar, dass der Privatkläger nur aus einem die **Wiedereinsetzung** rechtfertigenden unverschuldeten Grund ausgeblieben ist, findet Abs. 3 keine Anwendung.[24]

10

IV. Wiedereinsetzung (Abs. 4)

Nach Abs. 4 ist die Wiedereinsetzung unter den Voraussetzungen der §§ 44, 45[25] sowohl gegen die Versäumung des Termins als auch bei Nichteinhaltung einer gesetzten Frist zulässig. Der Wiedereinsetzungsantrag ist binnen einer Woche nach Wegfall des Hindernisses bei dem Gericht zu stellen, bei dem die Frist wahrzunehmen gewesen wäre, § 45. Die Wochenfrist beginnt mit dem Termin oder dem Ablauf der Frist, nicht erst mit **Zustellung** des Einstellungsbeschlusses.[26]

11

V. Rechtsmittel

Gegen den Einstellungsbeschluss in den Fällen des Abs. 1 und 2 stehen dem Privatkläger und dem Angeklagten sowie zur Übernahme der Verfolgung, der StA die **sofortige Beschwerde** nach § 311 zu. Gegen das Einstellungsurteil ist **Berufung** und **Revision**, im Falle des Abs. 3 jedoch nur die Revision, statthaft.[27] Mit der **einfachen Beschwerde** nach § 304 ist die Ablehnung eines Einstellungsantrags durch Beschluss eröffnet.[28]

12

§ 392 [Folgen der Zurücknahme]
Die zurückgenommene Privatklage kann nicht von neuem erhoben werden.

---

[16] *Meyer-Goßner* Rn. 10.
[17] LG Düsseldorf v. 18. 7. 1959 – IIIa Qs 310/59, NJW 1959, 2080; KK-StPO/*Senge* Rn. 13; Löwe/Rosenberg/*Hilger* Rn. 33; *Meyer-Goßner* Rn. 14.
[18] KK-StPO/*Senge* Rn. 13; Löwe/Rosenberg/*Hilger* Rn. 33; *Meyer-Goßner* Rn. 15.
[19] OLG Hamm NJW 1965, 878; LG Heidelberg v. 18. 11. 1963 – 2 Qs 185/63, NJW 1964, 680; LG Zweibrücken v. 31. 1. 1974 – 2 Qs 2/74, MDR 1974, 422; aA LG Karlsruhe v. 19. 9. 1962 – II Qs 74/62, NJW 1963, 66.
[20] KK-StPO/*Senge* Rn. 11; *Meyer-Goßner* Rn. 11.
[21] *Rieß* NStZ 2000, 121.
[22] KK-StPO/*Senge* Rn. 14; Löwe/Rosenberg/*Hilger* Rn. 40; *Meyer-Goßner* Rn. 17.
[23] *Rieß* NStZ 2000, 121.
[24] *Meyer-Goßner* Rn. 17.
[25] Vgl. zu den Voraussetzungen die Kommentierung zu § 44 und § 45.
[26] KMR/*Stöckel* Rn. 27; Löwe/Rosenberg/*Hilger* Rn. 41; *Meyer-Goßner* Rn. 18.
[27] KK-StPO/*Senge* Rn. 16; *Meyer-Goßner* Rn. 19.
[28] Löwe/Rosenberg/*Hilger* Rn. 45; *Meyer-Goßner* Rn. 19.

I. Ausschluss der Erneuerung der Privatklage

1   Nach § 392 ist im Falle der **Rücknahme** der Privatklage nach § 391 Abs. 1 die erneute Erhebung der Privatklage oder der Widerklage ausgeschlossen;[1] Gleiches gilt auch im Falle der **Rücknahmefiktion** nach § 391 Abs. 2. Die Vorschrift schließt auch aus, dass die zurückgenommene Privatklage von Neuem als Widerklage oder die zurückgenommene Widerklage als selbstständige Privatklage erhoben wird.[2] Hingegen bleibt eine vor Klagerücknahme erhobene Widerklage zulässig, § 388 Abs. 4; gleiches gilt im umgekehrten Fall.[3] § 392 hindert jedoch nicht die erneute Erhebung der Privat- oder Widerklage, wenn die Rücknahme allein wegen ihrer Unzulässigkeit erklärt wurde, und zwar, um einerseits der Zurückweisung zuvor zu kommen und um andererseits die Zulässigkeitshindernisse zu beheben;[4] Gleiches gilt, wenn der zuvor unterbliebene **Sühneversuch** nachgeholt wird.[5] Von dem Ausschluss der Erneuerung der Privatklage ist auch nicht erfasst, dass die Erhebung der Privatklage sich gegen einen **anderen Beschuldigten** richtet; denn die Privatklage kann nur gegenüber demselben Beschuldigten nicht erneut erhoben werden.[6]

II. Kein Ausschluss der Erneuerung der Privatklage für andere Klageberechtigte

2   Der Ausschluss erstreckt sich nicht auf andere Privatklageberechtigte, die Privatklage noch nicht erhoben haben.[7]

III. Erhebung der öffentlichen Klage durch die StA

3   Die Erhebung der öffentlichen Klage durch die StA bleibt zulässig;[8] bei **Antragsdelikten** muss jedoch ein wirksamer Strafantrag vorliegen.

§ 393 [Tod des Privatklägers]

(1) Der Tod des Privatklägers hat die Einstellung des Verfahrens zur Folge.

(2) Die Privatklage kann jedoch nach dem Tode des Klägers von den nach § 374 Abs. 2 zur Erhebung der Privatklage Berechtigten fortgesetzt werden.

(3) Die Fortsetzung ist von dem Berechtigten bei Verlust des Rechts binnen zwei Monaten, vom Tode des Privatklägers an gerechnet, bei Gericht zu erklären.

I. Tod des Privatklägers (Abs. 1)

1   **1. Einstellung des Verfahrens.** Nach Abs. 1 ist beim Tod des Privatklägers das **Verfahren einzustellen**. Das Verfahrensende tritt mit dem Tod des Privatklägers unmittelbar ein; der Einstellungsbeschluss ist lediglich deklaratorisch.[1*] Die Rechtsfolge der Einstellung ist zwingend. Mit der Einstellungsentscheidung ergeht die Entscheidung über die **Kosten**; diese sind den Erben des Privatklägers aufzuerlegen.[2*] Die Kostenentscheidung kann durch gesonderten Beschluss nachgeholt werden.[3*] Stirbt einer von mehreren Privatklägern, ergeht über die durch seine Privatklage verursachten Kosten ein selbstständiger Kostenbeschluss; eine Verteilung der Kosten zwischen den übrigen Privatklägern und dem Angeklagten im Urteil ist unzulässig.[4*]

2   **2. Übernahme durch andere Privatklageberechtigte.** Das Recht **anderer Privatklageberechtigter** zur Erhebung der Privatklage, die Erhebung der öffentlichen Klage oder die Übernahme des Verfahrens nach § 377 Abs. 2 durch die StA wird hingegen durch den Einstellungsbeschluss nicht ausgeschlossen.[5*]

---

[1] AK-StPO/*Rössner* Rn. 1; KK-StPO/*Senge* Rn. 2; KMR/*Stöckel* Rn. 1; Löwe/Rosenberg/*Hilger* Rn. 1; *Meyer-Goßner* Rn. 1.
[2] OLG Frankfurt JR 1957, 722; KK-StPO/*Senge* Rn. 1; Löwe/Rosenberg/*Hilger* Rn. 1; *Meyer-Goßner* Rn. 1.
[3] OLG Düsseldorf v. 15. 10. 1953 – Vs 14/53 685, NJW 1954, 123.
[4] OLG Braunschweig NJW 1953, 957; AK-StPO/*Rössner* Rn. 2: AnwK-StPO/*Schwätzler* Rn. 3; *Meyer-Goßner* Rn. 2.
[5] OLG Braunschweig (Fn. 4); KK-StPO/*Senge* Rn. 2; Löwe/Rosenberg/*Hilger* Rn. 4.
[6] AK-StPO/*Rössner* Rn. 4; AnwK-StPO/*Schwätzler* Rn. 4; KMR/*Stöckel* Rn. 2; *Meyer-Goßner* Rn. 2.
[7] OLG Stuttgart JR 1953, 349; AK-StPO/*Rössner* Rn. 4; KMR/*Stöckel* Rn. 1; Löwe/Rosenberg/*Hilger* Rn. 2; *Meyer-Goßner* Rn. 3.
[8] Löwe/Rosenberg/*Hilger* Rn. 2; *Meyer-Goßner* Rn. 4.
[1*] AK-StPO/*Rössner* Rn. 2; KMR/*Stöckel* Rn. 1; *Meyer-Goßner* Rn. 1.
[2*] AK-StPO/*Rössner* Rn. 5; KK-StPO/*Senge* Rn. 1; KMR/*Stöckel* Rn. 3; Löwe/Rosenberg/*Hilger* Rn. 1; *Meyer-Goßner* Rn. 2.
[3*] KK-StPO/*Senge* Rn. 1; KMR/*Stöckel* Rn. 3; *Meyer-Goßner* Rn. 2.
[4*] KK-StPO/*Senge* Rn. 1; *Meyer-Goßner* Rn. 2.
[5*] AnwK-StPO/*Schwätzler* Rn. 2; Löwe/Rosenberg/*Hilger* Rn. 2, 3; *Meyer-Goßer* Rn. 1.

Die Entscheidung über die Einstellung durch Beschluss wird bis zum Ablauf der Frist des 3
Abs. 3 aufgeschoben, wenn die **Fortsetzung des Verfahrens** mit den nach § 374 Abs. 2 zur Erhebung der Privatklage Berechtigten in Betracht kommt.[6] Stellt das Gericht vor Ablauf der in Abs. 3 genannten Frist das Verfahren ein und geht binnen der Frist eine wirksame Fortsetzungserklärung bei Gericht ein, so ist der bereits ergangene Beschluss aufzuheben.[7]

II. Fortsetzungsberechtigung (Abs. 2)

Nach Abs. 2 sind nur die nach § 374 Abs. 2 Berechtigten zur Fortsetzung berechtigt.[8] In entsprechender Anwendung des § 375 Abs. 2 können diese innerhalb der Frist des Abs. 3 dem schon fortgesetzten Verfahren beitreten.[9] Liegt eine wirksame **Fortsetzungserklärung** vor, wird das Verfahren, in der Lage, in der sich das Verfahren zum Zeitpunkt des Todes des Privatklägers befindet, fortgesetzt.[10] Den nach § 374 Abs. 2 zur Privatklage Berechtigten steht weder eine Ergänzung noch eine Erweiterung der Privatklage zu.[11] Bei **Tatmehrheit** zwischen mehreren Delikten werden die nicht fortsetzungsfähigen Delikte eingestellt; bei **Tateinheit** ergeht eine Sachentscheidung nur bzgl. des fortsetzungsfähigen Delikts.[12] Ist für die Verfolgung des Privatklagedelikts die vorherige Stellung eines **Strafantrages** erforderlich, so genügt es bei nahen Angehörigen, nicht aber beim Dienstvorgesetzten, dass er von dem verstorbenen Privatkläger wirksam gestellt worden war, § 374 Abs. 2 S. 2.[13]

III. Frist zur Erklärung der Fortsetzung (Abs. 3)

Die Frist zur Erklärung der Fortsetzung beginnt mit dem Tod des Privatklägers und stellt eine 5 **Ausschlussfrist** dar. Die Erklärung muss gegenüber dem mit der Sache befassten Gericht schriftlich oder zu Protokoll der Geschäftsstelle abgegeben werden.[14] Die Frist wird nach § 43 berechnet.[15] Die **Wiedereinsetzung in den vorigen Stand** ist ausgeschlossen, weil es sich bei der Frist des Abs. 3 um eine Ausschlussfrist handelt.[16]

IV. Rechtsmittel

Gegen die Ablehnung einer Fortsetzung des Verfahrens ist die **sofortige Beschwerde** gemäß 6 § 311 eröffnet. Die nach § 374 Abs. 2 zur Fortsetzung Berechtigten können den Einstellungsbeschluss gleichfalls mit der sofortigen Beschwerde angreifen, wenn das Verfahren vor der Fortsetzungserklärung eingestellt wurde.[17]

V. Tod des Angeklagten

Stirbt der Angeklagte, endet das Verfahren, ohne dass es eines gesonderten Beschlusses bedarf.[18] 7

§ 394 [Bekanntmachungen an den Beschuldigten]
Die Zurücknahme der Privatklage und der Tod des Privatklägers sowie die Fortsetzung der Privatklage sind dem Beschuldigten bekanntzumachen.

Für die **Bekanntmachung** der Rücknahme der Privatklage und des Todes des Privatklägers so- 1
wie der Fortsetzung der Privatklage an den Beschuldigten genügt eine formlose Mitteilung.[1]
Hängt die Wirksamkeit der Rücknahme jedoch von der **Zustimmung des Beschuldigten** ab 2
(§ 391 Abs. 1 S. 2), empfiehlt sich die **förmliche Zustellung**.[2] Dem Beschuldigten ist in diesem Fall

---

[6] KK-StPO/*Senge* Rn. 1; *Meyer-Goßner* Rn. 1.
[7] KK-StPO/*Senge* Rn. 2; *Meyer-Goßner* Rn. 1.
[8] *Meyer-Goßner* Rn. 3.
[9] KMR/*Stöckel* Rn. 8; *Meyer-Goßner* Rn. 3.
[10] *Meyer-Goßner* Rn. 4.
[11] AK-StPO/*Rössner* Rn. 5; AnwK-StPO/*Schwätzler* Rn. 5; KK-StPO/*Senge* Rn. 3; KMR/*Stöckel* Rn. 10; *Meyer-Goßner* Rn. 4.
[12] KK-StPO/*Senge* Rn. 3; KMR/*Stöckel* Rn. 7; Löwe/Rosenberg/*Hilger* Rn. 5; *Meyer-Goßner* Rn. 4; aA SK-StPO/*Velten* Rn. 8.
[13] *Meyer-Goßner* Rn. 4; vgl. § 374 Rn. 19.
[14] *Meyer-Goßner* Rn. 6.
[15] Vgl. § 43 Rn. 1 ff.
[16] KK-StPO/*Senge* Rn. 3.
[17] KMR/*Stöckel* Rn. 9; Löwe/Rosenberg/*Hilger* Rn. 6; *Meyer-Goßner* Rn. 5; SK-StPO/*Velten* Rn. 7.
[18] KK-StPO/*Senge* Rn. 4.
[1] AK-StPO/*Rössner* Rn. 1; KK-StPO/*Senge* Rn. 1; Löwe/Rosenberg/*Hilger* Rn. 1; *Meyer Goßner* Rn. 1; *Pfeiffer* Rn. 1.
[2] AK-StPO/*Rössner* Rn. 1; KK-StPO/*Senge* Rn. 1; *Meyer Goßner* Rn. 2.

eine Erklärungsfrist zu setzen.³ Darüber hinaus empfiehlt sich die förmliche Zustellung im Falle eine Fortsetzungserklärung nach § 393 Abs. 2.⁴

---

³ AnwK-StPO/*Schwätzler* Rn. 2; KK-StPO/*Senge* Rn. 1.
⁴ AnwK-StPO/*Schwätzler* Rn. 2; *Meyer Goßner* Rn. 2; *Pfeiffer* Rn. 2.

Zweiter Abschnitt. Nebenklage

§ 395 [Befugnis zum Anschluss als Nebenkläger]

(1) Der erhobenen öffentlichen Klage oder dem Antrag im Sicherungsverfahren kann sich mit der Nebenklage anschließen, wer verletzt ist durch eine rechtswidrige Tat nach
1. den §§ 174 bis 182 des Strafgesetzbuches,
2. den §§ 211 und 212 des Strafgesetzbuches, die versucht wurde,
3. den §§ 221, 223 bis 226 und 340 des Strafgesetzbuches,
4. den §§ 232 bis 238, 239 Absatz 3, §§ 239a, 239b und 240 Absatz 4 des Strafgesetzbuches,
5. § 4 des Gewaltschutzgesetzes,
6. § 142 des Patentgesetzes, § 25 des Gebrauchsmustergesetzes, § 10 des Halbleiterschutzgesetzes, § 39 des Sortenschutzgesetzes, den §§ 143 bis 144 des Markengesetzes, den §§ 51 und 65 des Geschmacksmustergesetzes, den §§ 106 bis 108b des Urheberrechtsgesetzes, § 33 des Gesetzes betreffend das Urheberrecht an Werken der bildenden Künste und der Photographie und den §§ 16 bis 19 des Gesetzes gegen den unlauteren Wettbewerb.

(2) Die gleiche Befugnis steht Personen zu,
1. deren Kinder, Eltern, Geschwister, Ehegatten oder Lebenspartner durch eine rechtswidrige Tat getötet wurden oder
2. die durch einen Antrag auf gerichtliche Entscheidung (§ 172) die Erhebung der öffentlichen Klage herbeigeführt haben.

(3) Wer durch eine andere rechtswidrige Tat, insbesondere nach den §§ 185 bis 189, 229, 244 Absatz 1 Nummer 3, §§ 249 bis 255 und 316a des Strafgesetzbuches, verletzt ist, kann sich der erhobenen öffentlichen Klage mit der Nebenklage anschließen, wenn dies aus besonderen Gründen, insbesondere wegen der schweren Folgen der Tat, zur Wahrnehmung seiner Interessen geboten erscheint.

(4) ¹Der Anschluss ist in jeder Lage des Verfahrens zulässig. ²Er kann nach ergangenem Urteil auch zur Einlegung von Rechtsmitteln geschehen.

(5) ¹Wird die Verfolgung nach § 154a beschränkt, so berührt dies nicht das Recht, sich der erhobenen öffentlichen Klage als Nebenkläger anzuschließen. ²Wird der Nebenkläger zum Verfahren zugelassen, entfällt eine Beschränkung nach § 154a Absatz 1 oder 2, soweit sie die Nebenklage betrifft.

I. Vorbemerkung

1. Allgemeines. Mit der Nebenklage soll dem durch eine in § 395 genannten Straftat Verletzten, Schutz gegen ungerechtfertigte Schuldzuweisungen und Herabwürdigungen gewährt sowie eine opferbezogene Verfahrensgestaltung mit entsprechenden Fürsorgepflichten durch StA und Gericht durchgesetzt werden.[1] 1

Der Katalog der zur Nebenklage berechtigenden Taten wurde durch das Gesetz zur Stärkung der Rechte von Verletzten und Zeugen im Strafverfahren (2. Opferrechtsreformgesetz) vom 3. 3. 2009 neu geordnet und soll eine Konzentration auf die besonders schutzwürdigen Opfer gewährleisten.[2] Bereits durch das Opferschutzgesetz von 1986 erfolgte eine Konzentration auf solche Taten, die sich gegen **höchstpersönliche Rechtsgüter**, wie gegen die sexuelle Selbstbestimmung, richten, bei denen also eine besondere Schutzbedürftigkeit der Opfer besteht. Folgerichtig entfiel mit dem 2. Opferrechtsreformgesetz die Anschlussbefugnis bei Verstößen gegen gewerbliche Schutzrechte und das Urheberrecht nach dem bisherigen Abs. 2 Nr. 2. Neben dem Wegfall der Anschlussbefugnis in den Fällen des bisherigen Abs. 2 Nr. 2 ist die Vorschrift im Wesentlichen redaktionell geändert worden, ohne dass nach dem Willen des Gesetzgebers Änderungen an der bisherigen Rechtslage eintreten sollten.[3] In Nr. 5 ist der ursprüngliche Abs. 1 Nr. 1 lit. d) um die Delikte des Kinderhandels nach § 236 StGB sowie der Nötigung in besonders schweren Fällen nach § 240 Abs. 4 StGB ergänzt worden. Abs. 3 ist zukünftig als **Auffangtatbestand** ausgestaltet, der insbesondere Opfern von Straftaten, die im Einzelfall als besonders schwerwiegende Delikte einzuordnen sind, eine Anschlussberechtigung als Nebenkläger dann ermöglicht, wenn dies aus besonde- 2

---

[1] BT-Drucks. 16/12098, S. 29; *Rössner/Wulf*, Opferbezogene Strafrechtspflege 1987, S. 87 ff.; vgl. KK-StPO/*Senge* Vor § 395 Rn. 1.
[2] BT-Drucks. 16/12098, S. 29.
[3] BT-Drucks. 16/12098, S. 30.

ren Gründen zur Wahrnehmung ihrer Interessen geboten erscheint.[4] Zur Beantwortung der Frage ist auf die **Schwere der Tatfolgen für das Opfer** abzustellen. Die Formulierung greift den bisherigen Wortlaut des Abs. 3 auf, beschränkt die Anschlussberechtigung jedoch nicht auf die Folgen einer fahrlässigen Körperverletzung. Nunmehr ist auch, insbesondere bei Delikten gegen höchstpersönliche Rechtsgüter bei denen das Opfer als besonders schutzbedürftig erscheint, die Anschlussberechtigung als Nebenkläger eröffnet, wenn dies aus besonderen Gründen zur Wahrnehmung der Interessen der Opfer geboten ist. Neben körperlichen Verletzungsfolgen sollen auch **seelische Schäden** mit einem gewissen Grad an Erheblichkeit, die bereits eingetreten oder zu erwarten sind, für die Schwere der Folge der Tat maßgeblich sein.[5] Der Schweregrad muss jedoch nicht die in § 397a Abs. 1 Nr. 3 genannte Schwelle der schweren körperlichen oder seelischen Schäden erreichen. Vielmehr ist durch die Verwendung des unbestimmten Rechtsbegriffs „aus besonderen Gründen zur Wahrnehmung der Interessen geboten" auf die **Gesamtsituation des Betroffenen** abzustellen.[6]

3 Die Vorschrift ist zudem um einen neuen Abs. 5 ergänzt worden, der wörtlich dem bisherigen § 397 Abs. 2 entspricht.

4 **2. Regelungsgehalt.** Die Vorschrift regelt in Abs. 1 bis 3 abschließend die Nebenklageberechtigung des Verletzten. Das Nebenklagerecht ist nur eröffnet, wenn der Verletzte auch die **Verurteilung des Beschuldigten** erstrebt.[7] Der Verletzte ist auf sein Recht zum Anschluss als Nebenkläger hinzuweisen. Auch ohne den Anschluss als Nebenkläger eröffnet § 406 g[8] dem Verletzten gesonderte Rechte, soweit er zum Anschluss als Nebenkläger befugt ist. Abs. 4 steckt den zeitlichen Rahmen für die Anschlusserklärung des Nebenklageberechtigten ab, die grundsätzlich in jeder Lage des Verfahrens bis zur Rechtskraft des Urteils zulässig ist. Im Rahmen dieses Verfahrens ist der Nebenkläger nicht zur Objektivität verpflichtet; dies folgt aus der ihm zugebilligten Parteirolle.[9]

II. Voraussetzungen

5 **1. Nebenklageberechtigte (Abs. 1 bis 3).** Zum Anschluss als Nebenkläger berechtigt sind durch bestimmte rechtswidrige Taten verletzte Personen (Abs. 1 und 3). Abs. 1 und 3 nennt insbesondere Straftaten gegen die **sexuelle Selbstbestimmung, Körperverletzungsdelikte, Straftaten gegen die persönliche Freiheit** sowie versuchte Straftaten gegen das **Leben**. Nebenklageberechtigt sind nur die **unmittelbar Verletzten**.[10]

6 **2. Rechtswidrige Katalogtat.** Nach Abs. 1 und 3 ist Voraussetzung für den Anschluss als Nebenkläger das Vorliegen einer im Sinne von § 11 Abs. 1 Nr. 5 StGB **rechtswidrigen** Katalogtat des § 395. Ein **schuldhaftes Handeln** des Angeklagten wird nicht vorausgesetzt. Vielmehr gilt es, die Schuld des Täters im Verlauf des Strafverfahrens festzustellen.[11] Obwohl Abs. 1 Nr. 1, 3, 4 und 5 nicht wie Nr. 2 den Versuch der Tatvollendung gleichstellt, kann die Anschlussbefugnis auch bei einer nur **versuchten Tat** gegeben sein. Die **Tatbeteiligung** nach §§ 25 ff. StGB steht der Täterschaft gleich, nicht aber eine nach § 30 StGB strafbare Vorbereitungsbehandlung.[12] Auch eine Straftat nach § 323 a StGB berechtigt zur Nebenklage, soweit eine der in Abs. 1 und 3 bezeichneten Taten die Rauschtat ist.[13]

7 **3. Nicht angeklagte Katalogtat.** Das nebenklagefähige Delikt muss nicht ausdrücklich Gegenstand der **Anklageschrift** sein; die Anschlussbefugnis besteht auch dann, wenn das Nebenklagedelikt **tateinheitlich oder gesetzeskonkurrierend** mit dem angeklagten Delikt verwirklicht worden ist, das zur Nebenklage nicht berechtigen würde.[14] Die rechtliche Beurteilung der StA ist nicht maßgeblich; es genügt vielmehr die **rechtliche Möglichkeit**, dass der Angeklagte eine der in Abs. 1 oder 3 bezeichneten Taten begangen hat. Die Nebenklagebefugnis nach Abs. 1 Nr. 2 geht bei Tod des Verletzten nicht auf nahe Angehörige eines durch eine rechtswidrige Tat Getöteten über; Abs. 2 Nr. 1 regelt für diese die Nebenklagebefugnis abschließend.[15]

---

[4] BT-Drucks. 16/12098, S. 31.
[5] BT-Druck. 16/12098, S. 31.
[6] BT-Druck. 16/12098, S. 31.
[7] Meyer-Goßner Rn. 1.
[8] Vgl. § 406 g Rn. 3 ff.
[9] KK-StPO/Senge Vor § 395 Rn. 1.
[10] RG v. 18. 6. 1928 – III 185/28, RGSt 62, 209; OLG Hamm v. 26. 8. 1966 – 2 Ws 365/66, MDR 1967, 148; NK-StPO/Rößner Rn. 11.
[11] KK-StPO/Senge Rn. 4; Meyer-Goßner Rn. 3; AnwK-StPO/Böttger Rn. 4.
[12] OLG Stuttgart v. 20. 2. 1990 – 5 Ws 19/90, NStZ 1990, 298; Meyer-Goßner Rn. 3; NK-StPO/Rößner, Rn. 13.
[13] BGH v. 5. 2. 1998 – 4 StR 10/98, NStZ-RR 1998, 305.
[14] BGH v. 9. 1. 1985 – 3 StR 502/84, BGHSt 33, 114; Lenckner JZ 1973, 742; NK-StPO/Rößner Rn. 14.
[15] BGH v. 13. 5. 1998 – 3 StR 148/98, BGHSt 44, 97.

4. Strafantrag. Die Anschlussbefugnis setzt bei Delikten, die auf Antrag verfolgt werden, einen 8
Strafantrag des Verletzten voraus.[16] In der Regel ist in der Anschlusserklärung der Strafantrag zu
sehen.[17] Eines Antrages bedarf es nur dann nicht, wenn die StA das **besondere öffentliche Interesse** an der Strafverfolgung bejaht hat.[18] Die Stellung eines Strafantrages ist auch dann erforderlich,
wenn ein anderer, durch dieselbe Handlung Verletzter, allein Strafantrag gestellt hat.[19]

5. Anschlussbefugnis naher Angehöriger eines Getöteten (Abs. 2 Nr. 1). Nebenklageberechtigt 9
ist zudem jede **nahe stehende Person** iSd Abs. 2 Nr. 1. Entferntere Verwandte werden durch nähere, die den Anschluss (bisher) nicht erklärt haben, nicht ausgeschlossen.[20] Die Anschlussbefugnis
naher Angehöriger eines Getöteten ist nicht nur bei rechtswidrigen **Straftaten gegen das Leben**
(§§ 211–222 StGB) gegeben, sondern auch bei den **durch einen Tötungserfolg qualifizierten Straftaten**, wie zB nach §§ 221 Abs. 3, 227, 251, 306 c StGB, sofern die Voraussetzungen des § 18 StGB
vorliegen.[21] Auch bei Abs. 2 Nr. 1 kommt es nicht darauf an, ob die Anklage auf das Tötungsdelikt gestützt ist, sofern nur die rechtliche Möglichkeit der Verurteilung wegen einer solchen Tat
besteht.[22]

6. Anschlussbefugnis nach Klageerzwingungsverfahren (Abs. 2 Nr. 2). Nach Abs. 2 Nr. 2 hat 10
der Verletzte ein selbständiges Antragsrecht, wenn er erfolgreich das **Klageerzwingungsverfahren**
(§§ 172 ff.) betrieben hat und die Anklage auf Anordnung des OLG (§ 175) erfolgt ist. Abs. 2
Nr. 2 verweist nicht auf die Katalogtaten des Abs. 1 und 3, so dass sich die Anschlussbefugnis
nicht auf die dort genannten Delikte beschränkt. Wegen Abs. 2 Nr. 1 findet Abs. 2 Nr. 2 hingegen
keine Anwendung auf Angehörige des Antragstellers.[23] Der Anschluss als Nebenkläger kann bereits im **laufenden Verfahren** erklärt werden.[24] Hat das OLG die Anordnung nach § 175 getroffen, spielt es keine Rolle, ob diese zu Recht getroffen worden ist.[25] Abs. 2 Nr. 2 findet auch Anwendung, wenn es zu einer Anordnung des OLG deshalb nicht gekommen ist, weil die GStA den
erfolgversprechenden Klageerzwingungsantrag zum Anlass genommen hat, selbst die Anklageerhebung durch die StA anzuordnen.[26]

7. Anschlussbefugnis des Verletzten eines in Abs. 3 genannten Delikts (Abs. 3). Auch das Opfer 11
eines der in Abs. 3 genannten Delikte ist anschlussberechtigt, wenn dies aus besonderen Gründen,
namentlich wegen der **Schwere der Folgen der Tat**, zur Wahrnehmung seiner Interessen geboten
erscheint. Mit diesem Erfordernis soll nach Willen des Gesetzgebers die Anschlussbefugnis auf
Straftaten gegen höchstpersönliche Rechtsgüter und solche Taten beschränkt werden, deren
Schwere der Delikte gegen Leib und Leben erreicht.[27] Besondere Gründe iSd. Abs. 3 können in
der **Schwere der erlittenen Verletzungen**[28] liegen. Das **Mitverschulden** des Verletzten ist nicht nur
für zivilrechtliche Schadensersatzansprüche bedeutsam, sondern auch strafrechtlich.[29] Bei mittelschweren Verletzungen besteht keine Anschlussbefugnis, wenn der Schaden bereits reguliert ist;[30]
bei reinen **Bagatellverletzungen** ist die Nebenklagebefugnis generell nicht gegeben.[31]

8. Zeitpunkt der Anschlusserklärung (Abs. 4). Der Anschluss als Nebenkläger ist grundsätzlich 12
in jeder Lage des Verfahrens zulässig. Wird der Anschluss vor Erhebung der öffentlichen Klage
erklärt, wird dieser erst wirksam, wenn die Klage erhoben ist (§ 396 Abs. 1 S. 2, 3). Im **Strafbefehlsverfahren** wird die Anschlusserklärung erst mit Terminsanberaumung oder der Ablehnung
des Strafbefehlsantrags (§ 396 Abs. 1 S. 2) wirksam. Der Anschluss kann auch noch nach ergangenem Urteil im Rechtsmittelverfahren und zur Einlegung von **Rechtsmitteln** erklärt werden;
nicht jedoch nach **rechtskräftigem Abschluss** des Verfahrens.[32] Nach Rechtskraft besteht für den
Nebenklageberechtigten weder durch einen Wiedereinsetzungsantrag noch durch eine eigenstän-

---

[16] OLG Frankfurt v. 25. 1. 1991 – 1 Ss 31/90, NJW 1991, 2036; KK-StPO/*Senge* Rn. 5.
[17] BGH (Fn. 14) mwN; *Hilger* JR 1991, 391, Fn. 4.
[18] BGH v. 7. 4. 1992 – 1 StR 117/92, NStZ 1992, 452; *Rigner* MDR 1989, 602; KK-StPO/*Senge* Rn. 5.
[19] KK-StPO/*Senge* Rn. 5; *Rieß* NStZ 1989, 102; Löwe/Rosenberg/*Hilger* Rn. 21.
[20] OLG Neustadt v. 10. 4. 1956 – Ws 63/56, NJW 1956, 1611.
[21] BGH (Fn. 15); KK-StPO/*Senge* Rn. 9.
[22] OLG Düsseldorf v. 20. 11. 1996 – 1 Ws 999/96, NStZ 1997, 204; vgl. Rn. 7.
[23] *Meyer-Goßner* Rn. 6.
[24] KMR/*Stöckel* Rn. 10.
[25] *Meyer-Goßner* Rn. 6.
[26] OLG München v. 31. 1. 1986 – 2 StR 726/85, NStZ 1986, 276; KK-StPO/*Senge* Rn. 7; Löwe/Rosenberg/*Hilger* Rn. 5; NK-StPO/*Rössner* Rn. 18; *Rieß* NStZ 1990, 10; aA *Meyer-Goßner* Rn. 6.
[27] BT-Drucks. 10/5305, S. 12; 16/12098, S. 31.
[28] *Beulke* DAR 1988, 114.
[29] *Meyer-Goßner* Rn. 11.
[30] *Beulke* DAR 1988, 116.
[31] AA *Kurth* NStZ 1997, 1, 2 der eine Anschlussbefugnis auch bei leichten Verletzungen nicht grundsätzlich ausschließen will, jedoch noch zur alten Rechtslage.
[32] BGH v. 10. 7. 1996 – 2 StR 295/96, NStZ-RR 1997, 136; KK-StPO/*Senge* Rn. 16.

dige Wiederaufnahme die Möglichkeit des Anschlusses.³³ Der erneute Anschluss nach einer von einem anderen Beteiligten betriebenen **Wiederaufnahme** des Verfahrens ist hingegen möglich.³⁴ Ist zweifelhaft, ob die Anschlusserklärung vor oder nach Rechtskraft eingegangen ist, ist der Anschluss nicht zulässig.³⁵

III. Verfolgungsbeschränkung nach § 154a (Abs. 5)³⁶

13   Abs. 5 lässt die Befugnis, sich der erhobenen Klage als Nebenkläger anzuschließen, auch dann bestehen, wenn die Strafverfolgung, die das Nebenklagedelikt betrifft, nach § 154a Abs. 2 beschränkt ist. Die Vorschrift stellt die Prozessökonomie hinter die Interessen des Nebenklägers zurück.³⁷ Wird die Nebenklage auf Antrag des Nebenklägers zugelassen, bewirkt dies den Wegfall der Verfolgungsbeschränkung nach § 154a Abs. 2. Eines gesonderten **Wiedereinbeziehungsantrags** der StA nach § 154a Abs. 3 S. 2 bedarf es nicht;³⁸ es wird jedoch ein klarstellender Beschluss gefordert.³⁹ S. 2 eröffnet die Möglichkeit des Anschlusses als Nebenkläger auch dann, wenn die Beschränkung nach § 154a Abs. 1 bereits im Ermittlungsverfahren erfolgt ist. Zu diesem Zeitpunkt fehlt es jedoch an einer Prozessvoraussetzung, weil im Zeitpunkt des Wirksamwerdens des Anschlusses keine Anklage hinsichtlich des nebenklagefähigen Delikts vorliegt.⁴⁰ Auf eine **Einstellung nach § 154** findet Abs. 5 keine Anwendung;⁴¹ Gleiches gilt in den Fällen des § 430.⁴²

§ 396 [Anschlusserklärung]

(1) ¹Die Anschlußerklärung ist bei dem Gericht schriftlich einzureichen. ²Eine vor Erhebung der öffentlichen Klage bei der Staatsanwaltschaft oder dem Gericht eingegangene Anschlußerklärung wird mit der Erhebung der öffentlichen Klage wirksam. ³Im Verfahren bei Strafbefehlen wird der Anschluß wirksam, wenn Termin zur Hauptverhandlung anberaumt (§ 408 Abs. 3 Satz 2, § 411 Abs. 1) oder der Antrag auf Erlaß eines Strafbefehls abgelehnt worden ist.

(2) ¹Das Gericht entscheidet über die Berechtigung zum Anschluß als Nebenkläger nach Anhörung der Staatsanwaltschaft. ²In den Fällen des § 395 Abs. 3 entscheidet es nach Anhörung auch des Angeschuldigten darüber, ob der Anschluß aus den dort genannten Gründen geboten ist; diese Entscheidung ist unanfechtbar.

(3) Erwägt das Gericht, das Verfahren nach § 153 Abs. 2, § 153a Abs. 2, § 153b Abs. 2 oder § 154 Abs. 2 einzustellen, so entscheidet es zunächst über die Berechtigung zum Anschluß.

I. Anschlusserklärung (Abs. 1)

1   **1. Form.** Die Anschlusserklärung ist **schriftlich** bei Gericht einzureichen. Zulässig ist auch die **telegrafische oder fernschriftliche Erklärung,**¹ die Erklärung zu Protokoll der Geschäftsstelle und die **in die Sitzungsniederschrift aufgenommene Anschlusserklärung** auch ohne Unterschrift des Nebenklägers.² Der Nebenkläger kann sich bei der Abgabe der Anschlusserklärung durch seinen Beistand vertreten lassen; allein die Anzeige eines Rechtsanwalts, dass er den Nebenkläger vertritt, stellt für sich noch keine Anschlusserklärung dar.³

2   **2. Adressat.** Die Erklärung ist dem Gericht gegenüber (S. 1) abzugeben. **Zuständig** ist das Gericht, das die Entscheidung über die Anschlusserklärung trifft.⁴ Ist das Hauptverfahren noch nicht eröffnet, kann die Anschlusserklärung auch gegenüber der StA eingereicht werden; diese wird mit Eingang beim zuständigen Gericht wirksam.⁵

---

33 BGH (Fn. 32); KK-StPO/*Senge* Rn. 17; NK-StPO/*Rössner* Rn. 22.
34 AnwK-StPO/*Böttger* Rn. 11; NK-StPO/*Rössner* Rn. 22.
35 OLG Celle v. 23. 12. 1957 – 1 Ws 416/57, DAR 1958, 245; *Meyer-Goßner* Rn. 12; aA AG Mainz v. 19. 1. 1970 – 16 Cs 854/69, Rechtspfleger 1970, 95.
36 Die Vorschrift entspricht wörtlich dem bisherigen § 397 Abs. 2 und wurde inhaltlich unverändert aus systematischen Erwägungen in § 395 eingefügt, vgl. BT-Drucks. 16/12098, S. 31.
37 *Lenckner* JZ 1973, 744; NK-StPO/*Rössner* Rn. 4
38 OLG Düsseldorf v. 1. 12. 1998 – 1 Ws 799/98, NStZ-RR 1999, 116.
39 *Meyer-Goßner* Rn. 13.
40 AnwK-StPO/*Böttger* Rn. 10.
41 *Meyer-Goßner* Rn. 14.
42 KK-StPO/*Senge* Rn. 9.
1 KMR/*Stöckel* Rn. 1.
2 BayObLG v. 14. 5. 1958 – 1 St 964/57, NJW 1958, 1598; OLG Stuttgart v. 6. 5. 1955 – Ss 48/55, NJW 1955, 1369.
3 OLG Celle DAR 1958, 245; *Meyer-Goßner* Rn. 3.
4 KK-StPO/*Senge* Rn. 2; *Meyer-Goßner* Rn. 4.
5 KK-StPO/*Senge* Rn. 2; KMR/*Stöckel* Rn. 2.

3. Inhalt. Die Anschlusserklärung muss eindeutig und zweifelsfrei erkennen lassen, dass der 3 Anschluss als Nebenkläger begehrt wird;[6] sie bedarf **keiner Begründung**.[7]

4. Wirksamwerden. Die Anschlusserklärung wird nach **Eingang der Erklärung** bei Gericht mit 4 Erhebung der öffentlichen Klage wirksam (S. 2, 3). Aus S. 2 und 3 folgt, dass die Antragstellung im Ermittlungs-, Zwischen-, Haupt-, und Rechtsmittelverfahren zulässig ist.[8] Das zuständige Gericht[9] hat mit Eingang der Akten über die Anschlussberechtigung des Antragstellers zu entscheiden. Im **Strafbefehlsverfahren** wird der Anschluss wirksam, wenn der beantragte Strafbefehl nicht antragsgemäß erlassen oder angefochten[10] und Termin zur Hauptverhandlung anberaumt (§§ 408 Abs. 3 S. 2, 411 Abs. 1 S. 2) oder der Antrag auf Erlass eines Strafbefehls abgelehnt (§ 408 Abs. 2 S. 1) wird (S. 3). Beabsichtigt das Gericht nach erfolgtem Einspruch das Verfahren gem. §§ 153 Abs. 2, 153a Abs. 2 einzustellen, muss zunächst über die Anschlusserklärung des Antragstellers entschieden werden.[11] Wird der Strafbefehl antragsgemäß erlassen und auch nicht angefochten, so ist die Anschlusserklärung wegen der summarischen Prüfung des Strafbefehlsverfahrens gegenstandslos.[12]

II. Entscheidung über die Anschlussberechtigung (Abs. 2)

1. Zuständigkeit. Das **mit der Sache befasste Gericht** entscheidet gem. Abs. 2 über die Berechti- 5 gung zum Anschluss als Nebenkläger nach Anhörung der StA. Dieses ist im Falle der Anschließung zur Rechtsmitteleinlegung (§ 395 Abs. 4 S. 2) das **Rechtsmittelgericht**.[13] Ist die Entscheidung über die Anschlussberechtigung noch von dem Gericht, dessen Entscheidung angefochten wurde, erlassen worden, so ist diese Entscheidung für das Rechtsmittelgericht unbeachtlich.[14] Das Rechtsmittelgericht kann erneut über die Anschlussberechtigung entscheiden. In den Fällen der §§ 319, 346 ist der Richter zuständig, der das Urteil erlassen hat.[15] Die Entscheidung wird durch das Gericht, nicht durch den Vorsitzenden alleine, getroffen.[16]

2. Anhörung der Beteiligten. Das Gericht entscheidet über die Anschlussbefugnis nach **Anhö-** 6 **rung** der StA (Abs. 2 S. 1). Der Anhörung des Angeschuldigten bedarf es nur in den Fällen des § 395 Abs. 3 (Abs. 2 S. 2). Eine Anhörung des Angeschuldigten ist jedoch in allen Fällen sinnvoll;[17] gleichwohl stellt eine unterlassene Anhörung keinen Verstoß gegen das Gebot der Gewährung rechtlichen Gehörs (Art. 103 Abs. 1) dar,[18] so dass der nach unterbliebener Anhörung Verurteilte die Revision hierauf nicht stützen kann.

3. Prüfungsumfang des Gerichts. Das Gericht prüft das Vorliegen der **Voraussetzungen des § 395** 7 und die **Prozessfähigkeit** des Antragstellers.[19] Liegen die Voraussetzungen vor, so prüft das Gericht weiter die **Begründetheit der Anschlusserklärung** auf der Grundlage der Anklageschrift und dem Vorbringen des Nebenklägers;[20] der Nebenkläger hat die Tatsachen und das Ausmaß der Verletzungen glaubhaft zu machen.[21] Die Prüfung des Vorliegens der besonderen Voraussetzungen des § 395 Abs. 3 in den dort genannten Fällen kann inzident erfolgen.[22] Das Vorliegen eines hinreichenden Tatverdachts hinsichtlich des Nebenklagedelikts bedarf es nicht; es genügt, dass eine Verurteilung wegen einer Nebenklagestraftat zumindest möglich erscheint.[23]

4. Entscheidung durch Beschluss. Das Gericht entscheidet über die Berechtigung zum An- 8 schluss durch **Beschluss**.[24] Dem Beschluss kommt jedoch lediglich **deklaratorische Wirkung**

---

[6] *Kurth* NStZ 1997, 1, 2.
[7] KMR/*Stöckel* Rn. 2.
[8] AnwK-StPO/*Böttger* Rn. 3.
[9] Rn. 5.
[10] LG Heidelberg v. 6. 6. 1967 – 2 Qs 147/67, NJW 1967, 2420; HK-StPO/*Kurth* Rn. 6; KK-StPO/*Senge* Rn. 3.
[11] *Meyer-Goßner* Rn. 6; aA KK-StPO/*Senge* Rn. 3.
[12] LG Deggendorf v. 28. 1. 1965 – Qs 21/65, NJW 1965, 1092; LG Heidelberg v. 6. 6. 1967 – 2 Qs 147/67, NJW 1967, 2420; NK-StPO/*Rössner* Rn. 3.
[13] BGH v. 25. 3. 1954 – 3 StR 122/54, BGHSt 6, 103; KK-StPO/*Senge* Rn. 4; *Meyer-Goßner* Rn. 8 mwN.
[14] *Meyer-Goßner* Rn. 9.
[15] KMR/*Stöckel* Rn. 5.
[16] HK-StPO/*Kurth* Rn. 9; *Meyer-Goßner* Rn. 9.
[17] HK-StPO/*Kurth* Rn. 10; KMR/*Stöckel* Rn. 7.
[18] KK-StPO/*Senge* Rn. 9; *Meyer-Goßner* Rn. 11; zweifelnd Löwe/Rosenberg/*Hilger* Rn. 9; aA SK-StPO/*Velten* Rn. 6.
[19] KK-StPO/*Senge* Rn. 5; *Meyer-Goßner* Rn. 10; NK-StPO/*Rössner* Rn. 8.
[20] HK-StPO/*Kurth* Rn. 13.
[21] *Meyer-Goßner* Rn. 10.
[22] *Meyer-Goßner* Rn. 10.
[23] BGH v. 18. 6. 2002 – 4 StR 178/02, NStZ-RR 2002, 340; LG Koblenz v. 7. 10. 2003 – 10 Qs 88/03, NJW 2004, 305.
[24] KK-StPO/*Senge* Rn. 7; *Meyer-Goßner* Rn. 12.

zu.[25] Die Rechtsstellung des Nebenklägers wird bereits durch die Anschlusserklärung begründet.[26] Wird der Berechtigte nach der Anschlusserklärung bereits wie ein zugelassener Nebenkläger behandelt, kann hierin eine stillschweigende Zulassung gesehen werden, ohne dass es des ohnehin nur deklaratorischen Beschlusses bedarf.[27] Der Nebenkläger verliert daher seine Nebenklageberechtigung nicht, wenn der Zulassungsbeschluss erst nach rechtskräftigem Abschluss des Verfahrens ergeht, sofern die Anschlusserklärung vorher erfolgt ist.[28] **Konstitutive Bedeutung** kommt dem Zulassungsbeschluss nur im Fall des § 395 Abs. 3 zu, weil hier die Nebenklageberechtigung von der Prüfung des Gerichts abhängig ist.[29]

III. Widerruf des Zulassungsbeschlusses

9 Das Gericht kann den Zulassungsbeschluss in jeder Lage des Verfahrens auf Antrag oder von Amts wegen **widerrufen**, wenn sich herausstellt, dass die dem Beschluss zugrundeliegenden rechtlichen Grundlagen von Anfang an gefehlt haben oder später entfallen sind.[30] Ein Widerruf des Zulassungsbeschlusses kann in der Hauptverhandlung jedoch nicht mit der Begründung erfolgen, dass die dem Beschluss zugrunde liegenden tatsächlichen Voraussetzungen sich als unrichtig erweisen[31] bzw. das Nebenklagedelikt nicht erwiesen oder beweisbar sei.[32] Ein Widerruf kann auch nicht darauf gestützt werden, dass der Nebenkläger von dem Rechtsmittelverfahren nicht mehr betroffen ist.[33]

10 Da die Nichtzulassung des Nebenklägers oder der Widerruf eines ergangenen Zulassungsbeschlusses jedoch nicht bestandskräftig werden können,[34] kann der Nebenkläger **jederzeit die Anschlusserklärung mit neuem Vorbringen wiederholen**.[35]

IV. Einstellung nach §§ 153 ff. (Abs. 3)

11 Vor einer **Einstellung nach §§ 153 ff.** hat das Gericht über die Anschlussberechtigung zu entscheiden.[36] Dem Nebenkläger soll hierdurch **rechtliches Gehör** gewährt werden, um insbesondere zu der Einstellungsfrage Stellung zu nehmen.[37] Soll eine Einstellung nach Einspruch im **Strafbefehlsverfahren** erfolgen, ohne dass Termin zur Hauptverhandlung bestimmt wurde, bedarf es hingegen eines vorherigen Beschlusses nach Abs. 3 deshalb nicht, weil zu diesem Zeitpunkt die Anschlusserklärung noch nicht wirksam geworden ist.[38]

V. Beschwerde

12 Gegen den Zulassungsbeschluss, Nichtzulassungsbeschluss und dem Widerruf der Zulassung[39] ist die **Beschwerde nach § 304 Abs. 1** eröffnet. Gegen die Zulassung können die StA und der Angeschuldigte Beschwerde einlegen; nach rechtskräftigem Abschluss des Strafverfahrens aber nur, wenn erst nach Rechtskraft über die Anschlussbefugnis entschieden worden ist.[40] Gegen den Nichtzulassungsbeschluss und den Widerruf der Zulassung steht dem Antragsteller und der StA das Beschwerderecht zu. An die Entscheidung des Beschwerdegerichts ist das Berufungs- oder Revisionsgericht nicht gebunden.[41] Die Beschwerde ist beim **iudex a quo**[42] einzulegen; sie bedarf **keiner Begründung**.[43] Der Beschluss nach § 395 Abs. 3 ist gem. Abs. 2 S. 2 Hs. 2 nicht anfechtbar, sofern die Entscheidung nicht die formellen Voraussetzungen der Anschlussbefugnis betrifft.[44]

---

[25] BGH v. 18. 10. 1995 – 2 StR 470/95, NStZ 1996, 149; KK-StPO/*Senge* Rn. 7; *Meyer-Goßner* Rn. 13.
[26] BGH (Fn. 25); OLG Stuttgart v. 20. 11. 1969 – 2 Ws 145/69, NJW 1970, 822.
[27] *Meyer-Goßner* Rn. 15.
[28] RG v. 27. 10. 1932 – III 998/32, RGSt 66, 393; LG Kaiserslautern v. 2. 4. 1957 – Qs 38/57, NJW 1957, 1120 m. abl. Anm. *Pohlmann* NJW 1957, 1373; LG München II v. 26. 10. 1965 – II Qs 233/65, NJW 1966, 465; *Meyer-Goßner* Rn. 14; aA LG München I v. 11. 10. 1962 – III Qs 292/62, DAR 1963, 246.
[29] OLG Düsseldorf v. 27. 4. 1993 – 2 Ss 85/93, NStZ 1994, 49 m. zust. Anm. *Rößner* NStZ 1994, 506; *Letzgus* NStZ 1989, 353; KK-StPO/*Senge* Rn. 7; *Meyer-Goßner* Rn. 14; NK-StPO/*Rössner* Rn. 5.
[30] *Meyer-Goßner* Rn. 16; KK-StPO/*Senge* Rn. 8.
[31] BayObLG v. 18. 12. 1952 – 2 St 104/52, NJW 1953, 433; Löwe/Rosenberg/*Hilger* Rn. 22.
[32] OLG Düsseldorf v. 20. 11. 1996 – 1 Ws 999/96, NStZ 1997, 204; AnwK-StPO/*Böttger* Rn. 11.
[33] *Meyer-Goßner* Rn. 16.
[34] BGH (Fn. 25).
[35] Beulke DAR 1988, 117; *Rieß/Hilger* NStZ 1987, 154, Fn. 201; *Meyer-Goßner* Rn. 17.
[36] KK-StPO/*Senge* Rn. 10.
[37] BVerfG v. 23. 10. 1962 – 2 BvR 74/62; BVerfGE 14, 320; BVerfG v. 28. 6. 1994 – 2 BvR 1235/94, NJW 1995, 317.
[38] KK-StPO/*Senge* Rn. 3; *Meyer-Goßner* Rn. 18; aA LG Köln MDR 1984, 776.
[39] OLG Düsseldorf (Fn. 32).
[40] OLG Zweibrücken v. 7. 10. 1981 – 1 Ws 306/81, MDR 1982, 342.
[41] Löwe/Rosenberg/*Hilger* Rn. 22; *Meyer-Goßner* Rn. 19.
[42] Vgl. zur Bestimmung des zuständigen Gerichts Rn. 5.
[43] AnwK-StPO/*Böttger* Rn. 29.
[44] *Letzgus* NStZ 1989, 352.

VI. Revision

Legt allein der Nebenkläger gegen das Urteil **Revision** ein, ist seine Anschlussbefugnis vom **Revisionsgericht** von Amts wegen zu prüfen; die Anschlussbefugnis ist somit Voraussetzung für das Revisionsverfahren.[45] Rügt der Nebenkläger mit der Revision, dass das Gericht ihn nicht zur Nebenklage zugelassen hat, so prüft das Revisionsgericht die Anschlussbefugnis;[46] das Urteil **beruht** jedoch auf der fehlerhaften Nichtzulassung nur, wenn nicht auszuschließen ist, dass der Nebenkläger Tatsachen hätte vorbringen und/oder Beweismittel hätte benennen können, die für den Schuldspruch wesentlich gewesen wären.[47] Im Falle des Nichtzulassungsbeschlusses nach Abs. 2 S. 2 Hs. 2 ist die Prüfung der Anschlussvoraussetzungen des § 395 Abs. 3 dem Revisionsgericht entzogen (§ 336 S. 2); ein erneuter Antrag auf Zulassung der Nebenklage ist unzulässig.[48] Legt hingegen der Angeklagte Revision ein, so wird die Anschlussbefugnis nur auf entsprechende Rüge des Beschwerdeführers geprüft.[49]

13

VII. Hinweispflicht nach § 406 h

Gem. § 406 h[50] ist der Verletzte einer Katalogstraftat des § 395 oder der diesem nach § 395 Abs. 2 Gleichgestellte auf seine Anschlussbefugnis als Nebenkläger und die Möglichkeit, einen Rechtsanwalt als Beistand hinzuziehen, **hinzuweisen**. Im Ermittlungsverfahren ist die StA für die Erteilung des Hinweises zuständig, nach Klageerhebung das **mit der Sache befasste Gericht**.

14

§ 397 [Rechte des Nebenklägers]

(1) ¹Der Nebenkläger ist, auch wenn er als Zeuge vernommen werden soll, zur Anwesenheit in der Hauptverhandlung berechtigt. ²Er ist zur Hauptverhandlung zu laden; § 145 a Absatz 2 Satz 1 und § 217 Absatz 1 und 3 gelten entsprechend. ³Die Befugnis zur Ablehnung eines Richters (§§ 24, 31) oder Sachverständigen (§ 74), das Fragerecht (§ 240 Absatz 2), das Recht zur Beanstandung von Anordnungen des Vorsitzenden (§ 238 Absatz 2) und von Fragen (§ 242), das Beweisantragsrecht (§ 244 Absatz 3 bis 6) sowie das Recht zur Abgabe von Erklärungen (§§ 257, 258) stehen auch dem Nebenkläger zu. ⁴Dieser ist, soweit gesetzlich nichts anderes bestimmt ist, in selben Umfang zuzuziehen und zu hören wie die Staatsanwaltschaft. ⁵Entscheidungen, die der Staatsanwaltschaft bekannt gemacht werden, sind auch dem Nebenkläger bekannt zu geben; § 145 a Absatz 1 und 3 gilt entsprechend.

(2) ¹Der Nebenkläger kann sich des Beistands eines Rechtsanwalts bedienen oder sich durch einen solchen vertreten lassen. ²Der Rechtsanwalt ist zur Anwesenheit in der Hauptverhandlung berechtigt. ³Er ist vom Termin der Hauptverhandlung zu benachrichtigen, wenn seine Wahl dem Gericht angezeigt oder er als Beistand bestellt wurde.

I. Verfahrensrechte des Nebenklägers (Abs. 1)

1. Allgemeines. § 397 verwies bis zur Änderung durch das Opferschutzgesetz[1] und das 2. Opfer-RRG[2] pauschal auf die Rechte des Privatklägers. Diese Pauschalverweisung ist durch Einzelregelungen in § 397 ersetzt worden. Mit der Reform sollte eine **gesicherte Schutzposition** für den Verletzten geschaffen werden,[3] ohne dem Nebenkläger eine ähnliche Stellung zu geben, wie dem in seinen Rechten der StA gleichgestellte **Privatkläger**.[4] Der Nebenkläger kann seine Rechte unabhängig von der StA und anderen Nebenklägern ausüben.[5]

1

Die Vorschrift wurde durch das 2. OpferRRG redaktionell geändert. Die bisherigen Verweisungen auf § 385 bzw. § 378 wurden aus Gründen der besseren Verständlichkeit und der Unterscheidbarkeit von Nebenklage und Privatklage in Inhalt und Ausgestaltung durch Übernahme der we-

2

---

[45] KK-StPO/*Senge* Rn. 12; *Meyer-Goßner* Rn. 20.
[46] *Meyer-Goßner* Rn. 22.
[47] BGH v. 30. 7. 1996 – 5 StR 199/96, NStZ 1997, 97 mwN; BGH v. 27. 7. 1993 – 3 StR 102/93, NStZ 1994, 26; *Meyer-Goßner* Rn. 21; AnwK-StPO/*Böttger* Rn. 15; aA OLG Frankfurt v. 19. 1. 1966 – 3 Ss 1024/65, NJW 1966, 1669; KK-StPO/*Senge* Rn. 14; KMR/*Stöckel* Rn. 19; SK-StPO/*Velten* Rn. 18.
[48] OLG Düsseldorf (Fn. 29) m. zust. Anm. *Rössner* NStZ 1994, 506; aA SK-StPO/*Velten* Rn. 20; *Letzgus* NStZ 1989, 353.
[49] BGH v. 18. 12. 1986 – 3 StR 297/68, MDR 1969, 360; OLG Düsseldorf v. 12. 7. 1982 – 2 St 315/82, NJW 1983, 1337.
[50] Vgl. zu § 406 h Rn. 4.
[1] Opferschutzgesetz v. 18. 12. 1986, BGBl. I S. 2496.
[2] 2. Opferrechtsreformgesetz v. 3. 3. 2009, BT-Drucks. 16/12098.
[3] HK-StPO/*Kurth* Rn. 1.
[4] *Meyer-Goßner* Rn. 1.
[5] BGH v. 23. 1. 1979 – 5 StR 748/78, BGHSt 28, 272.

sentlichen Regelungsgehalte ersetzt. Abs. 2 S. 2 sieht nunmehr vor, dass auch Vertretern und Beiständen von Nebenklägern, soweit sie sich zur Akte legitimiert haben oder vom Gericht bestellt worden sind, eine **Terminsnachricht** übersandt werden muss. Nach dem Willen des Gesetzgebers kann eine förmliche Ladung von Vertretern und Beiständen des Nebenklägers unterbleiben, da bereits der Nebenkläger selbst förmlich geladen wird.[6] Das Akteneinsichtsrecht des Nebenklägers wird nunmehr in § 406e abschließend geregelt.

3   **2. Anwesenheitsrecht.** Der Nebenkläger ist nach erfolgtem Anschluss zur Anwesenheit in der Hauptverhandlung berechtigt (S. 1). Das Anwesenheitsrecht erstreckt sich auch auf vorweggenommene Teile der Hauptverhandlung (zB kommissarische Vernehmungen nach § 223 und Inaugenscheinnahme nach § 225).[7] Das eingeräumte Anwesenheitsrecht begründet jedoch keine **Anwesenheitspflicht** des Nebenklägers.[8] Der Nebenkläger ist nur dann zur ununterbrochenen Anwesenheit in der Hauptverhandlung verpflichtet, wenn er später als Zeuge vernommen werden soll.[9] Das persönliche Erscheinen des Nebenklägers kann daher nicht angeordnet werden und nur erzwungen werden, wenn der Nebenkläger als Zeuge geladen ist.[10] Hat jedoch allein der Nebenkläger **Berufung** eingelegt, so ist diese nach § 401 Abs. 1 S. 1 sofort zu verwerfen, wenn bei Beginn der Hauptverhandlung weder der Nebenkläger noch der ihn vertretende Rechtsanwalt erscheint.

4   **3. Hinzuziehung des Nebenklägers.** Das Gericht ist zur **Hinzuziehung und Anhörung** des Nebenklägers in demselben Umfang verpflichtet wie zur Anhörung der StA (S. 4). Der Nebenkläger ist hinzuzuziehen und muss gehört werden, wenn die Hinzuziehung und Anhörung der StA nach § 33 Abs. 1 und 2 erforderlich ist, insbesondere vor der **Einstellung** des Verfahrens nach §§ 153 ff. Der Zustimmung des Nebenklägers zur Einstellung bedarf es jedoch nicht.[11]

5   **4. Bekanntmachung von Entscheidungen.** Die Bekanntmachung von Entscheidungen hat in demselben Umfang zu erfolgen, wie die Bekanntmachung an die StA (S. 4). Ist der Nebenkläger rechtsmittelbefugt (§§ 400, 401), so ist ihm eine **Rechtsmittelbelehrung** nach § 35a[12] zu erteilen (S. 4 iVm. § 35a).

6   **5. Ladung.** Der Nebenkläger ist zur Hauptverhandlung zu laden (S. 2); der Rechtsbeistand des Nebenklägers ist lediglich zu benachrichtigen, wenn bereits eine förmliche Ladung des Nebenklägers erfolgt.[13] Die **Ladungsfrist** beträgt mindestens eine Woche (§ 217 Abs. 1).

7   **6. Akteneinsicht.** Dem Nebenkläger ist das Recht auf Akteneinsicht eröffnet, die durch einen **Rechtanwalt** auszuüben ist (Abs. 2 S. 4).

8   **7. Weitere Verfahrensrechte.** S. 3 bestimmt weitergehende Verfahrensrechte des Nebenklägers in der Hauptverhandlung. Diese Rechte sollen dem Nebenkläger die Möglichkeit geben, als Verletztem seine Interpretation des Tatgeschehens zu artikulieren und einer Verantwortungszuweisung durch den Angeklagten entgegentreten zu können.[14] Danach hat der Nebenkläger das **Ablehnungsrecht gegenüber Richtern** (S. 3 iVm. §§ 24, 31) und **Sachverständigen** (S. 3 iVm. § 74). Der Nebenkläger ist zur **Befragung von Angeklagten, Zeugen und Sachverständigen** berechtigt (S. 3 iVm. § 240 Abs. 2); ist der Nebenkläger jedoch mitangeklagt, ist die unmittelbare Befragung eines Angeklagten durch den Nebenkläger unzulässig (§ 240 Abs. 2 S. 2). Der Nebenkläger kann Anordnungen des Vorsitzenden und Fragen beanstanden (S. 3 iVm. §§ 238 Abs. 2, 242). Das **Beweisantragsrecht** des Nebenklägers (S. 3 iVm. § 244 Abs. 3 bis 6) ist auf das Nebenklagedelikt, das zum Anschluss berechtigte, beschränkt, soweit dieses zu dem nicht der Nebenklage fähigen Delikt in Tatmehrheit steht.[15] Bei Tateinheit lässt sich das Beweisantragsrecht hingegen nicht auf das Nebenklagedelikt beschränken.[16]

9   Das Gesetz räumt dem Nebenkläger daneben auch das Recht zur **Abgabe von Erklärungen sowie des Schlussvortrags** ein (S. 3 iVm. §§ 257, 258). Das Wort zum Schlussvortrag ist ihm vor dem Angeklagten und nach der StA zu erteilen.[17] Auf den Schlussvortrag des Angeklagten kann er erwidern.[18]

---

[6] BT-Drucks. 16/12098, S. 32.
[7] Meyer-Goßner Rn. 2.
[8] KMR/Stöckel Rn. 3; NK-StPO/Rössner Rn. 2.
[9] NK-StPO/Rössner Rn. 2.
[10] Meyer-Goßner Rn. 3.
[11] BGH v. 23. 1. 1979 – 5 StR 748/78, BGHSt 28, 272; Beulke DAR 1988, 119.
[12] Vgl. § 35a Rn. 10 ff.
[13] BT-Drucks. 16/12098, S. 32; aA Meyer-Goßner Rn. 5, noch zur Rechtslage vor dem 2. Opferrechtsreformgesetz.
[14] BT-Drucks. 10/5305, S. 13.
[15] KK-StPO/Senge Rn. 6; Meyer-Goßner Rn. 10.
[16] KK-StPO/Senge Rn. 6; Meyer-Goßner Rn. 10.
[17] Meyer-Goßner Rn. 11.
[18] BGH v. 11. 7. 2001 – 3 StR 179/01, NJW 2001, 3137.

Zweiter Abschnitt. Nebenklage 1 § 397a

Über den Katalog des S. 3 hinaus hat der Nebenkläger das Recht auf **unmittelbare Ladung von** 10
Beweispersonen (§ 220).[19] Denn aus der Rechtsstellung des Nebenklägers in Verbindung mit seinem Recht auf Gewährung rechtlichen Gehörs ergibt sich, dass er durch Anträge auf eine sachgerechte Ausübung der dem Gericht obliegenden **Aufklärungspflicht** hinwirken können soll.[20]

Abs. 1 stellt im Übrigen eine abschließende Regelung dar.[21] Rechte, die nicht aus Abs. 1, insbesondere S. 3, hergeleitet werden können, stehen dem Nebenkläger daher nicht zu. Der Nebenkläger kann daher keine Anträge auf Protokollierung der Urkundenverlesung und ihres Grundes nach § 255, auf **Wortprotokollierung** nach § 273 Abs. 3, auf **Aussetzung der Hauptverhandlung** nach §§ 246 Abs. 2, 265 Abs. 4 beantragen und nicht dem **Selbstleseverfahren** nach § 249 Abs. 2 widersprechen.[22] Ebenso bedarf es nicht der **Zustimmung oder des Verzichts** des in der Hauptverhandlung anwesenden oder vertretenen Nebenklägers für solche Prozesshandlungen, für die das Gesetz die Zustimmung oder den Verzicht des Angeklagten und der StA verlangt.[23] Dieses betrifft insbesondere die Fälle der §§ 245 Abs. 1 S. 2, 251 Abs. 2 Nr. 3, 324 Abs. 1 S. 2 und 325 S. 2.[24] 11

II. Anwaltlicher Beistand und Vertretung

Der Nebenkläger kann im Beistand eines Rechtsanwalts erscheinen oder sich durch einen 12
schriftlich bevollmächtigten Rechtsanwalt vertreten lassen (Abs. 2); die Vertretung oder der Beistand durch andere Personen als Rechtsanwälte ist unzulässig. Die Vertretung mehrerer Nebenkläger durch einen **gemeinschaftlichen Rechtsanwalt** ist zulässig.[25] **Zustellungen** können wirksam an den vertretenden Rechtanwalt erfolgen (§ 145a Abs. 1). Zum Akteneinsichtsrecht (S. 4) vgl. Rn. 7.

§ 397a [Bestellung eines Beistands; Prozesskostenhilfe]

(1) Dem Nebenkläger ist auf seinen Antrag ein Rechtsanwalt als Beistand zu bestellen, wenn er
1. durch ein Verbrechen nach den §§ 176a, 177, 179, 232 und 233 des Strafgesetzbuches verletzt ist,
2. durch eine versuchte rechtswidrige Tat nach den §§ 211, 212 des Strafgesetzbuches verletzt oder Angehöriger eines durch eine rechtswidrige Tat Getöteten im Sinne des § 395 Absatz 2 Nummer 1 ist,
3. durch ein Verbrechen nach den §§ 226, 234 bis 235, 238 bis 239b, 249, 250, 252, 255 und 316a des Strafgesetzbuches verletzt ist, das bei ihm zu schweren körperlichen oder seelischen Schäden geführt hat oder voraussichtlich führen wird, oder
4. durch eine rechtswidrige Tat nach den §§ 174 bis 182, 221, 225, 226, 232 bis 235, 238 Absatz 2 und 3, §§ 239a, 239b, 240 Absatz 4, §§ 249, 250, 252, 255 und 316a des Strafgesetzbuches verletzt ist und er bei Antragstellung das 18. Lebensjahr noch nicht vollendet hat oder seine Interessen selbst nicht ausreichend wahrnehmen kann.

(2) [1] Liegen die Voraussetzungen für eine Bestellung nach Absatz 1 nicht vor, so ist dem Nebenkläger für die Hinzuziehung eines Rechtsanwalts auf Antrag Prozesskostenhilfe nach denselben Vorschriften wie in bürgerlichen Rechtsstreitigkeiten zu bewilligen, wenn er seine Interessen selbst nicht ausreichend wahrnehmen kann oder ihm dies nicht zuzumuten ist. [2] § 114 Satz 1 zweiter Halbsatz und § 121 Absatz 1 bis 3 der Zivilprozessordnung sind nicht anzuwenden.

(3) [1] Anträge nach den Absätzen 1 und 2 können schon vor der Erklärung des Anschlusses gestellt werden. [2] Über die Bestellung des Rechtsanwalts, für die § 142 Absatz 1 entsprechend gilt, und die Bewilligung der Prozesskostenhilfe entscheidet der Vorsitzende des mit der Sache befassten Gerichts. [3] In den Fällen des Absatzes 2 ist die Entscheidung unanfechtbar.

I. Allgemeines

Die Vorschrift regelt in Abs. 1 die Voraussetzungen der **Bestellung eines Rechtsanwalts als Bei-** 1
stand des Nebenklägers auf Staatskosten im Falle abschließend aufgeführter besonders schwerer Delikte. Abs. 1 ist durch das Zeugenschutzgesetz vom 30. 4. 1998[1] eingefügt und durch 2. Opferrechtsreformgesetz[2] redaktionell überarbeitet und erweitert worden. Die Vorschrift dient der Er-

---

[19] Meyer-Goßner Rn. 10; aA SK-StPO/*Velten* Rn. 8; *Beulke* DAR 1988, 118.
[20] BT-Drucks. 10/5305, S. 14.
[21] BT-Drucks. 10/5305, S. 13.
[22] Meyer-Goßner Rn. 11; *Beulke* DAR 1988, 118; vgl. auch KK-StPO/*Senge* Rn. 7.
[23] KK-StPO/*Senge* Rn. 7, *Beulke* DAR 1988, 118.
[24] Meyer-Goßner Rn. 12.
[25] Meyer-Goßner Rn. 5; NK-StPO/*Rössner* Rn. 3.
[1] BGBl. I S. 820.
[2] BT-Drucks. 16/12098.

Merz 1911

§ 397a 2–6 *Fünftes Buch. Beteiligung des Verletzten am Verfahren*

leichterung der Beiordnung eines anwaltlichen Beistands, die an die Stellung des Verletzten als Nebenkläger anknüpft. Im Verhältnis zu § 68 b,[3] der die Voraussetzungen der Beiordnung eines Zeugenbeistands für die Dauer der Vernehmung regelt, stellt sich Abs. 1 als Spezialregelung für den Nebenkläger dar.

2   In den abschließend aufgeführten Fällen soll mit der Vorschrift dem nicht **prozesskostenhilfeberechtigten Nebenkläger** das Risiko genommen werden, einen Kostenerstattungsanspruch gegen den Angeklagten nicht realisieren zu können, wenn er sich eines Beistands bedient.[4] Die Bestellung erfolgt daher **unabhängig von der wirtschaftlichen und rechtlichen Leistungsfähigkeit** des Antragstellers. Das **Kostenrisiko** trägt der Staat. Diese Besserstellung einzelner Nebenkläger begründet sich aus dem erhöhten Schutzbedürfnis dieser Gruppe von Opfern.[5] Dementsprechend ist Nr. 3 um die Fälle der schweren Körperverletzung nach § 226 StGB erweitert worden. Die Erweiterung trägt berechtigten Interessen des Opferschutzes Rechnung, weil die Opfer einer schweren Körperverletzung Schäden erleiden, von denen sie oftmals ihr Leben lang betroffen sind.[6] Ebenfalls aus Opferschutzgesichtspunkten sind die Delikte nach §§ 234, 234a, 235 Abs. 4 StGB, nach § 238 Abs. 3 StGB, der §§ 239 Abs. 3, 239a und 239b StGB sowie der §§ 249, 250, 252, 255 und 316a StGB aufgenommen worden. In den in Nr. 3 genannten Fällen soll aus Opferschutzgesichtspunkten jedoch nur dann ein Recht des Nebenklägers auf Bestellung eines Rechtsanwaltes als Beistand eröffnet sein, wenn die Tat beim Nebenkläger zu **schweren körperlichen oder seelischen Schäden** geführt hat oder voraussichtlich führen wird.[7] Nach dem Willen des Gesetzgebers soll sich der Schweregrad vor allem an den in §§ 226 und 239 Abs. 3 Nr. 2 StGB genannten Folgen der Tat orientieren, dh es muss in körperlicher Hinsicht eine Schwere bzw. erhebliche und dauerhafte Gesundheitsschädigung eingetreten oder zu erwarten sein, in psychischer Hinsicht erhebliche Schäden von ebensolchem Gewicht.[8] Auf eine Schädigung in finanzieller Hinsicht kommt es für die Bestellung hingegen nicht an.

3   Abs. 2 verweist auf die **zivilprozessualen Vorschriften** über die Gewährung von Prozesskostenhilfe für die Hinzuziehung eines Rechtsanwalts in den Fällen der Nebenklage, in denen eine Beiordnung nach Abs. 1 nicht in Betracht kommt. Abs. 2 ist aufgrund erfolgter Rechtsänderungen in § 114 ZPO durch das 2. OpferRRG redaktionell angepasst worden. Da Abs. 1 aus Opferschutzgesichtspunkten der Regelung des Abs. 2 vorgeht, ist der Antrag auf Bewilligung von Prozesskostenhilfe, wenn die Voraussetzungen des Abs. 1 in Person des Nebenklägers vorliegen, als Antrag auf Bestellung eines Beistands nach Abs. 1 auszulegen.[9] Das Merkmal der Schwierigkeit der Sach- und Rechtslage in Abs. 2 S. 1 aF ist gestrichen worden gestrichen.

II. Bestellung eines Beistands (Abs. 1)

4   **1. Voraussetzungen.** Ist der Nebenkläger Verletzter aus einer der in § 397a Abs. 1 genannten Straftat, hat der Nebenkläger einen **Rechtsanspruch auf Bestellung eines anwaltlichen Beistands** auf Kosten der Staatskasse, sofern er einen entsprechenden Antrag stellt bzw. sein Antrag auf Bewilligung von Prozesskostenhilfe nach Abs. 2 als Antrag nach Abs. 1 auszulegen ist. Eines anwaltlichen Beistands nach Abs. 1 kann sich wegen Abs. 1 Nr. 2 auch der **Angehörige eines Getöteten** bedienen.

5   Die Bestellung eines Rechtsanwalts als Beistand erfolgt nur auf **Antrag des Nebenklägers**. Der Antrag kann **formlos** gestellt werden und bedarf **keiner Begründung**.[10] Der Antrag kann schon vor Erklärung des Anschlusses gestellt werden (Abs. 3 S. 1) und ist bereits im Ermittlungsverfahren gem. § 406g Abs. 3 möglich.[11] Es bedarf jedoch stets eines Antrags, so dass selbst bei Vorliegen eines Beschlusses gem. § 406g Abs. 3 ein neuer Antrag zu stellen ist.[12] Für die Auswahl des rechtsanwaltlichen Beistands verweist Abs. 1 S. 4 auf § 142 Abs. 1, sodass die **Ermessensausübung des Gerichts** bei der Auswahl des Nebenklägerbeistands eingeschränkt ist.[13]

6   Einer Begründung des Antrags bedarf es nicht. Der Antragsteller hat jedoch die **Tatsachen anzugeben**, die das Vorliegen einer Straftat nach Abs. 1 möglich erscheinen lassen, wenn sich dieses nicht bereits aus der öffentlichen Klage ergibt.[14] Für die Beurteilung, ob es sich bei den zum An-

---

[3] Vgl. § 68 b Rn. 10.
[4] *Meyer-Goßner* Rn. 2.
[5] SK-StPO/*Velten* Rn. 2.
[6] BT-Drucks. 16/12098, S. 32.
[7] BT-Drucks. 16/12098, S. 32.
[8] BT-Drucks. 16/12098, S. 32.
[9] V. 10. 8. 2005 – 2 StR 324/05, StraFo 2005, 525; BGH v. 19. 10. 2000 – 3 StR 378/00, NJW 2001, 1359.
[10] HK-StPO/*Kurth* Rn. 7.
[11] AnwK-StPO/*Böttger* Rn. 6.
[12] AnwK-StPO/*Böttger* Rn. 6.
[13] Vgl. Rn. 6, 7 zu § 142.
[14] *Meyer-Goßner* Rn. 4.

schluss berechtigenden Delikten um ein solches der in Abs. 1 genannten handelt, ist die materiellrechtliche Rechts- bzw. Gesetzeslage der Beschlussfassung über den Antrag entscheidend.[15]

2. Besondere Schutzbedürftigkeit. Ist der Nebenkläger zum Zeitpunkt der Antragstellung noch keine 18 Jahre alt, besteht der Anspruch auf Bestellung eines Rechtsanwalts zusätzlich in allen in Abs. 1 Nr. 4 genannten Fällen, wenn der Verletzte seine Interessen selbst nicht ausreichend wahrnehmen kann. Das Gericht stellt dieses aufgrund der **psychischen oder physischen Situation** des Verletzten fest.[16]

3. Bestellungsdauer. Solange das Verfahren nicht rechtskräftig abgeschlossen ist, die Bestellung des anwaltlichen Beistands nicht entsprechend § 143 zurückgenommen wurde oder der Nebenkläger aus dem Verfahren ausscheidet, gilt die Bestellung für das **gesamte Verfahren** einschließlich des Revisionsverfahrens.[17]

III. Prozesskostenhilfe (Abs. 2)

1. Voraussetzungen (Abs. 2). Liegen die Voraussetzungen für die Bestellung eines anwaltlichen Beistands nach Abs. 1 nicht vor, so kann dem Nebenkläger für die Hinzuziehung eines Rechtsanwalts auf Antrag **Prozesskostenhilfe** bewilligt werden. Der Antrag kann bereits vor der Anschlusserklärung als Nebenkläger gestellt werden (Abs. 3). Da Abs. 2 auf die **zivilprozessualen Vorschriften** über die Gewährung von Prozesskostenhilfe verweist, ist bereits dem Antrag eine Erklärung über die **persönlichen und wirtschaftlichen Verhältnisse** (Familienverhältnisse, Beruf, Vermögen, Einkommen und Verbindlichkeiten) sowie entsprechende Belege beizufügen. Prozesskostenhilfe kann nur bewilligt werden, sofern der Antragsteller außer Stande ist, ohne Beeinträchtigung seines und seiner Familie notwendigen Unterhalts die Kosten für die Beauftragung eines Rechtsanwalts zu bestreiten.[18] Für die Erklärung ist der **amtliche Vordruck** zu benutzen.[19] Das Gericht kann die **Glaubhaftmachung** der Angaben verlangen und Erhebungen anstellen;[20] hat der Antragsteller innerhalb der ihm gesetzten Frist die Glaubhaftmachung nicht vorgenommen oder bestimmte Fragen nicht oder nur unzureichend beantwortet, so wird der Prozesskostenhilfeantrag abgelehnt.[21]

2. Bewilligungsverfahren. Prozesskostenhilfe wird für die Zeit nach Vorlage des vollständigen Antrags einschließlich der notwendigen Belege bewilligt. Die **Bewilligung erfolgt für jeden Rechtszug gesondert**, Abs. 2 S. 1 iVm. § 119 ZPO; die Bewilligung des Tatrichters wirkt für das Revisionsverfahren nicht fort.[22] Ist in erster Instanz Prozesskostenhilfe bewilligt worden, so kann der Nebenkläger in der Rechtsmittelinstanz im Rahmen eines erneuten Antrags auf die Erklärung Bezug nehmen, soweit sich seine persönlichen und wirtschaftlichen Verhältnisse nicht verändert haben.[23]

a) Persönliche und wirtschaftliche Voraussetzungen. Der Nebenkläger erhält Prozesskostenhilfe, wenn er nach seinen **persönlichen und wirtschaftlichen Verhältnissen** die Kosten eines Rechtsanwalts nicht, nur zum Teil oder nur in Raten aufbringen kann, § 114 S. 1 Hs. 1 ZPO. Die Belastungsgrenze für Ratenzahlungen richtet sich nach der Tabelle in § 115 Abs. 2 ZPO. Die zu zahlenden Monatsraten setzt das Gericht in dem Bewilligungsbeschluss fest, § 120 Abs. 1 ZPO. Prozesskostenhilfe wird nach § 115 Abs. 4 ZPO nicht bewilligt, wenn die Kosten vier Monatsraten und die aus dem Vermögen aufzubringenden Teilbeträge voraussichtlich nicht übersteigen.[24] Für den Fall, dass sich die wirtschaftlichen Verhältnisse des Nebenklägers verbessern, kann eine **Rückzahlungsanordnung** getroffen werden.[25]

b) Sachliche Voraussetzungen. Im Gegensatz zum Zivilprozess schließt Abs. 2 S. 2 die Anwendbarkeit des § 114 S. 1 Hs. 2 ZPO – **hinreichende Erfolgsaussicht** – für die Bewilligung von Prozesskostenhilfe im Rahmen der Nebenklage aus. Aus Opferschutzgesichtspunkten ist es nicht sinnvoll, für den Nebenkläger die Bewilligung von den Erfolgsaussichten abhängig zu machen.[26] Stattdessen bestimmt Abs. 2 S. 1, dass die Bewilligung der Prozesskostenhilfe nur zulässig ist, wenn der Nebenkläger nicht fähig ist, seine Interessen ausreichend wahrzunehmen oder ihm das nicht zuzumuten

---

[15] Vgl. BGH v. 4. 6. 2002 – 3 StR 82/02, NStZ-RR 2003, 101; *Meyer-Goßner* Rn. 1.
[16] Vgl. *Meyer-Goßner* Rn. 3.
[17] BGH v. 17. 12. 1999 – 2 StR 574/99, NStZ 2000, 218; OLG Düsseldorf v. 21. 10. 1999 – 2 Ws 332/99, StraFo 2000, 23; KK-StPO/*Senge* Rn. 1 d.
[18] *Baumbach/Lauterbach/Albers/Hartmann*, ZPO, 68. Aufl. 2010, § 114, 2 b, c.
[19] Vgl. § 117 Abs. 4 ZPO.
[20] § 118 Abs. 2 ZPO.
[21] § 118 Abs. 2 S. 4 ZPO.
[22] BGH v. 29. 5. 2006 – 2 StR 175/06.
[23] BGH v. 16. 3. 1983 – IV b ZB 73/82, NJW 1983, 2145.
[24] BGH v. 12. 9. 1996 – 1 StR 498/96, NStZ 1997, 379.
[25] BGH v. 10. 8. 1993 – 1 StR 461/93, NStZ 1994, 229.
[26] *Meyer-Goßner* Rn. 9.

§ 398 1　　　　　　　　　　　　　　　　　　　　*Fünftes Buch. Beteiligung des Verletzten am Verfahren*

ist. Unzumutbar kann die Interessenswahrnehmung dann sein, wenn der Nebenkläger durch die Tat psychisch oder physisch betroffen ist.[27] Das Gericht stellt das Vorliegen der Voraussetzungen im Bewilligungsbeschluss fest.

13　**3. Bewilligung.** Die Entscheidung über die Bewilligung der Prozesskostenhilfe wird von dem **mit der Sache befassten Gericht** getroffen, Abs. 3 S. 2. Die Auswahl des zu bestellenden oder beizuordnenden Rechtsanwalts erfolgt entsprechend § 142 Abs. 1 durch den **Tatrichter.** Die Entscheidung über die Bewilligung von Prozesskostenhilfe ergeht nach Anhörung der StA, § 33 Abs. 2; bei Zweifeln über die Richtigkeit der Angaben ist ggf. auch dem Antragsteller rechtliches Gehör zu gewähren.[28] Eine Anhörung des Angeschuldigten ist entbehrlich.[29]

14　Wird Prozesskostenhilfe bewilligt, hat der beigeordnete Rechtsanwalt einen **Gebührenanspruch** gegen die Staatskasse, § 45 Abs. 3 RVG. Im Falle der Verurteilung bzw. Einstellung nach § 153 a hat der kostenpflichtige Angeklagte auch die Kosten des dem Nebenkläger beigeordneten Rechtsanwalts zu tragen.[30] Die Bewilligung wird mit Zugang des Bewilligungsbeschlusses **wirksam**; eine Rückwirkung ist grundsätzlich ausgeschlossen.[31] Eine Ausnahme kommt nur in Betracht, wenn über den Antrag nicht rechtzeitig entschieden worden ist und der Antragsteller mit seinem Antrag bereits alles für die Bewilligung der Prozesskostenhilfe getan hatte; in diesem Fall ist die rückwirkende Bewilligung zulässig, aber nicht über den Zeitpunkt hinaus, zu dem das genehmigungsfähige Gesuch bei Gericht einging.[32]

IV. Rechtsmittel

15　Entscheidungen des Gerichts über die Bestellung oder Nichtbestellung eines Beistands gem. Abs. 1 sind mit der **Beschwerde nach § 304 Abs. 1 anfechtbar.** Der Beschluss, mit dem der Antrag auf Bestellung eines anwaltlichen Beistands nach Abs. 1 abgelehnt wird, ist für den Antragsteller sowie die StA anfechtbar;[33] der Beschluss über die Bestellung eines Beistands für den Nebenkläger ist für andere Verfahrensbeteiligte nicht anfechtbar.[34] Der Antragsteller kann die Beiordnung eines Rechtsanwalts jedoch nicht mit der Begründung anfechten, dieser sei nicht erwünscht.[35]

16　Die Entscheidung über die Bewilligung und Versagung von Prozesskostenhilfe ist aus Gründen der Verfahrensökonomie und dem Interesse an einer schnellen Klärung der Rechtslage[36] hingegen **unanfechtbar**[37] **(Abs. 3 S. 3).** Der Nebenkläger kann bei fehlerhafter Ablehnung seines Prozesskostenhilfegesuches die Revision hiermit nicht begründen, § 336 S. 2.

§ 398 [Fortgang des Verfahrens]

(1) Der Fortgang des Verfahrens wird durch den Anschluß nicht aufgehalten.

(2) Die bereits anberaumte Hauptverhandlung sowie andere Termine finden an den bestimmten Tagen statt, auch wenn der Nebenkläger wegen Kürze der Zeit nicht mehr geladen oder benachrichtigt werden konnte.

I. Wirkung der Anschlusserklärung auf das Verfahren

1　Durch die Anschlusserklärung des Nebenklägers wird der **Fortgang des Verfahrens nicht aufgehalten.** Der Nebenkläger tritt dem Strafverfahren in dem Stadium bei, in dem es sich bei seiner Anschlusserklärung befindet.[1] Die Wiederholung prozessualer Maßnahmen (zB einer kommissarischen Vernehmung oder einer Inaugenscheinnahme)[2] kann von dem Nebenkläger nicht verlangt werden. **Prozessgestaltende Maßnahmen** der Prozessbeteiligten muss er daher gegen sich gelten lassen; neue kann er nicht verhindern, auch wenn sie sich gegen ihn auswirken.[3] Trotz der Zulassung der Nebenklage nach § 396 ist die Mitwirkung des Nebenklägers an dem Verfahren nicht

---

[27] *Meyer-Goßner* Rn. 9.
[28] BVerfG v. 11. 2. 1999 – 2 BvR 229/98, NStZ 1999, 469.
[29] *Meyer-Goßner* Rn. 13; AnwK-StPO/*Böttger* Rn. 10; aA: KMR/*Stöckel* Rn. 15; SK-StPO/*Velten* Rn. 16.
[30] Vgl. § 471 Rn. 2 ff.
[31] BGH v. 6. 12. 1984 – VII ZR 223/83, NJW 1985, 921; KK-StPO/*Senge* Rn. 4.
[32] BGH v. 30. 9. 1981 – IVb ZR 694/80, NJW 1982, 446; BGH (Fn. 31); BGH v. 11. 2. 1998 – 3 StR 527/97; KK-StPO/*Senge* Rn. 4; *Meyer-Goßner* Rn. 10.
[33] KK-StPO/*Senge* Rn. 6.
[34] OLG Hamm v. 20. 11. 2007 – 3 Ws 656/07; KK-StPO/*Senge* Rn. 6.
[35] KK-StPO/*Senge* Rn. 5; *Meyer-Goßner* Rn. 21.
[36] BT-Drucks. 10/5305, S. 14.
[37] KK-StPO/*Senge* Rn. 5; *Meyer-Goßner* Rn. 21.
[1] Löwe/Rosenberg/*Hilger* Rn. 1.
[2] Beispiele nach *Meyer-Goßner* Rn. 1.
[3] OLG Stuttgart v. 20. 11. 1969 – 2 Ws 145/69, NJW 1970, 822.

Zweiter Abschnitt. Nebenklage 1, 2 § 399

notwendig.⁴ Da die Hauptverhandlung ohne den Nebenkläger durchgeführt werden kann,⁵ kann das persönliche Erscheinen des Nebenklägers nach § 236 nicht angeordnet werden.⁶

II. Hauptverhandlung

Nach Abs. 2 kann das Gericht bereits **anberaumte Termine und Hauptverhandlungen durchführen**, wenn der Nebenkläger am Erscheinen verhindert ist,⁷ so zB wenn der Nebenkläger nicht mehr rechtzeitig geladen oder benachrichtigt werden kann.⁸ Rechtliches Gehör ist ihm bereits durch die Ladung gewährt worden. Das Gericht ist durch Abs. 2 jedoch nicht gehindert, im Rahmen seiner **Fürsorgepflicht** einen bereits anberaumten Termin zu verlegen, damit der Nebenkläger geladen werden und teilnehmen kann.⁹ So kann eine Terminsverlegung angezeigt sein, wenn durch die Mitwirkung des Nebenklägers die **Sachverhaltsaufklärung** gefördert werden kann.¹⁰ 2

III. Unterbliebene Ladung als Revisionsgrund

Der Nebenkläger kann die Revision einer Entscheidung darauf stützen, dass eine Ladung unterlassen worden ist. Dieses selbst dann, wenn die Voraussetzungen des Abs. 2 nicht vorlagen, der Nebenkläger also zu der bereits anberaumten Hauptverhandlung noch geladen oder von einem anderen Termin noch benachrichtigt werden konnte.¹¹ 3

IV. Zustellung des Urteils

Ist eine Ladung des Nebenklägers unterblieben, ist das Urteil dem Nebenkläger zuzustellen (§ 401 Abs. 2 S. 2); anderenfalls genügt die Bekanntgabe (§ 401 Abs. 2 S. 1). 4

§ 399 [Bekanntmachung früherer Entscheidungen]

(1) Entscheidungen, die schon vor dem Anschluß ergangen und der Staatsanwaltschaft bekanntgemacht waren, bedürfen außer in den Fällen des § 401 Abs. 1 Satz 2 keiner Bekanntmachung an den Nebenkläger.

(2) Die Anfechtung solcher Entscheidungen steht auch dem Nebenkläger nicht mehr zu, wenn für die Staatsanwaltschaft die Frist zur Anfechtung abgelaufen ist.

I. Entscheidung vor Anschlusserklärung (Abs. 1)

Abs. 1 betrifft nur Entscheidungen vor der Anschlusserklärung des Nebenklägers. Ausgenommen von dem Fall des § 401 Abs. 1 S. 2, wonach dem Nebenkläger, der seinen Anschluss nach ergangenem Urteil zur Einlegung eines Rechtsmittels erklärt, das Urteil alsbald **zuzustellen ist**,¹ werden dem Nebenkläger Entscheidungen nicht bekannt gegeben, wenn sie der StA bereits bekannt gemacht waren. Entscheidungen, die nach Eingang der Anschlusserklärung ergehen, sind dem Nebenkläger jedoch bekannt zu machen, auch wenn der Zulassungsbeschluss nach § 396 noch nicht ergangen ist.² Die gleichen Grundsätze gelten bei der Anschlusserklärung allein zur Rechtsmitteleinlegung nach Urteilserlass.³ 1

II. Rechtsmittelfrist der StA

Da Abs. 2 auf Abs. 1 verweist, betrifft Abs. 2 auch nur solche Entscheidungen, die vor der Anschlusserklärung ergangen sind. Abs. 2 setzt damit für den Nebenkläger ein eigenes Rechtsmittel voraus, gibt ihm jedoch keine eigene Rechtsmittelfrist.⁴* Das Rechtsmittel kann nur innerhalb der für die StA (noch) **laufenden Rechtsmittelfrist** eingelegt werden. Das Rechtsmittel ist daher unzulässig, wenn die Frist abgelaufen ist, die StA auf Rechtsmittel verzichtet⁵* oder ihr Rechtsmittel 2

---

⁴ *Meyer-Goßner* Rn. 2.
⁵ BGH v. 23. 1. 1979 – 5 StR 748/78, St 28, 272.
⁶ *Meyer-Goßner* Rn. 2.
⁷ BGH (Fn. 5); KK-StPO/*Senge* Rn. 3; Löwe/Rosenberg/*Hilger* Rn. 3.
⁸ *Meyer-Goßner* Rn. 3.
⁹ Vgl. Löwe/Rosenberg/*Hilger* Rn. 3; *Meyer-Goßner* Rn. 3.
¹⁰ Löwe/Rosenberg/*Hilger* Rn. 3; HK-StPO/*Kurth* Rn. 2.
¹¹ KK-StPO/*Senge* Rn. 4; Löwe/Rosenberg/*Hilger* Rn. 5.
¹ Vgl. § 401 Rn. 3.
² KK-StPO/*Senge* Rn. 1; Löwe/Rosenberg/*Hilger* Rn. 1, *Meyer-Goßner* Rn. 1.
³ Zur Zulässigkeit vgl. §§ 395 Abs. 4 S. 2, 401 Abs. 1 S. 2.
⁴* BGH v. 10. 7. 1996 – 2 StR 295/96, NStZ-RR 1997, 136; KMR/*Fezer* Rn. 4; Löwe/Rosenberg/*Hilger* Rn. 2.
⁵* *Meyer-Goßner* Rn. 2.

zurückgenommen hat.⁶ Hat die StA ihre Rechtsmittelbefugnis verloren, kann der Nebenkläger sich dem Rechtsmittelverfahren nur noch dann anschließen, wenn der Angeklagte oder ein anderer Nebenkläger ein Rechtsmittel eingelegt hat.⁷ Da der Nebenkläger mit der Erklärung des Anschlusses an das Rechtsmittel nicht Rechtsmittelführer ist, wird er am Verfahren nicht weiter beteiligt, wenn die Prozessbeteiligten ihr Rechtsmittel zurücknehmen.⁸

III. Wiedereinsetzung in den vorigen Stand

3   In den Fällen verspäteter Anfechtung nach Abs. 2 kann der Nebenkläger nicht die **Wiedereinsetzung in den vorigen Stand** verlangen, weil gegen ihn keine eigene Frist lief.⁹ Wiedereinsetzung kommt lediglich dann in Betracht, wenn der Nebenklageberechtigte vor Ablauf der Rechtsmittelfrist für die StA den Anschluss erklärt, das Rechtsmittel jedoch erst nach Fristablauf eingelegt hat.¹⁰

IV. Rechtmittelbegründungsfrist

4   Die **Rechtsmittelbegründungsfrist** richtet sich nach allgemeinen Regeln.¹¹ Gemäß § 401 Abs. 1 S. 3 beginnt die Frist mit dem Ablauf der für die StA laufenden Rechtsmitteleinlegungsfrist oder, wenn das Urteil dem Nebenkläger noch nicht zugestellt war, mit der Zustellung des Urteils an ihn.

§ 400 [Beschränktes Anfechtungsrecht]

(1) Der Nebenkläger kann das Urteil nicht mit dem Ziel anfechten, daß eine andere Rechtsfolge der Tat verhängt wird oder daß der Angeklagte wegen einer Gesetzesverletzung verurteilt wird, die nicht zum Anschluß des Nebenklägers berechtigt.

(2) ¹Dem Nebenkläger steht die sofortige Beschwerde gegen den Beschluß zu, durch den die Eröffnung des Hauptverfahrens abgelehnt oder das Verfahren nach den §§ 206a und 206b eingestellt wird, soweit er die Tat betrifft, aufgrund deren der Nebenkläger zum Anschluß befugt ist. ²Im übrigen ist der Beschluß, durch den das Verfahren eingestellt wird, für den Nebenkläger unanfechtbar.

I. Allgemeines

1   Die Rechtsmittelbefugnis des Nebenklägers ist in § 395 Abs. 4 S. 2, § 401 Abs. 1 S. 1 begründet und wird in ihrem Umfang durch § 400 beschränkt.

II. Beschränkungen der Rechtsmittelbefugnis

2   **1. Fehlen einer Beschwer.** Abs. 1 beschränkt die Rechtsmittelbefugnis des Nebenklägers, als dass er das Urteil nicht mehr im **Rechtsfolgenausspruch** und auch nicht wegen einer nicht zum Anschluss berechtigenden Rechtsverletzung anfechten kann. Der Nebenkläger ist zur Rechtsmitteleinlegung nur berechtigt, soweit er in seiner **Stellung als Nebenkläger beschwert** ist.¹ So wird bei Entscheidungen über die Untersuchungshaft oder die vorläufige Unterbringung des Beschuldigten² die Rechtstellung des Nebenklägers nicht berührt.³ Ebenso wenig, wenn die Unterbringung des Angeklagten in einem psychiatrischen Krankenhaus angeordnet wurde, anstatt Sicherungsverwahrung zu verhängen.⁴ Der Nebenkläger kann sich auch eines Rechtsmittels nicht bedienen, mit dem er sich ausschließlich gegen den Schuldumfang wendet,⁵ das Fehlen der Feststellung der besonderen Schwere der Schuld im Sinne des § 57a Abs. 1 S. 1 Nr. 2 StGB beanstandet,⁶* die Anwendung des

---

⁶ KK-StPO/*Senge* Rn. 2; *Meyer-Goßner* Rn. 2.
⁷ Löwe/Rosenberg/*Hilger* Rn. 3; *Meyer-Goßner* Rn. 2.
⁸ KMR/*Fezer* Rn. 5; Löwe/Rosenberg/*Hilger* Rn. 3.
⁹ BGH, die Entscheidung wird ohne Angabe von Datum/Aktenzeichen zitiert, NStZ 1988, 214; OLG Hamm v. 17. 7. 1963 – 1 Ss 764/63, NJW 1964, 265; KK-StPO/*Senge* Rn. 4, 17, § 395; BGH (Fn. 4); *Meyer-Goßner* Rn. 3; aA *Renkl* MDR 1965, 904.
¹⁰ RG v. 12. 6. 1942 – 4 D 159/42, RGSt 76, 176; OLG Hamm v. 17. 7. 1963 – 1 Ss 764/63, NJW 1964, 265; KMR/*Fezer* Rn. 6; KK-StPO/*Senge* Rn. 4; *Renkl* MDR 1965, 904.
¹¹ Vgl. § 317 Rn. 3 und § 345 Rn. 2 ff.
¹ BGH v. 9. 1. 1985 – 3 StR 502/84, BGHSt 33, 114.
² *Meyer-Goßner* Rn. 1.
³ OLG Düsseldorf v. 24. 9. 1997 – 2 Ws 330/97, NJW 1998, 395; OLG Karlsruhe v. 20. 11. 1973 – 1 Ws 379/73, NJW 1974, 658.
⁴ BGH v. 2. 5. 1997 – 2 StR 186/97, StV 1997, 624.
⁵ KK-StPO/*Senge* Rn. 1; *Meyer-Goßner* Rn. 3.
⁶* *Meyer-Goßner* Rn. 3.

Zweiter Abschnitt. Nebenklage 3–7 § 400

§ 105 Abs. 1 JGG,[7] oder des § 213 StGB[8] rügt, sich bei Verurteilung wegen § 177 Abs. 1 StGB gegen die Nichtanwendung des Abs. 2 wendet,[9] das Hinzutreten einer weiteren Tatbestandsalternative, zum Beispiel bei § 211 StGB[10] oder § 224 StGB erstrebt[11] oder sich gegen die Nichtverhängung von Sicherungsverwahrung wendet.[12]

2. Berufung. Unzulässig ist die Berufung – wie auch die Revision – des Nebenklägers bei einer **Verurteilung des Angeklagten wegen des Nebenklagedelikts.** Im Übrigen wird bei der Berufung, die keiner Begründung bedarf, regelmäßig davon auszugehen sein, dass sich diese auf das Nebenklagedelikt bezieht.[13]

3. Revision. Bei der Revision des Nebenklägers ist die Erhebung einer **allgemeinen Sachrüge nicht ausreichend.**[14] Der Nebenklagevertreter muss die erhobene Sachrüge daher innerhalb der Revisionsbegründungsfrist, § 345 Abs. 1, konkretisieren.[15] Die Revision ist unzulässig, wenn der Angeklagte wegen eines nebenklagefähigen Delikts freigesprochen wird, wegen eines nichtanschlussfähigen Vorwurfs hingegen gleichzeitig verurteilt worden ist.[16]

Die Verfahrensrüge ist zulässig, wenn und soweit sie **Gesetzesverletzungen** betrifft, die sich wenigstens auch auf die Behandlung des Nebenklagedelikts ausgewirkt haben können.[17] Wird neben einer zulässigen Rüge nur ergänzend auf Rechtsfehler bei der Anwendung nicht nebenklagerelevanter Vorschriften hingewiesen, so macht dies allerdings die Revision im Übrigen nicht unzulässig.[18]

III. Umfang der Prüfung durch das Rechtsmittelgericht

Von der Frage der Zulässigkeit des Rechtsmittels ist die des Umfangs der Nachprüfung zu unterscheiden.[19] Bei einer zulässigen Berufung oder Revision erstreckt sich die Prüfung des Rechtsmittelgerichts lediglich auf die richtige Anwendung der Vorschriften über das Nebenklagedelikt.[20] Dies gilt auch im Falle der Tat- oder Gesetzeseinheit mit einem Offizialdelikt.[21] Der **Prüfungsumfang des Rechtsmittelgerichts** beschränkt sich mithin darauf, ob eine Rechtsnorm, deren Verletzung zum Anschluss berechtigen würde, oder deren Verletzung die Aufklärung eines nebenklagefähigen Delikts betrifft, nicht oder nicht richtig angewandt worden ist.[22]

IV. Anfechtung verfahrensbeendender Beschlüsse (Abs. 2)

Die Vorschrift erstreckt die Anwendung des Grundsatzes der beschränkten Beschwer des Nebenklägers auch auf das **Zwischenverfahren,** sowie **weitere verfahrensbeendender Beschlüsse.** Gemäß Abs. 2 S. 1 kann der Nebenkläger daher auch den Nichteröffnungsbeschluss, § 204, sowie Beschlüsse über die Einstellung des Verfahens gem. §§ 206a und 206b mit der sofortigen Beschwerde nur insoweit anfechten, als dass der jeweilige Beschluss das zum Anschluss berechtigende Delikt betrifft. Für das Einstellungsurteil, § 260 Abs. 3, geht dies bereits aus Abs. 1 Satz 1 hervor. Sonstige Einstellungsbeschlüsse, insbesondere der §§ 153, 153a, aber auch § 205, sind aufgrund des klaren Gesetzeswortlauts des Abs. 2 S. 2 für den Nebenkläger unanfechtbar. Ebenso wenig steht dem Nebenkläger die sofortige Beschwerde gegen den Beschluss, mit dem das Hauptverfahren vor einem Gericht niedrigerer Ordnung eröffnet wird, § 209 Abs. 1, zu. Vor der Verfahrenseinstellung ist dem Nebenkläger allerdings **rechtliches Gehör zu gewähren,** wie sich aus dem Rechtsgedanken des § 396 Abs. 3 schließen lässt.[23] Für die Verfolgungsbeschränkung, § 154a, gilt § 395 Abs. 5.

---

[7] BGH v. 28. 2. 2007 – 2 StR 599/06, StraFo 2007, 245.
[8] BGH v. 21. 4. 1999 – 2 StR 64/99, NStZ-RR 2000, 40.
[9] BGH v. 3. 7. 2003 – 2 StR 173/03, NStZ-RR 2003, 306.
[10] BGH v. 21. 4. 1999 – 5 StR 714/98, NJW 1999, 2449.
[11] BGH v. 3. 7. 1997 – 4 StR 266/97, NStZ-RR 1997, 371; HK-StPO/*Kurth* Rn. 9; KK-StPO/*Senge* Rn. 1; *Meyer-Goßner* Rn. 3.
[12] BGH v. 2. 5. 1997 – 2 StR 186/97, StV 1997, 624; Beispiele nach *Meyer-Goßner* Rn. 3.
[13] *Meyer-Goßner* Rn. 5.
[14] BGH v. 1. 10. 1958 – 2 StR 251/58, BGHSt 13, 143; *Meyer-Goßner* Rn. 6.
[15] *Hohmann,* in: Handbuch des Fachanwalts für Strafrecht, S. 1079, 1103; *Meyer-Goßner* Rn. 6.
[16] *Hohmann,* in: Handbuch des Fachanwalts für Strafrecht, S. 1079, 1103.
[17] BGH v. 19. 3. 1998 – 4 StR 98/98, NStZ-RR 1998, 305; OLG Frankfurt v. 27. 6. 2000 – 2 Ss 131/00, NStZ-RR 2001, 22.
[18] BGH v. 4. 11. 1969 – 1 StR 359/69, NJW 1970, 205; OLG Stuttgart v. 4. 4. 1973 – 1 Ss 724/72, NJW 1973, 1385.
[19] AnwK-StPO/*Böttger* Rn. 6; Löwe/Rosenberg/*Hilger* Rn. 18.
[20] BGH v. 10. 5. 1995 – 1 StR 764/94, BGHSt 41, 140, 144; *Meyer-Goßner* Rn. 7.
[21] *Riegner* NStZ 1990, 11, 16.
[22] OLG Frankfurt v. 27. 6. 2000 – 2 Ss 131/00, NStZ-RR 2001, 22; *Riegner* NStZ 1990, 11, 15.
[23] BVerfG v. 28. 6. 1994 – 2 BvR 1235/94, NJW 1995, 317; *Rieß* NStZ 2001, 355.

§ 401 [Rechtsmittel des Nebenklägers]

(1) ¹Der Rechtsmittel kann sich der Nebenkläger unabhängig von der Staatsanwaltschaft bedienen. ²Geschieht der Anschluß nach ergangenem Urteil zur Einlegung eines Rechtsmittels, so ist dem Nebenkläger das angefochtene Urteil sofort zuzustellen. ³Die Frist zur Begründung des Rechtsmittels beginnt mit Ablauf der für die Staatsanwaltschaft laufenden Frist zur Einlegung des Rechtsmittels oder, wenn das Urteil dem Nebenkläger noch nicht zugestellt war, mit der Zustellung des Urteils an ihn auch dann, wenn eine Entscheidung über die Berechtigung des Nebenklägers zum Anschluß noch nicht ergangen ist.

(2) ¹War der Nebenkläger in der Hauptverhandlung anwesend oder durch einen Anwalt vertreten, so beginnt für ihn die Frist zur Einlegung des Rechtsmittels auch dann mit der Verkündung des Urteils, wenn er bei dieser nicht mehr zugegen oder vertreten war; er kann die Wiedereinsetzung in den vorigen Stand gegen die Versäumung der Frist nicht wegen fehlender Rechtsmittelbelehrung beanspruchen. ²Ist der Nebenkläger in der Hauptverhandlung überhaupt nicht anwesend oder vertreten gewesen, so beginnt die Frist mit der Zustellung der Urteilsformel an ihn.

(3) ¹Hat allein der Nebenkläger Berufung eingelegt, so ist diese, wenn bei Beginn einer Hauptverhandlung weder der Nebenkläger noch für ihn ein Rechtsanwalt erschienen ist, unbeschadet der Vorschrift des § 301 sofort zu verwerfen. ²Der Nebenkläger kann binnen einer Woche nach der Versäumung unter den Voraussetzungen der §§ 44 und 45 die Wiedereinsetzung in den vorigen Stand beanspruchen.

(4) Wird auf ein nur von dem Nebenkläger eingelegtes Rechtsmittel die angefochtene Entscheidung aufgehoben, so liegt der Betrieb der Sache wiederum der Staatsanwaltschaft ob.

I. Allgemeines

1 Die Vorschrift regelt Fragen der **Zulässigkeit, Frist sowie der Zustellung**. Zugleich legt die Vorschrift fest, dass auch das **Rechtsmittelverfahren** von der StA und nicht etwa von dem Nebenkläger betrieben wird. Dieses gilt selbst dann, wenn nur der Nebenkläger Rechtsmittel eingelegt hat und das Urteil auf dieses Rechtsmittel hin aufgehoben und zur erneuten Verhandlung an das Instanzgericht zurückverwiesen wird (Abs. 4). Die Kosten und Auslagen des Nebenklägers für das Rechtsmittelverfahren regelt § 473 Abs. 1 S. 3 abschließend.

II. Regelungsgehalt

2 **1. Rechtsmittelberechtigung des Nebenklägers (Abs. 1 S. 1).** Der prozessfähige, Anschlussberechtigte und bereits zur Nebenklage zugelassene Nebenkläger hat eine eigene **Rechtsmittelbefugnis**. Sein Rechtsmittel ist von der StA unabhängig.[1] Dies hat zur Folge, dass die StA das von dem Nebenkläger einmal eingelegte Rechtsmittel nicht übernehmen und auch nicht zurücknehmen kann.[2] Die StA bleibt aber auch im Rechtsmittelverfahren des Nebenklägers zur **Mitwirkung** verpflichtet, weil sie das Verfahren in Gang gebracht hat.[3] Die StA muss daher nicht nur zu den Rechtsmitteln des Angeklagten, sondern auch zu denen des Nebenklägers Stellung beziehen und einen Schlussvortrag halten.[4] Die Anschlussbefugnis des Nebenklägers ist auch in der Rechtsmittelinstanz von Amts wegen zu prüfen. Sie ist allgemeine Zulässigkeitsvoraussetzung für die Rechtsmittel des Nebenklägers.[5] Daher kann das Rechtsmittel ohne Verhandlung durch Beschluss als unzulässig verworfen werden, wenn die Anschlussberechtigung nach Ansicht des Rechtsmittelgerichts nicht vorliegt.[6] So fehlt es an einer Anschlussbefugnis, wenn der Verletzte nach erhobener Nebenklage auf sein Recht verzichtet, auf das weitere Verfahren als Nebenkläger einzuwirken.[7]

3 Der Nebenkläger muss beschwert sein.[8] Eine **Beschwer** liegt vor, wenn das Nebenklagedelikt nicht in den Schuldspruch aufgenommen wurde.[9] Bei Entscheidungen über Untersuchungshaft oder die vorläufige Unterbringung des Angeklagten ist der Nebenkläger nicht beschwert, so dass er gegen diese Entscheidung keine Beschwerdebefugnis hat.[10]

---

[1] KK-StPO/*Senge* Rn. 1.
[2] AnwK-StPO/*Böttger* Rn. 2; KK-StPO/*Senge* Rn. 1.
[3] BGH v. 20. 12. 1957 – 1 StR 33/57, BGHSt 11, 189; KMR/*Stöckel* Rn 3; Löwe/Rosenberg/*Hilger* Rn. 24.
[4] RG v. 22. 2. 1929 – I 832/28, BGHSt 63, 53; OLG Zweibrücken v. 3. 7. 1985 – 1 Ss 68/85 StV 1986, 51; Meyer-Goßner Rn. 3; SK-StPO/*Velten* Rn. 2; aA OLG Frankfurt NJW 1956, 1250.
[5] BGH v. 9. 1. 1985 – 3 StR 502/84, BGHSt 33, 114; KK-StPO/*Senge* Rn. 2.
[6] BGH (Fn. 5).
[7] BGH v. 19. 3. 1998 – 4 StR 98/98; NStZ-RR 1998, 305; KK-StPO/*Senge* Rn. 2.
[8] BGH v. 6. 12. 2001 – 4 StR 483/01.
[9] KK-StPO/*Senge* Rn. 3.
[10] OLG Karlsruhe MDR 1974, 332; OLG Frankfurt v. 25. 7. 1995 – 1 Ws 120–123/95 StV 1995, 594.

Die Revisionsanträge können von dem Nebenkläger nur Mittels einer von einem **Rechtsanwalt** 4 unterzeichneten Schrift angebracht werden.[11] Zu Protokoll der Geschäftsstelle kann die Revision nicht erklärt werden; in diesem Fall kann aber uU Wiedereinsetzung in den vorigen Stand gewährt werden.[12]

2. Zeitpunkt des Anschlusses (Abs. 1 S. 2). Der Nebenkläger kann sich dem Verfahren auch 5 noch nach Urteilserlass anschließen, um Rechtsmittel einzulegen und das Urteil überprüfen zu lassen (§ 395 Abs. 4 S. 2). Gemäß § 399 Abs. 2 muss das Rechtsmittel dann allerdings innerhalb der bereits laufenden **Rechtsmittelfrist** der StA eingelegt werden. Dem Nebenkläger ist dann das Urteil zur Verfahrensbeschleunigung[13] sofort zuzustellen (S. 2), ohne dass zuvor ein **Zulassungsbeschluss** ergeht.[14] Steht die Anschlussberechtigung nicht fest, ist die Urteilszustellung bis zur Entscheidung über die Zulassung zurückzustellen.[15] Wird die Befugnis zum Anschluss vereint, so ist das Rechtsmittel **unzulässig**, nicht gegenstandslos.[16] Die Zustellung des Urteils richtet sich nach den allgemeinen Vorschriften.[17]

3. Fristen (Abs. 1 S. 3, Abs. 2). Zu unterscheiden ist zwischen der **Einlegungs-** und der **Be-** 6 **gründungsfrist** für das Rechtsmittel. Die Einlegungsfrist beginnt grundsätzlich mit der **Urteilsverkündung**. Dies gilt selbst dann, wenn der Nebenkläger nur an einem Teil der Hauptverhandlung anwesend oder durch einen Rechtsanwalt vertreten war, aber nicht mehr im Zeitpunkt der Urteilsverkündung (Abs. 2 S. 1). Die Rechtsmittelfrist beginnt für den Nebenkläger jedoch erst mit Zustellung des Urteils zu laufen, wenn der Nebenkläger in der Hauptverhandlung überhaupt nicht anwesend oder vertreten war.[18] Die Zustellung der Urteilsformel reicht; es bedarf nicht der Zustellung des mit Entscheidungsgründen abgefassten Urteils (Abs. 2 S. 2). Abs. 2 S. 2 gilt entsprechend, wenn der Nebenkläger nur als **Zeuge** geladen und nach seiner Vernehmung entlassen worden war.[19] War der Nebenkläger überhaupt irgendwann in der Hauptverhandlung anwesend oder vertreten, kann ihm Wiedereinsetzung in den vorigen Stand wegen Versäumung der Einlegungsfrist nicht wegen fehlender Rechtsmittelbelehrung gewährt werden (Abs. 2 S. 1 Hs. 2).

Die **Rechtsmittelbegründungsfrist** (§§ 317, 345 Abs. 1) beginnt für den Nebenkläger entweder 7 mit dem Ablauf der für die StA geltenden Einlegungsfrist (§ 399 Abs. 2) oder mit der Urteilszustellung zu laufen.[20] Zu Gunsten des Nebenklägers ist hier der jeweils spätere Zeitpunkt maßgeblich.[21] Der Lauf der Begründungsfrist wird nicht durch das Fehlen eines Zulassungsbeschlusses gehindert.[22]

4. Verwerfung der Berufung des nichterschienenen Nebenklägers (Abs. 3 S. 1). Erscheint zu 8 Beginn der Berufungsverhandlung weder der Nebenkläger, noch sein Rechtsanwalt, so ist die **Berufung sofort zu verwerfen** (Abs. 3 S. 1). Die alleinige Berufung des Nebenklägers begründet daher eine Erscheinungspflicht in der Hauptverhandlung, die bis zu den Schlussvorträgen in der Hauptverhandlung andauert.[23] Beginn der Hauptverhandlung ist die angesetzte **Terminstunde**, nicht der Aufruf der Sache;[24] eine angemessene Zeit, in der Regel 15 Minuten, ist zu warten.[25] Ohne Verhandlung zur Sache ist die Berufung des Nebenklägers gegen ein freisprechendes Urteil zu verwerfen, wenn der Nebenkläger in der Hauptverhandlung weder erscheint noch vertreten ist. Es verbleibt die **Wiedereinsetzung in den vorigen Stand** (Abs. 3 S. 2). Richtet sich die Berufung des Nebenklägers gegen eine **Verurteilung**, so ist auch bei Nichterscheinen des Nebenklägers in der Berufungshauptverhandlung entsprechend § 301 zu verhandeln, wenn nach Aktenlage eine günstigere Entscheidung für den Angeklagten möglich erscheint.[26] Legt neben dem Nebenkläger auch der Angeklagte oder die StA Berufung ein, wird bei Nichterscheinen des Nebenklägers über dessen Berufung mit entschieden.[27] Das gilt nicht, wenn die Berufung der StA oder des Angeklag-

---

[11] BGH NJW 1992, 1398; *Meyer-Goßner* Rn. 2.
[12] OLG Hamm v. 19. 7. 2007 – 2 Ss 294/07 StraFo 2007, 467.
[13] KK-StPO/*Senge* Rn. 6.
[14] AnwK-StPO/*Böttger* Rn. 4.
[15] *Meyer/Goßner* Rn. 4.
[16] *Meyer/Goßner* Rn. 4.
[17] KMR/*Stöckel* Rn. 5.
[18] BGH v. 18. 12. 2007 – 4 StR 541/07; KK-StPO/*Senge* Rn. 7.
[19] OLG Karlsruhe v. 27. 10. 1999 – 3 Ws 908/99 NStZ-RR 2000, 16.
[20] AnwK-StPO/*Böttger* Rn. 6.
[21] KK-StPO/*Senge* Rn. 7.
[22] KK-StPO/*Senge* Rn. 7.
[23] KK-StPO/*Senge* Rn. 8; aA Löwe/Rosenberg/*Hilger* Rn. 15: bis zur Verlesung der Urteilsformel; aA KMR/*Stöckel* Rn. 9: Anwesenheitspflicht nur bis zum Beginn der Hauptverhandlung.
[24] OLG Düsseldorf v. 22. 1. 2001 – 2 b Ss 370/00 – 99/00 I; AnwK-StPO/*Böttger* Rn. 7; aA OLG Frankfurt v. 14. 12. 1999 – 2 Ss 351/99 NStZ-RR 2001, 85.
[25] OLG Düsseldorf (Fn. 24); KG v. 19. 12. 2001 – (3) 1 Ss 149/01 (92/01) NStZ-RR 2002, 218.
[26] BGH NJW 1953, 1521; *Rieß* NJW 1975, 90; *Rieß* NStZ 2000, 120, 122; AnwK-StPO/*Böttger* Rn. 8.
[27] KMR/*Stöckel* Rn. 10.

§ 402   1–4   *Fünftes Buch. Beteiligung des Verletzten am Verfahren*

ten zurückgenommen oder bei Ausbleiben des Angeklagten dessen Berufung nach § 329 Abs. 1 S. 1 verworfen wird; dann gilt Abs. 3 S. 1.[28]

9   Eine **Wiederaufnahme des Verfahrens** kann der Nebenkläger nur zu Ungunsten des Angeklagten beantragen.[29] Die Wiederaufnahme ist jedoch ausgeschlossen, wenn der Nebenkläger in dem rechtskräftig abgeschlossenen Verfahren nicht bereits als Nebenkläger zugelassen war oder das Nebenklagedelikt infolge Gesetzeskonkurrenz mit einem Offizialdelikt zurücktritt.[30]

10   **5. Übernahme der Sache durch die StA (Abs. 4).** Wird das Urteil aufgrund des allein von dem Nebenkläger eingelegten Rechtsmittels aufgehoben und an das Instanzgericht zur erneuten Verhandlung zurückverwiesen, so hat erneut die StA das Verfahren zu betreiben, nicht etwa der Nebenkläger.[31] Gegenstand des Verfahrens ist auch in diesem Fall die gesamte historische Tat und nicht allein die Nebenklagedelikte.[32] Scheidet der Nebenkläger nach Rückverweisung aus dem Verfahren aus, so wird infolge der Übernahme des Verfahrens durch die StA der Fortgang des Verfahrens nicht berührt.[33]

§ 402 [Wegfall der Nebenklage]

Die Anschlußerklärung verliert durch Widerruf sowie durch den Tod des Nebenklägers ihre Wirkung.

I. Widerruf

1   **1. Voraussetzungen eines wirksamen Widerrufs.** Der Nebenkläger kann den Widerruf der Anschlusserklärung bis zum **rechtskräftigen Abschluss** des Verfahrens erklären, somit auch noch in der Revisionsinstanz.[1] Zur Wirksamkeit des Widerrufs ist erforderlich, dass er in der **Form** erklärt wird, den das Gesetz für die Anschlusserklärung vorschreibt.[2] Der Widerruf kann daher schriftlich, zu Protokoll der Geschäftsstelle oder mündlich in der Hauptverhandlung,[3] erklärt werden. Da der Widerruf als Prozesserklärung den Voraussetzungen genügen muss, die an die Erklärung gesetzt werden, deren Folgen beseitigt werden sollen, stellt ein bewusstes Nichtausüben der Nebenklagerechte während der Dauer des Verfahrens keinen Widerruf dar.[4]

2   **2. Wirkung des Widerrufs.** Die Erklärung des Widerrufs der Anschlusserklärung **wirkt nur für die Zukunft**.[5] Daher bleiben bereits ergangene Beschlüsse und Urteile bestandskräftig; soweit der Nebenkläger Anträge gestellt oder Rechtsmittel eingelegt hat, werden diese gegenstandslos.[6]

3   **3. Erneute Anschlusserklärung.** Einer erneuten Anschlusserklärung steht der Widerruf nicht entgegen.[7] Dies gilt nicht, wenn der Nebenkläger auf sein Nebenklagerecht ausdrücklich **verzichtet** hat.[8] Zugunsten des Nebenklägers wird bei einem nicht eindeutig erklärten Verzicht von einem Widerruf auszugehen sein.

II. Tod

4   **1. Tod des Nebenklägers.** Wie durch den Widerruf verliert die Anschlusserklärung auch durch den Tod des Nebenklägers ihre Wirkung. Die Angehörigen des Nebenklägers sind, weil § 402 nicht eine Regelung wie in § 393 Abs. 2 trifft, nicht berechtigt, in das Verfahren einzutreten.[9] Dies gilt selbst dann, wenn die Tat, wegen derer der Anschluss erklärt wurde, ein Privatklagedelikt oder der Tod des Nebenklägers die Folge der zur Nebenklage berechtigenden Tat ist.[10] Haben

---

[28] *Rieß* NJW 1975, 90; KK-StPO/*Senge* Rn. 11; *Meyer/Goßner* Rn. 7.
[29] KK-StPO/*Senge* Rn. 13.
[30] OLG Karlsruhe NJW 1954, 167; KK-StPO/*Senge* Rn. 13.
[31] SK-StPO/*Velten* Rn. 7.
[32] OLG Frankfurt v. 27. 6. 2000 – 2 Ss 131/00 NStZ-RR 2001, 22; AnwK-StPO/*Böttger* Rn. 9.
[33] *Meyer/Goßner* Rn. 8.
[1] RG v. 25. 9. 1933 – III 496/33, RGSt 67, 322.
[2] KK-StPO/*Senge* Rn. 1; vgl. § 396 Rn. 1.
[3] KMR/*Fezer* Rn. 1; Löwe/Rosenberg/*Hilger* Rn. 1; AK-StPO/*Rössner* Rn. 2; aA OLG Hamm v. 19. 10. 1970 – 3 Ss 739/70, NJW 1971, 394; *Meyer-Goßner* Rn. 1; HK-StPO/*Kurth* Rn. 2; KK-StPO/*Senge* Rn. 1.
[4] Löwe/Rosenberg/*Hilger* Rn. 1.
[5] RG v. 18. 3. 1930 – I 51/30, RGSt 64, 60.
[6] KK-StPO/*Senge* Rn. 5; KMR/*Stöckel* Rn. 3; aA *Schmidt* Rn. 4 a.
[7] OLG Hamm (Fn. 3); KK-StPO/*Senge* Rn. 2.
[8] BGH v. 19. 3. 1998 – 4 StR 98/98, NStZ-RR 1998, 305; KK-StPO/*Senge* Rn. 2; Löwe/Rosenberg/*Hilger* Rn. 2; *Meyer-Goßner* Rn. 3.
[9] OLG Düsseldorf v. 19. 6. 1985 – 1 Ws 482/85, MDR 1986, 76; KK-StPO/*Senge* Rn. 5; *Meyer-Goßner* Rn. 4; Löwe/Rosenberg/*Hilger* Rn. 5; aA Roxin § 62 D IV; *Gerauer* NJW 1986, 3126.
[10] OLG Stuttgart v. 19. 1. 1970 – 1 Ss 721/69, NJW 1970, 822 mit abl. Anm. *Ellscheid* NJW 1970, 1467; *Fezer* NStZ 1997, 300; KK-StPO/*Senge* Rn. 4; offen gelassen von BGH v. 22. 8. 1996 – 5 StR 240/96, NStZ 1997, 49.

die Angehörigen jedoch ein eigenständiges Nebenklagerecht, wird deren Antragsrecht durch den Tod des Nebenklägers nicht berührt.[11]

2. Wirkung des Todes des Nebenklägers. Der Tod des Nebenklägers wirkt ebenso wie der Widerruf nur für die **Zukunft**.[12] Daher bleiben ergangene Urteile und Beschlüsse bestandskräftig; noch nicht entschiedene Anträge und Rechtsmittel werden gegenstandslos.[13]

III. Kosten

Über die Kosten entscheidet das **Tatgericht**, wenn der Nebenkläger bereits vor der Aktenvorlage an das Revisionsgericht (§ 347 Abs. 2) verstorben ist.[14] Ansonsten obliegt die Kostenentscheidung dem **Revisionsgericht**. Die Kosten sind, sofern sie dem Nebenkläger aufzuerlegen sind, aus dem Nachlass dem Beschuldigten zu erstatten.[15] Der rechtskräftig entstandene Auslagenerstattungsanspruch des Nebenklägers wird durch dessen Tod nicht berührt.[16] Anders bei der Erklärung des Widerrufs der Anschlusserklärung durch den Nebenkläger,[17] weil dort die Kosten dann keine notwendigen Auslagen des Nebenklägers im Sinne des § 472 sind.

5

6

---

[11] KK-StPO/*Senge* Rn. 4.
[12] *Meyer-Goßner* Rn. 5.
[13] BGH v. 19. 6. 1996 – 5 StR 240/96, NStZ 1997, 49; OLG Düsseldorf v. 20. 10. 1987 – 10 W 114/87 AnwBl. 1988, 125.
[14] BGH v. 22. 8. 1996 – 5 StR 240/96, NStZ 1997, 49.
[15] OLG Celle 5. 5. 1953 – Ws 65/53, NJW 1953, 1726; OLG Jena v. 13. 6. 1995 – 1 Ws 45/95, MDR 1995, 1071.
[16] OLG Stuttgart v. 16. 10. 1959 – 2 Ss 486/59, NJW 1960, 115; OLG Karlsruhe v. 30. 9. 1983 – 3 Ws 180/83, MDR 1984, 250.
[17] HK-StPO/*Kurth* Rn. 4; Löwe/Rosenberg/*Hilger* Rn. 10; *Meyer-Goßner* Rn. 2; aA OLG Nürnberg v. 9. 1. 1959 – Ws 563/58, NJW 1959, 1052; *Pohlmann* NJW 1959, 1455.

Dritter Abschnitt. Entschädigung des Verletzten

§ 403 [Voraussetzungen]

Der Verletzte oder sein Erbe kann gegen den Beschuldigten einen aus der Straftat erwachsenen vermögensrechtlichen Anspruch, der zur Zuständigkeit der ordentlichen Gerichte gehört und noch nicht anderweit gerichtlich anhängig gemacht ist, im Strafverfahren geltend machen, im Verfahren vor dem Amtsgericht ohne Rücksicht auf den Wert des Streitgegenstandes.

I. Sinn und Zweck der Regelung

1   Im Adhäsionsverfahren kann der **Verletzte** oder dessen **Erbe** selbst, dh., ohne dass er sich eines Prozessbevollmächtigten bedienen muss, mit einem einfachen Antrag, der in der Hauptverhandlung sogar mündlich gestellt werden kann, bürgerlich-rechtliche Ersatzansprüche gegen den Angeklagten geltend machen, die ihm aus der Straftat erwachsen sind. Das Adhäsionsverfahren erlaubt dem Verletzten somit im Strafverfahren die Durchsetzung solcher Ansprüche, die an sich unter die Zuständigkeit der Zivilgerichte fallen.[1] Hierdurch soll verhindert werden, dass sich widersprechende Entscheidungen im Zivil- und Strafverfahren ergehen.[2]

II. Rechtswirklichkeit

2   In der Rechtswirklichkeit hat das Adhäsionsverfahren lediglich eine sehr geringe Bedeutung.[3] Der Gesetzgeber versuchte mit den Gesetzesänderungen von 1986,[4] mit denen eine Erweiterung der Zuständigkeit im amtsgerichtlichen Verfahren sowie die Möglichkeit der Bewilligung von Prozesskostenhilfe und des Erlasses von Grund- und Teilurteilen geschaffen wurde, „offensichtliche Anwendungshemmnisse des geltenden Rechts"[5] zu beseitigen. Mit dem OpferRRG sollten darüber hinaus Bedingungen geschaffen werden, die die Entscheidung über den Adhäsionsantrag zur Regel und nicht wie bisher zur Ausnahme machen.[6] Einer höheren Akzeptanz in der Anwendungspraxis stehen jedoch die unterschiedlichen Voraussetzungen von strafrechtlicher Schuld und zivilrechtlichem Anspruch, als auch die unterschiedliche Ausgestaltung von Straf- und Zivilprozess entgegen.[7]

III. Verfahrensvorschriften

3   Das **Verfahren** folgt in wesentlichen Zügen den Vorschriften der StPO für den Strafprozess, insbesondere für die Beweisaufnahme und die Form ihrer Durchführung. Hinsichtlich der **Rechtskraftwirkung und Vollstreckungsfähigkeit** finden die Vorschriften der ZPO Anwendung.

IV. Voraussetzungen

4   **1. Antragsberechtigte.** Antragsberechtigt ist der **Verletzte**. Verletzt ist derjenige, dem aus der Straftat unmittelbar ein vermögensrechtlicher Anspruch erwachsen ist.[8] Der Verletzte ist stets antragsberechtigt, selbst wenn wegen der Tat ein erforderlicher Strafantrag nicht gestellt worden,[9] er **Mitangeklagter, Nebenkläger, Privatkläger** oder **Widerbeklagter**[10] oder am Verfahren sonst nicht beteiligt ist.[11] Ausreichend aber auch für die Begründung der Verletzteneigenschaft erforderlich ist, dass der Antragsteller einen bürgerlich-rechtlichen Anspruch aus der Straftat des Beschuldigten behauptet.[12] Daher kann auch der nur **mittelbar Verletzte**, wie zB bei Sachbeschädigung oder Brandstiftung der Nießbraucher, Mieter oder Pächter neben dem Eigentümer,[13] weiter der nach § 844 Abs. 2 BGB Unterhaltsberechtigte[14] und der nach § 845 BGB Dienstberechtigte

---

[1] Vgl. OLG München v. 5. 7. 1995 – 1 Ws 289/95, NStZ-RR 1996, 125.
[2] *Meyer-Goßner* Rn. 1.
[3] Vgl. *Jescheck* JZ 1958, 593; *Scholz* JZ 1972, 726; zur Anwendungspraxis: AK-StPO/*Schöch* Rn. 3.
[4] BT-Drucks. 10/5305, S. 15 (Opferschutzgesetz).
[5] BT-Drucks. 10/5305, S. 15 (Opferschutzgesetz).
[6] Vgl. BT-Drucks. 15/1976, S. 15.
[7] Vgl. nur Löwe/Rosenberg/*Hilger* Rn. 9.
[8] HK-StPO/*Kurth* Rn. 2; KK-StPO/*Engelhardt* Rn. 5; Löwe/Rosenberg/*Hilger* Rn. 1; *Pfeiffer* Rn. 1.
[9] *Schirmer* DAR 1988, 121.
[10] AK-StPO/*Schöch* Rn. 2; KMR/*Stöckel* Rn. 1; *Meyer-Goßner* Rn. 2.
[11] *Schmidt* Rn. 1.
[12] KK-StPO/*Engelhardt* Rn. 2; vgl. auch OLG Karlsruhe v. 20. 9. 1993 – 2 VAs 8/92, JR 1995, 79 mAnm *Otto; Kurth* NStZ 1997, 6.
[13] Bsp. nach *Meyer-Goßner* Rn. 2.
[14] LG Gießen v. 13. 5. 1949 – 2 KMs 141/48, NJW 1949, 727.

Dritter Abschnitt. Entschädigung des Verletzten 5–9 § 403

des Verletzten,[15] antragsberechtigt sein, wenn er einen Anspruch gegen den Beschuldigten zumindest behaupten kann.

a) Gesamtrechtsnachfolge. Der **Erbe** und dessen **Erbe** sind antragsberechtigt.[16] Unerheblich ist, 5
ob es sich um gesetzliche oder gewillkürte Erbfolge handelt.[17] Seine Erbenstellung muss der Antragsteller nachweisen; diesen Nachweis kann der Erbe zB durch Vorlage des Erbscheins erbringen.[18] Handelt es sich bei dem gesetzlichen oder rechtsgeschäftlichen Erben um eine **Erbengemeinschaft**, kann gemäß § 2039 S. 1 BGB jeder Miterbe den Antrag stellen, die Leistung aber nur an alle verlangen.

b) Einzelrechtsnachfolge. Andere (Einzel-)Rechtsnachfolger (zB Zessionare, Pfändungspfand- 6
gläubiger)[19] haben kein Antragsrecht, weil sie ihren Anspruch nicht unmittelbar aus der Straftat erworben haben.[20] Ob der **Insolvenzverwalter** antragsberechtigt ist, beurteilt sich nach dem Zeitpunkt zu dem der Insolvenzschuldner von dem Beschuldigten geschädigt worden ist. Ein Antragsrecht des Insolvenzverwalters ist eröffnet, wenn der Insolvenzschuldner nach Insolvenzeröffnung geschädigt worden ist, sonst nicht.[21] Gleiches gilt auch für den **Zwangsverwalter** gemäß §§ 146 ff. ZVG und den **Testamentsvollstrecker** gemäß §§ 2197 ff. BGB.[22]

c) Prozessfähigkeit. Der Antragsteller muss **prozessfähig** iSd. § 52 ZPO oder gesetzlich vertre- 7
ten sein. Ist über das Vermögen des Verletzten ein Insolvenzverfahren eröffnet, eine Zwangsverwaltung eingerichtet bzw. die Testamentsvollstreckung eröffnet[23] und der Verletzte somit in seiner Prozessfähigkeit **beschränkt**, ist nur der Insolvenz- oder Zwangsverwalter bzw. Testamentsvollstrecker antragsberechtigt.[24]

2. Antragsgegner. Der Antrag muss sich **gegen den Beschuldigten** richten. Maßgeblich ist allein 8
die prozessrechtliche Stellung als Beschuldigter; auf die materiell-rechtliche Stellung als Schuldner des bürgerlich-rechtlichen Anspruchs kommt es hingegen nicht an.[25] Haftet neben oder mit dem Beschuldigten ein Dritter, kann dieser daher nicht in Anspruch genommen werden.[26] Der Beschuldigte muss **verhandlungsfähig** sein; im Gegensatz zum Antragsteller[27] braucht der Beschuldigte grundsätzlich aber nicht prozessfähig zu sein.[28] Nur dann, wenn über den geltend gemachten Anspruch ein **Vergleich**[29] geschlossen werden soll, ist zur Wirksamkeit des Vergleiches erforderlich, dass beide Parteien geschäftsfähig sind oder die nicht geschäftsfähige Partei durch ihren gesetzlichen Vertreter handelt.[30]

Jugendliche können nicht Antragsgegner im Adhäsionsverfahren sein, § 81 JGG. Dies gilt selbst 9
dann, wenn das Verfahren vor den allgemeinen Strafgerichten stattfindet, § 104 Abs. 1 Nr. 14 JGG.[31] Gegen einen **Heranwachsenden** kommt das Adhäsionsverfahren in Betracht; § 109 Abs. 2 JGG verweist nicht mehr auf § 81 JGG.[32] Dies gilt jedoch nicht, wenn auf den Heranwachsenden Jugendstrafrecht angewendet wird.[33] Richtet sich das Adhäsionsverfahren gegen zwei Angeklagte und handelt es sich bei einem um einen Jugendlichen bzw. es findet Jugendstrafrecht bei einem Heranwachsenden Anwendung, kann der Antrag nur gegen den erwachsenen Mitangeklagten gestellt werden.[34]

---

[15] KK-StPO/*Engelhardt* Rn. 5; Löwe/Rosenberg/*Hilger* Rn. 1.
[16] AK-StPO/*Schöch* Rn. 3; KMR/*Stöckel* Rn. 2; NK-StPO/*Weiner* Rn. 3.
[17] Löwe/Rosenberg/*Hilger* Rn. 2.
[18] Meyer-Goßner Rn. 3.
[19] Vgl. BGH v. 31. 1. 1991 – 5 StR 523/90, BGHSt 37, 320; OLG Karlsruhe v. 25. 11. 1983 – 3 Ws 169/83, MDR 1984, 336; KMR/*Stöckel* Rn. 3.
[20] Dies gilt auch für den privaten Haftpflichtversicherer; OLG Karlsruhe (Fn. 19); *Köckerbauer* NStZ 1994, 306; *Schirmer* DAR 1988, 121 und die Sozialversicherungsträger, auf den Schadensersatzanspruch übergegangen ist, KK-StPO/*Engelhardt* Rn. 6; *Granderath* NStZ 1984, 400.
[21] LG Stuttgart v. 25. 9. 1997 – KLs 141 Js 23241/94 – 4/97, NJW 1998, 322; AK-StPO/*Schöch* Rn. 5; KMR/*Stöckel* Rn. 3; *Meyer-Goßner* Rn. 3; das Antragsrecht des Insolvenzverwalters bejahen: Löwe/Rosenberg/*Hilger*, Rn. 4; Anm *Hilger* zu LG Stuttgart v. 25. 9. 1997 – KLs 141 Js 23241/94 – 4/97, JR 1998, 84.
[22] *Köckerbauer* NStZ 1994, 306; KK-StPO/*Engelhardt* Rn. 9; Löwe/Rosenberg/*Hilger* Rn. 4.
[23] Vgl. § 22 Abs. 1 InsO; §§ 80, 22 Abs. 1 InsO, §§ 146 ff., 152 ZVG und §§ 2205, 2212 BGB.
[24] KK-StPO/*Engelhardt* § 404 Rn. 2; Löwe/Rosenberg/*Hilger* Rn. 5; *Meyer-Goßner* Rn. 6.
[25] Vgl. Löwe/Rosenberg/*Hilger* Rn. 6.
[26] So insbesondere nicht der Haftpflichtversicherer gem. § 3 PflVersG, *Granderath* NStZ 1984, 400; *Schirmer* DAR 1988, 121; vgl. auch: *Meyer-Goßner* Rn. 7.
[27] Rn. 7.
[28] KMR/*Stöckel* Rn. 7; *Meyer-Goßner* Rn. 9; NK-StPO/*Weiner* Rn. 4; *Pfeiffer* Rn. 2.
[29] Vgl. § 405 Rn. 2.
[30] Vgl. HK-StPO/*Kurth* Rn. 9; KMR/*Stöckel* Rn. 7; *Meyer-Goßner* Rn. 9.
[31] KMR/*Stöckel* Rn. 6; Löwe/Rosenberg/*Hilger* Rn. 7; dagegen: *Granderath* NStZ 1984, 400.
[32] Vgl. die Neufassung des § 109 Abs. 2 JGG aufgrund der Regelungen des 2. Justizmodernisierungsgesetzes vom 22. 12. 2006, BGBl. I S. 3416.
[33] BGH v. 13. 7. 2005 – 1 StR 226/05 –, StV 2008, 120.
[34] Löwe/Rosenberg/*Hilger* Rn. 7.

10 **3. Vermögensrechtlicher Anspruch.** Der in dem Adhäsionsverfahren geltend gemachte Anspruch muss **vermögensrechtlicher** Natur sein. Vermögensrechtliche Ansprüche sind solche, die aus Vermögensrechten abgeleitet oder auf vermögenswerte Leistungen gerichtet sind.[35] Hierunter fallen insbesondere Ansprüche auf Schadensersatz und auf Schmerzensgeld nach § 847 BGB,[36] daneben auch Ansprüche auf Ersatz von Beerdigungskosten,[37] Herausgabe- und Bereicherungsansprüche sowie Ansprüche auf Unterlassung künftiger Verletzungen, wenn damit wirtschaftliche Interessen verfolgt werden.[38] Auch der **Widerruf einer Behauptung** kann verlangt werden.[39]

11 **Feststellungsansprüche** können dann in Betracht kommen, wenn die Feststellung einen vermögensrechtlichen Bezug aufweist.[40] Bei **Straftaten nach dem UrhG**[41] kann der Verletzte einen Anspruch auf Vernichtung oder Überlassung von Vervielfältigungsstücken oder der zu deren Herstellung benutzten oder bestimmten Vorrichtungen nach §§ 98, 99 UrhG gemäß § 110 UrhG im Adhäsionsverfahren verfolgen. Die entsprechende Anwendung dieser Vorschriften für die Rückerstattung des Mehrerlöses bestimmt § 9 Abs. 3 WiStG.[42]

12 **4. Zuständigkeit.** Der Anspruch muss zur **Zuständigkeit der ordentlichen Gerichte** gehören. Daher ist die Geltendmachung von Ansprüchen, für die ausschließlich eine Zuständigkeit der Arbeitsgerichte eröffnet ist, ausgeschlossen.[43] Die Zuständigkeit des Gerichts ist **Verfahrensvoraussetzung** und daher von Amts wegen selbst noch im Rechtsmittelverfahren[44] zu beachten. Hat das Gericht seine Unzuständigkeit übersehen und wird der Beschuldigte rechtskräftig wegen des geltend gemachten Anspruchs verurteilt, wird die Verurteilung jedoch nicht wegen fehlender Zuständigkeit unwirksam. Der Fehler wird von der Rechtskraft der Entscheidung überdeckt.[45]

13 Die Zuständigkeit der Amtsgerichte ist unabhängig vom Gegenstandswert gegeben (letzter Hs.). Eine Zustimmung des Beschuldigten ist selbst dann nicht erforderlich, wenn und soweit der vermögensrechtliche Anspruch die zivilprozessuale Streitwertgrenze des § 23 Nr. 1 GVG übersteigt. Daraus folgt im Umkehrschluss, dass Ansprüche, die zur ausschließlichen Zuständigkeit der Landgerichte gehören, nicht vor dem Amtsgericht geltend gemacht werden können.[46] Aus der streitwertunabhängigen Zuweisung des Adhäsionsantrages zu den Amtsgerichten folgt zugleich, dass **kein Anwaltszwang**, § 78 ZPO, für die Geltendmachung vermögensrechtlicher Ansprüche besteht.[47]

V. Geltendmachung des Anspruchs

14 **1. Verfahrensart.** Der Anspruch kann im **Strafverfahren** und im **Privatklageverfahren**,[48] nicht jedoch im Strafbefehlsverfahren solange es nicht zur Hauptverhandlung kommt,[49] verfolgt werden. Wird der Antrag im **Strafbefehlsverfahren** geltend gemacht, ist dieser nicht unzulässig.[50] Eine Entscheidung über den vermögensrechtlichen Anspruch kann jedoch erst getroffen werden, wenn es nach Einspruch zur Hauptverhandlung kommt.[51]

15 **2. Anderweitige Rechtshängigkeit.** Der Antrag darf noch nicht anderweitig **gerichtlich rechtshängig** gemacht worden sein. Obwohl das Gesetz von Anhängigkeit spricht, ist die Unzulässigkeit des Adhäsionsverfahrens erst mit **anderweitiger Rechtshängigkeit** nach § 261 Abs. 3 ZPO anzunehmen.[52] Ist der Anspruch bereits anderweitig rechtshängig, ist nach § 405 S. 2 zu verfahren.

16 **3. Verfahrensrechtliche Stellung des Antragstellers.** Die **verfahrensrechtliche Stellung** des Antragstellers wird durch den Antrag nicht berührt; er wird durch die Antragstellung nicht zum Nebenkläger. Im Privatklageverfahren, in dem auch einem anderen Verletzten als dem Privatkläger das Antragsrecht zusteht, bewirkt der von dem Dritten gestellte Antrag keinen Beitritt.

---

[35] *Granderath* NStZ 1984, 400; KK-StPO/*Engelhardt* Rn. 1.
[36] Vgl. BGH MDR 1993, 408 in (H); BGH v. 30. 4. 1993 – 3 StR 169/93, NStZ 1994, 26 [K].
[37] AK-StPO/*Schöch* Rn. 11.
[38] BGH v. 16. 12. 1980 – VI ZR 308/98, NJW 1981, 2062; AK-StPO/*Schöch* Rn. 11; KMR/*Stöckel* Rn. 8.
[39] *Jescheck* JZ 1985, 592; AK-StPO/*Schöch* Rn. 11; HK-StPO/*Kurth* Rn. 10; KK-StPO/*Engelhardt* Rn. 1.
[40] *D. Meyer* JurBüro 1984, 1122; *Granderath* NStZ 1984, 400; KMR/*Stöckel* Rn. 9; Löwe/Rosenberg/*Hilger* Rn. 11, zB Feststellung der Unechtheit einer Urkunde bzw. Feststellung auf Ungültigkeit eines Vertrages, der durch Betrug, Erpressung, Nötigung oder Wucher zustande gekommen ist.
[41] So nach §§ 106, 107 Abs. 1 Nr. 2, 108, 108 a UrhG.
[42] *Meyer-Goßner* Rn. 10.
[43] BGH v. 23. 5. 1952 – 2 StR 20/52, BGHSt 3, 210; NK-StPO/*Weiner* Rn. 6; KK-StPO/*Engelhardt* Rn. 3.
[44] BGH (Fn. 43); KK-StPO/*Engelhardt* Rn. 3.
[45] BGH (Fn. 43).
[46] *Weiner/Ferber* (Hrsg.), Handbuch des Adhäsionsverfahrens, 2008, Rn. 47.
[47] Vgl. Löwe/Rosenberg/*Hilger* Rn. 15.
[48] KK-StPO/*Engelhardt* Rn. 12; Löwe/Rosenberg/*Hilger* Rn. 19.
[49] Löwe/Rosenberg/*Hilger* Rn. 20; *Meyer-Goßner* Rn. 12.
[50] KMR/*Stöckel* Rn. 13; Löwe/Rosenberg/*Hilger* Rn. 20.
[51] KK-StPO/*Engelhardt* Rn. 12; Löwe/Rosenberg/*Hilger* Rn. 20.
[52] Löwe/Rosenberg/*Hilger* Rn. 18.

Dritter Abschnitt. Entschädigung des Verletzten 1–4 **§ 404**

§ 404 [Antragstellung]

(1) ¹Der Antrag, durch den der Anspruch geltend gemacht wird, kann schriftlich oder mündlich zur Niederschrift des Urkundsbeamten, in der Hauptverhandlung auch mündlich bis zum Beginn der Schlußvorträge gestellt werden. ²Er muß den Gegenstand und Grund des Anspruchs bestimmt bezeichnen und soll die Beweismittel enthalten. ³Ist der Antrag außerhalb der Hauptverhandlung gestellt, so wird er dem Beschuldigten zugestellt.

(2) ¹Die Antragstellung hat dieselben Wirkungen wie die Erhebung der Klage im bürgerlichen Rechtsstreit. ²Sie treten mit Eingang des Antrages bei Gericht ein.

(3) ¹Ist der Antrag vor Beginn der Hauptverhandlung gestellt, so wird der Antragsteller von Ort und Zeit der Hauptverhandlung benachrichtigt. ²Der Antragsteller, sein gesetzlicher Vertreter und der Ehegatte oder Lebenspartner des Antragsberechtigten können an der Hauptverhandlung teilnehmen.

(4) Der Antrag kann bis zur Verkündung des Urteils zurückgenommen werden.

(5) ¹Dem Antragsteller und dem Angeschuldigten ist auf Antrag Prozeßkostenhilfe nach denselben Vorschriften wie in bürgerlichen Rechtsstreitigkeiten zu bewilligen, sobald die Klage erhoben ist. ²§ 121 Abs. 2 der Zivilprozeßordnung gilt mit der Maßgabe, daß dem Angeschuldigten, der einen Verteidiger hat, dieser beigeordnet werden soll; dem Antragsteller, der sich im Hauptverfahren des Beistandes eines Rechtsanwalts bedient, soll dieser beigeordnet werden. ³Zuständig für die Entscheidung ist das mit der Sache befaßte Gericht; die Entscheidung ist nicht anfechtbar.

I. Geltendmachung des Anspruchs (Abs. 1)

1. Antragstellung. Verfahrensvoraussetzung ist die **Stellung eines Antrags**, der den Voraussetzungen des Abs. 1 genügt.[1] Ob der Antrag diese Voraussetzungen erfüllt, hat das Gericht in jeder Lage des Verfahrens zu prüfen.[2]

2. Form. Der Antrag muss den **Formvorschriften** des S. 1 genügen; er kann schriftlich oder zur Niederschrift des Urkundsbeamten gestellt werden. Der Antrag kann auch mündlich bis zum Beginn der Schlussvorträge in der Hauptverhandlung gestellt werden (S. 1); dann ist der Antrag im Sitzungsprotokoll gemäß § 273 festzuhalten.[3]

3. Inhalt. Inhaltlich (S. 2) muss der Antrag den Voraussetzungen des § 253 ZPO genügen. Daher müssen **Gegenstand und Grund** des Anspruchs bestimmt bezeichnet werden; der Antragsteller hat einen bestimmten Antrag zu stellen.[4] Bei Geldforderungen ist grundsätzlich auch der Betrag zu beziffern.[5] Wenn und soweit eine Bezifferung der Forderung dem Antragsteller bei einer Abwägung der Gesamtumstände objektiv nicht zuzumuten ist,[6] namentlich bei Schadensersatzansprüchen, deren Höhe durch einen Sachverständigen zu ermitteln ist[7] oder wenn bei Schmerzensgeldansprüchen die Höhe des Schmerzensgeldes in das Ermessen des Gerichts gestellt wird[8] hat der Antragsteller die Tatsachen vorzutragen, die dem Gericht die Ermittlung eines angemessenen Betrages ermöglichen.[9]

Das Bestimmtheitserfordernis gilt auch bei einer **Feststellungsklage**;[10] erforderlich ist, dass der Antragsteller das Rechtsverhältnis so bestimmt bezeichnet, über den Umfang der Rechtshängigkeit und der Rechtskraft der begehrten Feststellung geklärt ist.[11] Ein Feststellungsantrag ohne Betragsangaben ist regelmäßig dann zulässig, wenn der Kläger ein rechtliches Interesse an der alsbaldigen Feststellung unter der Beschränkung auf den Grund nachweist;[12] namentlich dann, wenn der Antragsteller die Feststellung begehrt, dass der Angeklagte dem Verletzten zum Ersatz sämtli-

---

[1] BGH v. 3. 6. 1988 – 2 StR 244/88, NStZ 1988, 470; Löwe/Rosenberg/*Hilger* Rn. 1; *Meyer-Goßner* Rn. 1; vgl. die Muster für einen Antrag im Adhäsionsverfahren bei: *Weiner/Ferber* (Hrsg.), Handbuch des Adhäsionsverfahrens (2008) Rn. 103–105, 273, 274.
[2] BGH (Fn. 1); Löwe/Rosenberg/*Hilger* Rn. 1; NK-StPO/*Weiner* Rn. 1; KK-StPO/*Engelhardt* Rn. 1.
[3] *Meyer-Goßner* Rn. 2.
[4] OLG Stuttgart v. 5. 4. 1978 – 3 Ss 1043/77, NJW 1978, 2209; Löwe/Rosenberg/*Hilger* Rn. 1; HK-StPO/*Kurth* Rn. 3; *Meyer-Goßner* Rn. 3; dagegen: *Rößner/Klaus* ZRP 1998, 162.
[5] AK-StPO/*Schöch* Rn. 2; HK-StPO/*Kurth* Rn. 4; KK-StPO/*Engelhardt* Rn. 5; *Meyer-Goßner* Rn. 3.
[6] Vgl. *Baumbach/Lauterbach/Albers/Hartmann*, ZPO, 68. Aufl. 2010, § 253 Rn. 50; Löwe/Rosenberg/*Hilger* Rn. 1.
[7] OLG Stuttgart (Fn. 4); HK-StPO/*Kurth* Rn. 4.
[8] *Baumbach/Lauterbach/Albers/Hartmann*, ZPO, 68. Aufl. 2010, § 253 Rn. 56; Löwe/Rosenberg/*Hilger* Rn. 1; NK-StPO/*Weiner* Rn. 1.
[9] BGH v. 10. 10. 2002 – III ZR 205/01, NJW 2002, 3769.
[10] BGH v. 4. 10. 2000 – VIII ZR 289/99, NJW 2001, 447.
[11] *Baumbach/Lauterbach/Albers/Hartmann*, ZPO, 68. Aufl. 2010, § 253 Rn. 64.
[12] *Baumbach/Lauterbach/Albers/Hartmann*, ZPO, 68. Aufl. 2010, § 253 Rn. 64.

cher aus der Straftat bereits erwachsener und zukünftiger Schäden verpflichtet ist.[13] Einen bestimmten Antrag im Sinne des § 253 ZPO erfordert auch ein geltend gemachter **Zinsanspruch**.[14]

5 **Klagegrund** ist die Behauptung der Gesamtheit der zur Begründung des Anspruchs nach Ansicht des Antragstellers erforderlichen Tatsachen.[15] Fehlt die Behauptung solcher Tatsachen, so hat das Gericht entsprechend § 139 ZPO auf ergänzenden Vortrag hinzuweisen.[16] Erfolgt eine Ergänzung auf Hinweis des Gerichts nicht, so ist der Antrag unzulässig. Das Gericht hat von einer Entscheidung gemäß § 406 abzusehen.[17] Nach S. 2 sollen die Beweismittel genannt werden; weil die Amtsermittlungspflicht des § 244 Abs. 2 gilt, schadet deren Fehlen jedoch nicht.[18]

6 **4. Zeitpunkt der Antragstellung.** Die **Rechtzeitigkeit des Antrags** ist von Amts wegen als Verfahrensvoraussetzung zu prüfen.[19] Der Antrag kann bereits im **Ermittlungsverfahren**, auch zusammen mit der Strafanzeige,[20] bei der StA gestellt werden. Wirkung entfaltet der Antrag aber erst mit Eröffnung des Hauptverfahrens bzw. mit Terminsbestimmung im Strafbefehlsverfahren.[21] S. 1 nennt als Endzeitpunkt den **Beginn der Schlussvorträge**, die dem den Rechtszug abschließenden Urteil vorausgehen.[22] Eine Antragsstellung des Verletzten unmittelbar vor den Schlussvorträgen birgt jedoch das Risiko, dass das Gericht nach § 406 von einer Entscheidung mit der Behauptung absieht, dass das Verfahren bei einer Entscheidung über den Antrag verzögert werden würde.[23] Der Antrag kann auch in der Berufungsinstanz noch gestellt werden;[24] nicht aber in der Revisionsinstanz.[25] Wird aber die Sache vom Revisionsgericht zur erneuten Verhandlung und Entscheidung an den Tatrichter zurückverwiesen, ist eine Antragsstellung erneut zulässig.[26]

7 **5. Prozesskostenhilfeantrag.** Ein Antrag auf **Prozesskostenhilfe** unter Ankündigung eines Adhäsionsantrags (Abs. 5) genügt den Voraussetzungen des Abs. 1 nicht.[27]

8 **6. Zustellung.** Nach S. 3 ist die **förmliche**[28] Zustellung an den Beschuldigten erforderlich, wenn der Antrag außerhalb der Hauptverhandlung gestellt worden ist; sonst nicht. Die förmliche Zustellung ist jedoch zu Nachweiszwecken stets empfehlenswert. In der Regel erfolgt die Zustellung mit der Anklage bzw., wenn der Adhäsionsantrag der Zustellung der Anklageschrift zeitlich nachfolgt mit gesonderter Zustellung.

II. Wirkung der Antragstellung (Abs. 2)

9 Die **Wirkung der Antragsstellung** (Abs. 2) folgt der Erhebung der Klage vor dem Zivilgericht. Rechtshängigkeit tritt entgegen der Vorschriften zur Klageerhebung im Zivilprozess (§ 253 iVm. §§ 261 Abs. 1, 167 ZPO)[29] bereits mit Eingang beim Gericht und nicht erst mit Zustellung des Antrags ein (vgl. auch: RiStBV 174 II).[30] Der Eintritt der Rechtshängigkeit unterbricht die Verjährung. Zudem können Zinsansprüche nach Eintritt der Rechtshängigkeit gemäß §§ 291, 288 BGB geltend gemacht werden.

III. Hauptverhandlung (Abs. 3)

10 **1. Benachrichtigung des Antragstellers.** Der Antragsteller wird **von Ort und Zeit der Hauptverhandlung benachrichtigt**, wenn der Antrag vor Beginn der Hauptverhandlung gestellt worden ist, S. 1. Die Benachrichtigung kann **formlos** erfolgen; eine bestimmte **Frist** braucht nicht eingehalten zu werden.[31]

---

[13] Löwe/Rosenberg/*Hilger* Rn. 1.
[14] Löwe/Rosenberg/*Hilger* Rn. 1; *Meyer-Goßner* Rn. 3.
[15] BGH v. 3. 7. 2003 – III ZR 109/02, NJW 2003, 2749; KK-StPO/*Engelhardt* Rn. 5.
[16] KK-StPO/*Engelhardt* Rn. 5; *Meyer-Goßner* Rn. 3.
[17] Vgl. Löwe/Rosenberg/*Hilger*, Rn. 1; *Meyer-Goßner* Rn. 3 vgl. § 406 Rn. 4.
[18] *Scholz* JZ 1972, 725; *Schirmer* DAR 1988, 123; Löwe/Rosenberg/*Hilger* Rn. 1; *Meyer-Goßner* Rn. 3.
[19] BGH v. 19. 3. 1998 – 4 StR 90/98, NStZ 1998, 477.
[20] KK-StPO/*Engelhardt* Rn. 3; Löwe/Rosenberg/*Hilger* Rn. 2; *Meyer-Goßner* Rn. 4; NK-StPO/*Weiner* Rn. 2.
[21] AnwK-StPO/*Krekeler* Rn. 4; *Pfeiffer* Rn. 3.
[22] Vgl. auch BGH v. 9. 8. 1988 – 4 StR 342/88, StV 1988, 515.
[23] Vgl. auch: Löwe/Rosenberg/*Hilger* Rn. 5 und § 406 Rn. 5.
[24] AK-StPO/*Schöch* Rn. 6; Löwe/Rosenberg/*Hilger* Rn. 4; *Meyer-Goßner* Rn. 4.
[25] AK-StPO/*Schöch* Rn. 6; Löwe/Rosenberg/*Hilger* Rn. 4; NK-StPO/*Weiner* Rn. 2 .
[26] *Meyer-Goßner* Rn. 4.
[27] HK-StPO/*Kurth* Rn. 1; KK-StPO/*Engelhardt* Rn. 1; siehe auch Rn. 14.
[28] *Meyer-Goßner* Rn. 5; vgl. die Muster bei: *Weiner/Ferber* (Hrsg.), Handbuch des Adhäsionsverfahrens, 2008, Rn. 71, 74.
[29] Vgl. *Baumbach/Lauterbach/Albers/Hartmann*, ZPO, 68. Aufl. 2010, § 253 Rn. 8.
[30] KK-StPO/*Engelhardt* Rn. 8; KMR/*Stöckel* Rn. 6; Löwe/Rosenberg/*Hilger* Rn. 7; *Meyer-Goßner* Rn. 6; NK-StPO/*Weiner* Rn. 4.
[31] AnwK-StPO/*Krekeler* Rn. 6; HK-StPO/*Kurth* Rn. 10; KK-StPO/*Engelhardt* Rn. 8; KMR/*Stöckel* Rn. 7; *Meyer-Goßner* Rn. 7.

2. Anwesenheit in der Hauptverhandlung. S. 2 eröffnet dem Antragsteller, seinem gesetzlichen 11
Vertreter und dessen Ehegatten bzw. Lebenspartner ein **Recht auf Teilnahme** an der Hauptverhandlung.[32] Eine **Anwesenheitspflicht** besteht hingegen nicht.[33] Nach der Erweiterung der Rechte des Antragstellers auf einen Opferanwalt, kann der Antragsteller auch den **Beistand** durch einen Rechtsanwalt in der Hauptverhandlung verlangen. Die Vertretung kann sowohl durch einen Rechtsanwalt als auch durch jeden anderen Bevollmächtigten erfolgen.[34]

3. Verfahrensrechte. Die **weiteren Verfahrensrechte** des Antragstellers in der Hauptverhandlung 12
richten sich nach den Vorschriften der StPO.[35] Der Antragsteller hat demnach das Recht, angehört zu werden. Den Zeitpunkt der Anhörung bestimmt das Gericht unter Beachtung der §§ 243, 258, Abs. 2.[36] Darüber hinaus hat der Antragsteller das Frage- und Beanstandungsrecht der §§ 240, 238 Abs. 2, das Erklärungsrecht bei jeder Beweiserhebung des § 257 und insbesondere das Beweisantragsrecht nach § 244.[37] Dem Antragsteller steht weiter das Recht des Schlussvortrags nach § 258 zu.[38] Ob dem Antragsteller das Recht zur Ablehnung des Richters wegen des Besorgnisses der Befangenheit zusteht, ist streitig.[39] Für das weitere Verfahren gelten der Amtsermittlungsgrundsatz des § 244 Abs. 2 und das Strengbeweisverfahren.[40]

IV. Rücknahme des Antrags (Abs. 4)

Die **Rücknahme des Antrags** ist bis zum Beginn der Urteilsverkündung (§ 268 Abs. 2) möglich 13
und bedarf keiner Zustimmung.[41] Eine erneute Antragstellung im selben Verfahren und die Geltendmachung des Anspruchs vor einem Zivilgericht sind zulässig.[42]

V. Prozesskostenhilfe

1. Bewilligung von Prozesskostenhilfe. Sowohl dem Antragsteller, als auch dem Angeschuldigten 14
kann auf Antrag **Prozesskostenhilfe** nach den Vorschriften der §§ 114 ff. ZPO bewilligt werden, sobald die öffentliche Klage bzw. die Privatklage erhoben ist (S. 1). Im Strafbefehlsverfahren ist erforderlich, dass Termin zur Hauptverhandlung anberaumt wurde (§ 411 Abs. 1).[43] Voraussetzung für die Bewilligung von Prozesskostenhilfe ist nach der ZPO, dass der Antragsteller mittellos iSd. § 114 ZPO ist und die beabsichtigte Rechtsverfolgung oder Rechtsverteidigung hinreichende Aussicht auf Erfolg bietet und nicht mutwillig erscheint. Zur Prüfung der **Erfolgsaussichten des Antrags** für die Bewilligung von Prozesskostenhilfe sind die Anklageschrift und die sie stützenden Ermittlungsergebnisse zu bewerten.[44] Von der Darstellung des Streitverhältnisses unter Angabe der Beweismittel kann jedoch abgesehen werden, weil sich der Grund des Anspruchs aus den Ermittlungsakten bzw. der Antragsschrift ergibt.[45]

2. Form.[46] Der Prozesskostenhilfeantrag muss im Übrigen den **Voraussetzungen der §§ 117 ff.** 15
ZPO genügen. Dem Antrag auf Prozesskostenhilfe ist eine Erklärung über die wirtschaftlichen Verhältnisse des Antragstellers nebst Nachweisen beizufügen (§ 117 Abs. 2, Abs. 4 ZPO). Die Bewilligung von Prozesskostenhilfe erfolgt für jeden Rechtszug gesondert (§ 119 Abs. 1 S. 1 ZPO).[47]

3. Beiordnung eines Rechtsanwalts. Für die **Beiordnung eines Rechtsanwalts** zur Vertretung 16
im Adhäsionsverfahren findet § 121 Abs. 1 ZPO mit der Maßgabe Anwendung, dass dem Angeschuldigten, der einen Verteidiger hat, dieser beigeordnet werden soll (Abs. 5 S. 2). Hat der Angeschuldigte keinen Verteidiger, so setzt die Beiordnung eines Rechtsanwalts voraus, dass ein entsprechender Antrag gestellt ist und die Vertretung durch einen Rechtsanwalt erforderlich er

---

[32] AnwK-StPO/*Krekeler* Rn. 6.
[33] BGH v. 13. 12. 1990 – 4 StR 519/90, NJW 1991, 1243.
[34] HK-StPO/*Kurth* Rn. 11; Löwe/Rosenberg/*Hilger* Rn. 13; Meyer-Goßner Rn. 7.
[35] BGH (Fn. 33); OLG Braunschweig v. 20. 6. 1952 – Ss 76/52, NJW 1952, 1230; KK-StPO/*Engelhardt* Rn. 11; KMR/*Stöckel* Rn. 11; Löwe/Rosenberg/*Hilger* Rn. 8.
[36] BGH v. 7. 9. 1956 – 5 StR 338/56, NJW 1956, 1767; AnwK-StPO/*Krekeler* Rn. 7.
[37] Meyer-Goßner Rn. 9; KMR/*Stöckel* Rn. 9; AnwK-StPO/*Krekeler* Rn. 7.
[38] *Pfeiffer* Rn. 5.
[39] Dafür: *Teplitzky* MDR 1970, 106; KK-StPO/*Engelhardt* Rn. 11; NK-StPO/*Weiner* Rn. 6; dagegen: *Hamm* NJW 1974, 683; KMR/*Stöckel* Rn. 9; Meyer-Goßner Rn. 9.
[40] AnwK-StPO/*Krekeler* Rn. 7; KK-StPO/*Engelhardt* Rn. 11; Meyer-Goßner Rn. 11; *Pfeiffer* Rn. 5.
[41] KK-StPO/*Engelhardt* Rn. 13; Löwe/Rosenberg/*Hilger* Rn. 22; NK-StPO/*Weiner* Rn. 8.
[42] *Schirmer* DAR 1988, 123; Löwe/Rosenberg/*Hilger* Rn. 22; Meyer-Goßner Rn. 13; aA *Köckerbauer* NStZ 1994, 307.
[43] Löwe/Rosenberg/*Hilger* Rn. 25; Meyer-Goßner Rn. 14.
[44] *Kempf* StV 1987, 218; Löwe/Rosenberg/*Hilger* Rn. 25.
[45] Löwe/Rosenberg/*Hilger* Rn. 25.
[46] Vgl. das Muster bei: *Weiner/Ferber* (Hrsg.), Handbuch des Adhäsionsverfahrens, 2008, Rn. 105.
[47] Vgl. das Muster bei: *Weiner/Ferber* (Hrsg.), Handbuch des Adhäsionsverfahrens, 2008, Rn. 237.

§ 405 1–4 *Fünftes Buch. Beteiligung des Verletzten am Verfahren*

scheint oder der Gegner im Adhäsionsverfahren durch einen Rechtsanwalt vertreten ist (§ 121 Abs. 2 ZPO).[48]

17 **4. Zuständigkeit.** Nach Abs. 5 S. 3 ist für die Entscheidung über den Prozesskostenhilfeantrag das mit der Sache befasste Gericht **zuständig**. Die Zuständigkeit ist für jeden Rechtszug gesondert zu ermitteln.[49]

18 **5. Rechtsmittel.** Da das Strafverfahren nicht durch ein Beschwerdeverfahren über die Prozesskostenhilfe belastet oder verzögert werden soll,[50] ist die Entscheidung über den Prozesskostenhilfeantrag **nicht anfechtbar** (S. 3 Hs. 2); § 127 ZPO findet keine Anwendung.[51] Die Frage der Kostenerstattung (§ 123 ZPO), der Aufhebung der Bewilligung (§ 124 ZPO) und der Einziehung und Beitreibung der Kosten (§§ 125 ff. ZPO) richtet sich nach den Vorschriften für das Zivilverfahren.

§ 405 [Vergleich]

(1) [1] Auf Antrag des Verletzten oder seines Erben und des Angeklagten nimmt das Gericht einen Vergleich über die aus der Straftat erwachsenen Ansprüche in das Protokoll auf. [2] Es soll auf übereinstimmenden Antrag der in Satz 1 Genannten einen Vergleichsvorschlag unterbreiten.

(2) Für die Entscheidung über Einwendungen gegen die Rechtswirksamkeit des Vergleichs ist das Gericht der bürgerlichen Rechtspflege zuständig, in dessen Bezirk das Strafgericht des ersten Rechtszuges seinen Sitz hat.

I. Sinn und Zweck der Regelung

1 Die Vorschrift wurde durch das OpferRRG[1] neu gefasst. § 405 soll nach dem Willen des Gesetzgebers dem **Bedürfnis des Verletzten** an einer schnellen Realisierung von Schadenersatzansprüchen dienen, indem dem Verletzten die Möglichkeit eröffnet wird, mit dem Angeklagten einen **vollstreckbaren** Vergleich über alle aus der Straftat erwachsenen Ansprüche zu schließen.[2] Die Möglichkeit des Vergleichsschlusses wird den Parteien unabhängig davon eröffnet, ob es zu einer Verurteilung des Angeklagten kommt.[3]

II. Zustandekommen des Vergleichs (Abs. 1)

2 Das Gericht nimmt auf **Antrag** des Verletzten oder seines Erben und des Angeklagten einen **Vergleich** über die aus der Straftat erwachsenen Ansprüche in das Protokoll auf (S. 1). Anders als es das Gesetz für die Zulässigkeit des Adhäsionsantrags verlangt,[4] ist der mögliche Vergleichsgegenstand nicht auf vermögensrechtliche Ansprüche begrenzt. Demnach kann auch der Anspruch auf Abgabe einer Ehrerklärung ohne wirtschaftliche Bedeutung Gegenstand eines Vergleichs sein.[5] Der Verletzte und dessen Erben einerseits und der Angeklagte andererseits können mit der in § 405 vorgesehenen Möglichkeit des Vergleichsschlusses nunmehr die **Streitigkeit umfassend beenden**. Der Gesetzgeber „vergrößert den Spielraum für eine gütliche Beilegung".[6] Der Vergleich bedarf zu seiner Wirksamkeit und seiner Vollstreckungsfähigkeit der Protokollierung.

3 Das Gericht soll darüber hinaus auf übereinstimmenden Antrag des Verletzten und dessen Erben einerseits sowie des Angeklagten andererseits gemäß S. 2 den Parteien einen **Vergleichsvorschlag** unterbreiten.[7] Da es sich um einen übereinstimmenden Antrag handelt, wird das Gericht diesem Ersuchen in der Regel nachkommen und nur bei wichtigen Gründen davon absehen.

4 Vor Eröffnung des Hauptverfahrens ist ein gerichtlicher Vergleich nicht möglich.[8] Ein entsprechender Vorschlag im Gesetzesentwurf wurde im Verlauf des Gesetzgebungsverfahrens nicht übernommen.[9]

---

[48] *Meyer-Goßner* Rn. 16.
[49] Löwe/Rosenberg/*Hilger* Rn. 27.
[50] Vgl. HK-StPO/*Kurth* Rn. 23; Löwe/Rosenberg/*Hilger* Rn. 27; kritisch: *Köckerbauer* NStZ 1993, 307, der jedoch verkennt, dass die §§ 403 ff. keine dem § 392 entsprechende Regelung enthalten.
[51] OLG Stuttgart v. 13. 4. 2007 – 14 Ws 119/07 – n. v.
[1] OpferRRG vom 24. 6. 2004, BGBl. I S. 1354.
[2] BT-Drucks. 15/1976, S. 15.
[3] BT-Drucks. 15/1976, S. 14.
[4] Vgl. § 403 Rn. 10.
[5] Vgl. BT-Drucks. 15/1976, S. 15.
[6] BT-Drucks. 15/1976, S. 15; vgl. auch: KMR/*Stöckel* Rn. 2; *Pfeiffer* Rn. 2.
[7] Vgl. die Muster bei: *Weiner/Ferber* (Hrsg.), Handbuch des Adhäsionsverfahrens, 2008, Rn. 111, 113, 115–117, 120–122, 124.
[8] AnwK-StPO/*Krekeler* Rn. 3.
[9] Vgl. BR-Drucks. 197/04, S. 1; *Färber* NJW 2004, 2564.

III. Einwendungen gegen den Vergleich

Für die **Entscheidung über Einwendungen (Abs. 2)** gegen die Rechtswirksamkeit des Vergleichs 5 ist die sachliche und örtliche Zuständigkeit der Zivilgerichte eröffnet. Solche Einwendungen können demzufolge nicht im Strafverfahren, sondern nur in einem Zivilverfahren erhoben werden. Soweit sich die Einwendungen nur gegen Mängel der Protokollierung richten, kann die Protokollberichtigung jedoch im Sinne der Verfahrensökonomie im Strafverfahren erfolgen.[10]

§ 406 [Entscheidung]

(1) [1] Das Gericht gibt dem Antrag in dem Urteil statt, mit dem der Angeklagte wegen einer Straftat schuldig gesprochen oder gegen ihn eine Maßregel der Besserung und Sicherung angeordnet wird, soweit der Antrag wegen dieser Straftat begründet ist. [2] Die Entscheidung kann sich auf den Grund oder einen Teil des geltend gemachten Anspruchs beschränken; § 318 der Zivilprozessordnung gilt entsprechend. [3] Das Gericht sieht von einer Entscheidung ab, wenn der Antrag unzulässig ist oder soweit er unbegründet erscheint. [4] Im Übrigen kann das Gericht von einer Entscheidung nur absehen, wenn sich der Antrag auch unter Berücksichtigung der berechtigten Belange des Antragstellers zur Erledigung im Strafverfahren nicht eignet. [5] Der Antrag ist insbesondere dann zur Erledigung im Strafverfahren nicht geeignet, wenn seine weitere Prüfung, auch soweit eine Entscheidung nur über den Grund oder einen Teil des Anspruchs in Betracht kommt, das Verfahren erheblich verzögern würde. [6] Soweit der Antragsteller den Anspruch auf Zuerkennung eines Schmerzensgeldes (§ 253 Abs. 2 des Bürgerlichen Gesetzbuches) geltend macht, ist das Absehen von einer Entscheidung nur nach Satz 3 zulässig.

(2) Erkennt der Angeklagte den vom Antragsteller gegen ihn geltend gemachten Anspruch ganz oder teilweise an, ist er gemäß dem Anerkenntnis zu verurteilen.

(3) [1] Die Entscheidung über den Antrag steht einem im bürgerlichen Rechtsstreit ergangenen Urteil gleich. [2] Das Gericht erklärt die Entscheidung für vorläufig vollstreckbar; die §§ 708 bis 712 sowie die §§ 714 und 716 der Zivilprozessordnung gelten entsprechend. [3] Soweit der Anspruch nicht zuerkannt ist, kann er anderweit geltend gemacht werden. [4] Ist über den Grund des Anspruchs rechtskräftig entschieden, so findet die Verhandlung über den Betrag nach § 304 Abs. 2 der Zivilprozeßordnung vor dem zuständigen Zivilgericht statt.

(4) Der Antragsteller erhält eine Abschrift des Urteils mit Gründen oder einen Auszug daraus.

(5) [1] Erwägt das Gericht, von einer Entscheidung über den Antrag abzusehen, weist es die Verfahrensbeteiligten so früh wie möglich darauf hin. [2] Sobald das Gericht nach Anhörung des Antragstellers die Voraussetzungen für eine Entscheidung über den Antrag für nicht gegeben erachtet, sieht es durch Beschluss von einer Entscheidung über den Antrag ab.

I. Stattgabe des Antrags im Urteil (Abs. 1 S. 1 und 2)

1. Entscheidung durch Urteil. Das Gericht entscheidet über einen begründeten Antrag nach 1 dem Ergebnis der Hauptverhandlung durch **Urteil** (S. 1). Die Entscheidung über den Antrag wird in dem Strafurteil gefasst, in dem der Angeklagte schuldig gesprochen oder eine Maßregel der Sicherung oder Besserung gegen ihn angeordnet wird (S. 1). Eine Trennung von dem strafrechtlichen und dem bürgerlich-rechtlichen Teil ist nicht zulässig.[1] Für die Durchführung der Hauptverhandlung, insbesondere der Beweisaufnahme, gelten die Vorschriften der StPO.[2]

2. Begründung der Entscheidung. Die Entscheidung über den Antrag ist im Strafurteil zu **be-** 2 **gründen**;[3] die Begründung muss jedoch nicht den inhaltlichen Anforderungen der ZPO genügen.[4] Im Übrigen folgt die Entscheidung im Strafurteil den Vorgaben der ZPO und dem Urteil im Zivilprozess. Daher darf dem Antragsteller nicht mehr zugesprochen werden, als er beantragt hat.[5] Der Tenor der stattgebenden Entscheidung muss **vollstreckungsfähig** sein; das Urteil muss daher die in § 313 Abs. 1 Nr. 1 ZPO genannten Angaben, die Bezeichnung der Parteien, ihrer gesetzlichen Vertreter und der Prozessbevollmächtigten, im Rubrum oder in der Urteilsformel enthalten.[6] Die Angabe der zivilrechtlichen Vorschriften, auf denen die Entscheidung beruht, ist gem. § 267

---

[10] BT-Drucks. 15/1976, S. 16; KK-StPO/*Engelhardt* Rn. 4; NK-StPO/*Weiner* Rn. 6.
[1] *Jescheck* JZ 1958, 591; KK-StPO/*Engelhardt* Rn. 2.
[2] Vgl. dort insbesondere §§ 244, 261 ff.; vgl. die Muster bei: *Weiner/Ferber* (Hrsg.), Handbuch des Adhäsionsverfahrens, 2008, Rn. 150, 152, 153, 157, 162, 169, 199.
[3] BGH v. 12. 4. 1983 – 5 StR 169/83, NStZ 1988, 237.
[4] KK-StPO/*Engelhardt* Rn. 3; *Meyer-Goßner* Rn. 2 mwN; NK-StPO/*Weiner* Rn. 3.
[5] Löwe/Rosenberg/*Hilger* Rn. 2.
[6] KK-StPO/*Engelhardt* Rn. 5.

Abs. 3 S. 1 anzugeben.[7] Die Gründe des Urteils müssen darlegen, weshalb der Anspruch begründet ist.[8] Nach zivilrechtlichen Maßstäben sind daher bei **Schmerzensgeldansprüchen** alle in Betracht kommenden Umstände des Falles zu benennen, darunter auch der Grad des Verschuldens des Verpflichteten und die wirtschaftlichen Verhältnisse des Angeklagten.[9]

3 **3. Entscheidung durch Grund- oder Teilurteil.** Die stattgebende Entscheidung kann auch in einem **Grund- oder Teilurteil** (§§ 301, 304 ZPO) erfolgen (S. 2).[10] Das Gericht kann sich also darauf beschränken, die Ersatzpflicht des Angeklagten dem Grunde nach festzustellen. Die Schadensberechnung kann dem Zivilrechtsstreit vorbehalten bleiben. Nach S. 2, Hs. 2 findet § 318 ZPO entsprechende Anwendung, so dass der Zivilrichter an die **Entscheidung des Strafgerichts gebunden ist,** wenn im Betragsverfahren über den Betrag verhandelt wird oder wenn über einen abgewiesenen Teil des Anspruchs vor dem Zivilrichter geklagt wird. Abs. 3 S. 2 gestattet dem Anspruchsteller, soweit geltend gemachte Ansprüche nicht durch Grund- bzw. Teilurteil zugesprochen werden, diese anderweitig, also vor einem anderen Gericht, erneut geltend zu machen.

II. Absehen von einer Entscheidung (Abs. 1 S. 3 bis 6)[11]

4 **1. Sachliche Gründe.** Das Gericht sieht[12] von der Entscheidung aus **sachlichen Gründen** ab, soweit der Antrag unbegründet erscheint. Unbegründet ist der Antrag, soweit der geltend gemachte Anspruch aus rechtlichen oder tatsächlichen Gründen ganz oder teilweise nicht zur Überzeugung des Gerichts besteht.[13] Ist der Antrag bereits **unzulässig,** zB wegen Fehlens der Antragsvoraussetzungen des § 403, dem Bestehen zivilprozessualer Verfahrenshindernisse, insbesondere wegen anderweitiger Rechtshängigkeit (§ 403 Abs. 1) oder wegen inhaltlicher Mängel der Antragsschrift, sieht das Gericht ebenfalls von der Entscheidung ab (S. 3). Eine **Abtretung** des Anspruchs nach Stellung des Adhäsionsantrages macht den Antrag nicht unzulässig; § 403 verlangt nicht, dass der Antragsteller noch im Zeitpunkt der Entscheidung Inhaber des Anspruchs ist.[14] Der Antrag ist dann auf Leistung an den Zessionar zu stellen.

5 **2. Prozesswirtschaftliche Gründe.** Das Gericht kann von einer Entscheidung nach Ausübung pflichtgemäßen Ermessens[15] aus **prozesswirtschaftlichen Gründen** absehen, wenn sich der Antrag zur Erledigung im Strafverfahren unter Berücksichtigung der berechtigten Belange des Antragstellers **nicht eignet** (S. 4), insbesondere wenn seine Prüfung das Verfahren **erheblich verzögern** würde (S. 5). An die Fehlerfreiheit der Ermessensentscheidung sind hohe Anforderungen zu stellen; denn sieht das Gericht von einer Entscheidung ab, kann diese grundsätzlich nicht angefochten werden, § 406a Abs. 1 S. 2. Daher hat das Gericht bei der Entscheidungsfindung in besonderem Maß den Sinn und Zweck des Adhäsionsverfahrens sowie zivilrechtliche und strafprozessuale Gesichtspunkte[16] zu berücksichtigen.[17] Von einer Entscheidung kann daher nur abgesehen werden, wenn sich der Antrag zur Erledigung im Strafverfahren generell nicht eignet, etwa wenn der Streitgegenstand die amtsgerichtliche Zuständigkeit nach § 23 Nr. 1 GVG wesentlich überschreitet[18] oder wenn über schwierige bürgerlich-rechtliche Rechtsfragen von dem Strafgericht zu entscheiden wäre. Für den Fall der Verfahrensverzögerung (S. 5) reichen nur kurzfristige Unterbrechungen nicht, wohl aber eine erforderliche Aussetzung.[19]

6 **3. Einschränkung bei Schmerzensgeldansprüchen.** Soweit der Antragsteller den Anspruch auf Zuerkennung eines **Schmerzensgeldes** geltend macht, kann nur dann von einer Entscheidung abgesehen werden, wenn der Antrag unzulässig ist oder soweit er unbegründet ist (S. 6).

III. Anerkenntnisurteil (Abs. 2)

7 Entgegen der früher herrschenden Meinung[20] ist der Angeklagte nunmehr gemäß seinem **Anerkenntnis** zu verurteilen, soweit er den vom Antragsteller gegen ihn geltend gemachten Anspruch

---

[7] KMR/*Stöckel* Rn. 2; Löwe/Rosenberg/*Hilger* Rn. 4; *Meyer-Goßner* Rn. 2.
[8] BGH (Fn. 3); AK-StPO/*Schöch* Rn. 5; Löwe/Rosenberg/*Hilger* Rn. 3.
[9] Löwe/Rosenberg/*Hilger* Rn. 5.
[10] Vgl. die Muster bei: *Weiner/Ferber* (Hrsg.), Handbuch des Adhäsionsverfahrens, 2008, Rn. 157, 162.
[11] Vgl. das Muster bei: *Weiner/Ferber* (Hrsg.), Handbuch des Adhäsionsverfahrens, 2008, Rn. 149.
[12] Keine Ermessensentscheidung: vgl. auch: AnwK-StPO/*Krekeler* Rn. 3.
[13] KMR/*Stöckel* Rn. 13; *Meyer-Goßner* Rn. 11.
[14] Löwe/Rosenberg/*Hilger* Rn. 4.
[15] *Schirmer* DAR 1988, 125; *Scholz* JZ 1972, 727; KK-StPO/*Engelhardt* Rn. 1; *Meyer-Goßner* Rn. 4; aA KMR/*Stöckel* Rn. 5.
[16] ZB das Beschleunigungsprinzip.
[17] Löwe/Rosenberg/*Hilger* Rn. 10; NK-StPO/*Weiner* Rn. 9.
[18] Vgl. § 403 Rn. 13.
[19] AnwK-StPO/*Krekeler* Rn. 3; *Meyer-Goßner* Rn. 12.
[20] Vgl. BGH v. 18. 12. 1990 – 4 StR 532/90, BGHSt 37, 263 mwN.

Dritter Abschnitt. Entschädigung des Verletzten **§ 406a**

ganz oder teilweise anerkennt.[21] Die rein formale Regelung, nach der das Gericht an die Anträge der Parteien gebunden ist, korrespondiert hingegen nicht mit den Grundsätzen der **Amtsaufklärung** (§ 244 Abs. 2) und der **freien Beweiswürdigung** (§ 261) im Strafverfahren. Problematisch erweist sich die Regelung daher im Verhältnis zu Abs. 1 S. 3, wenn der Angeklagte vor dem strafrechtlichen Urteil bereits ein zivilrechtliches Anerkenntnis abgegeben hat. Beabsichtigt das Gericht nach Abs. 1 S. 3 zu verfahren, geht diese Regelung Abs. 2 vor.[22] Die **Kostenentscheidung** folgt aus § 472a Abs. 1.[23]

IV. Wirkung des Urteils (Abs. 3)

In der **Wirkung** steht die Entscheidung über den Antrag einem in dem Zivilrechtsstreit ergangenen Urteil gleich (S. 1). Das Gericht erklärt die Entscheidung für **vorläufig vollstreckbar** (S. 2);[24] die Vorschriften der §§ 708–712 ZPO und §§ 714, 716 ZPO finden entsprechende Anwendung. Für die Entscheidung über die vorläufige Vollstreckbarkeit bedarf es eines diesbezüglichen Antrags des Antragstellers nicht.[25] In entsprechender Anwendung der zivilprozessualen Vorschriften der ZPO, insbesondere der §§ 709, 711, 712 ZPO, kann das Gericht die vorläufige Vollstreckbarkeit von einer Sicherheitsleistung abhängig machen und/oder dem Angeklagten gestatten, die vorläufige Vollstreckbarkeit durch Sicherheitsleistung abzuwenden (S. 2). 8

Soweit der Anspruch nicht oder nur teilweise zuerkannt wird, kann er **anderweitig** vor einem Zivilgericht geltend gemacht werden (S. 3). Hat das Gericht über den Grund des Anspruchs durch **Grundurteil** rechtskräftig entschieden, so entscheidet in dem Betragsverfahren nach § 304 Abs. 2 ZPO das zuständige Zivilgericht (S. 4). Da insoweit eine Zuständigkeit der Strafgerichte nicht weiter gegeben ist, hat der Antragsteller die Vorschriften der ZPO in dem Betragsverfahren zu beachten.[26] 9

V. Urteilsabschriften (Abs. 4)

Im Ermessen des Gerichts steht, ob dem Antragsteller eine vollständige **Abschrift des Urteils** mit Gründen oder lediglich ein Auszug aus dem Urteil zugestellt wird. Ausreichend aber auch erforderlich ist, dass der Antragsteller ersehen kann, welcher Anspruch und in welcher Höhe ihm zugesprochen worden ist.[27] Einen **Anspruch** auf eine vollständige Abschrift des Urteils mit Gründen hat der Antragsteller nicht; der Antragsteller bedarf aber zum Zwecke der **Zwangsvollstreckung** einer vollstreckbaren Ausfertigung des Urteils (§ 724 ZPO iVm. § 406 b). 10

VI. Hinweispflicht, Beschluss über das Absehen von der Entscheidung (Abs. 5)

Das Gericht hat die Verfahrensbeteiligten so früh wie möglich darauf hinzuweisen,[28] dass es erwägt, von einer Entscheidung über den Antrag abzusehen. Will das Gericht nach Abs. 5 S. 2 verfahren, hat eine Anhörung des Antragstellers zum Zweck der **Gewährung rechtlichen Gehörs** zu erfolgen.[29] 11

Nach Anhörung des Antragstellers kann das Gericht von der **Entscheidung absehen**, wenn das Gericht den Antrag für unzulässig, unbegründet oder nicht geeignet hält. Das Gericht kann in jeder Lage des Verfahrens durch **Beschluss** entscheiden. Die Beschlussfassung ist schon zulässig, wenn sich vor Entscheidungsreife in der Strafsache ergibt, dass der Antrag unbegründet ist; ansonsten wird über den Antrag im Urteil befunden.[30] Der Beschluss ist nach § 34 zu begründen und mit einer Kostenentscheidung nach § 472a Abs. 2 zu versehen.[31] 12

§ 406a [Rechtsmittel]

(1) ¹Gegen den Beschluss, mit dem nach § 406 Abs. 5 Satz 2 von einer Entscheidung über den Antrag abgesehen wird, ist sofortige Beschwerde zulässig, wenn der Antrag vor Beginn der Hauptverhandlung gestellt worden und solange keine den Rechtszug abschließende Entscheidung ergangen ist. ²Im Übrigen steht dem Antragsteller ein Rechtsmittel nicht zu.

---

[21] Vgl. das Muster bei: *Weiner/Ferber* (Hrsg.), Handbuch des Adhäsionsverfahrens, 2008, Rn. 169.
[22] *Meyer-Goßner* Rn. 4.
[23] *Meier/Dürre* JZ 2006, 23.
[24] Vgl. das Muster bei: *Weiner/Ferber* (Hrsg.), Handbuch des Adhäsionsverfahrens, 2008, Rn. 190.
[25] KK-StPO/*Engelhardt* Rn. 4; *Meyer-Goßner* Rn. 2.
[26] *Meyer-Goßner* Rn. 3.
[27] Löwe/Rosenberg/*Hilger* Rn. 15.
[28] Vgl. das Muster bei: *Weiner/Ferber* (Hrsg.), Handbuch des Adhäsionsverfahrens, 2008, Rn. 148.
[29] *Meyer-Goßner* Rn. 14; NK-StPO/*Weiner* Rn. 12.
[30] *Meyer-Goßner* Rn. 15.
[31] *Meyer-Goßner* Rn. 15; vgl. die Muster bei: *Weiner/Ferber* (Hrsg.), Handbuch des Adhäsionsverfahrens, 2008, Rn. 181, 184.

(2) ¹Soweit das Gericht dem Antrag stattgibt, kann der Angeklagte die Entscheidung auch ohne den strafrechtlichen Teil des Urteils mit dem sonst zulässigen Rechtsmittel anfechten. ²In diesem Falle kann über das Rechtsmittel durch Beschluss in nichtöffentlicher Sitzung entschieden werden. ³Ist das zulässige Rechtsmittel die Berufung, findet auf Antrag des Angeklagten oder des Antragstellers eine mündliche Anhörung der Beteiligten statt.

(3) ¹Die dem Antrag stattgebende Entscheidung ist aufzuheben, wenn der Angeklagte unter Aufhebung der Verurteilung wegen der Straftat, auf welche die Entscheidung über den Antrag gestützt worden ist, weder schuldig gesprochen noch gegen ihn eine Maßregel der Besserung und Sicherung angeordnet wird. ²Dies gilt auch, wenn das Urteil insoweit nicht angefochten ist.

I. Allgemeines

1 § 406a wurde durch das OpferRRG[1] neu gefasst. Der ursprüngliche Abs. 1 eröffnete dem Antragsteller kein Rechtsmittel gegen den bürgerlich-rechtlichen Teil des Urteils. Die **grundsätzliche Unanfechtbarkeit** des Urteils wurde zugunsten des Antragstellers in Abs. 1 um einen Ausnahmetatbestand gelockert.

II. Rechtsmittel des Antragstellers (Abs. 1)

2 Gegen den Beschluss des Gerichts, durch den es von einer Entscheidung über den Antrag insgesamt abgesehen hat (§ 406 Abs. 5 S. 2), ist die **sofortige Beschwerde** zulässig (S. 1), wenn der Antrag vor Beginn der Hauptverhandlung gestellt worden und solange keine den Rechtszug abschließende Entscheidung ergangen ist. Im Übrigen sind dem Antragsteller **keine Rechtsmittel** gegen den bürgerlich-rechtlichen Teil des Urteils eröffnet (S. 2), selbst dann nicht, wenn er Privat- oder Nebenkläger ist. Soweit das Gericht dem Antrag des Antragstellers stattgibt, ist dieser nicht beschwert; soweit das Gericht von einer Entscheidung absieht, bleibt dem Antragsteller der Zivilrechtsweg eröffnet.[2]

III. Rechtsmittel des Angeklagten (Abs. 2)

3 Dem Angeklagten stehen die **Rechtsmittel** der StPO zu.[3] Nach S. 1 kann der Angeklagte das Urteil insgesamt anfechten, das Rechtsmittel auf den strafrechtlichen Teil des Urteils beschränken oder nur den zivilrechtlichen Teil anfechten; der nicht angefochtene Teil wird **rechtskräftig**.[4] Beschränkt der Angeklagte das Rechtsmittel auf den ihn beschwerenden bürgerlich-rechtlichen Teil, so sind auch in diesem Fall die Formvorschriften der StPO zu beachten.[5]

4 Der Angeklagte kann sein Rechtsmittel auch auf einen Teil der Adhäsionsentscheidung beschränken. Das Revisionsgericht weist die Sache nur dann an die Tatsacheninstanz zurück, wenn auch eine Aufhebung des strafrechtlichen Teils der Entscheidung in Betracht kommt.[6] Richtet sich das Rechtsmittel nur gegen den bürgerlich-rechtlichen Teil des Urteils, kann das Gericht über das Rechtsmittel auch ohne mündliche Verhandlung in nicht öffentlicher Sitzung durch **Beschluss** entscheiden (S. 2). Das Gericht verwirft das Rechtsmittel als unbegründet; der Beschluss ist unanfechtbar.[7] Auf Antrag des Angeklagten oder des Antragstellers hat jedoch eine **mündliche Anhörung der Beteiligten** zu erfolgen, wenn das zulässige Rechtsmittel die Berufung ist (S. 3).

IV. Rechtsmittel der StA, des Privat- und Nebenklägers

5 StA, Privat- und Nebenkläger können nur den strafrechtlichen Teil des Urteils anfechten.[8]

V. Aufhebung des Urteils (Abs. 3)

6 Die Vorschrift führt zu einer **Beschränkung der Rechtskraft**; nach Abs. 3 ist auch die dem Antrag stattgebende bürgerlich-rechtliche Entscheidung, selbst wenn sie nicht angefochten worden ist, **aufzuheben**, wenn auf ein Rechtsmittel der strafrechtliche Teil des Urteils hin aufgehoben und der Angeklagte nicht schuldig gesprochen und auch keine Maßregel der Besserung oder Sicherung gegen ihn angeordnet wird. Da die Entscheidung über den bürgerlich-rechtlichen Teil des

---

[1] OpferRRG vom 24. 6. 04, BGBl. I S. 1354.
[2] KMR/*Stöckel* Rn. 1; *Granderath* NStZ 1984, 400.
[3] OLG Braunschweig v. 20. 6. 1952 – Ss 76/52 NJW 1952, 1230; KMR/*Stöckel* Rn. 2; *Meyer-Goßner* Rn. 3.
[4] KK-StPO/*Engelhardt* Rn. 4; Löwe/Rosenberg/*Hilger* Rn. 7, 9; NK-StPO/*Weiner* Rn. 4.
[5] BGH v. 25. 1. 2000 – 4 StR 569/99, NStZ 2000, 388; KK-StPO/*Engelhardt* Rn. 2.
[6] *Meyer-Goßner* Rn. 3.
[7] Löwe/Rosenberg/*Hilger* Rn. 9; *Meyer-Goßner* Rn. 3.
[8] BGH v. 23. 5. 1952 – 2 StR 20/52, BGHSt 3, 210; KK-StPO/*Engelhardt* Rn. 3; KMR/*Stöckel* Rn. 9; NK-StPO/*Weiner* Rn. 5.

Dritter Abschnitt. Entschädigung des Verletzten **§§ 406b, 406c**

Urteils der strafrechtlichen Verurteilung lediglich „anhängt", will Abs. 3 verhindern, dass bei Aufhebung des strafrechtlichen Urteils der bürgerlich-rechtlich begründete Anspruch bestehen bleibt. Voraussetzung ist, dass der Angeklagte nicht wegen der Straftat schuldig gesprochen wird, aus welcher der bürgerlich-rechtliche Anspruch hergeleitet wird. Deshalb führt nicht bereits die Aufhebung und Zurückweisung durch das Revisionsgericht an den Tatrichter zur Aufhebung des bürgerlich-rechtlichen Teils, sondern erst das **endgültige Sachurteil**, wenn es weder einen Schuldspruch noch eine Maßregel der Besserung oder Sicherung ausspricht.[40] Auch die bloße Änderung des Schuld- und Strafausspruchs berührt den bürgerlich-rechtlichen Teil des Urteils nicht.[41]

§ 406 b [Vollstreckung]

[1] Die Vollstreckung richtet sich nach den Vorschriften, die für die Vollstreckung von Urteilen und Prozeßvergleichen in bürgerlichen Rechtsstreitigkeiten gelten. [2] Für das Verfahren nach den §§ 323, 731, 767, 768, 887 bis 890 der Zivilprozeßordnung ist das Gericht der bürgerlichen Rechtspflege zuständig, in dessen Bezirk das Strafgericht des ersten Rechtszuges seinen Sitz hat. [3] Einwendungen, die den im Urteil festgestellten Anspruch selbst betreffen, sind nur insoweit zulässig, als die Gründe, auf denen sie beruhen, nach Schluß der Hauptverhandlung des ersten Rechtszuges und, wenn das Berufungsgericht entschieden hat, nach Schluß der Hauptverhandlung im Berufungsrechtszug entstanden sind.

I. Zwangsvollstreckung

Die **Zwangsvollstreckung** (S. 1) folgt den Vorschriften der ZPO und bedarf daher einer voll- 1
streckbaren Urteilsausfertigung oder einer vollstreckbaren Ausfertigung des nach § 405 Abs. 1 geschlossenen Vergleichs (§ 724 Abs. 1 ZPO), die der Urkundsbeamte der Geschäftsstelle des Strafgerichts nach §§ 724 Abs. 2, 725–730, 733, 734 ZPO erteilt. Wegen der **vorläufigen Vollstreckbarkeit** vgl. § 406 Rn. 8, wegen der Rechtskraft vgl. § 403 Rn. 3 und § 406 a Rn. 6.

II. Zuständigkeit

Zuständig ist das Strafgericht als **Prozessgericht** soweit es sich um Einwendungen gegenüber 2
eigenen Handlungen handelt (§§ 732–734 ZPO).[1] Für **Nachtragsentscheidungen**, wie die Abänderungsklage nach § 323 ZPO,[2] ist das Zivilgericht zuständig (S. 2). **Vollstreckungsgericht** ist das Zivilgericht.

III. Einwendung gegen den festgestellten Anspruch

Die **Vollstreckungsgegenklage** kann nur auf Gründe gestützt werden, die nach der letzten Tat- 3
sachenverhandlung entstanden sind (S. 3 iVm. § 767 Abs. 2 ZPO). Ist ein Rechtsmittel gegen den bürgerlich-rechtlichen Teil des Urteils nach § 406 a Abs. 2 S. 2 durch Beschluss verworfen worden, so können solche Einwendungen geltend gemacht werden, die auf seit der mündlichen Verhandlung des ersten Rechtszuges entstandene Gründe gestützt sind.[3]

§ 406 c [Wiederaufnahme des Verfahrens]

(1) [1] Den Antrag auf Wiederaufnahme des Verfahrens kann der Angeklagte darauf beschränken, eine wesentlich andere Entscheidung über den Anspruch herbeizuführen. [2] Das Gericht entscheidet dann ohne Erneuerung der Hauptverhandlung durch Beschluß.

(2) Richtet sich der Antrag auf Wiederaufnahme des Verfahrens nur gegen den strafrechtlichen Teil des Urteils, so gilt § 406 a Abs. 3 entsprechend.

I. Wiederaufnahmeantrag

Das Gesetz differenziert für die **Wiederaufnahme des Verfahrens** zwischen dem bürgerlich- 1
rechtlichen und dem strafrechtlichen Teil des Urteils. Die Wiederaufnahme des Verfahrens über den bürgerlich-rechtlichen Teil kann allein von dem Angeklagten beantragt werden. Die Verfah-

---

[40] BGH v. 23. 5. 1952 – 2 StR 20/52, BGHSt 3, 210; Löwe/Rosenberg/*Hilger* Rn. 11.
[41] *Meyer-Goßner* Rn. 5.
[1] *Meyer-Goßner* Rn. 2; KMR/*Stöckel* Rn. 3.
[2] *Schönke* DRiZ 49, 122; KK-StPO/*Engelhardt* Rn. 2; NK-StPO/*Weiner* Rn. 2.
[3] KK-StPO/*Engelhardt* Rn. 3; Löwe/Rosenberg/*Hilger* Rn. 4; NK-StPO/*Weiner* Rn. 3.

rensvoraussetzungen richten sich nach den §§ 359 ff.[1] StA, Privat- und Nebenkläger sind nicht antragsberechtigt.[2]

II. Beschränkung des Antrags

2   Der Angeklagte kann den Wiederaufnahmeantrag darauf **beschränken**, eine wesentlich andere Entscheidung über den Anspruch herbeizuführen (S. 1). Ob eine **wesentlich andere Entscheidung** über den Anspruch vorliegt, beurteilt sich danach, ob die Verurteilung nach § 406 Abs. 1 S. 1 wegfällt oder wesentlich herabgesetzt wird.[3] Dieses gilt auch für die Änderung einer Ermessensentscheidung, zB über die Höhe des Schmerzensgeldes (vgl. § 287 ZPO).[4] Eine wesentlich andere Entscheidung iSd. Abs. 1 liegt nicht vor, wenn lediglich die Begründung geändert wird. Das Gericht entscheidet ohne erneute Hauptverhandlung durch **Beschluss** (Abs. 1 S. 2).

3   Im Falle der **Wiederaufnahme gegen den strafrechtlichen Teil des Urteils** (Abs. 2) gilt § 406 a Abs. 3 entsprechend. Hieraus folgt, dass der bürgerlich-rechtliche Teil der Entscheidung aufgehoben werden muss, wenn im Wiederaufnahmeverfahren der Schuldspruch entfällt und auch nicht eine Maßregel der Besserung und Sicherung gegen den Angeklagten angeordnet wird.[5]

---

[1] Vgl. dort, insbesondere § 359 Rn. 6–57.
[2] KK-StPO/*Engelhardt* Rn. 1; *Meyer-Goßner* Rn. 1; NK-StPO/*Weiner* Rn. 1.
[3] Vgl. KK-StPO/*Engelhardt* Rn. 2; *Löwe/Rosenberg/Hilger* Rn. 2; *Meyer-Goßner* Rn. 2; NK-StPO/*Weiner* Rn. 1.
[4] KMR/*Stöckel* Rn. 2.
[5] Vgl. § 406 a Rn. 5.

Vierter Abschnitt. Sonstige Befugnisse des Verletzten

§ 406 d [Mitteilungen an den Verletzten]

(1) Dem Verletzten sind auf Antrag die Einstellung des Verfahrens und der Ausgang des gerichtlichen Verfahrens mitzuteilen, soweit es ihn betrifft.

(2) Dem Verletzten ist auf Antrag mitzuteilen, ob
1. dem Verurteilten die Weisung erteilt worden ist, zu dem Verletzten keinen Kontakt aufzunehmen oder mit ihm nicht zu verkehren;
2. freiheitsentziehende Maßnahmen gegen den Beschuldigten oder den Verurteilten angeordnet oder beendet oder ob erstmalig Vollzugslockerungen oder Urlaub gewährt werden, wenn er ein berechtigtes Interesse darlegt und kein überwiegendes schutzwürdiges Interesse des Betroffenen am Ausschluss der Mitteilung vorliegt; in den in § 395 Absatz 1 Nummer 1 bis 5 genannten Fällen sowie in den Fällen des § 395 Absatz 3, in denen der Verletzte zur Nebenklage zugelassen wurde, bedarf es der Darlegung eines berechtigten Interesses nicht.

(3) [1] Mitteilungen können unterbleiben, sofern sie nicht unter einer Anschrift möglich sind, die der Verletzte angegeben hat. [2] Hat der Verletzte einen Rechtsanwalt als Beistand gewählt, ist ihm ein solcher beigeordnet worden oder wird er durch einen solchen vertreten, so gilt § 145 a entsprechend.

I. Allgemeines

Die Vorschrift begründet **Informationsrechte** des Verletzten, der selbständiger Verfahrensbeteiligter mit eigenen Rechten ist. Durch die dem Verletzten in § 406 d (und den §§ 406 e bis 406 h) eingeräumten Informationsrechte soll es ihm ermöglicht werden, seine Interessen wahrzunehmen und Verantwortungszuweisungen abzuwehren.[1] Der Verletzte ist nach § 406 h S. 1 1. Hs. zwingend auf die Antragsbefugnis nach § 406 d Abs. 1 und 2 hinzuweisen.[2] Die Vorschrift ergänzt § 171,[3] wonach derjenige, der einen Antrag auf Strafverfolgung[4] gestellt hat, über eine Einstellung des Verfahrens zu unterrichten ist. Ob und in welchem Umfang der Verletzte von seinen Beteiligungsrechten Gebrauch macht, obliegt seiner freien Entscheidung.[5]

Der Gesetzgeber hat bewusst darauf verzichtet, den **Begriff des Verletzten** zu bestimmen.[6] Der StPO ist ein einheitlicher Verletztenbegriff fremd, dieser ist vielmehr aus dem jeweiligen Funktionszusammenhang abzuleiten.[7] Der Verletztenbegriff der §§ 406 d bis 406 h stimmt weitgehend mit demjenigen des § 172 überein.[8] Zwar ist der Begriff **weit auszulegen**,[9] um dem von einer Straftat Betroffenen eine umfassende Interessenwahrnehmung zu ermöglichen, eine nur mittelbare Rechtsbeeinträchtigung genügt jedoch nicht.[10] Jedenfalls die Ausübung der Rechte nach §§ 406 d bis 406 e setzt eine **unmittelbare Rechtsbeeinträchtigung** voraus.[11] Daher ist etwa der Insolvenzverwalter iSd. §§ 406 d bis 406 h nicht Verletzter einer Straftat zum Nachteil der insolventen juristischen Person oder deren Organe,[12] so dass sich etwa sein Akteneinsichtsrecht nicht nach § 406 e, sondern nach § 475 bestimmt.[13]

Das Gesetz zur Verbesserung der Rechte von Verletzten im Strafverfahren (Opferrechtsreformgesetz)[14] hat durch die Einfügung des Abs. 2 aF (Abs. 1 Nr. 2 nF) die **Mitteilungspflichten** auf freiheitsentziehende Maßnahmen **erweitert** und damit einem Rahmenbeschluss der EU vom 13. 3.

---

[1] *Meyer-Goßner* Vor § 406 d Rn. 1.
[2] S. u. § 406 h Rn. 4.
[3] KMR/*Stöckel* Rn. 1.
[4] Zum Begriff des Antragstellers vgl. oben § 171 Rn. 2 ff.
[5] Anw-StPO/*Kauder* Rn. 1.
[6] BT-Drucks. 10/5305, S. 16.
[7] OLG Koblenz v. 30. 5. 1988 – 2 VAs 3/88, StV 1988, 332; LG Stade v. 10. 7. 2000 – 12 AR 1/2000, StV 2001, 159 (160); Anw-StPO/*Kauder* Rn. 2; HK-StPO/*Kurth* Rn. 2.
[8] OLG Koblenz v. 30. 5. 1988 – 2 VAs 3/88, StV 1988, 332; *Meyer-Goßner* vor § 406 d Rn. 2; aA LG Stade v. 10. 7. 2000 – 12 AR 1/2000, StV 2001, 159 (160); *Riedel/Wallau* NStZ 2003, 393 (394); differenzierend: KMR/*Stöckel* vor § 406 d Rn 10.
[9] HK-StPO/*Kurth* Rn. 2.
[10] Ähnlich Anw-StPO/*Kauder* Rn. 2.
[11] HK-StPO/*Kurth* Rn. 2; *Meyer-Goßner* vor § 406 d Rn. 2; aA *Hilger* GA 2007, 287 (292 f.).
[12] OLG Hamm v. 16. 5. 1995 – 1 VAs 65/95, NStZ-RR 1996, 11 (12); OLG Koblenz v. 14. 10. 1987 – 2 VAs 17/87, NStZ 1988, 90.
[13] LG Hildesheim v. 26. 3. 2007 – 25 Qs 17/06, NJW 2008, 532 (533); LG Mühlhausen v. 26. 9. 2005 – 9 Qs 21/05, wistra 2006, 76 (78).
[14] Vom 24. 6. 2004, BGBl. I S. 1354.

2001[15] entsprochen.[16] Mit Einfügung von Abs. 2 Nr. 1 hat das Gesetz zur Reform der Führungsaufsicht und zur Änderung der Vorschriften über die nachträgliche Sicherungsverwahrung[17] eine Mitteilungspflicht bei Anordnung eines Kontakt- oder Verkehrsverbots geschaffen.

II. Mitteilungspflichten

4   1. **Allgemeine Mitteilungspflicht (Abs. 1)**. Hat der Verletzte einen entsprechenden **Antrag** gestellt, ist ihm **zwingend**[18] der Verfahrensausgang **mitzuteilen**, soweit es ihn betrifft. Eine bestimmte **Form** für den Antrag ist nicht vorgeschrieben, so dass jede Erklärung genügt, aus der sich ein Interesse am Ausgang des Verfahrens ergibt.[19] Soweit es den Verletzten berührt, sind ihm eine Einstellung des Ermittlungsverfahrens nach § 170 Abs. 2 oder §§ 153 ff., eine gerichtliche Entscheidung über die Nichteröffnung des Hauptverfahrens, eine Einstellung des Verfahrens nach §§ 153 ff., 206 a oder 206 b sowie das verfahrensabschließende Urteil mitzuteilen.[20] Die Mitteilungspflicht erstreckt sich **nicht** auf **Zwischenentscheidungen**, wie den Eröffnungsbeschluss und nicht rechtskräftig gewordene Urteile,[21] wobei solche Mitteilungen aber nicht unzulässig sind.[22] Hat der Verletzte allerdings den Antrag auf Strafverfolgung gestellt, folgt die Mitteilungspflicht schon aus § 171.[23]

5   2. **Spezielle Mitteilungspflichten (Abs. 2)**. In jeder Lage des Verfahrens kann der Verletzte nach **Abs. 2 Nr. 1** beantragen, ihm mitzuteilen, ob ein **Kontakt- oder Verkehrsverbot** angeordnet worden ist.[24] Solche Verbote können im Erkenntnisverfahren bei Strafaussetzung zur Bewährung (§ 56 c Abs. 2 Nr. 3 StGB), im Vollstreckungsverfahren (§ 57 Abs. 3 S. 1 iVm. § 57 c Abs. 2 Nr. 3 StGB) und im Rahmen der Führungsaufsicht (etwa § 68 Abs. 1 S. 1 Nr. 3 StGB) angeordnet werden. Im Gegensatz zu Nr. 2 ist die Darlegung eines berechtigten Interesses durch den Antragsteller nicht Voraussetzung einer entsprechenden Mitteilung.

6   Weiter kann der Verletzte nach **Abs. 2 Nr. 2** beantragen, ihm mitzuteilen, ob **freiheitsentziehende Maßnahmen** gegen den Beschuldigten oder Verurteilten angeordnet oder beendet sind oder ob erstmalig Vollzugslockerungen oder Urlaub gewährt werden.

7   **Voraussetzung** für eine entsprechende Mitteilung ist zwingend ein entsprechender **Antrag** des Verletzten und grundsätzlich die Darlegung eines **berechtigten Interesses**. Zudem darf kein überwiegendes Interesse des Betroffenen am Ausschluss der Mitteilung bestehen. Ein berechtigtes Interesse des Verletzten wird unter dem Aspekt des Opferschutzes stets anzunehmen sein, wenn weitere rechtswidrige Angriffe des Beschuldigten oder Verurteilten nicht ausgeschlossen werden können.[25] An das Vorliegen eines berechtigten Interesses sind hierbei **hohe Anforderung** zu stellen.[26] Der Verletzte muss die Tatsachen, die das Interesse an der Mitteilung begründen, allerdings nur schlüssig vortragen; glaubhaft machen oder gar beweisen muss er sie nicht. **Schutzwürdige Interessen** des Betroffenen sind im Resozialisierungsgedanken und dem Grundrecht auf informationelle Selbstbestimmung begründet,[27] aber hierauf nicht beschränkt. Ein schutzwürdiges Interesse des Betroffenen ist auch dann anzunehmen, wenn die Gefahr besteht, dass der Verletzte oder ihm nahe stehende Personen Rache üben werden.[28] Wegen der Schwere des Eingriffs in das Recht auf informationelle Selbstbestimmung des Betroffenen ist im Hinblick auf die Rechtsprechung des BVerfG zu § 475[29] eine vorherige Anhörung des Betroffenen zwingend.

8   Weil nach der Wertung des Gesetzgebers das Informationsinteresse der nach § 395 Abs. 1 Nr. 1 bis 5 nebenklageberechtigten Verletzten stets dem Interesse des Beschuldigten vorgeht, sind insoweit keine Darlegungen durch den Verletzten erforderlich.[30] Bei Verletzten, die nach § 395 Abs. 3 zur Nebenklage berechtigt sind, setzt das Gesetz die besondere Schutzbedürftigkeit ab dem Zeitpunkt der Zulassung als Nebenkläger voraus.[31] Der Darlegung eines berechtigten Interesses bedarf es daher auch in diesen Konstellationen nicht. Die Mitteilung hat allein auf Grund des Antrags zu erfolgen.

---

[15] ABl. EG Nr. L 82 vom 22. 3. 2001.
[16] *Ferber* NJW 2004, 2562 (2563).
[17] Vom 13. 4. 2007, BGBl. I S. 513.
[18] KK-StPO/*Engelhardt* Rn. 1; Löwe/Rosenberg/*Hilger* Rn. 2.
[19] HK-StPO/*Kurth* Rn. 10; Löwe/Rosenberg/*Hilger* Rn. 2.
[20] KMR/*Stöckel* Rn. 2.
[21] HK-StPO/*Kurth* Rn. 5; Meyer-Goßner Rn. 1.
[22] HK-StPO/*Kurth* Rn. 5; Löwe/Rosenberg/*Hilger* Rn. 2.
[23] S. o. § 171 Rn. 3.
[24] BT-Drucks. 16/1993, S. 24.
[25] Anw-StPO/*Kauder* Rn. 5.
[26] So auch Anw-StPO/*Kauder* Rn. 5.
[27] Anw-StPO/*Kauder* Rn. 5.
[28] Anw-StPO/*Kauder* Rn. 5.
[29] BVerfG v. 26. 10. 2006 – 2 BvR 67/06, NJW 2007, 1052; s. u. § 475 Rn. 9 ff.
[30] BT-Drucks 16/12098, S. 34.
[31] BT-Drucks 16/12098, S. 34.

Vierter Abschnitt. Sonstige Befugnisse des Verletzten § 406e

3. Ausnahmen von der Miteilungspflicht (Abs. 3). Ist der Verletzte unter seiner angegebenen 9
Anschrift nicht zu erreichen, **entfallen** gem. Abs. 3 S. 1 die Mitteilungspflichten ihm gegenüber.
Von einem Verletzten, der ein Interesse an einer Unterrichtung über den Fort- oder Ausgang eines
Strafverfahrens hat, erwartet der Gesetzgeber, dass er von sich aus den Zugang von Mitteilungen
der Staatsanwaltschaft oder des Gerichts sicherstellt.[32]

Hat der Verletzte einen **Rechtsanwalt** als Beistand gewählt, ist ihm ein Rechtsanwalt beigeord- 10
net worden oder wird er durch einen Rechtsanwalt vertreten, ordnet Abs. 3 S. 1 die entsprechende Geltung von § 145a an. Der Rechtsanwalt gilt für die Entgegennahme von Mitteilungen nach
Abs. 1 und 2 als ermächtigt.[33]

III. Zuständigkeit und Form

Zuständig für die Mitteilung an den Verletzten ist die Stelle, die die Entscheidung erlassen hat, 11
von der der Verletzte zu unterrichten ist.[34] Dies kann sowohl die Staatsanwaltschaft als auch das
Gericht sein. Ist das Gericht zuständig, hat der Vorsitzende die Entscheidung mitzuteilen. Geht
der Antrag des Verletzten erst nach rechtskräftigem Abschluss des Verfahrens ein, ist die Zuständigkeit der aktenführenden Stelle begründet.[35] Dies ist in der Regel die Staatsanwaltschaft.

Eine bestimmte **Form** ist nicht vorgeschrieben. Mündliche Mitteilungen genügen zwar dem Ge- 12
setz,[36] sind aber in aller Regel nicht ausreichend. Die schriftliche Mitteilung sollte nicht in der
bloßen Bekanntgabe des Wortlauts der Entscheidungsformel bestehen.[37] Eine solche Unterrichtung versetzt den Verletzten nicht notwendig in die Lage, seine Rechte und Befugnisse sachgerect
auszuüben. Vielmehr ist eine für den Verletzten verständliche Mitteilung geboten, mit welchem
Ergebnis das Verfahren gegen den Beschuldigten beendet worden ist.[38] Eine nur mündliche Mitteilung an den Verletzten ist **aktenkundig zu machen**.[39]

IV. Besondere Verfahrensarten

§ 406d findet auch im Jugendstrafverfahren Anwendung, wie sich aus § 48 Abs. 2 JGG ergibt, 13
wonach dem Verletzten die Anwesenheit in der Hauptverhandlung gestattet ist.[40]

§ 406e [Akteneinsicht]

(1) ¹Für den Verletzten kann ein Rechtsanwalt die Akten, die dem Gericht vorliegen oder diesem im Falle der Erhebung der öffentlichen Klage vorzulegen wären, einsehen sowie amtlich verwahrte Beweisstücke besichtigen, soweit er hierfür ein berechtigtes Interesse darlegt. ²In den in
§ 395 genannten Fällen bedarf es der Darlegung eines berechtigten Interesses nicht.

(2) ¹Die Einsicht in die Akten ist zu versagen, soweit überwiegende schutzwürdige Interessen des
Beschuldigten oder anderer Personen entgegenstehen. ²Sie kann versagt werden, soweit der Untersuchungszweck, auch in einem anderen Strafverfahren, gefährdet erscheint. ³Sie kann auch versagt
werden, wenn durch sie das Verfahren erheblich verzögert würde, es sei denn, dass die Staatsanwaltschaft in den in § 395 genannten Fällen den Abschluss der Ermittlungen in den Akten vermerkt
hat.

(3) ¹Auf Antrag können dem Rechtsanwalt, soweit nicht wichtige Gründe entgegenstehen, die
Akten mit Ausnahme der Beweisstücke in seine Geschäftsräume oder seine Wohnung mitgegeben
werden. ²Die Entscheidung ist nicht anfechtbar.

(4) ¹Über die Gewährung der Akteneinsicht entscheidet im vorbereitenden Verfahren und nach
rechtskräftigem Abschluß des Verfahrens die Staatsanwaltschaft, im übrigen der Vorsitzende des
mit der Sache befaßten Gerichts. ²Gegen die Entscheidung der Staatsanwaltschaft nach Satz 1
kann gerichtliche Entscheidung durch das nach § 162 zuständige Gericht beantragt werden. ³Die
§§ 297 bis 300, 302, 306 bis 309, 311a und 473a gelten entsprechend. ⁴Die Entscheidung des
Gerichts ist unanfechtbar, solange die Ermittlungen noch nicht abgeschlossen sind. ⁵Diese Entscheidungen werden nicht mit Gründen versehen, soweit durch deren Offenlegung der Untersuchungszweck gefährdet werden könnte.

---

[32] Vgl. BT-Drucks. 10/5305, S. 17.
[33] HK-StPO/*Kurth* Rn. 15; Löwe/Rosenberg/*Hilger* Rn. 8.
[34] *Meyer-Goßner* Rn. 3.
[35] *Meyer-Goßner* Rn. 3.
[36] HK-StPO/*Kurth* Rn. 15.
[37] *Meyer-Goßner* Rn. 2; aA *Dähn*, FS Lenckner, 1998, S. 671 (673).
[38] BT-Drucks. 10/5305, S. 17; *Meyer-Goßner* Rn. 2.
[39] Löwe/Rosenberg/*Hilger* Rn. 2.
[40] HK-StPO/*Kurth* Rn. 16; KMR/*Stöckel* Vor § 406d Rn. 6; Löwe/Rosenberg/*Hilger* Vor § 406d Rn. 6.

(5) Unter den Voraussetzungen des Absatzes 1 können dem Verletzten Auskünfte und Abschriften aus den Akten erteilt werden; die Absätze 2 und 4 sowie § 478 Abs. 1 Satz 3 und 4 gelten entsprechend.

(6) § 477 Abs. 5 gilt entsprechend.

Schrifttum: *v. Briel*, Die Bedeutung des Steuergeheimnisses für das Akteneinsichtsrecht nach § 406 e StPO, wistra 2002, 213; *Esser*, Urheberrechtsverletzungen durch Tauschbörsen im Internet – Zum Akteneinsichtsrecht des Verletzten nach § 406 e StPO, GA 2010, 65; *Hilger*, Über den Begriff des Verletzten im Fünften Buch der StPO, GA 2007, 287; *Kempf*, Opferschutzgesetz und Strafverfahrensänderungsgesetz 1987 – Gegenreform durch Teilgesetze, StV 1987, 215; *Kuhn*, Opferrechte und Europäisierung des Strafprozessrechts, ZRP 2005, 125; *Riedel/Wallau*, Das Akteneinsichtsrecht des „Verletzten" in Strafsachen – und seine Probleme, NStZ 2003, 393; *Schäfer*, Die Einsicht in Strafakten durch den Verletzten – Der Konkursverwalter als Verletzter, wistra 1988, 216; *Steffens*, Notwendige Beschränkungen des Akteneinsichtsrechts des Verletzten (§ 406 e Abs. 2 StPO), StraFo 2006, 60.

I. Allgemeines

1   Die durch das erste Gesetz zur Verbesserung der Stellung des Verletzten im Strafverfahren (Opferschutzgesetz)[1] eingefügte Vorschrift begründet ein **grundsätzliches Akteneinsichtsrecht** des Verletzten und regelt die Voraussetzungen sowie die Grenzen dieses Rechts und der Auskunftserteilung an den Verletzten.[2] Die Vorschrift wurde erstmals durch das Gesetz zur Änderung und Ergänzung des Strafverfahrensrechts von 1999[3] neu gefasst, u. a. um die Zweckbindung der durch die Akteneinsicht erlangten personenbezogenen Informationen sicherzustellen. Jüngst hat das Gesetz zur Stärkung der Rechte von Verletzten und Zeugen im Strafverfahren (2. Opferrechtsreformgesetz)[4] die Norm abermals teilweise neu gefasst. Nunmehr ist das Akteneinsichtsrecht der Verletzten, Nebenklagebefugten und Nebenkläger in § 406 e gemeinsam geregelt.[5]

2   Das Akteneinsichtsrecht soll dem Verletzten den Zugang zu denjenigen Informationen gewährleisten, die er für die Prüfung und Wahrnehmung seiner rechtlich geschützten Interessen benötigt.[6] Allerdings ist es gegenüber dem Akteneinsichtsrecht des Beschuldigten nach § 147 deutlichen Restriktionen unterworfen. Auch wenn es sich hierbei um das weitestgehende und **wichtigste Informationsrecht** des Verletzten handelt,[7] steht es zwangsläufig im Konflikt zu den schutzwürdigen Belangen und Interessen insbesondere des Beschuldigten und Dritter, der Wahrheitsfindung sowie der Verfahrensökonomie.[8] Nur eine **restriktive Auslegung** ist geeignet, diese schutzwürdigen Belange und Interessen zu wahren.[9]

II. Voraussetzungen der Akteneinsicht (Abs. 1 und 2)

3   **1. Einsichtsberechtigte Personen (Abs. 1 S. 1).** Das Akteneinsichtsrecht knüpft an die Eigenschaft als **Verletzter** an. Der Verletztenbegriff des § 406 e stimmt mit demjenigen des § 172[10] weitgehend überein.[11] Um dem von einer Straftat Betroffenen eine umfassende Interessenwahrnehmung zu ermöglichen, ist der Begriff zwar **weit auszulegen,** jedoch genügt eine nur mittelbare Rechtsbeeinträchtigung nicht.[12] Die Akteneinsicht des Verletzten nach § 406 e setzt vielmehr eine **unmittelbare Rechtsbeeinträchtigung** voraus.[13] Verletzte iSd. Abs. 1 sind – wie aus Abs. 2 S. 2 folgt – ebenfalls die **Nebenklagebefugten und Nebenkläger.**[14] Weil in der beabsichtigten Durchführung eines Adhäsionsverfahrens grundsätzlich ein berechtigtes Interesse für die Akteneinsicht liegen kann, ist der **Erbe** dem Verletztenbegriff der Vorschrift zu subsumieren, wenn ein Adhäsionsantrag gestellt ist oder werden soll.[15] Hingegen ist der Insolvenzverwalter nicht Verletzter einer Straftat zum Nachteil der insolventen juristischen Person oder deren Organe,[16] ein Akteneinsichtsrecht nach § 406 e steht ihm dementsprechend nicht zu. Der Insolvenzverwalter kann nur gem. § 475 Akteneinsicht erhalten.[17]

---

[1] Vom 18. 12. 1986, BGBl. I S. 2496.
[2] Löwe/Rosenberg/*Hilger* Rn. 1.
[3] Vom 2. 8. 2000, BGBl. I S. 1253.
[4] Vom 29. 7. 2009, BGBl. I S. 2280.
[5] BT-Drucks. 16/12098, S. 34 f.
[6] Löwe/Rosenberg/*Hilger* Rn. 1.
[7] *Kuhn* ZRP 2005, 125 (127).
[8] BT-Drucks. 10/5305, S. 18 u. 30; KMR/*Stöckel* Rn. 1.
[9] *Riedel/Wallau* NStZ 2003, 393 (393 f.); KMR/*Stöckel* Rn. 1; Löwe/Rosenberg/*Hilger* Rn. 3.
[10] S. o. § 406 d Rn. 2.
[11] LG Berlin v. 20. 5. 2008 – 514 AR 1/07, WM 2008, 1470 (1471 f.); LG Stralsund v. 10. 1. 2005 – 22 Qs 475/04, StraFo 2006, 76.
[12] S. o. § 406 d Rn. 2.
[13] *Meyer-Goßner* vor § 406 d Rn. 2; aA *Hilger* GA 2007, 287 (292 f.).
[14] BT-Drucks. 16/12098, S. 35.
[15] KMR/*Stöckel* Rn. 3.
[16] OLG Hamm v. 16. 5. 1995 – 1 VAs 65/95, NStZ-RR 1996, 11 (12); OLG Koblenz v. 14. 10. 1987 – 2 VAs 17/87, NStZ 1988, 89 (90); aA LG Hildesheim v. 6. 2. 2009 – 25 Qs 1/09, NJW 2009, 3799 (3801).
[17] LG Hildesheim v. 26. 3. 2007 – 25 Qs 17/06, NJW 2008, 532 (533); LG Mühlhausen v. 26. 9. 2005 – 9 Qs 21/05, wistra 2006, 76 (78).

Das Recht, Einsicht in die Akten zu nehmen, kann der Verletzte **ausschließlich durch einen** **4** **Rechtsanwalt** ausüben, der Mitglied einer deutschen Rechtsanwaltskammer[18] ist. Dies gilt auch dann, wenn der Verletzte selbst Rechtsanwalt ist.[19] Generell darf der Rechtsanwalt Hilfskräfte für die Akteneinsicht einsetzen.[20] Die Beschränkung der zur Akteneinsicht berechtigten Personen soll zum einen die Aktenintegrität sichern, zum anderen dem Datenschutz dienen.[21] Stillschweigend wird hierbei vorausgesetzt, dass der Rechtsanwalt des Verletzten von dem Recht der Informationsweitergabe an den Mandanten nur insoweit Gebrauch macht, als die erlangten Informationen für die Interessenwahrnehmung relevant sind.[22] In der Praxis überwiegt allerdings gegenteiliges Handeln.[23]

Eine **Vollmachtsurkunde** muss der Rechtsanwalt nicht vorlegen, um sein Recht auf Akteneinsicht ausüben zu können; die Anzeige der Vertretung des Verletzten genügt. Es empfiehlt sich freilich, die Vollmachtsurkunde vorzulegen, um eine Auseinandersetzung mit der Staatsanwaltschaft oder dem Gericht und damit Verzögerungen bei der Gewährung der Akteneinsicht von vornherein auszuschließen. **5**

2. **Berechtigtes Interesse (Abs. 1).** Die Akteneinsicht wird nach Abs. 1 S. 1 dem Verletzten **6** grundsätzlich nur dann gewährt, wenn er ein berechtigtes Interesse hieran **darlegt**. Der Umstand, durch eine Straftat verletzt zu sein, kann ein berechtigtes Interesse für sich allein noch nicht begründen.[24] Unerlässlich ist es vielmehr, dass die Akteneinsicht gerade zur Interessenwahrnehmung erforderlich ist.[25] Dies muss vom Rechtsanwalt **schlüssig** dargelegt werden, eine Glaubhaftmachung ist nicht erforderlich.[26] Ist der die Akteneinsicht begehrende Verletzte nach § 395 oder § 80 Abs. 3 JGG zur Nebenklage befugt oder zur Nebenklage zugelassen, bedarf es der Darlegung des berechtigten Interesses nicht (Abs. 1 S. 2).

Ein berechtigtes Interesse ist jedenfalls dann gegeben, wenn die Akteneinsicht der Prüfung der **7** Frage dienen soll, ob und in welchem Umfang der Verletzte gegen den Beschuldigten **bürgerlich-rechtliche Ansprüche** geltend machen kann, oder ob die Notwendigkeit besteht, solche Ansprüche abzuwehren.[27] Auch die Notwendigkeit zu prüfen, ob **Einstellungsbeschwerde** nach § 172 Abs. 1 oder **Klageerzwingungsantrag** nach § 172 Abs. 2 gestellt werden soll, begründet ein berechtigtes Interesse.[28] Hingegen ist ein solches Interesse entgegen der überwiegend in der Rechtsprechung vertretenen Auffassung zu verneinen, wenn die Einsicht in die Akte nur zur „Ausforschung" des Beschuldigten und insbesondere einer nach dem materiellen Zivilrecht unzulässigen Beweismittelgewinnung dienen soll.[29] Die Akteneinsicht darf nicht dazu dienen, einer unschlüssigen Zivilklage zur Schlüssigkeit zu verhelfen oder Einsicht in Unterlagen zu erhalten, auf die der Verletzte nicht zugreifen könnte, wenn die Unterlagen noch nicht im Gewahrsam der Ermittlungsbehörden wären.[30] Der Verletzte muss also in dem Zeitpunkt, zu dem Akteneinsicht begehrt wird, bereits in der Lage sein, einen bürgerlich-rechtlichen Anspruch schlüssig darzutun.[31]

3. **Zeitpunkt.** Dem Rechtsanwalt des Verletzten ist – wenn ein berechtigtes Interesse des Verletzten besteht und keine Versagungsgründe entgegenstehen – **in jedem Stadium des Verfahrens** Akteneinsicht zu gewähren. Bereits im Ermittlungsverfahren und auch nach rechtskräftigem Abschluss des Verfahrens kann einem Rechtsanwalt für den Verletzten Einsicht in die Akten gewährt werden.[32] **8**

---

[18] AG Tiergarten v. 22. 1. 2009 – (432) 18 JuJs 1309/07 Ls (1/09), BeckRS 2009, 08501.
[19] *Hilger* NStZ 1988, 441; Meyer-Goßner/*Cierniak* Rn. 2.
[20] OLG Brandenburg v. 20. 9. 1995 – 2 Ws 174/95, NJW 1996, 67 (69).
[21] *Rieß/Hilger* NStZ 1987, 145 (155); KMR/*Stöckel* Rn. 4; Löwe/Rosenberg/*Hilger* Rn. 4.
[22] Löwe/Rosenberg/*Hilger* Rn. 4; weitergehend OLG Koblenz v. 30. 5. 1988 – 2 VAs 3/88, StV 1988, 332 (333): Geheimhaltungsverpflichtung.
[23] Ähnlich KMR/*Stöckel* Rn. 4.
[24] LG München I v. 12. 3. 2008 – 5 Qs 19/08, MMR 2008, 561; *Esser* GA 2010, 65 (73); aA *Kempf* StV 1987, 215 (217).
[25] OLG Koblenz v. 30. 5. 1988 – 2 VAs 3/88, StV 1988, 332 (333); Löwe/Rosenberg/*Hilger* Rn. 6.
[26] *Kuhn* ZRP 2005, 125 (128); HK-StPO/*Kurth* Rn. 7; KMR/*Stöckel* Rn. 4; Löwe/Rosenberg/*Hilger* Rn. 6; Meyer-Goßner/*Cierniak* Rn. 3; aA *Riedel/Wallau* NStZ 2003, 393 (395); KK-StPO/*Engelhardt* Rn. 2.
[27] OLG Braunschweig v. 7. 8. 1992 – Vas 3/92, NdsRpfl. 1992, 269 (270); OLG Hamm v. 26. 11. 1984 – 1 VAs 115/84, NJW 1985, 2040 (2041); OLG Koblenz v. 30. 5. 1988 – 2 VAs 3/88, StV 1988, 332 (333); OLG Koblenz v. 9. 3. 1990 – 2 VAs 25/89, NStZ 1990, 604; LG Hildesheim v. 6. 2. 2009 – 25 Qs 1/09, NJW 2009, 3799 (3800); LG Saarbrücken v. 2. 7. 2009 – 2 Qs 11/09, NStZ 2010, 111 (112); LG Stralsund v. 10. 1. 2005 – 22 Qs 475/04, StraFo 2006, 76 (77); *Esser* GA 2010, 65 (72).
[28] Meyer-Goßner/*Cierniak* Rn. 3.
[29] LG München I v. 12. 3. 2008 – 5 Qs 19/08, MMR 2008, 561; *Kuhn* ZRP 2005, 125 (127); *Riedel/Wallau*, NStZ 2003, 393 (395f.); Anw-StPO/*Kauder* Rn. 2; Löwe/Rosenberg/*Hilger* Rn. 7; Meyer-Goßner/*Cierniak* Rn. 3; aA OLG Koblenz v. 9. 3. 1990 – 2 VAs 25, 89, NStZ 1990, 604 (605); LG Bielefeld v. 7. 12. 1994, wistra 1995, 118 (119); LG Düsseldorf v. 5. 2. 2002 – X Qs 10/02, wistra 2003, 239 (240); LG Mühlhausen v. 26. 9. 2005 – 9 Qs 21/05, wistra 2006, 76 (77); HK-StPO/*Kurth* Rn. 6.
[30] LG München I v. 12. 3. 2008 – 5 Qs 19/08, MMR 2008, 561; Löwe/Rosenberg/*Hilger* Rn. 7.
[31] Löwe/Rosenberg/*Hilger* Rn. 7.
[32] Löwe/Rosenberg/*Hilger* Rn. 2; KMR/*Stöckel* Rn. 5.

9 **4. Gegenstand.** Gegenstand des Akteneinsichtsrechts sind die **Akten**, die dem Gericht vorliegen oder mit Anklageerhebung vorzulegen wären (§ 199 Abs. 2 S. 2).[33] Es gilt der **Grundsatz der Aktenvollständigkeit.** Der Aktenbegriff entspricht dem des § 147.[34]

10 **5. Beschränkungen (Abs. 2).** Die Akteneinsicht ist gem. Abs. 2 S. 1 **zwingend** zu versagen, wenn überwiegende schutzwürdige Interessen des Beschuldigten oder anderer Personen entgegenstehen. Hingegen steht die Versagung der Akteneinsicht wegen einer möglichen Gefährdung des Untersuchungserfolgs (Abs. 2 S. 2) oder einer drohenden Verfahrensverzögerung (Abs. 2 S. 3) im **Ermessen** der zuständigen Stelle.

11 **a) Überwiegende schutzwürdige Interessen (Abs. 2 S. 1).** Ist das Interesse des Beschuldigten oder anderer Personen an der **Geheimhaltung** ihrer in den Akten enthaltenen **personenbezogenen Informationen** größer als das berechtigte Interesse des Verletzten, den Akteninhalt zu kennen, ist die Versagung der Akteneinsicht obligatorisch.[35] Bei Bagatelltaten hat die Abwägung der widerstreitenden Interessen stets einen Vorrang des Rechts auf informationelle Selbstbestimmung zum Ergebnis.[36] Schutzwürdig ist zunächst die **Intimsphäre** der betroffenen Person, hierzu zählen insbesondere Informationen über physische und psychische Erkrankungen, das Ehe- und Familienleben sowie sexuelle Präferenzen.[37] Ebenfalls schutzwürdig sind **Betriebs- und Geschäftsgeheimnisse** sowie das **Steuergeheimnis**.[38] Haben die Ermittlungen noch keinen hinreichenden Tatverdacht für die Verletzung der Anzeigerstatters ergeben, überwiegt das Geheimhaltungsinteresse des Beschuldigten,[39] vor allem dann, wenn der Verletzte die Akteneinsicht zur Ausforschung begehrt, um bürgerlich-rechtliche Ansprüche gegen den Beschuldigten schlüssig darlegen zu können.[40] Das Geheimhaltungsinteresse des Beschuldigten überwiegt auch dann, wenn die Akteneinsicht wegen bagatellartiger Rechtsverletzungen begehrt wird.[41] Als andere Person mit potentiell schutzwürdigen Interessen kommt neben einem Zeugen oder anderem Verletzten jeder in Betracht, über den personenbezogene Informationen in der Akte enthalten sind. Allerdings darf die Akteneinsicht nicht allein deshalb versagt werden, weil zunächst allen Verletzten gleichzeitig eine nach § 111e Abs. 3 und 4 gebotene Mitteilung gemacht werden soll.[42] Diese Beschränkung gilt uneingeschränkt auch dann, wenn Nebenklagebefugte und Nebenkläger Akteneinsicht begehren.[43]

12 **b) Gefährdung des Untersuchungserfolgs (Abs. 2 S. 2).** Erscheint durch die Akteneinsicht der **Untersuchungserfolg** gefährdet, kann die Akteneinsicht versagt werden. Aus der Formulierung „gefährdet erscheint" folgt, dass an die Gefährdung des Untersuchungserfolgs nur **geringe Anforderungen** zu stellen sind.[44] Eine solche Gefährdung ist vor allem dann anzunehmen, wenn die Kenntnis des Verletzten vom Akteninhalt die Zuverlässigkeit und Wahrheit einer von ihm noch zu erwartenden Zeugenaussage beeinträchtigen könnte.[45] Im Gegensatz zu § 147 Abs. 2 kann wegen der Gefährdung des Untersuchungserfolgs dem Verletzten die Akteneinsicht auch noch nach dem Abschluss der Ermittlungen versagt werden.[46] Dies gilt selbst dann, wenn der Verletzte zur Nebenklage befugt oder zugelassen ist.[47] Allerdings wird die Akteneinsicht eines Nebenklagebefugten nur ganz ausnahmsweise den Ermittlungserfolg gefährden können, etwa wenn Antragsteller ein selbst einer Tatbeteiligung verdächtiger Angehöriger des Getöteten ist.[48]

13 **c) Drohende Verfahrensverzögerung (Abs. 2 S. 3 1. Hs.).** Der Versagungsgrund der erheblichen **Verfahrensverzögerung** setzt voraus, dass sich aufgrund der Akteneinsicht die **gesamte Dauer** des

---

[33] Anw-StPO/*Kauder* Rn. 2; Meyer-Goßner/*Cierniak* Rn. 4.
[34] KMR/*Stöckel* Rn. 5; zu den Einzelheiten s. o. § 147 Rn. 8 ff.
[35] BVerfG v. 27. 5. 2002 – 2 BvR 742/02, wistra 2002, 335 (336); BVerfG v. 5. 12. 2006 – 2 BvR 2388/06, NJW 2007, 1052 (1053); OLG Braunschweig v. 7. 8. 1992 – Vas 3/92, NdsRpfl. 1992, 269 (270); HK-StPO/*Kurth* Rn. 8; Meyer-Goßner/*Cierniak* Rn. 6; *Esser* GA 2010, 65 (74).
[36] LG Darmstadt v. 12. 12. 2008 – 9 Qs 573 bis 618/08; BeckRS 2009, 03268; LG Saarbrücken v. 2. 7. 2009 – 2 Qs 11/09, NStZ 2010, 111 (112).
[37] LG München I v. 12. 3. 2008 – 5 Qs 19/08, MMR 2008, 561.
[38] OLG Koblenz v. 30. 5. 1988 – 2 VAs 3/88, StV 1988, 332 (333); *v. Briel* wistra 2002, 213 (214 ff.).
[39] LG München I v. 12. 3. 2008 – 5 Qs 19/08, NStZ 2010, 110; LG Saarbrücken v. 28. 1. 2008, 5 (3) Qs 349/07, MMR 2008, 562; LG Köln v. 26. 9. 2004 – 106-37/04, StraFo 2005, 78 (79); LG Stade v. 10. 7. 2000 – 12 AR 1/00, StV 2001, 159 (160).
[40] LG München I v. 12. 3. 2008 – 5 Qs 19/08, NStZ 2010, 110; KMR/*Stöckel* Rn. 12.
[41] LG Darmstadt v. 20. 4. 2009, NStZ 2010, 111.
[42] LG Düsseldorf v. 5. 2. 2002 – X Qs 10/02, wistra 2003, 239 (240).
[43] BT-Drucks. 16/13 671, S. 22.
[44] Anw-StPO/*Kauder* Rn. 4.
[45] OLG Düsseldorf v. 24. 9. 1990 – V 21/88, StV 1991, 202; OLG Koblenz v. 30. 5. 1988 – 2 VAs 3/88, StV 1988, 332 (334); AG Saalfeld v. 7. 3. 2005 – 630 Js 23 573/04 – 2 Ds jug., NStZ 2005, 656; Riedel/Wallau NStZ 2003, 393 (397); *Steffens* StraFo 2006, 60 (62 f.); Anw-StPO/*Kauder* Rn. 4; HK-StPO/*Kurth* Rn. 10; KK-StPO/*Engelhardt* Rn. 3; Meyer-Goßner/*Cierniak* Rn. 6.
[46] Anw-StPO/*Kauder* Rn. 4; KMR/*Stöckel* Rn. 16.
[47] BT-Drucks. 16/13 671, S. 22.
[48] BT-Drucks. 16/13 671, S. 22.

Verfahrens erheblich verlängern würde.[49] Eine Verzögerung von nur wenigen Tagen reicht grundsätzlich nicht aus.[50] Hat die Staatsanwaltschaft den Abschluss der Ermittlungen in den Akten vermerkt, steht jedoch den Nebenklägern und den Nebenklagebefugten ein uneingeschränktes Akteneinsichtsrecht zu (Abs. 2 S. 3 2. Hs.).[51]

d) Partielle Akteneinsicht. Eine vollständige Versagung der Akteneinsicht scheidet stets dann aus, wenn eine teilweise Akteneinsicht gewährt werden kann.[52] Regelmäßig wird schutzwürdigen Geheimhaltungsinteressen dadurch genügt werden können, dass vor der Akteneinsicht einzelne Aktenteile entheftet werden,[53] etwa BZR-Auszüge oder steuerliche Unterlagen. Bei einer Vielzahl von Akteneinsicht begehrenden Verletzten kann einer drohenden Verfahrensverzögerung dadurch entgegengewirkt werden, dass sie einen gemeinsamen Rechtsanwalt zur Akteneinsicht bevollmächtigen.[54]

III. Zuständigkeit und Verfahren (Abs. 3 bis 6)

1. Zuständigkeit (Abs. 4 S. 1). Im **Ermittlungsverfahren** ist zur Entscheidung über den Antrag auf Akteneinsicht, der ausdrücklich auch die Einsicht in Beiakten, Beweismittelordner und die Besichtigung von Beweisstücken umfassen sollte, grundsätzlich die **Staatsanwaltschaft** berufen, nach Abs. 5 iVm. § 478 Abs. 1 S. 3 und 4 ausnahmsweise die Polizei. Ab dem Zeitpunkt des Eingangs der Anklage bei **Gericht** ist der **Vorsitzende** des jeweils aktuell mit der Sache befassten Gerichts zuständig, über den Antrag auf Akteneinsicht zu entscheiden. **Nach rechtskräftigem Abschluss** des Verfahrens liegt die Zuständigkeit wieder bei der **Staatsanwaltschaft** als aktenführender Behörde.

Vor der Entscheidung ist dem Beschuldigten entsprechend § 33 **rechtliches Gehör** zu gewähren,[55] auch Dritten, deren personenbezogenen Informationen betroffen sind.[56] Wird die Akteneinsicht ganz oder teilweise versagt, ist die Entscheidung zu begründen und dem Verletzten bekannt zu machen, es sei denn, dies würde den Untersuchungserfolg gefährden (Abs. 4 S. 4).

2. Mitgabe der Akten (Abs. 3). Im Gegensatz zu § 147 Abs. 4 entscheidet die Akteneinsicht gewährende Stelle nach **freiem Ermessen** über einen Antrag des Rechtsanwalts, ihm die Akten in seine Geschäftsräume oder Wohnung mitzugeben. Einen Rechtsanspruch auf Mitgabe der Akten hat er nicht.[57] Dem Rechtsanwalt steht im Hinblick auf **Beweisstücke** nur ein das Akteneinsichtsrecht ergänzendes – unter den Voraussetzungen des Abs. 2 einschränkbares – **Besichtigungsrecht** zu, dh. er darf diese nur an ihrem Verwahrungsort in Augenschein nehmen.[58]

3. Auskunftserteilung (Abs. 5). Dem **Verletzten selbst** kann ohne Einschaltung eines Rechtsanwalts die für die Gewährung der Akteneinsicht zuständige Stelle nach Abs. 5 Auskünfte und Abschriften aus den Akten erteilen, sofern die Voraussetzungen des Abs. 1 vorliegen. Die Abs. 2 und 4 gelten entsprechend. Aus dem Verweis auf § 478 Abs. 1 S. 3 und 4 folgt, dass die Staatsanwaltschaft die Polizei zur Auskunftserteilung ermächtigen kann.

4. Zweckbindung (Abs. 6). Die aufgrund der Akteneinsicht oder Auskunft aus den Akten erlangten **personenbezogenen Informationen** unterliegen gem. Abs. 6 iVm. § 477 Abs. 5 S. 1 der Zweckbindung. Sie dürfen nur zu dem Zweck verwendet werden, zu dem Akteneinsicht beantragt und gewährt oder um Auskunft ersucht und eine solche erteilt worden ist.[59] Ein Verstoß gegen die Zweckbindung liegt nicht vor, wenn der Verletzte die erlangen Informationen verwendet, um auf eine Bestrafung des Täters hinzuwirken oder Ersatz für den durch die Tat verursachten Schaden zu erhalten.[60] Nach Abs. 6 iVm. § 477 Abs. 5 S. 2 ist aber mit Zustimmung der die Akteneinsicht gewährenden Stelle eine Verwendung für andere Zwecke zulässig, wenn auch insofern die Voraussetzungen für die Gewährung von Akteneinsicht oder die Erteilung von Auskunft gegeben sind. Auf die Zweckbindung ist hinzuweisen, wenn Auskunft ohne Einschaltung eines Rechtsanwalts erteilt wird (Abs. 6 iVm. § 477 Abs. 5 S. 2).

---

[49] Löwe/Rosenberg/*Hilger* Rn. 14.
[50] BGH v. 21. 7. 2005 – 1 StR 78/05, JR 2006, 297 (298); Anw-StPO/*Kauder* Rn. 4; Meyer-Goßner/*Cierniak* Rn. 6.
[51] BT-Drucks. 16/12098, S. 35.
[52] BT-Drucks. 10/5305, S. 18; LG Berlin v. 20. 5. 2008 – 514 AR 1/07, WM 2008, 1470; LG Hildesheim v. 26. 3. 2007 – 25 Qs 17/06, NJW 2008, 532 (534); KK-StPO/*Engelhardt* Rn. 5; KMR/*Stöckel* Rn. 9.
[53] Meyer-Goßner/*Cierniak* Rn. 7.
[54] KMR/*Stöckel* Rn. 19; Meyer-Goßner/*Cierniak* Rn. 7.
[55] BVerfG v. 15. 4. 2005 – BvR 465/05, NStZ-RR 2005, 242; Meyer-Goßner/*Cierniak* Rn. 9.
[56] BVerfG v. 15. 4. 2005 – BvR 465/05, NStZ-RR 2005, 242; aA *Schäfer* wistra 1988, 217 (219 f.); Meyer-Goßner/*Cierniak* Rn. 9.
[57] KK-StPO/*Engelhardt* Rn. 6.
[58] Zu den Einzelheiten s. o. § 147 Rn. 25.
[59] Zu den Einzelheiten s. u. § 477 Rn. 9 ff.
[60] HK-StPO/*Kurth* Rn. 19.

IV. Rechtsbehelfe (Abs. 4 S. 2 und 3)

20 Im **Ermittlungsverfahren** ist die Entscheidung der Staatsanwaltschaft sowohl über die Versagung als auch über die Gewährung von Akteneinsicht nach Abs. 4 S. 2 stets anfechtbar,[61] für den Beschuldigten auch noch nach vollzogener Akteneinsicht.[62] Zuständig ist nach Abs. 4 S. 2 iVm. § 162 der Ermittlungsrichter am Amtsgericht.[63] Die Entscheidung des Ermittlungsrichters ist unanfechtbar (Abs. 4 S. 4).[64] Eine Anfechtbarkeit der gerichtlichen Entscheidung vor Abschluss der Ermittlungen wäre nach Auffassung des Gesetzgebers zum einen im Hinblick auf den Beschuldigten (vgl. § 147 Abs. 5 S. 2) systemwidrig und würde zum anderen dem Interesse an einer möglichst schleunigen Aufklärung des Sachverhalts zuwiderlaufen.[65]

21 Im **Hauptverfahren** sind die Ablehnung und die Gewährung der Akteneinsicht durch das mit der Sache befasste Gericht mit der Beschwerde anfechtbar (§ 304 Abs. 1); § 305 S. 1 steht dem nicht entgegen.[66] Die Entscheidung des Beschwerdegerichts ist nicht mit der weiteren Beschwerde angreifbar (vgl. § 310).

22 **Nach Einstellung des Ermittlungsverfahrens** sowie **nach rechtskräftigem Abschluss** des Verfahrens ist die Entscheidung der Staatsanwaltschaft über die Versagung oder die Gewährung von Akteneinsicht nach Abs. 4 S. 2 stets anfechtbar. Zuständig ist nach Abs. 4 S. 2 iVm. § 162 der Ermittlungsrichter am Amtsgericht.[67] Dem **rechtskräftigen Abschluss** des Verfahrens durch Urteil oder bestandskräftigen Strafbefehl steht eine Einstellung des Verfahrens nach § 153a StPO gleich. „**Eingestellt**" iSd. Abs. 4 S. 4 ist das Ermittlungsverfahren, wenn eine das Verfahren beendende Verfügung getroffen ist, die keinen Strafklageverbrauch zur Folge hat (etwa nach §§ 170 Abs. 2 oder 154). Dies gilt auch dann, wenn Einstellungsbeschwerde (§ 172 Abs. 1 S. 1) eingelegt oder schon Klageerzwingungsantrag (§ 172 Abs. 2 S. 1) eingereicht ist. In diesem Stadium ist – im Gegensatz zum Ermittlungsverfahren – die Entscheidung des Ermittlungsrichters über die von der Staatsanwaltschaft versagte Akteneinsicht mit der Beschwerde anfechtbar (§ 304 Abs. 1).[68] Dem Aspekt der Verfahrensbeschleunigung kommt in diesem Stadium keine Bedeutung mehr zu.[69] Über die Beschwerde entscheidet eine Kammer des Landgerichts, deren Beschluss nicht mit der weiteren Beschwerde angreifbar ist (vgl. § 310).

23 Hat die Staatsanwaltschaft die Polizeibehörden zur Erteilung von Auskünften ermächtigt, kann gegen deren Entscheidungen die Entscheidung der Staatsanwaltschaft eingeholt werden (Abs. 5 iVm. § 478 Abs. 1 S. 4). Nach vollzogener Akteneinsicht kann der Beschuldigte die nachträgliche Feststellung der Rechtswidrigkeit beantragen.[70]

24 Ein Verfahrensverstoß bei der Entscheidung über den Antrag auf Akteneinsicht begründet kein Beweisverwertungsverbot.[71] Ein Verstoß gegen § 406e ist gem. § 336 S. 1 **revisibel**, sofern das Urteil auf ihm beruht.

25 Ausgeschlossen ist die Anfechtung einer Entscheidung über die Mitgabe der Akte, unabhängig davon, ob sie von der Staatsanwaltschaft oder dem Vorsitzenden getroffen ist (Abs. 3 S. 2). Die Erteilung und Versagung von Auskünften und Abschriften aus den Akten ist entsprechend Abs. 4 anfechtbar (Abs. 5).

V. Kosten

26 Nach **Nr. 9003 KV GKG** wird für die antragsgemäße Versendung der Akten an den Rechtsanwalt eine Gebühr von 12,00 € erhoben. Eine Vorschusspflicht besteht nicht.[72] **Gebührenschuldner** ist ausschließlich der Rechtsanwalt, weil das Akteneinsichtsrecht nur ihm zusteht. Aus diesem Grund ist die Pauschale auch **umsatzsteuerpflichtig**, wenn sie dem Mandanten weiterberechnet wird. Die Gebühr entsteht hingegen nicht, wenn die Akte dem Rechtsanwalt nicht übersandt, sondern per Gerichtsboten überbracht oder auf der Geschäftsstelle ausgehändigt wird.[73] Ein Anspruch auf unfreie Rücksendung der Akten und Erstattung der Portoauslagen für die Rücksendung besteht nicht.[74]

---

[61] LG Stralsund v. 10. 1. 2005 – 22 Qs 475/04, StraFo 2006, 76; Anw-StPO/*Kauder* Rn. 32.
[62] LG Stralsund v. 10. 1. 2005 – 22 Qs 475/04, StraFo 2006, 76; Anw-StPO/*Kauder* Rn. 32.
[63] BT-Drucks. 16/12098, S. 35.
[64] BT-Drucks. 16/12098, S. 36.
[65] BT-Drucks. 16/12098, S. 36.
[66] BT-Drucks. 16/12098, S. 36.
[67] BT-Drucks. 16/12098, S. 36.
[68] BT-Drucks. 16/12098, S. 36.
[69] BT-Drucks. 16/12098, S. 36.
[70] LG Stralsund v. 10. 1. 2005 – 22 Qs 475/04, StraFo 2006, 76; *Steffens* StraFo 2006, 60 (61).
[71] BGH v. 11. 1. 2005 – 1 StR 498/04, NJW 2005, 1519 (1520).
[72] BVerfG v. 19. 7. 1995 – 2 BvR 1023/95, NJW 1995, 3177; OLG Koblenz v. 23. 10. 1995 – 1 Ws 555/95, NStZ-RR 1996, 96; LG Koblenz v. 2. 8. 1995 – 9 Qs 178/95, NJW 1996, 1223; aA LG Göttingen v. 8. 11. 1995 – 2 Qs 170/95, StV 1996, 166.
[73] LG Detmold v. 2. 3. 1995 – 4 KLs 3 Js 388/94, NJW 1995, 2801.
[74] OLG Celle v. 3. 5. 2006 – 1 Ws 222/06, StraFo 2006, 475; OLG Hamm v. 19. 12. 2005 – 2 Ws 300/05, NJW 2006, 1076.

Vierter Abschnitt. Sonstige Befugnisse des Verletzten 1–3 § 406f

Im **Beschwerdeverfahren** folgen die Kostenentscheidung und die Auslagenentscheidung bezüglich des Antragstellers aus § 473 Abs. 3 iVm. § 162, 406e Abs. 4 S. 2. Über die Auslagen des Beschuldigten ist grundsätzlich nicht zu befinden, weil aus dessen Sicht keine verfahrensabschließende Entscheidung ergeht (§ 464 Abs. 2).[75] 27

VI. Besondere Verfahrensarten

Abs. 1 S. 2 gilt auch im **Jugendstrafverfahren**, sofern der Verletzte dort nach § 80 Abs. 3 JGG zur Nebenklage befugt oder zugelassen ist.[76] Auch wenn § 80 Abs. 3 JGG, der durch das Zweite Gesetz zur Modernisierung der Justiz (2. Justizmodernisierungsgesetz)[77] neu gefasst worden ist und für bestimmte Verbrechen den Anschluss als Nebenkläger zulässt, in Abs. 1 S. 2 nicht erwähnt ist, müssen der Nebenklagebefugte und der Nebenkläger im Jugendstrafverfahren ein berechtigtes Interesse an der Akteneinsicht nicht darlegen. 28

§ 406f [Beistand und Vertreter des Verletzten]

(1) ¹Verletzte können sich des Beistands eines Rechtsanwalts bedienen oder sich durch einen solchen vertreten lassen. ²Einem zur Vernehmung des Verletzten erschienen anwaltlichen Beistand ist die Anwesenheit gestattet.

(2) ¹Bei einer Vernehmung von Verletzten ist auf deren Antrag einer zur Vernehmung erschienen Person ihres Vertrauens die Anwesenheit zu gestatten, es sei denn, dass dies den Untersuchungszweck gefährden könnte. ²Die Entscheidung trifft die die Vernehmung leitende Person; die Entscheidung ist nicht anfechtbar. ³Die Gründe einer Ablehnung sind aktenkundig zu machen.

I. Allgemeines

Die Vorschrift begründet für **jeden** Verletzten zum einen das Recht, sich des Beistands eines Rechtsanwalts zu bedienen, sich durch diesen vertreten zu lassen und dessen Befugnisse zu nutzen, zum anderen die Möglichkeit, eine Vertrauensperson einer Vernehmung als Zeuge hinzuzuziehen.[1] Die Verfahrensrechte des anwaltlichen Beistands regelt Abs 2. Ist der Verletzte nach § 395 zum Anschluss als Nebenkläger befugt, erweitert § 406g seine Rechtsposition.[2] Mit der Neufassung der Norm durch das Gesetz zur Stärkung der Rechte von Verletzten und Zeugen im Strafverfahren (2. Opferrechtsreformgesetz)[3] wurde das Anwesenheitsrecht des Rechtsanwalts von Verletzten auch auf polizeiliche Vernehmungen erstreckt.[4] 1

II. Beistand und Vertretung (Abs. 1)

1. Recht auf Beistand und Vertretung. Der Verletzte wird hinsichtlich der Hinzuziehung eines Rechtsanwalts durch Abs. 1 dem Beschuldigten, dem Privatkläger und dem Nebenkläger gleichgestellt. In **jeder Lage des Verfahrens**, auch im Ermittlungsverfahren,[5] ist der Verletzte berechtigt, sich eines Rechtsanwalts als Beistand zu bedienen und durch einen Rechtsanwalt vertreten zu lassen. Abs. 2 S. 2 räumt dem Verletztenbeistand ein umfassendes und uneingeschränktes Anwesenheitsrecht bei allen Vernehmungen des Verletzten ein, auch bei der polizeilichen Vernehmung des Verletzten.[6] Ein Anwesenheitsrecht vor und nach der Vernehmung des Verletzten hat der anwaltliche Beistand allerdings nicht.[7] Die gerichtliche Beiordnung des Rechtsanwalts kommt nach § 406g Abs. 3 allerdings nur für Verletzte in Betracht, die zum Anschluss als Nebenkläger berechtigt sind.[8] 2

2. Rechte des Beistands. Der Rechtsanwalt hat zwar nicht das Recht, für Verletzte Fragen zu beantworten, die diesen in ihrer Eigenschaft als Zeugen gestellt werden, und Auskünfte zu erteilen.[9] Im Übrigen ist er jedoch berechtigt, für die Verletzten von allen Befugnissen Gebrauch zu machen, die jenen auch zustehen.[10] Im Gegensatz zu Abs. 2 aF werden einzelne Rechte nicht ex- 3

---

[75] LG Berlin v. 20. 5. 2008 – 514 AR 1/07, WM 2008, 1470 (1475).
[76] Meyer-Goßner/*Cierniak* Vor § 406d Rn. 3.
[77] Vom 22. 12. 2006, BGBl. I S. 3416.
[1] KMR/*Stöckel* Rn. 1.
[2] KK-StPO/*Engelhardt* § 406g Rn. 1.
[3] Vom 29. 7. 2009, BGBl. I S. 2280.
[4] BT-Drucks. 16/12098, S. 58.
[5] KMR/*Stöckel* Rn. 5; Löwe/Rosenberg/*Hilger* Rn. 2.
[6] BT-Drucks. 16/12098, S. 36.
[7] HK-StPO/*Kurth* Rn. 3.
[8] *Meyer-Goßner* Rn. 1.
[9] BT-Drucks. 16/12098, S. 36; KMR/*Stöckel* Rn. 7; Löwe/Rosenberg/*Hilger* Rn. 3.
[10] BT-Drucks. 16/12098, S. 36.

emplarisch aufgezählt, um den Umkehrschluss zu verhindern, dass dem Rechtsanwalt andere Befugnisse nicht zustehen.[11]

4 Während der Vernehmung hat der anwaltliche Beistand das Recht, den Verletzten zu **beraten**, was zwingend aus der Funktion des Beistands folgt. Dass der Beistand den Verletzten auch im Übrigen beraten und Schriftsätze für ihn verfassen darf, versteht sich auch ohne gesetzliche Regelung von selbst.[12] Als Vertreter des Verletzten kann der anwaltliche Beistand ferner das Recht ausüben, **Fragen**, die an den Verletzten gerichtet werden, nach §§ 238 Abs. 2 und 242 **zu beanstanden**, auch schon im Ermittlungsverfahren entsprechend §§ 238 Abs. 2 und 242.[13] Ebenfalls ist der Beistand berechtigt, nach § 171b GVG den **Ausschluss der Öffentlichkeit** zu beantragen. Widerspricht der Verletzte einer solchen Beanstandung oder einem solchem Antrag, führt dies zur Unwirksamkeit. Schweigt der Verletzte, wird dessen Einverständnis vermutet.[14] Aus eigenem Recht kann der Beistand die Anträge nicht stellen.[15] Der Ausschluss eines anwaltlichen Beistands von der Vernehmung oder dessen Entfernung aus dem Sitzungszimmer ist mangels gesetzlicher Regelung unzulässig.[16]

5 Allerdings wird der Rechtsanwalt weder von einer Vernehmung des Verletzten benachrichtigt noch zur Hauptverhandlung geladen.[17] Eine Aussage gegenüber der Staatsanwaltschaft oder dem Gericht kann der Verletzte nicht mit der Begründung verweigern, der Beistand sei nicht geladen worden oder am Erscheinen gehindert,[18] weil nur dem erschienen Rechtsanwalt die Anwesenheit zwingend zu gestatten ist. Bei **polizeilichen Vernehmungen** kann der Verletzte allerdings die Anwesenheit des Beistands faktisch dadurch erzwingen, dass er sich weigert, ohne Beistand auszusagen.[19]

III. Vertrauensperson (Abs. 2)

6 Wird der Verletzte als Zeuge vernommen, kann er in jedem Stadium des Verfahrens beantragen, einer Person seines Vertrauens die Anwesenheit zu gestatten. Die Vertrauensperson kann, **muss** aber **nicht Rechtsanwalt** sein.[20] Nach der Vorstellung des Gesetzgebers soll die Anwesenheit einer Person des Vertrauens vor allem bei der ersten Zeugenvernehmung des Opfers eines Aggressions- und Gewaltdelikts hilfreich sein, weil sie seine Befangenheit und Angst mindern und auch der Wahrheitsfindung dienen könne.[21] Im Wesentlichen diene die Hinzuziehung einer Vertrauensperson der **psychologischen Betreuung** des Verletzten.[22] Die Befugnisse eines Rechtsanwalts hat die Vertrauensperson jedoch nicht.

7 Grundsätzlich besteht ein **Anspruch auf Zulassung** der Anwesenheit der Person des Vertrauens.[23] Lediglich wenn deren Anwesenheit den Untersuchungserfolg konkret gefährdet, darf im Interesse einer effektiven Strafrechtspflege die Zulassung **ausnahmsweise** abgelehnt werden.[24] Die **Ablehnung** kommt etwa dann in Betracht, wenn Tatsachen die konkrete Gefahr begründen, dass die Anwesenheit der Vertrauensperson zu einem Verlust oder einer Trübung von Beweismitteln führt.[25] Die Entscheidung trifft allein derjenige Beamte oder Richter, der die Vernehmung leitet (Abs. 2 S. 2). Die Gründe der Ablehnung sind aktenkundig zu machen (Abs. 2 S. 3). Stört die Person des Vertrauens die polizeiliche oder staatsanwaltschaftliche Zeugenvernehmung, kann sie nach § 164, bei gerichtlichen Vernehmungen nach § 171 GVG ausgeschlossen werden.[26]

IV. Rechtsbehelfe und Revision

8 Die Entscheidungen über die Gestattung und den Ausschluss der Anwesenheit einer Person des Vertrauens sind **nicht anfechtbar** (Abs. 2 S. 2) und damit gem. § 336 S. 2 auch **nicht revisibel**.[27] Auch wenn die Entscheidung nicht anfechtbar ist, soll durch das Erfordernis einer Begründung der Ablehnung als Ausnahmefall ein Mehr an Rechtssicherheit geschaffen werden.[28]

---

[11] BT-Drucks. 16/12098, S. 36.
[12] KMR/*Stöckel* Rn. 2.
[13] KMR/*Stöckel* Rn. 9; Löwe/Rosenberg/*Hilger* Rn. 4.
[14] Löwe/Rosenberg/*Hilger* Rn. 4.
[15] HK-StPO/*Kurth* Rn. 4.
[16] Anw-StPO/*Kauder* Rn. 5; HK-StPO/*Kurth* Rn. 5.
[17] Anw-StPO/*Kauder* Rn. 3; Meyer-Goßner Rn. 3.
[18] Anw-StPO/*Kauder* Rn. 3; Meyer-Goßner Rn. 3; aA LG Hildesheim v. 4. 1. 1984 – 13 Qs 247/83, StV 1985, 229.
[19] KMR/*Stöckel* Rn. 6.
[20] KK-StPO/*Engelhardt* Rn. 3.
[21] BT-Drucks. 10/5305, S. 19.
[22] Vgl. BT-Drucks. 10/5305, S. 19.
[23] BT-Drucks. 15/1976, S. 18.
[24] BT-Drucks. 15/1976, S. 18.
[25] *Neuhaus* StV 2004, 620 (622).
[26] Meyer-Goßner Rn. 5.
[27] Meyer-Goßner Rn. 6; aA *Neuhaus* StV 2004, 620 (622).
[28] BT-Drucks. 15/1976, S. 18.

V. Kosten

Die Kosten des Verletztenbeistandes hat der **Verletzte selbst** zu tragen. Der verurteilte Angeklagte ist nicht verpflichtet, dem Verletzten die Auslagen für seinen Beistand zu ersetzen. Grundsätzlich erhält der Verletzte auch **keine Prozesskostenhilfe**.[29] Ist der Verletzte nicht in der Lage, den Beistand aus eigenen Mitteln zu zahlen, muss er im Regelfall auf ihn verzichten. Aus dem verfassungsrechtlich garantierten Recht auf Zeugenbeistand kann im Regelfall ein Anspruch auf Beiordnung eines Rechtsanwalts für den mittellosen Verletzten nicht hergeleitet werden.[30] Ein Anspruch auf Beiordnung besteht **ausnahmsweise** dann, wenn der Verletzte sich einer tatsächlich und rechtlich schwierigen Situation im Hinblick auf das Aussageverweigerungsrecht des § 55 gegenübersieht und die Gefahr besteht, dass er ohne anwaltlichen Beistand seine Rechte nicht sachgerecht wahrnehmen können wird. In einer solchen Konstellation erlauben und erfordern es das Rechtsstaatsprinzip und das Gebot des fairen Verfahrens, dem Verletzten Prozesskostenhilfe unter Beiordnung eines Anwalts seiner Wahl zu bewilligen.[31] 9

VI. Besondere Verfahrensarten

§ 406f findet auch im Jugendstrafverfahren Anwendung,[32] wie sich aus § 48 Abs. 2 JGG ergibt, wonach dem Verletzten die Anwesenheit in der Hauptverhandlung gestattet ist. 10

§ 406g [Beistand des nebenklageberechtigten Verletzten]

(1) ¹Nach § 395 zum Anschluss mit der Nebenklage Befugte können sich auch vor Erhebung der öffentlichen Klage und ohne Erklärung eines Anschlusses eines Rechtsanwalts als Beistand bedienen oder sich durch einen solchen vertreten lassen. ²Sie sind zur Anwesenheit in der Hauptverhandlung berechtigt, auch wenn sie als Zeugen vernommen werden sollen. ³Ist zweifelhaft, ob eine Person nebenklagebefugt ist, entscheidet über das Anwesenheitsrecht das Gericht nach Anhörung der Person und der Staatsanwaltschaft; die Entscheidung ist unanfechtbar. ⁴Nebenklagebefugte sind vom Termin der Hauptverhandlung zu benachrichtigen, wenn sie dies beantragt haben.

(2) ¹Der Rechtsanwalt des Nebenklagebefugten ist zur Anwesenheit in der Hauptverhandlung berechtigt; Absatz 1 Satz 3 gilt entsprechend. ²Er ist vom Termin der Hauptverhandlung zu benachrichtigen, wenn seine Wahl dem Gericht angezeigt oder er als Beistand bestellt wurde. ³Die Sätze 1 und 2 gelten bei richterlichen Vernehmungen und der Einnahme richterlichen Augenscheins entsprechend, es sei denn, dass die Anwesenheit oder die Benachrichtigung des Rechtsanwalts den Untersuchungszweck gefährden könnte.

(3) ¹§ 397a gilt entsprechend für
1. die Bestellung eines Rechtsanwalts und
2. die Bewilligung von Prozesskostenhilfe für die Hinzuziehung eines Rechtsanwalts.

²Im vorbereitenden Verfahren entscheidet das nach § 162 zuständige Gericht.

(4) ¹Auf Antrag dessen, der zum Anschluß als Nebenkläger berechtigt ist, kann in den Fällen des § 397a Abs. 2 einstweilen ein Rechtsanwalt als Beistand bestellt werden, wenn
1. dies aus besonderen Gründen geboten ist,
2. die Mitwirkung eines Beistands eilbedürftig ist und
3. die Bewilligung von Prozeßkostenhilfe möglich erscheint, eine rechtzeitige Entscheidung hierüber aber nicht zu erwarten ist.

²Für die Bestellung gelten § 142 Abs. 1 und § 162 entsprechend. ³Die Bestellung endet, wenn nicht innerhalb einer vom Richter zu bestimmenden Frist ein Antrag auf Bewilligung von Prozeßkostenhilfe gestellt oder wenn die Bewilligung von Prozeßkostenhilfe abgelehnt wird.

I. Allgemeines

Die Vorschrift **erweitert** die jedem Verletzten gem. § 406f zustehenden **Befugnisse** für diejenigen Verletzten, die nach § 395 oder § 80 Abs. 3 JGG grundsätzlich befugt wären, sich mit der 1

---

[29] Anw-StPO/*Kauder* Rn. 1; KK-StPO/*Engelhardt* Rn. 4.
[30] BVerfG v. 12. 4. 1983 – 2 BvR 307/83, NStZ 1983, 374 (375); LG Hildesheim v. 27. 4. 1987 – 12 Ks 17 Js 2628/86, NdsRpfl. 1987, 159 (160).
[31] OLG Düsseldorf v. 27. 8. 1992 – V 21/88, StV 1993, 142; OLG Stuttgart v. 13. 2. 1992 – 2 StE 2/91, NStZ 1992, 340 (341); LG Hannover v. 9. 2. 1987 – 31 Qs 10/87, StV 1987, 526 f.; aA LG Köln v. 26. 6. 1997 – 102-30/97, StraFo 1997, 308 (309).
[32] Löwe/Rosenberg/*Hilger* Vor § 406d Rn. 6; *Dähn*, FS Lenckner, 1998, S. 671 (674 f.); aA *Eisenberg* § 48 JGG Rn. 16.

Nebenklage der erhobenen öffentlichen Klage anzuschließen,[1] dies jedoch (noch) nicht getan haben. Es handelt sich hierbei um Befugnisse, die auf die spezielle Interessenlage dieser Gruppe von Verletzten abgestimmt sind.[2] Dementsprechend scheidet eine analoge Anwendung der Vorschrift zugunsten von solchen Verletzten aus, die nicht nebenklagebefugt sind.[3] § 406g räumt dem zur Nebenklage befugten Verletzten ein Anwesenheitsrecht für die **gesamte** Hauptverhandlung ein. Infolgedessen hat auch sein Beistand gegenüber dem allgemeinen Verletztenbeistand erweiterte Anwesenheitsrechte. Darüber hinaus sieht § 406g – im Gegensatz zu § 406f – ausdrücklich die Möglichkeit der Gewährung von **Prozesskostenhilfe** und der einstweiligen Bestellung eines Beistands vor. Schließlich wird der zur Nebenklage berechtigte Verletzte gegenüber den übrigen Verletzten dadurch privilegiert, dass die Kosten seines Beistands vom Beschuldigten zu tragen sind.

2 Das Gesetz zur Stärkung der Rechte von Verletzten und Zeugen im Strafverfahren (2. Opferrechtsreformgesetz)[4] hat die Vorschrift **neu gefasst**. Die Rechte, die dem Nebenklagebefugten selbst zustehen, sind in Abs. 1 benannt. Abs. 2 regelt die Befugnisse des Rechtsanwalts, der von der nebenklagebefugten Person als Beistand hinzugezogen oder von ihr mit ihrer Vertretung beauftragt wurde.[5]

II. Befugnisse des nebenklagebefugten Verletzten und des Beistands (Abs. 1 u. 2)

3 **1. Befugnisse des Nebenklagebefugten (Abs. 1).** In jeder Lage des Verfahrens hat der zur Nebenklage Befugte das Recht, sich des **Beistands** eines Rechtsanwalts zu bedienen oder sich von einem Rechtsanwalt **vertreten** zu lassen (Abs. 1 S. 1). Zudem ist der Nebenklageberechtigte nach Abs. 1 S. 2 befugt, uneingeschränkt an der **gesamten Hauptverhandlung teilzunehmen.** Das Recht des Nebenklagebefugten, an der gesamten Hauptverhandlung teilzunehmen, geht den Regelungen des § 58 Abs. 1 S. 1 und des § 243 Abs. 2 S. 1 vor, nach denen Zeugen grundsätzlich in Abwesenheit der später zu hörenden Zeugen zu vernehmen sind.[6] Der Nebenklagebefugte ist auch bei einem **Ausschluss der Öffentlichkeit** zur Teilnahme an der Hauptverhandlung berechtigt.[7] Ein Anwesenheitsrecht des Nebenklagebefugten bei richterlichen Vernehmungen und bei der Einnahme richterlichen Augenscheins besteht nicht.[8] Nach Abs. 1 S. 4 ist jeder Nebenklagebefugte von der Hauptverhandlung **zu benachrichtigen.**

4 Die besonderen Befugnisse des nebenklageberechtigten Verletzten sind nicht von einer **Anschlusserklärung** und der Zulassung als Nebenkläger abhängig.[9] Es kommt nicht darauf an, ob eine Zulassung als Nebenkläger (noch) nicht erfolgen konnte, weil eine öffentliche Klage noch nicht erhoben, oder eine mögliche Anschlusserklärung aus sonstigen Gründen unterblieben ist. Entscheidend ist es allein, dass im **Ermittlungsverfahren** zumindest der Anfangsverdacht einer Straftat besteht, die nach § 395 oder § 80 Abs. 3 JGG zum Anschluss berechtigt.[10] Der Täter muss noch nicht ermittelt sein.[11] Ist die Tat eine fahrlässige Körperverletzung (§ 229 StGB), so ist das Vorliegen der besonderen Voraussetzungen des § 395 Abs. 3 auf Grundlage der im Zeitpunkt der Entscheidung erkennbaren Tatsachen zu prüfen.[12] Im Übrigen muss bei Antragsdelikten ein Strafantrag nicht gestellt, aber noch möglich sein.[13] Dies gilt auch für das Klageerzwingungsverfahren.[14] In der **Hauptverhandlung** kommt es darauf an, ob das Hauptverfahren auch wegen einer in § 395 oder § 80 Abs. 3 JGG genannten Tat eröffnet ist.

5 Die Frage, ob die **Befugnis** zum Anschluss als Nebenkläger nach § 395 oder § 80 Abs. 3 JGG besteht (Abs. 1 S. 3), ist nur, aber stets dann zu entscheiden, wenn eine Person oder für sie ein Rechtsanwalt **erstmals** eine nur nach § 406g bestehende Befugnis ausüben will.[15] Die Entscheidung ergeht nach Anhörung der Person und der Staatsanwaltschaft; im Hinblick auf eine spätere Zulassung als Nebenkläger hat eine solche Entscheidung **keine Bindungswirkung.**[16]

6 **2. Befugnisse des Beistands (Abs. 2).** Der anwaltliche Beistand ist gem. Abs. 2 S. 1 1. Hs. zur **Anwesenheit** in der **gesamten Hauptverhandlung** berechtigt. Dass sich die Anwesenheitsbefugnis des

---

[1] Anw-StPO/*Kauder* Rn. 1; HK-StPO/*Kurth* Rn. 1.
[2] BT-Drucks. 10/5305, S. 19 f.; Löwe/Rosenberg/*Hilger* Rn. 1.
[3] Löwe/Rosenberg/*Hilger* Rn. 1.
[4] Vom 29. 7. 2009, BGBl. I S. 280.
[5] BT-Drucks. 16/12098, S. 37.
[6] BT-Drucks. 16/12098, S 37.
[7] Meyer-Goßner Rn. 1.
[8] Vgl. aber u. Rn. 9.
[9] HK-StPO/*Kurth* Rn. 2; Meyer-Goßner Rn. 1.
[10] BT-Drucks. 10/5305, S. 20; KK-StPO/*Engelhardt* Rn. 2; Löwe/Rosenberg/*Hilger* Rn. 6.
[11] LG Baden-Baden v. 19. 5. 1999 – 1 Qs 80/99, NStZ-RR 2000, 52 (53).
[12] Löwe/Rosenberg/*Hilger* Rn. 6; Meyer-Goßner Rn. 3.
[13] Rieß NStZ 1989, 102 (105); KMR/*Stöckel* Rn 6.
[14] OLG Hamm v. 21. 10. 1999 – 2 Ws 109/99, NStZ-RR 2000, 244.
[15] BT-Drucks. 10/5305, S. 20; KK-StPO/*Engelhardt* Rn. 2.
[16] HK-StPO/*Kurth* Rn. 11; KK-StPO/*Engelhardt* Rn. 2.

Rechtsanwalts auch auf die nichtöffentlichen Teile der Hauptverhandlung erstreckt, folgt daraus, dass insoweit auch der Nebenklagebefugte selbst anwesenheitsbefugt ist.[17] Es versteht sich von selbst, dass dem anwaltlichen Beistand des Nebenklagebefugten die Rechte des allgemeinen Verletztenbeistands nach § 406 f zustehen.[18] Weitergehende Mitwirkungsrechte in der Hauptverhandlung stehen dem anwaltlichen Beistand des Nebenklagebefugten allerdings nicht zu. Der Vorsitzende kann es ihm jedoch gestatten, einzelne Fragen zu stellen.[19]

Allein wenn der Nebenklagebefugte nicht selbst zum Termin zur Hauptverhandlung erscheint, ist Abs. 2 S. 1 2. Hs. von praktischer Relevanz. Ist in diesen Fällen die **Nebenklagebefugnis zweifelhaft**, entscheidet das Gericht über das Anwesenheitsrecht nach Anhörung des Rechtsanwalts und der Staatsanwaltschaft.[20]

Der Rechtsanwalt ist nach Abs. 2 S. 2 **stets** von dem Termin zur Hauptverhandlung **zu benachrichtigen**, wenn seine Wahl dem Gericht angezeigt ist oder er als Beistand bestellt worden ist. Mangels einer gesetzlichen Regelung kann der Rechtsanwalt nicht von der Anwesenheit in der Hauptverhandlung ausgeschlossen werden.[21]

Nach Abs. 2 S. 3 iVm. S. 1 ist der Rechtsanwalt des Nebenklagebefugten ebenfalls zur Anwesenheit bei allen **richterlichen Vernehmungen** und Teilnahme an jedem **richterlichen Augenschein,**[22] namentlich im Ermittlungs- und im Wiederaufnahmeverfahren[23] berechtigt. Dieses Anwesenheitsrecht besteht auch außerhalb der Hauptverhandlung, etwa bei der kommissarischen Vernehmung durch einen beauftragten Richter. Von solchen Terminen ist der Rechtsanwalt nach Abs. 2 S. 3 zu benachrichtigen, wenn seine Wahl dem Gericht angezeigt ist oder er als Beistand bestellt worden ist. Allerdings besteht bei richterlichen Vernehmungen und beim richterlichen Augenschein das Anwesenheitsrecht des Rechtsanwalts **nicht uneingeschränkt.** Besteht die Gefahr, dass die Anwesenheit oder die Benachrichtigung des Rechtsanwalts den Untersuchungserfolg **konkret** gefährden[24] könnte, unterbleibt die Benachrichtigung. Eine konkrete Gefährdung des Untersuchungserfolgs liegt etwa dann vor, wenn bei Anwesenheit des Rechtsanwalts zu befürchten ist, dass die zu vernehmende Person keine wahrheitsgemäßen Angaben machen wird.[25] Bestehen Zweifel, ist der Beistand auszuschließen.[26] Ein Ausschluss des Beistands aus anderen Gründen ist mangels gesetzlicher Regelung nicht zulässig, insbesondere finden die §§ 177 ff. GVG keine Anwendung.[27]

Ein Rechtsanwalt, der sich als nebenklageberechtigter Verletzter selbst vertritt, ist nicht Beistand und hat daher lediglich die Befugnisse nach Abs. 1.[28] Er ist dementsprechend auch nicht von Terminen zu richterlichen Vernehmungen und zur Einnahme des richterlichen Augenscheins zu benachrichtigen.

III. Bestellung eines Beistands und Prozesskostenhilfe (Abs. 3)

1. Bestellung eines Beistands (Abs. 3 S. 1 Nr. 1). Dem nebenklagebefugten Verletzten einer in § 397 a Abs. 1 Nr. 1–4 genannten Straftat ist nach Abs. 3 S. 1 Nr. 1 iVm. § 397 Abs. 1 auf seinen Antrag **zwingend** ein Rechtsanwalt als Beistand zu bestellen. Es kommt hierfür nicht darauf an, ob die Voraussetzungen für die Bewilligung von Prozesskostenhilfe vorliegen oder dem Verletzten die Ausübung seiner Rechte selbst möglich oder zumutbar ist.[29] Der Beistand ist auch dann zu bestellen, wenn ein Schutzbedürfnis des Verletzten nicht offensichtlich ist.[30] Der bloße Anfangsverdacht der Begehung eines qualifizierten Nebenklagedelikts nach § 397 a Abs. 1 Nr. 1–4 kann die Bestellung eines Beistands jedoch nicht rechtfertigen.[31] Erforderlich ist ein dynamisch am jeweiligen Verfahrensstand orientierter „ermittlungsfähiger" Tatverdacht, der die Weiterführung des vorbereitenden Verfahrens gestattet und auf Grund dessen jedenfalls die Möglichkeit besteht, dass der für eine spätere Anklageerhebung notwendige hinreichende Tatverdacht noch begründet werden kann.[32]

---

[17] BT-Drucks. 16/12098, S. 37; Löwe/Rosenberg/*Hilger* Rn. 9.
[18] BT-Drucks. 10/5305, S. 20; zu den Einzelheiten s. o. § 406 f Rn. 3 ff.
[19] BGH v. 11. 11. 2004 – 1 StR 424/04, NStZ 2005, 222.
[20] BT-Drucks. 16/12098, S. 38.
[21] S. o. § 406 f Rn. 4.
[22] KMR/*Stöckel* Rn. 10.
[23] Löwe/Rosenberg/*Hilger* Rn. 10.
[24] S. o. § 406 e Rn. 12.
[25] HK-StPO/*Kurth* Rn. 8; KMR/*Stöckel* Rn. 11.
[26] HK-StPO/*Kurth* Rn. 8.
[27] HK-StPO/*Kurth* Rn. 7.
[28] KMR/*Stöckel* Rn. 11.
[29] KMR/*Stöckel* Rn. 17.
[30] Löwe/Rosenberg/*Hilger* Rn. 16.
[31] OLG Hamburg v. 10. 5. 2005 – 2 Ws 28/05, NStZ-RR 2007, 280.
[32] OLG Hamburg v. 10. 5. 2005 – 2 Ws 28/05, NStZ-RR 2007, 280.

12 2. **Bewilligung von Prozesskostenhilfe (Abs. 3 S. 1 Nr. 2).** Liegt kein Fall des Abs. 3 S. 1 Nr. 1 vor, kann – **subsidiär** – dem zur Nebenklage befugten Verletzten auf Antrag entsprechend § 397a iVm. § 397 Abs. 1 Prozesskostenhilfe für die Hinzuziehung eines Rechtsanwalts bewilligt werden. Aus dem Verweis auf die entsprechende Geltung von § 397a folgt, dass neben dem wirtschaftlichen Unvermögen die Unfähigkeit zur Wahrnehmung der Interessen vorliegen muss.[33] Auf die Erfolgsaussichten einer Nebenklage und die Beteiligung des Nebenklagebefugten kommt es hingegen entsprechend § 397a Abs. 2 S. 3 nicht an.[34] Die Prozesskostenhilfe wird nur für die Beiordnung des Rechtsanwalts gewährt, nicht für sonstige Kosten des Nebenklagebefugten.[35]

IV. Einstweiliger Verletztenbeistand (Abs. 4)

13 Dem Nebenklagebefugten kann in **Sondersituationen** ein einstweiliger Verletztenbeistand bestellt werden. Eine solche Sondersituation besteht etwa, wenn zu Beginn des Ermittlungsverfahrens aus Gründen der Beweissicherung Vernehmungen und Augenscheinnahmen erforderlich werden, bei denen die Mitwirkung eines Rechtsanwalts sachdienlich erscheint, oder wenn der Verletzte nicht der nach § 397a Abs. 1 iVm. § 406f Abs. 3 S. 1 Nr. 1 privilegierten Gruppe angehört, ein besonderes Bedürfnis besteht, alsbald anwaltlichen Beistand zu erhalten, und das Verfahren über die Bewilligung von Prozesskostenhilfe nicht rechtzeitig durchgeführt werden kann.[36]

14 **Voraussetzung** für die Bestellung eines einstweiligen Verletztenbeistands ist zunächst der **Antrag** eines Nebenklagebefugten, der nicht zu der nach § 406f Abs. 3 S. 1 iVm. § 397a Abs. 1 Nr. 1 privilegierten Gruppe gehört. Hinzutreten müssen nach Abs. 4 S. 1 Nr. 1 **besondere Gründe**, zB. eine besondere Schutz- und Beistandsbedürftigkeit, nach Abs. 4 S. 1 Nr. 2 **Eilbedürftigkeit** und schließlich die **Möglichkeit** der Bewilligung von Prozesskostenhilfe, die aber nicht rechtzeitig zu erwarten ist (Abs. 4 S. 1 Nr. 3).[37] Die Stellung eines Antrags auf Prozesskostenhilfe ist nicht vorausgesetzt, wohl aber sind Anhaltspunkte für ein wirtschaftliches Unvermögen des Verletzten erforderlich.[38] Nach S. 3 kann dem Verletzten eine Frist für die Stellung des Prozesskostenhilfeantrags gesetzt werden.

15 Die **einstweilige Bestellung endet,** wenn der Verletzte nicht innerhalb der ihm gesetzten Frist einen Prozesskostenhilfeantrag stellt oder wenn die Bewilligung von Prozesskostenhilfe abgelehnt wird (Abs. 4 S. 3). Das Ende der Bestellung ist vom zuständigen Richter ausdrücklich auszusprechen.[39]

V. Zuständigkeit

16 Ist es zweifelhaft, ob eine Person nebenklageberechtigt und zur Anwesenheit in der Hauptverhandlung berechtigt ist, entscheidet das **Gericht** nach der Gewährung von rechtlichem Gehör (Abs. 1 S. 3 bzw. Abs. 2 S. 1 2. Hs. iVm. Abs. 1 S. 3). Anzuhören sind ausschließlich die die Anwesenheit in der Hauptverhandlung begehrende Person und die Staatsanwaltschaft bzw. im Fall des Abs. 2 S. 1 2. Hs. iVm. Abs. 1 S. 3 der Rechtsanwalt, nicht aber der Beschuldigte und sein Verteidiger.[40] Im Übrigen entscheidet der **Richter** oder **Staatsanwalt**, der den Termin leitet.[41] Diese Zuständigkeiten bestehen entsprechend für die Entscheidung, ob dem Rechtsanwalt die Anwesenheit bei richterlichen Vernehmungen und beim richterlichen Augenschein wegen einer konkreten Gefährdung des Untersuchungserfolgs zu versagen ist und eine Benachrichtigung vom Termin unterbleibt. In der Hauptverhandlung entscheidet hierüber der **Vorsitzende.**[42]

17 Über die Bewilligung von **Prozesskostenhilfe** nach Abs. 3 S. 1 Nr. 2 entscheidet im **Ermittlungsverfahren** nach Abs. 3 S. 2 iVm. § 162 der Ermittlungsrichter beim Amtsgericht, in der Hauptverhandlung der Vorsitzende des mit der Sache befassten Gerichts.[43]

18 Zuständig für die Beiordnung eines **einstweiligen Verletztenbeistands** ist im Ermittlungsverfahren nach Abs. 4 S. 2 iVm. § 162 der **Ermittlungsrichter** beim Amtsgericht, nach Anklageerhebung entscheidet der **Vorsitzende** des mit der Sache befassten Gerichts.[44]

---

[33] Vgl. oben § 397a Rn. 9.
[34] Löwe/Rosenberg/*Hilger* Rn. 18.
[35] Löwe/Rosenberg/*Hilger* Rn. 22.
[36] BT-Drucks. 10/5305, S. 20; HK-StPO/*Kurth* Rn. 13.
[37] HK-StPO/*Kurth* Rn. 13 ff.
[38] Meyer-Goßner Rn. 10.
[39] Meyer-Goßner Rn. 12.
[40] Meyer-Goßner Rn. 1.
[41] Anw-StPO/*Kauder* Rn. 2; Meyer-Goßner Rn. 3.
[42] Löwe/Rosenberg/*Hilger* Rn. 12.
[43] Meyer-Goßner Rn. 11.
[44] Meyer-Goßner Rn. 11.

VI. Rechtsbehelfe und Revision

Die Entscheidung des Gerichts nach Abs. 1 S. 3 1. Hs. über die Anwesenheit des zur Nebenklage befugten Verletzten ist **unanfechtbar** (Abs. 1 S. 3 2. Hs.). Entscheidungen des Gerichts über das Anwesenheitsrecht des Rechtsanwalts in der Hauptverhandlung nach Abs. 1 S. 3 2. Hs. sowie bei richterlichen Vernehmungen und der Einnahme richterlichen Augenscheins nach Abs. 2 S. 3 sind unanfechtbar (Abs. 2 S. 2. Hs. iVm. Abs. 1 S. 3 2. Hs. bzw. Abs. 2 S. 3 iVm. Abs. 1 S. 3 2. Hs.). Unanfechtbar ist ebenfalls die Entscheidung über die Versagung von Prozesskostenhilfe.[45] Nur im Einzelfall kann die fehlerhafte Anwendung des § 406g Abs. 2 die **Revision** begründen, etwa im Falle einer fehlerhaften Zurückweisung einer Frage in der Hauptverhandlung oder des fehlerhaften Ausschlusses des Beistands aus einer öffentlichen Verhandlung.[46]

VII. Kosten

Die Kosten des anwaltlichen Beistands eines Nebenklagebefugten werden – im Gegensatz zu den Kosten des allgemeinen Verletztenbeistands nach § 406f – wie Nebenklagekosten behandelt. Sie sind dementsprechend von dem verurteilten **Angeklagten** oder dem Beschuldigten zu tragen, der das Rechtsmittel erfolglos eingelegt oder zurückgenommen hat, wenn Gegenstand des Verfahrens eine Tat ist, die den Verletzten betrifft (§§ 472 Abs. 3 S. 1, 473 Abs. 1 S. 2).[47]

VIII. Besondere Verfahrensarten

§ 406g findet im **Jugendstrafverfahren** Anwendung, sofern der Verletzte dort nach § 80 Abs. 3 JGG zur Nebenklage befugt ist. Auch wenn § 80 Abs. 3 JGG, der durch das Zweite Gesetz zur Modernisierung der Justiz (2. Justizmodernisierungsgesetz)[48] neu gefasst worden ist und für bestimmte Verbrechen den Anschluss als Nebenkläger zulässt, in § 406g Abs. 1 nicht erwähnt ist, ist insofern auch im Jugendstrafverfahren die Bestellung eines Verletztenbeistands möglich.[49] Abs. 1 findet auch im **Sicherungsverfahren** Anwendung (vgl. § 395 Abs. 1).[50]

§ 406h [Hinweis auf Befugnisse]

¹Verletzte sind möglichst frühzeitig, regelmäßig schriftlich und soweit möglich in einer für sie verständlichen Sprache auf ihre aus den §§ 406d bis 406g folgenden Befugnisse und insbesondere auch darauf hinzuweisen, dass sie

1. sich unter den Voraussetzungen der §§ 395 und 396 dieses Gesetzes oder des § 80 Absatz 3 des Jugendgerichtsgesetzes der erhobenen öffentlichen Klage mit der Nebenklage anschließen und dabei nach § 397a beantragen können, dass ihnen ein anwaltlicher Beistand bestellt oder für dessen Hinzuziehung Prozesskostenhilfe bewilligt wird,
2. nach Maßgabe der §§ 403 bis 406c dieses Gesetzes und des § 81 des Jugendgerichtsgesetzes einen aus der Straftat erwachsenen vermögensrechtlichen Anspruch im Strafverfahren geltend machen können,
3. nach Maßgabe des Opferentschädigungsgesetzes einen Versorgungsanspruch geltend machen können,
4. nach Maßgabe des Gewaltschutzgesetzes den Erlass von Anordnungen gegen den Beschuldigten beantragen können sowie
5. Unterstützung und Hilfe durch Opferhilfeeinrichtungen erhalten können, etwa in Form einer Beratung oder einer psychosozialen Prozessbegleitung.

²Liegen die Voraussetzungen einer bestimmten Befugnis im Einzelfall offensichtlich nicht vor, kann der betreffende Hinweis unterbleiben. ³Gegenüber Verletzten, die keine zustellungsfähige Anschrift angegeben haben, besteht keine Hinweispflicht. ⁴Die Sätze 1 und 3 gelten auch für Angehörige und Erben von Verletzten, soweit ihnen die entsprechenden Befugnisse zustehen.

I. Allgemeines

Die Vorschrift begründet die zwingende Pflicht, den Verletzten u. a. auf seine Befugnisse nach den §§ 406d bis 406g sowie nach den §§ 395 und 397a hinzuweisen (S. 1). Die Ausgestaltung von S. 1

---

[45] *Meyer-Goßner* Rn. 11.
[46] Löwe/Rosenberg/*Hilger* Rn. 29.
[47] Löwe/Rosenberg/*Hilger* Rn. 15.
[48] Vom 22. 12. 2006, BGBl. I S. 3416.
[49] KMR/*Stöckel* Rn. 5a; *Meyer-Goßner* Rn. 7; vgl. zur früheren Rechtslage BGH v. 20. 11. 2002 – 1 StR 353/02, StraFo 2003, 58; KG v. 16. 3. 2006 – 4 WS 44-45/06, NStZ-RR 2007, 28.
[50] Vgl. schon LG Ravensburg v. 9. 6. 1994 – 1 Ks 2/94 Sich., NStZ 1995, 303.

als „Muss-Vorschrift" entspricht der ursprünglichen Fassung der Norm. Durch das Gesetz zur Entlastung der Rechtspflege[1] war die Bestimmung vorübergehend in eine „Soll-Vorschrift" umgestaltet worden. Anlass waren die erheblichen praktischen Schwierigkeiten, in Großverfahren mit einer Vielzahl von Verletzten der Hinweispflicht gegenüber allen in Betracht kommenden Verletzten faktisch nachzukommen.[2] Trotz dieser nach wie vor bestehenden praktischen Schwierigkeit ist mit dem Gesetz zur Verbesserung der Rechte von Verletzten im Strafverfahren (Opferrechtsreformgesetz)[3] die Hinweispflicht zu Recht wieder zwingend ausgestaltet worden. Belastungen, die den Strafverfolgungsbehörden und den Strafgerichten dadurch entstehen können, dass eine Vielzahl von Verletzten ihre Befugnisse tatsächlich ausüben, rechtfertigen es daher nicht, die Hinweispflichten nicht zu erfüllen.[4] Der Verletzte muss seine Rechte kennen, um sie geltend machen zu können.[5] Dementsprechend sind in der Neufassung der Vorschrift durch das Gesetz zur Stärkung der Rechte von Verletzten und Zeugen im Strafverfahren (2. Opferrechtsreformgesetz)[6] die Hinweispflichten abermals erweitert worden.

II. Hinweispflichten

2   1. **Allgemeine Hinweise (S. 1 1. Hs.).** Nach S. 1 1. Hs. sind Verletzte zwingend auf die aus den §§ 406 d bis 406 g folgenden Befugnisse hinzuweisen, nämlich das Recht auf Mitteilung nach § 406 d, auf Akteneinsicht gem. § 406 e, auf Beistand nach § 406 f Abs. 1 und auf Hinzuziehung einer Vertrauensperson gem. § 406 f Abs. 3.

3   2. **Weitere Hinweispflichten (S. 1 2. Hs.).** In S. 1 2. Hs. werden in den Nr. 1 bis 5 weitere Verletzten zustehende Befugnisse und ihnen zur Verfügung stehende Optionen exemplarisch benannt, auf die ebenfalls **zwingend** hinzuweisen ist. Aus der Formulierung „insbesondere" folgt, dass es im Einzelfall auch erforderlich sein kann, Verletzte über weitere Möglichkeiten zu informieren.[7] Insofern kommen etwa der Hinweis auf eine mögliche Unterbringung in einem Frauenhaus oder die Beantragung einer Auskunftssperre beim Einwohnermeldeamt in Betracht.

4   Der Verletzte ist nach S. 1 2. Hs. **Nr. 1** stets auf die Möglichkeit hinzuweisen, sich unter den Voraussetzungen der §§ 395 und 396 oder des § 80 Abs. 3 JGG der erhobenen öffentlichen Klage als Nebenkläger anschließen und gem. § 397 a die Bestellung eines Rechtsanwalts or ür dessen Hinzuziehung Prozesskostenhilfe beantragen zu können.[8]

5   Auf die Möglichkeit des Adhäsionsverfahrens (§§ 403 ff.) ist nach S. 1 2. Hs. **Nr. 2** hinzuweisen. Der Hinweis muss beinhalten, dass ein Strafverfahren anhängig ist und die Möglichkeit besteht, den Entschädigungsanspruch in diesem Verfahren geltend zu machen.[9]

6   S. 1 2. Hs. **Nr. 3** enthält eine Hinweispflicht auf mögliche Versorgungsansprüche nach dem Opferentschädigungsgesetz, die in Betracht kommen, wenn der Verletzte durch eine Straftat eine schwere gesundheitliche Schädigung erlitten hat. Der Hinweis soll die Kenntnis des Verletzten von der Existenz dieses häufig unbekannten Anspruchs sicherstellen.[10]

7   Das gleiche Ziel verfolgt der Gesetzgeber mit S. 1 2. Hs. **Nr. 4,** der eine Hinweispflicht auf das Gewaltschutzgesetz normiert. Dem Verletzten ist Kenntnis von der nach dem Gewaltschutzgesetz bestehenden Möglichkeit zu vermitteln, zum Schutz vor weiteren Beeinträchtigungen den Erlass einstweiliger Anordnungen beantragen zu können.[11]

8   Schließlich ist gem. S. 1 2. Hs. **Nr. 5** auf die Möglichkeit hinzuweisen, Hilfe und Unterstützung auch durch Opferschutzverbände zu erhalten. Der Hinweis muss so konkret wie möglich gefasst sein[12] und sowohl örtliche und überörtliche Opferhilfeeinrichtungen als auch deren Unterstützungsangebote nennen.[13]

9   3. **Ausnahmen von der Hinweispflicht (S. 2 u. 3).** Ist von vornherein **offensichtlich**, dass die Voraussetzungen einer bestimmten Befugnis nicht vorliegen, etwa das Opfer im Falle des S. 1 2. Hs. Nr. 3 keine gesundheitliche Schädigung erlitten hat, bestimmt **S. 2,** dass in diesen Fällen Hinweise

---

[1] Vom 11. 1. 1993, BGBl. I S. 50.
[2] *Siegismund/Wickern* wistra 1993, 81 (89 f.); Anw-StPO/*Kauder* Rn. 1; vgl. auch *Wenske* NStZ 2008, 434 (437).
[3] Vom 24. 6. 2004, BGBl. I S. 1354.
[4] Löwe/Rosenberg/*Hilger* Rn. 2; aA KMR/*Stöckel* Rn. 1.
[5] KK-StPO/*Engelhardt* Rn. 1.
[6] Vom 29. 7. 2009, BGBl. I S. 2280.
[7] BT-Drucks. 16/12098, S. 39.
[8] Löwe/Rosenberg/*Hilger* Rn. 2.
[9] *Meyer-Goßner* Rn. 9.
[10] BT-Drucks. 16/12098, S. 39.
[11] BT-Drucks. 16/12098, S. 39.
[12] KK-StPO/*Engelhardt* Rn. 5.
[13] BT-Drucks. 16/12098, S. 63 f.

unterbleiben können.¹⁴ Entbehrlich ist ein Hinweis auch insoweit, als der Verletzte seine Befugnisse bereits ausgeübt hat oder ausübt.¹⁵

Die Hinweispflichten gegenüber dem Verletzten entfallen nach S. 3, wenn der Verletzte unter seiner angegebenen Anschrift **nicht zu erreichen** ist. Die Hinweise sind jedoch an den anwaltlichen Beistand oder Rechtsanwalt des Verletzten zu richten, wenn der Verletzte anwaltlich vertreten, aber unter seiner Anschrift nicht erreichbar ist. Etwa mangelnde Kenntnisse seines anwaltlichen Vertreters dürfen dem Verletzten nicht zum Nachteil gereichen. 10

Die aktenführende Stelle ist **nicht verpflichtet,** Nachforschungen nach unbekannten Verletzten anzustellen. Die Hinweise sind nur an solche Verletzte zu erteilen, die im Laufe der Ermittlungen bekannt werden. Allein um die Hinweise nach § 406h erteilen zu können, braucht nicht nach unbekannten oder nicht näher bestimmbaren Verletzten geforscht zu werden.¹⁶ 11

III. Zuständigkeit und Form

Zuständig für die Erteilung der Hinweise ist die **aktenführende Stelle.** Im Ermittlungsverfahren ist dies die Staatsanwaltschaft, nach Erhebung der öffentlichen Klage das Gericht.¹⁷ Die Hinweise haben nach S. 1 1. Hs. „so früh wie möglich" zu erfolgen. Stellt der Verletzte Strafanzeige nach § 158 Abs. 1, muss der Hinweis bereits zu diesem Zeitpunkt, spätestens aber im Rahmen der ersten Zeugenvernehmung erfolgen.¹⁸ 12

Die Hinweise erfolgen nach S. 1 1. Hs. regelmäßig in schriftlicher **Form,** damit sie dem Verletzten dauerhaft zur Verfügung stehen.¹⁹ In der Praxis geschieht dies meist durch Übergabe eines entsprechenden Merkblatts.²⁰ Dieses muss inhaltlich nicht als eine in alle Einzelheiten gehende Belehrung ausgestaltet sein, jedoch müssen dem Verletzten seine Befugnisse aufgezeigt werden und muss ihm deutlich gemacht werden, dass er diese ausüben kann.²¹ Mündliche Erläuterungen genügen diesen Anforderungen in der Regel nicht, weil es dem Verletzten häufig situationsbedingt nicht möglich ist, diese vollständig zu erfassen.²² 13

Schließlich schreibt S. 1 1. Hs. vor, dass die Hinweise soweit wie möglich in einer für den Verletzten verständlichen Sprache zu erteilen sind. Die dem Verletzten zu übergebenden Merkblätter müssen in allen Sprachen bereit gehalten werden, welche von Verletzten, die in Deutschland Strafanzeige erstatten, häufig gesprochen werden.²³ 14

Entbehrlich sind die nach S. 1 gebotenen Hinweise auch dann nicht, wenn der Verletzte einzelne Befugnisse bereits ausgeübt hat oder ausübt. Die erfolgte Belehrung ist **aktenkundig zu machen.**²⁴ 15

IV. Rechtsbehelf und Revision

Nach überwiegender Auffassung soll eine **Wiedereinsetzung** in den vorherigen Stand nach § 44 **nicht** zu bewilligen sein, wenn die gebotenen Hinweise unterblieben sind und der Verletzte deshalb eine Frist versäumt hat.²⁵ Dies wird mit einem Hinweis auf die §§ 398, 399 begründet, wonach das Verfahren grundsätzlich nicht wegen der Beteiligung des Verletzten verzögert werden solle.²⁶ Ein **Verstoß** gegen § 406h ist **nicht revisibel.**²⁷ 16

---

[14] Anw-StPO/*Krekeler* Rn. 10.
[15] Löwe/Rosenberg/*Hilger* Rn. 2.
[16] *Meyer-Goßner* Rn. 6.
[17] KK-StPO/*Engelhardt* Rn. 2.
[18] Löwe/Rosenberg/*Hilger* Rn. 3; *Meyer-Goßner* Rn. 3.
[19] BT-Drucks. 16/12098, S. 38.
[20] *Meyer-Goßner* Rn. 4.
[21] Löwe/Rosenberg/*Hilger* Rn. 3.
[22] BT-Drucks. 16/12098, S. 38.
[23] BT-Drucks. 16/12098, S. 38 f.
[24] Löwe/Rosenberg/*Hilger* Rn. 5.
[25] BVerfG v. 9. 10. 2007 – 2 BvR 1671/07; *Wenske* NStZ 2008, 434 (435).
[26] Löwe/Rosenberg/*Hilger* Rn. 6.
[27] *Neuhaus* StV 2004, 620 (621); *Meyer-Goßner* Rn. 8.

SECHSTES BUCH. BESONDERE ARTEN DES VERFAHRENS

Erster Abschnitt. Verfahren bei Strafbefehlen

§ 407 [Voraussetzungen]

(1) ¹Im Verfahren vor dem Strafrichter und im Verfahren, das zur Zuständigkeit des Schöffengerichts gehört, können bei Vergehen auf schriftlichen Antrag der Staatsanwaltschaft die Rechtsfolgen der Tat durch schriftlichen Strafbefehl ohne Hauptverhandlung festgesetzt werden. ²Die Staatsanwaltschaft stellt diesen Antrag, wenn sie nach dem Ergebnis der Ermittlungen eine Hauptverhandlung nicht für erforderlich erachtet. ³Der Antrag ist auf bestimmte Rechtsfolgen zu richten. ⁴Durch ihn wird die öffentliche Klage erhoben.

(2) ¹Durch Strafbefehl dürfen nur die folgenden Rechtsfolgen der Tat, allein oder nebeneinander, festgesetzt werden:
1. Geldstrafe, Verwarnung mit Strafvorbehalt, Fahrverbot, Verfall, Einziehung, Vernichtung, Unbrauchbarmachung, Bekanntgabe der Verurteilung und Geldbuße gegen eine juristische Person oder Personenvereinigung,
2. Entziehung der Fahrerlaubnis, bei der die Sperre nicht mehr als zwei Jahre beträgt, sowie
3. Absehen von Strafe.

²Hat der Angeschuldigte einen Verteidiger, so kann auch Freiheitsstrafe bis zu einem Jahr festgesetzt werden, wenn deren Vollstreckung zur Bewährung ausgesetzt wird.

(3) Der vorherigen Anhörung des Angeschuldigten durch das Gericht (§ 33 Abs. 3) bedarf es nicht.

Schrifttum: *Eser*, Das rechtliche Gehör im Strafbefehls- und Strafverfügungsverfahren, JZ 1966, 660; *Fezer*, Zur Zukunft des Strafbefehlsverfahrens, FS Baumann, 1992, S. 395; *Martin*, Freiheitsstrafen beim Ausbleiben des Angeklagten?, GA 1995, 121; *Meurer*, Der Strafbefehl, JuS 1987, 882; *Ranft*, Grundzüge des Strafbefehlsverfahrens, JuS 2000, 633; *Siegismund/Wickern*, Das Gesetz zur Entlastung der Rechtspflege (Teil 1), wistra 1993, 81; *Siegismund/Wickern*, Das Gesetz zur Entlastung der Rechtspflege (Teil 2), wistra 1993, 136.

I. Allgemeines

1. Besonderheit des Strafbefehlsverfahrens. Das Strafbefehlsverfahren ist ein **summarisches Verfahren**,¹ das eine einseitige Straffestsetzung ohne Hauptverhandlung und Urteil ermöglicht² und somit den sonst den deutschen Strafprozess beherrschenden Grundsatz, dass Rechtsfolgen im Strafverfahren nur aufgrund einer mündlichen Verhandlung (iSd. Hauptverhandlung) festgesetzt werden dürfen, durchbricht.³ Diese Verfahrensart dient der **beschleunigten Verfahrenserledigung** bei einfach gelagerten Fällen, ohne – wie die (uneingeschränkte) Verhängung von Geldstrafe bis zu 360 Tagessätzen bzw. bei Gesamtstrafenbildung bis zu 720 Tagessätzen oder die bei einem verteidigten Beschuldigten mögliche Verhängung einer Freiheitsstrafe von bis zu einem Jahr bei Strafaussetzung zur Bewährung (Abs. 2 S. 2) zeigt – lediglich auf „Bagatellfälle" beschränkt zu sein. In der Rechtspraxis spielt das Strafbefehlsverfahren nicht nur aufgrund des Umstands, dass die Strafjustiz bei der Erledigung der anhängigen Verfahren entlastet wird, sondern auch wegen der Interessenlage des Beschuldigten, der ein Verfahren uU schnell, kostengünstig und ohne (große) Öffentlichkeitswirkung beendet wissen möchte,⁴ eine große Rolle. 1

2. Entscheidung des Gerichts. Das Gericht entscheidet nach § 408 Abs. 3 über den Strafbefehlsantrag der Staatsanwaltschaft, der bereits eine konkrete Rechtsfolge vorsieht, so dass es zu einer Übereinstimmung kommt, die der gegenseitigen Kontrolle dient und eine erhöhte Gewähr für die Richtigkeit der Entscheidung bietet.⁵ Bei einem Strafbefehl handelt es sich jedoch nicht 2

---

¹ BVerfG v. 18. 12. 1953 – 1 BvR 230/51, BVerfGE 3, 248 (253) = NJW 1954, 69; BVerfG v. 7. 12. 1983 – 2 BvR 282/80, BVerfGE 65, 377 (383) = NJW 1984, 604 (605); BGH v. 11. 7. 1978 – 1 StR 232/78, BGHSt 28, 69 (71) = NJW 1978, 2519; BGH v. 8. 7. 1980 – 5 StR 686/79, BGHSt 29, 305 (307) = NJW 1980, 2364; KK-StPO/*Fischer* Vor § 407 Rn. 1; krit. zu dieser Bezeichnung KMR/*Metzger* Rn. 18; Löwe/Rosenberg/*Gössel* Vor § 407 Rn. 24; SK-StPO/*Weßlau* Vor § 407 Rn. 2.
² Vgl. EGMR v. 16. 12. 1992 – 68/1991/320/392 (Hennings/Deutschland), NJW 1993, 717.
³ KK-StPO/*Fischer* Vor § 407 Rn. 1; Löwe/Rosenberg/*Gössel* Vor § 407 Rn. 5.
⁴ BT-Drucks. 10/1313, S. 13; BT-Drucks. 12/1217, S. 42; BVerfG v. 21. 1. 1969 – 2 BvR 724/67, BVerfGE 25, 158 (165) = NJW 1969, 1103 (1104); HK-StPO/*Kurth* Rn. 1; Meyer-Goßner Vor § 407 Rn. 1; *Ranft* JuS 2000, 633; SK-StPO/*Weßlau* Vor § 407 Rn. 7.
⁵ KK-StPO/*Fischer* Vor § 407 Rn. 3; *Meyer-Goßner* Vor § 407 Rn. 1; *Roxin/Schünemann* § 68 Rn. 8; krit. *Hausel* ZRP 1994, 94 (95 f.).

um ein bloßes Unterwerfungsangebot an den Beschuldigten,[6] sondern er beruht auf einer **eigenen richterlichen Tatsachen- und Schuldfeststellung**, die im Gegensatz zum gerichtlichen Strafverfahren allerdings auf beschränkter schriftlicher Grundlage getroffen und gerade nicht aus dem Inbegriff einer Verhandlung iSd. § 261 geschöpft wird.[7]

3   Es handelt sich beim Strafbefehl um eine **vorläufige Entscheidung**, da der Angeklagte nach § 410 Abs. 1 S. 1 Einspruch gegen den Strafbefehl einlegen und auf diese Weise die Durchführung einer Hauptverhandlung erzwingen kann (§ 411 Abs. 1 S. 2). Zugleich verschafft sich der Angeklagte hierdurch (in Art. 6 MRK und Art. 103 Abs. 1 GG genügender Weise) rechtliches Gehör.[8]

4   **3. Rechtshängigkeit.** Durch den Strafbefehlsantrag wird gem. § 407 Abs. 1 S. 4 die öffentliche Klage erhoben, was – ebenso wie bei Anklageerhebung – nicht für die Rechtshängigkeit genügt,[9] aber auch nach § 78c Abs. 1 S. 1 Nr. 6 StGB, § 33 Abs. 1 S. 1 Nr. 13 OWiG verjährungsunterbrechende Wirkung hat.[10] Rechtshängigkeit tritt im Strafbefehlsverfahren vielmehr erst **mit Erlass des Strafbefehls** ein.[11] In diesem Sinne stellt auch § 433 Abs. 1 S. 2 den Erlass des Strafbefehls der Eröffnung des Hauptverfahrens gleich, zumal es im Strafbefehlsverfahren keinen separaten Eröffnungsbeschluss gibt. Da im Strafbefehlsverfahren allerdings Klage und Einspruch nach § 411 Abs. 3 S. 1 bis zur Verkündung des Urteils in erster Instanz zurückgenommen werden können, ist die Bedeutung der Rechtshängigkeit geringer als im gewöhnlichen Strafverfahren.[12]

5   **4. Rechtskraft.** Ein Strafbefehl **steht** nach § 410 Abs. 3 **einem rechtskräftigen Urteil gleich**, soweit gegen ihn nicht rechtzeitig Einspruch eingelegt wurde. Dementsprechend folgt auch aus einem rechtskräftig abgeschlossenen Strafbefehlsverfahren ein Strafklageverbrauch wie bei einem rechtskräftigen Urteil.[13] Einzige **Ausnahme** ist die (erweiterte) Wiederaufnahmemöglichkeit zuungunsten des Angeklagten nach § 373 a, falls aufgrund neu beigebrachter Tatsachen oder Beweismittel die Verurteilung wegen eines Verbrechens – was nicht im Strafbefehlswege möglich ist – begründet ist.

II. Voraussetzungen (Abs. 1)

6   **1. Verfahren vor dem Amtsgericht (Abs. 1 S. 1).** Das Strafbefehlsverfahren ist bei Verfahren vor dem Amtsgericht (**Strafrichter** und **Schöffengericht**) zulässig. Da der Strafrichter nach der aktuellen Fassung des § 25 GVG jedoch unabhängig von der Bedeutung der Sache bei Vergehen mit einer Strafeerwartung von nicht mehr als zwei Jahren zuständig ist, im Strafbefehlswege jedoch maximal eine (zur Bewährung ausgesetzte) Freiheitsstrafe von bis zu einem Jahr wegen eines Vergehens verhängt werden kann, gibt es den Strafbefehlsantrag zum Schöffengericht in der Regel nur noch beim Übergang vom Haupt- in das Strafbefehlsverfahren nach § 408 a.[14]

7   **2. Ausschließlich wegen Vergehen (Abs. 1 S. 1).** Ein Strafbefehl kann lediglich bei Vergehen iSd. **§ 12 Abs. 2 StGB** erlassen werden, wohingegen eine Festsetzung der Rechtsfolgen der Tat durch Strafbefehl ohne Hauptverhandlung bei Verbrechen iSd. § 12 Abs. 1 StGB (und somit auch bei minder schweren Fällen eines Verbrechens[15]) nicht zulässig ist.

8   **3. Strafbefehlsantrag der Staatsanwaltschaft (Abs. 1).** Da durch den Strafbefehlsantrag nach Abs. 1 S. 4 die **öffentliche Klage erhoben** wird, gelten die gleichen Voraussetzungen wie für die Einreichung einer Anklageschrift nach den §§ 199, 200.[16]

---

[6] *Meyer-Goßner* Vor § 407 Rn. 2; siehe aber OLG Stuttgart v. 30. 1. 2006 – 1 Ss 5/06, StV 2007, 232 (234) mAnm *Esser*.
[7] *Löwe/Rosenberg/Gössel* Vor § 407 Rn. 25; *Meyer-Goßner* Vor § 407 Rn. 2.
[8] KK-StPO/*Fischer* Vor § 407 Rn. 3; *Meyer-Goßner* Vor § 407 Rn. 2; aA SK-StPO/*Weßlau* Vor § 407 Rn. 22.
[9] *Meyer-Goßner* § 156 Rn. 1, § 170 Rn. 4.
[10] BT-Drucks. 10/1313, S. 35; *Joecks* Rn. 9.
[11] OLG Zweibrücken v. 25. 4. 1986 – 1 Ss 69/86, OLGSt StPO § 411 Nr. 1 = MDR 1987, 164; AK/*Loos* Rn. 29, § 411 Rn. 17; KK-StPO/*Fischer* Vor § 407 Rn. 5; KMR/*Metzger* Rn. 42; *Löwe/Rosenberg/Gössel* Vor § 407 Rn. 36, § 411 Rn. 39; *Meyer-Goßner* Vor § 407 Rn. 3; aA OLG Karlsruhe v. 5. 1991 – 1 Ws 81/91, NStZ 1991, 602 (wegen § 411 Abs. 3 S. 1) mit abl. Anm. *Mayer* NStZ 1992, 605 (605 f.); offengelassen bei BGH v. 10. 7. 1959 – 2 ARs 86/59, BGHSt 13, 186 (189) = NJW 1959, 1695 (1696).
[12] *Meyer-Goßner* Vor § 407 Rn. 3.
[13] KMR/*Metzger* § 410 Rn. 16.
[14] OLG Koblenz v. 23. 5. 1996 – 1 Ss 4/96, StV 1996, 588 (589); LG Stuttgart v. 13. 8. 1993 – 15 Qs 84/93, wistra 1994, 40 mit abl. Anm. *Hohendorf* wistra 1994, 294 (295); AK/*Loos* Rn. 30; Bockemühl/*Haizmann*, Handbuch des Fachanwalts Strafrecht, 2. Teil 7. Kap. Rn. 17; HbStrVf/*Heghmanns* Kap. V Rn. 151; *Joecks* Rn. 5; KK-StPO/*Fischer* Rn. 1; KMR/*Metzger* Rn. 3; *Meyer-Goßner* § 408 Rn. 6; *Löwe/Rosenberg/Gössel* Rn. 62; *Pfeiffer* Rn. 1, § 408 Rn. 2; *Ranft* JuS 2000, 633 (636); *Rieß* NStZ 1995, 376 (377); *Siegismund/Wickern* wistra 1993, 81 (92); *Siegismund/Wickern* wistra 1993, 136 (137); aA AG Höxter v. 18. 8. 1994 – 4 Ls 33 Js 173/94, MDR 1994, 1139; *Fuhse* NStZ 1995, 165 (166 f.); *Hohendorf* NJW 1995, 1454 (1457 f.).
[15] Bockemühl/*Haizmann*, Handbuch des Fachanwalts Strafrecht, 2. Teil 7. Kap. Rn. 16; HK-StPO/*Kurth* Rn. 5; *Joecks* Rn. 3; Widmaier/*Nobis* MAH Strafverteidigung § 10 Rn. 84.
[16] BayObLG v. 9. 2. 2001 – 5 St RR 21/01, StV 2002, 356; OLG Oldenburg v. 15. 8. 2006 – Ss 247/06 (I 80), StraFo 2006, 412.

a) Schriftlicher Antrag. Das Strafbefehlsverfahren erfordert **grundsätzlich** einen schriftlichen 9
Antrag der Staatsanwaltschaft nach Abs. 1 S. 1 (bzw. in Steuerstrafverfahren alternativ einen solchen Antrag der Finanzbehörde nach den §§ 386 Abs. 2, 400 AO).[17] Der Antrag muss den nach § 409 Abs. 1 vorgeschriebenen Inhalt (ua. eine bestimmte Rechtsfolge gem. Abs. 1 S. 3, § 409 Abs. 1 S. 1 Nr. 6) aufweisen, so dass die nach § 408 Abs. 3 erforderliche Übereinstimmung von Staatsanwaltschaft (bzw. Finanzbehörde) und Gericht erreicht werden kann. Nr. 176 RiStBV sieht hierbei vor, dass die Staatsanwaltschaft regelmäßig bereits einen Strafbefehlsentwurf einreicht und beantragt, einen Strafbefehl dieses Inhalts zu erlassen. Bei mehreren Beschuldigten genügt ein **einheitlicher Antrag**.[18] Der Richter hat sodann nach eigenem Ermessen zu entscheiden, ob er einen Strafbefehl gegen mehrere Angeschuldigte oder gesonderte Strafbefehle erlässt. Alternativ kann er beispielsweise im Wege der Verfahrenstrennung gegen einzelne Angeschuldigte Strafbefehle erlassen und in Bezug auf andere Angeschuldigte Hauptverhandlung anberaumen.[19] Im Falle eines sog. Sitzungsstrafbefehls kann der Antrag gem. § 408a Abs. 1 S. 2 alternativ auch **mündlich** in der Hauptverhandlung gestellt werden.

b) Voraussetzungen. Für die Stellung des Strafbefehlsantrags muss iSd. § 170 Abs. 1 – wie bei 10
der Anklageerhebung – **genügender Anlass zur Erhebung der öffentlichen Klage** bestehen, insbesondere also der Beschuldigte der Tat hinreichend verdächtig sein, und eine (insofern vorrangige)[20] Einstellungsmöglichkeit nach den §§ 153ff. ausscheiden. Erscheint der Staatsanwaltschaft nach dem Ergebnis der Ermittlungen eine **Hauptverhandlung nicht erforderlich**, so ist sie nach Abs. 1 S. 2 zur Antragstellung **verpflichtet**.[21] Dies wird insbesondere der Fall sein, wenn zu erwarten ist, dass es in einer Hauptverhandlung nicht zu wesentlichen Abweichungen vom Ergebnis der Ermittlungen kommen wird und sich die angemessenen Rechtsfolgen auch ohne Hauptverhandlung bestimmen lassen.[22] Gleichwohl kann die Staatsanwaltschaft den Weg der Anklageerhebung wählen, wenn dies zur vollständigen Aufklärung auch für die Rechtsfolgenbestimmung wesentlichen Umstände oder aus spezial- oder generalpräventiven Gründen trotz ausreichenden Ermittlungsergebnisses geboten erscheint (vgl. Nr. 175 Abs. 3 S. 1 RiStBV). Auf die Frage eines (lediglich) zu erwartenden Einspruchs des Angeschuldigten kommt es hierbei nicht an (vgl. Nr. 175 Abs. 3 S. 2 RiStBV),[23] wohingegen die in Kenntnis des beabsichtigten Strafbefehlsantrags geäußerte Ankündigung des Beschuldigten, einen Strafbefehl keinesfalls zu akzeptieren,[24] ebenso eine Hauptverhandlung erforderlich werden lässt wie die Annahme, der Richter werde auf einen entsprechenden Antrag keinen Strafbefehl erlassen, sondern Hauptverhandlung anberaumen.[25] In jedem Falle steht dem Beschuldigten jedoch **kein Rechtsanspruch** auf Erledigung der Sache im Strafbefehlsverfahren zu.[26] Erscheint eine Verurteilung unvermeidbar oder ist im Interesse des Mandanten (zB wegen der Gefahr negativer Publizität einer Hauptverhandlung unabhängig vom Verfahrensausgang) eine Hauptverhandlung zu vermeiden, ist es auch Aufgabe des Verteidigers, der Staatsanwaltschaft bzw. Finanzbehörde rechtzeitig zu signalisieren, dass sein Mandant geständnisbereit ist bzw. (jedenfalls) einen Strafbefehl akzeptieren würde.[27]

III. Zulässige Rechtsfolgen (Abs. 2)

In Abs. 2 sind die zulässigen Rechtsfolgen, die im Strafbefehlsverfahren festgesetzt werden 11
können, **abschließend** aufgezählt. Wird eine in § 407 nicht vorgesehene, sonst aber zulässige Rechtsfolge gewählt, führt dies jedoch nicht zur Nichtigkeit, sondern lediglich zur Unwirksamkeit des Strafbefehls.[28]

1. Geldstrafe (Abs. 2 S. 1 Nr. 1 Var. 1). Eine Geldstrafe kann sowohl hinsichtlich der Höhe als 12
auch im Hinblick auf die Anzahl der Tagessätze **im gesetzlich vorgesehenen Rahmen** nach § 40 Abs. 1 S. 2, 4 (bei Einzelstrafe bis 360 Tagessätze) und § 54 Abs. 2 S. 2 StGB (bei Gesamtstrafe

---

[17] Vgl. hierzu *Burkhard* StraFo 2004, 342; *Dißars* wistra 1997, 331 (332).
[18] KK-StPO/*Fischer* Rn. 22; *Meyer-Goßner* Rn. 7; *Krüger* NJW 1969, 1336 (1336f.).
[19] KK-StPO/*Fischer* Rn. 22; Löwe/Rosenberg/*Gössel* Rn. 60.
[20] BT-Drucks. 10/1313, S. 35; Anw-StPO/*Böttger* Rn. 4; Löwe/Rosenberg/*Gössel* Rn. 47; SK-StPO/*Weßlau* Rn. 5.
[21] BT-Drucks. 12/6853, S. 35; AK/*Loos* Rn. 28, Vor § 407 Rn. 10; KK-StPO/*Fischer* Rn. 3; Löwe/Rosenberg/*Gössel* Rn. 48; *Meyer-Goßner* Rn. 9.
[22] KK-StPO/*Fischer* Rn. 4; Löwe/Rosenberg/*Gössel* Rn. 49; *Ranft* JuS 2000, 633 (634); SK-StPO/*Weßlau* Rn. 7.
[23] *Joecks* Rn. 6; aA *Burkhard* StraFo 2004, 342 (344).
[24] OLG Düsseldorf v. 30. 10. 1990 – 5 Ss 203/90 – 31/90 III, NStZ 1991, 99 (100) mit abl. Anm. *Franzheim* JR 1991, 389 (390); KK-StPO/*Fischer* Rn. 3; Löwe/Rosenberg/*Gössel* Rn. 51.
[25] *Meyer-Goßner* Rn. 9.
[26] Anw-StPO/*Böttger* Rn. 7; *Joecks* Rn. 6; KK-StPO/*Fischer* Rn. 5; *Meyer-Goßner* Rn. 9; *Pfeiffer* Rn. 2; aA *Freund* GA 1995, 4 (18).
[27] Vgl. hierzu Anw-StPO/*Böttger* Vor §§ 407ff. Rn. 5; HbStrVf/*Heghmanns* Kap. V Rn. 161ff.; HK-StPO/*Kurth* Rn. 4.
[28] OLG Koblenz v. 6. 7. 1998 – 2 Ss 84/98, NStZ 2000, 41 (42); KK-StPO/*Fischer* Rn. 7; *Meyer-Goßner* Rn. 10, § 409 Rn. 7; vgl. auch unten § 409 Rn. 23.

bis 720 Tagessätze) verhängt werden. Auf eine Geldstrafe kann im Strafbefehlsverfahren hierbei auch in den Fällen der §§ 47 Abs. 2, 49 Abs. 2 StGB erkannt werden.[29]

13 Zahl und Höhe der Tagessätze sind im Strafbefehl anzugeben, wohingegen die Nennung der Gesamtsumme nicht erforderlich, in der Regel aber zweckmäßig ist.[30] **Zahlungserleichterungen** nach § 42 StGB müssen bereits von der Staatsanwaltschaft geprüft und ggf. in den Antrag aufgenommen werden, wohingegen der Richter keine (weitergehenden) Zahlungserleichterungen anordnen darf.[31] Auf die Möglichkeit der **Ersatzfreiheitsstrafe** nach § 43 StGB kann im Strafbefehl (empfehlenswerterweise wegen einer fehlenden mündlichen Belehrung) hingewiesen werden,[32] jedoch ist ihre Erwähnung nicht erforderlich, da sie kraft Gesetzes eintritt.[33] Eine **Anrechnung** erlittener Untersuchungshaft oder anderer freiheitsentziehende Maßnahmen erfolgt gem. § 51 Abs. 1 S. 1 StGB auch ohne besonderen Ausspruch, wohingegen der Umrechnungsmaßstab für ausländische Freiheitsentziehungen[34] oder die Anordnung der Nichtanrechnung nach § 51 Abs. 1 S. 2 StGB einen entsprechenden (Strafbefehls-)Antrag der Staatsanwaltschaft erfordert,[35] von dem das Gericht insofern auch nicht abweichen darf.[36]

14 **2. Verwarnung mit Strafvorbehalt (Abs. 2 S. 1 Nr. 1 Var. 2).** Eine Verwarnung mit Strafvorbehalt gem. §§ 59 ff. StGB kann unter den Voraussetzungen des § 59 StGB in Bezug auf (auch: Gesamt-)Geldstrafen **bis zu 180 Tagessätzen** ebenfalls im Strafbefehlswege erfolgen. Daneben kann gem. § 59 Abs. 3 StGB (ohne Vorbehalt) auf **Verfall, Einziehung** oder **Unbrauchbarmachung**, nicht aber auf Maßregeln der Besserung und Sicherung erkannt werden. Ebenso wenig kommt ein (auch nicht lediglich vorbehaltenes)[37] Fahrverbot in Betracht.[38]

15 In Bezug auf den zwingend erforderlichen **Beschluss** gem. § 268a Abs. 1 iVm. § 59a StGB, mit dem die Bewährungszeit sowie die Auflagen und Weisungen festgesetzt werden, ist der Richter nicht an den Antrag der Staatsanwaltschaft gebunden.[39] Deren Antrag ist vielmehr lediglich als Anregung anzusehen.[40] Daneben ist der Beschuldigte nach §§ 409 Abs. 1 S. 2, 268a Abs. 3 iVm. §§ 59 Abs. 1, 56f StGB über die Bedeutung der Verwarnung mit Strafvorbehalt und insbesondere ein mögliches Widerrufsverfahren zu **belehren**.

16 **3. Fahrverbot (Abs. 2 S. 1 Nr. 1 Var. 3).** Neben einer Geldstrafe oder Freiheitsstrafe (aber nicht neben einer Verwarnung mit Strafvorbehalt) kann als **Nebenfolge** ein Fahrverbot nach § 44 StGB bzw. § 25 StVG iVm. § 21 Abs. 1 S. 2 OWiG angeordnet werden. Dessen **Dauer** muss bereits im Strafbefehlsantrag bezeichnet werden, wobei das Gericht erneut keine abweichende Festsetzung treffen darf. Für die **Anrechnung** der Dauer einer vorläufigen Entziehung der Fahrerlaubnis nach § 111a und der Verwahrung, Sicherstellung und Beschlagnahme des Führerscheins gilt § 51 Abs. 5 iVm. Abs. 1 StGB.[41] Eine **Belehrung** des Beschuldigten hat nach § 409 Abs. 1 S. 2 iVm. § 268c insbesondere hinsichtlich des Beginns der Verbotsfrist nach § 44 Abs. 3 S. 1 StGB zu erfolgen.

17 **4. Verfall, Einziehung, Vernichtung, Unbrauchbarmachung (Abs. 2 S. 1 Nr. 1 Var. 4–7).** Als **Nebenfolgen** können im Strafbefehlswege **Verfall** (§§ 73 ff. StGB), einschließlich Verfall von Wertersatz nach § 73a StGB und ggf. erweiterter Verfall nach § 73d StGB, **Einziehung** (§§ 74 ff. StGB, § 33 Abs. 2 BtMG, § 54 WaffG etc.), einschließlich Einziehung von Wertersatz nach § 74c StGB, **Vernichtung** (zB § 37 KunstUrhG, § 144 Abs. 4 2. Var. MarkenG) und **Unbrauchbarmachung** (§ 74b Abs. 2 S. 2 Nr. 1, § 74d Abs. 1 S. 2 StGB; § 24 Abs. 2 S. 2 Nr. 1 OWiG, § 123 Abs. 2 S. 1 Nr. 2 OWiG) festgesetzt werden.

18 Die **Anordnung**, dass Dritte als **Einziehungsbeteiligte** (§ 431 Abs. 1) oder **Verfallsbeteiligte** (§ 442 Abs. 2) insoweit an dem Verfahren beteiligt werden, erfolgt nach einem entsprechenden Strafbefehlsantrag im Strafbefehl selbst. Zuvor sind diese Nebenbeteiligten nach § 432 Abs. 1 (auch iVm. § 442

---

[29] *Joecks* Rn. 12; Löwe/Rosenberg/*Gössel* Rn. 14; Meyer-Goßner Rn. 11.
[30] HK-GS/*Andrejtschitsch* Rn. 17; KK-StPO/*Fischer* Rn. 10, 21.
[31] KK-StPO/*Fischer* Rn. 21; KMR/*Metzger* Rn. 9; Löwe/Rosenberg/*Gössel* Rn. 20; Meyer-Goßner Rn. 13.
[32] AK/*Loos* Rn. 2; HK-GS/*Andrejtschitsch* Rn. 19; HK-StPO/*Kurth* Rn. 13; KK-StPO/*Fischer* Rn. 10; KMR/*Metzger* Rn. 9; Löwe/Rosenberg/*Gössel* Rn. 19; Meyer-Goßner Rn. 12; SK-StPO/*Weßlau* Rn. 13.
[33] OLG Bremen v. 8. 4. 1975 – Ss 18/75, NJW 1975, 1524 (1525); HK-GS/*Andrejtschitsch* Rn. 17; KK-StPO/*Fischer* Rn. 10; Löwe/Rosenberg/*Gössel* Rn. 19.
[34] *Joecks* Rn. 14.
[35] KK-StPO/*Fischer* Rn. 9; KMR/*Metzger* Rn. 9; Löwe/Rosenberg/*Gössel* Rn. 20.
[36] Meyer-Goßner Rn. 14.
[37] BayObLG v. 30. 9. 1975 – RReg. 2 St 171/75, NJW 1976, 301 (302) mAnm *Berz* MDR 1976, 332 (332 f.); KK-StPO/*Fischer* Rn. 12; Löwe/Rosenberg/*Gössel* Rn. 26.
[38] BayObLG v. 4. 12. 1981 – RReg. 1 St 392/81, NStZ 1982, 258 mAnm Meyer-Goßner; *Joecks* Rn. 16; KK-StPO/*Fischer* Rn. 12; KMR/*Metzger* Rn. 10; aA *Schöch* Anm. zu BayObLG v. 30. 9. 1975 – RReg. 2 St 171/75, JR 1978, 74 (75).
[39] KMR/*Metzger* Rn. 10; Meyer-Goßner Rn. 15.
[40] HK-StPO/*Kurth* Rn. 15; KK-StPO/*Fischer* Rn. 11.
[41] Vgl. Rn. 13.

Abs. 1) im vorbereitenden Verfahren zu **hören**, soweit dies ausführbar erscheint. Der Strafbefehl selbst ist nachfolgend den Nebenbeteiligten nach § 438 Abs. 1 S. 1 (auch iVm. § 442 Abs. 1) zuzustellen. Diese sind nach § 438 Abs. 1 S. 2 (auch iVm. § 442 Abs. 1) iVm. § 435 Abs. 3 Nr. 2 darauf hinzuweisen, dass über die Nebenfolge ebenfalls ihnen gegenüber entschieden wurde. Dem Nebenbeteiligten steht nach §§ 433 Abs. 1 S. 2, 439, 444 Abs. 2 (auch iVm. § 442 Abs. 1) ein **Einspruchsrecht** gegen den Strafbefehl zu.

5. Bekanntgabe der Verurteilung (Abs. 2 S. 1 Nr. 1 Var. 8). Soweit materiell-rechtlich eine Bekanntgabe der Verurteilung zulässig ist (zB nach §§ 103 Abs. 2, 165, 200 StGB, § 143 Abs. 6 MarkenG, § 111 UrhG), kann sie auch im Strafbefehlswege angeordnet werden. Die **Art** der Bekanntmachung muss bereits im Strafbefehlsantrag konkret bezeichnet werden und mit der Bestimmung im Strafbefehl übereinstimmen.[42] Nachfolgend wird der Strafbefehl dem zur Bekanntmachung Berechtigten gem. § 463c Abs. 1 **zugestellt**. Der Vollzug der Anordnung (der öffentlichen Bekanntmachung) richtet sich nach § 463c Abs. 2.   19

6. Geldbuße gegen eine juristische Person oder Personenvereinigung (Abs. 2 S. 1 Nr. 1 Var. 9). Gegen juristische Personen und Personenvereinigungen kann daneben im Strafbefehlswege die **Nebenfolge** einer Geldbuße gem. § 30 OWiG verhängt werden. Die Geldbuße darf das Gericht auch hier nicht abweichend von der im Strafbefehlsantrag bezeichneten Höhe festsetzen. Das nähere **Verfahren** der Festsetzung regelt sich nach § 444, wobei die Stellung der juristischen Person oder der Personenvereinigung derjenigen einer Einziehungsbeteiligten entspricht. Dementsprechend ist der Strafbefehl auch in dieser Konstellation der Nebenbeteiligten zuzustellen.   20

7. Entziehung der Fahrerlaubnis (Abs. 2 S. 1 Nr. 2). Als einzige **Maßregel der Besserung und Sicherung** – eine Unterbringung nach §§ 63, 64 StGB und ein Berufsverbot nach § 70 StGB können beispielsweise nicht festgesetzt werden – ist im Strafbefehlsverfahren die Entziehung der Fahrerlaubnis nach §§ 69ff. StGB zulässig. Hierbei darf die **Sperrfrist** für die Wiedererteilung der Fahrerlaubnis – in Abweichung von § 69a Abs. 1 StGB – nicht mehr als zwei Jahre betragen. Ihre Dauer muss im Strafbefehlsantrag bereits in Jahren oder Monaten genau bezeichnet werden, wobei der erlassene Strafbefehl insofern nicht abweichen darf. Die Festsetzung eines kalendermäßig bestimmten Endtermins ist hingegen nicht zulässig.[43]   21

Für den nach § 69a Abs. 5 S. 2 StGB in die Sperrfrist einzurechnenden Zeitraum steht der Verkündung des Urteils im Strafbefehlsverfahren der Erlass des Strafbefehls[44] (und nicht erst seine Zustellung[45]) gleich. Eine **Beschränkung der Sperre** auf bestimmte Arten von Kraftfahrzeugen nach § 69a Abs. 2 StGB ist auch im Strafbefehlsverfahren möglich.[46] Wird eine nach Art der Straftat in Betracht kommende Fahrerlaubnisentziehung bzw. isolierte Sperre nach § 69a Abs. 1 S. 3 StGB nicht angeordnet, so müssen der Strafbefehlsantrag und der Strafbefehl nach § 409 Abs. 1 S. 3 iVm. § 267 Abs. 6 S. 2 eine **Begründung** für die unterlassene Anordnung dieser Sicherungsmaßregel enthalten. Eine Nachholung der Anordnung im Wege einer Berichtigung ist hingegen unzulässig.[47]   22

8. Absehen von Strafe (Abs. 2 S. 1 Nr. 3). Auch ein Absehen von Strafe gem. § 60 StGB (oder nach Vorschriften des Besonderen Teils des StGB, zB §§ 142 Abs. 4, 157, 266a Abs. 6 StGB) ist im Strafbefehlswege statthaft. Ein **praktisches Bedürfnis** für eine solche Vorgehensweise wird mit Blick auf die Einstellungsmöglichkeit nach § 153b jedoch insbesondere **lediglich** in Konstellationen bestehen, in denen die Staatsanwaltschaft ein öffentliches Interesse an einem Schuldspruch durch das Gericht bejaht,[48] eine Tragung der (erheblichen) Verfahrenskosten durch die Staatskasse (nach § 467) nicht angezeigt ist[49] oder aber eine Entziehung der Fahrerlaubnis gem. §§ 69ff. StGB geboten erscheint, was isoliert nicht im Strafbefehlsverfahren angeordnet werden kann.[50]   23

---

[42] AK/*Loos* Rn. 6; KMR/*Metzger* Rn. 14; *Meyer-Goßner* Rn. 18.
[43] BayObLG v. 21. 6. 1966 – RReg. 2a St 52/66, BayObLGSt 1966, 66 (67) = NJW 1966, 2371; OLG Saarbrücken v. 9. 2. 1967 – Ss 60/66, NJW 1968, 458 (460); KK-StPO/*Fischer* Rn. 17.
[44] LG Freiburg v. 10. 7. 1968 – II Qs 147/68, NJW 1968, 1791 (1792); LG Köln v. 16. 10. 1978 – 35 Qs 978/78, VRS 56, 284 (286); AG Düsseldorf v. 7. 12. 1966 – 66 Cs 38/66, NJW 1967, 586; Anw-StPO/*Böttger* Rn. 9; *Hentschel*, Trunkenheit, Fahrerlaubnisentziehung, Fahrverbot, Rn. 728; Hentschel/*König* § 69a StGB Rn. 10; KK-StPO/*Fischer* Rn. 17; KMR/*Metzger* Rn. 16; *Meyer-Goßner* Rn. 20; *Pfeiffer* Rn. 9; *Seib* DAR 1965, 292; SK-StPO/*Weßlau* Rn. 19; vgl. auch BGH v. 10. 6. 1985 – 4 StR 153/85, BGHSt 33, 230 (232) = NJW 1986, 200.
[45] So aber LG Coburg v. 10. 5. 1965 – 3 Qs 91/65, DAR 1965, 245; LG Düsseldorf v. 2. 3. 1966 – IX Qs 101/66, NJW 1966, 897 (898).
[46] KK-StPO/*Fischer* Rn. 17; KMR/*Metzger* Rn. 16; Löwe/Rosenberg/*Gössel* Rn. 30.
[47] LG Amberg v. 16. 8. 1995 – 1 Qs 106/95, zfs 1995, 394; LG Mannheim v. 19. 9. 1994 – 7 Qs 32/94, StV 1995, 460; KK-StPO/*Fischer* Rn. 17.
[48] KMR/*Metzger* Rn. 17; SK-StPO/*Weßlau* Rn. 20.
[49] HK-StPO/*Kurth* Rn. 23; KK-StPO/*Fischer* Rn. 18; Löwe/Rosenberg/*Gössel* Rn. 39; *Mansperger* NStZ 1984, 258; vgl. hierzu auch *Meyer-Goßner* Rn. 21; *Siegismund*/*Wickern* wistra 1993, 81 (93).
[50] AK/*Loos* Rn. 9; Löwe/Rosenberg/*Gössel* Rn. 39; *Mansperger* NStZ 1984, 258.

24 **9. Freiheitsstrafe (Abs. 2 S. 2).** Schließlich kann im Strafbefehl eine Freiheitsstrafe von bis zu einem Jahr festgesetzt werden, wenn der Angeschuldigte einen **Verteidiger** hat und die Vollstreckung der Freiheitsstrafe zur **Bewährung** ausgesetzt wird.[51] Gegebenenfalls wird dem Angeschuldigten hierbei gem. § 408 b ein Verteidiger bestellt. In jedem Falle hat mit dem Strafbefehl ein Beschluss hinsichtlich Bewährungszeit und -auflagen nach § 268a Abs. 1 iVm. § 56a StGB zu ergehen, wobei der Richter insoweit nicht an einen gegebenenfalls gestellten Antrag der Staatsanwaltschaft gebunden ist (vgl. auch Nr. 176 Abs. 1 RiStBV), sondern ihn vielmehr als Anregung anzusehen hat.[52] Im Strafbefehlswege darf gem. § 109 Abs. 3 JGG eine Freiheitsstrafe allerdings **nicht** gegen **Heranwachsende** verhängt werden.[53]

25 **10. Kombination.** Die in Abs. 2 genannten Rechtsfolgen können im Strafbefehl allein oder nebeneinander festgesetzt werden, soweit dies **nach materiellem Recht zulässig ist**. Eine **Einschränkung** erfährt dieser Grundsatz allerdings durch den Umstand, dass das Strafbefehlsverfahren ein subjektives Verfahren ist. Daher können Nebenfolgen nicht ohne gleichzeitige Verhängung einer Hauptstrafe festgesetzt werden.[54] Gleiches gilt für die Entziehung der Fahrerlaubnis gem. §§ 69ff. StGB, wenn der Täter wegen erwiesener oder nicht auszuschließender Schuldunfähigkeit nicht verurteilt wird.[55] In diesem Falle kommt aber eine entsprechende Anordnung im (objektiven) Sicherungsverfahren nach §§ 413 ff. in Betracht. Im Übrigen ist die Verhängung eines Fahrverbots neben einer Verwarnung mit Strafvorbehalt nicht zulässig.[56] Ebenso wenig ist ein Strafbefehl im (objektiven) selbständigen Einziehungs- oder Verfallsverfahren nach §§ 440, 442 statthaft.[57]

IV. Rechtliches Gehör (Abs. 3)

26 Der Beschuldigte ist **im Ermittlungsverfahren** gem. § 163a Abs. 1 – insofern enthält Abs. 3 keine Ausnahmevorschrift[58] – spätestens vor Abschluss der Ermittlungen zu vernehmen bzw. ihm ist zumindest Gelegenheit zur Äußerung zu geben. Eine unterbliebene Anhörung führt jedoch nicht zur Unwirksamkeit des Strafbefehls.[59] Zur beabsichtigten Stellung eines Strafbefehlsantrags braucht die Staatsanwaltschaft den Beschuldigten hingegen nicht zu hören.[60]

27 Ebenso wenig ist es nach Abs. 3 erforderlich, dass das **Gericht** den Angeschuldigten zum Strafbefehlsantrag der Staatsanwaltschaft vor Erlass des Strafbefehls anhört. Vielmehr ist dem Anspruch auf rechtliches Gehör dadurch Genüge getan, dass der Angeschuldigte nach § 410 Abs. 1 Einspruch gegen den Strafbefehl einlegen und somit eine Hauptverhandlung erzwingen kann.[61] Der Richter darf vor seiner Entscheidung über den Strafbefehlsantrag den Angeschuldigten aber selbstverständlich (auch mündlich nach § 202) anhören.[62]

V. Besondere Verfahrenskonstellationen

28 **1. Strafbefehl gegen inhaftierte Beschuldigte.** Auch gegen inhaftierte Beschuldigte kann ein Strafbefehl erlassen werden, wobei mit Blick auf den **Beschleunigungsgrundsatz** zu prüfen ist, ob nicht das beschleunigte Verfahren nach § 417 eine schnellere Verfahrenserledigung ermöglicht (vgl. Nr. 175 Abs. 4 RiStBV). Gerade bei einer Verständigung aller Verfahrensbeteiligten mag jedoch der Strafbefehlsweg zu einer zeitnäheren Verfahrensbeendigung führen.[63]

29 **2. Strafbefehl gegen Abwesende.** Gegen Abwesende iSv. § 276 wird **grundsätzlich kein Strafbefehl** erlassen (vgl. Nr. 175 Abs. 2 RiStBV), da eine öffentliche Zustellung des Strafbefehls mit

---

[51] Kritisch hierzu zB AK/*Loos* Rn. 14; *Asbrock* ZRP 1992, 11 (13); *Bandisch* AnwBl. 1991, 311 (312); *Fezer*, FS Baumann, 1992, S. 395 (398 ff.); KK-StPO/*Fischer* Rn. 8a; *Martin* GA 1995, 121 (125 ff.); *Scheffler* GA 1995, 449 (455 f.); *Werle* JZ 1991, 789 (795).
[52] *Böttcher/Mayer* NStZ 1993, 153 (156); HK-StPO/*Kurth* Rn. 7; KK-StPO/*Fischer* Rn. 21; Löwe/Rosenberg/*Gössel* Rn. 58; *Meyer-Goßner* Rn. 22; *Schellenberg* NStZ 1994, 570 (571).
[53] Vgl. unten Rn. 30.
[54] AK/*Loos* Rn. 20; KK-StPO/*Fischer* Rn. 19; Löwe/Rosenberg/*Gössel* Rn. 11; *Meyer-Goßner* Rn. 23.
[55] KK-StPO/*Fischer* Rn. 18 f.; Löwe/Rosenberg/*Gössel* Rn. 11; *Meyer-Goßner* Rn. 23; aA wohl *Schlüchter*, Strafverfahren, Rn. 787.3.
[56] BayObLG v. 4. 12. 1981 – RReg. 1 St 392/81, NStZ 1982, 258 mAnm *Meyer-Goßner*; KK-StPO/*Fischer* Rn. 19; aA *Schöch* Anm. zu BayObLG v. 30. 9. 1975 – RReg. 2 St 171/75, JR 1978, 74 (75).
[57] KK-StPO/*Fischer* Rn. 19; *Meyer-Goßner* Rn. 23.
[58] *Joecks* Rn. 22; KMR/*Metzger* Rn. 40; Löwe/Rosenberg/*Gössel* Rn. 65; *Meyer-Goßner* Rn. 24.
[59] AK/*Loos* Rn. 24; *Eser* JZ 1966, 660 (662 f.); KK-StPO/*Fischer* Rn. 20; Löwe/Rosenberg/*Gössel* Rn. 65; *Meyer-Goßner* Rn. 24; *Oske* MDR 1968, 884 (885); *Pfeiffer* Rn. 12; aA wohl SK-StPO/*Weßlau* Rn. 31.
[60] *Meyer-Goßner* Rn. 24.
[61] BVerfG v. 18. 12. 1953 – 1 BvR 230/51, BVerfGE 3, 248 (253) = NJW 1954, 69; BVerfG v. 21. 1. 1969 – 2 BvR 724/67, BVerfGE 25, 158 (165 f.) = NJW 1969, 1103 (1104); BVerfG v. 14. 2. 1995 – 2 BvR 1950/94, NJW 1995, 2545; *Meurer* JuS 1987, 882 (884); krit. *Eser* JZ 1966, 660 (664 ff.); aA SK-StPO/*Weßlau* Vor § 407 Rn. 19.
[62] KMR/*Metzger* Rn. 37, 39; SK-StPO/*Weßlau* Rn. 30, 33.
[63] KMR/*Metzger* Rn. 7.

Blick auf Art. 103 Abs. 1 GG unzulässig ist.[64] Vielmehr ist das Verfahren bei unbekanntem Aufenthalt des Beschuldigten vorläufig nach § 205 einzustellen. Erscheint hingegen eine Zustellung im Ausland durchführbar[65] oder hat der Beschuldigte nach § 116 a Abs. 3, § 127 a Abs. 2 oder § 132 Abs. 1 S. 1 Nr. 2 einen Zustellungsbevollmächtigten bestellt,[66] so kann ein Strafbefehl beantragt und erlassen werden.

3. Jugendstrafverfahren. Nach §§ 79 Abs. 1, 104 Abs. 1 Nr. 14 JGG darf gegen **Jugendliche** 30 kein Strafbefehl erlassen (und somit auch nicht beantragt) werden. Entscheidend ist hierbei nach § 1 Abs. 2 JGG, ob der Beschuldigte zur Zeit der Tat zwischen 14 und 17 Jahren alt war. War der Beschuldigte zur Zeit der Tat zwischen 18 und 20 Jahren alt und somit **Heranwachsender**, darf ein Strafbefehl nur dann erlassen werden, wenn – was häufig erst aufgrund der Ergebnisse einer Hauptverhandlung beantwortet werden kann[67] – Erwachsenenstrafrecht angewendet wird (vgl. § 109 Abs. 2 S. 1 JGG). Nach § 109 Abs. 3 JGG darf im Strafbefehlswege allerdings keine Freiheitsstrafe gegen Heranwachsende verhängt werden. Ein unter Verstoß gegen §§ 79 Abs. 1, 104 Abs. 1 Nr. 14, 109 Abs. 2 S. 1 JGG erlassener Strafbefehl ist **nicht unwirksam**.[68] Wird Einspruch gegen den Strafbefehl eingelegt, so wird der dem Verfahren bisher anhaftende Mangel durch Anberaumung der Hauptverhandlung vor dem Jugendgericht geheilt.[69] Ein infolge unterlassenen Einspruchs unanfechtbarer Strafbefehl ist hingegen auch materiell rechtskräftig.[70] Ihm kann allenfalls im Gnadenwege begegnet werden.[71]

4. Nebenklage. Ein Anschluss als Nebenkläger ist auch im Strafbefehlsverfahren möglich, je- 31 doch wird der **Anschluss** nach § 396 Abs. 1 S. 3 **erst dann wirksam**, wenn Termin zur Hauptverhandlung anberaumt wurde (§ 408 Abs. 3 S. 2, § 411 Abs. 1) oder der Antrag auf Erlass eines Strafbefehls abgelehnt worden ist (§ 408 Abs. 2). Hierbei muss die entsprechende Verfügung oder der Beschluss des Richters regelmäßig unterschriftlich vollzogen und in den Geschäftsgang gelangt sein.[72] Die Anschlusserklärung kann bereits vor diesen Zeitpunkten abgegeben werden, jedoch bleibt sie **wirkungslos**, wenn der Strafbefehl erlassen und mangels wirksamer Anfechtung rechtskräftig gem. § 410 Abs. 3 wird.[73] Bei Rücknahme des Einspruchs nach § 411 Abs. 3 **bleibt** die Anschlusserklärung mit der Folge, dass der Angeklagte die Nebenklagekosten zu tragen hat, **wirksam.**

5. Adhäsionsverfahren. Im Adhäsionsverfahren wird nach dem Ergebnis der **Hauptverhand-** 32 **lung** über den Antrag auf Entschädigung nach § 406 entschieden. Dementsprechend kann in einem Strafbefehl, der uU (ohne Hauptverhandlung) rechtskräftig wird, nicht auf eine Entschädigung des Verletzten nach § 403 erkannt werden,[74] zumal es sich bei einem solchen vermögensrechtlichen Anspruch nicht um eine (jedenfalls nicht um eine in § 407 Abs. 2 genannte) „Rechtsfolge" der Straftat handelt.[75] Ein vorzeitiger Adhäsionsantrag erlangt Wirksamkeit, wenn es zur Hauptverhandlung kommt.[76]

6. Ordnungswidrigkeiten. Während bei **tateinheitlich** zu einer Straftat verwirklichten Ord- 33 nungswidrigkeiten nach § 21 Abs. 1 S. 1 OWiG ausschließlich das Strafgesetz angewendet wird und nach § 21 Abs. 1 S. 2 OWiG lediglich auf die Nebenfolgen der Ordnungswidrigkeit erkannt werden kann, kann bei **tatmehrheitlich** begangener Straftat und Ordnungswidrigkeit, die zuein-

---

[64] OLG Düsseldorf v. 19. 2. 1997 – 1 Ws 127/97, NJW 1997, 2965 (2966); LG Kiel v. 10. 3. 1982 – 31 Qs 78/82, SchlHA 1982, 76 (76 f.); LG Köln v. 5. 2. 1982 – 105 Qs 47/82, MDR 1982, 601; Löwe/Rosenberg/*Gössel* Vor § 407 Rn. 48; *Meyer-Goßner* § 409 Rn. 21; *Pfeiffer* Rn. 14; SK-StPO/*Weßlau* Rn. 34; aA LG München I v. 21. 8. 1980 – 14 Qs 99/80, MDR 1981, 71 (71 f.); *M. Schmid* MDR 1978, 96 (98).
[65] LG Verden v. 11. 7. 1974 – 5 Ns 1/74, NJW 1974, 2194 (2195); Löwe/Rosenberg/*Gössel* Vor § 407 Rn. 46; Meyer-Goßner Rn. 4.
[66] KK-StPO/*Fischer* Rn. 35; Löwe/Rosenberg/*Gössel* Vor § 407 Rn. 46; *Meyer-Goßner* Rn. 4.
[67] Anw-StPO/*Böttger* Vor §§ 407 ff. Rn. 3; *Bockemühl/Haizmann*, Handbuch des Fachanwalts Strafrecht, 2. Teil 7. Kap. Rn. 12; *Brunner/Dölling* § 109 JGG Rn. 12; *Eisenberg* § 109 JGG Rn. 17 ff.; KK-StPO/*Fischer* Rn. 24; Löwe/Rosenberg/*Gössel* Vor § 407 Rn. 52.
[68] BayObLG v. 15. 3. 1957 – 3 St 53/57, BayObLGSt 1957, 59 (59 f.) = NJW 1957, 838; *Brunner/Dölling* § 79 JGG Rn. 3; *Eisenberg* § 79 JGG Rn. 6; HK-StPO/*Kurth* Rn. 29; KK-StPO/*Fischer* Rn. 26; *Meyer-Goßner* Rn. 3; *Pfeiffer* Rn. 1.
[69] BayObLG v. 15. 3. 1957 – RReg. 3 St 53/57, BayObLGSt 1957, 59 (60) = NJW 1957, 838 (839); *Brunner/Dölling* § 79 JGG Rn. 3; KK-StPO/*Fischer* Rn. 26; *Meyer-Goßner* Rn. 3; wohl ebenso *Eisenberg* § 79 JGG Rn. 7.
[70] Löwe/Rosenberg/*Gössel* Vor § 407 Rn. 51.
[71] Anw-StPO/*Böttger* Vor §§ 407 ff. Rn. 3; *Pfeiffer* Rn. 1; vgl. ausführlicher KK-StPO/*Fischer* Rn. 27.
[72] KK-StPO/*Fischer* Rn. 28; Löwe/Rosenberg/*Gössel* Vor § 407 Rn. 40; vgl. auch unten § 409 Rn. 13.
[73] HK-StPO/*Kurth* Rn. 30; KK-StPO/*Fischer* Rn. 30; Löwe/Rosenberg/*Gössel* Vor § 407 Rn. 41.
[74] *Granderath* NStZ 1984, 399 (400); KK-StPO/*Fischer* Rn. 30; Löwe/Rosenberg/*Hilger* § 403 Rn. 20; *Loos* GA 2006, 195 (197 f.); vgl. auch BGH v. 25. 11. 1981 – VIII ZR 318/80, NJW 1982, 1047 (1048); aA *Kuhn* JR 2004, 397 (400); *Sommerfeld/Guhra* NStZ 2004, 420 (423 f.).
[75] Löwe/Rosenberg/*Gössel* Rn. 9.
[76] KK-StPO/*Fischer* Rn. 30.

ander in sachlichem Zusammenhang iSv. § 42 Abs. 1 S. 2 OWiG stehen, die Ordnungswidrigkeit ebenfalls in den Strafbefehl einbezogen werden (§ 64 OWiG).

34 Bei entsprechendem sachlichem Zusammenhang nach § 42 OWiG ist es auch möglich, in einem einheitlichen Strafbefehl gegen eine Person eine Strafe und gegen eine andere Person lediglich eine Geldbuße festzusetzen.[77] Letztere Person ist nicht Angeschuldigte, sondern **Betroffene**, wobei zwar Einspruch gegen den Strafbefehl mit der Folge einer Hauptverhandlung nach § 411 eingelegt werden kann, gegen das Urteil jedoch – ebenso wie bei im Strafbefehl festgesetzten isolierten Geldbußen[78] – nur die Rechtsbeschwerde nach §§ 79, 83 Abs. 1 OWiG statthaft ist.[79]

§ 408 [Entscheidung über den Antrag]

(1) [1] Hält der Vorsitzende des Schöffengerichts die Zuständigkeit des Strafrichters für begründet, so gibt er die Sache durch Vermittlung der Staatsanwaltschaft an diesen ab; der Beschluß ist für den Strafrichter bindend, der Staatsanwaltschaft steht sofortige Beschwerde zu. [2] Hält der Strafrichter die Zuständigkeit des Schöffengerichts für begründet, so legt er die Akten durch Vermittlung der Staatsanwaltschaft dessen Vorsitzenden zur Entscheidung vor.

(2) [1] Erachtet der Richter den Angeschuldigten nicht für hinreichend verdächtig, so lehnt er den Erlaß eines Strafbefehls ab. [2] Die Entscheidung steht dem Beschluß gleich, durch den die Eröffnung des Hauptverfahrens abgelehnt worden ist (§§ 204, 210 Abs. 2, § 211).

(3) [1] Der Richter hat dem Antrag der Staatsanwaltschaft zu entsprechen, wenn dem Erlaß des Strafbefehls keine Bedenken entgegenstehen. [2] Er beraumt Hauptverhandlung an, wenn er Bedenken hat, ohne eine solche zu entscheiden, oder wenn er von der rechtlichen Beurteilung im Strafbefehlsantrag abweichen oder eine andere als die beantragte Rechtsfolge festsetzen will und die Staatsanwaltschaft bei ihrem Antrag beharrt. [3] Mit der Ladung ist dem Angeklagten eine Abschrift des Strafbefehlsantrags ohne die beantragte Rechtsfolge mitzuteilen.

Schrifttum: *Schaal*, Hinreichender Tatverdacht oder richterliche Überzeugungsbildung für den Strafbefehlserlaß?, GS Meyer, 1990, S. 427.

I. Entscheidungsmöglichkeiten

1 Die in dieser Norm **aufgezählten Vorschriften** betreffen die Frage, wie der Richter über den Strafbefehlsantrag bei sachlicher Unzuständigkeit (Abs. 1), bei fehlendem hinreichendem Tatverdacht (Abs. 2), bei fehlenden entgegenstehenden Bedenken (Abs. 3 S. 1) oder bei Bedenken in Bezug auf eine Entscheidung im Strafbefehlswege (Abs. 3 S. 2, 3) zu entscheiden hat. Darüber hinaus gibt es noch **weitere**, nicht in § 408 genannte **Entscheidungsmöglichkeiten**:

2 **1. Funktionale Unzuständigkeit.** Ist im Einzelfall der Strafrichter des angegangenen Amtsgerichts nach dem Geschäftsverteilungsplan nicht funktional zuständig, so gibt er die Sache durch **Verfügung** an den zuständigen Richter ab.[1] Bei Meinungsverschiedenheiten über die funktionale Zuständigkeit entscheidet das geschäftsordnungsgebende Präsidium.[2]

3 **2. Örtliche Unzuständigkeit.** Wird der Strafbefehlsantrag beim örtlich unzuständigen Gericht gestellt, so lehnt das Gericht nicht den Strafbefehlsantrag ab, sondern spricht – sollte ggf. einer Anregung an die Staatsanwaltschaft, den Strafbefehlsantrag zurückzunehmen, nicht gefolgt werden – nach der allgemeinen Vorschrift des § 16 durch **Beschluss** seine **Unzuständigkeit** aus.[3] Eine Abgabe oder Verweisung an das örtlich zuständige Gericht ist hingegen nicht zulässig,[4] vielmehr kann die Staatsanwaltschaft den Strafbefehlsantrag beim örtlich zuständigen Gericht neu stellen.[5] Gegen den Beschluss des Amtsgerichts steht der Staatsanwaltschaft daneben die einfache Beschwerde nach § 304 Abs. 1 zu,[6] wohingegen der Beschuldigte mangels Beteiligung am Verfahren nicht gehört wird.[7]

---

[77] KK-StPO/*Fischer* Rn. 33; *Krüger* NJW 1969, 1336 (1337); Löwe/Rosenberg/*Gössel* Vor § 407 Rn. 56; aA *Frieling* NJW 1969, 1058.
[78] OLG Koblenz v. 6. 7. 1998 – 2 Ss 84/98, NStZ 2000, 41 (42); KK-StPO/*Fischer* Rn. 34.
[79] BayObLG v. 28. 11. 1973 – 2 St 617/73 OWi, VRS 46, 368; KK-StPO/*Fischer* Rn. 34; Löwe/Rosenberg/*Gössel* Vor § 407 Rn. 57; *Pfeiffer* Rn. 14.
[1] Löwe/Rosenberg/*Gössel* Rn. 4.
[2] Löwe/Rosenberg/*Gössel* Rn. 4; Löwe/Rosenberg/*Stuckenberg* § 209 Rn. 10.
[3] AK/*Loos* Rn. 3; HK-GS/*Andrejtschitsch* Rn. 4; KK-StPO/*Fischer* Rn. 2; *Meyer-Goßner* Rn. 2; *Schaal*, GS Meyer, 1990, S. 427 (428 f.); SK-StPO/*Weßlau* Rn. 4; aA Löwe/Rosenberg/*Gössel* Rn. 8: Ablehnung des Strafbefehlsantrags.
[4] BGH v. 10. 7. 1959 – 2 ARs 86/59, BGHSt 13, 186 (188) = NJW 1959, 1695 (1696); BGH v. 20. 12. 1961 – 2 ARs 158/61, BGHSt 16, 391 (392) = NJW 1962, 499 (500); KK-StPO/*Fischer* Rn. 2; KMR/*Metzger* Rn. 3.
[5] KK-StPO/*Fischer* Rn. 2.
[6] HK-StPO/*Kurth* Rn. 2; KK-StPO/*Fischer* Rn. 2; *Meyer-Goßner* Rn. 2; aA Löwe/Rosenberg/*Gössel* Rn. 8: sofortige Beschwerde nach § 210 Abs. 2 gegen Ablehnungsbeschluss.
[7] *Meyer-Goßner* Rn. 1.

3. Verfahrenseinstellung gem. §§ 153 ff. Auch nach Stellung des Strafbefehlsantrags besteht die 4 Möglichkeit, das Verfahren nach den §§ 153 ff. einzustellen. Hierbei kann das Gericht gegenüber der **Staatsanwaltschaft** anregen, den Strafbefehlsantrag nach § 411 Abs. 3 zurückzunehmen und das Verfahren nach den §§ 153 ff. einzustellen, oder aber kann das **Gericht** auch selbst das Verfahren nach den §§ 153 ff. mit Zustimmung der Staatsanwaltschaft und (außer in Fällen des § 153 Abs. 2 S. 2) des Beschuldigten einstellen.[8] Einer Mitteilung des Strafbefehlsantrags entsprechend Abs. 3 S. 3 bedarf es in diesen Fällen nicht.[9] Daneben kann das **Gericht** ua. auf Antrag der Staatsanwaltschaft gem. § 154 Abs. 2 von der Verfolgung absehen oder gem. § 154b Abs. 4 das Verfahren einstellen. Nicht möglich ist in diesem Stadium hingegen eine Beschränkung der Strafverfolgung gem. § 154a.[10]

4. Situation der §§ 205, 206a, 206b. Kann der Strafbefehl dem Angeschuldigten nicht zuge- 5 stellt werden, weil dessen **Aufenthalt nicht bekannt** ist, so ist das Verfahren vorläufig nach § 205 einzustellen (vgl. Nr. 175 Abs. 2 S. 2 RiStBV).[11] Bei Vorliegen eines **Verfahrenshindernisses** oder zwischenzeitlicher **Gesetzesänderung** hat hingegen keine Verfahrenseinstellung nach den §§ 206a, 206b zu erfolgen, sondern es ist der Erlass des Strafbefehls nach Abs. 2 abzulehnen.[12]

5. Annahme unzureichender Sachverhaltsaufklärung. Hält das Gericht den Sachverhalt für un- 6 zureichend aufgeklärt, so dass keine Entscheidung nach Abs. 2 oder Abs. 3 getroffen werden kann, so kann es den Staatsanwalt um **Vornahme weiterer Ermittlungen** bitten[13] und für den Fall, dass der Staatsanwalt die Bitte ablehnt, entsprechend § 202 **eigene Beweiserhebungen** vornehmen.[14]

II. Sachliche Zuständigkeit (Abs. 1)

Bei der **Prüfung** der sachlichen Zuständigkeit handelt es sich – wie schon bei der Prüfung der 7 örtlichen Zuständigkeit – um eine **gerichtsinterne Angelegenheit**, so dass der Beschuldigte noch nicht beteiligt und daher auch nicht zu hören ist.[15]

1. Zuständigkeit des Strafrichters (Abs. 1 S. 1). Aufgrund der aktuellen Fassung des § 25 Nr. 2 8 GVG entscheidet der Strafrichter unabhängig von der Bedeutung der Sache bei Vergehen, wenn eine höhere Strafe als Freiheitsstrafe von zwei Jahren nicht zu erwarten ist. Da im Strafbefehlswege maximal eine Verurteilung zu einer (zur Bewährung ausgesetzten) Freiheitsstrafe von einem Jahr möglich ist (§ 407 Abs. 2 S. 2), ist der Strafrichter nunmehr **immer im Strafbefehlsverfahren** sachlich zuständig. Dementsprechend wird es in der Praxis nicht (mehr) vorkommen, dass ein Strafrichter die Akten nach Abs. 1 S. 2 durch Vermittlung der Staatsanwaltschaft dem Vorsitzenden des Schöffengerichts zur Entscheidung vorlegt.

2. Zuständigkeit des Schöffengerichts (Abs. 1 S. 2). Die sachliche Zuständigkeit des Schöffen- 9 gerichts besteht hingegen nur noch in Fällen des **Übergangs vom Haupt- in das Strafbefehlsverfahren** nach § 408a.[16] Ein dennoch nach § 407 an das Schöffengericht gerichteter Strafbefehlsantrag ist durch Beschluss gem. Abs. 1 S. 1 an den Strafrichter abzugeben.[17]

3. Zuständigkeit des LG, OLG oder Jugendrichters. Hält das Amtsgericht hingegen nicht die 10 amtsgerichtliche Zuständigkeit, sondern die des Land- oder Oberlandesgerichts für gegeben, erklärt es sich durch **Beschluss** für sachlich unzuständig.[18] Gleiches gilt, falls ein Strafbefehlsantrag gegen einen Heranwachsenden beim Amtsgericht anstelle des sachlich zuständigen Jugendrichters eingereicht wurde.[19] Der Beschluss kann von der Staatsanwaltschaft jeweils mit der einfachen Beschwerde nach § 304 Abs. 1 angefochten werden.[20]

---

[8] AK/*Loos* Rn. 16; KK-StPO/*Fischer* Rn. 3; Löwe/Rosenberg/*Gössel* Rn. 32; *Meyer-Goßner* Rn. 16.
[9] KK-StPO/*Fischer* Rn. 3; aA Löwe/Rosenberg/*Gössel* Rn. 32.
[10] Vgl. hierzu näher Löwe/Rosenberg/*Gössel* Rn. 35.
[11] KK-StPO/*Fischer* Rn. 5; *Meyer-Goßner* Rn. 16; vgl. auch § 407 Rn. 29.
[12] KK-StPO/*Fischer* Rn. 5; Löwe/Rosenberg/*Gössel* Rn. 29, 31; *Pfeiffer* Rn. 8; SK-StPO/*Weßlau* Rn. 21.
[13] KK-StPO/*Fischer* Rn. 4.
[14] Anw-StPO/*Böttger* Rn. 4; Löwe/Rosenberg/*Gössel* Rn. 17; *Meyer-Goßner* Rn. 7; *Pfeiffer* Rn. 4, *Ranft* JuS 2000, 633 (636); *Schlüchter*, Strafverfahren, Rn. 790; SK-StPO/*Weßlau* Rn. 5.
[15] KK-StPO/*Fischer* Rn. 7; *Meyer-Goßner* Rn. 1.
[16] Vgl. oben § 407 Rn. 6.
[17] KK-StPO/*Fischer* Rn. 7.
[18] Anw-StPO/*Böttger* Rn. 2; HK-GS/*Andrejtschitsch* Rn. 3; HK-StPO/*Kurth* Rn. 4; *Joecks* Rn. 2; KK-StPO/*Fischer* Rn. 8; *Meyer-Goßner* Rn. 2; *Pfeiffer* Rn. 2; *Schlüchter*, Strafverfahren, Rn. 788.4; SK-StPO/*Weßlau* Rn. 2; aA OLG Rostock v. 10. 8. 2010 – I Ws 193/10; Löwe/Rosenberg/*Gössel* Rn. 14: Ablehnung des Strafbefehlsantrags.
[19] SK-StPO/*Weßlau* Rn. 3.
[20] HK-GS/*Andrejtschitsch* Rn. 3; KK-StPO/*Fischer* Rn. 8; *Meyer-Goßner* Rn. 4; SK-StPO/*Weßlau* Rn. 2; aA Löwe/Rosenberg/*Gössel* Rn. 14: sofortige Beschwerde gegen Ablehnungsbeschluss.

§ 408 11-15

11   Hingegen darf in diesen Fällen – wegen der (beschränkten) Rechtskraftwirkung nach Abs. 2 S. 2 iVm. § 211 – eine **Ablehnung** des Strafbefehlsantrags **nicht** erfolgen.[21] **Ebenso wenig** kommt eine Aktenvorlage an das höhere Gericht gem. **§ 209 Abs. 2** in Betracht, da ein Strafbefehl nur vom Amtsgericht erlassen werden kann und der Strafbefehlsantrag die Anklage vor einem höheren Gericht insbesondere wegen Fehlens des wesentlichen Ergebnisses der Ermittlungen nach § 200 Abs. 2 S. 1 nicht ersetzen kann.[22]

III. Ablehnung des Strafbefehlserlasses (Abs. 2)

12   **1. Fehlender hinreichender Tatverdacht (Abs. 2 S. 1).** Das Amtsgericht lehnt den Erlass des beantragten Strafbefehls durch Beschluss ab, wenn es den Angeschuldigten der Tat (schon) nicht für hinreichend verdächtig iSv. § 203 erachtet. Bestehen an der Beweisbarkeit des den Schuldvorwurf begründenden Sachverhalts **Zweifel**, deren Klärung im Rahmen einer Hauptverhandlung zu erwarten ist, so ist nach Abs. 3 S. 2 Hauptverhandlung anzuberaumen. Erscheinen die **Zweifel** am hinreichenden Tatverdacht jedoch bereits in diesem Stadium **unüberwindlich**, so fehlt es am hinreichenden Tatverdacht[23] mit der Folge, dass der Strafbefehlserlass abzulehnen ist. Gleiches gilt in Fällen, in denen die dem Angeschuldigten vorgeworfene Tat **aus Rechtsgründen nicht strafbar** ist oder in denen ein nicht behebbares **Prozesshindernis** vorliegt.[24] Vor einer Ablehnung ist hingegen stets zu prüfen, ob bei Nichterweislichkeit oder Wegfall der Straftat die Tat nicht als Ordnungswidrigkeit verfolgt werden kann, so dass das Gericht – zur Vermeidung der beschränkten Rechtskraftwirkung nach Abs. 2 S. 2 iVm. § 211 für ein nachfolgendes Bußgeldverfahren – die Staatsanwaltschaft zur Rücknahme des (ggf.: Teils des) Strafbefehlsantrags veranlassen oder Hauptverhandlung anberaumen kann.[25]

13   Betrifft das Fehlen des hinreichenden Tatverdachts nur einen von mehreren Schuldvorwürfen innerhalb **einer prozessualen Tat,** so wird der Strafbefehlserlass einheitlich abgelehnt. Eine Teilablehnung ist hingegen zulässig, wenn sich der tatsächliche oder rechtliche Mangel nur auf einzelne von **mehreren selbständigen Taten** bezieht.[26] Über den nicht abgelehnten Teil eines Strafbefehlsantrags darf allerdings erst nach Rechtskraft der Teilablehnung entschieden werden.[27]

14   **2. Bedeutung des Ablehnungsbeschlusses (Abs. 2 S. 2).** Nach Abs. 2 S. 2 steht der Ablehnungsbeschluss einem Nichteröffnungsbeschluss gleich. Daher muss sich aus der **Begründung** des Ablehnungsbeschlusses nach Abs. 2 S. 2 iVm. § 204 Abs. 1 ergeben, ob die Ablehnung auf tatsächlichen oder auf Rechtsgründen beruht. Der Staatsanwaltschaft wird der Beschluss durch vereinfachte Zustellung nach § 41 **bekanntgegeben**. Daneben ist der Beschluss dem Angeschuldigten nach Abs. 2 S. 2 iVm. § 204 Abs. 2 (formlos) mitzuteilen,[28] da er zuvor zum Strafbefehlsantrag nicht gehört wurde (§ 407 Abs. 3). Ihm ist entsprechend Abs. 3 S. 3 eine Abschrift des Strafbefehlsantrags ohne die beantragte Rechtsfolge mitzuteilen. Darüber hinaus ist der Ablehnungsbeschluss dem Nebenkläger (bei vorzeitiger Anschlusserklärung) nach § 35 Abs. 2 S. 1 zuzustellen und dem Verletzten (bei entsprechender Beantragung nach § 406 d Abs. 1) nach § 35 Abs. 2 S. 2 mitzuteilen.

15   Der Staatsanwaltschaft steht gem. Abs. 2 S. 2 iVm. § 210 Abs. 2 gegen den Ablehnungsbeschluss die **sofortige Beschwerde** nach § 311 zu. Ebenso kann der Nebenkläger zum Zwecke des Anschlusses sofortige Beschwerde einlegen (§§ 396 Abs. 1 S. 3, 400 Abs. 2 S. 1). Das Landgericht als Beschwerdegericht kann jedoch nicht gem. § 309 Abs. 2 in der Sache selbst entscheiden, da es für den Erlass von Strafbefehlen nicht zuständig ist.[29] Dementsprechend verweist es für den Fall, dass es die Ablehnungsentscheidung für unrichtig hält, die Sache zurück an das Amtsgericht, welches – ohne dass das Landgericht insofern Anweisungen erteilen könnte – den Strafbefehl erlassen bzw. Hauptverhandlung anberaumen[30] oder gar den Strafbefehlserlass erneut ablehnen kann.[31]

---

[21] So aber OLG Rostock v. 10. 8. 2010 – I Ws 193/10; LG Hamburg v. 1. 10. 2003 – 612 Qs 47/03; Löwe/Rosenberg/*Gössel* Rn. 14.
[22] OLG Rostock v. 10. 8. 2010 – I Ws 193/10; aA aber KMR/*Metzger* Rn. 7 f.
[23] KK-StPO/*Fischer* Rn. 9; KMR/*Metzger* Rn. 14; Löwe/Rosenberg/*Gössel* Rn. 16, *Pfeiffer* Rn. 4.
[24] Anw-StPO/*Böttger* Rn. 5; HK-GS/*Andrejtschitsch* Rn. 5; HK-StPO/*Kurth* Rn. 6; *Joecks* Rn. 5; KK-StPO/*Fischer* Rn. 9; Löwe/Rosenberg/*Gössel* Rn. 17; *Meyer-Goßner* Rn. 7.
[25] BGH v. 15. 10. 1970 – 4 StR 322/70, BGHSt 23, 342 (346) = NJW 1970, 2255 (2256); BayObLG v. 13. 1. 1983 – 1 Ob OWi 434/82, NStZ 1983, 418 (419); KK-StPO/*Fischer* Rn. 12; Löwe/Rosenberg/*Gössel* Rn. 19.
[26] LG München II v. 16. 5. 1990 – 1 Qs 140/90, NStZ 1990, 452; AK/*Loos* Rn. 11; Bockemühl/*Haizmann*, Handbuch des Fachanwalts Strafrecht, 2. Teil 7. Kap. Rn. 27; HK-StPO/*Kurth* Rn. 7; KK-StPO/*Fischer* Rn. 10; Löwe/Rosenberg/*Gössel* Rn. 18; *Meyer-Goßner* Rn. 8; *Pfeiffer* Rn. 5; aA KMR/*Metzger* Rn. 15; SK-StPO/*Weßlau* Rn. 8.
[27] HK-StPO/*Kurth* Rn. 7; KK-StPO/*Fischer* Rn. 10; zweifelnd *Joecks* Rn. 6.
[28] KK-StPO/*Fischer* Rn. 11; KMR/*Metzger* Rn. 16; *Pfeiffer* Rn. 6; SK-StPO/*Weßlau* Rn. 9; aA *Meyer-Goßner* Rn. 11: Zustellung erforderlich.
[29] AK/*Loos* Rn. 14; HK-GS/*Andrejtschitsch* Rn. 7; *Meyer-Goßner* Rn. 9; *Ranft* JuS 2000, 633 (636 f.); SK-StPO/*Weßlau* Rn. 11.
[30] AK/*Loos* Rn. 14; *Joecks* Rn. 9; KK-StPO/*Fischer* Rn. 13; KMR/*Metzger* Rn. 18; Löwe/Rosenberg/*Gössel* Rn. 24 f.; *Meyer-Goßner* Rn. 9; *Ranft* JuS 2000, 633 (636 f.); *Schlüchter*, Strafverfahren, Rn. 788.5; aA *Roxin*/*Schünemann*, Strafverfahrensrecht, § 66 Rn. 9.
[31] Vgl. ausführlich Löwe/Rosenberg/*Gössel* Rn. 26 f.

Erster Abschnitt. Verfahren bei Strafbefehlen 16–20 **§ 408**

Wird der Ablehnungsbeschluss nicht angefochten oder die sofortige Beschwerde gegen den Be- 16
schluss verworfen, kommt es nach Abs. 2 S. 2 iVm. § 211 zu einer **beschränkten Rechtskraftwirkung** des Ablehnungsbeschlusses[32] dahingehend, dass hinsichtlich jener Tat im prozessualen Sinne eine erneute Strafverfolgung nur aufgrund neuer Tatsachen oder Beweismittel zulässig ist. Eine weitere Beschwerde ist nach § 310 Abs. 2 nicht zulässig.

IV. Erlass des Strafbefehls (Abs. 3 S. 1)

1. Vollständige Überzeugung des Gerichts (Abs. 3 S. 1). Das Amtsgericht muss den Strafbefehl 17
erlassen, wenn insofern keine Bedenken entgegenstehen. Ein Strafbefehl setzt hierbei ebenso wie ein Urteil die **vollständige Überzeugungsbildung des Richters** (und nicht nur die Annahme eines hinreichenden Tatverdachts) voraus.[33] Strafgerichte dürfen nämlich nur dann die Schuld des Angeklagten festlegen und Strafe zumessen, wenn aufgrund eines rechtsstaatlich prozessordnungsgemäßen Verfahrens die Schuld nachgewiesen ist.[34] Insofern kann der Regelung des Abs. 2 S. 1 (im Umkehrschluss) keine Lockerung der Anforderungen entnommen werden, da nur festgelegt wird, was bei bereits fehlendem hinreichendem Tatverdacht zu geschehen hat.[35] Dementsprechend muss das Gericht nach Überprüfung in tatsächlicher und rechtlicher Hinsicht zu der Überzeugung kommen, dass der Angeschuldigte die ihm vorgeworfene Tat schuldhaft begangen hat, die Prozessvoraussetzungen vorliegen und das Gericht für den Strafbefehlserlass zuständig ist.[36]

2. Abweichung vom Strafbefehlsantrag. Inhaltlich darf hinsichtlich der rechtlichen Bewertung 18
der zur Last gelegten Tat sowie der anzuordnenden Rechtsfolgen nicht vom Strafbefehlsantrag abgewichen werden, da eine Straftat nur bei **völliger Übereinstimmung** von Gericht und Staatsanwaltschaft im Strafbefehlswege abgeurteilt werden kann.[37] Allein die Formulierung des Strafbefehls darf im Vergleich zum Strafbefehlsantrag geändert werden.[38] Im Übrigen kann das Gericht – wie sich aus Abs. 3 S. 2 („die Staatsanwaltschaft bei ihrem Antrag beharrt") und Nr. 178 Abs. 1, 2 RiStBV ergibt – einen **Einigungsversuch** mit der Staatsanwaltschaft unternehmen.[39] Fehlt es bei Erlass des Strafbefehls an der völligen Übereinstimmung, so führt dies allerdings nicht zur Unwirksamkeit des Strafbefehls.[40]

V. Anberaumung der Hauptverhandlung (Abs. 3 S. 2, 3)

Beraumt das Gericht hingegen Hauptverhandlung an, liegt – wie bei den §§ 417 ff. – ein Ver- 19
fahren **ohne förmlichen Eröffnungsbeschluss** vor.[41]

1. Bedenken gegen eine Entscheidung im schriftlichen Verfahren (Abs. 3 S. 2, 1. Var.). Bejaht 20
das Gericht zwar den hinreichenden Tatverdacht[42] gegen den Angeschuldigten und hält es die beantragte Rechtsfolge für vertretbar, hat es aber Bedenken, im schriftlichen Verfahren zu entscheiden, so muss das Gericht Hauptverhandlung anberaumen. Dies kann beispielsweise der Fall sein, wenn das Gericht die Durchführung einer Hauptverhandlung zur **vollständigen Aufklärung** aller **wesentlichen Umstände** oder wegen der **Bedeutung der Sache** für geboten hält (vgl. Nr. 175 Abs. 3 RiStBV), die **Schuldfähigkeit** des Angeschuldigten fraglich ist,[43] der Richter sich einen **persönlichen Eindruck vom Angeschuldigten** verschaffen möchte[44] oder aber abzusehen ist, dass in naher Zukunft noch **schwerere Folgen** der vorgeworfenen Tat eintreten werden.[45]

---

[32] Vgl. BVerfG v. 9. 6. 1994 – 2 BvR 2096/93, NJW 1995, 124 (125).
[33] BT-Drucks. 10/1313, S. 34 f.; BT-Drucks. 12/1217, S. 42; AG Meiningen v. 2. 4. 2009 – 340 Js 3972/08 – 8 Cs; AK/*Loos* Rn. 21, Vor § 407 Rn. 7; HK-GS/*Andrejtschitsch* § 407 Rn. 5; KK-StPO/*Fischer* Rn. 9, 15; KMR/*Metzger* Vor § 407 Rn. 24; Löwe/Rosenberg/*Gössel* Rn. 16, 36, Vor § 407 Rn. 25; *Meurer* JuS 1987, 882 (885); *Pfeiffer* Rn. 4; *Rieß* JR 1988, 133 (133 f.); *Rieß/Hilger* NStZ 1987, 204 (204, Fn. 261); *Weßlau* ZStW 116 (2004), 150 (158 f.); aA *Deckers/Kuschnik* StraFo 2008, 418 (420); Meyer-Goßner Rn. 7, Vor § 407 Rn. 1; *Ranft* JuS 2000, 633 (636); *Schaal* GS Meyer, 1990, S. 427 (441 ff.); Widmaier/*Nobis* MAH Strafverteidigung, § 10 Rn. 82.
[34] BVerfG v. 26. 3. 1987 – 2 BvR 589/79, BVerfGE 74, 358 (371) = NJW 1987, 2427; HK-GS/*Andrejtschitsch* § 407 Rn. 5.
[35] KK-StPO/*Fischer* Rn. 15; SK-StPO/*Weßlau* Rn. 6; vgl. auch BT-Drucks. 10/1313, S. 35.
[36] KK-StPO/*Fischer* Rn. 15.
[37] *Meurer* JuS 1987, 882 (883); *Meyer-Goßner* Rn. 11; *Roxin/Schünemann* § 66 Rn. 8.
[38] HK-StPO/*Kurth* Rn. 16; *Meyer-Goßner/Gössel* Rn. 38; *Meyer-Goßner* Rn. 11.
[39] KK-StPO/*Fischer* Rn. 17; *Meurer* JuS 1987, 882 (885); *Ranft* JuS 2000, 633 (636).
[40] BayObLG v. 4. 6. 1958 – RReg. 1 St 247/58, BayObLGSt 58, 130 (131); AK/*Loos* Rn. 22; Anw-StPO/*Böttger* Rn. 13; HK-GS/*Andrejtschitsch* Rn. 4; HK-StPO/*Kurth* Rn. 16; KK-StPO/*Fischer* Rn. 18; Löwe/Rosenberg/*Gössel* Rn. 39; *Meyer-Goßner* Rn. 11; *Rieß* Anm. zu OLG Düsseldorf v. 26. 5. 1988 – 3 Ws 85/87, JR 1989, 437 (438 f.).
[41] KK-StPO/*Fischer* Rn. 6; KMR/*Metzger* Rn. 37.
[42] AG Meiningen v. 2. 4. 2009 – 340 Js 3972/08 – 8 Cs; KK-StPO/*Fischer* Rn. 19; *Meyer-Goßner* Rn. 12.
[43] BerlVerfGH v. 19. 1. 2000 – VerfGH 34/99, NStZ-RR 2000, 143 (144 f.).
[44] AK/*Loos* Rn. 18; *Meyer-Goßner* Rn. 12.
[45] KK-StPO/*Fischer* Rn. 19; *Pfeiffer* Rn. 8; *Schaal* GS Meyer, 1990, S. 427 (429); vgl. auch OLG Saarbrücken v. 28. 11. 1968 – Ss 7/68, JR 1969, 430 (430 f.) m Anm *Koffka*; aA AK/*Loos* Rn. 18; Löwe/Rosenberg/*Gössel* Rn. 46; *Meyer-Goßner* Rn. 12.

21 **2. Bedenken gegen den Strafbefehlsantrag der Staatsanwaltschaft (Abs. 3 S. 2, 2. Var.).** Möchte das Gericht von der **rechtlichen Beurteilung** oder der **beantragten Rechtsfolge** abweichen, ohne dass ein Einigungsversuch mit der Staatsanwaltschaft insofern erfolgreich ist, dass die Staatsanwaltschaft die Änderungsvorschläge für berechtigt hält und einen abgeänderten Strafbefehlsantrag stellt oder aber die Bedenken des Richters ausgeräumt werden, so muss Hauptverhandlung anberaumt werden.

22 **3. Vorbereitung der Hauptverhandlung (Abs. 3 S. 3).** Die Vorbereitung der Hauptverhandlung richtet sich nach den allgemeinen Vorschriften der §§ 213 ff., wobei dem Angeklagten nach Abs. 3 S. 3 mit der Ladung zur Hauptverhandlung nach § 214 eine **Abschrift des Strafbefehlsantrags** (ohne die beantragte Rechtsfolge) zu übersenden ist, da er idR noch keine Kenntnis vom Strafbefehlsantrag, der an die Stelle der Anklageschrift tritt, hat. Eine insofern unterlassene Mitteilung wird durch Übergabe einer Strafbefehlsabschrift in der Hauptverhandlung geheilt, wobei die Hauptverhandlung ggf. entsprechend § 265 Abs. 4 auszusetzen (oder zu unterbrechen) ist.[46] Die Anberaumung der Hauptverhandlung erfolgt grundsätzlich formlos durch richterliche Verfügung (und nicht durch Beschluss), wobei eine Zustellung mit der Ladung zur Hauptverhandlung zweckmäßig ist.[47] Die Gründe für die Anberaumung werden hingegen nicht mitgeteilt.[48]

23 Da es nicht zu einer förmlichen Ablehnung des Strafbefehlsantrags kommt, steht der Staatsanwaltschaft und dem Angeklagten **kein Beschwerderecht** gegen die Anberaumung der Hauptverhandlung zu.[49] Allerdings kann die Staatsanwaltschaft ihren Strafbefehlsantrag bis zum Beginn der Vernehmung des Angeklagten zur Sache nach § 411 Abs. 3 iVm. § 156 zurücknehmen.[50] Da die Entscheidung des Richters, Hauptverhandlung anzuberaumen, die Wirkung eines Eröffnungsbeschlusses hat,[51] kann das Gericht den Erlass des beantragten Strafbefehls nachfolgend nicht mehr nach Abs. 2 ablehnen.

24 Im Übrigen sind bei Durchführung einer Hauptverhandlung nach Abs. 3 S. 2 die Regelungen der § 411 Abs. 2 bis 4, § 412 **unanwendbar**, da diese sich auf eine Hauptverhandlung nach Einspruch beziehen. Es gelten vielmehr die allgemeinen Verfahrensvorschriften.[52]

§ 408a [Strafbefehl nach Eröffnung des Hauptverfahrens]

(1) ¹Ist das Hauptverfahren bereits eröffnet, so kann im Verfahren vor dem Strafrichter und dem Schöffengericht die Staatsanwaltschaft einen Strafbefehlsantrag stellen, wenn die Voraussetzungen des § 407 Abs. 1 Satz 1 und 2 vorliegen und wenn der Durchführung einer Hauptverhandlung das Ausbleiben oder die Abwesenheit des Angeklagten oder ein anderer wichtiger Grund entgegensteht. ²In der Hauptverhandlung kann der Staatsanwalt den Antrag mündlich stellen; der wesentliche Inhalt des Strafbefehlsantrages ist in das Sitzungsprotokoll aufzunehmen. ³§ 407 Abs. 1 Satz 4, § 408 finden keine Anwendung.

(2) ¹Der Richter hat dem Antrag zu entsprechen, wenn die Voraussetzungen des § 408 Abs. 3 Satz 1 vorliegen. ²Andernfalls lehnt er den Antrag durch unanfechtbaren Beschluß ab und setzt das Hauptverfahren fort.

Schrifttum: *Meyer-Goßner,* Das Strafverfahrensänderungsgesetz 1987, NJW 1987, 1161; *Rieß,* Zweifelsfragen zum neuen Strafbefehlsverfahren, JR 1988, 133; *ders./Hilger,* Das neue Strafverfahrensrecht – 2. Teil, NStZ 1987, 204; *Schellenberg,* Der Strafbefehl nach § 408 a StPO in der Praxis, NStZ 1994, 370; *Zähres,* Erlass eines Strafbefehls gem. § 408 a StPO in der gem. § 408 III 2 StPO anberaumten Hauptverhandlung?, NStZ 2002, 296.

I. Normzweck und Anwendungsbereich

1 **1. Normzweck.** Die Vorschrift des § 408 a ermöglicht es, auch **nach Eröffnung des Hauptverfahrens** eine Beendigung des Verfahrens durch **Erlass eines Strafbefehls** zu erreichen. Hierdurch sollen normal eingeleitete Verfahren, die sodann aber „steckengeblieben" sind, in geeigneten Fällen schnell und ohne großen Aufwand beendet werden können.[1] Da sich die Staatsanwaltschaft zuvor aber für eine Anklageerhebung entschieden hatte, wird es regelmäßig zu einer nachträgli-

---

[46] KK-StPO/*Fischer* Rn. 22.
[47] KK-StPO/*Fischer* Rn. 23; Löwe/Rosenberg/*Gössel* Rn. 51.
[48] Anw-StPO/*Böttger* Rn. 15; KK-StPO/*Fischer* Rn. 24; KMR/*Metzger* Rn. 39; Löwe/Rosenberg/*Gössel* Rn. 42; Meyer-Goßner Rn. 15.
[49] KK-StPO/*Fischer* Rn. 22; Löwe/Rosenberg/*Gössel* Rn. 50.
[50] KK-StPO/*Fischer* Rn. 24; *Meyer-Goßner* § 156 Rn. 3; enger OLG Düsseldorf v. 4. 7. 1983 – 2 Ws 292/83, OLGSt StPO § 12 Nr. 1: Aufruf der Sache; zweifelnd Löwe/Rosenberg/*Beulke* § 156 Rn. 4.
[51] HK-GS/*Andrejtschitsch* Rn. 11; *Meyer/Goßner* Rn. 14; SK-StPO/*Weßlau* Rn. 19; aA AG Eggenfelden v. 12. 1. 2009 – 2 Cs 54 Js 33 229/06, NStZ-RR 2009, 139 (140).
[52] BayObLG v. 24. 2. 1972 – RReg. 8 St 110/71, GA 1972, 367 (368); KK-StPO/*Fischer* Rn. 25; Löwe/Rosenberg/*Gössel* Rn. 52; aA *Meyer-Goßner* Rn. 14.
[1] BT-Drucks. 10/1313, S. 35; BT-Drucks. 10/6592, S. 21; KK-StPO/*Fischer* Rn. 1; *Meyer-Goßner* Rn. 1.

chen Änderung der Sach- oder Rechtslage, einer geänderten Bewertung der Strafsache durch die Staatsanwaltschaft oder ggf. einer ausreichenden Sachverhaltsaufklärung im Rahmen der bereits durchgeführten Hauptverhandlung gekommen sein.[2]

2. Anwendungsbereich. § 408 a findet nur **nach Erlass des Eröffnungsbeschlusses** gem. § 203 Anwendung, da die Staatsanwaltschaft zuvor die öffentliche Klage jederzeit wieder nach § 156 zurücknehmen und einen Strafbefehlserlass beantragen kann.[3] Eine Hauptverhandlung braucht noch nicht stattgefunden zu haben. Vielmehr kann die Staatsanwaltschaft vor, in[4] oder nach einer (ausgesetzten) Hauptverhandlung zum Strafbefehlsverfahren übergehen.[5] Ist es hingegen nach Einspruch gegen einen Strafbefehl[6] oder über den Weg des § 408 Abs. 3 (ebenso wie über § 418 Abs. 1 S. 1) zum Hauptverfahren gekommen, kann kein Strafbefehl nach § 408 a erlassen werden, da es in jenen Verfahren an einem Eröffnungsbeschluss fehlt und der Strafbefehl bei § 408 a gerade nicht an die Stelle des Eröffnungsbeschlusses tritt.[7] 2

In der Praxis ist die Vorschrift von geringer Bedeutung, da die erhofften Beschleunigungseffekte oftmals nicht eintreten[8] und in der Hauptverhandlung häufiger eine Verfahrensbeendigung nach § 153 a Abs. 2 erfolgt.[9] Daher beschränkt sich der **Anwendungsbereich** regelmäßig auf Fälle, in denen diese Vorgehensweise im Vorfeld zwischen den Verfahrensbeteiligten abgesprochen wurde oder aber der Angeklagte nicht zur Hauptverhandlung erscheint, seine Vorführung nicht möglich bzw. unverhältnismäßig ist und mit einem Einspruch (oder zumindest mit einem Erscheinen in der Hauptverhandlung nach Einspruch) nicht zu rechnen ist (vgl. auch Nr. 175 a RiStBV).[10] 3

II. Voraussetzungen (Abs. 1)

1. Allgemeine Voraussetzungen des § 407. Es müssen die **allgemeinen Voraussetzungen** für den Erlass eines Strafbefehls vorliegen. Ausdrücklich ist in § 408 a Abs. 1 S. 1 für dessen Anwendbarkeit das Vorliegen der Voraussetzungen des § 407 Abs. 1 S. 1, 2 gefordert, wohingegen § 408 a Abs. 1 S. 3. klarstellt, dass – da das Hauptverfahren bereits eröffnet ist – § 407 Abs. 1 S. 4 und § 408 keine Anwendung finden. 4

Erforderlich ist erneut ein **Strafbefehlsantrag der Staatsanwaltschaft**, zu dessen Stellung die Staatsanwaltschaft befugt, jedoch – anders als bei § 407 Abs. 1 S. 2 – nicht verpflichtet ist.[11] Dem Angeklagten steht kein formelles Antragsrecht zu, allerdings kann er (ebenso wie das Gericht) die Überleitung in das Strafbefehlsverfahren anregen.[12] Ein zugelassener und anwesender Nebenkläger ist zum Strafbefehlsantrag zu hören, kann den Übergang in das Strafbefehlsverfahren allerdings nicht verhindern.[13] Der Antrag der Staatsanwaltschaft kann bei dem erkennenden Gericht **schriftlich** oder in der Hauptverhandlung **mündlich** gestellt werden, wobei in letzterem Falle der wesentliche Inhalt in das Sitzungsprotokoll aufzunehmen ist (Abs. 1 S. 2). Hinsichtlich der Angaben nach § 409 Abs. 1 S. 1 Nr. 1–5 genügt bei unveränderter Sach- und Rechtslage eine Bezugnahme auf die zugelassene Anklage.[14] Auch bei § 408 a darf sich der Strafbefehlsantrag nur auf Vergehen beziehen, wobei unerheblich ist, ob die Tat zuvor im Eröffnungsbeschluss als Verbrechen gewertet wurde, da der Zeitpunkt der Antragstellung entscheidend ist.[15] 5

---

[2] HansOLG Hamburg v. 22. 8. 1988 – 1 Ss 72/88, NStZ 1988, 522 mit zust. Anm. *Rieß* JR 1989, 171; HK-StPO/*Kurth* Rn. 2, 8; KK-StPO/*Fischer* Rn. 5; Löwe/Rosenberg/*Gössel* Rn. 6, 10; *Martin* GA 1995, 121 (121 ff.); *Meyer-Goßner* NJW 1987, 1161 (1166).
[3] *Joecks* Rn. 3; KK-StPO/*Fischer* Rn. 7; Löwe/Rosenberg/*Gössel* Rn. 16.
[4] AA wohl HansOLG Hamburg v. 22. 8. 1988 – 1 Ss 72/88, NStZ 1988, 522 mit zust. Anm. *Rieß* JR 1989, 171 (172).
[5] Anw-StPO/*Böttger* Rn. 4; HK-StPO/*Kurth* Rn. 5; KK-StPO/*Fischer* Rn. 6; Löwe/Rosenberg/*Gössel* Rn. 19; *Meyer-Goßner* Rn. 3; *Schellenberg* NStZ 1994, 370 (371); SK-StPO/*Weßlau* Rn. 7.
[6] Anw-StPO/*Böttger* Rn. 4; HK-GS/*Andrejtschitsch* Rn. 5; HK-StPO/*Kurth* Rn. 5; KMR/*Metzger* Rn. 6; SK-StPO/*Weßlau* Rn. 4.
[7] BT-Drucks. 10/1313, S. 36; HK-GS/*Andrejtschitsch* Rn. 5; HK-StPO/*Kurth* Rn. 5; KK-StPO/*Fischer* Rn. 2, 7; Löwe/Rosenberg/*Gössel* Rn. 16; *Meyer-Goßner* Rn. 3; SK-StPO/*Weßlau* Rn. 4; krit. *Zähres* NStZ 2002, 296 (296 f.); aA AK/*Loos* Rn. 4: analoge Anwendung von § 408 a.
[8] Anw-StPO/*Böttger* Rn. 3; KK-StPO/*Fischer* Rn. 3; *Meurer* JuS 1987, 882 (887); SK-StPO/*Weßlau* Rn. 20.
[9] KK-StPO/*Fischer* Rn. 3; Löwe/Rosenberg/*Gössel* Rn. 6; *Meurer* JuS 1987, 882 (887); vgl. aber *Wolter* GA 1985, 49 (76).
[10] Vgl. KK-StPO/*Fischer* Rn. 4; *Meyer-Goßner* Rn. 1.
[11] AK/*Loos* Rn. 11; HK-StPO/*Kurth* Rn. 4; KMR/*Metzger* Rn. 9; SK-StPO/*Weßlau* Rn. 6.
[12] HK-StPO/*Kurth* Rn. 6; KK-StPO/*Fischer* Rn. 11; KMR/*Metzger* Rn. 8; Löwe/Rosenberg/*Gössel* Rn. 18; *Meyer-Goßner* Rn. 2; SK-StPO/*Weßlau* Rn. 6.
[13] KK-StPO/*Fischer* Rn. 11.
[14] HansOLG Hamburg v. 22. 8. 1988 – 1 Ss 72/88, NStZ 1988, 522 mit zust. Anm. *Rieß* JR 1989, 171 (172); *Rieß* JR 1988, 133 (136); HK-StPO/*Kurth* Rn. 4; *Schellenberg* NStZ 1994, 370 (373); wohl zustimmend HK-StPO/*Kurth* Rn. 6; *Joecks* Rn. 3.
[15] AK/*Loos* Rn. 3; Anw-StPO/*Böttger* Rn. 6; Bockemühl/*Haizmann*, Handbuch des Fachanwalts Strafrecht, 2. Teil 7. Kap. Rn. 90; HK-GS/*Andrejtschitsch* Rn. 4; HK-StPO/*Kurth* Rn. 7; KK-StPO/*Fischer* Rn. 6; KMR/*Metzger* Rn. 7, 11; Löwe/Rosenberg/*Gössel* Rn. 15; *Rieß* JR 1988, 133 (135); *Schellenberg* NStZ 1994, 370 (371); SK-StPO/*Weßlau* Rn. 5; Widmaier/*Nobis* MAH Strafverteidigung § 10 Rn. 145; aA *Joecks* Rn. 6; *Meyer-Goßner* Rn. 3; *Pfeiffer* Rn. 2.

6 **2. Unmöglichkeit der Durchführung der Hauptverhandlung.** Der Durchführung der Hauptverhandlung – gemeint ist die Beendigung der Hauptverhandlung durch eine verfahrensabschließende Entscheidung[16] – muss ein **wichtiger Grund** entgegenstehen, wobei es ausreicht, wenn die Hauptverhandlung nur vorübergehend nicht durchgeführt werden kann.[17] Beispielhaft nennt das Gesetz als wichtige Gründe das **Ausbleiben** oder die **Abwesenheit** des Angeklagten, was sich sowohl auf den im Ausland lebenden Angeklagten bezieht, dessen Einlieferung zur Durchführung der Hauptverhandlung nicht möglich oder nicht angemessen wäre (§ 276), als auch auf den im Inland lebenden Angeklagten, dessen Vorführung unverhältnismäßig wäre.[18] Gleiches gilt bei einem (beispielsweise infolge Krankheit) nicht eigenmächtigen Ausbleiben, das aber noch keine dauerhafte Verhandlungsunfähigkeit iSd. § 206 a darstellt.[19] Ein **anderer wichtiger Grund** ist zB das Ausbleiben eines wichtigen Zeugen, dessen frühere Aussage nicht nach § 251 verlesen werden kann,[20] wohingegen es **nicht** ausreicht, dass die Hauptverhandlung infolge einer zwischenzeitlich erfolgten Absprache nicht mehr erforderlich ist,[21] lediglich eine Abkürzung des Verfahrens oder ein Ersparen der Mühen für eine Urteilsabsetzung angestrebt wird[22] oder aber allgemein eine Erledigung im Strafbefehlsverfahren gewünscht wird.[23]

III. Entscheidung des Gerichts (Abs. 2)

7 **1. Erlass des Strafbefehls (Abs. 2 S. 1).** Auch wenn Abs. 1 S. 3 anordnet, dass § 408 keine Anwendung findet, bestimmt Abs. 2 S. 1, dass der Richter bei Vorliegen der Voraussetzungen des § 408 Abs. 3 S. 1 den beantragten Strafbefehl erlassen muss. Es dürfen **keine Bedenken** gegen den Erlass bestehen und muss somit auch eine vollständige Übereinstimmung zwischen Gericht und Staatsanwaltschaft vorliegen. Da § 408 a – im Gegensatz zu § 408 Abs. 3 S. 2 – keinen Einigungsversuch zwischen Gericht und Staatsanwaltschaft vorsieht, bietet es sich in der Praxis an, insofern im Vorfeld eine Verständigung zwischen Gericht und Staatsanwaltschaft (und ggf. auch Angeklagtem) anzustreben.[24] Der Erlass des Strafbefehls erfolgt – ggf. in einer Unterbrechung oder nach Aussetzung der Hauptverhandlung – im schriftlichen Verfahren und (bei Verfahren vor dem Schöffengericht) ohne Beteiligung der Schöffen.[25] Zuvor ist dem Nebenkläger, der wirksam seinen Anschluss erklärt hat, nach § 397 Abs. 1 S. 2 iVm. § 385 Abs. 1 S. 1 rechtliches Gehör zu gewähren.[26] Der Angeklagte braucht hingegen nicht angehört zu werden,[27] da insofern § 407 Abs. 3 entsprechend gilt.

8 **2. Ablehnung des Strafbefehlsantrags (Abs. 2 S. 2).** Bei Bedenken gegen den Strafbefehlsantrag lehnt der Richter diesen durch unanfechtbaren (und daher gem. § 34 nicht zu begründenden)[28] Beschluss ab und **setzt das Hauptverfahren** nach den allgemeinen Regeln (und nicht nach Maßgabe des § 411 Abs. 2 S. 2) **fort**.[29] Der Ablehnungsbeschluss, der den Verfahrensbeteiligten nach § 35 Abs. 2 S. 2 formlos mitgeteilt wird,[30] ist hierbei allerdings nicht bindend, da er lediglich das von der Staatsanwaltschaft eingeleitete Strafbefehlsverfahren beendet und Abs. 1 S. 3 die Anwendbarkeit von § 408 Abs. 2 explizit ausschließt. Dementsprechend kann bei veränderter Sach- oder Rechtslage erneut ein Strafbefehlsantrag gestellt werden,[31] ohne dass das Gericht durch den früheren Ablehnungsbeschluss am Erlass des Strafbefehls gehindert wäre.[32]

IV. Weiteres Verfahren nach Strafbefehlserlass

9 **1. Bekanntmachung des Strafbefehls.** Da sich der Strafbefehl nach § 408 a nicht von einem ohne vorherigen Eröffnungsbeschluss erlassenen Strafbefehl unterscheidet, ist er dem **Angeklagten**,

---

[16] Löwe/Rosenberg/*Gössel* Rn. 12; *Rieß* JR 1988, 133 (135).
[17] AK/*Loos* Rn. 7; HK-GS/*Andrejtschitsch* Rn. 6; KK-StPO/*Fischer* Rn. 9; *Meyer-Goßner* Rn. 4; *Rieß* JR 1988, 133 (135); aA KMR/*Metzger* Rn. 13: auch bei „unzweckmäßig" gewordener Hauptverhandlung.
[18] KK-StPO/*Fischer* Rn. 9; *Meyer-Goßner* Rn. 1.
[19] KK-StPO/*Fischer* Rn. 9; *Schellenberg* NStZ 1994, 370 (373).
[20] AK/*Loos* Rn. 6; KMR/*Metzger* Rn. 13; *Meyer-Goßner* Rn. 4; *Schellenberg* NStZ 1994, 370 (373); krit. KK-StPO/*Fischer* Rn. 10.
[21] Anw-StPO/*Böttger* Rn. 8; KK-StPO/*Fischer* Rn. 9; *Ranft* JuS 2000, 633 (634); SK-StPO/*Weßlau* Rn. 10; aA KMR/*Metzger* Rn. 13.
[22] Anw-StPO/*Böttger* Rn. 8; KK-StPO/*Fischer* Rn. 9.
[23] Löwe/Rosenberg/*Gössel* Rn. 14; *Rieß* JR 1988, 133 (135).
[24] KK-StPO/*Fischer* Rn. 12; Löwe/Rosenberg/*Gössel* Rn. 25; *Meyer-Goßner* NJW 1987, 1161 (1166).
[25] HK-StPO/*Kurth* Rn. 12 f.; KMR/*Metzger* Rn. 16 f.; *Schellenberg* NStZ 1994, 370 (374); SK-StPO/*Weßlau* Rn. 14.
[26] KMR/*Metzger* Rn. 14; *Schellenberg* NStZ 1994, 370 (374); SK-StPO/*Weßlau* Rn. 18.
[27] HK-StPO/*Kurth* Rn. 13; *Joecks* Rn. 8.
[28] Anw-StPO/*Böttger* Rn. 11; KK-StPO/*Fischer* Rn. 15; KMR/*Metzger* Rn. 23; SK-StPO/*Weßlau* Rn. 19.
[29] AK/*Loos* Rn. 8; KK-StPO/*Fischer* Rn. 15.
[30] Anw-StPO/*Böttger* Rn. 11; HK-StPO/*Kurth* Rn. 15; Löwe/Rosenberg/*Gössel* Rn. 36.
[31] HK-GS/*Andrejtschitsch* Rn. 7; *Joecks* Rn. 8; KK-StPO/*Fischer* Rn. 16; Löwe/Rosenberg/*Gössel* Rn. 36; *Meurer* JuS 1987, 882 (887); *Meyer-Goßner* Rn. 5; *Rieß/Hilger* NStZ 1987, 204 (205); SK-StPO/*Weßlau* Rn. 19.
[32] KK-StPO/*Fischer* Rn. 16; KMR/*Metzger* Rn. 23; Löwe/Rosenberg/*Gössel* Rn. 36.

seinem Verteidiger oder Zustellungsbevollmächtigten gem. § 35 Abs. 2 S. 1 zuzustellen, jedoch nicht in der Hauptverhandlung zu verkünden.[33] **Staatsanwaltschaft** und **Nebenkläger** ist er formlos mitzuteilen.[34]

2. Einspruch. Legt der Angeklagte nach § 410 Abs. 1 S. 1 ordnungsgemäß Einspruch gegen den Strafbefehl ein, so wird nach § 411 Abs. 1 S. 2 Termin zur **Hauptverhandlung** anberaumt. Grundlage der nachfolgenden Hauptverhandlung ist der Strafbefehl (und nicht die Anklage mit dem ursprünglichen Eröffnungsbeschluss),[35] so dass die §§ 411, 412 für das Einspruchsverfahren gelten.[36] Dementsprechend kann der Einspruch nach § 411 Abs. 3 S. 1, 2 (ggf. mit Zustimmung der Staatsanwaltschaft) zurückgenommen werden, wohingegen eine Rücknahme der Klage (wegen des zuvor bereits ergangenen Eröffnungsbeschlusses, § 156) nach § 411 Abs. 3 S. 3 nicht möglich ist.[37] Auch in diesem Verfahren gilt das Verbot der reformatio in peius nach § 411 Abs. 4 nicht.[38]

3. Kein Einspruch. Legt der Angeklagte gegen den Strafbefehl keinen (ordnungsgemäßen) Einspruch ein, so wird der **Strafbefehl rechtskräftig** und steht nach § 410 Abs. 3 einem rechtskräftigen Urteil gleich. Da es sich um ein rechtskräftig abgeschlossenes Strafbefehlsverfahren handelt (in dem das vor Übergang in das Strafbefehlsverfahren rechtshängige Verfahren „aufgegangen" ist), gelten für die Wiederaufnahme die im Vergleich zu § 362 erleichterten Wiederaufnahmemöglichkeiten des § 373 a zuungunsten des Verurteilten.[39]

V. Verfahrensfehler

Fehlt bei Erlass des Strafbefehls ein entsprechender **Antrag der Staatsanwaltschaft** und wurde nach Einspruch gegen den Strafbefehl eine (weitere) Hauptverhandlung durchgeführt, so stellt das Rechtsmittelgericht das Verfahren ein,[40] da das ursprüngliche (Anklage-)Verfahren fortzusetzen gewesen wäre, weil der Eröffnungsbeschluss weiterhin wirksam ist[41] und der Einspruch ins Leere ging. **Sonstige Fehler** in Zusammenhang mit der Anwendung des § 408 a, die nicht derart schwerwiegend sind, stellen jedoch kein Verfahrenshindernis dar,[42] wobei ein nach Einspruch ergangenes tatrichterliches Urteil auch nicht auf diesen Verfahrensverstößen beruhen kann.[43]

§ 408 b [Bestellung eines Verteidigers]

¹Erwägt der Richter, dem Antrag der Staatsanwaltschaft auf Erlaß eines Strafbefehls mit der in § 407 Abs. 2 Satz 2 genannten Rechtsfolge zu entsprechen, so bestellt er dem Angeschuldigten, der noch keinen Verteidiger hat, einen Verteidiger. ²§ 141 Abs. 3 findet entsprechende Anwendung.

Schrifttum: *Böttcher/Mayer,* Änderungen des Strafverfahrensrechts durch das Entlastungsgesetz, NStZ 1993, 153; *Brackert/Staechelin,* Die Reichweite der im Strafbefehlsverfahren erfolgten Pflichtverteidigerbestellung, StV 1995, 547; *Deckers/Kuschnik,* Darf trotz Abwesenheit und Unkenntnis des Angeklagten nach § 408 a StPO von der Hauptverhandlung in das Strafbefehlsverfahren gewechselt werden?, StraFo 2008, 418; *Hohendorf,* Probleme bei Pflichtverteidigerbestellung nach § 408 b StPO, MDR 1993, 597; *Lutz,* Wie weit reicht die Verteidigerbestellung gem. § 408 b StPO?, NStZ 1998, 395; *Schellenberg,* Zur Verhängung von Freiheitsstrafen im Strafbefehlsweg, NStZ 1994, 570.

I. Normzweck und Anwendungsbereich

Nachdem § 407 Abs. 2 S. 2 die Verhängung einer Freiheitsstrafe von bis zu einem Jahr mit Strafaussetzung zur Bewährung im Strafbefehlswege nur bei einem verteidigten Angeschuldigten

---

[33] KK-StPO/*Fischer* Rn. 14; *Meyer-Goßner* Rn. 6; *Pfeiffer* Rn. 4.
[34] KK-StPO/*Fischer* Rn. 14; *Pfeiffer* Rn. 4.
[35] KK-StPO/*Fischer* Rn. 17; KMR/*Metzger* Rn. 20; *Meyer-Goßner* Rn. 6; *Rieß* JR 1988, 133 (134); SK-StPO/*Weßlau* Rn. 22.
[36] Vgl. OLG Düsseldorf v. 2. 2. 1998 – 1 Ws 61/98, NStZ-RR 1998, 180.
[37] Anw-StPO/*Böttger* Rn. 13; HK-StPO/*Kurth* Rn. 19; KK-StPO/*Fischer* Rn. 17; Löwe/Rosenberg/*Gössel* Rn. 39; *Ranft* JuS 2000, 633 (637); *Rau/Zschieschack* JuS 2005, 802 (804); SK-StPO/*Weßlau* Rn. 23.
[38] AK/*Loos* Rn. 27; KK-StPO/*Fischer* Rn. 17; Löwe/Rosenberg/*Gössel* Rn. 38; *Pfeiffer* Rn. 6.
[39] KK-StPO/*Fischer* Rn. 18.
[40] Anw-StPO/*Böttger* Rn. 9; KK-StPO/*Fischer* Rn. 19; vgl. auch *Rieß* Anm. zu HansOLG Hamburg v. 22. 8. 1988 – 1 Ss 72/88, JR 1989, 171 (172 f.); aA OLG Stuttgart v. 22. 8. 1997 – 4 Ws 153/97, NStZ 1998, 100 (101); Löwe/Rosenberg/*Gössel* Rn. 22.
[41] Löwe/Rosenberg/*Gössel* Rn. 36; aA SK-StPO/*Weßlau* Rn. 16.
[42] HansOLG Hamburg v. 22. 8. 1988 – 1 Ss 72/88, NStZ 1988, 522 mit zust. Anm. *Rieß* JR 1989, 171 (173); OLG Oldenburg v. 23. 4. 1990 – Ss 109/90, MDR 1990, 946 (947).
[43] OLG Hamburg NStZ 1988, 522 mit zust. Anm. *Rieß* JR 1989, 171 (173); AK/*Loos* Rn. 28; Anw-StPO/*Böttger* Rn. 15; HK-GS/*Andrejtschitsch* Rn. 9; HK-StPO/*Kurth* Rn. 20; KK-StPO/*Fischer* Rn. 19; *Meyer-Goßner* Rn. 7; *Pfeiffer* Rn. 6; SK-StPO/*Weßlau* Rn. 24.

zulässt, ordnet § 408 b S. 1 die **Mitwirkung eines Verteidigers** bereits vor ernsthaft in Betracht gezogenem Erlass eines solchen Strafbefehls an.[1] Hierdurch soll gewährleistet werden, dass dem Beschuldigten bewusst ist, welche möglichen Konsequenzen eine derartige (im schriftlichen Verfahren erfolgende) Verurteilung – beispielsweise die Gefahr des Widerrufs der Strafaussetzung zur Bewährung nach § 56 f StGB[2] oder sonstige (Neben-)Folgen, die an die ausgeurteilte Strafe anknüpfen – haben kann.[3]

II. Voraussetzungen

2   **1. Strafbefehlsantrag der Staatsanwaltschaft.** Erforderlich ist ein Strafbefehlsantrag der Staatsanwaltschaft, der iSd. § 407 Abs. 2 S. 2 auf die Verhängung einer **Freiheitsstrafe bis zu einem Jahr bei Strafaussetzung zur Bewährung** gerichtet ist, wohingegen ein Antrag auf Erlass eines Bewährungsbeschlusses oder auf eine Verteidigerbestellung nach § 408 b nicht erforderlich ist.[4] Hat der Angeschuldigte – entgegen dem Erfordernis des § 407 Abs. 2 S. 2 – noch keinen Verteidiger, stellt die Staatsanwaltschaft mit der Übersendung des Strafbefehlsantrags jedoch zweckmäßigerweise zugleich den Antrag, dem Angeschuldigten einen Verteidiger zu bestellen.[5] Sollte aus Sicht der Staatsanwaltschaft bereits vor Stellung des Strafbefehlsantrags eine Ahndung mit einer Freiheitsstrafe im Strafbefehlsverfahren sicher erscheinen, so beantragt sie die Bestellung eines Verteidigers bereits zu einem früheren Zeitpunkt gem. S. 2 iVm. § 141 Abs. 3. Hierdurch wird insbesondere ermöglicht, dass die Staatsanwaltschaft mit der Verteidigung eine Verständigung über die (zu beantragende) Strafe trifft, ohne dass dies aber zu einer förmlichen Absprache gem. § 257 c unter Einbeziehung des Gerichts mit Bindungswirkung für dieses führen darf.[6] Hierbei ist es auch unzulässig, zwischen Staatsanwaltschaft und Verteidigung sowie Beschuldigtem einen Rechtsmittelverzicht zu vereinbaren[7] oder eine „Nichtanfechtungsvereinbarung" zu treffen.[8]

3   **2. Erwägen des Richters, dem Antrag zu entsprechen.** Des Weiteren muss der Richter erwägen, also **ernstlich in Betracht ziehen**,[9] dem Strafbefehlsantrag zu entsprechen. Sollte der Richter den Antrag sicher nach § 408 Abs. 2 (mangels hinreichenden Tatverdachts) ablehnen, bedarf es hingegen keiner Verteidigerbestellung.[10] Bestehen zwar keine Zweifel in Bezug auf den Schuldspruch, jedoch im Hinblick auf die beantragte Rechtsfolge, so hat der Richter alsbald einen Verteidiger zu bestellen, wenn er einen Einigungsversuch mit der Staatsanwaltschaft nach § 408 Abs. 3 S. 2 anstrebt.[11] Möchte der Richter hingegen nach § 408 Abs. 3 S. 2 Hauptverhandlung anberaumen, findet nicht die Regelung des S. 1 Anwendung, sondern richtet sich das Erfordernis einer Verteidigerbestellung nach der allgemeinen Vorschrift des § 140 Abs. 2.[12]

III. Bestellung des Verteidigers

4   **1. Auswahl des Verteidigers.** Auch wenn S. 2 lediglich auf § 141 Abs. 3 und nicht explizit auch auf § 142 Abs. 1 S. 2 verweist, sollte dem Beschuldigten vor Bestellung eines Verteidigers **Gelegenheit** gegeben werden, einen **Rechtsanwalt zu bezeichnen**.[13] Insofern kann nicht davon ausgegangen werden, dass das Vertrauensverhältnis zwischen Beschuldigtem und Verteidiger im Strafbefehlsverfahren weniger ausgeprägt zu sein braucht als im normalen Strafverfahren.[14] Hat der

---

[1] KK-StPO/*Fischer* Rn. 1.
[2] Vgl. hierzu *Scheffler* GA 1995, 449 (456).
[3] KK-StPO/*Fischer* Rn. 1; *Meyer-Goßner* Rn. 1; *Pfeiffer* Rn. 1.
[4] KK-StPO/*Fischer* Rn. 2; Löwe/Rosenberg/*Gössel* Rn. 5.
[5] Anw-StPO/*Böttger* Rn. 5; HK-StPO/*Kurth* Rn. 4; KK-StPO/*Fischer* Rn. 2; Löwe/Rosenberg/*Gössel* Rn. 7; SK-StPO/*Weßlau* Rn. 7.
[6] *Meyer-Goßner* Rn. 2; aA HK-StPO/*Kurth* § 407 Rn. 4 aE.
[7] LG Hamburg v. 26. 10. 2005 – 622 Qs 46/05, StV 2006, 181; *Meyer-Goßner* Rn. 2.
[8] *Meyer-Goßner* Rn. 2, § 257 c Rn. 15 b.
[9] Anw-StPO/*Böttger* Rn. 3; HK-StPO/*Kurth* Rn. 4; KK-StPO/*Fischer* Rn. 3; KMR/*Metzger* Rn. 5; *Pfeiffer* Rn. 2.
[10] Anw-StPO/*Böttger* Rn. 3; *Joecks* Rn. 2; HK-StPO/*Kurth* Rn. 4; KK-StPO/*Fischer* Rn. 3; *Meyer-Goßner* Rn. 3; *Rieß* AnwBl. 1993, 51 (55); SK-StPO/*Weßlau* Rn. 6.
[11] KK-StPO/*Fischer* Rn. 3; KMR/*Metzger* Rn. 5; *Pfeiffer* Rn. 2.
[12] KK-StPO/*Fischer* Rn. 3; Löwe/Rosenberg/*Gössel* Rn. 6; *Meyer-Goßner* Rn. 3; *Ranft* JuS 2000, 633 (635).
[13] AK/*Loos* Rn. 2 f.; Anw-StPO/*Böttger* Rn. 6; Bockemühl/*Haizmann*, Handbuch des Fachanwalts Strafrecht, 2. Teil 7. Kap. Rn. 36; Böttcher/*Mayer* NStZ 1993, 153 (156); Deckers/Kuschnik StraFo 2008, 418 (419); HK-GS/*Andrejtschitsch* Rn. 4; HK-StPO/*Kurth* Rn. 5; *Hohendorf* MDR 1993, 597; KMR/*Metzger* Rn. 7; Löwe/Rosenberg/*Gössel* Rn. 4; *Schellenberg* NStZ 1994, 570; Siegismund/*Wickern* wistra 1993, 81 (91); SK-StPO/*Weßlau* Rn. 8; Widmaier/*Nobis* MAH Strafverteidigung, § 10 Rn. 97; wohl auch KK-StPO/*Fischer* Rn. 7; aA *Lutz* NStZ 1998, 395; *Meyer-Goßner* Rn. 4; *Pfeiffer* Rn. 3; *Ranft* JuS 2000, 633 (635).
[14] Deckers/Kuschnik StraFo 2008, 418 (419); KK-StPO/*Fischer* Rn. 7; aA *Meyer-Goßner* Rn. 4.

Beschuldigte allerdings zwischenzeitlich bereits selbst einen Verteidiger gewählt, darf ein weiterer Pflichtverteidiger nach § 408 b nicht bestellt werden[15] und ist eine nach gewährter Gelegenheit zur Verteidigerbezeichnung erfolgte Bestellung nach § 143 zurückzunehmen.[16]

2. Bestellung des Verteidigers. Bei Vorliegen der Voraussetzungen des S. 1 hat die Verteidigerbestellung **möglichst frühzeitig** zu erfolgen, wodurch zwar der mit § 407 Abs. 2 S. 2 angestrebte Beschleunigungszweck aufgehoben[17] bzw. jedenfalls gemindert wird, zugleich jedoch in vielen Fällen verhindert werden kann, dass es weiterer Ermittlungen infolge neuer Einlassungen nach Abschluss der eigentlichen Ermittlungen und Antragstellung bedarf. Wie sich darüber hinaus aus der Verweisung des S. 2 auf § 141 Abs. 3 S. 1 ergibt, ist die Verteidigerbestellung **bereits im Ermittlungsverfahren** zulässig und in Fällen notwendiger Verteidigung auch zwingend.[18]

Sowohl dem Verteidiger als auch dem Angeschuldigten wird mit der Mitteilung der Verteidigerbestellung eine Abschrift des Strafbefehlsantrags übersandt und entsprechend § 201 Abs. 1 eine angemessene Frist mit der **Gelegenheit zur Äußerung** zum Antrag der Staatsanwaltschaft gewährt.[19] Erfolgt die Bestellung bereits vor Stellung eines entsprechenden Strafantrags, so hat die Beiordnung den Hinweis zu enthalten, dass sie im Hinblick auf eine Verfahrenserledigung im Strafbefehlswege durch eine zur Bewährung auszusetzende Freiheitsstrafe von bis zu einem Jahr erfolgt.[20]

3. Zeitraum der Verteidigerbestellung. In der Praxis umstritten ist die Frage, ob die Verteidigerbestellung gem. § 408 b lediglich auf das Strafbefehlsverfahren bis (einschließlich) zur Einspruchseinlegung beschränkt ist[21] oder aber **auch für das weitere Verfahren** fortgilt.[22] Nach dem Wortlaut dieser Vorschrift ist die Verteidigerbestellung nicht auf das Verfahren bis zum Einspruch begrenzt, während das Gesetz an anderer Stelle (zB §§ 117 Abs. 4, 118a Abs. 2 S. 3, 350 Abs. 3 S. 1, 364a, 418 Abs. 4) eine auf abgegrenzte Verfahrensabschnitte bezogene Verteidigerbestellung vorsieht. Auch wenn es durchaus widersprüchlich erscheint, dass nach § 408 b demjenigen Beschuldigten, gegen den (zunächst) im Strafbefehlswege eine bis zu einjährige Freiheitsstrafe mit Strafaussetzung zur Bewährung verhängt werden sollte, zwingend ein Verteidiger beizuordnen ist, wohingegen dies im Anklageverfahren mit dem Ziel, eine zu vollstreckenden Freiheitsstrafe zu verhängen, nur unter den Voraussetzungen des § 140 erforderlich ist, ist die Annahme einer sich auch auf das weitere Verfahren erstreckenden Verteidigerbestellung nicht zuletzt wegen der Besonderheiten des schriftlichen Verfahrens vorzugswürdig.[23]

IV. Weiteres Verfahren

Erheben der Angeschuldigte und sein Verteidiger – nachdem ihnen der Strafbefehlsantrag mit der Gelegenheit zur Äußerung übersandt wurde[24] – keine Einwendungen, so wird der **Strafbefehl** – wenn keine Bedenken iSd. § 408 bestehen – nach §§ 408 Abs. 3 S. 2, 409 erlassen.[25] Sodann besteht für den Angeklagten die Möglichkeit einer Einspruchseinlegung gem. § 411.

Im Falle von Einwänden gegen den Strafbefehlsantrag wird der Richter hingegen regelmäßig nach § 408 Abs. 3 S. 2 **Hauptverhandlung anberaumen** bzw. die Staatsanwaltschaft um **weitere Ermittlungen** bitten oder eigene Ermittlungen durchführen.[26]

---

[15] Anw-StPO/*Böttger* Rn. 4; KMR/*Metzger* Rn. 6.
[16] Anw-StPO/*Böttger* Rn. 10; HK-GS/*Andrejtschitsch* Rn. 5; KMR/*Metzger* Rn. 11; Löwe/Rosenberg/*Gössel* Rn. 4, 14; SK-StPO/*Weßlau* Rn. 11; in entsprechender Anwendung ebenso *Meyer-Goßner* Rn. 4, der jedoch keine vorherige Befragung des Beschuldigten verlangt.
[17] KK-StPO/*Fischer* Rn. 5; KMR/*Metzger* Rn. 2; SK-StPO/*Weßlau* Rn. 5.
[18] AK/*Loos* Rn. 3; HK-StPO/*Kurth* Rn. 2 f.; Löwe/Rosenberg/*Gössel* Rn. 8; KK-StPO/*Fischer* Rn. 6; *Meyer-Goßner* Rn. 2. Nach Ansicht von Löwe/Rosenberg/*Gössel* Rn. 9 handelt es sich jedoch um eine „in der Praxis doch wohl nicht allzu häufig auftretende Situation".
[19] *Meyer-Goßner* Rn. 2; *Pfeiffer* Rn. 3.
[20] *Meyer-Goßner* Rn. 3.
[21] OLG Düsseldorf v. 21. 2. 2002 – 2 a Ss 265/01, NStZ 2002, 390 (390 f.); OLG Düsseldorf v. 27. 5. 2008 – III-3 Ws 160/08, StraFo 2008, 441 (442); *Hohendorf* MDR 1993, 597 (598); *Joecks* Rn. 4; KMR/*Metzger* Rn. 10; *Lutz* NStZ 1998, 395 (396); *Meyer-Goßner* Rn. 4; *Pfeiffer* Rn. 4; *Ranft* JuS 2000, 633 (635); noch enger AG Höxter v. 26. 7. 1994 – 4 Cs 486/94, NJW 1994, 2842: bis zur Entscheidung des Gerichts über den Erlass oder Nichterlass des beantragten Strafbefehls.
[22] AK/*Loos* Rn. 4 f.; Anw-StPO/*Böttger* Rn. 9; *Böttcher/Mayer* NStZ 1993, 153 (156); *Brackert/Staechelin* StV 1995, 547 (551 f.); HK-GS/*Andrejtschitsch* Rn. 5; HK-StPO/*Kurth* Rn. 6; KK-StPO/*Fischer* Rn. 8; *Schellenberg* NStZ 1994, 570; *Siegismund/Wickern* wistra 1993, 81 (91); SK-StPO/*Weßlau* Rn. 10; einschränkend Löwe/Rosenberg/*Gössel* Rn. 13: nur für das erstinstanzliche Verfahren; soweit „jedenfalls" auch OLG Köln v. 11. 9. 2009 – 2 Ws 386/09, NStZ-RR 2010, 30 (31); ähnlich HbStrVf/*Heghmanns* Kap. V Rn. 170.
[23] So auch KK-StPO/*Fischer* Rn. 8.
[24] Vgl. oben Rn. 6.
[25] *Meyer-Goßner* Rn. 5.
[26] *Meyer-Goßner* Rn. 5; vgl. auch § 408 Rn. 6.

V. Rechtsbehelf und Rechtsmittel

10 Die Beachtung dieser Vorschrift ist zwingend, da es sich um einen Fall der notwendigen Verteidigung handelt. Ein Verstoß bleibt hingegen folgenlos, da er bei Einlegung des allein zulässigen **Einspruchs** geheilt ist und für den Fall, dass der Strafbefehl ohne Verteidigerbeteiligung rechtskräftig wird, nicht mehr geltend gemacht werden kann.[27] Eine Wiedereinsetzung in den vorigen Stand ist insofern nicht möglich.[28]

11 Gegen die Auswahl und Bestellung des Verteidigers steht dem Beschuldigten nach den für § 142 geltenden Regeln die Möglichkeit der **Beschwerde** gem. § 304 zu.[29] Eine Verletzung der Fürsorgepflicht kann auch mit der Revision geltend gemacht werden.[30]

§ 409 [Inhalt des Strafbefehls]

(1) ¹Der Strafbefehl enthält
1. die Angaben zur Person des Angeklagten und etwaiger Nebenbeteiligter,
2. den Namen des Verteidigers,
3. die Bezeichnung der Tat, die dem Angeklagten zur Last gelegt wird, Zeit und Ort ihrer Begehung und die Bezeichnung der gesetzlichen Merkmale der Straftat,
4. die angewendeten Vorschriften nach Paragraph, Absatz, Nummer, Buchstabe und mit der Bezeichnung des Gesetzes,
5. die Beweismittel,
6. die Festsetzung der Rechtsfolgen,
7. die Belehrung über die Möglichkeit des Einspruchs und die dafür vorgeschriebene Frist und Form sowie den Hinweis, daß der Strafbefehl rechtskräftig und vollstreckbar wird, soweit gegen ihn kein Einspruch nach § 410 eingelegt wird.

²Wird gegen den Angeklagten eine Freiheitsstrafe verhängt, wird er mit Strafvorbehalt verwarnt oder wird gegen ihn ein Fahrverbot angeordnet, so ist er zugleich nach § 268a Abs. 3 oder § 268c Satz 1 zu belehren. ³§ 111i Abs. 2 sowie § 267 Abs. 6 Satz 2 gelten entsprechend.

(2) Der Strafbefehl wird auch dem gesetzlichen Vertreter des Angeklagten mitgeteilt.

I. Notwendiger Inhalt des Strafbefehls (Abs. 1)

1 Die Vorschrift bezeichnet in Abs. 1 den **notwendigen Inhalt** eines Strafbefehls, wobei der Gegenstand von S. 1 Nr. 1–5 demjenigen entspricht, was nach § 200 Abs. 1 S. 1, 2 Inhalt einer Anklageschrift ist.[1] Wie Nr. 176 Abs. 1 S. 1 RiStBV vorsieht, reicht die Staatsanwaltschaft in der Praxis regelmäßig den Entwurf eines (inhaltlich vollständigen) Strafbefehls bei Gericht ein und beantragt, einen Strafbefehl dieses Inhalts zu erlassen.

2 **1. Angaben zur Person (Abs. 1 S. 1 Nr. 1).** Die Angaben zur Person müssen den Angeklagten sowie etwaige Nebenbeteiligte (Einziehungs- und Verfallsbeteiligte nach §§ 431, 442 sowie juristische Personen und Personenvereinigungen nach § 444) **genau bezeichnen**. Hierdurch soll wie bei der Anklageschrift nach § 200 Abs. 1 S. 1 der Tatvorwurf auf eine bestimmte Person etc. begrenzt und ggf. eindeutig von anderen Tatbeteiligten abgegrenzt werden.[2] Entsprechend Nr. 110 Abs. 2 lit. a RiStBV sind bei natürlichen Personen Vor- und Familienname, ggf. Geburtsname, Beruf, Anschrift, Familienstand, Geburtstag und -ort sowie (bei Ausländern) Staatsangehörigkeit anzugeben, was im Rubrum oder aber auch in der Adressangabe des Strafbefehls zulässig ist.[3] Bei juristischen Personen und Personenvereinigungen sind auch ihre zur rechtsgeschäftlichen Vertretung befugten Organe anzugeben.[4] Ist die im Strafbefehl benannte Person etc. der Auffassung, der ihr gegenüber erhobene Tatvorwurf betreffe sie nicht, so muss sie Einspruch nach § 410 einlegen.[5]

---

[27] AK/*Loos* Rn. 5; KK-StPO/*Fischer* Rn. 4; KMR/*Metzger* Rn. 13; Löwe/Rosenberg/*Gössel* Rn. 16; *Meyer-Goßner* Rn. 7.
[28] KK-StPO/*Fischer* Rn. 9; *Meyer-Goßner* Rn. 7; *Pfeiffer* Rn. 5.
[29] Anw-StPO/*Böttger* Rn. 6; HK-GS/*Andrejtschitsch* Rn. 6; KK-StPO/*Fischer* Rn. 9; Löwe/Rosenberg/*Gössel* Rn. 7, 17; *Pfeiffer* Rn. 5; aA *Meyer-Goßner* Rn. 7.
[30] KK-StPO/*Fischer* Rn. 9; Löwe/Rosenberg/*Gössel* Rn. 17; *Pfeiffer* Rn. 5, § 142 Rn. 6.
[1] *Joecks* Rn. 1; KK-StPO/*Fischer* Rn. 1; *Pfeiffer* Rn. 1.
[2] KK-StPO/*Fischer* Rn. 3; Löwe/Rosenberg/*Gössel* Rn. 5; vgl. zum Bußgeldbescheid OLG Hamm v. 3. 4. 1973 – 5 Ss OWi 133/73, VRS 46, 146 (147 f.).
[3] AK/*Loos* Rn. 2; KK-StPO/*Fischer* Rn. 3; *Meyer-Goßner* Rn. 2.
[4] KMR/*Metzger* Rn. 4; Löwe/Rosenberg/*Gössel* Rn. 6; SK-StPO/*Weßlau* Rn. 5.
[5] LG Berlin v. 26. 2. 2003 – 534 AR 1/03, NStZ 2005, 119 (120); HK-GS/*Andrejtschitsch* Rn. 3, § 410 Rn. 1; KK-StPO/*Fischer* Rn. 3; Löwe/Rosenberg/*Gössel* Rn. 7; *Meyer-Goßner* Rn. 2.

2. Name des Verteidigers (Abs. 1 S. 1 Nr. 2). Zweckmäßigerweise ist der Name des Verteidigers wie in Anklageschrift (§ 200 Abs. 1 S. 2) und Urteil (§ 275 Abs. 3) zur Erhöhung des Informationsgehalts auch in den Strafbefehl aufzunehmen.

3. Bezeichnung der Tat und ihrer gesetzlichen Merkmale (Abs. 1 S. 1 Nr. 3). Wie im Anklagesatz nach § 200 Abs. 1 S. 1 muss im Strafbefehl, der den Anklagesatz nämlich nach Einspruchseinlegung ersetzt,[6] der **historische Lebenssachverhalt** eindeutig geschildert sein, so dass anzugeben ist, was der Angeklagte zu einer bestimmten Zeit an einem bestimmten Ort getan haben soll.[7] Hierdurch soll nicht nur der Angeklagte über den gegen ihn erhobenen Vorwurf sachlich und rechtlich informiert werden (Informationsfunktion), sondern zudem der Verfahrensgegenstand und somit auch die Reichweite der Rechtskraft bestimmt werden (Umgrenzungsfunktion).[8] Umfang und Gegenstand des Strafbefehlsverfahrens gemäß § 155 werden durch die Antragsschrift begrenzt, so dass der Strafbefehl weder auf eine vom Antrag nicht erfasste Tat im prozessualen Sinne (§ 264) erweitert werden darf noch nach Einspruch im weiteren Verfahren ein im antragsgemäß erlassenen Strafbefehl „nicht angegebenes Tun" abgeurteilt werden darf.[9] Auf die Darstellung des wesentlichen Ergebnisses der Ermittlungen wird im Strafbefehl hingegen verzichtet, da § 409 insoweit als Spezialvorschrift zu § 200 Abs. 2 – nach dessen S. 2 kann aber bei Anklagen zum Strafrichter auch auf eine solche ansonsten vorgesehene Darstellung verzichtet werden – anzusehen ist.[10]

Die gesetzlichen Merkmale der Tat, dh. die **einzelnen Tatbestandsmerkmale** der angewendeten Strafvorschriften, müssen in verständlicher Weise beschrieben werden und dürfen nicht nur formelhaft mit den Worten des Gesetzes umschrieben werden (vgl. Nr. 177 Abs. 1 S. 2 RiStBV).[11]

4. Angewendete Vorschriften (Abs. 1 S. 1 Nr. 4). Wie bei § 260 Abs. 5 in Bezug auf ein Urteil sind auch im Strafbefehl die angewendeten Vorschriften **genau zu bezeichnen**. Da der nicht mit dem Einspruch angegriffene Strafbefehl nach § 410 Abs. 3 einem rechtskräftigen Urteil gleichsteht, ist entsprechend § 260 Abs. 4 S. 1 auch die rechtliche Bezeichnung der Tat anzugeben.[12]

5. Beweismittel (Abs. 1 S. 1 Nr. 5). Die Beweismittel müssen so **genau bezeichnet** sein, dass der Angeklagte erkennen kann, wie der gegen ihn erhobene Vorwurf bewiesen werden soll.[13] Damit der Angeklagte die Beweislage überschauen und die Erfolgsaussichten eines Einspruchs abschätzen kann, sind beispielsweise Zeugen mit Namen und Anschrift bzw. der Blattzahl der Ermittlungsakte sowie Beweismittel mit ihrer individuellen Bezeichnung aufzuführen.[14] Eine Bezugnahme auf die polizeiliche Anzeige reicht insofern nicht aus.[15]

6. Festsetzung der Rechtsfolgen (Abs. 1 S. 1 Nr. 6). Im Strafbefehl (insbesondere auch in der Urschrift[16]) müssen die Rechtsfolgen so **konkret bestimmt** werden, dass aus dem Strafbefehl vollstreckt werden kann.[17] Bei Geldstrafen ist es zwar zweckmäßig, aber nicht erforderlich, neben der zwingenden Angabe von Tagessatzanzahl und -höhe auch die Gesamtsumme aufzuführen.[18] Eine **Begründung** des Rechtsfolgenausspruchs ist – mit Ausnahme (wegen § 47 Abs. 1 StGB und § 56 Abs. 1 S. 2 StGB) bei Verhängung einer zur Bewährung ausgesetzten Freiheitsstrafe,[19] nach Abs. 1 S. 3 iVm. § 111i Abs. 2 bei Nichtanordnung des Verfalls oder nach Abs. 1 S. 3 iVm. 267 Abs. 6 S. 2 (wegen der Bindungswirkung der strafrechtlichen Entscheidung für die Verwaltungs-

---

[6] OLG Düsseldorf v. 23. 12. 1987 – 1 Ws 990/87, StV 1989, 473; *Meyer-Goßner* Rn. 4.
[7] Vgl. nur BGH v. 23. 6. 1992 – 1 StR 272/92, NStZ 1992, 553; OLG Düsseldorf v. 30. 10. 1990 – 5 Ss 203/90 – 31/90 III, NStZ 1991, 99 (99f.) mAnm *Franzheim* JR 1991, 389 (389f.); KK-StPO/*Fischer* Rn. 5; *Meyer-Goßner* Rn. 4; *Pfeiffer* Rn. 4.
[8] BayObLG v. 29. 1. 1991 – Reg. 4 St 9/91, wistra 1991, 195; OLG Düsseldorf v. 26. 5. 1988 – 3 Ws 85/87, NJW 1989, 2145 mit Anm. *Rieß* JR 1989, 437; OLG Düsseldorf v. 30. 10. 1990 – 5 Ss 203/90 – 31/90 III, NStZ 1991, 99 mAnm *Franzheim* JR 1991, 389 (389f.); OLG Karlsruhe v. 17. 2. 1994 – 3 Ss 164/93, wistra 1994, 319 (320); OLG Stuttgart v. 16. 4. 1993 – 1 Ss 122/93, Justiz 1993, 266; vgl. zum Bußgeldbescheid BGH v. 8. 10. 1970 – 4 StR 190/70, BGHSt 23, 336 (339) = NJW 1970, 2222.
[9] Löwe/Rosenberg/*Gössel* § 407 Rn. 42.
[10] OLG Düsseldorf v. 30. 10. 1990 – 5 Ss 203/90 – 31/90 III, NStZ 1991, 99 (100) mAnm *Franzheim* JR 1991, 389 (390); Löwe/Rosenberg/*Gössel* § 407 Rn. 54.
[11] OLG Düsseldorf v. 9. 10. 1996 – 2 Ss 313/96 – 87/96 II, NStZ-RR 1997, 113 (114); KK-StPO/*Fischer* Rn. 5; *Meyer-Goßner* Rn. 4; *Pfeiffer* Rn. 4.
[12] KK-StPO/*Fischer* Rn. 6; *Meyer-Goßner* Rn. 5; *Pfeiffer* Rn. 5.
[13] KK-StPO/*Fischer* Rn. 7.
[14] KMR/*Metzger* Rn. 14; vgl. insofern zum Bußgeldbescheid BayObLG v. 29. 1. 1970 – 2a Ws (B) 56/69, BayObLGSt 1970, 35 (36) = MDR 1970, 440; OLG Celle v. 6. 1. 1970 – 2 Ss (B) 245/69, NJW 1970, 580; OLG Hamm v. 23. 12. 1969 – 2 Ws OWi 292/69, NJW 1970, 579.
[15] KK-StPO/*Fischer* Rn. 7; Löwe/Rosenberg/*Gössel* Rn. 14; *Meyer-Goßner* Rn. 6.
[16] LG Itzehoe v. 29. 11. 1965 – 9 Ms 42/65 Ns., SchlHA 1966, 69; KMR/*Metzger* Rn. 16; *Meyer-Goßner* Rn. 7.
[17] KK-StPO/*Fischer* Rn. 8; Löwe/Rosenberg/*Gössel* Rn. 16; *Meyer-Goßner* Rn. 7; *Pfeiffer* Rn. 7.
[18] KK-StPO/*Fischer* Rn. 8; aA AK/*Loos* Rn. 7.
[19] KK-StPO/*Fischer* Rn. 8 f.; Löwe/Rosenberg/*Gössel* Rn. 16; aA wohl *Meyer-Goßner* Rn. 7.

§ 409 9–13   Sechstes Buch. Besondere Arten des Verfahrens

behörde nach § 3 Abs. 4 S. 2 StVG) bei Nichtentziehung der Fahrerlaubnis bzw. Nichtanordnung einer isolierten Sperre – **nicht erforderlich**, aber auch nicht unzulässig.[20] Im Falle einer Verwarnung mit Strafvorbehalt oder der Verhängung einer zur Bewährung ausgesetzten Freiheitsstrafe ergeht daneben entsprechend § 268a Abs. 1 ein gesonderter Bewährungsbeschluss, der aber gerade nicht Teil des Strafbefehls ist.[21]

9   **7. Kostenentscheidung.** In der gem. § 464 Abs. 1 erforderlichen **Kostenentscheidung** wird im Falle eines Strafbefehls regelmäßig die Kostentragungspflicht des Angeklagten nach § 465 Abs. 1 bestimmt. Da der Angeklagte daneben stets seine notwendigen Auslagen zu tragen hat, braucht der Strafbefehl insofern **keine Auslagenentscheidung** zu enthalten.[22] Eine eventuelle **Entschädigungsanordnung** nach § 8 Abs. 1 StrEG ist hingegen in den Strafbefehl aufzunehmen.[23]

10 **8. Belehrungen (Abs. 1 S. 1 Nr. 7, S. 2).** Nach Abs. 1 S. 1 Nr. 7 ist der **Angeklagte** zum einen über die **Möglichkeit des Einspruchs** gegen den Strafbefehl nach § 410 Abs. 1 und die in jener Vorschrift vorgeschriebene Form und zweiwöchige Frist sowie über das Gericht, bei dem der Einspruch einzulegen ist, zu belehren. Hierbei muss auf die Zustellung des Strafbefehls als Fristbeginn gem. § 410 Abs. 1 S. 1 hingewiesen werden, ohne dass eine konkrete Berechnung zu erfolgen braucht.[24] Zum anderen ist der **Angeklagte** auf die **Rechtsfolgen** des § 410 Abs. 3 – der Strafbefehl wird wie ein Urteil rechtskräftig und vollstreckbar, soweit er nicht wirksam angegriffen wurde – hinzuweisen. Eine Belehrung über das Fehlen des Verschlechterungsverbots im Verfahren nach Einspruchseinlegung ist nicht erforderlich, jedoch sinnvoll.[25]

11 Der **gesetzliche Vertreter** braucht auf das ihm selbst zustehende Einspruchsrecht **nicht** hingewiesen zu werden.[26] Hingegen sind **Nebenbeteiligte** über deren Einspruchsrecht zu belehren, da sie insofern gem. §§ 433 Abs. 1 S. 2, 2. Var., 444 Abs. 2 S. 2 dem Angeklagten gleichstehen.[27]

12 Darüber hinaus ist der **Angeklagte** nach Abs. 1 S. 2 bei Verurteilung zu einer **Freiheitsstrafe mit Strafaussetzung zur Bewährung** oder bei **Verwarnung mit Strafvorbehalt** gem. § 268 Abs. 3 über die Bedeutung der Strafaussetzung bzw. Verwarnung zu belehren. Ebenso hat bei Festsetzung eines **Fahrverbots** die Belehrung nach § 268c S. 1 zu erfolgen. In Bezug auf die **Kostenentscheidung** ist der Angeklagte schließlich – sowohl bei Kostenauferlegung nach § 465 Abs. 1 als auch bei Kostenteilung nach § 465 Abs. 2[28] – über die Möglichkeit einer Beschwerde nach § 464 Abs. 3 S. 1 zu belehren.

II. Erlass des Strafbefehls

13 **1. Voraussetzungen.** Ein Strafbefehl ist erlassen, wenn er **aufgrund einer richterlichen Entscheidung in den Geschäftsgang gelangt**, also regelmäßig nach Unterzeichnung zur Geschäftsstelle gegeben wird.[29] Hierbei wird der Strafbefehl zumeist die **Unterschrift** des Richters tragen, wobei ein Hand- oder Faksimilezeichen genügt, wenn sich daraus die Person des Richters zweifelsfrei feststellen lässt.[30] Fehlt eine solche Unterzeichnung des Strafbefehls, so ist der Strafbefehl nicht wirksam erlassen, falls sich nicht aus den Akten (zB einer Begleitverfügung) ein entsprechender **Wille des Richters** zum Strafbefehlserlass ergibt.[31] Dementsprechend mangelt es auch nicht an ei-

---

[20] AK/*Loos* Rn. 8; HK-StPO/*Kurth* Rn. 8; *Joecks* Rn. 7; KK-StPO/*Fischer* Rn. 8; Löwe/Rosenberg/*Gössel* Rn. 16; Meyer-Goßner Rn. 7; SK-StPO/*Weßlau* Rn. 15.
[21] KMR/*Metzger* Rn. 22; SK-StPO/*Weßlau* Rn. 17.
[22] AK/*Loos* Rn. 9; HK-StPO/*Kurth* Rn. 11; *Huber* NStZ 1985, 18 (19); KK-StPO/*Fischer* Rn. 9; KMR/*Metzger* Rn. 27; Löwe/Rosenberg/*Gössel* Rn. 20; *Meyer-Goßner* Rn. 8.
[23] KK-StPO/*Fischer* Rn. 9; Löwe/Rosenberg/*Gössel* Rn. 20; *D. Meyer* MDR 1992, 219; *Pfeiffer* Rn. 7.
[24] BVerfG v. 27. 7. 1971 – 2 BvR 118/71, BVerfGE 31, 388 (390) = NJW 1971, 2217; KK-StPO/*Fischer* Rn. 11; Löwe/Rosenberg/*Gössel* Rn. 24.
[25] AK/*Loos* Rn. 10.
[26] AK/*Loos* Rn. 12; Anw-StPO/*Böttger* Rn. 5; HK-StPO/*Kurth* Rn. 11; KK-StPO/*Fischer* Rn. 11; Löwe/Rosenberg/*Gössel* Rn. 24; *Meyer-Goßner* Rn. 9; *Pfeiffer* Rn. 8.
[27] AK/*Loos* Rn. 12; KK-StPO/*Fischer* Rn. 11; Löwe/Rosenberg/*Gössel* Rn. 24.
[28] HK-GS/*Andrejtschitsch* Rn. 15; HK-StPO/*Kurth* Rn. 11; KK-StPO/*Fischer* Rn. 9; Löwe/Rosenberg/*Gössel* Rn. 34; *Pfeiffer* Rn. 7; SK-StPO/*Weßlau* Rn. 22; aA *Joecks* Rn. 11; *Meyer-Goßner* Rn. 8: nur bei § 465 Abs. 2; vgl. auch LG Bamberg v. 16. 3. 1973 – Qs 43/73, NJW 1973, 1144 (1144 f.).
[29] BGH v. 16. 5. 1973 – 2 StR 497/72, BGHSt 25, 187 (189) = NJW 1974, 66 (67); BGH v. 10. 6. 1985 – 4 StR 153/85, BGHSt 33, 230 (232) = NJW 1986, 200; BayObLG v. 12. 3. 1999 – 1 St RR 51/99, BayObLGSt 1999, 65 (69) = NStZ-RR 1999, 243 (244); Anw-StPO/*Böttger* Rn. 9; HK-GS/*Andrejtschitsch* Rn. 16 f.; HK-StPO/*Kurth* Rn. 17; KK-StPO/*Fischer* Rn. 13, 16; Löwe/Rosenberg/*Gössel* Rn. 48; *Pfeiffer* Rn. 9; SK-StPO/*Weßlau* Rn. 27; aA HK-StPO/*Kurth* Rn. 17; KMR/*Metzger* Rn. 36; *Meyer-Goßner* Rn. 14; bei auch BayObLG v. 16. 10. 1996 – RReg. 1 St 180/79, BayObLGSt 1979, 148 (152) = VRS 58, 34 (37); BayObLG v. 30. 10. 1996 – 2 ObOWi 744/96, NStZ-RR 1997, 143 (143 f.); KG v. 12. 12. 1991 – 3 Ws (B) 234/91, VRS 82, 193 (195); offengelassen bei OLG Köln v. 27. 10. 1992 – 2 Ws 488/92, NJW 1993, 608.
[30] KG v. 27. 2. 1964 – (2) 1 Ss 364/63, VRS 26, 445; KK-StPO/*Fischer* Rn. 13; *Meyer-Goßner* Rn. 13; vgl. zur (früheren) Strafverfügung OLG Stuttgart v. 26. 6. 1969 – 1 Ss 205/69, MDR 1970, 68 (68 f.); vgl. zum Bußgeldbescheid OLG Saarbrücken v. 8. 5. 1973 – Ss (B) 47/73, NJW 1973, 2041 (2042).
[31] OLG Karlsruhe v. 21. 12. 1992 – 2 Ss 155/92, Justiz 1993, 203 (204); OLG Köln v. 21. 8. 1956 – Ss 172/56, GA 1957, 223; HK-GS/*Andrejtschitsch* Rn. 16; KK-StPO/*Fischer* Rn. 14; KMR/*Metzger* Rn. 31; Löwe/Rosenberg/*Gössel*

ner Verfahrensvoraussetzung, wenn sich die Urschrift des Strafbefehls nicht bei den Akten befindet, solange der Erlass des Strafbefehls (im Freibeweisverfahren) feststellbar ist.[32] Eine **Datierung** ist üblich, jedoch nicht Voraussetzung für die Wirksamkeit des Strafbefehls.[33] Legt der Beschuldigte gegen einen zugestellten, aber nicht wirksam erlassenen Strafbefehl Einspruch ein, so ist das Verfahren wegen Fehlens einer Prozessvoraussetzung nach § 206 a bzw. § 260 Abs. 3 einzustellen.[34]

2. Änderung des Strafbefehls. Nach Erlass des Strafbefehls kann der **Richter** den Strafbefehl **nicht** mehr ändern oder zurücknehmen. Es dürfen vielmehr **nur noch** offensichtliche Rechtschreibfehler oder Fassungsversehen **berichtigt** werden, während eine sachliche Änderung unzulässig ist.[35]

III. Zustellung bzw. Mitteilung des Strafbefehls

1. Zustellung an den Angeklagten. Wie § 410 Abs. 1 S. 1 voraussetzt, wird der Strafbefehl dem Angeklagten nach § 35 Abs. 2 S. 1 durch **förmliche Zustellung** bekanntgemacht. Während eine mündliche Bekanntgabe nach § 35 Abs. 1 S. 1 entgegen Nr. 179 Abs. 1 S. 1 RiStBV nicht möglich ist, kann der Strafbefehl dem Angeklagten durch Aushändigung an der Amtsstelle nach § 37 Abs. 1 iVm. § 173 ZPO zugestellt werden.[36] Ebenso kann eine Zustellung an einen **Zustellungsbevollmächtigten** (§ 116 a Abs. 3, § 127 a Abs. 2, § 132 Abs. 1 S. 1 Nr. 2) oder im Wege der **Ersatzzustellung** nach § 37 Abs. 1 iVm. §§ 178 ff. ZPO[37] erfolgen, wohingegen eine öffentliche Zustellung nach § 40 nicht zulässig ist.[38] Bei nicht hinreichend sprachkundigen Ausländern ist eine Übersetzung des Strafbefehls (nebst Belehrung über die Möglichkeit des Einspruchs und ggf. weitere erforderliche Belehrungen[39]) in eine dem Angeklagten verständliche Sprache beizufügen (Nr. 181 Abs. 2 RiStBV).[40]

2. Zustellung an den Verteidiger. Hat sich für den Angeklagten bereits ein Verteidiger unter Vollmachtsvorlage legitimiert, so **kann** diesem der Strafbefehl nach § 145 a Abs. 1 **zugestellt werden**, wobei dann der Angeklagte nach § 145 a Abs. 3 S. 1 lediglich formlos eine Abschrift des Strafbefehls erhält.

3. Mitteilung an den gesetzlichen Vertreter (Abs. 2). Dem gesetzlichen Vertreter braucht der Strafbefehl nach Abs. 2 neben der förmlichen Zustellung an den Angeklagten lediglich **formlos mitgeteilt** zu werden (vgl. Nr. 179 Abs. 3 RiStBV).

Rn. 39; *Meyer-Goßner* Rn. 13; insofern unklar *Pfeiffer* Rn. 9; aA *Maywald* NJW 1962, 549 (550); vgl. zum Eröffnungsbeschluss BayObLG v. 22. 1. 1957 – 2 St 947/56, MDR 1957, 374; OLG Hamm v. 4. 5. 1981 – 6 Ws 158/81, JR 1982, 390 (391) m Anm *Meyer-Goßner*; vgl. zur (früheren) Strafverfügung OLG Saarbrücken v. 27. 10. 1960 – Ss 51/60, VRS 21, 217 (218); OLG Stuttgart v. 26. 6. 1969 – 1 Ss 205/69, MDR 1970, 68.

[32] BGH v. 16. 6. 1970 – 5 StR 111/70, BGHSt 23, 280 (281) = NJW 1970, 1694; KK-StPO/*Fischer* Rn. 15; KMR/*Metzger* Rn. 33; Löwe/Rosenberg/*Gössel* Rn. 40; vgl. zum Bußgeldverfahren OLG Frankfurt v. 29. 9. 1969 – 3 Ws (B) 91/69, NJW 1970, 159 (160); OLG Oldenburg v. 3. 2. 1970 – 2 Ss (B) 19/70, NJW 1970, 719.

[33] HK-StPO/*Kurth* Rn. 16; KK-StPO/*Fischer* Rn. 15; KMR/*Metzger* Rn. 35; Löwe/Rosenberg/*Gössel* Rn. 39; *Meyer-Goßner* Rn. 13; *Pfeiffer* Rn. 9; SK-StPO/*Weßlau* Rn. 26; vgl. zum Bußgeldbescheid BayObLG v. 15. 2. 1971 – 6 St 508/71 OWi, DAR 1971, 191 (191 f.).

[34] OLG Karlsruhe v. 21. 12. 1992 – 2 Ss 155/92, Justiz 1993, 203 (204); KK-StPO/*Fischer* Rn. 14; KMR/*Metzger* Rn. 32; Löwe/Rosenberg/*Gössel* Rn. 38; *Meyer-Goßner* Rn. 13; vgl. zum Eröffnungsbeschluss OLG Hamm v. 4. 5. 1981 – 6 Ws 158/81, JR 1982, 390 (391) mit abl. Anm. *Meyer-Goßner*; vgl. zur (früheren) Strafverfügung OLG Saarbrücken v. 27. 10. 1960 – Ss 51/60, VRS 21, 217 (218); aA BayObLG v. 30. 5. 1961 – RReg. 4 St 147/61, BayObLGSt 61, 143 (144) = NJW 1961, 1782 (1783).

[35] LG Zweibrücken v. 2. 6. 1997 – Qs 68/97, NStZ-RR 1997, 311; HK-GS/*Andrejtschitsch* Rn. 5; HK-StPO/*Kurth* Rn. 17; KK-StPO/*Fischer* Rn. 17; KMR/*Metzger* Rn. 34; Löwe/Rosenberg/*Gössel* Rn. 49; *Pfeiffer* Rn. 9, 11; SK-StPO/*Weßlau* Rn. 29.

[36] HK-StPO/*Kurth* Rn. 18; KK-StPO/*Fischer* Rn. 18; KMR/*Metzger* Rn. 37; Löwe/Rosenberg/*Gössel* Rn. 41; *Meyer-Goßner* Rn. 16; SK-StPO/*Weßlau* Rn. 30.

[37] BVerfG v. 21. 1. 1969 – 2 BvR 724/67, BVerfGE 25, 158 (165) = NJW 1969, 1103 (1104); BVerfG v. 9. 7. 1969 – 2 BvR 753/68, BVerfGE 26, 315 (318 f.) = NJW 1969, 1531; BGH v. 31. 1. 1968 – 3 StR 19/68, BGHSt 22, 52 (55) = NJW 1968, 557 (558); LG Krefeld v. 12. 5. 1966 – 6 Qs 169/66, NJW 1966, 2078; AK/*Loos* Rn. 26; Anw-StPO/*Böttger* Rn. 12; HK-GS/*Andrejtschitsch* Rn. 19; *Joecks* Rn. 13; KK-StPO/*Fischer* Rn. 19; Löwe/Rosenberg/*Gössel* Rn. 42; *Meyer-Goßner* Rn. 20; SK-StPO/*Weßlau* Rn. 31.

[38] OLG Düsseldorf v. 19. 2. 1997 – 1 Ws 127/97, NJW 1997, 2965 (2966); LG Köln v. 5. 2. 1982 – 105 Qs 47/82, MDR 1982, 601; Anw-StPO/*Böttger* Rn. 12; *Blankenheim* MDR 1992, 926 (927 f.); *Joecks* Rn. 13; KK-StPO/*Fischer* Rn. 19; KMR/*Metzger* Rn. 39; *Meyer-Goßner* Rn. 21; *Pfeiffer* Rn. 10; aA LG München I v. 21. 8. 1980 – 14 Qs 99/80, MDR 1981, 71 (71 f.); *M. Schmid* MDR 1978, 96 (98); vgl. bereits zu § 407 Rn. 29.

[39] Vgl. Rn. 10 ff.

[40] LG Aachen v. 18. 11. 1983 – 86 Qs 31/83, NStZ 1984, 283 (Ls.); LG Berlin v. 7. 2. 2008 – 528 Qs 99/08, NJW-Spez. 2008, 633 = NStZ 2008, 417; VRS 115, 126 (126 f.) = VRS 116, 223 (224); *Greßmann* NStZ 1991, 216 (218); vgl. zum Bußgeldverfahren BayObLG v. 30. 9. 1975 – 1 Ob OWi 305/75, Rpfleger 1976, 21 (22); vgl. zur Möglichkeit der Wiedereinsetzung in den vorigen Stand bei dem Angeklagten nicht verständlicher Rechtsbehelfsbelehrung BVerfG v. 10. 6. 1975 – 2 BvR 1074/74, BVerfGE 40, 95 (99 f.) = NJW 1975, 1597; BVerfG v. 7. 4. 1976 – 2 BvR 728/75, BVerfGE 42, 120 (124 f.) = NJW 1976, 1021.

18   4. Mitteilung an die Staatsanwaltschaft. Da der Strafbefehl inhaltlich dem Strafbefehlsantrag der Staatsanwaltschaft entsprechen muss und ihr im Übrigen kein Einspruchsrecht gegen einen dennoch vom Antrag abweichenden Strafbefehl zusteht, wird ihr der Strafbefehlserlass **nicht mitgeteilt** und der Strafbefehl **nicht zugestellt**.[41] Vielmehr wird die Staatsanwaltschaft erst wieder mit der Sache befasst, wenn nach Einspruch Hauptverhandlung anberaumt wird oder es um die Vollstreckung des rechtskräftig gewordenen Strafbefehls geht.[42]

19   5. Keine Mitteilung an den Nebenklageberechtigten. Da der Nebenklageberechtigte keinen Einspruch gegen den Strafbefehl einlegen kann und eine Anschlusserklärung nach § 396 Abs. 1 S. 3 erst mit Anberaumung der Hauptverhandlung nach Einspruch wirksam wird, wird ihm der Strafbefehl **nicht mitgeteilt**. Er erhält lediglich die Kostenentscheidung nach § 472 Abs. 3 S. 1 gem. § 36 Abs. 1 zugestellt.[43]

20   6. Zustellung an den Nebenbeteiligten. Ist gegen den Nebenbeteiligten eine Rechtsfolge ausgesprochen worden, so ist ihm oder seinem bevollmächtigten Vertreter der Strafbefehl nach §§ 438 Abs. 1 S. 1, 442 Abs. 1, 444 Abs. 2 S. 2 **zuzustellen**, da der Nebenbeteiligte insofern einspruchsberechtigt ist.

21   7. Unwirksame Zustellung. Bei einer **wesentlichen Abweichung** der zugestellten Ausfertigung des Strafbefehls von der Urschrift fehlt es an einer ordnungsgemäßen Zustellung.[44] Die Zustellung muss sodann in Bezug auf die richtige Ausfertigung wiederholt werden, wohingegen die fehlerhafte Ausfertigung zu widerrufen ist.[45] Erst mit Zustellung der richtigen Ausfertigung wird die Einspruchsfrist des § 410 Abs. 1 S. 1 in Lauf gesetzt.[46]

IV. Fehlerhafter Strafbefehl

22   1. Unvollständiger Strafbefehl. Mangelhafte, unrichtige oder ungenaue **Angaben zur Person** nach Abs. 1 S. 1 Nr. 1 berühren die Wirksamkeit des Strafbefehls nicht, wenn sich aus den restlichen Angaben die Identität des Angeklagten bzw. Nebenbeteiligten zweifelsfrei ergibt.[47] Andernfalls wird das Verfahren wegen eines Prozesshindernisses eingestellt.[48] Eine unterlassene **Nennung des Verteidigers** nach Abs. 1 S. 1 Nr. 2 bleibt hingegen stets folgenlos.[49] Ist die dem Angeklagten **zur Last gelegte Tat** entgegen Abs. 1 S. 1 Nr. 3 nicht ausreichend konkret bezeichnet, so dass Zweifel über die Identität der Tat verbleiben, so ist der Strafbefehl aber dennoch wirksam und nach Eintritt der Rechtskraft vollstreckbar.[50] Wird hingegen Einspruch gegen einen solchen Strafbefehl eingelegt, ist das Verfahren wegen Fehlens einer Prozessvoraussetzung (ausreichende Verfahrensgrundlage) einzustellen, ohne dass eine Ergänzung der Sachverhaltsdarstellung mit Hilfe des Akteninhalts zulässig wäre.[51] Fehlende Angaben zum **angewendeten Strafgesetz** nach Abs. 1 S. 1 Nr. 4[52] oder zu den **Beweismitteln** nach Abs. 1 S. 1 Nr. 5[53] sind für das weitere Verfahren aller-

---

[41] OLG Zweibrücken v. 27. 5. 1994 – 1 Ss 40/94, NStZ 1994, 602; *Joecks* Rn. 13; KK-StPO/*Fischer* Rn. 21; Löwe/Rosenberg/*Gössel* Rn. 44; *Pfeiffer* Rn. 10; SK-StPO/*Weßlau* Rn. 34.
[42] *Meyer-Goßner* Rn. 18.
[43] KK-StPO/*Fischer* Rn. 21; *Meyer-Goßner* Rn. 19.
[44] OLG Düsseldorf v. 7. 6. 1979 – 5 Ss 218/79 I, VRS 58, 41 (42); HK-StPO/*Kurth* Rn. 22; *Joecks* Rn. 13; KK-StPO/*Fischer* Rn. 22; *Meyer-Goßner* Rn. 22; vgl. zur (früheren) Strafverfügung OLG Oldenburg v. 16. 1. 1967 – 1 Ss 311/66, VRS 32, 356 (357 f.).
[45] AK/*Loos* Rn. 30; KK-StPO/*Fischer* Rn. 22; KMR/*Metzger* Rn. 44; SK-StPO/*Weßlau* Rn. 35; vgl. auch OLG Düsseldorf v. 7. 6. 1979 – 5 Ss 218/79 I, VRS 58, 41 (42): Richtigstellung durch Bekanntgabe der zutreffenden Ausfertigung.
[46] OLG Düsseldorf v. 7. 6. 1979 – 5 Ss 218/79 I, VRS 58, 41 (42); OLG Hamm v. 18. 3. 1958 – 3 Ss 170/58, DAR 1958, 274; AK/*Loos* Rn. 30; Anw-StPO/*Böttger* Rn. 17; HK-StPO/*Kurth* Rn. 22; *Joecks* Rn. 13; KK-StPO/*Fischer* Rn. 22; Löwe/Rosenberg/*Gössel* Rn. 46; *Meyer-Goßner* Rn. 22; SK-StPO/*Weßlau* Rn. 35; vgl. zur (früheren) Strafverfügung OLG Oldenburg v. 16. 1. 1967 – 1 Ss 311/66, VRS 32, 356 (358).
[47] AK/*Loos* Rn. 17; HK-GS/*Andrejtschitsch* Rn. 2; Löwe/Rosenberg/*Gössel* Rn. 7; *Meyer-Goßner* Rn. 2; SK-StPO/*Weßlau* Rn. 4; vgl. zum Bußgeldbescheid OLG Hamm v. 3. 3. 2005 – 2 Ss OWi 407/04, VRS 108, 437 (438).
[48] Löwe/Rosenberg/*Gössel* Rn. 7; vgl. zum Bußgeldbescheid OLG Hamm v. 3. 4. 1973 – 5 Ss OWi 133/73, VRS 46, 146 (149).
[49] AK/*Loos* Rn. 18; HK-GS/*Andrejtschitsch* Rn. 4; HK-StPO/*Kurth* Rn. 3; *Joecks* Rn. 3; Löwe/Rosenberg/*Gössel* Rn. 8.
[50] HK-GS/*Andrejtschitsch* Rn. 7; *Joecks* Rn. 4; KK-StPO/*Fischer* Rn. 23; KMR/*Metzger* Rn. 12; Löwe/Rosenberg/*Gössel* Rn. 12; *Meyer-Goßner* Rn. 4; *Pfeiffer* Rn. 11; aA HK-StPO/*Kurth* Rn. 5; SK-StPO/*Weßlau* Rn. 11.
[51] OLG Karlsruhe v. 26. 4. 2004 – 1 Ss 189/04, StV 2005, 598; AK/*Loos* Rn. 19; HK-GS/*Andrejtschitsch* Rn. 7; HK-StPO/*Kurth* Rn. 5; *Joecks* Rn. 4; KK-StPO/*Fischer* Rn. 23; *Ranft* JuS 2000, 633 (635); *Pfeiffer* Rn. 11; SK-StPO/*Weßlau* Rn. 11; vgl. zum Bußgeldbescheid BGH v. 8. 10. 1974 – 4 StR 190/74, BGHSt 23, 336 (340) = NJW 1970, 2222; KG v. 12. 3. 1975 – 3 Ws (B) 202/74, VRS 48, 444 (445 f.).
[52] HK-GS/*Andrejtschitsch* Rn. 8; HK-StPO/*Kurth* Rn. 6; *Joecks* Rn. 5; Löwe/Rosenberg/*Gössel* Rn. 13; *Pfeiffer* Rn. 11; vgl. zum Bußgeldbescheid OLG Hamm v. 26. 11. 1971 – 4 Ss OWi 1272/71, NJW 1972, 1062 (1062 f.); OLG Hamm v. 1. 4. 1975 – 2 Ss OWi 217//5, VRS 50, 58; OLG Karlsruhe v. 6. 12. 1973 – 1 Ss (B) 298/73, VRS 47, 294 (296); OLG Koblenz v. 4. 4. 1975 – 1 Ws (a) 189/75, MDR 1975, 778.
[53] AK/*Loos* Rn. 21; HK-GS/*Andrejtschitsch* Rn. 9; HK-StPO/*Kurth* Rn. 7; *Joecks* Rn. 6; KK-StPO/*Fischer* Rn. 23; Löwe/Rosenberg/*Gössel* Rn. 15; *Meyer-Goßner* Rn. 5 f.; *Pfeiffer* Rn. 11; vgl. zum Bußgeldbescheid OLG Celle v. 6. 1.

Erster Abschnitt. Verfahren bei Strafbefehlen 1, 2 § 410

dings rechtlich bedeutungslos. Enthält der Strafbefehl jedoch keine **Festsetzung von Rechtsfolgen** nach Abs. 1 S. 1 Nr. 6, so ist er – wenn kein wirksamer Einspruch erfolgt – unwirksam, so dass die Staatsanwaltschaft einen neuen Strafbefehlsantrag stellen kann.[54] Nach Einspruchseinlegung reicht der Strafbefehl ohne Rechtsfolgenfestsetzung hingegen als Verfahrensgrundlage aus,[55] da es für die Entscheidung des Gerichts nicht auf einen im Strafbefehl enthaltenen Ausspruch ankommt (vgl. § 411 Abs. 4). Bei fehlender **Kostenentscheidung** bleibt der Strafbefehl hingegen wirksam, jedoch trägt die Staatskasse die Verfahrenskosten, ohne dass eine Nachholung der Kostenentscheidung zulässig ist.[56] Im Falle einer nach Abs. 1 S. 1 Nr. 7 unterbliebenen **Belehrung** ist bei Versäumung der Einspruchsfrist entsprechend § 44 S. 2 Wiedereinsetzung in den vorigen Stand zu gewähren.[57] Wurde die **Belehrung** nach Abs. 1 S. 2 iVm. § 268 vergessen, so wird sie (im Strafvollstreckungsverfahren) gem. § 453a nachgeholt.

2. Inhaltlich fehlerhafter Strafbefehl. Wurden in dem Strafbefehl nach § 407 Abs. 2 **unzulässige** 23 **Rechtsfolgen** festgesetzt, so liegt – wenn der Strafbefehl mangels wirksamen Einspruchs rechtskräftig wird – keine vollstreckungsfähige Entscheidung vor.[58] Nach Einspruchseinlegung reicht ein solcher Strafbefehl jedoch als Verfahrensgrundlage aus.[59] Eine lediglich **unrichtig errechnete Geldstrafensumme** kann – da deren Angabe nicht erforderlich ist und für die Rechtsfolgenfestsetzung die Tagessatzanzahl und -höhe maßgebend sind – idR durch Berichtigung korrigiert werden.[60] Wird die **Dauer eines Fahrverbots nicht bestimmt** oder bei Entzug der Fahrerlaubnis **keine Sperrfrist festgesetzt,** darf nicht auf das gesetzliche Mindestmaß abgestellt werden, so dass ein Fahrverbot nicht vollstreckbar ist und eine Sperrfrist auch nicht nachträglich ergänzend in den Strafbefehl aufgenommen werden darf.[61] Bei einer Festsetzung unter dem gesetzlichen Mindestmaß hat es hingegen bei Rechtskraft des Strafbefehls sein Bewenden.[62]

§ 410 [Einspruch gegen den Strafbefehl]

(1) ¹Der Angeklagte kann gegen den Strafbefehl innerhalb von zwei Wochen nach Zustellung bei dem Gericht, das den Strafbefehl erlassen hat, schriftlich oder zu Protokoll der Geschäftsstelle Einspruch einlegen. ²Die §§ 297 bis 300 und § 302 Abs. 1 Satz 1, Abs. 2 gelten entsprechend.

(2) Der Einspruch kann auf bestimmte Beschwerdepunkte beschränkt werden.

(3) Soweit gegen einen Strafbefehl nicht rechtzeitig Einspruch erhoben worden ist, steht er einem rechtskräftigen Urteil gleich.

I. Einspruchseinlegung (Abs. 1)

Gegen den Strafbefehl kann der **Rechtsbehelf** des Einspruchs eingelegt werden, welchem zwar 1 der Suspensiveffekt, im Gegensatz zu einem Rechtsmittel jedoch – da das Amtsgericht, das den Strafbefehl erlassen hat, zuständig bleibt – kein Devolutiveffekt zukommt. Dennoch finden nach Abs. 1 S. 2 die allgemeinen Vorschriften über Rechtsmittel, die sich nicht auf die Rechtsmittelbefugnis der Staatsanwaltschaft beziehen, entsprechende Anwendung.[1] Über § 411 Abs. 3 S. 2 gilt dies daneben auch für § 303.

1. Einspruchsberechtigt. Zur Einlegung des Einspruchs berechtigt sind der **Angeklagte** nach 2 Abs. 1 S. 1 bzw. – falls insoweit nur eine Ordnungswidrigkeit Gegenstand des Strafbefehls ist –

1970 – 2 Ss (B) 245/69, NJW 1970, 580; OLG Frankfurt v. 29. 9. 1969 – 3 Ws (B) 91/69, NJW 1970, 159 (161 f.); OLG Hamm v. 23. 12. 1969 – 2 Ws OWi 292/69, NJW 1970, 579.
[54] OLG Düsseldorf v. 30. 3. 1984 – 2 Ss 109/84, wistra 1984, 200; HK-GS/*Andrejtschitsch* Rn. 11; HK-StPO/*Kurth* Rn. 9; KK-StPO/*Fischer* Rn. 24; KMR/*Metzger* Rn. 19; *Pfeiffer* Rn. 11; wohl ebenso *Vent* JR 1980, 400 (401); vgl. auch BGH v. 14. 5. 1981 – 4 StR 599/80, BGHSt 30, 93 (97) = NJW 1981, 2071; LG Itzehoe v. 29. 11. 1965 – 9 Ms 42/65 Ns., SchlHA 1966, 69; aA *Meyer-Goßner* Rn. 7.
[55] BayObLG v . 9. 12. 1965 – RReg. 4 b St 79/65, BayObLGSt 65, 142 = NJW 1966, 947; AK/*Loos* Rn. 22; HK-StPO/*Kurth* Rn. 9; *Joecks* Rn. 8; KK-StPO/*Fischer* Rn. 24; *Meyer-Goßner* Rn. 7; *Pfeiffer* Rn. 11; aA Löwe/Rosenberg/*Gössel* Rn. 17.
[56] BGH v. 24. 7. 1996 – 2 StR 150/96, NStZ-RR 1996, 352; LG Berlin v. 13. 6. 1968 – 509 Qs 22/68, NJW 1968, 1733 (1734); HK-StPO/*Kurth* Rn. 11; KK-StPO/*Fischer* Rn. 9; KMR/*Metzger* Rn. 27; Löwe/Rosenberg/*Gössel* Rn. 20.
[57] AK/*Loos* Rn. 13; HK-GS/*Andrejtschitsch* Rn. 11; KK-StPO/*Fischer* Rn. 24; *Joecks* Rn. 9; KK-StPO/*Fischer* Rn. 11; Löwe/Rosenberg/*Gössel* Rn. 25; *Meyer-Goßner* Rn. 9; *Pfeiffer* Rn. 8; SK-StPO/*Weßlau* Rn. 18.
[58] KK-StPO/*Fischer* Rn. 25; KMR/*Metzger* Rn. 18; weitergehend Löwe/Rosenberg/*Gössel* Rn. 17: Nichtigkeit des Strafbefehls.
[59] OLG Koblenz v. 6. 7. 1998 – 2 Ss 84/98, NStZ 2000, 41 (42); HK-GS/*Andrejtschitsch* Rn. 11; KK-StPO/*Fischer* Rn. 25; *Meyer-Goßner* Rn. 7; SK-StPO/*Weßlau* Rn. 16; aA Löwe/Rosenberg/*Gössel* Rn. 17.
[60] LG Zweibrücken v. 2. 6. 1997 – Qs 68/97, NStZ-RR 1997, 311; KK-StPO/*Fischer* Rn. 25; KMR/*Metzger* Rn. 20; SK-StPO/*Weßlau* Rn. 29; vgl. auch LG Mannheim v. 19. 9. 1994 – 7 Qs 32/94, StV 1995, 460.
[61] HK-StPO/*Kurth* Rn. 10; *Joecks* Rn. 7; KK-StPO/*Fischer* Rn. 26 f.; KMR/*Metzger* Rn. 21; Löwe/Rosenberg/*Gössel* Rn. 18; *Pfeiffer* Rn. 11.
[62] KK-StPO/*Fischer* Rn. 26; *Pfeiffer* Rn. 11; *Vent* JR 1980, 400 (404).
[1] HK-GS/*Andrejtschitsch* Rn. 1; KK-StPO/*Fischer* Rn. 1; KMR/*Metzger* Rn. 1; Löwe/Rosenberg/*Gössel* Rn. 2.

§ 410   3–7   Sechstes Buch. Besondere Arten des Verfahrens

der **Betroffene**, darüber hinaus der **Einziehungs- oder Verfallsbeteiligte** nach §§ 433 Abs. 1, 438 und der bußgeldbelegte **Nebenbeteiligte** nach § 444 Abs. 2 S. 2, soweit er jeweils durch den Strafbefehl beschwert ist. Während der **Verteidiger** für den Beschuldigten nach Abs. 1 S. 2 iVm. § 297 nur dann Einspruch einlegen kann, wenn dies nicht gegen dessen ausdrücklichen Willen erfolgt, kann der **gesetzliche Vertreter** des Angeklagten aus eigenem Recht nach S. 2 iVm. § 298 auch gegen den Willen des Beschuldigten Einspruch einlegen. Daneben kann der gewählte **Vertreter** des Nebenbeteiligten[2] ebenso wie ein vom Einspruchsberechtigten **Bevollmächtigter**[3] wirksam für diesen Einspruch einlegen.

3   **Kein Einspruchsrecht** steht hingegen der **Staatsanwaltschaft**, den **Finanzbehörden** in Steuerstrafsachen (§§ 386, 400 AO) und dem Nebenklageberechtigten zu.[4]

4   **2. Frist.** Die Einspruchsfrist beträgt nach Abs. 1 S. 1 **zwei Wochen** nach Zustellung des Strafbefehls. Ihre Berechnung erfolgt nach der allgemeinen Vorschrift des § 43. Die Frist ist nicht gewahrt, wenn ein falsch adressierter Einspruch zwar innerhalb der Einspruchsfrist bei der gemeinsamen Poststelle mehrerer Justizbehörden eingeht, jedoch erst nach Fristablauf an das zuständige Amtsgericht weitergeleitet wird.[5] Ist der Strafbefehl zwar noch nicht zugestellt, aber schon **erlassen**, also aufgrund richterlicher Entscheidung in den Geschäftsgang gelangt,[6] kann bereits Einspruch eingelegt werden.[7] Ein vor Erlass des Strafbefehls eingelegter Einspruch hat hingegen keine Rechtswirkung und wird auch nicht mit Erlass des Strafbefehls wirksam.[8]

5   Zwar bestehen auch im Strafbefehlsverfahren für den Angeklagten grundsätzlich die üblichen Sorgfaltspflichten,[9] jedoch dürfen im Rahmen einer **Wiedereinsetzung in den vorigen Stand** nach § 44 in Bezug auf die Frage einer unverschuldeten Fristversäumung keine allzu hohen Maßstäbe angesetzt werden, da der Angeklagte, der vor Erlass des Strafbefehls nach § 407 Abs. 3 nicht gehört wird, vom Erlass durchaus überrascht werden kann.[10]

6   **3. Form.** Der Einspruch kann nach Abs. 1 S. 1 zum einen **schriftlich** eingelegt werden, wobei eine fernschriftliche Einlegung oder eine solche per Telefax, Computerfax oder Telegramm[11] ebenso genügt wie eine Einlegung mit elektronischer Post iSd § 41a.[12] Zum anderen kann der Einspruch **zu Protokoll der Geschäftsstelle** desjenigen Amtsgerichts, das den Strafbefehl erlassen hat, erklärt werden. Dies kann nach Abs. 1 S. 2 iVm. § 299 bei Beschuldigten, die sich nicht auf freiem Fuß befinden, auch bei der Geschäftsstelle desjenigen Amtsgerichts geschehen, in dessen Bezirk die jeweilige Anstalt liegt. Eine lediglich **fernmündliche** Einlegung genügt hingegen **nicht**.[13]

7   Eine **Begründung** des Einspruchs ist **nicht** erforderlich,[14] aber selbstverständlich zulässig. Solange die Person des Einspruchsführers eindeutig aus der Einspruchsschrift erkennbar ist[15] und ausgeschlossen werden kann, dass es sich bei dem Schriftstück lediglich um einen Entwurf handelt,[16]

---

[2] Löwe/Rosenberg/*Gössel* Rn. 3; *Meyer-Goßner* Rn. 10.
[3] Löwe/Rosenberg/*Gössel* Rn. 3.
[4] Anw-StPO/*Böttger* Rn. 2; HK-StPO/*Kurth* Rn. 2; KK-StPO/*Fischer* Rn. 2; KMR/*Metzger* Rn. 3; Löwe/Rosenberg/*Gössel* Rn. 3; SK-StPO/*Weßlau* Rn. 4.
[5] OLG Hamm v. 20. 1. 2009 – 3 Ss 561/08, NStZ-RR 2010, 21.
[6] Vgl. hierzu oben § 409 Rn. 13.
[7] BGH v. 16. 5. 1973 – 2 StR 497/72, BGHSt 25, 187 (189) = NJW 1974, 66 (67); RG v. 3. 11. 1930 – II 1047/29, RGSt 64, 426 (428); AK/*Loos* Rn. 5; Anw-StPO/*Böttger* Rn. 3; HK-StPO/*Kurth* Rn. 4; KK-StPO/*Fischer* Rn. 5; *Meyer-Goßner* Rn. 1; *Pfeiffer* Rn. 3; SK-StPO/*Weßlau* Rn. 2; vgl. zum Bußgeldbescheid OLG Hamburg v. 6. 7. 1970 – 2 Ss 89/70, NJW 1970, 1616 (1617).
[8] HK-StPO/*Kurth* Rn. 4; *Joecks* Rn. 5; KK-StPO/*Fischer* Rn. 5; Löwe/Rosenberg/*Gössel* Rn. 8; *Meyer-Goßner* Rn. 1; SK-StPO/*Weßlau* Rn. 2; aA wohl *Hanack* Anm. zu BGH v. 16. 5. 1973 – 2 StR 497/72, JR 1974, 296.
[9] LG Frankfurt v. 28. 7. 1982 – 5/9 Qs 470/82, MDR 1983, 152; KK-StPO/*Fischer* Rn. 8.
[10] BVerfG v. 9. 7. 1969 – 2 BvR 753/68, BVerfGE 26, 315 (319) = NJW 1969, 1531; BVerfG v. 2. 7. 1974 – 2 BvR 32/74, BVerfGE 38, 35 (38) = NJW 1974, 1902 (1903); BVerfG v. 23. 4. 1991 – 2 BvR 150/91, NJW 1991, 2208; HK-StPO/*Kurth* Rn. 3; KK-StPO/*Fischer* Rn. 8; KMR/*Metzger* Rn. 6; Löwe/Rosenberg/*Gössel* Rn. 25; *Pfeiffer* Rn. 3; SK-StPO/*Weßlau* Rn. 7; vgl. zum Bußgeldbescheid auch BVerfG v. 11. 2. 1976 – 2 BvR 849/75, BVerfGE 41, 332 (335 f.) = NJW 1976, 1537.
[11] BVerfG v. 4. 7. 2002 – 2 BvR 2168/00, NJW 2002, 3534 (3534 f.); BGH v. 9. 3. 1982 – 1 StR 817/81, BGHSt 31, 7 (7 f.) = NJW 1982, 1470; Anw-StPO/*Böttger* Rn. 3; HK-StPO/*Kurth* Rn. 5; KK-StPO/*Fischer* Rn. 4; Löwe/Rosenberg/*Gössel* Rn. 9.
[12] Löwe/Rosenberg/*Gössel* Rn. 9.
[13] OLG Zweibrücken v. 15. 4. 1982 – 2 Ss 29/82, StV 1982, 415 (Ls.); AK/*Loos* Rn. 5; HK-StPO/*Kurth* Rn. 5; KK-StPO/*Fischer* Rn. 4; Löwe/Rosenberg/*Gössel* Rn. 10; *Meyer-Goßner* Rn. 1, Einl Rn. 140; *Pfeiffer* Rn. 3; aA AK/*Lemke* § 42 Rn. 14; vgl. auch zur Berufungseinlegung BGH v. 28. 3. 1981 – 1 StR 206/80, BGHSt 30, 64 (67) = NJW 1981, 1627.
[14] Anw-StPO/*Böttger* Rn. 3; HK-GS/*Andrejtschitsch* Rn. 4; HK-StPO/*Kurth* Rn. 6; KK-StPO/*Fischer* Rn. 6; Löwe/Rosenberg/*Gössel* Rn. 17; *Meyer-Goßner* Rn. 1; *Pfeiffer* Rn. 3; SK-StPO/*Weßlau* Rn. 5.
[15] BayObLG v. 28. 12. 1928 – RReg. I 831/28, HRR 1929 Nr. 1081; AK/*Loos* Rn. 5; HK-GS/*Andrejtschitsch* Rn. 3; HK-StPO/*Kurth* Rn. 6; KK-StPO/*Fischer* Rn. 6; Löwe/Rosenberg/*Gössel* Rn. 9; *Pfeiffer* Rn. 3; SK-StPO/*Weßlau* Rn. 5; vgl. zur Berufungseinlegung OLG Düsseldorf v. 10. 11. 1961 – 2 Ws 328/61, NJW 1962, 551.
[16] HK-StPO/*Kurth* Rn. 6; KK-StPO/*Fischer* Rn. 6; Löwe/Rosenberg/*Gössel* Rn. 9; *Pfeiffer* Rn. 3; SK-StPO/*Weßlau* Rn. 5; vgl. zum Bußgeldverfahren BayObLG v. 22. 4. 1980 – 2 Ob OWi 44/80, NJW 1980, 2367; vgl. zur Revision BGH v. 26. 1. 2000 – 3 StR 588/99, NStZ-RR 2000, 305; BGH v. 15. 4. 2002 – 2 StR 63/02, NStZ 2002, 558.

schadet auch eine fehlende **Unterschrift** im Hinblick auf die Wirksamkeit des Einspruchs nicht. Ist der Einspruch an das **falsche Gericht** gerichtet, ist dies unschädlich, solange der Einspruch innerhalb der Einspruchsfrist beim richtigen Gericht eingeht.[17]

4. Zurücknahme. Die Zurücknahme des Einspruchs, die – entsprechend der Möglichkeit, den Einspruch von vornherein nach Abs. 2 zu beschränken – **auch teilweise erfolgen kann**, kann nach Abs. 1 S. 2 iVm. § 302 Abs. 1 S. 1 **bereits vor Ablauf der Einspruchsfrist** erfolgen. Hierbei gelten für die Zurücknahme des Einspruchs die gleichen **Formerfordernisse** wie für dessen Einlegung.[18] Darüber hinaus kann die Zurücknahme auch in der Hauptverhandlung durch mündliche (nach § 273 Abs. 1 zu protokollierende) Erklärung gegenüber dem Gericht erfolgen,[19] wobei es insofern nach § 411 Abs. 3 S. 2 iVm. § 303 der Zustimmung der Staatsanwaltschaft bedarf. Der Verteidiger benötigt zur Zurücknahme nach Abs. 1 S. 2 iVm. § 302 Abs. 2 eine ausdrückliche Ermächtigung durch den Angeklagten. Wird die Wirksamkeit der Rücknahme bestritten, so hat das Amtsgericht entweder deklaratorisch die Wirksamkeit der Rücknahme festzustellen oder das Verfahren fortzusetzen.[20] 8

5. Verzicht. Nach Abs. 1 S. 2 iVm. § 302 Abs. 1 S. 1 kann auf die Einlegung eines Einspruchs **bereits vor Ablauf der Einspruchsfrist** verzichtet werden, wodurch der Strafbefehl in Rechtskraft erwächst. Ein schon vor Erlass eines Strafbefehls erklärter Einspruchsverzicht ist hingegen nicht wirksam,[21] sondern vielmehr als unverbindliche Absichtserklärung anzusehen.[22] Der Verzicht kann in allen **Formen**, die auch für die Einspruchseinlegung gelten, erklärt werden, wobei der Verteidiger gem. Abs. 1 S. 2 iVm. § 302 Abs. 2 einer ausdrücklichen Ermächtigung durch den Angeklagten bedarf. Der Verzicht muss daneben **ausdrücklich erklärt** werden, so dass allein die Bezahlung der im Strafbefehl festgesetzten Geldstrafe[23] oder die Stellung eines Ratenzahlungs- oder Stundungsgesuchs[24] nicht zur Annahme eines Einspruchsverzichts genügt. 9

II. Beschränkung des Einspruchs (Abs. 2)

Die Vorschrift des Abs. 2 ermöglicht es, den Einspruch gegen den Strafbefehl in gleicher Weise wie Rechtsmittel gegen Urteile zu beschränken.[25] Der Einspruch kann einerseits bereits **anfänglich** auf einzelne Beschwerdepunkte beschränkt werden, wobei innerhalb der Einspruchsfrist eine Erweiterung des Einspruchs (und somit Rückgängigmachung der Beschränkung) zulässig ist, falls nicht in der Beschränkung ausnahmsweise ein Teilverzicht zu sehen ist.[26] Andererseits kann eine solche Beschränkung im Wege einer partiellen Einspruchsrücknahme auch **nachträglich** erfolgen, was mit Blick auf § 411 Abs. 3 S. 1 bis zur Verkündung des Urteils im ersten Rechtszug möglich ist.[27] 10

1. Vertikale Beschränkung. Der Einspruch kann **auf selbstständige Taten** beschränkt werden, wobei dies sowohl in Bezug auf einzelne Taten im prozessualen Sinne nach § 264 als auch im Hinblick auf materiell-selbstständige Taten nach § 53 StGB, die prozessual eine Einheit bilden, aber in keinem sachlichen Zusammenhang zueinander stehen, erfolgen kann.[28] Ebenso kann ein Angeklagter, der im Strafbefehl einer Straftat und zugleich (als Betroffener) einer tatmehrheitlich begangenen Ordnungswidrigkeit beschuldigt wird, den Einspruch auf die Straftat oder Ordnungswidrigkeit beschränken.[29] 11

---

[17] Löwe/Rosenberg/*Gössel* Rn. 5.
[18] HK-StPO/*Kurth* Rn. 7; *Joecks* Rn. 6; *Meyer-Goßner* Rn. 2; vgl. zum Bußgeldverfahren OLG Düsseldorf v. 29. 7. 1985 – 2 Ss (OWi) 335/85 – 197/85 II, NJW 1986, 1505.
[19] KK-StPO/*Fischer* Rn. 7; *Meyer-Goßner* Rn. 2.
[20] OLG Jena v. 3. 8. 2005 – 1 Ws 272/05, NStZ 2007, 56; *Meyer-Goßner* Rn. 8.
[21] HK-StPO/*Kurth* § 407 Rn. 4; *Joecks* Rn. 9; *Meyer-Goßner* § 408 b Rn. 5.
[22] HK-StPO/*Kurth* § 407 Rn. 4.
[23] LG Hannover v. 8. 8. 1950 – 25 Qs 98/50, MDR 1950, 630; AK/*Loos* Rn. 6; KK-StPO/*Fischer* Rn. 7; Löwe/Rosenberg/*Gössel* Rn. 15; *Meyer-Goßner* Rn. 3; SK-StPO/*Weßlau* Rn. 9; vgl. zum Bußgeldverfahren OLG Rostock v. 16. 8. 2001 – 2 Ss (OWi) 158/01 I 110/01, VRS 101, 380 (382); OLG Stuttgart v. 16. 10. 1997 – 1 Ss 505/97, VRS 94, 276 (277 f.).
[24] OLG Hamm v. 14. 6. 1968 – 3 Ss 485/68, VRS 36, 217 (217 f.); AK/*Loos* Rn. 6; HK-StPO/*Kurth* Rn. 8; KK-StPO/*Fischer* Rn. 7; Löwe/Rosenberg/*Gössel* Rn. 15; *Meyer-Goßner* Rn. 3; SK-StPO/*Weßlau* Rn. 9; aA OLG Karlsruhe v. 3. 12. 1964 – 1 Ss 161/64 b, Justiz 1965, 243 (244).
[25] BayObLG v. 30. 9. 1988 – RReg. 1 St 187/88, NStE Nr. 2 zu § 410 StPO; BayObLG v. 29. 1. 1988 – RReg. 2 St 14/88, BayObLGSt *Janiszewski* NStZ 1988, 267; KK-StPO/*Fischer* Rn. 11.
[26] KMR/*Metzger* Rn. 10; SK-StPO/*Weßlau* Rn. 11; vgl. zur Berufung auch BayObLG v. 22. 9. 1967 – RReg. 1 a St 312/67, BayObLGSt 67, 146 (147 f.) = NJW 1968, 66 mit zust. Anm. *Sarstedt* JR 1968, 109; *Meyer-Goßner* § 318 Rn. 1.
[27] Vgl. unten § 411 Rn. 24.
[28] BayObLG v. 26. 10. 1981 – RReg. 2 St 302/81, GA 1982, 325 (326); OLG Saarbrücken v. 10. 9. 1964 – Ss 12/64, NJW 1965, 411 (411 f.); *Berz*, FS Blau, 1985, S. 51 (55, Fn. 18); HK-StPO/*Kurth* Rn. 10; KK-StPO/*Fischer* Rn. 11.
[29] KK-StPO/*Fischer* Rn. 11.

12   2. Horizontale Beschränkung. Daneben kann der Einspruch auch innerhalb einer einheitlichen Tat **auf nachrangige Teile des Strafbefehlsausspruchs** beschränkt werden, soweit sie sich gelöst vom nicht angefochtenen Teil überprüfen lassen.³⁰ Letzteres ist zu verneinen, wenn im Einzelfall eine bestehende Wechselwirkung (zB zwischen Haupt- und Nebenstrafe oder Strafe und Maßregel) eine getrennte Entscheidung (und somit auch Anfechtung) unmöglich macht.³¹ In der Praxis erfolgt oftmals eine Beschränkung des Einspruchs auf den Rechtsfolgenausspruch, was beispielsweise in Bezug auf die Höhe der Freiheits- oder Geldstrafe oder aber – mit der Möglichkeit, dass nach § 411 Abs. 1 S. 3 mit Zustimmung des Angeklagten, des Verteidigers und der Staatsanwaltschaft im Beschlusswege entschieden wird – die Höhe des Tagessatzes möglich ist.³² Eine Beschränkung auf den Kostenausspruch des Strafbefehls ist hingegen nach § 410 Abs. 1 S. 2 iVm. § 300 in eine (insofern statthafte) sofortige Beschwerde gem. § 464 Abs. 3 umzudeuten,³³ wobei freilich die Wochenfrist der sofortigen Beschwerde nach § 311 Abs. 2 (im Gegensatz zur zweiwöchigen Einspruchsfrist des Abs. 1 S. 1) zu beachten ist.

13   3. Unwirksame Beschränkung. Ist eine Beschränkung der Einspruchseinlegung unwirksam, so führt dies nicht zur Unzulässigkeit des Einspruchs, sondern vielmehr zu einer (infolge unwirksamer Beschränkung) **unbeschränkten Anfechtung** des Strafbefehls.³⁴ Dies ist zum einen anzunehmen, wenn sich der angefochtene Teil wegen einer bestehenden Wechselwirkung nicht gelöst vom nichtangefochtenen Teil überprüfen lässt. Zum anderen ist die Beschränkung als unwirksam anzusehen, wenn die unzureichenden Feststellungen zum Schuldspruch eine isolierte Überprüfung des Rechtsfolgenausspruchs nicht ermöglichen.³⁵ Allein ein rechtlich unzutreffender Schuldspruch im Strafbefehl führt hingegen **nicht** zur Unwirksamkeit der Einspruchsbeschränkung auf den Rechtsfolgenausspruch.³⁶

14   4. Kostenentscheidung. Da der Einspruch ein Rechtsbehelf (und gerade kein Rechtsmittel) ist, ist der Kostenentscheidung de lege lata bei beschränkter Einspruchseinlegung nicht § 473,³⁷ sondern § 465 zugrunde zu legen.³⁸ Hierdurch fehlt aufgrund der vollen Tragung der Kosten und Auslagen auch bei Erfolg des beschränkten Einspruchs (ebenso wie bei teilweise erfolgreichem Einspruch) zwar häufig ein Anreiz zur Einspruchsbeschränkung,³⁹ jedoch kann – beispielsweise in Fällen, in denen die Tagessatzhöhe ohne „Verschulden" des Angeklagten nur unzureichend ermittelt wurde – ggf. eine Kostenteilung entsprechend § 465 Abs. 2 erfolgen.⁴⁰

III. Rechtskraftwirkung des Strafbefehls (Abs. 3)

15   1. Zeitpunkt des Eintritts der Rechtskraft. Nach Abs. 3 steht der Strafbefehl, soweit gegen ihn **nicht rechtzeitig Einspruch erhoben** ist, einem rechtskräftigen Urteil gleich. Rechtskraft des Straf-

---

³⁰ KK-StPO/*Fischer* Rn. 12; *Meyer-Goßner* Rn. 4; vgl. hierzu im Einzelnen oben § 318 Rn. 2 ff.
³¹ HK-StPO/*Kurth* Rn. 13; KK-StPO/*Fischer* Rn. 12.
³² BayObLG v. 6. 3. 2003 – 1 St RR 13/2003, BayObLGSt 2003, 18 (19) = NJW 2003, 2397 (2398); OLG Celle v. 18. 6. 2008 – 32 Ss 77/08, NStZ 2008, 711 (712); OLG Düsseldorf v. 9. 10. 1996 – 2 Ss 313/96 – 87/96 II, NStZ-RR 1997, 113 (114); HK-StPO/*Kurth* Rn. 13; *Meyer-Goßner* Rn. 4.
³³ AK/*Loos* Rn. 8; KK-StPO/*Fischer* Rn. 13; vgl. auch LG Bamberg v. 16. 3. 1973 – Qs 43/73, NJW 1973, 1144 (1144 f.).
³⁴ HK-GS/*Andrejtschitsch* Rn. 5; HK-StPO/*Kurth* Rn. 14; KK-StPO/*Fischer* Rn. 13; Löwe/Rosenberg/*Gössel* Rn. 12; *Pfeiffer* Rn. 4.
³⁵ BayObLG v. 6. 3. 2003 – 1 St RR 13/2003, BayObLGSt 2003, 18 (19) = NJW 2003, 2397 (2398); OLG Celle v. 18. 6. 2008 – 32 Ss 77/08, NStZ 2008, 711 (712); OLG Düsseldorf v. 9. 10. 1996 – 2 Ss 313/96 – 87/96 II, NStZ-RR 1997, 113 (114); OLG Koblenz v. 26. 2. 2003 – 2 Ss 284/02, NStZ 2003, 617 (617 f.); OLG Schleswig v. 28. 12. 1995 – 1 Ss 361/95, SchlHA 1996, 108 mAnm *Pieper*; HK-StPO/*Kurth* Rn. 13; KK-StPO/*Fischer* Rn. 12; *Meurer* JuS 1987, 882 (886); *Meyer-Goßner* Rn. 5; *Rieß/Hilger* NStZ 1987, 204 (205); SK-StPO/*Weßlau* Rn. 10.
³⁶ OLG München v. 14. 7. 2006 – 4 St RR 129/06, wistra 2006, 395; KK-StPO/*Fischer* Rn. 12; Löwe/Rosenberg/*Gössel* Rn. 13; *Meyer-Goßner* Rn. 5.
³⁷ So aber OLG München v. 3. 12. 1987 – 2 Ws 1132/87 K, NStZ 1988, 241 mit abl. Anm. *Mertens* NStZ 1988, 473; LG Bremen v. 4. 3. 1991 – 23 Qs 417/90, StV 1991, 479; AG Bretten v. 16. 10. 1990 – Cs 210/90, MDR 1991, 371 (372); iE auch *Reisser* MDR 1990, 880 (883 f.).
³⁸ OLG Stuttgart v. 4. 8. 1989 – 6 Ss 444/89, NStZ 1989, 589; LG Göttingen v. 25. 10. 1991 – 1 Qs 99/91, NdsRpfl 1992, 8 (9); LG Hamburg v. 13. 1. 1993 – 603 Qs 38/93, MDR 1993, 374; LG Hildesheim v. 5. 12. 1988 – 13 Qs 175/88, NdsRpfl 1989, 41 (42); LG Kempten v. 24. 8. 1998 – 2 Qs 236/98, DAR 1999, 141; LG München I v. 13. 6. 1988 – 21 Ns 497 Js 119504/86, NStZ 1988, 473 (474); LG Tübingen v. 2. 9. 1987 – abgedr. ohne Az., JurBüro 1988, 375 (375 f.); AG Braunschweig v. 8. 12. 1988 – 10 Cs 904 Js 31356/88, MDR 1989, 481; *Karl* Anm. zu OLG München v. 3. 12. 1987 – 2 Ws 1132/87 K, Rpfleger 1988, 425 (426); KK-StPO/*Fischer* Rn. 12; KMR/*Metzger* § 411 Rn. 35; Löwe/Rosenberg/*Gössel* Rn. 1, § 411 Rn. 62; *Mertens* Anm. zu OLG München v. 3. 12. 1987 – 2 Ws 1132/87 K, NStZ 1988, 473; *Meyer-Goßner* § 473 Rn. 1; *Pfeiffer* Rn. 4.
³⁹ KK-StPO/*Fischer* Rn. 14 a; Löwe/Rosenberg/*Gössel* Rn. 4.
⁴⁰ LG Bremen v. 4. 3. 1991 – 23 Qs 417/90, StV 1991, 479; LG Mosbach v. 7. 11. 1996 – I Qs 74/96, StV 1997, 34 (35); Bockemühl/*Haizmann*, Handbuch des Fachanwalts Strafrecht, 2. Teil 7. Kap. Rn. 84; *D. Meyer* JurBüro 1989, 1330 (1331); *Meyer-Goßner* § 473 Rn. 1; SK-StPO/*Weßlau* § 411 Rn. 38; vgl. auch *Reisser* MDR 1990, 880 (883 f.).

befehls tritt dementsprechend mit Ablauf der zweiwöchigen Einspruchsfrist des Abs. 1 S. 1 ein, wenn kein Einspruch oder aber verspätet Einspruch eingelegt wird. Auch kommt es bereits vor Ablauf der Einspruchsfrist zur Rechtskraft, wenn der Einspruchsberechtigte **ausdrücklich** auf die Einlegung des Einspruchs **verzichtet.** Daneben lebt das Straferkenntnis des Strafbefehls in dem Umfang wieder auf, in dem der Einspruch (wirksam) **ausdrücklich** wieder **zurückgenommen** wird.[41] Gleiches gilt mit Rechtskraft der Verwerfungsentscheidung, wenn der **Einspruch** als unzulässig nach § 411 Abs. 1 S. 1 oder bei unentschuldigtem Ausbleiben nach § 412 S. 1 iVm. § 329 Abs. 1 S. 1 **verworfen** wurde.[42]

2. Umfang der Rechtskraftwirkung. Ein nicht oder nicht wirksam angefochtener Strafbefehl bewirkt wie ein unangefochtenes Urteil **formelle und materielle Rechtskraft.**[43] Dies gilt bei beschränkter Anfechtung in Bezug auf den nicht angefochtenen Teil des Strafbefehls. Der Strafbefehl ist im Umfang der Rechtskraftwirkung **unabänderbar,**[44] **vollstreckbar** (§§ 409 Abs. 1 S. 1 Nr. 7, 449) und **verbraucht die Strafklage.**[45] Mit Blick auf den Umstand, dass das Straferkenntnis des Strafbefehls lediglich in einem summarischen Verfahren erfolgte, ist die **Wiederaufnahme zuungunsten des Angeklagten** jedoch in § 373 a – abweichend von den Wiederaufnahmemöglichkeiten des § 362 bei durch rechtskräftiges Urteil abgeschlossenen Verfahren – dergestalt erweitert, dass sie auch zulässig ist, wenn neue Tatsachen oder Beweismittel vorliegen, die allein oder in Verbindung mit den früheren Beweisen geeignet sind, die Verurteilung wegen eines Verbrechens (was im Strafbefehlswege nicht möglich ist) zu begründen. 16

Die **Bindungswirkung** eines rechtskräftigen Strafbefehls ist hingegen im Vergleich zu einem rechtskräftigen Urteil in nachfolgenden berufsrechtlichen Verfahren **begrenzt.** So ist beispielsweise im Rahmen eines **Disziplinarverfahrens** von Ermittlungen gem. § 21 Abs. 2 BDG abzusehen, soweit der Sachverhalt aufgrund der tatsächlichen Feststellungen eines rechtskräftigen Strafurteils – aber gerade nicht Strafbefehls – feststeht. Ebenso wenig besteht eine solche Bindungswirkung von Strafbefehlen in **disziplinargerichtlichen Verfahren.**[46] Im Rahmen eines **anwaltsgerichtliches Verfahrens** haben die einen rechtskräftigen Strafbefehl tragenden tatsächlichen Feststellungen – im Gegensatz zu den tatsächlichen Feststellungen eines rechtskräftigen Strafurteils (§ 118 Abs. 3 BRAO) – ebenfalls keine Bindungswirkung.[47] 17

In Bezug auf Entscheidungen nach § 56f Abs. 1 S. 1 Nr. 1 StGB über den **Widerruf der Strafaussetzung zur Bewährung** wegen neuer Straftaten hat die Strafvollstreckungskammer (§ 462 a Abs. 1) bzw. das Gericht des ersten Rechtszuges (§ 462 a Abs. 2) allein wegen einer Verurteilung im Strafbefehlswege grundsätzlich keinen Anlass, die dem Strafbefehl zugrunde liegenden Tatsachen selbst aufzuklären.[48] Dies kann allenfalls aufgrund der besonderen Umstände des Einzelfalls geboten sein.[49] 18

3. Übriges Verfahren. Bei mehreren Einspruchsberechtigten erlangt der Strafbefehl gegen diejenigen Rechtskraft, die keinen Einspruch erheben. Legt ausschließlich ein **Betroffener** Einspruch ein, wird das Verfahren als Bußgeldverfahren weitergeführt.[50] Falls nur der **Einziehungs- oder Verfallsbeteiligte** bzw. die **bußgeldbeteiligte juristische Person oder Personenvereinigung** Einspruch einlegt, so wird nach § 438 Abs. 2 bzw. § 442 Abs. 1, jeweils iVm. §§ 439 Abs. 3 S. 1, 441 Abs. 2, 3 in entsprechender Anwendung, gegen die Einziehungs- oder Verfallsbeteiligte sowie nach § 444 Abs. 2 S. 2 iVm. § 441 Abs. 2, 3 gegen die juristische Person oder Personenvereinigung ein Beschlussverfahren durchgeführt.[51] 19

---

[41] KK-StPO/*Fischer* Rn. 7; *Meyer-Goßner* Rn. 2, 8.
[42] *Meyer-Goßner* Rn. 8; SK-StPO/*Weßlau* Rn. 12.
[43] KK-StPO/*Fischer* Rn. 15; Löwe/Rosenberg/*Gössel* Rn. 18 ff.
[44] LG Mannheim v. 19. 9. 1994 – 7 Qs 32/94, StV 1995, 460; LG München II v. 3. 11. 1999 – 8 Qs 21/99, DAR 2000, 87 (88); *Meyer-Goßner* Rn. 12.
[45] *Meyer-Goßner* Rn. 12.
[46] Vgl. nur BVerwG v. 1. 12. 1987 – 2 WD 66/87, BVerwGE 83, 373 (375) = NJW 1988, 1340; BVerwG v. 8. 6. 2000 – 2 C 20/99, NJW 2000, 3297; *Fleig* ZBR 2000, 121 (124); aA VGH Mannheim v. 21. 8. 1997 – D 17 S 6/97; VGH Mannheim v. 20. 10. 1997 – D 17 S 13/97.
[47] BGH v. 12. 4. 1999 – AnwSt (R) 11/98, BGHSt 45, 46 (47ff.) = NJW 1999, 2288 (2289) mAnm *Bockemühl* BRAK-Mitt. 2000, 164 (165 f.); HK-StPO/*Kurth* Rn. 16; Löwe/Rosenberg/*Gössel* Rn. 22; *Pfeiffer* Rn. 6.
[48] KK-StPO/*Fischer* Rn. 16; Löwe/Rosenberg/*Gössel* Rn. 22; *Pfeiffer* Rn. 6.
[49] OLG Hamm v. 6. 9. 2007 – 3 Ws 527/07, NStZ-RR 2008, 25 (26); KK-StPO/*Fischer* Rn. 16; weitergehend OLG Zweibrücken v. 16. 1. 1991 – 1 Ws 18 – 19/91, StV 1991, 270 mAnm *Stree* JR 1991, 478 (478 f.); aA KG v. 1. 3. 2000 – 5 Ws 58/00, NStZ-RR 2001, 136 (137); KG v. 7. 6. 2007 – 2 Ws 361/07, NJ 2007, 515 (516) mAnm *Eschenhagen*; vgl. auch *Fischer* § 56 f StGB Rn. 5.
[50] Göhler/*Seitz* § 64 OWiG Rn. 3; KMR/*Metzger* Rn. 14; *Meyer-Goßner* Rn. 9.
[51] Anw-StPO/*Böttger* Rn. 11; HK-GS/*Andrejtschitsch* Rn. 8; KK-StPO/*Fischer* Rn. 17; KMR/*Metzger* Rn. 14; *Meyer-Goßner* Rn. 10; *Pfeiffer* Rn. 5.

§ 411 [Entscheidung über den Einspruch]

(1) [1] Ist der Einspruch verspätet eingelegt oder sonst unzulässig, so wird er ohne Hauptverhandlung durch Beschluß verworfen; gegen den Beschluß ist sofortige Beschwerde zulässig. [2] Andernfalls wird Termin zur Hauptverhandlung anberaumt. [3] Hat der Angeklagte seinen Einspruch auf die Höhe der Tagessätze einer festgesetzten Geldstrafe beschränkt, kann das Gericht mit Zustimmung des Angeklagten, des Verteidigers und der Staatsanwaltschaft ohne Hauptverhandlung durch Beschluss entscheiden; von der Festsetzung im Strafbefehl darf nicht zum Nachteil des Angeklagten abgewichen werden; gegen den Beschluss ist sofortige Beschwerde zulässig.

(2) [1] Der Angeklagte kann sich in der Hauptverhandlung durch einen mit schriftlicher Vollmacht versehenen Verteidiger vertreten lassen. [2] § 420 ist anzuwenden.

(3) [1] Die Klage und der Einspruch können bis zur Verkündung des Urteils im ersten Rechtszug zurückgenommen werden. [2] § 303 gilt entsprechend. [3] Ist der Strafbefehl im Verfahren nach § 408a erlassen worden, so kann die Klage nicht zurückgenommen werden.

(4) Bei der Urteilsfällung ist das Gericht an den im Strafbefehl enthaltenen Ausspruch nicht gebunden, soweit Einspruch eingelegt ist.

Schrifttum: *Groth*, Einspruchsrücknahme nach Rückverweisung einer Strafbefehls- oder Ordnungswidrigkeitssache durch das Rechtsmittelgericht?, NStZ 1983, 9; *Vent*, Zur Frage der Korrektur eines rechtswidrigen, aber rechtskräftigen Strafbefehls, JR 1980, 400.

I. Entscheidung über den Einspruch (Abs. 1)

1 **1. Unzulässiger Einspruch (Abs. 1 S. 1).** Das Gericht hat zunächst zu prüfen, ob die zweiwöchige **Einspruchsfrist** des § 410 Abs. 1 S. 1 **versäumt** wurde oder der Einspruch **aus sonstigen Gründen** – mangelnde Form der Einlegung, Einlegung durch einen nicht Einspruchsberechtigten oder nicht Bevollmächtigten, vorherige Einspruchsrücknahme oder Einspruchsverzicht – **unzulässig ist.**

2 **a) Verwerfungsbeschluss.** Kommt das Gericht zu dem Ergebnis, dass der Einspruch unzulässig ist, so **verwirft** es den Einspruch nach vorheriger Anhörung der Staatsanwaltschaft gem. § 33 Abs. 2 durch Beschluss **als unzulässig** (Abs. 1 S. 1, 1. Hs.). Dieser Beschluss enthält – da § 473 für den Einspruch nicht gilt – keine Kostenentscheidung.[1] Er kann mit der **sofortigen Beschwerde** gem. § 311 angefochten werden.

3 Da es sich in Bezug auf das konkrete Strafverfahren regelmäßig um den „ersten Zugang" des Angeklagten zum Gericht handelt, ist das Gericht bei der Frage der rechtzeitigen Einspruchseinlegung zu besonderer Sorgfalt verpflichtet.[2] Bleiben **Zweifel**, ob der Einspruch rechtzeitig eingelegt wurde, ist er daher **als zulässig zu behandeln**.[3] Gleiches gilt bei (für eine mögliche Verspätung des Einspruchs relevanten) Zweifeln an der Richtigkeit des vom Verteidiger des Angeklagten auf dem Empfangsbekenntnis angegebenen Zustellungsdatums.[4]

4 Wird nach der Verwerfung eines verspäteten Einspruchs auch eine **Wiedereinsetzung in den vorigen Stand** gem. § 44 unter den insofern geltenden großzügigeren Maßstäben[5] **nicht** gewährt, so wird mit der Verwerfung des Wiedereinsetzungsantrags gem. § 46 Abs. 3 gleichzeitig auch der Einspruch als unzulässig verworfen.[6]

5 **b) Unterlassener Verwerfungsbeschluss.** Bemerkt das (erstinstanzliche) **Gericht** erst in der Hauptverhandlung, dass es jene aufgrund eines unzulässigen Einspruchs durchführt, so kann es den Einspruch – trotz der Regelung des Abs. 1 S. 1 – nicht (mehr) durch Beschluss verwerfen, sondern hat ihn in der Hauptverhandlung vielmehr auf Kosten des Angeklagten (§ 465)[7] **durch Urteil als unzulässig** zu **verwerfen**.[8] Obwohl wegen der (mangels wirksamen Einspruchs eingetre-

---

[1] HK-GS/*Andrejtschitsch* Rn. 1; HK-StPO/*Kurth* Rn. 2; KK-StPO/*Fischer* Rn. 1; KMR/*Metzger* Rn. 2; Meyer-Goßner Rn. 1; *Pfeiffer* Rn. 1; SK-StPO/*Weßlau* Rn. 3.
[2] BVerfG v. 27. 3. 2001 – 2 BvR 2211/97, NJW 2001, 1563 (1564); HK-StPO/*Kurth* Rn. 1; KK-StPO/*Fischer* Rn. 2; *Pfeiffer* Rn. 1.
[3] BayObLG v . 9. 12. 1965 – RReg. 4b St 79/65, BayObLGSt 65, 142 (143) = NJW 1966, 947; AK/*Loos* Rn. 1; Anw-StPO/*Böttger* Rn. 2; HK-GS/*Andrejtschitsch* Rn. 1; HK-StPO/*Kurth* Rn. 1; KK-StPO/*Fischer* Rn. 2; KMR/*Metzger* Rn. 1; Löwe/Rosenberg/*Gössel* Rn. 2; Meyer-Goßner Rn. 1; *Pfeiffer* Rn. 1; SK-StPO/*Weßlau* Rn. 1; vgl. zur Berufung OLG Stuttgart v. 30. 10. 1980 – 3 Ws 198/30, MDR 1981, 424.
[4] BVerfG v. 27. 3. 2001 – 2 BvR 2211/97, NJW 2001, 1563 (1564); KK-StPO/*Fischer* Rn. 2.
[5] Vgl. oben § 410 Rn. 5.
[6] OLG Celle v. 12. 2. 2004 – 22 Ss 6/04, NStZ-RR 2004, 300 (301); Meyer-Goßner Rn. 1.
[7] OLG Hamm v. 25. 6. 1971 – 1 Ss 471/71, VRS 41, 381; HK-StPO/*Kurth* Rn. 1; KMR/*Metzger* Rn. 6; Löwe/Rosenberg/*Gössel* Rn. 5; Meyer-Goßner Rn. 12; SK-StPO/*Weßlau* Rn. 5; aA KK-StPO/*Fischer* Rn. 4; *Pfeiffer* Rn. 1: Kosten durch den Kostenausspruch im Strafbefehl erfasst.
[8] BayObLG v. 16. 8. 1961 – RReg. 1 St 282/61, BayObLGSt 61, 195 (196) = NJW 1962, 118; OLG Hamm v. 25. 6. 1971 – 1 Ss 471/71, VRS 41, 381; AK/*Loos* Rn. 2; Anw-StPO/*Böttger* Rn. 4; HK-StPO/*Kurth* Rn. 3; KK-StPO/*Fischer*

Erster Abschnitt. Verfahren bei Strafbefehlen 6–9 **§ 411**

tenen) Rechtskraft des Strafbefehls ein Verfahrenshindernis vorliegt, handelt es sich nicht um ein Einstellungsurteil nach § 260 Abs. 3, da (vorrangiger) Grund für das Urteil die Unzulässigkeit des Einspruchs ist.[9] Das Urteil kann – aber allein mit der Rüge, der Einspruch sei doch zulässig gewesen – mit der Berufung und (Sprung-)Revision angefochten werden, wobei das Rechtsmittelgericht im Erfolgsfalle das Urteil aufheben und die Sache an das Amtsgericht zurückverweisen wird.[10] Ein **Einstellungsurteil** nach § 260 Abs. 3 (mit der Kostenentscheidung nach § 467) ergeht nur dann, wenn der Strafbefehl vor Einspruchseinlegung infolge Verzichts oder Einspruchsrücknahme bereits rechtskräftig war.[11]

Sollte erst das **Rechtsmittelgericht** bemerken, dass bereits der Einspruch gegen den Strafbefehl 6 unzulässig war, so hebt es – da es dies von Amts wegen zu beachten hat – das amtsgerichtliche Urteil (bzw. die vorinstanzlichen Urteile) auf und **verwirft** den Einspruch **durch Urteil als unzulässig**,[12] ohne dass auch hier eine Einstellung des Verfahrens in Betracht kommt.[13] Hatte das Amtsgericht jedoch auf den Einspruch des Angeklagten eine mildere Rechtsfolge verhängt, so darf der Einspruch – wenn der Angeklagte, sein gesetzlicher Vertreter oder zu seinen Gunsten die Staatsanwaltschaft Rechtsmittel eingelegt haben – durch das Rechtmittelgericht wegen des insofern geltenden **Verschlechterungsverbots** (§§ 331 Abs. 2, 358 Abs. 2) nur mit der Maßgabe verworfen werden, dass es bei der herabgesetzten Rechtsfolge verbleibt.[14] Die Kostenentscheidung ergeht nach § 473.[15]

Wenn das **Urteil**, das auf einen unzulässigen Einspruch gegen den Strafbefehl ergeht, jedoch 7 **rechtskräftig** wird, so ist es – solange es nicht im Wege der Wiederaufnahme oder Verfassungsbeschwerde erfolgreich beseitigt wird – wirksam, wohingegen die (zuvor bereits eingetretene) Rechtskraft des Strafbefehls beseitigt ist.[16]

2. Zulässiger Einspruch (Abs. 1 S. 2, 3). Nach zulässigem Einspruch (bzw. Wiedereinsetzung in 8 den vorigen Stand) wird das Gericht regelmäßig **Termin zur mündlichen Verhandlung** nach Abs. 1 S. 2 **anberaumen**. Alternativ ist es in dieser Situation möglich, das Verfahren nach den §§ 153 ff. oder aber wegen Vorliegens eines Verfahrenshindernisses nach § 206 a einzustellen.[17]

Sollte der Angeklagte seinen Einspruch gegen den Strafbefehl **auf die Höhe der Tagessätze** der 9 festgesetzten Strafe (§ 40 Abs. 2, 3 StGB) **beschränkt** haben, **kann** das Gericht nach Abs. 1 S. 3 mit (ausdrücklich erklärter[18] und daher möglichst schriftlicher)[19] Zustimmung des Angeklagten, seines etwaigen (nicht zwingend erforderlich[20]) Verteidigers und der Staatsanwaltschaft ohne Hauptverhandlung **durch Beschluss entscheiden**.[21] Es liegt im pflichtgemäßen Ermessen des Ge-

---

Rn. 3; KMR/*Metzger* Rn. 6; Löwe/Rosenberg/*Gössel* Rn. 5, § 412 Rn. 4; *Meyer-Goßner* Rn. 1, 12; *Meyer-Goßner* NJW 1987, 1161 (1168); *Rieß/Hilger* NStZ 1987, 204 (205, Fn. 288); SK-StPO/*Weßlau* Rn. 5.
[9] KK-StPO/*Fischer* Rn. 4; KMR/*Metzger* Rn. 6; Löwe/Rosenberg/*Gössel* Rn. 5.
[10] BayObLG v. 16. 8. 1961 – RReg. 1 St 282/61, BayObLGSt 61, 195 (200 f.) = NJW 1962, 118 (118 f.); *Joecks* Rn. 19; KK-StPO/*Paul* § 328 Rn. 7; KK-StPO/*Fischer* Rn. 4, 6; KMR/*Metzger* Rn. 7; Löwe/Rosenberg/*Gössel* Rn. 5; *Meyer-Goßner* Rn. 12, 15; *Meyer-Goßner* NJW 1987, 1161 (1168); SK-StPO/*Weßlau* Rn. 6.
[11] KMR/*Metzger* Rn. 6; Löwe/Rosenberg/*Gössel* Rn. 11; SK-StPO/*Weßlau* Rn. 5, 31.
[12] BayObLG v. 16. 8. 1961 – RReg. 1 St 282/61, BayObLGSt 61, 195 (201) = NJW 1962, 118 (119); BayObLG v. 30. 8. 1988 – RReg. 2 St 183/88, wistra 1990, 37 mAnm *Wendisch* JR 1990, 37 (38); OLG Düsseldorf v. 26. 11. 1984 – 5 Ss 349/84 – 312/84 I, JR 1986, 121 (122) mAnm *Welp*; OLG Hamm v. 20. 1. 2009 – 3 Ss 561/08, NStZ-RR 2010, 21; AK/*Loos* Rn. 4; HK-StPO/*Kurth* Rn. 4; KK-StPO/*Fischer* Rn. 5; KMR/*Metzger* Rn. 8, 37; Löwe/Rosenberg/*Gössel* Rn. 6 f.; *Meyer-Goßner* Rn. 12; SK-StPO/*Weßlau* Rn. 7, 41; vgl. auch zum unzulässigen Einspruch gegen einen Bußgeldbescheid BGH v. 16. 11. 1962 – 2 StR 316/62, BGHSt 18, 127 (129) = NJW 1963, 166; BGH v. 14. 8. 1975 – 4 StR 253/75, BGHSt 26, 183 (184 f.) = BGH NJW 1975, 2027; BayObLG v. 22. 4. 1980 – 2 Ob OWi 44/80, NJW 1980, 2367.
[13] KK-StPO/*Fischer* Rn. 5; Löwe/Rosenberg/*Gössel* Rn. 7.
[14] BayObLG v. 25. 2. 1953 – RReg. 1 St 378/52, BayObLGSt 1953, 34 (35); OLG Düsseldorf v. 26. 11. 1984 – 5 Ss 349/84 – 312/84 I, JR 1986, 121 (122) mAnm *Welp*; OLG München v. 12. 10. 2007 – 4 St RR 227/07, NJW 2008, 1331 (1332) mit abl. Anm. *Meyer-Goßner*; AK/*Loos* Rn. 4; *Hanack* JZ 1974, 54 (56); *Joecks* Rn. 17; KK-StPO/*Fischer* Rn. 5; KMR/*Metzger* Rn. 8; Löwe/Rosenberg/*Gössel* Rn. 8; Löwe/Rosenberg/*Hanack* § 358 Rn. 20; *Pfeiffer* Rn. 1; SK-StPO/*Weßlau* Rn. 7; vgl. auch zum Bußgeldverfahren BGH v. 16. 11. 1962 – 2 StR 316/62, BGHSt 18, 127 (130) = NJW 1963, 166; OLG Hamm v. 3. 4. 1970 – 5 Ws OWi 115/70, NJW 1970, 1092 (1093); aA *Meyer-Goßner* Rn. 12; *Meyer-Goßner*, FS Jung, 2007, S. 543 (552 f.).
[15] BayObLG v. 30. 8. 1988 – RReg. 2 St 183/88, wistra 1990, 37 mAnm *Wendisch* JR 1990, 37; HK-StPO/*Kurth* Rn. 4; KK-StPO/*Fischer* Rn. 5; KMR/*Metzger* Rn. 8; Löwe/Rosenberg/*Gössel* Rn. 6; SK-StPO/*Weßlau* Rn. 7; vgl. auch zur (früheren) gerichtlichen Strafverfügung BGH v. 19. 11. 1959 – 2 StR 357/59, BGHSt 13, 306 (310) = NJW 1960, 109 (110).
[16] BayObLG v. 25. 2. 1953 – RReg. 1 St 378/52, BayObLGSt 1953, 34 (35); *Hanack* JZ 1974, 54 (56); HK-StPO/*Kurth* Rn. 5; *Joecks* Rn. 15; KK-StPO/*Fischer* Rn. 6; *Meyer-Goßner* Rn. 12; vgl. auch zur (früheren) gerichtlichen Strafverfügung BGH v. 19. 11. 1959 – 2 StR 357/59, BGHSt 13, 306 (309) = NJW 1960, 109 (110); vgl. zum Bußgeldverfahren BGH v. 16. 11. 1962 – 2 StR 316/62, BGHSt 18, 127 (129) = NJW 1963, 166; BGH v. 14. 8. 1975 – 4 StR 253/75, BGHSt 26, 183 (185) = BGH NJW 1975, 2027.
[17] AK/*Loos* Rn. 5; KK-StPO/*Fischer* Rn. 7; KMR/*Metzger* Rn. 9; Löwe/Rosenberg/*Gössel* Rn. 13; *Pfeiffer* Rn. 2.
[18] LG Freiburg v. 12. 1. 2007 – 3 Qs 2/07; KK-StPO/*Fischer* Rn. 9 b.
[19] BT-Drucks. 15/3482, S. 22.
[20] LG Mosbach v. 5. 12. 2008 – 1 Qs 75/08, NStZ 2009, 176; HK-StPO/*Kurth* Rn. 7; *Meyer-Goßner* Rn. 2.
[21] Vgl. hierzu *Engelbrecht* DAR 2004, 494 (497); *Huber* JuS 2004, 970 (972); *Kropp* ZRP 2007, 46 (46 f.).

richts, ob es Hauptverhandlung anberaumt, was insbesondere dann geboten sein wird, wenn die Anhörung des Angeklagten zur Aufklärung erforderlich oder aber die Beschränkung des Einspruchs auf die Tagessatzhöhe unwirksam ist.[22] Regelmäßig erfolgt in der Praxis jedoch eine Einigung der Verfahrensbeteiligten auf eine Herabsetzung der Tagessatzhöhe, wobei die wirtschaftlichen Verhältnisse des Angeklagten, die beispielsweise schlechter als vom Gericht nach § 40 Abs. 3 StGB geschätzt sind oder sich im Laufe des Strafverfahrens verschlechtert haben,[23] zuvor durch schriftliche aussagekräftige Belege[24] oder glaubhafte Erklärungen nachgewiesen werden. Das **Verschlechterungsverbot** gilt insofern nach Abs. 1 S. 3, 2. Hs. Der Angeklagte kann daneben gegen den Beschluss nach Abs. 1 S. 3, 3. Hs. sofortige Beschwerde gem. § 311 einlegen. Erachtet das Beschwerdegericht diese für begründet, wird es regelmäßig nach § 309 Abs. 2 die Tagessatzhöhe selbst festsetzen.[25]

10   Falls allerdings **trotz wirksamer Rücknahme des Einspruchs** ein Verwerfungs- oder Sachurteil ergeht, muss es auf ein Rechtsmittel des Angeklagten aufgehoben werden.[26] Zur Klarstellung wird festgestellt, dass Rechtskraft des Strafbefehls ab Einspruchsrücknahme besteht.[27] Ferner werden die Rechtsmittelkosten sowie die notwendigen Auslagen des Angeklagten ab Einspruchsrücknahme der Staatskasse auferlegt.[28] Vergleichbares gilt bei Erlass eines Verwerfungs- oder Sachurteils **trotz wirksamen Verzichts auf die Einlegung eines Einspruchs**.[29]

II. Hauptverhandlung (Abs. 2)

11   **1. Allgemeine Vorschriften.** Für die **Vorbereitung der Hauptverhandlung** nach zulässigem Einspruch gegen den Strafbefehl gelten die allgemeinen Vorschriften der §§ 213 ff.[30] Während der Strafbefehlsantrag insofern die Anklageschrift ersetzt, übernimmt der Strafbefehl die Funktion des Eröffnungsbeschlusses.[31] Ist der Strafbefehl (insbesondere hinsichtlich der Bezeichnung des Verfahrensgegenstandes[32]) mangelhaft, so kann er ebenso wenig wie ein mangelhafter Eröffnungsbeschluss Grundlage des weiteren Verfahrens sein.[33] Der Richter kann die Staatsanwaltschaft im Übrigen vor der Hauptverhandlung um die Durchführung weiterer Ermittlungen bitten, wenn er dies für erforderlich hält.[34]

12   Die **Durchführung der Hauptverhandlung** richtet sich nach den allgemeinen Vorschriften der §§ 226 ff., 243 ff.[35] Der Staatsanwalt verliest nach § 243 Abs. 3 S. 1 die sich aus Strafbefehlsantrag und Strafbefehl ergebende Beschuldigung,[36] wobei die beantragten Rechtsfolgen wegzulassen sind, da sie – wie sich aus Abs. 4 ergibt – für die Urteilsfällung ohne Bedeutung sind.[37] Bei versehentlich vom Strafbefehlsantrag abweichendem Strafbefehl wird die Abweichung im Strafbefehl verlesen, da der Strafbefehl die Funktion des Eröffnungsbeschlusses hat.[38] Danach wird festgestellt, dass der Einspruch gegen den Strafbefehl form- und fristgerecht eingelegt wurde.[39]

[22] Anw-StPO/*Böttger* Rn. 7; HK-StPO/*Kurth* Rn. 7; *Meyer-Goßner* Rn. 2.
[23] BT-Drucks. 15/3482, S. 22; KK-StPO/*Fischer* Rn. 9 a.
[24] BT-Drucks. 15/3482, S. 22; HK-StPO/*Kurth* Rn. 9 b; *Meyer-Goßner* Rn. 2.
[25] HK-StPO/*Kurth* Rn. 7; KK-StPO/*Fischer* Rn. 9 b; Löwe/Rosenberg/*Gössel* Rn. 21 b; *Meyer-Goßner* Rn. 2.
[26] OLG Düsseldorf v. 29. 3. 1990 – 5 Ss (OWi) 74/90 – 39/90 I, NStE Nr. 2 zu § 411 StPO = VRS 79, 120 (121); OLG Hamm v. 4. 11. 1971 – 1 Ss 1156/71, VRS 43, 112 (113); OLG Karlsruhe v. 25. 2. 1960 – 2 Ss 194/59, DAR 1960, 237 (238); *Joecks* Rn. 18; Löwe/Rosenberg/*Gössel* Rn. 12; *Meyer-Goßner* Rn. 13.
[27] *Meyer-Goßner* Rn. 13.
[28] OLG Hamm v. 4. 11. 1971 – 1 Ss 1156/71, VRS 43, 112 (113); Löwe/Rosenberg/*Gössel* Rn. 12; *Meyer-Goßner* Rn. 13.
[29] KMR/*Metzger* Rn. 6.
[30] Anw-StPO/*Böttger* Rn. 6; HK-GS/*Andrejtschitsch* Rn. 5; KMR/*Metzger* Rn. 9; Löwe/Rosenberg/*Gössel* Rn. 19; *Meyer-Goßner* Rn. 3; SK-StPO/*Weßlau* Rn. 9.
[31] BGH v. 16. 6. 1970 – 5 StR 111/70, BGHSt 23, 280 (281) = NJW 1970, 1694; OLG Düsseldorf v. 30. 10. 1990 – 5 Ss 203/90 – 31/90 III, NStZ 1991, 99 mAnm *Franzheim* JR 1991, 389; OLG Düsseldorf v. 22. 9. 1993 – 3 Ws 532/93, NStE Nr. 1 zu § 19; OLG Köln v. 24. 10. 2000 – Ss 329/00, VRS 99, 431 (433 f.); OLG Zweibrücken v. 25. 4. 1986 – 1 Ss 69/86, OLGSt StPO § 411 Nr. 1 = MDR 1987, 164; LG München II v. 16. 10. 1964 – II Qs 257/64, NJW 1965, 774 (775); HK-StPO/*Kurth* Rn. 6; *Joecks* Rn. 2; KK-StPO/*Fischer* § 408 Rn. 6; *Meyer-Goßner* Rn. 3; SK-StPO/*Weßlau* Rn. 8; aA Löwe/Rosenberg/*Gössel* Rn. 17: Dem Strafbefehl sind lediglich einzelne Wirkungen des Eröffnungsbeschlusses zuzuordnen.
[32] Vgl. oben § 409 Rn. 22.
[33] BayObLG v. 1. 6. 1960 – RReg. 1 St 96 a, b/60, BayObLGSt 60, 122 (123) = NJW 1960, 2013 (2014); *Joecks* Rn. 3; Löwe/Rosenberg/*Gössel* Rn. 18; *Meyer-Goßner* Rn. 3; vgl. zum Bußgeldverfahren auch BGH v. 8. 10. 1970 – 4 StR 190/70, BGHSt 23, 336 (340 f.) = NJW 1970, 2222 (2223); aA BayObLG v. 30. 5. 1961 – RReg. 4 St 147/61, BayObLGSt 61, 143 (144) = NJW 1961, 1782 (1783): Strafbefehlsantrag ist Verfahrensgrundlage.
[34] KK-StPO/*Fischer* Rn. 8; Löwe/Rosenberg/*Gössel* Rn. 19.
[35] KK-StPO/*Fischer* Rn. 9; Löwe/Rosenberg/*Gössel* Rn. 20; *Pfeiffer* Rn. 2.
[36] Anw-StPO/*Böttger* Rn. 6; KMR/*Metzger* Rn. 10; KK-StPO/*Fischer* Rn. 9; Löwe/Rosenberg/*Gössel* Rn. 20; *Meyer-Goßner* Rn. 3.
[37] Anw-StPO/*Böttger* Rn. 6; KK-StPO/*Fischer* Rn. 9; KMR/*Metzger* Rn. 10; Löwe/Rosenberg/*Gössel* Rn. 20; *Pfeiffer* Rn. 2.
[38] KMR/*Metzger* Rn. 10; Löwe/Rosenberg/*Gössel* Rn. 20; SK-StPO/*Weßlau* Rn. 10.
[39] KK-StPO/*Fischer* Rn. 9; KMR/*Metzger* Rn. 10; Löwe/Rosenberg/*Gössel* Rn. 20; *Meyer-Goßner* Rn. 3.

2. Vertretung durch einen Verteidiger (Abs. 2 S. 1). Zwar gilt die Regelung des § 230, wonach 13
gegen einen ausgebliebenen Angeklagten keine Hauptverhandlung stattfindet, grundsätzlich auch
im Strafbefehlsverfahren,[40] jedoch kann sich der Angeklagte nach Abs. 2 S. 1 **in der Hauptverhandlung** (nach Einspruch gegen den Strafbefehl) durch einen mit schriftlicher Vollmacht versehenen Verteidiger vertreten lassen, selbst wenn sich der Angeklagte in Untersuchungs- oder Strafhaft befindet.[41] Über diese Möglichkeit ist der Angeklagte in der Ladung zu unterrichten.[42] Es
besteht jedoch keine Verpflichtung, sich durch einen Verteidiger vertreten zu lassen.[43]

a) **Vertretung.** Während der Verteidiger die Rechtsstellung eines Beistandes hat (§ 137 Abs. 1 14
S. 1), **tritt der Vertreter an die Stelle des Angeklagten** und darf diesen in der Erklärung sowie im
Willen vertreten und hierbei insbesondere dessen Einlassung vortragen,[44] ohne aber – wie auch
der Angeklagte – Erklärungen zur Sache abgeben zu müssen.[45] Dies gilt nicht nur für die (erstinstanzliche) **Hauptverhandlung nach Einspruch** gegen den Strafbefehl, sondern auch **im gesamten
weiteren Verfahren** von der Berufungshauptverhandlung[46] bis einschließlich einer Hauptverhandlung nach Urteilsaufhebung und Zurückverweisung durch das Revisionsgericht.[47] Gegen einen
vom Angeklagten deutlich zum Ausdruck gebrachten Willen darf jedoch nur dann in seiner Abwesenheit verhandelt werden, wenn er der Verhandlung eigenmächtig fern bleibt.[48] Umgekehrt
führt jedoch die Anordnung des persönlichen Erscheinens des Angeklagten nach § 236 nicht dazu, dass dieser sich nicht weiterhin nach Abs. 2 S. 1 vertreten lassen darf.[49] Der Erlass eines Vorführungsbefehls (oder gar Haftbefehls) ist zwar möglich,[50] wird idR allerdings unverhältnismäßig
sein.[51] Bei Erscheinen eines bevollmächtigten Vertreters darf das Gericht den Einspruch jedenfalls
nicht nach § 412 verwerfen.[52] Ebenso wenig darf das Rechtsmittelgericht bei Ausbleiben des Angeklagten, selbst wenn dessen persönliches Erscheinen angeordnet war, und Erscheinen eines vertretungsbevollmächtigten Verteidigers ein Verwerfungsurteil erlassen.[53]

Eine **ordnungsgemäße Vertretung** liegt vor, wenn der mit **Vertretungsvollmacht und -wille** auf- 15
tretende Verteidiger von dem (auch dem Angeklagten nach § 243 Abs. 4 S. 1 zustehenden)
Schweigerecht Gebrauch macht[54] oder aber – obwohl er erklärt, keine Informationen erhalten zu

---

[40] KK-StPO/*Fischer* Rn. 10.
[41] KK StPO/*Fischer* Rn. 11.
[42] HansOLG Bremen v. 15. 9. 1988 – Ss 82/88, StV 1989, 54; KK-StPO/*Fischer* Rn. 11; *Pfeiffer* Rn. 3; SK-StPO/*Weßlau* Rn. 11; aA HK-StPO/*Kurth* Rn. 8; Löwe/Rosenberg/*Gössel* Rn. 24: Unterrichtung nicht erforderlich, aber zweckmäßig.
[43] LG Potsdam v. 25. 5. 2009 – 27 Ns 3/09.
[44] BGH v. 20. 9. 1956 – 4 StR 287/56, BGHSt 9, 356 (357) = NJW 1956, 1727 (1728); OLG Karlsruhe v. 22. 3. 1982 – 2 Ss 43/82, NStZ 1983, 43; HK-GS/*Andrejtschitsch* Rn. 9; HK-StPO/*Kurth* Rn. 12; KK-StPO/*Fischer* Rn. 10; *Meyer-Goßner* Rn. 6.
[45] KG v. 31. 8. 1967 – (3) 1 Ss 174/67, VRS 33, 448 (449); OLG Köln v. 31. 1. 1992 – Ss 22/92, StV 1993, 292; HK-StPO/*Kurth* Rn. 12; KK-StPO/*Fischer* Rn. 15; KMR/*Metzger* Rn. 14; *Meyer-Goßner* Rn. 6.
[46] RG v. 21. 12. 1931 – II 1324/31, RGSt 66, 68 (69); BayObLG v. 30. 12. 1969 – RReg. 3 b St 235/69, JZ 1970, 384; BayObLG v. 24. 2. 1972 – RReg. 8 St 110/71, GA 1972, 367 (368); KG v. 11. 6. 1931 – 4 S 34/31, JW 1932, 124 (125); HansOLG Bremen v. 15. 9. 1988 – Ss 82/88, StV 1989, 54; OLG Celle v. 14. 10. 1969 – 3 Ss 289/69, NJW 1970, 906 (907) mit zust. Anm. *Küper* NJW 1970, 1430 (1431); OLG Dresden v. 24. 2. 2005 – 2 Ss 113/05, StV 2005, 492; OLG Düsseldorf v. 12. 12. 1983 – 2 Ws 678/83, StV 1985, 52; OLG Düsseldorf v. 10. 5. 1991 – 5 Ss 171/91 – 53/91 I, VRS 81, 292 (293); OLG Hamm v. 4. 3. 2008 – 3 Ss 490/07, StV 2008, 401 (402); OLG Köln v. 9. 12. 1980 – 1 Ss 926/80, StV 1981, 119; AK/*Loos* Rn. 9; Anw-StPO/*Böttger* Rn. 13; Bockemühl/*Haizmann*, Handbuch des Fachanwalts Strafrecht, 2. Teil 7. Kap. Rn. 72; HK-StPO/*Kurth* Rn. 9; *Joecks* Rn. 5; KK-StPO/*Fischer* Rn. 11, 18; KMR/*Metzger* Rn. 17; Löwe/Rosenberg/*Gössel* Rn. 35; *Meyer-Goßner* Rn. 4; *Pfeiffer* Rn. 3; SK-StPO/*Weßlau* Rn. 15.
[47] HK-StPO/*Kurth* Rn. 9; *Joecks* Rn. 5; *Meyer-Goßner* Rn. 4; SK-StPO/*Weßlau* Rn. 15.
[48] OLG Karlsruhe v. 26. 4. 1985 – 3 Ss 61/85, StV 1986, 289 (289 f.); HK-StPO/*Kurth* Rn. 8; KK-StPO/*Fischer* Rn. 14; KMR/*Metzger* Rn. 14; Löwe/Rosenberg/*Gössel* Rn. 28; *Meyer-Goßner* Rn. 4; *Pfeiffer* Rn. 3; SK-StPO/*Weßlau* Rn. 13.
[49] BayObLG v. 31. 10. 1977 – RReg. 2 St 359/77, MDR 1978, 510; KG v. 9. 1. 2002 – 2 AR 191/01 – 5 Ws 3/02; OLG Dresden v. 24. 2. 2005 – 2 Ss 113/05, StV 2005, 492; OLG Düsseldorf v. 2. 2. 1998 – 1 Ws 61/98, NStZ-RR 1998, 180; OLG Frankfurt v. 1. 3. 1983 – 5 Ss 58/83, StV 1983, 268 (269); OLG Hamburg v. 22. 5. 1968 – 1 Ss 58/68, NJW 1968, 1687 (1688); OLG Hamm v. 4. 3. 2008 – 3 Ss 490/07, StV 2008, 401 (402); OLG Karlsruhe v. 22. 3. 1982 – 2 Ss 43/82, NStZ 1983, 43; LG Essen v. 13. 10. 2009 – 51 Qs 86/09, StraFo 2010, 28; HK-GS/*Andrejtschitsch* Rn. 6; HK-StPO/*Kurth* Rn. 9; *Joecks* Rn. 5; *Meyer-Goßner* Rn. 4; *Küper* NJW 1969, 493.
[50] BayObLG v. 30. 12. 1969 – RReg. 3 b St 235/69, JZ 1970, 384 (385); OLG Celle v. 14. 10. 1969 – 3 Ss 289/69, NJW 1970, 906 (907) mit zust. Anm. *Küper* NJW 1970, 1430 (1431); LG Essen v. 13. 10. 2009 – 51 Qs 86/09, StraFo 2010, 28; Anw-StPO/*Böttger* Rn. 13; HK-StPO/*Kurth* Rn. 10; KK-StPO/*Fischer* Rn. 14; KMR/*Metzger* Rn. 15; SK-StPO/*Weßlau* Rn. 11.
[51] KG v. 1. 3. 2007 – 1 AR 272/07 – 4 Ws 26/07, NJW 2007, 2345; OLG Düsseldorf v. 2. 2. 1998 – 1 Ws 61/98, NStZ-RR 1998, 180; LG Essen v. 13. 10. 2009 – 51 Qs 86/09, StraFo 2010, 28; LG Zweibrücken v. 12. 12. 2006 – Qs 131/06, VRS 112, 40; HK-StPO/*Kurth* Rn. 10; § 412 Rn. 4; *Meyer-Goßner* Rn. 4.
[52] BayObLG v. 31. 10. 1977 – RReg. 2 St 359/77, MDR 1978, 510; OLG Düsseldorf v. 12. 12. 1983 – 2 Ws 678/83, StV 1985, 52; OLG Frankfurt v. 1. 3. 1983 – 5 Ss 58/83, StV 1983, 268 (269); OLG Hamburg v. 22. 5. 1968 – 1 Ss 58/68, NJW 1968, 1687 (1688); OLG Karlsruhe v. 22. 3. 1982 – 2 Ss 43/82, NStZ 1983, 43; OLG Köln v. 31. 1. 1992 – Ss 22/92, StV 1993, 292; Anw-StPO/*Böttger* Rn. 13; HK-StPO/*Kurth* Rn. 10; KK-StPO/*Fischer* Rn. 14.
[53] OLG Dresden v. 24. 2. 2005 – 2 Ss 113/05, StV 2005, 492; KK-StPO/*Fischer* Rn. 18.
[54] OLG Düsseldorf v. 24. 4. 1958 – (1) Ss 198/58, MDR 1958, 623; OLG Köln v. 11. 5. 1962 – Ss 100/62, NJW 1962, 1735 mit krit. Anm. *Blei* NJW 1962, 2024 (2025); OLG Köln v. 31. 1. 1992 – Ss 22/92, StV 1993, 292; OLG

§ 411 16–18   Sechstes Buch. Besondere Arten des Verfahrens

haben – zur Sache verhandelt bzw. zumindest zu erkennen gibt, dass er zur Wahrnehmung der Rechte des Angeklagten bereit ist.[55] Ergeht trotz ordnungsgemäßer Vertretung ein Verwerfungsurteil gem. § 412, so kann der Angeklagte Wiedereinsetzung in den vorigen Stand beantragen[56] oder Rechtsmittel einlegen, woraufhin das Rechtsmittelgericht die Sache an das Amtsgericht zurückverweist, da es für die Entscheidung über den Einspruch nicht zuständig ist und der Angeklagte keine Instanz verlieren soll.[57]

16 Hingegen handelt es sich – mit der Folge einer Verwerfung des Einspruchs nach § 412 S. 1 iVm. § 329 – um **keine ordnungsgemäße Vertretung**, wenn der Verteidiger erklärt, sich mangels Information durch den Angeklagten nicht äußern zu können, und daher das Mandat niederlegt[58] oder aber keine Erklärung abgibt und lediglich die Aussetzung der Hauptverhandlung beantragt.[59] Kommt es dennoch zu einem Sachurteil, so hebt das Berufungsgericht das Urteil auf und entscheidet durch reines Prozessurteil (Verwerfung des Einspruchs nach § 412 S. 1 iVm. § 329) selbst.[60]

17 **b) Schriftliche Vertretungsvollmacht.** Für eine wirksame Vertretung ist nach Abs. 2 S. 1 eine schriftliche („ausdrückliche"[61]) Vertretungsvollmacht erforderlich, was **ebenfalls** in Bezug auf eine Vertretung durch den **Pflichtverteidiger** gilt.[62] Eine Vorlage der schriftlichen Vertretungsvollmacht bei Gericht ist nicht erforderlich, wenn deren Nachweis auf andere Weise (zB anwaltliche Versicherung) möglich ist.[63] Eine mündlich erteilte Vollmacht genügt hingegen auch dann nicht, wenn sie später schriftlich bestätigt wird.[64] Ausreichend ist jedoch, dass der Angeklagte dem Gericht die Vollmacht schriftlich mitteilt oder zu Protokoll erklärt.[65] Ebenso kann der Verteidiger aufgrund einer mündlichen Bevollmächtigung (auch noch in der Hauptverhandlung) im Namen des Mandanten eine schriftliche Vollmacht erstellen.[66] Die von einem vertretungsberechtigten Verteidiger erteilte (und ihrerseits sicher nachgewiesene) **Untervollmacht** bedarf hingegen bei nachgewiesener (schriftlicher Haupt-)Vertretungsvollmacht **nicht** der Schriftform.[67]

18 **3. Vereinfachtes Beweisaufnahmeverfahren nach § 420 (Abs. 2 S. 2).** In der Hauptverhandlung nach Einspruch gegen den Strafbefehl (also nicht nach Terminsbestimmung gem. § 408 Abs. 3 S. 2) gilt gem. Abs. 2 S. 2 das vereinfachte Beweisaufnahmeverfahren des § 420. Somit können mit **Zustimmung des Angeklagten, des Verteidigers und der Staatsanwaltschaft** (§ 420 Abs. 3) Vernehmungen eines Zeugen, Sachverständigen oder Mitbeschuldigten entgegen § 250 durch **Verlesung** früherer Vernehmungsprotokolle oder schriftlicher Äußerungen dieser Beweisperson ersetzt werden (§ 420 Abs. 1) sowie über den Bereich des § 256 hinaus behördliche Erklärungen über dienstliche Wahrnehmungen, Untersuchungen und Erkenntnisse **verlesen** werden (§ 420 Abs. 2).

Schleswig v. 1. 11. 1967 – 1 Ss 460/67, OLG Schleswig bei *Jürgensen* SchlHA 1968, 232; Anw-StPO/*Böttger* Rn. 11; HK-StPO/*Kurth* Rn. 12; KK-StPO/*Fischer* Rn. 15; KMR/*Metzger* Rn. 14; Löwe/Rosenberg/*Gössel* Rn. 29; Meyer-Goßner Rn. 6; *Ostler* JR 1967, 134 (136).
[55] HansOLG Bremen v. 18. 12. 2007 – Ss 42/07; OLG Köln v. 11. 5. 1962 – Ss 100/62, NJW 1962, 1735 mit abl. Anm. *Blei* NJW 1962, 2024 (2025); LG Verden v. 11. 7. 1974 – 5 Ns 1/74, NJW 1974, 2194 (2194 f.); *Baumhaus* NJW 1962, 2337; *Meyer-Goßner* Rn. 6.
[56] KK-StPO/*Fischer* Rn. 16; Löwe/Rosenberg/*Gössel* Rn. 34; *Pfeiffer* Rn. 4.
[57] BGH v. 14. 3. 1989 – 4 StR 558/88, BGHSt 36, 139 (142 ff.) = NJW 1989, 1869 (1870) mit zust. Anm. *Gössel* JR 1990, 302 (303 f.); KK-StPO/*Fischer* Rn. 16; KMR/*Metzger* § 412 Rn. 23; Löwe/Rosenberg/*Gössel* Rn. 34; *Pfeiffer* Rn. 4; aA OLG Düsseldorf v. 11. 1. 1988 – 5 Ss 431/87 – 4/88 I, NStZ 1988, 290 mit abl. Anm. *Meyer-Goßner*.
[58] KG v. 18. 4. 1985 – (4) 1 Ss 329/84 (5/85), JR 1985, 343 (344); *Meyer-Goßner* Rn. 6; KK-StPO/*Fischer* Rn. 15; KMR/*Metzger* Rn. 16; Löwe/Rosenberg/*Gössel* Rn. 30; SK-StPO/*Weßlau* § 412 Rn. 6; aA BayObLG v. 21. 8. 1980 – RReg. 4 St 93/80, NStZ 1981, 112 (113) mit abl. Anm. *Meyer-Goßner*.
[59] KG v. 18. 4. 1985 – (4) 1 Ss 329/84 (5/85), JR 1985, 343 (344); OLG Köln v. 31. 1. 1992 – Ss 22/92, StV 1993, 292; Anw-StPO/*Böttger* § 412 Rn. 9; HK-StPO/*Kurth* Rn. 12; KK-StPO/*Fischer* Rn. 15; KMR/*Metzger* Rn. 16; Löwe/Rosenberg/*Gössel* Rn. 29 f.; *Meyer-Goßner* Rn. 6.
[60] HK-StPO/*Kurth* § 412 Rn. 13; KK-StPO/*Fischer* Rn. 17; KMR/*Metzger* § 412 Rn. 30; Löwe/Rosenberg/*Gössel* Rn. 33, § 412 Rn. 50; *Pfeiffer* Rn. 4; aA LG München I v. 4. 2. 1983 – 26 Ns 251 Js 31844/82, NStZ 1983, 427 (428) mit insofern abl. Anm. *Hilger*; *Meyer-Goßner* § 412 Rn. 10.
[61] Vgl. hierzu Löwe/Rosenberg/*Gössel* Rn. 31 mwN.
[62] OLG Hamm v. 16. 5. 1995 – 2 Ss 427/95, StV 1997, 404 (Ls.); OLG München v. 14. 7. 2010 – 4 St RR 93/10, NJW-Spezial 2010, 538; Anw-StPO/*Böttger* Rn. 9; HK-GS/*Andrejtschitsch* Rn. 7; *Meyer-Goßner* Rn. 5; SK-StPO/*Weßlau* Rn. 12.
[63] HK-StPO/*Kurth* Rn. 11.
[64] OLG Köln v. 5. 11. 1963 – Ss 289/63, MDR 1964, 435; OLG Saarbrücken v. 18. 1. 1999 – Ss 115/98, NStZ 1999, 265 (266) mAnm *Fahl* NStZ 2000, 53 (54); Anw-StPO/*Böttger* Rn. 9; HK-GS/*Andrejtschitsch* Rn. 7; HK-StPO/*Kurth* Rn. 11; KK-StPO/*Fischer* Rn. 12; Löwe/Rosenberg/*Gössel* Rn. 32; *Meyer-Goßner* Rn. 5; *Pfeiffer* Rn. 3.
[65] OLG Düsseldorf v. 6. 7. 1984 – 5 Ss 243/84 – 193/84 I, NStZ 1984, 524; OLG Hamburg v. 22. 5. 1968 – 1 Ss 58/68, NJW 1968, 1687 (1688); HK-StPO/*Kurth* Rn. 11; KK-StPO/*Fischer* Rn. 12; Löwe/Rosenberg/*Gössel* Rn. 32.
[66] BayObLG v. 7. 11. 2001 – 5 St RR 285/2001, NStZ 2002, 277 (278); Anw-StPO/*Böttger* Rn. 30; HK-StPO/*Kurth* Rn. 11; *Widmaier/Nobis* MAH Strafverteidigung, § 10 Rn. 109.
[67] OLG Hamm v. 18. 3. 1963 – 4 Ss 1521/62, NJW 1963, 1793 (1793 f.); OLG Hamm v. 27. 6. 1985 – 3 Ss 688/85, MDR 1985, 957; OLG Karlsruhe v. 22. 3. 1982 – 2 Ss 43/82, NStZ 1983, 43; OLG Köln v. 7. 11. 1980 – 1 Ss 415/80 Z, VRS 60, 441 (442); Anw-StPO/*Böttger* Rn. 9; HK-StPO/*Kurth* Rn. 11; *Joecks* Rn. 5; KK-StPO/*Fischer* Rn. 13; KMR/*Metzger* Rn. 13; Löwe/Rosenberg/*Gössel* Rn. 32; *Meyer-Goßner* Rn. 5; *Pfeiffer* Rn. 3; vgl. auch OLG Celle v. 9. 4. 2009 – 32 Ss 21/09, NStZ-RR 2009, 352 (Ls.).

Erster Abschnitt. Verfahren bei Strafbefehlen 19–22 **§ 411**

Darüber hinaus bestimmt der **Strafrichter** – bei Zuständigkeit des Schöffengerichts in Fällen 19 des § 408 a gilt dies nicht[68] – unbeschadet des Aufklärungsgebots des § 244 Abs. 2 den **Umfang der Beweisaufnahme** (§ 420 Abs. 4),[69] so dass insbesondere das formelle Beweisantragsrecht im Strafbefehlsverfahren nicht (mehr) besteht.[70] Gleichwohl ist der Anspruch auf rechtliches Gehör gewahrt.[71] Sollte das Gericht Beweisanträgen oder -anregungen des Angeklagten nicht folgen, muss dieser „notfalls" ein Rechtsmittel – zB Sprungrevision mit der Aufklärungsrüge – einlegen.[72]

Im **Berufungsverfahren** gelten über Abs. 2 S. 2 die Regelungen des § 420 Abs. 1 bis 3, wohin- 20 gegen § 420 Abs. 4, der ausdrücklich auf „Verfahren vor dem Strafrichter" beschränkt ist, keine Anwendung findet.[73]

III. Zurücknahme von Klage und Einspruch (Abs. 3)

1. Zurücknahme der Klage. Die Klage, welche gem. § 407 Abs. 1 S. 4 durch Stellung des Straf- 21 befehlsantrags erhoben wird, kann **vor Erlass des Strafbefehls** ohne Beschränkungen zurückgenommen werden.[74] **Nach Erlass des Strafbefehls** ist die Zurücknahme der Klage in Abweichung von § 156 nicht nur bis zur Eröffnung des Hauptverfahrens, sondern nach Abs. 3 S. 1 bis zur Verkündung des Urteils im ersten Rechtszug, dh bis zum Beginn der Verkündung iSd. § 268 Abs. 2 S. 1,[75] möglich. Nach Beginn der Hauptverhandlung, dh. nach Aufruf der Sache gem. § 243 Abs. 1 S. 1, ist die Zurücknahme der Klage jedoch nach Abs. 3 S. 2 iVm. § 303 S. 1 nur mit Zustimmung des Angeklagten (bzw. Nebenbeteiligten) möglich, wohingegen es der Zustimmung des Nebenklägers, der nicht „Gegner" der Staatsanwaltschaft ist, nicht bedarf.[76] Bei Zurückverweisung durch das Rechtsmittelgericht lebt die Rücknahmemöglichkeit wieder auf,[77] jedoch bedarf die Rücknahme sodann – da der Beginn der Hauptverhandlung im Einspruchsverfahren bereits vorüber ist – stets der Zustimmung des Angeklagten.[78] Gleiches gilt nach Aussetzung oder Unterbrechung der Hauptverhandlung.[79] Gänzlich **ausgeschlossen** ist die Klagrücknahme nach Abs. 3 S. 3 in den Fällen eines Sitzungsstrafbefehls gem. § 408 a, da es bereits zur Eröffnung des Hauptverfahrens gekommen war. In den Fällen des § 408 Abs. 2 S. 1, Abs. 3 S. 2 gilt hinsichtlich der Zurücknahme der Klage § 156.[80]

Für eine Zurücknahme der Klage, dh des Strafbefehlsantrags (und nicht des Strafbefehls 22 selbst), nach Erlass des Strafbefehls ist es erforderlich, dass der Angeklagte einen **zulässigen und unbeschränkten Einspruch** gegen den Strafbefehl eingelegt hat,[81] da ansonsten der Strafbefehl zumindest in Teilen Rechtskraft erlangt hat, während die Klage **nur einheitlich** zurückgenommen werden kann.[82] **Ausnahme** ist hierbei eine vertikale Beschränkung[83] des Einspruchs auf (prozes-

---

[68] HK-GS/*Andrejtschitsch* Rn. 10; HK-StPO/*Kurth* Rn. 13; *Meyer-Goßner* Rn. 7; *Pfeiffer* Rn. 6; SK-StPO/*Weßlau* Rn. 17.
[69] HK-StPO/*Kurth* Rn. 13; *Joecks* Rn. 7; krit. hierzu zB *Dahs* NJW 1995, 553 (556 f.); *Herdegen* NJW 1996, 26 (28); *König/Seitz* NStZ 1995, 1 (5); *Loos/Radtke* NStZ 1996, 7 (11 f.); *Schlothauer* StV 1995, 46; *Wächtler* StV 1994, 159 (160).
[70] SK-StPO/*Weßlau* Vor § 407 Rn. 5, 10, 20; krit. hierzu KK-StPO/*Fischer* Rn. 20.
[71] HK-StPO/*Kurth* § 407 Rn. 3.
[72] OLG Köln v. 15. 7. 2003 – Ss 209/03, StraFo 2003, 380; HK-StPO/*Kurth* Rn. 13, § 407 Rn. 3.
[73] Anw-StPO/*Böttger* Rn. 14; KK-StPO/*Fischer* Rn. 21; *Meyer-Goßner* Rn. 7, § 420 Rn. 2; *Pfeiffer* Rn. 6; aA HK-GS/*Andrejtschitsch* Rn. 10; HK-StPO/*Kurth* Rn. 14; KK-StPO/*Zöller* § 420 Rn. 7; Löwe/Rosenberg/*Gössel* Rn. 22; *Loos/Radtke* NStZ 1996, 7 (9); *Schlothauer* StV 1995, 46 (46 f.); SK-StPO/*Weßlau* Rn. 19: keine Anwendbarkeit des § 420.
[74] Anw-StPO/*Böttger* Rn. 16; HK-GS/*Andrejtschitsch* Rn. 11; HK-StPO/*Kurth* Rn. 15; *Joecks* Rn. 8; KK-StPO/*Fischer* Rn. 22; KMR/*Metzger* Rn. 18; *Meyer-Goßner* Rn. 8; *Pfeiffer* Rn. 7; SK-StPO/*Weßlau* Rn. 20.
[75] KK-StPO/*Fischer* Rn. 22; Löwe/Rosenberg/*Gössel* Rn. 42; *Meyer-Goßner* Rn. 8.
[76] Anw-StPO/*Böttger* Rn. 17; HK-GS/*Andrejtschitsch* Rn. 12; HK-StPO/*Kurth* Rn. 16; *Joecks* Rn. 8; KK-StPO/*Fischer* Rn. 23; Löwe/Rosenberg/*Gössel* Rn. 44; *Meyer-Goßner* Rn. 8; *Pfeiffer* Rn. 7; SK-StPO/*Weßlau* Rn. 22.
[77] BayObLG v. 26. 10. 1981 – RReg. 2 St 302/81, GA 1982, 325 (326); AK/*Loos* Rn. 19; KK-StPO/*Fischer* Rn. 24; KMR/*Metzger* Rn. 22; Löwe/Rosenberg/*Gössel* Rn. 46 iVm. 51; *Meyer-Goßner* Rn. 8; SK-StPO/*Weßlau* Rn. 23; aA für das Bußgeldverfahren LG München II v. 10. 9. 1979 – I Qs 171/79, NJW 1981, 65 (66).
[78] AK/*Loos* Rn. 19; HK-StPO/*Kurth* Rn. 16; KK-StPO/*Fischer* Rn. 24; KMR/*Metzger* Rn. 22; Löwe/Rosenberg/*Gössel* Rn. 46 iVm. 51; *Rieß* JR 1986, 441 (444); SK-StPO/*Weßlau* Rn. 23; vgl. zu § 303 BayObLG v. 3. 7. 1973 – RReg. 2 St 61/73, BayObLGSt 1973, 125 (126) = NJW 1973, 2308; BayObLG v. 30. 10. 1984 – RReg. St 244/84, BayObLGSt 1984, 116 (116 ff.) = NJW 1985, 754 (755).
[79] HK-StPO/*Kurth* Rn. 16; KK-StPO/*Fischer* Rn. 23; Löwe/Rosenberg/*Gössel* Rn. 45; vgl. zur Rücknahme der Berufung BGH v. 16. 6. 1970 – 5 StR 602/69, BGHSt 23, 277 (279) = NJW 1970, 1512 (1513).
[80] KK-StPO/*Fischer* Rn. 28; KMR/*Metzger* Rn. 23; Löwe/Rosenberg/*Gössel* Rn. 36; *Meyer-Goßner* Rn. 8; SK-StPO/*Weßlau* Rn. 24.
[81] AK/*Loos* Rn. 16; Anw-StPO/*Böttger* Rn. 16; HK-StPO/*Kurth* Rn. 15; KK-StPO/*Fischer* Rn. 22; KMR/*Metzger* Rn. 19; Löwe/Rosenberg/*Gössel* Rn. 37; *Meyer-Goßner* Rn. 8; *Pfeiffer* Rn. 7; SK-StPO/*Weßlau* Rn. 20; aA OLG Karlsruhe v. 3. 5. 1991 – 1 Ws 81/91, NStZ 1991, 602 mit abl. Anm. *Mayer* NStZ 1992, 605.
[82] BT-Drucks. 10/1313, S. 38; Anw-StPO/*Böttger* Rn. 16; HK-StPO/*Kurth* Rn. 15; KK-StPO/*Fischer* Rn. 22, 28; Löwe/Rosenberg/*Gössel* Rn. 40.
[83] Vgl. oben § 410 Rn. 11.

sual) selbstständige Taten, indem die Klage auch hinsichtlich eines **angefochtenen selbstständigen Teils** zurückgenommen werden kann.[84] Nicht geregelt ist in § 411 Abs. 3 (auch iVm. § 303) hingegen die Konstellation, dass gegen den Strafbefehl **noch kein Einspruch** eingelegt wurde, die Einspruchfrist jedoch noch nicht abgelaufen ist. Da der erlassene Strafbefehl jedoch bis zu einer (möglichen) Einspruchseinlegung Bestand hat und ansonsten – wie sich aus § 410 Abs. 3 ergibt – einem rechtskräftigen Urteil gleichsteht, kann die Staatsanwaltschaft die Klage in diesem Verfahrensstadium nicht zurücknehmen.[85]

23   Mit der Zurücknahme der Klage wird das Verfahren **in den Stand des Ermittlungsverfahrens zurückversetzt**, so dass der Strafbefehl seine Wirkung verliert und die Staatsanwaltschaft eine neue Abschlussverfügung treffen muss.[86] Für einen gerichtlichen Einstellungsbeschluss bleibt an dieser Stelle kein Raum.[87] Vielmehr kann die Staatsanwaltschaft das Verfahren nach § 170 Abs. 2 oder §§ 153 ff. einstellen.[88] Alternativ kann sie einen neuen Strafbefehl beantragen bzw. Anklage erheben, ohne dass es durch die Zurücknahme der Klage zu einem Strafklageverbrauch gekommen ist[89] oder der Angeklagte (bzw. Nebenbeteiligte) dieser Vorgehensweise – nachdem seine Zustimmung für die Klagrücknahme erforderlich war – zustimmen müsste.[90]

24   **2. Zurücknahme des Einspruchs.** Die Möglichkeit der Einspruchsrücknahme durch den Angeklagten (bzw. Nebenbeteiligten) entspricht – da sie ebenfalls in Abs. 3 S. 1, 2 geregelt ist – im Grundsatz der Klagrücknahme durch die Staatsanwaltschaft, so dass der Einspruch **bis zur Verkündung des erstinstanzlichen Urteils** iSd. § 268 Abs. 2 S. 1 zurückgenommen werden kann und die Rücknahme ab Beginn der Hauptverhandlung nach Abs. 3 S. 2 iVm. § 303 S. 1 der Zustimmung der Staatsanwaltschaft bedarf. Auch hier ist eine Zustimmung des Nebenklägers nicht erforderlich, da letzterer nicht „Gegner" des Angeklagten (bzw. Nebenbeteiligten) ist.[91] Für eine Zurücknahme benötigt der Verteidiger über eine entsprechende Anwendung der §§ 410 Abs. 1 S. 2, 302 Abs. 2 eine ausdrückliche Ermächtigung.[92] Nach Zurückverweisung durch das Rechtsmittelgericht ist eine Einspruchsrücknahme bzw. -beschränkung erneut bis zum Beginn der Urteilsverkündung zulässig, wobei es hier stets der Zustimmung der Staatsanwaltschaft bedarf.[93]

25   Da der Einspruch nach § 410 Abs. 2 auf einzelne Beschwerdepunkte beschränkt werden kann,[94] ist eine solche Beschränkung im Wege einer **partiellen Einspruchsrücknahme** auch nachträglich möglich.[95]

26   Durch wirksame Zurücknahme des Einspruchs erledigt sich dieser im Umfang der Zurücknahme. Insoweit lebt der Strafbefehl als Straferkenntnis wieder auf und erlangt nach § 410 Abs. 3 urteilsgleiche **Rechtskraft**.[96] Eine Kostenentscheidung ergeht – mit Ausnahme einer isolierten Kostenentscheidung nach § 472 Abs. 1 bei Anschluss des Nebenklägers nach Einspruchseinlegung[97] – nicht, da die weiteren Kosten und Auslagen vom Kostenausspruch des Strafbefehls umfasst sind.[98]

---

[84] KK-StPO/*Fischer* Rn. 28; KMR/*Metzger* Rn. 21; SK-StPO/*Weßlau* Rn. 21; aA bzw. zumindest missverständlich AK/*Loos* Rn. 16, 20.
[85] AK/*Loos* Rn. 16; HK-GS/*Andrejtschitsch* Rn. 11; HK-StPO/*Kurth* Rn. 15; KK-StPO/*Fischer* Rn. 22; KMR/*Metzger* Rn. 19; Löwe/Rosenberg/*Gössel* Rn. 37; *Meyer-Goßner* Rn. 8; aA OLG Karlsruhe v. 3. 5. 1991 – 1 Ws 81/91, NStZ 1991, 602 mit abl. Anm. *Mayer* NStZ 1992, 605.
[86] BayObLG v. 27. 6. 1973 – 5 St 559/73, OWi, VRS 45, 384 (385); AK/*Loos* Rn. 21; Anw-StPO/*Böttger* Rn. 18; HK-StPO/*Kurth* Rn. 17; KK-StPO/*Fischer* Rn. 25; KMR/*Metzger* Rn. 24; Löwe/Rosenberg/*Gössel* Rn. 47; *Meyer-Goßner* Rn. 8; *Pfeiffer* Rn. 7; SK-StPO/*Weßlau* Rn. 25.
[87] HK-StPO/*Kurth* Rn. 17; *Joecks* Rn. 8; KMR/*Metzger* Rn. 24; Löwe/Rosenberg/*Gössel* Rn. 47; *Meyer-Goßner* Rn. 8.
[88] KK-StPO/*Fischer* Rn. 26; Löwe/Rosenberg/*Gössel* Rn. 48.
[89] RG v. 16. 12. 1926 – II 860/26, RGSt 61, 98 (99); RG v. 4. 10. 1929 – I 468/29, RGSt 63, 266 (268); KK-StPO/*Fischer* Rn. 27; Löwe/Rosenberg/*Gössel* Rn. 48.
[90] KK-StPO/*Fischer* Rn. 27; KMR/*Metzger* Rn. 24; Löwe/Rosenberg/*Gössel* Rn. 49; SK-StPO/*Weßlau* Rn. 25; aA *Schlüchter*, Strafverfahren, Rn. 791.3.
[91] Anw-StPO/*Böttger* Rn. 20; HK-GS/*Andrejtschitsch* Rn. 12; HK-StPO/*Kurth* Rn. 19; KK-StPO/*Fischer* Rn. 31; Löwe/Rosenberg/*Gössel* Rn. 50; *Meyer-Goßner* Rn. 9; *Pfeiffer* Rn. 8; SK-StPO/*Weßlau* Rn. 28.
[92] KK-StPO/*Fischer* Rn. 30; KMR/*Metzger* Rn. 27, 30.
[93] BayObLG v. 26. 10. 1981 – RReg. 2 St 302/81, GA 1982, 325 (326); AK/*Loos* Rn. 22 iVm. Rn. 19; Anw-StPO/*Böttger* Rn. 18; *Groth* NStZ 1983, 9 (10 f.); HK-StPO/*Kurth* Rn. 20; *Joecks* Rn. 9; KK-StPO/*Fischer* Rn. 31; Löwe/Rosenberg/*Gössel* Rn. 51; *Meyer-Goßner* Rn. 9; *Pfeiffer* Rn. 8; *Rieß* JR 1986, 441 (444); aA für das Bußgeldverfahren LG München II v. 10. 9. 1979 – I Qs 171/79, NJW 1981, 65 (66).
[94] Vgl. oben § 410 Rn. 10 ff.
[95] BT-Drucks. 10/1313, S. 38; Anw-StPO/*Böttger* Rn. 21; HK-StPO/*Kurth* Rn. 19; KK-StPO/*Fischer* Rn. 30; KMR/*Metzger* Rn. 30; Löwe/Rosenberg/*Gössel* Rn. 50; *Meyer-Goßner* Rn. 9; SK-StPO/*Weßlau* Rn. 32.
[96] OLG Hamm v. 4. 11. 1971 – Ss 1156/71, VRS 43, 112 (113); HK-StPO/*Kurth* Rn. 21; KK-StPO/*Fischer* Rn. 32; Löwe/Rosenberg/*Gössel* Rn. 52; *Meyer-Goßner* Rn. 9; SK-StPO/*Weßlau* Rn. 30.
[97] LG Rottweil v. 4. 3. 1988 – Qs 16/88, NStZ 1988, 523 (523 f.); LG Zweibrücken v. 28. 11. 1991 – 1 Qs 140/91, Rpfleger 1992, 128; HK-StPO/*Kurth* Rn. 21; KK-StPO/*Fischer* Rn. 32; Löwe/Rosenberg/*Gössel* Rn. 52; *Pfeiffer* Rn. 8.
[98] HK-StPO/*Kurth* Rn. 21; KK-StPO/*Fischer* Rn. 32; KMR/*Metzger* Rn. 29.

IV. Urteil (Abs. 4)

1. Urteilsinhalt. Hat der Angeklagte **in vollem Umfang Einspruch** gegen den Strafbefehl einge- 27
legt oder den **Einspruch (vertikal) auf selbstständige Taten** beschränkt, so sind die Wirkungen des
Strafbefehls diesbezüglich in vollem Umfang beseitigt. Daher wird der Strafbefehl insofern weder
im Tenor noch in den Urteilsgründen erwähnt, sondern wird der Angeklagte verurteilt oder freigesprochen (bzw. das Verfahren eingestellt).[99] **Bei wirksam auf den Rechtsfolgenausspruch beschränktem Einspruch** ist der Richter hingegen an den Schuldspruch des Strafbefehls (nebst ihn
tragende Feststellungen, die einer Beweisaufnahme nicht mehr zugänglich sind)[100] gebunden, so
dass der Schuldspruch im Urteil nicht wiederholt oder bestätigt wird, sondern lediglich dahingehend auf ihn Bezug genommen wird, dass der Angeklagte wegen der im Strafbefehl bezeichneten
Tat zu einer bestimmten Rechtsfolge verurteilt wird.[101] Entsprechend wird bei einer wirksamen
Beschränkung des Einspruchs auf die Tagessatzhöhe – wenn es nicht zu einer Entscheidung im
Beschlusswege nach Abs. 1 S. 3 kommt – auch auf die Tagessatzanzahl Bezug genommen.[102] Die
Kostenentscheidung folgt aus §§ 465, 467, wohingegen § 473 keine Anwendung findet.[103]

2. Kein Verschlechterungsverbot. Nach Abs. 4 gilt das Verbot der reformatio in peius (Ver- 28
schlechterungsverbot) – anders als bei der Berufung nach § 331 Abs. 1 und bei der Revision nach
§ 358 Abs. 2 – nicht im Strafbefehlsverfahren,[104] so dass das Gericht nicht an den im Strafbefehl
enthaltenen Ausspruch gebunden ist, **soweit Einspruch eingelegt** wurde. Das Gericht kann auch
bei unverändertem Sachverhalt[105] und Vorwurf[106] eine höhere Strafe verhängen oder im Strafbefehl nicht enthaltene Nebenfolgen anordnen. Ein entsprechender **Hinweis** des Gerichts an den
Angeklagten ist hierbei **nicht erforderlich**.[107] Der **Grundsatz des fairen Verfahrens** gebietet es
aber jedenfalls in Fällen, in denen es zu einem Wegfall der im Strafbefehl angeordneten Strafaussetzung zur Bewährung kommen kann, den Angeklagten auf die erwogene Strafschärfung hinzuweisen, so dass dieser zur Prüfung einer Einspruchsrücknahme veranlasst wird.[108] Die Gründe
einer gegenüber dem Strafbefehl erfolgten Strafschärfung brauchen im Urteil nicht dargelegt zu
werden, wenngleich dies oftmals zweckmäßig ist.[109] Die Vorschrift des § 265 – Hinweis auf Veränderung eines rechtlichen Gesichtspunkts – findet daneben aber entsprechende Anwendung.[110]

Eine **Ausnahme** besteht lediglich in Fällen, in denen der gesetzliche Vertreter gegen den Willen 29
des Beschuldigten Einspruch gegen den Strafbefehl eingelegt hat. Da der Beschuldigte insofern
davor geschützt werden muss, dass seine Lage gegen seinen Willen und unabhängig von seinen
Einflussmöglichkeiten verschlechtert wird, findet Abs. 4 in dieser Konstellation keine Anwendung.[111] Der Verweis des § 410 Abs. 1 S. 2 auf § 298 Abs. 1 lässt sich hierbei auch in dem Sinne
verstehen, dass der Einspruch des gesetzlichen Vertreters wie ein Rechtsmittel – also einschließlich
des Verbots der reformatio in peius – zu behandeln ist.[112]

---

[99] Anw-StPO/*Böttger* Rn. 22; HK-StPO/*Kurth* Rn. 22; *Joecks* Rn. 10; KK-StPO/*Fischer* Rn. 33; Löwe/Rosenberg/*Gössel* Rn. 54; *Meyer-Goßner* Rn. 10.
[100] Anw-StPO/*Böttger* Rn. 22.
[101] BT-Drucks. 10/1313, S. 38; HK-StPO/*Kurth* Rn. 22; *Joecks* Rn. 11; KK-StPO/*Fischer* Rn. 33; KMR/*Metzger* Rn. 34; Löwe/Rosenberg/*Gössel* Rn. 55; *Meyer-Goßner* Rn. 10; aA AG Braunschweig v. 28. 7. 1987 – 10 Cs 904 Js 16602/87, MDR 1987, 1049; AG Braunschweig v. 8. 12. 1988 – 10 Cs 904 Js 31356/88, MDR 1989, 481.
[102] *Joecks* Rn. 12.
[103] BT-Drucks. 10/1313, S. 38; OLG Stuttgart v. 4. 8. 1989 – 6 Ss 444/89, NStZ 1989, 589; LG Hamburg v. 13. 1. 1993 – 603 Qs 38/93, MDR 1993, 374 (374 f.); AK/*Loos* Rn. 30; Anw-StPO/*Böttger* Rn. 24; HK-GS/*Andrejtschitsch* Rn. 13; HK-StPO/*Kurth* Rn. 22; KK-StPO/*Fischer* Rn. 33; KMR/*Metzger* Rn. 35; SK-StPO/*Weßlau* Rn. 38; aA OLG München v. 3. 12. 1987 – 2 Ws 1132/87 K, NStZ 1988, 241 mit abl. Anm. *Mertens* NStZ 1988, 473.
[104] Vgl. nur OLG Stuttgart v. 30. 1. 2006 – 1 Ss 5/06, StV 2007, 232 (232 f.) mit krit. Anm. *Esser*; Anw-StPO/*Böttger* Vor §§ 407 ff. Rn. 13; HK-StPO/*Kurth* Rn. 23; *Meyer-Goßner* Rn. 11; SK-StPO/*Weßlau* Rn. 33.
[105] OLG Stuttgart v. 30. 1. 2006 – 1 Ss 5/06, StV 2007, 232 (233) mit abl. Anm. *Esser*; KK-StPO/*Fischer* Rn. 34; *Meyer-Goßner* Rn. 11; aA *Ostler* NJW 1968, 486 (487).
[106] Löwe/Rosenberg/*Gössel* Rn. 60.
[107] KK-StPO/*Fischer* Rn. 35; *Meyer-Goßner* Rn. 11; *Pfeiffer* Rn. 9; vgl. zum Bußgeldverfahren OLG Hamm v. 6. 12. 1979 – 6 Ss OWi 1576/79, NJW 1980, 1587; OLG Hamm v. 8. 3. 1982 – 2 Ss OWi 2407/81, VRS 63, 56; siehe dort aber auch zu einer einschränkenden Anwendung des § 265 Abs. 2 BGH v. 8. 5. 1980 – 1 StR 172/80, BGHSt 29, 274 (278 ff.) = NJW 1980, 2479 (2479 f.); OLG Hamm v. 12. 4. 2005 – 3 Ss OWi 191/05, StraFo 2005, 298; Thüringer OLG v. 26. 2. 2010 – 1 Ss 270/09, StraFo 2010, 206 (207).
[108] BayObLG v. 8. 4. 2004 – 1 St RR 56/04, BayObLGSt 2004, 43 (45) = NStZ-RR 2004, 248 (249); HK-GS/*Andrejtschitsch* Rn. 14; HK-StPO/*Kurth* Rn. 23; KK-StPO/*Fischer* Rn. 35; Löwe/Rosenberg/*Gössel* Rn. 60; *Meyer-Goßner* Rn. 11; weitergehend (bei voraussichtlich wesentlicher Verschärfung) KMR/*Metzger* Rn. 33; SK-StPO/*Weßlau* Rn. 33; offen gelassen bei OLG Stuttgart v. 30. 1. 2006 – 1 Ss 5/06, StV 2007, 232 (233) mAnm *Esser*.
[109] KG v. 13. 8. 1959 – (2) 1 Ss 230/59, VRS 17, 285 (286, 289); OLG Zweibrücken v. 24. 8. 1966 – Ss 90/66, MDR 1967, 236; HK-StPO/*Kurth* Rn. 23; KK-StPO/*Fischer* Rn. 35; *Meyer-Goßner* Rn. 11; vgl. auch Löwe/Rosenberg/*Gössel* Rn. 61: Begründung der Rechtsfolgenanordnung ohnehin erforderlich.
[110] AK/*Loos* Rn. 28; Löwe/Rosenberg/*Gössel* Rn. 60; SK-StPO/*Weßlau* Rn. 35.
[111] HK-GS/*Andrejtschitsch* Rn. 14; KK-StPO/*Fischer* Rn. 34, § 410 Rn. 2; Löwe/Rosenberg/*Gössel* Rn. 59 iVm. § 410 Rn. 4; *Pfeiffer* Rn. 9, § 410 Rn. 2; SK-StPO/*Weßlau* Rn. 34; krit. AK/*Loos* Rn. 29; aA HK-StPO/*Kurth* Rn. 23; KMR/*Metzger* Rn. 32; *Meyer-Goßner* Rn. 11.
[112] Löwe/Rosenberg/*Gössel* § 410 Rn. 4.

30 3. **Anfechtung des Urteils.** Da das Urteil, das nach Einspruch gegen einen Strafbefehl ergeht, einem im ordentlichen Verfahren ergangenen Urteil gleichsteht, gibt es in Bezug auf Rechtskraftwirkung und Anfechtbarkeit **keine Besonderheiten.**[113] Auch wenn sich der Angeklagte nach Abs. 2 hat vertreten lassen, wird das schriftliche Urteil gem. § 35 Abs. 2 S. 1 ihm bzw. seinem Verteidiger gem. § 145a zugestellt.[114] War der vertretungsberechtigte Verteidiger bei der Urteilsverkündung anwesend, so beginnt die Rechtsmittelfrist nach §§ 314 Abs. 2, 341 Abs. 2 bereits mit der Urteilsverkündung, ansonsten mit der Zustellung des Urteils.[115]

§ 412 [Ausbleiben des Angeklagten]

¹Ist bei Beginn einer Hauptverhandlung der Angeklagte weder erschienen noch durch einen Verteidiger vertreten und ist das Ausbleiben nicht genügend entschuldigt, so ist § 329 Abs. 1, 3 und 4 entsprechend anzuwenden. ²Hat der gesetzliche Vertreter Einspruch eingelegt, so ist auch § 330 entsprechend anzuwenden.

Schrifttum: *Busch*, Begründung, Anfechtung und Revisibilität der Verwerfungsurteile der §§ 329 I und 412 I StPO, JZ 1963, 457; *Meyer-Goßner*, Verwerfung der Berufung wegen Ausbleibens des Angeklagten bei Fehlen von Prozeßvoraussetzungen, NJW 1978, 528; *Meyer-Goßner*, Das von der Vorinstanz übersehene Fehlen einer Prozeßvoraussetzung, NJW 1979, 201; *Werny*, Die Berufung gegen Urteile nach § 412 StPO und die Änderung des § 328 StPO, NJW 1988, 187.

I. Verwerfungsurteil

1 Bei nicht erschienenem und nicht vertretenem Angeklagten ist – wenn das Ausbleiben nicht genügend entschuldigt ist – dessen Einspruch gegen den Strafbefehl in entsprechender Anwendung des § 329 Abs. 1, 3 und 4 durch **Prozeßurteil**, das ohne Verhandlung zur Sache ergeht, zu verwerfen.[1] Der Angeklagte hat nämlich durch sein Nichterscheinen (und die fehlende Vertretung) die mit seinem Einspruch begehrte Nachprüfung des Strafbefehls **verwirkt.**[2] Die Möglichkeit der Verwerfung besteht auch in Fällen, in denen dem Angeklagten die Ablehnung eines Vertagungsantrags rechtzeitig mitgeteilt wurde,[3] ein Antrag auf Entbindung von der Anwesenheitspflicht nach § 233 abgelehnt wurde[4] oder die Nichtzulassung eines nach § 138 Abs. 2 zulassungspflichtigen Verteidigers erfolgte.[5]

2 1. **Voraussetzungen.** Ein Verwerfungsurteil kann nicht nur in der **ersten Hauptverhandlung** nach Einspruchseinlegung ergehen, sondern auch in der (weiteren) **Hauptverhandlung nach Aussetzung** der ersten Hauptverhandlung,[6] **nach Bewilligung von Wiedereinsetzung in den vorigen Stand** gem. § 412 S. 1 iVm. § 329 Abs. 3[7] oder **nach Zurückverweisung** durch das Rechtsmittelgericht an das Amtsgericht, solange das Amtsgericht nicht schon ein Sachurteil (sondern nur ein Prozeßurteil) erlassen hat.[8]

3 a) **Ergangener Strafbefehl.** Zunächst muss ein Strafbefehl nach § 408 Abs. 3 S. 1 oder § 408a Abs. 2 S. 1 wirksam ergangen sein, so dass die Vorschrift des § 412 im Falle einer Hauptverhandlung nach § 408 Abs. 3 S. 2,[9] nach Überleitung des Bußgeldverfahrens in das Strafverfahren[10] oder nach Wiederaufnahme des Verfahrens gegen einen rechtskräftigen Strafbefehl[11]

---

[113] HK-StPO/*Kurth* Rn. 24; KK-StPO/*Fischer* Rn. 36; Löwe/Rosenberg/*Gössel* Rn. 64.
[114] BayObLG v. 2. 6. 1966 – RReg. 1b St 42/66, BayObLGSt 1966, 63 = NJW 1966, 2323; OLG Braunschweig v. 23. 10. 1964 – ss 145/64, NJW 1965, 1194; KK-StPO/*Fischer* Rn. 36; *Meyer-Goßner* Rn. 16.
[115] *Meyer-Goßner* Rn. 16; aA BGH v. 2. 12. 1960 – 4 StR 433/60, BGHSt 15, 263 (265) = NJW 1961, 419 (420); BGH v. 9. 10. 1973 – 5 StR 505/73, BGHSt 25, 234 = NJW 1974, 66; HK-StPO/*Kurth* Rn. 24; KK-StPO/*Fischer* Rn. 36; Löwe/Rosenberg/*Gössel* Rn. 63; *Pfeiffer* Rn. 10: erst mit Zustellung (zT nach früherer Rechtslage).
[1] KK-StPO/*Fischer* Rn. 1.
[2] AK/*Loos* Rn. 2; Anw-StPO/*Böttger* Rn. 1; *Busch* JZ 1963, 457 (458); *Hanack* JZ 1973, 693 (694); KK-StPO/*Fischer* Rn. 1; KMR/*Metzger* Rn. 1; *Küper* JuS 1972, 127 (128); Löwe/Rosenberg/*Gössel* Rn. 1; *Schlüchter*, Strafverfahren, Rn. 682.1; *Schroeder* NJW 1973, 308 (309).
[3] OLG Düsseldorf v. 16. 12. 1965 – (1) Ss 652/65, JMBlNRW 1966, 153.
[4] Vgl. zur Verwerfung der Berufung BGH v. 29. 1. 1974 – 1 StR 198/73, BGHSt 25, 281 (283 f.) = NJW 1974, 868 (869).
[5] OLG Köln v. 23. 12. 1969 – 1 Ws (OWi) 186/69, NJW 1970, 720 (721).
[6] HK-StPO/*Kurth* Rn. 2; KK-StPO/*Fischer* Rn. 2; Löwe/Rosenberg/*Gössel* Rn. 13; *Meyer-Goßner* Rn. 4; *Pfeiffer* Rn. 1.
[7] HK-StPO/*Kurth* Rn. 2; *Joecks* Rn. 5; Löwe/Rosenberg/*Gössel* Rn. 13; *Meyer-Goßner* Rn. 4.
[8] OLG Zweibrücken v. 15. 6. 1976 – Ss 111/76, VRS 51, 365 (365 f.); HK-StPO/*Kurth* Rn. 2; *Joecks* Rn. 5; KK-StPO/*Fischer* Rn. 2; KMR/*Metzger* Rn. 14; Löwe/Rosenberg/*Gössel* Rn. 14; *Meyer-Goßner* Rn. 4; *Pfeiffer* Rn. 1; SK-StPO/*Weßlau* Rn. 9; vgl. zur Berufung BGH v. 10. 8. 1977 – 3 StR 240/77, BGHSt 27, 236 (240 f.) = NJW 1977, 2273 (2274).
[9] BayObLG v. 24. 2. 1972 – RReg. 8 St 110/71, GA 1972, 367 (368); Anw-StPO/*Böttger* Rn. 2; KK-StPO/*Fischer* Rn. 3; KMR/*Metzger* Rn. 2; Löwe/Rosenberg/*Gössel* Rn. 3; *Pfeiffer* Rn. 1; SK-StPO/*Weßlau* Rn. 2.
[10] KK-StPO/*Fischer* Rn. 3; KMR/*Metzger* Rn. 2; Löwe/Rosenberg/*Gössel* Rn. 3; *Pfeiffer* Rn. 1.
[11] OLG Oldenburg v. 30. 3. 1971 – Ss 30/71, MDR 1971, 680 (680 f.); HK-GS/*Andrejtschitsch* Rn. 1; KK-StPO/*Fischer* Rn. 3; KMR/*Metzger* Rn. 2; Löwe/Rosenberg/*Gössel* Rn. 3; *Pfeiffer* Rn. 1; SK-StPO/*Weßlau* Rn. 2.

Erster Abschnitt. Verfahren bei Strafbefehlen 4–6 § 412

keine Anwendung findet. Der Strafbefehl muss ferner **wirksam zugestellt** sein,[12] wobei der Nachweis förmlicher Zustellung entbehrlich ist, wenn nur der Zugang des Strafbefehls feststeht.[13]

b) Wirksamer Einspruch. Erforderlich ist des Weiteren ein **zulässiger Einspruch** gegen den 4 Strafbefehl, da ansonsten die Verwerfung des Einspruchs als unzulässig durch Urteil Vorrang hat.[14] Auch darf der Einspruch **nicht** zwischenzeitlich gem. § 410 Abs. 1 S. 2 iVm. § 302 **zurückgenommen** sein,[15] weil das Verfahren ansonsten (außerhalb der Hauptverhandlung) nach § 206 a bzw. (innerhalb der Hauptverhandlung) nach § 260 Abs. 3 einzustellen ist.

c) Ordnungsgemäße Ladung. Daneben muss der Angeklagte ordnungsgemäß zum Termin **gela-** 5 **den** und in jeder[16] Ladung entsprechend § 323 Abs. 1 S. 2 über die Folgen des § 412 bei nicht genügend entschuldigtem Ausbleiben **belehrt** werden.[17] Die Nichteinhaltung der Ladungsfrist steht einer Verwerfung des Einspruchs nicht entgegen, kann aber im Rahmen der Prüfung der genügenden Entschuldigung von Bedeutung sein.[18]

d) Nicht genügend entschuldigtes Ausbleiben. Der Angeklagte muss **zu Beginn der Hauptver-** 6 **handlung** iSd. § 243 Abs. 1 S. 1 **ausgeblieben** sein, wobei das Gericht aufgrund seiner Fürsorgepflicht eine **Wartepflicht** vor Verwerfung des Einspruchs trifft, deren Länge nach den besonderen Umständen des Einzelfalls (zB Lage des Gerichts, Schwierigkeit der Verkehrsverhältnisse) zu bestimmen ist, regelmäßig aber (mindestens) 15 Minuten beträgt.[19] Hat der Angeklagte bis zum Ende dieses Zeitraums mitgeteilt, er werde innerhalb angemessener Zeit erscheinen, so hat das Gericht auch einen angemessenen weiteren Zeitraum zuzuwarten.[20] Dem Rechtsmittelgericht sollte die Überprüfung der Einhaltung der Wartepflicht durch Protokollierung der Uhrzeit des Verwerfungsurteils ermöglicht werden.[21] Ein späteres Sichentfernen des Angeklagten[22] erlaubt hingegen ebenso wenig wie ein Ausbleiben nach einer Verhandlungsunterbrechung gem. § 229[23] eine Verwerfung nach § 412, wohingegen sie gestattet ist, wenn sich der Angeklagte im Falle einer

---

[12] BayObLG v. 12. 3. 1999 – 1 St RR 51/99, BayObLGSt 1999, 65 (68) = NStZ-RR 1999, 243 (244); OLG Hamm v. 17. 3. 1959 – 1 Ss 188/59, JMBlNRW 1959, 161 (161 f.); OLG Karlsruhe v. 22. 1. 1993 – 3 Ss 172/92, StV 1995, 8 (9); LG Bonn v. 23. 4. 1974 – 3 Ns 7/74, MDR 1974, 863; Anw-StPO/*Böttger* Rn. 2; HK-GS/*Andrejtschitsch* Rn. 1; HK-StPO/*Kurth* Rn. 5; KK-StPO/*Fischer* Rn. 3; *Meyer-Goßner* Rn. 2; SK-StPO/*Weßlau* Rn. 4; aA OLG Hamm v. 27. 6. 1952 – (1) 2 Ss 28/52, JMBlNRW 1952, 222 (zur früheren Strafverfügung); OLG Köln v. 24. 10. 2000 – Ss 329/00, StraFo 2001, 200 (200 ff.) (bez. § 408 a); OLG Zweibrücken v. 27. 5. 1994 – 1 Ss 40/94, NStZ 1994, 602 (602 f.); KMR/*Metzger* Rn. 15.
[13] KK-StPO/*Fischer* Rn. 3; Löwe/Rosenberg/*Gössel* Rn. 6; *Pfeiffer* Rn. 2; iE daher zutreffend OLG Köln v. 24. 10. 2000 – Ss 329/00, VRS 99, 431 (433 f.); OLG Zweibrücken v. 27. 5. 1994 – 1 Ss 40/94, NStZ 1994, 602 (602 f.); aA HK-StPO/*Kurth* Rn. 5; *Meyer-Goßner* Rn. 2.
[14] HK-StPO/*Kurth* Rn. 4; *Joecks* Rn. 2; KK-StPO/*Fischer* Rn. 4; *Meyer-Goßner* Rn. 2; *Pfeiffer* Rn. 2; vgl. insofern zur Berufung BGH v. 14. 5. 1981 – 4 StR 694/80, BGHSt 30, 98 (99 f.) = NJW 1981, 2422 (2423); *Meyer-Goßner* § 329 Rn. 7; *Meyer-Goßner* NJW 1978, 528; siehe daneben oben § 411 Rn. 5.
[15] HK-GS/*Andrejtschitsch* Rn. 2; KK-StPO/*Fischer* Rn. 4.
[16] HansOLG Bremen v. 5. 7. 1968 – Ss 71/68, MDR 1968, 1031; Anw-StPO/*Böttger* Rn. 2; HK-GS/*Andrejtschitsch* Rn. 3; HK-StPO/*Kurth* Rn. 6; *Joecks* Rn. 3; KMR/*Metzger* Rn. 6; Löwe/Rosenberg/*Gössel* Rn. 8; *Meyer-Goßner* Rn. 2; SK-StPO/*Weßlau* Rn. 3.
[17] BayObLG v. 25. 1. 1962 – RReg. 4 St 345/61, BayObLGSt 1962, 6 = Rpfleger 1962, 147; HansOLG Hamburg v. 30. 3. 1976 – 1 Ss 158/75, MDR 1976, 1041; OLG Köln v. 24. 9. 1968 – Ss 438/68, NJW 1969, 246; HK-StPO/*Kurth* Rn. 6; *Joecks* Rn. 3; KK-StPO/*Fischer* Rn. 5; KMR/*Metzger* Rn. 6; Löwe/Rosenberg/*Gössel* Rn. 8; *Meyer-Goßner* Rn. 2; *Pfeiffer* Rn. 2.
[18] KG v. 19. 3. 1959 – (2) 1 Ss 40/59, VRS 17, 139 (139 f.); OLG Köln v. 14. 5. 1955 – Ss 33/55, NJW 1955, 1243; Anw-StPO/*Böttger* Rn. 2; HK-StPO/*Kurth* Rn. 6; KK-StPO/*Fischer* Rn. 5; Löwe/Rosenberg/*Gössel* Rn. 10; *Meyer-Goßner* Rn. 2; *Pfeiffer* Rn. 2; SK-StPO/*Weßlau* Rn. 3; vgl. insofern zum Bußgeldverfahren BGH v. 18. 5. 1971 – 3 StR 10/71, BGHSt 24, 143 (152) = NJW 1971, 1278 (1280); vgl. zum Berufungsverfahren allgemein BayObLG v. 20. 10. 1966 – RReg. 4 a St 78/66, BayObLGSt 1966, 121 (122 f.) = JR 1967, 190 (191) mit abl. Anm. *Koffka*.
[19] BerlVerfGH v. 12. 12. 2003 – VerfGH 36/03, 36 A/03, NJW 2004, 1158 (1158 f.); BayObLG v. 15. 7. 1988 – RReg. 1 St 90/88, BayObLGSt 1988, 103 (104 f.) = NStZ Nr. 10 zu § 329 StPO; OLG Düsseldorf v. 22. 1. 2001 – 2 b Ss 370/00 – 99/00 I, NStZ-RR 2001, 303; OLG Frankfurt v. 24. 8. 2007 – 2 Ss OWi 223/07, DAR 2008, 33 (34); OLG Köln v. 15. 10. 1979 – 1 Ss 898 Bz/79, VRS 58, 440; Anw-StPO/*Böttger* Rn. 2; HK-StPO/*Kurth* Rn. 7; *Joecks* Rn. 5; KK-StPO/*Fischer* Rn. 6; KMR/*Metzger* Rn. 14; Löwe/Rosenberg/*Gössel* Rn. 12; *Meyer-Goßner* Rn. 3; *Pfeiffer* Rn. 5; SK-StPO/*Weßlau* Rn. 8; vgl. zur Berufung KG v. 19. 12. 2001 – (3) 1 Ss 149/01 (92/01), NStZ-RR 2002, 218 (219); aA OLG Frankfurt v. 14. 12. 1999 – 2 Ss 351/99, NStZ-RR 2001, 85 (10 – 15 Minuten); OLG Hamburg v. 15. 5. 1962 – 2 Ss 48/62, NJW 1963, 552 (Ls.) (13 Minuten); OLG Hamm v. 13. 4. 1962 – 3 Ss 1408/61, DAR 1962, 341 (5 Minuten).
[20] KG v. 19. 12. 2001 – (3) 1 Ss 149/01 (92/01), NStZ-RR 2002, 218 (219); OLG Frankfurt v. 24. 8. 2007 – 2 Ss OWi 223/07, DAR 2008, 33 (34); OLG München v. 5. 7. 2007 – 4 St 122/07, VRS 113, 117 (119); HK-StPO/*Kurth* Rn. 7; vgl. zum Bußgeldverfahren OLG Hamm v. 26. 7. 2006 – 4 Ss OWi 321/06, NStZ-RR 2007, 184.
[21] KK-StPO/*Fischer* Rn. 6; Löwe/Rosenberg/*Gössel* Rn. 12; *Pfeiffer* Rn. 5; vgl. zur Berufung OLG Stuttgart v. 13. 7. 1962 – 2 Ss 972/61, NJW 1962, 2023.
[22] KK-StPO/*Fischer* Rn. 6; KMR/*Metzger* Rn. 14; Löwe/Rosenberg/*Gössel* Rn. 11; SK-StPO/*Weßlau* Rn. 9; vgl. auch zur Berufung BGH v. 6. 10. 1970 – 5 StR 199/70, BGHSt 23, 331 (332 f.) = NJW 1970, 2253 (2254); RG v. 22. 2. 1929 – I 832/28, RGSt 63, 53 (57).
[23] HK-StPO/*Kurth* Rn. 2; *Joecks* Rn. 5; KMR/*Metzger* Rn. 14; Löwe/Rosenberg/*Gössel* Rn. 13; *Meyer-Goßner* Rn. 4; *Pfeiffer* Rn. 1.

§ 412 7, 8   Sechstes Buch. Besondere Arten des Verfahrens

Terminsverzögerung vor Aufruf der Sache entfernt, obwohl ein Zuwarten zuzumuten war.[24] Generell steht dem Ausbleiben eine selbstverschuldete Verhandlungsunfähigkeit gleich.[25]

7   Daneben darf der Angeklagte auch **nicht (ordnungsgemäß) durch einen Verteidiger** gem. § 411 Abs. 2 S. 1 **vertreten** sein.[26] Auch wenn das persönliche Erscheinen des Angeklagten nach § 236 angeordnet war, darf bei Erscheinen eines Vertreters kein Verwerfungsurteil ergehen, sondern es ist ohne den Angeklagten zu verhandeln oder sein Erscheinen nach § 412 iVm. § 329 Abs. 4 zu erzwingen.[27] Die dem Gericht obliegende **Wartepflicht** gilt auch in Bezug auf den Verteidiger als Vertreter[28] und erst recht, wenn dieser eine kurzfristige Verspätung angekündigt hat.[29] Hat der den Angeklagten vertretende Verteidiger dem Gericht mit rechtzeitigem und begründetem Terminsverlegungsantrag seine Verhinderung mitgeteilt, darf ebenfalls kein Verwerfungsurteil ergehen.[30]

8   Des Weiteren darf das Ausbleiben (objektiv) **nicht genügend entschuldigt** sein, ohne dass relevant ist, ob sich der Angeklagte genügend entschuldigt hat.[31] Er ist zu einer (formalen) Glaubhaftmachung zwar nicht verpflichtet,[32] sollte gegenüber dem Gericht aber die Entschuldigungsgründe – insbesondere wenn nur er Kenntnis hiervon hat – schlüssig darlegen.[33] Über das Vorliegen einer „genügenden" Entschuldigung hat sich das Amtsgericht sodann im Freibeweisverfahren Gewissheit zu verschaffen.[34] Es dürfen hierbei jedoch keine überspannten Anforderungen an eine „genügende" Entschuldigung gestellt werden,[35] sondern es ist zu prüfen, ob dem Angeklagten der **Vorwurf schuldhafter Pflichtverletzung** nicht gemacht werden kann, weil ihm unter den gegebenen Umständen ein Erscheinen billigerweise nicht zumutbar war.[36] Das Gericht muss für eine Verwerfung des Einspruchs zur **sicheren Überzeugung** kommen, dass das Ausbleiben nicht genügend entschuldigt war, wohingegen bei bestehenden Zweifeln keine Verwerfung zulässig ist.[37] In Bezug auf eine geltend gemachte **Erkrankung** kann der Richter zur Klärung eine amtsärztliche Untersuchung veranlassen.[38] Bei einer (ernsthaften) Erkrankung des Angeklagten ist ihm beispielsweise bereits die Anreise zum Gericht nicht zuzumuten, wenn hierdurch die Gefahr einer

---

[24] KK-StPO/*Fischer* Rn. 6; Löwe/Rosenberg/*Gössel* Rn. 11; vgl. zum Bußgeldverfahren OLG Düsseldorf v. 12. 2. 1997 – 5 Ss (OWi) 2/97 – (OWi) 13/97 I, MDR 1997, 587 (588).
[25] BGH v. 6. 10. 1970 – 5 StR 199/70, BGHSt 23, 331 (334 f.) = NJW 1970, 2253 (2254 f.) mit insofern krit. Bespr. *Küper* JuS 1972, 127 (129 ff.); OLG Frankfurt v. 12. 7. 1967 – 2 Ss 416/67, NJW 1968, 217; Anw-StPO/*Böttger* Rn. 3; *Kaiser* NJW 1968, 185 (187); KK-StPO/*Fischer* Rn. 6; KMR/*Metzger* Rn. 7; Löwe/Rosenberg/*Gössel* Rn. 16.
[26] Vgl. hierzu oben § 411 Rn. 13 ff.
[27] BayObLG v. 30. 12. 1969 – 3b St 235/69, MDR 1970, 608 (609); OLG Bremen v. 16. 5. 1962 – Ss 24/62, NJW 1962, 1735 (1736); OLG Celle v. 14. 10. 1969 – 3 Ss 289/69, NJW 1970, 906 (907) mit zust. Anm. *Küper* NJW 1970, 1430 f.); OLG Düsseldorf v. 12. 12. 1983 – 2 Ws 678/83, StV 1985, 52; OLG Hamburg v. 22. 5. 1968 – 1 Ss 58/68, NJW 1968, 1687 (1688); Anw-StPO/*Böttger* Rn. 4; HK-StPO/*Kurth* Rn. 8; *Joecks* Rn. 6; KK-StPO/*Fischer* Rn. 9; KMR/*Metzger* Rn. 8, 16; *Küper* NJW 1969, 493 (493 f.); Löwe/Rosenberg/*Gössel* Rn. 30; Meyer-Goßner Rn. 5, 7; *Pfeiffer* Rn. 3; SK-StPO/*Weßlau* Rn. 6.
[28] BayObLG v. 5. 8. 1959 – RReg. 1 St 433/59, NJW 1959, 2224; KK-StPO/*Fischer* Rn. 6.
[29] KK-StPO/*Fischer* Rn. 6; vgl. zum Bußgeldverfahren BayObLG v. 30. 11. 1988 – 1 Ob OWi 248/88, StV 1989, 94 (95); OLG Düsseldorf v. 10. 4. 1995 – 2 Ss (OWi) 239/94, StV 1995, 454 (455); OLG Hamm v. 30. 9. 1996 – 3 Ss OWi 1054/96, NStZ-RR 1997, 179 (180).
[30] BayObLG v. 24. 7. 2001 – 1 St RR 97/2001, BayObLGSt 2001, 101 (102 f.) = NStZ-RR 2002, 79 (80); OLG Köln v. 27. 6. 1986 – Ss 240/86, VRS 71, 449 (450 f.); Anw-StPO/*Böttger* Rn. 4; KK-StPO/*Fischer* Rn. 9 f.
[31] BGH v. 1. 8. 1962 – 4 StR 122/62, BGHSt 17, 391 (396) = NJW 1962, 2020 (2021); RG v. 17. 6. 1930 – I 1332/29, RGSt 64, 239 (246); OLG Brandenburg v. 13. 2. 1997 – Ss 10/97, NJW 1998, 842; OLG Düsseldorf v. 5. 9. 1986 – 2 Ss 375/86 – 200/86 II, StV 1987, 9; HansOLG Hamburg v. 5. 10. 1955 – Ss 121/55, JR 1956, 70; OLG Jena v. 16. 3. 2006 – 1 Ss 257/05, VRS 111, 148; OLG Karlsruhe v. 23. 2. 1995 – 3 Ss 117/94, VRS 89, 130 (131); OLG Köln v. 15. 4. 1955 – Ss 33/55, NJW 1955, 1243; OLG Stuttgart v. 19. 4. 2006 – 1 Ss 137/06, NStZ-RR 2006, 313 (314); HK-StPO/*Kurth* Rn. 9; KK-StPO/*Fischer* Rn. 8; Löwe/Rosenberg/*Gössel* Rn. 19; *Pfeiffer* Rn. 5.
[32] BayObLG v. 20. 10. 1997 – 3 St RR 54/97, BayObLGSt 1997, 145 (147) = NJW 1998, 172; OLG Düsseldorf v. 5. 9. 1986 – 2 Ss 375/86 – 200/86 II, StV 1987, 9; OLG Jena v. 16. 3. 2006 – 1 Ss 257/05, VRS 111, 148 (148 f.); *Ranft* JuS 2000, 633 (638).
[33] OLG Karlsruhe v. 23. 2. 1995 – 3 Ss 117/94, VRS 89, 130 (131); HK-StPO/*Kurth* Rn. 9; KK-StPO/*Fischer* Rn. 8.
[34] BGH v. 1. 8. 1962 – 4 StR 122/62, BGHSt 17, 391 (396) = NJW 1962, 2020 (2021); BayObLG v. 20. 10. 1997 – 3 St RR 54/97, BayObLGSt 1997, 145 (147) = NJW 1998, 172; OLG Bamberg v. 26. 2. 2008 – 3 Ss 118/07, DAR 2008, 217 (Ls.); OLG Düsseldorf v. 5. 9. 1986 – 2 Ss 375/86 – 200/86 II, StV 1987, 9; OLG Köln v. 4. 6. 1999 – Ss 217/99 (B), NStZ-RR 1999, 337 (338); LG Potsdam v. 25. 5. 2009 – 27 Ns 3/09; Anw-StPO/*Böttger* Rn. 5; *Busch* JZ 1963, 457 (458); KK-StPO/*Fischer* Rn. 8; Löwe/Rosenberg/*Gössel* Rn. 25; SK-StPO/*Weßlau* Rn. 10; vgl. auch für das Bußgeldverfahren OLG Jena v. 20. 2. 1997 – 1 Ss 1/97, NZV 1997, 494.
[35] BayObLG v. 12. 2. 2001 – 2 St RR 17/2001, BayObLGSt 2001, 14 (16) = NJW 2001, 1438 (1439); OLG Bamberg v. 26. 2. 2008 – 3 Ss 118/07, DAR 2008, 217 (Ls.); OLG Karlsruhe v. 14. 7. 1977 – 2 Ss 132/77, MDR 1978, 75; OLG Köln v. 15. 11. 1996 – Ss 554/96 – 193, NStZ-RR 1997, 208 (208 f.); HK-StPO/*Kurth* Rn. 9; KK-StPO/*Fischer* Rn. 8; *Pfeiffer* Rn. 5.
[36] BayObLG v. 12. 2. 2001 – 2 St RR 17/2001, BayObLGSt 2001, 14 (16) = NJW 2001, 1438 (1439); OLG Brandenburg v. 13. 2. 1997 – 2 Ss 10/97, NJW 1998, 842; HansOLG Bremen v. 4. 2. 1987 – Ss 95/86, StV 1987, 242; OLG Koblenz v. 27. 7. 2009 – 1 Ss 102/09, StraFo 2009, 421; OLG Köln v. 15. 11. 1996 – Ss 554/96 – 193, NStZ-RR 1997, 208 (209); OLG Stuttgart v. 7. 7. 2008 – 2 Ss (29) 209/08, NStZ-RR 2008, 312 (313); HK-StPO/*Kurth* Rn. 9; KK-StPO/*Fischer* Rn. 8.
[37] OLG Bamberg v. 26. 2. 2008 – 3 Ss 118/07, DAR 2008, 217 (Ls.); HK-StPO/*Kurth* Rn. 9.
[38] KK-StPO/*Fischer* Rn. 8.

wesentlichen Verschlimmerung der Krankheit entstünde.[39] Im Übrigen braucht es nicht zu einer Verhandlungsunfähigkeit zu kommen,[40] sondern es genügt, wenn aufgrund der Beschwerden eine Beeinträchtigung des Angeklagten bei der Wahrnehmung seiner Rechte zu besorgen ist.[41] Bei der **Anreise zum Gericht** selbst hat der Angeklagte unter Anwendung der möglichen und zumutbaren Sorgfalt voraussehbare verkehrstechnische Schwierigkeiten einzukalkulieren,[42] wohingegen er sich auf die **Auskunft seines Verteidigers**, er brauche nicht zum Termin zu erscheinen, nur dann verlassen darf, wenn keine Anhaltspunkte für eine Unrichtigkeit der Auskunft vorliegen.[43] Entschuldigt ist das Ausbleiben des Angeklagten schließlich, wenn er gem. § 233 **von der Verpflichtung zum Erscheinen entbunden** war.[44]

2. Einspruch des gesetzlichen Vertreters (S. 2). Hatte der gesetzliche Vertreter Einspruch gegen den Strafbefehl eingelegt, findet über S. 2 auch § 330 entsprechende Anwendung. Daher darf ein **Verwerfungsurteil** nur dann ergehen, wenn sowohl der Angeklagte als auch sein gesetzlicher Vertreter (und ein etwaiger den Angeklagten vertretender Verteidiger) der Hauptverhandlung ferngeblieben sind.[45] Erscheint nur einer von ihnen, so kann nach S. 2 iVm. § 330 Abs. 2 (ggf. iVm. § 329 Abs. 2 S. 1) ohne den jeweils anderen verhandelt werden.

3. Folgen des Ausbleibens. Liegen die Voraussetzungen des § 412 vor, so muss der **Einspruch durch Urteil zwingend verworfen** werden,[46] selbst wenn das Vorliegen der Voraussetzungen erst nach Beginn der Hauptverhandlung festgestellt wird.[47] Eine Anhörung des ausgebliebenen Angeklagten erfolgt insofern nicht.[48] Aus den **Entscheidungsgründen** nach § 34[49] (und nicht nach § 267) hat sich zum einen zu ergeben, dass der Einspruch ohne Verhandlung zur Sache verworfen wurde. Die richtige Anwendung des materiellen Rechts wird also nicht geprüft,[50] wobei eine Ausnahme allenfalls in Betracht kommt, wenn sich eine Verurteilung unzweifelhaft als offenkundiges Unrecht darstellen würde.[51] Zum anderen sind insbesondere ggf. vorgebrachte oder erkennbare Entschuldigungsgründe für ein Ausbleiben des Angeklagten bzw. Vertreters zu erörtern.[52] Eine **Kostenentscheidung** ergeht nicht, da § 473 für den Einspruch nicht gilt und der Kostenausspruch des Strafbefehls bis zur Rechtskraft des Strafbefehls wirkt.[53] Dem (ausgebliebenen) Angeklagten bzw. seinem etwaigen Verteidiger nach § 145 a Abs. 1[54] ist das Verwerfungsurteil **zuzustellen**, wobei eine Ersatzzustellung (auch in Form der Niederlegung) zulässig ist.[55] Die Beantragung von **Wiedereinsetzung in den vorigen Stand** ist nach S. 1 iVm. § 329 Abs. 3 möglich, wobei der Antrag nicht auf Tatsachen gestützt werden kann, die bereits als Entschuldigung für

---

[39] OLG Düsseldorf v. 9. 12. 1981 – 5 Ss 553/81, MDR 1982, 954; KK-StPO/*Fischer* Rn. 8.
[40] OLG Stuttgart v. 19. 4. 2006 – 1 Ss 137/06, NStZ-RR 2006, 313 (314); HK-StPO/*Kurth* Rn. 9.
[41] BayObLG v. 20. 10. 1997 – 3 St RR 54/97, BayObLGSt 1997, 145 (146) = NJW 1998, 172; HK-StPO/*Kurth* Rn. 9.
[42] OLG Bamberg v. 14. 10. 1994 – Ws 581/94, NJW 1995, 740; OLG Hamm v. 7. 8. 1997 – 2 Ws 270/97, VRS 94, 274 (275); HK-StPO/*Kurth* Rn. 7; KK-StPO/*Fischer* Rn. 6, 8; vgl. zum Bußgeldverfahren KG v. 19. 7. 2006 – 5 Ws (B) 384/06, VRS 111, 432 (433).
[43] OLG Köln v. 15. 11. 1996 – Ss 554/96 – 193, NStZ-RR 1997, 208 (209); KK-StPO/*Fischer* Rn. 8; *Pfeiffer* Rn. 5.
[44] OLG Hamburg v. 30. 9. 1968 – 1 Ws 413/68, VRS 36, 292 (293); KK-StPO/*Fischer* Rn. 6; KMR/*Metzger* Rn. 7; Löwe/Rosenberg/*Gössel* Rn. 32; SK-StPO/*Weßlau* Rn. 5.
[45] Anw-StPO/*Böttger* Rn. 6; HK-StPO/*Kurth* Rn. 16; KK-StPO/*Fischer* Rn. 25; Löwe/Rosenberg/*Gössel* Rn. 18; SK-StPO/*Weßlau* Rn. 27.
[46] BayObLG v. 23. 12. 2003 – 4 St RR 100/2003, BayObLGSt 2003, 155 (156) = wistra 2004, 117; LG München I v. 4. 2. 1983 – 26 Ns 251 Js 31844/82, NStZ 1983, 427 (428) mAnm *Hilger*; Anw-StPO/*Böttger* Rn. 7; HK-StPO/*Kurth* Rn. 11; KK-StPO/*Fischer* Rn. 10; KMR/*Metzger* Rn. 17; Löwe/Rosenberg/*Gössel* Rn. 1, 33 f.; *Meyer-Goßner* Rn. 1; SK-StPO/*Weßlau* Rn. 13.
[47] LG München I v. 4. 2. 1983 – 26 Ns 251 Js 31844/82, NStZ 1983, 427 (428) mAnm *Hilger*; HK-StPO/*Kurth* Rn. 1; KK-StPO/*Fischer* Rn. 13; KMR/*Metzger* Rn. 17; Löwe/Rosenberg/*Gössel* Rn. 15; *Meyer-Goßner* Rn. 1; SK-StPO/*Weßlau* Rn. 13.
[48] BayObLG v. 4. 5. 1966 – RReg. 1 b St 67/66, BayObLGSt 1966, 58 (62) = NJW 1966, 1981 (1982); OLG Hamm v. 14. 2. 1964 – 3 Ss 1117/63, NJW 1965, 410; KK-StPO/*Fischer* Rn. 28.
[49] OLG Schleswig v. 1. 3. 1967 – 1 Ss 47/67, OLG Schleswig bei *Jürgensen* SchlHA 1968, 232; *Busch* JZ 1963, 457 (459); HK-GS/*Andrejtschitsch* Rn. 9; HK-StPO/*Kurth* Rn. 11; KK-StPO/*Fischer* Rn. 14 f.; KMR/*Metzger* Rn. 18; Löwe/Rosenberg/*Gössel* Rn. 39; *Pfeiffer* Rn. 6; SK-StPO/*Weßlau* Rn. 14.
[50] *Busch* JZ 1963, 457; HK-StPO/*Kurth* Rn. 11; KK-StPO/*Fischer* Rn. 11; *Meyer-Goßner* Rn. 2.
[51] KK-StPO/*Fischer* Rn. 11.
[52] OLG Hamm v. 7. 10. 1999 – 2 Ss 1011/99, NStZ-RR 2000, 84 (85); OLG Köln v. 4. 6. 1999 – Ss 217/99 (B), NStZ-RR 1999, 337 (338); OLG Oldenburg v. 11. 2. 1964 – 1 Ss 368/63, NJW 1964, 830; HK-StPO/*Kurth* Rn. 9; KK-StPO/*Fischer* Rn. 15; Löwe/Rosenberg/*Gössel* Rn. 26; SK-StPO/*Weßlau* Rn. 14.
[53] Anw-StPO/*Böttger* Rn. 7; HK-GS/*Andrejtschitsch* Rn. 7; HK-StPO/*Kurth* Rn. 11; KK-StPO/*Fischer* Rn. 14; KMR/*Metzger* Rn. 18; Löwe/Rosenberg/*Gössel* Rn. 39; *Meyer-Goßner* Rn. 8; *Pfeiffer* Rn. 6; SK-StPO/*Weßlau* Rn. 15.
[54] BayObLG v. 2. 6. 1966 – RReg. 1 b St 42/66, BayObLGSt 1966, 63 = NJW 1966, 2323.
[55] HK-StPO/*Kurth* Rn. 11; KK-StPO/*Fischer* Rn. 16; Löwe/Rosenberg/*Gössel* Rn. 39; *Meyer-Goßner* Rn. 8; vgl. zur (früheren) Strafverfügung KG v. 22. 3. 1962 – (2) 1 Ss 334/61, VRS 22, 370 (371); aA OLG Düsseldorf v. 3. 2. 1956 – (1) Ss 86/56 (82), NJW 1956, 642 (Ls.).

das Ausbleiben vorgebracht und vom Gericht im Verwerfungsurteil als nicht genügend beurteilt wurden.[56]

11 Liegen die **Voraussetzungen des § 412** hingegen **nicht** vor, wird – soweit zulässig – ohne den nicht erschienenen Beteiligten verhandelt oder die Hauptverhandlung ausgesetzt, neuer Termin anberaumt und ggf. das Erscheinen des Angeklagten über S. 2 iVm. § 329 Abs. 4 erzwungen. Bei Vorliegen eines Verfahrenshindernisses wird das Verfahren hingegen unabhängig davon, wann das Verfahrenshindernis eingetreten ist, nach § 206 a bzw. § 260 Abs. 3 eingestellt.[57]

II. Rechtsmittel

12 **1. Berufung.** Gegen das Verwerfungsurteil ist eine Berufung **stets** (also auch ohne Annahme der Berufung nach § 313)[58] **statthaft.** Es wird im Rahmen der Berufung allerdings lediglich (und im Strengbeweisverfahren)[59] geprüft, ob der Einspruch zu Recht verworfen wurde.[60] **Neue Tatsachen und Entschuldigungsgründe** können vorgebracht werden und sind bei der Urteilsfindung zu berücksichtigen.[61] Ist das Verwerfungsurteil zu Recht ergangen, so wird die Berufung als unbegründet verworfen.[62] Hat die Berufung **Erfolg**, so hebt das Landgericht das Verwerfungsurteil auf und verweist die Sache an das Amtsgericht zurück.[63] Erging das Verwerfungsurteil trotz **Unzulässigkeit des Einspruchs**, so hebt das Landgericht das Urteil ebenfalls auf, verwirft den Einspruch hingegen selbst.[64] Sollte das Amtsgericht die **Rücknahme des Einspruchs** übersehen haben, so stellt das Berufungsgericht das Verfahren gem. § 260 Abs. 3 unter Aufhebung des Verwerfungsurteils und mit der Kostenentscheidung des § 467 (in Bezug auf den Zeitraum nach Einspruchsrücknahme) ein.[65]

13 Für den Fall, dass das Amtsgericht **in der Sache entschieden** hat, anstatt nach der zwingenden Vorschrift des § 412 den Einspruch zu verwerfen, hat das Landgericht das Sachurteil aufzuheben und nach § 328 Abs. 1 den Einspruch gegen den Strafbefehl selbst zu verwerfen.[66]

14 **2. Revision.** Der Angeklagte kann sowohl **Revision** gem. § 333 gegen das die Einspruchsverwerfung bestätigende Berufungsurteil als auch **(Sprung-)Revision** gem. § 335 gegen das amtsgerichtliche Verwerfungsurteil einlegen. Da das Revisionsgericht an die tatsächlichen Feststellungen des Verwerfungsurteils gebunden ist, darf es diese nicht überprüfen oder ergänzen.[67] Mit der allgemeinen Sachrüge kann jedoch das Vorliegen von Prozessvoraussetzungen und Verfahrenshin-

---

[56] OLG Düsseldorf v. 13. 6. 1962 – (2) Ss 416/62, NJW 1962, 2022; *Busch* JZ 1963, 457 (459); KK-StPO/*Fischer* Rn. 17.
[57] OLG Köln v. 13. 2. 1970 – Ss 439/69, GA 1971, 27; OLG Stuttgart v. 9. 8. 1963 – 1 Ss 494/63, DAR 1964, 46; LG Frankfurt v. 28. 9. 1976 – 73 Ls 98/75 (Ns), NJW 1977, 508 (509); HK-GS/*Andrejtschitsch* Rn. 7; HK-StPO/*Kurth* Rn. 3; KK-StPO/*Fischer* Rn. 12; KMR/*Metzger* Rn. 5; Löwe/Rosenberg/*Gössel* Rn. 36 ff.; *Pfeiffer* Rn. 4; SK-StPO/*Weßlau* Rn. 12; einschränkend (nur bei Eintritt des Verfahrenshindernisses nach Erlass des Strafbefehls bzw. nach Einlegung des Einspruchs) AK/*Loos* Rn. 7; Löwe/Rosenberg/*Stuckenberg* § 206 a Rn. 23; *Meyer-Goßner* Rn. 2; ebenso zur Berufung *Meyer-Goßner* NJW 1978, 528 (528 f.); *Meyer-Goßner* NJW 1979, 201 (202).
[58] HK-GS/*Andrejtschitsch* Rn. 10; HK-StPO/*Kurth* Rn. 12; *Joecks* Rn. 7; *Meyer-Goßner* Rn. 10; *Pfeiffer* Rn. 8; SK-StPO/*Weßlau* Rn. 17.
[59] OLG Naumburg v. 10. 11. 1999 – 2 Ss 367/98, NStZ-RR 2001, 87 (88); HK-StPO/*Kurth* Rn. 12; *Joecks* Rn. 7; KK-StPO/*Fischer* Rn. 18; Löwe/Rosenberg/*Gössel* Rn. 43 a; *Meyer-Goßner* Rn. 10; *Pfeiffer* Rn. 8.
[60] KK-StPO/*Fischer* Rn. 18; KMR/*Metzger* Rn. 21; *Meyer-Goßner* Rn. 10; *Ranft* JuS 2000, 633 (638); SK-StPO/*Weßlau* Rn. 18.
[61] BayObLG v. 12. 2. 2001 – 2 St RR 17/2001, BayObLGSt 2001, 14 (15) = NJW 2001, 1438; OLG Hamm v. 12. 1. 1962 – 3 Ns 3/61, VRS 23, 299 (300); OLG Naumburg v. 10. 11. 1999 – 2 Ss 367/98, NStZ-RR 2001, 87 (88); HK-StPO/*Kurth* Rn. 12; *Joecks* Rn. 7; KK-StPO/*Fischer* Rn. 18; KMR/*Metzger* Rn. 21; Löwe/Rosenberg/*Gössel* Rn. 43; *Meyer-Goßner* Rn. 10; *Pfeiffer* Rn. 8; SK-StPO/*Weßlau* Rn. 18.
[62] HK-GS/*Andrejtschitsch* Rn. 10; HK-StPO/*Kurth* Rn. 13; KMR/*Metzger* Rn. 23; Löwe/Rosenberg/*Gössel* Rn. 44; SK-StPO/*Weßlau* Rn. 19.
[63] BGH v. 14. 3. 1989 – 4 StR 558/88, BGHSt 36, 139 (142, 144) = NJW 1989, 1869 (1869 f.) mit zust. Anm. *Gössel* JR 1990, 302 (303 f.); AK/*Loos* Rn. 11; Anw-StPO/*Böttger* Rn. 8; HK-StPO/*Kurth* Rn. 13; KK-StPO/*Fischer* Rn. 19; KMR/*Metzger* Rn. 23; *Meyer-Goßner* Rn. 10; *Pfeiffer* Rn. 8; SK-StPO/*Weßlau* Rn. 19; einschränkend (keine förmliche Zurückverweisung) *Gössel* aA BGH v. 14. 3. 1989 – 4 StR 558/88, JR 1990, 302 (304); Löwe/Rosenberg/*Gössel* Rn. 49; ähnlich *Werny* NJW 1988, 187 (188); aA OLG Düsseldorf v. 11. 1. 1988 – 5 Ss 431/87 – 4/88 I, NStZ 1988, 290 mit abl. Anm. *Meyer-Goßner*.
[64] HK-StPO/*Kurth* Rn. 13; KK-StPO/*Fischer* Rn. 21; KMR/*Metzger* Rn. 31; Löwe/Rosenberg/*Gössel* Rn. 45; *Meyer-Goßner* Rn. 10; *Pfeiffer* Rn. 8; SK-StPO/*Weßlau* Rn. 19.
[65] KK-StPO/*Fischer* Rn. 21; Löwe/Rosenberg/*Gössel* Rn. 45, § 411 Rn. 11; vgl. auch BayObLG v. 26. 9. 1968 – 1 a St 255/68, BayObLGSt 1968, 85 (87) = NJW 1969, 201: ersatzlose Aufhebung des Verwerfungsurteils.
[66] BGH v. 14. 3. 1989 – 4 StR 558/88, BGHSt 36, 139 (141 f., 144) = NJW 1989, 1869 (1869 f.) mit zust. Anm. *Gössel* JR 1990, 302 (303); AK/*Loos* Rn. 12; HK-StPO/*Kurth* Rn. 13; *Joecks* Rn. 8; KK-StPO/*Fischer* Rn. 20; KMR/*Metzger* Rn. 30; Löwe/Rosenberg/*Gössel* Rn. 50; *Pfeiffer* Rn. 8; SK-StPO/*Weßlau* Rn. 26; aA LG München I v. 4. 2. 1983 – Ns 251 Js 31844/82, NStZ 1983, 427 (428) mit insofern abl. Anm. *Hilger*; HK-GS/*Andrejtschitsch* Rn. 10; *Meyer-Goßner* Rn. 10.
[67] HK-StPO/*Kurth* Rn. 14; KK-StPO/*Fischer* Rn. 22; KMR/*Metzger* Rn. 25; Löwe/Rosenberg/*Gössel* Rn. 51; aA *Herdegen*, FS Kleinknecht, 1985, S. 173 (186 ff.); *Paeffgen*, FS Peters, 1984, S. 61 (73 ff.); *Pfeiffer* Rn. 9; SK-StPO/*Weßlau* Rn. 22; vgl. zu § 329 auch BGH v. 11. 4. 1979 – 2 StR 306/78, BGHSt 28, 384 (387) = NJW 1979, 2319 (2320).

Erster Abschnitt. Verfahren bei Strafbefehlen 15 § 412

dernissen überprüft werden.[68] Das Unterlassen der Aufklärung naheliegender Entschuldigungsgründe kann mit der Aufklärungsrüge geltend gemacht werden,[69] wohingegen das Nichtvorliegen der Voraussetzungen des § 412 generell mit der Verfahrensrüge beanstandet wird.[70] Hat die Revision **Erfolg**, so hebt das Revisionsgericht das Verwerfungsurteil und – sofern das Landgericht die Verwerfung bestätigt hat – das Berufungsurteil auf und verweist die Sache an das Amtsgericht zurück.[71] Erging das Verwerfungsurteil trotz **Unzulässigkeit des Einspruchs**, so hebt das Revisionsgericht das Urteil ebenfalls auf, verwirft den Einspruch hingegen selbst. Sollten Amts- und Landgericht die **Rücknahme des Einspruchs** übersehen haben, so stellt das Revisionsgericht das Verfahren gem. § 260 Abs. 3 unter Aufhebung des Verwerfungsurteils und ggf. des die Verwerfung bestätigenden Berufungsurteils mit der Kostenentscheidung des § 467 (in Bezug auf den Zeitraum nach Einspruchsrücknahme) ein. Geht das Revisionsgericht (auf Revision der Staatsanwaltschaft) hingegen im Unterschied zum Berufungsgericht davon aus, dass die Einspruchsverwerfung durch das Amtsgericht zu Recht erfolgte, so hebt es das landgerichtliche Urteil auf und verwirft selbst die Berufung als unbegründet.[72] Im umgekehrten Fall – das Amtsgericht hat ein Sachurteil und das Berufungsgericht fehlerhaft ein Verwerfungsurteil erlassen – hebt das Revisionsgericht das Verwerfungsurteil auf und verweist die Sache zurück an das Berufungsgericht.[73]

Bei fehlerhaftem **Erlass eines Sachurteils** hebt das Revisionsgericht das Sachurteil auf und verwirft selbst gem. § 354 Abs. 1 den Einspruch gegen den Strafbefehl. 15

[68] BGH v. 6. 6. 1967 – 5 StR 147/67, BGHSt 21, 242 (242 f.) = NJW 1967, 1476; BayObLG v. 24. 7. 2001 – 1 St RR 97/2001, BayObLGSt 2001, 101 = NStZ-RR 2002, 79 (80); OLG Brandenburg v. 3. 3. 2008 – 1 Ss 14/08; AnwStPO/*Böttger* Rn. 8; HK-StPO/*Kurth* Rn. 14; KK-StPO/*Fischer* Rn. 22; KMR/*Metzger* Rn. 27; Löwe/Rosenberg/*Gössel* Rn. 51; SK-StPO/*Weßlau* Rn. 21.
[69] OLG Hamburg v. 22. 9. 1964 – 2 Ss 105/64, NJW 1965, 315 (315 f.); HK-StPO/*Kurth* Rn. 14; KK-StPO/*Fischer* Rn. 22; KMR/*Metzger* Rn. 25 f.; vgl. auch RG v. 21. 1. 1927 – I 643/26, RGSt 61, 175; RG v. 17. 6. 1930 – I 1332/29, RGSt 64, 239 (245 f.).
[70] BayObLG v. 18. 9. 1959 – 1 St 503/59, Rpfleger 1960, 213 (214); KG v. 19. 12. 2001 – (3) 1 Ss 149/01 (92/01), NStZ-RR 2002, 218; OLG Hamburg v. 28. 3. 1962 – Ss 368/61, JZ 1963, 480 (481); HK-GS/*Andrejtschitsch* Rn. 11; HK-StPO/*Kurth* Rn. 14; KK-StPO/*Fischer* Rn. 22 f.; KMR/*Metzger* Rn. 25; *Pfeiffer* Rn. 9; SK-StPO/*Weßlau* Rn. 21.
[71] BayObLG v. 23. 12. 2003 – 4 St RR 100/2003, BayObLGSt 2003, 155 (156) = wistra 2004, 117; OLG Karlsruhe v. 22. 1. 1993 – 3 Ss 172/92, StV 1995, 8 (9); OLG Köln v. 15. 11. 1996 – Ss 554/96 – 193, NStZ-RR 1997, 208 (209); OLG Köln v. 1. 10. 1999 – Ss 466/99 – 248, VRS 98, 138 (139); OLG Oldenburg v. 30. 3. 1971 – Ss 30/71, MDR 1971, 680 (681); AK/*Loos* Rn. 14; HK-StPO/*Kurth* Rn. 10, 15; KK-StPO/*Fischer* Rn. 24; KMR/*Metzger* Rn. 28; *Meyer-Goßner* Rn. 11; *Pfeiffer* Rn. 10; SK-StPO/*Weßlau* Rn. 23 f.
[72] BayObLG v. 28. 2. 1975 – RReg. 6 St 11/75, BayObLGSt 1975, 23 (24 f.) = MDR 1975, 597; AK/*Loos* Rn. 15; HK-StPO/*Kurth* Rn. 15; KK-StPO/*Fischer* Rn. 24; KMR/*Metzger* Rn. 29; Löwe/Rosenberg/*Gössel* Rn. 52; *Meyer-Goßner* Rn. 11; *Pfeiffer* Rn. 10; SK-StPO/*Weßlau* Rn. 25.
[73] HK-StPO/*Kurth* Rn. 15.

Zweiter Abschnitt. Sicherungsverfahren

§ 413 [Voraussetzungen des Antrags]

Führt die Staatsanwaltschaft das Strafverfahren wegen Schuldunfähigkeit oder Verhandlungsunfähigkeit des Täters nicht durch, so kann sie den Antrag stellen, Maßregeln der Besserung und Sicherung selbständig anzuordnen, wenn dies gesetzlich zulässig ist und die Anordnung nach dem Ergebnis der Ermittlungen zu erwarten ist (Sicherungsverfahren).

Schrifttum: *Dörffler*, Das Sicherungsverfahren, DJ 1933, 749 ff.; *Eisenberg*, Zur Frage der sachlichen Zuständigkeit des Jugendschöffengerichts bei Anordnung der Unterbringung, NJW 1986, 2408 ff.; *Gruhl*, Nebenklage und Sicherungsverfahren, NJW 1991, 1874 f.; *Hanack*, Die Rechtsprechung des Bundesgerichtshofs zum Strafverfahrensrecht, JZ 1974, 54 f.; *Henkel*, Das Sicherungsverfahren gegen Gemeingefährliche, ZStW 58 (1939), 167 ff.; *Jakobs*, Probleme der Wahlfeststellung, GA 1971, 257 ff.; *Lüttger*, Der „genügende Anlaß" zur Erhebung der öffentlichen Klage, GA 1957, 193 ff.; *Pfeiffer*, Nebenklage und Sicherungsverfahren, FS Meyer-Goßner, 2001, S. 705 ff.; *Sauer*, Zurechenbarkeit, Zurechnungsfähigkeit und Verantwortlichkeit im Jugendstrafrecht, NJW 1949, 289 ff.; *Seyfi*, Das Sicherungsverfahren (§§ 413–416 StPO), 2002.

I. Allgemeines

1   Der schuldunfähige Beschuldigte ist freizusprechen. Stellt sich § 20 StGB im Ermittlungs- oder Zwischenverfahren heraus, findet ein Strafverfahren gem. §§ 170 Abs. 2, 204 Abs. 1 nicht statt; bei Verhandlungsunfähigkeit ist einzustellen. § 71 StGB weist auf die selbständige Anordnung auch für diese Fälle hin, und §§ 413 ff. (vormals §§ 429a ff.)[1] enthalten das verfahrensrechtliche Instrument dazu. Anstelle von §§ 112 f. greifen §§ 81, 126a sowie § 132 a.[2]

2   Das Sicherungsverfahren gilt für Maßregeln, die keinen Strafausspruch voraussetzen; das sind gem. § 71 StGB die §§ 63, 64 StGB, die Entziehung der Fahrerlaubnis (§ 69 StGB) und das Berufsverbot (§ 70 StGB), nicht dagegen die Sicherungsverwahrung (§§ 66 ff. StGB) und die Führungsaufsicht (§ 68 StGB).[3]

3   § 413 bezweckt die **Sicherung der Allgemeinheit** vor den Gefahren aus dem Zustand des Täters.[4] Das Wort *Beschuldigter* (§ 415)[5] ist verfehlt und nachdem von *Betroffenen* die Rede.

4   Der *BGH* hatte die **Nebenklage** zutreffend abgelehnt, aber nach langer Kontroverse[6] seine Rspr. geändert,[7] was nun § 395 Abs. 1 Hs. 1 entspricht. Konsequent ist dem Nebenkläger das Rechtsmittel eröffnet,[8] doch kann gem. § 400 Abs. 1 *keine andere* als die angeordnete Maßregel begehrt werden. Ein Fremdkörper ist die Nebenklage aber dennoch.

5   Auch §§ 406d ff. sollen gelten (zw.);[9] ausgeschlossen aber § 172,[10] **Adhäsionsverfahren**,[11] Privatklage;[12] ferner Einziehung und Verfall (§§ 11 Abs. 1 Nr. 8, 61 StGB), doch vgl. das selbständige **Einziehungsverfahren** gem. § 76a Abs. 2 Nr. 2, Abs. 1 StGB iVm. § 440 Abs. 1.[13]

6   Gewöhnlich mildere landesrechtliche (oder zivilrechtliche)[14] **Unterbringungen** hindern §§ 413 ff. nicht;[15] ebenso Reaktionen der Verwaltung (Fahrerlaubnis, GewO), des Dienstherrn oder der berufsständischen Kammern.[16] Teils bestehen Mitteilungspflichten.[17] Bei neuen Tatsachen iSd. § 66b StGB hat § 413 Vorrang.[18]

---

[1] Dazu Löwe/Rosenberg/*Gössel* Vor § 413 Rn. 1 ff.
[2] Vgl. SK-StPO/*Weßlau* § 414 Rn. 8.
[3] Ferner Rn. 17.
[4] Statt vieler BGH v. 26.9.1967 – 1 StR 378/67, BGHSt 22, 1 (3) = NJW 1968, 412; *Pfeiffer*, FS Meyer-Goßner, 2001, S. 705; KK-StPO/*Fischer* Rn. 3; and. *Seyfi* S. 46 ff.
[5] Henkel ZStW 58 (1939), 167 (204); KK-StPO/*Fischer* Rn. 4; Löwe/Rosenberg/*Gössel* Vor § 413 Rn. 8; SK-StPO/*Weßlau* Vor § 413 Rn. 3; aA KMR/*Metzger* Rn. 30.
[6] Vgl. *Gruhl* NJW 1991, 1874; *Pfeiffer*, FS Meyer-Goßner, 2001, S. 705 ff.; Löwe/Rosenberg/*Gössel* Vor § 413 Rn. 9 ff.
[7] BGH v. 18.12.2001 – 1 StR 268/01, BGHSt 47, 202 ff. = NJW 2002, 692 f.
[8] BGH v. 1.2.2007 – 5 StR 444/06 – juris; Löwe/Rosenberg/*Gössel* Vor § 413 Rn. 11; *Meyer-Goßner* Rn. 3; entspr. zur Maßregel neben Freispruch BGH Urt. v. 7.6.1995 – 2 StR 206/95, NStZ 1995, 609 (610).
[9] Anw-StPO/*Böttger* § 414 Rn. 3; HK-StPO/*Kurth* § 414 Rn. 5; KK-StPO/*Fischer* § 414 Rn. 4a; KMR/*Metzger* Vor § 413 Rn. 31.
[10] *Dörffler* DJ 1933, 749 (750); KMR/*Metzger* § 414 Rn. 15.
[11] *Henkel* ZStW 58 (1939), 167 (202); KK-StPO/*Fischer* § 414 Rn. 4a; KMR/*Metzger* § 414 Rn. 40; Löwe/Rosenberg/*Gössel* Rn. 9.
[12] KK-StPO/*Fischer* § 414 Rn. 4a; KMR/*Metzger* § 414 Rn. 39.
[13] BGH v. 25.11.2003 – 3 StR 405/03 = BGH bei *Becker* NStZ-RR 2005, 69 Nr. 15; HK-StPO/*Kurth* Rn. 2; KMR/*Metzger* Rn. 9; *Meyer-Goßner* Rn. 3.
[14] Dazu KMR/*Metzger* Vor § 413 Rn. 28.
[15] BGH v. 30.11.1954 – 1 StR 581/54, BGHSt 7, 61 ff. sowie Löwe/Rosenberg/*Gössel* Rn. 21 f.
[16] Zum Ganzen KMR/*Metzger* Vor § 413 Rn. 21 ff.; vgl. aber auch Rn. 19.
[17] Vgl. *Meyer-Goßner* Rn. 10.
[18] BGH v. 23.3.2006 – 1 StR 476/05, RuP 2006, 205 (206); KK-StPO/*Fischer* Rn. 16.

II. Voraussetzungen

1. Die Anlasstat. Die rechtswidrige Tat ist ebenso **sorgfältig festzustellen** wie im Strafverfahren,[19] denn § 413 gestattet die Anordnung nur, wenn die Maßregel gesetzlich zulässig ist und die materiellen Normen machen keine Unterschiede zwischen Straf- und Sicherungsverfahren.

Nur wenn die Bestrafung gerade *wegen* Schuld- oder Verhandlungsunfähigkeit scheitert, greift § 413. Daher stehen andere Schuldausschluss- und Entschuldigungsgründe[20] (§§ 17, 33, 35 StGB, § 19 StGB)[21] sowie der strafbefreiende Rücktritt[22] dem § 413 entgegen; es gilt *in dubio pro reo*.[23] **Spezialgesetze** können diese strenge Verknüpfung lockern.[24]

Dabei sind Überschneidungen mit § 20 StGB möglich. Wer schuldunfähig ist, mag ohne Kenntnis der Tatumstände, im Erlaubnistatbestandsirrtum oder unter Notwehrüberschreitung gem. § 33 StGB gehandelt haben. Wenn letztlich die Ursache des § 20 StGB schon auf anderer Ebene die Bestrafung ausschließt, wird die Maßregel teilweise dennoch angewendet;[25] dagegen spricht der Wortlaut des § 413.[26]

Auch bei **Hindernissen** eines Strafverfahrens[27] greift § 413 nicht, bspw. sind Strafantrag,[28] Strafverlangen[29] und Verjährung (§ 78 Abs. 1 StGB) relevant; ebenso die Niederschlagung des Verfahrens, wenn das Straffreiheitsgesetz zu §§ 413 ff. schweigt.[30]

2. Schuldunfähigkeit. Schuldunfähig ist nur, wer § 20 StGB verwirklicht.[31] **Verminderte Schuldfähigkeit** genügt für § 413 nicht, da sie das Strafverfahren nicht hindert;[32] anders wenn neben dem sicheren[33] § 21 StGB der § 20 StGB nicht auszuschließen ist (str.).[34]

§ 3 JGG genügt nicht,[35] problematisch ist dessen Beziehung zu §§ 20, 21 StGB. Liegen Merkmale des § 21 StGB neben § 3 JGG vor, führt der bloße § 21 StGB ohnehin nicht zu § 413.[36] Im Strafverfahren indes wird die auf § 21 StGB gründende Maßregel trotz § 3 JGG für möglich gehalten (str.).[37] Denkbar ist eine Sperrwirkung, mit der die prozessuale Wertung aus § 413 auf die materielle Ebene des § 63 StGB übertragen wird, wodurch auch im Strafverfahren eine selbständige Maßregelanordnung ausscheidet.

Steht neben § 3 JGG der § 20 StGB im Raum,[38] soll die Maßregel materiell[39] und auch gem. § 413 möglich sein (str.).[40] Verbleiben Zweifel, greift in dubio pro reo § 3 JGG,[41] der mildere Maßnahmen nach § 3 S. 2 JGG eröffnet.[42] Doch zumindest der strenge Wortlaut des § 413 lässt

---

[19] BGH v. 18. 12. 2001 – 1 StR 268, BGHSt 47, 202 (206) = NJW 2002, 692 (693); vgl. auch BGH v. 25. 11. 2003 – 3 StR 405/03 – juris, sowie Löwe/Rosenberg/*Gössel* Vor § 413 Rn. 4; ferner Rn. 16.
[20] BGH 14. 4. 1959 – 1 StR 488/58, BGHSt 13, 91 (94) = NJW 1959, 1185 (1186); BGH v. 18. 12. 2001 – 1 StR 268, BGHSt 47, 202 (206) = NJW 2002, 692 (693); LK/*Schöch* § 63 Rn. 51 f.
[21] Löwe/Rosenberg/*Gössel* Rn. 13, Rn. 2; SK-StPO/*Weßlau* Rn. 11; zu § 3 JGG vgl. Rn. 12 f.
[22] BGH v. 28. 10. 1982 – 4 StR 472/82, BGHSt 31, 132 (133 ff.) = NJW 1983, 1385 f.; HK-StPO/*Kurth* Rn. 5; KMR/*Metzger* Rn. 12; LK/*Schöch* § 63 Rn. 54; Löwe/Rosenberg/*Gössel* Rn. 13, § 414 Rn. 27; *Meyer-Goßner* Rn. 7.
[23] KK-StPO/*Fischer* § 414 Rn. 19.
[24] Dazu Löwe/Rosenberg/*Gössel* Rn. 12.
[25] Dazu *Fischer* § 63 Rn. 3; LK/*Schöch* § 63 Rn. 41 ff. mwN.
[26] Vgl. KK-StPO/*Fischer* Rn. 11; Löwe/Rosenberg/*Gössel* Rn. 19 mit Fn. 38 f.; AK-StPO/*Keller* Rn. 2.
[27] Ferner § 414 Rn. 1.
[28] BGH v. 28. 10. 1982 – 4 StR 472/82, BGHSt 31, 132 (133 ff.) = NJW 1983, 1385 f.; HK-StPO/*Kurth* Rn. 5; KK-StPO/*Fischer* Rn. 10; KMR/*Metzger* Rn. 12; Löwe/Rosenberg/*Gössel* Rn. 13; *Meyer-Goßner* Rn. 8.
[29] Löwe/Rosenberg/*Gössel* Rn. 13; SK-StPO/*Weßlau* Rn. 15.
[30] Vgl. AK-StPO/*Keller* Rn. 8; LK/*Hanack* § 71 Rn. 8; MünchKommStGB/*Bockemühl* § 71 Rn. 5; Schönke/Schröder/*Stree* § 71 Rn. 3; aA Löwe/Rosenberg/*Gössel* Rn. 12.
[31] Löwe/Rosenberg/*Gössel* Rn. 2; auch Rn. 8.
[32] BGH v. 28. 10. 1982 – 4 StR 472/82, BGHSt 31, 132 (136) = NJW 1983, 1385 (1386); HK-StPO/*Kurth* Rn. 3; Löwe/Rosenberg/*Gössel* Vor § 413 Rn. 5.
[33] Anderenfalls scheiden Straf- *und* Sicherungsverfahren aus, vgl. *Jakobs* GA 1971, 257 (263); LK/*Hanack* § 71 Rn. 1; Schönke/Schröder/*Stree* § 71 Rn. 4.
[34] BGH v. 26. 9. 1967 – 1 StR 378/67, BGHSt 22, 1 ff. = NJW 1968, 412 f.; *Jakobs* GA 1971, 257 (263 f.); AnwStPO/*Böttger* Rn. 5; HK-StPO/*Kurth* Rn. 3; KK-StPO/*Fischer* Rn. 8; *Meyer-Goßner* Rn. 4; Löwe/Rosenberg/*Gössel* Rn. 4 f.; aA *Dörffler* DJ 1933, 749 (751); *Peters* S. 570; *Seyfi* S. 104; AK-StPO/*Keller* Rn. 6; SK-StPO/*Weßlau* Rn. 9 f., Vor § 413 Rn. 10; *Hanack* LK § 71 Rn. 12; *ders.* JZ 1974, 54 (56); *Sax* Anm. zu BGH v. 26. 9. 1967 – 1 StR 378/67, JZ 1968, 533 ff.
[35] Vgl. nur *Fischer* § 63 Rn. 2; LK/*Schöch* § 63 Rn. 32; Löwe/Rosenberg/*Gössel* Rn. 2; *Sauer* NJW 1949, 289 (290).
[36] Löwe/Rosenberg/*Gössel* Rn. 2, Vor § 413 Rn. 6.
[37] BGH Urt. v. 29. 1. 1975 – 2 StR 579/74, BGHSt 26, 67 ff. = JR 1976, 116 mAnm *Brunner*; KK-StPO/*Fischer* Rn. 2; LK/*Schöch* § 63 Rn. 34; Löwe/Rosenberg/*Gössel* Vor § 413 Rn. 6; aA *Eisenberg* NJW 1986, 2408 (2409 f.); *ders.* § 3 JGG Rn. 34.
[38] Zur Abgrenzung *Eisenberg* § 3 JGG Rn. 33, 35; *Sauer* NJW 1949, 289 (290 f.); LK/*Schöch* § 63 Rn. 34 mwN; *Roxin* AT I § 20 Rn. 54.
[39] BGH v. 29. 1. 1975 – 2 StR 579/74, BGHSt 26, 67 ff. = JR 1976, 116 mAnm *Brunner*; aA *Eisenberg* NJW 1986, 2408 (2409 f.); *ders.* § 3 JGG Rn. 36, 39 mwN; diff. *Sauer* NJW 1949, 289 (290 f.) mit Gesetzgebungsvorschlag.
[40] SK-StPO/*Weßlau* Rn. 11; aA *Seyfi* S. 100.
[41] *Eisenberg* § 3 JGG Rn. 40; NK/*Lemke* § 10 Rn. 3; *Roxin* AT I § 20 Rn. 54; aA LK/*Schöch* § 63 Rn. 34.
[42] Insoweit krit. *Eisenberg* § 3 JGG Rn. 41.

ein Sicherungsverfahren nicht zu, wenn der Betroffene schon durch § 3 JGG vor Strafe geschützt ist. Davon abgesehen ist bei Jugendlichen in besonderer Weise auf die Erforderlichkeit zu achten und die Unterbringung nur in besonderen Ausnahmefällen gerechtfertigt.[43]

14   3. **Verhandlungsunfähigkeit.** Die Verhandlungsunfähigkeit ist zweifach von Bedeutung. Erstens besteht darin für § 413 **kein Verfahrenshindernis.** Zweitens soll der (auch hier zumindest notwendige)[44] § 21 StGB als Grundlage der Maßregel erhalten bleiben, wenn ein Strafverfahren wegen Verhandlungsunfähigkeit ausscheidet.[45]

15   Auch **bei Zweifeln** am Vorliegen (oder der Dauerhaftigkeit)[46] soll das Strafverfahren gehindert und § 413 eröffnet sein.[47] Auch eine **nachträgliche** Verhandlungsunfähigkeit genügt.[48] Bei nur kurzer Verhandlungsunfähigkeit ist gem. §§ 213, 228, 229 abzuwarten,[49] bei (längerer) **vorübergehender** Dauer hat § 205 Vorrang,[50] wenn § 413 nicht schon wegen Schuldunfähigkeit greift.[51]

16   Es bestehen **Einwände.** Wer ernsthaft verhandlungsunfähig ist, kann mit seinem Verteidiger die Verhandlung nicht in der gebotenen Form vorbereiten. Darunter leiden die Erklärung zur Sache, der sinnvolle Beweisantrag, die Befragungen und Erklärungen (§ 257) sowie das letzte Wort. Zudem stützt sich der zum Beweisverwertungsverbot abverlangte Widerspruch oft gerade auf Mitteilungen des Betroffenen. Aus gutem Grund ist die Verhandlungsunfähigkeit ein Verfahrenshindernis.[52] Insoweit ist § 413 wegen Kollision mit dem **rechtlichen Gehör** einer verfassungsrechtlichen Überprüfung würdig, ebenso in Bezug auf Art 5, 6 EMRK.[53] Jedenfalls wenn zustandsbedingt keine sinnvolle Kommunikation möglich ist, darf auch im Sicherungsverfahren nicht verhandelt werden.[54] Davon abgesehen wäre dem Gericht eine **Verhandlungsführung** und **Beweiswürdigung** abzuverlangen, die sich mit der vollen Tragweite der Beschränkungen des rechtlichen Gehörs auseinandersetzt und den daraus folgenden Unwägbarkeiten gehörig Rechnung trägt. Das Gericht hat sich bis zur faktischen Grenze der Verständigungsmöglichkeit um Gehör für den Betroffenen persönlich zu bemühen.[55]

17   4. **Materiell zulässige Anordnung.** § 413 verweist umfassend auf die materiellen Voraussetzungen der Maßregel. Daneben müsse die Anordnung im Sicherungsverfahren entspr. § 71 StGB nochmals **ausdrücklich vorgesehen** sein, womit vergleichbare Maßregeln des Nebenstrafrechts (§ 20 TierSchG, § 41 BJagdG) ausschieden.[56] Damit würde der (oft zufällige) Zeitpunkt der Feststellung von Schuld- bzw. Verhandlungsunfähigkeit über diese Maßregeln entscheiden. Es sollte § 71 StGB deklaratorische Bedeutung beigemessen werden[57] und neben § 413 ausreichen, dass die Maßregel materiell bei §§ 20, 21 StGB verhängt werden kann.

18   5. **Zu erwartende Anordnung.** Der Antrag entspricht einer Anklage (§ 414 Abs. 2 S. 1) und es kommt vergleichbar zu § 203 für die Anlasstat auf hinreichenden Tatverdacht und in Bezug auf die weiteren Voraussetzungen[58] auf eine entsprechende Wahrscheinlichkeit an.[59]

19   6. **Antrag und Opportunitätsprinzip.** Die StA *kann* den Antrag stellen und übt ihr pflichtgemäßes Ermessen anhand der Erforderlichkeit zur Sicherung der Allgemeinheit[60] im Verhältnis zu begangenen und zu erwartenden Taten aus (§ 62 StGB), wobei Fragen der dogmatischen Grundlage einer Maßregel auf die Ermessensausübung durchschlagen.[61] Mildere Maßnahmen gegen den Betroffenen sind zu berücksichtigen;[62] ebenso Erwägungen aus dem Bereich[63] der §§ 153, 153 a, 153 b, 154 c.

---

[43] BGH Urt. v. 25. 4. 1991 – 4 StR 89/91, BGHSt 37, 373 ff. = NJW 1992, 1570.
[44] KMR/*Metzger* Rn. 5; Schönke/Schröder/*Stree* § 71 Rn. 4.
[45] Grdsl. krit. *Sëyfi* S. 96 ff. (zw.).
[46] Löwe/Rosenberg/*Gössel* Rn. 8.
[47] KK-StPO/*Fischer* Rn. 9; Löwe/Rosenberg/*Gössel* Rn. 5; Meyer-Goßner Rn. 5; aA *Peters* S. 572; KMR/*Metzger* Rn. 5; SK-StPO/*Weßlau* Vor § 413 Rn. 10, Rn. 14.
[48] Löwe/Rosenberg/*Gössel* Rn. 7; aA wohl AK-StPO/*Keller* Rn. 7.
[49] KMR/*Metzger* Rn. 5.
[50] Meyer-Goßner Rn. 5; KK-StPO/*Fischer* Rn. 9.
[51] Löwe/Rosenberg/*Gössel* § 414 Rn. 1; anders KK-StPO/*Fischer* § 414 Rn. 5 aE.
[52] Vgl. nur Löwe/Rosenberg/*Gössel* Rn. 7.
[53] Krit. auch NK/*Pollähne/Bollinger* § 71 Rn. 4 f.
[54] Ferner AK-StPO/*Keller* § 415 Rn. 6; KMR/*Metzger* Vor § 413 Rn. 15, § 415 Rn. 12; zudem § 415 Rn. 6.
[55] AK-StPO/*Keller* § 414 Rn. 10.
[56] Vgl. OLG Karlsruhe v. 17. 12. 1987 – 4 Ss 198/87 – juris; *Sëyfi* S. 99 f.; KMR/*Metzger* Rn. 8; Löwe/Rosenberg/*Gössel* Rn. 15 ff.; SK-StPO/*Weßlau* Rn. 16.
[57] Vgl. auch NK/*Pollähne/Bollinger* § 71 Rn. 4, 11.
[58] Die Gefährlichkeit für § 203 ausklammernd *Henkel* ZStW 58 (1939), 167 (207 f.); BayObLG v. 29. 3. 1934 – I Nr. 274/34, JW 1934, 2631 mAnm *Lehmann*; OLG Jena v. 9. 3. 1934 – 4 W 67/34, JW 1934, 1593 mAnm *Schafheutle*.
[59] KK-StPO/*Fischer* Rn. 12; Löwe/Rosenberg/*Gössel* Rn. 19; *Lüttger* GA 1957, 193 (210).
[60] KK-StPO/*Fischer* Rn. 14; Löwe/Rosenberg/*Gössel* Rn. 20; und. KMR/*Metzger* Vor § 413 Rn. 10, Rn. 14 f.
[61] SK-StPO/*Weßlau* Vor § 413 Rn. 6, Rn. 3.
[62] Im Einzelnen AK-StPO/*Keller* Rn. 12 f.; Anw-StPO/*Böttger* Rn. 9 f.; KK-StPO/*Fischer* Rn. 14 f.; Löwe/Rosenberg/*Gössel* Rn. 21 f. sowie oben Rn. 6.
[63] Denn vgl. § 414 Rn. 11.

§ 414 [Verfahren]

(1) Für das Sicherungsverfahren gelten sinngemäß die Vorschriften über das Strafverfahren, soweit nichts anderes bestimmt ist.

(2) [1] Der Antrag steht der öffentlichen Klage gleich. [2] An die Stelle der Anklageschrift tritt eine Antragsschrift, die den Erfordernissen der Anklageschrift entsprechen muß. [3] In der Antragsschrift ist die Maßregel der Besserung und Sicherung zu bezeichnen, deren Anordnung die Staatsanwaltschaft beantragt. [4] Wird im Urteil eine Maßregel der Besserung und Sicherung nicht angeordnet, so ist auf Ablehnung des Antrages zu erkennen.

(3) Im Vorverfahren soll einem Sachverständigen Gelegenheit zur Vorbereitung des in der Hauptverhandlung zu erstattenden Gutachtens gegeben werden.

Schrifttum: *Dörffler*, Das Sicherungsverfahren, DJ 1933, 749 ff.; *Eisenberg*, Zur Frage der sachlichen Zuständigkeit des Jugendschöffengerichts bei Anordnung der Unterbringung, NJW 1986, 2408 ff.; *Henkel*, Das Sicherungsverfahren gegen Gemeingefährliche, ZStW 58 (1939), 167 ff.; *Nagler*, Das Adhäsionsverfahren im geltenden Recht und im Entwurfe der Strafverfahrensordnung, GerS 112 (1939), 308 ff.; *Radtke*, Materielle Rechtskraft bei der Anordnung freiheitsentziehender Maßregeln der Besserung und Sicherung, ZStW 110 (1998), 297 ff.

I. Allgemeines

Das Strafverfahrensrecht ist subsidiär und Besonderheiten der §§ 413 ff. gehen vor.[1] **Verfahrenshindernisse** – mit Ausnahme der Verhandlungsunfähigkeit[2] – gelten;[3] das **Strafurteil** schließt ein nachträgliches Sicherungsverfahren aus,[4] entspr. bei Einstellungen soweit Rechtskraft besteht. 1

Einlassungen des Schuld- bzw. Verhandlungsunfähigen berühren § 136 a und deren tatsächlicher Beweiswert ist problematisch.[5] Gem. § 140 Abs. 1 Nr. 7 sowie Nr. 4 und Nr. 6 ist die **Verteidigung notwendig**, wobei eine unverzügliche Bestellung durch § 141 Abs. 3 S. 4 nur für § 140 Abs. 1 Nr. 4 ausdrücklich vorgesehen, doch auch im Übrigen geboten ist.[6] Ohne Verteidigung sind Einlassungen zumindest bei Verhandlungsunfähigkeit **unverwertbar**, denn wer eine Belehrung nicht verstehen kann, bleibt unbelehrt.[7] Die Bestellung eines Betreuers oder gesetzlichen Vertreters soll nicht erforderlich sein,[8] doch könne § 244 Abs. 2 dessen Vernehmung erfordern.[9] 2

Zwangsmaßnahmen zur Tataufklärung gelten über § 414 Abs. 1 entsprechend, wobei im Ermessen das Gewicht der Maßregel zu berücksichtigen ist. An die Stelle des Haftbefehls tritt der Unterbringungsbefehl, welche ineinander umwandelbar sind.[10] 3

Die **sachliche Zuständigkeit** des Gerichts ergibt sich aus dem GVG.[11] Dem Amtsgericht ist § 63 StGB durch § 24 Abs. 1 Nr. 2, Abs. 2 GVG entzogen; anders das Jugendschöffengericht.[12] Zudem führt § 24 Abs. 1 Nr. 3 GVG zum LG und dort kann gem. § 76 Abs. 2 GVG der Umfang der Sache die Mitwirkung eines dritten Berufsrichters erfordern,[13] doch gelten §§ 338 Nr. 1 Hs. 2, 222 b.[14] Die Zuständigkeiten des *OLG* sowie der **Spezialkammern** des *LG*[15] bleiben erhalten, ebenso die Unzuständigkeit des Strafrichters für Verbrechen. Damit wird bei Vergehen vor dem Strafrichter und bei Verbrechen vor dem Schöffengericht verhandelt, soweit nicht eine Sonderzuständigkeit oder § 24 Abs. 1 Nr. 3 GVG entgegensteht.[16] Sieht der **Geschäftsverteilungsplan** keine Bestimmungen zum Sicherungsverfahren vor, ist der Spruchkörper als zuständig anzusehen, der es für das Strafverfahren wäre.[17] 4

---

[1] KK-StPO/*Fischer* Rn. 1; Löwe/Rosenberg/*Gössel* Rn. 1.
[2] KG v. 17. 9. 1997 – 1 AR 737/97 – juris; doch einschr. § 413 Rn. 16.
[3] Löwe/Rosenberg/*Gössel* Rn. 1; zugleich § 413 Rn. 9.
[4] BGH v. 29. 4. 1958 – 1 StR 68/58, BGHSt 11, 319 (322) = NJW 1958, 1050 f.; KMR/*Metzger* Rn. 5; Löwe/Rosenberg/*Gössel* Rn. 34; *Hanack* JZ 1974, 54 (57); ferner Rn. 6, 12.
[5] Vgl. BGH v. 1. 4. 1952 – 2 StR 754/51, BGHSt 2, 269 f.; Löwe/Rosenberg/*Gössel* Rn. 23; ferner Rn. 16.
[6] Vgl. auch AK-StPO/*Keller* Rn. 12; Löwe/Rosenberg/*Gössel* Rn. 2; *Meyer-Goßner* Rn. 7; *Pfeiffer* Rn. 1; SK-StPO/*Weßlau* Rn. 9.
[7] Auch § 415 Rn. 6.
[8] BGH v. 7. 5. 1996 – 5 StR 169/96, NStZ 1996, 610; Löwe/Rosenberg/*Gössel* Rn. 1.
[9] BGH v. 7. 5. 1996 – 5 StR 169/96, NStZ 1996, 610; KMR/*Metzger* § 415 Rn. 32; Löwe/Rosenberg/*Gössel* § 415 Rn. 12.
[10] KK-StPO/*Fischer* Rn. 3; Löwe/Rosenberg/*Gössel* Rn. 4.
[11] Löwe/Rosenberg/*Gössel* Rn. 5 aE, Rn. 6 f.
[12] Dazu OLG Saarbrücken v. 15. 5. 1984 – 1 Ws 42/84, NStZ 1985, 93; *Eisenberg* NJW 1986, 2408 ff.; HK-StPO/*Kurth* Rn. 16; KK-StPO/*Fischer* Rn. 16; KMR/*Metzger* Rn. 8; Löwe/Rosenberg/*Gössel* Rn. 14.
[13] *Pfeiffer* Rn. 2.
[14] BGH v. 23. 12. 1998 – 3 StR 343/98, BGHSt 44, 328 ff. = NJW 1999, 1644.
[15] BGH v. 5. 4. 2001 – 4 StR 56/01, NStZ-RR 2002, 104 Nr. 56; OLG Stuttgart v. 23. 2. 1987 – 3 Ws 35/87, NStZ 1987, 292; HK-StPO/*Kurth* Rn. 15; KK-StPO/*Fischer* Rn. 15; KMR/*Metzger* Rn. 6; Löwe/Rosenberg/*Gössel* Rn. 10 f., 13; aA OLG München v. 18. 12. 1981 – 2 Ws 1415/81, MDR 1983, 514.
[16] KMR/*Metzger* Rn. 6 f.
[17] Löwe/Rosenberg/*Gössel* Rn. 9.

II. Vor- und Zwischenverfahren

5 Es gilt ein förmliches Vor- und Zwischenverfahren. Antragsschrift und Eröffnungsbeschluss sind **Prozessvoraussetzung**, und deren Fehlen zwingt zur Einstellung von Amts wegen,[18] wenn keine Heilung erfolgt. Die Form der **Antragsschrift** entspricht der Anklage,[19] schwerwiegende Mängel bedingen Unwirksamkeit.[20] Eine Anklage ersetzt den Sicherungsantrag nicht, weil das ein unzulässiger Eingriff in das Ermessen der StA wäre;[21] ein schriftlicher Hilfsantrag ist statthaft.[22]

6 Nach anderweitig eröffneter Anklage steht dem Sicherungsantrag Rechtshängigkeit entgegen;[23] anders nach Rücknahme (§ 156), im Beschwerdeverfahren[24] oder bei Nichteröffnung wegen § 20 StGB,[25] doch im Übrigen gilt § 211.[26] Im eröffneten Strafverfahren ist über die Maßregel zu entscheiden,[27] selbst ein einvernehmlicher Übergang zu § 413 ist ausgeschlossen.[28] Bei Verhandlungsunfähigkeit wird § 413 durch Einstellung des Strafverfahrens möglich, § 416 Abs. 2 gilt nicht.[29]

7 Das Gericht verfährt mit dem Antrag wie mit einer Anklage:[30] zunächst §§ 201, 202 StPO und Prüfung der Verteidigerbeiordnung,[31] auf wesentliche Mängeln der Antragsschrift ist zu reagieren und eine Ablehnung gem. § 204 StPO zu begründen, auch §§ 209, 209a StPO gelten. Zugleich ist gem. § 207 Abs. 4 StPO über § 126a StPO zu entscheiden.

III. Hauptverfahren

8 Es gelten die Vorschriften zur Vorbereitung und Durchführung der Hauptverhandlung, doch sind § 415 StPO und § 171a GVG zu beachten. Der Vorsitzende wahrt bestmöglich die Beteiligungsrechte des Betroffenen unter Einbeziehung des Verteidigers.

9 §§ 264, 265, 266 gelten für die Art der Maßregel und (wie gewohnt) für die Anlasstat;[32] doch sollen „zur Vervollständigung des Bildes" auch Taten von außerhalb des Antrags einbezogen werden können (zw.).[33] Zur Bewährung (§ 67b StGB) vgl. §§ 268a Abs. 2, 3,[34] 265 a S. 2.

IV. Entscheidung und Rechtskraft

10 Das Urteil entscheidet nur über die Maßregel;[35] bei Verbindung von Straf- und Sicherungsverfahren wegen zweier Taten gem. § 4 stehen die Entscheidungen nebeneinander.[36] Sind mehrere Taten Gegenstand des § 413, erfolgt keine Teilablehnung, soweit es sich um Gründe derselben Maßregel handelt,[37] es gilt aber Kostenteilung.[38]

11 Mit dem Urteil ist gem. § 268b über § 126a zu entscheiden. Einstellungen gem. §§ 153, 153a sind grdsl.[39] nicht möglich, anders bei §§ 154, 154a[40] und Verfahrenshindernissen. **Rechtsmittel**

---

[18] RG v. 23. 3. 1938 – 2 D 119/38, RGSt 72, 143 ff.; BGH 6. 6. 2001 – 2 StR 136/01, BGHSt 47, 52 ff. = NJW 2001, 3560 f.; KK-StPO/*Fischer* Rn. 9; Löwe/Rosenberg/*Gössel* Rn. 18.
[19] Im Einzelnen (teils diff.) OLG Düsseldorf v. 7. 6. 1979 – 1 Ws 111/79 – juris; *Henkel* ZStW 58 (1939), 167 (203 f.); KK-StPO/*Fischer* § 413 Rn. 12, Rn. 6 ff.; KMR/*Metzger* Rn. 20 f.; Löwe/Rosenberg/*Gössel* Rn. 15 ff.
[20] KK-StPO/*Fischer* Rn. 9; KMR/*Metzger* § 416 Rn. 25.
[21] AA noch *Dörffler* DJ 1933, 749 (751).
[22] RG v. 23. 3. 1938 – 2 D 119/38, RGSt 72, 143 (144 f.); BGH 6. 6. 2001 – 2 StR 136/01, BGHSt 47, 52 (53) = NJW 2001, 3560; KK-StPO/*Fischer* Rn. 10; Löwe/Rosenberg/*Gössel* Rn. 18; ferner § 416 Rn. 1.
[23] BGH v. 25. 6. 1968 – 5 StR 191/68, BGHSt 22, 185 (186); KK-StPO/*Fischer* Rn. 12; Löwe/Rosenberg/*Gössel* Rn. 19 u. § 413 Rn. 3; s. aber Rn. 10.
[24] BGH v. 6. 6. 2001 – 2 StR 136/01, BGHSt 47, 52 (54) = NJW 2001, 3560 f.
[25] BGH v. 6. 6. 2001 – 2 StR 136/01, BGHSt 47, 52 (54) = NJW 2001, 3560 f.; Löwe/Rosenberg/*Gössel* § 413 Rn. 3, Rn. 19; *Meyer-Goßner* Rn. 1; aA *Dörffler* DJ 1933, 749 (751).
[26] KK-StPO/*Fischer* § 413 Rn. 6; KMR/*Metzger* Rn. 4.
[27] BGH v. 6. 6. 2001 – 2 StR 136/01, BGHSt 47, 52 (54) = NJW 2001, 3560 f.; BGH v. 19. 8. 2009 – 1 StR 338/09, NStZ 2010, 228 f.; KK-StPO/*Fischer* § 413 Rn. 7; Löwe/Rosenberg/*Gössel* § 413 Rn. 3. Rn. 23, Rn. 19, § 416 Rn. 16.
[28] KK-StPO/*Fischer* § 416 Rn. 9; Löwe/Rosenberg/*Gössel* § 416 Rn. 16.
[29] BGH v. 23. 3. 2001 – 2 StR 498/00, BGHSt 46, 345 ff. = NJW 2001, 3277 ff.; AK-StPO/*Keller* § 415 Rn. 12; HK-StPO/*Kurth* § 416 Rn. 4; KK-StPO/*Fischer* § 416 Rn. 10; KMR/*Metzger* § 416 Rn. 22; Löwe/Rosenberg/*Gössel* § 416 Rn. 17; SK-StPO/*Weßlau* Vor § 413 Rn. 12; aA *Peters* S. 572.
[30] Zum Ganzen KK-StPO/*Fischer* Rn. 1; Löwe/Rosenberg/*Gössel* Rn. 20 ff.
[31] Zudem Rn. 2.
[32] Dazu KK-StPO/*Fischer* Rn. 2; Löwe/Rosenberg/*Gössel* Rn. 24; SK-StPO/*Weßlau* Rn. 13 ff.
[33] *Henkel* ZStW 58 (1939), 167 (213); AK-StPO/*Keller* Rn. 15; Löwe/Rosenberg/*Gössel* Rn. 24; SK-StPO/*Weßlau* Rn. 14; zum vorherigen Strafurteil vgl. Rn. 1.
[34] Löwe/Rosenberg/*Gössel* Rn. 29.
[35] KK-StPO/*Fischer* Rn. 17; Löwe/Rosenberg/*Gössel* Rn. 26.
[36] KK-StPO/*Fischer* Rn. 13; KMR/*Metzger* Rn. 29; Löwe/Rosenberg/*Gössel* Rn. 25.
[37] Dazu KK-StPO/*Fischer* Rn. 17; Löwe/Rosenberg/*Gössel* Rn. 28.
[38] RG v. 5. 9. 1939 – 1 D 714/39, RGSt 73, 303 (306); AK-StPO/*Keller* Rn. 14; KK-StPO/*Fischer* Rn. 20; Löwe/Rosenberg/*Gössel* Rn. 30.
[39] Diff. KMR/*Metzger* Rn. 13, 25 sowie SK-StPO/*Weßlau* Rn. 11.
[40] AK-StPO/*Keller* Rn. 13; Anw-StPO/*Böttger* Rn. 9; HK-StPO/*Kurth* Rn. 9; Löwe/Rosenberg/*Gössel* Rn. 26; *Meyer-Goßner* Rn. 6; *Pfeiffer* Rn. 4; ferner § 413 Rn. 19.

bestehen wie im Strafverfahren, der Verzicht des Verhandlungsunfähigen ist unwirksam.[41] Die Vollstreckung verläuft nach § 463.

Das Sicherungsurteil **verbraucht** umfassend den Sicherungs- und Strafanspruch,[42] insb. ist unbeachtlich, ob sich später die Schuldfähigkeit[43] oder die Gefährlichkeit herausstellt,[44] solange keine neue Tat begangen wird. Unberührt bleibt die Unterbringung nach Landesrecht.[45] Gem. § 414 Abs. 1 sind §§ 359 ff. für die **Wiederaufnahme** entsprechend anzuwenden, vgl. ferner § 359 Nr. 5.[46] Soweit aber die Voraussetzungen der Maßregel nicht (mehr) vorliegen, soll die Strafvollstreckungskammer durch **Erledigungserklärung** entscheiden (str.).[47]

V. Der Sachverständige

§ 413 Abs. 3 ergänzt § 80 a und setzt sich in § 415 Abs. 5 fort. Die Anwesenheit eines Verteidigers ist geboten, wenn der (insb. verhandlungsunfähige) Betroffene selbst nicht über § 136 Abs. 1 S. 2 und S. 3 zu urteilen vermag.[48]

§ 415 [Hauptverhandlung ohne den Beschuldigten]

(1) Ist im Sicherungsverfahren das Erscheinen des Beschuldigten vor Gericht wegen seines Zustandes unmöglich oder aus Gründen der öffentlichen Sicherheit oder Ordnung unangebracht, so kann das Gericht die Hauptverhandlung durchführen, ohne daß der Beschuldigte zugegen ist.

(2) ¹In diesem Falle ist der Beschuldigte vor der Hauptverhandlung durch einen beauftragten Richter unter Zuziehung eines Sachverständigen zu vernehmen. ²Von dem Vernehmungstermin sind die Staatsanwaltschaft, der Beschuldigte, der Verteidiger und der gesetzliche Vertreter zu benachrichtigen. ³Der Anwesenheit des Staatsanwalts, des Verteidigers und des gesetzlichen Vertreters bei der Vernehmung bedarf es nicht.

(3) Fordert es die Rücksicht auf den Zustand des Beschuldigten oder ist eine ordnungsgemäße Durchführung der Hauptverhandlung sonst nicht möglich, so kann das Gericht im Sicherungsverfahren nach der Vernehmung des Beschuldigten zur Sache die Hauptverhandlung durchführen, auch wenn der Beschuldigte nicht oder nur zeitweise zugegen ist.

(4) ¹Soweit eine Hauptverhandlung ohne den Beschuldigten stattfindet, können seine früheren Erklärungen, die in einem richterlichen Protokoll enthalten sind, verlesen werden. ²Das Protokoll über die Vorvernehmung nach Absatz 2 Satz 1 ist zu verlesen.

(5) ¹In der Hauptverhandlung ist ein Sachverständiger über den Zustand des Beschuldigten zu vernehmen. ²Hat der Sachverständige den Beschuldigten nicht schon früher untersucht, so soll ihm dazu vor der Hauptverhandlung Gelegenheit gegeben werden.

Schrifttum: *Dörffler*, Das Sicherungsverfahren, DJ 1933, 749 ff.

I. Allgemeines

Eine Maßregelentscheidung ohne Anwesenheit des Betroffenen ist dem Strafverfahren fremd, and. nur § 232 Abs. 1 S. 3, 233 Abs. 1 S. 3. Das lockert § 415, wenn der Betroffene zumindest außerhalb des Saales zur Verfügung steht. Daneben sollen §§ 231 Abs. 2,[1] § 230 Abs. 2,[2] 234 StPO[3] entspr. gelten.

§ 415 zieht die Durchführung der Hauptverhandlung den Mitwirkungsrechten vor, doch die Beteiligung ist umso wichtiger, je härter die Maßregel ist. Wegen Art. 103 Abs. 1 GG ist die Norm **ultima ratio**[4] und Überschreitungen bedingen § 338 Nr. 5,[5] der § 231 a Abs. 3 S. 3 gilt nicht.[6]

---

[41] BGH v. 6. 5. 1999 – 4 StR 79/99, NStZ 1999, 526 (527); Löwe/Rosenberg/*Gössel* Rn. 37.
[42] AA Henkel ZStW 58 (1939), 167 (214 ff.); Nagler GerS 112 (1939), 308 (332 ff.); diff. Peters S. 572.
[43] BGH v. 29. 4. 1958 – 1 StR 68/58, BGHSt 11, 319 (322) = NJW 1958, 1050 f.; *Dörffler* DJ 1933, 749 (751); KK-StPO/*Fischer* Rn. 22; KMR/*Metzger* Rn. 34; Löwe/Rosenberg/*Gössel* Rn. 35; Meyer-Goßner § 416 Rn. 9.
[44] HK-StPO/*Kurth* Rn. 12; KK-StPO/*Fischer* Rn. 22; KMR/*Metzger* Rn. 35; Löwe/Rosenberg/*Gössel* Rn. 35; Meyer-Goßner § 416 Rn. 9.
[45] Löwe/Rosenberg/*Gössel* Rn. 36.
[46] Im Einzelnen Radtke ZStW 110 (1998), 297 (316 ff.); KK-StPO/*Fischer* Rn. 24; Löwe/Rosenberg/*Gössel* Rn. 38 ff.
[47] Instruktiv und diff. Radtke ZStW 110 (1998), 297 ff.
[48] S. auch Rn. 2 sowie § 413 Rn. 16, § 415 Rn. 6.
[1] Anw-StPO/*Böttger* Rn. 8; HK-StPO/*Kurth* Rn. 7; aA AK-StPO/*Keller* Rn. 2.
[2] LG Arnsberg v. 24. 7. 2009 – 2 KLs 5/09 – juris.
[3] SK-StPO/*Weßlau* Rn. 1 aE.
[4] Vgl. AK-StPO/*Keller* Rn. 2 sowie *Dörffler* DJ 1933, 749 (750).
[5] HK-StPO/*Kurth* Rn. 12; KMR/*Metzger* Rn. 31; Löwe/Rosenberg/*Gössel* Rn. 2 aE; Meyer-Goßner Rn. 12; Pfeiffer Rn. 7.
[6] OLG Koblenz v. 29. 1. 1979 – 1 Ws 864/75, MDR 1976, 602; Meyer-Goßner Rn. 12; diff. KMR/*Metzger* Rn. 13.

§ 416   *Sechstes Buch. Besondere Arten des Verfahrens*

3   Im Strafverfahren kann Schuldunfähigkeit zu denselben Hindernissen führen, die § 415 zugrunde liegen. Wenn dort ein nicht willkürlicher Verstoß gegen Anwesenheitsregeln eintritt, der von § 415 StGB gedeckt wäre, könnte das Urteil – trotz § 338 Nr. 5 – nicht darauf **beruhen**, soweit es nur noch um eine Maßregel neben Freispruch geht.

II. Voraussetzungen und Entscheidung (Abs. 1)

4   Das Erscheinen ist wegen des Zustandes des Betroffenen unmöglich, wenn sich nach ärztlicher Sachkunde ein Verbringen vor Gericht (zumindest) wegen der **Gefahr erheblicher Verschlechterung** verbietet, das betrifft den Transport und die Verhandlung.[7] **Unangebracht** ist die Anwesenheit nach Abs. 1 nur, wenn das Verhalten des Betroffenen eine geordnete Verhandlung ausschließt. Bloße **Lästigkeit** genügt nicht; ebenso wenig die bloße geistig bedingte Verhandlungsunfähigkeit.[8] Unbeachtlich ist der Zeitaufwand für rechtliches Gehör.

5   An die Prognose im Gerichtsbeschluss[9] sind strenge Anforderungen gestellt, es ist anzuhören und jede andere Möglichkeit zur Abwendung der Gefahr zu berücksichtigen. **Im Zweifel** ist zunächst die Anwesenheit unter vorsorgenden Maßnahmen zu versuchen. Bei nur vorübergehenden oder noch nicht aufgeklärten Hindernissen ist abzuwarten, § 229 Abs. 3 gilt entsprechend.

III. Vorvernehmung (Abs. 2)

6   Die Vorvernehmung ist zwingend, doch wenn der Zustand eine Kommunikation ausschließt, handelt es sich um keine Vernehmung mehr und § 415 greift nicht.[10] Die Vernehmung wird durch Beschluss angeordnet[11] und vom *beauftragten* Richter durchgeführt, welcher die Kammer anhören, aber nicht an der Hauptverhandlung mitwirken muss.[12] Zwar soll Verhandlungsfähigkeit nicht nötig sein,[13] doch ist gerade deshalb zur Wahrung von § 136 Abs. 1 S. 2 die Anwesenheit des Verteidigers geboten, so dass Benachrichtigungsfehler ein **Verwertungsverbot** begründen.[14]

IV. Sonstiges

7   Abs. 2 verlangt ständige **Anwesenheit des Sachverständigen** bei allen (wesentlichen) Teilen der vorgezogenen Vernehmung;[15] in der Hauptverhandlung (Abs. 5) soll das nicht gelten, doch kann § 244 Abs. 2 verletzt sein;[16] Heilung erfolgt durch Wiederholung.[17] Abs. 5 ergänzt § 414 Abs. 3.

8   Der **partielle Ausschluss** gem. Abs. 3 erfordert einen Beschluss,[18] und Gründe vom Gewicht des Abs. 1.[19] Nach Rückkehr ist der Betroffene zur notwendigen Wahrung von Art. 103 Abs. 1 GG gem. §§ 414 Abs. 1, 231a Abs. 2, 231b Abs. 2, 247 S. 4 zwingend **zu unterrichten** (str.).[20]

9   Das **Protokoll** der Vorvernehmung (Abs. 2 S. 1) ist gem. Abs. 4 S. 2 zu verlesen, alle übrigen richterlich protokollierten Erklärungen des nicht anwesenden Betroffenen können verlesen werden; es genügt die Anordnung des Vorsitzenden.[21]

§ 416 [Überleitung in das Strafverfahren]

(1) ¹Ergibt sich im Sicherungsverfahren nach Eröffnung des Hauptverfahrens die Schuldfähigkeit des Beschuldigten und ist das Gericht für das Strafverfahren nicht zuständig, so spricht es durch Beschluß seine Unzuständigkeit aus und verweist die Sache an das zuständige Gericht. ²§ 270 Abs. 2 und 3 gilt entsprechend.

(2) ¹Ergibt sich im Sicherungsverfahren nach Eröffnung des Hauptverfahrens die Schuldfähigkeit des Beschuldigten und ist das Gericht auch für das Strafverfahren zuständig, so ist der Be-

---

[7] KK-StPO/*Fischer* Rn. 4, 5; Löwe/Rosenberg/*Gössel* Rn. 2.
[8] KK-StPO/*Fischer* Rn. 4, 5; Löwe/Rosenberg/*Gössel* Rn. 2; *Meyer-Goßner* Rn. 2; SK-StPO/*Weßlau* Rn. 3; aA KMR/*Metzger* Rn. 10; ferner Rn. 6.
[9] KK-StPO/*Fischer* Rn. 1.
[10] AK-StPO/*Keller* Rn. 6; KMR/*Metzger* Vor § 413 Rn. 15, Rn. 12; s. auch § 413 Rn. 16.
[11] Nur Löwe/Rosenberg/*Gössel* Rn. 4.
[12] BGH v. 13. 11. 1951 – 1 StR 597/51, BGHSt 2, 1 ff.
[13] KK-StPO/*Fischer* Rn. 6; Löwe/Rosenberg/*Gössel* Rn. 3.
[14] Ferner § 413 Rn. 16, § 414 Rn. 2.
[15] KMR/*Metzger* Rn. 17; Löwe/Rosenberg/*Gössel* Rn. 4.
[16] BGH v. 8. 6. 1999 – 4 StR 237/99, StV 1999, 470; KK-StPO/*Fischer* Rn. 12; Löwe/Rosenberg/*Gössel* Rn. 10.
[17] Löwe/Rosenberg/*Gössel* Rn. 4.
[18] Löwe/Rosenberg/*Gössel* Rn. 5.
[19] KMR/*Metzger* Rn. 22; aA SK-StPO/*Weßlau* Rn. 10 f., doch abw. Rn. 12.
[20] AK-StPO/*Keller* Rn. 8; KMR/*Metzger* Rn. 24; BonnKomm/*Rüping*, 118. Aktualisierung August 2005, Art. 103 Abs. 1 GG Rn. 86; aA Anw-StPO/*Böttger* Rn. 10; *Meyer-Goßner* Rn. 9; HK-StPO/*Kurth* Rn. 9; *Pfeiffer* Rn. 4 aE; i. Erg. weniger konträr: KK-StPO/*Fischer* Rn. 10, Löwe/Rosenberg/*Gössel* Rn. 7; SK-StPO/*Weßlau* Rn. 9.
[21] KK-StPO/*Fischer* Rn. 11.

Zweiter Abschnitt. Sicherungsverfahren 1–5 **§ 416**

schuldigte auf die veränderte Rechtslage hinzuweisen und ihm Gelegenheit zur Verteidigung zu geben. ²Behauptet er, auf die Verteidigung nicht genügend vorbereitet zu sein, so ist auf seinen Antrag die Hauptverhandlung auszusetzen. ³Ist auf Grund des § 415 in Abwesenheit des Beschuldigten verhandelt worden, so sind diejenigen Teile der Hauptverhandlung zu wiederholen, bei denen der Beschuldigte nicht zugegen war.

(3) Die Absätze 1 und 2 gelten entsprechend, wenn sich im Sicherungsverfahren nach Eröffnung des Hauptverfahrens ergibt, daß der Beschuldigte verhandlungsfähig ist und das Sicherungsverfahren wegen seiner Verhandlungsunfähigkeit durchgeführt wird.

Schrifttum: *Hanack*, Die Rechtsprechung des Bundesgerichtshofs zum Strafverfahrensrecht, JZ 1974, 54 ff.

Die Norm ist notwendig, weil das eröffnete Sicherungsverfahren ein **Strafverfahren** hindert. Im Zwischenverfahren kann das Strafverfahren auch auf den Sicherungsantrag (nach Anhörung) eröffnet werden.[1] § 416 Abs. 1 und 2 beziehen sich auf die Schuldfähigkeit[2] und Abs. 3 überträgt diese Regelungen auf die Verhandlungsfähigkeit. Der Übergang ist bis zur vollständigen Urteilsverkündung möglich.[3] Für Zurückverweisungen ist § 358 Abs. 2 S. 2 zu beachten,[4] dessen Reichweite fraglich ist. 1

Der Übergang zum Strafverfahren **ergibt sich** bei neuer Beweislage oder **neuer Beurteilung** derselben Befunde, doch genügen Zweifel nicht.[5] 2

Bei **abweichenden Zuständigkeiten**[6] regelt Abs. 1 die Verweisung nach Eröffnung, es gelten § 270 Abs. 2 und 3 aber nicht §§ 225 a, 269, 270 Abs. 1;[7] jedoch kann das Gericht anstelle der somit statthaften Verweisung an ein Gericht niederer Ordnung entsprechend §§ 24 Abs. 1 Nr. 3, 74 Abs. 1 S. 2 GVG selbst verhandeln.[8] Ferner soll § 6 a gelten.[9] Der Verweisungsbeschluss ist gem. §§ 416 Abs. 1 S. 2, 270 Abs. 3 S. 2 nach § 210 anfechtbar.[10] Vor Eröffnung bleibt es bei § 414 Abs. 1 iVm. §§ 209, 209 a.[11] 3

Bei Zuständigkeit leitet Abs. 2 (ähnlich § 265) in das Strafverfahren über, beginnend mit einem Hinweis und der Gelegenheit zur Verteidigung, wodurch der Betroffene zum Angeklagten wird, vgl. entspr. § 82 Abs. 1 S. 2 OWiG.[12] Bei der Behauptung nicht genügend vorbereiteter Verteidigung ist gem. Abs. 2 S. 2 auf Antrag **zwingend auszusetzen**[13] oder einem als Minus gestellten Unterbrechungsantrag stattzugeben.[14] 4

Ist nach § 415 in Abwesenheit verhandelt worden, sieht Abs. 2 S. 3 (wegen § 338 Nr. 5)[15] die **Wiederholung** vor. Für die (noch) nicht wiederholten Teile besteht ein **Verwertungsverbot**.[16] Sollten aber die Regeln des Strafverfahrens zur Verhandlung in Abwesenheit eingehalten worden sein, kann eine Wiederholung entbehrlich sein.[17] 5

---

[1] KK-StPO/*Fischer* § 414 Rn. 11; Löwe/Rosenberg/*Gössel* § 414 Rn. 18; aA SK-StPO/*Weßlau* Rn. 2; ferner § 414 Rn. 5 f.
[2] Dazu § 413 Rn. 12 ff.
[3] KK-StPO/*Fischer* Rn. 8; KMR/*Metzger* Rn. 3; Löwe/Rosenberg/*Gössel* Rn. 15.
[4] HK-StPO/*Kurth* Rn. 2.
[5] *Hanack* JZ 1974, 54 (56); KK-StPO/*Fischer* § 415 Rn. 1; KMR/*Metzger* Rn. 2; Löwe/Rosenberg/*Gössel* Rn. 9; Meyer-Goßner Rn. 3; *Pfeiffer* Rn. 1; aA *Sax* Anm. zu BGH v. 26. 9. 1967 – 1 StR 378/67, JZ 1968, 533 ff.
[6] Dazu § 414 Rn. 4.
[7] Löwe/Rosenberg/*Gössel* Rn. 2, 5 u. 7.
[8] BGH v. 10. 11. 1967 – 4 StR 512/66, BGHSt 21, 334, 356 ff. = NJW 1968, 337; zust. *Hanack* JZ 1974, 54 (57); *Pfeiffer* Rn. 3; SK-StPO/*Weßlau* Rn. 3.
[9] KK-StPO/*Fischer* Rn. 3; KMR/*Metzger* Rn. 6.
[10] Dazu KMR/*Metzger* Rn. 2.
[11] Löwe/Rosenberg/*Gössel* Rn. 2, 5.
[12] KK-StPO/*Fischer* Rn. 2.
[13] BGH v. 5. 5. 1959 – 5 StR 61/59, BGHSt 13, 121 (122 f.); BGH v. 24. 1. 2003 – 2 StR 215/02, BGHSt 48, 183 (186 f.) = NJW 2003, 1748 (1749); KK-StPO/*Fischer* Rn. 5.
[14] BGH v. 5. 5. 1959 – 5 StR 61/59, BGHSt 13, 121 (122 f.); Löwe/Rosenberg/*Gössel* Rn. 13.
[15] SK-StPO/*Weßlau* Rn. 5.
[16] Anw-StPO/*Böttger* Rn. 8; HK-StPO/*Kurth* Rn. 6; Löwe/Rosenberg/*Gössel* Rn. 15; SK-StPO/*Weßlau* Rn. 5.
[17] KK-StPO/*Fischer* Rn. 5; Löwe/Rosenberg/*Gössel* Rn. 14.

2 a. Abschnitt. Beschleunigtes Verfahren

§ 417 [Antrag der Staatsanwaltschaft]

Im Verfahren vor dem Strafrichter und dem Schöffengericht stellt die Staatsanwaltschaft schriftlich oder mündlich den Antrag auf Entscheidung im beschleunigten Verfahren, wenn die Sache auf Grund des einfachen Sachverhalts oder der klaren Beweislage zur sofortigen Verhandlung geeignet ist.

Schrifttum: *Bandisch*, Zum Entwurf eines Kriminalitätsbekämpfungsgesetzes der Fraktionen der CDU/CSU und FDP vom 4. 1. 1994, StV 1994, 153; *Dähn*, Möglichkeiten einer verstärkten Anwendung des beschleunigten Verfahrens bei Bagatelldelikten, FS Baumann, 1992, S. 349; *Dahs*, Das Verbrechensbekämpfungsgesetz vom 28. 10. 1994 – ein Produkt des Superwahljahres, NJW 1995, 553; *Ernst*, Die notwendige Verteidigung im beschleunigten Verfahren vor dem Amtsgericht, StV 2001, 367; *Faupel*, Das beschleunigte Verfahren, NJ 1999, 182; *Fezer*, Vereinfachte Verfahren im Strafprozess, ZStW 106 (1994), 1; *Fülber/Putzke*, Ist die Staatsanwaltschaft Herrin des Beschleunigten Verfahrens?, DRiZ 1999, 196; *Hamm*, Was wird aus der Hauptverhandlung nach dem Inkrafttreten des Verbrechensbekämpfungsgesetzes?, StV 1994, 456; *Hellmann*, Die Hauptverhandlungshaft gemäß § 127b StPO, NJW 1997, 2145; *Keller*, Die Hauptverhandlungshaft oder: Kommt das beschleunigte Verfahren jetzt in Schwung?, Kriminalistik 1998, 677; *Köckerbauer*, Geltung der Rechtsfolgengrenze bei der Gesamtstrafenbildung im beschleunigten Verfahren, NJW 1990, 170; *König/Seitz*, Die straf- und verfahrensrechtlichen Regelungen des Verbrechensbekämpfungsgesetzes, NStZ 1995, 1; *Loos/Radtke*, Das beschleunigte Verfahren (§§ 417–420 StPO) nach dem Verbrechensbekämpfungsgesetz, NStZ 1995, 569 und 1996, 7; *Meurer*, Das beschleunigte Strafverfahren – ein Akt angewandter Kriminalpolitik, GedS Zipf, 1999, S. 485; *Meyer-Goßner*, Zu den Folgen einer Überschreitung des Strafbanns im beschleunigten Verfahren, JR 1984, 75; *ders.*, Wesen und Sinn des beschleunigten Verfahrens nach §§ 417 ff. StPO, GedS Meurer, 2002, S. 432; *Neumann*, Zum Entwurf eines Verbrechensbekämpfungsgesetzes, StV 1994, 273; *Ranft*, Das beschleunigte Verfahren (§§ 417–420 StPO) in der Rechtsmittelinstanz, NStZ 2004, 424; *Radtke*, Die verfahrensrechtlichen Konsequenzen fehlender Beschleunigung im beschleunigten Verfahren (§§ 417–420 StPO), JR 2001, 233; *Scheffler*, Kurzer Prozess mit rechtsstaatlichen Grundsätzen?, NJW 1994, 2191; *ders.*, Das Beschleunigte Verfahren in Brandenburg aus rechtsstaatlicher Sicht, NJ 1999, 113; *ders.*, Frist zwischen Antragstellung und Hauptverhandlung im beschleunigten Verfahren, NStZ 1999, 268; *Schlothauer*, Vereinfachte Beweisaufnahme nach dem Verbrechensbekämpfungsgesetz auch in der Berufungsinstanz?, StV 1995, 46; *Sprenger*, Fördert die Neuregelung des beschleunigten Verfahrens seine breitere Anwendung?, NStZ 1999, 574; *Schünemann*, Das beschleunigte Verfahren im Zwiespalt von Gerechtigkeit und Politik, NJW 1968, 975; *Schultz*, Das beschleunigte Verfahren in Verkehrsstrafsachen, DAR 1957, 93; *Treier*, Zur Strafbannüberschreitung und Rücknahme der Anklage im beschleunigten Verfahren, NStZ 1983, 234; *Wächtler*, Der autoritäre Strafprozess – das beschleunigte Verfahren neuer Art im Entwurf eines sogenannten Kriminalitätsbekämpfungsgesetzes von CDU/CSU und FDP, StV 1994, 159; *Wagner*, Erneute Anklageerhebung nach rechtsfehlerhaftem beschleunigten Verfahren, JR 1983, 304.

I. Allgemeines

1 **1. Normzweck.** Das beschleunigte Verfahren stellt wie das Strafbefehlsverfahren (§§ 407 ff.) und das Sicherungsverfahren (§§ 413 ff.) **eine besondere Verfahrensart** dar.[1] Durch das Verbrechensbekämpfungsgesetz vom 28. 10. 1994[2] wurde dieses Verfahren systematisch zutreffend diesen besonderen Verfahrensformen zugeordnet, nachdem es zuvor in den §§ 212 ff. geregelt war. **Ziel** dieses Verfahrens ist die rasche Aburteilung minder schwerer Straftaten in der Weise, dass die Aburteilung der Tat „möglichst auf dem Fuße" folgt.[3] Durch diese Verfahrensbeschleunigung sollen zudem die Staatsanwaltschaften und Gerichte entlastet werden.[4] Es dient aber durch kürzere zeitliche Belastung auch dem Interesse des Beschuldigten sowie der Wahrheitssicherung, insbesondere da die Erinnerung der Zeugen durch den kürzeren Abstand zur Tat noch verlässlicher sein dürfte.[5]

2 **2. Verfahrensrechtliche Besonderheiten.** Zu den wesentlichen verfahrensrechtlichen Besonderheiten des beschleunigten Verfahrens gehören die Möglichkeit der mündlichen Anklageerhebung (§ 418 Abs. 3), die Entbehrlichkeit der Ladung des Beschuldigten, wenn dieser freiwillig zum Termin erscheint oder vorgeführt wird (§ 418 Abs. 2 S. 1), die Verkürzung der Ladungsfrist auf 24 Stunden in den übrigen Fällen (§ 418 Abs. 2 S. 3), die Entbehrlichkeit des Eröffnungsbeschlusses (§ 418 Abs. 1) sowie die Möglichkeit der Hauptverhandlungshaft (§ 127b). Erhebliche Abweichungen zum „Normalverfahren" bestehen weiter im **Beweisrecht**. Das Beweisantragsrecht ist stark eingeschränkt (§ 420 Abs. 4). Die Verlesung von Äußerungen von Zeugen, Sachverständigen und Mitbeschuldigten ist in deutlich größerem Umfang zulässig (§ 420 Abs. 1 bis Abs. 3).

3 **3. Praktische Bedeutung.** Nach den §§ 417 ff. werden überwiegend Massendelikte der kleineren Kriminalität abgeurteilt, insbesondere (Laden-)Diebstahl, Trunkenheitsfahrten und andere Verkehrsstraftaten.[6] Trotz des Versuchs des Gesetzgebers, durch das Verbrechensbekämpfungsgesetz

---

[1] *Meyer-Goßner* Vor § 417 Rn. 1; SK/*Paeffgen* Vor § 417 Rn. 1.
[2] BGBl. I S. 3186.
[3] BT-Drucks. 12/6853, S. 34 f.
[4] BT-Drucks. 12/6853, S. 34 f.; Löwe/Rosenberg/*Gössel*, 25. Aufl., Vor § 417 Rn. 1; *Pfeiffer* Vor § 417 Rn. 1.
[5] KMR/*Metzger* Vor § 417 Rn. 14.
[6] KMR/*Metzger* Vor § 417 Rn. 6.

vom 28. 10. 1994 auf eine vermehrte Anwendung des beschleunigten Verfahrens hinzuwirken, ist dessen praktische Bedeutung **gering** geblieben. In allen Verfahren, bei denen eine Hauptverhandlung vor dem Strafrichter oder dem Schöffengericht denkbar ist (also bei Strafbefehlsanträgen, Anklagen oder Anträgen nach §§ 417 ff.), belief sich in den 80er Jahren im Durchschnitt[7] der Anteil der Anträge auf Durchführung des beschleunigten Verfahrens auf rund 4%. Dieser Anteil ging Anfang der 90er Jahre auf unter 2% zurück. Dieser Trend konnte durch die gesetzgeberischen Bemühungen zwar eingedämmt werden, die erwünschte deutliche Ausweitung der Anwendung ist hingegen ausgeblieben: Der Anteil im Jahr 2003 betrug 4%, für 2004 war bereits ein erneuter Rückgang auf 3,3% zu verzeichnen.[8] Eine wesentliche erweiterte Anwendung in der Praxis bedürfte, wovon auch der Gesetzgeber ausging,[9] erheblicher organisatorischer Änderungen und finanzieller Mittel, die bislang nicht bereitgestellt wurden und deren Bereitstellung auch künftig wenig wahrscheinlich ist.[10]

4. Kritik. Die Regelung des beschleunigten Verfahrens ist im strafrechtlichen Schrifttum erheblicher Kritik ausgesetzt. Es wird die Gefahr eines „**kurzen Prozesses**" gesehen, der zu ungerechten Ergebnissen führen kann.[11] Zwar sei es pädagogisch richtig, dass die Strafe der Tat „auf dem Fuße folgen" solle,[12] jedoch sei in dieser Verfahrensart die „Atmosphäre ruhiger Gelassenheit", die das gesamte Strafverfahren beherrschen solle, nicht mehr gewährleistet.[13] Zudem könne die angestrebte Beschleunigung auch durch ein zügig durchgeführtes Normalverfahren erreicht werden.[14] Weiter wird es als wenig glücklich angesehen, dass vor dem Amtsgericht zwei grundsätzlich verschiedene Verfahrensarten eingerichtet wurden.[15] Hauptsächlich wird jedoch die **Einschränkung des Beweisaufnahmerechts** beanstandet.[16] Zwar ist die Nichtanwendung des § 244 Abs. 3 bis Abs. 5 vor dem Amtsgericht vertretbar[17] und auch verfassungsrechtlich noch unbedenklich.[18] Bedenklich erscheint aber, dass in manchen Fällen der Bagatellkriminalität in Hinblick auf die Annahmeberufung (§ 313) auch kein Berufungsverfahren ohne diese prozessualen Beschränkungen gewährleistet ist und folglich die konkrete Gefahr besteht, dass einem Angeklagten die Möglichkeit eines Entlastungsbeweises abgeschnitten wird.[19]

II. Anwendungsbereich

1. Strafrichter. Das beschleunigte Verfahren wird im **Regelfall** vor dem Strafrichter, § 25 GVG, durchgeführt. Die Staatsanwaltschaft wird diese Verfahrensart wählen, wenn im Falle einer Verurteilung die Verhängung einer Freiheitsstrafe von bis zu sechs Monaten zu erwarten ist. Denn hier ist – anders als im Strafbefehlsverfahren nach § 407 Abs. 2 S. 2 – auch eine Verurteilung ohne die Gewährung einer Strafaussetzung zur Bewährung möglich. Im Übrigen ist in diesen Fällen – erneut in Abweichung zum Strafbefehlsverfahren in § 408 b – die Mitwirkung eines Verteidigers entbehrlich.[20] Bei einer Straferwartung zwischen sechs Monaten und einem Jahr wird das beschleunigte Verfahren wegen der mit der notwendigen Verteidigerbestellung (§ 418 Abs. 4), verbundenen Verfahrensverzögerung eher selten zur Anwendung kommen, sofern der Beschuldigte nicht bereits im Ermittlungsverfahren verteidigt ist. Weiter wird die Staatsanwaltschaft Antrag nach § 417 stellen, wenn sie die Durchführung einer Hauptverhandlung für erforderlich hält (§ 407 Abs. 1 S. 2), oder Hauptverhandlungshaft (§ 127 b) vorausgegangen ist.[21]

2. Schöffengericht. Eine Antragstellung vor dem Schöffengericht wird nur in seltenen **Ausnahmefällen** in Betracht kommen, die praktisch zu vernachlässigen sein dürften. Denn die Straferwartung in den Fällen der Schöffengerichtszuständigkeit wird regelmäßig über einem Jahr Freiheitsstrafe liegen, wie § 25 Nr. 2 GVG deutlich macht. Denkbar ist die Durchführung eines beschleunigten Verfahrens vor dem Schöffengericht allenfalls dann, wenn bei einem Verbrechen

---

[7] Betrachtet wurden die alten Bundesländer ohne Berlin, Hessen und Schleswig-Holstein.
[8] Zweiter Periodischer Sicherheitsbericht der Bundesregierung vom 15. 11. 2006, S. 542 f. (=http://www.bmj.bund.de/files/-/1485/2.%20Periodischer%20Sicherheitsbericht%20Langfassung.pdf).
[9] BT-Drucks. 12/6853, S. 35.
[10] *Pfeiffer* Vor § 417 Rn. 3.
[11] *Scheffler* NJW 1994, 2191; *ders*. NJ 1999, 113 (dagegen *Faupel* NJ 1999, 182); *Meyer-Goßner* Vor § 417 Rn. 3.
[12] BT-Drucks. 12/6853, S. 34 f.; *Neumann* StV 1994, 276; *Scheffler* NJW 1994, 2191.
[13] *Schünemann* NJW 1968, 975; KMR/*Metzger* Vor § 417 Rn. 18.
[14] *Scheffler* NJW 1994, 2191; *Meyer-Goßner*, GedS Meurer, 2002, S. 432; SK/*Paeffgen* Rn. 4.
[15] *Wächtler* StV 1994, 159.
[16] *Bandisch* StV 1994, 157; *Dahs* NJW 1995, 556; *Fezer* ZStW 106 (1994), 37; *Hamm* StV 1994, 456; *Loos/Radtke* NStZ 1996, 11; *Neumann* StV 1994, 275; *Scheffler* NJW 1994, 2191; *ders*. NJ 1999, 113; *Wächtler* StV 1994, 159; AK/*Loos* Rn. 9; KMR/*Metzger* Vor § 417 Rn. 22 ff.; *Meyer-Goßner* Vor § 417 Rn. 6; SK/*Paeffgen* Rn. 4 ff.
[17] *Schlothauer* StV 1995, 47.
[18] OLG Frankfurt v. 23. 1. 1997 – 3 Ws 67/97, NStZ-RR 1997, 237.
[19] *Meyer-Goßner* Vor § 417 Rn. 6.
[20] *Meyer-Goßner* Rn. 1.
[21] *Hellmann* NJW 1997, 2147.

alles für die Verhängung der Mindeststrafe spricht oder infolge einer Strafrahmenverschiebung eine Freiheitsstrafe unter einem Jahr zu verhängen sein wird.[22] Ein beschleunigtes Verfahren vor dem erweiterten Schöffengericht ist ausgeschlossen. Denn die Hinzuziehung eines weiteren Amtsrichters erfolgt nach § 29 Abs. 2 S. 1 GVG im Eröffnungsbeschluss, der hier nach § 418 Abs. 1 S. 1 gerade nicht ergeht.[23] Zudem wird die Hinzuziehung eines weiteren Richters in den für das beschleunigte Verfahren geeigneten, einfach gelagerten Fällen schwerlich notwendig sein.[24]

7   **3. Verfahren gegen Jugendliche und Heranwachsende.** Gegen **Jugendliche** findet das beschleunigte Verfahren nicht statt, § 79 Abs. 2 JGG.[25] Nach dem Willen des Gesetzgebers soll in den Verfahren gegen Jugendliche die Verfahrensbeschleunigung durch das vereinfachte Jugendverfahren nach §§ 76 ff. JGG erreicht werden. In Verfahren gegen **Heranwachsende** hingegen sind die §§ 417 ff. anwendbar, da § 109 Abs. 1 und Abs. 2 JGG keinen Verweis auf § 79 Abs. 2 JGG enthalten. Dabei spielt es keine Rolle, ob im konkreten Fall Jugend- oder Erwachsenenstrafrecht zur Anwendung kommt.[26] Die Rechtsmittelbeschränkungen des § 55 Abs. 1 und Abs. 2 JGG gelten bei Durchführung des beschleunigten Verfahrens aber nicht, § 109 Abs. 2 S. 3 JGG.[27]

8   **4. Sonstige Verfahren.** Im **Privatklageverfahren** kommen die §§ 417 ff. nicht zur Anwendung,[28] da eine Antragsbefugnis des Privatklägers nicht vorgesehen ist.[29] Hingegen kann das beschleunigte Verfahren gegen Personen, die dem **NATO-Truppenstatut** unterfallen, nunmehr durchgeführt werden, da Art. 27 des NATO-Truppenstatut-Zusatzabkommens, der eine Anwendung der §§ 417 ff. ausschloss, mit Wirkung zum 29. 3. 1998 weggefallen ist.[30]

9   **5. Zeitlicher Anwendungsbereich.** Das beschleunigte Verfahren endet mit dem Urteil erster Instanz. Ein **beschleunigtes Berufungsverfahren** ist nicht vorgesehen.[31] Auch nach Aufhebung des Urteils und Zurückverweisung der Sache an das Amtsgericht im Rahmen einer Sprungrevision lebt das beschleunigte Verfahren nicht wieder auf.[32] Die **Verbindung** eines beschleunigten Verfahrens mit einem Normalverfahren nach § 4 ist zulässig, hat aber zur Folge, dass im weiteren Verfahrensgang die Regeln des normalen Verfahrens gelten. Die bis zur Verbindung geltenden Sondervorschriften – insbesondere die Entbehrlichkeit des Eröffnungsbeschlusses – verlieren ihre verfahrensrechtlichen Wirkungen aber nicht rückwirkend.[33] Eine Verbindung nach § 237 ist gleichfalls zulässig, jedoch wenig zweckmäßig, da eine Gesamtstrafe in diesem Fall nicht gebildet werden kann.[34]

III. Formelle Voraussetzungen

10 **1. Antrag.** Die Durchführung des beschleunigten Verfahrens setzt einen Antrag der Staatsanwaltschaft voraus. Dabei handelt es sich um eine **besondere Prozessvoraussetzung**,[35] so dass bei ihrem Fehlen eine Einstellung nach §§ 206a, 260 Abs. 3 zu erfolgen hat. Eine solche Einstellung, die praktisch wohl nur bei Rücknahme des Antrags durch die Staatsanwaltschaft oder im Rechtsmittelverfahren von Bedeutung ist, erwächst nur in formeller Rechtskraft und zieht keinen Strafklageverbrauch nach sich.[36] Soweit die tatbestandlichen Voraussetzungen erfüllt sind, ist die Staatsanwaltschaft zur Antragstellung verpflichtet,[37] jedoch ist ihr ein Beurteilungs- und Prognosespielraum bei Auslegung der Tatbestandselemente eingeräumt.[38] Das Strafbefehlsverfahren (§ 407) genießt als weniger aufwändige Erledigungsart grundsätzlich Vorrang, zumal es auch den Beschuldigten weniger belastet.[39] Der Beschuldigte hat in Bezug auf die Wahl der Verfahrensart

---

[22] OLG Koblenz v. 23. 5. 1996 – 1 Ss 4/96, MDR 1996, 1171; Loos/Radtke NStZ 1996, 8; KMR/*Metzger* Rn. 4; SK/*Paeffgen* Rn. 6.
[23] Löwe/Rosenberg/*Gössel*, 25. Aufl., Rn. 4; Meyer-Goßner Rn. 3; zweifelnd KK-StPO/*Graf* Rn. 1.
[24] SK/*Paeffgen* Rn. 6.
[25] BR-Drucks. 549/00.
[26] KMR/*Metzger* Rn. 1.
[27] König/Seitz NStZ 1995, 5.
[28] HK-StPO/*Krehl* Rn. 7; KMR/*Metzger* Rn. 3; Meyer-Goßner Rn. 6; Pfeiffer Rn. 6.
[29] KK-StPO/*Graf* Rn. 2.
[30] Art. 1 Abs. 1, 5 Abs. 2 Ratifizierungsgesetz, BGBl. 1994 II S. 2594, iVm. der Bek. v. 30. 6. 1998, BGBl. II S. 1691.
[31] OLG Hamburg v. 23. 2. 2000 – 2 Ss 168/98, NStZ-RR 2001, 206; OLG Stuttgart v. 11. 8. 1998 – 1 Ws 123/98, NJW 1999, 511.
[32] KK-StPO/*Graf* Vor § 417 Rn. 3.
[33] BayObLG v. 16. 1. 1997 – 3 St RR 158/96, BayObLGSt 1997, 15; OLG Düsseldorf v. 3. 12. 2002 – 2 a Ss 299/02, NJW 2003, 1470.
[34] KK-StPO/*Graf* Vor § 417 Rn. 4.
[35] Meyer-Goßner Rn. 9.
[36] Löwe/Rosenberg/*Gössel*, 25. Aufl., Rn. 7.
[37] Vgl. auch Nr. 146 Abs. 1 S. 1 RiStBV.
[38] KK-StPO/*Graf* Rn. 3.
[39] BT-Drucks. 12/6853, S. 107; KMR/*Metzger* Vor § 417 Rn. 29; Pfeiffer Rn. 2.

kein Antrags- oder Widerspruchsrecht.[40] Mit Rücksicht auf die angestrebte Verfahrensbeschleunigung erscheint es auch nicht zweckmäßig, den Beschuldigten vor Wahl dieser Verfahrensart anzuhören.[41]

2. Form. Der Antrag kann durch die Staatsanwaltschaft bei dem zuständigen Gericht **schrift- 11 lich oder mündlich** gestellt werden.[42] Er kann mit einer Anklageschrift verbunden werden, was aber nicht zwingend erforderlich ist (§ 418 Abs. 3 S. 1). Die Anklageschrift muss den Anforderungen des § 200 Abs. 1 S. 1 entsprechen, ein wesentliches Ergebnis der Ermittlungen ist jedoch stets entbehrlich.[43] Auch die mündlich erhobene Anklage (§ 418 Abs. 3 S. 2), deren wesentlicher Inhalt in das Sitzungsprotokoll aufzunehmen ist, muss diesen Erfordernissen genügen.[44] Bei Angeklagten, die der deutschen Sprache nicht hinreichend mächtig sind, genügt es, wenn die in der Hauptverhandlung mündlich erhobene Anklage durch einen Dolmetscher übersetzt wird. Einer vorherigen schriftlichen Übersetzung bedarf es nicht.[45] Ist die Anklage weder ausdrücklich mündlich noch schriftlich erhoben worden, so kann der schriftliche Antrag auf Durchführung des beschleunigten Verfahrens als Anklageschrift angesehen werden, wenn er den Anforderungen des § 200 Abs. 1 genügt.[46]

3. Zeitpunkt. Der Antrag kann frühestens **nach Abschluss der Ermittlungen** gestellt werden, der 12 gem. § 169a in den Verfahrensakten vermerkt sein muss. Die Antragstellung ist auch nach Erhebung einer Anklage nach § 199 Abs. 2 S. 1 sowie nach Beantragung eines Strafbefehls möglich. In der Antragstellung nach § 417 ist dann die Rücknahme des Antrags auf Eröffnung des Hauptverfahrens (oder des Strafbefehlsantrags) zu sehen.[47] Nach Eröffnung des Hauptverfahrens ist der Antrag hingegen unzulässig, da dann die Verfahrensherrschaft bereits vollständig auf das Gericht übergegangen ist.[48] Ist der Eröffnungsbeschluss versehentlich nicht erlassen worden, kann der Antrag noch bis zum Beginn der Vernehmung des Angeklagten zur Sache gestellt werden.[49]

4. Rücknahme. Die Zurücknahme des Antrags ist nach der zutreffenden hM mangels entgegen- 13 stehender Regelung solange zulässig, wie das Gericht die Entscheidung im beschleunigten Verfahren ablehnen dürfte, im Ergebnis also **bis zur Urteilsverkündung**.[50] Der Gegenauffassung, die die Rücknahme nur bis zum Beginn der Vernehmung des Angeklagten zur Sache für zulässig erachtet,[51] ist entgegenzuhalten, dass die Verantwortung dafür, dass nur geeignete Sachen im beschleunigten Verfahren behandelt werden, dem Gericht und der Staatsanwaltschaft gemeinsam auferlegt ist,[52] und die Rücknahme des Antrags, wenn sich die Ungeeignetheit für eine beschleunigte Behandlung herausstellt, ausschließlich im Interesse des Angeklagten liegen kann.[53] Die wirksame Antragsrücknahme macht die weitere Durchführung des beschleunigten Verfahrens unzulässig, so dass das Gericht einen Ablehnungsbeschluss nach § 419 Abs. 2 zu erlassen hat.[54]

IV. Materielle Voraussetzungen

1. Allgemeines. Materiell setzt der Antrag der Staatsanwaltschaft voraus, dass die Sache auf 14 Grund des **einfachen Sachverhalts** oder der **klaren Beweislage** zur sofortigen Verhandlung geeignet ist. Aus dem eindeutigen Gesetzeswortlaut muss gefolgert werden, dass diese Voraussetzungen, anderes als nach der alten Gesetzeslage in § 212 aF, **nicht** stets **kumulativ** gegeben sein müssen.[55] Insoweit dürfte wie folgt zu unterscheiden sein: Ein schwieriger Sachverhalt kann sich bei

---

[40] *Scheffler* NJW 1994, 2192; HK-StPO/*Krehl* Rn. 5; *Meyer-Goßner* Rn. 10.
[41] KK-StPO/*Graf* Rn. 3; aA SK/*Paeffgen* Rn. 9.
[42] Vgl. OLG Stuttgart v. 19. 6. 1998 – 1 Ss 331/98, NJW 1998, 3134 für den Fall fernmündlicher Antragstellung.
[43] KK-StPO/*Graf* Rn. 4.
[44] OLG Hamburg v. 3. 11. 1999 – 2 Ss 117/99, StV 2000, 127; *Meyer-Goßner* Rn. 11.
[45] OLG Stuttgart v. 31. 1. 2005 – 4 Ss 589/04, NStZ 2005, 471; aA OLG Hamm v. 27. 11. 2003 – 3 Ss 626/03, StV 2004, 364.
[46] OLG Hamburg v. 8. 9. 1966 – 2 Ss 90/66, NJW 1966, 2179 und v. 6. 7. 1970 – 2 Ss 62/70, MDR 1971, 320; aA Löwe/Rosenberg/*Gössel*, 25. Aufl., § 418 Rn. 40.
[47] Löwe/Rosenberg/*Gössel*, 25. Aufl., Rn. 13; *Meyer-Goßner* Rn. 12.
[48] BayObLG v. 29. 5. 1987 – 5 St 61/87, BayObLGSt 1987, 55 = MDR 1988, 77; KMR/*Metzger* Rn. 11; Löwe/Rosenberg/*Gössel*, 25. Aufl., Rn. 14; *Meyer-Goßner* Rn. 12; aA *Fülber/Putzke* DRiZ 1999, 197; HK-StPO/*Krehl* Rn. 5; KK-StPO/*Graf* Rn. 5; SK/*Paeffgen* Rn. 10.
[49] KMR/*Metzger* Rn. 11.
[50] BayObLG v. 18. 12. 1997 – 5 St RR 147/96, BayObLGSt 1997, 172 = NJW 1998, 2152 mAnm *Schröer* NStZ 1999, 213; OLG Celle v. 10. 11. 1982 – 2 Ss 348/42, NStZ 1983, 233; HK-StPO/*Krehl* Rn. 5; KK-StPO/*Graf* Rn. 6; KMR/*Metzger* Rn. 32; Löwe/Rosenberg/*Gössel*, 25. Aufl., Rn. 21; SK/*Paeffgen* Rn. 11.
[51] *Meyer-Goßner* Rn. 13; *Pfeiffer* Rn. 2.
[52] KK-StPO/*Graf* Rn. 6; KMR/*Metzger* Rn. 32.
[53] SK/*Paeffgen* Rn. 11.
[54] BayObLG v. 18. 12. 1997 – 5 St RR147/96, BayObLGSt 1997, 172 = NJW 1998, 2152.
[55] BT-Drucks. 12/6853, S. 10, 34 f.; BT-Drucks. 12/7837, S. 2; *König/Seitz* NStZ 1995, 4; HK-StPO/*Krehl* Rn. 1; SK/*Paeffgen* Rn. 12; aA OLG Stuttgart v. 11. 8. 1998 – 1 Ws 123/98, NJW 1999, 511; *Keller* Kriminalistik 1998, 678;

klarer Beweislage ohne weiteres zur sofortigen Verhandlung eignen,[56] ein einfacher Sachverhalt bei unklarer Beweislage dagegen kaum.[57]

15 **2. Einfacher Sachverhalt.** Ein Sachverhalt ist dann als **einfach** zu bewerten, wenn er in tatsächlicher Hinsicht für alle Verfahrensbeteiligten leicht überschaubar ist,[58] und zwar hinsichtlich aller bedeutsamen Umstände, sowohl zum Schuldspruch als auch zum Rechtsfolgenausspruch.[59] Folglich ist die Staatsanwaltschaft gehalten (Nr. 146 Abs. 1 S. 2 RiStBV), das beschleunigte Verfahren nicht zu wählen, wenn Anlass besteht, die Person des Beschuldigten und sein Vorleben genau zu untersuchen. Rechtliche Schwierigkeiten berühren die Einfachheit des Sachverhalts hingegen grundsätzlich nicht.[60] Auch ist ein einfacher Sachverhalt nicht grundsätzlich in Zweifel zu ziehen, wenn im Falle einer Verurteilung die Verhängung einer Freiheitsstrafe droht.[61] Gegen diese vereinzelt vertretene Auffassung spricht schon entscheidend, dass der Gesetzgeber in § 419 Abs. 1 die Verhängung von Freiheitsstrafen im beschleunigten Verfahren ausdrücklich vorsieht. Der Sachverhalt ist hingegen regelmäßig **nicht einfach**[62] bei einer Vielzahl von Straftaten,[63] politischer[64] oder sexueller Motivation der Tat, fraglicher (eingeschränkter) Schuldfähigkeit oder schwieriger Bewährungsprognose.

16 **3. Klare Beweislage.** Die Beweislage ist **klar**, wenn der Beschuldigte (glaubwürdig) geständig oder seine Überführung auf Grund weniger Beweismittel von hohem Beweiswert zu erwarten ist.[65] Muss hingegen mit einer umfangreichen Beweisaufnahme gerechnet werden, ist die Beweislage **unklar** und das beschleunigte Verfahren ausgeschlossen.[66] Dies ist zB der Fall bei sich widersprechenden Zeugenaussagen oder schwierigen, nicht alltäglichen Sachverständigengutachten. Entgegen einer vereinzelt vertretenen Auffassung[67] steht der Durchführung des beschleunigten Verfahrens aber nicht grundsätzlich entgegen, dass der Beschuldigte eine Reihe von Beweisanträgen zu seiner Entlastung stellt oder ankündigt. Denn dieser Umstand allein macht, wie § 420 Abs. 4 zeigt, die Beweislage nicht unklar.[68]

17 **4. Eignung zur sofortigen Verhandlung.** Zur sofortigen Verhandlung ist die Sache nur dann geeignet, wenn Termin zur Hauptverhandlung innerhalb kurzer Frist anberaumt werden kann. Diese **Frist** darf idR zwei Wochen nicht überschreiten.[69] Erforderlich ist weiter, dass die Hauptverhandlung voraussichtlich in einem Termin ohne längere Unterbrechungen abgeschlossen werden kann. Angesichts des klaren Gesetzeswortlautes („zur **sofortigen** Verhandlung geeignet") liegt eine Eignung nicht schon dann vor, wenn die Hauptverhandlung im Normalverfahren erst wesentlich später durchgeführt werden könnte.[70] Weiter müssen die **Beweismittel** im Termin **verfügbar** oder die Zustimmungen der Verfahrensbeteiligten nach § 420 Abs. 3 zur Verlesung von Vernehmungsniederschriften und sonstigen schriftlichen Äußerungen vorliegen oder wahrscheinlich sein.[71]

18 **5. Hinreichende Gelegenheit zur Vorbereitung der Verteidigung.** Das beschleunigte Verfahren darf von Staatsanwaltschaft und Gericht dann nicht gewählt werden, wenn dem Beschuldigten keine ausreichende Zeit und Gelegenheit zur Vorbereitung seiner Verteidigung verbleibt, Art. 6 Abs. 3 Buchst. b MRK.[72] Das beschleunigte Verfahren ist immer dann ausgeschlossen, wenn seine Durchführung die Verteidigung unangemessen beeinträchtigen würde, der Beschuldigte also längere Zeit zur Vorbereitung benötigt.[73]

Loos/Radtke NStZ 1995, 572; *Sprenger* NStZ 1997, 574; *Meurer*, GedS Zipf, 1999, S. 488; *Meyer-Goßner* Rn. 16; diff. KK-StPO/*Graf* Rn. 7: „in aller Regel" und Löwe/Rosenberg/*Gössel*, 25. Aufl., Rn. 26: „im Regelfall ... kumulativ".
[56] HK-StPO/*Krehl* Rn. 1.
[57] Löwe/Rosenberg/*Gössel*, 25. Aufl., Rn. 26.
[58] AllgM; *Loos/Radtke* NStZ 1995, 573; HK-StPO/*Krehl* Rn. 2; KK-StPO/*Graf* Rn. 8; *Meyer-Goßner* Rn. 15.
[59] KMR/*Metzger* Rn. 16; Löwe/Rosenberg/*Gössel*, 25. Aufl., Rn. 27.
[60] Löwe/Rosenberg/*Gössel*, 25. Aufl., Rn. 27; *Meyer-Goßner* Rn. 15; aA *Loos/Radtke* NStZ 1995, 572; SK/*Paeffgen* Rn. 13.
[61] So aber etwa SK/*Paeffgen* Rn. 13.
[62] Vgl. zum Ganzen KMR/*Metzger* Rn. 17.
[63] Löwe/Rosenberg/*Gössel*, 25. Aufl., Rn. 28.
[64] *Keller* Kriminalistik 1998, 677 (680); *Schünemann* NJW 1968, 975; *Dähn*, FS Baumann, 1992, S. 349 (353).
[65] *Schultz* DAR 1957, 93; *Dähn*, FS Baumann, 1992, S. 344 (355); KK-StPO/*Graf* Rn. 9; KMR/*Metzger* Rn. 18; *Meyer-Goßner* Rn. 16.
[66] HK-StPO/*Krehl* Rn. 3; Löwe/Rosenberg/*Gössel*, 25. Aufl., Rn. 31.
[67] SK/*Paeffgen* Rn. 14.
[68] KK-StPO/*Graf* Rn. 9.
[69] BT-Drucks. 12/6853, S. 36; OLG Stuttgart v. 11. 8. 1998 – 1 Ws 123/98, NJW 1999, 511; OLG Düsseldorf v. 27. 10. 1998 – 2 Ss 371/98, StV 1999, 202; KK-StPO/*Graf* Rn. 10; Löwe/Rosenberg/*Gössel*, 25. Aufl., Rn. 32. Zur Bedeutung der Frist des § 418 Abs. 1 S. 2 s. § 418 Rn. 5.
[70] So aber OLG Düsseldorf v. 10. 4. 1997 – 2 Ss 56/97, NStZ 1997, 613 mAnm *Radtke/Scheffler* NStZ 1998, 371; HK-StPO/*Krehl* Rn. 4; *Meyer-Goßner* Rn. 17; SK/*Paeffgen* Rn. 17.
[71] AllgM; vgl. etwa KK-StPO/*Graf* Rn. 10.
[72] KG v. 30. 4. 2007 – 4 Ws 39/07; KK-StPO/*Graf* Rn. 11; *Meyer-Goßner* Vor § 417 Rn. 4; *Pfeiffer* Rn. 3.
[73] Nr. 146 Abs. 1 S. 2 RiStBV; *Ernst* StV 2001, 371; *Dähn*, FS Baumann, 1992, S. 349 (356); KMR/*Metzger* Rn. 27.

§ 418 [Ladung; Anklage; Verteidigung]

(1) ¹Stellt die Staatsanwaltschaft den Antrag, so wird die Hauptverhandlung sofort oder in kurzer Frist durchgeführt, ohne daß es einer Entscheidung über die Eröffnung des Hauptverfahrens bedarf. ²Zwischen dem Eingang des Antrags bei Gericht und dem Beginn der Hauptverhandlung sollen nicht mehr als sechs Wochen liegen.

(2) ¹Der Beschuldigte wird nur dann geladen, wenn er sich nicht freiwillig zur Hauptverhandlung stellt oder nicht dem Gericht vorgeführt wird. ²Mit der Ladung wird ihm mitgeteilt, was ihm zur Last gelegt wird. ³Die Ladungsfrist beträgt vierundzwanzig Stunden.

(3) ¹Der Einreichung einer Anklageschrift bedarf es nicht. ²Wird eine solche nicht eingereicht, so wird die Anklage bei Beginn der Hauptverhandlung mündlich erhoben und ihr wesentlicher Inhalt in das Sitzungsprotokoll aufgenommen. ³§ 408a gilt entsprechend.

(4) Ist eine Freiheitsstrafe von mindestens sechs Monaten zu erwarten, so wird dem Beschuldigten, der noch keinen Verteidiger hat, für das beschleunigte Verfahren vor dem Amtsgericht ein Verteidiger bestellt

I. Regelungsgehalt

§ 418 regelt die **verfahrensbeschleunigenden Elemente**, die sich auf die Verfahrenseröffnung beziehen.[1] Die Abs. 1 bis 3 enthalten die verfahrensrechtlichen Besonderheiten gegenüber dem Normalverfahren – mit Ausnahme der Besonderheiten der Beweisaufnahme, die in § 420 geregelt sind.[2]   1

II. Wegfall des Zwischenverfahrens, Hauptverhandlung (Abs. 1)

1. Entbehrlichkeit des Eröffnungsbeschlusses (Abs. 1 S. 1). Auf den Antrag der Staatsanwaltschaft nach § 417 wird gem. Abs. 1 S. 1 ohne Beschluss über die Eröffnung des Hauptverfahrens entschieden. Die §§ 201, 202 und 205 sind nicht anwendbar.[3]   2

2. Prüfungspflichten des Gerichts. Das Vorliegen der **Prozessvoraussetzungen** wird – ohne Abweichung vom Normalverfahren – von Amts wegen überprüft. Dabei endet die Prüfung der örtlichen Zuständigkeit mit dem Beginn der Vernehmung des Angeklagten zur Sache.[4] Auch zur Prüfung, ob ein **hinreichender Tatverdacht** besteht, bleibt das Gericht weiterhin verpflichtet.[5] Fehlt es an einer Prozessvoraussetzung oder am hinreichenden Tatverdacht, so wird das Verfahren nicht eingestellt, sondern die Entscheidung im beschleunigten Verfahren abgelehnt.[6]   3

3. Anhängigkeit und Rechtshängigkeit. Die **Anhängigkeit** der Sache tritt mit Eingang des Antrags auf Entscheidung im beschleunigten Verfahren ein.[7] In Ermangelung eines Eröffnungsbeschlusses, auf den im Normalverfahren abgestellt wird, wird die Sache aber erst mit dem Beginn der Vernehmung des Angeklagten zur Sache **rechtshängig**.[8] Danach kann zwar noch der Antrag auf Entscheidung im beschleunigten Verfahren zurückgenommen werden,[9] die Anklage selbst aber nicht mehr.[10] Die Rechtshängigkeit steht aber unter einer auflösenden Bedingung. Lehnt das Gericht die Entscheidung im beschleunigten Verfahren zwischen dem Beginn der Vernehmung des Angeklagten und der Urteilsverkündung ab (§ 419 Abs. 2), ohne zugleich die Eröffnung des Hauptverfahrens zu beschließen (§ 419 Abs. 3), entfällt die Rechtshängigkeit.[11]   4

4. Anberaumung des Hauptverhandlungstermins. Grundsätzlich ist die Hauptverhandlung nach Abs. 1 S. 1 sofort oder in **kurzer Frist** durchzuführen. Die Zeitspanne soll idR ein bis zwei Wochen ab Eingang des Antrags der Staatsanwaltschaft nicht überschreiten.[12] Für diese Auslegung der   5

---

[1] SK/*Paeffgen* Rn. 2.
[2] KK-StPO/*Graf* Rn. 1.
[3] HK-StPO/*Krehl* Rn. 1; KK-StPO/*Graf* Rn. 2; KMR/*Metzger* Rn. 9; Löwe/Rosenberg/*Gössel*, 25. Aufl., Rn. 3; Meyer-Goßner Rn. 1; SK/*Paeffgen* Rn. 3.
[4] AllgM; zB KK-StPO/*Graf* Rn. 3; KMR/*Metzger* Rn. 5; Löwe/Rosenberg/*Gössel*, 25. Aufl., Rn. 7; *Pfeiffer* Rn. 1; SK/*Paeffgen* Rn. 6.
[5] Heute allgM; zB Löwe/Rosenberg/*Gössel*, 25. Aufl., Rn. 11 ff.; *Meyer-Goßner* Rn. 3 jeweils mwN.
[6] HK-StPO/*Krehl* Rn. 1; Löwe/Rosenberg/*Gössel*, 25. Aufl., Rn. 11; Meyer-Goßner Rn. 2.
[7] KMR/*Metzger* Rn. 2; aA Löwe/Rosenberg/*Gössel*, 25. Aufl., Rn. 2 (Anhängigkeit mit „Terminsbestimmung").
[8] AllgM; BayObLG v. 29. 5. 1987 – 5 St 61/87, BayObLGSt 1987, 55 = MDR 1988, 77; OLG Oldenburg v. 19. 7. 1982 – 2 Ws 255/82, JR 1983, 302; *Meyer-Goßner* JR 1984, 76; *Treier* NStZ 1983, 234; KK-StPO/*Graf* Rn. 4; KMR/*Metzger* Rn. 4; *Meyer-Goßner* Rn. 4; aA *Fülber/Putzke* DRiZ 1999, 199 (Rechtshängigkeit mit Antragstellung) und Löwe/Rosenberg/*Gössel*, 25. Aufl., Rn. 2 (Rechtshängigkeit mit Beginn der Urteilsverkündung).
[9] S. o. § 417 Rn. 13.
[10] KK-StPO/*Graf* Rn. 4; KMR/*Metzger* Rn. 5; aA OLG Celle v. 10. 11. 1982 – 2 Ss 348/42, NStZ 1983, 233.
[11] *Loos/Radtke* NStZ 1995, 572; KK-StPO/*Graf* Rn. 4; KMR/*Metzger* Rn. 8.
[12] BT-Drucks. 12/6853, S. 36; OLG Düsseldorf v. 27. 10. 1998 – 2 Ss 371/98, StV 1999, 202; OLG Stuttgart v. 19. 6. 1998 – 1 Ss 331/98, NJW 1998, 3134; OLG Stuttgart v. 11. 8. 1998 – 1 Ws 123/98, NJW 1999, 511 mAnm

Fristdauer spricht insbesondere § 127b Abs. 2, der eine Hauptverhandlungshaft im beschleunigten Verfahren von längstens einer Woche vorsieht. Der neu eingefügte Abs. 1 S. 2 verlängert die Frist zwar auf sechs Wochen, diese Zeitspanne soll aber nur ausnahmsweise ausgeschöpft werden, da andernfalls von einem beschleunigten Verfahren kaum noch gesprochen werden kann.[13] Eine weitere Fristüberschreitung kommt wohl nur in extremen Ausnahmefällen in Betracht, wird vom Gesetzgeber allerdings grundsätzlich für möglich erachtet, da es sich bei Abs. 1 S. 2 um eine Sollvorschrift handelt.

5. Durchführung der Hauptverhandlung. Für die Einhaltung der Frist genügt die Anberaumung des Hauptverhandlungstermins allein nicht: Auch die Hauptverhandlung selbst ist innerhalb der Frist abzuschließen.[14] Darauf ist insbesondere dann zu achten, wenn im beschleunigten Verfahren nach Aussetzung der Hauptverhandlung neu terminiert werden soll.[15] Wird die Frist nicht eingehalten, so liegt darin ein Verfahrensmangel, der in der **Sprungrevision** mit der Verfahrensrüge beanstandet werden kann.[16] Der **Ablauf der Hauptverhandlung** richtet sich, sofern keine Abweichungen in den §§ 418 bis 420 vorgesehen sind, nach den allgemeinen Vorschriften mit der zusätzlichen Besonderheit, dass ein Sitzungshaftbefehl gegen den trotz ordnungsgemäßer Ladung nicht erschienenen Beschuldigten regelmäßig nicht ergehen kann.[17] Ist in diesem Fall eine Vorführung des Beschuldigten nach § 230 Abs. 2 oder die Durchführung der Hauptverhandlung ohne den Beschuldigten nach § 232 Abs. 1 nicht möglich, hat das Gericht die Entscheidung im beschleunigten Verfahren mangels Eignung abzulehnen.

III. Ladung (Abs. 2)

1. Entbehrlichkeit. Eine Ladung des Beschuldigten ist nach Abs. 2 S. 1 entbehrlich, wenn er sich zur Hauptverhandlung freiwillig stellt oder dem Gericht vorgeführt wird. **Freiwilligkeit** liegt immer dann vor, wenn das Erscheinen des Beschuldigten vor Gericht auf seinem freien Willen beruht, ohne dass ihm gegenüber eine Pflicht zum Erscheinen geltend gemacht worden ist.[18] Der Regelfall der Freiwilligkeit in der Praxis besteht darin, dass dem Beschuldigten die richterliche Terminsanberaumung formlos mitgeteilt wird. Sie ist aber auch dann noch anzunehmen, wenn der Beschuldigte sich – in anderer Sache – in Haft befindet und seine Vorführung zur Verhandlung verlangt.[19] Eine **Vorführung** ist gegeben, wenn der Beschuldigte ohne Rücksicht auf seinen Willen aus einer behördlichen Verwahrung vor das Gericht gebracht wird. Abs. 2 S. 1 selbst liefert keine Rechtsgrundlage für eine Vorführung,[20] sondern setzt eine solche voraus.

2. Besonderheiten der Ladung. In allen übrigen Fällen ist der Beschuldigte unter Beachtung der §§ 214, 216, 218 zur Hauptverhandlung zu laden.[21] Mit der Ladung ist die **Mitteilung des Anklagevorwurfs** nach Abs. 2 S. 2 zu verbinden. Dies geschieht durch Übersendung der Anklageschrift, sofern eine solche vorliegt. Andernfalls teilt der Vorsitzende dem Beschuldigten den genauen Tatvorwurf unter Angabe der Tatumstände, der Tatzeit, des Tatorts, der gesetzlichen Merkmale der Straftat und der anzuwendenden Strafvorschriften mit. Der Angabe der Beweismittel bedarf es hingegen nicht.[22] Nach Abs. 2 S. 3 beträgt die **Ladungsfrist** 24 Stunden und beginnt mit der Zustellung der Ladung, auch im Wege der Ersatzzustellung,[23] zu laufen. Im Einzelfall kann es aber geboten sein, diese äußerst knapp bemessene Mindestfrist zu verlängern, sofern dem Beschuldigten sonst keine ausreichende Zeit und Gelegenheit zur Vorbereitung seiner Verteidigung verbleibt, Art. 6 Abs. 3 Buchst. b MRK.[24] Genügt hierfür auch eine Verlängerung der Ladungsfrist nicht, ist das beschleunigte Verfahren als ungeeignet abzulehnen. Mit dem eindeutigen Gesetzeswortlaut ist es aber nicht vereinbar, stets eine Ladungsfrist von mindestens drei Tagen zu

---

Scheffler NStZ 1999, 268; Loos/Radtke NStZ 1995, 573; Radtke JR 2001, 134; HK-StPO/Krehl Rn. 2; Löwe/Rosenberg/Gössel, 25. Aufl., Rn. 19; Meyer-Goßner Rn. 5; SK/Paeffgen Rn. 13; aA KMR/Metzger Rn. 15 f.: ein Monat.
[13] Meyer-Goßner Rn. 5.
[14] KMR/Metzger Rn. 20; Löwe/Rosenberg/Gössel, 25. Aufl., Rn. 20.
[15] OLG Karlsruhe v. 25. 3. 1999 – 3 Ss 244/98, NJW 1999, 3061.
[16] OLG Stuttgart v. 11. 8. 1998 – 1 Ws 123/98, NJW 1999, 511; OLG Stuttgart v. 10. 7. 2002 – 4 Ss 172/02, NStZ-RR 2002, 339; Pfeiffer Rn. 2.
[17] OLG Hamburg v. 21. 7. 1982 – 2 Ws 204/82, NStZ 1983, 40; AG Erfurt v. 29. 10. 1999 – 46 Ds 970 Js 33403/99, NStZ-RR 2000, 46; Löwe/Rosenberg/Gössel, 25. Aufl., Rn. 24; Meyer-Goßner Rn. 9; SK/Paeffgen Rn. 17.
[18] Löwe/Rosenberg/Gössel, 25. Aufl., Rn. 29.
[19] RG v. 1. 2. 1932 – II 41/32, RGSt 66, 108 (111).
[20] AllgM; vgl. etwa SK/Paeffgen Rn. 13.
[21] HK-StPO/Krehl Rn. 2; KK-StPO/Graf Rn. 7; Meyer-Goßner Rn. 7.
[22] KK-StPO/Graf Rn. 7; KMR/Metzger Rn. 23; Löwe/Rosenberg/Gössel, 25. Aufl., Rn. 25; aA Pfeiffer Rn. 3; HK-StPO/Krehl Rn. 2 hält die Angabe der Beweismittel für „zweckmäßig".
[23] OLG Hamburg v. 8. 9. 1966 – 2 Ss 90/66, NJW 1966, 2179.
[24] BT-Drucks. 12/6853, S. 36; Bandisch StV 1994, 158; Meyer-Goßner Rn. 8; s. auch § 417 Rn. 18.

fordern.²⁵ Bei Nichteinhaltung der 24-Stunden-Frist kann der Beschuldigte die Aussetzung der Verhandlung verlangen.²⁶

IV. Anklageerhebung, Übergang ins Strafbefehlsverfahren (Abs. 3)

1. Anklage. Wie im Normalverfahren ist die Anklageerhebung auch im beschleunigten Verfahren **Prozessvoraussetzung**. Der Einreichung einer Anklageschrift bedarf es jedoch nach Abs. 3 S. 1 nicht. Liegt eine solche aber vor, so ist sie in der Hauptverhandlung gem. § 243 Abs. 3 S. 1 zu verlesen.²⁷ Ansonsten wird die Anklage bei Beginn der Verhandlung mündlich erhoben, wobei nach Nr. 146 Abs. 2 RiStBV diese vom Sitzungsvertreter der Staatsanwaltschaft möglichst schriftlich niedergelegt und ein Abdruck zum Protokoll übergeben werden soll. Auch die **mündliche Anklage** muss den Anforderungen des § 200 Abs. 1 S. 1 entsprechen.²⁸ Ihr wesentlicher Inhalt ist in das Sitzungsprotokoll aufzunehmen, Abs. 3 S. 2.²⁹ Dass und mit welchem Inhalt mündlich Anklage erhoben worden ist, kann nur durch die Sitzungsniederschrift bewiesen werden.³⁰ Wenn der im Protokoll wiedergegebene Inhalt der mündlichen Anklage nicht erkennen lässt, was dem Angeklagten konkret vorgeworfen wird, begründet dies ein zur Verfahrenseinstellung führendes Verfahrenshindernis.³¹

2. Übergang ins Strafbefehlsverfahren. Gem. Abs. 3 S. 3 iVm. § 408a ist auch im beschleunigten Verfahren der Übergang in das Strafbefehlsverfahren **zulässig**, was vor allem dann in Betracht kommen kann, wenn der Beschuldigte zum Hauptverhandlungstermin nicht erscheint.³² Die praktische Relevanz dieser neu eingeführten Verweisung erscheint jedoch eng begrenzt, da die Staatsanwaltschaft das Strafbefehlsverfahren ohnehin vorrangig zu wählen hat,³³ und für diese Verfahrensart geeignete Sachen daher grundsätzlich nicht im beschleunigten Verfahren behandelt werden sollten.

V. Bestellung eines Verteidigers (Abs. 4)

1. Voraussetzungen. Dem unverteidigten Beschuldigten ist für das beschleunigte Verfahren vor dem Amtsgericht ein Verteidiger zu bestellen, wenn eine Einzel oder Gesamtfreiheitsstrafe³⁴ von mindestens sechs Monaten zu erwarten ist. Dabei ist unerheblich, ob die Strafe voraussichtlich zur Bewährung auszusetzen sein wird oder nicht.³⁵ Die Bestellung erfolgt **von Amts wegen** durch den Vorsitzenden mittels Verfügung und ist bis zur Urteilsverkündung möglich. Ihre Erforderlichkeit kann sich sogar noch in der Urteilsberatung erweisen. In diesem Fall ist entweder die Entscheidung im beschleunigten Verfahren abzulehnen oder die Hauptverhandlung zu unterbrechen und in ihren wesentlichen Teilen in Anwesenheit des Verteidigers zu wiederholen.³⁶ Die Staatsanwaltschaft ist bei einer entsprechenden Straferwartung verpflichtet, mit dem Antrag nach § 417 die Verteidigerbestellung zu beantragen;³⁷ dieser **Antrag** ist jedoch weder Voraussetzung für die Bestellung noch für das Gericht bindend.³⁸ Die umstrittene Frage, ob die Staatsanwaltschaft schon vor Antragstellung nach § 417 die Beiordnung eines Verteidigers beantragen kann, dürfte praktisch ohne Relevanz sein.³⁹ Mit der die Durchführung des beschleunigten Verfahrens ablehnenden Entscheidung nach § 419 Abs. 2 S. 1 wird ein Beiordnungsantrag der Staatsanwaltschaft ohne weiteres gegenstandslos.⁴⁰

---

²⁵ So aber HK-StPO/*Krehl* Rn. 2; KMR/*Metzger* Rn. 22; Löwe/Rosenberg/*Gössel*, 25. Aufl., Rn. 23.
²⁶ Löwe/Rosenberg/*Gössel*, 25. Aufl., Rn. 22.
²⁷ OLG Köln v. 17. 9. 2002 – Ss 398/02, NStZ-RR 2003, 18.
²⁸ OLG Hamburg v. 3. 11. 1999 – 2 Ss 117/99, StV 2000, 127; OLG Frankfurt v. 14. 1. 2000 – 1 Ss 354/99, StV 2000, 299; KMR/*Metzger* Rn. 26; Löwe/Rosenberg/*Gössel*, 25. Aufl., Rn. 41.
²⁹ OLG Hamburg v. 3. 11. 1999 – 2 Ss 117/99, StV 2000, 127; OLG Köln v. 31. 1. 2002 – 152-20/01, StV 2003, 156.
³⁰ RG v. 1. 2. 1932 – II 41/32, RGSt 66, 108 (110); OLG Köln v. 17. 9. 2002 – Ss 398/02, NStZ-RR 2003, 18; OLG Frankfurt v. 19. 10. 2000 – 3 Ss 346/00, StV 2001, 341; KK-StPO/*Graf* Rn. 8; Löwe/Rosenberg/*Gössel*, 25. Aufl., Rn. 39; SK/*Paeffgen* Rn. 15.
³¹ OLG Frankfurt v. 14. 1. 2000 – 1 Ss 354/99, StV 2000, 299; OLG Frankfurt v. 19. 10. 2000 – 3 Ss 346/00, StV 2001, 341.
³² Meyer-Goßner Rn. 9a.
³³ S. o. § 417 Rn. 10.
³⁴ OLG Bremen v. 8. 8. 1997 – Ss 34/97, StraFo 1998, 124.
³⁵ KK-StPO/*Graf* Rn. 11; Löwe/Rosenberg/*Gössel*, 25. Aufl., Rn. 44.
³⁶ AllgM; BGH v. 29. 6. 1956 – 1 StR 252/56, BGHSt 9, 243, (244); OLG Braunschweig v. 9. 2. 2005 – 1 Ss 5/05, StV 2005, 493; OLG Hamm v. 22. 8. 2003 – 3 Ss 492/03; OLG Karlsruhe v. 25. 3. 1999 – 3 Ss 244/98, NJW 1999, 3061; BayObLG v. 12. 2. 1998 – 3 St RR 7/98, NStZ 1998, 372.
³⁷ BayObLG v. 12. 2. 1998 – 3 St RR 7/98, NStZ 1998, 372.
³⁸ KK-StPO/*Graf* Rn. 11; Löwe/Rosenberg/*Gössel*, 25. Aufl., Rn. 49; Meyer-Goßner Rn. 12; aA *Burgard* NStZ 2000, 245; KMR/*Metzger* Rn. 35; SK/*Paeffgen* Rn. 20.
³⁹ So auch KK-StPO/*Graf* Rn. 11; vgl. zum Streitstand Löwe/Rosenberg/*Gössel*, 25. Aufl., Rn. 49 einerseits und SK/*Paeffgen* Rn. 19 andererseits.
⁴⁰ HK-StPO/*Krehl* Rn. 6; KK-StPO/*Graf* Rn. 11; Meyer-Goßner Rn. 12; *Pfeiffer* Rn. 4.

12 **2. Anhörung des Beschuldigten.** Ob dem Beschuldigten vor der Auswahl des Verteidigers rechtliches Gehör gewährt werden muss, ist umstritten. Trotz fehlender ausdrücklicher Verweisung kommt § 142 zur Anwendung.[41] Folglich ist eine Befragung des Beschuldigten – die auch telefonisch möglich ist – **grundsätzlich erforderlich**.[42] Jedoch ist im konkreten Einzelfall der Beschleunigungszweck der §§ 417 ff. gegen das Interesse des Beschuldigten abzuwägen, in die Auswahl des Verteidigers miteinbezogen zu werden, so dass auch Konstellationen denkbar sind, in denen eine Anhörung unterbleiben darf.[43] Der Gegenauffassung,[44] die den Beschleunigungszweck nicht als Grund für ein Absehen von der Anhörung anerkennen will, ist entgegenzuhalten, dass § 142 die Anhörung nicht zwingend vorschreibt („Sollvorschrift") und eine einschränkende Auslegung in Hinblick auf den Normzweck der §§ 417 ff. zulässig ist.

13 **3. Dauer der Bestellung.** Nach dem ausdrücklichen Gesetzeswortlaut gilt die Beiordnung nur für die Verhandlung im beschleunigten Verfahren **vor dem Amtsgericht**. Dies ist in der Verfügung des Vorsitzenden, mit der der Verteidiger bestellt wird, ausdrücklich anzuordnen.[45] Die Beiordnung gilt also nicht in einem sich anschließenden Berufungsverfahren[46] und auch nicht für das nachfolgende Normalverfahren, wenn das Amtsgericht die Entscheidung im beschleunigten Verfahren ablehnt.[47] In der letztgenannten Konstellation kann sich die wenig plausible Situation ergeben, dass der zunächst verteidigte Angeklagte ohne anwaltlichen Beistand weiterverhandeln müsste, weil sich der Sachverhalt als schwierig oder die Beweislage als unklar, die Sache sich also als ungeeignet iS von § 417 erwiesen hat. Der Wegfall der Verteidigung trotz erkennbar gestiegenem Verteidigungsbedürfnis erscheint wenig sachgerecht, so dass in diesen Fällen eine anschließende Verteidigerbestellung nach § 140 Abs. 2 wegen „Schwierigkeit der Sach- und Rechtslage" erwogen werden sollte.[48]

14 **4. Beschwerde.** Die **Bestellung** eines Verteidigers und die damit verbundene Auswahlentscheidung kann der Beschuldigte nicht anfechten.[49] Der Gegenmeinung,[50] die eine Anfechtbarkeit annimmt, kann nicht zugestimmt werden: Ein Zuwarten auf die Entscheidung des Beschwerdegerichts wäre mit dem Beschleunigungszweck der § 417 ff. nicht vereinbar, die zeitgleiche Durchführung des Beschwerde- und des beschleunigten Verfahrens wenig sinnvoll.[51] Im Ergebnis läge es oft in der Hand des Beschuldigten, durch Einlegung der Beschwerde die Durchführung des beschleunigten Verfahrens faktisch zu verhindern. Die **unterbliebene Bestellung** eines Verteidigers geht als unterlassene Verfügung der Urteilsfällung voraus und ist zwar mit der Revision, nicht aber der Beschwerde anfechtbar, § 305.[52]

15 **5. Berufung und Revision.** Ist der Angeklagte im beschleunigten Verfahren ohne die Mitwirkung eines Verteidigers zu einer Freiheitsstrafe von sechs Monaten oder mehr verurteilt worden, so erfüllt dies den absoluten Revisionsgrund des § 338 Nr. 5.[53] Dies führt auf die **Sprungrevision** (§ 335 Abs. 1) zur Aufhebung des Urteils und Zurückverweisung an das Erstgericht. Mit der **Berufung** kann die unterbliebene Verteidigerbestellung hingegen nicht erfolgreich angegriffen werden: Im Berufungsverfahren gilt § 418 Abs. 4 nicht, einer Zurückverweisung durch das Berufungsgericht an das Amtsgericht steht § 328 entgegen.[54]

§ 419 [Entscheidung über den Antrag]

(1) ¹Der Strafrichter oder das Schöffengericht hat dem Antrag zu entsprechen, wenn sich die Sache zur Verhandlung in diesem Verfahren eignet. ²Eine höhere Freiheitsstrafe als Freiheitsstrafe

---

[41] *Loos/Radtke* NStZ 1996, 10; KK-StPO/*Graf* Rn. 12; Löwe/Rosenberg/*Gössel*, 25. Aufl., Rn. 51; aA *Meyer-Goßner* Rn. 14.
[42] HK-StPO/*Krehl* Rn. 6; SK/*Paeffgen* Rn. 21.
[43] KK-StPO/*Graf* Rn. 12.
[44] KMR/*Metzger* Rn. 34.
[45] HK-StPO/*Krehl* Rn. 7.
[46] AA *Meyer-Goßner* Rn. 15.
[47] *König/Seitz* NStZ 1995, 4; HK-StPO/*Krehl* Rn. 7; KMR/*Metzger* Rn. 36; Löwe/Rosenberg/*Gössel*, 25. Aufl., Rn. 53; *Pfeiffer* Rn. 4.
[48] *Loos/Radtke* NStZ 1996, 11; KK-StPO/*Graf* Rn. 14; KMR/*Metzger* Rn. 36; Löwe/Rosenberg/*Gössel*, 25. Aufl., Rn. 53.
[49] OLG Düsseldorf v. 24. 2. 1986 – 1 Ws 155/86, MDR 1986, 604; HK-StPO/*Krehl* Rn. 8; KK-StPO/*Graf* Rn. 17; *Meyer-Goßner* Rn. 16.
[50] OLG Frankfurt v. 9. 10. 1985 – 3 Ws 867/85, StV 1986, 144; OLG München v. 15. 7. 1980 – 2 Ws 731/80, AnwBl. 1980, 466; *Ernst* StV 2001, 370; KMR/*Metzger* Rn. 37; Löwe/Rosenberg/*Gössel*, 25. Aufl., Rn. 54; SK/*Paeffgen* Rn. 23.
[51] KK-StPO/*Graf* Rn. 17.
[52] Löwe/Rosenberg/*Gössel*, 25. Aufl., Rn. 54.
[53] BayObLG v. 12. 2. 1998 – 3 St RR 7/98, BayObLGSt 1998, 10 = NStZ 1998, 372; OLG Oldenburg v. 27. 5. 1997 – Ss 169/97, ZfS 1997, 313; OLG Karlsruhe v. 25. 3. 1999 – 3 Ss 244/98, NJW 1999, 3061; OLG Düsseldorf v. 20. 7. 1999 – 2b Ss 217/99, NStZ-RR 2000, 17.
[54] Löwe/Rosenberg/*Gössel*, 25. Aufl., Rn. 57; *Meyer-Goßner* Rn. 17.

von einem Jahr oder eine Maßregel der Besserung und Sicherung darf in diesem Verfahren nicht verhängt werden. ³ Die Entziehung der Fahrerlaubnis ist zulässig.

(2) ¹ Die Entscheidung im beschleunigten Verfahren kann auch in der Hauptverhandlung bis zur Verkündung des Urteils abgelehnt werden. ² Der Beschluß ist nicht anfechtbar.

(3) Wird die Entscheidung im beschleunigten Verfahren abgelehnt, so beschließt das Gericht die Eröffnung des Hauptverfahrens, wenn der Angeschuldigte einer Straftat hinreichend verdächtig erscheint (§ 203); wird nicht eröffnet und die Entscheidung im beschleunigten Verfahren abgelehnt, so kann von der Einreichung einer neuen Anklageschrift abgesehen werden.

I. Regelungsgehalt

§ 419 regelt das weitere Verfahren für die Fälle, in denen sich die Sache als ungeeignet für die Behandlung im beschleunigten Verfahren erweist,¹ unabhängig davon, ob die Eignung bereits anfänglich fehlt oder ihr Fehlen sich erst aus dem Fortgang der Verhandlung ergibt. In ihrem **Grundgedanken** will die Regelung sicherstellen, dass das vereinfachte, auf wesentliche Förmlichkeiten verzichtende Verfahren abzubrechen ist, wenn sich erweist, „dass mit ihm das Ziel des Strafverfahrens nicht mehr zu erreichen ist, in justizförmiger Weise eine der Wahrheit möglichst nahekommende, gerechte Entscheidung herbeizuführen."²   1

II. Eignung der Sache (Abs. 1 S. 1)

1. Fehlende Eignung. Nach Abs. 1 S. 1 ist das **generelle Kriterium** für die Durchführung des beschleunigten Verfahrens die Eignung der Sache. Die Eignung fehlt, wenn eine Prozessvoraussetzung oder ein hinreichender Tatverdacht nicht vorliegt. Ungeeignetheit ist weiter anzunehmen, wenn die besonderen Voraussetzungen des § 417 nicht erfüllt sind, also der Sachverhalt nicht einfach, die Beweislage unklar oder eine Entscheidung innerhalb kurzer Frist nicht möglich ist. Abs. 1 S. 2 und S. 3 fügen ein weiteres Merkmal für die Beurteilung der Eignung hinzu: Die Durchführung eines beschleunigten Verfahrens scheidet auch dann aus, wenn die Rechtsfolgenkompetenz (voraussichtlich) nicht ausreicht.   2

2. Aussetzung und Unterbrechung. Wird die Aussetzung oder Unterbrechung der Hauptverhandlung erforderlich, wird regelmäßig die Eignung zur Behandlung im beschleunigten Verfahren entfallen, weil eine Durchführung der Hauptverhandlung in kurzer Frist nicht mehr gewährleistet ist.³   3

III. Rechtsfolgenkompetenz (Abs. 1 S. 2 und S. 3)

1. Freiheitsstrafen. Im beschleunigten Verfahren ist die Verhängung einer Freiheitsstrafe von höchstens einem Jahr zulässig, Abs. 1 S. 2. Diese Grenze darf auch im Falle einer (nachträglichen) **Gesamtstrafenbildung** nicht überschritten werden.⁴   4

2. Geld- und Nebenstrafen. Für Geldstrafen sieht Abs. 1 S. 2 zwar keine ausdrückliche Grenze vor, jedoch folgt unter Berücksichtigung von § 43 S. 2 StGB, dass eine solche nur bis zu der umgerechneten Höchstgrenze für die Freiheitsstrafe zulässig ist. Eine höhere (Gesamt-)Geldstrafe als 360 Tagessätze darf daher nicht verhängt werden.⁵ Auf **Nebenstrafen** und Nebenfolgen darf grundsätzlich erkannt werden. Das gilt insbesondere für die Verhängung eines Fahrverbots, § 44 StGB.   5

3. Maßregeln der Sicherung und Besserung. Maßregeln der Sicherung und Besserung dürfen – mit Ausnahme der **Entziehung der Fahrerlaubnis** – im beschleunigten Verfahren nicht verhängt werden, Abs. 1 S. 3. In Abweichung zum Strafbefehlsverfahren in § 407 Abs. 2 S. 1 Nr. 2 ist bei der Bestimmung der Dauer der Sperrfrist gem. § 69a StGB keine Höchstgrenze vorgesehen. Allerdings ist die Anordnung einer unbefristeten Sperre, § 69a Abs. 1 S. 2 StGB, im beschleunigten Verfahren regelmäßig unzulässig:⁶ Die Anordnung einer solchen Maßregel erfordert wegen der Schärfe des damit verbundenen Eingriffs eine besonders eingehende Untersuchung der Person des Täters,⁷ welche mit dem Beschleunigungsgedanken der §§ 417ff. nicht in Einklang zu bringen ist.   6

---

¹ KK-StPO/*Graf* Rn. 1.
² Löwe/Rosenberg/*Gössel*, 25. Aufl., Rn. 1.
³ OLG Karlsruhe v. 25. 3. 1999 – 3 Ss 244/98, NJW 1999, 3061; HK-StPO/*Krehl* Rn. 1; KK-StPO/*Graf* Rn. 8; KMR/*Metzger* Rn. 8; *Pfeiffer* Rn. 1; diff. *Meyer-Goßner* Rn. 4; s. auch § 418 Rn. 6.
⁴ OLG Karlsruhe v. 25. 3. 1999 – 3 Ss 244/98, NJW 1999, 3061; OLG Celle v. 10. 11. 1982 – 2 Ss 348/42, NStZ 1983, 233; HK-StPO/*Krehl* Rn.2; KK-StPO/*Graf* Rn. 8; KMR/*Metzger* Rn. 5; Löwe/Rosenberg/*Gössel*, 25. Aufl., Rn. 3; *Meyer-Goßner* Rn. 1; *Pfeiffer* Rn. 4; SK/*Paeffgen* Rn. 4; iE zwar offengelassen, aber wohl aA BGH v. 29. 3. 1988 – 5 StR 624/86, BGHSt 35, 251 (255) = NJW 1989, 46; aA *Köckerbauer* NJW 1990, 170.
⁵ Löwe/Rosenberg/*Gössel*, 25. Aufl., Rn. 3.
⁶ KK-StPO/*Graf* Rn. 4; KMR/*Metzger* Rn. 6; SK/*Paeffgen* Rn. 6; aA wohl *Meyer-Goßner* Rn. 1.
⁷ KK-StPO/*Graf* Rn. 4.

7 4. Berufungsverfahren. Für das Berufungsgericht gilt nach bestrittener, aber vorzugswürdiger Meinung die **Beschränkung der Rechtsfolgenkompetenz** nicht.[8] Ein beschleunigtes Berufungsverfahren ist nicht vorgesehen,[9] dieses richtet sich daher nach den Regeln für das Normalverfahren. Für diese Auffassung sprechen der Wortlaut des Abs. 1 S. 2 „in diesem Verfahren" (nach § 417 vor dem Amtsgericht) sowie verfahrensökonomische Gesichtspunkte: Nachdem im Berufungsrechtszug die verfahrensrechtlichen Vereinfachungen nicht mehr gelten, sondern nach den Regeln des Normalverfahrens verhandelt wird, ist die Berufungskammer berechtigt, wie in den übrigen Normalverfahren auch, eine tat- und schuldangemessene Strafe zu verhängen, auch wenn diese über die Grenze des Abs. 1 S. 2 hinausgeht.[10] Die Gegenauffassung vermag zudem den Widerspruch nicht aufzulösen, warum nach § 418 Abs. 4 eine Verteidigerbestellung nur vor dem Amtsgericht, nicht aber auch vor dem Berufungsgericht erforderlich ist.[11]

IV. Ablehnungsbeschluss (Abs. 2)

8 1. Form und Inhalt. Die Entscheidung, die Durchführung des beschleunigten Verfahrens abzulehnen, ergeht durch **Beschluss**, der nach § 34 zu begründen und gem. § 35 auch bekannt zu machen ist.[12] Die Ablehnung kann in bestimmten Fällen auch **konkludent** erfolgen: So wird man in einem förmlichen Eröffnungsbeschluss einen schlüssigen Ablehnungsbeschluss sehen können.[13] Auch in einem Verbindungsbeschluss zu einem Normalverfahren kann eine konkludente Ablehnung der Entscheidung im beschleunigten Verfahren gesehen werden.[14] Eine **stillschweigende** Ablehnung – etwa durch eine Terminierung außerhalb der Frist des § 418 Abs. 1 – ist hingegen ausgeschlossen.[15] Eine **Kosten- und Auslagenentscheidung** ergeht nicht, da durch den Beschluss kein endgültiger Verfahrensabschluss erfolgt, § 464 Abs. 1 und Abs. 2.[16] Stellt aber die Staatsanwaltschaft nach Erlass des Ablehnungsbeschlusses (ggf. nach Rücknahme der Anklage) das Verfahren ein, so gilt für die Kostenregelung § 467a jedenfalls entsprechend.[17]

9 2. Zeitpunkt. Die Ablehnung ist ab Eingang des Antrags **bis zur Urteilsverkündung** in der ersten Instanz zulässig (sofern sich die mangelnde Eignung erst im Laufe der Hauptverhandlung ergibt).[18] Erweist sich aber, dass die Sache **freispruchs- oder einstellungsreif** ist, scheidet ein Ablehnungsbeschluss aus. In diesen Fällen ist der Angeklagte freizusprechen oder das Verfahren gem. § 260 Abs. 3 einzustellen.[19] Da das beschleunigte Verfahren mit einer Rechtsmitteleinlegung in das Normalverfahren übergeht,[20] kann die Ablehnungsentscheidung weder im Berufungsverfahren noch nach einer Urteilsaufhebung und Zurückverweisung durch den dann befassten Amtsrichter erfolgen.[21] Die Gegenmeinung[22] hält hingegen eine Ablehnungsentscheidung nach Aufhebung und Zurückverweisung für möglich, da dadurch das Verfahren in den Zustand zurückversetzt werde, in dem es sich vor der Urteilsfindung befunden habe.[23] Im Ergebnis dürfte dieser Streit kaum praktische Bedeutung haben, da nach der im erstinstanzlichen und im Revisionsverfahren verstrichenen Zeit eine (weitere) Eignung im Sinne von Abs. 1 regelmäßig fehlen wird.

10 3. Beschwerde. Der Beschluss ist **unanfechtbar**, Abs. 2 S. 2. Dies gilt unabhängig von den Gründen, auf denen die Ablehnung beruht,[24] also auch dann, wenn das Gericht das Vorliegen ei-

---

[8] BayObLG v. 3. 12. 2003 – 2 St RR 114/03, BayObLGSt 2003, 135 = NStZ 2005, 403 mAnm *Metzger*; OLG Stuttgart v. 11. 8. 1998 – 1 Ws 123/98, NJW 1999, 511; *Loos/Radtke* NStZ 1996, 8; KK-StPO/*Graf* Rn. 5; KMR/ *Metzger* Rn. 38; *Pfeiffer* Rn. 5; aA *Ranft* NStZ 2004, 430; *Wagner* JR 1983, 304; HK-StPO/*Krehl* Rn. 2; Löwe/ Rosenberg/*Gössel*, 25. Aufl., Rn. 14; *Meyer-Goßner* Rn. 17; SK/*Paeffgen* Rn. 16.
[9] S. o. § 417 Rn. 9.
[10] So zutreffend KK-StPO/*Graf* Rn. 5.
[11] KMR/*Metzger* Rn. 37.
[12] KK-StPO/*Graf* Rn. 11; KMR/*Metzger* Rn. 15 ff.; Löwe/Rosenberg/*Gössel*, 25. Aufl., Rn. 25; *Meyer-Goßner* Rn. 7; *Pfeiffer* Rn. 2; SK/*Paeffgen* Rn. 7.
[13] KMR/*Metzger* Rn. 15; aA Löwe/Rosenberg/*Gössel*, 25. Aufl., Rn. 25, der eine konkludente Ablehnung für ausgeschlossen hält, über eine Umdeutung aber zu vergleichbaren Ergebnissen gelangt.
[14] BGH v. 17. 12. 1999 – 2 StR 376/99, NStZ 2000, 442.
[15] OLG Karlsruhe v. 25. 3. 1999 – 3 Ss 244/98, NJW 1999, 3061; OLG Düsseldorf v. 10. 4. 1997 – 2 Ss 56/97, NStZ 1997, 613; HK-StPO/*Krehl* Rn. 3; KK-StPO/*Graf* Rn. 11; KMR/*Metzger* Rn. 15; aA *Radtke* NStZ 1998, 371.
[16] HK-StPO/*Krehl* Rn. 3; KK-StPO/*Graf* Rn. 11; *Meyer-Goßner* Rn. 8; *Pfeiffer* Rn. 2; SK/*Paeffgen* Rn. 8.
[17] AG Wetzlar v. 29. 4. 1983 – 4 Ds 20 Js 208/83, AnwBl. 1983, 464; KK-StPO/*Graf* Rn. 11; KMR/*Metzger* Rn. 16; Löwe/Rosenberg/*Gössel*, 25. Aufl., Rn. 29; *Pfeiffer* Rn. 2; SK/*Paeffgen* Rn. 8; aA AG Geilenkirchen v. 20. 7. 1970 – 3 Ds 294/69, NJW 1970, 2308.
[18] KK-StPO/*Graf* Rn. 6 f.; KMR/*Metzger* Rn. 14; *Meyer-Goßner* Rn. 5.
[19] KK-StPO/*Graf* Rn. 7.
[20] S. o. Rn. 7 und § 417 Rn. 9.
[21] OLG Oldenburg v. 19. 7. 1982 – 2 Ws 255/82, JR 1983, 302; KK-StPO/*Graf* Rn. 9; KMR/*Metzger* Rn. 14; SK/ *Paeffgen* Rn. 7.
[22] HK-StPO/*Krehl* Rn. 3; Löwe/Rosenberg/*Gössel*, 25. Aufl., Rn. 27 und Vor § 417 Rn. 48.
[23] *Gössel* JR 1982, 272; *Meyer-Goßner* JR 1984, 76.
[24] LG Hamburg v. 21. 1. 1993 – 620 Qs 6/93, MDR 1993, 789.

ner Prozessvoraussetzung oder den hinreichenden Tatverdacht verneint. Ohne Belang ist auch, ob der Beschluss vor oder erst in der Hauptverhandlung erlassen wird.[25]

4. Rechtskraft. Der Ablehnungsbeschluss hat – unabhängig von seiner Begründung – ausschließlich den Antrag nach § 417 zum Gegenstand, so dass ihm **keinerlei Rechtskraftwirkung** zukommt, insbesondere wird die Strafklage nicht (beschränkt) gem. § 211 verbraucht.[26] Sperrwirkung entfaltet der Beschluss ausschließlich in Hinblick auf die Antragstellung nach § 417: Ein erneuter Antrag, im beschleunigten Verfahren zu entscheiden, wäre unzulässig.[27] 11

V. Verfahren nach Ablehnung (Abs. 3)

1. Verfahren bei hinreichendem Tatverdacht. Lehnt das Gericht die Behandlung im beschleunigten Verfahren ab, so hat es gem. Abs. 3 iVm. § 203 zu prüfen, ob der Beschuldigte einer Straftat hinreichend verdächtig ist (und die Prozessvoraussetzungen vorliegen). Bejaht es dies, so hat es die **Eröffnung des Hauptverfahrens** zu beschließen. Dies setzt aber zunächst voraus, dass die Staatsanwaltschaft bereits schriftlich oder mündlich Anklage erhoben hat.[28] Weiter ist dem Beschuldigten gem. § 201 rechtliches Gehör vor Erlass des Eröffnungsbeschlusses zu gewähren,[29] was durch Mitteilung der Anklageschrift geschieht oder, sofern die Anklage mündlich erhoben wurde, durch Übersendung einer Protokollabschrift, in der ihr wesentlicher Inhalt enthalten sein muss.[30] Das weitere Verfahren richtet sich nach den **Regeln des Normalverfahrens**. Lediglich die Anordnung ergänzender Ermittlungen, § 202, ist ausgeschlossen, da diese dem Sinn und Zweck des Abs. 3, der vereinfachten Überleitung in das Normalverfahren, entgegenstünde.[31] 12

2. Fehlen des hinreichenden Tatverdachts. Verneint das Gericht hingegen den hinreichenden Tatverdacht (oder hält es eine Verfahrensvoraussetzung nicht für gegeben), hat es sich auf die Ablehnung der Durchführung des beschleunigten Verfahrens zu beschränken. Zu einer **Ablehnung der Eröffnung des Hauptverfahrens** ist es angesichts der Regelung in Abs. 3 nicht befugt.[32] Das Gericht leitet in diesem Fall die Akten an die Staatsanwaltschaft zurück. Diese kann, um die Anhängigkeit bei Gericht zu beseitigen, die Anklage zurücknehmen und dann nach § 170 Abs. 2 oder §§ 153 ff. verfahren.[33] Will die Staatsanwaltschaft das Verfahren aber gerichtlich weiterverfolgen, wird sie – sofern bereits eine schriftliche Anklage vorliegt, Abs. 3 Hs. 2 –[34] die Akten erneut dem Gericht zuleiten und die Eröffnung des Hauptverfahrens beantragen. 13

VI. Rechtsmittel

1. Beschwerde. Eine Beschwerde ist sowohl gegen die Durchführung des beschleunigten Verfahrens als auch gegen deren Ablehnung (Abs. 2 S. 2) **unzulässig.** Dies gilt für den Beschuldigten[35] und die Staatsanwaltschaft gleichermaßen. 14

2. Berufung und Revision. Gegen das amtsgerichtliche Urteil kann Berufung oder (Sprung-) Revision eingelegt werden. Dabei prüft das Rechtsmittelgericht **von Amts wegen** das Vorliegen der Prozessvoraussetzungen, wozu u. a. auch die (mündliche) Erhebung der Anklage gehört.[36] 15

a) Antrag nach § 417. Das Ersturteil ist im Berufungs- und Revisionsverfahren von Amts wegen aufzuheben und das Verfahren einzustellen, wenn der nach §§ 417, 418 Abs. 1 zwingend vorgeschriebene **Antrag fehlt,** im beschleunigten Verfahren zu entscheiden.[37] 16

b) Eignung der Sache. Die Frage, ob die Sache zur Verhandlung im beschleunigten Verfahren geeignet war, unterliegt nur einer **eingeschränkten Prüfung** durch die Berufungs- und Revisions- 17

---

[25] AllgM; zB KK-StPO/*Graf* Rn. 12.
[26] Löwe/Rosenberg/*Gössel*, 25. Aufl., Rn. 30.
[27] OLG Hamburg v. 30. 1. 1963 – 1 Ss 175/62, NJW 1964, 2124.
[28] KK-StPO/*Graf* Rn. 13; KMR/*Metzger* Rn. 24; Löwe/Rosenberg/*Gössel*, 25. Aufl., Rn. 37 hält die mündlich erhobene Anklage nicht für ausreichend.
[29] *Radtke* NStZ 1998, 371; HK-StPO/*Krehl* Rn. 4; KK-StPO/*Graf* Rn. 13; KMR/*Metzger* Rn. 25; *Meyer-Goßner* Rn. 9; SK/*Paeffgen* Rn. 10.
[30] S. o. § 418 Rn. 9.
[31] *Loos/Radtke* NStZ 1995, 572; HK-StPO/*Krehl* Rn. 4; KK-StPO/*Graf* Rn. 13; KMR/*Metzger* Rn. 27.
[32] KK-StPO/*Graf* Rn. 14; KMR/*Metzger* Rn. 21; Löwe/Rosenberg/*Gössel*, 25. Aufl., Rn. 39.
[33] Löwe/Rosenberg/*Gössel*, 25. Aufl., Rn. 41; *Meyer-Goßner* Rn. 9.
[34] BT-Drucks. 12/6853, S. 36.
[35] S. o. § 417 Rn. 10.
[36] BayObLG v. 18. 12. 1997 – 5 St RR147/96, BayObLSt 1997, 172 = NJW 1998, 2152 mAnm *Schröer* NStZ 1999; BayObLG v. 30. 3. 2001 – 5 St RR 42/01.
[37] RG v. 19. 12. 1932 – III 1053/32, RGSt 67, 59; BayObLG v. 18. 12. 1997 – 5 St RR147/96, BayObLSt 1997, 172 = NJW 1998, 2152; OLG Hamburg v. 3. 11. 1999 – 2 Ss 117/99, StV 2000, 127; OLG Frankfurt v. 14. 1. 2000 – 1 Ss 354/99, StV 2000, 299; HK-StPO/*Krehl* Rn. 6; KK-StPO/*Graf* Rn. 17; Löwe/Rosenberg/*Gössel*, 25. Aufl., Rn. 45; *Meyer-Goßner* Rn. 15; aA KMR/*Metzger* Rn. 42: Aufhebung nur auf Verfahrensrüge.

gerichte. Entgegen einer stark vertretenen Auffassung[38] erscheint es nicht angebracht, die Beurteilung der Eignungsfrage gänzlich der Kontrolle durch die Rechtsmittelgerichte zu entziehen: Diese Auffassung hätte zur Folge, dass diese Kernvoraussetzung der §§ 417 ff., die erhebliche, die Verteidigungsrechte des Angeklagten (zB durch die vereinfachte Beweisaufnahme) berührende Folgen hat, einer Rechtsmittelkontrolle entzogen wäre. Hierfür ist kein sachlicher Grund zu ersehen.[39] Folglich ist eine Prüfungsbefugnis zu der Frage zu bejahen, ob die Verhandlung in kurzer Frist durchgeführt wurde.[40] Gleiches gilt für die Beurteilung des Sachverhalts als einfach und der Beweislage als klar. Insoweit ist die Kontrolle im Rechtsmittelverfahren bei Beurteilung des Einzelfalls aber darauf beschränkt, ob sich die Eignungsprognose des Amtsgerichts noch im Rahmen des Vertretbaren bewegt.[41] Die Prüfung der Eignung kann im Revisionsverfahren nur auf eine ordnungsgemäße **Verfahrensrüge** erfolgen.[42] Fehlte der Sache die Eignung zur sofortigen Verhandlung, so ist weiter zu unterscheiden: Im **Berufungsverfahren** begründet dieser Umstand kein Verfahrenshindernis,[43] da dort eine neue Tatsacheninstanz eröffnet ist, in der die Sache erneut – diesmal nach den Regeln des Normalverfahrens und ohne Einschränkung der verfahrensrechtlichen Position des Angeklagten – verhandelt wird.[44] Auch im **Revisionsverfahren** führt der Verfahrensverstoß nicht zur Einstellung des Verfahrens nach § 206 a: Vielmehr ist das Urteil aufzuheben und die Sache an das Amtsgericht zurückzuverweisen, welches dann nach Abs. 3 zu verfahren hat.[45]

18 c) **Überschreitung der Rechtsfolgenkompetenz.** Nach der hier vertretenen Auffassung endet das beschleunigte Verfahren mit der Einlegung eines Rechtsmittels. Das Berufungsgericht führt dann ein Normalverfahren durch, in dem die Sondervorschriften der §§ 417 ff. nicht mehr gelten. Das hat zur Folge, dass eine Überschreitung der Rechtsfolgenschranke des Abs. 1 S. 2 durch das Amtsgericht im **Berufungsverfahren** ohne Belang ist.[46] Das Berufungsgericht kann daher (unter Beachtung des Verbotes der reformatio in peius) ohne Bindung an die vom Amtsgericht verhängte Rechtsfolge eine Strafe wählen, die die Grenze des Abs. 1 S. 2 überschreitet.[47] Hat das Erstgericht seine Rechtsfolgenkompetenz nicht beachtet, so liegt darin kein Verfahrenshindernis, solange das Amtsgericht sich innerhalb seiner Zuständigkeit gehalten hat, § 24 Abs. 2 GVG. Abs. 1 S. 2 stellt nämlich keine besondere Verfahrensvoraussetzung für das beschleunigte Verfahren dar,[48] sondern eine Rechtsfolgengrenze für diese besondere Verfahrensart (vor dem Amtsgericht).[49] Die Gegenauffassung[50] geht, da sie das beschleunigte Verfahren in der Berufungsinstanz nicht für beendet hält, konsequent davon aus, dass bei einer Überschreitung der Rechtsfolgenkompetenz durch das Amtsgericht in Abweichung von § 328 das Urteil aufzuheben und die Sache zurückzuverweisen ist. Das Amtsgericht habe dann nach Abs. 3 zu verfahren. Im **Revisionsverfahren** kann der Verstoß des Amtsgerichts gegen Abs. 1 S. 2 erfolgreich nur mit der Verfahrensrüge geltend gemacht werden.[51] Es erscheint jedoch überzogen, für die Zulässigkeit der Rüge eine Darlegung von Tatsachen zu fordern, die ein für den Angeklagten günstigeres Urteil im Normalverfahren als möglich erscheinen

---

[38] BayObLG v. 16. 1. 1997 – 3 St RR 158/96, BayObLGSt 1997, 15; HK-StPO/*Krehl* Rn. 6; Löwe/Rosenberg/*Gössel*, 25. Aufl., Rn. 44; *Meyer-Goßner* Rn. 12.
[39] So im Ergebnis auch KK-StPO/*Graf* Rn. 18; SK/*Paeffgen* Rn. 13.
[40] OLG Stuttgart v. 19. 6. 1998 – 1 Ss 331/98, NJW 1998, 3134; OLG Stuttgart v. 11. 8. 1998 – 1 Ws 123/98, NJW 1999, 511; OLG Düsseldorf v. 27. 10. 1998 – 2 Ss 371/98, StV 1999, 202; OLG Hamburg v. 19. 1. 1999 – 2 Ss 161/98, NStZ 1999, 266.
[41] *Radtke* JR 2001, 139; KK-StPO/*Graf* Rn. 18.
[42] BayObLG v. 23. 4. 2002 – 4 St RR 45/02, NStZ 2003, 52; BayObLG v. 13. 3. 2000 – 4 St RR 172/99, BayObLGSt 2000, 22 = StV 2000, 302; OLG Düsseldorf v. 3. 12. 2002 – 2a Ss 299/02, NJW 2003, 1470; OLG Hamburg v. 19. 1. 1999 – 2 Ss 161/98, NStZ 1999, 266; OLG Stuttgart v. 10. 7. 2002 – 4 Ss 172/02, NStZ-RR 2002, 339; OLG Stuttgart v. 11. 8. 1998 – 1 Ws 123/98, NJW 1999, 511; *Scheffler* NStZ 2000, 107; KK-StPO/*Graf* Rn. 18 a; KMR/*Metzger* Rn. 46 ff.; aA (Überprüfung von Amts wegen) OLG Düsseldorf v. 27. 10. 1998 – 2 Ss 371/98, StV 1999, 202; *Radtke* JR 2002, 139.
[43] OLG Stuttgart v. 11. 8. 1998 – 1 Ws 123/98, NJW 1999, 511; KK-StPO/*Graf* Rn. 18 b; KMR/*Metzger* Rn. 39.
[44] S. o. Rn. 9; aA *Ranft* NStZ 2004, 427; *Meyer-Goßner* Rn. 13 – insoweit konsequent, da sie das beschleunigte Verfahren nicht mit dem Urteil erster Instanz für beendet halten.
[45] OLG Düsseldorf v. 27. 10. 1998 – 2 Ss 371/98, StV 1999, 202; OLG Stuttgart v. 19. 6. 1998 – 1 Ss 331/98, NJW 1998, 3134; OLG Stuttgart v. 11. 8. 1998 – 1 Ws 123/98, NJW 1999, 511; KK-StPO/*Graf* Rn. 18 b; KMR/*Metzger* Rn. 49.
[46] S. o. Rn. 7 und § 417 Rn. 9.
[47] KK-StPO/*Graf* Rn. 19; *Pfeiffer* Rn. 5.
[48] KK-StPO/*Graf* Rn. 19; Löwe/Rosenberg/*Gössel*, 25. Aufl., Rn. 12.
[49] BGH v. 29. 3. 1988 – 5 StR 624/86, BGHSt 35, 251 (255) = NJW 1989, 47; KK-StPO/*Graf* Rn. 19; *Pfeiffer* Rn. 5.
[50] *Ranft* NStZ 2004, 430; HK-StPO/*Krehl* Rn. 2; *Meyer-Goßner* Rn. 17; dagegen *Loos/Radtke* NStZ 1996, 8 Fn. 79.
[51] OLG Stuttgart v. 10. 7. 2002 – 4 Ss 172/02, NStZ-RR 2002, 339; KK-StPO/*Graf* Rn. 20; KMR/*Metzger* Rn. 48; aA (Berücksichtigung von Amts wegen) OLG Celle v. 10. 11. 1982 – 2 Ss 348/42, NStZ 1983, 233 mAnm *Treier*; OLG Hamm v. 11. 3. 1977 – 3 Ss 872/76, JR 1978, 120; HK-StPO/*Krehl* Rn. 2; *Meyer-Goßner* Rn. 18; SK/*Paeffgen* Rn. 17; noch anders Löwe/Rosenberg/*Gössel*, 25. Aufl., Rn. 15 (Verfahrens- oder Sachrüge) und *Wagner* JR 1983, 304 (Sachrüge); offengelassen von BGH v. 29. 3. 1988 – 5 StR 624/86, BGHSt 35, 251 = NJW 1989, 47.

lassen.[52] Die erfolgreiche Rüge führt nach § 354 Abs. 2 zur Aufhebung des Urteils und Zurückverweisung der Sache an das Amtsgericht.[53]

§ 420 [Beweisaufnahme]

(1) Die Vernehmung eines Zeugen, Sachverständigen oder Mitbeschuldigten darf durch Verlesung von Niederschriften über eine frühere Vernehmung sowie von Urkunden, die eine von ihnen stammende schriftliche Äußerung enthalten, ersetzt werden.

(2) Erklärungen von Behörden und sonstigen Stellen über ihre dienstlichen Wahrnehmungen, Untersuchungen und Erkenntnisse sowie über diejenigen ihrer Angehörigen dürfen auch dann verlesen werden, wenn die Voraussetzungen des § 256 nicht vorliegen.

(3) Das Verfahren nach den Absätzen 1 und 2 bedarf der Zustimmung des Angeklagten, des Verteidigers und der Staatsanwaltschaft, soweit sie in der Hauptverhandlung anwesend sind.

(4) Im Verfahren vor dem Strafrichter bestimmt dieser unbeschadet des § 244 Abs. 2 den Umfang der Beweisaufnahme.

I. Regelungsgehalt

Nach der gesetzgeberischen Intention dient das mit § 420 geschaffene, verfassungsrechtliche unbedenkliche,[1] **vereinfachte Beweisverfahren** als weiteres verfahrensbeschleunigendes Element. Durch eine Ausweitung der Befugnis des Richters, über die Notwendigkeit und Art einer weiteren Beweisaufnahme zu entscheiden, soll die Möglichkeit eröffnet werden, „die Hauptverhandlung zu straffen und zu verkürzen".[2] Abs. 4 entspricht der Regelung in § 384 Abs. 3, die Abs. 1 bis 3 den Abs. 1, 2 und 4 des § 77a OWiG. Die **praktische Bedeutung** dieser Vorschrift ist verschwindend gering geblieben.[3]

II. Anwendungsbereich

1. Amtsgerichtliches Verfahren. Die Regelungen über die erweiterten Verlesungsmöglichkeiten, Abs. 1 bis 3, gelten in allen beschleunigten Verfahren vor dem Amtsgericht, also gleichermaßen vor dem Strafrichter wie vor dem Schöffengericht.[4] Die Vorschrift über den **Umfang der Beweisaufnahme** gilt hingegen nach dem eindeutigen Wortlaut des Abs. 4 nur im Verfahren vor dem Strafrichter.

2. Berufungsverfahren. Umstritten ist die Frage, ob die erweiterten Verlesungsmöglichkeiten auch noch vor dem Berufungsgericht zur Anwendung kommen. Die Auffassung, die diese Anwendbarkeit bejaht, begründet dies damit, dass nur die Anwendung des Abs. 4 auf das Verfahren vor dem Strafrichter beschränkt sei und auch im Strafbefehlsverfahren, das in § 411 Abs. 2 S. 2 auf § 420 verweise, diese Verfahrensvereinfachungen im Berufungsrechtszug einschlägig seien.[5] Zutreffend erscheint jedoch die Gegenmeinung, die die Abs. 1 bis 3 im Berufungsverfahren für **unanwendbar** hält:[6] Da mit dem erstinstanzlichen Urteil das beschleunigte Verfahren abgeschlossen ist,[7] bleibt für eine weitergehende Anwendung § 417 ff. kein Raum. Auch nach einer Aufhebung des Urteils und Zurückverweisung an das Amtsgericht kommt das vereinfachte Beweisverfahren nicht mehr zur Anwendung.[8]

III. Vernehmungsniederschriften und schriftliche Äußerungen (Abs. 1)

1. Vereinfachte Verlesungsmöglichkeit. In Abweichung zum Normalverfahren bestimmt Abs. 1, dass die persönliche Vernehmung eines Zeugen, Sachverständigen oder Mitbeschuldigten durch Verlesung von Vernehmungsniederschriften oder schriftlichen Äußerungen ersetzt werden kann. Anders als in § 251 Abs. 1 Nr. 4 und Abs. 2 S. 1 wird dabei auch nicht zwischen richterlichen und

---

[52] So aber OLG Stuttgart v. 10. 7. 2002 – 4 Ss 172/02, NStZ-RR 2002, 339.
[53] OLG Stuttgart v. 19. 6. 1998 – 1 Ss 331/98, NJW 1998, 3134.
[1] OLG Frankfurt v. 31. 1. 1997 – 3 Ws 68/97, NStZ-RR 1997, 273.
[2] BT-Drucks. 12/6853, S. 36.
[3] Löwe/Rosenberg/*Gössel*, 25. Aufl., Rn. 1.
[4] AllgM; zB Löwe/Rosenberg/*Gössel*, 25. Aufl., Rn. 24.
[5] *Meyer-Goßner* Rn. 12 mwN.
[6] OLG Köln v. 4. 4. 2000 – Ss 76/00, StV 2001, 343; OLG Stuttgart v. 11. 8. 1998 – 1 Ws 123/98, NJW 1999, 511; *Loos/Radtke* NStZ 1996, 9; *Schlothauer* StV 1995, 47; HK-StPO/*Krehl* Rn. 6; KK-StPO/*Graf* Rn. 2; KMR/*Metzger* Rn. 2; Löwe/Rosenberg/*Gössel*, 25. Aufl., Rn. 25; *Pfeiffer* Rn. 1; SK/*Paeffgen* Rn. 31.
[7] S. o. § 417 Rn. 9 und § 419 Rn. 7.
[8] So auch KK-StPO/*Graf* Rn. 2.

nichtrichterlichen Vernehmungsniederschriften unterschieden.[9] Einzige normierte Voraussetzung für diese **Abweichung vom Unmittelbarkeitsgrundsatz** (§ 250) ist die Zustimmung der in der Hauptverhandlung anwesenden Verfahrensbeteiligten. Die Verlesung hat aber trotz Zustimmung zu unterbleiben, wenn die **Aufklärungspflicht**, § 244 Abs. 2, die persönliche Anhörung der Beweisperson gebietet.[10] Dies liegt etwa dann nahe, wenn ein Zeuge, dessen Vernehmungsniederschrift verlesen werden soll, dass einzige Beweismittel darstellt, oder wenn der Inhalt der Niederschrift unklar oder ungenau ist. Von einer Verlesung im Selbstleseverfahren nach § 249 Abs. 2 S. 1 sollte grundsätzlich Abstand genommen werden.[11] Schriftliche Erklärungen des Angeklagten können nach Abs. 1 nicht verlesen werden, insoweit gilt § 254.[12]

5   **2. Sonstige anwendbare Vorschriften.** Im Übrigen bleiben die allgemeinen Vorschriften über die Verlesung, §§ 251 Abs. 1 Nr. 1 bis 3, Abs. 2 S. 2, Abs. 3 und 4, 252 bis 254 weiter anwendbar.[13] Damit gilt für die Fälle, in denen einem Zeugen ein **Zeugnisverweigerungsrecht** zusteht, Folgendes: Vor der Verlesung einer nichtrichterlichen Vernehmungsniederschrift ist zu klären, ob sich der Zeuge auf sein Zeugnisverweigerungsrecht beruft.[14] Dies kann im Wege des Freibeweises, also durch Einholung einer schriftlichen, mündlichen oder fernmündlichen Äußerung des Zeugen geschehen.[15] Bei richterlichen Vernehmungsprotokollen ist eine solche Befragung entbehrlich, da die nachträgliche Zeugnisverweigerung ohne Bedeutung ist.[16] In diesem Fall gestattet Abs. 1 die Verlesung der Niederschrift, eine persönliche Vernehmung des Richters ist nicht erforderlich. Zu beachten ist abschließend, dass nur Protokolle über **ordnungsgemäße Vernehmungen** verlesen werden dürfen, so dass etwa Niederschriften über Vernehmungen, die unter Verstoß gegen § 136 Abs. 1 S. 2 und 3 oder § 136a Abs. 1 bis Abs. 3 zu Stande gekommen sind, auch bei Zustimmung der Verfahrensbeteiligten nicht nach Abs. 1 verlesen werden können.[17]

IV. Behördliche Erklärungen (Abs. 2)

6   Abs. 2 lässt bei Zustimmung der anwesenden Verfahrensbeteiligten eine über § 256 hinausgehende Verlesung von behördlichen Erklärungen zu. **Behörden** und **sonstige Stellen** umfassen zunächst alle öffentlichen Behörden im Sinne von § 256, ferner aber auch Gerichte, Staatsanwaltschaft, die Polizei und sonstige Stellen, die öffentliche Aufgaben durch Bedienstete wahrnehmen.[18] Der Unterschied zu § 256 besteht darin, dass nicht nur Zeugnisse und Gutachten, sondern **sämtliche schriftlichen Erklärungen** über dienstliche (nicht private) Wahrnehmungen, Untersuchungen und Erkenntnisse verlesen werden dürfen.[19] Dazu gehören etwa auch Ermittlungsberichte oder Aktenvermerke der Polizei.[20] Ohne Belang ist, wann oder aus welchem Grund die Erklärung angefertigt wurde. So ist es auch zulässig, dass das erkennende Gericht eine solche Erklärung erst im Verfahren anfordert.[21] Die Möglichkeit der Verlesung ist erneut – wie in Abs. 1 und § 256 –[22] durch die Aufklärungspflicht begrenzt.[23]

V. Zustimmung der Verfahrensbeteiligten (Abs. 3)

7   **1. Zustimmung der Verfahrensbeteiligten.** Die vereinfachten Verlesungsmöglichkeiten nach Abs. 1 und Abs. 2 bedürfen der Zustimmung des Angeklagten, des Verteidigers und der Staatsanwaltschaft, soweit sie in der Hauptverhandlung anwesend sind. Wird das Verfahren zulässigerweise in Abwesenheit des Angeklagten geführt, § 232, so bedarf es seiner Zustimmung nicht.[24] Grundsätzlich muss die Zustimmung vor jeder einzelnen Beweiserhebung eingeholt werden, sie kann aber auch nachgeholt werden, ohne dass es einer Wiederholung der Verlesung bedarf.[25] Der

---

[9] KK-StPO/*Graf* Rn. 3; *Meyer-Goßner* Rn. 4; SK/*Paeffgen* Rn. 5.
[10] HK-StPO/*Krehl* Rn. 2; KK-StPO/*Graf* Rn. 3; *Meyer-Goßner* Rn. 6; SK/*Paeffgen* Rn. 6.
[11] HK-StPO/*Krehl* Rn. 2.
[12] Löwe/Rosenberg/*Gössel*, 25. Aufl., Rn. 28.
[13] AllgM; vgl. BT-Drucks. 12/6853, S. 37.
[14] HK-StPO/*Krehl* Rn. 2; KK-StPO/*Graf* Rn. 4; KMR/*Metzger* Rn. 5; vgl. auch BGH v. 16. 3. 1977 – 3 StR 327/76, BGHSt 27, 139 = NJW 1977, 1161; BGH v. 19. 12. 1995 – 1 StR 606/95, NStZ 1996, 295.
[15] BGH v. 19. 12. 1995 – 1 StR 606/95, NStZ 1996, 295; KMR/*Metzger* Rn. 5; Löwe/Rosenberg/*Gössel*, 25. Aufl., Rn. 33.
[16] KK-StPO/*Graf* Rn. 4; *Meyer-Goßner* Rn. 5; SK/*Paeffgen* Rn. 5.
[17] Löwe/Rosenberg/*Gössel*, 25. Aufl., Rn. 32 f.
[18] Löwe/Rosenberg/*Gössel*, 25. Aufl., Rn. 34.
[19] HK-StPO/*Krehl* Rn. 2; KK-StPO/*Graf* Rn. 5; KMR/*Metzger* Rn. 6; Löwe/Rosenberg/*Gössel*, 25. Aufl., Rn. 35; *Meyer-Goßner* Rn. 7; SK/*Paeffgen* Rn. 8.
[20] AllgM; anders bei § 256 – vgl. BGH v. 26. 10. 1994 – 2 StR 392/94, NStZ 1995, 143.
[21] KMR/*Metzger* Rn. 6.
[22] BGH v. 16. 3. 1993 – 1 StR 829/92, NStZ 1993, 397.
[23] KK-StPO/*Graf* Rn. 5; *Meyer-Goßner* Rn. 7; *Pfeiffer* Rn. 2.
[24] KMR/*Metzger* Rn. 7; *Pfeiffer* Rn. 3; SK/*Paeffgen* Rn. 9.
[25] KMR/*Metzger* Rn. 8.

unverteidigte Angeklagte ist über die Folgen seines Einverständnisses aufzuklären.[26] Die Zustimmung muss grundsätzlich **ausdrücklich** erfolgen.[27] Beim verteidigten Angeklagten kann die Zustimmung aber auch stillschweigend erfolgen, wenn sein Verteidiger der Verlesung zugestimmt hat.[28] Als wesentliche Förmlichkeit iSv. § 273 Abs. 1 sind die Zustimmungserklärungen der Verfahrensbeteiligten zu protokollieren.[29] Umstritten ist, ob ein **Widerruf der Zustimmungserklärung** nach Durchführung der Verlesung zulässig ist. Die wohl hM lehnt dies ab.[30] Vorzugswürdig erscheint aber, jedenfalls beim unverteidigten Angeklagten einen unverzüglichen Widerspruch zuzulassen:[31] Der Angeklagte, dem kein Akteneinsichtsrecht zusteht und der folglich den Inhalt der Erklärung der Beweisperson nicht kennt, kann vor Durchführung der Verlesung die Reichweite seiner Zustimmungserklärung nicht hinreichend abschätzen. Der Grundsatz des fairen Verfahrens gebietet es daher, ihm unmittelbar nach der Verlesung die Möglichkeit zu eröffnen, seine Zustimmung zurückzunehmen und eine persönliche Vernehmung zu erzwingen.

2. Verfahren. Die Anordnung der Verlesung erfolgt entsprechend § 251 Abs. 4 S. 1 durch richterlichen **Beschluss**, der keiner Begründung bedarf, aber in das Sitzungsprotokoll aufzunehmen ist.[32] Bei Verlesung eines richterlichen Vernehmungsprotokolls ist festzustellen, ob der Vernommene vereidigt worden ist, gegebenenfalls ist dies nachzuholen, § 251 Abs. 4 S. 3 und 4, oder die Entscheidung im beschleunigten Verfahren abzulehnen, sofern dies nicht in kurzer Frist möglich ist. Das Gericht ist an die erteilte Zustimmung nicht gebunden, es steht vielmehr in seinem pflichtgemäßen Ermessen, ob es von den Beweiserleichterungen der Abs. 1 bis 3 Gebrauch machen will.[33]

VI. Umfang der Beweisaufnahme vor dem Strafrichter (Abs. 4)

1. Umfang der Beweisaufnahme. Abs. 4 beschränkt den Umfang der Beweisaufnahme vor dem Strafrichter (nicht aber dem Schöffengericht). Zwar ist im beschleunigten Verfahren das Stellen von **Beweisanträgen** ebenso uneingeschränkt möglich wie im Normalverfahren,[34] jedoch kann der Strafrichter diese ablehnen, ohne an die strengen Voraussetzungen in § 244 Abs. 3 bis 5 gebunden zu sein.[35] Maßgeblich ist insoweit allein die gerichtliche **Aufklärungspflicht**, § 244 Abs. 2. Die Ablehnung eines Beweisantrags, der in der Sache wie eine Beweisregung behandelt wird, ist also immer dann möglich, wenn – bei objektiver Betrachtung – der Sachverhalt aufgrund der bereits erhobenen Beweise geklärt ist und die Erhebung des angebotenen Beweises zu keinem anderen Ergebnis führen kann.[36] Dies gilt auch für die Erhebung präsenter Beweismittel. Das Verbot der Vorwegnahme der Beweiswürdigung gilt dabei nicht.[37] Nachzugehen ist einem Beweisantrag dann, wenn sich die Erhebung des Beweises aufdrängt oder zumindest nahe liegt.[38]

2. Verfahren. Die Ablehnung eines Beweisantrags nach Abs. 4 erfolgt durch zu begründenden **Beschluss**, § 34.[39] Die Begründung kann aber kurz gehalten werden.[40] Es genügt regelmäßig, wenn sie den Hinweis darauf enthält, dass die begehrte Beweiserhebung zur Erforschung der Wahrheit nicht erforderlich ist.[41] Allerdings muss sich später aus den Urteilsgründen ergeben, dass der Sachverhalt eindeutig und die begehrte Beweiserhebung daher nicht mehr erforderlich war.[42] Beweisantrag und Ablehnungsbeschluss sind in das Sitzungsprotokoll aufzunehmen.

---

[26] OLG Stuttgart v. 20. 12. 1976 – 3 Ss 862/76, JR 1977, 343; *Meyer-Goßner* Rn. 8; KMR/*Metzger* Rn. 8 f.; SK/*Paeffgen* Rn. 9.
[27] BayObLG v. 28. 2. 1978 – 1 Ob Owi 729/77, NJW 1978, 1817; OLG Stuttgart v. 20. 12. 1976 – 3 Ss 862/76, JR 1977, 343; KK-StPO/*Graf* Rn. 3.
[28] OLG Köln v. 15. 9. 1987 – Ss 450/87, NStZ 1988, 31; HK-StPO/*Krehl* Rn. 4; SK/*Paeffgen* Rn. 9.
[29] HK-StPO/*Krehl* Rn. 4; KMR/*Metzger* Rn. 11.
[30] HK-StPO/*Krehl* Rn. 4; *Meyer-Goßner* Rn. 8; SK/*Paeffgen* Rn. 9.
[31] KMR/*Metzger* Rn. 12; wohl auch KK-StPO/*Graf* Rn. 3, noch weitergehend *Ranft* NStZ 2004, 429, der die Zustimmungserklärung des unverteidigten Angeklagten grundsätzlich für unwirksam hält.
[32] HK-StPO/*Krehl* Rn. 4; KK-StPO/*Graf* Rn. 6; *Meyer-Goßner* Rn. 8; SK/*Paeffgen* Rn. 9; aA Löwe/Rosenberg/*Gössel*, 25. Aufl., Rn. 38, der eine richterliche Verfügung für ausreichend hält.
[33] *Loos/Radtke* NStZ 1995, 571; KMR/*Metzger* Rn. 13.
[34] *Scheffler* NJW 1994, 2194; KK-StPO/*Graf* Rn. 7; *Meyer-Goßner* Rn. 10.
[35] HK-StPO/*Krehl* Rn. 5.
[36] KK-StPO/*Graf* Rn. 7; KMR/*Metzger* Rn. 16; *Meyer-Goßner* Rn. 10.
[37] *Dahs* NJW 1995, 556; *König/Seitz* NStZ 1995, 5; *Loos/Radtke* NStZ 1995, 570; HK-StPO/*Krehl* Rn. 5; KK-StPO/*Graf* Rn. 7; KMR/*Metzger* Rn. 16; *Meyer-Goßner* Rn. 10; aA *Ranft* NStZ 2004, 430.
[38] OLG Düsseldorf v. 10. 2. 1998 – 2 Ss (Owi) 262/87, NZV 1989, 163; OLG Düsseldorf v. 8. 2. 1993 – 5 Ss (Owi) 6/93, NZV 1993, 542; OLG Karlsruhe v. 14. 1. 1998 – 4 Ss 191/87, NStZ 1988, 226; BayObLG v. 10. 9. 1982 – 3 ObOwi 78/92, BayObLGSt 1992, 99; BayObLG v. 5. 4. 1994 – 2 ObOwi 118/94, BayObLGSt 1994, 67.
[39] AllgM; zB OLG Köln v. 4. 4. 2000 – Ss 76/00, StraFo 2000, 238; *Pfeiffer* Rn. 1.
[40] BT-Drucks. 12/6853, S. 36.
[41] KK-StPO/*Graf* Rn. 8; KMR/*Metzger* Rn. 16; *Meyer-Goßner* Rn. 10; aA Löwe/Rosenberg/*Gössel*, 25. Aufl., Rn. 41; SK/*Paeffgen* Rn. 28.
[42] OLG Zweibrücken v. 25. 1. 1991 – 1 Ss 209/90, MDR 1991, 1192 (für § 77 Abs. 3 OWiG); HK-StPO/*Krehl* Rn. 5; KK-StPO/*Graf* Rn. 8; *Meyer-Goßner* Rn. 10.

VII. Rechtsmittel

11 **1. Berufung.** Im Berufungsverfahren können verfahrensrechtliche Verstöße gegen die Abs. 1 bis 4 nicht erfolgreich geltend gemacht werden. Dort erfolgt eine erneute Beweisaufnahme nach den Regeln des Normalverfahrens, § 420 kommt nicht mehr zur Anwendung.[43]

12 **2. Revision.** Hingegen können in der Sprungrevision mit der Verfahrensrüge Rechtsfehler des vereinfachten Beweisverfahrens wirksam gerügt werden. Dabei muss formell, sofern ein Verstoß gegen die Abs. 1 bis 3 erfolgreich gerügt werden soll, der Wortlaut des verlesenen Schriftstücks vollständig mitgeteilt werden.[44] Die Rüge ist erfolgreich, wenn die nach Abs. 3 erforderliche **Zustimmung** eines Verfahrensbeteiligten nicht vorlag oder wirksam zurückgenommen wurde.[45] Ferner kann bei einer Verlesung nach den Abs. 1 und 2 auch die **Verletzung der Aufklärungspflicht**, § 244 Abs. 2, gerügt werden, wenn sich das Amtsgericht zu Unrecht auf die Verlesung beschränkt hat, obwohl es sich nach den Umständen gedrängt sehen musste, den Zeugen, Sachverständigen oder Mitbeschuldigten persönlich zu vernehmen.[46] Soll die **Ablehnung eines Beweisantrags** durch den Strafrichter nach Abs. 4 beanstandet werden, muss das Rügevorbringen den Anforderungen an eine Aufklärungsrüge genügen.[47] Wird die Ablehnung auf einen anderen Grund gestützt, etwa § 244 Abs. 3 bis 5, kann dies mit der auf Verletzung dieser Vorschrift gerichteten Verfahrensrüge geltend gemacht werden.[48] Revisibel ist auch die **Verlesung** eines Schriftstücks **ohne** anordnenden **Beschluss**.[49]

§§ 421–429 (weggefallen)

---

[43] S. o. Rn. 3.
[44] KMR/*Metzger* Rn. 19.
[45] HK-StPO/*Krehl* Rn. 6; KK-StPO/*Graf* Rn. 9; KMR/*Metzger* Rn. 19; Löwe/Rosenberg/*Gössel*, 25. Aufl., Rn. 44; Meyer-Goßner Rn. 13; *Pfeiffer* Rn. 4; SK/*Paeffgen* Rn. 32.
[46] OLG Köln v. 4. 4. 2000 – Ss 76/00, StraFo 2000, 238 mAnm *Bauer* StraFo 2000, 345; OLG Köln v. 15. 7. 2003 – Ss 209/03, StraFo 2003, 380; KK-StPO/*Graf* Rn. 9; KMR/*Metzger* Rn. 19; Meyer-Goßner Rn. 13; *Pfeiffer* Rn, 4; SK/*Paeffgen* Rn. 32.
[47] BayObLG v. 28. 8. 2001 – 1 St RR 93/01; Meyer-Goßner Rn. 13.
[48] Löwe/Rosenberg/*Gössel*, 25. Aufl., Rn. 44; aA KMR/*Metzger* Rn. 19 (Anforderungen der Aufklärungsrüge, § 244 Abs. 2, müssen erfüllt sein).
[49] OLG Köln v. 4. 4. 2000 – Ss 76/00, StraFo 2000, 238; HK-StPO/*Krehl* Rn. 6.

Dritter Abschnitt. Verfahren bei Einziehungen und Vermögensbeschlagnahmen

§ 430 [Absehen von der Einziehung]

(1) Fällt die Einziehung neben der zu erwartenden Strafe oder Maßregel der Besserung und Sicherung nicht ins Gewicht oder würde das Verfahren, soweit es die Einziehung betrifft, einen unangemessenen Aufwand erfordern oder die Herbeiführung der Entscheidung über die anderen Rechtsfolgen der Tat unangemessen erschweren, so kann das Gericht mit Zustimmung der Staatsanwaltschaft in jeder Lage des Verfahrens die Verfolgung der Tat auf die anderen Rechtsfolgen beschränken.

(2) ¹Im vorbereitenden Verfahren kann die Staatsanwaltschaft die Beschränkung vornehmen. ²Die Beschränkung ist aktenkundig zu machen.

(3) ¹Das Gericht kann die Beschränkung in jeder Lage des Verfahrens wieder aufheben. ²Einem darauf gerichteten Antrag der Staatsanwaltschaft ist zu entsprechen. ³Wird die Beschränkung wieder aufgehoben, so gilt § 265 entsprechend.

I. Allgemeines

In Anlehnung an die §§ 154, 154a gestattet § 430 im Hinblick auf die materiell-rechtlichen Folgen (der Einziehung §§ 74 ff. StGB bzw. gleichstehende **Nebenfolgen** § 442 Abs. 1), diese aus dem Verfahren **auszuscheiden**. Auf diese Weise soll das Verfahren vereinfacht, beschleunigt und ein unverhältnismäßiger Kostenaufwand vermieden werden. Nach Auffassung der Gesetzgebung soll die Beurteilung der Nebenfolgen im Strafprozess nicht in den Vordergrund treten.¹ Diese Beschränkungsmöglichkeit besteht **in jeder Lage des Verfahrens** (vgl. Abs. 2). Dadurch kann auch ein Rechtsmittel, soweit es die Maßnahme betrifft, gegenstandslos gemacht werden.² Nach Untersuchungen von *Dessecker* werden diese Vorschriften in der Praxis ignoriert;³ es finden sich jedenfalls wenige Anwendungsfälle.⁴   1

II. Beschränkungsgründe und Zuständigkeit

1. Anwendungsbereich. § 430 gilt für die **Einziehung** oder den **Verfall** eines Gegenstandes oder des **Wertersatzes** sowie für die weiteren in § 442 Abs. 1 bezeichneten Maßnahmen (Vernichtung, Unbrauchbarmachung etc.).   2

2. Nicht ins Gewicht fallende Maßnahme. Die Maßnahme fällt **neben der zu erwartenden Strafe oder Maßregel** nicht ins Gewicht, wenn vom Standpunkt der Notwendigkeit des Schutzes der Rechtsordnung auf sie verzichtet werden kann, weil die anderen Rechtsfolgen genügen.⁵ Dies gilt nicht bei Gegenständen iS von § 74 Abs. 2 S. 2 StGB.⁶ Steht der Einziehungsgegenstand nicht im Eigentum des Angeklagten, sondern eines Dritten, ist die Einziehung (vgl. § 74a StGB) ebenfalls zu der erwarteten Strafe in Beziehung zu setzen; sie stellt dann keine selbständige Maßnahme gegenüber Dritten dar, sondern Rechtsfolge der Tat des Angeklagten.⁷   3

3. Unangemessener Aufwand. Das **Verfahren erfordert**, soweit es die Bedeutung der Einziehung oder der sonstigen Nebenfolgen iSv. § 442 Abs. 1 betrifft, einen unangemessen Aufwand, wenn es **im Verhältnis zu den Kosten oder der Zeit** in keinem sinnvollen Verhältnis steht (zB durch Einholung kostspieliger Sachverständigengutachten, Durchführung umfangreicher Beweiserhebungen).⁸ Der Einziehung der in § 74 Abs. 2 Nr. 2 StGB genannten Gegenstände ist in der Regel erhebliche Bedeutung beizumessen, die auch einen erhöhten Kosten- und Zeitaufwand rechtfertigt.⁹ Der Verfahrensaufwand kann auch dann unangemessen sein, wenn sich die Ermittlungen der Einziehungsinteressenten als schwierig und zeitraubend gestalten.¹⁰   4

4. Unangemessene Erschwerung der Herbeiführung der Entscheidung. Die Herbeiführung der Entscheidung über die anderen Rechtsfolgen der Tat wird unangemessen erschwert, wenn die Pro-   5

---

¹ BT-Drucks. 5/1319, S. 74.
² *Meyer-Goßner* Rn. 1.
³ *Dessecker*, Gewinnabschöpfung im Strafrecht und in der Strafrechtspraxis, Diss. Freiburg i. Br. 1992, S. 323.
⁴ Vgl. BGH v. 29. 10. 2002 – 4 StR 322/02; OLG Dresden v. 12. 3. 2003 – 1 Ss 116/03, NStZ-RR 2003, 214.
⁵ KK-StPO/*Schmidt* Rn. 3.
⁶ KMR/*Metzger* Rn. 6; Löwe/Rosenberg/*Gössel* Rn. 5.
⁷ BT-Drucks. 5/1319, S. 74.
⁸ KK-StPO/*Schmidt* Rn. 4.
⁹ AK-StPO/*Günther* Rn. 22; KMR/*Metzger* Rn. 7; Löwe/Rosenberg/*Gössel* Rn. 8.
¹⁰ HK-StPO/*Kurth* Rn. 4.

zessdauer unangemessen verlängert** und unverhältnismäßig ausgedehnt oder die **Aufklärungsarbeit verkompliziert** wird.[11] Dies kann auch eine problematische Rechtslage sein, die die baldige Rechtskraft zu verhindern droht.[12] Dieser Beschränkungsgrund kann sich mit dem des unangemessenen Aufwands (Rn. 4) überschneiden.[13]

6 **5. Zuständigkeit.** Die Zuständigkeit ist wie in § 154a Abs. 1, 2 geregelt. Im **Vorverfahren** ist die StA zuständig (Abs. 2 S. 1); sie bedarf nicht der Zustimmung des Gerichts. Die Polizei ist nicht befugt nach § 430 zu verfahren. Die StA hat durch Angabe von Gegenstand und Grund der Beschränkung diese aktenkundig zu machen (Abs. 2 S. 2).[14] Sie ist an die Beschränkung jedoch nicht gebunden und kann diese im Laufe des Ermittlungsverfahrens oder bei Anklageerhebung wieder aufheben.[15] In Steuerstrafsachen kann die **FinB** (§ 399 AO), wenn sie das Ermittlungsverfahren selbständig durchführt (§ 386 Abs. 2 AO), die Einziehung ausscheiden (vgl. auch § 406 AO). Ist die Anklageschrift eingereicht, ist das mit der Sache befasste **Gericht** (nicht bloß der Vorsitzende) mit Zustimmung der StA zuständig. Im **Strafbefehlsverfahren** ist die Herstellung einer Übereinstimmung mit der StA notwendig oder Hauptverhandlungstermin anzuberaumen, da der Richter nach § 408 Abs. 3 entsprechend dem Antrag der StA den Strafbefehl erlässt.[16] Im **Privatklageverfahren** ist § 430 ebenfalls anwendbar.[17] Allerdings hat der **Nebenkläger** keinen Einfluss auf die Ausscheidung und Wiedereinbeziehung der Nebenfolgen; § 397 Abs. 2 ist nicht analog anwendbar.[18] In Steuerstrafsachen ist die Zustimmung der **FinB** nicht erforderlich (vgl. § 407 AO).

7 **6. Aufhebung der Beschränkung (Abs. 3).** Das Gericht **kann** die Beschränkung **in jeder Lage des Verfahrens** (auch noch in der Revisionsinstanz) wieder aufheben (Abs. 3 S. 1). Hierfür bedarf es nicht der Zustimmung durch die StA, auch wenn diese im Ermittlungsverfahren die Beschränkung vorgenommen hat.[19] Nach Abs. 3 S. 2 hat das Gericht einem auf Wiedereinbeziehung der ausgeschiedenen Nebenfolge gerichteten **Antrag der Staatsanwaltschaft** sogar zu entsprechen. Wird die Beschränkung wieder aufgehoben, so gilt § 265 entsprechend (Abs. 3 S. 3).

III. Rechtsbehelfe

9 Gegen den nach Anhörung der Beteiligten (§ 33) ergehenden **Beschluss** des Gerichts über die Beschränkung oder die Wiedereinbeziehung ist gem. § 305 S. 1 eine **Beschwerde unzulässig**.[20] Dies gilt für die StA auch dann, wenn das Gericht eine Beschränkung ohne ihre Zustimmung anordnet oder entgegen Abs. 3 trotz ihres Antrages nicht rückgängig macht.[21] Der Angeklagte kann die Revision nicht darauf stützen, dass das Gericht rechtsfehlerhaft das Verfahren beschränkt oder von der Beschränkungsmöglichkeit keinen Gebrauch gemacht hat.[22]

§ 431 [Anordnung der Einziehungsbeteiligung]

(1) ¹Ist im Strafverfahren über die Einziehung eines Gegenstandes zu entscheiden und erscheint glaubhaft, daß
1. der Gegenstand einem anderen als dem Angeschuldigten gehört oder zusteht oder
2. ein anderer an dem Gegenstand ein sonstiges Recht hat, dessen Erlöschen im Falle der Einziehung angeordnet werden könnte (§ 74e Abs. 2 Satz 2 und 3 des Strafgesetzbuches),

so ordnet das Gericht an, daß der andere an dem Verfahren beteiligt wird, soweit es die Einziehung betrifft (Einziehungsbeteiligter). ²Das Gericht kann von der Anordnung absehen, wenn infolge bestimmter Tatsachen anzunehmen ist, daß die Beteiligung nicht ausführbar ist. ³Das Gericht kann von der Anordnung auch dann absehen, wenn eine Partei, Vereinigung oder Einrichtung außerhalb des räumlichen Geltungsbereichs dieses Gesetzes zu beteiligen wäre, die Bestrebungen gegen den Bestand oder die Sicherheit der Bundesrepublik Deutschland oder gegen einen der in § 92 Abs. 2 des Strafgesetzbuches bezeichneten Verfassungsgrundsätze verfolgt, und wenn den Umständen

---

[11] KMR/*Metzger* Rn. 6; *Meyer-Goßner* Rn. 6.
[12] Vgl. OLG Dresden v. 12. 3. 2003 – 1 Ss 116/03, NStZ-RR 2003, 214.
[13] SK-StPO/*Weßlau* Rn. 7.
[14] KK-StPO/*Schmidt* Rn. 6.
[15] AK-StPO/*Günther* Rn. 8; Löwe/Rosenberg/*Gössel* Rn. 13.
[16] Löwe/Rosenberg/*Gössel* Rn. 16.
[17] HK/*Kurth* Rn. 7; HK-GS/*Lemke* Rn. 6; KMR/*Metzger* Rn. 11; aA KK-StPO/*Schmidt* Rn. 7; *Meyer-Goßner* Rn. 7 (allein der Richter entscheidet).
[18] Löwe/Rosenberg/*Gössel* Rn. 18.
[19] AK-StPO/*Günther* Rn. 16; KK-StPO/*Schmidt* Rn. 8; Löwe/Rosenberg/*Gössel* Rn. 14.
[20] *Meyer-Goßner* Rn. 9; KK-StPO/*Schmidt* Rn. 9.
[21] Löwe/Rosenberg/*Gössel* Rn. 20; *Meyer-Goßner* Rn. 9; KK-StPO/*Schmidt* Rn. 9; aA HK/*Kurth* Rn. 8; HK-GS/*Lemke* Rn. 8; KMR/*Metzger* Rn. 16.
[22] AK-StPO/*Günther* Rn. 27; Löwe/Rosenberg/*Gössel* Rn. 21.

Dritter Abschnitt. Verfahren bei Einziehungen und Vermögensbeschlagnahmen 1–3 **§ 431**

nach anzunehmen ist, daß diese Partei, Vereinigung oder Einrichtung oder einer ihrer Mittelsmänner den Gegenstand zur Förderung ihrer Bestrebungen zur Verfügung gestellt hat; in diesem Falle genügt es, vor der Entscheidung über die Einziehung des Gegenstandes den Besitzer der Sache oder den zur Verfügung über das Recht Befugten zu hören, wenn dies ausführbar ist.

(2) Das Gericht kann anordnen, daß sich die Beteiligung nicht auf die Frage der Schuld des Angeschuldigten erstreckt, wenn
1. die Einziehung im Falle des Absatzes 1 Nr. 1 nur unter der Voraussetzung in Betracht kommt, daß der Gegenstand dem Angeschuldigten gehört oder zusteht, oder
2. der Gegenstand nach den Umständen, welche die Einziehung begründen können, dem Einziehungsbeteiligten auch auf Grund von Rechtsvorschriften außerhalb des Strafrechts ohne Entschädigung dauernd entzogen werden könnte.

(3) Ist über die Einziehung des Wertersatzes gegen eine juristische Person oder eine Personenvereinigung zu entscheiden (§ 75 in Verbindung mit § 74c des Strafgesetzbuches), so ordnet das Gericht deren Beteiligung an.

(4) Die Verfahrensbeteiligung kann bis zum Ausspruch der Einziehung und, wenn eine zulässige Berufung eingelegt ist, bis zur Beendigung der Schlußvorträge im Berufungsverfahren angeordnet werden.

(5) [1] Der Beschluß, durch den die Verfahrensbeteiligung angeordnet wird, kann nicht angefochten werden. [2] Wird die Verfahrensbeteiligung abgelehnt oder eine Anordnung nach Absatz 2 getroffen, so ist sofortige Beschwerde zulässig.

(6) Erklärt jemand bei Gericht oder bei der Staatsanwaltschaft schriftlich oder zu Protokoll oder bei einer anderen Behörde schriftlich, daß er gegen die Einziehung des Gegenstandes keine Einwendungen vorbringen wolle, so wird seine Verfahrensbeteiligung nicht angeordnet oder die Anordnung wieder aufgehoben.

(7) Durch die Verfahrensbeteiligung wird der Fortgang des Verfahrens nicht aufgehalten.

Schrifttum: *Eser,* Informatiosfreiheit und Einziehung, NJW 1970, 784; *Kiethe/Hohmann,* Das Spannungsverhältnis von Verfall und Rechten Verletzter (§ 73 I 2 StGB) – Zur Notwendigkeit der effektiven Abschöpfung von Vermögensvorteilen aus Wirtschaftsstraftaten, NStZ 2003, 505; *Meyer,* Rechtmäßigkeit der Verfallanordnung bzgl des Gewinns aus strafbaren Betäubungsmittelgeschäften, de lege lata und de lege ferenda, JR 1990, 208; *Rönnau,* Vermögensabschöpfung in der Praxis, 2003; *Satzger,* Die Berücksichtigung von Opferinteressen bei der Verfallsanordnung aus materiellrechtlicher wie prozessrechtlicher Sicht, wistra 2003, 401; *Schmidt,* Gewinnabschöpfung im Straf- und Bußgeldverfahren, 2006; *Schulte,* Keine Verletzteneigenschaft geschädigter Anleger und der betroffenen Aktiengesellschaft angesichts der Anordnung des Verfalls in einem Strafurteil wegen massiv überhöhter Ad-hoc-Mitteilungen und verbotener Insider-Geschäfte, BKR 2004, 33; *Wagner,* Beschlagnahme und Einziehung staatsgefährdender Massenschriften, MDR 1961, 93.

I. Anordnung der Nebenbeteiligung

1. Anordnung (Abs. 1). Die Anordnung der Beteiligung ergeht **von Amts wegen**,[1] sobald im Strafverfahren eine Entscheidung über die Einziehung oder den Verfall (vgl. § 442 Abs. 1) zu treffen ist und der Betroffene nicht Angeschuldigter, sondern ein anderer ist.[2] Demzufolge können auch Mittäter und Gehilfen Verfalls- oder Einziehungsbeteiligte sein, wenn das Strafverfahren gegen diese abgetrennt wird[3] (zB wegen Krankheit oder Verhandlungsunfähigkeit). Vor seiner förmlichen Beteiligung ist der andere nur **Beteiligungsinteressent,** § 432 StPO findet Anwendung. Die Beteiligung bezieht sich allerdings nur auf die Teile des Verfahrens, die die Maßnahme betreffen (vgl. Abs. 1 S. 1 letzter Hs.). Bei Fehlen einer der Voraussetzungen unterbleibt die Anordnung. § 431 konkretisiert damit das Recht auf rechtliches Gehör für den Nebenbeteiligten.[4]

2. Beteiligung bei zu erwartender Anordnung der Einziehung. Die Beteiligung bei zu erwartender Anordnung der Einziehung eines Gegenstandes gilt **nicht** bei zu erwartender **Einziehung von Wertersatz** (§ 74c StGB), da § 74c StGB nicht gegenüber Dritten gilt;[5] zum **Ausnahmefall** des Abs. 3 vgl Rn. 8.

3. Beteiligung bei zu erwartender Anordnung des Verfalls. Die Beteiligung bei zu erwartender Anordnung des Verfalls (§ 442 Abs. 1) gilt für den rechtswidrig erlangten Vermögensvorteil, der in einem bestimmten Gegenstand oder in einem sonstigen Vermögenszuwachs bestehen kann (§ 73 StGB), uU für den Wert, der an die Stelle des erlangten bestimmten Gegenstandes tritt (§ 73a StGB). Unerheb-

---
[1] OLG Düsseldorf v. 29. 6. 1999 – 5 Ss 52/99 – 36/99 I, wistra 1999, 477, 478; *Rönnau* Rn. 534.
[2] KK-StPO/*Schmidt* Rn. 2, 5.
[3] OLG Hamm v. 13. 2. 1973 – 3 Ss 1476/72, NJW 1973, 1141, 1142; KMR/*Metzger* Rn. 6.
[4] OLG Celle v. 10. 9. 1985 – 1 Ss 339/85, NJW 1987, 78 = wistra 1986, 39.
[5] *Fischer* § 74c StGB Rn. 2.

lich ist, ob es sich um den Verfall eines Gegenstandes oder des an seine Stelle tretenden Wertes handelt.

4 **4. Entscheidung über die Beteiligung. a) Anklage.** Für die Entscheidung über die Beteiligung müssen bereits in der Anklage der **Dritte als Nebenbeteiligter bezeichnet** und die **tatsächliche und rechtliche Grundlage** für die angestrebte Maßnahme dargelegt werden, sofern diese nicht nach § 430 Abs. 2 ausgeschieden ist.

5 **b) Anordnung der Beteiligung.** Die Beteiligung wird angeordnet, **wenn über die Maßnahme zu entscheiden ist.** Der von der StA in der Klageschrift gestellte Antrag bindet das Gericht nicht; die Anordnung der Beteiligung erfolgt von Amts wegen (Rn. 1). Demzufolge kann das Gericht auch unabhängig vom Antrag der StA die Anordnung des Verfalls treffen.[6]

6 **aa) Einziehung.** Über die Einziehung ist zu entscheiden, wenn sie nach materiellen Recht **geboten** (§§ 74 Abs. 2 Nr. 2, Abs. 3, 4; 74 d StGB) oder fakultativ vorgesehen (§§ 74 Abs. 2 Nr. 1, 74a StGB) und im letzteren Fall **zu erwarten ist.**[7] Liegt die Einziehung nur im Bereich des Möglichen, muss über sie noch nicht entschieden werden. Ebenso erfolgt keine Entscheidung über die Einziehung, wenn sie nach dem Verhältnismäßigkeitsgrundsatz (§ 74 b StGB) offensichtlich ausscheidet.

7 **bb) Verfall.** Sind im konkreten Fall die gesetzlichen Voraussetzungen der Anordnung des Verfalls (§§ 73, 73 a StGB) **wahrscheinlich** gegeben, ist über ihn zu entscheiden und eine Beteiligung zur Gewährung des rechtlichen Gehörs geboten. Dies gilt nicht, wenn das Verfahren nach § 430 beschränkt worden ist oder ein Verfall nach § 73 Abs. 1 S. 2 StGB bzw § 73 c StGB offensichtlich nicht in Betracht kommt. Wobei bezüglich § 73 Abs. 1 S. 2 StGB zu berücksichtigen ist, dass die Anordnung von Verfall nur dann **nicht wahrscheinlich** ist, wenn der Geschädigte die gegen den Täter wegen der Straftat erwachsenen Ansprüche tatsächlich durchsetzt.[8] Die Anordnung des Verfalls richtet sich grundsätzlich allein **gegen den Täter oder Teilnehmer**, vgl. §§ 73 Abs. 1, 73 d StGB). Dies gilt auch für die Fälle, in denen das Eigentum eines Dritten gem § 73 Abs. 4 StGB nicht der Anordnung des Verfalls entgegensteht.[9] Mit dieser Vorschrift werden zivilrechtliche Zweifelsfragen ausgeschlossen und der Strafrichter kann sich auf die Feststellung beschränken, dass ein Vermögensvorteil für die Tat von dem einen erlangt und von dem anderen unter den Voraussetzungen des Absatzes 4 gewährt worden ist.[10] Der vom Verfall betroffene Dritteigentümer ist dann gem §§ 442 Abs. 1, 431 Abs. 1 S. 1 am Verfahren zu beteiligen. Hingegen ergeht die Verfallsanordnung nach § 73 Abs. 3 StGB **gegen den Dritten** selbst;[11] hier geht es um die Abschöpfung des Gewinns beim Dritten, er soll nicht Nutznießer der Straftat sein.[12] Diesbezüglich ist der Dritte nach § 442 **Abs. 2** am Verfahren zu beteiligen; er ist Verfahrensbeteiligter.[13] Allerdings ist § 431 Abs. 1 S. 2 nicht im subjektiven Verfahren anzuwenden (unten Rn. 16).

8 **5. Besondere Voraussetzungen für Einziehungsbeteiligte (Abs. 1 S. 1 Nr. 1, 2).** In Abs. 1 S. 1 Nr. 1, 2 sind besondere Voraussetzungen für Einziehungsbeteiligten geregelt. Danach ordnet das Gericht die Beteiligung des Einziehungsbeteiligten an dem Verfahren an, wenn über die Einziehung eines Gegenstandes zu entscheiden und glaubhaft erscheint (Rn. 13), dass der Gegenstand einem anderen als dem Angeschuldigten gehört oder zusteht oder ein anderer an dem Gegenstand ein sonstiges Recht hat, dessen Erlöschen im Falle der Einziehung angeordnet werden könnte (§ 74 e Abs. 2 Satz 2, 3 StGB).

9 **a) Eigentumsrecht.** Der Gegenstand **gehört** dem Einziehungsbeteiligten (**Abs. 1 S. 1 Nr. 1 Alt. 1**) oder ihm **steht ein Recht** an der Sache **zu** (**Abs. 1 S. 1 Alt. 2**) nicht nur, wenn er Alleineigentümer der einzuziehenden oder der zu verfallenen Sache ist, sondern auch Mitberechtigter nach ideellen Bruchteilen oder zur gesamten Hand ist.[14] Ohne Bedeutung ist hierfür die streitige Rechtsfrage, ob bei Sicherungs- oder Vorbehaltseigentum die formale Rechtsstellung[15] oder die wirtschaftliche Be-

---

[6] OLG Düsseldorf v. 29. 6. 1999 – 5 Ss 52/99 – 36/99 I, wistra 1999, 477.
[7] HK-StPO/*Kurth* Rn. 3; KK-StPO/*Schmidt* Rn. 3; KMR/*Metzger* Rn. 23; *Meyer-Goßner* Rn. 8; aA Löwe/Rosenberg/*Gössel* Rn. 41 f. (es reiche aus, dass das Gericht Anlass hat, sich mit der Einziehungsfrage zu „befassen").
[8] *Kiethe/Hohmann* NStZ 2003, 505, 511.
[9] *Fischer* § 73 StGB Rn. 20, 26; *Schmidt* Rn. 86 ff.
[10] BGH v. 14. 9. 1989 – 4 StR 306/89, BGHSt 36, 251, 253 = NJW 1989, 3165 mAnm *Meyer* JR 1990, 208, 209; LK-StGB/*Schmidt* Rn. 66; Schönke/Schröder/*Eberbach* § 73 StGB Rn. 43.
[11] *Fischer* § 73 StGB Rn. 13; *Schmidt* Rn. 262 ff.
[12] *Schmidt* Rn. 262 f.
[13] *Meyer-Goßner* Rn. 4.
[14] OLG Karlsruhe v. 19. 10. 1973 – 1 Ws 177/73, NJW 1974, 709, 711; AK-StPO/*Günther* Rn. 9; KK-StPO/ *Schmidt* Rn. 6; Löwe/Rosenberg/*Gössel* Rn. 6.
[15] So BGH v. 28. 9. 1971 – 1 StR 261/71, BGHSt 24, 222 = NJW 1971, 2235; BGH v. 24. 8. 1972 – 4 StR 308/72, BGHSt 25, 10 = NJW 1972, 2053; BayObLG v. 6. 11. 1973 – RReg 6 St 111/73, BayObLGSt 1973, 178, 182; OLG Karlsruhe v. 19. 10. 1973 – 1 Ws 177/73, NJW 1974, 709; AK-StPO/*Günther* Rn. 9; HK-StPO/*Kurth* Rn. 4; *Schmidt* Rn. 172, 174 mwN.

trachtungsweise[16] maßgebend ist,[17] da je nachdem, wie die Antwort lautet, der Vorbehaltsverkäufer (Sicherungsnehmer) als Tatunbeteiligter entweder unter Nr. 1 oder – als Inhaber eines pfandrechtsähnlichen Rechts – unter Nr. 2 fällt. Ebenso umstritten ist die Frage der Einordnung der dinglichen Anwartschaft des Dritten auf Erwerb des Eigentums unter Nr. 1[18] oder Nr. 2;[19] auch ihr kommt letztendlich keine weitere Bedeutung zu.

b) **Eigentumsähnliches Recht.** An dem Verfahren ist nach **Abs. 1 S. 1 Nr. 2** auch derjenige zu beteiligen, der **an dem einziehungsfähigen Gegenstand ein Recht** hat, dessen Erlöschen im Falle der Einziehung angeordnet werden könnte (§ 74e Abs. 2 Satz 2, 3 StGB). Hauptsächlich fallen hierunter die **beschränkt dinglichen Rechte**, wie bspw. Pfandrechte (§§ 1204 ff. BGB) oder der Nießbrauch (§§ 1030 ff. BGB), und wirtschaftlich gleich bedeutende Positionen wie ein Pfandrecht an einer Forderung (§ 1279 BGB) **nicht** aber schuldrechtliche Ansprüche[20] wie der Besitz aufgrund Miete oder Leihe oder obligatorische Ansprüche (vgl § 74e Abs. 2 S. 1 StGB). Mangels Regelungslücke besteht im Rahmen der Verfallsanordnung nach §§ 442, 439 kein Bedarf für eine erweiternde Auslegung, die auch schuldrechtliche Ansprüche einbezieht;[21] Das Interesse, dass es nicht zur Einziehung kommt, genügt nicht.[22] Zur Einordnung des Vorbehalts- und Sicherungseigentums sowie der dinglichen Anwartschaft vgl. Rn. 9.

c) **Einziehung von Schriften.** Bei der Einziehung von Schriften (§ 74d StGB) sind die **Adressaten** oder **Besteller** in dieser Eigenschaft keine Personen, die als Einziehungsbeteiligte in Betracht kommen, solange sie noch kein Eigentum oder ein anderes beschränkt dingliches Recht hieran erworben haben.[23] Im Hinblick auf das Recht der Informationsfreiheit (Art. 5 Abs. 1 GG) begegnet diese Vorschrift keinen verfassungsrechtlichen Bedenken.[24]

d) **Rechte Dritter.** Nach § 74e Abs. 2 S. 1 StGB bleiben Rechte Dritter an einem **rechtskräftig eingezogenen Gegenstand** grundsätzlich bestehen. In den Anwendungsfällen des § 74e Abs. 2 S. 2, 3 StGB wird dieser Grundsatz jedoch durchbrochen; die Anordnung des Erlöschens ist zwingend vorgeschrieben (S. 2) bzw fakultativ zugelassen (S. 3). Der Drittberechtigte wird hier am Verfahren beteiligt, um die Anordnung der Einziehung oder des Erlöschens seines Rechtes abzuwenden bzw zumindest eine Billigkeitsentschädigung zu erhalten (§ 74f Abs. 3 StGB; § 436 Abs. 3 S. 2, 3; vgl. dort Rn. 4). Rechte Dritter an für **verfallen erklärten Gegenständen** bleiben nach § 73e Abs. 1 S. 2 StGB bestehen, so dass für eine Erloschensanordnung kein Raum ist. Die Verweisung des § 442 Abs. 1 auf § 431 Abs. 1 S. 1 Nr. 1 ist ohne Bedeutung.[25]

6. **Absehen von der Anordnung (Abs. 1 S. 2, 3).** Von der Anordnung der Beteiligung kann abgesehen werden, wenn die Beteiligungsvoraussetzungen bereits **glaubhaft erscheinen.** Demzufolge ist der Nachweis des Rechts des Dritten an dem Einziehungsgegenstand nicht erforderlich; erst im weiteren Verlauf des Strafverfahrens kann dieser geführt werden. Ausreichend ist insofern, dass das Recht iSd. § 203 auf Grund der **Aktenlage** wahrscheinlich als Ergebnis der Hauptverhandlung besteht, dh. die Tatsachen, aus denen es sich ergibt, glaubhaft erscheinen. Auch dürfen an den Grad der Wahrscheinlichkeit keine allzu strengen Anforderungen gestellt werden; daher braucht sich der Beteiligungsinteressent nicht des Mittels der Glaubhaftmachung nach der Zivilprozessordnung zu bedienen.[26] Vielmehr muss dem Dritten in möglichst weitem Umfang Gelegenheit gegeben werden, durch Teilnahme am Verfahren seine Rechte zu wahren; dies ist im Hinblick auf die Art. 14 GG und Art. 103 Abs. 1 GG geboten.[27] Führt die Bewertung hinsichtlich der „Wahrscheinlichkeit" zu keinem Ergebnis, weil die Verhältnisse nicht hinreichend geklärt sind (etwa in den Fällen des § 73d Abs. 1 S. 2 StGB), darf die Beteiligung nicht angeordnet werden.[28]

a) **Nicht ausführbare Beteiligung (Abs. 1 S. 2).** Ist die Beteiligung nicht ausführbar, darf von deren Anordnung abgesehen werden. Die Nichtausführbarkeit muss auf Grund **bestimmter Tat-**

---

[16] Hierfür KMR/*Metzger* Rn. 7; *Meyer-Goßner* Rn. 9; ausführlich zu diesem Streit *Schmidt* Rn. 172 ff. mwN.
[17] Ebenso Löwe/Rosenberg/*Gössel* Rn. 7.
[18] So BGH v. 24. 8. 1972 – 4 StR 308/72, BGHSt 25, 10 = NJW 1972, 2053; HK-StPO/*Kurth* Rn. 4; KK-StPO/*Schmidt* Rn. 6; *Schmidt* Rn. 175.
[19] Dafür OLG Karlsruhe v. 19. 10. 1973 – 1 Ws 177/73, NJW 1974, 709, 710; AK-StPO/*Günther* Rn. 9; KMR/*Metzger* Rn. 7.
[20] RG v. 21. 11. 1932 – III 991/32, RGSt 66, 420, 421; BayVerfGH v. 13. 12. 2004 – Vf.95-VI-03, NZG 2005, 398, 399; *Meyer-Goßner* Rn. 9.
[21] BayVerfGH v. 13. 12. 2004 – Vf.95-VI-03, NZG 2005, 398, 399; KK-StPO/*Schmidt* Rn. 7; *Schulte* BKR 2004, 33, 35 f.; aA *Satzger* wistra 2003, 401, 407 f.
[22] Löwe/Rosenberg/*Gössel* Rn. 12.
[23] *Wagner* MDR 1961, 93, 97.
[24] BT-Drucks. 5/1319, S. 75; Löwe/Rosenberg/*Gössel* Rn. 18 f.; aA *Eser* NJW 1970, 784, 787.
[25] Löwe/Rosenberg/*Gössel* Rn. 22; KMR/*Metzger* Rn. 4, 7; KK-StPO/*Schmidt* Rn. 10.
[26] KMR/*Metzger* Rn. 10.
[27] Löwe/Rosenberg/*Gössel* Rn. 24 f.
[28] BT-Drucks. 5/1319, S. 75.

sachen anzunehmen sein.²⁹ Voraussetzung ist, dass bereits Ermittlungen über sie angestellt worden sind. Eine Beteiligung ist bspw. nicht ausführbar bei Verschleierung durch fingierte Angaben und Verwendung von Strohmännern, unbekanntem Aufenthalt des Einziehungsinteressenten,³⁰ nicht jedoch bei bloßem Aufenthalt im Ausland.³¹ Auch sonstige Gründe, aus denen die Beteiligung auf übermäßige faktische Schwierigkeiten stößt, genügen.³² Hierzu gehören jedoch nicht die Fälle des unangemessenen Verfahrensaufwandes, da diese bereits mit den Mitteln des § 430 begegnet werden kann.³³

15   b) **Staatsschutz (Abs. 1 S. 3).** Ebenso kann aus Gründen des Staatsschutzes von der Beteiligung abgesehen werden, da die Beteiligung solcher **Parteien, Vereinigungen** oder **Einrichtungen** das Verfahren erheblich erschweren könnte und im Hinblick auf ihre verfassungswidrigen Bestrebungen unangemessen wäre.³⁴ Ist den Umständen nach anzunehmen, dass die Partei etc. oder einer ihrer Mittelsmänner den Gegenstand zur Förderung ihrer verfassungswidrigen oder sicherheitsgefährdenden Bestrebungen zur Verfügung gestellt hat. Eine Organisation soll auch dann **außerhalb dieses Geltungsbereiches** liegen, wenn sie organisatorisch die Grenzen nach außen überschreitet.³⁵ Sie findet auf Parteien etc. im räumlichen Geltungsbereich keine Anwendung, weil hier die Vorschriften für verbotene Parteien gelten.³⁶ Vor der Entscheidung über die Einziehung der Sache muss an Stelle des Eigentümers oder Rechtsinhabers der Besitzer der Sache gehört werden, der die tatsächliche Verfügungsmacht bzw. das Recht zur Verfügunsbefugnis hat, soweit dies durchführbar ist.

16   c) **Verzicht auf Glaubhaftmachung.** Bei Vorliegen der Voraussetzungen nach Abs. 1 S. 2, 3 kann das Gericht auf die Glaubhaftmachung von Rechten Dritter iSv. Abs. 1 S. 1 (oben Rn. 13) verzichten.³⁷

17   d) **Nichtanwendbarkeit bei Verfall.** Abs. 1 S. 2, 3 finden keine Anwendung beim Verfall nach §§ 73 Abs. 3, 73a StGB, da sich die Beteiligung des Dritten nach § 442 **Abs. 2** richtet und dessen Beteiligung unverzichtbar ist. Ohne seine Beteiligung kann die Anordnung des Verfalls nicht ausgesprochen werden.³⁸ Bei unausführbarer Beteiligung (Abs. 1 S. 2, 3) darf im subjektiven Verfahren keine Verfallsanordnung gegen den Dritten ergehen.³⁹ Ist die Beteiligung ausführbar, darf aus Gründen der Prozessökonomie auch in Abwesenheit des Dritten verhandelt werden, soweit er trotz formeller Beteiligung ohne sein Verschulden faktisch keine Gelegenheit hatte, im Verfahren Stellung zu nehmen, muss ihm im Nachverfahren über § 439 die Möglichkeit rechtlichen Gehörs gewährt werden.⁴⁰

18   **7. Umfang der Beteiligungsanordnung.** Wird die Beteiligung ohne Einschränkung angeordnet (Abs. 1 S. 1), erstreckt sie sich auch auf die Schuldfrage, soweit das Verfahren die Maßnahme und ihre Voraussetzungen betrifft.⁴¹ Der **Ausschluss der Schuldfrage** nach **Abs. 2** bewirkt, dass der Beteiligte zur Schuldfrage nicht die Befugnisse eines Angeklagten hat (§ 433 Abs. 1) und zu dieser Frage daher als Zeuge vernommen werden kann (vgl. § 433 Rn. 2). Da für die Anordnung des **Verfalls** bereits die Begehung einer rechtswidrigen Straftat (§ 73 Abs. 1 S. 1 StGB) ausreicht, ist diese Vorschrift hier ohne Bedeutung.⁴²

19   In den Fällen des **Abs. 2 Nr. 1** fehlt dem Einziehungsbeteiligten die sachliche Legitimation aus Eigentumsrecht zu Fragen der Schuld Stellung zu nehmen, weil der **Gegenstand dem Angeschuldigten gehört** oder **zusteht** (§ 74 Abs. 1, 2 Nr. 1 StGB). Seine schutzwürdigen Interessen werden nur insoweit gewahrt, als es um die Frage der Rechtsverhältnisse an dem Einziehungsgegenstand geht;⁴³ die Einziehung wird nämlich bereits dadurch verhindert, dass sich sein Eigentum oder seine Rechtsinhaberschaft ergibt. Abs. 2 Nr. 1 ist **ausgeschlossen**, soweit es um die Frage der Einziehung nach § 74a StGB bzw. die Beteiligung eines beschränkt dinglich Berechtigten (im Hinlick auf die Anordnung nach § 74e Abs. 2 S. 2, 3 StGB) geht.⁴⁴ Da die Schuld des Angeklagten hier

---

[29] Meyer-Goßner Rn. 12.
[30] BayObLG v. 12. 8. 1955 – BReg. 2 St. 346/54, NJW 1955, 1527.
[31] OLG Karlsruhe v. 19. 10. 1973 – 1 Ws 177/73, NJW 1974, 709, 712.
[32] BT-Drucks. 5/1319, S. 75; SK/*Weßlau* Rn. 20.
[33] Ebenso KK-StPO/*Schmidt* Rn. 16.
[34] BT-Drucks. 5/1319, S. 75; KMR/*Metzger* Rn. 14.
[35] Meyer-Goßner Rn. 13.
[36] BT-Drucks. 5/1319, S. 75; KK-StPO/*Schmidt* Rn. 17.
[37] Löwe/Rosenberg/*Gössel* Rn. 50; KK-StPO/*Schmidt* Rn. 18.
[38] Rönnau Rn. 537.
[39] BT-Drucks. 7/550, S. 307 f.; KK-StPO/*Schmidt* Rn. 19.
[40] BT-Drucks. 7/550, S. 308; KK-StPO/*Schmidt* Rn. 19.
[41] Vgl. BT-Drucks. 5/1319, S. 73.
[42] Löwe/Rosenberg/*Gössel* Rn. 52; KK-StPO/*Schmidt* Rn. 20; aA AK-StPO/*Günther* Rn. 17; Meyer-Goßner Rn. 18.
[43] KK-StPO/*Schmidt* Rn. 21; Meyer-Goßner Rn. 15.
[44] BT-Drucks. 5/1319, S. 75 f.; Löwe/Rosenberg/*Gössel* Rn. 55; KMR/*Metzger* Rn. 16.

die materielle Grundlage für die Einziehung bildet, muss der Beteiligte in beiden Fällen die Möglichkeit erhalten, sich diesbezüglich zu äußern.[45]

Nach **Abs. 2 Nr. 2** kann das Gericht den Dritten auch dann von der Beteiligung an der Schuldfrage ausschließen, wenn der Gegenstand nach den Umständen, welche die Einziehung begründen können, dem Einziehungsbeteiligten auch auf Grund von **Rechtsvorschriften außerhalb des Strafrechts** (zB Polizeigesetze der Länder) ohne Entschädigung dauernd entzogen werden könnte (vgl. § 74f Abs. 2 Nr. 3 StGB). Die Einziehung wird aus Anlass, nicht auf Grund, der Straftat angeordnet. Daher genügt bereits die Anhörung des Einziehungsbeteiligten zu den besonderen Einziehungsvoraussetzungen (zB Gefährlichkeit des Einziehungsgegenstandes), auf Fragen der Schuld des Angeklagten kommt es nicht an.[46]

8. Erweiterung der Verfahrensbeteiligung (Abs. 3). Abs. 3 erweitert die Verfahrensbeteiligung für **juristische Personen** (jP) oder **Personenvereinigungen** (PV). Diese können einziehungsbeteiligt iS von § 431 Abs. 1 sein. Da dieser sich aber nur auf die Einziehung eines Gegenstandes bezieht, wird er durch Abs. 3 ergänzt um den (wahrscheinlicheren) Fall der Einziehung von Wertersatz (§ 75 iVm. § 74c StGB). Die Angeschuldigten haben oftmals zugunsten der jP oder der PV gehandelt, der hieraus entstandene Gewinn (auch im Wege des Wertersatzes) soll abgeschöpft werden. Daher kann auch gem § 75 iVm. §§ 74 bis 74c StGB gegen eine jP oder eine PV die Einziehung ausgesprochen werden, die jP und die PV werden materiellrechtlich so behandelt, als hätten sie selbst gehandelt. Für ihre Beteiligung gelten ebenso die Abs. 1, 2, da sie ein anderer sind als der Angeschuldigte.

9. Zeitpunkt der Beteiligungsanordnung. Die Anordnung der Beteiligung ist zeitlich **ab der Erhebung der öffentlichen Klage** (§§ 170 Abs. 1, 212 a Abs. 2) bis zum Ausspruch der Einziehung im Urteil möglich (**Abs. 4 Alt. 1**). Die StA beantragt in der Anklageschrift die Anordnung der Beteiligung. Im **Strafbefehlsverfahren** (vgl. § 438) ist maßgebend der Eingang des Antrages auf Erlass des Strafbefehls. In diesem stellt die StA den Antrag auf Anordnung der Beteiligung sowie der Maßnahme; beide Anordnungen trifft der Richter im Strafbefehl (vgl. § 407 Abs. 2 Nr. 1). Die Anordnungsmöglichkeit der Beteiligung endet mit Erlass des Strafbefehls, sie lebt durch den Einspruch des Beschuldigten wieder auf und richtet sich dann nach den allgemeinen Grundsätzen. Sowohl der Beschuldigte als auch der Beteiligte haben die Möglichkeit des Einspruchs gegen den Strafbefehl, auf diese Weise wird ihr Recht auf rechtliches Gehör gewahrt.

Bei zulässiger Einlegung der **Berufung** ist die erstmalige Anordnung der Beteiligung bis zur Beendigung der Schlussvorträge im Berufungsverfahren möglich (Abs. 4 Alt. 2).[47] Allerdings kann der in der ersten Instanz nicht beteiligte Beteiligungsinteressent nicht selbst Berufung einlegen, da er nicht die Rechtsstellung eines Nebenbeteiligten (vgl. § 433 Abs. 1 S. 1) erlangt hat.[48] In der **Revisionsinstanz** ist die Anordnung der Nebenbeteiligung nicht möglich, es sei denn, dass Urteil wird aufgehoben und zu neuer Entscheidung an die Tatsacheninstanz zurückverwiesen, dort ist die Anordnung der Beteiligung wieder zulässig.[49]

Erfolgt **keine Anordnung** der Beteiligung und wird die gegen den anderen wirkende Anordnung der Maßnahme rechtskräftig, so kann der Beteiligungsinteressent seine Rechte nur noch unter den Voraussetzungen des § 439 im Nachverfahren geltend machen.[50]

10. Verzicht auf Beteiligung (Abs. 6). Nach Abs. 6 kann derjenige, der als Verfahrensbeteiligter in Betracht kommt, **schriftlich** oder **zu Protokoll** bei **Gericht**, bei der **StA** oder bei einer **anderen Behörde schriftlich** erklären (vgl. § 158 Abs. 2), dass er **keine Einwendungen** gegen die Einziehung des Gegenstandes vorbringen wird. Dann verzichtet er auf die Gewährung des rechtlichen Gehörs sowie auf die prozessuale Beteiligung, **nicht** jedoch auf ein Recht oder einen Anspruch.[51] Ebensowenig verzichtet er auf die Feststellungen der erforderlichen Voraussetzungen für die Anordnung der Maßnahme; das Gericht wird demzufolge nicht von der Prüfung der materiellen Voraussetzungen der Maßnahme befreit. Der Verzicht gilt für das **gesamte Verfahren** und ist grundsätzlich **unwiderruflich**.[52] Der Verzichtende scheidet als Verfahrensbeteiligter aus, er kann nicht nach § 433 Abs. 2 zur Verfahrensteilnahme gezwungen werden.[53] Eine bereits getroffene Anordnung dieser Art wird

---

[45] KK-StPO/*Schmidt* Rn. 22.
[46] BT-Drucks. 5/1319, S. 76.
[47] OLG Düsseldorf v. 29. 6. 1999 – 5 Ss 52/99 – 36/99 I, wistra 1999, 477, 478.
[48] BGH v. 4. 1. 1995 – 3 StR 493/94, NStZ 1995, 248; AK-StPO/*Günther* Rn. 22; Löwe/Rosenberg/*Gössel* Rn. 63; KMR/*Metzger* Rn. 31; *Meyer-Goßner* Rn. 21.
[49] KK-StPO/*Schmidt* Rn. 15.
[50] BT-Drucks. 5/1319, S. 76.
[51] AK-StPO/*Günther* Rn. 33; Löwe/Rosenberg/*Gössel* Rn. 74; *Meyer-Goßner* Rn. 29.
[52] Löwe/Rosenberg/*Gössel* Rn. 76; KMR/*Metzger* Rn. 11.
[53] BT-Drucks. 5/1319, S. 76.

nach dem Verzicht aufgehoben. Der Verzichtende kann jedoch **als Zeuge vernommen** werden.[54] Abs. 6 gilt nur für die Einziehung eines Gegenstandes, nicht für Wertersatz.

26 **11. Keine Hemmung des Verfahrens (Abs. 7).** In Anlehnung an § 398 Abs. 1 stellt Abs. 7 den Grundsatz auf, dass durch die Verfahrensbeteiligung der Fortgang des Verfahrens nicht gehemmt wird. Die aufgrund Art. 14, 103 Abs. 1 GG verfassungsrechtlich gebotene Beteiligung des Beteiligungsinteressenten darf nicht dazu führen, dass die **Hauptaufgabe des Gerichts**, den Schuldigen schnell der angemessenen Strafe zuzuführen und den Unschuldigen so schnell wie möglich von den Belastungen des Strafverfahrens zu befreien und ihn zu rehabilitieren, hierunter leidet.[55] Ebensowenig dürfen die von Verfassung wegen dem Beteiligungsinteressenten zustehenden Rechte aus den Augen verloren werden, das Gericht hat daher einen **angemessenen Ausgleich** im Wege der **praktischen Konkordanz** zwischen den verschiedenen Interessen der Verfahrensbeteiligten herzustellen und im Einzelfall zu prüfen.[56]

II. Rechtsbehelfe

27 **1. Anordnungsbeschluss.** Der Anordnungsbeschluss kann **von keinem Prozessbeteiligten** angefochten werden (**Abs. 5 S. 1**). Die Anordnung greift nicht in die Rechte anderer ein. Ebenso kann die Anordnung der Beteiligung nicht mit der Revision gerügt werden.[57] Entfallen nachträglich die Voraussetzungen der Anordnung oder sind ihre verfahrensrechtlichen Grundlagen nicht vorhanden, so darf sie aufgehoben werden, hiergegen ist die sofortige Beschwerde zulässig.[58]

28 **2. Ablehnungsbeschluss.** Gegen den Ablehnungsbeschluss oder die nach Abs. 2 getroffene Anordnung ist abweichend von § 305 S. 1 die **sofortige Beschwerde** zulässig (**Abs. 5 S. 2**). Die Frage der Beteiligung soll möglichst schnell geklärt und nicht in das Nachverfahren verwiesen werden.[59] Die sofortige Beschwerde kann auch von dem Angeklagten erhoben werden.[60] Ebenso kann der Beteiligungsinteressent den Beschluss anfechten, obwohl er im Übrigen noch nicht am Verfahren beteiligt ist, da er von der Entscheidung betroffen ist (§ 304 Abs. 2).[61] Wird der ablehnende Beschluss rechtskräftig, gilt er für das gesamte Verfahren, mit der Einschränkung, dass er widerrufen werden kann, wenn sich Tatsachen oder Beweismittel ergeben, aufgrund derer die Voraussetzungen des § 431 Abs. 1 S. 1 vorliegen.[62]

§ 432 [Anhörung im vorbereitenden Verfahren]

(1) ¹Ergeben sich im vorbereitenden Verfahren Anhaltspunkte dafür, daß jemand als Einziehungsbeteiligter in Betracht kommt, so ist er zu hören, wenn dies ausführbar erscheint. ²§ 431 Abs. 1 Satz 3 gilt entsprechend.

(2) Erklärt derjenige, der als Einziehungsbeteiligter in Betracht kommt, daß er gegen die Einziehung Einwendungen vorbringen wolle, und erscheint glaubhaft, daß er ein Recht an dem Gegenstand hat, so gelten, falls er vernommen wird, die Vorschriften über die Vernehmung des Beschuldigten insoweit entsprechend, als seine Verfahrensbeteiligung in Betracht kommt.

Schrifttum: *Minoggio*, Das Schweigerecht der juristischen Person als Nebenbeteiligten im Strafverfahren, wistra 2003, 121.

I. Allgemeines

1 Im **Ermittlungsverfahren** sollen alle Umstände geklärt werden, die für die Bestimmung der Rechtsfolgen der Tat von Bedeutung sind (§ 160 Abs. 3), hierzu gehören auch Einziehung und Verfall (§ 442 Abs. 1). Da der Beteiligungsinteressent als Dritter von der Einziehung betroffen sein kann, stehen ihm bestimmte prozessuale Befugnisse zu. § 432 Abs. 1 räumt ihm ein **Recht auf Anhörung** im Ermittlungsverfahren ein. Die Rechtsstellung als **Nebenbeteiligter** wird allerdings erst aufgrund der gerichtlichen Anordnung erlangt (vgl. § 431 Rn. 1), vorher ist der Betroffene nur Einziehungs- oder sonstiger Nebeninteressent (§ 442 Abs. 1).

---

[54] BT-Drucks. 5/1319, S. 77; KMR/*Metzger* Rn. 12.
[55] BT-Drucks. 5/1319, S. 74.
[56] KK-StPO/*Schmidt* Rn. 33; Meyer-Goßner Rn. 31.
[57] AK-StPO/*Günther* Rn. 40; KK-StPO/*Schmidt* Rn. 26.
[58] Löwe/Rosenberg/*Gössel* Rn. 67; KMR/*Metzger* Rn. 33; Meyer-Goßner Rn. 25.
[59] BT-Drucks. 5/1319, S. 76.
[60] OLG Celle v. 10. 9. 1985 – 1 Ss 339/85, NJW 1987, 78.
[61] AK-StPO/*Günther* Rn. 42; Löwe/Rosenberg/*Gössel* Rn. 71; KK-StPO/*Schmidt* Rn. 27; Meyer-Goßner Rn. 26.
[62] AK-StPO/*Günther* Rn. 43; Löwe/Rosenberg/*Gössel* Rn. 72; KK-StPO/*Schmidt* Rn. 28; KMR/*Metzger* Rn. 28; Meyer-Goßner Rn. 26.

II. Anhörung im vorbereitenden Verfahren

1. Anwendungsbereich. Wird durch **konkrete Anhaltspunkte** im Ermittlungsverfahren erkennbar, dass jemand (ein vom Beschuldigten personenverschiedener Dritter) als Einziehungs- oder Verfallsbeteiligter in Betracht kommt, so haben sich die Ermittlungen auch hierauf zu erstrecken; es sei denn, es ist zu erwarten, dass das Verfahren eingestellt (§ 170 Abs. 2) oder ein objektives Verfahren (§ 440) ausgeschlossen wird.

2. Gelegenheit zur Äußerung. Ihm ist Gelegenheit zur Äußerung zu geben, **sobald sich abzeichnet**, dass über die Einziehung oder den Verfall zu befinden sein wird und ein anderer als der Beschuldigte daran ein Recht haben könnte.[1] Das gilt allerdings nur, soweit die Anhörung **ausführbar** erscheint.[2] Das Gesetz schreibt keine bestimmte **Form** der Anhörung vor. Der Beteiligungsinteressent erhält Gelegenheit, alles das vorzutragen, was zur Abwendung eines ihn möglicherweise treffenden Rechtsverlustes geeignet ist.[3] So können seine Einwendungen bspw. dazu führen, dass die StA Abstand davon nimmt, im Strafbefehlsantrag oder in der Anklageschrift die Einziehung zu beantragen oder anzuregen oder das Gericht bzw. die StA veranlassen, von der Möglichkeit des § 430 Gebrauch zu machen. Neben der Sachaufklärung (Rn. 1) steht bei der Vernehmung des Beteiligungsinteressenten auch im Vordergrund, ob er gegen die in Betracht kommende Maßnahme Einwendungen vorbringen will (§ 431 Abs. 6), hiervon hängt der Vernehmungsmodus ab.[4]

3. Entfallen der Anhörungspflicht. Die Anhörungspflicht entfällt, wenn von der Anordnung der Beteiligung abgesehen werden kann (ausdrücklich vorgesehen in den Fällen der Anhörung einer Partei, Vereinigung oder Einrichtung außerhalb des räumlichen Geltungsbereichs der StPO, vgl. Abs. 1 S. 2 iVm. § 431 Abs. 1 S. 3) oder die StA die Einziehung nach Sachlage schon vor der Anhörung gem. § 430 aus dem Verfahren ausscheidet.[5]

4. Vernehmungsrechte eines Beschuldigten. Erklärt der als Einziehungsbeteiligte in Betracht kommende, dass er **Einwendungen vorbringen** wolle und erscheint glaubhaft (§ 431 Rn. 13), dass er ein Recht an dem Gegenstand hat, so ist er ähnlich einem Beschuldigten zu behandeln (Abs. 2), der die Verurteilung zur Strafe abwehren will, weil er in dieser Lage in eigener Sache tätig ist.[6] § 163a gilt entsprechend. Wegen aller anderen Fragen kann er jedoch als Zeuge vernommen werden.[7] Die Grundsätze der **informatorischen Befragung** gelten in gleichem Umfang. Ob juristischen Personen das **Schweigerecht** nach § 136 selbst zusteht, wird unter Hinweis auf die Rechtsprechung des EuGH bejaht,[8] während das BVerfG[9] dies verneint. Außerdem hat die entsprechende Anwendung des § 163a zur Folge, dass der Einziehungsinteressent auch darüber zu belehren ist, dass er bereits vor der Vernehmung einen von ihm zu wählenden Vertretungsberechtigten (vgl. § 434) befragen kann (vgl. § 163a Abs. 4 S. 2 iVm. § 136 Abs. 1 S. 2). Die Vorschrift des Abs. 2 findet aber nur Anwendung, „falls" der Beteiligungsinteressent vernommen wird, weil die bloße Anhörung nicht ausreicht, um seine Verteidigungsinteressen ausreichend wahrzunehmen und den Verfolgungsorganen eine sachgerechte Beurteilung der Einziehungs- und Beteiligungsfrage zu gestatten.[10] Insofern hat der Beteiligungsinteressent keinen unbedingten Anspruch auf eine Vernehmung entsprechend § 163a Abs. 1 StPO, sondern – soweit ausführbar – nur ein Anhörungsrecht.[11]

5. Anklageschrift. Die Anklage muss im Anklagesatz die **angestrebte Nebenfolge** gegen den Nebenbeteiligten (§§ 431 Abs. 1 S. 1, 442) mit Angabe der sie stützenden **Tatsachen und Vorschriften** enthalten. Dies gilt entsprechend für den **Antrag auf Erlass eines Strafbefehls** (§ 438).

§ 433 [Befugnisse der Einziehungsbeteiligten]

(1) ¹Von der Eröffnung des Hauptverfahrens an hat der Einziehungsbeteiligte, soweit dieses Gesetz nichts anderes bestimmt, die Befugnisse, die einem Angeklagten zustehen. ²Im beschleunigten Verfahren gilt dies vom Beginn der Hauptverhandlung, im Strafbefehlsverfahren vom Erlaß des Strafbefehls an.

---

[1] BT-Drucks. 5/1319, S. 76.
[2] KK-StPO/*Schmidt* Rn. 2.
[3] Löwe/Rosenberg/*Gössel* Rn. 3.
[4] Meyer-Goßner Rn. 1.
[5] HK-GS/*Lemke* Rn. 3; KK-StPO/*Schmidt* Rn. 3.
[6] Meyer-Goßner Rn. 3.
[7] KK-StPO/*Schmidt* Rn. 7; Löwe/Rosenberg/*Gössel* Rn. 12.
[8] *Minoggio* wistra 2003, 121.
[9] BVerfG v. 26. 2. 1997 – 1 BvR 2172/96, BVerfGE 95, 220 = NJW 1997, 1841.
[10] AK-StPO/*Günther* Rn. 11; KK-StPO/*Schmidt* Rn. 6; Löwe/Rosenberg/*Gössel* Rn. 10.
[11] BT-Drucks. 5/1319, S. 77.

(2) ¹Das Gericht kann zur Aufklärung des Sachverhalts das persönliche Erscheinen des Einziehungsbeteiligten anordnen. ²Bleibt der Einziehungsbeteiligte, dessen persönliches Erscheinen angeordnet ist, ohne genügende Entschuldigung aus, so kann das Gericht seine Vorführung anordnen, wenn er unter Hinweis auf diese Möglichkeit durch Zustellung geladen worden ist.

I. Allgemeines

1   Die Vorschrift regelt die Rechtsstellung des Einziehungsbeteiligten im Hauptverfahren und bestimmt den Zeitpunkt, ab dem die Beteiligungsrechte ausgeübt werden können. Erst auf Grund konstitutiven Beschlusses erlangt der Einziehungs- bzw. sonstige Nebenbeteiligte (§ 442 Abs. 1) seine Rechtsstellung (vgl. § 432 Rn. 1).

II. Befugnisse des Einziehungsbeteiligten

2   **1. Eröffnung des Hauptverfahrens.** Mit der Eröffnung des Hauptverfahrens (§§ 203, 207) erlangt der Einziehungsbeteiligte die Befugnisse eines Angeklagten (**Abs. 1 S. 1**), weil erst in diesem Zeitpunkt feststeht (vgl. § 156), dass es zu einer gerichtlichen Verhandlung über die Einziehung oder der sonstigen Nebenfolge (§ 442 Abs. 1) kommen wird. Im **beschleunigten Verfahren** (§§ 417 ff.) ist der Beginn der Hauptverhandlung (§§ 418, 243 Abs. 1 S. 1) und im **Strafbefehlsverfahren** der Erlass des Strafbefehls, der Zeitpunkt der Unterzeichnung des Strafbefehls und dessen Abgabe in den Geschäftsgang (§ 438 Abs. 1), maßgebend (**Abs. 1 S. 2**). Zur Rechtsstellung des Einziehungsinteressenten im Ermittlungsverfahren vgl. § 432.

3   **2. Befugnisse, die einem Angeklagten zustehen.** Der Einziehungs- oder Verfallsbeteiligte (§ 442 Abs. 1) hat, soweit keine anderweitigen gesetzlichen Regelungen vorliegen (z. B. §§ 436 Abs. 2, 437 Abs. 1) und soweit er am Verfahren beteiligt ist (§§ 431, 442 Abs. 2 S. 1), die Befugnisse, die einem Angeklagten zustehen. Er besitzt weder die Rechtsstellung eines Angeklagten noch ist er diesem gleichgestellt.¹ Ihm wird nur ein **größtmögliches Maß an eigenständigen prozessualen Rechten** eingeräumt.² Der Nebenbeteiligte hat Anspruch auf Anwesenheit, auf rechtliches Gehör, er kann Anträge stellen, Beweisanträge jedoch nur in den Grenzen des § 436 Abs. 2, ihm gebührt das Fragerecht nach § 240 Abs. 2, er kann Zeugen laden (§ 220) und Rechtsbehelfe (§§ 437, 438) einlegen,³ wobei er sich eine schuldhafte Fristversäumung seines Verfahrensbevollmächtigten (§ 434) zurechnen lassen muss.⁴ Außerdem ist ihm neben dem Angeklagten das letzte Wort nach § 258 Abs. 2, 3 zu gewähren,⁵ er kann einen Richter auch wegen Besorgnis der Befangenheit ablehnen.⁶ Sinngemäß gilt § 433 auch für bußgeldbeteiligte juristische Personen oder Personenvereinigungen (§ 444 Abs. 2). Zur Terminsnachricht von der Hauptverhandlung vgl. § 435 und zur Frage der Wiederaufnahme des Verfahrens § 439 Rn. 14.

4   Der Beteiligte ist, soweit die Beteiligung reicht, kein **Zeuge**.⁷ Geht es folglich um Fragen, an denen er nicht beteiligt ist, so kann er als Zeuge vernommen werden (vgl. § 431 Abs. 2; dort Rn. 18). Soll er als Zeuge vernommen werden, gelten die §§ 48, 51; die Folgen des unentschuldigten Ausbleibens sind umfassender. Gibt er die Erklärung nach § 431 Abs. 6 ab und wird daraufhin die Beteiligungsanordnung aufgehoben, ist er Zeuge und es finden die §§ 48, 51 Anwendung.

5   **3. Aufklärung des Sachverhalts.** Zur Aufklärung des Sachverhalts – auch im Hinblick auf die dem Angeklagten zur Last gelegte Tat – kann das Gericht das persönliche Erscheinen (§ 236) des Einziehungs- oder Verfallsbeteiligten (**Abs. 2 S. 1**) oder bei Vorliegen der weiteren Voraussetzungen dessen Vorführung bei ungenügender Entschuldigung (**Abs. 2 S. 2**) anordnen. Seine Anwesenheit in der Hauptverhandlung kann unter Umständen auch zum Zweck der Gegenüberstellung mit dem Angeklagten oder Zeugen erforderlich sein. Das Gericht kann allerdings auch ohne den ordnungsgemäß benachrichtigten Einziehungs- oder Verfallsbeteiligten verhandeln (§ 436 Abs. 1). Der Einziehungsbeteiligte kann sich in der Verhandlung zwar auch vertreten lassen (§ 434), daneben ist die Anordnung des persönlichen Erscheinens zulässig. War sein Ausbleiben **genügend entschuldigt**, so kann in der Verhandlung ohne ihn eine Verletzung des rechtlichen Gehörs liegen.⁸ Handelt es sich bei dem Nebenbeteiligten um eine **juristische Person** oder eine **Personenvereinigung**, kann das Erscheinen und ggf. die Vorführung des vertretungsberechtigten Organs oder einzelner seiner Mitglieder angeordnet werden.

---

¹ KG v. 4. 7. 1978 – 1 AR 473/78 – 4 Ws 147/78, NJW 1978, 2406.
² BT-Drucks. 5/1319, S. 77.
³ OLG Düsseldorf v. 4. 2. 1998 – 2 Ws 128/87, NStZ 1988, 289; vgl. auch OLG Oldenburg v. 13. 2. 1995 – Ss 511/94, VRS 90 (1996), 285 zu § 55 JGG.
⁴ KG v. 13. 9. 1982 – (4) Ss 203/82 (75/82), JR 1983, 127.
⁵ BGH v. 12. 12. 1961 – 3 StR 35/61, BGHSt 17, 28, 32 f. = NJW 1962, 500, 501 f.
⁶ OLG Karlsruhe v. 25. 5. 1973 – 1 Ws 143/73, NJW 1973, 1658.
⁷ BGH v. 26. 5. 1956 – 2 StR 322/55, BGHSt 9, 250, 251 = NJW 1956, 1448.
⁸ Löwe/Rosenberg/*Gössel* Rn. 40.

Dritter Abschnitt. Verfahren bei Einziehungen und Vermögensbeschlagnahmen 1, 2 § 434

4. Verhandlungsfähigkeit. Für die Wahrnehmung der Befugnisse, die einem Angeklagten zustehen, genügt die Verhandlungsfähigkeit des Einziehungs- oder Verfallsbeteiligten; die Geschäftsfähigkeit ist zur selbständigen Wahrnehmung seiner Interessen nicht erforderlich.[9] Zwar verfolgt der Einziehungs- oder Verfallsbeteiligte allein vermögensrechtliche Interessen,[10] jedoch geht es um (Un-)Rechtsfolgen des Strafrechts (vgl. § 11 Abs. 1 Nr. 8 StGB).[11] Die mittelbaren vermögensrechtlichen Auswirkungen der Entscheidung rechtfertigen es nicht, die Geschäfts- und Prozessfähigkeit des Nebenbeteiligten zu verlangen. Daher bedarf ein minderjähriger Einziehungs- oder Verfallsbeteiligter nicht der Einwilligung seines gesetzlichen Vertreters zur Ausübung seiner prozessualen Befugnisse. Das gilt ebenso für die Verzichtserklärungen nach § 431 Abs. 6, da diese keinen materiellrechtlichen Charakter haben. 6

5. Tod des Nebenbeteiligten. Verstirbt der Einziehungs- oder Verfallsbeteiligte während des Verfahrens, treten dessen **Erben** nicht stets an seine Stelle in das Verfahren ein.[12] Vielmehr ist nach der Rechtsnatur der Nebenfolge zu unterscheiden;[13] hat diese **Sicherungscharakter** (§ 74 Abs. 2 Nr. 2, Abs. 3, 4; § 74d StGB), so bezweckt die Verfahrensbeteiligung lediglich die Wahrung vermögensrechtlicher Interessen des Einziehungsbeteiligten. Diese Aufgabe obliegt nach dem Tod des Nebenbeteiligten seinen Erben als Gesamtrechtsnachfolgern. Hat die Nebenfolge hingegen **strafähnliche Funktion** (vgl. §§ 73 Abs. 4, 74a, 74e Abs. 2, 3 StGB), kann sie nicht gegenüber den Erben ausgesprochen werden. Aus diesem Grund entfällt eine Beteiligung der Erben, ohne dass dies in einem Beschluss festgestellt zu werden braucht.[14] 7

III. Bußgeldverfahren

Im Bußgeldverfahren hat der Einziehungsbeteiligte vom Erlass des Bußgeldbescheides an die Befugnisse des Betroffenen (§ 87 Abs. 2 S. 1 OWiG). Im gerichtlichen Bußgeldverfahren erlangt der Nebenbeteiligte mit der Anordnung der Verfahrensbeteiligung die Rechtsstellung des Betroffenen, wenn sie erst in diesem Stadium getroffen wird.[15] 8

§ 434 [Vertretung]

(1) ¹Der Einziehungsbeteiligte kann sich in jeder Lage des Verfahrens auf Grund einer schriftlichen Vollmacht durch einen Rechtsanwalt oder eine andere Person, die als Verteidiger gewählt werden kann, vertreten lassen. ²Die für die Verteidigung geltenden Vorschriften der §§ 137 bis 139, 145a bis 149 und 218 sind entsprechend anzuwenden.

(2) Das Gericht kann dem Einziehungsbeteiligten einen Rechtsanwalt oder eine andere Person, die als Verteidiger bestellt werden darf, beiordnen, wenn die Sach- oder Rechtslage schwierig ist oder wenn der Einziehungsbeteiligte seine Rechte nicht selbst wahrnehmen kann.

I. Allgemeines

Die Vorschrift vermeidet bewusst die Bezeichnung des Vertreters als „Verteidiger".[1] Zwar kann die Einziehung davon abhängig sein, dass sich der Einziehungsbeteiligte vorwerfbar verhalten hat (vgl. § 74a StGB); jedoch wird auch hier nicht über dessen strafrechtliche Schuld entschieden.[2] Die Prozesssituation ähnelt auch eher der eines Hauptintervenienten im Zivilprozess.[3] 1

II. Vertretung

1. (Wahl-)Rechtsanwalt (Abs. 1). In jeder Lage des Verfahrens kann sich der Einziehungs- oder Verfallsbeteiligte durch einen (Wahl-)Rechtsanwalt oder eine andere Person, die als Verteidiger gewählt werden kann, vertreten lassen. Die Zahl der gewählten Vertreter darf drei nicht übersteigen (Abs. 1 S. 2 iVm. § 137 Abs. 1 S. 2). Die schriftliche Bevollmächtigung muss bereits zu der Zeit, der für den Nebenbeteiligten vorzunehmenden Prozesshandlung erfolgt sein, andernfalls werden Prozesshandlungen erst wirksam, wenn sie nachgereicht wird.[4] Der gesetzliche Vertreter des Nebenbe- 2

---

[9] HK-StPO/*Kurth* Rn. 3; KK-StPO/*Schmidt* Rn. 5; KMR/*Metzger* Rn. 5; aA RG v. 25. 7. 1896 – Rep. 2756/96, RGSt 29, 52, 53 für das selbständige Einziehungsverfahren nach §§ 430ff. aF.
[10] BGH v. 16. 12. 1958 – 1 StR 431/58, BGHSt 12, 273, 277 = NJW 1959, 683, 684.
[11] Meyer-Goßner Rn. 7.
[12] BGH v. 16. 12. 1958 – 1 StR 431/58, BGHSt 12, 273, 277 = NJW 1959, 683, 684.
[13] KK-StPO/*Schmidt* Rn. 6.
[14] AK-StPO/*Günther* Rn. 16, 17; Löwe/Rosenberg/*Gössel* Rn. 29 bis 32; aA KMR/*Metzger* Rn. 6.
[15] Göhler § 87 Rn. 23; KK-OWiG/*Mitsch* § 87 Rn. 47.
[1] KG v. 13. 9. 1982 – (4) Ss 203/82 (75/82), JR 1983, 127.
[2] KK-StPO/*Schmidt* Rn. 1.
[3] BT-Drucks. 5/1319, S. 77.
[4] OLG Celle v. 2. 4. 1997 – 1 Ss 350/96, StraFo 1998, 31.

teiligten (Beteiligungsinteressenten) kann selbständig einen Vertreter beauftragen (Abs. 1 S. 2 iVm. § 137 Abs. 2). Bereits im Ermittlungsverfahren kann sich der Nebenbeteiligte eines Vertreters bedienen, da bereits in diesem Stadium ein Bedürfnis für Beratung und **Akteneinsicht** bestehen kann. Dem Vertreter stehen die Verteidigerbefugnisse nach §§ 145 a, 147 zu.[5] Ferner kann er **Rechtsmittel** und Rechtsbehelfe einlegen; versäumt er schuldhaft eine Rechtsmittelfrist, so muss sich der Einziehungsbeteiligte dies zurechnen lassen.[6] Der Vertreter ist den Beschränkungen der §§ 297, 302 Abs. 2 unterworfen. Eine Verzichtserklärung nach § 431 Abs. 6 kann er nur auf Grund ausdrücklicher Ermächtigung durch den Nebenbeteiligten abgeben.[7] Die **Terminsnachricht** (§ 435 Abs. 1) ist dem Vertreter nach Abs. 1 S. 2 iVm § 218 zuzustellen.[8] Auf die Wahrung der Benachrichtigungsfrist (§ 217) hat er ebenso wie der Nebenbeteiligte keinen Anspruch (vgl. § 435 Abs. 1), allerdings muss ihm eine angemessene Vorbereitungszeit gewährt werden.[9]

3   **2. Beiordnung (Abs. 2).** Ist die Sach- oder Rechtslage schwierig oder kann der Einziehungs- oder Verfallsbeteiligte seine Rechte nicht selbst wahrnehmen, so kann das Gericht ihm einen Rechtsanwalt oder eine andere Person, die als Verteidiger bestellt werden darf, beiordnen. Die Beiordnung hat entsprechend dem § 141 Abs. 3, 4 bereits im Ermittlungsverfahren zu erfolgen.[10] Die Schwierigkeit der Sach- oder Rechtslage wird allein hinsichtlich des Verfahrensteils, der die Beteiligung betrifft, beurteilt.[11] Die Rechtslage ist zB als schwierig anzusehen, wenn die Obergerichte in einer entscheidungsrelevanten Rechtsfrage unterschiedliche Auffassungen vertreten.[12] Die Unfähigkeit, die Rechte selbst wahrzunehmen, kann auch bei einfacher Sach- und Rechtslage gegeben sein. Die Beiordnung eines Vertreters kann sich erübrigen, wenn die kommissarische Vernehmung des am Erscheinen in der Hauptverhandlung verhinderten Nebenbeteiligten (analog § 233 Abs. 2) ausreicht, um seine Rechte sachgerecht wahrzunehmen.[13]

4   Die Beiordnung kann **zurückgenommen** werden, wenn der Nebenbeteiligte selbst einen anderen Vertreter gewählt hat (vgl. § 143) die Voraussetzungen der Beiordnung – infolge veränderter tatsächlicher Umstände – nachträglich entfallen sind.[14]

5   **3. Unzulässige Vertretung.** Unzulässig ist die **gemeinschaftliche Vertretung** mehrerer Einziehungs- oder Verfallsbeteiligter durch einen Vertreter, ebenso wie die gemeinschaftliche Verteidigung des Beschuldigten und die Vertretung des Beteiligten.[15] Auch ist die gemeinschaftliche Vertretung eines Einziehungs- und eines anderen Verfallsbeteiligten unzulässig,[16] hierfür kann auch nicht die Wesensverschiedenheit von Verfall und Einziehung angeführt werden.[17]

III. Rechtsmittel

6   Die **Beiordnung** ist nur anfechtbar, wenn ein Vertreter bestellt wird, der nicht zum Kreis der bestellungsfähigen Personen gehört.[18] Die **Ablehnung der Bestellung** ist mit der einfachen Beschwerde anfechtbar; § 305 S. 1 steht dem nicht entgegen, weil es an einem inneren Zusammenhang mit der Urteilsfällung fehlt.[19] Eine wegen unterbliebener Beiordnung auf die §§ 336, 338 Nr. 8 gestützte **Revision** kann nur bei einer ermessensfehlerhaften Entscheidung Erfolg haben.[20]

§ 435 [Terminsbenachrichtigung]

(1) Dem Einziehungsbeteiligten wird der Termin zur Hauptverhandlung durch Zustellung bekanntgemacht; § 40 gilt entsprechend.

---

[5] Löwe/Rosenberg/Gössel Rn. 2, 5; *Meyer-Goßner* Rn. 1.
[6] KG v. 13. 9. 1982 – (4) Ss 203/82 (75/82), JR 1983, 127; KK-StPO/*Schmidt* Rn. 5; aA KMR/*Metzger* Rn. 6.
[7] Löwe/Rosenberg/Gössel Rn. 5.
[8] BT-Drucks. 5/2601, S. 19.
[9] KK-StPO/*Schmidt* Rn. 5; KMR/*Metzger* § 435 Rn. 4 f; Löwe/Rosenberg/Gössel Rn. 15; *Meyer-Goßner* § 435 Rn. 5; aA AK-StPO/*Günther* Rn. 7.
[10] KK-StPO/*Schmidt* Rn. 6; KMR/*Metzger* Rn. 2; Löwe/Rosenberg/Gössel Rn. 6; aA HK-StPO/*Kurth* Rn. 6; *Meyer-Goßner* Rn. 2.
[11] AK-StPO/*Günther* Rn. 11.
[12] OLG Frankfurt v. 1. 12. 1982 – 1 Ss 501/82, NJW 1983, 1208.
[13] KK-StPO/*Schmidt* Rn. 7; KMR/*Metzger* Rn. 8; Löwe/Rosenberg/Gössel Rn. 11.
[14] Löwe/Rosenberg/Gössel Rn. 14.
[15] OLG Düsseldorf v. 4. 2. 1988 – 2 Ws 128/87, NStZ 1988, 289; KG v. 19. 4. 1999 – 1 AR 292/99 – 3 Ws 167/99, 1 AR 292/99, 3 Ws 167/99.
[16] AK-StPO/*Günther* Rn. 14 f.; HK-StPO/*Kurth* Rn. 4; KK-StPO/*Schmidt* Rn. 3; KMR/*Metzger* Rn. 5; aA *Meyer-Goßner* Rn. 5.
[17] SK-StPO/*Weßlau* Rn. 5.
[18] KMR/*Metzger* Rn. 11; Löwe/Rosenberg/Gössel Rn. 13.
[19] AK-StPO/*Günther* Rn. 16; KK-StPO/*Schmidt* Rn. 9; Löwe/Rosenberg/Gössel Rn. 13; *Meyer-Goßner* Rn. 7; aA KMR/*Metzger* Rn. 1.
[20] AK-StPO/*Günther* Rn. 17; KK-StPO/*Schmidt* Rn. 9; Löwe/Rosenberg/Gössel Rn. 13.

Dritter Abschnitt. Verfahren bei Einziehungen und Vermögensbeschlagnahmen 1 § 436

(2) Mit der Terminsnachricht wird ihm, soweit er an dem Verfahren beteiligt ist, die Anklageschrift und in den Fällen des § 207 Abs. 2 der Eröffnungsbeschluß mitgeteilt.

(3) Zugleich wird der Einziehungsbeteiligte darauf hingewiesen, daß
1. auch ohne ihn verhandelt werden kann und
2. über die Einziehung auch ihm gegenüber entschieden wird.

I. Bekanntmachung (Abs. 1)

Dem Einziehungs- oder Verfallsbeteiligten wird der Termin zur Hauptverhandlung durch förmliche Zustellung (§ 217 Abs. 1) bekannt gemacht. Allerdings erfolgt – außer in den Fällen des § 433 Abs. 2 – keine Ladung (für den Angeklagten § 216), es ist ihm grundsätzlich überlassen zu erscheinen und von seinen Rechten Gebrauch zu machen. Eine öffentliche Zustellung nach § 40 ist zulässig. Der Beteiligte hat keinen Anspruch auf eine der Ladungsfrist (§ 217) entsprechende Frist.[1] Ebenso erhält der Vertreter (§ 434) die Terminsnachricht, §§ 434 Abs. 1 S. 2, 218.   1

II. Inhalt der Bekanntmachung (Abs. 2)

Der Terminsnachricht werden die **Anklageschrift** und in den Fällen des § 207 Abs. 2 der Eröffnungsbeschluss beigefügt. Gehören zum Inhalt der Anklageschrift auch Vorgänge, die für die Nebenfolge ohne Bedeutung sind (zB bei mehreren angeklagten Taten, während die Nebenfolge nur eine der Taten betrifft), können sie bei der Bekanntgabe weggelassen werden (vgl. auch § 436 Abs. 4 S. 2). Weicht der Eröffnungsbeschluss von der Anklage ab (§ 207 Abs. 2), wird auch dieser der Anklageschrift beigefügt; es sei denn, die Änderung wird in einer neuen Anklageschrift berücksichtigt, dann erübrigt sich die Mitteilung des Eröffnungsbeschlusses.[2]   2

III. Hinweis (Abs. 3)

Der Einziehungs- oder Verfallsbeteiligte wird darauf **hingewiesen**, dass ohne ihn verhandelt und über die Einziehung bzw. den Verfall auch ihm gegenüber entschieden werden kann. Bei öffentlicher Zustellung (§ 40 Abs. 1) werden diese Hinweise ebenfalls, nicht jedoch die Anklageschrift, mitgeteilt.   3

§ 436 [Verhandlung in Abwesenheit des Beteiligten]

(1) ¹Bleibt der Einziehungsbeteiligte in der Hauptverhandlung trotz ordnungsgemäßer Terminsnachricht aus, so kann ohne ihn verhandelt werden. ² § 235 ist nicht anzuwenden.

(2) Auf Beweisanträge des Einziehungsbeteiligten zur Frage der Schuld des Angeklagten ist § 244 Abs. 3 Satz 2, Abs. 4 bis 6 nicht anzuwenden.

(3) ¹Ordnet das Gericht die Einziehung auf Grund von Umständen an, die einer Entschädigung des Einziehungsbeteiligten entgegenstehen, so spricht es zugleich aus, daß dem Einziehungsbeteiligten eine Entschädigung nicht zusteht. ²Dies gilt nicht, wenn das Gericht eine Entschädigung des Einziehungsbeteiligten für geboten hält, weil es eine unbillige Härte wäre, sie zu versagen; in diesem Falle entscheidet es zugleich über die Höhe der Entschädigung (§ 74f Abs. 3 des Strafgesetzbuches). ³Das Gericht weist den Einziehungsbeteiligten zuvor auf die Möglichkeit einer solchen Entscheidung hin und gibt ihm Gelegenheit, sich zu äußern.

(4) ¹War der Einziehungsbeteiligte bei der Verkündung des Urteils nicht zugegen und auch nicht vertreten, so ist ihm das Urteil zuzustellen. ²Das Gericht kann anordnen, daß Teile des Urteils, welche die Einziehung nicht betreffen, ausgeschieden werden.

I. Verhandlung in Abwesenheit (Abs. 1 S. 1)

Der Einziehungs- oder Verfallsbeteiligte soll selbst entscheiden, ob er persönlich an der Hauptverhandlung teilnehmen oder sich vertreten lassen (§ 434) will, daher kann auch ohne ihn verhandelt werden, wenn er trotz **ordnungsgemäßer Terminsnachricht** (§ 435) ausbleibt. Dies gilt auch, wenn das persönliche Erscheinen des Nebenbeteiligten angeordnet (§ 433 Abs. 2) worden ist, da das Gericht nicht zu einer Erzwingung von dessen Erscheinen durch Vorführung verpflichtet ist. Erscheint der Nebenbeteiligte zunächst und entfernt sich dann, ohne vertreten zu sein, gilt Abs. 1 S. 1 ebenfalls.[1*] Der nicht vertretene Nebenbeteiligte verzichtet insofern auf seine Befug-   1

---
[1] Löwe/Rosenberg/*Gössel* Rn. 5.
[2] *Meyer-Goßner* Rn. 4.
[1*] Löwe/Rosenberg/*Gössel* Rn. 4.

§ 437

nisse, die ihm wie einem Angeklagten zustehen. Bestehen diese unabhängig von seiner Anwesenheit in der Hauptverhandlung, bleiben sie erhalten.

II. Wiedereinsetzung in den vorherigen Stand (Abs. 1 S. 2)

2   Die Wiedereinsetzung in den vorherigen Stand (§ 235) ist **ausgeschlossen**, unabhängig davon, ob das Ausbleiben genügend entschuldigt ist.[2] Allerdings kann der Nebenbeteiligte das Urteil anfechten (vgl. § 433 Abs. 1 S. 1) bzw. vom Nachverfahren gem § 439 Abs. 1 S. 1 Nr. 2 Gebrauch machen.

III. Beweisantragsrecht (Abs. 2)

3   Das Beweisantragsrecht gilt für den Nebenbeteiligten **eingeschränkt**; erstreckt sich seine Beteiligung nicht auf die Schuldfrage, besitzt er kein Beweisantragsrecht (§ 431 Abs. 2). Das Gericht kann jedoch nach pflichtgemäßem Ermessen entscheiden, wenn er gleichwohl entsprechende Beweisanträge stellt.[3] Im Übrigen ist das Gericht in der Ablehnung seiner Beweisanträge zur Schuldfrage nicht an die § 244 Abs. 3 Satz 2, Abs. 4 bis 6 gebunden, diesbezüglich liegt eine Ausnahme zu § 433 Abs. 1 S. 1 vor. Allerdings bleibt die **allgemeine Aufklärungspflicht** des Gerichts (§ 244 Abs. 2) unberührt, so dass deren Verletzung ggf. mit der Revision gerügt werden kann.

IV. Entschädigung bei Einziehung (Abs. 3)

4   Grundsätzlich entscheidet das Strafgericht nicht über die Entschädigung bei Einziehung (§ 74f StGB),[4] Abs. 3 bildet hierzu eine **Ausnahme**. Das Gericht spricht dem Einziehungsbeteiligten keine Entschädigung zu, wenn es die Einziehung auf Grund von Umständen anordnet, die einer Entschädigung des Einziehungsbeteiligten entgegenstehen (Abs. 3 S. 1); es sei denn es hält eine Entschädigung des Einziehungsbeteiligten für geboten, weil es eine unbillige Härte wäre, sie zu versagen, dann entscheidet es zugleich über die Höhe der Entschädigung (§ 74f Abs. 3 StGB, Abs. 3 S. 2). Die Entscheidung des Gerichts erfolgt erfolgt von Amts wegen.[5] Das Gericht weist den Nebenbeteiligten zuvor auf die Möglichkeit einer solchen Entscheidung hin und gibt ihm Gelegenheit, sich zu äußern (Abs. 3 S. 3). Der unterlassene Hinweis ist kein Verstoß gegen das rechtliche Gehör (Art. 103 Abs. 2 GG), da die Entscheidung zu den die Einziehung tragenden Umständen ergeht, zu denen der Nebenbeteiligte die Gelegenheit zur Äußerung hatte.[6] Der Nebenbeteiligte wird nicht nach § 2 StrEG entschädigt, wenn es nicht zur Einziehung kommt.

V. Zustellung des Urteils (Abs. 4)

5   Nach Abs. 4 S. 1 ist dem ausgebliebenen Nebenbeteiligten das Urteil zuzustellen. § 145a ist anwendbar (§ 434 Abs. 1 S. 2). Dies gilt auch dann, wenn keine Einziehung oder kein Verfall angeordnet wurde bzw. die Terminsnachricht nach § 435 versehentlich unterblieben und nicht geheilt worden ist.[7] Auf diese Weise kann er seine Rechte im Rechtsmittel- oder im Nachverfahren (§ 439) geltend machen. War der Nebenbeteiligte oder sein Vertreter bei der Urteilsverkündung anwesend, so beginnt mit dieser die Rechtsmittelfrist (§ 433 Abs. 1 S. 1 iVm. §§ 314, 341). **Teile des Urteils**, welche die Einziehung nicht betreffen, können ausgeschieden werden (Abs. 4 S. 2).

§ 437 [Rechtsmittelverfahren]

(1) [1]Im Rechtsmittelverfahren erstreckt sich die Prüfung, ob die Einziehung dem Einziehungsbeteiligten gegenüber gerechtfertigt ist, auf den Schuldspruch des angefochtenen Urteils nur, wenn der Einziehungsbeteiligte insoweit Einwendungen vorbringt und im vorausgegangenen Verfahren ohne sein Verschulden zum Schuldspruch nicht gehört worden ist. [2]Erstreckt sich hiernach die Prüfung auch auf den Schuldspruch, so legt das Gericht die zur Schuld getroffenen Feststellungen zugrunde, soweit nicht das Vorbringen des Einziehungsbeteiligten eine erneute Prüfung erfordert.

(2) Im Berufungsverfahren gilt Absatz 1 nicht, wenn zugleich auf ein Rechtsmittel eines anderen Beteiligten über den Schuldspruch zu entscheiden ist.

(3) Im Revisionsverfahren sind die Einwendungen gegen den Schuldspruch innerhalb der Begründungsfrist vorzubringen.

---

[2] *Meyer-Goßner* Rn. 2.
[3] *Löwe/Rosenberg/Gössel* Rn. 8.
[4] KG v. 6. 8. 1997 – 1 AR 957/97 – 3 Ws 438/97, 1 AR 957/97, 3 Ws 438/97.
[5] BGH v. 18. 2. 1970 – 3 StR 2/69, NJW 1970, 818; HK-StPO/*Kurth* Rn. 8.
[6] *Meyer-Goßner* Rn. 4.
[7] *Meyer-Goßner* Rn. 5.

(4) ¹Wird nur die Entscheidung über die Höhe der Entschädigung angefochten, so kann über das Rechtsmittel durch Beschluß entschieden werden, wenn die Beteiligten nicht widersprechen. ²Das Gericht weist sie zuvor auf die Möglichkeit eines solchen Verfahrens und des Widerspruchs hin und gibt ihnen Gelegenheit, sich zu äußern.

I. Befugnis zur Einlegung von Rechtsmitteln

Der durch Beteiligungsanordnung nach § 431 Abs. 1 S. 1 vor Urteilserlass zugelassene Einziehungs- oder Verfallsbeteiligte (§ 442 Abs. 1) besitzt **aus eigenem Recht** die Befugnis zur Einlegung von Rechtsmitteln gegen die die jeweilige Nebenfolge anordnende Entscheidung (vgl. § 433 Abs. 1 S. 1).[1] Er muss diesbezüglich beschwert sein.[2] Aus § 431 Abs. 1, 2 ergibt sich, inwieweit der Nebenbeteiligte im Bereich des Schuldspruchs am Verfahren mitwirken darf. Die Nachprüfung setzt daher voraus, dass er bislang ohne sein Verschulden nicht gehört wurde und Einwendungen gegen den Schuldspruch selbst vorbringt. Im Regelfall steht ihm nur eine Tatsacheninstanz für die Geltendmachung seiner Einwendungen gegen den Schuldspruch zur Verfügung.[3] Das Gericht prüft von Amts wegen, ob der Nebenbeteiligte bislang ohne sein Verschulden nicht gehört worden ist.[4] Die Einwendungen gegen den Schuldspruch müssen von dem Nebenbeteiligten ausdrücklich erhoben werden. Die **zur Schuldfrage im angefochtenen Urteil getroffenen Feststellungen** bleiben nach Abs. 1 S. 2 bestehen, wenn die Einwendungen nach Abs. 1 S. 1 erfolglos geblieben sind. 1

II. Aufhebung der Beschränkung (Abs. 2)

Die Beschränkungen des Abs. 1 in der Nachprüfung des Schuldspruchs gelten nicht, wenn zugleich ein **anderer Beteiligter Berufung** eingelegt hat und über den Schuldspruch zu entscheiden ist (**Abs. 2**). Dies gilt nur, soweit der Nebenbeteiligte überhaupt in der Schuldfrage beteiligt ist (§ 431 Abs. 2). 2

III. Revisionsverfahren (Abs. 3)

Im Revisionsverfahren sind die Einwendungen gegen den Schuldspruch innerhalb der Begründungsfrist vorzubringen. Sie sind Rechtsrügen,[5] die in der Form des § 345 Abs. 2 vorzubringen sind. 3

IV. Beschränkung des Rechtsmittels auf die Höhe der Entschädigung (Abs. 4)

Abs. 4 gilt sowohl für die Berufung als auch für die Revision; § 349 bleibt unberührt. Gemäß Abs. 4 wird über das Rechtsmittel durch Beschluss entschieden, sofern nur die Entscheidung über die Höhe der Entschädigung angefochten ist und die Beteiligten nicht widersprechen. Hat das Berufungsgericht bereits durch Beschluss nach Abs. 4 entschieden, ist hiergegen keine Revision zulässig (§ 333). Hierauf soll mit dem Hinweis nach Abs. 4 S. 2 aufmerksam gemacht werden. Bei der Berufung prüft das Gericht, ob die Sache genügend aufgeklärt ist und das Beschlussverfahren ausreicht, eigene Ermittlungen oder Anordnungen kann es selbst vornehmen.[6] Hierbei ist § 33 Abs. 3 zu beachten. Will das Rechtsmittelgericht durch Beschluss entscheiden, bedarf es der Einholung der Äußerungen nach Abs. 4 S. 2. Der Widerspruch bedarf keiner Form, er kann auch durch schlüssiges Verhalten erfolgen.[7] Geht ein Widerspruch noch vor Erlass des Beschlusses nach Abs. 4 ein, so ist er zu berücksichtigen, selbst wenn die Erklärungsfrist überschritten wurde oder ein vorher erklärter Verzicht ausdrücklich oder in der Sache widerrufen wird. 4

§ 438 [Einziehung durch Strafbefehl]

(1) ¹Wird die Einziehung durch Strafbefehl angeordnet, so wird der Strafbefehl auch dem Einziehungsbeteiligten zugestellt. ²§ 435 Abs. 3 Nr. 2 gilt entsprechend.

(2) Ist nur über den Einspruch des Einziehungsbeteiligten zu entscheiden, so gelten § 439 Abs. 3 Satz 1 und § 441 Abs. 2 und 3 entsprechend.

---

[1] BGH v. 4. 1. 1995 – 3 StR 493/94, NStZ 1995, 248.
[2] BGH v. 15. 2. 1991 – 3 StR 284/90 (W), BGHR StGB § 74 Abs. 2 Nr. 2 Beteiligter 1; KK-StPO/*Schmidt* Rn. 1.
[3] Löwe/Rosenberg/*Gössel* Rn. 4.
[4] BayObLG v. 24. 2. 1994 – 3 ObOWi 18/94, NStZ 1994, 442.
[5] Meyer-Goßner Rn. 4; SK-StPO/*Weßlau* Rn. 8.
[6] Meyer-Goßner Rn. 7.
[7] Löwe/Rosenberg/*Gössel* Rn. 23.

I. Anordnung der Nebenfolge durch Strafbefehl

1 Durch Strafbefehl können die Einziehung oder ihr gleichstehende Nebenfolgen (§ 442) angeordnet werden, insofern wird auch die Beteiligungsanordnung (§§ 431 Abs. 1 S. 1, 442) in den Strafbefehl aufgenommen, andernfalls wäre der Nebenbeteiligte nicht zum Einspruch gegen den Strafbefehl hinsichtlich der Nebenfolge befugt.[1] Die Entschädigungsentscheidung nach § 436 Abs. 3 kann nicht in dem summarischen Verfahren getroffen werden.[2] Genügen dem Richter nicht die Anhaltspunkte, so regt er vor dem Erlass des Strafbefehls bei der StA die nähere Klärung an oder führt sie ausnahmsweise selbst herbei (vgl. § 202). Ist eine Beteiligung nicht angeordnet worden, so lebt diese erst mit dem Einspruch des Beschuldigten auf, andernfalls ist der Beteiligungsinteressent auf das Nachverfahren (§ 439) angewiesen. Der Strafbefehl wird ebenfalls dem Beteiligten **zugestellt (Abs. 1)**, ggf. dessen Vertreter (§ 434 Abs. 1 S. 2 iVm. § 145a), und zwar mit Einspruchsbelehrung (§ 409 Abs. 1 S. 1 Nr. 7). Eine Zustellung erfolgt auch an gesetzliche Vertreter (§ 433 Abs. 1 S. 1 iVm. § 409 Abs. 2) bzw. die Organe juristischer Personen oder Personenvereinigungen. Mit der Zustellung beginnt die Einspruchsfrist für den Beteiligten. Der Nebenbeteiligte ist darauf hinzuweisen, dass über die Nebenfolge auch ihm gegenüber entschieden wurde (Abs. 1 S. 2 iVm. § 435 Abs. 3 Nr. 2).

II. Einspruch des Beschuldigten

2 Der Beteiligte erhält eine **Terminsnachricht** nach § 435 Abs. 1, Abs. 3 Nr. 1, 2, wenn nur der Beschuldigte Einspruch einlegt.[3] Für die **Hauptverhandlung** gilt § 436. § 412 wird nicht in entsprechender Weise auf den Nebenbeteiligten angewandt.[4]

III. Einspruch des Beteiligten (Abs. 2)

3 Ist nur über den Einspruch des Beteiligten zu entscheiden, weil der Beschuldigte auf seinen Rechtsbehelf verzichtet oder ihn zurückgenommen hat oder sein Einspruch bereits verworfen[5] und von § 430 kein Gebrauch gemacht worden ist, so gilt ein vereinfachtes Verfahren. Den Schuldspruch prüft das Gericht auf den Einspruch des Nebenbeteiligten nicht nach, wenn eine Anordnung nach § 431 Abs. 2 bereits getroffen ist oder zulässig wäre (Abs. 2 iVm. § 439 Abs. 3 S. 1). § 437 ist nicht anwendbar, weil der Einspruch kein Rechtsmittel ist.[6] Der Beschluss kann mit der sofortigen Beschwerde (§ 311) angefochten werden (Abs. 2 iVm. § 441 Abs. 2). Für die mündliche Verhandlung gilt Abs. 2 iVm. § 441 Abs. 3.

IV. Entscheidung des Gerichts

4 Das Gericht kann ohne den Nebenbeteiligten oder dessen Vertreter (§ 434) verhandeln und in der Sache entscheiden, daher findet § 412 keine Anwendung; es gilt § 436. Hat der Nebenbeteiligte in der Sache mit dem selbständigen Einspruch (Abs. 2) Erfolg, wird der **Strafbefehl aufgehoben**, soweit er die Nebenfolge betrifft. Andernfalls wird er verworfen. Wegen der Kosten und Auslagen siehe §§ 472b, 473. Wegen der Anfechtung der nach Abs. 2 iVm. § 441 Abs. 2, 3 ergangenen Entscheidung vgl. die Erläuterungen zu § 441.

§ 439 [Nachverfahren]

(1) ¹Ist die Einziehung eines Gegenstandes rechtskräftig angeordnet worden und macht jemand glaubhaft, daß er

1. zur Zeit der Rechtskraft der Entscheidung ein Recht an dem Gegenstand gehabt hat, das infolge der Entscheidung beeinträchtigt ist oder nicht mehr besteht, und
2. ohne sein Verschulden weder im Verfahren des ersten Rechtszuges noch im Berufungsverfahren die Rechte des Einziehungsbeteiligten hat wahrnehmen können,

so kann er in einem Nachverfahren geltend machen, daß die Einziehung ihm gegenüber nicht gerechtfertigt sei. ²§ 360 gilt entsprechend.

(2) ¹Das Nachverfahren ist binnen eines Monats nach Ablauf des Tages zu beantragen, an dem der Antragsteller von der rechtskräftigen Entscheidung Kenntnis erlangt hat. ²Der Antrag ist un-

---

[1] Löwe/Rosenberg/*Gössel* Rn. 1.
[2] HK-StPO/*Kurth* Rn. 1.
[3] KK-StPO/*Schmidt* Rn. 5.
[4] Löwe/Rosenberg/*Gössel* Rn. 11; *Meyer-Goßner* Rn. 4.
[5] BayObLG v. 24. 2. 1994 – 3 ObOWi 18/94, NStZ 1994, 442.
[6] KK-StPO/*Schmidt* Rn. 8; *Meyer-Goßner* Rn. 6.

Dritter Abschnitt. Verfahren bei Einziehungen und Vermögensbeschlagnahmen 1–3 § 439

zulässig, wenn seit Eintritt der Rechtskraft zwei Jahre verstrichen sind und die Vollstreckung beendet ist.

(3) ¹Das Gericht prüft den Schuldspruch nicht nach, wenn nach den Umständen, welche die Einziehung begründet haben, im Strafverfahren eine Anordnung nach § 431 Abs. 2 zulässig gewesen wäre. ²Im übrigen gilt § 437 Abs. 1 entsprechend.

(4) Wird das vom Antragsteller behauptete Recht nicht erwiesen, so ist der Antrag unbegründet.

(5) Vor der Entscheidung kann das Gericht mit Zustimmung der Staatsanwaltschaft die Anordnung der Einziehung aufheben, wenn das Nachverfahren einen unangemessenen Aufwand erfordern würde.

(6) Eine Wiederaufnahme des Verfahrens nach § 359 Nr. 5 zu dem Zweck, die Einwendungen nach Absatz 1 geltend zu machen, ist ausgeschlossen.

Schrifttum: *Frommhold*, Strafprozessuale Rückgewinnungshilfe und privatrechtliche Anspruchsdurchsetzung, NJW 2004, 1083; *Satzger*, Die Berücksichtigung von Opferinteressen bei der Verfallsanordnung aus materiellrechtlicher wie prozessrechtlicher Sicht, wistra 2003, 401; *Schulte*, Keine Verletzteneigenschaft geschädigter Anleger und der betroffenen Aktiengesellschaft angesichts der Anordnung des Verfalls in einem Strafurteil wegen massiv überhöhter Ad-hoc-Mitteilungen und verbotener Insider-Geschäfte, BKR 2004, 33.

I. Allgemeines

Durch die Einziehung bzw. die in § 442 Abs. 1 genannten Maßnahmen kann der tatunbeteiligte 1 Eigentümer der betroffenen Gegenstände oder der tatunbeteiligte Inhaber sonstiger Rechte trotz Möglichkeit der Nebenbeteiligung **Rechtsverluste** erleiden, weil ihm ohne sein Verschulden kein ausreichendes rechtliches Gehör gewährt worden ist. In diesen Fällen sichert die Möglichkeit des Nachverfahrens den Rechtsschutz gegenüber Eingriffen der öffentlichen Gewalt. Die Regelung orientiert sich an den §§ 33 a, 311 a und räumt nachträglich das **rechtliche Gehör gegen** die **rechtskräftige Anordnung** der Maßnahmen ein und konkretisiert die Rechtsweggarantie des Art. 19 Abs. 4 GG.[1] Unabhängig von § 439 kann der Betroffene einen Entschädigunsanspruch nach § 74 f StGB vor den Zivilgerichten geltendmachen.[2] § 439 wird durch die Vorschrift des § 441 ergänzt.

II. Zulässigkeit und Durchführung des Nachverfahrens

1. Zulässigkeitsvoraussetzungen (Abs. 1). Für die Durchführung des Nachverfahrens ist ein zu- 2 lässiger **Antrag** erforderlich, in dem das Vorliegen der in Abs. 1 genannten Voraussetzungen **glaubhaft** gemacht wird. Demzufolge hat der Betroffene glaubhaft zu machen, dass er zurzeit der Rechtskraft der Entscheidung ein Recht an dem Gegenstand gehabt hat, das infolge der Entscheidung beeinträchtigt ist oder nicht mehr besteht (Abs. 1 Nr. 1) und ohne sein Verschulden seine Rechte als Einziehungsbeteiligter weder in der ersten Instanz noch im Berufungsverfahren wahrnehmen konnte (Abs. 1 Nr. 2). Glaubhaftmachung bedeutet, dass die behaupteten Tatsachen so weit bewiesen werden müssen, dass das Gericht sie für wahrscheinlich hält und dass es in die Lage versetzt wird, ohne verzögernde weitere Ermittlungen zu entscheiden. Mittel sind grundsätzlich nur schriftliche Erklärungen, insbesondere eidesstattliche Versicherungen von Zeugen, anwaltliche Versicherungen sowie andere Bescheinigungen und Unterlagen.

a) Rechtsbeeinträchtigung (Nr. 1). Die Rechtsbeeinträchtigung muss als Folge der rechtskräfti- 3 gen Anordnung der Einziehung oder des Verfalls eingetreten sein (§§ 74 e, 73 e StGB). Eine Einziehung liegt auch dann vor, wenn nach § 74 b Abs. 2 StGB der Vorbehalt der Einziehung rechtskräftig angeordnet ist.[3] Bei der Anordnung der Einziehung von Wertersatz (§ 74 c StGB) wird allerdings nicht in Rechte Dritter eingegriffen, so dass diesbezüglich das Nachverfahren nicht zur Verfügung steht, wohl aber bei der Anordnung des Verfalls von Wertersatz.[4] Auch hier gelten die in § 431 Rn. 10 f. aufgeführten Voraussetzungen, so dass bei rein schuldrechtlichen Ansprüchen § 439 keine Anwendung findet.[5] Für den Bestand des glaubhaft zu machenden Rechts ist auf den Zeitpunkt der Rechtskraft der Entscheidung abzuheben, er ist auch nach dem materiellen Recht für die Wirkungen der Einziehung maßgebend (§§ 74 e, 74 f StGB).

---

[1] KK-StPO/*Schmidt* Rn. 1.
[2] AK-StPO/*Günther* Rn. 5; Löwe/Rosenberg/*Gössel* Rn. 3.
[3] Löwe/Rosenberg/*Gössel* Rn. 11; KK-StPO/*Schmidt* Rn. 3.
[4] *Meyer-Goßner* Rn. 4.
[5] BayVerfGH v. 13. 12. 2004 – Vf.95-VI-03, NZG 2005, 398, 399; OLG München v. 6. 11. 2003 – 2 Ws 583 – 592/03, 2 Ws 583/03, 2 Ws 584/03, 2 Ws 585/03, 2 Ws 586/03, 2 Ws 587/03, 2 Ws 588/03, 2 Ws 589/03, 2 Ws 590/03, 2 Ws 591/03, 2 Ws 592/03, 2 Ws 1017/03, NJW 2004, 1119 mAnm. (krit.) *Frommhold* NJW 2004, 1083, 1084; *Schulte* BKR 2004, 33, 35 f.; aA *Satzger* wistra 2003, 401, 407 f.

4 b) Unmöglichkeit der Rechtswahrnehmung (Nr. 2). Die Unmöglichkeit der Rechtswahrnehmung kann auch derjenige vortragen, der seine Rechte allein im Revisionsverfahren geltend machen konnte, da die Möglichkeit von Rechtsrügen regelmäßig keine umfassende Gewährung des rechtlichen Gehörs darstellt.[6] Dies gilt ebenso, wenn der Betroffene ohne sein Verschulden nicht beteiligt worden ist, weil er unverschuldet nicht die Stellung des Einziehungsbeteiligten erlangt hat oder er schuldlos nicht an der Hauptverhandlung teilnehmen bzw. sich dort nicht vertreten lassen konnte (§ 434). Hingegen findet § 439 keine Anwendung, wenn er Gelegenheit hatte, seine Rechte im gerichtlichen Verfahren geltend zu machen und das Gericht seine Einwende nicht hat durchgreifen lassen bzw. irrtümlich nicht gewürdigt hat. Diesbezüglich stehen dem Beteiligten die zulässigen Rechtsmittel zur Verfügung. Dies gilt auch, wenn das Gericht unter Verstoß gegen § 431 Abs. 2 eine Beteiligungsbeschränkung erlässt; hiergegen ist gem § 431 Abs. 5 S. 2 die sofortige Beschwerde zulässig.

5 2. Antragsfrist (Abs. 2). Weitere **Zulässigkeitsvoraussetzung** ist die **Wahrung** der in Abs. 2 genannten **Antragsfrist**. Diesbezüglich ist die Glaubhaftmachung jedoch nicht vorgeschrieben. Vielmehr wird diese **von Amts wegen** im **Freibeweisverfahren** geprüft. Da die Einhaltung der Frist eine Prozessvoraussetzung für das Nachverfahren ist, stellt deren Versäumung ein Verfahrenshindernis dar.

6 Die **Frist** von **einem Monat (Abs. 2 S. 1)** beginnt am Tag nach Erlangung der Kenntnis des Antragstellers von der rechtskräftigen Entscheidung. Dies gilt ebenso, wenn der Betroffene bereits vor Eintritt der Rechtskraft von der Anordnung der Maßnahme Kenntnis erlangt (zB weil die Anordnung der Beteiligung des Antragstellers bereits im vorangegangenen Verfahren angeordnet worden war).[7] Die Fristberechnung richtet sich nach § 43. Für die Wiedereinsetzung in den vorigen Stand gegen die Versäumung der Frist gelten die §§ 44, 45.

7 Die **Frist** von **zwei Jahren (Abs. 2 S. 2)** beginnt mit dem Tag des Eintritts der Rechtskraft (also 1 Tag vor der Monatsfrist). War die Vollstreckung zu diesem Zeitpunkt noch nicht abgeschlossen (§§ 60 bis 62 StrVollStrO), beginnt sie mit deren Beendigung, weil in den Fällen des § 73 Abs. 3 StGB ein von der Anordnung der Maßnahme Betroffener möglicherweise erst aufgrund der Vollstreckungsmaßnahme Kenntnis von dem rechtskräftigen Urteil erlangt.[8] Es handelt sich um eine **absolute Ausschlussfrist**, daher ist keine Wiedereinsetzung in den vorigen Stand möglich.[9]

8 3. Wirkung des Antrages. Durch den Antrag Einleitung des Nachverfahrens wird die **Vollstreckung** des rechtskräftigen Urteils **nicht gehemmt**, folglich treten die Wirkungen der Einziehung oder des Verfalls (vgl. §§ 73e, 74e StGB) unmittelbar kraft Gesetzes mit Rechtskraft des Urteils ein. Allerdings kann das Gericht einen Aufschub oder die Unterbrechung von Vollstreckungshandlungen (vgl. § 459g, § 61 StrVollStrO) zur Erlangung des Besitzes an den nicht in amtlichen Gewahrsam befindlichen Sachen und die Verwertung der Sache oder des Rechtes anordnen (Abs. 1 S. 2 iVm. § 360). Vgl des weiteren § 442 Abs. 2 S. 3 und § 68 VollStrO. Diese Befugnis besteht bereits vor der Entscheidung über die Zulässigkeit des Antrages.

9 4. Entscheidung des Gerichts. a) Zulässigkeit. Wird der Antrag verspätet gestellt oder fehlt eine sonstige Zulässigkeitsvoraussetzung, wird er durch Beschluss (§ 441 Abs. 2) als **unzulässig verworfen**. Ein Zulassungsbeschluss ist nicht vorgeschrieben. In geeigneten Fällen kann das Gericht (bspw. bei nicht genügender Glaubhaftmachung) dem Antragsteller Gelegenheit zur Ergänzung geben. Bei unüberwindlichen tatsächlichen Zweifeln über die Wahrung der Monatsfrist wird der Antrag nicht als unzulässig verworfen, da ein befristeter Antrag nur dann als verspätet verworfen werden kann, wenn die Verspätung nachgewiesen ist.[10] Vgl. §§ 26a Abs. 1 Nr. 1, 319, 346.

10 b) Sachentscheidung. Liegen die Voraussetzungen von Abs. 1 und 2 vor, wird ohne förmliche Zwischenentscheidung die **Begründetheit** des Antrages **geprüft**. Die Sachprüfung erstreckt sich gem **Abs. 3 S. 1** nicht auf den Schuldspruch der Einziehungsentscheidung, wenn nach den für die Einziehung begründenden Umständen im Strafverfahren eine Beteiligungsbeschränkung nach § 431 Abs. 2 zulässig gewesen wäre. Insofern ist das Gericht im Nachverfahren an den der Einziehungsentscheidung zugrunde liegenden Schuldspruch gebunden. Die Zulässigkeit der Beteiligungsbeschränkung richtet sich nach den Gründen des angefochtenen Urteils nach Maßgabe des § 431 Abs. 2.[11] Hätte eine Anordnung nach § 431 Abs. 2 nicht ergehen dürfen, muss dem Beteiligten jedoch auch zum Schuldspruch das rechtliche Gehör gewährt werden (vgl. § 438 Rn. 3), und zwar in den Grenzen der für das Rechtsmittelverfahren geltenden Vorschrift des § 437 (Abs. 3 S. 2).

---

[6] BT-Drucks. 5/1319, S. 81.
[7] KK-StPO/*Schmidt* Rn. 8; *Meyer-Goßner* Rn. 7.
[8] BT-Drucks. 7/550, S. 307.
[9] AK-StPO/*Günther* Rn. 16; HK-StPO/*Kurth* Rn. 10; KMR/*Paulus* Rn. 13; *Meyer-Goßner* Rn. 8.
[10] Löwe/Rosenberg/*Gössel* Rn. 26; KMR/*Paulus* Rn. 17; *Meyer-Goßner* Rn. 10; SK-StPO/*Weßlau* Rn. 11.
[11] BT-Drucks. 5/1319, S. 81.

Bestehen **nicht behebbare Zweifel** über das von dem Antragsteller **behauptete Recht**, wird der 11
Antrag **ohne weitere Prüfung** als **unbegründet** verworfen (**Abs. 4**).[12] Demzufolge kommt es auf die weitere Prüfung der Einziehung oder des Verfalls nicht an. Zwar wird hierdurch dem Antragsteller keine (subjektive) – wie im Zivilverfahren geltende – Beweisführungslast auferlegt, allerdings bestimmt die Regelung, dass die Beweislosigkeit trotz geltendem Amtsermittlungsgrundsatz des Gerichts (§ 244 Abs. 2) zu Lasten des Antragstellers geht.[13] Der gesetzliche Hintergrund der Regelung besteht darin, dass das Nachverfahren möglicherweise erst längere Zeit nach dem Strafverfahren stattfindet und Beweismittel, die seinerzeit noch vorlagen, inzwischen nicht mehr vorhanden sein können.[14] Außerdem geht es bloß um vermögensrechtliche Belange, in die Rechtskraft der Einziehungsentscheidung sollte daher nur in begrenztem Umfang eingegriffen werden.[15]

Ist das vom Antragsteller **behauptete Recht erwiesen**, prüft das Gericht, ob die Einziehung gegenüber dem Antragsteller **gerechtfertigt** ist (Abs. 1 S. 1), ob die Entscheidung im Strafverfahren 12
auch so ergangen wäre, wenn der Antragsteller in diesem seine Rechte ausgeübt hätte. Das Gericht entscheidet hierbei aufgrund der ihm zur Verfügung stehenden Erkenntnismöglichkeiten, es ist nicht auf die Beweismittel des seinerzeit durchgeführten Strafverfahrens beschränkt.[16] Zweifel wirken sich hier – im Gegensatz zu dem in Rn. 11 beschriebenen Fall – zugunsten des Antragstellers aus und führen zur **Aufhebung** der Einziehung.[17] Die rechtskräftige Aufhebung beseitigt rückwirkend den Übergang des Eigentums oder des Rechtes auf den Staat. Damit wird der Rechtszustand wiederhergestellt, wie er ohne die in der Vorentscheidung getroffene Anordnung der Einziehung oder des Verfalls bestanden hätte. Ist der bereits eingezogene oder für verfallen erklärte Gegenstand bereits verwertet worden, kann der Antragsteller nur im Zivilrechtsweg Ansprüche aus ungerechtfertigter Bereicherung gegen den Justizfiskus geltend machen.[18] Erweist sich die Einziehung hingegen als gerechtfertigt, wird der Antrag als unbegründet verworfen.

c) **Unangemessener Aufwand (Abs. 5).** Würde die Sachentscheidung einen unangemessenen Aufwand erfordern, kann das Gericht auch in diesem Fall die Anordnung der Einziehung mit Zustimmung der StA aufheben (**Abs. 5**; vgl. auch § 430 Rn. 4). Die Entscheidung ergeht durch Beschluss. 13

5. **Wiederaufnahme des Verfahrens (Abs. 6).** Die Wiederaufnahme des Verfahrens nach § 359 14
Nr. 5 zum Zweck der Beseitigung der rechtskräftig angeordneten Maßnahme ist gem Abs. 6 ausgeschlossen, weil der von der Maßnahme Betroffene das Nachverfahren betreiben und dort seine Rechte wahrnehmen kann. Allerdings sind die übrigen Wiederaufnahmegründe nicht ausgeschlossen.[19]

6. **Kosten.** Die Kosten eines **zurückgenommenen** oder **erfolglosen** Antrags treffen den Antragsteller (§ 473 Abs. 1, Abs. 6 Nr. 2). Bei einem **erfolgreichen** Antrag fallen die Kosten des Nachverfahrens sowie die dem Antragsteller entstandenen notwendigen Auslagen der Staatskasse zur 15
Last. Dies ergibt sich entweder aus § 473 Abs. 6 Nr. 2 iVm. § 473 Abs. 3[20] oder aus einer entsprechenden Anwendung von § 467.[21] Wird die Einziehung nach Abs. 5 aufgehoben, gilt § 472 b Abs. 3 entsprechend.[22]

III. Bußgeldverfahren

§ 439 gilt sinngemäß in Bußgeldverfahren (§ 46 Abs. 1 OWiG). Allerdings finden sich in § 87 16
Abs. 4, 5 OWiG modifizierende und ergänzende Regelungen.

§ 440 [Selbständiges Einziehungsverfahren]

(1) Die Staatsanwaltschaft und der Privatkläger können den Antrag stellen, die Einziehung selbständig anzuordnen, wenn dies gesetzlich zulässig und die Anordnung nach dem Ergebnis der Ermittlungen zu erwarten ist.

(2) ¹In dem Antrag ist der Gegenstand zu bezeichnen. ²Ferner ist anzugeben, welche Tatsachen die Zulässigkeit der selbständigen Einziehung begründen. ³Im übrigen gilt § 200 entsprechend.

(3) Die §§ 431 bis 436 und 439 gelten entsprechend.

---

[12] AK-StPO/*Günther* Rn. 23 ff.; HK-StPO/*Kurth* Rn. 13; SK-StPO/*Weßlau* Rn. 13.
[13] KK-StPO/*Schmidt* Rn. 12.
[14] BT-Drucks. 5/1319, S. 81.
[15] Löwe/Rosenberg/*Gössel* Rn. 32.
[16] Löwe/Rosenberg/*Gössel* Rn. 33; KK-StPO/*Schmidt* Rn. 13.
[17] BT-Drucks. 5/1319, S. 81; AK-StPO/*Günther* Rn. 26.
[18] Vgl. BT-Drucks. 5/1319, 81; KK-StPO/*Schmidt* Rn. 14; Meyer-Goßner Rn. 14.
[19] AK-StPO/*Günther* Rn. 3; KMR/*Paulus* Rn. 3.
[20] AK-StPO/*Günther* Rn. 22; KMR/*Paulus* Rn. 28; Löwe/Rosenberg/*Gössel* Rn. 39; Meyer-Goßner Rn. 16.
[21] *Göhler* § 87 Rn. 53.
[22] KK-StPO/*Schmidt* Rn. 17.

I. Allgemeines

1 § 440 regelt das **objektive Verfahren**. Dies kann ein selbständiges Einziehungs-, Verfalls- oder Unbrauchbarmachungsverfahren sein. Dieses Verfahren wird außerhalb des subjektiven Strafverfahrens geführt und befasst sich mit der Tat- und Schuldfrage nur insoweit dies erforderlich ist und dann auch nur in der Form einer Inzidententscheidung, da es nicht gegen einen bestimmten Beschuldigten gerichtet ist. Die Vorschrift verstößt weder gegen die Unschuldsvermutung noch gegen die Eigentumsgarantie.[1] Sie wird durch § 441 ergänzt. Beide Vorschriften regeln jedoch nur das **Verfahren** der selbständigen Einziehung, die **materiellrechtlichen Voraussetzungen** enthält zB § 76a StGB, aber auch § 110 UrhG. Hingegen richtet sich die **Sicherstellung** der Gegenstände zur Sicherung der Einziehung nach den §§ 111b, 111c und die **Beschlagnahme** zur Sicherung der Einziehung von Schriften nach § 74d StGB.

II. Selbständiges Einziehungsverfahren

2 **1. Anwendungsbereich.** Die Frage, **wann** die selbständige Anordnung der Einziehung, des Verfalls oder der Unbrauchbarmachung **gesetzlich zulässig ist (Abs. 1)**, wird durch Normen außerhalb der StPO beantwortet (vgl. § 76a StGB oder § 110 UrhG). Von erheblicher Bedeutung ist diesbezüglich § 76a Abs. 3 StGB. Für die nachträgliche Anordnung von Verfall oder Einziehung des Wertersatzes nach § 76 StGB gelten die §§ 462 Abs. 1 S. 2, 462a Abs. 1, 2 StPO.

3 **2. Opportunitätsprinzip.** Ebenso gilt das Opportunitätsprinzip für den **Antrag der StA** auf Durchführung eines objektiven Verfahrens auch dann, wenn nach materiellem Recht die Nebenfolge zwingend vorgeschrieben ist.[2] Bei der **Ermessensausübung** der StA spielt eine Rolle, ob ein **Bedürfnis für die Maßnahme** besteht (zB ein sich aufdrängendes öffentliches Interesse an der Abschöpfung des kriminellen Gewinns beim Verfall oder an der Gefahrenabwehr bei der Einziehung) und ob ihre Bedeutung und Wirkung in einem angemessenen Verhältnis zu dem Umfang und dem Gewicht der dabei zu entscheidenden Tat- und Rechtsfragen stehen (vgl. Abs. 3 iVm. § 439 Abs. 5).[3] Ist eine **formlose Einziehung** möglich, weil der Einziehungsbeteiligte bspw. bedingungslos auf seine Rechte am Einziehungsgegenstand verzichtet, kann ein solches Bedürfnis entfallen.[4] Mit dem ihr eingeräumten Ermessen steht der StA auch die Befugnis zu, den **Umfang** des Antrages zu **beschränken** und auf einzelne rechtliche Gesichtspunkte zu stützen.[5] Auch hier gilt – wie überall – der Verhältnismäßigkeitsgrundsatz (vgl. §§ 73c, 74b, 74d Abs. 5 StGB), so dass es bereits am Erfordernis der gesetzlichen Zulässigkeit nach Abs. 1 fehlen kann, wenn dieser der Einziehung entgegensteht.

4 **3. Prozessuale Voraussetzungen.** Der **Antrag** auf Durchführung des objektiven Verfahrens ist eine besondere **Art der Strafklageerhebung** (vgl. Abs. 2 iVm. § 200). Ein wirksamer Antrag ist danach in gleicher Weise Prozessvoraussetzung des objektiven Verfahrens wie im subjektiven Verfahren die wirksame Erhebung der Klage.[6] Er setzt voraus, dass die **Anordnung der Einziehung** (oder einer sonstigen Nebenfolge) nach dem Ermittlungsergebnis **zu erwarten**, also als Ergebnis wahrscheinlich ist (vgl. §§ 170 Abs. 1, 203). Dies gilt auch, wenn der **Privatkläger** den Antrag stellt; dann gilt § 374 Abs. 3. Fehlt es an dieser Erwartung, weil bspw. die Maßnahme offensichtlich gegen den Grundsatz der Verhältnismäßigkeit verstößt, ist der Antrag analog § 204 durch Beschluss zu verwerfen.[7] Ist die Erwartung der Einziehung begründet, ergeht keine mit Eröffnungsbeschluss vergleichbare Zulassungsentscheidung.[8] Nicht zulässig sind im objektiven Verfahren die **Nebenklage** und das **Strafbefehlsverfahren**, da der Antrag im Strafbefehlsverfahren (§ 407 Abs. 1) auf Bestrafung einer bestimmten Person gerichtet sein muss.[9] Wird der Antrag auf Durchführung des objektiven Verfahrens auf ein **Antragsdelikt** gestützt, so ist Prozessvoraussetzung ein wirksamer Strafantrag (§ 76a Abs. 2 S. 2 StGB).

5 Analog § 391 kann der Privatkläger seinen Antrag **in jeder Lage des Verfahrens** bis zum Erlass einer (formell) rechtskräftigen Entscheidung des Gerichts **zurücknehmen**.[10] Wegen des anzuwen-

---

[1] Brandenbg. VerfGH v. 17. 10. 1996 – 19/95, NStZ 1997, 93 = NJW 1997, 451.
[2] BGH 14. 6. 1955 – 3 StR 664/53, BGHSt 7, 356, 357 = NJW 1955, 1160; AG Gummersbach v. 6. 7. 1988 – 8 Gs 563/88, NStZ 1988, 460 = NStE Nr 3 zu § 73 StGB; *Schmidt*, Gewinnabschöpfung im Straf- und Bußgeldverfahren, 2006, Rn. 491; AK-StPO/*Günther* Rn. 6; Löwe/Rosenberg/*Gössel* Rn. 23 f.
[3] BGH 14. 6. 1955 – 3 StR 664/53, BGHSt 7, 356, 357 = NJW 1955, 1160; BGH v. 16. 6. 1965 – 6 StE 1/65, BGHSt 20, 253, 257.
[4] BGH v. 16. 6. 1965 – 6 StE 1/65, BGHSt 20, 253, 257; OLG Düsseldorf v. 15. 9. 1992 – 2 Ws 405/92, NStZ 1993, 452.
[5] OLG Celle v. 17. 3. 1966 – 4 Ws 44/66, NJW 1966, 1135.
[6] OLG Karlsruhe v. 19. 10. 1973 – 1 Ws 177/73, NJW 1974, 709.
[7] AK-StPO/*Günther* Rn. 20; KK-StPO/*Schmidt* Rn. 7.
[8] BGH v. 12. 12. 1961 – 3 StR 35/61, BGHSt 17, 28, 30 = NJW 1962, 500, 501.
[9] Löwe/Rosenberg/*Gössel* Rn. 17.
[10] KMR/*Paulus* Rn. 15; *Meyer-Goßner* Rn. 5.

denden Opportunitätsprinzips (Rn. 3) gilt dies auch für den Antrag der StA sowie der FinB.[11] Eine analoge Anwendung des § 156 hätte nur Sinn, wenn mit der Sachentscheidung im objektiven Verfahren ein Strafklageverbrauch verbunden wäre.[12]

Inhaltlich muss der Antrag den **Gegenstand** der Maßnahme in einer solchen Weise **bezeichnen** 6 (Abs. 2 S. 1), dass er genau identifiziert ist. Ferner ist anzugeben, welche Tatsachen die Zulässigkeit der selbständigen Einziehung **begründen** (Abs. 2 S. 2). Den Ausführungen muss zu entnehmen sein, aus welchen tatsächlichen oder rechtlichen Gründen (Rn. 8 f.) keine bestimmte Person verfolgt oder verurteilt werden kann und es sind u. a. die gesetzlichen Merkmale der Straftat (oder mit Strafe bedrohten Handlung) sowie die anzuwendenden Straf- und Einziehungsvorschriften anzuführen sowie die Einziehungsinteressenten und Vertreter (§ 434) – soweit bekannt – anzugeben. Können mehrere Straftaten als Grundlage der Maßnahme geltend gemacht werden, so genügt es, in dem Antrag eine beliebige von ihnen herauszugreifen.[13] Der Antrag kann auch auf Einziehung einer Gattung von Gegenständen gerichtet sein. Das wesentliche Ermittlungsergebnis ist ebenso im Antrag darzustellen (§ 200 Abs. 2), aber von dem übrigen Inhalt des Antrages zu trennen, da es bei der Verlesung des Antrages zu Beginn einer mündlichen Verhandlung durch den StA weggelassen werden muss (§ 441 Rn. 5).

Im Übrigen ist eine **Form** des Antrages zwar nicht ausdrücklich vorgeschrieben, er bedarf aber 7 grundsätzlich der **Schriftform**.[14] Wird der Antrag im Zusammenhang mit einem **subjektiven Verfahren** gestellt, genügt auch die mündliche Erklärung oder ein Verhalten, aus dem der Wille erkennbar wird, dass nunmehr im objektiven Verfahren entschieden werden soll.[15]

4. Materielle Voraussetzungen. Die **Durchführung eines subjektiven Verfahrens muss unmöglich sein** 8 (§ 76 a StGB). Sie ist eine **von Amts wegen** im Wege des Freibeweises zu prüfende **Prozessvoraussetzung**[16] und muss auch noch im Revisionsverfahren bestehen; bei deren Fehlen wird das Verfahren eingestellt.[17] Die Prozessvoraussetzung kann bereits durch eine Einstellung des Verfahrens durch die StA nach § 153 Abs. 1 herbeigeführt werden, auch wenn hierdurch kein Strafklageverbrauch eintritt (§ 76 a Abs. 3 StGB).[18] Kann aus **tatsächlichen Gründen** (zB wenn der Täter nicht ermittelbar ist oder sich verborgen hält) keine bestimmte Person verfolgt oder verurteilt werden, liegen aber im Übrigen die materiellen Voraussetzungen vor, können die Nebenfolgen im objektiven Verfahren ausgesprochen werden. Auch der Tod des Beschuldigten stellt ein tatsächliches Hindernis dar.[19] Das objektive Verfahren ist nicht bereits deshalb zulässig, weil die ursprünglich angeklagte Person außer Verfolgung gesetzt ist.[20] Vielmehr kommt es darauf an, dass keine bestimmte Person wegen der als Einziehungsgrund in Frage kommenden Gesetzesvorschrift verfolgt oder verurteilt werden kann.[21]

Kann aus **rechtlichen Gründen** keine bestimmte Person verfolgt werden, etwa bei Schuldlosig- 9 keit des Täters, Amnestie oder dauernder Verhandlungsunfähigkeit, so ist die Anordnung der Einziehung mit Sicherungscharakter und die Unbrauchbarmachung (§§ 74 Abs. 2 Nr. 2, Abs. 3, 74 d StGB) im objektiven Verfahren zulässig, **nicht** aber der **Verfall**.[22] Die Strafverfolgungsverjährung steht dem Verfahren ebenfalls nicht entgegen (§§ 76 a Abs. 2 S. 1 Nr. 1, 78 Abs. 1 S. 2 StGB).

Ob die Verfolgung oder Verurteilung einer bestimmten Person ausführbar ist, **entscheidet** nach 10 der Grundkonzeption des Strafprozessrechts grundsätzlich die StA.[23] Daher kann das Gericht den Antrag wegen der Möglichkeit der Strafverfolgung nur dann als unzulässig verwerfen, wenn sich aus der Begründung des Antrages oder aus den Akten ohne weiteres ergibt, dass die Annahme der StA aus tatsächlichen Gründen nicht zutrifft oder auf einem Rechtsirrtum beruht; eine weiterge-

---

[11] HK-StPO/*Kurth* Rn. 11; KK-StPO/*Schmidt* Rn. 6.
[12] *Meyer-Goßner* Rn. 5; aA Löwe/Rosenberg/*Gössel* Rn. 29; KMR/*Paulus* Rn. 15.
[13] *Meyer-Goßner* Rn. 10.
[14] HK-StPO/*Kurth* Rn. 10.
[15] BGH v. 26. 5. 1956 – 2 StR 322/55, BGHSt 9, 250, 253 = NJW 1956, 1448, 1449; HK-StPO/*Kurth* Rn. 10.
[16] BGH v. 24. 3. 1966 – 3 StR 13/65, BGHSt 21, 55; OLG Hamburg v. 27. 9. 1996 – II – 459/96 – 3 Ss 12/96 OWi See, II – 459/96, 3 Ss 12/96 OWi See, wistra 1997, 72; BayObLG v. 13. 4. 1987 – 3 St 8/87, BayOLGSt 87, 42, 43 = AfP 87, 690.
[17] BGH v. 24. 3. 1966 – 3 StR 13/65, BGHSt 21, 55.
[18] BGH 14. 6. 1955 – 3 StR 664/53, BGHSt 7, 356, 357 = NJW 1955, 1160; AG Gummersbach v. 6. 7. 1988 – 8 Gs 563/88, NStZ 1988, 460 = NStE Nr 3 zu § 73 StGB; *Schmidt*, Gewinnabschöpfung im Straf- und Bußgeldverfahren, 2006, Rn. 491; AK-StPO/*Günther* Rn. 6; Löwe/Rosenberg/*Gössel* Rn. 23 f.
[19] OLG Stuttgart v. 26. 4. 2000 – 4 Ws 65/2000, 4 Ws 65/00, NJW 2000, 2598, 2599; *Meyer-Goßner* Rn. 7; aA OLG Frankfurt v. 10. 10. 2005 – 3 Ws 860/05, NStZ-RR 2006, 39, 40; KK-StPO/*Schmidt* Rn. 2; KMR/*Paulus* Rn. 6.
[20] BGH v. 21. 4. 1978 – 2 StR 739/77.
[21] BGH v. 24. 3. 1966 – 3 StR 13/65, BGHSt 21, 55.
[22] OLG Celle v. 24. 10. 1994 – OJs 47/92, NdsRpfl 1995, 165 = NStZ-RR 1996, 209.
[23] OLG Celle v. 11. 7. 1958 - 2 Ws 169/58, NJW 1958, 1837; OLG Hamm v. 11. 6. 1970 – 2 Ss 51/70, NJW 1970, 1754, 1755; AK-StPO/*Günther* Rn. 8; *Meyer-Goßner* Rn. 8; aA OLG Hamm v. 30. 6. 1953 – (1) 2 Ss 300/53, NJW 1953, 1683; OLG Düsseldorf v. 16. 3. 1967 – (1) Ss 840/66, NJW 1967, 1142, 1143; HK-StPO/*Kurth* Rn. 3; Löwe/Rosenberg/*Gössel* Rn. 35; KMR/*Paulus* Rn. 8.

hende Prüfung steht dem Gericht nicht zu und kann ihm nicht zugemutet werden.[24] Seine gegenteilige Auffassung würde die StA nicht binden und könnte dazu führen, dass sowohl das subjektive als auch das objektive Verfahren ausgeschlossen wären.[25]

11 **5. Verfahrensbeteiligung.** Auch im objektiven Verfahren findet unter den Voraussetzungen des § 431 Abs. 1 eine Verfahrensbeteiligung Dritter statt. Zu beteiligen sind diejenigen Personen, die von der Maßnahme im Falle ihrer Anordnung betroffen werden (**Abs. 3 iVm. §§ 431 Abs. 1 S. 1, 442 Abs. 1**). Trotz Fehlens eines Angeklagten sind sie nur Nebenbeteiligte. Verzichtet der Beteiligungsinteressent (§ 431 Abs. 6) oder liegen die Voraussetzungen des § 431 Abs. 1 S. 2, 3 vor, wird von der Zuziehung abgesehen. Die Schuldfrage wird von der Beteiligung in den Fällen des § 431 Abs. 2 ausgenommen. Im Ermittlungsverfahren wendet die StA § 432 an. Das Gericht ordnet die geboten erscheinende Beteiligung an, soweit der Antrag nicht von vornherein als unzulässig zu verwerfen ist. Daher braucht der Beteiligungsinteressent sein Recht bloß glaubhaft zu machen. Das Gericht hat die Möglichkeit, zur Klärung der Voraussetzungen über die Entscheidung der Beteiligung einzelne Beweiserhebungen anzuordnen. Wird mit der Anordnung die Einschränkung nach § 431 Abs. 2 verbunden, kann der Beteiligte hiergegen die sofortige Beschwerde erheben; hierüber ist er zu belehren (Abs. 3 iVm. § 431 Abs. 5 S. 2, § 35 a; § 431 Rn. 28).

12 Da ein Eröffnungsbeschluss nicht erlassen wird (Rn. 4), entstehen die **Befugnisse** des Beteiligten nach § 433 mit der Beteiligungsanordnung. Wird im Beschlussverfahren entschieden (§ 441 Abs. 2), ist dem Nebenbeteiligten mit dem Beschluss auch die Antragsschrift zur Äußerung zuzustellen (§ 433 Abs. 1 S. 1 iVm. § 201 Abs. 1). Gleichzeitig ist er dann auf das Recht zur Beantragung einer mündlichen Verhandlung gem § 441 Abs. 3 hinzuweisen; hierfür ist ihm eine angemessene Frist zu setzen.[26] Wird hingegen auf Grund mündlicher Verhandlung entschieden (Abs. 3 iVm. § 441 Abs. 3), so erhält der Beteiligte Terminsnachricht und mit ihr die Antragsschrift nach § 435.

13 **6. Gerichtliche Entscheidung.** Die gerichtliche Entscheidung wird mit einfacher Mehrheit getroffen (§ 196 GVG); § 263 findet keine Anwendung, da kein Angeklagter vorhanden ist und die Rechtsposition des Nebenbeteiligten in § 433 Abs. 1 S. 1 nur insoweit der des Angeklagten angeglichen wird, als es sich um seine eigenen Prozessbefugnisse handelt.[27]

14 **a) Fehlende Zulässigkeit.** Fehlt eine Zulässigkeitsvoraussetzung, wird der Antrag vor oder, falls der Mangel erst später erkannt wird, nach der Beteiligungsanordnung als **unzulässig verworfen** (Rn. 11). Dies gilt ebenso, wenn in dem erledigten subjektiven Verfahren die mögliche Maßnahme nicht angeordnet worden ist.[28]

15 **b) Sachentscheidung.** Die Sachentscheidung betrifft die **Anordnung der Maßnahme** oder **deren Ablehnung.** § 430 ist nicht entsprechend anwendbar, wie sich aus Abs. 3 ergibt, auch sind „andere Rechtsfolgen" iSd. § 430 hier nicht Verfahrensgegenstand.[29] Das Gericht kann hingegen § 74b StGB anwenden. Zur Entschädigung vgl. § 436 Rn. 4. In dem selbständigen Einziehungs-, Verfalls- und Unbrauchbarmachungsverfahren wird nur insoweit entschieden, wie die Maßnahme beantragt ist.

16 **c) Kosten.** In die Kosten des Verfahrens kann der Verfalls- oder Einziehungsbeteiligte **nicht** verurteilt werden, da er kein Angeklagter ist (§ 465).[30] Nach § 472b Abs. 1 S. 1 kann er lediglich mit den durch seine Beteiligung erwachsenen besonderen Kosten belastet werden. Die **notwendigen Auslagen** hat der Einziehungsbeteiligte (außer wenn von der Möglichkeiten des § 472b Abs. 1 S. 2 Gebrauch gemacht wird) selbst zu tragen.[31]

17 **d) Erneuter Antrag.** Wird nach Abschluss des objektiven Verfahrens ein neuer Antrag gestellt, der sich unter den Voraussetzungen des § 76a StGB auf Einziehung, Verfall oder Unbrauchbarmachung anderer Gegenstände bezieht, ist über diesen in einem **neuen objektiven** Verfahren zu entscheiden. Ist in dem früheren objektiven Verfahren **keine Sachentscheidung** ergangen, kann auch ein Antrag gleichen Inhalts zu einem neuen objektiven Verfahren führen. Wurde hingegen **rechtskräftig** der Antrag als **unbegründet** verworfen, kann ein neuer Antrag wegen desselben Gegenstandes nur auf einen anderen selbständigen Tatvorgang gestützt werden.[32] Die Rechtskraft der im objektiven Verfahren ergangenen ablehnenden Einziehungsentscheidung steht der späteren

---

[24] *Meyer-Goßner* Rn. 8; aA Löwe/Rosenberg/*Gössel* Rn. 34, 35.
[25] SK-StPO/*Weßlau* Rn. 8.
[26] OLG Karlsruhe v. 19. 10. 1973 – 1 Ws 177/73, NJW 1974, 709, 711; HK-StPO/*Kurth* Rn. 12.
[27] KK-StPO/*Schmidt* Rn. 11; SK-StPO/*Weßlau* Rn. 11.
[28] RG v. 23. 2. 1931 – III 907/30, RGSt 65, 175, 176.
[29] AK-StPO/*Günther* Rn. 13; KK-StPO/*Schmidt* Rn. 9; KMR/*Paulus* Rn. 1; *Meyer-Goßner* Rn. 16; aA Löwe/Rosenberg/*Gössel* Rn. 30, 41.
[30] RG v. 29. 10. 1940 – 4 D 422/40, RGSt 74, 326; BGH v. 21. 4. 1961 – 3 StR 55/60, BGHSt 16, 49, 57 = NJW 1961, 1364, 1366.
[31] BGH v. 3. 10. 1979 – 3 StR 273/79; Löwe/Rosenberg/*Gössel* Rn. 59.
[32] RG v. 4. 2. 1912 – II 771/12, RGSt 46, 420, 421; Löwe/Rosenberg/*Gössel* Rn. 58, § 442 Rn. 27; KK-StPO/*Schmidt* § 442 Rn. 13.

Dritter Abschnitt. Verfahren bei Einziehungen und Vermögensbeschlagnahmen § 441

Einleitung eines subjektiven Verfahrens gegen eine bestimmte Person (zB nach Ergreifung des flüchtigen Täters) nicht entgegen, wenn **neue,** die Einziehung rechtfertigende **Tatsachen** bekannt geworden sind.[33]

7. Wechsel vom subjektiven zum objektiven Verfahren und umgekehrt. Ein Wechsel vom subjektiven zum objektiven Verfahren und umgekehrt ist **nicht vorgesehen.** Das subjektive Verfahren kann jedoch auf einen dem § 440 genügenden Antrag als objektives Verfahren fortgesetzt werden, wenn das Erstere wegen eines endgültigen Verfahrenshindernisses eingestellt werden muss, das der Maßnahme nicht entgegensteht;[34] dies bietet sich aus prozessökonomischen Gründen (Vermeidung wiederholter Beweisaufnahmen etc.) an. Auch in den Fällen der **Einstellung aus Opportunitätsgründen** (vgl. Rn. 3, 8) kann in das objektive Verfahren übergegangen werden, allerdings muss die StA die Durchführung des objektiven Verfahrens beantragen.[35] Endet die Hauptverhandlung mit dem **Tod** des Angeklagten, ist ein Übergang in das objektive Verfahren möglich.[36] 18

8. Nachverfahren. Das Nachverfahren steht dem von der Maßnahme Betroffenen ebenso zur Verfügung gem **Abs. 3** iVm. § 439, wenn die Maßnahme rechtskräftig im objektiven Verfahren angeordnet worden ist. Hinsichtlich der Wiederaufnahme des Verfahrens gelten insoweit die gleichen Beschränkungen des § 439 Abs. 6 (dort Rn. 14). 19

9. FinB. Die FinB kann **anstelle der StA** den Antrag stellen (§ 401 AO), wenn es sich bei der Durchführung des subjektiven Verfahrens um eine Steuerstrafsache handelt. Sie nimmt solange die Rechte und Pflichten der StA wahr, wie keine mündliche Verhandlung beantragt oder vom Gericht angeordnet worden ist (§ 406 Abs. 2 AO). 20

10. Selbständige Anordnung. Die selbständige Anordnung der Einziehung oder Unbrauchbarmachung kann, soweit diese Maßnahmen **Sicherungscharakter** haben (vgl. § 74 d StGB), auch im **weiter anhängigen** (subjektiven) Verfahren ausgesprochen werden, wenn der Angeklagte aus tatsächlichen oder rechtlichen Gründen freigesprochen wird oder das Verfahren gegen ihn wegen eines Verfahrenshindernisses eingestellt worden ist;[37] auch hierzu ist ein Antrag der StA nach § 440 notwendig.[38] 21

III. Bußgeldverfahren

Die selbständige Anordnung der Einziehung eines Gegenstandes oder des Wertersatzes ist auch im Bußgeldverfahren zulässig. Die materiell-rechtlichen Voraussetzungen enthält § 27 OWiG, diese entsprechen § 76 a StGB. Die für das Verfahren vor der Verwaltungsbehörde korrespondierende Vorschrift ist § 87 Abs. 3 OWiG; sie hat ergänzenden Charakter. Im Übrigen gilt § 440 sinngemäß (§ 46 Abs. 1 OWiG). 22

§ 441 [Verfahren bei nachträglicher und selbständiger Einziehung]

(1) ¹Die Entscheidung über die Einziehung im Nachverfahren (§ 439) trifft das Gericht des ersten Rechtszuges, die Entscheidung über die selbständige Einziehung (§ 440) das Gericht, das im Falle der Strafverfolgung einer bestimmten Person zuständig wäre. ²Für die Entscheidung über die selbständige Einziehung ist örtlich zuständig auch das Gericht, in dessen Bezirk der Gegenstand sichergestellt worden ist.

(2) Das Gericht entscheidet durch Beschluß, gegen den sofortige Beschwerde zulässig ist.

(3) ¹Über einen zulässigen Antrag wird jedoch auf Grund mündlicher Verhandlung durch Urteil entschieden, wenn die Staatsanwaltschaft oder sonst ein Beteiligter es beantragt oder das Gericht es anordnet; die Vorschriften über die Hauptverhandlung gelten entsprechend. ²Wer gegen das Urteil eine zulässige Berufung eingelegt hat, kann gegen das Berufungsurteil nicht mehr Revision einlegen.

(4) Ist durch Urteil entschieden, so gilt § 437 Abs. 4 entsprechend.

Schrifttum: *Wagner,* Beschlagnahme und Einziehung staatsgefährdender Massenschriften, MDR 1961, 93.

---

[33] Löwe/Rosenberg/*Gössel* § 441 Rn. 27.
[34] BGH v. 23. 7. 1969 – 3 StR 326/68, BGHSt 23, 65, 66 f. = NJW 1969, 1970; BGH v. 21. 6. 1990 – 1 StR 477/89, BGHSt 37, 55, 68 f. = NJW 1990, 3026, 3029; OLG Karlsruhe v. 18. 10. 1979 – 3 Ws 184/79, MDR 1980, 337; *Hanack* JZ 1974, 546; HK-StPO/*Kurth* Rn. 20; *Meyer-Goßner* Rn. 19.
[35] BGH v. 21. 6. 1990 – 1 StR 477/89, BGHSt 37, 55, 69 = NJW 1990, 3026, 3029.
[36] HK-StPO/*Kurth* Rn. 20; Löwe/Rosenberg/*Gössel* Rn. 70; KK-StPO/*Schmidt* Rn. 15; *Meyer-Goßner* Rn. 19; aA AK-StPO/*Günther* Rn. 13; OLG Karlsruhe v. 14. 11. 1986 – 1 Ss 169/86, Justiz 1987, 231, 233 = NStE Nr. 2 zu § 30 OWiG.
[37] BGH v. 31. 3. 1954 – 6 StR 5/54, BGHSt 6, 62 = NJW 1954, 1129; BGH v. 15. 11. 1967 – 3 StR 26/66, BGHSt 21, 367, 370 = NJW 1968, 900, 901; BGH v. 22. 7. 1969 – 1 StR 456/68, NJW 1969, 1818; BGH v. 3. 10. 1979 – 3 StR 273/79.
[38] KK-StPO/*Schmidt* Rn. 16.

I. Allgemeines

1 § 441 enthält **gemeinsame Vorschriften** für die Durchführung des **Nachverfahrens** (§ 439) **und** das **objektive Verfahren** (§ 440) über die gerichtliche Zuständigkeit (Abs. 1), das Verfahren und die Entscheidung des Gerichts (Abs. 2, Abs. 3 S. 1) sowie über die Rechtsmittel (Abs. 3 S. 2, Abs. 4). Die rechtskräftige Anordnung des Verfalls oder der Einziehung löst die Rechtsfolgen der §§ 73 e, 74 e StGB aus.

II. Verfahren bei nachträglicher und selbständiger Entscheidung

2 **1. Zuständigkeit.** Für das **Nachverfahren** (§ 439) ist das erstinstanzliche Gericht (oder der Spruchkörper) des vorangegangenen Verfahrens **sachlich** und **örtlich** zuständig (**Abs. 1 Hs. 1**). Dies gilt auch, wenn die Entscheidung dieses Gerichts (oder Spruchkörpers) vom Revisionsgericht aufgehoben und die Sache an ein anderes Gericht (oder einen anderen Spruchkörper) gem § 354 Abs. 2 zurückverwiesen wurde;[1] § 462 a Abs. 4 gilt nicht.

3 Im **objektiven Verfahren** (§ 440) richtet sich die **sachliche** und **örtliche** Zuständigkeit danach, welches Gericht nach den allgemeinen Vorschriften zur Entscheidung berufen wäre, wenn im subjektiven Strafverfahren eine bestimmte Person verfolgt würde (**Abs. 1 Hs. 2**). Gem § 120 GVG kann auch das OLG sachlich zuständig sein. Bei Verwirklichung mehrerer Straftatbestände kann die StA nach pflichtgemäßem Ermessen ihren Antrag auf ein Delikt als Einziehungsgrundlage beschränken (vgl. § 440 Rn. 6) und dadurch die Zuständigkeit eines Gerichts niederer Ordnung begründen.[2] Außerdem werden die allgemeinen Vorschriften über die örtliche Zuständigkeit (§§ 7 ff.) aus Zweckmäßigkeitsgründen insofern ergänzt, dass auch das Gericht zuständig ist, in dessen Bezirk der einzuziehende Gegenstand sichergestellt ist; notfalls bestimmt der BGH hierüber § 13 a.[3] Auf Einwand eines Nebenbeteiligten kann das Gericht die Unzuständigkeit nur bis zum Beginn der Verhandlung zur Sache aussprechen (vgl. Abs. 3 S. 1 Hs. 2 iVm. § 16 S. 3); daher es darf sich im Verhandlungstermin nicht mehr von Amts wegen für unzuständig erklären, wenn auf Grund mündlicher Verhandlung entschieden wird.[4]

4 **2. Schriftliches Verfahren.** Grundsätzlich entscheidet das Gericht durch **Beschluss** (Abs. 2) im schriftlichen Verfahren. Vor der Entscheidung sind sowohl der Nebenbeteiligte als auch die StA zu hören (§ 33 Abs. 2, 3). Wird der Antrag vom Privatkläger (§ 440) gestellt, ist eine Anhörung der StA nicht geboten (§ 377 Abs. 1). Von Amts wegen kann das Gericht eigene Ermittlungen nach den Regeln des Freibeweises anstellen. Der Beschluss ist zu begründen (§ 34) und mit einer Rechtsmittelbelehrung zu versehen (Abs. 2 iVm. § 35 a) und der StA sowie dem Nebenbeteiligten zuzustellen; wobei bei Letzterem die Zustellung an den Vertreter genügt (§§ 440 Abs. 3, 434, 145 a).[5] Sowohl die förmliche als auch die materielle Abschlussentscheidung, die unter den Voraussetzungen des § 436 Abs. 3 mit einer Entscheidung über die Entschädigung verbunden sein kann, ist mit der **sofortigen Beschwerde** anfechtbar (unten Rn. 6). Die **Kosten- und Auslagenentscheidung** ergibt sich aus § 472 b (§ 440 Rn. 16).

5 **3. Mündliche Verhandlung.** Entschieden werden kann nach entsprechend zulässigen Antrag der StA oder eines sonstigen Beteiligten auch auf Grund mündlicher Verhandlung durch **Urteil** (**Abs. 3**). Ist der Antrag unzulässig, wird er durch Beschluss verworfen; hiergegen ist die sofortige Beschwerde zulässig (§ 441 Abs. 2). Der Antrag ist weder an eine besondere Form noch an eine Frist gebunden. Das Gericht kann auch ohne Antrag nach seinem Ermessen auf Grund mündlicher Verhandlung entscheiden, insbesondere wenn ihm weitere Sachaufklärung in der mündlichen Verhandlung als erforderlich erscheinen.[6] § 441 Abs. 2, 3 gelten entsprechend, wenn bei Einziehung eines Gegenstandes durch Strafbefehl nur über den Einspruch des Nebenbeteiligten zu entscheiden ist (§ 438 Abs. 2). Im Falle der mündlichen Verhandlung gelten die Vorschriften über die **Hauptverhandlung** entsprechend. Grundsätzlich braucht der Nebenbeteiligte nicht zu erscheinen (§ 436). Analog § 243 Abs. 3 S. 1 verliest die StA die Antragsschrift ohne Mitteilung des wesentlichen Ergebnisses der Ermittlungen (§ 440 Rn. 6). Der Vertreter des Nebenbeteiligten (§ 434) nimmt die Aufgaben des Verteidigers wahr. Für die Beweisaufnahme gelten die allgemeinen Vorschriften sinngemäß, soweit nicht § 431 Abs. 2, 436 Abs. 2, 439 Abs. 3 Sonderregelungen enthalten. Der im subjektiven Verfahren Angeklagte kann im Nachverfahren **Zeuge** sein, sofern er als Auskunftsperson in Betracht kommt. Dies gilt ebenso für das objektive Verfahren, sofern der

---

[1] OLG Düsseldorf v. 13. 8. 1982 – 1 Ws 644/82, MDR 1983, 154.
[2] OLG Celle v. 17. 3. 1966 – 4 Ws 44/66, NJW 1966, 1135; *Wagner* MDR 1961, 93, 98.
[3] SK-StPO/*Weßlau* Rn. 4.
[4] Löwe/Rosenberg/*Gössel* Rn. 4.
[5] OLG Düsseldorf v. 25. 5. 2000 – 1 Ws 286 + 287/00, NStZ-RR 2001, 335.
[6] KK-StPO/*Schmidt* Rn. 6.

Dritter Abschnitt. Verfahren bei Einziehungen und Vermögensbeschlagnahmen **§§ 442, 443**

Betroffene im subjektiven Verfahren Beschuldigter wäre, aber nicht selbst Beteiligter ist. Hingegen kann der Nebenbeteiligte kein Zeuge sein (vgl. auch § 431 Rn. 18, 25). Dem erschienenen Nebenbeteiligten ist das letzte Wort zu gewähren.[7]

III. Rechtsmittel

1. Beschluss. Gegen den Beschluss ist die **sofortige Beschwerde** zulässig, dies gilt ebenso für den 6 die Einziehung betreffenden Beschluss eines OLG, soweit es im ersten Rechtszug zuständig ist (Abs. 2 iVm. §§ 311, 304 Abs. 4 S. 2 Hs. 2 Nr. 5; § 35 a). Bei formloser Einziehung fehlt es allerdings an einer Beschwer (§ 440 Rn. 3).[8] Bei der Versäumung der Beschwerdefrist muss sich der Verfahrensbeteiligte das Verschulden seines Vertreters wie eigenes zurechnen lassen.[9]

2. Urteil. Die Anfechtung des Urteils richtet sich nach Abs. 3 S. 2. Im Fall der Anfechtung eines 7 Urteils des **Amtsgerichts**, das mit Berufung und anschließend mit Revision angreifbar wäre, gilt die Einschränkung nach Abs. 3 S. 2. Die Regelung entspricht derjenigen in § 55 Abs. 2 JGG. Auf diese Weise soll eine Vereinfachung und Beschleunigung des Verfahrens erreicht werden und die Gleichstellung mit dem Beschlussverfahren, welches nur ein Rechtsmittel vorsieht (Abs. 2).[10] Wird durch Urteil einer Strafkammer entschieden, so ist die Revision zulässig (§ 333). Die Möglichkeit, ein **Rechtsmittel nur wegen der Höhe der Entschädigung** einzulegen, folgt aus Abs. 4 iVm. § 437 Abs. 4.

IV. Bußgeldverfahren

Im Bußgeldverfahren kann die Entscheidung des Gerichts über die Einziehung des Gegenstan- 8 des nur angefochten werden, wenn dessen Wert 250 Euro übersteigt (§ 87 Abs. 5 OWiG). Der Beschluss des Amtsgerichts ist mit der sofortigen Beschwerde zum Landgericht anfechtbar.[11] Wurde die Einziehung vom Amtsgericht durch Urteil angeordnet, ist dieses bloß mit der Rechtsbeschwerde anfechtbar.[12]

§ 442 [Verfall, Vernichtung, Unbrauchbarmachung, Beseitigung]

(1) Verfall, Vernichtung, Unbrauchbarmachung und Beseitigung eines gesetzwidrigen Zustandes stehen im Sinne der §§ 430 bis 441 der Einziehung gleich.

(2) ¹Richtet sich der Verfall nach § 73 Abs. 3 oder § 73 a des Strafgesetzbuches gegen einen anderen als den Angeschuldigten, so ordnet das Gericht an, daß der andere an dem Verfahren beteiligt wird. ²Er kann seine Einwendungen gegen die Anordnung des Verfalls im Nachverfahren geltend machen, wenn er ohne sein Verschulden weder im Verfahren des ersten Rechtszuges noch im Berufungsverfahren imstande war, die Rechte des Verfahrensbeteiligten wahrzunehmen. ³Wird unter diesen Voraussetzungen ein Nachverfahren beantragt, so sollen bis zu dessen Abschluß Vollstreckungsmaßnahmen gegen den Antragsteller unterbleiben.

Die Bestimmungen über das Einziehungsverfahren gelten entsprechend für die in § 442 ge- 1 nannten Nebenfolgen. Aus Abs. 2 S. 1 ergibt sich, wer **Verfallsbeteiligter** ist. Er kann ebenso vom Nachverfahren (§ 439) Gebrauch machen.[1]

§ 443 [Vermögensbeschlagnahme]

(1) ¹Das im Geltungsbereich dieses Gesetzes befindliche Vermögen oder einzelne Vermögensgegenstände eines Beschuldigten, gegen den wegen einer Straftat nach
1. den §§ 81 bis 83 Abs. 1, § 89 a, den §§ 94 oder 96 Abs. 1, den §§ 97 a oder 100, den §§ 129 oder 129 a, auch in Verbindung mit § 129 b Abs. 1, des Strafgesetzbuches,
2. einer in § 330 Abs. 1 Satz 1 des Strafgesetzbuches in Bezug genommenen Vorschrift unter der Voraussetzung, daß der Beschuldigte verdächtig ist, vorsätzlich Leib oder Leben eines anderen oder fremde Sachen von bedeutendem Wert gefährdet zu haben, oder unter einer der in § 330 Abs. 1 Satz 2 Nr. 1 bis 3 des Strafgesetzbuches genannten Voraussetzungen oder nach § 330 Abs. 2, § 330 a Abs. 1, 2 des Strafgesetzbuches,

---

[7] BGH v. 12. 12. 1961 – 3 StR 35/61, BGHSt 17, 28, 32 = NJW 1962, 500, 501.
[8] OLG Düsseldorf v. 15. 9. 1992 – 2 Ws 405/92, NStZ 1993, 452.
[9] OLG Düsseldorf v. 25. 5. 2000 – 1 Ws 286 + 287/00, NStZ-RR 2001, 335.
[10] *Meyer-Goßner* Rn. 6.
[11] BGH v. 19. 3. 1993 – 2 ARs 43/93, BGHSt 39, 162, 164 = NJW 1993, 1808.
[12] OLG Düsseldorf v. 8. 3. 1996 – 5 Ss (OWi) 373/95 – (OWi) 167/95 I, NVwZ 1996, 934 = NJW 1996, 2944.
[1] *Meyer-Goßner* Rn. 2.

3. §§ 51, 52 Abs. 1 Nr. 1, 2 Buchstabe c und d, Abs. 5, 6 des Waffengesetzes, § 34 Abs. 1 bis 6 des Außenwirtschaftsgesetzes oder nach § 19 Abs. 1 bis 3, § 20 Abs. 1 oder 2, jeweils auch in Verbindung mit § 21, oder § 22 a Abs. 1 bis 3 des Gesetzes über die Kontrolle von Kriegswaffen oder

4. einer in § 29 Abs. 3 Satz 2 Nr. 1 des Betäubungsmittelgesetzes in Bezug genommenen Vorschrift unter den dort genannten Voraussetzungen oder einer Straftat nach den §§ 29a, 30 Abs. 1 Nr. 1, 2, 4, § 30a oder § 30b des Betäubungsmittelgesetzes

die öffentliche Klage erhoben oder Haftbefehl erlassen worden ist, können mit Beschlag belegt werden. ²Die Beschlagnahme umfaßt auch das Vermögen, das dem Beschuldigten später zufällt. ³Die Beschlagnahme ist spätestens nach Beendigung der Hauptverhandlung des ersten Rechtszuges aufzuheben.

(2) ¹Die Beschlagnahme wird durch den Richter angeordnet. ²Bei Gefahr im Verzug kann die Staatsanwaltschaft die Beschlagnahme vorläufig anordnen; die vorläufige Anordnung tritt außer Kraft, wenn sie nicht binnen drei Tagen vom Richter bestätigt wird.

(3) Die Vorschriften der §§ 291 bis 293 gelten entsprechend.

Schrifttum: *Meyer*, Gewinnabschöpfung durch Vermögensstrafe?, ZRP 1990, 85.

I. Allgemeines

1   Nach §§ 94, 111b können nur **Gegenstände** beschlagnahmt werden, die als Beweismittel von Bedeutung sein können oder dem Verfall und der Einziehung unterliegen. Durch § 443 sind weitergehende Beschlagnahmemöglichkeiten als **Sicherungsmaßnahmen** eröffnet. Sie sollen verhindern, dass ein Beschuldigter, dem erhebliche Straftaten vorgeworfen werden, sein Vermögen während des Strafverfahrens zu weiteren einschlägigen Straftaten verwendet oder anderen zu diesem Zweck überlässt.[1] Durch das **OrgKG** vom 15. 7. 1992 (BGBl. I S. 1302)[2] wurde der Katalog der Straftaten, bei denen die Vermögensbeschlagnahme in Betracht kommt, beträchtlich erweitert und durch das 2. **UKG** vom 27. 6. 1994 (BGBl. I S. 1440) um schwere Umweltdelikte ergänzt (vgl. Abs. 1 Nr. 2) sowie durch weitere Gesetze geändert.[3] Hinsichtlich der Entscheidung des BVerfG vom 20. 3. 2002 – BvR 794/95 (BGBl. I S. 1340) durch die § 43a StGB (Vermögensstrafe) für unvereinbar mit Art. 103 Abs. 2 GG und nichtig erklärt wurde (vgl. auch §§ 111 o, 111 p), bestehen **starke Bedenken gegen die Verfassungsmäßigkeit** von § 443.[4]

II. Vermögensbeschlagnahme

2   **1. Anordnung der Vermögensbeschlagnahme.** Nach **Abs. 1** ist die Vermögensbeschlagnahme **zulässig** nach Erhebung der öffentlichen Klage (§ 170 Abs. 1) sowie – bereits im Ermittlungsverfahren – mit dem Erlass eines Haftbefehls (§§ 112 ff.). Der Grundsatz der Verhältnismäßigkeit findet Anwendung.[5] Eine Teilvermögensbeschlagnahme ist zulässig.

3   **2. Zuständigkeit (Abs. 2).** Zuständig für die **Anordnung** der Vermögensbeschlagnahme ist nach Abs. 2 S. 1 der jeweils mit der Sache befasste **Richter**. Im Ermittlungsverfahren ist das der Richter am AG (§§ 162, 165) oder der Ermittlungsrichter beim OLG bzw. BGH (§ 169) und im Übrigen das Gericht, bei dem das Verfahren anhängig ist. Bei **Gefahr im Verzug** kann die StA (Abs. 2 S. 2) (nicht ihre Ermittlungspersonen iSv. § 152 GVG) die Vermögensbeschlagnahme vorläufig anordnen. Die Anordnung der StA muss **binnen 3 Tagen** (§ 42) richterlich **bestätigt** werden. Dieser prüft nach pflichtgemäßem Ermessen ausschließlich, ob die Vermögensbeschlagnahme geboten ist.[6] Die Regelung entspricht dem jetzt gegenstandslosen § 111p Abs. 4 iVm. § 111o Abs. 3; allerdings ist die Frist für die richterliche Bestätigung auf 3 Tage verkürzt, was wegen des gegenüber § 111p fortgeschrittenen Verfahrensstadiums praktikabel ist.[7]

4   **3. Bekanntmachung.** Nach **Abs. 3** iVm. § 291 ist die Anordnung der Vermögensbeschlagnahme im **Bundesanzeiger** bekannt zu machen. Damit erlangt sie die Wirkung eines **absoluten Verfügungsverbotes** iSd. § 134 BGB (§ 292). Dem anwesenden Beschuldigten wird der Beschlagnahmebeschluss, falls ausführbar und nicht zweckgefährdend, mit Gründen (§ 34) mitgeteilt (§ 35 Abs. 2 Hs. 1).[8] Hierdurch wird aber nur ein **relatives Verfügungsverbot** nach § 135 BGB begrün-

---

[1] HK-GS/*Lemke* Rn. 1.
[2] Hierzu *Meyer* ZRP 1990, 85, 89.
[3] KK-StPO/*Schmidt* Rn. 1 mwN.
[4] Ausführlich hierzu SK-StPO/*Weßlau* Rn. 3 ff.
[5] AK-StPO/*Günther* Rn. 7.
[6] KK-StPO/*Schmidt* Rn. 3; KMR/*Paulus* Rn. 4.
[7] *Meyer-Goßner* Rn. 2.
[8] Löwe/Rosenberg/*Gössel* Rn. 5; KK-StPO/*Schmidt* Rn. 4; *Meyer-Goßner* Rn. 3.

det. Auch die in Form einer **Verfügung** ergehende **vorläufige Beschlagnahmeanordnung** wird – soweit ausführbar und sachgerecht – dem Beschuldigten bekannt gemacht.[9] Die richterlich bestätigte Anordnungsverfügung ist ebenfalls im Bundesanzeiger bekannt zu machen.[10] Die bloße Publikation der Beschlagnahmeverfügung ist nicht ausreichend,[11] da sie keine Aussage über das Vorhandensein einer richterlichen Bestätigung trifft.

4. Aufhebung der Beschlagnahme (Abs. 1 S. 3). Spätestens **nach Beendigung der Hauptverhandlung des ersten Rechtszuges** ist die Vermögensbeschlagnahme aufzuheben, da der Zweck der Verfahrenssicherung die Aufrechterhaltung nicht mehr erfordert[12] und Ansprüche aus Einziehung und Verfall durch § 443 nicht gesichert werden.

III. Rechtsmittel

Die richterliche Anordnung oder Ablehnung der Beschlagnahme ist mit der **einfachen Beschwerde** anfechtbar (§ 304; §§ 120 Abs. 3, 135 Abs. 2 GVG).

---

[9] KK-StPO/*Schmidt* Rn. 5.
[10] KK-StPO/*Schmidt* Rn. 5; aA Löwe/Rosenberg/*Gössel* Rn. 7; KMR/*Paulus* Rn. 4.
[11] So aber Löwe/Rosenberg/*Gössel* Rn. 7; KMR/*Paulus* Rn. 4.
[12] BT-Drucks. 12/2720, S. 48.

Vierter Abschnitt. Verfahren bei Festsetzung von Geldbuße gegen juristische Personen und Personenvereinigungen

§ 444 [Verfahren bei Festsetzung einer Verbandsgeldbuße]

(1) ¹Ist im Strafverfahren über die Festsetzung einer Geldbuße gegen eine juristische Person oder eine Personenvereinigung zu entscheiden (§ 30 des Gesetzes über Ordnungswidrigkeiten), so ordnet das Gericht deren Beteiligung an dem Verfahren an, soweit es die Tat betrifft. ²§ 431 Abs. 4, 5 gilt entsprechend.

(2) ¹Die juristische Person oder die Personenvereinigung wird zur Hauptverhandlung geladen; bleibt ihr Vertreter ohne genügende Entschuldigung aus, so kann ohne sie verhandelt werden. ²Für ihre Verfahrensbeteiligung gelten im übrigen die §§ 432 bis 434, 435 Abs. 2 und 3 Nr. 1, § 436 Abs. 2 und 4, § 437 Abs. 1 bis 3, § 438 Abs. 1 und, soweit nur über ihren Einspruch zu entscheiden ist, § 441 Abs. 2 und 3 sinngemäß.

(3) ¹Für das selbständige Verfahren gelten die §§ 440 und 441 Abs. 1 bis 3 sinngemäß. ²Örtlich zuständig ist auch das Gericht, in dessen Bezirk die juristische Person oder die Personenvereinigung ihren Sitz oder eine Zweigniederlassung hat.

I. Einführung

1 Unter den näheren Voraussetzungen der nebenstrafrechtlichen Vorschrift des § 30 OWiG[1] als sedes materiae des sog. Unternehmensstrafrechts[2] kann im Strafverfahren gegen eine juristische Person oder eine Personenvereinigung eine sog. Verbandsgeldbuße als eigenständige Sanktion verhängt werden. Hierbei ist prozessual zu differenzieren zwischen dem einheitlichen Verfahren einerseits und dem selbständigen Verfahren andererseits. Den Regelfall bildet ersteres, sodass die Verhängung einer Geldbuße nach § 30 Abs. 1 OWiG gegen das Unternehmen bzw. die Verbandsperson grundsätzlich mit einer Sanktionierung der verantwortlichen natürlichen (Leitungs-)Person in einem einheitlichen Verfahren einhergeht.[3] Unter den Voraussetzungen von § 30 Abs. 4 S. 1, 2 OWiG ist es demgegenüber aber auch zulässig, ohne Heranziehung einer natürlichen (Leitungs-)Person gegen eine juristische Person oder Personenvereinigung eigenständig eine Geldbuße festzusetzen.

2 Im Rahmen einer insgesamt nur als fragmentarisch zu bezeichnenden Regelung[4] dient die Vorschrift des § 444 unter maßgeblicher Berücksichtigung des Anspruchs auf rechtliches Gehör[5] der **notwendigen verfahrensrechtlichen Flankierung von § 30 OWiG**[6] im Strafprozess; während im Ordnungswidrigkeitenverfahren ergänzend auf § 88 OWiG abzuheben ist. Die Verfahrensbeteiligung des betroffenen Unternehmens wird nämlich dadurch geregelt, dass der Verbandsperson mit § 444 sowie unter Rekurs auf die Normen der §§ 430 f. – welche indessen die Einziehung und die Partizipation des Unternehmens als Einziehungsbeteiligte hieran sachlich betreffen[7] – die einem Beschuldigten vergleichbare Verfahrensrolle mit entsprechenden Befugnissen zugestanden wird.[8] Die juristische Person oder die Personenvereinigung erlangt mithin die Stellung einer **Nebenbeteiligten**.[9] Hierbei findet sich in der Architektur der Regelung des § 444 die Unterscheidung in einheitliches und selbständiges Verfahren abgebildet. Denn während Abs. 1 und Abs. 2 das einheitliche Verfahren bezogen auf das Strafverfahren und das Strafbefehlsverfahren als den Regelfall fokussieren, wird in Abs. 3 das selbständige Verfahren aufgegriffen.

---

[1] Zu den Voraussetzungen für die Verhängung einer Unternehmens- bzw. Verbandsgeldbuße: FA Strafrecht/*Quedenfeld*/*Richter* 6. Teil 5. Kap. Rn. 329 ff.; Göhler/*König* § 30 OWiG Rn. 8 ff.; Müller-Guggenberger/Bieneck/Wirtschaftsstrafrecht/*Müller-Guggenberger* § 23 Rn. 33 ff.; Volk/*Britz* MAH Wirtschafts- und Steuerstrafsachen § 5 Rn. 6 ff.; HWSt, *Achenbach* I 2 Rn. 6 ff.; vgl. auch: AnwK-StPO/*Lohse* Rn. 1; vgl. auch: OLG Celle v. 26. 11. 2004 – 1 Ws 388/04/NStZ-RR 2005, 1816 f.; OLG Dresden v. 20. 3. 1997 – 2 Ss (OWi) 71/97, NStZ 1997, 348 (349).
[2] Volk/*Britz* MAH Wirtschafts- und Steuerstrafsachen § 5 Rn. 3.
[3] HWSt/*Achenbach* I 2 Rn. 16; AnwK-StPO/*Lohse* Rn. 2; Graf/*Inhofer* Rn. 2, 17 f.; KK-StPO/*Schmidt* Rn. 1; *Pfeiffer* Rn. 1.
[4] *Roxin*/*Schünemann* § 67 C.
[5] Meyer-Goßner Rn. 1; Löwe/Rosenberg/*Gössel* Rn. 6; Graf/*Inhofer*, § 444 Überblick.
[6] *Joecks* Rn. 1; Meyer-Goßner Rn. 1; Löwe/Rosenberg/*Gössel* Rn. 1; HK-StPO/*Kurth* Rn. 1; HK-GS/*Lemke* Rn. 1; *Pfeiffer* Rn. 1; AnwK-StPO/*Lohse* Rn. 2.
[7] Zum Unterschied zwischen dem Unternehmen als Einziehungsbeteiligte nach §§ 430 ff. einerseits und Verfahrensbeteiligte gem. § 444 andererseits: HK-StPO/*Kurth* Rn. 1; Löwe/Rosenberg/*Gollwitzer* Rn. 6.
[8] Löwe/Rosenberg/*Gössel* Rn. 6; HWSt/*Achenbach* I 2 Rn. 16; FA Strafrecht/*Quedenfeld*/*Richter* 6. Teil 5. Kap. Rn. 9 b.
[9] OLG Hamm v. 27. 4. 1973 – 5 Ss OWi 19/73, NJW 1973, 1851 (1852); HK-GS/*Lemke* Rn. 1; Graf/*Inhofer* Rn. 2; *Joecks* Rn. 2; KK-StPO/*Schmidt* Rn. 1; HK-StPO/*Kurth* Rn. 1.

Übergreifend ist zu berücksichtigen, dass gegen eine juristische Person oder eine Personenvereinigung eine (Verbands-)Geldbuße nur dann festgesetzt werden kann, wenn sie im subjektiven Verfahren – also im Verfahren gegen die (vermeintlich) strafrechtlich verantwortliche natürliche (Organ-)Person – verfahrensbeteiligt ist.[10] Die Notwendigkeit des einheitlichen Verfahrens ergibt sich zum einen aus der ratio legis des § 30 OWiG vor Allem mit Blick auf § 30 Abs. 4 S. 1 OWiG, zum anderen aber auch unter Berücksichtigung des Grundsatzes „ne bis in idem" sowie aus prozessökonomischen Aspekten.[11] Aus der damit gegebenen Verklammerung zwischen dem Verfahren gegen die Organperson und dem gegen die Verbandsperson folgt verfahrensrechtlich des Weiteren, dass eine Verfahrensaufspaltung in zwei parallel geführte (getrennte) Verfahren nicht zulässig ist.[12]

Im **Bußgeldverfahren** ist die Vorschrift des § 444 nach § 88 Abs. 1 OWiG (iVm. § 46 Abs. 1 OWiG) entsprechend anzuwenden, wenn als Nebenfolge der Ordnungswidrigkeit einer natürlichen Person eine Geldbuße gem. § 30 OWiG gegen eine Verbandsperson verhängt werden soll.[13] Die Norm des § 88 OWiG selbst enthält – verfahrensspezifisch betrachtet – ergänzende Regelungen.

II. Die Anordnung der Beteiligung

Nach Abs. 1 ordnet das Gericht die (Neben-)Beteiligung der juristischen Person oder der Personenvereinigung an dem Verfahren – soweit es die Tat betrifft – an, wenn im Strafverfahren über die Festsetzung einer Verbandsgeldbuße nach § 30 OWiG zu entscheiden ist. Die Vorschrift des § 431 Abs. 4, 5 gilt sodann entsprechend.

1. Strafverfahren. Strafverfahren im Sinne von Abs. 1 ist – wegen der bereits dargestellten Fokussierung des einheitlichen Verfahrens in § 444 Abs. 1, 2 – das gegen die natürliche Person gerichtete (Straf-)Verfahren.[14] Die Verwendung des Terminus „Strafverfahren" könnte eine weite Interpretation bezogen auf das gesamte Erkenntnisverfahren und damit vom Beginn des Ermittlungsverfahrens bis zur Rechtsmittelinstanz nahe legen. Indessen ergibt sich eine Einschränkung aus dem Wortlaut der Norm, da die gerichtliche Entscheidung über die Festsetzung der (Verbands-)Geldbuße angesprochen ist. Hiermit wird das Verfahrensstadium näher umrissen, in welchem auf jeden Fall die Partizipation der juristischen Person oder Personenvereinigung geboten ist. Unter Berücksichtigung der parallelen Konzeption von § 444 Abs. 1 S. 1 einerseits und § 431 Abs. 1 S. 1 andererseits[15] wird daher zu Recht darauf hingewiesen, dass die Anordnung der Beteiligung **nach der Erhebung der Anklage gegen die natürliche Person** (§§ 170 Abs. 1, 157) erfolgt bzw. erfolgen kann;[16] zumal wenn die Staatsanwaltschaft nach Abschluss des Ermittlungsverfahrens unter Darlegung der tatsächlichen und rechtlichen Voraussetzungen von § 30 OWiG in der Anklageschrift oder im Antrag auf Erlass eines Strafbefehls zugleich die Anordnung der Beteiligung des Unternehmens beantragt hat.[17] Denn zu bzw. ab diesem Zeitpunkt kann überhaupt erst das über die Anklageerhebung mit der Strafsache befasste zuständige Gericht auch zulässigerweise die Anordnung treffen;[18] im Strafbefehlsverfahren hingegen steht der Antrag auf Erlass eines Strafbefehls nach § 407 Abs. 1 S. 2, 4 der Erhebung der öffentlichen Klage gleich. Da in § 444 Abs. 1 jedoch die gerichtliche Festsetzung der Verbandsgeldbuße in Bezug genommen ist, folgt unter Berücksichtigung von Abs. 1 S. 1 iVm. § 431 Abs. 4 hieraus, dass die gerichtliche Anordnung der Beteiligung zwingend **spätestens** zum Ende der sog. Tatsacheninstanzen – also bis zur Beendigung der Schlussvorträge im Berufungsverfahren – getroffen sein muss;[19] ansonsten die Verhängung einer Verbandsgeldbuße unzulässig ist.[20] **Frühster Zeitpunkt** für die Beteiligungsanordnung ist demgegenüber, wie ausgeführt, das Zwischenverfahren; im Strafbefehlsverfahren bezieht sich dies auf den Zeitpunkt der Entscheidung über den Erlass des Strafbefehls (§ 408 Abs. 3 S. 1).

---

[10] AnwK-StPO/*Lohse* Rn. 2, 4; HK-StPO/*Kurth* Rn. 1; KK-StPO/*Schmidt* Rn. 1; Löwe/Rosenberg/*Gössel* Rn. 15; OLG Karlsruhe v. 14. 11. 1986 – 1 Ss 169/86 = NStZ 1987, 79; OLG Dresden v. 20. 3. 1997 2 Ss (OWi) 71/97 – NStZ 1997, 348 (349).
[11] Göhler/*König* § 30 OWiG Rn. 28 ff.; Löwe/Rosenberg/*Gössel* Rn. 7; vgl. auch Volk/*Britz* MAH Wirtschafts- und Steuerstrafsachen § 5 Rn. 29.
[12] Göhler/*König* § 30 OWiG Rn. 33; HWSt/*Achenbach* I 2 Rn. 19.
[13] OLG Dresden v. 20. 3. 1997 – 2 Ss (OWi) 71/97, NStZ 1997, 348; *Pfeiffer* Rn. 7; KK-StPO/*Schmidt* Rn. 19; HK-StPO/*Kurth* Rn. 18; hierzu im Einzelnen: KK-OWiG/*Rogall* § 30 Rn. 204 ff.
[14] Vgl. auch: Meyer-Goßner Rn. 4; KK-StPO/*Schmidt* Rn. 2; HK-GS/*Lemke* Rn. 5.
[15] HK-StPO/*Kurth* Rn. 4; KK-StPO/*Schmidt* Rn. 2; Löwe/Rosenberg/*Gössel* Rn. 9.
[16] HK-StPO/*Kurth* Rn. 4; KK-StPO/*Schmidt* Rn. 2; Meyer-Goßner Rn. 6; HK-GS/*Lemke* Rn. 2; *Pfeiffer* Rn. 3; Löwe/Rosenberg/*Gössel* Rn. 10; AnwK-StPO/*Lohse* Rn. 3.
[17] *Pfeiffer* Rn. 2; HK-StPO/*Kurth* Rn. 3; Meyer-Goßner Rn. 4; KK-StPO/*Schmidt* Rn. 9.
[18] Meyer-Goßner Rn. 6; *Pfeiffer* Rn. 3.
[19] Zumindest missverständlich in diesem Zusammenhang: KK-StPO/*Schmidt* Rn. 2 („kann").
[20] Löwe/Rosenberg/*Gössel* Rn. 7 f.; KK-StPO/*Schmidt* Rn. 12; vgl. auch oben I.

§ 444 7–9 *Sechstes Buch. Besondere Arten des Verfahrens*

7   Dies schließt es freilich nicht aus, die juristische Person oder Personenvereinigung bereits im Ermittlungs- bzw. **Vorverfahren** zu beteiligen,[21] zumal sich dies unmittelbar durch die Verweise in § 444 Abs. 2 S. 2 ergibt. Zeichnet sich demnach im Rahmen der Ermittlungen für die zuständigen Strafverfolgungsbehörden durch tatsächliche Anhaltspunkte im Sinne eines Anfangsverdachts ab, dass die Voraussetzungen von § 30 OWiG gegeben sein könnten, ist das betroffene Unternehmen zu partizipieren.[22] Nach § 444 Abs. 2 S. 2 iVm. § 432 Abs. 1 S. 1 erfolgt in diesem Zusammenhang zunächst eine Anhörung der juristischen Person oder Personenvereinigung bzw. ihrer gesetzlichen Vertreter; wobei sich dies nicht auf das Organ oder Organmitglied, welches den Status des Beschuldigten in dem Strafverfahren inne hat, bezieht,[23] sondern auf sonstige autorisierte Repräsentanten[24] bis hin zum Insolvenzverwalter.[25] Werden von diesen Einwendungen vorgebracht, kann nach §§ 444 Abs. 2 S. 2, 432 Abs. 2 eine Vernehmung stattfinden, bei welcher die Vorschriften über die Beschuldigtenvernehmung entsprechend anzuwenden sind.

8   **2. Anordnung.** Von Amts wegen oder auf entsprechenden Antrag der Staatsanwaltschaft,[26] aber auch auf Anregung von Verfahrensbeteiligten hat das Gericht die Beteiligung der juristischen Person oder Personenvereinigung anzuordnen, wenn über die Festsetzung einer Verbandgeldbuße im Strafverfahren zu entscheiden ist. Dies impliziert hinsichtlich einer möglichen Sanktionierung der nebenbeteiligten Unternehmung die **Prognose des Gerichts**, welche umso schwieriger erscheint, je früher die bereits im Zwischenverfahren verfahrensrechtlich zulässige Entscheidung möglich ist. Die der Prognose zugrunde zu legenden Kriterien sind bislang nicht präzise umrissen, wenngleich umgekehrt zu konstatieren ist, dass vor Allem sprachliche Nuancierungen vorzuherrschen scheinen.[27] Nach wohl hM hat die Anordnung der Beteiligung zu erfolgen, wenn hinsichtlich der Verbandsperson die Voraussetzungen von § 30 Abs. 1 OWiG wahrscheinlich bzw. hinreichend wahrscheinlich[28] vorliegen und die Festsetzung einer (Verbands-)Geldbuße zu erwarten ist.[29] Während die erste Voraussetzung, die überdies durch die gesetzlichen Formulierungen in §§ 430 Abs. 1, 440 Abs. 1 einen fundierten Rückhalt findet, weitgehend[30] konsensfähig ist, divergieren die Auffassungen bei der zweiten – alternativ – dahingehend, dass die im Ermessen des Gerichts stehende Festsetzung einer Geldbuße (lediglich) in Betracht kommt,[31] ihre Festsetzung wahrscheinlich, jedenfalls aber nicht unwahrscheinlich ist,[32] das Gericht sie im Rahmen seines Ermessens festsetzen will[33] oder die Staatsanwaltschaft beispielsweise in der Anklageschrift zu erkennen gibt, dass sie das Anordnen einer derartigen Nebenfolge erstrebt.[34]

9   Die durch das Gericht zu treffende Anordnung der Beteiligung ist verfahrensrechtlich und – gegenständlich zu beschränken, da nach dem Wortlaut von Abs. 1 das Unternehmen nur Verfahrensbeteiligte wird, „soweit es die Tat betrifft". Die Verfahrensbeteiligung der juristischen Person oder der Personenvereinigung ist in ihrer **Wirkung** mithin dahingehend zu definieren, dass sie sich lediglich auf solche Taten beziehen darf, welche zum Einen der Leitungsperson im Rahmen der Anklagebehauptung zur Last gelegt werden, und welche zum Anderen Grundlage für die Verhängung einer Verbandsgeldbuße sein können.[35] Dies hat Bedeutung, wenn die Anklage und damit das Strafverfahren mehrere Taten zum Gegenstand haben. Des Weiteren wird die juristische Person oder Personenvereinigung als solche durch die (unanfechtbare) Beteiligungsanordnung zur Verfahrensbeteiligten und demzufolge nicht die als ihr Organ fungierende natürliche Person,[36] wenngleich diese sie mit der Ausnahme, dass sie selbst Beschuldigte in dem Verfahren ist, vertritt.[37] Ist die qua Gesellschaftsvertrag, Satzung oder gesetzlicher Regelung zur Vertretung berufene natürliche Person wegen ihrer Beschuldigtenstellung an der Ausübung der der juristischen Person oder Personenvereinigung aufgrund der Verfahrensbeteiligung zukommenden prozessualen Befugnisse

---

[21] *Meyer-Goßner* Rn. 3; HK-StPO/*Kurth* Rn. 2; Löwe/Rosenberg/*Gössel* Rn. 25; Graf/*Inhofer* Rn. 3.
[22] OLG Karlsruhe v. 14. 11. 1986 – 1 Ss 169/86, NStZ 1987, 79.
[23] HK-StPO/*Kurth* Rn. 9; Löwe/Rosenberg/*Gössel* Rn. 25.
[24] Vgl. hierzu: Löwe/Rosenberg/*Gössel* Rn. 25; HK-StPO/*Kurth* Rn. 9.
[25] Vgl. hierzu aus der vergleichenden Perspektive des Verfalls: Volk/*Britz* MAH Wirtschaft- und Steuerstrafsachen § 5 Rn. 49; BGH v. 2. 12. 2005 – 5 StR 119/05, NStZ 2005, 210 (213); auch Graf/*Inhofer* Rn. 5.
[26] Vgl. oben Rn. 6.
[27] Ähnlich: OLG Celle v. 26. 11. 2004 – 1 Ws 388/04, NStZ-RR 2005, 82 f.
[28] Graf/*Inhofer* Rn. 5.
[29] *Meyer-Goßner* Rn. 6; HK-GS/*Lemke* Rn. 2; *Joecks* Rn. 2; KMR/*Paulus* Rn. 13.
[30] AA: HK-StPO/*Kurth* Rn. 5: „Voraussetzungen des § 30 Abs. 1 OWiG möglicherweise vorliegen".
[31] OLG Celle v. 26. 11. 2004 – 1 Ws 388/04, NStZ-RR 2005, 82 (83); OLG Karlsruhe v. 14. 11. 1986 – 1 Ss 169/86 = NStZ 1987, 79; AnwK-StPO/*Lohse* Rn. 3; KK-StPO/*Schmidt* Rn. 2; Göhler/*König* § 88 Rn. 2.
[32] Löwe/Rosenberg/*Gössel* Rn. 12.
[33] HK-StPO/*Kurth* Rn. 5.
[34] OLG Celle v. 26. 11. 2004 – 1 Ws 388/04, NStZ-RR 2005, 82 (83).
[35] KK-StPO/*Schmidt* Rn. 3; *Meyer-Goßner* Rn. 8; Löwe/Rosenberg/*Gössel* Rn. 13; HK-GS/*Lemke* Rn. 2; AnwK-StPO/*Lohse* Rn. 3.
[36] Löwe/Rosenberg/*Gössel* Rn. 11; *Pfeiffer* Rn. 3; KK-StPO/*Schmidt* Rn. 3.
[37] *Meyer-Goßner* Rn. 11; Löwe/Rosenberg/*Gössel* Rn. 11; KK-StPO/*Schmidt* Rn. 7.

gehindert, treten die für diese Konstellation aufgrund gesellschaftsvertraglicher, satzungsmäßiger oder gesetzlicher Vorgaben bestimmten natürlichen Personen an deren Stelle.[38]

Die Anordnung der Beteiligung erfolgt in der Regel durch (Gerichts-)**Beschluss**. Bei dessen **An-** **10** **fechtung** ist zu differenzieren. Nach Abs. 1 S. 2 iVm. § 431 Abs. 5 S. 1 ist der die Verfahrensbeteiligung anordnende Beschluss nicht anfechtbar. Gegen die Ablehnung der Anordnung der Beteiligung steht – nicht zuletzt aus prozessökonomischen Gründen[39] – der Staatsanwaltschaft gem. Abs. 1 S. 2 iVm. § 431 Abs. 5 S. 2 die sofortige Beschwerde zu; das Unternehmen ist mangels Beschwer hingegen nicht anfechtungsberechtigt.[40]

III. Die Verfahrensbeteiligung

Nach Abs. 2 S. 1, 1. HS iVm. §§ 444 Abs. 2 S. 2, 433 Abs. 1 S. 1 ist die durch unanfechtbare Be- **11** teiligungsanordnung am Strafverfahren als Nebenbeteiligte teilzunehmen berechtigte juristische Person oder Personenvereinigung zur Hauptverhandlung unter Einhaltung der Ladungsfrist nach § 217 zu **laden**;[41] eine Benachrichtigung vom Termin ist deshalb nicht ausreichend.[42] Bei der Ladung werden nach Abs. 2 S. 2 iVm. § 435 Abs. 2 die **Anklageschrift** und in den Fällen des § 207 Abs. 2 auch der abweichende Eröffnungsbeschluss mitgeteilt. Ferner ist gem. Abs. 2 S. 2 iVm. § 435 Abs. 3 Nr. 1 die Verbandsperson darauf hinzuweisen, dass ohne sie verhandelt werden kann. Bleibt im Übrigen der Vertreter der juristischen Person oder der Personenvereinigung ohne genügende Entschuldigung in der Hauptverhandlung aus, kann nach Abs. 2 S. 1, 2. HS ohne die Unternehmung und daher **in Abwesenheit verhandelt** werden. In diesem Zusammenhang ist die Verbandsperson freilich berechtigt, wegen der (unverschuldeten) Versäumung der Hauptverhandlung Wiedereinsetzung in den vorherigen Stand zu beantragen, da wegen dem fehlenden Verweis auf § 436 Abs. 1 S. 2 der Rekurs auf § 235 gerade nicht ausgeschlossen ist.[43]

Bezogen auf das Hauptverfahren und dessen Durchführung ergeben sich ausgehend von der **12** konstitutiven Wirkung der Anordnung der Beteiligung weitere, sogleich noch darzustellende verfahrensrechtliche Gesichtspunkte aus § 444 Abs. 2 S. 2. Umgekehrt ist indessen zu berücksichtigen, dass sowohl aus § 444 Abs. 1 S. 2 als auch aus § 444 Abs. 2 S. 2 ein strenger **numerus clausus** der durch Verweis in Bezug genommen Verfahrensvorschriften resultiert. Sonstige Bestimmung als die genannten sind demzufolge nicht anwendbar.[44] Dies bezieht sich insbesondere auf § 431 Abs. 1 S. 2, 3 (Absehen von der Beteiligungsanordnung), § 431 Abs. 2 (Beschränkung der Beteiligung),[45] § 431 Abs. 6 (Nichtanordnung bzw. Aufhebung der Beteiligung bei „Anerkenntnis" bzw. „Unterwerfungserklärung"),[46] § 431 Abs. 7, § 436 Abs. 3, § 439 (Nachverfahren) sowie vor Allem auf § 430 (Verfahrensbeschränkung) mit der Konsequenz eines sog. Verfolgungszwangs,[47] ungeachtet dessen, dass weiterhin für die Festsetzung einer Verbandsgeldbuße ausgehend von § 30 Abs. 1 OWiG das ordnungswidrigkeitenrechtliche Opportunitätsprinzip nach § 47 OWiG gilt.[48]

a) **Hauptverfahren**. Neben den bereits in ihrem jeweiligen sachlichem Zusammenhang erläuter- **13** ten, durch den gesetzlichen Verweis des Abs. 2 S. 2 in Bezug genommenen Verfahrensvorschriften sind für das Hauptverfahren noch die Vorschriften der §§ 433 Abs. 1, 2, 434, 436 Abs. 2, 4 für die Verbandsperson und deren Vertreter von Bedeutung.

Gem. § 433 Abs. 1 hat die nebenbeteiligte Verbandsperson von der Eröffnung des Verfahrens an die **14** Befugnisse, die einem Angeklagten zustehen, soweit das Gesetz nichts anderes bestimmt. Im beschleunigten Verfahren gilt dies vom Beginn der Hauptverhandlung, im Strafbefehlsverfahren vom Erlass des Strafbefehls an. Die **Zuweisung der einem Angeklagten zustehenden Befugnisse** an die juristische Person oder Personenvereinigung bezieht sich personal auf die satzungsmäßigen oder gesetzlichen Vertreter,[49] soweit diese nicht selbst im Strafverfahren inkulpiert sind. Die originär vertretungsberechtigten oder im Fall von deren Inkulpation als Organtäter qua Substitution zur Vertretung der Verbandsperson berufenen (natürlichen) Personen scheiden deshalb als Zeugen aus.[50] Andere Personen, welche der Verbandsperson angehören oder angehörten und unter Umständen gleichfalls

---

[38] KK-StPO/*Schmidt* Rn. 7; Löwe/Rosenberg/*Gössel* Rn. 11.
[39] KK-StPO/*Schmidt* Rn. 4.
[40] AnwK-StPO/*Lohse* Rn. 5; Graf/*Inhofer* Rn. 8; *Meyer-Goßner* Rn. 10; Löwe/Rosenberg/*Gössel* Rn. 15; *Pfeiffer* Rn. 3; KK-StPO/*Schmidt* Rn. 4; HK-StPO/*Kurth* Rn. 6.
[41] HK-GS/*Lemke* Rn. 6; *Pfeiffer* Rn. 5; *Meyer-Goßner* Rn. 13.
[42] *Meyer-Goßner* Rn. 13, KK-StPO/*Schmidt* Rn. 10.
[43] HK-StPO/*Kurth* Rn. 11; *Meyer-Goßner* Rn. 14; AnwK-StPO/*Lohse* Rn. 8.
[44] Löwe/Rosenberg/*Gössel* Rn. 17; aA: AnwK-StPO/*Lohse* Rn. 4.
[45] Hierzu: BT-Drucks. 5/1319, S. 83; AnwK-StPO/*Lohse* Rn. 4; KK-StPO/*Schmidt* Rn. 5.
[46] HK-StPO/*Kurth* Rn. 7.
[47] *Meyer-Goßner* Rn. 5; SK-StPO/*Weßlau* Rn. 5; KK-StPO/*Schmidt* Rn. 6; HK-StPO/*Kurth* Rn. 8.
[48] AnwK-StPO/*Lohse* Rn. 4; Graf/*Inhofer* Rn. 6, 9; Löwe/Rosenberg/*Gössel* Rn. 23; KK-StPO/*Schmidt* Rn. 6; *Meyer-Goßner* Rn. 5.
[49] AnwK-StPO/*Lohse* Rn. 9; Graf/*Inhofer* Rn. 3; KK-StPO/*Schmidt* Rn. 7; Löwe/Rosenberg/*Gössel* Rn. 11.
[50] BGH v. 26. 5. 1956 – 2 StR 322/55, BGHSt 9, 250 (251); KK-StPO/*Schmidt* Rn. 7; AnwK-StPO/*Lohse* Rn. 9.

zu deren Vertretung ganz oder teilweise berufen waren bzw. sind (Prokuristen, Handlungsbevollmächtigte usw.), befinden sich hingegen grundsätzlich in der Zeugenrolle,[51] wobei allerdings wegen der Gefahr der Selbstbelastung die Vorschrift des § 55 bei deren Vernehmung zu beachten ist.[52]

15 Nach § 433 Abs. 2 kann das Gericht zur Aufklärung des Sachverhalts das **persönliche Erscheinen** der Verbandsperson und damit von deren satzungsmäßigem oder gesetzlichen Vertreter[53] – mit Ausnahme der beschuldigten Leitungsperson, für welche insoweit die spezifischen Bestimmung zum Anwesenheitsrecht und zur Anwesenheitspflicht gelten – anordnen mit der Konsequenz einer etwaigen Vorführung bei einem Ausbleiben ohne genügende Entschuldigung.

16 In § 434 Abs. 1 ist geregelt, dass sich die juristische Person oder die Personenvereinigung in jeder Lage des Verfahrens durch einen mit schriftlicher Vollmacht versehenen Rechtsanwalt oder eine andere, entsprechend bevollmächtigte Person als (gewählter) **Verteidiger** vertreten lassen kann. Für die Verteidigung sind die Vorschriften der §§ 137 bis 139, 145a bis 149 und 218 entsprechend anwendbar. Dies schließt das Verbot der Mehrfachverteidigung gem. § 146 ein, sodass mehrere verfahrensbeteiligte eigenständige Verbandspersonen nicht durch den gleichen Verteidiger vertreten werden können.[54] Allerdings ist es nach verfassungsgerichtlicher Rspr. grundsätzlich zulässig, dass im Rahmen eines sog. Doppelmandats in der Person eines Verteidigers eine gemeinschaftliche Verteidigung der Organperson – dh. der beschuldigten (natürlichen) Leitungsperson – und der Verbandsperson erfolgt.[55] Freilich schließt dies nicht a priori eine Interessenkollision aus, so dass stets unter Berücksichtigung der Entwicklung des Strafverfahrens seitens des doppelt mandatierten Verteidigers die Gefahr besteht, beide Mandate wegen des Auftretens einer (potentiellen) Interessenkollision aus berufsrechtlichen und -ethischen Gründen niederlegen zu müssen.[56]

17 Nach § 434 Abs. 2 kann im Sinne einer notwendigen Verteidigung der Verbandsperson von Amts wegen oder auf Antrag ein Rechtsanwalt oder eine andere Person, welche als Verteidiger bestellt werden darf, beigeordnet werden. Voraussetzung der **Beiordnung** ist, dass die Sach- oder Rechtslage schwierig ist oder die Verbandsperson ihre Rechte nicht selbst wahrnehmen kann.

18 Nach der Vorschrift des § 436 Abs. 2, die in Zusammenhang mit der nicht anwendbaren Norm des § 431 Abs. 2 sowie mit § 77 OWiG zu sehen ist,[57] erfolgt für die Verbandsperson eine **Einschränkung des Beweisantragsrechts**.[58] Das Gericht entscheidet mithin über Beweisanträge der juristischen Person oder der Personenvereinigung zur Frage der Schuld des Angeklagten nach pflichtgemäßem Ermessen ohne Bindung an § 244 Abs. 3 S. 2, Abs. 4 bis 6.

19 War die Verbandsperson bei der **Verkündung des Urteils** nicht zugegen und auch nicht vertreten, ist ihr nach § 436 Abs. 4 S. 1 das Urteil zuzustellen. Hierbei kann das Gericht anordnen, dass Teile des Urteils, welche die verhängte Verbandsgeldbuße nicht betreffen, ausgeschieden werden. Im Übrigen muss bei Festsetzung der Geldbuße gegen die juristische Person oder die Personenvereinigung im **Urteilstenor** deren Name – respektive die Firma –, deren Anschrift und das vertretungsberechtigte Organ so präzise als möglich bezeichnet werden, da die Entscheidung zunächst die Grundlage für die Urteilsanfechtung sowie nach Rechtskraft die Grundlage für die Vollstreckung bildet. Die Vollstreckung richtet sich nach §§ 89, 91 ff., 99 OWiG.[59]

20 b) **Strafbefehlsverfahren.** Nach § 444 Abs. 2 S. 2 gelten auch spezifische Bestimmungen für das Strafbefehlsverfahren. Im Falle der Festsetzung einer Verbandsgeldbuße in diesem – gleichfalls einheitlichen – Verfahren kann die betroffene juristische Person oder Personenvereinigung gem. Abs. 2 S. 2 iVm. § 438 Abs. 1 S. 1 gegen den Strafbefehl, der ihr zudem nach § 438 Abs. 1 S. 1 zuzustellen ist, Einspruch einlegen[60] mit der Konsequenz, dass ihr nach § 433 Abs. 1 S. 1 die Stellung eines Beschuldigten zukommt. Hat nur die Verbandsperson Einspruch eingelegt, entscheidet das Gericht hierüber nach § 441 Abs. 2 durch Beschluss, gegen den sofortige Beschwerde zulässig ist. Alternativ ist es möglich, unter den näheren Voraussetzungen von § 441 Abs. 3 aufgrund mündlicher Verhandlung durch Urteil über den zulässigen Einspruch zu entscheiden. Die Anfechtung dieses Urteils ist gem. § 441 Abs. 3 S. 2 allerdings eingeschränkt; auch die Vorgaben nach § 437 Abs. 1 bis 3 sind zu beachten.[61]

---

[51] Argumentum e contrario aus: BGH v. 26. 5. 1956 – 2 StR 322/55, BGHSt 9, 250 (251); AnwK-StPO/*Lohse* Rn. 9; KK-StPO/*Schmidt* Rn. 7.
[52] KMR/*Paulus* Rn. 10; AnwK-StPO/*Lohse* Rn. 9; KK-StPO/*Schmidt* Rn. 7.
[53] KK-StPO/*Schmidt* Rn. 7; Löwe/Rosenberg/*Gössel* Rn. 11.
[54] HK-StPO/*Kurth* Rn. 10; *Meyer-Goßner* Rn. 12; AnwK-StPO/*Lohse* Rn. 7.
[55] BVerfGE v. 21. 6. 1977 – 2 BvR 70, 361/75, BVerfGE 45, 272 (288); AnwK-StPO/*Lohse* Rn. 7; KK-StPO/*Schmidt* Rn. 8; HK-StPO/*Kurth* Rn. 10; *Meyer-Goßner* Rn. 12; kritisch: Göhler/*König* § 88 OWiG Rn. 14; Wabnitz/Janovsky/*Dierlamm* 27. Kap. Rn. 26.
[56] Instruktiv: Wabnitz/Janovsky/*Dierlamm* 27. Kap. Rn. 24 ff.
[57] Löwe/Rosenberg/*Gössel* Rn. 30.
[58] *Pfeiffer* Rn. 5; Löwe/Rosenberg/*Gössel* Rn. 30; KK-StPO/*Schmidt* Rn. 10; kritisch: AnwK-StPO/*Lohse* Rn. 9.
[59] *Joecks* Rn. 6; HK-GS/*Lemke* Rn. 10; HK-StPO/*Kurth* Rn. 17; *Meyer-Goßner* Rn. 21; KK-StPO/*Schmidt* Rn. 18.
[60] KK-StPO/*Schmidt* Rn. 13; HK-GS/*Lemke* Rn. 7.
[61] HK-GS/*Lemke* Rn. 7; vgl. auch unten Rn. 26.

Zu berücksichtigen für das Strafbefehlsverfahren ist, dass nicht nur die Staatsanwaltschaft 21
(§ 407 Abs. 1), sondern auch die in Steuerstrafsachen originär zuständigen Finanzbehörden nach
§§ 400, 401 AO den Erlass eines Strafbefehls bei Gericht beantragen können.[62] Die Vorschrift des
§ 400 AO enthält insoweit eine Durchbrechung des staatsanwaltschaftlichen Anklagemonopols.[63]
In dem Strafbefehlsantrag kann neben der Ahndung der Steuerstraftat eines Organtäters mittels
Geld- und Freiheitsstrafe im Rahmen der nach § 407 Abs. 2 zulässigen Rechtsfolgen auch eine
(Verbands-)Geldbuße gegen die juristische Person oder Personenvereinigung festgesetzt werden.[64]

IV. Das selbstständige Verfahren

Nach Abs. 3 gelten für das selbstständige Verfahren nach § 30 Abs. 4 OWiG, woraus sich die ein- 22
zelnen materiellen Voraussetzungen ergeben,[65] die Vorschriften der §§ 440 und 441 Abs. 1 bis 3
sinngemäß. Dies bedeutet, dass gem. § 440 Abs. 1 die zuständige **Staatsanwaltschaft** nach pflichtgemäßem Ermessen den **Antrag** stellen kann, eine Geldbuße selbstständig gegen die Verbandsperson
festzusetzen, wenn dies gesetzlich zulässig ist und eine Festsetzung nach dem Ergebnis der Ermittlungen zu erwarten ist. Die inhaltlichen Anforderungen an den Antrag ergeben sich aus § 440
Abs. 2, wobei von besonderer Bedeutung ist, dass nach § 440 Abs. 2 S. 1 eine bestimmte Geldbuße
bzw. Geldbußenhöhe anzugeben ist.[66] In diesem Zusammenhang ist freilich zu berücksichtigen,
dass wegen dem fehlenden Verweis auf § 441 Abs. 4 die Vorschrift des § 437 Abs. 4 keine Anwendung bei der Anfechtung der Höhe der Geldbuße findet.[67]

Der nach § 440 Abs. 1 von der Staatsanwaltschaft anzubringende Antrag auf Festsetzung einer 23
Verbandsgeldbuße kann auch von der zuständigen **Finanzbehörde** im Rahmen eines Steuerstrafverfahrens gestellt werden. Denn nach der Vorschrift des § 401 AO, die ihrerseits wiederum auf
die Normen der §§ 440, 442 Abs. 1, 444 verweist, kann die Finanzbehörde als sog. Staatsanwaltschaft der Finanzverwaltung[68] in dem durch § 386 Abs. 1, 2 AO definierten Zuständigkeits- und
Ermittlungsbereich qua ihrer Regelkompetenz Anträge im selbständigen Verfahren an das Gericht
stellen, wenn wegen der Steuerstraftat einer Organperson aus tatsächlichen Gründen keine bestimmte (natürliche) Person verfolgt oder verurteilt werden kann. Gem. § 406 Abs. 2 AO nimmt
die zuständige Finanzbehörde die Rechte und Pflichten der Staatsanwaltschaft wahr, solange
nicht die mündliche Verhandlung beantragt oder vom Gericht angeordnet wurde. Mithin findet
unter den Voraussetzungen von § 441 Abs. 3 S. 1 ein Zuständigkeitswechsel von der Finanzbehörde zur Staatsanwaltschaft statt. Da für die mündliche Verhandlung nach § 441 Abs. 3 S. 1 die
Vorschriften über die Hauptverhandlung entsprechend gelten, ist die Antragsschrift von der
nunmehr verfahrensbeteiligten Staatsanwaltschaft zu verlesen; unabhängig von der verbleibenden
Beteiligungs- und Teilnahmebefugnis der Finanzbehörde.

Zuständig für die Festsetzung der Unternehmensgeldbuße im selbständigen Verfahren ist zu- 24
nächst das Gericht, welches zur Verfolgung der Organperson der juristischen Person oder Personenvereinigung zuständig wäre, an deren Straftat die (Verbands-)Geldbuße nach § 30 Abs. 4 anknüpft.[69] Ferner ergibt sich spezifisch nur für das selbständige Verfahren aus § 444 Abs. 3 S. 2 –
welcher den Verweis auf § 441 Abs. 1 S. 2 gegenstandslos macht[70] – ein **weiterer Gerichtsstand**.
Örtlich zuständig ist auch das Gericht, in dessen Bezirk die Verbandsperson ihren Sitz oder eine
Zweigniederlassung hat.

Grundsätzlich zulässig ist es, vom (subjektiven) Strafverfahren in das objektive Verfahren über- 25
zugehen. Dies setzt voraus, dass die Verfahrensbeteiligung der juristische Person oder Personenvereinigung gerichtlich angeordnet war und ein Hinweis auf die Möglichkeit der selbständigen
Anordnung erfolgt ist.[71]

V. Rechtsbehelfe

Wird im Urteil eine Verbandsgeldbuße festgesetzt, ist dies auch für die juristische Person oder 26
Personenvereinigung nach den allgemeinen Vorschriften im Rahmen der **Berufung** oder Revision

---

[62] Vgl. auch ergänzend die Ausführungen unter Rn. 8.
[63] Volk/*Bohnert* MAH Wirtschafts- und Steuerstrafsachen § 30 Rn. 155.
[64] Kühn/v. Wedelstädt/*Blesinger*, Abgabenordnung, § 400 Rn. 3.
[65] Zu dessen Voraussetzungen: Volk/*Britz* MAH Wirtschaft- und Steuerstrafsachen § 5 Rn. 31; HWSt/*Achenbach* I 2 Rn. 17 f.; Löwe/Rosenberg/*Gössel* Rn. 36.
[66] *Pfeiffer* Rn. 7; KK-StPO/*Schmidt* Rn. 15; Löwe/Rosenberg/*Gössel* Rn. 37.
[67] HK-GS/*Lemke* Rn. 9; KK-StPO/*Schmidt* Rn. 15.
[68] *Klos/Weyand* DStZ 1988, 615.
[69] HWSt/*Achenbach* I 2 Rn. 19.
[70] Löwe/Rosenberg/*Gössel* Rn. 37.
[71] HK-StPO/*Kurth* Rn. 16; KK-StPO/*Schmidt* Rn. 16; AnwK-StPO/*Lohse* Rn. 12; *Pfeiffer* Rn. 7; Löwe/Rosenberg/ *Gössel* Rn. 37.

anfechtbar.[72] Nach § 444 Abs. 2 S. 2 ist jedoch die Vorschrift des § 437 Abs. 1 bis 3 sinngemäß anzuwenden, sodass sich insoweit Restriktionen hinsichtlich der Überprüfung als solcher sowie hinsichtlich deren Umfangs ergeben. Bedeutung hat in diesem Zusammenhang vor Allem § 437 Abs. 1. Demnach erstreckt sich im Rechtsmittelverfahren die Prüfung, ob die Geldbuße gegen die juristische Person oder Personenvereinigung gerechtfertigt ist, auf den **Schuldspruch** des angefochtenen Urteils gegen den Organtäter nur, wenn die näheren Voraussetzungen des § 437 Abs. 1 erfüllt sind. Dies bedeutet, dass die nebenbeteiligte Verbandsperson insoweit Einwendungen vorbringt – bzw. vorbringen muss – und sie im vorausgegangenen (Straf-)Verfahren ohne ihr Verschulden zum Schuldspruch nicht gehört worden ist.[73] Mit anderen Worten: Die grundsätzlich ausgeschlossene Überprüfung des Schuldspruchs findet ausnahmsweise bei entsprechenden, indessen nicht präkludierten Einwendungen statt und ist vom Umfang her durch das Vorbringen sachlich definiert.

Die juristische Person oder Personenvereinigung ist ebenfalls rechtsmittelberechtigt, wenn ihre Verfahrensbeteiligung nicht angeordnet war, gleichwohl aber eine Verbandsgeldbuße gegen sie im Urteil festgesetzt wurde.[74] Die Anfechtungsfrist beginnt allerdings erst mit der Zustellung des Urteils zu laufen.[75]

§§ 445–448 (weggefallen)

[72] *Joecks* Rn. 4.
[73] Löwe/Rosenberg/*Gössel* Rn. 33; *Meyer-Goßner* Rn. 18; KK-StPO/*Schmidt* Rn. 12; HK-StPO/*Kurth* Rn. 13; AnwK-StPO/*Lohse* Rn. 11; Graf/*Inhofer* Rn. 15.
[74] HK-StPO/*Kurth* Rn. 13; AnwK-StPO/*Lohse* Rn. 11; Graf/*Inhofer* Rn. 16; Löwe/Rosenberg/*Gössel* Rn. 15.
[75] KMR/*Paulus* Rn. 20; HK-StPO/*Kurth* Rn. 13; Löwe/Rosenberg/*Gössel* Rn. 15; KK-StPO/*Schmidt* Rn. 12.

SIEBENTES BUCH. STRAFVOLLSTRECKUNG UND KOSTEN DES VERFAHRENS

Erster Abschnitt. Strafvollstreckung

§ 449 [Vollstreckbarkeit]
Strafurteile sind nicht vollstreckbar, bevor sie rechtskräftig geworden sind.

I. Allgemeines

§§ 449 bis 463d StPO betreffen einen Aspekt des **weiteren Procederes** der Strafjustiz nach Rechtskraft von Strafurteilen. Es geht um die Vollstreckung der Entscheidungen. Zweck und Tendenz der Normen lassen sich aber keinesfalls einheitlich bestimmen. Zudem ist die Materie in der StPO nur lückenhaft geregelt, weshalb für manche Vollstreckungsangelegenheiten weitere Regelungen Bedeutung erlangen. 1

1. Gegenstand der Strafvollstreckung. Die Bestimmungen über die Strafvollstreckung haben – historisch gesehen sicher in erster Linie – die **Durchsetzung des** im Urteil zur Geltung gekommenen staatlichen **Strafanspruchs** zum Gegenstand und treffen in formeller (Zuständigkeiten) wie inhaltlicher Hinsicht hierzu Anordnungen. Darüber hinaus trägt das Gesetz aber weiter (in Grenzen) **Interessen des Verurteilten** Rechnung, etwa durch die Normen über Aufschub, Unterbrechung der sowie Absehen von der Vollstreckung und weitere Erleichterungen, §§ 455 bis 456, 459a, 459d, 459f. Es geht also letztlich um Verwirklichung, Abwandlung oder Aufhebung rechtskräftiger Entscheidungen,[1] Letzteres aber nur, soweit keine Gründe vorliegen, die das Urteil selbst oder dessen Entstehung betreffen (dann nur Wiederaufnahme). **Opferinteressen** berücksichtigt § 459a Abs. 1 mit § 42 S. 3 StGB (Zahlungserleichterungen bei Gefährdung der Schadenswiedergutmachung). 2

2. Abgrenzung zum Strafvollzug. Die **Strafverwirklichung** gliedert sich bei freiheitsentziehenden Sanktionen – anders als bei Geldstrafe und sonstigen vermögensentziehenden Folgen kriminellen Verhaltens, die keinen gesonderten Vollzug kennen – in Strafvollstreckung und -vollzug. Keinen Bestandteil der Strafvollstreckung im eigentlichen Sinn bildet also der **Strafvollzug**, den man deshalb auch nicht mehr als Teil des Strafverfahrens begreift. Hierunter fällt der Bereich von der Aufnahme des Verurteilten in die dem Freiheitsentzug dienende Institution bis zur Entlassung. Es geht vereinfacht gesagt beim Strafvollzug also nicht um das Ob, sondern um **das Wie** des Vollzugs.[2] Den Gegenstand der Strafvollstreckung bilden demgegenüber die Entwicklung bis hin zum Strafantritt sowie danach erforderlich werdende Statusscheidungen. 3

Allerdings kommt es vielfach zu einer **Verschränkung** der Regelungsbereiche von Vollstreckung und Vollzug. So gewinnt etwa der eigentlich dem Bereich des Vollzugs zuzuordnende Aspekt der Führung des Inhaftierten auch Bedeutung, wenn über dessen vorzeitige Entlassung als Frage der Vollstreckung zu entscheiden ist. Umgekehrt kann die (nicht) vorhandene Aussicht auf Aussetzung des Strafrestes zur Bewährung sich auf die nach Vollzugsrecht zu beurteilende Gewährung von Vollzugslockerungen auswirken. 4

Strafvollzug im hier gemeinten Sinn beinhaltet nicht nur den Vollzug der **Freiheitsstrafe**, sondern auch denjenigen der stationären **Maßregeln der Besserung und Sicherung** (Unterbringung im psychiatrischen Krankenhaus, in der Entziehungsanstalt und Sicherungsverwahrung). 5

Strafvollzug ist ebenso wie der Vollzug der freiheitsentziehenden Maßregeln der Besserung und Sicherung **Ländersache**. Das betrifft nicht nur die Ausführung auf der Verwaltungsebene, sondern seit der Föderalismusreform auch die **Gesetzgebungszuständigkeit**. Das seit 1. 1. 1977 gültige Bundes-Strafvollzugsgesetz bleibt nach Art. 125a Abs. 1 GG nF zunächst in Kraft, kann jedoch von den Bundesländern durch eigene Regelungen ersetzt werden (Ausnahme: gerichtlicher Rechtsschutz gem. §§ 109ff. StVollzG, da insoweit keine Übertragung der Regelungskompetenz stattgefunden hat). Die Länder haben von ihrer neugewonnenen Zuständigkeit erst teilweise Gebrauch gemacht. Der Vollzug der stationären Maßregeln der Besserung und Sicherung erfolgte bereits bisher im Wesentlichen auf der Basis von Landesrecht (vgl. § 138 StVollzG). 6

---

[1] KK-StPO/*Appl* Vor § 449 Rn. 1; KMR/*Paulus/Stöckel* Vor § 449 Rn. 4; Löwe/Rosenberg/*Graalmann-Scheerer*, Vor § 449 Rn. 3.
[2] Zum Ganzen *Laubenthal*, Strafvollzug, 5. Aufl. 2008, Rn. 10 ff.; anders SK-StPO/*Paeffgen* Vor § 449 Rn. 6.

3. Weitere Rechtsgrundlagen. Die StPO regelt Fragen der Vollstreckung nur unvollständig. Ergänzt werden ihre Normen in erster Linie durch das **StGB**, nachdem die Bestimmungen über die Strafaussetzung zur Bewährung (§§ 56 ff.) und insbesondere diejenigen über die Aussetzung eines Strafrestes nach Teilverbüßung (§§ 57 bis 57 b StGB) ebenfalls eine Form der Vollstreckung berühren.[3] Hinzu treten Strafvollstreckungsordnung (**StVollstrO**) sowie (vermögenswerte Ansprüche betreffend) Justizbeitreibungsordnung (**JBeitrO**) und Einforderungs- und Beitreibungsanordnung (**EBAO**). Diese Normen gelten als die **Gerichte nicht bindende** innerdienstliche Verwaltungsvorschriften.[4] Das Fehlen einer durchgängigen formalgesetzlichen Grundlage erscheint verfassungsrechtlich im Hinblick auf das Erfordernis, alle für die Verwirklichung von Grundrechten wesentlichen Entscheidungen in einem parlamentarischen Gesetz zu treffen, gerade für manche Regelungen in der StVollstrO außerordentlich problematisch.[5] Dem Gebot der **Normenklarheit** genügt die verstreute und unübersichtliche Gestaltung des Strafvollstreckungsrechts ebenfalls nicht.

II. Die Norm im Einzelnen

1. Begriff des Strafurteils. Spricht § 449 vom Strafurteil, sind hier (wie in § 1 StVollstrO) **alle vollstreckungsfähigen Erkenntnisse** gemeint, sofern sie nur auf eine kriminalrechtliche Sanktion lauten.[6] Darunter fallen Urteile, Strafbefehle, aber auch Beschlüsse wie Entscheidungen nach §§ 460, 462, der Widerruf der Strafaussetzung zur Bewährung (§§ 56 f, 57 Abs. 5, 57 a Abs. 3 S. 2 StGB), Widerruf des Straferlasses (§§ 56 g Abs. 2, 57 Abs. 5 S. 1, 57 a Abs. 3 S. 2 StGB), Verurteilung zu vorbehaltener Strafe bei Verwarnung mit Strafvorbehalt (§ 59 b Abs. 1 StGB), Widerruf der Aussetzung einer Unterbringung (§ 67 g Abs. 1 bis 3 StGB), befristete Wiederinvollzusetzung bei einer Unterbringung (§ 67 h Abs. 1 StGB), schließlich Beschlüsse hinsichtlich Nebenfolgen (§§ 437 Abs. 4, 438 Abs. 2, 441 Abs. 2, 442, 444 Abs. 2 und 3).

Entscheidungen, mit denen **Ordnungs- und Zwangsmittel** verhängt werden (etwa § 51, 70, 77) zählen nicht unter §§ 449 ff.[7] Auch **Disziplinarmaßnahmen** sind keine Strafurteile in diesem Sinne. Erst recht gilt das für Entscheidungen privater Instanzen, etwa die Verhängung von Vertrags- oder Vereinsstrafen.

Bußgeldentscheidungen bilden keine Strafurteile iSd. § 449 ff. Wird der rechtskräftige Bußgeldbescheid einer **Verwaltungsbehörde** vollstreckt, gelten §§ 89 ff. OWiG; die Vollstreckung obliegt der für den Bescheiderlass zuständigen Behörde (§ 92 OWiG).[8] Für die Vollstreckung **gerichtlicher Bußgeldentscheidungen** ordnet § 91 OWiG aus dem Kanon der §§ 449 ff. die entsprechende Anwendung von §§ 451 Abs. 1 und 2, 459, 459 g an.

Entscheidungen von **Gerichten der seinerzeitigen DDR** dürfen – was keine große praktische Bedeutung mehr haben wird – grundsätzlich gem. §§ 449 ff. vollstreckt werden (Art. 18 Abs. 1 EV).[9]

2. Vollstreckungsfähiger Entscheidungsinhalt. Vollstreckt werden müssen nur solche Sanktionen, die nicht schon **unmittelbar** kraft Urteilsausspruchs **wirken**. Das betrifft namentlich das Fahrverbot (§ 44 Abs. 2 S. 1 StGB), den Verlust von Amtsfähigkeit, Wählbarkeit und Stimmrecht (§ 45 a Abs. 1 StGB), das Fahrverbot (§ 69 Abs. 3 S. 1 StGB), das Berufsverbot (§ 70 Abs. 4 S. 1 StGB), den Verfall (§ 73 e Abs. 1 StGB) und die Einziehung (§ 74 e Abs. 1 StGB). Im Wege der Strafvollstreckung bleibt insoweit – falls vorgesehen – nur Raum für flankierende Maßnahmen (§§ 459 g Abs. 1, 463 b StPO) und solche zum Zweck der Modifikation (§ 456 c StPO).

3. Rechtskraft als Voraussetzung. Strafurteile dürfen erst mit Eintritt **formeller Rechtskraft** vollstreckt werden. Vorläufige Vollstreckbarkeit wie im Zivilprozess kennt die StPO prinzipiell nicht;[10] die scheinbare Ausnahme in § 406 Abs. 3 S. 2 erklärt sich damit, dass es im Adhäsionsverfahren gerade um zivilrechtliche Ansprüche geht. Formelle Rechtskraft setzt voraus, dass eine Entscheidung mit Rechtsmitteln nicht (mehr) angefochten werden kann.[11]

---

[3] Vgl. BGH v. 8. 12. 1970 – 1 StR 353/70, BGHSt 24, 40 (43) = NJW 1971, 439 f.; BGH v. 24. 3. 1982 – 3 StR 29/82, BGHSt 31, 25 (28) = NJW 1982, 1768; aA SK-StPO/*Paeffgen* Vor § 449 Rn. 2.
[4] BVerfG v. 27. 10. 1970 – 1 BvR 557/68, BVerfGE 29, 312 (315) = NJW 1970, 2287; BVerfG v. 16. 5. 1994 – 2 BvR 394/93, NStZ 1994, 452 (453); OLG Saarbrücken v. 18. 2. 1994 – 1 Ws 126/93, NStZ 1994, 408.
[5] Auch SK-StPO/*Paeffgen* Vor § 449 Rn. 8; AK/*Volckart* Vor § 449 Rn. 13; vgl. ferner BVerfG v. 16. 5. 1994 – 2 BvR 394/93, NStZ 1994, 452 (453).
[6] Vgl. KK-StPO/*Appl* Rn. 2; KMR/*Paulus*/*Stöckel* Rn. 3.
[7] Löwe/Rosenberg/*Graalmann-Scheerer*, 25. Aufl., Rn. 35.
[8] Zu Detailfragen etwa KK-StPO/*Appl* Vor § 449 Rn. 14.
[9] Zu Ausnahmen näher KK-StPO/*Appl* Vor § 449 Rn. 17 mwN; Meyer-Goßner Vor § 449 Rn. 11.
[10] KK-StPO/*Appl* Rn. 8.
[11] Näher Einl Rn. 34.

a) Zeitpunkt der Rechtskraft. Ist gegen eine Entscheidung ein Rechtsmittel nicht vorgesehen, 14 wird sie mit ihrem **Erlass** rechtskräftig. Bei Urteilen kommt es auf den **Verkündungszeitpunkt** an. Führt nach rechtzeitiger Einlegung eines Rechtsmittels ein Beschluss unmittelbar die Rechtskraft der angefochtenen Entscheidung herbei (etwa § 349 Abs. 1 und 2), benennt § 34a als maßgeblichen Zeitpunkt den Ablauf des Tages der Beschlussfassung.

Wird eine mit Rechtsmitteln anfechtbare Entscheidung nicht oder nicht rechtzeitig angegriffen, 15 liegt Rechtskraft mit **Ablauf der Rechtsmittelfrist** vor. Gleiches gilt bei allseitigem **Rechtsmittelverzicht** oder entsprechender **Rücknahme** von Rechtsmitteln (§§ 302, 303).

Eine im Hinblick auf die Unschuldsvermutung kaum zu rechtfertigende[12] und **systemwidrige** 16 **Abweichung** vom Grundsatz der Nichtanerkennung vorläufiger Vollstreckbarkeit statuieren §§ 319 Abs. 2 S. 2 Hs. 2, 346 Abs. 2 S. 2 Hs. 2, wonach der Antrag auf Entscheidung des Berufungs- bzw. Revisionsgerichts nach Verwerfung des Rechtsmittels als unzulässig durch den iudex a quo die Vollstreckung des Urteils nicht hemmt. Nachdem erst der Beschluss des Rechtsmittelgerichts die Unzulässigkeit des Rechtsmittels letztgültig feststellt, tritt Rechtskraft erst mit diesem ein.[13]

b) Teilrechtskraft. Für Vollstreckbarkeit reicht nicht die relative Rechtskaft (nur gegenüber 17 dem Verurteilten). Es muss **absolute Rechtskraft** (gegenüber allen Prozessbeteiligten, also StA, Privat- und Nebenkläger) eingetreten sein.[14] Allerdings kann **Teilrechtskraft** auch Teilvollstreckbarkeit eines Erkenntnisses zur Folge haben. Das betrifft folgende Konstellationen:

aa) Mehrere Angeklagte. Teilvollstreckbarkeit wird anerkannt, wenn bei mehreren Verurteilten 18 das Erkenntnis nur in Bezug auf einen oder mehrere Einzelne rechtskräftig geworden ist. Das folgt aus §§ 316 Abs. 1, 343 Abs. 1 und gilt **unbeschadet** der Möglichkeit der Erstreckung der Revisionswirkungen auf nicht revidierende Mitverurteilte gem. § 357 S. 1.[15] Denn nicht jede erfolgreiche Revision wirkt auch zugunsten der Mitverurteilten, sondern es bleibt bis zum Ablauf der Revisionsbegründungsfrist und damit uU längere Zeit offen, ob § 357 überhaupt theoretisch Anwendung finden kann. § 19 S. 2 StVollstrO ermöglicht hier in Einzelfällen Aufschub oder Unterbrechung der Vollstreckung. Kommt es zu einer **Revisionserstreckung** nach § 357 S. 1, entfällt die Rechtskraft des Urteils; die Vollstreckung wird aber nur **ex nunc** unzulässig.[16] Sie ist zu beenden, wobei allerdings weiterer Freiheitsentzug auf der Basis der §§ 357 S. 2, 47 Abs. 3 möglich bleibt.

bb) Ein Verurteilter. Es ist zu unterscheiden zwischen horizontaler und vertikaler Teilrechts- 19 kraft.

Ist das Urteil wegen einer Tat bei **horizontaler Teilrechtskraft**[17] nur im Rechtsfolgenausspruch 20 und dort nur hinsichtlich einer oder mehrerer von unterschiedlichen Rechtsfolgen (etwa Maßregelanordnung und/oder Verfall neben Strafe) angefochten, so kommt eine Vollstreckung nur des nicht angefochtenen Teils in Betracht, sofern die Beschränkung des Rechtsbehelfs nach §§ 318 S. 1, 344 Abs. 1 möglich ist.[18]

Bei **vertikaler Teilrechtskraft** geht es darum, ob bei Gesamtstrafenbildung (§§ 53 ff. StGB) nicht 21 angefochtene Einzelstrafen vollstreckt werden können, bevor der Ausspruch über die Gesamtstrafe rechtskräftig ist. Die überwiegende Auffassung hält dies für zulässig.[19] Es bestehe hierfür ein praktisches Bedürfnis, gerade bei Strafen sehr unterschiedlicher Höhe, die Einzelstrafen seien selbständige, der Rechtskraft fähige richterliche Entscheidungen und es gelte gem. § 2 Abs. 1 StVollstrO richterliche Entscheidungen mit Nachdruck und Beschleunigung zu vollstrecken.[20] Das überzeugt indes nicht:[21] Die StVollstrO vermag – zumal als bloße Verwaltungsvorschrift – keine über das Gesetz hinausreichenden Belastungen zu begründen und kann jedenfalls hier für das Verständnis des § 449 nichts beitragen. § 449 selbst ist als Verbots- (der Vollstreckung vor Rechtskraft), nicht aber als Gebotsnorm konstruiert. Ferner wird bei der Gesamtstrafenbildung letztlich die **Gesamtstrafe vollstreckt**, nicht aber die Einzelstrafen, so dass es auf die Rechtskraft

---

[12] *Bringewat* Rn. 15; SK-StPO/*Paeffgen* Rn. 5; HK-StPO/*Woynar* Rn. 3; aA *Meyer-Goßner* § 346 Rn. 15.
[13] Dazu BGH v. 17. 7. 1968 – 3 StR 117/68, BGHSt 22, 213 (218 f.) = NJW 1968, 2253 (2254); KK-StPO/*Appl* Rn. 9; KMR/*Paulus/Stöckel* Rn. 9; aA OLG Hamburg v. 14. 11. 1962 – 2 Ss 121/62, NJW 1963, 265.
[14] *Meyer-Goßner* Rn. 5.
[15] KK-StPO/*Appl* Rn. 12; Löwe/Rosenberg/*Graalmann-Scheerer* Rn. 19; krit. *Seifert* JA 2008, 882 f.
[16] Auch KK-StPO/*Appl* Rn. 12 a.
[17] Näher Einl Rn. 34.
[18] KK-StPO/*Appl* Rn. 13; *Meyer-Goßner* Rn. 12.
[19] Etwa BGH v. 20. 4. 1956 – 1 StR 95/56, bei *Dallinger* MDR 1956, 528 (529); KK-StPO/*Appl* Rn. 16 ff.; *Meyer-Goßner* Rn. 11; SK-StPO/*Paeffgen* Rn. 8; KMR/*Paulus/Stöckel* Rn. 16.
[20] Vgl. KK-StPO/*Appl* Rn. 16 f.
[21] So auch OLG Frankfurt v. 7. 3. 1956 – 1 Ws 63/56, NJW 1956, 1290; OLG Oldenburg v. 1. 8. 1959 – 1 Ws 106/59, NJW 1960, 62.

der erstgenannten ankommen muss. Schließlich erscheint die hier vertretene Sichtweise stringenter als die hM. Diese will der **Gefahr**, der Verurteilte könnte eine Einzelstrafe verbüßen, die **länger** ist als die endgültige **Gesamtstrafe**, begegnen, indem eine Teilvollstreckung sich auf die Höhe der geringst zulässigen Gesamtstrafe beschränken soll.[22] Auch soll die Vollstreckungsbehörde ihren Ermessensspielraum nutzen und nur vollstrecken, wenn hierfür ein „echtes Bedürfnis" bestehe, also nicht bei niedrigen Strafen oder der Möglichkeit einer zur Bewährung ausgesetzten Gesamtstrafe.[23] Durch das Prognoseerfordernis wird die Vollstreckungsbehörde aber zum „Ersatzgericht" gemacht und in eine Rolle geschoben, der sie kaum gerecht zu werden vermag: Wieso soll die Vollstreckungsbehörde die zu erwartenden Rechtsfolgen treffender vorhersagen, als das Gericht, dessen Entscheidung angefochten wurde, diese festgelegt hat? Dem Grundsatz der **Vorhersehbarkeit und Berechenbarkeit** staatlichen Handelns dient eine Teilvollstreckung hier nicht.

22   c) **Nachträgliche Gesamtstrafenbildung.** Sind Strafen rechtskräftig ausgeworfen und wird nach § 55 StGB oder § 460 erst **nachträglich** eine **Gesamtstrafe** gebildet, können jene bis zur Rechtskraft der Gesamtstrafenbildung vollstreckt werden.[24] Vorher fehlt es an einer vollstreckungsfähigen Gesamtstrafe und der Verurteilte kann nichts daraus herleiten, dass ihm mit der nachträglichen Gesamtstrafenbildung eine Wohltat, wenn auch erst zu einem späteren Zeitpunkt, erwiesen wird.

23   **4. Vollstreckungsgegengründe.** Soweit solche nicht vorliegen, existiert eine – nicht ausdrücklich statuierte, aber als selbstverständlich vorausgesetzte[25] und in §§ 258 Abs. 2, 258a StGB anerkannte – **Vollstreckungspflicht.** Sind demgegenüber die Voraussetzungen eines zwingenden Vollstreckungshindernisses erfüllt, muss dieses von Amts wegen beachtet werden.[26] Als explizit nicht geregeltes Vollstreckungshindernis wird auch ein Verstoß gegen den Vertrauensgrundsatz anerkannt.[27]

24   Gegengründe können sich einmal aus der **StPO** selbst ergeben. Teilweise bestehen zwingende Hindernisse (§§ 455 Abs. 1 und 2, 459f), teilweise wird der Vollstreckungsbehörde Ermessen eingeräumt (§§ 455 Abs. 3 und 4, 455a, 456, 456a, 456c Abs. 2, 459a Abs. 2, Abs. 4 S. 2, 459c Abs. 2, 459d). Der Zweck der Normen ist uneinheitlich; einerseits geht es um den Schutz berechtigter Interessen des Beschuldigten als Ausdruck des Verhältnismäßigkeitsgrundsatzes (etwa § 459d), andererseits um öffentliche Belange (zB §§ 455a, 456a).

25   Weitere Vollstreckungshindernisse[28] bilden die nicht rechtskräftig widerrufene **Strafaussetzung zur Bewährung** (§§ 56, 57, 57a StGB),[29] Vollstreckungsverjährung (§§ 79 bis 79b StGB), Begnadigung und Amnestie.

26   Bei **Parlamentariern** sind die besonderen Immunitätsvorschriften zu beachten. Eine freiheitsentziehende Strafe oder Maßregel darf gegen einen Bundestagsabgeordneten nur mit Genehmigung des Parlaments vollstreckt werden (Art. 46 Abs. 3 GG; vgl. Nr. 192 Abs. 1, Abs. 2 S. 4 RiStBV). Ähnliches gilt für Mitglieder des Europäischen Parlaments (vgl. Nr. 192b Abs. 3 RiStBV).

27   Besonderheiten ergeben sich weiter aus dem Grundsatz der Spezialität bei **Einlieferung eines Verurteilten** aus dem Ausland nach Deutschland: Die Vollstreckung darf nur so weit reichen, wie dies vom Einverständnis des ausliefernden Staats gedeckt ist.[30] Gestattet die Auslieferungsbewilligung bei Vorliegen einer Gesamtfreiheitsstrafe nur die Vollstreckung wegen einer oder mehrerer Einzelstrafe(n), hat man diese – unbeschadet der Aussetzung des Strafrests der Einzelstrafe(n) – in ihrer jeweiligen Höhe zu vollstrecken.[31]

III. Bedeutung der Norm in anderen Verfahren

28   **1. Jugendstrafrecht.** Im Jugendstrafrecht wird auch zwischen **Vollstreckung** (§§ 82 bis 89b JGG) und Vollzug (§§ 90 bis 93a JGG) differenziert. Nachdem das BVerfG die Durchführung des

---

[22] OLG Bremen v. 16. 6. 1955 – Ws 106/55, NJW 1955, 1243 (1244); OLG Celle v. 10. 10. 1957 – 2 Ws 280/57, NJW 1958, 153 f.; OLG Hamm v. 2. 4. 2009 – 3 Ws 104/09, NStZ 2009, 655; *Meyer-Goßner* Rn. 11.
[23] KK-StPO/*Appl* Rn. 19; *Meyer-Goßner* Rn. 11; KMR/*Paulus/Stöckel* Rn. 16.
[24] KG v. 19. 5. 2004 – 5 Ws 263/04, NStZ-RR 2004, 286 mwN; KK-StPO/*Appl* Rn. 20.
[25] *Meyer-Goßner* Rn. 2; *Löwe/Rosenberg/Graalmann-Scheerer* Rn. 6.
[26] KK-StPO/*Appl* Rn. 22; *Röttle/Wagner* Rn. 659.
[27] OLG Düsseldorf v. 29. 4. 1992 – 1 Ws 369/92, MDR 1992, 1078 (1079); OLG Karlsruhe v. 26. 11. 1996 – 1 Ws 322/96, NStZ-RR 1997, 253.
[28] Ausführlich *Röttle/Wagner* Rn. 658 ff.
[29] Vgl. OLG Hamm v. 14. 12. 1982 – 5 Ss 1714/82, NStZ 1983, 459.
[30] KMR/*Paulus/Stöckel* Vor § 449 Rn. 31 ff.
[31] OLG München v. 12. 12. 1988 – 1 Ws 1208/88, StV 1989, 353; KK-StPO/*Appl* Rn. 23.

Erster Abschnitt. Strafvollstreckung 1 § 450

Jugendstrafvollzugs auf der Basis von §§ 91, 92 JGG aF und ergänzenden Verwaltungsvorschriften für verfassungswidrig erklärt und den Gesetzgeber bis zum Ablauf einer Übergangsfrist am 31. 12. 2007 zur Herstellung einer verfassungsgemäßen Rechtslage verpflichtet hatte,[32] haben die im Wege der Föderalismusreform zuständig gewordenen Bundesländer im Jahre 2007 die erforderlichen Regelungen geschaffen, während der Bund einem weiteren Karlsruher Postulat entsprechend in Abkehr von §§ 23 ff. EGGVG ein jugendgemäßes Rechtsschutzsystem beisteuerte (§ 92 JGG nF).

2. Anwaltsgerichtliches Verfahren. Nach § 116 S. 2 BRAO findet § 449 hier sinngemäß Anwendung.[33] 29

3. Rechtshilfe. Die **Vollstreckung** eines deutschen Erkenntnisses **im Ausland** kann unter den 30
Voraussetzungen des § 71 IRG von dem fremden Staat durchgeführt werden. Die Vorschrift differenziert danach, ob der Verurteilte Ausländer oder Deutscher ist. Im ersten Fall, für den das Übereinkommen vom 21. März 1983 über die Überstellung verurteilter Personen (ÜbstÜbk)[34] (mit Zusatzprotokoll vom 18. 12. 1997[35]) und das Überstellungsausführungsgesetz (ÜAG)[36] weitere Regelungen enthalten, erscheint eine Internationalisierung der Verbüßung zumindest einer stationären Sanktion sinnvoll, wenn mit aufenthaltsbeendenden Maßnahmen gerechnet werden muss und somit eine sinnvolle Behandlung in auf die (Wieder-)Eingliederung in die deutsche Gesellschaft ausgerichteten hiesigen Justizvollzug kaum realisierbar bleibt.[37]

Umgekehrt richtet sich die Vollstreckung eines **ausländischen Erkenntnisses im Inland** nach 31
§§ 48 ff. IRG (für deutsche Staatsangehörige gilt weiter § 80 Abs. 4 IRG). Auch diese Vorschriften erfahren ihre Ergänzung durch die zT vorrangigen Instrumente des zwischenstaatlichen Rechts (ÜbstÜbk, Übk vom 13. 11. 1991 zwischen den Mitgliedstaaten der EG über die Vollstreckung ausländischer strafrechtlicher Verurteilungen,[38] Art. 67 ff. SDÜ) und der zu ihrer Umsetzung geschaffenen Bestimmungen (ÜAG).[39] Nach dem vom BT im Juli 2010 beschlossenen G zur Umsetzung des Rahmenbeschlusses 2005/214/JI des Rates vom 24. Februar 2005 über die Anwendung des Grundsatzes der gegenseitigen Anerkennung von Geldstrafen und Geldbußen[40] wird das IRG um (geänderte) §§ 86 bis 87 p ergänzt, die eine effektivere Vollstreckung von Geldsanktionen zwischen EU-Staaten ermöglichen sollen.

Die Vollstreckung von Urteilen eines **Internationalen Strafgerichtshofes** in Deutschland ist 32
möglich auf der Basis der §§ 41 f., 47 Abs. 1 IStGHG. Es bedarf einer entsprechenden Vollstreckungsvereinbarung; der internationale Gerichtshof bleibt für die Vollstreckung und alle damit zusammenhängenden Fragen zuständig.[41]

§ 450 [Anrechnung von Untersuchungshaft und Führerscheinentziehung]

(1) Auf die zu vollstreckende Freiheitsstrafe ist unverkürzt die Untersuchungshaft anzurechnen, die der Angeklagte erlitten hat, seit er auf Einlegung eines Rechtsmittels verzichtet oder das eingelegte Rechtsmittel zurückgenommen hat oder seitdem die Einlegungsfrist abgelaufen ist, ohne daß er eine Erklärung abgegeben hat.

(2) Hat nach dem Urteil eine Verwahrung, Sicherstellung oder Beschlagnahme des Führerscheins auf Grund des § 111a Abs. 5 Satz 2 fortgedauert, so ist diese Zeit unverkürzt auf das Fahrverbot (§ 44 des Strafgesetzbuches) anzurechnen.

I. Anrechnung von Untersuchungshaft (Abs. 1)

§ 450 Abs. 1 schreibt die Anrechnung von Untersuchungshaft auf die Freiheitsstrafe seit 1
Rechtsmittelverzicht oder -rücknahme bzw. ungenutztem Verstreichenlassen der Rechtsmittelfrist vor, mithin seit Eintritt bestimmter Konstellationen der **Rechtskraft**.

---

[32] BVerfG v. 31. 5. 2006 – 2 BvR 1673/04 u. 2402/04, BVerfGE 116, 69 = NJW 2006, 2093.
[33] Henssler/Prütting/*Dittmann* § 116 BRAO Rn. 31.
[34] BGBl. 1991 II S. 1006.
[35] BGBl. 2002 II S. 2866.
[36] BGBl. 1991 I S. 1954; 2006 I S. 3175.
[37] Näher zu den Voraussetzungen *Schomburg/Lagodny/Gleß/Hackner* § 71 IRG.
[38] BGBl. 1997 II S. 1350.
[39] Details bei *Schomburg/Lagodny/Gleß/Hackner* §§ 48 ff. IRG.
[40] BT-Drucks. 17/1288; 17/2458; dazu *Hackner/Trautmann* DAR 2010, 71 ff.
[41] Siehe *Schomburg/Lagodny/Gleß/Hackner* Vor § 48 IRG Rn. 2 b.

2 1. Bedeutung der Vorschrift. Nachdem bereits **§ 51 Abs. 1 S. 1 StGB** kraft Gesetzes, also ohne Erfordernis einer besonderen Anordnung im Urteil,[1] die Anrechnung von Untersuchungshaft auf u.a. zeitige Freiheitsstrafe anordnet, ist strittig, ob § 450 Abs. 1 der genannten materiellen Norm für den von ihm erfassten Zeitraum vorgeht[2] oder ob im Gegenteil die vollstreckungsrechtliche Bestimmung obsolet ist.[3] Praktische Bedeutung kommt dieser Meinungsverschiedenheit nur insofern zu, als § 51 Abs. 1 S. 2 StGB – anders als § 450 Abs. 1 – dem Gericht die **Nichtanrechnung** der Untersuchungshaft aus bestimmten Gründen gestattet: Kann es insbesondere den Zeitraum der Nichtanrechnung verlängern, wenn die Rechtskraft des Urteils hinausgeschoben wird, ohne dass dies – wie bei der Rechtsmitteleinlegung anderer Prozessbeteiligter – auf einem dem Angeklagten zurechenbaren Verhalten beruht?

3 Hier gilt folgendes: Mit Schaffung des § 51 Abs. 1 StGB hat sich das Bemühen des Gesetzgebers manifestiert, grundsätzlich die gesamte Untersuchungshaft auf die Strafe anzurechnen.[4] Allerdings bleibt es umgekehrt und unbeschadet des § 450 Abs. 1 möglich, die Anrechnung der Untersuchungshaft als „Sanktion" für das Nachtatverhalten nach § 51 Abs. 1 S. 2 StGB zur Gänze, also bis zum Eintritt der absoluten Rechtskraft, auszuschließen. Nur insoweit verbietet es § 450 Abs. 1 als typisierende Regelung, die Wohltat der **Anrechnung** auch für den Zeitraum nach Eintritt der **relativen Rechtskraft** zugunsten des Angeklagten zu versagen.[5] Denn hat dieser das Judiz Rechtskraft erlangen lassen, kann man keineswegs mehr von einem Nachtatverhalten sprechen, welches eine Nichtanrechnung rechtfertigt. Die ergangene Nichtanrechnungsentscheidung verliert also mit Eintritt der relativen Rechtskraft ihre Wirkung, und dem Rechtsmittelgericht bleibt es verwehrt, für diese Periode die Nichtanrechnung der Untersuchungshaft anzuordnen. Dieser Sichtweise entspricht auch die in § 39 Abs. 2 S. 1 StVollstrO getroffene Regelung.

4 Die Nichtanrechnungsanordnung wird **vollstreckungstechnisch** umgesetzt, indem der zwischen dem Zeitpunkt der relativen und der absoluten (Strafbeginn, § 38 Nr. 3 StVollstrO) Rechtskraft verstrichene Zeitraum vom festgesetzten Ende der Strafzeit (§ 39 Abs. 4 StVollstrO) tageweise rückwärts **abgezogen** wird.[6]

5 2. Begriff der Untersuchungshaft. U-Haft ist hier über solche im technischen Sinne gem. §§ 112 ff. hinaus **jede Freiheitsentziehung**, die der Beschuldigte im Zusammenhang mit einem Verfahren wegen einer Tat im prozessualen Sinne[7] erlitten hat und die deshalb nach § 51 Abs. 1 S. 1 StGB angerechnet wird.[8] Das sind etwa vorläufige Festnahme (§ 127), Hauptverhandlungshaft (§ 127 b), Haft nach § 230 Abs. 2, Unterbringung gem. §§ 81, 126a sowie Auslieferungshaft, nicht aber Abschiebungshaft (§ 62 AufenthG).[9] **Verfahrensfremde U-Haft** kann nicht per se Berücksichtigung finden, wohl aber bei funktionaler Verfahrenseinheit.[10]

6 3. Auswirkungen der Norm bei absoluter Rechtskraft. Für den Zeitraum nach **Eintritt der absoluten Rechtskraft** gilt Abs. 1 nicht, wenn man mit der Judikatur und wohl hM annimmt, dass U-Haft sich unmittelbar mit diesem Ereignis in Strafhaft umwandelt.[11] Anders muss dies sehen, wer – zu Recht – davon ausgeht, dass U-Haft bis zur förmlichen Einleitung der Strafvollstreckung andauert.[12] Nach der zweiten Meinung wird die U-Haft in diesem Fall der „**Zwischenhaft**" zwar auf die Strafhaft angerechnet, jedoch kann § 51 Abs. 1 S. 2 StGB zum Tragen kommen.

7 4. Relative Rechtskraft. a) Ganze Urteilsformel. Das Urteil ist in toto für den Angeklagten **unanfechtbar** geworden, sei es durch Rechtsmittelverzicht bzw Zurücknahme eines vorher eingelegten Rechtsmittels (§ 302) oder durch fruchtloses Verstreichenlassen der Einlegungsfrist (einschließlich verspäteter Einlegung des Rechtsmittels, vgl. §§ 316 Abs. 1, 343 Abs. 1).

---

[1] BGH v. 19. 11. 1970 – 2 StR 510/70, BGHSt 24, 29 (30) = NJW 1971, 290 f.; BGH v. 12. 10. 1977 – 2 StR 419/77, BGHSt 27, 287 (288) = NJW 1978, 229 (230); zu Ausnahmen KK-StPO/*Appl* Rn. 3.
[2] Dafür OLG Celle v. 17. 12. 1969 – 1 Ws 421/69, NJW 1970, 768.
[3] Etwa SK-StGB/*Horn* § 51 Rn. 7.
[4] Löwe/Rosenberg/*Graalmann-Scheerer* Rn. 2.
[5] Im Ergebnis auch BGH v. 8. 2. 1972 – 1 StR 536/70, NJW 1970, 730; ferner KK-StPO/*Appl* Rn. 2; Graf/*Klein* Rn. 1; *Meyer-Goßner* Rn. 3; KMR/*Paulus/Stöckel* Rn. 3, jeweils mwN.
[6] Ausführlicher *Meyer-Goßner* Rn. 9; *Röttle/Wagner* Rn. 163 ff.; Löwe/Rosenberg/*Graalmann-Scheerer* Rn. 7.
[7] Dazu § 264 Rn. 7 ff.
[8] *Meyer-Goßner* Rn. 2; SK-StPO/*Paeffgen* Rn. 3.
[9] Vgl SK-StPO/*Paeffgen* Rn. 3; KMR/*Paulus/Stöckel* Rn. 5.
[10] Näher BGH v. 26. 6. 1997 – StB 30/96, BGHSt 43, 112 (116) = NStZ 1998, 134 (135); OLG Celle v. 6. 1. 2009 – 1 Ws 623/08, NStZ 2010, 108 mwN; Matt/Renzikowski/*Bußmann* § 51 StGB Rn. 5; *Fischer* § 51 StGB Rn. 6 a.
[11] BGH v. 28. 8. 1991 – 2 ARs 366/91, BGHSt 38, 63 = NJW 1992, 518; BGH v. 26. 11. 2003 – 2 ARs 382/03, StraFo 2004, 71; OLG Celle v. 9. 8. 1963 – 3 Ws 512/63, NJW 1963, 2240; OLG Hamm v. 12. 2. 2008 – 3 Ws 29/08, NStZ 2008, 582; *Bringewat* Rn. 9; *Meyer-Goßner* § 120 Rn. 15 mwN; Löwe/Rosenberg/*Graalmann-Scheerer* Rn. 8.
[12] Etwa OLG Frankfurt v. 28. 8. 1978 – 4 Ws 142/78, MDR 1979, 75 (76); SK-StPO/*Paeffgen* Rn. 5; *Pfeiffer* Rn. 3; *Laubenthal*, Strafvollzug, 5. Aufl. 2008, Rn. 918.

Erster Abschnitt. Strafvollstreckung 8–12 § 450

Rechtsmittel der StA zugunsten des Angeklagten (§ 296 Abs. 2), des gesetzlichen Vertreters 8 (§ 298) oder Erziehungsberechtigten (§ 67 Abs. 3 JGG) stehen der Anwendung von Abs. 1 nicht entgegen.[13] Der Angeklagte hat die Einlegung solcher **Rechtsbehelfe aus eigenem Recht** nicht zu vertreten. Anderes gilt wegen § 297 für Rechtsmittel des Verteidigers.[14] Übernimmt der Angeklagte nach Volljährigkeit ein nach § 298 oder § 67 Abs. 3 JGG eingelegtes Rechtsmittel, **entfällt** aber die **Anrechnung** gem. Abs. 1 ex nunc.[15]

b) **Teilrechtskraft.** Die – unzutreffende – hM, die von der Teilvollstreckbarkeit einzelner Strafen 9 ausgeht,[16] wendet Abs. 1 auch für die Vollstreckung einer **Einzelstrafe** an. Dabei wird nicht differenziert, auf welcher Ursache der nur teilweise Eintritt der Rechtskraft beruht, ob auf beschränkter Anfechtung durch den Angeklagten oder einen sonstigen Berechtigten, teilweiser Rechtsmittelrücknahme usw.[17] Gleiches muss danach gelten, wenn nur eine oder mehrere Einzelstrafe(n) durch revisionsgerichtliche Entscheidung Rechtskraft erlangen.[18] Die Anrechnung der U-Haft erfolgt im ersten Fall bis zur vollen Höhe der vollstreckbaren Einzelstrafe.[19]

Erachtet man die **Teilvollstreckung** für **unzulässig**, darf dadurch der Angeklagte nicht schlech- 10 ter gestellt werden. Vielmehr ergibt sich die Lösung aus dem Normzweck des § 450. Dem Angeklagten darf die Wohltat der Anrechnung nicht verweigert werden, soweit und solange er sich mit dem Urteil abgefunden hat. Die Situation entspricht letztlich der, in der durch einen anderen Verfahrensbeteiligten ein Urteil nur teilweise angefochten wurde.[20] Auch hier erfolgt deshalb die Anrechnung der U-Haft auf die spätere Gesamtstrafe bis zur vollen Höhe der rechtskräftig gewordenen Einzelstrafe(n).

5. **Maßregelvollzug.** Abs. 1 **gilt entsprechend** mit der Folge der Anrechnung auf die Maßregel, 11 wenn der zu einer stationären Maßregel der Besserung und Sicherung Verurteilte einstweilig untergebracht ist (§ 126 a).[21] Befindet sich der Verurteilte in U-Haft und ist die freiheitsentziehende Maßregel vor der Strafe zu vollziehen (§ 67 Abs. 1 StGB), soll die Anrechnung aber **auf die Strafe**, nicht auf die Maßregel erfolgen.[22] Wird gem. § 67 Abs. 2 StGB ein (zumindest teilweiser) Vorwegvollzug der Strafe angeordnet, wird vorangegangene Freiheitsentziehung ebenfalls auf die Strafe angerechnet.[23] Ein zu Unterbringung Verurteilter, der sich in U-Haft oder Strafhaft in anderer Sache befindet und für den nicht sofort ein freier Platz im Maßregelvollzug zur Verfügung steht, darf für einen unerlässlichen Zwischenraum in **Organisationshaft** in der Vollzugsanstalt festgehalten werden.[24] Dieser Zeitraum ist auf den weiteren Freiheitsentzug anzurechnen, und zwar in erster Linie auf eine noch zu verbüßende Strafhaft.[25] Das gilt auch, wenn der Maßregelvollzug kürzer ist als der auf die Strafe anrechenbare Zeitraum.[26] Nicht um Organisationshaft handelt es sich, wenn eine neben Freiheitsstrafe angeordnete Unterbringung bis zur Rechtskraft des Beschlusses nach § 67d Abs. 5 StGB im Maßregelvollzug weiter vollstreckt wird.[27]

II. Anrechnung auf Fahrverbot (Abs. 2)

Abs. 2 betrifft den Fall, dass ein **Führerschein** nach §§ 94, 111 a Abs. 3 in Verwahrung genom- 12 men, sichergestellt oder beschlagnahmt worden ist, weil mit der Entziehung der Fahrerlaubnis durch Urteil und damit der Einziehung des Führerscheins gerechnet werden konnte (§ 69 StGB). Kommt es im Urteil aber nicht zur Entziehung der Fahrerlaubnis, sondern nur zur Verhängung eines **Fahrverbots** iSd. §§ 44 StGB, wäre der im staatlichen Gewahrsam befindliche Führerschein

---

[13] SK-StPO/*Paeffgen* Rn. 8.
[14] *Meyer-Goßner* Rn. 6.
[15] LG Bamberg v. 13. 7. 1966 – 2 Kls 50/65, NJW 1967, 68 (69); *Bringewat* Rn. 6; *Meyer-Goßner* Rn. 6.
[16] Näher § 449 Rn. 21.
[17] Etwa BGH v. 12. 7. 1955 – 1 StR 229/55, NJW 1955, 1488; KK-StPO/*Appl* Rn. 5; *Meyer-Goßner* Rn. 8.
[18] OLG Braunschweig v. 3. 9. 1963 – Ws 143/63, NJW 1963, 2239; OLG Hamm v. 2. 4. 2009 – 3 Ws 104/09, NStZ 2009, 655; Löwe/Rosenberg/*Graalmann-Scheerer* Rn. 13.
[19] KK-StPO/*Appl* Rn. 5; *Meyer-Goßner* Rn. 8; aA Löwe/Rosenberg/*Graalmann-Scheerer* Rn. 14.
[20] Löwe/Rosenberg/ *Graalmann-Scheerer* Rn. 12.
[21] Für alle SK-StPO/*Paeffgen* Rn. 4.
[22] OLG Hamm v. 27. 7. 1989 – 1 Ws 217/89, MDR 1989, 1120; KK-StPO/*Appl* Rn. 9; SK-StPO/*Paeffgen* Rn. 4.
[23] BGH v. 23. 4. 1991 – 4 StR 121/91, NJW 1991, 2431; OLG Düsseldorf v. 2. 8. 2006 – III-4 Ws 50/06, NStZ-RR 2006, 251 (252); KK-StPO/*Appl* Rn. 10 e; SK-StPO/*Paeffgen* Rn. 4; aA OLG Schleswig v. 2. 4. 1990 – 1 Ws 118/90, NStZ 1990, 407.
[24] BVerfG v. 26. 9. 2005 – 2 BvR 1019/01, NJW 2006, 427 (428 f.); OLG Hamm v. 27. 3. 1998 – 2 Ws 131/98, NStZ 1998, 479; zum Ganzen auch *Bartmeier* NStZ 2006, 544; *Morgenstern* StV 2007, 441; *Laubenthal*, Strafvollzug, 5. Aufl. 2008, Rn. 898.
[25] BVerfG v. 18. 6. 1997 – 2 BvR 2422/96, StV 1997, 467 (477); OLG Celle v. 20. 8. 1996 – 3 Ws 196/96, StV 1997, 477; OLG Celle v. 30. 1. 2006 – 1 Ws 10/06, NStZ-RR 2006, 388; OLG Zweibrücken v. 14. 3. 1996 – 1 Ws 96/96, StV 1997, 478.
[26] OLG Celle v. 26. 5. 2009 – 2 Ws 113/09, StraFo 2009, 346.
[27] OLG Frankfurt v. 26. 9. 2006 – 3 Ws 907/06, NStZ-RR 2006, 387; OLG Celle v. 12. 1. 2006 – 2 Ws 5/06, StV 2006, 422 (423); vgl. auch ThürOLG v. 17. 10. 2006 – 1 Ws 332/06, StV 2007, 427 (428).

zurückzugeben (§ 111a Abs. 5 S. 1). Widerspricht der Beschuldigte nicht, kann die Rückgabe jedoch aufgeschoben werden, § 111a Abs. 5 S. 2. Die vor Rechtskraft und damit Wirksamkeit des Fahrverbots (§ 44 Abs. 2 S. 1 StGB) liegende Zeit des Verzichts auf den Führerschein, die faktisch als Fahrverbot wirkt,[28] ist unverkürzt auf dessen Dauer anzurechnen.

III. Bedeutung der Norm in Verfahren nach dem JGG

13   Bei Verhängung von **Jugendstrafe** findet Abs. 1 Anwendung (§ 2 Abs. 2 JGG).[29] Denn auch hier wird die U-Haft angerechnet (§§ 52a Abs. 1 S. 1, 109 Abs. 2 S. 1 JGG). Lediglich die Möglichkeiten der Nichtanrechnung sind durch die Berücksichtigung auch erzieherischer Gründe erweitert, § 52a Abs. 1 S. 2 u. 3 JGG.[30] Folgt nach U-Haft **Jugendarrest**, gilt Abs. 1 entsprechend, § 87 Abs. 2 JGG, ebenfalls nach **einstweiliger Unterbringung** in einem Heim der Jugendhilfe (§§ 71 Abs. 2, 72 Abs. 4 JGG), da der Fall nicht geregelt, die Sachlage aber vergleichbar ist.[31] Abs. 2 kommt ebenfalls über § 2 Abs. 2 JGG zur Anwendung, da ein Fahrverbot auch im Jugendstrafrecht statthaft bleibt (§ 76 S. 1 JGG).[32]

IV. Anrechnung bei Verfahrensverstößen

14   Haben die Behörden ein Strafverfahren **in rechtsstaatswidriger Weise** in einem Ausmaß **verzögert**, dass eine Kompensation der zusätzlichen Belastungen des Beschuldigten unabdingbar erscheint, erfolgt dies nach der neuen Lösung des GSSt nicht mehr durch eine Herabsetzung der schuldangemessenen Strafe (Strafzumessungslösung).[33] Vielmehr sind ohne Berücksichtigung der Verfahrensverzögerung schuldangemessene Einzel- und Gesamtstrafen festzusetzen. In der Urteilsformel ist dann auszusprechen, dass ein genau bezifferter Teil der verhängten (Gesamt-)Strafe einschließlich lebenslanger Freiheitsstrafe[34] – oder Jugendstrafe[35] – als vollstreckt gilt (**Vollstreckungslösung**).[36] Das gilt auch bei Verfahrensverzögerung nach Revisionseinlegung.[37] Unzulässig ist es, das Maß der Anrechnung analog § 51 Abs. 1 S. 1 StGB mit dem Umfang der Verzögerung gleichzusetzen; häufig wird die Anrechnung sich auf einen eher geringen Bruchteil der Strafe beschränken.[38] Wird eine unter Anwendung der Vollstreckungslösung gebildete Gesamtstrafe nachträglich aufgelöst, muss bei der **Bildung einer neuen Gesamtstrafe** festgelegt werden, inwieweit sie als vollstreckt anzusehen ist. Gleiches gilt, wenn die ursprünglich verhängten Einzelstrafen zur Bildung mehrerer neuer Gesamtstrafen herangezogen werden. Hier kommt es darauf an, welches Gewicht den im verzögerten Verfahren ausgeworfenen Einzelstrafen bei der Bildung der Gesamtstrafen zufällt. In der Summe darf nicht hinter der ursprünglich vorgenommenen Anrechnung zurückgeblieben werden.[39] Probleme wirft die Vollstreckungslösung nach Aufhebung von Urteilen im Rechtsfolgenausspruch durch das Revisionsgericht im Hinblick auf die Anwendung von § 358 Abs. 2 auf.[40] Von Verfassungs wegen war in Übergangsfällen die Urteilsaufhebung allein zum Zwecke einer Umstellung von der Strafzumessungs- auf die Vollstreckungslösung nicht veranlasst.[41]

15   Auch Verstöße gegen die Pflicht zur Belehrung über die Möglichkeit der **Inanspruchnahme konsularischen Beistands** (Art. 36 Abs. 1 b S. 3 Wiener KonsularrechtsÜbk) sind nach Auffassung des 5. Strafsenats zu kompensieren, indem ein Teil der Strafe als verbüßt zu werten ist.[42]

---

[28] Vgl. KK-StPO/*Appl* Rn. 11; SK-StPO/*Paeffgen* Rn. 11.
[29] KK-StPO/*Appl* Rn. 12; Löwe/Rosenberg/ *Graalmann-Scheerer* Rn. 24.
[30] Zu den Voraussetzungen BGH v. 21. 6. 1990 – 4 StR 122/90, BGHSt 37, 75 = NJW 1990, 2698.
[31] Vgl. KK-StPO/*Appl* Rn. 12; Löwe/Rosenberg/ *Graalmann-Scheerer* Rn. 25.
[32] Zur Möglichkeit des Fahrverbots noch *Eisenberg* § 6 JGG Rn. 5.
[33] Vgl. BGH v. 23. 8. 2007 – 3 StR 50/07, NJW 2007, 3294 (3295).
[34] Dazu BGH v. 8. 12. 2009 – 5 StR 433/09, NJW 2010, 1157 (1158); BGH v. 20. 1. 2010 – 2 StR 403/09, NJW 2010, 1470.
[35] BGH v. 27. 11. 2008 – 5 StR 495/08, NStZ 2010, 94.
[36] BGH v. 17. 1. 2008 – GSSt 1/07, BGHSt 52, 124 = NJW 2008, 860; BGH v. 9. 4. 2008 – 3 StR 71/08, wistra 2008, 341; dazu zT krit. *Ignor/Bertheau* NJW 2008, 2209; *Keiser* GA 2008, 686; *Kraatz* JR 2008, 189; *Peglau* NJW 2007, 3298; *I. Roxin* StV 2008, 14; *Schmitt* StraFo 2008, 313; *Streng* JZ 2008, 979; *Ziegert* StraFo 2008, 321; *Fischer* § 46 StGB Rn. 131 ff.
[37] BGH v. 6. 3. 2008 – 3 StR 376/07, wistra 2008, 303 (304); BGH v. 3. 4. 2008 – 1 StR 105/08, wistra 2008, 304; BGH v. 17. 4. 2008 – 5 StR 155/08, wistra 2008, 304 (305).
[38] BGH v. 6. 3. 2008 – 3 StR 514/07, wistra 2008, 302.
[39] BGH v. 17. 1. 2008 – GSSt 1/07, BGHSt 52, 124 (147f.) = NJW 2008, 860 (867).
[40] Dazu BGH v. 18. 1. 2008 – 3 StR 388/07, NJW 2008, 299; BGH v. 26. 2. 2008 – 4 StR 15/08, JR 2008, 300; BGH v. 5. 3. 2008 – 2 StR 54/08, JR 2008, 300; BGH v. 11. 3. 2008 – 3 StR 54/08, JR 2008, 301; BGH v. 20. 3. 2008 – 1 StR 488/07, JR 2008, 302, mAnm *G. Schäfer*.
[41] BVerfG v. 10. 3. 2009 – 2 BvR 49/09, wistra 2009, 307.
[42] BGH v. 25. 9. 2007 – 5 StR 116/01, 5 StR 475/02, BGHSt 52, 48 (56f.) = NJW 2008, 307; BGH v. 8. 12. 2009 – 5 StR 433/09, NJW 2010, 1157 (1158); aA BGH v. 20. 12. 2007 – 3 StR 318/07, BGHSt 52, 110 (118) = NJW 2008, 1090 (1093); BGH v. 20. 1. 2010 – 2 StR 403/09, NJW 2010, 1470; *R. Esser* JR 2008, 271 (278); *Schomburg/Schuster* NStZ 2008, 593 (596f.); KK-StPO/*Appl* Rn. 15.

§ 450a [Anrechnung einer im Ausland erlittenen Freiheitsentziehung]

(1) ¹Auf die zu vollstreckende Freiheitsstrafe ist auch die im Ausland erlittene Freiheitsentziehung anzurechnen, die der Verurteilte in einem Auslieferungsverfahren zum Zwecke der Strafvollstreckung erlitten hat. ²Dies gilt auch dann, wenn der Verurteilte zugleich zum Zwecke der Strafverfolgung ausgeliefert worden ist.

(2) Bei Auslieferung zum Zwecke der Vollstreckung mehrerer Strafen ist die im Ausland erlittene Freiheitsentziehung auf die höchste Strafe, bei Strafen gleicher Höhe auf die Strafe anzurechnen, die nach der Einlieferung des Verurteilten zuerst vollstreckt wird.

(3) ¹Das Gericht kann auf Antrag der Staatsanwaltschaft anordnen, daß die Anrechnung ganz oder zum Teil unterbleibt, wenn sie im Hinblick auf das Verhalten des Verurteilten nach dem Erlaß des Urteils, in dem die dem Urteil zugrunde liegenden tatsächlichen Feststellungen letztmalig geprüft werden konnten, nicht gerechtfertigt ist. ²Trifft das Gericht eine solche Anordnung, so wird die im Ausland erlittene Freiheitsentziehung, soweit ihre Dauer die Strafe nicht überschreitet, auch in einem anderen Verfahren auf die Strafe nicht angerechnet.

I. Zweck der Vorschrift

Die Norm ergänzt die Vorschriften über die **Anrechnung von Freiheitsentziehung**, die der eigentlichen Strafvollstreckung vorangeht (§ 450, § 51 StGB). § 51 Abs. 1 S. 1 und Abs. 3 S. 2 StGB erfassen nur auf Grund eines zum Zweck der Strafverfolgung gestellten Auslieferungsersuchens erlittene Haft in der Fremde, während § 450a die im Ausland erfolgte Freiheitsentziehung infolge eines **auf Strafvollstreckung gerichteten Auslieferungsbegehrens** berücksichtigt.[1]

Abs. 1 schreibt als **Grundsatz** die Anrechnung vor; Abs. 2 betrifft die Anrechnung bei Vollstreckung mehrerer Strafen und Abs. 3 ermöglicht im **Ausnahmefall** die Nichtanrechnung.

II. Anrechnung ausländischer Freiheitsentziehung (Abs. 1)

1. Anrechnung von Auslieferungsverfahren. Angerechnet wird Freiheitsentziehung in einem externen Auslieferungsverfahren. Dieser Begriff ist im Hinblick auf den Zweck der Norm nicht in einem engen technischen Sinn, sondern **umfassend** zu verstehen. Jede Freiheitsentziehung reicht aus, die ein Verurteilter außerhalb des Geltungsbereichs des GG zu dem Zweck der Zuführung zur inländischen Strafvollstreckung erlitten hat.[2] Es spielt keine Rolle, ob ein förmliches Auslieferungsverfahren betrieben wurde oder die deutschen Behörden Fahndungsmaßnahmen ergriffen haben.[3] Sogar ein Fehlschlag von Auslieferungsbemühungen steht der Anrechnung nicht entgegen (die fremde Haft endet, ohne dass es zur Auslieferung kommt, die deutschen Behörden werden des Betroffenen aber später doch habhaft).[4] Bloße **Abschiebungshaft** im Ausland soll aber nicht von der Norm erfasst werden.[5] Dies erscheint jedoch unzutreffend, weil im Hinblick auf die weite Auslegung des Merkmals „Auslieferungsverfahren" zumindest für Fälle inkonsequent, in denen die fragliche Straftat den einzigen Grund für die Inhaftierung bildete. Dann ist ein nennenswerter Unterschied zu den Konstellationen, in denen es an einem förmlichen Auslieferungsverfahren fehlt, nicht mehr ersichtlich.[6]

Angerechnet wird die im **nichtdeutschen Gewahrsam** verbrachte Zeit. Die Strafzeit beginnt bei Überstellung an die deutschen Behörden erst mit Übernahme durch deutsche Beamtinnen oder Beamte (§ 38 Nr. 2 2. Hs. StVollstrO); die anrechnungsfähige Zeit endet.

2. Verfahren bei doppelfunktionaler Auslieferung. Ist der Verurteilte sowohl zum Zweck der Strafvollstreckung **als auch** zu demjenigen der **Strafverfolgung** ausgeliefert worden und bleibt eine Aufspaltung der ausländischen Freiheitsentziehung nicht möglich, so ordnet Abs. 1 S. 2 einen **Vorrang** der Anrechnung auf die zu vollstreckende Strafe an; § 51 Abs. 3 S. 2 StGB hat das Nachsehen.[7] Nur wenn dadurch die ausländische Haftzeit nicht verbraucht wird, darf deren Rest nach dem materiellen Recht angerechnet werden. Eine unverdiente Doppelanrechnung scheidet

---

[1] Vgl. BVerfG v. 27. 10. 1970 – 1 BvR 557/68, BVerfGE 29, 312 (317) = NJW 1970, 2287.
[2] *Meyer-Goßner* Rn. 2; Löwe/Rosenberg/ *Graalmann-Scheerer* Rn. 6; vgl. auch KG v. 26. 6. 1992 – 5 Ws 175/92, JR 1992, 523 (524).
[3] KK-StPO/*Appl* Rn. 3; KMR/*Paulus/Stöckel* Rn. 6.
[4] *Meyer-Goßner* Rn. 2; Löwe/Rosenberg/*Wendisch*, 25. Aufl., Rn. 7.
[5] OLG Koblenz v. 3. 4. 1981 – 1 Ws 192/81, GA 1981, 575; Graf/*Klein* Rn. 3; *Meyer-Goßner* Rn. 2; KMR/*Paulus/Stöckel* Rn. 5.
[6] Im Ergebnis wie hier KK-StPO/*Appl* Rn. 4; Löwe/Rosenberg/*Graalmann-Scheerer* Rn. 6; SK-StPO/*Paeffgen* Rn. 4; AK/*Volckart* Rn. 2; HK-StPO/*Woynar* Rn. 2.
[7] Vgl. auch LG Bochum v. 2. 10. 1992 – StVK 1194/92, StV 1993, 33 (34).

§ 450a 6–10   Siebentes Buch. Strafvollstreckung und Kosten des Verfahrens

aus.[8] Trotz des unterschiedlichen Wortlauts in den Sätzen 1 und 2 von Abs. 1 reicht nach dem Normzweck für die Anwendung von S. 2 auch die Verbüßung von Auslieferungshaft iSd. S. 1.

6   3. **Verfahren bei Anrechnung.** Die Anrechnung ist Teil der **Berechnung der Strafzeit**[9] und damit Aufgabe der Vollstreckungsbehörde (§ 451 Abs. 1). In Zweifelsfällen ist gem. § 458 Abs. 1 die gerichtliche Entscheidung herbeizuführen.[10] Mangels spezieller Regelungen kommt **§ 51 Abs. 4 S. 2 StGB entsprechend** zur Anwendung, so dass die Behörde (und subsidiär das Gericht, also die StVollstrK, §§ 458 Abs. 1, 462 Abs. 1 S. 1, 462a Abs. 1) den Anrechnungsmaßstab nach pflichtgemäßem Ermessen bestimmt.[11] Die Ermessensausübung durch das Gericht ist durch das Beschwerdegericht uneingeschränkt nachprüfbar.[12]

7   Bedeutung erlangen zunächst Unterschiede zwischen den hiesigen und ausländischen Sanktionsarten.[13] Sind weiter die im Ausland konkret (also in der jeweiligen Institution) angetroffenen Haftbedingungen schlechter als die hierzulande üblichen, ist dem durch Wahl eines höheren Anrechnungsmaßstabs als 1:1 Rechnung zu tragen.[14] Vor einer schematischen Betrachtung muss dabei gewarnt werden; das gilt – zumal nach Osterweiterung – auch für eine übereilte Gleichstellung der Haftbedingungen in allen EU-Staaten.

III. Anrechnung bei Mehrheit von Strafen (Abs. 2)

8   Abs. 2 bestimmt, auf welche Strafe anzurechnen ist, wenn der Betroffene zum Zweck der Vollstreckung **mehrerer Strafen** ausgeliefert wurde. Die ausländische Haft ist dann bei der höchsten verhängten Strafe – unbeschadet der Höhe von Strafresten[15] – anzurechnen. Deckt die anzurechnende Haft die **höchste Strafe** vollständig ab, verkürzt der Rest der Auslieferungshaft die zweithöchste Strafe[16] (und in Fortführung dieses Systems ggf. eine oder mehrere weitere Strafen).

IV. Nichtanrechnung als Ausnahme (Abs. 3)

9   Die für den Regelfall vorgeschriebene Anrechnung unterbleibt (wie nach § 51 Abs. 1 S. 2 StGB) nur auf entsprechende **gerichtliche Anordnung**. Diese kann auf vollständige oder teilweise Nichtanrechnung der ausländischen Freiheitsentziehung lauten. Das setzt ein Verhalten des Verurteilten voraus, welches eine Anrechnung nicht gerechtfertigt erscheinen lässt. Bedeutung misst das Gesetz hierbei nur Verhaltensweisen nach **Erlass des Urteils** (§ 260 Abs. 1) in der letzten Tatsacheninstanz bei. Anderenfalls wäre eine Nichtanrechnung schon gem. § 51 Abs. 1 S. 2 StGB möglich gewesen.[17]

10   **Unbillig** ist eine Anrechnung **nicht** schon wegen der **Flucht** des Verurteilten ins Ausland; sonst würde Abs. 1 regelmäßig leerlaufen.[18] Auch eine eventuelle „Böswilligkeit" des Verurteilten im Hinblick auf die Verfahrensverschleppung vermag daran nichts zu ändern, da eine derartige Voraussetzung kaum zu fassen ist und keine Pflicht des Verurteilten besteht, die Vollstreckung zu ermöglichen oder auch nur in der Haft zu verbleiben.[19] Deshalb genügt auch die Ausnutzung von Vollzugslockerungen, etwa durch Flucht während eines Hafturlaubs[20] oder des Freigangs bzw. der Außenbeschäftigung (§ 11 StVollzG),[21] für die Nichtanrechnung noch nicht. Als **erschwerende Umstände**, die für die Nichtanrechnung verlangt werden,[22] dürfen in erster Linie solche gelten, durch die der Täter arglistig handelt oder sogar weitere Straftaten begeht, etwa beim gewaltsa-

---

[8] Vgl. BGH v. 11. 7. 1985 – 4 StR 293/85, NStZ 1985, 497; KK-StPO/*Appl* Rn. 5; *Meyer-Goßner* Rn. 4.
[9] OLG Düsseldorf v. 4. 6. 1991 – 1 Ws 487/91, wistra 1991, 320; LG Bochum v. 2. 10. 1992 – StVK 1194/92, StV 1993, 33 (34).
[10] OLG Düsseldorf v. 28. 6. 1988 – 1 Ws 562/88, MDR 1989, 90; OLG Hamm v. 16. 10. 2007 – 3 Ws 598/07, wistra 2008, 120; OLG Stuttgart v. 23. 1. 1986 – 1 Ws 3/86, MDR 1986, 779.
[11] KG v. 26. 6. 1992 – 5 Ws 175/92, JR 1992, 523 (524); OLG Frankfurt v. 2. 2. 1987 – 3 Ws 559/86, StV 1988, 20; *Meyer-Goßner* Rn. 3.
[12] KG v. 20. 2. 1997 – 5 Ws 54/97, NStZ-RR 1997, 350; KK-StPO/*Appl* Rn. 8.
[13] Löwe/Rosenberg/*Graalmann-Scheerer* Rn. 13.
[14] Übersicht über Einzelfälle bei Matt/Renzikowski/*Bußmann* § 51 StGB Rn. 18; *Fischer* § 51 StGB Rn. 19.
[15] *Meyer-Goßner* Rn. 5.
[16] KK-StPO/*Appl* Rn. 9; Löwe/Rosenberg/*Graalmann-Scheerer* Rn. 10.
[17] Löwe/Rosenberg/*Graalmann-Scheerer* Rn. 16.
[18] OLG Bremen v. 2. 4. 1997 – Ws 30/97, StV 1997, 371; OLG Koblenz v. 10. 1. 1989 – 1 Ws 17/89, GA 1989, 310; OLG Stuttgart v. 11. 2. 2003 – 2 Ws 14/2003, StV 2003, 629; vgl. auch BGH v. 23. 7. 1970 – 4 StR 241/70, BGHSt 23, 307 (308) = NJW 1970, 1752 (1753).
[19] Im Ergebnis auch KK-StPO/*Appl* Rn. 10; SK-StPO/*Paeffgen* Rn. 8; aA *Bringewat* Rn. 14; *Meyer-Goßner* Rn. 6; Löwe/Rosenberg/*Graalmann-Scheerer* Rn. 17.
[20] OLG Karlsruhe v. 8. 9. 1983 – 1 Ws 206/83, MDR 1984, 165; OLG Zweibrücken v. 7. 3. 1996 – 1 Ws 92/96, NStZ-RR 1996, 241; aA HansOLG Hamburg v. 8. 12. 1978 – 2 Ws 432/78, MDR 1979, 603.
[21] OLG Bremen v. 2. 4. 1997 – Ws 30/97, StV 1997, 371 f.; OLG Zweibrücken v. 15. 3. 1983 – 1 Ws 102/83, GA 1983, 280 (281).
[22] *Meyer-Goßner* Rn. 6; KMR/*Paulus/Stöckel* Rn. 12; Löwe/Rosenberg/*Graalmann-Scheerer* Rn. 17.

men Ausbruch aus der Anstalt[23] (etwa §§ 121, 240, 303 StGB) oder bei der Inanspruchnahme konsularischer Hilfe im Ausland unter der bewusst wahrheitswidrigen Zusicherung einer Rückkehr nach Deutschland (§ 263 StGB).[24] Allein das Verbringen der Tatbeute ins Ausland mag zwar die Wiedergutmachungsmöglichkeiten vermindern, ist aber nicht ohne Weiteres kriminalrechtlich selbständig fassbar und vergrößert letztlich auch nicht den Umfang des bereits abgeurteilten Schadens, weshalb auch dieses Verhalten per se einer Anrechnung nicht entgegensteht.[25]

Für die Nichtanrechnungsentscheidung nach Abs. 3 ist die **StVollstrK** zuständig (§§ 462 Abs. 1 S. 1, 462a Abs. 1). Sie entscheidet auf Antrag der StA. 11

§ 451 [Vollstreckungsbehörden]

(1) Die Strafvollstreckung erfolgt durch die Staatsanwaltschaft als Vollstreckungsbehörde auf Grund einer von dem Urkundsbeamten der Geschäftsstelle zu erteilenden, mit der Bescheinigung der Vollstreckbarkeit versehenen, beglaubigten Abschrift der Urteilsformel.

(2) Den Amtsanwälten steht die Strafvollstreckung nur insoweit zu, als die Landesjustizverwaltung sie ihnen übertragen hat.

(3) ¹Die Staatsanwaltschaft, die Vollstreckungsbehörde ist, nimmt auch gegenüber der Strafvollstreckungskammer bei einem anderen Landgericht die staatsanwaltschaftlichen Aufgaben wahr. ²Sie kann ihre Aufgaben der für dieses Gericht zuständigen Staatsanwaltschaft übertragen, wenn dies im Interesse des Verurteilten geboten erscheint und die Staatsanwaltschaft am Ort der Strafvollstreckungskammer zustimmt.

I. Inhalt der Vorschrift

Abs. 1 weist die Zuständigkeit in Vollstreckungssachen der Staatsanwaltschaft zu und trifft nähere Bestimmungen zur Vollstreckbarkeitsbescheinigung als Voraussetzung der Vollstreckungseinleitung. In **Abs. 2 und 3** werden einige wenige Sonderfragen der Zuständigkeit behandelt. 1

II. Vollstreckungsbehörde

1. Regelfall. Das Gesetz beruft die **Staatsanwaltschaft** zur Vollstreckungsbehörde. Gerichtliche Entscheidungen kommen im Vollstreckungsverfahren prinzipiell nur insoweit in Betracht, als das Gesetz eine ausdrückliche Kompetenz vorsieht, etwa in §§ 458 bis 461 (vgl. auch §§ 462, 462a). 2

2. Ausnahme nach JGG. Im Verfahren gegen **Jugendliche** und nach Jugendstrafrecht verurteilte Heranwachsende ist der **Jugendrichter** als Vollstreckungsleiter Vollstreckungsbehörde (§§ 82 Abs. 1 S. 1, 110 Abs. 1 JGG). 3

3. Zuständigkeitsfragen. a) Sachliche Zuständigkeit. Die sachliche Zuständigkeit richtet sich nach § 4 StVollstrO. Prinzipiell ist die StA (beim LG) zuständig; bei Entscheidung eines OLG in 1. Instanz die GStA, es sei denn es handelte sich um Ausübung von Gerichtsbarkeit des Bundes, Art. 96 Abs. 5 GG, §§ 120, 142a GVG (Zuständigkeit des GBA, der im ganzen Bundesgebiet selbst vollstrecken kann, § 9 Abs. 2 StVollstrO). In **Eilfällen** besteht eine Notzuständigkeit der Generalstaatsanwaltschaft, § 6 StVollstrO.[1] Auch § 143 Abs. 2 GVG gilt.[2] 4

Höhere Vollstreckungsbehörde ist prinzipiell der GStA (§ 147 Nr. 3 GVG, § 21 Abs. 1 Nr. 1 StVollstrO). Seiner Dienstaufsicht untersteht auch der Jugendrichter als Vollstreckungsleiter, sofern er nicht gem. § 83 Abs. 1 JGG iVm. §§ 86 bis 89a, 89b Abs. 2 JGG, §§ 462a, 463 jugendrichterliche Entscheidungen trifft.[3] 5

b) Örtliche Zuständigkeit. Die örtliche Zuständigkeit kommt der StA beim **Gericht des 1. Rechtszuges** zu (§ 143 Abs. 1 GVG, § 7 Abs. 1 StVollstrO). Hat das Revisionsgericht an ein neues Gericht zurückverwiesen (§§ 354 Abs. 2, 354a, 355), gilt dieses nunmehr als Gericht des 1. Rechtszuges, § 462a Abs. 6, § 7 Abs. 2 S. 1 StVollstrO. Entsprechendes gilt für das Gericht, das im Wiederaufnahmeverfahren nach § 373 entschieden hat, § 462a Abs. 6, § 7 Abs. 2 S. 2 StVollstrO. Die örtliche Zuständigkeit zur Vollstreckung einer **nachträglich gebildeten Gesamtstrafe** trifft die StA bei dem Gericht, das jene gebildet hat, §§ 460, 462, 462a Abs. 3, § 7 Abs. 4 StVollstrO. Werden eine oder mehrere Einzelstrafen nicht in die Gesamtstrafe einbezogen, ver- 6

---

[23] Für alle *Meyer-Goßner* Rn. 6.
[24] OLG Koblenz v. 11. 10. 1985 – 1 Ws 657/85, OLGSt Nr. 2; KK-StPO/*Appl* Rn. 10; SK-StPO/*Paeffgen* Rn. 8.
[25] AA OLG Stuttgart v. 11. 2. 2003 – 2 Ws 14/2003, StV 2003, 629; KK-StPO/*Appl* Rn. 10; *Meyer-Goßner* Rn. 6; SK-StPO/*Paeffgen* Rn. 8; KMR/*Paulus/Stöckel* Rn. 12; Löwe/Rosenberg/*Graalmann-Scheerer* Rn. 17.
[1] Zu Details *Pohlmann/Jabel/Wolf* § 6 StVollstrO.
[2] KMR/*Paulus/Stöckel* Rn. 10; Löwe/Rosenberg/*Graalmann-Scheerer* Rn. 11.
[3] Für alle OLG Karlsruhe v. 17. 9. 1992 – 2 VAs 15/92, NStZ 1993, 104; KK-StPO/*Appl* Rn. 13.

bleibt es hierfür bei der Ausgangszuständigkeit.[4] In Eilfällen gewährt § 7 Abs. 3 StVollstrO einer nach dem Gesagten nicht zur Vollstreckung berufenen Behörde wie bei örtlicher Unzuständigkeit eine Notkompetenz, sogar über die Grenzen eines Bundeslandes hinaus.[5]

7 Nach **Abs. 3 S. 1** bleibt die als Vollstreckungsbehörde berufene StA auch gegenüber der StVollstrK bei einem anderen LG – selbst in einem anderen Bundesland[6] – zur Wahrnehmung ihrer Aufgaben berufen. In Beschwerdeverfahren vor dem OLG wird in einem solchen Fall allerdings stets die GStA bei diesem OLG beteiligt, nicht die hiervon verschiedene vorgesetzte StA der Vollstreckungsbehörde.[7]

8 Das Auseinanderfallen in der örtlichen Zuständigkeit ist misslich, weil die **Zuständigkeitskonzentration** der StVollstrK, die an den Sitz der Vollzugsanstalt anknüpft (§ 462 a Abs. 1), auf der Ebene der StA nicht nachvollzogen wird.[8] Vielfach wird es deshalb pflichtgemäßem Ermessen entsprechen und im Interesse des Verurteilten liegen, wenn man gem. **Abs. 3 S. 2** verfährt und die Vollstreckungsaufgaben der für die StVollstrK örtlich zuständigen StA mit deren pflichtgemäß ebenfalls zu erteilender Zustimmung (!) **übertragen** werden.[9] Die Zuständigkeit der übernehmenden StA, die auch die Beschwerdebefugnis umfasst, bleibt abhängig von der Zuständigkeit der StVollstrK und endet mit dieser.[10]

9 Abs. 3 S. 1 gilt **entsprechend** für Nachtragsentscheidungen nach § 453 Abs. 1, wenn das Gericht des 1. Rechtszuges jene an das Wohnsitzgericht abgegeben hat, § 462 a Abs. 2 S. 2.[11]

10 c) **Funktionelle Zuständigkeit.** Funktionell zuständig[12] ist für Vollstreckungsangelegenheiten grundsätzlich der **Rechtspfleger**, § 31 Abs. 2 S. 1 RPflG. Anderes gilt in Jugendstrafverfahren, § 31 Abs. 5 RPflG (s. auch § 31 Abs. 2 S. 2 RPflG). In bestimmten Fällen muss (§ 31 Abs. 2 a RPflG) oder kann (§ 31 Abs. 2 b RPflG) der Rechtspfleger die Sache **dem Staatsanwalt vorlegen.** Dieser darf dem Rechtspfleger Weisungen erteilen, vgl. § 31 Abs. 2 c RPflG. Der **Rechtsschutz** gegen Maßnahmen des Rechtspflegers ergibt sich aus § 31 Abs. 6 RPflG: Grundsätzlich ist der nach den allgemeinen verfahrensrechtlichen Vorschriften statthafte Rechtsbehelf gegeben, nur subsidiär die Anrufung von Richter bzw. Staatsanwalt. Entscheidungen des Rechtspflegers außerhalb seiner Zuständigkeit sind – ohne Heilungsmöglichkeit durch bloße Billigung des StA[13] – unwirksam, umgekehrt solche des Staatsanwalts anstelle des Rechtspflegers wirksam.[14] Die Geschäfte bei der Vollstreckung von Geldstrafen und Geldbußen (ohne Ersatzfreiheitsstrafen) können durch Rechtsverordnung der Landesregierungen ganz oder teilweise auf den UrkB delegiert werden, § 36 b Abs. 1 S. 1 Nr. 5 RPflG. Über Einwendungen gegen dessen Maßnahmen entscheidet der Rechtspfleger, § 36 b Abs. 4 S. 1 RPflG.

11 Sofern die StA **gegenüber dem Gericht** Erklärungen abgibt oder Handlungen vornimmt (etwa §§ 453 Abs. 1 S. 2, 454 Abs. 1 S. 2), handelt sie als Strafverfolgungsbehörde, weshalb der Rechtspfleger nicht zuständig ist.[15]

12 **Amtsanwälte** dürfen (an Stelle der Staatsanwälte) Aufgaben der Strafvollstreckung nur insoweit wahrnehmen, als ihnen diese von der Landesjustizverwaltung übertragen worden sind (**Abs. 2**). Die Delegation muss sich wegen § 145 Abs. 2 GVG auf Tätigkeiten bei Sachen, die zur **Zuständigkeit der Amtsgerichte** gehören, beschränken. Praktische Bedeutung hat Abs. 2 wohl nicht mehr.[16]

13 d) **Kompetenzkonflikt.** Streiten sich zwei Vollstreckungsbehörden über ihre örtliche bzw. sachliche Zuständigkeit, entscheidet allgemeinen hierarchischen Grundsätzen zufolge die höhere Vollstreckungsbehörde, also der **GStA**. Das gilt auch bei Kompetenzkonflikten zwischen Rechtspflegern.[17] Betreffen die Differenzen mehrere GStAe, trifft die Entscheidung im Gebiet eines Landes der Justizminister; sind mehrere Bundesländer involviert, müssen die Minister sich einigen; die Kompetenz des GBA (§ 143 Abs. 3 GVG) greift nicht (analog) ein.[18] Art. 19 Abs. 4 GG verlangt

---

[4] KK-StPO/*Appl* Rn. 11; *Meyer-Goßner* Rn. 6.
[5] Näher *Bringewat* Rn. 13 ff.; *Pohlmann/Jabel/Wolf* § 7 StVollstrO Rn. 10 ff.
[6] Für alle *Meyer-Goßner* Rn. 20.
[7] OLG Karlsruhe v. 15. 4. 1975 – 1 Ws 71/75, OLGSt S. 1; KK-StPO/*Appl* Rn. 29; *Meyer-Goßner* Rn. 21.
[8] Siehe *Bringewat* Rn. 42; KK-StPO/*Appl* Rn. 25.
[9] Vgl. *Bringewat* Rn. 43; KK-StPO/*Appl* Rn. 26, 28; KMR/*Paulus/Stöckel* Rn. 18; aA SK-StPO/*Paeffgen* Rn. 10.
[10] KK-StPO/*Appl* Rn. 27; Löwe/Rosenberg/*Graalmann-Scheerer* Rn. 74.
[11] LG Dortmund v. 19. 8. 1987 – 14 (IV) Qs 16/87, NStZ 1988, 381; *Meyer-Goßner* Rn. 20; aA LG München I v. 17. 1. 1980 – 10 Qs 81/79, NStZ 1981, 453.
[12] Dazu *Rellermeyer* Rpfleger 2004, 593 (598).
[13] SK-StPO/*Paeffgen* Rn. 17; aA KMR/*Paulus/Stöckel* Rn. 29.
[14] KK-StPO/*Appl* Rn. 9.
[15] KK-StPO/*Appl* Rn. 8; *Meyer-Goßner* Rn. 2; vgl. auch *Katholnigg* NStZ 1982, 195.
[16] Vgl. *Meyer-Goßner* Rn. 19.
[17] KK-StPO/*Appl* Rn. 13; *Meyer-Goßner* Rn. 10.
[18] *Meyer-Goßner* Rn. 10; Löwe/Rosenberg/*Graalmann-Scheerer* Rn. 14.

jedoch, dass der Verurteilte selbst eine **gerichtliche Entscheidung** nach § 14 StPO herbeizuführen vermag.[19]

e) **Vollstreckungshilfe.** Die Leistung von Vollstreckungshilfe durch die örtlich zuständige StA in Fällen, in denen in einem **anderen Bundesland** vollstreckt werden muss, regelt § 9 Abs. 1 StVollstrO. Weitere Bestimmungen hierzu enthalten §§ 162, 163 GVG. Die Vollstreckungsbehörde kann auf freiem Fuß befindliche Personen uU auch direkt in die zuständige Vollzugseinrichtung eines anderen Bundeslandes laden, vgl. § 27 Abs. 1 StVollstrO iVm. Ländervereinbarung v. 8. 6. 1999.[20]

III. Vollstreckbarkeitsbescheinigung

1. Inhalt. Es handelt sich um eine mit der Bescheinigung der Vollstreckbarkeit versehene, beglaubigte Abschrift der **Urteilsformel** (§ 268 Abs. 2 S. 1), die nach Abs. 1 die urkundliche **Grundlage der Vollstreckung** bildet.[21] Auf das Vorliegen der Urteilsgründe kommt es nicht an (vgl. § 13 Abs. 3 S. 1 StVollstrO); die Bescheinigung kann auch – argumentum a maiore ad minus – auf dem Original oder einer beglaubigten Abschrift des Urteils angebracht sein (vgl. § 13 Abs. 2 1. Hs. StVollstrO).[22] IdR ist die Vollstreckungs- zugleich Rechtskraftbescheinigung (§ 13 Abs. 2 2. Hs. StVollstrO). Die Erteilung der Bescheinigung gehört noch zum gerichtlichen Verfahren; der Rechtspfleger der Vollstreckungsbehörde muss sie auf formelle Mängel prüfen und inhaltliche Unrichtigkeiten beachten (§ 3 Abs. 1 S. 1 StVollstrO).[23] Das gilt insbes. bei Zweifeln am Eintritt der Rechtskraft.[24]

2. Kompetenz. Zuständig ist der UrkB beim Gericht des 1. Rechtszuges (§ 13 Abs. 4 S. 1 StVollstrO), der UrkB beim Berufungsgericht nur, sofern gegen ein Berufungsurteil keine Revision eingelegt wird (§ 13 Abs. 4 S. 1 StVollstrO). Zur Zuständigkeit des UrkB beim Revisionsgericht vgl. § 13 Abs. 5 StVollstrO.

Der Vollstreckungsbescheinigung bedarf es nicht nur für Urteile, sondern auch für **andere der** Vollstreckung bedürftige **Entscheidungen** wie Strafbefehl, Gesamtstrafenbeschluss (§ 460)[25] und sonstige urteilsvertretende Beschlüsse.[26] Die von § 14 Abs. 1 StVollstrO erfassten Nachtragsentscheidungen, insbesondere Widerrufsbeschlüsse (zB §§ 56f, 56g, 57 Abs. 5 S. 1 StGB),[27] müssen auch mit einer entsprechenden Bescheinigung versehen sein, §§ 14 Abs. 2, 13 Abs. 2 StVollstrO. Die Vollstreckbarkeit lässt sich nicht bescheinigen, wenn Rechtsfolgen per se mit Rechtskraft einer Entscheidung eintreten, ferner bei Freispruch und Strafaussetzung zur Bewährung.[28]

3. Sonderfälle. Soweit man bei **Teilrechtskraft** eine Vollstreckung für möglich hält,[29] bedarf es einer eingeschränkten Vollstreckbarkeitsbescheinigung. Diese kann sich auf eine Verurteilung (etwa bei mehreren Angeklagten), nach hM aber auch auf mehrere Einzelstrafen erstrecken. Der UrkB muss die aus dem Tenor nicht ersichtlichen Informationen dann den Urteilsgründen entnehmen.[30] Bei **Teilvollstreckung gem. § 56 JGG** wird nur der nach dieser Norm erlassene Beschluss mit Rechtskraftbescheinigung versehen; zusätzlich liegt der Vollstreckung das Urteil zugrunde.[31]

4. Rechtsschutz. Liegen uU **Vollstreckungshindernisse** vor, kann diese der UrkB nach der gesetzlichen Kompetenzverteilung nicht zum Anlass nehmen, die Erteilung der Bescheinigung abzulehnen.[32] Über die Vollstreckbarkeit der Entscheidung entscheidet der UrkB selbst; die **Anrufung des Gerichts** ist ihm nicht möglich.[33] Eine falsche Bescheinigung muss von ihm widerrufen werden.[34]

---

[19] SK-StPO/*Paeffgen* Rn. 18; aA ganz hM, etwa KK-StPO/*Appl* Rn. 13; *Meyer-Goßner* Rn. 10.
[20] Bei *Pohlmann/Jabel/Wolf* § 9 StVollstrO Rn. 18; näher hierzu Löwe/Rosenberg/*Graalmann-Scheerer* Rn. 21.
[21] Vgl. auch OLG Hamburg v. 9. 2. 2000 – 2 VAs 3/2000, StV 2000, 518 (519).
[22] KK-StPO/*Appl* Rn. 17; *Meyer-Goßner* Rn. 11.
[23] Näher KK-StPO/*Appl* Rn. 18; Löwe/Rosenberg/*Graalmann-Scheerer* Rn. 41, 44.
[24] OLG Hamburg v. 30. 6. 2009 – 2 Ws 118/09, OLGSt § 57 StGB Nr. 49.
[25] Dazu KK-StPO/*Appl* Rn. 20; Löwe/Rosenberg/*Graalmann-Scheerer* Rn. 53.
[26] Vgl. § 449 Rn. 8.
[27] Löwe/Rosenberg/*Graalmann-Scheerer* Rn. 55.
[28] LG Köln v. 28. 12. 1970 – 32 Qs 130/70, Rpfleger 1971, 227; *Meyer-Goßner* Rn. 13.
[29] Dazu § 449 Rn. 21.
[30] OLG Hamm v. 2. 4. 2009 – 3 Ws 104/09, NStZ 2009, 655 (656); Einzelheiten und Formulierungsbeispiele bei *Meyer-Goßner* Rn. 14.
[31] *Meyer-Goßner* Rn. 14; *Pohlmann/Jabel/Wolf* § 13 StVollstrO Rn. 38.
[32] LG Hildesheim v. 11. 3. 1960 – 12 Qs 27/60, Rpfleger 1960, 215 (216); KK-StPO/*Appl* Rn. 22; Löwe/Rosenberg/*Graalmann-Scheerer* Rn. 43.
[33] KK-StPO/*Appl* Rn. 22; *Meyer-Goßner* Rn. 16; SK-StPO/*Paeffgen* Rn. 29; KMR/*Paulus/Stöckel* Rn. 44.
[34] Für alle Löwe/Rosenberg/*Graalmann-Scheerer* Rn. 42.

20 Gegen die Erteilung der Bescheinigung kann – unbeschadet des Fehlens einer speziellen Regelung – der Verurteilte ebenso **gerichtliche Entscheidung** beantragen wie die Vollstreckungsbehörde gegen deren Verweigerung. Die Entscheidung des Gerichts ist mit der Beschwerde anfechtbar (§ 304 Abs. 1).[35]

§ 452 [Begnadigungsrecht]

[1]In Sachen, in denen im ersten Rechtszug in Ausübung von Gerichtsbarkeit des Bundes entschieden worden ist, steht das Begnadigungsrecht dem Bund zu. [2]In allen anderen Sachen steht es den Ländern zu.

Schrifttum: *Schätzler*, Handbuch des Gnadenrechts, 2. Aufl. 1992.

I. Begriff der Begnadigung

1 Begnadigung bedeutet die völlige oder teilweise **Dispensierung von strafrechtlichen Rechtsfolgen** mit Ausnahme der Maßregeln der Besserung und Sicherung nach Rechtskraft (sonst Abolition) des Urteils im Einzelfall (sonst Amnestie), in erster Linie durch Straferlass. Es geht dabei um die – subsidiäre – Aufhebung oder Milderung von Rechtsnachteilen aus Gründen der **individuellen Gerechtigkeit**.[1] Der Gnadenerweis bewirkt im Rahmen seiner Reichweite ein **Vollstreckungshindernis**, dient uU aber auch als neue Vollstreckungsgrundlage (etwa bei Ersetzung von Freiheits- durch Geldstrafe).[2]

II. Rechtsinhaberschaft

2 Der **Bund** und damit der Bundespräsident (Art. 60 Abs. 2 GG) oder die Behörde, auf die er seine Kompetenz übertragen hat (Art. 60 Abs. 3 GG),[3] sind für Begnadigungen in Sachen zuständig, in denen im **ersten Rechtszug** (nicht in der Revisionsinstanz durch den BGH!) in Ausübung von Gerichtsbarkeit des Bundes entschieden wurde (S. 1). Das betrifft die **Völkerstraf- und Staatsschutzsachen** nach § 120 Abs. 1 und 2 GVG, in denen die OLGe auf Anklage des GBA (§ 142 a GVG) im Wege der Organleihe (Art. 96 Abs. 5 GG) für den Bund tätig werden.

3 Im Übrigen steht den **Ländern** das Gnadenrecht zu (S. 2). Innehabung und Übertragung der Befugnisse richten sich nach Landes(verfassungs)recht.[4] Einzelheiten – auch zum Verfahren – finden sich in der jeweiligen Gnadenordnung. Bei **Gesamtstrafen** aus Judikaten der Gerichte mehrerer Länder (einschließlich des Bundes) steht das Gnadenrecht dem Staat zu, dessen Gerichtsbarkeit bei Bildung der Gesamtstrafe ausgeübt wurde.[5]

III. Rechtsschutz

4 Nach der von der Rspr. geteilten, überkommenen (aber von Verfassungsrechtlern vielfach abgelehnten) Sichtweise ist die **Versagung** eines Gnadenerweises als Akt sui generis trotz Art. 19 Abs. 4 GG nicht justitiabel.[6] **Widerruf oder Rücknahme** eines Gnadenakts sind dagegen nach § 23 Abs. 1 EGGVG überprüfbar.[7]

IV. Andere Verfahren

5 Im **anwaltsgerichtlichen Verfahren** gilt die Norm entsprechend, da gnadenfähig auch Disziplinarmaßnahmen sind.[8] Das Gnadenrecht steht idR den Ländern zu, dem Bund nur in Bezug auf die am BGH zugelassenen Rechtsanwälte (vgl. § 163 S. 2 BRAO).[9]

---

[35] Für alle LG Göttingen v. 14. 7. 1956 – 6 Qs 171/56, Rpfleger 1956, 337 f.; *Meyer-Goßner* Rn. 17.
[1] *Schätzler* S. 11; KMR/*Paulus/Stöckel* Rn. 3.
[2] Für alle SK-StPO/*Paeffgen* Rn. 2.
[3] Anordnung v. 5. 10. 1965 (BGBl. I S. 1573) und v. 3. 11. 1970 (BGBl. I S. 1513).
[4] Nachweise in Schönfelder § 452 StPO Fn. 2; Texte (Stand 1992) bei *Schätzler* S. 289 ff. Zum Verfahren in NRW *Freuding* StraFo 2009, 491.
[5] Vereinbarung der Justizminister v. 27. 10. 1971, bei *Schätzler*, S. 27.
[6] BVerfG v. 23. 4. 1969 – 2 BvR 552/63, BVerfGE 25, 352 (358) = NJW 1969, 1895; BVerfG v. 21. 6. 1977 – 1 BvL 14/76, BVerfGE 45, 187 (245 f.) = NJW 1977, 1525 (1530); BVerfG v. 4. 4. 1984 – 1 BvR 1287/83, BVerfGE 66, 337 (363) = NJW 1984, 2341 (2343); BVerfG v. 3. 7. 2001 – 2 BvR 1039/01, NJW 2001, 3771; BayVerfGH v. 19. 7. 1996 – Vf 93-VI-92, NStZ-RR 1997, 39 (40); OLG Hamburg v. 10. 11. 1995 – 2 VAs 11/95, JR 1997, 255 (256); differenzierend AK/*Rössner* Rn. 7; aA etwa *Jarass/Pieroth* Art. 19 Rn. 43 mwN.
[7] KG v. 20. 11. 1990 – 4 VAs 10/90 v. 20. 11. 1990, NStZ 1993, 54; OLG Hamburg v. 10. 2. 2004 – 2 VAs 15/03, NStZ-RR 2004, 223; vgl. auch die Übersicht bei *Rinio* NStZ 2006, 438.
[8] BVerfG v. 4. 4. 1984 – 1 BvR 1287/83, BVerfGE 66, 337 (363) = NJW 1984, 2341 (2343).
[9] *Feuerich/Weyland* § 116 BRAO Rn. 81; Henssler/Prütting/*Dittmann* § 116 BRAO Rn. 31.

§ 453 [Nachträgliche Entscheidung über Strafaussetzung zur Bewährung oder Verwarnung mit Strafvorbehalt]

(1) ¹Die nachträglichen Entscheidungen, die sich auf eine Strafaussetzung zur Bewährung oder eine Verwarnung mit Strafvorbehalt beziehen (§§ 56a bis 56g, 58, 59a, 59b des Strafgesetzbuches), trifft das Gericht ohne mündliche Verhandlung durch Beschluß. ²Die Staatsanwaltschaft und der Angeklagte sind zu hören. ³Hat das Gericht über einen Widerruf der Strafaussetzung wegen Verstoßes gegen Auflagen oder Weisungen zu entscheiden, so soll es dem Verurteilten Gelegenheit zur mündlichen Anhörung geben. ⁴Ist ein Bewährungshelfer bestellt, so unterrichtet ihn das Gericht, wenn eine Entscheidung über den Widerruf der Strafaussetzung oder den Straferlaß in Betracht kommt; über Erkenntnisse, die dem Gericht aus anderen Strafverfahren bekannt geworden sind, soll es ihn unterrichten, wenn der Zweck der Bewährungsaufsicht dies angezeigt erscheinen läßt.

(2) ¹Gegen die Entscheidungen nach Absatz 1 ist Beschwerde zulässig. ²Sie kann nur darauf gestützt werden, daß eine getroffene Anordnung gesetzwidrig ist oder daß die Bewährungszeit nachträglich verlängert worden ist. ³Der Widerruf der Aussetzung, der Erlaß der Strafe, der Widerruf des Erlasses, die Verurteilung zu der vorbehaltenen Strafe und die Feststellung, daß es bei der Verwarnung sein Bewenden hat (§§ 56f, 56g, 59b des Strafgesetzbuches), können mit sofortiger Beschwerde angefochten werden.

I. Normzweck

Die Bestimmung regelt Verfahren und Rechtsmittel, wenn **nachträgliche Entscheidungen** über Strafaussetzung zur Bewährung (§ 56 StGB) oder Verwarnung mit Strafvorbehalt (§ 59 StGB) getroffen werden. Beide Rechtsfolgen werden im Urteil angeordnet (§ 260 Abs. 4 S. 4), während die Details der Ausgestaltung sich aus einem mit dem Urteil zu verkündenden Beschluss ergeben (§ 268a Abs. 1). Müssen diese Festlegungen wegen **nach Rechtskraft des Beschlusses** – vorher läuft (auch bei Verwarnung mit Strafvorbehalt)¹ die Bewährungszeit nicht, § 56a Abs. 2 S. 1 StGB – neu sich ergebender Umstände² angepasst oder Endentscheidungen getroffen werden, greift § 453 ein. Bei Verbüßung von Freiheitsstrafe in anderer Sache müssen die Entscheidungen nach Abs. 1 so rechtzeitig ergehen, dass nahtlose Anschlussvollstreckung möglich bleibt.³   1

II. Nachtragsentscheidungen (Abs. 1)

1. In der Norm genannte Konstellationen. Nach **Strafaussetzung** anstehende Entscheidungen können Verkürzung oder Verlängerung der Bewährungszeit (§ 56a Abs. 2 S. 2 StGB) sowie Auflagen (§ 56b StGB), Weisungen (§ 56c StGB) und Bewährungshilfe (§ 56d StGB) betreffen (§ 56e StGB). Ggf. ist über den Widerruf der Strafaussetzung bzw. diesen verhindernde Maßnahmen (§ 56f Abs. 1 und 2 StGB) zu befinden, nach Ablauf der Bewährungszeit über Straferlass (§ 56g Abs. 1 StGB), uU über dessen Widerruf (§ 56g Abs. 2 StGB). Durch spezielle Nennung stellt das Gesetz klar, dass § 453 auch dann gilt, wenn die Strafaussetzung unter Anwendung von § 58 StGB erfolgt ist.   2

Bei **Verwarnung mit Strafvorbehalt** steht die nachträgliche Änderung von Auflagen und Weisungen (§§ 59a Abs. 2 S. 3, 56e StGB) im Raum, ferner der Widerruf des Straferlasses oder andere Maßnahmen (§§ 59b, 56f StGB) bzw. nach Ablauf der Bewährungszeit die Feststellung, dass es bei der Verwarnung sein Bewenden hat (§ 59b Abs. 2 StGB). Die Bewährungszeit kann hier nur über §§ 59b, 56f Abs. 2 S. 1 Nr. 2 StGB verlängert werden, da auf § 56a Abs. 2 S. 2 StGB nicht verwiesen wird.⁴   3

2. Weitere Anwendungsfälle. Für entsprechend anwendbar erklärt wird die Bestimmung bei der Vollstreckung stationärer **Maßregeln** (§ 463 Abs. 1) sowie für nachträgliche Entscheidungen im Rahmen der **Führungsaufsicht** gem. §§ 68a bis 68d StGB (§ 463 Abs. 2).   4

Ist im Urteil versehentlich nicht über die Strafaussetzung entschieden worden, kommt deren nachträgliche Gewährung in analoger Anwendung der Norm nicht in Betracht.⁵ Anderes soll einer verbreiteten Auffassung zufolge gelten, wenn nur der **Bewährungsbeschluss nach § 268a** ver-   5

---

¹ Matt/Renzikowski/*Bußmann* § 59a StGB Rn. 1; *Fischer* § 59a StGB Rn. 2.
² Vgl. OLG Düsseldorf v. 11.7. 1990 – 1 Ws 479/90, MDR 1991, 367; OLG Stuttgart v. 10.2. 1969 – 2 Ws 29/69, NJW 1969, 1220.
³ KG v. 12.1. 2009 – 2 Ws 620/08, StV 2010, 311 (312); Graf/*Klein* Rn. 4.
⁴ Matt/Renzikowski/*Bußmann* § 59a StGB Rn. 1; *Fischer* § 59a StGB Rn. 2; Schönke/Schröder/Stree/*Kinzig* § 59a StGB Rn. 3; aA *Bringewat* Rn. 3; Lackner/Kühl § 59a StGB Rn. 1.
⁵ *Meyer-Goßner* Rn. 2; aA *Gössel* NStZ 1991, 556.

gessen wurde, so dass dieser nachgeholt werden kann.[6] Zuständig ist danach zunächst das Tatgericht, ab Rechtskraft des Urteils das nach § 462a zu bestimmende Gericht.[7] Diese Sichtweise, die von der Judikatur nurmehr teilweise vertreten wird, überzeugt jedoch nicht. Sie steht nicht im Einklang mit dem Wortlaut des § 268a und entzieht den Angeklagten uU seinem gesetzlichen Richter, weil Schöffen nur an dem mit dem Urteil erlassenen, nicht aber an dem nachgeholten Beschluss mitwirken. Es gilt also in solchen Fällen die gesetzliche Mindestfrist für die Bewährungszeit; Auflagen oder Weisungen können nicht verhängt werden.[8] Nachträgliche Anordnungen nach § 56e StGB sind zwar möglich bei Änderung der Verhältnisse gegenüber dem Urteilszeitpunkt, dürfen aber nicht belastende Bewährungsbedingungen auferlegen, nur um das ursprüngliche Fehlen des Bewährungsbeschlusses zu überspielen.[9]

6   **3. Beschlussverfahren (Abs. 1 S. 1).** Die gerichtliche **Zuständigkeit** richtet sich nach § 462a (idR Gericht des ersten Rechtszuges gem. Abs. 2, StVollstrK nach Abs. 1, Abs. 4 S. 3 nur bei Strafhaft des Betroffenen in anderer Sache). Das Gericht entscheidet durch zu begründenden (§ 34)[10] und zuzustellenden[11] **Beschluss** ohne Kostenausspruch.[12] Eine **mündliche Verhandlung** schließt das Gesetz aus; die über die Erfüllung der Gehörspflichten hinausgehende mündliche Anhörung aller Beteiligten bleibt aber möglich.[13] Durchsuchungs- und Beschlagnahmeanordnungen zur Abklärung entscheidungsrelevanter Gesichtspunkte scheiden aus.[14]

7   **4. Rechtliches Gehör (Abs. 1 S. 2 bis 4). a) Anhörungspflichten (Abs. 1 S. 2). StA und Angeklagter** sind zu hören, das Gericht muss ihnen Gelegenheit zur mündlichen oder schriftlichen Äußerung verschaffen. Für die StA gibt nicht der Rechtspfleger die Stellungnahmen ab.[15] Unterbleibt ihre Anhörung, kann sie dies weder mit der Beschwerde nach Abs. 2 noch sonst (§ 33a) rügen.[16] Dem Verurteilten bzw. Verwarnten sind die dem Gericht bekannten, als Entscheidungsgrundlage tauglichen Fakten umfassend mitzuteilen.[17] Das Anhörungsschreiben muss in einer dem Verurteilten verständlichen Sprache abgefasst sein.[18]

8   **b) Mündliche Anhörung (Abs. 1 S. 3).** Dem **Verurteilten soll** Gelegenheit zur mündlichen Anhörung gegeben werden, wenn ein Widerruf der Strafaussetzung wegen Auflagen- oder Weisungsverstoßes (§ 56f Abs. 1 S. 1 Nr. 2 und 3 StGB) im Raum steht. Regelmäßig wird sich schon im Hinblick auf die mangelnde schriftliche Gewandtheit vieler Straffälliger die Anberaumung der mündlichen Anhörung als **unerlässlich** darstellen, um diesen – ggf. unter Beiziehung eines Dolmetschers[19] – Gelegenheit zu verschaffen, die Verstöße zu erklären mit der Folge, dass ein Widerruf doch noch unterbleiben darf.[20] Die Rspr. erweist sich als etwas zurückhaltender: Eine Anhörung wird meist nur als zwingend bewertet, wenn sie weitere Aufklärung verspricht[21] und gegen sie **keine schwerwiegenden Gründe** sprechen.[22] Der Verurteilte muss dann zu einem Termin gela-

---

[6] Etwa OLG Celle v. 21. 6. 2007 – 32 Ss 86/07, Nds.Rpfl. 2007, 332 (334); OLG Düsseldorf v. 21. 6. 1982 – 5 Ss 232/82 – 200/82 I, MDR 1982, 1042; OLG Koblenz v. 18. 12. 1980 – 1 Ss 546/80, MDR 1981, 423; Bringewat Rn. 6 ff.; Meyer-Goßner Rn. 2, § 268a Rn. 8; zw. HK-StPO/Pollähne Rn. 2.
[7] OLG Köln v. 30. 4. 1991 – 2 Ws 166/91, NStZ 1991, 453 (454).
[8] OLG Dresden v. 29. 11. 2000 – 3 Ws 37/00, NJ 2001, 323 (324), mAnm König; OLG Düsseldorf v. 3. 5. 1999 – 4 Ws 75/99, StV 2001, 225 (226); OLG Düsseldorf v. 26. 7. 2007 – III-4 Ws 401/07, StV 2008, 512; OLG Frankfurt v. 28. 10. 1982 – 3 Ws 822/82, StV 1983, 24; OLG Hamm v. 2. 12. 1999 – 3 Ws 710/99, NStZ-RR 2000, 126; LG Freiburg v. 27. 4. 1992 – II Qs 41/92, MDR 1992, 798; LG Freiburg v. 15. 8. 1994 – II Qs 85/94, StV 1994, 534; AnwStPO/Kirchhof Rn. 1; vgl. auch OLG Köln v. 28. 9. 1999 – 2 Ws 502/99, NStZ-RR 2000, 338.
[9] KK-StPO/Appl Rn. 3; KMR/Stöckel Rn. 7; aA SK-StPO/Paeffgen Rn. 3.
[10] OLG Hamm v. 19. 3. 2009 – 2 Ws 40/09, NStZ-RR 2009, 260.
[11] OLG Koblenz v. 29. 9. 2004 – 2 Ws 610/04, OLGSt Nr. 10.
[12] OLG Braunschweig v. 25. 1. 2001 – Ws 9/01, NStZ-RR 2001, 185; OLG Köln v. 10. 6. 1999 – 2 Ws 272/99, NStZ 1999, 534 f.; OLG Stuttgart v. 6. 3. 1992 – 4 Ws 47/92, Justiz 1992, 163 (164).
[13] KK-StPO/Appl Rn. 6; Meyer-Goßner Rn. 3; SK-StPO/Paeffgen Rn. 7.
[14] KG v. 5. 5. 1999 – 3 Ws 116/99, NJW 1999, 2979 (2980).
[15] Katholnigg NStZ 1982, 195; KK-StPO/Appl Rn. 6a; Meyer-Goßner Rn. 5; vgl. auch § 451 Rn. 10.
[16] Meyer-Goßner Rn. 5.
[17] OLG Oldenburg v. 24. 4. 1961 – 1 Ws 74/61, NJW 1961, 1368; Bringewat Rn. 11; KK-StPO/Appl Rn. 6a; Meyer-Goßner Rn. 6.
[18] So OLG Hamm v. 25. 8. 2009 – 2 Ws 221/09, NStZ-RR 2010, 153.
[19] OLG Hamm aaO.
[20] Im Ergebnis auch OLG Frankfurt v. 25. 1. 2007 – 3 Ws 93/07, NStZ-RR 2007, 221; LG Arnsberg v. 16. 10. 2008 – 2 Qs 89/08, StraFo 2008, 521 (522); vgl. ferner KK-StPO/Appl Rn. 7; SK-StPO/Paeffgen Rn. 9; Löwe/Rosenberg/Graalmann-Scheerer Rn. 16.
[21] OLG Hamm v. 20. 5. 2008 – 3 Ws 187/08, ZJJ 2008, 387 (389); KG v. 21. 9. 1987 – 4 Ws 254/87, JR 1988, 39.
[22] OLG Düsseldorf v. 4. 3. 1987 – 1 Ws 176/87, StV 1987, 257; OLG Düsseldorf v. 10. 10. 1990 – 1 Ws 868/90, VRS 80, 284; OLG Frankfurt v. 21. 9. 1995 – 3 Ws 611/95, NStZ-RR 1996, 91 (92); OLG Hamm v. 20. 5. 2003 – 3 Ws 528/03, NStZ-RR 2003, 199 (200); OLG Hamm v. 26. 9. 1986 – 4 Ws 509/86, NStZ 1987, 247; OLG Karlsruhe v. 14. 8. 2001 – 3 Ws 139/01, StV 2003, 344; OLG München v. 5. 12. 2007 – 3 Ws 672/07, StV 2009, 540; OLG Schleswig v. 13. 11. 2003 – 2 Ws 333/03 u. 2 Ws 331/03, SchlHA 2004, 242; Thüring. OLG v. 15.7. 1997 – 1 Ws 150/97, NStZ 1998, 216; OLG Zweibrücken v. 19. 11. 1990 – 1 Ws 582/90, StV 1991, 567 (568); krit. Bringewat Rn. 14; HK-StPO/Pollähne Rn. 5.

Erster Abschnitt. Strafvollstreckung 9–12 § 453

den werden; ein bloßer Hinweis auf die Möglichkeit mündlichen Vorbringens reicht nicht aus.[23] Die Anhörung muss im Hinblick auf die Anfechtbarkeit der Entscheidung auch erfolgen, wenn das Gericht den Widerrufsantrag der StA abzulehnen beabsichtigt.[24] Ihre Übertragung auf einen **ersuchten Richter** gilt als zulässig.[25]

c) **Unterbleiben der Anhörung.** Die mündliche Anhörung gem. Abs. 1 S. 3 kann unterbleiben, 9 wenn bereits ohne Berücksichtigung der Auflagen- oder Weisungsverstöße der Bewährungswiderruf erfolgen darf, etwa wegen **schwerer neuer Straftaten,**[26] ferner bei einem eindeutigen Verzicht des Verurteilten.[27] Dafür reicht sein Schweigen auf die gerichtliche Anfrage, ob eine mündliche Anhörung gewünscht werde, nicht aus.[28] Beantragt umgekehrt der Verurteilte die Anhörung, muss das Gericht diesem Ansinnen zwar nur unter den gerade genannten Voraussetzungen entsprechen, den Antrag jedoch stets verbescheiden.[29]

Die Anhörung auch iSd. Abs. 1 S. 2 kann unterbleiben, wenn sich der **Aufenthalt** des Angeklag- 10 ten trotz der im Einzelfall gebotenen Bemühungen[30] **nicht eruieren** lässt, etwa infolge Untertauchens.[31] Dann darf der Beschluss öffentlich zugestellt werden (§ 40),[32] das rechtliche Gehör wird nach § 311 Abs. 3 S. 2 bzw. § 33a nachgeholt.[33] Hierüber und über die Möglichkeit eines Wiedereinsetzungsantrags (§§ 44 ff.) ist nach § 29 Abs. 3 Nr. 2 StVollstrO zu belehren. Ein solches „Nachverfahren",[34] das auch bei rechtswidrigem Unterlassen der Anhörung in Betracht kommt,[35] führt das Gericht durch, welches den Beschluss erlassen hat.[36]

Erzwungen werden darf die für den Angeklagten als bloße Möglichkeit und damit freiwillig 11 konzipierte Wahrnehmung des rechtlichen Gehörs nicht; die Vorführung oder gar der Erlass eines **Sicherungshaftbefehls** (§ 453c) vor dem Aussetzungswiderruf kommen nur zu diesem Zweck nicht in Betracht.[37] Die Gegenauffassung lässt sich mit einem freiheitlichen Menschenbild nicht vereinbaren.

d) **Unterrichtung der Bewährungshilfe (Abs. 1 S. 4).** Während des Unterstellungszeitraums ist 12 der Bewährungshelfer vor Entscheidung über den Widerruf des Strafaussetzung (§ 56f StGB) oder den Straferlass (§ 56g StGB) zu unterrichten, damit er **Stellung nehmen** kann. Denn er mag über entscheidungserhebliche Informationen verfügen.[38] Erzwingen lässt sich die Abgabe seiner Stellungnahme nicht.[39] Seine mündliche Anhörung ist nicht vorgeschrieben, aber auch nicht verboten.[40] Die Möglichkeit, den Bewährungshelfer im Interesse seiner Tätigkeit über Erkenntnisse

---

[23] OLG Karlsruhe v. 14. 8. 2001 – 3 Ws 139/01, StV 2003, 344; OLG München v. 5. 12. 2007 – 3 Ws 672/07, StV 2009, 540 (541); OLG Schleswig v. 18. 12. 2006 – 2 Ws 516/06, SchlHa 2007, 292; LG Berlin v. 19. 12. 1988 – 528 Qs 14/88, NStZ 1989, 245; LG Saarbrücken v. 21. 2. 2000 – 4 Qs 77/99 I, NStZ-RR 2000, 245; LG Saarbrücken v. 19. 5. 2000 – 4 Qs 52/00 I, StV 2000, 564; LG Zweibrücken v. 25. 6. 1998 – 1 Qs 68/98, StV 2000, 213; aA OLG Hamburg v. 26. 2. 1992 – 2 Ws 56/92, NStE Nr. 12; OLG Zweibrücken v. 26. 10. 1988 – 1 Ws 582/88, NStE Nr. 9; *Kropp* NStZ 1998, 536.
[24] Thüring. OLG v. 15. 7. 1997 – 1 Ws 150/97, NStZ 1998, 216.
[25] OLG Stuttgart v. 23. 9. 1986 – 3 ARs 119/86, NStZ 1987, 43 (44); KK-StPO/*Appl* Rn. 9; zw. SK-StPO/*Paeffgen* Rn. 13.
[26] OLG Düsseldorf v. 29. 9. 1992 – 3 Ws 575 – 576/92, OLGSt Nr. 4; OLG Stuttgart v. 23. 9. 1986 – 3 ARs 119/86, NStZ 1987, 43; *Meyer-Goßner* Rn. 7; aA SK-StPO/*Paeffgen* Rn. 11.
[27] OLG Düsseldorf v. 10. 11. 1987 – 1 Ws 928/87, NStZ 1988, 243; OLG Frankfurt v. 21. 9. 1995 – 3 Ws 611/95, NStZ-RR 1996, 91 (92); OLG Karlsruhe v. 14. 8. 2001 – 3 Ws 139/01, StV 2003, 344.
[28] LG Arnsberg v. 16. 10. 2008 – 2 Qs 89/08, StraFo 2008, 521.
[29] LG Bremen v. 22. 10. 1991 – 42 Qs 36/91, StV 1992, 327.
[30] Hierzu OLG Düsseldorf v. 3. 6. 1994 – Ws 337 – 338/94, NStE Nr. 15.
[31] HansOLG Bremen v. 2. 1. 1976 – Ws 2/76, MDR 1976, 865; OLG Düsseldorf v. 10. 11. 1987 – 1 Ws 928/87, NStZ 1988, 243; OLG Düsseldorf v. 6. 3. 1989 – 3 Ws 198/89, NStE Nr. 11; OLG Köln v. 29. 1. 1963 – 2 Ws 558/62, NJW 1963, 875; *Meyer-Goßner* Rn. 6.
[32] HansOLG Bremen v. 2. 1. 1976 – Ws 2/76, MDR 1976, 865; OLG Celle v. 21. 5. 1976 – 2 Ws 91/76, MDR 1976, 948; OLG Düsseldorf v. 29. 9. 1992 – 3 Ws 575 – 576/92, OLGSt Nr. 4; HansOLG Hamburg v. 25. 9. 1987 – 1 Ws 187/87, NStZ 1988, 292, m Anm *Johann/Johnigk*; OLG Karlsruhe v. 25. 6. 1980 – 3 Ws 127/80, MDR 1981, 159; OLG Karlsruhe v. 6. 2. 2006 – 2 Ws 20/06, NStZ-RR 2007, 205; OLG Zweibrücken v. 20. 1. 1988 – 1 Ws 22 – 27/88, MDR 1988, 1077.
[33] BGH v. 6. 5. 1975 – StB 8/75, BGHSt 26, 127 (130) = NJW 1975, 2211 (2212); OLG Zweibrücken v. 20. 1. 1988 – 1 Ws 22 – 27/88, MDR 1988, 1077; vgl. auch *Katzenstein* StV 2003, 359 (360).
[34] Löwe/Rosenberg/*Graalmann-Scheerer* Rn. 51.
[35] OLG Karlsruhe v. 20. 1. 2003 – 1 Ws 391/02, NStZ-RR 2003, 190 (LS).
[36] OLG Düsseldorf v. 29. 9. 1992 – 3 Ws 575 – 576/92, OLGSt Nr. 4; OLG Koblenz v. 18. 2. 1976 – 1 Ws 39/76, MDR 1976, 598; KK-StPO/*Appl* Rn. 8; Löwe/Rosenberg/*Graalmann-Scheerer* Rn. 52.
[37] HansOLG Bremen v. 2. 1. 1976 – Ws 2/76, MDR 1976, 865; OLG Celle v. 21. 5. 1976 – 2 Ws 91/76, MDR 1976, 948; OLG Zweibrücken v. 20. 1. 1988 – 1 Ws 22 – 27/88, MDR 1988, 1077; KK-StPO/*Appl* Rn. 11; *Meyer-Goßner* Rn. 6; aA OLG Celle v. 5. 11. 1985 – 3 Ws 540/85, StV 1987, 30; OLG Frankfurt v. 11. 11. 1981 – 3 Ws 702/81, StV 1983, 113; OLG Hamburg v. 21. 8. 1975 – 2 Ws 429/75, NJW 1976, 1327; unklar OLG Düsseldorf v. 11. 2. 1988 – 1 Ws 120/88, OLGSt Nr. 3.
[38] OLG Bremen v. 4. 11. 2009 – Ws 169/09, StV 2010, 311 (LS).
[39] AA HK-StPO/*Pollähne* Rn. 5: Zeugenladung.
[40] Vgl. OLG Düsseldorf v. 4. 4. 1996 – 1 Ws 292/96, NStZ 1996, 616; OLG Düsseldorf v. 2. 3. 2000 – 1 Ws 143 – 144/00, StV 2000, 563 f.; KK-StPO/*Appl* Rn. 10; *Meyer-Goßner* Rn. 8.

aus anderen Verfahren zu informieren, sieht Abs. 1 S. 4 letzter Hs. vor.[41] Bei Verwarnung mit Strafvorbehalt erlangt Abs. 1 S. 4 keine Bedeutung, denn hier kommt die Bestellung eines Bewährungshelfers nicht in Betracht. Eine Möglichkeit zur Einschaltung der **Gerichtshilfe** besteht nach § 463 d 2. Hs.

III. Rechtsmittel (Abs. 2)

13 **Berechtigt** zur Einlegung der einfachen oder sofortigen Beschwerde sind nur Angeklagter und StA (auch zugunsten des ersteren); nicht Privat- oder Nebenkläger bzw. Geschädigter.[42]

14 **1. Einfache Beschwerde (Abs. 2 S. 1 und 2).** Mit Ausnahme der in Abs. 2 S. 3 genannten Entscheidungen kommt gegen nachträgliche Anordnungen einfache Beschwerde in Betracht. Das betrifft die Ausgestaltung der **Bewährungsbedingungen**, namentlich Bewährungszeit und -hilfe, Auflagen sowie Weisungen und gilt auch für solche Entscheidungen, mit denen ein **Antrag** auf Umgestaltung der vorbezeichneten Bewährungsbedingungen **abgelehnt** wurde.[43]

15 Die **Prüfungsbefugnis** des Beschwerdegerichts wird durch Abs. 2 S. 2 **beschränkt**. Sie erstreckt sich nur auf die Gesetzmäßigkeit der getroffenen Entscheidung oder – unter darüber hinausgehender Einräumung eigenen Ermessens – die nachträgliche Verlängerung (nicht aber Ablehnung eines hierauf gerichteten Antrags[44] oder Verkürzung[45] und Ablehnung eines Verkürzungsantrags[46]) der Bewährungszeit, § 56 a Abs. 2 S. 2 StGB. Darf nur die Gesetzmäßigkeit überprüft werden, kann das **Ermessen** des Erstgerichts von der Beschwerdeinstanz nicht durch eigene Erwägungen ersetzt werden.[47] Abs. 2 S. 2 führt aber keinen Begründungszwang für den Beschwerdeführer ein; er braucht nichts zur Gesetzwidrigkeit des Beschlusses vorzutragen.[48]

16 **Gesetzwidrigkeit** liegt vor, wenn die Entscheidung sich nicht auf eine gesetzliche Grundlage zu stützen vermag, sie unverhältnismäßig, unzumutbar[49] oder ermessensfehlerhaft[50] (darunter fällt auch Ermessensausfall)[51] ist. Gesetzwidrig ist weiter die Auferlegung einer zu unbestimmten Weisung.[52]

17 **2. Sofortige Beschwerde (Abs. 2 S. 3). a) Gegenstand des Rechtsmittels.** Mit der sofortigen Beschwerde anfechtbar sind zunächst die fünf **expressis verbis** genannten Entscheidungen, nicht alle nach §§ 56 f, 56 g und 59 b StGB möglichen Beschlüsse. Aus Gründen der Rechtssicherheit unterfällt der sofortigen Beschwerde auch der Beschluss, mit dem ein Antrag der StA auf **Widerruf der Strafaussetzung** oder eine sonstige in Abs. 2 S. 3 genannte Rechtsfolge **abgelehnt** wird.[53] Das gilt weiter, wenn das Gericht zugleich mit der Ablehnung des Antrags eine andere Entscheidung trifft

---

[41] Löwe/Rosenberg/*Graalmann-Scheerer* Rn. 27; *Meyer-Goßner* Rn. 8.
[42] OLG Düsseldorf v. 9. 11. 1999 – 1 Ws 858 – 859/99, StV 2001, 228; KK-StPO/*Appl* Rn. 15; *Meyer-Goßner* Rn. 10; Löwe/Rosenberg/*Graalmann-Scheerer* Rn. 46.
[43] KK-StPO/*Appl* Rn. 12; *Meyer-Goßner* Rn. 11.
[44] OLG Stuttgart v. 2. 12. 1999 – 3 Ws 252/99, NStZ 2000, 500.
[45] OLG Celle v. 3. 9. 1982 – 2 Ws 115/82, NStZ 1983, 431; OLG München v. 25. 3. 1988 – 2 Ws 227/88, NStZ 1988, 524.
[46] OLG Frankfurt v. 22. 2. 2005 – 3 Ws 151/05, NStZ-RR 2006, 327.
[47] OLG Dresden v. 13. 7. 2009 – 2 Ws 291/09, NJW 2009, 3315 (3316); OLG Hamm v. 19. 3. 2009 – 2 Ws 40/09, NStZ-RR 2009, 260; OLG Jena v. 5. 1. 2005 – 1 Ws 392/04, NStZ 2006, 39 (40); OLG Naumburg v. 12. 2. 2009 – 1 Ws 706/08, NJW 2009, 3314 (3315).
[48] OLG Frankfurt v. 22. 2. 2005 – 3 Ws 151/05, NStZ-RR 2006, 327; KK-StPO/*Appl* Rn. 14; *Meyer-Goßner* Rn. 11; aA OLG München v. 25. 3. 1988 – 2 Ws 227/88, NStZ 1988, 524; *Pfeiffer* Rn. 6; AK/*Rössner* Rn. 6.
[49] Dazu OLG Celle v. 16. 10. 2009 – 2 Ws 228/09, NStZ-RR 2010, 91 (92); OLG Hamm v. 20. 8. 2009 – 2 Ws 207/09, NStZ-RR 2010, 90.
[50] Vgl. OLG Celle v. 23. 4. 1996 – 3 Ws 105/96, Nds.Rpfl. 1997, 51 (52); OLG Dresden v. 11. 9. 2009 – 2 Ws 409/09, NStZ 2010, 153 (154); OLG Hamm v. 25. 7. 1975 – 5 Ws 213/75, MDR 1975, 1041; OLG Nürnberg v. 14. 9. 1998 – Ws 1115/98, NStZ 1999, 158 (159); OLG Stuttgart v. 26. 8. 2003 – 1 Ws 231/03, NStZ-RR 2004, 89.
[51] OLG Dresden v. 30. 9. 2009 – 2 Ws 458/09, NStZ-RR 2010, 126 f. (LS); OLG Düsseldorf v. 5. 4. 1993 – 2 Ws 96/93, NStE Nr. 13; OLG Stuttgart v. 22. 10. 1986 – 4 Ws 273/86, MDR 1987, 164 (165).
[52] OLG Dresden v. 6. 9. 2007 – Ws 423/07, NStZ-RR 2008, 27; OLG Jena v. 5. 1. 2005 – 1 Ws 392/04, NStZ 2006, 39 (40); OLG Jena v. 14. 8. 2006 – 1 Ws 244/06, StV 2008, 88; OLG Naumburg v. 12. 2. 2009 – 1 Ws 706/08, NJW 2009, 3314; OLG Nürnberg v. 9. 11. 2009 – 2 Ws 457, 458/09, StV 2010, 314; OLG Oldenburg v. 5. 1. 2009 – 1 Ws 785/08, StV 2009, 542.
[53] HansOLG Hamburg v. 20. 2. 1990 – 2 Ws 30/90, StV 1990, 270; OLG Naumburg v. 19. 9. 2001 – 1 Ws 343/01, NJ 2002, 102, mAnm *Artkämper*; OLG Saarbrücken v. 14. 10. 1991 – 1 Ws 374/91, MDR 1992, 505; OLG Stuttgart v. 12. 9. 1994 – 4 Ws 182/94, NStZ 1995, 53 (54); Thüring. OLG v. 15. 7. 1997 – 1 Ws 150/97, NStZ 1998, 216; OLG Zweibrücken v. 27. 11. 1997 – 1 Ws 605/97, NStZ-RR 1998, 93; LG Hamburg v. 4. 1. 1995 – 634 Qs 46/94, NStZ 1996, 250; *Bringewat* Rn. 37; *Meyer-Goßner* Rn. 13; AK/*Rössner* Rn. 7; zw. KK-StPO/*Appl* Rn. 16; aA OLG Düsseldorf v. 2. 3. 1994 – 3 Ws 74/94, MDR 1994, 931; OLG Köln v. 20. 9. 1994 – 2 Ws 365 u. 429/94, NStZ 1995, 151 (152); OLG Stuttgart v. 17. 9. 1993 – 2 Ws 128/93, MDR 1994, 195; SK-StPO/*Paeffgen* Rn. 23; KMR/*Stöckel* Rn. 33.

(zB Verlängerung der Bewährungszeit anstatt Bewährungswiderruf),[54] nicht aber, sofern die StA lediglich die Verlängerung der Bewährungszeit beantragt hatte.[55] Die **Anrechnungsentscheidung** nach § 56f Abs. 3 S. 2 StGB kann als notwendiger Bestandteil des Widerrufsbeschlusses ebenfalls nur mit der sofortigen Beschwerde angefochten werden,[56] wobei eine Einschränkung der Überprüfungsbefugnis nach Abs. 2 S. 2 nicht in Betracht kommt.[57]

b) Entscheidung des Beschwerdegerichts. Das Beschwerdegericht entscheidet grundsätzlich in der Sache (§ 309 Abs. 2). Eine Ausnahme gilt, wenn die **Anhörung** gem. Abs. 1 S. 3 rechtsirrig unterlassen wurde. In diesem Fall wird unter Aufhebung des angefochtenen Beschlusses zurückverwiesen,[58] genauso wenn hinsichtlich des Ob der mündlichen Anhörung Ermessensausfall vorliegt.[59] 18

Der Prüfung des Beschwerdegerichts unterliegt die angefochtene Entscheidung **in toto**, sowohl im Hinblick auf Rechtsausübung wie Ermessensanwendung; Abs. 2 S. 2 findet keine Anwendung.[60] Das Beschwerdegericht gilt auch als befugt, nach Gewährung rechtlichen Gehörs den Widerrufsgrund (§ 56f StGB) auszuwechseln.[61] Das wird aber eine mündliche Anhörung zu dem anderen Widerrufsgrund voraussetzen.[62] Eine **Verböserung** scheidet nur ausnahmsweise aus, namentlich nach Anrechnung gem. § 56f Abs. 3 S. 2 StGB.[63] 19

Vollstreckbarkeit (§ 449 StPO) beginnt erst mit der Rechtskraft des Aussetzungswiderrufs bzw. der Verurteilung zur vorbehaltenen Strafe. Eine **Zurücknahme** rechtskräftiger Beschlüsse ist mangels gesetzlicher Grundlage unzulässig,[64] desgleichen deren Ersetzung selbst bei gerichtlicher Unzuständigkeit[65] oder die Wiederaufnahme des Verfahrens.[66] 20

Eine **weitere sofortige Beschwerde** kommt nach § 310 Abs. 1 nicht in Betracht.[67] Anders soll dies sein, wenn sowohl das erstinstanzliche als auch das Beschwerdegericht nicht zuständig waren.[68] Das erscheint im Hinblick auf die neuere Rspr. des BVerfG, der zufolge Rechtsbehelfe in der geschriebenen Rechtsordnung – auch nach ihren Voraussetzungen erkennbar – geregelt sein müssen,[69] nicht unzweifelhaft. 21

IV. Bedeutung im Jugendstrafrecht

Auch im JGG-Verfahren ist ein Beschluss gem. §§ 58 Abs. 1 oder 65 JGG zuzustellen (Rn. 6); eine Verkündung im Anhörungstermin bleibt unzulässig.[70] Nur gegen den Widerruf der Strafaus- 22

---

[54] OLG Düsseldorf v. 22. 7. 1988 – 3 Ws 452/88, MDR 1989, 666; OLG Düsseldorf v. 2. 10. 2001 – 3 Ws 409/01, NStZ-RR 2002, 28; OLG Hamburg v. 11. 2. 2005 – 2 Ws 24/05, NStZ-RR 2005, 221; OLG Hamm v. 10. 12. 1987 – 4 Ws 602/87, NStZ 1988, 291; *Meyer-Goßner* Rn. 13; Löwe/Rosenberg/*Graalmann-Scheerer* Rn. 43.
[55] OLG Stuttgart v. 2. 12. 1999 – 3 Ws 252/99, NStZ 2000, 500; aA OLG Hamm v. 24. 2. 2009 – 3 Ws 23/09, NStZ 2010, 105; *Meyer-Goßner* Rn. 13.
[56] OLG Düsseldorf v. 6. 12. 2000 – 2 Ws 340/00, NStZ 2001, 278; HansOLG Hamburg v. 21. 7. 1983 – 2 Ws 319 u. 361/83, MDR 1983, 953; OLG Hamm v. 13. 12. 1995 – 2 Ws 195/95, NStZ 1996, 303 (304); LG Stuttgart v. 15. 12. 1980 – XII Qs 531/80, MDR 1981, 335; *Meyer-Goßner* Rn. 13; aA OLG Stuttgart v. 8. 7. 1980 – 1 Ws 209/80, MDR 1980, 1037; HK-StPO/*Pollähne* Rn. 7.
[57] LG Stuttgart v. 15. 12. 1980 – XII Qs 531/80, MDR 1981, 335; *Bringewat* Rn. 38; aA KK-StPO/*Appl* Rn. 17; KMR/*Stöckel* Rn. 40.
[58] OLG Düsseldorf v. 4. 3. 1987 – 1 Ws 176/87, StV 1987, 257 (258); OLG Düsseldorf v. 3. 6. 1994 – 1 Ws 337 – 338/94, NStE Nr. 15; OLG Frankfurt v. 7. 5. 2003 – 3 Ws 528/03, NStZ-RR 2003, 199 (200); OLG Hamm v. 25. 8. 2009 – 2 Ws 221/09, NStZ-RR 2010, 153 (154); OLG Karlsruhe v. 14. 8. 2001 – 3 Ws 139/01, StV 2003, 344; OLG München v. 5. 12. 2007 – 3 Ws 672/07, StV 2009, 540 (541); OLG Schleswig v. 18. 7. 2001 – 2 Ws 289/01, SchlHA 2002, 143; Thüring. OLG v. 15. 7. 1997 – 1 Ws 150/97, NStZ 1998, 263; LG Saarbrücken v. 21. 2. 2000 – 4 Qs 77/99 I, NStZ-RR 2000, 245; LG Saarbrücken v. 19. 5. 2000 – 4 Qs 52/00 I, StV 2000, 564 f.; *Meyer-Goßner* Rn. 15.
[59] OLG Düsseldorf v. 5. 4. 1993 – 2 Ws 96/93, NStE Nr. 13; OLG Stuttgart v. 22. 10. 1986 – 4 Ws 273/86, MDR 1987, 164 f.
[60] OLG Stuttgart v. 12. 9. 1994 – 4 Ws 182/94, NStZ 1995, 53 (54); *Meyer-Goßner* Rn. 14.
[61] OLG Düsseldorf v. 20. 7. 1982 – 1 Ws 532/82, MDR 1983, 68; KK-StPO/*Appl* Rn. 16; *Meyer-Goßner* Rn. 14.
[62] OLG Frankfurt v. 7. 5. 2003 – 3 Ws 528/03, NStZ-RR 2003, 199 (200).
[63] OLG Hamm v. 13. 12. 1995 – 2 Ws 195/95, NStZ 1996, 303 (304); OLG München v. 1. 2. 1980 – 2 Ws 92/80, MDR 1980, 517; KK-StPO/*Appl* Rn. 16.
[64] AA *Joecks* Rn. 6; *Meyer-Goßner* Rn. 17.
[65] HK-StPO/*Pollähne* Rn. 7.
[66] OLG Düsseldorf v. 1. 12. 2003 – III-3 Ws 454/03, StraFo 2004, 146; HansOLG Hamburg v. 6. 5. 1999 – 2 Ws 1/99, StV 2000, 568, mAnm *Kunz*; OLG Hamm v. 26. 6. 1995 – 2 Ws 306 u. 307/95, DAR 1995, 374; OLG Stuttgart v. 18. 12. 1995 – 2 Ws 248/95, NStZ-RR 1996, 176; OLG Stuttgart v. 26. 1. 2001 – 1 Ws 16/2001, wistra 2001, 239; OLG Zweibrücken v. 1. 8. 1996 – 1 Ws 120-121/96, NStZ 1997, 55; KK-StPO/*Appl* Rn. 17; aA OLG Düsseldorf v. 2. 7. 1992 – 4 Ws 214/92, StV 1993, 87; LG Bremen v. 15. 3. 1990 – III. Kl. StVK 203/90, StV 1990, 311; SK-StPO/*Paeffgen* Rn. 7; KMR/*Stöckel* Rn. 42; Löwe/Rosenberg/*Graalmann-Scheerer* Rn. 42.
[67] OLG Bremen v. 1. 8. 1986 – Ws 110/86, NStZ 1986, 524; Löwe/Rosenberg/*Graalmann-Scheerer* Rn. 42.
[68] OLG Karlsruhe v. 1. 3. 2001 – 3 Ws 38/01, Justiz 2002, 23; KK-StPO/*Appl* Rn. 17.
[69] BVerfG v. 30. 4. 2003 – 1 PBvU 1/02, BVerfGE 107, 395 (416 f.) = NJW 2003, 1924 (1928); BVerfG v. 16. 1. 2007 – 1 BvR 2803/06, NJW 2007, 2538 (2539).
[70] KG v. 24. 2. 2003 – 5 Ws 78/03, ZJJ 2003, 303; aA *Ostendorf* § 65 JGG Rn 5.

setzung bei der **Jugendstrafe** (§§ 26 Abs. 1, 58 JGG) ist nach der abschließenden Sonderregelung des § 59 Abs. 3 JGG sofortige Beschwerde statthaft. Hat das widerrufende Gericht die Anhörung des Verurteilten (Abs. 1 S. 3) verabsäumt, gilt das zu Rn. 18 Gesagte. Trotz des Gebots besonderer Verfahrensbeschleunigung scheidet eine Nachholung durch das Beschwerdegericht aus, weil sich der Verfahrensfehler auch nicht zu Lasten eines jungen Rechtsbrechers auswirken darf.[71] Die Ablehnung des Antrags der StA auf Bewährungswiderruf bleibt unanfechtbar; § 453 Abs. 2 gilt nicht entsprechend.[72]

§ 453a [Belehrung bei Strafaussetzung oder Verwarnung mit Strafvorbehalt]

(1) [1]Ist der Angeklagte nicht nach § 268a Abs. 3 belehrt worden, so wird die Belehrung durch das für die Entscheidungen nach § 453 zuständige Gericht erteilt. [2]Der Vorsitzende kann mit der Belehrung einen beauftragten oder ersuchten Richter betrauen.

(2) Die Belehrung soll außer in Fällen von geringer Bedeutung mündlich erteilt werden.

(3) [1]Der Angeklagte soll auch über die nachträglichen Entscheidungen belehrt werden. [2]Absatz 1 gilt entsprechend.

I. Normzweck

1   Da nicht davon ausgegangen werden kann, dass jeder Angeklagte in der Lage ist, den Inhalt gerichtlicher **Entscheidungen** zu erfassen, müssen diese in ihrer Bedeutung und hinsichtlich des von ihm selbst geforderten Verhaltens (etwa bei Auflagen und Weisungen) **verdeutlicht** werden, auch um Verstöße als schuldhaft bewerten und an sie Rechtsfolgen (zB Bewährungswiderruf) knüpfen zu können.[1] Die Bestimmung stellt dies für Bewährungsentscheidungen im weitesten Sinne sicher.

II. Belehrung über Bewährungsbeschluss (Abs. 1 und 2)

2   Ist die nach § 268a Abs. 3 vorgeschriebene **Belehrung** irrtümlich, wegen (räumlicher oder geistiger) Abwesenheit des Angeklagten oder nach § 268a Abs. 3 S. 4 **unterlassen** worden, wird sie **nachgeholt** (Abs. 1 S. 1). Die Belehrung ist schon im Hinblick auf ihren Zweck durch schriftlichen Vermerk zu dokumentieren. Unterbleiben oder Fehlerhaftigkeit der Belehrung berührt die Wirksamkeit der Entscheidung aber nicht.[2]

3   **Zuständig** ist gem. Abs. 1 S. 1 das in § 453 benannte Gericht (idR Gericht des ersten Rechtszuges, sonst StVollstrK oder Wohnsitzgericht).[3] Der zur Belehrung berufene Vorsitzende darf die Aufgabe an einen beauftragten (Mitglied des Spruchkörpers) oder ersuchten Richter (Rechtshilfe, § 157 GVG) delegieren.

4   Die Belehrung wird grundsätzlich **mündlich** erteilt; ausschließlich in Fällen geringer Bedeutung sieht das Gesetz Schriftform vor (Abs. 2). Von **geringer Bedeutung** ist bei nur marginalen Rechtsfolgen auszugehen. Das ist anerkannt für die Verwarnung mit Strafvorbehalt im Strafbefehl (§ 407 Abs. 2 S. 1 Nr. 1),[4] nicht aber für Freiheitsstrafen von bis zu einjähriger Dauer (§ 407 Abs. 2 S. 2).[5] Eine Orientierung an den nicht in ein Führungszeugnis aufzunehmenden Registereintragungen (§ 32 Abs. 2 BZRG) scheidet aus. Auch der trotz Vorladung **nicht erschienene** Angeklagte wird schriftlich belehrt.[6] Eine Vorführung kommt als unverhältnismäßig nicht in Betracht.[7]

III. Bedeutung bei Nachtragsentscheidungen (Abs. 3)

5   Auch über Entscheidungen nach §§ 56a Abs. 2 S. 2, 56e und 59a Abs. 2 S. 3 StGB **soll belehrt** werden (Abs. 3 S. 1). Regelmäßig wird die Belehrung bei nachteiligen Anordnungen aus Fürsorgegesichtspunkten veranlasst sein. Die hM nimmt dies an, wenn eine Unterrichtung über die

---

[71] *Eisenberg* § 58 JGG Rn. 7; aA OLG Hamm v. 20. 5. 2008 – 3 Ws 187/08, ZJJ 2008, 387.
[72] KG v. 29. 6. 1998 – 3 Ws 227/98, JR 1998, 389 mwN; LG Potsdam v. 22. 5. 1996 – 22 Qs 17/96, NStZ-RR 1996, 285; KK-StPO/*Appl* Rn. 5; *Eisenberg* § 59 JGG Rn. 27; *Laubenthal/Baier*, Jugendstrafrecht, 2006, Rn. 779 mwN; aA LG Bückeburg v. 22. 1. 2003 – Qs 5/03, NStZ 2005, 169f.; LG Hamburg v. 4. 1. 1995 – 634 Qs 46/94, NStZ 1996, 250, mAnm. *Sieveking/Eisenberg*; LG Osnabrück v. 12. 6. 1991 – 20 Qs III 30/91, NStZ 1991, 533; M. *Heinrich* NStZ 2006, 417 (418).
[1] Für viele *Bringewat* Rn. 1; KK-StPO/*Appl* Rn. 1.
[2] SK-StPO/*Paeffgen* Rn. 2; KMR/*Stöckel* Rn. 9.
[3] Dazu § 453 Rn. 6.
[4] KK-StPO/*Appl* Rn. 2; *Meyer-Goßner* Rn. 2; Löwe-Rosenberg/*Graalmann-Scheerer* Rn. 2.
[5] KK-StPO/*Appl* Rn. 2; AK/*Rössner* Rn. 2; aA KMR/*Stöckel* Rn. 4; wohl auch HK-StPO/*Pollähne* Rn. 2; vgl. ferner SK-StPO/*Paeffgen* Rn. 4.
[6] KK-StPO/*Appl* Rn. 3; *Meyer-Goßner* Rn. 2; Löwe-Rosenberg/*Graalmann-Scheerer* Rn. 3.
[7] OLG Celle v. 22. 2. 1963 – 2 Gen 1/63, MDR 1963, 523; SK-StPO/*Paeffgen* Rn. 4; KMR/*Stöckel* Rn. 3.

Tragweite des Neuen geboten erscheint, etwa bei Verlängerung der Bewährungszeit.[8] Sinnvoll wird bei vielen ungewandten Belehrungsadressaten trotz der **Verweisung nur auf Abs. 1** (Abs. 3 S. 2) nicht ein Wahlrecht zwischen schriftlicher und mündlicher Form, sondern die Heranziehung von Abs. 2 mit der Folge generell mündlicher Belehrung sein.[9]

§ 453b [Überwachung des Verurteilten]

(1) Das Gericht überwacht während der Bewährungszeit die Lebensführung des Verurteilten, namentlich die Erfüllung von Auflagen und Weisungen sowie von Anerbieten und Zusagen.

(2) Die Überwachung obliegt dem für die Entscheidungen nach § 453 zuständigen Gericht.

I. Normzweck

Die Bestimmung umschreibt näher die **gerichtlichen Pflichten** während der **Bewährungsüberwachung** (Abs. 1) und regelt die gerichtliche **Zuständigkeit** (Abs. 2). Beabsichtigt wird sowohl Kontrolle des als auch Hilfe für den Probanden (vgl. § 56d Abs. 3 StGB).[1] 1

II. Gerichtliche Überwachungsaufgabe (Abs. 1)

Die Lebensführung des Verurteilten nach **Strafaussetzung** zur Bewährung (§ 56 StGB) sowie 2 des Angeklagten nach **Verwarnung** mit Strafvorbehalt (§ 59 StGB) wird vom Gericht überwacht. Gleiches gilt nach **Aussetzung eines Strafrestes** zur Bewährung gem. §§ 57, 57a StGB (§ 454 Abs. 4 S. 1) sowie der **Aussetzung stationärer Maßregeln** der Besserung und Sicherung (§ 463 Abs. 1, Abs. 3 S. 1). Treffen Führungsaufsicht und Bewährung zusammen, findet nur § 68a StGB und nicht § 453b Anwendung (§ 68g StGB).[2] Nach **gnadenweiser Strafaussetzung** ist nicht das Gericht, sondern die Gnadenbehörde für die Überwachung zuständig.[3]

Die Überwachungspflicht besteht für die Bewährungszeit bis zu deren Ende, von der Rechts- 3 kraft der Entscheidungen gem. §§ 56, 59 StGB an (§ 56a Abs. 2 S. 1 StGB), auch für evtl. Verlängerungen, nicht aber nach Widerruf des Straferlasses gem. 56g Abs. 2 StGB.[4] Sie erstreckt sich auf die gesamte **Lebensführung** des Probanden, also jegliches Verhalten, das für Nachtragsentscheidungen gem. § 453 Abs. 1, insbesondere den Widerruf der Strafaussetzung (§ 56f StGB), die Verurteilung zur vorbehaltenen Strafe (§ 59b StGB) oder nachträgliche Entscheidungen (§§ 56e, 59a Abs. 2 S. 3 StGB), Bedeutung erlangen kann;[5] die Überwachung der Weisungs-, Auflagen-, Anerbieten- und Zusagenerfüllung (§§ 56b und c StGB) ist nur exemplarisch genannt.

Der Charakter der Norm besteht ausschließlich in der Aufgabenzuweisung; **belastende Eingrif-** 4 **fe** in Rechtspositionen des Probanden, die über die Anforderung von Informationen hinausgehen, oder gar in Rechte Dritter gestattet sie nicht.[6] Das Gericht kann gemäß dessen Berichtsaufgaben (§ 56d Abs. 3 S. 2 und 3 StGB) den **Bewährungshelfer** (vgl. § 56d Abs. 4 S. 2 StGB), ferner die Gerichtshilfe im durch § 463d gesteckten Rahmen in Anspruch nehmen. Die StA ist zur Überwachung nicht berufen, teilt aber ihr gleichwohl bekannt gewordene relevante Umstände dem Gericht mit (§ 479 Abs. 2 Nr. 3, Nr. 13 MiStra).[7]

III. Gerichtliche Zuständigkeit (Abs. 2)

Zur Überwachung berufen ist das für Entscheidungen nach § 453 zuständige Gericht. Das ist 5 grundsätzlich das Gericht des **ersten Rechtszuges** (§ 462a Abs. 2), die StVollstrK bei (auch beendeter)[8*] Strafhaft in anderer Sache (§ 462a Abs. 1). Zu beachten gilt es die Zuständigkeitskonzentration gem. § 462a Abs. 4. Hat eine **örtlich unzuständige** StVollstrK die Reststrafe zur Bewährung ausgesetzt, obliegen der örtlich zuständigen StVollstrK die Überwachungsaufgaben.[9*]

---

[8] KK-StPO/*Appl* Rn. 4; *Meyer-Goßner* Rn. 3; Löwe/Rosenberg/*Graalmann-Scheerer* Rn. 4.
[9] Ähnlich *Bringewat* Rn. 6; SK-StPO/*Paeffgen* Rn. 6; AK/*Rössner* Rn. 3; aA KK-StPO/*Appl* Rn. 4; *Meyer-Goßner* Rn. 3; KMR/*Stöckel* Rn. 8; Löwe/Rosenberg/*Graalmann-Scheerer* Rn. 4.
[1] Ähnlich SK-StPO/*Paeffgen* Rn. 2; KMR/*Stöckel* Rn. 3; aA *Bringewat* Rn. 1.
[2] KK-StPO/*Appl* Rn. 1; Löwe/Rosenberg/*Wendisch*, 25. Aufl., Rn. 2.
[3] KK-StPO/*Appl* Rn. 4; *Meyer-Goßner* Rn. 1; aber auch Löwe/Rosenberg/*Graalmann-Scheerer* Rn. 7.
[4] SK-StPO/*Paeffgen* Rn. 3; Löwe/Rosenberg/*Graalmann-Scheerer* Rn. 3.
[5] KK-StPO/*Appl* Rn. 1a; *Meyer-Goßner* Rn. 3.
[6] BVerfG v. 7. 9. 1994 – 2 BvR 598/93, NJW 1995, 2279 (2280); SK-StPO/*Paeffgen* Rn. 2.
[7] Vgl. *Engel* NStZ 1987, 110 (111); KK-StPO/*Appl* Rn. 2; *Meyer-Goßner* Rn. 4.
[8*] OLG Hamm v. 11. 8. 1975 – 3 Ws 477/75, NJW 1976, 258 (LS); OLG Zweibrücken v. 14. 3. 1983 – 1 AR 24/83 (1), OLGSt § 462a Nr. 2.
[9*] BGH v. 2. 4. 1985 – 2 ARs 115/85, NStZ 1985, 428; OLG Düsseldorf v. 7. 2. 1985 – 4 Ws 287–288/84, MDR 1985, 695.

§ 453c [Vorläufige Maßnahmen vor Widerruf der Aussetzung]

(1) Sind hinreichende Gründe für die Annahme vorhanden, daß die Aussetzung widerrufen wird, so kann das Gericht bis zur Rechtskraft des Widerrufsbeschlusses, um sich der Person des Verurteilten zu versichern, vorläufige Maßnahmen treffen, notfalls, unter den Voraussetzungen des § 112 Abs. 2 Nr. 1 oder 2, oder, wenn bestimmte Tatsachen die Gefahr begründen, daß der Verurteilte erhebliche Straftaten begehen werde, einen Haftbefehl erlassen.

(2) [1] Die auf Grund eines Haftbefehls nach Absatz 1 erlittene Haft wird auf die zu vollstreckende Freiheitsstrafe angerechnet. [2] § 33 Abs. 4 Satz 1 sowie die §§ 114 bis 115a, 119 und 119a gelten entsprechend.

I. Normzweck

1   Die Bestimmung will sicherstellen, dass nach Widerruf der Strafaussetzung zur Bewährung die **Vollstreckung der Freiheitsstrafe** alsbald erfolgen kann. Zu diesem Zweck gestattet es Abs. 1, notwendige Sicherungsmaßnahmen zu treffen, die bis hin zum Haftbefehlserlass reichen können. Für die Anrechnung und Durchführung solcher **Sicherungshaft** trifft Abs. 2 die erforderlichen Anordnungen.

II. Voraussetzungen für Sicherungsmaßnahmen (Abs. 1)

2   **1. Aussetzungswiderruf.** Angeknüpft wird an **Strafaussetzung zur Bewährung** nach §§ 56, 183 Abs. 3 und 4 StGB sowie § 14a WStG. Über § 454 Abs. 4 S. 1 gilt die Vorschrift außerdem sinngemäß für die Reststrafenaussetzung nach §§ 57, 57a StGB, ferner gem. § 463 Abs. 1 bei der Aussetzung stationärer **Maßregeln der Besserung und Sicherung** (§§ 67b, 67c Abs. 2 S. 4 StGB). **Widerrufsgründe** ergeben sich aus dem materiellen Strafrecht (§§ 56f Abs. 1, 57 Abs. 5, 57a Abs. 3 S. 2, 67g StGB).

3   Nicht anwendbar bleibt § 453c bei Verwarnung mit Strafvorbehalt (§ 59 StGB), da der Vorbehalt der Verurteilung keine Aussetzung ist, Aussetzung des Berufsverbots (§§ 70a und b StGB), Änderung der Vollstreckungsreihenfolge (§ 67 Abs. 2 und 3 StGB)[1] sowie Aussetzungen im **Gnadenweg** (Zuständigkeit der Gnadenbehörde).[2]

4   **2. Hinreichende Gründe.** Hinreichend ist ein Grund, wenn mit dem Widerruf mit **hoher Wahrscheinlichkeit** zu rechnen ist (vgl. den „hinreichenden Tatverdacht" iSd. § 203).[3] Entfällt die erforderliche gerichtliche Überzeugung, sind Sicherungsmaßnahmen von Amts wegen aufzuheben.[4] Reichen mildere Maßnahmen gem. § 56f Abs. 2 StGB aus und wird deshalb der Widerruf voraussichtlich unterbleiben, fehlt es am Erfordernis, sich der Person des Verurteilten zu versichern.[5]

5   Es bedarf, wie sich aus der neueren Judikatur des EGMR ergibt,[6] als Voraussetzung eines Bewährungswiderrufs wegen einer neuen Straftat hinreichender richterlicher Überzeugungsbildung, mithin prinzipiell der **rechtskräftigen Verurteilung**. Dem steht es gleich, wenn der Angeklagte die neue Tat glaubhaft vor Gericht **gestanden** hat, jedenfalls bei Zuständigkeit desselben Spruchkörpers.[7] Unter letztgenannter Voraussetzung reicht auch die Durchführung der Beweisaufnahme in der neuen Hauptverhandlung, wenn das Gericht danach von der Schuld des Täters überzeugt

---

[1] OLG Stuttgart v. 25. 2. 1982 – 3 Ws 47/82, Justiz 1982, 166; *Meyer-Goßner* Rn. 2.
[2] KK-StPO/*Appl* Rn. 1; Löwe/Rosenberg/*Graalmann-Scheerer* Rn. 3.
[3] OLG Koblenz v. 23. 10. 2003 – 1 Ws 734/03, JBl RhPf. 2003, 204; *Burmann* StV 1986, 80 f.; KK-StPO/*Appl* Rn. 3; *Meyer-Goßner* Rn. 3; Löwe/Rosenberg/*Graalmann-Scheerer* Rn. 5; enger SK-StPO/*Paeffgen* Rn. 4; KMR/ *Stöckel* Rn. 10.
[4] OLG Nürnberg v. 9. 11. 2009 – 2 Ws 457, 458/09, StV 2010, 314.
[5] *Meyer-Goßner* Rn. 3.
[6] EGMR v. 3. 10. 2002 – 37568/97 (Böhmer ./. Deutschland), NJW 2004, 43 (44 f.), mAnm *Pauly* StV 2003, 85; OLG Hamm v. 17. 10. 2003 – 2 Ws 243 u. 244/03, StV 2004, 83; OLG Hamm v. 13. 12. 2004 – 3 Ws 314/04, NStZ-RR 2005, 154 (155); OLG Schleswig v. 9. 12. 2003 – 2 Ws 463, 465/o, NStZ 2004, 628; dazu *Krumm* NJW 2005, 1832; *Neubacher* GA 2004, 402; *Peglau* NStZ 2004, 248; *Seher* ZStW 118 (2006), 101; *Fischer* § 56f StGB Rn. 4 ff. mwN.
[7] BVerfG v. 9. 12. 2004 – 2 BvR 2314/04, NJW 2005, 817; OLG Celle v. 23. 7. 2003 – 1 Ws 250/03, StV 2003, 575; OLG Dresden v. 28. 2. 2007 – 3 Ss 645/06, StV 2007, 639; OLG Düsseldorf v. 19. 12. 2003 – III-3 Ws 469/03, NJW 2004, 790; OLG Koblenz v. 23. 10. 2003 – 1 Ws 734/03, JBl RhPf. 2003, 204; OLG Köln v. 9. 6. 2004 – 2 Ws 209/04, NStZ 2004, 685 f.; OLG Stuttgart v. 26. 7. 2004 – 4 Ws 180/04, NJW 2005, 83 (84); Thür. OLG v. 26. 3. 2003 – 1 Ws 100/03, StV 2003, 574; Thür. OLG v. 7. 5. 2003 – 1 Ws 163/03, StV 2003, 575; OLG Zweibrücken v. 15. 9. 2004 – 1 Ws 343/04, NStZ-RR 2005, 8; AG Bremen v. 27. 6. 2007 – 101 BRs 27/05 (401 Js 18 364/05), NStZ-RR 2008, 318; aA *Meyer-Goßner* Rn. 4.

ist.[8] Nicht vorausgesetzt wird aber, dass bereits der **Widerrufsbeschluss** ergangen ist.[9] Wird das Geständnis widerrufen, führt dies zur Aufhebung des Sicherungshaftbefehls.[10]

3. Vorläufige Maßnahmen. a) Ziel und Zuständigkeit. Es muss aus der Notwendigkeit heraus und mit dem Ziel gehandelt werden, **sich des Verurteilten vorübergehend zu versichern**. Dabei müssen Gründe für die Annahme vorliegen, der Verurteilte werde sich der Vollstreckung der stationären Sanktion entziehen. Das ist etwa der Fall, wenn sich sein Aufenthaltsort infolge des Verstoßes gegen die Weisung, einen Wohnungswechsel anzuzeigen, nicht ermitteln lässt.[11] **Zuständig** ist das Gericht, das die Widerrufsentscheidung zu treffen hat, also primär das Gericht des ersten Rechtszugs (§ 462 a Abs. 2, Abs. 4).

b) Sicherungshaftbefehl. Der Sicherungshaftbefehl ist nur **zulässig** unter den Voraussetzungen von § 112 Abs. 2 Nr. 1 oder 2, also bei Flucht oder Fluchtgefahr,[12] ferner dann, wenn bestimmte Tatsachen (vgl. § 112a Abs. 1)[13] die Gefahr erkennen lassen, der Verurteilte werde erhebliche neue Straftaten verüben.[14] Dafür reicht die Erwartung beliebiger Taten aus, sofern sie mindestens dem Bereich mittlerer Delinquenz zuzuordnen sind;[15] nicht nur Bagatellen scheiden aus. Wegen der **Verweisung** auf sämtliche Voraussetzungen in § 112 Abs. 2 Nr. 1 und 2 muss sich auch die Annahme von Flucht oder Fluchtgefahr auf bestimmte Tatsachen stützen. **Wiederholungsgefahr** iSd. Norm kann speziell beim Widerruf der Aussetzung einer Unterbringung (§ 67g Abs. 2 StGB) vorliegen.[16]

4. Ermessensausübung. Vor der Prüfung der **Verhältnismäßigkeit** im eigentlichen Sinn ist zu beachten, dass der Erlass eines Haftbefehls nur subsidiär in Betracht kommt. Nicht-stationäre Maßnahmen wie Aufenthaltsermittlung und sonstige Fahndungsmaßnahmen oder die Auferlegung einer Meldepflicht (vgl. § 56c Abs. 2 Nr. 2 StGB) genießen Vorrang;[17] Überwachung der Telekommunikation (§§ 100a, 100b) ist aber nicht statthaft.[18] Sicherungshaft darf nicht für einen Zeitraum angeordnet werden, der denjenigen der zu verbüßenden Strafhaft übersteigt. Hat der Verurteilte eine **neue Straftat** begangen (§ 56f Abs. 1 S. 1 Nr. 1 StGB) und wurde wegen dieser ein Haftbefehl erlassen, kommt ein paralleles Vorgehen nach § 453c nur ausnahmsweise in Betracht.[19] Es wird idR an der Voraussetzung der rechtskräftigen Aburteilung bzw. der gleichgestellten Widerrufsmöglichkeit fehlen. § 453c hindert nicht daran, einen Widerrufsbeschluss öffentlich zuzustellen.[20]

III. Sicherungshaft (Abs. 2)

Die **Vollstreckung** des Sicherungshaftbefehls ist mangels Erteilung der Vollstreckbarkeitsbescheinigung noch kein Teil der Vollstreckung iS von § 451 Abs. 1.[21] Deshalb besteht keine Zuständigkeit des Rechtspflegers gem. § 31 Abs. 2 S. 1 RpflG. Der StA obliegt nach § 36 Abs. 2 S. 1 die Vollstreckung. Die **Ausschreibung zur Festnahme** nach § 131 ist trotz fehlenden Verweises in § 453c im Hinblick auf die Abschnittsüberschrift („Maßnahmen zur Sicherstellung der ... Strafvollstreckung") statthaft.[22]

Je nachdem, ob man von einem automatischen **Übergang** der U-Haft **in Strafhaft** ausgeht oder nicht,[23] endet die gerichtliche Kompetenz gem. § 453c mit der Rechtskraft des Widerrufsbeschlusses (so hM[24]) oder mit der Erteilung der Vollstreckbarkeitsbescheinigung. Nach diesem Zeitpunkt gilt für Sicherungsmaßnahmen § 457.

---

[8] OLG Nürnberg v. 17. 5. 2004 – Ws 558, 559/04, NJW 2004, 2032; *Meyer-Goßner* Rn. 4; aA Graf/*Klein* Rn. 4.
[9] LG München II v. 30. 7. 1975 – I Qs 160/75, NJW 1975, 2307; *Meyer-Goßner* Rn. 14; Löwe/Rosenberg/*Graalmann-Scheerer* Rn. 8.
[10] AG Bremen v. 27. 6. 2007 – 101 BRs 27/05 (401 Js 18 364/05), NStZ-RR 2008, 318.
[11] OLG Celle v. 24. 9. 2003 – 2 Ws 328/03, NStZ 2004, 627.
[12] Dazu § 112 Rn. 35 ff.
[13] Dazu § 112a Rn. 8.
[14] Ablehnend SK-StPO/*Paeffgen* Rn. 9.
[15] *Bringewat* Rn. 13; *Meyer-Goßner* Rn. 10, § 112a Rn. 12.
[16] *Rieß* NJW 1977, 2265 (2272); *Meyer-Goßner* Rn. 10; Löwe/Rosenberg/*Graalmann-Scheerer* Rn. 10.
[17] Vgl. OLG Celle v. 24. 9. 2003 – 2 Ws 328/03, NStZ 2004, 627; SK-StPO/*Paeffgen* Rn. 3.
[18] OLG Celle v. 12. 5. 2009 – 2 Ws 103/09, NStZ 2010, 107.
[19] Vgl. auch *Meyer-Goßner* Rn. 9.
[20] KG v. 16. 6. 1976 – 2 Ws 135/76, JR 1976, 424 (425); OLG Düsseldorf v. 11. 2. 1988 – 1 Ws 120/88, JR 1989, 166 (167), mAnm *Wendisch*; HansOLG Hamburg v. 4. 4. 1978 – 1 Ws 131/78, JR 1978, 390 (391); *Katzenstein* StV 2003, 359; KK-StPO/*Appl* Rn. 5; *Meyer-Goßner* Rn. 11; aA OLG Braunschweig v. 12. 6. 1989 – Ws 91/89, NStE Nr. 5; OLG Celle v. 27. 7. 1989 – 3 Ws 227/89, NStE Nr. 6; SK-StPO/*Paeffgen* Rn. 8; siehe auch § 453 Rn. 10f.
[21] OLG Celle v. 12. 5. 2009 – 2 Ws 103/09, NStZ 2010, 107; KK-StPO/*Appl* Rn. 7; *Meyer-Goßner* Rn. 13; KMR/*Stöckel* Rn. 23.
[22] *Meyer-Goßner* Rn. 16; Löwe/Rosenberg/*Graalmann-Scheerer* Rn. 14; aA *Eisenberg* § 58 JGG Rn. 29; *Ostendorf* § 58 JGG Rn. 23; SK-StPO/*Paeffgen* Rn. 10.
[23] Dazu § 450 Rn. 6; siehe auch KK-StPO/*Appl* Rn. 6; *Meyer-Goßner* Rn. 14.
[24] Auch OLG Schleswig v. 24. 5. 2006 – 1 Ws 179/06, SchlHA 2007, 319.

11   Zur **Aufnahme** in die JVA bedarf es auch bei Sicherungshaft eines schriftlichen Aufnahmeersuchens des Richters.[25] Bei mehreren Haftbefehlen gegen denselben Verurteilten richtet sich die Vollstreckungsreihenfolge nach dem Eingang der Aufnahmeersuchen bei der JVA.[26]

12   **1. Anrechnung (Abs. 2 S. 1).** **Ohne Ausnahme** vorgeschrieben ist die Anrechnung der Sicherungshaft auf die später zu vollstreckende Freiheitsstrafe (also deren **noch nicht verbüßten Teil** ohne Berücksichtigung möglicher Reststrafenaussetzung, § 57 StGB)[27] bzw. die gem. § 67 d StGB befristete stationäre Maßregel (§ 463 Abs. 1). Zu welchem **Zeitpunkt** der Widerruf rechtskräftig ausgesprochen wird, spielt keine Rolle: Anzurechnen ist auch, wenn der Widerruf zunächst abgelehnt wird, später aber aus anderem Anlass doch erfolgt.[28] Nach § 38 Nr. 2 StVollstrO zählt als **Beginn der Strafzeit** der Zeitpunkt der Festnahme. Unterbleibt der Aussetzungswiderruf, sind die Voraussetzungen für **Haftentschädigung** nach § 2 StrEG nicht gegeben.[29] Dessen analoge Anwendung[30] ist insofern problematisch, als ein uU späterer Widerruf doch noch zur Anrechnung der Haft führt.

13   **2. Vollstreckung und Vollzug der Haft (Abs. 2 S. 2).** Abs. 2 S. 2 erklärt einige Vorschriften über die **U-Haft** für entsprechend anwendbar, ferner § 33 Abs. 4 S. 1 (Unterlassen vorheriger Anhörung bei Gefährdung des Anordnungszwecks). Der verhaftete Verurteilte wird im Übrigen wie ein Untersuchungshäftling behandelt. § 171 StVollzG (oder die entsprechende Norm des Landesrechts) gilt nicht;[31] es handelt sich um eine Haftart sui generis. Anwendbar sind §§ 114 bis 114e: Die Haft wird durch schriftlichen Haftbefehl des Richters angeordnet, der inhaltlich einem U-Haftbefehl entspricht und dem Verurteilten bekanntzugeben ist. Belehrungspflichten ergeben sich aus § 114b, die Benachrichtigung von Angehörigen richtet sich nach § 114c. Anwendung finden die Mitteilungspflichten in §§ 114d und e. Der Verhaftete wird dem zuständigen Gericht oder dem nächsten Amtsgericht vorgeführt (§§ 115, 115a). Den **Vollzug** der Haft regeln § 119 sowie die einschlägigen Landesgesetze.

14   Die **Aussetzung** des Haftbefehlsvollzugs (§§ 116, 116a) scheidet aus.[32] **Haftprüfung** nach §§ 117, 118 ist trotz der Verweisung auf diese Vorschriften in § 115 Abs. 4 ebenso wenig vorgesehen wie diejenige durch das OLG gem. §§ 121, 122.[33] § 453c nimmt hierauf nicht Bezug.

IV. Rechtsschutz

15   Gegen die vorläufigen Maßnahmen einschließlich des Sicherungshaftbefehls ist nicht der Antrag auf gerichtliche Entscheidung, sondern die nach § 119 Abs. 5 S. 1 vorrangige **einfache Beschwerde** (§ 304) statthaft, welche durch einen mit Kostenentscheidung zu versehenden[34] Beschluss verbeschieden wird. Die Beschwerde bleibt auch neben einem Antrag auf Vorführung vor das zuständige Gericht (§ 115a Abs. 3 S. 1) zulässig, denn § 117 Abs. 2 S. 1 gilt nicht.[35] Die **weitere Beschwerde** erachtet die hM als unzulässig, weil der Begriff der „Verhaftung" in § 310 Abs. 1 Nr. 1 eng auszulegen sei und Maßnahmen zum Zweck der Strafvollstreckung nicht betreffe.[36] Das überzeugt im Hinblick auf die hohe Bedeutung des betroffenen Freiheitsgrundrechts

---

[25] KK-StPO/*Appl* Rn. 7; *Meyer-Goßner* Rn. 13; KMR/*Stöckel* Rn. 23.
[26] OLG München v. 13. 1. 1983 – 1 Ws 1162/82, NStZ 1983, 236.
[27] BGH v. 31. 3. 1987 – 5 AR (VS) 13/87, BGHSt 34, 318, 319 f. = NJW 1987, 1833; KK-StPO/*Appl* Rn. 7a; aA OLG Koblenz v. 29. 10. 1984 – 2 VAs 41/84, NStZ 1985, 177, mAnm *Gallandi/Winkler*.
[28] OLG Karlsruhe v. 23. 2. 1977 – 2 Ws 32/77, MDR 1977, 600; KK-StPO/*Appl* Rn. 11; *Meyer-Goßner* Rn. 15; KMR/*Stöckel* Rn. 25.
[29] KG v. 21. 5. 1980 – 4 Ws 109/80, JR 1981, 87; OLG Düsseldorf v. 5. 6. 1981 – 3 Ws 261/81, JMBl NRW 1981, 250; OLG Karlsruhe v. 23. 2. 1977 – 2 Ws 32/77, MDR 1977, 600; KK-StPO/*Appl* Rn. 11; *Meyer-Goßner* Rn. 15; aA *Diemer/Schoreit/Sonnen* § 58 JGG Rn. 23; krit. HK-StPO/*Pollähne* Rn. 9.
[30] Dafür *Bringewat* Rn. 21; *Eisenberg* § 58 JGG Rn. 34; dagegen *Burmann* StV 1986, 80 (81); *Ostendorf* § 58 JGG Rn. 26; Löwe/Rosenberg/*Graalmann-Scheerer* Rn. 19.
[31] KK-StPO/*Appl* Rn. 7; *Bringewat* Rn. 14; *Calliess/Müller-Dietz* § 171 StVollzG Rn. 1; SK-StPO/*Paeffgen* Rn. 12; aA Graf/*Klein* Rn. 9; *Pfeiffer* Rn. 8.
[32] KK-StPO/*Appl* Rn. 6; *Meyer-Goßner* Rn. 16; KMR/*Stöckel* Rn. 24; Löwe/Rosenberg/*Graalmann-Scheerer* Rn. 14; aA *Bringewat* Rn. 15; SK-StPO/*Paeffgen* Rn. 12; *Pfeiffer* Rn. 4; krit. auch HK-StPO/*Pollähne* Rn. 6.
[33] LG Freiburg v. 10. 1. 1989 – VI Qs 64/88, NStZ 1989, 387, mAnm *Fuchs*; KK-StPO/*Appl* Rn. 6; *Meyer-Goßner* Rn. 16; Löwe/Rosenberg/*Graalmann-Scheerer* Rn. 14; aA *Brunner/Dölling* § 453c (bei § 61 JGG) Rn. 11; *Diemer/Schoreit/Sonnen* § 58 JGG Rn. 21; *Eisenberg* § 58 JGG Rn. 30; *Ostendorf* § 58 JGG Rn. 25.
[34] OLG Oldenburg v. 3. 9. 2007 – 1 Ws 478/07, NdsRpfl. 2007, 384 (385).
[35] AA HansOLG Hamburg v. 13. 2. 2002 – 2 Ws 38/02, NStZ-RR 2002, 381; KK-StPO/*Appl* Rn. 10.
[36] So OLG Bamberg v. 21. 2. 1975 – Bs 79/75, NJW 1975, 1526; OLG Düsseldorf v. 19. 7. 1976 – 1 Ws 725/76, NJW 1977, 968; OLG Düsseldorf v. 12. 1. 1990 – 1 Ws 11/90, NStZ 1990, 251; OLG Frankfurt v. 12. 7. 2001 – 3 Ws 672/01, NStZ-RR 2002, 15 f.; OLG Karlsruhe v. 14. 10. 1982 – 3 Ws 250/82, NStZ 1982, 92 (93); OLG Schleswig v. 21. 6. 1995 – 2 Ws 236/95, SchlHA 1996, 96; OLG Stuttgart v. 7. 7. 1975 – 1 Ws 206/75, MDR 1975, 951; *Brunner/Dölling* § 453c (bei § 61 JGG) Rn. 9; KK-StPO/*Appl* Rn. 10; *Meyer-Goßner* Rn. 17; KMR/*Stöckel* Rn. 27.

Erster Abschnitt. Strafvollstreckung **§ 454**

und die Gleichstellung mit den Regeln der U-Haft nicht.[37] Gegen Entscheidungen oder Maßnahmen im **Vollzug** der Haft kann gerichtliche Entscheidung beantragt werden, § 119 a.

V. Bedeutung nach JGG

Im Jugendstrafrecht findet die Bestimmung über § 2 Abs. 2 JGG für den Widerruf (§ 26 JGG) 16 der Aussetzung bei **Jugendstrafe** (§ 21 JGG) Anwendung; § 453 c spricht nicht von „Freiheitsstrafe". Gleiches gilt, wenn die Aussetzung einer Unterbringung (vgl. § 7 JGG) widerrufen werden soll. Entsprechend angewandt wird § 453 c auf Konstellationen der sog. **Vorbewährung** (vgl. § 57 Abs. 1 JGG), sobald von der Ablehnung der Aussetzung auszugehen ist.[38] Dem steht aber der Fall nicht gleich, in dem gem. § 30 Abs. 1 JGG nach der Aussetzung ihrer Verhängung (§ 27 JGG) die Jugendstrafe doch noch auferlegt werden muss.[39] **Sicherungshaftbefehl** und sonstige Maßnahmen ordnet der für die Aussetzung und ihren Widerruf zuständige Jugendrichter gem. § 58 Abs. 1 S. 1, Abs. 3 S. 1 JGG an, nicht in seiner Funktion als Vollstreckungsleiter (§ 82 Abs. 1 JGG).[40] Die **Vollstreckung** der vorläufigen Maßnahmen liegt ebenfalls in der Hand des Jugendrichters (§ 58 Abs. 2 JGG).

§ 454 [Aussetzung des Strafrestes]

(1) ¹Die Entscheidung, ob die Vollstreckung des Restes einer Freiheitsstrafe zur Bewährung ausgesetzt werden soll (§§ 57 bis 58 des Strafgesetzbuches) sowie die Entscheidung, daß vor Ablauf einer bestimmten Frist ein solcher Antrag des Verurteilten unzulässig ist, trifft das Gericht ohne mündliche Verhandlung durch Beschluß. ²Die Staatsanwaltschaft, der Verurteilte und die Vollzugsanstalt sind zu hören. ³Der Verurteilte ist mündlich zu hören. ⁴Von der mündlichen Anhörung des Verurteilten kann abgesehen werden, wenn
1. die Staatsanwaltschaft und die Vollzugsanstalt die Aussetzung einer zeitigen Freiheitsstrafe befürworten und das Gericht die Aussetzung beabsichtigt,
2. der Verurteilte die Aussetzung beantragt hat, zur Zeit der Antragstellung
   a) bei zeitiger Freiheitsstrafe noch nicht die Hälfte oder weniger als zwei Monate,
   b) bei lebenslanger Freiheitsstrafe weniger als dreizehn Jahre
   der Strafe verbüßt hat und das Gericht den Antrag wegen verfrühter Antragstellung ablehnt oder
3. der Antrag des Verurteilten unzulässig ist (§ 57 Abs. 7, § 57a Abs. 4 des Strafgesetzbuches).
⁵Das Gericht entscheidet zugleich, ob eine Anrechnung nach § 43 Abs. 10 Nr. 3 des Strafvollzugsgesetzes ausgeschlossen wird.

(2) ¹Das Gericht holt das Gutachten eines Sachverständigen über den Verurteilten ein, wenn es erwägt, die Vollstreckung des Restes
1. der lebenslangen Freiheitsstrafe auszusetzen oder
2. einer zeitigen Freiheitsstrafe von mehr als zwei Jahren wegen einer Straftat der in § 66 Abs. 3 Satz 1 des Strafgesetzbuches bezeichneten Art auszusetzen und nicht auszuschließen ist, daß Gründe der öffentlichen Sicherheit einer vorzeitigen Entlassung des Verurteilten entgegenstehen.

²Das Gutachten hat sich namentlich zu der Frage zu äußern, ob bei dem Verurteilten keine Gefahr mehr besteht, daß dessen durch die Tat zutage getretene Gefährlichkeit fortbesteht. ³Der Sachverständige ist mündlich zu hören, wobei der Staatsanwaltschaft, dem Verurteilten, seinem Verteidiger und der Vollzugsanstalt Gelegenheit zur Mitwirkung zu geben ist. ⁴Das Gericht kann von der mündlichen Anhörung des Sachverständigen absehen, wenn der Verurteilte, sein Verteidiger und die Staatsanwaltschaft darauf verzichten.

(3) ¹Gegen die Entscheidungen nach Absatz 1 ist sofortige Beschwerde zulässig. ²Die Beschwerde der Staatsanwaltschaft gegen den Beschluß, der die Aussetzung des Strafrestes anordnet, hat aufschiebende Wirkung.

(4) ¹Im übrigen gelten die Vorschriften der §§ 453, 453a Abs. 1 und 3 sowie der §§ 453 b, 453 c und 268a Abs. 3 entsprechend. ²Die Belehrung über die Aussetzung des Strafrestes wird

---

[37] Wie hier OLG Braunschweig v. 28. 6. 1993 – Ws 92/93, StV 1993, 596; *Bringewat* Rn. 20; *Diemer/Schoreit/Sonnen* § 58 JGG Rn. 20; *Eisenberg* § 58 JGG Rn. 25; *Ostendorf* § 58 JGG Rn. 24; SK-StPO/*Paeffgen* Rn. 15; HK-StPO/*Pollähne* Rn. 7; Löwe/Rosenberg/*Graalmann-Scheerer* Rn. 18.
[38] OLG Karlsruhe v. 14. 10. 1982 – 3 Ws 250/82, NStZ 1982, 92; LG Freiburg v. 10. 1. 1989 – VI Qs 64/88, NStZ 1989, 387, mAnm *Fuchs* (krit.) u. *R. Fischer* NStZ 1990, 52; *Brunner/Dölling* § 57 JGG Rn. 10; *Eisenberg* § 58 JGG Rn. 15; KMR/*Stöckel* Rn. 4; aA *Diemer/Schoreit/Sonnen* § 57 JGG Rn. 20; *Ostendorf* § 57 JGG Rn. 13.
[39] *Brunner/Dölling* § 453 c (bei § 61 JGG) Rn. 3; *Eisenberg* § 58 JGG Rn. 17; *Ostendorf* § 58 JGG Rn. 15.
[40] *Eisenberg* § 58 JGG Rn. 18; *Meyer-Goßner* Rn. 12; aA KK-StPO/*Appl* Rn. 8; *Pfeiffer* Rn. 6.

mündlich erteilt; die Belehrung kann auch der Vollzugsanstalt übertragen werden. ³ Die Belehrung soll unmittelbar vor der Entlassung erteilt werden.

Schrifttum: *Bringewat,* Die mündliche Anhörung gem. § 454 I 3 StPO – eine mündliche Verhandlung eigener Art?, NStZ 1996, 17; *Immel,* Die Einholung und Verwertung von Prognosegutachten gemäß § 454 II StPO, JR 2007, 183.

Übersicht

	Rn.
I. Normzweck	1
II. Entscheidungsinhalt	2–4
III. Zuständigkeit und Entscheidungsform	5–7
1. Zuständigkeit	5
2. Anforderungen an den Beschluss	6
3. Zustellung	7
IV. Entscheidungsvoraussetzungen	8–11
V. Anhörungspflichten (Abs. 1 S. 2 bis 4)	12–30
1. Anhörung von StA und JVA (Abs. 1 S. 2)	13–15
2. Mündliche Anhörung des Verurteilten (Abs. 1 S. 3 und 4)	16–30
a) Durchführung	18–22
b) Ausschlussgründe (Abs. 1 S. 4)	23–30
aa) Gesetzlicher Katalog (Abs. 1 S. 4)	24–26
bb) Weitere Gründe	27–30
VI. Sachverständigengutachten (Abs. 2)	31–36
1. Voraussetzungen (Abs. 2 S. 1)	32, 33
2. Auswahl des Gutachters und Gutachteninhalt (Abs. 2 S. 1 und 2)	34, 35
3. Verfahren (Abs. 2 S. 3 und 4)	36
VII. Besonderheiten bei lebenslanger Freiheitsstrafe	37–39
VIII. Rechtsmittelverfahren (Abs. 3)	40–44
IX. Weitere Entscheidungen und Belehrungspflichten (Abs. 4)	45, 46
X. Wiederholung von Entscheidungen	47
XI. Bedeutung in anderen Verfahren	48, 49
1. Verfahren nach JGG	48
2. Verfahren nach BtMG	49

I. Normzweck

1 Die Norm umschreibt das **Verfahren bei der Aussetzung der Vollstreckung eines Strafrestes** bei zeitiger oder lebenslanger Freiheitsstrafe (§§ 57, 57a StGB). Die materiellen Voraussetzungen ergeben sich aus dem StGB. Besonderes Augenmerk wird in Abs. 2 auf die Prüfung einer etwa fortbestehenden **Gefährlichkeit** nach bestimmten Anlasstaten gerichtet; es geht hier um die Umsetzung eines prozessual wie materiell beständig verschärften **Sicherheitskonzepts**. Nach § 463 Abs. 3 und 4 S. 4 erlangt § 454 auch für die Aussetzung stationärer Maßregeln und der Führungsaufsicht Bedeutung.

II. Entscheidungsinhalt

2 Das Gericht kann die Aussetzung des Restes einer **zeitigen oder lebenslangen Freiheitsstrafe** beschließen und die damit korrespondierenden Bewährungsmodalitäten festsetzen oder eine Aussetzung versagen; die Voraussetzungen für die Entscheidung sind im Einzelnen §§ 57 bis 57b StGB zu entnehmen. Weiter gestattet es § 454 Abs. 1 S. 1 iVm. §§ 57 Abs. 7, 57a Abs. 4 StGB auszusprechen, dass ein Antrag auf Aussetzung des Strafrestes **vor Ablauf einer bestimmten Frist** (maximal sechs Monate bei zeitiger, zwei Jahre bei lebenslanger Freiheitsstrafe) unzulässig ist. Das kann in dem Beschluss erfolgen, mit dem ein Aussetzungsantrag abgelehnt wird, aber auch in einem gesonderten Beschluss. Versagt das Gericht eine Entlassung, kann diese gleichwohl im **Gnadenweg** erfolgen.¹

3 Rückwirkend darf die Aussetzung nicht angeordnet werden.² Ggf. sollte der **Entlassungszeitpunkt** kalendarisch festgesetzt werden.³ Diesen weit in die Zukunft hinauszuschieben, wird oft nicht sinnvoll sein. Bei längeren Strafen kommt es demgegenüber entscheidend auf einen rechtzeitigen Beginn der Entlassungsvorbereitung sowie frühzeitige Verfahrenseinleitung an. Die (der JVA gegenüber verbindliche) **Anordnung der Entlassung** erfolgt allerdings nicht durch das Gericht, sondern durch die Vollstreckungsbehörde (§ 451 Abs. 1).⁴ Denn die StA hat es in der Hand, durch Beschwerdeeinlegung den Verurteilten weiter in Haft zu halten.

4 Bei der Aussetzung muss das Gericht zugleich nach **Abs. 1 S. 5 iVm. § 43 Abs. 10 Nr. 3 StVollzG** entscheiden, ob die nach § 43 Abs. 9 StVollzG prinzipiell vorzunehmende **Anrechnung der Freistellung von der Arbeit** auf den Entlassungszeitpunkt als weitere, nichtmonetäre Aner-

---

¹ Näher dazu KK-StPO/*Appl* Rn. 41.
² OLG Zweibrücken v. 27. 7. 1976 – Ws 82/76, JR 1977, 292, mAnm *Schätzler*.
³ Zwingend nach OLG Braunschweig v. 13. 3. 1998 – Ws 53/98, NStZ 1999, 532.
⁴ *Meyer-Goßner* Rn. 40; KMR/*Stöckel* Rn. 72.

kennung für die erbrachte Zwangsarbeit (soweit der Gefangene Freistellung oder Arbeitsurlaub gem. § 43 Abs. 6 und 7 StVollzG noch nicht erhalten hat) ausnahmsweise unterbleiben soll. Das kommt in Betracht, wenn die Lebensverhältnisse des Gefangenen oder die Wirkungen, die von der Aussetzung für ihn zu erwarten sind, die Vollstreckung bis zu einem bestimmten (späteren) Zeitpunkt erfordern. Solange der Gesetzgeber hier die Folgen der Föderalismusreform nicht berücksichtigt hat, wird die Norm entsprechend auf landesrechtliche Regelungen angewendet werden können, in denen das Gericht zum Ausschluss einer Anrechnung von Freistellungstagen auf den Entlassungszeitpunkt ermächtigt wird (§ 49 Abs. 10 Nr. 3 3. Buch Gesetzbuch über den Justizvollzug in BW, Art. 46 Abs. 10 Nr. 3 Bay. StVollzG, § 42 Abs. 5 S. 2 Nr. 1 Hbg. StVollzG, § 40 Abs. 9 Nr. 3 G zur Neuregelung des Justizvollzuges in Nds.). Die Bedeutung der Vorschrift(en) ist gering: Bleibt eine weitere Vollstreckung aus den genannten Gründen geboten, wird vielfach auch keine Aussetzung des Strafrests in Betracht kommen.[5]

III. Zuständigkeit und Entscheidungsform

1. Zuständigkeit. Die gerichtliche Zuständigkeit ergibt sich aus § 462a. Danach ist regelmäßig (beim inhaftierten Verurteilten) die **StVollstrK** zur Entscheidung (auch für Nachtragsentscheidungen in der Bewährungszeit nach Aussetzung, § 462a Abs. 1 S. 2) berufen, das Gericht des ersten Rechtszuges nur in den seltenen Fällen, in denen der Verurteilte sich bereits auf freiem Fuß befindet (etwa infolge Anrechnung langer U-Haft auf die Strafe bis hin zum möglichen Aussetzungszeitpunkt).[6] Wird die Strafe, deren Vollstreckung ausgesetzt wurde, in eine Gesamtstrafe einbezogen, obliegen Bewährungsüberwachung und daraus folgende Entscheidungen prinzipiell dem Gericht, das die Gesamtstrafe gebildet hat; der StVollstrK nur nach § 462a Abs. 1 S. 1, Abs. 4 S. 3.[7]

2. Anforderungen an den Beschluss. Abs. 1 S. 1 ordnet ein **Beschlussverfahren** ohne mündliche Verhandlung an. Der Verzicht auf letztere wird allerdings im Fall des Abs. 2 S. 3 relativiert. Der Beschluss bedarf der Kostenentscheidung.[8] Er ist zu begründen (§ 34), wobei die Anforderungen hinter den nach § 267 an ein Urteil zu stellenden zurückbleiben dürfen.[9] Alle dem Beschluss zugrundegelegten Tatsachen, insbesondere solche, die für den Verurteilten nachteilig sind, müssen eine Stütze in den Akten finden[10] und (bei neuen Straftaten infolge Einsicht in Urteil bzw. Ermittlungsakte)[11] zur **Überzeugung des Gerichts** feststehen.[12] Wurde nach Abs. 2 ein Sachverständigengutachten eingeholt, kann das Gericht mit hinreichender, dem Beschwerdegericht eine Überprüfung eröffnender Begründung von dessen Ergebnissen abweichen.[13]

3. Zustellung. Der Beschluss ist (auch und gerade dem Verurteilten) zuzustellen.[14] Die Zustellung erfolgt nicht in jedem Fall **durch das Gericht** gem. § 36 Abs. 1,[15] sondern uU **durch die StA** (§ 36 Abs. 2 S. 1), letzteres wenn die Anordnung der Vollstreckung im weitesten Sinne (Freilassung) bedarf.[16] Das ermöglicht der StA zudem, durch Beschwerdeeinlegung die Haftentlassung zu verhindern (Abs. 3 S. 2). Eine Verkündung im Anhörungstermin (§ 35 Abs. 1 S. 1) kommt nicht in Betracht, da gerade keine mündliche Verhandlung stattfindet, die Anhörung vielmehr nur der Vorbereitung der Entscheidung dient.[17] **Fehlt** es an der **Zustellung**, beginnt die Bewährungszeit nicht.[18] Verstöße des Verurteilten gegen die Bewährungsbedingungen rechtfertigen in diesem Fall

---

[5] Vgl. Löwe/Rosenberg/*Graalmann-Scheerer*, Rn. 75.
[6] OLG Hamm v. 22. 10. 2001 – 2 Ws 263/01, NStZ 2002, 223 mwN.
[7] OLG Hamm v. 23. 5. 1976 – 3 (s) Sbd. 15 – 12/76, NJW 1976, 1648 (LS); OLG Schleswig v. 23. 12. 1982 – 1 Str. AR 46/82, NStZ 1983, 480; OLG Zweibrücken v. 22. 3. 1985 – 1 Ws 554/84, NStZ 1985, 525; *Meyer-Goßner* Rn. 42.
[8] OLG Koblenz v. 28. 6. 1973 – 1 Ws 316/73, Rpfleger 1973, 406; vgl. auch OLG Hamm v. 28. 11. 1983 – 4 Ws 243/83, NStZ 1984, 288 (LS); aA OLG Düsseldorf v. 8. 10. 1990 – 3 Ws 813/90, JMBl NRW 1991, 59; OLG Karlsruhe v. 9. 10. 1997 – 2 Ws 116/97, NStZ 1998, 272; KK-StPO/*Appl* Rn. 30.
[9] BVerfG v. 2. 5. 2002 – 2 BvR 613/02, NJW 2002, 2773.
[10] OLG Saarbrücken v. 6. 6. 2007 – 1 Ws 99/07, StraFo 2007, 390.
[11] OLG Hamm v. 16. 4. 2009 – 5 Ws 109/09, StraFo 2010, 42.
[12] OLG Brandenburg v. 17. 4. 1996 – 2 Ws 50/96, NStZ 1996, 405 (406).
[13] OLG Zweibrücken v. 5. 4. 2000 – 1 Ws 135 u. 136/00, NStZ 2000, 446 (447); *Funck* NStZ 1997, 150 (151); *Molketin* NStZ 2001, 112.
[14] OLG Celle v. 22. 8. 1977 – 1 Ws 234/77, JR 1978, 337, mAnm *Stree*; OLG Schleswig v. 7. 3. 1978 – 2 Ws 31/78, SchlHA 1978, 87.
[15] So aber OLG Oldenburg v. 18. 3. 2009 – 1 Ws 162/09, NStZ-RR 2009, 219; *Bringewat* Rn. 62; KK-StPO/*Appl* Rn. 31; *Meyer-Goßner* Rn. 40, § 36 Rn. 12; KMR/*Stöckel* Rn. 72.
[16] OLG Celle v. 3. 1. 1992 – 1 Ws 365/91, NdsRpfl. 1992, 94 (95); OLG Frankfurt v. 23. 10. 1980 – 3 Ws 921/79, GA 1980, 474 (475); OLG Hamm v. 14. 10. 1977 – 2 Ws 189/77, NJW 1978, 175; OLG Zweibrücken v. 27. 7. 1976 – Ws 82/76, JR 1977, 292 (293), mAnm *Schätzler*; *Mrozynski* JR 1983, 133 (140).
[17] OLG Brandenburg v. 8. 9. 1994 – 2 Ws 113/94, NStE Rn. 18; OLG München v. 31. 7. 1975 – 1 Ws 396/75, NJW 1976, 254 (255); *Treptow* NJW 1975, 1105; *Meyer-Goßner* Rn. 40.
[18] OLG Celle v. 22. 8. 1977 – 1 Ws 234/77, JR 1978, 337, mAnm *Stree*; aA *Peters* GA 1977, 97 (108); *Meyer-Goßner* Rn. 40.

§ 454 8–12   Siebentes Buch. Strafvollstreckung und Kosten des Verfahrens

also keine ihm nachteiligen Entscheidungen; gute Führung gestattet aber eine Verkürzung der Bewährungszeit oder Straferlass analog §§ 57 Abs. 5 S. 1, 56g Abs. 1 S. 1 StGB.

IV. Entscheidungsvoraussetzungen

8   Neben den dem materiellen Recht zu entnehmenden Bedingungen setzt die Entscheidung entweder einen **Antrag oder** eine Pflicht zum Tätigwerden **von Amts wegen** voraus. **Antragsberechtigt** sind der Verurteilte (auch wenn er sich nach Absehen von der Vollstreckung, § 456a Abs. 1, im Ausland aufhält)[19] und sein gesetzlicher Vertreter, ferner der Verteidiger sowie die StA.[20] Anträge anderer Personen werden als unzulässig verworfen,[21] es sei denn die Auslegung ergibt, dass es sich lediglich um Anregungen einer Prüfung von Amts wegen handelt. Dann genügt formlose Verbescheidung. Auf einen Antrag hin muss selbst dann ein Beschluss ergehen, wenn er verfrüht oder innerhalb der Frist gem. §§ 57 Abs. 7, 57a Abs. 4 StGB gestellt wird.[22]

9   **Von Amts wegen** ist rechtzeitig (also unter Gewährleistung einer zielgerichteten Entlassungsvorbereitung, vgl. auch § 36 Abs. 2 S. 5 StVollstrO) vor Ablauf von $2/3$ einer zeitigen oder 15 Jahren einer lebenslangen Freiheitsstrafe über die Aussetzung des Strafrests zu entscheiden (§§ 57 Abs. 1, 57a StGB).[23] Gleiches gilt, wenn bei Erstverbüßung einer maximal zweijährigen Freiheitsstrafe die Halbstrafenaussetzung nach § 57 Abs. 2 Nr. 1 StGB in Betracht kommt (argumentum a maiore ad minus aus § 454b Abs. 2 S. 1 Nr. 1).[24] Von einer erneuten Prüfung von Amts wegen zum $2/3$ Zeitpunkt entbindet diese den Verurteilten begünstigende Regelung nicht.[25]

10 Einer Prüfung von Amts wegen mit nachfolgendem Beschluss bedarf es selbst dann, wenn der Verurteilte (etwa gegenüber der JVA) die gem. §§ 57 Abs. 1 S. 1 Nr. 3, 57a Abs. 1 S. 1 Nr. 3 StGB erforderliche **Einwilligung verweigert** hat; es genügt nicht, diesen Sachverhalt – oder überhaupt die Feststellung, die Entlassungsvoraussetzungen lägen nicht vor – lediglich in einem Aktenvermerk niederzulegen.[26] Das ergibt sich aus der generellen Pflicht des Gerichts zur Entscheidung. Die Einwilligung kann im Übrigen bis zur Rechtskraft einer gerichtlichen Entscheidung (also noch mit der sofortigen Beschwerde) nachgeholt oder widerrufen werden.[27]

11 Die **Entscheidungsvorbereitung** ist teilweise in der StVollstrO geregelt: Danach hat die Vollstreckungsbehörde (§ 451) für die Abgabe der Äußerung der JVA zu sorgen, welche an die **StA als Strafverfolgungsbehörde** weitergeleitet wird (§ 36 Abs. 2 StVollstrO). Diese kann weitere Ermittlungen durchführen, aber nicht durch den Rechtspfleger.[28] Sie muss sich schließlich um die (noch fehlende) Einwilligung des Verurteilten bemühen, wenn sie dessen Entlassung beantragen will.

V. Anhörungspflichten (Abs. 1 S. 2 bis 4)

12 Anzuhören sind die StA, die JVA und der Verurteilte, dieser mündlich (Abs. 1 S. 2 und 3). In bestimmten Fällen kann von der mündlichen Anhörung des Verurteilten abgesehen werden

---

[19] OLG Köln v. 9. 1. 2009 – 2 Ws 644 – 645/08, StV 2009, 261.
[20] *Meyer-Goßner* Rn. 4.
[21] Für formlose Behandlung OLG München v. 3. 2. 1955 – Ws 82/55, MDR 1955, 248; OLG Schleswig v. 22. 7. 1958 – Ws 200/58, SchlHA 1958, 288 (289); *Meyer-Goßner* Rn. 4.
[22] *Meyer-Goßner* Rn. 3; aA Löwe/Rosenberg/*Graalmann-Scheerer* Rn. 96.
[23] BGH v. 2. 12. 1977 – 2 ARs 366/77, BGHSt 27, 302 (304) = NJW 1978, 551; OLG Rostock v. 6. 12. 2000 – 1 Ws 462/00, NStZ 2001, 278; *Meyer-Goßner* Rn. 5; Löwe/Rosenberg/*Graalmann-Scheerer* Rn. 6; vgl. ferner BVerfG v. 11. 5. 1993 – 2 BvR 2174/92, NStZ 1993, 431; OLG Karlsruhe v. 16. 2. 1977 – 1 Ws 31/77, MDR 1977, 861; aA KG v. 17. 1. 1972 – 3 Ws 208/71, JR 1972, 430; LG Hof v. 5. 2. 1971 – 1 AR 71/70 – OLG Bamberg v. 26. 2. 1971 – Ws 57/71, MDR 1971, 942.
[24] OLG Oldenburg v. 25. 9. 1986 – 2 Ws 437/86, StV 1987, 70; OLG Rostock v. 6. 12. 2000 – 1 Ws 462/00, NStZ 2001, 278 (279 f.); *Maatz* NStZ 1988, 114 (116); *Meyer-Goßner* Rn. 5; Löwe/Rosenberg/*Graalmann-Scheerer* Rn. 7; aA OLG München v. 28. 7. 1986 – 2 Ws 630/86, MDR 1987, 74.
[25] *Maatz* StV 1987, 71 (73); KK-StPO/*Appl* Rn. 6; *Lackner/Kühl* § 57 StGB Rn. 30; Löwe/Rosenberg/*Graalmann-Scheerer* Rn. 8; aA OLG Braunschweig v. 16. 3. 2001 – Ws 42/01, NdsRpfl. 2002, 62; OLG Oldenburg v. 25. 9. 1986 – 2 Ws 437/86, StV 1987, 70; LG Braunschweig v. 26. 1. 1994 – 5o StVK 37/94, MDR 1994, 607; *Meyer-Goßner* Rn. 5.
[26] KG v. 6. 9. 1972 – 2 Ws 136/72, JR 1973, 120, mAnm *Peters*; KG v. 23. 3. 1994 – 5 Ws 107/94, JR 1994, 372; OLG Düsseldorf v. 6. 1. 1993 – VI 12/92, NJW 1993, 1665 f.; OLG Hamm v. 4. 10. 1972 – 4 Ws 228/72, NJW 1973, 337 (338); OLG Jena v. 16. 12. 2008 – 1 Ws 516/08, OLGSt Nr. 26; OLG Rostock v. 6. 12. 2000 – 1 Ws 462/00, NStZ 2001, 278 (279); OLG Zweibrücken v. 29. 11. 1973 – Ws 337/73, MDR 1974, 329; bei Antrag (der StA) auch OLG Celle v. 29. 6. 1972 – 2 Ws 127/72, NJW 1972, 2054 (2055); OLG Celle v. 7. 2. 1973 – 3 Ws 22/73, MDR 1973, 695; anders OLG Düsseldorf v. 7. 2. 1994 – 3 Ws 27/94, NStZ 1994, 454 f.; OLG Hamburg v. 16. 11. 1978 – 1 Ws 427/78, MDR 1979, 516; OLG Zweibrücken v. 2. 4. 2001 – 1 Ws 170 – 172/01, NStZ-RR 2001, 311; LG Zweibrücken v. 14. 9. 1990 – 1 StVK 516/90, MDR 1991, 173; *Arnoldi* NStZ 2001, 503; KK-StPO/*Appl* Rn. 7; *Meyer-Goßner* Rn. 6, 39; Löwe/Rosenberg/*Graalmann-Scheerer* Rn. 12.
[27] OLG Celle v. 16. 7. 1956 – 1 Ws 269/56, NJW 1956, 1608; OLG Karlsruhe v. 4. 11. 1977 – 2 Ws 256/76, MDR 1977, 333; OLG Karlsruhe v. 25. 9. 1979 – 1 Ws 261/79, Justiz 1980, 91; OLG Koblenz v. 14. 11. 2001 – 1 Ws 1437/01, JBl RhPf. 2002, 43 (44); OLG Schleswig v. 7. 3. 1978 – 2 Ws 31/78, SchlHA 1978, 87; KK-StPO/*Appl* Rn. 7 ff.; *Meyer-Goßner* Rn. 6; krit. SK-StPO/*Paeffgen* Rn. 9.
[28] KK-StPO/*Appl* Rn. 12; aA *Meyer-Goßner* Rn. 7.

(Abs. 1 S. 4). Die Auffassung, der zufolge für Entscheidungen nach §§ 57 Abs. 7, 57a Abs. 4 StGB die Anhörungspflichten des Abs. 1 S. 1 und 2 nicht gelten,[29] findet keine Stütze im Gesetz. Zur mündlichen Anhörung des **Sachverständigen** (Abs. 2 S. 3 und 4) näher unten Rn. 36.

1. Anhörung von StA und JVA (Abs. 1 S. 2). Die StA wird idR erst nach den anderen Beteiligten gehört werden, damit sie einen bestimmten Antrag stellen kann (vgl. Abs. 1 S. 4 Nr. 1).[30] Ihre Stellungnahme darf nicht vom Rechtspfleger abgegeben werden, da es sich hierbei nicht um eine Aufgabe iSd. §§ 451 Abs. 1, 31 Abs. 2 S. 1 RpflG handelt.

Die Stellungnahme der JVA, die den Verurteilten aus dem täglichen Umgang am besten kennt, soll dem Gericht Aufschluss über Verlauf und Erfolge des Vollzugs (§§ 57 Abs. 1 S. 2, 57a Abs. 1 S. 2 StGB) und damit über **prognoserelevante Aspekte** geben. Sie wird grundsätzlich vom Anstaltsleiter (§ 156 Abs. 2 S. 1 StVollzG) abgegeben, der sich dabei der Erkenntnisse aller Bediensteten (etwa allgemeiner Vollzugsdienst, Werkdienst, Ärzte, Psychologen, Sozialdienst, § 155 Abs. 2 StVollzG) bedient. Eine Delegation auf andere Beamte ist zulässig, § 156 Abs. 2 S. 2 StVollzG. Die Stellungnahme der JVA sollte schriftlich ergehen[31] und einen klaren Entscheidungsvorschlag erhalten;[32] erzwungen werden kann beides vom Gericht freilich nicht. Die Einholung eines Sachverständigengutachtens nach Abs. 2 entbindet nicht von der Pflicht, die JVA zu hören.[33] Eine **Anfechtung der Stellungnahme** nach §§ 23 ff. EGGVG ist nicht möglich; es handelt sich mangels Außenwirkung nicht um einen Justizverwaltungsakt.[34]

Zuständig ist die JVA, in der der Verurteilte sich zum Zeitpunkt des Aussetzungsverfahrens befindet. Bei einer erst kürzlich erfolgten Verlegung wird idR die Anhörung der früheren Anstalt zwingend sein, da nur diese in ausreichendem Maß über die erforderliche Sachkenntnis verfügt.[35] Ist der Verurteilte schon auf freiem Fuß, wird die letzte Anstalt gehört. Befindet er sich aber deshalb in Freiheit, weil die verbüßte Strafe durch U-Haft erledigt ist (§ 57 Abs. 4 StGB), wird man im Hinblick auf die geringeren Einwirkungs- und Erkenntnismöglichkeiten im Vollzug der U-Haft oft auf eine Anhörung der Untersuchungshaftanstalt verzichten können, zumal wenn der Verurteilte bereits länger wieder auf freiem Fuß ist.[36] Darüber hinaus gestattet das Gesetz **keine Ausnahmen von der Anhörungspflicht**.[37] Das gilt auch dann, wenn das Gericht davon ausgeht, es komme schon unbeschadet der Sozialprognose keine Aussetzung in Betracht, weil es etwa das Fehlen besonderer Umstände in Tat und Täterpersönlichkeit (§ 57 Abs. 2 Nr. 2 StGB) dem Urteil entnimmt.[38] Wurde die JVA erst kürzlich gehört, wird zu erheben sein, ob sich aus ihrer Warte neue Aspekte ergeben haben oder ob es bei der bereits vorliegenden Stellungnahme sein Bewenden haben soll.[39]

2. Mündliche Anhörung des Verurteilten (Abs. 1 S. 3 und 4). Die mündliche Anhörung des Verurteilten (Abs. 1 S. 3) ermöglicht dem Gericht, sich einen **unmittelbaren eigenen Eindruck** vom Verurteilten als Entscheidungsbasis zu verschaffen. Insoweit soll auch dem Sicherheitsinteresse der Allgemeinheit (§ 57 Abs. 1 S. 1 Nr. 2 StGB) Rechnung getragen werden.[40] Zugleich wird die **Sicherung des rechtlichen Gehörs** (Art. 103 Abs. 1 GG) und der Verfahrensfairness bezweckt; angesichts der reduzierten Fähigkeiten vieler – nicht nur ausländischer, sondern auch deutscher – Gefangener zum schriftlichen Ausdruck könnte die Möglichkeit, eine Stellungnahme zu den Akten zu geben, keine gleichwertige Erkenntnisgrundlage schaffen.

Dem Grundsatz des rechtlichen Gehörs genügt es nicht, dass der Verurteilte überhaupt gehört wird; er muss auch Gelegenheit erhalten, sich **zu entscheidungsrelevanten (nachteiligen) Stellungnahmen** von StA und insbesondere JVA sowie Sachverständigengutachten **zu äußern**.[41] Eine

---

[29] *Bringewat* Rn. 59; *Meyer-Goßner* Rn. 41; aA KMR/*Stöckel* Rn. 36.
[30] *Löwe/Rosenberg/Graalmann-Scheerer* Rn. 16; vgl. auch *Meyer-Goßner* Rn. 9.
[31] OLG Hamm v. 11. 5. 2000 – 4 Ws 142/2000, NStZ-RR 2000, 316.
[32] *Meyer-Goßner* Rn. 10.
[33] OLG Hamm v. 7. 9. 2000 – 4 Ws 369/00, StV 2001, 30.
[34] KK-StPO/*Appl* Rn. 11; *Meyer-Goßner* Rn. 14; anders SK-StPO/*Paeffgen* Rn. 24.
[35] OLG Düsseldorf v. 19. 12. 1995 – 1 Ws 1000 – 1001/95, NStZ-RR 1996, 153 (154); OLG Hamburg v. 29. 1. 1957 – Ws 34/57, MDR 1957, 311.
[36] OLG Karlsruhe v. 17. 1. 1978 – 3 Ws 5/78, MDR 1978, 1046; OLG Köln v. 20. 1. 1960 – 2 Ws 3/60, JMBl NRW 1960, 107; OLG Stuttgart v. 17. 12. 1986 – 1 Ws 384/86, Justiz 1987, 233 (234); KK-StPO/*Appl* Rn. 11; enger OLG Düsseldorf v. 23. 8. 1976 – 3 Ws 279/76, MDR 1977, 424; OLG Hamm v. 18. 1. 1978 – 4 Ws 25/78, MDR 1978, 592 (593); *Meyer-Goßner* Rn. 11; *Löwe/Rosenberg/Graalmann-Scheerer* Rn. 17.
[37] OLG Celle v. 14. 6. 1974 – 4 Ws 129/74, MDR 1974, 1038; *Löwe/Rosenberg/Graalmann-Scheerer* Rn. 17.
[38] Anders OLG Hamm v. 28. 1. 1980 – 3 Ws 39/80, NJW 1980, 2090 (LS); *Meyer-Goßner* Rn. 13.
[39] Gegen Anhörungspflicht in diesem Fall OLG Düsseldorf v. 19. 10. 1987 – 1 Ws 838/87, NStZ 1988, 95 (96); OLG Düsseldorf v. 8. 6. 1995 – 1 Ws 455/95, StV 1996, 44 (45); *Meyer-Goßner* Rn. 13.
[40] OLG Frankfurt v. 31. 8. 2006 – 3 Ws 811/06, NStZ-RR 2006, 357; *Esser* NStZ 2003, 464 (466 f.); vgl. auch OLG Hamm v. 14. 1. 2010 – 3 Ws 2/10, NStZ 2010, 191 (LS).
[41] BVerfG v. 15. 10. 1963 – 2 BvR 563/62, NJW 1964, 293; OLG Hamburg v. 25. 8. 1964 – 1 Ws 294/64, NJW 1964, 2315; OLG Hamm v. 21. 1. 1960 – 2 Ws 560/59, MDR 1960, 424; *Meyer-Goßner* Rn. 18.

(vermeintliche) Gefährdung von Strafzwecken oder Vollzugszielen rechtfertigt es wegen der hohen Bedeutung der Garantie des rechtlichen Gehörs und zumal ohne gesetzliche Grundlage nicht, ihm jene vorzuenthalten.[42] Die Zusammenfassung des Inhalts der Stellungnahme(n) durch die JVA reicht nicht aus.[43]

18 a) **Durchführung.** Die Anhörung obliegt dem **Gericht**, dh. dem erkennenden Richter, nicht seinem Vertreter;[44] auf die JVA darf sie nicht delegiert werden.[45] Der Verurteilte kann nicht darauf verzichten, dass im Hinblick auf den mit der Anhörung verbundenen Zweck bei Zuständigkeit eines Kollegialgerichts prinzipiell **alle zur Entscheidung berufenen Richter** an ihr teilnehmen müssen.[46] Letzteres gilt in jedem Fall bei der Aussetzung des Restes einer lebenslangen Freiheitsstrafe.[47] Nur **ausnahmsweise** ist sonst (§ 78b Abs. 1 Nr. 1 GVG) – auch durch formlosen, aber dokumentierten Akt[48] – die Übertragung auf einen **beauftragten Richter** zulässig, sofern dieser an der Aussetzungsentscheidung mitwirkt.[49] Das gilt namentlich dann, wenn der Verurteilte bereits vor nicht zu langer Zeit von allen Mitgliedern des Spruchkörpers angehört wurde oder dem persönlichen Eindruck sonst nur untergeordnete Bedeutung zukommt. Darüber hinaus soll in besonderen Fällen auch die Übertragung der Anhörung auf einen **ersuchten Richter** in Betracht kommen, namentlich bei großer Entfernung von Gericht und JVA.[50] Das erscheint jedoch im Lichte des Zwecks der persönlichen Anhörung unzutreffend, entzieht dem entscheidenden Gericht eine wertvolle Erkenntnisquelle und bewertet (arbeits-)ökonomische Interessen der Justiz über.

19 Die **Gestaltung der Anhörung** regelt das Gesetz nicht näher. Das Gericht bestimmt sie deshalb ebenso nach pflichtgemäßem Ermessen[51] wie es den **Ort der Anhörung** festlegt. Zur Wahl stehen hier regelmäßig JVA und Gerichtsgebäude. Für die Entscheidung spielen Sicherheits- und Transportfragen eine Rolle; in inhaltlicher Hinsicht sprechen manche Punkte für eine Vorführung im Gericht, andere für die Abhaltung des Termins in der Anstalt.[52] Eine Verbindung mit der mündlichen Anhörung des Sachverständigen nach Abs. 2 S. 3 ist möglich, aber nicht zwingend.[53]

20 Die **mündliche Anhörung** darf nicht durch eine fernmündliche ersetzt werden.[54] Um den gewünschten persönlichen Eindruck zu gewinnen, kann das Gericht die Anhörung jedenfalls außerhalb des Anwendungsbereichs von Abs. 2 auch per Videokonferenz durchführen,[55] nach der Rspr. nur, wenn der Verurteilte damit einverstanden ist.[56] Einer förmlichen Ladung des Verurteilten bedarf es nicht,[57] wohl aber einer so rechtzeitigen Terminmitteilung (mindestens eine Woche vorher),[58] dass er sich vorbereiten und seinen Verteidiger konsultieren kann.[59] Er erhält Gelegenheit,

---

[42] AA OLG Hamm v. 10. 8. 1962 – 1 Ws 187/62, JMBl NRW 1962, 294 (295); OLG Nürnberg v. 19. 9. 2002 – Ws 1131/02, StV 2003, 683; *Bringewat* Rn. 37; *Meyer-Goßner* Rn. 18.
[43] OLG Karlsruhe v. 13. 11. 1972 – 2 Ws 182/72, OLGSt S. 2; *Bringewat* Rn. 36; *Meyer-Goßner* Rn. 18.
[44] OLG Nürnberg v. 11. 6. 1997 – Ws 615/97, NStZ 1998, 376.
[45] OLG Düsseldorf v. 26. 3. 1975 – 1 Ws 193/75, MDR 1975, 597.
[46] OLG Düsseldorf v. 25. 7. 2001 – 4 Ws 322/01, NStZ-RR 2002, 191 (192); aA OLG Rostock v. 25. 8. 2004 – 1 Ws 278/04, OLGSt Nr. 22.
[47] OLG Brandenburg v. 17. 4. 1996 – 2 Ws 50/96, NStZ 1996, 405 (407); OLG Bremen v. 10. 9. 1987 – Ws 125/87, StV 1988, 260; KK-StPO/*Appl* Rn. 16; *Meyer-Goßner* Rn. 21; SK-StPO/*Paeffgen* Rn. 36; aA BVerfG v. 3. 6. 1992 – 2 BvR 1041/88, 78/89, BVerfGE 86, 288 (339) = NJW 1992, 2947 (2954); OLG Frankfurt v. 6. 9. 1996 – 3 Ws 717/96, NStZ-RR 1997, 29.
[48] OLG Hamburg v. 8. 11. 2002 – 2 Ws 186/02, NStZ 2003, 389 (390); *Meyer-Goßner* Rn. 22; aA OLG Nürnberg v. 1. 12. 2003 – Ws 1030/03, NStZ-RR 2004, 318; OLG Rostock v. 10. 7. 2001 – 1 Ws 246/01, NStZ 2002, 109 (111); OLG Stuttgart v. 27. 9. 1982 – 3 Ws 245/82, NStZ 1983, 92; KK-StPO/*Appl* Rn. 16; *Pfeiffer* Rn. 6.
[49] BGH v. 13. 9. 1978 – StB 187/78, BGHSt 28, 138 (140) = NJW 1979, 116; OLG Koblenz v. 18. 9. 1980 – 1 Ws 511/80, GA 1981, 91 (93); OLG München v. 31. 7. 1975 – 1 Ws 396/75, NJW 1976, 254; OLG Nürnberg v. 1. 12. 2003 – Ws 1030/03, NStZ-RR 2004, 318; OLG Rostock v. 10. 7. 2001 – 1 Ws 246/01, NStZ 2002, 109 (110 f.) mwN; KK-StPO/*Appl* Rn. 16 mwN in Rn. 14; *Meyer-Goßner* Rn. 22; *Löwe/Rosenberg/Graalmann-Scheerer* Rn. 32.
[50] BGH v. 13. 9. 1978 – StB 187/78, BGHSt 28, 138 (141 ff.) = NJW 1979, 116 f.; OLG Düsseldorf v. 6. 10. 1975 – 2 Ws 458/75, NJW 1976, 256; OLG Hamm v. 28. 1. 1980 – 3 Ws 39/80, NJW 1980, 2090 (LS); OLG Schleswig v. 9. 1. 1979 – 3 (s) Sbd 17 – 147M, MDR 1979, 518 (LS); *Meyer-Goßner* Rn. 23; *Löwe/Rosenberg/Graalmann-Scheerer* Rn. 33; aA OLG Koblenz v. 25. 2. 1975 – 1 Ws 89/75, JR 1976, 117, mAnm *Rieß*; OLG Rostock v. 10. 7. 2001 – 1 Ws 246/01, NStZ 2002, 109 (110); OLG Schleswig v. 21. 2. 1975 – 1 Ws 48/75, NJW 1975, 1131; *Bringewat* Rn. 42.
[51] OLG Nürnberg v. 21. 3. 1975 – Ws 74/75, MDR 1975, 684.
[52] Dazu *W. Schmidt* NJW 1975, 1485 (1486); *Treptow* NJW 1975, 1105; KK-StPO/*Appl* Rn. 17.
[53] OLG Stuttgart v. 9. 10. 2002 – 4 Ws 241/02, NStZ-RR 2003, 30 (31); KK-StPO/*Appl* Rn. 17.
[54] OLG Bamberg v. 6. 3. 1989 – Ws 98/89, NStE Nr. 9.
[55] *Esser* NStZ 2003, 464 (470); großzügiger *Meyer-Goßner* Rn. 34; krit. KK-StPO/*Appl* Rn. 17a.
[56] OLG Frankfurt v. 31. 8. 2006 – 3 Ws 811/06, NStZ-RR 2006, 357; OLG Karlsruhe v. 28. 7. 2005 – 3 Ws 218/05, NJW 2005, 3013.
[57] OLG Schleswig v. 26. 8. 2003 – 2 Ws 323/03, SchlHA 2004, 243; *Meyer-Goßner* Rn. 34; aA OLG Karlsruhe v. 21. 6. 1993 – 1 Ws 113/93 L, NStE Nr. 14; OLG Karlsruhe v. 23. 2. 1998 – 1 Ws 43/98, Justiz 1999, 24 (LS).
[58] Brandenbg VerfG v. 12. 10. 2000 – VfGBbg 37/00, NStZ 2001, 110 (111); OLG Zweibrücken v. 31. 3. 1993 – 1 Ws 162 – 163/93, StV 1993, 315 (316); großzügiger *Bringewat* NStZ 1996, 17 (20 Fn. 22).
[59] OLG Brandenburg v. 19. 3. 2009 – 2 Ws 34/09, StrFo 2009, 250; OLG Düsseldorf v. 23. 10. 2001 – 3 Ws 465 – 466/01, StV 2003, 684 (LS); OLG Nürnberg v. 19. 9. 2002 – Ws 1131/02, StV 2003, 683.

sich zur Aussetzungsfrage zu äußern; eine Vernehmung findet nicht statt. Anregungen zu weiterer Sachaufklärung durch den Verurteilten sind möglich, wobei es sich (Freibeweisverfahren!) nicht um ein Beweisantragsrecht iSd. § 244 handelt.[60]

Der **Verteidiger**, der schon nach § 33 Abs. 3 ein Recht zur Stellungnahme hat, darf an der 21 mündlichen Anhörung teilnehmen. Dies ergibt sich nicht aus § 168c Abs. 1, sondern aus dem fair-trial-Grundsatz.[61] Deshalb ist das Gericht verpflichtet, ihn wenn schon nicht förmlich zu laden,[62] so doch zumindest von einem kurzfristig (knapper als eine Woche) anberaumten Termin zu benachrichtigen.[63] Auf Verhinderung des Verteidigers ist durch Terminsverlegung Rücksicht zu nehmen.[64] Ist ein Pflichtverteidiger – wie in Fällen von Abs. 2 erforderlich[65] – bestellt, kann der Verurteilte auf dessen Teilnahme nicht verzichten.[66] Anwesenheitsberechtigt bei der Anhörung ist auch die **StA** (prozessuale Waffengleichheit).

Eine förmliche **Protokollierung** bleibt nicht erforderlich, da weder § 168 noch § 271 Abs. 1 22 einschlägig ist, aber uU sinnvoll, um Vorbringen des Verurteilten zu verhindern, ein Teil der von ihm geltend gemachten Gründe sei übergangen worden. Die Fertigung einer formlosen Niederschrift über den wesentlichen Inhalt der Anhörung (auch derjenigen des Sachverständigen nach Abs. 2 S. 3) oder dessen Wiedergabe im Beschluss sind aber schon deshalb unentbehrlich, um dem Beschwerdegericht die Überprüfung der Entscheidung zu ermöglichen.[67]

b) **Ausschlussgründe (Abs. 1 S. 4).** Abs. 1 S. 4 zählt Gründe auf, die nach dem **Ermessen des** 23 **Gerichts** ein Absehen von der persönlichen Anhörung des Verurteilten gestatten. Der Katalog gilt zwar nicht als abschließend; gleichwohl bedarf es angesichts der Zwecke der mündlichen Anhörung großer **Zurückhaltung**, sie zu unterlassen. So darf sie nicht bereits unterbleiben, wenn das Urteil das Vorliegen besonderer Umstände iSd. § 57 Abs. 2 Nr. 2 StGB nicht erkennen lässt,[68] desgleichen wenn sich der Verurteilte in Freiheit befindet, weil die U-Haft als verbüßte Strafe gilt (§ 57 Abs. 4 StGB).[69] Erst recht gestattet eine nach Aktenlage negative Prognose keinen Verzicht auf die Anhörung.[70]

aa) **Gesetzlicher Katalog (Abs. 1 S. 4).** Nach Abs. 1 S. 4 Nr. 1 kann die Anhörung entfallen, 24 wenn StA und JVA übereinstimmend die **Aussetzung** der zeitigen Freiheitsstrafe **befürworten** (dh. nicht nur „keine Einwände erheben" oder ähnliches) und das Gericht sich dem anschließt, also entlässt.[71] Sollen von StA oder JVA nicht vorgeschlagene Auflagen oder Weisungen erteilt werden (§§ 57 Abs. 3 S. 1, 56b, 56c StGB), ist anzuhören.[72]

Abs. 1 S. 4 **Nr. 2** gestattet den Verzicht auf die Anhörung, sofern der Verurteilte die Aussetzung 25 beantragt hat und das Gericht den **Antrag** als **verfrüht** ohne sachliche Prüfung verwerfen will. Das kommt in Betracht, falls bei zeitiger Freiheitsstrafe noch nicht die Hälfte (§ 57 Abs. 2 Nr. 1 StGB) oder weniger als zwei Monate (§ 57 Abs. 1 S. 1 Nr. 1 StGB), bei Lebenszeitstrafe weniger als drei-

---

[60] *Bringewat* NStZ 1996, 17 (21); *Meyer-Goßner* Rn. 34.
[61] BVerfG v. 11. 2. 1993 – 2 BvR 710/91, NJW 1993, 2301, mAnm *R. Hohmann* NStZ 1993, 555; OLG Frankfurt v. 29. 1. 2004 – 3 Ws 111 – 112/04, NStZ-RR 2004, 155; OLG Köln v. 16. 1. 2006 – 2 Ws 23/06, StV 2006, 430; OLG Naumburg v. 18. 9. 2008 – 1 Ws 491/08, StraFo 2008, 522; *Bringewat* NStZ 1996, 17 (19).
[62] Für Ladungspflicht OLG Karlsruhe v. 21. 6. 1993 – 1 Ws 113/93 L, NStE Nr. 14; *Löwe/Rosenberg/Graalmann-Scheerer* Rn. 19; vgl. auch SK-StPO/*Paeffgen* Rn. 28.
[63] BVerfG v. 5. 5. 1994 – 2 BvR 2653/93, StV 1994, 552 (553); Brandenbg VerfG v. 12. 10. 2000 – VfGBbg 37/00, NStZ 2001, 110 (111); OLG Frankfurt v. 11. 4. 2001 – 3 Ws 243/01, NStZ-RR 2001, 348; OLG Hamm v. 10. 1. 2007 – 2 Ws 6/07, Strafrechts-Report 2007, 198 (LS); OLG Naumburg v. 12. 7. 2007 – 1 Ws 318/07, NJ 2007, 517 (LS); OLG Schleswig v. 7. 10. 1994 – 1 Ws 368 u. 369/96, SchlHA 1996, 325; OLG Zweibrücken v. 31. 3. 1993 – 1 Ws 162 – 163/93, StV 1993, 315 (316); *Bringewat* NStZ 1996, 17 (19 f.); *Meyer-Goßner* Rn. 36.
[64] OLG Köln v. 16. 1. 2006 – 2 Ws 23/06, StV 2006, 430; OLG Oldenburg v. 4. 12. 2006 – 1 Ws 555/06, NStZ-RR 2007, 156; vgl. auch OLG Frankfurt v. 29. 1. 2004 – 3 Ws 111–112/04, NStZ-RR 2004, 155.
[65] OLG Bremen v. 11. 2. 2008 – 1 Ws 64/08, NStZ-RR 2008, 260; *Meyer-Goßner* Rn. 34; enger OLG Hamm v. 28. 9. 2007 – 3 Ws 568 – 570/07, NStZ-RR 2008, 219; OLG Schleswig v. 24. 10. 2007 – 2 Ws 450/07, SchlHA 2008, 175.
[66] OLG Köln v. 16. 1. 2006 – 2 Ws 23/06, StV 2006, 430.
[67] KG v. 14. 10. 2005 – 5 Ws 498/05, NStZ 2007, 119 f.; OLG Düsseldorf v. 16. 6. 1975 – 2 Ws 284/75, NJW 1975, 1526; OLG Hamburg v. 4. 5. 2009 – 2 Ws 80/09, StV 2010, 83; OLG Hamm v. 29. 7. 2004 – 2 Ws 196 – 197/04, NStZ-RR 2004, 383; OLG Stuttgart v. 20. 10. 2004 – 4 Ws 284/04, StraFo 2005, 127; siehe auch *Bringewat* NStZ 1996, 17 (20 f.).
[68] OLG Düsseldorf v. 3. 2. 1981 – 5 Ws 4/81, NStZ 1981, 454; OLG Frankfurt v. 15. 12. 1980 – 3 Ws 999/80, NStZ 1981, 454 (LS); OLG Hamburg v. 22. 11. 1977 – 1 Ws 480/77, MDR 1978, 331; OLG Hamburg v. 30. 3. 1981 – 1 Ws 99/81, MDR 1981, 599; OLG Koblenz v. 19. 9. 1984 – 1 Ws 680/84, GA 1985, 235 (236); OLG Koblenz v. 1. 9. 1989 – 1 Ws 495/89, NStE Nr. 1; OLG Schleswig v. 5. 10. 1989 – 2 Ws 519/89, SchlHA 1990, 38; OLG Stuttgart v. 24. 6. 1976 – 3 Ws 182/76, MDR 1976, 1041 (LS) = Justiz 1976, 396 (397); OLG Stuttgart v. 2. 9. 1980 – 1 Ws 285/80, Justiz 1980, 448 (449); OLG Stuttgart v. 17. 12. 1986 – 1 Ws 384/86, Justiz 1987, 233 (234); OLG Zweibrücken v. 17. 3. 1989 – 1 Ws 123 – 124/89, StV 1989, 542; KK-StPO/*Appl* Rn. 23; *Meyer-Goßner* Rn. 17; aA OLG Karlsruhe v. 16. 9. 1975 – 1 Ws 250/75, NJW 1976, 302 (303).
[69] OLG Hamm v. 18. 1. 1978 – 4 Ws 25/78, MDR 1978, 592 f.; OLG München v. 14. 7. 1998 – 1 Ws 588/98, StV 2000, 213; *Meyer-Goßner* Rn. 17.
[70] OLG Frankfurt v. 8. 10. 1996 – 3 Ws 826 – 827/96, NStZ-RR 1997, 28.
[71] KK-StPO/*Appl* Rn. 22.
[72] OLG Düsseldorf v. 15. 5. 1985 – 2 Ws 218/85, MDR 1985, 868.

zehn Jahre verbüßt sind. Das Gesetz stellt hier auf den **Zeitpunkt der Antragstellung** ab. Das bedarf bei der zeitigen Freiheitsstrafe insofern der Korrektur, als in erster Linie der gewünschte Aussetzungstermin Bedeutung erlangt.[73] Angesichts der erforderlichen Entlassungsvorbereitung verbietet es der pflichtgemäße Ermessensgebrauch, einen nicht allzu früh (drei bzw. knapp fünf Monate)[74] vor dem möglichen Entlassungszeitpunkt gestellten Antrag als verfrüht zu verwerfen. Nr. 2 wird **entsprechend angewandt**, wenn entgegen § 57 Abs. 2 S. 1 StGB die Entlassung nach Verbüßung der Hälfte einer Freiheitsstrafe von weniger als einem Jahr begehrt wird.[75]

26   Gemäß Abs. 1 S. 4 **Nr. 3** darf von der Anhörung abgesehen werden, wenn der Antrag des Verurteilten wegen **Nichteinhaltung der Wartefrist** von höchstens sechs Monaten bzw. zwei Jahren (bei Lebenszeitstrafe) unzulässig ist (§§ 57 Abs. 7, 57 a Abs. 4 StGB).

27   **bb) Weitere Gründe.** Die Anhörung unterbleibt ferner, wenn sie **unmöglich** ist.[76] Beispiele bilden die Unmöglichkeit der Verständigung mit einem psychisch schwer Erkrankten[77] oder der dauernde Aufenthalt des Verurteilten außerhalb Deutschlands, selbst als Folge eines Einreiseverbots oder noch bestehenden Vollstreckungshaftbefehls.[78]

28   Die Anhörung kann weiter entfallen, sofern sie eine **bloße Formalie** darstellt und von ihr mit großer Sicherheit **keine entscheidungserheblichen Erkenntnisse** zu erwarten sind.[79] Das ist der Fall, wenn der Verurteilte unzweideutig sein **Einverständnis** mit der Restrafenaussetzung **verweigert**[80] oder auf die Durchführung der Anhörung verzichtet,[81] wovon man nicht ausgehen darf, falls der Verurteilte nur die Anhörung durch einen als befangen abgelehnten Richter nicht wahrnehmen will.[82] Regelmäßig wird eine solche Erklärung der Schriftform bedürfen;[83] Zweifel an ihrer Ernsthaftigkeit und Richtigkeit muss das Gericht ausräumen. Der Verteidiger kann ohne ausdrückliche Bevollmächtigung hierzu keinen Verzicht auf die Anhörung erklären.[84] Weigert sich der Verurteilte, sich **vorführen** zu lassen, muss das Gericht die Gründe hierfür prüfen.[85] Nur wenn keine beachtlichen Gründe für die Weigerung vorliegen, kann das Gericht, das ja nicht verpflichtet ist, die Anhörung in der Anstalt durchzuführen, von ihr absehen. Gleiches gilt, wenn der Verurteilte eine bestimmte Art der Vorführung (etwa gefesselt,[86] in Anstaltskleidung[87] oder unter menschenunwürdiger Unterbringung[88]) ablehnt. Versehentliche Säumnis beim Anhörungstermin bedeutet weder Verzicht auf die noch Verwirkung der Anhörungsmöglichkeit.[89]

---

[73] Vgl. OLG Koblenz v. 19. 9. 1984 – 1 Ws 680/84, GA 1985, 235 (236); OLG Stuttgart v. 24. 6. 1976 – 3 Ws 182/76, Justiz 1976, 396; KK-StPO/*Appl* Rn. 23; Löwe/Rosenberg/*Graalmann-Scheerer* Rn. 43.
[74] OLG Düsseldorf v. 6. 3. 1987 – 3 Ws 37/87, MDR 1987, 1046.
[75] OLG Düsseldorf v. 27. 9. 1976 – 3 Ws 329/76, GA 1977, 120 (121); OLG Düsseldorf v. 3. 2. 1981 – 5 Ws 4/81, MDR 1981, 1039; OLG Stuttgart v. 24. 6. 1976 – 3 Ws 182/76, MDR 1976, 1041 (LS) = Justiz 1976, 396 f.; KK-StPO/*Appl* Rn. 23; *Meyer-Goßner* Rn. 27.
[76] *Meyer-Goßner* Rn. 24.
[77] Vgl. auch OLG Düsseldorf v. 30. 8. 1984 – 1 Ws 354/84, NStZ 1985, 94; OLG Düsseldorf v. 28. 7. 1987 – 1 Ws 428/87, NStZ 1987, 524; OLG Frankfurt v. 8. 10. 1996 – 3 Ws 826 – 827/96, NStZ-RR 1997, 28; anders BGH v. 13. 9. 1978 – StB 187/78, BGHSt 28, 138 (141) = NJW 1979, 116 (117); OLG Rostock v. 10. 7. 2001 – 1 Ws 246/01, NStZ 2002, 109 (111).
[78] OLG Düsseldorf v. 31. 1. 2000 – 1 Ws 72/00, NStZ 2000, 333; OLG Düsseldorf v. 2. 3. 2000 – 1 Ws 120 – 121/00, NStZ-RR 2000, 315; OLG Karlsruhe v. 14. 3. 2005 – 3 Ws 82/05, NStZ-RR 2005, 223, mAnm *Heghmanns* StV 2005, 679; OLG Köln v. 9. 1. 2009 – 2 Ws 644 – 645/08, StV 2009, 261; *Meyer-Goßner* Rn. 32; aA OLG Schleswig v. 24. 10. 2003 – 2 Ws 329/03, SchlHA 2004, 243.
[79] BGH v. 28. 1. 2000 – 2 StE 9/91, NJW 2000, 1663 (1664); OLG Düsseldorf v. 18. 8. 1982 – 1 Ws 505 – 506/82, StV 1983, 115; OLG Düsseldorf v. 14. 5. 1991 – 1 Ws 424 – 426/91, VRS 81, 293; OLG Frankfurt v. 8. 10. 1996 – 3 Ws 826 – 827/96, NStZ-RR 1997, 28; OLG Schleswig v. 24. 10. 2003 – 2 Ws 329/03, SchlHA 2004, 243.
[80] OLG Koblenz v. 14. 11. 2001 – 1 Ws 1437/01, JBl RhPf. 2002, 43 (44); OLG Stuttgart v. 24. 6. 1976 – 3 Ws 182/76, MDR 1976, 1041 (LS) = Justiz 1976, 396; *Treptow* NJW 1975, 1105; *Meyer-Goßner* Rn. 30; aA W. *Schmidt* NJW 1975, 1485 f.; 1976, 224; *Bringewat* Rn. 45.
[81] BGH v. 28. 1. 2000 – 2 StE 9/91, NJW 2000, 1663 (1664); OLG Celle v. 18. 11. 1993 – 1 Ws 260/93, NdsRpfl. 1994, 79; OLG Düsseldorf v. 2. 2. 1981 – V 5/78, NStZ 1981, 454 (LS); OLG Düsseldorf v. 6. 1. 1993 – VI 12/92, NJW 1993, 1665 (1666); OLG Hamburg v. 20. 4. 1999 – 2a Ws 89/99, NJW 2000, 2758; OLG Hamm v. 25. 4. 1975 – 3 Ws 114/75, MDR 1975, 775; OLG Hamm v. 4. 4. 1978 – 6 Ws 109/78, MDR 1978, 692; aA *Bringewat* Rn. 47.
[82] OLG Jena v. 6. 4. 2006 – 1 Ws 103/06, NJW 2006, 3794 (3795).
[83] Vgl. auch OLG Düsseldorf v. 8. 12. 1995 – 1 Ws 971/95, OLGSt Nr. 9.
[84] OLG Oldenburg v. 18. 8. 1976 – 2 Ws 336/76, NdsRpfl. 1976, 221.
[85] OLG Düsseldorf v. 3. 2. 1983 – 1 Ws 13/83, StV 1983, 511; OLG Düsseldorf v. 28. 7. 1987 – 1 Ws 428/87, NStZ 1987, 524 (525); OLG Hamm v. 1. 12. 2005 – 2 Ws 304 – 305/05, OLGSt Nr. 25; OLG Karlsruhe v. 21. 12. 1995 – 3 Ws 274/95, NStZ 1996, 302; KK-StPO/*Appl* Rn. 27; vgl. auch OLG Düsseldorf v. 24. 11. 1994 – 1 Ws 915/94, StV 1995, 538; aA *Meyer-Goßner* Rn. 30.
[86] OLG Düsseldorf v. 8. 4. 1994 – 1 Ws 244/94, StV 1995, 538; OLG Hamm v. 4. 4. 1978 – 6 Ws 109/78, MDR 1978, 692; großzügiger *Meyer-Goßner* Rn. 30.
[87] OLG Düsseldorf v. 10. 11. 1987 – 1 Ws 928/87, NStZ 1988, 243; OLG Hamm v. 9. 2. 1990 – 4 Ws 504 u. 516/89, MDR 1990, 653 (654); OLG Hamm v. 9. 12. 2008 – 5 Ws 423 – 425/08, NStZ-RR 2009, 223; OLG Karlsruhe v. 21. 12. 1995 – 3 Ws 274/95, NStZ 1996, 302 (303).
[88] OLG Frankfurt v. 28. 11. 2002 – 3 Ws 1176/02, NStZ-RR 2003, 59.
[89] OLG Celle v. 14. 12. 1987 – 3 Ws 563/87, StV 1988, 259; *Meyer-Goßner* Rn. 30; unklar KG v. 31. 8. 2005 – 5 Ws 389/05, NStZ 2006, 580 (581).

Der Sinn der Anhörung besteht nicht darin, das Gericht zu beschimpfen. **Beleidigungen** müssen 29 nicht geduldet, die Anhörung darf beendet werden. Da sich Verhaltensänderungen nie ausschließen lassen, können aber frühere Ausfälle gegenüber dem Gericht oder gar nur Fehlverhalten gegenüber den Vollzugsbediensteten nicht dazu herhalten, Wiederholungsgefahr zu unterstellen und für die Zukunft jegliche Anhörungen zu unterlassen.[90]

Bei **wiederholtem Aussetzungsantrag** ist – auch nach kurzer Zeit – grundsätzlich erneut persön- 30 lich anzuhören, wenn kein Fall des Abs. 1 S. 4 Nr. 3 vorliegt. Das gilt nicht nur bei Wechsel in der gerichtlichen Zuständigkeit,[91] sondern generell.[92] Die hM geht demgegenüber davon aus, bei nicht lange zurückliegender Anhörung könne der persönliche Eindruck noch fortwirken und mangels neuen Vorbringens oder neu aufgetretener Gesichtspunkte nicht der Ergänzung bedürfen.[93] Diese Feststellung wird sich allerdings angesichts der großen Schwierigkeiten vieler Inhaftierter im Schriftverkehr mit amtlichen Stellen ohne persönliche Anhörung kaum jemals sicher treffen lassen. Auch die Rspr. hat nach drei,[94] 4,5,[95] fünf (bei Vorliegen neuer Tatsachen)[96] und sieben[97] Monaten eine erneute Anhörung als unabdingbar eingestuft.

VI. Sachverständigengutachten (Abs. 2)

Abs. 2 verpflichtet das Gericht zur Einholung eines Sachverständigengutachtens als Vorbedin- 31 gung der Strafaussetzung, wenn aufgrund der Vortat(en) typischerweise in gesteigertem Umfang Gefahr von einem Verurteilten drohen kann. Die Norm ist **Teil eines weitreichenden Sicherheitskonzepts** im materiellen wie im formellen Recht. Auf diese Weise soll die lediglich intuitive Prognose des Gerichts durch Feststellungen auf der Basis **wissenschaftlicher Prognoseverfahren** ergänzt, die Aussetzungsentscheidung mithin auf sicherer Basis getroffen werden. Ob diese Erwartung erfüllt werden kann, muss nach den Erkenntnissen der kriminologischen Prognoseforschung aber vorerst offen bleiben.[98]

1. Voraussetzungen (Abs. 2 S. 1). Die Einschaltung des Sachverständigen ist in zwei Fällen 32 zwingend vorgeschrieben: einerseits ohne weiteres bei der Aussetzung des Restes **lebenslanger Freiheitsstrafe** (§ 57 a StGB), andererseits im Falle **zeitiger Freiheitsstrafe** von mehr als zwei Jahren (bei Gesamtstrafe einer entsprechenden Einzelstrafe)[99] wegen einer in § 66 Abs. 3 S. 1 StGB genannten Straftat, also eines Verbrechens (§ 12 Abs. 1 StGB), eines Sexual- bzw. Gewaltdelikts nach §§ 174 bis 174c, 176, 179 Abs. 1 bis 4, 180, 182, 224, 225 Abs. 1 oder 2 StGB oder einer entspr. Rauschtat (§ 323a StGB), nicht aber in Fällen des § 36 Abs. 1 S. 3 und Abs. 2 BtMG.[100] Als **zusätzliche Voraussetzung** nur bei zeitiger Freiheitsstrafe darf nicht auszuschließen sein, dass Gründe der öffentlichen Sicherheit einer vorzeitigen Entlassung entgegenstehen. Daran fehlt es, wenn eine Gefahr der Gefährlichkeit des Verurteilten iSd. Abs. 2 S. 2 nicht mehr fortbesteht. Die prognoserelevanten Gesichtspunkte müssen sämtlich dem Gericht den eindeutigen, ohne sachverständige Hilfe möglichen Schluss gestatten, der Verurteilte werde in Zukunft keine Strafrechtsgüter mehr verletzen.[101] Die Gegenposition, der zufolge nie ohne Sachverständigengutachten ent-

---

[90] *Bringewat* Rn. 46; ähnlich HK-StPO/*Pollähne* Rn. 15; anders OLG Düsseldorf v. 28. 7. 1987 – 1 Ws 428/87, NStZ 1987, 524; OLG Düsseldorf v. 10. 11. 1987 – 1 Ws 928/87, NStZ 1988, 243; OLG Frankfurt v. 8. 10. 1996 – 3 Ws 826 – 827/96, NStZ-RR 1997, 28; KK-StPO/*Appl* Rn. 28; *Meyer-Goßner* Rn. 32.
[91] So KG v. 22. 5. 1986 – 1 AR 625/86 – 5 Ws 169/86, StV 1987, 30; OLG Düsseldorf v. 19. 12. 1995 – 1 Ws 1000 – 1001/95, NStZ-RR 1996, 153 (154).
[92] Ähnlich SK-StPO/*Paeffgen* Rn. 32.
[93] So BGH v. 5. 5. 1995 – 2 StE 1/94 – StB 15/95, NStZ 1995, 610 f.; OLG Düsseldorf v. 22. 6. 1982 – 1 Ws 412/82, NStZ 1982, 437; OLG Düsseldorf v. 19. 10. 1987 – 1 Ws 838/87, NStZ 1988, 95; OLG Düsseldorf v. 5. 10. 1990 – 1 Ws 871 – 874/90, VRS 80, 285 (286); OLG Düsseldorf v. 8. 6. 1995 – 1 Ws 455/95, StV 1996, 44 f.; OLG Hamm v. 27. 4. 1993 – 3 Ws 146/93, NStE Nr. 12 (zehn Wochen); OLG Köln v. 5. 1. 1993 – 2 Ws 607/92, StV 1993, 316; OLG Stuttgart v. 14. 10. 1975 – 1 Ws 345/75, Justiz 1975, 478 (ein Monat); KK-StPO/*Appl* Rn. 25; *Meyer-Goßner* Rn. 31.
[94] OLG Stuttgart v. 17. 7. 1986 – 1 Ws 209/86, NStZ 1986, 574 (LS) = Justiz 1986, 497 (498); vgl. auch OLG Hamm v. 1. 7. 1998 – 2 Ws 303/98, StraFo 1998, 354.
[95] OLG Düsseldorf v. 18. 8. 1982 – 1 Ws 505 – 506/82, StV 1983, 115.
[96] OLG Bremen v. 15. 6. 2009 – Ws 55/09, NStZ 2010, 106.
[97] OLG Koblenz v. 28. 12. 2009 – 1 Ws 607/09, JBl RhPf. 2010, 12; OLG Zweibrücken v. 24. 8. 1989 – 1 Ws 439/89, StV 1990, 412 (413).
[98] Vgl. auch KK-StPO/*Appl* Rn. 2 b; *Streng*, Strafrechtliche Sanktionen, 2. Aufl. 2002, Rn. 648 ff.
[99] OLG Stuttgart v. 30. 3. 1999 – 4 Ws 55/99, NStZ-RR 2000, 86; OLG Zweibrücken v. 11. 2. 1999 – 1 Ws 51/99, StV 1999, 218; *Immel* JR 2007, 183 (184); Löwe/Rosenberg/*Graalmann-Scheerer* Rn. 56; zw. KK-StPO/*Appl* Rn. 12 d.
[100] Näher *Immel* JR 2007, 183 (184).
[101] KG v. 11. 12. 1998 – 5 Ws 672/98, NStZ 1999, 319; OLG Frankfurt v. 10. 7. 1998 – 3 Ws 491/98, NJW 1998, 639 (640), mAnm *St. Cramer*; OLG Karlsruhe v. 10. 1. 2000 – 2 Ws 313/99, NStZ-RR 2000, 315; OLG Köln v. 20. 7. 1999 – 2 Ws 384 – 385/99, StV 2000, 155; OLG Zweibrücken v. 14. 12. 2001 – 1 Ws 680/01, StV 2003, 683; OLG Zweibrücken v. 20. 7. 2005 – 1 Ws 205/05, NJW 2005, 3439 (3440); *Müller-Metz* StV 2003, 42 (47); vgl. auch *Immel* JR 2007, 183 (187 f.); *Meyer-Goßner* Rn. 37.

schieden werden darf,[102] überzeugt selbst im Licht der gesetzgeberischen Erwägungen[103] nicht. Sie lässt die unterschiedliche Fassung von Abs. 2 S. 1 Nr. 1 und 2 wie das Gebot der Verhältnismäßigkeit außer Acht.

33   Keine Rolle spielt es für die Pflicht zur Hinziehung des Sachverständigen, ob der Verurteilte damit einverstanden ist oder bei ihm jemals psychische Auffälligkeiten feststellbar waren.[104] Nach dem eindeutigen Wortlaut des Gesetzes braucht man ein Sachverständigengutachten nur, sofern das Gericht die Strafrestaussetzung „erwägt". Das tut es auch, wenn es eine Entlassung nur unter bestimmten Bedingungen für möglich hält.[105] Ein **Gutachten** ist damit **entbehrlich**, wenn die StVollstrK eine für den Verurteilten positive Entscheidung schon aus Gründen, für die es keiner (weiteren) Begutachtung bedarf, nicht treffen will.[106] Das ist von Verfassungs wegen nicht zu beanstanden.[107] Beispiele sind die Fortdauer der Vollstreckung wegen besonderer Schuldschwere im Fall des § 57a StGB,[108] die Existenz ausreichender aktueller und eindeutiger negativer sachverständiger Äußerungen[109] oder das eindeutige Fortbestehen einer Gefahr für die öffentliche Sicherheit,[110] wovon nach 15 Jahren idR nicht ausgegangen werden darf.[111] **Lehnt es der Verurteilte ab**, sich begutachten zu lassen, kann dies nicht (etwa nach § 81) erzwungen werden.[112] Eine Gutachtenerstattung nach Aktenlage bleibt möglich, so dass eine Aussetzung nicht allein als Sanktion für die fehlende Mitwirkungsbereitschaft verweigert werden darf.[113] Das gilt umso mehr, wenn dem Verurteilten hinsichtlich bestimmter Fragen ein Zeugnisverweigerungsrecht nach § 52 zusteht.[114]

34   **2. Auswahl des Gutachters und Gutachteninhalt (Abs. 2 S. 1 und 2).** Die **Auswahl des Gutachters** obliegt dem Gericht (§ 73 Abs. 1 S. 1). Es hat nach pflichtgemäßem Ermessen zu entscheiden, ob ein psychiatrisches, psychologisches oder sozialwissenschaftlich-kriminologisches Gutachten am besten zur Sachaufklärung geeignet ist.[115] Ein rein medizinisches (internistisch-rheumatologisches) Gutachten vermag idR nichts zur Beantwortung der entscheidenden Fragen beizutragen.[116] Die Gutachtenerstattung durch einen in der Vollzugseinrichtung tätigen und mit der Behandlung des Verurteilten betrauten Fachmann ist, wie sich jetzt auch im Umkehrschluss aus § 463 Abs. 4 S. 2 ergibt, nicht verboten,[117] jedoch oftmals im Hinblick auf eine uU nur unbewusste Voreingenommenheit und die Ablehnungsmöglichkeit nach § 74 Abs. 1 S. 1 nicht empfehlenswert.[118]

---

[102] So OLG Stuttgart v. 12. 6. 2003 – 2 Ws 99/03, Justiz 2004, 123; OLG Zweibrücken v. 31. 8. 1998 – 1 Ws 431/98, NJW 1999, 1124.
[103] BT-Drucks. 13/9062, S. 14.
[104] BGH v. 7. 4. 1993 – 1 StE 1/75/StB 7/93, NStZ 1993, 357, mAnm *Blau* JR 1994, 32 u. *Schüler-Springorum* StV 1994, 255.
[105] OLG Karlsruhe v. 16. 3. 1999 – 1 Ws 44/99, StV 1999, 384.
[106] Brandenbg VerfG v. 18. 9. 2003 – VfG Bbg 178/03, NStZ-RR 2004, 30 (31); BGH v. 28. 1. 2000 – 2 StE 9/91, NJW 2000, 1663 (1664); OLG Celle v. 29. 7. 1998 – 2 Ws 201/98, NStZ-RR 1999, 179; OLG Stuttgart v. 12. 6. 2003 – 2 Ws 99/03, Justiz 2004, 123 (124); OLG Zweibrücken v. 31. 8. 1998 – 1 Ws 431/98, NJW 1999, 1124 (1125); OLG Zweibrücken v. 5. 4. 2000 – 1 Ws 135 u. 136/00, NStZ 2000, 446; *Immel* JR 2007, 183 (186); Löwe/Rosenberg/*Graalmann-Scheerer* Rn. 53; aA OLG Koblenz v. 8. 7. 1999 – 1 Ws 422/99, StV 1999, 496; enger auch *Neubacher* NStZ 2001, 449 (453).
[107] BVerfG v. 2. 5. 2002 – 2 BvR 613/02, NJW 2002, 2773; BVerfG v. 3. 2. 2003 – 2 BvR 1512/02, NStZ-RR 2003, 251 (252).
[108] Löwe/Rosenberg/*Graalmann-Scheerer* Rn. 54; Meyer-Goßner Rn. 37.
[109] KG v. 1. 10. 2006 – 5 Ws 7/06, NStZ-RR 2006, 252 (LS); OLG Jena v. 3. 12. 1999 – 1 Ws 366/99, StV 2001, 26 (27), mAnm *Volckart*; OLG Rostock v. 20. 8. 2002 – 1 Ws 336/02, NJW 2003, 1334 (1335).
[110] KG v. 6. 7. 2006 – 5 Ws 273/06, NStZ 2007, 472 (473); OLG Hamburg v. 20. 4. 1999 – 2a Ws 89/99, NJW 2000, 2758 (2759); Löwe/Rosenberg/*Graalmann-Scheerer* Rn. 53.
[111] BVerfG v. 20. 7. 2009 – 2 BvR 328/09, StraFo 2009, 413.
[112] OLG Düsseldorf v. 10. 4. 1985 – 1 Ws 258 – 259/85, StV 1985, 377 (378); OLG Hamm v. 17. 1. 1974 – 4 Ws 350/73, NJW 1974, 914 (915); Meyer-Goßner Rn. 37.
[113] BGH v. 7. 4. 1993 – 1 StE 1/75/StB 7/93, NStZ 1993, 357 (358); *Immel* JR 2007, 183 (188 Fn. 72); Löwe/Rosenberg/*Graalmann-Scheerer* Rn. 53; HK-StPO/*Pollähne* Rn. 28; im Ergebnis auch OLG Celle v. 11. 2. 2008 – 1 Ws 64/08, NStZ-RR 2008, 260; SK-StPO/*Paeffgen* Rn. 19; KMR/*Stöckel* Rn. 29; aA OLG Düsseldorf v. 10. 4. 1985 – 1 Ws 258 – 259/85, StV 1985, 377 (378); OLG Karlsruhe v. 13. 12. 1990 – 1 Ws 283/90 L, NStZ 1991, 207; OLG Karlsruhe v. 16. 2. 2004 – 3 Ws 252/03, NStZ 2004, 384 (LS); OLG Koblenz v. 22. 3. 1983 – 1 Ws 56/83, MDR 1983, 1044; KK-StPO/*Appl* Rn. 12 c; Meyer-Goßner Rn. 37.
[114] OLG Bremen v. 11. 2. 2008 – 1 Ws 64/08, NStZ-RR 2008, 260.
[115] Dazu BVerfG v. 13. 11. 2005 – 2 BvR 792/05, StV 2006, 426; OLG Düsseldorf v. 2. 2. 1993 – VI 13/92, OLGSt Nr. 5; OLG Hamm v. 5. 4. 2005 – 4 Ws 124 u. 126/05, StV 2006, 424 (425).
[116] OLG Hamm v. 7. 12. 1999 – 4 Ws 454/99, OLGSt Nr. 13.
[117] OLG Celle v. 13. 10. 1998 – 2 Ws 257/98, NStZ 1999, 159 (160); OLG Hamm v. 11. 2. 1999 – 2 Ws 42/99, NJW 1999, 2453 (2454); OLG Karlsruhe v. 11. 6. 1999 – 3 Ws 123/99, StV 1999, 495 (496); OLG Nürnberg v. 22. 8. 2001 – Ws 942/01, NStZ-RR 2002, 154; OLG Stuttgart v. 30. 3. 1999 – 4 Ws 55/99, NStZ-RR 2000, 86; OLG Zweibrücken v. 31. 8. 1998 – 1 Ws 431/98, NJW 1999, 1124 (1125); aA *Tondorf* StV 2000, 171.
[118] Vgl. KG v. 11. 12. 1998 – 5 Ws 672/98, NJW 1999, 1797 f.; *Neubacher* NStZ 2001, 449 (454); *Rotthaus* NStZ 1998, 597 (600); KK-StPO/*Appl* Rn. 13; Löwe/Rosenberg/*Graalmann-Scheerer* Rn. 59 f.; Meyer-Goßner Rn. 37.

Der **notwendige Gutachteninhalt** folgt aus Abs. 2 S. 2. Es soll festgestellt werden, so die wenig 35 glückliche Gesetzesformulierung, ob keine Gefahr des Fortbestehens der durch die Tat offenbar gewordenen Gefährlichkeit mehr besteht. Die materiellen Voraussetzungen der Strafaussetzung werden hierdurch nicht berührt.[119] Es gelten die allgemeinen Anforderungen an Prognosegutachten. Bindende Grundlage ist das zu vollstreckende Erkenntnis. Zusätzliche Feststellungen über Hintergründe und Dynamik der Tat bleiben statthaft.[120] Methodik und Anknüpfungstatsachen (etwa Vorstrafen, Tatmodalitäten, Vollzugsverhalten, Ergebnisse früherer Begutachtungen, eigene Feststellungen) müssen dargestellt, die gutachterliche Stellungnahme hieraus nachvollziehbar entwickelt werden;[121] die bloße Überprüfung früherer Gutachten auf Fehler ohne eigene Prognosestellung reicht nicht.[122] Ein bloß mündlich erstattetes Gutachten wird den Anforderungen kaum genügen können, selbst wenn das Gesetz die Schriftform nicht ausdrücklich vorschreibt.[123] Die Erstellung des Gutachtens ausschließlich durch Hilfspersonen macht es unverwertbar.[124]

3. Verfahren (Abs. 2 S. 3 und 4). Abs. 2 S. 3 schreibt eine **mündliche** (nicht fernmündliche)[125] 36 **Anhörung** des Sachverständigen durch die StVollstrK in der zur Entscheidungsfindung berufenen Besetzung[126] vor. Sie gestaltet die Durchführung des Termins nach pflichtgemäßem Ermessen. Die Pflicht zur Anhörung besteht nach dem Gesetzeswortlaut und zur Vermeidung voreiliger Schlussfolgerungen auch dann, wenn das Gericht bereits auf der Basis des schriftlichen Gutachtens eine Aussetzung nicht mehr in Betracht zieht.[127] StA, Verurteiltem, Verteidiger und JVA ist Gelegenheit zur Mitwirkung (vgl. § 255a Abs. 2 S. 1 aE) zu geben; Ladung ist aber nicht erforderlich. Begründeten Wünschen nach Terminverschiebung ist zu entsprechen.[128] Bei einem eindeutigen Verzicht durch Verurteilten (weder bei bloßem Schweigen auf gerichtliche Aufforderung, einen Antrag auf mündliche Anhörung zu stellen,[129] noch bei schriftlicher Äußerung zu einem übersandten Gutachten[130]), Verteidiger und StA (nicht erforderlich: Verzicht der JVA!) in Kenntnis des Gutachtenergebnisses[131] kann von der Anhörung abgesehen werden (Abs. 2 S. 4). Ihre Durchführung bleibt gleichwohl möglich und ist uU um der Sachaufklärung willen zwingend geboten,[132] etwa weil sich seit einer früheren Anhörung neue für die Prognose relevante Tatsachen ergeben haben.[133] Ein Verzicht des Verteidigers darf nicht ohne Weiteres als Erklärung auch für den Angeklagten gedeutet werden.[134] Es erscheint bedenklich, wenn das schriftliche Gutachten dem Verurteilten nach der Rspr. erst im Anhörungstermin mitgeteilt werden muss;[135] Verurteilter und Verteidiger werden nur bei vorheriger Kenntnis des Gutachteninhalts zu einer sachgerechten Interessenwahrung durch Diskussion und Nachfragen im Anhörungstermin in der Lage sein. Wird ein Zusatzgutachten erstellt, ist eine erneute mündliche Anhörung geboten.[136] Das ganze Verfahren ist beschleunigt durchzuführen;[137] der Gutachter deshalb unter Berücksichtigung der Besonderheiten des Einzelfalls (etwa Schwierigkeit der Sache und Umfang des relevanten Materi-

---

[119] OLG Karlsruhe v. 10. 1. 2000 – 2 Ws 313/99, NStZ-RR 2000, 315; OLG Köln v. 20. 7. 1999 – 2 Ws 384 – 385/99, StV 2000, 155 (156); OLG Köln v. 8. 6. 2000 – 2 Ws 281 – 282/00, NStZ-RR 2000, 317; *Hammerschlag/Schwarz* NStZ 1998, 321 (324); *Müller-Metz* StV 2003, 42 (47); *Rosenau* StV 1999, 388 (396); *Rotthaus* NStZ 1998, 597 (599 f.); *Meyer-Goßner* Rn. 37; enger *Schöch* NJW 1998, 1257 (1259).
[120] KG v. 16. 2. 2009 – 2 Ws 29/09, NStZ-RR 2009, 323 (LS).
[121] Hierzu BVerfG v. 8. 11. 2006 – 2 BvR 578/02, 796/02, NJW 2007, 1933 (1939), mAnm *Kinzig* JR 2007, 165; OLG Bamberg v. 29. 7. 1998 – Ws 480/98, NStZ-RR 1999, 122 (123); OLG Nürnberg v. 22. 8. 2001 – Ws 942/01, NStZ-RR 2002, 154; LG Marburg v. 1. 12. 2005 – 7 StVK 245/05, NStZ-RR 2006, 156; *Boetticher u.a.* NStZ 2006, 537; *Rasch* NStZ 1993, 509 (510); *Löwe/Rosenberg/Graalmann-Scheerer* Rn. 58; aber auch *Bock* StV 2007, 269.
[122] OLG Koblenz v. 21. 5. 2003 – 1 Ws 301/03, StraFo 2003, 434.
[123] Zu letzterem vgl. OLG Karlsruhe v. 17. 3. 1999 – 2 Ws 19/99, StV 1999, 385 (386); *KK-StPO/Appl* Rn. 29 a; ein schriftliches Gutachten verlangen BGH v. 14. 10. 2009 – 2 StR 205/09, BGHSt 54, 177 (180) = NJW 2010, 544; *Meyer-Goßner* Rn. 37 a.
[124] OLG Nürnberg v. 18. 6. 2007 – 2 Ws 301/07, StV 2007, 596.
[125] OLG Bamberg v. 29. 7. 1998 – Ws 480/98, NStZ-RR 1999, 122 (123).
[126] OLG Hamm v. 7. 12. 1999 – 4 Ws 454/99, OLGSt Nr. 13.
[127] Sächsischer VerfGH v. 10. 12. 2009 – Vf. 116-IV-09, StraFo 2010, 67; OLG Hamm v. 27. 2. 2003 – 1 Ws (L) 9/03, NStZ 2005, 55 (56); *KK-StPO/Appl* Rn. 29 a; aA OLG Schleswig v. 8. 3. 2001 – 1 Ws 76/2001, SchlHA 2002, 173; *Immel* JR 2007, 183 (189 mwN); *Meyer-Goßner* Rn. 37.
[128] *Meyer-Goßner* Rn. 37 a; wohl zurückhaltender *Löwe/Rosenberg/Graalmann-Scheerer* Rn. 65.
[129] OLG Hamm v. 12. 11. 2007 – 3 Ws 647/07, NStZ-RR 2008, 189; *Meyer-Goßner* Rn. 37 a.
[130] OLG Koblenz v. 12. 5. 2009 – 1 Ws 191/09, StraFo 2009, 394.
[131] OLG Stuttgart v. 9. 10. 2002 – 4 Ws 241/02, NStZ-RR 2003, 30 (31); vgl. auch OLG Zweibrücken v. 28. 3. 2001 – 1 Ws 146 – 147/01, StV 2003, 683 (684).
[132] OLG Celle v. 15. 5. 2003 – 1 Ws 167/03, OLGSt Nr. 19.
[133] OLG Bremen v. 15. 6. 2009 – Ws 55/09, NStZ 2010, 106.
[134] OLG Jena v. 23. 3. 2006 – 1 Ws 105/06, NStZ 2007, 421 (422).
[135] So OLG Koblenz v. 4. 1. 2001 – 1 Ws 809/00, StV 2001, 304 (LS); *Meyer-Goßner* Rn. 37 a; aber auch *KK-StPO/Appl* Rn. 19 a.
[136] OLG Frankfurt v. 24. 4. 2003 – 3 Ws 410/03, NStZ 2003, 315.
[137] BVerfG v. 6. 6. 2001 – 2 BvR 828/01, NStZ 2002, 333 (334), mAnm *Verrel*.

als) wie der Beschwerdemöglichkeit so **rechtzeitig** zu bestellen, dass vor Erreichen des möglichen Aussetzungstermins eine rechtskräftige Entscheidung vorliegt.[138]

VII. Besonderheiten bei lebenslanger Freiheitsstrafe

37 In einer weit reichenden verfassungskonformen Auslegung hat das BVerfG[139] im Jahr 1992 ausgesprochen, dass über das Vorliegen **besonderer Schwere der Schuld** (§ 57a Abs. 1 S. 1 Nr. 2 StGB) nicht die StVollstrK, sondern – für sie verbindlich – bereits das erkennende Gericht im Urteil zu entscheiden hat. Demgegenüber muss die StVollstrK im Fall der Versagung einer Reststrafenaussetzung festlegen, **wie lange** die besondere Schwere der Schuld die Vollstreckung gebietet. Entsprechende Ausführungen im tatgerichtlichen Urteil wären unbeachtlich.[140] Die StVollstrK darf die im Urteil vergessene Bejahung der Schuldschwere nicht nachholen;[141] auch ein im Erkenntnisverfahren unterlassener Härteausgleich kann von ihr nicht ersetzt werden.[142] Sie muss aber um der Rechtssicherheit für den Gefangenen willen einen voraussichtlichen Endzeitpunkt für den Freiheitsentzug festsetzen; von diesem darf nur bei einer Änderung der persönlichen Verhältnisse des Verurteilten abgewichen werden. In jedem Fall ist das Haftende so rechtzeitig zu bestimmen, dass eine sinnvolle Entlassungsvorbereitung möglich bleibt.[143] Für diese erlangen Vollzugslockerungen besondere Bedeutung, weshalb das Gericht in geeigneten Fällen notfalls auf deren Gewährung durch die Vollzugsbehörde drängen soll.[144] Diesem Postulat kommt freilich sowohl im Hinblick auf den Gewaltenteilungsgrundsatz wie auch seine praktische Realisierbarkeit lediglich Appellcharakter zu.[145]

38 **Isoliert**, also außerhalb des Verfahrens nach § 454, darf nicht über die Frage der durch die Schuld veranlassten Vollstreckungsdauer befunden werden.[146] Eine derartige Entscheidung wird entgegen einer einzelfallbezogenen Betrachtungsweise mancher Gerichte nicht bereits nach neun bis zehn Jahren,[147] sondern – verfassungsrechtlich unbedenklich[148] – regelmäßig **nicht vor Ablauf der** in Abs. 1 S. 4 Nr. 2b) genannten **Frist von 13 Jahren** in Betracht kommen,[149] es sei denn der Zeitraum bis zu einer potentiellen Entlassung reicht unter Berücksichtigung des erforderlichen Vorlaufs dann nicht mehr aus.

39 **Altfälle** aus der Zeit vor dem BVerfG-Urteil vom 3. 6. 1992, in denen das Tatgericht nicht über das Vorliegen besonderer Schuldschwere befunden hat und in denen diese Frage (nicht nur diejenige der Vollstreckungsdauer) auch jetzt noch nicht geklärt ist, sind kaum mehr denkbar. Insoweit gilt, dass die StVollstrK hierüber zu entscheiden hat und dabei nur das dem Urteil zugrunde liegende Tatgeschehen und die dazu festgestellten Umstände von Ausführung und Auswirkung der Tat berücksichtigen darf, nicht aber Beweggründe und Gesinnung.[150] Bei Altfällen war weiter str., ob unabhängig von der Festlegung der Vollstreckungsdauer gesondert und vorzeitig (nach etwa zehn Jahren) über das Ob der Schuldschwere entschieden werden darf.[151] Für eine Vorab-

---

[138] OLG Dresden v. 13. 7. 2009 – 2 Ws 291/09, NJW 2009, 3315; Löwe/Rosenberg/*Graalmann-Scheerer*, Rn. 61.
[139] BVerfG v. 3. 6. 1992 – 2 BvR 1041/88, 78/89, BVerfGE 86, 288 = NJW 1992, 2947; dazu Stree NStZ 1992, 464 (466).
[140] BGH v. 20. 11. 1996 – 3 StR 469/96, NJW 1997, 878; BGH v. 11. 6. 2002 – 3 StR 62/02, StV 2003, 17.
[141] Vgl. OLG Brandenburg v. 23. 1. 2006 – 1 Ws 186/05, OLG-NL 2006, 118 f.; Thüringer OLG v. 10. 1. 2002 – 1 Ws 9/02, NStZ-RR 2002, 167.
[142] OLG Saarbrücken v. 17. 8. 2006 – 1 Ws 106/06, NStZ-RR 2007, 219.
[143] BVerfG v. 3. 6. 1992 – 2 BvR 1041/88, 78/89, BVerfGE 86, 288 (331 f.) = NJW 1992, 2947 (2953); vgl. auch BVerfG v. 11. 5. 1993 – 2 BvR 2174/92, NStZ 1993, 431 (432).
[144] BVerfG v. 22. 3. 1998 – 2 BvR 77/97, NJW 1998, 2202 (2203 f.), mAnm *Wolf* NStZ 1998, 590; BVerfG v. 11. 6. 2002 – 2 BvR 461/02, StV 2003, 677 (678); BVerfG v. 8. 11. 2006 – 2 BvR 578/02, 796/02, BVerfGE 117, 71 (108 f.) = NJW 2007, 1933 (1940), mAnm *Kinzig* JR 2007, 165; vgl. § 454a Rn. 2.
[145] Krit. auch OLG Frankfurt v. 24. 1. 2000 – 3 Ws 1123 – 1124/99, NStZ-RR 2001, 311 (314); OLG Hamm v. 26. 10. 2004 – 1 Ws 10/04, NStZ 2006, 64 (LS).
[146] OLG Celle v. 7. 4. 1997 – 1 Ws 40/97, NStZ 1998, 248; OLG Frankfurt v. 24. 5. 1995 – 3 Ws 811/94, StV 1995, 539 (541); OLG Hamburg v. 15. 1. 1997 – 2 Ws 435/96, StV 1997, 261; OLG Nürnberg v. 12. 1. 1998 – Ws 1572/97 u. 1573/97, StraFo 1998, 173; *Meyer-Goßner* Rn. 41a; aA LG Hamburg v. 18. 11. 1996 – 613 StVK 928/96, StV 1997, 88.
[147] So OLG Frankfurt v. 24. 5. 1995 – 3 Ws 811/94, StV 1995, 539 (540); LG Marburg v. 3. 12. 1993 – 7 StVK 540/92, NStZ 1994, 253.
[148] BVerfG v. 21. 12. 1994 – 2 BvR 2504/93, NJW 1995, 3246 (3247).
[149] OLG Hamburg v. 30. 11. 1995 – 2 Ws 360/95, StV 1996, 677 (679), mAnm *Ritter* u. mAnm *Kintzi* JR 1996, 249; OLG Hamm v. 31. 8. 1993 – 1 Ws (L) 13/93, OLGSt Nr. 7; OLG Karlsruhe v. 23. 9. 1993 – 1 Ws 61/93, StV 1994, 29 (30); KK-StPO/*Appl* Rn. 50; *Meyer-Goßner* Rn. 41a.
[150] BVerfG v. 3. 6. 1992 – 2 BvR 1041/88, 78/89, BVerfGE 86, 288 (324 f.) = NJW 1992, 2947 (2951); BVerfG v. 2. 7. 1992 – 2 BvR 579/90, NJW 1993, 1124 (1125); zw. OLG Karlsruhe v. 12. 2. 1993 – 1 Ws 247/92 L, Justiz 1993, 226 (228); KK-StPO/*Appl* Rn. 47.
[151] Bejahend BVerfG v. 11. 3. 1997 – 2 BvR 303/97, NStZ 1997, 333; OLG Brandenburg v. 16. 3. 1995 – 2 Ws 166/94, NStZ 1995, 547; OLG Dresden v. 19. 12. 2000 – 2 Ws 119/00, StV 2001, 414 (415); OLG Hamburg v. 17. 2. 1994 – 2 Ws 602/93, JR 1995, 299, mAnm *Böhm*; OLG Hamburg v. 30. 11. 1995 – 2 Ws 360/95, StV 1996, 677 (678), mAnm *Ritter* u. mAnm *Kintzi* JR 1996, 249; *Lackner/Kühl* § 57a StGB Rn. 19; verneinend OLG Frankfurt v.

entscheidung sprechen sowohl der Wunsch des Verurteilten nach Planungssicherheit als auch das Interesse daran, im Falle der Verneinung besonderer Schuldschwere rechtzeitig mit der Entlassungsvorbereitung beginnen zu können.

VIII. Rechtsmittelverfahren (Abs. 3)

Sofortige Beschwerde ist gegen die Entscheidungen nach Abs. 1 zulässig (Abs. 3 S. 1), also den die Aussetzung anordnenden oder ablehnenden Beschluss sowie Fristsetzung nach §§ 57 Abs. 7, 57a Abs. 4 StGB. Entsprechend angewandt wurde die Norm in „Altfällen" bei isolierter Entscheidung über die Schuldschwere.[152] Lehnt das Gericht es ab, eine Entscheidung nach Abs. 1 zu treffen, ist einfache Beschwerde gegeben.[153] Vorbereitende Entscheidungen einschließlich der Anordnung, ein Sachverständigengutachten (nicht) einzuholen,[154] sind unanfechtbar (Rechtsgedanke des § 305 S. 1).[155] Zu Rechtsmitteln im Zusammenhang mit Nachtragsentscheidungen s. u. Rn. 45. Ob bei einer Richterablehnung § 28 Abs. 2 S. 2 entsprechend gilt, ist umstritten, aber wohl zu verneinen.[156]

Beschwerdeberechtigt sind die zur Antragstellung Berufenen, also Verurteilter (beachte §§ 297, 298) und StA, nicht aber sonstige Personen[157] oder die JVA. Erforderlich ist eine **Beschwer**. Der Verurteilte kann auch gegen den die Aussetzung gewährenden Beschluss Beschwerde einlegen, indem er seine Einwilligung widerruft.[158] Umgekehrt vermag er den die Aussetzung versagenden Beschluss anzugreifen, wenn er die bisher nicht erteilte Einwilligung in der Beschwerde nachholt.[159] Das **Rechtsschutzinteresse** des Verurteilten entfällt, falls während des Beschwerdeverfahrens Vollverbüßung und Entlassung eintreten, weshalb die sofortige Beschwerde ohne Kostenentscheidung für erledigt zu erklären ist.[160] Das gilt aber weder bei vom Gericht zu vertretender Verspätung der Entscheidung[161] noch bei Unterbrechung der Vollstreckung oder Absehen von ihr (§§ 455, 456 a).[162]

Die Beschwerde der StA gegen den die Strafrestaussetzung anordnenden Beschluss hat **aufschiebende Wirkung** (Abs. 3 S. 2). Eine Entlassung des Verurteilten kommt deshalb nur in Betracht, wenn die Entscheidung entweder in Rechtskraft erwachsen ist oder die StA auf die Einlegung sofortiger Beschwerde verzichtet.[163] Die Entlassung wird auch suspendiert, wenn der Verurteilte im Beschwerdeverfahren seine Einwilligung in die vorzeitige Entlassung zurückzieht.[164]

Das Beschwerdegericht darf **ohne mündliche Anhörung** entscheiden; Abs. 1 S. 3 und Abs. 2 S. 3 finden keine Anwendung.[165] Das gilt selbst dann, wenn der Verurteilte die Einwilligung erst im Beschwerdeverfahren erklärt[166] oder das Beschwerdegericht der gegen die Entlassungsanordnung eingelegten Beschwerde stattgibt.[167] Eine Anhörung kann allerdings stattfinden. Ebenso wenig ist

---

19. 7. 1993 – 3 Ws 260/93, NStZ 1994, 54; OLG Nürnberg v. 16. 4. 1997 – Ws 234/97, NStZ 1997, 408; vgl. auch KK-StPO/*Appl* Rn. 47a; *Meyer-Goßner* Rn. 41b.
[152] OLG Brandenburg v. 11. 5. 1999 – 2 Ws 55/99, NStZ-RR 1999, 236 (237).
[153] KG v. 23. 3. 1994 – 5 Ws 107/94, JR 1994, 372; OLG Celle v. 29. 6. 1972 – 2 Ws 127/72, NJW 1972, 2054 (2055); OLG Düsseldorf v. 7. 2. 1994 – 3 Ws 27/94, NStZ 1994, 454; *Meyer-Goßner* Rn. 43.
[154] OLG Düsseldorf v. 9. 9. 1998 – 2 Ws 495/98, NStZ-RR 1999, 29 mwN.; OLG Schleswig v. 5. 10. 2001 – 1 Ws 389/01, SchlHA 2002, 144.
[155] KG v. 29. 3. 2001 – 5 Ws 145/01 Vollz, NStZ 2001, 448; OLG Düsseldorf v. 21. 6. 1999 – 1 Ws 499/99, NStZ 1999, 590 f.; OLG Koblenz v. 11. 8. 1999 – 2 Ws 512/99, JBl RhPf. 1999, 248; KK-StPO/*Appl* Rn. 34; vgl. auch OLG Hamm v.16. 10. 1986 – 3 Ws 425/86, NStZ 1987, 93.
[156] Dazu § 28 Rn. 6 sowie OLG Düsseldorf v. 1. 10. 1986 – 1 Ws 859/86, NStZ 1987, 290, mAnm *Chlosta*; OLG Hamm v. 8. 11. 2007 – Ws 331/07, NStZ 2009, 53; OLG Saarbrücken v. 6. 2. 2007 – 1 Ws 18/07, NStZ-RR 2007, 222 mwN.
[157] KG v. 26. 5. 1954 – 1 Ws 514/54, JR 1954, 272; KG v. 17. 1. 1972 – 3 Ws 208/71, JR 1972, 430.
[158] OLG Celle v. 22. 8. 1977 – 1 Ws 234/77, JR 1978, 337, mAnm *Stree*; OLG Koblenz v. 25. 11. 1980 – 1 Ws 679/80, MDR 1981, 425.
[159] OLG Düsseldorf v. 16. 6. 1975 – 2 Ws 284/75, NJW 1975, 1526; OLG Karlsruhe v. 4. 1. 1977 – 2 Ws 256/76, MDR 1977, 333; KK-StPO/*Appl* Rn. 35; aA OLG Zweibrücken v. 2. 4. 2001 – 1 Ws 170 – 172/01, NStZ-RR 2001, 311; *Meyer-Goßner* Rn. 45.
[160] OLG Hamm v. 27. 1. 2009 – 2 Ws 84, 85/09, NStZ 2010, 170.
[161] OLG Koblenz v. 25. 10. 1985 – 1 Ws 668/85, MDR 1986, 423; SK-StPO/*Paeffgen* Rn. 44; KMR/*Stöckel* Rn. 78; aA KK-StPO/*Appl* Rn. 36; *Meyer-Goßner* Rn. 45.
[162] OLG Karlsruhe v. 17. 6. 1992 – 2 Ws 68/92, NStZ 1992, 885; OLG Köln v. 20. 6. 1990 – 2 Ws 277/90, MDR 1991, 276.
[163] OLG Karlsruhe v. 10. 11. 1975 – 1 Ws 344/75, NJW 1976, 814; *Meyer-Goßner* Rn. 49; *Pohlmann/Jabel/Wolf* § 37 StVollstrO Rn. 46; aA OLG Zweibrücken v. 27. 7. 1976 – Ws 82/76, JR 1977, 292; *Lackner/Kühl* § 57 StGB Rn. 35.
[164] *Bringewat* Rn. 67; KK-StPO/*Appl* Rn. 34.
[165] BVerfG v. 14. 8. 1987 – 2 BvR 287/87, NJW 1988, 1715; Brandenbg VerfG v. 18. 9. 2003 – VfG Bbg 178/03, NStZ-RR 2004, 30 (31); OLG Düsseldorf v. 3. 2. 1981 – 5 Ws 4/81, NStZ 1981, 454; OLG Düsseldorf v. 6. 1. 1993 – 3 Ws 713 – 714/92, OLGSt Nr. 3; OLG Hamm v. 13. 1. 1975 – 3 Ws 335/74, NJW 1975, 701.
[166] OLG Karlsruhe v. 4. 1. 1977 – 2 Ws 256/76, MDR 1977, 333 f.
[167] OLG Hamm v. 10. 3. 1975 – 4 Ws 42/75, NJW 1975, 1131 (1132); OLG Hamm v. 14. 1. 2010 – 3 Ws 2/10, NStZ-RR 2010, 191 (LS); KK-StPO/*Appl* Rn. 37; *Meyer-Goßner* Rn. 46; aA *Barton* JR 1991, 344 (345).

§ 454   44–46   Siebentes Buch. Strafvollstreckung und Kosten des Verfahrens

es Aufgabe des Beschwerdegerichts, das nach Abs. 2 S. 1 erforderliche Sachverständigengutachten einzuholen.

44 Das Beschwerdegericht **entscheidet** grundsätzlich in der Sache selbst; der Prüfungsmaßstab wird trotz Abs. 4 S. 1 nicht durch § 453 Abs. 2 S. 2 beschränkt.[168] Es darf nicht ohne Weiteres die Prognose der ersten Instanz durch eine eigene ersetzen.[169] **Zurückverwiesen** wird die Sache nicht bei jedem wesentlichen Verfahrensfehler,[170] jedoch dann, wenn die mündliche Anhörung des Verurteilten (Abs. 1 S. 3) in erster Instanz nicht ordnungsgemäß (etwa ohne den notwendigen Verteidiger[171]) bzw. von einem unzuständigen Spruchkörper durchgeführt[172] oder verabsäumt wurde,[173] selbst wenn er seine Zustimmung zur Entlassung erst im Beschwerderechtszug erteilt,[174] ferner bei Unterlassen der Einholung des Sachverständigengutachtens[175] bzw. einer gebotenen Verteidigerbestellung[176] (Abs. 2 S. 1) oder der Anhörung des Sachverständigen (Abs. 2 S. 3).[177] Dem steht es gleich, dass der Inhalt der Einlassung des Verurteilten aus der Akte nicht ersichtlich wird.[178] Lediglich die unterlassene Anhörung von StA oder JVA (Abs. 1 S. 2) wird nachgeholt.[179]

IX. Weitere Entscheidungen und Belehrungspflichten (Abs. 4)

45 Für **Nachtragsentscheidungen** gelten §§ 453 (Bewährungszeit und -bedingungen, Nachtragsentscheidungen, insbes. Widerruf), 453 b (Überwachung) und 453 c (Vorläufige Maßnahmen vor Aussetzungswiderruf) entsprechend, soweit § 454 keine Regelungen enthält (Abs. 4 S. 1). Das Gericht, das die Aussetzung angeordnet hat, bleibt zuständig. **Rechtsmittel** richten sich nach § 453 Abs. 2. Die Festsetzung der Bewährungszeit und die Erteilung von Auflagen und Weisungen sind deshalb nur mit einfacher Beschwerde unter Beachtung von § 453 Abs. 2 S. 2 anfechtbar. Will die StA das Unterbleiben solcher Anordnungen rügen, kann sie alternativ auch die Strafaussetzung als solche nach Abs. 3 S. 1 angreifen. Dies muss geschehen, wenn eine gesetzeswidrige Weisung erteilt wurde, ohne die Strafaussetzung in jedem Fall unterblieben wäre.[180] Gegen den Widerruf der Strafaussetzung und den Widerruf des Erlasses ist nach § 453 Abs. 2 S. 3 sofortige Beschwerde einzulegen; der Prüfungsmaßstab wird nicht durch § 453 Abs. 2 S. 2 beschränkt.[181]

46 Die **Belehrungspflichten** richten sich prinzipiell nach §§ 453 a Abs. 1 und 3 sowie 268 a Abs. 3 (Abs. 4 S. 1). Also belehrt generell der Vorsitzende – mündlich (Abs. 5.2; auf § 453 a Abs. 2 wird nicht verwiesen – über die Aussetzung des Strafrests (§ 268 a Abs. 3 S. 1). Aus § 453 a Abs. 1 S. 2 ergibt sich aber die Zulässigkeit der Delegation auf einen beauftragten oder ersuchten Rich-

---

[168] OLG Braunschweig v. 14. 12. 1953 – Ws 178/53, NJW 1954, 364; *Funck* Anm. zu OLG Frankfurt v. 19. 7. 1993 – 3 Ws 260/93, NStZ 1994, 252 (253); *Meyer-Goßner* Rn. 47.
[169] OLG Hamm v. 24. 11. 1975 – 4 Ws 500/75, NJW 1976, 2030 (LS); OLG Hamm v. 13. 12. 2004 – 3 Ws 314/04, NStZ-RR 2005, 154 (155).
[170] Vgl. aber OLG Brandenburg v. 17. 4. 1996 – 2 Ws 50/96, NStZ 1996, 405 (407); OLG Frankfurt v. 11. 4. 2001 – 3 Ws 243/01, NStZ-RR 2001, 348; KK-StPO/*Appl* Rn. 37.
[171] OLG Naumburg v. 18. 9. 2008 – 1 Ws 491/08, StraFo 2008, 522.
[172] OLG Düsseldorf v. 25. 7. 2001 – 4 Ws 322/01, NStZ-RR 2002, 191 (192); OLG Frankfurt v. 3. 11. 2009 – 3 Ws 868/09, NStZ-RR 2010, 188 (189); OLG Nürnberg v. 12. 6. 2003 – Ws 1030/03, NStZ-RR 2004, 318 (319); OLG Rostock v. 30. 3. 1999 – 1 Ws 171/99, NStZ-RR 2000, 14 (16).
[173] BGH v. 5. 5. 1995 – 2 StE 1/94 – StB 15/95, NStZ 1995, 610 (611); KG v. 11. 12. 1998 – 5 Ws 672/98, NJW 1999, 1797 (1798); OLG Bamberg v. 31. 10. 2006 – 1 Ws 637/06, NStZ-RR 2007, 94; OLG Bremen v. 15. 6. 2009 – Ws 55/09, NStZ 2010, 106 (107); OLG Düsseldorf v. 19. 12. 1995 – 1 Ws 1000 – 1001/95, NStZ-RR 1996, 153 (154); OLG Frankfurt v. 28. 11. 2002 – 3 Ws 1176/02, NStZ-RR 2003, 59 f.; OLG Hamm v. 9. 12. 2008 – 5 Ws 423 – 425/08, NStZ-RR 2009, 223 (224); OLG Jena v. 6. 4. 2006 – 1 Ws 103/06, NJW 2006, 3794 (3795); OLG Karlsruhe v. 28. 7. 2005 – 3 Ws 218/05, NJW 2005, 3013 (3014); OLG Koblenz v. 11. 1. 2001 – 1 Ws 1437/01, JBl RhPf. 2002, 43 (44); OLG Köln v. 16. 1. 2006 – 2 Ws 23/06, StV 2006, 430; aA OLG Hamm v. 14. 1. 2010 – 3 Ws 2/10, NStZ-RR 2010, 191 (LS); OLG Rostock v. 30. 3. 1999 – 1 Ws 171/99, NStZ-RR 2000, 14 (16).
[174] OLG Hamm v. 1. 12. 2005 – Ws 304 – 305/05, OLGSt Nr. 25; OLG Karlsruhe v. 25. 9. 1979 – 1 Ws 261/79, Justiz 1980, 91 (LS).
[175] OLG Bamberg v. 29. 7. 1998 – Ws 480/98, NStZ-RR 1999, 122 (123); OLG Celle v. 11. 2. 2008 – 1 Ws 64/08, StV 2008, 315 (316); OLG Dresden v. 13. 7. 2009 – 2 Ws 291/09, NJW 2009, 3315; OLG Hamm v. 11. 2. 1999 – 2 Ws 42/99, NJW 1999, 2453 (2454); OLG Köln v. 8. 6. 2000 – 2 Ws 281 – 282/00, NStZ-RR 2000, 317 (318) mwN; OLG Stuttgart v. 12. 6. 2003 – 2 Ws 99/03, Justiz 2004, 123.
[176] OLG Bremen v. 24. 4. 2008 – Ws 41/08, NStZ-RR 2008, 260 (261).
[177] OLG Bremen v. 15. 6. 2009 – Ws 55/09, NStZ 2010, 106 (107); OLG Celle v. 15. 5. 2003 – 1 Ws 167/03, OLGSt Nr. 19; OLG Jena v. 23. 3. 2006 – 1 Ws 105/06, NStZ 2007, 421 (422); OLG Koblenz v. 12. 5. 2009 – 1 Ws 191/09, StraFo 2009, 394; OLG Stuttgart v. 9. 10. 2002 – 4 Ws 241/02, NStZ-RR 2003, 30 (31); OLG Zweibrücken v. 28. 3. 2001 – 1 Ws 146 – 147/01, StV 2003, 683 (684); Löwe/Rosenberg/*Graalmann-Scheerer* Rn. 93; aA OLG Hamm v. 14. 1. 2010 – 3 Ws 2/10, NStZ-RR 2010, 191 (LS).
[178] KG v. 14. 10. 2005 – 5 Ws 498/05, NStZ 2007, 119 (120); OLG Hamburg v. 4. 5. 2009 – 2 Ws 80/09, StV 2010, 83; OLG Jena v. 28. 5. 2004 – 1 Ws 156/04, OLGSt Nr. 20; aA OLG Schleswig v. 7. 2. 1984 – 1 Ws 59/84, SchlHA 1985, 137 (138); *Meyer-Goßner* Rn. 47; KMR/*Stöckel* Rn. 80.
[179] OLG Düsseldorf v. 4. 1. 1983 – 1 Ws 947/82, NStZ 1983, 190; OLG Düsseldorf v. 6. 10. 1994 – 3 Ws 471/94, NStE Nr. 19; KK-StPO/*Appl* Rn. 37; zw. HK-StPO/*Pollähne* Rn. 35.
[180] LG Stralsund v. 24. 10. 2007 – 23 Qs 52/07, NStZ-RR 2008, 58 (59).
[181] OLG Braunschweig v. 5. 9. 1963 – Ws 155/63, NJW 1963, 2182 (2183); KK-StPO/*Appl* Rn. 38; Löwe/Rosenberg/*Graalmann-Scheerer* Rn. 88.

Erster Abschnitt. Strafvollstreckung 47–49 § 454

ter, aus Abs. 4 S. 2 2. Hs. die Möglichkeit der Übertragung auf die JVA. Ein bestimmter Beamter (etwa Anstaltsleiter) muss nicht tätig werden. Abs. 4 S. 3 fordert die Erteilung der Belehrung in engem zeitlichem Zusammenhang vor der Entlassung.

X. Wiederholung von Entscheidungen

Wurde die Strafrestaussetzung abgelehnt, hindert die **Rechtskraft** eines solchen Beschlusses[182] 47 eine erneute Prüfung der Aussetzungsfrage nicht. Sowohl der Verurteilte kann – unbeschadet von Anordnungen nach §§ 57 Abs. 7, 57a Abs. 4 StGB – schon im Hinblick auf eine geänderte Tatsachengrundlage einen neuen Antrag stellen als auch das Gericht die Aussetzungsfrage von Amts wegen prüfen.[183] Aufgrund des Übermaßverbots muss der StA bei lebenslanger Freiheitsstrafe und nunmehr eingetretener Aussetzungsaussicht die Freilassung beantragen, wenn der Verurteilte hierzu nicht selbst in der Lage ist.[184] Wurde die **Strafrestaussetzung widerrufen** (§§ 56 f Abs. 1, 57 Abs. 5 S. 1, 57a Abs. 3 S. 2 StGB), hindert dies eine erneute Aussetzung des noch verbleibenden Rests der Strafe – selbst vor dessen Vollstreckung[185] – im Verfahren gem. § 454 nicht.[186]

XI. Bedeutung in anderen Verfahren

1. Verfahren nach JGG. Die **Aussetzung des Restes einer Jugendstrafe** richtet sich generell nach 48 § 88 (ggf iVm. § 110) JGG, der in Abs. 4 das Verfahren abweichend zu § 454 regelt: Der als Vollstreckungsleiter zuständige Jugendrichter (§ 82 Abs. 1 S. 1 JGG) entscheidet nach Anhörung von StA und Vollzugsleiter und muss dem Verurteilten Gelegenheit zur mündlichen Äußerung gewähren; eines Gutachtens analog § 454 Abs. 2 bedarf es nicht.[187] Hat jedoch der Vollstreckungsleiter die Vollstreckung einer **im Erwachsenenstrafvollzug verbüßten** Jugendstrafe nach § 85 Abs. 6 S. 1 JGG an die (allgemeine) Vollstreckungsbehörde abgegeben, wird die StVollstrK zuständig.[188] Dann gelten für das Verfahren (nicht aber für die materiellen Voraussetzungen der Aussetzung)[189] die Normen der StPO (§ 85 Abs. 6 S. 2 JGG), also § 454 einschließlich der Pflicht zur Gutachteneinholung, wobei im Rahmen des Abs. 2 S. 1 Nr. 2 mangels Einsatzstrafe uU eine fiktive Jugendstrafe gebildet werden muss[190] und der Prognosemaßstab sich aus § 88 Abs. 1 JGG, nicht § 454 Abs. 2 S. 2 ergibt.

2. Verfahren nach BtMG. § 36 BtMG ermöglicht die **Anrechnung von Behandlungen** einer 49 Suchterkrankung auf die Freiheitsstrafe sowie daran anschließend die Aussetzung der Reststrafe. Für das Vorgehen bei derartigen Entscheidungen einschließlich der Aussetzung enthält § 36 **Abs. 5 BtMG Sonderregelungen** sowohl hinsichtlich der Zuständigkeit (grundsätzlich Gericht des ersten Rechtszuges, S. 1)[191] als auch des Verfahrens; § 36 Abs. 5 S. 2 BtMG verlangt keine mündliche Anhörung.[192] § 454 Abs. 4 findet Anwendung, wobei das Gericht die Belehrung über die Aussetzung des Strafrests erteilt (§ 36 Abs. 5 S. 4 BtMG).

---

[182] OLG Braunschweig v. 31. 1. 1957 – Ws 225/56, NJW 1957, 759.
[183] Vgl. BayObLG v. 14. 9. 1955 – 2 St 196/55, NJW 1955, 1644 (1645); OLG Karlsruhe v. 14. 12. 1981 – 1 Ws 268/81, NStZ 1982, 396 (397), mAnm *Katholnigg*; OLG Oldenburg v. 14. 10. 1954 – Ws 300/54, JZ 1955, 23; LG Frankfurt v. 7. 1. 1955 – 15/54 Ms 86/52, NJW 1955, 396; *Meyer-Goßner* Rn. 52.
[184] BVerfG v. 8. 11. 2006 – 2 BvR 578/02, 796/02, NJW 2007, 1933 (1939), mAnm *Kinzig* JR 2007, 165.
[185] OLG Frankfurt v. 10. 8. 1983 – 3 Ws 464/83, StV 1985, 25; OLG Stuttgart v. 22. 4. 1983 – 3 Ws 100/83, NStZ 1984, 363, mAnm *Ruß*.
[186] OLG Düsseldorf v. 4. 1. 1993 – 1 Ws 1209 – 1210/92, StV 1993, 257 (258); OLG Frankfurt v. 7. 4. 2000 – VAs 11/00, NStZ-RR 2000, 282 (283); OLG Karlsruhe v. 15. 5. 2001 – 2 VAs 3/01, StV 2003, 348 (349); OLG Oldenburg v. 17. 10. 1997 – 1 Ws 453/97, NStZ 1998, 271 f.; OLG Stuttgart v. 30. 9. 1982 – 4 Ws 321/82, StV 1983, 72; LG Hamburg v. 26. 8. 1991 – 613 StVK 491 u. 613 StVK 548/91, NStZ 1992, 253; *Ullenbruch* NStZ 1999, 8 (9); KK-StPO/*Appl* Rn. 40; *Meyer-Goßner* Rn. 52.
[187] *Immel* JR 2007, 183 (185); *Ostendorf* NJW 2000, 1090 (1091); *Eisenberg* § 88 JGG Rn. 12 mwN.
[188] OLG Düsseldorf v. 28. 8. 1992 – 4 Ws 291/92, MDR 1993, 171; OLG Schleswig v. 29. 9. 1999 – 2 Ws 378/99, SchlHA 2000, 149; *Eisenberg* § 85 JGG Rn. 17 a mwN.
[189] OLG Brandenburg v. 24. 5. 2005 – 2 Ws 57/05, OLG-NL 2006, 189; OLG Dresden v. 14. 10. 1999 – 2 Ws 596/99, NStZ-RR 2000, 381; OLG Frankfurt v. 30. 11. 1999 – 3 Ws 1048/99, NStZ-RR 2000, 95; OLG Hamm v. 28. 10. 1999 – 2 Ws 317 – 318/99, NStZ-RR 2000, 92 f.; OLG Karlsruhe v. 11. 3. 2008 – 2 Ws 374/07, StraFo 2008, 264 mwN; vgl. auch OLG Schleswig v. 13. 11. 2008 – 2 Ws 439/08, ZJJ 2009, 59 (60); aA OLG Düsseldorf v. 25. 4. 1995 – 1 Ws 332 – 333/95, StV 1998, 348, mAnm *Rzepka*; OLG München v. 12. 10. 2008 – 2 Ws 986 – 988/08, StraFo 2009, 125; OLG Nürnberg v. 17. 11. 2009 – 2 Ws 410/09, NStZ-RR 2010, 156 (LS); *Löwe/Rosenberg/Graalmann-Scheerer* Rn. 105.
[190] OLG Celle v. 6. 5. 2008 – 1 Ws 206/08, NStZ-RR 2008, 355 f., mAnm *Rose* NStZ 2010, 95; OLG Dresden v. 17. 6. 2009 – 2 Ws 203/09, NStZ-RR 2010, 156 (LS); OLG Karlsruhe v. 24. 7. 2006 – 3 Ws 213/06, StV 2007, 12 (14); *Immel* JR 2007, 183 (185); *Meyer-Goßner* Rn. 37; aA OLG Frankfurt v. 21. 12. 1998 – 3 Ws 1070/98, NStZ-RR 1999, 91; *Neubacher* GA 2006, 737 (743); KK-StPO/*Appl* Rn. 3; *Eisenberg* § 85 JGG Rn 17 a.
[191] Näher *Körner* § 36 BtMG Rn. 46 ff.
[192] Dazu OLG Dresden v. 27. 1. 2006 – 2 Ws 31/06, NStZ 2006, 458; *Körner* aaO Rn. 54.

§ 454a [Beginn der Bewährungszeit; Aufhebung der Aussetzung des Strafrestes]

(1) Beschließt das Gericht die Aussetzung der Vollstreckung des Restes einer Freiheitsstrafe mindestens drei Monate vor dem Zeitpunkt der Entlassung, so verlängert sich die Bewährungszeit um die Zeit von der Rechtskraft der Aussetzungsentscheidung bis zur Entlassung.

(2) ¹Das Gericht kann die Aussetzung der Vollstreckung des Restes einer Freiheitsstrafe bis zur Entlassung des Verurteilten wieder aufheben, wenn die Aussetzung aufgrund neu eingetretener oder bekanntgewordener Tatsachen unter Berücksichtigung des Sicherheitsinteresses der Allgemeinheit nicht mehr verantwortet werden kann; § 454 Abs. 1 Satz 1 und 2 sowie Abs. 3 Satz 1 gilt entsprechend. ² § 57 Abs. 5 des Strafgesetzbuches bleibt unberührt.

I. Normzweck

1   Die Norm schafft die Voraussetzungen für eine möglichst **frühzeitige Entscheidung über die Aussetzung des Strafrestes** zur Bewährung. Eine solche Festlegung erscheint unabdingbar, um die für die Resozialisierung wesentliche Entlassungsvorbereitung seitens der Vollzugseinrichtung planmäßig auf einen festen Zeitpunkt hin orientieren zu können.¹ Zugleich soll im Sicherheitsinteresse der Allgemeinheit verhindert werden, dass der Verurteilte den Aussetzungsbeschluss als Freibrief missversteht, und Prognoseänderungen Rechnung getragen werden. Es verlängert sich deshalb die Bewährungszeit (Abs. 1), und unter den Voraussetzungen von Abs. 2 kann der Beschluss wieder aufgehoben werden. § 454a gilt seinem Zweck nach entsprechend für die Vollstreckung stationärer Maßregeln der Besserung und Sicherung, § 463 Abs. 1.

2   § 454a regelt nicht, zu welchem **Zeitpunkt** das Gericht die Aussetzungsentscheidung treffen darf. Dies kann bereits (viel) früher als zu dem genannten Zeitpunkt von drei Monaten geschehen und richtet sich nach den Umständen des Einzelfalls, insbesondere der nach Art und Dauer der Verurteilung üblichen Entlassungsvorbereitung in der zuständigen Institution. Vorausgesetzt wird eine günstige Sozialprognose zum Entscheidungszeitpunkt.² Fehlt es hieran, kommt eine Aussetzung nur in seltenen Fällen (kurze bis mittlere Haftzeiten und Nähe des Endstrafentermins) in Betracht, wenn als Prognosebasis erforderliche Vollzugslockerungen rechtswidrig nicht gewährt wurden.³ Im Übrigen ist das Vollstreckungsgericht gehalten, dem Freiheitsgrundrecht des Verurteilten durch die Festsetzung eines angemessenen Entlassungstermins Geltung zu verschaffen und so die von gerichtlichen Appellen bisher unbeeindruckte Vollzugsbehörde zur Gewährung unabdingbarer, aber bisher rechtsfehlerhaft unterbliebener Lockerungen zu zwingen.⁴

II. Verlängerung der Bewährungszeit (Abs. 1)

3   Die Verlängerung des gem. §§ 56a Abs. 1, 57 Abs. 3 S. 1, 57a Abs. 3 S. 1 StGB bestimmten Zeitraums tritt für die Spanne zwischen rechtskräftiger Entscheidung und Haftentlassung **kraft Gesetzes** und zwingend ein, wenn das Gericht die Aussetzung des Strafrestes gem. §§ 57, 57a StGB mindestens drei Monate vor dem Entlassungszeitpunkt anordnet. Das korrespondiert mit § 56a Abs. 2 S. 1 StGB (Beginn der Bewährungszeit mit Rechtskraft der Aussetzungsentscheidung) und berücksichtigt, dass Legalbewährung in erster Linie nur in Freiheit erfolgen kann und soll. Ist die Periode zwischen Entscheidung und Entlassung kürzer als drei Monate, verzichtet der Gesetzgeber auf die Herbeiführung einer Bewährungsverlängerung. Die Drei-Monats-Frist berechnet sich nach § 43. Fraglich ist mit dem Beschlusszeitpunkt deren **Beginn**. Das ist nach der dem Verurteilten günstigen hM nicht der im Rubrum des Beschlusses genannte⁵ oder der Tag der Beschlusszustellung, sondern der Tag der Rechtskraft.⁶ Rechtsmittel gegen die Verlängerung stehen nicht zur Verfügung; es kann lediglich die Aussetzungsentscheidung als solche nach § 454 Abs. 3 S. 1 angegriffen werden. In der Konsequenz kann auch dem noch Inhaftierten ein Bewährungshelfer bestellt werden (sinnvoll uU bei Freigängern), und Straftaten während des Verlängerungszeitraums eröffnen die Möglichkeit der Widerrufsentscheidung, §§ 57 Abs. 5 S. 1, 57a Abs. 3 S. 2, 56f Abs. 1 S. 1 Nr. 1 StGB.

---

¹ Vgl. OLG Düsseldorf v. 6. 3. 1987 – 3 Ws 37/87, MDR 1987, 1046; OLG Zweibrücken v. 15. 10. 1990 – 1 Ws 429/90, NStZ 1991, 207; OLG Zweibrücken v. 11. 9. 1991 – 1 Ws 297/91, NStZ 1992, 148.
² OLG Frankfurt v. 24. 1. 2000 – 3 Ws 1123 – 1124/99, NStZ-RR 2001, 311; *Meyer-Goßner* Rn. 1.
³ So BVerfG v. 30. 4. 2009 – 2 BvR 2009/08, NJW 2009, 1941 (1946); vgl. auch OLG Köln v. 11. 12. 2009 – 2 Ws 515/09, StV 2010, 199 (200); aA OLG Frankfurt aaO; OLG Oldenburg v. 22. 12. 2008 – 1 Ws 705/08, NStZ-RR 2009, 155 (LS); KK-StPO/*Appl* Rn. 2.
⁴ BVerfG v. 30. 4. 2009 – 2 BvR 2009/08, NJW 2009, 1941 (1945); OLG Köln v. 19. 6. 2009 – 2 Ws 250/09, OLGSt Nr. 3; vgl. § 454 Rn. 37.
⁵ So aber KK-StPO/*Appl* Rn. 4; Anw-StPO/*Kirchhof* Rn. 2.
⁶ OLG Koblenz v. 6. 1. 1994 – 2 Ws 761/93, Rpfleger 1994, 381; *Meyer-Goßner* Rn. 2; SK-StPO/*Paeffgen* Rn. 4; Löwe/Rosenberg/*Graalmann-Scheerer* Rn. 6.

III. Aufhebung der Strafrestaussetzung (Abs. 2 S. 1)

Abs. 2 S. 1 1. Hs. gestattet dem Gericht, durch Wiederaufhebung des Aussetzungsbeschlusses 4 einer **Änderung der Sachlage** Rechnung zu tragen. Das gilt bis zur (uU fiktiven) Entlassung des Verurteilten aus Strafhaft in dieser Sache, nicht bis zu einer späteren tatsächlichen Freilassung,[7] nach dem BVerfG jedenfalls dann, wenn die weitere Inhaftierung ohne Rechtsgrundlage erfolgt ist.[8] Zur Anwendung kommt die Norm über die Fälle des Abs. 1 hinaus, also auch bei einer Aussetzungsentscheidung nach dem Drei-Monats-Zeitpunkt. Als Voraussetzung bedarf es entweder **neu eingetretener** (etwa nach Beschlusserlass begangene Straftaten) oder **neu bekannt gewordener** Tatsachen. Letzteres meint solche, die schon zur Zeit des Aussetzungsbeschlusses vorlagen, dem Gericht aber nicht bekannt waren; auf die Erkennbarkeit kommt es nicht an. Beachtung finden sämtliche prognoserelevanten Faktoren. Die Heranziehung noch nicht abgeurteilten oder glaubhaft vor Gericht gestandenen, uU **strafbaren Verhaltens** bleibt im Hinblick auf den Gegenstand der Prognose und ihr Wesen auch im Lichte des heutigen Verständnisses der Unschuldsvermutung (anders als beim Widerruf nach § 56f StGB!) möglich.[9] Eine lediglich andere Bewertung macht aus bereits bekannten keine neuen Tatsachen.[10] Die Würdigung der im beschriebenen Sinne neuen Tatsachen darf unter Berücksichtigung des **Sicherheitsinteresses der Allgemeinheit**, also auch bei Inkaufnahme eines Restrisikos, die Aussetzung als nicht mehr verantwortbar erscheinen lassen.

Das **Verfahren** bei der Aufhebungsentscheidung richtet sich gem. Abs. 2 S. 1 2. Hs. nach § 454 5 Abs. 1 S. 1 und 2. Das Gericht (§ 462 a) entscheidet ohne mündliche Verhandlung durch Beschluss; StA, Verurteilter, ggf. Verteidiger und JVA müssen schriftlich gehört werden. Die mündliche Anhörung des Verurteilten oder eines Sachverständigen ist nicht vorgeschrieben, aber zulässig und uU zweckmäßig.[11] In dem **Beschluss** wird der frühere Aussetzungsbeschluss aufgehoben. Da dies nur den status quo ante wiederherstellt, bedarf es (bei Antrag oder Pflicht zur Entscheidung von Amts wegen) eines weiteren (abschlägigen) Beschlusses über die Strafaussetzung.[12]

Gegen den Aufhebungsbeschluss (sowie die Ablehnung eines auf seinen Erlass gerichteten An- 6 trags der StA) ist **sofortige Beschwerde** statthaft, Abs. 2 S. 1 2. Hs. iVm. § 454 Abs. 3 S. 1. Diese hemmt den Vollzug des Aufhebungsbeschlusses nicht (§ 307 Abs. 1), so dass der Verurteilte ohne Anordnung nach § 307 Abs. 2 bis zur Entscheidung über seine Beschwerde auch über den ursprünglich vorgesehenen Entlassungstermin hinaus in Haft bleibt.[13]

IV. Verhältnis von Aufhebung und Widerruf (Abs. 2 S. 2)

§ 57 Abs. 5 StGB, der in S. 1 auf **§ 56f StGB** verweist, **bleibt unberührt**. Gleiches gilt unbe- 7 schadet der fehlenden ausdrücklichen Nennung bei lebenslanger Freiheitsstrafe für § 57a Abs. 1 S. 2 StGB, da Abs. 2 S. 2 nur deklaratorische Bedeutung zukommt. Auch § 57 Abs. 5 S. 2 StGB mit der Widerrufsfolge bei Straftaten zwischen Verurteilung und Entscheidung über die Strafaussetzung findet Anwendung.[14] Die Widerrufsvorschriften weisen zwingenden Charakter auf und gehen – auch vor Haftentlassung – deshalb der Ermessensaufhebung des Abs. 2 S. 1 vor.[15] Lässt sich bis zum vorgesehenen Entlassungszeitpunkt nicht klären, ob die Voraussetzungen eines Widerrufs vorliegen, enthält Abs. 2 gleichwohl die Befugnis, einen **Entlassungsaufschub** anzuordnen.[16] Eine Umgehung der Voraussetzungen des § 453c Abs. 1 liegt hierin nicht, da bei dieser Sachlage die Voraussetzungen für die Subsidiarität von Abs. 2 S. 1 fehlen.

---

[7] OLG Frankfurt v. 10. 12. 1996 – 3 Ws 1002/96, NStZ-RR 1997, 176; OLG Hamm v. 11. 9. 1995 – 2 Ws 442, 443/95, NStZ-RR 1996, 30; *Meyer-Goßner* Rn. 3; aA OLG Dresden v. 28. 6. 2000 – 2 Ws 344/00, NStZ 2000, 614, mAnm *Laubenthal* JR 2001, 171; KK-StPO/*Appl* Rn. 5.
[8] BVerfG v. 20. 2. 2001 – 2 BvR 1261/00, NJW 2001, 2247.
[9] BVerfG v. 14. 8. 1987 – 2 BvR 235/87, NJW 1988, 1715 (1716); BVerfG v. 21. 4. 1993 – 2 BvR 1706/92, NJW 1994, 377; BVerfG v. 16. 6. 2005 – 2 BvR 841/05, NStZ-RR 2005, 280 (281); OLG Hamm v. 12. 7. 2004 – 2 Ws 168/04, NStZ 2004, 685; OLG Hamm v. 13. 12. 2004 – 3 Ws 314/04, NStZ-RR 2005, 154 (155); OLG Hamm v. 19. 11. 2007 – 2 Ws 341/07, StraFo 2008, 81; OLG Jena v. 13. 2. 2006 – 1 Ws 44/06, NStZ-RR 2007, 283; OLG Schleswig v. 14. 5. 1999 – 2 Ws 145/99, SchlHA 1999, 186 (187); KK-StPO/*Appl* Rn. 5; *Meyer-Goßner* Rn. 4; aA HK-StPO/*Pollähne* Rn. 4.
[10] OLG Frankfurt v. 24. 1. 2000 – 3 Ws 1123 – 1124/99, NStZ-RR 2001, 311 (313).
[11] *Meyer-Goßner* Rn. 5; Löwe/Rosenberg/*Graalmann-Scheerer* Rn. 14.
[12] KK-StPO/*Appl* Rn. 8; *Meyer-Goßner* Rn. 5; HK-StPO/*Pollähne* Rn. 5; aA *Pfeiffer* Rn. 4; KMR/*Stöckel* Rn. 9; wohl auch Löwe/Rosenberg/*Graalmann-Scheerer* Rn. 15.
[13] KK-StPO/*Appl* Rn. 9; *Meyer-Goßner* Rn. 6.
[14] KMR/*Stöckel* Rn. 5.
[15] OLG Frankfurt v. 10. 12. 1996 – 3 Ws 1002/96, NStZ-RR 1997, 176; OLG Saarbrücken v. 19. 11. 1990 – 1 Ws 372 u. 373/90, NStE Nr. 4; OLG Schleswig v. 14. 5. 1999 – 2 Ws 145/99, SchlHA 1999, 186 (187); KK-StPO/*Appl* Rn. 7; *Meyer-Goßner* Rn. 4; Löwe/Rosenberg/*Graalmann-Scheerer* Rn. 17; anders *Bringewat* Rn. 12.
[16] OLG Hamburg v. 28. 8. 1998 – 2 Ws 222/98, NStZ 1999, 55; KK-StPO/*Appl* Rn. 7.

§ 454b [Vollstreckung von Freiheitsstrafen und Ersatzfreiheitsstrafen]

(1) Freiheitsstrafen und Ersatzfreiheitsstrafen sollen unmittelbar nacheinander vollstreckt werden.

(2) [1] Sind mehrere Freiheitsstrafen oder Freiheitsstrafen und Ersatzfreiheitsstrafen nacheinander zu vollstrecken, so unterbricht die Vollstreckungsbehörde die Vollstreckung der zunächst zu vollstreckenden Freiheitsstrafe, wenn

1. unter den Voraussetzungen des § 57 Abs. 2 Nr. 1 des Strafgesetzbuches die Hälfte, mindestens jedoch sechs Monate,
2. im übrigen bei zeitiger Freiheitsstrafe zwei Drittel, mindestens jedoch zwei Monate, oder
3. bei lebenslanger Freiheitsstrafe fünfzehn Jahre

der Strafe verbüßt sind. [2] Das gilt nicht für Strafreste, die auf Grund Widerrufs ihrer Aussetzung vollstreckt werden. [3] Treten die Voraussetzungen für eine Unterbrechung der zunächst zu vollstreckenden Freiheitsstrafe bereits vor Vollstreckbarkeit der später zu vollstreckenden Freiheitsstrafe ein, erfolgt die Unterbrechung rückwirkend auf den Zeitpunkt des Eintritts der Vollstreckbarkeit.

(3) Hat die Vollstreckungsbehörde die Vollstreckung nach Absatz 2 unterbrochen, so trifft das Gericht die Entscheidungen nach den §§ 57 und 57a des Strafgesetzbuches erst, wenn über die Aussetzung der Vollstreckung der Reste aller Strafen gleichzeitig entschieden werden kann.

I. Normzweck

1   Das Gesetz will den Bestimmungen über die Strafrestaussetzung zur Bewährung (§§ 57, 57a StGB) auch bei Vollstreckung mehrerer Freiheitsstrafen Geltung verschaffen, indem die jeweils zu vollstreckende Strafe nicht voll verbüßt, sondern zwingend unterbrochen wird. Dabei soll das Gericht **einheitlich über die Aussetzung entscheiden**, weil sich nur auf diese Weise eine fundierte Prognose stellen lässt.

II. Prinzip der nachhaltigen Vollstreckung (Abs. 1)

2   Abs. 1 statuiert den Grundsatz der **Anschlussvollstreckung**: Mehrere Freiheits- und Ersatzfreiheitsstrafen sind idR in unmittelbarem zeitlichen Zusammenhang zu vollstrecken. Vorschriften über eine Unterbrechung der Vollstreckung (etwa §§ 455a, 456) werden davon nicht berührt. Die **Reihenfolge** im Einzelnen ergibt sich aus § 43 Abs. 2 StVollstrO (Freiheitsstrafe vor Ersatzfreiheitsstrafe, kürzere vor längeren Strafen). § 454b gilt nicht bei Vollstreckung einer **Gesamtstrafe**; auch deren nachträgliche Bildung (§ 460) bleibt vorrangig.

III. Vollstreckungsunterbrechung (Abs. 2)

3   In Abs. 2 S. 1 wird der Grundsatz der Vollstreckungsunterbrechung statuiert, um eine einheitliche Entscheidung über die Aussetzung mehrerer Strafreste zum selben Zeitpunkt zu ermöglichen. Denn anderenfalls müssten die Voraussetzungen der §§ 57, 57a StGB für jede Strafe zu einem anderen Zeitpunkt geprüft werden. Abs. 2 S. 2 enthält eine **Ausnahme** vom Grundsatz des S. 1, während Abs. 2 S. 3 den Sonderfall behandelt, dass zu dem nach S. 1 bestimmten Unterbrechungszeitpunkt eine weitere Strafe noch nicht vollstreckbar ist.

4   Die Vollstreckung von **Ersatzfreiheitsstrafen** wird nicht nach Abs. 2 unterbrochen. Denn bei diesen findet § 57 StGB nach zutreffender hM keine Anwendung; es gelten nur §§ 459e und f.[1] Es bleibt allerdings zulässig, von weiterer Vollstreckung einer Ersatzfreiheitsstrafe nach § 459f abzusehen, wenn zugleich der Rest von Freiheitsstrafe(n) zur Bewährung ausgesetzt werden soll.[2]

5   Abs. 2 findet Anwendung, wenn mehrere Freiheitsstrafen und zusätzlich eine stationäre **Maßregel der Besserung und Sicherung** oder auch mehrere von diesen[3] zu vollstrecken sind,[4] ferner

---

[1] So OLG Bamberg v. 29. 6. 1998 – Ws 415/98, NStZ-RR 1998, 380; OLG Oldenburg v. 24. 4. 2006 – 1 Ws 234/06, NStZ-RR 2007, 253; OLG Schleswig v. 21. 2. 2002 – 1 Ws 52, 53 u. 54/02, SchlHA 2003, 205; ferner Matt/Renzikowski/*Bußmann* § 57 StGB Rn. 1; *Fischer* § 57 StGB Rn. 3; *Lackner/Kühl* § 57 StGB Rn. 1, jeweils mwN; aA OLG Hamm v. 23. 10. 1997 – 1 Ws 337/97, NStZ-RR 1998, 127 (LS); OLG Koblenz v. 23. 12. 1994 – 2 Ws 866/94, NStZ 1995, 254; AK/*Rössner* Rn. 3; HK-StPO/*Woynar* Rn. 2.

[2] KK-StPO/*Appl* Rn. 4.

[3] KK-StPO/*Appl* Rn. 20.

[4] OLG Celle v. 15. 8. 1989 – 1 Ws 105 – 107/89, NStZ 1990, 252, mAnm *Müller-Dietz* JR 1991, 78; OLG Hamm v. 4. 4. 1996 – 1 Ws 84/96, NStZ-RR 1997, 124; OLG Hamm v. 6. 2. 2008 – 3 Ws 56 – 58/08, Rpfleger 2008, 332; OLG Karlsruhe v. 13. 2. 1998 – 1 Ws 30/98, Justiz 1998, 602; *Meyer-Goßner* Rn. 2; aA KMR/*Stöckel* Rn. 3 ff.

bei Zurückstellung der Strafvollstreckung gem. § 35 BtMG.[5] Treffen zurückstellungsfähige und nicht zurückstellungsfähige Freiheitsstrafen zusammen, sind letztere im Hinblick auf § 35 Abs. 6 Nr. 2 BtMG bis zum Eintritt der Voraussetzungen des § 57 StGB zu vollstrecken.[6]

Das Unterbrechungsgebot muss von Verfassungs wegen **strikt eingehalten** werden; behördliche Versäumnisse dürfen sich nicht zum Nachteil des Verurteilten auswirken.[7] Wie die danach erforderliche **Kompensation** zu erfolgen hat, sagt das Gesetz nicht. Auch der neu eingefügte Abs. 2 S. 3 regelt nach seinem Wortlaut wie dem – allerdings nicht ganz eindeutigen – Vorstellungsbild des Gesetzgebers[8] die Fallgestaltung einer rechtsfehlerhaft unterbliebenen Unterbrechung nicht. Denkbar ist einerseits eine **vollstreckungsrechtliche Lösung** dergestalt, dass die Unterbrechung rückwirkend angeordnet wird (Rückwirkungsmodell),[9] andererseits eine materiell-rechtliche Lösung, nach der die „zuviel" verbüßte Zeit auf die zeitlichen Voraussetzungen der §§ 57, 57a StGB bei der Anschlussstrafe angerechnet wird (Anrechnungsmodell).[10] Für die von Abs. 2 S. 3 erfasste Konstellation hat sich der Gesetzgeber für die vollstreckungsrechtliche Lösung entschieden. Um einer einheitlichen Sachbehandlung willen sollte **auch bei fehlerhaftem Unterlassen der Unterbrechung** die vollstreckungsrechtliche Lösung gewählt werden,[11] zumal diese in besonderen Fällen (nachträglicher Wegfall der Folgestrafe durch Wiederaufnahme, nachträgliche Gesamtstrafenbildung, Anwendung von § 66 Abs. 1 Nr. 2 StGB) Nachteile für den Verurteilten zu vermeiden hilft.[12] Eine Fehlerkorrektur scheidet faktisch aus, wenn die Vollstreckung einer jeden Anschlussstrafe bereits bis zur Aussetzungsreife gediehen ist.

1. Halbstrafen-Unterbrechung (Abs. 2 S. 1 Nr. 1). Wenn der Verurteilte erstmals eine Freiheitsstrafe verbüßt und diese zwei Jahre nicht übersteigt, ist nach § 57 Abs. 2 Nr. 1 StGB die Aussetzung des Strafrestes schon nach Verbüßung der Hälfte der Strafe, mindestens jedoch nach sechs Monaten zulässig. Deshalb ist bereits zu diesem Zeitpunkt die Vollstreckung zu unterbrechen. Im Einzelnen ist der Begriff des **Erstverbüßers** str.

Befindet sich der Betreffende **erstmalig im Strafvollzug**, so ist er Erstverbüßer nicht nur hinsichtlich der an erster Stelle,[13] sondern hinsichtlich jeder einzelnen im Anschluss zu vollstreckenden Strafe.[14] Das gilt sogar dann, wenn die Strafen in ihrer Addition mehr als zwei Jahre ergäben.[15] Insoweit verfehlte eine rein formelle Betrachtungsweise den Sinn der gebotenen prognostischen Erwägung, ob der Betroffene sich durch den Strafvollzug hinreichend hat beeindrucken lassen.[16] Auf jede Strafe findet also die Halbstrafenunterbrechung Anwendung. Erstverbüßer ist, um Mehrfachtäter nicht ohne Grund zu privilegieren, nicht derjenige, der bereits früher inhaftiert war, selbst wenn die der neuen Strafe zugrunde liegenden Taten vor der ersten Inhaftierung verübt wurden.[17] Erstverbüßer ist um der Vermeidung einer unbilligen Benachteiligung des Mittellosen willen jedoch, an wem bereits **Ersatzfreiheitsstrafe** vollzogen wurde,[18] ferner derjenige, gegen den die Vollstreckung gem. § 456a Abs. 2 S. 1 nachgeholt wird.[19]

---

[5] OLG Frankfurt v. 25. 2. 2010 – 3 VAs 7/10, NStZ-RR 2010, 185; OLG Schleswig v. 11. 4. 2001 – 2 Ws 558/00, SchlHA 2002, 173; OLG Stuttgart v. 22. 10. 2008 – 4 Ws 202/08, NStZ-RR 2009, 28; LG Osnabrück v. 23. 9. 1986 – 23 StVK 543 a/86, StV 1987, 210; *Meyer-Goßner* Rn. 2.
[6] KG v. 3. 4. 2009 – 4 VAs 3/09, NStZ-RR, 2009, 255 (LS); OLG München v. 2. 11. 1999 – 2 Ws 1168 – 1170/99, NStZ 2000, 223; KK-StPO/*Appl* Rn. 4a; aA OLG Frankfurt und OLG Stuttgart aaO.
[7] BVerfG v. 2. 5. 1988 – 2 BvR 321/88, NStZ 1988, 474 (475).
[8] Vgl. BT-Drucks. 16/3038, S. 49 f.
[9] OLG Celle v. 15. 8. 1989 – 1 Ws 105 – 107/89, NStZ 1990, 252, mAnm *Müller-Dietz* JR 1991, 78; *Wagner* Rpfleger 1997, 421 (422).
[10] OLG Düsseldorf v. 17. 6. 1992 – 4 Ws 201/92, StV 1993, 88; OLG Hamburg v. 3. 1. 1994 – 2 Ws 584 – 585/93, StV 1994, 195; OLG Karlsruhe v. 9. 11. 1995 – 3 Ws 224/95, NStZ-RR 1996, 60; OLG Stuttgart v. 15. 11. 1990 – 3 Ws 270/90, NStZ 1991, 150; letztlich auch *Lackner/Kühl* § 57 StGB Rn. 32.
[11] So auch KK-StPO/*Appl* Rn. 8; *Meyer-Goßner* Rn. 5; KMR/*Stöckel* Rn. 27.
[12] Zu Letzterem *Graul* GA 1991, 11 (18 ff.).
[13] So aber OLG Hamm v. 5. 2. 1987 – 4 Ws 22/87, MDR 1987, 512; OLG Hamm v. 18. 8. 2009 – 3 Ws 209 – 210/09, NStZ-RR 2010, 60 (LS); *Lackner/Kühl* § 57 StGB Rn. 16.
[14] OLG Celle v. 12. 12. 1989 – 1 Ws 389 – 391/89, StV 1990, 271 (LS); OLG Düsseldorf v. 17. 11. 1998 – 1 Ws 782–783/98, Rpfleger 1999, 147; OLG Oldenburg v. 2. 10. 1986 – 2 Ws 447/86, NStZ 1987, 174 (175); OLG Zweibrücken v. 26. 6. 1986 – 1 Ws 285/86, StV 1986, 489; Matt/Renzikowski/*Bußmann* § 57 StGB Rn. 19; *Fischer* § 57 StGB Rn. 25 mwN.
[15] OLG Bremen v. 8. 12. 2008 – Ws 173/08, StV 2009, 260 (261); OLG Düsseldorf v. 18. 1. 1989 – 3 Ws 28 – 29/89, StV 1990, 271; OLG Jena v. 18. 7. 2006 – 1 Ws 240/06, StV 2008, 35 (LS); OLG Karlsruhe v. 16. 2. 2006 – 1Ws 15/06, StV 2006, 255 (unter Aufgabe früherer aA); OLG Köln v. 16. 3. 2007 – 2 Ws 101 – 103/07, NStZ-RR 2007, 251 (LS); OLG München v. 14. 12. 1987 – 2 Ws 1309/87, MDR 1988, 601; OLG Stuttgart v. 9. 8. 2000 – 2 Ws 153/00, NStZ 2000, 593; OLG Zweibrücken v. 24. 2. 1988 – 1 Ws 63 – 64/88, MDR 1988, 983; aA OLG Karlsruhe v. 4. 4. 1989 – 2 Ws 24/89, NStZ 1989, 323.
[16] KK-StPO/*Appl* Rn. 12.
[17] KK-StPO/*Appl* Rn. 13; aA OLG Zweibrücken v. 3. 9. 1986 – 1 Ws 396/86, NStZ 1987, 175.
[18] OLG Stuttgart v. 17. 1. 1994 – 2 Ws 4/94, StV 1994, 250; OLG Zweibrücken v. 16. 6. 1987 – 1 Ws 268/87, MDR 1988, 984; Matt/Renzikowski/*Bußmann* § 57 StGB Rn. 18; *Fischer* § 57 StGB Rn. 23 mwN.
[19] OLG Bremen v. 8. 12. 2008 – Ws 173/08, StV 2009, 260.

9 **Keine Erstverbüßung** liegt vor bei früherer Vollstreckung von **Jugendstrafe**.[20] Jugendarrest steht dem aufgrund seines Charakters als Zuchtmittel nicht gleich. Für militärischen **Strafarrest** ist die Frage ebenso str.[21] wie für **angerechneten Freiheitsentzug** (§§ 57 Abs. 4, 51 StGB), insb. U-Haft. Sowohl diese wie auch Auslieferungshaft stehen wegen des Haftzwecks der Verfahrenssicherung einer Erstverbüßereigenschaft nicht entgegen,[22] ebenso im Ausland erlittene Strafhaft in derselben Sache (§ 51 Abs. 3 S. 1 StGB),[23] da eine Schlechterstellung gegenüber in Deutschland ergriffenen Tätern nicht gerechtfertigt wäre. Für in anderer Sache erlittene ausländische Haft kann nach dem Rechtsgedanken des § 66 Abs. 4 S. 5 StGB anderes gelten.[24]

10 Selbst wenn § 57 Abs. 2 Nr. 1 StGB nicht eingreift, kann die Unterbrechung – nicht unter entsprechender Anwendung von Abs. 2,[25] sondern unter Rückgriff auf § 43 Abs. 4 StVollstrO – nach der Hälfte der Zeit erfolgen, sofern im Entscheidungszeitpunkt (Abs. 3) eine Strafrestaussetzung gem. § **57 Abs. 2 Nr. 2 StGB** zu erwarten steht; anderenfalls verlöre letztgenannte Norm bei mehreren Strafen ihre Bedeutung.[26]

11 **2. Weitere Unterbrechungsfälle (Abs. 2 S. 1 Nr. 2 und 3).** Zeitige **Freiheitsstrafen**, für die eine Halbstrafenaussetzung nicht in Betracht kommt, sind nach Verbüßung von zwei Dritteln ihrer Dauer, mindestens jedoch zwei Monaten, zu unterbrechen (Abs. 2 S. 1 Nr. 2). Strafen bis zu zwei Monaten werden nicht unterbrochen, solche zwischen zwei und drei Monaten genau nach zwei Monaten.[27] Die Vollstreckung **lebenslanger Freiheitsstrafe** wird nach 15 Jahren unterbrochen (Abs. 2 S. 1 Nr. 3).

12 **3. Vollstreckung von Strafresten (Abs. 2 S. 2).** Die Norm wird überwiegend dahin interpretiert, bei Strafresten komme **keine Unterbrechung** in Betracht, wenn ihre Vollstreckung auf einem Aussetzungswiderruf (§§ 57 Abs. 5, 57a Abs. 3 S. 2 iVm. 56f StGB) beruht.[28] Das erscheint fraglich, weil auch Strafreste nach Bewährungswiderruf erneut zur Bewährung ausgesetzt werden können.[29] Gleichwohl ist die hM zutreffend. Die Gegenauffassung, der zufolge Abs. 2 S. 2 nur ausdrücken will, dass bei früherer Zwei-Drittel-Aussetzung mangels verbleibender Mindestverbüßungsdauer des Strafrests eine Unterbrechung kraft Gesetzes nicht mehr in Betracht kommt, während nach Widerruf von Halbstrafenaussetzungen gem. Abs. 2 S. 1 Nr. 2 zu unterbrechen bleibt,[30] beschreibt in ihrem ersten Teil eine Selbstverständlichkeit, in deren Formulierung sich der Zweck der Bestimmung kaum erschöpfen dürfte. Hätte der Gesetzgeber dies wirklich sagen wollen, dann hätte er zudem, statt die sich auf den ganzen Abs. 2 S. 1 einschließlich der Rechtsfolge Unterbrechung beziehende Formulierung „Dies gilt nicht …" zu verwenden, die Anwendung der nicht passenden zeitlichen Voraussetzungen ausschließen können. Nach § 43 Abs. 2 Nr. 1 S. 2 StVollstrO sind die **Strafreste vorab zu vollstrecken**.[31] Der sich aus dem Grundsatz ununterbrochener und vollständiger Vollstreckung der Strafreste ergebende **Widerspruch** zur gleichwohl bestehenden Aussetzungsmöglichkeit wird aufgelöst, indem die StA (§ 451) bei günstiger Prognose nicht nach Abs. 2 S. 1, aber nach § 43 Abs. 4 StVollstrO Ausnahmen von der Vollstreckungsreihenfolge zulassen und die Vollstreckung auch unterbrechen darf und muss.[32] Hat sie dies getan, ist eine erneute Aussetzungsentscheidung durch die StVollstrK von Amts wegen zu

---

[20] OLG Karlsruhe v. 4. 4. 1989 – 2 Ws 24/89, NStZ 1989, 323; OLG Oldenburg v. 2. 10. 1986 – 2 Ws 447/86, NStZ 1987, 174 (175); OLG Stuttgart v. 24. 8. 1987 – 4 Ws 227/87, JZ 1987, 1085, mAnm *Eisenberg*; KK-StPO/*Appl* Rn. 14; aA *Eisenberg* NStZ 1987, 167 (169).
[21] Vgl. *Maatz* MDR 1985, 797 (799 f.); *Fischer* § 57 StGB Rn. 23; *Lackner/Kühl* § 57 StGB Rn. 15.
[22] OLG Bremen v. 8. 12. 2008 – Ws 173/08, StV 2009, 260; KK-StPO/*Appl* Rn. 14; *Lackner/Kühl* § 57 StGB Rn. 15, jeweils mwN; *Meyer-Goßner* Rn. 3; aA OLG Karlsruhe v. 14. 3. 1989 – 1 Ws 47/89, StV 1990, 119, mAnm *Groß*; *Greger* JR 1986, 353 (356).
[23] *Lackner/Kühl* § 57 StGB Rn. 15; *Schönke/Schröder/Stree/Kinzig* § 57 StGB Rn. 23 a.
[24] *Greger* JR 1986, 353 (356); vgl. auch LK-StGB/*Hubrach* § 57 Rn. 31; aA *Maatz* MDR 1985, 797 (802) sowie die in Fn. 23 Genannten.
[25] So aber OLG Zweibrücken v. 24. 8. 1989 – 1 Ws 412/89, NStZ 1989, 592, mAnm *Wendisch* JR 1990, 212.
[26] OLG Düsseldorf v. 17. 11. 1998 – 1 Ws 782 – 783/98, Rpfleger 1999, 147; OLG Frankfurt v. 14. 10. 1996 – 3 Ws 825/96, NStZ-RR 1997, 95; OLG Hamm v. 15. 10. 1992 – 1 VAs 43/92, NStZ 1993, 302; OLG Stuttgart v. 20. 3. 2003 – 2 Ws 36/03, NStZ-RR 2003, 253 (254); KK-StPO/*Appl* Rn. 15; aA OLG Oldenburg v. 9. 10. 1986 – 2 Ws 429/86, MDR 1987, 75; OLG Zweibrücken v. 8. 2. 1989 – 1 Ws 30/89, MDR 1989, 843; *Meyer-Goßner* Rn. 2.
[27] *Löwe/Rosenberg/Graalmann-Scheerer* Rn. 22.
[28] OLG Karlsruhe v. 15. 5. 2001 – 2 VAs 3/01, StV 2003, 348 (349); *Meyer-Goßner* Rn. 7; aA *Wagner* Rpfleger 1997, 421 (422).
[29] Dazu § 454 Rn. 47.
[30] So *Ullenbruch* NStZ 1999, 8 (11); KK-StPO/*Appl* Rn. 17.
[31] OLG Hamburg v. 26. 8. 1991 – 613 StVK 491 u. 613 StVK 548/91, NStZ 1992, 253 (254), mAnm *Volckart* und mAnm *Funck* NStZ 1992, 511; *Ullenbruch* NStZ 1999, 8 (10).
[32] OLG Bremen v. 5. 4. 1993 – VAs 4/92, OLGSt Nr. 1; OLG Frankfurt v. 7. 4. 2000 – VAs 11/00, NStZ-RR 2000, 282 (284); OLG Hamburg v. 13. 11. 1992 – 2 Ws 523 – 525/92, StV 1993, 256 (257); OLG Karlsruhe v. 15. 5. 2001 – 2 VAs 3/01, StV 2003, 348 (349); LG Heilbronn v. 9. 9. 1988 – StVK 83/88, NStZ 1989, 291 (292), mAnm *Wendisch*; *Meyer-Goßner* Rn. 7; aA OLG Schleswig v. 7. 10. 1996 – 1 Ws 368 und 369/96, SchlHA 1996, 325 (326).

treffen.³³ **Kein Fall** des Abs. 2 S. 2 liegt vor bei Widerruf der vom erkennenden Gericht eingeräumten Bewährung,³⁴ desgleichen in Konstellationen der §§ 35 Abs. 5 und 6, 36 Abs. 4 BtMG.³⁵

4. Rückwirkender Eintritt der Unterbrechung (Abs. 2 S. 3). Wird die zweite Freiheitsstrafe erst 13 nach dem Zeitpunkt gem. Abs. 2 S. 1, zu dem die Voraussetzungen für eine Unterbrechung vorliegen, vollstreckbar (§ 449) und ist eine Aussetzung des Restes aus der ersten Strafe und damit eine Freilassung nicht erfolgt, so muss die Unterbrechung rückwirkend angeordnet werden, und zwar auf den Zeitpunkt des Eintritts der Vollstreckungsfähigkeit.³⁶

5. Verfahrensfragen. Die Anwendung von Abs. 2 ist **zwingend**; der Verurteilte kann sie nicht 14 durch Widerspruch vermeiden.³⁷ Die Vollstreckung ist vor dem nach Abs. 2 S. 1 zu ermittelnden Zeitpunkt zu unterbrechen. War bereits eine **ablehnende Entscheidung nach §§ 57, 57a StGB** ergangen und zeigt sich erst danach die Notwendigkeit, eine weitere Strafe zu vollstrecken, ist im Hinblick auf Abs. 3 gleichwohl zu unterbrechen.³⁸ **Zuständig** für die Unterbrechung ist die StA (§ 451 Abs. 1), und dort der Rechtspfleger (§ 31 Abs. 2 S. 1 RPflG).

IV. Strafrestaussetzung (Abs. 3)

Nach Unterbrechung der Vollstreckung gem. Abs. 2 muss die StVollstrK (§ 462a) **über die** 15 **Strafrestaussetzung einheitlich entscheiden**. Treffen mehrere Freiheitsstrafen ohne Unterbrechung nach Abs. 2 zusammen, wird die Norm mangels planwidriger Regelungslücke nicht (entsprechend) angewandt.³⁹ Nach Abs. 3 sind frühere Einzelentscheidungen unstatthaft, entsprechende Anträge unzulässig.⁴⁰ Das gilt beim Zusammentreffen mehrerer zeitiger, aber auch mehrerer lebenslanger Freiheitsstrafen⁴¹ wie auch einer Kombination aus beidem. Die Unterbrechungsmöglichkeit in Fällen gem. § 57 Abs. 2 Nr. 2 StGB bewirkt die Erstreckung der Konzentrationswirkung auch auf solche **Halbstrafengesuche**.⁴² Die Entscheidung darf erst zum Ende der letzten Anschlussvollstreckung unter Berücksichtigung eventueller Sperrfristen (§§ 57 Abs. 7, 57a Abs. 4 StGB) getroffen werden.⁴³ Hinsichtlich einzelner Strafen, die nach Abs. 2 unterbrochen worden waren, kann sie nicht zurückgestellt werden.⁴⁴ Die Voraussetzungen der §§ 57, 57a StGB werden für jede Strafe **gesondert geprüft**, auch wenn die Prognose auf einheitlicher Basis abzugeben ist.⁴⁵ Möglich ist es, dass der Rest einer zeitigen Freiheitsstrafe ausgesetzt, aber eine Lebenszeitstrafe wegen besonderer Schuldschwere weiter vollstreckt wird.⁴⁶ Im Übrigen kann die Aussetzung nicht auf eine der nacheinander vollstreckten Strafen beschränkt werden.⁴⁷

V. Rechtsbehelfe

Über Einwendungen gegen **Anordnungen des Rechtspflegers** betreffend die Festlegung der Voll- 16 streckungsreihenfolge und (Nicht-)Unterbrechung gem. Abs. 2 entscheidet das Gericht, § 31

---

³³ OLG Oldenburg v. 17. 10. 1997 – 1 Ws 453/97, NStZ 1998, 271 (272); aA *Blechinger* NStZ 2000, 56.
³⁴ OLG Frankfurt v. 23. 10. 2001 – 3 Ws 861/01, NStZ-RR 2002, 28 (LS).
³⁵ Vgl. KK-StPO/*Appl* Rn. 19; Löwe/Rosenberg/*Graalmann-Scheerer* Rn. 35 ff.
³⁶ So schon OLG Frankfurt v. 3. 11. 1989 – 3 Ws 827/89, NStZ 1990, 254 (255).
³⁷ OLG Hamburg v. 3. 1. 1994 – 2 Ws 584 – 585/93, StV 1994, 195.
³⁸ OLG Celle v. 18. 10. 1989 – 2 Ws 234/89, NStE Nr. 6; OLG Düsseldorf v. 25. 10. 1989 – 3 Ws 802/89, StV 1990, 121; OLG Karlsruhe v. 9. 11. 1995 – 3 Ws 224/95, NStZ-RR 1996, 60 f.; OLG Stuttgart v. 13. 12. 1991 – 3 Ws 316/91, NStE Nr. 10; *Meyer-Goßner* Rn. 6. Ebenso OLG Hamm v. 13. 8. 1984 – 1 VAs 92/84, NStZ 1985, 144; OLG Karlsruhe v. 14. 12. 1981 – 1 Ws 268/81, NStZ 1982, 396, mAnm *Katholnigg*; OLG Oldenburg v. 15. 4. 1984 – 2 VAs 1/84, StV 1985, 68; aA OLG München v. 3. 4. 1981 – 1 VAs 4/81, StV 1982, 30, mAnm *Volckart* (jeweils vor Einfügung von § 454 b).
³⁹ *Meyer-Goßner* Rn. 11; SK-StPO/*Paeffgen* Rn. 27; KMR/*Stöckel* Rn. 28; aA OLG Düsseldorf v. 4. 1. 1993 – 1 Ws 1209 – 1210/92, StV 1993, 257, mAnm *Bringewat* JR 1994, 348; OLG Rostock v. 25. 11. 1993 – 1 Ws 139/93, StV 1994, 194; KK-StPO/*Appl* Rn. 24.
⁴⁰ OLG Düsseldorf v. 14. 5. 1991 – 1 Ws 424 – 426/91, VRS 81, 293; OLG Frankfurt v. 9. 7. 2002 – 3 Ws 695 u. 703/02, NStZ-RR 2002, 282 (283); OLG Zweibrücken v. 8. 2. 1989 – 1 Ws 30/89, MDR 1989, 843; *Meyer-Goßner* Rn. 11.
⁴¹ OLG Nürnberg v. 30. 6. 1998 – Ws 791/98, NStZ 1999, 269.
⁴² OLG Frankfurt v. 14. 10. 1996 – 3 Ws 825/96, NStZ-RR 1997, 95; KK-StPO/*Appl* Rn. 16; SK-StPO/*Paeffgen* Rn. 18; KMR/*Stöckel* Rn. 29; im Ergebnis auch OLG Stuttgart v. 20. 3. 2003 – 2 Ws 36/03, NStZ-RR 2003, 253; aA OLG Düsseldorf v. 6. 9. 1990 – 3 Ws 755/90, NStZ 1991, 103; OLG Oldenburg v. 9. 10. 1986 – 2 Ws 429/86, MDR 1987, 75; LG Hamburg v. 14. 11. 1990 – 605 StVK 723 – 725/90, MDR 1991, 666; *Bringewat* Rn. 15.
⁴³ OLG München v. 30. 4. 1987 – 2 Ws 419 – 421/87, MDR 1987, 782 (783).
⁴⁴ OLG Düsseldorf v. 4. 1. 1993 – 1 Ws 1209 – 1210/92, StV 1993, 257 (258); OLG Düsseldorf v. 24. 11. 1989 – 1 Ws 1045/89, StV 1990, 122; OLG Frankfurt v. 6. 2. 1996 – 3 Ws 95/96, NStZ-RR 1996, 221; OLG Hamm v. 2. 4. 1984 – 3 Ws 117 u. 118/84, MDR 1985, 248.
⁴⁵ OLG Düsseldorf v. 4. 1. 1993 – 1 Ws 1209 – 1210/92, StV 1993, 257 (258); OLG Hamm v. 5. 2. 1987 – 4 Ws 22/87, MDR 1987, 512; OLG Naumburg v. 5. 9. 1996 – 2 Ws 72/96, NStZ 1997, 56.
⁴⁶ *Meyer-Goßner* Rn. 11.
⁴⁷ KK-StPO/*Appl* Rn. 24; aA SK-StPO/*Paeffgen* Rn. 25; KMR/*Stöckel* Rn. 31; Löwe/Rosenberg/*Graalmann-Scheerer* Rn. 42.

Abs. 6 S. 1 RPflG, § 458 Abs. 2;[48] dessen **Beschluss** ist mit sofortiger Beschwerde (§ 311) anfechtbar, § 462 Abs. 3 S. 1. Die Entscheidung der StA, die Vollstreckung einer Strafe durch **Nichtanwendung von § 43 Abs. 4 StVollstrO** nicht zu unterbrechen, kann nur nach §§ 23 ff. EGGVG (mit vorgängiger Beschwerde gem. § 21 StVollstrO) überprüft werden.[49] Das gilt auch für Vollstreckungsunterbrechungen im Hinblick auf die Aussetzung nach § 57 Abs. 2 Nr. 2 StGB.[50]

17   Sind **mehrere StAen** als Vollstreckungsbehörden beteiligt, darf jede von ihnen gerichtliche Entscheidungen nur im Hinblick auf die von ihr zu vollstreckende Strafe anfechten.[51] **Prozessuale Überholung** einer Beschwerde gegen den die Aussetzung ablehnenden Beschluss durch die Unterbrechung gem. Abs. 2 hat man selbst im Hinblick auf den hohen Wert des betroffenen Freiheitsgrundrechts wegen Abs. 3 anzunehmen.[52]

VI. Bedeutung nach JGG

18   **Jugendstrafe** ist keine Freiheitsstrafe iSd. Norm, selbst im Falle der §§ 110 Abs. 1, 89b JGG.[53] § 89a Abs. 1 JGG trifft eine Sonderregelung, der zufolge Jugendstrafe idR vor Freiheitsstrafe vollstreckt wird (anders uU bei lebenslanger Freiheitsstrafe nach § 89a Abs. 2 JGG). Die Vollstreckung einer Freiheitsstrafe ist deshalb bei Hinzutreten von Jugendstrafe nach Abs. 2 entsprechend zu unterbrechen, und zwar bei Überstellung in den Jugendstrafvollzug sofort.[54] § 89a Abs. 1 JGG sieht für Jugendstrafe eigene Unterbrechungsregeln vor. Beim **Zusammentreffen von Freiheits- und Jugendstrafe** gibt es für die gesondert zu treffenden Aussetzungsentscheidungen keine Zuständigkeitskonzentration. Sie sollen lediglich in gewissem zeitlichen Zusammenhang herbeigeführt werden (§ 89a Abs. 1 S. 5 JGG iVm. § 454b Abs. 3).[55] Anders ist es nach Abgabe der Vollstreckung der Jugendstrafe an die StA (§§ 89a Abs. 3, 85 Abs. 6 JGG); hier findet § 454b Abs. 3 direkt Anwendung, wobei der Zeitpunkt, zu dem die Vollstreckung der Jugendstrafe unterbrochen wird, sich nach wie vor gem. § 89a Abs. 1 JGG bestimmt.[56] Zuständig für die Unterbrechung ist die VollstrB, nicht die StVollstrK.[57]

§ 455 [Aufschub der Vollstreckung einer Freiheitsstrafe]

(1) Die Vollstreckung einer Freiheitsstrafe ist aufzuschieben, wenn der Verurteilte in Geisteskrankheit verfällt.

(2) Dasselbe gilt bei anderen Krankheiten, wenn von der Vollstreckung eine nahe Lebensgefahr für den Verurteilten zu besorgen ist.

(3) Die Strafvollstreckung kann auch dann aufgeschoben werden, wenn sich der Verurteilte in einem körperlichen Zustand befindet, bei dem eine sofortige Vollstreckung mit der Einrichtung der Strafanstalt unverträglich ist.

(4) ¹Die Vollstreckungsbehörde kann die Vollstreckung einer Freiheitsstrafe unterbrechen, wenn

1. der Verurteilte in Geisteskrankheit verfällt,
2. wegen einer Krankheit von der Vollstreckung eine nahe Lebensgefahr für den Verurteilten zu besorgen ist oder

---

[48] OLG Schleswig v. 13. 11. 2008 – 2 Ws 439/08, ZJJ 2009, 59; OLG Stuttgart v. 11. 10. 1990 – 1 Ws 234/90, Justiz 1990, 472; OLG Stuttgart v. 22. 10. 2008 – 4 Ws 202/08, StV 2009, 259; LG Heilbronn v. 9. 9. 1988 – StVK 83/88, NStZ 1989, 291 (292), mAnm *Wendisch*; *Meyer-Goßner* Rn. 9.
[49] BGH v. 21. 12. 1990 – 2 ARs 570/90, NJW 1991, 2030; OLG Frankfurt v. 7. 4. 2000 – VAs 11/00, NStZ-RR 2000, 282; OLG Hamburg v. 13. 11. 1992 – 2 Ws 523 – 525/92, StV 1993, 256; OLG Hamm v. 21. 7. 1998 – 2 Ws 304/98, NStZ 1999, 56; OLG Karlsruhe v. 15. 5. 2001 – 2 VAs 3/01, StV 2003, 348; OLG Köln v. 4. 8. 2009 – 2 Ws 361/09, NStZ-RR 2010, 157; OLG Rostock v. 25. 11. 1993 – 1 Ws 139/93, StV 1994, 194; KK-StPO/*Appl* Rn. 28.
[50] OLG Celle v. 13. 9. 1989 – 1 VAs 8/89, MDR 1990, 176; OLG Frankfurt v. 14. 10. 1996 – 3 Ws 825/96, NStZ-RR 1997, 95 f.; OLG Stuttgart v. 20. 3. 2003 – 2 Ws 36/03, NStZ 2003, 253 (254); aA OLG Zweibrücken v. 24. 8. 1989 – 1 Ws 412/89, NStZ 1989, 592, mAnm *Wendisch* JR 1990, 212; vgl. auch OLG Hamm v. 15. 10. 1992 – 1 VAs 43/92, NStZ 1993, 302.
[51] OLG Düsseldorf v. 18. 7. 1994 – 3 Ws 310 – 311/94, MDR 1995, 194; OLG Stuttgart v. 22. 4. 1983 – 3 Ws 100/83, NStZ 1984, 363.
[52] OLG Schleswig v. 19. 3. 2002 – 2 Ws 75/02, SchlHA 2003, 2005; OLG Zweibrücken v. 8. 2. 1989 – 1 Ws 30/89, MDR 1989, 843; KK-StPO/*Appl* Rn. 24; *Meyer-Goßner* Rn. 12.
[53] OLG Stuttgart v. 30. 6. 1987 – 4 Ws 170/87, JZ 1987, 1085; KK-StPO/*Appl* Rn. 3.
[54] Ausführlich KK-StPO/*Appl* Rn. 3.
[55] OLG Jena v. 15. 1. 2004 – 1 Ws 396/03, NStZ 2005, 167; OLG Karlsruhe v. 3. 2. 1998 – 1 Ws 12/98, Justiz 1998, 602; *Eisenberg* § 89a JGG Rn. 6, vgl. auch OLG Düsseldorf v. 6. 1. 1987 – 3 Ws 686/86, MDR 1988, 79 (80).
[56] OLG Dresden v. 14. 10. 1999 – 2 Ws 596/99, NStZ-RR 2000, 381; OLG Düsseldorf v. 28. 8. 1992 – 4 Ws 291/92, MDR 1993, 171; OLG Frankfurt v. 30. 11. 1999 – 3 Ws 1048/99, NStZ-RR 2000, 95; OLG Karlsruhe v. 11. 3. 2008 – 2 Ws 374/07, StraFo 2008, 264; OLG Zweibrücken v. 20. 5. 1994 – 1 Ws 220/94, NStE Nr. 16; KK-StPO/*Appl* Rn. 3.
[57] OLG Schleswig v. 13. 11. 2008 – 2 Ws 439/08, ZJJ 2009, 59.

3. der Verurteilte sonst schwer erkrankt und die Krankheit in einer Vollzugsanstalt oder einem Anstaltskrankenhaus nicht erkannt oder behandelt werden kann

und zu erwarten ist, daß die Krankheit voraussichtlich für eine erhebliche Zeit fortbestehen wird. ²Die Vollstreckung darf nicht unterbrochen werden, wenn überwiegende Gründe, namentlich der öffentlichen Sicherheit, entgegenstehen.

Schrifttum: *Zeitler*, Krankheit und Strafe – Die Probleme mit § 455 StPO, Rpfleger 2009, 205.

I. Normzweck und Allgemeines

Die Bestimmung regelt den **Strafausstand** in Form von Vollstreckungsaufschub (vor Vollzugsbeginn) oder -unterbrechung (nach Vollzugsbeginn) aus gesundheitlichen Gründen des Verurteilten, die seinen Aufenthalt im Vollzug unangebracht erscheinen lassen. Entscheidende Bedeutung kommt somit zumindest in einigen Fällen (Abs. 2 und 3, Abs. 4 Nr. 2 und 3) der Qualität und den Behandlungsmöglichkeiten der vollzuglichen Krankeneinrichtungen zu. Aufschub ist teils zwingend (Abs. 1 und 2), teils fakultativ (Abs. 3) zu gewähren, Unterbrechung nur nach Ermessen (Abs. 4). Deshalb und wegen der divergierenden Voraussetzungen bedarf es einer exakten Differenzierung zwischen den Absätzen der Norm.[1] § 455 gilt bei zeitiger wie bei lebenslanger **Freiheitsstrafe**, aber nicht für U-Haft. Bei Maßregeln der Besserung und Sicherung findet § 455 im Rahmen von § 463 Abs. 1 und 5 S. 1 und 2 Anwendung. Für den Vollzug der Strafe durch die Bundeswehr geht Art. 6 EGWStG vor.[2]

Die **Dauer** des Strafausstands legt das Gesetz nicht fest. Sie richtet sich nach dem Wiedereintritt der Vollzugstauglichkeit. Es ist zulässig, den Ausstand nur für eine bestimmte Zeit zu bewilligen und erforderlichenfalls zu verlängern. In dieser Zeit **ruht die Vollstreckungsverjährung**, § 79a Nr. 2a StGB. Zuständig ist die Vollstreckungsbehörde (§ 451 Abs. 1), die von Amts wegen oder auf Antrag entscheidet. Sie wird sich zur Klärung der Voraussetzungen idR der iSd. § 45 Abs. 1 StVollstrO zuständigen Ärzte bedienen.[3]

II. Aufschub der Strafvollstreckung (Abs. 1–3)

Über die hier geregelten Fälle hinaus finden sich **weitere Aufschubgründe** in §§ 47 Abs. 2, 307 Abs. 2, 360 Abs. 2, 455a, 456. Damit ist der Komplex unbeschadet der Erteilung von Gnadenerweisen abschließend geregelt; weitere Aufschubmöglichkeiten, etwa aus Gründen öffentlichen Interesses, bestehen nicht.[4] War eine **Strafe bereits teilweise vollstreckt** worden, kam es dann zu einer Unterbrechung und soll nunmehr die Fortsetzung der Vollstreckung aufgeschoben werden, richtet sich dies wegen Vergleichbarkeit der Sachverhalte nach Abs. 1 bis 3 und nicht nach Abs. 4:[5] Der Verurteilte unterliegt nicht (mehr) der vollzugsbehördlichen Verfügungsgewalt.

1. Zwingende Gründe (Abs. 1 und 2). Nach Abs. 1 ist Strafaufschub unabdingbar, wenn der Verurteilte in **Geisteskrankheit** verfällt. Hierfür reicht jede nachträgliche Feststellung einer derartigen Störung unabhängig von dem Zeitpunkt, an dem sie erstmals vorlag.[6] Es bedarf einer psychischen Störung von solchem Ausmaß, dass mit – auch speziellen (vgl. beispielhaft §§ 7 Abs. 2 Nr. 6, 141 Abs. 1 StVollzG) – vollzuglichen Einrichtungen auf den Verurteilten nicht mehr eingewirkt werden kann.[7] Persönlichkeitsstörungen oder andere Fehlhaltungen reichen deshalb idR nicht aus. Bei periodisch auftretenden Erkrankungen wird Aufschub nur für die Dauer eines Schubes bewilligt.[8]

Andere Krankheiten zwingen zum Aufschub, wenn **nahe Lebensgefahr zu besorgen** steht (Abs. 2). Es bedarf hier mehr als der bloßen Möglichkeit einer lebensbedrohlichen Verschlechterung.[9] Der damit erforderliche höhere Probabilitätsgrad steigt mit der Dauer der noch zu verbü-

---

[1] OLG Koblenz v. 25. 6. 2003 – 1 Ws 387/03, StraFo 2003, 434; Löwe/Rosenberg/*Graalmann-Scheerer* Rn. 17.
[2] Details bei Löwe/Rosenberg/*Graalmann-Scheerer* Rn. 23–26.
[3] *Zeitler* Rpfleger 2009, 205 (206), dort (208 f.) auch zu Ausnahmen hiervon.
[4] KK-StPO/*Appl* Rn. 5; SK-StPO/*Paeffgen* Rn. 3; aA *Bringewat* Rn. 7; Löwe/Rosenberg/*Graalmann-Scheerer* Rn. 7.
[5] OLG Hamm v. 19. 6. 1973 – 5 Ws 102/73, NJW 1973, 2075; *Meyer-Goßner* Rn. 1; Löwe/Rosenberg/*Graalmann-Scheerer* Rn. 4; aA OLG München v. 24. 11. 1987 – 2 Ws 1205/87, NStZ 1988, 294 (295), mAnm *Preusker*; OLG Oldenburg v. 11. 11. 1982 – 2 Ws 490/82, NStZ 1983, 139 (140); *Bringewat* Rn. 2; SK-StPO/*Paeffgen* Rn. 3; KMR/*Stöckel* Rn. 2.
[6] KK-StPO/*Appl* Rn. 6.
[7] OLG München v. 8. 1. 1981 – 1 VAs 19/80, NStZ 1981, 240; *Zeitler* Rpfleger 2009, 205 (209); s. auch *Gatzweiler* StV 1996, 283 (285); krit. SK-StPO/*Paeffgen* Rn. 8.
[8] KK-StPO/*Appl* Rn. 6; Löwe/Rosenberg/*Graalmann-Scheerer* Rn. 9; aA SK-StPO/*Paeffgen* Rn. 8.
[9] OLG Düsseldorf v. 16. 10. 1990 – 1 Ws 866/90, NJW 1991, 765; OLG Hamm v. 12. 3. 1976 – 2 Ws 365/75, MDR 1976, 778; OLG Schleswig v. 8. 4. 1992 – 1 Ws 192/92, SchlHA 1993, 230; OLG Stuttgart v. 25. 4. 1988 – 3 Ws 84/88, NStE Nr. 2; vgl. auch BVerfG v. 19. 6. 1979 – 2 BvR 1060/78, BVerfGE 51, 324 (348) = NJW 1979, 2349 (2350).

§ 455 6–10 Siebentes Buch. Strafvollstreckung und Kosten des Verfahrens

ßenden Strafe bis zu an Sicherheit grenzender Wahrscheinlichkeit an.[10] Die Gefahr muss gerade auf der Vollstreckung beruhen, woran es fehlt, wenn sie außerhalb des Vollzugs genauso bestünde.[11] **Suizidgefahr** beim Verurteilten ist mit den besonderen Sicherungsmaßnahmen des Vollzugsrechts (etwa § 88 StVollzG) zu begegnen,[12] Selbsttötungsdrohungen von Angehörigen sind höchstens nach § 456 relevant.[13]

6   **2. Fakultativer Grund (Abs. 3).** Nach pflichtgemäßem Ermessen ausgesetzt werden kann die Vollstreckung bei **Unverträglichkeit sofortiger Vollstreckung** des körperlichen Zustands des Verurteilten mit den vollzuglichen Einrichtungen, auch nachdem Lebensgefahr iS von Abs. 2 nicht mehr besteht.[14] Sowohl im Interesse des Verurteilten als auch der Institution darf der Vollzug nicht zumutbar sein, etwa bei fehlenden Behandlungs- oder Pflegemöglichkeiten,[15] aber auch bei hochinfektiösen, für Mitgefangene und Bedienstete gefährlichen Krankheiten.[16] Bei der Entscheidung ist das öffentliche Interesse an der Vollstreckung in die Abwägung einzustellen.[17] **Schwangerschaften** trägt das Vollzugsrecht idR hinreichend Rechnung (etwa §§ 76 f. StVollzG).[18]

III. Unterbrechung der Strafvollstreckung (Abs. 4)

7   **1. Allgemeines.** Strafunterbrechung kommt nur unter **engeren Voraussetzungen** als Vollstreckungsaufschub in Betracht, weil eine einmal begonnene Vollstreckung im öffentlichen wie im Interesse des Verurteilten zu Ende geführt werden soll. S. 1 ermöglicht es der Vollstreckungsbehörde, bei Vorliegen bestimmter Voraussetzungen nach pflichtgemäßem Ermessen unter Berücksichtigung aller relevanten Gesichtspunkte eine Vollstreckungsunterbrechung herbeizuführen; S. 2 enthält ein zwingendes Aussetzungsverbot.

8   Das **Verfahren** bei der Unterbrechung findet sich in § 46 StVollstrO näher beschrieben. Sie soll förmlich angeordnet und dem Betroffenen nach Möglichkeit bekanntgegeben werden. Ihre Beendigung kann durch ausdrückliche Anordnung, aber auch konkludent bei Ergreifen von Sicherungsmaßnahmen wie polizeilicher Bewachung erfolgen.[19] Anfragen an das Krankenhaus oder Bitten um Mitteilung des Entlassungstermins reichen dafür jedoch nicht aus.[20] Abgegrenzt werden muss der Strafausstand von Krankenhausaufenthalt unter Fortdauer der Strafvollstreckung mit der Folge der **Anrechnung gem. § 461**. Fehlt eine hinreichend deutliche Anordnung, kommt es darauf an, ob die Vollstreckungsbehörde die Verfügungsgewalt über den Verurteilten aufgibt (dann Unterbrechung) oder Maßnahmen zu deren Beibehaltung ergreift.[21]

9   **2. Unterbrechungsgründe und -gegengründe.** Als Unterbrechungsgründe nennt das Gesetz zunächst Verfallen in Geisteskrankheit und Besorgnis einer nahen Lebensgefahr für den Verurteilten (S. 1 Nr. 1 und 2). Die Begriffe sind wie in Abs. 1 und 2 zu verstehen (Rn. 4 und 5). Bei Vorliegen dieser Gründe wird das Ermessen idR auf Null reduziert sein.[22]

10   Eine **sonstige schwere Erkrankung** (S. 1 Nr. 3) gestattet die Vollstreckungsunterbrechung nur, wenn die Krankheit in einer vollzuglichen Einrichtung (auch spezielle Anstalt oder Anstaltskrankenhaus) nicht erkannt oder behandelt werden kann (vgl. § 65 Abs. 2 StVollzG). Die Verlegungsmöglichkeit nach § 65 Abs. 1 StVollzG oder einer entsprechenden Norm des Landesrechts darf nicht bestehen.[23] Auch eine Verlegung in eine vollzugsexterne Klinik ohne Strafunter-

---

[10] OLG München v. 8. 1. 1981 – 1 VAs 19/80, NStZ 1981, 240; KK-StPO/*Appl* Rn. 7; *Meyer-Goßner* Rn. 5; aA *Bringewat* Rn. 9; SK-StPO/*Paeffgen* Rn. 9; KMR/*Stöckel* Rn. 12.
[11] OLG Düsseldorf v. 16. 10. 1990 – 1 Ws 866/90, NJW 1991, 765; OLG Hamburg v. 2. 5. 2006 – 1 Ws 59/06, NStZ-RR 2006, 285; OLG Schleswig v. 8. 4. 1992 – 1 Ws 192/92, SchlHA 1993, 230; KK-StPO/*Appl* Rn. 7; *Zeitler* Rpfleger 2009, 205 (207); zw. SK-StPO/*Paeffgen* Rn. 9; aA *Neuhaus* FS 25 Jahre Arbeitsgemeinschaft Strafrecht des Deutschen Anwaltvereins, 2009, S. 1010 (1020).
[12] KG v. 5. 1. 1994 – 5 Ws 4/94, NStZ 1994, 255; OLG Hamm v. 23. 9. 1981 – 6 Ws 196/81, OLGSt S. 1 (3); OLG Hamm v. 13. 8. 2009 – 2 Ws 211/09, NStZ-RR 2010, 191 (LS); OLG Schleswig v. 23. 11. 2006 – 2 Ws 436/06, SchlHA 2007, 292; Löwe/Rosenberg/*Graalmann-Scheerer* Rn. 10; krit. *Gatzweiler* StV 1996, 283 (286); SK-StPO/*Paeffgen* Rn. 6.
[13] OLG Köln v. 26. 2. 1985 – 2 Ws 64/85, NStZ 1985, 381.
[14] *Zeitler* Rpfleger 2009, 205 (206).
[15] BGH v. 19. 11. 1963 – 5 AR (Vs) 84/63, BGHSt 19, 148 (150) = NJW 1964, 166 (167).
[16] *Zeitler* Rpfleger 2009, 205 (207).
[17] BGH v. 29. 4. 1993 – III ZR 3/92, BGHZ 122, 268 (276) = NJW 1993, 2927 (2929); KG v. 15. 2. 2006 – 5 Ws 607/05, StV 2008, 87; vgl. auch BVerfG v. 27. 6. 2003 – 2 BvR 1007/03, NStZ-RR 2003, 345.
[18] KK-StPO/*Appl* Rn. 8; Löwe/Rosenberg/*Graalmann-Scheerer* Rn. 12.
[19] Hierzu OLG Celle v. 10. 4. 1967 – 4 Ws 110/67, MDR 1968, 782; *Meyer-Goßner* Rn. 14.
[20] OLG Stuttgart v. 12. 6. 1989 – 3 Ws 131/89, NStZ 1989, 552.
[21] OLG Hamburg v. 27. 5. 1999 – 2 Ws 14/99, NStZ 1999, 589; OLG Schleswig v. 22. 11. 1956 – Ws 91/56, SchlHA 1957, 81; OLG Stuttgart v. 12. 6. 1989 – 3 Ws 131/89, NStZ 1989, 552 mwN; aA (Anordnung stets erforderlich) Anw-StPO/*Kirchhof* Rn. 5.
[22] KK-StPO/*Appl* Rn. 10.
[23] OLG Karlsruhe v. 17. 9. 1990 – 1 Ws 216/90, NStZ 1991, 53; OLG Karlsruhe v. 21. 12. 1990 – 1 Ws 275/90L, NStZ 1991, 302 (303).

brechung (§ 65 Abs. 2 StVollzG) genießt Vorrang.[24] HIV-Infektion oder AIDS-Erkrankung im frühen Stadium rechtfertigen deshalb keinen Strafausstand,[25] wohl aber die eine Transplantation erforderlich machende Leberzirrhose.[26] Aufgrund der in § 455 angelegten Verknüpfung mit vollzugsspezifischen Aspekten kann eine Unterbrechung auch dann sachgerecht sein, wenn sie die einzige Möglichkeit bildet, dem Verurteilten unzumutbaren subkulturellen Druck zu vermeiden (massive Einwirkungsversuche süchtiger Mitgefangener bei Besitz von Einwegspritzen zur Interferonselbsttherapie).[27] Hier darf allerdings andere Abhilfe (etwa Verlegung in andere Anstalt oder Abteilung, auch abweichend vom Vollstreckungsplan) nicht möglich sein. Im Hinblick auf Art. 1 Abs. 1 GG kann über die Voraussetzungen von S. 1 Nr. 2 und 3 hinaus die Unterbrechung bei einem **todkranken Gefangenen** geboten sein, wenn S. 2 nicht entgegensteht.[28]

Die Unterbrechung nach S. 1 Nr. 1 bis 3 kommt nur unter der Prognose in Betracht, die 11 Krankheit werde **für erhebliche Zeit** andauern. Das ist nicht nur der Fall, wenn mit Genesung überhaupt nicht gerechnet werden kann. Bei überschaubarer Genesungszeit kommt es auf die Reststrafdauer an; der Verurteilte soll keinen unverhältnismäßig großen Teil der Strafe außerhalb der JVA verbringen.[29] IdR wird es zur Klärung eines (amts- bzw. anstalts)ärztlichen Gutachtens bedürfen, vgl. § 45 Abs. 1 StVollstrO. Ermessensfehlerhaft ist es, die Verbüßung nur zu unterbrechen, um der Vollzugsbehörde die Behandlungskosten zu ersparen.[30]

Nach Abs. 4 S. 2 ist die **Unterbrechung ausgeschlossen**, wenn ihr überwiegende Gründe, spe- 12 ziell solche der öffentlichen Sicherheit, entgegenstehen. Beispiele sind drohende neue Straftaten oder Fluchtgefahr. Es reicht aus, wenn die Gefahren gerade wegen der Erkrankung des Verurteilten drohen.[31] Sofern eine Behandlung in den vollzuglichen Institutionen nicht möglich ist, darf die Verlegung in eine geeignete Einrichtung unter Fortdauer der Strafvollstreckung nach § 461 oder § 65 Abs. 2 S. 1 StVollzG bzw. einer entsprechenden Landesnorm erfolgen. Der Unterbrechung stehen aber keine Sicherheitsbedenken entgegen, wenn der Verurteilte auf der Basis des Landes-Unterbringungsgesetzes in einer geeigneten Anstalt sicher verwahrt werden kann.[32]

IV. Rechtsbehelfe

Neben der Dienstaufsichtsbeschwerde gegen Entscheidungen der StA kann der Verurteilte 13 nach § 458 Abs. 2 **Einwendungen** erheben, über die das Gericht (§§ 462, 462 a) entscheidet.[33] Der Prüfungsmaßstab ist in den Fällen von Abs. 3 und 4 auf der Rechtsfolgenseite auf Ermessensfehler beschränkt.[34] Gegen die gerichtliche Entscheidung ist **sofortige Beschwerde** statthaft, § 462 Abs. 3 S. 1. Wurde die Unterbrechung angeordnet, hat das hiergegen gerichtete Rechtsmittel der StA aufschiebende Wirkung, § 462 Abs. 3 S. 2. Richtet sich die Beschwerde gegen die Ablehnung des Strafaufschubs, wird sie durch den Beginn der Strafvollstreckung nicht prozessual überholt.[35]

§ 455a [Aufschub oder Unterbrechung aus Gründen der Vollzugsorganisation]

(1) **Die Vollstreckungsbehörde kann die Vollstreckung einer Freiheitsstrafe oder einer freiheitsentziehenden Maßregel der Besserung und Sicherung aufschieben oder ohne Einwilligung des Gefangenen unterbrechen, wenn dies aus Gründen der Vollzugsorganisation erforderlich ist und überwiegende Gründe der öffentlichen Sicherheit nicht entgegenstehen.**

(2) **Kann die Entscheidung der Vollstreckungsbehörde nicht rechtzeitig eingeholt werden, so kann der Anstaltsleiter die Vollstreckung unter den Voraussetzungen des Absatzes 1 ohne Einwilligung des Gefangenen vorläufig unterbrechen.**

---

[24] BVerfG v. 27. 6. 2003 – 2 BvR 1007/03, NStZ-RR 2003, 345; BGH v. 29. 4. 1993 – III ZR 3/92, BGHZ 122, 268 (272 f.) = NJW 1993, 2927 (2928); OLG Koblenz v. 25. 6. 2003 – 1 Ws 387/03, StraFo 2003, 434; *Meyer-Goßner* Rn. 10; unklar OLG München v. 27. 1. 1997 – 2 Ws 43/97, StV 1997, 262 (263).
[25] OLG Stuttgart v. 25. 4. 1988 – 3 Ws 84/88, NStE Nr. 2; LG Ellwangen v. 24. 2. 1988 – StVK 21/88, NStZ 1988, 330 (331); KK-StPO/*Appl* Rn. 13.
[26] OLG Stuttgart v. 27. 2. 1991 – 3 Ws 41/91, StV 1991, 478.
[27] OLG München v. 27. 1. 1997 – 2 Ws 43/97, StV 1997, 262 (263); KK-StPO/*Appl* Rn. 10.
[28] BVerfG v. 9. 3. 2010 – 2 BvR 3012/09 Abs. 25 ff.; OLG Hamburg v. 2. 5. 2006 – 1 Ws 59/06, NStZ-RR 2006, 285; s. auch AK/*Rössner* Rn. 6.
[29] OLG München v. 13. 6. 2003 – 2 Ws 387/03, StraFo 2003, 323; *Meyer-Goßner* Rn. 11.
[30] Wie hier AK/*Rössner* Rn. 6; KMR/*Stöckel* Rn. 17.
[31] KK-StPO/*Appl* Rn. 15; *Meyer-Goßner* Rn. 12.
[32] OLG Karlsruhe v. 3. 12. 1998 – 1 Ws 306/98, NStZ 2000, 279 (280); AK/*Rössner* Rn. 4.
[33] OLG Karlsruhe v. 30. 6. 1988 – 2 VAs 7/88, NStZ 1988, 525.
[34] Hierzu BVerfG v. 9. 3. 2010 – 2 BvR 3012/09 Abs. 31; KG v. 15. 2. 2006 – 5 Ws 607/05, StV 2008, 87; OLG Hamm v. 10. 2. 2009 – 2 Ws 25/09, NStZ-RR 2009, 189; OLG Jena v. 21. 8. 2003 – 1 Ws 264/03, StV 2004, 84; OLG Koblenz v. 25. 6. 2003 – 1 Ws 387/03, StraFo 2003, 434 (435).
[35] OLG Schleswig v. 30. 5. 1983 – 1 Ws 293/83, MDR 1983, 865; *Meyer-Goßner* Rn. 16; KMR/*Stöckel* Rn. 19.

I. Normzweck und Folgen

1 § 455a ermöglicht den Strafausstand aus Gründen, die sich nicht auf die Person eines Gefangenen beziehen[1] (sonst §§ 455, 456), sondern auf **Gesichtspunkten der Vollzugsorganisation** beruhen, und bildet so ein deutliches Beispiel für die Verzahnung von Vollstreckungs- und Vollzugsrecht. Die Norm gilt für Freiheitsstrafen und stationäre Maßregeln. Nach Abs. 1 kommen Aufschub und Unterbrechung (zum Unterschied § 455 Rn. 1) in Frage, nach Abs. 2 nur die Unterbrechung.

2 Die Anordnung hat das **Ruhen der Vollstreckungsverjährung** zur Folge (§ 79a Nr. 2a StGB), die Unterbrechung zählt nicht als Strafzeit. Steht bald nach Ende der Unterbrechung eine Entscheidung über die Strafrestaussetzung an (§ 454), kann bei längerem Strafausstand eine Prognose unmöglich sein.[2]

II. Voraussetzungen

3 Aufschub oder Unterbrechung müssen **aus vollzuglichen Gründen erforderlich** sein (Abs. 1). Daran fehlt es, wenn durch Maßnahmen auf vollzuglicher Ebene – etwa Verlegungen auch unter Abweichung vom Vollstreckungsplan – Abhilfe geschaffen werden kann. Beispiele bilden eine menschenunwürdige Überbelegung der Anstalten, Seuchen- oder Katastrophenfälle (Zerstörung, Überschwemmung oder Baufälligkeit einer Anstalt). Auch das Erfordernis, bei zu geringen Haftkapazitäten nach Gefährlichkeit von Verurteilten zu differenzieren, fällt unter die Norm.[3] Wird gegen einen Strafgefangenen Haftbefehl erlassen und sind die für U-Haft erforderlichen Sicherungs- und Überwachungsmaßnahmen im Strafvollzug nicht erbringbar, geht aber § 116b S. 2 vor.[4] Die Einwilligung des Gefangenen ist keine Unterbrechungsvoraussetzung. Er hat deshalb auch keinen Anspruch auf Unterbrechung nach § 455a.[5]

4 Dem Strafausstand dürfen **keine überwiegenden Gründe der öffentlichen Sicherheit** entgegenstehen. Das ist der Fall, wenn die Interessen am Strafausstand diejenigen an der Vollstreckung überwiegen. Berücksichtigung finden müssen etwa das öffentliche Interesse an der zeitnahen Vollstreckung rechtskräftiger Strafen sowie die von einem Gefangenen drohende Gefahr der Begehung neuer Straftaten oder der Flucht. Selbst wenn die Voraussetzungen auf der Tatbestandsseite der Norm gegeben sind, bleibt eine **Ermessensentscheidung** unter nochmaliger Abwägung der berührten Aspekte zu treffen.

III. Zuständigkeit

5 Zuständig für den Strafausstand nach Abs. 1 ist die **Vollstreckungsbehörde** (§ 451 Abs. 1), und zwar der Rechtspfleger (§ 31 Abs. 2 S. 1 RpflG). Nach § 46a Abs. 1 StVollstrO ist – wenn möglich – die Zustimmung der obersten Justizbehörde einzuholen.

6 Kommt **in Eilfällen** keine Entscheidung der Vollstreckungsbehörde in Betracht, gibt Abs. 2 dem Anstaltsleiter eine subsidiäre Kompetenz für eine vorläufige Vollstreckungsunterbrechung. Er muss die Vollstreckungsbehörde und die oberste Justizbehörde unterrichten, damit erstere über die Fortdauer der Unterbrechung entscheidet (§ 46a Abs. 2 StVollstrO).

IV. Rechtsbehelfe

7 Gerichtliche Entscheidung gem. § 458 Abs. 2 ist nicht vorgesehen; auch § 109 StVollzG gilt nicht. Weil § 455a nicht im Interesse des Gefangenen existiert, kann dieser die Ablehnung eines Antrags auf Strafunterbrechung nicht anfechten.[6] Ist der Strafausstand gegen den Willen des Verurteilten angeordnet worden, kommt eine Anfechtung nach §§ 23ff. EGGVG in Betracht; eine Rechtsverletzung (§ 24 Abs. 1 EGGVG) kann in der ermessensfehlerhaften Nichtberücksichtigung der Lebensplanung des Verurteilten liegen.[7] Die Eilanordnung gem. Abs. 2 wird durch die Entscheidung der StA prozessual überholt und ein Anfechtungsantrag dadurch unzulässig.

---

[1] KG v. 9.2.1983 – 1 AR 60/83 – 5 Ws 15/83, NStZ 1983, 334; OLG Karlsruhe v. 17.9.1990 – 1 Ws 216/90, NStZ 1991, 53 (54).
[2] KG v. 9.2.1983 – 1 AR 60/83 – 5 Ws 15/83, NStZ 1983, 334 (335); OLG Zweibrücken v. 15.3.2000 – 1 Ws 125/00, NStZ-RR 2000, 350.
[3] KG v. 9.2.1983 – 1 AR 60/83 – 5 Ws 15/83, NStZ 1983, 334 (335); s. auch *Fabricius* StV 1998, 447 (449f.).
[4] *Meyer-Goßner* Rn. 1 aE.
[5] OLG Karlsruhe v. 3.11.2004 – 2 VAs 34/04, Rpfleger 2005, 162.
[6] OLG Karlsruhe v. 3.11.2004 – 2 VAs 34/04, Rpfleger 2005, 162.
[7] KK-StPO/*Appl* Rn. 6; SK-StPO/*Paeffgen* Rn. 8; KMR/*Stöckel* Rn. 10; aA KG v. 9.2.1983 – 1 AR 60/83 – 5 Ws 15/83, NStZ 1983, 334 (335); *Meyer-Goßner* Rn. 6.

§ 456 [Vorübergehender Aufschub]

(1) Auf Antrag des Verurteilten kann die Vollstreckung aufgeschoben werden, sofern durch die sofortige Vollstreckung dem Verurteilten oder seiner Familie erhebliche, außerhalb des Strafzwecks liegende Nachteile erwachsen.

(2) Der Strafaufschub darf den Zeitraum von vier Monaten nicht übersteigen.

(3) Die Bewilligung kann an eine Sicherheitsleistung oder andere Bedingungen geknüpft werden.

I. Normzweck und Anwendungsbereich

§ 456 gestattet einen Vollstreckungsaufschub (§ 455 Rn. 1) **aus wichtigen individuellen Gründen**, um den Verurteilten in die Lage zu versetzen, Vorsorge zu treffen und seine Angelegenheiten zu ordnen. Auch die Vollstreckung eines Strafrests kann deshalb aufgeschoben werden.[1] Eine **Vollstreckungsunterbrechung** lässt die Norm nicht zu,[2] wie der Vergleich mit §§ 455, 455a zeigt. Insoweit kann ein Strafausstand – ebenso wie ein Aufschub über das durch Abs. 2 vorgegebene Maximum hinaus (auch bei wiederholter Anordnung)[3] oder aus sonstigen Gründen – nur im Gnadenweg bewilligt werden.[4] 1

Die Bestimmung findet Anwendung bei zeitiger wie – jedenfalls theoretisch – lebenslanger Freiheitsstrafe. Befindet sich der Verurteilte in **U-Haft**, kann § 456 keine Bedeutung erlangen. Bei **Maßregeln der Besserung und Sicherung** wird § 456 außer für Sicherungsverwahrung entsprechend angewendet (§ 463 Abs. 1 und 5 S. 3); beim Berufsverbot (§ 70 StGB) ist § 456 c die speziellere Norm. Für Geldstrafe gilt § 456, was jedoch wegen der besseren Schutzmöglichkeiten in §§ 459 a ff. keine praktische Bedeutung hat.[5] 2

Keine Anwendung von § 456 findet statt bei Nebenstrafen und Nebenfolgen, die ohne Vollstreckung mit rechtskräftiger Entscheidung ipso iure wirksam werden, etwa beim Fahrverbot (§ 44 Abs. 2 S. 1 StGB),[6] ferner bei Verlust von Fähigkeiten und Rechten (§ 45 a Abs. 1 StGB) sowie dem Rechtsübergang bei Verfall und Einziehung (§§ 73 e Abs. 1, 74 e Abs. 1 StGB).[7] Für Ersatzfreiheitsstrafe ist § 459 f lex specialis (dort Rn. 1). 3

II. Voraussetzungen (Abs. 1 und 2)

Ein Aufschub ist möglich, wenn durch die sofortige Vollstreckung **erhebliche, außerhalb des Strafzwecks liegende Nachteile** erwachsen würden. Der Nachteil kann dem Verurteilten selbst oder seiner Familie drohen. Zu einer engen Auslegung des Begriffs „Familie" (Ehegatten und Kinder) zwingt der Normzweck nicht; es reichen auch Nachteile zB für die Eltern des Verurteilten. Welcher Art der Nachteil ist (persönlicher oder wirtschaftlicher Natur), bleibt unbeachtlich. Er muss jedoch durch den Strafaufschub beeinflussbar sein, woran es bei in jedem Fall drohenden negativen Folgen fehlt (etwa Arbeitsplatzverlust[8]).[9] Als Gründe[10] anerkannt sind die Notwendigkeit, Kinder bei vorübergehender Erkrankung des Partners zu versorgen,[11] der kurz bevorstehende Abschluss einer Ausbildung oder Umschulung[12] bzw. eines wesentlichen Teils einer solchen,[13] das Erfordernis, einen Vertreter oder Nachfolger für die ausgeübte selbständige Tätigkeit zu finden[14] oder die Ernte einzubringen.[15] Die Erheblichkeit ist nicht stets gegeben, wenn einem Stu- 4

---

[1] KK-StPO/*Appl* Rn. 1; *Meyer-Goßner* Rn. 1; aA *Bringewat* Rn. 3.
[2] BGH v. 19. 11. 1963 – 5 AR (Vs) 84/63, BGHSt 19, 148 (150) = NJW 1964, 166 (167); OLG Oldenburg v. 11. 11. 1982 – 2 Ws 490/82, NStZ 1983, 139; *Meyer-Goßner* Rn. 1; aA *Volckart* NStZ 1982, 496 (497 f.); SK-StPO/*Paeffgen* Rn. 4.
[3] OLG Hamburg v. 29. 8. 1968 – VAs 20/68, NJW 1969, 671; *Meyer-Goßner* Rn. 6.
[4] OLG Stuttgart v. 11. 2. 1985 – 4 VAs 47/84 u. 4/85, NStZ 1985, 331; KK-StPO/*Appl* Rn. 9.
[5] OLG Schleswig v. 24. 10. 1975 – 2 Ws 348/75, SchlHA 1976, 13; *Meyer-Goßner* Rn. 2; Löwe/Rosenberg/*Graalmann-Scheerer* Rn. 1.
[6] AG Mainz v. 1. 2. 1967 – 17 Cs 326/66, MDR 1967, 683 f.; *Pohlmann* Rpfleger 1967, 380 (384); *Meyer-Goßner* Rn. 2; s. auch § 456 c Rn. 1.
[7] KK-StPO/*Appl* Rn. 3; *Meyer-Goßner* Rn. 2.
[8] OLG Düsseldorf v. 7. 12. 1991 – 1 Ws 1108 – 1141/92, VRS 84, 463 (465).
[9] OLG Köln v. 26. 2. 1985 – 2 Ws 64/85, NStZ 1985, 381; OLG Schleswig v. 11. 6. 1992 – 1 Ws 212/92, NStZ 1992, 558.
[10] Ausführliche Übersicht bei *Heimann* StV 2001, 54 (56).
[11] OLG Zweibrücken v. 17. 9. 1973 – Ws 240/73, NJW 1974, 70, mAnm *E. Kaiser*; KK-StPO/*Appl* Rn. 5; ferner OLG Düsseldorf v. 15. 11. 1991 – 1 Ws 1029/91, JR 1992, 435, mAnm *Wendisch*.
[12] StA Regensburg v. 13. 3. 2000 – 132 VRs 95 823/99, StV 2000, 383; *Meyer-Goßner* Rn. 3.
[13] LG Stralsund v. 29. 12. 2009 – 23 Qs 50/09, ZJJ 2010, 81.
[14] OLG Düsseldorf v. 15. 6. 1966 – 1 Ws 285/66, NJW 1966, 1767 (1768); OLG Frankfurt v. 17. 11. 1988 – 3 Ws 1106/88, NStZ 1989, 93; s. auch OLG Karlsruhe v. 27. 9. 1999 – 2 Ws 227/99, StV 2000, 213 (214).
[15] *Volckart* NStZ 1982, 496 (497); *Meyer-Goßner* Rn. 3.

denten nur der Verlust eines Semesters droht.[16] **Keine Berücksichtigung** finden Nachteile, die mit dem Strafübel üblicherweise verbunden sind[17] oder die der Verurteilte selbst bewusst herbeigeführt hat (Gedanke des Arglisteinwands).[18] Auch eine Abweichung vom Vollstreckungsplan oder eine bestimmte Art der Unterbringung (etwa in einer Mutter-Kind-Einrichtung) kann über § 456 nicht erreicht werden.[19]

5 Nach Abs. 2 beträgt die **Höchstdauer** des Strafaufschubs vier Monate. **Fristbeginn** ist nicht mit Urteilsrechtskraft oder Erhalt der Ladung, sondern an dem Tag, zu dem der Verurteilte zum Strafantritt geladen ist[20] oder an dem er nach Strafunterbrechung in die Anstalt zurückkehren soll.[21] Die Frist berechnet sich nach § 43; sie endet selbst dann nach vier Monaten, wenn über den Antrag auf Strafausstand noch nicht entschieden ist.[22]

6 Der Aufschub setzt zwingend einen **Antrag des Verurteilten** voraus (Abs. 1). Der Antrag eines von Nachteilen betroffenen Angehörigen reicht nicht. Bei Freiheitsstrafen ist der Antrag vor Vollstreckungsbeginn zu stellen.[23] Er hat keine aufschiebende Wirkung und wird durch den Vollstreckungsbeginn nicht prozessual überholt.[24] Wird erst danach über den Antrag entschieden, kann gleichwohl nur Aufschub und nicht Unterbrechung angeordnet werden;[25] schon verbüßte Zeit zählt dann nicht zum Vier-Monats-Zeitraum gem. Abs. 2.[26]

7 Selbst bei Vorliegen der Voraussetzungen für einen Aufschub auf Tatbestandsseite besteht nur ein Anspruch auf Entscheidung nach **pflichtgemäßem Ermessen**; es ist nicht bereits deshalb auf Null reduziert.[27] Die Privatinteressen des Verurteilten sind mit dem öffentlichen Interesse an sofortiger Strafvollstreckung und der Sicherheit der Allgemeinheit sowie den Strafzwecken abzuwägen. Hierbei kann es eine Rolle spielen, wenn die Frist der Ladung zum Strafvollzug unangemessen kurz war.[28]

III. Zuständigkeit und Verfahren

8 **Zuständig** ist der Rechtspfleger (§ 31 Abs. 2 S. 1 RpflG) der Vollstreckungsbehörde (§ 451 Abs. 1). Die Bewilligung kann nach pflichtgemäßem Ermessen an **Bedingungen**, namentlich eine Sicherheitsleistung geknüpft werden (Abs. 3). Für die Sicherheitsleistung gelten §§ 116 Abs. 1 Nr. 4, 116a Abs. 1 und 2, 123, 124 analog. Es steht nur dem Gericht zu, die Sicherheit für verfallen zu erklären (§§ 124, 462a Abs. 2). Als andere Bedingung kommt eine Meldepflicht in Betracht, nicht aber eine Geldbuße.[29]

IV. Rechtsbehelfe

9 Gegen die Entscheidungen der Vollstreckungsbehörde kann der Verurteilte **Einwendungen zu Gericht** erheben (§ 31 Abs. 6 S. 1 RpflG, § 458 Abs. 2). Die gerichtliche Entscheidung ist mit der sofortigen Beschwerde anfechtbar (§ 462 Abs. 3 S. 1). Das Beschwerdegericht ordnet ggf. einen Aufschub selbst an.[30]

---

[16] AA LG Bochum v. 1. 6. 2007 – 8 KLs 600 Js 439/06, StV 2008, 88; KK-StPO/*Appl* Rn. 5; *Meyer-Goßner* Rn. 3.
[17] OLG Koblenz v. 6. 12. 1984 – 1 Ws 861/84, OLGSt Nr. 1; KK-StPO/*Appl* Rn. 5; SK-StPO/*Paeffgen* Rn. 6.
[18] OLG Schleswig v. 11. 6. 1992 – 1 Ws 212/92, NStZ 1992, 558 (559); KK-StPO/*Appl* Rn. 5.
[19] LG Nürnberg-Fürth v. 17. 4. 2008 – 2 Qs 3/08, Beck RS 2008, 07695.
[20] OLG Düsseldorf v. 15. 11. 1991 – 1 Ws 1029/91, JR 1992, 435, mAnm *Wendisch*; OLG Frankfurt v. 14. 8. 1954 – 2 Ws 450/54, NJW 1954, 1580; OLG Karlsruhe v. 27. 9. 1999 – 2 Ws 227/99, StV 2000, 213 (214); OLG Stuttgart v. 11. 2. 1985 – 4 VAs 47/84 u. 4/85, NStZ 1985, 331; OLG Zweibrücken v. 17. 9. 1973 – Ws 240/73, NJW 1974, 70, mAnm *E. Kaiser*; *Heimann* StV 2001, 54 (55); aA OLG Köln v. 6. 11. 1970 – 2 Ws 808/70, JMBl NRW 1971, 11; AK/*Rößner* Rn. 5.
[21] KK-StPO/*Appl* Rn. 6; *Meyer-Goßner* Rn. 6.
[22] OLG Düsseldorf v. 25. 7. 1994 – 1 Ws 556/94, MDR 1995, 304; OLG Stuttgart v. 18. 2. 1982 – 1 Ws 43/82, MDR 1982, 601.
[23] OLG Schleswig v. 13. 4. 1999 – 2 Ws 178/99, SchlHA 2000, 149; OLG Zweibrücken v. 17. 9. 1973 – Ws 240/73, NJW 1974, 70, mAnm *E. Kaiser*; *Meyer-Goßner* Rn. 4; HK-StPO/*Woynar* Rn. 6.
[24] OLG Hamm v. 19. 6. 1973 – 5 Ws 102/73, NJW 1973, 2075; OLG Koblenz v. 6. 12. 1984 – 1 Ws 861/84, OLGSt Nr. 1; OLG Stuttgart v. 11. 2. 1985 – 4 VAs 47/84 u. 4/85, NStZ 1985, 331; OLG Zweibrücken v. 17. 9. 1973 – Ws 240/73, NJW 1974, 70, mAnm *E. Kaiser*; KK-StPO/*Appl* Rn. 7; aA OLG München v. 24. 11. 1987 – 2 Ws 1205/87, NStZ 1988, 294, mAnm *Preusker*.
[25] OLG Hamm v. 19. 6. 1973 – 5 Ws 102/73, NJW 1973, 2075; OLG Schleswig v. 13. 4. 1999 – 2 Ws 178/99, SchlHA 2000, 149; OLG Stuttgart v. 11. 2. 1985 – 4 VAs 47/84 u. 4/85, NStZ 1985, 331; OLG Zweibrücken v. 17. 9. 1973 – Ws 240/73, NJW 1974, 70, mAnm *E. Kaiser*; *Meyer-Goßner* Rn. 4.
[26] OLG Stuttgart v. 11. 2. 1985 – 4 VAs 47/84 u. 4/85, NStZ 1985, 331 f.; OLG Zweibrücken v. 17. 9. 1973 – Ws 240/73, NJW 1974, 70, mAnm *E. Kaiser*; anders Löwe/Rosenberg/*Graalmann-Scheerer* Rn. 8.
[27] *Bringewat* Rn. 11; *Meyer-Goßner* Rn. 5; aA OLG Karlsruhe v. 27. 9. 1999 – 2 Ws 227/99, StV 2000, 213 (214); Löwe/Rosenberg/*Graalmann-Scheerer* Rn. 9.
[28] Vgl. LG Itzehoe v. 23. 11. 1992 – 9 Qs 179/92 VII; StV 1993, 206; aA OLG Koblenz v. 6. 12. 1984 – 1 Ws 861/84, OLGSt Nr. 1.
[29] LG Frankfurt v. 19. 10. 1953 – 5/5 Qs 198/53, NJW 1954, 287.
[30] OLG Karlsruhe v. 27. 9. 1999 – 2 Ws 227/99, StV 2000, 213 (214); OLG Zweibrücken v. 17. 9. 1973 – Ws 240/73, NJW 1974, 70, mAnm *E. Kaiser*.

V. Anwendbarkeit im anwaltsgerichtlichen Verfahren

Die Norm ist im anwaltsgerichtlichen Verfahren **entsprechend anwendbar**; die Entscheidung 10
trifft die Rechtsanwaltskammer (§ 204 Abs. 3 S. 3 BRAO).[31]

§ 456a [Absehen von Vollstreckung bei Auslieferung oder Landesverweisung]

(1) Die Vollstreckungsbehörde kann von der Vollstreckung einer Freiheitsstrafe, einer Ersatzfreiheitsstrafe oder einer Maßregel der Besserung und Sicherung absehen, wenn der Verurteilte wegen einer anderen Tat einer ausländischen Regierung ausgeliefert, an einen internationalen Strafgerichtshof überstellt oder wenn er aus dem Geltungsbereich dieses Bundesgesetzes ausgewiesen wird.

(2) [1]Kehrt der Ausgelieferte, der Überstellte oder der Ausgewiesene zurück, so kann die Vollstreckung nachgeholt werden. [2]Für die Nachholung einer Maßregel der Besserung und Sicherung gilt § 67c Abs. 2 des Strafgesetzbuches entsprechend. [3]Die Vollstreckungsbehörde kann zugleich mit dem Absehen von der Vollstreckung die Nachholung für den Fall anordnen, dass der Ausgelieferte, der Überstellte oder Ausgewiesene zurückkehrt, und hierzu einen Haftbefehl oder einen Unterbringungsbefehl erlassen sowie die erforderlichen Fahndungsmaßnahmen, insbesondere die Ausschreibung zur Festnahme, veranlassen; § 131 Abs. 4 sowie § 131a Abs. 3 gelten entsprechend. [4]Der Verurteilte ist zu belehren.

Schrifttum: *Giehring*, Das Absehen von der Strafvollstreckung bei Ausweisung und Auslieferung ausländischer Strafgefangener nach § 456a StPO, in: FS zum 125jährigen Bestehen der StA SchlH, 1992, S. 469; *Groß*, Zum Absehen von der Strafvollstreckung gegenüber Ausländern nach § 456a StPO, StV 1987, 36.

I. Normzweck und Anwendungsbereich

Abs. 1 ermöglicht es, von der Vollstreckung bestimmter Sanktionen ([Ersatz-]Freiheitsstrafe, 1
Maßregel der Besserung und Sicherung) abzusehen, wenn der Verurteilte das Staatsgebiet verlassen muss, und bildet damit ein Pendant zu § 154b Abs. 2 und 3. Bei der Entziehung der Fahrerlaubnis (§ 69 StGB) kann auf die Herausgabe des Führerscheins verzichtet werden.[1] Der Zweck der Bestimmung besteht in erster Linie in der **Entlastung des Vollzugs**.[2] Hinzu kommt, dass bei Ausländern (an einem künftigen straffreien Leben im Inland ausgerichtete) Bemühungen um Resozialisierung kaum sinnvoll sind, wenn jedenfalls nach Vollstreckungsende mit aufenthaltsbeendenden Maßnahmen gerechnet werden muss.[3] Deshalb soll in derartigen Fällen auch Strafe vor Unterbringung vollstreckt werden (§ 67 Abs. 2 S. 4, Abs. 3 S. 2 und 3 StGB). Abs. 2 trifft die zur Durchsetzung des Strafanspruchs nach Rückkehr des Verurteilten notwendigen Regelungen.

Die Vorschrift gilt für Ausländer, kann aber **auch auf Deutsche** Anwendung finden, soweit diese 2
nach Art. 16 Abs. 2 S. 2 GG ausgeliefert werden dürfen.[4] Die Möglichkeit von Vollstreckungshilfe nach § 71 IRG oder Überstellung nach dem Übk. vom 21. 3. 1983 über die Überstellung verurteilter Personen schließt die Anwendung von § 456a nicht aus.[5]

II. Absehen von der Vollstreckung (Abs. 1)

Die **Auslieferung** ist geregelt in §§ 2 ff. IRG, die **Überstellung** an einen internationalen Strafge- 3
richtshof in §§ 2 ff. IStGHG und die **Ausweisung** in §§ 53 ff. AufenthaltsG. Letzterer stehen gleich: Zurückschiebung (§ 57 AufenthaltsG), Abschiebung (§ 58 AufenthaltsG) sowie Ausreisepflicht (§ 50 AufenthaltsG, § 7 FreizügigkeitsG EU).[6]

Die Vollstreckungsbehörde (§ 451 Abs. 1) kann bei Ausweisung sowie Überstellung oder Aus- 4
lieferung wegen einer anderen Tat **ganz oder teilweise** von der Vollstreckung absehen. Die aufenthaltsbeendende Maßnahme muss vollziehbar angeordnet sein und tatsächlich bevorstehen; Bestandskraft ist nicht erforderlich.[7] Dann kann die Vollstreckung von Anfang an unterbleiben oder unterbrochen werden. Eine Mindestverbüßungszeit gibt es nicht einmal bei lebenslanger Frei-

---

[31] *Kleine-Cosack* § 116 BRAO Rn. 4.
[1] *Groß* StV 1987, 36 (37).
[2] OLG Celle v. 4. 6. 2007 – 1 Ws 163/07, NStZ 2008, 221 (222); OLG Hamm v. 13. 1. 1983 – 7 VAs 70/82, NStZ 1983, 524 (525); KK-StPO/*Appl* Rn. 1.
[3] Vgl. BVerfG v. 9. 10. 2003 – 2 BvR 1497/03, NJW 2004, 356; OLG Hamburg v. 19. 10. 1998 – 2 Ws 267/98, NStZ-RR 1999, 123 (124); *Groß* StV 1987, 36; *Meyer-Goßner* Rn. 1; *Laubenthal*, Strafvollzug, 5. Aufl. 2008, Rn. 332.
[4] BVerfG v. 9. 10. 2003 – 2 BvR 1497/03, NJW 2004, 356; *Meyer-Goßner* Rn. 1.
[5] *Giehring*, S. 500; KK-StPO/*Appl* Rn. 1; aA *Groß* StV 1987, 36 (38 f.); *Meyer-Goßner* Rn. 1.
[6] Vgl. OLG Hamm v. 13. 1. 1983 – 7 VAs 70/82, NStZ 1983, 524; *Meyer-Goßner* Rn. 3.
[7] So VGH Kassel v. 11. 10. 2007 – 7 TG 1849/07, ESVGH 58, 95; *Graf/Klein* Rn. 3; aA OLG Braunschweig v. 13. 3. 1998 – Ws 53/98, NStZ 1999, 532; OLG Frankfurt v. 8. 12. 1998 – 3 VAs 38/98, NStZ-RR 1999, 126 (127); *Meyer-Goßner* Rn. 3.

heitsstrafe und besonderer Schuldschwere.[8] Die Anrechnung von nach § 43 Abs. 1 StVollzG erworbenen Freistellungstagen auf den Entlassungszeitpunkt wird durch § 43 Abs. 10 Nr. 4 StVollzG ausgeschlossen; allerdings dann nicht, wenn der Termin der Abschiebung erst nach dem Zeitpunkt der durch die Anrechnung von Freistellungstagen eingetretenen Vollverbüßung liegt.[9] Da § 456a keine Rechtsgrundlage für Abschiebehaft darstellt, darf die Entlassung im Wege der **Strafrestaussetzung** auch nicht bis zum Tag der Abschiebung aufgeschoben werden.[10] Absehen von der Vollstreckung iSv. § 456a steht also einem Vorgehen nach §§ 57, 57a StGB nicht entgegen.[11] Eine Anordnung gem. § 456a sollte aber vor einer Entscheidung nach § 454 getroffen werden.[12] Ist zu einem bestimmten Termin Reststrafenaussetzung angeordnet und erfolgt vorher Entlassung nach § 456a, so wird der zwischen diesen Zeitpunkten liegende Strafrest von künftigen Entscheidungen nach §§ 56f und g StGB nicht erfasst;[13] er darf selbst nach Straferlass gem. Abs. 2 S. 1 vollstreckt werden.

5   Im vollstreckungsbehördlichen Verfahren ist bei Vorliegen der Voraussetzungen des § 140 Abs. 2 (Schwere des Vollstreckungsfalls, Schwierigkeit der Sach- oder Rechtslage) ein **Pflichtverteidiger** beizuordnen, was der Verurteilte selbst beantragen kann. Zuständig ist die StVollstrK am Haftort (§ 462a analog).[14]

6   Die Vollstreckungsbehörde hat **Ermessen** bei ihrer von Amts wegen oder auf Antrag des Verurteilten ergehenden Entscheidung, ob und wann sie von der Vollstreckung absehen will. Dieses wird durch Verwaltungsvorschriften der Länder[15] dahin eingeschränkt, dass prinzipiell die Hälfte der Strafe vollstreckt sein muss. Die berührten Interessen sind abzuwägen; sowohl das private Interesse des Verurteilten als auch das öffentliche Interesse können von Fall zu Fall unterschiedlich für oder gegen das Absehen von der Vollstreckung sprechen. Bei der **Abwägung** Berücksichtigung finden die Umstände der Tat sowie die Schwere der Schuld (auch wenn diese Aspekte bei der Strafzumessung berücksichtigt wurden),[16] das Ausmaß der bisher verbüßten Strafe,[17] das generelle öffentliche Interesse an Strafvollstreckung,[18] die öffentliche Sicherheit sowie die persönlichen, familiären und sozialen Umstände des Verurteilten.[19] Bei Zurückstellung von der Strafvollstreckung (§ 35 BtMG) ist das Interesse an Therapiebeendigung relevant.[20] Die **Entscheidung** der StA bedarf der Schriftform und sie – oder der Beschwerdebescheid der GeneralStA[21] – muss die Ermessenserwägungen erkennen lassen.[22] Zum Nachteil des Betroffenen ist der Bescheid nur unter den Voraussetzungen der §§ 48, 49 VerwaltungsverfahrensG abänderbar.[23]

III. Nachholung der Vollstreckung (Abs. 2)

7   Die Nachholung der Vollstreckung bleibt möglich bis zum Eintritt der Vollstreckungsverjährung (§ 79 StGB). Vorausgesetzt wird, dass der Verurteilte in das Inland[24] **zurückkehrt** (Abs. 2 S. 1). Es bedarf seiner **bewussten und freiwilligen Entscheidung**,[25] die nach der Rspr. auch

---

[8] OLG Frankfurt v. 1. 12. 1992 – 3 VAs 55/92, NStZ 1993, 303; OLG Karlsruhe v. 10. 8. 2007 – 2 VAs 10/07, NStZ 2008, 222 (223); KK-StPO/*Appl* Rn. 3.
[9] OLG Celle v. 4. 6. 2007 – 1 Ws 163/07, NStZ 2008, 221.
[10] OLG Koblenz v. 8. 12. 1998 – 1 Ws 813/98, StV 1999, 219; vgl. auch OLG Celle v. 4. 6. 2007 – 1 Ws 163/07, NStZ 2008, 221.
[11] OLG Düsseldorf v. 31. 1. 2000 – 1 Ws 72/00, NStZ 2000, 333; OLG Düsseldorf v. 2. 3. 2000 – 1 Ws 120 – 121/00, NStZ-RR 2000, 315; OLG Frankfurt v. 24. 4. 2003 – 3 Ws 410/03, NStZ-RR 2003, 315 (316); OLG Karlsruhe v. 16. 6. 2000 – 3 Ws 42/00, StV 2002, 322 mwN; OLG Köln v. 20. 6. 1990 – 2 Ws 277/90, MDR 1991, 276; OLG Stuttgart v. 19. 3. 1999 – 3 Ws 37/99, StV 1999, 276.
[12] KK-StPO/*Appl* Rn. 3; SK-StPO/*Paeffgen* Rn. 5.
[13] OLG Dresden v. 14. 9. 2009 – 2 Ws 433/09, NStZ-RR 2010, 60.
[14] OLG Nürnberg v. 14. 10. 2008 – 2 Ws 445/08, OLGSt Nr. 5 = NStZ-RR 2009, 125 f. (LS).
[15] Gesammelt bei *J. Schmidt*, Verteidigung von Ausländern, 2. Aufl. 2005, Rn. 421 ff.; dazu auch *Giehring*, S. 473 ff.
[16] OLG Karlsruhe v. 11. 11. 2008 – 2 VAs 18/08, StraFo 2009, 83.
[17] KG v. 8. 4. 1992 – 4 VAs 5/92, StV 1992, 428 (429); OLG Stuttgart v. 27. 1. 1993 – 4 VAs 5/92, StV 1993, 258 (259).
[18] OLG Hamm v. 13. 1. 1983 – 7 VAs 70/82, NStZ 1983, 524; *Groß* StV 1987, 36 (39).
[19] KG v. 27. 1. 2009 – 1 Zs 1465/08 – 1 VAs 2/09, StV 2009, 594; OLG Celle v. 3. 4. 1981 – 3 VAs 5/81, NStZ 1981, 405; OLG Hamburg v. 16. 1. 1996 – 3 Ws 8/95, NStZ-RR 1996, 222; OLG Koblenz v. 19. 12. 1995 – 2 VAs 24/95, NStZ 1996, 255; OLG Nürnberg v. 14. 10. 2008 – 2 Ws 445/08, OLGSt Nr. 5 = NStZ-RR 2009, 125 f. (LS); OLG Stuttgart v. 27. 1. 1993 – 4 VAs 5/92, StV 1993, 258 (259); zurückhaltender OLG Hamm v. 13. 1. 1983 – 7 VAs 70/82, NStZ 1983, 524 (525); zum Ganzen *Giehring*, S. 582 ff.
[20] Vgl. OLG Düsseldorf v. 23. 3. 1999 – 1 Ws 207/99, StV 1999, 444.
[21] OLG Karlsruhe v. 18. 11. 1999 – 2 VAs 52/99, Justiz 2000, 147 (148).
[22] OLG Bremen v. 2. 3. 1988 – VAs 2/87, StV 1989, 27; OLG Celle v. 3. 4. 1981 – 3 VAs 5/81, NStZ 1981, 405.
[23] OLG Karlsruhe v. 10. 8. 2007 – 2 VAs 10/07, NStZ 2008, 222 (224).
[24] Näher OLG Düsseldorf v. 16. 2. 2004 – III – 3 Ws 28/04, StraFo 2004, 180; OLG Hamburg v. 19. 10. 1998 – 2 Ws 267/98, NStZ-RR 1999, 123 (124).
[25] KG v. 4. 6. 2004 – 5 Ws 263/04, NStZ-RR 2004, 312; OLG Frankfurt v. 1. 11. 2000 – 3 VAs 45/00, NStZ-RR 2001, 93 (94); s. aber OLG Hamburg v. 19. 10. 1998 – 2 Ws 267/98, NStZ-RR 1999, 123 (125), mAnm *Groß* JR 1999, 388.

im Zustand der Unzurechnungsfähigkeit getroffen werden kann.[26] Wiedereinreise in Folge von Abschiebung[27] oder Auslieferung[28] – auch bei vorangegangener freiwilliger Reise durch Deutschland[29] – genügen nicht. Die Vollstreckungsbehörde hat bei der Entscheidung über die Nachholung **Ermessen**. IdR wird die Vollstreckung nachzuholen sein.[30] Selbst eine für Familienbesuche erteilte ausländerrechtliche befristete Betretungserlaubnis bildet keinen hinreichenden Gegengrund.[31] Auch ein erneutes Vorgehen nach Abs. 1 erscheint nur in besonderen Fällen ermessensfehlerfrei.[32] Die Aussetzungsmöglichkeiten des Gerichts (§§ 57, 57a StGB) bleiben davon unberührt.[33] Die Nachholung der Vollstreckung einer **Maßregel der Besserung und Sicherung** wird in entsprechender Anwendung der Grundsätze des § 67c Abs. 2 StGB beschränkt (Abs. 2 S. 2).

Die Nachholung der Vollstreckung kann die StA bereits **mit der Entscheidung nach Abs. 1 anordnen**. Zu diesem Zweck dürfen gleichzeitig Haftbefehl oder Unterbringungsbefehl erlassen sowie Fahndungsmaßnahmen, insbes. die Ausschreibung zur Festnahme oder zur Aufenthaltsermittlung, veranlasst werden; dabei gelten die Vorschriften über die Bezeichnung des Gesuchten (§ 131 Abs. 4) und die Voraussetzungen der Aufenthaltsermittlung (§ 131a Abs. 3) entsprechend (Abs. 2 S. 3). Diese Maßnahmen zu treffen steht ebenfalls im Ermessen der Vollstreckungsbehörde.[34] Es kommt auf die Höhe des Strafrests, die Schwere der Tat, die Gefährlichkeit des Verurteilten und die Wahrscheinlichkeit seiner Rückkehr an.[35] Weil die Nachholung der Vollstreckung die Regel ist, braucht die StA eine Anordnung nach Abs. 2 S. 3 nicht zu begründen.[36] Bestehen aber bei Ergreifung des Verurteilten Anhaltspunkte für eine Veränderung der Sachlage, muss sie das Erfordernis weiterer Vollstreckung zu überprüfen.[37] 8

Über die Möglichkeit, die Vollstreckung nachzuholen, ist der Verurteilte unmissverständlich und in einer von ihm beherrschten Sprache (§ 17 Abs. 2 S. 2 StVollstrO) zu **belehren** (Abs. 2 S. 4). Ein Hinweis auf die Folgen lediglich einer unerlaubten Wiedereinreise genügt nicht,[38] Ausführungen zur Vollstreckungsverjährung sind aber nicht veranlasst.[39] Die Belehrung kann durch die JVA ergehen (§ 17 Abs. 2 S. 4 StVollstrO). Wurde die Belehrung versäumt oder entsprach sie nicht den Anforderungen an Klarheit und Eindeutigkeit, darf die Vollstreckung nicht fortgesetzt werden.[40] Ausnahmen gelten, wenn die Belehrung nachgeholt wurde und der Verurteilte zu diesem Zeitpunkt noch frei disponieren konnte[41] oder wenn er durch Flucht die Erteilung der Belehrung unmöglich gemacht hat.[42] 9

IV. Rechtsbehelfe

Das Absehen von der Vollstreckung ist für den dadurch nicht beschwerten Verurteilten nicht anfechtbar.[43] Lehnt die StA seinen entsprechenden Antrag ab, bleibt dem Betroffenen, nicht aber 10

---

[26] KG v. 20. 9. 1994 – 5 Ws 296/94, JR 1995, 77.
[27] OLG Celle v. 1. 8. 2002 – 2 Ws 204/02, StV 2003, 90.
[28] LG Berlin v. 8. 1. 1987 – (508) 1 OpKLs 39/76, StV 1987, 258.
[29] KK-StPO/*Appl* Rn. 4; aA OLG Frankfurt v. 22. 3. 1995 – 3 Ws 207/95, NStZ-RR 1996, 93.
[30] KG v. 20. 9. 1994 – 5 Ws 296/94, JR 1995, 77 (79); OLG Düsseldorf v. 16. 2. 2004 – III – 3 Ws 28/04, StraFo 2004, 180 (181); OLG Frankfurt v. 1. 11. 2000 – 3 VAs 45/00, NStZ-RR 2001, 93 (94); OLG Hamburg v. 19. 10. 1998 – 2 Ws 267/98, NStZ-RR 1999, 123 (125); OLG Karlsruhe v. 3. 2. 1999 – 2 Ws 188/98, NStZ-RR 1999, 222; *Meyer-Goßner* Rn. 6.
[31] OLG Oldenburg v. 28. 4. 2009 – 1 Ws 260/09, NStZ 2009, 528.
[32] OLG Düsseldorf v. 15. 9. 1993 – 3 Ws 525/93, OLGSt Nr. 2; OLG Frankfurt v. 1. 11. 2000 – 3 VAs 45/00, NStZ-RR 2001, 93, mAnm *Hammerstein* StraFo 2002, 208; KK-StPO/*Appl* Rn. 4; *Meyer-Goßner* Rn. 6; s. auch OLG Schleswig v. 24. 10. 2003 – 2 Ws 329/03, SchlHA 2004, 243.
[33] OLG Karlsruhe v. 14. 3. 2005 – 3 Ws 82/05, NStZ-RR 2005, 223; LG Freiburg v. 17. 9. 2002 – 12 StVK 390/02, StV 2003, 91; KMR/*Stöckel* Rn. 14; s. ferner § 454b Rn. 8.
[34] OLG Hamburg v. 19. 10. 1998 – 2 Ws 267/98, NStZ-RR 1999, 123.
[35] *Hamann* Rpfleger 1986, 354 (358); *Meyer-Goßner* Rn. 7.
[36] OLG Hamburg v. 19. 10. 1998 – 2 Ws 267/98, NStZ-RR 1999, 123 (125); OLG Stuttgart v. 15. 9. 2008 – 2 Ws 252/08, OLGSt Nr. 4; enger KG v. 20. 9. 1994 – 5 Ws 296/94, JR 1995, 77 (78).
[37] OLG Düsseldorf v. 16. 2. 2004 – III – 3 Ws 28/04, StraFo 2004, 180 (181 f.); OLG Hamburg v. 19. 10. 1998 – 2 Ws 267/98, NStZ-RR 1999, 123 (125); enger HK-StPO/*Woynar* Rn. 1.
[38] OLG Karlsruhe v. 3. 2. 1999 – 2 Ws 188/98, NStZ-RR 1999, 222.
[39] OLG Stuttgart v. 15. 9. 2008 – 2 Ws 252/08, OLGSt Nr. 4.
[40] OLG Hamburg v. 19. 10. 1998 – 2 Ws 267/98, NStZ-RR 1999, 123 (124); OLG Stuttgart v. 16. 12. 1980 – 3 Ws 311/80, Rpfleger 1981, 120.
[41] OLG Karlsruhe v. 10. 1. 1994 – 3 Ws 253/93, NStZ 1994, 254; OLG Karlsruhe v. 3. 2. 1999 – 2 Ws 188/98, NStZ-RR 1999, 222.
[42] OLG Düsseldorf v. 15. 9. 1993 – 3 Ws 525/93, OLGSt Nr. 2.
[43] OLG Celle v. 4. 6. 2007 – 1 Ws 163/07, NStZ 2008, 221 (222); OLG Frankfurt v. 8. 12. 1998 – 3 VAs 38/98, NStZ-RR 1999, 126; OLG Karlsruhe v. 10. 8. 2007 – 2 VAs 10/07, NStZ 2008, 222 (223); KK-StPO/*Appl* Rn. 5; *Meyer-Goßner* Rn. 9; aA *Hammerstein* Anm zu OLG Frankfurt v. 1. 11. 2000 – 3 VAs 45/00, StraFo 2002, 208 (211); HK-StPO/*Woynar* Rn. 5.

der Ausländerbehörde⁴⁴ nur ein Vorgehen gem. §§ 23 ff. EGGVG (beachte § 21 StVollstrO).⁴⁵ Die gerichtliche Überprüfung erstreckt sich auf der Rechtsfolgenseite nur auf Ermessensfehler (§ 28 Abs. 3 EGGVG),⁴⁶ während der GStA im Vorschaltverfahren eine eigene Ermessensentscheidung treffen muss.⁴⁷ Gegen die Anordnung der Nachholung der Vollstreckung kann der Verurteilte **Einwendungen zu Gericht** erheben (§§ 458 Abs. 2, 462, 462 a). Gegen die Anordnung und Aufrechterhaltung von Sicherungsmaßnahmen nach Abs. 2 S. 3 steht der Rechtsweg nach §§ 23 ff. EGGVG zur Verfügung.⁴⁸

§ 456 b (weggefallen)

§ 456 c [Aufschub und Aussetzung des Berufsverbotes]

(1) ¹Das Gericht kann bei Erlaß des Urteils auf Antrag oder mit Einwilligung des Verurteilten das Wirksamwerden des Berufsverbots durch Beschluß aufschieben, wenn das sofortige Wirksamwerden des Verbots für den Verurteilten oder seine Angehörigen eine erhebliche, außerhalb seines Zweckes liegende, durch späteres Wirksamwerden vermeidbare Härte bedeuten würde. ²Hat der Verurteilte einen gesetzlichen Vertreter, so ist dessen Einwilligung erforderlich. ³§ 462 Abs. 3 gilt entsprechend.

(2) Die Vollstreckungsbehörde kann unter denselben Voraussetzungen das Berufsverbot aussetzen.

(3) ¹Der Aufschub und die Aussetzung können an die Leistung einer Sicherheit oder an andere Bedingungen geknüpft werden. ²Aufschub und Aussetzung dürfen den Zeitraum von sechs Monaten nicht übersteigen.

(4) Die Zeit des Aufschubs und der Aussetzung wird auf die für das Berufsverbot festgesetzte Frist nicht angerechnet.

I. Normzweck und Anwendungsbereich

1   Ein Berufsverbot wird mit Urteilsrechtskraft wirksam (§ 70 Abs. 4 S. 1 StGB), so dass die Möglichkeit des Vollstreckungsaufschubs nach § 456 nicht greift. Zur **Vermeidung außergewöhnlicher Härten** kann deshalb die Maßregel nach § 456 c aufgeschoben oder unterbrochen werden, um dem Verhältnismäßigkeitsgebot zu genügen. Gilt noch ein vorläufiges Berufsverbot (§ 132 a), scheidet die Anwendung der Bestimmung in aller Regel aus; die Aussetzung einer Sofortmaßnahme wäre sinnwidrig. § 456 c ist mangels Vergleichbarkeit der Sachverhalte nicht auf das Fahrverbot (§ 44 StGB) anwendbar.¹

II. Gerichtliche und vollstreckungsbehördliche Kompetenz (Abs. 1 und 2)

2   Nach Abs. 1 kann das erkennende **Gericht** – in der für die Hauptverhandlung vorgeschriebenen Besetzung – in einem zusammen mit dem Urteil ergehenden Beschluss das Berufsverbot aussetzen. Später darf der Beschluss nicht nachgeholt werden.² Die Verkündung zugleich mit dem Urteil ist anders als in § 268a Abs. 1 2. Hs. nicht vorgeschrieben; es genügt deshalb schriftliche Bekanntmachung.³ Für die Begründung gilt § 34. Auch das Berufungsgericht darf bei Sachentscheidung einen entsprechenden Beschluss erlassen.⁴

3   Nach Urteilsrechtskraft (§ 449) wird die **Vollstreckungsbehörde** (§ 451 Abs. 1) zuständig (Abs. 2). Sie darf aussetzen, dh. **aufschieben und unterbrechen**. An eine ablehnende gerichtliche Entscheidung ist die VollstrB nicht nur bei Hinzutreten neuer Umstände,⁵ sondern auch bei anderer Würdigung des Sachverhalts nicht gebunden. § 55 Abs. 2 S. 1 StVollstrO gestattet es darüber

---

⁴⁴ OLG Hamm v. 26. 6. 2007 – 1 VAs 41/07, Beck RS 2007, 16704.
⁴⁵ OLG Hamburg v. 11. 2. 1975 – VAs 64/74, NJW 1975, 1132; OLG Karlsruhe v. 10. 8. 2007 – 2 VAs 10/07, NStZ 2008, 222 (223).
⁴⁶ KG v. 8. 4. 1992 – 4 VAs 5/92, StV 1992, 428; OLG Karlsruhe v. 18. 11. 1999 – 2 VAs 52/99, Justiz 2000, 147 (148); OLG Koblenz v. 19. 12. 1995 – 2 VAs 24/95, NStZ 1996, 255; OLG Stuttgart v. 27. 1. 1993 – 4 VAs 5/92, StV 1993, 258.
⁴⁷ KG v. 10. 7. 2008 – 1 VAs 33/08, NStZ 2009, 527.
⁴⁸ OLG Karlsruhe v. 14. 3. 2005 – 3 Ws 82/05, NStZ-RR 2005, 223 (224).
¹ OLG Köln v. 25. 2. 1986 – Ss 2/86 (41), NJW 1987, 80 (81); AG Mainz v. 1. 2. 1967 – 17 Cs 326/66, MDR 1967, 683 (684); *Mürbe* DAR 1983, 45; KK-StPO/*Appl* Rn. 1; *Meyer-Goßner* Rn. 1; aA Schönke/Schröder/*Stree/Kinzig* § 44 StGB Rn. 20; krit. auch SK-StPO/*Paeffgen* Rn 3.
² Anders AK/*Rössner* Rn. 4 (bis Eintritt der Rechtskraft).
³ KK-StPO/*Appl* Rn. 2; *Meyer-Goßner* Rn. 3.
⁴ *Meyer-Goßner* Rn. 3; Löwe/Rosenberg/*Graalmann-Scheerer* Rn. 7.
⁵ So aber KK-StPO/*Appl* Rn. 5; *Meyer-Goßner* Rn. 5; Löwe/Rosenberg/*Graalmann-Scheerer* Rn. 11.

Erster Abschnitt. Strafvollstreckung § 457

hinaus nur der VollstrB, im öffentlichen Interesse an vorübergehender weiterer Berufsausübung auszusetzen. Nach § 55 Abs. 3 StVollstrO sollen vorher Behörden und berufsständische Organisationen gehört werden.

Die **Voraussetzungen** sind nach beiden Absätzen identisch. Man braucht einen Antrag des Angeklagten/Verurteilten oder – bei Entscheidung von Amts wegen oder auf Anregung der StA – seine **Einwilligung**. Soweit vorhanden bedarf es der Einwilligung des gesetzlichen Vertreters (Abs. 1 S. 2). Weiter muss das sofortige Wirksamwerden des Berufsverbots für den Verurteilten oder seine Angehörigen (vgl. § 11 Abs. 1 Nr. 1 StGB) eine erhebliche, außerhalb des verfolgten Zwecks und durch Aufschub **vermeidbare Härte** bedeuten (dazu § 456 Rn. 4). Beispiele sind drohender Verlust der Lebensgrundlage sowie das Erfordernis, einen Vertreter oder Nachfolger zu finden, aber auch das Interesse an einer geregelten Geschäftsauflösung. Reine Privatinteressen Dritter (zB Arbeitgeber) sind auch im Falle von Abs. 2[6] belanglos.[7] 4

III. Bedingungen und weitere Regelungen (Abs. 3 und 4)

Aussetzung und Unterbrechung des Berufsverbots können an Sicherheitsleistung oder andere Bedingungen geknüpft werden (Abs. 3 S. 1). Für die **Sicherheitsleistung** gilt das zu § 456 Rn. 8 Gesagte. Als **andere Bedingung** lässt sich an die weitere Untersagung bestimmter Tätigkeiten trotz Aufschubs oder Unterbrechung denken, auch an Beschäftigungsverbote. Die Auferlegung einer Geldbuße für Verstöße scheidet in jedem Fall aus.[8] 5

Die **Maximaldauer** von Aufschub und Aussetzung beträgt sechs Monate (Abs. 3 S. 2). Das Gericht darf eine für einen kürzeren Zeitraum getroffene Anordnung nicht verlängern; die VollstrB kann wiederholt aussetzen. Dabei darf – auch unter Einbeziehung eines bereits gerichtlich bewilligten Aufschubs – die Höchstdauer von sechs Monaten nicht überschritten werden.[9] Eine Missachtung der Höchstdauer ändert aber nichts an der Wirksamkeit der Aussetzung.[10] Die Sechs-Monats-Frist beginnt nicht mit der Wirksamkeit des Berufsverbots,[11] sondern mit der erstmaligen Anordnung von Aufschub oder Aussetzung, um auch der VollstrB die Möglichkeit zu erhalten, ihre Dauer voll auszuschöpfen.[12] Die Zeit von Aufschub und Aussetzung werden auf die gerichtlich angeordnete Dauer des befristeten Berufsverbots (§ 70 Abs. 1 S. 1 StGB) **nicht angerechnet** (Abs. 4). 6

IV. Rechtsbehelfe

Gegen den **gerichtlich angeordneten Aufschub** kann die StA mit sofortiger Beschwerde vorgehen, der aufschiebende Wirkung zukommt (Abs. 1 S. 3, § 462 Abs. 3). Sofortige Beschwerde steht danach auch dem Verurteilten zu, wenn das Gericht einen Aufschub ablehnt oder an Bedingungen knüpft. Das gilt unabhängig davon, ob das Urteil angegriffen wird. Gegen die **Entscheidung der VollstrB** nach Abs. 2 kann der Verurteilte Einwendungen zu Gericht erheben (§ 458 Abs. 2); das Gericht darf eine einstweilige Anordnung treffen (§ 458 Abs. 3 S. 2). Gegen die gerichtliche Entscheidung ist sofortige Beschwerde statthaft (§ 462 Abs. 1 S. 1, Abs. 3). 7

V. Anwendbarkeit im anwaltsgerichtlichen Verfahren

Sofern nicht ein vorläufiges Berufs- oder Vertretungsverbot (§§ 150 ff., 153, 161 a BRAO) angeordnet wurde, findet die Norm auf die Verhängung eines **anwaltsgerichtlichen Vertretungsverbots** (§ 114 Abs. 1 Nr. 4 BRAO) wegen Vergleichbarkeit der Sachverhalte entsprechende Anwendung, wobei das Interesse des Anwalts, den Mandanten bis zum Ende eines Verfahrens zu vertreten, keinen Härtefall begründet.[13] 8

§ 457 [Haftbefehl; Steckbrief]

(1) § 161 gilt sinngemäß für die in diesem Abschnitt bezeichneten Zwecke.

(2) ¹Die Vollstreckungsbehörde ist befugt, zur Vollstreckung einer Freiheitsstrafe einen Vorführungs- oder Haftbefehl zu erlassen, wenn der Verurteilte auf die an ihn ergangene Ladung

---

[6] Anders SK-StPO/*Paeffgen* Rn. 9; AK/*Rössner* Rn. 5.
[7] KK-StPO/*Appl* Rn. 4, 5; *Meyer-Goßner* Rn. 4.
[8] KK-StPO/*Appl* Rn. 6; *Meyer-Goßner* Rn. 6.
[9] KK-StPO/*Appl* Rn. 7; *Meyer-Goßner* Rn. 7.
[10] *Meyer-Goßner* Rn. 7; Löwe/Rosenberg/*Graalmann-Scheerer* Rn. 14.
[11] So aber KK-StPO/*Appl* Rn. 7; *Meyer-Goßner* Rn. 7.
[12] Vgl. auch *Bringewat* Rn. 6, 12; Löwe/Rosenberg/*Graalmann-Scheerer* Rn. 9.
[13] Anwaltsgerichtshof SchlH v. 22. 1. 1999 – 2 AGH 25/98, NJW-RR 2000, 874; Jessnitzer/*Blumberg* § 116 BRAO Rn. 3; Henssler/Prütting/*Dittmann* § 116 BRAO Rn. 31; Feuerich/Weyland § 116 BRAO Rn. 81.

zum Antritt der Strafe sich nicht gestellt hat oder der Flucht verdächtig ist. ²Sie kann einen Vorführungs- oder Haftbefehl auch erlassen, wenn ein Strafgefangener entweicht oder sich sonst dem Vollzug entzieht.

(3) ¹Im übrigen hat in den Fällen des Absatzes 2 die Vollstreckungsbehörde die gleichen Befugnisse wie die Strafverfolgungsbehörde, soweit die Maßnahmen bestimmt und geeignet sind, den Verurteilten festzunehmen. ²Bei der Prüfung der Verhältnismäßigkeit ist auf die Dauer der noch zu vollstreckenden Freiheitsstrafe besonders Bedacht zu nehmen. ³Die notwendig werdenden gerichtlichen Entscheidungen trifft das Gericht des ersten Rechtszuges.

I. Normzweck und Anwendungsbereich

1   Die Norm bildet eine **Rechtsgrundlage für (Zwangs-)Maßnahmen** zur Durchsetzung der Vollstreckung und damit des staatlichen Strafanspruchs, bezieht sich aber nicht auf die Vollstreckung von Sicherungshaftbefehlen gem. § 453 c.¹ Abs. 2 und 3 betreffen dabei nur die Vollstreckung von Freiheitsstrafen. Allerdings gilt § 457 entsprechend für Maßregeln der Besserung und Sicherung (§ 463 Abs. 1), über §§ 50, 33 und 34 StVollstrO auch im Fall der Ersatzfreiheitsstrafe, nach § 87 Abs. 1, 2 Nr. 3 StVollstrO für die Erzwingungshaft gem. § 97 OWiG sowie gerichtlich erkannte Ordnungs- und Zwangshaft in Straf- und Bußgeldsachen (§ 88 Abs. 1 StVollstrO). Zuständig ist die VollstrB (§ 451 Abs. 1) und dort der Rechtspfleger.

II. Ermittlungshandlungen (Abs. 1)

2   Abs. 1 räumt der VollstrB die Befugnisse der StA nach **§ 161** ein. Sie darf von Behörden Auskunft verlangen und Ermittlungen selbst vornehmen oder von der Polizei vornehmen lassen, etwa Zeugenvernehmungen durchführen. Das gilt aber nur für Zwecke der Vollstreckung, zB bei Flucht des Verurteilten oder Fluchtverdacht. Die Suche nach der Tatbeute kann hierunter fallen (vgl. § 57 Abs. 6 StGB).² Auch § 161 Abs. 2 findet Anwendung.

III. Vorführungs- und Haftbefehl (Abs. 2)

3   **1. Voraussetzungen.** Es bedarf zunächst einer – noch nicht aufgehobenen³ – **Ladung** des in Freiheit befindlichen Verurteilten zum Strafantritt (Abs. 2 S. 1).⁴ Prinzipiell ist zur Stellung eine Frist zu setzen (§ 27 Abs. 2 S. 1 StVollstrO), nur unter dem Erfordernis sofortiger Vollstreckung darf die Ladung zum sofortigen Strafantritt erfolgen (§ 27 Abs. 2 S. 2 StVollstrO). Die Ladung geschieht grundsätzlich durch einfachen Brief; nur bei Ladung zum sofortigen Strafantritt kommen sowohl förmliche Zustellung als auch mündliche Aufforderung in Betracht (§ 27 Abs. 3 StVollstrO).

4   Für **Nichtgestellung** muss der Verurteilte die Ladung bis Fristablauf bzw. bei sofortiger Ladung bis zum Tag danach ohne ausreichende Entschuldigung missachten (§ 33 Abs. 1 StVollstrO). Ist **Fluchtverdacht** anzunehmen, setzen die Sicherungsmaßnahmen keine Ladung voraus.⁵ Fluchtverdacht liegt vor, wenn bestimmte Tatsachen (zB Aufgabe von Wohnung oder Beruf, Passantrag, Reisebuchung, Äußerungen) das Wahrscheinlichkeitsurteil begründen, der Verurteilte wolle sich der Vollstreckung entziehen. Das gilt erst recht, wenn der Verurteilte bereits flüchtig, also auch weiterhin der Flucht verdächtig ist. § 33 Abs. 2 Nr. 2 StVollstrO trifft eine spezielle Regelung für die Verweigerung des Strafantritts bei mündlicher Ladung. Suizidvorbereitungen reichen jedoch nicht, da keine Pflicht besteht, sich zur Strafvollstreckung am Leben zu erhalten.⁶

5   § 33 Abs. 3 StVollstrO ermöglicht es, den Vorführungs- oder Haftbefehl bereits mit der Ladung **vorsorglich anzuordnen**. Er darf jedoch erst vollzogen werden, wenn der Zugang der Ladung nachgewiesen ist und der Verurteilte sich nicht rechtzeitig gestellt hat oder wenn wegen Nichtausführbarkeit der Ladung der Verdacht besteht, der Verurteilte werde sich der Vollstreckung zu entziehen suchen.

6   Abs. 2 S. 2 gestattet auch dann Vorführung oder Verhaftung, wenn der Verurteilte **aus dem Strafvollzug entweicht**, also sich ohne Gestattung räumlich entfernt, oder sich dem Vollzug auf sonstige Weise entzieht, etwa durch Nichtrückkehr von Vollzugslockerungen. Hier besteht uU kumulativ ein Festnahmerecht der Vollzugsbehörde (zB § 87 StVollzG).

---

¹ OLG Celle v. 12. 5. 2009 – 2 Ws 103/09, NStZ 2010, 107.
² OLG Karlsruhe v. 29. 8. 2005 – 1 Ws 159/05, StV 2007, 597; *Meyer-Goßner* Rn. 1.
³ BVerfG v. 8. 4. 2004 – 2 BvR 1811/03, NStZ-RR 2004, 252.
⁴ OLG Frankfurt v. 18. 3. 2005 – 3 VAs 11/05, NStZ-RR 2005, 325 (326 f.); OLG Karlsruhe v. 21. 3. 2005 – 2 VAs 32/04, NStZ-RR 2005, 249; OLG Koblenz v. 24. 10. 2005 – 2 VAs 10/05, StraFo 2006, 86.
⁵ KK-StPO/*Appl* Rn. 6; *Meyer-Goßner* Rn. 5.
⁶ Im Ergebnis auch KK-StPO/*Appl* Rn. 6; *Meyer-Goßner* Rn. 5.

2. Maßnahmen. Vorführungsbefehl ist zu erlassen, wenn der Verurteilte in der Nähe der Strafanstalt wohnt, in die er eingewiesen wurde, und anzunehmen ist, dass man ihn in der Wohnung antrifft. Sind weitere Maßnahmen zu erwarten (Ermittlung, Fahndung), ist **Haftbefehl** zu erlassen. Es gilt strikt der Verhältnismäßigkeitsgrundsatz, so dass erfolgsgeeignete mildere Maßnahmen der Aufenthaltsermittlung Vorrang genießen. Bei nach „unbekannt" aus dem Strafvollzug Entlassenen ist eine Anfrage (auch) bei dem für die JVA zuständigen Einwohnermeldeamt geboten.[7] §§ 112 ff. finden in Ansehung des Vollstreckungshaftbefehls keine Anwendung.[8] Die Kompetenz der VollstrB zum Haftbefehlserlass steht in Einklang mit Art. 104 Abs. 2 S. 1 GG, weil sie nur die richterliche Anordnung der Haft in Urteil oder Strafbefehl aktualisiert.[9] Der Haftbefehl ist aufzuheben, wenn sich nachträglich ergibt, dass die seinen Erlass ex ante rechtfertigenden Umstände in Wirklichkeit nicht bestehen.[10]

Die **Vollziehung** von Vorführungs- oder Haftbefehl obliegt im Wege der Amtshilfe der Polizei (auch derjenigen eines anderen Bundeslandes),[11] bei Soldaten auch den Feldjägern (§ 33 Abs. 5 StVollstrO). Nach hM darf zum Zweck der Ergreifung die Wohnung des Verurteilten ohne gesonderte richterliche Anordnung **durchsucht** werden, da diese bereits im rechtskräftigen Urteil enthalten sei.[12] Das erscheint im Hinblick auf die unterschiedlichen betroffenen Grundrechtsgewährleistungen wie auf die Judikatur des BVerfG, insbesondere zum Erfordernis einer aktuellen richterlichen Überprüfung der Verhältnismäßigkeit der Maßnahme,[13] kaum haltbar.[14] Für Durchsuchungen bei Dritten ist das Erfordernis einer speziellen Handlungsbefugnis dann auch in weiterem Umfang anerkannt.[15]

IV. Weitere Befugnisse (Abs. 3)

Nach Abs. 3 S. 1 hat die VollstrB zum Zweck der Festnahme des Verurteilten bei Eignung die gleichen Befugnisse wie die Strafverfolgungsbehörde. Das betrifft alle **Fahndungsmaßnahmen**, etwa Datenabgleich (§§ 98 a ff.), Überwachung der Telekommunikation (§ 100 a), Erhebung von Telekommunikationsdaten (§ 100 g), Einsatz technischer Mittel (§§ 100 f, 100 i) und Verdeckter Ermittler (§§ 110 a ff.), Ausschreibung zur Festnahme (§ 131 Abs. 1) und Beobachtung von Kontaktpersonen (§ 163 e Abs. 1 S. 3). Auch die Vermögensbeschlagnahme (§ 290) kommt in Betracht.[16]

Abs. 3 S. 2 weist noch einmal auf die Geltung des **Verhältnismäßigkeitsprinzips** hin; dabei kommt der Dauer der noch zu vollstreckenden Strafe besondere Bedeutung zu. Es reicht deshalb zB für die Überwachung der Telekommunikation (§ 100 a) nicht, wenn wegen einer Katalogtat verurteilt wurde. Vielmehr darf der zu vollstreckende Strafrest nicht wesentlich hinter der für die Katalogtat angedrohten Mindeststrafe zurückbleiben.[17] Bei Maßnahmen nach § 100 g gilt dies ebenfalls.[18] Je intensiver eine Maßnahme in Grundrechte eingreift, desto eher bleibt Zurückhaltung geboten.

Für die Anordnung der Fahndungsmaßnahmen notwendige **gerichtliche Entscheidungen** (etwa §§ 100 b Abs. 1 S. 1, 110 b Abs. 2 S. 1) trifft nicht die StVollstrK, sondern das Gericht des ersten Rechtszuges (Abs. 3 S. 3).

V. Rechtsbehelfe

Mangels Regelung in der StPO können Maßnahmen gem. Abs. 2 nur nach § 21 StVollstrO, §§ 23 ff. EGGVG angegriffen werden.[19] Wurde der Vollstreckungshaftbefehl vollzogen, hat er sich

---

[7] OLG Dresden v. 6. 2. 2008 – 2 VAs 29/07, Rpfleger 2008, 389.
[8] KK-StPO/*Appl* Rn. 2; *Meyer-Goßner* Rn. 10.
[9] BGH v. 17. 4. 1959 – 4 ARs 1/59, BGHSt 13, 97 (100) = NJW 1959, 1285; BGH v. 4. 11. 1970 – 4 ARs 43/70, BGHSt 23, 380 (386) = NJW 1971, 333 (334).
[10] OLG Dresden v. 6. 2. 2008 – 2 VAs 29/07, Rpfleger 2008, 389; *Meyer-Goßner* Rn. 10.
[11] Dazu KK-StPO/*Appl* Rn. 10.
[12] OLG Düsseldorf v. 27. 7. 1981 – 2 Ws 289/91, NJW 1981, 2133; *Bringewat* Rn. 8; *Meyer-Goßner* Rn. 11; zw. KK-StPO/*Appl* Rn. 11.
[13] BVerfG v. 27. 5. 1997 – 2 BvR 1992/92, BVerfGE 96, 44 = NJW 1997, 2165.
[14] Im Ergebnis auch Löwe/Rosenberg/*Graalmann-Scheerer* Rn. 254; SK-StPO/*Paeffgen* Rn. 15 mwN; *Pfeiffer* Rn. 5; AK/*Rößner* Rn. 3.
[15] OLG Celle v. 16. 7. 1982 – 3 VAs 18/81, StV 1982, 561; *Bringewat* Rn. 9; KK-StPO/*Appl* Rn. 11; KMR/*Stöckel* Rn. 21.
[16] OLG Düsseldorf v. 30. 8. 1996 – 1 Ws 435/96, NStZ 1997, 103; KK-StPO/*Appl* Rn. 12; zw. *Meyer-Goßner* Rn. 13.
[17] OLG Zweibrücken v. 21. 11. 2000 – 1 Ws 570/00, StV 2001, 305; KK-StPO/*Appl* Rn. 12.
[18] KG v. 30. 4. 2008 – 1 AR 489/08 – 2 Ws 181/08, StraFo 2008, 239.
[19] OLG Düsseldorf v. 7. 10. 1985 – 1 Ws 760/85, Rpfleger 1986, 64; OLG Düsseldorf v. 14. 4. 1989 – 2 Ws 188/89, StV 1989, 542; OLG Hamm v. 14. 4. 1989 – 2 Ws 188/89, JMBl NRW 1989, 244; OLG Saarbrücken v. 18. 1. 1973 – Ws 385/72, NJW 1973, 1010 (1012); *Amelung* NJW 1979, 1687 (1688).

erledigt und es bleibt nur noch ein Feststellungsantrag nach § 28 Abs. 1 S. 4 EGGVG möglich.[20] Dieser kommt insbes. in Betracht, wenn durch das Verfahren bei Erlass und Vollzug des Vollstreckungshaftbefehls gegen das Willkürverbot verstoßen wurde,[21] nicht aber schon deshalb, weil der Verurteilte nicht als Selbststeller behandelt wurde.[22] Einwendungen gegen die Zulässigkeit der Vollstreckung können nur nach §§ 458 Abs. 1, 462 erhoben werden.[23] Die Anfechtbarkeit der nach **Abs. 3 S. 3** getroffenen Maßnahmen richtet sich nach den für die jeweiligen Befugnisnormen geltenden Regeln.[24]

§ 458 [Gerichtliche Entscheidungen bei Strafvollstreckung]

(1) Wenn über die Auslegung eines Strafurteils oder über die Berechnung der erkannten Strafe Zweifel entstehen oder wenn Einwendungen gegen die Zulässigkeit der Strafvollstreckung erhoben werden, so ist die Entscheidung des Gerichts herbeizuführen.

(2) Das Gericht entscheidet ferner, wenn in den Fällen des § 454b Abs. 1 und 2 sowie der §§ 455, 456 und 456c Abs. 2 Einwendungen gegen die Entscheidung der Vollstreckungsbehörde erhoben werden oder wenn die Vollstreckungsbehörde anordnet, daß an einem Ausgelieferten oder Ausgewiesenen die Vollstreckung einer Strafe oder einer Maßregel der Besserung und Sicherung nachgeholt werden soll, und Einwendungen gegen diese Anordnung erhoben werden.

(3) [1] Der Fortgang der Vollstreckung wird hierdurch nicht gehemmt; das Gericht kann jedoch einen Aufschub oder eine Unterbrechung der Vollstreckung anordnen. [2] In den Fällen des § 456c Abs. 2 kann das Gericht eine einstweilige Anordnung treffen.

I. Normzweck und Anwendungsbereich

1   Abs. 1 und 2 statuieren eine **gerichtliche Kompetenz** zur Klärung bestimmter fundamentaler Fragen der Vollstreckung (Urteilsauslegung, Strafzeitberechnung, Zulässigkeit der Vollstreckung) sowie einzelner, in Abs. 2 aufgeführter Aspekte. Abs. 3 betrifft vorläufige Maßnahmen. Die gerichtliche **Zuständigkeit** folgt aus §§ 462 Abs. 1 S. 1, 462a. Sie besteht bereits ab Rechtskraft des Urteils.[1] § 458 gilt entsprechend für Maßregeln der Besserung und Sicherung (§ 463 Abs. 1); bei der Geldstrafenvollstreckung geht § 459h vor. Fehlt hier oder anderswo eine Regelung, hat es mit §§ 23 ff. EGGVG sein Bewenden.[2]

II. Gerichtliche Entscheidung über grundlegende Fragen (Abs. 1)

2   Bei Zweifeln über die Auslegung eines Strafurteils oder über die Strafzeitberechnung **muss** die VollstrB die Entscheidung des Gerichts herbeiführen, egal ob der Verurteilte entsprechende Rügen erhebt. Das Gericht wird nie von Amts wegen oder ohne vorherige Entscheidung der VollstrB tätig.[3] Über **Einwendungen** gegen die Strafvollstreckung entscheidet zunächst die VollstrB selbst; erst bei Nichtabhilfe wird die Sache dem Gericht vorgelegt. Für den Jugendrichter als Vollstreckungsleiter gilt das Gesagte gleichermaßen.[4]

3   **1. Auslegungszweifel.** Zweifel über die **Auslegung eines Strafurteils** (auch Strafbefehl, Gesamtstrafenbeschluss gem. § 460) können in Ansehung jeglichen Teils des Rechtsfolgenausspruchs auftreten. Betroffen können auch Nebenstrafen oder -folgen[5] sowie der Kostenausspruch[6] sein. Widersprüche zwischen Tenor und Gründen fallen ebenfalls unter Abs. 1.

4   **2. Berechnungszweifel.** Die Strafzeitberechnung obliegt nach §§ 37 ff. StVollstrO der VollstrB. Sie kann aber – nach formloser eigener Entscheidungsbildung[7] – über Abs. 1 eine **verbindliche**

---

[20] OLG Frankfurt v. 18. 3. 2005 – 3 VAs 11/05, NStZ-RR 2005, 325 (326); OLG Hamm v. 7. 9. 1982 – 7 VAs 57/82, NStZ 1982, 524; OLG Hamm v. 21. 8. 1986 – 1 VAs 68/86, NStZ 1987, 183; OLG Karlsruhe v. 21. 3. 2005 – 2 VAs 32/04, NStZ-RR 2005, 249 (250); OLG Koblenz v. 24. 10. 2005 – 2 VAs 10/05, StraFo 2006, 86.
[21] OLG Dresden v. 6. 2. 2008 – 2 VAs 29/07, Rpfleger 2008, 389; OLG Frankfurt v. 3. 3. 2005 – 3 VAs 1/05, NStZ-RR 2005, 282 (283).
[22] KG v. 19. 1. 2009 – 1 VAs 1/09, NStZ-RR 2009, 324.
[23] OLG Frankfurt v. 18. 3. 2005 – 3 VAs 11/05, NStZ-RR 2005, 325 (326); OLG Hamm v. 7. 9. 1982 – 7 VAs 57/82, NStZ 1982, 524 (525).
[24] *Meyer-Goßner* Rn. 15.
[1] OLG Düsseldorf v. 22. 5. 1981 – 1 Ws 237/81, NStZ 1981, 366; LG Dortmund v. 8. 11. 1988 – 14 (5) StVK 257/88, NStZ 1989, 340; KK-StPO/*Appl* Rn. 2.
[2] OLG Hamburg v. 11. 2. 1975 – VAs 64/74, NJW 1975, 1132.
[3] OLG Stuttgart v. 21. 3. 1984 – 1 Ws 78/84, Justiz 1984, 288.
[4] OLG Hamm v. 17. 7. 2001 – 3 (s) Sbd. 1 – 2/01, NStZ-RR 2002, 21; KK-StPO/*Appl* Rn. 4.
[5] BGH v. 13. 7. 1955 – StE 68/52, BGHSt 8, 66 (67) = NJW 1956, 270.
[6] OLG Düsseldorf v. 19. 10. 1999 – 4 Ws 229/99, NStZ-RR 2000, 287.
[7] OLG Düsseldorf v. 30. 5. 1995 – 4 Ws 94/95, JMBl NRW 1995, 214.

Erster Abschnitt. Strafvollstreckung 5, 6 § 458

Berechnung durch das Gericht herbeiführen.[8] Das betrifft etwa die Anrechnung von U-Haft (§ 51 StGB, § 52a JGG) oder sonstiger Freiheitsentziehung, insbes. bei mehreren Strafen,[9] ferner die Anrechnung ausländischer Freiheitsentziehung (§ 450a).[10] Ein Bedürfnis für eine gerichtliche Entscheidung besteht nach Entlassung aus dem Justizvollzug selbst dann nicht mehr, wenn ein Strafrest zur Bewährung ausgesetzt wurde; erst nach Widerruf wird eine Berechnung wieder möglich.[11] Nicht unter Abs. 1 fällt die Festsetzung des für Entscheidungen nach § 454 relevanten Zeitpunkts.[12] Die entsprechende Anwendung von Abs. 1 mit der Folge der Bildung einer fiktiven (Gesamt-)Strafe und nicht die Auflösung der alten Gesamtstrafe unter Bildung einer neuen nach den Grundsätzen des § 460[13] kommt in Betracht, wenn eine **ausländische Auslieferungsbewilligung** nur einige von einer Gesamtstrafe abgedeckte Taten erfasst. Vergleichbares gilt, wenn die Auslieferung nicht wegen aller in Tateinheit verwirklichten Delikte erfolgte.[14]

3. Einwendungen. a) Statthafte Einwendungen. Einwendungen gegen die **Zulässigkeit der Strafvollstreckung** sind gegeben, wenn sie die Voraussetzungen der Vollstreckung betreffen bzw. Vollstreckungshindernisse behauptet werden.[15] Beispiele sind fehlende Identität von in der Verhandlung Verurteiltem und im Urteil Bezeichnetem,[16] Mangel an Rechtskraft beim Vollstreckungstitel, dessen Nichtigkeit,[17] Vollstreckungsverjährung, Straferlass,[18] Gnadenerweis, Bewilligung von Bewährung, Vertrauensschutz,[19] Doppelvollstreckung, Unzulässigkeit der Vollstreckung einer Ersatzfreiheitsstrafe nach Zahlung der Geldstrafe, Unstatthaftigkeit der Geldstrafenvollstreckung durch Aufrechnung mit einem Kostenerstattungsanspruch[20] sowie die Erledigung eines Fahrverbots.[21] Auch die Unzulässigkeit sog. Organisationshaft (dazu § 450 Rn. 11) kann nach § 458 Abs. 1 behauptet werden,[22] bei Maßregelvollstreckung die Missachtung der durch § 67 Abs. 1 StGB vorgegebenen Reihenfolge[23] oder das Unterlassen der Prüfung nach § 67c Abs. 1 StGB.[24] 5

b) Unstatthafte Einwendungen. Nicht statthaft sind Einwendungen, die sich gegen Bestand und Rechtmäßigkeit des Vollstreckungstitels als solchen richten, da § 458 Abs. 1 nicht die Durchbrechung der Rechtskraft bezweckt.[25] Auch mit dem Einwand, ein Bewährungswiderruf (§ 56f StGB) sei zu Unrecht erfolgt, wird der Verurteilte hier nicht gehört.[26] Str. ist die Rechtslage für die Behauptung unzulässiger **Doppelbestrafung**. Die einen lassen dem Verurteilten die Wahl zwischen der Wiederaufnahme des Verfahrens und einem Antrag nach § 458 Abs. 1,[27] während die anderen nur die Wiederaufnahme für möglich halten.[28] Dafür spricht, dass es hier ebenfalls um den Urteilsinhalt geht. Hat das **BVerfG** ein Urteil für nichtig erklärt, ist § 458 unanwendbar (Wiederaufnahme nach § 79 Abs. 1 BVerfGG).[29] § 458 betrifft schließlich nicht die **Art und Weise des** 6

---

[8] BVerfG v. 29. 7. 2003 – 2 BvR 1720/01, NStZ-RR 2003, 379; *Meyer-Goßner* Rn. 3.
[9] OLG Celle v. 23. 11. 1984 – 3 Ws 441/84, NStZ 1985, 168; OLG Zweibrücken v. 15. 10. 1974 – Ws 341/74, NJW 1975, 509; aber auch BGH v. 19. 11. 1970 – 2 StR 510/70, BGHSt 24, 29 (30) = NJW 1971, 290 (291).
[10] OLG Düsseldorf v. 30. 5. 1995 – 4 Ws 94/95, JMBl NRW 1995, 214.
[11] OLG Celle v. 6. 1. 2009 – 1 Ws 623/08, NStZ 2010, 108; aA Graf/*Klein* Rn. 5.
[12] OLG Celle v. 29. 8. 1980 – 2 Ws 141/80, NdsRpfl. 1981, 124; KK-StPO/*Appl* Rn. 7.
[13] So aber OLG Nürnberg v. 10. 3. 1998 – Ws 51/98, NStZ 1998, 534 mwN; OLG Oldenburg v. 5. 9. 2003 – 1 Ws 363/03, NStZ 2004, 405; HK-StPO/*Woynar* § 450a Rn. 4; ähnlich OLG Karlsruhe v. 27. 7. 1999 – 1 AR 34/99, NStZ 1999, 639.
[14] W. *Hermes* NJW 1979, 2443; *Hermes/Schulze* NJW 1980, 2622; KK-StPO/*Appl* Rn. 8; *Meyer-Goßner* Rn. 3.
[15] OLG Düsseldorf v. 9. 6. 1976 – 2 Ws 363/76, NJW 1977, 117; OLG Jena v. 29. 7. 2008 – 1 Ws 302/08, NStZ-RR 2009, 155 f.; OLG Schleswig v. 9. 11. 1983 – 1 Ws 864/83, GA 1984, 96; *Meyer-Goßner* Rn. 8.
[16] KG v. 23. 3. 2004 – 5 Ws 100/04, NStZ-RR 2004, 240 (242).
[17] KG v. 17. 2. 1981 – 1 AR 1857/80 – 5 Ws 364/80 bei *Katholnigg* NStZ 1982, 241; OLG Düsseldorf v. 11. 3. 1988 – 1 Ws 158/88, NJW 1988, 2811.
[18] BGH v. 14. 1. 1955 – 2 StR 323/54, BGHSt 7, 97 (98) = NJW 1955, 430.
[19] OLG Karlsruhe v. 26. 11. 1996 – 1 Ws 322/96, NStZ-RR 1997, 253.
[20] BGH v. 11. 2. 1998 – 2 ARs 359/97, BGHSt 44, 19 (22 f.) = NJW 1998, 2066 (2067).
[21] OLG Koblenz v. 10. 1. 2006 – 1 Ws 18/06, NStZ 2007, 720.
[22] OLG Brandenburg v. 8. 2. 2000 – 2 Ws 337/99, NStZ 2000, 500; OLG Brandenburg v. 2. 3. 2000 – 2 Ws 24/00, NStZ 2000, 504; OLG Celle v. 19. 8. 2002 – 1 Ws 203/02, OLGSt Nr. 5; KK-StPO/*Appl* Rn. 12.
[23] OLG Düsseldorf v. 22. 5. 1981 – 1 Ws 237/81, NStZ 1981, 366; LG Dortmund v. 8. 11. 1988 – 14 (5) StVK 257/88, NStZ 1989, 340; KK-StPO/*Appl* Rn. 16.
[24] KG v. 15. 6. 2007 – 1 AR 719/07 – 2 Ws 360, 373 – 377, 381/07, StraFo 2007, 432.
[25] BayVerfGH v. 7. 10. 1963 – Vf. 12-VI-62, GA 1964, 50 (51); OLG Hamm v. 4. 5. 1956 – 3 Ws 55/56, NJW 1956, 1936; OLG Hamm v. 22. 11. 1960 – 2 Ws 413/60, GA 1961, 155.
[26] OLG Düsseldorf v. 2. 5. 1991 – 1 Ws 322/91, JR 1992, 126, mAnm *Wendisch*; KK-StPO/*Appl* Rn. 13, 15, auch im Hinblick auf das Verhältnis zu §§ 359 ff. (dazu schon § 453 Rn. 20); aA OLG Düsseldorf v. 2. 7. 1992 – 4 Ws 214/92, StV 1993, 87.
[27] OLG Koblenz v. 13. 1. 1981 – 1 Ws 761/80, NStZ 1981, 195; *Meyer-Goßner* § 359 Rn. 39 mwN; nur für § 458 SK-StPO/*Paeffgen* Rn. 9.
[28] OLG Jena v. 4. 7. 2003 – 1 Ws 216/02, OLGSt Nr. 6; OLG Saarbrücken v. 14. 2. 2003 – 1 Ws 224/02, NStZ-RR 2003, 180; LG Frankfurt v. 8. 10. 2002 – 7/26 Qs 33/02, NStZ-RR 2003, 80; KK-StPO/*Appl* Rn. 13.
[29] BVerfG v. 7. 3. 1963 – 2 BvR 56/63, NJW 1963, 756; *Meyer-Goßner* Rn. 9.

Vollzugs³⁰ und konkreter vollzuglicher Maßnahmen; für deren Überprüfung stehen die Rechtswege nach §§ 109 ff. StVollzG bzw. §§ 23 ff. EGGVG zur Verfügung. Ausgeschlossen bleibt § 458 deshalb in Ansehung der Frage, ob eine Jugendstrafe im Jugend- oder Erwachsenenstrafvollzug zu verbüßen ist,³¹ ferner bei der Entscheidung der VollstrB, die Vollstreckung nicht nach § 35 BtMG zurückzustellen.³² Ein Vorgehen nach § 458 Abs. 1 scheidet schließlich aus, soweit sich die gerichtliche Entscheidungskompetenz aus Abs. 2 ergibt.

7   c) **Erhebung von Einwendungen. Berechtigt** zur Erhebung von Einwendungen sind der Verurteilte und sein Verteidiger, ferner sonstige Rechtsmittelberechtigte. Auch Verfalls- und Einziehungsbeteiligte (§§ 431, 442, 444 Abs. 1 S. 1) können Einwendungen erheben. War die Verfahrensbeteiligung eines Einziehungsinteressenten nicht angeordnet, gilt nur § 439. Einwendungen Dritter bleiben statthaft, wenn sie behaupten, für die Vollstreckung fehle der Rechtsgrund. Beispiele sind der Erbe bei Vollstreckung in den Nachlass oder der Eigentümer einer Sache, der deren Identität mit dem Einziehungsgegenstand leugnet.³³

8   Stets wird aber vorausgesetzt, dass ein Berechtigter (auch formlos) Einwendungen erhebt; **eigene Zweifel der VollstrB** sind keine Einwendungen und mit ihnen kann deshalb das Gericht nicht befasst werden.³⁴ Das darf nicht umgangen werden, indem die StA als Strafverfolgungsbehörde Einwendungen vorbringt.³⁵ Die StA mag den Verurteilten unter dem Gesichtspunkt der Fürsorgepflicht allerdings auf die Möglichkeit, bei Gericht Einwendungen zu erheben, hinweisen.³⁶

III. Gerichtliche Entscheidung bei einzelnen Einwendungen (Abs. 2)

9   Abs. 2 ermöglicht die gerichtliche Entscheidung bei bestimmten, **enumerativ aufgeführten** Anordnungen der VollstrB: Reihenfolge (§ 454 b Abs. 1) und Unterbrechung der Vollstreckung (§ 454 b Abs. 2), ferner die Ablehnung von Strafaufschub oder -unterbrechung in den Fällen der §§ 455, 456, 456 c Abs. 2 sowie die Nachholung der Vollstreckung gem. § 456 a Abs. 2. Kein Anwendungsfall des Abs. 2 besteht insb. bei Maßnahmen nach §§ 455 a und 457 sowie bei Ablehnung eines Antrags auf Absehen von der Vollstreckung gem. § 456 a Abs. 1. Die Einwendungen können unmittelbar bei Gericht erhoben werden (§ 31 Abs. 6 S. 1 RpflG).

IV. Einstweilige Maßnahmen (Abs. 3)

10   Weil durch die Erhebung von Einwendungen die **Vollstreckung nicht gehemmt** wird, kann das Gericht zur Kompensation von Amts wegen oder auf Antrag bei Zweifeln an der Rechtmäßigkeit der angegriffenen Maßnahme einschließlich der Verfassungskonformität ihrer Rechtsgrundlage³⁷ oder eines Verstoßes gegen den Grundsatz des fairen Verfahrens durch Nichteinhaltung einer Absprache über den Strafantritt³⁸ einen Aufschub oder eine Unterbrechung bewilligen (Abs. 3 S. 1). Dabei muss stets ein Verfahren nach Abs. 1 oder 2 anhängig sein.³⁹ Geht es um die Aussetzung eines Berufsverbots (§ 456 c Abs. 2), kann das Gericht eine einstweilige Anordnung treffen, Abs. 3 S. 2.

V. Rechtsbehelfe

11   Gegen gerichtliche Entscheidungen nach §§ 458, 462 steht der StA und den Einwendungsberechtigten die **sofortige Beschwerde** zu, § 462 Abs. 3 S. 1. Die sofortige Beschwerde der StA gegen eine Vollstreckungsunterbrechung hat aufschiebende Wirkung, § 462 Abs. 3 S. 2. Das gilt auch in Ansehung von gerichtlichen Eilentscheidungen nach § 458 Abs. 3. Lehnt es das Gericht ab, eine Entscheidung nach § 458 Abs. 3 zu treffen, bleibt dies unanfechtbar.⁴⁰ Weitere Beschwerde ist ausgeschlossen, § 310. Erledigt sich die Vollstreckungsmaßnahme während des Rechtsbehelfsverfahrens, kann ihre Rechtswidrigkeit nur durch das nach § 462 a zuständige Gericht, nicht aber

---

³⁰ BGH v. 21. 2. 1964 – 5 AR (Vs) 9/64, BGHSt 19, 240 = NJW 1964, 780; anders OLG Hamm v. 23. 5. 1959 – 1 Ws 57/59, NJW 1959, 1889.
³¹ KG v. 21. 3. 1977 – 2 VAs 3/77, NJW 1978, 284 (285), mAnm *Frenzel*; *Meyer-Goßner* Rn. 11.
³² OLG Zweibrücken v. 30. 8. 1982 – 1 Ws 264/82, JR 1983, 168, mAnm *Katholnigg*.
³³ KK-StPO/*Appl* Rn. 9; *Meyer-Goßner* Rn. 5.
³⁴ OLG Düsseldorf v. 5. 11. 1996 – 3 Ws 637/96, NStZ-RR 1997, 220; OLG Hamburg v. 18. 11. 1954 – Ws 576/54, JR 1955, 69; OLG Hamm v. 17. 7. 2001 – 3 (s) Sbd. 1 – 2/01, NStZ-RR 2002, 21; OLG Rostock v. 29. 11. 1993 – 1 Ws 4/94, NStZ 1994, 303; aA SK-StPO/*Paeffgen* Rn. 16.
³⁵ KK-StPO/*Appl* Rn. 4; *Meyer-Goßner* Rn. 7.
³⁶ OLG Düsseldorf v. 12. 2. 1992 – 3 Ws 85/92, OLGSt Nr. 2; OLG Karlsruhe v. 2. 6. 1976 – 1 Ws 151/76, Justiz 1976, 394; OLG Stuttgart v. 21. 3. 1984 – 1 Ws 78/84, Justiz 1984, 288.
³⁷ OLG Stuttgart v. 30. 4. 1991 – 5 Ws 67 u. 68/91, MDR 1992, 289 (290).
³⁸ LG Bochum v. 1. 6. 2007 – 8 KLs 600 JS 439/06, StraFo 2007, 346.
³⁹ KG v. 15. 6. 2007 – 2 Ws 360, 373 – 377, 381/07, StV 2008, 202 (203).
⁴⁰ OLG Nürnberg v. 19. 12. 2001 – Ws 1418/01, NStZ 2003, 390.

Erster Abschnitt. Strafvollstreckung 1–5 § 459

durch das OLG nach §§ 23 ff. EGGVG festgestellt werden.[41] Ist das Einwendungsverfahren rechtskräftig abgeschlossen, können **weitere Einwendungen** auf der Basis neuer Tatsachen oder Beweismittel gleichwohl vorgebracht werden.[42]

VI. Anwendung im anwaltsgerichtlichen Verfahren

Abs. 1 ist entsprechend anwendbar, so dass bei einer **Maßnahme nach § 114 Abs. 1 Nr. 4 BRAO** bestehende Zweifel hinsichtlich des erfassten Rechtsgebiets durch eine verbindliche gerichtliche Interpretation beseitigt werden.[43] Bei Geldbußen kann über den Eintritt der Vollstreckungsverjährung entschieden werden.[44] Abs. 2 erlangt nur im Hinblick auf die Verweisung auf § 456 Bedeutung. Abs. 3 S. 2 ist unanwendbar.[45]   12

§ 459 [Vollstreckung der Geldstrafe]

Für die Vollstreckung der Geldstrafe gelten die Vorschriften der Justizbeitreibungsordnung, soweit dieses Gesetz nichts anderes bestimmt.

I. Normzweck und Anwendungsbereich

Die Vorschrift bestimmt für die Vollstreckung von Geldstrafen eine **subsidiäre Anwendung** der Justizbeitreibungsordnung (**JBeitrO**).[1] Relevante Vorschriften finden sich weiter in der StVollstrO wie der Einforderungs- und Beitreibungsanordnung (**EBAO**).[2] § 459 gilt entsprechend für die Vollstreckung von zu einer Geldzahlung verpflichtenden Nebenfolgen (§ 459 g Abs. 2).   1

II. Geldstrafenvollstreckung

Zuständig für die Vollstreckung von Geldstrafe ist die StA als VollstrB (§ 451 Abs. 1, § 2 Abs. 1 S. 1 JBeitrO, § 2 Nr. 1 EBAO), und hier der Rechtspfleger, § 31 Abs. 2 S. 1 RPflG. Übertragung auf den UrkB ist nach § 36 b Abs. 1 S. 1 Nr. 5 RPflG möglich. Die Zuständigkeit besteht auch in Ansehung der **Verfahrenskosten**, die zusammen mit der Geldstrafe beigetrieben werden, § 1 Abs. 2 EBAO, § 1 Abs. 4 JBeitrO. Wurde die Verbindung von Geldstrafe und Kosten nach § 15 EBAO gelöst, vollstreckt die Gerichtskasse die Verfahrenskosten (§ 1 Abs. 5 EBAO, § 2 Abs. 1 S. 1 JBeitrO).   2

Die Einforderung der Geldstrafe (§ 3 EBAO) geschieht im Wege der Übersendung einer **Zahlungsaufforderung** (§ 5 Abs. 1 EBAO). Nach erfolglosem Ablauf der idR zweiwöchigen Zahlungsfrist (§§ 3 Abs. 2, 4 Abs. 2 EBAO) wird grundsätzlich gemahnt (§ 5 Abs. 2 JBeitrO, § 7 EBAO). Bleibt auch die Mahnung ohne Effekt, leitet die VollstrB die **Beitreibung** ein (§ 8 EBAO, §§ 6 ff. JBeitrO). Das weitere Verfahren richtet sich generell nach den Normen der ZPO (§ 6 Abs. 1 Nr. 1 JBeitrO), jedoch mit folgenden Besonderheiten: Pfändungs- und Überweisungsbeschlüsse erlässt die VollstrB (§ 6 Abs. 2 S. 2 JBeitrO), an die Stelle des Gerichtsvollziehers tritt der Vollziehungsbeamte (§ 6 Abs. 3 S. 1 JBeitrO). Die Abnahme der eidesstattlichen Versicherung (§ 807 ZPO) beantragt die VollstrB beim zuständigen Gerichtsvollzieher, die Vollstreckung in unbewegliches Vermögen beim zuständigen AG (§ 7 JBeitrO).   3

Sicherungsmaßnahmen durch Anordnung des dinglichen Arrestes wegen Geldstrafe oder Verfahrenskosten kommen nach § 111d bereits nach Erlass, aber vor Rechtskraft des Strafurteils unter den Voraussetzungen von § 917 ZPO in Betracht.   4

Die **Durchsuchung** der Wohnung und der Behältnisse des Schuldners nach § 6 Abs. 1 Nr. 1 JBeitrO, § 758 ZPO durch den Vollziehungsbeamten darf wegen Art. 13 Abs. 2 GG prinzipiell nur der Richter anordnen (§ 758 a Abs. 1 S. 1 ZPO).[3] Zuständig ist das Gericht des 1. Rechtszuges (§§ 462 Abs. 1 S. 1, 462 a Abs. 2 S. 1);[4] die Kompetenz nach § 6 Abs. 1 Nr. 1 JBeitrO iVm. § 758a Abs. 1 S. 1 ZPO (Amtsrichter) ist wegen der spezielleren Regelung in der StPO nicht einschlägig.[5] Bei Gefahr im Verzug besteht eine Eilkompetenz des Vollziehungsbeamten (§ 6 Abs. 1   5

---

[41] OLG Frankfurt v. 14. 1. 1998 – 3 VAs 3/98, NJW 1998, 1165; KK-StPO/*Appl* Rn. 22.
[42] OLG Düsseldorf v. 2. 7. 1992 – 4 Ws 214/92, MDR 1993, 67.
[43] BAG v. 16. 8. 1991 – 2 AZR 519/90, NZA 1992, 617.
[44] *Feuerich/Weyland* § 116 BRAO Rn. 81.
[45] BGH v. 20. 7. 1964 – AnwZ (B) 5/64 u. 6/64, BGHZ 42, 360 = NJW 1964, 2109.
[1] Vom 11. 3. 1937, Schönfelder Nr. 122.
[2] Vom 20. 11. 1974 in der Fassung vom 1. 4. 2001, bei *Pohlmann/Jabel/Wolf*, Anhang 1.
[3] Vgl. schon BVerfG v. 3. 4. 1979 – 1 BvR 994/76, BVerfGE 51, 97 = NJW 1979, 1539.
[4] AG Braunschweig v. 31. 10. 1979 – 10 Ds 114 Js 15 420/79, NJW 1980, 1968; KK-StPO/*Appl* Rn. 6.
[5] AA *Thewes* Rpfleger 2006, 524 (526); *Meyer-Goßner* Rn. 5; *Röttle/Wagner* Rn. 249.

Nr. 1, Abs. 3 S. 1 JBeitrO mit § 758a Abs. 1 S. 2 ZPO). Einer weiteren Anordnung der StA als VollstrB bedarf es insoweit nicht.[6]

III. Rechtsbehelfe

6   Einwendungen gegen die Zulässigkeit der Vollstreckung können nach § 458 Abs. 1 erhoben werden, Einwendungen gegen Entscheidungen nach den §§ 459a, 459c, 459e und 459g gemäß § 459h. Geht es nur um die Art und Weise der Vollstreckung, verweist § 6 Abs. 1 Nr. 1 JBeitrO auf die einschlägigen **Rechtsbehelfe der ZPO**, namentlich §§ 765a, 766, 771 bis 776, 793, 805, 813a, 813b und 825. Über diese entscheiden die sachnäheren Zivilgerichte.[7] Das gilt auch für die Erinnerung gegen die Weigerung des Gerichtsvollziehers, Vollstreckungsmaßnahmen durchzuführen.[8]

§ 459a [Zahlungserleichterungen]

(1) Nach Rechtskraft des Urteils entscheidet über die Bewilligung von Zahlungserleichterungen bei Geldstrafen (§ 42 des Strafgesetzbuches) die Vollstreckungsbehörde.

(2) ¹Die Vollstreckungsbehörde kann eine Entscheidung über Zahlungserleichterungen nach Absatz 1 oder nach § 42 des Strafgesetzbuches nachträglich ändern oder aufheben. ²Dabei darf sie von einer vorausgegangenen Entscheidung zum Nachteil des Verurteilten nur auf Grund neuer Tatsachen oder Beweismittel abweichen.

(3) ¹Entfällt die Vergünstigung nach § 42 Satz 2 des Strafgesetzbuches, die Geldstrafe in bestimmten Teilbeträgen zu zahlen, so wird dies in den Akten vermerkt. ²Die Vollstreckungsbehörde kann erneut eine Zahlungserleichterung bewilligen.

(4) ¹Die Entscheidung über Zahlungserleichterungen erstreckt sich auch auf die Kosten des Verfahrens. ²Sie kann auch allein hinsichtlich der Kosten getroffen werden.

I. Normzweck und Anwendungsbereich

1   § 42 StGB gestattet dem Gericht bei Verurteilung zu Geldstrafe, Zahlungserleichterungen einzuräumen. § 459a ermöglicht die nachträgliche Bewilligung solcher Zahlungserleichterungen in Anwendung der **in § 42 StGB niedergelegten Grundsätze** sowie die Abänderung entsprechender gerichtlicher Entscheidungen selbst nach Urteilsrechtskraft. So sollen resozialisierungsfeindliche Auswirkungen der Geldstrafe ebenso wie eine Gefährdung der Schadenswiedergutmachung während der gesamten Verfahrensdauer vermieden werden. Neben den Belangen des Verurteilten und des Geschädigten hat die Bestimmung weiter das staatliche Interesse an nachhaltiger Vollstreckung von Geldstrafen im Blick, indem gewährte Vergünstigungen wieder aufgehoben werden können. Gerichtliche Anordnungen nach § 42 StGB erwachsen deshalb nicht in Rechtskraft.[1] § 459a gilt entsprechend bei Nebenfolgen, die zu einer Geldzahlung verpflichten (§ 459g Abs. 2), ferner im **anwaltsgerichtlichen Verfahren**, allerdings Abs. 2 und 3 nicht, soweit sie sich auf die Entscheidung nach § 42 StGB beziehen.[2]

II. Zuständigkeit

2   Mit Rechtskraft des Urteils geht die Entscheidungskompetenz auf die VollstrB (§ 451 Abs. 1) über. Die Anordnungen trifft der **Rechtspfleger**, § 31 Abs. 2 S. 1 RPflG. Im Zeitraum zwischen Erlass des (letzten) Urteils in der Sache und Eintritt der Rechtskraft besteht weder für das Gericht noch für die VollstrB eine Möglichkeit, über Zahlungserleichterungen zu entscheiden.

III. Bewilligung von Zahlungserleichterungen (Abs. 1 und 4)

3   Als Zahlungserleichterungen kommen **Stundung oder Ratenzahlung** in Betracht (§ 42 S. 1 StGB). Die Möglichkeit eines Vollstreckungsaufschubs nach § 456 bleibt daneben erhalten.[3] Die Bewilligung von Zahlungserleichterungen führt zum Ruhen der Vollstreckungsverjährung (§ 79a

---

[6] Anders KK-StPO/*Appl* Rn. 6; *Meyer-Goßner* Rn. 5 unter unzutr. Berufung auf BVerfGE 51, 97.
[7] BGH v. 22. 9. 2005 – IX ZB 265/04, NStZ 2006, 235.
[8] LG Darmstadt v. 30. 11. 1995 – 5 T 1260/95, Deutsche Gerichtsvollzieher Zeitung 1996, 30; aA LG Berlin v. 2. 8. 1995 – 81 T 335/95, Deutsche Gerichtsvollzieher Zeitung 1995, 171; LG Berlin v. 8. 2. 2006 – 81 T 1/06, Rpfleger 2006, 337; LG Frankenthal v. 12. 6. 1996 – 1 T 229/96, Rpfleger 1996, 524; KK-StPO/*Appl* Rn. 7.
[1] KK-StPO/*Appl* Rn. 2.
[2] *Feuerich/Weyland* § 116 BRAO Rn. 81; *Kleine-Cosack* § 116 BRAO Rn. 4.
[3] KK-StPO/*Appl* Rn. 2a.

Nr. 2c StGB). Ist aber mit Zahlungen gar nicht zu rechnen, scheidet die Gewährung von Erleichterungen aus.[4]

Zwingend sind Zahlungserleichterungen zu gewähren, wenn dem Verurteilten eine sofortige Zahlung der Geldstrafe nach seinen **persönlichen oder wirtschaftlichen Verhältnissen** nicht zugemutet werden kann, § 42 S. 1 StGB.[5] Dies muss die VollstrB von Amts wegen prüfen;[6] sie hat bejahendenfalls nur Auswahlermessen. IdR ist die Anordnung von Ratenzahlung sachgerecht.[7] Für die Zumutbarkeit kommt es auf die Umstände des Einzelfalles an, insbes. auf die Möglichkeit der Erfüllung aus Einkommen oder Rücklagen.[8] Auf Tilgung durch freie Arbeit (Art. 293 EGStGB) kann der Verurteilte nicht verwiesen werden.[9] Die Ablehnung der Zahlungserleichterung im Erkenntnisverfahren bindet nicht (argumentum e contrario aus Abs. 2 S. 2). Wird Ratenzahlung bewilligt, kann eine Verfallsklausel angeordnet werden (§ 42 S. 2 StGB).

Nach Abs. 4 S. 1 erstreckt sich die Gewährung von Zahlungserleichterungen auch auf die **Verfahrenskosten**. Insoweit besteht mangels entsprechender Regelung in § 42 StGB eine originäre Kompetenz der VollstrB. Nach Abs. 4 S. 2 darf sie auch allein hinsichtlich der Kosten Erleichterungen gewähren (oder versagen[10]). Ersteres kommt namentlich in Betracht, wenn das Gericht bereits eine Anordnung gem. § 42 StGB getroffen hat bzw. die Geldstrafe ganz oder zum Großteil bezahlt ist.[11] Lautet das Urteil nicht auf Geldstrafe, findet Abs. 4 S. 2 aber keine (entsprechende) Anwendung.[12]

§ 42 S. 3 StGB gestattet die Bewilligung von Erleichterungen bei Strafe wie Kosten auch dann, wenn ohne sie die **Schadenswiedergutmachung erheblich gefährdet** wäre. Das ist etwa der Fall, wenn dem Verurteilten die Mittel fehlen, Ansprüche des Staates wie des Geschädigten parallel zu erfüllen oder die Befriedigung des Verletzten anderenfalls nicht nur unerheblich verzögert würde. Der Verurteilte muss zur Schadenswiedergutmachung bereit sein, der Anspruchsinhaber feststehen und willens sein, Leistungen anzunehmen.[13] Liegen die Voraussetzungen vor, hat die VollstrB Stundung oder Ratenzahlung zu bewilligen, sofern nicht gewichtige Gründe entgegenstehen (**Soll-Vorschrift**).[14] Erbringt der Verurteilte die Wiedergutmachungsleistungen nicht – was die VollstrB laufend überprüfen wird –, ist nach Abs. 2 vorzugehen.

IV. Änderung der Entscheidung (Abs. 2)

Die VollstrB entscheidet auf Antrag oder (bei Kenntnis relevanter Umstände) von Amts wegen nach **pflichtgemäßem Ermessen**, ob und inwieweit sie Entscheidungen über Zahlungserleichterungen – sowohl eigene als auch solche des erkennenden Gerichts nach § 42 StGB – nachträglich ändert oder aufhebt (Abs. 2 S. 1). Auch wiederholte Änderungen sind erlaubt.

Zugunsten des Verurteilten können sie zB in der erstmaligen Gewährung gerichtlich versagter Zahlungserleichterungen, Verlängerung der Zahlungsfristen[15] oder Herabsetzung der Raten bestehen. Verzicht auf eine Verfallklausel wird nur in Ausnahmefällen in Betracht kommen. Als ermessensfehlerhaft muss es gelten, wenn die Geldstrafe durch die Erleichterungen ihren Übelscharakter einbüßt, und dies auch dann nicht, wenn dies geschieht um der Durchführung der Schadenswiedergutmachung nach § 42 S. 3 StGB willen.[16]

Zum Nachteil des Verurteilten wirken die gänzliche Aufhebung einer Erleichterung, Erhöhung der Raten, Verkürzung der Zahlungsfristen oder erstmalige Anordnung einer Verfallklausel. Solche Änderungen sind nur **aufgrund neuer Tatsachen oder Beweismittel** statthaft (Abs. 2 S. 2). Neu sind Tatsachen und Beweismittel, wenn sie entweder im Zeitpunkt der früheren Entscheidung noch nicht existierten oder Gericht bzw. VollstrB nicht bekannt waren.[17] Beispiele sind eine Verbesserung der Einkommenssituation oder das Unterlassen von Wiedergutmachungsleistungen,

---

[4] BGH v. 2. 12. 1959 – 2 StR 497/59, BGHSt 13, 356 = NJW 1960, 251; OLG Koblenz v. 23. 1. 1976 – 1 Ws 856/75, OLGSt S. 4; OLG Stuttgart v. 27. 4. 1993 – 3 Ws 48/93, MDR 1993, 996; KK-StPO/*Appl* Rn. 3.
[5] BGH v. 24. 4. 1990 – 5 StR 122/90, bei *Detter* NStZ 1990, 578; LG Berlin v. 20. 2. 2001 – 537 Qs 12/01, StV 2002, 33.
[6] OLG Hamburg v. 8. 11. 1976 – 1a Ws 10/76, Rpfleger 1977, 65; LG Berlin v. 10. 1. 2006 – 505 Qs 210/05, NStZ-RR 2006, 373 (375).
[7] Ausführlich Matt/Renzikowski/*Bußmann* § 42 StGB Rn. 3; *Fischer* § 42 StGB Rn. 9 f.
[8] Näher *Fischer* § 42 StGB Rn. 4 f.
[9] KG v. 28. 11. 2005 – 1 Ss 427/05, StV 2006, 191.
[10] *Meyer-Goßner* Rn. 7; a. A. SK-StPO/*Paeffgen* Rn. 9; KMR/*Stöckel* Rn. 18.
[11] KK-StPO/*Appl* Rn. 8; *Meyer-Goßner* Rn. 8.
[12] OLG Frankfurt v. 1. 12. 2005 – 3 Ws 130/05, NStZ-RR 2006, 159; Löwe/Rosenberg/*Graalmann-Scheerer* Rn. 18.
[13] Matt/Renzikowski/*Bußmann* § 42 StGB Rn. 7 f.; *Fischer* § 42 StGB Rn. 7 f.
[14] *Fischer* § 42 StGB Rn. 8; aA (Ermessen) *Meyer-Goßner* Rn. 3.
[15] OLG Düsseldorf v. 9. 2. 1999 – 3 Ws 71/99, VRS 96, 435 (437).
[16] Vgl. KK-StPO/*Appl* Rn. 5; *Meyer-Goßner* Rn. 4.
[17] KK-StPO/*Appl* Rn. 6; *Meyer-Goßner* Rn. 5.

ferner die wiederholte Missachtung von Zahlungsterminen. Bei mehrfachen Änderungen kommt es sowohl für die Beurteilung der nachteiligen Wirkung der Abweichung als auch der Neuheit der Entscheidungsgrundlagen auf die jeweils vorangegangene Entscheidung an. Eine Vollstreckung ist erst nach Rechtskraft des Änderungsbeschlusses möglich.[18]

V. Fortfall der Vergünstigung (Abs. 3)

10   Bei Anordnung einer **Verfallklausel** gem. § 42 S. 2 StGB durch Gericht oder VollstrB wird der ausstehende Rest der Geldstrafe bei nicht rechtzeitiger Zahlung einer Rate ohne Weiteres fällig. Die VollstrB braucht hierüber keine Entscheidung zu treffen. Lediglich zur Dokumentation, dass sie den Eintritt der Verfallsbedingung geprüft hat, schreibt Abs. 3 S. 1 die Fertigung eines **Aktenvermerks** über den Vorgang vor. Die Benachrichtigung des Verurteilten erscheint aus Gründen der Verhältnismäßigkeit sinnvoll,[19] um ihm Gelegenheit zu verschaffen, während der Zwei-Wochen-Frist vor Beitreibung der Reststrafe (§ 459 c Abs. 1) die Nicht-Einhaltung der Zahlungsfrist zu entschuldigen. Denn die VollstrB darf **erneut Zahlungserleichterungen bewilligen**, Abs. 3 S. 2.

VI. Rechtsbehelfe

11   Beschweren die Anordnungen des Rechtspflegers den Verurteilten (Ablehnung begehrter Erleichterungen oder Gewährung in geringerem Umfang als beantragt), entscheidet das **Gericht**, § 31 Abs. 6 S. 1 RPflG, § 459 h. Nicht anfechtbar ist deshalb der Aktenvermerk nach Abs. 3 S. 1. Zuständig ist idR das Gericht des 1. Rechtszuges (§§ 462 Abs. 1 S. 1, 462 a Abs. 2 S. 1), die StVollstrK nur, wenn gegen den Verurteilten in anderer Sache Freiheitsstrafe vollstreckt wird (§ 462 a Abs. 1 S. 1). Die Entscheidung ergeht ohne mündliche Verhandlung durch Beschluss und ist mit sofortiger Beschwerde anfechtbar, § 462 Abs. 1 S. 1, Abs. 3 S. 1.

§ 459 b [Verrechnung von Teilbeträgen]

Teilbeträge werden, wenn der Verurteilte bei der Zahlung keine Bestimmung trifft, zunächst auf die Geldstrafe, dann auf die etwa angeordneten Nebenfolgen, die zu einer Geldzahlung verpflichten, und zuletzt auf die Kosten des Verfahrens angerechnet.

I. Normzweck und Anwendungsbereich

1   Leistet der Verurteilte lediglich Teilzahlungen, ohne spätestens bei der Zahlung den Tilgungsgegenstand festzulegen, bestimmt der subsidiär geltende § 459 b die **Anrechnungsreihenfolge**. Zahlungen werden zunächst auf die Geldstrafe angerechnet, weil nur insoweit die Ersatzfreiheitsstrafe droht, sodann auf Nebenfolgen (§ 459 g Abs. 2), schließlich auf die Verfahrenskosten. Die Bestimmung einer **anderen Reihenfolge** durch den Verurteilten kann sich etwa dann anbieten, wenn er eine zu Geldzahlung verpflichtende Nebenfolge erledigen will, um eine sichergestellte Sache freizubekommen.[1]

2   § 459 b gilt in allen Fällen unzulänglicher Leistung, unabhängig von der Bewilligung von Zahlungserleichterungen, ferner hinsichtlich der Geldbuße im **anwaltsgerichtlichen Verfahren**.[2] Die Norm findet einschließlich des Bestimmungsrechts des Verurteilten[3] auch Anwendung, wenn die Schuld im Wege **zwangsweiser Beitreibung** nur teilweise getilgt wird.[4]

3   Bei **Gesamtgeldstrafen** gilt § 459 b ebenfalls. Wird die Gesamtgeldstrafe nachträglich gebildet und hat der Verurteilte bereits auf einzelne Geldstrafen Teilzahlungen erbracht, erfolgt die Anrechnung (entsprechend § 51 Abs. 4 StGB) nach der Tagessatzhöhe der Einzelstrafe, auf die geleistet wurde, nicht auf den Nennbetrag der Gesamtgeldstrafe (zw.).[5]

4   Ist der Verurteilte aus **mehreren, nicht gesamtstrafenfähigen Titeln** zur Zahlung verpflichtet, gilt § 459 b wegen der Vergleichbarkeit der Sachverhalte entsprechend.[6] Der Schuldner kann – etwa durch Angabe des Aktenzeichens – vor oder bei Zahlung festlegen, auf welches Verfahren sich die Leistung bezieht. Tut er dies nicht, wird nach § 366 Abs. 2 BGB bevorzugt auf die Geld-

---

[18] LG Krefeld v. 21. 12. 1970 – 8 Qs 522/70, Rpfleger 1971, 225; *Meyer-Goßner* Rn. 5.
[19] So auch SK-StPO/*Paeffgen* Rn. 8; aA KK-StPO/*Appl* Rn. 7.
[1] KK-StPO/*Appl* Rn. 2; *Meyer-Goßner* Rn. 1.
[2] *Kleine-Cosack* § 116 BRAO Rn. 4.
[3] AA HK-StPO/*Woynar* Rn. 1.
[4] KK-StPO/*Appl* Rn. 3; *Meyer-Goßner* Rn. 4; aA SK-StPO/*Paeffgen* Rn. 3.
[5] So BGH v. 27. 3. 1979 – 1 StR 503/78, BGHSt 28, 360 (364) = NJW 1979, 2523; *Siggelkow* Rpfleger 1999, 245 mit Beispielen; krit. *Meyer-Goßner* Anm. zu LG Hildesheim v. 28. 6. 1990 – 12 Qs 68/90, NStZ 1991, 434 (435); *Zeitler* Rpfleger 1998, 460; KK-StPO/*Appl* Rn. 3.
[6] Anders *Siggelkow* aaO, 249 Fn. 27.

strafe angerechnet, bei der am ehesten Vollstreckungsverjährung droht.[7] Problematisch ist die Heranziehung von § 459 b bei Zuständigkeit mehrerer Vollstreckungsbehörden.[8]

II. Rechtsbehelfe

Einwendungen gegen die Verrechnungsentscheidungen nach § 459 b unterfallen nicht dem Anwendungsbereich des § 459 h. Eine gerichtliche Entscheidung kann deshalb auch nicht in entsprechender Anwendung dieser Norm, sondern nur auf dem Weg nach § 21 StVollstrO, §§ 23 ff. EGGVG herbeigeführt werden.[9]

§ 459 c [Beitreibung der Geldstrafe]

(1) Die Geldstrafe oder der Teilbetrag der Geldstrafe wird vor Ablauf von zwei Wochen nach Eintritt der Fälligkeit nur beigetrieben, wenn auf Grund bestimmter Tatsachen erkennbar ist, daß sich der Verurteilte der Zahlung entziehen will.

(2) Die Vollstreckung kann unterbleiben, wenn zu erwarten ist, daß sie in absehbarer Zeit zu keinem Erfolg führen wird.

(3) In den Nachlaß des Verurteilten darf die Geldstrafe nicht vollstreckt werden.

I. Normzweck und Anwendungsbereich

Abs. 1 trifft durch die Statuierung einer Schonfrist einen **Ausgleich** zwischen den Belangen des zahlungswilligen Geldstrafenschuldners und dem Interesse an nachhaltiger Strafvollstreckung, während Abs. 2 ein Unterlassen von Vollstreckungsversuchen gestattet und damit der **Arbeitsökonomie der VollstrB** dient. Abs. 3 zieht zugunsten der Erben mit einem Vollstreckungsverbot die Konsequenzen aus dem höchstpersönlichen Charakter der Geldstrafe. § 459 c gilt hinsichtlich der Geldbuße auch im **anwaltsgerichtlichen Verfahren**.[1]

II. Schonfrist (Abs. 1)

Das Gesetz ordnet für den Regelfall eine Schonfrist von **zwei Wochen nach Fälligkeit** des Gesamt- oder Teilbetrags zur Beitreibung der Geldstrafe an. So kann der Verurteilte sich die erforderliche Geldsumme beschaffen oder um Zahlungserleichterungen (§ 459 a) einkommen. Vollstreckungsmaßnahmen unter Verletzung der Schonfrist sind wegen des hierin liegenden gravierenden Rechtsfehlers ohne Heilung bei Fristablauf[2] unwirksam.[3]

Fälligkeit tritt für Geldstrafen und Kosten generell mit Rechtskraft des Urteils usw. ein (§ 449, § 8 S. 1 GKG). Bei Bewilligung von Ratenzahlung (§ 42 StGB, § 459 a) wird jede Rate gesondert zum festgelegten Termin fällig. Die Missachtung der Zahlungsfrist macht bei Anordnung einer Verfallklausel den ausstehenden Gesamtbetrag fällig.

Zusätzlichen Schutz gewährt dem Schuldner das Erfordernis einer gesonderten **Mahnung** nach erfolglosem Ablauf der Zahlungsfrist (§ 5 Abs. 2 JBeitrO, § 7 Abs. 1 EBAO), es sei denn der Zahlungspflichtige wird diese voraussichtlich unbeachtet lassen. Erst nach einer angemessenen Frist seit Abgang der Mahnung oder – bei deren Unterbleiben – nach einer Woche seit Ablauf der Zahlungsfrist beginnt die VollstrB mit Vollstreckungsmaßnahmen gemäß §§ 6 ff. JBeitrO (§ 8 Abs. 1 EBAO). § 8 Abs. 4 EBAO konkretisiert dabei die der Abwägung zwischen den Interessen der Behörde und denen des Schuldners anzustellenden Erwägungen.

Sofortige Vollstreckung lässt das Gesetz zu, wenn erkennbar wird, dass der Verurteilte sich der Erfüllung im Wege der Beitreibung vorsätzlich entziehen will. Für diese Beurteilung bedarf es einer über Vermutungen hinausgehenden konkreten Tatsachengrundlage. Beispiele sind die Übertragung oder das Wegschaffen von Vermögenswerten und der häufige Wechsel von Wohnung und Arbeitsstätte, um so Pfändungen zu vereiteln. Nichtbefolgen von Zahlungsaufforderungen alleine reicht nicht aus.

III. Unterbleiben der Vollstreckung (Abs. 2)

Die Vollstreckung – nicht aber die Zahlungsaufforderung (§ 5 Abs. 1 EBAO) – kann bei hinreichend sicherer **Prognose** ihrer Erfolglosigkeit unterbleiben, wenn die Erwartung nicht nur vor-

---
[7] KK-StPO/*Appl* Rn. 4; *Meyer-Goßner* Rn. 3; KMR/*Stöckel* Rn. 3; aA SK-StPO/*Paeffgen* Rn. 3.
[8] Vgl. *Bringewat* Rn. 4; HK-StPO/*Woynar* Rn. 2.
[9] KK-StPO/*Appl* Rn. 5; *Meyer-Goßner* Rn. 5.
[1] *Kleine-Cosack* § 116 BRAO Rn. 4.
[2] So aber Löwe/Rosenberg/*Graalmann-Scheerer* Rn. 6.
[3] *Bringewat* Rn. 3; SK-StPO/*Paeffgen* Rn. 4; KMR/*Stöckel* Rn. 3; aA *Meyer-Goßner* Rn. 2; *Pfeiffer* Rn. 1.

übergehender Natur ist. Auch sie muss auf Fakten beruhen. Als solche eignen sich frühere fruchtlose Beitreibungsversuche, die Abgabe der Versicherung nach § 807 ZPO oder amtliche Kenntnis vom Fehlen vollstreckungsfähiger Vermögensgüter einschließlich unpfändbaren (§§ 850 ff. ZPO) Arbeitseinkommens.

7 Die **Eröffnung des Insolvenzverfahrens** führt ebenfalls zur Aussichtslosigkeit der Geldstrafenvollstreckung.[4] Zwar erstreckt sich eine Restschuldbefreiung nicht auf diese gem. § 39 Abs. 1 Nr. 3 InsO nachrangige Forderung (§ 302 Nr. 2 InsO). Gleichwohl bleibt während des Insolvenz- oder Restschuldbefreiungsverfahrens eine zwangsweise Beitreibung der Geldstrafe ausgeschlossen (§§ 89 Abs. 1, 294 Abs. 1 InsO).

8 Ein nicht zu großzügiges Verständnis der Voraussetzungen von Abs. 2 ist schon deshalb geboten, weil die Anwendung der Norm ebenso wie die Uneinbringlichkeit der Geldstrafe den Weg zur (gesondert erforderlichen, § 459e Abs. 1) Anordnung der **Ersatzfreiheitsstrafe** ebnet, § 459e Abs. 2. Im Insolvenzfall wird diese Folge als mit den Zielen der InsO nur schwer vereinbar kritisiert.[5] Trotz (nebst den sie tragenden Tatsachen schriftlich zu fixierender) Anordnung nach Abs. 2 kann die Vollstreckung der Geldstrafe bis zu ihrer Erledigung oder zum Verjährungseintritt später erneut betrieben werden.

IV. Keine Vollstreckung in Nachlass (Abs. 4)

9 **Stirbt der Verurteilte**, findet das Vollstreckungsverfahren sein Ende. Wurde eine Geldstrafe zu Lebzeiten nicht bezahlt, gerät sie in Wegfall. Eine begonnene Vollstreckung wird abgebrochen; vom Erben geleistete Zahlungen auf Geldstrafen werden erstattet (§ 13 Abs. 1 EBAO). Für Nebenfolgen, die zu einer Geldzahlung verpflichten, gilt § 459c Abs. 3 nicht (§ 459g Abs. 2), ebenso wenig für Verfahrenskosten bei zu Lebzeiten rechtskräftig gewordener Verurteilung (§ 465 Abs. 3).

V. Rechtsbehelfe

10 Gegen Beitreibungsmaßnahmen vor Ablauf der Schonfrist (Abs. 1) kann der Verurteilte, gegen Vollstreckungsakte nach dessen Tod (Abs. 3) der Erbe **Einwendungen zu Gericht** erheben, § 459h, § 31 Abs. 6 S. 1 RPflG. Anordnungen, die Vollstreckung nach Abs. 2 (nicht) zu unterlassen, gelten mangels Beschwer als unanfechtbar; der Verurteilte wird darauf verwiesen, sich gegen die Anordnung der Ersatzfreiheitsstrafe zu wehren.[6]

§ 459 d [Absehen von der Vollstreckung der Geldstrafe]

(1) Das Gericht kann anordnen, daß die Vollstreckung der Geldstrafe ganz oder zum Teil unterbleibt, wenn

1. in demselben Verfahren Freiheitsstrafe vollstreckt oder zur Bewährung ausgesetzt worden ist oder
2. in einem anderen Verfahren Freiheitsstrafe verhängt ist und die Voraussetzungen des § 55 des Strafgesetzbuches nicht vorliegen

und die Vollstreckung der Geldstrafe die Wiedereingliederung des Verurteilten erschweren kann.

(2) Das Gericht kann eine Entscheidung nach Absatz 1 auch hinsichtlich der Kosten des Verfahrens treffen.

I. Normzweck und Anwendungsbereich

1 Die Bestimmung dient dem **Resozialisierungsinteresse** des Verurteilten und der Allgemeinheit. Auf die Vollstreckung wegen einer Geldstrafe oder Verfahrenskosten ganz oder teilweise neben Freiheitsstrafe darf verzichtet werden, wenn sich die Schwierigkeiten bei der Wiedereingliederung hierdurch beheben lassen. § 459d gilt entsprechend für Nebenfolgen, die zu einer Geldzahlung verpflichten (§ 459g Abs. 2).

II. Absehen von der Geldstrafenvollstreckung (Abs. 1)

2 Von der Vollstreckung einer Geldstrafe kann in **zwei Fällen** abgesehen werden: einerseits bei Zusammentreffen von Geld- und Freiheitsstrafe in demselben Verfahren (Nr. 1), andererseits bei Zusammentreffen in unterschiedlichen Verfahren (Nr. 2). Als gemeinsame Voraussetzung ist er-

---

[4] BVerfG v. 24. 8. 2006 – 2 BvR 1552/06, NJW 2006, 3626 (3627) mwN; *Meyer-Goßner* Rn. 5.
[5] Näher *Franke* NStZ 1999, 548; KK-StPO/*Appl* Rn. 6.
[6] KK-StPO/*Appl* Rn. 12; *Meyer-Goßner* Rn. 8.

forderlich, dass die Geldstrafenvollstreckung die **Resozialisierung erschweren** kann. Im Umkehrschluss muss die Unterlassung der Vollstreckung also die Wiedereingliederung des Verurteilten erleichtern können. Das wird regelmäßig der Fall sein, insbesondere bei drohender Ersatzfreiheitsstrafe, weshalb dieser Voraussetzung keine große Bedeutung zukommt. Eine Ausnahme gilt etwa dann, wenn der Verurteilte über finanzielle Mittel in einem so großen Umfang verfügt, dass er sie auch für die Geldstrafentilgung einsetzen kann, ohne seine Resozialisierung zu gefährden.

Eine Anordnung nach § 459 d zieht faktisch einen **Erlass** eines Teils oder der ganzen Geldstrafe 3 nach sich, weil sie endgültig und unwiderruflich wirkt. Auch Ersatzfreiheitsstrafe kommt nicht mehr in Betracht, § 459e Abs. 4 S. 1. Deshalb beschränkt die wohl hM in zu rigider Weise die Anwendung der Vorschrift auf (außergewöhnliche) **Ausnahmefälle**.[1] Das Gericht muss bei seiner **Ermessensentscheidung** den Belang nachhaltiger Strafvollstreckung mit dem Resozialisierungsinteresse abwägen. Kann der Lage des Verurteilten durch Zahlungserleichterungen (§ 459a) Rechnung getragen werden, ist eine Anordnung nach § 459 d ermessensfehlerhaft.[2] Gleiches gilt, wenn ihm bereits Ratenzahlung bewilligt war, er die Geldstrafe aber trotz Leistungsfähigkeit nicht getilgt hat.[3] Zu weit geht es, den Verurteilten auf die (engen) Voraussetzungen zu verweisen, unter denen die Vollstreckung der Ersatzfreiheitsstrafe eine unbillige Härte darstellt (§ 459f Rn. 2),[4] weil der großzügigere § 459 d hierdurch seine eigenständige Bedeutung verlieren würde.

1. Geld- und Freiheitsstrafe in einem Verfahren (Abs. 1 Nr. 1). Die Freiheitsstrafe muss vor der 4 Anordnung ganz oder (in Folge einer Strafrestaussetzung) teilweise **vollstreckt oder zur Bewährung ausgesetzt** (§ 56 StGB) worden sein.[5] Da bereits im Urteil Geldstrafe neben Freiheitsstrafe nur bei Angemessenheit im Hinblick auf die persönlichen und wirtschaftlichen Verhältnisse des Täters verhängt werden darf (§ 41 StGB), setzt eine Anordnung nach § 459d Abs. 1 Nr. 1 voraus, dass sich diese Umstände (zB Gesundheitszustand, finanzielle Verhältnisse) auf Grund **neuer oder neu bekannt gewordener Tatsachen** geändert haben; eine andere Bewertung bereits im Tatverfahren bekannter Umstände genügt nicht.[6] Nachdem Abs. 1 Nr. 1 im Zusammenhang mit § 41 StGB zu sehen ist, findet die Norm bei Absehen von Gesamtstrafenbildung gem. § 53 Abs. 2 S. 2 StGB keine Anwendung.[7]

2. Geld- und Freiheitsstrafe in unterschiedlichen Verfahren (Abs. 1 Nr. 2). Wurde in einem Ver- 5 fahren Geldstrafe, in einem anderen Freiheitsstrafe verhängt und ist eine nachträgliche **Gesamtstrafenbildung** wegen Fehlens der Voraussetzungen des § 55 Abs. 1 StGB **nicht möglich**, kompensiert es Abs. 1 Nr. 2, dass die unter Resozialisierungsaspekten wichtige zusammenfassende Würdigung von Täter und Taten bei der Strafzumessung (§ 54 Abs. 1 S. 3 StGB) unterbleibt. Die Anordnung wird wie bei Nr. 1 nach Vollstreckung der Freiheitsstrafe oder ihrer Aussetzung bzw. derjenigen des Strafrests zur Bewährung getroffen, nicht erst am Ende der Bewährungszeit.[8] Sie kann etwa ergehen, wenn die Geld- bzw. Ersatzfreiheitsstrafenvollstreckung eine Drogentherapie gefährden würde.[9]

III. Absehen von der Kostenvollstreckung (Abs. 2)

Die Anordnung nach Abs. 1 erstreckt sich – anders als in § 459a Abs. 4 S. 1 – nicht auf die 6 Verfahrenskosten. Soll deren Vollstreckung aus Resozialisierungsgründen ganz oder teilweise unterbleiben, muss dies **gesondert angeordnet** werden. Abs. 2 lässt das zu; allerdings nur bei einer Verurteilung (auch) zu Geldstrafe[10] und unter den Voraussetzungen, nach denen die Geldstrafenvollstreckung unterbleiben darf, also nicht allein wegen hoher Verschuldung.[11] Aus einem Wort-

---

[1] OLG Hamm v. 9. 2. 1976 – 3 Ws 35/76, JMBl NRW 1976, 107; OLG Jena v. 15. 12. 2005 – 1 Ws 441/05, NStZ-RR 2006, 286 (287); OLG Koblenz v. 14. 9. 1977 – 1 Ws 462/77, MDR 1978, 248; KK-StPO/*Appl* Rn. 4; *Meyer-Goßner* Rn. 6; Löwe/Rosenberg/*Graalmann-Scheerer* Rn. 9; aA *Volckart* NStZ 1982, 496 (499); SK-StPO/*Paeffgen* Rn. 2; KMR/*Stöckel* Rn. 1.
[2] OLG Hamburg v. 8. 11. 1976 – 1 a Ws 10/76, Rpfleger 1977, 65; *Meyer-Goßner* Rn. 6.
[3] *Meyer-Goßner* Rn. 6.
[4] So aber KK-StPO/*Appl* Rn. 4; *Pfeiffer* Rn. 3; HK-StPO/*Woynar* Rn. 1.
[5] *Meyer-Goßner* Rn. 5.
[6] KK-StPO/*Appl* Rn. 3.
[7] AA KK-StPO/*Appl* Rn. 5; SK-StPO/*Paeffgen* Rn. 6; KMR/*Stöckel* Rn. 6; Löwe/Rosenberg/*Graalmann-Scheerer* Rn. 5.
[8] OLG Jena v. 13. 4. 2004 – 1 Ws 112/04, NStZ-RR 2004, 383 (LS); OLG Koblenz v. 15. 5. 1981 – 1 Ws 242/81, MDR 1981, 870; *Meyer-Goßner* Rn. 7; großzügiger OLG Jena v. 15. 12. 2005 – 1 Ws 441/05, NStZ-RR 2006, 286; HK-StPO/*Woynar* Rn. 3; aA *Volckart* NStZ 1982, 496 (499); *Bringewat* Rn. 2; SK-StPO/*Paeffgen* Rn. 6; KMR/*Stöckel* Rn. 7.
[9] AG Gelsenkirchen v. 7. 5. 1999 – 9 Cs 90 Js 1047/97, StV 1999, 498 (LS).
[10] BGH v. 4. 2. 1983 – 2 ARs 328/82, BGHSt 31, 244 (246) = NJW 1983, 1687 (1688); OLG Karlsruhe v. 7. 4. 1982 – 1 Ws 70/82, Justiz 1982, 275; LG Mainz v. 1. 10. 1984 – 3 Js 4206/792 KLs, Rpfleger 1985, 162.
[11] LG Mainz v. 24. 3. 1981 – 36 Rs 16 830/78, NStZ 1982, 47.

lautvergleich mit § 459a Abs. 4 S. 2 („... allein hinsichtlich der Kosten...") leitet man her, dass die Anordnung nach § 459d Abs. 2 („... auch hinsichtlich der Kosten...") nicht auf die Kosten beschränkt werden darf.[12] Pflichtgemäßem Ermessen wird es regelmäßig entsprechen, dem Verurteilten neben der Geldstrafe auch die (uU erheblicheren) Verfahrenskosten zu erlassen.[13] Allerdings kann das Gericht den Verurteilten in unterschiedlichem Umfang von der Geldstrafen- und Kostentilgung befreien.[14]

IV. Zuständigkeit und Verfahren

7   Anordnungen nach § 459d trifft entweder das **Gericht** des ersten Rechtszuges oder die StVollstrK (§§ 462 Abs. 1 S. 1, 462a). Entschieden wird auf Antrag des Verurteilten oder von Amts wegen.[15] Wird der Antrag erst nach Vollverbüßung der Freiheitsstrafe eingebracht, bleibt die StVollstrK zuständig.[16] Ein Antrag auf Stundung der Geldstrafe zwingt das Gericht noch nicht zur Prüfung des § 459d.[17] Steht die Aussetzung der Freiheitsstrafe nicht zumindest nahe bevor, ist ein Antrag des Verurteilten verfrüht und damit zurzeit unbegründet. Stellt der Verurteilte den Antrag bei der VollstrB, leitet diese ihn an das Gericht weiter. Entschieden wird ohne mündliche Verhandlung nach Anhörung der StA und des Verurteilten durch Beschluss (§ 462 Abs. 1 und 2). Prüft das Gericht § 459d, kann das Verfahren nicht durch Aktenvermerk beendet werden.[18] Die Vollstreckung der Geldstrafe bzw. Ersatzfreiheitsstrafe bleibt auch vor vorangehenden Beschluss nach § 459d Abs. 1 statthaft.[19] Umgekehrt kann trotz Anordnung der Vollstreckung der Ersatzfreiheitsstrafe bzw. Vollzugsbeginn noch nach § 459d verfahren werden.[20]

V. Rechtsbehelfe

8   **Sofortige Beschwerde** kann der Verurteilte gegen einen die Anordnung ablehnenden Beschluss, die StA gegen eine Anordnung nach Abs. 1 und/oder Abs. 2 einlegen (§ 462 Abs. 3 S. 1).

§ 459e [Vollstreckung der Ersatzfreiheitsstrafe]

(1) Die Ersatzfreiheitsstrafe wird auf Anordnung der Vollstreckungsbehörde vollstreckt.

(2) Die Anordnung setzt voraus, daß die Geldstrafe nicht eingebracht werden kann oder die Vollstreckung nach § 459c Abs. 2 unterbleibt.

(3) Wegen eines Teilbetrages, der keinem vollen Tage Freiheitsstrafe entspricht, darf die Vollstreckung der Ersatzfreiheitsstrafe nicht angeordnet werden.

(4) ¹Die Ersatzfreiheitsstrafe wird nicht vollstreckt, soweit die Geldstrafe entrichtet oder beigetrieben wird oder die Vollstreckung nach § 459d unterbleibt. ²Absatz 3 gilt entsprechend.

I. Normzweck

1   Die Vorschrift regelt die Modalitäten der Vollstreckung von Ersatzfreiheitsstrafen, die nach § 43 S. 1 StGB an die Stelle **uneinbringlicher Geldstrafen** treten. Ergänzt wird sie durch § 459f, wonach die Vollstreckung in Fällen unbilliger Härte unterbleibt.

II. Vollstreckungsanordnung (Abs. 1)

2   Die Vollstreckung der Ersatzfreiheitsstrafe setzt eine **besondere Anordnung** voraus, damit überprüft wird, ob die gesetzlichen Voraussetzungen hierfür vorliegen. Zuständig ist der **Rechtspfleger**, § 31 Abs. 2 S. 1 RPflG.

III. Anordnungsvoraussetzungen (Abs. 2)

3   Ersatzfreiheitsstrafe darf erst vollstreckt werden, wenn die erforderlichen Beitreibungsversuche unternommen worden sind oder das Unterbleiben der Geldstrafenvollstreckung auf hinreichender

---

[12] BGH v. 4. 2. 1983 – 2 ARs 328/82, BGHSt 31, 244 (245) = NJW 1983, 1687 (1688); *Meyer-Goßner* Rn. 8.
[13] KK-StPO/*Appl* Rn. 7.
[14] *Meyer-Goßner* Rn. 8.
[15] BGH v. 4. 11. 1981 – 2 ARs 297/81, BGHSt 30, 263 (264) = NJW 1982, 393 (394); *Volckart* NStZ 1982, 496 (498).
[16] BGH v. 4. 11. 1981 – 2 ARs 297/81, BGHSt 30, 263 = NJW 1982, 393; KK-StPO/*Appl* Rn. 8.
[17] OLG Koblenz v. 11. 1. 1978 – 1 Ws 665/77, Rpfleger 1978, 148; *Meyer-Goßner* Rn. 2.
[18] KK-StPO/*Appl* Rn. 8.
[19] OLG Zweibrücken v. 28. 12. 1984 – 1 Ws 568/84, NStZ 1985, 575; KK-StPO/*Appl* Rn. 8; *Meyer-Goßner* Rn. 2; aA *Volckart* NStZ 1982, 494 (498).
[20] OLG Koblenz v. 14. 9. 1977 – 1 Ws 462/77, MDR 1978, 248; *Meyer-Goßner* Rn. 2.

Tatsachengrundlage nach § 459c Abs. 2 angeordnet wurde. Uneinbringlich ist die Geldstrafe auch mit Eröffnung des Insolvenzverfahrens.[1] **Vollstreckungshindernisse** dürfen nicht bestehen: Die Schonfrist (§ 459c Abs. 1) muss verstrichen sein, nach Bewilligung von Ratenzahlung entweder die Anordnung nach § 459a Abs. 3 S. 1 getroffen worden sein oder die Verfallklausel wirken. Anordnungen nach §§ 459d, 459f dürfen nicht bestehen.

Die VollstrB muss selbst prüfen, ob Zahlungserleichterungen nach § 459a zu gewähren oder gerichtliche Entscheidungen gem. §§ 459d oder 459f anzuregen sind. Darüber kann sie nur befinden, wenn sie die Entscheidungsgrundlagen kennt. Entgegen der hM erscheint es deshalb geboten, dem Verurteilten vor Anordnung der Ersatzfreiheitsstrafe **rechtliches Gehör** zu gewähren.[2]

IV. Keine Anordnung in Bagatellfällen (Abs. 3)

Nach § 43 S. 3 StGB beträgt das **Mindestmaß** der Ersatzfreiheitsstrafe einen Tag. Deshalb darf wegen eines uneinbringlichen Betrags, der hinter einem Tagessatz Geldstrafe zurückbleibt, keine Ersatzfreiheitsstrafe vollstreckt werden. Besondere Probleme entstehen, wenn die Ersatzfreiheitsstrafe auf einer nachträglich gebildeten Gesamtgeldstrafe beruht.[3] Erneute Geldstrafenvollstreckung bleibt für den Restbetrag bis zum Eintritt der Verjährung möglich.

V. Absehen von der Vollstreckung (Abs. 4)

Abs. 4 betont die Subsidiarität der Ersatzfreiheitsstrafe. Für sie erwächst mit **Zahlung oder Beitreibung** des ausstehenden Betrags ein Vollstreckungshindernis.[4] Befindet sich der Verurteilte bereits in Haft, ist er sofort zu entlassen (§ 51 Abs. 4 StVollstrO). Wurde der Bruchteil eines Tages vollstreckt, ist der entsprechende Teil des Tagessatzes verbüßt. Mit Zahlung eines Teilbetrags vermindert sich die noch zu vollstreckende Ersatzfreiheitsstrafe anteilig.[5] Die Haft endet mit Verbüßung des Tages, der dem letzten vollen Tagessatz Geldstrafe entspricht, Abs. 4 S. 2. Die Aussetzung eines Strafrestes zur Bewährung kommt bei der Ersatzfreiheitsstrafe nicht in Betracht.[6]

VI. Abwendung durch freie Arbeit

Art. 293 EGStGB ermächtigt die Landesregierungen, durch Rechtsverordnung vorzusehen, dass die Vollstreckung der Ersatzfreiheitsstrafe durch **unentgeltliche und gemeinnützige Arbeit** ersetzt werden kann. Derartige Möglichkeiten existieren bundesweit, in Bayern nur als Gnadenlösung.[7] Sie dienen der Vermeidung von Stigmatisierung mittelloser Straftäter sowie der Entlastung der ohnehin oft überbelegten Vollzugsanstalten. Erfolg verspricht der Ansatz „Schwitzen statt Sitzen" insbes. dann, wenn engagierte private Vereinigungen der Straffälligenhilfe sich um die Einrichtung geeigneter Arbeitsstellen und die Unterstützung der sorgfältig nach ihrer Eignung ausgewählten Probanden bemühen. IdR wird ein Tag Ersatzfreiheitsstrafe mit fünf oder sechs Stunden Arbeit abgegolten. Für vollstreckungsbehördliche Anordnungen ist auch hier der Rechtspfleger zuständig.

VII. Rechtsbehelfe

Gegen die Entscheidungen des Rechtspflegers nach § 459e können **Einwendungen zu Gericht** erhoben werden, § 459h. Die Zuständigkeit bestimmt sich nach §§ 462, 462a.[8] Anordnungen des Rechtspflegers im Zusammenhang mit freier Arbeit werden ebenfalls nach § 459h, nicht nach §§ 23ff. EGGVG angegriffen.[9] Zu dieser Sichtweise tendiert auch der BGH, der jedoch im Hinblick auf die divergierenden Länderregelungen eine bundeseinheitliche Festlegung gem. § 29 Abs. 1 S. 2 EGGVG aF abgelehnt hat.[10]

---

[1] BVerfG v. 24. 8. 2006 – 2 BvR 1552/06, NJW 2006, 3626 (3627) mwN; LG Leipzig v. 22. 6. 2001 – 1 Qs 30/01, EWiR 2002, 167 (LS), mAnm *Wessing*; LG Osnabrück v. 22. 6. 2006 – 1 Qs 37/06, Rpfleger 2007, 111.
[2] Wie hier OLG Celle v. 3. 5. 1977 – 3 Ws 142/77, NdsRpfl 1977, 128; SK-StPO/*Paeffgen* Rn. 4; KMR/*Stöckel* Rn. 4; HK-StPO/*Woynar* Rn. 1; aA OLG Nürnberg v. 3. 8. 2007 – 1 Ws 472/07, NStZ 2008, 224; *Pohlmann* Rpfleger 1979, 249; KK-StPO/*Appl* Rn. 4; *Meyer-Goßner* Rn. 2; Löwe/Rosenberg/*Graalmann-Scheerer* Rn. 7.
[3] Dazu *Siggelkow* Rpfleger 1994, 285.
[4] OLG Düsseldorf v. 5. 3. 1979 – 5 Ws 18/79, NJW 1980, 250; OLG Zweibrücken v. 9. 9. 1986 – 1 Ws 321 – 322/86, MDR 1987, 782.
[5] Einzelheiten bei *Röttle/Wagner* Rn. 271 ff.
[6] Dazu § 454b Rn. 4.
[7] Rechtsgrundlagen in Schönfelder Art. 293 EGStGB (Nr. 85 a) Fn. 2.
[8] Vgl. OLG Hamburg v. 12. 12. 1975 – 1 Ws 508/75, NJW 1976, 257.
[9] OLG Karlsruhe v. 28. 1. 2009 – 2 Ws 20/08, NStZ-RR 2009, 220; OLG Koblenz v. 29. 10. 2009 – 2 Ws 506/09, NStZ-RR 2010, 190 f. (LS); KK-StPO/*Appl* Rn. 13; KMR/*Stöckel* Rn. 16; aA OLG Dresden v. 26. 11. 1998 – 2 Ws 540/98, NStZ 1999, 160; OLG Jena v. 29. 7. 2008 – 1 Ws 302/08, NStZ-RR 2009, 155; OLG Jena v. 16. 7. 2009 – 1 Ws 271/09, NStZ-RR 2010, 61 (LS); *Neuhaus/Putzke* ZAP 2008, 389 (392); *Meyer-Goßner* § 23 EGGVG Rn. 16.
[10] BGH v. 23. 6. 2009 – 5 AR (VS) 10/09, BGHSt 54, 25 (28) = NJW 2009, 3587 (3588).

§ 459f [Absehen von der Vollstreckung der Ersatzfreiheitsstrafe]

Das Gericht ordnet an, daß die Vollstreckung der Ersatzfreiheitsstrafe unterbleibt, wenn die Vollstreckung für den Verurteilten eine unbillige Härte wäre.

I. Normzweck und Anwendungsbereich

1 § 459f ist eine Schutzvorschrift zugunsten des Verurteilten. Die nach § 459e durchzuführende Vollstreckung der Ersatzfreiheitsstrafe (§ 43 S. 1 StGB) unterbleibt, wenn dies den Verurteilten in unbilliger Weise belasten würde. Gegenüber § 456 ist die Norm bei der Ersatzfreiheitsstrafe lex specialis.[1]

II. Begriff der unbilligen Härte

2 Für eine unbillige Härte genügt es nicht, dass die Geldstrafe auch für einen längeren Zeitraum uneinbringlich ist, wie die Existenz der Ersatzfreiheitsstrafe gerade erweist. Das gilt selbst bei unverschuldetem Unvermögen des Verurteilten oder infolge eines Insolvenzverfahrens.[2] Zu verlangen ist vielmehr darüber hinaus das Vorliegen besonderer Umstände, bei denen die Vollstreckung der Ersatzfreiheitsstrafe eine **zusätzliche, von den Strafzwecken nicht beabsichtigte Härte** bedeuten würde,[3] etwa bei Vereitelung einer (hinreichend sicher belegten) Arbeitsaufnahme oder einer Suchttherapie[4] sowie bei vorangegangenem behördlichen Versäumnis, die Vollstreckung einer Freiheitsstrafe zu unterbrechen.[5] Eine unbillige Härte soll nach hM nicht vorliegen, wenn bei ungünstiger Prognose der Strafzweck eine nachhaltige Einwirkung auf den Verurteilten geboten erscheinen lässt.[6] Indes wird so auf der Tatbestandsebene überspielt, dass § 459f eine gebundene Entscheidung und kein Ermessen vorsieht.

III. Gerichtliche Anordnung

3 Zuständig für die Entscheidung ist – auf Antrag oder von Amts wegen – ausschließlich das **Gericht** (§§ 462, 462a), nicht die VollstrB. Letztere kann (und muss) eine gerichtliche Anordnung lediglich anregen, § 49 Abs. 2 S. 1 StVollstrO, entweder vor oder nach Erlass der Anordnung gem. § 459e Abs. 1. Auch nach Beginn der Vollstreckung der Ersatzfreiheitsstrafe kann noch gem. § 459f verfahren werden.[7]

4 Die Anordnung kann sich auf die ganze oder nur einen Teil der Geldstrafe beziehen. Sie führt nur zum **Aufschub** der Vollstreckung der Ersatzfreiheitsstrafe; weder sie noch die Geldstrafe geraten in Wegfall.[8] Ein Widerruf der Anordnung bleibt möglich, etwa bei Verbesserung der Umstände des Verurteilten oder Nichtergreifen zumutbarer Verdienstmöglichkeiten.[9] Auch ohne Widerruf der Anordnung kann die Beitreibung der noch nicht verjährten Geldstrafe erneut versucht werden (§ 49 Abs. 2 S. 2 StVollstrO).

IV. Rechtsbehelfe

5 Gegen die Anordnung, die Vollstreckung zu unterlassen, kann die VollstrB, gegen die Ablehnung eines Antrags der Verurteilte **sofortige Beschwerde** einlegen, § 462 Abs. 3 S. 1.

§ 459g [Vollstreckung von Nebenfolgen]

(1) [1]Ist der Verfall, die Einziehung oder die Unbrauchbarmachung einer Sache angeordnet worden, so wird die Anordnung dadurch vollstreckt, daß die Sache dem Verurteilten oder dem

---

[1] OLG Schleswig v. 24. 10. 1975 – 2 Ws 348/75, SchlHA 1976, 13; *Meyer-Goßner* Rn. 1.
[2] BVerfG v. 24. 8. 2006 – 2 BvR 1552/06, NJW 2006, 3626 (3627) mwN; LG Leipzig v. 22. 6. 2001 – 1 Qs 30/01, EWIR 2002, 167, mAnm *Wessing*; LG Osnabrück v. 22. 6. 2006 – 1 Qs 37/06, Rpfleger 2007, 111 (112).
[3] BGH v. 22. 12. 1976 – 3 StR 393/76, BGHSt 27, 90 (93) = NJW 1977, 815; OLG Düsseldorf v. 13. 9. 1989 – 1 Ws 862 – 865/89, VRS 77, 454 (455); OLG Jena v. 15. 12. 2005 – 1 Ws 441/05, NStZ-RR 2006, 286 (287); *Meyer-Goßner* Rn. 2; aA *von Selle* NStZ 1990, 118 (119).
[4] OLG Karlsruhe v. 6. 5. 2006 – 2 VAs 37/05, NStZ-RR 2006, 287 (288); OLG Schleswig v. 15. 1. 1998 – 2 Ws 552, 553/97, StV 1998, 673, mAnm *Erdmann-Pause/Bobinski*; LG Osnabrück v. 24. 7. 1998 – 17 StVK 380/98, StV 1999, 444.
[5] LG Oldenburg v. 15. 12. 2005 – 15 StVK 2380/05, StraFo 2006, 124.
[6] OLG Düsseldorf v. 9. 5. 1984 – 1 Ws 428/84, MDR 1985, 76; LG Bremen v. 7. 7. 1997 – 14 Qs 264/97, StV 1998, 152; OLG Jena v. 15. 12. 2005 – 1 Ws 441/05, NStZ-RR 2006, 286 (287); LG Frankfurt v. 7. 1. 1983 – 5/9 Qs 598/82, StV 1983, 292; KK-StPO/*Appl* Rn. 2; *Meyer-Goßner* Rn. 2.
[7] *Meyer-Goßner* Rn. 1.
[8] OLG Schleswig v. 24. 10. 1975 – 2 Ws 348/75, SchlHA 1976, 13; *Schädler* ZRP 1983, 5 (7); *Meyer-Goßner* Rn. 3.
[9] OLG Schleswig v. 24. 10. 1975 – 2 Ws 348/75, SchlHA 1976, 13; KK-StPO/*Appl* Rn. 3.

Verfalls- oder Einziehungsbeteiligten weggenommen wird. ²Für die Vollstreckung gelten die Vorschriften der Justizbeitreibungsordnung.

(2) Für die Vollstreckung von Nebenfolgen, die zu einer Geldzahlung verpflichten, gelten die §§ 459, 459a, 459c Abs. 1 und 2 und § 459d entsprechend.

I. Nebenfolgenvollstreckung (Abs. 1)

Die rechtskräftige Anordnung von Verfall (§ 73 StGB) oder Einziehung (§ 74 StGB) bewirkt den Übergang des Eigentums an der betroffenen beweglichen oder unbeweglichen **Sache** auf den Staat (§§ 73e Abs. 1, 74e Abs. 1 StGB). Die Vorschrift bestimmt mit §§ 60ff. StVollstrO, wie der Landesfiskus den Anspruch auf **Besitzverschaffung** durchsetzen kann. Jener wird selbst dann Eigentümer, wenn im ersten Rechtszug ein OLG im Wege der Organleihe Gerichtsbarkeit des Bundes (§ 120 Abs. 6 GVG) ausgeübt hat, § 60 S. 2 StVollstrO. Bei einem Kfz umfasst der Eigentumsübergang auch Fahrzeugbrief bzw. Zulassungsbescheinigung.[1] Die Verwertung der Sache erfolgt idR durch öffentliche Versteigerung (§§ 63ff. StVollstrO). 1

Befindet sich die Sache im Besitz des Verurteilten oder des Verfalls- oder Einziehungsbeteiligten, wird sie ihm **weggenommen**. Insoweit wirkt das Urteil als Vollstreckungstitel. Ein Dritter, der die Sache in Besitz hat, wird zur Herausgabe aufgefordert. Verweigert er sie, muss die oberste Justizbehörde oder die von ihr bestimmte Stelle (§ 61 Abs. 3 S. 2 StVollstrO) entscheiden, ob im Klageweg über § 985 BGB ein **gesonderter Titel** erwirkt werden soll (§ 61 Abs. 4 StVollstrO). Gleiches gilt, wenn der Verfalls- oder Einziehungsbeteiligte geltend macht, an der Sache aufgrund eines beschränkt-dinglichen Rechts ein Recht zum Besitz zu haben und das Erlöschen dieses Rechts nicht im Urteil angeordnet wurde (§ 61 Abs. 3 StVollstrO). 2

Für **Rechte** gilt § 459g Abs. 1 nicht, weil der Fiskus mit Rechtskraft des Urteils ohne weiteres deren Inhaber wird. Ihrer Pfändung und Überweisung bedarf es nicht, § 61 Abs. 5 StVollstrO. Sie werden nach den für sie jeweils geltenden Vorschriften verfolgt. 3

Wurde die **Unbrauchbarmachung** angeordnet, bedarf es hierfür nicht des Eigentumsübergangs auf den Fiskus. Ist ihre Unschädlichmachung ohne Vernichtung möglich, werden die betroffenen Gegenstände anschließend dem Berechtigten zurückgegeben, § 63 Abs. 3 StVollstrO. 4

Für das Verfahren verweist Abs. 1 S. 2 auf die Vorschriften der JBeitrO. Nach deren § 6 Abs. 1 Nr. 1 gelten Vorschriften der ZPO; zuständig ist idR der Vollziehungsbeamte, § 6 Abs. 2 JBeitrO. Wird die Sache nicht aufgefunden, kann beim Gerichtsvollzieher die Abnahme der eidesstattlichen Versicherung nach § 883 Abs. 2 ZPO beantragt werden (§ 7 JBeitrO), es sei denn der Fall des § 62 Abs. 1 S. 2 StVollstrO liegt vor. Wiederholte Durchsuchung, selbst nach Abgabe der Versicherung, ist statthaft.[2] 5

Stirbt der Eigentümer vor Rechtskraft der Verfalls- oder Einziehungsanordnung, kann der Fiskus kein Eigentum an der Sache erwerben. Stirbt er nach Rechtskraft, hat der Eigentumsübergang stattgefunden. Die Herausgabe kann vom Erben nur auf der Basis eines gesonderten Titels verlangt werden. Gleiches gilt bei Anordnung der Unbrauchbarmachung, unabhängig vom Todeszeitpunkt des ursprünglich Berechtigten. 6

II. Vollstreckung bei zu Geldstrafe verpflichtenden Nebenfolgen (Abs. 2)

Unter solche Nebenfolgen fallen Verfall und Einziehung des Wertersatzes (§§ 73a, 74c StGB) sowie Abführung des Mehrerlöses (§ 8 WirtschaftsstrafG). Sie **stehen den Geldstrafen vollstreckungsrechtlich gleich**. Allerdings kommt eine Ersatzfreiheitsstrafe nicht in Betracht, da kein Fall des § 43 StGB vorliegt, während Vollstreckung in den Nachlass möglich bleibt: Auf § 459c Abs. 3 wird nicht verwiesen.[3] 7

III. Rechtsbehelf

Über Einwendungen gegen Entscheidungen der VollstrB entscheidet das nach §§ 462, 462a zuständige **Gericht**, § 459h. 8

§ 459h [Zuständigkeit des Gerichts bei Einwendungen]

Über Einwendungen gegen die Entscheidungen der Vollstreckungsbehörde nach den §§ 459a, 459c, 459e und 459g entscheidet das Gericht.

---

[1] Vgl. BGH v. 21. 12. 1960 – VIII ZR 89/59, BGHZ 34, 122 (134) = NJW 1961, 499 (502); BGH v. 29. 4. 1964 – VIII ZR 34/63, NJW 1964, 1413.
[2] *Meyer-Goßner* Rn. 5.
[3] Dazu OLG Frankfurt v. 10. 10. 2005 – 3 Ws 860/05, NStZ-RR 2006, 39 (41).

I. Regelungsgehalt

1 § 459 h bewirkt eine **Zuständigkeitskonzentration** für Entscheidungen im Bereich der Geldstrafenvollstreckung: Auch gegen Anordnungen des Rechtspflegers, der nach § 31 Abs. 2 Nr. 1 RPflG zuständig ist, kann das Gericht unmittelbar angerufen werden. Der Rechtsweg nach §§ 23 ff. EGGVG ist ausgeschlossen. § 458 Abs. 1 gilt nur für Einwendungen, die den Vollstreckungsanspruch dem Grunde nach betreffen (etwa Erfüllung oder Erlass der Geldstrafe), ferner bei Zweifeln über die Auslegung des Urteils oder die Strafberechnung.[1] Ansonsten hat es mit § 459 h sein Bewenden.

2 **Entscheidungen** der Vollstreckungsbehörde sind alle Anordnungen und Maßnahmen im Rahmen der aufgezählten Normen, also solche, die die Gewährung von Zahlungserleichterungen, die Beitreibung der Geldstrafe sowie die Vollstreckung von Ersatzfreiheitsstrafe und Nebenfolgen betreffen. Ein weites Verständnis der anfechtbaren Akte ist geboten.[2] Wird nur die Art und Weise der Durchführung einer Zwangsvollstreckung gerügt, verweisen § 459, § 6 Abs. 1 Nr. 1 JBeitrO auf zivilprozessuale Rechtsschutzmöglichkeiten. Macht ein Dritter Rechte an einem eingezogenen Gegenstand geltend, gilt § 439. Auch die Aufrechnung des Justizfiskus gegen eine Forderung des Verurteilten unterfällt nicht § 459 h.[3]

3 Einwendungen kann in zulässiger Weise nur erheben, wer (idR als Verurteilter oder Verfallsbzw. Einziehungsbeteiligter) geltend macht, durch die angefochtene Entscheidung oder ihre Unterlassung **in seinen Rechten verletzt** zu sein.[4] Hierfür reicht ggf. das Recht auf fehlerfreie Ermessensausübung aus. Die StA kann deshalb selbst als Strafverfolgungsbehörde keine Einwendungen erheben.

II. Zuständigkeit

4 Nach § 462 a Abs. 2 ist idR das **Gericht des ersten Rechtszugs** zuständig. Die StVollstrK wird nur zuständig, wenn der Verurteilte eine (Ersatz-)Freiheitsstrafe verbüßt, § 462 a Abs. 1 S. 1.[5] Entschieden wird ohne mündliche Verhandlung durch Beschluss, § 462 Abs. 1 S. 1. Das Gericht darf unzureichende Ermessensausübung der VollstrB nicht durch eigene Erwägungen ersetzen oder ergänzen.[6]

III. Rechtsbehelfe

5 Der gerichtliche Beschluss ist mit **sofortiger Beschwerde** anfechtbar, § 462 Abs. 3.

IV. Anwendung im anwaltsgerichtlichen Verfahren

6 Bezüglich §§ 459 a und 459 c findet die Bestimmung iVm. § 116 BRAO entsprechende Anwendung.[7]

§ 459 i [Vollstreckung der Vermögensstrafe]

(1) Für die Vollstreckung der Vermögensstrafe (§ 43 a des Strafgesetzbuches) gelten die §§ 459, 459 a, 459 b, 459 c, 459 e, 459 f und 459 h sinngemäß.

(2) In den Fällen der §§ 111 o, 111 p ist die Maßnahme erst nach Beendigung der Vollstreckung aufzuheben.

1 § 43 a StGB wurde vom BVerfG für verfassungswidrig erklärt,[1*] so dass die Norm keine Bedeutung mehr hat.

§ 460 [Nachträgliche Gesamtstrafenbildung]

[1]Ist jemand durch verschiedene rechtskräftige Urteile zu Strafen verurteilt worden und sind dabei die Vorschriften über die Zuerkennung einer Gesamtstrafe (§ 55 des Strafgesetzbuches) außer Betracht geblieben, so sind die erkannten Strafen durch eine nachträgliche gerichtliche Ent-

---

[1] KK-StPO/*Appl* Rn. 1; *Meyer-Goßner* Rn. 1.
[2] OLG Karlsruhe v. 28. 1. 2009 – 2 VAs 20/08, NStZ-RR 2009, 220 (221); KK-StPO/*Appl* Rn. 2.
[3] KK-StPO/*Appl* Rn. 4.
[4] *Meyer-Goßner* Rn. 3.
[5] Vgl. KK-StPO/*Appl* Rn. 5.
[6] OLG Koblenz v. 29. 10. 2009 – 2 Ws 506/09, NStZ-RR 2010, 190 (191, LS).
[7] *Kleine-Cosack* § 116 BRAO Rn. 4.
[1*] BVerfG v. 20. 3. 2002 – 2 BvR 794/95, BVerfGE 105, 135 = NJW 2002, 1779.

scheidung auf eine Gesamtstrafe zurückzuführen. ²Werden mehrere Vermögensstrafen auf eine Gesamtvermögensstrafe zurückgeführt, so darf diese die Höhe der verwirkten höchsten Strafe auch dann nicht unterschreiten, wenn deren Höhe den Wert des Vermögens des Verurteilten zum Zeitpunkt der nachträglichen gerichtlichen Entscheidung übersteigt.

I. Normzweck und Anwendungsbereich

Die Norm will der prinzipiell zwingend zu beachtenden Vorschrift über die (schon wegen der umfangreicheren Verfahrensgarantien idR vorrangige) nachträgliche Bildung einer Gesamtstrafe im Erkenntnisverfahren (§ 55 StGB)[1] auch dann Geltung verschaffen, wenn der letzte Tatrichter sie nicht angewendet hat, sei es darum, weil er sie übersehen hat, sei es dass von der Bildung einer Gesamtstrafe ausnahmsweise abzusehen war. Dann ist die Gesamtstrafe im Nachtragsverfahren zu verhängen; der Verurteilte soll im Vergleich zur Gesamtstrafenbildung schon im Erkenntnisverfahren **nicht besser oder schlechter stehen**.[2]   1

Über § 354 Abs. 1 b S. 1 kann auch das **Revisionsgericht**, wenn es ein Urteil nur wegen Fehler bei der Gesamtstrafenbildung aufhebt, den Weg zum Beschlussverfahren nach §§ 460, 462 freimachen, anstatt die Durchführung einer neuen Hauptverhandlung anzuordnen.   2

Satz 2 ist durch das Urteil des BVerfG zur Verfassungswidrigkeit der Vermögensstrafe in Form des § 43a StGB[3] obsolet geworden. Im **Jugendstrafrecht** gibt es keine Gesamtstrafenbildung; Sanktionen können lediglich im Rahmen der §§ 31 Abs. 2, 66 JGG (nachträglich) zusammengefasst werden. Im **anwaltsgerichtlichen Verfahren** findet § 460 ebenso wenig Anwendung.[4]   3

II. Allgemeine Voraussetzungen

Aus der **Verknüpfung mit § 55 StGB** ergibt sich, dass ein rechtskräftig Verurteilter (später) wegen einer anderen Straftat verurteilt worden sein muss, die er vor der früheren Verurteilung begangen hat. Verlangt § 55 StGB weiter, dass die Strafe aus der ersten Verurteilung noch nicht vollstreckt, verjährt oder erlassen sein darf, gelten insoweit im Hinblick auf den Charakter des hier angeordneten Nachverfahrens Besonderheiten. Ein Vorgehen nach § 460 scheidet aber naturgemäß aus, wenn alle relevanten Strafen bereits vollständig vollstreckt, verjährt oder erlassen sind. Im Übrigen ist eine **hypothetische Betrachtung** anzustellen: Waren zum Zeitpunkt der letzten Tatsachenentscheidung die Voraussetzungen für eine Gesamtstrafenbildung erfüllt, ist diese nachzuholen. Nur in dem Fall, in dem das Tatgericht von einer Gesamtstrafenbildung absehen durfte, genügt es, wenn die Erkenntnisse erst in der Zwischenzeit Gesamtstrafenfähigkeit erlangt haben.[5] Es reicht also nicht aus, dass zum Zeitpunkt des ersten Urteils die zweite Tat zwar schon begonnen, aber noch nicht vollendet war.[6]   4

§ 460 findet somit Anwendung, wenn dem Richter im Erkenntnisverfahren eine frühere Verurteilung unbekannt war oder einer Gesamtstrafenbildung dort die noch fehlende Rechtskraft der Vorverurteilung entgegenstand.[7] Gleiches gilt, wenn das Gericht die gebotene Verhängung der Gesamtstrafe rechtsirrig übersehen hat.[8] Dem steht der Fall nicht gleich, dass § 55 StGB **sachlich geprüft** und seine Anwendung fehlerhaft abgelehnt wurde: Ergibt sich dies aus Urteilsgründen oder Protokoll, ist die Norm nicht außer Betracht geblieben und das Urteil nur auf ein Rechtsmittel hin korrigierbar.[9]   5

Zu den Ausnahmefällen, in denen der Tatrichter **von der Gesamtstrafenbildung absehen** durfte, zählt es, wenn trotz gehöriger Terminsvorbereitung die Akten des Vorprozesses sich nicht oder   6

---

[1] BGH v. 30. 6. 1958 – GSSt 2/58, BGHSt 12, 1 = NJW 1958, 1643; BGH v. 18. 9. 1974 – 3 StR 217/74, BGHSt 25, 382 = NJW 1975, 126; BGH v. 7. 12. 1983 – 1 StR 148/83, BGHSt 32, 190 (193) = NJW 1984, 375 (376); aA *Bohnert* GA 1994, 97 (110).
[2] BGH v. 16. 12. 1954 – 3 StR 189/54, BGHSt 7, 180 (182) = NJW 1955, 758; BGH v. 30. 6. 1960 – 2 StR 147/60, BGHSt 15, 66 (69) = NJW 1960, 2006 (2007).
[3] BVerfG v. 20. 3. 2002 – 2 BvR 794/95, BVerfGE 105, 135 = NJW 2002, 1779.
[4] BGH v. 25. 3. 1991 – AnwSt (B) 27/90, Eildienst: Bundesgerichtliche Entscheidungen/BGH 1991, 159.
[5] KK-StPO/*Appl* Rn. 2.
[6] KK-StPO/*Appl* Rn. 2.
[7] BGH v. 11. 2. 1988 – 4 StR 516/87, BGHSt 35, 208 (215) = NJW 1989, 45 (46); OLG Stuttgart v. 7. 10. 1957 – 2 Ws 255/57, NJW 1957, 1813.
[8] BGH v. 11. 2. 1988 – 4 StR 516/87, BGHSt 35, 208 (215) = NJW 1989, 45 (46); OLG Hamm v. 6. 3. 2008 – 3 Ss 68/08, NStZ-RR 2008, 235; OLG Karlsruhe v. 21. 10. 1986 – 3 Ws 179/86, NStZ 1987, 186 (187); *Meyer-Goßner* Rn. 3; aA LG Berlin v. 27. 7. 1990 – 503 Qs 50/90, NStE Nr. 6; SK-StPO/*Paeffgen* Rn. 6.
[9] OLG Düsseldorf v. 7. 12. 1989 – 1 Ws 1074/89, NStE Nr. 5; OLG Hamburg v. 27. 2. 1992 – 2 Ws 24/92, NStZ 1992, 607, mAnm *Maatz*; OLG Jena v. 14. 10. 2005 – 1 Ws 361/05, NStZ-RR 2006, 102; OLG Koblenz v. 27. 11. 1979 – 1 Ws 636/79, OLGSt S. 15; OLG Stuttgart v. 5. 8. 1988 – 3 Ws 162/88, NStZ 1989, 47; KK-StPO/*Appl* Rn. 5; aA SK-StPO/*Paeffgen* Rn. 7.

nur mit nicht hinnehmbarer zeitlicher Verzögerung beschaffen ließen[10] oder sonst ohne erheblichen Zeitaufwand die Entscheidungsgrundlagen nicht ermittelbar sind.[11] Das gilt aber nicht im Berufungsverfahren, wenn das AG bereits aus allen in Frage kommenden Einzelstrafen eine Gesamtstrafe gebildet hatte und jetzt die Vorstrafenakten nicht mehr vorliegen.[12] Ein Absehen von der Gesamtstrafenbildung bleibt ferner möglich in Konstellationen, in denen die Gesamtstrafe wegen einer weiteren erforderlichen Gesamtstrafenentscheidung alsbald wieder aufgelöst werden müsste,[13] ein Erfolg versprechendes Wiedereinsetzungsgesuch gegen ein eigentlich einzubeziehendes Urteil gestellt worden ist[14] oder im Berufungsverfahren die Prüfungskompetenz des Gerichts sich wegen Beschränkung des Rechtsmittels nur auf die Nichtaussetzung zur Bewährung einer „eigentlich" gesamtstrafenfähigen Strafe erstreckt.[15] Hat eine frühere Einzelstrafe bereits zur Bildung einer früher noch nicht rechtskräftigen Gesamtstrafe gedient, darf sie zur Vermeidung von Doppelbestrafungen nicht bei der Festsetzung einer weiteren Gesamtstrafe Verwendung finden.[16] Das gilt entsprechend für die Anwendung von §§ 31 Abs. 2, 66 JGG.[17] Die Rspr. gestattet es schließlich, eine Gesamtstrafenbildung dann dem Verfahren nach § 460 vorzubehalten, wenn bei Anwendung des § 55 StGB im Berufungsverfahren die nach § 24 Abs. 2 GVG zu bemessende Strafgewalt des Gerichts überschritten würde;[18] das ist trotz des Interesses an Verfahrensbeschleunigung im Hinblick auf den Grundsatz des gesetzlichen Richters zw.

7 **Entsprechend angewendet** wird § 460, wenn bei Fortfall einer Gesamtstrafe vergessen wurde, über die Strafaussetzung zur Bewährung einer bestehen bleibenden, ursprünglich einbezogenen Freiheitsstrafe zu entscheiden,[19] oder wenn das in der Festsetzung mehrerer Gesamtstrafen liegende Übel noch keine Berücksichtigung finden konnte.[20]

III. Einzubeziehende Strafen

8 **1. Einbeziehung von Einzelstrafen.** In die Gesamtstrafe einbezogen werden nicht frühere Urteile als solche, sondern dort – selbst rechtsfehlerhaft[21] (aber nicht entgegen dem Verbot der Doppelbestrafung)[22] – verhängte **Einzelstrafen**,[23] also lebenslange wie zeitige Freiheitsstrafen und Geldstrafen, nicht aber Jugendstrafe,[24] ausländische Strafen[25] oder Ersatzfreiheitsstrafen.[26] Gleichwohl setzt § 460 **mehrere rechtskräftige Urteile** voraus; haben nach teilweiser Rechtsmittelrücknahme nur einzelne Strafen Rechtskraft erlangt, genügt dies nicht.[27] Die Rechtskraft muss im Zeitpunkt des Beschlusserlasses nach § 460 vorliegen; auf Rechtskraft im Zeitpunkt des letzten tatrichterlichen Urteils kommt es nach Sinn und Zweck der Norm gerade nicht an.[28] Weil nur die Einzelstrafen in die (neue) Gesamtstrafe einbezogen werden, sind **in früheren Urteilen** festgesetzte (auch rechtsfehlerhaft gebildete)[29] **Gesamtstrafen aufzulösen**. Das Gesetz gestattet insoweit die Durchbrechung der Rechtskraft.[30]

9 **2. Begriff des Urteils.** Urteil iSd. § 460 ist auch der **Strafbefehl**; Zeitpunkt der früheren Verurteilung ist hier derjenige des Erlasses (= Unterzeichnung), nicht erst der Zustellung des Straf-

---

[10] BGH v. 30. 6. 1958 – GSSt 2/58, BGHSt 12, 1 (10) = NJW 1958, 1643 (1646); BGH v. 17. 2. 2004 – 1 StR 369/03, NStZ 2005, 32; OLG Hamm v. 20. 3. 1970 – 3 Ss 42/70, NJW 1970, 1200; OLG Hamm v. 1. 12. 2003 – 2 Ss 643/03, VRS 106, 189 (191); OLG Köln v. 21. 9. 1982 – 3 Ss 605 – 606/82, MDR 1983, 423.
[11] BGH v. 6. 8. 1969 – 4 StR 233/69, BGHSt 23, 98 (99) = NJW 1969, 2210; OLG Hamm v. 13. 8. 2007 – 2 Ss 352/07, NStZ-RR 2008, 73 (LS).
[12] OLG Hamburg v. 7. 6. 1994 – 2 Ss 26/94, MDR 1995, 84.
[13] BGH v. 24. 7. 1997 – 1 StR 216/97, NJW 1997, 2892.
[14] BGH v. 6. 8. 1969 – 4 StR 233/69, BGHSt 23, 98 = NJW 1969, 2210.
[15] OLG Brandenburg v. 9. 1. 2007 – 2 Ss 88/06, NStZ-RR 2007, 196; OLG Hamburg v. 15. 9. 2004 – 1 Ss 90/04, VRS 107, 449 (454); aA LG Freiburg v. 16. 1. 2008 – 7 Ns 320 Js 15990/07/AK 184/07, NStZ-RR 2008, 236 (237).
[16] BGH v. 10. 11. 1965 – 2 StR 387/65, BGHSt 20, 292 (293 f.) = NJW 1966, 114 (115).
[17] BGH v. 23. 1. 2003 – 4 StR 412/02, NJW 2003, 2036.
[18] BGH v. 30. 10. 1986 – 4 StR 368/86, BGHSt 34, 204 (206 f.) = NJW 1987, 1212 (1213); OLG Jena v. 8. 1. 2003 – 1 Ss 280/02, NStZ-RR 2003, 139; aA *Bringewat* Rn. 9; SK-StPO/*Paeffgen* Rn. 7.
[19] OLG Koblenz v. 19. 10. 1990 – 1 Ws 478/90, NStZ 1991, 555, mAnm *Gössel*; OLG Zweibrücken v. 13. 9. 1995 – 1 Ws 397/95, NStZ 1996, 303.
[20] BGH v. 21. 8. 2002 – 5 StR 342/02, bei *Becker* NStZ-RR 2003, 289 (293).
[21] OLG Schleswig v. 4. 11. 1975 – 1 Ws 372/75, SchlHA 1976, 43; *Meyer-Goßner* Rn. 7.
[22] OLG Zweibrücken v. 23. 10. 1985 – 1 Ws 435/85, OLGSt Nr. 1.
[23] BGH v. 31. 8. 1960 – 2 StR 406/60, BGHSt 15, 164 = NJW 1960, 2153; KG v. 16. 12. 1985 – 4 Ws 268/85, JR 1986, 119.
[24] BGH v. 12. 10. 1989 – 4 StR 445/89, BGHSt 36, 270 (274); aA SK-StPO/*Paeffgen* Rn. 11 mwN.
[25] BGH v. 30. 4. 1997 – 1 StR 105/97, BGHSt 43, 79 = NJW 1997, 1993.
[26] KK-StPO/*Appl* Rn. 19; aA Schönke/Schröder/*Stree/Sternberg-Lieben* § 53 StGB Rn. 27, jeweils mwN.
[27] OLG Oldenburg v. 31. 1. 1995 – 1 Ws 14/95, NdsRpfl 1995, 135.
[28] OLG Frankfurt v. 29. 6. 1956 – 1 Ws 385/56, NJW 1956, 1609.
[29] OLG Karlsruhe v. 21. 10. 1986 – 3 Ws 179/86, NStZ 1987, 186.
[30] BGH v. 24. 3. 1988 – 1 StR 83/88, BGHSt 35, 243 = NJW 1988, 2749.

befehls.[31] Beschlüsse über die Verurteilung zu einer vorbehaltenen Strafe (§ 453, § 59 b Abs. 1 StGB) gelten auch als Urteile in diesem Sinne.[32] Die nachträgliche Gesamtstrafenbildung zwischen vorbehaltener Strafe und Strafe ohne Vorbehalt gem. § 59c Abs. 2 StGB kommt im Rahmen des § 460 aber nicht in Betracht, da dies eine Analogie zu Ungunsten des Täters bedeuten würde.[33]

3. Anwendung von § 55 StGB. Im Übrigen ist nach den **für § 55 StGB geltenden Grundsätzen** 10 zu verfahren. Es ist der Blickwinkel des Tatrichters im letzten Strafverfahren einzunehmen, in dem § 55 StGB anzuwenden gewesen wäre (erste Fiktion). Dieser Tatrichter hätte die früheste noch nicht erledigte Verurteilung ermitteln, sich in die Rolle des hierfür zuständigen Richters versetzen und alle vor dieser Verurteilung begangenen Taten als bereits bekannt behandeln müssen (zweite Fiktion). Aufgrund dieser fiktiven Sichtweise lässt sich die nachträgliche Gesamtstrafenbildung nur als das erste Urteil ergänzende Entscheidung darstellen. Schwierigkeiten treten deshalb insbes. dann auf, wenn später weitere Verurteilungen erfolgen. Betrifft eine solche etwa Taten, die vor der zweiten, aber nach der ersten Verurteilung begangen wurden, ist nur die erste eine frühere Verurteilung iSd. § 55 StGB mit der Folge, dass die im zweiten Urteil ausgeworfenen Einzelstrafen nicht gesamtstrafenfähig sind.[34] Diese **Zäsurwirkung**, die durch die Anwendung von § 53 Abs. 2 S. 2 StGB nicht entfällt,[35] kann auch zur Folge haben, dass mehrere neue Gesamtstrafen unter Auflösung früher gebildeter Gesamtstrafen zu verhängen sind.[36]

In jedem Fall muss die neu abzuurteilende Tat „vor der früheren Verurteilung", also der Ur- 11 teilsverkündung, **verübt iSv. beendet**[37] worden sein. Unter Verurteilung idS ist ein Urteil zu verstehen, das eine Sachentscheidung (über die Schuld- bzw. Straffrage) enthält, auch ein Berufungsurteil, in dem tatsächliche Feststellungen geprüft werden (§ 55 Abs. 1 S. 2 StGB),[38] nicht aber ein die Berufung nach § 329 Abs. 1 StPO wegen Ausbleibens des Angeklagten verwerfendes Urteil.[39] Ein nachträglicher Gesamtstrafenbeschluss nach § 460 ist keine frühere Verurteilung in diesem Sinne.[40]

4. Keine Erledigung. Aus § 55 StGB ergibt sich weiter, dass nur solche Strafen einbezogen wer- 12 den dürfen, die **noch nicht vollstreckt, verjährt oder erlassen** sind. Das richtet sich ebenfalls nach der Situation zur **Zeit der letzten tatrichterlichen Urteilsfällung**. War **Erledigung** zu diesem Zeitpunkt **bereits eingetreten**, kommt eine Einbeziehung nach § 460 (auch im Wege eines Härteausgleichs)[41] nicht in Betracht, weil diese auch auf der Basis allein von § 55 StGB nicht möglich gewesen wäre.[42] Es schadet allerdings nicht, wenn Erledigung durch Verbüßung erst erfolgt, nachdem das Revisionsgericht zur Nachholung einer unterlassenen Gesamtstrafenbildung zurückverwiesen hat.[43] Bei bloß teilweiser Erledigung kann die Festsetzung einer Gesamtstrafe unter Berücksichtigung des verbüßten usw. Teils der Strafe erfolgen.[44]

Kam es zur **Erledigung erst nach dem letzten tatrichterlichen Urteil**, bleibt die Bildung einer 13 Gesamtstrafe im Hinblick auf den Normzweck, den Verurteilten so zu stellen, als wäre zu diesem Zeitpunkt § 55 StGB angewandt worden, statthaft, sofern nicht sämtliche für die Gesamtstrafenbildung relevanten Einzelstrafen vollstreckt, verjährt oder erlassen sind.[45]

Haben sich nur **einzelne Strafen** nach Erlass des letzten Urteils durch Vollstreckung oder Geld- 14 strafenzahlung **erledigt**, gilt folgendes: Die nachträgliche Gesamtstrafenbildung bleibt prinzipiell

---

[31] BGH v. 10. 6. 1985 – 4 StR 153/85, BGHSt 33, 230 = NJW 1986, 200; BGH v. 7. 12. 1990 – 2 StR 513/90, NJW 1991, 1763; BGH v. 17. 7. 2007 – 4 StR 266/07, NStZ-RR 2007, 369 (370); *Meyer-Goßner* Rn. 8.
[32] *Meyer-Goßner* Rn. 8.
[33] Wie hier AG Dieburg v. 24. 6. 1996 – 18 Js 135 927/93, NStZ 1996, 613; SK-StPO/*Paeffgen* Rn. 4; Schönke/Schröder/*Stree/Kinzig* § 59c StGB Rn. 5 aE; aA BVerfG v. 22. 5. 2002 – 2 BvR 290/02, NStZ-RR 2002, 330; OLG Frankfurt v. 21. 11. 2007 – 2 Ss 311/07, NStZ 2009, 268; LG Darmstadt v. 24. 9. 2007 – 9 Qs 430/07, NStZ-RR 2008, 199; LG Flensburg v. 2. 9. 1997 – I Qs 88/97, SchlHA 1997, 285; *Deckenbrock/Dötsch* NStZ 2003, 346; KK-StPO/*Appl* Rn. 3; *Fischer* § 59c StGB Rn. 3; *Meyer-Goßner* Rn.; *Lackner/Kühl* § 59c StGB Rn. 3.
[34] BGH v. 7. 12. 1983 – 1 StR 148/83, BGHSt 32, 190 (193) = NJW 1984, 375 (376).
[35] BGH v. 30. 8. 2007 – 4 StR 356/07, NStZ-RR 2007, 369 mwN.
[36] OLG Karlsruhe v. 21. 10. 1986 – 3 Ws 179/86, NStZ 1987, 186; zu Einzelheiten KK-StPO/*Appl* Rn. 7 f.; Matt/Renzikowski/*Bußmann* § 55 StGB Rn. 13 ff.; *Fischer* § 55 StGB Rn. 8 ff.
[37] *Fischer* § 55 StGB Rn. 7 mwN; aA Matt/Renzikowski/*Bußmann* § 55 StGB Rn. 10; SK-StPO/*Paeffgen* Rn. 14.
[38] BGH v. 30. 6. 1960 – 2 StR 147/60, BGHSt 15, 66 (69) = NJW 1960, 2006 (2007); Details bei KK-StPO/*Appl* Rn. 8; *Fischer* § 55 StGB Rn. 6.
[39] BGH v. 6. 3. 1962 – 5 StR 16/ 62, BGHSt 17, 173.
[40] OLG Karlsruhe v. 19. 2. 1974 – 1 Ws 48/74, GA 1974, 347.
[41] *Meyer-Goßner* Rn. 15; aA AG Waldshut-Tiengen v. 14. 11. 1988 – 1 Ls 36/87, NStZ 1990, 48, mAnm *Bringewat*.
[42] BGH v. 5. 8. 1981 – 2 ARs 208/81, GA 1982, 177 (178); *Meyer-Goßner* Rn. 12 mwN.
[43] KK-StPO/*Appl* Rn. 9.
[44] *Meyer-Goßner* Rn. 12.
[45] BGH v. 17. 7. 2007 – 4 StR 266/07, NStZ-RR 2007, 369.

möglich.[46] Bei deren Festsetzung wird zwar keine fiktive Gesamtstrafe unter Verringerung um die bereits erledigte Strafe gebildet,[47] sondern die ursprünglich unterbliebene Bildung der Gesamtstrafe nachgeholt;[48] gleichwohl wird hierauf eine **vollstreckte** Einzelstrafe angerechnet.[49] Eine **im Gnadenweg erlassene** Einzelstrafe wird um des Vorteils für den Verurteilten willen ebenfalls einbezogen; die Gesamtstrafe vermindert sich um den auf die erlassene oder verjährte Strafe entfallenden Anteil.[50] Als Beispiel: Einzelstrafen 1 Jahr (Gnadenakt) und 2 Jahre, Gesamtstrafe nach § 55 StGB 2 Jahre 6 Monate. Gesamtstrafe nach § 460 1 Jahr 8 Monate. Die gleiche Sachbehandlung erscheint bei zwischenzeitlichem **Eintritt der Vollstreckungsverjährung** angemessen, weil der so erlangte Vorteil dem Verurteilten nicht nachträglich wieder entzogen werden darf.[51]

15 **Keine Berücksichtigung** finden Strafen, die nach § 56g StGB zwischenzeitlich erlassen worden sind.[52] Diesen stehen Strafen nicht gleich, bei denen vor Erlass eines solchen Beschlusses nur die Bewährungszeit abgelaufen ist, weil das Gesetz keinen Vorrang von § 56g StGB vor § 460 kennt[53] (und umgekehrt keinen solchen des § 460).[54] Die überwiegende Rspr. entscheidet hier nach Verhältnismäßigkeitsgesichtspunkten unter Berücksichtigung der Einzelfallaspekte (seit Ablauf der Bewährungszeit verstrichene Zeitspanne, Vorhersehbarkeit nachträglicher Einbeziehung der Strafe) und hält eine Einbeziehung ggf. selbst dann für möglich, wenn deren Folge eine nicht aussetzungsfähige Gesamtstrafe ist.[55] Im Hinblick auf den nicht-originären Charakter des Beschlusses nach § 460 wird die Einbeziehung einer Einzelstrafe unverhältnismäßig sein, wenn die Voraussetzungen für deren Erlass bereits zu dem Zeitpunkt vorlagen, zu dem ein Urteil unter Anwendung von § 55 StGB hätte ergehen können.[56]

IV. Bildung der Gesamtstrafe

16 Die Bildung der (neuen) Gesamtstrafe erfolgt über § 55 StGB nach den Grundsätzen der §§ 53, 54 StGB. Trifft **lebenslange Freiheitsstrafe** mit zeitiger Freiheitsstrafe zusammen, kann das Schwurgericht die besondere Schwere der Schuld jedenfalls dann bejahen, wenn das Tatgericht bereits Feststellungen hierzu getroffen hatte.[57] War in einem einbezogenen Urteil besondere Schwere der Schuld bejaht worden, ohne dass dies in Tenor oder Gründen des Gesamtstrafenbeschlusses aufgegriffen wird, kann der Ausspruch auch im Wege der Berichtigung nicht mehr erfolgen.[58]

17 **1. Nebenstrafen, Nebenfolgen, Maßnahmen.** Nebenstrafen, Nebenfolgen und Maßnahmen (§ 11 Abs. 1 Nr. 8 StGB) können **nicht erstmals angeordnet** werden.[59] Waren sie in einem der einbezogenen Urteile enthalten, müssen sie aufrecht erhalten werden, soweit sie nicht durch den Gesamtstrafenbeschluss gegenstandslos geworden sind (§ 55 Abs. 2 S. 1 StGB). Wurde dies versäumt, können sie nach Rechtskraft des Gesamtstrafenbeschlusses nicht mehr vollstreckt werden. Der Richter darf prüfen, ob die Nebenstrafen usw. gesetzeskonform verhängt wurden.[60]

18 **2. Fortwirkung früherer Strafen.** Umstritten ist, inwieweit eine **frühere Gesamtstrafe fortwirkt**. Nach hM darf die neue Gesamtstrafe einerseits nicht niedriger sein als die alte[61] und andererseits die Summe der bisherigen Gesamtstrafe und der einzubeziehenden Einzelstrafen nicht übersteigen (**Verschlechterungsverbot**).[62] Die Gegenauffassung betont demgegenüber die strafzumessungs-

---

[46] BGH v. 17. 7. 2007 – 4 StR 266/07, NStZ-RR 2007, 369; BGH v. 17. 6. 2009 – 2 StR 180/09, NStZ-RR 2009, 382; BayObLG v. 13. 9. 1957 – 3 St 29/57, BayObLGSt 1957, 185 (186) = NJW 1957, 1810; *Meyer-Goßner* Rn. 13.
[47] So aber Schönke/Schröder/*Stree*/Sternberg-Lieben § 55 Rn. 29 f.
[48] KK-StPO/*Appl* Rn. 10.
[49] RG v. 6. 5. 1926 – II 256/26, RGSt 60, 206 (208); KK-StPO/*Appl* Rn. 10; *Meyer-Goßner* Rn. 12.
[50] LG Kiel v. 23. 3. 1960 – 13 Qs 37/60, Rpfleger 1960, 305; KK-StPO/*Appl* Rn. 13, 26; *Meyer-Goßner* Rn. 13.
[51] Im Ergebnis wie hier *Meyer-Goßner* Rn. 13; Schönke/Schröder/*Stree*/Sternberg-Lieben § 55 StGB Rn. 30; aA *Oppe* NJW 1959, 1358 (1359); wohl auch KK-StPO/*Appl* Rn. 15.
[52] BGH v. 23. 2. 1983 – 3 StR 513/82, NStZ 1983, 261; KG v. 29. 8. 1975 – 2 Ws 235/75, JR 1976, 202; *Meyer-Goßner* Rn. 13; aA *Bringewat* Rn. 24.
[53] KK-StPO/*Appl* Rn. 14; aA KG v. 29. 8. 1975 – 2 Ws 235/75, JR 1976, 202; *Meyer-Goßner* Rn. 13; Löwe/Rosenberg/*Graalmann-Scheerer* Rn. 17.
[54] AA KG v. 26. 9. 2005 – 5 Ws 430/05, NStZ 2007, 422 (423).
[55] BVerfG v. 23. 2. 1990 – 2 BvR 51/90, wistra 1990, 262; BGH v. 27. 3. 1991 – 3 StR 358/90, NStZ 1991, 330.
[56] Vgl. KG v. 13. 3. 2003 – 5 Ws 90/03, NJW 2003, 2468 (2469 f.); KK-StPO/*Appl* Rn. 25.
[57] OLG Hamm v. 23. 11. 1995 – 1 Ws – L – 22/95, NStZ 1996, 301; *Meyer-Goßner* Rn. 20a; zw. Anw-StPO/*Kirchhof* Rn. 9.
[58] OLG Frankfurt v. 18. 6. 2009 – 3 Ws 514/09, NStZ-RR 2009, 381 (LS).
[59] *Meyer-Goßner* Rn. 18 mwN.
[60] BGH v. 10. 4. 1979 – 4 StR 87/79, NJW 1979, 2113 (2114); KK-StPO/*Appl* Rn. 28.
[61] BGH v. 16. 12. 1954 – 3 StR 189/54, BGHSt 7, 180 (183) = NJW 1955, 758 (759); *Meyer-Goßner* Rn. 15; aA *Bringewat* MDR 1987, 793 (797).
[62] BGH v. 31. 8. 1960 – 2 StR 406/60, BGHSt 15, 164 = NJW 1960, 2153; OLG Oldenburg v. 22. 1. 1979 – 2 Ws 522/78, Rpfleger 1979, 428, mAnm *Fabian*; KK-StPO/*Appl* Rn. 24; aA LG Halle v. 3. 4. 1996 – 21 Qs 153/96, NStZ 1996, 456; *Bringewat* StV 1993, 47; SK-StPO/*Paeffgen* Rn. 10.

rechtliche Eigenständigkeit der im Rahmen des § 55 StGB erforderlichen Gesamtstrafenbildung und leugnet die Geltung des Verbots der reformatio in peius in Verfahren nach § 460 überhaupt.[63] Berücksichtigt man, dass es sich hier um eine nachgeholte, nicht um eine originäre Entscheidung handelt, erscheint die hM zutreffend. Dass bei Auflösung einer früheren Gesamtstrafe die neue Gesamtstrafe nicht höher bemessen werden darf als die aufgehobene Strafe abzüglich einer ausgeschiedenen Einzelstrafe (ggf. zuzüglich neu zu berücksichtigender Einzelstrafen),[64] erscheint im Hinblick auf das unterschiedliche Gewicht von Einsatz- und anderen Strafen zw. Trotz prinzipieller Anerkennung des Verschlechterungsverbots ist es im Hinblick auf das Wesen der nachgeholten Entscheidung deshalb möglich, dass sich nach Auflösung von zwei Gesamtfreiheitsstrafen und Bildung einer neuen Gesamtstrafe, neben der eine nicht gesamtstrafenfähige Einzelfreiheitsstrafe bestehen bleibt, das „Gesamt-Strafübel" im Vergleich zu den beiden früheren Gesamtstrafen erhöht; ggf. ist ein Härteausgleich vorzunehmen.[65]

3. Geldstrafe. Bei **Geldstrafen** gilt § 53 Abs. 2 StGB.[66] Eine Freiheits- und Geldstrafe gesondert bestehen lassende „Gesamtstrafe" sieht das Gesetz nicht vor.[67] Soll entsprechend § 53 Abs. 2 S. 2 1. Hs. StGB eine Geldstrafe bestehen bleiben, wird die Einbeziehung des nur auf diese Geldstrafe erkennenden Urteils nicht ausgesprochen.[68] Ggf. muss – selbst neben Freiheitsstrafe – nach § 53 Abs. 2 S. 2 2. Hs. StGB auf Gesamtgeldstrafe erkannt werden.[69] Aus dem Verschlechterungsverbot folgt, dass im Beschluss keine Gesamtfreiheitsstrafe aus Freiheits- und Geldstrafe gebildet werden darf, wenn der Tatrichter dies **bewusst unterlassen** hat.[70] Anders verhält es sich, wenn dem letzten Tatrichter eine der relevanten Strafen unbekannt geblieben war.[71]

Für die Bemessung der **Tagessatzhöhe** sind wegen des nicht-originären Charakters des Beschlusses und der Besonderheiten des Beschlussverfahrens nicht die persönlich-wirtschaftlichen Verhältnisse zum Zeitpunkt der Nachtragsentscheidung, sondern diejenigen zur Zeit des letzten tatrichterlichen Urteils maßgebend.[72] Das Verschlechterungsverbot bezieht sich nur auf die Gesamtstrafe als Produkt aus Zahl und Höhe der Tagessätze, nicht aber auf die Höhe des einzelnen Tagessatzes.[73] Nicht zulässig ist es, unterschiedliche Tagessatzbeträge in einer „Gesamtstrafe" nebeneinander bestehen zu lassen.[74]

4. Freiheitsstrafe. Für die Zumessung der **Freiheitsstrafe** gilt Folgendes: Der Beschlussrichter bleibt so an die früher verhängten **Einzelstrafen gebunden**, wie er auch tatsächliche Feststellungen hinzunehmen hat. Er darf die Gesamtstrafenbildung nicht dazu nutzen, frühere Urteile und vermeintlich zu hohe (oder zu milde) Strafen zu korrigieren. In diesem und dem durch die Anwendung der Grundsätze über die Fortwirkung alter Gesamtstrafen gebildeten Rahmen ist die neue Gesamtstrafe unter Erhöhung der Einsatzstrafe unter zusammenfassender Würdigung von Täterpersönlichkeit und einzelnen Straftaten (§ 54 Abs. 1 S. 2 und 3 StGB) zu verhängen. Wurde in einem früheren Urteil rechtsfehlerhaft **versäumt, Einzelstrafen festzusetzen**, dürfen diese nicht vom Beschlussrichter fingiert werden. Eine Einbeziehung in die neue Gesamtstrafe hat zu unterbleiben; die alte Gesamtstrafe kann hierbei auch nicht als Einzelstrafe behandelt werden. Es ist ein Härteausgleich bei der Bemessung der neuen Strafe vorzunehmen.[75]

---

[63] LG Lüneburg v. 23. 9. 2008 – 26 Qs 192/08, NStZ 2009, 573; *Bringewat* NStZ 2009, 542 ff.; *Meyer-Goßner* Rn. 19; *Pfeiffer* Rn. 7; Schönke/Schröder/Stree/Sternberg-Lieben § 55 StGB Rn. 40 f.
[64] So OLG Zweibrücken v. 10. 10. 1967 – Ws 201, 209/67, NJW 1968, 310 (311).
[65] So im Ergebnis LG Lüneburg v. 23. 9. 2008 – 26 Qs 192/08, NStZ 2009, 573; vgl. auch BGH v. 2. 3. 2010 – 3 StR 496/09, NStZ-RR 2010, 202 (203).
[66] BGH v. 9. 1. 1992 – 1 StR 777/91, NStZ 1993, 31; OLG Karlsruhe v. 30. 7. 1997 – 1 Ws 113/97, Justiz 1998, 533 (535); LG Regensburg v. 29. 7. 1999 – 1 Qs 45/99, StV 2000, 214 (LS).
[67] OLG Stuttgart v. 5. 8. 1988 – 3 Ws 162/88, NStZ 1989, 47; *Meyer-Goßner* Rn. 9 mwN.
[68] KG v. 16. 12. 1985 – 4 Ws 268/85, JR 1986, 119; *Meyer-Goßner* Rn. 9 mwN; aA *Bender* NJW 1971, 791.
[69] BGH v. 17. 9. 1974 – 1 StR 115/74, BGHSt 25, 380 = NJW 1975, 126, mAnm *Küper* NJW 1975, 547; BGH v. 18. 9. 1974 – 3 StR 217/74, BGHSt 25, 382 = NJW 1975, 126.
[70] BayObLG v. 22. 3. 1972 – 5 St 21/72, BayObLGSt 1972, 78 (80) = NJW 1972, 1631 (1632); BayObLG v. 26. 9. 1974 – 1 St 145/74, BayObLGSt 1974, 102 (104); OLG Düsseldorf v. 25. 2. 1991 – 2 Ws 38/91, StV 1993, 34; OLG Düsseldorf v. 29. 5. 1991 – 5 Ss 160/91 – 54/91 I, StV 1993, 31; anders *Bringewat* StV 1993, 47 (50 f.).
[71] BGH v. 11. 2. 1988 – 4 StR 516/87, BGHSt 35, 208 (213 ff.) = NJW 1989, 45 (46), mAnm *Böttcher* JR 1989, 205; BayObLG v. 20. 7. 1979 – 1 St 26/79, BayObLGSt 1979, 105 (107); OLG Düsseldorf v. 15. 9. 1997 – 2 Ss 265/97 – 70/97 II, JMBl NRW 1998, 23; OLG Frankfurt v. 23. 11. 1995 – 3 Ws 711/95, NStZ-RR 1996, 177; KK-StPO/*Appl* Rn. 22; aA *Maiwald* JR 1980, 353.
[72] LG Freiburg v. 3. 4. 1990 – II Qs 15/90, NStZ 1991, 135; *Horn* NStZ 1991, 117 (118); KK-StPO/*Appl* Rn. 30; aA LG Berlin v. 10. 1. 2006 – 505 Qs 210/05, NStZ-RR 2006, 373; LG Hildesheim v. 28. 6. 1990 – 12 Qs 68/90, NStZ 1991, 136, mAnm *Meyer-Goßner* NStZ 1991, 434.
[73] LG Hildesheim v. 28. 6. 1990 – 12 Qs 68/90, NStZ 1991, 136, mAnm *Meyer-Goßner* NStZ 1991, 434; näher hierzu KK-StPO/*Appl* Rn. 30 a.
[74] Anders LG Koblenz v. 21. 9. 1987 – 9 Qs 158/87, NStZ 1988, 72, mAnm *Bringewat*.
[75] BGH v. 6. 12. 1995 – 3 StR 550/95, BGHSt 41, 374 = NJW 1996, 1220; BGH v. 26. 3. 1997 – 2 StR 107/97, BGHSt 43, 34 = NJW 1997, 1993; zum Problem näher KK-StPO/*Appl* Rn. 27 mN.

22 **5. Strafaussetzung zur Bewährung.** War hinsichtlich einer oder mehrerer der einbezogenen Strafen **Strafaussetzung zur Bewährung** bewilligt, muss diese nicht widerrufen werden; sie wird **per se hinfällig.**[76] Für ein Beschwerdeverfahren gegen den Widerruf einer ausgesetzten Einzelstrafe wird deshalb idR das Rechtsschutzbedürfnis entfallen.[77] Es ist nunmehr die Aussetzung der Gesamtstrafe zu prüfen. Dabei ist ausschließlich die Sach- und Rechtslage (§§ 56, 58 StGB) zum gegenwärtigen Zeitpunkt maßgeblich; die früheren Entscheidungen bilden kein Präjudiz.[78] Deshalb braucht einerseits eine Gesamtstrafe nicht zur Bewährung ausgesetzt zu werden, selbst wenn dies bei allen einbezogenen Einzelstrafen der Fall war,[79] während andererseits die Gesamtstrafe ausgesetzt werden kann, auch wenn keine der einbezogenen Strafen zur Bewährung ausgesetzt war.[80] Erst recht steht der Bewährungswiderruf bei einer der einbezogenen Einzelstrafen einer neuerlichen Bewährungsentscheidung nicht entgegen.[81]

23 Wird die **neue Gesamtstrafe zur Bewährung ausgesetzt,** muss die – mit Rechtskraft des Beschlusses beginnende (§ 56a Abs. 2 S. 1 StGB) – Bewährungszeit (§ 56a StGB) unter Beachtung von § 58 Abs. 2 S. 1 StGB neu festgelegt werden. Das erfolgt im Gesamtstrafenbeschluss, in den auch Auflagen und Weisungen (§§ 56b ff. StGB) aufgenommen werden können. Waren solche Bestimmungen in einem früheren Beschluss nach § 268a enthalten, fallen sie wegen Überholung fort, wenn sie im neuen Gesamtstrafenbeschluss nicht aufrecht erhalten sind.[82] Wird **keine Bewährung** zugebilligt, verweist § 58 Abs. 2 S. 2 StGB auf die Anrechnungsmöglichkeit nach § 56f Abs. 3 StGB.[83]

24 Die Strafaussetzung zur Bewährung kann nach § 56f Abs. 1 S. 2 StGB nicht nur dann **widerrufen** werden, falls der Verurteilte zwischen Erlass des Gesamtstrafenbeschlusses und dessen Rechtskraft erneut straffällig wird,[84] sondern auch dann, wenn eine neue (im Beschlusszeitpunkt des § 460 nicht nicht bekannte oder widerrufsgeeignete) Straftat nach Aussetzung zur Bewährung einer nunmehr einbezogenen Strafe begangen wurde, nicht aber bei sonstiger Straffälligkeit vor Beschlussfassung.[85] Der Widerruf der Strafaussetzung für eine einbezogene und damit weggefallene Einzelstrafe ist demgegenüber mangels Bezugspunkt nicht möglich. Erfolgt er doch, entfaltet er keinerlei Rechtswirkungen.[86]

V. Verfahren

25 **Entschieden** wird **von Amts wegen oder auf Antrag** des Verurteilten bzw. der StA. Die VollstrB hat stets darauf zu achten, ob ein Beschluss nach § 460 herbeigeführt werden muss. Anhörungspflichten ergeben sich aus § 462 Abs. 2, wobei dem Verurteilte auch zur Höhe der von der StA beantragten Gesamtstrafe rechtliches Gehör zu gewähren ist.

26 **Zuständig** für den Beschluss ist das Gericht des ersten Rechtszuges, § 462a Abs. 3 S. 1. Wurden die einzubeziehenden Strafen von verschiedenen Gerichten verhängt, regelt § 462a Abs. 3 S. 2 die Rangfolge. Das gilt auch im Falle des § 354 Abs. 1b S. 1.[87] Entschieden wird ohne mündliche Verhandlung, § 462 Abs. 1 S. 1. Das Gericht darf die Beschlussfassung nicht hinausschieben, bis weitere anhängige Verfahren gegen den Verurteilten rechtskräftig abgeschlossen sind.[88] Es ist ggf. auch zur Bewährungsüberwachung berufen (§ 453b Abs. 1).

27 Der Beschluss bedarf der **Begründung** (§ 34), auch wenn die Bildung einer Gesamtstrafe nicht erfolgt. Wird eine neue Gesamtstrafe verhängt, muss das Gericht einerseits die Voraussetzungen

---

[76] BGH v. 16. 12. 1954 – 3 StR 189/54, BGHSt 7, 180 = NJW 1955, 758; BGH v. 3. 11. 1955 – 3 StR 369/55, BGHSt 8, 203 (204) = NJW 1956, 69; BGH v. 17. 11. 1955 – 3 StR 234/55, BGHSt 8, 254 (260); BGH v. 5. 8. 1981 – 2 ARs 208/81, GA 1982, 177 (178).
[77] Vgl. auch KG v. 26. 9. 2005 – 5 Ws 430/05, NStZ 2007, 422; aA *Meyer-Goßner* Rn. 17.
[78] BGH v. 3. 7. 1981 – StB 31/81, BGHSt 30, 168 (170) = NJW 1981, 2311 (2312); BGH v. 11. 2. 1988 – 4 StR 516/87, BGHSt 35, 208 (214) = NJW 1989, 45 (46); BGH v. 9. 7. 2003 – 2 StR 125/03, NJW 2003, 2841; BayObLG v. 28. 2. 2002 – 4 St RR 17/2002, BayObLGSt 2002, 40 (42) = NStZ-RR 2002, 297 f.; OLG Stuttgart v. 12. 4. 1988 – 1 Ws 68/88, NStZ 1988, 364; *Horn* NStZ 1991, 117 (118); vgl. auch KG v. 13. 3. 2003 – 5 Ws 90/03, NJW 2003, 2468 (2470).
[79] *Meyer-Goßner* Rn. 17; aA OLG Hamm v. 3. 6. 1975 – 2 Ws 85/75, MDR 1975, 948.
[80] LG Kiel v. 23. 3. 1960 – 13 Qs 37/60, Rpfleger 1960, 305; KK-StPO/*Appl* Rn. 25a; KMR/*Stöckel* Rn. 41; aA *Meyer-Goßner* Rn. 17; SK-StPO/*Paeffgen* Rn. 22.
[81] Im Ergebnis anders Löwe/Rosenberg/*Graalmann-Scheerer* Rn. 40.
[82] LG Berlin v. 7. 5. 1986 – 515 Qs 11/86, JR 1987, 217 (218).
[83] Näher hierzu BGH v. 20. 3. 1990 – 1 StR 283/89, BGHSt 36, 378 = NJW 1990, 1674; BGH v. 3. 3. 2004 – 1 StR 71/04, BGHSt 49, 90 (91) = NJW 2004, 1748, mAnm *Müller* JR 2004, 392; OLG Celle v. 18. 2. 1992 – 2 Ws 299/91, StV 1992, 526; *Sieg* StV 1998, 631.
[84] OLG Stuttgart v. 24. 6. 1992 – 4 Ws 118/92, MDR 1992, 1067 mwN; *Meyer-Goßner* Rn. 26.
[85] *Fischer* § 56f StGB Rn. 3c.
[86] BGH v. 21. 7. 2004 – 2 ARs 189/04, NStZ-RR 2006, 66 f.; OLG Düsseldorf v. 18. 3. 1999 – 1 Ws 172/99, JR 2000, 302, mAnm *Wohlers; Meyer-Goßner* Rn. 17.
[87] OLG Köln v. 8. 10. 2004 – 8 Ss 415/04, NStZ 2005, 164.
[88] OLG Karlsruhe v. 30. 7. 1997 – 1 Ws 113/97, Justiz 1998, 533.

der § 460, § 55 StGB (Tatzeitpunkte, Daten früherer Entscheidungen) belegen[89] und andererseits in § 267 Abs. 3 S. 1 genügender Weise die Bemessung der Gesamtstrafe erklären.[90] Dabei wäre es unnötig, die Strafzumessungserwägungen für die Einzelstrafen zu wiederholen.[91] Die für die Bildung der Gesamtstrafe maßgeblichen Gesichtspunkte sind um so detaillierterer darzulegen, je eher jene entweder in der Nähe der Einsatzstrafe bleibt oder die Summe der Einzelstrafen zu erreichen droht.[92] Der Begründung bedarf es auch, wenn das Gericht Geldstrafen in eine Gesamtfreiheitsstrafe einbezieht, die im Vergleich zur Freiheitsstrafe neben Gesamtgeldstrafe das schwerere Strafübel darstellt.[93]

Der Beschluss ist mit **sofortiger Beschwerde** anfechtbar, § 462 Abs. 3 S. 1. Eine Beschränkung 28 der Beschwerde ist möglich (zB bei abgelehnter Strafaussetzung zur Bewährung, und dies selbst dann, wenn das OLG entschieden hat).[94] Das **Verbot der reformatio in peius** gilt.[95] Das Beschwerdegericht entscheidet in der Sache selbst (§ 309 Abs. 2). Das gilt auch bei unzulänglicher Begründung des Beschlusses.[96]

Der Beschluss ist der **Rechtskraft** fähig. Auf Grund seines urteilsvertretenden Charakters darf 29 er selbst bei Irrtum über die Tatsachengrundlage nicht nachträglich abgeändert werden.[97] §§ 359 ff. können aber deshalb Anwendung finden.[98]

Grundlage für die **Vollstreckung** der neuen Gesamtstrafe bildet der Beschluss nach § 460, der 30 entsprechend § 451 Abs. 1 zumindest in beglaubigter Abschrift mit einer Vollstreckbarkeitsbescheinigung versehen sein muss.[99] Die einbezogenen Einzelstrafen dürfen nur bis zur Rechtskraft des Gesamtstrafenbeschlusses weiter vollstreckt werden.[100] Soweit einbezogene Strafen durch Vollstreckung oder Anrechnung erledigt sind, werden sie auf die Gesamtstrafe nach § 51 Abs. 2 StGB angerechnet. Zuständig ist die VollstrB. In eine Gesamtfreiheitsstrafe einbezogene Geldstrafen können nach Rechtskraft des Gesamtstrafenbeschlusses nicht mehr wirksam bezahlt werden.[101]

§ 461 [Anrechnung von Krankenhausaufenthalt]

(1) Ist der Verurteilte nach Beginn der Strafvollstreckung wegen Krankheit in eine von der Strafanstalt getrennte Krankenanstalt gebracht worden, so ist die Dauer des Aufenthalts in der Krankenanstalt in die Strafzeit einzurechnen, wenn nicht der Verurteilte mit der Absicht, die Strafvollstreckung zu unterbrechen, die Krankheit herbeigeführt hat.

(2) Die Staatsanwaltschaft hat in letzterem Falle eine Entscheidung des Gerichts herbeizuführen.

I. Normzweck und Anwendungsbereich

Erkrankt der Verurteilte während des Strafvollzugs, setzt sich die Strafverbüßung fort. Anderes 1 gilt nur, sofern die Vollstreckung nach § 455 Abs. 4 oder durch Gnadenakt unterbrochen wird. In diesen Fällen findet § 461 keine Anwendung.[1] Ansonsten sind erforderliche Behandlungsmaßnahmen prinzipiell **intramural** durchzuführen. Nur wenn dies nicht möglich ist, kommt eine externe Unterbringung in Betracht (vgl. § 65 StVollzG). § 461 stellt klar, dass sich dadurch idR für den Gefangenen bei der **Berechnung der Strafzeit** keine Nachteile ergeben dürfen. Die Vorschrift

---

[89] BGH v. 7. 11. 1978 – 5 StR 626/78, MDR 1979, 280.
[90] OLG Düsseldorf v. 17. 11. 1992 – 3 Ws 646-647/92, MDR 1993, 375; OLG Köln v. 9. 1. 1953 – Ws 217/52, NJW 1953, 275; OLG Koblenz v. 19. 2. 1975 – 1 Ws 82/75, OLGSt S. 11.
[91] OLG Braunschweig v. 29. 1. 1954 – Ws 210/53, NJW 1954, 569 (570); *Meyer-Goßner* Rn. 16.
[92] BGH v. 30. 11. 1971 – 1 StR 485/71, BGHSt 24, 268 (271) = NJW 1972, 454; OLG Düsseldorf v. 13. 8. 1985 – 1 Ws 718/85, StV 1986, 376; vgl. auch BGH v. 20. 10. 2006 – 2 StR 346/06, NStZ 2007, 326.
[93] OLG Jena v. 20. 4. 2005 – 1 Ws 123/05, StV 2005, 677.
[94] BGH v. 3. 7. 1981 – StB 31/81, BGHSt 30, 168 = NJW 1981, 2311.
[95] OLG Frankfurt v. 26. 4. 1996 – 3 Ws 340/96, NStZ-RR 1996, 318; *Meyer-Goßner* Rn. 24; aA LG Berlin v. 25. 9. 2000 – 533 Qs 33/00, NJW 2000, 3796; zw. KK-StPO/*Appl* Rn. 32 b.
[96] OLG Düsseldorf v. 17. 11. 1992 – 3 Ws 646 – 647/92, MDR 1993, 375; LG München v. 14. 12. 1988 – 27 Qs 21/88, NStE Nr. 3; *Meyer-Goßner* Rn 24; aA OLG Düsseldorf v. 13. 8. 1985 – 1 Ws 718/85, StV 1986, 376; OLG Koblenz v. 19. 2. 1975 – 1 Ws 82/75, OLGSt S. 12; LG Halle v. 3. 4. 1996 – 21 Qs 153/96, NStZ 1996, 456.
[97] OLG Karlsruhe v. 30. 7. 1997 – 1 Ws 113/97, Justiz 1998, 533 (534); LG Stuttgart v. 19. 11. 1996 – 17 Qs 79/96, NStZ 1997, 455; *Meyer-Goßner* Rn. 25; aA LG Bochum v. 2. 6. 1961 – Qs 35/61, Rpfleger 1962, 441, mAnm *Pohlmann*.
[98] OLG Saarbrücken v. 14. 2. 2003 – 1 Ws 224/02, NStZ-RR 2003, 180; OLG Schleswig v. 4. 11. 1975 – 1 Ws 372/75, SchlHA 1976, 43; LG Stuttgart v. 19. 11. 1996 – 17 Qs 79/96, NStZ 1997, 455; zw. KK-StPO/*Appl* Rn. 33; aA Löwe/Rosenberg/*Graalmann-Scheerer* Rn. 51.
[99] LG Bochum v. 8. 11. 1956 – Qs 7/56, NJW 1957, 194.
[100] KG v. 19. 5. 2004 – 5 Ws 236/04, NStZ-RR 2004, 286.
[101] LG Kaiserslautern v. 8. 5. 1972 – 1 Qs 88/72, Rpfleger 1972, 373, mAnm *Pohlmann*.
[1] OLG Celle v. 10. 4. 1967 – 4 Ws 110/67, MDR 1968, 782; OLG Hamburg v. 27. 5. 1999 – 2 Ws 14/99, NStZ 1999, 589; OLG Stuttgart v. 12. 6. 1989 – 3 Ws 131/89, NStZ 1989, 552.

gilt entsprechend für die Vollstreckung von Maßregeln der Besserung und Sicherung (§ 463 Abs. 1), nicht aber für außerhalb eines Krankenhauses verbrachte Zeiten bei (unwirksamer) Unterbrechung.[2]

II. Krankenhausaufenthalt als Voraussetzung

2   Der Verurteilte muss wegen Krankheit in eine extramurale Krankenanstalt verbracht worden sein. **Krankheit** ist jeder regelwidrige körperliche oder psychische Zustand, der aus der Sicht des behandelnden Arztes eine Verlegung erforderlich macht. Hier reicht ein bloßer Verdacht, selbst wenn er sich nicht bestätigt. Sogar eine Simulation der Krankheit durch den Gefangenen genügt, denn er braucht hierbei nicht in jedem Fall das Ziel einer Vollstreckungsunterbrechung zu verfolgen.[3]

3   Die Verbringung in die Krankenanstalt muss **nach Beginn der Strafvollstreckung** erfolgt sein. Hiermit ist wie bei § 455 Abs. 4 die Begründung amtlicher Verwahrung gemeint. Unter einer **Krankenanstalt** versteht man unabhängig von ihrer Rechtsform jede Einrichtung, die nicht in den Justiz- oder Maßregelvollzug eingegliedert ist. **In die Anstalt gebracht** wird der Verurteilte, wenn er sich dort auf Initiative der Vollstreckungsbehörde und unter Fortdauer von deren Verfügungsgewalt aufhält. Ob dies mit oder gegen seinen Willen erfolgt, ist belanglos. Ebenso kommt es auf das Ob und das eventuelle Ausmaß von Sicherungsvorkehrungen im Krankenhaus nicht an.[4] Gleich zu behandeln mit einer Verbringung ist der Fall, in dem der Gefangene sich während eines Hafturlaubs selbst in Krankenhausbehandlung begibt, weil in dieser Zeit die Vollstreckung andauert.[5] Der anrechenbare Zeitraum endet in jedem Fall erst mit einer Unterbrechung nach § 455 Abs. 4, selbst wenn dieser eine Unterbringung auf der Basis landesrechtlicher Bestimmungen folgt.[6] Sucht der Verurteilte nach der Unterbrechung selbst ein Krankenhaus auf, findet § 461 ebenfalls keine Anwendung.[7]

III. Rechtsfolgen

4   Prinzipiell ist der Aufenthalt in der Krankenanstalt **in die Strafzeit einzurechnen**. Dieser Vorteil bleibt demjenigen versagt, der die Krankheit, also den für die Verlegung maßgeblichen Zustand, in der Absicht, die Vollstreckung zu unterbrechen, herbeigeführt hat. Die **Absicht** muss sich nicht auf eine **Unterbrechung** iSd. § 455 Abs. 4 beziehen. Es genügt, wenn eine tatsächliche Lockerung des Vollzugsregimes durch Verlegung angestrebt wird. Die Motive des Gefangenen (zB Fluchtvorbereitung) bleiben bedeutungslos.[8]

IV. Verfahren

5   Nach Abs. 2 entscheidet über die Nichtanrechnung die **StVollstrK durch Beschluss**, §§ 462, 462a Abs. 1 S. 1. Die StA als Strafverfolgungsbehörde[9] beantragt die Entscheidung. Der Verurteilte ist zu hören, § 462 Abs. 2 S. 1.

V. Rechtsbehelfe

6   Lehnt es die VollstrB ab, den Krankenhausaufenthalt in die Strafzeit einzuberechnen, kann der Verurteilte **Einwendungen** zu Gericht erheben, § 458 Abs. 1. Gegen den Gerichtsbeschluss nach Abs. 2 oder § 458 Abs. 1 steht die **sofortige Beschwerde** zur Verfügung, § 462 Abs. 3 S. 1.

§ 462 [Verfahren bei gerichtlichen Entscheidungen; sofortige Beschwerde]

(1) ¹Die nach § 450a Abs. 3 Satz 1 und den §§ 458 bis 461 notwendig werdenden gerichtlichen Entscheidungen trifft das Gericht ohne mündliche Verhandlung durch Beschluß. ²Dies gilt auch für die Wiederverleihung verlorener Fähigkeiten und Rechte (§ 45b des Strafgesetzbuches), die Aufhebung des Vorbehalts der Einziehung und die nachträgliche Anordnung der Einziehung eines Gegenstandes (§ 74b Abs. 2 Satz 3 des Strafgesetzbuches), die nachträgliche Anordnung

---

[2] OLG Hamburg v. 27. 5. 1999 – 2 Ws 14/99, NStZ 1999, 589.
[3] KK-StPO/*Appl* Rn. 3; *Bringewat* Rn. 5; KMR/*Stöckel* Rn. 7; aA *Meyer-Goßner* Rn. 5; Löwe/Rosenberg/*Graalmann-Scheerer* Rn. 6.
[4] KK-StPO/*Appl* Rn. 6.
[5] OLG Celle v. 9. 12. 1982 – 3 Ws 603/82, NStZ 1983, 287.
[6] KK-StPO/*Appl* Rn. 9.
[7] OLG Celle v. 10. 4. 1967 – 4 Ws 110/67, MDR 1968, 782.
[8] KK-StPO/*Appl* Rn. 10 f.; *Meyer-Goßner* Rn. 5.
[9] *Katholnigg* NStZ 1982, 195; *Meyer-Goßner* Rn. 6.

von Verfall oder Einziehung des Wertersatzes (§ 76 des Strafgesetzbuches) sowie für die Verlängerung der Verjährungsfrist (§ 79 b des Strafgesetzbuches).

(2) ¹Vor der Entscheidung sind die Staatsanwaltschaft und der Verurteilte zu hören. ²Das Gericht kann von der Anhörung des Verurteilten in den Fällen einer Entscheidung nach § 79b des Strafgesetzbuches absehen, wenn infolge bestimmter Tatsachen anzunehmen ist, daß die Anhörung nicht ausführbar ist.

(3) ¹Der Beschluß ist mit sofortiger Beschwerde anfechtbar. ²Die sofortige Beschwerde der Staatsanwaltschaft gegen den Beschluß, der die Unterbrechung der Vollstreckung anordnet, hat aufschiebende Wirkung.

I. Normzweck und Anwendungsbereich

Es handelt sich um die grundlegende Vorschrift für das gerichtliche Verfahren in Angelegenheiten der Strafvollstreckung, die auch eine Regelung über Rechtsmittel enthält. Speziellere Bestimmungen finden sich in §§ 453, 454. Bei der Vollstreckung von Maßregeln der Besserung und Sicherung gilt § 462 nach Maßgabe von § 463 Abs. 6. Im **anwaltsgerichtlichen Verfahren** ist § 462 bezüglich der §§ 458, 459a, 459b und 459c anwendbar.[1]

II. Beschlussverfahren (Abs. 1)

§ 462 Abs. 1 ordnet die Geltung eines **schriftlichen Verfahrens** in Ansehung der in S. 1 und 2 abschließend aufgezählten[2] gerichtlichen Entscheidungen nach StPO (§§ 450a Abs. 3 S. 1, 458, 459d, 459f, 459h, 460, 461) und StGB an. Hiernach ist eine Entscheidung nach Aktenlage ohne mündliche Verhandlung geboten. Ermittlungen stellt das Gericht im **Freibeweisverfahren** selbst oder durch Polizei, StA und Gerichtshilfe (§ 463 d) an. Zeugen dürfen auch eidlich vernommen werden.[3] Der zu begründende (§ 34) **Beschluss** darf nicht in einem Anhörungstermin verkündet werden. Er ist zuzustellen und wird erforderlichenfalls von der StA vollstreckt, § 36 Abs. 2 S. 1.

III. Anhörungspflichten (Abs. 2)

(Schriftlich) anzuhören sind die StA als Strafverfolgungsbehörde, die dabei zugleich die Interessen der VollstrB wahrnimmt,[4] der Verurteilte und von der Entscheidung sonst unmittelbar Betroffene (zB Verfalls- und Einziehungsbeteiligte). Die Anhörung erstreckt sich auf alle dem Anzuhörenden noch nicht bekannten Tatsachen und Anträge.[5] Eine **mündliche Anhörung des Verurteilten** wird durch den Charakter des Beschlussverfahrens nicht ausgeschlossen. Sie kann sich insb. dann empfehlen, wenn der persönliche Eindruck des Verurteilten Bedeutung erlangt, etwa bei der nachträglichen Gesamtstrafenbildung nach § 460 (wegen § 54 Abs. 1 S. 3 StGB, aber auch bei Anwendung von § 53 Abs. 2 S. 2 StGB[6]) oder (über § 463 Abs. 6 S. 1) bei der Erledigung der Unterbringung nach § 67d Abs. 5 StGB[7] sowie dem Aussetzungswiderruf nach § 67g StGB.[8] Ein Verteidiger muss Gelegenheit erhalten, an einer solchen mündlichen Anhörung teilzunehmen.[9]

Eine **Ausnahme** gilt **nach Abs. 2 S. 2** für die Fälle des § 79b StGB, weil der Verurteilte in einem Gebiet, aus dem er nicht ausgeliefert oder überstellt wird, uU auch nicht angehört werden kann. Die Unausführbarkeit der Anhörung muss sich aus bestimmten Tatsachen ergeben (etwa bisherige Unerreichbarkeit des Verurteilten); Vermutungen genügen alleine nicht. Selbst dann hat das Gericht noch Ermessen, ob es eine Anhörung versuchen will. Der Beschluss darf öffentlich zugestellt werden (§ 40). Dem Verurteilten steht ein Vorgehen nach §§ 33a, 44 offen.

IV. Rechtsmittel (Abs. 3)

Gegen den Beschluss nach Abs. 1 steht die **sofortige Beschwerde** (§ 311) zur Verfügung, Abs. 3 S. 1. Beschwerdeberechtigt sind die StA als Strafverfolgungsbehörde, der Verurteilte und die sonst

---

[1] BGH v. 20. 7. 1964 – AnwZ (B) 5, 6/64, NJW 1964, 2109; *Kleine-Cosack* § 116 BRAO Rn. 4.
[2] KK-StPO/*Appl* Rn. 1; SK-StPO/*Paeffgen* Rn. 2; aA *Pfeiffer* Rn. 1.
[3] *Meyer-Goßner* Rn. 1; KMR/*Stöckel* Rn. 2.
[4] *Meyer-Goßner* Rn. 2.
[5] *Meyer-Goßner* Rn. 2.
[6] Dazu *Manthey* FS Strafrechtsausschuss der Bundesrechtsanwaltskammer, 2006, S. 217 (222).
[7] OLG Frankfurt v. 11. 4. 2001 – 3 Ws 243/01, NStZ-RR 2001, 348 (349); KK-StPO/*Appl* Rn. 2.
[8] OLG Frankfurt v. 21. 9. 1995 – 3 Ws 611/95, NStZ-RR 1996, 91 (92); OLG Frankfurt v. 25. 1. 2007 – 3 Ws 93/07, NStZ-RR 2007, 221; SK-StPO/*Paeffgen* Rn. 4.
[9] OLG Frankfurt v. 11. 4. 2001 – 3 Ws 243/01, NStZ-RR 2001, 348.

§ 462a   *Siebentes Buch. Strafvollstreckung und Kosten des Verfahrens*

von der Entscheidung unmittelbar Betroffenen, nicht aber die VollstrB.[10] War das OLG als Gericht des ersten Rechtszuges zu Nachtragsentscheidungen berufen, ist die Beschwerdebefugnis zwar nach § 304 Abs. 4 S. 2 Nr. 5 beschränkt. Sie besteht aber auch für Fälle, in denen das OLG in einem Beschluss nach § 460 die Strafaussetzung zur Bewährung abgelehnt hat,[11] nicht jedoch bei Entscheidungen des OLG zur Führungsaufsicht (§ 68 f Abs. 2 StGB)[12] oder solchen nach §§ 456, 458 Abs. 2.[13] Sofortige Beschwerde ist weiter einzulegen, wenn ein Gericht irrig durch Urteil statt durch Beschluss entschieden hat[14] oder wenn ein Gesamtstrafenbeschluss (§ 460) nach mündlicher Verhandlung als „Urteil" verkündet wird.[15] **Einfache Beschwerde** (§ 304) ist gegen Beschlüsse gegeben, die nicht die Sache selbst, sondern Verfahrensvoraussetzungen betreffen.[16]

6   Das **Beschwerdegericht** entscheidet in der Sache selbst (§ 309 Abs. 2). Das nimmt man – im Widerspruch zur Auslegung bei §§ 453, 454[17] – auch bei Missachtung der Pflicht zur Anhörung nach Abs. 2 an; diese wird nachgeholt.[18] Hat statt der StVollstrK das Gericht des ersten Rechtszuges entschieden, trifft aus Gründen der Prozessökonomie ebenfalls das gemeinsame Beschwerdegericht die Sachentscheidung.[19] Nur wenn kein gemeinsames Beschwerdegericht besteht, wird unter Aufhebung des Beschlusses die Zuständigkeit der StVollstrK festgestellt.[20]

7   **Aufschiebende Wirkung** (Abs. 3 S. 2) hat nur die sofortige Beschwerde der StA in Fällen der Unterbrechung der Vollstreckung (§ 455 Abs. 4). Es soll vermieden werden, dass ein Verurteilter erst entlassen und nach erfolgreicher Beschwerde kurz darauf wieder inhaftiert wird. Aufschiebende Wirkung soll nach dem Grundgedanken des § 449 ferner einer sofortigen Beschwerde des Verurteilten zukommen gegen eine Anordnung nach § 463 Abs. 6 S. 1, § 67d Abs. 5 S. 1 StGB, mit der die Unterbringung in einer Entziehungsanstalt für erledigt erklärt wird, wenn sich hieran Strafhaft anschließen würde.[21] Ansonsten gilt § 307.

§ 462 a [Zuständigkeit der Strafvollstreckungskammer und des Gerichts des ersten Rechtszuges]

(1) ¹Wird gegen den Verurteilten eine Freiheitsstrafe vollstreckt, so ist für die nach den §§ 453, 454, 454a und 462 zu treffenden Entscheidungen die Strafvollstreckungskammer zuständig, in deren Bezirk die Strafanstalt liegt, in die der Verurteilte zu dem Zeitpunkt, in dem das Gericht mit der Sache befasst wird, aufgenommen ist. ²Diese Strafvollstreckungskammer bleibt auch zuständig für Entscheidungen, die zu treffen sind, nachdem die Vollstreckung einer Freiheitsstrafe unterbrochen oder die Vollstreckung des Restes der Freiheitsstrafe zur Bewährung ausgesetzt wurde. ³Die Strafvollstreckungskammer kann einzelne Entscheidungen nach § 462 in Verbindung mit § 458 Abs. 1 an das Gericht des ersten Rechtszuges abgeben; die Abgabe ist bindend.

(2) ¹In anderen als den in Absatz 1 bezeichneten Fällen ist das Gericht des ersten Rechtszuges zuständig. ²Das Gericht kann die nach § 453 zu treffenden Entscheidungen ganz oder zum Teil an das Amtsgericht abgeben, in dessen Bezirk der Verurteilte seinen Wohnsitz oder in Ermangelung eines Wohnsitzes seinen gewöhnlichen Aufenthaltsort hat; die Abgabe ist bindend.

(3) ¹In den Fällen des § 460 entscheidet das Gericht des ersten Rechtszuges. ²Waren die verschiedenen Urteile von verschiedenen Gerichten erlassen, so steht die Entscheidung dem Gericht zu, das auf die schwerste Strafart oder bei Strafen gleicher Art auf die höchste Strafe erkannt hat, und falls hiernach mehrere Gerichte zuständig sein würden, dem Gericht, dessen Urteil zuletzt ergangen ist. ³War das hiernach maßgebende Urteil von einem Gericht eines höheren Rechtszuges erlassen, so setzt das Gericht des ersten Rechtszuges die Gesamtstrafe fest; war eines der Urteile von einem Oberlandesgericht im ersten Rechtszuge erlassen, so setzt das Oberlandesgericht die

---

[10] KK-StPO/*Appl* Rn. 4; *Meyer-Goßner* Rn. 5; aA *Krauß* NJW 1958, 49 (50).
[11] BGH v. 3. 7. 1981 – StB 31/81, BGHSt 30, 168 = NJW 1981, 2311.
[12] BGH v. 23. 10. 1981 – 1 BJs 1/77 – StB 45/81, NJW 1982, 115.
[13] BGH v. 9. 9. 1988 – 3 BJs 30/87 – 2 StB 23/88, NStE Nr. 11 zu § 462a.
[14] KK-StPO/*Appl* Rn. 4; vgl. auch BGH v. 30. 10. 1973 – 5 StR 496/73, BGHSt 25, 242 (243) = NJW 1974, 154 (155); BGH v. 17. 9. 1981 – 4 StR 384/81, StV 1982, 61.
[15] BGH v. 17. 6. 1998 – 1 StR 228/98, bei KK-StPO/*Appl* Rn. 4.
[16] OLG Düsseldorf v. 22. 5. 1981 – 1 Ws 237/81, NStZ 1981, 366.
[17] Siehe § 453 Rn. 18, § 454 Rn. 44.
[18] KK-StPO/*Appl* Rn. 4; *Meyer-Goßner* Rn. 5; KMR/*Stöckel* Rn. 10; aA OLG Hamburg v. 8. 2. 1963 – 1 Ws 475/62, GA 1963, 215; SK-StPO/*Paeffgen* Rn. 8; Löwe/Rosenberg/*Graalmann-Scheerer* Rn. 13.
[19] KG v. 5. 1. 1994 – 5 Ws 4/94, NStZ 1994, 255; OLG Düsseldorf v. 16. 10. 2000 – 3 Ws 395/00, NStZ-RR 2001, 111; KK-StPO/*Appl* Rn. 4; *Meyer-Goßner* Rn. 5; KMR/*Stöckel* Rn. 10; aA OLG Hamburg v. 9. 4. 1991 – 2b Ws 102/91, NStZ 1991, 356; *Bringewat* Rn. 10; SK-StPO/*Paeffgen* Rn. 8; Löwe/Rosenberg/*Graalmann-Scheerer* Rn. 13.
[20] Vgl. OLG Koblenz v. 12. 9. 1986 – 1 Ws 564/86, OLGSt § 70 a StGB Nr. 1; *Meyer-Goßner* Rn. 5.
[21] OLG Frankfurt v. 26. 9. 2006 – 3 Ws 907/06, NStZ-RR 2006, 387 (388); aA OLG Celle v. 12. 1. 2006 – 2 Ws 5/06, StV 2006, 422 (423).

Erster Abschnitt. Strafvollstreckung 1, 2 § 462a

Gesamtstrafe fest. [4] Wäre ein Amtsgericht zur Bildung der Gesamtstrafe zuständig und reicht seine Strafgewalt nicht aus, so entscheidet die Strafkammer des ihm übergeordneten Landgerichts.

(4) [1] Haben verschiedene Gerichte den Verurteilten in anderen als den in § 460 bezeichneten Fällen rechtskräftig zu Strafe verurteilt oder unter Strafvorbehalt verwarnt, so ist nur eines von ihnen für die nach den §§ 453, 454, 454a und 462 zu treffenden Entscheidungen zuständig. [2] Absatz 3 Satz 2 und 3 gilt entsprechend. [3] In den Fällen des Absatzes 1 entscheidet die Strafvollstreckungskammer; Absatz 1 Satz 3 bleibt unberührt.

(5) [1] An Stelle der Strafvollstreckungskammer entscheidet das Gericht des ersten Rechtszuges, wenn das Urteil von einem Oberlandesgericht im ersten Rechtszuge erlassen ist. [2] Das Oberlandesgericht kann die nach den Absätzen 1 und 3 zu treffenden Entscheidungen ganz oder zum Teil an die Strafvollstreckungskammer abgeben. [3] Die Abgabe ist bindend; sie kann jedoch vom Oberlandesgericht widerrufen werden.

(6) Gericht des ersten Rechtszuges ist in den Fällen des § 354 Abs. 2 und des § 355 das Gericht, an das die Sache zurückverwiesen worden ist, und in den Fällen, in denen im Wiederaufnahmeverfahren eine Entscheidung nach § 373 ergangen ist, das Gericht, das diese Entscheidung getroffen hat.

Übersicht

	Rn.
I. Normzweck und Anwendungsbereich	1, 2
II. Zuständigkeit der StVollstrK (Abs. 1)	3–22
1. Sachliche Zuständigkeit (Abs. 1 S. 1)	4–7
a) Freiheitsstrafe	5, 6
b) Vollstreckung	7
2. Örtliche Zuständigkeit (Abs. 1 S. 1)	8–15
a) Aufnahme in Strafanstalt	9
b) Befasstsein des Gerichts	10–15
aa) Bei Antragstellung	11
bb) Von Amts wegen	12
cc) Beendigung des Befasstseins	13–15
3. Aufrechterhaltung der Zuständigkeit (Abs. 1 S. 2)	16–20
4. Abgabe an Gericht des ersten Rechtszugs (Abs. 1 S. 3)	21, 22
III. Zuständigkeit des Gerichts des ersten Rechtszugs (Abs. 2 und 3)	23–32
1. Gericht des ersten Rechtszugs	23
2. Subsidiäre Zuständigkeit (Abs. 2 S. 1)	24
3. Abgabe an Wohnsitzgericht (Abs. 2 S. 2)	25–29
4. Besonderheiten bei Gesamtstrafenbildung (Abs. 3)	30–32
IV. Zuständigkeitskonzentration in anderen Fällen (Abs. 4)	33–40
1. Allgemeines	33, 34
2. Zuständigkeit des Gerichts des ersten Rechtszugs (Abs. 4 S. 1 und 2)	35, 36
3. Zuständigkeit der StVollstrK (Abs. 4 S. 3)	37–40
V. Zuständigkeit des OLG (Abs. 5)	41
VI. Gericht des ersten Rechtszuges bei erneuter erstinstanzlicher Befassung (Abs. 6)	42, 43
VII. Besonderheiten im jugendgerichtlichen Verfahren	44

I. Normzweck und Anwendungsbereich

§ 462a trifft Bestimmungen über die örtliche und sachliche **Zuständigkeit der Strafvollstreckungskammern** in Abgrenzung zu derjenigen des Gerichts des ersten Rechtszugs. StVollstrKn gibt es bei allen LGen, in deren Bezirk sich Anstalten zum Vollzug von Freiheitsstrafen oder freiheitsentziehenden Maßregeln der Besserung und Sicherung befinden (§ 78a Abs. 1 S. 1 GVG). Sie sind u. a. zuständig für die Entscheidungen nach §§ 462a, 463 StPO, soweit in der StPO nichts anderes geregelt ist (§ 78a Abs. 1 S. 2 Nr. 1 GVG). Die Besetzung der StVollstrK ergibt sich aus § 78b Abs. 1 GVG. Mit dieser **funktionellen Zuständigkeitsregelung** hatte der Gesetzgeber die Schaffung für Vollstreckungs- und Vollzugsfragen besonders sachkundiger, ortsnaher und damit mit den Verhältnissen in der jeweiligen Einrichtung vertrauter Spruchkörper beabsichtigt, die auch die mündliche Anhörung nach § 454 Abs. 1 S. 3 ohne Probleme vornehmen können. In der Praxis hat sich wegen allfälliger Überlastung weder diese Erwartung bestätigt noch die (zwar komplexe, aber auf einem eindeutigen Prinzip aufbauende) Regelung in § 462a Beifall erworben. 1

§ 462a gilt entsprechend für freiheitsentziehende **Maßregeln der Besserung und Sicherung** 2 (§ 463 Abs. 1), Abs. 1 auch für bestimmte Entscheidungen im Zusammenhang mit der Führungsaufsicht (§ 463 Abs. 7). Im **anwaltsgerichtlichen Verfahren** wird Abs. 2 S. 1 insofern entsprechend angewandt, als die in Betracht kommenden Entscheidungen vom Anwaltsgericht erster Instanz zu treffen sind.[1]

---

[1] *Kleine-Cosack* § 116 BRAO Rn. 4.

II. Zuständigkeit der StVollstrK (Abs. 1)

3 Die sachliche und örtliche Zuständigkeit der StVollstrK bestimmt sich nach § 462a Abs. 1 S. 1 und 2, Abs. 4 sowie Abs. 5 S. 2. Regelungen über die Zuständigkeit des Gerichts des ersten Rechtszuges finden sich dagegen in Abs. 1 S. 3, Abs. 2, 3 und 5 S. 1. Es soll **nur ein Gericht zuständig** sein, wobei die Zuständigkeit der StVollstrK vorgeht.

4 **1. Sachliche Zuständigkeit (Abs. 1 S. 1).** § 462a Abs. 1 enthält das **Grundprinzip** der sachlichen Zuständigkeit der StVollstrK für Entscheidungen nach §§ 453, 454, 454a, 450a Abs. 3 S. 1, 458, 459d, 459f, 459h und 461, wenn der Verurteilte in dem Zeitpunkt, da das Gericht mit der Sache befasst wird, in eine JVA zur Vollstreckung einer Freiheitsstrafe aufgenommen ist. Das Gericht des ersten Rechtszugs bleibt allerdings zuständig für die Nachholung rechtlichen Gehörs (§ 33 a), wenn ein Widerrufsbeschluss vor Aufnahme in eine Strafanstalt ergangen ist.[2] Die Zuständigkeit der StVollstrK wird sofort begründet, unabhängig vom Bestehen von Entscheidungsbedarf,[3] und selbst dann, wenn das Gericht des ersten Rechtszugs bereits mit einer Frage befasst war, über die es gar nicht oder noch nicht abschließend entschieden hat.[4] Sie endet erst mit vollständiger Erledigung der Strafvollstreckung (vgl. Abs. 1 S. 2).[5] Im Rahmen von Abs. 5 besteht sie nur dann nicht, wenn im ersten Rechtszug das OLG entschieden hat. **Entscheidungen** iSv. Abs. 1 S. 1 sind aber nicht solche, die nicht inhaftierte Mitangeklagte oder Nebenbeteiligte betreffen.[6]

5 a) **Freiheitsstrafe.** Hierunter fällt Freiheitsstrafe des Erwachsenen nach § 38 StGB, ferner **Ersatzfreiheitsstrafe** (§ 43 StGB)[7] und militärischer Strafarrest (§ 9 WStG), egal ob er bei der Bundeswehr oder in einer JVA vollzogen wird.[8]

6 Die Zuständigkeit der StVollstrK besteht nicht bei **Untersuchungshaft**,[9] Sicherungshaft nach § 453c,[10] Organisationshaft[11] oder Ordnungs-, Zwangs- und Erzwingungshaft. Sie wird erst mit dem Übergang von U-Haft in Strafhaft begründet. Nach hM vollzieht sich dieser mit dem Tag der Urteilsrechtskraft.[12] Die StVollstrK ist nach hM deshalb auch zuständig, wenn der Verurteilte sich in Haft befindet, das Urteil wegen Rechtsmittelverzichts noch in der Hauptverhandlung rechtskräftig wird und durch Anrechnung von U-Haft bereits eine Entscheidung nach § 57 StGB möglich ist.[13] Ist ein **Rechtsmittelverzicht** nach einer Verständigung gem. § 302 Abs. 1 S. 2 **ausgeschlossen**, wird die Zuständigkeit der StVollstrK selbst bei Abgabe eines solchen aber nicht vor Ablauf der Rechtsmittelfrist begründet. Wird der Verurteilte vor Urteilsrechtskraft aus der U-Haft entlassen, trifft die Entscheidung nach § 454 ebenfalls das erkennende Gericht.[14] Denn vor tat-

---

[2] BGH v. 10. 3. 1999 – 2 ARs 92/99, NStZ 1999, 362.
[3] BGH v. 8. 10. 1999 – 2 ARs 408/99 – 2 AR 171/99, NStZ 2000, 111.
[4] BGH v. 27. 8. 1975 – 2 ARs 203/75, BGHSt 26, 187 (189) = NJW 1975, 2352 (2353); BGH v. 19. 9. 1986 – 2 ARs 206/86, BGHR § 462a Abs. 1 Befaßtsein 2; BGH v. 27. 5. 1992 – 2 ARs 228/92, bei *Kusch* NStZ 1993, 31; BGH v. 21. 10. 1994 – 2 ARs 298/94, BGHR § 462a Abs. 1 Zuständigkeitswechsel 2; BGH v. 20. 8. 2004 – 2 ARs 275/04, bei *Becker* NStZ-RR 2006, 65 (66); KG v. 26. 9. 2005 – 5 Ws 430/05, NStZ 2007, 422; OLG Zweibrücken v. 18. 8. 1989 – 1 Ws 430/89, NStE Rn. 3.
[5] BGH v. 6. 5. 2009 – 2 ARs 98/09, BGHSt 54, 13 (14 f.) = NJW 2009, 3313; *Meyer-Goßner* Rn. 3.
[6] BGH v. 16. 4. 1987 – 2 ARs 16/87, NStZ 1987, 428.
[7] BGH v. 9. 10. 1981 – 2 ARs 293/81, BGHSt 30, 223 = NJW 1982, 248; BGH v. 21. 7. 2006 – 2 ARs 302/06 – 2 AR 89/06, NStZ-RR 2007, 94 (95); OLG Hamburg v. 12. 12. 1975 – 1 Ws 508/75, NJW 1976, 257; OLG München v. 21. 12. 1983 – 2 Ws 1518/83, NStZ 1984, 238.
[8] BGH v. 25. 8. 1976 – 2 ARs 291/76, BGHSt 26, 391 = NJW 1976, 2356; OLG Stuttgart v. 29. 7. 1976 – 3 Ws 248/76, OLGSt S. 31; zw. SK-StPO/*Paeffgen* Rn. 3.
[9] BGH vom 21. 7. 1989 – 2 ARs 380/89, bei *Miebach* NStZ 1990, 226 (230); OLG Hamm v. 19. 2. 2009 – 3 Ws 44/09, NStZ 2010, 295 (296).
[10] BGH v. 25. 2. 2004 – 2 ARs 4/04, bei *Becker* NStZ-RR 2005, 65 (69).
[11] OLG Hamm v. 27. 3. 1998 – 2 Ws 131/98, NStZ 1998, 479; aA OLG Hamm v. 19. 2. 2009 – 3 Ws 44/09, NStZ 2010, 295 (296); *Pohlmann/Jabel/Wolf* § 53 StVollstrO Rn. 17.
[12] BGH v. 2. 12. 1977 – 2 ARs 366/77, BGHSt 27, 302 (304) = NJW 1978, 551, mAnm *Paeffgen* NJW 1978, 1443; BGH v. 28. 8. 1991 – 2 ARs 366/91, BGHSt 38, 63 = NJW 1992, 548; BGH v. 27. 5. 1992 – 2 ARs 228/92, bei *Kusch* NStZ 1993, 31; BGH v. 4. 8. 1999 – 2 ARs 334/99 – 2 AR 138/99, bei *Kusch* NStZ-RR 2000, 289 (296); BGH v. 15. 3. 2000 – 2 ARs 41/00 – 2 AR 21/00, NStZ 2000, 391; BGH v. 26. 11. 2003 – 2 ARs 382/03, bei *Becker* NStZ-RR 2005, 65 (69); OLG Düsseldorf v. 22. 5. 1981 – 1 Ws 237/81, NStZ 1981, 366; OLG Frankfurt v. 7. 10. 2004 – 3 Ws 1044/04, NStZ-RR 2005, 30 (31); OLG Hamm v. 7. 6. 1995 – 2 Ws 292/95, MDR 1995, 1058; OLG Köln v. 30. 6. 1982 – 2 Ws 307/82, OLGSt S. 77; OLG Zweibrücken v. 18. 8. 1989 – 1 Ws 430/89, NStE Nr. 20; aA SK-StPO/*Paeffgen* Rn. 5; *Pfeiffer* Rn. 2; vgl. auch § 450 Rn. 6.
[13] BGH v. 2. 12. 1977 – 2 ARs 366/77, BGHSt 27, 302 = NJW 1978, 551, mAnm *Paeffgen* NJW 1978, 1443; OLG Celle v. 18. 9. 1984 – 3 Ws 330/84, NStZ 1985, 188; OLG Oldenburg v. 21. 4. 2009 – 1 Ws 187/09, NStZ 2009, 656 (LS) = StraFo 2009, 254; LG Bonn v. 16. 4. 1982 – 31 Qs 74/82, NStZ 1982, 349.
[14] OLG Dresden v. 29. 1. 1997 – 1 ARs 13/97, NStZ-RR 1998, 382; OLG Düsseldorf v. 15. 12. 1988 – 3 Ws 890/88, VRS 76, 375; OLG Hamm v. 1. 8. 1978 – 4 Ws 25/78, MDR 1978, 592; OLG Hamm v. 28. 1. 1980 – 3 Ws 39/80, NJW 1980, 2090 (LS); OLG Hamm v. 22. 10. 2001 – 2 Ws 263/01, NStZ 2002, 223; OLG Stuttgart v. 17. 12. 1986 – 1 Ws 384/86, OLGSt Nr. 10; LG Bochum v. 17. 12. 1980 – 10 KLs 35 Js 125/73, StV 1981, 239; *Valentin* NStZ 1981, 128 (129); KK-StPO/*Appl* Rn. 9; aA OLG Düsseldorf v. 11. 7. 1975 – 3 Ws 222 und 226/75, JR 1976, 31, mAnm *Peters*.

sächlichem Beginn der Vollstreckung einer Freiheitsstrafe ist die StVollstrK nicht zuständig und eine Fingierung der Kompetenz des besonders vollzugserfahrenen Gerichts unnötig. Durch Gewährung von **Wiedereinsetzung** gegen die Versäumung einer Rechtsmittelfrist wandelt sich Strafhaft nicht rückwirkend in U-Haft um; es bleibt bei der Zuständigkeit der StVollstrK.[15]

b) Vollstreckung. Der Verurteilte muss zu dem Zeitpunkt, in dem das Gericht mit der Sache befasst wird, **in eine Strafanstalt aufgenommen** sein. Darunter fällt nicht nur die Erstaufnahme,[16] sondern auch die Aufnahme nach Strafunterbrechung (§§ 455 Abs. 4, 455a) oder Widerruf der Strafaussetzung zur Bewährung,[17] ferner diejenige nach Verlegung, nicht aber nach nur vorübergehender Überstellung (vgl. § 8 Abs. 2 StVollzG).[18] Die Einleitung der Vollstreckung etwa durch Ladung zum Strafvollzug alleine reicht noch nicht aus.[19] Es bedarf des Beginns des Strafvollzugs durch Aufnahme des Verurteilten in diejenige Institution, die in der Ladung zur Durchführung des Vollzugs genannt ist.[20] Das Fehlen eines Aufnahmeersuchens an die Anstalt soll ebenso unschädlich sein[21] wie die Vollstreckung vor Rechtskraft.[22] Die Aufnahme in eine Einweisungsanstalt oder -abteilung (vgl. § 152 Abs. 2 StVollzG) genügt, selbst falls mit baldiger Verlegung zu rechnen ist.[23] Gleiches gilt nach unzutreffender hM, wenn eine solche bei Übergang von U-Haft in Strafhaft nach dem Vollstreckungsplan erfolgen wird.[24] Begibt der Verurteilte sich von selbst in eine nicht in der Ladung genannte JVA oder auf Ladung in eine solche, aus der er der zuständigen Einrichtung zugeführt werden soll (§ 27 Abs. 5 StVollstrO), begründet dies nicht die Zuständigkeit der StVollstrK.[25]

2. Örtliche Zuständigkeit (Abs. 1 S. 1). Örtlich zuständig ist die StVollstrK, in deren Bezirk die Einrichtung liegt, in der der Verurteilte zu dem **Zeitpunkt, zu dem das Gericht mit der Sache befasst** wurde (Rn. 10 ff.), Aufnahme gefunden hat. Das gilt auch dann, wenn die Strafe nacheinander in mehreren Anstalten vollzogen wird.[26] Hierin zeigt sich das von der Legislative angestrebte **Prinzip einer vollzugsnahen Befassung**, für das der tatsächliche Aufenthalt in der Institution entscheidend ist.[27]

a) Aufnahme in Strafanstalt. Der Verurteilte muss in eine Anstalt zur Vollstreckung der Strafe ausgenommen worden sein. Entscheidend für die Begründung der örtlichen Zuständigkeit ist der **Sitz der Anstaltsleitung**, auch bei der Aufnahme in eine zu einem anderen LG-Bezirk gehörende Außenstelle.[28]

b) Befasstsein des Gerichts. Wann das Gericht mit der Sache befasst ist, muss nach den verschiedenen möglichen Verfahrensgestaltungen unterschiedlich beurteilt werden.

aa) Bei Antragstellung. In jedem Fall, also bei Sachen, auf die nur über Antrag zu entscheiden ist, wie bei solchen, die von Amts wegen zu behandeln sind, ist von Befassung auszugehen, wenn ein **Antrag** (oder eine Stellungnahme der JVA mit Zustimmungserklärung des Verurteilten)[29] bei Gericht gestellt worden iS von eingegangen ist.[30] Dabei spielt es im Hinblick auf den Wortlaut der Norm keine Rolle, ob dieser Antrag unzulässig oder offensichtlich unbegründet ist; auch ein

---

[15] OLG Hamm v. 7. 5. 2009 – 3 Ws 179/09, NStZ-RR 2010, 29.
[16] BGH v. 8. 7. 1975 – 2 ARs 181/75, BGHSt 26, 165 (166) = NJW 1975, 1847.
[17] *Meyer-Goßner* Rn. 5.
[18] BGH v. 13. 2. 1976 – 2 ARs 395/75, BGHSt 26, 278 (279) = NJW 1976, 860; BGH v. 21. 7. 1989 – 2 ARs 381/89, BGHSt 36, 229 = NJW 1990, 264; *Meyer-Goßner* Rn. 5.
[19] OLG Düsseldorf v. 10. 9. 1998 – 2 Ws 492/98, StraFo 1998, 430.
[20] OLG Zweibrücken v. 2. 5. 2002 – 1 Ws 196/02, NStZ 2003, 54; *Meyer-Goßner* Rn. 5.
[21] OLG Hamburg v. 10. 9. 1981 – 1 Ws 297/81, MDR 1982, 251; LG Bonn v. 16. 4. 1982 – 31 Qs 74/82, NStZ 1982, 349.
[22] OLG Frankfurt v. 19. 12. 1995 – 3 Ws 822/95, NStZ-RR 1996, 154 (155).
[23] BGH v. 28. 8. 1991 – 2 ARs 366/91, BGHSt 38, 63 = NJW 1992, 518; OLG Düsseldorf v. 8. 12. 1993 – 2 Ws 599/93, NStE Nr. 28; OLG Stuttgart v. 4. 2. 1977 – 1 Ws 20/77, NJW 1977, 1074 (LS).
[24] BGH v. 28. 8. 1991 – 2 ARs 366/91, BGHSt 38, 63 = NJW 1992, 518; BGH v. 28. 7. 2004 – 2 ARs 247/04, bei *Becker* NStZ-RR 2006, 65 (66); KK-StPO/*Appl* Rn. 14; *Meyer-Goßner* Rn. 6; aA OLG Düsseldorf v. 4. 5. 1979 – 5 Ws 36/79, NJW 1979, 1469 (LS); SK-StPO/*Paeffgen* Rn. 8; KMR/*Stöckel* Rn. 11; Löwe/Rosenberg/*Graalmann-Scheerer* Rn. 13.
[25] OLG Zweibrücken v. 2. 5. 2002 – 1 Ws 196/02, NStZ 2003, 54; *Meyer-Goßner* Rn. 5; aA AK/*Volckart* Rn. 8.
[26] BGH v. 13. 2. 1976 – 2 ARs 395/75, BGHSt 26, 278 (279) = NJW 1976, 860; BGH v. 9. 10. 1981 – 2 ARs 293/81, BGHSt 30, 223 (224) = NJW 1982, 248 (249); BGH v. 21. 7. 1989 – 2 ARs 381/89, BGHSt 36, 229 = NJW 1990, 264.
[27] Vgl. BGH v. 13. 2. 1976 – 2 ARs 395/75, BGHSt 26, 278 (279) = NJW 1976, 860.
[28] BGH v. 8. 9. 1978 – 2 ARs 289/78, BGHSt 28, 135 = NJW 1978, 2561; BGH v. 14. 8. 1981 – 2 ARs 217/81, bei *Katholnigg* NStZ 1982, 241; OLG Celle v. 10. 2. 1978 – 1 Ws 46/78, NdsRpfl. 1978, 92.
[29] OLG Zweibrücken v. 15. 1. 2010 – 1 AR 2/10, JBl RhPf. 2010, 25.
[30] BGH v. 27. 8. 1975 – 2 ARs 203/75, BGHSt 26, 187 (188) = NJW 1975, 2352 (2353); BGH v. 15. 10. 1975 – 2 ARs 296/75, BGHSt 26, 214 = NJW 1976, 336; BGH v. 26. 5. 1995 – 2 ARs 123/95, bei *Kusch* NStZ 1996, 21 (23); BGH v. 4. 10. 2006 – 2 ARs 308/06, bei *Cierniak* NStZ-RR 2009, 39; OLG Düsseldorf v. 5. 4. 1984 – 1 Ws 341/84, NStZ 1984, 428.

§ 462a 12, 13   Siebentes Buch. Strafvollstreckung und Kosten des Verfahrens

verfrühter Antrag nach § 57 StGB genügt.[31] Die Gegenauffassung vermengt in der Rechtsklarheit nicht dienlicher Weise divergierende Aspekte. Es reicht im Hinblick auf die bisweilen nicht einfach zu beurteilenden Zuständigkeitsverhältnisse aus, wenn der Antrag bei einem Gericht eingeht, das **möglicherweise zuständig** ist (also StVollstrK, in deren Bezirk der Antragsteller einsitzt oder eingesessen hat, oder Gericht des ersten Rechtszugs).[32] Der Eingang bei einem offensichtlich in jedem Fall unzuständigen Gericht oder der StA steht dem nicht gleich.[33] Ist der Eingangszeitpunkt nicht durch Stempel feststellbar, gilt stattdessen als maßgeblich, wann nach den Akten der Antrag sicher vorlag, indem etwa das Gericht sich mit der Sache erstmals inhaltlich befasst hat.[34]

12   **bb) Von Amts wegen.** Ist das Gericht **von Amts wegen zu einer Entscheidung berufen**, so wird es mit der Sache befasst, sofern **Veranlassung zum Handeln** besteht. Das ist insb. dann der Fall, wenn eine gesetzliche oder vom Gericht gesetzte Frist verstrichen ist oder wenn Tatsachen aktenkundig werden, die Anlass geben, den **Widerruf der Strafaussetzung** zu prüfen.[35] Es spielt nach dem Gesetzeswortlaut keine Rolle, ob das Gericht tatsächlich tätig geworden ist.[36] Deshalb reicht hinsichtlich der Frage eines Widerrufs der Strafaussetzung die Mitteilung eines Widerrufsgründe schildernden Bewährungshelferberichts,[37] eines Haftbefehls wegen einer neuen Sache,[38] einer neuen Anklageschrift[39] und erst recht eines neuen Urteils[40] – auch an ein nur möglicherweise zuständiges Gericht iSv. Rn. 11[41] – selbst dann aus, wenn im Hinblick auf die Unschuldsvermutung die Widerrufsentscheidung noch nicht sofort ergehen kann. Anders wurde dies entschieden für eine bloße Anforderung von Akten.[42] Befasst ist die StVollstrK auch dann, wenn die gesetzlich vorgeschriebene Entscheidung nach § 57 Abs. 1 StGB zu treffen ist[43] bzw. wenn hierfür vorbereitende Gutachten einzuholen sind.[44]

13   **cc) Beendigung des Befasstseins.** Das Befasstsein endet, wenn in der Sache **abschließend entschieden** worden ist[45] (etwa durch Strafrestaussetzung zur Bewährung nebst Folgeentscheidungen gem. § 57 Abs. 3 StGB.[46] oder sie sich auf sonstige Weise erledigt hat.[47] Das ist nicht der Fall,

---

[31] KK-StPO/*Appl* Rn. 18; *Bringewat* Rn. 25; SK-StPO/*Paeffgen* Rn. 14; KMR/*Stöckel* Rn. 18; aA OLG Hamm v. 15. 10. 1980 – 4 Ws 482/80, JMBl NRW 1981, 11; OLG Jena v. 27. 9. 1995 – 1 Ws 159/95, NStZ 1996, 455; *Meyer-Goßner* Rn. 10.
[32] BGH v. 15. 10. 1975 – 2 ARs 296/75, BGHSt 26, 214 = NJW 1976, 336; BGH v. 11. 7. 1984 – 2 ARs 213/84, NStZ 1984, 525 (LS); BGH v. 16. 4. 1997 – 2 ARs 112/97, NStZ 1997, 406; BGH v. 12. 3. 2003 – 2 ARs 57/03, StraFo 2003, 277; BGH v. 26. 11. 2003 – 2 ARs 382/03, bei *Becker* NStZ-RR 2005, 65 (69); BGH v. 3. 12. 2004 – 2 ARs 377/04, StraFo 2005, 171; BGH v. 31. 1. 2007 – 2 ARs 525/06, NStZ-RR 2010, 197; OLG Hamm v. 7. 6. 1995 – 2 Ws 292/95, MDR 1995, 1058; krit. SK-StPO/*Paeffgen* Rn. 12.
[33] BGH v. 15. 10. 1975 – 2 ARs 296/75, BGHSt 26, 214 = NJW 1976, 336; BGH v. 14. 8. 1981 – 2 ARs 217/81, bei *Katholnigg* NStZ 1982, 241; OLG Düsseldorf v. 27. 12. 1991 – 2 Ws 596/91, NStE Nr. 25.
[34] BGH v. 15. 10. 1975 – 2 ARs 296/75, BGHSt 26, 214 (217) = NJW 1976, 336 (337); *Meyer-Goßner* Rn. 10.
[35] BGH v. 27. 8. 1975 – 2 ARs 203/75, BGHSt 26, 187 (188) = NJW 1975, 2352 (2353); BGH v. 14. 8. 1981 – 2 ARs 174/81, BGHSt 30, 189 (191) = NJW 1981, 2766; BGH v. 27. 2. 1991 – 2 ARs 29/91, BGHSt 37, 338 (339) = NJW 1991, 2162; BGH v. 9. 10. 1992 – 2 ARs 398/92, NStZ 1993, 100; BGH v. 22. 12. 1992 – 2 ARs 537/92, bei *Kusch* NStZ 1993, 228 (230); BGH v. 16. 4. 1997 – 2 ARs 112/97, NStZ 1997, 406; BGH v. 26. 11. 2003 – 2 ARs 382/03, bei *Becker* NStZ-RR 2005, 65 (69); BGH v. 14. 2. 2007 – 2 ARs 63/07 – 2 AR 31/07, NStZ-RR 2007, 190; OLG Düsseldorf v. 7. 9. 1987 – 1 Ws 710/87, NStZ 1988, 46.
[36] BGH v. 27. 8. 1975 – 2 ARs 203/75, BGHSt 26, 187 (188 f.) = NJW 1975, 2352 (2353); BGH v. 2. 12. 1977 – 2 ARs 366/77, BGHSt 27, 302 (304) = NJW 1978, 551; BGH v. 2. 12. 1992 – 2 ARs 500/92, bei *Kusch* NStZ 1993, 228 (230); OLG Düsseldorf v. 18. 3. 1999 – 1 Ws 172/99, JR 2000, 302 (303), mAnm *Wohlers*; OLG Stuttgart v. 23. 7. 2003 – 4 Ws 140/03, NStZ-RR 2003, 380; aA SK-StPO/*Paeffgen* Rn. 13.
[37] BGH v. 22. 11. 2000 – 2 ARs 304/00, bei KK-StPO/*Appl* Rn. 17; BGH v. 31. 1. 2007 – 2 ARs 525/06, NStZ-RR 2010, 197; OLG Zweibrücken v. 15. 6. 2009 – 1 Ws 139/09, NStZ 2010, 109.
[38] OLG Düsseldorf v. 7. 4. 1993 – 1 Ws 170/93, VRS 85, 359 (360); OLG Hamm v. 19. 2. 2009 – 3 Ws 44/09, NStZ 2010, 295.
[39] BGH v. 27. 5. 1992 – 2 ARs 228/92, bei *Kusch* NStZ 1993, 31; BGH v. 15. 3. 2000 – 2 ARs 41/00 – 2 AR 21/00, NStZ 2000, 391; BGH v. 12. 3. 2003 – 2 ARs 57/03, StraFo 2003, 277.
[40] BGH v. 3. 2. 1988 – 2 ARs 6/88, BGHR § 462a Abs. 1 Befasstsein 4; BGH v. 14. 10. 2005 – 2 ARs 396/05, StraFo 2006, 77 (78); OLG Düsseldorf v. 18. 3. 1999 – 1 Ws 172/99, JR 2000, 302 (303), mAnm *Wohlers*.
[41] BGH v. 3. 2. 1988 – 2 ARs 6/88, NStE Nr. 8; BGH v. 15. 3. 2000 – 2 ARs 41/00 – 2 AR 21/00, NStZ 2000, 391; BGH v. 31. 1. 2007 – 2 ARs 525/06, NStZ-RR 2010, 197; OLG Koblenz v. 1. 10. 1976 – 1 Ws 423/76, OLGSt S. 35 (36).
[42] BGH v. 17. 5. 2000 – 2 ARs 80/00, bei KK-StPO/*Appl* Rn. 17; BGH v.14. 2. 2007 – 2 ARs 63/07 – 2 AR 31/07, NStZ 2007, 190.
[43] BGH v. 3. 12. 2004 – 2 ARs 377/04, StraFo 2005, 171; OLG Koblenz v. 1. 10. 1976 – 1 Ws 423/76, OLGSt S. 35 (36); OLG Zweibrücken v. 15. 1. 2010 – 1 AR 2/10, JBl RhPf. 2010, 25.
[44] OLG Dresden v. 6. 12. 2004 – 2 Ws 681/04, StraFo 2005, 171; OLG Frankfurt v. 16. 5. 2007 – 3 Ws 476/07, NStZ-RR 2008, 29; KK-StPO/*Appl* Rn. 18.
[45] BGH v. 8. 7. 1975 – 2 ARs 181/75, BGHSt 26, 165 (166) = NJW 1975, 1847; BGH v. 27. 8. 1975 – 2 ARs 203/75, BGHSt 26, 187 (189) = NJW 1975, 2352 (2353); BGH v. 9. 10. 1992 – 2 ARs 398/92, NStZ 1993, 100; BGH v. 16. 4. 1997 – 2 ARs 112/97, NStZ 1997, 406; BGH v. 8. 4. 2004 – 2 ARs 275/04, bei *Becker* NStZ-RR 2006, 65 (66); OLG Oldenburg v. 17. 10. 1984 – 2 Ws 461/84, NdsRpfl. 1985, 46.
[46] BGH v. 21. 3. 2007 – 2 ARs 87/07, NStZ-RR 2010, 196.
[47] BGH v. 12. 12. 2001 – 2 ARs 350/01, bei *Becker* NStZ-RR 2003, 1 (7); OLG Düsseldorf v. 7. 2. 1985 – 4 Ws 287 – 288/84, NStZ 1985, 333 (334).

wenn das Gericht das Verfahren zur Klärung von Entscheidungsvoraussetzungen aussetzt.[48] Es genügt aber, dass ein Antrag als unzulässig verworfen oder ein solcher auf Strafrestaussetzung (§§ 57, 57a StGB) als verfrüht abgelehnt worden ist,[49] selbst wenn sich das Gericht eine erneute Prüfung zum späteren Zeitpunkt vorbehält.[50] Wird ein Verurteilter danach verlegt, wird die neue StVollstrK zuständig. Das gilt sogar dann, wenn das erste Gericht Fristen nach §§ 57 Abs. 7, 57a Abs. 4 StGB gesetzt hat, weil diese ein anderes Gericht nach Zuständigkeitswechsel nicht binden.[51] Eine Sache ist insbesondere **erledigt** (mit der Folge einer Beendigung der Zuständigkeit der StVollstrK), wenn ein erforderlicher Antrag zurückgenommen[52] oder in die Aussetzung des Strafrests vom Verurteilten nicht eingewilligt wird.[53] Dem steht es gleich, wenn der Verurteilte sich mit einer Entscheidung „zu gegebener Zeit" einverstanden erklärt.[54] Sieht die StVollstrK konkludent von einer Entscheidung (etwa Widerruf der Strafaussetzung) ab und hatte die StA diese nicht beantragt, ist die Sache ebenfalls beendet; zur Klarstellung sollte ein Vermerk hierüber in die Akten aufgenommen werden.[55] Die Befassung endet ferner, wenn die StVollstrK anstatt des Widerrufs einer Strafaussetzung nur die Bewährungszeit verlängert.[56]

Ist eine StVollstrK oder das ihr übergeordnete Rechtsmittelgericht[57] mit einer bestimmten 14 Sachentscheidung **noch** im oben geschilderten Sinne **befasst**, tritt trotz Verlegung in den Bezirk eines anderen LG kein Zuständigkeitswechsel ein.[58] Das gilt erst recht bei Überstellungen zu vorübergehenden Zwecken[59] oder der nicht dauerhaften Verlegung in ein Vollzugskrankenhaus.[60] Befasst ist die StVollstrK auch noch dann mit einer Angelegenheit, wenn der Verurteilte aus der Haft entwichen ist und nach Wiederergreifung der Vollzug in einer anderen Einrichtung fortgesetzt wird.[61]

Bei **Verlegung nach Beendigung des Befasstseins** wird (für neu zu entscheidende Strafvollstre- 15 ckungsangelegenheiten) sofort, also selbst dann, wenn aktuell kein Entscheidungsbedarf in einer Sache besteht,[62] die StVollstrK zuständig, zu deren Bezirk die neue Anstalt gehört.[63] Das gilt auch für eine eventuelle Bewährungsüberwachung[64] oder (über § 463 Abs. 7) Entscheidungen im Zusammenhang mit Führungsaufsicht.[65] Zwischenaufenthalte bei der Verschubung begründen keine örtliche Zuständigkeit; es ist die StVollstrK zuständig, zu deren Sprengel der endgültige Bestimmungsort gehört.[66] Kein Zuständigkeitswechsel tritt ein, wenn die Verbringung in eine andere

---

[48] OLG Stuttgart v. 11. 8. 1975 – 1 Ws 247/75, NJW 1976, 436.
[49] *Valentin* NStZ 1981, 128 (130); *Meyer-Goßner* Rn. 12; aA OLG Zweibrücken v. 26. 9. 1975 – Ws 415/75, NJW 1976, 258 (LS).
[50] OLG Stuttgart v. 11. 8. 1975 – 1 Ws 247/75, NJW 1976, 436; *Meyer-Goßner* Rn. 12; aA OLG Koblenz v. 8. 2. 1977 – 1 Ws 622/76, GA 1977, 246.
[51] BGH v. 13. 2. 1976 – 2 ARs 395/75, BGHSt 26, 278 (280) = NJW 1976, 860; KK-StPO/*Appl* Rn. 23.
[52] BGH v. 13. 2. 1976 – 2 ARs 395/75, BGHSt 26, 278 (279) = NJW 1976, 860.
[53] OLG Karlsruhe v. 3. 1. 1992 – 1 Ws 273/91, MDR 1992, 595.
[54] OLG Düsseldorf v. 1. 10. 1981 – 5 Ws 159/81, MDR 1982, 429; *Meyer-Goßner* Rn. 12; aA HK-StPO/*Pollähne* Rn. 11; AK/*Volckart* Rn. 24.
[55] BGH v. 12. 12. 2001 – 2 ARs 350/01, bei *Becker* NStZ-RR 2003, 1 (7); *Meyer-Goßner* Rn. 12; vgl. auch OLG Zweibrücken v. 18. 8. 1989 – 1 Ws 430/89, NStE Nr. 20.
[56] BGH v. 10. 1. 1996 – 2 ARs 437/95, BGHR § 462a Abs. 1 Befaßtsein 7; BGH v. 27. 9. 1996 – 2 ARs 360/96, bei *Kusch* NStZ 1997, 379; BGH v. 11. 8. 1999 – 2 ARs 161/99 – 2 AR 64/99, bei *Kusch* NStZ-RR 2000, 289 (296); BGH v. 3. 11. 2000 – 2 ARs 285/00, bei *Becker* NStZ-RR 2001, 257 (267).
[57] BGH v. 7. 8. 1975 – 2 ARs 181/75, BGHSt 26, 165 (166) = NJW 1975, 1847.
[58] BGH v. 8. 7. 1975 – 2 ARs 181/75, BGHSt 26, 165 (166) = NJW 1975, 1847; BGH v. 27. 8. 1975 – 2 ARs 203/75, BGHSt 26, 187 (189) = NJW 1975, 2352 (2353); BGH v. 13. 2. 1976 – 2 ARs 395/75, BGHSt 26, 278 (279) = NJW 1976, 860; BGH v. 14. 8. 1981 – 2 ARs 174/81, BGHSt 30, 189 (191) = NJW 1981, 2766; BGH v. 8. 3. 1984 – 2 ARs 71/84, NStZ 1984, 380; BGH v. 4. 8. 1999 – 2 ARs 323/99 – 2 AR 137/99, NStZ 1999, 638; BGH v. 16. 7. 2003 – 2 ARs 218/03, 2 AR 135/03, StraFo 2003, 431; BGH v. 26. 11. 2003 – 2 ARs 382/03, StraFo 2004, 71 (72); OLG Düsseldorf v. 7. 9. 1987 – 1 Ws 710/87, NStZ 1988, 46 f.; OLG Hamm v. 7. 6. 1995 – 2 Ws 292/95, MDR 1995, 1058.
[59] BGH v. 8. 7. 1975 – 2 ARs 181/75, BGHSt 26, 165 (166) = NJW 1975, 1847; BGH v. 13. 2. 1976 – 2 ARs 395/75, BGHSt 26, 278 (279) = NJW 1976, 860; OLG Koblenz v. 12. 1. 1981 – 1 Ws 2/81, OLGSt S. 75; OLG Stuttgart v. 11. 8. 1975 – 1 Ws 244/75, NJW 1976, 258 (LS); OLG Zweibrücken v. 20. 2. 1976 – Ws 77/76, OLGSt S. 33.
[60] BGH v. 15. 10. 1975 – 2 ARs 291/75, NJW 1976, 249; KK-StPO/*Appl* Rn. 15, *Meyer-Goßner* Rn. 13, aA *Bringewat* Rn. 18; SK-StPO/*Paeffgen* Rn. 11.
[61] BGH v. 24. 8. 1979 – 2 ARs 255/79, bei *Valentin* NStZ 1981, 128 (130); OLG Düsseldorf v. 10. 8. 1982 – 3 Ws 336/82, MDR 1983, 155.
[62] BGH v. 8. 3. 1984 – 2 ARs 71/84, NStZ 1984, 380; BGH v. 12. 7. 2002 – 2 ARs 183/02, bei *Becker* NStZ-RR 2003, 289 (293).
[63] BGH v. 13. 2. 1976 – 2 ARs 395/75, BGHSt 26, 278 (279) = NJW 1976, 860; BGH v. 11. 8. 1999 – 2 ARs 161/99 – 2 AR 64/99, bei *Kusch* NStZ-RR 2000, 289 (296); BGH v. 27. 2. 2004 – 2 ARs 40/04, bei *Becker* NStZ-RR 2005, 65 (70); OLG Zweibrücken v. 29. 6. 1976 – Ws 243/76, OLGSt S. 41.
[64] BGH v. 21. 3. 2007 – 2 ARs 87/07, NStZ-RR 2010, 196.
[65] BGH v. 3. 12. 2003 – 2 ARs 376/03, NStZ-RR 2004, 124; OLG Stuttgart v. 23. 7. 2003 – 4 Ws 140/03, NStZ-RR 2003, 380; OLG Zweibrücken v. 15. 6. 2009 – 1 Ws 139/09, NStZ 2010, 109 (110).
[66] BGH v. 4. 7. 1979 – 2 ARs 191/79, MDR 1979, 990; BGH v. 11. 3. 2009 – 2 ARs 83/09, NStZ-RR 2009, 187; *Valentin* NStZ 1981, 128 (129); krit. SK-StPO/*Paeffgen* Rn. 11.

Anstalt von vornherein nur temporären Charakter aufweist, etwa bei der Überstellung zur Wahrnehmung eines Gerichtstermins oder für den Aufenthalt in einem Vollzugskrankenhaus[67] bzw. zur Vorbereitung einer Abschiebung.[68]

16 **3. Aufrechterhaltung der Zuständigkeit (Abs. 1 S. 2).** Wird keine Freiheitsstrafe mehr in einer JVA vollstreckt, **besteht** in Ausnahme zum Grundgedanken des Abs. 1 S. 1 **die sachliche und örtliche Zuständigkeit der StVollstrK** für bestimmte Nachtragsentscheidungen **weiter**. Das setzt kein Befasstsein der StVollstrK mit zu treffenden Entscheidungen während der Vollstreckung voraus, weil dies nur für die Abgrenzung der örtlichen Zuständigkeit zwischen mehreren Kammern relevant bleibt.[69] Deshalb bleibt die StVollstrK auch nach der Vollstreckung von Freiheitsstrafe zu einer Entscheidung nach §§ 459d, 462 Abs. 1 S. 1 berufen.[70]

17 Eingetreten sein muss eine (uU langfristige[71]) **Unterbrechung** der Strafvollstreckung (nach §§ 455 Abs. 4, 455a, 360 Abs. 2,[72] infolge Gewährung von Wiedereinsetzung in den vorigen Stand gegen die Versäumung einer Rechtsmittelfrist, vgl. § 47 Abs. 2 und 3,[73] oder im Gnadenweg) oder die Aussetzung des Strafrests gem. §§ 57, 57a StGB (insoweit nicht im Gnadenweg, da keine vorherige Befassung der StVollstrK)[74] bzw. nach §§ 35, 36 BtMG.[75] Handelt es sich bei Abs. 1 S. 2 um eine eng auszulegende Ausnahmevorschrift,[76] genügt für ihre Anwendung die rein faktische Unterbrechung durch Entweichen des Gefangenen[77] ebenso wenig wie ein Absehen von der Vollstreckung nach § 456a.[78]

18 Für die Fortwirkungszuständigkeit der StVollstrK ist es ohne Belang, ob der Verurteilte sich auf freiem Fuß oder (in anderer Sache) in U-Haft befindet. Sie besteht auch, wenn die Zuständigkeit der StVollstrK nach Abs. 1 S. 1 durch die Befassung eines nicht offensichtlich unzuständigen Gerichts begründet wurde (Rn. 11).[79] War die StVollstrK mit einem **Antrag auf Widerruf der Strafaussetzung** befasst, bleibt sie hierfür auch dann zuständig, falls der Verurteilte zum Entscheidungszeitpunkt bereits in einem anderen Bezirk Strafhaft verbüßt.[80] Zu einem Zuständigkeitswechsel hin zu dem entscheidenden Gericht kommt es aber, sobald aus der von der StVollstrK zur Bewährung ausgesetzten und einer weiteren Strafe eine **Gesamtstrafe** gebildet wurde (§ 55 StGB, § 460), weil dadurch die ursprünglich zuständigkeitsbegründende Verurteilung ihre Bedeutung verliert.[81]

---

[67] BGH v. 8. 7. 1975 – 2 ARs 181/75, BGHSt 26, 165 (166) = NJW 1975, 1847; BGH v. 13. 2. 1976 – 2 ARs 395/75, BGHSt 26, 278 (279) = NJW 1976, 860; BGH v. 21. 7. 1989 – 2 ARs 381/89, BGHSt 36, 229 (231) = NJW 1990, 264; OLG Düsseldorf v. 11. 7. 1975 – 3 Ws 222 und 226/75, MDR 1975, 863 (864); aA W. *Schmidt* NJW 1975, 1485 (1489).
[68] BGH v. 8. 10. 1999 – 2 ARs 408/99 – 2 AR 171/99, NStZ 2000, 111; OLG Düsseldorf v. 22. 1. 1991 – 4 Ws 4/91, NStE Nr. 22.
[69] BGH v. 8. 10. 1999 – 2 ARs 408/99 – 2 AR 171/99, NStZ 2000, 111; BGH v. 14. 11. 2007 – 2 ARs 446/07, NStZ-RR 2008, 124 (125); OLG Düsseldorf v. 22. 1. 2002 – OLGSt § 57 StGB Nr. 33; OLG Nürnberg v. 20. 9. 2002 – Ws 1167/02, OLGSt Nr. 20; *Immel* JR 2004, 82 (84); KK-StPO/*Appl* Rn. 12; *Meyer-Goßner* Rn. 15; aA *Pfeiffer* Rn. 5.
[70] BGH v. 4. 11. 1981 – 2 ARs 297/81, BGHSt 30, 263 = NJW 1982, 393; KK-StPO/*Appl* Rn. 22.
[71] OLG Stuttgart v. 18. 1. 1995 – 3 ARs 11/93, NStZ-RR 1996, 61.
[72] OLG Frankfurt v. 7. 10. 2004 – 3 Ws 1044/04, NStZ-RR 2005, 30.
[73] OLG Hamm v. 7. 5. 2009 – 3 Ws 179/09, NStZ-RR 2010, 29.
[74] *Meyer-Goßner* Rn. 15.
[75] BGH v. 10. 4. 2002 – 2 ARs 88/02, bei *Becker* NStZ-RR 2003, 102; BGH v. 19. 1. 2005 – 2 ARs 433/04, bei *Becker* NStZ-RR 2006, 257 (262); BGH v. 29. 3. 2006 – 2 ARs 128/06, NStZ-RR 2008, 68; BGH v. 21. 7. 2006 – 2 ARs 232/06, bei *Cierniak* NStZ-RR 2009, 39; OLG Düsseldorf v. 8. 5. 2002 – 3 Ws 148/02, JR 2003, 83 (84), mAnm *Aulinger*; OLG Schleswig v. 29. 3. 2001 – 2 Ws 81/01, SchlHA 2001, 188; s. auch Rn. 37.
[76] OLG Dresden v. 29. 1. 1997 – 1 ARs 13/97, NStZ-RR 1998, 382; OLG Frankfurt v. 24. 10. 2006 – 3 Ws 945/06, NStZ-RR 2007, 157; OLG Hamburg v. 10. 9. 1981 – 1 Ws 297/81, NStZ 1982, 48; OLG Hamm v. 22. 10. 2001 – 2 Ws 263/01, NStZ 2002, 223 (224); KK-StPO/*Appl* Rn. 12.
[77] *Bringewat* Rn. 32; SK-StPO/*Paeffgen* Rn. 20; aA OLG Frankfurt v. 7. 10. 2004 – 3 Ws 1044/04, NStZ-RR 2005, 30 (31); KK-StPO/*Appl* Rn. 12; *Meyer-Goßner* Rn. 15.
[78] *Bringewat* Rn. 32; SK-StPO/*Paeffgen* Rn. 20; aA BGH v. 27. 6. 1984 – 2 ARs 196/84, GA 1984, 513; BGH v. 8. 10. 1999 – 2 ARs 408/99 – 2 AR 171/99, NStZ 2000, 111; OLG Frankfurt v. 7. 10. 2004 – 3 Ws 1044/04, NStZ-RR 2005, 30 (31); LG Hamburg v. 28. 8. 2007 – 632 Qs 44/07, StraFo 2007, 480; KK-StPO/*Appl* Rn. 12; *Meyer-Goßner* Rn. 15.
[79] OLG Frankfurt v. 19. 12. 1995 – 3 Ws 822/95, NStZ-RR 1996, 154 (155).
[80] BGH v. 11. 6. 1981 – 2 ARs 149/81, NStZ 1981, 404 (LS); BGH v. 14. 8. 1981 – 2 ARs 174/81, BGHSt 30, 189 = NJW 1981, 2766; OLG Frankfurt v. 19. 12. 1995 – 3 Ws 822/95, NStZ-RR 1996, 154; OLG Schleswig v. 16. 6. 1986 – 1 Ws 252/86, NStE Nr. 1; OLG Zweibrücken v. 28. 12. 1977 – Ws 466/77, OLGSt S. 43; KK-StPO/*Appl* Rn. 21; aA OLG Hamm v. 21. 7. 1978 – 2 Ws 142/78, OLGSt S. 47 (48); OLG Karlsruhe v. 5. 6. 1981 – 3 Ws 140/81, NStZ 1981, 404.
[81] BGH v. 5. 8. 1981 – 2 ARs 208/81, GA 1982, 177; BGH v. 3. 4. 2002 – 2 ARs 95/02, bei *Becker* NStZ-RR 2003, 103; BGH v. 21. 7. 2006 – 2 ARs 302/06 – 2 AR 89/06, NStZ-RR 2007, 94 (95); OLG Frankfurt v. 9. 11. 2006 – 3 Ws 1085/06, NStZ-RR 2007, 30; OLG Hamm v. 23. 5. 1976 – 3 (s) Sbd. 15 – 12/76, NJW 1976, 1648 (LS); OLG Schleswig v. 23. 12. 1982 – 1 Str. AR 46/82, NStZ 1983, 480; OLG Zweibrücken v. 22. 3. 1985 – 1 Ws 554/84, NStZ 1985, 525; *Meyer-Goßner* Rn. 15; aA OLG Hamm v. 31. 3. 1978 – 6 Ws 157/78, OLGSt S. 61; KK-StPO/*Appl* Rn. 13.

Ist die StVollstrK **nicht** (mehr) mit einer bestimmten Angelegenheit **befasst**, endet ihre Fortsetzungszuständigkeit mit der Aufnahme des Verurteilten in den Strafvollzug im Bezirk einer anderen StVollstrK.[82] Letztere wird aufgrund der Konzentrationswirkung von Abs. 4 S. 1 und 3 für alle noch nicht erledigten Verurteilungen zuständig. Dies gilt auch in Ansehung von Bewährungsüberwachung und Widerruf bei einer Strafe, die die Fortsetzungszuständigkeit der ersten StVollstrK zur Folge hatte.[83]

Nach Entlassung aus dem Strafvollzug kommt die **Fortwirkungszuständigkeit der letzten StVollstrK** zu. Sie fällt auch dann nicht an eine früher zuständige StVollstrK zurück, wenn nur eine Strafe noch nicht erledigt ist, die einmal die Zuständigkeit jener begründet hatte.[84] Auch Nachtragsentscheidungen durch eine örtlich unzuständige StVollstrK vermögen deren Zuständigkeit nicht zu begründen.[85]

4. Abgabe an Gericht des ersten Rechtszugs (Abs. 1 S. 3). Die StVollstrK kann **einzelne Entscheidungen** nach §§ 462 Abs. 1 Abs. 1 S. 1, 458 (Urteilsauslegung, Strafzeitberechnung, Zulässigkeit der Strafvollstreckung) an das Gericht des ersten Rechtszugs durch Beschluss ohne dessen vorherige Anhörung abgeben. Die Abgabe steht im pflichtgemäßen Ermessen der StVollstrK und bietet sich an, wenn es ihrer speziellen Kenntnisse nicht bedarf. Abs. 1 S. 3 darf deshalb nicht auf Entscheidungen nach § 453, 454 analog angewendet werden.[86] Allerdings soll es möglich sein, die Entscheidung über Weisungen bei Führungsaufsicht (§ 68 b StGB) während eines Verfahrens der Anordnung von Sicherungsverwahrung nach § 275 a auf die nach § 74 f GVG zuständige Strafkammer zu übertragen (zw.).[87]

Der Beschluss ist für das Gericht, an das abgegeben wurde, bindend (Abs. 1 S. 3 2. Hs.). Eine Rück- oder Weiterübertragung ist nicht statthaft. Lediglich das abgebende Gericht kann die Übertragung nach pflichtgemäßem Ermessen **rückgängig machen**, was sich allerdings anders als im Fall von Abs. 2 S. 2 idR nicht anbieten wird.

III. Zuständigkeit des Gerichts des ersten Rechtszugs (Abs. 2 und 3)

1. Gericht des ersten Rechtszugs. Gericht des ersten Rechtszugs ist vorbehaltlich der Regelung in Abs. 6 der Spruchkörper, der in erster Instanz entschieden hat. Dieser ist auch dann zuständig, wenn nach Verfahrenseinstellung oder Freispruch erst das **Berufungsgericht verurteilt** hat[88] und es für § 458 Abs. 1 um die Auslegung des Berufungsurteils geht.[89] Nach Anwendung von § 460 gilt das Gericht, das die nachträgliche Gesamtstrafe gebildet hat, für diese als Gericht des ersten Rechtszugs.[90] **Während eines** noch nicht abgeschlossenen **Rechtsmittelverfahrens** gegen einen Beschluss des Gerichts des ersten Rechtszugs ist das Gericht zuständig, das dem erstgenannten Gericht im Instanzenzug übergeordnet ist, und zwar auch dann, wenn der Verurteilte zwischenzeitlich in eine JVA aufgenommen wurde. Die Zuständigkeit geht nicht auf das der StVollstrK übergeordnete Gericht über.[91]

2. Subsidiäre Zuständigkeit (Abs. 2 S. 1). Abgesehen von Fällen der Abs. 3 und 5 S. 1 ist die Zuständigkeit des Gerichts des ersten Rechtszugs gegenüber derjenigen der StVollstK nach Abs. 1 S. 1 und 2 subsidiär. Sie besteht nur dann, wenn **lediglich Geldstrafe** vollstreckt werden muss, **Freiheitsstrafe zur Bewährung** ausgesetzt wurde (auch unter Einbeziehung einer bisher teilweise im Wege der Ersatzfreiheitsstrafe vollstreckten Geldstrafe bei sofortiger Haftentlassung),[92] eine Entscheidung nach § 57 StGB infolge von Anrechnung der U-Haft bereits **vor Vollstreckung der Freiheitsstrafe** getroffen wird, sonst die Vollstreckung einer Freiheitsstrafe noch nicht begonnen hat[93] oder der Verurteilte ohne Fortwirkung der Zuständigkeit der StVollstrK (Abs. 1 S. 2) bereits

---

[82] BGH v. 11. 9. 2002 – 2 ARs 267/02, bei *Becker* NStZ-RR 2003, 289 (293 f.); OLG Frankfurt v. 19. 12. 1995 – 3 Ws 822/95, NStZ-RR 1996, 154; OLG Hamburg v. 10. 9. 1981 – 1 Ws 297/81, NStZ 1982, 48; OLG Stuttgart v. 18. 1. 1995 – 3 ARs 11/93, NStZ-RR 1996, 61.
[83] BGH v. 15. 1. 1999 – 2 ARs 531/98, bei KK-StPO/*Appl* Rn. 25; OLG Zweibrücken v. 15. 6. 1988 – 1 Ws 338/88, MDR 1988, 1077 (1078).
[84] BGH v. 20. 7. 1978 – 2 ARs 180/78, BGHSt 28, 82 (83) = NJW 1978, 2561; KK-StPO/*Appl* Rn. 25.
[85] BGH v. 2. 4. 1985 – 2 ARs 115/85, NStZ 1985, 428; OLG Düsseldorf v. 7. 2. 1985 – 4 Ws 287–288/84, NStZ 1985, 333 (334).
[86] BGH v. 4. 6. 1976 – 2 ARs 179/76, BGHSt 26, 352 = NJW 1976, 1646; *Meyer-Goßner* Rn. 16.
[87] BGH v. 22. 2. 2006 – 5 StR 585/05, BGHSt 50, 373 (386) = NJW 2006, 1442 (1446).
[88] BGH v. 14. 8. 1997 – 2 ARs 330/97, bei KK-StPO/*Appl* Rn. 31.
[89] OLG Düsseldorf v. 29. 7. 1998 – 1 Ws 332/98, NStZ-RR 1999, 307.
[90] OLG Hamm v. 23. 5. 1976 – 3 (s) Sbd. 15 – 12/76, NJW 1976, 1648 (LS).
[91] BGH v. 27. 8. 1975 – 2 ARs 203/75, BGHSt 26, 187 (190) = NJW 1975, 2352 (2353); OLG Köln v. 30. 6. 1982 – 2 Ws 307/82, OLGSt S. 77.
[92] BGH v. 6. 5. 2009 – 2 ARs 98/09, BGHSt 54, 13 = NJW 2009, 3313.
[93] BGH v. 27. 8. 1975 – 2 ARs 203/75, BGHSt 26, 187 (189) = NJW 1975, 2352 (2353); OLG Stuttgart v. 17. 12. 1986 – 1 Ws 384/86, OLGSt Nr. 10.

aus der Haft entlassen ist.[94] Eine Fortwirkung der Zuständigkeit des Gerichts des ersten Rechtszugs entsprechend Abs. 1 S. 2 sieht das Gesetz nicht vor.[95]

25   3. **Abgabe an Wohnsitzgericht (Abs. 2 S. 2).** Das Gericht des ersten Rechtszugs, nicht jedoch das Berufungs- oder Beschwerdegericht[96] kann sämtliche oder einzelne der **nachträglichen Entscheidungen nach § 453**, die eine Strafaussetzung zur Bewährung oder eine Verwarnung mit Strafvorbehalt betreffen, durch unanfechtbaren[97] Beschluss abgeben (Abs. 2 S. 2 Hs. 1). Die Kompetenz erstreckt sich mangels deren Nennung in § 453 nicht auf die Aussetzungsentscheidung selbst (§§ 57, 57a StGB),[98] wohl aber auf die Übertragung der Bewährungsüberwachung wegen anderer Verurteilungen gem. Abs. 4 S. 1 (Rn. 35) und besteht nicht mehr, wenn das Beschwerdegericht eine Sache zu neuer Entscheidung zurückverwiesen hat.[99] Die Abgabe darf noch nach Ablauf der Bewährungszeit erfolgen (für Straferlass oder Widerruf der Aussetzung bei Straftatbegehung in der Bewährungszeit).[100]

26   Zu übertragen ist in erster Linie auf das AG am **Wohnsitz** des Verurteilten, bei Nichtbestehen eines solchen an das AG am Ort des gewöhnlichen Aufenthalts.[101] Abzugeben ist an das exakt zu benennende[102] **AG als solches**, nicht an das SchöffenG.[103] Wird die StVollstrK zuständig, geht ihre Kompetenz stets auch derjenigen des Wohnsitzgerichts ohne Fortwirkungsmöglichkeit vor (Abs. 4 S. 1 und 3).[104]

27   Die **Zuständigkeit der StA** als VollstrB wird durch eine Abgabe seitens des Gerichts nicht berührt. Es bleibt bei der Zuständigkeit der StA bei dem Gericht des ersten Rechtszugs (§ 7 Abs. 1 StVollstrO, § 143 Abs. 1 GVG).[105]

28   Nur die Abgabe durch ein zuständiges Gericht[106] ist für das Gericht, an das übertragen wurde, **bindend** (Abs. 2 S. 2 Hs. 2). **Unzuständig** wird ein Gericht ferner, wenn die Kompetenz eines anderen Gerichts durch spätere Verurteilung zu höherer Strafe auch für Nachtragsentscheidungen hinsichtlich der früheren Verurteilung begründet wird (Abs. 4 S. 1 und 2, Abs. 3 S. 2).[107] Weil mit einem nachträglichen Gesamtstrafenbeschluss flankierende Anordnungen hinsichtlich einbezogener Strafen ihre Bedeutung verlieren, gilt dies auch für eine Übertragung der Bewährungsüberwachung; das Gericht, das eine erneut zur Bewährung ausgesetzte Gesamtstrafe gebildet hat, kann die Entscheidungen erneut abgeben.[108]

29   Selbst wenn der Verurteilte seinen Wohnsitz verlegt oder nicht auffindbar ist,[109] bleibt **weder eine Weiter- noch eine Rückübertragung** durch das Wohnsitzgericht statthaft.[110] Ein entsprechender Beschluss ist zwar unwirksam, sollte aber aus Gründen der Rechtssicherheit aufgehoben werden.[111] Hält das Gericht, auf das übertragen wurde, sich für unzuständig, muss es den in § 14 bezeichneten Weg einschlagen. In diesem Rahmen kann zwar keine umfassende Prüfung der Ermessenserwägungen des erstinstanzlichen Gerichts erreicht werden, immerhin aber objektive **Willkür** und damit Unwirksamkeit der Abgabe geltend gemacht werden.[112] Hierfür reicht nach hM das Fehlen besonderer Gründe für die Zweckmäßigkeit der Abgabe (etwa leichtere Kontrollierbarkeit durch das Wohnsitzgericht) gerade nicht aus, denn solche verlangt das Gesetz nicht,[113]

---

[94] BGH v. 27. 8. 1975 – 2 ARs 203/75, BGHSt 26, 187 (189) = NJW 1975, 2352 (2353).
[95] OLG Frankfurt v. 24. 10. 2006 – 3 Ws 945/06, NStZ-RR 2007, 157; KK-StPO/*Appl* Rn. 30.
[96] BGH v. 4. 8. 1966 – 2 ARs 354/66, NJW 1966, 2022; *Meyer-Goßner* Rn. 20.
[97] OLG Hamm v. 13. 7. 1971 – 2 Ws 219/71, MDR 1972, 439; *Meyer-Goßner* Rn. 19; Löwe/Rosenberg/*Graalmann-Scheerer* Rn. 62; aA SK-StPO/*Paeffgen* Rn. 43; KMR/*Stöckel* Rn. 54.
[98] BGH v. 4. 6. 1976 – 2 ARs 179/76, BGHSt 26, 352 (354) = NJW 1976, 1646.
[99] BGH v. 9. 1. 1985 – 2 ARs 412/84, BGHSt 33, 111 = NJW 1985, 872.
[100] BGH v. 8. 11. 1991 – 2 ARs 397/91, NStE Nr. 24.
[101] Zu den Begriffen § 8 Rn. 3, 5.
[102] BGH v. 4. 8. 1966 – 2 ARs 354/66, NJW 1966, 2022; OLG München v. 22. 7. 1957 – Ws 610/57, MDR 1958, 118.
[103] BGH v. 6. 6. 1957 – 2 ARs 109/57, BGHSt 10, 288 (290) = NJW 1957, 1243; OLG Düsseldorf v. 3. 7. 1988 – 4 Ws 133/88, GA 1989, 171; *Meyer-Goßner* Rn. 21.
[104] KK-StPO/*Appl* Rn. 30.
[105] *Katholnigg* NStZ 1982, 195 (196); *Meyer-Goßner* Rn. 24; aA LG Dortmund v. 19. 8. 1987 – 14 (IV) Qs 16/87, NStZ 1988, 381; LG München I v. 17. 1. 1980 – 10 Qs 81/79, NStZ 1981, 453; *Engel* NStZ 1987, 110 (111).
[106] BGH v. 3. 2. 1995 – 2 ARs 459/94, NStZ-RR 1996, 56; BGH v. 19. 1. 2005 – 2 ARs 433/04, bei *Becker* NStZ-RR 2006, 257 (262).
[107] BGH v. 12. 7. 2000 – 2 ARs 161/00, bei KK-StPO/*Appl* Rn. 27.
[108] KK-StPO/*Appl* Rn. 27.
[109] BGH v. 15. 8. 2001 – 2 ARs 169/01, bei *Becker* NStZ-RR 2002, 262; BGH v. 27. 9. 2006 – 2 ARs 332/06, bei *Cierniak* NStZ-RR 2009, 39 f.; *Meyer-Goßner* Rn. 23.
[110] BGH v. 1. 10. 1975 – 2 ARs 289/75, BGHSt 26, 204 = NJW 1976, 154; BGH v. 27. 11. 1996 – 2 ARs 409/96, bei *Kusch* NStZ 1997, 379; BGH v. 4. 1. 1999 – 2 ARs 516/98, NStZ 1999, 215.
[111] KK-StPO/*Appl* Rn. 29.
[112] OLG Düsseldorf v. 13. 6. 1989 – 1 Ws 506/89, NStE Nr. 18; OLG Düsseldorf v. 5. 11. 1991 – 1 Ws 1015/91, NStZ 1992, 206; OLG Düsseldorf v. 17. 6. 2003 – III – 2 Ws 110/03, OLGSt Nr. 22.
[113] BGH v. 10. 1. 1992 – 2 ARs 577/91, NStZ 1992, 399; BGH v. 26. 8. 1992 – 2 ARs 363/92, NStZ 1993, 200; BGH v. 26. 8. 1992 – 2 ARs 367/92, bei *Kusch* NStZ 1993, 228 (230); BGH v. 9. 4. 2003 – 2 ARs 91/03, NStZ-RR

wohl aber das Fehlen eines Wohnsitzes im Bezirk des Gerichts, an das abgegeben wurde.[114] Das **Gericht des ersten Rechtszugs** wird durch die Abgabe nicht gebunden; es kann – was nach nur vorübergehendem Aufenthalt in einem anderen Gerichtsbezirk geboten ist[115] – die Sache wieder an sich ziehen oder (nach Wohnsitzwechsel) an ein drittes Gericht erneut übertragen.[116] Eine konkludente Aufhebung der Übertragung ist darin zu sehen, dass das Gericht des ersten Rechtszugs die Sache auf einen unzulässigen Rückgabebeschluss hin wieder „übernimmt".[117]

4. Besonderheiten bei Gesamtstrafenbildung (Abs. 3). Abs. 3 S. 1 ist lex specialis zu Abs. 1 S. 1. 30
Entgegen der sich nach der allgemeinen Regelung über § 462 Abs. 1 S. 1 ergebenden Kompetenzfolge ist für die nachträgliche Gesamtstrafenbildung gem. § 460 stets (Ausnahme: Abs. 5 S. 2) das Gericht des ersten Rechtszugs und **nicht die StVollstrK** zuständig, also auch dann, wenn der Verurteilte sich in Strafhaft befindet.[118] Das gilt auch nach Anwendung von § 354 Abs. 1 b.[119] Gehen die einzubeziehenden Strafen auf Urteile mehrerer Gerichte zurück, ergibt sich die Entscheidungskompetenz aus Abs. 3 S. 2 und 3. Dabei ist das Gericht des ersten Rechtszugs auch dann zuständig, wenn das nach Abs. 3 S. 2 maßgebliche Urteil erst in der Berufungs- oder Revisionsinstanz gefällt wurde (Abs. 3 S. 3 1. Hs.). Müssen mehrere Gesamtstrafen verhängt werden, ist das nach Abs. 3 S. 2 und 3 zur Bildung der ersten Gesamtstrafe berufene Gericht auch für weitere Gesamtstrafenentscheidungen zuständig.[120]

Liegen mehrere Urteile unterschiedlicher Gerichte vor und findet sich darunter nur ein OLG, 31
das erstinstanzlich entschieden hat, gebührt diesem stets der Vorrang (Abs. 3 S. 3 2. Hs.), allerdings mit der Möglichkeit der Abgabe an die StVollstrK (Abs. 5 S. 2). Im Übrigen richtet sich gem. Abs. 3 S. 2 die **Priorität** nach der schwersten Strafart, hilfsweise der Strafhöhe und zuletzt dem (durch Protokoll feststellbaren) Zeitpunkt der Urteilsfällung. Freiheitsstrafe wiegt stets schwerer als Geldstrafe. Für den Vergleich der **Strafhöhe** kommt es nur auf die Hauptstrafen an; Nebenstrafen, Nebenfolgen und Maßnahmen (§ 11 Abs. 1 Nr. 8 StGB) bleiben unberücksichtigt.[121] Unter mehreren Geldstrafen erlangt Bedeutung nur die Anzahl, nicht aber die Höhe der Tagessätze oder das Produkt aus beidem.[122] Eine bereits vorhandene Gesamtstrafe ist stets ohne Belang; verglichen werden nur die Einzelstrafen.[123] Ist der **Zeitpunkt des Urteilserlasses** entscheidend, erlangt auch ein Berufungsurteil Bedeutung, in dem die Berufung verworfen wurde.[124] Im Gegensatz dazu wird der Zeitpunkt eines Revisionsurteils nur für maßgeblich gehalten, wenn in diesem die Strafe nach § 354 Abs. 1 festgesetzt wurde.[125] Das erscheint zw.; jedenfalls ein Vorgehen nach § 354 Abs. 1a S. 2 ist dem gleichzustellen.

Wäre das AG nach dem Gesagten zur Gesamtstrafenbildung zuständig, tritt an seine Stelle aber 32
die Strafkammer des übergeordneten LG (Abs. 3 S. 4), wenn die **Strafgewalt des AG** (§ 24 Abs. 2 GVG) nicht ausreichen würde. Ist dies unzweifelhaft (Einzelfreiheitsstrafe von vier Jahren, Anordnung der Unterbringung im psychiatrischen Krankenhaus oder in der Sicherungsverwahrung), kann die StA sogleich die Entscheidung des LG beantragen oder das AG bei Nichtvorliegen eines Entscheidungsantrags die Sache formlos abgeben.[126] Ansonsten erlässt der Amtsrichter einen unanfechtbaren und bindenden Verweisungsbeschluss entsprechend § 270.[127]

IV. Zuständigkeitskonzentration in anderen Fällen (Abs. 4)

1. Allgemeines. Wurde jemand **von verschiedenen Gerichten** zu noch nicht erledigten[128] Strafen 33
verurteilt und liegen die Voraussetzungen für eine nachträgliche Gesamtstrafenbildung (§ 460,

---

2003, 242; OLG Düsseldorf v. 20. 3. 2003 – III-3 Ws 81/03, StraFo 2003, 324; OLG Düsseldorf v. 17. 6. 2003 – III-2 Ws 110/03, NStZ-RR 2003, 285 (286); aA OLG Düsseldorf v. 14. 5. 1992 – 3 Ws 274/92, OLGSt Nr. 13; OLG Düsseldorf v. 10. 8. 1994 – 1 Ws 578/94, NStE Nr. 29; OLG Zweibrücken v. 2. 8. 1993 – 1 AR 76/93 – 1, NStE Nr. 27; SK-StPO/*Paeffgen* Rn. 26.
[114] BGH v. 30. 8. 2000 – 2 ARs 168/00, BGHR § 462a Abs. 2 S. 2 Abgabe 2.
[115] BGH v. 3. 11. 2004 – 2 ARs 356/04, bei *Becker* NStZ-RR 2006, 257 (262).
[116] BGH v. 1. 10. 1975 – 2 ARs 289/75, BGHSt 26, 204 = NJW 1976, 154; BGH v. 15. 8. 2001 – 2 ARs 169/01, bei *Becker* NStZ-RR 2002, 262.
[117] BGH v. 4. 1. 1999 – 2 ARs 516/98, NStZ 1999, 215.
[118] BGH v. 2. 2. 2005 – 2 ARs 421/04, bei *Becker* NStZ-RR 2006, 257 (262); KG v. 12. 3. 1975 – 3 Ws 37/75, JR 1975, 429.
[119] BGH v. 28. 10. 2004 – 5 StR 430/04, NStZ 2005, 163; BGH v. 14. 2. 2007 – 2 StR 479/06, NStZ-RR 2007, 193; OLG Köln v. 8. 10. 2004 – 8 Ss 415/04, NStZ 2005, 164.
[120] KK-StPO/*Appl* Rn. 32.
[121] BGH v. 19. 2. 1958 – 2 ARs 199/57, BGHSt 11, 293 = NJW 1958, 876.
[122] BGH v. 10. 9. 1985 – 2 ARs 242/85, NJW 1986, 1117.
[123] BGH v. 28. 4. 1976 – 2 ARs 158/76, NJW 1976, 1512; BGH v. 10. 9. 1985 – 2 ARs 242/85, NJW 1986, 1117.
[124] KK-StPO/*Appl* Rn. 32; *Meyer-Goßner* Rn. 27.
[125] KK-StPO/*Appl* Rn. 32; *Meyer-Goßner* Rn. 27.
[126] KK-StPO/*Appl* Rn. 32; aA HK-StPO/*Pollähne* Rn. 16.
[127] OLG Schleswig v. 4. 9. 1985 – 2 Ws 488/85, SchlHA 1986, 109; *Meyer-Goßner* Rn. 28.
[128] BGH v. 10. 5. 2006 – 2 ARs 178/06, NStZ-RR 2008, 68.

§ 55 StGB) nicht vor, wären nach Abs. 2 für Nachtragsentscheidungen mehrere Gerichte zuständig. Damit bestünde die Gefahr einer Entscheidungszersplitterung, etwa durch unterschiedliche Beurteilung der Prognose bei Strafaussetzungen.[129] Dem hilft Abs. 4 ab, indem die Kompetenz für Entscheidungen nach §§ 453, 454, 454a und 462 **bei einem Gericht gebündelt** wird. Dabei kommt der StVollstrK stets der Vorrang zu, Abs. 4 S. 3 1. Hs.

34 Die **Zuständigkeit der StA** als VollstrB bleibt vom Eintritt der Konzentrationswirkung unberührt.[130] Örtlich zuständig ist auch bei Wechsel der gerichtlichen Zuständigkeit die StA beim Gericht des ersten Rechtszugs für die dort jeweils erfolgte Verurteilung, § 451 Abs. 3 S. 1, § 7 Abs. 1 StVollstrO. Eine Übertragung der Aufgaben auf eine andere StA ist nach § 451 Abs. 3 S. 2 möglich.

35 **2. Zuständigkeit des Gerichts des ersten Rechtszugs (Abs. 4 S. 1 und 2).** Befindet sich der Verurteilte nicht in Strafhaft (oder im Maßregelvollzug, § 463 Abs. 1), ist für **alle** Entscheidungen nach §§ 453, 454, 454a und 462 **ein Gericht** des ersten Rechtszugs zuständig, Abs. 4 S. 1. Das gilt selbst dann, wenn die Zuständigkeit in einem zu entscheidenden Einzelverfahren an sich nicht gegeben wäre,[131] und unabhängig davon, ob wegen der anderen Verurteilungen Nachtragsentscheidungen erforderlich sind.[132] Kommen jedoch Nachtragsentscheidungen denknotwendig nur für eine Verurteilung in Betracht, bleibt es bei der Anwendung von Abs. 2 S. 1.[133] Dieser Fall wird aber schon wegen der theoretisch stets bestehenden Möglichkeit, eine Entscheidung nach § 458 Abs. 1 herbeizuführen, kaum eintreten.[134] Nicht verdrängt von der Regelung in Abs. 4 S. 1 wird die **Abgabemöglichkeit** an das Wohnsitzgericht **nach Abs. 2 S. 2**. Die Abgabe setzt allerdings die Konzentrationswirkung nicht außer Kraft; das Wohnsitzgericht wird dann für alle beim abgebenden Gericht nach Abs. 4 S. 1 gebündelten Verfahren zuständig.[135]

36 Der **Vorrang unter mehreren Gerichten** des ersten Rechtszugs beurteilt sich allein unter Anwendung der in Abs. 3 S. 2 und 3 aufgestellten Regeln (Rn. 31), Abs. 4 S. 2. In erster Linie entscheidet das OLG (Abs. 3 S. 3 2. Hs.), ansonsten kommt es auf Strafart, Strafhöhe oder zeitliche Reihenfolge der Verurteilung an. Der Wohnsitz des Verurteilten spielt dabei keine Rolle.[136] Im Unterschied zu Abs. 3 S. 2 wird hier bei der Bestimmung der höchsten Strafe eine Gesamtstrafe als solche berücksichtigt.[137] In Beschlüssen nach § 460 festgesetzte Strafen finden aber beim Strafhöhenvergleich keine Beachtung.[138]

37 **3. Zuständigkeit der StVollstrK (Abs. 4 S. 3).** Die nach Abs. 1 begründete Zuständigkeit der StVollstrK **geht** derjenigen des Gerichts des ersten Rechtszugs stets **vor**, Abs. 4 S. 3 1. Hs.[139] Es reicht aus, dass der Verurteilte sich wegen einer der betroffenen Sachen im Vollzug befindet oder befunden hat, auch wenn in dieser selbst keine Entscheidung ansteht,[140] weil etwa nur die Lebensführung des in anderer Sache zu einer Bewährungsstrafe Verurteilten zu überwachen ist,[141] oder an und für sich eine Zuständigkeit der StVollstrK in einem entscheidungserheblichen Einzelverfahren nicht bestünde.[142] Dann befindet die StVollstrK auch über den Widerruf der Strafaus-

---

[129] BGH v. 9. 12. 1992 – 2 ARs 485/92, bei *Kusch* NStZ 1993, 228 (230); OLG Düsseldorf v. 7. 9. 1987 – 1 Ws 710/87, NStZ 1988, 46.
[130] *Meyer-Goßner* Rn. 35; aA LG Dortmund v. 19. 8. 1987 – 14 (IV) Qs 16/87, NStZ 1988, 381; LG München I v. 17. 1. 1980 – 10 Qs 81/79, NStZ 1981, 453.
[131] BGH v. 18. 4. 1975 – 2 ARs 83/75, BGHSt 26, 118 = NJW 1975, 1238; BGH v. 17. 7. 1990 – 2 ARs 265/90, BGHR § 462 Abs. 4 Nachtragsentscheidung 1; BGH v. 27. 9. 2000 – 2 AR 174/00, NStZ 2001, 222; OLG Düsseldorf v. 7. 9. 1987 – 1 Ws 710/87, NStZ 1988, 46.
[132] BGH v. 4. 7. 1997 – 2 ARs 164/97, NStZ 1997, 612; BGH v. 3. 12. 2003 – 2 ARs 376/03, NStZ-RR 2004, 124; OLG Koblenz v. 15. 10. 1980 – 1 Ws 576/80, OLGSt. S. 72; LG Hamburg v. 21. 5. 1980 – 3 (33) Qs 575/80, MDR 1980, 781.
[133] BGH v. 9. 12. 1992 – 2 ARs 485/92, bei *Kusch* NStZ 1993, 228 (230); BGH v. 4. 1. 1999 – 2 ARs 516/98, NStZ 1999, 215; BGH v. 30. 11. 2005 – 2 ARs 443/05 + 2 AR 221/05, NStZ-RR 2006, 115; OLG Schleswig v. 14. 3. 1989 – 1 Ws 666/88, NStE Nr. 15.
[134] Wie hier AK/*Volckart* Rn. 32.
[135] BGH v. 8. 10. 1993 – 2 ARs 343/93, NStZ 1994, 97; BGH v. 8. 6. 1998 – 2 ARs 188/98, NStZ 1998, 586; BGH v. 10. 11. 1999 – 2 ARs 175 und 447/99, NStZ-RR 2000, 83; BGH v. 8. 11. 2000 – 2 ARs 299/00, bei *Becker* NStZ-RR 2001, 257 (267); BGH v. 21. 11. 2001 – 2 ARs 265/01, bei *Becker* NStZ-RR 2003, 1 (7); BGH v. 16. 1. 2004 – 2 ARs 359/03, bei *Becker* NStZ-RR 2005, 65 (69).
[136] BGH v. 23. 9. 1988 – 2 ARs 399/88, BGHR § 462a Abs. 2 S. 2 Abgabe 1.
[137] BGH v. 19. 11. 1976 – 2 ARs 373/76, BGHSt 27, 68 = NJW 1977, 397; BGH v. 19. 6. 1996 – 2 ARs 171/96, NStZ 1996, 511; krit. SK-StPO/*Paeffgen* Rn. 37.
[138] BGH v. 19. 6. 1996 – 2 ARs 171/96, NStZ 1996, 511 (512).
[139] BGH v. 18. 4. 1975 – 2 ARs 83/75, BGHSt 26, 118 (120) = NJW 1975, 1238; OLG Düsseldorf v. 7. 9. 1987 – 1 Ws 710/87, NStZ 1988, 46.
[140] BGH v. 22. 2. 1995 – 2 ARs 36/95, bei *Kusch* NStZ 1996, 21 (23); BGH v. 5. 4. 2000 – 2 ARs 83/00 – 2 AR 32/00, NStZ 2000, 446; BGH v. 21. 7. 2006 – 2 ARs 302/06 – 2 AR 89/06, NStZ-RR 2007, 94 (95).
[141] BGH v. 26. 7. 1995 – 2 ARs 224/95, BGHR § 462a Abs. 4 Bewährungsaufsicht 1; OLG Zweibrücken v. 14. 3. 1983 – 1 AR 24/83 (1), OLGSt Nr. 2.
[142] BGH v. 18. 4. 1975 – 2 ARs 83/75, BGHSt 26, 118 (120) = NJW 1975, 1238; BGH v. 27. 8. 1975 – 2 ARs 203/75, BGHSt 26, 187 (189) = NJW 1975, 2352 (2353); BGH v. 14. 11. 2007 – 2 ARs 446/07, NStZ-RR 2008, 124.

setzung nach § 36 BtMG und führt die Bewährungsaufsicht.[143] Das Gericht des ersten Rechtszugs ist im Hinblick auf die Spezialregelung des § 36 Abs. 5 BtMG allerdings einerseits bei der Bewilligung von Strafaussetzung zur Bewährung nach § 36 Abs. 1 BtMG für Anordnungen nach §§ 56a bis 56d StGB,[144] andererseits für die Entscheidung über die Aussetzung zuständig, wenn der Verurteilte bereits vor der Therapie ⅔ der Strafe verbüßt hatte und deshalb die Therapiezeit nicht auf die Strafe angerechnet wird.[145] Das gilt auch für einen auf freiem Fuß befindlichen Verurteilten, bei dem es einer weiteren Behandlung schon vor dem ⅔-Zeitpunkt möglicherweise nicht mehr bedarf.[146]

Die Zuständigkeit geht auch dann **sofort** auf die StVollstrK über, wenn das bisher mit der Sache befasste erstinstanzliche Gericht hierüber noch nicht abschließend entschieden hat.[147] Hat aber das Gericht des ersten Rechtszugs entschieden, bevor der Zuständigkeitsübergang stattfand, bleibt der Rechtsmittelzug durch die neu begründete Zuständigkeit der StVollstrK unberührt.[148]   38

Abs. 4 S. 3 2. Hs. lässt die in Abs. 1 S. 3 vorgesehene Möglichkeit unberührt, einzelne Angelegenheiten nach § 462 iVm. § 458 Abs. 1 an das Gericht des ersten Rechtszugs abzugeben. Bei der Bestimmung des danach zuständigen Gerichts bleibt ebenfalls die Zuständigkeitskonzentration nach Abs. 4 S. 1 und 2 zu beachten. **Entsprechend angewandt** wird Abs. 4 S. 3 im Hinblick auf das Ziel der Entscheidungskonzentration in Fällen, in denen dasselbe Gericht in mehreren Urteilen nicht gesamtstrafenfähige Sanktionen verhängt. Die StVollstrK wird für alle Nachtragsentscheidungen aus diesen Verurteilungen zuständig.[149]   39

Örtlich zuständig ist die StVollstrK, in deren Bezirk der Verurteilte nach Eintritt der Zuständigkeitskonzentration in eine Strafanstalt aufgenommen wurde, unabhängig davon, ob diese mit einer bestimmten Entscheidung befasst ist.[150] Insoweit tritt auch die Fortwirkungszuständigkeit nach Abs. 1 S. 2 zurück.[151] Der Vorrang von Abs. 4 S. 3 besteht nur **im Verhältnis von StVollstrK und erstinstanzlichem Gericht**, nicht aber mehrerer StVollstKn untereinander.[152] Solange eine StVollstrK mit einer bestimmten Sache befasst ist, hat sie zu entscheiden, selbst wenn der Verurteilte währenddessen in einem anderen Bezirk in Haft aufgenommen wird,[153] erst recht bei einer nur vorübergehenden Überstellung.[154] Liegt keine Befassung in diesem Sinne vor, wechselt die örtliche Zuständigkeit gleichzeitig mit einer Verlegung.[155] Wurde die Zuständigkeit der StVollstrK nach Abs. 4 S. 3 begründet, bleibt sie auch nach Erledigung der in ihrem Bezirk verbüßten Strafe für Bewährungsüberwachung[156] und Nachtragsentscheidungen wegen anderer Verurteilungen zuständig,[157] und zwar selbst dann, wenn sie während der Strafverbüßung weder mit dem Fällen noch der Vorbereitung einer Vollstreckungsentscheidung befasst war.[158] Die Zuständigkeit des Gerichts des ersten Rechtszugs lebt nicht wieder auf.[159]   40

---

[143] BGH v. 27. 2. 1991 – 2 ARs 29/91, BGHSt 37, 338 = NJW 1991, 2162; BGH v. 3. 2. 1995 – 2 ARs 459/94, NStZ-RR 1996, 56; BGH v. 9. 5. 2001 – 2 ARs 101/01, NStZ-RR 2001, 343 (LS); BGH v. 10. 4. 2002 – 2 ARs 88/02, bei *Becker* NStZ-RR 2003, 102; BGH v. 29. 3. 2006 – 2 ARs 128/06, NStZ-RR 2008, 68; OLG Schleswig v. 11. 4. 2001 – 2 Ws 558/00, SchlHA 2002, 173 (174); KK-StPO/*Appl* Rn. 4 mwN; aA OLG Düsseldorf v. 8. 10. 1992 – 4 Ws 333/92, OLGSt Nr. 14.
[144] BGH v. 5. 3. 2003 – 2 ARs 50/03, BGHSt 48, 252 = NStZ-RR 2003, 215, mAnm *Immel* JR 2004, 82.
[145] BGH v. 23. 4. 2003 – 2 ARs 89/03, BGHSt 48, 275 = NJW 2003, 2252.
[146] OLG Stuttgart v. 3. 4. 2009 – 4 Ws 49/09, StraFo 2009, 394.
[147] BGH v. 14. 8. 1981 – 2 ARs 174/81, BGHSt 30, 189 (192) = NJW 1981, 2766; BGH v. 25. 2. 2004 – 2 ARs 4/04, bei *Becker* NStZ-RR 2005, 65 (69); BGH v. 21. 7. 2004 – 2 ARs 189/04, bei *Becker* NStZ-RR 2006, 65 (66); BGH v. 21. 7. 2006 – 2 ARs 302/06 – 2 AR 89/06, NStZ-RR 2007, 94 (95).
[148] BGH v. 27. 8. 1975 – 2 ARs 203/75, BGHSt 26, 187 (188) = NJW 1975, 2352 (2353); *Valentin* NStZ 1981, 128 (131).
[149] BGH v. 4. 2. 1976 – 2 ARs 22/76, BGHSt 26, 276 = NJW 1976, 1109; *Meyer-Goßner* Rn. 33.
[150] BGH v. 9. 10. 1981 – 2 ARs 293/81, BGHSt 30, 223 (224) = NJW 1982, 248 (249); BGH v. 8. 3. 1984 – 2 ARs 71/84, NStZ 1984, 380; BGH v. 10. 4. 2002 – 2 ARs 88/02, bei *Becker* NStZ-RR 2003, 102; OLG Hamburg v. 14. 11. 1986 – 2 Ws 363/86, NStZ 1987, 92; OLG Hamm v. 7. 6. 1995 – 2 Ws 292/95, MDR 1995, 1058.
[151] *Meyer-Goßner* Rn. 34.
[152] BGH v. 14. 8. 1981 – 2 ARs 174/81, BGHSt 30, 189 (192) = NJW 1981, 2766; OLG Zweibrücken v. 15. 6. 2009 – 1 Ws 139/09, NStZ 2010, 109; *Meyer-Goßner* Rn. 34.
[153] BGH v. 14. 8. 1981 – 2 ARs 174/81, BGHSt 30, 189 = NJW 1981, 2766; BGH v. 6. 5. 1987 – 2 ARs 105/87, BGHR § 462a Abs. 1 Befaßtsein 3; BGH v. 21. 7. 2006 – 2 ARs 302/06 – 2 AR 89/06, NStZ-RR 2007, 94 (95); OLG Düsseldorf v. 7. 4. 1999 – 1 Ws 170/93, VRS 85, 359 (360 f.); OLG Zweibrücken v. 15. 6. 2009 – 1 Ws 139/09, NStZ 2010, 109; aA OLG Hamm v. 21. 7. 1978 – 2 Ws 143/78, OLGSt S. 47.
[154] BGH v. 25. 2. 2004 – 2 ARs 4/04, bei *Becker* NStZ-RR 2005, 65 (69).
[155] BGH v. 21. 7. 2006 – 2 ARs 302/06 – 2 AR 89/06, NStZ-RR 2007, 94 (95).
[156] OLG Zweibrücken v. 14. 3. 1983 – 1 AR 24/83 (1), OLGSt Nr. 2.
[157] BGH v. 20. 7. 1978 – 2 ARs 180/78, BGHSt 28, 82 = NJW 1978, 2561; BGH v. 27. 9. 1996 – 2 ARs 360/96, bei *Kusch* NStZ 1997, 379; BGH v. 10. 4. 2002 – 2 ARs 88/02, bei *Becker* NStZ-RR 2003, 102 f.; BGH v. 21. 7. 2006 – 2 ARs 302/06 – 2 AR 89/06, NStZ-RR 2007, 94 (95); OLG Hamburg v. 14. 11. 1986 – 2 Ws 363/86, NStZ 1987, 92; OLG Hamm v. 11. 8. 1975 – 3 Ws 477/75, NJW 1976, 258 (LS).
[158] BGH v. 9. 10. 1981 – 2 ARs 293/81, BGHSt 30, 223 (224) = NJW 1982, 248 (249); aA *Pfeiffer* Rn. 14.
[159] BGH v. 14. 11. 2007 – 2 ARs 446/07, NStZ-RR 2008, 124; OLG Frankfurt v. 24. 10. 2006 – 3 Ws 945/06, NStZ-RR 2007, 157.

V. Zuständigkeit des OLG (Abs. 5)

41 Hat ein OLG erstinstanzlich entschieden, wird es für **Nachtragsentscheidungen** auch dann zuständig, wenn der Verurteilte sich im Strafvollzug befindet; die Zuständigkeit der StVollstrK nach Abs. 1 und 4 S. 3 entfällt (Abs. 5 S. 1). Es kann solche Entscheidungen und zusätzlich die Kompetenz für die nachträgliche Bildung der Gesamtstrafe gem. Abs. 3 jedoch ganz oder teilweise durch unanfechtbaren Beschluss an die StVollstrK abgeben, Abs. 5 S. 2. Diese wird dadurch gebunden; das OLG kann die Abgabe rückgängig machen (Abs. 5 S. 3).

VI. Gericht des ersten Rechtszuges bei erneuter erstinstanzlicher Befassung (Abs. 6)

42 Für Spezialfälle bestimmt Abs. 6 das Gericht des ersten Rechtszugs. Hat das Revisionsgericht nach Urteilsaufhebung im Schuld- oder Strafausspruch (auch zu Gunsten von Nichtrevidenten nach § 357)[160] eine Sache gem. **§ 354 Abs. 2 oder § 355** an ein anderes Gericht (oder einen anderen Spruchkörper desselben Gerichts)[161] zurückverwiesen, fungiert dieses als Gericht des ersten Rechtszugs iSv. § 462a. Auch das Berufungsgericht kann so zum Gericht des ersten Rechtszugs werden.[162] Abs. 6 findet keine Anwendung auf Nachtragsentscheidungen nach § 439[163] oder für Fälle, in denen nur Nebenstrafen oder Nebenfolgen Gegenstand der Urteilsaufhebung waren.[164] In Konstellationen, in denen die Sache nur wegen eines von mehreren Angeklagten oder einer von mehreren tatmehrheitlich verübten Handlungen zurückverwiesen wurde, bleibt das erste Gericht zuständig, soweit die Revision verworfen wurde.[165]

43 Nach **Wiederaufnahme des Verfahrens** ist Gericht des ersten Rechtszugs das Gericht, das das Urteil nach § 373 erlassen hat. Das gilt auch bei Wiederaufnahme gegen ein Berufungs-, nicht aber gegen ein Revisionsurteil.[166]

VII. Besonderheiten im jugendgerichtlichen Verfahren

44 Nach §§ 82 Abs. 1 S. 2, 110 Abs. 1 JGG nimmt der **Jugendrichter** als Vollstreckungsleiter bei Jugendlichen und nach Jugendstrafrecht verurteilten Heranwachsenden die Aufgaben wahr, die die StPO der StVollstrK zuweist. Für Bewährungsentscheidungen gem. §§ 58 Abs. 1 S. 1, 62 Abs. 4, 109 Abs. 2 S. 1 JGG bleibt allerdings als der vorrangigen Norm nach Abs. 3 S. 1 JGG der Richter zuständig, der die **Aussetzung angeordnet** hat.[167] Das kann auch das Berufungsgericht sein.[168] Eine Übertragung der Entscheidungen auf den Jugendrichter, in dessen Bezirk der junge Rechtsbrecher sich aufhält, gestattet der im Rahmen des § 62 JGG nicht anwendbare § 58 Abs. 3 S. 2 JGG. Der Jugendrichter als **Vollstreckungsleiter** ist nur bei der Reststrafenaussetzung gem. § 88 JGG zuständig.[169] Seine örtliche Zuständigkeit bestimmt sich nach § 84 JGG. Wird Jugendstrafe in einer Einrichtung für ihren Vollzug vollstreckt, geht die Kompetenz iS einer Zuständigkeitskonzentration idR auf den örtlich für die Vollzugsanstalt zuständigen Jugendrichter über (§ 85 Abs. 2 und 3 JGG). Eine Abgabe der Vollstreckung an einen eigentlich örtlich nicht zuständigen Richter bleibt aus wichtigem Grund möglich (§ 85 Abs. 5 JGG). Die Aufgabenzuweisung erstreckt sich auch auf die Vollstreckung einer Unterbringung nach § 7 JGG[170] sowie (in Abweichung von § 462a Abs. 5) die Vollstreckung erstinstanzlicher Entscheidungen des OLG.[171] Die Zuständigkeit des Jugendrichters bleibt erhalten, wenn die Jugendstrafe nach §§ 89b Abs. 1, 110 Abs. 1 JGG im Erwachsenenvollzug vollstreckt wird,[172] desgleichen in Ansehung einer noch

---

[160] *Bringewat* Rn. 64; *Löwe/Rosenberg/Graalmann-Scheerer* Rn. 48.
[161] *Bringewat* Rn. 65; *Meyer-Goßner* Rn. 37; *Löwe/Rosenberg/Graalmann-Scheerer* Rn. 49.
[162] *Meyer-Goßner* Rn. 37.
[163] OLG Düsseldorf v. 13. 8. 1982 – 1 Ws 644/82, MDR 1983, 154.
[164] *Meyer-Goßner* Rn. 37.
[165] OLG Frankfurt v. 3. 11. 1971 – 3 Ws 389/71, NJW 1972, 1065 (1066) für § 453 aF; *Meyer-Goßner* Rn. 37; aA HK-StPO/*Pollähne* Rn. 19.
[166] *Meyer-Goßner* Rn. 38.
[167] BGH v. 6. 12. 1963 – 2 ARs 220/63, BGHSt 19, 170 (171) = NJW 1964, 603 (604); OLG Jena v. 22. 7. 2009 – 1 AR(S) 45/09, NStZ 2010, 283 (284).
[168] BGH v. 6. 12. 1963 – 2 ARs 220/63, BGHSt 19, 170 = NJW 1964, 603; BGH v. 1. 10. 1986 – 2 ARs 239/86, NStZ 1987, 87; OLG Dresden v. 20. 12. 2004 – 4 ARs 182/04, NStZ-RR 2005, 219; OLG Hamm v. 20. 5. 2008 – 3 Ws 187/08, ZJJ 2008, 387 (388).
[169] BGH v. 6. 12. 1963 – 2 ARs 220/63, BGHSt 19, 170 (173) = NJW 1964, 603 (604); OLG Jena v. 22. 7. 2009 – 1 AR(S) 45/09, NStZ 2010, 283 (284).
[170] BGH v. 27. 6. 1975 – 2 ARs 137/75, BGHSt 26, 162 = NJW 1975, 1846, mAnm *Brunner* JR 1976, 344; BGH v. 18. 5. 1977 – 2 ARs 170/77, BGHSt 27, 189 = NJW 1977, 2222; OLG Karlsruhe v. 7. 2. 1978 – 1 ARs 1/78, Justiz 1978, 325; vgl. aber § 463 Rn. 16.
[171] OLG Düsseldorf v. 18. 2. 1999 – VI 13/93, NStZ 2001, 616 (LS).
[172] BGH v. 20. 10. 1976 – 2 ARs 347/76, BGHSt 27, 25; BGH v. 23. 12. 1977 – 2 ARs 415/77, BGHSt 27, 329 = NJW 1978, 835, mAnm *Peters* JR 1979, 83; BGH v. 16. 3. 1979 – 2 ARs 70/79, BGHSt 28, 351 (353) = NJW 1979,

nicht erledigten Jugendstrafe, wenn der Betroffene nach einer späteren Verurteilung gemäß Erwachsenenstrafrecht insoweit auch der Zuständigkeit der StVollstrK unterliegt.[173] Die Zuständigkeitskonzentration nach Abs. 4 gilt nicht; der Jugendrichter ist für die Vollstreckung einer jugendstrafrechtlichen Entscheidung, die StVollstrK für diejenige einer nach Erwachsenenstrafrecht getroffenen zuständig.[174] Hat die StVollstrK rechtsfehlerhaft anstelle des Jugendrichters entschieden, begründet dies nicht ihre Fortwirkungszuständigkeit nach § 462a Abs. 1 S. 2.[175] Über die sofortige Beschwerde (§ 83 Abs. 3 S. 1 JGG) gegen die jugendrichterlichen Entscheidungen des Jugendrichters als Vollstreckungsleiter (§ 83 Abs. 1 JGG) entscheidet die Jugendkammer (§ 41 Abs. 2 S. 2 JGG, § 73 Abs. 2 GVG).[176] Die **StVollstrK** wird nach § 85 Abs. 6 S. 2 JGG nur in dem Fall für vollstreckungsrechtliche Entscheidungen zuständig, dass der Jugendrichter die Vollstreckung einer im Erwachsenenvollzug vollzogenen Jugendstrafe oder Maßregel an die nach allgemeinem Strafrecht zuständige VollstrB abgibt (§§ 85 Abs. 6 S. 1, 89a Abs. 3 JGG).[177] Eine danach begründete Fortwirkungszuständigkeit der StVollstrK (§ 462a Abs. 1 S. 2) endet, sofern unter Einbeziehung der von ihr zur Bewährung ausgesetzten Strafe nach §§ 31 Abs. 2, 66 JGG eine neue Einheitsjugendstrafe gebildet wird.[178]

§ 463 [Vollstreckung von Maßregeln der Besserung und Sicherung]

(1) Die Vorschriften über die Strafvollstreckung gelten für die Vollstreckung von Maßregeln der Besserung und Sicherung sinngemäß, soweit nichts anderes bestimmt ist.

(2) § 453 gilt auch für die nach den §§ 68a bis 68d des Strafgesetzbuches zu treffenden Entscheidungen.

(3) [1]§ 454 Abs. 1, 3 und 4 gilt auch für die nach § 67c Abs. 1, § 67d Abs. 2 und 3, § 67e Abs. 3, den §§ 68e, 68f Abs. 2 und § 72 Abs. 3 des Strafgesetzbuches zu treffenden Entscheidungen. [2]In den Fällen des § 68e des Strafgesetzbuches bedarf es einer mündlichen Anhörung des Verurteilten nicht. [3]§ 454 Abs. 2 findet unabhängig von den dort genannten Straftaten in den Fällen des § 67d Abs. 2 und 3, des § 67c Abs. 1 und § 72 Abs. 3 des Strafgesetzbuches entsprechende Anwendung, soweit das Gericht über die Vollstreckung der Sicherungsverwahrung zu entscheiden hat; im Übrigen findet § 454 Abs. 2 bei den dort genannten Straftaten Anwendung. [4]Zur Vorbereitung der Entscheidung nach § 67d Abs. 3 des Strafgesetzbuches sowie der nachfolgenden Entscheidungen nach § 67d Abs. 2 des Strafgesetzbuches hat das Gericht das Gutachten eines Sachverständigen namentlich zu der Frage einzuholen, ob von dem Verurteilten aufgrund seines Hanges weiterhin erhebliche rechtswidrige Taten zu erwarten sind. [5]Dem Verurteilten, der keinen Verteidiger hat, bestellt das Gericht für das Verfahren nach Satz 4 einen Verteidiger.

(4) [1]Im Rahmen der Überprüfungen nach § 67e des Strafgesetzbuches soll das Gericht nach jeweils fünf Jahren vollzogener Unterbringung in einem psychiatrischen Krankenhaus (§ 63) das Gutachten eines Sachverständigen einholen. [2]Der Sachverständige darf weder im Rahmen des Vollzugs der Unterbringung mit der Behandlung der untergebrachten Person befasst gewesen sein noch in dem psychiatrischen Krankenhaus arbeiten, in dem sich die untergebrachte Person befindet. [3]Dem Sachverständigen ist Einsicht in die Patientendaten des Krankenhauses über die untergebrachte Person zu gewähren. [4]§ 454 Abs. 2 gilt entsprechend. [5]Der untergebrachten Person, die keinen Verteidiger hat, bestellt das Gericht für das Verfahren nach Satz 1 einen Verteidiger.

(5) [1]§ 455 Abs. 1 ist nicht anzuwenden, wenn die Unterbringung in einem psychiatrischen Krankenhaus angeordnet ist. [2]Ist die Unterbringung in einer Entziehungsanstalt oder in der Sicherungsverwahrung angeordnet worden und verfällt der Verurteilte in Geisteskrankheit, so kann die Vollstreckung der Maßregel aufgeschoben werden. [3]§ 456 ist nicht anzuwenden, wenn die Unterbringung des Verurteilten in der Sicherungsverwahrung angeordnet ist.

(6) [1]§ 462 gilt auch für die nach § 67 Abs. 3 und Abs. 5 Satz 2, den §§ 67a und 67c Abs. 2, § 67d Abs. 5 und 6, den §§ 67g, 67h und 69a Abs. 7 sowie den §§ 70a und 70b des Strafgesetz-

---

1837; BGH v. 15. 1. 1997 – 2 ARs 481/96, NStZ 1997, 255; aA BGH v. 2. 7. 1976 – 2 ARs 195/76, BGHSt 26, 375 = NJW 1976, 1984.
[173] BGH v. 28. 9. 1984 – 2 ARs 260/84, NStZ 1985, 92; BGH v. 26. 1. 2007 – 2 ARs 2/07, NStZ-RR 2007, 190.
[174] BGH v. 22. 6. 1977 – 2 ARs 180/77, BGHSt 27, 207 = NJW 1977, 1973; BGH v. 16. 3. 1979 – 2 ARs 70/79, BGHSt 28, 351 = NJW 1979, 1837; BGH v. 26. 1. 2007 – 2 ARs 2/07, NStZ-RR 2007, 190; OLG Düsseldorf v. 17. 10. 1991 – 1 Ws 946 – 948/91, NStE Nr. 23; *Maaß* NStZ 2008, 129 (130); KK-StPO/*Appl* Rn. 5; *Meyer-Goßner* Rn. 40.
[175] OLG Zweibrücken v. 23. 9. 1980 – 1 Ws 300/80, OLGSt S. 67.
[176] OLG Karlsruhe v. 17. 9. 1992 – 2 VAs 15/92, NStZ 1993, 104.
[177] BGH v. 15. 1. 1997 – 2 ARs 481/96, NStZ 1997, 255; BGH v. 26. 1. 2007 – 2 ARs 2/07, NStZ-RR 2007, 190; OLG Düsseldorf v. 3. 7. 1992 – 1 Ws 582 – 583/92, NStZ 1992, 606; OLG Düsseldorf v. 25. 4. 1995 – 1 Ws 332 – 333/95, StV 1998, 348, mAnm *Rzepka*; *M. Heinrich* NStZ 2002, 182 (184); *Eisenberg* § 85 JGG Rn. 17a.
[178] BGH v. 12. 6. 1996 – 2 ARs 130/96, NStZ 1997, 100 (101), mAnm *Brunner*.

§ 463 1–3 Siebentes Buch. Strafvollstreckung und Kosten des Verfahrens

buches zu treffenden Entscheidungen. ²Das Gericht erklärt die Anordnung von Maßnahmen nach § 67h Abs. 1 Satz 1 und 2 des Strafgesetzbuchs für sofort vollziehbar, wenn erhebliche rechtswidrige Taten des Verurteilten drohen.

(7) Für die Anwendung des § 462a Abs. 1 steht die Führungsaufsicht in den Fällen des § 67c Abs. 1, des § 67d Abs. 2 bis 6 und des § 68f des Strafgesetzbuches der Aussetzung eines Strafrestes gleich.

I. Normzweck und Anwendungsbereich (Abs. 1)

1   §§ 449 ff. gelten in erster Linie für die Vollstreckung von Strafen. Nur einige Vorschriften finden auch (§§ 455a, 456a) oder sogar ausschließlich (§ 456c) auf Maßregeln der Besserung und Sicherung iSd. §§ 61ff. StGB Anwendung. § 463 Abs. 1 erklärt deshalb die übrigen Bestimmungen über die Vollstreckung **in Ansehung von Maßregeln** für **entsprechend** anwendbar, soweit sich aus Abs. 2 bis 7 nichts anderes ergibt. Das betrifft insbes. §§ 449, 450, 450a, 451,[1] 453, 453c,[2] 454, 454a, 455, 456, 457 und 458.[3] **Analog §§ 463 Abs. 1, 458 Abs. 1** soll das Gericht im Rahmen einer hypothetischen Strafbildung prüfen, ob bei Gesamtfreiheitsstrafe die Voraussetzungen der Führungsaufsicht gemäß § 68f Abs. 1 StGB auch dann erfüllt sind, wenn die Gesamtstrafe Einzelstrafen wegen Fahrlässigkeitsdelikten oder nicht in § 181b StGB genannter Delikte enthält.[4] Zusätzliche Vorschriften für die Vollstreckung finden sich in §§ 44 bis 44b, 53ff. StVollstrO.

2   Dem Verweis in Abs. 7 kommt kein Exklusivitätscharakter zu, so dass auch die **Zuständigkeitsregelung des § 462a** entsprechend gilt.[5] Im Rahmen von § 462a Abs. 1 richtet sich die Zuständigkeit der StVollstrK danach, in welche Maßregelvollzugseinrichtung der Verurteilte aufgenommen ist.[6] Ist eine StVollstrK mit einer konkreten Entscheidung befasst, bleibt sie hierfür zuständig, auch wenn der Verurteilte in eine Einrichtung in einem anderen Bezirk aufgenommen wird.[7] Ansonsten geht die Zuständigkeit mit Verlegung auch dann sofort über, wenn die neue StVollstrK nicht mit einer Sache befasst wird.[8] Die StVollstrK ist während der Vollstreckung und gem. § 462a Abs. 1 S. 2 nach Vollstreckungsunterbrechung oder bedingter Entlassung (nicht aber nach einer solchen im Gnadenwege)[9] weiter für Entscheidungen über die Sperrfristverkürzung nach § 69a Abs. 7 StGB zuständig.[10] Das gilt auch für eine Zurückstellung nach § 35 BtMG.[11] Die Zuständigkeit wirkt um einer Eröffnung sachgerechter, das Vollzugsverhalten berücksichtigender Entscheidungsmöglichkeiten willen aber auch nach vollständiger Verbüßung fort,[12] selbst wenn die StVollstrK weder während des Vollzugs mit Entscheidungen befasst war[13] noch nach Abs. 7 mit der Durchführung von Führungsaufsicht betraut ist.[14] Eine **Abgabe** der Entscheidung nach § 69a Abs. 7 StGB an das Wohnsitzgericht ist mangels Vergleichbarkeit mit den von § 462a Abs. 2 S. 2 erfassten Fällen nicht statthaft.[15]

II. Nachtragsentscheidungen über Führungsaufsicht (Abs. 2)

3   Nachträgliche Entscheidungen während der Führungsaufsicht (§§ 68a bis 68d StGB) werden in dem **für die Strafaussetzung zur Bewährung geltenden Verfahren (§ 453)** einschließlich der da-

---

[1] OLG Hamm v. 8. 6. 1979 – 6 Ws 115/79, MDR 1979, 957.
[2] OLG Hamburg v. 21. 8. 1975 – 2 Ws 429/75, NJW 1976, 1327; OLG Hamburg v. 16. 9. 1976 – 1 Ws 480/76, NJW 1976, 2310; KK-StPO/*Appl* Rn. 1; *Meyer-Goßner* Rn. 2; aA *Bringewat* Rn. 1; Löwe/Rosenberg/*Graalmann-Scheerer* Rn. 1.
[3] LG Coburg v. 10. 5. 1965 – 3 Qs 91/65, VRS 29, 269.
[4] BT-Drucks. 16/1993, S. 23; *Peglau* NJW 2007, 1558 (1561); vgl. OLG München v. 26. 1. 1984 – 1 Ws 585/83, NStZ 1984, 314, mAnm *Bruns*.
[5] OLG Koblenz v. 12. 9. 1986 – 1 Ws 564/86, OLGSt § 70a StGB Nr. 1.
[6] BGH v. 10. 12. 1997 – 2 ARs 467/97, NStZ-RR 1998, 155; OLG Hamm v. 1. 9. 1989 – 4 Ws 311/89, NStZ 1990, 103.
[7] OLG Jena v. 21. 1. 1997 – 1 Ws 239/96, StV 1997, 540; KK-StPO/*Appl* Rn. 2.
[8] BGH v. 23. 9. 2009 – 2 ARs 418/09, 2 AR 261/09 (juris).
[9] OLG Hamm v. 21. 7. 1980 – 6 Ws 249/80, NJW 1980, 2271 (LS); vgl. § 462a Rn. 17.
[10] OLG Düsseldorf v. 25. 10. 1982 – 5 Ws 322/82, OLGSt § 462a Nr. 1; OLG Frankfurt v. 7. 2. 1996 – 3 Ws 111/96, NStZ-RR 1996, 156; OLG Karlsruhe v. 6. 7. 2000 – 2 Ws 183/00, NStZ-RR 2001, 253.
[11] OLG Düsseldorf v. 8. 5. 2002 – 3 Ws 148/02, NStZ 2003, 53, mAnm *Aulinger* JR 2003, 84.
[12] OLG Düsseldorf v. 25. 10. 1982 – 5 Ws 322/82, OLGSt § 462a Nr. 1; OLG Schleswig v. 28. 5. 1982 – 1 Ws 105/82, SchlHA 1983, 114; KK-StPO/*Appl* Rn. 2; HK-StPO/*Pollähne* Rn. 17; AK/*Volckart* Rn. 7; aA OLG Celle v. 26. 8. 1986 – 1 Ws 244/86, VRS 71, 432; OLG Stuttgart v. 25. 7. 1984 – 3 Ws 343/78, VRS 57, 113; LG Bamberg v. 23. 7. 1984 – 3 C KLs 51/69, StV 1984, 518; SK-StPO/*Paeffgen* Rn. 13 f.; KMR/*Stöckel* Rn. 19.
[13] Anders OLG Düsseldorf v. 25. 1. 1990 – 3 Ws 73/90, NZV 1990, 237 f.
[14] AA OLG Hamburg v. 12. 1. 1988 – 2 Ws 5/88, NStZ 1988, 197; *Bringewat* Rn. 15; *Meyer-Goßner* Rn. 3; *Pfeiffer* Rn. 5.
[15] BGH v. 18. 2. 1982 – 2 ARs 18/82, BGHSt 30, 386 = NJW 1982, 1005; KK-StPO/*Appl* Rn. 2.

für geltenden Rechtsmittel mit den Beschränkungen des § 453 Abs. 2 S. 2[16] getroffen. Die Verweisung erstreckt sich nur auf die Rechtsfolgen.

III. Aussetzungsentscheidungen (Abs. 3)

Abs. 3 S. 1 führt diejenigen Entscheidungen auf, die inhaltlich der Aussetzung des Strafrestes entsprechen. Hier gelten § 454 Abs. 1, 3 und 4 (Abs. 3 S. 1), während für die in § 454 Abs. 2 vorgeschriebene Einholung eines Sachverständigengutachtens Abs. 3 S. 3 zu beachten ist.

Das Gericht entscheidet ohne mündliche Verhandlung durch Beschluss (§ 454 Abs. 1 S. 1). Zu den **Beteiligten** nach § 454 Abs. 1 S. 2 zählt nicht die Führungsaufsichtsstelle (§ 68 a StGB); sie ist aber wie der Bewährungshelfer zu hören.[17] Eine Entscheidung über die (Nicht-)Beiziehung von Krankenakten ist nicht nach § 454 Abs. 3 S. 1 anfechtbar.[18]

Der Verurteilte ist idR **mündlich zu hören** (§ 454 Abs. 1 S. 3 und 4).[19] Er kann dieses Recht verwirken, indem er sich unerreichbar stellt.[20] Der Grundsatz rechtlichen Gehörs zwingt dazu, ihm vor der Entscheidung über die Fortdauer einer Unterbringung eine entscheidungserhebliche ungünstige Stellungnahme der Vollzugseinrichtung bekannt zu geben.[21] Ein Verteidiger darf an der mündlichen Anhörung teilnehmen.[22] Geht es um die Aussetzung der Sicherungsverwahrung, ist die Anhörung **von der kompletten Kammer** durchzuführen,[23] während bei der Unterbringung im psychiatrischen Krankenhaus in Ausnahmefällen die Anhörung durch einen beauftragten Richter möglich bleibt.[24] Eine solche Ausnahme liegt nicht vor, wenn es sich uU um eine Fehleinweisung handelt.[25] Auch bei (generell oder durch die zuständige Kammer) erstmaliger Überprüfung der Unterbringung nach Einholung eines externen Sachverständigengutachtens gem. Abs. 3, vor Erledigungserklärung sowie dann, wenn dies der beauftragte Richter für geboten hält, ist durch die Kammer anzuhören.[26]

Eine mündliche Anhörung ist bei der **Führungsaufsicht** auch dann erforderlich, wenn das Gericht die Voraussetzungen des § 68 f Abs. 2 StGB von Amts wegen prüft, wie im Umkehrschluss aus Abs. 3 S. 2 folgt.[27] Einer förmlichen Ladung unter Einhaltung einer Ladungsfrist bedarf es aber nicht.[28] Vor Entscheidungen nach § 68 e StGB über die vorzeitige Aufhebung der Führungsaufsicht und die Setzung von Fristen, innerhalb derer ein darauf gerichteter Antrag unzulässig ist (§ 68 e Abs. 3 S. 2 StGB),[29] kann von einer mündlichen Anhörung des Verurteilten abgesehen werden, Abs. 3 S. 2. Auch die JVA braucht in solchen Fällen nicht gehört zu werden.[30]

Die **Einholung eines Sachverständigengutachtens** ist nach Abs. 3 S. 3 1. Hs. vorgeschrieben, wenn bei Sicherungsverwahrung (§ 66 StGB) die Aussetzung der Unterbringung zur Bewährung nach § 67 d Abs. 2 StGB[31] oder ihre Erledigterklärung nach § 67 d Abs. 3 StGB[32] zur Diskussion steht, ferner vor der Aussetzung der Vollstreckung der Unterbringung nach § 67 c Abs. 1 StGB bzw. der Anordnung des Vollzugs einer weiteren Maßregel nach § 72 Abs. 3 S. 2 StGB. In anderen Unterbringungsfällen (§§ 63, 64 StGB) bedarf es eines Sachverständigengutachtens nur, wenn die Maßregel wegen einer rechtswidrigen Tat der in § 66 Abs. 3 S. 1 StGB genannten Art angeordnet

---

[16] OLG Dresden v. 13. 7. 2009 – 2 Ws 291/09, NJW 2009, 3315; OLG Oldenburg v. 31. 10. 2006 – 1 Ws 498/06 u. 528/06, Nds Rpfl 2007, 59; OLG Schleswig v. 27. 12. 2006 – 2 Ws 495/06 (322/06), SchlHA 2007, 277 (278).
[17] *Meyer-Goßner* Rn. 8/9.
[18] OLG Schleswig v. 29. 1. 2003 – 1 Ws 15/03 (4/03), SchlHA 2004, 229.
[19] Vgl. OLG Düsseldorf v. 1. 8. 1985 – 1 Ws 554/85, MDR 1986, 255; OLG Jena v. 6. 4. 2006 – 1 Ws 103/06, NJW 2006, 3794; OLG Koblenz v. 21. 9. 1983 – 1 Ws 626/83, MDR 1984, 163.
[20] KG v. 31. 8. 2005 – 5 Ws 389/05, NStZ 2006, 580 (581); OLG Hamm v. 11. 8. 1987 – 2 Ws 353, 354/87, MDR 1988, 74 f.; OLG Köln v. 29. 1. 1963 – Ss 558/62, NJW 1963, 875 (zu § 453); *Meyer-Goßner* Rn. 7.
[21] BVerfG v. 15. 10. 1963 – 2 BvR 563/62, BVerfGE 17, 139 (143 f.) = NJW 1964, 293; BVerfG v. 24. 3. 1965 – 1 BvR 258/62, BVerfGE 18, 419 (422); OLG Hamburg v. 25. 8. 1964 – 1 Ws 294/64, NJW 1964, 2315; OLG Hamm v. 14. 3. 2003 – 2 Ws 71/03, StV 2004, 273 (274).
[22] OLG Düsseldorf v. 23. 10. 2001 – 3 Ws 465-466/01, StV 2003, 684 (LS); s. auch § 454 Rn. 21.
[23] Vgl. OLG Nürnberg v. 1. 12. 2003 – Ws 1030/03, NStZ-RR 2004, 318 (319); aA OLG Karlsruhe v. 12. 2. 1998 – 1 Ws 27/98, Justiz 1998, 603.
[24] OLG Düsseldorf v. 25. 7. 2001 – 4 Ws 322/01, NStZ-RR 2002, 191; OLG Hamburg v. 8. 11. 2002 – 2 Ws 186/02, NStZ 2003, 389; OLG Nürnberg v. 1. 12. 2003 – Ws 1030/03, NStZ-RR 2004, 318 (319); OLG Schleswig v. 21. 11. 2002 – 1 Ws 295/02 (115/02), SchlHA 2003, 205; vgl. § 454 Rn. 18.
[25] OLG Frankfurt v. 19. 3. 2009 – 3 Ws 185/09, NStZ-RR 2010, 26.
[26] OLG Frankfurt v. 3. 11. 2009 – 3 Ws 868/09, NStZ-RR 2010, 188 (189).
[27] OLG Hamm v. 27. 12. 1979 – 4 Ws 742/79, JMBl NRW 1980, 106; OLG Zweibrücken v. 22. 6. 1992 – 1 Ws 296/92, MDR 1992, 1166 mwN; KK-StPO/*Appl* Rn. 4; *Meyer-Goßner* Rn. 7.
[28] OLG Karlsruhe v. 23. 2. 1998 – 1 Ws 43/98, Justiz 1999, 24 (LS).
[29] Insoweit aA *Bringewat* Rn. 7.
[30] KK-StPO/*Appl* Rn. 4; *Meyer-Goßner* Rn. 9.
[31] BVerfG v. 13. 11. 2005 – 2 BvR 792/05, StV 2006, 426; OLG Hamm v. 5. 4. 2005 – 4 Ws 124 u. 126/05, StV 2006, 424; OLG Nürnberg v. 28. 2. 2003 – Ws 201/03, NStZ-RR 2003, 283; OLG Rostock v. 20. 8. 2002 – 1 Ws 336/02, NJW 2003, 1334.
[32] Dazu BVerfG v. 5. 2. 2004 – 2 BvR 2029/01, BVerfGE 109, 133 (164 ff.) = NJW 2004, 739 (743 f.); OLG Karlsruhe v. 25. 11. 2005 – 2 Ws 76/05, NStZ-RR 2006, 93, mAnm *Tondorf* StV 2006, 428.

worden ist. Ausgenommen bleiben Konstellationen, in denen eine Aussetzung der Unterbringung von vornherein ausscheidet.[33] Diese **Ausnahme** gilt nicht für Entscheidungen nach zehnjähriger Dauer der Sicherungsverwahrung (§ 67d Abs. 3 StGB) und Nachfolgeentscheidungen iSv. § 67d Abs. 2 und 3 StGB; hier ist die Gutachteneinholung nach Abs. 3 S. 4 unabdingbar.[34] Allerdings steht es dem Gericht frei, erforderlichenfalls auch in sonstigen Fällen einen Sachverständigen zu beauftragen. Das ist etwa geboten, wenn geistige und seelische Anomalien in Rede stehen und die letzte Begutachtung schon länger (hier: acht Jahre) zurückliegt.[35] Für die **mündliche Anhörung** des Sachverständigen gilt § 454 Abs. 2 S. 3 und 4. Von ihr kann selbst dann nicht abgesehen werden, wenn das Gericht bereits nach Akteninhalt keine Aussetzung erwägt.[36]

9 Den **notwendigen Gutachteninhalt** vor einer Entscheidung über die Erledigterklärung der Sicherungsverwahrung (§ 67d Abs. 3 StGB) sowie Nachfolgeentscheidungen gem. § 67d Abs. 2 und 3 StGB gibt Abs. 3 S. 4 wieder.[37] Es reicht der Ausschluss einer negativen Prognose[38] dergestalt, dass die Gefahr weiterer erheblicher Straftaten hier positiv festgestellt werden muss, um die Sicherungsverwahrung über zehn Jahre hinaus fortdauern zu lassen. Soll die Maßregel dagegen vor Erreichen der Zehn-Jahres-Grenze nach § 67d Abs. 2 StGB zur Bewährung ausgesetzt werden, ist gem. § 454 Abs. 2 S. 2 eine Verneinung der Rückfallgefahr erforderlich.[39] Verweigert der Untergebrachte die Exploration, ist das Gericht unbeschadet des § 74 nicht zur Bestellung eines anderen Gutachters verpflichtet; zur Sachaufklärung sind sonstige Erkenntnisquellen heranzuziehen.[40] Für das Verfahren der Entscheidungsvorbereitung nach Abs. 3 S. 4 ist ein **Verteidiger** zu bestellen, Abs. 3 S. 5.

IV. Überprüfung der Unterbringung in psychiatrischem Krankenhaus (Abs. 4)

10 Nach § 67e Abs. 2 StGB muss das Gericht mindestens nach einem Jahr der Unterbringung prüfen, ob sie beendet werden kann. Es wird sich hierbei zunächst auf den Sachverstand des psychiatrischen Krankenhauses verlassen. Dem Gebot bestmöglicher Sachaufklärung entspricht es jedoch, die Frage des Unterbringungserfordernisses **von Zeit zu Zeit durch vollzugsexterne Sachverständige** und damit ohne Rücksicht auf eingeschliffene Sichtweisen zu würdigen.[41] Nach Abs. 4 S. 1 soll das Gericht deshalb im Fünfjahresabstand – bei Beginn der ersten Frist mit Aufnahme in die Unterbringung (§ 67e Abs. 4 StGB) und Lauf der nachfolgenden Frist ab Beschlussfassung auf Basis eines externen Gutachtens[42] – das Gutachten eines Sachverständigen einholen, der weder im Rahmen des Vollzugs mit dem Untergebrachten zu tun hatte noch überhaupt in der betreffenden Institution tätig ist (Abs. 4 S. 2). Das Gutachten ist im jeweiligen **Regelüberprüfungsverfahren** nach § 67e Abs. 2 StGB, nicht in einem gesonderten Verfahren nach der zum fünften Mal durchgeführten Prüfung der Unterbringung, zu erheben.[43] Das erfordert eine Gestaltung des Verfahrens der Art, dass die Jahresfrist des § 67e Abs. 2 StGB eingehalten werden kann.[44] Abs. 4 S. 3 bildet als Datenschutzregelung die Rechtsgrundlage für die Einsichtnahme des externen Gutachters in die Patientenakte. Im Übrigen richtet sich das **Verfahren** nach den bei § 454 Abs. 2 geltenden Vorschriften (Abs. 4 S. 4); der Sachverständige ist idR mündlich zu hören (§ 454 Abs. 2 S. 3 und 4). Es handelt sich bei der Fünfjahresüberprüfung um einen Fall notwendiger Verteidigung (Abs. 4 S. 5), während dies sonst von den Umständen des Einzelfalls ab-

---

[33] BVerfG v. 3. 2. 2003 – 2 BvR 1512/02, NStZ-RR 2003, 251; KG v. 10. 1. 2006 – 5 Ws 7/06, NStZ-RR 2006, 252 (LS); OLG Frankfurt v. 10. 3. 2008 – 3 Ws 252/08, NStZ-RR 2008, 237; OLG Hamburg v. 20. 4. 1999 – 2a Ws 89/99, NJW 2000, 2758; OLG Jena v. 3. 12. 1999 – 1 Ws 366/99, StV 2001, 26, mAnm *Volckart*; OLG Rostock v. 20. 8. 2002 – 1 Ws 336/02, NJW 2003, 1334 (1335); *Immel* JR 2007, 183 (187); *Müller-Metz* StV 2003, 42 (47); *Meyer-Goßner* Rn. 6a; aA OLG Hamm v. 14. 3. 2003 – 2 Ws 71/03, StV 2004, 273; OLG Koblenz v. 8. 7. 1999 – 1 Ws 422/99, NStZ-RR 1999, 345; vgl. auch § 454 Rn. 33.
[34] OLG Frankfurt v. 2. 4. 2009 – 3 Ws 281/09, NStZ-RR 2009, 221.
[35] BVerfG v. 18. 9. 2008 – 2 BvR 728/08, StV 2009, 37.
[36] OLG Celle v. 13. 10. 1998 – 2 Ws 257/98, NStZ 1999, 159 (160); OLG Koblenz v. 8. 7. 1999 – 1 Ws 422/99, NStZ-RR 1999, 345; aA VerfassungsG Brandenburg v. 19. 9. 2003 – VfG Bbg 178/03, NStZ-RR 2004, 30; OLG Jena v. 3. 12. 1999 – 1 Ws 366/99, StV 2001, 26, mAnm *Volckart*; OLG Rostock v. 20. 8. 2002 – 1 Ws 336/02, NJW 2003, 1334; *Meyer-Goßner* § 454 Rn. 37; vgl. § 454 Rn. 36.
[37] Dazu OLG Hamm v. 14. 3. 2003 – 2 Ws 71/03, StV 2004, 273 (274); OLG Karlsruhe v. 30. 11. 2005 – 2 Ws 125/05, NStZ-RR 2006, 90; LG Marburg v. 1. 12. 2005 – 7 StVK 245/05, NStZ-RR 2006, 156 (157f.).
[38] OLG Hamm v. 4. 8. 2005 – 4 Ws 343/05, NStZ-RR 2006, 27 (28); OLG Karlsruhe v. 30. 11. 2005 – 2 Ws 125/05, NStZ-RR 2006, 90 (91); *Ostendorf* NJW 2000, 1090 (1092); *Schöch* NJW 1998, 1257 (1259); *Meyer-Goßner* Rn. 9a.
[39] Vgl. HK-StPO/*Pollähne* Rn 10f.
[40] OLG Karlsruhe v. 30. 11. 2005 – 2 Ws 125/05, NStZ-RR 2006, 90.
[41] BVerfG v. 8. 10. 1985 – 2 BvR 1150/80 und 1504/82, BVerfGE 70, 297 (310f.) = NJW 1986, 767 (769); BVerfG v. 14. 1. 2005 – 2 BvR 983/04, EuGRZ 2005, 181 (182); *Spiess* StV 2008, 160 (165).
[42] OLG Frankfurt v. 2. 2. 2010 – 3 Ws 81/10, NStZ-RR 2010, 126.
[43] BVerfG v. 26. 3. 2009 – 2 BvR 2543/08, NStZ-RR 2010, 122; OLG Braunschweig v. 17. 10. 2008 – Ws 349/08, StraFo 2009, 40.
[44] Vgl. OLG Frankfurt v. 28. 4. 2008 – 3 Ws 401/08, NStZ-RR 2008, 292.

hängt.⁴⁵ Der Verteidiger ist vor der Bestimmung des Sachverständigen zu bestellen, damit er auf das weitere Verfahren Einfluss nehmen kann.⁴⁶

Von der externen Begutachtung kann im Rahmen der Sollvorschrift **abgesehen werden**, wenn bereits auf Grund des Landesrechts externe Begutachtungen erfolgt sind, sich der Verurteilte schon in der Entlassungsvorbereitung befindet⁴⁷ oder wenn bei (teilweisem) Vorwegvollzug der Unterbringung bis zu dem in § 67 Abs. 5 StGB genannten Termin noch längere Freiheitsstrafe zu vollstrecken ist.⁴⁸ Von diesen Fällen abgesehen wird die Soll- als **Muss-Vorschrift** zu behandeln sein.⁴⁹ Mit dem Zweck der externen Begutachtung nicht vereinbar erscheint insbes. eine Ausnahme für den Fall, dass die weitere Gefährlichkeit des Verurteilten als unzweifelhaft gilt.⁵⁰ Andererseits darf (und muss) das Gericht erforderlichenfalls auch vor Ablauf der fünf Jahre einen externen Gutachter hinzuziehen.⁵¹ **11**

V. Vollstreckungsaufschub und -unterbrechung (Abs. 5)

Aufschub und Unterbrechung der Vollstreckung nach §§ 455, 456 kommen grundsätzlich auch bei Maßregeln in Betracht. So ist insbes. bei Sicherungsverwahrung eine Unterbrechung nach § 455 Abs. 2 statthaft.⁵² **Abs. 5 schränkt diesen Grundsatz** jedoch **ein**. Ein Vollstreckungsaufschub nach § 455 Abs. 1 ist unzulässig, wenn ein zu Unterbringung nach § 63 StGB Verurteilter in Geisteskrankheit verfällt (Abs. 5 S. 1). Bei Unterbringungen nach §§ 64, 66 StGB steht der Aufschub im Ermessen der VollstrB (Abs. 5 S. 2). Ein vorübergehender Aufschub nach § 456 ist bei Sicherungsverwahrung nicht möglich (Abs. 5 S. 3). Für das Berufsverbot gilt § 456 c. **12**

VI. Anwendbarkeit von § 462 (Abs. 6)

Für die in Abs. 6 S. 1 genannten, von Abs. 2 und 3 nicht erfassten Entscheidungen bei der Maßregelvollstreckung (etwa die Erledigungserklärung nach § 67 d Abs. 5 StGB, durch die der Verurteilte beschwert sein kann)⁵³ gilt im Hinblick auf **Verfahren und Anfechtbarkeit** § 462. Für die Zuständigkeit bleibt es bei dem in § 462 a Vorgesehenen. Geht es um die Änderung der **Vollstreckungsreihenfolge** von Maßregel und Freiheitsstrafe aus derselben Verurteilung (§ 67 Abs. 5 StGB), wird die StVollstrK anstelle des erstinstanzlichen Gerichts erst mit Beginn des Unterbringungsvollzugs zuständig.⁵⁴ Hier entscheidet aber generell das Gericht (vgl. § 72 Abs. 3 S. 1 StGB). Die Festlegung der Reihenfolge der Vollstreckung von Freiheitsstrafen und freiheitsentziehenden Maßregeln aus verschiedenen Verurteilungen obliegt der StA als VollstrB, § 451, § 44 b Abs. 2 S. 1 StVollstrO.⁵⁵ Einwendungen hiergegen richten sich nicht nach § 21 StVollstrO, §§ 23 ff. EGGVG, sondern können nach Abs. 1 iVm. §§ 454 b Abs. 1, 458 Abs. 2 bei dem nach § 462 zuständigen Gericht erhoben werden.⁵⁶ **13**

Abs. 6 S. 2 betrifft **Kriseninterventionsmaßnahmen** nach § 67 h Abs. 1 S. 1 und 2 StGB, mit denen die ausgesetzte Unterbringung im psychiatrischen Krankenhaus oder in der Entziehungsanstalt befristet wieder in Vollzug gesetzt werden kann. Es sollen der Aussetzungswiderruf (§ 67 g StGB) und vorangehend der Erlass eines Sicherungshaftbefehls (§ 453 c) vermieden werden, weshalb das Gericht die Anordnung in Abweichung von § 462 Abs. 3 für sofort vollziehbar **14**

---

⁴⁵ BVerfG v. 6. 7. 2009 – 2 BvR 703/09, NJW 2009, 3153 (LS); OLG Frankfurt v. 2. 2. 2010 – 3 Ws 81/10, NStZ-RR 2010, 126; OLG Zweibrücken v. 28. 1. 2010 – 1 Ws 17/10, JBl RhPf. 2010, 44.
⁴⁶ OLG Braunschweig v. 12. 8. 2008 – Ws 258/08, StV 2008, 590, mAnm *Steck-Bromme*; OLG Zweibrücken aaO (45).
⁴⁷ OLG Frankfurt v. 28. 4. 2008 – 3 Ws 401/08, NStZ-RR 2008, 292; OLG Karlsruhe v. 30. 1. 2008 – 2 Ws 14/08, Justiz 2008, 145; KK-StPO/*Appl* Rn. 4 a; *Meyer-Goßner* Rn. 10.
⁴⁸ OLG Frankfurt v. 28. 4. 2008 – 3 Ws 401/08, NStZ-RR 2008, 292; *U. Schneider* NStZ 2008, 68 (73); *Meyer-Goßner* Rn. 10.
⁴⁹ Vgl. BVerfG v. 26. 3. 2009 – 2 BvR 2543/08, NStZ-RR 2010, 122.
⁵⁰ HK-StPO/*Pollähne* Rn. 8; wohl auch BVerfG v. 26. 3. 2009 – 2 BvR 2543/08, NStZ-RR 2010, 122 (124); aA OLG Oldenburg v. 7. 9. 2007 – 1 Ws 481/07, NStZ 2008, 225; vgl. auch LG Hildesheim v. 28. 3. 2008 – 23 StVK 184/08, NdsRpfl 2008, 375.
⁵¹ BVerfG v. 26. 3. 2009 – 2 BvR 2543/08, NStZ-RR 2010, 122; OLG Zweibrücken v. 10. 6. 2008 – 1 Ws 154/08, NStZ-RR 2008, 291 (LS).
⁵² *Meyer-Goßner* Rn. 11; vgl. auch OLG Celle v. 15. 8. 1966 – 5 VAs 19/66, NJW 1967, 692.
⁵³ Dazu OLG Celle v. 16. 2. 1997 – 2 Ws 18/97, StV 1997, 541, mAnm *Th. Kopp* StV 1999, 121.
⁵⁴ KK-StPO/*Appl* Rn. 6; *Meyer-Goßner* Rn. 14.
⁵⁵ OLG Celle v. 15. 12. 1982 – 3 Ws 357/82, NStZ 1983, 188; OLG Düsseldorf v. 17. 1. 1983 – 5 Ws 379/82, NStZ 1983, 383; OLG Hamm v. 8. 6. 1979 – 6 Ws 115/79, MDR 1979, 957; OLG München v. 31. 3. 1987 – 1 Ws 735/86, NStZ 1988, 93, mAnm *Chlosta*; OLG Nürnberg v. 22. 7. 1977 – Ws 386/77, MDR 1978, 72; OLG Stuttgart v. 25. 3. 1980 – 3 Ws 45/80, MDR 1980, 778; KK-StPO/*Appl* Rn. 6; *Meyer-Goßner* Rn. 14; aA OLG Köln v. 31. 10. 1979 – 2 Ws 667/79, MDR 1980, 511.
⁵⁶ KK-StPO/*Appl* Rn. 6; *Meyer-Goßner* Rn. 14, § 454 b Rn. 9; aA SK-StPO/*Paeffgen* Rn. 13.

erklärt.⁵⁷ Voraussetzung ist, dass erhebliche rechtswidrige Taten des Verurteilten drohen, also solche, durch die die Rechtsordnung in schwerwiegender Weise gestört würde, und das Rechtsschutzinteresse des Verurteilten hinter das Schutzinteresse der Allgemeinheit zurücktritt.⁵⁸

VII. Anwendbarkeit von § 462 a bei Führungsaufsicht (Abs. 7)

15 Bei stationären Maßregeln folgt die Zuständigkeit der StVollstrK für Nachtragsentscheidungen (§ 67g StGB) bereits aus der Verweisung in Abs. 1 auf § 462 a. Abs. 7 fingiert die **Gleichstellung** der Führungsaufsicht in den Fällen der §§ 67 c Abs. 1, 67 d Abs. 2 bis 6 und 68 f StGB mit der Aussetzung eines Strafrests, so dass die StVollstrK insoweit über § 462 a Abs. 1 S. 2 auch für diese nicht-stationäre Maßregel zuständig wird.⁵⁹ Das betrifft etwa die Entscheidung nach § 68 f Abs. 2 StGB. Sie ist durch förmlichen Beschluss zu treffen⁶⁰ und noch nach der Entlassung des Verurteilten möglich.⁶¹ Die StVollstrK wird mit der Entscheidung drei Monate vor der Entlassung des Verurteilten befasst (§ 54 a Abs. 2 S. 1 StVollstrO)⁶² und bleibt dies selbst bei nicht rechtzeitiger Aktenvorlage oder Untätigkeit, auch wenn der Verurteilte anschließend verlegt wird.⁶³ Obliegt einer StVollstrK die Überwachung der Führungsaufsicht, greift die **Konzentrationswirkung** nach § 462 a Abs. 4 S. 3 ein, so dass diese StVollstrK auch für Nachtragsentscheidungen aus anderen Verfahren zuständig ist.⁶⁴ Wird der Verurteilte bei andauernder Führungsaufsicht in anderer Sache in eine JVA aufgenommen, wird die für diese Anstalt zuständige StVollstrK auch ohne Weiteres für die Überwachung der Führungsaufsicht zuständig, selbst wenn keine Nachtragsentscheidungen anstehen.⁶⁵ Sie bleibt dies auch nach Reststrafenaussetzung (§ 462 a Abs. 1 S. 2).⁶⁶ Abs. 7 **gilt** wegen der Vergleichbarkeit des Sachverhalts **entsprechend** für Entscheidungen bei der nach § 68 StGB angeordneten Führungsaufsicht, wenn eine Strafe von weniger als zwei Jahren bzw. in Fällen des § 181 b StGB als einem Jahr voll verbüßt wurde.⁶⁷

VIII. Besonderheiten im JGG-Verfahren

16 Die nachträglichen Entscheidungen bei der Unterbringung eines Jugendlichen in der Entziehungsanstalt oder im psychiatrischen Krankenhaus trifft idR (Ausnahme: Abgabe nach § 85 Abs. 6 JGG) der **Jugendrichter als Vollstreckungsleiter**, § 82 Abs. 1 JGG. Örtlich zuständig ist der Jugendrichter des AG, zu dessen Bezirk die Maßregeleinrichtung gehört, § 85 Abs. 4 und 2 JGG. Wurde die Vollstreckung der Maßregel aber bereits im Urteil zur Bewährung ausgesetzt, bleibt das **erkennende Gericht** zuständig (§ 58 Abs. 3 S. 1 JGG analog).⁶⁸ Das gilt selbst nach Abschluss einer Maßnahme gem. § 67 h StGB.⁶⁹ Der (bei Nichtvolljährigkeit zuständige) Jugendrichter entscheidet auch über die Fortdauer der Unterbringung, wenn der Verurteilte inzwischen erwachsen ist.⁷⁰ Tritt kraft Gesetzes Führungsaufsicht ein, ist ebenfalls der Jugendrichter zuständig (§ 82 Abs. 1 S. 2 JGG).⁷¹ Soweit die StVollstrK für Entscheidungen nach § 69 a Abs. 7 StGB zuständig ist (Rn. 2), tritt an ihre Stelle der Jugendrichter (§ 82 Abs. 1 S. 2 JGG).⁷²

IX. DDR-Altfälle

17 Hatte ein Gericht nach §§ 15 Abs. 2 oder 16 Abs. 3 DDR-StGB bzw. nach § 148 Abs. 1 Nr. 1 StPO-DDR die nach EinweisungsG-DDR durchzuführende Unterbringung in einer psychiatri

---

⁵⁷ Vgl. LG Marburg v. 1. 6. 2007 – 7 StVK 230/07, NStZ-RR 2007, 356 (357); *U. Schneider* NStZ 2007, 441 (444).
⁵⁸ Vgl. LG Göttingen v. 4. 6. 2007 – 51 BRs 59/03, NStZ-RR 2008, 293 (LS).
⁵⁹ BGH v. 22. 4. 1994 – 2 ARs 119/94, BGHR § 463 Abs. 6 Führungsaufsicht 1; BGH v. 27. 2. 2004 – 2 ARs 40/04, bei *Becker* NStZ-RR 2005, 65 (70).
⁶⁰ OLG Zweibrücken v. 22. 6. 1992 – 1 Ws 296/92, MDR 1992, 1166; KK-StPO/*Appl* Rn. 7; SK-StPO/*Paeffgen* Rn. 5 mwN; aA OLG Saarbrücken v. 18. 1. 1983 – 1 Ws 486/82, MDR 1983, 598.
⁶¹ KG v. 31. 8. 2005 – 5 Ws 389/05, NStZ 2006, 580 (581); OLG Düsseldorf v. 5. 4. 1984 – 1 Ws 341/84, NStZ 1984, 428; OLG Stuttgart v. 23. 7. 2003 – 4 Ws 140/03, NStZ-RR 2003, 380.
⁶² AA OLG Düsseldorf v. 5. 4. 1984 – 1 Ws 341/84, NStZ 1984, 428.
⁶³ BGH v. 8. 3. 1984 – 2 ARs 56/84, NStZ 1984, 332 (LS); OLG Stuttgart v. 23. 7. 2003 – 4 Ws 140/03, NStZ-RR 2003, 380; KK-StPO/*Appl* Rn. 7.
⁶⁴ BGH v. 16. 12. 2009 – 2 ARs 424/09, NJW 2010, 951; OLG Zweibrücken v. 15. 6. 2009 – 1 Ws 139/09, NStZ 2010, 109 (110).
⁶⁵ BGH v. 12. 7. 2002 – 2 ARs 183/02, bei *Becker* NStZ-RR 2003, 289 (293); BGH v. 15. 10. 2003 – 2 ARs 334/03, bei *Becker* NStZ-RR 2004, 323; BGH v. 3. 12. 2003 – 2 ARs 376/03, NStZ-RR 2004, 124; BGH v. 27. 2. 2004 – 2 ARs 40/04, bei *Becker* NStZ-RR 2005, 65 (70).
⁶⁶ BGH v. 22. 11. 2000 – 2 ARs 328/00 – 2 AR 206/00, NStZ 2001, 165.
⁶⁷ KK-StPO/*Appl* Rn. 7; KMR/*Stöckel* Rn. 22; aA *Bringewat* Rn. 16; SK-StPO/*Paeffgen* Rn. 14.
⁶⁸ OLG Jena v. 22. 7. 2009 – 1 AR(S) 45/09, NStZ 2010, 283; vgl. *Eisenberg* § 58 JGG Rn. 5; *Ostendorf* § 58 JGG Rn. 3.
⁶⁹ OLG Jena aaO.
⁷⁰ OLG Celle v. 13. 6. 1975 – 1 Ws 93/75, NJW 1975, 2253.
⁷¹ OLG Koblenz v. 27. 2. 1975 – 1 AR 4/75 Str., GA 1975, 285.
⁷² OLG Düsseldorf v. 25. 1. 1990 – 3 Ws 73/90, NZV 1990, 237 (238).

schen Einrichtung angeordnet, ist mangels Regelung im EV und wegen der fehlenden Vergleichbarkeit der Unterbringung mit einer Sicherungsmaßregel für Nachtragsentscheidungen nicht die StVollstrK, sondern das **BetreuungsG** (§ 23 c Abs. 1 GVG, §§ 312 ff. FamFG) zuständig.[73]

§ 463 a [Befugnisse und Zuständigkeit der Aufsichtsstellen]

(1) [1] Die Aufsichtsstellen (§ 68 a des Strafgesetzbuches) können zur Überwachung des Verhaltens des Verurteilten und der Erfüllung von Weisungen von allen öffentlichen Behörden Auskunft verlangen und Ermittlungen jeder Art, mit Ausschluß eidlicher Vernehmungen, entweder selbst vornehmen oder durch andere Behörden im Rahmen ihrer Zuständigkeit vornehmen lassen. [2] Ist der Aufenthalt des Verurteilten nicht bekannt, kann der Leiter der Führungsaufsichtsstelle seine Ausschreibung zur Aufenthaltsermittlung (§ 131 a Abs. 1) anordnen.

(2) [1] Die Aufsichtsstelle kann für die Dauer der Führungsaufsicht oder für eine kürzere Zeit anordnen, daß der Verurteilte zur Beobachtung anläßlich von polizeilichen Kontrollen, die die Feststellung der Personalien zulassen, ausgeschrieben wird. [2] § 163 e Abs. 2 gilt entsprechend. [3] Die Anordnung trifft der Leiter der Führungsaufsichtsstelle. [4] Die Erforderlichkeit der Fortdauer der Maßnahme ist mindestens jährlich zu überprüfen.

(3) [1] Auf Antrag der Aufsichtsstelle kann das Gericht einen Vorführungsbefehl erlassen, wenn der Verurteilte einer Weisung nach § 68 b Abs. 1 Satz 1 Nr. 7 oder Nr. 11 des Strafgesetzbuchs ohne genügende Entschuldigung nicht nachgekommen ist und er in der Ladung darauf hingewiesen wurde, dass in diesem Fall seine Vorführung zulässig ist. [2] Soweit das Gericht des ersten Rechtszuges zuständig ist, entscheidet der Vorsitzende.

(4) [1] Örtlich zuständig ist die Aufsichtsstelle, in deren Bezirk der Verurteilte seinen Wohnsitz hat. [2] Hat der Verurteilte keinen Wohnsitz im Geltungsbereich dieses Gesetzes, so ist die Aufsichtsstelle örtlich zuständig, in deren Bezirk er seinen gewöhnlichen Aufenthaltsort hat und, wenn ein solcher nicht bekannt ist, seinen letzten Wohnsitz oder gewöhnlichen Aufenthaltsort hatte.

I. Aufgaben und Befugnisse der Aufsichtsstellen (Abs. 1)

1. Aufgaben der Aufsichtsstellen. Der Verurteilte untersteht einer Aufsichtsstelle (§§ 68 a Abs. 1 1. Hs., 68 g Abs. 1 S. 1 StGB), wenn das Gericht **Führungsaufsicht** angeordnet hat (§ 68 Abs. 1 StGB) oder diese kraft Gesetzes eingetreten ist (§§ 67 b, 67 c, 67 d Abs. 2 bis 6, 68 f StGB). Ihr kommt eine **Doppelfunktion** zu: Einerseits steht sie der verurteilten Person helfend und betreuend zur Seite (§ 68 a Abs. 2 StGB), andererseits überwacht sie deren Verhalten und die Erfüllung der nach § 68 b StGB erteilten Weisungen (§ 68 a Abs. 3 StGB). Die Einrichtungen gehören zum Geschäftsbereich der Landesjustizverwaltungen (Art. 295 Abs. 1 EGStGB), die Organisation und Besetzung regeln. Der Leiter der Aufsichtsstelle muss die Befähigung zum Richteramt besitzen oder Beamter des höheren Dienstes (auch Richter) sein, Art. 295 Abs. 2 EGStGB. Für Vorbereitungshandlungen und Mitteilungspflichten der VollstrB gilt § 54 a StVollstrO.

2. Befugnisse der Aufsichtsstellen. Abs. 1 bis 3 eröffnen der Aufsichtsstelle zur Erfüllung ihrer Überwachungspflicht **eigenständige Rechte und Befugnisse**. Sie darf Auskünfte verlangen und Ermittlungen anstellen, die Ausschreibung zur polizeilichen Beobachtung anordnen und den Erlass eines Vorführungsbefehls beantragen.

Von jeder öffentlichen Behörde können **Auskünfte** verlangt werden, ohne dass es der Einhaltung des Dienstweges bedürfte.[1] Im Rahmen der Amtshilfe ist die ersuchte Behörde zu ihrer Erteilung verpflichtet, sofern sie zuständig ist und keine bereichsspezifischen Verschwiegenheitsregelungen vorgehen. Es kann auch die Gewährung von Akteneinsicht oder die Überlassung von Schriftstücken gefordert werden.[2]

Ermittlungen kann die Aufsichtsstelle selbst formlos oder förmlich anstellen oder durch andere (zuständige!) Behörden in Auftrag geben. Eine Beschränkung auf **Behörden des Polizeidienstes** sieht das Gesetz hier gerade nicht vor. Es wird allerdings empfohlen, diese nur in Fällen dringenden Erfordernisses einzuschalten, um den Eindruck zu vermeiden, die Führungsaufsicht werde um polizeilicher Zwecke willen und mit polizeilichen Mitteln durchgeführt.[3] Abs. 1 S. 1 verbietet

---
[73] Vgl. zum VormundschaftsG (§§ 70 ff. FGG) BVerfG v. 9. 3. 1995 – 2 BvR 1437 u. 1757/93, NStZ 1995, 399, mAnm *Toepel* NStZ 1996, 101; KK-StPO/*Appl* Rn. 9 mwN; *Meyer-Goßner* Rn. 16; aA KG v. 28. 6. 1993 – 5 Ws 97/93, NStZ 1994, 148, mAnm *Toepel*.
[1] *Meyer-Goßner* Rn. 3.
[2] KK-StPO/*Appl* Rn. 3.
[3] KK-StPO/*Appl* Rn. 4; *Meyer-Goßner* Rn. 4.

nur die Durchführung eidlicher Vernehmungen; uneidliche Vernehmungen von Zeugen und Sachverständigen oder die Einholung von Sachverständigengutachten bleiben möglich.

5   **Zwangsmittel** stehen der Aufsichtsstelle selbst nicht zur Verfügung. Sie kann weder den Verurteilten (Ausnahme: Abs. 3) oder einen Zeugen durch Ordnungsmittel zum Erscheinen oder zur Aussage veranlassen noch Beweismittel beschlagnahmen. Verweigern Behörden die Kooperation, bleibt nur die Dienstaufsichtsbeschwerde. Allerdings kann die Aufsichtsstelle das **Gericht einschalten**, das zur Vorbereitung seiner eigenen Entscheidungen nach §§ 68a bis 68g StGB die ihm selbst zur Verfügung gestellten Zwangsmittel anwenden darf.[4]

6   Die **Ausschreibung zur Aufenthaltsermittlung** entsprechend § 131a Abs. 1 in allen Fahndungshilfsmitteln der Strafverfolgungsbehörden (§ 131a Abs. 5) kann bei unbekanntem Aufenthalt des Verurteilten angeordnet werden. Die Kompetenz hierzu bleibt dem Leiter der Aufsichtsstelle vorbehalten (Abs. 1 S. 2), der keiner richterlichen oder staatsanwaltschaftlichen Bestätigung bedarf. Der Verhältnismäßigkeitsgrundsatz gebietet es aber, zunächst mildere Mittel (zB Anfrage an Meldebehörde) einzusetzen.

II. Ausschreibung zur polizeilichen Beobachtung (Abs. 2)

7   Nach Abs. 2 S. 1 iVm. § 163e Abs. 1 darf maximal bis zum Ende der Führungsaufsicht die Ausschreibung des Verurteilten zur Beobachtung anlässlich polizeilicher Kontrollen erfolgen. Eine Unterrichtung des Verurteilten von der Maßnahme kommt aus präventiven Gründen in Betracht.[5] Über Abs. 2 S. 2 iVm. § 163e Abs. 2 kann sich die Beobachtung auch auf das Kennzeichen eines auf den Verurteilten zugelassenen oder von ihm benutzten **Kraftfahrzeugs** erstrecken. Kontaktpersonen oder Begleiter dürfen nicht zur Beobachtung ausgeschrieben werden. Die Anordnung trifft der Leiter der Aufsichtsstelle (Abs. 2 S. 3); die Einholung des gerichtlichen Einvernehmens erscheint wegen § 68a Abs. 3 StGB idR geboten.[6] Die Fortdauer dieser gravierenden Eingriffsmaßnahme ist im Lichte des Verhältnismäßigkeitsgrundsatzes mindestens jährlich zu überprüfen (Abs. 2 S. 4). Die Möglichkeit eines Vorgehens nach § 457 wird von § 463a Abs. 2 nicht berührt.[7]

III. Erlass des Vorführungsbefehls (Abs. 3)

8   Ist der Verurteilte **trotz ordnungsgemäßer Ladung** verbunden mit Vorführungsandrohung einer Weisung nach § 68b Abs. 1 Nr. 7 oder 11 StGB, sich zu melden, ohne genügende Entschuldigung nicht nachgekommen, kann die Aufsichtsstelle bei Gericht den Erlass eines Vorführungsbefehls beantragen (Abs. 3 S. 1). Vorgeführt wird den in § 68b Abs. 1 Nr. 7 und 11 StGB genannten Stellen (Aufsichts- oder andere Dienststelle, Bewährungshelfer bzw. Therapeut oder Ambulanz), nicht dem Gericht.[8] Vor der Anordnung ist insbes. die Verhältnismäßigkeit prüfen. Eine Wohnungsdurchsuchung muss gesondert angeordnet werden (§ 457 Rn. 8). Ist das Gericht des ersten Rechtszugs zuständig, entscheidet bei einem Kollegialgericht der Vorsitzende allein (Abs. 3 S. 2).

IV. Zuständigkeit (Abs. 4)

9   **Örtlich zuständig** ist in erster Linie die Aufsichtsstelle am **Wohnsitz** des Verurteilten (Abs. 4 S. 1). Hilfsweise besteht die Zuständigkeit der Stelle am gewöhnlichen Aufenthaltsort bzw. am letzten bekannten Wohn- oder Aufenthaltsort (Abs. 4 S. 2). Um die Zusammenarbeit mit der Aufsichtsstelle zu gewährleisten, kann das Gericht den Verurteilten verpflichten, sich bei der Aufsichtsstelle zu melden, die für den im Rahmen der Entlassungsvorbereitung angegebenen Wohnsitz zuständig ist.

10   **Zuständiges Gericht** für die während der Führungsaufsicht erforderlichen Entscheidungen ist nach § 462a die StVollstrK, wenn der Verurteilte sich vor Eintritt der Führungsaufsicht im Strafvollzug befunden hat, ansonsten das Gericht des ersten Rechtszugs.

V. Rechtsbehelfe

11   Die **Anordnung der polizeilichen Beobachtung** (Abs. 2) kann nur nach §§ 23ff. EGGVG angefochten werden. Das zur Durchführung der Führungsaufsicht berufene Gericht ist hierfür nicht

---

[4] KK-StPO/*Appl* Rn. 5; Meyer-Goßner Rn. 5.
[5] KK-StPO/*Appl* Rn. 5a; Meyer-Goßner Rn. 7.
[6] KK-StPO/*Appl* Rn. 5a; Meyer-Goßner Rn. 6.
[7] KK-StPO/*Appl* Rn. 5a.
[8] BT-Drucks. 16/1993, S. 25; aA Th. Wolf Rpfleger 2007, 293 (294).

zuständig,⁹ weil § 458 Abs. 1 nicht einzelne Vollstreckungsmaßnahmen betrifft (§ 458 Rn. 5) und § 458 Abs. 2 den Fall nicht regelt. Gegen den **Erlass des Vorführungsbefehls** durch das Gericht (Abs. 3) kommt (einfache) Beschwerde in Betracht, § 304 Abs. 1.

§ 463b [Beschlagnahme von Führerscheinen]

(1) Ist ein Führerschein nach § 44 Abs. 2 Satz 2 und 3 des Strafgesetzbuches amtlich zu verwahren und wird er nicht freiwillig herausgegeben, so ist er zu beschlagnahmen.

(2) Ausländische Führerscheine können zur Eintragung eines Vermerks über das Fahrverbot oder über die Entziehung der Fahrerlaubnis und die Sperre (§ 44 Abs. 2 Satz 4, § 69b Abs. 2 des Strafgesetzbuches) beschlagnahmt werden.

(3) ¹Der Verurteilte hat, wenn der Führerschein bei ihm nicht vorgefunden wird, auf Antrag der Vollstreckungsbehörde bei dem Amtsgericht eine eidesstattliche Versicherung über den Verbleib abzugeben. ² § 883 Abs. 2 bis 4, die §§ 899, 900 Abs. 1 und 4 sowie die §§ 901, 902, 904 bis 910 und 913 der Zivilprozeßordnung gelten entsprechend.

I. Vollstreckung des Fahrverbots gem. § 44 StGB (Abs. 1)

Für die Dauer des Fahrverbots (nicht bei Einziehung der Fahrerlaubnis nach §§ 69 Abs. 3 S. 2 StGB, 459 g) werden von einer deutschen Behörde ausgestellte (nationale und internationale) **Führerscheine amtlich verwahrt**, § 44 Abs. 2 S. 2 StGB. Gleiches gilt für Führerscheine, die von einer Behörde eines Mitgliedstaates der EU oder eines anderen Vertragsstaates des Abkommens über den Europäischen Wirtschaftsraum (Island, Liechtenstein, Norwegen) ausgestellt sind, sofern der Inhaber seinen ordentlichen Wohnsitz im Inland hat (§ 44 Abs. 2 S. 3 StGB). Gibt der Verurteilte den Führerschein, der in seinem Eigentum verbleibt, trotz Aufforderung (§ 59a Abs. 4 S. 1 StVollstrO) der VollstrB (§ 451) nicht heraus, ist er zu **beschlagnahmen**. Die Anordnung trifft der Rechtspfleger (§ 31 Abs. 2 S. 1 RPflG). Ausgeführt wird die Beschlagnahme von der Polizei.¹ Über die Verwahrung und Rücksendung des Führerscheins trifft § 59a Abs. 1, 2 und 3 S. 1 StVollstrO Anordnungen. 1

Die **Durchsuchung** der Wohnung oder des Kraftfahrzeugs beim Verurteilten zum Zweck der Auffindung des Führerscheins muss richterlich angeordnet werden;² bei Dritten wird sie idR unverhältnismäßig sein, weil die Verbotsfrist erst mit der Verwahrung des Führerscheins beginnt, § 44 Abs. 3 S. 1 StGB.³ Erst recht gelten diese Grundsätze, wenn es um die zulässige⁴ richterliche Durchsuchungsanordnung wegen eines nach § 25 StVG von der Verwaltungsbehörde angeordneten Fahrverbots geht.⁵ 2

II. Ausländische Führerscheine (Abs. 2)

Soweit nicht ein Fall der §§ 44 Abs. 2 S. 3, 69b Abs. 2 S. 1 StGB vorliegt, dürfen ausländische Führerscheine **nur zu dem Zweck** beschlagnahmt werden, das Fahrverbot oder die Entziehung der Fahrerlaubnis und die Sperre in ihnen zu **vermerken** (§§ 44 Abs. 2 S. 4, 69b Abs. 2 S. 2 StGB, vgl. § 59a Abs. 3 S. 2 und 3 StVollstrO). Sie sind unverzüglich nach sofortiger Eintragung des Vermerks zurückzugeben. Auch deren Entziehung wirkt bei ausländischer Fahrerlaubnis nur als Verbot, Kraftfahrzeuge im Inland zu führen (§ 69b Abs. 1 S. 2 StGB). 3

III. Eidesstattliche Versicherung (Abs. 3)

Ist die Fahrerlaubnis beim Verurteilten nicht gefunden worden, kann er zur Abgabe einer eidesstattlichen **Versicherung über ihren Verbleib gezwungen** werden (Abs. 3 S. 1, § 883 Abs. 2 ZPO). Die Wohnungsdurchsuchung ist schon wegen des in ihr liegenden erheblichen Grundrechtseingriffs keine Voraussetzung hierfür.⁶ Zuständig ist der Gerichtsvollzieher am Wohnsitz-AG (§ 899 4

---

⁹ SK-StPO/*Paeffgen* Rn. 8; aA OLG München v. 23. 5. 2006 – 3 VAs 35/06, NStZ-RR 2007, 287 (LS); *Meyer-Goßner* Rn. 10; HK-StPO/*Pollähne* Rn. 9.
¹ KK-StPO/*Appl* Rn. 1.
² SK-StPO/*Paeffgen* Rn. 5; *Pfeiffer* Rn. 1; HK-StPO/*Pollähne* Rn. 2; aA KK-StPO/*Appl* Rn. 1; *Meyer-Goßner* Rn. 1; vgl. auch § 457 Rn. 8.
³ Für alle KK-StPO/*Appl* Rn. 1.
⁴ SK-StPO/*Paeffgen* Rn. 5; *Waechter* NZV 1999, 273; aA AG Berlin-Tiergarten v. 29. 3. 1996 – 317 OWi 239/96, NZV 1996, 506, mAnm *Hentschel* u. *Göhler*; AG Karlsruhe v. 26. 3. 1999 – 6 OWi 232/99, DAR 1999, 568; AG Leipzig v. 6. 8. 1998 – 81 OWi 01547/98, NStZ 1999, 309.
⁵ LG Berlin v. 25. 10. 2005 – 526 Qs 190/05, NZV 2006, 385; KK-StPO/*Appl* Rn. 1; *Meyer-Goßner* Rn. 1 mwN.
⁶ KK-StPO/*Appl* Rn. 4; Anw-StPO/*Kirchhof* Rn. 4; HK-StPO/*Pollähne* Rn. 4; aA *Waechter* NZV 1999, 273 (274); *Meyer-Goßner* Rn. 5; KMR/*Stöckel* Rn. 8; Löwe/Rosenberg/*Graalmann-Scheerer* Rn. 4; wohl auch LG Essen v. 31. 10. 2005 – 23 Os 160/05, NZV 2006, 166.

Abs. 1 ZPO). Das Verfahren richtet sich nach § 900 Abs. 1 und 4 ZPO. Die übrigen in Verweisung genommenen Vorschriften betreffen die Verhaftung des Verurteilten zur Durchsetzung seiner Abgabepflicht. Ab 1. 1. 2013 beschränkt sich die Verweisung auf § 883 Abs. 2 und 3 ZPO.[7]

§ 463 c [Öffentliche Bekanntmachung der Verurteilung]

(1) Ist die öffentliche Bekanntmachung der Verurteilung angeordnet worden, so wird die Entscheidung dem Berechtigten zugestellt.

(2) Die Anordnung nach Absatz 1 wird nur vollzogen, wenn der Antragsteller oder ein an seiner Stelle Antragsberechtigter es innerhalb eines Monats nach Zustellung der rechtskräftigen Entscheidung verlangt.

(3) [1]Kommt der Verleger oder der verantwortliche Redakteur einer periodischen Druckschrift seiner Verpflichtung nicht nach, eine solche Bekanntmachung in das Druckwerk aufzunehmen, so hält ihn das Gericht auf Antrag der Vollstreckungsbehörde durch Festsetzung eines Zwangsgeldes bis zu fünfundzwanzigtausend Euro oder von Zwangshaft bis zu sechs Wochen dazu an. [2]Zwangsgeld kann wiederholt festgesetzt werden. [3]§ 462 gilt entsprechend.

(4) Für die Bekanntmachung im Rundfunk gilt Absatz 3 entsprechend, wenn der für die Programmgestaltung Verantwortliche seiner Verpflichtung nicht nachkommt.

I. Normzweck

1 § 463 c ist in Verbindung mit denjenigen Vorschriften des materiellen Rechts zu sehen, die es gestatten, idR **auf Antrag des Verletzten** anzuordnen, dass die Veröffentlichung öffentlich bekannt gemacht wird (§§ 103 Abs. 2, 165, 200 StGB, § 111 UrheberrechtsG, § 142 Abs. 6 PatentG, § 25 Abs. 6 GebrauchsmusterG, § 51 Abs. 6 GeschmacksmusterG, §§ 143 Abs. 6, 143 a Abs. 2, 144 Abs. 5 MarkenG). Die Vorschrift stellt die notwendigen Kautelen zur Durchsetzung der Bekanntmachung bereit. Verleger und verantwortliche Redakteure trifft dabei nach Abs. 3 S. 1 eine originäre Verpflichtung zur Veröffentlichung solcher Bekanntmachungen.

II. Urteilszustellung (Abs. 1)

2 Wurde die öffentliche Bekanntmachung der Verurteilung im Urteil angeordnet, **stellt die VollstrB** dem Berechtigten auf Kosten des Verurteilten (§ 464 a Abs. 1 S. 2) eine Ausfertigung des erkennenden Teils von Urteil oder Strafbefehl (vgl. § 407 Abs. 2 S. 1 Nr. 1) **förmlich gem. § 37 zu** (ergänze § 59 Abs. 1 S. 1 StVollstrO). Das setzt die Monatsfrist nach Abs. 2 in Lauf. Für die Veröffentlichungsanordnung irrelevante Straftaten werden dabei ebenso wie die Namen von Mitverurteilten, auf die sich die Befugnis nicht bezieht (§ 59 Abs. 1 S. 2 StVollstrO), weggelassen.

3 Zugestellt wird an den **Berechtigten**. Dies ist derjenige, auf dessen Antrag die Veröffentlichung im Urteil angeordnet wurde. Berechtigter kann bei Tod oder Einschränkungen in der Geschäftsfähigkeit des Verletzten auch ein Antragsberechtigter nach §§ 77 Abs. 2 oder 3, 165 Abs. 1 S. 2 und 3 StGB sein.

III. Vollziehung (Abs. 2)

4 Damit es zur Vollziehung der Anordnung kommt, muss dies der Antragsteller oder ein sonstiger Berechtigter **binnen eines Monats** seit Zustellung der Entscheidung verlangen. Die Vollziehung obliegt der **VollstrB** (§ 451 Abs. 1, § 59 Abs. 2 S. 1 StVollstrO) und dort dem Rechtspfleger (§ 31 Abs. 2 S. 1 RPflG). Nach Ablauf der gem. § 43 zu berechnenden Frist scheidet die Vollstreckung aus. Bei unverschuldeter Fristversäumnis ist Wiedereinsetzung möglich, § 44.[1]

5 Der **Umfang der Veröffentlichung** wird bereits im Urteil festgelegt. Die Urteilsformel soll den Verletzten namentlich bezeichnen (vgl. Nr. 231 S. 1 RiStBV), ebenso die betroffene Zeitung, Zeitschrift oder Rundfunksendung einschließlich der zur Veröffentlichung vorgesehenen Rubrik (§§ 165 Abs. 2, 200 Abs. 2 StGB). Bei Zweifeln über die Urteilsauslegung entscheidet das Gericht des ersten Rechtszugs (§§ 458 Abs. 1, 462, 462 a Abs. 2 S. 1).[2]

6 Die VollstrB kommt bei der Zeitung, Zeitschrift oder Rundfunkanstalt um die Veröffentlichung ein. Die **Kosten** der Veröffentlichung fallen zunächst der Staatskasse zur Last, die ihre Erstattung vom Verurteilten verlangt (§§ 464 a Abs. 1 S. 2, 465, § 59 Abs. 2 S. 2 StVollstrO).

---

[7] Siehe Art. 4 Abs. 7 G vom 29. 7. 2009 (BGBl. I S. 2258, 2270).
[1] KK-StPO/*Appl* Rn. 3; *Meyer-Goßner* Rn. 3.
[2] KK-StPO/*Appl* Rn. 4.

IV. Zwangsmittel (Abs. 3 und 4)

Entsprechen der Verleger, der verantwortliche Redakteur (Abs. 3) oder der für die Programmgestaltung im Rundfunk bzw. Fernsehen Verantwortliche (Abs. 4) ohne zureichenden Grund **dem Veröffentlichungsersuchen** nicht, setzt das Gericht des ersten Rechtszugs, nicht die StVollstrK[3] auf Antrag der VollstrB durch Beschluss ohne mündliche Verhandlung (§§ 463c Abs. 3 S. 3, 462 Abs. 1 S. 1) Zwangsmittel fest, um die Verpflichtung durchzusetzen. Die Zwangsmittel richten sich gegen die Person oder die Personen,[4] die die Nichtveröffentlichung zu verantworten haben. Zwangsgeld gebührt aus Verhältnismäßigkeitsgründen der Vorrang; es kann wiederholt festgesetzt werden (Abs. 3 S. 2). Das Höchstmaß von 25 000 Euro (Abs. 3 S. 1) gilt nur für jede einzelne Verhängung; bei mehrfacher Anordnung kann es überschritten werden.[5]

Die verpflichteten Personen sind im Zwangsgeldfestsetzungsverfahren **anzuhören** (§§ 463c Abs. 3 S. 3, 462 Abs. 2 S. 1). Dann können sie den Einwand der **Unzumutbarkeit** der Veröffentlichung erheben. Dieser wird nur durchdringen, wenn die übliche Gestaltung des Druckwerks oder der Rundfunksendung so verändert werden müsste, dass mit Protesten der Leser/Hörer zu rechnen bleibt,[6] und damit kaum praktische Bedeutung erlangen. Die gerichtlichen Entscheidungen zur Zwangsgeldfestsetzung sind mit **sofortiger Beschwerde** anfechtbar (§§ 463c Abs. 3 S. 3, 462 Abs. 3 S. 1).

§ 463d [Gerichtshilfe]

Zur Vorbereitung der nach den §§ 453 bis 461 zu treffenden Entscheidungen kann sich das Gericht oder die Vollstreckungsbehörde der Gerichtshilfe bedienen; dies kommt insbesondere vor einer Entscheidung über den Widerruf der Strafaussetzung oder der Aussetzung des Strafrestes in Betracht, sofern nicht ein Bewährungshelfer bestellt ist.

I. Normzweck

Die Gerichtshilfe, die in § 160 Abs. 3 S. 2 Erwähnung findet, gehört idR zum Geschäftsbereich der Landesjustizverwaltung (Art. 294 EGStGB). Sie soll insbes. als unselbständiges Ermittlungsorgan[1] **Erkenntnisse vermitteln**, die für die Einschätzung der Persönlichkeit des Verurteilten und die Erstellung der Sozialprognose Bedeutung erlangen. § 463d verdeutlicht, dass diese Aufgabenstellung auch im Vollstreckungsverfahren besteht.

II. Einschaltung der Gerichtshilfe

Um **Entscheidungen im Nachtragsverfahren** vorzubereiten, können Gericht, VollstrB (durch den Rechtspfleger, § 31 Abs. 2 S. 1 RPflG) und StA als Strafverfolgungsbehörde[2] die Gerichtshilfe einschalten. Das Gesetz nennt die nach §§ 453 bis 461 zu treffenden Entscheidungen, also Strafrestaussetzung, Aufschub und Unterbrechung der sowie Absehen von der Vollstreckung, Zahlungserleichterungen und Absehen von der Vollstreckung der Geld- oder Ersatzfreiheitsstrafe. Es wird sinnvoll sein, der Gerichtshilfe einen möglichst exakten Ermittlungsauftrag zu erteilen.

Eine **Pflicht zur Einschaltung** der Gerichtshilfe besteht nicht; auch nicht in den Fällen von Hs. 2.[3*] Sie kann insbes. dann unterbleiben, wenn mit einem Erkenntnisgewinn nicht zu rechnen ist.[4*] Auch im Übrigen stellt das Übergehen der Gerichtshilfe keinen im Beschwerdeverfahren per se zur Aufhebung zwingenden Fehler dar; gerügt werden kann nur eine Verletzung der Aufklärungspflicht.[5*]

III. Verwertung des Berichts

Ein schriftlicher Bericht der Gerichtshilfe wird **Teil der Verfahrensakten**. Er ist für die Entscheidung im Beschlussverfahren ohne Weiteres verwertbar und wird vom Akteneinsichtsrecht

---

[3] BGH v. 16. 4. 1987 – 2 ARs 16/87, NStZ 1987, 428.
[4] KK-StPO/*Appl* Rn. 5; *Meyer-Goßner* Rn. 7.
[5] KK-StPO/*Appl* Rn. 5; *Meyer-Goßner* Rn. 7; aASK-StPO/*Paeffgen* Rn. 6.
[6] KK-StPO/*Appl* Rn. 6; KMR/*Stöckel* Rn. 12; aA SK-StPO/*Paeffgen* Rn. 7.
[1] BGH v. 26. 9. 2007 – 1 StR 276/07, NStZ 2008, 709; anders *Bringewat* Rn. 5.
[2] KK-StPO/*Appl* Rn. 2; *Meyer-Goßner* Rn. 1.
[3*] KG v. 21. 9. 1987 – 4 Ws 254/87, JR 1988, 39; KK-StPO/*Appl* Rn. 3; *Meyer-Goßner* Rn. 1; aA LG Bonn v. 7. 8. 1986 – 31 Qs 109/86, NStZ 1986, 574; *Bringewat* Rn. 6; SK-StPO/*Paeffgen* Rn. 4.
[4*] KK-StPO/*Appl* Rn. 3; *Meyer-Goßner* Rn. 1.
[5*] AA KK-StPO/*Appl* Rn. 3; *Bringewat* Rn. 6; vgl. ferner *Pfeiffer* Rn. 1; KMR/*Stöckel* Rn. 8; AK/*Volckart* Rn. 2.

§ 463d 4

nach § 147 umfasst. In jedem Fall ist dem Verurteilten oder einem anderen betroffenen Beteiligten (etwa bei § 459g) vor der nachteiligen Verwertung von Tatsachen oder Ermittlungsergebnissen rechtliches Gehör zu dem Berichtsinhalt zu gewähren, § 33 Abs. 3.

Zweiter Abschnitt. Kosten des Verfahrens

§ 464 [Kostenentscheidung]

(1) Jedes Urteil, jeder Strafbefehl und jede eine Untersuchung einstellende Entscheidung muß darüber Bestimmung treffen, von wem die Kosten des Verfahrens zu tragen sind.

(2) Die Entscheidung darüber, wer die notwendigen Auslagen trägt, trifft das Gericht in dem Urteil oder in dem Beschluß, der das Verfahren abschließt.

(3) [1] Gegen die Entscheidung über die Kosten und die notwendigen Auslagen ist die sofortige Beschwerde zulässig; sie ist unzulässig, wenn eine Anfechtung der in Absatz 1 genannten Hauptentscheidung durch den Beschwerdeführer nicht statthaft ist. [2] Das Beschwerdegericht ist an die tatsächlichen Feststellungen, auf denen die Entscheidung beruht, gebunden. [3] Wird gegen das Urteil, soweit es die Entscheidung über die Kosten und die notwendigen Auslagen betrifft, sofortige Beschwerde und im übrigen Berufung oder Revision eingelegt, so ist das Berufungs- oder Revisionsgericht, solange es mit der Berufung oder Revision befaßt ist, auch für die Entscheidung über die sofortige Beschwerde zuständig.

Übersicht

	Rn.
I. Allgemeines	1
II. Kostengrundentscheidung (Abs. 1)	2–15
1. Urteile	3
2. Urteilsersetzende Beschlüsse	4
3. Strafbefehle	5
4. Nachverfahren und Klageerzwingungsverfahren	6
5. Untersuchung einstellende Entscheidung	7–9
a) Einstellungsentscheidung gem. § 154 Abs. 2	8
b) Beschränkung der Strafverfolgung gem. § 154 a Abs. 2	9
6. Abschließende Entscheidungen in verselbständigten Verfahrensabschnitten oder Zwischenverfahren	10 13
a) Unselbständige Anordnungen	11
b) Nachtragsentscheidungen der Strafvollstreckungskammer	12
c) Beschwerdeentscheidungen im Zwischenverfahren	13
7. Selbständige Kostenentscheidung	14
8. Verjährung	15
III. Auslagenentscheidung (Abs. 2)	16–18
1. Ausdrückliche Auslagenentscheidung	17
2. Tod des Angeklagten vor rechtskräftigem Verfahrensabschluss	18
IV. Form der Kostenentscheidung	19
V. Rechtsmittel (Abs. 3)	20–43
1. Nicht Berufung oder Revision	21
2. Nicht Kostenfestsetzungsantrag	22
3. Nicht Rechtsmittelverzicht	23
4. Offenbare Unrichtigkeiten (Ausnahme)	24
5. Nachverfahren (Ausnahme)	25
6. § 458 analog (Ausnahme)	26
7. Zulässigkeitsvoraussetzung der sofortigen Beschwerde	27–36
a) Rechtsmittel gegen die Hauptentscheidung	28
b) Unanfechtbare Entscheidungen	29
c) Beschränkt anfechtbare Entscheidungen	30
d) Isolierte Kostenentscheidung	31
e) Unvollständige oder fehlende Kostenentscheidungen	32
f) Mangelnde Beschwer	33
g) Beschwerdebefugnis	34
h) Frist	35
i) Sonstige Zulässigkeitsvoraussetzungen	36
8. Zuständigkeiten	37–39
a) Rechtsmittelgericht	38
b) Ordnungswidrigkeitsverfahren	39
9. Begründetheit der sofortigen Beschwerde	40–43
a) Bindung an tatsächliche Feststellungen	41
b) Kein Verschlechterungsverbot	42
c) Sonstiges	43
VI. Kostenvorschriften für besondere Verfahrensarten	44–52
1. Kostenvorschriften im GVG	44
2. Kostenvorschriften im JGG	45
3. Kostenvorschriften im OWiG	46–49
a) Verwaltungsbehördliches Verfahren	47
b) Staatsanwaltliches Verfahren	48
c) Gerichtliches Verfahren	49

	Rn.
4. Kostenvorschriften im StVG	50
5. Kostenvorschriften in der AO und im StVollzG	51
6. Kostenvorschriften im IRG	52
VII. Zivilklage auf Erstattung	53

I. Allgemeines

1   Die §§ 464 ff. regeln, wer die „Kosten des Verfahrens", also die Gebühren und Auslagen der Strafverfolgungsbehörden und Gerichte in der einzelnen Strafsache sowie die „notwendigen Auslagen" aus Anlass der Verteidigung oder Beteiligung an einem Strafverfahren, zu tragen hat.[1] In formeller Hinsicht regelt § 464, wann und wie über die Kosten des Staates und der Prozessbeteiligten zu entscheiden ist, § 464b auf welchem Weg eine Kostenerstattung zwischen den Beteiligten stattfindet. In materieller Hinsicht regeln die §§ 464c, 465–473, wer die Kosten (ganz oder teilweise) zu tragen hat. § 464a definiert die Verfahrenskosten der Staatskasse in Abgrenzung zu den notwendigen Auslagen der Beteiligten.[2] Die Auferlegung von Kosten für einzelne Teile des Verfahrens auf Dritte, wie zB Zeugen, Sachverständige, Verteidiger[3] und Antragsteller im Klageerzwingungsverfahren regelt die StPO in §§ 51 Abs. 1, 70 Abs. 1, 77 Abs. 1, 81c Abs. 6 S. 1, 145 Abs. 4, 161a Abs. 2 und 177.[4]

II. Kostengrundentscheidung (Abs. 1)

2   Gem. Abs. 1 müssen Entscheidungen, die ein gerichtlich anhängiges Verfahren[5] abschließen, unabhängig davon, ob und in welcher Höhe tatsächlich Verfahrenskosten und Auslagen gem. § 464a Abs. 1 entstanden sind[6] oder ob der Kostenpflichtige zahlungsfähig ist,[7] eine Kostenentscheidung enthalten, die dem Grunde nach entsprechend den materiellen Vorschriften über die Kostentragungspflicht (§§ 465 ff., 464c)[8] bestimmt, wer die Verfahrenskosten (und die notwendigen Auslagen (Abs. 2)) zu tragen hat. Die Kostenentscheidung teilt als Nebenfolge des Verfahrens[9] die Entscheidungsform der Hauptentscheidung. Allein der gerichtliche Ausspruch stellt einen **Kostentitel** dar, so dass es eine solche **ausdrückliche Entscheidung** auch dann bedarf, wenn sich die Kostenfolge unmittelbar aus dem Gesetz ergibt. Werden Kosten durch einen gesonderten Beschluss einem Dritten auferlegt, ist es allerdings nicht erforderlich, den Angeklagten ausdrücklich von diesen in der Kostenentscheidung des gegen ihn ergehenden Urteils freizustellen.[10] Wird über die Kosten nicht entschieden, so hat die Staatskasse die Verfahrenskosten zu tragen und die notwendigen Auslagen derjenige, dem sie entstanden sind.[11] Eine Ausnahme hiervon bilden die Fälle der Kostenhaftung gem. § 29 Nr. 2 und Nr. 3 GKG.[12] Nach Rechtskraft ist eine Nachholung der Kostenentscheidung regelmäßig unzulässig.[13] Wenn sich das gerichtliche Verfahren ohne Hauptentscheidung erledigt, ist eine Kostenentscheidung in den Fällen der §§ 467a, 473 Abs. 1 erforderlich. Ohne dass ein gerichtliches Verfahren anhängig geworden wäre, muss ferner in den Fällen der §§ 469, 470 eine isolierte Kostenentscheidung erfolgen.[14]

3   **1. Urteile.** Verfahrens abschließende Urteile müssen eine Kostenentscheidung enthalten. Dazu gehören auch Urteile nach § 260 Abs. 3. Dagegen enthalten Zurückverweisungsurteile gem. §§ 328 Abs. 2, 354 Abs. 2,[15] 355 keine Kostenentscheidung; auch Abhilfeentscheidungen gem. § 306 Abs. 2 1. Hs. enthalten – da nicht instanzabschließend – keine Kostenentscheidung.[16] Die Entscheidung über die Kosten des Rechtsmittelverfahrens fällt das Gericht, an das zurückverwiesen wird, da erst nach dem endgültigen Abschluss des Verfahrens feststeht, ob das Rechtsmittel

---

[1] Zur Reformbedürftigkeit Löwe/Rosenberg/*Hilger* Vor § 464 Rn. 27; KMR/*Stöckel* Vor § 464 Rn. 37–40.
[2] KMR/*Stöckel* Vor § 464 Rn. 1.
[3] OLG Köln v. 15. 7. 2006 – 2 Ws 237 – 240/05, NJW 2005, 3588.
[4] Löwe/Rosenberg/*Hilger* Vor § 464 Rn. 3.
[5] Rechtshängig muss das Verfahren (noch) nicht sein: KMR/*Stöckel* Rn. 4.
[6] S. aber auch Löwe/Rosenberg/*Hilger* Rn. 1.
[7] Löwe/Rosenberg/*Hilger* Rn. 2; *Leipold*, Anwaltsvergütung in Strafsachen, 2004, Rn. 574.
[8] Löwe/Rosenberg/*Hilger* Rn. 2.
[9] Löwe/Rosenberg/*Hilger* Rn. 3.
[10] BGH v. 16. 7. 1997 – 2 StR 545/96, BGHSt 43, 146 = NJW 1997, 2963; OLG Dresden v. 25. 8. 1999 – 2 Ws 422/99, NStZ-RR 2000, 30; KG v. 15. 2. 2006 – 3Ws 552/05, NStZ-RR 2006, 288; *Pfeiffer* Rn. 1.
[11] OLG Stuttgart v 30. 5. 1973 – 1 Ws 143/73, MDR 1973, 868 (869); *Meyer-Goßner* Rn. 8, 12; Löwe/Rosenberg/*Hilger* Rn. 17, 22 ff.; *Leipold*, Anwaltsvergütung in Strafsachen, 2004, Rn. 573.
[12] *Leipold*, Anwaltsvergütung in Strafsachen, 2004, Rn. 573.
[13] *Pfeiffer* Rn. 1; KK-StPO/*Franke* Rn. 4; *Meyer-Goßner* Rn. 8.
[14] Löwe/Rosenberg/*Hilger* Rn. 1; s. unten Rn. 14.
[15] KMR/*Stöckel* Rn. 11 und Vor § 464 Rn. 28 „verfassungsrechtlich bedenklich".
[16] KMR/*Stöckel* Rn. 11.

erfolgreich war und es zu einer endgültigen Verurteilung kommt.[17] Einer ausdrücklichen Übertragung der Entscheidung über die Verfahrenskosten und Auslagen des Rechtsmittels auf den neuen Tatrichter bedarf es nicht.[18] Etwas anderes gilt, wenn zu Ungunsten des Angeklagten ein Rechtsmittel eingelegt, das Urteil dann aber zu Gunsten des Angeklagten vom Rechtsmittelgericht gem. § 301 aufgehoben wird. Hier entscheidet das Rechtsmittelgericht über die Kosten des erfolglosen Rechtsmittels und überbürdet diese dem Rechtsmittelführer.[19]

2. Urteilsersetzende Beschlüsse. Auch urteilsersetzende Beschlüsse müssen eine Kostenentscheidung enthalten. Hierzu gehören Verwerfungsbeschlüsse gem. §§ 319 Abs. 1, 322 Abs. 1, 346 Abs. 1, 349 Abs. 1 und Abs. 2;[20] ferner der Beschluss gem. § 368 Abs. 1.[21] Eine Kostenentscheidung ist auch bei einem Nichteröffnungsbeschluss gem. § 204[22] bzw. § 408 Abs. 2 (s. ferner § 467 Abs. 1), einem Aufhebungsbeschluss bei einstimmigen Dafürhaltens der Begründetheit der Revision zugunsten des Angeklagten und Entscheidung in der Sache durch das Revisionsgericht gem. § 349 Abs. 4 und einem Einziehungsbeschluss gem. § 441 Abs. 2[23] zu treffen. Seit dem Inkrafttreten des Anhörungsrügengesetzes[24] sind auch Beschlüsse, durch die Anträge gem. §§ 33a, 311a, 356a (Nachholung rechtlichen Gehörs) zurückgewiesen werden, mit einer Kostenentscheidung zu Lasten der Antragsteller zu versehen.[25]

3. Strafbefehle. Strafbefehle gem. § 409 müssen eine Kostenentscheidung enthalten. Da der Ausspruch des Strafbefehls alle bis zum Eintritt seiner Rechtskraft entstandenen Kosten umfasst, unterbleibt eine Kostenentscheidung bei Zurücknahme oder Verwerfung des Einspruchs.[26]

4. Nachverfahren und Klageerzwingungsverfahren. Des Weiteren sind Entscheidungen im Nachverfahren gem. § 439 Abs. 5, § 442 Abs. 1 (s. auch § 473 Abs. 6 S. 2) mit einer Kostenentscheidung zu versehen; des Gleichen Beschlüsse im Klageerzwingungsverfahren (§§ 174, 176 Abs. 2, 177).[27] Wird der **Klageerzwingungsantrag** als **unzulässig** verworfen ergeht dagegen keine Kostenentscheidung, so dass jeder seine Kosten selbst zu tragen hat.[28] Nimmt der Antragssteller seinen Klageerzwingungsantrag zurück, zB um einer sicher vorhersehbaren Verwerfung des Antrags als unbegründet zuvorzukommen, ist nach zutreffender Auffassung eine Kosten- und Auslagenentscheidung analog § 177 zu Lasten des Antragstellers zu treffen, da uU gerichtliche Auslagen und Auslagen des Beschuldigten angefallen sind.[29] Eine verbreitete Auffassung zieht dagegen bei der Rücknahme des Klageerzwingungsantrags eine Parallele zum unzulässigen Klageerzwingungsantrag, mit der Folge, dass eine Kostenentscheidung und damit eine Kostenerstattung unterbleiben.[30] Ein **begründeter Klageerzwingungsantrag** hat keine Kosten- und Auslagenentscheidungen zu Gunsten des Antragstellers zur Folge. Ist der Antrag begründet, führt dies gem. § 175 zur Anordnung der Klageerhebung. Damit ist aber weder ein Urteil gesprochen, noch ein das Verfahren abschließender Beschluss iSv. Abs. 1 ergangen, sondern das Ermittlungsverfahren wird iSd. Antragsstellers abgeschlossen. Ob dagegen das eigentliche Begehren des Antragsstellers, den Beschuldigten wegen einer zu seinem Nachteil begangenen Straftat einer Bestrafung zuzuführen, erfolgreich ist, bleibt der durch die Erhebung der öffentlichen Klage in Gang gesetzten gerichtlichen Untersuchung im Zwischen- und Hauptverfahren vorbehalten. Seine notwendigen Auslagen im Klageerzwingungsverfahren kann der Antragssteller aber erhalten, wenn er sich der erhobenen öffentlichen Klage als Nebenkläger anschließt (§ 395 Abs. 1 Nr. 3) und der Angeklagte wegen einer Tat verurteilt wird, die den Nebenkläger betrifft (§ 472 Abs. 1 S. 1).[31] Das Vorstehende zu begründeten Anträgen gilt entsprechend, wenn die StA – ohne den Beschluss des Oberlandesge-

---

[17] BGH v. 1. 12. 1988 – 4 StR 569/88, NStZ 1989, 191; Löwe/Rosenberg/*Hilger* Rn. 4; KK-StPO/*Franke* Rn. 3; *Pfeiffer* Rn. 2.
[18] KK-StPO/*Kuckein* § 354 Rn. 27; Löwe/Rosenberg/*Hanack* § 354 Rn. 51.
[19] Löwe/Rosenberg/*Hilger* Rn. 4; *Pfeiffer* Rn. 2.
[20] Löwe/Rosenberg/*Hilger* Rn. 7.
[21] KMR/*Stöckel* Rn. 11.
[22] OLG München v. 29. 8. 1996 – 2 Ws 711/96, 2 Ws 711/96 K, StraFo 1997, 191.
[23] Löwe/Rosenberg/*Hilger* Rn. 7.
[24] BT-Drucks. XV/3706.
[25] BGH v. 8. 3. 2006 – 2 StR 387/91, BeckRS 2006, 04295; OLG Köln, 10. 10. 2005 – 81 Ss OWi 41/05, NStZ 2006, 181 182; KG v. 15. 3. 2006 – 5 Ws506/05, BeckRS 2006, 12981.
[26] KMR/*Stöckel* Rn. 9.
[27] Vgl. *Rieß* NStZ 1990, 6 ff., zu den Kostenfolgen des Klageerzwingungsverfahrens.
[28] *Rieß* NStZ 1990, 6 (8) mwN.
[29] OLG Düsseldorf v. 1. 9. 1982 – 5 Ws 217/82, JurBüro 1983, 399; OLG Koblenz v. 9. 5. 1984 – 1 Ws 298/84, OLGSt § 172 Nr. 9; OLG Stuttgart v. 3. 12. 1999 – 4 Ws 164/99, OLGSt 2000, StPO § 172 Nr. 33; KK-StPO/*Franke* Rn. 3; *Rieß* NStZ 1990, 6 (9).
[30] OLG München v. 25. 1. 1982 – 2 Ws 1139/81, JurBüro 1983, 1209; OLG Zweibrücken v. 19. 12. 1983 – 1 Ws 222/83, JurBüro 1985, 564; OLG Celle v. 23. 8. 1988 – 3 Ws 530/86, OLGSt StPO § 177 Nr. 3.
[31] *Rieß* NStZ 1990, 6 (8 f.) mwN.

§ 464   7-10   Siebentes Buch. Strafvollstreckung und Kosten des Verfahrens

richts abzuwarten – die Ermittlungen wieder aufnimmt und Anklage erhebt, wodurch sich der Klageerzwingungsantrag erledigt.[32]

7   **5. Untersuchung einstellende Entscheidung.** Gerichtliche Verfahrenseinstellungen müssen eine Kostenentscheidung enthalten. Hierzu gehören namentlich Verfahrenseinstellungen gem. §§ 153 Abs. 2, 153a Abs. 2 (erst bei endgültigem Einstellungsbeschluss; § 467 Abs. 1 und Abs. 5), 153b Abs. 2, 153e Abs. 2, 154b Abs. 4,[33] 206a,[34] 206b, 383 Abs. 2, 390 Abs. 5. Voraussetzung für die Notwendigkeit einer Kostenentscheidung ist nicht, dass die Untersuchung einstellende Entscheidung die Strafklage endgültig verbraucht. Daher sind zB auch Einstellungen gem. § 206a wegen örtlicher Unzuständigkeit mit einer Kostenentscheidung zu versehen.[35] Das Gleiche gilt bei nachholbaren Prozessvoraussetzungen. Keine Kostenentscheidung ergeht aber bei einer Einstellung wegen vorübergehenden Hindernissen gem. § 205.[36] Keine Kostenentscheidung ergeht des Weiteren, wenn die Hauptverhandlung ausgesetzt oder das Verfahren an das zuständige Gericht abgegeben wird.[37]

8   **a) Einstellungsentscheidung gem. § 154 Abs. 2.** Auch eine Einstellungsentscheidung gem. § 154 Abs. 2 ist stets mit einer Kostenentscheidung zu versehen,[38] denn ihre endgültige Natur wird nicht dadurch negiert, dass der Gesetzestext diese als „vorläufig" bezeichnet, da damit lediglich auf die Wiederaufnahmemöglichkeit gem. § 154 Abs. 3 – Abs. 5 verwiesen wird.[39] Nach gegenteiliger Auffassung sind Einstellungsentscheidungen gem. § 154 Abs. 2 ohne Kostenentscheidungen zu treffen.[40] Des Weiteren wird vertreten, dass eine Einstellungsentscheidung gem. § 154 Abs. 2 nur dann mit einer Kostenentscheidung zu versehen sei, wenn sie im Hinblick auf eine wegen einer anderen Tat bereits rechtskräftig erkannten Strafe oder Maßregel der Besserung oder Sicherung erfolge, da die Einstellung nur dann einer endgültigen gleich käme. Erfolge die Einstellung dagegen mit Rücksicht auf ein anderweitig rechtshängiges Strafverfahren, so könne eine Kostenentscheidung zunächst nicht getroffen werden, diese müsse vielmehr nachgeholt werden, wenn das vorläufig eingestellte Verfahren nicht binnen drei Monaten nach Rechtskraft des wegen der anderen Tat ergangenen Urteils wieder aufgenommen worden sei (§ 154 Abs. 3 und Abs. 4).[41]

9   **b) Beschränkung der Strafverfolgung gem. § 154a Abs. 2.** Bei Beschränkung der Strafverfolgung gem. § 154a Abs. 2 ist der Beschluss grundsätzlich nicht mit einer Kostenentscheidung zu verbinden, da es sich um eine vorläufige Einstellung handelt.[42] Etwas anderes gilt ausnahmsweise dann, wenn zB nach Teilrechtskraft bzgl. der übrigen Tatteile durch einen Beschluss gem. § 154a Abs. 2 das Verfahren insgesamt abgeschlossen wird oder sich die Beschränkung auf einzelne materiell-rechtlich selbständige Teile der Tat (§ 264) bezieht.[43] Entsprechend dem Vorstehenden ist auch bei § 430 Abs. 1 grundsätzlich keine Kostenentscheidung veranlasst.[44]

10   **6. Abschließende Entscheidungen in verselbständigten Verfahrensabschnitten oder Zwischenverfahren.** Auch diese Entscheidungen müssen mit einer Kostenentscheidung versehen werden.[45] Gemeint sind Beschlüsse, die ein vom gewöhnlichen Verfahren ablösbares, unterschiedenes und damit verselbständigtes Verfahren zum Abschluss bringen.[46] Hierzu zählen zB die Ausschließung

---

[32] OLG Koblenz v. 11. 9. 1989 – 2 Ws 149/88, NStZ 1990, 48; KG Berlin v. 12. 11. 1997 – 3 Ws 278/96, Zs 840/96; BrandburgOLG 4. 11. 2004 – 2 Ws 237/03, OLG-NL 2005, 70 (71) mwN.
[33] OLG Hamburg v. 27. 1. 1981 – 1 Ws 26/81, MDR 1981, 604 mAnm *Megede*; OLG Hamburg v. 19. 12. 1984 – 2 Ws 611/84, MDR 1985, 604; siehe auch OLG Düsseldorf v. 30. 11. 1989 – 3 Ws 873/89, MDR 1990, 568.
[34] OLG Frankfurt v. 3. 3. 2006 – 3 Ws 61/06, NStZ-RR 2006, 159: Löwe/Rosenberg/*Hilger* Rn. 6.
[35] KMR/*Stöckel* Rn. 10; aA LG Nürnberg-Fürth v. 4. 2. 1971 – 7 Qs 40/71, NJW 1971, 1281.
[36] HK-StPO/*Krehl* Rn. 6; KK-StPO/*Franke* Rn. 2.
[37] HK-StPO/*Krehl* Rn. 6; KK-StPO/*Franke* Rn. 2.
[38] BGH v. 23. 3. 1996 – 1 StR 685/95, BGHSt 42, 103 = NJW 1996, 2518 (2519); OLG Stuttgart v. 15. 11. 1997 – 1 Ws 197/07, NStZ-RR 1998, 95 (96); Löwe/Rosenberg/*Hilger* Rn. 11 – 13; *Seier* NStZ 1982, 270 (271); HK-StPO/*Krehl* Rn. 4.
[39] KK-StPO/*Schoreit* § 154 Rn. 27 mwN; KMR/*Stöckel* Rn. 12.
[40] OLG München v. 17. 7. 1974 – 2 Ws 361/74, NJW 1975, S. 68ff.; OLG München 4. 12. 1980 – 2 Ws 1199, 1200/80 K, NStZ 1981, 234.
[41] OLG Karlsruhe v. 21. 11. 1974 – 1 Ws 355/74, NJW 1975, 321; OLG Celle v. 21. 3. 1974 – 2 Ws 43/74, MDR 1974, 687; OLG Karlsruhe v. 21. 11. 1974 – 1 Ws 355/74, NJW 1975, 321; OLG Karlsruhe v. 28. 2. 1980 – 2 Ws 23/80, Die Justiz 1980, 209; OLG Celle v. 30. 12. 1982 – 2 Ws 239/91, OLGSt StPO § 397 Nr. 2, OLG Hamm v. 23. 2. 1983 – 1 Ws 10/83, OLG Stuttgart v. 17. 10. 1991 – 2 Ws 239/91, NJW 1992, 1640; KK-StPO/*Franke* Rn. 2.
[42] BGH v. 17. 3. 1992 – 4 StR 34/92 = StV 1993, 135; *D. Meyer* JurBüro 1984, 343 (345); KK-StPO/*Schoreit* § 154a Rn. 16; KK-StPO/*Franke* Rn. 2.
[43] BGH v. 15. 6. 1993 – 4 StR 287/93, BGHR StPO § 154a Kostenentscheidung 1; OLG Frankfurt aM v. 19. 3. 1982 – 2 Ws 75/82, MDR 1982, 1042; LG Mainz v. 17. 11. 1987 – 8 Js 4896/82, Rpfleger 1988, 203; Löwe/Rosenberg/*Hilger* Rn. 14; KK-StPO/*Franke* Rn. 2.
[44] Löwe/Rosenberg/*Hilger* Rn. 10.
[45] OLG Düsseldorf v. 18. 1. 1989 – 2 Ws 609/88, NStE Nr. 15 zu § 464; KK-StPO/*Franke* Rn. 3.
[46] Vgl. auch KMR/*Stöckel* Rn. 14.

gem. §§ 138a ff.,⁴⁷ wobei § 465 Abs. 1 bei Ausschließung und § 467 Abs. 1 bei deren Ablehnung zur Anwendung kommt,⁴⁸ die Zurückverweisung gem. § 146a⁴⁹ und die Verwerfung des Antrags auf Wiedereinsetzung gem. § 46 Abs. 2 (s. auch § 473 Abs. 7).⁵⁰

a) Unselbständige Anordnungen. Ohne Kostenentscheidung ergehen die unselbständigen Anordnungen und Teilentscheidungen innerhalb des Verfahrens, zB Ablehnung staatsanwaltlicher Anträge auf gerichtliche Zwangsmaßnahmen (§§ 81, 81a; 94 ff.; 100a f.; 102 ff.; 111a; 112, 126a), Richterablehnung.⁵¹ Bei Aufhebung und Außervollzugsetzung eines Haftbefehls auf Antrag des Beschuldigten und Antrag des Betroffenen auf gerichtliche Entscheidung bei Beschlagnahme gem. § 98 Abs. 2 S. 2 siehe § 473a. Ferner ergeht der Beschluss, durch den das Gericht die Wiederaufnahme des Verfahrens und die Erneuerung der Hauptverhandlung anordnet (§ 370 Abs. 2) ohne Kostenentscheidung; diese bleibt der neuen Hauptverhandlung vorbehalten.⁵² **11**

b) Nachtragsentscheidungen der Strafvollstreckungskammer. Nach verbreiteter Rspr.⁵³ sind die „erstinstanzlichen", die Vollstreckung betreffenden Nachtragsentscheidungen der Strafvollstreckungskammer – zB zu § 458 Abs. 1 und Abs. 3, zu §§ 57, 57a StGB (Aussetzung des Strafrestes), zu §§ 56f. Abs. 1, 57 Abs. 3 S. 1 1. Hs. StGB bzw. § 67g StGB (Ablehnung eines staatsanwaltlichen Antrags auf Widerruf der Straf- bzw. Unterbringungsaussetzung) und zu §§ 56e StGB, 453, ferner zu §§ 56g Abs. 1, 57 Abs. 3 S. 1, 59 Abs. 2, 67c Abs. 2 S. 5, 68e Abs. 1, 68f Abs. 2 StGB –⁵⁴ nicht mit einer Kostenentscheidung zu versehen. Danach gilt weiterhin die Kostenentscheidung des (schuldig) sprechenden Urteils gem. § 465, weil gem. § 464a Abs. 1 S. 2 zu den Kosten des Verfahrens auch die Kosten der Vollstreckung einer Rechtsfolge der Tat gehören.⁵⁵ Ob die Nachtragsentscheidung zu Gunsten oder zu Ungunsten des Verurteilten ausfällt, zB ob die Vollstreckung der Strafreste zur Bewährung ausgesetzt oder dies abgelehnt wird, ist nach der Rspr. nicht entscheidend. Aus denselben Gründen hat das OLG Celle⁵⁶ bei einer Rücknahme des Antrags auf Widerruf einer bedingten Entlassung seitens der StA eine Auferlegung der notwendigen Auslagen des Verurteilten zulasten der Staatskasse verneint. Das Widerrufsverfahren sei weder ein selbständiger Verfahrensabschnitt noch ein unabhängiges Zwischenverfahren, vielmehr müsse der Verurteilte die Kosten seiner Verurteilung und die ihm daraus erwachsenen notwendigen Auslagen selbst tragen. *Hilger*⁵⁷ hält dieser Rspr. entgegen, die Regelung des § 464a Abs. 1 S. 2 schließe eine Kostenentscheidung bei „erstinstanzlichen" Nachtragsentscheidungen im Vollstreckungsverfahren nicht per se aus, es sei vielmehr eine Frage der Auslegung, ob ein Nachtragsverfahren noch Teil der Vollstreckung iSv. §§ 464, 464a Abs. 1 sei bzw. ob die Kosten der Vollstreckung gem. § 464a Abs. 1 S. 2 nur die Kosten des üblichen Vollstreckungsverlaufs seien und nicht die eines Vollstreckungsnachverfahrens umfassen würden, weil es hier einer eigenen Kostenentscheidung bedürfe. Nach *Hilger* handelt es sich bei einer Nachtragsentscheidung gem. §§ 462, 462a, 463 Abs. 5 (zB im Zusammenhang mit § 67c StGB) um eine Untersuchung einstellende Entscheidung iSv. Abs. 1. Dies deswegen, weil das Verfahren gem. §§ 462 ff. nach Rechtskraft des Urteils durchgeführt werde, rechtlich selbständig ausgestaltet sei und die Entscheidung in nicht unwesentlichen Teilen nach Gesichtspunkten erfolge, die sich nicht aus dem Urteil der Hauptsache ergeben, sondern erst zu ermitteln seien und schließlich auch Anwaltsgebühren entstünden.⁵⁸ Auch schon aus Gründen der materiellen Kostengerechtigkeit – so *Hilger* – müsse der Staatskasse gem. §§ 465 Abs. 2 analog, 467 analog die Auslagen überbürdet werden, wenn die Untersuchung zu Gunsten des Verurteilten ausgehe. **12**

---

⁴⁷ OLG Koblenz v. 3. 12. 1979 – 1 Ausschl 2/79, JR 1980, 477 ff.; KG v. 1. 9. 1980 – 4 Ws 24/80, AnwBl. 1981, 116; OLG Bremen NJW v. 4. 12. 1980 – BL 337/80, 1981, 2711; OLG Stuttgart, v. 4. 6. 2003 – 1 Ws 135/05, BeckRS 2003, 05377 mwN = wistra 2003, 358 = Die Justiz 2003, 643; *Seier* NStZ 1982, 270 (271); *Rieß* NStZ 1981, 328 (332).
⁴⁸ KMR/*Stöckel* Rn. 14.
⁴⁹ OLG Stuttgart v. 4. 6. 2003 – 1 Ws 135/05, wistra 2003, 358 mwN.
⁵⁰ HK-StPO/*Krehl* Rn. 5.
⁵¹ OLG Düsseldorf v. 14. 8. 1987 – 2 Ws 361/87, NStZ 1988, 194 mAnm *Wasserburg;* OLG Brandenburg v. 18. 1. 2007 – 2 Ws 12/07, StV 2007, 363; OLG Brandenburg v. 14. 6. 2007 – 2 Ws 151/07, BeckRS 2007, 12796; HK-StPO/*Krehl* Rn. 5; KMR/*Stöckel* Rn. 15.
⁵² Meyer-Goßner § 473 Rn. 37.
⁵³ KG v. 23. 1. 1989 – 5 Ws 502/88, NStZ 1989, 490 mAnm *Hilger;* OLG Düsseldorf v. 8. 10. 1990 – 3 Ws 813/90, MDR 1991, 557 f.; OLG Karlsruhe v. 9. 10. 1997 – 2 Ws 116/97, NStZ 1998, 272; OLG Braunschweig v. 25. 1. 2001 – Ws 9/01, NStZ-RR 2001, 185; OLG Karlsruhe v. 17. 4. 2003 – 1 Ws 229/02, NStZ-RR 2003, 350; OLG Frankfurt v. 31. 5. 2005 – 2 Ws 45/05, NStZ-RR 2005, 253; ebenso im Erg. OLG Hamm v. 26. 1. 1984 – 1 VAs 48/84, NStZ 1984, 332; OLG Stuttgart v. 6. 3. 1992 – 4 Ws 47/92, Justiz 1992, 163; OLG Celle 1. 7. 1994 – 2 Ss 130/94, StV 1994, 494, aA OLG Hamm v. 28. 11. 1983 – 4 Ws 243/83, NStZ 1984, 288.
⁵⁴ KMR/*Stöckl* Rn. 15.
⁵⁵ Anders zu Gutachterkosten bei § 57a StGB OLG Hamm v. 4. 9. 2000 – 2 Ws 189/00, StV 2001, 32.
⁵⁶ OLG Celle v. 12. 11. 1987 – 1 Ws 340/87, NStZ 1988, 196; s. auch OLG Köln v. 10. 6. 1999 – 2 Ws 272/99, NStZ 1999, 534 f.
⁵⁷ Löwe/Rosenberg/*Hilger* Rn. 8; *Hilger* Anm. zu KG v. 23. 1. 1989 – 5 Ws 502/88, NStZ 1989, 490.
⁵⁸ Nr. 4200 VV/RVG.

13 c) **Beschwerdeentscheidungen im Zwischenverfahren.** Diese Entscheidungen sind mit einer Kostenentscheidung zu versehen.[59] Namentlich Beschwerdeentscheidungen betr. Sicherungshaftbefehl (§ 453 c),[60] Bestellung eines Pflichtverteidigers,[61] Untersuchungshaft bzw. deren Vollzug,[62] Strafaussetzung zur Bewährung (§ 57 StGB),[63] vorläufige Entziehung der Fahrerlaubnis,[64] Wiederaufnahmeverfahren[65] und Arrest.[66] Die Kostenentscheidung des Beschwerdegerichts ist endgültig und wird vom Ausgang des Hauptsacheverfahrens nicht tangiert.[67]

14 **7. Selbständige Kostenentscheidung.** Eine Kostenentscheidung ohne Hauptentscheidung ist ausnahmsweise dann zulässig, wenn das Verfahren ohne gerichtliche Entscheidung abgeschlossen wird und eine an sich erforderliche Kostenentscheidung deshalb fehlt. So muss etwa über die notwendigen Auslagen des Nebenklägers (§ 472 Abs. 1 S. 1) eine isolierte Kostenentscheidung ergehen, wenn der Angeklagte seinen Einspruch gegen einen Strafbefehl zurücknimmt (§ 411 Abs. 3 S. 1).[68] Auch bei Einspruchsverwerfung gem. § 412 gilt das Vorstehende entsprechend.[69] Ferner ergeht eine isolierte Kostenentscheidung bei Zurücknahme eines Rechtsmittels (§ 473 Abs. 1 S. 1).[70] Zuständig für den Erlass der isolierten Kostenentscheidung ist dasjenige Gericht, bei dem sich im Zeitpunkt der Rechtsmittelrücknahme die Akten befinden. Wird zB die Revision zurückgenommen, bevor die Akten dem Revisionsgericht auf dem in der StPO vorgesehen Weg zur Entscheidung zugegangen sind, so entscheidet das Landgericht über die Kosten und Auslagen.[71] Im Übrigen sehen nur die §§ 467a, 469 Abs. 2, 470 eine Kostenentscheidung ohne Hauptentscheidung vor.[72]

15 **8. Verjährung.** Die Verpflichtung des rechtskräftig Verurteilten zur Kostenzahlung unterliegt denselben Verjährungsvorschriften wie die Verfolgung der ihr zugrunde liegenden Straftat. Tritt Verjährung erst nach Rechtskraft des Schuld- und Strafausspruchs ein, so beschränkt sich die Einstellung auf das Kostenverfahren.[73]

III. Auslagenentscheidung (Abs. 2)

16 Abs. 2 weicht in seiner Wortwahl von Abs. 1 insofern ab, als in Abs. 2 lediglich der Ort bestimmt wird, wo eine Auslagenentscheidung zu ergehen hat,[74] nämlich in verfahrensabschließenden Urteilen oder Beschlüssen. Die unterschiedliche Wortwahl ist lediglich durch die Entstehungsgeschichte bedingt: Abs. 2 wurde durch das EGOWiG 1968[75] in die Vorschrift eingefügt und hob den Unterschied zwischen Freispruch „erster und zweiter Klasse" auf, mit der Folge, dass die Entscheidung über die Auslagen nicht mehr in einem gesonderten Beschluss nach Rechtskraft des Urteils, sondern in diesem selbst zu treffen ist. Daher ist in Abs. 2 der Ort der Entscheidung über die notwendigen Auslagen hervorgehoben. Der Unterschied zwischen den Absätzen bezieht sich mithin nicht auf unterschiedliche Verfahrensstadien, sondern auf die Notwendigkeit einer Entscheidung überhaupt. Während die Entscheidung über die Kosten gem. Abs. 1 ergehen muss, wird die Entscheidung über die notwendigen Auslagen nur ausgesprochen, wenn eine solche Erstattung in Frage kommt.[76]

17 **1. Ausdrückliche Auslagenentscheidung.** Nach hM ist ohne ausdrückliche Auslagenentscheidung eine Erstattung nicht möglich, da Kostenentscheidungen nicht auslegungsfähig sind bzw. nur ausdrücklich Ausgesprochenes einen Auslageanspruch entstehen lässt.[77] Demzufolge verbleibt bei

---

[59] Ausführlich hierzu auch *Huber* NStZ 1985, 18 ff.
[60] OLG Oldenburg v. 3. 9. 2007 – 1 Ws 478/07, NdsRpfl 2007, 384.
[61] BayObLG v. 23. 9. 2004 – 6 St ObWs 3/04, BayObLGSt 2004, 118 = StV 2006, 6 mwN.
[62] *Huber* NStZ 1985, 18 ff.
[63] KK-StPO/*Franke* Rn. 3.
[64] LG Hamburg v. 30. 11. 1972 – (33) Qs 1142/72, NJW 1973, 719; LG Trier v. 16. 1. 2008 – 1 Qs 2/08, BeckRS 2008, 01673; KK-StPO/*Franke* Rn. 3; aA OLG Frankfurt aM v. 7. 9. 1981, 2 Ws 189/80, MDR 1982, 954.
[65] KG v. 28. 2. 2005 – 5 Ws 673/04 BeckRS 2005, 11576.
[66] OLG Stuttgart v. 4. 6. 2003 – 1 Qs 135/05 wistra 2003, 358.
[67] *Huber* NStZ 1985, 18 (19); KK-StPO/*Franke* Rn. 3.
[68] LG Rottweil v. 4. 3. 1988 – Qs 16/88, Justiz 1988, 172; LG Mainz v. 6. 3. 1990 – 1 Qs 362/89 und 307 Js 18688/88; LG Zweibrücken v. 28. 11. 1991 – 1 Qs 140/91, Rpfleger 1992, 128.
[69] KMR/*Stöckel* Rn. 15; aA LG Berlin v. 23. 6. 1988 – 515 Qs 33/88, NStE Nr. 16 zu § 464 StPO.
[70] OLG Hamm v. 5. 10. 1972 – 4 Ars 46/72, NJW 1973, 772; HK-StPO/*Krehl* Rn. 9.
[71] BGH v. 19. 12. 1958 – 1 StR 485/58, BGHSt 12, 217 = NJW 1959, 348 (349); BGH, 2. 6. 1992 – 5 ARs 30/92, NJW 1992, 2306.
[72] HK-StPO/*Krehl* Rn. 9.
[73] OLG Hamm v. 25. 1. 1967 – 3 Ss 855/65, NJW 1967, 1380; für Einstellung des gesamten Verfahrens OLG Hamm v. 18. 3. 1977 – 4 Ws 82/77, JMBl. NW 1977, 251.
[74] *Pfeiffer* Rn. 4.
[75] Gesetz v. 24. 5. 1968, BGBl. I S. 503.
[76] *Wasserburg* Anm. zu OLG Düsseldorf v. 14. 8. 1987 – 2 Ws 361/87, NStZ 1988, 194, 195.
[77] OLG Hamm v. 3. 9. 1973 – 4 Ws 170/73, NJW 1974, 71; OLG München v. 26. 11. 1985 – 2 Ws 1414/85, JurBüro 1986, 1537; OLG Düsseldorf v. 17. 7. 1985 – 2 Ws 262/85, MDR 1986, 76; OLG Stuttgart v. 28. 4. 1993 – 1

unpräzisen Auslagenentscheidungen allein die Möglichkeit der sofortigen Beschwerde gem. Abs. 3. Demgegenüber vertritt eine Mindermeinung,[78] dass der Ausspruch, wonach der Angeklagte „auf Kosten der Staatskasse" freigesprochen wird, im Wege der Auslegung einen Auslagenerstattungsanspruch begründen würde. Unbeschadet dessen, dass zwar das Gericht gem. Abs. 2 im Urteil die Entscheidung darüber, wer die notwendigen Auslagen trägt, zu treffen habe und dies für eine am Wortlaut des Abs. 2 orientierte präzise Formulierung spreche, sei gleichwohl das Gericht bei der Auslagenentscheidung nicht zu einer bestimmten Wortwahl gezwungen. Die StPO schließe nach ihrem systematischen Zusammenhang bei keiner Gerichtsentscheidung die Anwendung der allgemeinen Auslegungsgrundsätze aus, sondern sehe – etwa in § 458 Abs. 1[79] – ausdrücklich die Auslegung vor. Diese Mindermeinung ist für den Betroffenen zweischneidig, denn legt er gegen eine unpräzise Kostenentscheidung sofortige Beschwerde ein, trägt er das Kostenrisiko, wenn das Gericht die Auslagenentscheidung in seinem Sinne auslegt und das Rechtsmittel dann mangels Beschwer unzulässig ist; einen Ausweg eröffnet in diesen Situationen allenfalls § 458 Abs. 1.

2. Tod des Angeklagten vor rechtskräftigem Verfahrensabschluss. In dieser Situation ist es umstritten, ob eine Auslagenentscheidung getroffen werden kann, so dass – im Falle der Nichtanwendung des § 467 Abs. 3 Nr. 2, sondern Überbürdung auf die Staatskasse – die Erben von den zu Lebzeiten des Angeklagten entstandenen Verteidigerkosten entlastet werden. Dieser Fall ist gesetzlich nicht ausdrücklich geregelt; in § 465 Abs. 3 ist nämlich lediglich bestimmt, dass bei Tod eines Verurteilten vor eingetretener Rechtskraft des Urteils der Nachlass nicht für die Verfahrenskosten haftet. Die Beantwortung der Streitfrage hängt davon ab, ob durch den Tod des Angeklagten vor rechtskräftigem Verfahrensabschluss das gerichtliche Strafverfahren „ohne weiteres von selbst" beendet ist und ein an sich unnötiger Einstellungsbeschluss allenfalls deklaratorische Bedeutung hat[80] oder ob zwingend ein Einstellungsbeschluss gem. § 206 a Abs. 1 mit konstitutiver Wirkung ergehen muss,[81] um das Strafverfahren förmlich zu beenden.[82] Nur bei einer (konstitutiven) abschließenden Entscheidung kann gem. Abs. 2 eine Auslagen- (und gem. Abs. 1 Kosten-)Entscheidung getroffen werden. Geht man von einem lediglich deklaratorischen Einstellungsbeschluss aus, kommt eine Kostengrundentscheidung und dementsprechend eine mögliche Umverteilung der Auslagen von vornherein nicht in Betracht. Mit *Rau*[83] ist eine Auslagenentscheidung und -erstattung in diesen Fällen abzulehnen, da das Verfahrensende unmittelbar durch den Tod des Angeklagten endet, ohne dass es hierzu noch einer Willensentscheidung der Strafverfolgungsbehörden bedürfte. Ein Beschluss, der die Einstellung des Verfahrens ausspricht, ist lediglich deklaratorischer Natur. Dieses Ergebnis mag manchen unbillig erscheinen; bedacht werden sollte aber auch, dass so bei einer nichtrechtskräftigen Verurteilung keine Anreize gesetzt werden, durch eine Selbsttötung die Erben finanziell entlasten zu wollen.

IV. Form der Kostenentscheidung

Knüpft die Kostenentscheidung an besondere Voraussetzungen, wie zB schuldhafte Säumnis gem. § 467 Abs. 2 an,[84] ist hierzu den Beteiligten gem. § 33 Abs. 1 **rechtliches Gehör** zu gewähren. Die Kostenentscheidung ist gem. § 34 zu **begründen,** wenn sie anfechtbar oder wenn für die Kostenentscheidung (ausnahmsweise) ein Antrag erforderlich ist (§§ 467 a, 469) und dieser abgelehnt wird.[85] Gem. § 35 ist die Kostenentscheidung mit einer **Rechtsmittelbelehrung** zu versehen. Entgegen *Meyer-Goßner*[86] ist auch die Kostenentscheidung in einem Strafbefehl nicht nur bei Anwendung des § 465 Abs. 2 mit einer Belehrung über die sofortige Beschwerde gem. Abs. 3

Ws 10/93, StV 1993, 651 f.; OLG Karlsruhe v. 17. 12. 1996 – 2 Ws 214/96, NStZ-RR 1997, 157 f.; KG v. 26. 2. 2004 – 5 Ws 696/03, NStZ-RR 2004, 190; OLG Rostock v. 1. 3. 2007 – 1 Ws 413/06 mwN; LG Kaiserslautern v. 28. 2. 2005 – 8 Qs 4/05, NJOZ 2005, 2053 (2054).

[78] OLG Naumburg v. 17. 1. 2001 – 1 Ws 13/01; NStZ-RR 2001, 189; s. auch OLG Düsseldorf v. 12. 1. 1994 – 2 Ws 593/93, StV 1995, 146 f.; OLG Oldenburg v. 20. 6. 2002 – 1 Ws 252/02, StV 2003, 174 f.
[79] Siehe Rn. 26.
[80] BGH v. 9. 11. 1982 – 1 StR 687/81, NJW 1983, 463; BGH v. 3. 10. 1986 – 2 StR 193/86, BGHSt 34, 184 = NJW 1987, 661.
[81] BGH v. 8. 6. 1999 – 4 StR 595/97, BGHSt 45, 108 = NJW 1999, 3644; OLG Celle, 28. 5. 2002 – 1 Ws 132/02, NJW 2002, 3720 mwN; *Pfeiffer* Rn. 5; ausführlich hierzu *Laubenthal/Mitsch* NStZ 1988, 108 ff., die sich für eine Entscheidung nach § 467 Abs. 3 Nr. 2 aussprechen.
[82] BVerfG v. 23. 10. 1975 – 2 BvR 722/75 (mitgeteilt bei OLG München, JurBüro 1976, 790), hat zu dieser Streitfrage lediglich geäußert, dass der generelle Ausschluss der Auslagenerstattung im Falle des Todes des Beschuldigten vor rechtskräftigem Verfahrensabschluss verfassungsrechtlich unbedenklich und eine Frage des einfachen Rechts sei.
[83] *Rau* Anm. zu OLG München v. 5. 11. 2002 – 2 Ws 62/02, NStZ 2003, 502 ff.
[84] KMR/*Stöckel* Rn. 5, weitere Bsp.: §§ 465 Abs. 2, 467 Abs. 3 und 4, 467a Abs. 2, 469 Abs. 1 S. 2, 470 S. 2, 472 Abs. 1 S. 2, Abs. 2; 472a Abs. 2, 473 Abs. 3, 4, 6.
[85] Löwe/Rosenberg/*Hilger* Rn. 3.
[86] *Meyer-Goßner* § 409 Rn. 8.

S. 1 zu versehen, denn die sofortige Beschwerde kann gerade auch auf die Nichtanwendung der Kostenteilung gestützt werden.[87]

V. Rechtsmittel (Abs. 3)

20 In Abs. 3 ist die Art des statthaften Rechtsmittels gegen Kostengrundentscheidungen geregelt:[88] Die **sofortige Beschwerde**. Diese ist davon abhängig, ob die Hauptsachenentscheidung der Anfechtung unterliegt und die betroffene Person – unabhängig von der Frage der Beschwer – zur Einlegung des Rechtsmittels befugt ist.[89] Ist dies nicht der Fall, ist auch eine Anfechtung der Kosten- und Auslagenentscheidung nicht möglich.[90]

21 **1. Nicht Berufung oder Revision.** Die Kostengrundentscheidung als solche kann – sei es neben einem Rechtsmittel gegen die Hauptentscheidung, sei es allein – nicht durch Einlegung der Berufung oder Revision angegriffen werden, zumal zB die Voraussetzungen der §§ 465 Abs. 2, 466, 467 Abs. 3 ohnehin nicht Gegenstand einer Sach- oder Verfahrensrüge seien können.[91] Auch die Einlegung eines unbenannten Rechtsmittels gegen die Hauptentscheidung reicht zum Angriff der Kostenentscheidung nicht aus. Die Kostenentscheidung kann nur mit der sofortigen Beschwerde nach Abs. 3 angefochten werden.[92] Die Rechtsmittel gegen die Hauptentscheidung haben allerdings insofern Auswirkung auf den Bestand der Kostenentscheidung, als dass bei einer erfolgreichen Anfechtung der Hauptentscheidung durch deren Änderung zugleich die Grundlage für die ursprüngliche Kostenentscheidung wegfällt und letztere keinen Bestand hat, ohne dass gegen sie sofortige Beschwerde eingelegt worden wäre. Dass unbeschadet des Vorstehenden Berufung und Revision nicht zu einer eigenständigen Überprüfung der Kostenentscheidung führen, zeigt sich etwa bei der Verwerfung eines Rechtsmittels.[93] Bleibt nämlich das Rechtsmittel zur Hauptsache erfolglos und damit die Hauptentscheidung bestehen, wird die Kostenentscheidung nur dann noch vom Rechtsmittelgericht überprüft, wenn der Rechtsmittelführer zum Ausdruck gebracht hat, (hilfsweise) solle die Kostenentscheidung auch im Falle der Erfolglosigkeit des Rechtsmittels überprüft werden, da die Kostenentscheidung auch unter dieser Prämisse rechtswidrig sei.[94] Ist die Hauptentscheidung selbst mittels sofortiger Beschwerde anfechtbar, wie zB der Einstellungsbeschluss gem. § 206 a Abs. 2,[95] umfasst die sofortige Beschwerde nur dann die Kosten- und Auslagenentscheidung, wenn dies auch deutlich gemacht wurde.[96] Unbeschadet des Vorstehenden ist ein auf die Kostenentscheidung beschränktes Rechtsmittel trotz falscher Bezeichnung gem. § 300 als sofortige Beschwerde auszulegen.

22 **2. Nicht Kostenfestsetzungsantrag.** Die Anfechtung einer Kostengrundentscheidung mittels eines Kostenfestsetzungsantrags scheidet ebenfalls aus, da ein solcher Antrag regelmäßig nicht in eine sofortige Beschwerde umgedeutet werden kann, da es am erforderlichen Anfechtungswillen fehlt.[97] Allerdings wurde teilweise von der Rspr. der Anfechtungswille wie folgt konstruiert: Der Freigesprochene verfolge mit seinem Kostenfestsetzungsantrag das Ziel, die ihm nach dem Kostenrecht zustehenden Auslagen zu erhalten. Da er sein Begehren erfolgreich nur mit dem Rechtsmittel der sofortigen Beschwerde gegen die unterlassene Auslagenentscheidung durchsetzen könne, sei der Antrag gem. § 300 als sofortige Beschwerde auszulegen.[98]

23 **3. Nicht Rechtsmittelverzicht.** Wurde wirksam ein uneingeschränkter Rechtsmittelverzicht gegen die Hauptsacheentscheidung erklärt (§ 302), erfasst dieser grundsätzlich auch die Kostenent-

---

[87] LG Bamberg v. 16. 3. 1973 – Qs 43/73, NJW 1973, 1144 (1145); Löwe/Rosenberg/*Gössel* § 409 Rn. 34; KK-*Fischer* § 409 Rn. 9; HK-*Kurth* § 409 Rn. 11.
[88] OLG Zweibrücken v. 19. 8. 1986 – 2 Ws 19/86, NStZ 1987, 425.
[89] BT-Drucks. X/1313 S. 40; KK-StPO/*Franke* Rn. 8.
[90] OLG Hamm v. 25. 2. 1998 – 2 Ws 13/98; NStZ-RR 1999, 54.
[91] KMR/*Stöckel* Rn. 21; Löwe/Rosenberg/*Hilger* Rn. 43.
[92] BGH v. 8. 12. 1972 – 2 StR 29/72, BGHSt 25, 77 = NJW 1973, 336; BGH v. 26. 9. 2007 – 2 StR 326/07, BeckRS 2007, 16433; BayObLG v. 27. 9. 1973 – GSSt 1/73, NJW 1974, 199.
[93] *Leipold*, Anwaltsvergütung in Strafsachen, 2004, Rn. 673.
[94] BayObLG v. 27. 9. 1973 – GSSt 1/73, NJW 1974, 199 (201); OLG München v. 18. 9. 1979 – 3 Ws 71/79, JR 1981, 126; *Leipold*, Anwaltsvergütung in Strafsachen, 2004, Rn. 673; *Pfeiffer* Rn. 7.
[95] Zur Statthaftigkeit der sofortigen Beschwerde gegen die Auslagenentscheidung nach Verfahrenseinstellung gem. § 206 a OLG Jena v. 17. 5. 2006 – 1 Ws 174/06, BeckRS 2006, 09096 mwN = NStZ-RR 2006, 311; siehe auch OLG Zweibrücken v. 19. 8. 1986 – 2 Ws 19/86, NStZ 1987, 425 ff. mAnm *Kusch*.
[96] Löwe/Rosenberg/*Hilger* Rn. 35.
[97] OLG Düsseldorf v. 6. 11. 1990 – 2 Ws 577/90 , NStE Nr. 4 zu § 300 StPO, KG v. 26. 2. 2004 – 5 Ws 696/03, NStZ-RR 2004, 190; KG v. 14. 8. 2007 – 1 Ws 107/07, BeckRS 2008, 00627; LG Kaiserslautern v. 28. 2. 2005 – 8 Qs 4/05, NJOZ 2005, 2053; LG Arnsberg v. 9. 2. 2007 – 2 Qs 18/07, BeckRS 2007, 06292.
[98] OLG Stuttgart v. 28. 4. 1993 – 1 Ws 10/93, StV 1993, 651; zustimmend und erweitert auf offensichtlich falsche Kostengrundentscheidungen LG Zweibrücken v. 9. 7. 2008 – Qs 79/08, NStZ-RR 2008, 359 (360); KMR/*Stöckel* Rn. 2.

scheidung. In diesen Fällen ist daher die sofortige Beschwerde unzulässig.[99] Bei Anwesenheit eines Verteidigers ist eine auf die sofortige Beschwerde bezogene Rechtsmittelbelehrung nicht Voraussetzung für die Verzichtswirkung, vielmehr kann die Reichweite der Verzichtserklärung durch Auslegung ermittelt werden.[100]

4. Offenbare Unrichtigkeiten (Ausnahme). Der Grundsatz, dass Kostenentscheidungen nur mit der sofortigen Beschwerde angegriffen werden können, gilt nicht ausnahmslos. Vielmehr können offenbare Unrichtigkeiten wie Schreibfehler oder offensichtliche Fassungsversehen im Urteilstenor iSv. § 319 Abs. 1 ZPO analog per Nachtragsbeschluss korrigiert werden.[101] Die Fälle einer ausnahmsweisen Korrektur der Kosten- und Auslageentscheidung im Wege des Nachtragsbeschlusses sind jedoch restriktiv zu handhaben. Fehlt eine Kosten- und Auslagenentscheidung, ist ein Nachtragsbeschluss grundsätzlich unzulässig, da mit dem Fehlen stillschweigend entschieden ist, dass eine Kosten- und Auslagenerstattung nicht erfolgt und eine vermeintliche „Ergänzung" per Nachtragsbeschluss tatsächlich eine Abänderung der Entscheidung darstellen würde, was unvereinbar mit Abs. 3 wäre und – bei bereits unanfechtbaren Entscheidung – gegen die Sperrwirkung der formellen Rechtskraft der Entscheidung verstoßen würde. Ergeht dennoch ein unzulässiger Nachtragsbeschluss, ist dieser allerdings ggf. gem. Abs. 3 S. 1 selbst anfechtbar; ist er unanfechtbar, ist der Mangel der Zulässigkeit geheilt.[102] 24

5. Nachverfahren (Ausnahme). Auch im Wege des Nachverfahrens (§ 33 a) ist eine Korrektur der Auslagenentscheidung möglich,[103] zB wenn das Gericht das Verfahren endgültig gem. § 153 a Abs. 2 eingestellt und entgegen § 472 Abs. 2 S. 2 iVm. Abs. 1 S. 1 keine Entscheidung über die notwendigen Auslagen des nebenklageberechtigten Verletzten getroffen hat.[104] Entsprechendes gilt bei gerichtlichen Einstellungen zB nach § 153 a.[105] Ergeht ein Strafbefehl und versäumt das Gericht entgegen § 472 Abs. 3 S. 1 iVm. Abs. 1 S. 1 dem Angeklagten die dem nebenklageberechtigten Verletzten erwachsenen notwendigen Auslagen aufzuerlegen, kann die im Übergehen des Auslagenerstattungsanspruchs liegende Gehörsverletzung vom iudex a quo durch Ergänzung des Kostentenors geheilt werden.[106] Übergeht das Revisionsgericht in seiner Entscheidung den Auslageerstattungsanspruch, gilt Vorstehendes entsprechend.[107] 25

6. § 458 analog (Ausnahme). Nach hM ist im Kostenansatz- oder Kostenfestsetzungsverfahren eine gesetzeswidrig unterlassene oder unvollständige Kostenentscheidung nicht korrigierbar.[108] Allerdings hat das OLG Düsseldorf zutreffend entschieden, dass wenn schon vor der Entscheidung des Kostenbeamten Zweifel über Inhalt und Reichweite der der Festsetzung zu Grunde liegenden Kostenentscheidung aufkommen, vorab eine förmliche – demgemäß auch rechtsmittelfähige – Entscheidung des Gerichts gem. § 458 Abs. 1 analog herbeigeführt werden kann.[109] Das OLG Düsseldorf hat es u. a. angesichts des Kostenrisikos eines unbegründeten Rechtsmittels als nicht sachgerecht einbewertet, den Betroffenen zuzumuten, sofortige Beschwerde gegen eine Kostenentscheidung zwecks Bestätigung einer für ihn günstigen Auslegung der Kostengrundentscheidung zu erwirken.[110] 26

7. Zulässigkeitsvoraussetzung der sofortigen Beschwerde. Zulässigkeitsvoraussetzung für die sofortige Beschwerde ist gem. Abs. 3 S. 1 Hs. 2 die Statthaftigkeit der Anfechtung der in Abs. 1 genannten verfahrensabschließenden Hauptentscheidungen durch den Beschwerdeführer. 27

---

[99] OLG Naumburg v. 17. 1. 2001 – 1 Ws 13/01, NStZ-RR 2001, 189; OLG Hamm v. 24. 5. 2005 – 1 Ws 211/05 und 1 Ws 230/05; KG v. 9. 11. 2005 – 3.Ws 283/05, NStZ-RR 2007, 55; Löwe/Rosenberg/*Hilger* Rn. 37.
[100] OLG Nürnberg v. 28. 11. 1996 – Ws 1360/96, NStZ 1997, 302; enger *Meyer-Goßner* § 302 Rn. 17.
[101] OLG Düsseldorf v. 17. 7. 1985 – 2 Ws 262/85, MDR 1986, 76; LG Dortmund v. 7. 5. 1975 – 14 (9) Qs 131/75, AnwBl. 1975, 367; LG Stuttgart v. 14. 6. 1989 – 2 Qs 43/89, NStE Nr. 19 zu § 464 StPO; Löwe/Rosenberg/*Hilger* Rn. 17 u. 28; KK-StPO/*Franke* Rn. 4; KMR/*Stöckel* Rn. 6.
[102] Löwe/Rosenberg/*Hilger* Rn. 28.
[103] Löwe/Rosenberg/*Hilger* Rn. 28.
[104] OLG Düsseldorf v. 2. 3. 1993 – 1 Ws 166/93, MDR 1993, 786; OLG Bremen, v. 27. 8. 1998 – Ws 35/98, StV 1998, 607; OLG Frankfurt aM v. 29. 9. 1999 – 2 Ws 115/99, NStZ-RR 2000, 256; OLG Stuttgart v. 29. 3. 2004 – 4 Ws 65/04, NStZ-RR 2004, 320; LG Zweibrücken v. 2. 11. 1992 – 1 AR 58/92, JurBüro 1993, 238; LG Zweibrücken v. 7. 12. 1998 – 1 Qs 58/98, LSK 1999, 170469.
[105] OLG Düsseldorf v. 2. 3. 1993 – 1 Ws 166 – 167/93, JurBüro 1994, 292 f.; OLG Stuttgart v. 29. 3. 2004 – 4 Ws 65/04, NStZ-RR 2004, 320.
[106] OLG Düsseldorf v. 10. 12. 1992 – 1 Ws 975/92, JurBüro 1993, 505; OLG Düsseldorf v. 2. 3. 1993 – 1 Ws 166 – 167/93, JurBüro 1994, 292 f.; LG München I v. 28. 9. 2005 – 15 Qs 35/05 (nicht veröffentlicht); *Kiethe* JR 2007, S. 321 ff.; offen gelassen OLG Frankfurt aM v. 21. 6. 2000 – 3 Ws 602/00, NStZ-RR 2001, 63 f.; aA KK-StPO/*Franke* Rn. 4.
[107] KG v. 17. 1. 1989 – (5) 1 Ss 81/88 (10/88), JR 1989, 392.
[108] KMR/*Stöckel* Rn. 7 mwN aus der Rspr. und Lit.
[109] OLG Düsseldorf v. 19. 10. 1999 – 4 Ws 229/99, NStZ-RR 2000, 287; KK-StPO/*Fischer* § 458 Rn. 5; Löwe/Rosenberg/*Hilger* Rn. 28.
[110] OLG Düsseldorf v. 19. 10. 1999 – 4 Ws 229/99, NStZ-RR 2000, 287.

28 **a) Rechtsmittel gegen die Hauptentscheidung.** Für die Kostenentscheidung ist kein Rechtszug gegeben, wenn ein solcher für die Entscheidung in der Hauptsache verschlossen ist. Dies ist nur dann der Fall, wenn gegen die Hauptsacheentscheidung grundsätzlich kein Rechtsmittel gegeben ist. Hierher gehören zB nicht die Fälle des § 313 Abs. 1; wurde etwa von einem Amtsgericht eine Geldstrafe von nicht mehr als 15 Tagessätzen verhängt, ist die Kostenentscheidung mit der sofortigen Beschwerde unabhängig davon anfechtbar, ob (erfolgreich) ein Antrag auf Zulassung der Berufung gegen die Hauptsacheentscheidung gestellt wurde.[111] Dagegen ist die vom Landgericht nach Revisionsrücknahme gem. § 473 Abs. 1 getroffene Kosten- und Auslagenentscheidung unanfechtbar, da – anders als bei einer Berufungsrücknahme –[112] gegen die Hauptentscheidung des Revisionsgerichts, die ohne Revisionsrücknahme hätte ergehen müssen, kein weiteres Rechtsmittel statthaft ist.[113] Hintergrund für die Regelung über die Unzulässigkeit der sofortigen Beschwerde bei Unstatthaftigkeit der Anfechtbarkeit der Hauptentscheidung ist, dass andernfalls eine unanfechtbare und daher eigentlich begründungsfreie Hauptentscheidung iSv. § 464 Abs. 1 doch begründet werden müsste; auch müssten wegen § 464 Abs. 3 S. 2 die zur Überprüfung der Kostenentscheidung erforderlichen Feststellungen – ggf. noch – getroffen werden, möglicherweise in einem Umfang, wie dieser nur nach Durchführung der Hauptverhandlung zu erlangen wäre.[114] Daher ist normiert worden, dass die sofortige Beschwerde nur zulässig ist, wenn die Hauptentscheidung der Art nach anfechtbar und der Beschwerdeführer zur Einlegung des Rechtsmittels befugt ist.[115] Diese Einschränkung der Statthaftigkeit gilt unabhängig von der Gesetzwidrigkeit der Kostenentscheidung.[116]

29 **b) Unanfechtbare Entscheidungen.** Unanfechtbare Entscheidungen sind u.a. in den §§ 46 Abs. 2, 153 Abs. 2 S. 4,[117] § 153a Abs. 2 S. 4,[118] 161a Abs. 3 S. 4, 163a Abs. 3 S. 3, 304 Abs. 4 S. 1 und Abs. 2 Hs. 1., 310 Abs. 2, 390 Abs. 5 S. 2, 400 Abs. 2 S. 2, 406a Abs. 1 S. 2, 406e Abs. 4 S. 2, § 37 Abs. 2 S. 2 und BtMG, § 47 Abs. 2 S. 3 OWiG und § 47 Abs. 2 S. 3 JGG vorgesehen.[119] Bei Einstellungsbeschlüssen, die der Anfechtung nicht unterliegen, obwohl für den Fall eines Urteils der Rechtsmittelzug nicht erschöpft wäre, wird von der Lit.[120] und der Rspr.[121] verbreitet die Auffassung vertreten, die Kostengrundentscheidung teile die Unanfechtbarkeit des Einstellungsbeschlusses, da die Nebenentscheidung als Annex der Hauptentscheidung nicht in weiterem Umfang als letztere anfechtbar sein könne. Dagegen wird teilweise eingewandt, es sei verfehlt aus der formellen Annexeigenschaft der Kostenentscheidung deren Unanfechtbarkeit abzuleiten, denn aus der materiellen Perspektive würden Nebenentscheidungen oftmals ihre eigenen Wege gehen (zB Billigkeitserwägungen bei § 467 Abs. 2 und Abs. 3 S. 2 Nr. 1). Aus Gründen der Einzelfallgerechtigkeit wäre daher die Kostenentscheidung bei den Einstellungsbeschlüssen zu bejahen.[122] Die **Unanfechtbarkeit einer Hauptentscheidung** kann sich auch aus dem **systematischen Zusammenhang** ergeben,[123] wie etwa bei §§ 153b Abs. 2, 154 Abs. 2, 154a Abs. 2, 154b Abs. 4.

30 **c) Beschränkt anfechtbare Entscheidungen.** Beschränkt anfechtbare Entscheidungen sind u.a. in §§ 80 OWiG,[124] 109, 116, 121 Abs. 4 StVollG[125] geregelt. Ferner wird teilweise dem Betroffenen

---

[111] OLG Karlsruhe v. 13. 7. 2000 – 2 Ws 176/00, NStZ-RR 2001, 223; LG Bielefeld v. 14. 3. 1994 – Qs 66/94, StV 1994, 494; KK-StPO/*Franke* Rn. 8.
[112] Siehe hierzu aber auch OLG Hamm v. 19. 12. 2005 – 2 Ws 318/05, BeckRS 2006, 01962 = VRS 2006 Bd. 110, 225.
[113] KG v. 24. 8. 2007 – 1 Ws 138/07, NStZ-RR 2008, 263.
[114] BT-Drucks. X/1313, S. 39, 40.
[115] Zur Verfassungsmäßigkeit s. BVerfG v. 29. 1. 2002 – 2 BvR 1965/01, NJW 2002, 1867.
[116] OLG Düsseldorf v. 19. 11. 1992 – 2 Ws 515/92, MDR 1993, 376; *Pfeiffer* Rn. 8.
[117] BVerfG v. 29. 1. 2002 – 2 BvR 1965/01, NJW 2002, 1867.
[118] OLG Stuttgart v. 29. 3. 2004 – 4 Ws 65/04, NStZ-RR 2004, 320; aA OLG Frankfurt aM v. 29. 9. 1999 – 2 Ws 115/99, NStZ-RR 2000, 256 (bei schweren Verfahrensverstößen).
[119] OLG Hamm v. 25. 2. 1998 – 2 Ws 13/98, NStZ-RR 1999, 54 mwN.
[120] Unter anderem *K. Meyer* JR 1978, 255 (256); *K. Meyer* JR 1981, 259 (260); *Meyer-Goßner* § 153 Rn. 36; *Schlüchter*, Das Strafverfahren, 2. Aufl. 1983, Rn. 856.4.
[121] KG v. 31. 3. 1978 – 2 Ws 33/78, JR 1978, 524 f.; KG v. 14. 2. 1980 – 3 Ws (B) 222/79, , VRS 59 (1980), 274; OLG Koblenz v. 27. 3. 1980 – 1 Ws 147/80, MDR 1980, 779; OLG Hamburg v. 27. 1. 1981 – 1 Ws 26/81, NStZ 1981, 187; s. auch OLG Nürnberg v. 8. 7. 1971 – Ws 160/71, NJW 1972, 172; OLG Stuttgart v. 31. 1. 1972 – 2 Ws 288/71, MDR 1972, 438; OLG Braunschweig v. 31. 5. 1974 – 1 Ws 18/74, NJW 1974, 1575; OLG Bremen v. 5. 7. 1974 – Ws 94/74, NJW 1975, 273; OLG Zweibrücken v. 20. 10. 1975 – Ws 376/75, NJW 1976, 337; OLG Karlsruhe v. 3. 11. 1977 – 3 Ws 150/77, NJW 1978, 231.
[122] *Seier* NStZ 1982, 270 (273 f.) mwN.
[123] KK-StPO/*Franke* Rn. 8; KMR/*Stöckel* Rn. 25.
[124] OLG Hamm v. 19. 11. 1976 – 3 Ss OWi 1005/76, NJW 1977, 690; OLG Düsseldorf v. 18. 4. 1978 – 5 Ss (OWi) 139/78, NJW 1978, 1818; OLG Stuttgart v. 15. 3. 1985 – 4 Ss 190/85, NStZ 1985, 417; OLG Jena v. 29. 6. 2006 – 1 Ss 151/06, BeckRS 2006, 09074 = VRS 111 (2006), 199; KK-StPO/*Franke* Rn. 8 mwN; KK-OWiG/*Senge* § 80 Rn. 64 mwN.
[125] OLG Düsseldorf v. 11. 2. 1999 – 1 Ws 13/99, NStZ 2000, 31; OLG Celle v. 27. 9. 2005 – 1 Ws 351/05, NStZ-RR 2006, 30; OLG Stuttgart v. 29. 9. 2005 – 4 Ws 231/05, BeckRS 2005, 11659.

im konkreten Fall die **Möglichkeit der Anfechtung entzogen,** wie etwa durch § 55 Abs. 2 JGG.[126] Ob Vorstehendes auch für § 400 Abs. 1 gilt, ist streitig.[127] Gem. § 400 kann der Nebenkläger das Urteil nicht mit dem Ziel anfechten, eine andere Rechtsfolge der Tat zu erwirken. Hieraus wird in der Rspr.[128] und Lit.[129] zum Teil abgleitet, der Nebenkläger könne nicht die Kostenentscheidung eines Urteils, das nur noch die Rechtsfolgen der Tat betreffe, gem. § 464 Abs. 3 S. 1 Hs. 2 anfechten. Andererseits wird die Auffassung vertreten, § 400 Abs. 1 beinhalte lediglich einen gesetzlich geregelten, generellen Ausschluss der Beschwer des Nebenklägers, der die Statthaftigkeit des Rechtsmittels gegen die Hauptentscheidung ebenso wenig beseitige wie eine mangelnde Beschwer im Einzelfall und damit die Zulässigkeit der Kostenbeschwerde nicht berühre.[130] Der letztgenannten Auffassung ist zuzustimmen. Wie das OLG Celle[131] zutreffend ausführt, findet die Auslegung des § 400 Abs. 1 als bloßer genereller Ausschluss der Beschwer des Nebenklägers hinsichtlich der Rechtsfolgenentscheidung ihre Stütze in den Gesetzesmaterialien. Nach der Begründung des Regierungsentwurfs v. 18. 4. 1986 zum Opferschutzgesetz sollte die bis dahin aufgrund der Verweisung in § 397 Abs. 1 aF auf die Rechte des Privatklägers bestehende unbeschränkte Rechtsmittelbefugnis des Nebenklägers beschränkt werden, weil ein legitimes Interesse des Verletzten an der Höhe der den Angeklagten treffenden Strafe regelmäßig zu verneinen sei.[132] Die Formulierung „legitimes Interesse" korrespondiert mit dem Begriff der Beschwer. Damit ist keine weitere Beschränkung der Rechtsmittelbefugnis des Nebenklägers intendiert, wie auch aus der weiteren Begründung folgt, dass von der Neuregelung das Recht des Nebenklägers unberührt bleibe, gegen Entscheidungen, die ihn selbst betreffen, die zulässigen Rechtsmittel einzulegen.[133]

d) **Isolierte Kostenentscheidung.** Bei isolierten Kostenentscheidungen[134] ist die sofortige Beschwerde – sofern nicht ausdrücklich ausgeschlossen wie in §§ 467a Abs. 3, 469 Abs. 3 – zulässig, wenn die potentielle Hauptentscheidung für den Beschwerdeführer anfechtbar gewesen wäre.[135]

e) **Unvollständige oder fehlende Kostenentscheidung.** Mit der sofortigen Beschwerde sind auch unvollständige oder gänzlich fehlende Kostenentscheidungen anzufechten;[136] diese können grundsätzlich[137] außerhalb des Beschwerdeverfahrens nicht einfach ergänzt[138] bzw. nachgeholt[139] werden.[140] In diesen Fällen ist ggf. die sofortige Beschwerde mit einem Wiedereinsetzungsantrag zu verbinden.[141] Unterlässt das Gericht eine Anordnung nach § 21 Abs. 1 S. 1 GKG, ist eine sofortige Beschwerde dagegen nicht gegeben, sondern der Verurteilte muss sein Anliegen im Kostenansatzverfahren gem. §§ 19, 21, 66 GKG verfolgen.[142]

f) **Mangelnde Beschwer.** Ist ein Rechtsmittel gegen die Hauptentscheidung zwar statthaft, steht es aber dem Prozessbeteiligten, zB dem freigesprochenen Angeklagten, mangels Beschwer nicht zu, kann er dennoch gegen die Kostenentscheidung sofortige Beschwerde einlegen, etwa weil das Gericht unter Verstoß gegen § 467 Abs. 1 seine notwendigen Auslagen nicht der Staatskasse auferlegt hat.[143] So kann zB der Beschuldigte gegen die Einstellung des Privatklageverfahrens nach hM mangels Beschwer nicht sofortige Beschwerde (§ 383 Abs. 2) einlegen, gegen die Kosten- und Auslage-

---

[126] OLG Düsseldorf v. 23. 1. 1985 – 1 Ws 64/85, NStZ 1985, 522; OLG Oldenburg v. 2. 3. 2006 – 1 Ws 123/06, NStZ-RR 2006, 191; OLG Köln v. 17. 12. 2007 – 2 Ws 680/07, BeckRS 2008, 04481.
[127] Bejahend OLG Stuttgart v. 22. 6. 1989 – 3 Ws 116/89, NStZ 1989, 548; KK-StPO/*Franke* Rn. 8; verneinend OLG Celle v.25. 9. 2007 – 1 Ws 345/07, BeckRS 2007, 17119 mwN.
[128] OLG Stuttgart v. 22. 6. 1989 – 3 Ws 116/89, NStZ 1989, 548; OLG Frankfurt a. M. v. 2. 11. 1995, NStZ-RR 1996, 128.
[129] KK-StPO/*Franke* Rn. 8; *Meyer-Goßner* Rn. 17.
[130] OLG Düsseldorf v. 10. 10. 1998 – 3 Ws 464 – 466/98, VRS 96 (1999), 222 ff.; OLG Karlsruhe v. 18. 9. 2003 – 2 Ws 236/02, NStZ-RR 2004, 120; OLG Hamm v. 19. 7. 2004 – 3 Ws 116/89, NStZ-RR 2006, 95; OLG Celle v. 25. 9. 2007 – 1 Ws 345/07, BeckRS 2007, 17119 = NdsRpfl. 2008, 50; OLG Brandenburg v. 11. 12. 2008 – 2 Ws 127/08, BeckRS 2009, 04409 = NStZ-RR 2009, 158; KMR/*Stöckel* Rn. 28.
[131] OLG Celle v. 25. 9. 2007 – 1 Ws 345/07, BeckRS 2007, 17119 = NdsRpfl. 2008, 50.
[132] BT-Drucks. X/5305, S. 15.
[133] BT-Drucks. X/5305, S. 15.
[134] Siehe oben Rn. 14.
[135] OLG Düsseldorf v. 11. 9. 1990 – 3 Ws 687/90, MDR 1991, 370; OLG Düsseldorf v.11. 2. 1999 – 1 Ws 13/99, NStZ-RR 2000, 31 mwN (isolierte Kostenbeschwerde in einem Verfahren nach §§ 109 ff. StVollzG); HK/*Krehl* Rn. 9; aA OLG Hamm v. 10. 10. 1989 – 3 Ws 385/89, JMBl. NW 1990, 95; siehe auch *Hilger* JR 1990, 214 ff.
[136] OLG Düsseldorf v. 4. 2. 1987 – 3 Ws 22/87, MDR 1988, 164; OLG Braunschweig v. 25. 1. 2001 – Ws 9/01, NStZ-RR 2001, 185; KK-StPO/*Franke* Rn. 4 u. 7; *Pfeiffer* Rn. 6.
[137] Ausnahmen s. Rn. 24 ff.
[138] OLG Hamm v. 9. 1. 1973 – 3 Ws 52/72, NJW 1973, 1515.
[139] BGH v. 24. 7. 1996 – 2 StR 150/96, NStZ-RR 1996, 352; OLG Oldenburg v. 2. 3. 2006 – 1 Ws 123/06, NStZ-RR 2006, 191.
[140] BGH v. 24. 7. 1996 – 2 StR 150/96, NStZ-RR 1996, 352.
[141] siehe auch OLG Karlsruhe v. 17. 12. 1996 – 2 Ws 214/96, AGS 1997, 87 und LG Kaiserslautern v. 28. 2. 2005 – 8 Qs 4/05, NJOZ 2005, 2053: keine Wiedereinsetzung wegen Verschulden.
[142] BGH v. 21. 9. 2007 – 2 StR 307/07, NStZ-RR 2008, 31; OLG Düsseldorf v. 22. 6. 1990 – 1 Ws 516/90, JurBüro 1990, 1509.
[143] *Leipold*, Anwaltsvergütung in Strafsachen, 2004, Rn. 672; *Meyer-Goßner* Rn. 19.

entscheidung nach Abs. 3 S. 1 aber schon. Für die Anfechtbarkeit des Kosten- und Auslagenentscheidung spricht auch, dass es gegen den Grundsatz der Waffengleichheit verstoßen würde, wenn man dem Beschuldigten die Kostenbeschwerde versagen wollte, da dem Privatkläger im Falle der Verfahrenseinstellung wegen geringen Verschuldens unzweifelhaft die Kostenbeschwerde zusteht. Eine gegenteilige Auffassung würde auch dem Willen des Gesetzgebers widersprechen, der durch den Erlass des EGOWiG 1968 die Kosten- und Auslagenentscheidung gem. § 471 Abs. 3 in das pflichtgemäße Ermessen des Gerichts gestellt und damit von der (Haupt-)Entscheidung über die Zurückweisung der Privatklage unabhängig machen wollte.[144]

34 g) **Beschwerdebefugnis.** Beschwerdebefugt sind die Verfahrensbeteiligten und Dritten, die durch den Inhalt oder das Unterbleiben der Kostenentscheidung beschwert sind, einschließlich des gesetzlichen Vertreters und Erziehungsberechtigten (§ 67 Abs. 1 und Abs. 3 JGG).[145] Die StA kann grundsätzlich gegen die Kostenentscheidung sofortige Beschwerde erheben.[146] Dagegen steht dem Bezirksrevisor nicht die Befugnis zu, die Kostenentscheidung eines Urteils anzufechten.[147] Nach zutreffender, aber stark umstrittener Auffassung, ist der Verteidiger, wenn der Angeklagte vor rechtskräftigem Abschluss des Verfahrens stirbt, weder aufgrund der (ehemaligen) Verteidigervollmacht noch aufgrund einer von den Erben des Angeklagten neu erteilten Vollmacht befugt, eine Kostenbeschwerde einzureichen.[148]

35 h) **Frist.** Die Wochenfrist für den Antrag auf Überprüfung der Kostenentscheidung gem. Abs. 3 iVm. § 311 Abs. 2 läuft ab deren Bekanntmachung und wird nicht schon durch die Einlegung von Rechtsmitteln gegen die Hauptentscheidung gewahrt.[149] Eine Ausnahme hiervon gilt bei Einlegung eines Einspruchs gegen einen Strafbefehl; hier ist die Frist gewahrt, auch wenn erst bei Einspruchsrücknahme die Anfechtung der im Strafbefehl getroffenen Kostenentscheidung zum Ausdruck gebracht wird.[150] Bei Versäumung der Beschwerdefrist wird keine **Wiedereinsetzung** gem. § 44 gewährt, auch wenn bei der Urteilsverkündung der Angeklagte nicht entsprechend belehrt worden ist, sofern die Verspätung nicht auf die unterbliebene Belehrung (§§ 44 S. 2, 35 a, 464 Abs. 3 S. 1, 311), sondern die irrtümliche Verkennung der Kostengrundentscheidung zurückzuführen ist. Indiz für einen solchen Irrtum ist zB die Beantragung einer Kostenfestsetzung, obwohl die Kostengrundentscheidung keinen Auslagenerstattungsanspruch vorsieht.[151] Ein solcher Irrtum begründet ein Verschulden iSv. § 44, welches sich der Beschwerdeführer – auch wenn es auf seinen Verteidiger zurückgeht – zurechnen lassen muss. Zwar hat ein Angeklagter für das Verschulden seines Verteidigers in der Regel nicht einzustehen. Eine Ausnahme von diesem Grundsatz wird aber bei Fristversäumnissen bei Anfechtung einer Kostenentscheidung gemacht.[152] „Erst recht" wird dem Nebenkläger ein entsprechendes Verschulden seines bevollmächtigten Vertreters zugerechnet.[153]

36 i) **Sonstige Zulässigkeitsvoraussetzungen.** Weitere allgemeine Zulässigkeitsvoraussetzungen für die sofortige Beschwerde sind ferner in den §§ 311, 304 ff. normiert. Insbesondere ist das Erfordernis des Überschreitens des Beschwerdewerts von € 200,00 gem. § 304 Abs. 3 zu beachten. Eine Begründung der sofortigen Beschwerde ist nicht vorgeschrieben (§ 306), gleichwohl zweckmäßig.

37 8. **Zuständigkeiten.** Das judex a quo kann gem. § 311 Abs. 3 der sofortigen Beschwerde in der Regel nicht abhelfen. Grundsätzlich ist das **übergeordnete Beschwerdegericht** für die Entscheidung über eine sofortige Beschwerde gegen die Kostengrundentscheidung zuständig.

38 a) **Rechtsmittelgericht.** Wird allerdings gleichzeitig gegen die Hauptsacheentscheidung Berufung oder Revision eingelegt, ist das Rechtsmittelgericht gem. Abs. 3 S. 3 auch für die Entscheidung über die sofortige Beschwerde gegen die Kostengrundentscheidung zuständig, solange es mit der Berufung oder Revision befasst ist. Die Doppelzuständigkeit des Rechtsmittelgerichts für die Haupt-

---

[144] LG Potsdam v. 14. 2. 2003 – 24 Qs 92/01, NStZ-RR 2003, 158 (159) mwN.
[145] *Pfeiffer* Rn. 9.
[146] OLG Dresden v. 2. 8. 1999 – 1 Ws 206/99, NStZ-RR 2000, 115.
[147] OLG Köln v. 10. 10. 1969 – 1 W 129/69, NJW 1970, 874; LG Flensburg v. 21. 10. 1985 – 1 Qs 154/85, JurBüro 1986, 408.
[148] OLG München v. 5. 11. 2002 – 2 Ws 672/02, NJW 2003, 1133 mwN; aA OLG Hamburg v. 8. 7. 1971 – 2 Ws 261/71, NJW 1971, 2183; OLG Hamm v. 16. 6. 1977 – 4 Ws 126/77, NJW 1978, 177; OLG Hamburg v. 16. 11. 1982 – 2 Ws 313–314/82, NJW 1983, 464; OLG Düsseldorf v. 11. 9. 1992 – 2 Ws 314/92, MDR 1993, 162; *Kühl* NJW 1978, 981; im Ergebnis auch *Seier* NStZ 1982, 270 (272).
[149] BayObLG v. 27. 9. 1973 – GSSt 1/73, NJW 1974, 199 (200).
[150] LG Bamberg v. 16. 3. 1973 – Qs 43/73, NJW 1973, 1144 (1145).
[151] OLG Düsseldorf v. 9. 1. 1989 – 2 Ws 1 – 2/89, NStZ 1989, 242; LG Kaiserslautern v. 28. 2. 2005 – 8 Qs 4/05, NJOZ 2005, 2053 (2054).
[152] BGH v. 6. 5. 1975 – 5 StR 139/75, BGHSt 26, 126 = NJW 1975, 1332; BGH v. 11. 12. 1981 – 2 StR 221/81 = NJW 1982, 1544; s hierzu auch *Seier* NStZ 1982, 270, 275.
[153] BGH v. 11. 12. 1981 – 2 StR 221/81, BGHSt 30, 309 = NJW 1982, 1544; BGH v. 13. 8. 2002 – 4 StR 263/02, NStZ-RR 2003, 80.

sacheentscheidung und die sofortige Beschwerde gegen die Kostenentscheidung ist aber nur bei Personenidentität des Rechtsmittelführers gegeben. Hat nur der Angeklagte gegen das Urteil Revision, der Nebenkläger dagegen Kostenbeschwerde eingelegt, so entscheidet über die sofortige Beschwerde nicht das Revisions- sondern das Beschwerdegericht, da in diesem Fall der erforderliche Zusammenhang zwischen den beiden Rechtsmitteln nicht besteht.[154] Keine Doppelzuständigkeit begründen ferner Anträge bzw. Formalentscheidungen gem. §§ 319 Abs. 2, 346 Abs. 2, 322, 349 Abs. 1.[155] Der Begriff des „Befasstseins" ist iS einer sachlichen Prüfung des Hauptrechtsmittels zu verstehen. Hiernach entfällt zB die Zuständigkeit des Revisionsgerichts für eine Entscheidung über die Zulässigkeit der Kostenbeschwerde, wenn eine (zulässige) Revision überhaupt nicht eingelegt wurde, es also an einem Hauptrechtsmittel zur sachlichen Überprüfung des Urteils fehlt.[156] Die Befassung des Rechtsmittelgerichts endet mit Zurücknahme des Rechtsmittels, und zwar auch dann, wenn das Rechtsmittelgericht über die Rücknahme entscheidet.[157] Wurde die Revision verworfen, ohne dass über die Kostenbeschwerde wegen weiter aufklärungsbedürftiger Tatsachen zugleich entschieden werden kann, endet ebenfalls die Zuständigkeit des Revisionsgerichts für die Kostenbeschwerde.[158] Wurde allerdings die Entscheidung über die Kostenbeschwerde lediglich vergessen, bleibt die Zuständigkeit des Rechtsmittelgerichts bestehen.[159] Ist das Revisionsverfahren abgeschlossen, so endet auch die Zuständigkeit des Revisionsgerichts für die Entscheidung über einen Antrag auf Wiedereinsetzung in den vorherigen Stand gegen die Versäumung der Frist zur Einlegung der sofortigen Beschwerde nach §§ 46 Abs. 1, 464 Abs. 3.[160]

b) Ordnungswidrigkeitsverfahren. Im Verfahren über eine sofortige Beschwerde gegen eine Kostenentscheidung ist der Bußgeldsenat mit einem Richter besetzt, solange der Senat mit dem gleichzeitig gestellten Antrag auf Zulassung der Rechtsbeschwerde gegen die zusammen mit der Kostenentscheidung ergangene Hauptentscheidung befasst ist.[161] Mit der Rechtsbeschwerde befasst ist der Senat auch im Zulassungsverfahren, denn gem. § 80 Abs. 2 S. 2 OWiG gilt der Zulassungsantrag als vorsorglich eingelegte Rechtsbeschwerde. Die einmal durch den (zulässigen) Antrag auf Zulassung der Rechtsbeschwerde begründete Zuständigkeit entfällt nicht, wenn dem Zulassungsantrag nicht stattgegeben wird. Es widerspricht prozessökonomischen Überlegungen, wenn das Beschwerdegericht nicht auch über die ihm vorliegende sofortige Beschwerde gegen die Kostengrundentscheidung befindet, sondern die Akte mit dem Hinweis zurückleitet, es sei wegen der Fiktion des § 80 Abs. 4 S. 4 OWiG nicht mehr mit der Rechtsbeschwerde iSv. Abs. 3 S. 3 befasst und deshalb an einer Entscheidung über die sofortige Beschwerde gehindert.[162] 39

9. Begründetheit der sofortigen Beschwerde. Die sofortige Beschwerde kann auf einen Teil der Kostengrundentscheidung beschränkt werden.[163] Nicht geltend gemacht werden kann aber, bestimmte Kosten seien von der Kostengrundentscheidung auszunehmen.[164] Denn es ist zB nicht erforderlich, den Angeklagten von dem Teil der Kosten, die durch gesonderten Beschluss einem Dritten (etwa einem säumigen Zeugen) auferlegt sind, in der Kostenentscheidung ausdrücklich freizustellen.[165] 40

a) Bindung an tatsächliche Feststellungen. Bei der Entscheidung über die sofortige Beschwerde ist das Beschwerdegericht an die tatsächlichen Feststellungen auf denen die Kostenentscheidung beruht gem. Abs. 3 S. 2 gebunden.[166] Tatsächliche Feststellungen iSv. Abs. 3 S. 2 sind allerdings nicht nur die als erwiesen festgestellten Tatsachen, sondern – so das OLG Karlsruhe – auch die der Sachentscheidung nur als „wahrscheinlich" zugrunde gelegten Tatsachen, sofern eine bloße Wahrscheinlichkeit als tatsächliche Grundlage der Hauptentscheidung ausreicht, zB bei § 153.[167] 41

---

[154] BGH v. 5. 12. 1996 – 4 StR 567/96, NStZ-RR 1997, 238.
[155] KMR/*Stöckel* Rn. 33.
[156] OLG Düsseldorf v. 4. 3. 1999 – 5 Ss 28/99 – 13/99 I, NStZ-RR 1999, 252.
[157] BGH v. 12. 7. 2000 – 3 StR 257/00, bei *Becker* NStZ-RR 2001, 257 (267).
[158] BGH v. 5. 12. 1996 – 4 StR 567/96, NStZ-RR 1997, 238 mwN; aA KMR/*Stöckel* Rn. 33 (Zuständigkeit bleibt bestehen).
[159] BGH v. 7. 5. 1986 – 3 StR 209/85, GA 1987, 27 f.; KMR/*Stöckel* Rn. 33.
[160] OLG Koblenz v. 2. 9. 1986 – 2 Ws 597/86, NStZ 1987, 137.
[161] OLG Hamburg v. 24. 2. 2003 – 2 Ws 55/03, BeckRS 2003, 30308417.
[162] OLG Stuttgart v. 15. 3. 1985 – 4 Ss 190/85 NStZ 1895, 417 mwN; BayObLG v. 13. 4. 1988 – 1 Ob OWi 34/88, NStZ 1988, 427.
[163] BGH v. 24. 10. 1991 – 1 StR 381/91, NJW 1992, 1182.
[164] KK-StPO/*Franke* Rn. 10.
[165] BGH v. 16. 7. 1997 – 2 StR 545/96, BGHSt 43, 146 = NJW 1997, 2963; OLG Dresden v. 25. 8. 1999 – 2 Ws 422/99, NStZ-RR 2000, 30; KG v. 15. 2. 2006 – 3Ws 552/05, NStZ-RR 2006, 288.
[166] BGH v. 4. 12. 1974 – 3 StR 298/74, BGHSt 26, 29 = NJW 1975, 699 (700); BGH v. 3. 9. 1982 – 2 ARs 159/82, NStZ 1983, 44; OLG Stuttgart v. 7. 8. 2002 – 2 Ws 166/02, NStZ-RR 2003, 60 (62); Löwe/Rosenberg/*Hilger* Rn. 60; KK-StPO/*Franke* Rn. 11.
[167] OLG Karlsruhe v. 17. 1. 1974 – 2 Ws 253/73, MDR 1974, 690 f.

Im Übrigen sind aber Wahrscheinlichkeitsbeurteilungen[168] und Schätzungen[169] keine tatsächlichen Feststellungen und entfalten daher auch keine Bindungswirkung gem. Abs. 3 S. 2. Bei einer isolierten Kostenbeschwerde wird die Richtigkeit der Hauptentscheidung nicht geprüft; rechtliche Bedenken gegen die Kostenentscheidung dürfen daher nicht aus rechtlichen Bedenken gegen die der Hauptentscheidung zugrunde liegenden Rechtsauffassung hergeleitet werden.[170] Fehlt es an tatsächlichen Feststellungen oder sind sie unvollständig, so ist es grds. geboten, das Urteil im Ausspruch über die Kosten und Auslagen aufzuheben und die Sachen insoweit zurückzuverweisen. Bleibt das Urteil in der Hauptsache bestehen, ist an den für Beschlussentscheidungen zuständigen tatrichterlichen Spruchkörper zurückzuweisen. Entbehrlich ist eine Zurückverweisung, wenn die Sache einfach liegt und sich die maßgeblichen Tatsachen aus dem sonstigen Akteninhalt zweifelsfrei ergeben.[171]

42 **b) Kein Verschlechterungsverbot.** Die Kostengrundentscheidung unterliegt nicht dem Verschlechterungsverbot und kann daher – da sie nicht die Rechtsfolge der Tat iSv. § 331 Abs. 1 betrifft – zum Nachteil des Betroffenen abgeändert werden.[172]

43 **c) Sonstiges.** Bei mehreren Beschwerdeberechtigten ist § 357 nicht analog anwendbar.[173] Gem. § 473 ist die Entscheidung über die Beschwerde mit einer **Kostenentscheidung** zu versehen. Gem. § 310 Abs. 2 findet **keine weitere Anfechtung** der auf die Beschwerde folgenden Entscheidung statt.

VI. Kostenvorschriften für besondere Verfahrensarten

44 **1. Kostenvorschriften im GVG.** § 56 Abs. 1 S. 2 GVG bestimmt, dass dem unentschuldigt ausgebliebenen Schöffen die von ihm verschuldeten Mehrkosten auferlegt werden. Diese Entscheidung ergeht nicht erst im Rahmen der Kostenentscheidung gem. §§ 464 f., sondern durch einen Beschluss.[174]

45 **2. Kostenvorschriften im JGG.** Gem. § 2 JGG gelten auch im jugendgerichtlichen Verfahren die §§ 464 ff., allerdings mit der Einschränkung, dass abweichend von §§ 465 Abs. 1, 467 Abs. 2–4 im Verfahren gegen Jugendliche gem. § 74 JGG davon abgesehen werden kann, dem Angeklagten die Kosten und Auslagen aufzuerlegen. Dies gilt gem. § 109 Abs. 2 JGG auch bei Anwendung des Jugendstrafrechts auf Heranwachsende, außer im Rahmen einer Entscheidung über die Auslagen des Verletzten gem. § 472 a. Nach Abs. 1 der RiJGG zu § 74 JGG werden Jugendlichen die Kosten und Auslagen nur auferlegt, wenn anzunehmen ist, dass sie aus Mitteln bezahlt werden, über die sie selbständig verfügen können und wenn ihre Auferlegung aus erzieherischen Gründen angebracht erscheint. Reichen die Mittel der Jugendlichen zur Bezahlung sowohl der Kosten als auch der Auslagen nicht aus, so können ihnen entweder nur die Kosten oder nur die Auslagen oder ein Teil davon auferlegt werden. Da der Wortlaut des § 74 JGG „Kosten und Auslagen" mehrdeutig ist, versteht eine restriktive Auffassung darunter nur die neben den Gerichtskosten anfallenden Aufwendungen.[175] Nach zutreffender Auffassung zählen zu den Auslagen iSv. § 74 JGG aber auch die notwendigen Auslagen des jugendlichen Angeklagten, die damit ggf. ebenfalls der Staatskasse auferlegt werden können.[176] Nach dem gesetzgeberischen Zweck des § 74 JGG soll dem erkennenden Gericht die Möglichkeit eröffnet werden, den jugendlichen Angeklagten von der nach den allgemeinen Vorschriften bestehenden Kostentragungspflicht zu entlasten, soweit dies erforderlich ist, um den erzieherischen Zweck von Maßnahmen nicht zu gefährden, die gegen den Jugendlichen verhängt wurden. Wenn der Jugendliche neben den gegen ihn verhängten Erziehungsmaßregeln auch die Verfahrenskosten und seine eigenen notwendigen Auslagen tragen müsste, so wirkt sich dies im Ergebnis wie eine dem Jugendstrafrecht fremde Geldstrafe aus, die den Jugendlichen, der idR nur über geringe eigene Einkünfte verfügt, finanziell erheblich belasten

---

[168] OLG Düsseldorf v. 26. 4. 1985 – 1 Ws 337/85, JurBüro 1986, 249.
[169] KMR/*Stöckel* Rn. 36.
[170] LG Stuttgart v. 14. 2. 1986 – 14 Qs 16/86, NStZ 1987, 244, 245; *Seier, Das Rechtsmittel der sofortigen Beschwerde gegen strafprozessuale Nebenentscheidungen,* Diss. 1980, S. 130; *Pfeiffer* Rn. 10.
[171] BGH v. 4. 12. 1974 – 3 StR 298/74, BGHSt 26, 29 = NJW 1975, 699; aA KMR/*Stöckel* Rn. 37 (idR keine Zurückverweisung).
[172] BGH v. 13. 10. 1953 – 1 StR 710/52, BGHSt 5, 52 = NJW 1954, 122; OLG Düsseldorf v. 18. 11. 1982 – 1 Ws 560/82, JurBüro 1983, 728; LG Mainz v. 31. 1. 1979 – 1 Qs 455/78, NJW 1979, 1897; aA *Wittschier,* Das Verbot der Reformatio in peius im strafprozessualen Beschlussverfahren, Diss. 1984, S. 111.
[173] OLG Hamm v. 26. 1. 1973 – 4 Ws 304/72, MDR 1973, 1041; Löwe/Rosenberg/*Hilger* § 473 Rn. 87; KK-StPO/*Franke* Rn. 12; KMR/*Stöckel* Rn. 30; aA OLG Düsseldorf v. 2. 4. 1971 – 1 Ws 759/70.
[174] *Meyer-Goßner* § 56 GVG Rn. 5.
[175] BGH v. 16. 3. 2006 – 4 StR 594/05, NStZ-RR 2006, 224; OLG München v. 17. 3. 1983 – 2 Ws 1063/82 K, NStZ 1984, 138; *Pfeiffer* Rn. 1; *Waldschmidt* Anm. zu OLG München v. 17. 3. 1983 – 2 Ws 1063/82 K, NStZ 1984, 138 ff. mwN zum Streitstand.
[176] OLG Frankfurt v. 7. 6. 1983 – 2 Ws 134/83, NStZ 1984, 138; KMR/*Stöckel* Vor § 464 Rn. 3 mwN.

kann.[177] Eine analoge Anwendung der für Zeugen, Sachverständige, Verteidiger und Schöffen geltenden Bestimmungen über die Kostentragungspflicht bei Nichterscheinen zur Hauptverhandlung auf die nicht erschiene Jugendgerichtshilfe scheidet aus.[178]

3. Kostenvorschriften im OWiG. Gem. § 46 Abs. 1 OWiG gelten im gerichtlichen Bußgeldverfahren die §§ 464 ff. sinngemäß; nicht anwendbar sind infolge dessen §§ 468, 471, 472 a, 473 Abs. 1 S. 2 und S. 3, Abs. 5.[179] Gem. § 105 OWiG gelten im verwaltungsbehördlichen Bußgeldverfahren die §§ 464 Abs. 1 und Abs. 2, 464 , 464c (Gebärdendolmetscher), 464d, 465, 466, 467a Abs. 1 und Abs. 2, 469 Abs. 1 und Abs. 2, 470, 472b und 473 Abs. 7 sinngemäß, wobei im Verfahren gegen Jugendliche und Heranwachsende auch § 74 JGG einschlägig ist. Die notwendigen Auslagen, die gem. § 105 Abs. 1 OWiG iVm. §§ 465 Abs. 2, 467a Abs. 1 und Abs. 2, 470 und 472 die Staatskasse zu tragen hat, werden – soweit das OWiG keine spezielle Regelung enthält – gem. § 105 Abs. 2 OWiG der Bundeskasse, wenn eine Verwaltungsbehörde des Bundes das Verfahren durchführt, ansonsten der jeweiligen Landeskasse auferlegt. Das verwaltungsbehördliche Kostenfestsetzungsverfahren ist in § 106 OWiG geregelt. 46

a) **Verwaltungsbehördliches Verfahren.** Stellt die Verwaltungsbehörde das Bußgeldverfahren vor Erlass eines Bußgeldbescheides ein, ergeht keine Kostenentscheidung und eine Erstattung der Anwaltskosten findet nicht statt, da § 105 OWiG nicht auf § 467 verweist.[180] Erfolgt die Rücknahme des Bußgeldbescheides und Verfahrenseinstellung durch die Verwaltungsbehörde dagegen erst nach Einspruch, werden die Kosten des Verfahrens grundsätzlich – Ausnahmen: §§ 467a Abs. 1 S. 2 iVm. 467 Abs. 1 bis Abs. 5; § 109a OWiG –[181] der Staatskasse gem. §§ 170 Abs. 2 iVm. 46 OWiG oder § 47 Abs. 1 S. 2 OWiG überbürdet, da § 105 OWiG auf § 467a verweist.[182] Die §§ 106ff. OWiG regeln die Kostenfestsetzung, die Gebühren und Auslagen sowie die Rechtsbehelfe und die Vollstreckung bei Verfahren der Verwaltungsbehörden. 47

b) **Staatsanwaltschaftliches Verfahren.** Bei einem Verfahren der Staatsanwaltschaft bestimmt § 108a Abs. 1 OWiG für den Fall der Einstellung des Verfahrens nach Einspruch gegen den Bußgeldbescheid und vor Vorlage der Akten bei Gericht, dass die Staatsanwaltschaft die Entscheidungen gem. § 467a Abs. 1 und Abs. 2 trifft.[183] 48

c) **Gerichtliches Verfahren.** Im gerichtlichen Verfahren ist eine Kostenentscheidung des Gerichts dann entbehrlich, wenn der Betroffene den Einspruch gegen den Bußgeldbescheid zurücknimmt, da dann die Kostenentscheidung des Bußgeldbescheids Bestand hat.[184] Wird gegen einen Bußgeldbescheid Einspruch eingelegt, den die Verwaltungsbehörde als unzulässig im Zwischenverfahren verworfen hat, und hebt das Gericht auf Antrag diese Verwerfungsentscheidung der Verwaltungsbehörde gem. §§ 69 Abs. 1 S. 2, 62 Abs. 1 OWiG auf, so ist die gerichtliche Entscheidung mit einer Kostenentscheidung gem. §§ 62 Abs. 2 S. 2 OWiG, 464 Abs. 1 und Abs. 2 zu versehen, deren Inhalt sich nach dem Erfolg des Einspruchs richtet: Der Betroffene trägt die Kosten des gerichtlichen Verfahrens gem. § 109 Abs. 2 OWiG, wenn der Einspruch verworfen wird (§§ 70, 74 Abs. 2 OWiG), darüber hinaus trägt er die Kosten des Bußgeldverfahrens kraft der Kostenentscheidung des bestätigten Bußgeldbescheides. Ist der Einspruch zulässig, richtet sich die Kostenentscheidung unmittelbar nach §§ 46 Abs. 1 OWiG, 464ff. Stellt das Gericht das Verfahren gem. § 47 Abs. 2 OWiG ein, richtet sich die Kostenentscheidung nach § 467.[185] 49

4. Kostenvorschriften im StVG. Gem. § 25a Abs. 1 S. 1 StVG werden im Bußgeldverfahren dem Kraftfahrzeughalter oder seinem Beauftragen die Kosten des Verfahrens auferlegt, wenn der Kraftfahrzeugführer, der einen Halte- oder Parkverstoß begangen hat, nicht vor Eintritt der Verfolgungsverjährung ermittelt werden kann oder seine Ermittlung einen unangemessenen Aufwand erfordern würde; allerdings kann gem. § 25a Abs. 1 S. 2 StVG aus Billigkeitsgründen von einer solchen Entscheidung abgesehen werden. Bevor dem Kraftfahrzeughalter oder seinem Beauftragten nach § 25a Abs. 1 StVG die Kosten auferlegt werden, ist der Betroffene gem. § 25a Abs. 2 2. Hs. StVG zu hören. Die Kostenentscheidung ergeht gem. § 25a Abs. 2 1. Hs. StVG mit der Entscheidung, die das Verfahren abschließt. 50

5. Kostenvorschriften in der AO und im StVollzG. In Strafverfahren wegen Steuerstraftaten sind gem. § 385 Abs. 1 AO die Regelungen der §§ 464ff. einschlägig. Damit gehören die Ausla- 51

---

[177] So auch OLG Frankfurt v. 7. 6. 1983 – 2 Ws 134/83, NStZ 1984, 138.
[178] LG Frankfurt aM v. 15. 5. 1984 – 5/3 Qs 15/84, StV 1985, 158 mAnm *P-A Albrecht*.
[179] KMR/*Stöckel* Vor § 464 Rn. 2.
[180] *Leipold*, Anwaltsvergütung in Strafsachen, 2004, Rn. 661.
[181] *Leipold*, Anwaltsvergütung in Strafsachen, 2004, Rn. 667 f.
[182] *Leipold*, Anwaltsvergütung in Strafsachen, 2004, Rn. 662.
[183] Löwe/Rosenberg/*Hilger* Vor § 464 Rn. 10; *Leipold*, Anwaltsvergütung in Strafsachen, 2004, Rn. 663.
[184] *Leipold*, Anwaltsvergütung in Strafsachen, 2004, Rn. 664.
[185] *Leipold*, Anwaltsvergütung in Strafsachen, 2004, Rn. 666.

gen der Finanzbehörde, die ihr bei der Untersuchung und Teilnahme am Gerichtsverfahren entstanden sind, im gleichen Umfang wie entsprechende Auslagen der Staatsanwaltschaft zu den Verfahrenskosten.[186] Ferner erklärt § 121 Abs. 4 StVollzG in Verfahren zur Überprüfung von Strafvollzugsentscheidungen die §§ 464 ff. für entsprechend anwendbar.

52 **6. Kostenvorschriften im IRG.** Gem. § 77 IRG sind zumindest grundsätzlich die §§ 464 ff. im Auslieferungsverfahren anwendbar.[187] So sind zB die einem Verfolgten im Auslieferungsverfahren entstandenen notwendigen Auslagen gem. §§ 77 IRG, 467 der Staatskasse aufzuerlegen, wenn zum einen die Auslieferung zu Unrecht begehrt und zum anderen eine gerichtliche Entscheidung über die Zulässigkeit der Auslieferung beantragt worden ist.[188] Die Auferlegung der notwendigen Auslagen des Verfolgten zulasten der Staatskasse bei einer zu **Unrecht begehrten Auslieferung** erfolgt dabei nicht nur in den Fällen, in denen der ersuchende Staat das Auslieferungsgesuchen wegen erwiesener Unschuld des Verfolgten zurücknimmt, sondern auch dann, wenn sich ein Auslieferungshindernis aus anderen Gründen ergibt, wie zB die Verurteilung des Verfolgten zu einer Bewährungsstrafe und damit zu einer nicht vollstreckbaren Strafe (Art. 12 Abs. 2 EuAlÜbk; § 10 Abs. 1 IRG). Bereits dann ist nämlich das Auslieferungsverfahren iSd. §§ 77 IRG, 467 a im Ergebnis zu Unrecht betrieben worden.[189] Nach der Rspr. ist allein die **Aufhebung des Auslieferungshaftbefehls** keine das Verfahren abschließende Entscheidung, die mit einer zugunsten des Verfolgten zu versehenden Auslagenentscheidung zu versehen ist. Nur wenn vor Aufhebung eine gerichtliche Entscheidung über die Zulässigkeit der Auslieferung beantragt wurde, kommt eine Auslagenerstattung in Betracht. Dies deswegen, weil Voraussetzung für eine Auslagenerstattung ist, dass das Verfahren nicht bereits im Stadium des Vorverfahrens seine Erledigung gefunden hat; der insoweit für das Strafverfahren maßgeblichen Erhebung der öffentlichen Klage entspricht im Auslieferungsverfahren der Antrag auf Entscheidung über die Zulässigkeit der Auslieferung.[190] Dagegen wird im Schrifttum teilweise die sinngemäße Anwendbarkeit der §§ 467, 467 a bereits dann bejaht, wenn der Auslieferungshaftbefehl aufgehoben wird, auch wenn noch kein Antrag über die Zulässigkeit der Auslieferung gestellt wurde.[191] Hiergegen wendet die Rspr. ein, dass die Haftentscheidung gem. §§ 15, 16 IRG im Auslieferungsverfahren nur eine vorläufige, verfahrenssichernde Maßnahme sei, vergleichbar mit dem Erlass eines Haftbefehls gem. § 112 im strafrechtlichen Ermittlungsverfahren. Die Aufhebung eines Haftbefehls in einem Ermittlungsverfahren begründe aber gerade keine Verpflichtung, die notwendigen Auslagen des Verfahrens der Staatskasse zu überbürden. Selbst bei Einstellung des Verfahrens gem. § 170 Abs. 2 würden keine Auslagen erstattet.[192] Keine Erstattung der notwendigen Auslagen des Verfolgten findet ferner statt, wenn eine Entscheidung über die Zulässigkeit eines Auslieferungsersuchens gem. § 10 IRG aufgrund eines **Europäischen Haftbefehls oder einer Ausschreibung im Schengener Informationssystem** entbehrlich wird, weil der Verfolgte nach Stellung eines Antrags der Generalstaatsanwaltschaft die Auslieferung für zulässig zu erklären, sich mit der vereinfachten Auslieferung einverstanden erklärt hat.[193] Nicht erstattet werden ferner die Auslagen bei **Einlieferung**, dh. die Auslagen, die dem auf ein deutsches Auslieferungsersuchen verfolgten Angeklagten durch das Auslieferungsverfahren im ausländischen ersuchten Staat entstehen.[194]

VII. Zivilklage auf Erstattung

53 Kosten einer Strafanzeige,[195] einer Privatklage,[196] einer Vernehmung als Zeuge[197] oder einer Nebenklage[198] können grds. nicht unter Berufung auf privatrechtliche Haftungsnormen auf dem Zivilrechtsweg geltend gemacht werden.[199] Denn die von dem Verletzten im Strafverfahren gegen

---

[186] Löwe/Rosenberg/*Hilger* Vor § 464 Rn. 9.
[187] Löwe/Rosenberg/*Hilger* Vor § 464 Rn. 12.
[188] BGH v. 9. 6. 1981 – 4 Ars 4/81, BGHSt 30, 152 (157) = NJW 1981, 2651; OLG Düsseldorf v. 11. 2. 1992 – 4 Ausl (A) 326/90 – 5/92 III, NJW 1992, 1467; 252; OLG Köln v. 17. 8. 1999 – Ausl. 164/99 – 13, NStZ-RR 2000, 29 mwN; OLG Karlsruhe v. 29. 3. 2005 – 1 AK 3/04, NStZ-RR 2005, 252; *Vogler* NStZ 1989, 254.
[189] OLG Karlsruhe v. 29. 3. 2005 – 1 AK 3/04, NStZ-RR 2005, 252.
[190] OLG Köln v. 17. 8. 1999 – Ausl. 164/99 – 13, NStZ-RR 2000, 29.
[191] *Vogler* NStZ 1989, 254.
[192] OLG Köln v. 17. 8. 1999 – Ausl. 164/99 – 13, NStZ-RR 2000, 29 (30).
[193] OLG Karlsruhe v. 21. 3. 2005 – 1 AK 4/05, NStZ 2006, 112.
[194] OLG Zweibrücken v. 17. 10. 1988 – 1 Ws 417/88, NStZ 1989, 289; OLG Köln v. 28. 1. 2003 – 2 Ws 17/03, NStZ-RR 2003, 319; *Vogler* NStZ 1989, 254 f.; KMR/*Stöckel* Vor § 464 Rn. 4.
[195] BGH v. 6. 11. 1979 – VI ZR 254/77, BGHZ 75, 235 = NJW 1980, 119 (120).
[196] OLG Düsseldorf v. 26. 3. 1970 – 18 U 101/69, VersR 1972, 52.
[197] AG Waiblingen v. 24. 1. 1977 – III C 1111/76, VersR 1977, 922 f.
[198] BGH v. 17. 5. 1957 – VI ZR 63/56, BGHZ 24, 263, (266 f.) = NJW 1957, 1593; LG Göttingen v. 26. 10. 1961 – 1 S 63/61, NJW 1962, 591; LG Köln v. 21. 7. 1964 – 11 S 150/64, NJW 1964, 2064 f.; LG Münster v. 25. 11. 1988 – 3 S 156/88, NJW-RR 1989, 1369; AG Siegburg v. 30. 3. 1965 – 2 C 50/65, NJW 1965, 2110; AG Friedberg v. 19. 7. 1989 – C 757/89; NJW-RR 1989, 1368 f.
[199] KMR/*Stöckel* Vor § 464 Rn. 5 mwN.

den Schädiger aufgewendeten Kosten und Auslagen werden als nicht in den Schutzbereich deliktischer Schadensersatznormen liegend angesehen. So wird zB im Hinblick auf die Nebenklage von der hM argumentiert, dass dieses Rechtsinstitut dem Verletzten die Möglichkeit der persönlichen Genugtuung geben wolle, den Strafanspruch gegen den Schädiger durchzusetzen. Diese Zwecksetzung habe mit dem auf Wiedergutmachung zielenden Schutzzweck der zivilrechtlichen deliktischen Schadensersatznormen nichts zu tun. Der Umstand, dass die Nebenklage de facto auch zur effizienten Verfolgung zivilrechtlicher Schadensersatzansprüche aus dem der Haftung zugrunde liegenden Ereignisses eingesetzt werde, könne die normative Abgrenzung der Schutzzwecke nicht überwinden.[200] Dagegen hat das LG Augsburg die Geltendmachung von Nebenklagekosten auf dem Zivilrechtsweg mit der Begründung bejaht, dass eine Kostenentscheidung im Strafverfahren auf völlig anderen Kostengrundsätzen beruhe, die eine zivilrechtliche Kostenerstattungspflicht aus Vertrag, Aufwendungs- oder Schadenersatzrecht nicht berücksichtigen und Strafurteile eine Entscheidung im Zivilrecht nicht präjudizierten.[201] Die Kosten der Nebenklage seien – so das LG Augsburg – ein erstattungsfähiger Schaden, für den das durch den Beklagten (Täter) verschuldete schädigende Ereignis kausal sei. Dies gelte unbeschadet dessen, dass die Einleitung des Strafverfahrens von der freien Willensbetätigung der StA abhängig und nicht durch den Beklagten beeinflusst gewesen sei, und dass der Beitritt als Nebenkläger in der freien Entscheidung des Geschädigten liege. Denn mitursächlich für die Entstehung der Nebenklagekosten sei nach wie vor das schädigende Ereignis, ohne dass es weder ein Strafverfahren noch eine Nebenklage gegeben hätte. Die Nebenklagekosten als erstattungsfähiger Schaden wären auch nicht unter dem Gesichtspunkt des Mitverschuldens (§ 254 BGB) zu kürzen. Denn wollte man dem Geschädigten im Rahmen seiner Schadensminderungspflicht auferlegen, von der Einreichung einer Nebenklage abzusehen, so würde dies die Aushöhlung seines Rechts, das ihm die StPO gewährleistet, bedeuten. Leider hat das LG Augsburg es versäumt, zu der Schutzzweckabgrenzung ausdrücklich Stellung zu nehmen, so dass seine Schlagkraft gegenüber der hM gering geblieben ist.

§ 464a [Kosten des Verfahrens; notwendige Auslagen]

(1) ¹Kosten des Verfahrens sind die Gebühren und Auslagen der Staatskasse. ²Zu den Kosten gehören auch die durch die Vorbereitung der öffentlichen Klage entstandenen sowie die Kosten der Vollstreckung einer Rechtsfolge der Tat. ³Zu den Kosten eines Antrags auf Wiederaufnahme des durch ein rechtskräftiges Urteil abgeschlossenen Verfahrens gehören auch die zur Vorbereitung eines Wiederaufnahmeverfahrens (§§ 364a und 364b) entstandenen Kosten, soweit sie durch einen Antrag des Verurteilten verursacht sind.

(2) Zu den notwendigen Auslagen eines Beteiligten gehören auch
1. die Entschädigung für eine notwendige Zeitversäumnis nach den Vorschriften, die für die Entschädigung von Zeugen gelten, und
2. die Gebühren und Auslagen eines Rechtsanwalts, soweit sie nach § 91 Abs. 2 der Zivilprozeßordnung zu erstatten sind.

I. Kosten des Verfahrens (Abs. 1)

1. Kosten des Verfahrens (Abs. 1 S. 1). Gebühren (= festgesetzte Pauschbeträge für die einzelnen Rechtszüge, die erhoben werden, wenn eine Kostengrundentscheidung (§ 464 Abs. 1) über die Kostentragungspflicht rechtskräftig vorliegt)[1] und Auslagen der Staatskasse sind zusammengefasst die Kosten des Verfahrens (Abs. 1). Die Gebühren sind geregelt in §§ 40ff. GKG, Nr. 6110ff. KVGKG, die Auslagen in Nr. 9000 KVGKG. Können die Auslagen von Behörden (zB nach dem Verwaltungskostengesetz) oder anderen öffentlichen Einrichtungen (zB nach Gebührensatzungen) nicht den Nr. 9000ff. KVGKG subsumiert werden, zählen diese nicht zu den Verfahrenskosten.[2] Verfahrenskosten entstehen im Straf-, Sicherungs- (§§ 413ff.), selbständigen Verfalls- und Einziehungsverfahren (§§ 440–442). Entstehen können Verfahrenskosten in allen Verfahrensabschnitte, also ab Beginn der Ermittlungen bis zum Ende der Vollstreckung (Abs. 1 S. 1). Festgesetzt werden gerichtliche Gebühren und Auslagen im Kostenansatzverfahren. 1

2. Kosten durch Vorbreitung der öffentlichen Klage (Abs. 1 S. 2). In diesen Verfahrensabschnitt fallen grds. alle Kosten, die im Rahmen der Strafverfolgung bis zur Anklageerhebung staatlicherseits aufgewendet werden, zB durch die StA, Polizei, Finanz- und Verwaltungsbehör- 2

---

[200] AG Friedberg v. 19. 7. 1989 – C 757/89, NJW-RR 1989, 1368f.
[201] LG Augsburg v. 25. 9. 1987 – 7 S 327/87, NJW-RR 1988, 1434f.
[1] KMR/*Stöckel* Rn. 1.
[2] OLG Celle v. 18. 7. 1984 – 1 Ws 7/84, OLGSt StPO 464a Nr. 4; OLG Koblenz v. 20. 9. 1994 – 1 Ws 625/94, NStZ-RR 1996, 64; KK-StPO/*Gieg* Rn. 2.

den. Die Aufwendungen müssen im sachlichen Zusammenhang mit der Tat iSd. § 264 stehen.[3] Bei einer Trennung von verbundenen Strafsachen gem. § 2 Abs. 2, § 4 Abs. 1 wird auch aus kostenrechtlicher Sicht der sachliche Zusammenhang gelöst.[4] Umlagefähig sind nicht nur die Kosten für Untersuchungshandlungen, die nachher zur Verurteilung führen. Tatbezogene Kosten sind vielmehr auch insoweit umlagefähig, als sie durch Ermittlungen in eine sich nicht bestätigende Verdachtsrichtung, seien es tateinheitliche Gesetzesverletzungen oder Taten, die Gegenstand des Ermittlungsverfahrens waren, in denen es jedoch nicht zur Anklage gekommen oder in denen das Verfahren eingestellt worden ist, aufgewendet worden sind.[5] Wird gegen mehrere Täter ermittelt, werden die Ermittlungskosten den Tätern entsprechend dem Rechtsgedanken des § 466 S. 2 zugerechnet. Die gesamtschuldnerische Haftung besteht in dem Umfang, in dem die Täter zusammen wegen derselben Tat iSd. § 264 verurteilt wurden, wobei es unbeachtlich ist, ob sie zurzeit, in der die Kosten verursachende Untersuchungshandlung vorgenommen wurde, schon Verdächtige oder Beschuldigte im Verfahren waren. Die Gesamthaftung erstreckt sich dagegen nicht auf Auslagen, die durch Untersuchungen weiterer selbständiger Taten entstanden sind, an denen nur einer der Täter beteiligt war.[6]

3 **a) Kosten des Ermittlungsverfahrens.** Im Ermittlungsverfahren fallen typischerweise folgende Kosten an, die zu den umlagefähigen Aufwendungen gehören: Kosten für Telefonüberwachung (§ 23 JVEG iVm. Nr. 9005 KVGKG)[7] ggf. nebst den dazugehörigen Dolmetscherkosten,[8] Kosten für die Identifizierung des Täters (zB „genetischer Fingerabdruck"),[9] Kosten für Lebensmittelproben,[10] Kosten der Sicherstellung von Beweismitteln (zB Abschleppen und Aufbewahrung eines beschlagnahmten Kfz, s. Nr. 9009 Abs. 1, 9013, 9015 KVGKG),[11] Reisekosten (zB Tage- und Übernachtungsgelder, Einsatz von Dienstwagen (str.);[12] Sachverständigenkosten (ggf. auch Gutachten des Wirtschaftsreferenten bei der StA),[13] Kosten wegen einstweiliger Unterbringung und Untersuchungshaft, es sei denn, der Beschuldigte hat gearbeitet oder sich zumindest ernsthaft um Arbeit bemüht,[14] Kosten der Zwangsernährung,[15] Kosten des Klageerzwingungsverfahrens, die dem Antragsteller nicht gem. § 177 aufzuerlegen sind, können ebenfalls Abs. 1 S. 2 subsumiert werden.[16]

4 **b) Keine Kosten.** Nicht zu den Kosten iSv. Abs. 1 S. 2 zählen beispielsweise die Miete für einen bei einer Telefonüberwachung eingesetzten Computer[17] und Belohnungen oder Entschädigungen für Dritte.[18] Nicht zu erstatten sind nach Auffassung des BGH ferner die Kosten eines Kreditinstituts für das Heraussuchen und Kopieren von Unterlagen zwecks Abwendung einer Beschlagnahme (str.).[19] Zu den erstattungspflichtigen Kosten des Strafverfahrens gehören ferner nicht die Aufwendungen einer Krankenkasse für die Beschäftigung einer Arzthelferin, die für die Ermittlungsbehörden Krankenscheine und Krankenunterlagen zur Ermittlung der Schadenshöhe auswertet.[20] Des Weiteren ist grds. der Beschuldigte (dagegen nicht der Privatkläger)[21] im Strafverfahren (auch im Privatklageverfahren)[22] und der Betroffene im Bußgeldverfahren[23] von Dolmetscher- und

---

[3] OLG Koblenz v. 21. 11. 2001 – 1 Ws 1449/01, NStZ-RR 2002, 160; OLG Karlsruhe v. 31. 8. 2005, 1 Ws 135/05, StV 2006, 34.
[4] KK-StPO/*Gieg* Rn. 3 mwN.
[5] OLG Schleswig-Holstein v. 20. 6. 2002 – 1 Ws 102/02, SchlHA 2003, 206 f.; OLG Karlsruhe v. 31. 8. 2005, 1 Ws 135/05, StV 2006, 34.
[6] OLG Karlsruhe v. 31. 8. 2005 – 1 Ws 135/05, StV 2006, 34; KK-StPO/*Gieg* Rn. 3.
[7] OLG Koblenz v. 21. 11. 2001 – 1 Ws 1449/01, NStZ-RR 2002, 160.
[8] BVerfG v. 7. 10. 2003 – 2 BvR 2118/01, NJW 2004, 1095 (1097); OLG Koblenz v. 3. 8. 2000 – 2 Ws 486/00, Rpfleger 2000, 565; OLG Schleswig-Holstein v. 20. 6. 2002 – 1 Ws 102/02, SchlHA 2003, 206 f.; OLG Karlsruhe v. 31. 8. 2005 – 1 Ws 135/05, StV 2006, 34; LG Koblenz v. 4. 5. 2000 – 2101 Js 19 937/97 – 12 KLs, NStZ 2001, 221 (L).
[9] OLG Koblenz v. 21. 11. 2001 – 1 Ws 1449/01, NStZ – RR 2002, 160.
[10] *Meyer-Goßner* Rn. 2.
[11] LG Berlin v. 19. 8. 2005 – 505 Qs 140/05, NStZ 2006, 56.
[12] OLG Koblenz v. 20. 9. 1994 – 1 Ws 625/94, NStZ-RR 1996, 64.
[13] OLG Koblenz v. 4. 12. 1997 – 1 Ws 719/97, NStZ-RR 1998, 127; KG v. 23. 12. 2008 – 1 Ws 1/07, NStZ-RR 2009, 190 (191).
[14] BVerfG v. 17. 3. 1999 – 2 BvR 2248/98, NStZ-RR 1999, 255; OLG Nürnberg v. 5. 1. 1999 – Ws 1549/98, NStZ-RR 1999, 190.
[15] LG Frankfurt aM v. 21. 7. 1977 – 2/24 S 46/77, NJW 1977, 1924 (1925).
[16] KMR/*Stöckel* Rn. 2.
[17] OLG Celle v. 1. 12. 2000 – 3 Ws 206/99, NStZ 2001, 221.
[18] Löwe/Rosenberg/*Hilger* Rn. 15; zustimmend KK-StPO/*Gieg* Rn. 3; *Meyer-Goßner* Rn. 2.
[19] BGH v. 8. 9. 1981 – 4 BJs 165/80, NStZ 1982, 118; KK-StPO/*Gieg* Rn. 4c; aA OLG Düsseldorf v. 10. 4. 1984 – 3 Ws 448/83, wistra 1985, 123; LG Hildesheim v. 1. 2. 1982 – 15 Qs 5/82, NStZ 1982, 336 (337) mwN; *Sannwald* NJW 1984, 2495 ff.
[20] OLG Koblenz v. 29. 1. 1992 – 1 Ws 37/92, NStZ 1992, 300 (L).
[21] BVerfG v. 17. 2. 1981 – 2 BvR 710/80, NStZ 1981, 230.
[22] KMR/*Stöckel* Rn. 6.
[23] EGMR v. 21. 2. 1984 – ohne Az. (Fall Ötztük), NJW 1985, 1273.

Übersetzungskosten freizustellen (Art. 103 GG, Art. 6 Abs. 3 Buchst. e MRK);[24] dies gilt auch für vorbereitende Gespräche mit einem Wahl- oder Pflichtverteidiger.[25] Die Freistellung hat endgültig, dh. nicht nur bei Freispruch, Einstellung oder Eröffnungsablehnung, sondern auch bei einer Verurteilung zu erfolgen.[26] So sind zB Dolmetscherkosten, die anlässlich einer gem. § 119 Abs. 3, § 27 Abs. 1 IRG angeordneten Überwachung des Besuchsverkehrs des Gefangenen anfallen, von der Staatskasse zu tragen.[27] Dies gilt in gleicher Weise für die Dolmetscherkosten für die Briefkontrolle des in der Untersuchungshaft befindlichen fremdsprachigen Beschuldigten, wobei der Untersuchungsgefangene keinen Anspruch auf unbeschränkte Korrespondenz in fremder Sprache hat, wenn hierdurch im Rahmen der richterlichen Briefkontrolle unverhältnismäßig hohe Übersetzungskosten zu Lasten der Staatskasse entstehen.[28] Bevor allerdings die Strafverfolgungsbehörden den Gefangenen wegen unverhältnismäßiger Übersetzungskosten zur Übernahme heranziehen dürfen, müssen sie den Überwachungs- und Übersetzungsaufwand kritisch hinterfragen. Eine pauschale Anordnung der Übersetzung ist grds. unzulässig, vielmehr hat die Kontrolle dem Einzelfall Rechnung zutragen: Bei Vorliegen von Verdunklungsgefahr wird eine Übersetzung eher erforderlich sein als beim Haftgrund der Fluchtgefahr, bei der idR Stichproben genügen. Auch der Adressat des Briefes kann für die Entscheidung der Kontrolle/Übersetzung maßgeblich sein. Falls unter Berücksichtigung der Besonderheiten des Einzelfalls die erforderlichen Übersetzungskosten wegen ihres Umfangs nicht mehr vom Staat allein getragen werden müssen, ist der Inhaftierte vor Weiterleitung seiner Briefe an einen Dolmetscher darauf hinzuweisen, dass er die Übersetzungskosten selbst zu tragen hat, um ihm die Möglichkeit zu geben, diese Aufwendungen zu ersparen.[29] Ferner kann das Gericht den Beschuldigten Dolmetscher- und Übersetzungskosten gem. § 464c oder § 467a Abs. 1 S. 2 überbürden; dies gilt auch jeweils iVm. § 46 Abs. 1 OWiG (Nr. 9005 KV GKG).

3. Kosten im Strafverfahren (Abs. 1 S. 2). Kosten im Strafverfahren entstehen beispielsweise durch Entschädigung der Zeugen und Sachverständigen (Nr. 9005 KVGKG iVm. JVEG); bringt allerdings ein Zeuge zu seiner Vernehmung einen Rechtsbeistand mit, geschieht dies regelmäßig auf eigene Kosten.[30] Der verurteilte Angeklagte hat ferner die Auslagen für die Beförderung inhaftierter Zeugen zu tragen; dazu gehören in der Regel auch die Kosten, die durch einen Einzeltransport entstanden sind.[31]

a) Pflichtverteidigervergütung. Auch die Pflichtverteidigervergütung[32] gehört zu den Kosten des Strafverfahrens, es sei denn, der Verurteilte ist nicht bei ihrer Entstehung, sondern auch nach Rechtskraft des Urteils mittellos;[33] Letzteres schließt allerdings den Kostenansatz selbst nicht aus.[34] Zu den Auslagen des Pflichtverteidigers (bereits vor förmlicher Bestellung)[35] gehören u.a. Dolmetscher-,[36] Kopier-,[37] Reise- und Übernachtungskosten.[38] Ob im Falle der Verurteilung die Pflichtverteidigervergütung auch dann anzusetzen ist, wenn das Gericht einen Pflichtverteidiger neben einem Wahlverteidiger bestellt hat, wird teilweise unter Hinweis auf das Verursacherprinzip bejaht: Eine Entlastung von den Kosten einer durch prozessuale Vorsorge veranlassten, wenn auch aus Sicht des Angeklagten aufgedrängten Pflichtverteidigerbestellung sei gesetzlich nicht vorge-

---

[24] BGH v. 26. 10. 2000 – 2 StR 6/00, BGHSt 46, 178 (183) = NJW 2001, 309.
[25] BVerfG v. 27. 8. 2003 – 2 BvR 2032/01, NJW 2004, 50; ablehnend OLG Düsseldorf v. 9. 3. 1998 – 1 Ws 136/98, NStZ-RR 1998, 253, für Besprechung mit einem weiteren Verteidiger.
[26] KMR/*Stöckel* Rn. 6.
[27] BVerfG v. 7. 10. 2003 – 2 BvR 2118/01, NJW 2004, 1095 (1096); OLG Frankfurt aM v. 30. 8. 1985 – 2 Ws 172/85, StV 1986, 24 (25); OLG Düsseldorf v. 12. 3. 1991 – 3 Ws 26/91, NStZ 1991, 403.
[28] OLG München v. 16. 3. 1984 – 1 Ws 87/84, NStZ 1984, 332; zu restriktiv LG Berlin v. 24. 2. 1994 – (532) 1 Kap Js 2308/93, StV 1994, 325.
[29] BVerfG v. 7. 10. 2003 – 2 BvR 2118/01, NJW 2004, 1095 (1096).
[30] BVerfG v. 8. 10. 1974 – 2 BvR 747/73, BVerfGE 38, 105 (116) = NJW 1975, 103 (104); BVerfG 12. 4. 1983 – 2 BvR 307/83, NStZ 1983, 374; KK-StPO/*Gieg* Rn. 4c; aA OLG Stuttgart v. 13. 2. 1992 – 2 – 2 StE 1/92, NStZ 1992, 340: Ausnahmsweise Prozesskostenhilfe unter Beiordnung eines Rechtsanwalts bei tatsächlicher und rechtlicher schwieriger Situation für Zeugen; *Opitz* StV 1984, 311: § 11 ZSEG analog, wenn Hinzuziehung nicht ausschließlich aus eigenem Interesse erfolgt.
[31] OLG Hamm v. 27. 6. 2000 – 2 Ws 92/2000, NStZ-RR 2000, 320.
[32] BVerfG v. 27. 9. 2002 – 2 BvR 705/02, NJW 2003, 196 mwN; OLG München v. 12. 11. 1980 – 2 Ws 1205/80, NJW 1981, 534; OLG Düsseldorf v. 30. 11. 1983 – Ws 223/83, NStZ 1984, 283; OLG Düsseldorf v. 31. 10. 1984 – 1 Ws 1058/84, StV 1985, 142; OLG Zweibrücken v. 13. 10. 1989 – 1 Ws 417/89, NJW 1991, 309; OLG Hamm v. 10. 1. 1989 – 2 Ws 351/99, NStZ-RR 2000, 160; aA OLG Düsseldorf v. 21. 3. 1985 – 5 Ws 2/84, NJW 1985, mAnm *Schikora*; *Schmidt* NJW 1974, 90.
[33] EMRK v. 6. 5. 1982 – 9365/81, StV 1985, 89 (L).
[34] OLG Köln v. 5. 2. 1991 – 2 Ws 580/90, JurBüro 1991, 855 (856).
[35] KMR/*Stöckel* Rn. 10.
[36] Siehe oben Rn. 4.
[37] OLG Hamm v. 15. 1. 1985 – 4 Ws 667/84, StV 1985, 203.
[38] OLG Thüringen v. 18. 12. 2000 – 1 Ws 283/00, StV 2001, 242; LG Magdeburg v. 11. 1. 2008 – 26 Qs 320/07, StraFo 2008, 131.

sehen.³⁹ Diese Auffassung ist abzulehnen, da sich der Angeklagte, der gewärtigen muss, bei Verurteilung neben seinem Wahlverteidiger auch den aufgedrängten Pflichtverteidiger zahlen zu müssen, zur Vermeidung einer doppelten Kostenlast genötigt sehen könnte, auf den Wahlverteidiger zu verzichten. Ein solcher Druck widerstreitet dem Prinzip der freien Verteidigerwahl. Das Verursacherprinzip rechtfertigt kein anderes Ergebnis, denn die Bestellung eines Pflichtverteidigers zur Verfahrenssicherung neben einem Wahlverteidiger dient – im Unterschied zu einer (ggf. nach Ausfall des Wahlverteidigers) ausschließlichen Pflichtverteidigung – in erster Linie dem öffentlichen Interesse, so dass bei dieser Konstellation billigerweise die Staatskasse die Pflichtverteidigerkosten zu tragen hat.⁴⁰

7   **b) Keine Kosten.** Nicht anzusetzen sind die Kosten für die Übersetzung von Haftbefehlen und Anklageschriften. Auf Staatskosten kann dagegen nicht die Übersetzung von Aktenteilen⁴¹ und Haftentscheidungen⁴² beansprucht werden. Das Gleiche gilt für die Übersetzung des schriftlichen Urteils, wenn dem des deutschen nicht ausreichend mächtigen Verurteilten die Urteilsgründe bei der Verkündung übersetzt worden sind und er einen Verteidiger hatte.⁴³

8   **4. Kosten der Vollstreckung (Abs. 1 S. 2).** Kosten der Vollstreckung sind diejenigen Kosten (idR nach JVKostO nebst Verwaltungsvorschriften), die nach Rechtskraft des Urteils (§ 449) bei Um- und Durchsetzung der darin erkannten Rechtsfolgen (§§ 38–76 StGB) anfallen,⁴⁴ zB Vollstreckung von Freiheitsstrafen oder freiheitsentziehender Maßregeln der Besserung und Sicherung.⁴⁵ Zu diesen Kosten zählen zB die von den Vollzugsanstalten gemäß § 50 Abs. 1 S. 1 StVollzG (§ 130 StVollzG) erhobenen Haftkostenbeiträge für Unterkunft und Verpflegung. In § 50 Abs. 1 S. 2 bis 5 StVollzG sind von der Beitragspflicht Ausnahmen normiert.⁴⁶ Ob zu den Kosten der Vollstreckung auch die Gutachterkosten nach § 454 Abs. 2 (Aussetzung von Strafen oder Maßregeln gem. §§ 57, 57a, 67d Abs. 2, 67e Abs. 1 StGB) gehören, wird weitgehend in der Rspr. bejaht.⁴⁷ Dagegen argumentiert das OLG Hamm⁴⁸ im Zusammenhang mit Gutachterkosten nach § 57a StGB überzeugend, diese seien Abs. 1 S. 2 nicht zu subsumieren, denn erstens entstünden die Gutachterkosten nicht als unmittelbare Folge des Urteils des erkennenden Gerichts, sondern im Rahmen einer eigenständigen Prüfung eines anderen Spruchkörpers der Strafvollstreckungskammer, zweitens spreche die Entstehungsgeschichte des § 464 a für dieses Ergebnis, drittens könne aus § 121 StVollzG geschlossen werden, dass die Kostengrundentscheidung derartige Kosten nicht erfasse, viertens hätte die Weiterbelastung der Kosten resozialisierungshemmende und daher mit dem StVollzG nicht zu vereinbarende Auswirkungen.⁴⁹ Gutachterkosten zur Haftfähigkeitsprüfung des Verurteilten (§§ 8 ff. JVEG) kann der Staat nicht von dem Verurteilten erstattet verlangen, sie unterfallen also nicht Abs. 1 S. 2.⁵⁰

9   **5. Kosten zur Vorbereitung eines Wiederaufnahmeantrags (Abs. 1 S. 3, § 473 Abs. 6 Nr. 1).** Hierzu zählen bereits die Kosten der Vorbereitung des Wiederaufnahmeverfahrens durch Verteidigerbestellung gem. §§ 364a, 364b.⁵¹ Die Regelung zielt darauf, Verurteilte abzuhalten, aussichtslose Anträge zu stellen.⁵²

---

³⁹ EGMR v. 25. 9. 1992 – 62/1991/314/385, EuGRZ 1992, 542; OLG Zweibrücken v. 13. 10. 1989 – 1 Ws 417/89, NJW 1991, 309 f.; LG Mainz v. 18. 8. 1989 – 34 VRs 7066/87, Rpfleger 1990, 40; siehe auch LG Göttingen v. 24. 7. 1992 – KLs 32/3 Js 14 254/83, NdsRpfl 1992, 241.
⁴⁰ *Neumann* NJW 1991, 264 (267 f.); *Beulke* Anm. zu OLG Zweibrücken v. 13. 10. 1989 – 1 Ws 417/89, StV 1990, 364 (365 f.); *Meyer-Goßner* Art. 6 MRK Rn. 21.
⁴¹ OLG Düsseldorf v. 19. 3. 1986 – 1 Ws 182/86, MDR 1986, 958.
⁴² OLG Köln v. 7. 5. 1982 – 1 Ss 263/82 (B) – 152, VRS 63 (1982), 457 f.: Ausländer haben bei einem Gerichtsbeschluss keinen Anspruch auf Rechtsmittelbelehrung in ihrer Heimatsprache; OLG Stuttgart v. 23. 4. 1986 – 1 Ws 93/86, Justiz 1986, 307.
⁴³ BVerfG v. 17. 5. 1983 – 2 BvR 731/80, BVerfGE 64, 135 ff. = NJW 1983, 813 ff.; BGH v. 16. 9. 1980 – 1 StR 468/80; KK-StPO/*Gieg* Rn. 4 b mwN zur OLG-Rspr.
⁴⁴ KMR/*Stöckel* Rn. 4.
⁴⁵ KK-StPO/*Gieg* Rn. 5.
⁴⁶ KG v. 11. 8. 2005 – 5 Ws 341/05, NStZ-RR 2006, 413 f. (zu § 50 Abs. 1 S. 2 Nr. 1 StVollzG); OLG Karlsruhe v. 30. 4. 2007 – 2 Ws 332/05, NStZ-RR 2007, 389; OLG Hamm v. 6. 5. 2008 – 1 Vollz (Ws) 154/08, NStZ 2009, 218 (jeweils zur Resozialisierungsklausel in § 50 Abs. 1 S. 5).
⁴⁷ BVerfG v. 27. 6. 2006 – 2 BvR 1392/02, JR 2006, 480; BGH v. 10. 11. 1999 – 2 ARs 418/99, NJW 2000, 1128 f.; OLG Karlsruhe v. 17. 4. 2003 – 1 Ws 229/02, NStZ 2003, 350; OLG Koblenz v. 4. 5. 2005 – 2 Ws 274/05, StraFo 2005, 348 f.; OLG Düsseldorf v. 14. 9. 2006 – 4 Ws 446/06, NJOZ 2007, 872; OLG Frankfurt v. 17. 6. 2010 – 2 Ws 134/09, BeckRS 2010, 18063.
⁴⁸ OLG Hamm v. 4. 9. 2000 – 2 Ds 189/00, NStZ 2001, 167.
⁴⁹ Ebenso *Eisenberg* JR 2006, 57 ff.
⁵⁰ OLG Koblenz v. 8. 1. 1997 – 2 Ws 766/96, NStZ 1997, 256; KMR/*Stöckel* Rn. 4; *Meyer-Goßner* Rn. 3; SK-*Degener* Rn. 9; aA Peglau NJW 2003, 870 f., wenn Sachverständiger nicht durch StA (dann § 9 Nr. 1 JVKostO), sondern durch das Gericht bestellt wurde.
⁵¹ KMR/*Stöckel* Rn. 5.
⁵² *Meyer-Goßner* Rn. 4; *Krägeloh* NJW 1975, 137 (139).

6. Kostenansatzverfahren. § 464 b findet auf die Gerichtskosten keine Anwendung. Höhe und 10 Ansatz der gerichtlichen Verfahrenskosten werden vielmehr im Kostenansatzverfahren nach § 19 Abs. 2 GKG iVm. §§ 4 ff. KostenVfg.[53] vom zuständigen Kostenbeamten[54] bestimmt. Die Höhe der Gerichtsgebühr bemisst sich idR nach Art und Höhe der Strafe;[55] zu den Auslagen s. Teil 9 KV-GKG. Gem. § 8 GKG werden die Kosten, die dem verurteilten Beschuldigten zur Last fallen, mit der Rechtskraft des Urteils fällig. Gegen den Kostenansatz des zuständigen Kostenbeamten kann gem. § 66 GKG Erinnerung eingelegt werden.[56] Die Gebühren und Auslagen der Staatskasse können gem. § 111 d Abs. 1 durch dinglichen Arrest gesichert werden, es sei denn, es handelt sich gem. § 111 d Abs. 1 S. 3 um geringfügige Beträge oder Vollstreckungskosten. Die Einforderung und Beitreibung der Gebühren und Auslagen der Staatskasse erfolgt nach der Einforderungs- und Beitreibungsanordnung (EBAO) iVm. der Justizbeitreibungsordnung (JBeitrO).[57] Nur ausnahmsweise können Verfahrenskosten niedergeschlagen, ermäßigt oder erlassen werden.[58] Gem. § 21 Abs. 1 S. 1 GKG werden Verfahrenskosten – nicht hingegen die Erstattung notwendiger Auslagen des Angeklagten –[59], die bei richtiger Behandlung der Sache nicht entstanden wären, wie zB die Kosten des Revisionsverfahrens und der zweiten Hauptverhandlung wegen Nichtbeachtung der in der ersten Hauptverhandlung erhobenen Besetzungsrüge, nicht erhoben, was sowohl in der Kostenentscheidung als auch im Kostenansatzverfahren angeordnet werden kann.[60] Das Gleiche gilt gem. § 21 Abs. 1 S. 2 GKG für Auslagen, die durch eine von Amts wegen veranlasste Verlegung eines Termins oder Vertagung einer Verhandlung entstanden sind. Der Kostenbeamte darf nur ausnahmsweise gem. § 10 Abs. 1 KostVfg. vom Ansatz der Kosten absehen, wenn das dauernde Unvermögen des Kostenschuldners zur Zahlung offenkundig oder ihm aus anderen Vorgängen bekannt ist, oder wenn sich der Kostenschuldner dauernd an einem Ort aufhält, an dem eine Beitreibung keinen Erfolg verspricht; ein Kostenansatz erfolgt allerdings u. a. auch bei dauerndem Unvermögen eines Kostenschuldners gem. § 10 Abs. 2 Nr. 1 KostVfg., wenn ein zahlungsfähiger mithaftender Kostenschuldner vorhanden ist (§ 466). Des Weiteren können die Kosten im Wege der Gnade erlassen oder ermäßigt werden.[61]

II. Notwendige Auslagen eines Beteiligten (Abs. 2)

1. Persönlicher Anwendungsbereich. Der persönliche Anwendungsbereich erstreckt sich auf Verfahrensbeteiligte, namentlich Beschuldigte, Privat- und Nebenkläger, Verletzte (§ 406 g), Anschlussberechtigte (§ 395), Antragsteller im Adhäsionsverfahren, Nebenbeteiligte und von strafprozessualen Zwangsmaßnahmen betroffene Dritte (zB Zeugen im Verfahren nach § 51[62] oder Verteidiger im Verfahren nach §§ 138 a ff., 145 Abs. 4).[63] Ein Verfahrensbeteiligter kann auch Aufwendungen Dritter als eigene Auslagen geltend machen (und bei Freispruch ersetzt verlangen), wenn er dem Dritten zur Rückerstattung des Vorschusses verpflichtet ist.[64] Dies ist zB bei Vorleistungen eines Arbeitgebers für die Strafverteidigung seines Angestellten gegen einen mit dessen dienstlicher Tätigkeit im Zusammenhang stehenden Vorwurf der Fall, da regelmäßig bei einem Freispruch von einer (konkludenten) Rückerstattungsvereinbarung zwischen Arbeitgeber und Angestellten auszugehen ist. Schließlich will der die Verteidigungskosten vorschießende Arbeitgeber nicht die Staatskasse von einer möglichen Erstattungspflicht entlasten, sondern seinem Angestellten – neben Wahrung uU eigener Interessen – das Kostenrisiko und die Notwendigkeit der Vorleistung abnehmen.[65] Auch Leistungen durch Institutionen wie Rechtsschutzversicherungen (nicht aber die Kosten für die Rechtsschutzversicherung als solche),[66] Gewerkschaften oder Berufsverbände werden dem be-

---

[53] Siehe Anlage 1 zu § 3 Abs. 2 GKG, Teil 3 – Strafsachen und gerichtliche Verfahren nach dem Strafvollzugsgesetz – KVGKG und Kostenverfügung v. 27. 7. 2004 zuletzt geändert durch ÄnderErl. v. 5. 4. 2007 BAnz.-Nr. 77 S. 4253.
[54] Näheres zum Kostenbeamten bei KMR/*Stöckel* Vor § 464 Rn. 7.
[55] Siehe Anlage 1 zu § 3 Abs. 2 GKG, Teil 3 – Strafsachen und gerichtliche Verfahren nach dem Strafvollzugsgesetz – KVGKG.
[56] Näheres zur Anfechtung bei KMR/*Stöckel* Vor § 464 Rn. 8.
[57] Justizbeitreibungsordnung in der im Bundesgesetzblatt Teil III, Gliederungsnummer 365-1, veröffentlichten bereinigten Fassung, zuletzt geändert durch Art. 4 Abs. 13 des Gesetzes v. 17. 12. 2006 (BGBl. I S. 3171); Näheres zur Einziehung der Kosten bei KMR/*Stöckel* Vor § 464 Rn. 9.
[58] Löwe/Rosenberg/*Hilger* Vor § 464 Rn. 13; Näheres zur Niederschlagung bei KMR/*Stöckel* Vor § 464 Rn. 12.
[59] BGH v. 1. 12. 1988 – 4 StR 569/88, NStZ 1989, 191; BGH v. 21. 4. 1998 – 4 StR 155/98, NStZ-RR 1998, 319 f.; BGH v. 21. 9. 2007 – 2 StR 307/07, NStZ-RR 2008, 31.
[60] BGH v. 21. 9. 2007 – 2 StR 307/07, NStZ-RR 2008, 31.
[61] KMR/*Stöckel* Vor § 464 Rn. 13.
[62] LG Frankenthal v. 29. 7. 1986 – 1 Qs 403/86, JurBüro 1986, 1675; aA LG Hannover v. 11. 11. 1985 – 46 Qs 172/85, JurBüro 1986, 1675.
[63] KMR/*Stöckel* Rn. 13.
[64] KK-StPO/*Gieg* Rn. 6.
[65] OLG Zweibrücken v. 12. 3. 1992 – 2 Ws 562/91, StV 1993, 136 f.
[66] Löwe/Rosenberg/*Hilger* Rn. 24.

günstigten Verfahrensbeteiligten als eigene Auslagen zugerechnet und dementsprechend bei Freispruch erstattet. Denn derartige Leistungen Dritter sollen nur dem Begünstigten zugute kommen und – auch nach dem Rechtsgedanken des § 843 Abs. 4 BGB – nicht die Staatskasse bzw. für Auslagen haftende Dritte (zB schuldhaft ausgebliebener Zeuge (§ 51))[67] entlasten.[68] Erstattungsfähig sind auch Verteidigerkosten, wenn der Verteidiger von einem gesetzlichen Vertreter (§ 137 Abs. 2) bestellt und bezahlt wurde.[69] Des Weiteren sind die notwendigen Auslagen des gesetzlichen Vertreters (und Erziehungsberechtigten) erstattungsfähig, wenn dieser kraft eigenen Rechts auf Seiten des Angeschuldigten steht (§ 298, § 67 JGG).[70]

12 **2. Sachlicher Anwendungsbereich.** Der sachliche Anwendungsbereich erstreckt sich auf die notwendigen Auslagen. Die **Notwendigkeit der Auslagen** ist bei Wahrnehmung prozessualer Rechte regelmäßig indiziert (s. auch § 91 Abs. 1 ZPO) und nur ausnahmsweise zu verneinen, soweit das Gericht (Rechtspfleger) das Gegenteil nachweisen kann.[71] Maßgeblicher Zeitpunkt für die Beurteilung der Notwendigkeit der Auslagen sind die Umstände zurzeit der Vornahme der kostenverursachenden Handlung.[72]

13 a) **Rechtsanwaltskosten.** Hinsichtlich der Gebühren und Auslagen des Rechtsanwalts (Abs. 2 Nr. 2) ist zu beachten, dass sich der Beschuldigte in jeder Lage des Verfahrens anwaltlichen Beistands bedienen und daher die Notwendigkeit der Auslagen im Kostenfestsetzungsverfahren nicht verneint werden kann.[73] Die Notwendigkeit der Hinzuziehung eines Rechtsanwalts kann – entgegen der weit verbreiteten Auffassung in der Rspr. –[74] auch nicht etwa dann verneint werden, wenn die Hinzuziehung zu einem Zeitpunkt erfolgt, in dem die StA ein Rechtsmittel eingelegt, aber noch nicht begründet hat und vor Begründung das Rechtsmittel zurücknimmt.[75] Die Notwendigkeit der Auslagen ist ferner bei einer Teilnahme des Verteidigers an der Revisionsverhandlung zu bejahen.[76] Auch das Erscheinen des Verteidigers in einer wegen Abwesenheit des Angeklagten auszusetzenden Hauptverhandlung ist notwendig iS dieser Vorschrift.[77] Notwendig ist auch eine Reise des Verteidigers zwecks Akteneinsicht, wenn die Akten nicht übermittelt werden.[78] Notwendig und folglich erstattungsfähig sind auch die Reisekosten des nicht am Gerichtsort kanzleiansässigen Rechtsanwalts, sofern es sich um den „Anwalt des Vertrauens" handelt und die Strafsache besonders schwierig oder gewichtig ist.[79] Die Auffassung, derartige Reisekosten könnten nur dann als notwendig anerkannt werden, wenn entweder die Rechtsverteidigung derart entscheidende Schwie-

---

[67] KMR/*Stöckel* Rn. 12.
[68] OLG Zweibrücken v. 12. 3. 1992 – 2 Ws 562/91, StV 1993, 136 f.; KK-StPO/*Gieg* Rn. 6 mwN.
[69] LG Bückeburg v. 7. 11. 1959 – Qs 118/59, NJW 1960, 1026; *Meyer-Goßner* Rn. 17.
[70] *Meyer-Goßner* Rn. 17.
[71] LG Braunschweig v. 17. 4. 2008 – 2 Qs 40/08, StraFo 2008, 265; LG Mühlhausen v. 12. 2. 2009, RVGreport 2009, 187: Erstattung auch, wenn Verjährung erst – aber erfolgreich – im Hauptverhandlungstermin eingewandt wird; M. J. *Schmid* JZ 1982, 186 f. zum Auslagenerstattungsanspruch des freigesprochenen Angeklagten bei unnötiger Tätigkeit des Verteidigers; KMR/*Stöckel* Rn. 14 u. 19: Auch für nicht sachdienliche, den Prozess verzögernde Beweisanträge.
[72] LG Verden v. 23. 5. 1969 – 2 Qs 48/69, VersR 1970, 558.
[73] KK-StPO/*Gieg* Rn. 10.
[74] OLG Düsseldorf v. 18. 11. 1991 – 3 Ws 616/91, NStZ 1992, 299; OLG Celle v. 30. 3. 1995 – 5 Ws 33/95, NStZ 1996, 63; OLG Karlsruhe v. 29. 3. 1995 – 2 Ws 138/94, JurBüro 1996, 199 f.; OLG Frankfurt aM v. 17. 3. 1999 – 2 Ws 31/99, NStZ-RR 1999, 351; OLG Koblenz v. 3. 7. 2006 – 2 Ws 424/06, NStZ 2007, 423; OLG Rostock v. 13. 7. 2009 – I Ws 192/09, BeckRS 2009, 20370 = JurBüro 2009, 541; LG Koblenz v. 30. 12. 1997 – 1 Qs 346/97, NStZ-RR 1998, 159; AG Konstanz v. 12. 12. 2006 – 8 Cs AK 590/05, BeckRS 2007, 02044.
[75] Zur Berufung: LG Hannover v. 19. 5. 1976 – 33 Qs 57/76, NJW 1976, 2031; LG Heilbronn v. 2. 12. 1987 – 502 Qs 210/87, StV 1988, 351; zur Revision: OLG Karlsruhe v. 27. 12. 1977 – 1 Ws 476/77, Justiz 1978; OLG Celle v. 3. 11. 1982 – 3 Ws 300/82, NStZ 1983, 129 (L); OLG Celle v. 22. 4. 1985 – 3 Ws 141/85, Rpfleger 1985, 376 f.; zur Beschwerde: OLG Düsseldorf v. 10. 2. 1989 – 2 Ws 475/89, NStZ 1990, 204; insgesamt hierzu auch OLG Stuttgart v. 28. 4. 1993 – 1 Ws 110/93, NStZ 1993, 507 (L); LG Krefeld v. 18. 6. 1979 – 9 Qs 118/79, AnwBl. 1979, 394 ff.; KMR/*Stöckel* Rn. 19 mwN; aA OLG Hamm v. 9. 5. 1972 – 1 Ws 58/72, MDR 1972, 970; OLG Hamm v. 2. 12. 1977 – 4 Ws 519/77, MDR 1978, 596 f.; OLG Düsseldorf v. 27. 5. 1980 – 5 Ws 62/80, Rpfleger 1980, 445; OLG Düsseldorf v. 3. 9. 1980 – 1 Ws 517/80, JurBüro 1981, 229 f.; OLG Karlsruhe v. 8. 5. 1981 – 3 Ws 114/81, NStZ 1981, 404; OLG Düsseldorf v. 18. 11. 1991 – 3 Ws 616/91, NStZ 1992, 299; OLG Frankfurt aM v. 17. 3. 1999 – 2 Ws 31/99, NStZ-RR 1999, 351; OLG Koblenz v. 3. 7. 2006 – 2 Ws 424/06, NStZ 2007, 423 f.; LG Baden-Baden v. 4. 6. 1992 – 4 Qs 108/92, JurBüro 1992, 758 (759); LG Cottbus v. 28. 2. 2007 – 3 Qs 9/07, BeckRS 2007, 05145; siehe auch LG Cottbus v. 30. 11. 2006 – 24 Qs 170/06, BeckRS 2008, 14624 = JurBüro 2007, 416: Keine Erstattungsfähigkeit der Auslagen des Nebenklägers für anwaltliche Beratung nach Revisionsrücknahme vor deren Begründung seitens des früheren Angeklagten.
[76] EuGMR v. 25. 4. 1983 – 2/1982/48/77 (*Pakelli*), NStZ 1993, 373 mAnm *Stöcker*; BVerfG v. 18. 10. 1983 – 2 BvR 462/82, NJW 1984, 113 f.; OLG Hamm v. 10. 11. 1972 – 3 Ws 61/71, NJW 1973, 259 (261); LG Tübingen v. 27. 7. 1962 – Qs 195/62, NJW 1962, 2364 (jedenfalls wenn StA vor der mündlichen Verhandlung noch keine Stellungnahme abgegeben hat).
[77] KMR/*Stöckel* Rn. 19; aA LG Krefeld v. 24. 4. 1986 – 26 Qs 87/86, JurBüro 1986, 1539; *Meyer-Goßner* Rn. 10.
[78] OLG Celle v. 21. 1. 1985 – 1 Ws 25/85, StV 1986, 208 (209).
[79] OLG Karlsruhe v. 20. 11. 1970 – 1 Ws 496/70, NJW 1971, 1147; OLG Düsseldorf v. 2. 3. 2000 – 1 Ws 1041/99, NStZ-RR 2000, 320 (L) (auswärtiger Pflichtverteidiger); LG Magdeburg v. 11. 1. 2008 – 26 Qs 320/07, StraFo 2008, 131; *Sommermeyer* NStZ 1990, 267 (269 f.) mwN.

rigkeiten mit sich bringe, dass die Rechte des Angeklagten nur dann als hinreichend gewahrt angesehen werden könnten, wenn er durch einen mit der zu behandelnden Materie besonders vertrauten, am Gerichtsstand aber nicht verfügbaren Rechtsanwalt verteidigt werde,[80] oder wenn es sich um eine Schwurgerichtssache handelt,[81] ist angesichts des erforderlichen Vertrauensverhältnisses zwischen Mandant und Verteidiger als Basis für eine sachgemäße und effiziente Verteidigung zu restriktiv. Nicht als notwendige Auslagen erstattungsfähig sind Darlehenszinsen, die wegen einer Kreditaufnahme zur Bestreitung der anwaltlichen Gebühren angefallen sind. Nach der Rspr. ist der Aufwand (Aufklärung der Einkommens- und Vermögensverhältnisse sowie anderweitige finanzielle Dispositionen) für eine Beurteilung darüber, ob es sich um „notwendige" Kosten iSv. § 91 Abs. 1 S. 1 handelt, zu groß.[82] Im Falle der Auslieferungshaft sind die Auslagen durch Inanspruchnahme eines ausländischen Rechtsanwalts nicht erstattungsfähig.[83]

b) Reisekosten. Notwendig sind Reisekosten, die der Angeklagte zwecks Teilnahme an einem **14** auswärtigen Beweistermin oder an seiner Hauptverhandlung aufwenden muss, auch wenn er von der Pflicht zum Erscheinen entbunden ist.[84] Erstattungspflichtig sind die Kosten der Teilnahme des Angeklagten an der Hauptverhandlung vor dem Revisionsgericht.[85]

c) Zeugenentschädigung. Schießt der Angeklagte die Entschädigung unmittelbar geladener **15** Zeugen oder Sachverständigen vor, sind diese Kosten erstattungsfähig, wenn deren Vernehmung sachdienlich iSv. § 200 Abs. 3 war, wobei diese Frage unter Berücksichtigung der Urteilsgründe, im Übrigen aufgrund dienstlicher Äußerungen der beteiligten Richter zu beantworten ist.[86]

d) Ermittlungskosten. Im **Privatklageverfahren** sind Auslagen des Angeklagten für private Er- **16** mittlungen (zB Detektivkosten) unter Hinweis darauf, dass hier das Gericht zwar von Amts wegen den Sachverhalt zu ermitteln habe, aber die Wahrheitsfindung dadurch erschwert sei, dass es ein Ermittlungsverfahren im eigentlichen Sinne nicht gäbe, als erstattungsfähig angesehen worden.[87] **Außerhalb des Privatklageverfahrens** bejaht dagegen die Rspr. die Erstattungsfähigkeit von Kosten für private Ermittlungen eines Beschuldigten nur ausnahmsweise, nämlich dann, wenn der Beschuldigte zuvor vergeblich versucht hat, die Ermittlungsbehörden zu derartigen Erhebungen zu veranlassen, oder wenn er ohne die eigenen Bemühungen alsbald erhebliche Beeinträchtigungen seiner Lage zu besorgen hätte.[88] Entsprechendes gilt für Privatgutachtenkosten.[89] Zu Recht hat *Dahs* angemerkt, dass die von der Rspr. gezogenen Grenzen für die Erstattungsfähigkeit von (kostenintensiven) „privaten" Aktivitäten im Vorverfahren angesichts der Bedeutung dieses Verfahrensstadiums für den Ausgang des Verfahrens zu eng sind. Benachteiligt werden die Beschuldigten, die es sich finanziell nicht leisten können, Gutachterkosten und dergleichen (endgültig) selbst zu tragen.[90]

e) Kosten eines Verwaltungsverfahrens und Sicherheitsleistung. Notwendige Auslagen sind im **17** Strafverfahren auch die Kosten für die Durchführung eines entscheidungsrelevanten Verwaltungsverfahrens.[91] Die Kosten einer Verfassungsbeschwerde wurden hingegen als nichterstattungsfähig einbewertet.[92] Kosten für die Beschaffung einer Sicherheitsleistung zur Abwendung einer Untersuchungshaft (§ 116 Abs. 1 S. 2 Nr. 4) sind nicht erstattungsfähig.[93]

---

[80] OLG Karlsruhe v. 13. 6. 1972 – W 1/72, Rpfleger 1972, 456 f.; OLG Düsseldorf v. 6. 4. 1981 – 1 Ws 210 – 211/81, NStZ 1981, 451; OLG München v. 13. 7. 1981 – 2 Ws 728/81 K, JurBüro 1981, 1370 ff.; OLG Oldenburg v. 5. 9. 1983 – 2 Ws 390/83, JurBüro 1984, 248 f.; OLG Düsseldorf v. 15. 2. 1985 – 1 Ws 754/83, MDR 1985, 695 f.; OLG Bamberg v. 20. 3. 1986 – Ws 147/86, JurBüro 1987, 558; LG Hamburg v. 16. 11. 2005 – 603 Qs OWi 515/05, ZfS 2006, 470.
[81] OLG Düsseldorf v. 1. 4. 1986 – 1 Ws 679/85, MDR 1986, 958; OLG Düsseldorf v. 16. 6. 1986 – 1 Ws 524/86, MDR 1987, 79.
[82] OLG Koblenz v. 4. 1. 2006 – 14 W 810/05, NJW 2006, 2196.
[83] OLG Köln v. 28. 1. 2003 – 2 Ws 17/03, NStZ-RR 2003, 319; KMR/*Stöckel* Rn. 14; aA OLG Hamburg v. 18. 4. 1988 – 1 Ws 44/88, NStZ 1988, 370; *Meyer-Goßner* Rn. 13.
[84] LG Augsburg v. 8. 2. 1979 – AR 5/79, AnwBl. 1979, 162.
[85] OLG Hamm v. 10. 11. 1972 – 3 Ws 61/72, NJW 1973, 259 (261); einschränkend aber OLG Celle v. 12. 6. 1995 – 1 Ws 153/95, JurBüro 1996, 200: Erstattungsfähigkeit der Aufwendungen nur, wenn es sich um ein Verfahren von herausgehobener, existentieller Bedeutung handelt und der an der Revisionsverhandlung teilnehmende ehemalige Angeklagte habe annehmen können, durch seine Sach- und Rechtskunde sachdienliches beitragen zu können.
[86] KG v. 10. 5. 1999 – 4 Ws 80/99, NStZ 1999, 476.
[87] LG Hildesheim v. 10. 3. 1965 – 12 Qs 422/65, NJW 1965, 1446 f.
[88] OLG Hamburg v. 18. 2. 1983 – 1 Ws 32/83, NStZ 1983, 284; OLG Hamm v. 12. 9. 1989 – 2 Ws 394/89, NStZ 1989, 588 (589).
[89] BVerfG v. 12. 9. 2005 – 2 BvR 277/05, NJW 2006, 136 ff. (Privatgutachten eines Nebenklägers); OLG Düsseldorf v. 8. 1. 1990 – 2 Ws 608/89, NStZ 1991, 353 ff. mAnm *Dahs*; OLG Düsseldorf v. 21. 4. 1997 – 2 Ws 108/97, NStZ 1997, 511; OLG Koblenz v. 23. 6. 1999 – 1 Ws 209/99, NStZ-RR 2000, 63; OLG Stuttgart v. 10. 1. 2003 – 4 Ws 274/02, NStZ-RR 2003, 127 f.; LG Saarbrücken v. 4. 12. 2008 – 4 II 50/06 I, StraFo 2009, 174.
[90] *Dahs* Anm. zu OLG Düsseldorf v. 8. 1. 1990 – 2 Ws 608/89, NStZ 1991, 353 (355).
[91] LG Hamburg v. 9. 8. 1989 – 87 Qs 31/89, StV 1990, 79.
[92] OLG Hamm v. 27. 6. 1966 – 3 Ws 50/66, NJW 1966, 2073 (2075); aA KMR/*Stöckel* Rn. 29.
[93] BGH v. 12. 2. 1992 – StB 1/92, 4 BJs 42/89, BGHR StPO § 464 a notwendig 1; BeckOK-StPO/*Niesler* Rn. 20.

18 **3. Entschädigung für Zeitversäumnis (Abs. 2. Nr. 1).** Nach Abs. 2 Nr. 1 gehören zu den Auslagen die Entschädigung für Zeitversäumnis, wobei der Verweis auf das JVEG lediglich eine den Umfang und die Höhe der Entschädigung betreffende Rechtsfolgenverweisung darstellt.[94] Da es sich bei Abs. 2 Nr. 1 um eine Rechtsfolgenverweisung handelt, sind die Voraussetzungen des § 1 Abs. 1 Nr. 3 und Nr. 1 JVEG, wonach Zeugen nur bei Heranziehung zu Beweiszwecken seitens der StA, Gerichte, Finanzbehörden oder Gerichtsvollzieher zu entschädigen sind, unbeachtlich. Wird der Angeklagte freigesprochen, erhält er also nicht nur eine Entschädigung für Zeitversäumnisse, die durch gerichtliche oder staatsanwaltschaftliche Termine entstanden sind, sondern auch für diejenigen, die durch Verteidigerbesuche bedingt waren.[95] Entschädigungsfähig ist ferner der Zeitaufwand durch polizeiliche Vernehmungen[96] und der sonstige verfahrensbedingte Zeitverlust.[97] Die Verjährungsregelung für Entschädigungsansprüche in § 2 Abs. 3 JVEG findet im Rahmen des Abs. 2 Nr. 1 keine Anwendung.

19 **4. Gebühren und Auslagen eines Rechtsanwalts (Abs. 2 Nr. 2).** Gem. Abs. 2 Nr. 2 gehören zu den notwendigen Auslagen eines Beteiligten ferner die Gebühren und Auslagen eines "zulässiger Weise" verteidigenden (§ 137)[98] oder vertretenden (zB §§ 378, 389 Abs. 1, 378, 434 Abs. 1, 442 Abs. 2 S. 2, 406 g)[99] Rechtsanwalts (s. auch die §§ 392, 408 AO genannten Personen), soweit sie nach § 91 Abs. 2 ZPO zu erstatten sind. Zu erstatten sind nach hM die gesetzlichen Gebühren eines Wahlverteidigers[100] bzw. die Kosten mehrerer Rechtsanwälte insoweit, als sie die Kosten eines (Wahl-)Verteidigers nicht übersteigen (§ 91 Abs. 2 S. 3 ZPO).[101]

20 **a) Ausnahmen von § 91 Abs. 2 S. 3 ZPO.** Da diese zivilrechtliche Anrechnungsregelung mit dem Recht des Angeklagten auf freie Verteidigerwahl kollidieren kann, hat die Rspr. folgende Ausnahmen von § 91 Abs. 2 S. 3 ZPO anerkannt: Eine Anrechnung erfolgt nicht, wenn dem freigesprochenen Angeklagten neben einem Wahlverteidiger zur Sicherung eines zügigen und reibungslosen Verfahrensablaufs ein Pflichtverteidiger beigeordnet wurde, ohne dass der Angeklagte oder sein Wahlverteidiger durch ihr Verhalten hierzu Anlass gegeben haben. Wird in diesen Fällen die Pflichtverteidigung nicht rückgängig gemacht, werden die Kosten der Pflichtverteidigung nicht dem Angeklagten als Teil seiner Rechtsverteidigung iSv. Abs. 2 Nr. 1 iVm. § 91 Abs. 2 ZPO, sondern dem Staat als Kosten der gerichtlichen Verfahrensvorsorge zugerechnet.[102] Danach sind die vollen Gebühren für einen Wahl- und Pflichtverteidiger nebeneinander erstattungsfähig. Eine Anrechnung erfolgt ferner nicht, wenn dem pflichtverteidigten Angeklagten ein zweiter Pflichtverteidiger beigeordnet wurde, um eine sichere Durchführung der Hauptverhandlung zu gewährleisten.[103] Bei mehreren Wahlverteidigern erfolgt eine Kappung der Kosten bei Strafverfahren von außergewöhnlichem Umfang und besonderer Schwierigkeit nicht (stark umstr.).[104] Mehrkosten, die durch einen Anwaltswechsel entstanden sind, gehören nur dann nicht zu den notwendigen Auslagen, wenn der Wechsel zur zweckentsprechenden Rechtsverfolgung nicht hätte eintreten müssen.[105] Ist im Steuerstrafverfahren eine gemeinsame Verteidigung des Angeklagten durch einen Rechtsanwalt und einen Steuerberater erforderlich, dann sind sowohl die Gebühren und Auslagen des Rechtsanwalts als auch diejenigen des Steuerberaters (§ 408 AO) erstattungsfähig.[106]

---

[94] KMR/*Stöckel* Rn. 15; so schon zum ZSEG: OLG Düsseldorf v. 2. 3. 2000 – 1 Ws 1041/99, StV 2000, 434.
[95] OLG Düsseldorf v. 2. 3. 2000 – 1 Ws 1041/99, StV 2000, 434 (435).
[96] LG Krefeld v. 28.12.1971 – 8 Qs 459/71, NJW 1972, 1098 (1099); aA OLG Hamm v.10. 11. 1972 – 3 Ws 61/72, NJW 1973, 259 (260) mwN; zwischenzeitlich aufgegeben OLG Hamm v. 20. 3. 1996 – 2 Ws 624/95, NStZ 1996, 356.
[97] KK-StPO/*Gieg* Rn. 8.
[98] Bei unstatthafter Verteidigung (§§ 137 Abs. 1 S. 2, 146) keine Gebühren-/Auslagenerstattung: OLG München v. 29. 4. 1983 – 2 Ws 440/83, NJW 1983, 1688; LG Nürnberg-Fürth v. 20. 5. 1981 – 13 Qs 83/81, JurBüro 1983, 731 f.; LG Freiburg v. 7. 11. 1984 – II Qs 194/84, NStZ 1985, 330; *Mümmler* JurBüro 1984, 1281 (1289); *Wasmuth* NStZ 1989, 348 (349 ff.), aA wenn § 146a-Entscheidung versehentlich unterblieben war: KMR/*Stöckel* Rn. 18; siehe auch LG Essen v. 9. 10. 1980 – 24 Qs 200/80, AnwBl. 1981, 23 ff.; aA GStA Zweibrücken, 18. 2. 2004 – 4220 E – 1/04, NStZ-RR 2004, 191.
[99] KMR/*Stöckel* Rn. 16.
[100] OLG Düsseldorf v. 22. 3. 1982 – 2 Ws 183/82, AnwBl. 1983, 40 f.; OLG Koblenz v. 9. 4. 1984 – 1 Ws 255/84, wistra 1984, 242; OLG Rostock v. 20. 5. 1996 – 1 Ws 39/96, StV 1997, 33 f.
[101] BVerfG v. 30. 7. 2004 – 2 BvR 1436/04, NJW 2004, 3319.
[102] BVerfG v. 28. 3. 1984 – 2 BvR 275/83, NJW 1984, 2403 f.; OLG München v. 9. 2. 1981 – 2 Ws 86/81 K, NStZ 1981, 194; OLG Hamm v. 29.12.192 – 3 Ws 144/82, NStZ 1983, 571; OLG Köln, StV 1983; OLG Düsseldorf v. 21. 12. 1984 – 1 Ws 121/84, NStZ 1985, 235; OLG Dresden v. 19. 10. 2006 – 1 Ws 206/06, StraFo 2007, 126 f.; LG Marburg v. 16. 5. 1984 – 2 Js 2030/81 – 1 Kls, StV 1984, 345 (346).
[103] OLG Rostock v. 20. 9. 1996 – 1 Ws 39/96, StV 1997, 33 f.; OLG Köln v. 13. 12. 2002 – 2 Ws 634/02, NJW 2003, 2308; OLG Düsseldorf v. 4. 5. 2005 – 3 Ws 62/05, BeckRS 2005, 30355749.
[104] KMR/*Stöckel* Rn. 14; aA OLG Hamburg v. 10. 2. 1983 – 1 Ws 30/83, MDR 1983, 429; Löwe/Rosenberg/*Hilger* Rn. 32; *Meyer-Goßner* Rn. 13.
[105] OLG Oldenburg v. 20. 12. 1982 – 2 Ws 555/82, JurBüro 1983, 733; OLG Hamm v. 21. 7. 1988 – 2 Ws 529/88, StV 1989, 116; OLG Hamburg v. 21. 1. 1991 – 1Ws 1/91, NJW 1991, 1191.
[106] KG v. 16. 10. 1991 – 1 Ws 43/81, NStZ 1982, 207.

b) § 91 Abs. 2 S. 4 ZPO. Zwar verweist Abs. 2 Nr. 2 auch auf § 91 Abs. 2 S. 4 ZPO, wonach in 21 eigener Sache dem Rechtsanwalt die Gebühren und Auslagen zu erstatten sind, die er als Gebühren und Auslagen eines bevollmächtigten Rechtsanwalts erstatten verlangen könnte. Da aber eine Eigenvertretung im Strafprozess nur eingeschränkt möglich ist, kommt diese Regelung nur begrenzt zur Anwendung.[107] So ist die Beschuldigten- und Verteidigerrolle unvereinbar, daher bekommt der beschuldigte Rechtsanwalt, der keinen Verteidiger hinzuzieht, keine Auslagen und Gebühren nach § 91 Abs. 2 S. 4 ZPO ersetzt.[108] Dagegen kann ein Rechtsanwalt in sonstigen Parteirollen (zB Privat- oder Nebenkläger)[109] oder Verfahren (§§ 138a ff., § 145 Abs. 4)[110] sich selbst iSv. § 91 Abs. 2 S. 4 ZPO vertreten.

5. § 33 EStG. Nach der Rspr. des BFH sind Strafverteidigungskosten grds. dann als Betriebs- 22 ausgaben oder Werbungskosten abzugsfähig, wenn der strafrechtliche Vorwurf, gegen den sich der Steuerpflichtige zur Wehr setzt, durch sein berufliches Verhalten veranlasst gewesen ist. Soweit allerdings der Steuerpflichtige die Strafverteidigerkosten nach Abs. 2 Nr. 2 ersetzt bekommt, scheidet ein Abzug bereits mangels Belastung aus. Soweit nach Abs. 2 Nr. 2 kein Anspruch gegen die Staatskasse besteht, werden Aufwendungen in Fällen des § 467 Abs. 2 und Abs. 3 nicht als „zwangsläufig" eingestuft (§ 33 EStG). Nach Auffassung des BFH sind ferner Aufwendungen des Steuerpflichtigen, der mit seinem Verteidiger ein Honorar vereinbart hat, das über den durch die Staatskasse erstattungsfähigen Kosten liegt, nicht „zwangsläufig" – das Kostenrecht lasse keinen Bedarf erkennen, über die nach einem Freispruch von der Staatskasse zu tragenden Anwaltskosten hinaus weitere Kosten dieser Art im Wege der steuerlichen Abzugsfähigkeit nach § 33 EStG zu berücksichtigen. Insoweit ergebe sich steuerrechtlich keine andere Wertung des Begriffs der „Notwendigkeit" als nach der kostenrechtlichen Bestimmung (Abs. 2 Nr. 2).[111]

§ 464b [Kostenfestsetzung]

¹Die Höhe der Kosten und Auslagen, die ein Beteiligter einem anderen Beteiligten zu erstatten hat, wird auf Antrag eines Beteiligten durch das Gericht des ersten Rechtszuges festgesetzt. ²Auf Antrag ist auszusprechen, dass die festgesetzten Kosten und Auslagen von der Anbringung des Festsetzungsantrags an zu verzinsen sind. ³Auf die Höhe des Zinssatzes, das Verfahren und auf die Vollstreckung der Entscheidung sind die Vorschriften der Zivilprozessordnung entsprechend anzuwenden.

I. Allgemeines

Gegenstand des Kostenfestsetzungsverfahrens nach § 464b sind die notwendigen Auslagen der 1 Beteiligten iSv. § 464a Abs. 2. Darüber hinaus findet die Vorschrift auch dann Anwendung, wenn Zeugen, Sachverständige, Verteidiger, Schöffen und andere Personen in den Fällen von §§ 51, 70, 77, 81c Abs. 6, 138c Abs. 6, 145 Abs. 4, 177, 469, 472a, 472b, § 56 GVG per Beschluss wegen Säumnis, Weigerung, Verschulden oder sonstigem Verhalten zur Kostentragung herangezogen werden.[1]

II. Antrag

Die Kostenfestsetzung – als auch die Verzinsung des festzusetzenden Betrages (S. 2 und S. 3, 2 § 104 Abs. 1 S. 2 ZPO) – erfolgt nur auf Antrag eines Beteiligten. Die einzelnen Ansätze sind glaubhaft zu machen (§ 104 Abs. 2 ZPO). Der Antrag ist nicht fristgebunden. Antragsbefugt sind der Erstattungspflichtige,[2] der Erstattungsberechtigte und deren Rechtsnachfolger. Bei einem Antrag durch den Verteidiger gilt dieser im Zweifelsfall als für den Angeklagten gestellt. Erfolgt danach die Kostenfestsetzung auf Antrag des Angeklagten, findet die Abrechnung allein zwischen

---

[107] LG Düsseldorf v. 25. 3. 2009 – 20 QS 21/09, ADA JUR 86936; KMR/*Stöckel* Rn. 17 mwN.
[108] BVerfG v. 26. 2. 1980 – 2 BvR 752/78, BVerfGE 53, 207 (218) = NJW 1980, 1677 f.; BVerfG v. 26. 2. 1988 – 2 BvR 287/87, NStZ 1988, 202; LG Darmstadt v. 6. 10. 1978 – 3 Qs 1376/78, AnwBl. 1979, 82; LG Flensburg v. 18. 12. 1982 – 1 Qs 348/82, JurBüro 1983, 249 f.; LG Mainz v. 26. 2. 1985 – 1 Qs 69/85, Rpfleger 1985, 323 f.; LG Wuppertal v. 12. 6. 1985 – 30 Qs 95/85, JurBüro 1986, 410 f.; LG Berlin v. 27. 4. 2006 – 536 Qs 108/06, NJW 2007, 1477; aA OLG Frankfurt v. 8. 8. 1973 – 2 Ws 200/72, NJW 1973, 1991; LG Dortmund v. 26. 3. 1979 – 14 QsOWi 116/79, AnwBl. 1979, 244; LG Itzehoe v. 30. 1. 1980 – 8 Qs 302/79 II, AnwBl. 1980, 471.
[109] OLG Hamm v. 7. 7. 1999 – 2 Ws 179/99, Rpfleger 1999, 565 f.; LG Heidelberg v. 1. 10. 1980 – 10 Qs 172/80, AnwBl. 1981, 78; LG Hanau v. 22. 4. 1982 – 3 Qs 101/82, AnwBl. 1982, 390.
[110] OLG Koblenz v. 27. 4. 1979 – 1 Ausschl 1/78, MDR 1980, 78; aA KG v. 1. 9. 1980 – 4 Ws 24/80, AnwBl. 1981, 116 f.; siehe auch *Meyer-Goßner* Rn. 10.
[111] BFH v. 18. 10. 2007 – VI R 42/04, NJW 2008, 1342 (1343) mwN.
[1] Löwe/Rosenberg/*Hilger* Rn. 2.
[2] Löwe/Rosenberg/*Hilger* Rn. 4.

diesem und der Staatskasse statt. Tritt der Freigesprochene an seinen Verteidiger seinen Kostenerstattungsanspruch ab, ist der Verteidiger Inhaber dieses Anspruchs und kann diesen im eigenen Namen auf Zahlung auf das eigene Konto – und damit an sich – geltend machen; der Nachweis der Forderungsabtretung kann durch Einreichung der Abtretungserklärung zu den Akten erbracht werden.[3] Stehen dem Erstattungsberechtigen mehrere Erstattungsverpflichtete gegenüber, kann er die Leistung von jedem fordern (§ 421 BGB). Daher kann der freigesprochene Angeklagte, der neben einem Kostenerstattungsanspruch gegen die Staatskasse auch Dritte in Anspruch nehmen kann (Zeugen, Schöffen etc.) wählen, ob er eine Kostenfestsetzung gegen den Dritten beantragt oder sämtliche Kosten gegen die Staatskasse festgesetzt verlangt; andersherum wird also die Staatskasse nicht mit dem Einwand gehört, sie hafte nur subsidiär, der Freigesprochene solle sich (zunächst) an den Dritten halten.[4]

III. Vertretung

3   Das Kostenfestsetzungsverfahren ist gem. § 21 Nr. 1 RPflG dem Rechtspfleger übertragen, so dass nach § 13 RPflG kein Anwaltszwang besteht. Da das Kostenfestsetzungsverfahren nicht mehr zum Strafverfahren gehört, benötigt der Verteidiger für den Antrag eine besondere Vertretungsvollmacht. Wird ein Wahlverteidiger, dessen Vollmachtsurkunde sich sowohl auf das Strafverfahren als auch auf das Kostenfestsetzungsverfahren erstreckt, im Laufe des Verfahrens zum Pflichtverteidiger bestellt, dann ist durch Auslegung zu ermitteln, ob nach dem Willen des Angeklagten die Vollmacht für das Kostenfestsetzungsverfahren zusammen mit der Vollmacht zur Verteidigung im Strafverfahren erlöschen sollte oder die Vertretungsvollmacht für das Kostenfestsetzungsverfahren fortbestehen soll. Wie das OLG Hamm zutreffend ausgeführt hat, kann allein aus dem Umstand der Pflichtverteidigerbestellung nicht auf den Willen des Angeklagten, die Vertretungsvollmacht für das Kostenfestsetzungsverfahren solle erlöschen, geschlossen werden.[5]

IV. Zuständigkeit

4   Zuständig ist der Rechtspfleger (§ 21 Nr. 1 RPflG) des Gerichts des ersten Rechtszugs (§§ 103 Abs. 2, 104 Abs. 1 S. 1 ZPO). Nach Zurückverweisung einer Strafsache an ein anderes Gericht nach § 354 Abs. 1 S. 1 ist für das Kostenfestsetzungsverfahren dennoch das mit dem Verfahren zuerst befasste Gericht zuständig, denn die Zurückverweisung bestimmt nur über die weitere Zuständigkeit für das Erkenntnisverfahren, eine Ausdehnung der Zuständigkeit für das Kostenfestsetzungsverfahren ist damit nicht verbunden.[6] Entsprechendes gilt, wenn die Rechtskraft der ursprünglich ergangenen erstinstanzlichen Entscheidung durch ein Wiederaufnahmeverfahren beseitigt worden ist und sodann das gem. § 367 Abs. 1, § 140a GVG für das Wiederaufnahmeverfahren zuständige Gericht in der Sache zu entscheiden hat; auch hier ist dasjenige Gericht für das Kostenfestsetzungsverfahren zuständig, das mit der Sache erstmals befasst gewesen ist.[7]

V. Verfahren

5   Der Rechtspfleger prüft die Notwendigkeit der geltend gemachten Auslagen (§ 464a Abs. 2). Wenn nach Auffassung des Rechtspflegers die vom Verteidiger gem. § 14 RVG bestimmte Rahmengebühr unangemessen hoch ist, kann er die Gebühr herabsetzen.[8] Ferner ist der Rechtspfleger auch ohne Bruchteilsbildung in der Kostengrundentscheidung befugt, im Kostenfestsetzungsverfahren die notwendigen Auslagen nach Bruchteilen zu verteilen;[9] § 464d findet auch im Kostenfestsetzungsverfahren Anwendung.[10] Höhere als dem Berechtigten tatsächlich entstandene Kosten dürfen im Kostenfestsetzungsverfahren nicht angesetzt werden.[11] Wird das Kostenfestsetzungsverfahren für den Angeklagten betrieben, kann die Staatskasse dem Angeklagten nicht ihre Rückzahlungsansprüche gegen seinen Verteidiger wegen Überzahlung entgegenhalten.[12] Bei einer For-

---

[3] LG Duisburg v. 23. 2. 2006 – 31 Qs 27/06, NStZ-RR 2007, 287 (L).
[4] LG Aachen v. 8. 12. 1970 – 17 Qs 680/70, NJW 1971, 576; LG Münster v. 29. 4. 1974 – 6 Qs 34/74, NJW 1974, 1342.
[5] OLG Hamm v. 12. 4. 2007 – 3 Ws 209/07, NStZ-RR 2008, 96 (L); siehe auch LG Kiel v. 27. 5. 2002 – 32 Qs 59/02, NStZ 2003, 52.
[6] BGH v. 30. 10. 1990 – 2 ARs 422/90, NStZ 1991, 145; OLG Stuttgart v. 10. 1. 2003 – 4 Ws 274/02, NStZ-RR 2003, 127.
[7] OLG Hamm v. 19. 9. 2002 – 3 (s) Sbd. 1 – 6/02, NStZ-RR 2008, 128 (L).
[8] *Meyer-Goßner* Rn. 3; *Löwe/Rosenberg/Hilger* Rn. 42 ff.
[9] OLG Köln v. 2. 2. 2004 – Ws 29/04, NStZ-RR 2004, 384; LG Hamburg v. 20. 3. 2000 – 631 Qs 79/99, NStZ-RR 2000, 288.
[10] BT-Drucks. XII/6962, S. 111.
[11] BVerfG v. 3. 11. 1982 – 1 BvR 710/82, NJW 1983, 809.
[12] KG v. 26. 4. 1971 – 2 Ws 86/71, NJW 1971, 2000 (2001).

derungsabtretung zugunsten des Verteidigers ist eine Aufrechnungserklärung der Staatskasse gegenüber der Erstattungsforderung des Freigesprochenen ebenfalls unwirksam, und zwar auch dann, wenn die Abtretung erst nach Aufrechnungserklärung erfolgte, denn soweit der fällige Anspruch noch unbeglichen und nicht durch anrechenbare Vorschüsse gedeckt ist, muss regelmäßig angenommen werden, dass die Aufrechnungserklärung der Staatskasse im Falle ihrer Wirksamkeit den Vergütungsanspruch des Rechtsanwalts „beeinträchtigen würde" (§ 43 RVG).[13] Vor Erlass des Kostenfestsetzungsbeschlusses hat der Rechtspfleger den Erstattungspflichtigen rechtliches Gehör zu gewähren;[14] bei einer Erstattungspflicht der Staatskasse ist diese Anhörungspflicht in RiStBV 145 Abs. 1 explizit erwähnt. Der Kostenfestsetzungsbeschluss ist zu begründen[15] und mit einer Rechtsmittelbelehrung zu versehen (§§ 34, 35 a entsprechend).[16] Soweit der Rechtspfleger bei der Festsetzung der Auslagen der Stellungnahme des Vertreters der Staatskasse entspricht, ordnet er gleichzeitig mit dem Erlass des Kostenfestsetzungsbeschlusses die Auszahlung an (RiStBV 145 Abs. 4 S. 1); zu dem Auszahlungsverfahren vor Rechtskraft des Kostenfestsetzungsbeschlusses bei Widerspruch des Vertreters der Staatskasse siehe RiStBV 145 Abs. 4 S. 2 und S. 3. Der Kostenfestsetzungsbeschluss ist zuzustellen (S. 3 iVm. § 104 Abs. 1 S. 3 ZPO).

VI. Verwirkung

Verwirkung von festsetzungsfähigen Kosten tritt nicht dadurch ein, dass bereits über andere Kosten ein Kostenfestsetzungsbeschluss erwirkt wurde. Grundsätzlich können Gebühren und Auslagen – soweit sie nicht verjährt sind – nachgefordert werden.[17]

VII. Sofortige Beschwerde

Gegen den von dem Rechtspfleger erlassenen Kostenfestsetzungsbeschluss ist die sofortige Beschwerde zulässig (S. 3 iVm. § 104 Abs. 3 S. 1 ZPO, § 11 Abs. 3 RPflG). Mit der Beschwerde kann nur die Nachprüfung des Kostenfestsetzungsbeschlusses gefordert werden, nicht aber eine weitere Gebührenforderung geltend gemacht werden, über die eine anfechtbare Entscheidung des Rechtspflegers noch gar nicht vorliegt;[18] Nachforderungen sind vielmehr erst beim Rechtspfleger anzumelden.[19] Der Wert des Beschwerdegegenstandes muss € 200,00 übersteigen.[20] Die Beschwer ergibt sich aus dem Unterschied zwischen dem beantragten und dem zuerkannten Betrag, wobei die Umsatzsteuer hinzuzurechnen ist.[21] Für die Einlegung der sofortigen Beschwerde gegen einen Kostenfestsetzungsbeschluss wird in der Rspr. überwiegend unter Hinweis auf den Wortlaut des S. 3 („entsprechend") nicht die Zwei-Wochen-Frist des § 569 Abs. 1 S. 1 ZPO („zivilprozessuale Lösung"),[22] sondern die **Wochenfrist** des § 311 Abs. 1 S. 1 als einschlägig angesehen („strafrechtsprozessuale Lösung").[23] Ob der Rechtspfleger einer sofortigen Beschwerde selber abhelfen kann, ist umstr.;[24] anders als nach dem Zivilprozessrecht (§ 572 Abs. 1 S. 1 ZPO) hat der

---

[13] KG v. 30. 9. 1977 – 1W 2126/77, NJW 1979, 2255 (§ 96 a BRAGO).
[14] LG Krefeld v. 26. 8. 1970 – 8 Qs 303/70, NJW 1970, 2035 (2036); LG Frankfurt v. 8. 4. 1971 – 2/9 T 349/71, NJW 1971, 2034; LG Stendal v. 14. 12. 2000 – 501 Qs 132/00, NStZ 2001, 277 (L).
[15] OLG Düsseldorf v. 13. 2. 2001 – 1 Ws 635/00, BeckRS 2001, 30161409 = RPfleger 2001, 451; LG Krefeld v. 26. 8. 1970 – 8 Qs 303/70, NJW 1970, 2035 (2036).
[16] LG Bautzen v. 13.12.1999 – 1 Qs 164/99, Rpfleger 2000, 183.
[17] LG Dortmund v. 13. 7. 1966 – 14 Qs 3/66, NJW 1967, 897 (898).
[18] OLG Hamm v. 27. 6. 1966 – 3 Ws 50/66, NJW 1966, 2073 (2074); LG Düsseldorf v. 26. 10. 1982 – 14 Qs 138/82, JurBüro 1983, 887; LG Göttingen v. 19. 7. 1990 – 1 Qs 88/90, JurBüro 1990, 1510 f.; Löwe-Rosenberg/*Hilger* Rn. 11.
[19] LG Dortmund v. 13. 7. 1966 – 14 (5) Qs 3/66, NJW 1967, 897 (898); OLG Hamburg v. 8. 7. 1971 – 2 Ws 261/71, NJW 1971, 2183 (2185); *Meyer-Goßner* Rn. 9.
[20] *Meyer-Goßner* Rn. 7 („strafprozessuale Lösung": § 304 Abs. 3); nach der „zivilprozessuale Lösung": § 567 Abs. 2 ZPO.
[21] KG v. 23. 5. 1980 – 2 Ws 52/80, AnwBl. 1980, 467 f.; *Leipold*, Anwaltsvergütung in Strafsachen, 2004, Rn. 679.
[22] Für Zwei-Wochen-Frist: OLG Nürnberg v. 3. 7. 2000 – Ws 645/00, NStZ-RR 2001, 224; OLG Düsseldorf v. 24. 10. 2000 – 1 Ws 372 – 378/00, VRS 99, 461; OLG Düsseldorf v. 4. 5. 2005 – 3 Ws 62/05, StraFo 2005, 249; LG Stendal v. 14. 12. 2000 – 501 Qs 132/00, NStZ 2001, 277 (L); *Leipold*, Anwaltsvergütung in Strafsachen, 2004, Rn. 680; *Popp* NStZ 2004, 367 (368).
[23] Für Ein-Wochen-Frist: KG v. 15. 9. 1999 – 4 Ws 141/99, Rpfleger 2000, 38 f.; OLG Düsseldorf v. 11. 11. 1999 – 1 Ws 922/99, NStZ-RR 2000, 127 (128); OLG Karlsruhe v. 15. 11. 1999 – 3 Ws 132/99, NStZ-RR 2000, 254; OLG Celle v. 10. 7. 2000 – 3 Ws 122/00, NdsRpfl 2001, 61 f.; OLG Dresden v. 18. 8. 2000 – 3 Ws 12/00, StV 2001, 634; OLG Schleswig v. 10. 10. 2000 – 2 Ws 461/00, SchlHA 2001, 132 f.; OLG Düsseldorf v. 29. 9. 2003 – 2 Ws 213/03, RPfleger 2004, 120 ff.; OLG Hamm v. 29. 6. 2004 – 1 Ws 138/04, Rpfleger 2004, 732; OLG Koblenz v. 15. 9. 2004 – 1 Ws 562/04 u. *Kotz* NStZ-RR 2007, 293; im Anschluss an OLG Thüringen auch LG Mühlhausen v. 15. 7. 2009 – 3 Qs 114/09; siehe auch BGH v. 27. 11. 2002 – 2 ARs 239/92, BGHSt 48, 106 = NJW 2003, 763; OLG Hamburg v. 21. 2. 2003 – 2 VAs 1/03, NStZ-RR 2003, 383 (384); eingehend *N. Schneider* AGS 2005, 40 f.
[24] Keine Abhilfebefugnis: OLG Karlsruhe v. 18. 11. 1998 – 3 W 74/98, NJW 1999, 1266; OLG Frankfurt v. 21. 12. 1998 – 6 W 186/98, NJW 1265; OLG Brandenburg v. 7. 1. 1999 – 8 W 542/98, NJW 1999, 1268; OLG Hamm v.

Rechtspfleger nach der „strafrechtlichen Lösung" grds. keine Abhilfebefugnis (§ 311 Abs. 3 S. 1).[25] Umstritten ist, ob Anwaltszwang im Kostenbeschwerdeverfahren besteht;[26] dies ist nach richtiger Ansicht zu verneinen.[27] Da das Kostenfestsetzungsverfahren gem. § 21 Nr. 1 RPflG dem Rechtspfleger übertragen ist, besteht nach § 13 RPflG kein Anwaltszwang. Dasselbe gilt für die sofortige Beschwerde gegen den Kostenfestsetzungsbeschluss, die gem. § 569 Abs. 3 ZPO zu Protokoll der Geschäftsstelle eingelegt werden kann, so dass nach § 78 Abs. 5 ZPO ebenfalls kein Anwaltszwang besteht. Der in § 569 Abs. 3 Nr. 1 ZPO genannte Fall, wonach die sofortige Beschwerde dann nicht zu Protokoll der Geschäftsstelle eingelegt werden kann, wenn der Rechtsstreit im ersten Rechtszug als Anwaltsprozess zu führen ist, spielt für das Kostenfestsetzungsverfahren keine Rolle. Denn Rechtsstreit iSv. § 569 Abs. 3 Nr. 1 ZPO ist bei der Anfechtung von Kostenfestsetzungsbeschlüssen das gem. § 13 RPflG ohne Anwaltszwang durchzuführende Verfahren vor dem Rechtspfleger. Nach § 571 Abs. 4 ZPO iVm. § 78 Abs. 5 ZPO besteht auch für das weitere Verfahren nach Einlegung der sofortigen Beschwerde kein Anwaltszwang, sofern ein Verfahrensbeteiligter sich schriftlich äußert. Die notwendige Beteiligung eines Rechtsanwalts käme allenfalls – in dem in der Praxis nicht relevanten Fall – in Betracht, wenn das Beschwerdegericht im Kostenfestsetzungsverfahren eine mündliche Verhandlung anordnen würde. Das Beschwerdegericht entscheidet über die sofortige Beschwerde in der für das Strafverfahren vorgesehenen Besetzung; § 568 S. 1 ZPO, wonach das Beschwerdegericht durch den Einzelrichter entscheidet, wenn die angefochtene Entscheidung von einem Rechtspfleger erlassen wurde, findet keine Anwendung.[28] Die Beschwerdeentscheidung ist gem. §§ 467 Abs. 1 (entsprechend), 473 mit einer Kostenentscheidung zu versehen.

VIII. Verschlechterungsverbot

8   Die Vertreter der „zivilprozessualen Lösung" halten – folgerichtig – das Verschlechterungsverbot (§§ 331 Abs. 1, 358 Abs. 2, 373 Abs. 2) für einschlägig,[29] so dass durch die Beschwerdeentscheidung keine finanziell ungünstigere Festsetzung erfolgen darf. Die Vertreter der „strafrechtsprozessualen Lösung" halten dagegen – folgerichtig – das Verschlechterungsverbot für nicht anwendbar;[30] dementsprechend hat das Beschwerdegericht im Kostenfestsetzungsverfahren unabhängig von dem Vorbringen des Beschwerdeführers die gesamte Kostenfestsetzung zu überprüfen – zutage tretende Rechtsfehler führen zur Abänderung des angefochtenen Beschlusses mit anderweitiger Kostenfestsetzung.[31]

IX. Weitere Rechtsmittel

9   Eine unselbständige Anschlussbeschwerde, zB des Bezirksrevisors namens der Staatskasse, ist unzulässig.[32] Eine weitere Beschwerde gegen die Entscheidung des Landgerichts ist nicht statthaft (§§ 568 Abs. 3 ZPO, 310 Abs. 2).[33] Eine Rechtsbeschwerde zum BGH ist im Kostenfestsetzungsverfahren in Strafsachen nicht statthaft.[34]

---

2. 9. 1999 – 2 Ws 239/99, NJW 1999, 3726; aA Abhilfebefugnis besteht: OLG Stuttgart v. 20. 10. 1998 – 8 W 572/98, NJW 1999, 268; OLG Köln v. 16. 12. 1998 – 17 W 432/98, NJW-RR 2000, 803; OLG Zweibrücken v. 5. 2. 1999 – 7 W 5/099, NJW 1999, 2051 (L).
[25] *Meyer-Goßner* Rn. 7.
[26] Für Anwaltszwang: OLG Nürnberg v. 27. 1. 1999 – 6 W 4392/98, Rpfleger 1999, 268; OLG Frankfurt v. 24. 2. 1999 – 6 W 10/99, NJW-RR 1999, 1082; OLG Hamburg v. 16. 7. 1999 – 8 W 231/99, NJW-RR 2001, 59.
[27] Gegen Anwaltszwang: BGH 26. 1. 2006 – III ZB 63/05, BGHZ 166, 117 = NJW 2006, 2260 (2261) mwN; OLG München v. 5. 7. 1999 – 11 W 1889/99, NJW-RR 2000, 213; KG v. 10. 8. 1999 – 1 Ws 6406/99, NJW-RR 2000, 213; OLG Zweibrücken v.14. 12. 1999 – 7 W 68/99, NJW-RR 2001, 286; OLG Düsseldorf v. 21. 10. 2002 – 3 WS 336/02, NStZ 2003, 324 (325) mwN.
[28] OLG Düsseldorf v. 29. 9. 2003 – 2 Ws 213/03, Rpfleger 2004, 120; OLG Koblenz v. 15. 9. 2004 – 1 Ws 563/04, NStZ 2005, 917; LG Hildesheim v. 3. 1. 2007 – 25 Qs 16/06, NdsRpfl. 2007, 190; aA OLG Düsseldorf v. 21. 10. 2002 – 3 Ws 336/02, NStZ 2003, 324.
[29] OLG Hamm v. 5. 4. 1972 – 3 Ws 227/71, Rpfleger 1972, 266; OLG München v. 27. 10. 1978 – 3 Ws 56/78, Rpfleger 1979, 33 ff.; OLG Düsseldorf v. 8. 7. 1980 – 1 Ws 352/80, AnwBl. 1980, 463; LG Detmold v. 12. 10. 1973 – 4 Qs 219/73, NJW 1974, 511; *Leipold*, Anwaltsvergütung in Strafsachen, 2004, Rn. 681; Löwe/Rosenberg/*Hilger* Rn. 11.
[30] KG v. 23. 3. 1981 – 3 Ws 377. 381/80, JR 1981, 391 f.; OLG Karlsruhe v. 26. 2. 1986 – 3 Ws 240/85, JurBüro 1986, 1539; OLG Düsseldorf v. 23. 5. 1990 – 1 Ws 300/90, MDR 1991, 370; LG Mainz v. 31.11 1979 – 1 Qs 455/78, NJW 1979, 1897; LG Flensburg v. 24. 8. 1984 – 1 Qs 201/84, JurBüro 1985, 96 ff.; LG Hildesheim v. 3. 1. 2007 – 25 Qs 16/06, NdsRpfl 2007, 190 mwN; *Meyer-Goßner* Rn. 8.
[31] KG v. 9. 8. 2005 – 3 Ws 59/05, StV 2006, 198; LG Hildesheim v. 3. 1. 2007 – 25 Qs 16/06, NdsRpfl 2007, 190 mwN.
[32] LG Nürnberg-Fürth v. 7. 2. 1983 – 3 Qs 10/83, JurBüro 1983, 1347; *Meyer-Goßner* Rn. 7; aA Löwe/Rosenberg/*Hilger* Rn. 9.
[33] OLG Stuttgart v. 25. 10. 1974 – 3 Ws 286/74, MDR 1975, 248; OLG Koblenz v. 18. 3. 1988 – 2 Ws 102/88, Rpfleger 1989, 78 f.; *Leipold*, Anwaltsvergütung in Strafsachen, 2004, Rn. 681; *Meyer-Goßner* Rn. 7.
[34] BGH v. 27. 11. 2002 – 2 ARs 239/92, BGHSt 48, 106 = NJW 2003, 763.

X. Verhältnis zwischen Kostengrundentscheidung und Kostenfestsetzungsverfahren

Die ausdrückliche gerichtliche Kostentscheidung (§ 464) stellt einen Kostentitel dar, der aber mangels Angabe der konkreten Höhe des geschuldeten Betrages nicht vollstreckt werden kann. Auf der Basis der verbindlichen[35] Kostengrundentscheidung (§ 464) wird die konkrete Höhe der zu erstattenden Kosten und Auslagen in einem separaten Verfahren, im Kostenfestsetzungsverfahren, gem. §§ 464 b S. 3, 103 ff. ZPO bestimmt. Erst der Kostenfestsetzungsbeschluss ist ein Vollstreckungstitel gem. § 794 Abs. 1 Nr. 2 ZPO.[36]

XI. Grenzen des Anwendungsbereichs

Die Vorschrift findet keine Anwendung auf die **Gerichtskosten**, diese werden vielmehr im **Kostenansatzverfahren** nach § 19 Abs. 2 GKG, §§ 4 ff. KostVfg.[37] festgesetzt. Die Vorschrift findet ferner keine Anwendung auf die **Pflichtverteidigergebühren**,[38] deren Höhe auf Antrag im Festsetzungsverfahren nach § 55 RVG bestimmt wird,[39] wobei die dann ergehende Festsetzungsverfügung kein Vollstreckungstitel iSd. § 794 ZPO ist, so dass ggf. Leistungsklage erhoben werden muss.[40] Die Vorschrift findet auch keine Anwendung auf die **Wahlverteidigergebühren**, diese kann der Wahlverteidiger im Strafverfahren nicht gegen seinen Mandanten festsetzen lassen, sondern muss sein Geld ggf. auf dem Zivilrechtsweg einklagen.[41] Keine Anwendung findet die Vorschrift schließlich bei **Bußgeldverfahren**, da hier in den §§ 105 ff. OWiG eine eigenständige Regelungen über die Kostenfestsetzung existiert. Im Verhältnis zwischen Versicherungsnehmer (Angeklagter) und seiner **Rechtsschutzversicherung** ist die gerichtliche Kostenfestsetzung nicht bindend, folglich muss etwa die Rechtsschutzversicherung den Differenzbetrag bezahlen, wenn ein Verteidiger von seinem Mandanten, für den er einen Freispruch erzielt hat, innerhalb des gesetzlichen Gebührenrahmens eine höhere Vergütung verlangen kann, als im Verfahren gem. § 464 b gegenüber der erstattungspflichtigen Staatskasse festgesetzt worden ist. Argumentiert wird, dass derjenige Versicherungsnehmer, der einen Freispruch erziele, nicht schlechter gestellt werden dürfe, als derjenige, der verurteilt werde. Da bei einer Verurteilung kein Dritter für die Kosten erstattungspflichtig sei, trage der Rechtsschutzversicherer die Kosten im vollen Umfang. Dies müsse „erst recht" bei einem Freispruch gelten, wenn die notwendigen Auslangen von der Staatskasse nicht vollständig zu erstatten sind. Der Zweck einer Rechtsschutzversicherung bestehe gerade darin, den Versicherungsnehmer von den ihm erwachsenden Kosten frei zu halten und dies sei bei einem Freispruch keineswegs weniger als bei einer Verurteilung.[42]

§ 464 c [Kosten bei Bestellung eines Dolmetschers oder Übersetzers]

Ist für einen Angeschuldigten, der der deutschen Sprache nicht mächtig, hör- oder sprachbehindert ist, ein Dolmetscher oder Übersetzer herangezogen worden, so werden die dadurch entstandenen Auslagen dem Angeschuldigten auferlegt, soweit er diese durch schuldhafte Säumnis oder in sonstiger Weise schuldhaft unnötig verursacht hat; dies ist außer im Falle des § 467 Abs. 2 ausdrücklich auszusprechen.

I. Allgemeines

Für einen Angeschuldigten, der der deutschen Sprache[1] nicht mächtig, hör- oder sprachbehindert ist, ist ein Dolmetscher/Übersetzer hinzuzuziehen (§§ 184 ff. GVG). Ohne dass es eines besonderen Ausspruchs darüber bedürfte, hat der Angeklagte – auch bei einer Verurteilung – grds. nicht die Auslagen für einen Dolmetscher oder Übersetzer zu tragen; Art. 6 Abs. 3 e MRK (s. auch Nr. 9005 Abs. 4 KV GKG). Dieser Grundsatz gilt auch im OWi-Verfahren. Hat der Angeschuldigte allerdings schuldhafte unnötige Dolmetscher-/Übersetzerkosten verursacht, sieht das Gesetz Ausnahmen von dem Grundsatz vor, dass Dolmetscher-/Übersetzerkosten von der Staats-

---

[35] LG Saarbrücken v. 30. 5. 2001 – 8 Qs 194/00, NStZ-RR 2001, 383 f. (Darstellung des Meinungsstandes mit zahlreichen weiteren Nachw. aus Rspr. und Lit.).
[36] Zur Bestätigung eines Kostenfestsetzungsbeschlusses als Europäischer Vollstreckungstitel (EuVTVO) OLG Stuttgart v. 24. 5. 2007 – 8 W 184/07, NJW-RR 2007, 1583 f.
[37] Siehe hierzu § 464 a Rn. 10.
[38] OLG Jena v. 20. 3. 2006 – 1 Ws 470/05, NJOZ 2006, 2105 (2107).
[39] Näheres hierzu bei *Leipold*, Anwaltsvergütung in Strafsachen, 2004, Rn. 333–349.
[40] *Leipold*, Anwaltsvergütung in Strafsachen, 2004, Rn. 349.
[41] *Löwe/Rosenberg/Hilger* Rn. 2.
[42] BGH v. 14. 7. 1972 – VII ZR 41/71, VersR 1972, 1141; AG Wiesbaden v. 22. 9. 2008 – 93 C 6107/07, BeckRS 2008, 21880.
[1] LG Trier v. 13. 10. 2008 – 5 Qs 86/08, NStZ-RR 2009, 159: Vorschrift gilt analog bei Übersetzung einer „ausländischen Akte" ins Deutsche.

II. Anwendungsbereich

2 § 464c findet nicht bereits im Ermittlungsverfahren Anwendung, sondern erst nach Anhängigkeit des Verfahrens, also ab Anklageerhebung oder entsprechender Prozessakte, die den Beschuldigten zum „Angeschuldigten" werden lassen (§ 157).[3] Nach Anklageerhebung gilt § 464c neben den anderen Vorschriften der §§ 464ff., also auch neben §§ 469, 470.[4] Kein Fall des § 464c (mangels unnötiger Dolmetscherkosten) und auch kein Fall des § 467 Abs. 2 (mangels Säumnis) liegt vor, wenn der Angeklagte nicht den Bedarf der Hinzuziehung eines Dolmetschers oder Übersetzers dem Gericht vorher angezeigt hat und mangels Verständigungsmöglichkeit die Hauptverhandlung ausgesetzt oder unterbrochen werden muss, um einen Dolmetscher/Übersetzer hinzuziehen.[5] Abzugrenzen von § 464c ist die Konstellation, dass Dolmetscherkosten aus Anlass eines Hauptverhandlungstermins, die auch für die Hinzuziehung von Zeugen entstanden sind, dem Verurteilten angelastet werden können, sofern die Dolmetscherkosten für die Zeugenvernehmung ausgeschieden und separat in Ansatz gebracht werden können.[6]

III. Dolmetscherkosten bei Freispruch

3 Bei einem Freispruch, einer Ablehnung der Verfahrenseröffnung oder einer Verfahrenseinstellung, können dem Angeschuldigten – abweichend von § 467 Abs. 1 – gem. § 467 Abs. 2 S. 1 bei schuldhafter Säumnis die dadurch verursachten Kosten des Verfahrens auferlegt werden. Dass dem Freigesprochenen die Säumniskosten auferlegt werden, muss das Gericht ausdrücklich anordnen. Da zu diesen Kosten auch die Dolmetscher-/Übersetzerkosten gehören, erübrigt sich deren explizite Erwähnung neben den Säumniskosten. Dem trägt § 464c im 2. Hs. („außer im Falle des § 467 Abs. 2") Rechnung.

IV. Dolmetscherkosten bei Verurteilung

4 Bei einer Verurteilung bedarf es dagegen eines solchen ausdrücklichen Ausspruchs, wenn dem Verurteilten Dolmetscher- und Übersetzerkosten, die er schuldhaft und zurechenbar unnötig verursacht hat, überbürdet werden sollen.[7] Fehlt ein solcher Ausspruch bleibt es nämlich bei dem Grundsatz, dass die Staatskasse die Dolmetscher- und Übersetzerkosten zu tragen hat. Die Überbürdung der Dolmetscher- und Übersetzerkosten wegen vorwerfbarer Säumnis oder sonstigem Fehlverhalten des Verurteilten kommt in Betracht, wenn der Angeklagte lediglich vorgespiegelt hat, er könne kein Deutsch. Hat der Angeklagte lediglich unterlassen, das Gericht (eigeninitiativ) über seine Deutschkenntnisse zu informieren und kündigt das Gericht auch nicht an, es beabsichtige einen Dolmetscher hinzuziehen, dann liegt kein Fall des § 464c vor. Aber auch in Fällen einer schuldhaften Säumnis oder sonstigem Fehlverhalten des Angeklagten dürfen ihm im Falle der Verurteilung nur die Dolmetscher- und Übersetzerkosten auferlegt werden, die bei einem ordnungsgemäßen Verhalten tatsächlich eingespart worden wären. An einer solchen Einsparung fehlt es, wenn zB ein Dolmetscher wegen schuldhaften Ausbleibens des Angeklagten unnötig angereist ist, die Hauptverhandlung aber trotz Ausbleiben des Angeklagten durchgeführt werden kann (§ 231 Abs. 2), da in diesem Fall die Dolmetscherkosten auch bei ordnungsgemäßen Alternativverhalten des Angeklagten (Teilnahme an der Hauptverhandlung) angefallen wären.[8]

V. Verfahren

5 Die Erkenntnisse für eine Entscheidung nach § 464c kann das Gericht schon im Rahmen der Beweisaufnahme in der Hauptverhandlung erlangt haben, ansonsten sind diese im Freibeweisverfahren zu erheben.[9] Für die Anhörung des Angeschuldigten gelten die §§ 33, 33a, die Entscheidungsbegründung richtet sich nach § 34 und für die Anfechtbarkeit der Entscheidung gilt § 464 Abs. 3.

---

[2] Löwe/Rosenberg/Hilger Rn. 2.
[3] KMR/Stöckel Rn. 2.
[4] Löwe/Rosenberg/Hilger Rn. 2.
[5] KMR/Stöckel Rn. 4.
[6] LG Koblenz v. 1. 3. 1999 – 2 Qs 14/99, NStZ-RR 2000, 30.
[7] KMR/Stöckel Rn. 3.
[8] BT-Drucks. XI/4394, S. 12.
[9] Löwe/Rosenberg/Hilger Rn. 7.

§ 464d [Auslagenverteilung nach Bruchteilen]

Die Auslagen der Staatskasse und die notwendigen Auslagen der Beteiligten können nach Bruchteilen verteilt werden.

I. Allgemeines

Nicht anzuwenden ist § 464d auf Gerichtsgebühren. Zur Gebührenquotelung nach § 471 Abs. 3 siehe dort. § 464d kann nur angewandt werden auf **Auslagen der Staatskasse und notwendige Auslagen der Verfahrensbeteiligten**. Eine Auslagenverteilung nach Quoten kommt grds. in den Fällen der §§ 465 Abs. 2, 467 (auch bei echtem Teilfreispruch)[1], 467a Abs. 2, 468, 469 Abs. 1, 470 S. 2, 471 Abs. 3, 472 Abs. 1 S. 2, Abs. 2, Abs. 3, 472a Abs. 2, 472b Abs. 1 S. 2, Abs. 3, 473 Abs. 4 in Betracht. Nicht einbezogen in eine Kostenquote nach § 464d werden besondere ausscheidbare Auslagen, die Dritten auferlegt werden (zB Zeugen nach §§ 51 Abs. 1 S. 1 oder 70 Abs. 1 S. 1).[2]

II. Aufteilungsmethoden

Kommt eine Auslagenverteilung nach §§ 464ff. im Einzelfall – etwa bei einer Kostengrundentscheidung nach §§ 465 Abs. 2, 467 – in Betracht, bieten sich zwei Methoden für die Aufteilung an: Verteilung nach Bruchteilen (§ 464d) oder Teilung nach abstrakten Kriterien (Entstehungsgrund oder Verfahrensabschnitten).

1. Differenztheorie. Wird **nicht gequotelt**, kommt die Differenztheorie zu Anwendung. Die Differenztheorie besagt, dass der Angeklagte zB bei einem Teilfreispruch grds. seine Auslagen selbst zu tragen hat und ihm nur ausscheidbare Auslagen, die allein auf den freisprechenden Teil des Urteils entfallen, aus der Staatskasse zu entrichten sind.[3] Die Ausscheidung erfolgt bei der Verteidigervergütung in der Weise, dass von der Gesamtvergütung des Verteidigers die fiktive Vergütung abgezogen wird, die diesem zustehen würde, wenn nur die abgeurteilte Taten Gegenstand der Verteidigung gewesen wären. Die verbleibende Differenz ist der dem Verurteilte zu erstattende Betrag. Auslagen des Verteidigers wie zB Reisekosten, Tage- und Abwesenheitsgelder sind nicht ausscheidbar, wenn sie auch dann in gleicher Höhe entstanden wären, hätte sich das Verfahren von vornherein auf die später abgeurteilten Taten beschränkt.

2. Bruchteile. Aufgrund des durch das KostÄndG 1994[4] neu eingefügten § 464d können die Auslagen der Staatskasse und die notwendigen Auslagen der Beteiligt aber auch nach Bruchteilen verteilt werden. Sinn dieser Vorschrift ist es, „in solchen Verfahren, in denen die Richter aufgrund der vorausgegangenen Hauptverhandlung zu einer schnellen Beurteilung einer angemessenen Kostenaufteilung in der Lage sind, eine einfache Kostenentscheidung durch Quotelung (zu) ermöglichen, ohne eine Quotelung für alle Verfahren zwingend vorzuschreiben".[5] Die Quotelung kann auch auf einer sachgemäßen Schätzung beruhen.[6]

3. Ermessen des Gerichts. Welche Verteilungsmethode (Differenztheorie oder Quotelung oder eine Kombination aus beiden Methoden) zur Anwendung kommt, liegt im pflichtgemäßen Ermessen des Gerichts bzw. des Rechtspflegers im Kostenfestsetzungsverfahren.[7] Denn die Vorschrift ist nicht nur vom Gericht bei der Kostengrundentscheidung, sondern auch eigenständig (dh. ohne entsprechende Buchteilsbildung in der Kostengrundentscheidung) vom Rechtspfleger im Kostenfestsetzungsverfahren anzuwenden.[8] Eine Quotelung ist auch dann zulässig, wenn Auslagen rechnerisch nicht trennbar sind.[9]

---

[1] OLG Karlsruhe v. 2. 3. 1998 – 3 Ws 299/97, NStZ 1998, 317 (318) mwN.
[2] Löwe/Rosenberg/*Hilger* Rn. 4.
[3] OLG Karlsruhe v. 2. 3. 1998 – 3 Ws 299/97, NStZ 1998, 317 (318) mwN.
[4] Gesetz zur Änderung von Kostengesetzen und anderen Gesetzen, BGBl. I 1994, S. 1325 ff.
[5] BT-Drucks. XII/6962, S. 111.
[6] *Meyer-Goßner* Rn. 1; Löwe/Rosenberg/*Hilger* Rn. 5.
[7] OLG Köln v. 2. 2. 2004 – Ws 29/04, NStZ-RR 2004, 384; LG Hamburg v. 20. 3. 2000 – 631 Qs 79/99, NStZ-RR 2000, 288; aA LG Frankfurt v. 13. 2. 1997 – 5/15 Qs 76/96, NStZ-RR 1997, 191; LG Leipzig v. 31. 3. 1999 – 1 Qs 170/98, StV 2000, 435: Differenztheorie unanwendbar bei Teilfreispruch.
[8] OLG Köln v. 2. 2. 2004 – Ws 29/04, NStZ-RR 2004, 384; KG v. 5. 12. 2008 – 1 Ws 283/08, StraFo 2009, 260; LG Hamburg v. 20. 3. 2000 – 631 Qs 79/99, NStZ-RR 2000, 288; siehe § 464b Rn. 5.
[9] Löwe/Rosenberg/*Hilger* Rn. 5.

III. Teilfreispruch

6 Früher sah der BGH eine Kostenquotelung bei **echtem Teilfreispruch** als unzulässig an.[10] Heute ist die **Zulässigkeit einer Kostenquotelung** auch für diesen Fall anerkannt.[11] Bei der Auslagenteilung nach Bruchteilen hat die Quotelung allerdings nach den Gesichtspunkten der Differenztheorie zu erfolgen. Von den Gebühren des Verteidigers ist danach dem Verurteilten (nur) der Bruchteil zu erstatten, der allein auf den freisprechenden Teil der Entscheidung entfällt. Selbst zu tragen hat der Verurteilte dagegen den Bruchteil, der auch entstanden wäre, wenn nur die abgeurteilten Taten Gegenstand der Verteidigung gewesen wären. Nicht mit der Differenzmethode vereinbar ist daher ein Vorgehen, bei dem der auf den freisprechenden Teil der Entscheidung entfallende Bruchteil der notwendigen Auslagen durch ein Zählen der Taten ermittelt werden soll, wegen der verurteilt bzw. freigesprochen wurde. Vielmehr ist zu ermitteln, welcher Bruchteil des konkreten Verteidigeraufwands allein auf die Taten entfallen ist, die nicht zu einer Verurteilung geführt haben. Der Aufwand, der hingegen sowohl auf die abgeurteilten als auch freigesprochenen Taten oder auf die allgemeinen Feststellungen zu den Umständen des gesamten Tatkomplexes oder auf die persönlichen Verhältnisse des Verurteilen entfällt, wird nicht zu Gunsten des Verurteilten ausgeschieden; dieser Aufwand hätte nämlich auch dann betrieben werden müssen, wenn nur wegen der abgeurteilten Taten verteidigt worden wäre. Bei der Festlegung des auszuscheidenden Bruchteils nach diesen Maßstäben muss auf pauschalierende Schätzungen zurückgegriffen werden. Anhaltspunkte können dabei die Zahl der Beweismittel und der Umfang der einzelnen Abschnitte der Beweisaufnahme sein, die allein die freigesprochenen Taten betreffen.[12]

§ 465 [Kostenpflicht des Verurteilten]

(1) ¹Die Kosten des Verfahrens hat der Angeklagte insoweit zu tragen, als sie durch das Verfahren wegen einer Tat entstanden sind, wegen deren er verurteilt oder eine Maßregel der Besserung und Sicherung gegen ihn angeordnet wird. ²Eine Verurteilung im Sinne dieser Vorschrift liegt auch dann vor, wenn der Angeklagte mit Strafvorbehalt verwarnt wird oder das Gericht von Strafe absieht.

(2) ¹Sind durch Untersuchungen zur Aufklärung bestimmter belastender oder entlastender Umstände besondere Auslagen entstanden und sind diese Untersuchungen zugunsten des Angeklagten ausgegangen, so hat das Gericht die entstandenen Auslagen teilweise oder auch ganz der Staatskasse aufzuerlegen, wenn es unbillig wäre, den Angeklagten damit zu belasten. ²Dies gilt namentlich dann, wenn der Angeklagte wegen einzelner abtrennbarer Teile einer Tat oder wegen einzelner von mehreren Gesetzesverletzungen nicht verurteilt wird. ³Die Sätze 1 und 2 gelten entsprechend für die notwendigen Auslagen des Angeklagten.

(3) Stirbt ein Verurteilter vor eingetretener Rechtskraft des Urteils, so haftet sein Nachlaß nicht für die Kosten.

I. Allgemeines

1 Die Vorschrift – die auf dem Veranlassungsprinzip beruht –[1] regelt die Kostentragungspflicht, „soweit" der Angeklagte verurteilt worden ist. Bei einer Teilverurteilung und Teilfreispruch ist einerseits nach § 465 und andererseits nach § 467 zu entscheiden. Dasselbe gilt bei einer Teileinstellung oder teilweisen Nichteröffnung des Hauptverfahrens.[2] Unter einem freigesprochenen oder außer Verfolgung gesetzten Angeklagten – und damit nicht mehr in den Anwendungsbereich von § 465, sondern in denjenigen von § 467 fallend – ist nur ein solcher zu verstehen, gegen den auch keine Maßregel der Besserung und Sicherung angeordnet worden ist.[3] Tritt die Bedeutung des Teilfreispruchs neben dem verurteilenden Teil zurück, muss idR der Angeklagte seine Auslagen ganz tragen.

II. Verurteilung (Abs. 1)

2 Eine Verurteilung liegt vor, wenn das Urteil eine Schuldfeststellung trifft und deswegen irgendwelche Unrechtsfolgen festgesetzt werden.[4] Im kostenrechtlichen Sinn liegt eine „Verurteilung" des Angeklagten auch dann vor, wenn er freigesprochen, gegen ihn jedoch eine Maßregel der Si-

---

[10] BGH v. 24. 1. 1973 – 3 StR 21/72 BGHSt 25, 109 = NJW 1973, 665.
[11] OLG Karlsruhe v. 2. 3. 1998 – 3 Ws 299/97, NStZ 1998, 317 (318) mwN; OLG Köln v. 2. 2. 2004 – Ws 29/04, NStZ-RR 2004, 384; *Meyer-Goßner* Rn. 2; *Löwe/Rosenberg/Hilger* Rn. 6.
[12] LG Hamburg v. 20. 3. 2000 – 631 Qs 79/99, NStZ-RR 2000, 288 mwN.
[1] BGH v. 13. 10. 2005 – 4 StR 143/05, NStZ-RR 2006, 32.
[2] *Pfeiffer* Rn. 7.
[3] OLG Oldenburg v. 8. 9. 1964 – 3 Ss 195/64, NJW 1964, 2439 (2440).
[4] BGH v. 25. 7. 1960 – 3 StR 25/60, BGHSt 14, 391 (393) = NJW 1960, 1867 (1868); BayObLG v. 19. 6. 1997 – 3 ObOWi 60/97, BayObLGSt 1997, 97 = NStZ-RR 1997, 339 (340).

cherung und Besserung gem. §§ 61 ff. StGB (etwa im Sicherungsverfahren nach §§ 413 ff.) angeordnet worden ist. Eine Verwarnung mit Strafvorbehalt gem. § 59 StGB und das Absehen von einer Strafe (zB §§ 83a, 87 Abs. 3, 98 Abs. 2, 113 Abs. 4, 129 Abs. 6, 139 Abs. 1, 157, 158, 174 Abs. 4, 182 Abs. 4 StGB, § 29 Abs. 5, 31, 31 a BtMG) stehen einer Verurteilung ebenfalls gleich (Abs. 1 S. 2). Erfolgt eine Verurteilung nur wegen der Sperrwirkung (§§ 331, 358 Abs. 2, 373 Abs. 2) nicht, ist dieser Fall gleichzusetzen mit einem Absehen von einer Strafe und daher kostenrechtlich ebenfalls wie eine „Verurteilung" zu behandeln.[5] Bei einer Verurteilung wegen wechselseitiger Beleidigungen, die eine Straffreierklärung enthält, siehe § 468. Keine Verurteilung im kostenrechtlichen Sinn liegt bei einer Anordnung von Nebenfolgen neben einem Freispruch oder im Verfahren nach §§ 440, 442 vor.[6]

1. Wegen einer Tat. Der Angeklagte hat die Kosten (§ 464 a) zu tragen, die wegen der Tat (§ 264), 3 wegen derer er verurteilt worden ist, entstanden sind.[7] Die Kostentragungspflicht erstreckt sich auf die Kosten des gesamten Verfahrens. Eine kostenrechtliche Einheit besteht zwischen den Verfahren vor den Tatsachengerichten nach Aufhebung und Zurückverweisung des ersten Urteils durch das Revisionsgericht (§§ 354 Abs. 2, 357).[8] Der Grundsatz der kostenrechtlichen Einheit gilt auch bei Verweisung der Sache an ein höheres Gericht.[9] Der Grundsatz von der kostenrechtlichen Einheit inkludiert die Regel, dass der Verurteilte grds. alle Kosten einer unrichtigen Sachbehandlung seitens des Gerichts tragen muss, zB Mehrkosten, die dadurch entstanden sind, dass das Gericht aufgrund eines verspätet eingelegten Einspruchs gegen einen Strafbefehl versehentlich die Hauptverhandlung durchgeführt und durch Urteil auf Strafe erkannt hat, dieses Urteil dann aber auf die Revision des Verurteilten hin aufgehoben und der Einspruch als unzulässig verworfen wurde.[10]

2. Umfang. Werden durch einen besonderen, im Laufe des Verfahrens erlassenen Beschluss 4 Kosten einzelner Verfahrensteile einem Dritten (zB einem Zeugen) auferlegt, sind diese von der Ersatzpflicht des in die Kosten verurteilten Angeklagten (§ 465) auch dann ausgenommen, wenn dies weder im Urteilstenor noch in den Urteilsgründen zum Ausdruck gebracht wird.[11] Bei nachträglicher Aufhebung des Beschlusses und damit Freistellung des Dritten von den Kosten einzelner Verfahrensteile, fallen diese wieder in die Kostenlast des verurteilten Angeklagten.[12]

III. Auslagenteilung (Abs. 2)

Aus dem Grundsatz des § 465 Abs. 1 folgt, dass der Verurteilte die gesamten gerichtlichen Aus- 5 lagen auch dann trägt, wenn im Eröffnungsbeschluss eine Tat angenommen war, er aber nur unter einem oder nur einem Teil der angeführten Gesichtspunkte verurteilt wird. Denn neben der Verurteilung ist dann eine teilweise Freisprechung wegen der übrigen Gesetzesverletzungen, die nicht als verwirklicht angesehen wurden, grds. unzulässig (§ 52 StGB). Soweit eine Verurteilung nicht erfolgt ist, bezeichnet man diese Konstellation als sog. „fiktiven Freispruch". Auch in diesem Fall erstreckt sich die Kostenschuld auf die Kosten des gesamten Verfahrens wegen derjenigen Tat, wegen der verurteilt wurde. Die Anwendung des § 465 Abs. 1 kann bei einem „fiktiven Freispruch" zu einem unbilligen Ergebnis führen. Der Gesetzgeber hat deshalb durch Abs. 2 die Möglichkeit eröffnet, in den Fällen, in denen dem Angeklagten ein Schuldvorwurf gemacht wurde, der sich in Schwere oder Umfang als nicht gerechtfertigt erwiesen hat, ein Freispruch wegen des Tatbegriffs aber nicht in Betracht kommt („fiktiver Freispruch"), den Angeklagten von den „besonderen" Auslagen der Staatskassen (S. 1) und den eigenen notwendigen Auslagen für die Verteidigung (S. 3) gegen den überzogenen Vorwurf ganz oder teilweise freizustellen.[13] Zu den „besonderen" Auslagen zählen nicht nur die iS strenger rechnerischer Trennbarkeit genau feststellbaren („ausscheidbaren") Mehrkosten, sondern – unabhängig von der Ausscheidbarkeit – alle Mehrkosten.[14] Im Einzelfall können die gesamten Verfahrensauslagen und die gesamten notwendigen Auslagen des Angeklagten „besondere", also Mehrauslagen iSv. Abs. 2 sein. Letzteres ist dann der Fall, wenn bei anfänglicher Begrenzung des Schuldvorwurfs auf den sich später begründet erwiesenen Teil Ausla-

---

[5] OLG Düsseldorf v. 26. 11. 1984 – 5 Ss 349/84, JR 1986, 121 f.
[6] BGH v. 25. 7. 1960 – 3 StR 25/60, BGHSt 14, 391 (393) = NJW 1960, 1867 (1868); Einziehung; BayObLG v. 19. 6. 1997 – 3 ObOWi 60/97, BayObLGSt 1997, 97 = NStZ-RR 1997, 339 (340): Verfall.
[7] OLG Koblenz v. 21. 11. 2001 – 1 Ws 1449/01, NStZ-RR 2002, 160; OLG Hamm v. 17. 4. 2007 – 4 Ws 97/07, BeckRS 2007, 16598.
[8] BGH v. 29. 1. 1963 – 1 StR 516/62, BGHSt 18, 231 = NJW 1963; BGH v. 21. 10. 1986 – 4 StR 553/86, NStZ 1987, 86; BGH v. 7. 10. 1998 – 3 StR 387/76, NStZ-RR 1999, 63; BGH v. 13. 10. 2005 – 4 StR 143/05, NStZ-RR 2006, 32.
[9] OLG Oldenburg v. 13. 3. 1996 – 1 Ws 11/096, NStZ 1996, 405.
[10] BGH v. 19. 11. 1959 – 2 StR 357/59, BGHSt 13, 306 = NJW 1960, 109 (110).
[11] BGH v. 16. 7. 1997 – 2 StR 545/96, NJW 1997, 2963; OLG Düsseldorf v. 19. 2. 1998 – 5 Ss 26/98 – 11/98 I und 1 Ws 75/98, NStZ-RR 1998, 253; OLG Dresden v. 25. 8. 1999 – 2 Ws 422/99, NStZ-RR 2000, 30; KG v. 15. 2. 2006 – 3 Ws 552/05, NStZ-RR 2006, 288.
[12] Löwe/Rosenberg/*Hilger* Rn. 12 mit Tenorierungsvorschlag.
[13] OLG Hamm v. 17. 4. 2007 – 4 Ws 97/07, BeckRS 2007, 16598.
[14] BGH v. 24. 1. 1973 – 3 StR 21/72, BGHSt 25,109 = NJW 1973, 665 (667).

gen überhaupt nicht entstanden wären, etwa weil der wegen eines Vergehens Angeklagte, der nur wegen einer Ordnungswidrigkeit verurteilt wird, einen Bußgeldbescheid widerspruchslos hingenommen hätte.[15]

6   **1. Untersuchungen zur Aufklärung bestimmter Umstände.** Eine Untersuchung zu Aufklärung eines bestimmten belastenden Umstandes iSv. Abs. 2 ist zB die Beauftragung eines Sachverständigen mit der Erstattung eines Gutachtens zur Frage der Höhe einer Geschwindigkeitsüberschreitung[16] oder zur Frage des Vorliegens der Voraussetzungen einer Sicherungsverwahrung durch das Gericht. Dies gilt unbeschadet dessen, dass letztgenanntes Gutachten zwar nicht zur Aufklärung der Tatumstände selbst dient; es reicht iSv. Abs. 2 aus, dass sich die Untersuchung auf für die Rechtsfolgen bedeutsame Umstände bezieht. Das Gleiche gilt, wenn sich die abgrenzbare Untersuchungsfrage auf die Strafzumessung bezieht.[17] Dagegen soll kein Fall von Abs. 2 (analog) bei der Erstellung eines für den Verurteilten günstig ausfallenden Prognosegutachtens im Rahmen der Prüfung einer Aussetzung des Strafrechts zur Bewährung vorliegen.[18]

7   **2. Billigkeit.** Sinn und Zweck von Abs. 2 ist es, Unbilligkeit zu vermeiden. Allerdings gibt es kein Gebot der Gerechtigkeit, diejenigen Auslagen, die bei von vornherein zutreffend beschränktem Schuldvorwurf ohnehin entstanden wären (oder einen Teil dieser Auslagen) nicht dem Angeklagten, der die Ermittlungen und damit die Auslagen veranlasst hat, aufzuerlegen. Die Billigkeit verlangt es nicht, die durch einen begründeten Vorwurf gegen den Angeklagten in dem Verfahren erwachsenen Kosten allein deswegen dem Staat aufzuerlegen, weil sich die ursprüngliche Annahme, der Angeklagte habe weitere Teilakte einer fortgesetzten Tat begangen oder eine Tat sei rechtlich anders zu qualifizieren (zB Ermäßig des Schuldvorwurfs von Mord auf Körperverletzung mit Todesfolge),[19] aufgrund von Untersuchungen, die zu keinen Mehrkosten geführt haben, nicht bestätigt hat. In diesen Fällen hat der Angeklagte durch die Tat, wie sie sich nach dem Ergebnis der Untersuchung darstellt, die gesamten Auslagen veranlasst.[20] Eine Billigkeitsentscheidung zugunsten des Angeklagten kommt vor allem in den Fällen eines „fiktiven Teilfreispruchs" in Betracht. Eine Billigkeitsentscheidung ist etwa veranlasst, wenn die StA wegen eines Irrtums bei der Sachverhaltsfeststellung wegen eines schweren Delikts Anklage vor dem Landgericht erhebt, aber eine Verurteilung nur wegen eines Vergehens, für das die Zuständigkeit des Amtsgerichtes gegeben wäre, erfolgt und nach der Lage des Falls dessen sachgemäße Behandlung von vornherein zu einer Anklage vor dem Amtsgericht hätte führen können oder sollen.[21] Ferner kommt der Rechtsgedanke von Abs. 2 S. 2 und S. 3 zum Tragen, wenn die StA bzgl. eines abtrennbaren Teils einer Tat nach Erlass eines Strafbefehls, in dem dieser Vorwurf noch nicht enthalten ist, den Strafbefehlsantrag zurücknimmt und wegen dieses Tatteils gem. § 154a Abs. 1 verfährt. Wird gegen den zweiten, modifizierten Strafbefehlsantrag kein Einspruch eingelegt, ist anzunehmen, dass der Angeklagte bereits den ersten Strafbefehl akzeptiert hätte, wenn die StA von vornherein den Vorwurf entsprechend eingeschränkt hätte; es wäre daher unbillig, den Angeklagten mit seinen besonderen notwendigen Auslagen zu belasten, soweit sie durch den Erlass des ersten Strafbefehls entstanden sind und hierdurch im Verfahren für ihn Mehrkosten verursacht wurden.[22] Ebenfalls eine Billigkeitsentscheidung zugunsten des Angeklagten ist gerechtfertigt, wenn dem Angeklagten neben dem Wahlverteidiger ein Pflichtverteidiger nur wegen der Vielzahl der ihm zu Last gelegten Straftaten, derentwegen aber letztlich ein (Teil-)Freispruch erfolgt ist, beigeordnet worden ist. Hätten die Taten, die zur Verurteilung geführt haben, die Beiordnung eines Pflichtverteidigers neben dem Wahlverteidiger nicht gerechtfertigt, so dürfen die gesamten Pflichtverteidigerkosten dem Angeklagten gem. Abs. 2 nicht auferlegt werden.[23]

8   **3. Kostengrundentscheidung.** Die Auslagenteilung nach Abs. 2 muss in der Kostengrundentscheidung klar angeordnet werden. Entscheidet sich das Gericht für eine Auslagenteilung, steht es dann aber in seinem pflichtgemäßen Ermessen, ob es selbst in der Kostengrundentscheidung konkret die Aufteilung nach Bruchteilen (§ 464d) bestimmt oder sich darauf beschränkt, in der Kostengrundentscheidung lediglich die von der Staatskasse zu übernehmenden „besonderen Auslagen" iSv. Abs. 2 der Sache nach zu bezeichnen, ohne die Höhe dieser Mehrauslagen selbst auszurechnen und auf dieser Grundlage eine Bruchteilsentscheidung zu treffen. Die genaue Festlegung

---

[15] BGH v. 24. 1. 1973 – 3 StR 21/72, BGHSt 25, 109 = NJW 1973, 665 (667).
[16] LG Wuppertal v. 25. 11. 2009 – 26 Qs 309/09, BeckRS 2010, 05175.
[17] LG Freiburg v. 10. 2. 1998 – 11 Qs 3/98, StV 1998, 611.
[18] OLG Frankfurt v. 17. 6. 2010, 2 Ws 134/09, BeckRS 2010, 18063.
[19] BGH v. 23. 9. 1981 – 3 StR 341/81, NStZ 1982, 80.
[20] BGH v. 24. 1. 1973 – 3 StR 21/72, BGHSt 25, 109 = NJW 1973, 665 (667); BGH v. 4. 12. 1974 – 3 StR 298/74, BGHSt 26, 29 = NJW 1975, 699 (701).
[21] Vgl. BGH v. 4. 12. 1974 – 3 StR 298/74, BGHSt 26, 29 = NJW 1975, 699 (701).
[22] LG München I v. 2. 9. 1999 – 22 Qs 63/99, NStZ-RR 1999, 384.
[23] OLG Düsseldorf v. 31. 10. 1984 – Ws 1058/84, NStZ 1986, 379.

der Mehrkosten erfolgt im letzteren Fall erst im Kostenansatzverfahren (Gerichtskosten) bzw. im Kostenfestsetzungsverfahren (Verteidigerkosten). Wenn ein Grund „ausscheidbar" ist, kann zB tenoriert werden: „Dem Angeklagten werden die Kosten des Verfahrens auferlegt, mit der Ausnahme, dass die Staatskasse die durch das Gutachten des Sachverständigen bedingten Auslagen zu tragen hat".[24] Bei Fällen eines „fiktiven Teilfreispruchs" schlägt der BGH beispielhaft folgende Tenorierung vor: „Dem Angeklagten werden die Kosten des Verfahrens auferlegt, mit der Ausnahme, dass die Staatskasse die besonderen Auslagen des Verfahrens und besonderen notwendigen Auslagen des Angeklagten, die wegen des Verdachts der Trunkenheitsfahrt entstanden sind, zu tragen hat."[25] In diesem Fall hat dann anschließend der Rechtspfleger im Kostenfestsetzungsverfahren nach § 464b die „besonderen" Verteidigerauslagen konkret zu bestimmen. Nach der Differenztheorie ist derjenige Teil der Verteidigergebühr von der Staatskasse zu übernehmen, der den fiktiven Betrag übersteigt, den der Angeklagte seinen Verteidiger geschuldet hätte, falls er von vornherein nur wegen der seiner Verurteilung tragenden Straftaten angeklagt worden wäre bzw. die zu seinen Gunsten ausgegangenen Untersuchungen unterblieben wären.[26]

IV. Exkurs: Nichterhebung von Kosten wegen unrichtiger Sachbehandlung nach GKG

Neben Abs. 2 gibt es eine weitere Ausnahmevorschrift hinsichtlich der Kostentragungspflicht 9 des verurteilten Angeklagten. Auch wenn die Voraussetzungen des Abs. 2 nicht vorliegen, kann zugunsten des Angeklagten gem. § 21 Abs. 1 S. 1 GKG von der Überbürdung bestimmter Verfahrenskosten – nicht aber von notwendigen Auslagen des Angeklagten[27] (im Unterschied zu § 465 Abs. 2) – abgesehen werden, soweit diese bei richtiger Behandlung der Sache nicht entstanden wären. Eine Niederschlagung der Kosten nach § 21 Abs. 1 S. 1 GKG wegen unrichtiger Sachbehandlung wird von der Rspr. aber nur bei schlechterdings unvertretbarer und offensichtlich gegen eine Rechtsnorm verstoßender Rechtsansicht bejaht[28] und bei schweren Verfahrensfehlern (zB unrichtige Besetzung des Gerichts,[29] die Verweigerung rechtlichen Gehörs[30] oder Erhebung der Anklage vor einem unzuständigen Gericht),[31] die zur Aufhebung und Zurückverweisung (§ 354 Abs. 2) führen. Der Ausspruch nach § 21 Abs. 1 S. 1 GKG kann sowohl in der Kostengrundentscheidung als auch im Kostenansatzverfahren angeordnet werden. Unterlässt das Gericht eine Anordnung nach § 21 Abs. 1 S. 1 GKG, ist eine sofortige Beschwerde dagegen nicht gegeben, sondern der Verurteilte muss sein Anliegen im Kostenansatzverfahren gem. §§ 19, 21, 66 GKG verfolgen.[32]

V. Tod des Beschuldigten (Abs. 3)

Dieser Absatz hat nur die Verfahrenskosten, nicht die notwendigen Auslagen des Angeklagten 10 (Verteidigerkosten) zum Gegenstand.[33] Ob der Nachlass des verurteilten Angeklagten für die Verfahrenskosten haftet, hängt davon ab, ob der Tod vor oder nach Rechtskraft des Urteils eintritt. Stirbt der Angeklagte vor Rechtskraft des Urteils ordnet Abs. 3 an, dass der Nachlass nicht haftet. Der Eintritt der Rechtskraft ist Bedingung für die Kostenschuld. Die Bedingung (Eintritt der Rechtskraft) ist auch dann noch nicht eingetreten, wenn das Urteil lediglich in Teilrechtskraft erwachsen und das Verfahren nur noch in einem Nebenpunkt offen ist.[34] Mangels Bedingungseintritt bleibt es bei dem allgemeinen Grundsatz, dass mangels abweichender Anordnung die Kosten bei demjenigen verbleiben, dem sie entstanden sind; die Verfahrenskosten also bei der Staatskasse (Abs. 3). Stirbt der Angeklagte nach Rechtskraft des Urteils, haftet der Nachlass für die Verfahrenskosten.[35]

VI. Sondervorschriften und JGG

Für Nebenbeteiligte gilt die Sondervorschrift des § 472b. Im Jugendstrafrecht gilt § 465 eben- 11 falls, wobei gem. §§ 74, 109 Abs. 2 JGG davon abgesehen werden kann, dem Angeklagten Kosten und Auslagen aufzuerlegen.[36]

---

[24] KMR/*Stöckel* Rn. 16.
[25] BGH v. 24. 1. 1973 – 3 StR 21/72, BGHSt 25, 109 (112) = NJW 1973, 665.
[26] OLG Frankfurt v. 2. 4. 2008 – 2 Ws 211/07, NStZ-RR 2008, 264 mwN.
[27] BGH v. 24. 5. 2000 – 1 StR 80/00, NStZ 2000, 499.
[28] LG Osnabrück v. 22. 9. 1995 – 20 Ks 12 Js 2650/93 VI 9/94, NStZ-RR 1996, 192.
[29] BGH v. 1. 12. 1988 – 4 StR 569/88, NStZ 1989, 191; BGH v. 22. 3. 2000 – 2 StR 490/99, bei *Kusch* NStZ-RR 2001, 129 (135).
[30] Vgl. OLG Köln v. 18. 5. 1979 – 2 W 25/79, NJW 1979, 1834 (1835).
[31] BGH v. 15. 8. 2001 – 3 StR 263/01, BeckRS 2001, 30199363.
[32] BGH v. 21. 9. 2007 – 2 StR 307/07, HRRS 2007 Nr. 1034; OLG Düsseldorf v. 22. 6. 1990 – 1 Ws 516/90, Rpfleger 1990, 525 f.; OLG Koblenz v. 12. 9. 1991 – 1 Ws 437/91, JurBüro 1992, 111 ff.; siehe auch § 464a Rn. 10.
[33] Zu den Verteidigerkosten bei Tod des Angeklagten s. § 464 Rn. 18.
[34] BayObLG v. 29. 5. 1957 – RReg. 1 St 748 a, b/54, NJW 1957, 1448; KMR/*Stöckel* Rn. 18.
[35] KMR/*Stöckel* Rn. 18; *Meyer-Goßner* Rn. 12.
[36] OLG Frankfurt aM v. 7. 6. 1983 – 2 Ws 134/83, NStZ 1984, 138; KMR/*Stöckel* Vor § 464 Rn. 3 mwN; Näheres unter § 464 Rn. 45.

§ 466 [Haftung Mitverurteilter]

¹Mitangeklagte, gegen die in bezug auf dieselbe Tat auf Strafe erkannt oder eine Maßregel der Besserung und Sicherung angeordnet wird, haften für die Auslagen als Gesamtschuldner. ²Dies gilt nicht für die durch die Tätigkeit eines bestellten Verteidigers oder eines Dolmetschers und die durch die Vollstreckung, die einstweilige Unterbringung oder die Untersuchungshaft entstandenen Kosten sowie für Auslagen, die durch Untersuchungshandlungen, die ausschließlich gegen einen Mitangeklagten gerichtet waren, entstanden sind.

I. Allgemeines

1   § 466 S. 1 bestimmt, dass grds. mehrere wegen derselben Tat verurteilte Mitangeklagte für die Auslagen der Staatskasse als Gesamtschuldner haften. Die Vorschrift gilt auch im Privatklageverfahren.[1] S. 1 gilt nur für die Auslagen der Staatskasse erster Instanz, für die Rechtsmittelinstanzen gilt § 473.[2] Die Begrenzung der gesamtschuldnerischen Haftung auf die Auslagen der Staatskasse erster Instanz trägt dem Umstand Rechnung, dass eine Abgrenzung, inwiefern eine Untersuchungsmaßnahme gegen den einen oder den anderen Mitangeklagten vorgenommen wurde, nicht möglich ist – im Gegensatz zu den in S. 2 genannten Auslagen, die grds. ohne Schwierigkeiten dem jeweiligen Mitangeklagten zugeordnet werden können.[3] **Nicht in den Anwendungsbereich fallen die Gerichtsgebühren;**[4] diese werden für jeden Angeklagten nach der jeweils ausgesprochenen Strafe/Maßregel einzeln angesetzt (§ 3 Abs. 2 GKG iVm. Teil 3 KV GKG). Nicht erfasst sind auch Auslagen der Staatskasse, die durch Untersuchungen gegen einen freigesprochenen oder vor Rechtskraft verstorbenen Mitangeklagten angefallen sind.[5] Ferner findet § 466 keine Anwendung auf die notwendigen Auslagen der Mitangeklagten und anderer Prozessbeteiligter (zB §§ 470 S. 2, 471, 472, 472 b).[6]

II. Verurteilung (S. 1)

2   Die Angeklagten müssen iSv. § 465 rechtskräftig verurteilt worden sein. Unerheblich ist, ob die Verurteilung durch dasselbe Urteil oder in verschiedenen Urteilen erfolgt.[7] Ob zu einem früheren Zeitpunkt getrennte Verfahren geführt worden sind, ist unerheblich, entscheidend ist allein die gerichtliche Eröffnung eines gemeinsamen Verfahrens (§ 157 „Angeklagter").[8] Bei Abtrennung eines Verfahrens gegen einen Mitangeklagten, haftet dieser nicht für die nach der Abtrennung anfallenden Auslagen in dem anderen Prozess;[9] selbiges gilt für Auslagen, die nach einer rechtskräftigen Verurteilung eines Mitangeklagten in dem weiteren Prozess gegen seine Mitangeklagten entstehen.[10]

III. Dieselbe Tat (S. 1)

3   Die gesamtschuldnerische Haftung besteht nur in dem Umfang, in dem die Mitangeklagten zusammen wegen derselben Tat iSd. § 264[11] verurteilt wurden. Danach haften mehrere Verurteilte nur insoweit für die Auslagen der Staatskasse als Gesamtschuldner, soweit diese Auslagen dieselbe Tat im prozessualen Sinne (dh. der Anklage insoweit zugrunde liegenden historischen Lebensvorgang) betreffen.[12] Damit erfasst § 466 S. 1 nicht nur Mittäter, Anstifter und Gehilfen, sondern jede strafbare Mitwirkung an der Tat in die gleiche Richtung,[13] namentlich die Fälle der §§ 25–27, 30, 257, 259, 331/333 und 332/334 StGB.[14] Ferner sind die Fälle der vorsätzlichen und fahrlässigen sog. „Nebentäterschaft" zum Nachteil eines Dritten erfasst.[15] Maßgeblich für die Subsumtion dieser Fälle unter S. 1 ist der Gedanke, dass mehrere in die gleiche Richtung gewirkt haben. Also

---

[1] KMR/*Stöckel* Rn. 1.
[2] BVerwG v. 17. 8. 1972 – II WD 3/72, 4/72, BVerwGE 46, 18 = NJW 1973, 71.
[3] KMR/*Stöckel* Rn. 1.
[4] BGH v. 23. 10. 1984 – 5 StR 663/84.
[5] KMR/*Stöckel* Rn. 2.
[6] KK-StPO/*Gieg* Rn. 3.
[7] OLG Karlsruhe v. 31. 8. 2005 – 1 Ws 135/05, StV 2006, 34.
[8] OLG Koblenz v. 21. 11. 2001 – 1 Ws 1449/01, NStZ-RR 2002, 160.
[9] OLG Koblenz v. 30. 1. 2006 – 1 Ws 21/06, JurBüro 2006, 323 (L).
[10] KMR/*Stöckel* Rn. 3.
[11] Siehe § 264 Rn. 7 ff.
[12] OLG Karlsruhe v. 31. 8. 2005 – 1 Ws 135/05, StV 2006, 34.
[13] OLG Hamm v. 19. 6. 1961 – 3 Ws 208/61, NJW 1961, 1833.
[14] OLG Hamm v. 19. 6. 1961 – 3 Ws 208/61, NJW 1961, 1833.
[15] OLG Celle v. 10. 6. 1960 – 3 Ws 269/60, NJW 1960, 2305; Löwe/Rosenberg/*Hilger* Rn. 8; KK-StPO/*Gieg* Rn. 2.

– soweit vorsätzliche Taten in Betracht kommen – „gemeinsame Sache gemacht und dadurch zu einem bestimmten Erfolg beigetragen haben".[16]

IV. Abgrenzung

Die Gesamthaftung erstreckt sich nicht auf Auslagen, die durch die Untersuchung weiterer selbständiger Taten entstanden sind, an denen der Verurteilte nicht beteiligt war und gegen den insoweit auch keine Ermittlungen geführt wurden.[17] Von vornherein nicht S. 1 subsumiert werden können Fälle wie die beiderseitig schuldhafte Unfallverursachung durch zwei Verkehrsteilnehmer[18] oder wechselseitige Körperverletzungen zweier Beteiligter. Kein Fall des S. 1 ist ferner eine Köperverletzung einerseits und eine unterlasse Hilfeleistung (§ 323 c StGB) andererseits, da die Unterlassungstat nicht in Bezug auf eine – tatbestandsmäßig auch überhaupt nicht vorausgesetzte – strafbare Vortat begangen wird; wer einen Opfer einer Körperverletzung keine Hilfe leistet, macht im Rechtssinne gleichwohl keine „gemeinsame Sache" mit dem Schläger.[19] Auch bei der Strafvereitlung kann es zwischen dem Täter der Vortat und dem Täter nach § 258 StGB an einem Zusammenwirken in Bezug auf die Vortat fehlen.[20]

V. Gesamtschuldnerhaftung kraft Gesetz

Ohne dass das Gericht in der Kostengrundentscheidung § 466 ausdrücklich erwähnt, tritt die gesamtschuldnerische Haftung für die Auslagen der Staatskasse (S. 1) mit Rechtskraft des Urteils kraft Gesetzes ein.[21] Grund und Umfang der Mithaftung wird im Kostenansatzverfahren festgestellt. Der jeweils gesamtschuldnerische Mitangeklagte haftet als Erstschuldner iSd. § 29 Nr. 1 GKG.[22] Die gesamtschuldnerische Haftung erstreckt sich auch auf Auslagen, die durch die Vorbereitung der öffentlichen Klage der Staatskasse entstanden sind, soweit sie in einem sachlichen Zusammenhang mit der Tat (§ 264) stehen, wegen derer eine Verurteilung erfolgt (§§ 464a Abs. 1 S. 2, 465 Abs. 1). Unerheblich ist, ob der Verurteilte im Zeitpunkt des Anfalls der Auslagen bereits Verdächtiger oder Beschuldigter gewesen ist, da auch Auslagen im Zusammenhang mit seiner Identifizierung (zB gutachterliche Auswertung von Tatortspuren; Telefonüberwachung) ansetzungsfähig sind.[23] Welchen der Mitangeklagten welche Auslagen in Rechnung gestellt werden, liegt im pflichtgemäßen Ermessen des Kostenbeamten (§ 8 KostVfg., §§ 421 ff. BGB).[24] **Ausgleichsansprüche zwischen den Mitangeklagten sind ggf. auf dem Zivilrechtsweg durchzusetzen.**[25]

VI. Gesetzliche Ausnahmen (S. 2)

Ausgenommen von der gesamtschuldnerischen Haftung sind die Auslagen und Kosten für die in S. 2 konkret aufgeführten Einzelfälle (Pflichtverteidigervergütung, Dolmetscherkosten – sofern ausnahmsweise überhaupt ein Mitangeklagter diese der Staatskasse erstatten muss (§ 464c) –,[26] Vollstreckungskosten, Kosten der Untersuchungshaft und einstweiligen Unterbringung) und für die Auslagen für „Untersuchungshandlungen", die ausschließlich gegen einen oder zugunsten eines bestimmten Mitangeklagten betrieben worden sind. Danach scheidet eine Mithaftung grds. aus, wenn die auslagenverursachende Untersuchungshandlung in keiner Beziehung zu schuld- oder rechtsfolgenrelevanten Feststellungen gegen die Mitangeklagten steht.[27] Zu den S. 2 subsumierbaren Untersuchungshandlungen zählen zB die Erstellung eines Gutachtens zur Frage der Schuldfähigkeit eines Angeklagten,[28] Maßnahmen nach §§ 81, 81a, 81b, § 73 JGG oder Beweisaufnahmen, die allein wegen Beweisanträgen/-behauptungen eines Mitangeklagten erforderlich wurden.[29] Der **Mithaftungsausschluss nach S. 2 gilt kraft Gesetzes** und muss daher im Kostenansatzverfahren beachtet werden, ohne dass das Gericht in der Kostengrundentscheidung entsprechendes ausdrücklich angeordnet hätte.[30]

---

[16] OLG Hamm v. 19. 6. 1961 – 3 Ws 208/61, NJW 1961, 1833.
[17] OLG Karlsruhe v. 31. 8. 2005 – 1 Ws 135/05, StV 2006, 34.
[18] Zu Allem siehe auch KMR/*Stöckel* Rn. 5.
[19] OLG Hamm v. 19. 6. 1961 – 3 Ws 208/61, NJW 1961, 1833.
[20] OLG Celle v. 10. 6. 1960 – 3 Ws 269/60, NJW 1960, 2305.
[21] KK-StPO/*Gieg* Rn. 3; KMR/*Stöckel* Rn. 7 mwN.
[22] OLG Koblenz v. 17. 5. 2005 – 1 Ws 303/05, NStZ-RR 2005, 254 (255).
[23] OLG Karlsruhe v. 31. 8. 2005 – 1 Ws 135/05, StV 2006, 34; OLG Koblenz v. 21. 11. 2001 – 1 Ws 1449/01, NStZ-RR 2002, 160.
[24] OLG Frankfurt v. 5. 9. 2000 – 2 Ws 100/00, NStZ-RR 2001, 63.
[25] *Pfeiffer* Rn. 2.
[26] Vgl. Löwe/Rosenberg/*Hilger* Rn. 14 (ausnahmsweise Gesamthaftung für Dolmetscherkosten).
[27] KMR/*Stöckel* Rn. 11.
[28] OLG Koblenz v. 21. 11. 2001 – 1 Ws 1449/01, NStZ-RR 2002, 160.
[29] KMR/*Stöckel* Rn. 11.
[30] BGH v. 8. 11. 1985 – 2 StR 556/86, bei *Pfeiffer/Miebach* NStZ 1986, 206 (210).

VII. Rechtsmittel

7 Spricht das Gericht ausnahmsweise (da überflüssig) in der Kostengrundentscheidung § 466 ausdrücklich an, kann hiergegen – aber auch nur dann – gem. § 464 Abs. 3 vorgegangen werden. Im Übrigen muss bei unrichtiger Anwendung des § 466 im Kostenansatzverfahren nach §§ 66, 19 GKG vorgegangen werden.[31] Hierzu ist allerdings immer nur derjenige Mitangeklagte berechtigt, gegen den sich konkret die Kostenentscheidung des Kostenbeamten richtet (Adressat der Kostenentscheidung), nicht die übrigen Mitangeklagten.[32]

VIII. JGG

8 Werden mehrere Angeklagte wegen derselben Tat verurteilt und ist bei einem oder mehreren von ihnen nach § 74 JGG von der Auferlegung der Kosten abgesehen worden, tritt bei dem erwachsenen Verurteilten wegen der gemeinsamen Auslagen keine Gesamtschuldnerhaftung ein. Der erwachsene Verurteilte haftet nur für den auf ihn entfallenden Anteil nach Kopfteilen, die Staatskasse trägt dagegen den auf den Jugendlichen entfallenden Anteil der Auslagen.[33]

§ 467 [Kosten und notwendige Auslagen bei Freispruch]

(1) Soweit der Angeschuldigte freigesprochen, die Eröffnung des Hauptverfahrens gegen ihn abgelehnt oder das Verfahren gegen ihn eingestellt wird, fallen die Auslagen der Staatskasse und die notwendigen Auslagen des Angeschuldigten der Staatskasse zur Last.

(2) ¹Die Kosten des Verfahrens, die der Angeschuldigte durch eine schuldhafte Säumnis verursacht hat, werden ihm auferlegt. ²Die ihm insoweit entstandenen Auslagen werden der Staatskasse nicht auferlegt.

(3) ¹Die notwendigen Auslagen des Angeschuldigten werden der Staatskasse nicht auferlegt, wenn der Angeschuldigte die Erhebung der öffentlichen Klage dadurch veranlaßt hat, daß er in einer Selbstanzeige vorgetäuscht hat, die ihm zur Last gelegte Tat begangen zu haben. ²Das Gericht kann davon absehen, die notwendigen Auslagen des Angeschuldigten der Staatskasse aufzuerlegen, wenn er
1. die Erhebung der öffentlichen Klage dadurch veranlaßt hat, daß er sich selbst in wesentlichen Punkten wahrheitswidrig oder im Widerspruch zu seinen späteren Erklärungen belastet oder wesentliche entlastende Umstände verschwiegen hat, obwohl er sich zur Beschuldigung geäußert hat, oder
2. wegen einer Straftat nur deshalb nicht verurteilt wird, weil ein Verfahrenshindernis besteht.

(4) Stellt das Gericht das Verfahren nach einer Vorschrift ein, die dies nach seinem Ermessen zuläßt, so kann es davon absehen, die notwendigen Auslagen des Angeschuldigten der Staatskasse aufzuerlegen.

(5) Die notwendigen Auslagen des Angeschuldigten werden der Staatskasse nicht auferlegt, wenn das Verfahren nach vorangegangener vorläufiger Einstellung (§ 153a) endgültig eingestellt wird.

I. Allgemeines

1 Wer nicht verurteilt wird, gilt – unabhängig davon, ob der Tatverdacht ausgeräumt wurde – als unschuldig, was kostenrechtlich zur Folge hat, dass die Staatskasse sowohl ihre eigenen (§ 464a) als auch die notwendigen Auslagen des Angeschuldigten zu tragen hat.[1] Belastet wird die Staatskasse des Landes, dem das erstinstanzliche Gericht angehört; dies gilt auch im Falle von § 120 Abs. 6 GVG.[2] Erstattet werden nur diejenigen notwendigen Auslagen, die bis zum Zeitpunkt der Kostenentscheidung angefallen sind; weiter entstehende Auslagen sind Gegenstand der Rechtsmittelentscheidung (§ 473 Abs. 2 S. 1).[3]

II. Verfahrensende ohne Verurteilung (Abs. 1)

2 Abs. 1 ist anzuwenden bei Freispruch ohne gleichzeitige Anordnung einer Sicherungsmaßregel (§ 267 Abs. 5) und bei einer Maßregelablehnung im Sicherungsverfahren (§ 414 Abs. 2

---

[31] KMR/*Stöckel* Rn. 12.
[32] Löwe/Rosenberg/*Hilger* Rn. 11.
[33] OLG Koblenz v. 22. 9. 1998 – 1 W 630/98, NStZ-RR 1999, 160.
[1] Löwe/Rosenberg/*Hilger* Vor § 464 Rn. 20.
[2] *Meyer-Goßner* Rn. 1.
[3] *Pfeiffer* Rn. 2.

S. 4),[4] die einem Freispruch gleichzusetzen ist,[5] ferner bei Nichteröffnung des Hauptverfahrens (§ 204) oder des Sicherungsverfahrens (§ 414 Abs. 2 S. 1) und Ablehnung des Strafbefehlserlasses (§ 408 Abs. 2) und darüber hinaus bei endgültiger Einstellung des Verfahrens oder gem. §§ 206 a, 206 b, 260 Abs. 3. Ein Fall von Abs. 1 liegt auch dann vor, wenn zwar der Angeklagte vor dem Freispruch in Untersuchungshaft war, gegen die er erfolglos mittels Haftbeschwerde vorgegangen ist und die Beschwerdeentscheidung eine nachteilige Kostenentscheidung für den Angeklagten beinhaltete. Abgesehen von der (fehlenden) Notwendigkeit einer derartigen Kostenentscheidung im Zwischenverfahren ändert diese in der Sache jedenfalls nichts daran, dass der Freispruch die Kosten- und Auslagenentscheidung nach § 467 Abs. 1 zeitigt und hiervon auch die auf das Haftbeschwerdeverfahren entfallenden Gebühren und Verteidigerkosten erfasst, dh. vom Freigesprochenen nicht zu tragen sind.[6]

1. Teilfreispruch, Teileinstellung und teilweise Nichteröffnung. Der Angeschuldigte hat einen Auslagenerstattungsanspruch auch bei Teilfreispruch, Teileinstellung oder teilweisen Nichteröffnung, und zwar in dem Umfang, in dem er freigesprochen, das Verfahren eingestellt oder nicht eröffnet wurde.[7] Im Falle des Teilfreispruchs ist zB zu tenorieren: „Der Angeklagte hat die Verfahrenskosten zu tragen, soweit er verurteilt wurde; soweit Freispruch erfolgte, trägt die Staatskasse die Verfahrenskosten und die notwendigen Auslagen des Angeklagten."[8] In der Kostengrundentscheidung der verfahrensabschließenden Entscheidung muss das Gericht ausdrücklich Abs. 1 anordnen. Nach hM bildet insbesondere ein Freispruch „auf Kosten der Landeskasse" keine ausreichende Grundlage für die Überbürdung der notwendigen Auslagen des Angeklagten auf die Staatskasse, auch wenn von Gesetzes wegen Abs. 1 anwendbar ist.[9]

2. Auslagenschuldner. Sofern Dritte (§§ 51, 70, 71 Abs. 1, 81 c Abs. 6, 138 c Abs. 6, 145 Abs. 4, 161 a Abs. 2, 177, 469 Abs. 1 S. 1,[10] 470, 472 a, 472 b und § 56 GVG) Auslagen des Angeklagten zu erstatten haben, tangiert dies nicht den Ausspruch nach Abs. 1, denn die Staatskasse haftet auch in diesem Fall dem nicht verurteilten Angeklagten voll – ggf. gesamtschuldnerisch neben dem Dritten (§ 421 BGB)[11] – und muss ggf. bei dem Dritten im Verfahren nach § 464 b Regress nehmen.[12]

III. Ausnahmen (Abs. 2–5)

Ausnahmen vom Grundsatz des Abs. 1 sind in Abs. 2 bis Abs. 5 geregelt (Abs. 2, Abs. 3 S. 1, Abs. 5 sind zwingende Vorschriften; Abs. 3 S. 2 und Abs. 4 sind Ermessensvorschriften), ferner finden sich Ausnahmevorschriften zu Abs. 1 in den §§ 470 S. 2, 472 a Abs. 2, 472 b Abs. 2.

IV. Schuldhafte Säumnis (Abs. 2)

Abweichend von Abs. 1 werden **zwingend** dem Angeschuldigten diejenigen Kosten des Verfahrens auferlegt, die er durch seine schuldhafte Säumnis verursacht hat (S. 1); die ihm insoweit entstandenen Auslagen – die also ohne die Säumnis nicht entstanden wären – muss er ebenfalls selbst tragen (S. 2). Der Begriff der Säumnis ist dahingehend auszulegen, dass diese eine Frist oder einen Termin betreffen muss; ein lediglich nachlässiges Verhalten bei der Verteidigung, wie etwa „verspätetes" Vorbringen entlastender Tatsachen oder Beweismittel, sowie sonstige schuldhafte Verfahrenverzögerungen genügen nicht.[13] Die Säumnis muss verschuldet sein.[14] Ein Verschulden liegt auch dann vor, wenn der Angeklagte es unterlässt, sein eigentlich entschuldbares Fernbleiben von der Hauptverhandlung dem Gericht rechtzeitig vorher anzuzeigen, obwohl ihm dies möglich war.[15] Auch wenn die Regelung des Abs. 2 zwingend ist, greift sie nur ein, wenn das Gericht in der Kostengrundentscheidung eine entsprechende ausdrückliche Anordnung getroffen hat. Die Anordnung nach Abs. 2 muss ferner begründet werden (§ 34). Nicht (auch nicht entsprechend) anwendbar ist Abs. 2 auf Verjährungsfälle, da diese allein nach Abs. 3 S. 2 Nr. 2 zu beurteilen

---

[4] KMR/*Stöckel* Rn. 6.
[5] BGH v. 28. 4. 1970 – 1 StR 82/70, NJW 1970, 1242.
[6] OLG Hamm v. 22. 1. 2009 – 5 Ws 300/08, BeckRS 2009, 20882.
[7] LG Frankfurt aM v. 13. 2. 1997 – 5/15 Qs 76/96, NStZ-RR 1997, 191.
[8] KMR/*Stöckel* Rn. 7.
[9] § 464 Rn. 2.
[10] BayObLG v. 3. 10. 1957 – RReg 4 St 39/57, NJW 1958, 1933.
[11] LG Aachen v. 8. 12. 1970 – 17 Qs 680/70, NJW 1971, 576; LG Münster v. 29. 4. 1974 – 6 Qs 34/74, NJW 1974, 1342 mwN.
[12] *Meyer-Goßner* Rn. 2; KMR/*Stöckel* Rn. 3.
[13] BVerfG v. 14. 9. 1992 – 2 BvR 1941/89, NStZ 1993, 195 (196).
[14] OLG Saarbrücken v. 4. 11. 1996 – 1 Ws 187/96, NStZ-RR 1997, 158.
[15] OLG Stuttgart v. 5. 12. 1973 – 3 Ws 326/73, NJW 1974, 512 f.

sind.¹⁶ Auch nicht anwendbar ist S. 2 auf Säumnisfälle anderer Beteiligter und bei zulässiger Abwesenheitsverhandlung gem. §§ 232, 233, 411 oder § 73 OWiG, außer das Gericht hat das persönliche Erscheinen angeordnet.¹⁷

V. Unwahre Selbstanzeige (Abs. 3 S. 1)

7   Die Vorschrift regelt eine **zwingende** Ausnahme zu Abs. 1 wegen unwahrer Selbstanzeige hinsichtlich der notwendigen Auslagen des nicht verurteilten Angeschuldigten (§ 464a Abs. 2), die er selbst tragen muss. Hinsichtlich der Verfahrenskosten (§ 464a Abs. 1) bleibt es bei der Regelung in Abs. 1, wonach diese aus der Staatskasse zu zahlen sind. Dies muss in der Kostengrundentscheidung ausdrücklich ausgesprochen werden. Eine Selbstanzeige iS dieser Vorschrift liegt vor, wenn der (spätere) Angeschuldigte zB in einer Vernehmung in anderer Sache oder als Zeuge die Strafverfolgungsbehörden oder zu Anzeigen verpflichteten Behörden (§§ 152 GVG, 4 BKAG, 404 AO, 37 AWG, 37 MOG, 25 BJagdG, 63 OWiG) absichtlich unterrichtet, er sei Täter oder Teilnehmer einer Straftat oder Ordnungswidrigkeit. Nicht erforderlich ist es, dass die Selbstanzeige die Voraussetzungen des § 158 oder den Tatbestand des § 145d StGB erfüllt.¹⁸ Keine Rolle spielen die Motive des Angeschuldigten für die Selbstanzeige oder ob er diese später widerrufen hat, wenn dadurch der Verdacht nicht ausgeräumt wurde. Keine Selbstanzeige liegt vor, wenn zu diesem Zeitpunkt der Angeschuldigte bereits Beschuldigter der später angeklagten Tat war oder er sich gegenüber Privatpersonen der Tat berühmt oder er sich in einer unverwertbaren Aussage selbst bezichtigt hat (§§ 136a oder unterlassene Belehrung).¹⁹ Ein Vortäuschen liegt vor, wenn der Angeschuldigte falsche Tatsachen behauptet, die nicht unwesentlich (mit) dazu geführt haben, dass Anklage gegen ihn erhoben wurde. Wird sowohl eine selbst angezeigte als auch eine weitere Tat angeklagt und der Angeschuldigte hinsichtlich beider Taten freigesprochen, sind in der Kostengrundentscheidung nur die im Zusammenhang mit der selbst angezeigten Tat entstandenen notwendigen Auslagen des Angeklagten von der Erstattungspflicht durch die Staatskasse auszunehmen.²⁰ In der Rechtsmittelinstanz findet Abs. 3 S. 1 keine Anwendung, wenn die StA gegen das freisprechende Urteil erfolglos Rechtsmittel einlegt.²¹

VI. Aussagefehlverhalten (Abs. 3 S. 2 Nr. 1)

8   Diese Vorschrift ermöglicht es dem Gericht, bestimmtes Aussagefehlverhalten eines Angeschuldigten kostenrechtlich zu sanktionieren, in dem in der Kostengrundentscheidung seine notwendigen Auslagen nicht der Staatskasse überbürdet werden.²² In der Kostengrundentscheidung muss bei Anwendung der Nr. 1 eine entsprechende ausdrückliche Anordnung erfolgen, die zu begründen ist (§ 34).

9   **1. Wahrheitswidrige Selbstbelastung (Alt. 1).** Im Unterschied zu der Selbstanzeige (Abs. 3 S. 1) ist bei der Alt. 1 bereits ein Ermittlungsverfahren eingeleitet worden und die – auch subjektiv – falsche Äußerung wird von einem Beschuldigten (nicht lediglich von einem Zeugen)²³ in einer förmlichen Vernehmung (§§ 136, 163a Abs. 1)²⁴ in Kenntnis der belastenden Wirkung absichtlich oder zumindest bedingt vorsätzlich getätigt.²⁵ Hat der Beschuldigte zwar gelogen, aber seine Angaben für entlastend oder zumindest „neutral" angesehen, scheidet folglich die Alt. 1 aus.²⁶ Die Selbstbelastung muss sich auf Tatsachen beziehen und kann in Form eines falschen Geständnisses, Einräumen einzelner Tatbestandsvoraussetzungen oder auch nur von Indizien erfolgen.²⁷ Die wahrheitswidrige Selbstbelastung muss (mit-)ursächlich für die Klageerhebung gewesen sein. Dies ist zB der Fall, wenn die Selbstbelastung den Verdacht der StA verstärkt hat. An der Ursächlichkeit fehlt es, wenn die StA die Wahrheitswidrigkeit der Selbstbelastung kennt, zB durch Aussagen anderer Beteiligter.²⁸ Umstr. ist die entsprechende Anwendbarkeit der Vorschrift, wenn der

---

[16] BVerfG v. 14. 9. 1992 – 2 BvR 1941/89, NStZ 1993, 195 (196).
[17] KMR/*Stöckel* Rn. 11.
[18] *Meyer-Goßner* Rn. 5; KMR/*Stöckel* Rn. 13; Löwe/Rosenberg/*Hilger* Rn. 30; KK-StPO/*Gieg* Rn. 5.
[19] KMR/*Stöckel* Rn. 13.
[20] KMR/*Stöckel* Rn. 15.
[21] KK-StPO/*Gieg* Rn. 5; *Pfeiffer* Rn. 6; Löwe/Rosenberg/*Hilger* Rn. 32.
[22] OLG Oldenburg v. 24. 9. 1991 – 1 Ws 161/91, NStZ 1992, 245.
[23] OLG Oldenburg v. 24. 9. 1991 – 1 Ws 161/91, NStZ 1992, 245.
[24] Löwe/Rosenberg/*Hilger* Rn. 41 f.; aA *Meyer-Goßner* Rn. 8: Auch in einer informatorischen Befragung; offen gelassen von BGH v. 23. 5. 2002 – 3 StR 53/02, bei *Becker* NStZ-RR 2003, 97 (103).
[25] OLG Braunschweig v. 28. 8. 1972 – Ws 97/72, NJW 1973, 158 f.; KK-StPO/*Gieg* Rn. 7; SK-*Degener* Rn. 16 f.; aA *Meyer-Goßner* Rn. 8; Löwe/Rosenberg/*Hilger* Rn. 35; KMR/*Stöckel* Rn. 21; HK-StPO/*Temming* Rn. 6; *Pfeiffer* Rn. 7: Vorsätzliches und fahrlässiges Verhalten.
[26] OLG Braunschweig v. 28. 8. 1972 – Ws 97/72, NJW 1973, 158 f.; KMR/*Stöckel* Rn. 18.
[27] KMR/*Stöckel* Rn. 18.
[28] *Meyer-Goßner* Rn. 8; Löwe/Rosenberg/*Hilger* Rn. 37.

Angeklagte nach Klageerhebung in der ersten Instanz sich wahrheitswidrig selbst belastet, verurteilt und erst aufgrund geänderten Aussageverhaltens in der zweiten Instanz freigesprochen wird.[29] Aufgrund des Ausnahmecharakters der Vorschrift ist richtigerweise deren analoge (erweiternde) Anwendbarkeit zu verneinen. Daher scheidet auch eine entsprechende Anwendung der Vorschrift auf Fallgestaltungen aus, in denen sich der später freigesprochene Angeklagte nicht im Ermittlungsverfahren bemüht hat, entlastendes Beweismaterial vorzulegen; das Verhalten des nur schweigenden Beschuldigten ist nicht vergleichbar mit dem Beschuldigten, der sich wahrheitswidrig im Ermittlungsverfahren aktiv selbst belastet.[30] Sind die tatbestandlichen Voraussetzungen der Alt. 1 erfüllt, ist der Anwendungsbereich der Vorschrift lediglich eröffnet, es liegt im **Ermessen des Gerichts**, die notwendigen Auslagen der Staatskasse nicht zu überbürden. Regelmäßig wird bei einer wahrheitswidrigen Selbstbelastung nur dann die Überbürdung der notwendigen Auslagen des Angeschuldigten auf die Staatskasse in Betracht kommen, wenn besondere Umstände sein Verhalten entschuldigen oder wenigstens als von geringem Gewicht erscheinen lassen.[31]

2. Selbstbelastung im Widerspruch zu späteren Erklärungen (Alt. 2). Ohne Bedeutung ist, ob die Selbstbelastung oder die spätere Erklärung wahr ist und wann der Widerruf erfolgte. Die frühere Erklärung muss die Klageerhebung veranlasst haben. Sind die tatbestandlichen Voraussetzungen der Alt. 2 erfüllt, ist der Anwendungsbereich der Vorschrift lediglich eröffnet, es liegt im **Ermessen** des Gerichts, die notwendigen Auslagen der Staatskasse nicht zu überbürden.

3. Verschweigen wesentlicher entlastender Umstände (Alt. 3). Voraussetzung ist, dass sich der Angeschuldigte überhaupt im Ermittlungsverfahren als Beschuldigter zur Sache geäußert hat. Hat er im Ermittlungsverfahren geschwiegen und trägt erstmals in der Hauptverhandlung entlastende Umstände vor, ist Alt. 3 nicht entsprechend anwendbar.[32] Es müssen „wesentlich" entlastende Umstände bewusst[33] verschwiegen worden sein. Bei diesen Umständen muss es sich um Tatsachen handeln, die für einen Schuldspruch von maßgeblicher Bedeutung sind, wie zB ein Alibi, das Vorliegen einer Notwehrlage, eines Irrtums oder eines Nachtrunks.[34] Kein Verschulden trifft den Angeschuldigten, wenn er aufgrund von Übermüdung oder Trunkenheit uÄ nichts gesagt hat.[35] Das Verschweigen muss (mit)ursächlich für die Klageerhebung gewesen sein. Sind die tatbestandlichen Voraussetzungen der Alt. 3 erfüllt, ist der Anwendungsbereich der Vorschrift lediglich eröffnet, es liegt im **Ermessen des Gerichts**, die notwendigen Auslagen der Staatskasse nicht zu überbürden. Entlastend kann für den Angeschuldigten zB gewertet werden, dass er die Strafverfolgung eines Angehörigen verhindern wollte.[36]

VII. Nichtverurteilung wegen Prozesshindernis (Abs. 3 S. 2 Nr. 2)

Nach dieser Vorschrift kann abweichend von Abs. 1 davon abgesehen werden, die notwendigen Auslagen des Angeschuldigten der Staatskasse aufzuerlegen, wenn er wegen einer Straftat nur deshalb nicht verurteilt wird, weil ein Verfahrenshindernis besteht und die Belastung der Staatskasse mit seinen Auslagen aufgrund besonderer Umstände unbillig erscheint.[37]

1. Endgültiges Verfahrenshindernis. Voraussetzung ist das Vorliegen eines endgültigen Verfahrenshindernisses, welches zur Einstellung nach §§ 206a, 260 Abs. 3 führt. Nicht anwendbar ist Nr. 2 bei einer Einstellung nach § 206b, da die Einstellung materiell einem Freispruch gleichzusetzen ist.[38]

---

[29] Pro Analogie: OLG München v. 4. 10. 1983 – 2 Ws 1142/83 K, NStZ 1984, 185 f. mwN mAnm *Schiroka*; OLG Düsseldorf v. 17. 2. 1992 – 1 Ws 51/92, NStZ 1992, 557 mwN; OLG Hamburg v. 27. 6. 1996 – 1 Ws 155/96, NStZ-RR 1997, 31; Contra Analogie: Löwe/Rosenberg/*Hilger* Rn. 37 und 47; *Meyer-Goßner* Rn. 11; *Pfeiffer* Rn. 7; offen gelassen: OLG Frankfurt v. 21. 2. 2007 – 2 Ws 10/07, NStZ-RR 2007, 158 f.
[30] OLG Düsseldorf v. 4. 3. 1983 – 1 Ws 157/83, StV 1984, 108 f.
[31] OLG Frankfurt v. 5. 10. 1971 – 3 Ws 316/71, NJW 1972, 784.
[32] OLG Koblenz v. 22. 10. 1981 – 2 Ws 603/81, MDR 1982, 252; *Meyer-Goßner* Rn. 13; Löwe/Rosenberg/*Hilger* Rn. 41 und 47; *Pfeiffer* Rn. 9; aA OLG München v. 4. 10. 1984 – 2 Ws 1142/83 K, NStZ 1984, 185 f. mwN; siehe auch OLG Stuttgart v. 2. 12. 1986 – 1 Ws 314/86, OLGSt StPO § 467 Nr. 5.
[33] OLG Braunschweig v. 28. 8. 1972 – Ws 97/72, NJW 1973, 158 f.
[34] OLG Saarbrücken v. 18. 9. 1974 – Ws 225/74, NJW 1975, 791 f.: Verschweigen der erfolgten Informierung des „Opfers" über wirtschaftliche Verhältnisse des Täters bei Vorwurf der betrügerischen Darlehenserschleichung; OLG Frankfurt aM v. 26. 9. 1977 – 4 Ws 118/77, NJW 1978, 1017 (1018): Nachtrunk.
[35] KMR/*Stöckel* Rn. 21.
[36] Auch Nichtangehörige/Freunde: OLG Hamm v. 4. 2. 1977 – 3 Ws 375/76, MDR 1977, 1042; OLG Düsseldorf v. 19. 8. 1983 – 2 Ws 401/83, JurBüro 1983, 1849 f.; Ausgenommen sonstige Dritte wie Arbeitskollegen und Angestellte: KMR/*Stöckel* Rn. 22 mwN.
[37] Zu Historie und Gesetzgebungsverfahren siehe BVerfG v. 14. 9. 1992 – 2 BvR 1941/89, NStZ 1993, 195 (196).
[38] LG Koblenz v. 24. 9. 2007 – 1 Qs 219/07, NStZ-RR 2008, 128 mwN; Löwe/Rosenberg/*Hilger* Rn. 62.

14 **2. Nur deshalb nicht verurteilt.** Die fehlende Prozessvoraussetzung muss ferner alleiniges Verurteilungshindernis sein. Damit ist die Nr. 2 lediglich anwendbar, wenn es beim Hinwegdenken des Verfahrenshindernisses nach der Überzeugung des Gerichts zu einer Verurteilung gekommen wäre.[39] Im Einzelnen ist umstr., welcher Tatverdachtsgrad für die Vorgabe („nur deshalb nicht verurteilt") ausreicht.[40] Die hRspr. lässt einen hinreichenden Tatverdacht ausreichen,[41] richtigerweise wird man jedoch Schuldspruchreife beim Hinwegdenken des Verfahrenshindernisses verlangen müssen. Bei Zweifel an der Schuld des Angeklagten bleibt es bei der Regelung des Abs. 1.[42] Zweifel an der Schuld und somit an der Anwendbarkeit der Nr. 2 rechtfertigen keine „überschießenden" Ermittlungen oder gar ein selbständiges Nachverfahren zum theoretischen Verfahrensausgang.[43] Tritt das Verfahrenshindernis erst nach Einlegung eines Rechtsmittels gegen eine Verurteilung ein, kommt Nr. 2 nur dann zur Anwendung, wenn das Rechtsmittel unbegründet war oder der Angeklagte nach Zurückweisung der Sache erneut verurteilt worden wäre.[44] Nr. 2 kommt ferner zur Anwendung, wenn wegen eines schweren Tatvorwurfs (zB Mord) in Tateinheit mit einem leichteren Tatvorwurf (zB Totschlag) Anklage erhoben wird (überschießender Anklagevorwurf),[45] wegen des schwereren Tatvorwurfs allerdings freizusprechen ist und wegen der leichteren Tat die Verurteilung allein an einem Verfahrenshindernis (zB Verjährung) scheitert. Diese Fallkonstellation, die etwa bei der Verfolgung von NS-Gewaltverbrechen auftrat, war der Hauptgrund für die Einfügung der Nr. 2.[46] Abzugrenzen sind derartige Konstellationen von Fällen eines überschießenden Anklagevorwurfs, bei denen zB der Vorwurf der Straßenverkehrsgefährdung (§ 315c StGB) nicht nachweisbar ist (Freispruch) und die übrig bleibenden Ordnungswidrigkeiten zwischenzeitlich verjährt ist. Wenn in diesen Fällen davon ausgegangen werden kann, dass der Angeklagte einen Bußgeldbescheid akzeptiert und allein wegen des überschießenden Strafvorwurfs einen Verteidiger zugezogen hat, ist es nicht gerechtfertigt, den Angeschuldigten nach Nr. 2 mit den Auslagen zu belasten.[47] Nicht anwendbar ist Nr. 2 bei einem vorausgegangenen Strafbefehlsverfahren, da dessen summarische Natur keine ausreichende Beschreibung und Bewertung der Verdachtslage zulässt.[48]

15 **3. Ermessen.** Sind die tatbestandlichen Voraussetzungen der Nr. 2 erfüllt, ist der Anwendungsbereich der Vorschrift nur eröffnet, es liegt im **Ermessen des Gerichts**, die notwendigen Auslagen der Staatskasse nicht zu überbürden.[49] Dies kommt nur in Betracht, wenn es „unbillig" erscheint, dass die Staatskasse dem Angeschuldigten seine Auslagen erstattet. Umstände, die in der voraussichtlichen Verurteilung und der ihr zugrunde liegenden Tat gefunden werden, haben bei der Ermessensausübung außer Betracht zu bleiben. Grundlage des Unbilligkeitsurteils darf nur ein vorwerfbares prozessuales Fehlverhalten des Angeschuldigten sein, zB wenn allein durch sein Verhalten das Verfahrenshindernis nicht frühzeitig erkannt wurde oder wenn es dem Angeklagten gelungen ist, durch eigenes Bemühen im Laufe des Verfahrens ein Verfahrenshindernis zu schaffen.[50]

16 **4. Abgrenzungen.** Nr. 2 ist nicht anwendbar, wenn das Verfahrenshindernis, weswegen die Verfahrenseinstellung erfolgte, nicht in den Verantwortungsbereich des Angeschuldigten, sondern allein in den Verantwortungsbereich der zuständigen Justizbehörden fällt (zB Verfahrenseinstellung nach § 206a Abs. 1 wegen rechtsstaatswidriger Verfahrensverzögerung).[51] An der Vorwerfbarkeit

---

[39] Löwe/Rosenberg/*Hilger* Rn. 53.
[40] Überblick zum Streitstand: OLG Celle v. 5. 6. 2007 – 1 Ws 191 – 193/07, BeckRS 2007, 10172.
[41] BGH v. 5. 11. 1999 – StB 1/99, NStZ 2000, 330 (331f.) mAnm *Hilger*; OLG Frankfurt aM v. 17. 4. 2002 – 2 Ws 16/02, NStZ-RR 2002, 246; OLG Karlsruhe v. 3. 2. 2003 – 3 Ws 248/02, NStZ-RR 2003, 286 (287); OLG Jena v. 11. 1. 2007 – 1 Ws 195/05, NStZ-RR 2007, 254; OLG Saarbrücken v. 18. 1. 2007 – 1 Ws 263/06, StV 2007, 178ff.; OLG Hamm v. 4. 2. 2010 – 2 Ws 60/10, NStZ-RR 2010, 224; LG Dresden v. 23. 1. 2006 – 3 Qs 52/05, BeckRS 2007, 05164; KMR/*Stöckel* Rn. 25.
[42] OLG München v. 1. 8. 1988 – 2 Ws 237/88 K, NStZ 1989, 134 (135) mAnm *Kühl*; OLG Düsseldorf v. 5. 2. 1997 – 2 Ws 25/97, NStZ-RR 1997, 288; OLG Celle v. 28. 5. 2002 – 1 Ws 132/02, NJW 2992, 3720 (3721); *Pfeiffer* Rn. 11; Löwe/Rosenberg/*Hilger* Rn. 53.
[43] BVerfG v. 1. 10. 1990 – 2 BvR 340/89, NJW 1991, 829; OLG Hamburg v. 25. 11. 1968 – 2 Ss 160/68, NJW 1969, 945 (946).
[44] Vgl. BayObLG v. 29. 9. 1969 – RReg 3b St 88/69, NJW 1970, 875.
[45] Zur Begrifflichkeit OLG München v. 13. 7. 1981 – 1 Ws 167/80, NStZ 1981, 484.
[46] BVerfG v. 14. 9. 1992 – 2 BvR 1941/89, NStZ 1993, 195 (196); Löwe/Rosenberg/*Hilger* Rn. 50, 55 u. 59 mwN.
[47] OLG Celle v. 31. 10. 1974 – 2 Ws 203/74, MDR 1975, 165f.
[48] OLG Zweibrücken v. 21. 9. 1988 – 1 Ws 402/88, NStZ 1989, 134; OLG Stuttgart v. 7. 8. 2002 – 2 Ws 166/02, NStZ-RR 2003, 60 (61) mwN.
[49] KG v. 14. 11. 2007 – 1 Ws 235/07, BeckRS 2008, 00761.
[50] BGH v. 2. 10. 2008 – 1 StR 388/08. NStR-RR 2009, 21: Nach Tod des Angeklagten in der Revisionsinstanz keine Erstattung, wenn Rechtsmittel keine Erfolgschancen hat; OLG Köln v. 30. 10. 1990 – 2 Ws 528/90, NJW 1991, 506 (507f.) mwN.
[51] OLG Zweibrücken v. 21. 9. 1988 – 1 Ws 402/88, NStZ 1989, 134; OLG Saarbrücken v. 18. 1. 2007 – 1 Ws 263/06, StV 2007, 178ff. mwN; siehe auch OLG Frankfurt aM v. 17. 4. 2002 – 2 Ws 16/02, NStZ-RR 2002, 246 (247).

fehlt es auch, wenn wegen Verhandlungsunfähigkeit des Angeklagten das Verfahren eingestellt wird.[52] Als Leitlinie kann angesehen werden, ob das Verfahrenshindernis vor oder nach Klageerhebung eingetreten ist:[53] Tritt es vor Klageerhebung ein, hat idR die Staatskasse die Auslagen zu übernehmen,[54] außer der Eintritt kann erst nach langwieriger Aufklärung der Tat festgestellt werden.[55] Tritt das Verfahrenshindernis nach Klageerhebung auf, kommt eine Freistellung der Staatskasse von den Auslagen des Angeklagten in Betracht, wenn dem Angeklagten diesbezügliches Fehlverhalten vorgeworfen werden kann. Sachgerecht wird es in diesen Fällen vielfach sein, dass der Angeklagte seine Auslagen selbst trägt, die bis zum Eintritt des Verfahrenshindernisses angefallen sind, die Staatskasse dagegen die Auslagen übernimmt, die ab Eintritt des Verfahrenshindernisses bis zur Einstellung anfallen.[56]

5. Begründung. Die Ermessensentscheidung, den Angeschuldigten trotz Nichtverurteilung wegen eines Prozesshindernisses die Auslagen zu überbürden, bedarf wegen ihres Ausnahmecharakters einer Begründung (§ 34). Aus der Begründung muss deutlich hervorgehen, dass es sich nicht um eine gerichtliche Schuldfeststellung oder -zuweisung handelt, sondern nur um die Beschreibung und Bewertung einer Verdachtslage; dieser Unterschied muss in der Formulierung der Gründe hinreichend Ausdruck finden. Eine bloße Bezugnahme auf die Nr. 2 reicht als Begründung keinesfalls aus.[57] In der Praxis – wo Nr. 2 nach der überwiegenden Rspr. auch vor Schuldspruchreife angewendet wird – sind Abgrenzungsprobleme und angreifbare Formulierungen vorprogrammiert, wenn bei Ausübung des Ermessens ein Abstellen auf die Stärke des Tatverdachts zulässig, aber eine Schuldzuschreibung in der Begründung unzulässig ist.[58] Fehlt es an einer Begründung, kann diese anlässlich einer sofortigen Beschwerde (§ 464 Abs. 3) nicht – etwa im Vorlageschreiben an das Beschwerdegericht – nachgeschoben werden, sondern die Anfechtung führt zur Aufhebung und Zurückverweisung der Sache an die Vorinstanz.

VIII. Ermessenseinstellungen (Abs. 4)

Diese Vorschrift gilt nur bei endgültigen Ermessenseinstellungen, insbesondere §§ 153 Abs. 2, 153 b Abs. 2, 154 b Abs. 4. Aber auch hier gilt zunächst der Grundsatz des Abs. 1, von dem ausnahmsweise zugunsten der Staatskasse hinsichtlich der notwendigen Auslagen des Angeschuldigten abgewichen werden „kann" (Abs. 4). Bei der Entscheidung im Rahmen des Abs. 4 berücksichtigt die hRspr. die Stärke des Tatverdachts.[59] Allerdings darf in der Begründung nur auf den Tatverdacht abgestellt werden. Formulierungen, die dem Angeschuldigten eine strafrechtliche Schuld zuweisen, ohne dass diese prozessordnungsgemäß festgestellt worden wäre, sind wegen der Verletzung der Unschuldsvermutung unzulässig.[60] Bei der Entscheidung nach Abs. 4 kommen ferner tatverdachtsunabhängige Kriterien in Betracht. Einerseits ist zB die Auslagenübernahmeerklärung des Angeschuldigten oder das Auslagen verursachende sachwidrige bzw. missbräuchliche Prozessverhalten[61] des Angeschuldigten zu berücksichtigen. Andererseits sind aber auch Verfahrensverzögerungen und Prozessfehler der Strafverfolgungsbehörden zu beachten.[62] Es besteht die Möglichkeit der Aufteilung der notwendigen Auslagen des Angeschuldigten nach Instanzen.[63] Über die konkrete Höhe wird im Verfahren nach § 464 b entschieden.

IX. Endgültige Einstellungen nach § 153 a (Abs. 5)

Es handelt sich um eine **zwingende** Vorschrift, wonach der Angeschuldigte bei endgültiger Verfahrenseinstellung nach § 153 a keinen Auslagenerstattungsanspruch hat. In den Anwendungsbereich von Abs. 5 fällt auch die Einstellung nach § 37 BtMG. Die Kostengrundentscheidung nach Abs. 5 braucht mangels Anfechtbarkeit nicht begründet zu werden (§ 34). Dem Angeschuldigten

---

[52] OLG Köln v. 30. 10. 1990 – 2 Ws 528/90, NJW 1991, 506 (508).
[53] BGH v. 1. 3. 1995 – 2 StR 331/94, NJW 1995, 1297 (1301).
[54] OLG Karlsruhe v. 16. 1. 1981 – 3 Ws 298/80, NStZ 1981, 228 mwN; OLG München v. 26. 2. 1987 – 2 Ws 176/87, StV 1988, 71; KG v. 5. 3. 1991 – 4 Ws 41/91, StV 1991, 479.
[55] BGH v. 1. 3. 1995 – 2 StR 331/94, NJW 1995, 1297 (1301).
[56] OLG Celle v. 18. 7. 1963 – 1 Ss 91/63, NJW 1963, 2285 f.; siehe auch *Meyer-Goßner* Rn. 18; KMR/*Stöckel* Rn. 10.
[57] KG v. 14. 11. 2007 – 1 Ws 235/07, BeckRS 2008, 00761.
[58] So zutreffend *Hilger* Anm zu BGH v. 5. 11. 1999 – StB 1/99, NStZ 2000, 330 (332).
[59] EGMR v. 25. 8. 1987 – Nr. 9/1986/107/155, NJW 1988, 3257; BVerfG v. 29. 5. 1990 – 2 BvR 254/88, 2 BvR 1343/88, NJW 1990, 2741; BGH v. 5. 11. 1999 – StB 1/99, NStZ 2000, 330 (331 f.) mAnm *Hilger*; OLG Frankfurt v. 23. 4. 1980 – 2 Ws 90/80, NStZ 1981, 114 mAnm *Kühl*.
[60] BVerfG v. 29. 5. 1990 – 2 BvR 254/88, 2 BvR 1343/88, NJW 1990, 2741 (2742); siehe auch Rn. 17.
[61] *Haberstroh* NStZ 1984, 289 (294) mwN; KMR/*Stöckel* Rn. 30.
[62] OLG Hamm v. 23. 6. 1975 – 4 Ss OWi 386/75, MDR 1976, 424; LG Passau v. 25. 11. 1985 – 1 Qs 137/85, JurBüro 1986, 575 f.
[63] BGH v. 24. 9. 1990 – 4 StR 384/90, NStZ 1991, 47 (48); OLG Hamm v. 12. 5. 1970 – 1 Ws 137/70, NJW 1970, 2128; OLG Hamburg v. 18. 12. 1970 – 2 Ws 551/70 BSch, NJW 1971, 292.

bleiben nur die Entschädigungsmöglichkeiten nach StrEG. Für den Nebenkläger gilt § 472 Abs. 2 S. 2.

X. § 109a OWiG

20   Ergänzt und modifiziert wird § 467 Abs. 3 S. 2 Nr. 1 durch § 109a Abs. 2 OWiG. Nach dieser Vorschrift können die Gerichte und Behörenden von der Erstattung von Auslagen aus der Staatskasse absehen, die durch rechtzeitiges Vorbringen entlastender Umstände hätten vermieden werden können.[64] Allerdings bleibt es auch in Ansehung des § 109a Abs. 2 OWiG bei dem Grundsatz, dass bei einen „vorschnell" erlassenen Bußgeldbescheid der Betroffene – auch wenn er erstmals nach dem Einspruch seine Einwendungen vorbringt – nicht die notwendigen Auslagen selbst zu tragen hat: Der Verwaltungsbehörde obliegt die Sachverhaltsaufklärung; werden keine Ermittlungen vorgenommen, dann ist die Verwaltungsbehörde selbst – und nicht das (Aussage-)Verhalten des Betroffenen – für den unbegründeten Erlass des Bußgeldbescheides mit den sich daraus ergebenden und zu vermeidenden Auslagen des Betroffenen verantwortlich.[65]

§ 467a [Kosten der Staatskasse bei Klagerücknahme und Einstellung]

(1) [1]Nimmt die Staatsanwaltschaft die öffentliche Klage zurück und stellt sie das Verfahren ein, so hat das Gericht, bei dem die öffentliche Klage erhoben war, auf Antrag der Staatsanwaltschaft oder des Angeschuldigten die diesem erwachsenen notwendigen Auslagen der Staatskasse aufzuerlegen. [2]§ 467 Abs. 2 bis 5 gilt sinngemäß.

(2) Die einem Nebenbeteiligten (§ 431 Abs. 1 Satz 1, §§ 442, 444 Abs. 1 Satz 1) erwachsenen notwendigen Auslagen kann das Gericht in den Fällen des Absatzes 1 Satz 1 auf Antrag der Staatsanwaltschaft oder des Nebenbeteiligten der Staatskasse oder einem anderen Beteiligten auferlegen.

(3) Die Entscheidung nach den Absätzen 1 und 2 ist unanfechtbar.

I. Allgemeines

1   Eröffnet das Gericht das Haupt- oder Sicherungsverfahren nicht (§§ 204, 414 Abs. 2) oder lehnt es den Erlass eines Strafbefehls ab (§ 408 Abs. 2), trägt die Staatskasse die Verfahrenskosten und die notwendigen Auslagen des Angeschuldigten nach § 467 Abs. 1. Für Fälle, die gerichtlichen Nichteröffnungsentscheidungen ähnlich sind (§ 467 Abs. 1), konkret für endgültige **Verfahrenseinstellungen nach Klagerücknahme der StA**, erweitert § 467a die Erstattungspflicht der Staatskasse für notwendige Auslagen des Angeschuldigten (und Nebenbeteiligten). Auch hier ist die Erstattungspflicht der Staatskasse unabhängig davon, ob ggf. der Angeschuldigte wegen § 469 auch einen Erstattungsanspruch gegen den Anzeigenden hat; in diesem Fall haften Staatskasse und Anzeigender dem Angeschuldigten als Gesamtschuldner. **Eine entsprechende Anwendung von § 467a auf Einstellungen vor Klageerhebung** (§ 170 Abs. 2, §§ 153 ff.) wird von der hM abgelehnt.[1] In diesen Fällen kann lediglich nach StrEG (§§ 9, 2) Entschädigung erlangt werden. Angesichts der oft entscheidenden Bedeutung einer effektiven Verteidigung im Ermittlungsverfahren, ist die Versagung einer Auslagenerstattung für den Beschuldigten ein missliches Sonderopfer.[2] Eine Abschaffung dieses Missstandes ist allerdings wegen der finanziellen Auswirkung für die Staatskasse nicht zu erwarten. Auf Rücknahmen sonstiger Anträge der StA (zB § 56f StGB) wird § 467a ebenfalls nicht angewandt.[3]

II. Notwendige Auslagen des Angeschuldigten (Abs. 1)

2   Voraussetzungen des Abs. 1 sind Klagerücknahme und endgültige Einstellung des Ermittlungsverfahrens. Liegen diese Voraussetzungen vor, sind dem Angeschuldigten grds. zwingend seine notwendigen Auslagen zu erstatten (Ausnahme: S. 2).

3   **1. Klagerücknahme.** Die Rücknahme der Klage kann bis Eintritt der Rechtshängigkeit erfolgen (§ 156). Der Rücknahme der Klage steht die Rücknahme des Antrags auf Entscheidung im beschleunigten Verfahren (§ 417) bzw. die Ablehnung eines solchen Antrags gleich.[4] Im Strafbefehlsverfahren kann die Klage bis zur Verkündung des Urteils im ersten Rechtszug zurückge-

---
[64] Zur Versagung der Auslageerstattung gem. § 109a Abs. 2 OWiG siehe *Sandherr* NZV 2009, 327 ff.
[65] AG Hagen v. 20. 5. 2009 – 97 OWi 9/09, BeckRS 2009, 15606.
[1] BVerfG v. 11. 6. 2004 – 2 BvR 473/04, NJOZ 2005, 2553 f. mwN.
[2] Richtig gesehen von AG Heidelberg v. 14. 10. 1992 – 16 OWi 489/92, NZV 1993, 85 mAnm *Schmehl.*
[3] OLG Celle v. 12. 11. 1987 – 1 Ws 340/87, NStZ 1988, 196.
[4] BayObLG 18. 12. 1997 – 5 St RR 147/96, BayObLGSt 1997, 172 = NStZ 1999, 213 mAnm *Schröer.*

nommen werden (§ 411 Abs. 3 S. 1; §§ 400, 406 AO); bei § 408 Abs. 3 S. 2 ist die Rücknahme nur bis Anberaumung der Hauptverhandlung möglich. In den Fällen der §§ 153 c Abs. 4, 153 d Abs. 2, 153 f Abs. 3 ist Klagerücknahme in jeder Lage des Verfahrens möglich.[5]

2. Endgültige Verfahrenseinstellung. Zusätzlich zur Klagerücknahme muss das Ermittlungsverfahren auch endgültig eingestellt werden (§§ 170 Abs. 2, 153 Abs. 1, 153 b Abs. 1, 153 c Abs. 4, 153 d Abs. 2, 153 f Abs. 3, 154 Abs. 1, 154 b). Nicht erfüllt ist diese Voraussetzung bei nur vorläufiger Einstellung (§§ 205/104 RiStBV, § 153 a Abs. 1, 154 d S. 2, 154 a Abs. 1). Nimmt die StA die Klage bei dem unzuständigen Gericht lediglich zurück, um sie vor dem zuständigen Gericht zu erheben, sind die Voraussetzungen des Abs. 1 mangels endgültiger Verfahrenseinstellung ebenfalls nicht erfüllt.[6] Ferner ist die Voraussetzung der endgültigen Einstellung nicht erfüllt, wenn die StA nach Klagerücknahme keine Entscheidung trifft, sondern das Ermittlungsverfahren „ruht";[7] hiergegen ist Abhilfe nur über eine Aufsichtsbeschwerde möglich.[8]

3. Ausnahmen (Abs. 1 S. 2). Liegen die Voraussetzungen nach § 467 Abs. 2 bis Abs. 5 (entsprechend) vor, kann (§ 467 Abs. 3 S. 2, Abs. 4) bzw. muss (§ 467 Abs. 2, Abs. 3 S. 1, Abs. 5) das Gericht zum Nachteil des Angeschuldigten von dem Grundsatz der Erstattung der notwendigen Auslagen absehen; ggf. sind die notwendigen Auslagen des Angeschuldigten zwischen dem Angeschuldigten und der Staatskasse aufzuteilen.

4. Verfahren. Die Auslagenerstattung erfolgt nur auf Antrag, der allerdings weder form- noch fristgebunden ist. Antragsteller können der Angeschuldigte, sein Verteidiger, die gesetzlichen Vertreter und Erziehungsberechtigten[9] oder die StA sein. Zuständig ist das Gericht, vor dem Klage (bzw. Antrag §§ 407 Abs. 1, 417, § 400 AO) erhoben worden war, auch wenn es für diese unzuständig gewesen sein sollte.[10] Bevor das Gericht über den Antrag entscheidet, muss es der StA rechtliches Gehör gewähren (§ 33 Abs. 2), dem Angeschuldigten und anderen Beteiligten nur im Falle einer für sie nachteiligen Entscheidung (§ 33 Abs. 3). Das Gericht ist bei der Entscheidung an die Einstellungsentscheidung[11] als solche gebunden. Feststellungen im Wege des Freibeweises sind ggf. vom Gericht hinsichtlich der Anwendbarkeit von S. 2 iVm. § 467 Abs. 2 bis Abs. 5 zu treffen.[12] Das Gericht entscheidet über die Auslagenerstattung nur dem Grunde nach. Hinsichtlich der Höhe siehe § 464 b. Umstr. ist, ob das Gericht mit der Entscheidung zuwarten muss, wenn die Einstellung nach §§ 172 ff. angegriffen wird (§ 9 Abs. 3 StrEG analog);[13] jedenfalls sprechen praktische Gründe dafür, die Frist des § 172 Abs. 2 S. 1 abzuwarten. Denn führen wieder aufgenommene Ermittlungen zu einer neuen Anklage wegen derselben Taten, entfällt für einen Beschluss nach § 467 a die Grundlage. Ein bereits ergangener Beschluss wäre aufzuheben (ggf. nach § 14 StrEG analog).[14] Gegen die Entscheidung nach Abs. 1 gibt es kein Rechtsmittel (Abs. 3).

III. Notwendige Auslagen des Nebenbeteiligten (Abs. 2)

Wie sich Abs. 1 spiegelbildlich zu § 467 Abs. 1 verhält, verhält sich Abs. 2 spiegelbildlich zu § 472 b. Abs. 2 ist anwendbar, wenn nach Klagerücknahme und Einstellung des Verfahrens die Einziehung oder die Festsetzung einer Geldbuße unterbleibt. Eine analoge Anwendung von Abs. 2 im Privatklageverfahren scheidet aus.[15] Zu den Nebenbeteiligten zählen Verfalls-/Einziehungsbeteiligte (§§ 431 Abs. 1 S. 1, Abs. 3, 442) und juristische Personen/Personenvereinigungen (§ 444 Abs. 1 S. 1). Keine Voraussetzung im Rahmen des Abs. 2 ist es, dass die Beteiligung vom Gericht bis zur Rücknahme der Klage förmlich angeordnet wurde. Entscheidend ist allein, ob diese Personen im Ermittlungsverfahren tatsächlich herangezogen wurden. Liegen die Voraussetzungen des Abs. 2 iVm. Abs. 5 S. 1 vor und beantragt ein Nebenbeteiligter oder die StA eine Überbürdung der notwendigen Auslagen des Nebenbeteiligten auf die Staatskasse und/oder auf einen anderen Beteiligten, liegt es im **Ermessen des Gerichts**, ob es diesem Antrag entspricht.[16] Ein anderer Beteiligter wäre zB der Beschuldigte, der Privat-/Nebenkläger, ein anderer Nebenbeteiligter, der An-

---

[5] KMR/*Stöckel* Rn. 8.
[6] LG Nürnberg-Fürth v. 4. 2. 1971 – 7 Qs 40/71, NJW 1971, 1281 f. mAnm *H. Schmidt*.
[7] Löwe/Rosenberg/*Hilger* Rn. 11; *Meyer-Goßner* Rn. 4.
[8] KMR/*Stöckel* Rn. 11.
[9] Löwe/Rosenberg/*Hilger* Rn. 15; *Meyer-Goßner* Rn. 11; aA KMR/*Stöckel* Rn. 13 (nur bei § 67 Abs. 1 JGG).
[10] Löwe/Rosenberg/*Hilger* Rn. 16.
[11] Nr. 89 Abs. 2 RiStBV.
[12] BGH v. 9. 12. 1988 – 2 StR 164/88, StV 1989, 239 f.
[13] Pro § 9 Abs. 3 StrEG analog: *Meyer-Goßner* Rn. 14; Löwe/Rosenberg/*Hilger* Rn. 13; Contra § 9 Abs. 3 StrEG analog: KMR/*Stöckel* Rn. 16 u. 19; SK-*Degener* Rn. 7 f.; KK-StPO/*Gieg* Rn. 2.
[14] Löwe/Rosenberg/*Hilger* Rn. 20; *Meyer-Goßner* Rn. 14; KMR/*Stöckel* Rn. 19: Aufzuheben nach allg. Grundsätzen, aber zweifelnd bzgl. § 14 StrEG analog.
[15] KMR/*Stöckel* Rn. 21.
[16] Zum Verfahren vgl. Rn. 6.

§§ 468, 469

zeigeerstatter (§ 469) oder der Antragssteller (§ 470), wenn deren Verhalten für das Entstehen der Auslagen ursächlich gewesen ist.[17] In Betracht kommt auch eine Aufteilung der notwendigen Auslagen des Nebenbeteiligten. Gegen die Entscheidung nach Abs. 2 gibt es kein Rechtsmittel (Abs. 3).

IV. Bußgeld-, Auslieferungs- und Privatklageverfahren

8 § 467a gilt auch bei im Bußgeldverfahren nach Rücknahme des Bußgeldbescheids seitens der Verwaltungsbehörde oder (nach Einspruch) seitens der StA.[18] Angewandt wird die Vorschrift ferner bei entsprechenden Konstellationen im Auslieferungsverfahren.[19] Nicht anwendbar ist die Vorschrift im Privatklageverfahren, da es an einer öffentlichen Klage fehlt; hier gilt § 471.[20]

§ 468 [Straffreierklärung]

Bei wechselseitigen Beleidigungen wird die Verurteilung eines oder beider Teile in die Kosten dadurch nicht ausgeschlossen, daß einer oder beide für straffrei erklärt werden.

1 Da bei einer Straffreierklärung im Falle der §§ 199, 233 StGB keine Gerichtsgebühr entsteht, regelt die Vorschrift allein die **Verteilung der Auslagen des Gerichts** (nicht die notwendigen Auslagen der Beteiligten) abweichend von § 465 Abs. 1 S. 2 dahingehend, dass das Gericht nach Ermessen diese Auslagen verteilen oder von einer Überbürdung zulasten der Staatskasse oder des Privatklägers (§ 468 gilt auch im Privatklageverfahren)[1] ganz absehen kann.[2] Im Privatklageverfahren ist daneben § 471 Abs. 3 Nr. 1 einschlägig.[3] Werden einem Zeugen unzulässigerweise nach § 468 Kosten aufgebürdet, kann er dagegen sofortige Beschwerde (§ 464 Abs. 3) erheben.[4]

§ 469 [Kostenpflicht des Anzeigenden]

(1) ¹Ist ein, wenn auch nur außergerichtliches Verfahren durch eine vorsätzlich oder leichtfertig erstattete unwahre Anzeige veranlaßt worden, so hat das Gericht dem Anzeigenden, nachdem er gehört worden ist, die Kosten des Verfahrens und die dem Beschuldigten erwachsenen notwendigen Auslagen aufzuerlegen. ²Die einem Nebenbeteiligten (§ 431 Abs. 1 Satz 1, §§ 442, 444 Abs. 1 Satz 1) erwachsenen notwendigen Auslagen kann das Gericht dem Anzeigenden auferlegen.

(2) War noch kein Gericht mit der Sache befaßt, so ergeht die Entscheidung auf Antrag der Staatsanwaltschaft durch das Gericht, das für die Eröffnung des Hauptverfahrens zuständig gewesen wäre.

(3) Die Entscheidung nach den Absätzen 1 und 2 ist unanfechtbar.

I. Unwahre Anzeige (Abs. 1 S. 1)

1 Zu den Voraussetzungen der Kostenpflicht nach dieser Vorschrift zählt die Erstattung einer unwahren Anzeige (Abs. 1 S. 1), worunter auch die Selbstbezichtigung fällt, deren Kostenfolge allerdings bei Klageerhebung in § 467 Abs. 3 S. 1 geregelt ist. Anzeigerstatter ist auch der Rechtsanwalt, der für seinen Mandanten eine Anzeige erstattet.[1*] Für Amtsträger, die zur Anzeigeerstattung verpflichtet sind, gilt § 469 nur im Falle einer strafrechtlich (§ 344 StGB) oder disziplinarrechtlich zu ahndenden Pflichtwidrigkeit.[2*] Der Privatkläger ist dagegen kein Anzeigerstatter iSv. Abs. 1.[3*] Die Anzeige braucht keine förmliche iSv. § 158 zu sein. Es gelten vielmehr die gleichen Grundsätze, wie sie die Rspr. zu § 164 StGB (falsche Verdächtigung) entwickelt hat. Wenn sich

---

[17] KK-StPO/*Gieg* Rn. 3.
[18] LG Kassel v. 22. 8. 1985 – 6 Qs OWi 153/85, 6 Qs OWi 154/85, NStZ 1986, 177; siehe auch AG Oranienburg v. 30. 8. 1999 – 13 AR OWi 21/98, NZV 2001, 493; AG Hagen v. 20. 5. 2009 – 97 OWi 9/09, BeckRS 2009, 15606.
[19] BGH v. 9. 6. 1981 – 4 ARs 4/81, BGHSt 30, 153 = NStZ 1981, 441 mAnm *Schätzler*; BGH v. 17. 1. 1984 – 4 ARs 19/83, BGHSt 21, 221 = NStZ 1985, 222 mAnm *Schomburg*; siehe aber auch OLG Köln v. 17. 8. 1999 – Ausl 164/99 – 13, NStZ-RR 2000, 29.
[20] KMR/*Stöckel* Rn. 5; *Meyer-Goßner* Rn. 7; KK-StPO/*Gieg* Rn. 1; aA entsprechend § 467a Abs. 2: Löwe/Rosenberg/*Hilger* Rn. 30.
[1] Löwe/Rosenberg/*Hilger* Rn. 5; SK-*Degener* Rn. 5.
[2] OLG Hamm v. 27. 2. 1959 – 3 Ss 1620/58, NJW 1959, 1289.
[3] KK-StPO/*Gieg* Rn. 2; *Pfeiffer* Rn. 2.
[4] *Meyer-Goßner* Rn. 3 mwN.
[1*] *Pfeiffer* Rn. 1; *Meyer-Goßner* Rn. 1.
[2*] KK-StPO/*Gieg* Rn. 2; *Meyer-Goßner* Rn. 1; Löwe/Rosenberg/*Hilger* Rn. 9 f.; KMR/*Stöckel* Rn. 9.
[3*] KK-StPO/*Gieg* Rn. 2.

Zweiter Abschnitt. Kosten des Verfahrens **§ 470**

der Inhalt der Anzeige und die Anklage im Wesentlichen decken und ein Freispruch mangels Beweises erfolgt, steht die Unwahrheit der vom Anzeiger aufgestellten und in die Anklage übernommenen Behauptung nicht fest, so dass eine Kostentragungspflicht des Anzeigenden ausscheidet.[4] Abs. 1 ist nur anwendbar, wenn das Verfahren durch die erstattete unwahre Anzeige – bzw. durch den unwahren Teil der Anzeige – veranlasst worden ist oder zur Fortsetzung des Verfahrens geführt hat.

II. Zuständiges Gericht (Abs. 2)

Im Klageerzwingungsverfahren ist das Oberlandesgericht nicht für die Entscheidung über einen § 469-Antrag zuständig, da es zwar Kontrollinstanz für die Staatsanwaltschaft iSv. §§ 172 ff. (Überwachung des Legalitätsgrundsatzes), aber nicht „mit der Sache befasst" iSv. Abs. 2 ist.[5]

III. Entscheidung (Abs. 3)

Im Falle des **Abs. 1** ergeht der nach Abs. 3 unanfechtbare Beschluss von Amts wegen oder auf Antrag der StA oder des Angeschuldigten oder eines Nebenbeteiligten. Das mit der Hauptsache befasste Gericht kann den Beschluss zusammen mit dem freisprechenden Urteil oder auch danach erlassen. Wegen letzterem kann das Fehlen einer Kostenentscheidung nach § 469 im Urteil auch nicht mit der sofortigen Beschwerde gem. § 464 Abs. 3 gerügt werden.[6] Im Falle des **Abs. 2** ergeht der unanfechtbare Beschluss nur auf Antrag der StA. Ob ein entsprechender Antrag zu stellen ist, hat die StA nach Nr. 92, 139 Abs. 2 RiStBV stets zu prüfen. Vor Erlass des Beschlusses ist der Anzeigende zu hören (Abs. 1 S. 1). Verwehrt sich der Anzeigende gegen den Vorwurf, eine unwahre Anzeige erstattet zu haben, kann entsprechender Sachvortrag dem Gericht Anlass geben, den Sachverhalt soweit er für die Kostenentscheidung von Relevanz ist, aufzuklären. Ein förmliches Antragsrecht iSv. § 244 steht dem Anzeigenden allerdings nicht zu.[7] Liegen die tatbestandlichen Voraussetzungen des Abs. 1 S. 1 vor, sind die notwendigen Auslagen des Beschuldigten zwingend dem Anzeigenden aufzuerlegen. Dagegen liegt es im pflichtgemäßen Ermessen des Gerichts, dem Anzeigenden die notwendigen Auslagen von Nebenbeteiligten ganz oder teilweise aufzuerlegen (Abs. 1 S. 2). § 74 JGG gilt im Fall der Anzeigeerstattung durch einen Jugendlichen nicht entsprechend.[8] Die Kostentragungspflicht des Anzeigenden erstreckt sich nur auf die durch seine unwahre Anzeige verursachten Kosten; hat der Anzeigende daher lediglich die Fortsetzung des Verfahrens verursacht, dürfen ihm nur die Kosten, die durch die Fortsetzung angefallen sind, auferlegt werden.

IV. Verhältnis zu § 467

Liegen die Voraussetzungen des § 467 vor (Staatskasse trägt die notwendigen Auslagen des Angeschuldigten), ist dieses auch dann auszusprechen, wenn die der Staatskasse und dem Beschuldigten erwachsenen Kosten und Auslagen nach § 469 dem Anzeigenden auferlegt werden können und tatsächlich auferlegt werden. Denn die nach § 467 zu treffende Entscheidung regelt das Verhältnis zwischen Angeschuldigtem und Staat und ist unabhängig von einem Beschluss nach § 469. Dies ergibt sich auch schon daraus, dass die Kostenentscheidung nach § 467 im Urteil getroffen werden muss (§ 464), während die § 469-Entscheidung durch gesonderten Beschluss ergehen kann.[9]

V. Verhältnis zu zivilrechtlichen Erstattungsansprüchen

Zivilrechtliche Schadensersatzansprüche gegen denjenigen, der eine unwahre Anzeige erstattet, bleiben von einem § 469-Beschluss unberührt.[10]

§ 470 [Kosten bei Zurücknahme des Strafantrags]

¹ Wird das Verfahren wegen Zurücknahme des Antrags, durch den es bedingt war, eingestellt, so hat der Antragssteller die Kosten sowie die dem Beschuldigten und einem Nebenbeteiligten (§ 431

---

[4] OLG Neustadt v. 9. 4. 1952 – Ws 50/52, NJW 1952, 718.
[5] OLG Frankfurt v. 3. 2. 1972 – 2 Ws 269/71, NJW 1972, 1724.
[6] BGH v. 19. 4. 1988 – 1 StR 76/88, NStE Nr. 14 zu § 464 StPO.
[7] KK-StPO/*Gieg* Rn. 3.
[8] OLG Stuttgart v. 25. 11. 1981 – 1 Ws 232/81, Justiz 1982, 60 (61).
[9] BayObLG v. 3. 10. 1957 – RReg 4 St 39/57, NJW 1958, 1933.
[10] AG Kenzingen v. 19. 3. 2002 – 1 C 108/01, AGS 2003, 133 f.; LG Freiburg v. 14. 10. 2002 – 3 S 191/02 (bestätigendes Berufungsurteil der vorzitierten Entscheidung des AG Kenzingen); siehe aber auch *Madert* AGS 2003, 134 f.; *D. Meyer* JurBüro 1992, 298 f.

§ 470 1–3   *Siebentes Buch. Strafvollstreckung und Kosten des Verfahrens*

Abs. 1 Satz 1, §§ 442, 444 Abs. 1 Satz 1) erwachsenen notwendigen Auslagen zu tragen. ²Sie können dem Angeklagten oder einem Nebenbeteiligten auferlegt werden, soweit er sich zur Übernahme bereit erklärt, der Staatskasse, soweit es unbillig wäre, die Beteiligten damit zu belasten.

I. Zurücknahme des Strafantrags (S. 1)

1   Anwendbar ist S. 1 in jedem Verfahrensabschnitt. Vor Eröffnung des Hauptverfahrens muss daher die StA ggf. zur Durchsetzung der Kostentragungspflicht des Antragsstellers nach S. 1 bei Gericht den Erlass eines Beschlusses beantragen (§ 469 Abs. 2 entspr.).[1] Voraussetzung des S. 1 ist, dass die verfahrensgegenständliche Tat nur auf Antrag gem. § 77 StGB verfolgbar ist (keine entsprechende Anwendung bei Ermächtigung und Strafverlangen gem. § 77e). Diese Voraussetzung ist nicht gegeben, wenn die StA Tateinheit mit einem Offizialdelikt angenommen oder das besondere öffentliche Interesse an der Strafverfolgung (zB in den Fällen von §§ 183 Abs. 2, 230 Abs. 1 StGB) bejaht hat. Wird allerdings später nicht mehr das Offizialdelikt weiterverfolgt bzw. das öffentliche Interesse später wieder vereint und infolge dessen das Verfahren dann nur noch wegen des Antrags weiter betrieben, kommt wiederum § 470 in Betracht, wobei sich dann die Kostentragungspflicht auf den Teil beschränkt, ab dem der Antrag allein das Verfahren „bedingt" hat.[2] Ein Fall von S. 1 liegt ebenfalls vor, wenn ein Strafantrag erst in der Revisionsinstanz zurückgenommen und eine bereits erfolgte umfassende Verurteilung des Angeklagten wegen eines Offizialdelikts in Tateinheit mit einem Antragsdelikt teilweise in Wegfall gebracht wird. Die Abänderung des Berufungsurteils auf die Revision des Angeklagten mit der Maßgabe, die (erstinstanzliche) Verurteilung wegen des tateinheitlichen Antragsdelikts infolge nachträglich eingetretenen Verfahrenshindernisses aufzuheben, ist ungeachtet der Idealkonkurrenz zwischen den bisher einheitlich abgeurteilten Taten kostenrechtlich wie eine förmliche (Teil-)Verfahrenseinstellung (§ 206a Abs. 1 StPO) iSv. S. 1 zu werten.[3] Voraussetzung ist jedoch stets, dass der wirksame Antrag später auch wirksam zurückgenommen worden ist (§ 77d StGB).

II. Kostentragungspflicht

2   Liegen die Voraussetzungen vor, sind dem Antragsteller die Kosten[4] (s. aber Nr. 3200 KVGKG) und notwendigen Auslagen (§ 464a) des Beschuldigten und des Nebenbeteiligten[5] aufzuerlegen. Wurde der zurückgenommene Antrag von einem Dienstvorgesetzten erstattet (§§ 77a, 194 Abs. 3 StGB), dann trifft die Kostentragungspflicht bei einer Landesbehörde das jeweilige Land, bei einer Bundesbehörde den Bund, je nach dem, für welche Behörde der Dienstvorgesetzte tätig geworden ist.[6] Wurde der Antrag von mehreren gestellt und wieder zurückgenommen, haften diese für die Kosten als Gesamtschuldner.[7] Unbeschadet der Entscheidung nach § 470 muss das Gericht auch eine Kostenentscheidung nach § 467 zugunsten des Angeschuldigten treffen.[8] Die Regelung des § 470 soll dem Angeschuldigten nicht das Risiko aufbürden, seine notwendigen Auslagen gegenüber dem Anzeigeerstatter direkt geltend machen zu müssen. Erstattet die Staatskasse die notwendigen Auslagen des Angeschuldigten, kann die Staatskasse beim Anzeigeerstatter Regress nehmen.[9]

III. Ausnahmen von der Kostentragungspflicht (S. 2)

3   Die Ausnahme von der Regel (Kostentragungspflicht des Antragsstellers, S. 1) ist in S. 2 normiert. Str. ist, ob S. 2 schon vor oder erst nach Eröffnung des Hauptverfahrens anwendbar ist. Die Auffassung, die den Anwendungsbereich von S. 2 auf den Verfahrensabschnitt nach Eröffnung des Hauptverfahrens beschränken will, argumentiert mit dem Wortlaut der Vorschrift („Angeklagter").[10] Allerdings ist der Wortlaut der Vorschrift nicht ganz eindeutig, da das Wort „Angeklagter" nur insoweit verwendet wird, als es um die Auferlegung der Kosten und notwendigen Auslagen auf selbigen geht. Soweit es um die Auferlegung der Kosten und notwendigen Auslagen aus Billigkeitsgründen auf die Staatskasse geht, hat der Terminus „Angeklagter" keine argumentative Kraft. Richtigerweise ist mit Blick auf die Entstehungsgeschichte des S. 2 und Sinn

---

[1] AG Schwetzingen v. 16.12.1974 – Gs 317/74, NJW 1975, 946 ff.
[2] *Meyer-Goßner* Rn. 2.
[3] OLG Nürnberg v. 30.6.2009 – 2 Ws 240/09, BeckRS 2009, 20312.
[4] Siehe aber auch Nr. 3200 KV GKG: Das Gericht kann die Gebühr bis auf € 10,00 herabsetzen oder von der Erhebung ganz absehen.
[5] § 46/a Rn. 7.
[6] Löwe/Rosenberg/*Hilger* Rn. 5.
[7] KK-StPO/*Gieg* Rn. 2.
[8] § 469 Rn. 4.
[9] LG Wiesbaden v. 22.9.2004 – 16 Qs 93/04, JurBüro 2005, 262 f.
[10] Löwe/Rosenberg/*Hilger* Rn. 8; *Meyer-Goßner* Rn. 5.

und Zweck der Regelung, die auf die Wiederherstellung des Rechtsfriedens zielt, eine Anwendung auch vor Eröffnung eines Hauptverfahrens zu bejahen.[11]

1. Kostenübernahmeerklärung. Die Kostenübernahmeerklärung kann nach der Rspr. nicht nur ausdrücklich, sondern auch „konkludent" abgegeben werden. So wurde zB eine Entschuldigung des wegen Beleidigung Angeklagten gegenüber dem Antragsteller als stillschweigende Kostenübernahmeerklärung ausgelegt.[12] Ferner kann die Kosten-/Auslagenfrage auch zwischen den Prozessbeteiligten mittels eines Vergleiches abweichend von S. 1 geregelt werden. Hierbei ist jedoch zu beachten, dass das Gericht an einen solchen Vergleich nicht gebunden ist. Allerdings ist es erlaubt, die Zurücknahme des Antrags unter die Bedingung zu stellen, dass der Antragssteller von den Kosten freigestellt wird.[13] Bei mehreren Übernahmewilligen können die Kosten und Auslagen auch aufgeteilt werden; unterbleibt eine solche Aufteilung, dann haften die Verpflichteten als Gesamtschuldner.[14]

2. Übernahme durch die Staatskasse. Die Staatskasse kommt nur ausnahmsweise als Auslagen- und Kostenträger in Betracht. Wurde allerdings die Rücknahme des Strafantrags übersehen, dann sind die nach Antragsrücknahme entstandenen Kosten und Auslagen von der Staatskasse zu tragen.[15]

IV. Entscheidung

Für die Entscheidung zuständig ist das mit der Sache befasste Gericht. War noch kein Gericht mit der Sache befasst, gilt § 469 Abs. 2 entsprechend. Vor der Entscheidung ist der Antragsteller zu hören (§ 33). Die Entscheidung des Gerichts ergeht im Einstellungsurteil (§ 260 Abs. 3) oder im Beschluss (§ 206a) von Amts wegen oder auf Antrag. Die Entscheidung ist zu begründen (§ 34). Eine Anfechtung ist gem. § 464 Abs. 3 statthaft, auch wenn durch Urteil entschieden wurde.

§ 471 [Privatklagekosten]

(1) In einem Verfahren auf erhobene Privatklage hat der Verurteilte auch die dem Privatkläger erwachsenen notwendigen Auslagen zu erstatten.

(2) Wird die Klage gegen den Beschuldigten zurückgewiesen oder wird dieser freigesprochen oder wird das Verfahren eingestellt, so fallen dem Privatkläger die Kosten des Verfahrens sowie die dem Beschuldigten erwachsenen notwendigen Auslagen zur Last.

(3) Das Gericht kann die Kosten des Verfahrens und die notwendigen Auslagen der Beteiligten angemessen verteilen oder nach pflichtgemäßem Ermessen einem der Beteiligten auferlegen, wenn
1. es den Anträgen des Privatklägers nur zum Teil entsprochen hat;
2. es das Verfahren nach § 383 Abs. 2 (§ 390 Abs. 5) wegen Geringfügigkeit eingestellt hat;
3. Widerklage erhoben worden ist.

(4) ¹Mehrere Privatkläger haften als Gesamtschuldner. ²Das gleiche gilt hinsichtlich der Haftung mehrerer Beschuldigter für die dem Privatkläger erwachsenen notwendigen Auslagen.

I. Allgemeines

Die §§ 464 ff. gelten grundsätzlich auch im Privatklageverfahren (§§ 374–394), soweit die Sondervorschrift des § 471 nichts Abweichendes vorschreibt.[1] Die Sondervorschrift gilt für alle Rechtszüge.[2] Die Kosten- und Auslagenverteilung nach § 471 muss das Gericht in der Kostengrundentscheidung ausdrücklich tenorieren. Zur Sicherheitsleistung des Privatklägers siehe § 379. Die Parteien können allerdings von § 471 abweichende Vereinbarungen in einem Vergleich treffen; allerdings ist das Gericht an diese Vereinbarungen nicht gebunden.[3]

II. Kostentragungspflicht bei Verurteilung (Abs. 1)

Im Falle der Verurteilung hat der Angeklagte die Kosten des Verfahrens zu tragen (§ 465 Abs. 1 S. 1) und die dem Privatkläger erwachsenen notwendigen Auslagen (§ 464a Abs. 2) zu erstatten,

---

[11] AG Schwetzingen v. 16. 12. 1974 – Gs 317/74, NJW 1975, 946; KK-StPO/*Gieg* Rn. 3.
[12] LG Potsdam v. 2. 3. 2006 – 21 Qs 27/06, NStZ 2006, 655.
[13] BGH v. 28. 3. 1956 – 5 StR 630/55, BGHSt 9, 149 = NJW 1956, 1162.
[14] KK-StPO/*Gieg* Rn. 3.
[15] OLG Koblenz v. 22. 12. 2004 – 2 Ss 312/04, StraFo 2005, 129.
[1] OLG Stuttgart v. 5. 12. 1973 – 3 Ws 326/73, NJW 1974, 512 (513).
[2] Löwe/Rosenberg/*Hilger* Rn. 4.
[3] Löwe/Rosenberg/*Hilger* Rn. 23.

hierzu gehören auch Aufwendungen, die vor Klageerhebung zur zweckentsprechenden Rechtsverfolgung notwendig waren, wie etwa die Kosten eines Sühneversuchs (§ 380). Zur Verurteilung bei Widerklage siehe Abs. 3 Nr. 3.

III. Kostentragungspflicht bei Nichtverurteilung (Abs. 2)

3   Im Falle der Nichtverurteilung hat der Privatkläger die Kosten des Verfahrens und die notwendigen Auslagen des Angeklagten zu tragen. Von diesem Grundsatz wird auch bei einem jugendlichen Privatkläger nicht abgewichen; keine Freistellung nach § 74 JGG.[4] Die in Abs. 2 erwähnte Verfahrenseinstellung umfasst alle Fälle endgültiger Einstellungen; § 467 Abs. 3 S. 2 Nr. 2 findet keine Anwendung.[5] Bei einer Einstellung nach § 389 ist Abs. 2 ebenfalls einschlägig.[6] Im Falle einer Einstellung des Verfahrens wegen Klagerücknahme nach § 391 Abs. 1 und Abs. 2 hat der Privatkläger ebenfalls die Kosten und notwendigen Auslagen zu tragen; dies gilt auch bei Rücknahme vor Eröffnung des Hauptverfahrens.[7] Die Kostenfolge des Abs. 2 greift auch bei Einstellung des Verfahrens wegen Tod des Privatklägers und Nichtfortsetzung des Verfahrens seitens eines Berechtigten (§ 393 Abs. 1, Abs. 3) ein.[8] Bei Teilfreispruch siehe Abs. 3 Nr. 1; bei Einstellung wegen Geringfügigkeit siehe Abs. 3 Nr. 2.

IV. Kostentragungspflicht bei teilweiser Verurteilung (Abs. 3 Nr. 1)

4   Bei einem Teilerfolg der Privatklage kann das Gericht die Kosten und notwendigen Auslagen der Beteiligten nach pflichtgemäßem Ermessen verteilen. Für die Beurteilung des Teilerfolgs der Privatklage spielen etwaige Anträge zu Art und Umfang der Bestrafung keine Rolle.[9] Maßgebend ist allein, ob der Verfahrensausgang hinter dem Eröffnungsbeschluss zurückbleibt.[10] Letzteres ist nicht schon dann der Fall, wenn der Angeklagte nicht wegen aller in Tateinheit stehenden Delikte oder bei einer natürlichen Handlungseinheit wegen aller Teilvorgänge verurteilt wird.[11] Nr. 1 ist bei einer Straffreierklärung gem. § 199 StGB neben § 468 anwendbar.[12] Die Verteilung nach Nr. 1 kann das Gericht nach Kostenmassen oder nach Bruchteilen vornehmen, es kann auch die Verteilung auf bestimmte Auslagen beschränken oder anordnen, dass die Ansprüche der Beteiligten auf Erstattung der notwendigen Auslagen gegeneinander aufgehoben werden.[13] Die Kosten der Vollstreckung werden nach dem Grundgedanken des § 466 S. 2 regelmäßig dem Verurteilten auferlegt.[14]

V. Kostenverteilung bei Verfahrenseinstellung wegen Geringfügigkeit (Abs. 3 Nr. 2)

5   Diese Vorschrift durchbricht den Grundsatz der Kostenverteilung nach dem Erfolgsprinzip. Nach Abs. 3 Nr. 2 kann das Gericht eine von diesem Grundsatz abweichende Verteilung der Kosten und Auslagen anordnen, wenn das Privatklageverfahren nach § 383 Abs. 2 eingestellt wird. Allerdings muss das Gericht den vorgenannten Grundsatz bei der Ermessensentscheidung berücksichtigen. Die Entscheidung des Gerichts, das Privatklageverfahren vor Schuldspruchreife wegen geringer Schuld einzustellen, beruht unter Berücksichtigung den sich aus der Unschuldvermutung ergebenden verfassungsrechtlichen Vorgaben nämlich auf einer doppelten Grundlage. Erstens: Bewertet wird lediglich eine unterstellte Schuld. Zweitens: Der unterstellte Schuldvorwurf ist im Vergleich mit Vergehen gleicher Art nur von geringem Gewicht. Hierzu darf sich das Gericht im Rahmen seiner Kosten- und Auslagenentscheidung nicht in Widerspruch setzen. Daher wäre es ermessensfehlerhaft, wenn das Gericht davon ausginge, der Beschuldigte sei schuldig und seine Tat bedürfe einer Sanktion zumindest in Form von Kostennachteilen. Schuld- und Sühnegesichtspunkte dürfen richtigerweise bei einer Entscheidung nach Abs. 3 Nr. 2 keine Rolle spielen. Dagegen ist es ermessensfehlerfrei, wenn das Gericht bei seiner Entscheidung berücksichtigt, inwieweit der Beschuldigte nachvollziehbaren Anlass zur Erhebung der Privatklage gegeben hat. Ein nachvollziehbarer Anlass zur Erhebung einer Privatklage besteht nach der Rspr. regelmäßig dann,

---

[4] KK-StPO/*Gieg* Rn. 3.
[5] Löwe/Rosenberg/*Hilger* Rn. 9.
[6] BayObLG v. 11. 8. 1959 – RReg. 2 St 286/59, NJW 1959, 2274; zu den kostenrechtlichen Folgen, wenn das Privatklageverfahren wegen Übernahme durch die StA nicht eingestellt wird siehe § 472 Abs. 3 S. 2.
[7] LG Hagen v. 25. 6. 1955 – 9 Qs 225/55, NJW 1955, 1646.
[8] Löwe/Rosenberg/*Hilger* Rn. 10; siehe auch BayObLG v. 8. 6. 1960 – RReg. 1 St 781/59, NJW 1960, 2065.
[9] OLG Düsseldorf v. 22. 1. 1985 – 1 Ws 1208/84, JurBüro 1985, 896 ff.
[10] Meyer-Goßner Rn. 5.
[11] So zutreffend auch *Meyer-Goßner* Rn. 5; aA KK-StPO/*Gieg* Rn. 4; KMR/*Stöckel* Rn. 13; HK-*Temming* Rn. 6; SK-*Degener* Rn. 12.
[12] KMR/*Stöckel* § 468 Rn. 4; *Meyer-Goßner* Rn. 5.
[13] KK-StPO/*Gieg* Rn. 4.
[14] *Meyer-Goßner* Rn. 4; KK-StPO/*Gieg* Rn. 4.

wenn zureichende tatsächliche Anhaltspunkte dafür vorliegen, dass der Beschuldigte sich einer im Vergleich zu Vergehen gleicher Art nicht nur geringfügigen Straftat schuldig gemacht haben könnte. Danach läge zB ein Anwendungsfall von Abs. 3 Nr. 2 vor, wenn das Gericht trotz des Verdachts eines objektiv schwerwiegenden Tatgeschehens aufgrund erst nachträglich ermittelter, im subjektiven Bereich des Beschuldigten liegender Gründe den Schuldvorwurf als gering bewertet. Liegt ein nachvollziehbarer Klageanlass vor, bedeutet dies allerdings nicht, dass allein die Auferlegung der gesamten Kosten und Auslagen des Privatklageverfahrens zulasten des Beschuldigten ermessensfehlerfrei wäre. Vielmehr muss das Gericht die Umstände des Einzelfalls abwägen. Hierbei zu berücksichtigen sind einerseits das Gewicht der objektiven Verdachtsgründe, aus denen sich der nachvollziehbare Klageanlass ergibt und andererseits ihre Entkräftung durch die bis zur Einstellung gewonnenen Verfahrensergebnisse und die der Entlastung des Beschuldigten dienenden Tatsachen. Der Entscheidung dürfen allerdings nur die keiner weiteren Aufklärung bedürftigen Umstände des Sachverhalts zugrunde gelegt werden.[15] Bei Zweifeln bleibt es bei der Regelung des Abs. 2. Eine Belastung der Staatskasse scheidet jedenfalls aus.[16]

VI. Kostenverteilung bei Widerklage (Abs. 3 Nr. 3)

Die Anwendbarkeit der Vorschrift hängt allein von der Erhebung der Widerklage, nicht von deren Ausgang ab. Folglich ist eine Verteilung der Kosten und notwendigen Auslagen der beiden Beteiligten auch dann möglich, wenn die Widerklage gegen den Privatkläger keinen Erfolg hat.

VII. Entsprechende Anwendung der Kostenverteilungsvorschriften (Abs. 3)

Eine Kostenverteilung nach Abs. 3 kommt in entsprechender Anwendung der Vorschrift bei einer Rechtsmittelbeschränkung im Privatklageverfahren in Betracht. Beschränkt der Angeklagte sein Rechtsmittel auf den Strafausspruch und erreicht er eine seinen Anträgen entsprechende niedrigere Bestrafung, so kann das Rechtsmittelgericht in entsprechender Anwendung des Abs. 3 die Kosten des Verfahrens und die notwendigen Auslagen der Beteiligten angemessen verteilen oder nach pflichtgemäßen Ermessen einem der Beteiligten auferlegen.[17]

VIII. Gesamthaftung (Abs. 4)

Die gesamtschuldnerische Haftung von mehreren Privatklägern kommt sowohl in den Fällen von Abs. 2 als auch von Abs. 3 in Betracht, wenn sie durch die Kostengrundentscheidung gemeinsam belastet werden. Umgekehrt haften mehrere Beschuldigte als Gesamtschuldner im Falle des Abs. 1, soweit sie wegen derselben Tat (§ 264) verurteilt worden sind oder im Falle des Abs. 3 das Gericht nicht nur einen einzelnen Beschuldigten mit den notwendigen Auslagen des Privatklägers belastet. Die gesamtschuldnerische Haftung entsteht kraft Gesetzes und braucht daher nicht ausdrücklich in der Kostengrundentscheidung angeordnet zu werden. Bzgl. der Auslagen der Staatskasse gilt § 466.

§ 472 [Nebenklagekosten]

(1) ¹Die dem Nebenkläger erwachsenen notwendigen Auslagen sind dem Angeklagten aufzuerlegen, wenn er wegen einer Tat verurteilt wird, die den Nebenkläger betrifft. ²Hiervon kann ganz oder teilweise abgesehen werden, soweit es unbillig wäre, den Angeklagten damit zu belasten.

(2) ¹Stellt das Gericht das Verfahren nach einer Vorschrift, die dies nach seinem Ermessen zuläßt, ein, so kann es die in Absatz 1 genannten notwendigen Auslagen ganz oder teilweise dem Angeschuldigten auferlegen, soweit dies aus besonderen Gründen der Billigkeit entspricht. ²Stellt das Gericht das Verfahren nach vorausgegangener vorläufiger Einstellung (§ 153a) endgültig ein, gilt Absatz 1 entsprechend.

(3) ¹Die Absätze 1 und 2 gelten entsprechend für die notwendigen Auslagen, die einem zum Anschluß als Nebenkläger Berechtigten in Wahrnehmung seiner Befugnisse nach § 406g erwachsen sind. ²Gleiches gilt für die notwendigen Auslagen eines Privatklägers, wenn die Staatsanwaltschaft nach § 377 Abs. 2 die Verfolgung übernommen hat.

(4) § 471 Abs. 4 Satz 2 gilt entsprechend.

---

[15] BVerfG v. 26. 3. 1987 – 2 BvR 589/79, 2 BvR 740/81, 2 BvR 284/85, NStZ 1987, 421 f.; BVerfG v. 1. 10. 1990 – 2 BvR 340/89, NStZ 1991, 93 f.; OLG Nürnberg v. 22. 1. 2009 – 1 Vs 1/09; siehe auch *Nierwetberg* NJW 1989, 1978 f.
[16] *Meyer-Goßner* Rn. 6; KK-StPO/*Gieg* Rn. 5.
[17] BGH v. 27. 7. 1962 – 1 StR 44/62, BGHSt 17, 376 = NJW 1962, 1926 f.; OLG Hamburg v. 6. 2. 1970 – 2 Ws 412/69, NJW 1970, 1467.

I. Allgemeines

1   Die Nebenklage (§§ 395 ff.; 80 Abs. 3 JGG) soll dem Verletzten die Möglichkeit eröffnen, auf das Verfahrensergebnis einzuwirken sowie Angriffe und Verantwortungszuweisungen durch den Beschuldigten abzuwehren.[1] Die umfassende Anschlussbefugnis und die weitreichenden formellen Rechte des Nebenklägers im Strafverfahren, insbesondere in der Hauptverhandlung (§ 397 Abs. 1), können eine erhebliche Kostenbelastung des verurteilten Angeklagten zur Folge haben, da ihm grds. nach Abs. 1 S. 1 auch die dem Nebenkläger erwachsenen notwendigen Auslagen aufzuerlegen sind, sofern er wegen einer Tat verurteilt wird, die den Nebenkläger betrifft. Allerdings verliert der Nebenkläger seinen Auslageerstattungsanspruch, wenn er seine Anschlusserklärung widerruft (§ 402).[2] Ob selbiges auch für den Fall gilt, wenn die Anschlusserklärung wegen Tod des Nebenklägers ihre Wirkung verliert (§ 402), ist umstritten,[3] richtigerweise aber zu bejahen, da die einheitliche Regelung der Rechtsfolge von Tod und Widerruf (Wirkungsverlust der Anschlusserklärung) einer kostenrechtlichen Andersbehandlung entgegensteht. Keine Nebenklageauslageerstattung kommt ferner bei Tod des Angeklagten vor Rechtskraft des Urteils in Betracht.[4] In keinem Fall dürfen der Staatskasse die Nebenklägerauslagen auferlegt werden. Hinsichtlich der Möglichkeiten, Nebenklagekosten auf dem Zivilrechtweg einzuklagen siehe § 464 Rn. 53.

II. Auslageentscheidung bei Verurteilung (Abs. 1 S. 1)

2   Eine Überbürdung der Auslagen des Nebenklägers auf den Angeklagten setzt voraus, dass dieser wegen einer den Nebenkläger betreffenden Tat verurteilt worden ist. Obwohl dies im Gesetzestext nicht ausdrücklich ausgesprochen wird, ist die Regelung auch dann einschlägig, wenn gegen einen freigesprochenen Angeklagten eine Maßregel nach §§ 63, 64, 69 StGB angeordnet wurde.[5]

3   **1. Betreffen.** Die Voraussetzung der Verurteilung wegen einer Tat, die den Nebenkläger „betrifft", liegt nicht nur dann vor, wenn sich die Tat, wegen welcher der Angeklagte verurteilt wurde, gegen den Nebenkläger als Verletzten richtet, sondern auch dann, wenn sich die Tat gegen ein Rechtsgut einer Person wandte, deren Verletzung dem Nebenkläger eine eigene Anschlussbefugnis verschafft.[6] Dementsprechend sind in den Fällen des § 395 Abs. 2 Nr. 1 die dem Nebenkläger erwachsenen notwendigen Auslagen vom Angeklagten auch dann zu ersetzen, wenn die Verurteilung eine strafbare Handlung ahndet, die sich gegen den Getöteten als Träger eines strafrechtlich geschützten Rechtsguts richtete, auch wenn wegen dieser Straftat die Nebenklage nicht hätte erhoben werden können. Folglich hat der Verurteilte die notwendigen Auslagen der auf Grund des § 395 Abs. 2 Nr. 1 zur Nebenklage zugelassenen Personen auch dann zu erstatten, wenn er zB nicht wegen vorsätzlicher Körperverletzung mit Todesfolge, sondern allein wegen Körperverletzung verurteilt wird.[7] Der Nebenkläger ist von der Tat nicht nur dann „betroffen", wenn der Angeklagte wegen einer nebenklagefähigen Tat verurteilt wird, vielmehr „betrifft" die Tat auch dann den Nebenkläger, wenn die Tat denselben geschichtlichen Vorgang iSd. § 264 anbelangt, der der Nebenklage zu Grunde liegt, und wenn sie sich gegen den Nebenkläger als Träger eines strafrechtlich geschützten Rechtsguts richtet.[8] Dies ist zB der Fall, wenn der ursprüngliche Anklagevorwurf auf Todschlag lautete, das Gericht den Sachverhalt im Urteil aber allein § 323 c StGB (unterlassene Hilfeleistung) subsumiert. Mit der Verurteilung wird in diesem Fall ebenfalls eine strafbare Handlung (§ 323 c StGB) geahndet, die sich gegen den Getöteten als Träger eines strafrechtlich geschützten Rechtsguts richtete, so dass die Voraussetzung des Abs. 1 S. 1 („betrifft") erfüllt ist.[9] Ebenso „betrifft" eine Rauschtat (§ 323 a StGB) den Nebenkläger, wenn eines der in § 395 Abs. 1 Nr. 1 oder Nr. 2 bezeichneten Delikte (zB gefährliche Körperverletzung gem. § 223 a StGB zum Nachteil des Nebenklägers) die Rauschtat ist.[10] Entsprechendes gilt, wenn zwar der Täter nicht wegen der angeklagten versuchten gefährlicher Körperverletzung (§ 223 a StGB), son-

---

[1] BT-Drucks. X/3505, S. 8, 9, 11, 13.
[2] Meyer-Goßner Rn. 1.
[3] Pro kostenrechtlichen Erstattungsanspruch bei Tod des Nebenklägers vor Rechtskraft, der dann in den Nachlass fällt: OLG Stuttgart v. 16. 10. 1959 – 2 Ss 486/59; NJW 1960, 115 f.; Meyer-Goßner Rn. 1; Contra kostenrechtlichen Erstattungsanspruch bei Tod des Nebenklägers: KK-StPO/Gieg Rn. 2 mwN.
[4] BGH v. 2. 10. 2008 – 1 StR 388/08, NStZ-RR 2009, 21.
[5] OLG Hamm v. 19. 1. 1988 – 5 Ws 343–344/87, NStZ 1988, 379 (380).
[6] OLG Stuttgart v. 27. 2. 1959 – 1 Ss 828/58, NJW 1959, 1455 (1456).
[7] BGH v. 26. 4. 1960 – 1 StR 105/60, NJW 1960, 1311 (1312).
[8] BGH v. 22. 12. 2005 – 4 StR 347/05, NStZ 2006, 572; BGH v. 24. 10. 1991 – 1 StR 381/91, BGHSt 38, 93 = NJW 1992, 1182.
[9] BGH v. 22. 1. 2002 – 4 StR 392/01, NJW 2002, 1356 (1357).
[10] BGH v. 5. 2. 1998 – 4 StR 10/98, NStZ-RR 1998, 305.

dern allein wegen gefährlichen Eingriffs in den Straßenverkehr (§ 315 b StGB) verurteilt wird, da geschützte Rechtsgüter des § 315 b StGB neben der Sicherheit des Straßenverkehrs jedenfalls auch Leib und Leben der durch den Eingriff betroffenen Verkehrsteilnehmer sind.[11] Ferner genügt auch eine Verurteilung wegen einer OWi, wenn die verletzte Norm Schutzrechtscharakter für den Nebenkläger entfaltet, wie dies zB bei § 1 StVO der Fall ist.[12] Anders hingegen bei einer Verurteilung allein nach § 316 StGB; hier soll das mittelbare Schutzziel des individuellen Schutzes von Leib und Leben, von Besitz und Eigentum nicht ausreichen, um eine Erstattungspflicht des Angeklagten nach Abs. 1 zu begründen.[13] Auch eine Verurteilung wegen § 142 StGB soll für eine Erstattungspflicht des Angeklagten zugunsten des Nebenklägers nicht genügen.[14]

2. Notwendige Auslagen. Zu erstatten sind nach Abs. 1 S. 1 die notwendigen Auslagen des zu Recht und wirksam zugelassenen Nebenklägers. Hierunter fallen auch Aufwendungen, die im Vorverfahren angefallen sind.[15] Wird ein Urteil durch teilweise Verwerfung der Revision des Angeklagten im Schuldspruch rechtskräftig, im Strafausspruch aber aufgehoben und die Sache insoweit zurückgewiesen, sind auch die notwendigen Auslagen des Nebenklägers, die im Rahmen der erneuten Hauptverhandlung anfallen, erstattungsfähig; § 400 Abs. 1 steht dem nicht entgegen.[16] Ist der Nebenkläger zugleich Mitangeklagter, und seine notwendigen Auslagen, die ihm in seiner Rolle als Nebenkläger entstanden sind, ebenfalls nach Abs. 1 S. 1 erstattungsfähig. In einem solchen Fall kann der Nebenkläger von dem in die Kosten des Verfahrens verurteilten Angeklagten nur den durch die erhöhte Tätigkeit seines Anwalts als Nebenklägervertreter bedingten Mehrbetrag nach Abs. 1 S. 1 erstattet verlangen.[17]

3. Billigkeitsentscheidung bei Verurteilung (Abs. 1 S. 2). Nach dieser Regelung kann von einer Auslagenüberbürdung zugunsten des Nebenklägers ganz oder teilweise abgesehen werden, wenn es unbillig wäre, den Angeklagten mit diesen Auslagen zu belasten. Hierzu wird in den Gesetzesmotiven ausgeführt, dass „das Gericht die Umstände des Einzelfalls berücksichtigen" kann, „also etwa, ob der Beschuldigte durch sein Verhalten überhaupt einen vernünftigen Anlass für einen Anschluss gegeben hat oder ob und inwieweit den Verletzten ein Mitverschulden trifft".[18] Damit hat zwar der Gesetzgeber die Rechte des Nebenklägers nicht eingeschränkt, er hat aber mit der Billigkeitsklausel bewusst ein Korrektiv zu den umfassenden Rechten des Nebenklägers geschaffen.[19] Allerdings darf dieses Korrektiv nicht dahingehend eingesetzt werden, den Nebenkläger über das Kostenrecht von der Wahrnehmung berechtigter prozessualer Rechte – insbesondere dem Beweisantragsrecht – abzuhalten. Die Ausübung des Beweisantragsrechts hat sich allerdings an dem Schutzziel, dh. insbesondere die Abwehr von – unberechtigten – Angriffen und Verantwortungszuweisungen durch den Beschuldigten, zu orientieren. Beweisanträge, die darüber hinausgehen, muss der Nebenkläger auf eigene Kosten stellen; insoweit wäre es „unbillig", den Angeklagten kostenrechtlich zu belasten.[20] Unbillig ist auch die (vollumfängliche) Überbürdung der Auslagen des Nebenklägers auf den Angeklagten, wenn den Verletzten maßgebliches Mitverschulden trifft, etwa dem getöteten Fahrzeugführer an dem Unfall ein Mitverschulden von ¾ anzulasten ist.[21]

4. Entsprechende Anwendung des Abs. 1. Die Regelung in Abs. 1 ist ersichtlich für das erstinstanzliche Verfahren konzipiert, während § 473 Abs. 1 S. 2 das Tragen der Auslagen des Nebenklägers für ein erfolgloses oder zurückgenommenes Rechtsmittel regelt. Nicht eindeutig geregelt ist dagegen die Frage, ob dem Angeklagten bei vollem Erfolg seines auf das Strafmaß beschränkten Rechtsmittels die Auslagen des Nebenklägers im Rechtsmittelverfahren aufzuerlegen sind. Eine im Vordringen befindliche Auffassung wendet auch in diesem Fall § 472 Abs. 1 an; der Angeklagte hat danach grds. die Auslagen des Nebenklägers zu tragen.[22] Dieser Auffassung ist

---

[11] BGH v. 22. 12. 2005 – 4 StR 347/05, NStZ-RR 2005, 127.
[12] BayObLG v. 23. 4. 1968 – RReg. 2 b St 125/68, NJW 1968, 1732 (1733) mwBsp. und mwN; aA LG Limburg v. 13. 11. 1974 – 5 Qs 315/74, DAR 1975, 189.
[13] BayObLG v. 23. 4. 1968 – RReg. 2 b St 125/68, NJW 1968, 1732 (1733).
[14] BGH v. 5. 8. 1959 – 4 StR 189/59, VRS 17 (1959), 424; *Meyer-Goßner* Rn. 6; aA LG Krefeld v. 30. 8. 1971 – 8 Qs 265/71, DAR 1972, 76 f.; siehe auch *Rieger* NZV 1991, 42 (43).
[15] OLG Hamm v. 14. 8. 1979 – 5 Ws 138/79, Rpfleger 1980, 40; *H. Schmidt* NJW 1979, 1396 f.
[16] OLG Brandenburg v. 6. 4. 1998 – 2 Ws 73/98, NStZ-RR 1998, 255.
[17] LG Regensburg v. 26. 11. 1966 – Qs 208/66, NJW 1967, 898 (899); *Meyer-Goßner* Rn. 8; aA Löwe/Rosenberg/*Hilger* Rn. 16: Anwendungsfall von Abs. 1 S. 2; aA LG Arnsberg v. 20. 11. 1984 – 3 Qs 244/84, JurBüro 1985, 1511 mwN und mAnm *Mümmler*: Auslagenerstattung in voller Höhe.
[18] BT-Drucks. X/ 5305, S. 21 f.
[19] KG v. 26. 2. 1999 – 4 Ws 257 – 258/98, NStZ-RR 1999, 223.
[20] KG v. 26. 2. 1999 – 4 Ws 257 – 258/98, NStZ-RR 1999, 223 (224).
[21] OLG Koblenz v. 27. 1. 1988 – 1 Ws 54/88, NZV 1988, 115.
[22] OLG Celle v. 25. 9. 2007 – 1 Ws 345/07, NdsRpfl 2008, 50 mwN; OLG Köln v. 22. 8. 2008 – 2 Ws 406/08, NStZ-RR 2009, 126.

zuzustimmen. Zwar kann der Nebenkläger einerseits das Urteil nicht mit dem Ziel anfechten, eine andere Rechtsfolge zu erwirken (§ 400 Abs. 1),[23] andererseits bleibt nach den gesetzgeberischen Willen von der Neuregelung das Recht des Nebenklägers, sich an dem Verfahren auch in der Rechtsmittelinstanz zu beteiligen, wenn die StA oder der Angeklagte Rechtsmittel eingelegt haben, unberührt.[24] Auch war es vor der Neuregelung einhellige Auffassung, dass bei vollem Erfolg eines beschränkten Rechtsmittels des Angeklagten hinsichtlich der Auslagen des Nebenklägers § 471 Abs. 3 Nr. 1 entsprechend anzuwenden war, mit der Folge, dass eine Verteilung der Auslagen nach Billigkeitsgesichtspunkten erfolgte. Es würde die Rechtsstellung des Verletzten aber verschlechtern, wenn nun die in der Neuregelung festzustellende Regelungslücke derart ausgefüllt würde, dass der Nebenkläger in derartigen Fällen seine Auslagen zwingend stets selbst zu tragen hätte. Demgegenüber bietet die entsprechende Anwendung des Abs. 1 die Möglichkeit, dem Einzelfall gerecht zu werden.[25]

7   **5. Kostengrundentscheidung.** Die Überbürdung der Auslagen des Nebenklägers auf den Angeklagten muss das Gericht ausdrücklich anordnen und im Falle einer Billigkeitsentscheidung (Abs. 1 S. 2) diese auch entsprechend begründen. Unterbleibt dies, hat der Nebenkläger seine Kosten selbst zu tragen. Hiergegen kann der Nebenkläger – bzw. die StA zugunsten des Nebenklägers (str.) –[26] sofortige Beschwerde einlegen (§ 464 Abs. 3).[27] Anders stellt sich die Situation dar, wenn gegen den Angeklagten ein Strafbefehl ergeht und das Gericht es trotz Vorliegen der Voraussetzungen des Abs. 1 S. 1 (iVm. Abs. 3 S. 1) versäumt, dem Angeklagten die dem nebenklageberechtigten Verletzten erwachsenen notwendigen Auslagen aufzuerlegen. Gegen dieses Versäumnis scheidet eine sofortige Beschwerde des nebenklageberechtigten Verletzten nach § 464 Abs. 3 S. 1 aus, da nicht er, sondern nur der Angeklagte gegen den Strafbefehl Einspruch einlegen kann (§ 410). Richtigerweise kann der nebenklageberechtigte Verletzte allerdings die unterlassene Kostengrundentscheidung über die Rüge einer Gehörsverletzung (§ 33 a) herbeiführen. Eine Gehörsverletzung ist in diesen Fällen nämlich dann zu bejahen, wenn eine Auslagenentscheidung fehlt, obwohl der anwaltliche Vertreter des Nebenklägers oder des nebenklageberechtigten Verletzten vorsorglich – ggf. bereits im Vorverfahren – den Antrag gestellt hat, dem Angeschuldigten die dem nebenklageberechtigten Verletzten in Wahrnehmung seiner Befugnisse nach § 406 g erwachsenen notwendigen Auslagen aufzuerlegen. Aber auch wenn keine solche ausdrückliche Erklärung zum Kostenpunkt abgegeben wurde, stellt regelmäßig das Übergehen des Nebenklägers bzw. des nebenklageberechtigten Verletzten eine Gehörsverletzung dar, weil bereits in den auf eine Verurteilung des Angeschuldigten zielenden Äußerungen zumindest die konkludente Erklärung enthalten ist, das Gericht möge seine notwendigen Auslagen dem Angeschuldigten überbürden.[28] Wenn der Nebenkläger den Anschluss erst nach Einlegung des Einspruchs gegen den Strafbefehl erklärt und der Angeklagte daraufhin seinen Einspruch zurück nimmt, kann das Gericht nachträglich dem Angeklagten die notwendigen Auslagen des Nebenklägers durch isolierten Beschluss auferlegen, wobei der Erlass eines solchen Beschlusses weder von der Einhaltung einer Frist noch von der Einlegung einer Beschwerde abhängig ist.[29]

III. Einstellung des Verfahrens (Abs. 2)

8   Diese Regelung ist nur anwendbar bei Ermessenseinstellungen (§§ 153, 154 ff.). Wird dagegen das Verfahren nach §§ 206 a, 206 b, 260 Abs. 3 eingestellt, dann kommt – ebenso wie bei einem Freispruch des Angeklagten – eine Überbürdung der Auslagen des Nebenklägers auf den Angeklagten nicht in Betracht; str. hinsichtlich der Kosten durch Säumnis des Angeklagten.[30]

9   **1. Ermesseneinstellung (Abs. 2 S. 1).** Bei Ermesseneinstellungen gilt der Grundsatz, dass der Nebenkläger seine notwendigen Auslagen selbst zu tragen hat. Abs. 2 S. 1 normiert hierzu eine Ausnahmeregelung, wonach dem Angeschuldigten ganz oder teilweise die notwendigen Auslagen des Nebenklägers auferlegt werden können. Allerdings hat sich das Gericht im Rahmen seiner Abwägungsentscheidung jeglicher Schuldfeststellung zu Lasten des Angeschuldigten zu enthalten.

---

[23] BGH v. 27. 1. 2009 – 3 StR 592/08, NStZ-RR 2009, 253 mwN.
[24] BT-Drucks. X/5305, S. 15.
[25] OLG Celle v. 25. 9. 2007 – 1 Ws 345/07, NdsRpfl 2008, 50 mwN.
[26] LG Dresden v. 19. 1. 1994 – 5 Qs 6/94, NStZ 1994, 251: Keine Beschwerdebefugnis der StA; aA OLG Dresden v. 2. 8. 1999 – 1 Ws 206/99, NStZ 2000, 54 mwN: Beschwerdebefugnis der StA.
[27] LG Koblenz v. 24. 6. 2009 – 3 Qs 36/09, BeckRS 2009, 18552.
[28] LG München I v. 28. 9. 2005 – 15 Qs 35/01 (nicht veröffentlicht); *Kiethe* JR 2007, 321 ff. mwN.
[29] AG Eggenfeld v. 10. 6. 2005 – 2 Cs 38 Js 5939/05, NStZ-RR 2005, 287.
[30] Pro Pflicht des freigesprochenen Angeklagten, die durch die Säumnis bedingten Nebenklägerauslagen zu tragen: OLG Stuttgart v. 5. 12. 1973 – 3 Ws 326/73, NJW 1974, 512 (513); OLG Saarbrücken v. 4. 11. 1996 – 1 Ws 187/96, NStZ-RR 1997, 158 f.; Contra: *Meyer-Goßner* Rn. 2 (Abs. 1 S. 1 abschließende Sonderregel gegenüber § 467 Abs. 2); Löwe/Rosenberg/*Hilger* Rn. 2 und 4.

Dagegen ist das Gericht nicht gehindert zu berücksichtigen, inwieweit der Angeschuldigten nachvollziehbaren Anlass zur Nebenklage gegeben hat.[31]

2. Endgültige Einstellung nach § 153a (Abs. 2 S. 2). Anders als bei den sonstigen Ermesseneinstellungen ist die Überbürdung der notwendigen Auslagen des Nebenklägers bei einer endgültigen Verfahrenseinstellung nach § 153a die Regel (Abs. 2 S. 2 iVm. Abs. 1 S. 1), die (teilweise) Freistellung des Angeklagten von diesen Auslagen die Ausnahme (Abs. 2 S. 2 iVm. Abs. 1 S. 2). Im Letzteren Fall muss das Gericht den Nebenkläger vor der kostenrechtlichen Entscheidung zu seinem Nachteil anhören.[32] Hat das Gericht das Verfahren endgültig gem. § 153a eingestellt und entgegen Abs. 2 S. 2 keine Entscheidung über die beantragte Überbürdung der notwendigen Auslagen des Nebenklägers getroffen, kann der Nebenkläger zwar mangels Anfechtbarkeit der Einstellungsentscheidung (§ 153a Abs. 2 S. 4) nicht die Korrektur der Kostenentscheidung mittels sofortiger Beschwerde (§ 464 Abs. 3) erwirken, allerdings steht ihm die Korrekturmöglichkeit des § 33a offen.[33]

IV. Nebenklageberechtigter und Privatkläger (Abs. 3)

Die Regelung stellt im S. 1 dem Nebenkläger kostenrechtlich den nebenklageberechtigten Verletzen (§ 406g) gleich, und zwar auch insofern, als dass dem nebenklageberechtigten Verletzten seine notwendigen Auslagen, die während des Vorverfahrens angefallen sind, zu erstatten sind. Dies gilt nicht nur dann, wenn der nebenklageberechtigte Verletzte infolge der Erhebung der Anklage die Möglichkeit besitzt, sich als Nebenkläger anzuschließen, dies aber in diesem Verfahrensstadium unterlässt, sondern auch dann, wenn das Verfahren nicht durch eine Anklage, sondern durch einen Strafbefehl abgeschlossen wird. Eine entsprechende Auslageentscheidung zu Gunsten des Nebenklageberechtigten hat das Gericht im Strafbefehl auszusprechen.[34] Wird eine solche Auslageentscheidung trotz entsprechenden Antrags unterlassen, kann hiergegen der Nebenklageberechtigte zwar nicht mittels sofortiger Beschwerde, aber im Wege des § 33a vorgehen.[35] Die Regelung stellt im S. 2 dem Nebenkläger kostenrechtlich ferner den Privatkläger für den Fall gleich, dass die StA die Verfolgung nach § 377 Abs. 2 übernommen hat, um zu verhindern, dass der Privatkläger durch diese Übernahme kostenrechtliche Nachteile erleidet.

V. Gesamtschuldnerische Haftung (Abs. 4)

Haben mehrere Angeschuldigte für die notwendigen Auslagen des Nebenklägers einzustehen, dann haften die Angeschuldigten diesem als Gesamtschuldner; hierzu vgl. § 471 Rn. 8.

VI. Anwendbarkeit von § 74 JGG

Ob vom Grundsatz, dass in keinem Fall der Staatskasse die Nebenklägerauslagen auferlegt werden dürfen, im Falle des § 74 JGG (Absehen von der Kosten- und Auslagenüberbürdung auf den verurteilten Jugendlichen) zugunsten des Nebenklägers eine Ausnahme zu machen ist und dessen Auslagen aus der Staatskasse zu bezahlen sind, ist umstritten.[36] Eine gesetzliche Normierung hat dieser Fall nicht erfahren. Wie das LG Darmstadt in seiner ausführlich begründeten Entscheidung zutreffend ausgeführt, betrifft die Frage, ob § 74 JGG angewandt wird, allein das Verhältnis der staatlichen Strafgewalt zum Verurteilten. Es gibt keine sachliche Rechtfertigung dafür, von einem Nebenkläger zu verlangen, er möge seine Interessen aus erzieherischen Gründen entschädigungslos „aufopfern", weil es das öffentliche Erziehungsinteresse erfordere.[37]

§ 472a [Adhäsionsverfahren]

(1) Soweit dem Antrag auf Zuerkennung eines aus der Straftat erwachsenen Anspruchs stattgegeben wird, hat der Angeklagte auch die dadurch entstandenen besonderen Kosten und die notwendigen Auslagen des Verletzten zu tragen.

---

[31] BVerfG v. 19. 8. 1987 – 2 BvR 815/84, StV 1988, 31.
[32] OLG Düsseldorf v. 2. 3. 1993 – 1 Ws 166 – 167/93, JurBüro 1994, 292 f.; OLG Stuttgart v. 29. 3. 2004 – 4 Ws 65/04, StraFo 2004, 291 f.
[33] OLG Stuttgart v. 29. 3. 2004 – 4 Ws 65/04, StraFo 2004, 291 f.
[34] OLG Frankfurt v. 21. 6. 2000 – 3 Ws 602/00, NStZ-RR 2001, 63 (64) mwN.
[35] *Kiethe* JR 2007, 321 ff. mwN.
[36] Pro Erstattungspflicht der Staatskasse: LG Saarbrücken v. 11. 7. 1963 – 24 VRJs 168/62, NJW 1963, 2334; LG Darmstadt v. 23. 3. 1972 – 2 Qs 247/72, NJW 1972, 1209; LG Darmstadt v. 16. 1. 1983 – 12 Qs 1283/81, NStZ 1983, 235 (L); AG Gross-Gerau v. 25. 10. 1968 – 3 Ds 1028/67 H, NJW 1969, 707; Contra Erstattungspflicht der Staatskasse: OLG Hamm v. 9. 11. 1962 – 1 Ss 1133/62, NJW 1963, 1168; *Meyer-Goßner* Rn. 3.
[37] LG Darmstadt v. 23. 3. 1972 – 2 Qs 247/72, NJW 1972, 1209 (1211).

(2) ¹Sieht das Gericht von der Entscheidung über den Antrag ab, wird ein Teil des Anspruchs dem Verletzten nicht zuerkannt oder nimmt der Verletzte den Antrag zurück, so entscheidet das Gericht nach pflichtgemäßem Ermessen, wer die insoweit entstandenen gerichtlichen Auslagen und die insoweit den Beteiligten erwachsenen notwendigen Auslagen trägt. ²Die gerichtlichen Auslagen können der Staatskasse auferlegt werden, soweit es unbillig wäre, die Beteiligten damit zu belasten.

I. Allgemeines

1   Die Kosten des Adhäsionsverfahrens (§§ 403 ff.) werden als Bestandteil der Gesamtkosten des Strafverfahrens behandelt. Die zivilprozessualen Grundsätze gelten daher nicht. Die Kostentragungspflicht für die besonderen Verfahrenskosten (3700 KV GKG) und notwendigen Auslagen (4143 VV RVG) regelt allein § 472 a.[1] Anders als im Zivilprozess, wo bei Erlass eines Grund- oder Teilurteils der Grundsatz der einheitlichen Kostenentscheidung gilt, hat sich im Adhäsionsverfahren die Kostenentscheidung auch in diesem Fall ausschließlich an § 472 a zu orientieren. Hat der Adhäsionskläger ein Grund- oder Teilurteil beantragt und gibt das Gericht diesem Antrag uneingeschränkt statt, so sind dem Angeklagten die gerichtlichen Kosten und die notwendigen Auslagen des Verletzten aufzuerlegen (Abs. 1). Denn die Regelung ist so auszulegen, dass die Zuerkennung eines Leistungsanspruchs (bestimmte Geldsumme) nicht erforderlich ist, um die Kostenfolge des Abs. 1 auszulösen, sondern es ausreicht, wenn dem Begehren des Antragstellers (zB Erlass eines Grundurteils) stattgegeben wird. Hat dagegen der Antragsteller einen konkreten Leistungsantrag gestellt, aber das Gericht entgegen diesem Antrag nur ein Grund- oder Teilurteil erlassen und im Übrigen von einer Entscheidung abgesehen, richtet sich die Kostenentscheidung nach Abs. 2.[2]

II. Kostenentscheidung bei Zuerkennung des Anspruchs (Abs. 1)

2   Wurde der Schmerzensgeldanspruch nicht beziffert, sondern die Höhe mit dem Antrag eines „angemessenen" Schmerzensgeldes in das Ermessen des Gerichts gestellt, dann ist die Zuerkennung von Schmerzensgeld ein Erfolg, der die Kostenfolge von Abs. 1 auslöst. Dem Angeklagten sind die notwendigen Auslagen des Antragstellers zu überbürden.[3]

III. Ermessensentscheidung (Abs. 2)

3   Ist der Antrag ganz oder teilweise erfolglos, wird er zurückgenommen oder sieht das Gericht von einer Entscheidung über den Antrag ab[4] – was ausdrücklich tenoriert werden muss –[5], so entscheidet das Gericht nach pflichtgemäßem Ermessen, wer die gerichtlichen und die dem Beteiligten entstandenen Auslagen zu tragen hat. Auch eine Verteilung der Auslagenlast ist zulässig.[6] Insbesondere dürfen die gerichtlichen Auslagen – aber auch nur diese – der Staatskasse auferlegt werden, soweit es unbillig wäre, die Beteiligten damit zu belasten (Abs. 2 S. 2). Das Gericht ist also wesentlich freier in seinen Entscheidungsmöglichkeiten als im Zivilprozess. Die Ermessensentscheidung gilt nur hinsichtlich der Verteilung der Auslagen des Gerichts und der Beteiligten, da die Gerichtsgebühr ausschließlich bei (voller) Zuerkennung des Anspruchs anfällt (3700 KV GKG).[7]

IV. Rechtsmittel

4   Eine Kostenentscheidung nach Abs. 1 kann der Angeklagte selbständige (§ 406 a Abs. 2) mit der sofortigen Beschwerde anfechten (§ 464 Abs. 3). Sieht das Gericht von einer Entscheidung über den geltend gemachten Anspruch ab und trifft dementsprechend eine Kostenentscheidung nach Abs. 2, ist die Anfechtbarkeit der Kostenentscheidung zweifelhaft, da gegen die Hauptsacheentscheidung weder dem Angeklagten noch dem Antragsteller ein Anfechtungsrecht zusteht, so dass § 464 Abs. 3 S. 1 Hs. 2 gegen die Anfechtbarkeit der Kostenentscheidung sprechen könnte. Richtigerweise wird man aber mit *Köckerbauer*[8] die Anfechtbarkeit der Kostenentscheidung

---

[1] KMR/*Stöckel* Rn. 1.
[2] Zur Kostenentscheidung bei Grund- und Teilurteil siehe *Köckerbauer* NStZ 1994, 305 (310) mwN.
[3] BGH v. 3. 7. 2003 – 2 StR 173/03, bei *Becker* NStZ-RR 2004, 321 (324).
[4] Im Adhäsionsverfahren kommt eine „Klageabweisung" nicht in Betracht.
[5] BGH v. 13. 5. 2003 – 1 StR 529/02, NStZ 2003, 565.
[6] KMR/*Stöckel* Rn. 4.
[7] *Köckerbauer* NStZ 1994, 305 (310).
[8] *Köckerbauer* NStZ 1994, 305 (311) mwN.

für den Antragssteller und den Angeklagten auch in diesem Fall zu bejahen haben.[9] Eine Anfechtung der Kostenentscheidung nach Abs. 2 durch den Antragssteller scheidet allerdings dann aus, wenn er seinen Antrag auf Entscheidung im Adhäsionsverfahren zurückgenommen hat.[10]

§ 472b [Kosten bei Nebenfolgen]

(1) [1]Wird der Verfall, die Einziehung, der Vorbehalt der Einziehung, die Vernichtung, Unbrauchbarmachung oder Beseitigung eines gesetzwidrigen Zustandes angeordnet, so können dem Nebenbeteiligten die durch seine Beteiligung erwachsenen besonderen Kosten auferlegt werden. [2]Die dem Nebenbeteiligten erwachsenen notwendigen Auslagen können, soweit es der Billigkeit entspricht, dem Angeklagten, im selbständigen Verfahren auch einem anderen Nebenbeteiligten auferlegt werden.

(2) Wird eine Geldbuße gegen eine juristische Person oder eine Personenvereinigung festgesetzt, so hat diese die Kosten des Verfahrens entsprechend den §§ 465, 466 zu tragen.

(3) Wird von der Anordnung einer der in Absatz 1 Satz 1 bezeichneten Nebenfolgen oder der Festsetzung einer Geldbuße gegen eine juristische Person oder eine Personenvereinigung abgesehen, so können die dem Nebenbeteiligten erwachsenen notwendigen Auslagen der Staatskasse oder einem anderen Beteiligten auferlegt werden.

I. Allgemeines

Nebenbeteiligte sind der Einziehungsbeteiligte (§ 431 Abs. 1 S. 1), der Verfallsbeteiligte und 1 diesem gleichgestellte Personen (§ 442), juristische Personen und Personenvereinigungen (§ 75 Nr. 2 und Nr. 3 StGB), gegen die die Festsetzung einer Geldbuße (§ 444 Abs. 1 S. 1) oder die Einziehung des Wertersatzes (§ 431 Abs. 3) in Betracht kommen. Nebenbeteiligter ist ferner der Arrestbeteiligte (§ 111 d), der eine Arrestanordnung der StA angreift.[1] Der Anwendungsbereich der Vorschrift ist bei gerichtlichen – subjektiven oder objektiven – Verfahren eröffnet, die eine in Abs. 1 S. 1 aufgezählte Rechtsfolge (Verfall §§ 73, 73a StGB; Einziehungsvorbehalt §§ 74b Abs. 2, 74d Abs. 5 StGB; Einziehung §§ 74, 74a StGB; Unbrauchbarmachung § 74d Abs. 1 S. 2 StGB; Einziehung des Wertersatzes § 74c StGB und die Beseitigung gesetzwidriger Zustände) zum Gegenstand haben.

II. Verurteilung zu einer Nebenfolge (Abs. 1)

Im Falle der Verurteilung zu einer Nebenfolge, können dem Nebenbeteiligten beteiligungsbedingte „besondere" Kosten auferlegt werden (S. 1). „Besondere" Kosten sind ausscheidbare Auslagen, die zB entstehen, weil eine Beweiserhebung allein zu den Nebenfolgen durchgeführt wurde. Die notwendigen Auslagen des Nebenbeteiligten (S. 2) können im subjektiven Verfahren ganz oder teilweise dem Angeklagten auferlegt werden, zB wenn der Angeklagte einem sich gegen die Einziehung wehrenden gutgläubigen Beteiligten eine gestohlene Sache verkauft hat.[2] Die notwendigen Auslagen des Nebenbeteiligten (S. 2) können im objektiven Verfahren auch einem anderen Nebenbeteiligten auferlegt werden. Ein „anderer Nebenbeteiligter" iSv. S. 2 ist nicht der Privatkläger.[3] Das Gericht kann sowohl im Falle des Abs. 1 S. 1 als auch im Falle des Abs. 1 S. 2 die Auslagen per Bruchteilsentscheidung verteilen.

III. Geldbuße gegen juristische Personen (Abs. 2)

Wird eine Geldbuße (§ 30 OWiG) gegen eine juristische Person oder Personenvereinigung (§ 75 3 Nr. 2 und Nr. 3 StGB) verhängt, hat diese – wie eine natürliche Person auch – die Kosten des Verfahrens zu tragen (Abs. 2 iVm. § 465). Wird die Geldbuße gegen eine juristische Person nicht in einem selbständigen Verfahren, sondern neben einer Verurteilung einer natürlichen Person verhängt, dann haftet die juristische Person wie ein Mitangeklagter gesamtschuldnerisch für die Auslagen neben der natürlichen Person (Abs. 2 iVm. § 466).

IV. Keine Anordnung einer Nebenfolge (Abs. 3)

Bei Nichtverurteilung des Angeklagten trägt das Gericht die Verfahrenskosten. Bei Verurteilung 4 des Angeklagten greift § 465 Abs. 1 und bzgl. der der durch die Nebenbeteiligung entstandenen

---

[9] Siehe auch LG Wiesbaden v. 6. 12. 2004 – 16 Qs 72/04, JurBüro 2005, 144.
[10] OLG Düsseldorf v. 29. 8. 1988 – 1 Ws 820/88, MDR 1989, 567.
[1] OLG Stuttgart v. 4. 6. 2003 – 1 Ws 135/03, wistra 2003, 358.
[2] Beispiele vgl. BT-Drucks. V/1319, S. 86.
[3] KMR/*Stöckel* Rn. 5; Löwe/Rosenberg/*Hilger* Rn. 5; aA *Meyer-Goßner* Rn. 4.

Auslagen der Staatskasse § 465 Abs. 2 ein.[4] Hinsichtlich der notwendigen Auslagen der Nebenbeteiligten kann das Gericht diese ganz oder teilweise entweder der Staatskasse, dem Angeklagten,[5] dem Privat- oder Nebenkläger oder anderen Beteiligten auferlegen bzw. auf diese verteilen.

V. Kostengrundentscheidung

5   Eine Kostengrundentscheidung nach § 472 b ergeht zum einen, wenn das Gericht die Nebenfolge anordnet (Abs. 1 S. 1) und zum anderen, wenn das Gericht – aus welchen Gründen auch immer – von der Anordnung einer Nebenfolge absieht (Abs. 3). Die jeweilige Anordnung nach § 472 b muss das Gericht in der Kostengrundentscheidung ausdrücklich tenorieren. Unterbleibt eine solche Anordnung, trägt im objektiven (selbständigen) Verfahren (§§ 440, 442, 444 Abs. 3) die Staatskasse die Verfahrenskosten, da die Beteiligten nicht Angeklagte iSv. § 465 sind. Die notwendigen Auslagen hat derjenige zu tragen, dem sie entstanden sind.[6] Im subjektiven Verfahren (§§ 430–438) führt das Unterbleiben einer § 472 b-Anordnung zu der Regelung des § 465 Abs. 1 (Kostentragungspflicht des Verurteilten).

§ 473 [Kosten bei zurückgenommenen oder erfolglosen Rechtsmitteln]

(1) [1]Die Kosten eines zurückgenommenen oder erfolglos eingelegten Rechtsmittels treffen den, der es eingelegt hat. [2]Hat der Beschuldigte das Rechtsmittel erfolglos eingelegt oder zurückgenommen, so sind ihm die dadurch dem Nebenkläger oder dem zum Anschluß als Nebenkläger Berechtigten in Wahrnehmung seiner Befugnisse nach § 406 g erwachsenen notwendigen Auslagen aufzuerlegen. [3]Hat im Falle des Satzes 1 allein der Nebenkläger ein Rechtsmittel eingelegt oder durchgeführt, so sind ihm die dadurch erwachsenen notwendigen Auslagen des Beschuldigten aufzuerlegen. [4]Für die Kosten des Rechtsmittels und die notwendigen Auslagen der Beteiligten gilt § 472 a Abs. 2 entsprechend, wenn eine zulässig erhobene sofortige Beschwerde nach § 406 a Abs. 1 Satz 1 durch eine den Rechtszug abschließende Entscheidung unzulässig geworden ist.

(2) [1]Hat im Falle des Absatzes 1 die Staatsanwaltschaft das Rechtsmittel zuungunsten des Beschuldigten oder eines Nebenbeteiligten (§ 431 Abs. 1 Satz 1, §§ 442, 444 Abs. 1 Satz 1) eingelegt, so sind die ihm erwachsenen notwendigen Auslagen der Staatskasse aufzuerlegen. [2]Dasselbe gilt, wenn das von der Staatsanwaltschaft zugunsten des Beschuldigten oder eines Nebenbeteiligten eingelegte Rechtsmittel Erfolg hat.

(3) Hat der Beschuldigte oder ein anderer Beteiligter das Rechtsmittel auf bestimmte Beschwerdepunkte beschränkt und hat ein solches Rechtsmittel Erfolg, so sind die notwendigen Auslagen des Beteiligten der Staatskasse aufzuerlegen.

(4) [1]Hat das Rechtsmittel teilweise Erfolg, so hat das Gericht die Gebühr zu ermäßigen und die entstandenen Auslagen teilweise oder auch ganz der Staatskasse aufzuerlegen, soweit es unbillig wäre, die Beteiligten damit zu belasten. [2]Dies gilt entsprechend für die notwendigen Auslagen der Beteiligten.

(5) Ein Rechtsmittel gilt als erfolglos, soweit eine Anordnung nach § 69 Abs. 1 oder § 69 b Abs. 1 des Strafgesetzbuches nur deshalb nicht aufrechterhalten wird, weil ihre Voraussetzungen wegen der Dauer einer vorläufigen Entziehung der Fahrerlaubnis (§ 111 a Abs. 1) oder einer Verwahrung, Sicherstellung oder Beschlagnahme des Führerscheins (§ 69 a Abs. 6 des Strafgesetzbuches) nicht mehr vorliegen.

(6) Die Absätze 1 bis 4 gelten entsprechend für die Kosten und die notwendigen Auslagen, die durch einen Antrag
1. auf Wiederaufnahme des durch ein rechtkräftiges Urteil abgeschlossenen Verfahrens oder
2. auf ein Nachverfahren (§ 439)
verursacht worden sind.

(7) Die Kosten der Wiedereinsetzung in den vorigen Stand fallen dem Antragsteller zur Last, soweit sie nicht durch einen unbegründeten Widerspruch des Gegners entstanden sind.

I. Allgemeines

1   Bei (rechtskräftiger) Verurteilung oder Teilverurteilung des Angeklagten findet § 465 Anwendung. Bei (rechtskräftigem) Freispruch oder Einstellung oder Teilfreispruch findet § 467 Anwen-

---

[4] KMR/*Stöckel* Rn. 8.
[5] BT-Drucks. V/1319, S. 86.
[6] BGH v. 28. 2. 1959 – 1 StE 1/59, BGHSt 13, 32 (41) = NJW 1959, 1593 (1595).

dung. Dies gilt unabhängig davon, ob diese Entscheidungen in der ersten Instanz oder in der Rechtsmittelinstanz oder nach Zurückverweisung ergangen sind. Die §§ 465, 467 erfassen die Kosten des gesamten Verfahrens, dh. auch aller vorangegangenen Rechtszüge.[1] § 473 kommt dagegen insbesondere bei folgenden Fallkonstellationen zur Anwendung: (1.) Das erfolglose Rechtsmittel wurde allein von der StA eingelegt, dann wäre es in diesem Fall unbillig, den verurteilten Angeklagten neben den Kosten des erstinstanzlichen Verfahrens auch die Kosten des Rechtsmittelverfahrens aufzuerlegen; letzteres verhindert die Regelung des § 473 Abs. 1 und Abs. 2 S. 1. (2.) Die erstinstanzliche verurteilende Entscheidung wird nur teilweise, insofern aber erfolgreich angegriffen. Unbeschadet dessen, dass es bei einer Verurteilung bleibt, hat der Rechtsmittelführer die zwecks Korrektur der angegriffenen Entscheidung aufgewandt Kosten und Auslagen nicht selbst zu tragen, sondern die Staatskasse (§ 473 Abs. 3). (3.) Hat das Rechtsmittel nur teilweisen Erfolg, war also die angegriffene Entscheidung zumindest teilweise – wenn auch nicht in dem beantragten Umfang – zu korrigieren, dann sind die Kosten zu ermäßigen und die Auslagen nach Billigkeitsgesichtspunkten entsprechend dem Umfang des Erfolges ebenfalls der Staatskasse aufzuerlegen (§ 473 Abs. 4).[2]

1. Rechtsmittel. Die Regelung erfasst die Berufung, Revision und (einfache, weitere und sofortige) Beschwerde sowie die Rechtsbeschwerde, als auch den Antrag auf ihre Zulassung (§ 80 OWiG). Kostenrechtlich gleichgestellt sind den Rechtsmitteln das Wiederaufnahmeverfahren (Abs. 6 Nr. 1) und das Nachverfahren (Abs. 6 Nr. 2). Die Widereinsetzung in den vorigen Stand (Abs. 7) wird als kostenrechtlicher Sonderfall in Abs. 7 geregelt. Nicht in den Anwendungsbereich von § 473 fällt grds. der Einspruch gegen einen Strafbefehl.[3] Entsprechend anwendbar ist § 473 gem. § 161a Abs. 3 S. 3 bei gerichtlichen Verfahren gegen Zwangsmittel der StA bzw. bei gerichtlichen Verfahren, die über § 161a Abs. 3 S. 3 eingeleitet werden (zB Angriff einer Entscheidung der StA betr. Akteneinsicht gem. §§ 406e Abs. 4 S. 2, 478 Abs. 3 S. 1, 161a Abs. 3).[4]

2. Erfolg eines Rechtsmittels. Legen mehrere Verfahrensbeteiligte gegen eine Entscheidung Rechtsmittel ein, sind in kostenrechtlicher Hinsicht ihre Rechtsmittel getrennt zu betrachten.[5] Ob ein Rechtsmittel (teilweisen) Erfolg hat oder nicht, richtet sich nach dem endgültigen Ausgang des Verfahrens. Daher entscheidet das Rechtsmittelgericht grds. nicht selbst über die Rechtsmittelkosten (§ 473), wenn es die angegriffene Entscheidung lediglich aufhebt und zurückverweist, sondern das daraufhin wieder mit der Sache befasste Gericht.[6] Ein Erfolg iSv. § 473 hat ein Rechtsmittel, wenn die angegriffene Entscheidung zugunsten des Rechtsmittelführers geändert wird.[7] Ist ein Rechtsmittel von Rechts wegen nicht prozesszielgemäß beschränkbar (zB innerhalb des Schuld- oder des Rechtsfolgeausspruchs oder mangels ausreichender Urteilsfeststellungen), kann der Rechtsmittelführer das Kostenrisiko eines zu weitgehenden Rechtsmittels beschränken, indem er das gegenüber den formalen Umfang des Rechtsmittel enger gefasste Prozessziel klar benennt.[8] Nicht ausreichend für einen Erfolg ist im Allgemeinen, wenn das Rechtsmittelgericht die Tat zwar iS des Rechtsmittelführers rechtlich anders als die Vorinstanz bewertet, die Strafe aber im Ergebnis unverändert bleibt. Allerdings kann das von einem Angeklagten uneingeschränkt eingelegte und aufrechterhaltene Rechtsmittel auch dann als (teilweise) erfolgreich angesehen werden, wenn es zwar nicht zu einer Herabsetzung der Strafe, aber doch dazu geführt hat, dass hinsichtlich eines in Idealkonkurrenz stehenden Delikts der für den Angeklagten besonders belastenden Schuldspruch weggefallen ist.[9] Ob ein kostenrechtlicher Erfolg im Rechtsmittelverfahren entfällt, wenn die den Erfolg ausschließlich oder mit verursachenden Tatsachen erst nach Erlass der angefochtenen Entscheidung entstanden sind, ist umstr.[10] Teilweise wird der Erfolg zwar bejaht, aber von einer Überbürdung der notwendigen Auslagen des Rechtsmittelführers auf die Staatskasse durch entsprechende Anwendung des § 467 Abs. 3 S. 2 Nr. 2 abgesehen.[11] Nach anderer Auffassung liegt in diesem Fall überhaupt kein Erfolg im kostenrechtlichen Sinne vor, so dass Abs. 1 zur

---

[1] BGH v. 13. 10. 2005 – 4 StR 143/05, NStZ-RR 2006, 32; KMR/*Stöckel* Rn. 1.
[2] Beispiele wie bei KMR/*Stöckel* Rn. 3.
[3] BT-Drucks. X/1313, S. 38; siehe aber Rn. 20.
[4] LG Hildesheim v. 26. 3. 2007 – 25 Qs 17/06, NJW 2008, 531 ff.
[5] BGH v. 28. 1. 1964 – 3 StR 55/63, BGHSt 19, 226 = NJW 1964, 875.
[6] AA KMR/*Stöckel* Rn. 10.
[7] OLG Zweibrücken v. 23. 1. 1991 – 1 Ws 596/90, NStZ 1991, 602 (603).
[8] BGH v. 28. 1. 1964 – 3 StR 55/63, BGHSt 19, 226 (229) = NJW 1964, 875 f.; BayObLG v. 24. 10. 1962 – RReg 1 St 493/62, NJW 1963, 262.
[9] OLG München v. 13. 12. 1972 – 2 Ws 620/72, NJW 1973, 864; siehe auch *Hilger* Anm. zu OLG Zweibrücken v. 23. 1. 1991. – 1Ws 596/90, NStZ 1991, 602 (604).
[10] Pro kostenrechtlicher Erfolg: OLG Stuttgart v. 18. 9. 1975 – 3 Ws 240/75, MDR 1976, 73 mwN; OLG Hamburg v. 13. 1. 2003 – 1 Ws 268/02, bei *Kotz* NStZ-RR 2004, 289 (291).
[11] OLG Celle v. 2. 7. 1974 – 2 Ws 115/74, NJW 1975, 400 (401); OLG Karlsruhe v. 23. 9. 1977 – 2 Ws 88/77, Justiz 1977, 467 (468); OLG Zweibrücken v. 16. 3. 1978 – Ws 102/78, VRS 55 (1978), 365 ff.

Anwendung kommt.[12] Letzteres ist zutreffend. Beruht die Änderung des Ausspruchs auf Tatsachen, die erst nach der erstinstanzlichen Entscheidung eingetreten sind und deswegen von der Vorinstanz nicht berücksichtigen konnten, liegt kein kostenrechtlich zu honorierender Rechtsmittelerfolg vor, weil der Vorinstanz kein Fehler unterlaufen ist.

II. Erfolgloses oder zurückgenommenes Rechtsmittel (Abs. 1 S. 1)

4   Der Rechtsmittelführer hat die Kosten des erfolglosen (unzulässigen oder unbegründeten) Rechtsmittels zu tragen; dies gilt auch, wenn ein Teilerfolg unwesentlich ist. Die Zurücknahme eines Rechtsmittels führt ebenfalls zur Kostentragungspflicht, die in diesem Fall häufig in einer selbständigen Kostenentscheidung auszusprechen sein wird. Wird das Verfahren allerdings von mehreren Rechtsmittelführern betrieben, dann kann statt einer selbständigen Kostenentscheidung auch im verfahrensbeendenden Urteil über die Kosten des zurückgenommenen Rechtsmittels (Abs. 1) entschieden werden.[13] Legen sowohl StA als auch der Angeklagten Berufung ein und nehmen beide das Rechtsmittel zurück, so ergibt die Gesamtschau des § 473 Abs. 1 und Abs. 2, dass weder der Angeklagte seine Auslagen insgesamt selbst trägt noch dass seine Auslagen insgesamt der Staatskasse auferlegt werden, sondern die Staatskasse die Mehrauslagen des Angeklagten zu tragen hat, soweit diese durch die zurückgenommene Berufung der StA verursacht worden sind.[14] Eine Ausnahme von der Kostentragungspflicht bei Zurücknahme des Rechtsmittels nach Abs. 1 ist angezeigt, wenn dem Rechtsmittel durch eine Urteilsberichtigung die Grundlage entzogen wurde. In diesem Fall hat die Staatskasse die Kosten zu tragen, wenn das Rechtsmittel (oder der Wiederaufnahmeantrag) zulässig und begründet gewesen wäre (§ 467 Abs. 1 analog).[15]

5   **1. Verurteilter als Kostenpflichtiger.** Grundsätzlich hat der Verurteilte auch die Kosten zu tragen, wenn sein Verteidiger ein Rechtsmittel für ihn eingelegt hat und dieses zurückgenommen wird oder erfolglos bleibt.

6   **2. Verteidiger als Kostenpflichtiger.** Der Verteidiger hat die Kosten eines von ihm für den Verurteilten eingelegten, erfolglosen oder später zurückgenommenen Rechtsmittels zu tragen, wenn er das Rechtsmittel ohne Bevollmächtigung oder gegen den Willen des Angeklagten eingelegt hat. Letzteres wird allerdings nicht schon dadurch indiziert, dass der Verurteilte die Rechtsmittelfrist hat verstreichen lassen. Vielmehr muss der Verurteilte widersprochen oder sonst seinen entgegenstehenden Willen zu erkennen gegeben haben (§ 297).[16]

7   **3. Gesetzlicher Vertreter als Kostenpflichtiger.** Gesetzliche Vertreter und Erziehungsberechtigte (§ 298, § 67 Abs. 1 und Abs. 3 JGG) haften als Rechtsmittelführer für die Kosten der Rechtsmittelinstanz nur mit dem Vermögen des Angeklagten, soweit es ihrer Verwaltung untersteht.[17] Nach Volljährigkeit des Angeklagten ist der gesetzliche Vertreter dagegen voll kostentragungspflichtig.[18]

III. Erfolgloses oder zurückgenommenes Rechtsmittel bei Nebenklägerbeteiligung (Abs. 1 S. 2)

8   Bei Zurücknahme oder Erfolglosigkeit des Rechtsmittels hat der Angeklagte auch die notwendigen Auslagen des Nebenklägers oder Nebenklageberechtigten, die durch Wahrnehmung der Befugnisse nach § 406g entstanden sind, zu tragen.[19] Dies gilt auch dann, wenn der Nebenkläger selbst kein Rechtsmittel eingelegt und sich bei Durchführung des Rechtsmittelverfahrens auf die Abwehr des Rechtsmittels des Verurteilten beschränkt hat. Die Auslagen des Nebenklägers sind dem Verurteilten auch dann aufzubürden, wenn der Nebenkläger gem. § 400 Abs. 1 nicht zur Anfechtung des erstinstanzlichen Urteils berechtigt gewesen wäre. Selbst im Fall einer erfolglosen Strafmaßberufung eines Angeklagten sind die notwendigen Auslagen des Nebenklägers dem Angeklagten aufzuerlegen, falls der rechtskräftige Schuldspruch ein Nebenklagedelikt enthält.[20] Bei

---

[12] OLG Düsseldorf v. 22. 1. 1985 – 1 Ws 27/85, NStZ 1985, 380; OLG Hamburg v. 27. 7. 2005 – 2 Ws 165/166/05, BeckRS 2005, 09129.
[13] Meyer-Goßner Rn. 5.
[14] OLG Zweibrücken v. 5. 12. 1973 – Ws 335/73, NJW 1974, 659.
[15] Perels NStZ 1985, 538 (540).
[16] OLG Hamm v. 14. 8. 2008 – 3 Ws 309/08, FD-RVG 2008, 268 165; etwas weitergehender noch OLG Frankfurt v. 11. 6. 1991 – 2 Ws 79/91, NJW 1991, 3164: Kostentragungspflicht des Verteidigers, wenn der Verurteilte die Rechtsmittelfrist hat verstreichen lassen und seinen Willen, das Urteil zu akzeptieren, bekundet hat, auch wenn kein Rechtsmittelverzicht erklärt worden ist.
[17] BGH v. 11. 11. 1955 – 1 StR 39/55, NJW 1956, 520.
[18] Meyer-Goßner Rn. 8.
[19] BGH v. 8. 10. 2008 – 1 StR 497/08, NJW 2009, 308.
[20] OLG Celle v. 25. 4. 1990 – 1 Ws 75/90, NZV 1991, 42; OLG Hamm v. 25. 2. 1998 – 2 Ws 13/98, NStZ-RR 1999, 54 (55).

einem Teilerfolg des Rechtsmittels des Angeklagten ist hinsichtlich der notwendigen Auslagen des Nebenklägers (oder Nebenklageberechtigten) eine Billigkeitsentscheidung zu treffen, bei der neben dem Umfang des Teilerfolges dessen spezielle Bedeutung für die Beteiligten und ihr Verhältnis zueinander, insbesondere die Auswirkung des Teilerfolgs auf ihre Interessen und Rechte zu berücksichtigen sind. Wenn allerdings der Angeklagte mit seinem unbeschränkten Rechtsmittel nur eine Strafmilderung erreicht und das vom Nebenkläger verfolgte Interesse durch diese Entscheidung nicht berührt wird, ist es gerechtfertigt, dem Nebenkläger einen Anspruch auf Ersatz seiner vollen notwendigen Auslagen zuzubilligen.[21]

IV. Rechtsmittel des Nebenklägers (Abs. 1 S. 3)

Die Auferlegung der notwendigen Auslagen des Angeklagten auf den Nebenkläger erfolgt grds. nur dann, wenn dieser allein erfolglos Revision eingelegt hat. Hat der Nebenkläger erfolgreich gegen ein freisprechendes erstinstanzliches Urteil Berufung einlegt, ist das Berufungsurteil dann aber erfolgreich vom Angeklagten angegriffen worden, mit der Folge, dass nach Zurückverweisung die Berufung verworfen wird, hat der Nebenkläger zwar nicht die Kosten des Revisionsverfahrens aber diejenigen des Berufungsverfahrens zu tragen. Dies gilt unbeschadet dessen, dass gem. § 401 Abs. 4 nach Aufhebung des freisprechenden erstinstanzlichen Urteils durch das Berufungsgericht der weitere Betrieb des Verfahrens der StA obliegt. Hieraus ergeben sich nämlich nur Rechtsfolgen hinsichtlich der Kosten des Revisionsverfahrens, die nicht dem Nebenkläger, sondern der Staatskasse aufzuerlegen sind. Damit, dass das Revisionsgericht das erste Berufungsurteil aufhebt und die Sache wieder an das Berufungsgericht zurückverweist, wird die Sache in den Zustand zurückversetzt, in dem sie sich vor Erlass des ersten Berufungsurteils befunden hatte. Grundlage des Berufungsverfahrens ist also weiterhin ausschließlich die Berufung des Nebenklägers, so dass dieser die notwendigen Auslagen des Angeklagten in dem Berufungsverfahren zu tragen hat.[22] Hat der Nebenkläger dagegen allein Revision eingelegt und endet das Verfahren nach Zurückverweisung in der Berufungsverhandlung mit einem Freispruch des Angeklagten, dann sind dem Nebenkläger nur die Kosten der Revision und die dem Angeklagten dadurch erwachsenen notwendigen Auslagen zu überbürden.[23]

1. Rechtsmittel des Nebenklägers und der StA. Hat neben dem Nebenkläger auch die StA erfolglos Revision eingelegt, dann werden die notwendigen Auslagen des Angeklagten nicht auf den Nebenkläger und die Staatskasse verteilt, sondern letztere hat allein die notwendigen Auslagen des Angeklagten zu tragen.[24]

2. Rechtsmittel des Nebenklägers und des Angeklagten. Haben gegen ein Urteil sowohl der Nebenkläger als auch der Angeklagte Revision eingelegt, hat letzterer aber sein Rechtsmittel beschränkt, sind abweichend von dem Grundsatz, dass bei gleichzeitigen erfolglosen Rechtsmitteln des Nebenklägers und des Angeklagten jeder Rechtsmittelführer seine notwendigen Auslagen selbst zu tragen hat, die dem Angeklagten durch die Nebenklagerevision erwachsenen notwendigen Auslagen dem Nebenkläger aufzuerlegen, wenn der Anfechtungsumfang der beiden Rechtsmittel infolge der Rechtsmittelbeschränkung des Angeklagten nicht deckungsgleich war.[25]

V. Rechtsmittel des Antragsstellers im Adhäsionsverfahren (Abs. 1 S. 4)

Gegen den Beschluss, mit dem nach § 405 Abs. 5 S. 2 von einer Entscheidung über den Antrag des Verletzten (oder seines Erben) abgesehen wird, ist gem. § 406 a sofortige Beschwerde zulässig. Die sofortige Beschwerde wird aber unzulässig, wenn es zu einer den Rechtszug abschließenden Entscheidung kommt. Ohne die Regelung in Abs. 1 S. 4 müsste in diesem Fall der Verletzte – trotz anfänglich zulässiger Beschwerde – die Kosten tragen (Abs. 1 S. 1). Dieses unbillige Ergebnis verhindert Abs. 1 S. 4, der die Regelung in § 472 a Abs. 2 für entsprechend anwendbar erklärt, so dass ggf. auch die gerichtlichen Gebühren der Staatskasse auferlegt werden können (§ 472 a Abs. 2 S. 2).

---

[21] OLG Düsseldorf v. 4. 10. 1991 – 4 a Ws 184 – 186/91, NStZ 1992, 250 (251); OLG München v. 7. 8. 2003 – 2 Ws 758/03, NJW 2003, 3072.
[22] BayObLG v. 29. 4. 1980 – RReg. 1 St 100/80, NStZ 1981, 312 mAnm *Dünnebier*.
[23] OLG Stuttgart v. 16. 9. 1994 – 1 Ws 178/94, NStE Nr. 21 zu § 473 StPO.
[24] BGH v. 30. 11. 2005 – 2 StR 402/05, NStZ-RR 2006, 128; BGH v. 6. 12. 2007 – 3 StR 342/07, NStZ-RR 2008, 146 f.
[25] BGH v. 2. 9. 1998 – 3 StR 391/98, bei *Kotz* NStZ-RR 199, 161 (167).

VI. Rechtsmittel der StA zuungunsten von Beschuldigten/Nebenbeteiligten (Abs. 2 S. 1)

13 Bei Zurücknahme oder Erfolglosigkeit eines von der StA zuungunsten des Beschuldigten oder Nebenbeteiligten eingelegten Rechtsmittels sind der Staatskasse neben den Kosten des Rechtsmittels (Abs. 1) auch deren notwendigen Auslagen (Abs. 2 S. 1) zu überbürden. So sind etwa im Falle einer Berufungszurücknahme durch die StA die dem Angeklagten durch das Rechtsmittel der StA erwachsenen notwendigen Auslagen der Staatskasse aufzuerlegen, und zwar unabhängig davon, ob solche ausscheidbaren notwendigen Auslagen dem Angeklagten überhaupt erwachsen sind. Deren Feststellung bleibt dem Kostenfestsetzungsverfahren vorbehalten.[26] Legt die StA gegen ein erstinstanzliches Urteil zum Nachteil des Angeklagten Rechtsmittel ein, mit der Folge, dass das erstinstanzliche Urteil zwar aufgehoben, aber nach erneuter Verhandlung vor dem erstinstanzlichen Gericht bestehen bleibt, dann ist die kostenrechtliche Konsequenz des im Endergebnis erfolglosen Rechtsmittels der StA die Kostentragungspflicht der Staatskasse hinsichtlich der Kosten des Rechtsmittelverfahrens und der notwendigen Auslagen des Angeklagten für die Rechtsmittelinstanz (Abs. 2 S. 1). Die notwendigen Auslagen und die Verfahrenskosten für die beiden erstinstanzlichen Verhandlungen muss dagegen der Angeklagte selbst tragen (§ 465).[27] Hat dagegen das Rechtsmittel der StA zuungunsten des Angeklagten im Endergebnis Erfolg, gehören die Verfahrenskosten der Rechtsmittelinstanz zu den Kosten des Verfahrens, die der Angeklagte nebst seinen eigenen notwendigen Auslagen zu tragen hat (§ 465).[28] Hat die StA das von ihr eingelegte Rechtsmittel auf bestimmte Beschwerdepunkte beschränkt und insoweit vollen Erfolg, so gilt der Angeklagte insoweit als „verurteilt" und hat die Kosten des Rechtsmittelverfahrens und insoweit seine Auslagen zu tragen.[29]

14 **1. Rechtsmittel von StA und Angeklagten.** Legen die StA und der Angeklagte Berufung ein und nehmen beide das Rechtsmittel zurück, hat die Staatskasse nur die Mehrauslagen des Angeklagten zu tragen, die durch die zurückgenommene Berufung der StA verursacht worden sind.[30]

15 **2. Rechtsmittel von StA und Nebenkläger.** Hat neben der StA auch ein Nebenkläger zuungunsten des Angeklagten erfolglos Revision eingelegt, ergibt sich folgende Kostenverteilung: Der Nebenkläger hat die Revisionsgebühr (Nr. 3520 KV GKG) und die Hälfte der gerichtlichen Auslagen zu tragen. Die Staatskasse hat die andere Hälfte der gerichtlichen Auslagen und alle notwendigen Auslagen des Angeklagten zu tragen (Abs. 2 S. 1).[31]

VII. Rechtsmittel der StA zugunsten von Beschuldigten/Nebenbeteiligten (Abs. 2 S. 2)

16 Nach § 301 wirkt jedes Rechtsmittel der StA auch zugunsten des Beschuldigten.[32] Abs. 2 S. 2 erfasst den Fall, dass ein uneingeschränktes Rechtsmittel der StA zugunsten des Beschuldigten oder Nebenbeteiligten vollen Erfolg hat. In diesem Fall wird der Beschuldigte oder Nebenbeteiligte kostenrechtlich so gestellt, als wenn sie selbst erfolgreich das Rechtsmittel eingelegt hätten,[33] dh. die Kosten und ihre notwendigen Auslagen trägt die Staatskasse.[34]

VIII. Erfolg eines beschränkten Rechtsmittels (Abs. 3)

17 Wird das Rechtsmittel von Anfang an auf bestimmte Beschwerdepunkte beschränkt, dann ist Abs. 3 ohne weiteres anwendbar. Ein erfolgreiches Rechtsmittel idS liegt vor, wenn der Beschwerdeführer sein erklärtes Ziel im Wesentlichen erreicht hat.[35] Hat der Angeklagte mit seinem beschränkten Rechtsmittel vollen Erfolg, ist er insoweit kostenrechtlich wie eine Freigesprochener zu behandeln, mit der Folge, dass er weder die Verfahrenskosten und seine notwendigen Auslagen zu tragen hat.

---

[26] BayObLG v. 29. 7. 1982 – 2 St 203/82, MDR 1983, 155.
[27] BGH v. 29. 1. 1963 – 1 StR 516/62, BGHSt 18, 231 = NJW 1963, 724.
[28] BGH v. 28. 1. 1964 – 3 StR 55/63, BGHSt 19, 226 = NJW 1964, 875.
[29] OLG Düsseldorf v. 30. 10. 1981 – 3 Ws 343/81, MDR 1982, 518.
[30] OLG Zweibrücken v. 5. 12. 1973 – Ws 335/73, NJW 1974, 659.
[31] BGH v. 30. 11. 2005 – 2 StR 402/05, NStZ-RR 2006, 128; BGH v. 6. 12. 2007 – 3 StR 342/07, NStZ-RR 2008, 146 f.
[32] OLG Hamm v. 8. 12. 1952 – (2) 2 Ss 391/52, NJW 1953, 118 (119).
[33] Meyer-Goßner Rn. 16.
[34] BGH v. 28. 1. 1964 – 3 StR 55/63, BGHSt 19, 226 = NJW 1964, 875; OLG Düsseldorf v. 4. 9. 1997 – 1 Ws 694/97, NStZ-RR 1998, 159; OLG Düsseldorf v. 23. 9. 1999 – 1 Ws 701/99, NStZ-RR 2000, 223.
[35] OLG Düsseldorf v. 22. 1. 1985 – 1 Ws 27/85, NStZ 1985, 380; OLG Saarbrücken v. 13. 3. 1990 – 1 Ws 68/90, StV 1990, 366.

1. Voller Erfolg. Ob im Rahmen der Kostenentscheidung von einem vollen Erfolg eines beschränkten Rechtsmittels auszugehen ist, bestimmt sich nach dem Vergleich zwischen der in der Vorinstanz erkannten Strafe und der in der Rechtsmittelinstanz erreichten Milderung; nicht entscheidend ist der Schlussantrag des Rechtsmittelführers.[36] Die auf den Strafausspruch beschränkte Berufung hat einen vollen Erfolg, wenn anstelle der Verurteilung zu einer Geldstrafe auf eine Verwarnung mit Strafvorbehalt erkannt wird.[37] Bei einer Strafmaßberufung wird ein voller Erfolg auch dann bejaht, wenn der Angeklagte sich der Konkretisierung einer Milderung enthält, also den Umfang der Herabsetzung in das Ermessen des Gerichts stellt, und es zu einer erheblichen („fühlbaren") Strafermäßigung kommt. Dies ist bei einer Ermäßigung der Strafe um ein Viertel der Fall.[38] 18

2. Nachträgliche Rechtsmittelbeschränkung. Wurde das Rechtsmittel erst nachträglich beschränkt und hatte insofern dann vollen Erfolg, wird dieser Fall nicht vollumfänglich durch Abs. 3 geregelt. Bei vollem Erfolg des erst nachträglich beschränkten Rechtsmittels sind zwar die Kosten des Rechtsmittels und die dem Angeklagten erwachsenen notwendigen Auslagen der Staatskasse aufzuerlegen (Abs. 3), jedoch mit Ausnahme derjenigen gerichtlichen und außergerichtlichen Auslagen, die bei einer von vornherein beschränkten Rechtsmitteleinlegung vermeidbar gewesen wären; insofern kommt Abs. 1 zur Anwendung.[39] 19

3. Beschränkter Einspruch. Grundsätzlich nicht unter Abs. 3 fällt der auf bestimmte Beschwerdepunkte beschränkte Einspruch gegen einen Strafbefehl (§ 410 Abs. 2), da dieser kein Rechtsmittel iSv. Abs. 3 ist.[40] Da Abs. 3 unanwendbar ist, richtet sich auch bei einem beschränkt eingelegten Einspruch, der erfolgreich ist, die Kosten- und Auslagenentscheidung des daraufhin ergehenden Urteils allein nach §§ 465 ff.[41] Ein Ausgleich für die Unanwendbarkeit der Kostengerechtigkeit dienenden Regelung des Abs. 3[42] kann in diesen Fällen nur über § 465 Abs. 2 erfolgen.[43] Von diesem Grundsatz lässt allerdings das LG Flensburg dann eine Ausnahme zu und wendet Abs. 3 (analog) bei der Beschränkung des Einspruchs gegen den Rechtsfolgeausspruch des Strafbefehls an, wenn dem Angeklagten vor Erlass des Strafbefehls kein rechtliches Gehör gewährt wurde.[44] Das OLG München hält sogar Abs. 3 bei vollem Erfolg des auf bestimmte Beschwerdepunkte beschränkten Einspruchs des Angeklagten gegen einen Strafbefehl für uneingeschränkt anwendbar, mit der Folge, dass die Staatskasse die ab Einspruchseinlegung entstandenen Kosten und notwendigen Auslagen zu tragen hat.[45] 20

4. Auslagen des Nebenklägers. Wer die notwendigen Auslagen des Nebenklägers bei vollem Erfolg eines auf das Strafmaß beschränkten Rechtsmittels des Angeklagten zu tragen hat, ist gesetzlich nicht ausdrücklich geregelt. Nach einer Auffassung soll der Angeklagte auch diesbezüglich wie ein Freigesprochener behandelt und dementsprechend von den Auslagen des Nebenklägers freigestellt werden.[46] Eine andere Auffassung wendet hinsichtlich der Verteilung der notwendigen Auslagen des Nebenklägers § 472 Abs. 1 an, wonach grds. der Angeklagte diese zu tragen hat, es sei denn, Billigkeitsgründe sprechen dagegen.[47] Letztere Auffassung ist richtig, da der gedankliche Ansatz, der Angeklagte sei auch im Verhältnis zum Nebenkläger wie ein Freigesprochener zu behandeln, unzutreffend ist, schließlich bleibt der Angeklagte auch bei erfolgreicher Strafmaßberufung wegen einer den Nebenkläger betreffenden Tat verurteilt und das Gesetz ermöglicht die Beteiligung des Nebenklägers gerade auch bei einer Strafmaßberufung.[48] 21

---

[36] OLG Frankfurt v. 20. 10. 1978 – 2 Ws 237/78, NJW 1979, 1515; OLG Köln v. 10. 9. 1993 – 2 Ws 409/93, StV 1993, 649.
[37] OLG Bremen v. 3. 5. 1994 – Ws 63/94, StV 1994, 495.
[38] OLG Frankfurt v. 20. 10. 1978 – 2 Ws 237/78, NJW 1979, 1515; OLG Celle v. 27. 6. 2008 – 1 Ws 322/08, NStZ-RR 2008, 359: Eine Reduzierung der Strafe um ein Zehntel ist nicht wesentlich.
[39] HM siehe nur KG v. 22. 5. 1970 – 2 Ws 13/70, NJW 1970, 2129; OLG Frankfurt v. 6. 5. 1974 – 2 Ws 98/74, NJW 1974, 1670; OLG Celle v. 2. 7. 1974 – 2 Ws 115/74, NJW 1975, 400; OLG Thüringen v. 7. 3. 2006 – 1 Ws 59/06, bei *Kotz* NStZ-RR 2007, 293 (295); aA KMR/*Stöckel* Rn. 11 (Entscheidung nach Abs. 4) mit ausführlichen Nachweisen aus Rspr. und Lit.
[40] BT-Drucks. X/1313, S. 38.
[41] OLG Stuttgart v. 4. 8. 1989 – 6 Ss 444/89, NStZ 1989, 589 mwN; LG Hamburg v. 13. 1. 1993 – 603 Qs 38/93, NZV 1993, 205 mwN; LG Karlsruhe v. 16. 8. 2006 – 4 Qs 64/06, BeckRS 2006, 09986 mwN.
[42] Siehe Rn. 1.
[43] KMR/*Stöckel* Rn. 5; *Meyer* JurBüro 1989, 1331; restriktiv aber LG Karlsruhe v. 16. 8. 2006 – 4 Qs 64/06, BeckRS 2006, 09986.
[44] LG Felsburg v. 20. 12. 2004 – 1 Qs 138/04, NStZ-RR 2005, 96.
[45] OLG München v. 3. 12. 1987 – 2 Ws 1132/87 K, NStZ 1988, 473 mAnm *Mertens*; aA LG München v. 13. 6. 1988 – 21 Ns 497 Js 119504/86, NStZ 1988, 473f.; OLG Stuttgart v. 4. 8. 1989 – 6 Ss 444/89, NStZ 1989, 589 (§ 465 einschlägig); LG Karlsruhe v. 16. 8. 2006 – 4 Qs 64/06, BeckRS 2006, 09986.
[46] OLG Saarbrücken v. 13. 3. 1990 – 1 Ws 68/90, StV 1990, 366; *Meyer-Goßner* Rn. 23.
[47] OLG Zweibrücken v. 24. 2. 1993 – 1 Ws 344/92, MDR 1993, 698; OLG Celle v. 25. 9. 2007 – 1 Ws 345/07, NdsRpfl. 2008, 50; Löwe/Rosenberg/*Hilger* Rn. 76.
[48] OLG Hamm v. 10. 2. 1998 – 3 Ws 575/97, NStZ-RR 1998, 221 (222).

IX. Teilweiser Erfolg des Rechtsmittels (Abs. 4)

22 Abweichend von § 465 erlaubt Abs. 4 bei teilweisem Erfolg eines Rechtsmittels die notwendigen Auslagen des Rechtsmittelführers für die Rechtsmittelinstanz[49] der Staatskasse aufzuerlegen und die Verfahrensgebühr für die Rechtsmittelinstanz zu ermäßigen. Abs. 4 findet nur Anwendung bei einem Rechtsmittelerfolg hinsichtlich derselben Tat (zB Strafmilderung), nicht bei einem echten Teilfreispruch, der kostenrechtlich nach § 467 Abs. 1 zu behandeln ist.[50]

23 **1. Billigkeit.** Eine Billigkeitsentscheidung zugunsten des Beschwerdeführers ist gerechtfertigt, wenn anzunehmen ist, dass das Rechtsmittel nicht eingelegt worden wäre, wenn die angegriffene ursprüngliche Entscheidung so ausgefallen wäre wie diejenige des Rechtsmittelgerichts.[51] Der Umfang der Umverteilung zugunsten des Rechtsmittelführers hängt von dem Umfang seines teilweisen Erfolges ab.[52] Die Billigkeitsentscheidung bei Teilerfolg kann auch zuungunsten des Rechtsmittelführers ausgehen. So kann etwa im Rahmen der Billigkeitsentscheidung zum Nachteil des Angeklagten berücksichtigt werden, dass er in beiden Instanzen voneinander abweichende Angaben gemacht hat; dies zeigt auch der dem § 467 Abs. 3 S. 2 Nr. 1 zugrunde liegende allgemeine Rechtsgedanke.[53]

24 **2. Nebenkläger.** Bei Beteiligung eines Nebenklägers kann im Falle eines Teilerfolgs des vom Angeklagten eingelegten Rechtsmittels eine Verteilung der Nebenklageauslagen zwischen ihm und dem Nebenkläger in entsprechender Anwendung der §§ 472 Abs. 1 S. 2, 473 Abs. 4 erfolgen. Bei der Billigkeitsentscheidung ist neben dem Umfang des Teilerfolgs auch dessen spezielle Bedeutung für die Beteiligten und ihr Verhältnis zueinander, insbesondere die Auswirkung des Teilerfolgs auf ihre Interessen und Rechte zu berücksichtigen.[54] So kann etwa die Billigkeitsentscheidung bei Teilerfolg zuungunsten des Rechtsmittelführers ausgehen, mit der Folge, dass der Angeklagte trotz teilweiser erfolgreicher Berufung die notwendigen Auslagen des Nebenklägers voll zu erstatten hat, weil sich (u. a.) dieser Erfolg nicht auf die zur Nebenklage berechtigenden Tat bezog und der Nebenkläger ferner durch sein Prozessverhalten im Berufungsverfahren keine vermeidbaren Ausgaben veranlasst hat.[55]

25 **3. Zuständigkeit.** Welches Gericht über die Kosten des Rechtsmittels zu befinden hat, wenn das Revisionsgericht das Urteil nur wegen einer Gesetzesverletzung bei Bildung der Gesamtstrafe aufhebt, die Sache jedoch nicht zurückverweist, sondern gem. § 354 Abs. 1 b S. 1 von der Möglichkeit Gebrauch macht, die Entscheidung über die Gesamtstrafe dem Beschlussverfahren gem. §§ 460, 462 vorzubehalten, ist gesetzlich nicht geregelt. Diese gesetzliche Regelungslücke wird von der Rspr. wie folgt ausgefüllt: Sieht sich das Revisionsgericht selbst an einer Entscheidung über die Kosten des Rechtsmittels gehindert, weil das Maß und das Gewicht des Teilerfolgs nicht im Voraus beurteilt werden kann, dann entscheidet hierüber – wie bei der Aufhebung und Zurückverweisung nach § 354 Abs. 2 – das für das Nachverfahren zuständige Gericht (§ 462a).[56] Ist dagegen sicher abzusehen, dass das Rechtsmittel des Angeklagten nur einen geringfügigen Teilerfolg haben wird, trifft das Revisionsgericht die Kostenentscheidung nach Abs. 4 selbst.[57]

X. Erfolg wegen Zeitablaufs (Abs. 5)

26 Wird die Fahrerlaubnisentziehung (§ 69 StGB) in der Rechtsmittelinstanz nur deswegen erfolgreich angegriffen, weil wegen Zeitablaufs[58] die (ursprünglich zu bejahende) Ungeeignetheit des Angeklagten zum Führen von Kfz nicht mehr festgestellt werden kann, dann wird dieser Erfolg kostenrechtlich nicht anerkannt. Ein Fall von Abs. 5 liegt vor, wenn durch die vorläufige Entziehung (§ 111 a) der Zweck einer Fahrerlaubnisentziehung (§ 69 StGB) zwischenzeitlich erreicht wurde. Abs. 5 gilt auch in den Fällen, in denen das Rechtsmittel nicht nur den Fahrerlaubnisentzug angreift, aber im Ergebnis das Rechtsmittelgericht nur diese Maßregel aufhebt. Das Vorste-

---

[49] AG Westerburg v. 24. 9. 2009 – 2020 Js 74 037/06.33 Ds, BeckRS 2009, 12922.
[50] BayObLG v. 15. 4. 1969 – RReg. 3 b St 55/69, NJW 1969, 1448 (1449).
[51] BGH v. 13. 10. 2005 – 4 StR 143/05, NStZ-RR 2006, 32.
[52] BGH v. 16. 11. 2004 – 4 StR 392/04, NJW 2005, 376 (377); BGH v. 10. 1. 2007 – 5 StR 454/06, StV 2008, 369.
[53] OLG Frankfurt v. 21. 2. 2007 – 2 Ws 10/07, NStZ-RR 2007, 158.
[54] OLG Düsseldorf v. 4. 10. 1991 – 4 a Ws 184 – 186/91, NStZ 1992, 250 (251).
[55] OLG München v. 7. 8. 2003 – 2 Ws 758/03, NJW 2003, 3072.
[56] BGH v. 9. 11. 2004 – 4 StR 426/04, NJW 2004, 1205 (1206); BGH v. 7. 6. 2005 – 2 StR 122/05, BGHSt 50, 138 = NJW 2005, 2566 (2567).
[57] BGH v. 28. 10. 2004 – 5 StR 430/04, NJW 2004, 3788 (3789); BGH v. 18. 10. 2007 – 4 StR 404/07, BeckRS 2007, 18046.
[58] Siehe Rn. 3.

XI. Wiederaufnahme und Nachverfahren (Abs. 6)

Abs. 1 bis Abs. 4 gelten entsprechend bei einem Wiederaufnahmeantrag und bei einem Nachverfahren. Der Wiederaufnahmeantrag hat keinen Erfolg, wenn das frühere Urteil aufrechterhalten wird. Bei einem Freispruch des Verurteilten findet § 467 Anwendung. Nach einer erfolgreichen Wiederaufnahme hat die Staatskasse auch die Kosten einer von dem Angeklagten früher erfolglos eingelegten Revision zu tragen.[60] Wird der Angeklagte nach Wiederaufnahme des Verfahrens verurteilt, folgt die Kostenentscheidung aus § 465. Eine Ausnahme von der Regelung in § 473 Abs. 1 ist bei Zurücknahme des Wiederaufnahmeantrags wegen Urteilsberichtigung, die dem Antrag die Grundlage entzieht, zu machen. In diesem Fall hat die Staatskassen die Kosten zu tragen, wenn der Wiederaufnahmeantrag zulässig und begründet gewesen wäre (§ 467 Abs. 1 analog).[61]

XII. Wiedereinsetzung (Abs. 7)

Wird die Wiedereinsetzung – auf Antrag oder nach § 45 Abs. 2 S. 3 – gewährt, dann verbindet das Gericht die Wiedereinsetzung mit dem Ausspruch, dass diese auf Kosten des Antragstellers geschieht[62] oder spricht dies in der Entscheidung, die das Hauptverfahren abschließt, aus. Diese Kostenentscheidung ist unanfechtbar.[63] Wird die Wiedereinsetzung nicht gewährt, dann erfolgt kein Kostenausspruch, wenn dem Antragsteller schon in einer vorausgegangenen Kostenentscheidung die Kosten des Verfahrens überbürdet wurden, da die Kosten der Wiederaufnahme hierzu ebenfalls zählen.[64] Kosten, die durch einen unbegründeten Widerspruch des Gegners entstanden sind, werden diesem auferlegt.[65]

§ 473 a [Kosten bei gesonderter Entscheidung über die Rechtmäßigkeit einer Ermittlungsmaßnahme]

¹Hat das Gericht auf Antrag des Betroffenen in einer gesonderten Entscheidung über die Rechtmäßigkeit einer Ermittlungsmaßnahme oder ihres Vollzuges zu befinden, bestimmt es zugleich, von wem die Kosten und die notwendigen Auslagen der Beteiligten zu tragen sind. ²Diese sind, soweit die Maßnahme oder ihr Vollzug für rechtswidrig erklärt wird, der Staatskasse, im Übrigen dem Antragsteller aufzuerlegen. ³§ 304 Absatz 3 und § 464 Absatz 3 Satz 1 gelten entsprechend.

I. Allgemeines

Mit der Schaffung des § 473 a[1] sind nunmehr gerichtliche Entscheidungen über die Rechtmäßigkeit von Ermittlungsmaßnahmen sowie Art und Weise ihres Vollzugs auch mit einer Entscheidung über die Verteilung der Kosten und Auslagen zu versehen. Ziel der Regelung ist es, der bis dato misslichen rechtlichen Situation abzuhelfen, dass wenn ein Gericht zur Feststellung der Rechtswidrigkeit einer Maßnahme oder ihres Vollzugs gelangte, mangels Kostenentscheidung der von der rechtswidrigen Maßnahme Betroffene keine Erstattung seiner notwendigen Auslagen – etwa Anwaltskosten – erhalten hat.[2]

II. Entscheidung über die Rechtmäßigkeit von Ermittlungsmaßnahmen (S. 1)

Auf Antrag des Betroffenen können die Rechtmäßigkeit einer Ermittlungsmaßnahme und die Rechtmäßigkeit der Art und Weise ihres Vollzugs gerichtlich überprüft werden: §§ 98 Abs. 2 S. 2 (in unmittelbarer oder analoger Anwendung), 81g Abs. 5 S. 4, 101 Abs. 7 S. 2, 111l Abs. 6 S. 1, 147 Abs. 5 S. 2, 161a Abs. 3 S. 1, 163a Abs. 3 S. 3, 406e Abs. 4 S. 2, 478 Abs. 3 S. 1. Mit diesen

---

[59] *Meyer-Goßner* Rn. 30.
[60] BGH v. 18. 10. 1955 – 1 StR 369/55, NJW 1956, 70 (L).
[61] *Perels* NStZ 1985, 538 (540).
[62] Tenorierungsbeispiel OLG Hamm v. 7. 5. 2007, BeckRS 2007, 14188.
[63] KK-StPO/*Gieg* Rn. 16.
[64] OLG Bremen v. 20. 10. 1960 – Ss 86/60, MDR 1961, 621; OLG Düsseldorf v. 13. 10. 1983 – 1 Ws 751/83, JurBüro 1984, 251 f.
[65] *Müller* NJW 1962, 238.
[1] Art. 1 Nr. 33 Gesetz zur Stärkung der Rechte von Verletzten und Zeugen im Strafverfahren (2. Opferrechtsreformgesetz) vom 29. 7. 2009, in Kraft seit 1. 10. 2009, BGBl. I S. 2280 (2284).
[2] BT-Drucks. 16/1298, S. 40.

Entscheidungen einer geht nunmehr eine Entscheidung von Amts wegen über die Verteilung der Kosten und Auslagen. Mangels „gesonderter Entscheidung" greift § 473 a dann nicht ein, wenn das Gericht – wie im Fall des § 101 Abs. 7 S. 4 – über den Antrag auf Überprüfung der Rechtmäßigkeit in der verfahrensabschließenden Entscheidung befindet; in diesem Fall gelten die allgemeinen Regeln gem. §§ 464 ff.[3]

III. Verteilung der Kosten und Auslagen (S. 2)

4 Die Kosten und notwendigen Auslagen der Beteiligten sind der Staatskasse aufzuerlegen, „soweit" die Maßnahme oder ihr Vollzug für rechtswidrig erachtet werden. „Soweit" meint in diesem Zusammenhang, dass auch eine angemessene Verteilung der Kosten und notwenigen Auslagen möglich ist, insbesondere wenn die Maßnahme nur teilweise für rechtswidrig erklärt wird.[4] Maßgeblich für die Kosten- und Auslagenverteilung gem. § 473 a ist nur die Rechtmäßigkeit oder Rechtswidrigkeit der Maßnahme selbst: Ist die Maßnahme zB rechtswidrig, geht die Kosten- und Auslagenentscheidung zugunsten des Betroffenen aus, und zwar unbeschadet einer etwaigen späteren Verurteilung mit der Kostenfolge zum Nachteil des Verurteilten gem. § 465 Abs. 1.[5]

IV. Rechtsmittel (S. 3)

5 Gegen die Kosten- und Auslagenentscheidung nach § 473 a kann sofortige Beschwerde eingelegt werden, wenn auch gegen die Hauptentscheidung betreffend die Rechtmäßigkeit der Maßnahme oder ihres Vollzugs die Anfechtung statthaft ist und der Wert des Beschwerdegegenstands 200,00 EUR übersteigt. Damit ausgenommen sind Fälle nach §§ 161a Abs. 3 S. 1 und S. 4, 111l Abs. 6 S 1, 147 Abs. 5 S. 2, 406 e Abs. 4 S. 2, 478 Abs. 3 S. 1.

---

[3] BT-Drucks. 16/1298, S. 40.
[4] BT-Drucks. 16/1298, S. 40.
[5] Anw-StPO/*Sättele* Rn. 3.

ACHTES BUCH. ERTEILUNG VON AUSKÜNFTEN UND AKTENEINSICHT, SONSTIGE VERWENDUNG VON DATEN FÜR VERFAHRENSÜBERGREIFENDE ZWECKE, DATEIREGELUNGEN, LÄNDERÜBERGREIFENDES STAATSANWALTSCHAFTLICHES VERFAHRENSREGISTER

Erster Abschnitt. Erteilung von Auskünften und Akteneinsicht, sonstige Verwendung von Daten für verfahrensübergreifende Zwecke

§ 474 [Auskünfte und Akteneinsicht für Justizbehörden und andere öffentliche Stellen]

(1) Gerichte, Staatsanwaltschaften und andere Justizbehörden erhalten Akteneinsicht, wenn dies für Zwecke der Rechtspflege erforderlich ist.

(2) ¹Im Übrigen sind Auskünfte aus Akten an öffentliche Stellen zulässig, soweit
1. die Auskünfte zur Feststellung, Durchsetzung oder zur Abwehr von Rechtsansprüchen im Zusammenhang mit der Straftat erforderlich sind,
2. diesen Stellen in sonstigen Fällen auf Grund einer besonderen Vorschrift von Amts wegen personenbezogene Daten aus Strafverfahren übermittelt werden dürfen oder soweit nach einer Übermittlung von Amts wegen die Übermittlung weiterer personenbezogener Daten zur Aufgabenerfüllung erforderlich ist oder
3. die Auskünfte zur Vorbereitung von Maßnahmen erforderlich sind, nach deren Erlass auf Grund einer besonderen Vorschrift von Amts wegen personenbezogene Daten aus Strafverfahren an diese Stellen übermittelt werden dürfen.

²Die Erteilung von Auskünften an die Nachrichtendienste richtet sich nach § 18 des Bundesverfassungsschutzgesetzes, § 10 des MAD-Gesetzes und § 8 des BND-Gesetzes sowie den entsprechenden landesrechtlichen Vorschriften.

(3) Unter den Voraussetzungen des Absatzes 2 kann Akteneinsicht gewährt werden, wenn die Erteilung von Auskünften einen unverhältnismäßigen Aufwand erfordern würde oder die Akteneinsicht begehrende Stelle unter Angabe von Gründen erklärt, dass die Erteilung einer Auskunft zur Erfüllung ihrer Aufgabe nicht ausreichen würde.

(4) Unter den Voraussetzungen der Absätze 1 oder 3 können amtlich verwahrte Beweisstücke besichtigt werden.

(5) Akten können in den Fällen der Absätze 1 und 3 zur Einsichtnahme übersandt werden.

(6) Landesgesetzliche Regelungen, die parlamentarischen Ausschüssen ein Recht auf Akteneinsicht einräumen, bleiben unberührt.

I. Allgemeines

Die Normen des Achten Buches sind „andere Rechtsvorschriften des Bundes" iSd. § 1 Abs. 3 BDSG und gehen damit den Regelungen dieses Gesetzes vor.[1] Soweit die strafprozessualen Regelungen nicht abschließend sind, ist allerdings im Einzelfall ein ergänzender Rückgriff auf die datenschutzrechtlichen Vorschriften möglich.[2] 1

§ 474 regelt die Zulässigkeit der Gewährung von Akteneinsicht und der Erteilung von Auskünften aus den Akten eines Strafverfahrens einschließlich beigezogener Akten an Gerichte und Justizbehörden für Zwecke der Rechtspflege. Gegenstand ist ausschließlich die Übermittlung personenbezogener Daten für **verfahrensexterne Zwecke**[3] und nicht für diejenigen Zwecke, für welche die Daten gerade erhoben worden sind. Nicht der Vorschrift unterfällt demgemäß die Vorlage von Akten an im Verfahren mitwirkende Stellen (zB Gerichtshilfe und Bewährungshilfe). Ebenfalls ist sie nicht einschlägig für die Vorlage von Akten an Instanzgerichte sowie an über- oder nachgeordnete Gerichte und Behörden zur Wahrnehmung von Aufsichts-, Kontroll- und Weisungsbefugnissen.[4] 2

---
[1] LG Hildesheim v. 26. 3. 2007 – 25 Qs 17/06, NJW 2008, 531 (533).
[2] OLG Dresden v. 19. 5. 2003 – 2 VAs 4/02, StV 2004, 68, ber. 368; Anw-StPO/*Pananis* Rn. 4.
[3] OLG Stuttgart v. 5. 12. 2006 – 4 Vas 14/06, StraFo 2007, 70 (71); HK-StPO/*Temming* Rn. 1; BT-Drucks. 14/1484, S. 25.
[4] Meyer-Goßner/*Cierniak* Rn. 1.

II. Akteneinsicht und Auskünfte aus der Akte

3   **1. Akteneinsicht (Abs. 1).** Gerichte, Staatsanwaltschaften und Justizbehörden erhalten nach Abs. 1 Akteneinsicht **zu Zwecken der Strafrechtspflege.** Justizbehörden sind auch die strafverfolgend tätigen Polizeibehörden und die Finanzbehörden, soweit sie bei Steuerstraftaten als Ermittlungsbehörden tätig sind (§§ 386 Abs. 2, 399 Abs. 1 AO).[5] Die Akteneinsicht wird der ersuchenden Stelle jeweils für ein bestimmtes Verfahren oder einen bestimmten justiziellen Vorgang erteilt.[6] Ebenfalls ist Gerichten, Staatsanwaltschaften und den Justizbehörden des Bundes und der Länder Akteneinsicht zu erteilen, soweit sie funktional als Justizbehörde in sonstiger Weise im Rahmen der Rechtspflege tätig werden. Insofern sind namentlich die Verfolgung von Ordnungswidrigkeiten und die Erfüllung von Aufgaben nach dem BZRG sowie Gnadensachen zu nennen.[7] Abs. 5 erlaubt die Übermittlung von Akten zu Zwecken der Akteneinsicht.

4   Die ersuchte Stelle ist nach Abs. 1 nicht berechtigt, von der um Akteneinsicht ersuchenden Stelle eine Darlegung der Notwendigkeit der Akteneinsicht zu verlangen.[8] Auch wenn die im Wortlaut der Vorschrift genannte **Erforderlichkeit** (als Ausprägung des allgemeinen Verhältnismäßigkeitsprinzips) notwendige Voraussetzung jeder Akteneinsicht ist, geht Abs. 1 von der **unwiderleglichen Vermutung** aus, dass die Akteneinsicht grundsätzlich notwendig ist.[9] Die Erforderlichkeit hat allein die die Akteneinsicht begehrende Stelle zu prüfen.[10] Die Akteneinsicht gewährende Stelle kann und muss von der Erforderlichkeit ausgehen, wenn eine der in Abs. 1 genannten Stellen Akteneinsicht für Zwecke der Rechtspflege begehrt.[11] Dies gilt insbesondere, wenn in dem anderen Verfahren der Amtsermittlungsgrundsatz gilt und die andere Verfahrensordnung ein Akteneinsichts- oder Auskunftsrecht gegenüber der Ermittlungsbehörde normiert, wie etwa § 99 Abs. 1 S. 1 VwGO, § 86 Abs. 1 S. 1 FGO und § 120 Abs. 1 SGG.

5   **2. Auskünfte aus den Akten (Abs. 2).** Die Datenübermittlung an sonstige öffentliche Stellen ist gem. Abs. 2 grundsätzlich **nur** auf **Auskünfte** aus den Akten beschränkt. **Sonstige öffentliche Stellen** sind alle hoheitlich tätigen Stellen, die nicht Justizbehörden i.S des Abs. 1 sind,[12] auch die Körperschaften, Anstalten und Stiftungen des öffentlichen Rechts und – wie aus Abs. 2 S. 2 folgt – die Nachrichtendienste des Bundes und der Länder. Die Datenübermittlung an Polizeibehörden für Zwecke der Gefahrenabwehr hat in § 481 eine spezielle Regelung erfahren, so dass Abs. 2 hierfür nicht einschlägig ist.

6   Erteilt werden können die Auskünfte, sofern sie für die in Abs. 2 S. 1 **abschließend** aufgezählten Zwecke erforderlich sind. Abs. 2 S. 1 **Nr. 1** betrifft im Wesentlichen Auskünfte im Zusammenhang mit staatlicher Haftung und Regressansprüchen aus Straftaten. Abs. 2 S. 1 **Nr. 2** erklärt Auskünfte aus den Strafakten gegenüber einer hierum ersuchenden Stelle für zulässig, an die eine Erteilung von Auskünften auch von Amts wegen zulässig wäre. Insofern ergänzt die Vorschrift die §§ 12 bis 22 EGGVG. Zudem erlaubt sie die Ergänzung einer Auskunft von Amts wegen auf Nachfrage des Empfängers. Schließlich gestattet Abs. 2 S. 1 **Nr. 3,** Auskünfte aus den Strafakten zur Vorbereitung einer (behördlichen) Maßnahme zu erteilen, wenn nach deren Erlass aufgrund einer besonderen Vorschrift die Übermittlung personenbezogener Daten aus dem Strafverfahren an die ersuchende Stelle zulässig wäre. Dies ist vor allem der Fall im Hinblick auf die in § 14 Abs. 1 Nr. 1 und 7 EGGVG genannten Erlaubnisse, Genehmigungen, Zulassungen und Berechtigungen sowie die Verleihung von Orden, Titeln und Ehrenzeichen.[13]

7   Der um Auskunft ersuchten Stelle ist – wegen der grundsätzlichen Beschränkung der Datenübermittlung auf die Auskunft aus den Akten – ein **eingeschränktes Ermessen** eingeräumt. Im Gegensatz zu Abs. 1 hat daher die um Auskunft ersuchende Stelle die Voraussetzungen für die Erteilung von Auskünften nachvollziehbar und schlüssig darzulegen und die ersuchte Stelle auf dieser Grundlage nach pflichtgemäßem Ermessen zu entscheiden.[14] Die ersuchte Stelle kann sich hierbei auf die begründete Erklärung der ersuchenden Stelle stützen.[15]

8   Weil der Begriff der Erforderlichkeit **eng auszulegen** ist, kommt die Erteilung von Auskünften an die in Abs. 2 genannten Stellen nur in Betracht, wenn sie die einzige Möglichkeit der Erkenntnisgewinnung oder bei mehreren Möglichkeiten die vernünftigste ist.[16]

---

[5] Anw-StPO/*Pananis* Rn. 6.
[6] HK-StPO/*Temming* Rn. 2.
[7] HK-StPO/*Temming* Rn. 2.
[8] KK-StPO/*Gieg* Rn. 2.
[9] HK-StPO/*Temming* Rn. 5; KK-StPO/*Franke* Rn. 2.
[10] OLG Stuttgart v. 5. 12. 2006 – 4 VAs 14/06, StraFo 2007, 70 (71); Löwe/Rosenberg/*Hilger* Rn. 6.
[11] HK-StPO/*Temming* Rn. 5.
[12] KK-StPO/*Gieg* Rn. 3.
[13] *Brodersen* NJW 2000, 2536 (2540).
[14] HK-StPO/*Temming* Rn. 7.
[15] BT-Drucks. 14/1484 S. 326.
[16] *Vasilaki* CR 1997, 162 (164); Anw-StPO/*Pananis* Rn. 10; Löwe/Rosenberg/*Hilger* Rn. 13.

Erster Abschnitt. Erteilung von Auskünften und Akteneinsicht **1 § 475**

Liegen die Voraussetzungen der Auskunftserteilung des Abs. 2 vor, erlaubt **Abs. 3 ausnahmsweise** **9** die Gewährung von **Akteneinsicht**, sofern die Erteilung von Auskünften einen unverhältnismäßigen Aufwand erfordern würde. Würde die Erteilung nur von Auskünften für die Erfüllung einer bestimmten, der ersuchenden öffentlichen Stelle obliegenden Aufgaben nicht ausreichen, kann ausnahmsweise Akteneinsicht gewährt werden. Voraussetzung hierfür ist neben dem Vorliegen der in Abs. 2 genannten Voraussetzungen ein begründeter, hierauf bezogener Antrag der ersuchenden Behörde. Die über den Antrag entscheidende Stelle darf sich hier wiederum auf die Erklärung der ersuchenden Behörde stützen.[17]

3. Besichtigung von Beweisstücken (Abs. 4). Die Zulässigkeit der Besichtigung amtlich ver- **10** wahrter Beweisstücke regelt Abs. 4. Nur wenn die Voraussetzungen von Abs. 1 oder Abs. 3 (iVm. Abs. 2) erfüllt sind und die Auskunftserteilung über die Beweisstücke zur Erfüllung der Aufgaben der ersuchenden Stelle nicht ausreichen würde, darf die Besichtigung der Beweisstücke gestattet werden. **Grundsätzlich ist aber allein die Erteilung von Auskünften** über die amtlich verwahrten Beweisstücke zulässig. Nach hM ist eine Versendung der Beweisstücke zulässig, wenn auch nicht im Gesetz vorgesehen.[18]

4. Akteneinsicht durch parlamentarische Untersuchungsausschüsse (Abs. 6). Abs. 6 stellt klar, **11** dass **landesgesetzliche Regelungen,** die parlamentarischen Untersuchungsausschüssen ein Akteneinsichtsrechts gewähren, **unberührt** bleiben.[19] Für parlamentarische Untersuchungsausschüsse des deutschen Bundestages folgt dies aus Art. 44 Abs. 2 GG, der die Vorschriften über den Strafprozess für sinngemäß anwendbar erklärt. Gerichte und Behörden sind nach Art. 44 Abs. 3 GG gegenüber parlamentarischen Untersuchungsausschüssen des deutschen Bundestages zur Amtshilfe verpflichtet, so dass es auch hier keines Rückgriffs auf § 474 bedarf. Für Streitigkeiten über die von einem parlamentarischen Untersuchungsausschuss begehrte Akteneinsicht ist der Rechtsweg nach den §§ 23 ff. EGGVG gegeben.[20]

III. Rechtsbehelfe

Wegen möglicher Rechtsbehelfe gegen Entscheidungen nach § 474 wird auf die Erläuterungen **12** zu § 478 verwiesen.[21]

§ 475 [Auskünfte und Akteneinsicht für Privatpersonen]

(1) ¹Für eine Privatperson und für sonstige Stellen kann, unbeschadet der Vorschrift des § 406e, ein Rechtsanwalt Auskünfte aus Akten erhalten, die dem Gericht vorliegen oder diesem im Falle der Erhebung der öffentlichen Klage vorzulegen wären, soweit er hierfür ein berechtigtes Interesse darlegt. ²Auskünfte sind zu versagen, wenn der hiervon Betroffene ein schutzwürdiges Interesse an der Versagung hat.

(2) Unter den Voraussetzungen des Absatzes 1 kann Akteneinsicht gewährt werden, wenn die Erteilung von Auskünften einen unverhältnismäßigen Aufwand erfordern oder nach Darlegung dessen, der Akteneinsicht begehrt, zur Wahrnehmung des berechtigten Interesses nicht ausreichen würde.

(3) ¹Unter den Voraussetzungen des Absatzes 2 können amtlich verwahrte Beweisstücke besichtigt werden. ²Auf Antrag können dem Rechtsanwalt, soweit Akteneinsicht gewährt wird und nicht wichtige Gründe entgegenstehen, die Akten mit Ausnahme der Beweisstücke in seine Geschäftsräume oder seine Wohnung mitgegeben werden. ³Die Entscheidung ist nicht anfechtbar.

(4) Unter den Voraussetzungen des Absatzes 1 können auch Privatpersonen und sonstigen Stellen Auskünfte aus den Akten erteilt werden.

I. Allgemeines

Die Vorschrift regelt die Voraussetzungen, unter denen **Privatpersonen** Auskünfte aus den **1** Strafakten erteilt und Akteneinsicht gewährt werden kann, die nicht Beschuldigte, Verletzte oder sonstige Verfahrensbeteiligte sind. Der (nicht verletzte) Zeuge ist kein Verfahrensbeteiligter,[1] so dass für ihn wie auch für den (seinen) Zeugenbeistand § 475 gilt.[2] Für den Insolvenzverwal-

---
[17] *Pfeiffer* Rn. 4.
[18] KK-StPO/*Gieg* Rn. 5.
[19] Vgl. BVerwG v. 13. 8. 1999 – 2 VR 1/99, BVerwGE 109, 256 (258) = NJW 2000, 160 (162).
[20] BGH v. 12. 1. 2001 – 2 ARs 355/00, NJW 2001, 1077 f.
[21] Vgl. u. § 478 Rn. 8.
[1] OLG Hamburg v. 3. 1. 2002 – 2 Ws 258/01, NJW 2002, 1590 (1591).
[2] BGH v. 4. 3. 2010 – 46/09, StraFo 2010, 253 (254); KG v. 7. 2. 2008 – (1) 2 BJs 58/06 2 (2/08), NStZ 2008, 587.

ter[3] und für den Strafverteidiger in einem anderen Verfahren[4] ist die Norm ebenfalls einschlägig. Hingegen regelt die Vorschrift nicht die Auskunftserteilung gegenüber den Medien. Deren Unterrichtungsanspruch und das hiermit korrespondierende Auskunftsrecht der Justizbehörde ergeben sich aus den Pressegesetzen.[5] § 475 geht den vergleichbaren datenschutzrechtlichen Regelungen vor.[6]

II. Auskünfte aus der Akte und Akteneinsicht

2   **1. Voraussetzungen.** Voraussetzung für die Erteilung von Auskünften aus den Strafakten sowohl laufender als auch abgeschlossener Verfahren[7] ist gem. **Abs. 1 S. 1**, dass ein **berechtigtes Interesse**, also ein verständiges, durch die Sachlage gerechtfertigtes Interesse an der Informationsvermittlung dargelegt wird.[8] Dieses muss nicht notwendig rechtlicher Natur, sondern kann auch ein tatsächliches, wirtschaftliches oder ideelles Interesse sein.[9] Als in diesem Sinne anerkennenswertes Interesse kommt etwa das Interesse an der **Verfolgung oder Abwehr zivilrechtlicher Ansprüche** und der Vorbereitung der **Verteidigung**[10] in einem (anderen) Straf- oder Ordnungswidrigkeitenverfahren in Betracht, wenn der Antragsteller eine Verfolgung gewärtigen muss.[11] Auch **Zeugen** und **Sachverständigen** kann grundsätzlich Auskunft erteilt werden, wenn diese zur Überprüfung der Voraussetzungen eines Auskunftsverweigerungsrechts oder zur Vorbereitung des Gutachtens unerlässlich ist. Ein berechtigtes Interesse kann ferner daraus folgen, dass eine öffentliche Stelle nach § 474 Informationen über den Antragsteller erhalten hat.[12] Allein der Umstand, dass die Akten den Antragsteller betreffende Informationen enthalten, genügt hingegen nicht.[13]

3   Der Antragsteller muss sein berechtigtes Interesse – konkret die Tatsachen, aus denen sich Grund und Umfang der beantragten Auskunft ergeben – **darlegen**.[14] Mehr als eine schlüssige Begründung ist hierfür nicht erforderlich. Er muss das berechtigte Interesse **nicht** glaubhaft machen, erst recht nicht „beweisen".[15]

4   **2. Beschränkungen.** Allerdings formuliert Abs. 1 mehrfache Beschränkungen des Auskunftsrechts. **Abs. 1 S. 1** beschränkt die Informationserteilung **grundsätzlich** auf die Erteilung von Auskünften (und die Gewährung von Akteneinsicht) an einen bevollmächtigten **Rechtsanwalt**.[16] Diese Einschränkung dient den Interessen der Rechtspflege und soll gewährleisten, dass einerseits das Recht auf informationelle Selbstbestimmung nach allen Seiten ausreichend geschützt wird, ohne dass andererseits die Informationsmöglichkeiten unvertretbar eingeengt werden.[17] Erforderlich ist es daher, dass der bevollmächtigte Rechtsanwalt Mitglied einer deutschen Rechtsanwaltskammer ist.[18] Dennoch ermöglicht **Abs. 4** die Erteilung von Auskünften aus der Strafakte an Privatpersonen oder sonstige Dritte, ohne dass dort das Verhältnis zu Abs. 1 näher definiert wird. Von Abs. 4 wird etwa die Übersendung eines anonymisierten Entscheidungsabdrucks an eine Fachzeitschrift ermöglicht.[19]

5   Nach **Abs. 1 S. 2** ist die Auskunft zwingend zu versagen, wenn ein **schutzwürdiges Interesse** des Betroffenen hierfür besteht. Auf ein Überwiegen der der Auskunftserteilung entgegenstehenden Interessen kommt es im Gegensatz zu § 406 e Abs. 2 S. 1 nicht an.[20] Aus dem Wortlaut („soweit") folgt allerdings, dass Auskünfte auch lediglich teilweise erteilt werden können und dür-

---

[3] LG Hildesheim v. 26. 3. 2007 – 25 Qs 17/06, NJW 2008, 532 (533); LG Mühlhausen v. 26. 9. 2005 – 9 Qs 21/05, wistra 2006, 76 (78); HK-StPO/*Temming* Rn. 1; aA *Koch*, FS Hamm, 2008, S. 289 (291 f.); aA LG Hildesheim v. 6. 2. 2009 – 25 Qs 1/09, NJW 2009, 3799 (3801): Akteneinsicht nach § 406 e StPO.
[4] BGH v. 23. 8. 2006 – 1 StR 327/06, StV 2008, 295 (296).
[5] Löwe/Rosenberg/*Hilger* Rn. 2; Anw-StPO/*Pananis* Rn. 2.
[6] OLG Hamm v. 16. 5. 1995 – 1 VAs 85/95, NStZ-RR 1996, 11 (13).
[7] HK-StPO/*Temming* Rn. 3.
[8] LG Frankfurt/M v. 15. 4. 2003 – 5/2 AR 2/03, StV 2003, 495; vgl. auch OLG Stuttgart v. 3. 7. 2000 – 4 VAs 15/00, NStZ-RR 2000, 349.
[9] Anw-StPO/*Pananis* Rn. 3.
[10] BGH v. 23. 8. 2006 – 1 StR 327/06, StV 2008, 295 (296).
[11] Löwe/Rosenberg/*Hilger* Rn. 5.
[12] Meyer-Goßner/*Cierniak* Rn. 2.
[13] LG Görlitz v. 28. 6. 2001 – 2 Qs 124/01, StraFo 2001, 315; BT-Drucks. 14/1484, S. 26 f.
[14] LG Kassel v. 15. 10. 2004 – 5 AR 18/04, StraFo 2005, 428.
[15] KK-StPO/*Gieg* Rn. 2; Anw-StPO/*Pananis* Rn. 3.
[16] Vgl. hierzu BVerfG v. 21. 3. 2002 – 1 BvR 2119/01, NJW 2002, 2307 (2308).
[17] BT-Drucks. 14/1484, S. 26.
[18] AG Berlin-Tiergarten v. 22. 1. 2009 – (423) 18 JuJs 1309 – 07 Ls (1/09), BeckRS 2009, 08501.
[19] LG Berlin v. 28. 6. 2002 – 510 AR 4/01, NJW 2002, 838.
[20] BGH v. 22. 9. 2009 – StB 38/09, NJW-Spezial 2010, 25 (Kurzwiedergabe); LG Frankfurt/M v. 15. 4. 2003 – 5/2 AR 2/03, StV 2003, 495 (496); LG Mühlhausen v. 26. 9. 2005 – 9 Qs 21/05, wistra 2006, 76 (78); Löwe/Rosenberg/*Hilger* Rn. 7; aA Anw-StPO/*Pananis* Rn. 6; HK-StPO/*Temming* Rn. 6; KK-StPO/*Franke* Rn. 2.

fen,[21] wenn so dem betroffenen und schutzwürdigen Interesse ausreichend Rechnung getragen werden kann.

Schutzwürdig ist etwa das Interesse des Beschuldigten an **Geheimhaltung** des Ermittlungsvorwurfs jedenfalls so lange, wie eine rechtskräftige Verurteilung noch nicht erfolgt ist. Nach Widerlegung der Unschuldsvermutung kann allenfalls das Interesse an einer erfolgreichen **Resozialisierung** schutzwürdig sein. Eine Versagung der Auskunft kommt ferner zum Schutz der **Intimsphäre**, von **Betriebs- und Geschäftsgeheimnissen** sowie des **Steuergeheimnisses** sowohl des Beschuldigten, aber auch des Verletzten in Betracht.[22] Schließlich ist das öffentliche Interesse an einer unbeeinflussten und wahrheitsgemäßen Zeugenaussage zu nennen.[23] Die Auskunft ist stets zu versagen, wenn schutzwürdige Interessen anzuerkennen sind.

Die Regelung des **Abs. 2** entspricht der ss 474 Abs. 2. Wegen der Voraussetzungen, unter denen **ausnahmsweise Akteneinsicht** statt Erteilung von Auskünften aus den Akten gewährt werden kann, wird auf die dortigen Ausführungen verwiesen.[24] In Ergänzung zu Abs. 2 gestattet Abs. 3 S. 2, dem Rechtsanwalt die Akten mit Ausnahme der Beweisstücke mitzugeben, sofern nicht wichtige Gründe entgegenstehen, etwa die Staatsanwaltschaft die Akten selbst benötigt und Doppelakten nicht zur Verfügung stehen.

Über amtlich verwahrte **Beweisstücke** ist grundsätzlich nur Auskunft zu erteilen. Ausnahmsweise können diese nach Abs. 3 S. 1 besichtigt werden, sofern die Voraussetzungen des Abs. 2 vorliegen. Die Auskunftserteilung müsste also entweder einen unverhältnismäßigen Aufwand erfordern oder nach Darlegung des Dritten, der die Besichtigung der Beweisstücke begehrt, nicht zur Wahrnehmung des berechtigten Interesses ausreichen.

3. Rechtliches Gehör. Bislang war es **umstritten**, ob vor der Erteilung von Auskünften aus der Akte und der Gewährung von Akteneinsicht an Privatpersonen (ss 475) dem hiervon Betroffenen rechtliches Gehör zu gewähren ist. Überwiegend wurde ein solches Erfordernis unter Rekurs auf die Begründung des Entwurfs des StVÄG abgelehnt,[25] wonach im Hinblick auf die damit verbundenen Belastungen der Justiz und einer möglichen Gefährdung des Untersuchungserfolgs sogar die nachträgliche Unterrichtung des Betroffenen abzulehnen sei.[26] Die Gegenauffassung hat hingegen auf die Dogmatik des ss 406 e verwiesen, wo ein solches Erfordernis anerkannt sei.[27]

Das **BVerfG** hat diesen Streit zu Recht gegen die Konzeption des Gesetzgebers entschieden.[28] Die zuständige Stelle hat vor Erteilung von Auskünften aus den Akten oder der Gewährung von Akteneinsicht nach ss 475 den hiervon betroffenen Personen, also Beschuldigten und etwaigen sonstigen Verfahrensbeteiligten analog ss 33 rechtliches Gehör jedenfalls dann **zu gewähren**, wenn mit der Auskunftserteilung oder der Akteneinsicht in das Recht auf informationelle Selbstbestimmung aus Art. 2 Abs. 1 iVm. Art. 1 Abs. 1 GG eingegriffen wird. Dies sei regelmäßig der Fall, wenn personenbezogene Daten auf diese Weise zugänglich gemacht werden.[29] Die die Auskunft erteilende und Akteneinsicht gewährende Stelle hat die schutzwürdigen Belange des Betroffenen gegen das Informationsinteresse des Antragstellers abzuwägen. Hierzu sind die Betroffenen **vor einer Entscheidung unter Mitteilung des Antrags anzuhören**,[30] da anderenfalls die grundrechtlich gesicherte Position des Betroffenen leerlaufen würde.

Das BVerfG bezeichnet die **Anhörungspflicht** in den Fällen des ss 475 als auf der Hand liegend, wenn die zu überlassenden Verfahrensakten Dokumente enthalten, die nicht zur Kenntnisnahme durch Dritte bestimmt sind, etwa Registerauszüge, intime Zeichnungen oder Briefe, persönliche Fotos oder Verteidigerkorrespondenz.[31]

Wurde die Anhörung des Betroffenen versäumt, ist er – entgegen der früher überwiegenden Auffassung – unverzüglich **nachträglich** von der erteilten Auskunft oder Akteneinsicht zu unterrichten.[32]

4. Zeitpunkt. ss 475 enthält **keine Regelung**, wann dem Dritten Auskünfte aus den Akten zu erteilen und Akteneinsicht zu gewähren ist. Dieser Auskunft vorangig sind aber stets die Informationsrechte der Verfahrensbeteiligten, insbesondere des Beschuldigten.[33]

---

[21] KK-StPO/*Gieg* Rn. 2.
[22] Vgl. o. ss 406 e Rn. 11.
[23] KG v. 7. 2. 2008 – (1) 2 BJs 58/06 2 (2/08), NStZ 2008, 587.
[24] Vgl. o. ss 474 Rn. 9.
[25] LG Dresden v. 6. 10. 2005 – 3 AR 8/05, StV 2006, 11; KK-StPO/*Franke* Rn. 3; KMR/*Gemählich* Rn. 2; Meyer-Goßner Rn. 2 a.
[26] BT-Drucks. 14/1484, S. 29 f.
[27] Anw-StPO/*Pananis/Sättele* Rn. 3.
[28] BVerfG v. 26. 10. 2006 – 2 BvR 67/06, NJW 2007, 1052.
[29] BVerfG v. 26. 10. 2006 – 2 BvR 67/06, NJW 2007, 1052.
[30] KK-StPO/*Gieg* Rn. 3.
[31] BVerfG v. 26. 10. 2006 – 2 BvR 67/06, NJW 2007, 1052.
[32] KK-StPO/*Gieg* Rn. 3.
[33] Anw-StPO/*Pananis* Rn. 8.

III. Rechtsbehelfe

14 Die Rechtsbehelfe gegen Entscheidungen nach § 475 haben in § 478 Abs. 3 eine Regelung erfahren. Auf die Erläuterungen zu § 478 wird verwiesen.[34]

IV. Kosten

15 Wird einem Rechtsanwalt antragsgemäß Akteneinsicht gewährt und werden die Akten zur Einsichtnahme an seinen Kanzleisitz übersandt, fällt die **Aktenversendungspauschale** nach Nr. 9003 KVGKG von 12,00 € an.[35] Weil nach Abs. 2 iVm. Abs. 1 das Akteneinsichtsrecht nur dem Rechtsanwalt zusteht, ist **Gebührenschuldner** ausschließlich der Anwalt. Aus diesem Grund ist die Pauschale auch **umsatzsteuerpflichtig**, wenn sie dem Mandanten weiterberechnet wird. Ein Anspruch auf unfreie Rücksendung der Akten und Erstattung der Portoauslagen für die Rücksendung besteht nicht.[36]

§ 476 [Übermittlung personenbezogener Daten zu Forschungszwecken]

(1) ¹Die Übermittlung personenbezogener Daten in Akten an Hochschulen, andere Einrichtungen, die wissenschaftliche Forschung betreiben, und öffentliche Stellen ist zulässig, soweit
1. dies für die Durchführung bestimmter wissenschaftlicher Forschungsarbeiten erforderlich ist,
2. eine Nutzung anonymisierter Daten zu diesem Zweck nicht möglich oder die Anonymisierung mit einem unverhältnismäßigen Aufwand verbunden ist und
3. das öffentliche Interesse an der Forschungsarbeit das schutzwürdige Interesse des Betroffenen an dem Ausschluss der Übermittlung erheblich überwiegt.

²Bei der Abwägung nach Satz 1 Nr. 3 ist im Rahmen des öffentlichen Interesses das wissenschaftliche Interesse an dem Forschungsvorhaben besonders zu berücksichtigen.

(2) ¹Die Übermittlung der Daten erfolgt durch Erteilung von Auskünften, wenn hierdurch der Zweck der Forschungsarbeit erreicht werden kann und die Erteilung keinen unverhältnismäßigen Aufwand erfordert. ²Andernfalls kann auch Akteneinsicht gewährt werden. ³Die Akten können zur Einsichtnahme übersandt werden.

(3) ¹Personenbezogene Daten werden nur an solche Personen übermittelt, die Amtsträger oder für den öffentlichen Dienst besonders Verpflichtete sind oder die zur Geheimhaltung verpflichtet worden sind. ²§ 1 Abs. 2, 3 und 4 Nr. 2 des Verpflichtungsgesetzes findet auf die Verpflichtung zur Geheimhaltung entsprechende Anwendung.

(4) ¹Die personenbezogenen Daten dürfen nur für die Forschungsarbeit verwendet werden, für die sie übermittelt worden sind. ²Die Verwendung für andere Forschungsarbeiten oder die Weitergabe richtet sich nach den Absätzen 1 bis 3 und bedarf der Zustimmung der Stelle, die die Übermittlung der Daten angeordnet hat.

(5) ¹Die Daten sind gegen unbefugte Kenntnisnahme durch Dritte zu schützen. ²Die wissenschaftliche Forschung betreibende Stelle hat dafür zu sorgen, dass die Verwendung der personenbezogenen Daten räumlich und organisatorisch getrennt von der Erfüllung solcher Verwaltungsaufgaben oder Geschäftszwecke erfolgt, für die diese Daten gleichfalls von Bedeutung sein können.

(6) ¹Sobald der Forschungszweck es erlaubt, sind die personenbezogenen Daten zu anonymisieren. ²Solange dies noch nicht möglich ist, sind die Merkmale gesondert aufzubewahren, mit denen Einzelangaben über persönliche oder sachliche Verhältnisse einer bestimmten oder bestimmbaren Person zugeordnet werden können. ³Sie dürfen mit den Einzelangaben nur zusammengeführt werden, soweit der Forschungszweck dies erfordert.

(7) ¹Wer nach den Absätzen 1 bis 3 personenbezogene Daten erhalten hat, darf diese nur veröffentlichen, wenn dies für die Darstellung von Forschungsergebnissen über Ereignisse der Zeitgeschichte unerlässlich ist. ²Die Veröffentlichung bedarf der Zustimmung der Stelle, die die Daten übermittelt hat.

(8) Ist der Empfänger eine nichtöffentliche Stelle, finden die Vorschriften des Dritten Abschnitts des Bundesdatenschutzgesetzes auch Anwendung, wenn die Daten nicht in oder aus Dateien verarbeitet werden.

---

[34] Vgl. u. § 478 Rn. 6 f.
[35] OLG Koblenz v. 1. 2. 2006 – 2 Ws 62/06.
[36] OLG Koblenz v. 1. 2. 2006 – 2 Ws 62/06.

I. Allgemeines

Die Vorschrift regelt die Übermittlung personenbezogener Daten für wissenschaftliche Zwecke. Sie geht den Regelungen der Datenschutzgesetze des Bundes und der Länder vor.[1] Mit wissenschaftlicher Forschung – sei sie Eigen- oder Auftragsforschung – ist stets die **unabhängige wissenschaftliche Forschung** gemeint.[2]

II. Übermittlung personenbezogener Daten

1. Empfänger. Abs. 1 S. 1 zählt **abschließend** Hochschulen, andere Einrichtungen, die wissenschaftliche Forschung betreiben, sowie öffentliche Stellen als Einrichtungen auf, an die die Übermittlung personenbezogener Daten zulässig ist. Rechtsgrundlage der Übermittlung personenbezogener Daten für Forschungsvorhaben von **Doktoranden und Habilitanden** ist § 476 nur dann, wenn die Hochschule den Antrag stellt.[3] Doktoranden und Habilitanden als Privatpersonen können nach § 475 Abs. 1 und 4 Auskunft und Akteneinsicht für ihre wissenschaftliche Forschungen erhalten,[4] da die Aufzählung des Empfängerkreises in § 476 Abs. 1 abschließend ist.[5]

2. Voraussetzungen der Übermittlung. Abs. 1 nennt in S. 1 unter Nr. 1–3 **kumulativ** die Voraussetzungen, unter denen eine Übermittlung personenbezogener Daten an die genannten Einrichtungen zulässig ist. Die Befugnis zur Übermittlung besteht, wenn diese für die Durchführung eines bestimmten wissenschaftlichen Vorhabens **erforderlich** (Abs. 1 S. 1 **Nr. 1**), die Herstellung oder Nutzung anonymisierter Daten **nicht möglich** oder die Anonymisierung mit einem **unverhältnismäßigen Aufwand** verbunden ist (Abs. 1 S 1 **Nr. 2**) **und** das **öffentliche Interesse** an der Forschung das schutzwürdige Interesse des Betroffenen am Ausschluss der Datenübermittlung erheblich **überwiegt** (Abs. 1 S. 1 **Nr. 3**).

Aus dem Gesetzeswortlaut folgt zweierlei: Zum einen kommt eine Datenübermittlung nur dann in Betracht, wenn der Zweck der Forschung **nicht** durch Verwendung anonymisierter Daten erreicht werden kann.[6] Zum anderen muss die Einrichtung, die die personenbezogenen Daten erbittet, das Vorliegen der gesetzlichen Voraussetzungen für die Mitteilung der nicht anonymisierten Daten **darlegen**, um der ersuchten Stelle die Möglichkeit zu geben, die Berechtigung des Ersuchens zu prüfen.[7] Zu den notwendigen Darlegungen gehören insbesondere die thematische Festsetzung, die Umgrenzung der benötigten Daten sowie die Angabe des Personenkreises, der das Forschungsvorhaben durchführen und dabei Zugang zu den personenbezogenen Daten haben soll.[8]

Die ersuchte Stelle hat einen **Ermessensspielraum**[9] und kann die Erlaubnis mit sachgerechten, den Datenschutz konkretisierenden Auflagen verbinden.[10] Der eingeräumte Ermessensspielraum wird durch Abs. 1 S. 1 Nr. 3 iVm. S. 2 konkretisiert. Erforderlich ist eine Abwägung zwischen dem Grundrecht auf informationelle Selbstbestimmung und der durch Art. 5 Abs. 3 GG geschützten Freiheit von Wissenschaft und Forschung. Nach der Gesetzesbegründung sollen Erkenntnisse, die von Forschungsvorhaben zu erwarten sind, grundsätzlich im (überwiegenden) öffentlichen Interesse liegen.[11] Gegenteiliges soll danach nur für methodisch unzulängliche Forschungsarbeiten gelten, bei denen der Verdacht besteht, dass sie in Wahrheit der Ausspionierung personenbezogener Daten dienen sollen, oder die offensichtlich als Instrument im wirtschaftlichen Konkurrenzkampf gedacht sind.[12] Einer Abwägung bedarf es nicht, wenn alle von der Datenübermittlung Betroffenen ihre Einwilligung hierzu erteilt haben.[13] Allerdings darf die ersuchende Stelle nicht auf die Einholung der Einwilligung der Betroffenen verwiesen werden.[14]

3. Verfahren. Das Verfahren der Datenübermittlung ist in **Abs. 2** geregelt. Die **Erteilung von Auskünften** aus den Akten ist gegenüber der Akteneinsicht **vorrangig**, wenn die erteilten Auskünfte für die Durchführung der Forschungsarbeit ausreichen und hiermit für die auskunftserteilende

---

[1] KK-StPO/*Gieg* Rn. 1.
[2] BT-Drucks. 14/1484, S. 27.
[3] *Graalmann-Scheerer* NStZ 2005, 434 (435).
[4] Meyer-Goßner/*Cierniak* Rn. 1.
[5] *Graalmann-Scheerer* NStZ 2005, 434 (435); aA SK-StPO/*Weßlau* Rn. 8.
[6] BT-Drucks. 14/1484 S. 27; vgl. auch KK-StPO/*Gieg* Rn. 2: „nicht ausreichen".
[7] HK-StPO/*Temming* Rn. 5; BT-Drucks. 14/1484, S. 27.
[8] Meyer-Goßner/*Cierniak* Rn. 3.
[9] HK-StPO/*Temming* Rn. 10.
[10] Meyer-Goßner/*Cierniak* Rn. 3.
[11] BT-Drucks. 14/1484, S. 27.
[12] BT-Drucks. 14/1484, S. 27.
[13] KK-StPO/*Gieg Rn. 2*.
[14] Meyer-Goßner/*Cierniak* Rn. 3.

Stelle kein unverhältnismäßiger Aufwand verbunden ist.[15] Wegen des Aufwands einer Auskunftserteilung wird in der Praxis regelmäßig Akteneinsicht gewährt. Die ersuchte Stelle hat nach pflichtgemäßem Ermessen über die Versendung der Akten zur Einsicht gem. Abs. 2 S. 3 zu entscheiden.

7 Die personenbezogenen Daten dürfen nur an solche Personen übermittelt werden, die zur **Geheimhaltung** nach dem Gesetz zur förmlichen Verpflichtung nicht beamteter Personen (Verpflichtungsgesetz)[16] **verpflichtet** worden sind. Handelt es sich bei dem Empfänger der Daten um einen Amtsträger, bedarf es der besonderen Verpflichtung nicht. Bei einem Verstoß gegen die Verschwiegenheitspflicht kommt eine Strafbarkeit nach § 203 Abs. 2 S. 1 Nr. 1 und 6 StGB in Betracht.

8 **4. Datenschutz.** Abs. 4 beschränkt die die **Zulässigkeit der Verwendung** der übermittelten Daten grundsätzlich auf die Zwecke des Forschungsvorhabens, für das Auskunft erteilt oder Akteneinsicht gewährt worden ist. Eine Verwendung der personenbezogenen Daten für andere Forschungsvorhaben darf nur mit Zustimmung der die Auskünfte erteilenden oder die Akteneinsicht gewährenden Stelle erfolgen. Unzulässig ist ebenfalls die Weitergabe der Daten an Personen, auf die sich die erteilte Erlaubnis nicht bezieht. Die **Zweckbindung** gilt auch für diejenigen personenbezogenen Daten, die durch die Forschung selbst gewonnnen worden sind.[17]

9 Abs. 5 und 6 normieren weitere Pflichten des Empfängers der personenbezogenen Daten. Dieser hat die übermittelten Daten gegen unbefugte Kenntnisnahme durch Dritte zu schützen und sobald wie möglich zu anonymisieren.

10 Eine erhebliche Beschränkung der **Veröffentlichung** der personenbezogenen Daten ordnet **Abs. 7** an. Zulässig ist eine solche nur, wenn dies aus Gründen der Darstellung von Forschungsergebnissen über **Fragen der Zeitgeschichte unerlässlich** ist und die die Daten übermittelnde Stelle zustimmt. Nach den Gesetzesmaterialien soll auf die Zustimmung verzichtet werden können, wenn sich Einzelangaben nur mit einem unverhältnismäßig großen Arbeitsaufwand einer bestimmten Person zuordnen lassen oder der Betroffene in die Veröffentlichung einwilligt.[18]

11 Abs. 8 erweitert die **Kontrollbefugnisse** der Aufsichtsbehörden nach § 38 BDSG.[19] Sie dürfen zum einen die Daten in Strafakten auch ohne Anhaltspunkte für eine Rechtsverletzung prüfen, zum anderen findet das Datenschutzrecht auch dann Anwendung, wenn der Empfänger die personenbezogenen Daten nicht in oder aus Dateien verarbeitet.[20]

III. Rechtsbehelfe

12 Wegen möglicher Rechtsbehelfe gegen Entscheidungen nach § 476 wird auf die Erläuterungen zu § 478 verwiesen.[21]

IV. Kosten

13 Nach § 1 Abs. 1 S. 1 Nr. 1 JVKostO werden, soweit nichts anderes bestimmt ist, in Justizverwaltungssachen von den Justizbehörden nur in Angelegenheiten nach Nr. 203 und den Abschnitten 3 und 4 des Gebührenverzeichnisses Kosten (Gebühren und Auslagen) erhoben. Eine andere Bestimmung trifft § 5 Abs. 1 S. 1 JVKostO, wonach für die Erhebung sonstiger Auslagen u. a. § 137 Abs. 1 Nr. 4 KostO entsprechend gilt. Weil § 5 Abs. 1 S. 2 JVKostO vorschreibt, dass die Auslagen auch dann zu erheben sind, wenn eine Gebühr für die Amtshandlung – wie bei der Auskunftserteilung und Akteneinsicht – nicht zum Ansatz kommt, fällt (lediglich) die **Aktenversendungspauschale** nach § 137 Abs. 1 Nr. 4 KostO von 12,00 € an.

§ 477 [Zulässigkeit der Datenübermittlung]

(1) Auskünfte können auch durch Überlassung von Abschriften aus den Akten erteilt werden.

(2) ¹Auskünfte aus Akten und Akteneinsicht sind zu versagen, wenn der Übermittlung Zwecke des Strafverfahrens, auch die Gefährdung des Untersuchungszwecks in einem anderen Strafverfahren, oder besondere bundesgesetzliche oder entsprechende landesgesetzliche Verwendungsregelungen entgegenstehen. ²Ist eine Maßnahme nach diesem Gesetz nur bei Verdacht bestimmter Straftaten zulässig, so dürfen die auf Grund einer solchen Maßnahme erlangten personenbezogenen Daten ohne Einwilligung der von der Maßnahme betroffenen Personen zu Beweiszwecken in

---
[15] BT-Drucks. 14/1484, S. 27.
[16] Vom 2. 3. 1974, BGBl. I S. 469, 547.
[17] KK-StPO/*Gieg* Rn. 5.
[18] BT-Drucks. 14/1484, S. 27.
[19] KK-StPO/*Gieg* Rn. 5.
[20] *Pfeiffer* Rn. 8.
[21] Vgl. u. § 478 Rn. 8.

anderen Strafverfahren nur zur Aufklärung solcher Straftaten verwendet werden, zu deren Aufklärung eine solche Maßnahme nach diesem Gesetz hätte angeordnet werden dürfen. ³Darüber hinaus dürfen personenbezogene Daten, die durch eine Maßnahme der in Satz 2 bezeichneten Art erlangt worden sind, ohne Einwilligung der von der Maßnahme betroffenen Personen nur verwendet werden

1. zur Abwehr einer erheblichen Gefahr für die öffentliche Sicherheit,
2. für die Zwecke, für die eine Übermittlung nach § 18 des Bundesverfassungsschutzgesetzes zulässig ist, sowie
3. nach Maßgabe des § 476.

⁴ § 100d Abs. 5, § 100i Abs. 2 Satz 2 und § 108 Abs. 2 und 3 bleiben unberührt.

(3) In Verfahren, in denen

1. der Angeklagte freigesprochen, die Eröffnung des Hauptverfahrens abgelehnt oder das Verfahren eingestellt wurde oder
2. die Verurteilung nicht in ein Führungszeugnis für Behörden aufgenommen wird und seit der Rechtskraft der Entscheidung mehr als zwei Jahre verstrichen sind,

dürfen Auskünfte aus den Akten und Akteneinsicht an nichtöffentliche Stellen nur gewährt werden, wenn ein rechtliches Interesse an der Kenntnis der Information glaubhaft gemacht ist und der frühere Beschuldigte kein schutzwürdiges Interesse an der Versagung hat.

(4) ¹Die Verantwortung für die Zulässigkeit der Übermittlung trägt der Empfänger, soweit dieser eine öffentliche Stelle oder ein Rechtsanwalt ist. ²Die übermittelnde Stelle prüft in diesem Falle nur, ob das Übermittlungsersuchen im Rahmen der Aufgaben des Empfängers liegt, es sei denn, dass besonderer Anlass zu einer weitergehenden Prüfung der Zulässigkeit der Übermittlung besteht.

(5) ¹Die nach den §§ 474, 475 erlangten personenbezogenen Daten dürfen nur zu dem Zweck verwendet werden, für den die Auskunft oder Akteneinsicht gewährt wurde. ²Eine Verwendung für andere Zwecke ist zulässig, wenn dafür Auskunft oder Akteneinsicht gewährt werden dürfte und im Falle des § 475 die Stelle, die Auskunft oder Akteneinsicht gewährt hat, zustimmt. ³Wird eine Auskunft ohne Einschaltung eines Rechtsanwalts erteilt, so ist auf die Zweckbindung hinzuweisen.

I. Allgemeines

Die Vorschrift fasst die **grundsätzlichen Regeln** für Auskünfte aus den Akten und Akteneinsicht nach den §§ 474 bis 476 und für deren verfahrensübergreifende Verwendung zusammen. § 479 Abs. 3 erklärt sie für die Datenübermittlung von Amts wegen teilweise für entsprechend anwendbar. Die Datenübermittlung aus Beiakten regelt § 478 Abs. 2, der die entsprechende Anwendung von § 477 Abs. 2 anordnet. 1

II. Vereinfachte Form der Auskunftserteilung

Abs. 1 der Vorschrift gestattet in allen Fällen der Erteilung von Auskünften aus den Akten nach §§ 474 Abs. 2, 475 Abs. 1 und § 476 Abs. 2 S. 1, diese nach pflichtgemäßem Ermessen durch **Überlassung von Abschriften** aus den Akten zu geben. Der Umfang der aus der Akte überlassenen Ablichtungen ist wie bei der Auskunft selbst auf das Erforderliche zu beschränken.[1] Die Erteilung von Abschriften kommt insbesondere dann in Betracht, wenn die gesamte Akte für ein grundsätzlich berechtigtes Einsichtsverlangen gesperrt wäre. Hierin liegt die die besondere praktische Relevanz der Vorschrift.[2] 2

III. Einschränkung der Übermittlung und der sonstigen Verwendung

1. Zwecke des Strafverfahrens. Nach **Abs. 2 S. 1 1. Alt.** sind Auskünfte aus den Akten und Akteneinsicht unzulässig, wenn Zwecke der Strafverfolgung oder -vollstreckung entgegenstehen, also etwa der Ermittlungserfolg gefährdet wäre oder die Datenübermittlung zu unverhältnismäßigen Verzögerungen des Verfahrens oder Belastungen des Betroffenen führen würde.[3] Ferner sind gem. Abs. 2 S. 1 2. Alt. Auskünfte aus den Akten und Akteneinsicht unzulässig, wenn bundesgesetzliche oder entsprechende landesgesetzliche Verwendungsregeln[4] entgegenstehen. 3

---

[1] KMR/*Gemahlich* Rn. 2; KK-StPO/*Gieg* Rn. 3.
[2] KK-StPO/*Gieg* Rn. 2.
[3] BT-Drucks. 14/1484, S. 28.
[4] Auflistung bei Löwe/Rosenberg/*Hilger* Rn. 6 bis 12.

4 2. Verwendung von Zufallsfunden. Das Gesetz zur Neuregelung der Telekommunikationsüberwachung und anderer verdeckter Ermittlungsmaßnahmen sowie zur Umsetzung der Richtlinie 2006/24/EG (TKÜNReglG)[5] hat mit Wirkung zum 1. 1. 2008 Abs. 2 S. 2 neu gefasst und besondere Verwendungsregeln für Zufallsfunde eingefügt. Der Regelung liegt der Gedanke des „**hypothetischen Ersatzeingriffs**" zugrunde.[6] Die Vorschrift betrifft also nicht die Verwendung von Erkenntnissen im Ausgangsverfahren zur Aufklärung der Anlasstat (unter Einschluss später abgetrennter Verfahren gegen Mitbeteiligte). Die Verwendung rechtmäßig erlangter Erkenntnisse bleibt vielmehr zulässig, solange es sich noch um dieselbe Tat im prozessualen Sinne (§ 264 Abs. 1) handelt. Beschränkt wird allein die Verwendung personenbezogener Daten in **anderen** Verfahren. Sind die Daten aufgrund einer strafprozessualen Maßnahme rechtmäßig erhoben, die nur bei Verdacht einer bestimmten Straftat zulässig ist, dürfen sie ohne Einwilligung der von der Maßnahme betroffenen Person in einem anderen Strafverfahren nur dann zur Aufklärung solcher Straftaten verwendet werden, zu deren Aufklärung die prozessuale Maßnahme ebenfalls hätte angeordnet werden dürfen. Einen solchen „spezifizierten" Verdacht setzen – mit Ausnahme der §§ 99, 100h Abs. 1 S. 1 Nr. 1 – vor allem die in § 101 Abs. 1 aufgezählten Ermittlungsmaßnahmen voraus. Mit der Einwilligung des von der Maßnahme Betroffenen können die erlangten personenbezogenen Daten in anderen Strafverfahren, die keine Katalogtat zum Gegenstand haben, uneingeschränkt zu Beweiszwecken (weiter-)verwendet werden.

5 Die **Beschränkung** der Verwendung von Zufallsfunden in anderen Verfahren gilt allerdings **nur für Beweiszwecke.** Zulässig ist es, dass aufgrund der erlangten Erkenntnisse Ermittlungen geführt und hierdurch andere Beweismittel gewonnen werden.[7] Als Spurenansatz oder zur Ermittlung des Aufenthaltsorts des Beschuldigten dürfen sie ebenfalls verwertet werden.[8]

6 Abs. 2 S. 3 Nr. 1 und 2 beschränken die Übermittlung personenbezogener Daten, die durch eine Maßnahme iSd. S. 2 ermittelt worden sind, auf Zwecke der **Abwehr einer erheblichen Gefahr** für die öffentliche Sicherheit und auf solche Zwecke, für die eine Übermittlung nach § 18 Bundesverfassungsschutzgesetz zulässig wäre. Nach **Abs. 2 S. 3 Nr. 3** dürfen die Daten auch zu Zwecken der Forschung übermittelt werden. Von der Vorschrift unberührt bleiben jedoch die in §§ 100d Abs. 5, 100i Abs. 2 S. 2 sowie § 108 Abs. 2 und 3 getroffenen, zum Teil engeren Verwendungsregeln, was Abs. 2 S. 4 klarstellt.

7 3. Erhöhter Schutz des Persönlichkeitsrechts. Abs. 3 gewährleistet in den in Nr. 1 und 2 genannten Fällen einen erhöhten Persönlichkeitsschutz bei der Erteilung von Auskünften und der Gewährung von Akteneinsicht an Privatpersonen gem. § 475 **nach Abschluss des Verfahrens.** Ist der Beschuldigte freigesprochen, die Eröffnung des Hauptverfahrens abgelehnt (§ 204), das Verfahren zumindest vorläufig eingestellt oder sind seit der Rechtskraft der Verurteilung, die nach § 32 BZRG nicht in ein Führungszeugnis für Behörden aufzunehmen ist, mehr als zwei Jahre verstrichen, muss der um Auskunft Ersuchende sein rechtliches Interesse glaubhaft machen und ein schutzwürdiges Interesse des Betroffenen an der Versagung ausgeschlossen werden. Die ersuchte Stelle ist zur vorherigen Anhörung und – sofern diese unterblieben ist – nachträglichen Unterrichtung des Beschuldigten verpflichtet.[9]

IV. Verantwortung für die Zulässigkeit der Übermittlung (Abs. 4)

8 Hinsichtlich der Verantwortung für die Übermittlung **differenziert Abs. 4** nach dem Empfänger der personenbezogenen Daten. Ist dies eine öffentliche Stelle oder ein Rechtsanwalt, ist der Empfänger dafür verantwortlich, dass die Voraussetzungen der Übermittlung personenbezogener Daten vorliegen.[10] Gem. Abs. 4 S. 2 ist die übermittelnde Stelle in der Regel aber verpflichtet,[11] zu prüfen, ob die grundsätzlichen Übermittlungsvoraussetzungen der §§ 474 ff. vorliegen, also – soweit erforderlich – schlüssig dargelegt oder glaubhaft gemacht sind.[12] Bei besonderem Anlass, etwa wenn der Inhalt des Ersuchens widersprüchlich oder unschlüssig erscheint oder der Datenumfang ungewöhnlich hoch ist, besteht eine Verpflichtung zur weitergehenden Prüfung der Zulässigkeit der Übermittlung.[13] In allen anderen Fällen trifft die übermittelnde Stelle die uneingeschränkte Verantwortung für die Übermittlung der personenbezogenen Daten.[14]

---

[5] Vom 21. 12. 2007, BGBl. I S. 3198.
[6] BT-Drucks. 16/5846, S. 66.
[7] *Meyer-Goßner* Rn. 7.
[8] Zöller StraFo 2008, 15 (24).
[9] Vgl. o. § 475 Rn. 9 ff.; BVerfG v. 26. 10. 2006 – 2 BvR 67/06, NJW 2007, 1052; Meyer-Goßner/*Cierniak* § 478 Rn. 1; aA KK-StPO/*Gieg* Rn. 4.
[10] BayVGH v. 20. 8. 2007 – 12 Zb 06.2658, Abs.-Nr. 8.
[11] KMR/*Gemahlich* Rn. 9.
[12] KK-StPO/*Gieg* Rn. 4; Löwe/Rosenberg/*Hilger* Rn. 16.
[13] KK-StPO/*Gieg* Rn. 4.
[14] Meyer-Goßner/*Cierniak* Rn. 14.

V. Zweckbindung (Abs. 5)

Die Zweckbindung der nach den §§ 474 und 475 erlangten personenbezogenen Daten regelt **9** Abs. 5. Ist deren Empfänger ein Rechtsanwalt, erstreckt sich die Zweckbindung auch auf seinen Mandanten.[15] Nach Abs. 5 S. 3 ist die die Auskunft erteilende oder Akteneinsicht gewährende Stelle verpflichtet, den Empfänger, der nicht Rechtsanwalt oder eine öffentliche Stelle ist, auf die Zweckbindung hinzuweisen. Die Zweckbindung von personenbezogenen Daten, die zu Forschungszwecken übermittelt werden, ist in § 476 Abs. 4 speziell geregelt. Insofern wird auf die Erläuterungen hierzu verwiesen.[16]

Grundsätzlich dürfen personenbezogene Daten, die nach den §§ 474 und 475 übermittelt worden sind, nur zu dem Zweck verwendet werden, zu dem um Auskunft ersucht und Auskunft erteilt oder Akteneinsicht beantragt und gewährt worden ist.[17] Die erlangten Informationen darf der Rechtsanwalt daher weder in Verfahren anderer Mandanten verwenden noch Auszüge auf seiner Webseite veröffentlichen.[18] **10**

Eine Verwendung der im Wege der Akteneinsicht erlangten Informationen für einen anderen **11** Zweck als den, für den die Akteneinsicht gewährt worden ist, kommt **ausnahmsweise** nach **Abs. 5 S. 2** in Betracht, wenn für den anderen Zweck ebenfalls die Voraussetzungen für die Erteilung von Auskunft oder die Gewährung von Akteneinsicht gegeben sind. Wurde die Auskunft oder Akteneinsicht nach § 475 gewährt, ist **zusätzlich** die Zustimmung der übermittelnden Stelle erforderlich.

Der Rechtsanwalt sollte daher bei der Weitergabe von im Wege der Akteneinsicht erhaltenen **12** Informationen größte Zurückhaltung üben und die Restriktionen des Abs. 5 genau beachten. Der Umstand, dass die Vorschriften zur Zweckbindung der Akteneinsicht von den (Zivil-)Gerichten als Schutzgesetze iSd. § 823 Abs. 2 BGB zugunsten der Personen qualifiziert werden, über die personenbezogene Informationen im Strafverfahren erhoben worden sind,[19] begründet ein erhebliches Haftungsrisiko.

Eine Pflicht, den Betroffenen davon zu unterrichten, dass einer Privatperson iSd. § 475 perso- **13** nenbezogene Daten übermittelt worden sind, ist nicht normiert.[20] Ist allerdings eine vorherige Anhörung des Betroffenen unterblieben, ist eine Pflicht zur nachträglichen Unterrichtung begründet, wenn mit der Auskunftserteilung oder der Akteneinsicht in das Recht auf informationelle Selbstbestimmung aus Art. 2 Abs. 1 iVm. Art. 1 Abs. 1 GG eingegriffen worden ist.[21]

Eine Verwendung noch **im Rahmen der Zweckbindung** des Abs. 5 S. 1 ist die Nutzung bei der **14** Ausübung von Aufsichts- und Kontrollbefugnissen, zur Durchführung von Organisationsuntersuchungen für die aktenführende Stelle und zu Ausbildungs- und Prüfungszwecken (vgl. § 14 Abs. 3 BDSG).[22] Eine Zweckänderung liegt ebenfalls nicht vor, wenn personenbezogene Daten zur Verwendung in einem Eilverfahren übermittelt worden sind und in dem späteren Hauptverfahren abermals verwendet werden.[23]

In den §§ 474 ff. wird nicht ausdrücklich geregelt sind die Folgen einer Verwendung von Daten, **15** die unter **Verstoß** gegen ein Übermittlungsverbot nach Abs. 2 und 3 oder unter Verstoß gegen die Zweckbindung des Abs. 5 übermittelt worden sind. Werden die Daten in einem Verfahren außerhalb der StPO verwendet, so bestimmen sich die Folgen des Verstoßes nach dem dortigen Verfahrensrecht. Werden die Daten in einem anderen Strafverfahren verwendet, ist deren Verwendung dort sowohl bei einem Verstoß gegen ein Übermittlungsverbot als auch bei einem Verstoß gegen die Zweckbestimmung entsprechend § 160 Abs. 4 unzulässig.[24] Schließlich ist Abs. 5 ein Schutzgesetz iSd. §§ 1004, 823 Abs. 2 BGB.[25]

§ 478 [Entscheidung über Auskunftserteilung und Akteneinsicht; beigezogene Akten]

(1) ¹Über die Erteilung von Auskünften und die Akteneinsicht entscheidet im vorbereitenden Verfahren und nach rechtskräftigem Abschluss des Verfahrens die Staatsanwaltschaft, im Übri-

---

[15] Meyer-Goßner/*Cierniak* Rn. 15.
[16] Vgl. o. § 476 Rn. 8.
[17] OLG Braunschweig v. 3. 6. 2008 – 2 U 82/07, BeckRS 2008, 12035.
[18] OLG Braunschweig v. 3. 6. 2008 – 2 U 82/07, BeckRS 2008, 12035.
[19] OLG Braunschweig v. 3. 6. 2008 – 2 U 82/07, BeckRS 2008, 12035.
[20] KK-StPO/*Gieg* Rn. 6; KMR/*Gemählich* Rn. 12.
[21] Vgl. o. § 475 Rn. 12; BVerfG v. 26. 10. 2006 – 2 BvR 67/06, NJW 2007, 1052.
[22] BT-Drucks. 14/1484, S. 29.
[23] BT-Drucks. 14/1484, S. 29.
[24] Löwe/Rosenberg/*Hilger* Rn. 22; aA Anw-StPO/*Pananis* Rn. 9: Abwägung im Einzelfall; HK-StPO/*Temming* Rn. 8: Kein Beweisverwertungsverbot.
[25] OLG Braunschweig v. 3. 6. 2008 – 2 U 82/07, NJW 2008, 3294 (3295); LG Mannheim v. 24. 11. 2006 – 7 O 128/06, NJOZ 2007, 1954 (1962).

gen der Vorsitzende des mit der Sache befassten Gerichts. ²Die Staatsanwaltschaft ist auch nach Erhebung der öffentlichen Klage befugt, Auskünfte zu erteilen. ³Die Staatsanwaltschaft kann die Behörden des Polizeidienstes, die die Ermittlungen geführt haben oder führen, ermächtigen, in den Fällen des § 475 Akteneinsicht und Auskünfte zu erteilen. ⁴Gegen deren Entscheidung kann die Entscheidung der Staatsanwaltschaft eingeholt werden. ⁵Die Übermittlung personenbezogener Daten zwischen Behörden des Polizeidienstes oder eine entsprechende Akteneinsicht ist ohne Entscheidung nach Satz 1 zulässig.

(2) Aus beigezogenen Akten, die nicht Aktenbestandteil sind, dürfen Auskünfte nur erteilt werden, wenn der Antragsteller die Zustimmung der Stelle nachweist, um deren Akten es sich handelt; Gleiches gilt für die Akteneinsicht.

(3) ¹In den Fällen des § 475 kann gegen die Entscheidung der Staatsanwaltschaft nach Absatz 1 gerichtliche Entscheidung durch das nach § 162 zuständige Gericht beantragt werden. ²Die §§ 297 bis 300, 302, 306 bis 309, 311a und 473a gelten entsprechend. ³Die Entscheidung des Gerichts ist unanfechtbar, solange die Ermittlungen noch nicht abgeschlossen sind. ⁴Diese Entscheidungen werden nicht mit Gründen versehen, soweit durch deren Offenlegung der Untersuchungszweck gefährdet werden könnte.

I. Allgemeines

1   Die Vorschrift hat die **verfahrensrechtlichen Fragen** der Erteilung von Auskünften aus den Akten und der Akteneinsicht zum Gegenstand, soweit diese nach den §§ 474 bis 476 erteilt werden. Sie bestimmt die Zuständigkeit für die Entscheidung, ob Auskünfte zu erteilen sind und Akteneinsicht zu gewähren ist. Ferner sind dort die **Rechtsbehelfe** gegen eine nach § 475 getroffene Entscheidung geregelt.

II. Zuständigkeit

2   **1. Aktenführende Stelle.** Über die Erteilung von Auskünften aus den Akten und die Gewährung von Einsicht in die Akten entscheidet gem. Abs. 1 in den **Fällen der §§ 474 bis 476** die jeweils aktenführende Stelle.[1] Im Vorverfahren, auch nach zumindest vorläufiger Einstellung und nach rechtskräftigem Abschluss des Verfahrens entscheidet nach Abs. 1 S. 1 die **Staatsanwaltschaft**. Führt der Generalbundesanwalt die Ermittlungen, ist dieser zur Entscheidung berufen (Abs. 1 S. 1, §§ 120 Abs. 1 und 2, 142a Abs. 1 S. 1 GVG).[2] Im Verfahren nach § 386 Abs. 1 und 2 AO ist im Vorverfahren die **Finanzbehörde** zuständig.[3] Im übrigen, also im Zwischen- und Hauptverfahren, entscheidet der **Vorsitzende** des mit der Sache befassten Gerichts. Der Vorsitzende des Rechtsmittelgerichts ist erst dann zuständig, wenn ihm die Sache nach § 321 S. 2 oder § 347 Abs. 2 vorgelegt worden ist. Die (alleinige) Zuständigkeit des Vorsitzenden ist auf die **originäre** Entscheidungskompetenz über die Erteilung von Auskünften und Akteneinsicht beschränkt. Aus der Regelung des Abs. 1 S. 1 2. Alt. folgt nicht, dass der Vorsitzende zur Entscheidung über Anträge auf gerichtliche Entscheidung gegen Verfügungen der Staatsanwaltschaft nach Abs. 3 S. 1 iVm. § 161a Abs. 3 S. 2 bis 4 ebenfalls allein zuständig ist.[4]

3   Die Entscheidung ist mit Gründen zu versehen.[5] Für den Vorsitzenden ergibt sich die **Begründungspflicht** aus § 34, für die Staatsanwaltschaft aus dessen entsprechender Anwendung.[6]

4   Gemäß Abs. 1 S. 2 darf die Staatsanwaltschaft auch nach Anklageerhebung und vergleichbaren Verfahrenshandlungen (etwa nach § 407 Abs. 1 S. 4 und § 418 Abs. 3 S. 2) Auskunft aus den Akten erteilen. Um in dieser Konstellation divergierende Entscheidungen von Staatsanwaltschaft und Vorsitzenden zu vermeiden, ist es geboten, ein **Einvernehmen** herzustellen.[7]

5   Ferner kann die Staatsanwaltschaft aus Gründen der Praktikabilität im Falle ihrer originären Zuständigkeit,[8] also vor allem im Ermittlungsverfahren, die Befugnis, Privatpersonen und öffentlichen Stellen Auskünfte zu erteilen und Akteneinsicht zu gewähren, an die in Abs. 1 S. 3 bezeichneten ermittelnden **Polizeibehörden** übertragen. Es handelt sich hierbei um eine **Delegation** der Befugnis,[9] so dass die Staatsanwaltschaft gegenüber der Polizeibehörde (weiterhin) weisungsbe-

---

[1] KK-StPO/*Gieg* Rn. 2; *Pfeiffer* Rn. 2.
[2] BGH v. 22. 9. 2009 – StB 38/09 = NJW-Spezial 2010, 25 (Kurzwiedergabe); BGH v. 4. 3. 2010 – StB 46/09, StraFo 2010, 253.
[3] Anw-StPO/*Pananis* Rn. 2.
[4] LG Hildesheim v. 26. 3. 2007 - 25 Qs 17/06, NJW 2008, 531 (532); KK-StPO/*Gieg* Rn. 2.
[5] *Graalmann-Scheerer* NStZ 2005, 434 (439).
[6] *Graalmann-Scheerer* NStZ 2005, 434 (439).
[7] Löwe/Rosenberg/*Hilger* Rn. 9.
[8] Anw-StPO/*Pananis* Rn. 2; Meyer-Goßner/*Cierniak* Rn. 2; *Pfeiffer* Rn. 2; aA KK-StPO/*Gieg* Rn. 2; Löwe/Rosenberg/*Hilger* Rn. 5.
[9] HK-StPO/*Temming* Rn. 2.

fugt bleibt. Nach Abs. 1 S. 5 bedarf eine Übermittlung personenbezogener Daten zwischen Polizeibehörden ebenso wenig wie eine entsprechende Akteneinsicht einer Entscheidung der Staatsanwaltschaft oder des Vorsitzenden. Dies soll nach dem Willen des Gesetzgebers nur für Zwecke der Strafverfolgung gelten.[10]

2. Beiakten. Abs. 2 trifft für Beiakten eine spezielle Regelung. Die Erteilung von Auskünften hieraus ist nur zulässig, wenn der Antragsteller die **Zustimmung** derjenigen Stelle einholt und nachweist, welche die (Bei-)Akten führt (Abs. 2 S. 1). Entsprechendes gilt nach Abs. 2 S. 2 für die Akteneinsicht. Diese Regelung trägt zum einen dem Umstand Rechnung, dass die nach Abs. 1 zur Entscheidung berufene Behörde im Hinblick auf die beigezogenen Akten im Einzelfall regelmäßig nicht sachgerecht beurteilen können wird, ob und welche Bedenken gegen die Erteilung von Auskunft oder die Gewährung von Akteneinsicht besteht. Zum anderen soll die Justiz entlastet werden. Demgemäß ist eine Zustimmung nicht erforderlich, wenn Verfahren verbunden oder aus beigezogenen Akten Ablichtungen gefertigt und diese dann zu den Akten des Strafverfahrens genommen werden.[11]

III. Rechtsbehelfe

Der Rechtsbehelf des **Abs. 3** ist ausschließlich dann statthaft, wenn die Staatsanwaltschaft in den Fällen des § 475 nach Abs. 1 S. 1, 2 oder 4 entschieden hat, also einem Antrag eines Privaten stattgegeben oder diesen abgelehnt hat. Zuständig für die Entscheidung ist gem. Abs. 3 S. 1 iVm. § 162 der Ermittlungsrichter beim Amtsgericht.[12] Die Entscheidung des Ermittlungsrichters ist nach Abs. 3 S. 3 nur anfechtbar, wenn die Staatsanwaltschaft die Ermittlungen abgeschlossen hat. „Eingestellt" iSd. Abs. 3 S. 3 ist das Ermittlungsverfahren, wenn eine das Verfahren beendende Verfügung erlassen ist, die keinen Strafklageverbrauch zur Folge hat (etwa nach §§ 170 Abs. 2 oder 154). Dies gilt auch dann, wenn Einstellungsbeschwerde (§ 172 Abs. 1 S. 1) eingelegt oder schon Klageerzwingungsantrag (§ 172 Abs. 2 S. 1) eingereicht ist.

Aufgrund der jüngeren Rechtsprechung des BVerfG, wonach vor Erteilung von Auskünften und Gewährung von Akteneinsicht an eine Privatperson (§ 475) die zuständige Stelle dem hiervon Betroffenen grundsätzlich **rechtliches Gehör** zu gewähren hat,[13] ist die Frage relevant geworden, ob eine Anfechtung der Entscheidung der Staatsanwaltschaft zulässig ist, wenn rechtliches Gehör **nicht gewährt** worden ist. In entsprechender Anwendung von § 478 Abs. 3 S. 1 iVm. § 162 kann der Betroffene die Entscheidung mit dem Ziel der **nachträglichen Feststellung der Rechtswidrigkeit** der erteilten Auskunft oder gewährten Akteneinsicht angreifen, ohne dass der **Zulässigkeit** des Antrags auf gerichtliche Entscheidung insoweit der Gesichtspunkt prozessualer Überholung entgegensteht.[14] Für die **Begründetheit** des Antrags auf gerichtliche Entscheidung reicht **allein** die Nichtgewährung des rechtlichen Gehörs aus.[15] Die gegenteilige Auffassung, nach der die Durchführung des Verfahrens auf gerichtliche Entscheidung zur Nachholung des (versagten) rechtlichen Gehörs und zur Heilung des Verfahrensfehlers führe, so dass ein allein hierauf gestützter Antrag unbegründet sei,[16] überzeugt nicht. Die Anhörung des Betroffenen im Verfahren auf gerichtliche Entscheidung kann für die Entscheidung über die Erteilung von Auskünften oder die Gewährung von Akteneinsicht keine Berücksichtigung mehr finden und geht so ins Leere.

Gegen Entscheidungen der Staatsanwaltschaft nach **§§ 474 und 476** ist der Rechtsweg nach §§ 23 ff. EGGVG eröffnet, sofern der Antragsteller im Einzelfall Träger eigener Rechte iSd. § 24 Abs. 1 EGGVG ist und jedenfalls eine Verletzung seines Anspruchs auf ermessensfehlerfreie Entscheidung geltend machen kann. Gleiches gilt im Hinblick auf den Beschuldigten. Hat der Vorsitzende nach §§ 474 und 476 entschieden, ist gegen seine Entscheidung, wenn im Einzelfall eine Beschwerdeberechtigung gegeben ist, die **Beschwerde** zulässig, was auch für nicht verfahrensbeteiligte Antragsteller gilt (§ 304 Abs. 2).[17] Gegen eine Entscheidung der Polizeibehörden kann der Antragsteller nach Abs. 1 S. 4 eine Entscheidung der Staatsanwaltschaft herbeiführen. Die spezielleren Rechtsbehelfe nach § 99 Abs. 2 VwGO und § 86 Abs. 2 FGO bleiben unberührt.

---

[10] BT-Drucks. 14/1484, S. 30.
[11] HK-StPO/*Temming* Rn. 4; *Pfeiffer* Rn. 3.
[12] BT-Drucks. 16/12 098, S. 40; BGH v. 4. 3. 2010 – StB 46/09, StraFo 2010, 253 f.
[13] BVerfG v. 26. 10. 2006 – 2 BvR 67/06, NJW 2007, 1052; vgl. im Einzelnen o. § 475 Rn. 9 ff.
[14] KK-StPO/*Gieg* Rn. 3; vgl. zuvor schon LG Dresden v. 6. 10. 2005 – 3 AR 8/05, StV 2006, 11 (12).
[15] AA KK-StPO/*Gieg* Rn. 3.
[16] So KK-StPO/*Gieg* Rn. 3 unter Hinweis auf LG Dresden v. 6. 10. 2005 – 3 AR 8/05, StV 2006, 11 (12), das aber eine vorherige Anhörung oder nachträgliche Unterrichtung des Betroffenen gerade nicht für erforderlich erachtet.
[17] *Pfeiffer* Rn. 6.

§ 479 [Datenübermittlung von Amts wegen]

(1) Von Amts wegen dürfen personenbezogene Daten aus Strafverfahren Strafverfolgungsbehörden und Strafgerichten für Zwecke der Strafverfolgung sowie den zuständigen Behörden und Gerichten für Zwecke der Verfolgung von Ordnungswidrigkeiten übermittelt werden, soweit diese Daten aus der Sicht der übermittelnden Stelle hierfür erforderlich sind.

(2) Die Übermittlung personenbezogener Daten von Amts wegen aus einem Strafverfahren ist auch zulässig, wenn die Kenntnis der Daten aus der Sicht der übermittelnden Stelle erforderlich ist für
1. die Vollstreckung von Strafen oder von Maßnahmen im Sinne des § 11 Abs. 1 Nr. 8 des Strafgesetzbuches oder die Vollstreckung oder Durchführung von Erziehungsmaßregeln oder Zuchtmitteln im Sinne des Jugendgerichtsgesetzes,
2. den Vollzug von freiheitsentziehenden Maßnahmen,
3. Entscheidungen in Strafsachen, insbesondere über die Strafaussetzung zur Bewährung oder deren Widerruf, in Bußgeld- oder Gnadensachen.

(3) § 477 Abs. 1, 2 und 5 sowie § 478 Abs. 1 und 2 gelten entsprechend; die Verantwortung für die Zulässigkeit der Übermittlung trägt die übermittelnde Stelle.

1 Gegenstand der Regelung ist die Datenübermittlung von Amts wegen (und somit ohne vorausgegangenes Auskunftsersuchen). Die Vorschrift begründet lediglich eine Befugnis, **nicht** aber eine **Pflicht zur Übermittlung**.[1] Solche **Spontanauskünfte**[2] kommen nach Abs. 1 zunächst gegenüber Strafverfolgungsbehörden und Strafgerichten in Betracht, wenn die personenbezogenen Daten, die in einem bei der übermittelnden Stelle anhängigen oder anhängig gewesenen Strafverfahren erhoben wurden, auch für die Zwecke der Strafverfolgung in einem bei dem Adressaten geführten Strafverfahren erforderlich sind. Daneben kommt eine Übermittlung solcher personenbezogener Daten an die für die Verfolgung von Ordnungswidrigkeiten zuständigen Behörden und Gerichte zu diesem Zweck in Betracht. Weil der Bezugspunkt jeweils eine andere prozessuale Tat ist, handelt es sich um einen gesetzlich zugelassenen Fall der Zweckumwandlung.[3]

2 Eine **Eingrenzung** erfährt die Übermittlungsbefugnis weiter dahingehend, dass die übermittelnde Stelle Anhaltspunkte dafür haben muss, dass die von ihr erhobenen Daten in einem anderen Verfahren zumindest teilweise *("soweit")* für Zwecke der Verfolgung von Straftaten oder Ordnungswidrigkeiten gebraucht werden.[4] Eine Datenübermittlung ohne jeden Anlass ist unzulässig.[5]

3 Abs. 2 Nr. 1–3 erlaubt die verfahrensübergreifende Übermittlung personenbezogener Daten ausschließlich für die dort abschließend genannten Zwecke. Die Vorschrift ermächtigt ebenso wenig wie Abs. 1 zu Spontanauskünften für verfahrensbezogene und verfahrensinterne Zwecke, wie etwa die Durchführung eines Täter-Opfer-Ausgleichs.[6]

4 Die Zuständigkeit und die Grenzen der Übermittlung regelt **Abs. 3** 1. HS durch Verweisung auf §§ 477 Abs. 1, 2 und 5, 478 Abs. 1 und 2. Die Verantwortung der übermittelnden Stelle für die Zulässigkeit der Mitteilung von Amts wegen (Abs. 3 2. Hs.) entspricht den datenschutzrechtlichen Grundsätzen.[7]

§ 480 [Unberührt bleibende Vorschriften]

Besondere gesetzliche Bestimmungen, die die Übermittlung personenbezogener Daten aus Strafverfahren anordnen oder erlauben, bleiben unberührt.

1 Die Vorschrift stellt – deklaratorisch – klar, dass besondere gesetzliche Regelungen des Bundes- oder Landesrechts, welche die Übermittlung personenbezogener Daten aus Strafverfahren zulassen, unberührt bleiben. Entsprechende besondere gesetzliche Bestimmungen sind etwa § 117b BRAO, § 125 BRRG, § 27 Abs. 3 und 4 BtMG, § 45b AWG, § 308 SGB III und § 95 BHO. Weil hierzu auch § 18 Bundesverfassungsschutzgesetz, § 10 MAD-Gesetz und § 8 BND-Gesetz zählen, ist § 474 Abs. 2 S. 2 insoweit überflüssig.[1*]

---

[1] Löwe/Rosenberg/*Hilger* Rn. 4.
[2] HK-StPO/*Temming* Rn. 1.
[3] KK-StPO/*Gieg* Rn. 2; Löwe/Rosenberg/*Hilger* Rn. 2.
[4] KK-StPO/*Gieg* Rn. 2.
[5] Löwe/Rosenberg/*Hilger* Rn. 2.
[6] HK-StPO/*Temming* Rn. 2; Meyer-Goßner/*Cierniak* Rn. 2.
[7] Meyer-Goßner/*Cierniak* Rn. 8.
[1*] KK-StPO/*Gieg* Rn. 1; Löwe/Rosenberg/*Hilger* Rn. 2.

§ 481 [Verwendung personenbezogener Daten durch die Polizeibehörden]

(1) ¹Die Polizeibehörden dürfen nach Maßgabe der Polizeigesetze personenbezogene Daten aus Strafverfahren verwenden. ²Zu den dort genannten Zwecken dürfen Strafverfolgungsbehörden an Polizeibehörden personenbezogene Daten aus Strafverfahren übermitteln. ³Die Sätze 1 und 2 gelten nicht in den Fällen, in denen die Polizei ausschließlich zum Schutz privater Rechte tätig wird.

(2) Die Verwendung ist unzulässig, soweit besondere bundesgesetzliche oder entsprechende landesgesetzliche Verwendungsregelungen entgegenstehen.

Die Vorschrift **regelt** vor dem Hintergrund der Rechtsprechung des BVerfG,[1] unter welchen **Voraussetzungen** Polizeibehörden, dh. alle Behörden, die polizeiliche Aufgaben wahrnehmen,[2] bereits in ihrem Besitz befindliche personenbezogene Daten, die ausschließlich zum Zwecke der Strafverfolgung erhoben worden sind, für Zwecke der Gefahrenabwehr verwenden dürfen. 1

Die **Generalklausel** des **Abs. 1 S. 1** gestattet deren nahezu umfassende[3] Verwendung zum Zwecke der Gefahrenabwehr, die auch die vorbeugende Verbrechensbekämpfung beinhaltet,[4] nach Maßgabe der Polizeigesetze. Dies setzt eine nähere Regelung der Zwecke, Voraussetzungen und Grenzen der Verwendung in den Landespolizeigesetzen voraus. Fehlt dort eine solche, zumindest generalklauselartige Regelung, bleibt § 481 wirkungslos.[5] Der **Begriff des Verwendens**, der der Diktion des BDSG entlehnt ist, beschreibt wie dort das Verarbeiten und Nutzen der Daten.[6] 2

Abs. 1 S. 2 ergänzt Abs. 1 S. 1 insofern, als hiernach die von Amts wegen oder auf Anfrage erfolgende Ermittlung personenbezogener Daten an die Polizeibehörden zum Zwecke der Gefahrenabwehr erlaubt ist, wenn sich diese noch nicht in deren Besitz befinden. Nach **Abs. 1 S. 3** scheidet eine Verwendung oder Übermittlung aus, sofern die Polizei ausschließlich zum Schutz privater Rechte tätig wird. Abs. 1 S. 3 ist daher nicht einschlägig, wenn die Polizeibehörden – was regelmäßig der Fall ist – zugleich zumindest auch im öffentlichen Interesse zur Abwehr einer konkreten Gefahr tätig werden.[7] 3

Nach **Abs. 2** ist eine entsprechende Verwendung von ausschließlich zu Zwecken des Strafverfahrens erhobenen Daten lediglich für den Fall ausgeschlossen, dass besondere bundes- oder landesgesetzliche Verwendungsregeln entgegenstehen.

§ 482 [Information der befassten Polizeibehörde durch die Staatsanwaltschaft]

(1) Die Staatsanwaltschaft teilt der Polizeibehörde, die mit der Angelegenheit befasst war, ihr Aktenzeichen mit.

(2) ¹Sie unterrichtet die Polizeibehörde in den Fällen des Absatzes 1 über den Ausgang des Verfahrens durch Mitteilung der Entscheidungsformel, der entscheidenden Stelle sowie des Datums und der Art der Entscheidung. ²Die Übersendung eines Abdrucks der Mitteilung zum Bundeszentralregister ist zulässig, im Falle des Erfordernis auch des Urteils oder einer mit Gründen versehenen Einstellungsentscheidung.

(3) In Verfahren gegen Unbekannt sowie bei Verkehrsstrafsachen, soweit sie nicht unter die §§ 142, 315 bis 315c des Strafgesetzbuches fallen, wird der Ausgang des Verfahrens nach Absatz 2 von Amts wegen nicht mitgeteilt.

(4) Wird ein Urteil übersandt, das angefochten worden ist, so ist anzugeben, wer Rechtsmittel eingelegt hat.

Polizeibehörden iSd. Norm sind neben der Schutz- und Kriminalpolizei namentlich die in den §§ 402 und 404 AO genannten Finanzbehörden, die Zollfahndungsämter und die mit der Steuerfahndung betrauten Dienststellen der Landesfinanzbehörden.[1*] 1

Die **Mitteilungspflicht** des **Abs. 2** besteht erst dann, wenn das Verfahren – bei mehreren Angeklagten zumindest gegen einen – rechtskräftig abgeschlossen ist.[2*] Dies ist zweckmäßig, da die 2

---

[1] Vgl. BT-Drucks. 14/1498, S. 31; HK-StPO/*Temming* Rn. 2.
[2] Meyer-Goßner/*Cierniak* Rn. 1.
[3] *Hilger* NStZ 2001, 15 (17).
[4] HK-StPO/*Temming* Rn. 3.
[5] Löwe/Rosenberg/*Hilger* Rn. 5.
[6] BT-Drucks 14/1484, S. 31; KK-StPO/*Gieg* Rn. 1.
[7] *Brodersen* NJW 2000, 2536 (2540); Löwe/Rosenberg/*Hilger* Rn. 7.
[1*] BT-Drucks. 14/1484, S. 31; *Pfeiffer* Rn. 1.
[2*] Meyer-Goßner/*Cierniak* Rn. 1; *Pfeiffer* Rn. 2.

Staatsanwaltschaft nach Eintritt der Rechtkraft regelmäßig die Strafvollstreckung einleitet.[3] Fordert eine Polizeibehörde das Urteil oder eine mit Gründen versehene Einstellungsentscheidung an, steht nach Abs. 2 S. 2 2. Hs. die Übersendung im Ermessen der Staatsanwaltschaft. Diese hat bei der Ausübung des Ermessens datenschutzrechtliche Aspekte zu berücksichtigen.[4] Ist ausnahmsweise eine Übersendung des Urteils vor dessen Rechtskraft erforderlich, ist nach Abs. 4 mitzuteilen, wer es angefochten hat.

3   Nach **Abs. 3** unterbleibt in Verfahren gegen Unbekannt und in weniger bedeutsamen Verkehrsstrafsachen eine Unterrichtung von Amts wegen. Im Einzelfall kann den Polizeibehörden auf entsprechendes Ersuchen hin Auskunft erteilt und Akteneinsicht gewährt werden.[5]

---

[3] KMR/*Gemählich* Rn. 2.
[4] KK-StPO/*Gieg* Rn. 2.
[5] KK-StPO/*Gieg* Rn. 3; Meyer-Goßner/*Cierniak* Rn. 1.

Zweiter Abschnitt. Dateiregelungen

§ 483 [Datenverarbeitung für Zwecke des Strafverfahrens]

(1) Gerichte, Strafverfolgungsbehörden einschließlich Vollstreckungsbehörden, Bewährungshelfer, Aufsichtsstellen bei Führungsaufsicht und die Gerichtshilfe dürfen personenbezogene Daten in Dateien speichern, verändern und nutzen, soweit dies für Zwecke des Strafverfahrens erforderlich ist.

(2) Die Daten dürfen auch für andere Strafverfahren, die internationale Rechtshilfe in Strafsachen und Gnadensachen genutzt werden.

(3) Erfolgt in einer Datei der Polizei die Speicherung zusammen mit Daten, deren Speicherung sich nach den Polizeigesetzen richtet, so ist für die Verarbeitung und Nutzung personenbezogener Daten und die Rechte der Betroffenen das für die speichernde Stelle geltende Recht maßgeblich.

Schrifttum: *Brodersen*, Das Strafverfahrensänderungsgesetz 1999, NJW 2000, 2536; *Habenicht*, Löschung personenbezogener Daten im staatsanwaltschaftlichen Verfahrensregister, NStZ 2009, 708; *Hilger*, Das Strafverfahrensrechtsänderungsgesetz 1999, StraFo 2001, 109; *ders.*, Zum Strafrechtsänderungsgesetz 1999 (StVÄG 1999), NStZ 2001, 15; *Pollähne*, Strafverfolgungsvorsorge-Register (§ 484 StPO), GA 2006, 807; *Wollweber*, Nochmals – Das Strafverfahrensänderungsgesetz 1999, NJW 2000, 3623.

I. Regelungsgehalt

Die §§ 483 bis 491 regeln, zu welchen eigenen Zwecken Strafverfolgungsbehörden, Strafgerichte 1 und sonstige in § 483 Abs. 1 genannte Stellen **personenbezogene Informationen** aus Strafverfahren in Dateien speichern und nutzen dürfen.[1] Damit wird eine **Rechtsgrundlage** für den Umgang mit personenbezogenen Informationen in Dateien geschaffen. Bis zum Inkrafttreten des Strafverfahrensänderungsgesetzes 1999[2] fehlte eine solche, den Vorgaben des Bundesverfassungsgerichts im Volkszählungsurteil[3] entsprechende Regelung zur Speicherung persönlicher Daten – etwa in den zentralen Namenskarteien der Staatsanwaltschaften.[4] Die Einführung der Vorschriften war daher aus verfassungsrechtlichen Gründen erforderlich.[5]

II. Begriffe

1. Der Begriff des Strafverfahrens. Der Begriff des Strafverfahrens im Sinne der Vorschrift ist 2 nach einhelliger Meinung **weit auszulegen**. Er umfasst alle Abschnitte des Verfahrens von der Einleitung des Ermittlungsverfahrens bis zum Abschluss des Vollstreckungsverfahrens.[6]

2. Die „Zwecke" des Strafverfahrens. Der Begriff der „Zwecke" des Strafverfahrens ist gesetz- 3 lich nicht näher definiert. Er knüpft an die Vorschrift des § 152 Abs. 2 an, der die Staatsanwaltschaft verpflichtet, wegen aller verfolgbaren Straftaten einzuschreiten, sofern zureichende tatsächliche Anhaltspunkte vorliegen.[7] Folglich umfasst Abs. 1 jedenfalls all diejenigen personenbezogenen Daten, die für die Klärung des strafprozessualen Anfangsverdachts von Bedeutung sind. Damit fallen nicht nur **Ermittlungsverfahren**, sondern auch die sog. **AR-Sachen** und bloße **Anzeigesachen** unter diese Bestimmung.[8]

3. Sonstige Begriffe. Die übrigen verwendeten Begriffe sind dem Bundesdatenschutzgesetz ent- 4 lehnt, § 3 BDSG. „**Personenbezogene Daten**" sind „Einzelangaben über persönliche oder sachliche Verhältnisse einer bestimmten oder bestimmbaren natürlichen Person" (§ 3 Abs. 1 BDSG). „**Speichern**" bedeutet „das Erfassen, Aufnehmen oder Aufbewahren personenbezogener Daten auf einem Datenträger zum Zwecke ihrer weiteren Verarbeitung oder Nutzung" (§ 3 Abs. 4 S. 2 Nr. 1 BDSG), „**Verändern**" umfasst „das inhaltliche Umgestalten gespeicherter personenbezogener Daten" (§ 3 Abs. 4 S. 2 Nr. 2 BDSG). „**Nutzen**" beinhaltet schließlich „jede Verwendung personenbezogener Daten, soweit es sich nicht um Verarbeitung handelt" (§ 3 Abs. 6 BDSG).

---

[1] SK/*Weßlau* Vor § 483 Rn. 1.
[2] BGBl. I 2000, S. 1253.
[3] BVerfG v. 15. 12. 1983 – 1 BvR 209/83, BVerfGE 65, 1 = NJW 1984, 419.
[4] BVerwG v. 20. 2. 1980 – 1 C 30/86, NJW 1990, 471; OLG Frankfurt v. 14. 7. 1988 – 3 VAs 4/88, NStZ 1989, 584; OLG Saarbrücken v. 22. 9. 2000 – VAs 2 – 4/00, wistra 2001, 159.
[5] BVerfG v. 12. 4. 2005 – 2 BvR 1027/02, BVerfGE 113, 29 = NJW 2005, 1917; KMR/*Gemählich* Vor § 483 Rn. 3.
[6] BT-Drucks. 14/1448, S. 18; KK-StPO/*Gieg* Rn. 2; *Pfeiffer* Rn. 2.
[7] KK-StPO/*Gieg* Rn. 3; Löwe/Rosenberg/*Hilger*, 25. Aufl., Rn. 4.
[8] HK-StPO/*Temming* Rn. 1.

III. Umfang der Befugnis (Abs. 1)

1. Keine Befugnis zur Erhebung von Daten. Die **Generalklausel** des Abs. 1 begründet nur die Befugnis der darin benannten Stellen zur Speicherung, Veränderung und Nutzung personenbezogener Daten in Dateien für Zwecke des Strafverfahrens. Die Bestimmung enthält keine Befugnis zur Erhebung von Daten, sondern setzt eine gesonderte Ermächtigungsgrundlage für die Datenerhebung voraus.[9]

2. Bindung der Befugnis an den Erhebungszweck. Im Übrigen ist die Befugnis durch die Anknüpfung an „die Zwecke des Strafverfahrens" in zweifacher Hinsicht eingeschränkt. Die Verwendung der Daten ist zum einen grundsätzlich auf das jeweilige Strafverfahren beschränkt, in dem die Informationen gewonnen wurden, soweit Abs. 2 und die §§ 484, 485 keine weitergehende Verwendung zulassen. Zum anderen ist der Umgang mit den personenbezogenen Daten begrenzt auf das für die Zwecke des Verfahrens **Erforderliche**. Zwecke des Strafverfahrens machen eine Speicherung (usw.) dann notwendig (erforderlich), wenn die Aufgabe einer der in Abs. 1 genannten Stellen sonst nicht, nicht vollständig oder nicht in rechtmäßiger Weise erfüllt werden könnte.[10] Die Anknüpfung an das „Erforderliche" erlangt dann besondere Bedeutung, wenn die Daten auch nach endgültiger Einstellung des Verfahrens, unanfechtbarer Ablehnung der Eröffnung des Hauptverfahrens oder rechtskräftigem Freispruch weiter gespeichert bleiben sollen, was stets eine besondere Prüfung erfordert und in der überwiegenden Anzahl der Fälle zu verneinen sei dürfte.[11] Eine weitere Speicherung kann aber zB dann zulässig sein, wenn die Staatsanwaltschaft eine Wiederaufnahme des Verfahrens nach § 362 erwägt,[12] oder die Durchführung eines Klageerzwingungsverfahrens noch möglich ist.[13]

IV. Nutzung für andere Strafverfahren (Abs. 2)

In Abs. 2 wird die in Abs. 1 vorgeschriebene strenge Bindung an ein bestimmtes Strafverfahren zwar nicht aufgehoben, aber erheblich relativiert. Zur Vermeidung von Doppelerhebungen und -speicherungen wird die **Nutzung für andere Strafverfahren** für zulässig erklärt, soweit nicht besondere Beschränkungen bestehen.[14] Es wäre in der Tat auch wenig einsichtig und widerspräche dem Sinn und Zweck der Datenerhebung durch die Strafverfolgungsbehörden, wenn (zB) bereits vorhandene Informationen in einem neuen Ermittlungsverfahren gegen einen bereits in Erscheinung getretenen Beschuldigten nicht genutzt werden dürften.

V. Polizeiliche Datenbestände (Abs. 3)

Abs. 3 erklärt das für die speichernde Stelle geltende Recht, in der Regel das Polizeirecht, nicht aber § 483 für anwendbar, wenn die aus einem Strafverfahren stammenden, personenbezogenen Daten in einer polizeilichen Datei gespeichert worden sind. Damit soll dem Umstand Rechnung getragen werden, dass **polizeiliche Datenbestände** regelmäßig repressiven und präventiven Zwecken zugleich dienen und eine eindeutig Zuordnung der einzelnen Daten zu einem dieser Zwecke in den meisten Fällen nicht möglich ist,[15] jedenfalls aber zu einem erhöhten Verwaltungsaufwand der Polizei führen würde, der nach der gesetzgeberischen Intention vermieden werden soll.[16]

§ 484 [Datenverarbeitung für Zwecke künftiger Strafverfolgung]

(1) Strafverfolgungsbehörden dürfen für Zwecke künftiger Strafverfahren
1. die Personendaten des Beschuldigten und, soweit erforderlich, andere zur Identifizierung geeignete Merkmale,
2. die zuständige Stelle und das Aktenzeichen,
3. die nähere Bezeichnung der Straftaten, insbesondere die Tatzeiten, die Tatorte und die Höhe etwaiger Schäden,
4. die Tatvorwürfe durch Angabe der gesetzlichen Vorschriften,
5. die Einleitung des Verfahrens sowie die Verfahrenserledigungen bei der Staatsanwaltschaft und bei Gericht nebst Angabe der gesetzlichen Vorschriften

in Dateien speichern, verändern und nutzen.

---

[9] KK-StPO/*Gieg* Rn. 2; Meyer-Goßner/*Cierniak* Rn. 1.
[10] SK/*Weßlau* Rn. 7.
[11] Hilger StraFo 2001, 109; Meyer-Goßner/*Cierniak* Rn. 3; *Pfeiffer* Rn. 3.
[12] Meyer-Goßner/*Cierniak* Rn. 3.
[13] OLG Hamburg v. 9. 10. 2009 – 2 VAs 1/09, StraFo 2010, 85.
[14] HK-StPO/*Temming* Rn. 5; KMR/*Gemählich* Rn. 5.
[15] OVG Niedersachsen v. 8. 8. 2008 – 11 LA 194/08; KK-StPO/*Gieg* Rn. 5.
[16] BR-Drucks. 65/99, S. 64 ff.

(2) ¹Weitere personenbezogene Daten von Beschuldigten und Tatbeteiligten dürfen sie in Dateien nur speichern, verändern und nutzen, soweit dies erforderlich ist, weil wegen der Art oder Ausführung der Tat, der Persönlichkeit des Beschuldigten oder Tatbeteiligten oder sonstiger Erkenntnisse Grund zu der Annahme besteht, dass weitere Strafverfahren gegen den Beschuldigten zu führen sind. ²Wird der Beschuldigte rechtskräftig freigesprochen, die Eröffnung des Hauptverfahrens gegen ihn unanfechtbar abgelehnt oder das Verfahren nicht nur vorläufig eingestellt, so ist die Speicherung, Veränderung und Nutzung nach Satz 1 unzulässig, wenn sich aus den Gründen der Entscheidung ergibt, dass der Betroffene die Tat nicht oder nicht rechtswidrig begangen hat.

(3) ¹Das Bundesministerium der Justiz und die Landesregierungen bestimmen für ihren jeweiligen Geschäftsbereich durch Rechtsverordnung das Nähere über die Art der Daten, die nach Absatz 2 für Zwecke künftiger Strafverfahren gespeichert werden dürfen. ²Dies gilt nicht für Daten in Dateien, die nur vorübergehend vorgehalten und innerhalb von drei Monaten nach ihrer Erstellung gelöscht werden. ³Die Landesregierungen können die Ermächtigung durch Rechtsverordnung auf die zuständigen Landesministerien übertragen.

(4) Die Verwendung personenbezogener Daten, die für Zwecke künftiger Strafverfahren in Dateien der Polizei gespeichert sind oder werden, richtet sich, ausgenommen die Verwendung für Zwecke eines Strafverfahrens, nach den Polizeigesetzen.

I. Regelungsgehalt

§ 484 regelt die Zulässigkeit der Speicherung, Veränderung und Nutzung personenbezogener Daten aus Strafverfahren für **Zwecke künftiger Strafverfahren**.[1] Auch diese Vorschrift erlaubt die Erhebung von Daten nicht.[2] Sie gestattet lediglich das vorsorgliche Aufbewahren von Daten, die bereits in einem Strafverfahren für dessen Zwecke erhoben wurden.[3] Es handelt sich also in der Sache um „repressive Vorsorgedateien",[4] die den Strafverfolgungsbehörden erstmals ein „Instrument fallübergreifender Informationssammlung" zur Verfügung stellen.[5] 1

II. Basisdatensatz (Abs. 1)

Der Abs. 1 regelt abschließend den **Umfang der Daten**, die für Zwecke künftiger Strafverfahren gespeichert, verändert oder genutzt werden dürfen, ohne dass weitere Voraussetzungen vorliegen müssen. Insoweit werden die Dateien auf sog. „Aktenhinweissysteme" begrenzt.[6] Bei den Daten dieser Systeme handelt es sich einerseits um Personendaten (Nr. 1), andererseits um sog. Vorgangsdaten (Nr. 2–5), die in ihrer Gesamtheit auch als **„Basisdatensatz"** bezeichnet werden.[7] Die im Übrigen verwendeten Begriffe sind erneut dem § 3 BDSG entlehnt. Auf die Ausführungen zu § 483 wird insoweit verwiesen.[8] 2

III. Weitergehende personenbezogene Daten (Abs. 2)

In Abs. 2 S. 1 wird die Speicherung, Veränderung und Nutzung weitergehender personenbezogener Daten von Beschuldigten und Tatbeteiligten gestattet, sofern die dort genannten besonderen, einengenden Voraussetzungen vorliegen. Über die in Abs. 1 genannten Daten hinaus können weitere personenbezogene Daten dann vorgehalten werden, wenn „Grund zu der Annahme besteht, dass weitere Strafverfahren gegen den Beschuldigten zu führen sind". Dabei müssen bei einer **Gesamtwürdigung** der Art und Ausführung der Tat, der Persönlichkeit des Beschuldigten und sonstiger Erkenntnisse Anhaltspunkte positiv festgestellt werden, die eine solche Prognose rechtfertigen.[9] Dass weitere gegen den Beschuldigten zu führenden Strafverfahren nicht auszuschließen sind, genügt also nicht.[10] Der Wortlaut des Abs. 2 S. 2 entspricht der Regelung des § 8 Abs. 3 BKAG und verbietet die weitere Speicherung für die Fälle der unanfechtbaren Ablehnung der Eröffnung des Hauptverfahrens und des rechtskräftigen Freispruchs, wenn aus den Entscheidungsgründen ersichtlich ist, dass der Betroffene die Tat nicht oder nicht rechtswidrig begangen hat. 3

---

[1] *Pfeiffer* Rn. 1.
[2] KMR/*Gemählich* Rn. 1.
[3] BT-Drucks. 14/1484, S. 32; OVG Berlin v. 26. 4. 2004 – 1 S 76.03.
[4] HK-StPO/*Temming* Rn. 1.
[5] SK/*Weßlau* Rn. 1.
[6] KK-StPO/*Gieg* Rn. 2.
[7] SK/*Weßlau* Rn. 7.
[8] S. o. § 483 Rn. 4.
[9] KK-StPO/*Gieg* Rn. 3.
[10] HK-StPO/*Temming* Rn. 12.

§ 485 1, 2 *Achtes Buch. Erteilung von Auskünften und Akteneinsicht usw.*

Abs. 2 S. 2 bezieht sich nur auf die Datenverwendung nach Abs. 2 S. 1, nicht aber auf den Basisdatensatz des Abs. 1.[11]

IV. Rechtsverordnung (Abs. 3)

4   Das Bundesministerium der Justiz und die Landesregierungen (oder die gem. Abs. 3 S. 3 zuständigen Landesministerien) werden in Abs. 3 S. 1 für ihren jeweiligen Geschäftsbereich ermächtigt, die näheren **Einzelheiten** über die Art der zu speichernden Daten durch Rechtsverordnung festzulegen. Die Verwendung der Daten nach Abs. 2 S. 1 setzt also zusätzlich den Bestand einer solchen Rechtsverordnung voraus.[12] Bislang wurde von der Ermächtigung auf Landesebene noch nicht Gebrauch gemacht, auch diesbezügliche Planungen liegen nicht vor.[13] Die nach Abs. 2 S. 1 eingeräumte Möglichkeit der Speicherung von Daten erscheint also überflüssig, da hierfür kein tatsächliches Bedürfnis vorliegt.[14] Abs. 3 S. 2 stellt abschließend klar, dass eine Rechtsverordnung für sog. **„flüchtige Daten"**, die innerhalb von drei Monaten nach ihrer Erstellung gelöscht werden, nicht erforderlich ist.

V. Polizeiliche Dateien (Abs. 4)

5   Aus Abs. 4 folgt, dass sich die zum Zwecke der **Gefahrenabwehr** angelegten Dateien und die dort gespeicherten personenbezogenen Daten grundsätzlich an den Anforderungen der Polizeigesetze der einzelnen Länder zu orientieren haben. Nur bei der Verwendung dieser Daten für Zwecke eines konkreten Strafverfahrens sind die Vorschriften der StPO maßgeblich.[15]

§ 485 [Datenverarbeitung für Zwecke der Vorgangsverwaltung]

[1] Gerichte, Strafverfolgungsbehörden einschließlich Vollstreckungsbehörden, Bewährungshelfer, Aufsichtsstellen bei Führungsaufsicht und die Gerichtshilfe dürfen personenbezogene Daten in Dateien speichern, verändern und nutzen, soweit dies für Zwecke der Vorgangsverwaltung erforderlich ist. [2] Eine Nutzung für die in § 483 bezeichneten Zwecke ist zulässig. [3] Eine Nutzung für die in § 484 bezeichneten Zwecke ist zulässig, soweit die Speicherung auch nach dieser Vorschrift zulässig wäre. [4] § 483 Abs. 3 ist entsprechend anwendbar.

I. Vorgangsverwaltung (S. 1)

1   Nach S. 1 ist es den dort bezeichneten Stellen gestattet, Daten in Dateien zum Zwecke der Vorgangsverwaltung zu verwenden. Unter **Vorgang** ist eine häufig aus mehreren Bestandteilen zusammengesetzte, amtliche oder dienstliche Unterlage zu verstehen, die zum Nachweis oder zur Dokumentation der repressiven Tätigkeit von Staatsanwaltschaft (oder Polizei) oder als Grundlage für diese geführt wird.[1] Der gesetzlich gleichfalls nicht näher beschriebene Begriff der Vorgangsverwaltung umfasst die Anlegung von Dateien zur Erfassung dieses bestehenden Akten- und Datenmaterials.[2] Die Befugnis zur Speicherung, Veränderung oder Nutzung von Daten im Rahmen der Vorgangs**verwaltung** ist erneut ausschließlich durch die **Erforderlichkeit** beschränkt.[3] Weitere Einschränkungen – etwa eine enumerative Aufzählung der zulässigerweise speicherbaren Daten – sind nicht vorhanden.[4]

II. Mehrfachnutzung (S. 2 und 3)

2   Die S. 2 und 3 erlauben unter den dort genannten Voraussetzungen eine Mehrfachnutzung der nach S. 1 zulässig gespeicherten Daten. S. 2 erklärt eine Nutzung dieser Daten auch für Zwecke eines Strafverfahrens für zulässig. Gleiches gilt über S. 3 für die Zwecke künftiger Strafverfahren, wenn eine Speicherung auch nach § 484 zulässig wäre. Die Befugnisse aus den S. 2 und 3 bestehen nur für die speichernde Stelle. Für andere Stellen kommt eine Datenverwendung nur dann in Betracht, wenn die Voraussetzungen einer Datenübermittlung – etwa nach § 487 – vorliegen. Die

---

[11] Meyer-Goßner/*Cierniak* Rn. 3.
[12] SK/*Weßlau* Rn. 19.
[13] *Pollähne* GA 2006, 807; SK/*Weßlau* Rn. 14.
[14] KK-StPO/*Franke*, 3. Aufl., Rn. 5.
[15] VGH München v. 24. 7. 2008 – 10 C 08.1780; HK-StPO/*Temming* Rn. 15.
[1] SK/*Weßlau* Rn. 1.
[2] HK-StPO/*Temming* Rn. 2.
[3] S. o. § 483 Rn. 6.
[4] KK-StPO/*Gieg* Rn. 1.

Begründung für die **Zulässigkeit** der Mehrfachnutzung besteht darin, dass diejenigen Stellen, die Speicherungen nur nach § 485 vornehmen, nicht schlechter gestellt werden sollen als die Stellen, die darüber hinaus von den Befugnissen der §§ 483, 484 Gebrauch machen. Dadurch sollen zudem unerwünschte Mehrfachspeicherungen derselben Daten vermieden werden.[5]

III. Polizeiliche Vorgangsverwaltung (S. 4)

Über S. 4 wird § 483 Abs. 3 für die polizeiliche Vorgangsverwaltung für entsprechend anwendbar erklärt. Die bei den Polizeibehörden geführten Dateien sind regelmäßig ohne Rücksicht auf die jeweilige (präventive oder repressive) Zweckbestimmung der Daten angelegt. Es handelt sich also um sog. **Mischdateien**. Diese unterfallen über den Verweis in S. 4 den jeweiligen Polizeigesetzen.[6] 3

§ 486 [Gemeinsame Dateien]

(1) Die personenbezogenen Daten können für die in den §§ 483 bis 485 genannten Stellen in gemeinsamen Dateien gespeichert werden.

(2) Bei länderübergreifenden gemeinsamen Dateien gilt für Schadenersatzansprüche eines Betroffenen § 8 des Bundesdatenschutzgesetzes entsprechend.

I. Gemeinsame Dateiorganisationen (Abs. 1)

Gemeinsame Dateien nach Abs. 1 sind solche mehrerer Staatsanwaltschaften, landesweite oder sogar länderübergreifende.[1] Die Vorschrift stellt klar, dass die in §§ 483 bis 485 genannten Stellen eine gemeinsame Dateiorganisation schaffen und nutzen dürfen, wodurch das Prinzip der Mehrfachnutzung nach § 485 Abs. 2 und Abs. 3 bekräftigt und ergänzt wird.[2] Die gemeinsame Datei kann als **Verbunddatei** oder als **vernetztes Dateisystem** geführt werden. Zugriffsberechtigt auf die gespeicherten Daten sind grundsätzlich nur die jeweils speichernden Stellen; andere Stellen nur nach vorheriger, rechtmäßiger Datenübermittlung.[3] 1

II. Haftungsregelung (Abs. 2)

Über Abs. 2 wird § 8 BDSG bei Schadensersatzansprüchen in Fällen **länderübergreifender Dateien** für entsprechend anwendbar erklärt. Für diesen Fall sollen sich denkbar unterschiedliche landesrechtliche Haftungsregeln nicht zum Nachteil des Betroffenen auswirken können.[4] Im Umkehrschluss folgt aus der Bestimmung weiter, dass bei gemeinsamen Dateien innerhalb eines Landes die jeweiligen landesrechtlichen Haftungsvorschriften gelten.[5*] 2

§ 487 [Übermittlung gespeicherter Daten]

(1) [1] Die nach den §§ 483 bis 485 gespeicherten Daten dürfen den zuständigen Stellen übermittelt werden, soweit dies für die in diesen Vorschriften genannten Zwecke, für Zwecke eines Gnadenverfahrens oder der internationalen Rechtshilfe in Strafsachen erforderlich ist. [2] § 477 Abs. 2 und § 485 Satz 3 gelten entsprechend.

(2) [1] Außerdem kann Auskunft aus einer Datei erteilt werden, soweit nach den Vorschriften dieses Gesetzes Akteneinsicht oder Auskunft aus den Akten gewährt werden könnte. [2] Entsprechendes gilt für Mitteilungen nach den §§ 479, 480 und 481 Abs. 1 Satz 2.

(3) [1] Die Verantwortung für die Zulässigkeit der Übermittlung trägt die übermittelnde Stelle. [2] Erfolgt die Übermittlung auf Ersuchen des Empfängers, trägt dieser die Verantwortung. [3] In diesem Falle prüft die übermittelnde Stelle nur, ob das Übermittlungsersuchen im Rahmen der Aufgaben des Empfängers liegt, es sei denn, dass besonderer Anlass zu einer weitergehenden Prüfung der Zulässigkeit der Übermittlung besteht.

(4) [1] Die nach den §§ 483 bis 485 gespeicherten Daten dürfen auch für wissenschaftliche Zwecke übermittelt werden. [2] § 476 gilt entsprechend.

---

[5] BT-Drucks. 14/1484, S. 33; KMR/*Gemählich* Rn. 2.
[6] HK-StPO/*Temming* Rn. 4.
[1] KK-StPO/*Gieg* Rn. 1.
[2] SK/*Weßlau* Rn. 1.
[3] SK/*Weßlau* Rn. 4.
[4] KK-StPO/*Gieg* Rn. 2.
[5*] KMR/*Gemählich* Rn. 2.

(5) Besondere gesetzliche Bestimmungen, die die Übermittlung von Daten aus einem Strafverfahren anordnen oder erlauben, bleiben unberührt.

(6) ¹Die Daten dürfen nur zu dem Zweck verwendet werden, für den sie übermittelt worden sind. ²Eine Verwendung für andere Zwecke ist zulässig, soweit die Daten auch dafür hätten übermittelt werden dürfen.

I. Datenübermittlung für Zwecke des Strafverfahrens (Abs. 1)

1 § 487 regelt die Zulässigkeit und den Umfang der Übermittlung der nach den §§ 483 bis 485 gespeicherten Daten. Es handelt sich um eine „Öffnungsklausel", die eine Verwendung der Daten außerhalb der speichernden Stelle rechtlich ermöglicht.¹ Abs. 1 S. 1 erlaubt die **Datenübermittlung**, soweit dies für die in den zuvor genannten Vorschriften angeführten Zwecke sowie für Zwecke eines Gnadenverfahrens oder der internationalen Rechtshilfe in Strafsachen erforderlich ist. Die Vorschrift verzichtet auf eine enumerative Aufzählung der möglichen Empfänger der übermittelten Daten und benennt generalklauselartig die „zuständigen Stellen", um Lücken zu vermeiden.² Zuständig sind jedenfalls die in § 483 Abs. 1 genannten Stellen, darüber hinaus auch die Vornahme- und Bewilligungsbehörden im Bereich der internationalen Rechtshilfe in Strafsachen, die Gnadenbehörden und die Jugendgerichtshilfe³ sowie Polizei und Finanzbehörden, soweit sie im Bereich der Strafrechtspflege tätig werden.⁴ Die Auskunft kann aus den in § 477 Abs. 2 genannten Gründen versagt werden.⁵ Der Verweis auf § 485 S. 3 verbietet die Übermittlung von Daten der Vorgangsverwaltung für Zwecke künftiger Strafverfolgung, wenn die entsprechenden Daten von der empfangenden Stelle nicht nach § 484 gespeichert werden dürften.⁶

II. Dateiauskunft (Abs. 2)

2 In Abs. 2 wird die verfahrenserleichternde Möglichkeit eröffnet, anstelle einer Akteneinsichtsgewährung oder Auskunftserteilung aus den Akten eine Dateiauskunft zu erteilen, wenn (und soweit) die Voraussetzungen für die Gewährung von Akteneinsicht oder für die Auskunftserteilung aus den Akten vorliegen. Die Vorschrift soll die Justiz entlasten, insbesondere in den Fällen, in denen eine Dateiauskunft schneller und mit weniger Arbeitsaufwand das Informationsbedürfnis des Anfragenden befriedigen kann. Aus diesem Normzweck folgt weiter, dass ein **Anspruch auf Informationsübermittlung** aus einer Datei nicht besteht.⁷ Abs. 2 gestattet auch nicht die Beantwortung von Anfragen, ob gegen eine bestimmte Person Verfahren anhängig sind oder waren. Solche sog. **Registeranfragen** könnten im Wege der Akteneinsicht oder Auskunftserteilung aus den Akten nicht beantwortet werden; § 487 soll aber nach dem eindeutigen Wortlaut keine weitergehende Auskunftserteilung ermöglichen.⁸

III. Verantwortung für die Datenübermittlung (Abs. 3)

3 S. 1 des Abs. 3 stellt klar, dass grundsätzlich die übermittelnde Stelle für die Datenübermittlung verantwortlich ist. Die Verantwortung beschränkt sich in den Fällen von **Übermittlungsersuchen** jedoch darauf, ob das Ersuchen im Rahmen der Aufgaben des Empfängers liegt, sofern kein weitergehender Prüfungsanlass besteht (S. 3). Die weitergehende Verantwortlichkeit in diesen Fällen trifft dann den **Empfänger** der Daten (S. 2). Daher ist die übersendende Stelle dann weder verpflichtet noch berechtigt, weitergehend die Erforderlichkeit der Datenübermittlung zu überprüfen.⁹

IV. Datenübermittlung für sonstige Zwecke (Abs. 4 und 5)

4 Abs. 4 regelt die Zulässigkeit der Übermittlung nach §§ 483 bis 485 gespeicherter Daten für **wissenschaftliche Zwecke** und erklärt § 476 für entsprechend anwendbar. Dass § 487 keine Sperrwirkung für die Übermittlung nach anderen spezialgesetzlichen Regelungen zukommt, stellt Abs. 5 für die Fälle klar, in denen sich die Sonderregelungen ausdrücklich auf Daten aus Strafverfahren beziehen.

---

¹ KK-StPO/*Gieg* Rn. 1.
² KMR/*Gemählich* Rn. 1.
³ *Pfeiffer* Rn. 1.
⁴ SK/*Weßlau* Rn. 2.
⁵ Siehe hierzu die dortigen Ausführungen.
⁶ S. o. § 484 Rn. 1.
⁷ Meyer-Goßner/*Cierniak* Rn. 2.
⁸ HK-StPO/*Temming* Rn. 4.
⁹ KK-StPO/*Gieg* Rn. 2.

Zweiter Abschnitt. Dateiregelungen 1, 2 § 488

V. Zweckbindung (Abs. 6)

Abs. 6 enthält eine Zweckbindung für die übermittelten Daten. Diese dürfen nur zu Zwecken verwendet werden, für die sie übermittelt wurden oder für die eine Übermittlung gleichfalls zulässig gewesen wäre. Die Regelung entspricht § 477 Abs. 5. 5

§ 488 [Automatisierte Datenübermittlung]

(1) [1] Die Einrichtung eines automatisierten Abrufverfahrens oder eines automatisierten Anfrage- und Auskunftsverfahrens ist für Übermittlungen nach § 487 Abs. 1 zwischen den in § 483 Abs. 1 genannten Stellen zulässig, soweit diese Form der Datenübermittlung unter Berücksichtigung der schutzwürdigen Interessen der Betroffenen wegen der Vielzahl der Übermittlungen oder wegen ihrer besonderen Eilbedürftigkeit angemessen ist. [2] Die beteiligten Stellen haben zu gewährleisten, dass dem jeweiligen Stand der Technik entsprechende Maßnahmen zur Sicherstellung von Datenschutz und Datensicherheit getroffen werden, die insbesondere die Vertraulichkeit und Unversehrtheit der Daten gewährleisten; im Falle der Nutzung allgemein zugänglicher Netze sind dem jeweiligen Stand der Technik entsprechende Verschlüsselungsverfahren anzuwenden.

(2) [1] Für die Festlegung zur Einrichtung eines automatisierten Abrufverfahrens gilt § 10 Abs. 2 des Bundesdatenschutzgesetzes entsprechend. [2] Diese bedarf der Zustimmung der für die speichernde und die abrufende Stelle jeweils zuständigen Bundes- und Landesministerien. [3] Die speichernde Stelle übersendet die Festlegungen der Stelle, die für die Kontrolle der Einhaltung der Vorschriften über den Datenschutz bei öffentlichen Stellen zuständig ist.

(3) [1] Die Verantwortung für die Zulässigkeit des einzelnen Abrufs trägt der Empfänger. [2] Die speichernde Stelle prüft die Zulässigkeit der Abrufe nur, wenn dazu Anlass besteht. [3] Die speichernde Stelle hat zu gewährleisten, dass die Übermittlung personenbezogener Daten zumindest durch geeignete Stichprobenverfahren festgestellt und überprüft werden kann. [4] Sie soll bei jedem zehnten Abruf zumindest den Zeitpunkt, die abgerufenen Daten, die Kennung der abrufenden Stelle und das Aktenzeichen des Empfängers protokollieren. [5] Die Protokolldaten dürfen nur für die Kontrolle der Zulässigkeit der Abrufe verwendet werden und sind nach zwölf Monaten zu löschen.

I. Automatisiertes Abrufverfahren (Abs. 1)

S. 1 des Abs. 1 erlaubt die Einrichtung eines automatisierten Abrufverfahrens (**Online-Verfahren**)[1] für die Übermittlung von Daten nach § 487 Abs. 1 zwischen den in § 483 Abs. 1 genannten Stellen.[2] Bei dieser Einrichtung sind die schutzwürdigen Interessen des Betroffenen und die Angemessenheit des Eingriffs in das Recht auf informationelle Selbstbestimmung zu berücksichtigen. Dabei ist aufgrund der Natur des Verfahrens keine konkrete Einzelfallprüfung möglich, vielmehr ist eine **generelle Verhältnismäßigkeitsprüfung**[3] vorzunehmen. In diesem Rahmen ist insbesondere zu prüfen, inwieweit ein Bedürfnis nach besonders schneller Auskunft und die Vielzahl der Übermittlungen (sog. Massenübermittlungen) den Eingriff rechtfertigen.[4] Der 2004 neu eingefügte[5] Abs. 1 S. 2 verpflichtet die beteiligten Stellen, Datensicherheit und Datenschutz nach dem jeweiligen Stand der Technik zu gewährleisten. 1

II. Festlegungen zur Einrichtung des Abrufverfahrens (Abs. 2)

Durch den Verweis auf § 10 Abs. 2 BDSG in Abs. 2 S. 1 wird geregelt, welche **Einzelheiten** bei der Einrichtung des automatisierten Abrufverfahrens festgelegt werden müssen. Dabei handelt es sich um den Anlass und Zweck des Abrufverfahrens, die Stellen, an die übermittelt wird, die Art der zu übermittelnden Daten und die technischen und organisatorischen Maßnahmen nach § 9 BDSG. Abs. 2 S. 2 schreibt die Zustimmung des jeweils zuständigen Justizministeriums des Bundes oder eines Landes zu diesen schriftlichen Festlegungen vor. Abs. 2 S. 3 sieht zudem die Unterrichtung des zuständigen Beauftragten für den Datenschutz vor. 2

---

[1] *Pfeiffer* Rn. 1.
[2] S. o. § 483 Rn. 1.
[3] HK-StPO/*Temming* Rn. 2.
[4] BT-Drucks. 14/1484, S. 34.
[5] Art. 2 Nr. 2 Gesetz zur effektiveren Nutzung von Dateien im Bereich der Staatsanwaltschaften vom 10. 9. 2004, BGBl. I S. 2318.

III. Verantwortung für den Datenabruf (Abs. 3)

3 Die Verantwortung für die Zulässigkeit eines Datenabrufs liegt nach Abs. 3 S. 1 beim **Empfänger**, also der abrufenden Stelle. Eine Prüfungspflicht der speichernden Stelle besteht nach Abs. 3 S. 2 nur bei konkretem Anlass. Allerdings ist die speichernde Stelle aber verpflichtet, durch ein Stichprobenverfahren die Überprüfbarkeit jedenfalls jedes zehnten Datenabrufs sicherzustellen (Abs. 3 S. 3 bis 5).

§ 489 [Berichtigung, Löschung und Sperrung gespeicherter Daten]

(1) Personenbezogene Daten in Dateien sind zu berichtigen, wenn sie unrichtig sind.

(2) ¹Sie sind zu löschen, wenn ihre Speicherung unzulässig ist oder sich aus Anlass einer Einzelfallbearbeitung ergibt, dass die Kenntnis der Daten für die in den §§ 483, 484, 485 jeweils bezeichneten Zwecke nicht mehr erforderlich ist. ²Es sind ferner zu löschen
1. nach § 483 gespeicherte Daten mit der Erledigung des Verfahrens, soweit ihre Speicherung nicht nach den §§ 484, 485 zulässig ist,
2. nach § 484 gespeicherte Daten, soweit die Prüfung nach Absatz 4 ergibt, dass die Kenntnis der Daten für den in § 484 bezeichneten Zweck nicht mehr erforderlich ist und ihre Speicherung nicht nach § 485 zulässig ist,
3. nach § 485 gespeicherte Daten, sobald ihre Speicherung zur Vorgangsverwaltung nicht mehr erforderlich ist.

(3) ¹Als Erledigung des Verfahrens gilt die Erledigung bei der Staatsanwaltschaft oder, sofern die öffentliche Klage erhoben wurde, bei Gericht. ²Ist eine Strafe oder eine sonstige Sanktion angeordnet worden, ist der Abschluss der Vollstreckung oder der Erlass maßgeblich. ³Wird das Verfahren eingestellt und hindert die Einstellung die Wiederaufnahme der Verfolgung nicht, so ist das Verfahren mit Eintritt der Verjährung als erledigt anzusehen.

(4) ¹Die speichernde Stelle prüft nach festgesetzten Fristen, ob nach § 484 gespeicherte Daten zu löschen sind. ²Die Frist beträgt
1. bei Beschuldigten, die zur Zeit der Tat das achtzehnte Lebensjahr vollendet hatten, zehn Jahre,
2. bei Jugendlichen fünf Jahre,
3. in den Fällen des rechtskräftigen Freispruchs, der unanfechtbaren Ablehnung der Eröffnung des Hauptverfahrens und der nicht nur vorläufigen Verfahrenseinstellung drei Jahre,
4. bei nach § 484 Abs. 1 gespeicherten Personen, die zur Tatzeit nicht strafmündig waren, zwei Jahre.

(5) Die speichernde Stelle kann in der Errichtungsanordnung nach § 490 kürzere Prüffristen festlegen.

(6) ¹Werden die Daten einer Person für ein weiteres Verfahren in der Datei gespeichert, so unterbleibt die Löschung, bis für alle Eintragungen die Löschungsvoraussetzungen vorliegen. ²Absatz 2 Satz 1 bleibt unberührt.

(7) ¹An die Stelle einer Löschung tritt eine Sperrung, soweit
1. Grund zu der Annahme besteht, dass schutzwürdige Interessen einer betroffenen Person beeinträchtigt würden,
2. die Daten für laufende Forschungsarbeiten benötigt werden oder
3. eine Löschung wegen der besonderen Art der Speicherung nicht oder nur mit unverhältnismäßigem Aufwand möglich ist.

²Personenbezogene Daten sind ferner zu sperren, soweit sie nur zu Zwecken der Datensicherung oder der Datenschutzkontrolle gespeichert sind. ³Gesperrte Daten dürfen nur für den Zweck verwendet werden, für den die Löschung unterblieben ist. ⁴Sie dürfen auch verwendet werden, soweit dies zur Behebung einer bestehenden Beweisnot unerlässlich ist.

(8) Stellt die speichernde Stelle fest, dass unrichtige, zu löschende oder zu sperrende personenbezogene Daten übermittelt worden sind, so ist dem Empfänger die Berichtigung, Löschung oder Sperrung mitzuteilen, wenn dies zur Wahrung schutzwürdiger Interessen des Betroffenen erforderlich ist.

(9) Anstelle der Löschung der Daten sind die Datenträger an ein Staatsarchiv abzugeben, soweit besondere archivrechtliche Regelungen dies vorsehen.

I. Regelungsgehalt

1 Die Vorschrift regelt die **Berichtigung, Löschung** und **Sperrung** von Daten in Dateien, die nach den §§ 483 bis 485 angelegt worden sind. Sie findet keine Anwendung auf polizeiliche Präventivdateien im Sinne von §§ 483 Abs. 3, 484 Abs. 4 und § 485 S. 4. Die Regelung dient der Verfahrenssicherung durch Berichtigung falscher Daten[1] und dem Persönlichkeitsschutz des von der Datenspeicherung Betroffenen.[2]

II. Berichtigung (Abs. 1)

Nach Abs. 1 sind unrichtige personenbezogene Daten[3] **von Amts wegen** zu berichtigen, ohne dass ein Antrag des Betroffenen notwendig wäre.[4] Die Berichtigung muss unverzüglich, also ohne schuldhaftes Zögern zum frühestmöglichen Zeitpunkt erfolgen.[5] Daten sind **unrichtig**, wenn sie mit der Wirklichkeit nicht übereinstimmende Informationen enthalten oder unvollständig sind.[6]

III. Löschung (Abs. 2 bis 6)

1. **Unzulässige und nicht mehr erforderliche Speicherung (Abs. 2 S. 1).** Abs. 2 S. 1 bestimmt, dass personenbezogene Daten zu **löschen**, dh. unkenntlich zu machen sind (§ 3 Abs. 4 Nr. 5 BDSG), wenn ihre Speicherung unzulässig ist; ferner auch dann, wenn eine Einzelfallprüfung ergibt, dass eine (weitere) Kenntnis der Daten zur Erfüllung der in §§ 483 bis 485 genannten Zwecke nicht mehr erforderlich ist.[7] Eine mangelnde Erforderlichkeit ist etwa in den Fällen der §§ 98 b Abs. 3 S. 2, 101 Abs. 8 S. 1, 163 c Abs. 4 oder 163 d Abs. 4 S. 2 anzunehmen.[8]

2. **Verfahrenserledigung (Abs. 2 S. 2 Nr. 1, Abs. 3).** Abs. 2 S. 2 Nr. 1 regelt, dass nach § 483 gespeicherte Daten bei Erledigung des Verfahrens zu löschen sind, sofern nicht eine weitere Speicherung nach §§ 484, 485 zulässig ist. Abs. 3 bestimmt, was als **Verfahrenserledigung** anzusehen ist.

3. **Aussonderungsprüffristen (Abs. 2 S. 2 Nr. 2, 4 und 5).** Abs. 2 S. 2 Nr. 2 schreibt vor, dass nach § 484 gespeicherte Daten zu löschen sind, wenn eine innerhalb bestimmter Fristen (Abs. 4 und 5) durchzuführende **Prüfung** ergibt, dass die Kenntnis der Daten zu den in § 484 genannten Zwecken nicht mehr erforderlich und die weitere Speicherung auch nicht nach § 485 zulässig ist. Abs. 4 legt diese sog. Aussonderungsprüffristen im Einzelnen fest. Dabei handelt es sich um **Höchstfristen**, die gem. Abs. 5 durch die speichernde Stelle in der Errichtungsanordnung (§ 490) verkürzt, nicht aber verlängert werden können.[9]

4. **Vorgangsverwaltung (Abs. 2 S. 2 Nr. 3).** Abschließend regelt Abs. 2 S. 2 Nr. 3 die Löschung der Daten in der Vorgangsverwaltung, wenn diese für die Zwecke des § 485 nicht mehr benötigt werden.

5. **Mehrere Verfahren (Abs. 6).** Die Problematik der Speicherung von Daten einer Person in mehreren Verfahren wird in Abs. 6 behandelt. Die Vorschrift entspricht der Regelung des § 47 Abs. 2 BZRG[10] und legt in S. 1 fest, dass in diesen Fällen eine Löschung erst dann erfolgt, wenn die **Löschungsvoraussetzungen für alle Eintragungen** vorliegen. Eine Ausnahme besteht nach S. 2 nur in den Fällen des Abs. 2 S. 1.[11]

6. **Anspruch auf Löschung.** Abs. 2 begründet das grundsätzliche **subjektive Recht** eines Betroffenen auf Löschung personenbezogener Daten, wenn die Voraussetzungen hierfür erfüllt sind.[12] Stellt der Betroffene einen konkreten Löschungsantrag, so verpflichtet dies die speichernde Stelle, eine Einzelfallprüfung über die Notwendigkeit der weiteren Datenspeicherung vorzunehmen.[13] Dabei sind das Recht des Antragstellers auf informationelle Selbstbestimmung und das Interesse der Allgemeinheit an Strafverfolgung (und Vorgangsverwaltung) unter Berücksichtigung des Grundsatzes der Verhältnismäßigkeit gegeneinander abzuwägen.[14]

---

[1] SK/Weßlau Rn. 1.
[2] *Hilger* NStZ 2001, 18; KK-StPO/*Gieg* Rn. 1.
[3] S. o. § 483 Rn. 4.
[4] KMR/*Gemählich* Rn. 2; *Pfeiffer* Rn. 1.
[5] SK/Weßlau Rn. 3.
[6] KK-StPO/*Gieg* Rn. 2.
[7] OLG Hamburg v. 9. 10. 2009 – 2 VAs 1/09, StraFo 2010, 85.
[8] *Hilger* NStZ 1997, 372.
[9] *Brodersen* NJW 2000, 2541; *Wollweber* NJW 2000, 3624.
[10] KMR/*Gemählich* Rn. 8; Meyer-Goßner/*Cierniak* Rn. 5.
[11] S. o. Rn. 3.
[12] OLG Dresden v. 19. 5. 2003 – 2 VAs 4/02, StV 2004, 368; OLG Hamburg v. 24. 10. 2008 – 2VAs 5/08, StV 2009, 234 und v. 27. 11. 2009 – 2 VAs 5/09.
[13] OLG Dresden v. 19. 5. 2003 – 2 VAs 4/02, StV 2004, 368; OLG Frankfurt v. 17. 1. 2008 – 3 VAs 47 – 48/07, NStZ-RR 2008, 183; OLG Hamburg v. 24. 10. 2008 – 2VAs 5/08, StV 2009, 234 und v. 27. 11. 2009 – 2 VAs 5/09.
[14] KG v. 17. 2. 2009 – 1 VAs 38/08, StraFo 2009, 337.

IV. Sperrung (Abs. 7)

9   An die Stelle der Löschung tritt in den abschließend geregelten Fällen des Abs. 7 eine Datensperre.[15] Dabei meint der **Begriff des Sperrens** das Kennzeichnen gespeicherter personenbezogener Daten, um ihre weitere Verarbeitung und Nutzung einzuschränken.[16] Nach S. 1 Nr. 1 sollen so für den Betroffenen „potentiell günstige Informationen"[17] weiter vorgehalten werden. Im Rahmen einer konkreten Abwägung des Einzelfalls ist dabei zu entscheiden, ob der Datenverlust schutzwürdige Belange des Betroffenen beeinträchtigen würde. S. 1 Nr. 2 erlaubt eine Sperre anstelle der Löschung, wenn die Daten für laufende Forschungsarbeiten benötigt werden. Nach S. 1 Nr. 3 kommt eine Sperrung aus rein praktischen Gründen[18] auch dann in Betracht, wenn die Löschung nicht oder nur mit unverhältnismäßigem Aufwand möglich wäre. Gem. S. 2 sind weiter ausschließlich zu Zwecken der Datensicherung und Datenschutzkontrolle gespeicherte personenbezogene Daten zu sperren. Die S. 3 und 4 enthalten die dem Sinn der Sperrung entsprechende **Zweckbindung**.

V. Nachberichtspflicht (Abs. 8)

10   Abs. 8 legt eine grundsätzlich **zwingende Nachberichtspflicht** in den Fällen der Übermittlung unrichtiger, zu löschender oder zu sperrender personenbezogener Daten fest. Die Pflicht entfällt nur in Ausnahmefällen, etwa wenn keinerlei Anhaltspunkte bestehen, dass die Mitteilung zur Wahrung schutzwürdiger Interessen des Betroffenen erforderlich ist.[19]

VI. Archivregelung (Abs. 9)

11   **Archivrechtliche Regelungen** bleiben von § 489 unberührt.[20] Zu löschende Daten können daher nach Abs. 9 einem Staatsarchiv angedient werden, wenn die anwendbaren archivrechtlichen Regelungen dies zulassen, etwa wenn den Daten bleibender Wert im Sinne des § 3 Bundesarchivgesetz[21] zukommt. Bei der zunächst speichernden Stelle dürfen diese Daten aber nicht weiter vorgehalten werden.

VII. Verfahrensfragen

12   **Rechtsschutz** gegen unzulässige oder unrichtige Speicherungen ist in den §§ 483 ff. nicht geregelt. Schon aus Art. 19 Abs. 4 GG folgt aber zwingend, dass die gerichtliche Anfechtung einer auf diese Normen gestützten Maßnahme möglich sein muss.[22] Insoweit ist der Rechtsweg nach § 23 EGGVG eröffnet.[23]

§ 490 [Errichtungsanordnung für automatisierte Dateien]

¹Die speichernde Stelle legt für jede automatisierte Datei in einer Errichtungsanordnung mindestens fest:
1. die Bezeichnung der Datei,
2. die Rechtsgrundlage und den Zweck der Datei,
3. den Personenkreis, über den Daten in der Datei verarbeitet werden,
4. die Art der zu verarbeitenden Daten,
5. die Anlieferung oder Eingabe der zu verarbeitenden Daten,
6. die Voraussetzungen, unter denen in der Datei verarbeitete Daten an welche Empfänger und in welchem Verfahren übermittelt werden,
7. Prüffristen und Speicherungsdauer.

²Dies gilt nicht für Dateien, die nur vorübergehend vorgehalten und innerhalb von drei Monaten nach ihrer Erstellung gelöscht werden.

---

[15] HK-StPO/*Temming* Rn. 10; SK/*Weßlau* Rn. 19.
[16] *Lemke* NStZ 1995, 486; HK-StPO/*Temming* Rn. 7; Meyer-Goßner/*Cierniak* Rn. 6.
[17] *Lemke* NStZ 1995, 486; HK-StPO/*Temming* Rn. 7; Meyer-Goßner/*Cierniak* Rn. 6.
[18] Meyer-Goßner/*Cierniak* Rn. 6.
[19] HK-StPO/*Temming* Rn. 17.
[20] BR-Drucks. 65/99, S. 21 ff.
[21] BGBl. I 1988, S. 22.
[22] KK-StPO/*Gieg* Rn. 7.
[23] OLG Dresden v. 19. 5. 2003 – 2 VAs 4/02, StV 2004, 368; OLG Frankfurt v. 19. 5. 1994 – 3 VAs 31/93, NJW 1995, 1102; OLG Frankfurt v. 16. 8. 1998 – 3 VAs 9/98, NJW 1999, 73; OLG Hamburg v. 24. 10. 2008 – 2 VAs 5/08, StV 2009, 234 mAnm *Habenicht* NStZ 2009, 708.

Zweiter Abschnitt. Dateiregelungen 1, 2 § 491

I. Errichtungsanordnung (S. 1)

S. 1 bestimmt, dass die speichernde Stelle für jede automatisierte Datei eine Errichtungsanordnung zu treffen hat, ohne die ein geordneter Betrieb einer Datei nicht möglich wäre.[1] Der Zweck dieser Anordnung besteht zudem darin, dass sie einerseits die **Selbstkontrolle** dieser Stelle ermöglicht, andererseits aber auch eine **Fremdkontrolle** gewährleistet, etwa durch aufsichtsführende Stellen oder durch den Beauftragten für den Datenschutz.[2] Weiter bestimmt S. 1 in den Nr. 1 bis 7 den Mindestinhalt einer jeden Errichtungsanordnung. 1

II. Kurzzeitdateien (S. 2)

In S. 2 wird die Errichtungsanordnung für sog. „flüchtige Dateien" (Kurzzeitdateien) für entbehrlich erklärt, da hier der Aufwand für die Erstellung einer solchen Anordnung unverhältnismäßig wäre.[3] 2

§ 491 [Auskunft an Betroffene]

(1) [1] Dem Betroffenen ist, soweit die Erteilung oder Versagung von Auskünften in diesem Gesetz nicht besonders geregelt ist, entsprechend § 19 des Bundesdatenschutzgesetzes Auskunft zu erteilen. [2] Auskunft über Verfahren, bei denen die Einleitung des Verfahrens bei der Staatsanwaltschaft im Zeitpunkt der Beantragung der Auskunft noch nicht mehr als sechs Monate zurückliegt, wird nicht erteilt. [3] Die Staatsanwaltschaft kann die Frist des Satzes 2 auf bis zu 24 Monate verlängern, wenn wegen der Schwierigkeit oder des Umfangs der Ermittlungen im Einzelfall ein Geheimhaltungsbedürfnis fortbesteht. [4] Über eine darüber hinausgehende Verlängerung der Frist entscheidet der Generalstaatsanwalt, in Verfahren der Generalbundesanwaltschaft der Generalbundesanwalt. [5] Die Entscheidungen nach den Sätzen 3 und 4 und die Gründe hierfür sind zu dokumentieren. [6] Der Antragsteller ist unabhängig davon, ob Verfahren gegen ihn geführt werden oder nicht, auf die Regelung in den Sätzen 2 bis 5 hinzuweisen.

(2) [1] Ist der Betroffene bei einer gemeinsamen Datei nicht in der Lage, die speichernde Stelle festzustellen, so kann er sich an jede beteiligte speicherungsberechtigte Stelle wenden. [2] Über die Erteilung einer Auskunft entscheidet diese im Einvernehmen mit der Stelle, die die Daten eingegeben hat.

I. Regelungsgehalt

§ 491 stellt eine **bereichsspezifische Verfahrensregelung** dar, die grundsätzlich subsidiär ist.[1*] Sie findet daher keine Anwendung, soweit die Auskunftserteilung speziell, etwa in den §§ 147, 385 Abs. 3, 397 Abs. 1 S. 2, 406e oder 475, geregelt ist.[2*] Folglich gilt die Vorschrift nicht für Verfahrensbeteiligte.[3*] Die Norm räumt dem Bürger das subjektiv öffentliche Recht ein, Auskunft darüber zu erhalten, ob und welche personenbezogenen Informationen über ihn in einer nach §§ 483 ff. angelegten Datei gespeichert sind. Dieser Anspruch resultiert aus dem Recht auf informationelle Selbstbestimmung nach Art. 2 Abs. 1, 1 Abs. 1 GG und ist gerichtlich durchsetzbar. Bei Ablehnung eines Auskunftsbegehrens gelten die §§ 23 ff. EGGVG.[4] 1

II. Auskunftsanspruch (Abs. 1 S. 1 und Abs. 2)

In Abs. 1 S. 1 wird auf § 19 BDSG verwiesen. Die Landesdatenschutzgesetze finden in Bezug auf den Auskunftsanspruch folglich keine Anwendung. Der Begriff des Betroffenen entspricht dem in § 3 Abs. 1 BDSG. **Auskunftspflichtig** ist nach § 3 Abs. 7 BDSG jede Stelle, die personenbezogene Daten für sich selbst erhebt, verarbeitet oder nutzt oder dies durch andere im Auftrag vornehmen lässt – hier also Gerichte, Strafverfolgungsbehörden, Bewährungshelfer, Aufsichtsstellen bei Führungsaufsicht, die Gerichtshilfe und auch die Polizei, soweit die StPO auf sie als speichernde Stelle anwendbar ist.[5] Ergänzend zur Auskunftspflicht regelt Abs. 2, dass sich der Betroffene an jede an einer gemeinsamen Dateispeicherung beteiligte Stelle mit seinem Auskunftsersuchen wenden kann, wenn er die verantwortliche (speichernde) Stelle nicht kennt. Die **Reichweite des Auskunftsan-** 2

---

[1] BT-Drucks. 14/1484, S. 35; KMR/*Gemählich* Rn. 1.
[2] Meyer-Goßner/*Cierniak* Rn. 1; *Pfeiffer* Rn. 1; SK/*Weßlau* Rn. 1.
[3] KK-StPO/*Gieg* Rn. 2.
[1*] HK-StPO/*Temming* Rn. 2; SK/*Weßlau* Rn. 2.
[2*] BT-Drucks. 14/1484 S. 35; *Brodersen* NJW 2000, 2541; KK-StPO/*Gieg* Rn. 1.
[3*] KMR/*Gemählich* Rn. 1.
[4] SK/*Weßlau* Rn. 35.
[5] KK-StPO/*Gieg* Rn. 3.

spruchs folgt aus § 19 Abs. 1 BDSG. Danach ist dem Betroffenen auf Antrag Auskunft zu erteilen über die zu seiner Person gespeicherten Daten, auch soweit es um die Herkunft dieser Daten (Nr. 1), die Empfänger oder Kategorien von Empfängern, an die die Daten weitergegeben werden (Nr. 2) und den Zweck der Speicherung (Nr. 3) geht.

III. Versagung der Auskunft (Abs. 1 S. 2 bis 6, § 19 Abs. 4 BDSG)

3   Die Grenzen des Auskunftsanspruchs ergeben sich zunächst über den Verweis in Abs. 1 S. 1 auf das Datenschutzgesetz aus § 19 BDSG, insbesondere aus dessen Abs. 4. Danach ist eine Auskunft zu versagen, wenn die Auskunft die ordnungsgemäße Erfüllung der in der Zuständigkeit der verantwortlichen Stelle liegenden Aufgaben gefährden würde (Nr. 1), die Auskunft die öffentliche Sicherheit oder Ordnung gefährden oder sonst dem Wohle des Bundes oder eines Landes Nachteile bereiten würde (Nr. 2) oder die Daten oder die Tatsache ihrer Speicherung nach einer Rechtsvorschrift oder ihrem Wesen nach, insbesondere wegen der überwiegenden berechtigten Interessen eines Dritten, geheim gehalten werden müssen (Nr. 3) und zusätzlich in allen drei Alternativen das Interesse des Betroffenen an der Auskunftserteilung zurücktreten muss. Eine weitere Beschränkung der Auskunftserteilung folgt aus den S. 2 bis 5 des Abs. 1.[6] Diese Beschränkung soll durch teils pauschalierte, teils einzelfallbezogen festgelegte **Fristen** bewirkt werden.[7] Der Zweck dieser Regelung liegt darin, laufende Verfahren vor einer Offenlegung der Ermittlungsergebnisse zu schützen und so die Funktionstüchtigkeit der Strafverfolgung zu sichern. Nach S. 2 gilt innerhalb einer 6-Monats-Frist ein absolutes **Auskunftsverbot**. Nach Ablauf dieser Frist entfällt diese Auskunftsbeschränkung grundsätzlich, es sei denn, die nach den S. 3 und 4 verantwortliche Stelle verlängert die Frist, was nur bei besonders schwierigen oder umfangreichen Ermittlungen zulässig ist. Die S. 5 und 6 regeln, dass die Ablehnung einer Auskunftserteilung nach den vorhergehenden Sätzen keiner Begründung bedarf. Dem Anfragenden wird – unter Hinweis gem. S. 6 – nur mitgeteilt, dass Eintragungen, über die eine Auskunft erteilt werden kann, nicht vorhanden sind.[8]

---

[6] IdF des Gesetzes zur effektiven Nutzung von Dateien im Bereich der Staatsanwaltschaften v. 10. 9. 2004, BGBl. I S. 2318.
[7] SK/*Weßlau* Rn. 3.
[8] KMR/*Gemählich* Rn. 3.

Dritter Abschnitt. Länderübergreifendes staatsanwaltschaftliches Verfahrensregister

§ 492 [Zentrales staatsanwaltschaftliches Verfahrensregister]

(1) Das Bundesamt für Justiz (Registerbehörde) führt ein zentrales staatsanwaltschaftliches Verfahrensregister.

(2) ¹In das Register sind
1. die Personendaten des Beschuldigten und, soweit erforderlich, andere zur Identifizierung geeignete Merkmale,
2. die zuständige Stelle und das Aktenzeichen,
3. die nähere Bezeichnung der Straftaten, insbesondere die Tatzeiten, die Tatorte und die Höhe etwaiger Schäden,
4. die Tatvorwürfe durch Angabe der gesetzlichen Vorschriften,
5. die Einleitung des Verfahrens sowie die Verfahrenserledigungen bei der Staatsanwaltschaft und bei Gericht nebst Angabe der gesetzlichen Vorschriften

einzutragen. ²Die Daten dürfen nur für Strafverfahren gespeichert und verändert werden.

(3) ¹Die Staatsanwaltschaften teilen die einzutragenden Daten der Registerbehörde zu dem in Absatz 2 Satz 2 genannten Zweck mit. ²Auskünfte aus dem Verfahrensregister dürfen nur Strafverfolgungsbehörden für Zwecke eines Strafverfahrens erteilt werden. ³§ 5 Abs. 5 Satz 1 Nr. 2 des Waffengesetzes und § 8a Absatz 5 Satz 1 Nummer 2 des Sprengstoffgesetzes bleiben unberührt; die Auskunft über die Eintragung wird insoweit im Einvernehmen mit der Staatsanwaltschaft, die die personenbezogenen Daten zur Eintragung in das Verfahrensregister mitgeteilt hat, erteilt, wenn hiervon eine Gefährdung des Untersuchungszwecks nicht zu besorgen ist.

(4) ¹Die in Absatz 2 Satz 1 Nr. 1 und 2 genannten Daten dürfen nach Maßgabe des § 18 Abs. 3 des Bundesverfassungsschutzgesetzes, auch in Verbindung mit § 10 Abs. 2 des Gesetzes über den Militärischen Abschirmdienst und § 8 Abs. 3 des Gesetzes über den Bundesnachrichtendienst, auf Ersuchen auch an die Verfassungsschutzbehörden des Bundes und der Länder, das Amt für den Militärischen Abschirmdienst und den Bundesnachrichtendienst übermittelt werden. ²§ 18 Abs. 5 Satz 2 des Bundesverfassungsschutzgesetzes gilt entsprechend.

(4a) ¹Kann die Registerbehörde eine Mitteilung oder ein Ersuchen einem Datensatz nicht eindeutig zuordnen, übermittelt sie an die ersuchende Stelle zur Identitätsfeststellung Datensätze zu Personen mit ähnlichen Personalien. ²Nach erfolgter Identifizierung hat die ersuchende Stelle alle Daten, die sich nicht auf den Betroffenen beziehen, unverzüglich zu löschen. ³Ist eine Identifizierung nicht möglich, sind alle übermittelten Daten zu löschen. ⁴In der Rechtsverordnung nach § 494 Abs. 4 ist die Anzahl der Datensätze, die auf Grund eines Abrufs übermittelt werden dürfen, auf das für eine Identifizierung notwendige Maß zu begrenzen.

(5) ¹Die Verantwortung für die Zulässigkeit der Übermittlung trägt der Empfänger. ²Die Registerbehörde prüft die Zulässigkeit der Übermittlung nur, wenn besonderer Anlaß hierzu besteht.

(6) Die Daten dürfen unbeschadet des Absatzes 3 Satz 3 und des Absatzes 4 nur in Strafverfahren verwendet werden.

Schrifttum: *Hoffmann*, Staatsanwaltschaftliches Informationssystem, ZRP 1990, 55; *Kalf*, Das Strafverfahrensregister im System der StPO, StV 1997, 610; *Kestel*, §§ 474 ff. StPO – eine unbekannte Größe, StV 1997, 266; *Lemke*, Länderübergreifendes staatsanwaltschaftliches Verfahrensregister, NStZ 1995, 484; *Rebmann/Schoreit*, Elektronische Datenverarbeitung (EDV) in Strafverfolgungsangelegenheiten und Datenschutz, NStZ 1984, 1; *Richter*, Errichtung eines Strafverfahrensregisters, NJW 1989, 1785; *Schneider*, Länderübergreifendes staatsanwaltschaftliches Verfahrensregister – zugleich ein Instrument zur Bekämpfung der Massenkriminalität?, NJW 1996, 302; *Schoreit*, Datenverarbeitung, Datenschutz und Strafrecht, DRiZ 1987, 82.

I. Regelungsgehalt

Das länderübergreifende staatsanwaltschaftliche Verfahrensregister hat den vorrangigen Zweck, die **Funktionsfähigkeit der Strafrechtspflege** zu verbessern.[1] Es soll die Ermittlung von überörtlich handelnden Tätern und Mehrfachtätern, insbesondere reisenden (Gewalt-)Tätern, erleichtern.[2] Auch sollen die Verfahrenseinstellungen auf Grund des Opportunitätsprinzips auf eine sicherere Grundlage gestellt werden: Zum einen können ungerechtfertigte, wiederholte Sachbehandlungen nach §§ 153, 153a vermieden werden, zum anderen wird die Sachbehandlung nach § 154 auch für

1

---

[1] BT-Drucks. 12/6853, S. 19.
[2] KMR/*Gemählich* Rn. 1; Meyer-Goßner/*Cierniak* Rn. 1.

laufende Verfahren bei verschiedenen Staatsanwaltschaften und Gerichten ermöglicht. Weiter lassen die im Register gespeicherten Informationen eine verbesserte Verfahrenskonzentration durch Verbindung von Ermittlungs- und Strafverfahren zu, ebenso wie eine Koordinierung der Strafvollstreckung durch die Vermeidung erst nachträglich zu bildender Gesamtstrafen.[3] Darüber hinaus dient es auch dem Interesse des Beschuldigten, bei einer frühzeitigen Verfahrensverbindung nur einmal vernommen zu werden und nur an einer Hauptverhandlung teilnehmen zu müssen.[4] Die Einführung des Registers war notwendig, da aus dem Bundeszentral- und dem Erziehungsregister (§§ 1 bis 58 und §§ 59 bis 64 BZRG) nicht ersichtlich wird, ob gegen denselben Beschuldigten Ermittlungsverfahren anhängig sind oder vor Kurzem abgeschlossen wurden.[5] Mit der Aufnahme des Registerbetriebs im Jahre 1999 wurde daher eine bereits lange erhobene Forderung erfüllt.[6]

II. Bundesamt für Justiz (Abs. 1)

2   Das zentrale staatsanwaltschaftliche Register wurde zunächst durch den Generalbundesanwalt beim Bundesgerichtshof geführt. Nunmehr wird es durch das mit Gesetz vom 17. 12. 2006[7] errichtete Bundesamt für Justiz mit Sitz in Bonn betrieben. Das Register trägt den Namen „Zentrales Staatsanwaltschaftliches Verfahrensregister (ZStV)".

III. Datenumfang (Abs. 2)

3   **1. Daten aus Ermittlungsverfahren (Abs. 2 S. 1).** Nach Maßgabe des Abs. 2 S. 1 Nr. 1 bis 5 werden die Daten aller staatsanwaltschaftlicher Ermittlungsverfahren gespeichert, die gegen einen bestimmten, **identifizierten Beschuldigten** gerichtet sind. § 492 gilt also nicht für Ermittlungsverfahren gegen unbekannt, sog. UJs-Sachen.[8] Die Vorschrift lässt ausschließlich die Speicherung von Daten des Beschuldigten zu, nicht aber von Daten eines Geschädigten oder Anzeigeerstatters.[9] Auf eine weitergehende Einschränkung der Speicherungsbefugnis, etwa auf Daten aus Verfahren mit erheblicher oder überörtlicher Bedeutung, wurde aus Praktikabilitätserwägungen bewusst verzichtet.[10]

4   **2. Nur für Strafverfahren (Abs. 2 S. 2).** Die Befugnis der Speicherung und Veränderung der Daten ist nach Abs. 2 S. 2 nur für Strafverfahren eröffnet. Der **Begriff des Strafverfahrens** umfasst das Ermittlungs-, Zwischen-, Haupt- und Rechtsmittelverfahren, das Wiederaufnahme- und das Vollstreckungsverfahren, einschließlich der Bewährungsüberwachung und der Bewährungshilfe, sowie den Täter-Opfer-Ausgleich;[11] nach umstrittener, aber wohl vorzugswürdiger Auffassung hingegen nicht Gnadensachen und die internationale Rechtshilfe in Strafsachen, da eine § 483 Abs. 2 vergleichbare Regelung in § 492 fehlt.[12]

IV. Mitteilungen und Auskünfte (Abs. 3 bis 4 a)

5   **1. Mitteilungen (Abs. 3 S. 1).** Die einzelne Staatsanwaltschaft trifft nach Abs. 3 S. 1 eine Mitteilungspflicht. Sie muss die **Einleitung** des Verfahrens sowie die Art der **Erledigung** durch die Staatsanwaltschaft (Einstellung, Strafbefehlsantrag, Anklage) und das Gericht (Verurteilung, Freispruch, Einstellung, Nichteröffnung) mitteilen. Von dieser Pflicht darf nur in Ausnahmefällen und auch nur vorübergehend Abstand genommen werden, etwa wenn der Mitteilung der Einleitung eines Ermittlungsverfahrens ein besonderes Geheimhaltungsbedürfnis entgegensteht.[13] Die Gründe einer solchen Zurückstellung sind zu dokumentieren. Mitteilungspflichtig sind die Staatsanwaltschaften und die in steuerstrafrechtlichen Angelegenheiten gleichgestellten Finanzbehörden.[14]

6   **2. Auskünfte (Abs. 3 S. 2 und 3, Abs. 4).** Zu den **auskunftsberechtigten Stellen** nach Abs. 3 S. 2 gehören nur die Strafverfolgungsbehörden (Staatsanwaltschaften, Polizeibehörden, Finanzbehörden in den Fällen der §§ 399, 386 und 402 AO, Steuer- und Zollfahndungsdienststellen), nicht

---

[3] BT-Drucks. 12/6853, S. 37.
[4] SK/*Weßlau* Rn. 3.
[5] *Richter* NJW 1989, 1785; SK/*Weßlau* Vor § 492 ff. Rn. 9.
[6] *Hoffmann* ZRP 1990, 56; *Rebmann/Schoreit* NStZ 1984, 7; *Schoreit* DRiZ 1987, 85.
[7] BGBl. I S. 3171.
[8] *Lemke* NStZ 1995, 485; Meyer-Goßner/*Cierniak* Rn. 4; zweifelnd HK-StPO/*Temming* Rn. 12.
[9] SK/*Weßlau* Rn. 10.
[10] BT-Drucks. 12/6853, S. 37; *Hoffmann* ZRP 1990, 56; *König/Seitz* NStZ 1995, 5.
[11] HK-StPO/*Temming* Rn. 16.
[12] SK/*Weßlau* Rn. 17; aA *Lemke* NStZ 1995, 485; KMR/*Gemählich* Rn. 15; Meyer-Goßner/*Cierniak* Rn. 12.
[13] HK-StPO/*Temming* Rn. 3; KMR/*Gemählich* Rn. 10.
[14] KK-StPO/*Gieg* Rn. 6.

aber Bußgeldbehörden und auch nicht die Gerichte.[15] Waffenbehörden können nach Maßgabe des Abs. 3 S. 3 in Verbindung mit § 5 Abs. 5 S. 1 Nr. 2 S. 2 WaffG (oder § 8 a Abs. 5 S. 1 Nr. 2 SprengG) Auskünfte im Rahmen der waffenrechtlichen Zuverlässigkeitsprüfung erhalten. Abs. 4 S. 1 räumt weiter den Verfassungsschutzbehörden, dem Militärischen Abschirmdienst und dem Bundesnachrichtendienst ein Auskunftsrecht in Hinblick auf die Daten nach Abs. 2 S. 1 Nr. 1 und 2 ein. Diesen Diensten soll so erspart werden, eine Vielzahl von Ersuchen an die einzelnen Staatsanwaltschaften richten zu müssen.[16] Nach Abs. 4 S. 2 sind die Dienste entsprechend § 18 Abs. 5 S. 2 BVerfSchG verpflichtet, den Zweck und die Veranlassung einer Anfrage an das ZStV zu dokumentieren.

3. Ähnlichkeitsanfragen (Abs. 4 a). In Abs. 4 a wird das Verfahren für die Fälle geregelt, in denen die Registerbehörde eine Mitteilung oder ein Auskunftsersuchen nicht eindeutig zuordnen kann. Die Vorschrift erlaubt dann die Übermittlung von Eintragungen von **Personendaten mit ähnlichen Identifizierungsmerkmalen**. Der damit verbundenen Gefahr der Weitergabe oder Speicherung von Daten Unbeteiligter will Abs. 4 a durch strenge Löschungsregeln und Begrenzung der zu übermittelnden Datensätze begegnen.[17]

V. Verantwortung für die Datenübermittlung (Abs. 5)

Die Verantwortung für die Zulässigkeit einer Datenübermittlung trägt nach Abs. 5 S. 1, der sich an § 15 Abs. 2 BDSG anlehnt, grundsätzlich die **anfragende Stelle**.[18] Eine Überprüfung durch die Registerbehörde erfolgt nur bei besonderem Anlass, Abs. 5 S. 2.

VI. Zweckbindung (Abs. 6)

Die Zweckbindungsklausel in Abs. 6 entspricht der in Abs. 3 S. 2 und lässt eine **Datenverwendung nur in Strafverfahren**[19] zu. Die Daten dürfen aber, um unnötige Mehrfachanfragen zu vermeiden, auch für andere Strafverfahren verwendet werden, nicht nur für das, in dem die Datenübermittlung erfolgt ist.[20]

§ 493 [Automatisiertes Abrufverfahren]

(1) ¹Die Übermittlung der Daten erfolgt im Wege eines automatisierten Abrufverfahrens oder eines automatisierten Anfrage- und Auskunftsverfahrens, im Falle einer Störung der Datenfernübertragung oder bei außergewöhnlicher Dringlichkeit telefonisch oder durch Telefax. ²Die beteiligten Stellen haben zu gewährleisten, dass dem jeweiligen Stand der Technik entsprechende Maßnahmen zur Sicherstellung von Datenschutz und Datensicherheit getroffen werden, die insbesondere die Vertraulichkeit und Unversehrtheit der Daten gewährleisten; im Falle der Nutzung allgemein zugänglicher Netze sind dem jeweiligen Stand der Technik entsprechende Verschlüsselungsverfahren anzuwenden.

(2) ¹Für die Festlegungen zur Einrichtung eines automatisierten Abrufverfahrens findet § 10 Abs. 2 des Bundesdatenschutzgesetzes Anwendung. ²Die Registerbehörde übersendet die Festlegungen dem Bundesbeauftragten für den Datenschutz.

(3) ¹Die Verantwortung für die Zulässigkeit des einzelnen automatisierten Abrufs trägt der Empfänger. ²Die Registerbehörde prüft die Zulässigkeit der Abrufe nur, wenn dazu Anlaß besteht. ³Sie hat bei jedem zehnten Abruf zumindest den Zeitpunkt, die abgerufenen Daten, die Kennung der abrufenden Stelle und das Aktenzeichen des Empfängers zu protokollieren. ⁴Die Protokolldaten dürfen nur für die Kontrolle der Zulässigkeit der Abrufe verwendet werden und sind nach sechs Monaten zu löschen.

(4) Die Absätze 2 und 3 gelten für das automatisierte Anfrage- und Auskunftsverfahren entsprechend.

I. Form der Auskunftserteilung (Abs. 1 S. 1)

§ 493 regelt die Art und Weise der Auskunftserteilung aus den Datenbeständen des zentralen staatsanwaltschaftlichen Verfahrensregisters. Die Vorschrift wurde durch das Gesetz zur effekti-

---

[15] BT-Drucks. 15/1492, S. 13; KK-StPO/*Gieg* Rn. 7; SK/*Weßlau* Rn. 19.
[16] HK-StPO/*Temming* Rn. 21; SK/*Weßlau* Rn. 24.
[17] SK/*Weßlau* Rn. 21.
[18] KK-StPO/*Gieg* Rn. 10; KMR/*Gemählich* Rn. 15.
[19] Zum Begriff des Strafverfahrens s. o. Rn. 4.
[20] BT-Drucks. 12/6853, S. 38; *Schneider* NJW 1996, 304.

§ 494 2–5 *Achtes Buch. Erteilung von Auskünften und Akteneinsicht usw.*

veren Nutzung von Daten im Bereich der Staatsanwaltschaften vom 12. 9. 2004 neu gefasst.[21] In Abs. 1 S. 1 Hs. 1 wird das **automatisierte Abruf- und Anfragesystem** zum Regelfall erklärt. Das ZStV wurde von Beginn an als eine Datenbank betrieben, bei der der Zugriff regelmäßig durch ein automatisiertes Anfrage- und Auskunftsverfahren erfolgte. Dieser Rechtstatsächlichkeit wurde die Norm nunmehr angepasst. Die Möglichkeit, das System zu einer **Online-Recherche** (automatisches Abrufverfahren im engeren Sinne) fortzuentwickeln, soll jedoch weiter erhalten bleiben.[22] Nur in Ausnahmefällen außergewöhnlicher Dringlichkeit ist auch eine Abfrage per Telefon oder Telefax zulässig, Abs. 1 S. 1 Hs. 2.

II. Zugriffsberechtigung

2   Nach der Neufassung der Norm sind gem. § 493 alle Stellen im automatisierten Verfahren zugriffsberechtigt, an die Daten aus dem ZStV mitgeteilt werden dürfen. Damit haben nunmehr **auch** die **Polizeibehörden** eine Zugriffsmöglichkeit, die Begrenzung dieser Befugnis auf die Staatsanwaltschaften ist entfallen.[23] Im Übrigen enthält die Vorschrift keine weiteren besonderen Voraussetzungen für das automatisierte Verfahren.[24]

III. Datenschutz und Datensicherheit (Abs. 1 S. 2 und Abs. 2)

3   Nach Abs. 1 S. 2 haben die beteiligten Stellen den erforderlichen Datenschutz und die Datensicherheit zu gewährleisten.[25] Abs. 2 S. 1 erklärt § 10 Abs. 2 BDSG für entsprechend anwendbar, um die **datenschutzrechtliche Kontrolle** des automatischen Abrufverfahrens zu gewährleisten.[26] Nach Abs. 2 S. 2 müssen die gem. § 10 Abs. 2 BDSG schriftlich zu treffenden Festlegungen zur Einrichtung des Verfahrens auch dem Bundesbeauftragten für den Datenschutz mitgeteilt werden (§§ 23 ff. BDSG).

IV. Verantwortung für die Datenübermittlung (Abs. 3)

4   Die Verantwortung für jeden einzelnen Datenabruf wird in Abs. 3 S. 1 wie in § 492 Abs. 5 und § 494 Abs. 1 S. 2 dem **Empfänger** zugewiesen. Nach Abs. 3 S. 2 und 3 hat die Registerbehörde nur bei besonderem Anlass die Zulässigkeit eines Abrufs zu prüfen, sie hat zudem ein obligatorisches Stichprobenverfahren durchzuführen.

V. Gleichstellung von Abruf- sowie Anfrage- und Auskunftsverfahren (Abs. 4)

5   Abs. 4 stellt klar, das die Abs. 2 und 3 in gleicher Weise für das Abruf-(Online-)Verfahren wie für das Anfrage- und Auskunftsverfahren gelten.[27]

§ 494 [Berichtigung, Löschung oder Sperrung; Errichtungsanordnung]

(1) ¹Die Daten sind zu berichtigen, wenn sie unrichtig sind. ²Die zuständige Stelle teilt der Registerbehörde die Unrichtigkeit unverzüglich mit; sie trägt die Verantwortung für die Richtigkeit und die Aktualität der Daten.

(2) ¹Die Daten sind zu löschen,
1. wenn ihre Speicherung unzulässig ist oder
2. sobald sich aus dem Bundeszentralregister ergibt, daß in dem Strafverfahren, aus dem die Daten übermittelt worden sind, eine nach § 20 des Bundeszentralregistergesetzes mitteilungspflichtige gerichtliche Entscheidung oder Verfügung der Strafverfolgungsbehörde ergangen ist.

²Wird der Beschuldigte rechtskräftig freigesprochen, die Eröffnung des Hauptverfahrens gegen ihn unanfechtbar abgelehnt oder das Verfahren nicht nur vorläufig eingestellt, so sind die Daten zwei Jahre nach der Erledigung des Verfahrens zu löschen, es sei denn, vor Eintritt der Löschungsfrist wird ein weiteres Verfahren zur Eintragung in das Verfahrensregister mitgeteilt. ³In diesem Fall bleiben die Daten gespeichert, bis für alle Eintragungen die Löschungsvoraussetzungen vorliegen. ⁴Die Staatsanwaltschaft teilt der Registerbehörde unverzüglich den Eintritt der Löschungsvoraussetzungen oder den Beginn der Löschungsfrist nach Satz 2 mit.

---

[21] BGBl. I, S. 2318.
[22] SK/*Weßlau* Rn. 2.
[23] BT-Drucks. 15/3331, S. 1, 10 f.
[24] Meyer-Goßner/*Cierniak* Rn. 2.
[25] SK/*Weßlau* Rn. 6.
[26] Meyer-Goßner/*Cierniak* Rn. 3.
[27] Meyer-Goßner/*Cierniak* Rn. 5; SK/*Weßlau* Rn. 16.

(3) § 489 Abs. 7 und 8 gilt entsprechend.

(4) Das Bundesministerium der Justiz bestimmt durch Rechtsverordnung mit Zustimmung des Bundesrates die näheren Einzelheiten, insbesondere
1. die Art der zu verarbeitenden Daten,
2. die Anlieferung der zu verarbeitenden Daten,
3. die Voraussetzungen, unter denen in der Datei verarbeitete Daten an welche Empfänger und in welchem Verfahren übermittelt werden,
4. die Einrichtung eines automatisierten Abrufverfahrens,
5. die nach § 9 des Bundesdatenschutzgesetzes erforderlichen technischen und organisatorischen Maßnahmen.

I. Berichtigung (Abs. 1)

Die Berichtigung[1] unrichtiger Daten erfolgt auf Mitteilung der zuständigen (datenerhebenden) Stelle. Diese trägt die **Verantwortung** für die Richtigkeit und Aktualität der Daten. 1

II. Löschung (Abs. 2)

Eine Löschung gespeicherter Daten hat nach Abs. 2 S. 1 Nr. 1 bei Unzulässigkeit der Speicherung zu erfolgen,[2] ferner – um Doppelspeicherungen zu vermeiden –[3] gem. Abs. 2 S. 1 Nr. 2 bei Eingang eintragungspflichtiger Mitteilungen nach § 20 BZRG beim Bundeszentralregister. Im Übrigen sind die gespeicherten Daten nach Maßgabe des Abs. 2 S. 2 mit Ablauf bestimmter **Fristen** zu löschen. In den Fällen des rechtskräftigen Freispruchs, der unanfechtbaren Ablehnung der Eröffnung des Hauptverfahrens und der endgültigen Verfahrenseinstellung beträgt diese Frist zwei Jahre. Die Fristenregelung ist verfassungsrechtlich unbedenklich:[4] Nach Ansicht des Gesetzgebers ist sie aufgrund des unverzichtbaren Informationsbedürfnisses der Staatsanwaltschaften erforderlich.[5] Auch widerspricht die Norm nicht der Unschuldsvermutung, da diese nur vor einer Attestierung strafrechtlicher Schuld ohne Nachweis im gesetzlich vorgeschriebenen Verfahren schützt, nicht aber vor sonstigen Rechtsfolgen (wie hier der weiteren Speicherung im Register).[6] Eine Löschung unterbleibt trotz Fristablaufs, wenn zuvor gegen den Betroffenen ein neues Verfahren im Register eingetragen wird. Für diese Fälle schreibt Abs. 2 S. 3 vor, dass eine Löschung erst dann erfolgt, wenn die Löschungsvoraussetzungen für alle Verfahren vorliegen. Dies entspricht der Regelung in § 47 Abs. 2 BZRG. Abs. 2 S. 4 verpflichtet die Staatsanwaltschaft, dem Register den Eintritt der Löschungsvoraussetzungen oder den Beginn der Löschungsfrist unverzüglich mitzuteilen, sog. Löschungsmitteilung. 2

III. Sperrung und Nachberichtspflicht (Abs. 3)

Für die Voraussetzungen einer Datensperre und die Nachberichtspflicht bei Übermittlung unrichtiger, zu löschender oder zu sperrender personenbezogener Daten verweist Abs. 3 auf § 489 Abs. 7 und 8. Auf die Kommentierung zu dieser Norm wird daher verwiesen.[7] 3

IV. Errichtungsanordnung (Abs. 4)

Der neugefasste Abs. 4 schreibt vor, dass die näheren Einzelheiten, insbesondere die in Nr. 1 bis 5 aufgelisteten, durch eine Rechtsverordnung des BMJ mit Zustimmung des Bundesrates zu regeln sind. Nach der ursprünglichen Rechtslage war nur eine allgemeine Verwaltungsvorschrift erforderlich,[8] was aber den verfassungsrechtlichen Vorgaben nicht entsprach.[9] Die nunmehr geltende Rechtsverordnung vom 23. 9. 2005 ist im folgenden **Anhang** abgedruckt. 4

---

[1] Zum Begriff s. o. § 489 Rn. 2.
[2] S. o. § 489 Rn. 3.
[3] HK-StPO/*Temming* Rn. 9; KMR/*Gemählich* Rn. 5.
[4] *Kalf* StV 1997, 613; KK-StPO/*Gieg* Rn. 6; KMR/*Gemählich* Rn. 7; aA *Kestel* StV 1997, 268; HK-StPO/*Temming* Rn. 15; Meyer-Goßner/*Cierniak* Rn. 8 f.; SK/*Weßlau* Rn. 15 ff.
[5] BT-Drucks. 12/6853, S. 39.
[6] KK-StPO/*Gieg* Rn. 6.
[7] S. o. § 489 Rn. 9 f.
[8] Allgemeine Verwaltungsvorschrift über eine Errichtungsanordnung für das länderübergreifende staatsanwaltschaftliche Verfahrensregister vom 7. 8. 1995 (BAnz Nr. 163).
[9] BVerfG vom 2. 3. 1999 – 2 BvF 1/94, BVerfGE 100, 249 = NJW 1999, 2361.

Otte

Anhang zu § 494 *Achtes Buch. Erteilung von Auskünften und Akteneinsicht usw.*

Anhang zu § 494

Verordnung über den Betrieb des Zentralen Staatsanwaltschaftlichen Verfahrensregisters (ZStVBetrV)
vom 23. 9. 2005 (BGBl. I S. 2885)
zuletzt geändert durch Gesetz vom 17. 7. 2009 (BGBl. I S. 2062)

Auf Grund des § 494 Abs. 4 der Strafprozessordnung in der Fassung der Bekanntmachung vom 7. April 1987 (BGBl. I S. 1074, 1319), der zuletzt durch Artikel 2 Nr. 6 des Gesetzes vom 10. September 2004 (BGBl. I S. 2318) geändert worden ist, verordnet das Bundesministerium der Justiz:

§ 1 Register. (1) Das Register nach den §§ 492 bis 495 der Strafprozessordnung wird bei dem Bundesamt für Justiz (Registerbehörde) unter der Bezeichnung „Zentrales Staatsanwaltschaftliches Verfahrensregister" geführt.
(2) Eine Erhebung oder Verwendung personenbezogener Daten im Auftrag durch andere Stellen ist unzulässig.

§ 2 Inhalt und Zweck des Registers. In dem Register werden die in § 4 bezeichneten Daten zu in der Bundesrepublik Deutschland geführten Strafverfahren einschließlich steuerstrafrechtlicher Verfahren zu dem Zweck gespeichert, die Durchführung von Strafverfahren effektiver zu gestalten, insbesondere die Ermittlung überörtlich handelnder Täter und Mehrfachtäter zu erleichtern, das frühzeitige Erkennen von Tat- und Täterverbindungen zu ermöglichen und gebotene Verfahrenskonzentrationen zu fördern.

§ 3 Übermittlung von Daten an das Register. (1) [1]Die Staatsanwaltschaften und die diesen in steuerstrafrechtlichen Angelegenheiten nach § 386 Abs. 2 und § 399 der Abgabenordnung gleichgestellten Finanzbehörden (mitteilende Stellen) übermitteln, sobald ein Strafverfahren bei ihnen anhängig wird, die in § 4 bezeichneten Daten in einer den Regelungen nach § 10 Abs. 1 entsprechenden standardisierten Form im Wege der Datenfernübertragung an die Registerbehörde. [2]Unrichtigkeiten und Änderungen der Daten sind der Registerbehörde unverzüglich mitzuteilen; dies gilt auch für Verfahrensabgaben, -übernahmen, -verbindungen und -abtrennungen.
(2) Die Übermittlung kann mit der Maßgabe erfolgen, dass wegen besonderer Geheimhaltungsbedürftigkeit des Strafverfahrens Auskünfte über die übermittelten Daten an eine andere als die mitteilende Stelle ganz oder teilweise zu unterbleiben haben.
(3) [1]Die Übermittlung kann vorübergehend zurückgestellt werden, wenn eine Gefährdung des Untersuchungszwecks zu besorgen ist und diese Gefährdung auf andere Weise, insbesondere durch eine Maßgabe nach Absatz 2, nicht abgewendet werden kann. [2]Die Gründe für eine Zurückstellung der Übermittlung sind zu dokumentieren.

§ 4 Zu speichernde Daten. (1) Es werden die folgenden Identifizierungsdaten der beschuldigten Person gespeichert:
1. der Geburtsname,
2. der Familienname,
3. die Vornamen,
4. das Geburtsdatum,
5. der Geburtsort und der Geburtsstaat,
6. das Geschlecht,
7. die Staatsangehörigkeiten,
8. die letzte bekannte Anschrift und, sofern sich die beschuldigte Person in Haft befindet oder eine sonstige freiheitsentziehende Maßnahme gegen sie vollzogen wird, die Anschrift der Justizvollzugsanstalt mit Gefangenenbuchnummer oder die Anschrift der Anstalt, in der die sonstige freiheitsentziehende Maßnahme vollzogen wird,
9. besondere körperliche Merkmale und Kennzeichen (zum Beispiel Muttermale, Narben, Tätowierungen), soweit zur Identifizierung erforderlich,
10. etwaige abweichende Angaben zu den Daten nach den Nummern 1 bis 7 (zum Beispiel frühere, Alias- oder sonst vom Familiennamen abweichende Namen).

(2) [1]Es werden die folgenden Daten zur Straftat gespeichert:
1. die Zeiten oder der Zeitraum der Tat,
2. die Orte der Tat,
3. die verletzten Gesetze,
4. die nähere Bezeichnung der Straftat (zum Beispiel Handtaschenraub, Straßenraub),
5. die Höhe etwaiger durch die Tat verursachter Schäden in Euro,
6. die Angabe, dass es Mitbeschuldigte gibt.
[2]Die Angaben nach Satz 1 Nr. 3 und 4 können unter Verwendung eines Straftatenschlüssels erfolgen.

(3) Es werden die folgenden Vorgangsdaten gespeichert:
1. die mitteilende Stelle,
2. die sachbearbeitende Stelle der Polizei, der Zoll- und der Steuerfahndung,
3. die Aktenzeichen und Tagebuchnummern der in den Nummern 1 und 2 bezeichneten Stellen.

(4) Es werden die folgenden Daten zum Verfahrensstand gespeichert:
1. das Datum der Einleitung des Ermittlungsverfahrens durch die mitteilende Stelle,
2. das Datum der Anklage und das Gericht, vor dem die Hauptverhandlung stattfinden soll,
3. das Datum des Antrags auf Durchführung eines besonderen Verfahrens nach dem Sechsten Buch der Strafprozessordnung und die Art des Verfahrens,
4. das Datum des Antrags auf Entscheidung im vereinfachten Jugendverfahren nach § 76 des Jugendgerichtsgesetzes,
5. das Datum der Aussetzung oder vorläufigen oder endgültigen Einstellung des Verfahrens und die angewandte Vorschrift,
6. das Datum des Freispruchs oder der Verurteilung,
7. das Datum und die Art einer sonstigen staatsanwaltschaftlichen oder gerichtlichen Verfahrenserledigung.
(5) Andere als die in den Absätzen 1 bis 4 genannten Daten werden in dem Register nicht gespeichert.

§ 5 Berichtigung, Löschung und Sperrung. Die Berichtigung, Löschung und Sperrung der gespeicherten Daten bestimmt sich nach § 494 Abs. 1 bis 3 der Strafprozessordnung.

§ 6 Auskunft an Behörden. (1) Auf Ersuchen erhalten Auskunft über die in § 4 genannten Daten
1. die mitteilenden Stellen; bei Mitteilung eines neuen Verfahrens erhalten sie auch ohne Ersuchen Auskunft über die zu der beschuldigten Person bereits gespeicherten Daten,
2. die Polizei- und Sonderpolizeibehörden, soweit sie im Einzelfall strafverfolgend tätig sind,
3. die Finanzbehörden in steuerstrafrechtlichen Ermittlungsverfahren der Staatsanwaltschaft (§ 402 der Abgabenordnung),
4. die Steuer- und Zollfahndungsdienststellen, soweit sie im Einzelfall strafverfolgend tätig sind,

Dritter Abschnitt. Länderübergreif. staatsanwaltschaftl. Verfahrensreg. § 495

5. die Waffenbehörden nach Maßgabe des § 492 Abs. 3 Satz 3 der Strafprozessordnung und des § 5 Abs. 5 Satz 1 Nr. 2 und Satz 2 des Waffengesetzes,
5 a. die Sprengstoffbehörden nach Maßgabe des § 492 Absatz 3 Satz 3 der Strafprozessordnung und des § 8 a Absatz 5 Satz 1 Nummer 2 und Satz 3 des Sprengstoffgesetzes,
6. das nationale Mitglied von Eurojust nach Maßgabe des § 4 Abs. 4 des Eurojust-Gesetzes.

(2) Nach Maßgabe der in § 492 Abs. 4 der Strafprozessordnung genannten Bestimmungen erhalten auf Ersuchen Auskunft über die in § 4 Abs. 1 und 3 genannten Daten auch
1. die Verfassungsschutzbehörden des Bundes und der Länder,
2. der Militärische Abschirmdienst,
3. der Bundesnachrichtendienst.

(3) ¹Auskunft wird erteilt über Eintragungen zu Personen mit gleichen und zu Personen mit ähnlichen Identifizierungsdaten. ²Auf gesondertes Ersuchen wird Auskunft auch über Eintragungen zu Mitbeschuldigten erteilt.

(4) Auskunft wird nicht erteilt, soweit eine Maßgabe nach § 3 Abs. 2 entgegensteht.

§ 7 Automatisiertes Anfrage- und Auskunftsverfahren; automatisiertes Abrufverfahren. (1) ¹Auskunftsersuchen und Auskünfte werden im Wege eines automatisierten Anfrage- und Auskunftsverfahrens übermittelt. ²Die Registerbehörde kann Maßnahmen zur Einführung eines automatisierten Abrufverfahrens treffen.

(2) ¹Bei Störung der technischen Einrichtungen für automatisierte Übermittlungen und bei außergewöhnlicher Dringlichkeit können Auskunftsersuchen und Auskünfte auch mittels Telefon oder Telefax übermittelt werden. ²Hierbei hat die Registerbehörde sicherzustellen, dass die Mitteilung der Auskunft an die ersuchende Stelle erfolgt.

§ 8 Auskunft bei Anfragen mit ähnlichen oder unvollständigen Angaben. (1) ¹Auf Ersuchen mit nicht eindeutig zuordenbaren oder unvollständigen Identifizierungsdatensätzen übermittelt die Registerbehörde an die ersuchende Stelle für Zwecke der Identitätsprüfung in § 4 Abs. 1, Satz 2 Nr. 1 und 2 sowie Abs. 3 bezeichneten Daten von bis zu 20 unter ähnlichen Identifizierungsdaten gespeicherten Personen. ²Satz 1 gilt entsprechend, wenn Anfragedatensätze zwar eindeutig zugeordnet werden können, aber auch Eintragungen unter ähnlichen Identifizierungsdaten vorhanden sind. ³Die Registerbehörde teilt ferner mit, wie viele weitere Datensätze zu Personen mit ähnlichen Identifizierungsdaten vorhanden sind.

(2) Die ersuchende Stelle hat die Identitätsprüfung unverzüglich vorzunehmen und Datensätze, die nicht zu einer Identifizierung führen, unverzüglich zu löschen.

(3) ¹Ist eine Identifizierung anhand der mitgeteilten Datensätze nicht möglich, kann die ersuchende Stelle der Registerbehörde ein Folgeersuchen übermitteln. ²Für die aufgrund des Folgeersuchens von der Registerbehörde zu übermittelnden Daten gelten die Absätze 1 und 2 entsprechend mit der Maßgabe, dass die Daten von bis zu 50 unter ähnlichen Identifizierungsdaten gespeicherten Personen übermittelt werden.

(4) ¹Ist eine Identifizierung auch anhand des Absatz 3 mitgeteilten Datensätze nicht möglich, kann die ersuchende Stelle der Registerbehörde weitere Folgeersuchen übermitteln, wenn dies für Zwecke eines Strafverfahrens erforderlich ist, das eine Straftat von erheblicher Bedeutung zum Gegenstand hat. ²Für die weiteren Folgeersuchen gelten die Absätze 1 und 2 entsprechend mit der Maßgabe, dass von der Registerbehörde jeweils die Daten von bis zu 50 weiteren unter ähnlichen Identifizierungsdaten gespeicherten Personen übermittelt werden.

§ 9 Auskunft an Betroffene. (1) Für den Auskunftsanspruch Betroffener gilt § 19 des Bundesdatenschutzgesetzes.

(2) Über die Erteilung der Auskunft entscheidet die Registerbehörde im Einvernehmen mit der Stelle, welche die in die Auskunft aufzunehmenden personenbezogenen Daten mitgeteilt hat.

(3) Daten, die einer Auskunftssperre nach § 495 Satz 1 Halbsatz 2 in Verbindung mit § 491 Abs. 1 Satz 2 bis 6 der Strafprozessordnung unterliegen, werden nicht in die Auskunft aufgenommen.

(4) ¹Die Registerbehörde weist Antragsteller bei der Auskunftserteilung auf die in Absatz 3 genannten Vorschriften hin. ²Eine Auskunft darf nicht erkennen lassen, ob zu der betreffenden Person Daten gespeichert sind, die einer Auskunftssperre unterliegen.

§ 10 Organisatorische und technische Leitlinien und Maßnahmen. (1) ¹Die Registerbehörde regelt die organisatorischen und technischen Einzelheiten im Einvernehmen mit den obersten Justiz-, Innen- und Finanzbehörden des Bundes und der Länder sowie unter Beteiligung des Bundesbeauftragten für den Datenschutz und des Bundesamtes für Sicherheit in der Informationstechnik. ²Insbesondere sind die Kommunikation zwischen den mitteilenden und auskunftsberechtigten Stellen und der Registerbehörde, der Aufbau der Datensätze und der Datenstruktur, die Kriterien zur Feststellung gleicher Identifizierungsdaten und die Beantwortung von Anfragen mit ähnlichen oder unvollständigen Angaben zu regeln.

(2) ¹Die Registerbehörde trifft die erforderlichen und angemessenen Maßnahmen, um die Verfügbarkeit, Integrität, Authentizität und Vertraulichkeit der im Register gespeicherten Daten entsprechend dem jeweiligen Stand der Technik sicherzustellen. ²Dabei ist die besondere Schutzbedürftigkeit der in dem Register gespeicherten Daten zu berücksichtigen. ³Die Organisation innerhalb der Registerbehörde ist so zu gestalten, dass sie den Grundsätzen der Aufgabentrennung und der Beschränkung des Zugangs zu personenbezogenen Daten auf das zur Aufgabenerfüllung Erforderliche entspricht.

§ 11 Inkrafttreten, Außerkrafttreten. ¹Diese Verordnung tritt am ersten Tag des neunten auf die Verkündung folgenden Kalendermonats in Kraft. ²Gleichzeitig tritt die Allgemeine Verwaltungsvorschrift über eine Errichtungsanordnung für das länderübergreifende staatsanwaltschaftliche Verfahrensregister vom 7. August 1995 (BAnz. S. 9761) außer Kraft.

§ 495 [Auskunft an den Betroffenen]

¹Dem Betroffenen ist entsprechend § 19 des Bundesdatenschutzgesetzes Auskunft aus dem Verfahrensregister zu erteilen; § 491 Abs. 1 Satz 2 bis 6 gilt entsprechend. ²Über die Erteilung einer Auskunft entscheidet die Registerbehörde im Einvernehmen mit der Staatsanwaltschaft, die die personenbezogenen Daten zur Eintragung in das Verfahrensregister mitgeteilt hat. ³Soweit eine Auskunft aus dem Verfahrensregister an eine öffentliche Stelle erteilt wurde und der Betroffene von dieser Stelle Auskunft über die so erhobenen Daten begehrt, entscheidet hierüber diese Stelle im Einvernehmen mit der Staatsanwaltschaft, die die personenbezogenen Daten zur Eintragung in das Verfahrensregister mitgeteilt hat.

I. Auskunftsanspruch und Auskunftsverweigerung (S. 1)

1 S. 1 Hs. 1 räumt dem Betroffenen einen **Auskunftsanspruch** nach Maßgabe des § 19 BDSG ein. Die Regelung entspricht im Wesentlichen der verwandten Vorschrift des § 491.[1] Auf die Kommentierung zu dieser Norm wird daher verwiesen. Weitergehend als § 491 ist bei § 495 aber auch der verfahrensbeteiligte Betroffene auskunftsberechtigt.[2] Die **Ausnahmen** von der Auskunftserteilung ergeben sich aus S. 1 Hs. 2 iVm. § 491 Abs. 1 S. 2 bis 6 und über die Verweisung in Hs. 1 insbesondere auch aus § 19 Abs. 4 BDSG.[3]

II. Zur Auskunftserteilung verpflichtete Stellen (S. 2 und 3)

2 Auskunftsverpflichtet ist nach S. 2 grundsätzlich die **Registerbehörde**. Diese hat jedoch regelmäßig keine hinreichende Kenntnis der maßgeblichen Grundlagen für diese Entscheidung,[4] etwa darüber, ob Gründe für eine Versagung der Auskunft vorliegen. Folglich darf sie nur im Einvernehmen mit der jeweiligen Staatsanwaltschaft Auskunft erteilen. Die Registerbehörde ist nicht befugt, sich über die Entscheidung der Staatsanwaltschaft hinwegzusetzen.[5] **Andere öffentliche Stellen**, die Auskünfte aus dem Verfahrensregister erhalten haben, können über die so erlangten Daten gem. S. 3 ihrerseits im Einvernehmen mit der datenerhebenden Staatsanwaltschaft Auskünfte an den Betroffenen erteilen. Diese Regelung, die bisher nach § 5 Abs. 5 S. 1 Nr. 2, S. 3 WaffG nur für die Waffenbehörden Anwendung fand, gilt nunmehr für alle Stellen, denen Daten aus dem Verfahrensregister übermittelt wurden, die sie nicht selbst dort eingestellt hatten.[6]

III. Verfahren

3 Die Auskunftserteilung erfolgt nur auf **Antrag** (§ 19 Abs. 1 S. 1 BDSG). Der Antrag ist in jedem Fall – entweder durch Auskunftserteilung oder Ablehnung[7] – zu bescheiden. Bei Verweigerung der Auskunft kann der Betroffene verlangen, dass die Auskunft dem Bundesbeauftragten für den Datenschutz erteilt wird (§ 19 Abs. 6 BDSG).[8]

---

[1] SK/*Weßlau*, Rn. 1.
[2] KMR/*Gemählich* Rn. 1; Meyer-Goßner/*Cierniak* Rn. 1.
[3] S. o. § 491 Rn. 3.
[4] KK-StPO/*Gieg* Rn. 2; Meyer-Goßner/*Cierniak* Rn. 2; *Pfeiffer* Rn. 1.
[5] SK/*Weßlau* Rn. 8.
[6] BT-Drucks. 15/3331, S. 12; Meyer-Goßner/*Cierniak* Rn. 4.
[7] Zum Inhalt eines ablehnenden Bescheids s. o. § 491 Rn. 3 aE.
[8] *Pfeiffer* Rn. 2.

GERICHTSVERFASSUNGSGESETZ (GVG)

In der Fassung der Bekanntmachung vom 9. Mai 1975 (BGBl. I S. 1077)
zuletzt geändert durch Gesetz vom 24. Juli 2010 (BGBl. I S. 976)[1]

(FNA 300-2)

(Auszug)[2]

ERSTER TITEL. GERICHTSBARKEIT

§ 1 [Richterliche Unabhängigkeit]
Die richterliche Gewalt wird durch unabhängige, nur dem Gesetz unterworfene Gerichte ausgeübt.

I. Gerichtsverfassungsrecht

Das Gerichtsverfassungsrecht regelt die **Grundsätze der ordentlichen Gerichtsbarkeit** (zu deren Reichweite vgl. §§ 12, 13) und ist damit Grundlage für das Verfahrensrecht. Dabei hat es teilweise **Verfassungsrang** (vgl. Art. 92–104, auch Art. 30, 31 GG). 1

Zentrale Regelung ist das GVG, welches durch andere Gesetze ergänzt wird, zB zur Stellung der Richter durch das DRiG und zur Strafgerichtsbarkeit durch die Bestimmungen der StPO über die sachliche (§§ 1–6a) und die örtliche Zuständigkeit (§§ 7–21) und über die Ausschließung und Ablehnung von Richtern (§§ 22 ff.) sowie durch die Regelungen des JGG über die Jugendgerichtsverfassung (§§ 33–37). Ergänzungen sind im RPflG sowie in den Ausführungsgesetzen der Länder enthalten. 2

Zum Gerichtsverfassungsrecht gehört auch die im Grundgesetz nicht erwähnte **Staatsanwaltschaft** (§§ 141 ff.). 3

II. Gerichte

1. Gerichte. Gerichte sind von der ausführenden Gewalt getrennte, unabhängige, nur dem Gesetz unterworfene Institutionen zur Ausübung der rechtsprechenden Gewalt (Art. 92 GG, § 1). Das Gericht als organisatorische Einheit (Behörde) besteht aus mehreren Abteilungen oder Spruchkörpern und der Gerichtsverwaltung. 4

Das Gesetz verwendet den Begriff **Gericht** in unterschiedlicher Bedeutung, nämlich entweder als **Behörde** oder als **Spruchkörper** (das kann auch ein einzelner Richter sein, zB der Strafrichter nach § 25). 5

2. Einheit der Strafgerichtsbarkeit. Bei der Ausübung der Strafgerichtsbarkeit gilt die BRep. mit ihren Ländern als **einheitliches Staatsganzes**. Die Länder sind zur gemeinsamen Ausübung der Strafrechtspflege verbunden, und alle Gerichte, Staatsanwaltschaften und Polizeibehörden sind Organe ein und derselben Strafgewalt.[3] 6

3. Unabhängigkeit. Die Unabhängigkeit ist den Gerichten **nur für die richterliche Tätigkeit** gewährleistet (§§ 25, 26 DRiG). 7

III. Richter

Richter besitzen einen Status eigener Art (Art. 98 Abs. 1, 3 GG); sie sind keine Beamten.[4] Die **persönliche und sachliche Unabhängigkeit** der Richter ist eine Grundlage des staatlichen Rechtsschutzsystems (Art. 97 Abs. 1 GG). Der Status des Richters ergibt sich im Einzelnen aus dem DRiG, insbesondere aus §§ 25, 45 Abs. 1 DRiG. 8

Die **sachliche Unabhängigkeit** bedeutet, dass Richter, soweit sie Recht sprechen, nur dem Gesetz, dh den Rechtsnormen (vgl. § 7 EGStPO), unterworfen sind und nicht an Weisungen gebun- 9

---

[1] §§ ohne Gesetzesangabe sind im Folgenden solche des GVG. Die Paragraphenüberschriften sind nicht amtlich.
[2] Abgedruckt und kommentiert sind nur die Vorschriften, die den Strafprozess betreffen.
[3] BGH v. 11. 6. 1952 – 3 StR 233/51, BGHSt 3, 134 (137) = NJW 1952, 1148.
[4] Vgl. BayVerfGH v. 28. 12. 1960 – Vf.8-VIII-60, JZ 1961, 418.

den werden dürfen.⁵ Der Richter muss insbesondere bei Auslegung und Anwendung von Gesetzen nicht „herrschenden" Meinungen oder der Rechtsprechung anderer, auch im Rechtszug übergeordneter, Gerichte folgen, soweit diese Bindung nicht ausnahmsweise gesetzlich festgesetzt ist (zB in §§ 211, 358 Abs. 1 StPO, insbesondere auch durch § 31 Abs. 1 BVerfGG).⁶ Die sachliche Unabhängigkeit gilt auch im Gerichtsinneren, zB innerhalb eines Spruchkörpers. Sie darf auch nicht indirekt, zB durch den Inhalt dienstlicher Beurteilungen, eingeschränkt werden. Ihre Grenze findet sie am **Willkürverbot**. Willkür liegt dabei nicht schon bei einer fehlerhaften Anwendung eines Gesetzes vor, sondern erst, wenn die **Entscheidung unter keinem rechtlichen Gesichtspunkt vertretbar** ist und sich daher der Schluss aufdrängt, dass sie auf **sachfremden Erwägungen** beruht.⁷

10   Die **Dienstaufsicht** über die Richter ist wegen ihrer Unabhängigkeit eingeschränkt; sie erstreckt sich insbesondere auf die Sicherung eines ordnungsgemäßen Geschäftsablaufs und die äußere Form der Erledigung der Amtsgeschäfte, nicht aber auf den Kernbereich der eigentlichen Rechtsprechung.⁸ **Zulässig** kann im Rahmen der Dienstaufsicht zB der Vorhalt verzögerlicher Terminierung älterer Sachen, unangemessen langer Urteilsabsetzungsfristen⁹ oder hoher Rückstände¹⁰ sein, **nicht aber** die Ermahnung zu strafferer Verhandlungsführung,¹¹ das Ansinnen, vermehrt eine bestimmte Form der Prozesserledigung anzustreben¹² oder vermehrt Sitzungstage anzuberaumen¹³ oder das Ersuchen, bestimmte Verfahren umgehend zu bearbeiten.¹⁴

IV. Rechtspfleger

11   Der **Rechtspfleger** wird bei den ihm übertragenen gerichtlichen Geschäften in Strafverfahren (§ 22 RPflG) tätig. Er trifft die ihm aus dem Richterbereich übertragenen Entscheidungen selbstständig, soweit das Gesetz nichts anderes bestimmt (§ 9 RPflG); ihm fehlt aber die volle sachliche Unabhängigkeit.¹⁵ Neben diesen richterlichen Aufgaben nimmt er auch Aufgaben des UrkB der Geschäftsstelle wahr.¹⁶

§§ 2–9 (weggefallen)

§ 10 [Referendare]

¹ Unter Aufsicht des Richters können Referendare Rechtshilfeersuchen erledigen und außer in Strafsachen Verfahrensbeteiligte anhören, Beweise erheben und die mündliche Verhandlung leiten. ² Referendare sind nicht befugt, eine Beeidigung anzuordnen oder einen Eid abzunehmen.

I. Allgemeines

1   Der **Einsatz von Referendaren** im Vorbereitungsdienst (§ 5 b DRiG) **beim Gericht** hat in Strafsachen wegen des engen Anwendungsbereichs in S. 1 kaum praktische Bedeutung. Zur Übertragung staatsanwaltschaftlicher Aufgaben s. § 142 Abs. 3. Rechtspflegeraufgaben können dem Referendar nach § 2 Abs. 5 RPflG zeitweilig übertragen werden, und zwar zusammengefasst oder für den Einzelfall. Die Anwesenheit von Referendaren bei der Beratung ist nach § 193 Abs. 1 zulässig.

II. Erledigung von Rechtshilfeersuchen

2   **1. Rechtshilfeersuchen.** Zulässig ist der Einsatz von Rechtsreferendaren bei Rechtshilfeersuchen.¹ Darunter fallen in § 10 nicht nur Ersuchen im engeren Sinn der §§ 156, 157 GVG, son-

---

⁵ BVerfG v. 17. 1. 1961 – 2 BvL 25/60, BVerfGE 12, 67 (71); BVerfG v. 11. 6. 1969 – 2 BvR 518/66, BVerfGE 26, 186 (198); BVerfG v. 17. 12. 1969 – 2 BvR 271, 342/68, BVerfGE 27, 312 (322); KK-StPO/*Pfeiffer/Hannich* Rn. 4 mwN.
⁶ So auch Kissel/*Mayer* Rn. 131; KK-StPO/*Pfeiffer/Hannich* Rn. 4.
⁷ BVerfG v. 3. 11. 1992 – 1 BvR 1243/88, BVerfGE 87, 273 (278).
⁸ BGH v. 31. 1. 1984 – RiZ (R) 3/83, BGHZ 90, 41 (45); BGH v. 10. 1. 1985 – RiZ (R) 7/84, BGHZ 93, 238 (243) mwN; KK-StPO/*Pfeiffer/Hannich* Rn. 6 mwN.
⁹ BGH v. 31. 1. 1984 – RiZ (R) 3/83, BGHZ 90, 41 (44).
¹⁰ BGH v. 16. 9. 1987 – RiZ (R) 4/87, NJW 1988, 419 (420).
¹¹ BGH v. 31. 1. 1984 – RiZ (R) 3/83, BGHZ 90, 41 (46).
¹² BGH v. 3. 10. 1977 – 1/77, BGHZ 69, 309 (313).
¹³ BGH v. 16. 9. 1987 – RiZ (R) 5/87, NJW 1988, 421.
¹⁴ BGH v. 6. 11. 1986 – RiZ (R) 4/86, NJW 1987, 1197.
¹⁵ BVerfG v. 9. 2. 1971 – 1 BvL 27/70, BVerfGE 30, 170 (172) = RPfleger 1971, 173.
¹⁶ Vgl. auch § 153 Rn. 7.
¹ Vgl. § 153 Rn. 6.

dern auch Amtshilfehandlungen wie solche nach § 162 StPO.[2] **Nur im Einzelfall** wird die Aufgabe übertragen (vgl. § 142 Abs. 3).

2. Aufsicht des Richters. Der funktionell zuständige Richter hat durch vorangehende Besprechung der Sach- und Rechtslage und durch Beobachtung der Ausführung, gegebenenfalls auch durch eigenes Eingreifen, so teilzunehmen, dass die Prozesshandlung im Sinne des GVG eine solche des Richters bleibt und unter seiner Verfahrensherrschaft steht.[3] Der Richter wird daher – auch wegen der nur von ihm vorzunehmenden Vereidigung (S. 2) – regelmäßig ständig anwesend sein müssen.[4]

3. Protokoll. Ein Protokoll ist **vom Referendar** aufzunehmen und zu unterzeichnen. Der Richter hat es mit einem den Auftrag und die Aufsicht bestätigenden Vermerk zu versehen. Es genügt nicht, wenn der Richter lediglich das Protokoll nachträglich durchsieht.[5]

4. Beeidigung (S. 2). Die Beeidigung einer Aussage kann nur vom Richter abgenommen werden. Soweit er entgegen der hier vertretenen Meinung nicht bei der Aussage anwesend war, muss der Richter sich zumindest durch nochmaliges Verlesen[6] persönlich vom Inhalt der Aussage, von der Richtigkeit der Protokollierung und von der Genehmigung des Aussagenden Gewissheit verschaffen.[7]

III. Verstöße

Werden Aufgaben vom Referendar erledigt, die ihm nicht übertragen werden dürfen, führt das zur Unwirksamkeit,[8] so zB bei Verkündung eines Strafurteils unter Leitung des zuständigen Richters.[9] Fehlt die in S. 1 vorgeschriebenen Aufsicht, ist die Handlung nur anfechtbar.[10]

§ 11 (weggefallen)

§ 12 [Ordentliche Gerichtsbarkeit]

Die ordentliche Gerichtsbarkeit wird durch Amtsgerichte, Landgerichte, Oberlandesgerichte und durch den Bundesgerichtshof (den obersten Gerichtshof des Bundes für das Gebiet der ordentlichen Gerichtsbarkeit) ausgeübt.

I. Ordentliche Gerichte

1. Gliederung der ordentlichen Gerichtsbarkeit. Der **vierstufige Gerichtsaufbau** (Amtsgerichte, Landgerichte, Oberlandesgerichte, Bundesgerichtshof) hat im Wesentlichen alle Reformbestrebungen der letzten Jahrzehnte unverändert überstanden und gilt auch wieder in den Ländern der früheren DDR.[1] Das nach §§ 9f. EGGVG errichtete **Bayerische Oberste Landesgericht**, dem die Befugnisse nach § 120 Abs. 2 Nr. 1–3 StPO übertragen waren, wurde durch Gesetz vom 20.10.2004[2*] aufgelöst und beendete seine Tätigkeit zum 30.6.2006.

2. Besonderheiten in Berlin. Für ganz Berlin (einschließlich des früheren Ost-Berlin) sind in Strafsachen das **Kammergericht** (= Oberlandesgericht), das **Landgericht Berlin** und das **AG Berlin-Tiergarten** zuständig.

3. Bundesverfassungsgericht. Das Bundesverfassungsgericht ist **kein Gericht der ordentlichen Gerichtsbarkeit.** Es kann aber von den ordentlichen Gerichten im Normenkontrollverfahren nach

---

[2] OLG Celle v. 1.12.1966 – 1 Ss 113/66, NJW 1967, 993; KK-StPO/*Pfeiffer/Hannich* Rn. 4; Kissel/*Mayer* Rn. 7; Meyer-Goßner Rn. 2.
[3] Kissel/*Mayer* Rn. 12.
[4] KG v. 6.6.1974 – 2 U 1360/73, NJW 1974, 2094; KK-StPO/*Pfeiffer/Hannich* Rn. 2; Meyer-Goßner Rn. 1; Thomas/Putzo/*Hüßtege* Rn. 2; aM (kurze Abwesenheit kann unschädlich sein) Hahn NJW 1973, 1712; Löwe/Rosenberg/*Böttcher* Rn. 6.
[5] Meyer-Goßner Rn. 1 mwN.
[6] BGH v. 21.10.1958 – 5 StR 431/58, BGHSt 12, 92 (94) = NJW 1958, 2075.
[7] Meyer-Goßner Rn. 3; Löwe/Rosenberg/*Böttcher* Rn. 9.
[8] Vgl. BGH v. 15.2.1957 – 1 StR 471/56, BGHSt 10, 142 (143); BGH v. 21.10.1958 – 5 StR 431/58, BGHSt 12, 92 (94) = NJW 1958, 2075; Kissel/*Mayer* Rn. 18; KK-StPO/*Pfeiffer/Hannich* Rn. 6.
[9] OLG Oldenburg v. 2.9.1952 – Ss 183/52, NJW 1952, 1310.
[10] Kissel/*Mayer* Rn. 18; differenzierend Löwe/Rosenberg/*Böttcher* Rn. 11.
[1] Zum Übergangsrecht in den Ländern Brandenburg, Mecklenburg-Vorpommern, Sachsen, Sachsen-Anhalt und Thüringen nach dem EV vgl. Meyer-Goßner Rn. 1.
[2*] GVBl. S. 400.

Art. 100 GG und von jedermann nach Erschöpfung des Rechtswegs (§ 90 Abs. 2 S. 1 BVerfGG) durch die Verfassungsbeschwerde nach Art. 93 Nr. 4a GG mit Strafsachen befasst werden.

II. Einrichtung und Aufhebung von Gerichten

4 Einrichtung und Aufhebung von Gerichten, aber auch die Verlegung des Gerichtssitzes und die Änderung der Zuständigkeitsbereiche (Gerichtsbezirke) sind grundsätzlich nur durch **formelles Gesetz** möglich.³ Aufgrund gesetzlicher Ermächtigung können solche Maßnahmen uU auch durch Rechtsverordnung vorgenommen werden.⁴

§ 13 [Zuständigkeit der ordentlichen Gerichte]

Vor die ordentlichen Gerichte gehören die bürgerlichen Rechtsstreitigkeiten, die Familiensachen und die Angelegenheiten der freiwilligen Gerichtsbarkeit (Zivilsachen) sowie die Strafsachen, für die nicht entweder die Zuständigkeit von Verwaltungsbehörden oder Verwaltungsgerichten begründet ist oder auf Grund von Vorschriften des Bundesrechts besondere Gerichte bestellt oder zugelassen sind.

1 **1. Strafsachen.** Für Strafsachen sind **stets** die ordentlichen Gerichte zuständig.¹ Der Vorbehalt für Verwaltungsbehörden und -gerichte ist überholt.²

2 **2. Bußgeldsachen.** Für Bußgeldsachen besteht zunächst die **Kompetenz der Verwaltungsbehörden.** Die **Gerichte** befassen sich mit ihrer Nachprüfung (§§ 68 ff. OWiG) und sind bei Zusammenhang mit Straftaten (§§ 42, 64, 82 OWiG) zuständig.

§ 13a [Konzentrationsermächtigung]

Durch Landesrecht können einem Gericht für die Bezirke mehrerer Gerichte Sachen aller Art ganz oder teilweise zugewiesen sowie auswärtige Spruchkörper von Gerichten eingerichtet werden.

1 **1. Allgemeine Konzentrationsermächtigung.** Die Einrichtung von **Gerichten für mehrere Gerichtsbezirke** oder von **auswärtigen Spruchkörpern** ist nun **allgemein zulässig.** Diese Regelung war ursprünglich nach dem EV für die neuen Bundesländern eingeführt und hat sich dort bewährt.¹*

2 **2. Kompetenz der Länder.** Der **Landesgesetzgeber** kann die erforderlichen Regelungen treffen. Besondere Konzentrationsermächtigungen (zB § 74d oder § 30a Abs. 3 EGGVG) bleiben unberührt.

§ 14 [Schifffahrtsgerichte]

Als besondere Gerichte werden Gerichte der Schiffahrt für die in den Staatsverträgen bezeichneten Angelegenheiten zugelassen.

1 **1. Binnenschifffahrtssachen.** Für **Binnenschifffahrtssachen** (§ 2 Abs. 3 BinSchVfG)¹** gelten besondere Regelungen. So ist der Tatort ausschließlicher Gerichtsstand (§ 3 Abs. 3 S. 1 BinSchVfG); die Revision ist nach § 10 BinSchVfG ausgeschlossen.²* § 313 StPO gilt aber auch hier.³*

2 Schiffahrts- und Schiffahrtsobergerichte (§§ 5, 11 BinSchVfG) sind **keine besonderen Ge-richte** iSd. § 14, sondern Abteilungen der ordentlichen Gerichtsbarkeit mit besonderer Zuständigkeit.⁴*

3 **2. Besondere Gerichte.** Besondere Gerichte iSd. § 14 sind **nur die Zentralkommission** in Rheinschiffahrts- **und die Moselkommission** in Moselschiffahrtssachen; insoweit gelten auch die Bestimmungen des BinSchVfG nur eingeschränkt (vgl. §§ 14, 18a BinSchVfG).⁵

---

³ BVerfG v. 10. 6. 1953 – 1 BvF 1/53, BVerfGE 2, 307 (319f.).
⁴ BVerfG v. 10. 6. 1953 – 1 BvF 1/53, BVerfGE 2, 307 (326); KK-StPO/*Hannich* Vor § 115 Rn. 3 mwN.
¹ BVerfG v. 6. 6. 1967 – 2 BvR 375, 53/60 und 18/65, BVerfGE 22, 49 = NJW 1967, 1219.
² KK-StPO/*Pfeiffer/Hannich* Rn. 2.
¹* *Meyer-Goßner* Rn. 1.
¹** Dazu BGH v. 27. 2. 1998 – 2 ARs 37/98, NStZ-RR 1998, 367.
²* BGH v. 26. 10. 1993 – 4 StR 579/93, NStZ 1994, 229.
³* OLG Köln (Schiffahrtsobergericht) v. 13. 6. 1995 (3 – 3/95 BSch – S), VRS 90 (1996), 50.
⁴* KG v. 26. 7. 1990 – 2 AR 74/90, VRS 79 (1990), 433.
⁵ Löwe/Rosenberg/*Böttcher* Rn. 1 ff.; *Meyer-Goßner* Rn. 1; SK-StPO/*Frister* Rn. 3 ff.

§ 15 (weggefallen)

§ 16 [Verbot von Ausnahmegerichten]

¹ **Ausnahmegerichte sind unstatthaft.** ² **Niemand darf seinem gesetzlichen Richter entzogen werden.**

Schrifttum: *Sowada*, Der gesetzliche Richter im Strafverfahren, 2002.

I. Allgemeines

§ 16 entspricht im Wortlaut Art. 101 Abs. 1 GG. Das Prinzip des gesetzlichen Richters (Art. 101 Abs. 1 S. 2 GG, **S. 2**) hat damit Verfassungsrang; es sichert die Rechtsstaatlichkeit auf dem Gebiet der Gerichtsverfassung[1] gegenüber den Gefahren einer zielgerichteten Einflussnahme.[2] Das Prinzip des gesetzlichen Richters **gilt sowohl** für das **Gericht als organisatorische Einheit** (Behörde) wie auch für den im Einzelfall **zur Entscheidung berufenen Richter**.[3] Das Verbot von Ausnahmegerichten (Art. 101 Abs. 1 S. 1 GG, **S. 1**) ist eine spezielle Ausprägung des Rechts auf den gesetzlichen Richter. Für **Rechtspfleger** gelten die Vorschriften über den gesetzlichen Richter nicht.[4] 1

II. Ausnahmegerichte (S. 1); Sondergerichte

1. Ausnahmegerichte. Ausnahmegerichte iSv. S. 1 und Art. 101 Abs. 1 S. 1 GG sind erst **nach Tatbegehung** zur Untersuchung und Entscheidung eines oder mehrerer konkreter oder individuell **bestimmter Einzelfälle oder** zur Aburteilung **bestimmter Personen** besonders eingesetzte Gerichte.[5] Sie sind **ausnahmslos verboten**. Auch ein einzelner Spruchkörper kann ein Ausnahmegericht sein, wenn ihm durch die Geschäftsverteilung ein Einzelfall oder eine Gruppe von Einzelfällen zugewiesen wird.[6] Spezialspruchkörper für besondere Sachgebiete sind aber zulässig.[7] 2

2. Sondergerichte. Sondergerichte sind Gerichte für besondere Sachgebiete (Art. 101 Abs. 2 GG). Sie können **durch Gesetz** für einzelne **bestimmte Sachgebiete** errichtet werden. Im Gegensatz zu den verbotenen Ausnahmegerichten (S. 1) ist ihr Aufgabenbereich abstrakt und generell bestimmt, ohne auf bestimmte Einzelfälle oder Personen gerichtet zu sein. Die Beschränkung auf ein bestimmtes Sachgebiet bringt notwendigerweise auch eine Beschränkung auf einen bestimmten Personenkreis mit sich (zB bei RA-Berufsgerichten auf Rechtsanwälte und Bewerber um die Zulassung zur Anwaltschaft); das ist aber mit Art. 101 Abs. 2 GG vereinbar.[8] 3

III. Gesetzlicher Richter (S. 2)

1. Bedeutung. Das Prinzip des gesetzlichen Richters (Art. 101 Abs. 1 S. 2 GG) bedeutet **(1)** das **Gebot**, gesetzlich festzulegen, **wer** gesetzlicher Richter ist, und **(2)** das **Verbot**, von dieser Festlegung im Einzelfall abzuweichen.[9] In beide Richtungen begründet es vor allem ein **subjektives Recht des Bürgers** auf „seinen" gesetzlichen Richter, aber auch das des gesetzlichen Richters, dass ihm die nach Gesetz und Geschäftsverteilung zugeteilten Fälle nicht entzogen werden.[10] 4

Ein Aspekt des gesetzlichen Richters ist auch, dass das Richteramt von einem **nicht beteiligten Dritten** ausgeübt wird, der in Neutralität und Distanz gegenüber den Verfahrensbeteiligten entscheidet.[11] 5

2. Bestimmung des gesetzlichen Richters. Das Gesetz, der im GVG vorgesehene **Geschäftsverteilungsplan** des Präsidiums (§§ 21a ff.) und ggf. die interne **Geschäftsverteilung innerhalb des Spruchkörpers** (§ 21g) müssen zusammen, so eindeutig und genau wie möglich, den zuständigen 6

---

[1] BVerfG v. 3. 12. 1975 – 2 BvL 7/74, BVerfGE 40, 356 (361) = NJW 1976, 283.
[2] Im Einzelnen zum Anwendungsbereich des Art. 101 I S. 2 GG *Sowada* 136 ff.
[3] BVerfG v. 3. 12. 1975 – 2 BvL 7/74, BVerfGE 40, 356 (361) = NJW 1976, 283; BGH v. 1. 2. 1979 – 4 StR 657/78, BGHSt 28, 290 (291) = NJW 1979, 1052.
[4] BGH v. 10. 12. 2009 – V ZB 111/09, MDR 2010, 341.
[5] BVerfG v. 10. 6. 1958 – 2 BvF 1/56, BVerfGE 8, 174 (182) = NJW 1958, 2011; BVerfG v. 17. 11. 1959 – 1 BvR 88/56, 59/57, 212/59, BVerfGE 10, 200 (212) = NJW 1960, 187; BayVerfGH v. 16. 1. 1984, BayVerfGHE 37 II 1 = NJW 1984, 2813; *Meyer-Goßner* Rn. 1.
[6] BayVerfGH v. 16. 1. 1984, BayVerfGHE 37 II 1 = NJW 1984, 2813; *Kissel/Mayer* Rn. 14; vgl. BVerfG v. 3. 12. 1975 – 2 BvL 7/74, BVerfGE 40, 356 (361) = NJW 1976, 283.
[7] *Kissel/Mayer* Rn. 13, 16; KK-StPO/*Pfeiffer/Hannich* Rn. 3.
[8] KK-StPO/*Pfeiffer/Hannich* Rn. 2.
[9] BVerfG v. 3. 5. 2004 – 2 BvR 1825/02, NJW 2004, 3482.
[10] *Kissel/Mayer* Rn. 24; KK-StPO/*Pfeiffer/Hannich* Rn. 7.
[11] KK-StPO/*Pfeiffer/Hannich* Rn. 4.

Richter nach abstrakten Regeln **im Voraus** bestimmen.[12] **Bei mehreren Beschuldigten** muss durch die Geschäftsverteilung im Voraus geregelt sein, welcher Beschuldigte (zB der älteste oder der im Alphabet an erster Stelle stehende) maßgeblich für die Zuordnung des Verfahrens zu einem Richter ist. Es kann nicht auf die in der Anklageschrift gewählte Reihenfolge abgestellt werden,[13] weil dann die StA selbst den im Einzelfall zuständigen Richter bestimmen könnte.[14]

7   3. **Richterentziehung.** Eine Entziehung des gesetzlichen Richters liegt vor bei einer – nach objektiver Beurteilung – **willkürlichen Maßnahme.**[15] Das ist der Fall, wenn die Gerichtsbesetzung auf unsachlichen, sich von den gesetzlichen Maßstäben völlig entfernenden Erwägungen beruht und unter keinem Gesichtspunkt mehr vertretbar erscheint,[16] zB bei Nichtbeachtung veröffentlichter obergerichtlicher Entscheidungen.[17] Richterentziehung liegt dagegen **nicht** vor bei einer nur auf einem **Verfahrensirrtum** (error in procedendo) beruhenden gesetzwidrigen Besetzung[18] oder der vertretbaren Beantwortung einer gesetzlich nicht geregelten Zweifelsfrage.[19]

8   **Richterentziehung liegt auch vor,** wenn ein **ausgeschlossener Richter** in einer Sache keine richterliche Funktion wahrnehmen durfte, aber dennoch tätig geworden ist[20] und uU, wenn **die Verpflichtung zu einer Vorlage** nach §§ 121 Abs. 2, 132 Abs. 2 oder nach Art. 100 GG nicht erfüllt wird.[21] Auch wenn praktisch **Rechtsstillstand** eintritt, kann eine Entziehung des Richters vorliegen, sei es aus **Überlastung** des Richters bzw. Spruchkörpers,[22] sei es durch **grundlose Nichterledigung einer Sache.**[23]

9   **Die StA kann** selbst **nicht entziehen,** weil ihre Auffassung von der Zuständigkeit noch von dem angegangenen Gericht nachgeprüft wird,[24] soweit sie kein echtes Wahlrecht nach §§ 7 ff. StPO hat.[25]

10 4. **Revision.** Die Entziehung des gesetzlichen Richters ist **absoluter Revisionsgrund** nach § 338 Nr. 1 StPO.[26] Sie kann auch dann gerügt werden, wenn an sich die Unanfechtbarkeit eines Beschlusses nach § 336 S. 2 StPO vorliegt.[27]

§ 17 [Folgen der Zulässigkeit des beschrittenen Rechtswegs]

(1) ¹Die Zulässigkeit des beschrittenen Rechtsweges wird durch eine nach Rechtshängigkeit eintretende Veränderung der sie begründenden Umstände nicht berührt. ²Während der Rechtshängigkeit kann die Sache von keiner Partei anderweitig anhängig gemacht werden.

(2) ¹Das Gericht des zulässigen Rechtsweges entscheidet den Rechtsstreit unter allen in Betracht kommenden rechtlichen Gesichtspunkten. ²Artikel 14 Abs. 3 Satz 4 und Artikel 34 Satz 3 des Grundgesetzes bleiben unberührt.

1   1. **Allgemeines, Bedeutung.** Das Gericht hat die Rechtswegzulässigkeit von Amts wegen zu prüfen.[1] §§ 17–17b regeln die Folgen des zulässig beschrittenen Rechtsweges (§ 17) und das Verfahren der Rechtswegentscheidung und -verweisung (§§ 17a, 17b). Diese Vorschriften haben im Strafprozess kaum praktische Bedeutung, da die Zuordnung einer Sache zum Strafrecht in der

---

[12] BVerfG v. 3. 2. 1965 – BvR 166/64, BVerfGE 18, 345 (349); BVerfG v. 18. 5. 1965 – 2 BvR 40/60, BVerfGE 19, 52 (59) = NJW 1965, 2291; iE s. Kommentierung zu § 21 e.
[13] So aber noch BGH v. 3. 7. 1958 – 4 StR 174/58, NJW 1958, 1503.
[14] *Meyer-Goßner* Rn. 5; aM KK-StPO/*Pfeiffer/Hannich* Rn. 11.
[15] BVerfG v. 25. 10. 1966 – 2 BvR 291,656/64, BVerfGE 20, 336 (346); BVerfG v. 29. 6. 1976 – 2 BvR 948/75, BVerfGE 42, 237 (241) = NJW 1976, 2128; BVerfG v. 15. 5. 1984 – 1 BvR 967/83, NJW 1984, 2147; BayVerfGH v. 16. 1. 1984, BayVerfGHE 37 II 1 = NJW 1984, 2813; OLG Karlsruhe v. 20. 2. 1997 – 2 Ss 216/96, StV 1998, 252; krit. *Sowada* 216 ff.
[16] BVerfG v. 16. 1. 1957 – 1 BvR 134/56, BVerfGE 6, 45 (53) = NJW 1957, 337; BVerfG v. 11. 5. 1965 – 2 BvR 259/63, BVerfGE 19, 38 (43) = NJW 1965, 1323; BVerfG v. 15. 3. 1984 – 1 BvR 200/84, NJW 1984, 1874; BGH v. 14. 10. 1975 – 1 StR 108/75, BGHSt 26, 206 (211) = NJW 1976, 432; OLG Karlsruhe v. 19. 2. 1981 – 3 Ss 302/80, NStZ 1981, 272; OLG Köln v. 10. 1. 1986 – 1 Ss 732/85, VRS 70 (1986), 437.
[17] BGH v. 3. 3. 1982 – 2 StR 32/82, BGHSt 31, 3 (7) = NJW 1982, 1655.
[18] BVerfG v. 27. 1. 1971 – 2 BvR 507, 511/69, BVerfGE 30, 165 (167) = NJW 1971, 1033.
[19] BGH v. 22. 6. 1982 – 1 StR 249/81, NStZ 1982, 476.
[20] BVerfG v. 27. 1. 1971 – 2 BvR 507, 511/69, BVerfGE 30, 165 (167) = NJW 1971, 1033.
[21] BVerfG v. 7. 4. 1965 – 2 BvR 227/64, BVerfGE 18, 441 (447).
[22] *Kissel/Mayer* Rn. 37; vgl. BGH v. 8. 2. 1955 – 5 StR 561/54, BGHSt 7, 205 (209) = NJW 1955, 680.
[23] BVerfG v. 26. 2. 1954 – 1 BvR 537/53, BVerfGE 3, 359 (364).
[24] BVerfG v. 30. 3. 1965 – 2 BvR 341/60, BVerfGE 18, 423 (428).
[25] § 7 StPO Rn. 1.
[26] 338 StPO Rn. 3 ff.
[27] OLG Karlsruhe v. 19. 2. 1981 – 3 Ss 302/80, NStZ 1981, 272; *Katholnigg* NJW 1978, 2378; *Rieß* NJW 1978, 2271.
[1] KK-StPO/*Pfeiffer/Hannich* Rn. 2; Löwe/Rosenberg/*Böttcher* Rn. 2.

Regel keine Probleme bereitet; ihre Anwendung kommt aber im Verfahren **nach §§ 23 ff. EGGVG** in Betracht.[2]

2. Entsprechende Anwendung. Entsprechend anzuwenden sind §§ 17–17b, wenn statt des zuständigen Zivilgerichts oder des OLG nach § 21 EGGVG die StVollstrK nach § 109 StVollzG angerufen worden ist[3] oder umgekehrt.[4]
Nach Ansicht des BGH,[5] der allerdings die übrige Rechtsprechung überwiegend nicht folgt,[6] sollen §§ 17–17b **allgemeine Anwendung** bei sonstigen Verweisungen zwischen verschiedenen Sparten der ordentlichen Gerichtsbarkeit finden.

3. Regelungsgehalt des § 17. In Abs. 1 S. 1 wird die Fortdauer der einmal bestehenden Zulässigkeit des Rechtswegs (perpetuatio fori) festgelegt. Abs. 1 S. 2 bestimmt während der Rechtshängigkeit eine Sperre für die anderen Rechtswege. Abs. 2 gibt dem Gericht des zulässigen Rechtswegs das Recht und die Pflicht, den Streit unter allen in Betracht kommenden Gesichtspunkten zu entscheiden.

4. Ansprüche aus Amtspflichtverletzung (Art. 34 S. 3 GG, Abs. 2 S. 2). Der ordentliche Rechtsweg (zum Zivilrichter) für die Geltendmachung von Ansprüchen aus Amtspflichtverletzung bleibt unberührt.

§ 17 a [Entscheidung über den Rechtsweg]

(1) Hat ein Gericht den zu ihm beschrittenen Rechtsweg rechtskräftig für zulässig erklärt, sind andere Gerichte an diese Entscheidung gebunden.

(2) [1]Ist der beschrittene Rechtsweg unzulässig, spricht das Gericht dies nach Anhörung der Parteien von Amts wegen aus und verweist den Rechtsstreit zugleich an das zuständige Gericht des zulässigen Rechtsweges. [2]Sind mehrere Gerichte zuständig, wird an das vom Kläger oder Antragsteller auszuwählende Gericht verwiesen oder, wenn die Wahl unterbleibt, an das vom Gericht bestimmte. [3]Der Beschluß ist für das Gericht, an das der Rechtsstreit verwiesen worden ist, hinsichtlich des Rechtsweges bindend.

(3) [1]Ist der beschrittene Rechtsweg zulässig, kann das Gericht dies vorab aussprechen. [2]Es hat vorab zu entscheiden, wenn eine Partei die Zulässigkeit des Rechtsweges rügt.

(4) [1]Der Beschluß nach den Absätzen 2 und 3 kann ohne mündliche Verhandlung ergehen. [2]Er ist zu begründen. [3]Gegen den Beschluß ist die sofortige Beschwerde nach den Vorschriften der jeweils anzuwendenden Verfahrensordnung gegeben. [4]Den Beteiligten steht die Beschwerde gegen einen Beschluß des oberen Landesgerichts an den obersten Gerichtshof des Bundes nur zu, wenn sie in dem Beschluß zugelassen worden ist. [5]Die Beschwerde ist zuzulassen, wenn die Rechtsfrage grundsätzliche Bedeutung hat oder wenn das Gericht von der Entscheidung eines obersten Gerichtshofes des Bundes oder des Gemeinsamen Senats der obersten Gerichtshöfe des Bundes abweicht. [6]Der oberste Gerichtshof des Bundes ist an die Zulassung der Beschwerde gebunden.

(5) Das Gericht, das über ein Rechtsmittel gegen eine Entscheidung in der Hauptsache entscheidet, prüft nicht, ob der beschrittene Rechtsweg zulässig ist.

(6) [betrifft Zivilsachen]

1. Zulässigerklärung (Abs. 1, 3). Die rechtskräftige **Zulässigkeitserklärung** ist für alle Gerichte bindend (Abs. 1). Auf Antrag oder von Amts wegen kann die Zulässigkeit des Rechtswegs **durch Beschluss** vorab festgestellt werden (Abs. 3).

2. Verweisung (Abs. 2). Die Verweisung wegen **Unzulässigkeit des Rechtswegs (Abs. 2 S. 1, 2)** ist für das Gericht, an das verwiesen wird, hinsichtlich des Rechtswegs bindend (Abs. 2 S. 3), jedoch nicht hinsichtlich der örtlichen und sachlichen Zuständigkeit.

---

[2] BGH v. 12. 1. 2001 – 2 ARs 355/00, BGHSt 46, 261 (262) = NStZ 2001, 389 mit zust. Anm. *Katholnigg*; OLG Frankfurt v. 24. 10. 2000 – 3 VAs 48/00, NStZ-RR 2001, 44.
[3] OLG Celle v. 22. 5. 1997 – 1 Ws 80/97, StraFo 1998, 27; OLG Saarbrücken v. 7. 2. 1994 – Vollz (Ws) 20/93, NJW 1994, 1423.
[4] *Meyer-Goßner* Rn. 2 mwN.
[5] BGH v. 23. 3. 2005 – 2 ARs 16/05, BGHR § 17 a Rechtswegstreitigkeit 1; vgl. auch *Meyer-Goßner* Rn. 2.
[6] OLG Frankfurt v. 20. 1. 1997 – 3 VAs 26/96, NStZ-RR 1997, 246; OLG Frankfurt v. 14. 1. 1998 – 3 VAs 3/98, NJW 1998, 1165; OLG Hamburg v. 30. 11. 1994 – 1 VAs 22/94, NStZ 1995, 252; OLG Nürnberg v. 30. 12. 2005 – 1 VAs 12/05, NStZ 2006, 654; OLG Stuttgart v. 27. 8. 2001 – 2 Ws 165/01, NStZ-RR 2002, 111; vgl. *Krack* JR 1996, 259.

3. Entscheidung, Anfechtbarkeit (Abs. 4). Beschlüsse, durch die wegen der Rechtswegzuständigkeit die Sache verwiesen (Abs. 2) oder die Zulässigkeit vorab bejaht wird (Abs. 3), können ohne mündliche Verhandlung ergehen, müssen aber **immer begründet** werden (Abs. 4 S. 1, 2). Diese Entscheidungen sind nur nach Abs. 4 S. 3 bis 6 **anfechtbar**.

4. Überprüfung im Rechtsmittelzug (Abs. 5). Das **Rechtsmittelgericht** kann die Entscheidung des erstinstanzlichen Gerichts über den Rechtsweg nicht überprüfen. Wenn das Gericht der ersten Instanz über die Zulässigkeit des Rechtswegs entgegen Abs. 3 S. 2 nicht vorab durch Beschluss, sondern erst im Urteil oder einer anderen instanzabschließenden Entscheidung entschieden hat, gilt Abs. 5 jedoch nicht.[1]

§ 17b [Anhängigkeit nach Verweisung; Kosten]

(1) [1]Nach Eintritt der Rechtskraft des Verweisungsbeschlusses wird der Rechtsstreit mit Eingang der Akten bei dem im Beschluß bezeichneten Gericht anhängig. [2]Die Wirkungen der Rechtshängigkeit bleiben bestehen.

(2) [1]Wird ein Rechtsstreit an ein anderes Gericht verwiesen, so werden die Kosten im Verfahren vor dem angegangenen Gericht als Teil der Kosten behandelt, die bei dem Gericht erwachsen, an das der Rechtsstreit verwiesen wurde. [2]Dem Kläger sind die entstandenen Mehrkosten auch dann aufzuerlegen, wenn er in der Hauptsache obsiegt.

(3) [betrifft Zivilsachen]

1   Vgl. Kommentierung zu § 17 und § 17a.

§ 18 [Befreiungen im diplomatischen Dienst]

[1]Die Mitglieder der im Geltungsbereich dieses Gesetzes errichteten diplomatischen Missionen, ihre Familienmitglieder und ihre privaten Hausangestellten sind nach Maßgabe des Wiener Übereinkommens über diplomatische Beziehungen vom 18. April 1961 (Bundesgesetzbl. 1964 II S. 957ff.) von der deutschen Gerichtsbarkeit befreit. [2]Dies gilt auch, wenn ihr Entsendestaat nicht Vertragspartei dieses Übereinkommens ist; in diesem Falle findet Artikel 2 des Gesetzes vom 6. August 1964 zu dem Wiener Übereinkommen vom 18. April 1961 über diplomatische Beziehungen (Bundesgesetzbl. 1964 II S. 957) entsprechende Anwendung.

Schrifttum zu §§ 18–21: *Kreicker*, Völkerrechtliche Exemtionen – Grundlagen und Grenzen völkerrechtlicher Immunitäten und ihre Wirkungen im Strafrecht, 2 Bände, 2007; *Oehler*, Immunität, Exterritorialität und Asylrecht im internationalen Strafrecht, ZStW 91 (1979), 395.

I. Allgemeines zu §§ 18 bis 21

Die §§ 18 bis 21 behandeln die Erstreckung der deutschen Gerichtsbarkeit im diplomatischen (§ 18) und konsularischen (§ 19) Bereich sowie von sonstigen Exterritorialen (§ 20). Grundlage ihrer Behandlung sind WÜD und WÜK (s. §§ 18, 19) und die im Anhang zu § 18 auszugsweise wiedergegebene Hinweise im Rdschr. des Auswärtigen Amts vom 19. 9. 2008 „Zur Behandlung von Diplomaten und anderen bevorrechtigten Personen in der Bundesrepublik Deutschland".[1*]

II. Einbeziehung des WÜD

Das WÜD mit seiner abgestuften **Exterritorialität** (auch **Exemtion** oder **Immunität** genannt) wird inhaltlich (nicht im Wortlaut) in das GVG einbezogen. Das WÜD gilt nach S. 2 auch für die Angehörigen der ausländischen Missionen, deren Staaten dem Übereinkommen noch nicht beigetreten sind. Dadurch wird eine einheitliche Rechtslage für die ausländischen diplomatischen Missionen in der BRep. geschaffen.[2]

III. Befreiung von der Gerichtsbarkeit

1. Strafverfahren. Gegen einen Exterritorialen darf **kein Strafverfahren** eingeleitet oder fortgeführt werden. Unzulässig sind schon polizeiliche, staatsanwaltschaftliche oder richterliche Untersuchungshandlungen wie Festnahme, Durchsuchung, Beschlagnahme, Blutprobe oder Telefon-

---

[1] BGH v. 23. 9. 1992 – I ZB 3/92, NJW 1993, 470 = JR 1993, 148 mAnm *Hoffmann*; BGH v. 25. 2. 1993 – III ZR 9/92, JZ 1993, 1009 mAnm *Haas*; OLG Jena v. 29. 7. 2008 – 1 Ws 302/08, NStZ-RR 2009, 155; OLG Jena v. 16. 7. 2009 – 1 WS 271/09, NStZ-RR 2010, 612.
[1*] GMBl. 2008, 1154 ff.; vgl. auch RiStBV 193–199.
[2] Zur Entstehung der Neuregelung vgl. *Fliedner* ZRP 1973, 263.

überwachung.³ Geschützt sind nicht nur die **Person selbst**, sondern auch seine **Wohn- und Diensträume** und sein Eigentum. Auch Maßnahmen in Verfahren, die sich **nicht gegen den Exterritorialen** richten, sind unzulässig, wenn sie in die Rechtssphäre der bevorrechtigten Person eingreifen (zB Durchsuchung in Wohn- und Diensträumen des Exterritorialen).⁴

2. **Bußgeldverfahren.** Auch ein Bußgeldverfahren darf gegen einen Exterritorialen weder eingeleitet noch fortgesetzt werden (§ 18 iVm. § 46 Abs. 1 OWiG). Die Festsetzung von Ordnungsmitteln, Vorführung und Erzwingungshaft, aber auch die Verwarnung mit Verwarnungsgeld (§ 56 OWiG), sind damit unzulässig.

3. **Beteiligung als Zeuge oder Sachverständiger.** Ein Exterritorialer kann zwar als Zeuge oder Sachverständiger geladen werden, muss aber **nicht erscheinen oder aussagen** und darf nicht mit Zwangsmitteln belegt werden.

4. **Dauer der Immunität.** Die strafrechtliche Immunität gilt für die gesamte **Dauer des Diplomatenstatus**. Mit der Beendigung dieses Status gilt die Exterritorialität noch für die in Ausübung der als Mitglied der Mission vorgenommenen Handlungen sowie bis zur Ausreise oder zum Ablauf einer hierfür gewährten Frist.⁵

5. **Verzicht.** Auf Exterritorialität kann **im Einzelfall verzichtet** werden, aber grundsätzlich nur mit Einwilligung des Entsendestaates. Für eine einzelne Beweiserhebung kann auch die bevorrechtigte Person – ausdrücklich oder stillschweigend – verzichten.⁶

6. **Zustellungen.** Zustellungen an Exterritoriale folgen den Grundsätze der Zustellung im Ausland (RiStBV 196, 197).

7. **Verfahrenshindernis.** Ein von Amts wegen zu prüfendes **Verfahrenshindernis von besonderer Verbotskraft** liegt in der Exterritorialität.⁷ Ob ein Verfahrenshindernis nach § 18 vorliegt, entscheidet **die für das Verfahren zuständige Behörde**, nach Anklageerhebung das Gericht.⁸ Äußerungen des AA sind nur nicht bindende Gutachten,⁹ allerdings von besonderem Gewicht (vgl. auch RiStBV 193 Abs. 2).¹⁰

8. **Folge von Verstößen.** Ist eine **Entscheidung unzulässigerweise** gegen einen Exterritorialen ergangen, ist sie auf Rechtsmittel aufzuheben, aber nicht nichtig.¹¹

Anhang zu § 18
Zur Behandlung von Diplomaten und anderen bevorrechtigten Personen in der Bundesrepublik Deutschland

– RdSchr. d. AA v. 19. 9. 2008 –
(GMBl. 2008, 1154)

Abschnitt I – Allgemeines

A. Allgemeine Rechtsgrundlagen

Nach allgemeinen Regeln des Völkerrechts (Art. 25 des Grundgesetzes) oder auf der Grundlage besonderer völkerrechtlicher Vereinbarungen, wie z. B. des Wiener Übereinkommens über diplomatische Beziehungen vom 18. April 1961 (BGBl. 1964 II S. 957 – WÜD) oder des Wiener Übereinkommens über konsularische Beziehungen vom 24. April 1963 (BGBl. 1969 II S. 1585 – WÜK) genießen Mitglieder diplomatischer Missionen, konsularischer Vertretungen, Vertreter der Mitgliedsstaaten, Bedienstete und Sachverständige der Internationalen Organisationen sowie Mitglieder weiterer berechtigter Personengruppen bei ihrem (dienstlichen) Aufenthalt in der Bundesrepublik Deutschland bestimmte Vorrechte und Befreiungen. Alle Personen, die Vorrechte und Befreiungen genießen, sind unbeschadet dieser Privilegierungen verpflichtet, die in der Bundesrepublik Deutschland geltenden Gesetze und anderen Rechtsvorschriften zu beachten und sich nicht in innere Angelegenheiten der Bundesrepublik Deutschland einzumischen (so z. B. normiert in Art. 41 Abs. 1 WÜD und Art. 55 Abs. 1 WÜK).

B. Bedeutung der Regeln von Sitte, Anstand und Höflichkeit

Der Courtoisie, das heißt den Regeln von Sitte, Höflichkeit und Anstand, kommt im Umgang mit bevorrechtigten Personen eine herausragende Bedeutung zu. Es ist unerlässlich, eine betroffene bevorrechtigte Person und die zu ihr in einer engen Beziehung stehenden Personen in jedem Fall mit ausgesprochener Höflichkeit zu behandeln. Politische Folgen sind zu bedenken. Da gerade die Einhaltung der Regeln von Sitte, Höflichkeit und Anstand sehr oft Gegensei-

---

³ BGH v. 14. 12. 1984 – 2 ARs 252/84, BGHSt 33, 97.
⁴ Kissel/*Mayer* Rn. 18.
⁵ KK-StPO/*Pfeiffer/Hannich* Rn. 6.
⁶ Kissel/*Mayer* Rn. 21; KK-StPO/*Pfeiffer/Hannich* Rn. 4; *Meyer-Goßner* Rn. 5.
⁷ Kissel/*Mayer* Rn. 18 ff.; KK-StPO/*Pfeiffer/Hannich* Rn. 7; *Meyer-Goßner* Rn. 4.
⁸ KK-StPO/*Pfeiffer/Hannich* Rn. 8.
⁹ Kissel/*Mayer* Rn. 5; vgl. auch BGH v. 27. 2. 1984 – 3 StR 396/83, BGHSt 32, 275 (276) = NJW 1984, 2048.
¹⁰ OLG Karlsruhe v. 25. 11. 1982 – 4 Ss 106/82, Justiz 1983, 133.
¹¹ *Meyer-Goßner* Rn. 4; SK-StPO/*Frister* Rn. 45; vgl. auch Löwe/Rosenberg/*Böttcher* Rn. 6; aM KK-StPO/*Pfeiffer/Hannich* Rn. 7.

tigkeitserwartungen unterliegt, kann ein Verstoß in der Bundesrepublik Deutschland schnell auf deutsche Diplomaten, Konsuln oder anderes staatlich entsandtes Personal im Ausland zurückfallen.

Abschnitt II – Durch Vorrechte und Befreiungen begünstigte Personen – Umfang ihrer Privilegien

A. Staatsoberhäupter, Regierungschefs und Minister

1. Amtierende Staatsoberhäupter, bei Besuchen aufgrund amtlicher Einladung auch die sie amtlich begleitenden Angehörigen sowie ihr sonstiges Gefolge, sind nach allgemeinem Völkergewohnheitsrecht i. V. m. Art. 25 GG umfassend geschützt. Sie sind von der deutschen Gerichtsbarkeit befreit und genießen das Privileg der Unverletzlichkeit, so dass keine hoheitlichen Zwangsmaßnahmen gegen sie durchgeführt werden dürfen. Die Angehörigen von Staatsoberhäuptern genießen keine Vorrechte und Befreiungen, z. B. der in der Bundesrepublik Deutschland studierende Sohn eines Staatspräsidenten; vgl. § 20 GVG.

2. Amtierende Regierungschefs und Minister von Regierungen anderer Staaten sind bei Besuchen in amtlicher Eigenschaft ebenso wie die sie amtlich begleitenden Angehörigen und ihr sonstiges Gefolge in gleicher Weise geschützt wie das Staatsoberhaupt, vgl. § 20 GVG.

3. Nach Völkergewohnheitsrecht genießen auch Mitglieder sogenannter „Sondermissionen" (offiziell vom Entsendestaat angezeigte Delegationsreise) Immunität und Unverletzlichkeit. Einzelheiten sind von Fall zu Fall mit dem Auswärtigen Amt zu klären.

B. Diplomaten, Konsularbeamte und gleich zu behandelnde Personen

I. Allgemeiner Teil

1. Zeitlicher Anwendungsbereich der Privilegien

Die Vorrechte und Befreiungen stehen einem zur Diplomatenliste angemeldeten (akkreditierten) Berechtigten von dem Zeitpunkt an zu, in dem er in das Gebiet der Bundesrepublik Deutschland einreist, um seinen Posten dort anzutreten. Oder, wenn er sich bereits in der Bundesrepublik Deutschland befindet, von dem Zeitpunkt an, in dem der Entsendestaat den Beginn seiner Tätigkeit dem Auswärtigen Amt notifiziert hat.

Unter Akkreditierung ist in der Regel ein offizielles Schreiben der jeweiligen ausländischen Vertretung an das Auswärtige Amt zu verstehen, mit dem die Person zur Diplomaten- oder Konsularliste angemeldet wird. Die „Akkreditierung" wird durch den dann vom Auswärtigen Amt ausgestellten Protokollausweis nachgewiesen (s. Abschnitt VI).

Die Vorrechte und Befreiungen enden bei einer Person, deren dienstliche Tätigkeit beendet ist, normalerweise im Zeitpunkt der Ausreise oder werden bei Ablauf einer hierfür gewährten angemessenen Frist hinfällig. Nach der deutschen Praxis haben ausländische Missionsmitglieder, deren Tätigkeitsbeendigung dem Auswärtigen Amt notifiziert wird, ab dem Datum der Abmeldung bis zu drei Monate Zeit, um die Bundesrepublik als Bevorrechtigte zu verlassen. Stirbt ein Mitglied der Mission oder konsularischen Vertretung, so genießen seine Familienangehörigen bis zum Ablauf einer angemessenen Frist die Vorrechte und Befreiungen, die ihnen bisher zugestanden haben (Art. 39 WÜD, Art. 53 WÜK).

Honorarkonsularbeamten stehen in der Bundesrepublik Deutschland Vorrechte und Befreiungen in der Regel nur für die Dauer ihrer Zulassung durch die Bundesregierung zu.

2. Persönlicher Anwendungsbereich der Privilegien

a) Erfordernis einer Akkreditierung

Grundsätzlich gilt, dass nur die Personen Privilegien genießen, die in der Bundesrepublik Deutschland akkreditiert sind. Der Besitz eines ausländischen Diplomatenpasses allein begründet keine Privilegien, sollte aber Veranlassung zur Klärung des Status der Person geben (s. unten, B. I. 3).

b) (Dienst-)Reise durch/in das Gebiet der Bundesrepublik Deutschland

Reist ein Diplomat, ein Konsularbeamter, ein Mitglied des Verwaltungs- und technischen Personals (VtP) oder des dienstlichen Hauspersonals (dHP) (nicht jedoch des privaten Hauspersonals [PP]) **durch das Gebiet der Bundesrepublik Deutschland**, um sein Amt in einem dritten Staat anzutreten oder um auf seinen Posten oder in seinen Heimatstaat zurückzukehren, so stehen ihm Unverletzlichkeit und alle sonstigen für seine sichere Durchreise oder Rückkehr erforderlichen Vorrechte und Befreiungen zu. Das gilt auch, wenn er in den Heimaturlaub fährt oder aus dem Urlaub an seine Dienststelle zurückkehrt. Der Transit darf grundsätzlich allerdings nicht mit unüblich langen Unterbrechungen touristischer bzw. sonstiger persönlicher Art verbunden sein. Dies gilt auch für die Familienangehörigen, die ihn begleiten oder die getrennt von ihm reisen, um sich zu ihm zu begeben oder die in ihren Heimatstaat zurückkehren (Art. 40 Abs. 1 WÜD, Art. 54 Abs. 1 und 2 WÜK).

Hält sich die betroffene Person dienstlich in der Bundesrepublik Deutschland auf (z. B. als Teilnehmer einer Konferenz), genießt sie Privilegien nur, wenn die entsprechende Reise offiziell angekündigt war, auf offizielle deutsche Einladung hin erfolgte oder wenn für die Durchführung der Konferenz mit der durchführenden Internationalen Organisation ein sog. „Konferenzabkommen" abgeschlossen wurde, welches Privilegien vorsieht. Möglich ist auch, dass mit der betreffenden Internationalen Organisation bereits entsprechende Privilegienabkommen existieren (z. B. bei den Vereinten Nationen).

c) Deutsche Staatsangehörige oder in der Bundesrepublik Deutschland ständig ansässige Diplomaten, Konsularbeamte und gleich zu behandelnde Personen

aa) Grundsätzlich gilt:

Ist eine Person, die aufgrund ihres Status privilegiert wäre, deutsche Staatsangehörige oder in der Bundesrepublik Deutschland ständig ansässig, so genießt sie in der Bundesrepublik Deutschland keine Privilegien (Ausnahme: Amtshandlungen).

Ständig ansässig ist eine Person in der Regel, wenn sie zu dem Zeitpunkt, zu dem sie von der Mission angestellt wird, bereits längere Zeit im Empfangsstaat ihren Wohnsitz hat. Bei einem entsandten Mitglied einer Mission oder konsularischen Vertretung, das sich ungewöhnlich lange (über zehn Jahre) im Empfangsstaat aufhält, ist ebenfalls von einer ständigen Ansässigkeit auszugehen.

Die Bundesrepublik Deutschland darf grundsätzlich ihre Hoheitsrechte über diese Personen jedoch nur so ausüben, dass sie die Mission oder konsularische Vertretung bei ihrer Arbeit nicht ungebührlich behindert (Rechtsgedanke aus Art. 38 Abs. 2, 37 Abs. 4 WÜD, Art. 71 WÜK).

bb) Folgende Besonderheiten sind zu beachten:

– Ein Diplomat oder Konsularbeamter genießt weiterhin Befreiung von der Gerichtsbarkeit und das Privileg der Unverletzlichkeit in Bezug auf seine in Ausübung seiner dienstlichen Tätigkeit vorgenommenen Amtshandlungen (Art. 38 Abs. 1 WÜD, Art. 71 Abs. 1 WÜK). Das gilt nicht für seine Familienmitglieder, da sie keine Amtshandlungen vornehmen können. Der Begriff der Amtshandlung ist eng zu verstehen. Er umfasst nur die Amtshandlung

Erster Titel. Gerichtsbarkeit **Anhang zu § 18 GVG**

selbst und nicht die Handlungen, die damit im zeitlichen oder sachlichen Zusammenhang stehen (Dienstfahrten sind z. B. nicht umfasst).
Wird ein Berufskonsularbeamter oder ein Honorarkonsul in Untersuchungshaft genommen oder wird ein Strafverfahren eingeleitet, muss die Bundesrepublik den Leiter der konsularischen Vertretung verständigen (Art. 42 WÜK).
– Die Familienangehörigen eines Konsularbeamten oder eines Mitarbeiters des Verwaltungs- und technischen Personals (VtP), die deutsche Staatsangehörige oder in der Bundesrepublik Deutschland ständig ansässig sind, genießen keine Privilegien, unabhängig von ihrer eigenen Staatsangehörigkeit (Art. 71 Abs. 2 WÜK).
3. Vorgehen bei Zweifeln über den Status einer Person
Allgemein zur Feststellung von Personalien ermächtigte Behörden und Beamte sind befugt, Namen und Anschrift von Personen festzustellen, sofern dies sachlich notwendig ist. Beruft sich eine Person auf Vorrechte und Befreiungen, so kann verlangt werden, dass der Nachweis durch Vorlage entsprechender Urkunden, insbesondere durch die in Abschnitt VI genannten Ausweise (Protokollausweise), den Diplomatenpass oder auf andere Weise geführt wird.
Es ist jedoch unerlässlich, die betroffene Person in jedem erdenklichen Fall ausgesprochen höflich zu behandeln und die politischen Folgen einer Maßnahme zu bedenken.
In eiligen Zweifelsfällen kann unmittelbar
– beim Auswärtigen Amt (unter der Rufnummer 0 30-18-17-34 11, 9.00–16.00 Uhr, ansonsten im Lagezentrum unter der Rufnummer 0 30-18-17-29 11) über Mitglieder diplomatischer Missionen, über Angehörige der konsularischen Vertretungen und über Bedienstete internationaler Organisationen,
– und hilfsweise auch bei den Staats-/Senatskanzleien der Länder über Angehörige der konsularischen Vertretungen
Auskunft eingeholt werden. Anhaltspunkte, die für oder gegen die Zugehörigkeit der Person zu einer in der Bundesrepublik Deutschland errichteten diplomatischen oder konsularischen Vertretung oder einer zwischenstaatlichen oder überstaatlichen Organisation sprechen, sind hierbei mitzuteilen.
4. Liste diplomatischer Missionen und konsularischer Vertretungen
Eine aktuelle Liste der diplomatischen Missionen und konsularischen Vertretungen, die auch die Namen der diplomatischen Mitglieder enthält, ist auf der Homepage des Auswärtigen Amts unter:
http://www.auswaertiges-amt.de/diplo/de/Laenderinformationen/VertretungenFremderStaaten-Laenderauswahlseite.jsp
zu finden. Darüber hinaus erscheint ein- bis zweimal jährlich eine Liste im Bundesanzeiger-Verlag, Postfach 10 05 34, 50445 Köln unter dem Titel: „Diplomatische und konsularische Vertretungen in der Bundesrepublik Deutschland" und ist im Buchhandel erhältlich. Eine Bestellung kann auch telefonisch unter 02 21-9 76 68-2 00 oder unter http://www.bundesanzeiger.de erfolgen.

II. Diplomaten und gleich zu behandelnde Personen
1. Mitglieder diplomatischer Missionen und ihre Familienangehörigen
a) Der Diplomat und seine Familienangehörigen
Diplomaten sind zum einen die Missionschefs, d. h. die bei dem Bundespräsidenten oder bei dem Bundesaußenminister beglaubigten Leiter der ausländischen diplomatischen Missionen: die Botschafter, der Apostolische Nuntius und Geschäftsträger. Diplomaten sind darüber hinaus die Mitglieder des diplomatischen Personals: Gesandte, Räte, Sekretäre und Attachés der Botschaften und der Apostolischen Nuntiatur sowie die Sonderattachés, z. B. Wirtschafts-, Handels-, Finanz-, Landwirtschafts-, Kultur-, Presse-, Militärattachés und die Botschaftsseelsorger und -ärzte.
Familienangehörige sind nach geltendem Völkerrecht Ehepartner und Kinder (nach deutschen Protokollrichtlinien sind dies Kinder, die unverheiratet und nicht älter als 27 Jahre sind), die mit dem Diplomaten in häuslicher Gemeinschaft leben. Andere Familienmitglieder, wie z. B. Eltern oder Schwiegereltern, genießen keine Privilegien.
Gleichgeschlechtliche Lebenspartner sind dann privilegiert, wenn sie den Nachweis einer „eingetragenen Lebenspartnerschaft" analog den Bestimmungen des LPartG beibringen, der Entsendestaat dem Lebenspartner einen Diplomaten-/Dienstpass ausgestellt hat und Gegenseitigkeit zugesichert wird. Sie erhalten dann wie andere bevorrechtete Personen einen Protokollausweis.
Die Familienangehörigen von Diplomaten genießen die gleichen Vorrechte und Befreiungen wie der Diplomat (Art. 37 Abs. 1 WÜD). Für den Fall einer Erwerbstätigkeit gelten für den Bereich der Erwerbstätigkeit Einschränkungen.
aa) Befreiung von der Gerichtsbarkeit (Immunität) (Art. 31 WÜD)
aaa) Aus Art. 31 Abs. 1 WÜD folgt, dass der ausländische Diplomat in der Bundesrepublik Deutschland uneingeschränkt Immunität **von der deutschen Strafgerichtsbarkeit genießt (hierzu zählt im Kontext des WÜD auch das Ordnungswidrigkeitsverfahren).**
Deshalb liegt im Falle der Immunität ein Verfahrenshindernis vor, das von Amts wegen zu beachten ist. Gegen den Diplomaten darf in keinem Fall ein Strafverfahren oder Ordnungswidrigkeitsverfahren durchgeführt werden. Er darf nicht geladen und es darf kein Termin zur mündlichen Verhandlung anberaumt werden. Unerheblich ist dabei, ob der Diplomat im Dienst oder als Privatperson gehandelt hat. [... (betrifft Zivil- und Verwaltungsgerichtsbarkeit)]
ccc) Rechtsfolge von Verletzungen der Immunität
Gerichtsentscheidungen, die die Immunität verletzen, sind nichtig. Rechtsmittel sind dann zulässig, wenn geklärt werden soll, ob Immunität bestand oder nicht.
bb) Unverletzlichkeit des Diplomaten (Art. 29 WÜD) – Bedeutung der Regeln von Sitte, Anstand und Höflichkeit
Unverletzlichkeit bedeutet, dass die Androhung oder Durchführung einer Maßnahme, die in irgendeiner Weise auf hoheitlichen Zwang hinausläuft, unzulässig ist. Zu beachten ist, dass darüber hinaus auch die Zustellung (Zusendung) eines Hoheitsakts an die Mission oder an die Privatwohnung eines Diplomaten unzulässig ist, weil auch die Räumlichkeiten der Mission und die Privatwohnung unverletzlich sind (Art. 22 und Art. 30 Abs. 2 WÜD).
In besonderen, seltenen Ausnahmefällen, insbesondere zur Abwehr von Gefahren für die Allgemeinheit oder die bevorrechtigte Person selbst, kann es geboten sein, die Unverletzlichkeit zugunsten anderer Rechtsgüter einzuschränken. Dabei ist es stets unerlässlich, die betroffene **bevorrechtigte Person** und ggf. begleitende Personen (Angehörige, die u. U. keine Vorrechte genießen, in jedem erdenklichen Fall mit **besonderer Höflichkeit zu behandeln.** Maßnahmen sollen die absolute Ausnahme darstellen; politische Folgen sind zu bedenken. Im Regelfall führt die Anwendung von Maßnahmen zu Spannungen auf politischer Ebene. Da gerade die Einhaltung der Regeln von Sitte, Höflichkeit und Anstand auf dem Gegenseitigkeitsprinzip beruht, fällt ein Verstoß in der Bundesrepublik Deutschland nicht selten auf deutsche Diplomaten im Ausland zurück.

Praxisrelevante Beispiele:
– Die Androhung und Anwendung hoheitlicher Gewalt gegen den Diplomaten ist unzulässig.
Als absolute Ausnahme unter Beachtung des Verhältnismäßigkeitsgrundsatzes und der Regeln von Sitte, Anstand und Höflichkeit darf Zwang gegen einen Diplomaten angewandt werden, wenn dies zu seinem eigenen Schutz ge-

Rappert 2273

schieht oder eine konkrete Gefahr für Leib und Leben anderer Personen droht oder besteht. So ist es zulässig, einen alkoholisierten Diplomaten an der Weiterfahrt mit seinem Kfz zu hindern. Unzulässig wäre es aber, ihn daran zu hindern, ein Taxi zu nehmen und sich zu entfernen.
– Maßnahmen der Strafverfolgung ggü. dem Diplomat sind unzulässig (z. B. vorläufige Festnahme, Verhaftung, Durchsuchung, Beschlagnahme, Sicherstellung, Vernehmung gegen den Willen des Betroffenen, Telefonüberwachung, Entnahme von Blutproben oder Durchführung eines Alkohol-Atem-Test gegen den Willen des Betroffenen zur Feststellung des BAK-Wertes bei Verdacht des Führens eines KFZ in alkoholisiertem Zustand).
Ausnahmsweise unter Beachtung des Verhältnismäßigkeitsgrundsatzes und der Regeln von Sitte, Höflichkeit und Anstand kann ein kurzfristiges Festhalten zulässig sein, etwa um den Diplomaten an einem gravierenden Rechtsverstoß zu hindern oder um schlicht seine Identität und damit eventuelle Privilegien festzustellen.
– Hoheitliche Maßnahmen ggü. dem Diplomaten zur Verfolgung und Ahndung von Ordnungswidrigkeiten einschließlich einer Verwarnung mit Verwarnungsgeld sind unzulässig. Dies gilt auch bei der Feststellung eines Verkehrsverstoßes bevorrechtigter Personen; siehe hierzu unten Abschnitt VII, A.
– Belastende Verwaltungs- oder Realakte der Verwaltungsvollstreckung, z. B. die Androhung, Festsetzung und Durchführung von Zwangsmitteln, sind unzulässig.
– Weitere belastende Real- oder Verwaltungsakte, wie z. B. Standardmaßnahmen aufgrund der Polizeigesetze der Länder, sind unzulässig, z. B. die Ingewahrsamnahme, Durchsuchung oder Beschlagnahme von Gegenständen, die im Eigentum des Betroffenen stehen (z. B. das Abschleppen eines Kfz) oder der Einzug des Führerscheins. [...]
gg) Unverletzlichkeit der Privatwohnung und des Vermögens
Die Privatwohnung eines Diplomaten ist unverletzlich und genießt denselben Schutz wie die Räumlichkeiten der Mission (vgl. Abschnitt III, A. sowie Art. 30 Abs. 1 WÜD); hierzu gehören auch Zweitwohnungen, wie Ferienhäuser, wenn die Nutzung regelmäßig erfolgt und es der Bundesrepublik Deutschland möglich ist, ihrer Schutzverpflichtung dort wirksam nachzukommen. Seine Papiere, seine Korrespondenz und sein Vermögen sind ebenfalls unverletzlich.
Unverletzlich nach Art. 30 Abs. 2 WÜD grundsätzlich auch das Vermögen des Diplomaten: Ein wichtiger praktischer Anwendungsfall ist das Kfz (vgl. dazu unten Abschnitt VII).
hh) Freizügigkeit
Der Diplomat darf sich im gesamten Hoheitsgebiet des Empfangsstaates frei bewegen (Art. 26 WÜD). Zu beachten sind jedoch Gesetze oder Rechtsvorschriften über Zonen, deren Betreten aus Gründen der nationalen Sicherheit verboten oder geregelt ist.
ii) Zeugnisverweigerungsrecht
Der Diplomat hat ein Zeugnisverweigerungsrecht sowohl in privaten als auch in dienstlichen Angelegenheiten (Art. 31 Abs. 2 WÜD). Er selbst kann nicht darauf verzichten. Hierzu ist allein der Entsendestaat berechtigt (Art. 32 Abs. 1 WÜD). Der Entsendestaat kann es jedoch dem Diplomaten überlassen, selbst zu entscheiden, wann er aussagen will und wann nicht. Ein Richter sollte über das Zeugnisverweigerungsrecht belehren und von Amts wegen ermitteln, ob ggf. ein Verzicht vorliegt. [...]
b) Mitglieder des Verwaltungs- und technischen Personals (VtP) und ihre Familienangehörigen
Mitglieder des VtP sind z. B. Kanzleibeamte, Chiffreure, Übersetzer, Schreibkräfte.
Die Familienangehörigen (Definition s. o. Abschnitt II. B. II. Ziff. 1) der Mitglieder des VtP genießen die gleichen Privilegien wie das VtP-Mitglied selbst.
aa) Befreiung von der Gerichtsbarkeit (Immunität)
Für Mitglieder des VtP gilt dasselbe wie für Diplomaten (Abschnitt II.B. II. Ziff. 1) mit folgender Ausnahme: [betrifft Zivil- oder Verwaltungsgerichtsbarkeit – nicht abgedruckt]
bb) Bei folgenden Regelungsgegenständen gilt für VtP dasselbe wie für Diplomaten (vgl. Art. 37 Abs. 2 WÜD und oben Abschnitt II. B. II):
– Schutz des VtP vor hoheitlichen Maßnahmen (Unverletzlichkeit),
– Maßnahmen zum Schutz der Gesundheit der Diplomaten und der Bevölkerung, [...]
– Unverletzlichkeit der Privatwohnung,
– Freizügigkeit,
– Zeugnisverweigerungsrecht [...]
c) Mitglieder des dienstlichen Hauspersonals (dHP) und ihre Familienangehörigen
Mitglieder des dHP sind z. B. Fahrer, Pförtner, Boten, Gärtner, Köche und Nachtwächter der diplomatischen Mission.
Die Familienangehörigen (vgl. Definition: Abschnitt II, B. II. Ziff. 1) des dHP genießen keine Privilegien. Aber wegen ihres engen Kontakts zu einer bevorrechtigten Person sind sie mit ausgesprochener Höflichkeit zu behandeln und Maßnahmen sollten nicht vorschnell durchgeführt werden.
aa) Befreiung von der Gerichtsbarkeit (Immunität)
Diesbezüglich gilt für sie dasselbe wie für Diplomaten (Abschnitt II, B. II.) mit folgenden Einschränkungen:
Das dHP genießt die Befreiung von der Straf-, Zivil- oder Verwaltungsgerichtsbarkeit nur für Handlungen, die in Ausübung der dienstlichen Tätigkeit vorgenommen wurden (§ 18 GVG, Art. 37 Abs. 3 WÜD). Das sind die Handlungen, die für den Dienst oder dienstlich angeordnete Veranstaltungen unumgänglich sind, so z. B. auch die Fahrten zum und vom täglichen Dienst. [...]
2. Private Hausangestellte von Mitgliedern diplomatischer Missionen (PP)
Mitglieder des PP sind z. B. persönliche Hausangestellte, Fahrer, Erzieher und sonstiges Personal. Der Nachzug von Familienangehörigen des PP ist nicht gestattet.
a) Befreiung von der Besteuerung [...]
b) Weitere Privilegien
[... (betrifft Arbeitserlaubnispflicht, Vorschriften über soziale Sicherheit und Aufenthaltstitelpflicht)] Mehr Privilegien stehen dem PP nicht zu.
3. Ortskräfte
Ortskräfte sind die Mitarbeiter einer ausländischen Vertretung, die auf dem lokalen Arbeitsmarkt angeworben werden und die nicht der Rotation unterliegen. Sie besitzen entweder die deutsche Staatsangehörigkeit oder haben einen deutschen Aufenthaltstitel, der die Beschäftigung erlaubt.
Darüber hinaus behalten sich das Auswärtige Amt bei diplomatischen und berufskonsularischen Vertretungen, Ortskräfte im Entsendestaat der jeweiligen Vertretung anzuwerben, sofern sie seine Staatsangehörigkeit besitzen (so genannte „unechte Ortskräfte").
Beide Kategorien genießen in der Bundesrepublik Deutschland keine Privilegien, da sie rechtlich als „ständig ansässig" betrachtet werden. Allerdings darf der Empfangsstaat seine Befugnisse ggü. den Ortskräften nicht in einer Weise ausüben, dass er die Mission bei der Wahrnehmung ihrer Aufgaben ungebührlich behindert (vgl. Art. 38 Abs. 2 WÜD).

Erster Titel. Gerichtsbarkeit **Anhang zu § 18 GVG**

III. Konsularbeamte und gleich zu behandelnde Personen
 1. Mitglieder konsularischer Vertretungen und ihre Familienangehörigen
 a) Berufskonsularbeamte und ihre Familienangehörigen
 Berufskonsularbeamte sind Generalkonsul, Konsuln, Vizekonsuln, Konsularagenten und andere mit der Wahrnehmung von konsularischen Aufgaben beauftragte Personen.
 Die **Familienangehörigen** (vgl. Definition: Abschnitt II, B. II. Ziff. 1) der Berufskonsularbeamten genießen nur eingeschränkte Privilegien.
 aa) Befreiung von der Gerichtsbarkeit (Immunität)
 Für Konsularbeamte gilt diesbezüglich dasselbe wie für Diplomaten (Abschnitt II, B. II), allerdings mit folgender Einschränkung: Konsularbeamte genießen die Befreiung von der Straf-, Zivil- oder Verwaltungsgerichtsbarkeit nur für Handlungen, die sie in Wahrnehmung konsularischer Aufgaben vorgenommen haben (Art. 43 WÜK, § 19 GVG). Diese sog. Amtsimmunität betrifft alle Handlungen, die in Ausübung der amtlichen bzw. dienstlichen Tätigkeit ausgeübt wurden. Der Begriff ist weit zu verstehen und umfasst nicht nur die eigentliche Amtshandlung selbst, sondern ebenso Akte in engem sachlichen und zeitlichen Zusammenhang mit der Amtshandlung, z. B. auch die Fahrten zum und vom täglichen Dienst. [... (betrifft die Zivilgerichtsbarkeit)]
 bb) Schutz vor hoheitlichen Maßnahmen (Unverletzlichkeit)
 Für Handlungen, die amtlich vorgenommen wurden, genießt der Konsularbeamte umfassenden Schutz vor staatlichen Eingriffen (Art. 43 Abs. 1 WÜK). In diesem Rahmen gilt dasselbe wie für Diplomaten (Abschnitt II, B. II), jedoch mit folgender Ausnahme: Bei schweren strafbaren Handlungen und wenn eine Entscheidung der zuständigen Justizbehörde vorliegt, kann eine verhältnismäßige Zwangshandlung gerechtfertigt sein.
 Im privaten Bereich ist der Schutz der Unverletzlichkeit grundsätzlich geringer (vgl. Art. 41 WÜK). Der Konsularbeamte darf zwar auf keine Weise in seiner persönlichen Freiheit beschränkt werden. So darf er z. B. nicht festgenommen oder in Untersuchungshaft festgehalten werden. Es gelten jedoch folgende Ausnahmen:
 – Es liegt eine schwere strafbare Handlung und eine Entscheidung der zuständigen Justizbehörde zur freiheitsentziehenden Maßnahme vor (Art. 41 Abs. 1 WÜK). Die Entscheidung, wann eine schwere strafbare Handlung vorliegt, obliegt dem mit der Haftprüfung befassten Gericht.
 – Es handelt sich um die Vollstreckung einer rechtskräftigen gerichtlichen Entscheidung (Art. 41 Abs. 2 WÜK).
 Wird ein Mitglied des konsularischen Personals vorläufig festgenommen oder in Untersuchungshaft genommen oder wird ein Strafverfahren gegen ein Mitglied eingeleitet, so hat die zuständige Behörde in der Bundesrepublik Deutschland sofort den Leiter der konsularischen Vertretung zu benachrichtigen. Ist dieser selbst von einer der genannten Maßnahmen betroffen, so ist sofort das Auswärtige Amt (unter der Rufnummer 0 30-18-17-24 24, 9.00–16.00 Uhr, ansonsten unter der Rufnummer 0 30-18-17-29 11) zu unterrichten (Art. 42 WÜK). Entsprechendes gilt für Honorarkonsularbeamte (Art. 58 Abs. 2 WÜK).
 Zu beachten ist, dass sich in der Staatenpraxis der Status des Konsularbeamten trotz der ggü. Diplomaten restriktiveren Regelung des WÜK bei nicht-dienstlichem Handeln dem Status des Diplomaten annähert. Zwangsmaßnahmen (z. B. Blutentnahme, Alkoholtest) sind deshalb jedenfalls dann nicht erlaubt, wenn auch eine schon die freiheitsentziehende Maßnahme nicht erlaubt ist, wenn also keine schwere strafbare Handlung vorliegt. Im Übrigen ist ausdrücklich darauf hinzuweisen, dass der Konsularbeamte mit besonderer Höflichkeit zu behandeln ist. Eine Zwangsmaßnahme darf auch im privaten Bereich nur eine Ausnahme darstellen. Jeder Eingriff in die persönliche Unverletzlichkeit ist genau auf Zulässigkeit und Erforderlichkeit hin zu prüfen. Gleichzeitig sind die politischen Folgen stets in Betracht zu ziehen. [...]
 dd) Die Privatwohnung des Konsularbeamten
 Die Privatwohnung von Mitgliedern der konsularischen Vertretung, einschließlich des Leiters, genießt nicht das Privileg der Unverletzlichkeit.
 ee) Zeugnisverweigerungsrecht
 Der Konsularbeamte kann in einem Gerichts- oder Verwaltungsverfahren als Zeuge geladen werden. Er ist jedoch nicht verpflichtet, Zeugnis über die Angelegenheiten abzulegen, die mit der Wahrnehmung seiner Aufgaben zusammenhängen, oder die darauf bezüglichen amtlichen Korrespondenzen und Schriftstücke vorzulegen (Art. 44 Abs. 1 und Abs. 3 WÜK). Das gleiche gilt für Honorarkonsularbeamte (Art. 58 Abs. 2 WÜK). Gegen den Konsularbeamten dürfen keine Zwangsmaßnahmen ergriffen werden, auch wenn er im privaten Bereich das Zeugnis verweigert. Das gilt auch, wenn er in seinen Privilegien beschränkt ist (Art. 71 Abs. 1 WÜK).
 ff) Die Familienangehörigen des Konsularbeamten
 Sie genießen im gleichen Umfang wie der Konsularbeamte selbst Befreiung von der Besteuerung, von Zöllen (Art. 50 Abs. 1 lit. b WÜK), von persönlichen Dienstleistungen und Auflagen sowie von der Ausländermeldepflicht, Aufenthaltstitelpflicht (Art. 46, 47 WÜK) und von den Vorschriften über soziale Sicherheit. Sie dürfen einer privaten Erwerbstätigkeit nachgehen, genießen in diesem Bereich dann jedoch keine Vorrechte (Art. 57 Abs. 2 WÜK).
 Weitere Privilegien genießen sie nicht. Aber aus **gesandtschaftlich politischer Rücksichtnahme** sollte auch bei Familienmitgliedern im **privaten Bereich die persönliche Unverletzlichkeit** ebenso **geschützt** werden wie beim Konsularbeamten (Abschnitt II, B. III). Ein Anspruch darauf besteht allerdings nicht.
 b) Mitglieder des Verwaltungs- oder technischen Personals (VtP) der konsularischen Vertretung und ihre Familienangehörigen
 Mitglieder des VtP sind z. B. Kanzleibeamte, Chiffreure, Übersetzer, Schreibkräfte.
 Die **Familienangehörigen** (vgl. Definition: Abschnitt II, B. II. Ziff. 1) des VtP genießen die gleichen Privilegien wie die Familienangehörigen von Konsularbeamten (vgl. Abschnitt II, B. III).
 aa) Immunität
 Diesbezüglich gilt für das VtP das gleiche wie für Diplomaten (Abschnitt II, B. II), jedoch mit folgender Einschränkung: Das VtP genießt die Befreiung von der Straf-, Zivil- und Verwaltungsgerichtsbarkeit nur für Handlungen, die in Wahrnehmung konsularischer Aufgaben vorgenommen wurden. (Amtsimmunität, vgl. Art. 43 WÜK sowie Abschnitt II, B. III). [... (betrifft die Zivilgerichtsbarkeit)]
 bb) Unverletzlichkeit
 Für **Handlungen, die im Dienst vorgenommen** wurden, genießen Mitarbeiter des VtP umfassenden Schutz vor staatlichen Eingriffen (Art. 43 Abs. 1 WÜK). Insoweit gilt dasselbe wie für Diplomaten (vgl. Abschnitt II, B. II). Wie schon beim Konsularbeamten gibt es jedoch auch hier folgende Ausnahme: Bei schweren strafbaren Handlungen und wenn eine Entscheidung der zuständigen Justizbehörde vorliegt, kann eine verhältnismäßige Zwangsmaßnahme gerechtfertigt sein.
 Im privaten Bereich genießen Mitarbeiter des VtP nicht das Privileg der Unverletzlichkeit, so dass grundsätzlich Zwangsmaßnahmen durchgeführt werden dürfen. Aber aus **gesandtschaftlich politischer Rücksichtnahme** sollte auch

bei VtP und den Familienmitgliedern im **privaten Bereich** die **persönliche Unverletzlichkeit** ebenso **geschützt werden** wie beim Konsularbeamten (Abschnitt II, B. III). Ein Anspruch darauf besteht jedoch nicht. [...]
dd) Zeugnisverweigerungsrecht
Für das VtP gilt dasselbe wie für den Konsularbeamten (vgl. Abschnitt II, B. III) mit folgender Ausnahme: Verweigert das Mitglied des VtP im privaten Bereich die Aussage, können Zwangsmaßnahmen durchgeführt werden (Art. 44 Abs. 1 und Abs. 3 WÜK). [... (betrifft Zölle und ähnliche Abgaben)]
c) Mitglieder des dienstlichen Hauspersonals der konsularischen Vertretungen (dHP) und ihre Familienangehörigen
Mitglieder des dHP sind z. B. Kraftfahrer, Pförtner, Boten, Gärtner, Köche, Nachtwächter.
Familienangehörige (vgl. Definition: Abschnitt II, B. II. Ziff. 1) des dHP genießen keine Privilegien. Aufgrund der engen Beziehung zu einer bevorrechteten Person sind sie aber mit besonderer Höflichkeit zu behandeln und Maßnahmen sollten nicht vorschnell durchgeführt werden.
[... (betrifft Arbeitserlaubnis, Vorschriften über soziale Sicherheit, Steuern sonstigen Abgaben auf Dienstbezüge und persönlich erbrachten öffentlichen Dienstleistungen)]
Hinsichtlich eines **Zeugnisverweigerungsrechts** gilt dasselbe wie für Konsularbeamte (Abschnitt II, B. III. Ziff. 1) mit folgender Ausnahme: Verweigert das Mitglied des dHP im privaten Bereich die Aussage, können Zwangsmaßnahmen durchgeführt werden (Art. 44 Abs. 1 und Abs. 3 WÜK).
Mehr Privilegien genießt das dHP konsularischer Vertretungen nicht. Aber aus **gesandtschaftlich politischer Rücksichtnahme** sollte auch beim dHP und seinen Familienmitgliedern im privaten Bereich die persönliche Unverletzlichkeit ebenso geschützt werden wie beim Konsularbeamten (Abschnitt II, B. III). Ein Anspruch darauf besteht jedoch nicht. [...(betrifft Aufenthaltstitel)]
2. Privates Hauspersonal von Mitgliedern der konsularischen Vertretung (PP)
Das PP sind z. B. persönliche Hausangestellte, Fahrer, Erzieher und sonstige Hausangestellte. [... (betrifft Arbeitserlaubnis und Vorschriften über soziale Sicherheit)].
3. Ortskräfte
Ortskräfte (siehe Definition in Abschnitt II, B. II Ziff. 3) genießen in der Bundesrepublik Deutschland keine Privilegien, da sie grundsätzlich wie ständig Ansässige behandelt werden.
4. Honorarkonsularbeamte, Mitarbeiter und Personal in Honorarkonsulaten und Familienangehörige
a) Zu den Honorarkonsularbeamten zählen Honorargeneralkonsuln und Honorarkonsuln.
Die **Familienangehörigen** (vgl. Definition: Abschnitt II, B. II. Ziff. 1) von Honorarkonsuln genießen keine Privilegien.
Privilegien:
Der Honorarkonsularbeamte besitzt in der Regel die deutsche Staatsangehörigkeit oder ist in der Bundesrepublik ständig ansässig. Er genießt in dem Fall lediglich Befreiung von der Gerichtsbarkeit (Immunität) und Schutz vor hoheitlichen Maßnahmen (persönliche Unverletzlichkeit) wegen seiner in Wahrnehmung konsularischer Aufgaben vorgenommenen Amtshandlungen (Art. 71 Abs. 1 WÜK). Diese sog. **Amtshandlungsimmunität** ist enger als die den Berufskonsularbeamten zustehende **Amtsimmunität** (vgl. Art. 43 WÜK sowie Abschnitt II, B. III. Ziff. 1) und umfasst nur die Amtshandlung selbst, nicht aber andere – von der Amtsimmunität noch erfasste – Handlungen, die mit der eigentlichen Amtshandlung lediglich in einem engen zeitlichen Zusammenhang stehen.
Der ausländische, bei Übernahme des Amts nicht schon in der Bundesrepublik ansässige Honorarkonsularbeamte genießt Befreiung von [... (betrifft Ausländermelde- und Aufenthaltstitelpflicht, Besteuerung und persönliche Dienstleistungen und Auflagen)]
Für nichtamtliche Handlungen genießen (ausländische wie deutsche) Honorarkonsuln weder Befreiung von der Gerichtsbarkeit, noch Schutz vor hoheitlichen Maßnahmen (Art. 63 WÜK), allerdings ist es ausdrücklich geboten, ein Strafverfahren mit Rücksicht auf seine amtliche Stellung zu führen.
Hinsichtlich eines Zeugnisverweigerungsrechts gilt dasselbe wie für Konsularbeamte (Abschnitt II, B. III).
b) In der honorarkonsularischen Vertretung tätige Berufskonsularbeamte, VtP und dHP im Honorarkonsulat und ihre Familienangehörigen
Grundsätzlich ist nicht ausgeschlossen, dass ein Honorarkonsul zeitweise oder dauerhaft durch Berufskonsularbeamte unterstützt wird. In solchen Fällen genießen Berufskonsularbeamte, VtP und das dHP weiterhin die Privilegien, die sie auch in anderen Konsulaten genießen würden (vgl. Abschnitt III, B. III). Die Familienangehörigen der Berufskonsularbeamten sind ebenfalls geschützt, nicht jedoch die Familienmitglieder des VtP und dHP (Art. 58 Abs. 1 und Abs. 3 WÜK).

C. Vertreter der Mitgliedsstaaten und Bedienstete Internationaler Organisationen, Kongressteilnehmer
I. Das Ausmaß der gewährten Vorrechte und Immunitäten für Vertreter der Mitgliedsstaaten und Bedienstete Internationaler Organisationen, Familienmitglieder sowie die im Auftrag der betreffenden Organisationen tätigen Sachverständigen richtet sich nach jeweiligen völkerrechtlichen Vereinbarungen und dazu erlassenen innerstaatlichen Vorschriften. Diese sind je nach Aufgabe der Organisation unterschiedlich ausgestaltet.
Für die VN sind von besonderer Bedeutung das Übereinkommen vom 13. Februar 1946 über die Vorrechte und Immunitäten der Vereinten Nationen (BGBl. 1980 II S. 941), sowie das Abkommen vom 21. November 1947 über die Vorrechte und Befreiungen der Sonderorganisationen der Vereinten Nationen (BGBl. 1954 II S. 639). Seit 1996 ist Maßstab für alle Ansiedlungen aus dem Bereich der Vereinten Nationen (VN) das 1995 mit den VN unterzeichnete Sitzstaatabkommen für das VN-Freiwilligenprogramm (BGBl. 1996 II, S. 903).
Für die EG ist z. B. das Protokoll über die Vorrechte und Befreiungen der Europäischen Gemeinschaft (BGBl. 1965 II 1482) maßgebend.
Folgende Angehörige Internationaler Organisationen genießen während der Wahrnehmung ihrer jeweiligen Aufgaben innerhalb der Bundesrepublik Deutschland in der Regel Vorrechte und Immunitäten aufgrund völkerrechtlicher Vereinbarungen und innerstaatlichen Rechts:
– Vertreter der Mitgliedsstaaten und deren Familienangehörige (vgl. Definition: Abschnitt II, B. II. Ziff. 1),
– Bedienstete Internationaler Organisationen und deren Familienangehörige,
– die im Auftrag der betreffenden Organisationen tätigen Sachverständigen.
II. Für die Vorrechte und Privilegien von **Teilnehmern an Kongressen, Seminaren oder ähnlichen Veranstaltungen der Vereinten Nationen**, ihrer Sonderorganisationen oder der durch zwischenstaatliche Vereinbarungen geschaffenen Organisationen unter dem Schirm der Vereinten Nationen, die mit ausdrücklicher Zustimmung der Bundesregierung in der Bundesrepublik Deutschland stattfinden, gilt das Übereinkommen von 1946 über die Vorrechte und Immunitäten der Vereinten Nationen (dazu Art. 3 Abs. 2 des Gesetzes vom 16. August 1980, BGBl. 1980 II 941). Im Übrigen werden bisweilen Konferenzabkommen geschlossen, aus denen sich die gewährten Vorrechte und Befreiungen ergeben. Diese orientieren sich i. d. R. weitestgehend an den Regelungen des o. g. VN-Privilegienabkommens von 1946.

Erster Titel. Gerichtsbarkeit **Anhang zu § 18 GVG**

Sonstige Teilnehmer an derartigen Veranstaltungen, die weder Staatenvertreter noch Bedienstete oder Sachverständige der veranstaltenden Organisation sind, genießen nach Art. 3 Abs. 2 und 3 des Gesetzes vom 16. August 1980 zum Übereinkommen vom 13. Februar 1946 über die Vorrechte und Immunitäten der Vereinten Nationen (BGBl. 1980, S. 941 ff.) diejenigen Vorrechte und Immunitäten, die im Auftrag der Vereinten Nationen tätigen Sachverständigen i. S. dieses Privilegienabkommens zustehen.

III. Für Konferenzteilnehmer, die Deutsche im Sinne des Grundgesetzes mit einem gültigen Reisepass oder Personalausweis sind, oder die in der Bundesrepublik Deutschland ständig ansässig sind, gelten die durch Privilegienabkommen gewährten Vorrechte und Immunitäten nur in eingeschränktem Maße:
– Befreiung von jeder Gerichtsbarkeit hinsichtlich der von ihnen in Wahrnehmung ihrer Aufgaben vorgenommenen Handlungen; die vorgesehene Befreiung von der Gerichtsbarkeit gilt jedoch nicht für Verstöße gegen die Vorschriften über den Straßenverkehr im Falle von Schäden, die durch ein Motorfahrzeug verursacht wurden, das einem Teilnehmer gehört oder von einem Teilnehmer gesteuert wurde,
– Unverletzlichkeit aller Papiere und Schriftstücke,
– Recht zur Verwendung von Verschlüsselungen für ihren Verkehr mit der veranstaltenden Organisation sowie zum Empfang von Papieren und Korrespondenz durch Kurier oder in versiegelten Behältern.

IV. Eine Zusammenstellung der völkerrechtlichen Übereinkommen und der damit in Zusammenhang stehenden Rechtsvorschriften, aufgrund derer Personen, insbesondere Bedienstete aus anderen Staaten, in der Bundesrepublik Deutschland besondere Vorrechte und Befreiungen genießen, ist in dem vom Bundesministerium der Justiz jährlich als Beilage zum Bundesgesetzblatt Teil I herausgegebenen Fundstellennachweis A und als Beilage zum Bundesgesetzblatt Teil II herausgegebenen Fundstellennachweis B enthalten. Nähere Auskunft erteilt das Auswärtige Amt unter der Rufnummer 030-18-17-34 11, 9.00–16.00 Uhr.

D. Rüstungskontrolleure

Teilnehmer an Inspektionen genießen Vorrechte und Befreiungen gemäß bereits bestehender und noch zu schließender Verträge über Abrüstung und Rüstungskontrolle.

E. Soldaten anderer Staaten

I. Vorrechte und Befreiungen kraft Völkergewohnheitsrechts genießen Besatzungen ausländischer Kriegsschiffe und anderen hoheitlichen Zwecken dienender Staatsschiffe und Staatsluftfahrzeuge, solange sie sich an Bord oder mit Erlaubnis der Behörden der Bundesrepublik Deutschland in geschlossenen Verbänden im Lande befinden. Die Schiffe oder Luftfahrzeuge oder die von geschlossenen Verbänden an Land benutzten Unterkünfte dürfen von Vertretern des Empfangsstaates nur mit Zustimmung des Kommandanten oder befehlshabenden Offiziers betreten werden. Sie genießen Befreiung von jeder Durchsuchung, Beschlagnahme, Pfändung oder Vollstreckung.

II. Beschränkte Vorrechte und Befreiungen kraft Völkergewohnheitsrechts genießen auch geschlossene Verbände ausländischer Streitkräfte, wenn und solange sie sich mit Genehmigung der Behörden der Bundesrepublik Deutschland in dienstlicher Eigenschaft in der Bundesrepublik Deutschland aufhalten.

III. Zu Bevorrechtigungen und Befreiungen der Streitkräfte von NATO-Mitgliedsstaaten, Teilnehmerstaaten der NATO-Partnerschaft für den Frieden (PfP) sowie Drittstaaten siehe im einzelnen Abschnitt V.

F. Kuriere und Kurierverkehr

I. Kuriere

Diplomatische oder konsularische Kuriere oder ihnen gleichgestellte Personen mit amtlichem Schriftstück, aus welchem ihre Stellung hervorgeht („Kurierausweis") genießen umfassenden Schutz vor hoheitlichen Zwangsmaßnahmen. Dies gilt insbesondere für Festnahme und Untersuchungshaft. Dabei ist zu beachten, dass der Genuss dieser Privilegierung zeitlich auf der Anreise, ggf. mit Zwischenstopp in einem Drittstaat (vgl. Art. 40 Abs. 3 WÜD, Art. 54 Abs. 3 WÜK), den Aufenthalt im Empfangsstaat und die Rückkehr in den Entsendestaat beschränkt ist. [... (betrifft Sicherheitskontrollen an Flughäfen und Befreiung von Kontrolle des persönlichen Gepäcks)]

II. Kurierverkehr

1. Die Bundesrepublik Deutschland gestattet und schützt den freien Verkehr eines sich in der Bundesrepublik aufhaltenden Staatsoberhauptes, des Chefs oder Ministers einer anderen Regierung, des Chefs einer diplomatischen Mission, einer konsularischen oder sonstigen Vertretung, der dieses Recht eingeräumt wurde, für alle amtlichen Zwecke. Daraus folgt, dass sich diese im Verkehr mit anderen amtlichen Vertretungen des Entsendestaates aller geeigneten Mittel einschließlich Kurieren und verschlüsselten Nachrichten bedienen können, des Funkverkehrs jedoch nur auf Antrag an das Auswärtige Amt mit Zustimmung der Bundesnetzagentur, wenn Gegenseitigkeit besteht (Art. 27 Abs. 1 WÜD, Art. 35 Abs. 1 WÜK).

2. Diplomatisches und konsularisches Kuriergepäck darf weder geöffnet noch zurückgehalten werden. [... (betrifft Abfertigung)]

3. Kuriergepäck kann befördert werden
  a) **durch einen diplomatischen oder konsularischen Kurier.** Dieser muss ein amtliches Schriftstück mit sich führen, aus dem seine Stellung und die Anzahl der Gepäckstücke ersichtlich sind, die das diplomatische oder konsularische Kuriergepäck bilden. Der Kurier genießt persönliche Unverletzlichkeit und unterliegt keiner Festnahme oder Haft irgendwelcher Art (Art. 27 Abs. 5 WÜD, Art. 35 Abs. 5 WÜK);
  b) als diplomatisches oder konsularisches Kuriergepäck durch **den verantwortlichen Flugzeugführer (Kommandanten) eines im gewerblichen Luftverkehr eingesetzten Luftfahrzeuges**, dessen Bestimmungsort ein zugelassener Einreiseflugplatz ist. Der Kommandant muss ein amtliches Schriftstück mit sich führen, aus dem die Anzahl der Gepäckstücke ersichtlich ist, die das Kuriergepäck bilden. Er gilt jedoch nicht als diplomatischer oder konsularischer Kurier. Ein entsandtes Mitglied einer diplomatischen Mission oder konsularischen Vertretung darf nicht gehindert werden, das Kuriergepäck unmittelbar vom dem Kommandanten entgegenzunehmen, wobei in Bezug auf konsularisches Kuriergepäck eine entsprechende Abmachung mit den zuständigen Ortsbehörden zur Voraussetzung gemacht werden darf (Art. 27 Abs. 7 WÜD, Art. 35 Abs. 7 WÜK);
  c) als diplomatisches oder konsularisches Kuriergepäck **durch den Kapitän eines Seeschiffes**, dessen Bestimmungsort ein zugelassener Einreisehafen ist. Der Kapitän muss ein amtliches Schriftstück mit sich führen, aus dem die Anzahl der Gepäckstücke ersichtlich ist, die das Kuriergepäck bilden. Er gilt jedoch nicht als diplomatischer oder konsularischer Kurier. Ein entsandtes Mitglied der diplomatischen oder konsularischen Vertretung darf nicht gehindert werden, das Kuriergepäck unmittelbar von dem Kapitän entgegenzunehmen (Art. 35 Abs. 7 WÜK, der für das WÜD analog angewendet wird).

Rappert

4. Gepäckstücke, die das Kuriergepäck bilden, müssen äußerlich sichtbar als solche gekennzeichnet sein (Art. 27 Abs. 4 WÜD, Art. 35 Abs. 4 WÜK). Der Kurier, der Kuriergepäck befördert, muss ein amtliches Schriftstück mit sich führen, aus dem seine Stellung und die Anzahl der Gepäckstücke ersichtlich sind, die das Kuriergepäck bilden. [... (betrifft Luftsicherheitskontrollen und Zollabfertigung)]

Abschnitt III – Diplomatische Missionen und konsularische Vertretungen

A. Diplomatische Missionen

Den diplomatischen Missionen ist zur Wahrnehmung ihrer Aufgaben jede Erleichterung zu gewähren (Art. 25 WÜD).

I. Räumlichkeiten der Mission

1. Unverletzlichkeit

Die Räumlichkeiten der Mission, d. h. die Residenz des Missionschefs, die Botschaftskanzlei und die Räume, Gebäudeteile und das dazugehörige Gelände, die für amtliche Zwecke genutzt werden, sind **unverletzlich**. Das Gebäude, die Räume und das Grundstück dadurch jedoch nicht „exterritorial" – es handelt sich weiterhin um Hoheitsgebiet der Bundesrepublik Deutschland. Die Vornahme von Hoheitsakten durch deutsche Behörden ist dort jedoch ausgeschlossen. Die Räumlichkeiten, ihre Einrichtung und die sonstigen darin befindlichen Gegenstände sowie die Beförderungsmittel genießen **Befreiung von jeder Durchsuchung, Beschlagnahme, Pfändung oder Vollstreckung** (Art. 22 Abs. 3 WÜD). Vertreter deutscher Behörden dürfen die Räumlichkeiten einer Mission nur mit **Zustimmung des Leiters** oder in Notfällen (z. B. bei Unerreichbarkeit oder Krankheit des Missionschefs) **mit Zustimmung seines Vertreters betreten** (Art. 22 Abs. 1 Satz 2 WÜD).

Daraus ergibt sich für die zuständige Behörde die besondere Pflicht, durch geeignete Maßnahmen die Missionsräumlichkeiten vor jedem Eindringen und jeder Beschädigung zu schützen und zu verhindern, dass der Friede der Mission gestört oder ihre Würde beeinträchtigt wird (Art. 22 Abs. 1, 2 WÜD).

Praxisrelevante Beispiele:
- Da der Empfangsstaat auf dem Missionsgelände und in anderen geschützten Räumlichkeiten keine Hoheitsakte vornehmen darf, sind Zustellungen sowie jede andere Form der **Aushändigung von Hoheitsakten** – z. B. mit einfachem Brief per Post – unzulässig. Unter den Begriff „Hoheitsakt" fallen Verfügungen, Entscheidungen, Anordnungen oder andere Maßnahmen, mit denen ihre Träger von obrigkeitlicher Gewalt ein bestimmtes Handeln, Dulden oder Unterlassen fordern, oder die verbindlichen Feststellungs- bzw. Entscheidungscharakter haben. Es handelt sich hierbei vor allem um Verwaltungsakte (Legaldefinition s. § 35 VwVfG) sowie Gerichtsurteile und -beschlüsse, aber auch vorbereitende Maßnahmen wie Anhörungsbögen.
- Verbotswidrig abgestellte **Dienstwagen** dürfen nicht **abgeschleppt** werden, soweit nicht Leib und Leben anderer Personen gefährdet sind.
- Die **Zwangsvollstreckung** in die Räumlichkeiten und Gegenstände in der Mission sowie in Botschaftskonten sind unzulässig.
- **Öffnen des Kofferraums** und **Durchsuchen des mitgeführten Gepäcks** sind unzulässig.
- **Abhörmaßnahmen** sind unzulässig.
- **Unglücksfälle auf dem Grundstück der Mission**
Grundsätzlich ist auch in einem solchen Fall z. B. die Feuerwehr oder das Technische Hilfswerk gehalten, die Genehmigung des Missionschefs oder seines Vertreters zum Betreten einzuholen. Ist dies nicht möglich, ist es zweckmäßig, unverzüglich das Auswärtige Amt – Protokoll – Berlin (0 30-18-17-24 24 von 9.00–16.00 Uhr, ansonsten: 0 30-18-17-29 11) zu unterrichten. Ist wegen der Dringlichkeit der Maßnahme (z. B. wg. Gefährdung von Menschenleben) ein sofortiges Eingreifen geboten, so ist der verantwortliche Leiter nach pflichtgemäßem Ermessen berechtigt, das Betreten anzuordnen. Die Hilfsmaßnahmen haben sich auf das zur Abwehr der Gefahr Erforderliche zu beschränken.

II. Befreiung von der Gerichtsbarkeit (Immunität)

Botschaften haben keine eigene Rechtspersönlichkeit. Sie handeln stets nur im Namen des Staates, den sie vertreten.

III. Die Archive und Schriftstücke der Mission sind jederzeit unverletzlich, wo immer sie sich befinden. [...]

B. Konsularische Vertretungen

Den konsularischen Vertretungen ist bei der Wahrnehmung ihrer Aufgaben jede Erleichterung zu gewähren (Art. 28 WÜK).

I. Räumlichkeiten der konsularischen Vertretung

1. Für die Räumlichkeiten der konsularischen Vertretung gilt dasselbe wie für die Räumlichkeiten einer Mission (vgl. Abschnitt III. A). Trotz des Wortlauts von Art. 31 Abs. 4 WÜK gilt das auch für Durchsuchung, Pfändung und Vollstreckung. Es sind jedoch folgende Ausnahmen zu beachten:
- Die Räumlichkeiten genießen den Schutz nur, wenn sie ausschließlich bzw. auch für dienstliche Zwecke genutzt werden. Anders als die Residenz eines Botschafters gehört die Residenz eines Konsuls nicht zu den geschützten Räumlichkeiten (Art. 31 Abs. 1 WÜK).
- In einer Notlage kann das Einverständnis des Leiters der konsularischen Vertretung vermutet werden (Art. 31 Abs. 2 WÜK). In einem solchen Fall ist die zuständige Landesbehörde – Staats- oder Senatskanzlei – unverzüglich zu unterrichten.

2. Für die Räumlichkeiten einer **honorarkonsularischen Vertretung** gilt das Privileg der Unverletzlichkeit nicht. Das Konsulat darf also betreten werden, möglichst jedoch im Einvernehmen mit dem Honorarkonsul. Die Bundesrepublik Deutschland trifft nach Art. 59 WÜK außerdem die Pflicht, alle erforderlichen Maßnahmen zu treffen, um die Räumlichkeiten vor jedem Eindringen und jeder Beschädigung zu schützen und um zu verhindern, dass der Friede der honorarkonsularischen Vertretung gestört und ihre Würde beeinträchtigt wird.

II. Konsularische Archive

Konsularische Archive und Schriftstücke sind jederzeit unverletzlich, wo immer sie sich befinden (Art. 33 WÜK). Das gleiche gilt für die konsularischen Archive und Schriftstücke in einer von einem Honorarkonsularbeamten geleiteten konsularischen Vertretung, sofern sie von anderen Papieren und Schriftstücken getrennt gehalten werden, insbesondere von der privaten Korrespondenz sowie von den Gegenständen, Büchern oder Schriftstücken, die sich auf den Beruf oder das Gewerbe beziehen (Art. 61 WÜK).

III. Hoheitszeichen (Flagge, Wappen) [nicht abgedruckt]

Erster Titel. Gerichtsbarkeit **Anhang zu § 18 GVG**

C. Vertretungen Internationaler Organisationen

Zu beachten ist, dass auch die in Deutschland ansässigen Vertretungen Internationaler Organisationen in vielen Fällen Vorrechte und Befreiungen genießen (z. B. Unverletzlichkeit der Räumlichkeiten, Schutz der Archive und des Kuriers). Da diese Privilegien auf unterschiedlichen völkerrechtlichen Abkommen beruhen, können diese nicht zusammenfassend dargestellt werden. In Zweifelsfällen sollte das Auswärtige Amt, Referat 701 (Tel. 0 30-18-17-24 24, von 9.00–16.00 Uhr) befragt werden.

Abschnitt IV – Weitere relevante Regelungen [betrifft AufenthG, MRR, WaffG und PStG – nicht abgedruckt]

Abschnitt V – Sonderbestimmungen für die Rechtsstellung der Stationierungsstreitkräfte, der Streitkräfte der NATO-Mitgliedsstaaten, der aufgrund des Nordatlantikvertrags errichteten internationalen militärischen Hauptquartiere, der Teilnehmerstaaten an der NATO-Partnerschaft für den Frieden (PfP) sowie der Streitkräfte aus Drittstaaten
[nicht abgedruckt]

Abschnitt VI – Ausweise für Mitglieder ausländischer Vertretungen und internationaler Organisationen

1. Das Auswärtige Amt – Protokoll – stellt den Mitgliedern ausländischer Vertretungen und internationaler Organisationen seit 1999 **nur** noch einen **roten Protokollausweis** (laminierte Plastikkarte im Format 110 mm × 80 mm) aus.

Auf der Vorderseite befindet sich neben dem Lichtbild und den persönlichen Informationen die Funktionsbezeichnung des Ausweisinhabers. Oben rechts wird der Typ des Protokollausweises mitgeteilt (vgl. sogleich folgende Liste), sowie die Nummer des Protokollausweises.

Auf der Rückseite befindet sich ein zweisprachiger Hinweis auf die Vorrechte und Befreiungen des Ausweisinhabers sowie auf die aufenthaltsrechtlichen Besonderheiten. Daneben wird auf die Nummer des dazugehörigen Reisedokuments verwiesen sowie in der unteren rechten Ecke der Typ des Protokollausweises gekennzeichnet. Derzeit gibt es elf Ausweistypen:

„D"   Ausweis für Diplomaten und deren Familienangehörige
„VB" Ausweis für Verwaltungs- und technisches Personal an Botschaften und deren Familienangehörige
„DP" Ausweis für dienstliches Hauspersonal an Botschaften und deren Familienangehörige
„K"   Ausweis für Konsularbeamte
„VK" Ausweis für Verwaltungs- und technisches Personal an Konsulaten
„DH" Ausweis für dienstliches Hauspersonal an Konsulaten
„KF" Ausweis für Familienangehörige von Konsularbeamten, Verwaltungs- und technisches Personal und Hauspersonal an Konsulaten
„OK" Ausweis für Ortskräfte und deren Familienangehörige
„PP" Ausweis für privates Hauspersonal
„IO" Ausweis für Mitglieder von in Deutschland eingerichteten Vertretungen Internationaler und Supranationaler Organisationen sowie zwischenstaatlicher Einrichtungen und deren Familienangehörige
„S"   Sonderausweise für Haushaltsangehörige iSv. § 27 Abs. 1 Nr. 5 AufenthV

Hinweis: Die jeweiligen Vorrechte, die auf den Karten mitgeteilt werden, können voneinander abweichen, auch wenn derselbe Ausweistyp vorliegt. Dies liegt daran, dass z. B. bei Diplomaten die Vorrechte u. a. davon abhängen, ob der Diplomat Ausländer oder Deutscher ist. Zu den Vermerken, die einen abweichenden Status anzeigen, zählen (Vermerk auf der Vorderseite des Ausweises oben rechts):

Zusatz „A"
(zum Beispiel: „Protokollausweis für Diplomaten A"):
= Arbeitsaufnahme durch den Ausweisinhaber, dadurch Privilegienbeschränkung gemäß Art. 31 Abs. 1 lit. c) WÜD, siehe hierzu Abschnitt II, B. II. Ziff. 1);

Zusatz „Art. 38 I WÜD"
(zum Beispiel: „Protokollausweis für Diplomaten Art. 38 I WÜD")
= Ausweisinhaber ist deutscher Staatsangehöriger oder ständig in Deutschland ansässig, dadurch Privilegienbeschränkung gemäß Art. 38 Abs. 1 WÜD, siehe hierzu Abschnitt II, B. I. Ziff. 2);

Zusatz „Art. 71 I WÜK"
(zum Beispiel: „Protokollausweis für Konsularbeamte Art. 71 I WÜK")
= Ausweisinhaber ist deutscher Staatsangehöriger oder ständig in Deutschland ansässig, dadurch Privilegienbeschränkung nach Art. 71 Abs. 1 WÜK, siehe hierzu Abschnitt II, B. I. Ziff. 2);

Hinweis: Honorarkonsuln erhalten reine Ausweise vom Auswärtigen Amt. Ihnen werden vom Protokoll des jeweiligen Bundeslandes (Senats- oder Staatskanzlei) weiße Ausweise im Scheckkartenformat ausgestellt, die im Jahr 2008 für alle Bundesländer einheitlich neu gestaltet wurden (siehe nachstehendes Muster).[12] Die bislang ausgestellten weißen Ausweise mit grünem Querstreifen verlieren ihre Gültigkeit, wenn die neuen Ausweise vollständig ausgegeben wurden.

2. Die Entsendestaaten pflegen ihrerseits die Angehörigen ihres Auswärtigen Dienstes mit Sonderpässen zu versehen (Diplomatenpass, Dienstpass). Diese Pässe haben für den Status des Inhabers in der Bundesrepublik Deutschland zwar keine unmittelbare Bedeutung, doch können sie als Hinweis auf die Sonderstellung hilfreich sein. Bei Vorweisen solcher Pässe ist daher eine vorsichtige Prüfung aller Maßnahmen, notfalls Rückfrage angezeigt (vgl. die besonderen Rechte durchreisender Diplomaten Art. 40 Abs. 2 WÜD, siehe auch Abschnitt II, B. I. Ziff. 2, und Konsularbeamten, Art. 54 Abs. 2 WÜK).

Abschnitt VII – Behandlung von bevorrechtigten Personen bei Verstößen gegen die Straßenverkehrs- und öffentliche Ordnung

A. Nach dem Wiener Übereinkommen über diplomatische Beziehungen (WÜD) bevorrechtete Personen

I. Diplomaten und ihre im Haushalt lebenden Familienangehörigen

Art. 29 WÜD regelt den fundamentalen Grundsatz der Unverletzlichkeit des Diplomaten. Auch im Straßenverkehr sind alle Maßnahmen gegen den Diplomaten, die auf hoheitlichen Zwang hinauslaufen, unzulässig.

Die deutsche Verwaltungspraxis qualifiziert u. a. folgende Maßnahmen als dem Gebot des Art. 29 WÜD widersprechend und daher unzulässig:
– Maßnahmen der Strafverfolgung (vorläufige Festnahme, Verhaftung, Durchsuchung, Beschlagnahme, Entnahme von Blutproben oder andere Alkoholtests bei Trunkenheitsverdacht im Straßenverkehr, Vernehmung gegen den Willen des Betroffenen);

---

[12] Hier nicht abgedruckt.

GVG Anhang zu § 18   *Gerichtsverfassungsgesetz*

- Maßnahmen zur Verfolgung und Ahndung von Ordnungswidrigkeiten einschließlich der Verwarnung mit Verwarnungsgeld;
- Verwaltungsakte, welche die persönliche Freiheit der Diplomaten einschränken (z. B. polizeilicher Gewahrsam) oder mit denen Gegenstände beschlagnahmt oder sichergestellt werden (z. B. von der Polizei angeordnetes Abschleppen eines Kfz), die im Eigentum oder in der tatsächlichen Gewalt dieser Person stehen; die Verwahrung solcher Gegenstände ist nur zulässig, soweit kein entgegenstehender Wille des Berechtigten erkennbar ist und die Verwahrung in seinem Interesse liegt;
- Sonstige Verwaltungsakte mit Sanktionscharakter (z. B. Entzug der Fahrerlaubnis, Sicherstellen eines Kraftfahrzeugs, Anbringen von Parkkrallen).

Nach deutscher und internationaler Praxis erstrecken sich die genannten Verbote nicht nur auf die Ausführung, sondern bereits auf eine entsprechende Androhung derartiger Maßnahmen.

Der Grundsatz der Unverletzlichkeit gemäß Art. 29 WÜD gilt sowohl bei dienstlichen als auch rein privaten Handlungen des Diplomaten.

Gerichtliche und behördliche Maßnahmen mit Sanktionscharakter gegen einen Diplomaten sind nur möglich, wenn der Entsendestaat über seine Mission ausdrücklich nach Art. 32 WÜD einen Immunitätsverzicht erklärt (notifiziert). Hierzu haben Gerichte und Behörden in jedem Einzelfall das Auswärtige Amt zu konsultieren. **Der Diplomat selbst kann nicht wirksam auf seine Immunität verzichten.**

Die deutsche Praxis lässt ausnahmsweise und nur unter äußerst engen Voraussetzungen (Notwehr, Notstand) eine Anwendung von Zwang auch gegen Diplomaten zu. Dies ist z. B. der Fall, wenn die Anwendung von Zwang zum eigenen Schutz des Diplomaten erforderlich ist oder wenn eine konkrete Gefahr für Leben oder Gesundheit anderer Personen besteht oder eine solche Gefahr droht und dadurch die Gefährdung verhindert werden kann. Die Frage, ob diese Voraussetzungen vorliegen, ist seitens der deutschen Behörden mit größter Sorgfalt zu behandeln.

Wurde ein Diplomat z. B. bei einem Verkehrsunfall verletzt und ist nicht ansprechbar, können Behandlung und Transport in eine Klinik auch ohne sein Einverständnis erfolgen. Die zuständige Mission oder der Entsendestaat sind jedoch schnellstmöglich von diesen Maßnahmen zu unterrichten.

Über Art. 37 Abs. 1 WÜD werden auch die **Familienangehörigen von Diplomaten, wenn sie nicht Angehörige des Empfangsstaates** sind, in den Schutz des Art. 29 WÜD einbezogen.

1. Allgemeiner Schutz vor Sanktionen bei Verkehrsverstößen

Zwangsmaßnahmen dürfen gegen einen Diplomaten grundsätzlich nicht vorgenommen werden. Unzulässiger Zwang liegt auch schon vor, wenn der Betroffene im Falle einer Weigerung mit tatsächlichen Behinderungen durch Behörden, wie z. B. die Polizei, zu rechnen hat. Auch durch die Androhung von Sanktionen wird Zwang ausgeübt. Die Unverletzlichkeit des Diplomaten gehört zu den überragenden Schutzgütern des Gesandtschaftsrechts, das in keinem Fall durch Hinweis auf die Einhaltung von Straßenverkehrsvorschriften durchbrochen werden darf.

Eine **Anzeige der Polizei** bei der Staatsanwaltschaft ist möglich; nicht dagegen die Eröffnung eines Hauptverfahrens gegen den Diplomaten. Insoweit besteht ein Verfahrenshindernis, das vom Amts wegen zu beachten ist.

Die direkte Zustellung von Bescheiden (auch Verwarnungen für Parkverstöße) an Botschaften und Diplomaten im Zusammenhang mit Verkehrsordnungswidrigkeiten nach der StVO ist völkerrechtswidrig und daher unzulässig. Dazu zählen insbesondere:
- das Anheften von Bescheiden an die Windschutzscheibe von Kraftfahrzeugen mit amtlichen diplomatischen Kennzeichen,
- die Übersendung von Bußgeldbescheiden an die Adresse fremder Missionen oder an die Privatadresse von Diplomaten und
- jede andere direkte Zustellung (z. B. durch persönliche Übergabe) an Diplomaten.

Möglich sind schlichte Hinweise – auch schriftlich – auf den begangenen Verkehrsverstoß, so lange diese Hinweise nicht hoheitlich-autoritativen Charakter haben. Bund und Länder haben sich im Juni 2007 im Rahmen des Bund-Länder-Fachausschusses StVO/StVOWi mit Schwerpunkt Straßenverkehrsordnungswidrigkeiten (Sitzung 1/07) auf entsprechende Mustertexte und Hinweise geeinigt (vgl. die Ergebnisniederschrift v. 27./28. 6., Gz. des BMVBS: S 02 (032)/7393.2/3–4/656550 (I/07)).

2. Trunkenheitsfahrt

Das Anhalten eines Diplomaten bei Anzeichen einer Trunkenheitsfahrt im Straßenverkehr ist zulässig. Erst durch die Identitätskontrolle (i. d. R. Protokollausweis) ist eine abschließende Überprüfung möglich, ob der Fahrer tatsächlich Privilegien nach dem Gesandtschaftsrecht genießt. Der Betroffene hat in diesen Fällen mitzuwirken. Weigert er sich, so ist ein Festhalten bis zur Klärung der Identität zulässig.

Die Durchführung eines Alkoholtests ist nur im Einvernehmen mit dem Diplomaten möglich. Aus der Weigerung dürfen keine für ihn nachteiligen Schlüsse gezogen werden, d. h. es erfolgt keine Umkehr der Beweislast, da der Empfangsstaat keinen Anspruch auf Mitwirkung des Diplomaten hat. Will der Diplomat kooperieren und an dem Test teilnehmen, sollte er dennoch eine rechtswahrende Erklärung zu Protokoll der kontrollierenden Polizeibeamten geben, da ein Immunitätsverzicht nur durch seinen Dienstherrn, den Entsendestaat, erklärt werden kann.

Hindert die Polizei einen eindeutig angetrunkenen Diplomaten an der Weiterfahrt und nimmt gegebenenfalls die Fahrzeugschlüssel weg, ist diese Maßnahme nur zu seinem eigenen Schutz sowie dem anderer Verkehrsteilnehmer hinnehmbar.

Die Polizei kann den Diplomaten nicht daran hindern, sich vom Ort der Verkehrskontrolle zu Fuß, mit dem Taxi oder einem öffentlichen Verkehrsmittel zu entfernen. Ausgeschlossen ist das Anlegen von Handschellen, um den Betroffenen am Weggehen zu hindern. Etwas anderes gilt z. B. dann, wenn eine akute Gefahr der Selbstgefährdung bestünde. Dann ist es zulässig, den Diplomat zu seiner Mission oder nach Hause zu bringen. Zu beachten ist in jedem Einzelfall der Grundsatz der Verhältnismäßigkeit.

Das Kfz eines erkennbar fahruntüchtigen Diplomaten kann durch die Polizei an einer sicheren Stelle am Ort der Verkehrskontrolle oder in unmittelbarer Nähe dazu geparkt (umgesetzt) werden. Ein Abschleppen ist dagegen nur möglich, wenn der Betroffene fahruntüchtig ist und eine Stelle am Ort der Verkehrskontrolle nicht vorhanden ist, an dem das Auto sicher geparkt werden kann.

3. Falschparken und Abschleppen

Berechtigte **Bußgelder nach Verstößen gegen die StVO** müssen Diplomaten nicht bezahlen, sie können dies jedoch freiwillig tun.

Parkgebühren müssen auch von Diplomaten bezahlt werden. Sie sind Vergütungen für bestimmte Dienstleistungen und fallen damit nicht unter das gesandtschaftsrechtliche Steuerprivileg.

Staatlicher Zwang zur Durchsetzung der Bezahlung von **Bußgeldern und Parkgebühren** verstößt gegen den Unverletzlichkeitsgrundsatz nach Art. 29 WÜD und ist deshalb **nicht zulässig**.

Erster Titel. Gerichtsbarkeit **Anhang zu § 18 GVG**

Nach Art. 22 Abs. 3 WÜD genießen verbotswidrig abgestellte Kfz einer diplomatischen Mission Immunität von Beschlagnahme und Vollstreckungsmaßnahmen, nach Art. 30 Abs. 2 WÜD ist das Privatfahrzeug eines Diplomaten als Teil seines Vermögens unverletzlich.

Das Abschleppen verbotswidrig geparkter Privatfahrzeuge von Diplomaten im Auftrag der Behörden des Empfangsstaates verstößt – ebenso wie bei Art. 22 Abs. 3 WÜD (Dienstfahrzeuge der Mission) – gegen Art. 30 Abs. 2 WÜD. Es wird jedoch von einer konkludenten Zustimmung des Diplomaten zum Abschleppvorgang dann ausgegangen, wenn das geparkte Fahrzeug eine konkrete Gefahr für Leib und Leben anderer Verkehrsteilnehmer oder Personen oder eine erhebliche Behinderung des Straßenverkehrs darstellt, z. B. durch Blockieren einer Krankenhauseinfahrt oder der Straßenbahnschienen.

Dem Empfangsstaat steht jedoch nach Ende der Gefahrenlage kein Zurückbehaltungsrecht an dem Fahrzeug bis zur Bezahlung der Abschleppkosten durch den Diplomaten oder die Mission zu. Die Mission bzw. der Entsendestaat als Halter von Dienstfahrzeugen und der Diplomat als Halter seines Privatfahrzeugs können zur Zahlung der Abschleppkosten aufgefordert werden, Sanktionen zur Durchsetzung der Zahlungsaufforderung sind jedoch unzulässig.

Gleiches gilt entsprechend für andere Maßnahmen der Außerbetriebsetzung von Fahrzeugen der Mission oder des Diplomaten, wie z. B. das Anbringen einer „Parkkralle".

Dabei macht es keinen Unterschied, ob die jeweilige Verkehrsfläche privat oder öffentlich ist. Entscheidend ist jedoch, ob der Empfangsstaat behördlich in den Abschleppvorgang eingeschaltet wurde oder nicht. Dabei spielt es keine Rolle, ob das Abschleppen selbst durch eine Privatfirma vorgenommen wurde. Wenn diese als Verwaltungshelfer im Auftrag der Behörden handelt, muss sich der Empfangsstaat den Abschleppvorgang zurechnen lassen.

Etwas anderes gilt jedoch bei einer rein privaten Beauftragung eines Abschleppunternehmens durch einen Anlieger oder privaten Grundstücksbesitzer. Hier kann diese Handlung dem Empfangsstaat nicht zugerechnet werden. Es handelt sich dabei um einen reinen zivilrechtlichen Vorgang, bei dem das Gesandtschaftsrecht nicht zur Anwendung kommt. In diesen Fällen ist auch der Diplomat zur Bezahlung der Abschleppkosten verpflichtet, der sich als zivilrechtlicher Forderungsausgleich darstellt. Vollstrecken lässt sich diese Forderung jedoch nicht. Eine Zurückbehaltung des Fahrzeugs, auch wenn die Schuld nicht beglichen wird, ist unzulässig.

4. Entzug der Fahrerlaubnis

Der Entzug der Fahrerlaubnis bzw. die Sicherstellung oder Beschlagnahme des Führerscheins verstößt bei Diplomaten gegen den Unverletzlichkeitsgrundsatz des Art. 29 WÜD (sowie gegen die gerichtliche Immunität nach Art. 31 WÜD) und ist deshalb unzulässig.

5. Missbräuchliche Nutzung von Missions- und Diplomatenfahrzeugen

Die Mission und der Diplomat haben dafür Sorge zutragen, dass ihre Fahrzeuge nur von gesandtschaftsrechtlich privilegierten Personen genutzt werden. Tun sie dies nicht, ist grundsätzlich von einem Privilegienmissbrauch auszugehen. Diese unzulässige Nutzung führt aber nicht automatisch dazu, dass die Fahrzeuge ihren gesandtschaftsrechtlichen Schutz verlieren. Sie sind daher zunächst weiterhin als Beförderungsmittel der Botschaft (Art. 22 Abs. 3 WÜD) bzw. als Vermögen des Diplomaten, auf dessen Namen sie angemeldet sind (Art. 30 Abs. 2 WÜD), geschützt. Durchsuchungen, Beschlagnahmen etc. sind daher grundsätzlich nicht zulässig. Dies gilt auch in Fällen des Diebstahls und der Gebrauchsanmaßung. [...]

II. Diplomaten, die Angehörige des Empfangsstaates oder dort ständig ansässig sind

Diplomaten, die die deutsche Staatsangehörigkeit besitzen oder in der Bundesrepublik Deutschland ständig ansässig sind, genießen gemäß Art. 38 Abs. 1 WÜD Immunität von der Gerichtsbarkeit und Unverletzlichkeit lediglich in Bezug auf ihre in Ausübung ihrer dienstlichen Tätigkeit vorgenommenen Amtshandlungen. Diese Amtshandlungsimmunität ist enger zu verstehen als die sog. Amtsimmunität, die gemäß Art. 43 Abs. 1 WÜK entsandten Konsularbeamten zusteht. Sie umfasst nur die Amtshandlung selbst, nicht jedoch Handlungen, die mit der Amtshandlung in engem sachlichen Zusammenhang stehen, wie z. B. die Fahrt mit dem PKW zum Ort der Amtshandlung. Die Amtshandlungsimmunität umfasst keine Immunität bei Verstößen gegen die StVO.

Ihre Familienangehörigen besitzen keine Privilegien. Es gilt jedoch der Grundsatz, dass der Empfangsstaat seine Hoheitsgewalt über diese Personen nur so ausüben darf, dass er die Mission bei der Wahrnehmung ihrer Aufgaben nicht ungebührlich behindert.

III. Mitglieder des Verwaltungs- und technischen Personals sowie im Haushalt lebende Familienangehörige

Über Art. 37 Abs. 2 WÜD werden Mitglieder des Verwaltungs- und technischen Personals der Mission und die zu ihrem Haushalt gehörenden Familienmitglieder, die weder Angehörige des Empfangsstaats noch in demselben ständig ansässig sind, bei Verstößen gegen die StVO in den Schutz des Art. 29 WÜD einbezogen. Es gelten deshalb hier analog auch die Regelungen wie oben I.).

IV. Mitglieder des dienstlichen Hauspersonals

Mitglieder des dienstlichen Hauspersonals der Mission, die weder Angehörige des Empfangsstaats noch in demselben ständig ansässig sind, genießen nur **Amtshandlungsimmunität. Diese umfasst keine Immunität bei Verstößen gegen die StVO**, da Handlungen im Straßenverkehr kaum jemals als WÜD-bezogene Amtshandlung vorstellbar sind.

Ihre Familienangehörigen besitzen unabhängig davon, ob sie Deutsche bzw. im Bundesgebiet ständig ansässig sind oder nicht, keine Privilegien. Es gilt jedoch der Grundsatz, dass der Empfangsstaat seine Hoheitsgewalt über diese Personen nur so ausübt, dass er die Mission bei der Wahrnehmung ihrer Aufgaben nicht ungebührlich behindert.

V. Private Hausangestellte

Nach Art. 1 lit. h) WÜD ist das private Hauspersonal im häuslichen Dienst eines Missionsmitglieds beschäftigt und nicht Bediensteter des Entsendestaates. Private Hausangestellte von Mitgliedern der Mission, die weder Angehörige des Empfangsstaats noch in demselben ständig ansässig sind, sind unter bestimmten Voraussetzungen von der Sozialversicherungspflicht und von Steuern auf ihre Arbeitsbezüge befreit, genießen aber weder Unverletzlichkeit noch Immunität. Es besteht keine Immunität, **sie können für Verstöße gegen die StVO zur Verantwortung gezogen werden**. Es gilt jedoch der Grundsatz, dass der Empfangsstaat seine Hoheitsgewalt über diese Personen nur so ausübt, dass er die Mission bei der Wahrnehmung ihrer Aufgaben nicht ungebührlich behindert.

VI. Mitglieder des Verwaltungs- und technischen Personals, des dienstlichen Hauspersonals, private Hausangestellte, die Angehörige des Empfangsstaates bzw. dort ständig ansässig sind, sowie Ortskräfte

Diesen Bediensteten stehen gemäß Art. 38 Abs. 2 WÜD lediglich Vorrechte und Immunitäten in dem vom Empfangsstaat zugelassenen Umfang zu. Demnach besteht keinerlei Privilegierung, wenn es die innerstaatliche Rechtsordnung, wie in Deutschland, nicht vorsieht.

GVG Anhang zu § 18 *Gerichtsverfassungsgesetz*

Ortskräfte (siehe hierzu die Definition in Abschnitt II, B. II. Ziff. 3) genießen keine Immunität. Es gilt jedoch auch hier der Grundsatz, dass der Empfangsstaat seine Hoheitsgewalt über diese Personen nur so ausübt, dass er die Mission bei der Wahrnehmung ihrer Aufgaben nicht ungebührlich behindert.

B. Nach dem Wiener Übereinkommen über konsularische Beziehungen (WÜK) bevorrechtigte Personen
I. Berufskonsularbeamte

Im Gegensatz zu der umfassenden persönlichen Unverletzlichkeit des Diplomaten ist die persönliche Unverletzlichkeit des Berufskonsularbeamten im WÜK unterschiedlich geregelt:
– Handelt der Berufskonsularbeamte amtlich, dann genießt er absolute Unverletzlichkeit und Amtsimmunität (vgl. Art. 43 Abs. 1 WÜK).
– Im rein privaten Bereich ist Art. 41 WÜK die maßgebende Norm. Danach sind freiheitsentziehende Maßnahmen gegenüber Berufskonsularbeamten i. d. R. unzulässig. Die persönliche Freiheit des Berufskonsularbeamten ist jedoch ausnahmsweise einschränkbar
– wegen einer schweren strafbaren Handlung und aufgrund einer Entscheidung der zuständigen Justizbehörde,
– oder in Vollstreckung einer rechtskräftigen gerichtlichen Entscheidung.
– Darüber hinaus und obwohl es Art. 41 WÜK dem Wortlaut nach nicht explizit vorsieht, ist davon auszugehen, dass die persönliche Unverletzlichkeit des Berufskonsularbeamten auch das Verbot aller anderen administrativen Eingriffe bzw. Zwangsmaßnahmen des Empfangsstaates umfasst.
– Daneben muss der Empfangsstaat die persönliche Unverletzlichkeit der Berufskonsularbeamten nach Art. 40 WÜK auch dadurch gewährleisten, dass er jeden Angriff auf ihre Person, Freiheit oder Würde verhindert.

1. Dienst- und Privatfahrten von Berufskonsularbeamten

Die in Art. 43 WÜK geregelte so genannte **Amtsimmunität** erfasst alle Handlungen, die in Ausübung der amtlichen bzw. dienstlichen Tätigkeit vorgenommen werden, d. h., **nicht nur die eigentliche Amtshandlung selbst, sondern ebenso Akte, die in engem zeitlichen und sachlichen Zusammenhang mit der Amtshandlung stehen.** Von dem Begriff „Handlungen in Wahrnehmung konsularischer Aufgaben" werden deshalb auch eng mit der Amtshandlung als solcher zusammenhängende Handlungen erfasst.
– So sind beispielsweise Fahrten **zum und vom täglichen Dienst** (oder z. B. von der Wohnung zu einem offiziellen Empfang im Empfangsstaat und zurück) noch als in Wahrnehmung konsularischer Aufgaben erfolgt anzusehen. Denn sie sind für die Wahrnehmung konsularischer Aufgaben unumgänglich. Auch wenn man die Auffassung vertreten sollte, dass die Rückfahrt nach Hause nicht mehr unmittelbar der Wahrnehmung konsularischer Aufgaben i. S. v. Art. 5 WÜK dient, so ist es dennoch nicht vertretbar, zwischen Hin- und Rückfahrt einen Unterschied zu machen und nur die Hinfahrt als von Art. 43 WÜK erfasst anzusehen, während die Rückfahrt der vollen Jurisdiktion im Empfangsstaat unterliegt. Vielmehr müssen Hin- und Rückfahrt als einheitlicher Gesamtvorgang (außer bei privaten Unterbrechungen) angesehen werden, die noch zum Bereich der konsularischen Aufgabenwahrnehmung gehören.
– Dabei ist nicht entscheidend, ob der betreffende Berufskonsularbeamte hierfür einen Privatwagen benutzt oder ob er einen Dienstwagen fährt. Allein die Benutzung des Dienstwagens spricht zwar dem ersten Anschein nach für eine Fahrt in Wahrnehmung konsularischer Aufgaben. Aber **auch das Benutzen eines Privatwagens kann in Wahrnehmung konsularischer Aufgaben erfolgen.** Erfolgt während der Fahrt ein Verkehrsunfall, ist die betreffende Person nach deutscher Praxis vor gerichtlicher Verfolgung im Empfangsstaat geschützt.
– Auch die Fahrt eines Berufskonsularbeamten zum dienstlich angeordneten Sprachunterricht oder zum Flughafen, um dort das Kuriergepäck bzw. sonstige dienstliche Post abzuholen, geschieht in Ausübung dienstlicher Tätigkeit.
– Dasselbe gilt, wenn der Berufskonsularbeamte etwa mit seinem eigenen PKW unterwegs ist, um hilfsbedürftige Angehörige seines Entsendestaates aufzusuchen und ihre Heimführung vorzubereiten, oder wenn er zu einer Unfallstelle fährt, das er solche Personen zu Schaden gekommen sind.
– Wenn nach Beendigung des Dienstes z. B. eine Gaststätte besucht wird, besteht für die anschließende Heimfahrt allerdings kein enger sachlicher Zusammenhang mit der Wahrnehmung konsularischer Aufgaben mehr. Mit der Heimfahrt wird wieder aufgenommen, sondern dient allein privaten Interessen.
– Kein Bezug zum Dienst besteht außerdem bei Wochenend- bzw. Urlaubsreisen.

Bei eindeutig außerdienstlicher Benutzung des PKW unterliegen Berufskonsularbeamte bei Zuwiderhandlungen gegen das Straßenverkehrsrecht des Empfangsstaates der Strafverfolgung oder dem Bußgeldverfahren. Allerdings ist eine Festnahme oder Untersuchungshaft nur im Rahmen des Art. 41 Abs. 1 WÜK zulässig.

2. Trunkenheitsfahrt

Das Anhalten eines Konsularbeamten bei Anzeichen einer Trunkenheitsfahrt im Straßenverkehr ist zulässig. Erst durch die Identitätskontrolle (i. d. R. Protokollausweis) ist eine abschließende Überprüfung möglich, ob der Fahrer tatsächlich Privilegien nach dem Gesandtschaftsrecht genießt. Der Betroffene hat in diesen Fällen mitzuwirken. Weigert er sich, so ist ein Festhalten bis zur Klärung der Identität zulässig.

Die zwangsweise Durchführung von Alkoholtests bei Trunkenheitsverdacht im Straßenverkehr ist **unzulässig.** Die Unverletzlichkeit des Konsularbeamten, die vor der zwangsweisen Durchführung eines Alkoholtests schützt, kann nach Art. 41 WÜK nur aufgrund einer „Entscheidung der zuständigen Justizbehörde" und bei Vorliegen einer „schweren Straftat" eingeschränkt werden. Dies ist wohl stets das entscheidende Rechtshindernis für die zwangsweise Durchführung eines Alkoholtests bei routinemäßigen Verkehrskontrollen.

Hindert die Polizei einen eindeutig angetrunkenen Konsularbeamten an der Weiterfahrt und nimmt gegebenenfalls die Fahrzeugschlüssel weg, ist diese Maßnahme nur zu seinem eigenen Schutz sowie dem anderer Verkehrsteilnehmer hinnehmbar. Der Grundsatz der Verhältnismäßigkeit ist stets zu beachten. Die Polizei kann außerdem den Konsularbeamten nicht daran hindern, sich vom Ort der Verkehrskontrolle zu Fuß, mit dem Taxi oder einem öffentlichen Verkehrsmittel zu entfernen.

3. Falschparken und Abschleppen

Das Abschleppen verbotswidrig geparkter Dienstwagen durch Polizei- oder Ordnungsbehörden des Empfangsstaats ist mit der Unverletzlichkeit der Beförderungsmittel der konsularischen Vertretung unvereinbar. Zwar sieht Art. 31 Abs. 4 WÜK keine generelle Unverletzlichkeit von Beförderungsmitteln vor, doch sind die in Art. 31 Abs. 4 WÜK genannten Gegenstände über die genannten Beschlagnahmegründe hinaus geschützt. **Die Behörden des Empfangsstaats dürfen nur ausnahmsweise in einer konkreten Gefahrenlage Dienstfahrzeuge abschleppen.**

Da im WÜK der Schutz des Privatvermögens des Konsularbeamten fehlt, sind Privatfahrzeuge nur bei Dienstfahrten geschützt. Dem Funktionsprinzip folgend wird der dienstlich genutzte Privatwagen für die Dauer eines Dienstgeschäfts zum „Dienstfahrzeug" im Rechtssinne, das den Schutz des Artikels 31 Abs. 4 WÜK genießt. Ein Abschleppen des falsch geparkten Fahrzeugs ist in solchen Fällen unzulässig, sofern nicht eine konkrete Gefahrenlage vorliegt. Für die

Behandlung verbotswidrig geparkter Dienstwagen oder dienstlich genutzter Privatfahrzeuge gilt ansonsten A. I. Ziff. 3 analog.

4. Entzug der Fahrerlaubnis

Der Entzug der Fahrerlaubnis bzw. die Sicherstellung oder Beschlagnahme des Führerscheins von Berufskonsularbeamten im Zusammenhang mit einer Dienstfahrt ist ein unzulässiger Verwaltungseingriff in die bestehende Amtsimmunität im Sinne des Art. 43 Abs. 1 WÜK.

Der Entzug der Fahrerlaubnis bzw. die Sicherstellung oder Beschlagnahme des Führerscheins eines Berufskonsularbeamten im Zusammenhang mit einer Privatfahrt durch die Behörden des Empfangsstaats ist eine hoheitliche Maßnahme, die zwangsläufig auch seinen dienstlichen Bereich berührt, und ist deshalb auch hier nicht zulässig. Sie kann dazu führen, dass der Betroffene nicht mehr seinen Dienst versehen kann. Verletzt würde durch eine solche Maßnahme das doppelte Gebot des Art. 28 WÜK, die Tätigkeit der konsularischen Vertretung nicht nur zu erleichtern, sondern alles zu unterlassen, was die Funktion der Vertretung erschwert.

II. Berufskonsularbeamte, die Angehörige des Empfangsstaates oder dort ständig ansässig sind

Nach Art. 71 Abs. 1 WÜK genießt ein Berufskonsularbeamter, der Angehöriger des Empfangsstaates oder dort ständig ansässig ist, Immunität von der Gerichtsbarkeit lediglich in Bezug auf seine in Ausübung seiner dienstlichen Tätigkeit vorgenommenen Amtshandlungen. Diese **Amtshandlungsimmunität** ist begrenzter als die Amtsimmunität, wie sie gemäß Art. 43 Abs. 1 WÜK den entsandten Konsularbeamten zusteht. Sie umfasst nur die Amtshandlung selbst, nicht jedoch Handlungen, die mit der Amtshandlung in engem sachlichen Zusammenhang stehen, wie z. B. die Fahrt mit dem PKW zum Ort der Amtshandlung. Auch die Unverletzlichkeit ist auf Amtshandlungen begrenzt.

Des Weiteren muss der Empfangsstaat gem. Art. 71 Abs. 1 Satz 2 WÜK die nach Art. 42 WÜK vorgesehenen Benachrichtigungen vornehmen, wenn ein Konsularbeamter mit eingeschränktem Status festgenommen, in Untersuchungshaft genommen oder ein Strafverfahren gegen ihn eingeleitet wird.

Auch wenn dies in Art. 71 Abs. 1 WÜK nicht ausdrücklich erwähnt ist, so muss der in Art. 71 Abs. 2 Satz 3 WÜK verankerte Grundsatz, dass der Empfangsstaat seine Hoheitsgewalt insbesondere über die dort erwähnten Konsulatsbediensteten nur so ausüben darf, dass dabei die Aufgabenwahrnehmung der konsularischen Vertretung nicht ungebührlich behindert wird, auch dann greifen, wenn es sich um Konsularbeamte handelt. Was für das verwaltungstechnische Personal und das dienstliche Hauspersonal gilt, muss erst recht für Konsularbeamte gelten.

III. Mitglieder des Verwaltungs- und technischen Personals

Die Mitglieder des Verwaltungs- und technischen Personals einer konsularischen Vertretung können sich nur im Rahmen ihrer dienstlichen Tätigkeit auf die persönliche Unverletzlichkeit i. S. v. Art. 43 Abs. 1 Alt. 2 WÜK berufen (Verbot des Eingriffs der Verwaltungsbehörden). Im rein privaten Bereich besteht dagegen kein gesandtschaftsrechtlicher Schutz, da die Artikel 40 und 41 WÜK sich nur auf den Konsularbeamten beziehen. Dennoch sollte der Empfangsstaat aufgrund des Gebots gegenseitiger gesandtschaftlich politischer Rücksichtnahme auch dann persönliche Unverletzlichkeit im Rahmen seiner Möglichkeiten gewähren. Ein Anspruch darauf besteht allerdings nicht.

IV. Mitglieder des dienstlichen Hauspersonals

Das dienstliche Hauspersonal genießt nach dem WÜK keine personale Unverletzlichkeit, auch nicht über Art. 43 Abs. 1 Alt. 2 WÜK, der sich ausdrücklich nur auf die Konsularbeamten und das Verwaltungs- und technische Personal bezieht. Allerdings gilt in der Staatenpraxis, dass das entsandte und mit hoheitlichen Aufgaben betraute dienstliche Hauspersonal bei dienstlichen Handlungen weder der Gerichtsbarkeit noch administrativen Eingriffen des Empfangsstaats unterliegen und dies Teil des Völkergewohnheitsrechts ist. Deshalb kann zumindest bei amtlichen Handlungen ein Schutz des dienstlichen Hauspersonals angenommen werden.

V. Mitglieder des Privatpersonals

Das private Hauspersonal von Mitgliedern konsularischer Vertretungen, das weder die Staatsangehörigkeit des Empfangsstaats hat noch in demselben ständig ansässig ist, ist unter bestimmten Voraussetzungen von der Sozialversicherungspflicht und von Steuern auf seine Arbeitsbezüge befreit, genießt aber weder Unverletzlichkeit noch Immunität. Bei Verstößen gegen die StVO kann es grundsätzlich verantwortlich gemacht werden. Es gilt jedoch der Grundsatz, dass der Empfangsstaat seine Hoheitsgewalt über diese Personen nur so ausübt, dass er die konsularische Vertretung bei der Wahrnehmung ihrer Aufgaben nicht ungebührlich behindert.

VI. Mitglieder des Verwaltungs- und technischen Personals, des dienstlichen Hauspersonals, private Hausangestellte, die Angehörige des Empfangsstaates bzw. dort ständig ansässig sind, sowie Ortskräfte

Diesen Bediensteten stehen gemäß Art. 71 Abs. 2 WÜK lediglich Vorrechte und Immunitäten in dem vom Empfangsstaat zugelassenen Umfang zu. Demnach besteht keinerlei Privilegierung, wenn es die innerstaatliche Rechtsordnung wie in Deutschland nicht vorsieht.

Es gilt jedoch der Grundsatz, dass der Empfangsstaat seine Hoheitsgewalt über diese Personen nur so ausübt, dass er die konsularische Vertretung bei der Wahrnehmung ihrer Aufgaben nicht ungebührlich behindert.

Ortskräfte genießen keine Immunität (Abschnitt II, B. II. Ziff. 3).

VII. Familienangehörige des konsularischen Personals berufskonsularischer Vertretungen

Familienangehörige des konsularischen Personals genießen mangels entsprechender Regelung im WÜK keine persönliche Unverletzlichkeit und Immunität. Der Empfangsstaat sollte sie aber dennoch aus Gründen gegenseitiger gesandtschaftlich-politischer Rücksichtnahme im Rahmen seiner Möglichkeit als unverletzlich behandeln. Ein anerkannter Anspruch darauf besteht allerdings nicht.

VIII. Honorarkonsularbeamte

1. Allgemeines

Das WÜK gewährt Vorrechte und Befreiungen ausschließlich dem Honorarkonsularbeamten selbst, nicht jedoch seinen Hilfskräften.

Für den Fall, dass **Berufskonsularbeamte des Entsendestaates einem Honorarkonsul zur Unterstützung zugeteilt werden**, gelten für sie weiterhin in vollem Umfang die Privilegien nach Abschnitt II, B. III. Ziff. 1). Da sie auch im Rahmen einer solchen Beiordnung allein berufskonsularische Tätigkeiten ausüben, besteht kein plausibler Grund und auch keine einschlägige gesandtschaftsrechtliche Norm, ihren Status einzuschränken. Dementsprechend hat die Bundesregierung mit Ratifizierung des Kapitel II des WÜK (Art. 28–57) beim Generalsekretär der Vereinten Nationen, eine spezielle Interpretationserklärung abgegeben. Danach legt die Bundesrepublik Deutschland die Bestimmungen über die Vorrechte und Befreiungen i. S. v. Art. 28 bis 57 WÜK so aus bzw. wendet sie so an, dass diese Regelungen ohne Unterschied für alle Berufsbediensteten einer konsularischen Vertretung einschließlich derjenigen gelten, die einer von einem Honorarkonsularbeamten geleiteten konsularischen Vertretung zugeteilt sind.

2. Honorarkonsularbeamte die nicht Angehörige des Empfangsstaates oder dort ständig ansässig sind
Gemäß Art. 58 Abs. 2 WÜK gilt Art. 43 Abs. 1 WÜK auch für entsandte Honorarkonsularbeamte (die nicht Angehörige des Empfangsstaates oder dort ständig ansässig sind). Danach unterliegt der Honorarkonsularbeamte wegen Handlungen, die er in Wahrnehmung konsularischer Aufgaben vorgenommen hat, weder der Gerichtsbarkeit des Empfangsstaates noch Eingriffen seiner Verwaltungsbehörden (**Amtsimmunität wie Berufskonsularbeamte**).
Für alle Handlungen, die der entsandte Honorarkonsularbeamte nicht in Wahrnehmung konsularischer Aufgaben vorgenommen hat, genießt er keinerlei Unverletzlichkeit und Immunität.
Der Empfangsstaat ist im Übrigen gem. Art. 64 WÜK verpflichtet, dem entsandten Honorarkonsularbeamten den aufgrund seiner amtlichen Stellung erforderlichen Schutz zu gewähren.

3. Honorarkonsularbeamte die Angehörige des Empfangsstaates oder dort ständig ansässig sind
In der Regel werden in Deutschland Honorarkonsuln zugelassen, die entweder die deutsche Staatsangehörigkeit besitzen oder im Bundesgebiet ständig ansässig sind.
Sie genießen nach Artikel 71 Abs. 1 WÜK lediglich Immunität von der Gerichtsbarkeit und persönliche Unverletzlichkeit wegen in Wahrnehmung ihrer Aufgaben vorgenommener Amtshandlungen (**Amtshandlungsimmunität**). Die Amtshandlungsimmunität erfasst dabei nur echte Amtshandlungen, nicht aber Tätigkeiten, die mit der Amtshandlung bloß im sachlichen Zusammenhang stehen. Eine Dienstfahrt zum Ort der Amtshandlung ist daher z. B. von der Amtshandlungsimmunität nicht erfasst.
Der Empfangsstaat ist im Übrigen gem. Art. 64 WÜK verpflichtet, auch dem Honorarkonsularbeamten, der Angehöriger des Empfangsstaates oder dort ständig ansässig ist, den aufgrund seiner amtlichen Stellung erforderlichen Schutz zu gewähren.

4. Familienangehörige von Honorarkonsularbeamten
Familienangehörige von Honorarkonsularbeamten genießen mangels entsprechender Regelung im WÜK keine persönliche Unverletzlichkeit und Immunität (Art. 58 Abs. 3 WÜK). Es gilt jedoch auch hier die Mindestforderung von Art. 71 Abs. 2 WÜK, dass der Empfangsstaat seine Hoheitsgewalt über diese Personen nur so ausüben darf, dass er die konsularische Vertretung bei der Wahrnehmung ihrer Aufgaben nicht ungebührlich behindert.

C. Bedienstete und Vertreter Internationaler Organisationen

Für den Status dieses Personenkreises ist das jeweilige Privilegienabkommen maßgeblich. Die Bandbreite reicht von einer Gleichbehandlung mit Diplomaten bis zur bloßen Amtshandlungsimmunität. Im konkreten Fall sollte der Status mit dem Auswärtigen Amt (Referat 701, Tel. 0 30-18-17-24 24, 9.00–16.00 Uhr) abgeklärt werden.

D. Kraftfahrzeug-Haftpflichtversicherungsschutz/ TÜV/AU [nicht abgedruckt]

Abschnitt VIII – Kraftfahrzeugkennzeichen [nicht abgedruckt]

Abschnitt IX – Ehrung und Schutz von Besuchern [nicht abgedruckt]

Abschnitt X – Schlussbestimmungen [nicht abgedruckt]

§ 19 [Befreiungen im konsularischen Bereich]

(1) ¹Die Mitglieder der im Geltungsbereich dieses Gesetzes errichteten konsularischen Vertretungen einschließlich der Wahlkonsularbeamten sind nach Maßgabe des Wiener Übereinkommens über konsularische Beziehungen vom 24. April 1963 (Bundesgesetzbl. 1969 II S. 1585 ff.) von der deutschen Gerichtsbarkeit befreit. ²Dies gilt auch, wenn ihr Entsendestaat nicht Vertragspartei dieses Übereinkommens ist; in diesem Falle findet Artikel 2 des Gesetzes vom 26. August 1969 zu dem Wiener Übereinkommen vom 24. April 1963 über konsularische Beziehungen (Bundesgesetzbl. 1969 II S. 1585) entsprechende Anwendung.

(2) Besondere völkerrechtliche Vereinbarungen über die Befreiung der in Absatz 1 genannten Personen von der deutschen Gerichtsbarkeit bleiben unberührt.

I. Überblick

1   **1. Allgemeines.** Vgl. Kommentierung zu § 18, insbes. das dort im Anhang auszugsweise abgedruckte Rundschreiben des Auswärtigen Amts „Zur Behandlung von Diplomaten und anderen bevorrechtigten Personen in der Bundesrepublik Deutschland", dessen Hinweise auch den konsularischen Bereich betreffen. Das **WÜK** wird in **Abs. 1 S. 2** ebenfalls zur allgemeinen Regelung gemacht.

2   **2. Besondere völkerrechtliche Vereinbarungen (Abs. 2).** Besondere völkerrechtliche Vereinbarungen (Abs. 2) gehen der allgemeinen Regelung (Abs. 1) vor, auch wenn sie zB in Handels-, Schifffahrts-, Freundschafts- oder Niederlassungsverträgen enthalten sind.[1]

3   **3. Wahlkonsularbeamte.** Die in § 19 als Wahlkonsularbeamte bezeichneten Personen werden üblicherweise, auch im Rundschreiben des AA, **Honorarkonsularbeamte** genannt.

4   **4. Abstufung der Vorrechte.** Die im konsularischen Bereich bevorrechtigen Personen sind unterschiedlich nach verschiedenen Vorrechten abgestuft (vgl. AA-Rdschr. Abschnitt II, B III.).

---

[1] *Meyer-Goßner* Rn. 2.

Erster Titel. Gerichtsbarkeit 1, 2 § 20 GVG

II. Erstreckung der deutschen Gerichtsbarkeit im konsularischen Bereich

1. Grundsatz. Konsularbeamte und Bedienstete des Verwaltungs- und technischen Personals unterliegen wegen Handlungen, die sie in **Wahrnehmung konsularischer Aufgaben** begangen haben, **nicht der deutschen Gerichtsbarkeit** (AA-Rdschr. Abschnitt II, B III. 1.). Ermittlungs-, Straf- und Bußgeldverfahren sind nur zulässig, wenn die verfolgte Handlung **nicht in engem sachlichen Zusammenhang** mit der wirksamen Wahrnehmung konsularischer Aufgaben gestanden hat.

2. Festnahme, Untersuchungshaft. Konsularische Beamte dürfen nur wegen einer **schweren strafbaren Handlung** (dh. einer Straftat, die mit Freiheitsstrafe von mindestens 3 Jahren bedroht ist)[2] **im privaten Bereich** und auf Grund einer Entscheidung der zuständigen Justizbehörde (AA-Rdschr. Abschnitt II, B III. 1.) festgenommen oder in U-Haft genommen werden. Für **Wahlkonsularbeamte** gilt das nicht (Art. 58, 71 WÜK).

3. Verstöße im Straßenverkehr (vgl. AA-Rdschr. Abschnitt VII, B).

a) Verfolgung. Die Verfolgung von Straftaten und Ordnungswidrigkeiten setzt voraus, dass der Gebrauch eines Kfz **keinen engen sachlichen Zusammenhang** mit der wirksamen Wahrnehmung konsularischer Aufgaben aufweist.[3] Verfolgbar ist zB eine fahrlässige Trunkenheit im Verkehr, bei der sich der Genuss von Alkohol während einer Unterbrechung der Heimfahrt als Teil der privaten Lebensgestaltung nach Beendigung der dienstlichen Tätigkeit darstellt.[4] Im Zweifel ist Immunität anzunehmen.[5] Bei Berufs- und Honorarkonsularbeamten, die **deutsche Staatsangehörige** oder in der Bundesrepublik **ständig ansässig** sind, umfasst die Immunität nicht die Fahrt von und zur Amtshandlung (vgl. AA-Rdschr. Abschnitt VII, B II. und B VIII.).

b) Blutprobe. In den Fällen der **schweren strafbaren Handlung**[6] bestehen keine Bedenken gegen die zwangsweise Entnahme einer Blutprobe. Bei **Honorarkonsuln oder Bediensteten** des Verwaltungs- oder technischen Personals ist eine solche Blutentnahme wegen Taten zulässig, die sie nicht in Wahrnehmung konsularischer Aufgaben begangen haben (vgl. AA-Rdschr. Abschnitt VII, B).

4. Telefonüberwachung. Die Telefonüberwachung eines Konsulats ist **unzulässig**, wenn die vermuteten strafbaren Handlungen mit der **Wahrnehmung konsularischer Aufgaben** zusammenhängen können; es besteht dann für daraus gewonnene Erkenntnisse ein Verwertungsverbot.[7]

5. Konsularische Räumlichkeiten. Die konsularischen Räumlichkeiten sowie Archive und Schriftstücke sind **unverletzlich**; Durchsuchung und Beschlagnahme sind unzulässig.

§ 20 [Andere Exterritoriale]

(1) Die deutsche Gerichtsbarkeit erstreckt sich auch nicht auf Repräsentanten anderer Staaten und deren Begleitung, die sich auf amtliche Einladung der Bundesrepublik Deutschland im Geltungsbereich dieses Gesetzes aufhalten.

(2) Im übrigen erstreckt sich die deutsche Gerichtsbarkeit auch nicht auf andere als die in Absatz 1 und in den §§ 18 und 19 genannten Personen, soweit sie nach den allgemeinen Regeln des Völkerrechts, auf Grund völkerrechtlicher Vereinbarungen oder sonstiger Rechtsvorschriften von ihr befreit sind.

I. Allgemeines

Vgl. zunächst das im Anhang zu § 18 auszugsweise abgedruckte Rundschreiben des Auswärtigen Amts „Zur Behandlung von Diplomaten und anderen bevorrechtigten Personen in der Bundesrepublik Deutschland", dessen Hinweise in Abschnitt I, Abschnitt II, A und C–F, Abschnitt VI, Abschnitt VII, C, und Abschnitt VIII, D, auch sonstige bevorrechtigte Personen und Personengruppen betreffen.

II. Repräsentanten anderer Staaten (Abs. 1)

1. Staatsoberhäupter und Regierungsmitglieder. Staatsoberhäupter und Regierungsmitglieder ausländischer Staaten sind bereits durch das allgemeine Völkerrecht, das nach **Art. 25 GG** vor-

---

[2] *Meyer-Goßner* Rn. 3.
[3] BayObLG v. 29. 11. 1973 – RReg. 2 St 620/73 OWi, NJW 1974, 431; OLG Karlsruhe v. 16. 7. 2004 – 2 Ss 42/04, NJW 2004, 3273; OLG Schleswig v. 12. 8. 1981 – 1 Ss OWi 785/81, VRS 62 (1982), 277; vgl. auch OLG Hamburg v. 30. 6. 1988 – 1 Ss 83/88, NJW 1988, 2191; LG Stuttgart v. 3. 4. 1995 – 38 Ns 1114/94, VRS 89 (1995), 457.
[4] OLG Düsseldorf v. 3. 5. 1996 – 2 Ws 139/96, VRS 92 (1997), 18.
[5] OLG Schleswig v. 12. 8. 1981 – 1 Ss OWi 785/90, VRS 62 (1982), 277.
[6] Vgl. Rn. 6.
[7] BGH v. 4. 4. 1990 – 2 StB 5/90, BGHSt 36, 396 = NJW 1990, 1799 = JZ 1990, 1031 mit krit. Anm. *Schroeder*.

rangig gilt, von der deutschen Gerichtsbarkeit **befreit**.[1] Mit **Abs. 1** wurde 1984 anlässlich eines Besuchs des Staatsratsvorsitzenden der DDR[2] die Exterritorialität auf die nicht schon nach Abs. 2 von der deutschen Gerichtsbarkeit ausgenommenen Repräsentanten anderer Staaten ausgedehnt.

3   2. **Amtliche Einladung der Bundesrepublik Deutschland.** Voraussetzung der Befreiung nach Abs. 1 ist ein Aufenthalt in der BRep. auf amtliche Einladung der BReg. oder einer anderen dazu befugten Stelle der BRep. Die Einladung eines Bundeslandes genügt nicht, selbst wenn sie auf Veranlassung der BRep. ergeht oder mit ihr abgestimmt ist.[3]

4   3. **Personelle Reichweite.** Die Befreiung erstreckt sich auf das Staatsoberhaupt, die Regierungsmitglieder und die Repräsentanten anderer Staatsorgane. Umfasst ist ebenso deren Begleitung, nämlich die auf der vom Gastland akzeptierten Delegationsliste genannten Begleitpersonen.[4]

III. Weitere Befreiungen (Abs. 2)

5   1. **Allgemeine Regeln des Völkerrechts.** Auch nach den **allgemeinen Regeln des Völkerrechts**[5] unterliegen bestimmte Personen nicht der deutschen Gerichtsbarkeit (Art. 25 GG, Abs. 2).[6] Immunität genießen danach insbesondere **ausländische Staatsoberhäupter**, und zwar generell auch, wenn sie sich nicht in amtlicher Eigenschaft in der BRep. aufhalten,[7] ebenso die **Mitglieder ausländischer Regierungen**, allerdings nur bei Besuchen in amtlicher Eigenschaft.[8] **Abgeleitete Immunität** kommt jeweils ihrem Gefolge und den sie begleitenden Familienmitgliedern zu.[9]

6   Nach allgemeinem Völkerrecht sind auch die **Besatzungen ausländischer Kriegsschiffe**[10] und **ausländische geschlossene Truppenverbände** befreit, die befugt den Boden der BRep. betreten,[11] nicht aber einzelne Angehörige fremder Truppen.[12]

7   Auch **Kongress- und Seminarteilnehmern** an Veranstaltungen der Vereinten Nationen und ähnlichen Veranstaltungen können Privilegien aufgrund von internationalen Übereinkommen zustehen (AA-Rdschr. Abschnitt II, C II-IV).

8   Eine Immunität von **Sonderbotschaftern**, die keine Funktion (als Diplomat oder Konsul iS der §§ 18, 19) schützen soll, ist völkerrechtlich nicht anzuerkennen und für die deutsche Strafgerichtsbarkeit unbeachtlich.[13] Vgl. für offiziell angezeigte **Sondermissionen** aber AA-Rdschr. Abschnitt II, A 3.

9   2. **Völkerrechtliche Vereinbarungen.** Auch völkerrechtliche Vereinbarungen können nach Abs. 2 eine Immunität begründen. Hierzu gehört insbesondere das Abkommen über die Vorrechte und Befreiungen der Sonderorganisationen der UN vom 21. 11. 1947 und über die Gewährung von Vorrechten und Befreiungen an andere zwischenstaatliche Organisationen vom 22. 6. 1954.[14]

10   3. **Angehörige der NATO-Truppen.** Für Angehörige der NATO-Truppen regeln das NATO-Truppenstatut und die Zusatzvereinbarungen die Gerichtsbarkeit für Angehörige der verbündeten Truppen, die in der BRep. stationiert sind.[15]

§ 21 [Ersuchen eines internationalen Strafgerichtshofes]

Die §§ 18 bis 20 stehen der Erledigung eines Ersuchens um Überstellung und Rechtshilfe eines internationalen Strafgerichtshofes, der durch einen für die Bundesrepublik Deutschland verbindlichen Rechtsakt errichtet wurde, nicht entgegen.

---

[1] S. u. Rn. 5.
[2] Vgl. KK-StPO/*Pfeiffer/Hannich* Rn. 4; *Meyer-Goßner* Rn. 1; *Blumewitz* JZ 1985, 614 gegen BGH v. 14. 12. 1984 – 2 ARs 252/84, BGHSt 33, 97 = NJW 1985, 639, der II anwendet.
[3] *Meyer-Goßner* Rn. 2.
[4] Vgl. BT-Drucks. 10/1447 S. 14.
[5] Zum Begriff vgl. BVerfG v. 30. 4. 1963 – 2 BvM 1/62, BVerfGE 16, 27 (33) = NJW 1963, 1732; BVerfG v. 13. 12. 1977 – 2 BvM 1/76, BVerfGE 46, 342 (367) = NJW 1978, 485.
[6] *Kissel/Mayer* Rn. 2; *Bleckmann* NJW 1978, 1092; zur Frage der Völkerrechtmäßigkeit von Haftbefehlen gegen Regierungsmitglieder anderer Staaten vgl. *Folz/Soppe* NStZ 1996, 576.
[7] *Oehler* ZStW 91 (1979), 399; *Meyer-Goßner* Rn. 4.
[8] *Kissel/Mayer* Rn. 12; *Meyer-Goßner* Rn. 4.
[9] *Kissel/Mayer* Rn. 12; *Meyer-Goßner* Rn. 4.
[10] *Kissel/Mayer* Rn. 13.
[11] *Oehler* ZStW 91 (1979), 401; *Kissel/Mayer* Rn. 13.
[12] BGH v. 14. 8. 2002 – 1 StR 265/02, NStZ 2004, 403; vgl. OLG Nürnberg v. 12. 8. 1975 – Ws 386/74, NJW 1975, 2151; *Kissel/Mayer* Rn. 13; *Schwenk* NJW 1963, 1426.
[13] Vgl. BGH v. 27. 2. 1984 – 3 StR 396/83, BGHSt 32, 275 (276) = NJW 1984, 2048 = JR 1985, 77 mAnm *Oehler*; OLG Düsseldorf v. 20. 3. 1986 – 1 Ws 1102/85, NJW 1986, 2204 = NStZ 1987, 87 mAnm *Jakobs*; LG Düsseldorf v. 10. 3. 1983 – XII-10/83, JZ 1983, 625 mAnm *Engel*.
[14] BGBl. II S. 639; vgl. auch *Meyer-Goßner* Rn. 5.
[15] Vgl. OLG Nürnberg v. 12. 8. 1975 – Ws 386/74, NJW 1975, 2151.

§ 21 wurde durch das Gesetz zur Ausführung des Römischen Statuts des IStGH eingefügt und hat damit dessen Vorschriften den Vorrang eingeräumt.[1] Dadurch wird es ermöglicht, Ersuchen um Überstellungen und Rechtshilfe zu erledigen.[2]

ZWEITER TITEL. ALLGEMEINE VORSCHRIFTEN ÜBER DAS PRÄSIDIUM UND DIE GESCHÄFTSVERTEILUNG

§ 21a [Präsidium; Zusammensetzung]

(1) Bei jedem Gericht wird ein Präsidium gebildet.

(2) Das Präsidium besteht aus dem Präsidenten oder aufsichtführenden Richter als Vorsitzenden und

1. bei Gerichten mit mindestens achtzig Richterplanstellen aus zehn gewählten Richtern,
2. bei Gerichten mit mindestens vierzig Richterplanstellen aus acht gewählten Richtern,
3. bei Gerichten mit mindestens zwanzig Richterplanstellen aus sechs gewählten Richtern,
4. bei Gerichten mit mindestens acht Richterplanstellen aus vier gewählten Richtern,
5. bei den anderen Gerichten aus den nach § 21 b Abs. 1 wählbaren Richtern.

I. Aufgabe und Wesen des Präsidiums

1. Aufgabe. Das Präsidium bestimmt durch die **Geschäftsverteilung** (vgl. insbes. § 21 e) im Voraus, welcher Richter im Einzelfall eine Rechtssache zu entscheiden hat.

2. Wesen. Das Präsidium ist ein **Kollegialorgan**. Seine Tätigkeit ist **in richterlicher Unabhängigkeit** als Teil der richterlichen Amtspflicht[1*] ausgeübte **Verwaltung** im materiellen Sinn,[2*] also im engeren Sinne keine richterliche Tätigkeit.[3] Der Vorsitzende ist ebenso wie alle anderen Mitglieder unabhängig. Hinsichtlich der Dienstaufsicht für die Tätigkeit im Präsidium gelten die §§ 25, 26 DRiG.

II. Einrichtung und Zusammensetzung

1. Einrichtung. Bei jedem Gericht (Abs. 1) ist ein Präsidium zu bilden. Beim Einrichtergericht (§ 22 b) ist das nicht nötig.[4] Bei der **Neuerrichtung von Gerichten** gilt § 21 i.

2. Zusammensetzung (Abs. 2). a) **Gewähltes Präsidium (Abs. 2 Nrn. 1 bis 4).** Der Präs. oder aufsichtführende Richter (beim AG s. § 22 Abs. 3) ist Mitglied kraft Gesetzes; für seine Vertretung gilt § 21 c Abs. 1. Für die Größe des zu wählenden Präsidiums nach Nrn. 1–4 wird die Stelle des Präs. mitgezählt.[5] Stichtag für die Anzahl der Richterplanstellen ist idR der 1. 7. (vgl. § 21 d Abs. 1). Abs. 2 gilt auch, wenn eine Stelle seit Jahren nicht besetzt ist.[6]

b) **Kleines AG (Abs. 2 Nr. 5).**[7] Gesetzliche Mitglieder des Präsidiums sind alle wählbaren Richter. Tritt ein neuer Richter hinzu, ohne dass die Mindestzahl 8 (S. 1 Nr. 4) erreicht wird, gehört auch er dem Präsidium kraft Gesetzes an; § 21 d gilt nicht.

c) **Vorsitzendenquorum.** Ein Vorsitzendenquorum, wonach die Hälfte der gewählten Präsidiumsmitglieder Vorsitzende Richter sein mussten, existiert **nicht mehr**.

III. Geschäftsgang

1. Aufgaben des Vorsitzenden. Der Vorsitzende bzw. dessen Vertreter (§§ 21 c, 21 h) beruft die Sitzungen ein, setzt die Tagesordnung fest, leitet Beratung und Abstimmung und sorgt für die Beurkundung und Bekanntmachung der Beschlüsse.

2. Beschlussfähigkeit und Beschlussfassung. Beschlussfähig ist das Präsidium, wenn mindestens die Hälfte seiner Mitglieder anwesend ist (§ 21 i Abs. 1). Im Übrigen regelt das Präsidium seinen

---

[1] Vgl. im Einzelnen SK-StPO/*Frister* Rn. 3 ff.
[2] KK-StPO/*Pfeiffer/Hannich* Rn. 1.
[1*] *H. Schäfer* DRiZ 1972, 405; Kissel/*Mayer* § 21 e Rn. 18, 20.
[2*] *Jahn* DRiZ 1972, 32.
[3] BVerwG v. 28. 11. 1975 – VII C 47/73, BVerwGE 50, 11 = NJW 1976, 1224; KK-StPO/*Diemer* Rn. 3.
[4] *Meyer-Goßner* Rn. 1; aM Kissel/*Mayer* Rn. 9.
[5] Kissel/*Mayer* Rn. 13; *Meyer-Goßner* Rn. 4.
[6] OLG Koblenz v. 26. 1. 1996 – 12 VAs 1/96, DRiZ 1996, 329.
[7] Vgl. für das Einrichtergericht § 22 b.

Geschäftsgang nach seinem Ermessen. Seine **Entscheidungen** trifft das Präsidium mit Stimmenmehrheit, und zwar regelmäßig in Sitzungen.

9   **3. Umlaufverfahren.** Bei eilbedürftigen und nicht strittigen Entscheidungen kann zur Vereinfachung und Beschleunigung auch im **Umlaufverfahren** entschieden werden.[8] Im Umlaufverfahren müssen **alle** nicht verhinderten **Mitglieder** den Beschluss unterzeichnen.

§ 21 b [Wahl des Präsidiums]

(1) [1]Wahlberechtigt sind die Richter auf Lebenszeit und die Richter auf Zeit, denen bei dem Gericht ein Richteramt übertragen ist, sowie die bei dem Gericht tätigen Richter auf Probe, die Richter kraft Auftrags und die für eine Dauer von mindestens drei Monaten abgeordneten Richter, die Aufgaben der Rechtsprechung wahrnehmen. [2]Wählbar sind die Richter auf Lebenszeit und die Richter auf Zeit, denen bei dem Gericht ein Richteramt übertragen ist. [3]Nicht wahlberechtigt und nicht wählbar sind Richter, die für mehr als drei Monate an ein anderes Gericht abgeordnet, für mehr als drei Monate beurlaubt oder an eine Verwaltungsbehörde abgeordnet sind.

(2) Jeder Wahlberechtigte wählt höchstens die vorgeschriebene Zahl von Richtern.

(3) [1]Die Wahl ist unmittelbar und geheim. [2]Gewählt ist, wer die meisten Stimmen auf sich vereint. [3]Durch Landesgesetz können andere Wahlverfahren für die Wahl zum Präsidium bestimmt werden; in diesem Fall erlässt die Landesregierung durch Rechtsverordnung die erforderlichen Wahlordnungsvorschriften; sie kann die Ermächtigung hierzu auf die Landesjustizverwaltung übertragen. [4]Bei Stimmengleichheit entscheidet das Los.

(4) [1]Die Mitglieder werden für vier Jahre gewählt. [2]Alle zwei Jahre scheidet die Hälfte aus. [3]Die zum ersten Mal ausscheidenden Mitglieder werden durch das Los bestimmt.

(5) Das Wahlverfahren wird durch eine Rechtsverordnung geregelt, die von der Bundesregierung mit Zustimmung des Bundesrates erlassen wird.

(6) [1]Ist bei der Wahl ein Gesetz verletzt worden, so kann die Wahl von den in Absatz 1 Satz 1 bezeichneten Richtern angefochten werden. [2]Über die Wahlanfechtung entscheidet ein Senat des zuständigen Oberlandesgerichts, bei dem Bundesgerichtshof ein Senat dieses Gerichts. [3]Wird die Anfechtung für begründet erklärt, so kann ein Rechtsmittel gegen eine gerichtliche Entscheidung nicht darauf gestützt werden, das Präsidium sei deswegen nicht ordnungsgemäß zusammengesetzt gewesen. [4]Im Übrigen sind auf das Verfahren die Vorschriften des Gesetzes über das Verfahren in Familiensachen und in den Angelegenheiten der freiwilligen Gerichtsbarkeit entsprechend anzuwenden.

I. Wahlrecht und Wählbarkeit (Abs. 1)

1   **1. Wahlberechtigung (Abs. 1 S. 1, 3).** Wahlberechtigt sind alle Richter auf Lebenszeit und auf Zeit, denen beim Gericht ein Richteramt übertragen ist (§ 27 DRiG), auch der Präsident, außerdem die Richter auf Probe und Richter kraft Auftrags, die am Gericht tätig sind. Sind einem Richter Richterämter bei mehreren Gerichten übertragen (§§ 22 Abs. 2, 59 Abs. 2), ist er bei jedem Gericht wahlberechtigt.[1] Nicht wahlberechtigt zum Präsidium des Landgerichts sind nach §§ 78 Abs. 2, 78 b Abs. 2 zum Mitglied einer Kammer bestellte Richter am Amtsgericht[2] und Verwaltungsrichter, die Mitglieder der Baulandkammern (§ 160 Abs. 2 BauGB) sind. Richter, die für mehr als drei Monate **an ein anderes Gericht abgeordnet** sind und dort Rechtsprechungsaufgaben wahrnehmen, sind nur bei diesem Gericht wahlberechtigt (Abs. 1 S. 1, 3). In den Fällen der sonstigen Abordnung und Beurlaubung für mehr als drei Monate entfällt nach Abs. 1 S. 3 die Wahlberechtigung.

2   **2. Wählbarkeit (Abs. 1 S. 2).** Wählbar sind die Richter auf Lebenszeit und die Richter auf Zeit, denen beim Gericht ein Richteramt übertragen ist, auch der ständige Vertreter des Vorsitzenden (vgl. § 21 c Abs. 1 S. 2).[3] **Nicht wählbar** ist der Präsident oder aufsichtführende Richter, der schon nach § 21 a Abs. 2 Mitglied des Präsidiums ist.

3   **3. Maßgebender Tag.** Entscheidend für Wahlberechtigung und Wählbarkeit ist der **Wahltag**, nicht der Stichtag des § 21 d Abs. 1. Das vorher erstellte Wählerverzeichnis kann bis zum Wahltag berichtigt und ergänzt werden.[4]

---

[8] KK-StPO/*Diemer* Rn. 7; vgl. *Meyer-Goßner* § 21 i Rn. 1.
[1] Kissel/*Mayer* Rn. 6.
[2] OLG Bamberg v. 11. 5. 1983 – AR 3/83, NStZ 1984, 471; KK-StPO/*Diemer* Rn. 1.
[3] KK-StPO/*Diemer* Rn. 3; *Katholnigg* Rn. 2 mwN; vgl. auch Kissel/*Mayer* Rn. 11.
[4] *Meyer-Goßner* Rn. 3.

II. Wahlverfahren (Abs. 2–3, 5)

1. Wahlordnung. Einzelheiten für das Wahlverfahren über Abs. 2, 3 hinaus bestimmt die nach Abs. 5 erlassene Wahlordnung für die Präsidien der Gerichte vom 19. 9. 1972,[5] zuletzt geändert durch Ges. vom 19. 4. 2006.[6]

2. Grundsätze der Wahl. Nach dem Wortlaut („wählt") besteht **Wahlpflicht**.[7] Der Wahlberechtigte ist bis zur Zahl der zu wählenden Mitglieder frei in der Zahl derer, die er wählt (Abs. 2), kann aber jedem Kandidaten nur eine Stimme geben.

3. Wahlannahme; Mitgliedschaft. Der Gewählte darf die Wahl **nicht ablehnen**, deshalb muss die Annahme der Wahl nicht erklärt werden.[8] Die Mitgliedschaft beginnt mit der Benachrichtigung über das festgestellte Wahlergebnis (§§ 8, 10 der Wahlordnung).[9]

III. Amtszeit (Abs. 4)

Die Amtszeit der Präsidiumsmitglieder beträgt – außer für die ausnahmsweise wegen Abs. 4 S. 2 nach zwei Jahren ausscheidenden Mitglieder – grundsätzlich **vier Jahre**. Die Amtszeit eines nach § 21 c Abs. 2 **nachrückenden Präsidiumsmitglieds** bestimmt sich nach der restlichen Amtszeit des ausgeschiedenen Mitglieds.[10]

IV. Wahlanfechtung (Abs. 6 S. 1, 2, 4)

Anfechtungsberechtigt sind alle aktiv wahlberechtigten Richter, auch wenn sie für mehr als drei Monate an ein anderes Gericht abgeordnet sind.[11] Es muss konkret behauptet werden, bei der Wahl sei ein zwingendes Gesetz, etwa eine in Abs. 1–3 oder in der Wahlordnung (Abs. 5) enthaltene obligatorische Regelung, verletzt worden. Auch die Feststellung, wer an die Stelle eines ausgeschiedenen Mitglieds tritt (§ 21 c Abs. 2), kann angefochten werden.[12]

Wird in der **Entscheidung nach Abs. 6 S. 2** die Anfechtung **für begründet erklärt**, muss die Wahl wiederholt werden, soweit sich der Mangel ausgewirkt haben kann. Die Entscheidung des OLG oder BGH ist **unanfechtbar**.[13]

Die Verweisung nach **Abs. 6 S. 4** bezieht sich nur auf das Verfahren, nicht auf die Anfechtbarkeit.[14]

V. Rechtsmittel gegen eine gerichtliche Entscheidung (Abs. 6 S. 3)

Der vom Präsidium aufgestellte Geschäftsverteilungsplan ist (solange keine Willkür vorliegt) auch dann **gültig**, wenn festgestellt wird, dass bei der Wahl dieses Präsidiums eine Rechtsbestimmung verletzt worden ist.[15] Gerichtliche Entscheidungen können wegen einer fehlerhaften Besetzung des Präsidiums **nicht angefochten und aufgehoben** werden.[16]

§ 21 c [Vertretung im Präsidium; Nachrücken von Mitgliedern]

(1) ¹Bei einer Verhinderung des Präsidenten oder aufsichtführenden Richters tritt sein Vertreter (§ 21 h) an seine Stelle. ²Ist der Präsident oder aufsichtführende Richter anwesend, so kann sein Vertreter, wenn er nicht selbst gewählt ist, an den Sitzungen des Präsidiums mit beratender Stimme teilnehmen. ³Die gewählten Mitglieder des Präsidiums werden nicht vertreten.

(2) Scheidet ein gewähltes Mitglied des Präsidiums aus dem Gericht aus, wird es für mehr als drei Monate an ein anderes Gericht abgeordnet oder für mehr als drei Monate beurlaubt, wird es an eine Verwaltungsbehörde abgeordnet oder wird es kraft Gesetzes Mitglied des Präsidiums, so tritt an seine Stelle der durch die letzte Wahl Nächstberufene.

---

[5] BGBl. I S. 1821; III – 300 – 2 – 2, idF des Ges vom 22. 12. 1999 (BGBl. I S. 2598); abgedruckt bei Kissel/*Mayer* Rn. 25.
[6] BGBl. I S. 866.
[7] Kissel/*Mayer* Rn. 16; KK-StPO/*Diemer* Rn. 4; *Meyer-Goßner* Rn. 4.
[8] Kissel/*Mayer* Rn. 16.
[9] *Meyer-Goßner* Rn. 4.
[10] OLG Frankfurt v. 8. 3. 2007 – 20 W 42/07, DRiZ 2008, 184.
[11] KK-StPO/*Diemer* Rn. 5; Kissel/*Mayer* Rn. 18; Löwe/Rosenberg/*Breidling* Rn. 16; aA *Meyer-Goßner* Rn. 5 (nur die Richter, die das aktive Wahlrecht hatten).
[12] BGH v. 18. 10. 1990 – III ZB 35/90, BGHZ 112, 330 (332).
[13] BGH v. 14. 7. 1983 – III ZB 8/83, BGHZ 88, 143 = NStZ 1984, 470 mAnm *Feiber*; KK-StPO/*Diemer* Rn. 5.
[14] BGH v. 14. 7. 1983 – III ZB 8/83, BGHZ 88, 143 (144) = NStZ 1984, 470; KK-StPO/*Diemer* Rn. 5.
[15] Vgl. BGH v. 28. 11. 1958 – 1 StR 449/58, BGHSt 12, 227; BGH v. 13. 2. 1959 – 4 StR 446/58, BGHSt 12, 402 (406) = NJW 1959, 1093.
[16] BGH v. 14. 10. 1975 – 1 StR 108/75, BGHSt 26, 206 (208 ff.) = NJW 1976, 432.

GVG § 21d 1 *Gerichtsverfassungsgesetz*

1 **1. Vertretung im Vorsitz (Abs. 1 S. 1, 3). Verhinderungsgründe** sind insbes. Krankheit, Urlaub, auswärtige oder andere unaufschiebbare Dienstgeschäfte. Der **Vertreter** tritt kraft Gesetzes an die Stelle des verhinderten Vorsitzenden, allerdings nur im Vorsitz,[1] nicht in der Mitgliedschaft. Ist er gewähltes Mitglied, stimmt er in dieser Eigenschaft während der Vertretung nicht ab und wird auch nicht vertreten (Abs. 1 S. 3).[2]

2 **2. Beratungsrecht des Stellvertreters (Abs. 1 S. 2).** Auch wenn er weder zum Mitglied des Präsidiums gewählt ist, noch den Vorsitzenden vertritt, kann dessen Vertreter an den Sitzungen mit beratender Stimme teilnehmen.

3 **3. Ausscheiden und Wechsel (Abs. 2). a) Fälle.** Fälle des Ausscheidens bzw. des Wechsels sind Entlassung, Ruhestand, Tod und Versetzung. Die Abordnung führt nur zum Ausscheiden, wenn sie die gesamte Tätigkeit umfasst, nicht die nur teilweise Abordnung.[3] Wenn ein Mitglied Präs. oder aufsichtführender Richter und damit (als Vorsitzender) **kraft Gesetzes Mitglied** des Präsidiums wird, rückt der nächste Wahllegitimierte nach.

4 **b) Nachrücken; Nachwahl.** Der durch **die letzte Wahl Nächstberufene** rückt nach. Bei gleichzeitigem Ausscheiden mehrerer aus verschiedenen Wahlen hervorgegangener Mitglieder ist durch Auslosung festzustellen, wer für wen nachrückt.[4] Eine **Nachwahl** findet statt, wenn kein Nächstberufener vorhanden ist (§ 14 Wahlordnung). Das gilt auch, wenn nur noch ein wählbarer Richter vorhanden ist, der bei der Wahl noch nicht zum Gericht gehört oder keine Stimme erhalten hat.[5]

5 Die Feststellung des Nächstberufenen trifft **das Präsidium**, nicht der Wahlvorstand.[6] Im Streitfall gilt § 21b Abs. 6 S. 2 entsprechend.[7] Die Entscheidung des Gerichts ist nicht anfechtbar.[8]

6 **c) Amtszeit des Nachrückenden.** Die Amtszeit des nachrückenden Präsidiumsmitglieds bestimmt sich nach der restlichen Amtszeit des ausgeschiedenen Mitglieds.[9]

§ 21d [Größe des Präsidiums]

(1) Für die Größe des Präsidiums ist die Zahl der Richterplanstellen am Ablauf des Tages maßgebend, der dem Tage, an dem das Geschäftsjahr beginnt, um sechs Monate vorhergeht.

(2) [1]Ist die Zahl der Richterplanstellen bei einem Gericht mit einem Präsidium nach § 21a Abs. 2 Nr. 1 bis 3 unter die jeweils genannte Mindestzahl gefallen, so ist bei der nächsten Wahl, die nach § 21b Abs. 4 stattfindet, die folgende Zahl von Richtern zu wählen:
1. bei einem Gericht mit einem Präsidium nach § 21a Abs. 2 Nr. 1 vier Richter,
2. bei einem Gericht mit einem Präsidium nach § 21a Abs. 2 Nr. 2 drei Richter,
3. bei einem Gericht mit einem Präsidium nach § 21a Abs. 2 Nr. 3 zwei Richter.
[2]Neben den nach § 21b Abs. 4 ausscheidenden Mitgliedern scheidet jeweils ein weiteres Mitglied, das durch das Los bestimmt wird, aus.

(3) [1]Ist die Zahl der Richterplanstellen bei einem Gericht mit einem Präsidium nach § 21a Abs. 2 Nr. 2 bis 4 über die für die bisherige Größe des Präsidiums maßgebende Höchstzahl gestiegen, so ist bei der nächsten Wahl, die nach § 21b Abs. 4 stattfindet, die folgende Zahl von Richtern zu wählen:
1. bei einem Gericht mit einem Präsidium nach § 21a Abs. 2 Nr. 2 sechs Richter,
2. bei einem Gericht mit einem Präsidium nach § 21a Abs. 2 Nr. 3 fünf Richter,
3. bei einem Gericht mit einem Präsidium nach § 21a Abs. 2 Nr. 4 vier Richter.
[2]Hiervon scheidet jeweils ein Mitglied, das durch das Los bestimmt wird, nach zwei Jahren aus.

1 **1. Geltungsbereich.** Die Vorschrift gilt nur für **gewählte Präsidien**, nicht für das aus allen wählbaren Richtern bestehende Präsidium (§ 21a Abs. 2 Nr. 5).

---

[1] Vgl. § 21a Rn. 7.
[2] *Meyer-Goßner* Rn. 1.
[3] *Meyer-Goßner* Rn. 2.
[4] BGH v. 18. 10. 1990 – III ZB 35/90, BGHZ 112, 330.
[5] *Meyer-Goßner* Rn. 3.
[6] BGH v. 18. 10. 1990 – III ZB 35/90, BGHZ 112, 330 gegen die früher hM.
[7] OLG Frankfurt v. 25. 5. 1983 – 20 VA 2/83, DRiZ 1984, 196.
[8] BGH v. 12. 4. 1984 – III ZB 15/83, MDR 1984, 1008 L.
[9] OLG Frankfurt v. 8. 3. 2007 – 20 W 42/07, DRiZ 2008, 184.

2. Stichtag (Abs. 1). Abs. 1 legt den Stichtag für die Größe des Präsidiums idR auf den **1.7. des** 2
Vorjahres fest, da das Geschäftsjahr dem Kalenderjahr entspricht.[1] Bei der **Neuerrichtung eines
Gerichts** gilt § 21j Abs. 3.

3. Änderungen der Gerichtsgröße (Abs. 2, 3). Hat das Gericht am Stichtag erstmals **acht oder** 3
mehr Planstellen, muss für das nächste Geschäftsjahr ein Präsidium gewählt werden; ist die Zahl
der Planstellen am Stichtag **unter acht gefallen**, gehören vom nächsten Geschäftsjahr an alle
wählbaren Richter dem Präsidium an.

§ 21e [Aufgaben des Präsidiums; Geschäftsverteilungsplan]

(1) [1] Das Präsidium bestimmt die Besetzung der Spruchkörper, bestellt die Ermittlungsrichter, regelt die Vertretung und verteilt die Geschäfte. [2] Es trifft diese Anordnungen vor dem Beginn des Geschäftsjahres für dessen Dauer. [3] Der Präsident bestimmt, welche richterlichen Aufgaben er wahrnimmt. [4] Jeder Richter kann mehreren Spruchkörpern angehören.

(2) Vor der Geschäftsverteilung ist den Richtern, die nicht Mitglied des Präsidiums sind, Gelegenheit zur Äußerung zu geben.

(3) [1] Die Anordnungen nach Absatz 1 dürfen im Laufe des Geschäftsjahres nur geändert werden, wenn dies wegen Überlastung oder ungenügender Auslastung eines Richters oder Spruchkörpers oder infolge Wechsels oder dauernder Verhinderung einzelner Richter nötig wird. [2] Vor der Änderung ist den Vorsitzenden Richtern, deren Spruchkörper von der Änderung der Geschäftsverteilung berührt wird, Gelegenheit zu einer Äußerung zu geben.

(4) Das Präsidium kann anordnen, daß ein Richter oder Spruchkörper, der in einer Sache tätig geworden ist, für diese nach einer Änderung der Geschäftsverteilung zuständig bleibt.

(5) Soll ein Richter einem anderen Spruchkörper zugeteilt oder soll sein Zuständigkeitsbereich geändert werden, so ist ihm, außer in Eilfällen, vorher Gelegenheit zu einer Äußerung zu geben.

(6) Soll ein Richter für Aufgaben der Justizverwaltung ganz oder teilweise freigestellt werden, so ist das Präsidium vorher zu hören.

(7) [1] Das Präsidium entscheidet mit Stimmenmehrheit. [2] § 21i Abs. 2 gilt entsprechend.

(8) [1] Das Präsidium kann beschließen, dass Richter des Gerichts bei den Beratungen und Abstimmungen des Präsidiums für die gesamte Dauer oder zeitweise zugegen sein können. [2] § 171b gilt entsprechend.

(9) Der Geschäftsverteilungsplan des Gerichts ist in der von dem Präsidenten oder aufsichtführenden Richter bestimmten Geschäftsstelle des Gerichts zur Einsichtnahme aufzulegen; einer Veröffentlichung bedarf es nicht.

Schrifttum: *Rieß*, Die Besetzungsrüge in Strafsachen in der neueren Rechtsprechung des Bundesgerichtshofs, DRiZ 1977, 289; *Sowada*, Der gesetzliche Richter im Strafverfahren, 2002.

Übersicht

	Rn.
I. Allgemeines	1
II. Geschäftsverteilung (Abs. 1)	2–23
1. Vollständigkeitsprinzip	2–4
2. Vorherigkeit, Jährlichkeit (Abs. 1 S. 2)	5
3. Besetzung der Spruchkörper	6–8
a) Vorsitzender	6
b) Ständige Mitglieder und Vertreter	7
c) Zuteilung an mehrere Spruchkörper (Abs. 1 S. 4)	8
4. Verteilung der eingehenden Sachen	9–11
a) Gesetzliche Vorgaben	9
b) Verteilungsmethoden	10
c) Fortbestehen versehentlich bejahter Zuständigkeit	11
5. Überbesetzung von Kollegialgerichten	12, 13
a) Grundsatz	12
b) Grenzen	13
6. Reduzierte Besetzung	14
7. Vertretung	15–22
a) Grundsätze	15
b) Vertretungsregelung	16–19
c) Vertretungsfall; Feststellung	20, 21
d) Dauerverhinderung	22
8. Ergänzungsrichter	23

---

[1] Kissel/*Mayer* Rn. 9.

	Rn.
III. Änderungen (Abs. 3)	24–30
1. Allgemeines	24, 25
2. Überlastung oder ungenügende Auslastung	26, 27
3. Wechsel oder dauernde Verhinderung	28, 29
4. Andere Fälle	30, 31
IV. Hilfsstrafkammer	32–37
1. Allgemeines	32–35
2. Zuweisung von Geschäftsaufgaben	36
3. Dauer der Tätigkeit der Hilfsstrafkammer	37
V. Fortdauer der Zuständigkeit (Abs. 4)	38–40
VI. Verfahren; Anhörung, Entscheidung und Auflegung (Abs. 2, 5, 7, 9)	41–45
1. Anhörung (Abs. 2, Abs. 3 S. 2, Abs. 5)	41, 42
2. Entscheidung	43
3. Hilfsrichter	44
4. Auflegen des Geschäftsverteilungsplans (Abs. 9)	45
VII. Freistellung für Justizverwaltung (Abs. 6)	46
VIII. Kompetenzkonflikte: Entscheidung durch das Präsidium	47, 48
IX. Beschränkte Richter-Öffentlichkeit (Abs. 8)	49
X. Anfechtung und Rechtsmittel	50, 51
XI. Revision	52–55

I. Allgemeines

1 Die vom Präsidium aufzustellende Geschäftsverteilung ist ein organisatorischer Akt der **gerichtlichen Selbstverwaltung** zur Bestimmung des **gesetzlichen Richters** iSv. Art. 101 Abs. 1 S. 2 GG, § 16 S. 2.[1] Innerhalb der einzelnen Spruchkörper an LG, OLG und BGH wird sie ergänzt durch die spruchkammerinterne Geschäftsverteilung nach § 21g. Das Präsidium entscheidet **unabhängig nach pflichtgemäßem Ermessen** über die Besetzung der Spruchkörper und die Verteilung der dem Gericht obliegenden Geschäfte auf seine Abteilungen, wobei es an **gesetzliche Vorgaben**, wie zB vorgeschriebene Spezialabteilungen und Spezialspruchkörper, gebunden ist.

II. Geschäftsverteilung (Abs. 1)

2 **1. Vollständigkeitsprinzip.** Alle vom Gesetz dem Gericht zugewiesenen Geschäftsaufgaben müssen jährlich im Voraus verteilt werden (**Vollständigkeitsprinzip**).[2] Lücken im Geschäftsverteilungsplan dürfen aber nach allgM durch „gewachsene Übung" ausgefüllt werden.[3] Umgekehrt muss auch **jedem Richter** eine richterliche Aufgabe zugeteilt werden.

3 Der Geschäftsverteilungsplan muss auch dann aufgestellt werden, wenn von vornherein abzusehen ist, dass er wegen Richtermangels **nicht einzuhalten** ist; der Plan ist deswegen nicht insgesamt gesetzwidrig.[4] Werden aber **bestimmte richterliche Geschäfte von der Verteilung ausgenommen**, ist der Präsidiumsbeschluss insoweit (nicht hinsichtlich anderer Festlegungen) unwirksam.[5]

4 Zur vollständigen Geschäftsverteilung gehören neben der ausdrücklich genannten Zuweisung der Aufgaben des **Ermittlungsrichters** (§ 162 StPO) auch die Bestimmung, welcher andere Senat, welche andere Kammer oder welche andere Abteilung anstelle der ursprünglichen zuständig ist, wenn von einem übergeordneten Gericht an eine andere Kammer oder Abteilung der Vorinstanz **zurückverwiesen** wird (§§ 210 Abs. 3, 354 Abs. 2 StPO).[6] Fehlt ein solcher **Auffangspruchkörper**, muss er in sinngemäßer Anwendung des § 21e im Laufe des Geschäftsjahres eingerichtet werden. Beim AG ist auch die Zuständigkeit für die Fälle der §§ 27 Abs. 3 S. 2, 30 StPO zu bestimmen.

5 **2. Vorherigkeit, Jährlichkeit (Abs. 1 S. 2).** Im Voraus und generell so eindeutig wie möglich muss **für die Dauer des Geschäftsjahres** festgelegt sein, welche Richter bei der Entscheidung des einzelnen Falles berufen sind und wer im Vertretungsfall an ihre Stelle tritt.[7] **Geschäftsjahr** ist grundsätzlich das Kalenderjahr. Auf dessen Dauer muss sich die Zuteilung der Richter erstrecken, nicht nur bis zur Erledigung bestimmter Sachen.[8] Ein im Laufe des Geschäftsjahres wegen Ausscheidens eines Richters sicher eintretender **Wechsel** kann aber bereits bei Aufstellung des Planes

---

[1] § 16 Rn. 6.
[2] Vgl. *Sowada* 251; vgl. auch *Rieß* JR 1978, 302; *Stanicki* DRiZ 1976, 80.
[3] BGH v. 10. 11. 1992 – 5 StR 474/92; *Katholnigg* Rn. 2 mwN; *Meyer-Goßner* Rn. 1.
[4] KG v. 11. 3. 1982 – (3) Ss 76/81 (60/81), JR 1982, 433.
[5] *Feiber* NJW 1975, 2005.
[6] Vgl. BGH v. 20. 1. 1982 – 2 StR 473/81, NStZ 1982, 211; § 74 Rn. 10.
[7] BGH v. 7. 6. 1977 – 5 StR 224/77, BGHSt 27, 209 (210) = NJW 1977, 1696; BGH v. 19. 8. 1987 – 2 StR 160/87, NJW 1988, 1921 (1922) mwN; vgl. § 16 Rn. 6; vgl. auch *Sangmeister* MDR 1988, 190.
[8] BGH v. 20. 10. 1955 – 4 StR 326/55, BGHSt 8, 252; BGH v. 19. 9. 1978 – 5 StR 402/78, GA 1979, 222; BGH v. 12. 6. 1985 – 3 StR 35/85, BGHSt 33, 234 (236) = NJW 1985, 2840 = JR 1986, 125 mAnm *Katholnigg*.

berücksichtigt werden. Die Besetzung eines Spruchkörpers, der im Laufe des Geschäftsjahres **neu eingerichtet** wird, wird für den Rest des Jahres bestimmt.[9]

3. Besetzung der Spruchkörper. a) Vorsitzender. Jeder Spruchkörper muss einen **Vorsitzenden** haben.[10] Bei der Besetzung ist zu berücksichtigen, dass an einer Entscheidung nur **ein Richter auf Probe, ein Richter kraft Auftrags oder ein abgeordneter Richter** mitwirken darf (§ 29 S. 1 DRiG); der Wortlaut des § 29 DRiG („oder") stellt dabei klar, dass aus diesen drei Gruppen **insgesamt nur ein Richter** tätig werden darf.[11] Eine beschränkte Dauerverhinderung eines Richters[12] ist zu berücksichtigen, zB im Fall des § 4 Abs. 2 DRiG durch Zuweisung zu einem Bruchteil seiner Arbeitskraft oder für bestimmte (vorab feststehende) Sitzungstage.[13] Eine zugewiesene Stelle kann im Geschäftsverteilungsplan bis zur Besetzung als „NN" berücksichtigt werden.[14]

b) Ständige Mitglieder und Vertreter. Ständiges Mitglied eines Spruchkörpers ist, wer zur ständigen Dienstleistung zugeteilt ist.[15] Ob ein Richter **ständiges Mitglied oder nur Vertreter**[16] in einem bestimmten Spruchkörper ist, sollte klar festgelegt sein, kann sich aber auch, sogar gegen den Wortlaut des Geschäftsverteilungsplans, aus dessen Sinn und tatsächlicher Handhabung ergeben.[17]

c) Zuteilung an mehrere Spruchkörper (Abs. 1 S. 4). Die Zuteilung eines Richters an mehrere Spruchkörper ist zulässig. Auch der Vorsitzende kann den Vorsitz in mehreren Spruchkörpern übernehmen,[18] sofern er seine Aufgaben als Vorsitzender ausreichend wahrnehmen kann.[19] Eine **Kollisionsregel** hat zu bestimmen, welche von mehreren konkurrierenden richterlichen Aufgaben den Vorrang hat; praktisch bedeutsam ist das insbesondere für die Frage, welchen von mehreren gleichzeitigen Sitzungsterminen in verschiedenen Spruchkörpern der Richter wahrzunehmen hat.[20] Fehlt eine solche Regel, muss im Kollisionsfall geklärt werden, in welcher Sache der Richter verhindert ist und vertreten wird.[21]

4. Verteilung der eingehenden Sachen. a) Gesetzliche Vorgaben. Bei der Sachverteilung sind zunächst die gesetzlich vorgeschriebenen **Sonderzuständigkeiten** (zB §§ 74 Abs. 2, 74 a, 74 c, 74 d; §§ 39–41 JGG; § 391 AO) zu beachten. Die Bestimmung, dass die Zuständigkeit des Spezialspruchkörpers gegeben ist, wenn eine die Sonderzuständigkeit begründende Norm in der Anklageschrift als verletzt bezeichnet wird, ist zulässig;[22] sie gilt im Einzelfall nur, wenn diese Norm nicht willkürlich bejaht worden ist.

b) Verteilungsmethoden. Im Übrigen – oder wenn ausnahmsweise mehrere Spruchkörper für bestimmte Spezialsachen eingerichtet werden müssen –[23] sind mehrere Verteilungsmethoden möglich: So kann sich die Zuweisung nach der **Art der Sachen** oder nach den **Anfangsbuchstaben des Familiennamens** des Angeschuldigten richten.[24] Dabei muss die Geschäftsverteilung auch bestimmen, welcher Name bei mehreren Angeschuldigten in einer Sache maßgebend ist; in Frage kommt zB der Familienname des Lebensältesten oder des nach dem Alphabet ersten Angeschuldigten, nicht jedoch die von der Staatsanwaltschaft in der Anklage angegebene Reihenfolge.[25] Möglich ist auch die Verteilung nach **Registernummern** (Zählkartennummern, Ordnungsnummern); dann muss für die am selben Tag eingehenden Sachen eine Regelung getroffen werden, die verhindert, dass die Richterbestimmung gezielt von der Geschäftsstelle vorgenommen werden kann.[26] Auch ein „rollierendes System", wonach die Zuständigkeit nach einigen aufeinander folgenden Eingangszahlen, die im Voraus festgelegt sind, wechselt, ist zulässig.[27]

---

[9] Vgl. BGH v. 19. 9. 1978 – 5 StR 402/78, GA 1979, 222.
[10] BGH v. 1. 2. 1979 – 4 StR 657/78, BGHSt 28, 290 (292) = NJW 1979, 1052.
[11] AM *Meyer-Goßner* Rn. 2 unter Verweis auf *Katholnigg* JR 1996, 167 (betrifft Rechtslage vor 1. 3. 1998).
[12] S. u. Rn. 22.
[13] BGH v. 24. 10. 1973 – 2 StR 613/72, BGHSt 25, 239 = NJW 1974, 109.
[14] Vgl. hierzu BGH v. 29. 5. 1987 – 3 StR 242/86, BGHSt 34, 379 (381) = NJW 1988, 1397; OLG Hamm v. 30. 9. 1997 – 3 Ss 847/97, StV 1998, 6; *Sowada* 285.
[15] BGH v. 13. 10. 1964 – 1 StR 312/64, BGHSt 20, 61 (63) = NJW 1965, 58; BGH v. 6. 11. 1990 – 1 StR 726/89, NStZ 1991, 143.
[16] S. u. Rn. 15.
[17] BGH v. 5. 1. 1965 – 1 StR 506/64, NJW 1965, 875.
[18] BGH v. 1. 2. 1979 – 4 StR 657/78, BGHSt 28, 290 (292) = NJW 1979, 1052.
[19] BGH v. 16. 11. 1972 – 1 StR 418/72, BGHSt 25, 54 = NJW 1973, 205; vgl. § 21 f Rn. 3.
[20] BGH v. 27. 3. 1973 – 1 StR 55/73, NJW 1973, 1291; *Kissel/Mayer* Rn. 81; *Meyer-Goßner* Rn. 6.
[21] S. u. Rn. 21.
[22] *Meyer-Goßner* Rn. 3; aM *Sowada* 324.
[23] Vgl. § 74 Rn. 9.
[24] *Sowada* 311 ff.
[25] § 16 Rn. 6.
[26] BGH v. 10. 7. 1963 – VIII ZR 204/61, BGHZ 40, 91; OLG Saarbrücken v. 2. 7. 1996 – Ss 49/96 (85/96), StraFo 1996, 150.
[27] BGH v. 2. 11. 1989 – 1 StR 354/89, NStZ 1990, 138 mwN.

11 c) **Fortbestehen versehentlich bejahter Zuständigkeit.** Der Geschäftsverteilungsplan darf bestimmen, dass eine bei Eröffnung des Hauptverfahrens **versehentlich angenommene Zuständigkeit bestehen bleibt**; das verstößt nicht gegen Art. 101 Abs. 1 S. 2 GG.[28]

12 **5. Überbesetzung von Kollegialgerichten. a) Grundsatz.** Ein Spruchkörper darf grundsätzlich mehr Mitglieder haben, als er für eine Entscheidung, die volle Besetzung erfordert, nach dem Gesetz benötigt (**überbesetzter Spruchkörper**).[29] Da nach § 21g durch einen generell-abstrakten Mitwirkungsplan die Heranziehung der einzelnen Richter zu den einzelnen Verfahren bestimmt sein muss, bestehen dagegen unter dem Aspekt der vorherigen Festlegung des gesetzlichen Richters keine Bedenken. So darf die große StrK beim LG neben dem Vorsitzenden trotz der in der Hauptverhandlung nach § 76 Abs. 2 möglichen Entscheidung mit zwei Richtern (und zwei Schöffen) mit drei Beisitzern besetzt sein.[30]

13 b) **Grenzen.** Offen ist, **bis zu welchem Umfang** eine Überbesetzung zulässig ist. Nach der früheren – durch die Einführung des § 21g überholten – Rspr. des BVerfG durfte ein Spruchkörper nicht so viele Mitglieder haben, dass er für Sachen, bei deren Entscheidung die größte Anzahl seiner Mitglieder mitwirkt, zwei personenverschiedene Sitzgruppen gleichzeitig oder drei Sitzgruppen zur Verhandlung zu verschiedenen Zeiten bilden konnte.[31] Ob daraus noch eine absolute Grenze der Überbesetzung eines Spruchkörpers abzuleiten ist, hat das BVerfG offen gelassen.[32] Prinzipiell wird eine Obergrenze so anzunehmen sein, dass ein Spruchkörper **weniger als das Doppelte seiner gesetzlichen Mitgliederzahl** haben muss;[33] eine große Strafkammer darf also maximal mit dem Vorsitzenden und vier Beisitzern besetzt sein. Grund für diese Einschränkung ist wegen der nach § 21g erforderlichen Festsetzung nicht die Bestimmung des gesetzlichen Richters (Art. 101 Abs. 1 S. 2 GG),[34] sondern die (einfach-)gesetzlich vorgesehene Struktur des Spruchkörpers an sich: dessen Vorsitzender (vgl. § 21f Abs. 1) kann seine Funktion tatsächlich nur ausüben, wenn er die Tätigkeit der Kammer bzw. des Senats noch im Wesentlichen überblickt und diese nicht durch eine Vielzahl von beteiligten Richtern (und zu bearbeitenden Verfahren) überdehnt wird.[35] Ist ein **Hochschullehrer** einem Senat mit einem geringen Teil (zB ¼) seiner Arbeitskraft zugeteilt, kann dieser ausnahmsweise das Doppelte seiner gesetzlichen Mitgliederzahl aufweisen.[36]

14 **6. Reduzierte Besetzung.** Das Gesetz sieht zB bei der großen Strafkammer nach § 76 Abs. 2, bei der Strafvollstreckungskammer nach § 78b, beim OLG nach § 122 Abs. 2 S. 2 oder auch beim BGH für Beschwerdeentscheidungen nach § 139 Abs. 2 eine **reduzierte Besetzung des Spruchkörpers** vor (auch **reduzierte Richterbank** oder **reduzierter Spruchkörper**), dh., zur Entscheidung sind nicht alle gesetzlichen Mitglieder der Kammer berufen. Welche der Senats- bzw. Kammermitglieder in diesen Fällen zur Entscheidung berufen sind, kann **entweder das Präsidium** durch die Geschäftsverteilung nach § 21e **oder der Spruchkörper** in seiner internen Geschäftsverteilung nach § 21g regeln;[37] in jedem Fall muss abstrakt im Voraus feststehen, welche Richter der reduzierten Besetzung angehören.

15 **7. Vertretung. a) Grundsätze.** Für alle Richter sind **ständige Vertreter** für Fälle **vorübergehender Verhinderung** zu bestellen. Die Vertretungsregelung muss, ebenfalls **für die Dauer des Geschäftsjahres** und auch für Hilfsstrafkammern,[38] die voraussehbaren Verhinderungsfälle berücksichtigen.[39] Die Vertretungsregelung betrifft außer beim AG nur die Vertretung **durch einen Richter eines anderen Spruchkörpers**; innerhalb des Spruchkörpers wird sie nach § 21g geregelt.

16 b) **Vertretungsregelung.** Es sind grundsätzlich genug Vertreter zu bestellen, um für alle (auch gehäuften) Verhinderungen Vorsorge zu treffen, mit denen vernünftigerweise gerechnet werden kann; dabei ist an die Urlaubshäufung in den Schulferien ebenso zu denken wie an den möglichen

---

[28] BGH v. 21. 12. 1883 – 2 StR 495/83, NStZ 1984, 181; einschr. *Sowada* 330 (festgelegte Zuständigkeit erst ab Beginn der Vernehmung des Angeklagten zur Sache möglich).
[29] KK-StPO/*Diemer* Rn. 6; Kissel/*Mayer* Rn. 129.
[30] BVerfG v. 3. 5. 2004 – 2 BvR 1825/02, NJW 2004, 3482; BGH v. 11. 11. 2003 – 5 StR 359/03, NJW 2004, 1118 = JR 2004, 305 mAnm *Weber* = StV 2005, 2 mAnm *v. Döllen/Meyer-Mews* und *Peglau* wistra 2005, 92.
[31] BVerfG v. 24. 3. 1964 – 2 BvR 42, 83, 89/63, BVerfGE 17, 294 (301) = NJW 1964, 1020; BVerfG v. 2. 6. 1964 – 2 BvR 498/62, BVerfGE 18, 65 (70) = NJW 1964, 1667; BVerfG v. 3. 2. 1965 – BvR 166/64, BVerfGE 18, 344 (350) = NJW 1965, 1219; BGH v. 12. 6. 1985 – 3 StR 35/85, BGHSt 33, 234 (235) = NJW 1985, 2840 = JR 1986, 125 mAnm *Katholnigg*; *Sowada* 267.
[32] BVerfG v. 3. 5. 2004 – 2 BvR 1825/02, NJW 2004, 3482.
[33] Vgl. Kissel/*Mayer* Rn. 130.
[34] So aber Kissel/*Mayer* Rn. 130.
[35] Vgl. Kissel/*Mayer* Rn. 133a.
[36] BGH v. 25. 4. 1966 – II ZR 80/65, NJW 1966, 1458.
[37] Kissel/*Mayer* Rn. 133 und § 21g Rn. 48.
[38] *Meyer-Goßner* Rn. 7 mwN.
[39] Vgl. BGH v. 7. 4. 1987 – 4 StR 166/87, StV 1987, 286; BGH v. 9. 2. 1988 – 5 StR 6/88, StV 1988, 194.

krankheits- und/oder fortbildungsbedingten Ausfall mehrerer Richter gleichzeitig. Daher **genügt es grundsätzlich nicht**, für jeden Richter **nur einen Vertreter** zu bestellen. Bei einer mit drei Mitgliedern besetzten Strafkammer reicht zB die Bestellung von vier Vertretern für die Kammer insgesamt idR nicht aus;[40] für jedes Mitglied sollten mindestens zwei Vertreter bestimmt werden, und zwar auch dann, wenn ersatzweise alle Richter des Gerichts in bestimmter Reihenfolge zur Vertretung berufen sind, um den danach zunächst berufenen weiteren Vertreter (häufig der dienstjüngste Richter des Gerichts)[41] nicht über Gebühr zu belasten.

Die **Reihenfolge**, in der die Vertreter eines Richters **zur Vertretung berufen** sind, ist ebenfalls festzulegen.[42] Wird dabei auf das Dienstalter abgestellt, muss ggf. auch der Fall der Altersgleichheit berücksichtigt werden (zB durch nachrangige Geltung des Lebensalters). 17

Generell dringend zu empfehlen ist die Regelung, dass bei Verhinderung der regelmäßigen Vertreter **alle Richter des Gerichts** in einer bestimmten Reihenfolge **zur Vertretung** berufen sein sollten;[43] praktisch üblich ist die Bestellung der weiteren Vertreter nach Dienstalter, meist beginnend mit dem Dienstjüngsten. 18

Ausnahmsweise kann ein **zeitweiliger Vertreter** bestellt werden, wenn trotz ausreichender Vertretungsregelung unvorhersehbar alle Vertreter verhindert sind.[44] 19

c) **Vertretungsfall; Feststellung.** Nur bei **offensichtlicher Verhinderung** aus tatsächlichen Gründen (zB Urlaub, Dienstbefreiung, Krankheit, Kollision mit **vorrangiger Geschäftsaufgabe**,[45] kurzfristige Abordnung oder Unerreichbarkeit[46]) tritt der geschäftsplanmäßige Vertreter **ohne Weiteres** an die Stelle des verhinderten Richters. 20

In **anderen Fällen**, zB bei Überlastung[47] oder wegen anderer richterlicher Aufgaben,[48] muss der Präs. oder aufsichtführende Richter die **Verhinderung feststellen**,[49] bevor der Vertreter tätig werden kann. Fällt die Verhinderung eines Richters vor Beginn der Hauptverhandlung weg, so dass er an dieser teilnehmen kann, muss der **Wegfall der Verhinderung** ebenfalls festgestellt werden.[50] Wenn ein vertretener Richter den Dienst wieder antritt, wegen Nachwirkungen seiner Krankheit aber an einer Hauptverhandlung noch nicht teilnehmen kann, muss auch dieses Verhinderung festgestellt werden.[51] Die Feststellungen haben in einer für das Revisionsgericht nachprüfbaren Weise zu geschehen,[52] zweckmäßigerweise mit Aktenvermerk.[53] **Ohne die Feststellung** liegt eine wirksame Verhinderung des Richters nicht vor, und das Gericht ist fehlerhaft besetzt (§ 338 Nr. 1 StPO).[54] 21

d) **Dauerverhinderung.** Wird die vorübergehende Verhinderung zu einer dauernden, muss die Vertretungsregelung durch eine Änderung der Geschäftsverteilung (Abs. 3) abgelöst werden.[55] 22

8. **Ergänzungsrichter.** Ergänzungsrichter (§ 192 Abs. 2) sind **schon im Geschäftsverteilungsplan** (nach hM aber im Bedarfsfall auch noch später)[56] zu bestimmen, wobei nicht auf die Vertretungsregelung im Geschäftsverteilungsplan zurückgegriffen werden muss.[57] Der **konkrete Einsatz** des Ergänzungsrichters wird vom Vorsitzenden nach seinem Ermessen angeordnet.[58] 23

III. Änderungen (Abs. 3)

1. **Allgemeines. Abs. 3 S. 1** lässt Änderungen der Geschäftsordnung während des Geschäftsjahres nur zu wegen Überlastung bzw. ungenügender Auslastung eines Richters oder wegen Wechsels 24

---

[40] BGH v. 19. 8. 1987 – 2 StR 160/87, NJW 1988, 1921; BGH v. 9. 2. 1988 – 5 StR 6/88, BGHR StPO § 338 Nr. 1 Beisitzer 6.
[41] S. u. Rn. 18.
[42] *Münn* DRiZ 1973, 233.
[43] Vgl. *Meyer-Goßner* Rn. 10; zur hinreichenden Ringvertretung vgl. BGH v. 30. 11. 1990 – 2 StR 237/90, NStZ 1991, 195; BGH v. 19. 12. 1990 – 2 StR 426/90, StV 1993, 398 mAnm *Kissel*.
[44] Rspr-Nachweise bei *Kissel* StV 1993, 399, der jedoch selbst eine solche Vertreterbestellung für unzulässig hält; ebenfalls aM *Sowada* 338 (Ringvertretung zwingend).
[45] S. o. Rn. 8.
[46] OLG Frankfurt v. 8. 4. 1980 – DGH 2/79, DRiZ 1980, 430 (431) mwN; KK-StPO/*Diemer* Rn. 9.
[47] BGH v. 5. 4. 1989 – 2 StR 39/89, StV 1989, 338.
[48] BGH v. 21. 3. 1989 – 4 StR 98/89, StV 1989, 338.
[49] BGH v. 4. 10. 1966 – 5 StR 282/66, BGHSt 21, 174 = NJW 1967, 637; BGH v. 29. 1. 1974 – 1 StR 533/73, NJW 1974, 870; BGH v. 21. 3. 1989 – 4 StR 98/89, StV 1989, 338, vgl. § 21f Rn. 11.
[50] BGH v. 9. 9. 1987 – 3 StR 233/87, BGHSt 35, 55 = NStZ 1988, 418 mAnm *Kissel*.
[51] *Meyer-Goßner* Rn. 9.
[52] BGH v. 22. 3. 1988 – 4 StR 35/88, NStZ 1988, 325; BGH v. 5. 4. 1989 – 2 StR 39/89, StV 1989, 338.
[53] *Meyer-Goßner* Rn. 8; aM *Schrader* StV 1991, 540 (schriftlich und begründet).
[54] BGH v. 273.1973 – 1 StR 55/73, NJW 1973, 1291.
[55] Vgl. BGH v. 9. 9. 1966 – 4 StR 226/66, BGHSt 21, 131 (133) = NJW 1966, 2368; KK-StPO/*Diemer* Rn. 9; aA *Meyer-Goßner* Rn. 9.
[56] *Kissel/Mayer* Rn. 139 mwN.
[57] BGH v. 7. 4. 1976 – 2 StR 640/75, BGHSt 26, 324 = NJW 1976, 1547; aM SK-StPO/*Velten* Rn. 49.
[58] *Meyer-Goßner* Rn. 12; vgl. auch *Foth* DRiZ 1974, 87.

oder dauernder Verhinderung einzelner Richter. Die **Umstände, die zur Änderung führen**, sind vom Präsidium **darzulegen und zu dokumentieren**; der Präsidiumsbeschluss muss so detailliert begründet sein, dass eine Prüfung seiner Rechtmäßigkeit möglich ist.[59] Eine Nachholung der Begründung kann uU noch bis zur Entscheidung nach § 222 b Abs. 2 StPO nachgeholt werden.[60]

25 Auch **bereits anhängige Verfahren** können von Änderungen der Geschäftsverteilung erfasst werden,[61] wenn die Neuregelung generell gilt, beispielsweise auch eine unbestimmte Vielzahl von künftigen, gleichartigen Fällen umfasst.[62] Dabei dürfen aber nicht einzelne Sachen ausgesucht und einem anderen Richter zugewiesen werden, selbst wenn das durch eine allgemein gehaltene Klausel geschieht.[63] Sind **ausschließlich anhängige Sachen** von einer Änderung umfasst, bedarf es einer umfassenden Dokumentation und Darlegung der Gründe, die die Umverteilung – etwa um dem Beschleunigungsgebot in Haftsachen Rechnung zu tragen – erfordern.[64]

26 **2. Überlastung oder ungenügende Auslastung.** Die Änderung der Geschäftsverteilung während des Jahres kann geboten sein, wenn nur auf diese Weise die Effizienz des Geschäftsablaufs und die Gewährleistung von Rechtsschutz innerhalb angemessener Zeit erhalten oder wiederhergestellt werden kann.[65] Überlastung liegt vor, wenn über einen längeren Zeitraum ein erheblicher Überhang der Eingänge über die Erledigungen zu verzeichnen ist, sodass mit einer Bearbeitung der Sachen innerhalb eines angemessenen Zeitraums nicht zu rechnen ist und sich die Überlastung daher als so erheblich darstellt, dass der Ausgleich nicht bis zum Ende des Geschäftsjahres zurückgestellt werden kann.[66] Die Überlastung bzw. ungenügende Auslastung muss (in Abweichung von den Erwartungen bei Aufstellung des Geschäftsverteilungsplans) erhebliches Gewicht erlangen und zu größeren Unzuträglichkeiten führen;[67] sie kann sich auch aus einer Gesetzesänderung ergeben.[68]

27 Endet die Überlastung einer StrK, die nach Abs. 3 entlastet worden ist, müssen die während der Zeit der Entlastung eingegangenen Sachen nicht auf die entlastete StrK rückübertragen werden.[69]

28 **3. Wechsel oder dauernde Verhinderung.** Ein Wechsel liegt vor bei Ausscheiden eines Richters durch Versetzung, Entlassung, Ruhestand oder Tod und seine Ersetzung durch einen anderen. **Dauernde Verhinderung** besteht bei einem Richter, wenn er über **längere Zeit** (mehrere Monate)[70] **oder nicht absehbare Zeit** ganz oder teilweise verhindert ist.

29 Dem hinzukommenden Richter muss nicht die **Geschäftsaufgabe zugewiesen** werden, die der ausgeschiedene oder verhinderte Richter wahrgenommen hat.[71] Das Präsidium hat nämlich bei einer notwendigen Änderung alle Umstände, die der Gewährleistung einer geordneten Rechtspflege dienen,[72] zu berücksichtigen. Auch die Besetzung eines Spruchkörpers, in dem sich der Änderungsanlass **nicht** ergeben hat, kann dabei als Folgemaßnahme geändert werden.[73] Anstehende Haftsachen dürfen durch die Änderungen aber nicht unvermeidbar verzögert werden.[74]

30 **4. Andere Fälle.** Kein Änderungsgrund ist die **Ausbildung des richterlichen Nachwuchses**,[75] sie kann aber bei einer aus einem anderen Grund notwendigen Änderung berücksichtigt werden.[76] Die vorübergehende Verhinderung eines Richters durch **die Vorbereitung einer außergewöhnlich umfangreichen anderen Strafsache** ist kein Änderungsgrund.[77]

---

[59] BVerfG v. 16. 2. 2005 – 2 BvR 581/03, NJW 2005, 2689 (für den Fall der Überlastung); BGH v. 9. 4. 2009 – 3 StR 376/08, BGHSt 53, 268 = NStZ 2009, 651 (zur Übertragung von Aufgaben auf eine Hilfsstrafkammer); *Gubitz/Bock* NStZ 2010, 190.
[60] BGH v. 9. 4. 2009 – 3 StR 376/08, BGHSt 53, 268 = NStZ 2009, 651.
[61] BVerfG v. 18. 3. 2009 – 2 BvR 229/09, NJW 2009, 1734; BGH v. 3. 2. 1982 – 2 StR 634/81, BGHSt 30, 371 (373) = NJW 1982, 1470; BGH v. 30. 7. 1998 – 5 StR 574/97, BGHSt 44, 161 (165) = NJW 1999, 154; BGH v. 2. 12. 2003 – 1 StR 102/03, BGHSt 49, 29 = NJW 2004, 865; *Sowada* 259; krit. *Gubitz/Bock* NStZ 2010, 190.
[62] BVerfG v. 18. 3. 2009 – 2 BvR 229/09, NJW 2009, 1734.
[63] BGH v. 30. 7. 1998 – 5 StR 574/97, BGHSt 44, 161 = NJW 1999, 154; BayObLG 2000, 108 = NStZ-RR 2001, 49.
[64] BVerfG v. 18. 3. 2009 – 2 BvR 229/09, NJW 2009, 1734; BGH v. 4. 8. 2009 – 3 StR 174/09 (zur Übertragung auf eine Hilfsstrafkammer); BGH v. 13. 1. 2010 – 3 StR 507/09, StV 2010, 296 (Hilfsstrafkammer).
[65] BVerfG v. 16. 2. 2005 – 2 BvR 581/03, NJW 2005, 2689 mwN.
[66] BGH v. 9. 4. 2009 – 3 StR 376/08, BGHSt 53, 268 = NJW 2010, 625.
[67] BGH v. 2. 12. 2003 – 1 StR 102/03, BGHSt 49, 29 = NJW 2004, 865.
[68] *Münn* DRiZ 1973, 233.
[69] BGH v. 3. 8. 2004 – 5 StR 209/04, NStZ-RR 2006, 67.
[70] BGH v. 9. 10. 2002 – 5 StR 42/02, NJW 2003, 150 (154).
[71] BGH v. 10. 9. 1968 – 1 StR 235/68, BGHSt 22, 237 (239) = NJW 1968, 2388; BGH v. 1. 8. 2002 – 3 StR 496/01, NStZ-RR 2003, 14 = StV 2003, 8.
[72] BGH v. 19. 4. 2000 – 3 StR 32/00, BGHR Änderung 4.
[73] BGH v. 19. 4. 2000 – 3 StR 32/00, BGHR Änderung 4.
[74] BVerfG v. 5. 10. 2006 – 2 BvR 1815/06, StraFo 2007, 18.
[75] BGH v. 5. 8. 1976 – 5 StR 314/76, BGHSt 26, 382 = NJW 1976, 1029.
[76] BGH v. 12. 4. 1978 – 3 StR 58/78, BGHSt 27, 397 mit krit Anm. *Müller* NJW 1978, 2163; *Peters* JR 1979, 82.
[77] BGH v. 6. 3. 1986 – 4 StR 587/85, NJW 1986, 1884.

Auch eine **zeitweilige Vertreterbestellung** nach Abs. 3 ist im Interesse der sachgerechten und raschen Durchführung eines Verfahrens zulässig. Das gilt aber nicht, wenn durch die voraussehbare Häufigkeit solcher Bestellungen die gesetzmäßige Spruchkörperbesetzung in Frage gestellt wird,[78] zB die beschlossene **Vertretung nicht ausreicht;**[79] dann muss **dauerhaft** die Vertretungsregelung nach Abs. 3 ergänzt werden. 31

IV. Hilfsstrafkammer

1. Allgemeines. Zur Bewältigung **unvorhergesehener, vorübergehender Belastungen** kann eine **Hilfsstrafkammer** gebildet werden; dabei handelt es sich um einen Sonderfall der Änderung der Geschäftsverteilung (Abs. 3), so dass deren Voraussetzungen,[80] insbesondere auch hinsichtlich ihrer Begründung,[81] erfüllt sein müssen. Die Einrichtung der HilfsStrK obliegt dem Präsidium.[82] Ihre Bildung ist idR eine Lösung einer **vorübergehenden Überlastung**[83] einer **ordentlichen StrK**. Insbesondere infolge des Anfalls umfangreicher und schwieriger Strafsachen, zB Wirtschaftsstrafsachen (§ 74c) oder außerordentlich langwieriger Verfahren, kann es notwendig werden, einen neuen Spruchkörper zu bilden, ihm einen wesentlichen Teil der Verfahren zu übertragen und ihn entspr. zu besetzen.[84] Da es sich bei dem Begriff der vorübergehenden Überlastung um einen unbestimmten Rechtsbegriff handelt, steht dem Präsidium bei dessen Anwendung ein **weiter Beurteilungsspielraum** zu.[85] 32

Die Bildung der HilfsStrK darf **nicht dadurch umgangen** werden, dass der überlasteten StrK für ein Großverfahren zwei weitere Richter zugeteilt werden, damit sie gleichzeitig in zwei verschiedenen Besetzungen zwei Hauptverhandlungen nebeneinander durchführen kann.[86] 33

Die der HilfsStrK zugeteilten Richter können noch einer anderen Kammer des LG angehören;[87] der **Vorsitzende** kann zugleich Vorsitzender einer anderen, auch der ordentlichen Strafkammer, sein.[88] 34

Beim Amtsgericht kann ggf. unter entsprechenden Voraussetzungen ein **Hilfsschöffengericht** eingerichtet werden.[89] 35

2. Zuweisung von Geschäftsaufgaben. Auch den HilfsStrKn müssen die Geschäfte nach allgemeinen Gesichtspunkten zugewiesen werden.[90] Für die Übertragung **bereits anhängiger Verfahren** gelten die bereits genannten Grundsätze.[91] Die **Übertragung von Einzelsachen** ist unzulässig;[92] sie ist aber ausnahmsweise zugelassen worden, wenn es sich um einen sachgerechten Weg handelt, um eine allein durch das abgeleitete Verfahren entstandene Überlastung auszugleichen.[93] 36

3. Dauer der Tätigkeit der Hilfsstrafkammer. Das Ende der Tätigkeit der HilfsStrK kann auf einen kalendermäßig bestimmten Tag oder ein sicher eintretendes, vom Willen Einzelner unabhängiges Ereignis festgesetzt werden;[94] dieses muss nicht unbedingt noch im laufenden Geschäftsjahr erwartet werden.[95] Ist die Einrichtung der Hilfsstrafkammer durch den Tag einer Entscheidung in einer Strafsache durch die ordentliche (überlastete) StrK begrenzt, macht auch eine erhebliche Verzögerung des Abschlusses dieser Strafsache die HilfsStrK nicht nachträglich unzulässig.[96] Die HilfsStrK darf **nicht über das ihrer Einrichtung folgende Geschäftsjahr** hinaus auf- 37

---

[78] BGH v. 7. 6. 1977 – 5 StR 224/77, BGHSt 27, 209 (210) = NJW 1977, 1696 mAnm *Holch* JR 1978, 37 und *Müller* NJW 1978, 899.
[79] BGH v. 4. 6. 2003 – 5 StR 30/03, NStZ-RR 2004, 229.
[80] S. o. Rn. 24 ff.
[81] BGH v. 9. 4. 2009 – 3 StR 376/08, BGHSt 53, 268 = NStZ 2009, 651.
[82] BGH v. 14. 6. 1967 – 2 StR 230/67, BGHSt 21, 260 = NJW 1967, 1868.
[83] BGH v. 8. 12. 1999 – 3 StR 267/99, NJW 2000, 1580 (1581).
[84] BGH v. 7. 6. 1983 – 4 StR 9/83, BGHSt 31, 389 = NStZ 1984, 84; BGH v. 25. 9. 1975 – 1 StR 199/75, MDR 1976, 63.
[85] BGH v. 8. 12. 1999 – 3 StR 267/99, NJW 2000, 1580; krit dazu *Katholnigg* NStZ 2000, 443.
[86] BGH v. 12. 6. 1985 – 3 StR 35/85, BGHSt 33, 234 (236) = NJW 1985, 2840 = JR 1986, 125 mAnm *Katholnigg*; BGH v. 18. 3. 1977 – StR 62/77, GA 1977, 366; vgl. oben Rn. 13.
[87] S. o. Rn. 8.
[88] § 21f Rn. 19 ff.
[89] KK-StPO/*Hannich* § 47 Rn. 3 f.
[90] Vgl. BGH v. 17. 8. 1960 – 2 StR 237/60, BGHSt 15, 116 = NJW 1960, 2109 (Ferienkammern).
[91] S. o. Rn. 25.
[92] BGH v. 28. 9. 1954 – 5 StR 275/53, BGHSt 7, 23 = NJW 1955, 152; BGH v. 12. 6. 1985 – 3 StR 35/85, BGHSt 33, 234 (237) = NJW 1985, 2840.
[93] BGH v. 30. 7. 1998 – 5 StR 574/97, BGHSt 44, 161 (167) = NJW 1999, 154; BGH v. 22. 5. 2007 – 5 StR 94/07.
[94] BGH v. 14. 6. 1967 – 2 StR 230/67, BGHSt 21, 260 (263) = NJW 1967, 1868.
[95] *Kissel/Mayer* § 60 Rn. 12; aM *Frisch* NStZ 1984, 86.
[96] BGH v. 7. 6. 1983 – 4 StR 9/83, BGHSt 31, 389 = JR 1983, 519 mAnm *Katholnigg* = NStZ 1984, 84 mAnm *Frisch*.

V. Fortdauer der Zuständigkeit (Abs. 4)

38 Die Möglichkeit, für noch nicht erledigte Sachen eine **Fortdauer der Zuständigkeit** des bisherigen Richters oder Spruchkörpers anzuordnen, gilt sowohl für die Änderung nach Abs. 3 wie auch für die Änderung durch den neuen Jahresgeschäftsverteilungsplan (Abs. 1 S. 1).[99] Die Fortdauer kann nicht nur für eine **einzelne Sache** angeordnet werden, sondern auch für mehrere oder für eine **Gruppe von Sachen**, die jedoch eindeutig beschrieben sein müssen.[100]

39 Die im abgelaufenen Geschäftsjahr eingegangenen und noch nicht erledigten Sachen können nach Abs. 4 nur von der Neueinteilung ausgenommen werden, wenn der nach der bisherigen Geschäftsverteilung zuständige Richter oder Spruchkörper **in ihnen bereits tätig geworden ist**,[101] dh. eine Entscheidung getroffen oder eine sonstige (auch nur vorbereitende) Prozesshandlung[102] vorgenommen hat.

40 Abs. 4 betrifft nicht den Fall, dass eine **begonnene Hauptverhandlung in das neue Geschäftsjahr hinüberreicht**. Die Berufsrichter[103] sowie die Schöffen (für die dieser Fall gesetzlich geregelt ist, §§ 50, 77 Abs. 1) bleiben in diesem Fall ohne ausdrückliche Anordnung zur weiteren Mitwirkung berufen.

VI. Verfahren; Anhörung, Entscheidung und Auflegung (Abs. 2, 5, 7, 9)

41 1. **Anhörung (Abs. 2, Abs. 3 S. 2, Abs. 5).**[104] Einem Richter, der selbst durch eine Änderung (sei es durch den Jahresgeschäftsverteilungsplan, sei es durch eine Änderung nach Abs. 3) betroffen ist, ist nach **Abs. 5** grundsätzlich Gelegenheit zur Äußerung zu geben.

42 **Abs. 2** stellt klar, dass **allen Richtern des Gerichts** Gelegenheit zu geben ist, sich zur Geschäftsverteilung zu äußern. Das gilt aber nur für die Aufstellung der Jahresgeschäftsverteilung (Abs. 1 S. 2); bei Änderungen nach Abs. 3 S. 1 sind die Vorsitzenden der betroffenen Spruchkörper zu hören (**Abs. 3 S. 2**).

43 2. **Entscheidung.** Beschlussfähig ist das Präsidium, wenn mindestens die Hälfte seiner gewählten Mitglieder anwesend ist (§ 21 i Abs. 1). Entscheidungen werden mit Stimmenmehrheit getroffen (Abs. 7 S. 1); die Mitglieder dürfen sich nicht der Stimme enthalten.[105] Die Beschlüsse des Präsidiums müssen protokolliert werden; das **Protokoll** ist vom Vorsitzenden und vom Protokollführer, auch durch den Vorsitzenden allein,[106] zu unterzeichnen. Die Unterschrift aller Präsidiumsmitglieder ist nicht erforderlich. Vor allem bei Änderungen der Geschäftsverteilung kommt eine Entscheidung im **Umlaufverfahren**[107] in Frage. Eine **Notkompetenz** ergibt sich in Eilfällen für den **Vorsitzenden** aus § 21 i Abs. 2.

44 3. **Hilfsrichter.** Im Geschäftsverteilungsplan sind **Richter auf Probe, Richter kraft Auftrags** und **abgeordnete Richter** als solche zu kennzeichnen (§ 29 S. 2 DRiG); damit wird es dem Gericht und den Verfahrensbeteiligten erleichtert, die Besetzungseinschränkung des § 29 S. 1 DRiG[108] zu kontrollieren.

45 4. **Auflegen des Geschäftsverteilungsplans (Abs. 9).** Das Auflegen des Geschäftsverteilungsplans in einer Geschäftsstelle soll den Verfahrensbeteiligten die Nachprüfung der ordnungsgemäßen Besetzung des Gerichts ermöglichen. Für die **kammerinterne Geschäftsverteilung** gilt Abs. 9 nach § 21 g Abs. 7 entsprechend.

VII. Freistellung für Justizverwaltung (Abs. 6)

46 Im Fall der Freistellung für die Justizverwaltung wird ein Richter der Verteilungsbefugnis des Präsidiums entzogen; deshalb schreibt Abs. 6 hierfür die Anhörung des Präsidiums vor.[109]

---

[97] BGH v. 22. 8. 1985 – 4 StR 398/85, BGHSt 33, 303 = NJW 1986, 144 = JR 1986, 260 mAnm *Katholnigg*; vgl. *Sowada* 350.
[98] BGH v. 22. 8. 1985 – 4 StR 398/85, BGHSt 33, 303 (304) = NJW 1986, 144 = JR 1986, 260 mAnm *Katholnigg*.
[99] KK-StPO/*Diemer* Rn. 15.
[100] *Meyer-Goßner* Rn. 17 mwN.
[101] Vgl. auch BGH v. 3. 2. 1982 – 2 StR 634/81, BGHSt 30, 371 (375) = NJW 1982, 1470.
[102] *Meyer-Goßner* Rn. 17.
[103] BGH v. 20. 10. 1955 – 4 StR 286/55, BGHSt 8, 250; KK-StPO/*Diemer* Rn. 15.
[104] Zum Geschäftsgang allgemein s. § 21 a Rn. 7 ff.
[105] Löwe/Rosenberg/*Breidling* Rn. 66; SK-StPO/*Velten* Rn. 34; *P. Fischer* DRiZ 1978, 174.
[106] BVerwG v. 5. 4. 1983 – 9 CB 12/80, NJW 1984, 575 L.
[107] § 21 a Rn. 9.
[108] S. o. Rn. 6.
[109] Vgl. auch BGH v. 14. 9. 1990 – RiZ (R) 3/90, BGHZ 112, 197 (202) (Freistellung zwecks Referendarausbildung).

VIII. Kompetenzkonflikte: Entscheidung durch das Präsidium

Das Präsidium entscheidet,[110] wenn zwischen verschiedenen Richtern bzw. Spruchkörpern ein 47 Streit über die Zuständigkeit besteht und dieser Kompetenzkonflikt **auf die Geschäftsverteilung zurückzuführen** ist, nur durch deren authentische Auslegung oder durch ihre Ergänzung geklärt werden kann und **kein Fall der** §§ 209, 209a StPO vorliegt. In Eilfällen gilt § 21i Abs. 2. Eine vertretbare Auslegung des Geschäftsverteilungsplans ist dabei **bindend** und kann mit der Revision nicht angegriffen werden.[111]

Geht es beim Kompetenzstreit lediglich um Auslegung eines **Gesetzes**, durch das einem Spruch- 48 körper ein besonderer Geschäftskreis zugewiesen worden ist, obliegt die Auslegung des Geschäftsverteilungsplans ausschließlich **dem mit der Sache befassten Spruchkörper.**[112]

IX. Beschränkte Richter-Öffentlichkeit (Abs. 8)

Dem Präsidium ist durch **Abs. 8** die Befugnis eingeräumt, unter Beachtung des Schutzes der 49 Privatsphäre entspr. § 171b einigen oder allen Richtern des Gerichts zeitweise oder ständig die Anwesenheit zu gestatten.[113] Jedenfalls **soweit** diese Richteröffentlichkeit zugelassen ist, besteht keine (nach früher hM hinsichtlich Beratung und Abstimmung bestehende)[114] **Verschwiegenheitspflicht** für die Präsidiumsmitglieder.[115]

X. Anfechtung und Rechtsmittel

Obwohl die **Anfechtung** des Geschäftsverteilungsplans grundsätzlich ausgeschlossen ist,[116] 50 kann der Richter durch die Zuteilung oder Nichtzuteilung von Dienstgeschäften in seinen Rechten verletzt sein.[117] Zur Überprüfung kann auf dem **Verwaltungsrechtsweg** (nicht nach §§ 23 ff. EGGVG) mit der Feststellungsklage vorgegangen werden.[118] Umstritten ist, ob die Klage gegen die das Gericht tragende Körperschaft (Bund oder Land)[119] oder das Präsidium als Körperschaft[120] zu richten ist.

Die Klage des Richterrates auf **Zuweisung einer neuen Richterstelle** ist unzulässig.[121] 51

XI. Revision

Die Geschäftsverteilung im Strafverfahren ist mit der **Besetzungsrüge** (§ 338 Nr. 1) überprüf- 52 bar, wobei die frühere Beschränkung auf **willkürliche Entscheidungen** oder **offensichtliche Rechtsverletzungen** (zB grobe Verfahrensfehler) vom BGH, vor allem für Änderungen (Abs. 3), aufgegeben worden ist.[122]

Durch die **falsche Zusammensetzung des Präsidiums wird** die Geschäftsverteilung nicht un- 53 wirksam[123] und kann daher im Einzelfall nicht mit der Revision gerügt werden[124] (vgl. auch § 21b Abs. 6 S. 3).

Mit der Revision können aber gerügt werden Fehler bei der notwendigen **Feststellung der** 54 **Überlastung**,[125] insbesondere bei der Dokumentation der Änderungsgründe,[126] oder des **Vertretungsfalles** und der (nicht vertretbare) **Rechtsirrtum** bei der Entscheidung eines Kompetenzkonfliktes.[127]

---

[110] BGH v. 30. 10. 1973 – 5 StR 496/73, BGHSt 25, 242 (244) = NJW 1974, 154.
[111] Vgl. BGH v. 25. 8. 1975 – 2 StR 309/75, BGHSt 26, 191 (199) = NJW 1975, 2304.
[112] BGH v. 3. 5. 1993 – 5 StR 688/92, wistra 1993, 224.
[113] Vgl. dazu Sowada 425 ff.
[114] Vgl. BGH v. 7. 4. 1995 – RiZ (R) 7/94, NJW 1995, 2494; Kissel/Mayer Rn. 22.
[115] Kissel NJW 2000, 462.
[116] BVerfG v. 25. 2. 1964 – 2 BvR 411/61, BVerfGE 17, 252 (257); BGH v. 30. 11. 1984 – RiZ (R) 9/84, MDR 1985, 319.
[117] BVerfG v. 25. 2. 1964 – 2 BvR 411/61, BVerfGE 17, 252 (258); BVerwG v. 28. 11. 1975 – VII C 47/73, BVerwGE 50, 11 (13) = NJW 1976, 1224; vgl. BVerfG v. 3. 12. 1990 – 2 BvR 785/90 und 1536/90, DRiZ 1991, 100.
[118] BVerwG v. 28. 11. 1975 – VII C 47/73, BVerwGE 50, 11 = NJW 1976, 1224; HessVGH v. 29. 12. 1981 – 1 TG 45/81, DRiZ 1984, 62; OVG Hamburg v. 19. 9. 1986 – Bs V 144/86, NJW 1987, 1215; KK-StPO/Diemer Rn. 4 mwN; krit Kornblum NJW 1977, 666; Müller NJW 1978, 975.
[119] OVG Hamburg v. 19. 9. 1986 – Bs V 144/86, NJW 1987, 1215.
[120] HessVGH v. 29. 12. 1981 – 1 TG 45/81, DRiZ 1984, 62; OVG Rheinland-Pfalz v. 3. 12. 2007 – 10 B 11104/07, DRiZ 2008, 93.
[121] HessVGH v. 15. 12. 1977 – VIII TG 3/77, DRiZ 1978, 120.
[122] BGH v. 9. 4. 2008 – 3 StR 376/08, BGHSt 53, 268 (274) = NJW 2009, 651.
[123] BVerfG v. 28. 4. 1971 – 2 BvL 14/70 und 27/71, BVerfGE 31, 47 (53) = DVBl. 71, 786 mit abl. Anm. Bettermann.
[124] BGH v. 14. 10. 1975 – 1 StR 108/75, BGHSt 26, 206 (208) = NJW 1976, 432.
[125] Vgl. BVerfG v. 16. 2. 2005 – 2 BvR 581/03, NJW 2005, 2689; BGH v. 30. 7. 1998 – 5 StR 574/97, BGHSt 44, 161 (165) = NJW 1999, 154.
[126] BGH v. 9. 4. 2009 – 3 StR 376/08, BGHSt 53, 268 = NJW 2009, 651; vgl. Rn. 25 f.
[127] BGH v. 13. 5. 1975 – 1 StR 138/75, MDR 1975, 770 (771).

55   Dienstliche Äußerungen zur Frage der Geschäftsverteilung sind grundsätzlich vom Vorsitzenden selbst abzugeben.[128]

§ 21 f [Vorsitz in den Spruchkörpern]

(1) Den Vorsitz in den Spruchkörpern bei den Landgerichten, bei den Oberlandesgerichten sowie bei dem Bundesgerichtshof führen der Präsident und die Vorsitzenden Richter.

(2) [1]Bei Verhinderung des Vorsitzenden führt den Vorsitz das vom Präsidium bestimmte Mitglied des Spruchkörpers. [2]Ist auch dieser Vertreter verhindert, führt das dienstälteste, bei gleichem Dienstalter das lebensälteste Mitglied des Spruchkörpers den Vorsitz.

I. Geltungsbereich; Vorsitz beim Amtsgericht

1   § 21 f betrifft **nur LG, OLG und BGH**. Beim **AG** ist Vorsitzender dagegen jeweils der einzige mitwirkende Berufsrichter (Ausnahme ist das erweiterte SchG, § 29 Abs. 2). Die Vertretung des Berufsrichters ist daher zugleich Vertretung im Vorsitz.

II. Vorsitz in den Spruchkörpern (Abs. 1)

2   **1. Vorsitz im Kollegialgericht.** Jede Kammer (nicht aber die sog. kleine Strafvollstreckungskammer nach § 78 b Abs. 1 Nr. 2 GVG)[1] und jeder Senat muss einen **ständigen ordentlichen Vorsitzenden** haben. Seine Bestimmung ist Teil der vorschriftsmäßigen Besetzung iSd. § 338 Nr. 1 StPO.[2] Es ist nicht zulässig, zB wegen nicht besetzter Stellen oder längerer Verhinderung eines Richters[3] nur einen stellvertretenden Vorsitzenden, aber keinen Vorsitzenden zu bestimmen.

3   Umstritten ist, inwiefern der Vorsitzende noch einen **richtungweisenden Einfluss** auf den Geschäftsgang und die Rspr. des Spruchkörpers ausüben muss,[4] oder inwieweit dieser Gedanke dem Prinzip der unabhängigen Richters bezüglich der Beisitzer widerspricht. Wegen der ihm obliegenden Verhandlungsleitung in Sitzungen und Beratungen hat der Vorsitzende jedenfalls nach wie vor eine hervorgehobene Stellung.[5]

4   **2. Bestimmung.** Die Bestimmung des Vorsitzenden ist Teil der **Geschäftsverteilung** (§ 21 e Abs. 1 S. 1; für den Präs.: § 21 e Abs. 1 S. 3). Die Bestellung eines Richters als Vorsitzender mehrerer Strafkammern ist möglich,[6] jedoch nicht in ständiger, regelmäßiger Abwechslung mit seinem Stellvertreter.[7] Als Vorsitzender ist idR ein **Vorsitzender Richter** (§ 28 Abs. 2 DRiG) zu bestellen; lediglich für die Hilfsstrafkammer[8] sind nach hM Ausnahmen möglich.[9] Ein Richter am AG kann nicht zum ständigen Vorsitzenden einer ordentlichen StrK bestellt werden.[10] Vorsitzender am LG kann aber ein Vorsitzender Richter am OLG sein, der (auch mit einem Teil seiner Arbeitskraft) ans LG (rück-)abgeordnet wird; ihm kann das Präsidium insbesondere auch den (fortgesetzten) Vorsitz einer Kammer übertragen, in der er vor seiner Berufung zum OLG als Vorsitzender Richter am LG eine noch nicht beendete Hauptverhandlung geleitet hat.[11]

III. Vertretung des Vorsitzenden (Abs. 2)

5   **1. Vorübergehende Verhinderung.** Die Vertretung setzt eine **vorübergehende Verhinderung** des zu Vertretenden voraus,[12] dh., dass der Vorsitzende aus tatsächlichen oder rechtlichen Gründen

---

[128] Vgl. BGH v. 19. 9. 1978 – 5 StR 402/78, GA 1979, 222.
[1] Vgl. § 78 b Rn. 5.
[2] BGH v. 8. 1. 2009 – 5 StR 537/08, NJW 2009, 931.
[3] OLG Hamm v. 4. 11. 2003 – 3 Ss 572/03, StV 2004, 366.
[4] So jetzt wieder ausdrücklich BGH v. 8. 1. 2009 – 5 StR 537/08, NJW 2009, 931 (932); zur Rspr. vor Änderung des § 21 g vgl. BGH v. 9. 9. 1966 – 4 StR 226/66, BGHSt 21, 131 (133) = NJW 1966, 2368; BGH v. 16. 11. 1972 – 1 StR 418/72, BGHSt 25, 54 = NJW 1973, 205; BGH v. 22. 4. 1983 – RiZ (R) 4/82, BGHZ 88, 1 (6) = NJW 1984, 121, 130 mwN; vgl. aber auch BVerfG v. 3. 5. 2004 – 2 BvR 1825/02, NJW 2004, 3482 (3483).
[5] Meyer-Goßner Rn. 2; weitergehend Löwe/Rosenberg/*Breidling* Rn. 3; ausführlich zur Rolle des Vorsitzenden im Spruchkörper *Sowada* S. 407 ff.
[6] Im Einzelnen unten Rn. 19 ff.
[7] Vgl. OLG Düsseldorf v. 18. 4. 1994 – 2 Ss 51/94, StV 1994, 533; KK-StPO/*Diemer* Rn. 3; aM *Meyer-Goßner* Rn. 3.
[8] § 21 e Rn. 32 ff.
[9] S. u. Rn. 21.
[10] OLG Hamm v. 4. 11. 2003 – 3 Ss 572/03, StV 2004, 366.
[11] BGH v. 10. 12. 2008 – 1 StR 322/08, NJW 2009, 381.
[12] § 21 e Rn. 20 f.; BGH v. 9. 9. 1966 – 4 StR 226/66, BGHSt 21, 131 (133) = NJW 1966, 2368; BGH v. 28. 5. 1974 – 4 StR 37/74, NJW 1974, 1572 mAnm *Müller* S. 2242; BGH v. 27. 9. 1988 – 1 StR 187/88, NStZ 1989, 32; OLG Hamburg v. 2. 7. 1984 – 2 Ss 57/84, NStZ 1984, 570 = JR 1985, 36 mAnm *Katholnigg*.

seine Geschäftsaufgaben **nicht wahrnehmen kann**.[13] Ein Vertretungsfall ist es auch, wenn der Vorsitzende im Verfahren als Zeuge vernommen werden soll. Die bloße, nicht näher konkretisierte Möglichkeit hierzu genügt noch nicht zur Annahme eines Verhinderungsfalles.[14]

Unzulässig ist es, einen Teil der anhängig werdenden **Verfahren generell auf den Vertreter** ohne 6 Rücksicht darauf zu übertragen, ob im konkreten Fall ein Verhinderungsgrund besteht,[15] oder den Vorsitzenden generell durch einen Vertreter zu entlasten.[16]

2. Verhinderungsgründe. Zu den **tatsächlichen Gründen** zählen zB Abordnung, Urlaub, Krank- 7 heit[17] und Unerreichbarkeit. Eine Verhinderung liegt aber auch vor bei **Überlastung** durch Arbeitsanhäufung in Rspr.-Aufgaben und anderen übertragenen Obliegenheiten,[18] zB durch die Vorbereitung eines Großverfahrens oder die Fertigung des schriftlichen Urteils (§ 275 StPO).[19]

Unkenntnis der Akten kann in einer großen Sache ein Hinderungsgrund sein, wenn der Richter 8 kurzfristig den Vorsitzenden vertreten soll.[20] Einer Beteiligung als Beisitzer steht die Verhinderung in einem solchen Fall nicht entgegen.[21]

Als **rechtliche Verhinderungsgründe** kommen zB Ausschluss und erfolgreiche Ablehnung nach 9 §§ 22–24 StPO oder eine vorrangige andere Aufgabe bei Vorsitz in zwei Kammern[22] in Betracht.

3. Feststellung der Verhinderung. a) Durch den Vorsitzenden der Kammer. Der Vorsitzende der 10 Kammer hat die Verhinderung (auch seine eigene) **festzustellen**, wenn sie nur auf Rspr.-Aufgaben der Kammer beruht und keine Auswirkungen auf andere Kammern hat.[23]

b) Durch den Präsidenten. Der PräsLG stellt in allen übrigen Fällen die Verhinderung fest,[24] 11 auch wenn es sich um seine eigene Verhinderung in seinen richterlichen Aufgaben handelt[25] oder ein Vorsitzender Richter sich wegen starker Belastung in der eigenen Strafkammer gehindert sieht, als Vertreter in einer anderen Kammer tätig zu werden.[26]

c) Feststellung. Die Feststellung sollte ausdrücklich, kann aber auch inzident (stillschweigend) 12 getroffen werden.[27] Bei **Offensichtlichkeit** ist sie entbehrlich,[28] auch hier kann sich aber eine deklaratorische Feststellung empfehlen.[29] Eine Nachholung der Feststellung ist im Rahmen des Verfahrens nach §§ 222a, 222b StPO möglich,[30] sonst nicht.[31]

4. Vertreterbestimmung. a) Regelmäßiger Vertreter (Abs. 2 S. 1). Die Bestimmung des regelmä- 13 ßigen Vertreters muss das Präsidium in der **Geschäftsverteilung** vornehmen.[32] Wenn er dennoch nicht bestimmt ist, ist mangels anderer Bestimmung in entsprechender Anwendung von Abs. 2 S. 2 dem nach § 20 DRiG dienstältesten Mitglied des Spruchkörpers die regelmäßige Vertretung übertragen.[33]

Wie Abs. 2 S. 2 zeigt, kann **ohne Rücksicht auf das Dienstalter** ein Mitglied des Spruchkörpers 14 zum regelmäßigen Vertreter bestimmt werden. Werden **mehrere Richter als Vertreter** bestellt, muss bestimmt sein, in welcher Reihenfolge sie berufen sind.[34]

b) Weitere Vertreter (Abs. 2 S. 2). Soweit kein durch das Präsidium bestimmter Vertreter 15 (mehr) vorhanden ist, regelt Abs. 2 S. 2 die weitere Vertretung. Die Regelung bestimmt die ständigen Mitglieder des Spruchkörpers, die Richter auf Lebenszeit sind und daher den Vorsitz führen

---

[13] Kissel/Mayer § 21e Rn. 114; Schrader StV 1991, 540.
[14] Meyer-Goßner Rn. 4 mwN; vgl. BGH v. 11. 2. 1958 – 1 StR 6/58, BGHSt 11, 206 = NJW 1958, 557.
[15] OLG Düsseldorf v. 18. 4. 1994 – 2 Ss 51/94, StV 1994, 533; Meyer-Goßner Rn. 4.
[16] OLG Hamburg 9. 10. 2002 – III – 43/02 – 1 Ss 112/02, StV 2003, 11.
[17] Dazu BGH v. 27. 9. 1988 – 1 StR 187/88, NStZ 1989, 32.
[18] BGH v. 4. 10. 1966 – 1 StR 282/66, BGHSt 21, 174 (175) = NJW 1967, 637; BGH v. 21. 3. 1989 – 4 StR 98/89, StV 1989, 338; BGH v. 5. 4. 1989 – 2 StR 39/89, StV 1989, 338.
[19] Meyer-Goßner Rn. 5.
[20] BGH v. 18. 2. 1966 – 4 StR 637/65, BGHSt 21, 40 (42) = NJW 1966, 941.
[21] Vgl. LG Frankfurt aM, Dienstgericht für Richter, v. 5. 7. 1979 – 2 X 1/78, DRiZ 1980, 311.
[22] S. u. Rn. 19 ff.
[23] BGH v. 17. 11. 1967 – 4 StR 452/67, NJW 1968, 512.
[24] BGH v. 29. 1. 1974 – 1 StR 533/73, NJW 1974, 870; BGH v. 17. 3. 1982 – 2 StR 414/81, NStZ 1982, 295 (296) mAnm Rieß; BGH v. 19. 12. 1990 – 2 StR 426/90, StV 1993, 398; Kissel/Mayer § 21e Rn. 148; Rieß DRiZ 1977, 292.
[25] BGH v. 4. 10. 1966 – 1 StR 282/66, BGHSt 21, 174 = NJW 1967, 637 (zu § 66 aF).
[26] BGH v. 22. 3. 1988 – 4 StR 35/88, NStZ 1988, 325; OLG Düsseldorf v. 18. 4. 1994 – 2 Ss 51/94, StV 1994, 533.
[27] BGH v. 21. 10. 1994 – V ZR 151/93, NJW 1995, 335.
[28] BGH v. 4. 12. 1962 – 1 StR 425/62, BGHSt 18, 162 (164); vgl. § 21e Rn. 20.
[29] Kissel/Mayer Rn. 145 mwN.
[30] BGH v. 1. 12. 1981 – 1 StR 393/81, BGHSt 30, 268 = NJW 1982, 1404; BGH v. 12. 6. 1985 – 3 StR 35/85, BGHSt 33, 234 (237) = NJW 1985, 2840; Meyer-Goßner § 222b StPO Rn. 12.
[31] BGH v. 4. 10. 1966 – 1 StR 282/66, BGHSt 21, 174 (179) = NJW 1967, 637.
[32] BGH v. 8. 1. 2009 – 5 StR 537/08 – NJW 2009, 931.
[33] Vgl. Meyer-Goßner Rn. 9.
[34] OLG Hamm v. 30. 9. 1997 – 3 Ss 847/97, StV 1998, 6; OLG Hamm v. 4. 11. 2003 – 3 Ss 572/03, StV 2004, 366.

dürfen (§ 28 Abs. 2 S. 2 DRiG), in der Reihenfolge ihres Dienstalters als Vertreter des Vorsitzenden. Ist kein Richter auf Lebenszeit im Spruchkörper mehr verfügbar, kann das Präsidium (§ 21 e Abs. 1) oder in Eilfällen der Präs. (§ 21 i Abs. 2) bestimmen, dass ein ständiges Mitglied des LG, das einem anderen Spruchkörper zugeteilt ist, den Vorsitzenden vertritt.[35]

16 c) **Vertreter aus demselben Spruchkörper**. Gehört **der Vertreter** nach Abs. 2 S. 1 oder S. 2 **demselben Spruchkörper** wie der Vorsitzende an, ist dieser Richter durch die Vertretung im Vorsitz verhindert, als Beisitzer mitzuwirken. Er wird als Beisitzer nach der spruchkörperinternen Regelung (§ 21 g Abs. 1) vertreten.

17 **5. Verhinderung während der Hauptverhandlung.** Tritt während der Hauptverhandlung eine Verhinderung des Vorsitzenden ein, gilt Abs. 2 nicht. Die Hauptverhandlung kann dann fortgesetzt werden, wenn ein Ergänzungsrichter (§ 192) zugezogen ist; in diesem Fall tritt an die Stelle des Vorsitzenden der Dienst-, ersatzweise der Lebensälteste,[36] der an der Hauptverhandlung mitwirkenden, vorsitzfähigen Richter.[37] Dieser wird wie ein anderer verhinderter mitwirkender Richter durch den Ergänzungsrichter ersetzt. Scheidet während der Hauptverhandlung der Vorsitzende wegen Eintritts in den Ruhestand aus, und ist der mit der Geschäftsverteilung (auch nach § 21 e III) bestimmte neue Vorsitzende bisher Ergänzungsrichter gewesen, kann dieser die Verhandlung als Vorsitzender fortsetzen.[38]

18 **6. Dauernde Verhinderung.** Bei **dauernder Verhinderung**, zB Ruhestand, Versetzung oder sonstigem Ausscheiden aus dem Gericht, muss ein **neuer Vorsitzender bestellt** werden,[39] auch schon bei länger andauernder Erkrankung,[40] insbesondere, wenn die **Dauer der Verhinderung nicht absehbar** ist.[41] Die Neubestellung muss ohne ungebührliche Verzögerung erfolgen[42] und darf insbesondere nicht aus haushaltsrechtlichen Gründen verzögert werden.[43]

IV. Vorsitz in mehreren Spruchkörpern

19 **1. Vorsitz in zwei ordentlichen Spruchkörpern.** Zulässig ist allgemein, dass ein Richter den Vorsitz in mehr als einem Spruchkörper führt;[44] auch hier sollte das **Rangverhältnis** der Tätigkeit für die beiden Kammern festgelegt werden. Ist für den Fall der Kollision keine Regelung im Geschäftsverteilungsplan getroffen, entscheidet der PräsLG.[45] Im Kollisionsfall tritt in der Kammer, die den Nachrang hat, der Vertreter (Abs. 2) an die Stelle des Vorsitzenden. Der Präs. oder ein Vorsitzender Richter kann neben seiner Aufgabe als Vorsitzender in einem Spruchkörper **auch** in einem anderen **als Beisitzer** eingesetzt werden.[46]

20 Wird davon ausgegangen, dass der Vorsitzende immer noch einen **richtungweisenden Einfluss** ausüben muss,[47] ist ggf. die Zuständigkeit mehrerer unter seinem Vorsitz stehender Spruchkörper so einzuengen, dass er diesen Einfluss wahrnehmen kann.[48] Er muss in diesen Spruchkörpern mindestens 75% der Aufgaben des Vorsitzenden selbst wahrnehmen können.[49]

21 **2. Vorsitz in einem ordentlichen Spruchkörper und einer HilfsStrK.**[50] Für die HilfsStrK gilt das **Vorsitzenden-Prinzip des Abs. 1** nach ganz überwiegender Meinung **nicht**.[51] Ordentliche StrK und HilfsStrK dürfen in der Hand desselben Vorsitzenden bleiben.

---

[35] BGH v. 18. 2. 1966 – 4 StR 637/65, BGHSt 21, 40 (42) = NJW 1966, 941.
[36] S. o. Rn. 13.
[37] Löwe/Rosenberg/*Breidling* Rn. 35; *Meyer-Goßner* Rn. 15.
[38] BGH v. 8. 1. 2009 – 5 StR 537/08, NJW 2009, 931.
[39] BVerwG v. 25. 7. 1985 – 3 C 4/85, NJW 1986, 1366.
[40] BGH v. 13. 9. 2005 – VI ZR 137/04, DRiZ 2006, 352.
[41] OLG Celle v. 22. 9. 1992 – 2 Ss 172/92, StV 1993, 66 (über 3 Monate hinaus ungeklärte Verhinderung des Vorsitzenden).
[42] BVerwG v. 25. 7. 1985 – 3 C 4/85, NJW 1986, 1366; OLG Oldenburg v. 5. 12. 2000 – Ss 271/00 (I 206), StraFo 2001, 131; OLG Oldenburg v. 15. 11. 2000 – Ss 306/00 (I 164), StV 2003, 12; vgl. BVerfG v. 30. 3. 1965 – 2 BvR 341/60, BVerfGE 18, 423 (426) = NJW 1965, 1223.
[43] BGH v. 11. 7. 1985 – VII ZB 6/85, BGHZ 95, 246 = NJW 1985, 2337; OLG Hamburg v. 2. 7. 1984 – 2 Ss 57/84, NStZ 1984, 570; s. auch *Sowada* 292: höchstens 3 Monate.
[44] BGH v. 13. 12. 1951 – 3 StR 683/51, BGHSt 2, 71 (72) = NJW 1952, 395; *Meyer-Goßner* Rn. 11.
[45] *Rieß* DRiZ 1977, 291.
[46] BGH v. 22. 4. 1983 – RiZ (R) 4/82, BGHZ 88, 1 (6) = NJW 1984, 129.
[47] S. o. Rn. 3.
[48] BGH v. 16. 11. 1972 – 1 StR 418/72, BGHSt 25, 54 (59) = NJW 1973, 205.
[49] BGH v. 19. 6. 1962 – GSZ 1/61 v. 19. 6. 1962, BGHZ 37, 210; *Meyer-Goßner* Rn. 11.
[50] § 21 e Rn. 32 ff.
[51] BGH v. 11. 11. 1958 – 1 StR 532/58, BGHSt 12, 104 = NJW 1959, 108; BGH v. 21. 12. 1962 – 4 StR 224/62, BGHSt 18, 176 (178); BGH v. 7. 6. 1983 – 4 StR 9/83, BGHSt 31, 389 = JR 1983, 519 mAnm *Katholnigg* = NStZ 1984, 84 mAnm *Frisch*; KK-StPO/*Diemer* Rn. 1; Löwe/Rosenberg/*Breidling* Rn. 12; *Meyer-Goßner* Rn. 12; aA Kissel/Mayer Rn. 7; SK-StPO/*Velten* Rn. 3; vgl. auch *Sowada* S. 352 ff.

V. Revision

Ist zum Vorsitzenden einer ordentlichen StrK dauerhaft ein Richter am LG statt ein Vorsitzender Richter am LG bestimmt, begründet das die Revision (§ 338 Nr. 1 StPO).[52]   22

§ 21 g [Geschäftsverteilung innerhalb des Spruchkörpers]

(1) [1]Innerhalb des mit mehreren Richtern besetzten Spruchkörpers werden die Geschäfte durch Beschluss aller dem Spruchkörper angehörenden Berufsrichter auf die Mitglieder verteilt. [2]Bei Stimmengleichheit entscheidet das Präsidium.

(2) Der Beschluss bestimmt vor Beginn des Geschäftsjahres für dessen Dauer, nach welchen Grundsätzen die Mitglieder an den Verfahren mitwirken; er kann nur geändert werden, wenn es wegen Überlastung, ungenügender Auslastung, Wechsels oder dauernder Verhinderung einzelner Mitglieder des Spruchkörpers nötig wird.

(3) Absatz 2 gilt entsprechend, soweit nach den Vorschriften der Prozessordnungen die Verfahren durch den Spruchkörper einem seiner Mitglieder zur Entscheidung als Einzelrichter übertragen werden können.

(4) Ist ein Berufsrichter an der Beschlussfassung verhindert, tritt der durch den Geschäftsverteilungsplan bestimmte Vertreter an seine Stelle.

(5) § 21 i Abs. 2 findet mit der Maßgabe entsprechende Anwendung, dass die Bestimmung durch den Vorsitzenden getroffen wird.

(6) Vor der Beschlussfassung ist den Berufsrichtern, die von dem Beschluss betroffen werden, Gelegenheit zur Äußerung zu geben.

(7) § 21 e Abs. 9 findet entsprechende Anwendung.

I. Allgemeines

§ 21 g betrifft in Ergänzung zu der vom Präsidium für das gesamte Gericht aufgestellten Geschäftsverteilung (§ 21 e) die Verteilung der Aufgaben innerhalb der Kammer oder des Senats. § 21 g gilt auch für die StVollstrK, die Kollegialgericht ist (§ 78 b Abs. 1 Nr. 1). Praktische Bedeutung hat vor allem die Festlegung, **welche Richter bei den einzelnen Verfahren mitwirken**, wenn der Spruchkörper überbesetzt ist oder nicht in voller Besetzung verhandelt bzw. entscheidet (**Mitwirkungsplan**);[1] dabei handelt es sich auch um die Bestimmung des gesetzlichen Richters iS von Art. 101 Abs. 1 S. 2 GG, § 16 S. 2.[2]   1

Die Geschäftsverteilung erfolgt durch Beschluss **aller Berufsrichter** des Spruchkörpers, nicht mehr durch den Vorsitzenden allein.   2

II. Geschäftsverteilung innerhalb des Spruchkörpers (Abs. 1 S. 1, Abs. 2 Hs. 1, Abs. 3)

1. **Grundsätze. a) Jährlichkeitsprinzip.** Die kammer- bzw. senatsinterne Geschäftsverteilung ist von den Richtern des Spruchkörpers **im Voraus** jeweils **für die Dauer des Jahres** festzulegen (Jährlichkeitsprinzip, Abs. 2 Hs. 1).[3] Mit Ablauf des Jahres tritt sie ohne Weiteres außer Kraft.[4]   3

b) **Keine ständige Übertragung von Vorsitzendenaufgaben.** Grundsätzlich **unzulässig** ist es, **Vorsitzendenaufgaben** (zB Terminierung), auch teilweise, zur ständigen Wahrnehmung auf den Vertreter des Vorsitzenden (§ 21 f Abs. 2 S. 1) oder ein anderes Mitglied der Kammer bzw. des Senats zu übertragen.[5]   4

c) **Einzelrichter (Abs. 3).** Diese Regelung hat im Strafrecht keinen Anwendungsbereich.   5

2. **Mitwirkungsplan.** Für die Fälle, **in denen nicht alle Kammer- oder Senatsmitglieder** an einer Entscheidung (und ggf. der vorangehenden Verhandlung) mitwirken, muss die interne Geschäftsverteilung **abstrakt-generell** möglichst eindeutig **im Voraus** regeln,[6] welche Richter mitzuwirken haben. Das gilt sowohl für den „**überbesetzten**" Spruchkörper[7] wie auch für die **Zweierbesetzung**   6

---

[52] OLG Oldenburg v. 13. 4. 2000 – Ss 68/00 (I 49), StraFo 2000, 237.
[1] S. u. Rn. 6 ff.
[2] Vgl. § 16 Rn. 6; § 21 e Rn. 1.
[3] Vgl. BGH v. 17. 9. 1996 – I ZR 93/96, NJW 1999, 796.
[4] BGH v. 17. 9. 1996 – I ZR 93/96, NJW 1999, 796 (797) mwN.
[5] *Meyer-Goßner* Rn. 1.
[6] BVerfG v. 8. 4. 1997 – 1 PBvU 1/95, BVerfGE 95, 322 (329) = NJW 1997, 1497; dazu ausführlich Kissel/*Mayer* Rn. 9 ff.; BGH v. 25. 5. 2009 – II ZR 259/07, NJW-RR 2009, 1264.
[7] § 21 e Rn. 12 f.

der großen Strafkammer nach § 76 Abs. 2.[8] Geschäftsverteilungs- und Mitwirkungspläne eines Gerichts dürfen keinen vermeidbaren Spielraum bei der Heranziehung der einzelnen Richter zur Entscheidung einer Sache lassen; das schließt aber die Verwendung unbestimmter Begriffe (vgl. zB § 21e Abs. 3 S. 1 und § 21g Abs. 2 Hs. 2) nicht aus.[9]

7   Die Mitwirkungsgrundsätze müssen ein **System** ergeben, aus dem die Besetzung des Spruchkörpers bei der einzelnen Entscheidung regelmäßig ableitbar ist.[10] Danach sind verschiedene Methoden denkbar. Grundsätzlich ist zB die Verteilung nach **Aktenzeichen, Zählkarte, Wohnort** oder **Anfangsbuchstabe** des Angeklagten, nach **Rechtsgebieten** oder in Rechtsmittelsachen nach dem **Gericht der Ausgangsentscheidung** möglich.[11] Möglich ist auch die Bestimmung der Besetzung durch die Auswahl des **Berichterstatters**; dieser muss dann – was sonst nicht erforderlich ist –[12] in der spruchkörperinternen Geschäftsverteilung bestimmt werden.[13] Auch **Sachzusammenhang**, eine **frühere Befassung mit der Sache** oder besondere **Eilbedürftigkeit** können bei den Mitwirkungsgrundsätzen berücksichtigt werden;[14] eine abstrakt-generelle Regelung für solche Fälle wird allerdings selten praktikabel sein.[15]

8   **Unzulässig** ist es hingegen (im Gegensatz zur Schöffenbesetzung, bei denen eine andere Lösung nicht möglich ist), wenn die Bestimmung der mitwirkenden Berufsrichter erst durch die Terminierung auf **bestimmte Termintage** festgelegt wird, für die zuvor bestimmte **Spruchgruppen** gebildet worden sind.[16]

9   3. **Lücken in der Geschäftsverteilung.** Nicht vorbedachte Einzelfälle können mit Auslegung nach allgemeinen Grundsätzen gelöst werden, bei der auch ständige Übung berücksichtigt werden kann. Durch Auslegung nicht zu schließende Lücken können durch **ergänzende Regelungen** geschlossen werden, für die die einschränkenden Voraussetzungen nach Abs. 2 S. 2 nicht gelten.[17]

III. Verfahren, Beschlussfassung und Form (Abs. 1 S. 1, 2, Abs. 4–7)

10   1. **Verfahren und Beschlussfassung.** Die spruchkörperinterne Geschäftsverteilung wird **durch Beschluss aller Berufsrichter**, die ordentliche Mitglieder der Kammer bzw. des Senats sind, aufgestellt. Es gilt das Mehrheitsprinzip (vgl. Abs. 1 S. 2). Die Geschäftsverteilung sollte so früh geplant werden, dass alle Spruchkörpermitglieder am Beschluss mitwirken können (und nicht zB durch ihren Weihnachtsurlaub verhindert sind), damit nicht die wenig geglückte[18] Vertretungsregelung des Abs. 4 Anwendung finden muss.

11   Die **Anhörung (Abs. 6)** ist für die Richter von Bedeutung, die dem Spruchkörper im Zeitpunkt der Beschlussfassung noch nicht angehören, später aber von dem Mitwirkungsplan betroffen werden.

12   Abs. 5 gewährt eine **Eilkompetenz für den Vorsitzenden** entspr. derjenigen des Präsidenten in § 21i Abs. 2, dessen S. 2–4 entsprechend anzuwenden sind.

13   2. **Form.** Der Beschluss ist **schriftlich** niederzulegen,[19] von den Mitwirkenden zu unterschreiben[20] und in der dazu bestimmten **Geschäftsstelle** des Gerichts **zur Einsichtnahme** aufzulegen (Abs. 7 iVm. § 21e Abs. 9).

IV. Änderungen (Abs. 2 Hs. 2), Abweichungen

14   1. **Änderungen.** Die **Änderungsgründe** entsprechen denen des § 21e Abs. 3. Die Änderung ist wie die Aufstellung der internen Jahresgeschäftsverteilung durch **Beschluss** zu treffen und in der Geschäftsstelle aufzulegen.

---

[8] BGH v. 29. 9. 1999 – 1 StR 460/99, NJW 2000, 371 = JR 2000, 166 mAnm *Katholnigg*; BGH v. 5. 5. 2004 – 2 StR 383/03, BGHSt 49, 130 (135) = NJW 2004, 2992.
[9] BVerfG v. 8. 4. 1997 – 1 PBvU 1/95, BVerfGE 95, 322 (329) = NJW 1997, 1497; Kissel/*Mayer* Rn. 15; *Meyer-Goßner* Rn. 4.
[10] BGH v. 5. 5. 1994 – VGS 1 – 4/93, BGHZ 126, 63 = NJW 1994, 1735 = NStZ 1994, 443 mAnm *Katholnigg* = JZ 1994, 1175 mAnm *Kissel*.
[11] BVerfG v. 27. 5. 2005 – 2 BvR 26/02, NJW 2005, 2540; Kissel/*Mayer* Rn. 18.
[12] S. u. Rn. 16 f.
[13] BVerfG v. 8. 4. 1997 – 1 PBvU 1/95, BVerfGE 95, 322 (331); Kissel/*Mayer* Rn. 17.
[14] Vgl. BVerfG v. 8. 4. 1997 – 1 PBvU 1/95, BVerfGE 95, 322 (332) = NJW 1997, 1497; BGH v. 5. 5. 1994 – VGS 1 – 4/93, BGHZ 126, 63 (80) = NJW 1994, 1735 (1738) = NStZ 1994, 443.
[15] So auch Kissel/*Mayer* Rn. 20.
[16] BVerfG v. 8. 4. 1997 – 1 PBvU 1/95, BVerfGE 95, 322 (331) = NJW 1997, 1497; KK-StPO/*Diemer* Rn. 5; vgl. Kissel/*Mayer* Rn. 19; aM *Meyer-Goßner* Rn. 4.
[17] KK-StPO/*Diemer* Rn. 5.
[18] *Meyer-Goßner* Rn. 7.
[19] BVerfG v. 8. 4. 1997 – 1 PBvU 1/95, BVerfGE 95, 322 (328) = NJW 1997, 1497; BGH v. 5. 5. 1994 – VGS 1 – 4/93, BGHZ 126, 63 (86) = NJW 1994, 1735 (1740) = NStZ 1994, 443; BGH v. 5. 5. 2004 – 2 StR 383/03, BGHSt 49, 130 (135) = NJW 2004, 2992.
[20] *Meyer-Goßner* Rn. 6.

2. Abweichungen im Einzelfall. Eine Abweichung vom spruchkörperinternen Mitwirkungsplan 15
im Einzelfall ist **nicht zulässig**, und zwar auch nicht bei Vorliegen eines sachlichen Grundes,[21]
weil nur der nach abstrakt-generellen Regeln vorbestimmte Richter der gesetzliche Richter iSd.
Art. 101 Abs. 1 S. 2 GG ist.[22]

V. Berichterstatter

Die **Bestellung des Berichterstatters** muss grundsätzlich[23] nicht durch die spruchkörperinterne 16
Geschäftsverteilung geregelt werden. Ob ein und ggf. welcher Richter zum **Berichterstatter** bestimmt wird, ist nämlich keine Frage der Gerichtsbesetzung, sondern ein grundsätzlich spruchkörperinterner Vorgang (vgl. auch § 197 S. 3, wonach ein Berichterstatter gerade nicht vorausgesetzt ist); es gibt keinen „**gesetzlichen Berichterstatter**".[24] Ein Berichterstatter ist gesetzlich nur in der Rechtsmittelverhandlung (§§ 324 Abs. 1 S. 1, 351 Abs. 1 StPO) vorgesehen und muss auch dort nicht identisch mit dem Richter sein, der spruchkörperintern die Sache vorbereitet.[25]

Der Berichterstatter ergibt sich, soweit die Große Strafkammer in der **Zweierbesetzung** (§ 76 17
Abs. 2) entscheidet, idR mit dem einzigen Beisitzer von selbst; der Vorsitzende kann aber auch selbst die Berichterstattung übernehmen. Im Übrigen kann die Berichterstattung sowohl im Voraus in der Geschäftsverteilung, wie auch im Einzelfall vom Vorsitzenden bestimmt werden; letzteres wird zB dann sinnvoll sein, wenn einem Richter, der sich erstmals ins Strafrecht einarbeitet, in der Einarbeitungszeit geeignete Verfahren zugewiesen werden sollen.

VI. Revision

Mit der **Besetzungsrüge** (§ 338 Nr. 1 StPO) kann nur die willkürliche oder sonst missbräuchli- 18
che Nichteinhaltung der Mitwirkungsgrundsätze[26] gerügt werden. In der **Begründung** müssen die spruchkörperinternen Vorgänge, die sich aus den nach Abs. 7 aufliegenden Mitwirkungsgrundsätzen ergeben, angegeben werden.[27]

§ 21 h [Vertretung des Präsidenten oder des aufsichtführenden Richters]

¹Der Präsident oder aufsichtführende Richter wird in seinen durch dieses Gesetz bestimmten Geschäften, die nicht durch das Präsidium zu verteilen sind, durch seinen ständigen Vertreter, bei mehreren ständigen Vertretern durch den dienstältesten, bei gleichem Dienstalter durch den lebensältesten von ihnen vertreten. ²Ist ein ständiger Vertreter nicht bestellt oder ist er verhindert, wird der Präsident oder aufsichtführende Richter durch den dienstältesten, bei gleichem Dienstalter durch den lebensältesten Richter vertreten.

1. Allgemeines. Die Vorschrift betrifft die ständige Vertretung des Präs. oder aufsichtführenden 1
Richters im Bereich der sog. **justizförmigen Verwaltungstätigkeit**. Dazu gehören der Vorsitz im Präsidium (§ 21 a) und die anderen Aufgaben des Präs. nach §§ 21 a ff.; diese Aufgaben werden in richterlicher Unabhängigkeit ausgeübt.¹ Der ständige Vertreter des Präsidenten in diesem Sinn ist der **Vizepräsident**. Für die „**reine**" **JV** gilt dagegen Landesrecht, für die Vertretung bei **richterlichen Aufgaben** gilt § 21 f Abs. 2.

2. Vertretung bei Verhinderung des ständigen Vertreters. Die Vertretung durch andere Richter 2
gilt subsidiär, wenn der ständige Vertreter verhindert (S. 1) oder ein solcher nicht bestimmt ist (S. 2).

3. Feststellung des Vertretungsfalles. Die Feststellung des Vertretungsfalles trifft der Vertretene, 3
notfalls der Vertreter.

---

[21] So aber *Meyer-Goßner* Rn. 10 ohne Berücksichtigung der Rspr. des BVerfG.
[22] BVerfG v. 8. 4. 1997 – 1 PBvU 1/95, BVerfGE 95, 322 (329) = NJW 1997, 1497.
[23] BVerfG v. 8. 4. 1997 – 1 PBvU 1/95, BVerfGE 95, 322 (331) = NJW 1997, 1497; s. aber oben Rn. 7.
[24] BVerfG v. 8. 4. 1997 – 1 PBvU 1/95, BVerfGE 95, 322 (331); BVerfG v. 30. 4. 1997 – 2 BvR 817/90, 728/92, 802 und 1065/95, BVerfGE 96, 27 = NJW 1997, 1497 (1498/99) = JR 1997, 278 mit insoweit krit. Anm. *Berkemann* und *Katholnigg*; BGH v. 5. 5. 1994 – VGS 1 – 4/93, BGHZ 126, 63 (79, 84) = NJW 1994, 1735 (1739) = NStZ 1994, 443 mAnm *Katholnigg* = JZ 1994, 1175 mAnm *Kissel*; *Kissel/Mayer* Rn. 41; KK-StPO/*Diemer* Rn. 1; so im Ergebnis auch *Meyer-Goßner* Rn. 2.
[25] Vgl. *Meyer-Goßner* § 324 StPO Rn. 3.
[26] BGH v. 15. 6. 1967 – 1 StR 516/66, BGHSt 21, 250 = NJW 1967, 1622; BGH v. 13. 12. 1979 – 4 StR 632/79, BGHSt 29, 162 = NJW 1980, 951; vgl. BVerfG v. 8. 4. 1997 – 1 PBvU 1/95, BVerfGE 95, 322 (330, 333) = NJW 1997, 1497.
[27] *Meyer-Goßner* Rn. 11; vgl. zur Reichweite des erforderlichen Vortrags BGH v. 30. 7. 1998 – 5 StR 574/97, BGHSt 44, 161 (162) = NJW 1999, 154.
¹ BGH v. 6. 12. 1973 – 4 StR 554/73, BGHSt 25, 257 = NJW 1974, 509; vgl. Löwe/Rosenberg/*Breidling* Rn. 3.

§ 21i [Beschlussfähigkeit des Präsidiums; Notkompetenz]

(1) Das Präsidium ist beschlußfähig, wenn mindestens die Hälfte seiner gewählten Mitglieder anwesend ist.

(2) ¹Sofern eine Entscheidung des Präsidiums nicht rechtzeitig ergehen kann, werden die in § 21e bezeichneten Anordnungen von dem Präsidenten oder aufsichtführenden Richter getroffen. ²Die Gründe für die getroffene Anordnung sind schriftlich niederzulegen. ³Die Anordnung ist dem Präsidium unverzüglich zur Genehmigung vorzulegen. ⁴Sie bleibt in Kraft, solange das Präsidium nicht anderweit beschließt.

I. Beschlussfähigkeit (Abs. 1)

1 1. **Beschlussfähigkeit des Präsidiums.** Abs. 1 gilt nur für den Fall, dass das Präsidium zu einer Sitzung zusammentritt.[1] Ist der Präsident verhindert, wird sein Vertreter (§ 21c Abs. 1 S. 1) nicht mitgezählt, auch wenn er gewähltes Mitglied des Präsidiums ist.[2]

2 2. **Umlaufverfahren.** Abs. 1 macht das Umlaufverfahren[3] nicht unzulässig,[4] welches insbesondere für eilige und nicht umstrittene Änderungen der Geschäftsordnung (§ 21e Abs. 3) in Betracht kommt.

II. Eilzuständigkeit (Abs. 2)

3 1. **Notkompetenz.** Kann das Präsidium nicht rechtzeitig entscheiden, kann der Vorsitzende des Präsidiums (**Abs. 2 S. 1**; § 21a Abs. 2), bei seiner Verhinderung der Vertreter nach § 21h, ersatzweise die erforderlichen Bestimmungen treffen. **Von sich aus darf das Präsidium** keine seiner Aufgaben auf den Vorsitzenden übertragen.[5]

4 2. **Inhalt.** Der Vorsitzende trifft die Anordnung **nach pflichtgemäßem Ermessen** in eigener Verantwortung,[6] möglichst **nach Anhörung** der von der Änderung betroffenen Richter.[7] Die Eilanordnung kann, wenn der Geschäftsverteilungsplan hierfür nicht ausreicht, auch vorübergehend im Einzelfall eine **Vertretungsregelung** bestimmen.

5 3. **Entscheidung durch das Präsidium** (Abs. 2 S. 2–4). Die Eilanordnung hebt die Zuständigkeit des Präsidiums nicht auf, wie Abs. 2 S. 2 klarstellt. Sie bleibt aber in Kraft, bis dieses sachlich anders beschließt (Abs. 2 S. 4). Sieht das Präsidium nach der Vorlage keinen Grund zur Änderung der Eilanordnung, hat es festzustellen, dass zu einer abweichenden Entscheidung kein Anlass besteht.[8]

III. Revision

6 Das Revisionsgericht kann auf die Besetzungsrüge (§ 338 Nr. 1 StPO) nur prüfen, ob der Vorsitzende bei seiner Eilentscheidung nach Abs. 2 den **Rechtsbegriff der Verhinderung** verkannt hat,[9] **nicht** jedoch, ob die **tatsächlichen Voraussetzungen** für eine Eilanordnung nach Abs. 2 oder für eine Verhinderung eines Vertreters[10] vorgelegen haben.

§ 21j [Neu errichtete Gerichte]

(1) ¹Wird ein Gericht errichtet und ist das Präsidium nach § 21a Abs. 2 Nr. 1 bis 4 zu bilden, so werden die in § 21e bezeichneten Anordnungen bis zur Bildung des Präsidiums von dem Präsidenten oder aufsichtführenden Richter getroffen. ²§ 21i Abs. 2 Satz 2 bis 4 gilt entsprechend.

(2) ¹Ein Präsidium nach § 21a Abs. 2 Nr. 1 bis 4 ist innerhalb von drei Monaten nach der Errichtung des Gerichts zu bilden. ²Die in § 21b Abs. 4 Satz 1 bestimmte Frist beginnt mit dem auf

---

[1] *Meyer-Goßner* Rn. 1.
[2] Vgl. § 21c Rn. 1.
[3] § 21a Rn. 9; vgl. auch § 33 StPO Rn. 14.
[4] BVerwGE v. 25. 4. 1991 – 7 C 11/90, BVerwGE 88, 159 = NJW 1992, 254; BGH v. 30. 7. 1998 – 5 StR 574/97, BGHSt 44, 161 (164) = NJW 1999, 154; Löwe-Rosenberg/*Breidling* § 21e Rn. 75; *A. Schmidt* DRiZ 1973, 163; *Meyer-Goßner* Rn. 1.; aM Thomas/Putzo/*Hüßtege* § 21e Rn. 6; vgl. auch KK-StPO/*Diemer* § 21a Rn. 7 (seltene Ausnahme).
[5] *Meyer-Goßner* Rn. 2.
[6] BGH v. 16. 11. 1976 – 5 StR 480/76, MDR (H) 1977, 461.
[7] KK-StPO/*Diemer* Rn. 2.
[8] So auch *Meyer-Goßner* Rn. 2; aM *Katholnigg* Rn. 3 (nichts zu veranlassen).
[9] BGH v. 5. 8. 1958 – 5 StR 160/58, BGHSt 12, 33 (34) = NJW 1958, 1692.
[10] BGH v. 5. 8. 1958 – 5 StR 160/58, BGHSt 12, 33 (34) = NJW 1958, 1692; BGH v. 16. 11. 1976 – 5 StR 480/76, MDR (H) 1977, 461.

die Bildung des Präsidiums folgenden Geschäftsjahr, wenn das Präsidium nicht zu Beginn eines Geschäftsjahres gebildet wird.

(3) An die Stelle des in § 21d Abs. 1 bezeichneten Zeitpunkts tritt der Tag der Errichtung des Gerichts.

(4) ¹Die Aufgaben nach § 1 Abs. 2 Satz 2 und 3 und Abs. 3 der Wahlordnung für die Präsidien der Gerichte vom 19. September 1972 (BGBl. I S. 1821) nimmt bei der erstmaligen Bestellung des Wahlvorstandes der Präsident oder aufsichtführende Richter wahr. ²Als Ablauf des Geschäftsjahres in § 1 Abs. 2 Satz 2 und § 3 Satz 1 der Wahlordnung für die Präsidien der Gerichte gilt der Ablauf der in Absatz 2 Satz 1 genannten Frist.

Die Vorschrift regelt die Bildung von Präsidien und die Festlegung der Geschäftsverteilung bei der Neuerrichtung von Gerichten. 1

DRITTER TITEL. AMTSGERICHTE

§ 22 [Richter beim Amtsgericht]

(1) Den Amtsgerichten stehen Einzelrichter vor.

(2) Einem Richter beim Amtsgericht kann zugleich ein weiteres Richteramt bei einem anderen Amtsgericht oder bei einem Landgericht übertragen werden.

(3) ¹Die allgemeine Dienstaufsicht kann von der Landesjustizverwaltung dem Präsidenten des übergeordneten Landgerichts übertragen werden. ²Geschieht dies nicht, so ist, wenn das Amtsgericht mit mehreren Richtern besetzt ist, einem von ihnen von der Landesjustizverwaltung die allgemeine Dienstaufsicht zu übertragen.

(4) Jeder Richter beim Amtsgericht erledigt die ihm obliegenden Geschäfte, soweit dieses Gesetz nichts anderes bestimmt, als Einzelrichter.

(5) ¹Es können Richter kraft Auftrags verwendet werden. ²Richter auf Probe können verwendet werden, soweit sich aus Absatz 6, § 23b Abs. 3 Satz 2, § 23c Abs. 2 oder § 29 Abs. 1 Satz 2 nichts anderes ergibt.

(6) Ein Richter auf Probe darf im ersten Jahr nach seiner Ernennung Geschäfte in Insolvenzsachen nicht wahrnehmen.

I. Amtsgerichte

1. Einrichtung von Amtsgerichten. Für die **Errichtung und Aufhebung** von Amtsgerichten sowie 1 für die **Änderung des Gerichtsbezirks**[1] und die Verlegung des **Gerichtssitzes** gilt der **Vorbehalt des Gesetzes.**[2] Zuständigkeitskonzentrationen ermöglicht § 58.

2. Zweigstellen. Zweigstellen von Amtsgerichten sind **Spruchabteilungen** desselben Gerichts.[3] 2 Soweit nichts anderes bestimmt ist, ist die Zweigstelle in ihrem Bezirk für sämtliche gerichtlichen Geschäfte zuständig. Die Besetzung der Außenstelle bestimmt das Präsidium des Amtsgerichts mit dem Geschäftsverteilungsplan. Die Errichtung oder Aufhebung von Zweigstellen von Amtsgerichten kann durch die LJV erfolgen und muss nicht in Form einer Rechtsverordnung ergehen.[4]

Besteht sowohl **im Bezirk des Hauptgerichts** als auch im Bezirk der Zweigstelle ein Gerichts- 3 stand, hat die StA das Wahlrecht.[5] Da die Zweigstelle gegenüber der Hauptstelle des Amtsgerichts kein selbstständiges Gericht ist, können **Schriftsätze** fristwahrend sowohl beim Hauptgericht als auch bei der Zweigstelle eingereicht werden.[6]

II. Richter am Amtsgericht

1. Einzelrichterprinzip (Abs. 1, 4). Am AG entscheidet grundsätzlich der Einzelrichter als 4 Spruchkörper. Abweichungen bestimmen §§ 28ff. (Schöffengericht) und § 35 Abs. 2 JGG (Jugendschöffengericht); auch in diesen Fällen wird aber nur ein Berufsrichter tätig (Ausnahme ist das erweiterte Schöffengericht nach § 29 Abs. 2).

---

[1] BVerfG v. 10. 6. 1953 – 1 BvF 1/53, BVerfGE 2, 307.
[2] Vgl. § 12 Rn. 4.
[3] OLG Zweibrücken v. 6. 7. 1984 – 1 Ss 139/84, VRS 68 (1985), 54 (55); Kissel/*Mayer* Rn. 2.
[4] Kissel/*Mayer* Rn. 2; *Meyer-Goßner* Rn. 4.
[5] *Meyer-Goßner* Rn. 4.
[6] BayObLG v. 29. 1. 1975 – 1 St 227/74, NJW 1975, 946; OLG Zweibrücken v. 6. 7. 1984 – 1 Ss 139/84, VRS 68 (1985), 54; *Katholnigg* Rn. 2; Kissel/*Mayer* Rn. 2.

GVG §§ 22a, 22b *Gerichtsverfassungsgesetz*

5   **2. Doppelernennung von Richtern (Abs. 2).** Einem Richter am AG kann gleichzeitig ein weiteres Richteramt bei einem anderen AG oder einem LG übertragen werden (s. auch § 27 Abs. 2 DRiG und § 59 Abs. 2). Ist diese Bestellung durch die LJV erfolgt, kann das Präsidium des weiteren Gerichts den Richter zur Dienstleistung ohne Weiteres heranziehen; eine zusätzliche besondere Zuweisung des Richters an dieses Gericht durch die LJV ist nicht nötig.[7] Eine **Zustimmung des Richters** ist nur dann erforderlich, wenn mit der Übertragung des weiteren Richteramtes diesem mehr als die Hälfte der Arbeitskraft des Richters zugewiesen werden soll.[8] **Ohne Doppelernennung** kann der Richter am AG bei der auswärtigen Strafkammer (§ 78) oder der Strafvollstreckungskammer (§ 78 b Abs. 2) des Landgerichts eingesetzt werden.

6   **3. Richter auf Probe und Richter kraft Auftrags (Abs. 5, 6); Abordnung.** Richter auf Probe und Richter kraft Auftrags dürfen neben Richtern auf Lebenszeit am Amtsgericht (mit der Einschränkung des Abs. 6 für Proberichter) tätig sein. Sie können ohne besondere Ernennung bei mehreren Gerichten beschäftigt werden (§§ 13, 16 Abs. 2 DRiG). Durch die **Abordnung** (§ 37 DRiG) können sowohl am Amtsgericht ernannte Richter an anderen Gerichten tätig sein wie auch umgekehrt.

7   **4. Anzahl der Richterstellen.** Die Anzahl der Richterstellen bestimmt die LJV.[9]

III. Dienstaufsicht (Abs. 3)

8   Zur Allgemeinen Dienstaufsicht iSd. Abs. 3 gehört **nicht die Dienstaufsicht über Richter** (§ 26 DRiG) und **Rechtspfleger** (§ 9 RPflG).[10]

§ 22a [Präsidium bei den Amtsgerichten]

Bei Amtsgerichten mit einem aus allen wählbaren Richtern bestehenden Präsidium (§ 21a Abs. 2 Satz 1 Nr. 5) gehört der Präsident des übergeordneten Landgerichts oder, wenn der Präsident eines anderen Amtsgerichts die Dienstaufsicht ausübt, dieser Präsident dem Präsidium als Vorsitzender an.

1   **1. Anwendungsbereich.** § 22a betrifft Amtsgerichte mit mindestens zwei, aber weniger als acht Richterplanstellen. Für das Einrichtergericht gilt § 22b.

2   **2. Vertretung.** §§ 21c, 21h (Vertretung des Präs.)[1] und § 21i Abs. 2 (Notkompetenz) sind anwendbar.[2]

§ 22b [Amtsgericht mit nur einem Richter]

(1) Ist ein Amtsgericht nur mit einem Richter besetzt, so beauftragt das Präsidium des Landgerichts einen Richter seines Bezirks mit der ständigen Vertretung dieses Richters.

(2) Wird an einem Amtsgericht die vorübergehende Vertretung durch einen Richter eines anderen Gerichts nötig, so beauftragt das Präsidium des Landgerichts einen Richter seines Bezirks längstens für zwei Monate mit der Vertretung.

(3) [1]In Eilfällen kann der Präsident des Landgerichts einen zeitweiligen Vertreter bestellen. [2]Die Gründe für die getroffene Anordnung sind schriftlich niederzulegen.

(4) Bei Amtsgerichten, über die der Präsident eines anderen Amtsgerichts die Dienstaufsicht ausübt, ist in den Fällen der Absätze 1 und 2 das Präsidium des anderen Amtsgerichts und im Falle des Absatzes 3 dessen Präsident zuständig.

1   **1. Ständiger Vertreter (Abs. 1).** Zum ständigen Vertreter des einzigen Richters an einem Amtsgericht kann jeder Richter des Landgerichts oder eines anderen Amtsgerichts im LG-Bezirk bestellt werden.

2   **2. Vorläufiger Vertreter (Abs. 2).** Ein vorläufiger Vertreter kann nach Abs. 2 bestellt werden, wenn die Geschäftsaufgaben des Amtsgerichts weder vom zuständigen Richter, noch von seinem nach Abs. 1 bestellten Vertreter wahrgenommen werden können. Die **Beschränkung auf zwei**

---
[7] BGH v. 18. 1. 1972 – 5 StR 438/71, BGHSt 24, 283 = NJW 1972, 779.
[8] BGH v. 23. 8. 1976 – RiZ (R) 2/76, BGHZ 67, 159.
[9] Vgl. auch § 60 Rn. 2.
[10] Vgl. KK-StPO/*Hannich* Rn. 9f.
[1] Kissel/*Mayer* Rn. 3.
[2] Kissel/*Mayer* Rn. 5; Meyer-Goßner Rn. 2.

Monate bedeutet, dass danach die Vertretung ohne Weiteres beendet ist. Eine Verlängerung der Vertretung durch denselben oder einen anderen Vertreter ist jedoch, ebenfalls auf zwei Monate beschränkt, möglich.[1]

Die **Aufteilung der Vertretung** des (ganz oder teilw.) verhinderten Richters beim AG auf zwei Richter des Bezirks des Präsidiums ist zulässig.[2] Eine **Abordnung** (§ 37 DRiG) oder eine **Verwendungsanordnung** für Richter auf Probe oder Richter kraft Auftrags (§§ 13, 16 Abs. 2 DRiG) ist an Stelle einer (weiteren oder erstmaligen) Bestellung nach Abs. 2 möglich und im Fall einer länger dauernden Vertretungssituation vorzugswürdig.

3. Notzuständigkeit (Abs. 3). Die Notzuständigkeit nach Abs. 3 ist eine Sonderregelung gegenüber § 21i Abs. 2; auch in diesem Fall ist die Anordnung entspr. § 21i Abs. 2 S. 3 dem Präsidium zur Überprüfung vorzulegen.[3]

§ 22c [Gemeinsamer Bereitschaftsdienst]

(1) [1]Die Landesregierungen werden ermächtigt, durch Rechtsverordnung zu bestimmen, dass für mehrere Amtsgerichte im Bezirk eines Landgerichts ein gemeinsamer Bereitschaftsdienstplan aufgestellt wird oder ein Amtsgericht Geschäfte des Bereitschaftsdienstes ganz oder teilweise wahrnimmt, wenn dies zur Sicherstellung einer gleichmäßigeren Belastung der Richter mit Bereitschaftsdiensten angezeigt ist. [2]Zu dem Bereitschaftsdienst sind die Richter der in Satz 1 bezeichneten Amtsgerichte heranzuziehen. [3]In der Verordnung nach Satz 1 kann bestimmt werden, dass auch die Richter des Landgerichts heranzuziehen sind. [4]Über die Verteilung der Geschäfte des Bereitschaftsdienstes beschließt nach Maßgabe des § 21e das Präsidium des Landgerichts im Einvernehmen mit den Präsidien der betroffenen Amtsgerichte. [5]Kommt eine Einigung nicht zustande, obliegt die Beschlussfassung dem Präsidium des Oberlandesgerichts, zu dessen Bezirk das Landgericht gehört.

(2) Die Landesregierungen können die Ermächtigung nach Absatz 1 auf die Landesjustizverwaltungen übertragen.

I. Allgemeines (Abs. 1 S. 1–3, Abs. 2)

1. Zweck. Die Vorschrift soll eine **gleichmäßigere Belastung der Richter** mit Bereitschaftsdiensten gewährleisten. Die jetzige Fassung des § 22c ist Folge der Rspr. des BVerfG zur „Gefahr im Verzug",[1*] die zu einer erheblich stärkeren Inanspruchnahme des richterlichen Bereitschaftsdienstes geführt hat. Die Regelungskompetenz liegt bei den Landesregierungen (**Abs. 1 S. 1**), welche sie den LJVen übertragen können (**Abs. 2**).

2. Konzentrationskompetenz (Abs. 1 S. 1, 2). Für die gleichmäßigere Belastung der Richter, sowohl an dienstfreien Tagen wie auch außerhalb der üblichen Dienstzeiten an normalen Werktagen, kann der Bereitschaftsdienst **für mehrere AG-Bezirke**, die zum selben LG-Bezirk gehören, **zusammengefasst** werden. Dabei stehen zwei Möglichkeiten zur Verfügung:

a) **Gemeinsamer Bereitschaftsdienst mehrerer Amtsgerichte.** In diesem Fall wird für mehrere AGe ein gemeinsamer Bereitschaftsdienstplan aufgestellt (sog. **Bereitschaftsdienstpool**).

b) **Gemeinsamer Bereitschaftsdienst bei einem Amtsgericht.** In diesem Fall werden einem AG alle oder einige Geschäfte des Bereitschaftsdienstes der beteiligten AGe übertragen; der bei einem anderen AG oder der (im Fall des Abs. 1 S. 3) beim LG beschäftigte Richter trifft die Entscheidungen im Bereitschaftsdienst dann nach außen für das AG, dem diese Geschäfte übertragen sind.

3. Einbeziehung der Richter am Landgericht (Abs. 1 S. 3). Richter des LG können unter Berücksichtigung der örtlichen und personellen Umstände, zB der generellen Belastung dieser Richter mit Bereitschaftsdiensten und der Notwendigkeit einer Entlastung der Richter der AG, zum Bereitschaftsdienst herangezogen werden.[2*] Geschieht dies, ist die Heranziehung grundsätzlich auf **alle Richter des LG** einschließlich der Vorsitzenden Richter zu erstrecken.[3*] Die Bereitschaftsdienst leistenden Richter nehmen dann Aufgaben des AG war (so dass auch § 22d gilt); einer besonderen Ernennung oder Zustimmung des Richters bedarf es dazu nicht.[4]

---

[1] Kissel/*Mayer* Rn. 5; KK-StPO/*Hannich* Rn. 2; aM *Katholnigg* Rn. 2; *Meyer-Goßner* Rn. 2.
[2] *Meyer-Goßner* Rn. 2.
[3] *Meyer-Goßner* Rn. 7; KK-StPO/*Hannich* Rn. 5; aM *Katholnigg* Rn. 3.
[1*] Vgl. BVerfG v. 20. 2. 2001 – 2 BvR 1444/00, BVerfGE 103, 142; BVerfG v. 28. 9. 2006 – 2 BvR 87/06, NJW 2007, 1444.
[2*] Vgl. BT-Drucks. 14/9266 S. 39.
[3*] *Meyer-Goßner* Rn. 3.
[4] *Meyer-Goßner* Rn. 3; Zöller/*Lückemann* Rn. 3; vgl. auch KK-StPO/*Hannich* Rn. 2a; Kissel/*Mayer* Rn. 5.

II. Geschäftsverteilung für den Bereitschaftsdienst (Abs. 1 S. 4, 5)

6 **1. Zuständigkeit.** Die Verteilung der Geschäfte des Bereitschaftsdienstes und die Aufstellung des Bereitschaftsdienstplanes beschließt das **Präsidium des LG** (§ 21 a) im **Einvernehmen mit den Präsidien der betroffenen AGe** (§§ 21 a Abs. 2 Nr. 5, 22 a). Falls es zwischen diesen Präsidien nicht zu einer Einigung kommt, entscheidet das Präsidiums des übergeordneten OLG (Abs. 1 S. 5).

7 **2. Inhalt.** Der Bereitschaftsdienstplan legt Beginn und Ende des Bereitschaftsdienstzeitraums fest, trifft die **Zuständigkeitsabgrenzung** gegenüber dem nach dem regulären Geschäftsverteilungsplan zuständigen Richter, soweit der Bereitschaftsdienst sich auch auf nicht dienstfreie Tage erstreckt, und bestimmt insbesondere auch, **welcher Richter** (und im Fall des Bereitschaftsdienstpools) **welches Gericht** wann den Bereitschaftsdienst wahrnimmt.[5]

§ 22 d [Abweichen von der Geschäftsverteilung]

Die Gültigkeit der Handlung eines Richters beim Amtsgericht wird nicht dadurch berührt, daß die Handlung nach der Geschäftsverteilung von einem anderen Richter wahrzunehmen gewesen wäre.

1 **1. Allgemeiner Rechtsgrundsatz.** Der in § 22 d niedergelegte Grundsatz gilt für **Einzelrichter** ebenso wie für **Schöffengerichte**, darüber hinaus als allgemeiner Rechtsgrundsatz auch für **Kollegialgerichte**.[1]

2 **2. Inhalt.** Die Regelung besagt, dass eine Entscheidung auch bei **Abweichung von einem gesetzmäßigen Geschäftsverteilungsplan** gültig (und nicht etwa nichtig) ist; dadurch ist allerdings eine Anfechtbarkeit im Rechtsmittelzug nicht ausgeschlossen.[2]

3 **3. Revision.** In der Revision wird auf die Besetzungsrüge (§ 338 Nr. 1 StPO) die **Gesetzmäßigkeit des Geschäftsverteilungsplans** geprüft;[3] bei **Abweichung** vom gesetzmäßigen Geschäftsverteilungsplan kann nur Willkür oder Missbrauch geltend gemacht werden.[4]

§§ 23–23 e (betreffen Zivilsachen)

§ 24 [Zuständigkeit des Amtsgerichts]

(1) In Strafsachen sind die Amtsgerichte zuständig, wenn nicht
1. die Zuständigkeit des Landgerichts nach § 74 Abs. 2 oder § 74 a oder des Oberlandesgerichts nach § 120 begründet ist,
2. im Einzelfall eine höhere Strafe als vier Jahre Freiheitsstrafe oder die Unterbringung des Beschuldigten in einem psychiatrischen Krankenhaus, allein oder neben einer Strafe, oder in der Sicherungsverwahrung (§§ 66 bis 66 b des Strafgesetzbuches) zu erwarten ist oder
3. die Staatsanwaltschaft wegen der besonderen Schutzbedürftigkeit von Verletzten der Straftat, die als Zeugen in Betracht kommen, des besonderen Umfangs oder der besonderen Bedeutung des Falles Anklage beim Landgericht erhebt.

(2) Das Amtsgericht darf nicht auf eine höhere Strafe als vier Jahre Freiheitsstrafe und nicht auf die Unterbringung in einem psychiatrischen Krankenhaus, allein oder neben einer Strafe, oder in der Sicherungsverwahrung erkennen.

Schrifttum: *Radtke/Bechtoldt*, Bewegliche Zuständigkeiten (§ 29 II 1 GVG) und die Bedeutung der Rechtsfolgenerwartung (§ 25 Nr. 2 GVG), GA 2002, 586; *Rieß*, Die Bestimmung der sachlichen Zuständigkeit und verwandter Entscheidungen im Strafrecht, GA 1976, 1; *F. C. Schroeder*, Die Anklageerhebung beim LG und beim BGH wegen der „besonderen Bedeutung des Falles", MDR 1965, 177.

I. Allgemeines

1 **1. Grundsätzliche Zuständigkeit.** In Strafsachen ist das AG **grundsätzlich zuständig**. Seine Zuständigkeit entfällt nur in den Ausnahmefällen des Abs. 1 Nrn. 1–3 und bei nicht ausreichender

---

[5] KK-StPO/*Hannich* Rn. 3; *Meyer-Goßner* Rn. 5; zur Organisation des Bereitschaftsdiensts auch *Falk* DRiZ 2007, 151.
[1] KK-StPO/*Hannich* Rn. 1; Kissel/*Mayer* Rn. 5 mwN; *Meyer-Goßner* Rn. 1.
[2] Kissel/*Mayer* Rn. 2 f.; KK-StPO/*Hannich* Rn. 1.
[3] Dazu § 21 e Rn. 52 ff.
[4] BGH v. 22. 11. 1957 – 4 StR 497/57, BGHSt 11, 106 (109 f.) = NJW 1958, 429; *Meyer-Goßner* § 338 StPO Rn. 7 mwN; vgl. auch § 16 Rn. 7.

Strafgewalt (Abs. 2). In **Binnenschifffahrtssachen**[1] ist im ersten Rechtszug das AG zuständig (§§ 1, 2 Abs. 2 BinSchVfG).

2. Strafrichter und Schöffengericht. In Strafsachen gliedert sich das AG in Strafrichter (§ 25) und SchG (§§ 28 ff.); beide sind Gerichte verschiedener Ordnung.[2] **Grundsätzlich ist das SchG zuständig** (§ 28), wenn nicht (praktisch der weit häufigere Fall) der Strafrichter zuständig ist.

Als **Jugendgerichte** des AG sind Strafrichter (Jugendrichter) und Jugendschöffengericht in §§ 33 Abs. 2, 3, 33 a, 39, 40, 108 JGG geregelt; auch dort gilt die grundsätzliche Zuständigkeit des Schöffengerichts (§ 40 Abs. 1 JGG), soweit nicht der Jugendrichter (§ 39 JGG) oder die Jugendkammer beim Landgericht (§ 41 JGG) zuständig ist.

3. Keine Abweichungen zum Zweck der Verbindung. Unzulässig ist es, allein zum **Zweck der Verbindung** mit einem beim LG anhängigen **Berufungsverfahren** ein nach § 24 zur Zuständigkeit des AG gehörendes Verfahren beim LG anzuklagen[3] oder ein beim AG anhängiges Verfahren dorthin abzugeben.[4]

II. Ausnahmen von der Zuständigkeit des AG (Abs. 1 Nr. 1–3)

1. SchwurG- und Staatsschutzsachen (Nr. 1). Für SchwurG-Sachen (§ 74 Abs. 2) und Staatsschutzsachen (§§ 74 a, 120) ist das AG niemals zuständig. Ist eine solche Sache bereits zum Amtsgericht angeklagt, hat dieses nach §§ 209 Abs. 2, 225 a, 270 StPO vorzugehen.

2. Rechtsfolgenerwartung (Nr. 2). Das Amtsgericht darf **keine Freiheitsstrafe über vier Jahre**, **keine Unterbringung** (§ 63 StGB), und **keine Sicherungsverwahrung** (§ 66 StGB), auch nicht nach Vorbehalt (§ 66 a StGB) oder nachträglich (§ 66 b StGB), anordnen (Abs. 2). Dementsprechend ist es nach Nr. 2 auch nur zuständig, wenn keine dieser Rechtsfolgen zu erwarten ist.

Ob eine solche die Strafgewalt des AG übersteigende Rechtsfolgenerwartung besteht, ist durch eine **überschlägige Prognoseentscheidung** unter Berücksichtigung der nach § 160 Abs. 2 StPO ermittelten rechtsfolgenerheblichen Umstände zu bestimmen, ähnlich der Entscheidung über den hinreichenden Tatverdacht (§§ 170 Abs. 1, 203 StPO).[5] Bei einer Gesamtstrafenbildung ist die Gesamtstrafe maßgebend.[6] Geldstrafen, Nebenstrafen und Nebenfolgen werden nicht berücksichtigt.[7]

3. Besondere Umstände des Falles (Nr. 3). Wie auch §§ 74 Abs. 1 S. 2, 74 a Abs. 2, 74 b, 120 Abs. 2, 142 a Abs. 4 bestimmt Nr. 3 eine „**bewegliche Zuständigkeitsregelung**".[8] Mit Art. 101 Abs. 1 GG und § 16 ist sie vereinbar,[9] jedoch nur bei **verfassungskonformer Auslegung**.[10] Diese führt dazu, dass die StA ohne Wahlrecht die Anklage zum LG erheben muss, wenn sie die Voraussetzungen der Nr. 3 bejaht. Sie hat also **keinen Ermessensspielraum**,[11] sondern die Aufgabe, den unbestimmten Rechtsbegriff der besonderen Bedeutung auszulegen und den konkreten Fall darunter zu subsumieren.[12]

Soweit die besondere Schutzbedürftigkeit, der besondere Umfang oder die besondere Bedeutung nicht offensichtlich ist, ist **in der Anklageschrift darzulegen**, aus welchen Umständen sich das jeweilige Zuständigkeitsmerkmal der Nr. 3 ergibt (vgl. RiStBV 113 Abs. 2).[13] Eine danach notwendige Begründung kann die StA noch mit der Beschwerde gegen die Eröffnung vor dem niederen Gericht nachholen.[14]

a) Schutzbedürftigkeit von Verletzten der Straftat, die als Zeugen in Betracht kommen. Zweck dieser Vorschrift ist es insbesondere, Verletzten durch die Anklage zum LG (vgl. auch § 41 Abs. 1

---

[1] Vgl. § 14 Rn. 1 ff.
[2] § 25 Rn. 1.
[3] BGH v. 12. 12. 1991 – 4 StR 506/91, BGHSt 38, 172 = NJW 1992, 1775 mAnm *Rieß* NStZ 1992, 548; BGH v. 6. 2. 1992 – 4 StR 626/91, NStZ 1992, 397.
[4] BGH v. 24. 4. 1990 – 4 StR 159/90, BGHSt 37, 15 (19/20) = NJW 1991, 239.
[5] Vgl. OLG Karlsruhe v. 20. 2. 1997 – 2 Ss 216/96, StV 1998, 252 (253, 254); KK-StPO/*Hannich* Rn. 4; Kissel/ Mayer Rn. 7; *Meyer-Goßner* Rn. 4.
[6] Vgl. auch unten Rn. 18.
[7] KK-StPO/*Hannich* Rn. 4; Meyer-Goßner Rn. 4.
[8] *Meyer-Goßner* Rn. 5; Kissel/*Mayer* Rn. 10; KK-StPO/*Hannich* Rn. 5; *Rieß* GA 1976, 8.
[9] BGH v. 4. 10. 1956 – 4 StR 294/56, BGHSt 9, 367; BGH v. 11. 12. 1956 – 5 StR 382/56, NJW 1958, 918; aM *Herzog* StV 1993, 612 (verfassungswidrig). Vgl. auch LG Hechingen v. 28. 11. 2005 – 1 AR 31/05, NStZ-RR 2006, 51; *Heghmanns* DRiZ 2005, 291.
[10] BVerfG v. 19. 3. 1959 – 1 BvR 295/58, BVerfGE 9, 223 = NJW 1959, 871; *Eisenberg* NStZ 1990, 551; krit *Grünwald* JuS 1968, 452; Kissel/*Mayer* Rn. 11; *Meyer-Goßner* Rn. 5; KK-StPO/*Hannich* Rn. 5.
[11] BVerfG v. 19. 3. 1959 – 1 BvR 295/58, BVerfGE 9, 223 (229) = NJW 1959, 871; *Engelhardt* DRiZ 1982, 419.
[12] BT-Drucks. 15/1976 S. 19.
[13] Vgl. BVerfG v. 19. 3. 1959 – 1 BvR 295/58, BVerfGE 9, 223 (229) = NJW 1959, 871; BGH v. 10. 2. 1998 – 1 StR 760/97, NStZ-RR 1998, 336; OLG Hamburg v. 4. 3. 2005 – 2 Ws 22/05, NStZ 2005, 654.
[14] OLG Hamburg v. 4. 3. 2005 – 2 Ws 22/05, NStZ 2005, 654.

Nr. 4 JGG) eine zweite Tatsacheninstanz zu ersparen.[15] Das Vorliegen dieses Merkmals ist zu bejahen, wenn durch eine weitere Vernehmung erhebliche negative psychische Auswirkungen auf den Opfer-Zeugen zu befürchten sind. Das kommt insbesondere bei kindlichen oder erwachsenen Opfern von Sexualdelikten in Betracht, aber auch bei Opfern anderer Straftaten, die sich gegen höchstpersönliche Rechtsgüter richten.[16] Maßgeblich ist die **individuelle Schutzbedürftigkeit** des Zeugen im **konkreten Strafverfahren**.[17]

11 **b) Besonderer Umfang des Verfahrens.** Zum Landgericht kann eine Sache angeklagt werden, wenn sie wegen einer **Vielzahl von Angeklagten** und/oder Vielzahl von **Zeugen** besonders umfangreich ist, besondere Schwierigkeiten bei der **Beweiswürdigung** erkennbar (zB umfangreiche Sachverständigengutachten erforderlich) sind oder auch eine **lange Verfahrensdauer** voraussehbar ist.[18] Die zum LG anzuklagenden Verfahren müssen sich stets deutlich aus der großen Masse der Verfahren, die den gleichen Tatbestand betreffen, herausheben.[19] Der besondere Umfang muss daher noch über das hinausgehen, was die Anwendung des § 29 Abs. 2 (erweitertes Schöffengericht) rechtfertigt.[20] Eine Orientierung an einer Vielzahl von zu erwartenden Verhandlungstagen (zB sechs oder mehr)[21] ist denkbar.

12 **c) Besondere Bedeutung.** Gemeint sind Sachen, die sich aus tatsächlichen oder rechtlichen Gründen[22] **aus der Masse der durchschnittlichen Strafsachen nach oben herausheben**.[23] Die besondere Bedeutung kann sich insbesondere aus dem Ausmaß der Rechtsverletzung und den Auswirkungen der Straftat ergeben[24] (vgl. RiStBV 113 Abs. 1); dabei müssen die unverschuldeten Tatfolgen unberücksichtigt bleiben.[25]

13 Die **Prominenz** oder sonst **herausragende Stellung** des Beschuldigten oder des Verletzten im **öffentlichen Leben** kann die besondere Bedeutung ebenso begründen[26] wie das große (aber nicht nur regionale)[27] **Interesse der Medien und der Öffentlichkeit** an der Sache.[28] Im Übrigen können Persönlichkeit und Stellung des Beschuldigten insoweit von Bedeutung sein, als sie den Unrechtsgehalt der Tat erhöhen;[29] das kann im Einzelfall[30] bei schweren Berufsverfehlungen hoher Beamter oder Rechtsanwälte der Fall sein. Besondere Bedeutung können auch sonst Verfahren haben, die schwerwiegende öffentliche Interessen betreffen.[31]

14 **Keine besondere Bedeutung** ist idR begründet, wenn (nur) **schwierige Rechtsfragen** zu lösen sind.[32] Anders kann es sein, wenn ein besonderes Bedürfnis für die rasche Klärung einer grundsätzlichen, für eine Vielzahl gleich gelagerter Fälle bedeutsamen Rechtsfrage durch den BGH besteht.[33]

15 **4. Gerichtliche Prüfung.** Im Eröffnungsverfahren prüft das Gericht neben den Voraussetzungen der Nrn. 1, 2 auch die Entscheidung der StA im Rahmen der Nr. 3 **in vollem Umfang**.[34] Ist zum LG Anklage erhoben, und verneint dieses die Voraussetzungen der Nr. 3, eröffnet es die Sache nach § 209 Abs. 1 StPO vor dem AG. Ist dagegen Anklage zum AG erhoben und hält dieses die

---

[15] Vgl. zur Gesetzesfassung bis 2004 BGH v. 10. 5. 2001 – 1 StR 504/00, BGHSt 47, 16 = NJW 2001, 2984; OLG Zweibrücken v. 27. 1. 1995 – 1 Ws 675, 703/94, NStZ 1995, 357.
[16] *Meyer-Goßner* Rn. 6.
[17] LG Hechingen v. 28. 11. 2005 – 1 AR 31/05, NStZ-RR 2006, 51; *Meyer-Goßner* Rn. 6.
[18] Vgl. KG v. 27. 9. 2004 – 5 Ws 255/04, NStZ-RR 2005, 26; OLG Hamburg v. 1. 11. 1994 – 1 Ws 288/94, NStZ 1995, 252; OLG Karlsruhe v. 16. 10. 2000 – 2 Ws 304/99, StV 2003, 13 mit zust. Anm. *Heghmanns*; Kissel/*Mayer* Rn. 18.
[19] BT-Drucks. 15/1976 S. 19.
[20] OLG Düsseldorf v. 13. 9. 1996 – 2 Ws 355 – 363/96, StV 1997, 13.
[21] So *Heghmanns* DRiZ 2005, 290; Kissel/*Mayer* Rn. 18.
[22] OLG Bremen v. 4. 9. 1952 – Ws 97/52, JZ 1953, 150 mAnm *Busch*.
[23] OLG Düsseldorf v. 13. 9. 1996 – 2 Ws 355 – 363/96, StV 1997, 13; *Meyer-Goßner* Rn. 8.
[24] OLG Düsseldorf v. 17. 3. 1993 – 1 Ws 234 und 246/93, VRS 85 (1993), 204.
[25] Kissel/*Mayer* Rn. 15; *Schroeder* MDR 1965, 177.
[26] BGH v. 6. 11. 1959 – 4 StR 376/59, NJW 1960, 542 (544); OLG Bremen v. 4. 9. 1952 – Ws 97/52, JZ 1953, 150 mAnm *Busch*; OLG Koblenz v. 1. 6. 1995 – 1 Ws 296/95, wistra 1995, 282; *Schroeder* MDR 1965, 177.
[27] OLG Karlsruhe v. 18. 10. 1999 – 2 Ws 51/99, NStZ-RR 2000, 60.
[28] BGH v. 12. 2. 1998 – 4 StR 428/97, BGHSt 44, 34 (36) = NJW 1998, 2149 = JR 1998, 467 mit zust. Anm. *Dietmeier*; OLG Düsseldorf v. 17. 3. 1993 – 1 Ws 234 und 246/93, VRS 85 (1993), 204; *Meyer-Goßner* Rn. 8; einschr. OLG Saarbrücken v. 30. 10. 2001 – 1 Ws 151/01, wistra 2002, 118.
[29] OLG Stuttgart v. 12. 9. 1975 – 2 Ws 169/75, MDR 1975, 1042; vgl. auch OLG Düsseldorf v. 17. 3. 1993 – 1 Ws 234 und 246/93, VRS 85 (1993), 204; *Schroeder* MDR 1965, 177.
[30] Vgl. OLG Stuttgart v. 12. 9. 1975 – 2 Ws 169/75, MDR 1975, 1042.
[31] OLG Köln v. 7. 1. 1970 – 2 Ws 775/69, NJW 1970, 261 (Landfriedensbruch).
[32] OLG Bamberg v. 1. 10. 1956 – Ws 198/56, MDR 1957, 117.
[33] BGH v. 24. 4. 1997 – 1 StR 701/96, BGHSt 43, 53 = NJW 1997, 2689 = JZ 1998, 627 mAnm *Bernsmann* = JR 1999, 164 mAnm *Renzikowski*; OLG Bremen v. 4. 9. 1952 – Ws 97/52, JZ 1953, 150; LG Nürnberg-Fürth v. 16. 11. 1987 – 13 Kls 345 Js 31 316/87, NJW 1988, 2311 (2313).
[34] BVerfG v. 19. 3. 1959 – 1 BvR 295/58, BVerfGE 9, 223 (229) = NJW 1959, 871; OLG Hamburg v. 1. 11. 1994 – 1 Ws 288/94, NStZ 1995, 252; *Meyer-Goßner* Rn. 9; aM OLG Schleswig v. 15. 6. 1984 – 1 Ws 366/84, NStZ 1985, 74 (eingeschränkte Prüfungskompetenz auf Willkür).

besonderen Umstände nach Nr. 3 (oder die Voraussetzungen der Nrn. 1, 2) für gegeben, legt es die Sache nach § 209 Abs. 2 StPO dem LG vor.

Nach Eröffnung des Hauptverfahrens werden die Voraussetzungen des **Abs. 1 Nr. 3** nicht mehr 16 geprüft (sog. **Zuständigkeitsperpetuierung**),[35] wegen einer späteren Änderung der Beurteilung sind §§ 225 a, 270 StPO nicht anzuwenden.[36]

Stellt das Gericht dagegen fest, dass die Voraussetzungen des **Abs. 1 Nrn. 2, 3** doch zu bejahen 17 sind, muss es nach §§ 225 a, 270 StPO verfahren.

III. Rechtsfolgenkompetenz (Abs. 2)

1. Begrenzung der Strafgewalt. Die Begrenzung der Strafgewalt auf 4 Jahre gilt unabhängig da- 18 von, ob es sich um eine **Einzelstrafe oder** eine (auch nachträglich gebildete) **Gesamtstrafe** (§§ 53, 54, 55 StGB) handelt.[37] Werden in einem Urteil aber 2 getrennte, unter 4 Jahren liegende Freiheitsstrafen (Einzel- oder Gesamtstrafen) verhängt, ist die Strafgewalt des Amtsgerichts auch dann nicht überschritten, wenn die Summe der Strafen vier Jahre übersteigt.[38]

2. Erstreckung auf das Berufungsgericht. Auch die (kleine) **StrK als Berufungsgericht** darf keine 19 über Abs. 2 hinausgehende Rechtsfolge verhängen.[39] Hat dagegen die **Jugendkammer** in der Berufungsverhandlung die Strafgewalt nach § 108 Abs. 3 JGG iVm. § 24 Abs. 2 überschritten, ist das Urteil als erstinstanzlich zu behandeln.[40]

IV. Folgen der Unzuständigkeit; Revision

1. Sachliche Unzuständigkeit. a) Sachlich unzuständiges Gericht niederer Ordnung. Die Ver- 20 handlung vor einem sachlich unzuständigen Gericht niederer Ordnung führt zu einem **Verfahrenshindernis**; das ist insbesondere der Fall, wenn die Zuständigkeit des LG oder des OLG (Abs. 1) nicht beachtet worden ist[41] oder der Strafrichter entgegen § 25 Abs. 1 über den Vorwurf eines Verbrechens (vgl. § 12 Abs. 1 StGB) entscheidet. Erkennt das Amtsgericht einen solchen Fall in der Hauptverhandlung, muss es die Sache nach § 270 StPO an das sachlich zuständige Gericht verweisen. In der **Berufung** ist ein dennoch ergangenes Urteil des sachlich unzuständigen Amtsgerichts aufzuheben und die Sache an das zuständige Gericht zu verweisen (§ 328 Abs. 2 StPO); in der **Revision** wird das Urteil des ersten Rechtszuges aufgehoben und an das zuständige Gericht zurückverwiesen (§§ 354 Abs. 1, 2, 355 StPO).

b) Sachlich unzuständiges Gericht höherer Ordnung. Grundsätzlich führt die fehlerhafte An- 21 nahme eines Gerichts höherer Ordnung, es sei zur Entscheidung an Stelle des Gerichts niederer Ordnung berufen, dagegen **nicht zur Urteilsaufhebung** (§ 269 StPO). **Revisibel** sind solche Fehler aber, wenn (objektive) **Willkür** vorliegt.[42]

c) Fälle des Abs. 1 Nr. 3. Die Revision kann **nicht darauf gestützt** werden, dass die **besonderen** 22 **Umstände nach Abs. 1 Nr. 3** zu Unrecht angenommen oder nicht angenommen worden seien, sofern nicht Willkür (und somit ein Verstoß gegen Art. 101 Abs. 1 S. 2 GG) vorliegt.[43] Dabei hat das Revisionsgericht die objektive Sachlage zum Zeitpunkt der Eröffnungsentscheidung zugrunde zu legen.[44] Die Revision ist begründet, wenn **das SchG** willkürlich[45] seine Zuständigkeit bejaht hat, tatsächlich aber der Strafrichter zuständig gewesen wäre. So zB, wenn eine Freiheitsstrafe von mehr als zwei Jahren offenkundig ausgeschlossen ist, weil nur eine Geldstrafe in Betracht kommt (§ 25 Nr. 2).[46]

d) Notwendigkeit der Verfahrensrüge. Obwohl nach ganz überwiegender Meinung die Verlet- 23 zung der sachlichen Zuständigkeit **als Verfahrenshindernis von Amts wegen** vom Revisionsge-

---

[35] Vgl. KK-StPO/*Hannich* Rn. 12; *Kissel/Mayer* Rn. 22; *Meyer-Goßner* Rn. 10.
[36] BayObLG v. 8. 2. 1985 – RReg 2 St 165/84, BayObLGSt 1985, 33 = NStZ 1985, 470; *Rieß* GA 1976, 11 ff.
[37] BayObLG v. 10. 2. 2000 – 4 St RR 25/00, StraFo 2000, 230; *Löwe/Rosenberg/Siolek* Rn. 37; *Meyer-Goßner* Rn. 9.
[38] BGH v. 18. 9. 1986 – 4 StR 461/86, BGHSt 34, 159 = NJW 1987, 1211 mAnm *Schnarr* NStZ 1987, 236; vgl. auch *Fezer* JR 1988, 89.
[39] § 328 Rn. 10.
[40] BGH v. 16. 6. 2009 – 4 StR 647/08, NStZ 2010, 94.
[41] Vgl. aber Rn. 22.
[42] Vgl. § 16 Rn. 7.
[43] Vgl. BGH v. 22. 6. 1962 – 4 StR 156/62, VRS 23 (1962), 267 (268); BGH v. 13. 12. 1979 – 4 StR 562/79, GA 1980, 220.
[44] BGH v. 10. 5. 2001 – 1 StR 504/00, BGHSt 47, 16 = NJW 2001, 2984.
[45] Ausführlich OLG Bremen v. 6. 6. 1997 – Ss 16/97, NStZ-RR 1998, 53; OLG Karlsruhe v. 20. 2. 1997 – 2 Ss 216/96, StV 1998, 252.
[46] OLG Hamm v. 20. 10. 1994 – 2 Ss 1221/94, StV 1995, 182; OLG Oldenburg v. 11. 4. 1994 – Ss 122/94, NStZ 1994, 449.

richt zu berücksichtigen ist,[47] wird sie vom BGH teilweise nur auf **Verfahrensrüge** beachtet.[48] Es ist daher zu empfehlen, in der Revision die sachliche Unzuständigkeit nach § 338 Nr. 4 StPO mit einer Verfahrensrüge nach § 344 Abs. 2 S. 2 StPO geltend zu machen.[49]

24 **2. Überschreitung der Rechtsfolgengewalt.** Die Überschreitung der Rechtsfolgengewalt des Amtsgerichts (Abs. 2) berücksichtigt das Revisionsgericht **von Amts wegen;**[50] sie führt zur Urteilsaufhebung wegen Fehlens der sachlichen Zuständigkeit. Ein Verstoß des Berufungsgerichts gegen die Verpflichtung, das Urteil eines sachlich unzuständigen erstinstanzlichen Gerichts gem. § 328 Abs. 2 StPO aufzuheben, wird nur auf eine entspr. Verfahrensrüge geprüft.[51]

25 Mit der **Revision** kann aber nicht geltend gemacht werden, dass schon bei Eröffnung des Hauptverfahrens **vor dem Strafrichter** eine höhere Straferwartung als zwei Jahre bestanden habe.[52]

§ 25 [Zuständigkeit des Strafrichters]

Der Richter beim Amtsgericht entscheidet als Strafrichter bei Vergehen,
1. wenn sie im Wege der Privatklage verfolgt werden oder
2. wenn eine höhere Strafe als Freiheitsstrafe von zwei Jahren nicht zu erwarten ist.

I. Allgemeines

1 § 25 grenzt die Zuständigkeit des Strafrichters von der des SchG ab. Im Verhältnis zum SchG ist der Strafrichter ein Gericht **niederer Ordnung.**[1] Die Abgrenzung gehört zur **sachlichen Zuständigkeit** und ist daher nach § 6 StPO in jeder Lage des Verfahrens von Amts wegen zu prüfen; ihre Verletzung stellt ein in der **Revision** von Amts wegen zu beachtendes Verfahrenshindernis dar.[2] Für **Verbrechen** (§ 12 Abs. 1 StGB) ist der Strafrichter niemals zuständig.

II. Privatklagedelikte (Nr. 1)

2 Nr. 1 gilt nur bei Verfolgung von Privatklagedelikten (§ 374 StPO) durch den **Privatkläger** selbst. Verfolgt die Staatsanwaltschaft die Tat im öffentlichen Interesse (§ 376 StPO), ist nur die Nr. 2 maßgebend. Die Übernahme der Verfolgung durch die StA nach § 377 Abs. 2 StPO ändert an der Zuständigkeit des Strafrichters nichts.[3]

III. Rechtsfolgenerwartung von nicht mehr als zwei Jahren Freiheitsstrafe (Nr. 2)

3 **1. Rechtsfolgenerwartung.** Die sachliche Zuständigkeit des Strafrichters liegt vor, wenn bei Vergehen – nicht bei Verbrechen – eine konkrete Rechtsfolgenerwartung von nicht mehr als zwei Jahren Freiheitsstrafe besteht;[4] entscheidend ist nicht die wahrscheinliche, sondern die den oberen Rand der Straferwartung bildende Strafe.[5] Alle Vergehen mit einer derartigen Straferwartung sind beim Strafrichter und nicht beim SchG anzuklagen; darauf, ob die StA der Sache eine mindere Bedeutung zumisst, kommt es (im Gegensatz zur früheren Rechtslage) nicht an.[6]

4 Meint der Strafrichter bei der Eröffnungsentscheidung, dass eine **Freiheitsstrafe von mehr als zwei Jahren** zu erwarten ist, legt er die Sache dem Vorsitzenden des SchG vor (§ 209 Abs. 2 StPO). Der **Vorsitzende des SchG** kann dagegen eine bei ihm angeklagte Sache vor dem Straf-

---

[47] BGH v. 12. 2. 1998 – 4 StR 428/97, BGHSt 44, 34 (36) = NJW 1998, 2149; KK-StPO/*Hannich* Rn. 12 a mwN.
[48] BGH v. 22. 4. 1997 – 1 StR 701/96, BGHSt 43, 53 (56) = NJW 1997, 2689; vgl. KK-StPO/*Hannich* Rn. 12 a mwN.
[49] KK-StPO/*Kuckein* § 338 StPO Rn. 66.
[50] BGH v. 21. 10. 1969 – 5 StR 435/99, NJW 1970, 155; KK-StPO/*Hannich* Rn. 16.
[51] BGH v. 30. 7. 1996 – 5 StR 288/95, BGHSt 42, 205 = NJW 1997, 204; dagegen kritisch *Meyer-Goßner* Rn. 12.
[52] BayObLG v. 8. 2. 1985 – RReg 2 St 165/84, BayObLGSt 1985, 33 = NStZ 1985, 470; aM BayObLG v 7. 3. 1983 – 1 St 22/83, DAR 1984, 243; *Achenbach* NStZ 1985, 471.
[1] BGH v. 13. 8. 1963 – 2 ARs 172/63, BGHSt 19, 177 (178) = NJW 1964, 506; *Meyer-Goßner* Rn. 1 mwN.
[2] § 24 Rn. 20 ff.
[3] BGH v. 7. 11. 1957 – 2 ARs 143/57, BGHSt 11, 56 (61) = NJW 1958, 229; KK-StPO/*Hannich* Rn. 4; *Meyer-Goßner* Rn. 2.
[4] Vgl. § 24 Rn. 18.
[5] OLG Karlsruhe v. 20. 2. 1997 – 3 Ws 360/96, Justiz 1997, 403.
[6] OLG Hamm v. 20. 10. 1994 – 2 Ss 1221/94, StV 1995, 182; OLG Hamburg v. 1. 11. 1994 – 1 Ws 288/94, NStZ 1995, 252 (253); OLG Koblenz v. 23. 5. 1996 – 1 Ss 4/96, StV 1996, 588 mwN; OLG Köln v. 29. 12. 1995 – Ss 638/95 – 238, StraFo 1996, 55; *Rieß* NStZ 1995, 376; *Böttcher/Mayer* Rn. NStZ 1993, 157; *Fischer* NJW 1996, 1044; *Radtke/Bechtoldt* GA 2002, 589; *Werle* JZ 1991, 796; KK-StPO/*Hannich* Rn. 4; *Meyer-Goßner* Rn. 3; aM AG Höxter v. 18. 8. 1994 – 4 Ls 33 Js 173/94 (557/94), MDR 1994, 1139; *Fuhse* NStZ 1995, 165; *Hohendorf* NJW 1995, 1454; *H. Schäfer* DRiZ 1997, 169; *Siegismund/Wickern* wistra 1993, 137; vgl. auch *Kalf* NJW 1997, 1489.

richter eröffnen (§ 209 Abs. 1 StPO), wenn er dessen Zuständigkeit nach Nr. 2 für ausreichend hält.

2. Rechtsfolgenkompetenz. Der Strafrichter hat aber die gleiche Rechtsfolgenkompetenz wie das SchG, nämlich die des § 24 Abs. 2.[7] Erweist sich während der Hauptverhandlung, dass entgegen der Prognose in der Eröffnungsentscheidung **doch eine höhere Strafe als zwei Jahre Freiheitsstrafe** angemessen sein kann, kann der Einzelrichter bis zu vier Jahre Freiheitsstrafe verhängen. Eine Verweisung vom Strafrichter oder vom Jugendrichter an das Schöffengericht kommt daher in diesem Fall nicht in Betracht;[8] ebenso wenig kann hierdurch die Revision begründet sein.[9]

§ 26 [Zuständigkeit der Jugendschutzgerichte]

(1) ¹Für Straftaten Erwachsener, durch die ein Kind oder ein Jugendlicher verletzt oder unmittelbar gefährdet wird, sowie für Verstöße Erwachsener gegen Vorschriften, die dem Jugendschutz oder der Jugenderziehung dienen, sind neben den für allgemeine Strafsachen zuständigen Gerichten auch die Jugendgerichte zuständig. ²Die §§ 24 und 25 gelten entsprechend.

(2) In Jugendschutzsachen soll der Staatsanwalt Anklage bei den Jugendgerichten nur erheben, wenn in dem Verfahren Kinder oder Jugendliche als Zeugen benötigt werden oder wenn aus sonstigen Gründen eine Verhandlung vor dem Jugendgericht zweckmäßig erscheint.

I. Allgemeines, Anwendung des JGG in Jugendschutzsachen

Zweck der Vorschrift ist es, Sachkunde und Erfahrung des Jugendrichters etwa bei der Vernehmung kindlicher oder jugendlicher Geschädigter, bei der Würdigung ihrer Aussagen oder bei der Feststellung des Ausmaßes des Schadens, der an ihnen angerichtet worden ist, zu nutzen.[1] Die Vorschrift schafft eine **Doppelzuständigkeit** des allgemeinen und des Jugendgerichts in Jugendschutzsachen; mit Art. 101 Abs. 1 S. 2 GG ist sie vereinbar.[2] Wird eine Jugendschutzsache deshalb vor das JugG gebracht, gilt für das weitere Verfahren, auch für das Rechtsmittelverfahren,[3] dann das JGG, zB die Vorschriften über Besetzung (§ 33 Abs. 3 JGG) und Öffentlichkeit (§ 48 JGG). Für die Zuständigkeit des Jugendrichters bzw. des Jugendschöffengerichts beim AG (§ 33 Abs. 2 JGG) sind jedoch die §§ 24, 25 entspr. anstelle der §§ 39, 40 JGG anzuwenden (**Abs. 1 S. 2**); nach § 24 richtet sich auch die Zuständigkeitsabgrenzung zwischen dem AG und den Gerichten höherer Ordnung.[4] Für Jugendschutzsachen, für die im ersten Rechtszug das Landgericht zuständig ist, gilt § 74b.

II. Jugendschutzsachen (Abs. 1 S. 1)

Abs. 1 S. 1 bestimmt zwei Kategorien von Jugendschutzsachen:

1. Verletzung oder Gefährdung von Kindern und Jugendlichen. Jugendschutzsachen sind Straftaten, **durch die ein Kind oder ein Jugendlicher** unmittelbar oder mittelbar **verletzt oder unmittelbar gefährdet** wird; Straftaten gegen Heranwachsende (18 bis 20 Jahre alt, § 1 Abs. 2 JGG) fallen nicht darunter. Der zur Anklage führende Straftatbestand muss **nicht** nur oder in besonderer Weise dem Schutz von Kindern oder Jugendlichen dienen. § 26 ist nicht anwendbar, wenn die Tat zum Tod eines Kindes oder Jugendlichen geführt hat.[5]

2. Verstöße gegen Vorschriften des Jugendschutzes oder der Jugenderziehung. Jugendschutzsachen sind auch Straftaten gegen Vorschriften, die dem Jugendschutz oder der Jugenderziehung dienen; dies gilt **auch**, wenn sie sich **gegen Heranwachsende** richten.[6] In Betracht kommen insbesondere Verstöße gegen §§ 174, 176, 176a, 176b, 180, 180a Abs. 2 Nr. 1, 182, 235, 236 StGB, aber auch gegen die Vorschriften des Jugendarbeitsschutzgesetzes (JArbSchG), des Gesetzes zum Schutze der Jugend in der Öffentlichkeit (JÖSchG), des Gesetzes über die Verbreitung jugendge-

---

[7] BGH v. 6. 10. 1961 – 2 StR 362/61, BGHSt 16, 248; BGH v. 30. 7. 1996 – 5 StR 288/95, BGHSt 42, 205 (213) = NJW 1997, 204; BayObLG v. 8. 2. 1985 – RReg 2 St 165/84, BayObLGSt 1985, 33 (35) = NStZ 1985, 470 mit abl. Anm. *Achenbach*; OLG Düsseldorf v. 15. 6. 2000 – 1 Ws 293/00, StV 2000, 630 mwN; Löwe/Rosenberg/*Siolek* Rn. 12.
[8] BGH v. 3. 12. 2003 – 2 ARs 383/03 – 2 AR 249/03, StraFo 2004, 103.
[9] Vgl. § 24 Rn. 25.
[1] KK-StPO/*Hannich* Rn. 1.
[2] BGH v. 29. 10. 1959 – 2 StR 393/59, BGHSt 13, 297.
[3] OLG Saarbrücken v. 20. 5. 1965 – Ss 8/65, NJW 1965, 2313.
[4] KK-StPO/*Hannich* Rn. 4; *Meyer-Goßner* Rn. 1.
[5] *Meyer-Goßner* Rn. 2 mwN.
[6] BGH v. 20. 3. 1959 – 4 StR 416/58, BGHSt 13, 53 (59) = NJW 1959, 1093.

fährdender Schriften (GjS) und gegen die Vorschriften über die Schulpflicht,[7] generell aber **nicht** die Abgabe von Betäubungsmitteln an Jugendliche (§ 29a Abs. 1 Nr. 1 BtMG).[8]

III. Zuständigkeit von Jugendgericht und allgemeinem Strafgericht (Abs. 2)

4   1. **Wahl durch die Staatsanwaltschaft.** Nach Abs. 2 ist das JugG ausnahmsweise zuständig, wenn in dem Verfahren **Kinder oder Jugendliche als Zeugen** benötigt werden oder wenn eine Verhandlung vor dem JugG aus sonstigen Gründen zweckmäßig erscheint, insbesondere, wenn es auf die **besondere Sachkunde und Erfahrung** dieses Gerichts, auch bei der Vernehmung jugendlicher Zeugen und der Würdigung ihrer Aussagen,[9] ankommt. **Unter diesen Voraussetzungen** kann die StA die Sache vor das Jugendgericht **oder** vor das allgemeine Strafgericht bringen.[10]

5   2. **Eröffnungsentscheidung.** Für die Eröffnungsentscheidung des Gerichts ist die Entscheidung der StA nicht bindend;[11] es muss aber ebenfalls Abs. 2 beachten.[12] Das Erwachsenengericht kann eine Sache dem JugG vorlegen, wenn es die Voraussetzungen des Abs. 2 für gegeben hält (§ 209 Abs. 2 iVm. § 209a Nr. 2b) StPO). Ist zum JugG Anklage erhoben, kann dieses die Sache vor dem allgemeinen Strafgericht eröffnen (§§ 209 Abs. 1 iVm. § 209a Nr. 2b) StPO); insofern hat es die Kompetenz-Kompetenz.[13] **Nach Eröffnung** des Hauptverfahrens prüft das Gericht die Voraussetzungen des § 26 nicht mehr.[14]

6   3. **Revision.** Eine Verletzung des § 26 kann die Revision nur begründen, wenn das Gericht seine Zuständigkeit willkürlich angenommen (und damit gegen Art. 101 Abs. 1 S. 2 verstoßen) hat.[15]

§ 26a (weggefallen)

§ 27 [Sonstige Zuständigkeit und Geschäftskreis]

Im übrigen wird die Zuständigkeit und der Geschäftskreis der Amtsgerichte durch die Vorschriften dieses Gesetzes und der Prozeßordnungen bestimmt.

1   Weitere Zuständigkeiten in Strafsachen bestehen für das Amtsgericht zB[1] im Ermittlungsverfahren (§§ 115a Abs. 1, 125 Abs. 1, 128 Abs. 1, 162, 163 Abs. 1 S. 2, 165, 166 StPO), im beschleunigten Verfahren (§ 417 StPO), beim Strafbefehl (§ 407 StPO) und für die Rechtshilfe (§ 157). Dazu kommen Aufgaben im Bußgeldverfahren (§§ 62 Abs. 2, 68, 85 Abs. 4, 87 Abs. 4, 104 Abs. 1 OWiG) und in der internationalen Rechtshilfe nach dem IRG.

VIERTER TITEL. SCHÖFFENGERICHTE

§ 28 [Zuständigkeit]

Für die Verhandlung und Entscheidung der zur Zuständigkeit der Amtsgerichte gehörenden Strafsachen werden, soweit nicht der Strafrichter entscheidet, bei den Amtsgerichten Schöffengerichte gebildet.

Schrifttum: *Anger*, Die Verfassungstreuepflicht der Schöffen, NJW 2008, 3041.

1   Die Zuständigkeit des SchG regelt § 24 Abs. 1 iVm. § 25, seine Strafgewalt § 24 Abs. 2.[1*]

§ 29 [Zusammensetzung]

(1) [1]Das Schöffengericht besteht aus dem Richter beim Amtsgericht als Vorsitzenden und zwei Schöffen. [2]Ein Richter auf Probe darf im ersten Jahr nach seiner Ernennung nicht Vorsitzender sein.

---

[7] KK-StPO/*Hannich* Rn. 3; *Meyer-Goßner* Rn. 3.
[8] BVerfG v. 23. 2. 2006 – 2 BvR 110/06, NStZ 2007, 40.
[9] BGH v. 20. 3. 1959 – 4 StR 416/58, BGHSt 13, 53 (59) = NJW 1959, 1093.
[10] BGH v. 29. 10. 1959 – 2 StR 393/59, BGHSt 13, 297 (300).
[11] *Engelhardt* DRiZ 1982, 420.
[12] *Meyer-Goßner* Rn. 5.
[13] Löwe/Rosenberg/*Siolek* Rn. 10; KK-StPO/*Hannich* Rn. 5.
[14] Vgl. § 24 Rn. 16.
[15] BGH v. 13. 5. 1969 – 5 StR 58/69, bei *Herlan*, GA 1971, 34; *Kissel/Mayer* Rn. 13.
[1] KK-StPO/*Hannich* Rn. 3; *Meyer-Goßner* Rn. 1.
[1*] Zur Revision wegen Verletzung der Zuständigkeit s. § 24 Rn. 20 ff.

(2) ¹Bei Eröffnung des Hauptverfahrens kann auf Antrag der Staatsanwaltschaft die Zuziehung eines zweiten Richters beim Amtsgericht beschlossen werden, wenn dessen Mitwirkung nach dem Umfang der Sache notwendig erscheint. ²Eines Antrages der Staatsanwaltschaft bedarf es nicht, wenn ein Gericht höherer Ordnung das Hauptverfahren vor dem Schöffengericht eröffnet.

Schrifttum: *Deisberg/Hohendorf,* Das erweiterte Schöffengericht – ein Stiefkind der Strafrechtspflege, DRiZ 1984, 261.

I. Zusammensetzung des Schöffengerichts (Abs. 1)

1. Richter beim Amtsgericht. Den Vorsitz im Schöffengericht kann jeder Richter auf Lebenszeit bei dem AG führen, auch ein abgeordneter Richter (§ 37 DRiG), ein Vertretungsrichter nach § 22 b und ein Richter kraft Auftrags (§ 14 DRiG).[1] Richter auf Probe (§ 12 DRiG) können dem Schöffengericht im ersten Jahr nach ihrer Ernennung noch nicht vorsitzen (Abs. 1 S. 2).

2. Schöffen; Allgemeines. Schöffen sind **ehrenamtliche Richter** (§§ 1, 45a DRiG), welche die Sachgerechtigkeit der Entscheidungen verbessern und zu deren Transparenz, Verständlichkeit und Nachvollziehbarkeit beitragen sollen.[2] Ihre **Stellung und Bestimmung** ergibt sich aus §§ 44–45a DRiG und aus §§ 30ff. Sie sind in gleichem Maße unabhängig wie Berufsrichter (§ 45 Abs. 1 DRiG) und können vor Ablauf ihrer Amtszeit gegen ihren Willen nur durch Richterspruch abberufen werden (§ 44 Abs. 2 DRiG). In der Übernahme oder Ausübung des Amtes dürfen Schöffen nicht beschränkt oder benachteiligt werden; sie sind von ihrem Arbeitgeber freizustellen und dürfen wegen der Übernahme oder der Ausübung des Amtes nicht gekündigt werden (§ 45 Abs. 1a DRiG). Auch strafrechtlich werden Schöffen wie Amtsträger und Richter behandelt (§ 11 Abs. 1 Nr. 2a), Nr. 3 StGB). Schöffen sind vor ihrer ersten Dienstleistung zu **vereidigen** (§ 45 Abs. 2–7 DRiG).

3. Mitwirkung der Schöffen. Zwei Schöffen wirken neben dem Richter am Amtsgericht **in der Hauptverhandlung** mit, außerhalb entscheidet dieser allein (§ 30 Abs. 2).

II. Erweitertes Schöffengericht (Abs. 2)

1. Allgemeines. Das erweiterte SchG (Abs. 2) ist ein SchG in erweiterter Besetzung, aber kein Gericht höherer Ordnung gegenüber dem SchG.[3] In seiner sachlichen Zuständigkeit und in seiner Strafgewalt unterscheidet es sich nicht vom gewöhnlichen SchG.[4] Im beschleunigten Verfahren (§§ 417ff. StPO) ist die Erweiterung nicht möglich.[5]

2. Besetzung. Den **Vorsitz** muss ein Richter auf Lebenszeit führen (§ 28 Abs. 2 S. 2 DRiG). Der **zweite Richter** kann ein Richter kraft Auftrags oder auf Probe sein, letzterer auch im ersten Jahr nach seiner Ernennung. Welcher Richter in welcher Reihenfolge als zweiter Richter zugezogen wird, ist in der **Geschäftsverteilung** zu regeln.

3. Voraussetzungen. a) Antrag der Staatsanwaltschaft. Ein Antrag der StA ist für die Hinzuziehung des zweiten Richters **grundsätzlich erforderlich** (Abs. 1 S. 1). Er steht im pflichtgemäßem Ermessen der StA. Der Antrag wird mit der Anklageerhebung gestellt, kann aber auch später noch eingereicht werden, solange das Hauptverfahren noch nicht eröffnet ist,[6] zB auf Anregung des Berufsrichters, der dem SchG vorsitzt. Eine Rücknahme des Antrags ist bis zur Eröffnungsentscheidung ebenfalls noch möglich.[7] **Ohne Antrag der StA** kann ein **höheres Gericht** das Hauptverfahren nach § 209 Abs. 1 StPO vor dem erweiterten SchG eröffnen (Abs. 2 S. 2).

b) Besonderer Umfang der Sache. Der besondere Umfang der Sache muss die Mitwirkung des zweiten Richters erforderlich erscheinen lassen. Das kann sich zB aus zahlreichen Mitangeklagten oder Straftaten oder aus dem voraussichtlichen Umfang der Beweisaufnahme (zB viele Zeugen, umfangreiche Sachverständigengutachten) ergeben (vgl. RiStBV 113 Abs. 4). Zu erwartende Beweisschwierigkeiten dürfen berücksichtigt werden,[8] **nicht** aber die **Schwierigkeit der Rechtslage** oder die **besondere Bedeutung** der Sache;[9] in diesen Fällen ist Anklage zum LG zu erheben (§ 24 Abs. 1 Nr. 3).

---

[1] *Meyer-Goßner* Rn. 1; KK-StPO/*Hannich* Rn. 2.
[2] KK-StPO/*Hannich* Rn. 4.
[3] RG v 5. 10. 1928 – I 100/28, RGSt 62, 265 (270); KG v. 16. 1. 1976 – 2 Ws 5/76, JR 1976, 209; OLG Bremen v. 28. 10. 1957 – Ws 181/57, NJW 1958, 432; OLG Hamm v. 3. 3. 1988 – 4 Ws 86/88, MDR 1988, 696.
[4] *Deisberg/Hohendorf* DRiZ 1984, 261.
[5] Löwe/Rosenberg/*Gössel* § 417 StPO Rn. 4; *Meyer-Goßner* Rn. 6; aM *Deisberg/Hohendorf* DRiZ 1984, 264ff.
[6] RG v 5. 10. 1928 – I 100/28, RGSt 62, 265 (269); Kissel/*Mayer* Rn. 13.
[7] Löwe/Rosenberg/*Siolek* Rn. 6.
[8] *Meyer-Goßner* Rn. 4.
[9] KK-StPO/*Hannich* Rn. 11; Löwe/Rosenberg/*Siolek* Rn. 4.

Rappert

8   **4. Entscheidung über die Zuziehung des Zweiten Richters. Zuständig** für die Entscheidung ist im Fall des S. 1 der Vorsitzende des SchG. Im Fall des S. 2 ist nur das höhere Gericht, nicht etwa der Vorsitzende des Schöffengerichts, zuständig.[10] Die Entscheidung ist gleichzeitig mit der **Eröffnung des Hauptverfahrens** zu treffen[11] und für das weitere Verfahren bindend. Eine spätere Entscheidung ist unzulässig, auch zB nach Erhebung einer Nachtragsanklage (§ 266 StPO), Verweisung an das SchG (§ 270 StPO) oder Zurückverweisung durch das Rechtsmittelgericht.[12] Wird eine Sache, für die die erweiterte Besetzung des SchG beschlossen ist, mit einer **gewöhnlichen SchG-Sache verbunden**, wird ohne weiteren Zuziehungsbeschluss in der erweiterten Besetzung entschieden.[13]

9   Nach **Zurückverweisung** (§§ 328 Abs. 2, 354 Abs. 2, 3 oder 355 StPO) einer vom erweiterten SchG verhandelten Sache sowie **im Nachverfahren** (§§ 439, 441) wird ebenfalls ein erweitertes SchG tätig.[14]

10 **5. Anfechtung; Rechtsmittel.** Die Entscheidung des Gerichts über den Antrag der StA nach Abs. 2 S. 1 ist **nicht anfechtbar**.[15]

11 Die **Revision** kann nur darauf gestützt werden, dass ein erweitertes SchG ohne einen entsprechenden Antrag der StA nach Abs. 2 S. 1 bzw. ohne Beschluss des höheren Gerichts nach Abs. 2 S. 2 tätig geworden ist.[16] Die **fehlende Vereidigung eines Schöffen** ist zwar ein absoluter Revisionsgrund nach § 338 Nr. 1 StPO, kann aber in der Revision regelmäßig nur gerügt werden, wenn in der Hauptverhandlung rechtzeitig der Besetzungseinwand (§ 222 b Abs. 1 S. 1 StPO) erhoben worden ist.[17]

§ 30 [Befugnisse der Schöffen]

(1) Insoweit das Gesetz nicht Ausnahmen bestimmt, üben die Schöffen während der Hauptverhandlung das Richteramt in vollem Umfang und mit gleichem Stimmrecht wie die Richter beim Amtsgericht aus und nehmen auch an den im Laufe einer Hauptverhandlung zu erlassenden Entscheidungen teil, die in keiner Beziehung zu der Urteilsfällung stehen und die auch ohne mündliche Verhandlung erlassen werden können.

(2) Die außerhalb der Hauptverhandlung erforderlichen Entscheidungen werden von dem Richter beim Amtsgericht erlassen.

Schrifttum: *Atzler*, Das Recht des ehrenamtlichen Richters, die Verfahrensakten einzusehen, DRiZ 1991, 207; *Nowak*, Das Recht der Schöffen auf Akteneinsicht für die Dauer der Hauptverhandlung, JR 2006, 459.

I. Mitwirkung während der Hauptverhandlung (Abs. 1)

1   **1. Allgemeines.** Während der Hauptverhandlung wirken die Schöffen grundsätzlich **in gleichem Maße mit wie die Berufsrichter**; sie haben auch das Recht zur **unmittelbaren Befragung** (§ 240 Abs. 2 StPO) und können abgelehnt werden (§ 31 Abs. 1 StPO). Die Mitwirkung der Schöffen erstreckt sich auf die **in der Hauptverhandlung** oder **zugleich mit dem Urteil zu erlassenden Beschlüsse**. Dazu gehören zB Entscheidungen nach §§ 51, 70, 77, 228 Abs. 1 S. 1, 230 ff., 238 Abs. 2, 268 a, 268 b, 270, 456 c StPO, §§ 171 a, 171 b, 172, 173 Abs. 2, 174, 177 S. 2, 178 Abs. 2 und Vorlageschlüsse nach Art. 100 Abs. 1 GG, § 80 BVerfGG.[1]

2   **Ausnahmen** bestimmen zB §§ 27 Abs. 2, 31 Abs. 2 S. 1 StPO; außerdem entscheiden die Schöffen (wie auch evtl. weitere Berufsrichter) nicht, soweit Entscheidungen nur vom Vorsitzenden getroffen werden (zB § 141 Abs. 4 StPO, § 176).

3   Für das Verfahren in **Beratung und Abstimmung** gelten §§ 192 ff., für die erforderliche Mehrheit s. § 263 StPO.

4   **2. Akteneinsicht für Schöffen.** Umstritten ist die Frage, ob und inwieweit die Schöffen Aktenkenntnis haben dürfen. Mit der inzwischen überwiegenden Meinung[2] ist die **Gewährung der Aktenkenntnis für Schöffen zulässig.** Dafür spricht nicht nur, dass selbst das Gesetz im Fall des

---

[10] Vgl. KG v. 16. 1. 1976 – 2 Ws 5/76, JR 1976, 209; OLG Bremen v. 28. 10. 1957 – Ws 181/57, NJW 1958, 432; Löwe/Rosenberg/*Siolek* Rn. 7; *Meyer-Goßner* Rn. 5; aM *Deisberg/Hohendorf* DRiZ 1984, 267.
[11] KK-StPO/*Hannich* Rn. 13; *Meyer-Goßner* Rn. 5.
[12] KK-StPO/*Hannich* Rn. 13; *Meyer-Goßner* Rn. 5; aM für § 270 StPO: *Deisberg/Hohendorf* DRiZ 1984, 265.
[13] *Kissel/Mayer* Rn. 20.
[14] *Kissel/Mayer* Rn. 21; KK-StPO/*Hannich* Rn. 13; *Meyer-Goßner* Rn. 5.
[15] KG v. 16. 1. 1976 – 2 Ws 5/76, JR 1976, 209; *Kissel/Mayer* Rn. 17.
[16] *Kissel/Mayer* Rn. 7; *Meyer-Goßner* Rn. 1.
[17] BGH v. 22. 5. 2003 – 4 StR 21/03, NJW 2003, 2545; *Kissel/Mayer* Rn. 6 mwN; KK-StPO/*Hannich* Rn. 4.
[1] *Meyer-Goßner* Rn. 1.
[2] KK-StPO/*Hannich* Rn. 2; *Kissel/Mayer* Rn. 2 ff.; *Meyer-Goßner* Rn. 2 mwN; *Atzler* DRiZ 1991, 207; *Nowak* JR 2006, 459; *Rüping* JR 1976, 272; *Terhorst* MDR 1988, 809.

§ 249 Abs. 2 StPO die Akteneinsicht der Schöffen voraussetzt, sondern vor allem, dass sie den Berufsrichtern gleichgestellt sind und gleichrangig mit ihnen die Verantwortung für die richtige Entscheidung teilen. Die Argumente der früher hM,[3] durch die Aktenkenntnis (auch des Teils der Anklageschrift, die nicht den Anklagesatz enthält, vgl. RiStBV 126 Abs. 3) werde die Unvoreingenommenheit der Schöffen beeinträchtigt und der Unmittelbarkeitsgrundsatz des § 261 StPO verletzt, würden auch für die Berufsrichter gelten; ebenso wie diesen ist es aber auch den Schöffen zuzutrauen, Akteninhalt und Geschehen in der Hauptverhandlung auseinander zu halten. Es ist Aufgabe der Schöffenwahl, solche Schöffen zu bestimmen, die die (idR problemlos vorhandenen) erforderlichen intellektuellen Fähigkeiten erwarten lassen.[4] Auch der **BGH** lässt zumindest zu, dass den Schöffen in der Hauptverhandlung zum besseren Verständnis der Beweisaufnahme aus den Akten stammende Protokolle über Beweismittel als Begleittext zur Verfügung gestellt werden.[5]

II. Entscheidungen außerhalb der Hauptverhandlung (Abs. 2)

Alle Entscheidungen, die vor Beginn oder nach Beendigung der Hauptverhandlung getroffen werden, finden **ohne Mitwirkung der Schöffen** statt. Diese entscheiden auch nicht mit, wenn Entscheidungen während der Unterbrechung der Hauptverhandlung erforderlich werden, soweit sie auch ohne mündliche Verhandlung erlassen werden können, wie **Beschlagnahme-** und **Durchsuchungsanordnungen**, Entscheidungen **über die U-Haft**,[6] über die Aussetzung und Unterbrechung nach §§ 228, 229 Abs. 2 S. 2 StPO,[7] oder über die Kostenauferlegung nach § 145 Abs. 4 StPO.[8] In den Fällen des Abs. 2 entscheidet, auch beim erweiterten SchG (§ 29 Abs. 2),[9] der **Richter beim AG allein**.

§ 31 [Ehrenamt]

[1] Das Amt eines Schöffen ist ein Ehrenamt. [2] Es kann nur von Deutschen versehen werden.

1. Ehrenamt (S. 1). Die Schöffen werden ehrenamtlich tätig, sie erhalten keine Vergütung für ihre Tätigkeit, aber eine Entschädigung (s. § 55).

2. Deutsche (S. 2). Die Schöffen müssen Deutsche iSd. Art. 116 GG sein; neben der deutschen kann der Schöffe auch eine weitere Staatsangehörigkeit haben.[1]

3. Weitere Anforderungen an den Schöffen. Weitere Eigenschaften werden vom Gesetz nicht vorausgesetzt.[2] Bestimmte, auch nur durchschnittliche, **intellektuelle Fähigkeiten** sind nicht vorausgesetzt;[3] erforderlich ist aber (vgl. § 261 StPO), dass der Schöffe der Hauptverhandlung geistig zumindest soweit folgen kann, dass er seine Aufgabe bei der Beratung und Abstimmung wahrnehmen kann. **Geisteskrankheit** und andere die **Verhandlungsfähigkeit** ausschließende Zustände schwerer geistiger oder körperlicher Behinderung stehen deshalb der Mitwirkung des Schöffen entgegen. **Blindheit** und **Taubheit** führen nicht zur Verhandlungsunfähigkeit, aber zur Ungeeignetheit nach § 33 Nr. 4.[4*] Gleiches gilt nach § 33 Nr. 5 für die mangelnde Beherrschung der deutschen Sprache. Die Mitwirkung eines in diesem Sinne nicht verhandlungsfähigen Schöffen führt zur **fehlerhaften Besetzung des Gerichts** nach § 338 Nr. 1 StPO.[5*]

---

[3] So BGH v. 17. 11. 1958 – 2 StR 188/58, BGHSt 13, 73 = JR 1961, 30 mit zust. Anm. *Eb. Schmidt*; BGH v. 30. 6. 1972 – 2 StR 672/71, MDR (D) 1973, 19; LG Hamburg v. 10. 7. 1972 – (84) 13/72, MDR 1973, 69; weitere Nachweise bei *Meyer-Goßner* Rn. 2.
[4] So auch Kissel/*Mayer* Rn. 4; KK-StPO/*Hannich* Rn. 2.
[5] BGH v. 26. 3. 1997 – 3 StR 421/96, BGHSt 43, 36 unter Verweis auf § 249 II StPO = NStZ 1997, 506 mit zust. Anm. *Katholnigg* = StV 1997, 450 mit abl. Anm. *Lunnebach* = JR 1999, 297 mit zust. Anm. *Imberger-Bayer*; vgl. auch BGH v. 2. 12. 1986 – 1 StR 433/86, NJW 1987, 1209 = JR 1987, 389 mAnm *Eisenberg*.
[6] OLG Hamburg v. 1. 10. 1997 – 2 Ws 220/97, NStZ 1998, 99; OLG Jena v. 28. 9. 2009 – 1 Ws 373/09, StV 2010, 34; OLG Köln v. 7. 1. 2009 – 2 Ws 640 – 641/08, NJW 2009, 3113 = NStZ 2009, 598 mAnm *Krüger*; OLG Schleswig v. 22. 12. 1989 – 2 Ws 675/89, NStZ 1990, 198; *Foth* NStZ 1998, 262; *Meyer-Goßner* Rn. 3; aA OLG Koblenz v. 20. 1. 2009 – 2 Ws 2/09, StV 2010, 36; OLG Koblenz v. 17. 3. 2009 – 1 Ws 120/09, StV 2010, 37 mAnm *Sowada*; zur Problematik umfassend Kissel/*Mayer* Rn. 9 ff.
[7] BGH v. 27. 8. 1986 – 3 StR 223/86, BGHSt 34, 154 (155) = NJW 1987, 965; OLG Stuttgart v. 4. 11. 2008 – 1 Ws 301/08, NStZ-RR 2009, 243.
[8] OLG Stuttgart v. 4. 11. 2008 – 1 Ws 301/08, NStZ-RR 2009, 243.
[9] *Meyer-Goßner* Rn. 3.
[1] Kissel/*Mayer* Rn. 10 mwN; KK-StPO/*Hannich* Rn. 2; *Meyer-Goßner* Rn. 2.
[2] RG v. 7. 1. 1898 – Rep. 4565/97, RGSt 30, 399.
[3] *Meyer-Goßner* Rn. 3 unter Verweis auf RG v. 7. 1. 1898 – Rep. 4565/97, RGSt 30, 399 (400).
[4*] § 33 Rn. 5; aM *Meyer-Goßner* § 33 Rn. 5 (blinde, taube und stumme Schöffen verhandlungsunfähig).
[5*] BGH v. 13. 5. 1957, 3 StR 337/68, MDR (D) 1971, 723 (nervenärztlich festgestellte Verhandlungsunfähigkeit); KK-StPO/*Hannich* Rn. 4.

4 4. **Sonstige Beschränkungen der Schöffenauswahl.** Zur **Unfähigkeit** zum Schöffenamt s. auch § 32. Im Übrigen enthalten §§ 33 und 34 **Soll-Vorschriften** zur Einschränkung der Schöffenauswahl und § 35 Gründe, aus denen Personen ihre Berufung zum Schöffen ablehnen können.

5 **Verfassungstreue.** Ehrenamtliche Richter unterliegen einer **Pflicht zur besonderen Verfassungstreue**; dies ist bei der Schöffenauswahl zu beachten.[6] Daraus folgt auch, dass Schöffen, die gegen diese Pflicht verstoßen, aus dem Amt zu entfernen sind;[7] in diesem Fall ist eine Streichung von der Schöffenliste (§ 52 Abs. 1 S. 1 Nr. 1)[8] zu bejahen.

§ 32 [Unfähigkeit zum Schöffenamt]

Unfähig zu dem Amt eines Schöffen sind:
1. Personen, die infolge Richterspruchs die Fähigkeit zur Bekleidung öffentlicher Ämter nicht besitzen oder wegen einer vorsätzlichen Tat zu einer Freiheitsstrafe von mehr als sechs Monaten verurteilt sind;
2. Personen, gegen die ein Ermittlungsverfahren wegen einer Tat schwebt, die den Verlust der Fähigkeit zur Bekleidung öffentlicher Ämter zur Folge haben kann.

I. Allgemeines

1 Die Vorschrift bestimmt Gründe für die allgemeine Unfähigkeit zum Schöffendienst. Maßgebend ist der **Zeitpunkt der tatsächlichen Mitwirkung** des Schöffen, nicht die Listenaufstellung oder die Schöffenwahl.[1] Die Unfähigkeit ist vom Gericht, bei dem der Schöffe mitwirkt, **von Amts wegen** zu beachten.[2] Die Verfahrensbeteiligten können aber Auskunft über das Vorliegen von Unfähigkeitsgründen in der Hauptverhandlung nicht verlangen.[3]

2 Bei der Aufstellung der Listen (§ 36) und bei der Schöffenwahl (§ 42) sind Unfähigkeitsgründe **zu berücksichtigen**.[4] Bei nachträglich eintretender oder bekannt gewordener Unfähigkeit ist der Schöffe nach § 52 Abs. 1 Nr. 1 von der Schöffenliste zu streichen.

II. Unfähigkeitsgründe

3 1. **Gerichtliche Verurteilung (Nr. 1).** Die Aberkennung der Fähigkeit zur Bekleidung öffentlicher Ämter (§§ 45–45 b StGB) und die Verurteilung wegen einer vorsätzlichen Tat zu einer Freiheitsstrafe von mehr als sechs Monaten müssen von einem **inländischen Gericht** erlassen worden sein.[5] Die Unfähigkeit zum Schöffenamt tritt ein, **sobald das Urteil rechtskräftig ist**.[6*]

4 **Freiheitsstrafe** iSv. Nr. 1 kann eine Einzel- oder eine Gesamtfreiheitsstrafe sein,[7*] auch eine Jugendstrafe.[8*] Sind mit dem Urteil teils vorsätzliche, teils fahrlässige Taten verurteilt, ist nur der Anteil der vorsätzlichen Taten an der Gesamtstrafe maßgebend. Das führt allerdings zu erheblichen Berechnungsproblemen,[9] die vor allem bei Einheitsjugendstrafen, in denen keine Einzelstrafen bemessen werden, wohl nur durch eine fiktive nachträgliche Teilstrafenbildung zu bewältigen sind.

5 Die **Unfähigkeit** nach Nr. 1 endet im Fall der Amtsunfähigkeit durch deren Zeitablauf, durch Wiederverleihung der verlorenen Rechte (§ 46 b StGB) oder im Gnadenwege. Im Fall der Verurteilung zu Freiheitsstrafe wird sie mit der Tilgung oder Tilgungsreife der Eintragung im BZRG (§ 51 BZRG) beseitigt, **nicht** schon mit der Erledigung der Vollstreckung, dem Erlass der Freiheitsstrafe nach Ablauf der Bewährungsfrist (§ 56g Abs. 1 S. 1 StGB) oder ihrem Erlass im Gnadenweg.[10]

6 2. **Schwebende Ermittlungsverfahren (Nr. 2).** Von der StA wegen einer Tat, die zur Nebenfolge des § 45 StGB führen kann, eingeleitete Verfahren begründen die Unfähigkeit.[11] Die Anwendung

---

[6] BVerfG v. 6. 5. 2008 – 2 BvR 337/08, NJW 2008, 2568 (2570).
[7] BVerfG v. 6. 5. 2008 – 2 BvR 337/08, NJW 2008, 2568 (2571).
[8] § 52 Rn. 4; vgl. *Anger* NJW 2008, 3041.
[1] *Kissel/Mayer* Rn. 2; *KK-StPO/Hannich* Rn. 2; *Meyer-Goßner* Rn. 1.
[2] *Katholnigg* Rn. 1; *Meyer-Goßner* Rn. 1; vgl. BGH v. 6. 8. 1987 – 4 StR 319/87, BGHSt 35, 28 = NJW 1988, 1037.
[3] Vgl. BGH v. 15. 11. 1993 – 5 StR 639/93, NStZ 1994, 139.
[4] *KK-StPO/Hannich* Rn. 2; *Meyer-Goßner* Rn. 1.
[5] *Meyer-Goßner* Rn. 3.
[6*] *Kissel/Mayer* Rn. 3 f.
[7*] *Kissel/Mayer* Rn. 5.
[8*] *KK-StPO/Hannich* Rn. 3.
[9] *Kissel/Mayer* Rn. 5.
[10] *Meyer-Goßner* Rn. 4.
[11] Vgl. *Katholnigg* Rn. 3 und *Katholnigg* JR 1989, 37.

des § 45 StGB muss dabei lediglich (abstrakt) möglich sein,[12] auf die konkrete Wahrscheinlichkeit kommt es nicht an. Ermittlungen allein der Polizei nach § 163 StPO reichen nicht aus.[13]

Ein **späterer Freispruch** hat keine Rückwirkung auf den Ausschluss.[14] Auch die Frage, ob die Streichung nach § 52 Abs. 1 Nr. 1 bei Freispruch oder Einstellung des Verfahrens rückgängig zu machen ist, wird wegen der damit verbundenen praktischen Schwierigkeiten zu verneinen sein.[15] Dass der Schöffe wegen des Ermittlungsverfahrens nicht aufgestellt oder nicht gewählt worden ist, lässt sich später nicht mehr ändern.[16]

III. Revision

Hat ein Schöffe mitgewirkt, der nach § 32 unfähig ist, liegt eine **fehlerhafte Besetzung** vor (§ 338 Nr. 1 StPO); auf entspr. Rüge führt sie zur Urteilsaufhebung.[17] Bei Rüge der Nr. 1, 2. Fall muss die **Revisionsbegründung** Schuldvorwurf und Strafmaß darlegen.[18]

§ 33 [Ungeeignete Schöffen]

Zu dem Amt eines Schöffen sollen nicht berufen werden:
1. Personen, die bei Beginn der Amtsperiode das fünfundzwanzigste Lebensjahr noch nicht vollendet haben würden;
2. Personen, die das siebzigste Lebensjahr vollendet haben oder es bis zum Beginn der Amtsperiode vollenden würden;
3. Personen, die zur Zeit der Aufstellung der Vorschlagsliste nicht in der Gemeinde wohnen;
4. Personen, die aus gesundheitlichen Gründen für das Amt nicht geeignet sind;
5. Personen, die mangels ausreichender Beherrschung der deutschen Sprache für das Amt nicht geeignet sind;
6. Personen, die in Vermögensverfall geraten sind.

I. Allgemeines

§ 33 ist eine bloße **Soll-Bestimmung** (Ordnungsvorschrift), die aber dennoch ein **von Amts wegen** zu beachtendes allgemeines Verbot bezeichnet, ungeeignete Personen zum Schöffendienst heranzuziehen.[1] Schon in die Vorschlagslisten (§ 36; § 35 Abs. 1 S. 1 JGG) dürfen die in Nrn. 1–5 bezeichneten Personen daher nicht aufgenommen werden. Sind sie dennoch gewählt (§ 42) und ausgelost (§ 45) worden, liegt ein **Streichungsgrund** vor (§ 52 Abs. 1 S. 1 Nr. 2). Schöffen können aber ihrer Heranziehung unter Berufung auf § 33 **nicht widersprechen**.[2]

Die **Revision** kann ein Verstoß gegen die Sollvorschrift des § 33 nicht begründen.[3]

II. Einzelheiten

1. Altersbeschränkungen (Nr. 1, 2). Entscheidend für die Altersbeschränkung ist der Beginn der Amtszeit. Ein 24-Jähriger kann also in die Vorschlagsliste aufgenommen werden, wenn er zu Beginn des ersten Geschäftsjahres der 5-jährigen Wahlperiode (vgl. § 42 Abs. 1) 25 Jahre alt sein wird, ein 69-Jähriger nicht mehr, wenn er dann 70 Jahre alt sein wird.

2. Wohnen außerhalb der Gemeinde (Nr. 3). Wohnen bedeutet hier nicht nur die (rechtliche) Wohnsitzbegründung, sondern den **tatsächlichen Aufenthalt**.[4] Maßgebender Zeitpunkt ist derjenige nach § 57. Beim **späteren Wegzug** liegt ein Streichungsgrund vor (§ 52 Abs. 1 S. 1 Nr. 2). Der Wegzug in eine andere Gemeinde, die im selben LG-Bezirk liegt, ist kein Hinderungsgrund (§ 52

---

[12] BGH v. 6. 8. 1987 – 4 StR 319/87, BGHSt 35, 28 = NJW 1988, 1037 (jedenfalls bei zur Anklage führendem Verdacht) = JR 1989, 35 mAnm *Katholnigg*; OLG Bremen v. 11. 12. 1963 – III AR 3/62, MDR 1964, 244; Kissel/*Mayer* Rn. 7.
[13] *Meyer-Goßner* Rn. 5.
[14] BGH v. 6. 8. 1987 – 4 StR 319/87, BGHSt 35, 28 = NJW 1988, 1037.
[15] *Katholnigg* JR 1989, 37; Kissel/*Mayer* Rn. 11; KK-StPO/*Hannich* Rn. 6; *Meyer-Goßner* Rn. 5; aM OLG Bremen v. 11. 12. 1963 – III AR 3/62, MDR 1964, 244; offen gelassen von BGH v. 6. 8. 1987 – 4 StR 319/87, BGHSt 35, 28 = NJW 1988, 1037.
[16] KK-StPO/*Hannich* Rn. 6; Kissel/*Mayer* Rn. 11; *Meyer-Goßner* Rn. 5.
[17] BGH v. 9. 9. 1987 – 3 StR 233/87, BGHSt 35, 28 (30) = NJW 1988, 1037.
[18] BGH v. 19. 6. 1985 – 2 StR 197/85 und 98/85, BGHSt 33, 261 (269) = NJW 1985, 2341 (2343).
[1] OLG Köln v. 12. 5. 1969 – 2 Ws 255/69, MDR 1970, 864; *Meyer-Goßner* Rn. 1.
[2] Kissel/*Mayer* Rn. 9.
[3] BGH v. 3. 11. 1981 – 5 StR 566/81, BGHSt 30, 255 (257) = NJW 1982, 293; BGH v. 19. 6. 1985 – 2 StR 197/85 und 98/85, BGHSt 33, 261 (269) = NJW 1985, 2341 (2343); BGH v. 22. 2. 1994 – 5 StR 43/94, NStZ 1995, 20.
[4] BGH v. 21. 6. 1978 – 3 StR 81/78, BGHSt 28, 61 (64) = NJW 1978, 2162; *Meyer-Goßner* Rn. 4.

Abs. 1 S. 2); bei Umzug in einen anderen Amtsgerichtsbezirk kann aber der Schöffe seine Streichung verlangen (§ 52 Abs. 2 S. 1 Nr. 1).

5 3. **Gesundheitliche Gründe (Nr. 4).** Hierzu gehören schwere Krankheit, Sucht oder Behinderung, aber nur, wenn sie die Verhandlungsfähigkeit nicht ausschließt,[5] zB auch starke Schwerhörigkeit.[6] Ungeeignet sind auch **blinde** oder **taube** Schöffen,[7] nicht aber stumme Schöffen, die sich auf andere Weise hinreichend äußern können.

6 4. **Mangelnde Sprachbeherrschung (Nr. 5).** Das betrifft sowohl das Sprachverständnis, wie auch die Fähigkeit, selbst verständliche Fragen zu stellen und an der Beratung aktiv teilzunehmen.

7 5. **Vermögensverfall (Nr. 6).** Der „Vermögensverfall" ist kein juristisch scharf umgrenzter Begriff.[8] Durch die Bestimmung soll mangelnde innere Unabhängigkeit von Schöffen bei Straftaten, die in Zusammenhang mit schlechten wirtschaftlichen Verhältnissen stehen (v. a. Vermögensdelikte), vermieden werden.[9] Für den Vermögensverfall können die Aufnahme in das Schuldnerverzeichnis nach § 915 ZPO, Sicherungsmaßnahmen nach § 21 InsO oder die Eröffnung des Insolvenzverfahrens (§ 27 InsO) sprechen.[10]

§ 34 [Weitere ungeeignete Schöffen]

(1) Zu dem Amt eines Schöffen sollen ferner nicht berufen werden:
1. der Bundespräsident;
2. die Mitglieder der Bundesregierung oder einer Landesregierung;
3. Beamte, die jederzeit einstweilig in den Warte- oder Ruhestand versetzt werden können;
4. Richter und Beamte der Staatsanwaltschaft, Notare und Rechtsanwälte;
5. gerichtliche Vollstreckungsbeamte, Polizeivollzugsbeamte, Bedienstete des Strafvollzugs sowie hauptamtliche Bewährungs- und Gerichtshelfer;
6. Religionsdiener und Mitglieder solcher religiösen Vereinigungen, die satzungsgemäß zum gemeinsamen Leben verpflichtet sind;
7. Personen, die als ehrenamtliche Richter in der Strafrechtspflege in zwei aufeinander folgenden Amtsperioden tätig gewesen sind, von denen die letzte Amtsperiode zum Zeitpunkt der Aufstellung der Vorschlagslisten noch andauert.

(2) Die Landesgesetze können außer den vorbezeichneten Beamten höhere Verwaltungsbeamte bezeichnen, die zu dem Amt eines Schöffen nicht berufen werden sollen.

I. Allgemeines

1 Die Bestimmung enthält eine abschließende Regelung, welche Personen wegen ihrer amtlichen Stellung oder beruflichen Betätigung nicht zum Schöffenamt herangezogen werden sollen. Sie ist wie § 33 nur eine **Ordnungsvorschrift**; ein Verstoß kann die **Revision nicht** begründen.[1]

2 Maßgebend ist der **Zeitpunkt der Schöffenwahl**.[2] Erlangt der Schöffe **später** eine Stellung, die von Abs. 1, 2 umfasst ist, ist er nach § 52 Abs. 1 S. 1 Nr. 2 von der Schöffenliste zu streichen.

II. Einzelheiten

3 1. **Der Bundespräsident (Abs. 1 Nr. 1).** Vgl. Art. 54 ff. GG.

4 2. **Regierungsmitglieder (Abs. 1 Nr. 2).** Das sind im Bund Bundeskanzler und Bundesminister (Art. 62 GG), auf Landesebene die nach der Landesverfassung bestimmten Regierungsmitglieder.

5 3. **Politische Beamte (Abs. 1 Nr. 3).** Vgl. § 54 BBG. Die bereits im Ruhestand oder einstweiligen Ruhestand befindlichen Beamten fallen nicht unter die Vorschrift. **Sonstige Beamte** können, falls Sie nicht unter eine der folgenden Nrn. fallen, uneingeschränkt zu Schöffen berufen werden,[3] ebenso **Bundeswehrangehörige**.[4]

---

[5] Dazu § 31 Rn. 3.
[6] BGH v. 18. 12. 1968 – 2 StR 322/68, BGHSt 22, 289 (291) = NJW 1969, 703; *Meyer-Goßner* Rn. 5.
[7] BVerfG v. 10. 3. 2004 – 2 BvR 577/01, NJW 2004, 2150; BGH v. 4. 10. 1988, 5 StR 374/88, BGHR § 33 Nr. 4 Gebrechen 1; *Kissel/Mayer* § 31 Rn. 12.
[8] *Kissel/Mayer* Rn. 7.
[9] *Kissel/Mayer* Rn. 7; KK-StPO/*Hannich* Rn. 1 d.
[10] *Kissel/Mayer* Rn. 7; *Meyer-Goßner* Rn. 6.
[1] Vgl. § 33 Rn. 2.
[2] *Kissel/Mayer* Rn. 2.
[3] *Kissel/Mayer* Rn. 4 f.
[4] KK-StPO/*Hannich* Rn. 6; *Meyer-Goßner* Rn. 11.

4. Richter, Staatsanwälte, Notare, Rechtsanwälte (Abs. 1 Nr. 4). Richter sind im aktiven Dienst   6
stehende **Berufsrichter** aller Gerichtszweige, dh. Richter auf Lebenszeit, Richter auf Probe (§ 12
DRiG) und Richter kraft Auftrags (§ 14 DRiG), auch wenn sie gegenwärtig an eine andere Stelle
abgeordnet und nicht richterlich tätig sind (§ 37 DRiG). **Rechtsreferendare** fallen nicht darunter,[5]
auch wenn sie vorübergehend nach § 142 Abs. 3 die Aufgaben eines Amtsanwalts oder StA
wahrnehmen. **Beamte der StA** iS von Nr. 4 sind nur StAe und Amtsanwälte, nicht sonstige bei der
StA beschäftigte Beamte.[6] Ermittlungspersonen (§ 152) fallen unter Nr. 5.

Notare iS der Vorschrift sind alle Notare nach der BNotO, auch Notarassessoren, Bezirksnota-   7
re und Notarvertreter während der Zeit ihrer Bestellung.[7] **Rechtsanwälte** müssen nur nach der
BRAO zugelassen sein;[8] dazu gehören auch RAe, die nach § 53 BRAO zum amtlichen Vertreter
bestellt sind.

5. Gerichtliche Vollstreckungsbeamte, Polizeivollzugsbeamte, Bedienstete des Strafvollzugs,   8
Bewährungs- und Gerichtshelfer (Abs. 1 Nr. 5). Zum von Nr. 5 betroffenen Personenkreis gehören Gerichtsvollzieher (§ 154), Vollziehungsbeamte der Justiz (nicht die Justizwachtmeister),[9]
Vollzugsbeamte der Schutz- und Kriminalpolizei, Beamte der Bundespolizei, nach § 152 Abs. 2 zu
Ermittlungspersonen der StA bestellte Beamte und Angestellte sowie alle mit vergleichbaren Aufgaben betrauten öffentlichen Bediensteten wie zB Zollfahnder,[10] Beamte und Angestellte des
Strafvollzugs (§ 155 StVollzG) ohne Rücksicht auf ihren Tätigkeitsbereich[11] sowie hauptamtliche
Bewährungs- und Gerichtshelfer.

6. Religionsdiener und Mitglieder religiöser Gemeinschaften, die satzungsgemäß zum gemein-   9
samen Leben verpflichtet sind (Abs. 1 Nr. 6). Religionsdiener sind Geistliche, also Personen, die
nach der Verfassung einer Religionsgemeinschaft (Art. 140 GG iVm. Art. 137 WRV) zur Vornahme gottesdienstlicher oder entsprechender Handlungen berechtigt sind (vgl. auch § 53 Nr. 1
StPO), wobei unter Nr. 6 auch die Pfarrer nicht-öffentlicher Kirchengemeinden fallen.[12] Satzungsgemäß zum gemeinsamen Leben verpflichtet sind vor allem die Mitglieder der Orden der
katholischen Kirche.[13]

7. Bereits in zwei aufeinander folgenden Amtsperioden tätig gewesene ehrenamtliche Richter   10
(Abs. 1 Nr. 7). Die Tätigkeit muss in der Strafrechtspflege stattgefunden und zwei Amtsperioden
gedauert haben; die letzte (zweite) Amtsperiode muss noch laufen. Eine **erneute Berufung** ist
möglich, wenn der Schöffe mindestens eine Amtsperiode ausgesetzt hat.[14] Ein Ablehnungsrecht
nach starker Sitzungsbelastung in der laufenden Periode bestimmt für den Schöffen § 35 Nr. 2.

8. Landesrechtlich bestimmte höhere Verwaltungsbeamte (Abs. 2). Damit sind Beamte im höheren Dienst (vgl. § 17 Abs. 5 BBG) gemeint; Bundesbeamte können in die landesgesetzliche Regelung einbezogen werden.[15]   11

§ 35 [Ablehnung des Schöffenamts]

Die Berufung zum Amt eines Schöffen dürfen ablehnen:
1. Mitglieder des Bundestages, des Bundesrates, des Europäischen Parlaments, eines Landtages oder einer zweiten Kammer;
2. Personen, die in der vorhergehenden Amtsperiode die Verpflichtung eines ehrenamtlichen Richters in der Strafrechtspflege an vierzig Tagen erfüllt haben, sowie Personen, die bereits als ehrenamtliche Richter tätig sind;
3. Ärzte, Zahnärzte, Krankenschwestern, Kinderkrankenschwestern, Krankenpfleger und Hebammen;
4. Apothekenleiter, die keinen weiteren Apotheker beschäftigen;
5. Personen, die glaubhaft machen, daß ihnen die unmittelbare persönliche Fürsorge für ihre Familie die Ausübung des Amtes in besonderem Maße erschwert;
6. Personen, die das fünfundsechzigste Lebensjahr vollendet haben oder es bis zum Ende der Amtsperiode vollendet haben würden;

---

[5] Kissel/*Mayer* Rn. 8; *Meyer-Goßner* Rn. 7.
[6] KK-StPO/*Hannich* Rn. 5.
[7] Kissel/*Mayer* Rn. 9.
[8] Vgl. § 53 StPO Rn. 16.
[9] Kissel/*Mayer* Rn. 11.
[10] KK-StPO/*Hannich* Rn. 6.
[11] Kissel/*Mayer* Rn. 13.
[12] So OLG Köln v. 12. 5. 1969 – 2 Ws 255/69, MDR 1970, 864; KK-StPO/*Hannich* Rn. 7.
[13] Kissel/*Mayer* Rn. 16; *Meyer-Goßner* Rn. 13.
[14] KK-StPO/*Hannich* Rn. 8; BT-Drucks. 15/411 S. 8.
[15] Kissel/*Mayer* Rn. 18.

7. Personen, die glaubhaft machen, daß die Ausübung des Amtes für sie oder einen Dritten wegen Gefährdung oder erheblicher Beeinträchtigung einer ausreichenden wirtschaftlichen Lebensgrundlage eine besondere Härte bedeutet.

I. Allgemeines

1 § 35 enthält eine **abschließende Regelung** der Gründe, aus denen Personen, die uneingeschränkt zum Schöffendienst herangezogen werden können, zur Ablehnung der Berufung berechtigt sind.[1] **Kein Ablehnungsgrund** ist es zB, wenn ein Schöffe geltend macht, **sein Gewissen** verbiete ihm die Tätigkeit als Laienrichter generell, in einem einzelnen Fall oder bei einem bestimmten Gericht oder Spruchkörper.[2] **Nicht ablehnungsberechtigte** Personen **müssen** ihr Schöffenamt ausüben. Sie können für einzelne Sitzungstage nach § 54 entbunden werden; für Ausschluss und Ablehnung im Einzelfall gilt § 31 StPO.

2 Liegen Ablehnungsgründe nach § 35 vor und ist zu erwarten, dass die betroffene Person die Berufung ablehnen wird, kann das schon von der Gemeinde bei der Aufstellung der Vorschlagsliste (§ 36) und vom Ausschuss (§ 40) durch Nichtaufnahme in die Schöffenliste (§ 44) berücksichtigt werden. Die **Ablehnung** selbst muss der Betroffene nach der Berufung innerhalb der Frist des § 53 Abs. 1 geltend machen; darüber entscheidet der Richter beim Amtsgericht (§ 53 Abs. 2). Die Ablehnung gilt jeweils nur für die **einzelne Amtsperiode** (§ 42 Abs. 1).[3]

II. Einzelheiten

3 **Ablehnungsberechtigt** sind die in Nrn. 1 bis 7 erwähnten Personen.

4 **Nr. 1.** Der Grundsatz der Gewaltenteilung (Art. 20 Abs. 2 S. 2 GG) verbietet weder die Heranziehung von **Abgeordneten**[4] (vgl. aber § 35 Nr. 1) noch von **Mitgliedern kommunaler Selbstverwaltungskörperschaften**.[5] Nach Nr. 1 können Parlamentarier (aber nicht zB Gemeinde-, Stadt- oder Kreisräte) ihre Berufung zum Schöffen ablehnen. Eine „Zweite Kammer" gibt es in Deutschland nicht mehr.

5 **Nr. 5.** Die **unmittelbare persönliche Fürsorge für die Familie** kann schon dann in besonderem Maße erschwert sein, wenn ein einzelnes Familienmitglied entsprechend fürsorgebedürftig ist. Mit „Familie" ist die Verwandtschaft und Schwägerschaft iSd. §§ 1598, 1590 BGB gemeint.[6] Die Beschaffung der finanziellen Mittel für die Familie ist **nicht** von Nr. 5 (aber evtl. von Nr. 7) geschützt.[7]

6 **Nr. 7** soll verhindern, dass die **wirtschaftliche Existenz** des Betroffenen oder eines Dritten durch die Übernahme des Schöffenamtes gefährdet wird.

§ 36 [Vorschlagsliste]

(1) ¹Die Gemeinde stellt in jedem fünften Jahr eine Vorschlagsliste für Schöffen auf. ²Für die Aufnahme in die Liste ist die Zustimmung von zwei Dritteln der anwesenden Mitglieder der Gemeindevertretung, mindestens jedoch der Hälfte der gesetzlichen Zahl der Mitglieder der Gemeindevertretung erforderlich. ³Die jeweiligen Regelungen zur Beschlussfassung der Gemeindevertretung bleiben unberührt.

(2) ¹Die Vorschlagsliste soll alle Gruppen der Bevölkerung nach Geschlecht, Alter, Beruf und sozialer Stellung angemessen berücksichtigen. ²Sie muß Geburtsnamen, Familiennamen, Vornamen, Tag und Ort der Geburt, Wohnanschrift und Beruf der vorgeschlagenen Personen enthalten.

(3) ¹Die Vorschlagsliste ist in der Gemeinde eine Woche lang zu jedermanns Einsicht aufzulegen. ²Der Zeitpunkt der Auflegung ist vorher öffentlich bekanntzumachen.

(4) ¹In die Vorschlagslisten des Bezirks des Amtsgerichts sind mindestens doppelt so viele Personen aufzunehmen, wie als erforderliche Zahl von Haupt- und Hilfsschöffen nach § 43 bestimmt sind. ²Die Verteilung auf die Gemeinden des Bezirks erfolgt durch den Präsidenten des Landgerichts (Präsidenten des Amtsgerichts) in Anlehnung an die Einwohnerzahl der Gemeinden.

---

[1] BGH v. 12. 1. 1956 – 3 StR 626/54, BGHSt 9, 203.
[2] KG v. 21. 7. 1965 – 4 Ws 66/65, JR 1966, 188; Kissel/*Mayer* Rn. 11; *Meyer-Goßner* Rn. 1.
[3] KK-StPO/*Hannich* Rn. 4.
[4] BGH v. 13. 2. 1968 – 1 StR 613/67, BGHSt 22, 85 = NJW 1968, 996.
[5] Kissel/*Mayer* § 31 Rn. 7; *Birmanns* NJW 1963, 144; *Liekefett* NJW 1964, 391; *Tsatsos* DRiZ 1964, 256.
[6] KK-StPO/*Hannich* Rn. 5.
[7] Kissel/*Mayer* Rn. 18.

Vierter Titel. Schöffengerichte **1–9 § 36 GVG**

I. Übersicht über das Verfahren der Schöffenwahl

Die §§ 36 ff. bestimmen das Verfahren, mit dem die Schöffen bestimmt werden. Die Gemeinden erstellen Vorschlagslisten für die Schöffenwahl, legen diese auf und nehmen ggf. Einsprüche entgegen (§§ 36, 37). Die Vorschlagslisten werden mit den Einsprüchen an das Gericht übersandt, welches die eigentliche Schöffenwahl vorbereitet (§§ 38, 39). Zusammensetzung des Schöffenwahlausschusses und seine Tätigkeit bis hin zur Wahl selbst sind in §§ 40–43 geregelt. Die §§ 44 ff. regeln dann, wie nach der Wahl vom Gericht hinsichtlich der Zuweisung der gewählten Schöffen zu den einzelnen Sitzungen zu verfahren ist. **1**

II. Vorschlagsliste

1. Allgemeines. In jedem fünften Jahr sind die Vorschlagslisten aufzustellen (Abs. 1 S. 1); den jeweiligen Schlusstermin bestimmt die LJV (§ 57). Aus der Vorschlagsliste werden die Schöffen für das AG und für das LG (§ 77) entnommen. **2**

2. Zuständigkeit und Beschlussfassung. Die **Erstellung der Vorschlagslisten** ist Aufgabe der Gemeinden (**Abs. 1 S. 1**). Zuständig ist die Gemeindevertretung (**Abs. 1 S. 2**); in Berlin ist diese Aufgabe nach § 4a EGGVG den Bezirksverordnetenversammlungen,[1] in Hamburg den Bezirksversammlungen[2] zugewiesen. Die **Jugendschöffen** schlägt der Jugendhilfeausschuss vor (§ 35 Abs. 1–3 JGG). **3**

Die Vorschlagsliste muss mit einer **Mehrheit von ⅔ der anwesenden Mitglieder**, mindestens aber der Hälfte der Mitglieder der Gemeindevertretung beschlossen werden, wobei die jeweiligen kommunalrechtlichen Wirksamkeitsvoraussetzungen erfüllt sein müssen (S. 3). **4**

3. Auswahl der vorgeschlagenen Personen (Abs. 1 S. 2, Abs. 2). Die Liste kann aus **Vorschlägen** der im Gemeinderat vertretenen **Parteigruppen**[3] oder **anderer Vereinigungen** zusammengestellt werden und auch auf **Selbstbewerbungen** zurückgreifen.[4] Sie soll immer die gesamte Bevölkerung repräsentieren (Abs. 2), deshalb wird die Übernahme einer nach dem Zufallsprinzip erstellten Liste für fehlerhaft gehalten.[5] Ebenso dürfen die Gemeindevertretungen die Auswahl nicht auf einen nach den Anfangsbuchstaben der Namen oder Straßen oder nach anderen Merkmalen bestimmten Teil der Bevölkerung beschränken.[6] Die Anforderungen an das Schöffenamt nach **§§ 32–34** sind in jedem Fall zu beachten. Zweckmäßigerweise sollten auch schon Ablehnungsgründe nach **§ 35** berücksichtigt werden, wenn mit der Ablehnung einer Wahl durch den Betroffenen zu rechnen ist.[7] Die **Benachrichtigung** der in die Liste aufgenommenen Personen ist nicht erforderlich, aber sinnvoll, um frühzeitig Umstände, die nach §§ 32–35 relevant sind, aufklären zu können.[8] **5**

Die als **Jugendschöffen** vorgeschlagenen Personen sollen außerdem erzieherisch befähigt und in der Jugenderziehung erfahren sein (§ 35 Abs. 2 S. 2 JGG). **6**

4. Anzahl der vorzuschlagenden Personen (Abs. 4). Die Zahl der in die Vorschlagsliste aufzunehmenden Personen orientiert sich an der erforderlichen Zahl der Schöffen (s. § 43). Die **Verteilung auf die Gemeinden** des Gerichtsbezirks erfolgt nach Abs. 4 S. 2 in Anlehnung an die Einwohnerzahl der Gemeinden, muss also ungefähr (aber nicht prozentual exakt)[9] deren Verhältnissen entsprechen. Die Einhaltung der in Abs. 4 bestimmten Anzahl von Personen prüft der Vorsitzende des Schöffenwahlausschusses (§ 40 Abs. 2) nicht.[10] **7**

5. Liste. Jede Gemeinde stellt (nur) **eine Liste** auf.[11] Die Liste muss nicht in einer einzigen Aufstellung zusammengefasst sein, sondern kann sich aus der Verbindung einzelner Listen ergeben (zB Vorschlagslisten verschiedener Organisationen wie Parteien, Verbände, soziale Vereinigungen).[12] **8**

6. Auflegung (Abs. 3). Die Listen sind eine Woche zur allgemeinen Einsicht aufzulegen. Die Frist muss nicht 7 Werktage umfassen;[13] die Listen sollten aber an 5 Werktagen eingesehen werden können.[14] **9**

---

[1] BGH v. 22. 10. 1985 – 5 StR 325/85, NStZ 1986, 84 = StV 1986, 49 mAnm *Danckert*.
[2] BGH v. 26. 11. 1985 – 5 StR 360/85, NJW 1986, 1358; OLG Hamburg v. 20. 3. 1985 – 1 Ss 418/84, StV 1985, 227; LG Hamburg v. 30. 11. 1984 – (98) 20/82 KLs, NStZ 1985, 185.
[3] BGH v. 2. 12. 1958 – 1 StR 375/58, BGHSt 12, 197 = NJW 1959, 349 mAnm *Martin*.
[4] BGH v. 30. 7. 1991 – 5 StR 250/91, BGHSt 38, 47 (50).
[5] BGH v. 30. 7. 1991 – 5 StR 250/91, BGHSt 38, 47; abl. *Katholnigg* NStZ 1992, 73.
[6] BGH v. 3. 11. 1981 – 5 StR 566/81, BGHSt 30, 255 (256) = NJW 1982, 293 = StV 1982, 6 mAnm *Katholnigg*.
[7] Vgl. § 35 Rn. 2.
[8] KK-StPO/*Hannich* Rn. 3.
[9] *Meyer-Goßner* Rn. 4.
[10] BGH v. 13. 8. 1985 – 1 StR 330/85, BGHSt 33, 290 (291) = NJW 1986, 1356.
[11] KK-StPO/*Hannich* Rn. 4.
[12] BGH v. 2. 12. 1958 – 1 StR 375/58, BGHSt 12, 197 (201) = NJW 1959, 349.
[13] BayObLG v. 29. 11. 1996 – 2 St RR 177/96, BayObLGSt 1996, 172 = StV 1998, 8 mit abl. Anm. *Bockemühl*.
[14] BGH v. 22. 2. 2000 – 4 StR 446/99, StV 2001, 156; *Meyer-Goßner* Rn. 3.

III. Revision

10 Generell können nach bisher überwiegender Meinung[15] Mängel des Auswahlverfahrens die **Revision** nach § 338 Nr. 1 StPO nicht begründen, da die Gerichte darauf nicht unmittelbar einwirken können.[16] Das gilt zB bei Nichtbeachtung des Abs. 2[17] oder einem Verstoß gegen Abs. 3 S. 1,[18] aber auch, wenn eine Gemeinde **gar keine Liste** aufstellt und daher die Schöffenwahl ohne diese Liste stattfindet.[19]

§ 37 [Einspruch gegen die Vorschlagsliste]

Gegen die Vorschlagsliste kann binnen einer Woche, gerechnet vom Ende der Auflegungsfrist, schriftlich oder zu Protokoll mit der Begründung Einspruch erhoben werden, daß in die Vorschlagsliste Personen aufgenommen sind, die nach § 32 nicht aufgenommen werden durften oder nach den §§ 33, 34 nicht aufgenommen werden sollten.

1 **1. Einspruchsberechtigung. Jeder**, auch ein in die Liste Aufgenommener, kann Einspruch gegen die Vorschlagsliste einlegen.

2 **2. Form und Frist.** Der Einspruch muss **innerhalb einer Woche** nach dem Ende der Auslegungsfrist (§ 36 Abs. 3) schriftlich oder zu Protokoll des UrkB zum **Schöffenwahlausschuss** oder zur **Gemeinde** eingelegt werden.[1] Für die Berechnung der Wochenfrist gilt § 187 Abs. 1 BGB.

3 **3. Einspruchsgründe.** Der Einspruch kann nur auf die Hinderungsgründe der §§ 32–34 gestützt werden, nicht auf andere Bedenken gegen die Vorschlagsliste.[2] Den Fällen des § 32 steht der Fall des § 31 S. 2 gleich.[3] Die **Aufnahme in die Schöffenliste** kann weder durch den Einspruch nach § 37, noch durch Anrufung des Gerichts verfolgt werden.[4]

4 **4. Entscheidung.** Über den Einspruch entscheidet der Schöffenwahlausschuss (§§ 40, 41).

§ 38 [Übersendung der Vorschlagsliste]

(1) Der Gemeindevorsteher sendet die Vorschlagsliste nebst den Einsprüchen an den Richter beim Amtsgericht des Bezirks.

(2) Wird nach Absendung der Vorschlagsliste ihre Berichtigung erforderlich, so hat der Gemeindevorsteher hiervon dem Richter beim Amtsgericht Anzeige zu machen.

1 **1. Versendung (Abs. 1).** Die Liste ist bis zum nach § 57 bezeichneten Zeitpunkt an den Vorsitzenden des Schöffenwahlausschusses (§ 40 Abs. 2), jedenfalls aber an das AG,[1*] zu übersenden.

2 **2. Berichtigung (Abs. 2).** Eine Berichtigung der Liste **muss stattfinden**, wenn nachträglich Umstände nach §§ 31 S. 2, 32–34 bekannt werden oder der Vorgeschlagene erklärt, von seinem Ablehnungsrecht nach § 35 Gebrauch zu machen. Für die Berichtigung ist der Schöffenwahlausschuss (§ 40) zuständig;[2*] Abs. 2 regelt insoweit lediglich eine **nachträgliche Informationspflicht** der Gemeinde.

§ 39 [Vorbereitung der Schöffenwahl]

[1]Der Richter beim Amtsgericht stellt die Vorschlagslisten der Gemeinden zur Liste des Bezirks zusammen und bereitet den Beschluß über die Einsprüche vor. [2]Er hat die Beachtung der Vorschriften des § 36 Abs. 3 zu prüfen und die Abstellung etwaiger Mängel zu veranlassen.

---

[15] AA wohl BGH v. 16. 7. 2008 – 2 StR 83/08, StV 2008, 566; *Meyer-Goßner* ab 52. A., Rn. 5.
[16] BGH v. 3. 11. 1981 – 5 StR 566/81, BGHSt 30, 255 (257) = NJW 1982, 293; BGH v. 30. 7. 1991 – 5 StR 250/91, BGHSt 38, 47 (51); BGH v. 19. 3. 1985 – 5 StR 210/84, NStZ 1986, 210; *Katholnigg* Rn. 7; *Kissel/Mayer* Rn. 9, 14.
[17] BGH v. 3. 11. 1981 – 5 StR 566/81, BGHSt 30, 255 (257) = NJW 1982, 293; BGH v. 19. 3. 1985 – 5 StR 210/84, NStZ 1986, 210.
[18] BGH v. 4. 6. 1886 – 5 StR 111/96, NStZ 1997, 74; BayObLG v. 29. 11. 1996 – 2 St RR 177/96, BayObLGSt 1996, 172 = StV 1998, 8.
[19] BGH v. 13. 8. 1985 – 1 StR 330/85, BGHSt 33, 290 (291) = NJW 1986, 1356 = JR 1986, 473 mAnm *Seebode*; KK-StPO/*Hannich* § 39 mwN Rn. 1.
[1] *Kissel/Mayer* Rn. 2, 3.
[2] *Kissel/Mayer* Rn. 1; KK-StPO/*Hannich* Rn. 1.
[3] *Katholnigg* Rn. 1; *Meyer-Goßner* Rn. 2.
[4] KK-StPO/*Hannich* Rn. 7; *Kissel/Mayer* Rn. 13.
[1*] KK-StPO/*Hannich* Rn. 1.
[2*] *Meyer-Goßner* Rn. 2.

1. Vorbereitung durch den Richter beim Amtsgericht. Der Vorsitzende des Schöffengerichts fasst die Vorschlagslisten zu einer Liste zusammen (S. 1 Hs. 1) und erledigt die anderen ihm in § 39 aufgegebenen Vorbereitungsarbeiten.

2. Umfang der Prüfung des S. 2. Die Prüfung des Gerichts umfasst neben der Auflegung (§ 36 Abs. 3) generell auch, ob sämtliche Gemeinden Vorschlagslisten eingereicht haben,[1] § 36 Abs. 2 S. 2 eingehalten ist[2] und keine Ausschlussgründe und Eignungsmängel nach §§ 31 S. 2, 32–34 vorliegen.[3] Dazu ist von Amts wegen die Einholung von BZR-Auskünften durch den Richter zweckmäßig.[4]

Das Gericht prüft nach S. 2 insbesondere **die Dauer der Auflegung der Liste** und die Tatsache ihrer vorherigen **Ankündigung**, aber nicht den zeitlichen Abstand zwischen Ankündigung und Auflegung, der deshalb auch in der Revision nicht überprüft werden kann.[5] **Offensichtlich fehlerhaft zustande gekommene Listen** hat er zurückzuweisen und auf eine gesetzmäßige Listenerstellung zu drängen.[6] **Nicht überprüft** werden die Anzahl der vorgeschlagenen Personen (§ 36 Abs. 4)[7] und im Übrigen die Ordnungsmäßigkeit der Vorbereitungsarbeiten bei ihrer Aufstellung.[8]

3. Beseitigung von Mängeln (S. 2 Hs. 2). Auf die Beseitigung von Mängeln, etwa durch Nachforderung fehlender Angaben nach § 36 Abs. 2 S. 2 oder fehlender Vorschlagslisten, hat der Richter hinzuwirken.

4. Vorbereitung der Entscheidung über die Einsprüche (S. 1 Hs. 2). Bei Einsprüchen (§ 37) hat der Richter den Sachverhalt so aufzuklären, dass der Ausschuss (§§ 40 ff.) über sie entscheiden kann.[9]

§ 40 [Schöffenwahlausschuss]

(1) Bei dem Amtsgericht tritt jedes fünfte Jahr ein Ausschuß zusammen.

(2) ¹Der Ausschuß besteht aus dem Richter beim Amtsgericht als Vorsitzenden und einem von der Landesregierung zu bestimmenden Verwaltungsbeamten sowie sieben Vertrauenspersonen als Beisitzern. ²Die Landesregierungen werden ermächtigt, durch Rechtsverordnung die Zuständigkeit für die Bestimmung des Verwaltungsbeamten abweichend von Satz 1 zu regeln. ³Sie können diese Ermächtigung durch Rechtsverordnung auf oberste Landesbehörden übertragen.

(3) ¹Die Vertrauenspersonen werden aus den Einwohnern des Amtsgerichtsbezirks von der Vertretung des ihm entsprechenden unteren Verwaltungsbezirks mit einer Mehrheit von zwei Dritteln der anwesenden Mitglieder, mindestens jedoch mit der Hälfte der gesetzlichen Mitgliederzahl gewählt. ²Die jeweiligen Regelungen zur Beschlussfassung dieser Vertretung bleiben unberührt. ³Umfaßt der Amtsgerichtsbezirk mehrere Verwaltungsbezirke oder Teile mehrerer Verwaltungsbezirke, so bestimmt die zuständige oberste Landesbehörde die Zahl der Vertrauenspersonen, die von den Vertretungen dieser Verwaltungsbezirke zu wählen sind.

(4) Der Ausschuß ist beschlußfähig, wenn wenigstens der Vorsitzende, der Verwaltungsbeamte und drei Vertrauenspersonen anwesend sind.

1. Zusammentritt beim Amtsgericht (Abs. 1). Bei jedem AG tritt jedes fünfte Jahr der Schöffenwahlausschuss zusammen; das gilt auch, wenn dort kein SchG besteht.[1*] Der Richter prüft die Richtigkeit des Zustandekommens und der Zusammensetzung des Ausschusses und sorgt für die Behebung von Mängeln.

2. Zusammensetzung (Abs. 2, 3). a) Richter am Amtsgericht als Vorsitzender (Abs. 2 S. 1). Aus der **Geschäftsverteilung** (§ 21e Abs. 1 S. 1) muss sich ergeben, welcher von mehreren Richtern den Vorsitz führt. Beim Fehlen einer ausdrücklichen Bestimmung wird der Richter tätig, der nach dem Geschäftsverteilungsplan für die Sachen zuständig ist, die keiner anderen Abteilung zugewie-

---

[1] BGH v. 13. 8. 1985 – 1 StR 330/85, BGHSt 33, 290 (291) = NJW 1986, 1356 = JR 1986, 473 mAnm Seebode; BGH v. 13. 8. 1986 – 2 StR 120/86, NStZ 1986, 565.
[2] KK-StPO/*Hannich* Rn. 1.
[3] BGH v. 30. 4. 1968 – 1 StR 87/68, BGHSt 22, 122 (123) = NJW 1968, 1436.
[4] AM KK-StPO/*Hannich* Rn. 2 (Einholung verpflichtend).
[5] BGH v. 15. 5. 1997 – 1 StR 233/96, NJW 1997, 3034 (3036).
[6] Dem zuneigend BGH v. 30. 7. 1991 – 5 StR 250/91, 47 (51) mit krit Anm. *Katholnigg* NStZ 1992, 73; wohl aM *Meyer-Goßner* Rn. 1.
[7] § 36 Rn. 7.
[8] *Meyer-Goßner* Rn. 1; vgl. auch BGH v. 19. 3. 1985 – 5 StR 210/84, NStZ 1986, 210; s. auch § 36 Rn. 10.
[9] KK-StPO/*Hannich* Rn. 2.
[1*] Vgl. § 58 Rn. 5.

sen sind.[2] Der Richter wirkt in richterlicher Unabhängigkeit mit.[3] Soweit es um die Bestimmung der **Jugendschöffen** geht, führt der (vom Geschäftsverteilungsplan bestimmte) **Jugendrichter** den Vorsitz (§ 35 Abs. 4 JGG).

3 **b) Ein Verwaltungsbeamter (Abs. 2 S. 1–3).** Der Verwaltungsbeamte wird von der Landesregierung (Abs. 2 S. 1) oder einer nach Abs. 2 S. 2, 3 festgelegten Stelle bestimmt. Er muss nicht namentlich bezeichnet werden; auch der Träger eines bestimmten Amtes und für den Fall seiner Verhinderung sein Stellvertreter kann hierfür bezeichnet werden.[4] Zum Ausschuss gehört immer nur ein Verwaltungsbeamter, auch wenn der Bezirk des AG sich auf mehrere Verwaltungsbezirke erstreckt (zB kreisfreie Stadt/Stadtkreis und Landkreis).[5]

4 **c) Vertrauenspersonen (Abs. 2 S. 1, Abs. 3).** Sieben Vertrauenspersonen sowie zweckmäßigerweise auch **Vertreter** für den Verhinderungsfall[6] werden von der Vertretung des dem AG-Bezirk entsprechenden unteren Verwaltungsbezirks nach Abs. 3 S. 1, 2 gewählt (vgl. zum Verfahren § 36 Abs. 1 S. 1, 2); das sind idR der Kreistag eines Landkreises bzw. der Stadtrat einer kreisfreien Stadt, in Berlin die Bezirksverordnetenversammlungen, in Hamburg die Bezirksversammlungen.[7] Die Vertrauenspersonen können der Vertretungskörperschaft angehören, die sie wählt.[8] Das Landesrecht kann vorsehen, dass die §§ 32–35 entsprechend für die Vertrauenspersonen gelten.[9] **Ordnungsgeld** gegen unentschuldigt fernbleibende Vertrauenspersonen ist nach § 56 zu verhängen.

5 **3. Beschlussfähigkeit (Abs. 4).** Der Ausschuss ist **beschlussfähig**, wenn der Vorsitzende (Richter am AG), der Verwaltungsbeamte und drei Vertrauenspersonen anwesend sind. Die **Vertretung der Ausschussmitglieder** durch zuvor bestimmte Vertreter ist **zulässig**.[10]

6 **4. Revision.** Die Revision kann (entspr. § 21 b Abs. 6) **grundsätzlich nicht** darauf gestützt werden, dass der Schöffenwahlausschuss nicht ordnungsgemäß zusammengesetzt gewesen sei,[11] zB ein zweiter Verwaltungsbeamter[12] oder ein anderer als der von der Geschäftsverteilung vorgesehene Richter[13] mitgewirkt habe. Die Besetzungsrüge ist nur ausnahmsweise begründet bei **besonders schweren Fehlern** wie der Tätigkeit eines Ausschusses, der so gar nicht besteht, oder in dem die Vertrauensleute vom falschen Gremium gewählt worden sind.[14]

§ 41 [Prüfung der Einsprüche]

[1] Der Ausschuß entscheidet mit einfacher Mehrheit über die gegen die Vorschlagsliste erhobenen Einsprüche. [2] Bei Stimmengleichheit entscheidet die Stimme des Vorsitzenden. [3] Die Entscheidungen sind zu Protokoll zu vermerken. [4] Sie sind nicht anfechtbar.

1 **1. Entscheidung (S. 1–3).** In **nichtöffentlicher Sitzung** entscheidet der Ausschuss über die Einsprüche (§ 37), die **Mitteilungen** nach § 38 Abs. 2 sowie sonstige iRd. Prüfung nach § 39 hervorgetretene Umstände, die nach §§ 31 S. 2, 32–34 zu berücksichtigen sind.[1] Ggf. ist vom Ausschuss der Sachverhalt noch aufzuklären; eine Anhörung ist jedoch nicht vorgesehen.[2*] Beurteilt der Ausschuss einen **Einspruch als begründet**, wird der Betroffene von der Vorschlagsliste gestrichen.

2 **2. Unanfechtbarkeit (S. 4).** Die Entscheidung des Ausschusses ist nicht anfechtbar (S. 4) und kann auch mit der Revision nicht angegriffen werden (§ 336 S. 2 StPO).

---

[2] BGH v. 19. 3. 1985 – 5 StR 210/84, NStZ 1986, 210.
[3] KK-StPO/*Hannich* Rn. 2; *Kissel/Mayer* Rn. 3.
[4] BGH v. 2. 12. 1958 – 1 StR 375/58, BGHSt 12, 197 = NJW 1959, 349.
[5] BGH v. 14. 10. 1975 – 1 StR 108/75, BGHSt 26, 206 (207) = NJW 1976, 432; KK-StPO/*Hannich* Rn. 2.
[6] Vgl. BGH v. 2. 12. 1958 – 1 StR 375/58, BGHSt 12, 197 (204) = NJW 1959, 349.
[7] Vgl. § 36 Rn. 3.
[8] BGH v. 11. 11. 1980 – 1 StR 506/80, NStZ 1981, 150.
[9] Vgl. *Meyer-Goßner* Rn. 5.
[10] Vgl. BGH v. 2. 12. 1958 – 1 StR 375/58, BGHSt 12, 197 (204) = NJW 1959, 349; *Meyer-Goßner* Rn. 6.
[11] BGH v. 28. 11. 1990 – 3 StR 170/90, BGHSt 37, 245 = NJW 1991, 1764 (nachvollziehbarer Verfahrensfehler); BayObLG v. 27. 2. 1989 – RReg 1 St 205/88, MDR 1989, 842; vgl. BVerfG v. 22. 6. 1982 – 2 BvR 1205/81, NJW 1982, 2368.
[12] BGH v. 14. 10. 1975 – 1 StR 108/75, BGHSt 26, 206 = NJW 1976, 432; BGH v. 22. 10. 1985 – 5 StR 325/85, NStZ 1986, 84.
[13] BGH v. 10. 6. 1980 – 5 StR 464/79, BGHSt 29, 283 (287) = NJW 1980, 2364.
[14] IE § 42 Rn. 10.
[1] KK-StPO/*Hannich* Rn. 1; *Meyer-Goßner* Rn. 1.
[2*] KK-StPO/*Hannich* Rn. 1.

§ 42 [Schöffenwahl; Haupt- und Hilfsschöffen]

(1) ¹Aus der berichtigten Vorschlagsliste wählt der Ausschuß mit einer Mehrheit von zwei Dritteln der Stimmen für die nächsten fünf Geschäftsjahre:
1. die erforderliche Zahl von Schöffen;
2. die erforderliche Zahl der Personen, die an die Stelle wegfallender Schöffen treten oder in den Fällen der §§ 46, 47 als Schöffen benötigt werden (Hilfsschöffen). ²Zu wählen sind Personen, die am Sitz des Amtsgerichts oder in dessen nächster Umgebung wohnen.

(2) Bei der Wahl soll darauf geachtet werden, daß alle Gruppen der Bevölkerung nach Geschlecht, Alter, Beruf und sozialer Stellung angemessen berücksichtigt werden.

I. Wahlverfahren (Abs. 1 S. 1)

1. Wahlgrundsätze. Der **Ausschuss** nach § 40 wählt die Schöffen aus der berichtigten Vorschlagsliste (§§ 36, 38 Abs. 2, 41) mit einer Mehrheit von **zwei Dritteln der Stimmen** (Abs. 1 S. 1). 1

2. Einzelheiten zum Wahlverfahren. Das Wahlverfahren ist nicht näher geregelt. Es muss eine echte **Wahl** stattfinden, in welcher der Ausschuss selbstständig in eigener Verantwortung entscheidet und insbesondere auch die Möglichkeit hat, die Kriterien des Abs. 2 zu beachten.[1] Unzulässig ist es deshalb, wenn der Ausschuss sich darauf beschränkt, eine von anderen Gremien getroffene **Auswahl zu übernehmen** und nur formal nachzuvollziehen.[2] Eine (bloße) **Auslosung** von Schöffen ist ebenfalls gesetzwidrig;[3] die unter Mitwirkung ausgeloster Schöffen ergangenen Urteile sind aber nicht nichtig.[4] Eine verbotene Auslosung liegt nach hM auch vor, wenn der Ausschuss zunächst, als den Wahlakt vorbereitende Handlung, die Schöffen auslost und die Ausgelosten sodann förmlich wählt.[5] Als zulässig ist dagegen das **Auszählverfahren** angesehen worden: der Ausschussvorsitzende stellt jeden zweiten Schöffen aus der den Ausschussmitgliedern vorliegenden Vorschlagsliste zur Wahl.[6] Auch die Schöffenwahl aus einer beschränkten Vorschlagsliste (Teilliste) ist nicht ungültig.[7] 2

Angesichts der nicht ganz geradlinigen Rechtsprechung (Auslosung unzulässig, Auszählung zulässig) dürfte **allgemein** gelten: Beschränkt sich die Wahl auf die Bestätigung einer **Vorauswahl** – sei sie durch Auslosung, Auszählung oder auf andere Weise erfolgt – ist das jedenfalls dann unbedenklich, wenn ein Verfahren gewählt wird, das dem Ausschuss bei der endgültigen Festlegung der Schöffen die tatsächliche und konkrete Möglichkeit gibt, sich bei jeder der zunächst durch Vorauswahl bestimmten Personen durch Abstimmung dahin zu entscheiden, dass nicht sie, sondern eine andere in die Schöffenliste aufgenommen werden soll.[8] 3

Eine **Protokollierung** von Wahlvorgang und Stimmenverhältnis muss nicht stattfinden.[9] Der Wahlausschuss kann und muss aber **Wahlfehler**, die sich auf die Besetzung der gerichtlichen Spruchkörper auswirken können, **durch Wiederholung der Schöffenwahl** beheben.[10] 4

II. Haupt- und Hilfsschöffen (Abs. 1 S. 1 Nrn. 1, 2)

Zu wählen ist die **erforderliche Zahl** (§ 43) der Haupt- und Hilfsschöffen. 5

1. (Haupt-)Schöffen (Abs. 1 S. 1 Nr. 1). (Haupt-)Schöffen sind die Personen, aus denen die erforderliche Zahl (§§ 43, 58 Abs. 2, 77 Abs. 2 S. 1, 78 Abs. 3) der Schöffen für die einzelnen

---

[1] Vgl. KK-StPO/*Hannich* Rn. 1; *Meyer-Goßner* Rn. 5.
[2] BGH v. 19. 1. 1988 – 1 StR 577/87, BGHSt 35, 190 = NJW 1988, 3164.
[3] BGH v. 21. 9. 1984 – 2 StR 327/84, BGHSt 33, 41 = NJW 1984, 2839 = JR 1985, 80 mit krit. Anm. *Katholnigg* = NStZ 1985, 82 mit zust. Anm. *Schätzler*; BGH v. 19. 6. 1985 – 2 StR 197/85 und 98/85, BGHSt 33, 261 (263) = NJW 1985, 2341; BGH v. 9. 1. 1985 – 2 StR 728/85, NStZ 1985, 495; LG Frankfurt aM v. 26. 8. 1983 – 90 Js 22 594/82, StV 1983, 413; *Kissel* NStZ 1985, 490; *Meyer* NJW 1984, 2805; *Vogt/Kurth* NJW 1985, 103; aM LG Frankfurt aM v. 28. 11. 1984 – 94 Js 31 732/83-Ns, NJW 1985, 155; LG Frankfurt aM v. 31. 5. 1983 – (WI/79) 91 Js 2634/79, StV 1983, 411 mit abl. Anm. *Danckert*; *Allgaier* MDR 1985, 462; *Knauth* DRiZ 1984, 474; *Jasper* MDR 1985, 110.
[4] BGH v. 16. 1. 1985 – 2 StR 717/84, BGHSt 33, 126 = NJW 1985, 1173 = JR 1985, 34 mAnm *Katholnigg*; *Kissel* NStZ 1985, 490; *Meyer* NJW 1984, 2805; *Vogt/Kurth* NJW 1985, 103; aM *Weis* NJW 1984, 2804; vgl. auch BVerfG v. 12. 11. 1984 – 2 BvR 1350/84, NJW 1985, 125.
[5] BGH v. 19. 6. 1985 – 2 StR 197/85 und 98/85, BGHSt 33, 261 (264) = NJW 1985, 2341.
[6] BGH v. 26. 11. 1985 – 5 StR 360/85, NJW 1986, 1358; LG Hamburg v. 30. 11. 1984 – (98) 20/82 KLs, NStZ 1985, 185 (186).
[7] BGH v. 24. 3. 1987 – 5 StR 680/86, StV 1987, 285.
[8] So auch LG Hamburg v. 13. 11. 1984 – (37) 17/84 KLs, StV 1985, 10; vgl. KK-StPO/*Hannich* Rn. 1 aE im Anschluss an BGH v. 19. 6. 1985 – 2 StR 197/85 und 98/85, BGHSt 33, 261 (268) = NJW 1985, 2341 (2342).
[9] BGH v. 14. 10. 1975 – 1 StR 108/75, BGHSt 26, 206 (211) = NJW 1976, 432; BGH v. 19. 3. 1985 – 5 StR 210/84, NStZ 1986, 210.
[10] BGH v. 4. 2. 1998 – 2 StR 605/97, NStZ-RR 1999, 49.

GVG § 43 *Gerichtsverfassungsgesetz*

Spruchkörper (Schöffengericht, Jugendschöffengericht, Straf- und Jugendkammern am Landgericht) ausgelost wird (§ 45).

6 **2. Hilfsschöffen (Abs. 1 S. 1 Nr. 2).**[11] Hilfsschöffen sind die Personen, die an die Stelle wegfallender Schöffen treten (§§ 52, 53), die bei Bildung eines weiteren SchG (§ 46), bei Anberaumung von außerordentlichen Sitzungen (§ 47) oder bei Verhinderung eines Hauptschöffen (§§ 47 2. Alt, 54 Abs. 1, Abs. 2 S. 1) sowie zur Heranziehung von Ergänzungsschöffen (§§ 48, 192) benötigt werden.

III. Auswahlkriterien (Abs. 1 S. 2, Abs. 2)

7 **1. Gerichtsnähe der Hilfsschöffen (Abs. 1 S. 2).** Die leichte Erreichbarkeit der Hilfsschöffen soll dadurch gesichert werden, dass am Sitz des AG oder in dessen nächster Umgebung wohnhafte Personen gewählt werden. Ein Verstoß gegen diese Ordnungsvorschrift berührt die Gültigkeit der Wahl nicht.[12]

8 **2. Angemessene Berücksichtigung aller Bevölkerungsgruppen (Abs. 2).** Die angemessene Berücksichtigung der in Abs. 2 genannten Gruppen betrifft die Auswahl von **Haupt- und Hilfsschöffen**. Es handelt sich um eine nicht zwingende Soll-Vorschrift. Die Verletzung der Vorschrift hat auf die Ordnungsmäßigkeit der Wahl keinen Einfluss.[13]

IV. Rechtsmittel

9 **1. Anfechtung.** Die isolierte Anfechtung der Wahl ist **nicht zulässig**.[14] Eine Anfechtung ist auch nicht im Verfahren nach §§ 23 ff. EGGVG möglich, weil der Ausschuss keine Justizbehörde iSd. § 23 Abs. 1 EGGVG ist.[15]

10 **2. Revision.** Die Revision kann auf einen **Fehler im Wahlverfahren** grundsätzlich nicht gestützt werden,[16] auch wenn bei der Wahl die Vorschlagsliste einer Gemeinde gefehlt hat.[17] Die Besetzungsrüge (§ 338 Nr. 1 StPO) ist aber (unter Beachtung des § 222 b StPO) begründet, wenn die Wahl wegen eines **besonders schwerwiegenden und offensichtlichen Mangels** nichtig ist.[18] Solche Mängel sind zB: die Wahl durch einen Schöffenwahlausschuss, der als solcher gar nicht besteht;[19] die Mitwirkung von Vertrauenspersonen, die nicht vom zuständigen Gremium gewählt worden sind;[20] die Wahl von Personen, die nicht auf der berichtigten Vorschlagsliste zur Wahl bereitstanden, zB indem sie von einer veralteten oder einer falschen Liste übernommen wurden;[21] die Anwendung eines Verfahrens, mit dem die Schöffen nicht gewählt, sondern ausgelost worden sind oder rein formell eine von anderen Gremien getroffene Auswahl nachvollzogen worden ist.[22] Sind Personen gewählt worden, die nicht hätten gewählt werden dürfen, ist aber die Wahl der anderen Schöffen nicht deshalb unwirksam.[23]

§ 43 [Zahl der Schöffen]

(1) Die für jedes Amtsgericht erforderliche Zahl von Haupt- und Hilfsschöffen wird durch den Präsidenten des Landgerichts (Präsidenten des Amtsgerichts) bestimmt.

(2) Die Zahl der Hauptschöffen ist so zu bemessen, daß voraussichtlich jeder zu nicht mehr als zwölf ordentlichen Sitzungstagen im Jahr herangezogen wird.

---

[11] Vgl. auch § 45 Rn. 10 f.
[12] Kissel/*Mayer* Rn. 9.
[13] BGH v. 26. 11. 1985 – 5 StR 360/85, NJW 1986, 1358 = JR 1985, 388 mAnm *Katholnigg*; Kissel/*Mayer* Rn. 15.
[14] Kissel/*Mayer* Rn. 20.
[15] OLG Stuttgart v. 30. 5. 1985 – 4 VAs 30/85, NJW 1985, 2343.
[16] BGH v. 14. 10. 1975 – 1 StR 108/75, BGHSt 26, 206 (207) = NJW 1976, 432; BGH v. 10. 6. 1980 – 5 StR 464/79, BGHSt 29, 283 (287) = NJW 1980, 2364; s. auch § 40 Rn. 6.
[17] BGH v. 13. 8. 1985 – 1 StR 330/85, BGHSt 33, 290 = NJW 1986, 1356 = JR 1986, 473 mit abl. Anm. Seebode; BGH v. 13. 8. 1986 – 2 StR 120/86, NStZ 1986, 565; LG Koblenz v.11. 10. 1985 – 105 Js (Wi) 21.194/78 – 12 KLs, MDR 1987, 77.
[18] BGH v. 10. 6. 1980 – 5 StR 464/79, BGHSt 29, 283 (287) = NJW 1980, 2364; BGH v. 19. 6. 1985 – 2 StR 197/85 und 98/85, BGHSt 33, 261 (268) = NJW 1985, 2341 (2342).
[19] BVerfG v. 9. 6. 1971 – 2 BvR 114,127/71, BVerfGE 31, 181 (184).
[20] BGH v. 29. 9. 1964 – 1 StR 280/64, BGHSt 20, 37 (40) = NJW 1964, 2432; BayObLG v. 29. 10. 1987 – RReg. 1 St 231/87, BayObLGSt 1987, 131 = VRS 74 (1988), 352.
[21] BGH v. 7. 9. 1976 – 1 StR 511/76, BGHSt 26, 393 = NJW 1976, 2357; BGH v. 4. 12. 1979 – 5 StR 337/79, BGHSt 29, 144 = NJW 1980, 1175; BGH v. 18. 8. 1991 – 5 StR 263/91, NStZ 1991, 546.
[22] BGH v. 9. 1. 1985 – 2 StR 728/85, NStZ 1985, 495; BGH v. 19. 1. 1988 – 1 StR 577/87, BGHSt 35, 190 = NJW 1988, 3164 (3165); s. auch oben Rn. 2.
[23] BGH v. 13. 8. 1991 – 5 StR 263/91, NStZ 1991, 546; BGH v. 20. 10. 1993 – 5 StR 473/93, BGHSt 39, 353 (365) = NJW 1994, 267.

Vierter Titel. Schöffengerichte **§§ 44, 45 GVG**

1. Bestimmung durch Präsdienten (Abs. 1). Die **Zahl** der zu wählenden Schöffen bestimmt der 1
Präs. als Akt der JV.[1] Für das gemeinsame SchG gilt die Sondervorschrift des § 58 Abs. 2.

2. Heranziehung zu nicht mehr als 12 Sitzungstagen (Abs. 2). Die Zahl der voraussichtlichen 2
Sitzungstage ist zu schätzen. Wird diese durch sechs geteilt, ergibt sich überschlägig die Zahl der
benötigten Hauptschöffen.[2]

Die **Anzahl der Hilfsschöffen** sollte nicht zu gering bemessen werden. IdR ist es angemessen, 3
mindestens ebenso viele Hilfs- wie Hauptschöffen zu bestimmen; bei wenigen Sitzungstagen
(etwa, wenn nach Abs. 2 nur ein oder zwei Hauptschöffenpaare benötigt werden) ist es angebracht, zwei- oder dreimal so viele Hilfs- wie Hauptschöffen zu bestimmen.

Ansprüche der Schöffen lassen sich aus Abs. 2 nicht herleiten; der zu mehr als 12 Sitzungstagen 4
herangezogene Schöffe darf den Dienst nicht verweigern.[3] In Großverfahren, beispielsweise in
komplizierten Wirtschaftsstrafsachen, muss er an weitaus mehr Sitzungstagen mitwirken.

3. Revision. Eine Entscheidung nach Abs. 1 kann mit der Besetzungsrüge (§ 338 Nr. 1 StPO) 5
grundsätzlich nicht, sondern **nur bei Ermessensmissbrauch**, gerügt werden.[4]

§ 44 [Schöffenliste]

Die Namen der gewählten Hauptschöffen und Hilfsschöffen werden bei jedem Amtsgericht in gesonderte Verzeichnisse aufgenommen (Schöffenlisten).

1. Schöffenlisten des AG. Die Schöffenlisten des AG enthalten in getrennten Listen die Namen 1
der nach § 42 gewählten Haupt- und Hilfsschöffen. Bei den **Jugendgerichten** sind zudem getrennte Listen für Männer und Frauen zu führen (§ 35 Abs. 5 JGG).

2. Schöffenlisten des LG. Die Schöffenlisten des LG entstehen auf Grund der Mitteilung des bei 2
der Wahl tätigen Richters beim AG (§ 77 Abs. 2 S. 4) bzw. Jugendrichters (§ 35 JGG).

3. Einsicht in die Schöffenliste. Der Verteidiger kann zur Prüfung der Besetzung von der JV 3
Einsicht in die Schöffenliste verlangen.[1*]

§ 45 [Feststellung der Sitzungstage; Schöffenauslosung]

(1) Die Tage der ordentlichen Sitzungen des Schöffengerichts werden für das ganze Jahr im voraus festgestellt.

(2) ¹Die Reihenfolge, in der die Hauptschöffen an den einzelnen ordentlichen Sitzungen des Jahres teilnehmen, wird durch Auslosung in öffentlicher Sitzung des Amtsgerichts bestimmt. ²Sind bei einem Amtsgericht mehrere Schöffengerichte eingerichtet, so kann die Auslosung in einer Weise bewirkt werden, nach der jeder Hauptschöffe nur an den Sitzungen eines Schöffengerichts teilnimmt. ³Die Auslosung ist so vorzunehmen, daß jeder ausgeloste Hauptschöffe möglichst zu zwölf Sitzungstagen herangezogen wird. ⁴Satz 1 gilt entsprechend für die Reihenfolge, in der die Hilfsschöffen an die Stelle wegfallender Schöffen treten (Hilfsschöffenliste); Satz 2 ist auf sie nicht anzuwenden.

(3) Das Los zieht der Richter beim Amtsgericht.

(4) ¹Die Schöffenlisten werden bei einem Urkundsbeamten der Geschäftsstelle (Schöffengeschäftsstelle) geführt. ²Er nimmt ein Protokoll über die Auslosung auf. ³Der Richter beim Amtsgericht benachrichtigt die Schöffen von der Auslosung. ⁴Zugleich sind die Hauptschöffen von den Sitzungstagen, an denen sie tätig werden müssen, unter Hinweis auf die gesetzlichen Folgen des Ausbleibens in Kenntnis zu setzen. ⁵Ein Schöffe, der erst im Laufe des Geschäftsjahres zu einem Sitzungstag herangezogen wird, ist sodann in gleicher Weise zu benachrichtigen.

I. Ordentliche Sitzungstage (Abs. 1)

1. Zweck der Vorschrift. Die Vorausbestimmung der Schöffenbesetzung für die einzelnen Sit- 1
zungstage dient der Konkretisierung des gesetzlichen Richters (Art. 101 Abs. 1 S. 2 GG, § 16
S. 2).

---

[1] Vgl. BGH v. 6. 12. 1973 – 4 StR 554/73, BGHSt 25, 257 (258) = NJW 1974, 509; KK-StPO/*Hannich* Rn. 1.
[2] Vgl. KK-StPO/*Hannich* Rn. 2.
[3] Löwe/Rosenberg/*Siolek* Rn. 2; *Meyer-Goßner* Rn. 2.
[4] BGH v. 9. 10. 1973 – 1 StR 327/73, NJW 1974, 155; vgl. auch BGH v. 12. 4. 1978 – 3 StR 58/78, NJW 1978, 1444 (1445); Kissel/*Mayer* Rn. 6.
[1*] BVerwG v. 26. 5. 1961 – VII C 7/61, BVerwGE 12, 261 = NJW 1961, 1989; KK-StPO/*Hannich* Rn. 3; Löwe/Rosenberg/*Siolek* Rn. 3; *Meyer-Goßner* Rn. 3.

2 **2. Feststellung der ordentlichen Sitzungstage.** Die Feststellung der ordentlichen Sitzungstage erfolgt als Maßnahme der Justizverwaltung[1] **vor Beginn des Geschäftsjahres** unter Berücksichtigung des erfahrungsgemäß zu erwartenden Anfalls.[2] Welche Strafsachen in den **einzelnen Sitzungen** verhandelt werden, bestimmt der Vorsitzende im Laufe des Jahres (§ 213 StPO); anders ist eine zeitnahe Terminierung unter Berücksichtigung der jeweiligen voraussichtlichen Sitzungsdauer kaum möglich, obwohl hiergegen Bedenken unter dem Aspekt des vorausbestimmten gesetzlichen Richters bestehen.[3] Eine **Änderung der festgesetzten** Sitzungstage ist grundsätzlich unzulässig, aber dann möglich, wenn ein neuer Spruchkörper gebildet und die Sitzungstage neu verteilt werden.[4] Sitzungstage können aber uU um einige Tage **verlegt** werden.[5]

3 Verhandelt eine Kammer sowohl **Erwachsenen-** wie auch **Jugendsachen**, müssen getrennte Sitzungstage bestimmt werden.[6] Ist aber ein Erwachsenenspruchkörper zugleich für nach § 354 Abs. 2 StPO zurückverwiesene JGG-Sachen zuständig, brauchen hierfür nicht von vornherein feste Sitzungstage bestimmt zu werden, wenn ungewiss ist, ob solche Sachen überhaupt anfallen; diese können außerordentlichen Sitzungen vorbehalten werden.[7]

II. Auslosung der Schöffen (Abs. 2, 3)

4 **1. Auslosung in öffentlicher Sitzung (Abs. 2 S. 1).** In öffentlicher Sitzung wird die **Reihenfolge ausgelost**, in der die Schöffen an den einzelnen ordentlichen Sitzungstagen teilnehmen. Die Auslosung erfolgt bei jedem AG, bei dem ein SchG besteht, aus der Schöffenliste (§ 44) für jeweils ein Geschäftsjahr. Für das LG gilt § 77 Abs. 1. Für die **Öffentlichkeit** der Auslosung sind die Maßstäbe der §§ 169 ff. entsprechend anzuwenden;[8] ein Aushang am Zimmer des Präs. oder an seinem Vorzimmer genügt.[9]

5 **2. Auslosung durch den Richter (Abs. 3).** Die Auslosung nimmt **der Richter beim Amtsgericht** vor, dem die Schöffenangelegenheiten im Geschäftsverteilungsplan übertragen sind.[10] Er darf sie weder einem anderen Richter, noch dem UrkB (Abs. 4), überlassen.[11] Bei der Auslosung der **Jugendschöffen** wird der Jugendrichter tätig (§ 34 Abs. 1 JGG). Für das **LG** gilt § 77 Abs. 3 S. 1. Die Auslosung ist eine Maßnahme der JV;[12] die Ausschließungsgründe des § 22 StPO gelten nicht.

6 **3. Verfahren.** Das **Auslosungsverfahren** muss **alle gewählten Schöffen** erfassen.[13] Schöffen, die im Vorjahr zu Unrecht von der Hilfs- in die Hauptschöffenliste übernommen worden sind, dürfen dabei nicht berücksichtigt werden.[14] Im Übrigen steht das Verfahren der Auslosung im pflichtgemäßen Ermessen des Richters; er kann die Schöffen zB für jeden Sitzungstag einzeln, aber auch immer für mehrere aufeinander folgende Sitzungstage zwei Hauptschöffen auslosen.[15] Dabei ist zu beachten, dass jeder Schöffe zu **möglichst 12 Sitzungstagen (Abs. 2 S. 3)** herangezogen werden soll.

7 **4. Auslosung für mehrere Spruchkörper (Abs. 2 S. 2).** Bei mehreren Spruchkörpern kann so verfahren werden, dass die Hauptschöffen **für die einzelnen Sitzungstage** in deren chronologischer Folge ausgelost werden. Für den Fall, dass mehrere Spruchkörper am selben Tag Sitzung haben, muss dann aber die Reihenfolge der Heranziehung der Schöffen im Einzelnen festgesetzt werden.[16] Die Auslosung ist auch in der Weise zulässig, dass jeder der mehreren **Spruchkörper seine eigenen Schöffen erhält**, die nur bei ihm tätig werden.

---

[1] RG v. 3. 3. 1930 – II 383/29, RGSt 64, 50; BayObLG v. 15. 11. 1960 – RRev 2 St 556/60, BayObLGSt 1960, 277 (278) = NJW 1961, 368.
[2] BGH v. 10. 8. 1960 – 2 StR 307/60, BGHSt 15, 107 (109); *Meyer-Goßner* Rn. 1.
[3] *Katholnigg* JR 1997, 284.
[4] BayObLG v. 15. 11. 1960 – RRev 2 St 556/60, BayObLGSt 1960, 277 = NJW 1961, 368.
[5] § 47 Rn. 3.
[6] BGH v. 10. 8. 1960 – 2 StR 307/60, BGHSt 15, 107.
[7] *Kissel/Mayer* Rn. 4; *Meyer-Goßner* Rn. 1; aM *Sieg* NJW 1980, 2453.
[8] BGH v. 20. 9. 1983 – 5 StR 189/83, NStZ 1984, 89; LG Bremen v. 20. 8. 1982 – 41 KLs 74 Js 42/77, StV 1982, 461.
[9] BGH v. 11. 6. 1985 – 1 StR 828/84, NStZ 1985, 514; BGH v. 23. 3. 2006 – 1 StR 20/06, NStZ 2006, 512.
[10] § 40 Rn. 2.
[11] *Meyer-Goßner* Rn. 12.
[12] BGH v. 28. 9. 1952 – 2 StR 67/52, BGHSt 3, 68 = NJW 1952, 1265; BGH v. 6. 12. 1973 – 4 StR 554/73, BGHSt 25, 257 = NJW 1974, 509.
[13] OLG Celle v. 16. 11. 1990 – 3 Ss 243/90, NStZ 1991, 350 mAnm *Katholnigg*.
[14] *Meyer-Goßner* Rn. 6 mwN.
[15] BGH v. 19. 8. 1990 – 3 StR 184/90, NJW 1991, 435 (436); BGH v. 29. 10. 1991 – 5 StR 473/91, NStZ 1992, 226.
[16] OLG Hamm v. 25. 5. 1956 – 3 Ss 396/56, NJW 1956, 1937.

5. Schöffenlisten; Heranziehung der Schöffen. Als Ergebnis der Auslosung entstehen die **Schöf-** 8
fenlisten für die einzelnen Spruchkörper. Sie enthalten die Namen der an den einzelnen Sitzungstagen mitwirkenden Schöffen.

Fällt eine Sitzung aus (das ist auch der Fall, wenn am betreffenden Tag eine an einem früheren 9
Sitzungstag begonnene Sitzung fortgesetzt wird), werden die für sie bestimmten Schöffen nicht für die nächste Sitzung herangezogen, sondern übersprungen.[17] Beginnt aber **die Hauptverhandlung** nach begründetem Besetzungseinwand an einem Tag **neu**, der ursprünglich als Fortsetzungssitzungstag bestimmt war, sind die für diesen Tag ausgelosten Schöffen heranzuziehen.[18]

6. Hilfsschöffen. a) Auslosung. Auch die **Reihenfolge der Heranziehung** der Hilfsschöffen 10
(Abs. 2 S. 4) wird ausgelost, doch nicht für jedes Geschäftsjahr, sondern nur einmal für die fünfjährige Wahlperiode.[19] Für das ganze Gericht wird **eine einheitliche Hilfsschöffenliste** aufgestellt, aus der die Hilfsschöffen in der dort festgesetzten Reihenfolge bei Bedarf für die einzelnen Spruchkörper herangezogen werden. Für die **Jugendgerichte** ist jedoch eine eigene Hilfsschöffenliste aufzustellen.

b) Einsatz der Hilfsschöffen. Die Hilfsschöffen werden **an Stelle wegfallender Schöffen** heran- 11
gezogen, also wenn Schöffen von der Schöffenliste gestrichen (§ 52) oder für eine Einzelsitzung entbunden worden oder sonst ausgefallen (§ 54) sind.[20] Auch die Schöffen für **neu gebildete** SchGe (§ 46) und für **außerordentlichen Sitzungen** (§ 47) sowie die **Ergänzungsschöffen** (§ 48 Abs. 1) werden aus der Hilfsschöffenliste in der dort festgesetzten Reihenfolge herangezogen (§ 49 Abs. 1; vgl. auch § 42 Abs. 1 Nr. 2 S. 1).

7. Bindungswirkung der ausgelosten Reihenfolge. Die **ausgeloste Reihenfolge ist für das Ge-** 12
schäftsjahr verbindlich und kann für dessen Dauer grundsätzlich – außer evtl. zur Fehlerheilung[21] – nicht geändert werden; die Geschäftsstelle darf keine anderen Schöffen heranziehen.[22] Für die **weiteren Geschäftsjahre** der Wahlperiode (§ 42 Abs. 1) ist jeweils vor deren Beginn eine **neue Auslosung** erforderlich; jedoch ist auch die Auslosung für die gesamte Amtszeit im Voraus, getrennt nach Geschäftsjahren, zulässig.[23]

8. Heilung von Fehlern. Fehler bei der Auslosung können nachträglich durch Neuauslosung 13
oder Detailkorrektur geheilt werden.[24]

III. Schöffengeschäftsstelle (Abs. 4 S. 1, 2)

Ein UrkB führt unter der Bezeichnung **Schöffengeschäftsstelle** die Schöffenlisten nach § 44 und 14
nach Abs. 2 S. 1 und 4. Zu seiner Funktion gehört auch die Protokollführung bei der Auslosung (Abs. 4 S. 2) und die Zuweisung der Hilfsschöffen nach § 49 Abs. 3. Dem UrkB können daneben auch andere Aufgaben im Bereich der Rspr. oder JV übertragen werden.[25] Das LG hat seine eigene Schöffengeschäftsstelle (§ 77 Abs. 1). Das **Protokoll** hat keine Beweiskraft nach § 274 StPO.[26]

Jedermann kann bei der Schöffengeschäftsstelle **Einsicht in die Schöffenlisten**, in die Festset- 15
zung der Sitzungstage und in das Protokoll der Auslosung nehmen.[27]

IV. Benachrichtigung der Schöffen (Abs. 4 S. 3–5)

Der Richter[28] informiert die Schöffen über das Ergebnis der Auslosung. Den Hauptschöffen 16
werden dabei zugleich ihre Sitzungstage unter Hinweis auf die Rechtsfolgen des § 56 Abs. 1 mitgeteilt. Eine **weitere Ladung zu den einzelnen Sitzungen** ist nicht erforderlich. Ein Schöffe, der erst später zu einer bestimmten Sitzung herangezogen wird, wird ebenfalls von diesem Richter, nicht vom Vorsitzenden des erkennenden Gerichts,[29] unterrichtet (S. 5). Für das LG gilt § 77 Abs. 3 S. 1.

---

[17] KK-StPO/*Hannich* Rn. 3; *Meyer-Goßner* Rn. 7.
[18] BGH v. 26. 6. 2002 – 2 StR 60/02, NJW 2002, 2963 = JR 2003, 29 mAnm *Katholnigg*.
[19] BGH v. 7. 3. 1989 – 5 StR 576/88, BGHSt 36, 138 = JR 1989, 479 mit zust. Anm. *Katholnigg*.
[20] Vgl. BGH v. 2. 6. 1981 – 5 StR 175/81, BGHSt 30, 149 (150) = NJW 1981, 2073.
[21] S. u. Rn. 13.
[22] BGH v. 16. 3. 1982 – 5 StR 21/82, GA 1982, 324.
[23] Löwe/Rosenberg/*Siolek* Rn. 12.
[24] KK-StPO/*Hannich* Rn. 8.
[25] KK-StPO/*Hannich* Rn. 9; *Katholnigg* NJW 1978, 2377.
[26] *Katholnigg* Rn. 6; Kissel/*Mayer* Rn. 15 mwN.
[27] KK-StPO/*Hannich* Rn. 11; vgl. § 44 Rn. 3.
[28] S. o. Rn. 5.
[29] *Meyer-Goßner* Rn. 14.

V. Revision

17 Mit der Revision kann beanstandet werden, dass **keine Auslosung** stattgefunden hat.[30] **Keinen Revisionsgrund** stellen dagegen **Fehler bei der Auslosung** dar (zB Ziehung der Lose durch einen unzuständigen Richter;[31] Nichtbeachtung von Abs. 2 S. 3; Unterbleiben der Protokollierung oder der Benachrichtigung nach Abs. 4 S. 2–5),[32] soweit kein willkürliches Vorgehen vorliegt.[33]

§ 46 [Zusätzliches Schöffengericht]

¹Wird bei einem Amtsgericht während des Geschäftsjahres ein weiteres Schöffengericht gebildet, so werden für dessen ordentliche Sitzungen die benötigten Hauptschöffen gemäß § 45 Abs. 1, 2 Satz 1, Abs. 3, 4 aus der Hilfsschöffenliste ausgelost. ²Die ausgelosten Schöffen werden in der Hilfsschöffenliste gestrichen.

1 1. **Schöffen für nachträglich gebildete Spruchkörper.** Die Hauptschöffen für die **ordentlichen Sitzungen** eines **nachträglich gebildeten Spruchkörpers** werden aus der Hilfsschöffenliste (§ 45 Abs. 2, 4) ausgelost und dann aus der Hilfsschöffenliste gestrichen. Eine vorangegangene **Heranziehung als Hilfsschöffe** ist noch **vorrangig** zu erfüllen (§ 52 Abs. 5).

2 2. **Schöffen für Hilfsspruchkörper.** Für die **HilfsStrK** gilt § 46 nicht,[1] auch nicht für das **Hilfsschöffengericht**;[2] hier sind die Hauptschöffen heranzuziehen, die für die jeweiligen Sitzungstage des ordentlichen Schöffengerichts ausgelost wurden. Nur wenn Sitzungstage des ordentlichen und des Hilfsspruchkörpers gleichzeitig stattfinden, handelt es sich für den Hilfsspruchkörper um eine außerordentliche Sitzung, für die § 47 anzuwenden ist.

§ 47 [Außerordentliche Sitzungen]

Wenn die Geschäfte die Anberaumung außerordentlicher Sitzungen erforderlich machen oder wenn zu einzelnen Sitzungen die Zuziehung anderer als der zunächst berufenen Schöffen oder Ergänzungsschöffen erforderlich wird, so werden Schöffen aus der Hilfsschöffenliste herangezogen.

I. Außerordentliche Sitzung; Verlegung der ordentlichen Sitzung

1 1. **Außerordentliche Sitzung.** Eine außerordentliche Sitzung iSd. § 47 ist eine Sitzung nur dann, wenn sie wegen des **zusätzlich erforderlichen** Verhandlungsbedarfs **neben** den ordentlichen Sitzungen abgehalten wird, nicht, wenn sie **an Stelle** einer ordentlichen Sitzung stattfindet.[1*] Ob und wann sie anzusetzen ist, bestimmt der Vorsitzende nach pflichtgemäßem Ermessen.[2*] Es ist nicht zulässig, einen ordentlichen Sitzungstermin (§ 45 Abs. 1) allgemein für künftige Terminierungen freizuhalten,[3] wohl aber für eine eilige Haftsache, deren Eingang sicher zu erwarten ist. Wenn sich nachträglich herausstellt, dass die Erwartungen nicht eingetreten sind, die für die Bestimmung eines außerordentlichen Sitzungstags maßgebend waren (zB die für den ordentlichen Termin erwartete eilige Haftsache doch nicht eingetroffen ist), berührt das die Ordnungsgemäßheit der Gerichtsbesetzung nicht.[4]

2 Die **Schöffenbesetzung** der außerordentlichen Sitzung ist im Einzelfall zu bestimmen. Zugezogen werden die beiden nächstbereiten Hilfsschöffen (§ 49 Abs. 1, 3).

3 2. **Verlegung der ordentlichen Sitzung.** Von der außerordentlichen Sitzung zu unterscheiden ist die **Verlegung der Sitzung**. Eine Verlegung liegt vor, wenn eine Sitzung **statt am ordentlichen Sitzungstag** an einem **anderen Tag** derselben Woche angesetzt wird,[5] der Beginn der Hauptverhandlung von einem ordentliche Sitzungstag „nach hinten", also auf einen späteren Tag, verschoben[6]

---

[30] BGH v. 28. 2. 1984 – 5 StR 1000/83, NStZ 1984, 274.
[31] BGH v. 6. 12. 1973 – 4 StR 554/73, BGHSt 25, 257 = NJW 1974, 509 = JR 1975, 206 mAnm *Kohlhaas*; *Katholnigg* Rn. 9; Kissel/*Mayer* Rn. 14.
[32] KK-StPO/*Hannich* Rn. 12.
[33] Vgl. auch § 42 Rn. 10 und § 43 Rn. 5.
[1] § 77 Rn. 9.
[2] Vgl. § 21 e Rn. 35; KK-StPO/*Hannich* Rn. 3.
[1*] BGH v. 14. 7. 1995 – 5 StR 532/94, BGHSt 41, 175 (177) mwN = NJW 1996, 267 = JR 1996, 165 mAnm *Katholnigg*.
[2*] BGH v. 28. 11. 1958 – 1 StR 398/58, BGHSt 12, 159 (161).
[3] BGH v. 15. 2. 1991 – 3 StR 422/90, BGHSt 37, 324 = NJW 1991, 1964.
[4] KK-StPO/*Hannich* Rn. 2 mwN.
[5] OLG Stuttgart v. 19. 4. 1983 – 1 Ss 193/83, NStZ 1984, 231 mAnm *Katholnigg*; LG Bremen v. 6. 8. 1982 – 41 KLs 74 Js 42/77, StV 1982, 461.
[6] BGH v. 9. 2. 2005 – 2 StR 421/04, NJW 2006, 241 L = StraFo 2005, 206.

oder der Anfang einer Sache, die sich voraussichtlich über einen oder mehrere ordentliche Sitzungstage erstreckt, von einem ordentlichen Sitzungstag nach vorne verlegt wird.[7] Das gilt auch für **Hilfsspruchkörper**.[8]

Liegt der verlegte Sitzungstag **genau zwischen zwei freien Sitzungstagen**, handelt es sich um 4 eine nach hinten verlegte Sitzung, dh., der frühere ordentliche Sitzungstag ist maßgebend für die Schöffenbesetzung.[9] Eine außerordentliche Sitzung ist es aber, wenn eine Strafsache auf einen Tag zwischen zwei ordentlichen Sitzungstagen terminiert wird, für die zu diesem Zeitpunkt bereits Fortsetzungsverhandlungen in anderen Sachen angesetzt sind.[10]

II. Ersatz für ausgefallene Schöffen

1. Ausfall von Schöffen. Gemeint ist hier eine **vorübergehende Verhinderung** wegen Ausblei- 5 bens, Unerreichbarkeit oder Entbindung (§ 54 Abs. 1, Abs. 2 S. 1, 2) sowie wegen Ausschließung oder Ablehnung (§ 31 StPO iVm. §§ 22, 24 StPO). Die Schöffen, die zunächst bei der Schöffenbesetzung von Anfang an oder im Einzelfall bereits nach § 49 Abs. 1 herangezogen waren, werden nach der Regel des § 49 Abs. 1 aus der Hilfsschöffenliste ersetzt. Für die **dauerhafte Verhinderung** gilt § 49 Abs. 2.

2. Reserveschöffen. Die Heranziehung sogenannter **Reserveschöffen**, die **vorsorglich** zu allen 6 Sitzungstagen für den Fall geladen werden, dass bei irgendeinem Spruchkörper des Gerichts ein Hauptschöffe ausfällt, ist **nicht zulässig**.[11]

§ 48 [Ergänzungsschöffen]

(1) Ergänzungsschöffen (§ 192 Abs. 2, 3) werden aus der Hilfsschöffenliste zugewiesen.

(2) Im Fall der Verhinderung eines Hauptschöffen tritt der zunächst zugewiesene Ergänzungsschöffe auch dann an seine Stelle, wenn die Verhinderung vor Beginn der Sitzung bekannt wird.

1. Zuweisung aus der Hilfsschöffenliste (Abs. 1). Die Ergänzungsschöffen werden aus der 1 Hilfsschöffenliste **nach dem Verfahren des § 49** zugewiesen.

2. Einsatz der Ergänzungsschöffen an Stelle der Hauptschöffen. Die Ergänzungsschöffen treten 2 (bei mehreren Ergänzungsschöffen in der Reihenfolge ihrer Zuweisung) an die Stelle von Hauptschöffen, wenn bei diesen **während der Hauptverhandlung** ein Verhinderungsgrund (zB schwere Erkrankung oder erfolgreiche Ablehnung nach §§ 31, 24 StPO) eintritt.[1]

Das gilt nach **Abs. 2** auch dann, wenn der Verhinderungsfall **nach der Bestimmung** und Zuwei- 3 sung eines Ergänzungsschöffen schon **vor dem Beginn der Hauptverhandlung** bekannt wird. Ist dieser ebenfalls verhindert, rückt der nächste aus der Hilfsschöffenliste zugewiesene Ergänzungsschöffe nach.[2]

§ 49 [Zuweisung aus der Hilfsschöffenliste]

(1) Wird die Heranziehung von Hilfsschöffen zu einzelnen Sitzungen erforderlich (§§ 47, 48 Abs. 1), so werden sie aus der Hilfsschöffenliste in deren Reihenfolge zugewiesen.

(2) ¹Wird ein Hauptschöffe von der Schöffenliste gestrichen, so tritt der Hilfsschöffe, der nach der Reihenfolge der Hilfsschöffenliste an nächster Stelle steht, unter seiner Streichung in der Hilfsschöffenliste an die Stelle des gestrichenen Hauptschöffen. ²Die Schöffengeschäftsstelle benachrichtigt den neuen Hauptschöffen gemäß § 45 Abs. 4 Satz 3, 4.

(3) ¹Maßgebend für die Reihenfolge ist der Eingang der Anordnung oder Feststellung, aus der sich die Notwendigkeit der Heranziehung ergibt, bei der Schöffengeschäftsstelle. ²Die Schöffengeschäftsstelle vermerkt Datum und Uhrzeit des Eingangs auf der Anordnung oder Feststellung. ³In der Reihenfolge des Eingangs weist sie die Hilfsschöffen nach Absatz 1 den verschiedenen Sitzungen zu oder überträgt sie nach Absatz 2 in die Hauptschöffenliste. ⁴Gehen mehrere Anordnungen oder Feststellungen gleichzeitig ein, so sind zunächst Übertragungen aus der Hilfsschöffenliste in die Hauptschöffenliste nach Absatz 2 in der alphabetischen Reihenfolge der Familien-

---

[7] BGH v. 7. 3. 1979 – 3 StR 466/78, GA 1980, 68; LG Bremen v. 6. 8. 1982 – 41 KLs 74 Js 42/77, StV 1982, 461.
[8] BGH v. 14. 7. 1995 – 5 StR 532/94, BGHSt 41, 175 = NJW 1996, 267 = JR 1996, 165 mAnm *Katholnigg*; vgl. zur Schöffenbesetzung in den Hilfsspruchkörpern § 46 Rn. 2 und § 77 Rn. 9.
[9] BGH v. 22. 10. 1997 – 5 StR 223/97, BGHSt 43, 270 (272) = NJW 1998, 390.
[10] BGH v. 7. 6. 2005 – 2 StR 21/05, BGHSt 50, 132 = NJW 2005, 3153.
[11] BGH v. 19. 7. 1977 – 5 StR 278 – 279/77, JR 1978, 210 (211) mAnm *Meyer* = GA 1978, 120 mAnm *Katholnigg*.
[1] Vgl. § 192 Rn. 5.
[2] BGH v. 12. 1. 1990 – 3 StR 276/88, BGHR § 48 Verhinderung 1; *Katholnigg* Rn. 2; *Meyer-Goßner* Rn. 2.

namen der von der Schöffenliste gestrichenen Hauptschöffen vorzunehmen; im übrigen ist die alphabetische Reihenfolge der Familiennamen der an erster Stelle Angeklagten maßgebend.

(4) [1]Ist ein Hilfsschöffe einem Sitzungstag zugewiesen, so ist er erst wieder heranzuziehen, nachdem alle anderen Hilfsschöffen ebenfalls zugewiesen oder von der Dienstleistung entbunden oder nicht erreichbar (§ 54) gewesen sind. [2]Dies gilt auch, wenn er selbst nach seiner Zuweisung von der Dienstleistung entbunden worden oder nicht erreichbar gewesen ist.

I. Allgemeines

1   § 49 regelt das Verfahren in allen Fällen, in denen die Heranziehung von Schöffen aus der Hilfsschöffenliste erforderlich wird. Die in § 49 vorgesehene Heranziehung **in einer fest bestimmten Reihenfolge** unterscheidet sich grundsätzlich von der Auslosung in § 46.[1]

II. Reihenfolge der Heranziehung (Abs. 1, 3, 4)

2   In allen Fällen des § 49 wird derjenige Schöffe herangezogen, **der an nächster Stelle steht,** dh., der nach Heranziehung seiner Listenvorgänger als nächster an der Reihe ist.[2] Maßgebend ist der **Eingang der Heranziehungsanordnung oder der Feststellung (Abs. 3 S. 1)**, aus der sich – ausdrücklich oder auch nicht – die Notwendigkeit der Heranziehung eines Hilfsschöffen ergibt,[3] zB die Anordnung einer außerordentlichen Sitzung (§ 47), die Entbindung (§ 54 Abs. 1) oder Feststellung der Unerreichbarkeit (§ 54 Abs. 2), die Anordnung der Streichung aus der Hauptschöffenliste (Abs. 2 iVm. § 52 Abs. 1, 2) oder die Anordnung der Zuziehung von Ergänzungsschöffen (§ 192 Abs. 2, 3).[4]

3   **Vor der Feststellung,** wer an nächster Stelle steht, ist zunächst die Hilfsschöffenliste durch Vornahme der angeordneten Streichungen **auf den neuesten Stand** zu bringen.[5]

4   Wird der an nächster Stelle stehende Hilfsschöffe von der dann anfallenden Dienstleistung **entbunden** (§ 54 Abs. 1) oder ist er **nicht erreichbar** (§ 54 Abs. 2), wird auf ihn erst wieder nach dem nächsten Umlauf zurückgegriffen.[6] Der Listenplatz des Hilfsschöffen ist auch dann verbraucht, wenn seine Heranziehung oder die maßgebliche Eintragung fehlerhaft war.[7] **Nach Verbrauch aller anderen Hilfsschöffen (Abs. 4)** ist der herangezogene wieder an der Reihe.

5   Haben im Fall des Abs. 3 S. 4 verschiedene Hauptschöffen oder Angeklagte denselben Namen, ist notfalls von der alphabetischen Reihenfolge der Vornamen auszugehen.[8]

III. Übertragung in die Hauptschöffenliste (Abs. 2)

6   Bei Übertragung in die Hauptschöffenliste (Abs. 2) handelt es sich um eine **dauerhafte Änderung der Schöffenliste** für die ordentlichen Sitzungstage, deshalb wird der Betroffene aus der Hilfsschöffenliste gestrichen. Der bisherige Hilfsschöffe übernimmt die Termine des ausgeschiedenen Hauptschöffen. Soweit eine bei der Übertragung bereits erfolgte Heranziehung als Hilfsschöffe noch nicht erledigt ist, ist sie nach § 52 Abs. 5 noch zu beenden und hat den Vorrang.

IV. Revision

7   Mit der **Besetzungsrüge** (§ 338 Nr. 1 StPO) können nach hM **Fehler gerügt werden, die zu falscher Besetzung führen,** also zB die Heranziehung von Hilfsschöffen, die nicht an der Reihe sind, weil die Reihenfolge der zur Hilfsschöffenzuweisung führenden Anordnungen bzw. Feststellungen verwechselt worden oder nicht mehr festzustellen ist.[9] Es erscheint jedoch sachgerecht, diese Konsequenz bei einem bloßen Versehen oder einer vertretbaren rechtlichen Beurteilung einer die Heranziehung betreffenden Zweifelsfrage abzulehnen, sondern auf **willkürliche Fälle zu beschränken,**[10] die zur Entziehung des gesetzlichen Richters führen. Die bislang hM wird lediglich durch ein obiter dictum des 5. Strafsenats des BGH[11] gestützt, das sich in Widerspruch zu den

---

[1] Vgl. BGH v. 4. 12. 1984 – 5 StR 746/84, NStZ 1985, 135.
[2] BGH v. 23. 10. 1981 – 2 StR 263/81, BGHSt 30, 244 = NJW 1982, 294 = JR 82, 257 mAnm *Rieß*; BGH v. 4. 12. 1984 – 5 StR 746/84, NStZ 1985, 135.
[3] BGH v. 3. 11. 1981 – 5 StR 566/81, BGHSt 30, 255 (258) = NJW 1982, 293.
[4] *Meyer-Goßner* Rn. 3; KK-StPO/*Hannich* Rn. 4.
[5] KG v. 22. 3. 1984 – (4) Ss 198/83, StV 1984, 504.
[6] KK-StPO/*Hannich* Rn. 6; *Meyer-Goßner* Rn. 4.
[7] *Kissel/Mayer* Rn. 13; *Meyer-Goßner* Rn. 4; vgl. BGH v. 19. 7. 1977 – 5 StR 278 – 279/77, JR 1978, 210 (211).
[8] *Katholnigg* Rn. 5 und JR 1980, 173; *Meyer-Goßner* Rn. 3.
[9] So KK-StPO/*Hannich* Rn. 8; *Katholnigg* Rn. 7.
[10] So auch Löwe/Rosenberg/*Siolek* Rn. 11.
[11] BGH v. 19. 7. 1977 – 5 StR 278 – 279/77, JR 1978, 210 (211) mit zust. Anm. *Meyer* = GA 1978, 120 mAnm *Katholnigg*.

tragenden Erwägungen in mehreren anderen, auch späteren, Entscheidungen des BGH setzt.[12] Im Ergebnis hat auch der 5. Senat in derselben Entscheidung die Revision jedenfalls als **nicht begründet** angesehen, wenn ein **Hilfsschöffe** irrtümlich als bereits eingesetzt angesehen und der nächstbereite herangezogen wurde.[13] In jedem Fall muss in der **Revisionsbegründung** dargestellt werden, welcher (Hilfs-)Schöffe tatsächlich berufen gewesen wäre.[14]

§ 50 [Sitzungsdauer über die Wahlperiode hinaus]

Erstreckt sich die Dauer einer Sitzung über die Zeit hinaus, für die der Schöffe zunächst einberufen ist, so hat er bis zur Beendigung der Sitzung seine Amtstätigkeit fortzusetzen.

1. Anwendungsbereich. § 50 betrifft drei Fälle:[1]
- die Hauptverhandlung dauert länger als erwartet und kann nicht an den vorgesehenen Sitzungstagen erledigt werden;
- die Hauptverhandlung wird unterbrochen und später fortgesetzt (§ 229 StPO; anders bei Aussetzung des Verfahrens);
- die Hauptverhandlung dauert (ohne oder nach Unterbrechung) über die Wahlperiode des Schöffen (§ 42) hinaus.[2]

In diesen Fällen sind die **Schöffen berechtigt und verpflichtet**, ihre Schöffentätigkeit fortzusetzen.

2. Fortgesetzte Mitwirkung der Berufsrichter. Die Berufsrichter am AG und LG sind ebenfalls zur fortdauernden Mitwirkung befugt, jedoch ist eine ausdrückliche Regelung nicht erforderlich.[3]

§ 51 (weggefallen)

§ 52 [Streichung von der Schöffenliste]

(1) ¹Ein Schöffe ist von der Schöffenliste zu streichen, wenn
1. seine Unfähigkeit zum Amt eines Schöffen eintritt oder bekannt wird, oder
2. Umstände eintreten oder bekannt werden, bei deren Vorhandensein eine Berufung zum Schöffenamt nicht erfolgen soll.

²Im Falle des § 33 Nr. 3 gilt dies jedoch nur, wenn der Schöffe seinen Wohnsitz im Landgerichtsbezirk aufgibt.

(2) ¹Auf seinen Antrag ist ein Schöffe aus der Schöffenliste zu streichen, wenn er
1. seinen Wohnsitz im Amtsgerichtsbezirk, in dem er tätig ist, aufgibt oder
2. während eines Geschäftsjahres an mehr als 24 Sitzungstagen an Sitzungen teilgenommen hat.

²Bei Hauptschöffen wird die Streichung nur für Sitzungen wirksam, die später als zwei Wochen nach dem Tag beginnen, an dem der Antrag bei der Schöffengeschäftsstelle eingeht. ³Ist einem Hilfsschöffen eine Mitteilung über seine Heranziehung zu einem bestimmten Sitzungstag bereits zugegangen, so wird seine Streichung erst nach Abschluß der an diesem Sitzungstag begonnenen Hauptverhandlung wirksam.

(3) ¹Ist der Schöffe verstorben oder aus dem Landgerichtsbezirk verzogen, ordnet der Richter beim Amtsgericht seine Streichung an. ²Im Übrigen entscheidet er nach Anhörung der Staatsanwaltschaft und des beteiligten Schöffen.

(4) Die Entscheidung ist nicht anfechtbar.

(5) Wird ein Hilfsschöffe in die Hauptschöffenliste übertragen, so gehen die Dienstleistungen vor, zu denen er zuvor als Hilfsschöffe herangezogen war.

(6) ¹Hat sich die ursprüngliche Zahl der Hilfsschöffen in der Hilfsschöffenliste auf die Hälfte verringert, so findet aus den vorhandenen Vorschlagslisten eine Ergänzungswahl durch den Ausschuß statt, der die Schöffenwahl vorgenommen hatte. ²Der Richter beim Amtsgericht kann von

---

[12] BGH v. 22. 6. 1982 – 1 StR 249/81, NStZ 1982, 476; schon vorher BGH v. 26. 1. 1977 – 2 StR 613/76, BGHSt 27, 105 (107) = NJW 1977, 965 mwN.
[13] BGH v. 19. 7. 1977 – 5 StR 278 – 279/77, JR 1978, 210 (211).
[14] BGH v. 7. 3. 1989 – 5 StR 576/88, BGHSt 36, 138; KK-StPO/*Hannich* Rn. 8.
[1] Vgl. *Meyer-Goßner* Rn. 1; KK-StPO/*Hannich* Rn. 1.
[2] BGH v. 20. 10. 1955 – 4 StR 286/55, BGHSt 8, 250; vgl. aber BGH v. 14. 7. 1964 – 1 StR 216/64, BGHSt 19, 382 = NJW 1964, 1866.
[3] BGH v. 20. 10. 1955 – 4 StR 286/55, BGHSt 8, 250; BGH v. 14. 7. 1964 – 1 StR 216/64, BGHSt 19, 382 = NJW 1964, 1866; vgl. § 21 e Rn. 40.

der Ergänzungswahl absehen, wenn sie in den letzten sechs Monaten des Zeitraums stattfinden müßte, für den die Schöffen gewählt sind. [3] Für die Bestimmung der Reihenfolge der neuen Hilfsschöffen gilt § 45 entsprechend mit der Maßgabe, daß die Plätze im Anschluß an den im Zeitpunkt der Auslosung an letzter Stelle der Hilfsschöffenliste stehenden Schöffen ausgelost werden.

I. Allgemeines

1 § 52 bestimmt Gründe, aus denen eine **Streichung von der Haupt- oder Hilfsschöffenliste** (§§ 44, 45) von Amts wegen (Abs. 1) oder auf Antrag (Abs. 2) erfolgt und trifft Regelungen zum Verfahren (Abs. 3), zur Unanfechtbarkeit (Abs. 4) und zu den Folgen (Abs. 5, 6) der Streichung.

2 Folge einer Streichung ist, dass ein **Hauptschöffe** nicht mehr für Sitzungen ausgelost und nach bereits erfolgter Auslosung nicht mehr tätig werden kann und ein **Hilfsschöffe** nicht mehr auf die Hauptschöffenliste vorrücken (§ 49 Abs. 1), nach § 46 ausgelost oder zu einzelnen Sitzungen herangezogen (§ 49 Abs. 2) werden kann. Die Streichung wirkt **für den gesamten Rest der Amtsperiode**,[1] auch wenn die (tatsächlich bei der Streichung vorliegenden) Streichungsgründe nachträglich wieder entfallen.[2]

II. Streichung von Amts wegen (Abs. 1)

3 Die Streichung nach **Abs. 1 Nr. 1 und Nr. 2 ist zwingend von Amts wegen** durchzuführen.

4 **1. Nr. 1.** Die **Unfähigkeit** ergibt sich durch den Tod des Schöffen (Abs. 3 S. 1),[3] aus den Gründen der §§ 31 S. 2, 32 oder aus sonstigen Gründen. **Sonstige Gründe** sind solche, die mit der Funktion des ehrenamtlichen Richters **schlechthin nicht zu vereinbaren** sind, zB die religiöse Überzeugung des Schöffen, Frauen und Männer hinsichtlich ihrer Glaubwürdigkeit nicht gleich behandeln zu können,[4] nicht aber schon eine religiös oder politisch motivierte Kleidung (zB Kopftuch,[5] Ordenstracht) oder Haartracht. Auch bei **verfassungsfeindlicher Betätigung** des Schöffen – etwa Gewaltverherrlichung und ideologischer Bezugnahme auf den Nationalsozialismus –[6] ist eine Streichung zu bejahen.

5 **2. Nr. 2.** Diese Gründe ergeben sich aus den §§ 33, 34. Nach Rspr. des BGH zählen auch die Umstände des § 35 zu den Streichungsgründen, soweit sich der Schöffe auf sie beruft.[7] Danach ist zB ein Schöffe zu streichen, wenn er seinen Wohnsitz an einen anderen Ort außerhalb des LG-Bezirks verlegt hat (bei Verlegung in anderen AG-Bezirk innerhalb des LG-Bezirks gilt Abs. 2) oder wenn seine Wohngemeinde einem anderen LG-Bezirk zugeordnet wird.[8]

III. Streichung auf Antrag (Abs. 2)

6 Abs. 2 benennt Gründe, die **auf Antrag**, dann aber **ebenfalls zwingend**, zur Streichung führen:

7 **1. Verlegung des Wohnsitzes**[9] **in einen anderen AG-Bezirk innerhalb des LG-Bezirks.** Dieser Fall gilt nicht für einen **Schöffen am LG**, der seinen Wohnsitz wechselt (§ 77 Abs. 5). Für Umzug in einen anderen LG-Bezirk gilt Abs. 1.

8 **2. Heranziehung über 24 Sitzungstage hinaus.** Der Schöffe kann in diesem Fall die Streichung **für künftige Sitzungen** verlangen, muss aber laufende Hauptverhandlungen noch beenden und unter den Voraussetzungen der S. 2, 3 noch an kurz bevorstehenden Sitzungen teilnehmen. Maßgebend für die Möglichkeit der Streichung ist die Zahl der Sitzungstage, an denen **tatsächlich** (wenn auch nur kurz) **verhandelt** worden ist;[10] die Beteiligung als Ergänzungsschöffe genügt.[11] Die Regelung gilt auch, wenn eine einzige Hauptverhandlung so lange gedauert hat.[12]

---

[1] Vgl. BGH v. 12. 1. 1956 – 3 StR 626/54, BGHSt 9, 203 (206); BGH v. 8. 5. 1957 – 2 StR 174/57, BGHSt 10, 252.
[2] KK-StPO/*Hannich* Rn. 3.
[3] Vgl. BGH v. 28. 7. 1993 – 2 StR 78/93, NStZ 1994, 26.
[4] LG Dortmund v. 12. 2. 2007 – 14 Gen. StrK 12/06, NStZ 2007, 360; *Meyer-Goßner* Rn. 1; aA zur Anwendbarkeit des § 52 offenbar *Anger* NJW 2008, 3041 (3044).
[5] *Meyer-Goßner* Rn. 1 mwN.
[6] Vgl. BVerfG v. 6. 5. 2008 – 2 BvR 337/08, NJW 2008, 2568 (Amtsenthebung eines ehrenamtlichen Richters beim Arbeitsgericht).
[7] BGH v. 21. 6. 1978 – 3 StR 81/78, BGHSt 28, 61 (63) = NJW 1978, 2162; BGH v. 3. 5. 1993 – 5 StR 688/92, NStZ 1994, 26; aM KK-StPO/*Hannich* Rn. 4.
[8] *Meyer-Goßner* Rn. 1.
[9] Zum Begriff vgl. § 33 Rn. 4.
[10] *Katholnigg* NJW 1978, 2377; *Meyer-Goßner* Rn. 2.
[11] KK-StPO/*Hannich* Rn. 5.
[12] KK-StPO/*Hannich* Rn. 5.

IV. Verfahren und Entscheidung (Abs. 3)

1. Zuständigkeit. Über die Streichung entscheidet bei einem Schöffen des AG der Richter beim 9
AG (§ 45 Abs. 3), bei einem Jugendschöffen der Jugendrichter des AG (§ 34 Abs. 1 JGG), und bei
einem Schöffen des LG eine (nach § 21 e Abs. 1 S. 1 bestimmte) StrK (§ 77 Abs. 3 S. 2).

2. Anhörung. Erforderlich ist – außer im Todesfall und bei Wegzug des Schöffen aus dem 10
Landgerichtsbezirk – die Anhörung der StA und des Schöffen.[13] Die Anhörung des Schöffen ist
entbehrlich, wenn er selbst den Antrag (Abs. 2) gestellt hat, außer wenn Umstände zur Ablehnung
seines Antrags herangezogen werden, zu denen er sich noch nicht äußern konnte.[14]

3. Entscheidung. Die Entscheidung ist schriftlich zu treffen und hat die Gründe der Streichung 11
anzugeben; sie wird mit Niederlegung wirksam, auch wenn sie noch nicht der Schöffengeschäftsstelle zugegangen ist.[15]

Bis zur Entscheidung über die Streichung ist der Schöffe **weiter heranzuziehen**; ein Verhinde- 12
rungsgrund nach § 54 Abs. 1 liegt nicht allein darin, dass eine Streichung nach § 52 geprüft
wird.[16] Ist der Streichungsantrag erst eingegangen, nachdem bereits eine Sitzung unter Mitwirkung des Schöffen bestimmt war, hat die Entscheidung nach § 54 Abs. 1 den Vorrang.[17]

V. Konkurrierende Heranziehung als Hilfs- und Hauptschöffe (Abs. 5)

Überschneiden sich nach Übertragung eines Hilfsschöffen (Abs. 5) in die Hauptschöffenliste 13
(§ 49 Abs. 2) Aufgaben, zu denen er zum Zeitpunkt der Übertragung bereits als Hilfsschöffe herangezogen worden ist, und neue Hauptschöffenaufgaben (insbes. ordentliche Sitzungstermine),
haben die Hilfsschöffenpflichten den Vorrang.

VI. Ergänzungswahl von Hilfsschöffen (Abs. 6)

Zur **Auffüllung der Hilfsschöffenliste** muss eine **Ergänzungswahl** (Abs. 6 iVm. § 42) stattfin- 14
den, wenn die Liste nur noch die Hälfte der ursprünglich bestimmten Hilfsschöffen umfasst; davon kann der zuständige Richter nur in den letzten sechs Monaten der Schöffenperiode nach
pflichtgemäßem Ermessen absehen (S. 2). Die Ergänzungswahl führt derselbe Ausschuss nach
§ 40 durch, der bei der Schöffenwahl tätig war; ein verhindertes Mitglied kann vertreten werden.[18]

Keine Ergänzungswahl, sondern eine (gesetzlich nicht ausdrücklich geregelte) **Wiederholungs-** 15
wahl ist vorzunehmen, wenn die Schöffenwahl nach § 42 unwirksam war und daher von vornherein nicht genügend Schöffen vorhanden waren.[19]

VII. Unanfechtbarkeit (Abs. 4), Revision

1. Unanfechtbarkeit der Entscheidung. Die Anfechtung der Entscheidung über die Streichung 16
ist ausgeschlossen (§ 304 Abs. 1, 2 StPO).

2. Revision. Die Besetzungsrüge (§ 338 Nr. 1 StPO) kann auf die Entscheidung über die Strei- 17
chung **regelmäßig nicht** gestützt werden (§ 336 S. 2 StPO), es sei denn, bei der dadurch bewirkten
Besetzungsänderung liegt ein Fall der (willkürlichen) Entziehung des gesetzlichen Richters vor.[20]
Ist eine Entscheidung unterblieben, weil ein **Streichungsgrund nicht erkannt** worden ist, kann die
Revision nur darauf gestützt werden, dass ein Schöffe bei dem Urteil mitgewirkt hat, der für das
Schöffenamt unfähig (§§ 31 S. 2, 32) war.[21] Der Verstoß gegen eine Sollvorschrift, die der Berufung zum Schöffen entgegenstand, macht die Besetzung nicht vorschriftswidrig iSd. § 338 Nr. 1
StPO.[22]

---

[13] BGH v. 21. 6. 1978 – 3 StR 81/78, BGHSt 28, 61 (64) = NJW 1978, 2162.
[14] Meyer-Goßner Rn. 3.
[15] Kissel/Mayer Rn. 17; KK-StPO/Hannich Rn. 8.
[16] BGH v. 26. 1. 1977 – 2 StR 613/76, BGHSt 27, 105 (106) = NJW 1977, 965; BGH v. 21. 6. 1978 – 3 StR 81/78,
BGHSt 28, 61 (65) = NJW 1978, 2162; KK-StPO/Hannich Rn. 7 mwN.
[17] BGH v. 14. 11. 1978 – 5 StR 546/78, GA 1979, 271.
[18] Meyer-Goßner Rn. 8.
[19] BGH v. 19. 6. 1985 – 2 StR 197/85 und 98/85, BGHSt 33, 261 (263) = NJW 1985, 2341.
[20] § 16 Rn. 7.
[21] § 32 Rn. 8.
[22] § 36 Rn. 10.

§ 53 [Verfahren beim Vorliegen von Ablehnungsgründen]

(1) ¹Ablehnungsgründe sind nur zu berücksichtigen, wenn sie innerhalb einer Woche, nachdem der beteiligte Schöffe von seiner Einberufung in Kenntnis gesetzt worden ist, von ihm geltend gemacht werden. ²Sind sie später entstanden oder bekannt geworden, so ist die Frist erst von diesem Zeitpunkt zu berechnen.

(2) ¹Der Richter beim Amtsgericht entscheidet über das Gesuch nach Anhörung der Staatsanwaltschaft. ²Die Entscheidung ist nicht anfechtbar.

1   **1. Allgemeines.** § 52 regelt das Verfahren, mit dem die **Ablehnungsgründe des § 35** geltend gemacht werden können. Die Aufzählung der Ablehnungsgründe in § 35 ist **abschließend**.[1]

2   **2. Form und Frist der Ablehnungserklärung (Abs. 1).** Die Ablehnungserklärung kann schriftlich oder zu Protokoll der Geschäftsstelle abgegeben werden[2] und ist nur innerhalb der Fristen des Abs. 1, S. 1, 2 zulässig.

3   **3. Verfahren und Entscheidung (Abs. 2).** Verfahren und Entscheidung entsprechen im Wesentlichen den Bestimmungen des § 52 Abs. 3 S. 2, Abs. 4.[3] Die Ablehnungserklärung ist **begründet**, wenn ein Ablehnungsgrund nach § 35 vorliegt. Folge ist eine **völlige Befreiung vom Schöffendienst** für die ganze Wahlperiode oder ihren Rest; der Schöffe ist von der Liste zu streichen.[4]

§ 54 [Entbindung an bestimmten Sitzungstagen; Unerreichbarkeit]

(1) ¹Der Richter beim Amtsgericht kann einen Schöffen auf dessen Antrag wegen eingetretener Hinderungsgründe von der Dienstleistung an bestimmten Sitzungstagen entbinden. ²Ein Hinderungsgrund liegt vor, wenn der Schöffe an der Dienstleistung durch unabwendbare Umstände gehindert ist oder wenn ihm die Dienstleistung nicht zugemutet werden kann.

(2) ¹Für die Heranziehung von Hilfsschöffen steht es der Verhinderung eines Schöffen gleich, wenn der Schöffe nicht erreichbar ist. ²Ein Schöffe, der sich zur Sitzung nicht einfindet und dessen Erscheinen ohne erhebliche Verzögerung ihres Beginns voraussichtlich nicht herbeigeführt werden kann, gilt als nicht erreichbar. ³Ein Hilfsschöffe ist auch dann als nicht erreichbar anzusehen, wenn seine Heranziehung eine Vertagung der Verhandlung oder eine erhebliche Verzögerung ihres Beginns notwendig machen würde. ⁴Die Entscheidung darüber, daß ein Schöffe nicht erreichbar ist, trifft der Richter beim Amtsgericht. ⁵§ 56 bleibt unberührt.

(3) ¹Die Entscheidung ist nicht anfechtbar. ²Der Antrag nach Absatz 1 und die Entscheidung sind aktenkundig zu machen.

I. Überblick

1   § 54 betrifft die **zeitweilige Entbindung** vom Schöffendienst **an bestimmten Sitzungstagen** (Abs. 1 S. 1); der so befreite Schöffe wird nach §§ 47, 49 durch einen Hilfsschöffen ersetzt. Möglich ist die Entbindung wegen Verhinderung (Abs. 1 S. 2) oder Unerreichbarkeit (Abs. 2). Die Vorschrift gilt für **Hauptschöffen** und für **herangezogene Hilfsschöffen**.

II. Verhinderung (Abs. 1 S. 2)

2   **1. Allgemeines.** Die Verhinderung kann auf **unabwendbaren Umständen** oder auf **Unzumutbarkeit** beruhen. Die Voraussetzungen der Verhinderung sind im Hinblick auf die Bedeutung des Schöffenamts eng auszulegen.[1*] Entgegen dem Gesetzeswortlaut muss die Verhinderung noch nicht eingetreten sein; ihr **Bevorstehen zum bereits bestimmten Sitzungstag** genügt.[2*] Glaubhaft vorgebrachte Hinderungsgründe muss der Vorsitzende nicht nachprüfen.[3*]

3   **2. Unabwendbare Umstände.** Der Hauptfall ist **Erkrankung** mit Bettlägerigkeit. Es genügt aber auch jede andere krankheitsbedingte Einschränkung, die dem Verfolgen des Inhalts der Hauptverhandlung und der Mitwirkung an Beratung und Entscheidung entgegensteht, zB erhebliche

---

[1] BGH v. 12. 1. 1956 – 3 StR 626/54, BGHSt 9, 203.
[2] KK-StPO/*Hannich* Rn. 5; *Meyer-Goßner* Rn. 1.
[3] Vgl. § 52 Rn. 6 ff., 9 ff.
[4] KK-StPO/*Hannich* Rn. 1.
[1*] BGH v. 21. 6. 1978 – 3 StR 81/78, BGHSt 28, 61 (66) = NJW 1978, 2162.
[2*] *Rieß* JR 1982, 256.
[3*] BGH v. 22. 6. 1982 – 1 StR 249/81, NStZ 1982, 476.

Schwerhörigkeit.[4] Dass der Schöffe die Umstände selbst verursacht hat, spielt keine Rolle.[5] Für den Nachweis genügt ein ärztliches Attest auch ohne Angabe der Diagnose;[6] bei ernsthaften Zweifeln kann der Vorsitzende die Untersuchung durch einen Amts- oder Gerichtsarzt verlangen.[7]

3. Unzumutbarkeit. a) Allgemeines. Unzumutbar ist die Dienstleistung, wenn sie für den Schöffen **zwar möglich**, aber mit solchen **Erschwerungen und Nachteilen** verbunden ist, dass sie von ihm auch unter Berücksichtigung der Bedeutung des Schöffenamtes nicht erwartet werden kann.[8] Der Richter kann in diesem Rahmen die Umstände des Einzelfalls und die Situation des Schöffen in stärkerem Maß berücksichtigen als bei dem Kriterium der unabwendbaren Umstände; das eigene Verursachen der Umstände, mit denen der Schöffe die Unzumutbarkeit begründet, kann hier, insbesondere bei Voraussehbarkeit der Schöffenpflicht, beachtet werden.[9]

b) Einzelfälle. Private Gründe für die Unzumutbarkeit können zB die Betreuung eines Kindes bei längerer Hauptverhandlung oder ein unaufschiebbarer Krankenhausaufenthalt des Ehepartners sein.[10]

Ortsabwesenheit begründet idR keine Unzumutbarkeit, auch wenn sie schon lange geplant war. Es müssen vielmehr beachtliche Gründe vorliegen, die es unzumutbar machen, die Abwesenheit zu unterbrechen oder zu verschieben, zB eine schon lange vorgesehene und fest gebuchte Flugreise. Bei einem auf Urlaub gestützten Entbindungsantrag können **Rückfragen oder Nachforschungen** zur Klärung der Zumutbarkeit geboten sein.

Wegen Unzumutbarkeit kann zB auch ein herangezogener Hilfsschöffe entbunden werden, der **während einer länger dauernden Hauptverhandlung** nach vollständigem Durchlauf der Schöffenliste erneut an der Reihe ist, wenn er an **einem einzelnen noch freien Tag** an einer anderen Sitzung teilnehmen soll.[11]

Unzumutbarkeit liegt **nicht** schon vor, wenn ein **Prüfungsverfahren nach § 52 Abs. 1 Nr. 2 oder Abs. 2** läuft.[12] Ob die Unzumutbarkeit besteht, wenn ein Streichungsverfahren nach § 52 Abs. 1 Nr. 1 läuft, kann nur im Einzelfall beurteilt werden. Eine Entbindung aus **Gewissensgründen** ist nicht möglich.[13]

c) Berufliche Umstände. Gründe, die in der beruflichen Tätigkeit liegen, begründen **nur ausnahmsweise** die Unzumutbarkeit. Zu berücksichtigen sind solche beruflich begründeten Tätigkeiten, die **nicht oder nicht ohne erheblichen Schaden** für den Schöffen oder den Betrieb aufgeschoben werden können und bei denen wegen ihrer Art oder mangels geeigneten Vertreters eine Wahrnehmung durch einen anderen nicht möglich ist.[14]

Droht der Arbeitgeber damit, **den Schöffen** bei Teilnahme an einer außerordentlich langen oder sonst besonders ungünstig liegenden Hauptverhandlung **zu entlassen**, liegt darin ein unzulässiger Eingriff in die Entscheidungsfreiheit des Richters, die eine Nötigung darstellen kann; das Gericht muss aufgrund seiner Fürsorgepflicht den Schöffen ggf. durch Belehrung des Arbeitgebers schützen.[15] Im Einzelfall kann diese Drohung dennoch als Hinderungsgrund anzuerkennen sein.[16]

III. Unerreichbarkeit (Abs. 2)

1. Allgemeines. Die Unerreichbarkeit eines Schöffen ist der Verhinderung gleichgestellt (S. 1), ebenso sein **Ausbleiben zur Sitzung**, wenn das Erscheinen voraussichtlich nicht ohne erhebliche Verzögerung des Sitzungsbetriebs herbeigeführt werden kann (S. 2). Für den unerreichbaren oder nicht erschienenen Schöffen wird nach §§ 47, 49 **ein Ersatzschöffe** herangezogen. Er wird aber **nicht von Amts wegen** von der Teilnahme an der Sitzung **entbunden**;[17] vielmehr ist gegen ihn unter den Voraussetzungen des § 56 ein Ordnungsgeld zu verhängen. Die Anordnung der ersatzwei-

---

[4] BGH v. 18. 12. 1968 – 2 StR 322/68, BGHSt 22, 289 (290) = NJW 1969, 703.
[5] *Katholnigg* NJW 1978, 2378.
[6] KK-StPO/*Hannich* Rn. 3; *Kissel/Mayer* Rn. 2; aM OLG Düsseldorf v. 22. 10. 1991 – 1 Ws 980/91, NJW 1992, 1712; *Löwe/Rosenberg/Siolek* Rn. 4.
[7] BGH v. 8. 12. 1976 – 3 StR 363/76, NJW 1977, 443.
[8] KK-StPO/*Hannich* Rn. 4; *Kissel/Mayer* Rn. 5.
[9] *Meyer-Goßner* Rn. 5.
[10] KK-StPO/*Hannich* Rn. 7 mwN.
[11] *Katholnigg* NJW 1978, 2378; *Meyer-Goßner* Rn. 5.
[12] BGH v. 26. 1. 1977 – 2 StR 613/76, BGHSt 27, 105 = NJW 1977, 965; BGH v. 21. 6. 1978 – 3 StR 81/78, BGHSt 28, 61 (65) = NJW 1978, 2162.
[13] OLG Karlsruhe v. 23. 10. 1995 – 3 Ws 120/95, NJW 1996, 606 = JR 1996, 127 mAnm *Foth*; krit *Lisken* NJW 1997, 34; vgl. § 35 Rn. 1.
[14] BGH v. 31. 1. 1978 – 5 StR 534/77, BGHSt 27, 344 = NJW 1978, 1169 mwN; BGH v. 21. 6. 1978 – 3 StR 81/78, BGHSt 28, 61 (66) = NJW 1978, 2162; KK-StPO/*Hannich* Rn. 6 m Beispielen.
[15] BGH v. 31. 1. 1978 – 5 StR 534/77, BGHSt 27, 344 (346) = NJW 1978, 1169 mAnm *Pohl* S. 1868 = JR 1978, 304 mAnm P. *Müller*; *Meyer-Goßner* Rn. 5.
[16] *Meyer-Goßner* Rn. 6; KK-StPO/*Hannich* Rn. 6; vgl. BGH v. 30. 3. 1978 – 4 StR 1/78, MDR (H) 1978, 626.
[17] *Meyer-Goßner* Rn. 7.

sen Heranziehung ist aktenkundig zu machen; eine besondere Begründung des Verhinderungsfalles ist nicht erforderlich.[18]

12 **2. Unerreichbarkeit.** Ein Hauptschöffe ist **unerreichbar**, wenn ihm die Benachrichtigung (§ 46) oder die Ladung nicht übermittelt werden kann,[19] etwa, wenn Briefe als unzustellbar zurückkommen, ebenso, wenn er bei dem Versuch, ihn an die Sitzung zu erinnern oder ihn herbeizuholen, nicht angetroffen wird.

13 **3. Ausbleiben.** IdR hat das Gericht vor Heranziehung eines Hilfsschöffen zunächst **die ortsübliche Zeit** auf den Schöffen **zu warten** und zu versuchen, ihn telefonisch oder zB durch die Gerichtswachtmeister oder die Polizei herbeizuholen.[20] Der Vorsitzende kann sich inzwischen schon um Ersatz nach §§ 47, 49 bemühen. Wenn von vornherein anzunehmen ist, dass dadurch eine erhebliche Verzögerung nicht zu vermeiden ist, kann von solchen Versuchen abgesehen werden.[21]

14 Die Berufung des Hilfsschöffen wird nicht dadurch wieder hinfällig, dass der zunächst berufene Schöffe **nach Beginn der Sitzung noch erscheint**.[22] Sind **mehrere Sachen an einem Sitzungstag** angesetzt und meldet sich der zunächst berufene Schöffen vor Beginn einer neuen Sache zur Teilnahme, ist seine Unerreichbarkeit und die Heranziehung des Hilfsschöffen beendet; an der neuen Sache wirkt dann wieder der eigentlich berufene Schöffe mit.[23] Hatte der Vorsitzende sich nach dem Verbleib des nicht erschienenen Schöffen erkundigt und vor Beginn der Sitzung erfahren, dass dieser zur Wahrnehmung der Sitzung aufgebrochen sei, muss er sich auch jeweils vor Beginn einer neuen Sache erkundigen, ob der Schöffe jetzt erreichbar ist.[24]

15 Nach S. 3 kann der Richter Hilfsschöffen unberücksichtigt lassen, deren Heranziehung die Hauptverhandlung erheblich verzögern oder für diesen Sitzungstag unmöglich machen würde. An Stelle des nicht berücksichtigten ist der nach diesem auf der Hilfsschöffenliste an nächster Stelle stehende Schöffe heranzuziehen. Liegen bei zwei oder mehr in der Hilfsschöffenliste aufeinander folgenden Personen die Voraussetzungen des Abs. 2 S. 3 vor, können sie alle als nicht erreichbar angesehen werden.[25]

IV. Verfahren und Entscheidung (Abs. 1 S. 1, Abs. 2 S. 4, Abs. 3 S. 2)

16 Den **Entbindungsantrag** nach Abs. 1 S. 1 muss der Schöffe persönlich, nicht zB sein Arbeitgeber stellen.[26]

17 Die **Entscheidung** über den Antrag und bei Unerreichbarkeit trifft der Vorsitzende des SchG (Abs. 1 S. 1, Abs. 2 S. 4) – nicht der Richter am AG iSd. § 40 Abs. 2[27] – und beim LG der Vorsitzende der StrK (§ 77 Abs. 3 S. 3).[28] Eine bestimmte Form der Entscheidung ist nicht vorgeschrieben; telefonische Entbindung genügt.[29] Die **Anhörung der StA** ist in diesen Fällen **nicht** erforderlich. Der Antrag und die Entscheidung müssen aktenkundig gemacht werden (**Abs. 3 S. 2**).

18 Betreibt ein Schöffe **zugleich seine Entbindung im Einzelfall (§ 54 Abs. 1) und** seine **Streichung aus der Schöffenliste (§ 52 Abs. 2)**, ist über beide Anträge selbstständig zu entscheiden.[30]

19 Ein **Widerruf der Entbindung** ist nach deren Eingang bei der Schöffengeschäftsstelle grundsätzlich nicht mehr möglich.[31] Widerrufbar ist die Entbindung aber auch später, wenn sie gegen Art. 101 Abs. 1 S. 2 GG verstoßen hat.[32]

V. Unanfechtbarkeit; Revision

20 **1. Unanfechtbarkeit (Abs. 3 S. 1).** Unanfechtbar sind die Entscheidung über den Entbindungsantrag (Abs. 1) und über die Unerreichbarkeit (Abs. 2 S. 4),[33] nicht aber der Widerruf der Entbindung.[34]

---

[18] Vgl. BGH v. 23. 3. 1977 – 2 StR 278/76, MDR (H) 1977, 639.
[19] KK-StPO/*Hannich* Rn. 14.
[20] *Katholnigg* NJW 1978, 2378; KK-StPO/*Hannich* Rn. 15; *Meyer-Goßner* Rn. 8; aA BayObLG v. 1. 6. 1979 – RReg 1 St 145/79 (Schöffe kann bei Ausbleiben ohne Weiteres als verhindert angesehen werden).
[21] *Katholnigg* NJW 1978, 2378.
[22] KK-StPO/*Hannich* Rn. 17.
[23] *Meyer-Goßner* Rn. 9.
[24] BayObLG v. 1. 6. 1979 – RReg 1 St 145/79, MDR 1979, 1044; KK-StPO/*Hannich* Rn. 19.
[25] KK-StPO/*Hannich* Rn. 18; Kissel/*Mayer* Rn. 22.
[26] KK-StPO/*Hannich* Rn. 10.
[27] So Kissel/*Mayer* Rn. 14.
[28] *Meyer-Goßner* Rn. 1.
[29] *Meyer-Goßner* Rn. 2.
[30] BGH v. 26. 1. 1977 – 2 StR 613/76, BGHSt 27, 105 = NJW 1977, 965; *Katholnigg* NJW 1978, 2378.
[31] BGH v. 2. 6. 1981 – 5 StR 175/81, BGHSt 30, 149 = NJW 1981, 2073 mAnm *Rieß* JR 1982, 256; BGH v. 1. 11. 1983 – 5 StR 708/83, StV 1983, 497.
[32] Vgl. BGH v. 3. 3. 1982 – 2 StR 32/82, BGHSt 31, 3 = NJW 1982, 1655.
[33] *Meyer-Goßner* Rn. 10.
[34] BGH v. 2. 6. 1981 – 5 StR 175/81, BGHSt 30, 149 (150) = NJW 1981, 2073 = JR 1982, 255 mit abl. Anm. *Rieß*; BGH v. 3. 3. 1982 – 2 StR 32/82, BGHSt 31, 3 (4) = NJW 1982, 1655.

2. Revision. Die Besetzungsrüge (§ 338 Nr. 1 StPO) ist nach § 336 S. 2 StPO ausgeschlossen, 21
wenn nicht ein Fall der willkürlichen Richterentziehung (Art. 101 Abs. 1 S. 2 GG, § 16 S. 2) vorliegt;[35] das kann zB der Fall sein, wenn der Schöffe zu seiner Entbindung keine auch nur ansatzweise geeigneten Gründe angibt, der Richter ihn aber dennoch ohne Weiteres entbindet.[36] Bei Entbindung wegen Urlaubs des Schöffen scheidet Willkür aus.[37]

§ 55 [Entschädigung]

Die Schöffen und Vertrauenspersonen des Ausschusses erhalten eine Entschädigung nach dem Justizvergütungs- und -entschädigungsgesetz.

Schöffen erhalten Entschädigung für Zeitversäumnis, Fahrtkosten, Aufwand und Barauslagen 1
nach §§ 15 ff. JVEG.

§ 56 [Unentschuldigtes Ausbleiben]

(1) ¹Gegen Schöffen und Vertrauenspersonen des Ausschusses, die sich ohne genügende Entschuldigung zu den Sitzungen nicht rechtzeitig einfinden oder sich ihren Obliegenheiten in anderer Weise entziehen, wird ein Ordnungsgeld festgesetzt. ²Zugleich werden ihnen auch die verursachten Kosten auferlegt.

(2) ¹Die Entscheidung trifft der Richter beim Amtsgericht nach Anhörung der Staatsanwaltschaft. ²Bei nachträglicher genügender Entschuldigung kann die Entscheidung ganz oder zum Teil zurückgenommen werden. ³Gegen die Entscheidung ist Beschwerde des Betroffenen nach den Vorschriften der Strafprozeßordnung zulässig.

I. Allgemeines

Die Verhängung des Ordnungsgelds beim Ausbleiben eines Schöffen, oder wenn der Schöffe 1
sich sonst seinen Verpflichtungen entzieht, ist **zwingend vorgeschrieben**.[1] Das **Ordnungsgeld** kann
bis zu 1000 Euro betragen (Art. 6 EGStGB).
Die **wiederholte Verhängung** des Ordnungsgeldes ist so oft möglich, wie der Schöffe seine 2
Pflicht verletzt.[2]

II. Voraussetzungen (Abs. 1 S. 1)

1. Ohne genügende Entschuldigung nicht rechtzeitig einfinden (S. 1, 1. Fall). a) Nicht rechtzeitig einfinden. Gemeint ist die erhebliche Verspätung, insbesondere aber **auch das Nichterscheinen.** 3
Kurzes Warten auf den Schöffen ist angebracht, soweit es den Beteiligten zugemutet werden
kann.[3]

b) Ohne genügende Entschuldigung.[4] Es muss keine oder keine für eine Entbindung nach § 54 4
Abs. 1 S. 2 ausreichende Entschuldigung vorliegen. Ein nach § 54 von der Dienstleistung entbundener Schöffe ist stets entschuldigt; gegen ihn kann daher, auch wenn er die Entbindung durch
unwahre Angaben erschlichen hat, kein Ordnungsgeld verhängt werden.[5]

c) Nachweis der Benachrichtigung. Weitere Voraussetzung ist, dass die Benachrichtigung nach 5
§ 45 Abs. 4 S. 4, auch in Form der mündlichen Ladung, nachgewiesen ist.[6]

2. Sich ihren Obliegenheiten in anderer Weise entziehen (S. 1, 2. Fall). Obliegenheiten iS von 6
Abs. 1 sind die **unmittelbaren prozessualen Mitwirkungspflichten**, welche die Durchführung der
Hauptverhandlung in ordnungsgemäßer Besetzung des Gerichts betreffen,[7] insbesondere Eidesleistung und Beteiligung an der Abstimmung (§ 195; § 45 DRiG).

---

[35] BGH v. 3. 3. 1982 – 2 StR 32/82, BGHSt 31, 3 (5) = NJW 1982, 1655; BGH v. 20. 5. 2003 – 5 StR 592/02, NStZ-RR 2004, 230; OLG Hamm v. 28. 5. 2001 – 2 Ss 400/01, NStZ 2001, 611; OLG Karlsruhe v. 19. 2. 1981 – 3 Ss 302/80, NStZ 1981, 272; vgl. § 16 Rn. 7.
[36] KK-StPO/*Hannich* Rn. 21.
[37] *Meyer-Goßner* Rn. 10; vgl. auch *Rieß* DRiZ 1977, 294.
[1] *Meyer-Goßner* Rn. 1; KK-StPO/*Hannich* Rn. 1.
[2] KK-StPO/*Hannich* Rn. 7; *Meyer-Goßner* Rn. 8.
[3] § 54 Rn. 13.
[4] Vgl. § 51 StPO Rn. 8 f.
[5] OLG Frankfurt v. 29. 11. 1995 – 2 Ws 258/95, NJW 1996, 1687.
[6] *Meyer-Goßner* Rn. 2.
[7] OLG Frankfurt v. 29. 5. 1990 – 2 Ws 114/90, NStZ 1990, 503; KG v. 8. 4. 1999 – 4 Ws 35/99, NStZ 1999, 427.

7 Der Schöffe **entzieht sich diesen Pflichten**, wenn er sich zB weigert, bei der einzelnen Abstimmung oder allgemein sachlich richterlich mitzuwirken. Das ist auch der Fall, wenn er von vornherein bestimmt erklärt, er werde sachlich in keiner Weise richterlich mitwirken[8] und sich bei den Beschlussabstimmungen und in der Urteilsberatung der Stimme enthalten.

8 **Sonstige Pflichtverletzungen** können nach § 56 **nicht geahndet** werden, zB die Verletzung des **Beratungsgeheimnisses** (§ 45 Abs. 1 S. 2 DRiG),[9] ein Verhalten, das zur **Ablehnung** des Schöffen wegen Besorgnis der Befangenheit führt[10] oder auch die Weigerung des Schöffen, weiter an der Verhandlung teilzunehmen, nachdem ihm vom Vorsitzenden eine gewünschte Zwischenberatung verweigert worden ist.[11] Bei **wiederholten, erheblichen Pflichtverletzungen** wird Streichung von der Schöffenliste entspr. § 52 Abs. 1 Nr. 1 vertreten.[12] Dem ist so nicht zuzustimmen, falls diese Pflichtverletzungen nicht ausnahmsweise eine Unfähigkeit zum Schöffenamt nach § 52 Abs. 1 Nr. 1 begründen; unbequeme und gelegentlich unzuverlässige Schöffen sind grundsätzlich hinzunehmen.

III. Anhörung und Entscheidung (Abs. 2 S. 1)

9 1. **Anhörung.** Die StA ist in jedem Fall anzuhören. Der **anwesende Schöffe** muss vor dem Beschluss ebenfalls gehört werden, **nicht** aber der **nicht erschienene Schöffe**, der auf die Folgen des Ausbleibens ohne genügende Entschuldigung schon nach § 45 Abs. 4 S. 4 hingewiesen worden ist.[13]

10 2. **Entscheidung.** Die Entscheidung über Ordnungsgeld und die durch das Ausbleiben entstandenen Kosten (S. 2) trifft der Vorsitzende des SchG oder der StrK (§ 77 Abs. 3 S. 3), und zwar sofort, nicht erst im Zusammenhang mit der Entscheidung über die Kosten und Auslagen nach §§ 464 ff. StPO.[14]

IV. Rücknahme der Entscheidung (Abs. 2 S. 2)

11 Entschuldigt sich der Schöffe **nachträglich** mit einer Begründung, die eine Entbindung nach § 54 Abs. 1 S. 2 gerechtfertigt hätte, ist der Beschluss ganz oder zum Teil zurückzunehmen. Dasselbe gilt, wenn die Entschuldigungsgründe dem Gericht in anderer Weise bekannt werden. Eine Frist für die Entschuldigung ist nicht vorgeschrieben.

12 Trotz des Wortlauts („kann") **muss** das Gericht bei nachträglicher Entschuldigung den Ordnungsgeldbeschluss **grundsätzlich aufzuheben**. Um einem verbleibenden Verschulden des Schöffen Rechnung zu tragen, insbesondere dem schuldhaften Verzögern der Entschuldigung, kann es sich aber auf eine **teilweise Rücknahme** beschränken.[15]

V. Beschwerde (Abs. 2 S. 3)

13 Der Schöffe kann gegen den Beschluss **Beschwerde** einlegen (§ 304 Abs. 2 StPO), **nicht aber die StA**, auch nicht bei Ablehnung des Ordnungsgeldes.

14 Enthält die Beschwerdebegründung bislang nicht dargelegtes **Entschuldigungsvorbringen**, hat zunächst der Vorsitzende des SchG bzw. der StrK über eine Rücknahme der Ordnungsmaßnahme nach Abs. 2 S. 2 zu entscheiden und die Entscheidung dem Schöffen bekanntzugeben; erst hiergegen ist dann die Beschwerde statthaft.[16]

§ 57 [Bestimmung der Fristen]

Bis zu welchem Tag die Vorschlagslisten aufzustellen und dem Richter beim Amtsgericht einzureichen sind, der Ausschuß zu berufen und die Auslosung der Schöffen zu bewirken ist, wird durch die Landesjustizverwaltung bestimmt.

---

[8] OLG Frankfurt v. 3. 6. 1992 – 2 Ws 64/92, NJW 1992, 3183.
[9] KG v. 3. 11. 1986 – 4 Ws 244/86, JR 1987, 302; Löwe/Rosenberg/*Siolek* Rn. 4; aM *Schmidt-Räntsch*, Deutsches Richtergesetz, 5. Aufl. 1995, § 45 Rn. 4.
[10] OLG Frankfurt v. 29. 5. 1990 – 2 Ws 114/90, NStZ 1990, 503; KG v. 8. 4. 1999 – 4 Ws 35/99, NStZ 1999, 427.
[11] LG Münster v. 7. 10. 1992 – 7 Qs 13/92 XII, NJW 1993, 1088.
[12] *v. Danwitz* ZRP 1995, 443; zweifelnd KG v. 3. 11. 1986 – 4 Ws 244/86, JR 1987, 302 (303); *Meyer-Goßner* Rn. 4.
[13] KK-StPO/*Hannich* Rn. 5.
[14] *Meyer-Goßner* Rn. 5.
[15] OLG Koblenz v. 5. 7. 1991 – 1 Ws 362/93, MDR 1993, 1229; *Meyer-Goßner* Rn. 7; KK-StPO/*Hannich* Rn. 6.
[16] OLG Düsseldorf v. 15. 3. 1983 – 2 Ws 136/83, MDR 1983, 690.

Vierter Titel. Schöffengerichte 1–5 § 58 GVG

Der von der LJV nach § 57 bestimmte Zeitplan ist für alle am Verfahren Beteiligten verbind- 1
lich. Zwangsbefugnisse hat jedoch nur der Richter am AG hinsichtlich der Amtsausübung der
Vertrauensleute (§ 56 iVm. § 40 Abs. 3).[1]

§ 58 [Gemeinsames Amtsgericht]

(1) [1] Die Landesregierungen werden ermächtigt, durch Rechtsverordnung einem Amtsgericht für die Bezirke mehrerer Amtsgerichte die Strafsachen ganz oder teilweise, Entscheidungen bestimmter Art in Strafsachen sowie Rechtshilfeersuchen in strafrechtlichen Angelegenheiten von Stellen außerhalb des räumlichen Geltungsbereichs dieses Gesetzes zuzuweisen, sofern die Zusammenfaßung für eine sachdienliche Förderung oder schnellere Erledigung der Verfahren zweckmäßig ist. [2] Die Landesregierungen können die Ermächtigung durch Rechtsverordnung auf die Landesjustizverwaltungen übertragen.

(2) [1] Wird ein gemeinsames Schöffengericht für die Bezirke mehrerer Amtsgerichte eingerichtet, so bestimmt der Präsident des Landgerichts (Präsident des Amtsgerichts) die erforderliche Zahl von Haupt- und Hilfsschöffen und die Verteilung der Zahl der Hauptschöffen auf die einzelnen Amtsgerichtsbezirke. [2] Ist Sitz des Amtsgerichts, bei dem ein gemeinsames Schöffengericht eingerichtet ist, eine Stadt, die Bezirke der anderen Amtsgerichte oder Teile davon umfaßt, so verteilt der Präsident des Landgerichts (Präsident des Amtsgerichts) die Zahl der Hilfsschöffen auf diese Amtsgerichte; die Landesjustizverwaltung kann bestimmte Amtsgerichte davon ausnehmen. [3] Der Präsident des Amtsgerichts tritt nur dann an die Stelle des Präsidenten des Landgerichts, wenn alle beteiligten Amtsgerichte seiner Dienstaufsicht unterstehen.

(3) Die übrigen Vorschriften dieses Titels sind entsprechend anzuwenden.

I. Allgemeines

1. Inhalt der Ermächtigung. § 58 enthält eine **Konzentrationsermächtigung**, nach der durch 1
Rechtsverordnung (Abs. 1) die Zuständigkeit in Strafsachen für die Bezirke mehrerer Amtsgerichte ganz oder teilweise bei einem Amtsgericht konzentriert werden kann,[1*] und zwar auch über die LG-Bezirke hinweg, jedoch nur innerhalb des Landes.[2]

2. Weitere Konzentrationsermächtigungen. Für **Jugendsachen** gilt § 33 Abs. 3 JGG. S. a. § 78 a 2
Abs. 2 (StVollstrK), § 391 Abs. 1, 2 AO (Steuerstrafsachen), § 13 Abs. 1 WiStG 1954 (Wirtschaftsstrafsachen), § 38 Abs. 1 AWG (Außenwirtschaftssachen), § 38 Abs. 1 MOG (EG-Marktordnungssachen), § 4 BinSchVfG (Binnenschifffahrtssachen).

II. Einzelheiten

1. Sachdienliche Förderung oder schnellere Erledigung (Abs. 1 S. 1). Für eine sachdienliche 3
Förderung oder schnellere Erledigung muss die Zusammenfassung der Strafsachen, ganz oder teilweise, zweckmäßig sein. Ihre Hauptbedeutung hat die Vorschrift für **Haftsachen,** indem diese für mehrere Bezirke bei dem AG zusammengefasst werden, bei dem sich eine U-Haft-Vollzugsanstalt befindet,[3] und für die Einrichtung eines **gemeinsamen Schöffengerichts** (Abs. 2). Die Zuständigkeitskonzentration kann aber nicht auf Fälle beschränkt werden, in denen das erweiterte SchG (§ 29 Abs. 2) entscheidet.[4]

2. Entscheidungen bestimmter Art (Abs. 1 S. 1). Danach kann zB beim AG am Sitz der StA die 4
Entscheidung über den Erlass eines Haftbefehls gegen einen vorläufig Festgenommenen (§ 127 Abs. 2 StPO) konzentriert werden.[5]

III. Einrichtung eines gemeinsamen Schöffengerichts (Abs. 2)

Wird ein **gemeinsames Schöffengericht** für mehrere Amtsgerichtsbezirke gebildet, bestimmt der 5
Präsident des LG (bzw. der Präsident des AG im Fall des Abs. 2 S. 3) – als reine Verwaltungsaufga-

---

[1] Kissel/*Mayer* Rn. 1.
[1*] Vgl. BVerfG v. 1. 10. 1968 – 2 BvL 6 – 9/67, BVerfGE 24, 155 (166) = NJW 1969, 1291; BVerfG v. 12. 1. 1971 – 2 BvL 18/70, BVerfGE 30, 103 (106) = NJW 1971, 795.
[2] BVerfG v. 1. 10. 1968 – 2 BvL 6 – 9/67, BVerfGE 24, 155 (168) = NJW 1969, 1291; BVerfG v. 12. 1. 1971 – 2 BvL 18/70, BVerfGE 30, 103 (107) = NJW 1971, 795.
[3] OLG Köln v. 22. 2. 2000 – Ss 15/00, NStZ-RR 2000, 273; OLG Nürnberg v. 24. 4. 1986 – 3 AR 280/86, NStZ 1987, 37 zu § 1 I Nr. 3 BayZuVO; LG Offenburg v. 26. 7. 1999 – Qs 76/99, NStZ-RR 2000, 246 zu § 22 Abs. 3 Nr. 2 ZuVOJu-BW.
[4] *Dallinger* JZ 1953, 434.
[5] *Meyer-Goßner* Rn. 5.

be[6] – die Zahl (§ 43) und die Verteilung der **Hauptschöffen** auf die einzelnen AG-Bezirke; es müssen Hauptschöffen aus jedem von der Konzentration umfassten AG-Bezirk aus der für diesen Bezirk erstellten Vorschlagsliste vom für diesen Bezirk gebildeten Ausschuss (§ 40) gewählt werden.[7]

6   Die **Hilfsschöffen** werden dagegen grundsätzlich nur aus der Vorschlagsliste des AG gewählt, bei dem das gemeinsame AG gebildet ist (Abs. 2 S. 1 iVm. § 42 Abs. 1 Nr. 2 S. 2); eine Ausnahme bestimmt S. 2 für Großstädte.

FÜNFTER TITEL. LANDGERICHTE

§ 59 [Besetzung]

(1) Die Landgerichte werden mit einem Präsidenten sowie mit Vorsitzenden Richtern und weiteren Richtern besetzt.

(2) Den Richtern kann gleichzeitig ein weiteres Richteramt bei einem Amtsgericht übertragen werden.

(3) Es können Richter auf Probe und Richter kraft Auftrags verwendet werden.

1   **1. Besetzung (Abs. 1, 3).** a) **Präsident.** Der Präsident hat weitreichende Verwaltungsaufgaben sowohl in der gerichtlichen Selbstverwaltung (§§ 21 a ff.) wie auch in der JV (vgl. § 21 h); er wird aber auch selbst als Richter tätig (§§ 21 e Abs. 1 S. 3, 21 f Abs. 1).

2   b) **Vorsitzende Richter.**[1]

3   c) **Weitere Richter.** Weitere Richter iSd. Abs. 1 sind die Richter am LG (§ 19 a Abs. 1 DRiG), Richter auf Probe (Abs. 3; § 12 DRiG),[2] Richter kraft Auftrags (Abs. 3; § 14 DRiG) und an das LG abgeordnete Richter (§ 37 DRiG).

4   **2. Doppelernennung (Abs. 2).** Eine Doppelernennung (vgl. auch § 22 Abs. 2)[3] ist möglich von Richtern und Vorsitzenden Richter am LG.[4]

§ 60 [Kammern]

Bei den Landgerichten werden Zivil- und Strafkammern gebildet.

1   **1. Strafkammern.** Die **Besetzung** der Strafkammer regelt § 76, die der Strafvollstreckungskammer § 78 b. Die **Zuständigkeit** der Strafkammern regeln die §§ 73–74 c, 74 f; die der Strafvollstreckungskammer § 78 a.[1*]

2   **2. Anzahl.** Die Zahl der **ordentlichen** (also dauerhaft eingerichteten)[2*] **Kammern** bestimmt die Justizverwaltung,[3*] **nicht das Präsidium**.[4*] In der Regel trifft der **PräsLG** diese Bestimmung,[5] abweichend hiervon bestimmt sie das **Justizministerium** in Bayern für die Anzahl der Handelskammern und der auswärtigen Kammern (Art. 5 Nr. 1 BayAGGVG), in Sachsen (§ 9 SächsJG) mit der Möglichkeit, die Bestimmung dem Gerichtspräsidenten zu übertragen, und in Thüringen (§ 3 ThürAGGVG). Wenn zwei Vorsitzende Richter nicht nur vorübergehend ausfallen, kann eine StrK auch im Laufe des Geschäftsjahres aufgelöst werden.[6*] Hilfsstrafkammern sind **außerordentliche Spruchkörper**.[7*]

3   **3. Auffangkammern.** Für nach § 354 Abs. 2 S. 2 StPO zurückverwiesene Sachen sind sog. Auffangkammern zu bilden.[8]

4   **4. Jugendkammer.** Die Jugendkammer beim LG ist ein Jugendgericht (§ 33 Abs. 1, 2 JGG). Für ihre Besetzung gilt § 33 b JGG.[9]

---

[6] BGH v. 6. 12. 1973 – 4 StR 554/73, BGHSt 25, 257 (258) = NJW 1974, 509.
[7] Kissel/*Mayer* Rn. 10.
[1] Vgl. § 21 f.
[2] § 22 Rn. 6.
[3] § 22 Rn. 5.
[4] *Meyer-Goßner* Rn. 2.
[1*] § 73 Rn. 1.
[2*] BGH v. 14. 6. 1967 – 2 StR 230/67, BGHSt 21, 260 (261) = NJW 1967, 1868.
[3*] BGH v. 18. 12. 1964 – 2 StR 368/64, BGHSt 20, 132 = NJW 1965, 544.
[4*] Vgl. *Stanicki* DRiZ 1976, 80 und *Holch* DRiZ 1976, 135.
[5] KK-StPO/*Diemer* Rn. 1; Löwe/Rosenberg/*Siolek* Rn. 7.
[6*] BGH v. 18. 12. 1964 – 2 StR 368/64, BGHSt 20, 132 = NJW 1965, 544.
[7*] § 21 e Rn. 32 ff.
[8] Kissel/*Mayer* Rn. 16; *Rieß* JR 1978, 302; vgl. § 21 e Rn. 4; zum Auffang-Schwurgericht s. § 74 Rn. 10.
[9] § 76 Rn. 15 ff.

§§ 61–69 (weggefallen)

§ 70 [Notvertretung]

(1) Soweit die Vertretung eines Mitgliedes nicht durch ein Mitglied desselben Gerichts möglich ist, wird sie auf den Antrag des Präsidiums durch die Landesjustizverwaltung geordnet.

(2) Die Beiordnung eines Richters auf Probe oder eines Richters kraft Auftrags ist auf eine bestimmte Zeit auszusprechen und darf vor Ablauf dieser Zeit nicht widerrufen werden.

(3) Unberührt bleiben die landesgesetzlichen Vorschriften, nach denen richterliche Geschäfte nur von auf Lebenszeit ernannten Richtern wahrgenommen werden können, sowie die, welche die Vertretung durch auf Lebenszeit ernannte Richter regeln.

1. Zuweisung eines Richters durch die Landesjustizverwaltung (Abs. 1, 2). Können vorübergehende und **nicht vorgesehene** Vertretungen nicht mit den personellen Mitteln des Gerichts selbst bewältigt werden,[1] kann das Präsidium nach pflichtgemäßem Ermessen einen Antrag nach Abs. 1 auf Zuweisung eines Richters stellen; es hat aber keinen Rechtsanspruch auf eine solche Zuweisung.

Die LJV kann durch **Abordnung** eines Richters auf Lebenszeit (§ 37 DRiG) oder durch **Beiordnung** eines Probe- oder Auftragsrichters (Abs. 2) abhelfen; diese Zuweisung ist **zeitlich zu beschränken** (Abs. 2, § 37 Abs. 2 DRiG).[2] Die Vorschrift darf aber nicht dazu benutzt werden, fehlende oder nicht besetzte Planstellen zu überbrücken.[3]

2. Verwendung des zugewiesenen Richters. Über die Verwendung des zugeteilten Richters bestimmt das Präsidium mit der Geschäftsverteilung (§ 21 e Abs. 1 S. 1). Er muss nicht dort eingesetzt werden, wo wegen des zeitweiligen Ausfalls oder des außergewöhnlichen Geschäftsanfalls der Anlass zur Beiordnung entstanden ist.[4] Durch die Ernennung zum Richter auf Lebenszeit oder durch das Ausscheiden aus dem Richterdienst[5] wird die Beiordnung beendet.[6]

3. Landesgesetzliche Vorschriften (Abs. 3). Die Bestimmung hat keine praktische Bedeutung.[7]

§§ 71 und 72 (betreffen Zivilsachen)

§ 73 [Beschluss- und Beschwerdezuständigkeit]

(1) Die Strafkammern entscheiden über Beschwerden gegen Verfügungen des Richters beim Amtsgericht sowie gegen Entscheidungen des Richters beim Amtsgericht und der Schöffengerichte.

(2) Die Strafkammern erledigen außerdem die in der Strafprozeßordnung den Landgerichten zugewiesenen Geschäfte.

I. Übersicht zur Zuständigkeit der Strafkammern

1. Zuständigkeiten nach dem GVG. Die Zuständigkeit der StrK ist im GVG etwas unübersichtlich dargestellt. Erstinstanzliche Zuständigkeiten ergeben sich aus §§ 73 Abs. 2, 74 Abs. 1 und Abs. 2, 74a Abs. 1, 74c Abs. 1, 74f und für die StVollstrK aus § 78a. **Zweitinstanzliche** Zuständigkeiten sind festgelegt in §§ 73 Abs. 1, 74 Abs. 3.

2. Weitere Zuständigkeiten. Außerhalb des GVG ergeben sich Zuständigkeiten der Strafkammern aus der StPO (Abs. 2) sowie aus §§ 33 Abs. 2, 41 JGG und §§ 8, 9 StrEG und für Beschwerdeentscheidungen aus §§ 70 Abs. 2, 100 Abs. 2 S. 2, 104 Abs. 3 S. 1, 108 Abs. 1 S. 2 Hs. 2, 110 Abs. 2 S. 2 OWiG.

II. Beschwerdesachen (Abs. 1)

1. Grundsatz. Die StrK ist zuständig für die Entscheidung über **Beschwerden** gegen Verfügungen und Entscheidungen sowohl des Strafrichters wie auch des Schöffengerichts.

---

[1] Vgl. § 21 f Rn. 15 ff.
[2] Dazu LG Bremen v. 18. 11. 1997 – 23 KLs 320 Js 7503/97, StV 1998, 13.
[3] BGH v. 29. 9. 1955 – 3 StR 463/54, BGHSt 8, 159 (160); *W. Müller* DRiZ 1963, 37; *Kissel/Mayer* Rn. 2 mwN.
[4] BGH v. 20. 3. 1959 – 4 StR 416/58, BGHSt 13, 53 (56) = NJW 1959, 1093; BGH v 10. 9. 1968 – 1 StR 235/68, BGHSt 22, 237 (239) = NJW 1968, 2388.
[5] BGH v. 7. 11. 2006 – 5 StR 164/06, NStZ-RR 2007, 345.
[6] *Kissel/Mayer* Rn. 11.
[7] *Katholnigg* Rn. 4; *Meyer-Goßner* Rn. 3.

4   2. **Besonderheiten: a) Staatsschutz-Strafsachen.** In Staatsschutz-Strafsachen nach § 120 Abs. 1, 2 trifft die Entscheidungen nach Abs. 1 das OLG (§ 120 Abs. 3 S. 1), sonst die Staatsschutz-StrK (§ 74a Abs. 3).

5   **b) Wirtschaftsstrafsachen.** In Wirtschaftsstrafsachen trifft die Entscheidungen die große Wirtschafts-StrK (§ 74c Abs. 2). Das gilt nur, wenn sie nach dem Stand des Verfahrens zu dem Zeitpunkt, in dem die Entscheidung nach Abs. 1 anfällt, voraussichtlich als Gericht des ersten bzw. zweiten Rechtszugs nach § 74c Abs. 1 zuständig wäre.[1]

6   **c) Schwurgerichtssachen.** Beschwerden in Schwurgerichtssachen (§ 74 Abs. 2) müssen (im Umkehrschluss zu §§ 74a Abs. 3, 74c Abs. 2) **nicht zwingend** der Schwurgerichtskammer zugewiesen werden.[2]

7   **d) Jugendkammer.** Die JugK ist zuständig, wenn im ersten Rechtszug ein JugG entschieden hat (§ 41 Abs. 2 S. 2 JGG). Die **allgemeine StrK** trifft die Entscheidung aber auch dann, wenn sie entgegen der Ansicht des AG ein JugG als erstinstanzliches Gericht für zuständig erachtet.[3]

§ 73a (weggefallen)

§ 74 [Zuständigkeiten]

(1) [1]Die Strafkammern sind als erkennende Gerichte des ersten Rechtszuges zuständig für alle Verbrechen, die nicht zur Zuständigkeit des Amtsgerichts oder des Oberlandesgerichts gehören. [2]Sie sind auch zuständig für alle Straftaten, bei denen eine höhere Strafe als vier Jahre Freiheitsstrafe oder die Unterbringung in einem psychiatrischen Krankenhaus, allein oder neben einer Strafe, oder in der Sicherungsverwahrung zu erwarten ist oder bei denen die Staatsanwaltschaft in den Fällen des § 24 Abs. 1 Nr. 3 Anklage beim Landgericht erhebt.

(2) Für die Verbrechen
1. des sexuellen Mißbrauchs von Kindern mit Todesfolge (§ 176b des Strafgesetzbuches),
2. der sexuellen Nötigung und Vergewaltigung mit Todesfolge (§ 178 des Strafgesetzbuches),
3. des sexuellen Mißbrauchs widerstandsunfähiger Personen mit Todesfolge (§ 179 Abs. 7 in Verbindung mit § 178 des Strafgesetzbuches),
4. des Mordes (§ 211 des Strafgesetzbuches),
5. des Totschlags (§ 212 des Strafgesetzbuches),
6. *(aufgehoben)*
7. der Aussetzung mit Todesfolge (§ 221 Abs. 3 des Strafgesetzbuches),
8. der Körperverletzung mit Todesfolge (§ 227 des Strafgesetzbuches),
9. der Entziehung Minderjähriger mit Todesfolge (§ 235 Abs. 5 des Strafgesetzbuches),
10. der Freiheitsberaubung mit Todesfolge (§ 239 Abs. 4 des Strafgesetzbuches),
11. des erpresserischen Menschenraubes mit Todesfolge (§ 239a Abs. 2 des Strafgesetzbuches),
12. der Geiselnahme mit Todesfolge (§ 239b Abs. 2 in Verbindung mit § 239a Abs. 2 des Strafgesetzbuches),
13. des Raubes mit Todesfolge (§ 251 des Strafgesetzbuches),
14. des räuberischen Diebstahls mit Todesfolge (§ 252 in Verbindung mit § 251 des Strafgesetzbuches),
15. der räuberischen Erpressung mit Todesfolge (§ 255 in Verbindung mit § 251 des Strafgesetzbuches),
16. der Brandstiftung mit Todesfolge (§ 306c des Strafgesetzbuches),
17. des Herbeiführens einer Explosion durch Kernenergie (§ 307 Abs. 1 bis 3 des Strafgesetzbuches),
18. des Herbeiführens einer Sprengstoffexplosion mit Todesfolge (§ 308 Abs. 3 des Strafgesetzbuches),
19. des Mißbrauchs ionisierender Strahlen gegenüber einer unübersehbaren Zahl von Menschen (§ 309 Abs. 2 und 4 des Strafgesetzbuches),
20. der fehlerhaften Herstellung einer kerntechnischen Anlage mit Todesfolge (§ 312 Abs. 4 des Strafgesetzbuches),
21. des Herbeiführens einer Überschwemmung mit Todesfolge (§ 313 in Verbindung mit § 308 Abs. 3 des Strafgesetzbuches),

---

[1] § 74c Rn. 10.
[2] So auch KK-StPO/*Diemer* Rn. 1; aA Löwe/Rosenberg/*Siolek* Rn. 4; Kissel/*Mayer* Rn. 4.
[3] OLG Zweibrücken v. 24. 5. 1993 – 1 AR 46/93 – 1, NStZ 1994, 48.

22. der gemeingefährlichen Vergiftung mit Todesfolge (§ 314 in Verbindung mit § 308 Abs. 3 des Strafgesetzbuches),
23. des räuberischen Angriffs auf Kraftfahrer mit Todesfolge (§ 316a Abs. 3 des Strafgesetzbuches),
24. des Angriffs auf den Luft- und Seeverkehr mit Todesfolge (§ 316c Abs. 3 des Strafgesetzbuches),
25. der Beschädigung wichtiger Anlagen mit Todesfolge (§ 318 Abs. 4 des Strafgesetzbuches),
26. einer vorsätzlichen Umweltstraftat mit Todesfolge (§ 330 Abs. 2 Nr. 2 des Strafgesetzbuches)

ist eine Strafkammer als Schwurgericht zuständig. ² § 120 bleibt unberührt.

(3) Die Strafkammern sind außerdem zuständig für die Verhandlung und Entscheidung über das Rechtsmittel der Berufung gegen die Urteile des Strafrichters und des Schöffengerichts.

Schrifttum: *Rieß*, Vergessene Schwurgerichtszuständigkeiten, NStZ 2008, 546.

I. Erstinstanzliche Zuständigkeit (Abs. 1)

Die **erstinstanzliche Zuständigkeit** ist negativ umschrieben: Die StrK ist zuständig, wenn nicht das AG (§§ 24, 25) oder das OLG (§ 120) zuständig ist. 1

Besondere Strafkammern mit speziellen Aufgabenbereichen sind das SchwurG (Abs. 2), die Staatsschutz-StrK (§ 74a), die Wirtschafts-StrK (§ 74c) sowie die JugK (§§ 33 Abs. 2, 41 Abs. 1 JGG); mit ihrer Rangfolge befassen sich § 74e und § 103 Abs. 2 JGG. 2

II. Schwurgericht (Abs. 2)

1. Allgemeines und Besetzung. Das SchwurG steht als besondere StrK in der sachlichen Zuständigkeitsordnung den anderen StrKn gleich, hat ihnen gegenüber aber den Vorrang (§ 74e). Das SchwurG ist stets mit drei Richtern und zwei Schöffen besetzt (§ 76 Abs. 2). 3

2. Zuständigkeit. Die Zuständigkeit des SchwurG ist durch einen **Katalog** (Abs. 2 S. 1 Nrn. 1-26) bestimmt. Eine Katalogtat liegt dabei nicht nur bei vollendetem Delikt, sondern **auch bei Versuch oder Teilnahme** vor.[1] Die Zuständigkeit des SchwurG ist auch schon bei Verbrechen nach § 30 StGB iVm. §§ 211, 212 StGB eröffnet.[2] Vollrausch (§ 323a StGB) ist dagegen auch dann keine SchwurG-Sache, wenn die Rauschtat unter Abs. 2 aufgezählt ist.[3] **§ 238 Abs. 3 StGB**, **§ 330a Abs. 2 StGB** und **§ 97 Abs. 1 AufenthaltG** sind versehentlich nicht aufgezählt;[4] da sie systematisch den Katalogdelikten vergleichbar sind, ist eine Zuständigkeit des SchwurG in entsprechender Anwendung des Abs. 2 zu bejahen.[5] 4

Wenn das SchwurG für das Urteil zuständig ist, würdigt es die Tat **unter jedem rechtlichen Gesichtspunkt**, selbst wenn der Verdacht eines im Katalog aufgezählten Verbrechens entfällt.[6] 5

Im **Sicherungsverfahren** nach §§ 413 ff. StPO ist das SchwurG zuständig, wenn eine Katalogtat des Abs. 2 vorliegt.[7] 6

3. Evokationsrecht des GBA. Der GBA kann nach § 120 Abs. 2 S. 1 auch dann die Verfolgung übernehmen, wenn die Staatsschutzsache mit einer Katalogtat des Abs. 2 S. 1 zusammentrifft (Abs. 2 S. 2) mit der Folge, dass insgesamt das **OLG** zuständig wird.[8] 7

4. Konzentrationsgrundsatz. Bei jedem Landgericht (falls nicht ein gemeinsames SchwurG nach § 74d eingerichtet wird) hat „eine" StrK als SchwurG die SchwurG-Sachen abzuurteilen.[9] Diese sind also auf eine **SchwurG-StrK** zu konzentrieren, um eine möglichst einheitliche Beurteilung schwerstkrimineller Taten durch mit spezieller Sachkenntnis ausgestattete und erfahrene Richter zu erreichen.[10] Soweit die SchwurG-StrK mit diesen Sachen nicht ausgelastet ist, können ihr auch andere Aufgaben, insbesondere andere erstinstanzliche Sachen nach Abs. 1, zugewiesen werden. 8

---

[1] Kissel/*Mayer* Rn. 9; *Meyer-Goßner* Rn. 5.
[2] *Schnarr* NStZ 1990, 260; *Meyer-Goßner* Rn. 5.
[3] OLG Stuttgart v. 10. 4. 1991 – 3 Ws 60/91, MDR 1992, 290.
[4] *Rieß* NStZ 2008, 546.
[5] *Meyer-Goßner* Rn. 5; aA *Rieß* NStZ 2008, 546.
[6] BGH v. 6. 6. 1977 – 3 StR 160/77, MDR 1977, 810.
[7] *Meyer-Goßner* § 414 StPO Rn. 8 mwN.
[8] § 74a Rn. 5.
[9] *Meyer-Goßner* Rn. 7.
[10] BGH v. 9. 2. 1978 – 4 StR 636/77, BGHSt 27, 349 (352) = NJW 1978, 1273; BGH v. 11. 4. 1978 – 1 StR 576/77, NJW 1978, 1594.

9 Eine **zweite** (oder noch weitere) **SchwurG-StrK** darf **nur** eingerichtet werden, wenn die SchwurG-StrK die zu erwartenden SchwurG-Sachen nicht mehr bewältigen kann.[11] Das Schwergewicht der Kammertätigkeit muss dann auf SchwurG-Sachen liegen.[12] Soweit die Kammern damit nicht völlig ausgelastet sind, können ihnen in untergeordnetem Ausmaß andere Aufgaben übertragen werden.[13]

10 5. **Auffang-SchwurG.** In der Geschäftsverteilung muss für den Fall, dass ein SchwurG-Urteil aufgehoben und die Sache an eine andere SchwurG-StrK zurückverwiesen wird (§ 354 Abs. 2), ein anderes SchwurG (sog. Auffangkammer) durch die Geschäftsverteilung bestimmt werden.[14] Bestehen bei einem LG zwei SchwurG-StrKn, können sie gegenseitig als Auffang-SchwurG bestimmt werden.[15]

11 6. **Jugendstrafverfahren.** Im Verfahren gegen einen Jugendlichen oder Heranwachsenden ist anstelle des SchwurG die **JugK** zuständig (§§ 41 Abs. 1 Nr. 1, 108 Abs. 1 JGG), die dann ebenfalls stets in der Besetzung von drei Richtern einschließlich des Vorsitzenden und zwei Jugendschöffen tätig wird (§ 33 b Abs. 1, 2 JGG). Werden Strafsachen gegen Jugendliche oder Heranwachsende mit Strafsachen gegen Erwachsene verbunden, ist die Jugendkammer auch dann zuständig, wenn für Erwachsene das SchwurG zuständig wäre (§ 103 Abs. 1, 2 JGG).

III. Berufungsgericht (Abs. 3)

12 1. **Allgemeines.** Die StrafK ist Berufungsgericht gegen Urteile des AG, und zwar immer als **kleine StrK** (§ 76 Abs. 1 S. 1, Abs. 3), unabhängig davon, ob erstinstanzlich der Strafrichter oder das Schöffengericht tätig geworden ist.

13 2. **Wirtschaftsstrafsachen.** Hat in einer Wirtschaftsstrafsache erstinstanzlich ein **Strafrichter** entschieden, ist für das Berufungsverfahren die **allgemeine kleine StrK** zuständig. Wird dagegen ein Urteil eines SchG in einer Wirtschaftsstrafsache angefochten, ist die **Wirtschafts-StrK** Berufungsgericht (§ 74 c Abs. 1 S. 1).

14 3. **Jugendgericht.** Über Berufungen gegen Urteile des Jugendrichters oder des JugSchG entscheidet die **JugK** (§ 41 Abs. 2 JGG). Das gilt auch, wenn nur ein mitangeklagter Erwachsener Berufung eingelegt hat.[16]

15 **Besetzt** ist sie (§ 33 b Abs. 1 JGG):[17]
– bei Urteilen des Jugendrichters als **kleine JugK** mit dem Vorsitzenden und zwei Jugendschöffen;
– bei Urteilen des JSchG als **große JugK** mit dem Vorsitzenden, einem oder zwei[18] Beisitzern und zwei Jugendschöffen.

IV. Revision

16 Ein **Verfahrenshindernis**, das von Amts wegen im Revisionsverfahren zu berücksichtigen ist,[19] ist die Unzuständigkeit des Landgerichts, wenn dieses sich willkürlich zu Unrecht für zuständig gehalten hat. Das ist idR nicht der Fall, wenn es die besondere Bedeutung nach Abs. 1 S. 2 iVm. § 24 Abs. 1 Nr. 3 unzutreffend beurteilt hat.[20]

17 Die **Besetzungsrüge** nach § 338 Nr. 1 StPO kann nicht darauf gestützt werden, dass das Präsidium sich bei Einrichtung einer weiteren Schwurgerichtskammer in der Erwartung des künftigen Geschäftsanfalls in vertretbarer Weise geirrt hat.[21]

---

[11] BGH v. 9. 2. 1978 – 4 StR 636/77, BGHSt 27, 349 (350) = NJW 1978, 1273; BGH v. 11. 4. 1978 – 1 StR 576/77, NJW 1978, 1594 mAnm *Katholnigg*.
[12] BGH v. 11. 4. 1978 – 1 StR 576/77, NJW 1978, 1594 mAnm *Katholnigg*.
[13] BGH v. 11. 4. 1978 – 1 StR 576/77, NJW 1978, 1594 mAnm *Katholnigg*.
[14] § 21 e Rn. 4.
[15] *Meyer-Goßner* Rn. 9.
[16] BGH v. 30. 1. 1968 – 1 StR 319/67, BGHSt 22, 48 (50) = NJW 1968, 952.
[17] Vgl. § 76 Rn. 15 ff.
[18] § 76 Rn. 17.
[19] BGH v. 12. 12. 1991 – 4 StR 506/91, BGHSt 38, 172 (176) = NJW 1992, 1775; BGH v. 27. 2. 1992 – 4 StR 32/97, BGHSt 38, 212 mwN; BGH v. 21. 4. 1994 – 4 StR 136/94, BGHSt 40, 120; BGH v. 3. 8. 1995 – 4 StR 416/95, StV 1995, 620; aM BGH v. 10. 1. 1969 – 5 StR 682/68, GA 1970, 25 (nur auf Verfahrensrüge zu beachten); offen gelassen von BGH v. 8. 12. 1992 – 1 StR 594/92, NStZ 1993, 197; vgl. § 24 Rn. 20 ff.
[20] § 24 Rn. 22.
[21] BGH v. 11. 4. 1978 – 1 StR 752/77, MDR (H) 1978, 626.

§ 74a [Zuständigkeit der Staatsschutzkammer]

(1) Bei den Landgerichten, in deren Bezirk ein Oberlandesgericht seinen Sitz hat, ist eine Strafkammer für den Bezirk dieses Oberlandesgerichts als erkennendes Gericht des ersten Rechtszuges zuständig für Straftaten

1. des Friedensverrats in den Fällen des § 80a des Strafgesetzbuches,
2. der Gefährdung des demokratischen Rechtsstaates in den Fällen der §§ 84 bis 86, 87 bis 90, 90a Abs. 3 und des § 90b des Strafgesetzbuches,
3. der Gefährdung der Landesverteidigung in den Fällen der §§ 109d bis 109g des Strafgesetzbuches,
4. der Zuwiderhandlung gegen ein Vereinigungsverbot in den Fällen des § 129, auch in Verbindung mit § 129b Abs. 1 des Strafgesetzbuches und des § 20 Abs. 1 Satz 1 Nr. 1 bis 4 des Vereinsgesetzes; dies gilt nicht, wenn dieselbe Handlung eine Straftat nach dem Betäubungsmittelgesetz darstellt,
5. der Verschleppung (§ 234a des Strafgesetzbuches) und
6. der politischen Verdächtigung (§ 241a des Strafgesetzbuches).

(2) Die Zuständigkeit des Landgerichts entfällt, wenn der Generalbundesanwalt wegen der besonderen Bedeutung des Falles vor der Eröffnung des Hauptverfahrens die Verfolgung übernimmt, es sei denn, daß durch Abgabe nach § 142a Abs. 4 oder durch Verweisung nach § 120 Abs. 2 Satz 2 die Zuständigkeit des Landgerichts begründet wird.

(3) In den Sachen, in denen die Strafkammer nach Absatz 1 zuständig ist, trifft sie auch die in § 73 Abs. 1 bezeichneten Entscheidungen.

(4) Für die Anordnung von Maßnahmen nach § 100c der Strafprozessordnung ist eine nicht mit Hauptverfahren in Strafsachen befasste Kammer bei den Landgerichten, in deren Bezirk ein Oberlandesgericht seinen Sitz hat, für den Bezirk dieses Oberlandesgerichts zuständig.

(5) Im Rahmen der Absätze 1, 3 und 4 erstreckt sich der Bezirk des Landgerichts auf den Bezirk des Oberlandesgerichts.

I. Staatsschutzstrafkammer (Abs. 1–3, 5)

1. Zuständigkeitskatalog (Abs. 1). Die **Staatsschutz-StrK** ist eine besondere StrK mit der speziellen Zuständigkeit für die Straftaten im Katalogs des Abs. 1. 1

Die Zuständigkeit nach **Abs. 1 Nr. 4** gilt nicht, wenn die dort bezeichneten Straftaten mit solchen nach dem BtMG zusammentreffen; das gilt auch, wenn außer den BtM-Straftaten noch weitere Straftaten hinzutreten, falls diese von minderem Gewicht sind.[1] 2

Für **Straftaten gegen Truppen der NATO-Staaten** in der BRep. ist § 74a nach Maßgabe der §§ 1 Abs. 2, 3 NTSG ebenfalls anzuwenden.[2] 3

2. Doppelte Konzentration. Für den **ganzen OLG-Bezirk** wird nur beim LG, in dessen Bezirk das OLG seinen Sitz hat (Abs. 1, 3, 5), eine Staatsschutzkammer gebildet; damit ist auch nur die dortige StA (§ 143 Abs. 1) für das Ermittlungsverfahren zuständig. Beim danach zuständigen LG werden alle Verfahren, die Taten nach Abs. 1 betreffen, bei „einer", dh. **einer einzigen StrK** zusammengefasst;[3] eine Auffang-Staatsschutz-StrK muss ebenfalls gebildet werden.[4] Nur wenn zu erwarten ist, dass die Staatsschutz-StrK den Geschäftsanfall nicht bewältigen kann, darf eine weitere Staatsschutz-StrK eingerichtet werden.[5] 4

3. Übernahme der Verfolgung durch den GBA (Abs. 2). Übernimmt der GBA die Verfolgung, wird das OLG in den Katalogstraftaten nach Abs. 1 als Gericht des ersten Rechtszugs zuständig (§ 120 Abs. 2 Nr. 1), und zwar auch dann, wenn die Zuständigkeit der Staatsschutz-StrK nach § 74e zurücktritt.[6] **Von sich aus** darf die Staatsschutz-StrK im Eröffnungsverfahren oder im Hauptverfahren die Sache **dem OLG nur unterbreiten** (§§ 209 Abs. 2, 225a Abs. 1, 270 Abs. 1 StPO), wenn der hinreichende Verdacht einer Straftat nach § 120 Abs. 1 besteht.[7] 5

---

[1] OLG Oldenburg v. 15.12.2003 – HEs 41/03, NStZ-RR 2004, 174; *Meyer-Goßner* Rn. 4; aM Löwe/Rosenberg/*Siolek* Rn. 6.
[2] *Meyer-Goßner* Rn. 6.
[3] Vgl. § 74 Rn. 8.
[4] Vgl. § 74 Rn. 10.
[5] Vgl. § 74 Rn. 9.
[6] KK-StPO/*Diemer* Rn. 3; Kissel/*Mayer* Rn. 10; *Meyer-Goßner* Rn. 5; *Katholnigg* NJW 1978, 2376; vgl. BGH v. 21.12.1987 – StB 32/87, NJW 1988, 1474 (Zuständigkeit des OLG für Verfahren gegen eine kriminelle Ausländervereinigung).
[7] *Meyer-Goßner* Rn. 5.

6 **4. Revision.** Verstöße gegen § 74a sind nur bei willkürlicher Verletzung der Vorschrift revisibel.[8]

II. Kammer für Maßnahmen nach § 100c StPO (Abs. 4)

7 Die gerichtlichen Entscheidungen (§ 100d Abs. 1, Abs. 4, 9, 10 StPO) bei der akustischen Wohnraumüberwachung nach § 100c StPO trifft eine **besondere Strafkammer**, die nicht mit Hauptverfahren in Strafsachen befasst sein darf.[9] Auch diese ist bei dem LG, in dessen Bezirk das OLG seinen Sitz hat, für den ganzen OLG-Bezirk (Abs. 5) einzurichten.

§ 74b [Zuständigkeit in Jugendschutzsachen]

[1] In Jugendschutzsachen (§ 26 Abs. 1 Satz 1) ist neben der für allgemeine Strafsachen zuständigen Strafkammer auch die Jugendkammer als erkennendes Gericht des ersten Rechtszuges zuständig. [2] § 26 Abs. 2 und §§ 73 und 74 gelten entsprechend.

I. Jugendkammer (§ 41 JGG)

1 **1. Erstinstanzliche Zuständigkeit.** Die Zuständigkeit der Jugendkammer in erster Instanz folgt aus § 41 JGG. In der Hauptverhandlung wirken Jugendschöffen mit (§§ 33b Abs. 1, 35 JGG), auch wenn sie in einer Jugendschutzsache tätig wird.

2 **2. Berufungsgericht.** Bei Berufung gegen Urteile des Jugendrichters entscheidet die kleine JugK, gegen Urteile des JugSchG die große JugK (§§ 33b Abs. 1, 41 Abs. 2 JGG).[1]

II. Jugendschutzsachen (S. 1, 2)

3 **1. Begriff.** Der **Begriff** der Jugendschutzsachen ergibt sich aus § 26 Abs. 1 S. 1.[2] Der Begriff **Jugendschutzkammer** wird hier im Sinn einer **allgemeinen Strafkammer**[3] (nicht der Jugendkammer)[4] verstanden, der eine besondere Zuständigkeit für Jugendschutzsachen zugewiesen wird.

4 **2. Zuständigkeit.** Die **Zuständigkeitskriterien des § 26 Abs. 2** sind für die StA und für die Gerichte im Eröffnungsverfahren bindend.

5 Die JugK hat die **Kompetenz-Kompetenz**[5] im Verhältnis zur allgemeinen StrK, auch wenn diese als Jugendschutzkammer[6] eingerichtet ist. Sie eröffnet deshalb das Hauptverfahren, wenn die Voraussetzungen hierfür vorliegen, vor der allgemeinen StrK, wenn es die Aburteilung durch diese für ausreichend hält (§ 209 Abs. 1 iVm. § 209a Nr. 2b) StPO). Ist die Klage zur allgemeinen StrK erhoben, hält diese aber die JugK für zuständig, legt sie dieser die Sache vor (§ 209 Abs. 2 iVm. § 209a Nr. 2b) StPO). Die JugK kann auch in diesem Fall das Verfahren bei der anderen StrK eröffnen. Im Hauptverfahren ist diese Zuständigkeitsverschiebung nach §§ 225a Abs. 1 S. 1, 270 Abs. 1 S. 1 StPO nicht mehr zulässig.[7]

6 **3. Jugendschutzkammer.** Eine Jugendschutzkammer[8*] kann bei dem LG durch Geschäftsverteilung eingerichtet werden. Sie ist eine **allgemeine StrK** mit besonderer Zuständigkeit für Jugendschutzsachen, wird mit dafür besonders geeigneten Richtern besetzt[9*] und ist nur zuständig, **wenn** das Verfahren **nicht vor der Jugendkammer** eröffnet wird. Die Zuweisung von weiteren (allgemeinen) Sachen an die Jugendschutzkammer ist möglich.[10]

7 **4. Berufung.** Über Berufungen in Jugendschutzsachen entscheidet:
– die kleine bzw. große **Jugendkammer**, wenn in erster Instanz der Jugendrichter bzw. das JugSchG entschieden hat; das gilt auch, wenn bei Verbindung nach §§ 103, 108 JGG nur der erwachsene Mitangeklagte Berufung eingelegt hat;[11]

---

[8] Vgl. § 74 Rn. 16 f.
[9] Vgl. auch BVerfG v. 3. 3. 2004 – 1 BvR 2378/98, 1084/99, BVerfGE 109, 279 (370) = NJW 2004, 999 (1017).
[1] § 74 Rn. 14 f.
[2] § 26 Rn. 2 f.
[3] Vgl. sogleich Rn. 6.
[4] So aber KK-StPO/*Diemer* Rn. 1 ff.
[5] *Meyer-Goßner* Rn. 3.
[6] S. u. Rn. 6.
[7] BGH v. 31. 1. 1996 – 2 StR 621/95, BGHSt 42, 39.
[8*] Zum Begriff vgl. oben Rn. 3.
[9*] *Meyer-Goßner* Rn. 2; *Kissel/Mayer* Rn. 2.
[10] *Meyer-Goßner* Rn. 3.
[11] BGH v. 30. 1. 1968 – 1 StR 319/67, BGHSt 22, 48 = NJW 1968, 952.

- die kleine Strafkammer (Berufungskammer), wenn in erster Instanz der Strafrichter oder das SchG tätig geworden ist.

5. **Revision.** Die Revision können nur willkürliche Verstöße gegen §§ 26, 74 b begründen.[12]

§ 74 c [Zuständigkeit der Wirtschaftsstrafkammer]

(1) [1] Für Straftaten

1. nach dem Patentgesetz, dem Gebrauchsmustergesetz, dem Halbleiterschutzgesetz, dem Sortenschutzgesetz, dem Markengesetz, dem Geschmacksmustergesetz, dem Urheberrechtsgesetz, dem Gesetz gegen den unlauteren Wettbewerb, der Insolvenzordnung, dem Aktiengesetz, dem Gesetz über die Rechnungslegung von bestimmten Unternehmen und Konzernen, dem Gesetz betreffend die Gesellschaften mit beschränkter Haftung, dem Handelsgesetzbuch, dem SE-Ausführungsgesetz, dem Gesetz zur Ausführung der EWG-Verordnung über die Europäische wirtschaftliche Interessenvereinigung, dem Genossenschaftsgesetz, dem SCE-Ausführungsgesetz und dem Umwandlungsgesetz,
2. nach den Gesetzen über das Bank-, Depot-, Börsen- und Kreditwesen sowie nach dem Versicherungsaufsichtsgesetz und dem Wertpapierhandelsgesetz,
3. nach dem Wirtschaftsstrafgesetz 1954, dem Außenwirtschaftsgesetz, den Devisenbewirtschaftungsgesetzen sowie dem Finanzmonopol-, Steuer- und Zollrecht, auch soweit dessen Strafvorschriften nach anderen Gesetzen anwendbar sind; dies gilt nicht, wenn dieselbe Handlung eine Straftat nach dem Betäubungsmittelgesetz darstellt, und nicht für Steuerstraftaten, welche die Kraftfahrzeugsteuer betreffen,
4. nach dem Weingesetz und dem Lebensmittelrecht,
5. des Subventionsbetruges, des Kapitalanlagebetruges, des Kreditbetruges, des Bankrotts, der Gläubigerbegünstigung und der Schuldnerbegünstigung,
5 a. der wettbewerbsbeschränkenden Absprachen bei Ausschreibungen sowie der Bestechlichkeit und Bestechung im geschäftlichen Verkehr,
6. a) des Betruges, des Computerbetruges, der Untreue, des Wuchers, der Vorteilsgewährung, der Bestechung und des Vorenthaltens und Veruntreuens von Arbeitsentgelt,
   b) nach dem Arbeitnehmerüberlassungsgesetz und dem Dritten Buch Sozialgesetzbuch sowie dem Schwarzarbeitsbekämpfungsgesetz,

soweit zur Beurteilung des Falles besondere Kenntnisse des Wirtschaftslebens erforderlich sind, ist, soweit nach § 74 Abs. 1 als Gericht des ersten Rechtszuges und nach § 74 Abs. 3 für die Verhandlung und Entscheidung über das Rechtsmittel der Berufung gegen die Urteile des Schöffengerichts das Landgericht zuständig ist, eine Strafkammer als Wirtschaftsstrafkammer zuständig. [2] § 120 bleibt unberührt.

(2) In den Sachen, in denen die Wirtschaftsstrafkammer nach Absatz 1 zuständig ist, trifft sie auch die in § 73 Abs. 1 bezeichneten Entscheidungen.

(3) [1] Die Landesregierungen werden ermächtigt, zur sachdienlichen Förderung oder schnelleren Erledigung der Verfahren durch Rechtsverordnung einem Landgericht für die Bezirke mehrerer Landgerichte ganz oder teilweise Strafsachen zuzuweisen, welche die in Absatz 1 bezeichneten Straftaten zum Gegenstand haben. [2] Die Landesregierungen können die Ermächtigung durch Rechtsverordnung auf die Landesjustizverwaltungen übertragen.

(4) Im Rahmen des Absatzes 3 erstreckt sich der Bezirk des danach bestimmten Landgerichts auf die Bezirke der anderen Landgerichte.

I. Wirtschaftsstrafsachen (Abs. 1 Nr. 1–6)

1. **Allgemeines.** Auch die Wirtschafts-StrK ist eine **besondere StrK**[1] mit der Zuständigkeit für die in Abs. 1 bestimmten Sachen. Voraussetzung für ihre Zuständigkeit in erster Instanz oder in der Berufung ist das Vorliegen einer im Katalog der Nrn. 1–6 aufgezählten Tat.

2. **Einzelheiten. a) Nr. 3.** Steht die Katalogtat nach Nr. 3 in Tateinheit (§ 52 StGB) mit einer Straftat nach dem BtMG, ist nicht die Wirtschafts-StrK, sondern die allgemeine Strafkammer zuständig. Das Gleiche gilt bei einer Steuerstraftat, die die Kfz-Steuer betrifft (vgl. § 391 Abs. 4 letzter Hs. AO). Die Zuständigkeit des OLG nach § 120 für Straftaten nach dem AWG geht vor (Abs. 1 S. 2).

---

[12] § 26 Rn. 6.
[1] Vgl. § 74 Rn. 2.

3 **b) Nr. 5.** Die Zuständigkeit der Wirtschafts-StrK besteht auch dann, wenn § 265b StGB aus sachlich-rechtlichen Gründen[2] hinter § 263 StGB zurücktritt.[3]

4 **c) Nr. 6.** Die Zuständigkeit der Wirtschafts-StrK ist in diesem Fall zusätzlich davon abhängig, dass das **normative Zuständigkeitsmerkmal** der **Erforderlichkeit besonderer Kenntnisse des Wirtschaftslebens** vorliegt.[4] Besondere Kenntnisse in diesem Sinne beziehen sich über die allgemeine Erfahrung hinaus auf Verfahrensweisen, die nur besonderen Wirtschaftskreisen eigen oder geläufig sind, insbesondere auf die komplizierten, schwer zu durchschauenden Mechanismen des Wirtschaftslebens, deren raffinierten Missbrauch die Wirtschaftsstrafsachen kennzeichnet.[5] Sind solche Spezialkenntnisse nicht erforderlich, ist die allgemeine StrK für Taten nach Nr. 6 zuständig, auch wenn es sich um eine schwierige oder umfangreiche Sache handelt.[6]

5 Das normative Zuständigkeitsmerkmal ist nur **bis zur Eröffnungsentscheidung** zu prüfen; danach ist eine Verweisung an die allgemeine Strafkammer nicht mehr möglich.[7]

II. Erster Rechtszug

6 Für die **erstinstanzliche Zuständigkeit** (Abs. 1) ist neben dem Vorliegen einer Straftat nach Abs. 1 Nr. 1–6 weitere Voraussetzung, dass die **allgemeine erstinstanzliche Zuständigkeit des Landgerichts** nach §§ 74 Abs. 1, 24 Abs. 1 Nr. 3, Abs. 2 gegeben ist; die Tat muss also von besonderer Bedeutung (§ 24 Abs. 1 Nr. 3) oder die Rechtsfolgenkompetenz des AG (§ 24 Abs. 2) nicht ausreichend sein.[8] Werden mit der Wirtschaftsstraftat andere Taten angeklagt, ist die Rechtsfolgenerwartung insgesamt maßgeblich.[9]

III. Berufungen

7 Als Berufungsgericht (Abs. 1) ist die **kleine Wirtschafts-StrK** (§ 76 Abs. 1) zuständig, wenn das erstinstanzliche Urteil in einer Wirtschaftsstrafsache nach Abs. 1 Nr. 1–6 im ersten Rechtszug **vom SchG** erlassen worden ist.[10] Für die Berufungszuständigkeit kommt es nur darauf an, ob der Eröffnungsbeschluss den Verfahrensgegenstand **als Katalogtat** nach § 74c würdigt; diese Beurteilung muss nicht im Urteil der ersten Instanz wiederholt worden sein.[11]

8 Die Zuständigkeit der Wirtschaftsstrafkammer ist im Berufungsverfahren **von Amts wegen** zu prüfen. Bei **Zuständigkeitskonflikten zwischen allgemeiner Strafkammer und Wirtschaftsstrafkammer** im Berufungsrechtszug sind §§ 209a, 225a StPO und § 6a StPO entsprechend anzuwenden; die Wirtschaftsstrafkammer hat die Kompetenz-Kompetenz.[12] Bei der Anwendung des § 6a StPO tritt an die Stelle der Eröffnung des Hauptverfahrens der Vortrag des Berichterstatters nach § 324 Abs. 1 S. 1 StPO.[13] Die Bestimmung des zuständigen Gerichts nach den §§ 14 und 19 StPO ist unzulässig.[14]

9 Hat der **Strafrichter** in erster Instanz entschieden, ist eine **allgemeine kleine StrK** als Berufungsgericht zuständig. Ist beim LG jedoch eine kleine Wirtschafts-StrK eingerichtet, sollten ihr zweckmäßigerweise durch den Geschäftsverteilungsplan (§ 21e) auch diese Berufungen zugewiesen werden.

IV. Beschwerdeentscheidungen

10 In Wirtschaftsstrafsachen nach Abs. 1 ist die Wirtschaftsstrafkammer auch für Beschwerdeentscheidungen zuständig, und zwar immer als **große Wirtschafts-StrK**. Voraussetzung ist, dass sie nach dem Sachstand zZ des Anfalls der Entscheidung nach § 73 Abs. 1 voraussichtlich als Ge-

---

[2] Vgl. BGH v. 31. 1. 1989 – 4 StR 304/88, BGHSt 36, 130.
[3] OLG Celle v. 12. 8. 1991 – 1 Ws 183/91, wistra 1991, 359 mit zust. Anm. *Kochheim*; aM OLG Stuttgart v. 4. 1. 1991 – 1 Ws 296/90, wistra 1991, 236.
[4] *Rieß* NJW 1978, 2267.
[5] OLG Koblenz 28. 11. 1985 – 1 Ws 783/85, NStZ 1986, 327 (328); OLG München v. 6. 6. 1979 – 1 Ws 510/79, JR 1980, 77 mAnm *Rieß*.
[6] OLG Koblenz 28. 11. 1985 – 1 Ws 783/85, NStZ 1986, 327 (328); OLG Köln v. 6. 11. 1990 – 2 Ws 535/90, wistra 91, 79 (Abrechnungsbetrug von Kassenärzten); OLG Düsseldorf v. 3. 5. 1993 – 2 Ws 141/93, wistra 93, 277 („Scheckreiterei").
[7] KK-StPO/*Hannich* Rn. 4.
[8] OLG Karlsruhe v. 23. 7. 1985 – 3 Ws 150/85, NStZ 1985, 517.
[9] OLG Karlsruhe v. 23. 7. 1985 – 3 Ws 150/85, NStZ 1985, 517; vgl. auch *Firgau* wistra 1988, 140; § 24 Rn. 18.
[10] § 74 Rn. 13.
[11] OLG Schleswig v. 24. 2. 2004 – 2 Ws 436+453/03, SchlHA 2005, 257; OLG Stuttgart v. 17. 11. 1981 – 1 Ws 339/81, MDR 1982, 252.
[12] OLG Düsseldorf v. 2. 11. 1981 – 2 Ws 614/81, JR 1982, 514 mAnm *Rieß*; *Meyer-Goßner* NStZ 1981, 169; *Rieß* JR 1980, 80; Kissel/*Mayer* Rn. 10.
[13] Vgl. *Meyer-Goßner* § 6a StPO Rn. 14.
[14] OLG Schleswig v. 24. 2. 2004 – 2 Ws 436+453/03, SchlHA 2005, 257; vgl. § 14 StPO Rn. 4.

richt des ersten Rechtszugs zuständig sein oder die kleine Wirtschafts-StrK als Berufungsgericht tätig sein wird.[15]

Auch nach rechtskräftigem Abschluss des Verfahrens entscheidet die Wirtschafts-StrK über Beschwerden gegen Nachtragsentscheidungen, falls eine Katalogtat nach Abs. 1 Gegenstand des Urteils ist.[16] 11

V. Konzentrationsgrundsatz

Die Wirtschaftsstrafsachen nach Abs. 1 dürfen in erster Instanz **nur einer großen StrK** und die zweitinstanzlichen **nur einer kleinen StrK** zugewiesen werden; nur wenn diese voraussichtlich nicht in der Lage sein werden, den Geschäftsanfall zu bewältigen, dürfen weitere Wirtschafts-StrKn gebildet werden.[17] Einer nicht ausgelasteten Wirtschafts-StrK können auch allgemeine Strafsachen zugewiesen werden,[18] der Schwerpunkt der Zuständigkeit muss aber eindeutig bei den Wirtschaftsverfahren liegt.[19] 12

VI. Ermächtigung zu weiterer Konzentration (Abs. 3, 4)

Die Ermächtigung nach Abs. 3, 4 betrifft nur die **örtliche Zuständigkeit** (vgl. auch § 58).[20] Mit der Konzentration bei einem bestimmten Landgericht wird zugleich die StA zuständig, die für dieses Gericht bestellt ist (§ 143 Abs. 1). Die Zuständigkeit des Amtsgerichts für den Haftbefehlserlass (§ 125 Abs. 1 StPO) wird von einer solchen Konzentration nicht berührt.[21] 13

Von der Ermächtigung nach Abs. 3 ist Gebrauch gemacht worden in Baden-Württemberg, in Bayern, in Bremen, in Mecklenburg-Vorpommern, in Niedersachsen, in Rheinland-Pfalz, in Schleswig-Holstein und in Thüringen.[22] 14

VII. Revision

In der Revision kann die Entscheidung über das Erfordernis der **besonderen Kenntnisse des Wirtschaftslebens** (Abs. 1 Nr. 6) nicht gerügt werden.[23] Bei der Zurückverweisung der Sache (§ 354 Abs. 3 StPO) kann es aber berücksichtigt werden.[24] 15

§ 74d [Gemeinsames Schwurgericht]

(1) ¹Die Landesregierungen werden ermächtigt, durch Rechtsverordnung einem Landgericht für die Bezirke mehrerer Landgerichte die in § 74 Abs. 2 bezeichneten Strafsachen zuzuweisen, sofern dies der sachlichen Förderung der Verfahren dient. ²Die Landesregierungen können die Ermächtigung auf die Landesjustizverwaltungen übertragen.

(2) *(aufgehoben)*

Die Vorschrift ermöglicht die Bildung eines **gemeinsamen Schwurgerichts** für mehrere Landgerichtsbezirke.[1] Die Konzentration kann über einen OLG-Bezirk hinausgreifen. 1

Das gemeinsame SchwurG ist eine Kammer des LG, bei dem es gebildet ist; dessen Präsidium bestimmt über seine **Besetzung**. Die **Schöffen** werden nur aus der Schöffenliste dieses Landgerichts ausgelost.[2] 2

§ 74e [Vorrang]

Unter verschiedenen nach den Vorschriften der §§ 74 bis 74d zuständigen Strafkammern kommt

---

[15] *Meyer-Goßner* Rn. 8 mwN.
[16] LG Hildesheim v. 25. 7. 1985 – 21 Qs 1/85, wistra 1985, 245.
[17] *Kissel/Mayer* Rn. 8; *Katholnigg* NJW 1978, 2376; vgl. § 74 Rn. 8 f.
[18] BGH v. 29. 5. 1987 – 3 StR 242/86, BGHSt 34, 379 = NJW 1988, 1397.
[19] BGH v. 22. 4. 1983 – 3 StR 420/82, BGHSt 31, 323 (326) = NJW 1983, 2335; BGH v. 29. 5. 1987 – 3 StR 242/86, BGHSt 34, 379 = NJW 1988, 1397.
[20] *Rieß* GA 1976, 6.
[21] OLG Nürnberg v. 30. 11. 1998 – Ws 1348/98, NStZ 2001, 80.
[22] *Meyer-Goßner* Rn. 9 mit Einzelnachweisen.
[23] BGH v. 21. 3. 1985 – 1 StR 417/84, NStZ 1985, 464 (466); *Rieß* NJW 1978, 2268; KK-StPO/*Diemer* Rn. 4.
[24] *Meyer-Goßner* Rn. 10.
[1] Vgl. § 58 Rn. 1 ff.
[2] *Kissel/Mayer* Rn. 3.

1. in erster Linie dem Schwurgericht (§ 74 Abs. 2, § 74 d),
2. in zweiter Linie der Wirtschaftsstrafkammer (§ 74 c),
3. in dritter Linie der Strafkammer nach § 74 a

der Vorrang zu.

1 1. **Inhalt der Vorschrift.** § 74 e regelt den Fall, dass in einer Sache die Zuständigkeit mehrerer besonderer StrafKn eröffnet wäre. Die **allgemeine StrK** ist nicht ausdrücklich aufgeführt, weil ihr niemals der Vorrang zukommt. Das wird eingangs durch die allgemeine Bezugnahme auf § 74 (damit auch auf dessen Abs. 1, 2) deutlich.[1] **Zu berücksichtigen** ist die Regelung vom Gericht im Rahmen der §§ 6 a, 209 a, 225 a Abs. 4, 270 Abs. 1 S. 2 StPO.

2 2. **Rangverhältnis zur Jugendkammer (§ 41 JGG).** JugGe haben **grundsätzlich den Vorrang** vor den Erwachsenengerichten (§§ 103 Abs. 2 S. 1, 112 JGG); § 74 e gilt nicht.[2] Eine **Ausnahme** besteht bei Verbindung von Strafsachen gegen Jugendliche oder Heranwachsende mit einer Erwachsenensache, wenn für letztere die Wirtschafts-StrK oder die Staatsschutz-StrK zuständig ist; dann hat deren Zuständigkeit den Vorrang (§§ 103 Abs. 2 S. 2, 3, 108 JGG), auch bei der Berufung oder der Beschwerdeentscheidung nach § 73 Abs. 1 (§§ 74 a Abs. 3, 74 c Abs. 2). Wird die Zuständigkeit der Wirtschafts-StrK oder der Staatsschutz-StrK durch die des SchwurG verdrängt, gilt aber wieder der Vorrang des JugG nach § 103 Abs. 2 S. 1 JGG.[3]

§ 74 f [Zuständigkeit bei vorbehaltener oder nachträglicher Sicherungsverwahrung]

(1) Hat im ersten Rechtszug eine Strafkammer die Anordnung der Sicherungsverwahrung vorbehalten oder in den Fällen des § 66 b des Strafgesetzbuches als Tatgericht entschieden, ist diese Strafkammer im ersten Rechtszug für die Verhandlung und Entscheidung über die im Urteil vorbehaltene oder die nachträgliche Anordnung der Sicherungsverwahrung zuständig.

(2) Hat in den Fällen des § 66 b des Strafgesetzbuches im ersten Rechtszug ausschließlich das Amtsgericht als Tatgericht entschieden, ist im ersten Rechtszug eine Strafkammer des ihm übergeordneten Landgerichts für die Verhandlung und Entscheidung über die nachträgliche Anordnung der Sicherungsverwahrung zuständig.

(3) In den Fällen des § 66 b des Strafgesetzbuches gilt § 462 a Abs. 3 Satz 2 und 3 der Strafprozessordnung entsprechend; § 76 Abs. 2 dieses Gesetzes und § 33 b Abs. 2 des Jugendgerichtsgesetzes sind nicht anzuwenden.

I. Zuständigkeit und Besetzung bei vorangegangener Entscheidung einer Großen StrK (Abs. 1, Abs. 3 Hs. 2)

1 1. **Vorbehaltene Sicherungsverwahrung.** Die vorbehaltene Sicherungsverwahrung (§ 66 a StGB; § 106 Abs. 3 JGG) wird nach §§ 74 Abs. 1, 24 Abs. 1 Nr. 2 von einer Großen StrK angeordnet, das kann auch eine besondere StrK (§§ 74 Abs. 2, 74 a, 74 b, 74 c) sein. Nach Abs. 1 ist diese StrK auch für die spätere **Entscheidung über den Vorbehalt** zuständig.

2 Für die von der Jugendkammer (§ 41 Nr. 5 JGG) vorbehaltene Sicherungsverwahrung **gegen Heranwachsende** (§ 106 Abs. 3 JGG) gilt Abs. 1 entsprechend (§ 106 Abs. 7 JGG).

3 Die **Besetzung der Kammer** kann nach § 76 Abs. 2 und nach § 33 b Abs. 2 JGG auf zwei Berufsrichter und zwei Schöffen reduziert werden.

4 2. **Nachträgliche Anordnung der Sicherungsverwahrung.** Ist über die **nachträgliche Anordnung der Sicherungsverwahrung** (§ 66 b StGB) zu entscheiden, ist idR zuvor ebenfalls eine Große StrK befasst gewesen (nur im Fall des § 66 b Abs. 1 StGB kann zuvor ein AG entschieden haben);[1*] diese StrK ist dann nach Abs. 1 auch für die Entscheidung über die nachträgliche Anordnung zuständig.

5 Für die nachträgliche Anordnung der Sicherungsverwahrung **gegen Jugendliche und Heranwachsende** (§§ 7 Abs. 2 und 3, 106 Abs. 5 und 6 JGG) gilt Abs. 1 entsprechend (§§ 7 Abs. 4, 106 Abs. 7 JGG).

6 Die **Besetzung der Kammer** umfasst in diesen Fällen immer drei Berufsrichter und zwei Schöffen (Abs. 3 Hs. 2 iVm. § 76 Abs. 2 und 33 b Abs. 2 JGG).

---

[1] Meyer-Goßner Rn. 1.
[2] BGH v. 31. 1. 1996 – 2 StR 621/95, BGHSt 42, 39.
[3] Meyer-Goßner Rn. 2.
[1*] Meyer-Goßner Rn. 1.

Fünfter Titel. Landgerichte **§§ 75, 76 GVG**

II. Zuständigkeit bei vorangegangener Entscheidung eines AG (Abs. 1, 2)

Ist in einem Fall des § 66 b Abs. 1 StGB das **Amtsgericht bei der vorangegangenen Entschei- 7 dung tätig geworden,** ergeben sich für die Zuständigkeit im Verfahren über die Anordnung der nachträglichen Sicherungsverwahrung zwei Fallgruppen,[2] die auch in Verfahren gegen Jugendliche und Heranwachsende entsprechend gelten (§§ 7 Abs. 4, 106 Abs. 7 JGG):

a) **Vorangegangene Entscheidung ohne Berufungsverfahren.** Hat kein Berufungsverfahren 8 stattgefunden, ist die GrStrK des dem AG übergeordneten LG zuständig (**Abs. 2**).

b) **Vorangegangene Entscheidung mit Berufungsverfahren.** Hat eine **Berufungsverhandlung** 9 **beim LG stattgefunden** (eine Verhandlung nach § 329 StPO genügt nicht), ist dieses LG für das Verfahren zur nachträglichen Anordnung der Sicherungsverwahrung zuständig (**Abs. 1**). In diesem Fall kann aber bei Erwachsenen nicht einfach dieselbe Kammer entscheiden wie in der Berufungsverhandlung, denn die Berufung ist vor einer kleinen StrK (§ 76 Abs. 1) verhandelt worden, während über den Vorbehalt eine GrStrK mit zwei Beisitzern (Abs. 3 Hs. 2) entscheiden muss. Dieser offensichtlich vom Gesetzgeber nicht gesehene Widerspruch[3] ist so zu lösen, dass eine Abweichung vom Grundsatz der Entscheidung durch die zuvor befasste Kammer (die ohnehin auch in den anderen Fällen des Abs. 1 inzwischen mit anderen Richtern besetzt sein kann) vorliegt und die GrStrK zuständig ist.[4]

III. Vorangegangene Entscheidungen verschiedener Gerichte (Abs. 3 Hs. 1)

Die Entscheidung über die nachträgliche Anordnung der Sicherungsverwahrung steht **beim** 10 **Vorliegen von Urteilen verschiedener Gerichte** dem Gericht zu, das auf die schwerste Strafart oder bei Strafen gleicher Art auf die höchste Strafe erkannt hat, und, falls danach mehrere Gerichte zuständig sein sollten, dem Gericht, dessen Urteil zuletzt ergangen ist (Abs. 3 Hs. 1 iVm. § 462 a Abs. 3 S. 2 StPO). Ist das Urteil eines Tatgerichts bereits vollständig vollstreckt, scheidet dieses Gericht aber für die nachträgliche Anordnung der Sicherungsverwahrung und damit auch für den Erlass eines Unterbringungsbefehls aus.[5] Ist eines der vorangegangenen Urteile in erster Instanz von einem OLG erlassen worden, ist das OLG zuständig (Abs. 3 Hs. 2 iVm. § 462 Abs. 3 S. 3 Hs. 2; vgl. auch § 120 a).

IV. Übertragung der Führungsaufsicht durch die Strafvollstreckungskammer

Die Entscheidung über **Weisungen im Rahmen der Führungsaufsicht** kann von der StVollstrK 11 entspr. § 462 a Abs. 1 S. 3 StPO auf die nach § 74 f zuständige StrK für die Dauer des Verfahrens nach § 275 a StPO übertragen werden.[6]

§ 75 [betrifft die Zivilkammern]

§ 76 [Besetzung der Strafkammern]

(1) [1]Die Strafkammern sind mit drei Richtern einschließlich des Vorsitzenden und zwei Schöffen (große Strafkammer), in Verfahren über Berufungen gegen ein Urteil des Strafrichters oder des Schöffengerichts mit dem Vorsitzenden und zwei Schöffen (kleine Strafkammer) besetzt. [2]Bei Entscheidungen außerhalb der Hauptverhandlung wirken die Schöffen nicht mit.

(2) [1]Bei der Eröffnung des Hauptverfahrens beschließt die große Strafkammer, daß sie in der Hauptverhandlung mit zwei Richtern einschließlich des Vorsitzenden und zwei Schöffen besetzt ist, wenn nicht die Strafkammer als Schwurgericht zuständig ist oder nach dem Umfang oder der Schwierigkeit der Sache die Mitwirkung eines dritten Richters notwendig erscheint. [2]Ist eine Sache vom Revisionsgericht zurückverwiesen worden, kann die nunmehr zuständige Strafkammer erneut nach Satz 1 über ihre Besetzung beschließen.

(3) [1]In Verfahren über Berufungen gegen ein Urteil des erweiterten Schöffengerichts (§ 29 Abs. 2) ist ein zweiter Richter hinzuzuziehen. [2]Außerhalb der Hauptverhandlung entscheidet der Vorsitzende allein.

Schrifttum: *Haller/Janssen*, Die Besetzungsreduktion bei erstinstanzlichen Strafkammern, NStZ 2004, 469 ff.

---

[2] *Meyer-Goßner* Rn. 2 ff.
[3] *Meyer-Goßner* Rn. 4.
[4] AM *Meyer-Goßner* Rn. 4 (Entscheidung durch eine Große StrK, der der frühere Vorsitzende der kleinen [Berufungs-]StrK vorsitzt).
[5] OLG Frankfurt v. 4. 1. 2005 – 3 Ws 1278/04, NStZ-RR 2005, 106.
[6] BGH v. 22. 2. 2006 – 5 StR 585/05, BGHSt 50, 373 = NJW 2006, 1442.

Rappert

GVG § 76 1–7

I. Große Strafkammer (Abs. 1, Abs. 2)

1 **1. Grundsatz.** Grundsätzlich entscheidet in den Fällen der §§ 73 ff. die **große Strafkammer**, außer in Berufungsverfahren (Abs. 1 S. 1).

2 **2. Erstinstanzliche Entscheidung. a) Außerhalb der Hauptverhandlung (Abs. 1 S. 2).** Außerhalb der Hauptverhandlung wirken **Schöffen** nicht mit.[1] Bei der großen StrK entscheiden die drei Berufsrichter, auch wenn in der Hauptverhandlung nach Abs. 2 eine Besetzung mit nur zwei Richtern vorgesehen oder zu erwarten ist.[2] Dies gilt insbesondere für die Entscheidung über die **Eröffnung des Verfahrens**, auch wenn diese erst während der Hauptverhandlung nachgeholt wird.[3] Einzelrichterentscheidungen gibt es bei der großen StrK nicht.[4]

3 **b) In der Hauptverhandlung.** In der Hauptverhandlung ist die große StrK als **SchwurG** (§ 74 Abs. 2) **immer mit drei Berufsrichtern** (einschließlich des Vorsitzenden) und zwei Schöffen besetzt. Im Übrigen sieht Abs. 2 im Regelfall eine Reduzierung der Besetzung auf nur **zwei Berufsrichter** vor.[5]

4 **3. Beschwerdeentscheidung (§ 73 Abs. 1).** Über Beschwerden gegen Verfügungen und Entscheidungen des AG, auch des Strafrichters, entscheidet **immer die große StrK**, und zwar in der Besetzung mit drei Richtern ohne Schöffen (vgl. Abs. 1 S. 2). Das gilt auch, wenn die Beschwerde mit dem durch die Berufung angefochtenen Urteil im Zusammenhang steht.[6]

II. Reduktion auf zwei Berufsrichter (Abs. 2)

5 **1. Allgemeines.** Eine reduzierte Besetzung der **großen Strafkammer** mit nur zwei Berufsrichtern, also dem Vorsitzenden, einem richterlichen Beisitzer und den Schöffen, sieht Abs. 2 **als Regelfall** vor, soweit nicht das Schwurgericht (§ 74 Abs. 2) zuständig ist oder der Fall des § 74 f Abs. 3 Hs. 2 vorliegt.

6 Diese durch das RpflEntlG als Abs. 2 eingefügte und mehrfach verlängerte Bestimmung[7] gilt nun bis zum **31. 12. 2011**[8] (anders § 122 Abs. 2 S. 2). Außerhalb der Hauptverhandlung gilt Abs. 2 nicht.

7 **2. Entscheidung.** Über die Zahl der mitwirkenden Richter ist **bei Eröffnung des Hauptverfahrens** zu entscheiden. Die Entscheidung trifft immer die StrK selbst, auch, wenn eine Verweisung nach §§ 225 a, 270 StPO vom AG an das LG erfolgt,[9] wenn eine nach § 74 e vorrangige StrK oder wenn das OLG nach sofortiger Beschwerde gemäß § 210 Abs. 2 StPO das Hauptverfahren vor der StrK eröffnet.[10] Die Verfahrensbeteiligten werden zur Zahl der mitwirkenden Richter **nicht ausdrücklich gehört**, denn der Angeschuldigte muss sich ohne besonderen Hinweis nach Mitteilung der Anklageschrift (§ 201 StPO) darauf einstellen, dass bei der Eröffnungsentscheidung die Besetzungsreduktion geprüft werden muss.[11] Die **Entscheidung ergeht außerhalb der Hauptverhandlung** immer durch die **drei Richter** der StrK[12] ohne Mitwirkung der Schöffen (Abs. 1 S. 2) und ist in den Eröffnungsbeschluss (§ 207 Abs. 1 StPO) mit aufzunehmen.[13] Die Schöffen wirken auch dann nicht mit, wenn die Eröffnungsentscheidung zunächst unterblieben ist und während der Hauptverhandlung nachgeholt wird.[14] Falls versehentlich **bei der Eröffnung keine Entscheidung über die Besetzung** getroffen worden ist, ist eine Nachholung nicht möglich, und es bleibt bei der Dreierbesetzung.[15] Das gilt auch dann, wenn wegen Änderung des Geschäftsverteilungsplans eine andere StrK zuständig geworden ist.[16]

---

[1] Vgl. auch § 30 Rn. 5.
[2] Vgl. OLG Zweibrücken v. 19. 11. 1996 – 1 Ws 583/96, StraFo 1997, 204.
[3] BGH v. 21. 1. 2010 – 4 StR 518/09, NStZ-RR 2010, 87 L.
[4] LG Hildesheim v. 12. 7. 2005 – 15 Qs 13/05, StraFo 2005, 393 zu § 33 Abs. 8 RVG; vgl. auch *Meyer-Goßner* § 139 Rn. 1.
[5] S. u. Rn. 5 ff.
[6] OLG Köln v. 2. 6. 1993 – 2 Ws 196/93, StV 1993, 464 für Wirtschaftsstrafsachen; *Meyer-Goßner* Rn. 7.
[7] Krit dazu *Haller/Janßen* NStZ 2004, 469.
[8] Art. 15 Abs. 2 RpflEntlG idF des Ges vom 7. 12. 2008, BGBl. I S. 2348.
[9] BGH v. 7. 6. 2000 – 5 StR 193/00, NStZ-RR 2001, 244.
[10] *Meyer-Goßner* Rn. 4.
[11] BGH v. 23. 12. 1998 – 3 StR 343/98, BGHSt 44, 328 (336) = NStZ 1999, 367 mAnm *Rieß* = JR 1999, 302 mAnm *Katholnigg*.
[12] BGH v. 13. 6. 2008 – 2 StR 142/08, NStZ 2009, 52.
[13] BGH v. 20. 4. 1999 – 5 StR 114/99, NStZ-RR 1999, 274.
[14] BGH v. 2. 11. 2005 – 4 StR 418/05, BGHSt 50, 267 = NStZ 2006, 298 mit zust Anm *Rieß*.
[15] BGH v. 5. 8. 2008 – 5 StR 317/08, NStZ 2009, 53; LG Bremen v. 13. 1. 2004 – 1 KLs 961 Js 14218/03, StraFo 2004, 102 mwN.
[16] BGH v. 23. 8. 2005 – 1 StR 350/05, StV 2005, 654.

Fünfter Titel. Landgerichte 8–13 § 76 GVG

Die Entscheidung ist **unanfechtbar**.[17] Eine Änderung ist nur auf zulässige Beanstandung nach 8
§ 222b StPO[18] möglich,[19] sonst aber nicht. Eine nachträgliche Änderung des Umfangs oder der
Schwierigkeit der Sache führt nicht zur Abänderbarkeit.[20] Wenn sich der Verfahrensumfang jedoch durch Verbindung mit weiteren Verfahren ändert, kann die Strafkammer die reduzierte Besetzung durch Beschluss aufheben, es aber auch (ohne ausdrücklichen Beschluss) bei einer in den
verbundenen Verfahren zuvor jeweils beschlossenen reduzierten Besetzung belassen.[21] Bei nachträglich erkannter fehlerhafter Entscheidung ist die Hauptverhandlung auszusetzen.[22] Wird die
Sache **nach Revision vom BGH zurückverwiesen**, kann die nunmehr zuständige StrK eine andere
Besetzung beschließen (**Abs. 2 S. 2**), muss es aber nicht.[23]

3. **Umfang oder Schwierigkeit der Sache.** Die Entscheidung, ob ein dritter Richter mitwirken 9
soll, hängt von der Bewertung des Umfangs und der Schwierigkeit der Sache ab. Es kommt auf
ein **überdurchschnittliches Ausmaß des Umfangs oder der Schwierigkeit** an.[24] Dabei hat die
Strafkammer einen weiten Beurteilungsspielraum, bei dessen Ausfüllung die Umstände des Einzelfalles zu berücksichtigen sind.[25] Die „besondere Bedeutung des Falles" (§ 24 Abs. 1 Nr. 3) ist hier
nicht relevant.[26] Der Gesetzgeber ist davon ausgegangen, dass die Besetzung mit drei Richtern die
Ausnahme, die Besetzung mit zwei Richtern die Regel sein soll.[27] In Zweifelsfällen verdient aber
die Dreierbesetzung den Vorzug.[28]

Der **Umfang** der Sache ergibt sich zB aus der Zahl der Angeklagten, der Verteidiger und der er- 10
forderlichen Dolmetscher, der Zahl der angeklagten Straftaten, der Zahl der Zeugen und anderen
Beweismittel, der Notwendigkeit von Sachverständigengutachten, dem Umfang der Akten und
der zu erwartenden Dauer der Hauptverhandlung.[29]

Die **überdurchschnittliche Schwierigkeit** der Sache kann sich aus der Erforderlichkeit umfang- 11
reicher Sachverständigengutachten, aus zu erwartenden Beweisschwierigkeiten oder aus der
Komplexität der aufgeworfenen Sach- und Rechtsfragen ergeben,[30] liegt aber nicht schon bei jedem Indizienprozess vor.[31] Fälle besonderer Schwierigkeit sind häufig Staatsschutz- und Wirtschaftsstrafsachen.

III. Kleine Strafkammer (Abs. 1 S. 1, Abs. 3)

1. **Grundsatz.** Über Berufungen gegen Urteile des AG (Strafrichter und SchG) entscheidet die 12
kleine StrK mit **dem Vorsitzenden und zwei Schöffen. Außerhalb der Hauptverhandlung** entscheidet der Vorsitzende allein (**Abs. 1 S. 2**). Damit ist in SchG-Sachen das Gericht in der ersten
Instanz und in der Berufungsinstanz gleich besetzt; dieser Systembruch stößt zu Recht auf Kritik.[32]

2. **Berufungen gegen Urteile des erweiterten SchG.** In Berufungsverfahren gegen Urteile des er- 13
weiterten SchG (§ 29 Abs. 2) ist nach **Abs. 3 S. 1** die Zuziehung eines zweiten Richters für die
Hauptverhandlung zwingend erforderlich; es kommt nicht darauf an, ob das SchG den zweiten
Richter zu Recht hinzugezogen hat.[33] Auch in dieser erweiterten Besetzung bleibt das Berufungsgericht eine kleine StrK;[34] außerhalb der Hauptverhandlung bleibt es bei der alleinigen Entscheidung durch den Vorsitzenden (**Abs. 3 S. 2**).

---

[17] OLG Bremen v. 27. 4. 1993 – Ws 46 – 47/93, StV 1993, 350; *Siegismund/Wickern* wistra 1993, 133.
[18] § 222b StPO Rn. 4; *Meyer-Goßner* § 222b StPO Rn. 3a.
[19] Vgl. BGH v. 14. 8. 2003 – 3 StR 199/03, NJW 2003, 3644 = StV 2003, 657 mit zust. Anm. *Husheer*; zust auch *Haller/Janßen* NStZ 2004, 471.
[20] BGH v. 23. 12. 1998 – 3 StR 343/98, BGHSt 44, 328 (333) = NStZ 1999, 367; BGH v. 8. 12. 2004 – 3 StR 422/04, StraFo 2005, 162.
[21] BGH v. 29. 1. 2009 – 3 StR 567/08, BGHSt 53, 169 = NJW 2009, 1760 mAnm. *Freuding*, NStZ 2009, 611.
[22] *Meyer-Goßner* Rn. 4.
[23] BGH v. 7. 11. 2002 – 3 StR 285/02, StraFo 2003, 134.
[24] *Katholnigg* Rn. 4; KK-StPO/*Diemer* Rn. 3.
[25] BGH v. 23. 12. 1998 – 3 StR 343/98, BGHSt 44, 328 = NStZ 1999, 367 mAnm *Rieß* = JR 1999, 302 mAnm *Katholnigg*; BGH v. 14. 8. 2003 – 3 StR 199/03, NJW 2003, 3644.
[26] *Kissel* NJW 1993, 492.
[27] BGH v. 23. 12. 1998 – 3 StR 343/98, BGHSt 44, 328 (331) = NStZ 1999, 367 mAnm *Rieß* = JR 1999, 302 mAnm *Katholnigg*; BGH v. 11. 2. 1999 – 4 StR 657/98, BGHSt 44, 361 (365) = NJW 1999, 1724.
[28] BGH v. 14. 8. 2003 – 3 StR 199/03, JR 2004, 170.
[29] BGH v. 23. 12. 1998 – 3 StR 343/98, BGHSt 44, 328 (334) = NStZ 1999, 367; *Kissel/Mayer* Rn. 4 mwN; *Meyer-Goßner* Rn. 3.
[30] BGH v. 14. 8. 2003 – 3 StR 199/03, JR 2004, 170 mAnm *Weber*; *Meyer-Goßner* Rn. 3; KK-StPO/*Diemer* Rn. 3.
[31] *Meyer-Goßner* Rn. 3.
[32] *Werle* JZ 1991, 796; *Jerouschek* GA 1992, 514; *Meyer-Goßner* Rn. 1 mwN.
[33] OLG Düsseldorf v. 21. 10. 1993 – 2 Ss 301/93 – 89/93 I, NStZ 1994, 97.
[34] *Meyer-Goßner* Rn. 6.

14 **3. Kammer für erstinstanzliche und Berufungssachen.** In der Geschäftsverteilung können einer Strafkammer nebeneinander erstinstanzliche und Berufungssachen zugewiesen werden;[35] in den Berufungssachen wird dann von den Berufsrichtern nur der Vorsitzende (bzw. sein Stellvertreter) tätig.

IV. Jugendkammer

15 **1. Besetzung der Jugendkammer in erstinstanzlicher Hauptverhandlung.** § 33b Abs. 2 JGG trifft eine dem Abs. 2 entsprechende Regelung, die ebenfalls nach mehrfacher Verlängerung bis 31. 12. 2011 befristet ist.

16 **2. Besetzung der Jugendkammer in der Berufungsverhandlung. a) Grundsatz.** Im Jugendstrafverfahren ist abweichend von Abs. 1 S. 1:
– die kleine JugK mit dem Vorsitzenden und zwei Jugendschöffen für Berufungen **gegen Urteile des Jugendrichters,**
– die große JugK mit der Besetzung von zwei oder drei Richtern einschließlich des Vorsitzenden für Berufungen **gegen Urteile des JugSchG** zuständig (§ 33b Abs. 1 JGG).

17 **b) Besetzungsreduktion.** Auch **als Berufungsgericht** kann die große JugK **mit nur zwei Richtern** einschließlich des Vorsitzenden entscheiden. Dies ergibt sich nicht ausdrücklich aus dem Gesetz, ist aber systemgerecht;[36] daher treffen die drei Richter der JugK entspr. § 33b Abs. 2 JGG bei der Terminierung der Berufungssache eine Entscheidung über die Besetzung der großen JugK in der Berufungshauptverhandlung.[37]

V. Revision

18 Die **Revision ist begründet,** wenn das **SchwurG** statt mit drei mit nur zwei Richtern entschieden hat.[38]

19 Mit Fehlern bei der Entscheidung nach Abs. 2, ob der Umfang oder die Schwierigkeit der Sache die **Zuziehung eines dritten Richters** erfordert oder nicht erfordert hatte, kann die Revision (§ 338 Nr. 1 StPO) nicht begründet werden.[39] Anders ist es auch hier, wenn die StrK den ihr zustehenden weiten Beurteilungsspielraum in unvertretbarer Weise überschritten und damit objektiv willkürlich gehandelt hat,[40] so zB bei Hunderten von angeklagten Straftaten und nicht geständigem Angeklagten.[41] Der Besetzungseinwand (§ 222b StPO) ist auch hier rechtzeitig zu erheben.

§ 77 [Schöffen beim LG]

(1) Für die Schöffen der Strafkammern gelten entsprechend die Vorschriften über die Schöffen des Schöffengerichts mit folgender Maßgabe:

(2) ¹Der Präsident des Landgerichts verteilt die Zahl der erforderlichen Hauptschöffen für die Strafkammern auf die zum Bezirk des Landgerichts gehörenden Amtsgerichtsbezirke. ²Die Hilfsschöffen wählt der Ausschuß bei dem Amtsgericht, in dessen Bezirk das Landgericht seinen Sitz hat. ³Hat das Landgericht seinen Sitz außerhalb seines Bezirks, so bestimmt die Landesjustizverwaltung, welcher Ausschuß der zum Bezirk des Landgerichts gehörigen Amtsgerichte die Hilfsschöffen wählt. ⁴Ist Sitz des Landgerichts eine Stadt, die Bezirke von zwei oder mehr zum Bezirk des Landgerichts gehörenden Amtsgerichten oder Teile davon umfaßt, so gilt für die Wahl der Hilfsschöffen durch die bei diesen Amtsgerichten gebildeten Ausschüsse Satz 1 entsprechend; die Landesjustizverwaltung kann bestimmte Amtsgerichte davon ausnehmen. ⁵Die Namen der gewählten Hauptschöffen und der Hilfsschöffen werden von dem Richter beim Amtsgericht dem Präsidenten des Landgerichts mitgeteilt. ⁶Der Präsident des Landgerichts stellt die Namen der Hauptschöffen zur Schöffenliste des Landgerichts zusammen.

---

[35] KK-StPO/*Diemer* Rn. 7.
[36] Kissel/*Mayer* Rn. 22; *Meyer-Goßner* Rn. 5.
[37] BGH v. 23. 4. 1996 – 4 StR 142/96, NStZ-RR 1997, 22; BayObLG v. 1. 9. 1997 – 1 St RR 109/97, BayObLGSt 1997, 130 = NStZ 1998, 102; BayObLG v. 31. 7. 2000 – 2 St RR 102/00, NStZ-RR 2001, 49; OLG Düsseldorf v. 9. 3. 2000 – 2b Ss 23/00 – 19/00 I, StV 2001, 166 mit abl. Anm. *Rzepka*; OLG Koblenz v. 8. 1. 2007 – 1 Ss 381/06, NStZ-RR 2008, 218; OLG Brandenburg v. 19. 7. 2009 – 2 Ss 43/07, NStZ 2009, 43; Kissel/*Mayer* Rn. 22; Löwe/Rosenberg/*Siolek* Rn. 21; *Meyer-Goßner* Rn. 5.
[38] *Meyer-Goßner* Rn. 8.
[39] Vgl. § 74 Rn. 16.
[40] BGH v. 23. 12. 1998 – 3 StR 343/98, BGHSt 44, 328 = NStZ 1999, 367 mAnm *Rieß* = JR 1999, 302 mAnm *Katholnigg*; BGH v. 7. 11. 2002 – 3 StR 285/02, StraFo 2003, 134; BGH v. 16. 12. 2003 – 3 StR 438/03, NStZ-RR 2004, 175 = StV 2004, 250; BGH v. 18. 6. 2009 – 3 StR 89/09, StraFo 2009, 338.
[41] BGH v. 14. 8. 2003 – 3 StR 199/03, NJW 2003, 3644 = StV 2003, 657 mit zust. Anm. *Husheer*; zust. auch *Haller/Janßen* NStZ 2004, 469.

(3) ¹An die Stelle des Richters beim Amtsgericht tritt für die Auslosung der Reihenfolge, in der die Hauptschöffen an den einzelnen ordentlichen Sitzungen teilnehmen, und der Reihenfolge, in der die Hilfsschöffen an die Stelle wegfallender Schöffen treten, der Präsident des Landgerichts; § 45 Abs. 4 Satz 3, 4 gilt entsprechend. ²Ist der Schöffe verstorben oder aus dem Landgerichtsbezirk verzogen, ordnet der Vorsitzende der Strafkammer die Streichung von der Schöffenliste an; in anderen Fällen wird die Entscheidung darüber, ob ein Schöffe von der Schöffenliste zu streichen ist, sowie über die von einem Schöffen vorgebrachten Ablehnungsgründe von einer Strafkammer getroffen. ³Im übrigen tritt an die Stelle des Richters beim Amtsgericht der Vorsitzende der Strafkammer.

(4) ¹Ein ehrenamtlicher Richter darf für dasselbe Geschäftsjahr nur entweder als Schöffe für das Schöffengericht oder als Schöffe für die Strafkammern bestimmt werden. ²Ist jemand für dasselbe Geschäftsjahr in einem Bezirk zu mehreren dieser Ämter oder in mehreren Bezirken zu diesen Ämtern bestimmt worden, so hat der Einberufene das Amt zu übernehmen, zu dem er zuerst einberufen wird.

(5) § 52 Abs. 2 Satz 1 Nr. 1 findet keine Anwendung.

I. Geltung der Vorschriften über das Schöffengericht (Abs. 1)

Generell gelten die Vorschriften über die Schöffen des SchG (§§ 30–57), soweit Abs. 2–4 nichts Abweichendes bestimmen. 1

II. Bestimmung der Hauptschöffen (Abs. 2 S. 1, 5, 6)

Die erforderliche Zahl der Schöffen ergibt sich aus Abs. 1 iVm. § 43. Der **PräsLG** verteilt sie 2
auf die zum Bezirk des LG gehörenden AGe (Abs. 2 S. 1). Es gilt das „Prinzip der flächendeckenden Repräsentation der Bevölkerung bei der Rspr.";¹ auch der Bezirk einer auswärtigen StrK ist zu berücksichtigen.² Auf welche Weise der Präsident die Verteilung im Übrigen bestimmt, ist seinem Ermessen überlassen.³

Die von den Ausschüssen (§ 40) nach § 42 gewählten Schöffen teilt jeweils der Richter beim 3
AG (§ 40 Abs. 2) dem PräsLG mit (Abs. 2 S. 5). Dieser fasst sie in der **Schöffenliste des LG** zusammen (Abs. 2 S. 6). Für alle StrKn einschließlich des SchwurGs wird eine einheitliche Schöffenliste aufgestellt,⁴ aus der die Hauptschöffen für die einzelnen ordentlichen Sitzungen entspr. § 45 Abs. 1, 2 ausgelost werden. Für die **Jugendschöffen** sind besondere Listen, und zwar getrennt nach Männern und Frauen (§ 35 Abs. 5 JGG), zu führen.

III. Hilfsschöffen (Abs. 2 S. 2–4)

Die **Hilfsschöffen** werden in der erforderlichen Zahl (§ 43) vom Schöffenwahlausschuss des 4
AG am Sitz des LG gewählt (S. 2). Als Hilfsschöffen sind Personen zu wählen, die am Sitz des LG oder in dessen nächster Umgebung wohnen (§ 42 Abs. 1 Nr. 2 S. 2). S. 3 betrifft zB das LG München II; hier bestimmt die LJV den zuständigen Ausschuss. Nach S. 4 können in Großstädten die Hilfsschöffen so gewählt werden wie die Hauptschöffen, also aus allen AG-Bezirken nach einer durch den PräsLG vorzunehmenden Aufteilung von den bei den AGen gebildeten Ausschüssen.

IV. Zuständigkeiten (Abs. 3)

1. Auslosung (S. 1). Bei der Auslosung nach § 45 Abs. 2 tritt an die Stelle des Richters beim AG 5
der PräsLG. Er kann sich auch vertreten lassen.⁵

2. Streichungen von den Schöffenlisten (S. 2). Über Streichungen von den Schöffenlisten (§ 52) 6
entscheidet bei Tod des Schöffen oder Wegzug aus dem LG-Bezirk (nicht bei Umzug innerhalb des LG-Bezirks, vgl. Abs. 5)⁶ **der Vorsitzende der Strafkammer**, bei sonstigen Gründen eine vom Präsidium bestimmte **StrK**, die auch über die von den Schöffen vorgebrachten Ablehnungsgründe zu befinden hat.

---

¹ Meyer-Goßner Rn. 2 mwN.
² BGH v. 24. 6. 1986 – 5 StR 114/86, BGHSt 34, 121 = NStZ 1987, 238 mAnm *Katholnigg* = StV 1987, 93 mAnm *Mehle*.
³ BGH v. 24. 6. 1986 – 5 StR 114/86, BGHSt 34, 121 (122) = NStZ 1987, 238.
⁴ BGH v. 29. 10. 1985 – 5 StR 592/85, NJW 1986, 1356 = JR 1986, 389 mAnm *Katholnigg*; OLG Celle v. 2. 4. 1991 – 3 Ws 93/91 I, NJW 1991, 2848 (2849).
⁵ BGH v. 6. 12. 1973 – 4 StR 554/73, BGHSt 25, 257 = NJW 1974, 509.
⁶ Vgl. auch § 52 Rn. 3 ff.

7 3. **Sonstige Fälle** (S. 3). In anderen Fällen handelt der **StrK-Vorsitzende**, wenn nach §§ 38 ff. der Richter beim AG zuständig wäre.

V. Mehrfache Berufung von Schöffen (Abs. 4)

8 Der Einsatz von Schöffen nebeneinander beim Amtsgericht (Schöffengericht) und beim Landgericht (Strafkammer) ist unzulässig; bei mehrfacher Berufung ist die erste wahrzunehmen. Die Heranziehung für mehrere SchGe oder mehrere StrKn wird durch Abs. 4 nicht ausgeschlossen.[7]

VI. Einsatz der Schöffen in der Hilfsstrafkammer

9 Die Hilfsstrafkammer[8] ist mit den **Hauptschöffen** zu besetzen, die für die jeweiligen Sitzungstage des ordentlichen Schöffengerichts ausgelost worden sind;[9] § 46 gilt nicht.[10] Wenn aber die ordentliche StrK am selben Sitzungstag eine Verhandlung beginnt, handelt es sich für die Hilfs-StrK um eine **außerordentliche Sitzung** iSd. § 47, so dass Schöffen aus der **Hilfsschöffenliste** heranzuziehen sind.[11]

§ 78 [Auswärtige Strafkammer]

(1) ¹Die Landesregierungen werden ermächtigt, durch Rechtsverordnung wegen großer Entfernung zu dem Sitz eines Landgerichts bei einem Amtsgericht für den Bezirk eines oder mehrerer Amtsgerichte eine Strafkammer zu bilden und ihr für diesen Bezirk die gesamte Tätigkeit der Strafkammer des Landgerichts oder einen Teil dieser Tätigkeit zuzuweisen. ²Die in § 74 Abs. 2 bezeichneten Verbrechen dürfen einer nach Satz 1 gebildeten Strafkammer nicht zugewiesen werden. ³Die Landesregierungen können die Ermächtigung auf die Landesjustizverwaltungen übertragen.

(2) ¹Die Kammer wird aus Mitgliedern des Landgerichts oder Richtern beim Amtsgericht des Bezirks besetzt, für den sie gebildet wird. ²Der Vorsitzende und die übrigen Mitglieder werden durch das Präsidium des Landgerichts bezeichnet.

(3) ¹Der Präsident des Landgerichts verteilt die Zahl der erforderlichen Hauptschöffen auf die zum Bezirk der Strafkammer gehörenden Amtsgerichtsbezirke. ²Die Hilfsschöffen wählt der Ausschuß bei dem Amtsgericht, bei dem die auswärtige Strafkammer gebildet worden ist. ³Die sonstigen in § 77 dem Präsidenten des Landgerichts zugewiesenen Geschäfte nimmt der Vorsitzende der Strafkammer wahr.

1 1. **Allgemeines; Verhältnis zum Stammgericht.** Die Vorschrift ermöglicht die Errichtung auswärtiger Strafkammern durch Rechtsverordnung; davon haben zB Niedersachsen und Nordrhein-Westfalen Gebrauch gemacht.[1]

2 Die Auswärtige Strafkammer ist ein **selbstständiger Spruchkörper** des LG. Die StrK bei dem LG ist im Verhältnis zu der auswärtigen eine andere Kammer iSd. § 354 Abs. 2 StPO;[2] das gilt auch umgekehrt.[3] Zur **Fristwahrung** genügt die Abgabe von Erklärungen beim Stammgericht.[4]

3 Die **Besetzung der auswärtigen StrafK** ist Sache der Geschäftsverteilung (§ 21 e) durch das Präsidium des Landgerichts (Abs. 2 S. 2); dieses kann Richter des Landgerichts oder des Amtsgerichts aus dem Bezirk der Kammer (Abs. 2 S. 1) heranziehen; dafür ist keine Versetzung oder (Doppel-)Ernennung erforderlich. Das Gleiche gilt für die Zuteilung eines Richters am AG; dazu bedarf es keiner Doppelernennung nach § 22 Abs. 2. Bei der Geschäftsverteilung des AG muss auf solche vom LG einem Richter zugewiesene Aufgaben Rücksicht genommen werden, ggf. durch Änderung der Geschäftsverteilung (§ 21 e Abs. 3).[5]

---

[7] BGH v. 1. 12. 1965 – 2 StR 434/65, BGHSt 20, 296; LG Hamburg v. 27. 9. 1967 – (83) Gen 264/67, MDR 1968, 170.
[8] § 21 e Rn. 32 ff.
[9] BGH v. 7. 2. 2007 – 2 StR 370/06, NStZ 2007, 537.
[10] BGH v. 9. 11. 1982 – 5 StR 471/82, BGHSt 31, 157 = NJW 1983, 185 = StV 1983, 9 mAnm *Jungfer* und krit. Anm. *Katholnigg* NStZ 1983, 178; BGH v. 14. 7. 1995 – 5 StR 532/94, BGHSt 41, 175 (178) = NJW 1996, 267; BGH v. 22. 5. 1979 – 5 StR 251/79, GA 1983, 180 mAnm *Katholnigg*; BGH v. 22. 10. 1985 – 5 StR 325/85, NStZ 1986, 84 = StV 1986, 49; KG v. 21. 10. 1985 – (4) 1 Ss 155/85 (108/85), StV 1986, 49 mAnm *Danckert*; s. auch § 46 Rn. 2.
[11] BGH v. 14. 7. 1995 – 5 StR 532/94, BGHSt 41, 175 (178) = NJW 1996, 267 = JR 1996, 165 mAnm *Katholnigg*.
[1] *Meyer-Goßner* Rn. 1 mwN.
[2] *Löwe/Rosenberg/Siolek* Rn. 11; *Meyer-Goßner* Rn. 2; aM KK-StPO/*Diemer* Rn. 2 (anderes Gericht).
[3] So auch *Meyer-Goßner* Rn. 2.
[4] BGH v. 18. 12. 1966 – VI ZB 13/66, NJW 1967, 107; OLG Hamm v. 22. 2. 1980 – 1 Vollz (Ws) 6/80, GA 1981, 90.
[5] Vgl. *Meyer-Goßner* § 78 b Rn. 9.

2. Örtliche und sachliche Zuständigkeit. Aus der Rechtsverordnung nach **Abs. 1** ergibt sich die 4 örtliche Zuständigkeit[6] der auswärtigen Strafkammer, die sich auf einen oder mehrere **geschlossene Amtsgerichtsbezirke** beziehen muss, nicht auf Teile von solchen.[7]

Die **sachliche Zuständigkeit** ergibt sich ebenfalls aus der Verordnung nach Abs. 1. Ist insoweit 5 keine Bestimmung getroffen, ist die auswärtige Kammer in ihrem örtlichen Bereich für den gesamten Aufgabenbereich einer Strafkammer des LG einschließlich der Jugendsachen[8] zuständig, aber nie für Schwurgerichtssachen (**Abs. 1 S. 2**) und nach allgemeiner Ansicht[9] auch nicht für Staatsschutzsachen (§ 74 a).

Für denselben Bezirk können **mehrere auswärtige Strafkammern** gebildet werden, auf die das 6 Präsidium die Geschäfte zu verteilen hat; davon kann dann eine auch Wirtschafts-StrK (§ 74 c) sein.[10]

3. Schöffen (Abs. 3). Die auswärtige StrK hat ihre eigene Haupt- und Hilfsschöffenliste und 7 eine eigene Schöffengeschäftsstelle (§ 45 Abs. 4). Die Auslosung nach § 45 Abs. 3 nimmt der Vorsitzende der StrK vor.[11] Ist die Kammer auch als Jugendgericht tätig, gilt für diese § 35 JGG.

5 a. TITEL. STRAFVOLLSTRECKUNGSKAMMERN

§ 78 a [Errichtung und Zuständigkeit]

(1) [1] Bei den Landgerichten werden, soweit in ihrem Bezirk für Erwachsene Anstalten unterhalten werden, in denen Freiheitsstrafe oder freiheitsentziehende Maßregeln der Besserung und Sicherung vollzogen werden, oder soweit in ihrem Bezirk andere Vollzugsbehörden ihren Sitz haben, Strafvollstreckungskammern gebildet. [2] Diese sind zuständig für die Entscheidungen
1. nach den §§ 462 a, 463 der Strafprozeßordnung, soweit sich nicht aus der Strafprozeßordnung etwas anderes ergibt,
2. nach den § 50 Abs. 5, §§ 109, 138 Abs. 3 des Strafvollzugsgesetzes,
3. nach den §§ 50, 58 Abs. 2 und § 71 Abs. 4 des Gesetzes über die internationale Rechtshilfe in Strafsachen.

[3] Ist nach § 454 b Abs. 3 der Strafprozeßordnung über die Aussetzung der Vollstreckung mehrerer Freiheitsstrafen gleichzeitig zu entscheiden, so entscheidet eine Strafvollstreckungskammer über die Aussetzung der Vollstreckung aller Strafen.

(2) [1] Die Landesregierungen weisen Strafsachen nach Absatz 1 Satz 2 Nr. 3 für die Bezirke der Landgerichte, bei denen keine Strafvollstreckungskammern zu bilden sind, in Absatz 1 Satz 1 bezeichneten Landgerichten durch Rechtsverordnung zu. [2] Die Landesregierungen werden ermächtigt, durch Rechtsverordnung einem der in Absatz 1 bezeichneten Landgerichte für die Bezirke mehrerer Landgerichte die in die Zuständigkeit der Strafvollstreckungskammern fallenden Strafsachen zuzuweisen und zu bestimmen, daß Strafvollstreckungskammern ihren Sitz innerhalb ihres Bezirkes auch oder ausschließlich an Orten haben, an denen das Landgericht seinen Sitz nicht hat, sofern diese Bestimmungen für eine sachdienliche Förderung oder schnellere Erledigung der Verfahren zweckmäßig sind. [3] Die Landesregierungen können die Ermächtigungen nach den Sätzen 1 und 2 durch Rechtsverordnung auf die Landesjustizverwaltungen übertragen.

(3) Unterhält ein Land eine Anstalt, in der Freiheitsstrafe oder freiheitsentziehende Maßregeln der Besserung und Sicherung vollzogen werden, auf dem Gebiete eines anderen Landes, so können die beteiligten Länder vereinbaren, daß die Strafvollstreckungskammer bei dem Landgericht zuständig ist, in dessen Bezirk die für die Anstalt zuständige Aufsichtsbehörde ihren Sitz hat.

Schrifttum: *Peters,* Der Auftrag des Gesetzgebers an die Strafvollstreckungskammer, GA 1977, 97; *Peters,* Die Tätigkeit der Strafvollstreckungskammer unter besonderer Berücksichtigung von § 109 StVollzG, JR 1977, 401.

I. Errichtung von Strafvollstreckungskammern (Abs. 1 S. 1, Abs. 2, 3)

1. Allgemeines. Strafvollstreckungskammern werden bei den LGen gebildet, in deren Bezirk 1 eine JVA für Erwachsene oder eine andere Anstalt (psychiatrisches Krankenhaus, Entziehungsanstalt) ihren Sitz hat, in der nach dem Vollstreckungsplan freiheitsentziehende Maßregeln der Bes-

---

[6] Vgl. BGH v. 21. 12. 1962 – 4 StR 224/62, BGHSt 18, 176; BGH v. 24. 6. 1986 – 5 StR 114/86, BGHSt 34, 121 = NStZ 1987, 238.
[7] KK-StPO/*Diemer* Rn. 1; *Kissel*/*Mayer* Rn. 1.
[8] KK-StPO/*Diemer* Rn. 1.
[9] *Katholnigg* Rn. 2; *Kissel*/*Mayer* Rn. 5; *Löwe/Rosenberg*/*Siolek* Rn. 4; *Meyer-Goßner* Rn. 3.
[10] *Meyer-Goßner* Rn. 3; aM *Katholnigg* Rn. 2; *Kissel*/*Mayer* Rn. 5.
[11] *Katholnigg* Rn. 4; *Kissel*/*Mayer* Rn. 14.

serung und Sicherung an Erwachsenen vollzogen werden. Die in einem anderen LG-Bezirk liegende **Zweigstelle** einer solchen Anstalt wird ihrer Hauptanstalt zugerechnet, wenn nicht für die Zweigstelle im Vollstreckungsplan eine eigene Zuständigkeit vorgesehen ist.[1]

2   **2. Auswärtige Strafvollstreckungskammer.** Als Spezialfall des § 78 Abs. 1 ermächtigt Abs. 2 S. 2, 2. Alt. auch zur Bildung einer StVollstrK, die auch oder ausschließlich ihren Sitz auswärts hat. VOen nach Abs. 2 bestehen in Bayern, in Bremen für die StrK beim AG Bremerhaven, in Hessen, in Niedersachsen, in Nordrhein-Westfalen, in Rheinland-Pfalz, in Sachsen, in Sachsen-Anhalt und in Schleswig-Holstein.[2]

3   **3. Zuständigkeitsvereinbarungen bei Anstalten außerhalb des Landesgebiets (Abs. 3).** Eine solche Vereinbarung besteht zwischen Schleswig-Holstein und Hamburg.[3]

4   **4. Besetzung.** Die Besetzung der StVollstrK bestimmt § 78 b.

II. Zuständigkeit (Abs. 1 S. 2, 3)

5   **1. Zuständigkeitsregelung (Abs. 1 S. 2). a) Abs. 1 S. 2 Nr. 1.** Die StVollstrK ist zuständig im **Vollstreckungsverfahren** in den Fällen der §§ 462 a, 463 StPO.

6   **b) Abs. 1 S. 2 Nr. 2.** Im **Vollzugsverfahren** ist die StVollstrK zuständig für den Antrag auf gerichtliche Entscheidung gegen eine Maßnahme zur Regelung einzelner Angelegenheiten auf dem Gebiet des Strafvollzugs (§ 109 Abs. 1 sowie §§ 50 Abs. 5 S. 2, 138 Abs. 3, jeweils iVm. § 109 Abs. 1 StVollzG). Diese Zuständigkeit besteht auch, wenn den Antrag nicht der Strafgefangene selbst, sondern ein Außenstehender stellt.[4]

7   **c) Abs. 1 S. 2 Nr. 3.** Die StVollStrK trifft die Entscheidung über die Vollstreckbarkeit eines ausländischen Erkenntnisses (§ 50 IRG), über die Haftanordnung zur Sicherung der Vollstreckung von freiheitsentziehenden Sanktionen in ausländischen Erkenntnissen (§ 58 Abs. 2 IRG) und über die Zulässigkeit der Vollstreckung von im Geltungsbereich des IRG verhängten Strafen oder sonstigen Sanktionen in einem ausländischen Staat (§ 71 Abs. 4 IRG).

8   **2. Zuständigkeitskonzentration (Abs. 1 S. 3).** Sind **gleichzeitig mehrere Entscheidung** nach § 454 b StPO zu treffen, bestimmt Abs. 1 S. 3 die Konzentration bei einer einzigen StVollstrK.

9   **3. Örtliche Zuständigkeit.** Örtlich zuständig ist die StVollstrK, in deren Bezirk die jeweilige Vollzugsbehörde ihren Sitz hat (§ 462 a Abs. 1 S. 1 StPO, § 110 StVollzG).[5]

III. Vollstreckung von Verurteilungen nach Jugendstrafrecht

10   Im Jugendrecht nimmt der **Jugendrichter als Vollstreckungsleiter** die Aufgabe der StVollstrK wahr (§§ 82 Abs. 1, 83, 110 Abs. 1 JGG).[6] Das gilt auch dann, wenn gegen einen Erwachsenen Jugendstrafe oder gegen einen Jugendlichen oder Heranwachsenden die Strafe nach den Vorschriften für den Erwachsenenvollzug (§ 91 JGG) vollstreckt wird.[7] Wenn der Jugendrichter selbst im ersten Rechtszug am Urteil mitgewirkt hat oder wenn über seine eigene Anordnung als Vollstreckungsleiter zu entscheiden ist, ist die JugK zuständig (§§ 83 Abs. 2, 110 Abs. 1 JGG).

11   Die **Jugendkammer** entscheidet über seit 1. 1. 2008 eingegangene **Anträge auf gerichtliche Entscheidung,** die sich gegen Maßnahmen der Vollzugsbehörde richten (§ 92 JGG). Für frühere Anträge gelten noch §§ 23 ff. EGGVG.[8]

§ 78 b [Besetzung]

(1) Die Strafvollstreckungskammern sind besetzt
1. in Verfahren über die Aussetzung der Vollstreckung des Restes einer lebenslangen Freiheitsstrafe oder die Aussetzung der Vollstreckung der Unterbringung in einem psychiatrischen Krankenhaus oder in der Sicherungsverwahrung mit drei Richtern unter Einschluß des Vorsitzenden,
2. in den sonstigen Fällen mit einem Richter.

---

[1] *Meyer-Goßner* Rn. 1.
[2] *Meyer-Goßner* Rn. 5 mwN.
[3] *Meyer-Goßner* Rn. 6 mwN.
[4] BGH v. 12. 10. 1977 – 2 ARs 251/77, NJW 1978, 282.
[5] § 462 a StPO Rn. 8 ff.
[6] § 462 a StPO Rn. 44.
[7] BGH v. 23. 12. 1977 – 2 ARs 415/77, BGHSt 27, 329.
[8] Vgl. Kissel/*Mayer* Rn. 10.

(2) Die Mitglieder der Strafvollstreckungskammern werden vom Präsidium des Landgerichts aus der Zahl der Mitglieder des Landgerichts und der in seinem Bezirk angestellten Richter beim Amtsgericht bestellt.

I. Allgemeines

Die StVollstrK ist ein **einheitlicher Spruchkörper**, der in **unterschiedlicher Besetzung** entscheidet.[1] Dennoch wird (auch vom BGH)[2] je nach der Besetzung von der „kleinen" und „großen" StVollstrK gesprochen. Die meist zur Entscheidung berufene „kleine" StVollstrK ist nur mit einem Richter besetzt (und damit eigentlich keine „Kammer").[3]

Die Aufgaben der StVollstrK können **auch einer Strafkammer zugewiesen** werden. In diesem Fall muss in den einzelnen Sachen jeweils zum Ausdruck gebracht werden (in der Bezeichnung des Spruchkörpers), ob sie als Straf- oder als Strafvollstreckungskammer tätig wird.[4]

II. „Große" und „kleine" Strafvollstreckungskammer (Abs. 1)

1. „Große" Strafvollstreckungskammer (Abs. 1 Nr. 1). Die „große" StVollstrK entscheidet in der Besetzung mit **drei Richtern** unter Einschluss des Vorsitzenden. Sie ist nur noch zuständig für Entscheidungen über die Aussetzung der Vollstreckung des Restes einer **lebenslangen** (Einzel- oder Gesamt-)Freiheitsstrafe nach §§ 57a, 57b StGB oder die Aussetzung der Vollstreckung der Unterbringung nach §§ 63, 66 StGB; dazu gehören auch die nachträglichen Entscheidungen wie der Widerruf der Aussetzung zur Bewährung,[5] die Umkehr der Vollstreckungsreihenfolge nach § 67 Abs. 2 StGB[6] sowie die Entscheidung über Einwendungen gegen die Zulässigkeit der Vollstreckung der Sicherungsverwahrung.[7]

Wenn neben der lebenslangen Freiheitsstrafe oder der Unterbringung nach §§ 63, 66 StGB noch **eine weitere zeitige Freiheitsstrafe** oder eine sonstige freiheitsentziehende Maßregel vollstreckt wird, ist **insoweit** nur die „kleine" StVollstrK zuständig. Einheitlich zuständig ist die große StVollstrK aber für die bedingte Aussetzung der Vollstreckung des Restes einer zeitigen Freiheitsstrafe und der Unterbringung in einem psychiatrischen Krankenhaus, wenn Strafe und Maßregel in einem Urteil verhängt worden sind.[8]

2. „Kleine" Strafvollstreckungskammer (Abs. 1 Nr. 2). Die „kleine" StVollstrK ist nur mit einem Mitglied der Kammer (Vorsitzender oder Beisitzer) besetzt. Sie entscheidet in allen übrigen Fällen im Strafvollstreckungsverfahren und in allen Fällen des § 78a Abs. 1 Nr. 2, 3.[9]

III. Besetzung mit Richtern (Abs. 2)

1. Besetzung. Über die Besetzung entscheidet **das Präsidium des Landgerichts** im Geschäftsverteilungsplan (§ 21 e), wobei es nach **Abs. 2** Richter des Landgerichts und Richter der Amtsgerichte in seinem Bezirk heranziehen kann. Der Einsatz von **Richtern der Amtsgerichte** wird v. a. bei auswärtigen StVollstrKn (§ 78 a Abs. 2 S. 2, 2. Alt) in Frage kommen; sie müssen nicht nach § 22 Abs. 2 doppelernannt sein. Bei der Geschäftsverteilung des AG muss auf solche vom LG zugewiesene Aufgaben Rücksicht genommen werden, ggf. durch Änderung der Geschäftsverteilung (§ 21 e Abs. 3).[10]

2. Vorsitz. Die StVollstrK muss einen Vorsitzenden haben; es gilt § 21 f Abs. 1, 2. Vorsitzender kann auch ein (ranggleicher) Richter beim AG sein, dem zugleich das Amt eines Vorsitzenden Richters beim LG zugewiesen ist (§ 22 Abs. 2).[11]

IV. Beschwerde; Entscheidung in falscher Besetzung

Über zulässige **sofortige Beschwerden** gegen die Entscheidung der StVollstrK entscheidet **stets das OLG**. Es entscheidet idR selbst, auch wenn statt der „kleinen" die „große" StVollstrK ent-

---

[1] OLG Düsseldorf v. 5. 12. 1981 – 3 Ws 537/81, NStZ 1982, 301; OLG Düsseldorf v. 6. 2. 1984 – 4 Ws 9 – 12/84, MDR 1984, 777; OLG Hamm v. 3. 4. 1978 – 5 Ws 60/78, GA 1978, 335; OLG Hamm v. 25. 3. 1981 – 7 Vollz (Ws) 8/81, NStZ 1981, 452; OLG Karlsruhe v. 6. 7. 1979 – 3 Ws 133/79, MDR 1979, 1045; *Peters* GA 1977, 102; *Peters* JR 1977, 401; *Katholnigg* Rn. 1; vgl. auch BVerfG v. 27. 9. 1982 – 2 BvR 700/82, NStZ 1983, 44.
[2] BGH v. 13. 9. 1978 – 7 BJs 282/74 /StB 187/78, BGHSt 28, 138 (143) = NJW 1979, 116.
[3] *Kissel/Mayer* § 78 a Rn. 3; *Meyer-Goßner* Rn. 1.
[4] *Meyer-Goßner* Rn. 3.
[5] OLG Hamm v. 28. 10. 1993 – 4 Ws 408/93, NStZ 1994, 146.
[6] OLG Hamm v. 22. 12. 1993 – 4 Ws 437/93, NStZ 1994, 207.
[7] OLG Hamm v. 30. 6. 1998 – 4 Ws 389/98, NStZ-RR 1999, 126.
[8] OLG Zweibrücken v. 19. 12. 2006 – 1 Ws 511/06, JBlRP 07, 38.
[9] OLG München v. 22. 7. 1994 – 1 Ws 490/94, NStZ 1995, 207 (zu § 78 a I S. 2 Nr. 3).
[10] *Kissel/Mayer* Rn. 18; *Meyer-Goßner* Rn. 9.
[11] *Meyer-Goßner* Rn. 9.

schieden hat.¹² Hat umgekehrt die „kleine" statt der „großen" StVollstrK entschieden, kann das OLG entweder zurückverweisen¹³ oder ebenfalls in der Sache selbst entscheiden.¹⁴

SECHSTER TITEL. SCHWURGERICHTE

§§ 79–92 (weggefallen)

SIEBENTER TITEL. KAMMERN FÜR HANDELSSACHEN

§§ 93–114 [für den Strafprozess bedeutungslos]

ACHTER TITEL. OBERLANDESGERICHTE

§ 115 [Besetzung]
Die Oberlandesgerichte werden mit einem Präsidenten sowie mit Vorsitzenden Richtern und weiteren Richtern besetzt.

I. Allgemeines

1   Derzeit bestehen 24 Oberlandesgerichte, wobei das in **Berlin** die historische Bezeichnung **Kammergericht** führt. Im Übrigen befinden sich die Oberlandesgerichte (nach Ländern geordnet) in **Karlsruhe** und **Stuttgart** (Baden-Württemberg); in **Bamberg**, **München** und **Nürnberg** (Bayern); in **Brandenburg** (Brandenburg); in **Bremen**; in **Hamburg**; in **Frankfurt am Main** (Hessen); in **Rostock** (Mecklenburg-Vorpommern); in **Celle**, **Braunschweig** und **Oldenburg** (Niedersachsen); in **Düsseldorf**, **Hamm** und **Köln** (Nordrhein-Westfalen); in **Koblenz** und **Zweibrücken** (Rheinland-Pfalz); in **Saarbrücken** (Saarland); in **Dresden** (Sachsen); in **Naumburg** (Sachsen-Anhalt); in **Schleswig** (Schleswig-Holstein); in **Jena** (Thüringen). Zusatzbezeichnungen führen die OLG Hamburg und Bremen (Hanseatisches OLG), Brandenburg (Brandenburgisches OLG), Schleswig (Schleswig-Holsteinisches OLG), Zweibrücken (Pfälzisches OLG) und Jena (Thüringer OLG).

2   Die **Konzentration** bestimmter Sachen bei einem OLG (oder einem Obersten Landesgericht)¹ ermöglicht Art. 9 Abs. 1 EGGVG, wenn in einem Bundesland mehrere OLG bestehen.

II. Besetzung

3   Es muss neben dem **Präsidenten** mindestens ein **Vorsitzender Richter** vorhanden sein. Der **Präsident** hat eine Doppelfunktion als Richter (vgl. § 21e Abs. 1 S. 3) und als Organ der Justizverwaltung. Die Vorsitzenden Richter führen den Vorsitz in den Senaten (§ 21f).

4   Nur **Richter auf Lebenszeit** können verwendet werden (§ 28 Abs. 1 DRiG), und zwar regelmäßig solche, die als Richter am OLG ernannt sind (§§ 27 Abs. 1, 19a Abs. 1 DRiG). Richter auf Probe oder kraft Auftrags (§§ 12, 14 DRiG) dürfen beim OLG nicht tätig werden. Richtern am OLG darf (im Gegensatz zu Richtern am AG oder am LG, vgl. §§ 22 Abs. 2, 59 Abs. 2) kein weiteres Richteramt bei einem anderen Gericht übertragen werden.² **Hochschullehrer** können – zum Zweck der Verbindung von Forschung und Rechtsprechung – auch mit einem geringen Anteil ihrer Arbeitskraft als Richter am OLG einem Senat zugeteilt werden.³

5   Der Einsatz von **abgeordneten Richtern** (§ 37 DRiG), die an einem anderen Gericht auf Lebenszeit ernannt sind, ist in den Grenzen des § 29 DRiG (**nur ein Hilfsrichter** darf an einer Entscheidung mitwirken) möglich. Er darf aber **nur vorübergehend** sein und ist auf das **unumgängliche Ausmaß zu beschränken**, zB zur Vertretung, bei zeitweiligem außergewöhnlichen Arbeitsanfall oder auch – wie weithin, aber nicht überall, als „Drittes Staatsexamen" üblich – zur

---

¹² So OLG Düsseldorf v. 6. 2. 1984 – 4 Ws 9 – 12/84, NStZ 1984, 477; OLG Düsseldorf v. 22. 3. 2000 – 2 Ws 89 – 90/00, NStZ 2000, 444; aM OLG Koblenz v. 2. 3. 1984 – 1 Ws 139/84, NStZ 1984, 284 (Aufhebung und Zurückverweisung an die kleine StVK); Kissel/*Mayer* Rn. 9.
¹³ So OLG Düsseldorf v. 23. 11. 1990 – 4 Ws 314/90, StV 1991, 432; OLG Hamm v. 29. 10. 1993 – 4 Ws 408/93, NStZ 1994, 146.
¹⁴ OLG Frankfurt v. 6. 3. 1989 – 3 Ws 109 und 110/89, StV 1989, 491; OLG Hamm v. 27. 2. 1992 – 2 Ws 63/92, NStZ 1992, 407.
¹ Zur Auflösung des Bayerischen Obersten Landesgerichts s. § 12 Rn. 1.
² KK-StPO/*Hannich* Rn. 10.
³ BGH v. 25. 4. 1966 – II ZR 80/65, NJW 1966, 1458; zur Senatsbesetzung s. auch § 21e Rn. 13.

Erprobung.⁴ Es ist unzulässig, einen Richter mehrfach zum OLG abzuordnen, weil eine allgemeine Beförderungssperre besteht;⁵ ein solcher Verstoß begründet die **Besetzungsrüge** (§ 338 Nr. 1 StPO).

§ 115a (weggefallen)

§ 116 [Senate]

(1) ¹Bei den Oberlandesgerichten werden Zivil- und Strafsenate gebildet. ²Bei den nach § 120 zuständigen Oberlandesgerichten werden Ermittlungsrichter bestellt; zum Ermittlungsrichter kann auch jedes Mitglied eines anderen Oberlandesgerichts, das in dem in § 120 bezeichneten Gebiet seinen Sitz hat, bestellt werden.

(2) ¹Die Landesregierungen werden ermächtigt, durch Rechtsverordnung außerhalb des Sitzes des Oberlandesgerichts für den Bezirk eines oder mehrerer Landgerichte Zivil- oder Strafsenate zu bilden und ihnen für diesen Bezirk die gesamte Tätigkeit des Zivil- oder Strafsenats des Oberlandesgerichts oder einen Teil dieser Tätigkeit zuzuweisen. ²Ein auswärtiger Senat für Familiensachen kann für die Bezirke mehrerer Familiengerichte gebildet werden.

(3) Die Landesregierungen können die Ermächtigung nach Absatz 2 auf die Landesjustizverwaltungen übertragen.

1. Senate (Abs. 1 S. 1). Die Spruchkörper beim OLG heißen, wie auch beim BGH, **Senate** (dagegen beim Landgericht: Kammern). Die Zahl der ordentlichen Senate bestimmt idR der **Präs-OLG**.¹ Abweichend davon trifft die Bestimmung das **Justizministerium** in Bayern (Art. 5 BayAG-GVG, betrifft nur die Zahl der auswärtigen Senate), Sachsen (§ 9 SächsJG mit der Möglichkeit, die Bestimmung dem Gerichtspräsidenten zu übertragen) und Thüringen (§ 3 ThürAGGVG). **Hilfssenate** können beim OLG zur Bewältigung unvorhergesehener, vorübergehender Belastungen unter den gleichen Voraussetzungen wie Hilfsstrafkammern gebildet werden.²

2. Auswärtige Senate (Abs. 2, 3). Ähnlich der auswärtigen StrK des LG (§ 78) kann durch Rechtsverordnung auch ein auswärtiger Senat des OLG gebildet werden. Für seine **Besetzung** gelten die §§ 21e, 21f. Einen **Zuständigkeitsstreit**, der nicht die Geschäftsverteilung betrifft, entscheidet nicht das Präsidium,³ sondern in entspr. Anwendung der §§ 14, 19 StPO der BGH.⁴*

3. Ermittlungsrichter (Abs. 1 S. 2; § 169 StPO). Die Bestimmung eines Richters als Ermittlungsrichter ist Sache der Geschäftsverteilung (§ 21e); dabei kann auch ein Richter herangezogen werden, der zwar nicht am nach § 120 zuständigen OLG, aber an einem anderen OLG in dessen Zuständigkeitsbereich nach § 120 als Richter ernannt ist.⁵*

§ 117 [Notvertretung]

Die Vorschrift des § 70 Abs. 1 ist entsprechend anzuwenden.

Die Vorschrift bestimmt iVm. § 70, dass die Landesjustizverwaltung **Abhilfe in Vertretungsfällen** schaffen kann, wenn das OLG dazu intern nicht mehr in der Lage ist und das Präsidium dies beantragt.¹* Da nur auf § 70 Abs. 1 verwiesen ist, ist auch hier²* eine Beiordnung von Probe- oder Auftragsrichtern (vgl. § 70 Abs. 2) nicht möglich.

§§ 118, 119 [betreffen den Zivilprozess]

§ 120 [Erstinstanzliche Zuständigkeit]

(1) In Strafsachen sind die Oberlandesgerichte, in deren Bezirk die Landesregierungen ihren Sitz haben, für das Gebiet des Landes zuständig für die Verhandlung und Entscheidung im ersten Rechtszug

---

⁴ BVerfG v. 25. 11. 1970 – 2 BvR 679/70, DRiZ 1971, 27; BGH v. 24. 11. 1965 – VIII ZR 219/63, NJW 1966, 352; Kissel/*Mayer* Rn. 9.
⁵ BGH v. 5. 6. 1985 – VIII ZR 135/84, BGHZ 95, 22 = NJW 1985, 2336.
¹ KK-StPO/*Hannich* Rn. 2 mit Angabe der Rechtsgrundlagen der einzelnen Bundesländer.
² S. § 21 e Rn. 32 ff.
³ § 21 e Rn. 47.
⁴* KK-StPO/*Hannich* Rn. 6; *Meyer-Goßner* Rn. 2; SK-StPO/*Frister* Rn. 6.
⁵* Kissel/*Mayer* Rn. 19.
¹* S. § 70 Rn. 1 ff.
²* Vgl. § 115 Rn. 4.

GVG § 120

Gerichtsverfassungsgesetz

1. bei Friedensverrat in den Fällen des § 80 des Strafgesetzbuches,
2. bei Hochverrat (§§ 81 bis 83 des Strafgesetzbuches),
3. bei Landesverrat und Gefährdung der äußeren Sicherheit (§§ 94 bis 100a des Strafgesetzbuches) sowie bei Straftaten nach § 52 Abs. 2 des Patentgesetzes, nach § 9 Abs. 2 des Gebrauchsmustergesetzes in Verbindung mit § 52 Abs. 2 des Patentgesetzes oder nach § 4 Abs. 4 des Halbleiterschutzgesetzes in Verbindung mit § 9 Abs. 2 des Gebrauchsmustergesetzes und § 52 Abs. 2, des Patentgesetzes,
4. bei einem Angriff gegen Organe und Vertreter ausländischer Staaten (§ 102 des Strafgesetzbuches),
5. bei einer Straftat gegen Verfassungsorgane in den Fällen der §§ 105, 106 des Strafgesetzbuches,
6. bei einer Zuwiderhandlung gegen das Vereinigungsverbot des § 129a, auch in Verbindung mit § 129b Abs. 1, des Strafgesetzbuches,
7. bei Nichtanzeige von Straftaten nach § 138 des Strafgesetzbuches, wenn die Nichtanzeige eine Straftat betrifft, die zur Zuständigkeit der Oberlandesgerichte gehört, und
8. bei Straftaten nach dem Völkerstrafgesetzbuch.

(2) ¹Diese Oberlandesgerichte sind ferner für die Verhandlung und Entscheidung im ersten Rechtszug zuständig

1. bei den in § 74a Abs. 1 bezeichneten Straftaten, wenn der Generalbundesanwalt wegen der besonderen Bedeutung des Falles nach § 74a Abs. 2 die Verfolgung übernimmt,
2. bei Mord (§ 211 des Strafgesetzbuches), Totschlag (§ 212 des Strafgesetzbuches) und den in § 129a Abs. 1 Nr. 2 und Abs. 2 des Strafgesetzbuches bezeichneten Straftaten, wenn ein Zusammenhang mit der Tätigkeit einer nicht oder nicht nur im Inland bestehenden Vereinigung besteht, deren Zweck oder Tätigkeit die Begehung von Straftaten dieser Art zum Gegenstand hat, und der Generalbundesanwalt wegen der besonderen Bedeutung des Falles die Verfolgung übernimmt,
3. bei Mord (§ 211 des Strafgesetzbuchs), Totschlag (§ 212 des Strafgesetzbuchs), erpresserischem Menschenraub (§ 239a des Strafgesetzbuchs), Geiselnahme (§ 239b des Strafgesetzbuchs), schwerer und besonders schwerer Brandstiftung (§§ 306 und 306b des Strafgesetzbuchs), Brandstiftung mit Todesfolge (§ 306c des Strafgesetzbuchs), Herbeiführen einer Explosion durch Kernenergie in den Fällen des § 307 Abs. 1 und 3 Nr. 1 des Strafgesetzbuchs, Herbeiführen einer Sprengstoffexplosion in den Fällen des § 308 Abs. 1 bis 3 des Strafgesetzbuchs, Missbrauch ionisierender Strahlen in den Fällen des § 309 Abs. 1 bis 4 des Strafgesetzbuchs, Vorbereitung eines Explosions- oder Strahlungsverbrechens in den Fällen des § 310 Abs. 1 Nr. 1 bis 3 des Strafgesetzbuchs, Herbeiführen einer Überschwemmung in den Fällen des § 313 Abs. 2 in Verbindung mit § 308 Abs. 2 und 3 des Strafgesetzbuchs, gemeingefährlicher Vergiftung in den Fällen des § 314 Abs. 2 in Verbindung mit § 308 Abs. 2 und 3 des Strafgesetzbuchs und Angriff auf den Luft- und Seeverkehr in den Fällen des § 316c Abs. 1 und 3 des Strafgesetzbuchs, wenn die Tat nach den Umständen bestimmt und geeignet ist,
   a) den Bestand oder die Sicherheit eines Staates zu beeinträchtigen,
   b) Verfassungsgrundsätze der Bundesrepublik Deutschland zu beseitigen, außer Geltung zu setzen oder zu untergraben,
   c) die Sicherheit der in der Bundesrepublik Deutschland stationierten Truppen des Nordatlantik-Pakts oder seiner nichtdeutschen Vertragsstaaten zu beeinträchtigen oder
   d) den Bestand oder die Sicherheit einer internationalen Organisation zu beeinträchtigen,
   und der Generalbundesanwalt wegen der besonderen Bedeutung des Falles die Verfolgung übernimmt,
4. bei Straftaten nach dem Außenwirtschaftsgesetz sowie bei Straftaten nach § 19 Abs. 2 Nr. 2 und § 20 Abs. 1 des Gesetzes über die Kontrolle von Kriegswaffen, wenn die Tat nach den Umständen
   a) geeignet ist, die äußere Sicherheit oder die auswärtigen Beziehungen der Bundesrepublik Deutschland erheblich zu gefährden, oder
   b) bestimmt und geeignet ist, das friedliche Zusammenleben der Völker zu stören,
   und der Generalbundesanwalt wegen der besonderen Bedeutung des Falles die Verfolgung übernimmt.

²Sie verweisen bei der Eröffnung des Hauptverfahrens die Sache in den Fällen der Nummer 1 an das Landgericht, in den Fällen der Nummern 2 bis 4 an das Land- oder Amtsgericht, wenn eine besondere Bedeutung des Falles nicht vorliegt.

(3) ¹In den Sachen, in denen diese Oberlandesgerichte nach Absatz 1 oder 2 zuständig sind, treffen sie auch die in § 73 Abs. 1 bezeichneten Entscheidungen. ²Sie entscheiden ferner über die Be-

schwerde gegen Verfügungen der Ermittlungsrichter der Oberlandesgerichte (§ 169 Abs. 1 Satz 1 der Strafprozeßordnung) in den in § 304 Abs. 5 der Strafprozeßordnung bezeichneten Fällen.

(4) [1]Diese Oberlandesgerichte entscheiden auch über die Beschwerde gegen Verfügungen und Entscheidungen des nach § 74a zuständigen Gerichts. [2]Für Entscheidungen über die Beschwerde gegen Verfügungen und Entscheidungen des nach § 74a Abs. 4 zuständigen Gerichts sowie in den Fällen des § 100d Abs. 1 Satz 6 der Strafprozessordnung ist ein nicht mit Hauptverfahren in Strafsachen befasster Senat zuständig.

(5) [1]Für den Gerichtsstand gelten die allgemeinen Vorschriften. [2]Die beteiligten Länder können durch Vereinbarung die den Oberlandesgerichten in den Absätzen 1 bis 4 zugewiesenen Aufgaben dem hiernach zuständigen Gericht eines Landes auch für das Gebiet eines anderen Landes übertragen.

(6) Soweit nach § 142a für die Verfolgung der Strafsachen die Zuständigkeit des Bundes begründet ist, üben diese Oberlandesgerichte Gerichtsbarkeit nach Artikel 96 Abs. 5 des Grundgesetzes aus.

(7) Soweit die Länder aufgrund von Strafverfahren, in denen die Oberlandesgerichte in Ausübung von Gerichtsbarkeit des Bundes entschieden, Verfahrenskosten und Auslagen von Verfahrensbeteiligten zu tragen oder Entschädigungen zu leisten haben, können sie vom Bund Erstattung verlangen.

Schrifttum: *Schnarr,* Irritationen um § 120 II S. 1 Nr. 2 GVG, MDR 1988, 89; *Schnarr,* Innere Sicherheit – die Zuständigkeit des Generalbundesanwalts nach § 120 II 1 Nr. 3 GVG, MDR 1993, 589; *Welp,* Die Strafgerichtsbarkeit des Bundes, NStZ 2002, 1.

I. Zuständigkeit der Oberlandesgerichte in Strafsachen

1. Übersicht. § 120 regelt in Staatsschutzsachen die **besondere erstinstanzliche Zuständigkeit** und die **Beschwerdezuständigkeit** des OLG, in dessen Bezirk die jeweilige **Landesregierung ihren Sitz** hat (sog. Landeshauptstadt-OLG).

Die **Zuständigkeit der Oberlandesgerichte für Revisions- und Beschwerdeentscheidungen** ergibt sich **im Übrigen** aus § 121. Weitere Zuständigkeiten des OLG bestimmen §§ 21b Abs. 6 S. 2, 120a, 159; §§ 121, 138c, 172 StPO, s. auch §§ 4, 12, 13, 14, 15, 19, 27 StPO; §§ 25, 37 EGGVG; §§ 13, 44, 61, 65 IRG; §§ 8, 9 StrEG; §§ 79, 80 OWiG; § 82 GWB.

2. Spezielle Zuständigkeit des Landeshauptstadt-OLG. § 120 normiert sowohl die **erstinstanzliche sachliche Zuständigkeit** des Landeshauptstadt-OLG in Strafsachen (Abs. 1, 2), aber auch die Zuständigkeit in bestimmten **Beschwerdesachen** (Abs. 3, 4). Daneben enthält § 120 Regelungen zur örtlichen Zuständigkeit (Abs. 5) und zur Ausübung von Bundesgerichtsbarkeit durch das Landeshauptstadt-OLG (Abs. 6, 7).

3. Jugendliche und Heranwachsende. Die Zuständigkeiten des OLG und des BGH werden durch das JGG nicht berührt (§ 102 S. 1 JGG).[1] Der Vorrang des OLG gegenüber dem JugG setzt jedoch voraus, dass die Zuständigkeit des OLG tatsächlich feststeht, also in den Fällen des Abs. 2 zB auch die besondere Bedeutung des Falles zu bejahen ist.[2]

II. Zuständigkeit in erster Instanz und für begleitende Entscheidungen (Abs. 1–3)

1. Abs. 1. Für die Katalogstraftaten des Abs. 1 ist das Landeshauptstadt-OLG **immer** zuständig, und zwar nicht nur im Fall der Täterschaft, sondern auch der Teilnahme und der strafbaren Vorbereitung.[3] Auf andere als in § 120 aufgeführte Straftaten erstreckt sich die Zuständigkeit des OLG nur, wenn es sich iVm. einer Katalogtat um dieselbe Tat iSd. § 264 StPO handelt.[4] Zur Tätigkeit des GBA und zur Ausübung von Bundesgerichtsbarkeit durch das OLG s. Abs. 6[5] und § 142a sowie RiStBV 202 ff.

2. Abs. 2. In den Fällen des Abs. 2 S. 1 ist das OLG nur zuständig, wenn der **GBA wegen der besonderen Bedeutung des Falles die Verfolgung übernimmt**, und zwar für die in § 74a Abs. 1 bezeichneten Straftaten (**Nr. 1**),[6] für terroristische Gewalttaten, deren Verfolgung nicht zugleich nach § 129a StGB (iVm. Abs. 1 Nr. 6) möglich ist (**Nr. 2**),[7] und unter den Voraussetzungen der

---

[1] Kritisch dazu *Eisenberg* NStZ 1996, 263; dagegen *Schoreit* NStZ 1997, 69.
[2] Vgl. BGH v. 21. 3. 2002 – StB 4/02, NStZ 2002, 447 (448) mAnm *Welp* NStZ 2002, 609 (610).
[3] KK-StPO/*Hannich* Rn. 3; Kissel/*Mayer* Rn. 1.
[4] BGH v. 18. 7. 2006 – 3 BJs 22/05 – 4 (9), NStZ 2007, 117.
[5] S. u. Rn. 13.
[6] Vgl. BGH v. 21. 12. 1987 – StB 32/87, NStZ 1988, 188.
[7] Vgl. *Schnarr* MDR 1988, 89.

Nr. 3 a–d[8] und der **Nr. 4 a, b**[9] für die dort jeweils bezeichneten Straftaten, auch für Vorbereitungshandlungen.[10] Die „besondere Bedeutung" ist eine bewegliche Zuständigkeitsregelung,[11] bei der die Entscheidung des GBA gerichtlich überprüft wird.[12] Sie ist – unter Beachtung strenger Anforderungen – erst dann zu bejahen, wenn es sich unter Beachtung des Ausmaßes der Rechtsgutverletzung um ein staatsgefährdendes Delikt von erheblichem Gewicht handelt, das seine besondere Bedeutung dadurch gewinnt, dass es die Schutzgüter des Gesamtstaates in einer derart spezifischen Weise angreift, dass ein Einschreiten des Generalbundesanwalts und eine Aburteilung durch ein Bundesgerichtsbarkeit ausübendes Gericht geboten ist.[13] Wenn das OLG meint, dass der Fall keine besondere Bedeutung hat, verweist es die Sache bei Eröffnung des Hauptverfahrens an das LG oder in den Fällen des Abs. 4 Nr. 2–4 auch an das AG (S. 2). Hält dagegen das Landgericht für eine bei ihm anhängige Sache das OLG für zuständig, geht es entsprechend § 209 Abs. 2 StPO vor.[14]

7   **3. Beschwerde- und gerichtliche Entscheidungen (Abs. 3).** Das Landeshauptstadt-OLG trifft während seiner Zuständigkeit nach Abs. 1 und Abs. 2 auch die Entscheidungen nach § 73 Abs. 1. **Unzuständig** ist es aber, soweit es sich um Beschwerden gegen Verfügungen des **Ermittlungsrichters des BGH** (§ 169 Abs. 1 S. 2 StPO) in den Fällen des § 304 Abs. 5 StPO handelt; in diesen Fällen entscheidet der BGH (§ 135 Abs. 2).

III. Beschwerdezuständigkeit in § 74 a-Strafsachen (Abs. 4)

8   Das nach Abs. 1, 2, Abs. 5 S. 2 zuständige **Landeshauptstadt-OLG** entscheidet auch über **Beschwerden** gegen Verfügungen und Beschlüsse der **Staatsschutz-StrK** (§ 74 a) (S. 1).

9   Ein **besonderer Senat** dieses OLG, der **nicht mit Hauptverfahren in Strafsachen** befasst sein darf, entscheidet in den Fällen der akustischen Wohnraumüberwachung nach § 100 d Abs. 1 S. 6 und über Entscheidungen und Verfügungen der nach § 74 a Abs. 4 zuständigen Kammer (S. 2).[15] Auch dieser Senat ist ein Strafsenat iSd. § 116.[16]

10 Außerdem ist das **Landeshauptstadt-OLG** zuständig für die Entscheidung über die Fortdauer der U-Haft nach § 121 Abs. 4 S. 1 StPO und über Anträge im Klageerzwingungsverfahren nach § 172 Abs. 4 S. 2 StPO. Über die Beschwerde gegen eine Verfügung des Überwachungsrichters nach § 148 a Abs. 1 StPO entscheidet aber das LG.[17]

IV. Gerichtsstand; länderübergreifende Zuständigkeitszusammenfassung (Abs. 5)

11 **1. Verweis auf die allgemeinen Vorschriften (S. 1).** Die örtliche Zuständigkeit (Gerichtsstand) in Staatsschutzsachen richtet sich nach den allgemeinen Regeln der §§ 7 ff. StPO. Sind danach mehrere Landeshauptstadt-OLG zuständig, wird idR der Gerichtsstand des Tatorts gewählt. Zu Sammelverfahren vgl. RiStBV 25 ff., § 18 BKAG.[18]

12 **2. Zuständigkeitszusammenfassung für mehrere Bundesländer (S. 2).** Über die landesinterne Zuständigkeitskonzentration der Abs. 1–4 hinaus kann durch Staatsvertrag die Zuständigkeit für mehrere Bundesländer zusammengefasst werden. Eine solche länderübergreifende Zuständigkeitskonzentration haben **Bremen und Hamburg** für das OLG Hamburg und **Rheinland-Pfalz und Saarland** für das OLG Koblenz vereinbart.[19]

V. Ausübung von Bundesgerichtsbarkeit (Abs. 6, 7)

13 **1. Bundesgerichtsbarkeit (Abs. 6).** In den Fällen des Abs. 1 ist primär der GBA zuständige StA (§ 142 a Abs. 1).[20] So lange er das Verfahren betreibt, **übt das OLG Bundesgerichtsbarkeit aus.**

---

[8] Vgl. BGH v. 22. 12. 2000 – 3 StR 378/00, BGHSt 46, 238 (248) = NJW 2001, 1359; krit dazu *Schaefer* NJW 2001, 1621, *Schroeder* JR 2001, 391 und *Welp* NStZ 2002, 5; BGH v. 12. 1. 2000 – 3 BJs 267/99 – 4 (22), NJW 2000, 1583; BGH v. 21. 3. 2002 – StB 4/02, NStZ 2002, 447 = JR 2002, 344 mAnm *Katholnigg* und Anm. *Welp* NStZ 2002, 609; eingehend *Schnarr* MDR 1993, 589 ff.
[9] Vgl. BGH v. 13. 1. 2009 – AK 20/08, BGHSt 53, 128 = NJW 2009, 1681.
[10] Vgl. *Schnarr* NStZ 1990, 260.
[11] § 24 Rn. 8.
[12] BGH v. 22. 12. 2000 – 3 StR 378/00, BGHSt 46, 238 (254) = NJW 2001, 1359; vgl. auch BGH v. 21. 3. 2002 – StB 4/02, NStZ 2002, 447 = JR 2002, 344 mAnm *Katholnigg* und Anm. *Welp* NStZ 2002, 609.
[13] BGH v. 13. 1. 2009 – AK 20/08, BGHSt 53, 128 = NJW 2009, 191 mAnm *Safferling* NStZ 2009, 610.
[14] *Kiesel/Mayer* Rn. 10; *Meyer-Goßner* Rn. 3, jeweils mwN.
[15] § 74 a Rn. 7.
[16] *Meyer-Goßner* Rn. 6.
[17] BGH v 30. 1. 1980 – 3 ARs 2/80, BGHSt 29, 196 = NJW 1980, 1175.
[18] *Meyer-Goßner* Rn. 7.
[19] Vgl. *Meyer-Goßner* Rn. 1 mit Nachweisen zu den Abkommen.
[20] OLG München 19. 4. 2005 – 5 St 1/05, NStZ 2005, 706 (707).

Achter Titel. Oberlandesgerichte **§§ 120a, 121 GVG**

Gibt der GBA das Verfahren nach § 142 a Abs. 2, 3 an die StA bei dem zuständigen Landeshauptstadt-OLG ab, übt das OLG ab Eingang der Abgabeerklärung bei dieser StA Landesgerichtsbarkeit aus.[21]

2. Kosten und Auslagen (Abs. 7). Die Kosten und Auslagen (§§ 464 ff. StPO) und die Entschädigung für Strafverfolgungsmaßnahmen (§§ 8, 15 StrEG), die der Staatskasse zur Last fallen, **trägt immer das Land,** dem das mit der Sache befasste OLG angehört. **Der Bund** muss nach Abs. 7 aber dem Land diese **Kosten und Auslagen erstatten,** wenn die Länder für ihn Gerichtsbarkeit ausüben. 14

VI. Fehlerhafte Eröffnung vor dem OLG

Hat das OLG entgegen Abs. 1 oder Abs. 2 nach Anklage durch den GBA seine **Zuständigkeit zu Unrecht** angenommen, besteht ein **Verfahrenshindernis.** Erkennt das OLG dies **nach** (somit **fehlerhafter) Eröffnung** des Hauptverfahrens, muss es das Verfahren an das zuständige Gericht verweisen.[22] 15

Kann aber **nach rechtmäßiger Eröffnung des Hauptverfahrens** durch das OLG aufgrund späterer Erkenntnisse eines der gesetzlichen Zuständigkeitsmerkmale nicht mehr bejaht werden, ändert das an der gegebenen Zuständigkeit nichts mehr.[23] 16

§ 120 a [Zuständigkeit bei vorbehaltener oder nachträglicher Sicherungsverwahrung]

(1) Hat im ersten Rechtszug ein Strafsenat die Anordnung der Sicherungsverwahrung vorbehalten oder in den Fällen des § 66 b des Strafgesetzbuches als Tatgericht entschieden, ist dieser Strafsenat im ersten Rechtszug für die Verhandlung und Entscheidung über die im Urteil vorbehaltene oder die nachträgliche Anordnung der Sicherungsverwahrung zuständig.

(2) In den Fällen des § 66 b des Strafgesetzbuches gilt § 462 a Abs. 3 Satz 2 und 3 der Strafprozessordnung entsprechend.

1. Fortbestehen der Zuständigkeit für Entscheidungen über Sicherungsverwahrung (Abs. 1). Wenn im ersten Rechtszug ein OLG nach § 66 a StGB bzw. § 106 Abs. 3 JGG die Anordnung der Sicherungsverwahrung vorbehalten hatte und nun über den Vorbehalt zu entscheiden ist, ist erneut das OLG und dort der schon **zuvor befasste Senat** zuständig. Wenn eine Entscheidung über die nachträgliche Sicherungsverwahrung nach § 66 b StGB bzw. § 106 Abs. 5, Abs. 6 JGG zu treffen ist, ist ebenfalls das OLG und dort der Senat zuständig, von dem die zu Grunde liegende erstinstanzliche Entscheidung erlassen worden ist. 1

2. Zuständigkeitskonzentration (Abs. 2). Durch die Verweisung auf § 462 a Abs. 3 S. 2 und 3 StPO wird für die Fälle der nachträglichen Anordnung der Sicherungsverwahrung (entsprechend § 74 f Abs. 3 Hs. 1)[1] bei Ausgangsentscheidungen **verschiedener OLG** eine **örtliche Zuständigkeitskonzentration** und beim Zusammentreffen von Urteilen **von LG und OLG** eine **sachliche Zuständigkeitskonzentration** beim OLG festgelegt. 2

§ 121 [Zuständigkeit in der Rechtsmittelinstanz]

(1) Die Oberlandesgerichte sind in Strafsachen ferner zuständig für die Verhandlung und Entscheidung über die Rechtsmittel:
1. der Revision gegen
    a) die mit der Berufung nicht anfechtbaren Urteile des Strafrichters;
    b) die Berufungsurteile der kleinen und großen Strafkammern;
    c) die Urteile des Landgerichts im ersten Rechtszug, wenn die Revision ausschließlich auf die Verletzung einer in den Landesgesetzen enthaltenen Rechtsnorm gestützt wird;
2. der Beschwerde gegen strafrichterliche Entscheidungen, soweit nicht die Zuständigkeit der Strafkammern oder des Bundesgerichtshofes begründet ist;
3. der Rechtsbeschwerde gegen Entscheidungen der Strafvollstreckungskammern nach den § 50 Abs. 5, §§ 116, 138 Abs. 3 des Strafvollzugsgesetzes und der Jugendkammern nach § 92 Abs. 2 des Jugendgerichtsgesetzes.

---

[21] *Meyer-Goßner* Rn. 2.
[22] BGH v. 22. 12. 2000 – 3 StR 378/00, BGHSt 46, 238 (245, 246) = NJW 2001, 1359; aM *Welp* NStZ 2002, 4 (Einstellung des Verfahrens).
[23] BGH v. 22. 12. 2000 – 3 StR 378/00, BGHSt 46, 238 (247) = NJW 2001, 1359; aM *Welp* NStZ 2002, 4.
[1] Vgl. § 74 f Rn. 10.

(2) Will ein Oberlandesgericht bei seiner Entscheidung
1. nach Absatz 1 Nummer 1 Buchstabe a oder Buchstabe b von einer nach dem 1. April 1950 ergangenen Entscheidung,
2. nach Absatz 1 Nummer 3 von einer nach dem 1. Januar 1977 ergangenen Entscheidung oder
3. nach Absatz 1 Nummer 2 über die Erledigung einer Maßregel der Unterbringung in der Sicherungsverwahrung oder in einem psychiatrischen Krankenhaus oder über die Zulässigkeit ihrer weiteren Vollstreckung von einer nach dem 1. Januar 2010 ergangenen Entscheidung

eines anderen Oberlandesgerichtes oder von einer Entscheidung des Bundesgerichtshofes abweichen, so hat es die Sache dem Bundesgerichtshof vorzulegen.

(3) ¹Ein Land, in dem mehrere Oberlandesgerichte errichtet sind, kann durch Rechtsverordnung der Landesregierung die Entscheidungen nach Absatz 1 Nr. 3 einem Oberlandesgericht für die Bezirke mehrerer Oberlandesgerichte oder dem Obersten Landesgericht zuweisen, sofern die Zuweisung für eine sachdienliche Förderung oder schnellere Erledigung der Verfahren zweckmäßig ist. ²Die Landesregierungen können die Ermächtigung durch Rechtsverordnung auf die Landesjustizverwaltungen übertragen.

Schrifttum: *Schroth*, Der Ausgleich divergierender obergerichtlicher Entscheidungen, JR 1990, 93.

I. Rechtsmittelgericht (Abs. 1)

1 **1. Revisionsgericht (Abs. 1 Nr. 1).** Revisionsgericht ist das OLG in den Fällen des Abs. 1. Dazu gilt im Einzelnen:

2 a) **Abs. 1 Nr. 1 a).** Mit der Berufung nicht anfechtbare Urteile des Strafrichters gibt es nahezu nicht mehr.[1]

3 b) **Abs. 1 Nr. 1 b).** Dieser praktisch weitaus wichtigste Fall der Revisionszuständigkeit liegt vor, wenn in **erster Instanz das AG** (Strafrichter oder Schöffengericht) entschieden hat, und hierzu (1) durch die kleine oder große Strafkammer (durch letztere nur in Jugendsachen)[2] ein **Berufungsurteil ergangen** ist, oder (2) **Sprungrevision** eingelegt worden ist (Abs. 1 Nr. 1 b) iVm. § 335 Abs. 2 StPO).[3]

4 c) **Abs. 1 Nr. 1 c).** Das OLG ist Revisionsgericht, wenn die **Sachrüge erhoben** ist und entweder (1) das Urteil **nur Landesrecht** zum Gegenstand hat oder (2), falls es auch auf Bundesrecht beruht, **nur die Verletzung einer landesrechtlichen Norm geltend gemacht** wird; im letzten Fall wird der Prüfungsumfang des Revisionsgerichts (§ 352 Abs. 1 StPO) dadurch aber nicht beschränkt.[4] Nr. 1 c) ist nicht anwendbar bei tateinheitlicher Anwendung von Bundesrecht[5] und bei gleichzeitig auf die Verletzung von Bundesrecht gestützter Revision von Mitangeklagten[6] oder Erziehungsberechtigten.[7]

5 **2. Beschwerdegericht (Abs. 1 Nr. 2).** Das OLG entscheidet über einfache, weitere oder sofortige Beschwerden (§§ 304, 310, 311 StPO), die sich gegen Entscheidungen des LG richten. Der Begriff „strafrichterlich" bezieht sich hier nicht auf den Strafrichter iSd. § 25, sondern allgemein auf Entscheidungen der Strafgerichte.

6 Das OLG ist außerdem **für Beschwerden gegen Beschlüsse des AG** zuständig, **wenn es selbst zur Erstentscheidung berufen** gewesen wäre. Der Umweg über die Beschwerde beim LG ist dann überflüssig.[8] Zudem ist es nach Maßgabe des § 463 Abs. 3 S. 3 StPO für **Kosten- und Auslagenbeschwerden** zuständig, solange es in der gleichen Sache mit der Revision befasst ist.

7 Das Präsidium des OLG kann mit der Geschäftsverteilung (§ 21 e) die **Konzentration der Beschwerdesachen bei einem Senat** bestimmen, wenn und soweit es sinnvoll oder geboten erscheint, zB für Beschwerden gegen Entscheidungen der StVollstrKn.[9]

8 **3. Rechtsbeschwerdegericht (Abs. 1 Nr. 3).** Die Zuständigkeit des OLG besteht für die Rechtsbeschwerde gegen Entscheidungen der StVollstrK oder der Jugendkammer in Vollzugsangelegenheiten (§§ 78 a Abs. 1 Nr. 2, 78 b Abs. 1 Nr. 2; § 92 Abs. 2 JGG); Zuständigkeitskonzentration ist nach Abs. 3 möglich.

---

[1] KK-StPO/*Hannich* Rn. 3; Kissel/*Mayer* Rn. 2.
[2] Vgl. § 76 Rn. 12, 16.
[3] BGH v. 12. 12. 1951 – 3 StR 691/51, BGHSt 2, 63 (64); *Katholnigg* Rn. 2; KK-StPO/*Hannich* Rn. 3; Meyer-Goßner Rn. 1; aM Kissel/*Mayer* Rn. 2 (Zuständigkeit des OLG ergebe sich aus Nr. 1 a).
[4] *Meyer-Goßner* Rn. 1; vgl. umfassend KK-StPO/*Hannich* Rn. 5 ff.
[5] KK-StPO/*Hannich* Rn. 9 mwN.
[6] BGH v. 13. 5. 1953 – 5 StR 640/52, BGHSt 4, 207 = NJW 1953, 1313; Kissel/*Mayer* Rn. 4.
[7] BGH v. 15. 8. 1981 – 2 StR 142/81, NStZ 1981, 483.
[8] KG v. 18. 11. 1982 – 3 Ws (B) 299/82, JR 1983, 214.
[9] *Meyer-Goßner* Rn. 3.

Zuständig ist das OLG außerdem in Rechtsbeschwerden gegen Urteile **des AG in Bußgeldsa-** 9
chen (§ 79 OWiG).

II. Vorlegung (Abs. 2)

1. Zweck. Die Vorlegungspflicht dient einer einheitlichen Rspr.[10] und reicht nur soweit, wie es 10
zur Herbeiführung der Rechtseinheit unerlässlich ist.[11]

2. Anwendungsbereich. Abs. 2 gilt für Entscheidungen nach **Abs. 1 Nr. 1 a** und **b** (Revision), 11
und zwar auch bei Sprungrevision nach § 335 Abs. 1 StPO,[12] nach **Abs. 1 Nr. 3** und § 79 Abs. 2
OWiG (Rechtsbeschwerde) und in Verfahren nach §§ 23, 29 EGGVG und § 42 Abs. 1 IRG. In
anderen Fällen besteht keine Vorlegungspflicht.[13] Zu den Entscheidungen über die Revision iSd.
Abs. 2 gehört **nicht** die Entscheidung über die Einstellung des Verfahrens nach § 153 StPO,[14]
über die Wiedereinsetzung in den vorigen Stand[15] und über eine Beschwerde.[16] Mit Abs. 2 Nr. 3
sind jetzt auch Entscheidungen nach **Abs. 1 Nr. 2** in die Vorlagepflicht aufgenommen, soweit sie
die Unterbringung in Sicherungsverwahrung oder in einem psychiatrischem Krankenhaus betreffen.

3. Voraussetzungen. a) Entscheidung eines anderen Oberlandesgerichts oder des Bundesge- 12
richtshofes. Das Abweichen muss eine Entscheidung eines **anderen OLG**, auch wenn es nicht
mehr besteht oder seinen Sitz verlegt hat,[17] oder des **BGH**, auch wenn der Senat, von dem abzuweichen beabsichtigt ist, nicht mehr besteht,[18] betreffen. Ein OLG muss auch dann vorlegen,
wenn es die Ansicht eines anderen OLG billigen will, von der inzwischen ein drittes OLG abgewichen ist.[19]

Zwischen Entscheidungen der **Straf- und der Zivilsenate des BGH** besteht hinsichtlich der Vor- 13
legungspflicht kein Unterschied;[20] das Abweichen von einer Entscheidung des **Ermittlungsrich-**
ters des BGH zwingt aber nicht zur Vorlage.[21] Vorangegangene **Entscheidungen des OLG** sind
nur beachtlich, wenn sie instanzabschließend eine Revision oder Rechtsbeschwerde betroffen haben.[22]

Will sich das OLG **dem BGH anschließen**, von dem ein anderes OLG abgewichen ist, muss es 14
nicht vorlegen.[23] Gleiches gilt, wenn das OLG, von dessen früherer Rechtsansicht abgewichen
werden soll, diese in einer mittlerweile ergangenen weiteren Entscheidung, auch nach dem Vorlegungsbeschluss, aufgegeben hat.[24]

Wenn ein Gericht von einem anderen OLG oder vom BGH[25] abweichen, aber der **Rspr. des** 15
EuGH folgen will, muss es **nicht vorlegen**.[26] Das gilt auch, wenn die Auslegung des Rechts der
Europäischen Gemeinschaft umstritten ist, weil die verbindliche Auslegung dem EuGH zusteht.[27]

b) Abweichen. Ein Abweichen[28] liegt vor, wenn das OLG eine **Gesetzesbestimmung** anders aus- 16
legen will. Dabei genügt es, dass der gleiche Rechtsgrundsatz in mehreren Gesetzesbestimmungen
enthalten ist und das OLG ihn anders auffasst.[29] Bei **Meinungsverschiedenheit im Landesrecht**

---

[10] BGH v. 10. 9. 1985 – 4 ARs 10/85, BGHSt 33, 310 (313) mwN; KK-StPO/*Hannich* Rn. 13 mwN.
[11] BGH v. 3. 10. 1978 – 4 StR 348/78, MDR (H) 1979, 109.
[12] BGH v. 12. 12. 1951 – 3 StR 691/51, BGHSt 2, 63; BGH v. 24. 7. 1987 – 3 StR 35/87, BGHSt 35, 14 = NJW 1988, 1800.
[13] KK-StPO/*Hannich* Rn. 15.
[14] BGH v. 18. 12. 1958 – 9 BJs 232/58, BGHSt 12, 213.
[15] BayObLG v. 16. 1. 1970 – GSSt 1/70, BayObLGSt 1970, 9.
[16] *Meyer-Goßner* Rn. 5.
[17] BGH v. 1. 10. 2008 – 3 StR 164/08, BGHSt 52, 364 (369) = NJW 2009, 928 (929) mwN (zum aufgelösten BayObLG); vgl. *Rieß* NStZ 2009, 230; KK-StPO/*Hannich* Rn. 17; *Löwe/Rosenberg/Franke* Rn. 44; *Meyer-Goßner* Rn. 8.
[18] BGH v. 12. 7. 1962 – 1 StR 282/62, BGHSt 17, 360; BGH v. 16. 9. 1971 – 1 StR 284/71, VRS 41 (1971), 437 (438).
[19] Vgl. BGH v. 11. 3. 1959 – 2 StR 29/59, BGHSt 13, 46.
[20] BGH v. 18. 12. 1959 – 1 StR 485/59, BGHSt 13, 373.
[21] KK-StPO/*Hannich* Rn. 18; *Meyer-Goßner* Rn. 8; SK-StPO/*Frister* Rn. 14; offen gelassen von BGH v. 5. 8. 1998 – 5 AR (VS) 1/97, BGHSt 44, 171 (173) = NJW 1998, 3653.
[22] OLG Stuttgart v. 31. 5. 1994 – 2 Ss 56/94, DAR 1995, 32 mwN; KK-StPO/*Hannich* Rn. 19.
[23] BGH v. 13. 5. 1959 – 4 StR 115/59, BGHSt 13, 149; BGH v. 16. 4. 1981 – 4 StR 62/81, GA 1982, 126.
[24] BGH v. 18. 12. 1974 – 3 StR 105/74, BGHSt 26, 40 (42); BGH v. 26. 6. 1990 – 5 AR (VS) 8/90, BGHSt 37, 79 (81) = NJW 1990, 2758.
[25] OLG Köln v. 4. 11. 2004 – Ss 182/04, NZV 2005, 110 (112).
[26] BGH v. 27. 11. 1984 – 1 StR 376/84, BGHSt 33, 76 = NJW 1985, 2904; dazu KK-StPO/*Hannich* Rn. 13; *Herde-gen* MDR 1985, 542.
[27] BGH v. 31. 1. 1989 – 4 StR 304/88, BGHSt 36, 92 = NJW 1989, 1437.
[28] Dazu *Schroth* JR 1990, 96.
[29] BGH v. 26. 3. 1954 – 1 StR 161/53, BGHSt 6, 41 (42); BGH v. 13. 1. 1983 – 1 StR 737/81, BGHSt 31, 195 (198) = NJW 1983, 765 mwN; KK-StPO/*Hannich* Rn. 34 mwN.

gilt dasselbe, und zwar auch, wenn es um inhaltsgleiche Bestimmungen verschiedener Länder geht.[30]

17 Ein Abweichen liegt aber **nicht** vor, wenn infolge einer **Entscheidung des BVerfG**[31] oder einer **Gesetzesänderung** die tragenden Grundlagen der früheren Entscheidung mittlerweile weggefallen sind und deshalb zwangsläufig anders entschieden werden muss[32] oder der Gesetzgeber den Inhalt einer zunächst unterschiedlich ausgelegten Vorschrift durch einen neuen Gesetzgebungsakt klargestellt hat.[33]

18 Die Vorlegungspflicht besteht nur für **Abweichungen in Rechtsfragen**;[34] damit sind auch Fragen zu Inhalt und Tragweite **allgemeiner Erfahrungssätze** umfasst.[35] Eine **Tatfrage** ist dagegen der Klärung im Vorlegungsverfahren auch dann nicht zugänglich, wenn das vorlegende OLG sie als Rechtsfrage behandelt hat,[36] wobei die Abgrenzung von Tat- und Rechtsfragen im Einzelfall schwierig sein kann.[37] Die Grenzen schuldangemessenen Strafens (Übermaßverbot) sind regelmäßig als Einzelfallbewertung tatsächlicher Umstände im Vorlageverfahren nicht überprüfbar.[38]

19 Für die **Vorlegungspflicht ist unerheblich**, ob die abweichende Rechtsauffassung erst vom OLG oder schon im angefochtenen Urteil vertreten wird.[39] Die Vorlegungspflicht kann auch bei der Entscheidung nach § 346 Abs. 2 StPO[40] oder nach § 206 a StPO entstehen.[41]

20 c) **Entscheidungserheblichkeit.** Für **die frühere und die aktuelle Entscheidung** muss die fragliche Rechtsansicht entscheidend sein.[42] Eine stillschweigende Stellungnahme in diesem Sinn genügt.[43] Dass das OLG nur in der Begründung seiner Rechtsansicht, **nicht** aber **im Ergebnis**, von einer Entscheidung eines anderen OLG oder des BGH abweichen will, kann eine **Vorlage** dagegen **nicht begründen**.[44] Ebenfalls keine Vorlegungspflicht besteht, wenn das OLG von einer die frühere Entscheidung **nicht tragende Rechtsäußerung** (obiter dictum) abweichen möchte oder sich selbst nur in rechtlich unverbindlichen Empfehlungen für die weitere Behandlung der Sache mit dem früheren Urteil in Widerspruch setzen will.[45]

21 Ob die Rechtsansicht für die neue Entscheidung als Grundlage (vgl. § 358 Abs. 1 StPO) erheblich ist, hängt von der **Auffassung des vorlegenden OLG** ab, soweit diese nicht offenbar unhaltbar ist.[46]

22 **4. Erledigung durch Anfrage.** Die Vorlegungspflicht entfällt, wenn das OLG, von dessen Entscheidung abgewichen werden soll, auf Anfrage erklärt, an seiner früheren Rechtsauffassung nicht mehr festhalten zu wollen. Dieses ganz überwiegend für zulässig gehaltene[47] Verfahren hat sich in der Praxis zur Vermeidung unnötiger und zeitraubender Vorlageverfahren bewährt. Eine entsprechende Anfrage durch ein OLG beim BGH kommt aber nicht in Betracht.[48]

---

[30] BGH v. 28. 2. 1958 – 1 StR 648/57, bei *Herlan* GA 1959, 49; vgl. auch BGH v. 25. 8. 1967 – 1 StR 641/66, BGHSt 21, 291 (293).
[31] BGH v. 5. 8. 1998 – 5 AR (VS) 1/97, BGHSt 44, 171 (173) = NJW 1998, 3653; BGH v. 26. 1. 1977 – 3 StR 527/76, NJW 1977, 686.
[32] BayObLG v. 14. 7. 1986 – 3 Ob Owi 28/86, BayObLGSt 1986, 75 (80); BayObLG v. 30. 10. 1992 – 4 St RR 122/92, BayObLGSt 1992, 127 (130) = NJW 1993, 1215 (1216).
[33] BGH v. 21. 3. 2000 – 4 StR 287/99, BGHSt 46, 17 = NJW 2000, 1880.
[34] BGH v. 28. 6. 1977 – 5 StR 30/77, BGHSt 27, 212 (214) = NJW 1977, 1459 = JR 1978, 162 mAnm *Zipf*; BGH v. 7. 6. 1982 – 4 StR 60/82, BGHSt 31, 86 (88) = NJW 1982, 2455; BGH v. 12. 4. 1983 – 5 StR 513/82, BGHSt 31, 314 = NJW 1983, 1986; BGH v. 3. 4. 2001 – 4 StR 507/00, BGHSt 46, 358 (361) = NJW 2002, 141; zur Abgrenzung vgl. *Schroth* JR 1990, 94 ff.
[35] BGH v. 18. 11. 1969 – 4 StR 66/69, BGHSt 23, 156 = NJW 1970, 520; BGH v. 7. 6. 1982 – 4 StR 60/82, BGHSt 31, 86 (89) = NJW 1982, 2455 = JR 1983, 128 mAnm *Katholnigg*; BGH v. 19. 8. 1993 – 4 StR 627/92, BGHSt 39, 291 (294).
[36] BGH v. 12. 4. 1983 – 5 StR 513/82, BGH 31, 314 (316); BGH v. 14. 3. 1995, 4 StR 410/94, NStZ 1995, 409 (410).
[37] Vgl. KK-StPO/*Hannich* Rn. 36.
[38] BGH v. 15. 11. 2007 – 4 StR 400/07, BGHSt 52, 84 = NJW 2008, 672 mwN.
[39] BGH v. 13. 4. 1962 – 1 StR 41/62, BGHSt 17, 205 (298).
[40] BGH v. 21. 1. 1958 – 1 StR 236/57, BGHSt 11, 152 = NJW 1958, 509.
[41] *Meyer-Goßner* Rn. 5.
[42] BVerfG v. 2. 3. 2009 – 2 BvR 1032/08 (bzgl. der früheren Entscheidung); BGH v. 6. 4. 1955 – 5 StR 471/54, BGHSt 7, 314; BGH v. 29. 3. 1990 – 1 StR 22/90, BGHSt 36, 389 (392) = NJW 1990, 2395; BGH v. 24. 7. 1985 – 2 StR 885/83, NJW 1986, 1271 (1272 aE); OLG Düsseldorf v. 21. 7. 1992 – 2 Ss [OWi] 234/92 – [OWi] 38/92 III – VRS 83 (1992), 435 (437); *Schroth* JR 1990, 98.
[43] BGH v. 24. 10. 1957 – 4 StR 395/57, BGHSt 11, 31.
[44] BGH v. 14. 12. 1999 – 5 AR (VS) 2/99, NStZ 2000, 222.
[45] BGH v. 15. 10. 1952 – 5 StR 763/52, BGHSt 3, 234 = NJW 1953, 36; SK-StPO/*Frister* Rn. 26; vgl. BVerfG v. 10. 2. 1954 – 2 BvN 1/54, BVerfGE 3, 261.
[46] BGH v. 13. 2. 1968 – 1 StR 613/67, BGHSt 22, 94 (100) = NJW 1968, 1242; BGH v. 14. 5. 1974 – 1 StR 366/73, BGHSt 25, 325 (328) = NJW 1971, 1570; BGH v. 22. 8. 1984 – 3 StR 209/84, NStZ 1985, 217 (218); ausführlich KK-StPO/*Hannich* Rn. 43 ff mwN.
[47] KK-StPO/*Hannich* Rn. 30; *Meyer-Goßner* Rn. 7; vgl. BGH v. 21. 6. 1960 – 5 StR 106/60, BGHSt 14, 319; BGH v. 30. 7. 1996 – 5 StR 37/96, NJW 1996, 3219.
[48] KK-StPO/*Hannich* Rn. 30; Löwe/Rosenberg/*Franke* Rn. 45.

5. Innendivergenz. Abs. 2 gilt nicht in dem Fall, dass ein Senat des OLG nur von einem anderen 23
Senat desselben OLG abweicht (Innendivergenz); in diesem Fall kann eine Vorlage zum BGH
nicht erfolgen. Haben zwei Senate desselben OLG voneinander abweichende Entscheidungen erlassen und will ein anderes OLG von einer dieser Entscheidungen abweichen, muss es die Sache
dem BGH vorlegen.

6. Vorlegungsbeschluss. Der Vorlegungsbeschluss muss die dem BGH **vorgelegte Frage genau** 24
formulieren und die **Entscheidungserheblichkeit darlegen**.[49] Eine eigene Stellungnahme ist nicht
erforderlich, wenn das OLG mit jeder möglichen Entscheidung von der Ansicht eines Strafsenats
oder mehrerer Strafsenate des BGH abweichen würde.[50] Der nach § 80a OWiG allein entscheidende Richter darf nicht vorlegen; er hat vielmehr die Entscheidung des Senats nach § 80a Abs. 3
OWiG herbeizuführen.[51]

Der **Beschluss** darf nur aufgrund einer Hauptverhandlung ergehen, wenn das OLG die beab- 25
sichtigte Entscheidung durch Urteil treffen muss.[52] Er ist nicht anfechtbar (§ 304 Abs. 4 StPO).
Der Beschluss muss dem Angeklagten mitgeteilt werden (§ 35 Abs. 2 StPO), dem auch Gelegenheit zu geben ist, sich zur beabsichtigten Abweichung zu äußern.

7. Entscheidung des BGH. a) Prüfung der Voraussetzungen. Voraussetzung einer inhaltlichen 26
Entscheidung durch den BGH ist die **Zulässigkeit der Vorlegung.** Fehlt diese, weil die **Revision**
oder Rechtsbeschwerde unzulässig ist, verwirft der BGH das Rechtsmittel.[53] Erachtet der BGH
dagegen die **Vorlegungsvoraussetzungen nicht für gegeben** oder hat sich die Sache, etwa durch
Rücknahme des Rechtsmittels oder zwischenzeitliche andere Entscheidung des BVerfG oder des
BGH, erledigt,[54] so beschließt er, dass die Sache an das vorlegende Gericht zurückgegeben
wird.[55]

b) **Inhalt der Entscheidung.** Bei Zulässigkeit des Rechtsmittels und Vorliegen der Vorlegungs- 27
voraussetzungen entscheidet der BGH **nur über die Rechtsfrage**.[56] Er kann dabei eine zu eng oder
zu weit gefasste Vorlegungsfrage präzisieren.[57] Eine **Entscheidung in der Sache** trifft der BGH nur,
wenn es ihm aus besonderen Gründen zweckmäßig erscheint.[58] In diesem Fall gelten die §§ 350,
351 StPO für das Verfahren.[59]

c) **Wirkung.** Die Entscheidung des BGH bildet einen **Bestandteil der Revisionsentscheidung.** 28
Eine **weitergehende Bindung** des OLG (oder anderer Gerichte) entsteht nicht, weil die Richter nur
an das Gesetz gebunden sind.[60] Auch das vorlegende OLG kann im nächsten Fall gleicher Art die
Sache daher wieder vorlegen.

8. Fehlerhafte Nichtvorlage. Die **willkürliche Nichtvorlage** trotz zweifelsfrei gegebener Vorle- 29
gungsvoraussetzungen begründet die **Verfassungsbeschwerde** wegen Verletzung des Art. 101
Abs. 1 S. 2 GG.[61]

III. Zuständigkeitskonzentration (Abs. 3)

Aufgrund der Ermächtigung des Abs. 3 sind Entscheidungen nach §§ 116, 117, 138 Abs. 3 30
StVollzG für Nordrhein-Westfalen dem **OLG Hamm**, für Niedersachsen dem **OLG Celle** übertragen.[62] Auf andere anfechtbare Entscheidungen der StVollstrKn erstreckt sich diese Zuständigkeitskonzentration nicht.[63]

§ 122 [Besetzung der Senate]

(1) Die Senate der Oberlandesgerichte entscheiden, soweit nicht nach den Vorschriften der Prozeßgesetze an Stelle des Senats der Einzelrichter zu entscheiden hat, in der Besetzung von drei Mitgliedern mit Einschluß des Vorsitzenden.

---

[49] BGH v. 14. 7. 1980 – 4 StR 106/80, VRS 59 (1980), 345 (346); *Meyer-Goßner* Rn. 12.
[50] BGH v. 14. 5. 1981 – 4 StR 599/80, BGHSt 30, 93 (95) = NJW 1981, 2071.
[51] BGH v. 28. 7. 1998 – 4 StR 166/98, BGHSt 44, 144 = NJW 1998, 3211.
[52] BGH v. 8. 7. 1980 – 5 StR 721/79, BGHSt 29, 310 = NJW 1980, 2365.
[53] BGH v. 21. 2. 1964 – 5 StR 588/63, BGHSt 19, 242; KK-StPO/*Hannich* Rn. 48.
[54] Vgl. oben Rn. 14, 17.
[55] Vgl. KK-StPO/*Hannich* Rn. 43 ff. mwN.
[56] BGH v. 25. 6. 1952 – 5 StR 509/52, BGHSt 3, 69 (72); *Jescheck* GA 1956, 116.
[57] Vgl. BGH v. 30. 10. 1997 – 4 StR 24/97, BGHSt 43, 277 = NJW 1998, 321.
[58] BGH v. 19. 8. 1993 – 4 StR 627/92, BGHSt 39, 291 (294) = NJW 1993, 3081.
[59] *Jagusch* NJW 1962, 1647; vgl. auch *Baur* JZ 1964, 597; *Meyer-Goßner* Rn. 14.
[60] § 1 Rn. 9; vgl. auch § 132 Rn. 20 f.
[61] BVerfG v. 29. 6. 1976 – 2 BvR 948/75, BVerfGE 42, 237 = NJW 1976, 2128; KK-StPO/*Hannich* Rn. 41 a mwN.
[62] *Meyer-Goßner* Rn. 17 mwN.
[63] *Meyer-Goßner* Rn. 17.

(2) ¹Die Strafsenate entscheiden über die Eröffnung des Hauptverfahrens des ersten Rechtszuges mit einer Besetzung von fünf Richtern einschließlich des Vorsitzenden. ²Bei der Eröffnung des Hauptverfahrens beschließt der Strafsenat, daß er in der Hauptverhandlung mit drei Richtern einschließlich des Vorsitzenden besetzt ist, wenn nicht nach dem Umfang oder der Schwierigkeit der Sache die Mitwirkung zweier weiterer Richter notwendig erscheint. ³Über die Einstellung des Hauptverfahrens wegen eines Verfahrenshindernisses entscheidet der Strafsenat in der für die Hauptverhandlung bestimmten Besetzung. ⁴Ist eine Sache vom Revisionsgericht zurückverwiesen worden, kann der nunmehr zuständige Strafsenat erneut nach Satz 2 über seine Besetzung beschließen.

1 1. **Rechtsmittelgericht.** In den Fällen des § 121 entscheiden die Strafsenate **immer in der Besetzung von drei Richtern** einschließlich des Vorsitzenden.

2 2. **Gericht des ersten Rechtszuges.** a) **Besetzung.** Als Gericht des ersten Rechtszuges (§ 120) gilt für die Besetzung der Strafsenate Folgendes:

3 aa) **Bis zur Eröffnung des Hauptverfahrens.** Der Senat ist mit drei Richtern besetzt (**Abs. 1**).

4 bb) **Bei der Entscheidung über die Eröffnung.** Es entscheiden fünf Richter (**Abs. 2 S. 1**), auch im Fall des § 225 a StPO.[1]

5 cc) **In der Hauptverhandlung.** Der Senat ist je nach der bei der Eröffnung zu treffenden Entscheidung mit drei oder mit fünf Richtern einschließlich des Vorsitzenden besetzt (**Abs. 2 S. 2**). Im Regelfall soll in der reduzierten Besetzung verhandelt werden, wie sich aus der Fassung der Vorschrift ergibt (vgl. § 76 Abs. 2 für die Strafkammer). Nach Zurückverweisung einer Sache durch den BGH kann das OLG eine andere Besetzung beschließen (**Abs. 2 S. 4**).[2]

6 dd) **Einstellung wegen eines Verfahrenshindernisses; Haftentscheidungen.** Wenn im Hauptverfahren über die **Einstellung wegen eines Verfahrenshindernisses**, auch über die Teileinstellung eines prozessrechtlich selbstständigen Teils,[3] zu entscheiden ist (§§ 206a, 260 Abs. 3 StPO), entspricht die Besetzung derjenigen der Hauptverhandlung (**Abs. 2 S. 3**). Dasselbe gilt für während einer Hauptverhandlung zu treffende **Haftentscheidungen**, auch wenn die Entscheidung selbst außerhalb der Hauptverhandlung ergeht.[4]

7 ee) **Sonstige Entscheidungen außerhalb der Hauptverhandlung.** In welcher Besetzung sonstige Entscheidungen außerhalb der Hauptverhandlung zu treffen sind, ist gesetzlich nicht ausdrücklich geregelt. Es ist hier aber (im Gegensatz zu den ausdrücklichen Ausnahmen des Abs. 2 S. 1, 3) der Grundsatz der Besetzung mit drei Richtern (Abs. 1) anzuwenden; damit entscheidet über andere Beschlüsse (zB §§ 206b, 370, 441, 442 StPO) der Senat mit **drei Richtern** einschließlich des Vorsitzenden.[5]

8 b) **Umfang oder Schwierigkeit der Sache.** Die Begriffe Umfang oder Schwierigkeit der Sache in Abs. 2 entsprechen der Regelung in § 76 Abs. 2[6] mit der Abwandlung, dass die Tatsache des Vorliegens einer Staatsschutzsache hier für sich noch nicht diese Voraussetzungen erfüllt.

9 c) **Revision.** Dass Umfang oder Schwierigkeit der Sache die Zuziehung von zwei weiteren Richtern erfordert hätten (Abs. 2 S. 2), kann mit der Revision grundsätzlich nicht gerügt werden.[7]

10 3. **Bußgeldsachen.** In Bußgeldsachen gilt grundsätzlich, aber nicht ausnahmslos, das Prinzip des originären Einzelrichters (§ 80 a OWiG).

NEUNTER TITEL. BUNDESGERICHTSHOF

§ 123 [Sitz]

Sitz des Bundesgerichtshofes ist Karlsruhe.

1 1. **Wesen und Aufgabe.** Der Bundesgerichtshof ist ein **oberstes Bundesgericht** (Art. 95 Abs. 1 GG). Er soll die **Einheitlichkeit der Rechtsprechung** in der Zivil- und Strafrechtspflege sichern

---

[1] OLG Stuttgart v. 30. 10. 2007 – 4 – 3 StE 1/07, NStZ 2009, 348.
[2] KK-StPO/*Hannich* Rn. 3 a.
[3] BGH v. 24. 6. 1992 – StB 8/92, BGHSt 38, 312 (313) = NJW 1992.
[4] BGH v. 30. 4. 1997 – StB 4/97, BGHSt 43, 91 = NStZ 1997, 606 mit zust. Anm. *Dehn* = JR 1998, 33 mit abl. Anm. *Katholnigg*; abl. auch *Foth* NStZ 1998, 262; krit. KK-StPO/*Hannich* Rn. 3.
[5] *Meyer-Goßner* Rn. 4; KK-StPO/*Hannich* Rn. 3; SK-StPO/*Frister* Rn. 9 mwN; aM *Katholnigg* Rn. 5.
[6] § 76 Rn. 9 ff.
[7] Vgl. § 76 Rn. 19.

und eine **geordnete Fortentwicklung** des Rechts gewährleisten;[1] in Strafsachen tut er das vor allem als Revisions- und Beschwerdegericht.[2]

2. Sitz. Sitz des Bundesgerichtshofs ist seit dessen Eröffnung 1950 **Karlsruhe**. Der Sitz des 2 5. Strafsenat war von 1952 bis 1997 Berlin und ist jetzt Leipzig (s. § 130 Abs. 2).

§ 124 [Besetzung]

Der Bundesgerichtshof wird mit einem Präsidenten sowie mit Vorsitzenden Richtern und weiteren Richtern besetzt.

Der **Präsident** hat (ebenso wie die Präsidenten der anderen Gerichte) eine Doppelfunktion als 1 Richter und als Organ der Justizverwaltung; er ist auch Vorsitzender in einem Senat und insbesondere Vorsitzender der Großen Senate und der Vereinigten Großen Senate (§ 132 Abs. 5).

Die **Vorsitzenden Richter** führen den Vorsitz in den Senaten (s. § 21 f). Die weiteren **Richter** 2 sind statusrechtlich Richter am BGH (vgl. § 125).

§ 125 [Ernennung der Mitglieder]

(1) Die Mitglieder des Bundesgerichtshofes werden durch den Bundesminister der Justiz gemeinsam mit dem Richterwahlausschuß gemäß dem Richterwahlgesetz berufen und vom Bundespräsidenten ernannt.

(2) Zum Mitglied des Bundesgerichtshofes kann nur berufen werden, wer das fünfunddreißigste Lebensjahr vollendet hat.

1. Berufung und Ernennung (Abs. 1). Die Berufung und Ernennung der Richter des BGH folgt 1 unmittelbar aus Art. 60 Abs. 1, 95 Abs. 2 GG. Andere Richter (insbes. abgeordnete Richter) können beim BGH nicht tätig werden. Die Ernennung durch den BPräs. (Art. 60 Abs. 1 GG) bedarf der Gegenzeichnung des BMJ (Art. 58 GG). Das **RichterwahlG** enthält die nähere Regelung.

2. Altersgrenzen. Neben der **unteren Altersgrenze** des Abs. 2 gilt für Richter am BGH die all- 2 gemeine **Ruhestandsgrenze** des § 48 Abs. 1, 3 DRiG; sie treten daher zwingend (§ 48 Abs. 2 DRiG) mit Ablauf des Monats, in dem sie die Regelaltersgrenze erreichen, in Ruhestand.

§§ 126–129 (weggefallen)

§ 130 [Senate; Ermittlungsrichter]

(1) [1]Bei dem Bundesgerichtshof werden Zivil- und Strafsenate gebildet und Ermittlungsrichter bestellt. [2]Ihre Zahl bestimmt der Bundesminister der Justiz.

(2) Der Bundesminister der Justiz wird ermächtigt, Zivil- und Strafsenate auch außerhalb des Sitzes des Bundesgerichtshofes zu bilden und die Dienstsitze für Ermittlungsrichter des Bundesgerichtshofes zu bestimmen.

1. Senate; Anzahl (Abs. 1). Die Anzahl der **institutionellen Senate** bestimmt der BMJ durch 1 Verwaltungsanordnung; dabei bestimmt er auch, wie viele Straf- und Zivilsenate gebildet werden. Derzeit bestehen beim BGH 5 Straf- und 12 Zivilsenate, daneben der Kartellsenat (§ 94 GWB), Spezialsenate nach § 2 LwVG, § 106 BRAO, § 90 PatAnwO, § 106 BNotO, § 97 StBerG und § 74 WiPrO sowie das Dienstgericht des Bundes (§§ 61, 79 DRiG). Soweit sie nicht gesetzlich vorgeschrieben ist, regelt das Präsidium die Verteilung der Geschäfte auf die Senate mit der **Geschäftsverteilung**.

2. Auswärtiger Senat (Abs. 2). Der auswärtige Senat wird vom BMJ gebildet; damit wird aber 2 nicht in die Geschäftsverteilung eingegriffen. Daher ist (im Gegensatz zu den Fällen der §§ 78 Abs. 2, 116 Abs. 2) keine Rechtsverordnung als Grundlage erforderlich.[1*] Der 5. Strafsenat befindet sich seit 1997 in Leipzig.[2*]

---

[1] *Odersky*, 50 Jahre Bundesgerichtshof, DRiZ 1990, 365 ff.; *Odersky*, Der Bundesgerichtshof, 1996.
[2] *Salger*, Der Bundesgerichtshof der Bundesrepublik Deutschland, 1980.
[1*] *Meyer-Goßner* Rn. 2.
[2*] AO des BMJ vom 2. 7. 1997 (BAnz Nr. 125); vgl. § 123 Rn. 2.

3   3. **Ermittlungsrichter des BGH (Abs. 2; § 169 StPO).** Für Anordnungen in Ermittlungsverfahren, die nach § 120 GVG zur Zuständigkeit des OLG gehören und in denen der GBA nach § 142a die Ermittlungen führt, sind auch Ermittlungsrichter beim BGH zuständig (§ 169 Abs. 1 S. 2 StPO). Ihre **Anzahl** (mindestens einer) bestimmt der BMJ; ihre **Bestimmung** und die **Zuteilung der Geschäfte** auf sie nimmt aber das Präsidium vor. Den **Dienstsitz** kann der BMJ ebenfalls bestimmen, jedoch nur im Einvernehmen mit dem Präsidium.[3]

§§ 131 und 131a (weggefallen)

§ 132 [Große Senate; Vereinigte Große Senate]

(1) ¹Beim Bundesgerichtshof werden ein Großer Senat für Zivilsachen und ein Großer Senat für Strafsachen gebildet. ²Die Großen Senate bilden die Vereinigten Großen Senate.

(2) Will ein Senat in einer Rechtsfrage von der Entscheidung eines anderen Senats abweichen, so entscheiden der Große Senat für Zivilsachen, wenn ein Zivilsenat von einem anderen Zivilsenat oder von dem Großen Zivilsenat, der Große Senat für Strafsachen, wenn ein Strafsenat von einem anderen Strafsenat oder von dem Großen Senat für Strafsachen, die Vereinigten Großen Senate, wenn ein Zivilsenat von einem Strafsenat oder von dem Großen Senat für Strafsachen oder ein Strafsenat von einem Zivilsenat oder von dem Großen Senat für Zivilsachen oder ein Senat von den Vereinigten Großen Senaten abweichen will.

(3) ¹Eine Vorlage an den Großen Senat oder die Vereinigten Großen Senate ist nur zulässig, wenn der Senat, von dessen Entscheidung abgewichen werden soll, auf Anfrage des erkennenden Senats erklärt hat, daß er an seiner Rechtsauffassung festhält. ²Kann der Senat, von dessen Entscheidung abgewichen werden soll, wegen einer Änderung des Geschäftsverteilungsplanes mit der Rechtsfrage nicht mehr befaßt werden, tritt der Senat an seine Stelle, der nach dem Geschäftsverteilungsplan für den Fall, in dem abweichend entschieden wurde, zuständig wäre. ³Über die Anfrage und die Antwort entscheidet der jeweilige Senat durch Beschluß in der für Urteile erforderlichen Besetzung; § 97 Abs. 2 Satz 1 des Steuerberatungsgesetzes und § 74 Abs. 2 Satz 1 der Wirtschaftsprüferordnung bleiben unberührt.

(4) Der erkennende Senat kann eine Frage von grundsätzlicher Bedeutung dem Großen Senat zur Entscheidung vorlegen, wenn das nach seiner Auffassung zur Fortbildung des Rechts oder zur Sicherung einer einheitlichen Rechtsprechung erforderlich ist.

(5) ¹Der Große Senat für Zivilsachen besteht aus dem Präsidenten und je einem Mitglied der Zivilsenate, der Große Senat für Strafsachen aus dem Präsidenten und je zwei Mitgliedern der Strafsenate. ²Legt ein anderer Senat vor oder soll von dessen Entscheidung abgewichen werden, ist auch ein Mitglied dieses Senats im Großen Senat vertreten. ³Die Vereinigten Großen Senate bestehen aus dem Präsidenten und den Mitgliedern der Großen Senate.

(6) ¹Die Mitglieder und die Vertreter werden durch das Präsidium für ein Geschäftsjahr bestellt. ²Dies gilt auch für das Mitglied eines anderen Senats nach Absatz 5 Satz 2 und für seinen Vertreter. ³Den Vorsitz in den Großen Senaten und den Vereinigten Großen Senaten führt der Präsident, bei Verhinderung das dienstälteste Mitglied. ⁴Bei Stimmengleichheit gibt die Stimme des Vorsitzenden den Ausschlag.

Schrifttum: *Ignor/Bertheau*, Die so genannte Vollstreckungslösung des Großen Senats für Strafsachen – wirklich eine „Lösung"?, NJW 2008, 2209; *May*, Verfahrensfragen bei der Divergenzanrufung des Großen Senats, DRiZ 1983, 305.

I. Große Senate (Abs. 1, 5, 6)

1   1. **Errichtung und Aufgabe.** Jeweils ein Großer Senat wird für Zivil- und Strafsachen errichtet (Abs. 1 S. 1). Zuständig sind sie zur Entscheidung bestehender **Innendivergenz** (Abs. 2) oder bei einer Vorlage wegen grundsätzlicher Bedeutung (Abs. 4).

2   **Ziel der Vorschrift** ist die Sicherstellung einer organischen und kontinuierlichen Rechtsentwicklung.[1] Entsprechende Regelungen gelten für die anderen Obersten Gerichtshöfe des Bundes (§ 45 ArbGG, § 11 FGO, § 41 SGG, § 11 VwGO). Die Einheitlichkeit unter diesen Obersten Gerichtshöfen wird durch den **Gemeinsamen Senat** gewahrt (Art. 95 Abs. 3 GG).[2]

---

[3] *Meyer-Goßner* Rn. 3.
[1] Vgl. *Meyer-Goßner* Rn. 19.
[2] Gesetz vom 19. 6. 1968, BGBl. I S. 1661; III 304-1.

2. Zusammensetzung. Die Zusammensetzung der Großen Senate richtet sich nach **Abs. 5 S. 1,** 3 2. Wegen der Anzahl der Zivil- (12) und Strafsenate (5) hat danach derzeit der Große Senat für Zivilsachen 13, der Große Senat für Strafsachen 11 Mitglieder; dazu tritt ggf. noch ein Mitglied nach Abs. 5 S. 2 aus einem Spezialsenat.[3] Durch die nach Abs. 5 S. 1 unterschiedliche Besetzungsbildung der Großen Senate in Zivil- und Strafsachen soll in etwa ein Gleichgewicht zwischen den Senaten hergestellt werden.[4] Die **Vereinigten Großen Senate (Abs. 1 S. 2, Abs. 5 S. 3)** haben daher idR 23 Mitglieder, zu denen ggf. ein weiteres Mitglied nach Abs. 5 S. 2 kommen kann.

3. Bestimmung der Mitglieder. Die Mitglieder sowie deren Vertreter werden für das Geschäfts- 4 jahr **vom Präsidium** bestellt (**Abs. 6 S. 1**); dieses bestimmt auch die ggf. nach Abs. 5 S. 2 mitwirkenden weiteren Mitglieder der Spezialsenate und deren Vertreter (**Abs. 6 S. 2**).

4. Vorsitz und Vertretung. Den Vorsitz in den Großen Senaten führt immer der **Präsident des** 5 **BGH.** Er wird nicht durch den Vizepräsidenten, sondern **durch das dienstälteste Mitglied** vertreten (**Abs. 6 S. 3**), auch wenn dieses Richter am BGH ist und Vorsitzende Richter am BGH mitwirken.[5] Die Stimme des Vorsitzenden entscheidet bei Stimmengleichheit (**Abs. 6 S. 4**).

II. Divergenzvorlage (Abs. 2, 3)

1. Innendivergenz.[6] **a) Zweck der Divergenzvorlage.** Die Vorschrift entspricht einer Hauptauf- 6 gabe des BGH, nämlich für die Einheitlichkeit der Rspr. zu sorgen.[7] Es soll vermieden werden, dass mehrere widersprechende Entscheidungen verschiedener Senate des BGH bestehen, von denen keiner eindeutig die richtungweisende Funktion zukommt.[8]

b) Voraussetzungen. Der Große Senat bzw. die Vereinigten Großen Senate entscheiden nach 7 Maßgabe des **Abs. 2 S. 1,** wenn ein Senat in einer **Rechtsfrage**[9] von der Entscheidung eines anderen Senats abweichen will. **Vorlegungspflicht** besteht nach hM auch hier (wie in § 121)[10] nur bei beabsichtigtem Abweichen von **tragenden Entscheidungsgründen.**[11]

Kein Vorlegungsfall liegt vor, wenn ein Senat **seine eigene Rspr.** ändert, ohne dabei von der 8 Auffassung eines anderen Senats abzuweichen.[12] Von einer **nicht tragenden** oder nur in einer **vorläufigen Entscheidung** eines anderen Senats, zB im Rahmen einer Haftprüfung, geäußerten Rechtsansicht kann ebenfalls ohne Vorlage abgewichen werden.[13]

Ohne Vorlage kann auch dann von der Rechtsansicht eines anderen Senats abgewichen wer- 9 den, wenn er nach der Geschäftsverteilung die **ausschließliche Zuständigkeit für ein bestimmtes Rechtsgebiet** hat, und die Rechtsfrage nur dieses Rechtsgebiet betrifft.[14] Bei Zweifeln über die Zuständigkeit muss das Präsidium entscheiden. Ist ein Senat mit einer Rechtsfrage aus dem Spezialgebiet eines anderen Senats befasst (zB infolge Verbindung mehrerer Strafsachen oder in einem Zivilprozess) und will er von der Auffassung des Spezialsenats abweichen, ist vorzulegen.[15]

c) Anhörung der Beteiligten. Inwieweit im Rahmen des Divergenzverfahrens die **Beteiligten an-** 10 **zuhören** sind, ist streitig.[16] Rechtliches Gehör ist aber jedenfalls dann zu gewähren, wenn die jeweilige Rechtsfrage im Verfahren so **noch nicht zur Diskussion gestanden** hat. Den Beteiligten ist dann schon vor der Anfrage nach Abs. 3, nicht erst vor oder nach dem Vorlagebeschluss nach Abs. 2 S. 3, Gelegenheit zur Äußerung zu geben; schon die Anfrage kann nämlich bei zustimmender Antwort richtungweisende Wirkung haben.

d) Fehlerhafte Nichtvorlegung. Die Nichtvorlegung kann gegen Art. 101 Abs. 1 S. 2 GG ver- 11 stoßen und die **Verfassungsbeschwerde** begründen.[17]

2. Anfrageverfahren (Abs. 3). a) Zulässigkeit. Die Vorlage ist nur zulässig, wenn der andere Se- 12 nat erklärt hat, dass er an seiner **Meinung festhalten** will (**Abs. 3 S. 1**).[18] Besteht der andere **Senat**

---

[3] § 130 Rn. 1.
[4] BT-Drucks. 11/3621 S. 55.
[5] Kissel/*Mayer* Rn. 12; *Meyer-Goßner* Rn. 5.
[6] § 121 Rn. 21.
[7] § 123 Rn. 1.
[8] *Meyer-Goßner* Rn. 13.
[9] § 121 Rn. 18.
[10] § 121 Rn. 20.
[11] *Meyer-Goßner* Rn. 14; aM *Lilie*, Obiter dictum und Divergenzausgleich in Strafsachen, 1993, S. 263.
[12] *Katholnigg* Rn. 4; Kissel/*Mayer* Rn. 17; *Meyer-Goßner* Rn. 14.
[13] Kissel/*Mayer* Rn. 20; *Meyer-Goßner* Rn. 14.
[14] BGH v. 4. 10. 1957 – 2 StR 330/57, BGHSt 11, 15 (17); KK-StPO/*Hannich* Rn. 6 mwN.
[15] *Meyer-Goßner* Rn. 8.
[16] Für eine Anhörung schon im Anfrageverfahren KK-StPO/*Hannich* Rn. 14; dagegen *Meyer-Goßner* Rn. 11.
[17] BVerfG v. 2. 7. 1992 – 2 BvR 972/92, NStZ 1993, 90; BVerfG v. 16. 8. 1994 – 2 BvR 647/93, NStZ 1995, 76; BVerfG v. 20. 2. 1995 – 2 BvR 1406/94, NJW 1995, 2914; KK-StPO/*Hannich* Rn. 10 mwN; *Meyer-Goßner* Rn. 13.
[18] Kritisch zur praktischen Anwendung *Puppe* NStZ 2003, 310.

nicht mehr, tritt an die Stelle des weggefallenen der jetzt zuständige Senat (**Abs. 3 S. 2**).[19] Soll von der Rspr. mehrerer Senate abgewichen werden, muss bei jedem von ihnen angefragt werden.

13 **b) Anfrage und Antwort.** Die Entscheidung über Anfrage und Antwort ergeht in der **Urteilsbesetzung**, dh. durch 5 Mitglieder einschließlich des Vorsitzenden des Senats (§ 139 Abs. 1); die Senate nach § 97 StBerG und § 74 WiPrO entscheiden nur in der Besetzung mit drei Berufsrichtern. Bei der Beratung sollten aber alle Senatsmitglieder mitwirken.[20]

14 **Stimmt der Senat zu,** von dessen Auffassung abgegangen werden soll, ist die Divergenzfrage geklärt; die Vorlegung beim Großen Senat erübrigt sich damit.[21] Die Zustimmung ist in der Entscheidung des anfragenden Senats zu erwähnen. Die neue Entscheidung wird damit richtungsweisend.[22] Bindungswirkung erzeugt erst die Zustimmung des angefragten Senats; die Anfrage selbst hindert diesen nicht, weiter auf Grundlage seiner bisherigen Rechtsprechung zu entscheiden.[23]

15 **3. Vorlage und Entscheidung. a) Vorlagebeschluss.** Der Senat legt die zu entscheidende Rechtsfrage **durch Beschluss** (Abs. 3 S. 3) dem GrS vor. Im Beschluss ist die Rechtsfrage **genau zu formulieren**.[24] Mit dem Vorlegungsbeschluss wird ein **Zwischenverfahren** eingeleitet (§ 138). Der Beschluss kann auch nach einer – dann auszusetzenden – Hauptverhandlung (§ 351 StPO) ergehen;[25] er ist in jedem Fall den Verfahrensbeteiligten bekanntzugeben.[26] Die Vorlegung selbst hat noch keine Bindungswirkung.[27]

16 **b) Abschluss des Zwischenverfahrens.** Abgeschlossen wird das Zwischenverfahren durch einen **Beschluss** des GrS (mit Entscheidungsgründen). Darin wird entweder die **Entscheidung** wegen Fehlens der Vorlegungsvoraussetzungen **abgelehnt** oder der **beschlossene Rechtssatz festgestellt** (§ 138 Abs. 1). Für die Mitwirkung im Verfahren gelten die §§ 22 ff. StPO, da eine Teilentscheidung zum anhängigen Verfahren ergeht.[28]

17 Das Zwischenverfahren **erledigt sich ohne Entscheidung** des GrS, wenn entweder der vorlegende Senat – auch auf Anregung des GrS – den Vorlegungsbeschluss durch Beschluss zurücknimmt oder der andere Senat erklärt, doch nicht mehr an seiner abweichenden Meinung festzuhalten.[29]

III. Grundsatzvorlage (Abs. 4)

18 **1. Voraussetzungen.** Der GrS kann auch angerufen werden, wenn es sich um eine Rechtsfrage handelt, die (a) **grundsätzliche Bedeutung** hat, dh. in ihrer Bedeutung über die unmittelbaren Verfahrensbeteiligten hinausgeht[30] (zB für eine größere Anzahl von Fällen oder sonst von wesentlicher, prägender Bedeutung ist),[31] und (b) entweder zur **Fortbildung des Rechts**[32] oder zur **Sicherung einer einheitlichen Rechtsprechung**[33] erforderlich ist. Die Entscheidung der Rechtsfrage darf außerdem (c) **nicht nach Art. 100 GG dem Bundesverfassungsgericht vorbehalten** und muss (d) auch für den **Einzelfall** von sachentscheidender Bedeutung[34] sein.[35] Ob bei Vorliegen dieser Voraussetzungen eine Vorlegung nach Abs. 4 stattfindet, steht im **pflichtgemäßen Ermessen** des jeweils entscheidenden Senats.[36]

19 **2. Verhältnis zur Divergenzvorlage.** Die Grundsatzvorlage ist in einer Rechtssache **neben der Divergenzvorlage** (nicht alternativ dazu) zulässig, wenn die Voraussetzungen für beide Vorlagen jeweils erfüllt sind.[37] Ein Vorrang kommt der Grundsatzvorlage nicht zu;[38] das Anfrageverfahren nach Abs. 3 darf nicht durch die Grundsatzvorlage umgangen werden.[39]

---

[19] KK-StPO/*Hannich* Rn. 7.
[20] KK-StPO/*Hannich* Rn. 13.
[21] So BGH v. 2. 7. 1953 – 3 StR 195/53, BGHSt 4, 316 (319).
[22] *Kleinknecht* JZ 1959, 182 ff.; *Meyer-Goßner* Rn. 10.
[23] BGH v. 24. 8. 2000 – 1 StR 349/00, BGHR Anfrageverfahren 1; Löwe/Rosenberg/*Franke* Rn. 21.
[24] § 121 Rn. 24.
[25] Vgl. BGH v. 21. 1. 1992 – 1 StR 593/91, NStZ 1992, 230.
[26] Kissel/*Mayer* Rn. 27.
[27] BGH v. 9. 12. 2009 – 2 StR 433/09, NStZ 2010, 227.
[28] Kissel/*Mayer* Rn. 2; *Meyer-Goßner* Rn. 12.
[29] *Meyer-Goßner* Rn. 11; vgl. zum Verfahren allgemein auch *May* DRiZ 1983, 305.
[30] BGH v. 5. 7. 1951 – III ZR 75/50, BGHZ 2, 396 = NJW 1951, 762 (zu § 546 II ZPO); ausführlich KK-StPO/ *Hannich* Rn. 18.
[31] Vgl. umfassend Kissel/*Mayer* Rn. 2, 3.
[32] S. u. Rn. 20 f.
[33] S. u. Rn. 22.
[34] § 121 Rn. 20.
[35] KK-StPO/*Hannich* Rn. 18 mwN.
[36] Vgl. auch Kissel/*Mayer* Rn. 38.
[37] *Ignor*/Bertheau NJW 2008, 2211; Kissel/*Mayer* Rn. 30 f.; *Meyer-Goßner* Rn. 7.
[38] So aber BGH v. 23. 8. 2007 – 3 StR 50/07, NJW 2007, 3294; BGH v. 17. 1. 2008 – GSSt 1/07, BGHSt 52, 124 = NJW 2008, 860 = NStZ 2008, 234.
[39] *Ignor*/Bertheau NJW 2008, 2211.

3. Fortbildung des Rechts. Die Fortbildung des Rechts besteht in der **Bildung von Grundsätzen** 20
zur **Auslegung des Gesetzes** und zur Ausfüllung von gesetzlichen **Regelungs- oder Wertungslücken.** Die Vorlage kommt hier insbesondere in Betracht, wenn der Senat eine bestimmte Rechtsauslegung aufgeben und der Rechtsanwendung eine neue Richtung geben möchte,[40] oder tatsächliche Umstände (zB gesellschaftliche oder technische Entwicklungen) neue Fragen der Rechtsanwendung aufwerfen.

Die mit Abs. 4 gemeinte Rechtsfortbildung betrifft das sog **Richterrecht**, welches keine geset- 21
zesgleiche oder gesetzesähnliche Kraft hat[41] und daher die Gerichte grundsätzlich nicht bindet.[42] Unmittelbare Bindungswirkung entfalten die Entscheidungen des GrS nur für den vorlegenden Senat und nur in der jeweiligen Sache (§ 138 Abs. 1 S. 3).

4. Sicherung einer einheitlichen Rechtsprechung. Zur Sicherung einer einheitlichen Rspr. kann 22
der GrS von vornherein angerufen werden, wenn noch kein Fall der Divergenz vorliegt, aber damit zu rechnen ist, dass er doch bald nach Abs. 2 mit der Frage befasst sein wird und eine etwaige Korrektur der Auffassung des zuerst entscheidenden Senats bei der Bedeutung der Rechtsfrage schwer erträglich wäre.[43]

5. Anfrageverfahren. Ein Anfrageverfahren (vgl. Abs. 3) ist auch hier möglich und ständige 23
Praxis;[44] es muss alle Strafsenate umfassen.[45]

6. Prüfung der Vorlegungsvoraussetzungen; Entscheidung. Die Vorlegungsvoraussetzungen, 24
insbesondere die grundsätzliche Bedeutung, prüft der GrS in vollem Umfang nach.[46] Fehlen sie, lehnt er eine Entscheidung ab,[47] sonst entscheidet er (nur) über die vorgelegte Rechtsfrage (§ 138 Abs. 1 S. 1).[48]

§ 133 [betrifft den Zivilprozess]

§§ 134 und 134a (weggefallen)

§ 135 [Zuständigkeit in Strafsachen]

(1) In Strafsachen ist der Bundesgerichtshof zuständig zur Verhandlung und Entscheidung über das Rechtsmittel der Revision gegen die Urteile der Oberlandesgerichte im ersten Rechtszug sowie gegen die Urteile der Landgerichte im ersten Rechtszug, soweit nicht die Zuständigkeit der Oberlandesgerichte begründet ist.

(2) Der Bundesgerichtshof entscheidet ferner über Beschwerden gegen Beschlüsse und Verfügungen der Oberlandesgerichte in den in § 138d Abs. 6 Satz 1, § 304 Abs. 4 Satz 2 und § 310 Abs. 1 der Strafprozeßordnung bezeichneten Fällen sowie über Beschwerden gegen Verfügungen des Ermittlungsrichters des Bundesgerichtshofes (§ 169 Abs. 1 Satz 2 der Strafprozeßordnung) in den in § 304 Abs. 5 der Strafprozeßordnung bezeichneten Fällen.

I. Revision (Abs. 1)

Für die **Revision** ist der BGH zuständig, wenn das angefochtene Urteil im **ersten Rechtszug von** 1
einem OLG oder LG erlassen worden ist; unerheblich ist, ob dieses erstinstanzliche Gericht sachlich zuständig war. Die Zuständigkeit des OLG für die Revision gegen das Urteil eines LG (Abs. 1 Hs. 2) ist dagegen die ganz seltene Ausnahme (§ 121 Abs. 1 Nr. 1 c).[1] Der BGH ist auch zuständig, wenn das LG eine im ersten Rechtszug anhängige Sache nach § 4 StPO zur gemeinsamen Verhandlung und Entscheidung mit einer Berufungssache verbunden hat[2] und die Revision sich

---

[40] KK-StPO/*Hannich* Rn. 20.
[41] Vgl. *Meyer-Goßner* Rn. 20 mwN.
[42] Vgl. § 1 Rn. 9.
[43] *Meyer-Goßner* Rn. 17.
[44] KK-StPO/*Hannich* Rn. 16.
[45] BGH v. 17. 11. 1961 – 4 StR 292/61, BGHSt 16, 351 (353).
[46] KK-StPO/*Hannich* Rn. 19.
[47] BT-Drucks. 11/3621 S. 55.
[48] § 138 Rn. 1.
[1] § 121 Rn. 4.
[2] Vgl. BGH v. 18. 1. 1990 – 4 StR 616/89, BGHSt 36, 348 = NJW 1990, 1490; zur Kritik gegen die Zulässigkeit dieser Verbindung s. § 4 StPO Rn. 12 sowie *Meyer-Goßner* Rn. 1 und § 4 StPO Rn. 7, 8 d; KK-StPO/*Hannich* Rn. 3.

nur gegen den das ursprüngliche Berufungsverfahren betreffenden Teil der Entscheidung wendet.[3] Bei einer Verfahrensverbindung nach § 237 StPO ist der BGH nur zuständig, soweit sich die Revision gegen die erstinstanzliche Entscheidung richtet.[4]

II. Beschwerden und gerichtliche Entscheidungen (Abs. 2)

2 1. **Zuständigkeit.** Der BGH ist nach Abs. 2 zuständig für:
- sofortige Beschwerden gegen die **Ausschließung eines Verteidigers durch das OLG** (§ 138 d Abs. 6 S. 1 StPO);
3 – sofortige Beschwerden gegen Beschlüsse und Verfügungen, die das **OLG als Gericht des ersten Rechtszugs** in Staatsschutzstrafsachen nach § 120 Abs. 1, 2 erlassen hat (§ 304 Abs. 4 S. 2 StPO; für Jugendliche s. a. § 102 S. 2 JGG);
4 – weitere Beschwerden gegen **vom OLG nach § 120 Abs. 3** (nicht nach § 120 Abs. 4)[5] erlassene Beschwerdeentscheidungen unter den Voraussetzungen des **§ 310 Abs. 1 StPO**;
5 – Beschwerden gegen einen Beschluss oder eine Verfügung **des Ermittlungsrichters des BGH** (§ 169 Abs. 1 S. 2 StPO). Endet die Zuständigkeit des Ermittlungsrichters des BGH (durch Abgabe, § 142 a Abs. 2, oder Erhebung der öffentlichen Klage durch den GBA), entfällt auch die Zuständigkeit des BGH für die Entscheidung über eine noch anhängige Beschwerde gegen eine Entscheidung dieses Ermittlungsrichters.[6] Das Gleiche gilt, wenn das OLG die Eröffnung des Hauptverfahrens wegen der Straftat, die seine Zuständigkeit begründen würde, ablehnt und das Hauptverfahren wegen anderer Anklagepunkte bei einem Gericht niederer Ordnung eröffnet.[7]

6 2. **Weitere Zuständigkeit.** Der BGH ist außerdem nach § 464 Abs. 3 S. 3 StPO, § 8 Abs. 3 StrEG zuständig für **Beschwerden gegen Kosten- und Auslagenentscheidungen und Entschädigungspflichten**, wenn er über die Revision gegen das in der Hauptsache ergangene Urteil zu entscheiden hat, und soweit die Rechtsmittel voneinander abhängig sind.[8]

7 3. **Analoge Anwendung.** Eine analoge Anwendung dieser Beschwerdezuständigkeiten auf Beschwerden gegen andere Entscheidungen des OLG ist **nicht zulässig**.[9]

III. Sonstige Zuständigkeiten

8 Weitere Zuständigkeiten des BGH in Strafsachen[10] ergeben sich außerhalb des GVG zB aus §§ 13 a, 27 Abs. 4, 121 Abs. 4 S. 2, 138 c Abs. 1 S. 2 StPO; § 42 Abs. 3 JGG; §§ 29 Abs. 1 S. 2, 35 S. 2 Hs. 1, 37 Abs. 4 EGGVG; § 42 IRG; § 83 GWB; § 66 GKG.

§§ 136 und 137 *(aufgehoben)*

§ 138 [Verfahren vor den Großen Senaten]

(1) ¹Die Großen Senate und die Vereinigten Großen Senate entscheiden nur über die Rechtsfrage. ²Sie können ohne mündliche Verhandlung entscheiden. ³Die Entscheidung ist in der vorliegenden Sache für den erkennenden Senat bindend.

(2) ¹Vor der Entscheidung des Großen Senats für Strafsachen oder der Vereinigten Großen Senate und in Rechtsstreitigkeiten, welche die Anfechtung einer Todeserklärung zum Gegenstand haben, ist der Generalbundesanwalt zu hören. ²Der Generalbundesanwalt kann auch in der Sitzung seine Auffassung darlegen.

(3) Erfordert die Entscheidung der Sache eine erneute mündliche Verhandlung vor dem erkennenden Senat, so sind die Beteiligten unter Mitteilung der ergangenen Entscheidung der Rechtsfrage zu der Verhandlung zu laden.

1 1. **Verfahren und Entscheidung der Großen Senate (Abs. 1 S. 1, 3).** Die Großen Senate werden nur in einem **Zwischenverfahren** tätig und treffen nur eine **Teilentscheidung**, nämlich nur über

---

[3] Vgl. KG v. 4. 12. 1968 – 2 Ws 241/68, JR 1969, 349 (350); auch BGH v. 3. 2. 1976 – 1 StR 694/75, BGHSt 26, 271 = NJW 1976, 720.
[4] BGH v. 18. 1. 1990 – 4 StR 616/89, BGHSt 36, 348 (351) = NJW 1990, 1490.
[5] Kissel/*Mayer* Rn. 9.
[6] BGH v. 15. 9. 1977 – 1 StE 2/77 /StB 196/77, BGHSt 27, 253 = NJW 1977, 2175.
[7] BGH v. 1. 2. 1980 – StB 3/80, BGHSt 29, 200 = NJW 1980, 1401.
[8] Vgl. KK-StPO/*Hannich* Rn. 11.
[9] KK-StPO/*Hannich* Rn. 12 mwN.
[10] Vgl. KK-StPO/*Hannich* Rn. 13; Kissel/*Mayer* Rn. 13; Meyer-Goßner Rn. 3.

die vorgelegte Rechtsfrage.¹ Der GrS kann aber über Rechtsfragen, die mit der vorgelegten Rechtsfrage in unmittelbarem Zusammenhang stehen, mitentscheiden.²

Die Entscheidung ergeht in Form eines **Beschlusses**; dieser ist den Verfahrensbeteiligten mitzuteilen.³ Eine **Bindungswirkung** besteht nur für den vorlegenden Senat in der vorliegenden Sache (Abs. 1 S. 3).⁴ 2

2. Mündliche Verhandlung (Abs. 1 S. 2). Die Formulierung des Abs. 1 S. 2 macht deutlich, dass eine mündliche Verhandlung **grundsätzlich vorgesehen** ist, dass der GrS aber nach pflichtgemäßem Ermessen von ihr absehen kann.⁵ Findet eine mündliche Verhandlung statt, sind die Verfahrensbeteiligten zu laden. 3

3. Anhörung des Generalbundesanwalts (Abs. 2). Der GBA ist grundsätzlich anzuhören; das gilt ohne Weiteres auch in einer vom Gericht durchgeführten mündlichen Verhandlung. Abs. 2 S. 2 ergibt daher nur Sinn, wenn er so zu aufzufassen ist, dass auf **Antrag des GBA** mündlich unter Beteiligung der anderen Verfahrensbeteiligten **verhandelt werden muss**.⁶ 4

§ 139 [Besetzung der Senate]

(1) Die Senate des Bundesgerichtshofes entscheiden in der Besetzung von fünf Mitgliedern einschließlich des Vorsitzenden.

(2) ¹Die Strafsenate entscheiden über Beschwerden in der Besetzung von drei Mitgliedern einschließlich des Vorsitzenden. ²Dies gilt nicht für die Entscheidung über Beschwerden gegen Beschlüsse, durch welche die Eröffnung des Hauptverfahrens abgelehnt oder das Verfahren wegen eines Verfahrenshindernisses eingestellt wird.

1. Besetzung. Die Senate entscheiden **grundsätzlich mit fünf Richtern (Abs. 1)**. Abweichend sind sie nur mit **drei Richtern** in den Fällen des § 135 Abs. 2 besetzt (**Abs. 2 S. 1**); bei Beschwerden gegen Beschlüsse, durch welche die Eröffnung des Hauptverfahrens abgelehnt oder das Verfahren wegen eines Verfahrenshindernisses eingestellt wird, gilt aber wieder die Besetzung nach Abs. 1 (**Abs. 2 S. 2**). 1

2. Kein Einzelrichter. Eine Entscheidung durch den Einzelrichter (wie nach § 122 Abs. 1) gibt es beim BGH nicht.¹* 2

§ 140 [Geschäftsordnung]

Der Geschäftsgang wird durch eine Geschäftsordnung geregelt, die das Plenum beschließt.

1. Begriff. Die **Geschäftsordnung** enthält allgemeine Regeln zur inneren Arbeitsweise des Gerichts;¹** sie ist zu unterscheiden vom **Geschäftsverteilungsplan** (vgl. §§ 21a ff.). Der Beschluss der Geschäftsordnung ist der einzige Fall der gesetzlichen Zuständigkeit des Plenums.²* 1

2. Geschäftsordnung. Die Geschäftsordnung wurde am 3. 3. 1952 erlassen (zuletzt geändert durch Bek. vom 21. 6. 1971).³* 2

9a. TITEL. ZUSTÄNDIGKEIT FÜR WIEDERAUFNAHMEVERFAHREN IN STRAFSACHEN

§ 140a [Zuständigkeit für Wiederaufnahmeverfahren in Strafsachen]

(1) ¹Im Wiederaufnahmeverfahren entscheidet ein anderes Gericht mit gleicher sachlicher Zuständigkeit als das Gericht, gegen dessen Entscheidung sich der Antrag auf Wiederaufnahme des

---

¹ § 121 Rn. 27 f.
² KK-StPO/*Hannich* Rn. 9 mit Beispielen; aM *Lilie*, Obiter dictum und Divergenzausgleich in Strafsachen, 1993, S. 218 ff.
³ KK-StPO/*Hannich* Rn. 7.
⁴ Vgl. Kissel/*Mayer* Rn. 14.
⁵ KK-StPO/*Hannich* Rn. 3; *Kissel* NJW 1991, 951.
⁶ *Meyer-Goßner* Rn. 3; KK-StPO/*Hannich* Rn. 5; vgl. Kissel/*Mayer* Rn. 11.
¹* BGH v. 8. 6. 2005 – 2 StR 468/04, NStZ 2006, 239 zu § 51 II S. 4 iVm. § 42 Abs. 3 RVG; BGH v. 5. 4. 2006 – 5 StR 569/05 zu § 66 GKG.
¹** KK-StPO/*Hannich* Rn. 1.
²* *Meyer-Goßner* Rn. 1.
³* BAnz Nr. 83 vom 30. 4. 1952; BAnz Nr. 114 vom 26. 6. 1971.

ständigkeit als das Gericht, gegen dessen Entscheidung sich der Antrag auf Wiederaufnahme des Verfahrens richtet. ²Über einen Antrag gegen ein im Revisionsverfahren erlassenes Urteil entscheidet ein anderes Gericht der Ordnung des Gerichts, gegen dessen Urteil die Revision eingelegt war.

(2) Das Präsidium des Oberlandesgerichts bestimmt vor Beginn des Geschäftsjahres die Gerichte, die innerhalb seines Bezirks für die Entscheidungen in Wiederaufnahmeverfahren örtlich zuständig sind.

(3) ¹Ist im Bezirk eines Oberlandesgerichts nur ein Landgericht eingerichtet, so entscheidet über den Antrag, für den nach Absatz 1 das Landgericht zuständig ist, eine andere Strafkammer des Landgerichts, die vom Präsidium des Oberlandesgerichts vor Beginn des Geschäftsjahres bestimmt wird. ²Die Landesregierungen werden ermächtigt, durch Rechtsverordnung die nach Absatz 2 zu treffende Entscheidung des Präsidiums eines Oberlandesgerichts, in dessen Bezirk nur ein Landgericht eingerichtet ist, dem Präsidium eines benachbarten Oberlandesgerichts für solche Anträge zuzuweisen, für die nach Absatz 1 das Landgericht zuständig ist. ³Die Landesregierungen können die Ermächtigung durch Rechtsverordnung auf die Landesjustizverwaltungen übertragen.

(4) ¹In den Ländern, in denen nur ein Oberlandesgericht und nur ein Landgericht eingerichtet sind, gilt Absatz 3 Satz 1 entsprechend. ²Die Landesregierungen dieser Länder werden ermächtigt, mit einem benachbarten Land zu vereinbaren, daß die Aufgaben des Präsidiums des Oberlandesgerichts nach Absatz 2 einem benachbarten, zu einem anderen Land gehörenden Oberlandesgericht für Anträge übertragen werden, für die nach Absatz 1 das Landgericht zuständig ist.

(5) In den Ländern, in denen nur ein Landgericht eingerichtet ist und einem Amtsgericht die Strafsachen für die Bezirke der anderen Amtsgerichte zugewiesen sind, gelten Absatz 3 Satz 1 und Absatz 4 Satz 2 entsprechend.

(6) ¹Wird die Wiederaufnahme des Verfahrens beantragt, das von einem Oberlandesgericht im ersten Rechtszug entschieden worden war, so ist ein anderer Senat dieses Oberlandesgerichts zuständig. ²§ 120 Abs. 5 Satz 2 gilt entsprechend.

(7) Für Entscheidungen über Anträge zur Vorbereitung eines Wiederaufnahmeverfahrens gelten die Absätze 1 bis 6 entsprechend.

Schrifttum: *Feiber*, Verfassungswidriges Wiederaufnahmerecht, NJW 1986, 699.

I. Allgemeines

1   **Wiederaufnahmegericht** iSd. § 367 Abs. S. 1 ist dasjenige Gericht, welches über Wiederaufnahmeanträge und - wie aus § 140a Abs. 7 folgt – die das Wiederaufnahmeverfahren vorbereitende Anträge nach §§ 364a, 364b und 360¹ StPO sowie ggf. eine Entschädigung für Strafverfolgungsmaßnahmen[2] entscheidet.[3] Wegen der sachlichen (funktionellen) und örtlichen Zuständigkeit dieses Gerichts verweist § 367 StPO auf die „besonderen Vorschriften des Gerichtsverfassungsgesetzes" und damit auf § 140a. Danach entscheidet grundsätzlich ein Gericht mit der gleichen **sachlichen Zuständigkeit** wie das Gericht, dessen Entscheidung Gegenstand des Wiederaufnahmeantrags ist (Abs. 1 S. 1). Die **örtliche Zuständigkeit** des Wiederaufnahmegerichts bestimmt sich nach Abs. 2.

2   Nach der Zuständigkeit des Wiederaufnahmegerichts richtet sich die **Zuständigkeit der Staatsanwaltschaft**, wenn sie im Wiederaufnahmeverfahren mitwirkt. Ist die Staatsanwaltschaft hingegen in ihrer Funktion als Vollstreckungsbehörde tätig, besteht die bisherige Zuständigkeit unabhängig von Wiederaufnahmeverfahren fort.[4]

II. Zuständigkeitsregelungen

3   1. **Örtlich zuständiges Wiederaufnahmegerichts (Abs. 1 S. 1, Abs. 2).** Örtlich ist ein anderes Gericht als das Gericht zuständig, dessen Entscheidung Gegenstand der Wiederaufnahme ist. Ein anderer Spruchkörper des gleichen Gerichts ist kein anderes Gericht, selbst dann nicht, wenn es sich um einen **auswärtigen Spruchkörper** handelt.[5]

---

[1] BGH v. 11. 7. 1979 – 2 ARs 185/79, BGHSt 29, 47 (49) = NJW 1980, 131 (132).
[2] OLG Köln v. 10. 12. 1991 – 2 Ws 547/91, GA 1992, 180 (181); Löwe/Rosenberg/*Franke* Rn. 2.
[3] KK-StPO/*Schmidt* Rn. 2; Löwe/Rosenberg/*Franke* Rn. 2; *Meyer-Goßner* Rn. 1.
[4] KK-StPO/*Schmidt* Rn. 12; Löwe/Rosenberg/*Franke* Rn. 13.
[5] OLG Karlsruhe v. 25. 10. 1979 – 3 Ws 233/79, Justiz 1980, 54 (55); KK-StPO/*Schmidt* Rn. 3; Löwe/Rosenberg/*Franke* Rn. 4; *Meyer-Goßner* Rn. 3.

Die örtliche Zuständigkeit wird gem. Abs. 2 vom Präsidium des Oberlandesgerichts nach **pflichtgemäßen Ermessen** bestimmt.[6] Im Schrifttum geäußerte verfassungsgerichtliche Bedenken im Hinblick auf Art 101 Abs. 1 S. 2 GG[7] werden in der verfassungsgerichtlichen Rechtsprechung nicht geteilt.[8] Die Zuständigkeitsbestimmung erfolgt jeweils **vor Beginn des Geschäftsjahres** für das kommende Geschäftsjahr.[9] § 21e Abs. 3 S. 1 gilt entsprechend.[10] Die vom Präsidium getroffene Bestimmung sollte veröffentlicht werden,[11] zwingend vorgesehen ist dies jedoch nicht. Für Wiederaufnahmeanträge, die sich gegen **Strafurteile der Amtsgerichte** richten, ist die Bestimmung eines anderen Amtsgerichts des gleichen Landgerichtsbezirks zulässig.[12] Über eine etwaige Berufung gegen das neue Urteil kann dasselbe Landgericht wie zuvor entscheiden.[13] 4

2. Sachlich zuständiges Wiederaufnahmegericht (Abs. 1 S. 1 und 2). Nach Abs. 1 S. 1 ist grundsätzlich ein gleichrangiger Spruchkörper des von dem Präsidium des OLG nach Abs. 2 bestimmten Gerichts zuständig.[14] 5

a) **Erstinstanzliche Entscheidung eines Landgerichts.** Richtet sich der Wiederaufnahmeantrag gegen eine **erstinstanzliche Entscheidung eines Landgerichts** ist dies erneut entweder eine allgemeine Strafkammer oder eine Strafkammer mit besonderer Zuständigkeit.[15] 6

b) **Berufungsurteil.** Richtet sich ein unbeschränkter Wiederaufnahmeantrag gegen ein **Berufungsurteil**, mit dem über eine **im vollen Umfang eingelegte Berufung** entschieden worden ist, ist Wiederaufnahmegericht das nach Abs. 2 als örtlich zuständig bestimmte Landgericht in der gleichen Besetzung wie in der früheren Hauptverhandlung.[16] 7

Hatte hingegen das Landgericht in dem Berufungsurteil – gleich aus welchen Gründen – **nicht über die Schuldfrage zu entscheiden**, ist das Wiederaufnahmegericht ein Amtsgericht.[17] Dies gilt grundsätzlich selbst dann, wenn das Landgericht versehentlich Feststellungen zur Schuldfähigkeit getroffen oder sogar die Schuldfrage erneut geprüft hat.[18] Für das Wiederaufnahmeverfahren sachlich zuständig ist in diesen Fällen ein anderes Landgericht aber dann, wenn der Wiederaufnahmeantrag auf einen innerhalb des Berufungsverfahrens liegenden Wiederaufnahmegrund gestützt wird.[19] 8

War, was nach geltendem Recht nur noch bei der großen Jugendkammer möglich ist, vor einer großen Strafkammer eines Landgerichts gem. **§ 237 StPO** von der Möglichkeit Gebrauch gemacht, ein erstinstanzliches mit einem Berufungsverfahren zu verbinden, ist es entscheidend, gegen welchen Urteilsteil sich der Wiederaufnahmeantrag richtet.[20] 9

c) **Revisionsurteil.** Hat ein Wiederaufnahmeantrag ein **Revisionsurteil** zum Gegenstand, entscheidet gem. Abs. 1 S. 2 anders als bei einem Berufungsurteil stets ein Gericht der gleichen Ordnung wie das Gericht, dessen Urteil mit der Revision angefochten worden ist.[21] Es kommt weder darauf an, ob das Revisionsgericht durch Urteil oder Beschluss entschieden oder das Rechtsmittel verworfen hat, noch darauf, ob ein Mangel des Revisionsverfahrens mit der Wiederaufnahme geltend gemacht wird.[22] 10

In den Fällen, in denen das Revisionsgericht nach § 354 Abs. 2, 3 StPO **zurückverwiesen** oder nach § 355 StPO verwiesen hat, ist zuständig das Gericht, welches gem. Abs. 2 an die Stelle des Gerichts tritt, das zuletzt über die Tat- und Schuldfrage entschieden hat.[23] Ist eine Zurückverweisung nach § 354 Abs. 2 S. 1 StPO an ein anderes Gericht der gleichen Ordnung erfolgt, ist zur 11

---

[6] Löwe/Rosenberg/*Franke* Rn. 7.
[7] *Feiber* NJW 1986, 699 f.; Löwe/Rosenberg/*Franke* Rn. 7a.
[8] BVerfG v. 7. 5. 1987 – 2 BvR 410/87 (juris); BayVerfGH v. 16. 11. 1990 – Vf. 57-VI-88, BayVBl. 1991, 717 (718).
[9] Löwe/Rosenberg/*Franke* Rn. 7; Meyer-Goßner Rn. 2.
[10] Löwe/Rosenberg/*Franke* Rn. 7.
[11] *Feiber* NJW 1986, 699 (700); KK-StPO/*Schmidt* Rn. 3; Löwe/Rosenberg/*Franke* Rn. 7a; aA Meyer-Goßner Rn. 2.
[12] KK-StPO/*Schmidt* Rn. 3; Meyer-Goßner Rn. 3.
[13] OLG Nürnberg v. 9. 2. 1977 – 3 AR 17/77, MDR 1977, 688; KK-StPO/*Schmidt* Rn. 3; Meyer-Goßner Rn. 3.
[14] KK-StPO/*Schmidt* Rn. 4; Meyer-Goßner Rn. 5.
[15] OLG München v. 20. 2. 1980 – 2 Ws 116/80, MDR 1980, 601 (602); Meyer-Goßner Rn. 5.
[16] Meyer-Goßner Rn. 6.
[17] OLG Frankfurt v. 11. 7. 2006 – 3 Ws 652/06, NStZ-RR 2006, 275 (276); OLG Koblenz v. 11. 7. 1997 – 1 Ws 313/97, NStZ-RR 1998, 18 (19); KK-StPO/*Schmidt* Rn. 5; Meyer-Goßner Rn. 6.
[18] OLG Bremen v. 10. 10. 1957 – Ws 147/57, JZ 1958, 546; OLG Düsseldorf v. 2. 7. 1986 – 2 Ws 267/86, MDR 1986, 1050; Meyer-Goßner Rn. 6.
[19] OLG Köln v. 3. 4. 1957 – 2 Ws 24/57, JMBl NW 1957, 131 (132); KK-StPO/*Schmidt* Rn. 5.
[20] Meyer-Goßner Rn. 6.
[21] KK-StPO/*Schmidt* Rn. 6; Meyer-Goßner Rn. 7.
[22] BGH v. 23. 1. 1985 – 2 ARs 6/85, GA 1985, 419; BGH v.23. 1. 1985 – 2 ARs 6/85, NStZ 1985, 496; BGH v. 27. 10. 1998 – 1 StR 631/76, NStZ-RR 1999, 76.
[23] OLG Hamm v. 17. 11. 1967 – 3 Ws 516/67, NJW 1968, 313(314); KK-StPO/*Schmidt* Rn. 7.

Entscheidung im Wiederaufnahmeverfahren grundsätzlich das für das zuletzt entscheidende Gericht nach Abs. 2 bestimmte Ersatzgericht zuständig.[24] Dies gilt auch dann, wenn das Ersatzgericht mit derselben Sache vorbefasst ist,[25] wenn bei Aufhebung nur im Rechtsfolgenausspruch mit dem Wiederaufnahmeantrag der Schuldspruch angegriffen wird[26] oder wenn das Revisionsgericht nach vorangegangenem Freispruch selbst die Schuldfeststellung getroffen[27] hat.

12 d) **Gesamtstrafe.** Ist gem. § 55 StGB nachträglich eine **Gesamtstrafe** gebildet worden, richtet sich die gerichtliche Zuständigkeit für das Wiederaufnahmeverfahren danach, welches Urteil angegriffen wird. Nach dem Gericht, das die (nachträgliche) Gesamtstrafe gebildet hat, bestimmt sich die Zuständigkeit für das Wiederaufnahmeverfahren nur dann, wenn es wegen der Tat, deretwegen die Wiederaufnahme betrieben wird, verurteilt hat.[28] Richtet sich der Wiederaufnahmeantrag gegen die Verurteilung wegen einer Tat, deren Strafe einbezogen wurde, ist zuständig das Gericht, welches nach § 140 a an die Stelle des Gerichts tritt, das verurteilt hat.[29]

13 e) **Jugendgericht.** Jugendgerichte bleiben für das Wiederaufnahmeverfahren **stets zuständig.** Dies gilt auch dann, wenn der Verurteilte bei der Verurteilung erwachsen war oder zwischenzeitlich geworden ist.[30] Allerdings kann in diesen Fällen in dem Beschluss nach § 370 Abs. 2 StPO die Sache an ein allgemeines Strafgericht zur Erneuerung der Hauptverhandlung verwiesen werden.

14 **3. Oberlandesgericht mit nur einem Landgerichtsbezirk (Abs. 3).** Die Vorschrift regelt den Fall, dass in einem Bundesland mehrere Oberlandesgerichte eingerichtet sind, unter denen sich solche oder ein solches befindet, dem im Instanzenzug nur ein Landgericht nachgeordnet ist.[31] Eine entsprechende Gerichtsorganisation bestand bis zum 31. 12. 1997 im Bundesland Niedersachsen. Dort war dem OLG Braunschweig im Instanzenzug einzig das LG Braunschweig nachgeordnet.[32] Seit am 1. 1. 1998 das Landgericht Göttingen hinzu kam, hat die Regelung des Abs. 3 **keine praktische Bedeutung** mehr.

15 **4. Länder, in denen nur ein Oberlandesgericht und nur ein Landgericht eingerichtet sind (Abs. 4).** Die Regelung betrifft die **Bundesländer Berlin, Bremen, Hamburg und Saarland,**[33] in denen der Bezirk des Oberlandesgerichts den Bezirk des Landgerichts umfasst und im Instanzenzug nur ein Landgericht nachgeordnet ist. Für eine solche Gerichtsorganisation passt S. 2 die in Abs. 3 S. 2 enthaltenen Ermächtigungen der Landesregierungen entsprechend an.

16 **5. Länder, in denen nur ein Oberlandesgericht und nur ein Landgericht eingerichtet und Strafsachen einem Amtsgericht zugewiesen sind (Abs. 5).** Die **Sonderreglung** des Abs. 5 ist allein für das Bundesland **Berlin** von Bedeutung,[34] in dem nur ein Oberlandesgericht (das Kammergericht) und ein Landgericht (das Landgericht Berlin) eingerichtet sind sowie auf der amtsgerichtlichen Ebene gem. § 58 die Entscheidungen in Strafsachen aller Bezirke einem Amtsgericht (dem Amtsgericht Berlin Tiergarten) zugewiesen sind. Für eine solche Gerichtsorganisation ordnet Abs. 5 die entsprechende Geltung von Abs. 3 S. 1 und Abs. 4 S. 2 an.

17 **6. Wiederaufnahme gegen Entscheidungen eines Oberlandesgerichts im ersten Rechtszug (Abs. 6).** Für Wiederaufnahmeverfahren gegen Entscheidungen eines Oberlandesgerichts im ersten Rechtszug (vgl. § 120 Abs. 1 und 2) gelten § 140 a Abs. 1 und 2 nicht.[35] Vielmehr hat das Präsidium des Oberlandesgerichts im Geschäftsverteilungsplan nach § 21 e Abs. 1 einen anderen Senat zu bestimmen,[36] sofern nicht durch eine Vereinbarung der Bundesländer gem. § 140 a Abs. 6 S. 2 iVm. § 120 Abs. 5 S. 2 die Aufgabe des Wiederaufnahmeverfahrens auf das Oberlandesgericht eines anderen Landes übertragen ist.[37]

---

[24] OLG Koblenz v. 30. 5. 1995 – 2 Ws 308/95, NJW 1996, 1072; KK-StPO/*Schmidt* Rn. 7; *Meyer-Goßner* Rn. 10; aA LG Bad Kreuznach v. 9. 3. 1995 – 1 AR 244/94, NJW 1996, 1070.
[25] OLG Koblenz v. 30. 5. 1995 – 2 Ws 308/95, NJW 1996, 1072; KK-StPO/*Schmidt* Rn. 7.
[26] OLG Braunschweig v. 17. 1. 1961 – Ws 288/60, NJW 1961, 1082; OLG Köln v. 10. 1. 1973 – 2 Ws 6/73, MDR 1973, 603.
[27] OLG Koblenz v. 12. 2. 1996 – 1 Ws 71/96, NStZ-RR 1997, 111 (112).
[28] KK-StPO/*Schmidt* Rn. 8.
[29] OLG Köln v. 30. 7. 1959 – 2 Ws 332/59, JMBl. NW 1959, 283.
[30] KK-StPO/*Schmidt* Rn. 9; *Meyer-Goßner* Rn. 11.
[31] Löwe/Rosenberg/*Franke* Rn. 9.
[32] KK-StPO/*Schmidt* Rn. 11.
[33] KK-StPO/*Schmidt* Rn. 11; Löwe/Rosenberg/*Franke* Rn. 10.
[34] KK-StPO/*Schmidt* Rn. 11; Löwe/Rosenberg/*Franke* Rn. 11.
[35] Löwe/Rosenberg/*Franke* Rn. 12; *Meyer-Goßner* Rn. 14.
[36] Löwe/Rosenberg/*Franke* Rn. 12.
[37] *Meyer-Goßner* Rn. 14.

ZEHNTER TITEL. STAATSANWALTSCHAFT

§ 141 [Sitz]
Bei jedem Gericht soll eine Staatsanwaltschaft bestehen.

Schrifttum: *Radtke*, Der Europäische Staatsanwalt – Ein Modell für Strafverfolgung in Europa mit Zukunft, GA 2004, 1; *Satzger*, Internationales und Europäisches Strafrecht, 3. Aufl., 2009; *Zimmermann*, Die Auslegung künftiger EU-Strafrechtskompetenzen nach dem Lissabon-Urteil des Bundesverfassungsgerichts, Jura 2009, 844.

Die **Organisation** der Staatsanwaltschaften ist in den §§ 141 bis 152 sowie in den AGGVG der Länder geregelt. Dazu kommen die von den Ländern erlassenen, auf Bundesebene abgestimmten Anordnungen über Organisation und Dienstbetrieb der Staatsanwaltschaften (**OrgStA**).[1] 1

§ 141 GVG bestimmt im eigentlichen Sinne, dass für jedes Gericht in Strafsachen eine Staatsanwaltschaft als Anklagebehörde zuständig sein muss, um dem Anklagegrundsatz zu genügen.[2] Der folgende § 142 enthält Einzelheiten zur staatsanwaltlichen Organisation bei den einzelnen Gerichten. Im Jahr 2008 gab es in Bund und Land 5122 Staatsanwälte. 2

Ein Blick in die Zukunft: In Art. 86 AEUV findet sich die Rechtsgrundlage für die Schaffung einer **Europäischen Staatsanwaltschaft**.[3] Art. 86 Abs. 1 AEUV beschränkt die Befugnisse auf Delikte zum Nachteil der finanziellen Interessen der EU. Eine Ausdehnung auf andere Bereiche der schweren Kriminalität ist nach Abs. 4 möglich. 3

§ 142 [Zuständigkeit der Staatsanwaltschaft]

(1) Das Amt der Staatsanwaltschaft wird ausgeübt:
1. bei dem Bundesgerichtshof durch einen Generalbundesanwalt und durch einen oder mehrere Bundesanwälte;
2. bei den Oberlandesgerichten und den Landgerichten durch einen oder mehrere Staatsanwälte;
3. bei den Amtsgerichten durch einen oder mehrere Staatsanwälte oder Amtsanwälte.

(2) Die Zuständigkeit der Amtsanwälte erstreckt sich nicht auf das amtsrichterliche Verfahren zur Vorbereitung der öffentlichen Klage in den Strafsachen, die zur Zuständigkeit anderer Gerichte als der Amtsgerichte gehören.

(3) Referendaren kann die Wahrnehmung der Aufgaben eines Amtsanwalts und im Einzelfall die Wahrnehmung der Aufgaben eines Staatsanwalts unter dessen Aufsicht übertragen werden.

Welche Staatsanwaltschaft sachlich und örtlich zuständig ist, richtet sich nach der gerichtlichen Zuständigkeit für das durchzuführende Hauptverfahren. Die Staatsanwaltschaft ist **parallel zu den Gerichten** organisiert. Ihren Aufbau und ihre **sachliche Zuständigkeit** regeln die §§ 141 bis 142a, die **örtliche Zuständigkeit** findet sich in § 143. § 142 bestimmt nur einige wesentliche Grundzüge der Organisation. Einzelheiten der Ausgestaltung und der staatsanwaltlichen Zuständigkeiten regeln die Bundesländer in ihrer Justizhoheit. Diese Zuständigkeiten beziehen sich auf die Aufgaben der Staatsanwaltschaft als Ermittlungs- und Anklagebehörde und für die Hauptverhandlung und die Rechtsmitteleinlegung. Die Zuständigkeitsregelung für die Aufgaben der Staatsanwaltschaft als Vollstreckungsbehörde (§ 451 StPO) bestimmen die §§ 4 und 7 StVollstrO. 1

Auf **Bundesebene** ist parallel zum BGH die **Bundesanwaltschaft** mit dem Generalbundesanwalt an der Spitze gebildet. Die Bundesanwaltschaft erfüllt die Aufgabe der Staatsanwaltschaft bei allen Verfahren, die vor den BGH gelangen – §§ 135, 121 Abs. 2. § 142a eröffnet eine Sonderzuständigkeit der Bundesanwaltschaft in den Verfahren mit erstinstanzlicher Zuständigkeit des OLG. Im zusammen gefassten Sinn geht es um Staatsschutzdelikte. Ansonsten ist staatsanwaltliche Strafverfolgung Ländersache. 2

Beim **OLG** besteht eine eigene Staatsanwaltschaft mit einem **Generalstaatsanwalt** an der Spitze. Beamtenrechtlich war in einigen wenigen Bundesländern der Generalstaatsanwalt zuletzt ein sog. **politischer Beamter**.[1*] Dieser konnte jederzeit ohne Angaben von Gründen in den einstweiligen Ruhestand geschickt werden. Als letztes Bundesland hat Mecklenburg-Vorpommern den Generalstaatsanwalt **entpolitisiert**. Heute ist der Generalbundesanwalt der einzige politische Beamte an der Spitze einer Strafverfolgungsbehörde. 3

---

[1] Auffindbar beispielsweise auf den internet-Seiten des Deutschen Amtsanwaltschaftsvereins (DAAV); auch abgedruckt bei *Artkämper* u. a. Rn. 1048.
[2] Siehe KK-StPO/*Schmidt/Schoreit* Rn. 2; *Meyer-Goßner* Rn. 2.
[3] Dazu *Radtke* GA 2004, 1; *Zimmermann* Jura 2009, 844, 845; *Satzger* § 9 Rn. 21 ff.
[1*] Siehe KK-StPO/*Schmidt/Schoreit* Rn. 9; SK-StPO/*Wohlers* § 149 Rn. 4 f.

4   Die sachliche Zuständigkeit der **Staatsanwaltschaften an den Landgerichten** umfasst alle staatsanwaltlichen Tätigkeiten am LG als erst- und zweitinstanzliches Strafgericht. Der Staatsanwaltschaft beim LG steht ein Leitender Oberstaatsanwalt vor. In Parallele zu den landgerichtlichen Wirtschaftsstrafkammern (§ 74a Abs. 3) können auch Schwerpunktstaatsanwaltschaften zur Bekämpfung der Wirtschaftskriminalität gebildet werden. Die **Staatsanwaltschaft am LG** übt mit ihren Staatsanwaltschaften überwiegend auch die Funktion der Staatsanwaltschaft bei den Amtsgerichten aus.[2] Es kann jedoch eine Zweigstelle der Staatsanwaltschaft beim LG **am AG** eingerichtet werden (Nr. 1 Abs. 2 OrgStA NRW).

5   Auf der **Ebene des AG** gibt es daneben die in Abs. 1 Nr. 3 erwähnten **Amtsanwälte**. Amtsanwälte sind Beamte, die die Befähigung zum Richteramt haben oder aber die Amtsanwaltsprüfung bestanden haben.[3] Die sachliche Zuständigkeit der Amtsanwälte wird durch Abs. 1 Nr. 3 auf die amtsgerichtliche Ebene beschränkt. Nach landesrechtlichen Regelungen wie Nr. 17 OrgStA Berlin oder Nr. 19 OrgStA NRW wird deren Zuständigkeit auf die Strafsachen eingeschränkt, in denen der Strafrichter sachlich zuständig ist (§ 25). Die einzelnen Delikte werden in den entsprechenden landesrechtlichen Regelungen katalogartig genannt. Überschreitet der Amtsanwalt seine amtsgerichtliche Zuständigkeit, bleiben seine Prozesshandlungen im Ermittlungsverfahren grundsätzlich wirksam.[4]

6   Wird die sachliche Zuständigkeit des § 142 nicht beachtet, kann das im Einzelfall die **Unwirksamkeit** der getroffenen Maßnahme zur Folge haben. Das ist der Fall, wenn der Staatsanwalt einer Staatsanwaltschaft bei einem LG ein Rechtsmittel bei einem anderen LG einlegt.[5] Die Erhebung der Anklage vor einem unzuständigen Gericht führt nicht zur Unwirksamkeit der Anklageerhebung. Die §§ 209, 225a und 270 StPO finden Anwendung.

7   Abs. 3 regelt den staatsanwaltlichen Einsatz von **Referendaren**. Zum einem kann ein Referendar als Amtsanwalt mit dessen Zuständigkeit eingesetzt werden. Insbesondere die amtsanwaltliche Sitzungsvertretung muss nicht unter Aufsicht geschehen. Die Übertragung der Aufgaben eines Staatsanwalts geschieht im Übrigen unter der Bedingung der Aufsicht. In der Hauptverhandlung gestaltet sich die Aufsicht, indem der Referendar als 2. Sitzungsvertreter mitwirkt oder aber der Staatsanwalt überwiegend – von Zeit zu Zeit – anwesend ist.[6] Fragen der Disposition des Referendars über den Strafanspruch wie in den §§ 153 Abs. 2 oder 153a Abs. 2 StPO oder im Rechtsmittelverzicht können und sollten bereits vor der Hauptverhandlung durch den sachbearbeitenden oder ausbildenden Staatsanwalts mit dem Referendar geklärt sein.

§ 142a [Zuständigkeit des Generalbundesanwalts]

(1) [1]Der Generalbundesanwalt übt in den zur Zuständigkeit von Oberlandesgerichten im ersten Rechtszug gehörenden Strafsachen (§ 120 Abs. 1 und 2) das Amt der Staatsanwaltschaft auch bei diesen Gerichten aus. [2]Können in den Fällen des § 120 Abs. 1 die Beamten der Staatsanwaltschaft eines Landes und der Generalbundesanwalt sich nicht darüber einigen, wer von ihnen die Verfolgung zu übernehmen hat, so entscheidet der Generalsbundesanwalt.

(2) Der Generalbundesanwalt gibt das Verfahren vor Einreichung einer Anklageschrift oder einer Antragsschrift (§ 440 der Strafprozeßordnung) an die Landesstaatsanwaltschaft ab,

1. wenn es folgende Straftaten zum Gegenstand hat:
   a) Straftaten nach den §§ 82, 83 Abs. 2, §§ 98, 99 oder 102 des Strafgesetzbuches,
   b) Straftaten nach den §§ 105 oder 106 des Strafgesetzbuches, wenn die Tat sich gegen ein Organ eines Landes oder gegen ein Mitglied eines solchen Organs richtet,
   c) Straftaten nach § 138 des Strafgesetzbuches in Verbindung mit einer der in Buchstabe a bezeichneten Strafvorschriften oder
   d) Straftaten nach § 52 Abs. 2 des Patentgesetzes, nach § 9 Abs. 2 des Gebrauchsmustergesetzes in Verbindung mit § 52 Abs. 2 des Patentgesetzes oder nach § 4 Abs. 4 des Halbleiterschutzgesetzes in Verbindung mit § 9 Abs. 2 des Gebrauchsmustergesetzes und § 52 Abs. 2 des Patentgesetzes;
2. in Sachen von minderer Bedeutung.

(3) Eine Abgabe an die Landesstaatsanwaltschaft unterbleibt,
1. wenn die Tat die Interessen des Bundes in besonderem Maße berührt oder
2. wenn es im Interesse der Rechtseinheit geboten ist, daß der Generalbundesanwalt die Tat verfolgt.

---

[2] Siehe KK-StPO/*Schmidt/Schoreit* Rn. 11; *Meyer-Goßner* Rn. 7; *Beulke* Rn. 81.
[3] Siehe HK-GS/*Böttcher* Rn. 5; KK-StPO/*Schmidt/Schoreit* Rn. 13; *Meyer-Goßner* Rn. 8.
[4] So *Meyer-Goßner* Rn. 18.
[5] Siehe KK-StPO/*Schmidt/Schoreit* Rn. 3.
[6] Siehe *Meyer-Goßner* Rn. 14ff.

(4) Der Generalbundesanwalt gibt eine Sache, die er nach § 120 Abs. 2 Nr. 2 bis 4 oder § 74a Abs. 2 übernommen hat, wieder an die Landesstaatsanwaltschaft ab, wenn eine besondere Bedeutung des Falles nicht mehr vorliegt.

Die Vorschrift betrifft die Zuständigkeit des **Generalbundesanwalts** in der Tatsacheninstanz vor dem OLG. Daneben wirkt die Bundesanwaltschaft an den Revisions- und Beschwerdeverfahren beim BGH mit (§§ 135, 142 Abs. 1 Nr. 1). Wenn der Generalbundesanwalt als Strafverfolgungsbehörde beim OLG tätig ist, üben diese Gerichte im Wege der Organleihe **Bundesgerichtsbarkeit** aus (§ 120 Abs. 6, Art. 96 Abs. 5 GG). Zwischen der Bundes- und der Landesstaatsanwaltschaft besteht **kein Weisungsverhältnis**. 1

Die Zuständigkeit des Generalbundesanwalts folgt der gerichtlichen Zuständigkeit des OLG nach § 120 Abs. 1 und 2.[1] Sie erfasst die Zuständigkeit für die Ermittlungstätigkeit und Anklageerhebung, die Vertretung in der Hauptverhandlung und die Rechtsmitteleinlegung und zuletzt auch die Vollstreckung. Der Generalbundesanwalt ist befugt, alle Polizeibehörden des Bundes und der Länder zu beauftragen.[2] 2

Die **Abgaberegelung** des Abs. 2 bezieht sich auf die unbedingte Zuständigkeit des OLG nach § 120 Abs. 1. Der Abgabepflicht bei den dort genannten Delikten steht die Ausnahme nach Abs. 3 entgegen. Die Abgabepflicht entsteht mit dem **Zeitpunkt**, wenn nach Auffassung des Generalbundesanwalts die Sache abschließend soweit geklärt ist, dass über die Anklageerhebung entschieden werden kann.[3] Er darf die Sache aber auch vorher an die Landesstaatsanwaltschaft abgeben, wenn die Voraussetzungen abschließend geklärt sind.[4] Die Abgabe erfolgt an die beim OLG eingerichtete Staatsanwaltschaft (§§ 120 Abs. 1, 142 Abs. 1 Nr. 2). Eine Rückübernahme ist zulässig (Nr. 203 Abs. 2 RiStBV).[5] 3

Die **Rückgaberegelung** nach Abs. 4 bezieht sich auf die bedingte Zuständigkeit nach § 120 Abs. 2, wenn der Generalbundesanwalt wegen der besonderen Bedeutung des Falles die Verfolgung übernimmt. Die **Evokationsbefugnis** des Generalbundesanwalts liegt vor, wenn es sich unter Beachtung des Ausmaßes der Rechtsgutsverletzung um ein staatsgefährdendes Delikt von erheblichem Gewicht handet, das seine besondere Bedeutung dadurch gewinnt, dass ein Einschreiten des Generalbundesanwalts und eine Aburteilung durch ein Bundesgerichtsbarkeit ausübendes Gericht geboten ist.[6] Bundesinteressen müssen besonders nachhaltig berührt sein. Liegen diese Voraussetzungen nicht mehr vor, besteht eine Abgabepflicht. Da für diese Strafsachen entweder das LG oder das AG zuständig ist, erfolgt die Abgabe an die entsprechenden Landesstaatsanwaltschaften. Ein **Zeitpunkt** ist in Abs. 4 nicht geregelt. Sachgerecht erscheint auch hier die Endzeitpunkt des Abs. 2.[7] Eine Rückübernahme ist auch in diesem Fall möglich (Nr. 203 Abs. 2 RiStBV).[8] 4

Die Entscheidungsbefugnis für die Absätze 2, 3 und 4 liegt beim Generalbundesanwalt. Eine direkte gerichtliche Nachprüfung findet nicht statt.[9] Es gibt zwar einen gesetzlichen Richter (Art. 101 GG), aber **keinen gesetzlichen Staatsanwalt**. Eine indirekte gerichtliche Kontrolle erfolgt im Eröffnungsverfahren durch § 209 StPO. 5

§ 143 [Örtliche Zuständigkeit]

(1) Die örtliche Zuständigkeit der Beamten der Staatsanwaltschaft wird durch die örtliche Zuständigkeit des Gerichts bestimmt, für das sie bestellt sind.

(2) Ein unzuständiger Beamter der Staatsanwaltschaft hat sich den innerhalb seines Bezirks vorzunehmenden Amtshandlungen zu unterziehen, bei denen Gefahr im Verzug ist.

(3) Können die Beamten der Staatsanwaltschaft verschiedener Länder sich nicht darüber einigen, wer von ihnen die Verfolgung zu übernehmen hat, so entscheidet der ihnen gemeinsam vorgesetzte Beamte der Staatsanwaltschaft, sonst der Generalbundesanwalt.

(4) Den Beamten einer Staatsanwaltschaft kann für die Bezirke mehrerer Land- oder Oberlandesgerichte die Zuständigkeit für die Verfolgung bestimmter Arten von Straftaten, die Strafvollstreckung in diesen Sachen sowie die Bearbeitung von Rechtshilfeersuchen von Stellen außerhalb

---

[1] Siehe dazu BGH v. 20. 12. 2007 – StB 12, 13, 47/07, NStZ 2008, 146.
[2] So KK-StPO/*Schmidt/Schoreit* § 152 Rn. 16; *Meyer-Goßner* § 152 Rn. 2; SK-StPO/*Wohlers* Rn. 8.
[3] Siehe *Meyer-Goßner* Rn. 3.
[4] So *Meyer-Goßner* Rn. 3; eine abschließende Klärung verlangen nicht: KK-StPO/*Schmidt/Schoreit* Rn. 6; SK-StPO/*Wohlers* Rn. 16.
[5] So *Meyer-Goßner* Rn. 3; SK-StPO/*Wohlers* Rn. 17.
[6] So BGH v. 13. 1. 2009 – AK 20/08, wistra 2009, 191.
[7] Nach HK-GS/*Böttcher* Rn. 1; *Meyer-Goßner* Rn. 5; anders KK-StPO*Schmidt/Schoreit* Rn. 9 (nach § 156 StPO).
[8] So SK-StPO/*Wohlers* Rn. 22; verneinend: KK-StPO*Schmidt/Schoreit* Rn. 10; *Meyer-Goßner* Rn. 5.
[9] Siehe HK-GS/*Böttcher* Rn. 1; KK-StPO/*Schmidt/Schoreit* Rn. 3, 8; SK-StPO/*Wohlers* Rn. 24.

GVG §§ 144, 145 *Gerichtsverfassungsgesetz*

des räumlichen Geltungsbereichs dieses Gesetze zugewiesen werden, sofern dies für eine sachdienliche Förderung oder schnellere Erledigung der Verfahren zweckmäßig ist; in diesen Fällen erstreckt sich die örtliche Zuständigkeit der Beamten der Staatsanwaltschaft in den ihnen zugewiesenen Sachen auf alle Gerichte der Bezirke, für die ihnen diese Sachen zugewiesen sind.

(5) ¹Die Landesregierungen werden ermächtigt, durch Rechtsverordnung einer Staatsanwaltschaft für die Bezirke mehrerer Land- oder Oberlandesgerichte die Zuständigkeit für die Strafvollstreckung und die Vollstreckung von Maßregeln der Besserung und Sicherung ganz oder teilweise zuzuweisen, sofern dies für eine sachdienliche Förderung oder schnellere Erledigung der Vollstreckungsverfahren zweckmäßig ist. ²Die Landesregierungen können die Ermächtigung durch Rechtsverordnung den Landesjustizverwaltungen übertragen.

1   Die **örtliche Zuständigkeit** der Staatsanwaltschaft richtet sich wie auch die sachliche parallel zu den Zuständigkeiten der Gerichte. Das gilt auch in den Fällen, in denen die örtliche Zuständigkeit des Gerichts wie etwa in §§ 74a oder 74c Abs. 3 konzentriert ist. Im Fall seiner Zuständigkeit ist der einzelne Staatsanwalt befugt, **bundesweit** Amtshandlungen vorzunehmen und bei jedem Ermittlungsrichter (§ 162 StPO) Anträge zu stellen.[1] Nach Nr. 2 RiStBV führt grundsätzlich die Staatsanwaltschaft die Ermittlungen, in deren **Bezirk die Tat** begangen ist – parallel zu § 7 StPO. In den sog. **Sammelverfahren**[2] sind die Nr. 25–27 RiStBV zu beachten. Es gilt eine **Notzuständigkeit** nach Abs. 2.

2   Im Gegensatz zu einem länderübergreifenden Kompetenzkonflikt (Abs. 3) ist ein landesinterner Konflikt um die staatsanwaltlichen Kompetenzen im Wege der Dienstaufsicht nach § 147 zu lösen. Hilflos ist der Strafverteidiger bei mehreren möglichen Tatorten im Sinne des § 7 StPO, wenn sich jede mögliche Staatsanwaltschaft für örtlich unzuständig erklärt.

3   Die nach Abs. 4 mögliche partielle Konzentration bei der Staatsanwaltschaft ermöglicht die Bildung von fachlichen **Schwerpunktstaatsanwaltschaften** mit zentraler Zuständigkeit.[3] Ein Organisationsakt des Justizministers ist ausreichend[4] – es gilt nicht der Grundsatz des gesetzlichen Staatsanwalts. Die Zuständigkeit nach Abs. 1 bleibt unberührt.[5] Abs. 5 ermöglicht eine weitergehende Konzentration für die staatsanwaltliche Funktion als Vollstreckungsbehörde.

§ 144 [Organisation]

Besteht die Staatsanwaltschaft eines Gerichts aus mehreren Beamten, so handeln die dem ersten Beamten beigeordneten Personen als dessen Vertreter; sie sind, wenn sie für ihn auftreten, zu allen Amtsverrichtungen desselben ohne den Nachweis eines besonderen Auftrags berechtigt.

1   Die Staatsanwaltschaft ist eine **monokratische Institution**, innerhalb der der einzelne Staatsanwalt den Behördenleiter vertritt. Wenn nach § 226 StPO in der Hauptverhandlung die Staatsanwaltschaft gegenwärtig sein muss, ist es unbeachtlich, welcher einzelne Staatsanwalt anwesend ist. Jeder Staatsanwalt handelt für die Staatsanwaltschaft, der er angehört. Es gilt das Prinzip der **Einheit der Staatsanwaltschaft**.

2   Die **Wirksamkeit** von Handlungen nach außen – dem Gericht gegenüber – wird durch mögliche interne Beschränkungen nicht berührt.[1*] Das gilt insbesondere für einen in der Hauptverhandlung ausgesprochenen Rechtsmittelverzicht oder für eine Zustimmung bei Einstellung.

§ 145 [Ersetzungsbefugnisse]

(1) Die ersten Beamten der Staatsanwaltschaft bei den Oberlandesgerichten und den Landgerichten sind befugt, bei allen Gerichten ihres Bezirks die Amtsverrichtungen der Staatsanwaltschaft selbst zu übernehmen oder mit ihrer Wahrnehmung einen anderen als den zunächst zuständigen Beamten zu beauftragen.

(2) Amtsanwälte können das Amt der Staatsanwaltschaft nur bei den Amtsgerichten versehen.

1   Die ersten Beamten der Staatsanwaltschaft – die Generalstaatsanwälte bei den OLG und die Leitenden Oberstaatsanwälte bei den LG – haben in ihrem jeweiligen Bezirk das **Devolutionsrecht** und das **Recht zur Substitution**. Der erste Beamte kann daher eine Amtsverrichtung selbst über-

---

[1] Siehe HK-GS/*Böttcher* Rn. 2; KK-StPO/*Schmidt/Schoreit* Rn. 2; *Meyer-Goßner* Rn. 1; SK-StPO/*Wohlers* Rn. 3.
[2] Siehe *Artkämper* u. a. Rn. 79 f.
[3] Dazu KK-StPO/*Schmidt/Schoreit* Rn. 7; *Meyer-Goßner* Rn. 4 ff.
[4] So KK-StPO/*Schmidt/Schoreit* Rn. 7; *Meyer-Goßner* Rn. 4.
[5] Nach KK-StPO/*Schmidt/Schoreit* Rn. 7; *Meyer-Goßner* Rn. 6.
[1*] So KK-StPO/*Schmidt/Schoreit* Rn. 3; *Meyer-Goßner* Rn. 2.

nehmen. Dieses Recht steht dem Justizminister nicht zu, da er kein Staatsanwalt ist. Das Recht der Ersetzung kann sich auf einen einzelnen Staatsanwalt oder auch auf die gesamte Staatsanwaltschaft als Institution beziehen.[2] Der Generalstaatsanwalt ist befugt, auch eine an sich nicht nach den §§ 142, 143 GVG zuständige Staatsanwaltschaft zu beauftragen.[3] Die Substitutionsbefugnis steht auch dem Justizminister zu. Im Regelfall wird er eine entsprechende Weisung erteilen. Der Auftrag ist aktenkundig zu machen, damit insbesondere das Gericht die Berechtigung des Staatsanwalts erkennen kann.[4]

In seinem Zuständigkeitsbereich hat auch der **Generalbundesanwalt** die Rechte aus § 145. Er hat jedoch keine Befugnisse gegenüber den Landesstaatsanwaltschaften. 2

Die Möglichkeiten des § 145 bieten sachgerechte **Lösungsmöglichkeiten** für einige **Konflikte** 3 innerhalb der Staatsanwaltschaft. Der einzelne Staatsanwalt ist nicht an die höchstrichterliche Rechtsprechung gebunden.[5] Der erste Beamte der Staatsanwaltschaft kann seine Rechtsauffassung mittels Übernahme oder Ersetzung durchsetzen. Wenn jedoch auch der erste Beamte im Gegensatz zu der gefestigen höchstrichterlichen Rechtsprechung steht, setzt sich die Staatsanwaltschaft in ihrer unabhängigen Stellung als Organ der Strafrechtspflege gegenüber den Gerichten durch. Das Rechtsproblem des **befangenen Staatsanwalts**[6] lässt sich bei hinreichender Sensibilität ebenfalls auf dem Wege der Substitution lösen.

Einen **Rechtsanspruch** auf eine – behördeninterne – Devolution oder Substitution hat der Beschuldigte **nicht**.[7] Die §§ 23 ff. EGGVG gelten nicht. 4

§ 145a (weggefallen)

§ 146 [Weisungen]
Die Beamten der Staatsanwaltschaft haben den dienstlichen Anweisungen ihres Vorgesetzten nachzukommen.

Schrifttum: *Böhm*, „Mehr Unabhängigkeit für Staatsanwälte" – ein Interview, DRiZ 2000, 255; *J. Kretschmer*, Die Staatsanwaltschaft, Jura 2004, 452; *Paeffgen*, Das externe Weisungsrecht des Justizministers, GS für Schlüchter, 2002, S. 563; *Roxin*, Zur Rechtsstellung der Staatsanwaltschaft damals und heute, DRiZ 1997, 109.

Die **Weisungsgebundenheit** der Staatsanwälte bildet einen wesentlichen Unterschied zur rich- 1 terlichen Unabhängigkeit. Zu unterscheiden ist das **externe** und das **interne Weisungsrecht**.[1] Das **interne** Weisungsrecht bewirkt, dass die Staatsanwaltschaft innerhalb ihrer Institution einheitliche Maßstäbe für ihre tatsächliche und rechtliche Tätigkeit bildet. Das bedingt auch ihre Unabhängigkeit von den Gerichten (§ 150). Das **externe** Weisungsrecht berührt Weisungen von Seiten des Justizministers (§ 147 Nr. 1 und Nr. 2). Allgemeine Weisungen bilden die RiStBV. Eine justizfremde Einflussnahme aus politischen Gründen durch Einzelweisungen ist nie auszuschließen;[2*] das gilt insbesondere in den heutigen Zeiten, in denen das präventive Sicherheitsdenken auch im Strafverfahren – politischen – Einzug gehalten hat. In den §§ 146, 147 liegt das Prinzip parlamentarischer Verantwortung des Ministers für das ordnungsgemäße Funktionieren des staatsanwaltlichen Apparates.[3*]

Grenzen und Bindung: Alle Weisungen müssen das **Legalitätsprinzip** und **Gesetz und Recht** als 2 Ganzes beachten. Eine rechtswidrige Weisung muss der einzelne Staatsanwalt nicht beachten. Der einzelne Staatsanwalt gerät in einen Konflikt, wenn er nach beamtenrechtlicher Remonstration eine aufrechterhaltene Weisung nach dem eigenen Rechtsgewissen nicht befolgen kann und will. Es droht ein Disziplinarverfahren. In diesem Fall sollte keine Bindung angenommen werden.[4*] Die rechtlichen Möglichkeiten der §§ 145 und 146 bieten eine angemessene Lösung diese Konflikts.[5*] Eine Abschaffung bzw. wenigstens eine Einschränkung der Weisungsrechte scheint im Interesse einer richterähnlichen Unabhängigkeit der Staatsanwaltschaft geboten.[6*]

---

[2] Siehe HK-GS/*Böttcher* Rn. 2; KK-StPO/*Schmidt/Schoreit* Rn. 3; *Meyer-Goßner* Rn. 1.
[3] Siehe BGH v. 3. 12. 1997 – 5 StR 267/97, NStZ 1998, 309.
[4] So *Meyer-Goßner* Rn. 5.
[5] S. o. § 170 StPO Rn. 6.
[6] S. o. § 22 StPO Rn. 8 ff.
[7] Siehe OLG Frankfurt a. M. v. 10. 11. 1998 – 3 VAs 37/98, NStZ-RR 1999, 81; KK-StPO/*Schmidt/Schoreit* Rn. 7; *Meyer-Goßner* Rn. 6.
[1] Dazu *Roxin* DRiZ 1997, 109, 118 f.
[2*] Zur Kritik siehe KK-StPO/*Schmidt/Schoreit* Rn. 1 ff.
[3*] Dazu *Paeffgen*, GS Schlüchter, 2002, S. 563, 568 ff.
[4*] So aber KK-StPO/*Schmidt/Schoreit* Rn. 11; *Meyer-Goßner* Rn. 7.
[5*] So *J. Kretschmer* Jura 2004, 452, 458; *Roxin* DRiZ 1997, 109, 118; *Beulke* Rn. 85; *Volk* § 6 Rn. 11.
[6*] Siehe *Böhm* DRiZ 2000, 255; HbStrVf/*Jahn* Rn. I. 99.

3   Weisungen in Bezug auf die **Hauptverhandlung** und insbesondere in Bezug auf das zu haltende **Schussplädoyer** sind mit Blick auf § 261 StPO weitgehend **unzulässig**.[7] Die eigenverantwortliche Entscheidung des Sitzungsstaatsanwalts ist zu beachten. Im Einzelfall mag nach vorheriger Berichterstattung durch den Sitzungsvertreter eine auf die Hauptverhandlung bezogene Weisung des Vorgesetzten zulässig sein (etwa die Stellung eines Beweisantrags oder eine Rechtsmitteleinlegung). Eine Bindung tritt nur im **Innenverhältnis** ein.[8]

§ 147 [Dienstaufsicht]

Das Recht der Aufsicht und Leitung steht zu:
1. dem Bundesminister der Justiz hinsichtlich des Generalbundesanwalts und der Bundesanwälte;
2. der Landesjustizverwaltung hinsichtlich aller staatsanwaltlichen Beamten des betreffenden Landes;
3. dem ersten Beamten der Staatsanwaltschaft bei den Oberlandesgerichten und den Landgerichten hinsichtlich aller Beamten der Staatsanwaltschaft ihres Bezirks.

1   Die **Aufsicht** ist auf die sachgemäße Erledigung der staatsanwaltlichen Dienstgeschäfte gerichtet. Sie umfasst auch die Befugnis zu mahnen und zu rügen. Auch eine **Berichtspflicht** ist darin enthalten.[1]

2   Die **Leitungsbefugnis** des ersten Beamten der Staatsanwaltschaft umfasst das gesamte Instrumentarium der §§ 145 ff. innerhalb der monokratischen Institution der Staatsanwaltschaft. Auf ministerieller Ebene ist die Leitungsbefugnis eingeschränkt, da der Justizminister keine staatsanwaltliche Befugnis hat. Für seine Weisungen ist der Generalstaatsanwalt im Regelfall der Ansprechpartner.[2]

3   Nr. 3 gilt auch für die Bundesanwaltschaft.

§ 148 [Befähigung]

Der Generalbundesanwalt und die Bundesanwälte sind Beamte.

1   Die Vorschrift ist neben Art. 33 Abs. 4 GG entbehrlich.[1*]

§ 149 [Ernennung der Bundesanwälte]

Der Generalbundesanwalt und die Bundesanwälte werden auf Vorschlag des Bundesministers der Justiz, der der Zustimmung des Bundesrates bedarf, vom Bundespräsidenten ernannt.

1   In § 142 Abs. 1 Nr. 1 ist der Begriff der Bundesanwälte als Funktion zu verstehen.[1**] Er umfasst dort auch die Oberstaatsanwälte beim BGH sowie an die Bundesanwaltschaft beim BGH abgeordnete Richter und Staatsanwälte. In § 149 ist der Begriff im Sinne des Ranges zu verstehen und gilt demnach gerade nicht für die Oberstaatsanwälte und abgeordnete Personen.[2*] Der Generalbundesanwalt ist ein **politischer Beamter** (§ 36 Abs. 1 Nr. 5 BBG).

§ 150 [Unabhängigkeit von den Gerichten]

Die Staatsanwaltschaft ist in ihren amtlichen Verrichtungen von den Gerichten unabhängig.

Schrifttum: *J. Kretschmer*, Die Staatsanwaltschaft, Jura 2004, 452; *Roxin*, Zur Rechtsstellung der Staatsanwaltschaft damals und heute, DRiZ 1997, 109.

1   § 150 ist die entscheidende Norm für die Rechtsstellung und die Funktion der Staatsanwaltschaft im Verhältnis zu den Gerichten. In ihrer Ermittlungs- und Anklagefunktion ist die Staatsanwaltschaft ein dem Gericht gleichgeordnetes **Organ der Rechtspflege**.[1***] Die Staatsanwaltschaft ist zudem Vollstreckungsbehörde (§ 451 StPO). Zwar übt die Staatsanwaltschaft keine rechtspre-

---

[7] So *Roxin* DRiZ 1997, 109, 119; KK-StPO/*Schmidt/Schoreit* Rn. 8 f.; *Meyer-Goßner* Rn. 4; *Beulke* Rn. 86.
[8] So *Meyer-Goßner* Rn. 8.
[1] So KK-StPO/*Schmidt/Schoreit* Rn. 1; Einzelheiten bei *Artkämper* u. a. Rn. 476 ff.
[2] Nach KK-StPO/*Schmidt/Schoreit* Rn. 4; *Meyer-Goßner* Rn. 1.
[1*] Siehe KK-StPO/*Schmidt/Schoreit* Rn. 1.
[1**] So *Meyer-Goßner* § 142 Rn. 5.
[2*] So KK-StPO/*Schmidt/Schoreit* Rn. 1; *Meyer-Goßner* Rn. 1.
[1***] Vgl. BGH v. 14. 7. 1971 – 3 StR 73/71, BGHSt 24, 170, 171; OLG Frankfurt a. M. v. 10. 11. 1998 – 3 VAs 37/98, NStZ-RR 1999, 81, 82; *J. Kretschmer* Jura 2004, 452, 454; *Roxin* DRiZ 1997, 109, 114; HK-GS/*Böttcher* § 141 Rn. 2; KK-StPO/*Schmdit/Schoreit* § 141 Rn. 3; *Meyer-Goßner* Vor § 141 Rn. 5 ff.; *Beulke* Rn. 89; *Volk* § 6 Rn. 13.

chende Gewalt aus. Ihre Stellung und Aufgabe in der Strafrechtspflege im Interesse des Legalitätsprinzips lässt sich aber auch nicht auf eine Funktion der Exekutive[2] reduzieren. Sie ist in ihrer Objektivität (§ 160 Abs. 2 StPO) an das Recht gebunden. § 150 ist der Grund, dass die Staatsanwaltschaft nicht an die höchstrichterliche Rechtsprechung gebunden ist.[3] In Grenzen ist der einzelne Staatsanwalt nach dem Legalitätsprinzip auch bei privat erlangtem Wissen über strafbares Verhalten zur Ermittlung und Anklage verpflichtet.[4]

§ 151 [Ausschluss von richterlichen Geschäften]

[1] Die Staatsanwälte dürfen richterliche Geschäfte nicht wahrnehmen. [2] Auch darf ihnen eine Dienstaufsicht über die Richter nicht übertragen werden.

Die Staatsanwaltschaft übt **keine rechtsprechende Gewalt** aus. Es fehlt ihr die richterliche Unabhängigkeit (Art. 97 GG). Daher darf der Staatsanwalt richterliche Geschäfte nicht wahrnehmen. Richter können dagegen als Notstaatsanwalt (§ 165 StPO) tätig werden. Richter können auch im Wege einer Abordnung (§ 37 Abs. 1 DRiG) mit staatsanwaltlichen Aufgaben betraut werden. 1

§ 152 [Ermittlungspersonen der Staatsanwaltschaft]

(1) Die Ermittlungspersonen der Staatsanwaltschaft sind in dieser Eigenschaft verpflichtet, den Anordnungen der Staatsanwaltschaft ihres Bezirkes und der dieser vorgesetzten Beamten Folge zu leisten.

(2) [1] Die Landesregierungen werden ermächtigt, durch Rechtsverordnung diejenigen Beamten- und Angestelltengruppen zu bezeichnen, auf die diese Vorschrift anzuwenden ist. [2] Die Angestellten müssen im öffentlichen Dienst stehen, das 21. Lebensjahr vollendet haben und mindestens zwei Jahre in den bezeichneten Beamten- oder Angestelltengruppen tätig gewesen sein. [3] Die Landesregierungen können die Ermächtigung durch Rechtsverordnung auf die Landesjustizverwaltungen übertragen.

§ 152 steht im Zusammenhang mit § 161 StPO. Die Polizei ist dem Innenministerium unterstellt. Die Staatsanwaltschaft untersteht dem Justizministerium. Jedoch ist der Staatsanwaltschaft eine **Weisungsbefugnis** gegenüber der Polizei eingeräumt. Bestimmte Polizeibeamte sind **Ermittlungspersonen** im Sinne des § 152 – früher sog. Hilfsbeamte der Staatsanwaltschaft genannt. Diese haben den Anordnungen der Staatsanwaltschaft Folge zu leisten oder, wie es in § 161 StPO heißt, den Aufträgen zu genügen. Die übrigen Polizeibeamten sind gemäß § 161 StPO verpflichtet, dem Ersuchen der Staatsanwaltschaft zu entsprechen. Ein unmittelbares Über- und Unterordnungsverhältnis besteht nicht.[1] Diese Weisungsbefugnis besteht allein auf dem Gebiet der **Strafrechtspflege**, **nicht** aber auf dem Gebiet der **Gefahrenabwehr**. 1

Die **Ermittlungspersonen** der Staatsanwaltschaft haben **mehr Ermittlungsbefugnisse** als die übrigen Polizeibeamten. Unter der Voraussetzung von Gefahr in Verzug dürfen sie beispielsweise eine körperliche Untersuchung des Beschuldigten (§ 81 a StPO), eine Beschlagnahme (§ 98 StPO), eine Durchsuchung (§ 105 StPO) anordnen. Siehe auch die Zuständigkeiten in den §§ 131 und 131 c und jeweils die Zuständigkeiten bei den sonstigen spezifischen Ermittlungsmaßnahmen. Jedem Beamten des Polizeidienstes ist etwa die Maßnahme der Identitätsfeststellung nach § 163 b StPO gestattet. Die **sachliche und örtliche Zuständigkeit** der Ermittlungsperson der Staatsanwaltschaft ergibt sich aus deren **Hauptamt**. Das gilt auch, wenn sie auf Grund einer staatsanwaltlichen Weisung tätig ist.[2*] 2

Im Grundsatz richtet der Staatsanwalt seine Anordnung an die **Polizeidienststelle**, solange nicht ein **bestimmter Beamter** mit der Bearbeitung der Strafsache befasst ist. Der Staatsanwalt kann sich aber mit seiner Anordnung auch an einen bestimmten Beamten wenden.[3*] Die Ermittlungspersonen im Sinne des § 152 stehen in einem besonderem Näheverhältnis zur Staatsanwaltschaft.[4*] Ersuchen und Aufträge sollen möglichst konkret sein (beachte Nr. 11 RiStBV). 3

---

[2] So aber das BVerfG v. 20. 2. 2001 – 2 BvR 1444/00, BVerfGE 103, 142, 156.
[3] S. o. § 170 StPO Rn. 6.
[4] S. o. § 160 StPO Rn. 3.
[1] Siehe *Beulke* Rn. 102.
[2*] Siehe KK-StPO/*Schmidt*/*Schoreit* Rn. 11; *Meyer-Goßner* Rn. 5.
[3*] Nach KK-StPO/*Schmidt*/*Schoreit* Rn. 14; *Meyer-Goßner* § 161 StPO Rn. 11.
[4*] Dazu *Meyer-Goßner* Rn. 2 f.

4   Die Ermittlungspersonen werden nach Gruppen bestellt. **Einzelne Rechtsverordnungen:** für Bayern durch VO v. 21. 12. 1995 (GVBl. 1996 S. 4), für Berlin durch VO v. 6. 1. 1997 (GVBl. 1997 S. 5), für Nordrhein-Westfalen durch VO v. 30. 4. 1996 (GVBl. 1996 S. 180), für Sachsen durch VO v. 26. 3. 1996 (GVBl. 1996 S. 158).[5] In Nordrhein-Westfalen zählen daher exemplarisch zu den Ermittlungspersonen der Staatsanwaltschaft alle Polizeibeamten vom Polizeimeister bis zum Polizeioberrat. Aber auch Steuerfahndungs- und Zollbeamte und andere – siehe etwa § 25 Abs. 2 BJagdG. Kraft Gesetzes ist das BKA Ermittlungsperson der zuständigen Staatsanwaltschaft – § 19 BKA-Gesetz.

5   Der **Rechtsschutz** gegen von den nichtrichterlichen Ermittlungspersonen angeordnete strafprozessuale Zwangsmaßnahmen richtet sich nach § 98 Abs. 2 Satz 2 StPO analog, mag deren Zwangswirkung noch andauern oder aber bereits erledigt sein.[6]

ELFTER TITEL. GESCHÄFTSSTELLE

§ 153 [Geschäftsstelle]

(1) Bei jedem Gericht und jeder Staatsanwaltschaft wird eine Geschäftsstelle eingerichtet, die mit der erforderlichen Zahl von Urkundsbeamten besetzt wird.

(2) [1]Mit den Aufgaben eines Urkundsbeamten der Geschäftsstelle kann betraut werden, wer einen Vorbereitungsdienst von zwei Jahren abgeleistet und die Prüfung für den mittleren Justizdienst oder für den mittleren Dienst bei der Arbeitsgerichtsbarkeit bestanden hat. [2]Sechs Monate des Vorbereitungsdienstes sollen auf einen Fachlehrgang entfallen.

(3) Mit den Aufgaben eines Urkundsbeamten der Geschäftsstelle kann auch betraut werden,
1. wer die Rechtspflegerprüfung oder die Prüfung für den gehobenen Dienst bei der Arbeitsgerichtsbarkeit bestanden hat,
2. wer nach den Vorschriften über den Laufbahnwechsel die Befähigung für die Laufbahn des mittleren Justizdienstes erhalten hat,
3. wer als anderer Bewerber nach den landesrechtlichen Vorschriften in die Laufbahn des mittleren Justizdienstes übernommen worden ist.

(4) [1]Die näheren Vorschriften zur Ausführung der Absätze 1 bis 3 erlassen der Bund und die Länder für ihren Bereich. [2]Sie können auch bestimmen, ob und inwieweit Zeiten einer dem Ausbildungsziel förderlichen sonstigen Ausbildung oder Tätigkeit auf den Vorbereitungsdienst angerechnet werden können.

(5) [1]Der Bund und die Länder können ferner bestimmen, daß mit Aufgaben eines Urkundsbeamten der Geschäftsstelle auch betraut werden kann, wer auf dem Sachgebiet, das ihm übertragen werden soll, einen Wissens- und Leistungsstand aufweist, der dem durch die Ausbildung nach Absatz 2 vermittelten Stand gleichwertig ist. [2]In den Ländern Brandenburg, Mecklenburg-Vorpommern, Sachsen, Sachsen-Anhalt und Thüringen dürfen solche Personen weiterhin mit den Aufgaben eines Urkundsbeamten der Geschäftsstelle betraut werden, die bis zum 25. April 2006 gemäß Anlage I Kapitel III Sachgebiet A Abschnitt III Nr. 1 Buchstabe q Abs. 1 zum Einigungsvertrag vom 31. August 1990 (BGBl. 1990 II S. 889, 922) mit diesen Aufgaben betraut worden sind.

I. Allgemeines

1   Der Geschäftsstelle (Abs. 1) obliegen alle **Aufgaben** der Rechtspflege, soweit sie nicht den Richtern, Rechtspflegern (soweit diese Aufgaben aus dem richterlichen Bereich wahrnehmen)[1] oder Staats- bzw. Amtsanwälten vorbehalten sind,[2] zB die Bewirkung von Ladungen und Zustellungen (§§ 36, 214 StPO), die Vorlegung von Akten (zB § 320 StPO), die Beglaubigung und Erteilung von Ausfertigungen und Abschriften gerichtlicher Entscheidungen (zB § 275 Abs. 5 StPO).

2   Die Geschäftsstelle ist eine **einheitliche Einrichtung** des Gerichts bzw. der StA[3] und **untersteht dem Behördenleiter**.[4]

---

[5] Weiteres bei KK-StPO/*Schmidt*/*Schoreit* Rn. 9 ff.; *Meyer-Goßner* Rn. 6.
[6] Dazu umfassend HbStrVf/*Lehmann* Rn. III. 447 ff.; HK-GS/*Hartmann* § 98 StPO Rn. 9; *Beulke* Rn. 321 ff.
[1] Vgl. § 1 Rn. 11.
[2] Vgl. Kissel/*Mayer* Rn. 4, 6; *Meyer-Goßner* Rn. 2.
[3] Kissel/*Mayer* Rn. 4; *Meyer-Goßner* Rn. 1.
[4] SK-StPO/*Degener* Rn. 6.

II. Urkundsbeamte der Geschäftsstelle

1. Aufgabe der Urkundsbeamten. Aufgabe der Urkundsbeamten ist zB der Protokolldienst in 3 der Hauptverhandlung (§§ 226 Abs. 1, 271 Abs. 1 StPO), die Aufnahme von Niederschriften (zB §§ 168, 168 a, 168 b StPO), die Entgegennahme bestimmter Prozesserklärungen (zB nach § 158 Abs. 2 StPO),[5] die Führung der Schöffenlisten (§ 49 Abs. 4) und die Bescheinigung der Vollstreckbarkeit rechtskräftiger Urteile (§ 451 Abs. 1 StPO; § 13Abs. 2–5 StrVollstrO).[6]

Der UrkB muss (etwa bei Fortsetzung einer Hauptverhandlung außerhalb des Gerichtssitzes) 4 nicht unbedingt dem Gericht angehören, für das er tätig wird.[7] Für **Ausschließung und Ablehnung** von UrkBn gelten nach § 31 StPO die §§ 22 ff. StPO entsprechend.

2. Bestellung. Die Bestellung zum Urkundsbeamten steht unter den **Voraussetzungen** der 5 **Abs. 2, 3** und der Ausführungsbestimmungen nach **Abs. 4**.[8] Auch **Angestellte** (Bedienstete) können gem. **Abs. 5 S. 1** nach landesrechtlichen Vorschriften mit Aufgaben des UrkBn betraut werden.[9] **In den neuen Bundesländern** können nach **Abs. 5 S. 2** auch andere als die in § 153 genannten Personen mit den Aufgaben eines UrkB betraut werden, zB in Sachsen Rechtsreferendare.[10]

3. Einsatz von Rechtsreferendaren. Auch in anderen Fällen kann der **Stationsreferendar** die 6 Aufgaben des UrkBn wahrnehmen, wenn das Landesrecht das vorsieht.[11] Die Betrauung des Referendars mit der Aufgabe des UrkB muss vor Aufnahme der entspr. Tätigkeit ausgesprochen werden.[12] In Niedersachsen ist das nur auf Anordnung des Behördenleiters möglich,[13] ebenso in Schleswig Holstein.[14] In Hamburg muss der Präsident des LG den Referendar mit der Aufgabe betrauen;[15] in Baden-Württemberg[16] und Rheinland-Pfalz[17] kann der für die Ausbildung Verantwortliche den Referendar beauftragen.

4. Rechtspfleger. Dem Rechtspfleger sind neben seinen aus dem richterlichen Aufgabenbereich 7 übertragenen Tätigkeiten[18] auch Aufgaben des UrkB zugewiesen. So muss er bestimmte Erklärungen aufnehmen, die gegenüber dem UrkB der Geschäftsstelle abzugeben sind; bei anderen soll er tätig werden (§ 24 RPflG). Auch bei der Festsetzung von Kosten und Auslagen im Kostenfestsetzungsverfahren (§ 464 b StPO) übt er Tätigkeiten der Geschäftsstelle aus (§ 21 RPflG). § 36 b RPflG ermöglicht eine Übertragung von Rechtspflegeraufgaben auf den UrkB der Geschäftsstelle.[19]

ZWÖLFTER TITEL. ZUSTELLUNGS- UND VOLLSTRECKUNGSBEAMTE

§ 154 [Gerichtsvollzieher]

Die Dienst- und Geschäftsverhältnisse der mit den Zustellungen, Ladungen und Vollstreckungen zu betrauenden Beamten (Gerichtsvollzieher) werden bei dem Bundesgerichtshof durch den Bundesminister der Justiz, bei den Landesgerichten durch die Landesjustizverwaltung bestimmt.

Gerichtsvollzieher sind **den Amtsgerichten** und **bestimmten örtlichen Zuständigkeitsbereichen** 1 zugeordnet. Nähere Regelungen enthalten die Gerichtsvollzieherordnung (GVO) und die Geschäftsanweisung für Gerichtsvollzieher (GVGA).[1]

Aufgaben für den Gerichtsvollzieher können sich **im Strafprozess** aus §§ 37, 38, 220, 222, 386 2 StPO ergeben, im Rahmen der Strafvollstreckung auch aus § 459 StPO und der StrVollstrO.[2]

---

[5] Vgl. aber unten Rn. 4.
[6] *Meyer-Goßner* Rn. 3.
[7] BGH v. 22. 1. 1981 – 4 StR 97/80, NStZ 1983, 213.
[8] Dazu vgl. *Meyer-Goßner* Rn. 1.
[9] Vgl. OLG Bremen v. 22. 11. 1982 – Ss 31/82, StV 1984, 109 mAnm *Katholnigg*.
[10] Vgl. OLG Dresden v. 30. 6. 2003 – 1 Ss 616/02, StV 2004, 368 L.
[11] BGH v. 3. 4. 3984 – 5 StR 986/83, NStZ 1984, 327.
[12] OLG Hamburg v. 20. 12. 1983 – 2 Ss 157/83, MDR 1984, 337.
[13] BGH v. 3. 4. 3984 – 5 StR 986/83, NStZ 1984, 327.
[14] AV des JM Schleswig-Holstein vom 4. 12. 1984, SchlHA 1985, 6.
[15] KK-StPO/*Schoreit* Rn. 6.
[16] *Meyer-Goßner* Rn. 3.
[17] OLG Koblenz v. 11. 10. 1984 – 1 Ss 259/84, RPfleger 1985, 77.
[18] Vgl. § 1 Rn. 11.
[19] Vgl. *Wiedemann* NJW 2002, 3448.
[1] KK-StPO/*Schoreit* Rn. 2.
[2] Vgl. Kissel/*Mayer* Rn. § 154 Rn. 12 ff.

§ 155 [Ausschließung des Gerichtsvollziehers]

Der Gerichtsvollzieher ist von der Ausübung seines Amts kraft Gesetzes ausgeschlossen:

I. in bürgerlichen Rechtsstreitigkeiten:
1. (nicht abgedruckt)
2. (nicht abgedruckt)
3. wenn eine Person Partei ist, mit der er in gerader Linie verwandt oder verschwägert, in der Seitenlinie bis zum dritten Grad verwandt oder bis zum zweiten Grad verschwägert ist oder war;

II. in Strafsachen:
1. wenn er selbst durch die Straftat verletzt ist;
2. wenn er der Ehegatte oder Lebenspartner des Beschuldigten oder Verletzten ist oder gewesen ist;
3. wenn er mit dem Beschuldigten oder Verletzten in dem unter Nummer I 3 bezeichneten Verwandtschafts- oder Schwägerschaftsverhältnis steht oder stand.

1 § 155 legt **Ausschließungsgründe** für den Gerichtsvollzieher fest. Wird ein nach dieser Vorschrift ausgeschlossener Gerichtsvollzieher trotzdem tätig, ist die Amtshandlung anfechtbar, aber nicht nichtig.[1]

2 Eine **Ablehnung** (vgl. §§ 24 ff. StPO) des Gerichtsvollziehers ist nicht möglich.[2]

DREIZEHNTER TITEL. RECHTSHILFE

§ 156 [Rechtshilfepflicht]

Die Gerichte haben sich in Zivilsachen und in Strafsachen Rechtshilfe zu leisten.

I. Rechts- und Amtshilfe

1 **1. Gegenseitige Verpflichtung der Behörden.** Die **Behörden des Bundes und der Länder** müssen sich gegenseitig **Rechts- und Amtshilfe** leisten (Art. 35 GG). Die §§ 156 ff. enthalten dazu besondere Bestimmungen; sie betreffen überwiegend die **bundesweite Rechtshilfe**,[1*] aber auch teilweise die **Amtshilfe** (zB §§ 162, 168).

2 **2. Amtshilfe.** Amtshilfe kann eine **andere Behörde als ein Gericht von einem Gericht** verlangen, wenn das gesetzlich vorgesehen ist. Praktisch wichtigster Fall der Amtshilfe ist die Akteneinsicht für nicht am Verfahren Beteiligte. Die Pflicht zur Amtshilfe endet dort, wo unangemessen in die persönliche Sphäre des Einzelnen eingegriffen (Art. 1, 2 GG) wird oder dem Bund oder einem Land ein unangemessener Nachteil bereitet würde (vgl. § 96 StPO).[2*]

II. Rechtshilfe unter Gerichten

3 **1. Voraussetzungen.** Die **Rechtshilfepflicht** setzt voraus, dass **auf beiden Seiten ordentliche Gerichte** beteiligt sind.[3] Sie besteht in jedem Verfahrensstadium und umfasst alle Prozesshandlungen, die der Durchführung eines anhängigen Verfahrens zu dienen bestimmt sind, zB auch die Gewährung von **Akteneinsicht**.[4]

4 **2. Beteiligte.** Die Rechtshilfe wird auf **Ersuchen eines Gerichts** von einem **anderen Gericht** geleistet und kann sich auf den Aufgabenbereich des Richters, des Rechtspflegers oder des UrkB[5] beziehen. Der ausführende, die Rechtshilfe leistende, Richter ist der „ersuchte Richter", wie ihn zB § 223 Abs. 1 StPO bezeichnet.

5 **3. Zuständigkeit.** Das **ersuchende Gericht** muss für die Handlung sachlich zuständig sein;[6] Die örtliche und sachliche Zuständigkeit des **ersuchten Gerichts** ergibt sich aus § 157.

---

[1] *Katholnigg* Rn. 2; KK-StPO/*Schoreit* Rn. 2; Kissel/*Mayer* Rn. 4; Löwe/Rosenberg/*Boll* Rn. 2.
[2] Kissel/*Mayer* Rn. 2; Löwe/Rosenberg/*Boll* Rn. 1.
[1*] S. u. Rn. 3.
[2*] *Meyer-Goßner* Vor § 156 Rn. 2; umfassend Kissel/*Mayer* § 158 Rn. 50 ff. Vgl. auch § 159 Rn. 7 zu Rechtsbehelfen in Amtshilfesachen.
[3] *Katholnigg* Rn. 1; KK-StPO/*Schoreit* Rn. 1; Kissel/*Mayer* Rn. 10.
[4] OLG Frankfurt v. 1. 12. 1980 – 1 WS (B) 269/80 OWiG, NStZ 1981, 191.
[5] RG v. 27. 7. 1912 – 1 T. B. 102/12 und VIII 1733/12, RGSt 46, 175 (für den Gerichtsschreiber).
[6] RG v. 16. 5. 1918 – 1 T. B 41/18, RGSt 52, 20 (21).

Dreizehnter Titel. Rechtshilfe §§ 157, 158 GVG

4. Rechtliche Zulässigkeit. Die Zulässigkeit des Rechtshilfeersuchens setzt voraus, dass es rechtlich gestattet ist (zB § 223 Abs. 1 StPO). Das ist zB nicht der Fall bei einem Ersuchen um Durchführung der mündlichen Verhandlung im Haftprüfungsverfahren.[7] **6**

5. Zwangs- und Ordnungsmittel. Die Verhängung von Zwangs- und Ordnungsmitteln nach §§ 51, 70, 77, 133, 134 StPO, § 178 steht dem ersuchten Richter zu. Umstritten ist, ob das ersuchende Gericht für den Fall, dass die zu vernehmende Person nicht bei dem ersuchten Richter erscheint, von vornherein die Vorführung zu diesem anordnen darf;[8] dies dürfte zu bejahen sein.[9] **7**

6. Bußgeldverfahren. Im Bußgeldverfahren gelten die Vorschriften über die Rechtshilfe im gerichtlichen Verfahrensstadium (nicht hinsichtlich der Tätigkeit der Verwaltungsbehörde) entsprechend.[10] **8**

§ 157 [Rechtshilfegericht]

(1) Das Ersuchen um Rechtshilfe ist an das Amtsgericht zu richten, in dessen Bezirk die Amtshandlung vorgenommen werden soll.

(2) ¹Die Landesregierungen werden ermächtigt, durch Rechtsverordnung die Erledigung von Rechtshilfeersuchen für die Bezirke mehrerer Amtsgerichte einem von ihnen ganz oder teilweise zuzuweisen, sofern dadurch der Rechtshilfeverkehr erleichtert oder beschleunigt wird. ²Die Landesregierungen können diese Ermächtigung durch Rechtsverordnung auf die Landesjustizverwaltungen übertragen.

1. Sachliche und funktionelle Zuständigkeit. Für die Rechtshilfe ist **immer das Amtsgericht** zuständig, auch wenn die Strafsache zur Zuständigkeit eines Gerichts höherer Ordnung gehört. Bei Ersuchen, die die richterliche Tätigkeit betreffen, ist **derjenige Richter** funktionell zuständig, der durch die Geschäftsverteilung bestimmt ist (§ 21e Abs. 1 S. 1). Die Geschäftsverteilung kann die Aufgaben des Rechtshilferichters und des Ermittlungsrichters demselben Richter oder gemeinsam mehreren Richtern unter Abgrenzung ihrer Zuständigkeiten zuweisen.[1] **1**

2. Örtliche Zuständigkeit. a) Amtsgericht der Handlung. Örtlich zuständig ist das AG, **in dessen Bezirk die Handlung vorgenommen** werden soll. Bei Vernehmung einer Person ist das idR das Amtsgericht, in dessen Bezirk der Wohnsitz (vgl. § 8 StPO) liegt.[2] Es kann aber auch auf günstige Verkehrsverbindung zum Gericht, auf den Dienst- oder Geschäftssitz oder auf eine Reisetätigkeit der Person Rücksicht genommen werden;[3] auch die Grenznähe kann zwecks Vernehmung eines im Ausland wohnhaften Zeugen die Zuständigkeit begründen.[4] Falls mehrere Gerichte zuständig sind, wählt das ersuchende Gericht unter ihnen aus.[5] **2**

b) Vernehmung mehrerer Zeugen. Sollen in einer Sache mehrere Zeugen vernommen werden, kann das Ersuchen um ihre Vernehmung an jedes AG gerichtet werden, das für die Vernehmung eines dieser Zeugen zuständig ist, wenn die Zusammenfassung der Vernehmungen aus Zweckmäßigkeitserwägungen angebracht ist, zB zur Ermöglichung einer Gegenüberstellung (§ 58 Abs. 2 StPO).[6] **3**

3. Örtliche Konzentration (Abs. 2). Die Konzentrationsermächtigung beschränkt sich nicht auf AGe desselben LG-Bezirks.[7*] **4**

§ 158 [Ablehnung der Rechtshilfe; Verweisung bei Unzuständigkeit]

(1) Das Ersuchen darf nicht abgelehnt werden.

(2) ¹Das Ersuchen eines nicht im Rechtszuge vorgesetzten Gerichts ist jedoch abzulehnen, wenn die vorzunehmende Handlung nach dem Recht des ersuchten Gerichts verboten ist. ²Ist das ersuchte Gericht örtlich nicht zuständig, so gibt es das Ersuchen an das zuständige Gericht ab.

---

[7] OLG München v. 8. 8. 1957 – Ws 684/57, MDR 1958, 181; § 158 Rn. 3f.
[8] *Frössler* NJW 1972, 517; *Meyer-Goßner* § 157 Rn. 4.
[9] So auch KK-StPO/*Schoreit* Rn. 3; Löwe/Rosenberg/*Boll* Rn. 4.
[10] KK-StPO/*Schoreit* Rn. 4 mwN.
[1] KK-StPO/*Schoreit* Rn. 1; *Kissel/Mayer* Rn. 3; *Meyer-Goßner* Rn. 1.
[2] *Meyer-Goßner* Rn. 2.
[3] Vgl. OLG Hamm v. 27. 11. 1956 – 3 Ws 445/56, MDR 1957, 437; KK-StPO/*Schoreit* Rn. 3.
[4] OLG Schleswig v. 3. 12. 1988 – 1 StR. AR 31/88, NStZ 1989, 240; *Rose* wistra 1998, 13.
[5] OLG Hamm v. 6. 1. 1956 – 15 W 6/56; NJW 1956, 1446 L.
[6] *Meyer-Goßner* Rn. 3 mwN.
[7*] KK-StPO/*Schoreit* Rn. 6; vgl. auch § 58.

GVG § 159

I. Ablehnung der Rechtshilfe (Abs. 1, Abs. 2 S. 1)

1 **1. Grundsatz (Abs. 1).** Rechtshilfegesuche **dürfen grundsätzlich nicht abgelehnt werden**. Das gilt wegen Abs. 2 S. 1 aber unbedingt nur gegenüber den **Gerichten höherer Instanz**, in deren Bezirk das AG liegt. Dieses strikte Ablehnungsverbot wirkt auch, wenn das ersuchende Gericht im ersten Rechtszug tätig ist, und zwar sogar dann, wenn es am gleichen Ort seinen Sitz hat.[1]

2 Auch gegenüber dem Ersuchen **anderer Gerichte** stellt Abs. 1 aber klar, dass der ersuchte Richter die Auffassung des ersuchenden (und damit gesetzlichen) Richters generell zu respektieren und präzise zur Geltung zu bringen hat.[2]

3 **2. Ablehnung des Gesuchs.** Das Ersuchen ist gegenüber allen Gerichten mit Ausnahme der im Rechtszug vorgesetzten Gerichte (Abs. 2 S. 1) abzulehnen, wenn die gewünschte Handlung ausdrücklich oder nach dem Sinn der gesetzlichen Vorschrift[3] verboten ist. Das ist nach hM nur der Fall, wenn die Handlung **schlechthin rechtlich unzulässig ist**,[4] denn der ersuchte Richter ist nur der „verlängerte Arm" des ersuchenden Richters.[5] Ein Verfahrenshindernis, das nicht für das ersuchende Gericht gilt, steht der Rechtshilfehandlung nicht entgegen.[6]

4 **Beispiele**: Unzulässig ist zB die **Ablehnung eines Vernehmungsersuchens** nach § 233 Abs. 2 StPO, oder weil der Angeklagte noch keinen Entbindungsantrag gestellt habe,[7] weil zuerst ein Gutachten oder eine ärztliche Auskunft über die Vernehmungsfähigkeit des zu vernehmenden Zeugen einzuholen sei.[8] Unzulässig ist auch eine Ablehnung, weil die vorzunehmende Handlung **nicht zweckmäßig**[9] oder das **ersuchende Gericht nicht zuständig** sei.[10] Die Eröffnung eines erweiterten Haftbefehls darf nicht abgelehnt werden.[11] Auch dem Ersuchen, dem **Verteidiger Akten in die Kanzlei mitzugeben**, muss stattgegeben werden.[12] Abzulehnen ist hingegen, weil unzulässig, das Ersuchen um kommissarische **Vernehmung des Betroffenen** im gerichtlichen Bußgeldverfahren.[13]

5 **3. Entscheidung des ersuchenden Gerichts.** Hat der ersuchte Richter Bedenken gegen die tatsächliche Grundlage des Ersuchens, oder drängt sich ihm irgendwie auf, dass diese sich inzwischen wesentlich geändert hat, kann er aber vor der Ausführung eine Entscheidung des ersuchenden Gerichts darüber herbeiführen, ob das Ersuchen zurückgenommen oder geändert wird.[14]

II. Abgabe bei Unzuständigkeit (Abs. 2 S. 2)

6 Die Abgabe wegen örtlicher Unzuständigkeit ist **nicht bindend**. Wenn das so angegangene Gericht sich seinerseits für örtlich unzuständig hält, muss es sich ebenfalls für unzuständig erklären und das Gesuch an das von ihm für zuständig gehaltene Gericht weiterleiten bzw. (wenn es dieses für zuständig hält) an das abgebende Gericht zurückgeben.[15]

§ 159 [Entscheidung des Oberlandesgerichts]

(1) [1]Wird das Ersuchen abgelehnt oder wird der Vorschrift des § 158 Abs. 2 zuwider dem Ersuchen stattgegeben, so entscheidet das Oberlandesgericht, zu dessen Bezirk das ersuchte Gericht gehört. [2]Die Entscheidung ist nur anfechtbar, wenn sie die Rechtshilfe für unzulässig erklärt und das ersuchende und das ersuchte Gericht den Bezirken verschiedener Oberlandesgerichte angehören. [3]Über die Beschwerde entscheidet der Bundesgerichtshof.

---

[1] *Meyer-Goßner* Rn. 2 mwN.
[2] KK-StPO/*Schoreit* Rn. 3.
[3] OLG Frankfurt v. 1. 12. 1980 – 1 WS (B) 269/80 OWiG, NStZ 1981, 191; Löwe/Rosenberg/*Boll* Rn. 3.
[4] OLG Düsseldorf v. 17. 8. 1987 – 3 Ws 440/87, MDR 1988, 604; OLG Düsseldorf v. 24. 9. 1998 – 2 Ws 430/98, NZV 1998, 516; OLG Frankfurt v. 14. 1. 1974 – 2 Ws 231/73, NJW 1974, 430; OLG Stuttgart v. 23. 9. 1986 – 3 ARs 119/86, NStZ 1987, 43.
[5] BGH v. 8. 11. 1952 – I ZB 15/52, JZ 1953, 230 mAnm *Schwoerer*.
[6] *Meyer-Goßner* Rn. 2.
[7] *Meyer-Goßner* Rn. 2 mwN.
[8] OLG Düsseldorf v. 19. 8. 1988 – 1 Ws 750/88, NStZ 1989, 39.
[9] OLG Düsseldorf v. 17. 8. 1987 – 3 Ws 440/87, MDR 1988, 604; OLG Düsseldorf v. 3. 5. 1996 – 1 Ws 320/96, MDR 1996, 843; OLG Frankfurt v. 7. 11. 2003 – 3 Ws 1250/03, NStZ-RR 2004, 50; aM zu § 223 I StPO AG Höxter v. 3. 3. 1992 – 4 AR 33/92, MDR 1992, 892; AG Solingen v. 15. 3. 1996 – 21 AR 31/96, MDR 1996, 629.
[10] OLG Celle v. 29. 5. 2008 – 2 Ws 171/08, NdsRpfl 2008, 257.
[11] OLG Karlsruhe v. 10. 5. 1996 – 1 AR 27/96, Justiz 1997, 140; aM OLG Frankfurt v. 23. 6. 1988 – 3 Ws 575/88, NStZ 1988, 471.
[12] OLG Karlsruhe v. 16. 9. 1985 – 2 Ws 81/85, Justiz 1986, 50.
[13] BGH v. 20. 1. 1999 – 2 ARs 517/98, BGHSt 44, 345 = NJW 1999, 961; OLG Düsseldorf v. 24. 9. 1998 – 2 Ws 430/98, NZV 1998, 516; *Meyer-Goßner* Rn. 3; aM OLG Celle v. 24. 9. 1998 – 1 ARs 42/98, VRS 96 (1999), 110.
[14] *Meyer-Goßner* Rn. 2; vgl. auch Kissel/*Mayer* Rn. 48.
[15] KK-StPO/*Hannich* Rn. 7; Kissel/*Mayer* Rn. 24; s. a. auch § 159 Rn. 2.

Dreizehnter Titel. Rechtshilfe 1 § 160 GVG

(2) Die Entscheidungen ergehen auf Antrag der Beteiligten oder des ersuchenden Gerichts ohne mündliche Verhandlung.

I. Nachprüfung in Rechtshilfesachen

1. Allgemeines. Abs. 1 ermöglicht die **Entscheidung des OLG** bei Rechtshilfesachen in zwei Fällen, nämlich: 1

a) **Ablehnung eines Rechtshilfegesuchs.** Sie liegt vor, wenn die Ausführung des Ersuchens ganz oder teilweise verweigert wird,[1] auch zB, wenn das ersuchte Gericht die Sache an ein anderes Gericht gemäß § 158 Abs. 2 S. 2 abgibt, dieses das Ersuchen aber wieder zurückgibt und das ersuchte Gericht sich weiterhin weigert, das Ersuchen auszuführen.[2] § 159 hat in diesem Sinn Vorrang vor §§ 14, 19 StPO.[3] Ein **Streit über die Art der Ausführung** des Ersuchens kann sich als teilweise Ablehnung iSd. § 159 darstellen, zB bei Meinungsverschiedenheiten über die Verpflichtung zur Festsetzung der Entschädigung für Zeugen oder Sachverständige.[4] **Keine Ablehnung** ist eine lediglich **verzögerte Erledigung** oder die Nichterledigung aus persönlichen Gründen des ersuchten Richters (zB Annahme einer Gesundheitsgefährdung durch die Erledigung). In einem solchen Fall ist nicht nach § 159 vorzugehen, sondern die dem ersuchten Gericht vorgesetzte Aufsichtsbehörde anzurufen.[5] 2

b) **Durchführung einer Rechtshilfehandlung.** Der Antragsteller muss in diesem Fall behaupten, die Durchführung hätte nach § 158 Abs. 2 abgelehnt werden müssen. 3

2. Antrag (Abs. 2) und Verfahren. Die Nachprüfung setzt einen **Antrag** eines Beteiligten oder des ersuchenden Gerichts voraus. Den Beteiligten ist **rechtliches Gehör** zu gewähren.[6] Das AG kann **abhelfen**. Die Entscheidung des OLG ist den Beteiligten bekanntzugeben. 4

3. Inhalt. Die Nachprüfung bezieht sich nur darauf, ob die ablehnende oder stattgebende Entscheidung den Bestimmungen des § 158 entspricht (vgl. **Abs. 1 S. 1**).[7] 5

4. Beschwerde (Abs. 1 S. 2, 3). Die Entscheidung des OLG ist nur anfechtbar, wenn sie die Rechtshilfe für **unzulässig** erklärt **und** die beteiligten Gerichte **in verschiedenen OLG-Bezirken** liegen. 6

II. Rechtsbehelfe in Amtshilfesachen

Für die allgemeine **Amtshilfe** gilt § 159 nicht.[8] Gegen die Verweigerung der Amtshilfe durch den Richter ist, soweit das Landesrecht nichts anderes bestimmt,[9] im Bereich des **Strafverfahrens** die Beschwerde nach § 304 StPO zulässig, wie zB gegen die Ablehnung eines Ersuchens nach § 162 StPO. Im Anwendungsbereich des VwVfG ist die Anrufung der Aufsichtsbehörde (Art. 5 Abs. 2 S. 2 VwVfG) statthaft; sonst und für den Bereich der **Strafvollstreckung** ist nur die Dienstaufsichtsbeschwerde an die Aufsichtsbehörde möglich.[10] 7

§ 160 [Einheitlichkeit des Rechtspflegegebiets]

Vollstreckungen, Ladungen und Zustellungen werden nach Vorschrift der Prozeßordnungen bewirkt ohne Rücksicht darauf, ob sie in dem Land, dem das Prozeßgericht angehört, oder in einem anderen deutschen Land vorzunehmen sind.

1. Allgemeines. Für die Bewirkung von Vollstreckungen, Ladungen und Zustellungen erstreckt sich der **Wirkungsbereich des Gerichts und der StA** auf die ganze Bundesrepublik. § 160 gestattet die **unmittelbare Bewirkung** der bezeichneten Maßnahmen, ohne dass es eines Ersuchens (vgl. 1

---

[1] RG v. 13. 2. 1893 – Rep. 28/93, RGSt 24, 1 (2); BGH v. 27. 6. 1958 – 2 ARs 81/58, NJW 1958, 1310; OLG Düsseldorf v. 19. 8. 1988 – 1 Ws 750/88 NStZ 1989, 39; Kissel/*Mayer* Rn. 4.
[2] OLG Frankfurt v. 7. 11. 2003 – 3 Ws 1250/03, NStZ-RR 2004, 50.
[3] OLG Frankfurt v. 7. 11. 2003 – 3 Ws 1250/03, NStZ-RR 2004, 50 (52); *Meyer-Goßner* Rn. 1; offenbar aM BGH v. 3. 5. 2002 – 2 ARs 103/02, NStZ-RR 2003, 97.
[4] BGH v. 27. 6. 1958 – 2 ARs 81/58, NJW 1958, 1310; OLG Düsseldorf v. 19. 8. 1988 – 1 Ws 750/88 NStZ 1989, 39.
[5] OLG Nürnberg v. 4. 4. 1968 – 3 AR 10/68, MDR 1968, 946; OLG Düsseldorf v. 19. 8. 1988 – 1 Ws 750/88, NStZ 1989, 39 mwN.
[6] Kissel/*Mayer* Rn. 14; vgl. *Katholnigg* Rn. 4.
[7] OLG Nürnberg v. 4. 4. 1968 – 3 AR 10/68, MDR 1968, 946; aM *Katholnigg* Rn. 2.
[8] Vgl. auch Kissel/*Mayer* Rn. 20 ff.
[9] ZB § 4 NdsAGGVG.
[10] *Meyer-Goßner* Rn. 2.

Rappert

§ 157) bedarf.[1] Werden andere Behörden als die Ausgangsbehörde tätig, handelt es sich nicht um Rechts-, sondern um **Amtshilfe**. Als **Rechtsbehelf** kommt daher nicht die Entscheidung nach § 159 in Betracht, sondern das allgemeine Rechtsmittel der Beschwerde (§ 304 StPO).[2]

2   2. Vollstreckungen. Vollstreckt werden insbesondere auch Anordnungen des Richters und der StA in einen anderen Land der BRep.,[3] zB Beschlagnahme und Durchsuchung, Haft- und Vorführungsbefehle,[4] die allgemeine Beschlagnahme von Schriften (§§ 111m, 111n StPO)[5] sowie Ordnungs- und Zwangsmittel. Das gilt auch, wenn die Anordnung auf Landesrecht beruht. Für Freiheitsstrafen gelten die §§ 162, 163 als Spezialregelungen.

§ 161 [Beauftragung des Gerichtsvollziehers durch Vermittlung der Geschäftsstelle]

[1] Gerichte, Staatsanwaltschaften und Geschäftsstellen der Gerichte können wegen Erteilung eines Auftrags an einen Gerichtsvollzieher die Mitwirkung der Geschäftsstelle des Amtsgerichts in Anspruch nehmen, in dessen Bezirk der Auftrag ausgeführt werden soll. [2] Der von der Geschäftsstelle beauftragte Gerichtsvollzieher gilt als unmittelbar beauftragt.

1   Die Vorschrift hat kaum praktische Bedeutung, da die unmittelbare Beauftragung des Gerichtsvollziehers möglich und üblich ist. Soweit dennoch die Geschäftsstelle nach S. 1 mitwirkt, handelt es um **Amtshilfe**.

§ 162 [Vollstreckung von Freiheitsstrafen]

Hält sich ein zu einer Freiheitsstrafe Verurteilter außerhalb des Bezirks der Strafvollstreckungsbehörde auf, so kann diese Behörde die Staatsanwaltschaft des Landgerichts, in dessen Bezirk sich der Verurteilte befindet, um die Vollstreckung der Strafe ersuchen.

1   1. Anwendungsbereich. §§ 162, 163 gilt außer für **Freiheitsstrafen** auch für freiheitsentziehende Maßregeln der Besserung und Sicherung (§ 463 Abs. 1 StPO). Das Ersuchen und seine Ausführung sind dem Rechtspfleger übertragen (§ 31 Abs. 2 S. 1 RPflG).

2   2. Bedeutung. §§ 162, 163 haben **praktisch kaum Bedeutung**, da durch die Ländervereinbarung vom 13. 1. 1965 zur Vereinfachung und Beschleunigung der Strafvollstreckung[1*] und die gemeinsame **StrVollstrO** die Strafvollstreckung unmittelbar durch die **an sich zuständige Vollstreckungsbehörde** vorgesehen ist, auch wenn sich der Verurteilte in einem anderen Bezirk aufhält; die Behörden dieses Bezirks werden dann im Wege der **Amtshilfe** in Anspruch genommen. Freiheitsstrafen können daher zB **unmittelbar durch Einweisung** in die Vollzugsanstalten **eines anderen Landes** vollstreckt werden.[2*]

§ 163 [Vollstreckungshilfe]

Soll eine Freiheitsstrafe in dem Bezirk eines anderen Gerichts vollstreckt oder ein in dem Bezirk eines anderen Gerichts befindlicher Verurteilter zum Zwecke der Strafverbüßung ergriffen und abgeliefert werden, so ist die Staatsanwaltschaft bei dem Landgericht des Bezirks um die Ausführung zu ersuchen.

1   Vgl. die Kommentierung zu § 162.

§ 164 [Kostenersatz]

(1) Kosten und Auslagen der Rechtshilfe werden von der ersuchenden Behörde nicht erstattet.

(2) Gebühren oder andere öffentliche Abgaben, denen die von der ersuchenden Behörde übersendeten Schriftstücke (Urkunden, Protokolle) nach dem Recht der ersuchten Behörde unterliegen, bleiben außer Ansatz.

---

[1] Löwe/Rosenberg/*Boll* Rn. 1; Zender NJW 1991, 2947.
[2] KG v. 7. 1. 1976 – 2 Ws 372/75, JR 1976, 253 (Außervollzugsetzung eines Haftbefehls).
[3] OLG Karlsruhe v. 17. 7. 1969 – 3 Ws 60/69, NJW 1969, 1546 (1547).
[4] KG v. 7. 1. 1976 – 2 Ws 372/75, JR 1976, 253; Löwe/Rosenberg/*Boll* Rn. 5.
[5] *Meyer-Goßner* Rn. 1.
[1*] Abgedruckt bei *Piller/Herrmann* Nr. 2 b Anh I.
[2*] *Meyer-Goßner* Rn. 3; KK-StPO/*Hannich* Rn. 2.

1. Erstattungsfreiheit (Abs. 1). Erstattungsfreiheit[1] gilt nur für die **Rechtshilfe**, grundsätzlich nicht für die **Amtshilfe**.[2]

2. Abs. 2. Diese Vorschrift ist seit Abschaffung der Urkundensteuer gegenstandslos.[3]

§ 165 (weggefallen)

§ 166 [Amtshandlungen außerhalb des Gerichtsbezirks]

Ein Gericht darf Amtshandlungen im Geltungsbereich dieses Gesetzes auch außerhalb seines Bezirks vornehmen.

1. Regelungsgehalt. Außerhalb des Gerichtsbezirks dürfen **Amtshandlungen**, die an sich auch Gegenstand der Rechtshilfe sein könnten (vgl. §§ 223, 225 StPO), und andere Tätigkeiten **vom Gericht** vorgenommen werden. Das Gericht kann auch die ganze Hauptverhandlung außerhalb seines Bezirks durchführen.[1*] Eine **Zustimmung des Gerichts** des anderen Bezirks ist **nicht erforderlich**.

2. Staatsanwaltliche Handlungen. Auch die **StA** kann ohne Weiteres außerhalb ihres Bezirks tätig werden, und zwar auch über die Grenzen der Bundesländer hinweg.[2*]

§ 167 [Nacheile]

(1) Die Polizeibeamten eines deutschen Landes sind ermächtigt, die Verfolgung eines Flüchtigen auf das Gebiet eines anderen deutschen Landes fortzusetzen und den Flüchtigen dort zu ergreifen.

(2) Der Ergriffene ist unverzüglich an das nächste Gericht oder die nächste Polizeibehörde des Landes, in dem er ergriffen wurde, abzuführen.

Schrifttum: *Heinrich*, Die Nacheile im Rahmen von Strafverfolgungsmaßnahmen, NStZ 1996, 361.

1. Flüchtiger. Flüchtiger iS der Vorschrift ist (1) ein auf frischer Tat Verfolgter, (2) ein bei oder unmittelbar nach der Tat Betroffener, der sich der Ergreifung durch Flucht entzogen hat, (3) wer Gegenstand polizeilicher oder staatsanwaltschaftlicher Ermittlungen ist und (auch ohne Kenntnis der Ermittlungen) seinen Aufenthalt oder seine Identität verschleiert, (4) ein Beschuldigter, gegen den ein vollziehbarer Haftbefehl besteht, sowie (5) wer sich nach seiner Verurteilung der Strafvollstreckung zu entziehen versucht.[1**]

2. Polizeibeamte. Polizeibeamte sind alle Beamten iSd. §§ 158, 161, 163 StPO, die kraft Amtes zur Verfolgung und Vollstreckung strafgerichtlicher Entscheidungen zuständig sind.[2**] Der **Anwendungsbereich** des § 167 ist tatsächlich aber stark **eingeschränkt: Ermittlungspersonen** (§ 152) können in dieser Eigenschaft schon wegen der nicht an Ländergrenzen gebundenen Amtsausübung der Staatsanwaltschaft (§ 143) in anderen Ländern tätig werden; für sie gilt § 167 daher nicht.[3*] Bundesweit können auch **Polizeibeamte des Bundes** ohne Weiteres tätig werden.[4] Für **Strafvollzugsbeamte** gilt § 87 StVollzG.

Ohne die Voraussetzungen des Abs. 1 dürfen Polizeibeamte in dem Gebiet eines anderen Landes auf Grund einer Vereinbarung zwischen den Ländern tätig werden.[5] Zur Verfolgung **über das Gebiet der BRep. hinaus** enthält § 167 keine Regelung; hier gelten zwischenstaatliche Abkommen bzw. das Schengener Abkommen.[6]

---

[1] Vgl. dazu BVerwG v. 24. 4. 1991 – 7 A 7.90, RPfleger 1991, 473.
[2] Kissel/*Mayer* Rn. 5 ff.; Löwe/Rosenberg/*Boll* Rn. 9.
[3] Kissel/*Mayer* Rn. 10.
[1*] BGH v. 15. 10. 1968 – 2 ARs 291/68, BGHSt 22, 250 = NJW 1969, 105; SK-StPO/*Degener* Rn. 4.
[2*] KK-StPO/*Schoreit* Rn. 4; Kissel/*Mayer* Rn. 5; Löwe/Rosenberg/*Boll* Rn. 4; *Meyer-Goßner* Rn. 4; *Loh* MDR 1970, 812.
[1**] Vgl. *Heinrich* NStZ 1996, 362; KK-StPO/*Hannich* Rn. 2; Löwe/Rosenberg/*Boll* Rn. 5; *Meyer-Goßner* Rn. 1.
[2**] Kissel/*Mayer* Rn. 2.
[3*] *Heinrich* NStZ 1996, 362; Kissel/*Mayer* Rn. 7 mwN; SK-StPO/*Degener* Rn. 7.
[4] *Meyer-Goßner* Rn. 2.
[5] *Heinrich* NStZ 1996, 364; *Meyer-Goßner* Rn. 1.
[6] *Heinrich* NStZ 1996, 365.

GVG §§ 168, 169

4 **3. Verfolgung.** Die Verfolgung muss dem Zweck dienen, den Flüchtigen, ggf. auch nur zur Personenfeststellung, zu ergreifen; der Begriff der Verfolgung ist weit auszulegen.[7] Die Verfolgung kann auch über mehrere Landesgrenzen gehen.[8]

5 **4. Unverzügliche Abführung (Abs. 2).** Ob die unverzügliche Abführung an das nächste Gericht oder die nächste Polizeibehörde erfolgt, steht im Ermessen des Beamten. Dieser muss aber **die nächste Stelle** der gewählten Art aufsuchen. Damit ist nicht unbedingt die geographisch nächste, sondern die am schnellsten erreichbare Stelle gemeint.

§ 168 [Mitteilung von Akten]

Die in einem deutschen Land bestehenden Vorschriften über die Mitteilung von Akten einer öffentlichen Behörde an ein Gericht dieses Landes sind auch dann anzuwenden, wenn das ersuchende Gericht einem anderen deutschen Land angehört.

1 Im Strafrecht gilt bundeseinheitlich § 96 StPO; der Rückgriff auf landesrechtliche Regelungen ist insoweit nicht erforderlich.[9]

VIERZEHNTER TITEL. ÖFFENTLICHKEIT UND SITZUNGSPOLIZEI

§ 169 [Öffentlichkeit]

¹Die Verhandlung vor dem erkennenden Gericht einschließlich der Verkündung der Urteile und Beschlüsse ist öffentlich. ²Ton- und Fernseh-Rundfunkaufnahmen sowie Ton- und Filmaufnahmen zum Zwecke der öffentlichen Vorführung oder Veröffentlichung ihres Inhalts sind unzulässig.

Schrifttum: *Baumann*, Die Reform der Vorschriften über die Öffentlichkeit der Strafverfahren, NJW 1982, 1558; *Beck*, § 169 Satz 2 GVG – ein Fossil in der heutigen Mediengesellschaft oder wichtiger denn je?, FG Graßhoff, 1998, S. 131; *Benkelmann/Sacher*, Zeig mal – Der Einsatz von Multimedia im Gerichtssaal, FS Volk, 2009, S. 33 ff.; *von Coelln*, Der Zutritt von Journalisten zu öffentlichen Gerichtsverhandlungen, DÖV 2006, 804; *Gehring*, Fernsehaufnahmen aus Gerichtsverhandlungen. Eine Gegenüberstellung von Umfrageergebnissen aus Deutschland und den USA, ZRP 2000, 197; *Gündisch-Dany*, Rundfunkberichterstattung aus Gerichtsverhandlungen, NJW 1999, 256; *Huff*, Fernsehöffentlichkeit im Gerichtssaal – Kippt das BVerfG § 169 S. 2?, NJW 1996, 571; *Jung*, Öffentlichkeit – Niedergang eines Verfahrensgrundsatzes, GedS Kaufmann, 1986, S. 891; *Kleinknecht*, Schutz der Persönlichkeit des Angeklagten durch Ausschluss der Öffentlichkeit in der Hauptverhandlung, FS Schmidt-Leichner, 1977, S. 111; *Lehr*, Bildberichterstattung der Medien über Strafverfahren, NStZ 2001, 63; *Lilie*, Augenscheinsnahme und Öffentlichkeit der Hauptverhandlung, NStZ 1993, 121; *Plate*, Wird das „Tribunal" zur „Szene"?, NStZ 1999, 391; *Roxin*, Aktuelle Probleme der Öffentlichkeit im Strafverfahren, FS Peters, 1974, S. 393 ff.; *Roxin*, Strafprozess und Medien, FS Münchner Juristische-Gesellschaft, 1996, S. 97; *Wolf*, Die Gesetzwidrigkeit von Fernsehübertragungen aus Gerichtsverhandlungen, NJW 1994, 681.

Übersicht

	Rn.
A. Allgemeines	1–7
I. Entstehungsgeschichte	1
II. Sinn und Zweck	2–5
III. Verfassungsrechtliche Verankerung des Öffentlichkeitsgrundsatzes	6
IV. Absoluter Revisionsgrund	7
B. Grundsatz der Öffentlichkeit (Satz 1)	8–30
I. Verhandlung vor dem erkennenden Gericht einschließlich der Verkündung der Urteile und Beschlüsse	8, 9
II. Inhalt des Öffentlichkeitsgrundsatzes	10–21
1. Möglichkeit der Kenntnisnahme	11–17
a) Verhandlungen an einem für solche üblichen Ort	12
b) Verhandlungen an einem anderen Ort	13–15
c) Inhalt des Hinweises	16
d) Kein Schutz vor Terminsänderungen	17
2. Erkennbare Möglichkeit für jedermann, sich Zutritt zur Verhandlung zu verschaffen	18–20
a) Mindestanforderungen an die Kapazität	19
b) Erkennbare Zutrittsmöglichkeit	20
3. Sonstiges	21
III. Grenzen und Einschränkungen der Öffentlichkeit	22–30
1. Kapazitätsgrenzen	22
2. Sachliche Notwendigkeit an einem Ort zu verhandeln, an dem aus tatsächlichen oder rechtlichen Gründen keine Öffentlichkeit möglich ist	23, 24

---

[7] Kissel/*Mayer* Rn. 4, 5.
[8] *Heinrich* NStZ 1996, 363.
[9] KK-StPO/*Schoreit* Rn. 2.

	Rn.
3. Sitzungspolizeiliche oder auf das Hausrecht gestützte allgemeine Zugangserschwernisse	25, 26
4. Zurückweisung oder Entfernung Einzelner	27–29
5. Gesetzliche Ausschlussgründe	30
C. Satz 2	31–43
I. Allgemeines	31
II. Sinn und Zweck des Verbots	32
III. Zeitlicher Anwendungsbereich	33–38
IV. Sachlicher Anwendungsbereich	39–43
1. Nicht erfasste Aufnahmearten	40
2. Nicht erfasste Aufnahmezwecke	41–43
D. Revision	44–48
I. Verstoß gegen Satz 1	44, 45
II. Verstoß gegen Satz 2	46
II. Heilung, Verzicht	47, 48
E. Besondere Verfahrensarten, internationales Recht	49–53
I. Besondere Verfahrensarten	49–52
1. OWiG	49
2. Verfahren gegen Jugendliche und Heranwachsende	50–52
II. Internationales Recht	53

A. Allgemeines

I. Entstehungsgeschichte

Nachdem das kontinentaleuropäische Strafverfahren über Jahrhunderte durch den geheimen Inquisitionsprozess mit lediglich öffentlicher Urteilsverkündung und -vollstreckung[1] beherrscht war, wurde im 18. Jahrhundert die Forderung nach einem öffentlichen Prozess erhoben,[2] eine Forderung, die erst Mitte des nächsten Jahrhunderts allmählich Eingang in die Strafprozessordnungen der deutschen Partikularstaaten fand,[3] sich bis zur Schaffung des Gerichtsverfassungsgesetzes von 1877 aber zu einer allgemein anerkannten **Prozessmaxime** für die Hauptverhandlung entwickelt hatte.[4]

II. Sinn und Zweck

Zentrales Anliegen der Forderung nach einer öffentlichen Hauptverhandlung war die **Kontrolle** der Justiz durch die Öffentlichkeit, die vor allem dem Schutz des Angeklagten vor richterlicher Willkür, insbesondere unzulässiger Folter, dienen und ihm ein Forum für seine Verteidigung eröffnen,[5] aber auch durch Erschwerung der Einflussnahme Dritter die Unparteilichkeit der Richter gewährleisten sollte.[6] Entgegen der Ansicht einer Reihe von Autoren, wonach im heutigen Strafverfahren das Kontrollinteresse seine Bedeutung im Wesentlichen verloren habe und nunmehr das Informationsinteresse der Allgemeinheit im Vordergrund stehe,[7] bildet das Kontrollinteresse weiterhin den Hauptgrund für die Öffentlichkeit der Hauptverhandlung.[8] Dem daneben bestehenden Informationsinteresse kommt im Verhältnis zum Kontrollinteresse eine dienende Funktion zu: Die Information über das Geschehen ist Voraussetzung der Ausübung der Kontrolle.[9]

Die Kontrolle durch die Öffentlichkeit verfolgt dabei **zwei Schutzrichtungen**: Die **subjektive** dient dem Schutz des Angeklagten insbesondere vor willkürlichen Entscheidungen; sie findet ihren stärksten Ausdruck in denjenigen Rechtsordnungen und internationalen Pakten, in denen die Öffentlichkeit des Verfahrens als Grundrecht ausgestaltet ist.[10] Die Kontrolle durch die Öffentlichkeit verfolgt aber auch eine **objektive** Schutzrichtung im Sinne einer vom Schutz des Angeklagten losgelösten, ja sich gegebenenfalls gegen diesen wendenden Kontrolle der Einhaltung des formellen und materiellen Rechts und der Nachvollziehbarkeit und Angemessenheit der Entscheidung. Mit ihr soll auch eine rechtswidrige Privilegierung von insbesondere prominenten Straftätern vermieden und für eine gleichmäßige Anwendung des Rechts gesorgt werden. Wie aktuell

---

[1] *Rüping/Jerouschek*, Grundriss der Strafrechtsgeschichte, 5. Aufl. 2007, Rn. 110; dazu auch *Jung*, Kaufmann-GS, 1986, S. 894.
[2] Vgl. *Beccaria*, Dei delitti e delle pene, 1764, Capitolo 14, Indizi, e forme di giudizi = Von den Verbrechen und von den Strafen (1764), 2005, S. 22.
[3] *Rüping/Jerouschek*, Grundriss der Strafrechtsgeschichte, 5. Aufl. 2007, Rn. 243 ff.; *Baumann* NJW 1982, 1558.
[4] Vgl. *Mittnacht*, in: *Hahn*, Die gesammelten Materialien zu dem GVG, 1. Abt., 2. Aufl. 1883, S. 191; Löwe/Rosenberg/*Wickern* Vor § 169 Rn. 2.
[5] *Kühne*, Strafprozessrecht, Rn. 696.
[6] Kissel/*Meyer* Rn. 1.
[7] *Meyer-Goßner* Rn. 1; *Kleinknecht*, FS Schmidt-Leichner, 1977, S. 112.
[8] BVerfG v. 24. 1. 2001 – 1 BvR 2623/95 (Abs.-Nr. 70); BVerfG (3. Kammer des Zweiten Senats) v. 10. 10. 2001 – 2 BvR 1620/01, NJW 2002, 814; BGH v. 14. 6. 1994 – StR 40/94, NJW 1994, 2774.
[9] Vgl. auch BVerfG v. 24. 1. 2001 – 1 BvR 2623/95 (Abs.-Nr. 71), NJW 2001, 1633.
[10] S. u. Rn. 6.

dieses Anliegen ist, zeigt die neue Regelung in § 257 c StPO zur Verfahrensabsprache, mit der der Gesetzgeber die Unzulässigkeit heimlicher „Deals" festgeschrieben hat.[11]

4 Beide Ausprägungen dienen wiederum einem – oft als eigenständigem Grund für die Öffentlichkeit genannten – Anliegen, das Vertrauen der Bevölkerung in die Rechtsprechung zu sichern.[12]

5 Effektive Wirksamkeit erlangt die Kontrollfunktion des Öffentlichkeitsgrundsatzes erst im Zusammenspiel mit der Beachtung vor allem zweier weiterer Prozessmaximen – der Mündlichkeit und der Unmittelbarkeit.[13] Aus diesem Grund sollte vom Selbstleseverfahren gem. § 249 Abs. 2 S. 1 StPO nur dort Gebrauch gemacht werden, wo dies aus prozessökonomischen Gründen wirklich unabdingbar ist.[14]

III. Verfassungsrechtliche Verankerung des Öffentlichkeitsgrundsatzes

6 Der Grundsatz der Öffentlichkeit der Verhandlung ist im Grundgesetz der Bundesrepublik Deutschland im Gegensatz zu historischen Vorläufern (§ 178 der Paulskirchenverfassung), anderen europäischen Ländern (zB Art. 30 Abs. 3 Schweizer Bundesverfassung,[15] Art. 24 Abs. 2 Spanische Verfassung, wo er daneben auch im Kapitel über die Judikative in Art. 120 Abs. 1 und 3 geregelt ist) oder auf völkerrechtlicher Ebene (Art. 10, 11 der Allgemeinen Menschenrechtserklärung der Vereinten Nationen, Art. 14 Abs. 1 S. 2 IPBPR und Art. 6 Abs. 1 S. 1 EMRK) zwar nicht als Verfahrensgrundrecht ausgestaltet noch findet er sich (anders als etwa in Art. 148/Art. 149 belgische Verfassung; Art. 120 Abs. 1 und 3 spanische Verfassung und Art. 90 Abs. 1 österreichisches Bundes-Verfassungsgesetz, jeweils bei den Regelungen zur Judikative) sonst *ausdrücklich* im Verfassungstext verankert. Jedoch bildet er einen **Bestandteil des Rechtsstaats- und Demokratieprinzips.**[16]

IV. Absoluter Revisionsgrund

7 Die überragende Bedeutung des in § 169 S. 1 proklamierten Öffentlichkeitsgrundsatzes kommt darin zum Ausdruck, dass seine Nichtbeachtung vom Gesetzgeber zu einem absoluten Revisionsgrund – § 338 Nr. 6 StPO erhoben wurde.[17]

B. Grundsatz der Öffentlichkeit (Satz 1)

I. Verhandlung vor dem erkennenden Gericht einschließlich der Verkündung der Urteile und Beschlüsse

8 Verhandlung vor dem erkennenden Gericht im Sinne des S. 1 ist nur die **Hauptverhandlung**[18] als Kernstück des Strafverfahrens, in dem der Sachverhalt endgültig aufgeklärt und festgestellt wird und über die Schuld- und Rechtsfolgenfrage entschieden wird; diese aber **in allen Instanzen,** ebenso im Sicherungsverfahren oder nach Wiederaufnahme. Sie beginnt gem. § 243 Abs. 1 StPO (ggf. iVm. § 324 StPO)[19] mit dem Aufruf der Sache und schließt gem. § 260 Abs. 1 StPO mit der Urteilsverkündung, dh. der Verkündung der Urteilsformel einschließlich der mündlichen Eröffnung der Urteilsgründe. Soweit im Anschluss an die Urteilsverkündung noch Belehrungen gem. §§ 35 a, § 268 c StPO oder Nebenentscheidungen gem. §§ 268 a oder b StPO ergehen, zählen auch diese dazu.[20] Zur Hauptverhandlung gehört auch die audiovisuelle Zeugenvernehmung gem. § 247 a StPO und der Ortstermin.[21]

9 Die Regelung des § 169 wird als abschließend angesehen, mit der Folge, dass nicht zur Hauptverhandlung zählende mündliche Verhandlungen nicht dem Öffentlichkeitsgrundsatz unterlie-

---

[11] Vgl. hierzu *Schlothauer/Weider* StV 2009, 600 ff.
[12] BGH v. 21. 12. 1951 – 2 StR 480/51, NJW 1952, 633; ebenso EGMR v. 29. 9. 1999 – 29718/96 Serre c. France.
[13] Vgl. MünchKommZPO/*Zimmermann* Rn. 2.
[14] Krit. ggü. dem Selbstlosverfahren auch *Benkelmann/Sacher* FS Volk, S. 36.
[15] Trotz Grundrechtscharakter gehen das BG und die Literatur davon aus, dass der Öffentlichkeitsgrundsatz auch im Interesse der Allgemeinheit besteht und daher nicht disponibel ist, vgl. BGE 119, I a 99 sowie *Steinmann*, Art. 30 Rn. 36, in: *Ehrenzeller et al.*, Die schweizerische Bundesverfassung – St. Galler Kommentar, 2. Aufl. 2008, Bd. 1, S. 640.
[16] BVerfG v. 24. 1. 2001 – 1 BvR 2623/95 (Abs.-Nr. 70), NJW 2001, 1633; Jarass/*Pieroth* Art. 20 GG Rn. 14, 101; BGH v. 23. 5. 1956, BGHSt 9, 280 (281); BGH v. 10. 6. 1966 – 4 StR 72/66, NJW 1966, 1571; OLG Hamm v. 3. 4. 1974 – 4 Ss 17/74, NJW 1974, 1780; anders ausdrücklich noch BVerfG v. 7. 3. 1963 – 2 BvR 629 u. 637/62, NJW 1963, 758; *Kleinknecht*, FS Schmidt-Leichner, 1977, S. 112.
[17] BGH v. 7. 3. 1979 – 3 StR 39/79, BGHSt 28, 341 (344) = NJW 1979, 2623; s. i. E. unten Rn. 44.
[18] BGH v. 10. 6. 1966 – 4 StR 72/66,NJW 1966, 1570.
[19] Dies gilt auch für das Revisionsverfahren, vgl. KK-StPO/*Kuckein* § 351 Rn. 1.
[20] Vgl. Löwe/Rosenberg/*Wickern* Rn. 7.
[21] OLG Saarbrücken v. 25. 5. 2007 – Ss (B) 22/2007(20/07), NStZ-RR 2008, 50; Löwe/Rosenberg/*Wickern* Rn. 7; KK-StPO/*Diemer* Rn. 3.

gen.[22] **Nicht anwendbar** ist § 169 daher etwa auf die Vorführung gem. § 115 StPO, die mündliche Haftprüfung gem. § 118 StPO,[23] das Ausschlussverfahren gem. § 138 d StPO,[24] das Ablehnungsverfahren gem. §§ 26 StPO, selbst dann, wenn der entsprechende Antrag gelegentlich der Hauptverhandlung gestellt wird[25] oder aber Verhandlungen vor einem ersuchten oder beauftragten Richter gem. §§ 223–225, 233 Abs. 2, 369 Abs. 3 StPO.[26] **Beratung und Abstimmung** sind nach der Spezialregelung des § 193 **geheim**.

II. Inhalt des Öffentlichkeitsgrundsatzes

Der Öffentlichkeitsgrundsatz besagt, dass jedermann ohne Ansehung seiner Zugehörigkeit zu bestimmten Gruppen der Bevölkerung und ohne Ansehung bestimmter persönlicher Eigenschaften die Möglichkeit hat, an Gerichtsverhandlungen als Zuhörer teilzunehmen,[27] wobei für seine Einhaltung irrelevant ist, ob jemand tatsächlich teilnimmt oder teilzunehmen wünscht. Bereits aus dieser Definition, vor allem aber aus dem Zusammenspiel mit S. 2, folgt gleichzeitig, dass Öffentlichkeit gem. § 169 grundsätzlich nur „**Saalöffentlichkeit**" oder „**unmittelbare Öffentlichkeit**" bedeutet. Nicht erfasst ist nach deutschem Recht hingegen die Möglichkeit der direkten simultanen oder zeitversetzten Verfolgung der Verhandlung durch eine breite, ggf. weltweite Öffentlichkeit mit Hilfe der Medien.[28] Deren Information und damit einhergehende Kontrollmöglichkeit wird im Wege der Presse- und Rundfunkberichterstattung gewährleistet. Angesichts dessen, dass in der heutigen Ausprägung des gesellschaftlichen Lebens gerade dieser Form der medienvermittelten Öffentlichkeit eine herausragende Bedeutung bei der Erfüllung der Kontrollfunktion zukommt, muss bei der konkreten Ausgestaltung der Saalöffentlichkeit den Bedürfnissen der Medienvertreter besonders Rechnung getragen werden.[29]

1. Möglichkeit der Kenntnisnahme. Zur Gewährleistung der Öffentlichkeit im dargestellten Sinne ist zunächst erforderlich, dass jedermann die Möglichkeit hat, sich ohne besondere Schwierigkeiten Kenntnis von Ort und Zeit der Verhandlung zu verschaffen.[30] Die Frage, welche Anforderungen hier im Einzelnen zu stellen sind, wird sehr unterschiedlich beurteilt. Bei ihrer Beantwortung ist maßgeblich auf die Kontrollfunktion der Öffentlichkeit, insbesondere im Hinblick auf den ordnungsgemäßen Verfahrensgang und die Nachvollziehbarkeit des Ergebnisses, abzustellen. Dies bedeutet, dass es nicht genügt, wenn irgendeine beliebige Person, zB ein Passant, Kenntnis von der Tatsache einer Verhandlung erlangen kann.[31] Vielmehr muss gerade dem interessierten Zuhörer grundsätzlich – im Rahmen der faktischen und rechtlichen Grenzen[32] – die Möglichkeit eröffnet werden, das Verfahren von Anfang bis Ende mitverfolgen zu können.[33] Auch derjenige, der erst später hinzukommt oder einen Teil der Verhandlung versäumt hat, muss, soweit die Verhandlung nicht bereits abgeschlossen ist, die Möglichkeit haben, wieder in sie „einzusteigen".[34]

a) Verhandlungen an einem für solche üblichen Ort. Bei Verhandlungen an einem für solche üblichen Ort, dh. in Sitzungssälen in einem Gerichtsgebäude soll es nach verbreiteter Meinung erforderlich, aber auch ausreichend sein, wenn vor dem entsprechenden Saal durch eine während der gesamten Sitzungsdauer aushängende **Terminsrolle** die dort stattfindenden Verhandlungen mitgeteilt werden.[35] Indessen ist jedenfalls bei großen Gerichtsgebäuden mit einer Vielzahl von Sitzungssälen oder bei einer Praxis, auch in Richterzimmern zu verhandeln, zu verlangen, dass sich der interessierte Besucher im Eingangsbereich über die stattfindenden Sitzungen informieren kann, sei es durch eine Übersichtstafel, sei es durch eine – bis zum Ende der letzten Sitzung besetzte – Pforte oder Informationstheke.[36] Bei Verlegung der Verhandlung in einen anderen Sit-

---

[22] Löwe/Rosenberg/*Wickern* Rn. 6.
[23] *Pfeiffer* § 118 Rn. 3.
[24] OLG Stuttgart v. 9. 4. 1975 – 1 ARs 25/75, NJW 1975, 1669; BGH v. 4.5 1979 – 2 ARs 88/79 bei *Pfeiffer* NStZ 1981, 95.
[25] BGH v. 17. 4. 1996 – 3 StR 34/96, NStZ 1996, 398 mwN.
[26] KK-StPO/*Diemer* Rn. 3.
[27] BGH v. 6. 10. 1976 – 3 StR 291/76, BGHSt 27, 13 (14); BGH v. 23. 6. 2006 – 1 StR 20/06, NStZ 2006, 513.
[28] S. dazu iE. Rn. 31 ff.; zT wird hierfür der Begriff der mittelbaren Öffentlichkeit verwendet, während andere hierunter auch die indirekt durch Presse und Rundfunk vermittelte Öffentlichkeit verstehen.
[29] Vgl. u. Rn. 22.
[30] BVerfG (3. Kammer des Zweiten Senats) v. 10. 10. 2001 – 2 BvR 1620/01, NJW 2002, 814; KK-StPO/*Diemer* Rn. 7; Löwe/Rosenberg/*Wickern* Rn. 19; Anw-StPO/*Püschel* Rn. 6.
[31] Ebenso Kissel/*Mayer* Rn. 50; anders aber offenbar MünchKommZPO/*Zimmermann* Rn. 58.
[32] S. u. Rn. 22.
[33] Ebenso Löwe/Rosenberg/*Wickern* Rn. 20, 21.
[34] Ähnlich Löwe/Rosenberg/*Wickern* Rn. 21.
[35] Löwe/Rosenberg/*Wickern* Rn. 23; KK-StPO/*Diemer* Rn. 7; MünchKommZPO/*Zimmermann* Rn. 55.
[36] In diese Richtung BGH v. 22. 6. 1982 – 1 StR 249/81, NStZ 1982, 476 bei auf mehrere Gebäude verteilten Gerichtssälen; abweichend Anw-StPO/*Püschel* Rn. 6 und Kissel/*Mayer* Rn. 47, die stets eine Übersichtstafel für erforderlich halten.

zungssaal ist es idR notwendig, dass außer der Verkündung in der öffentlichen Sitzung durch einen Hinweiszettel am ursprünglichen Gerichtssaal auf Zeit und Ort der Weiterverhandlung hingewiesen wird.[37]

13 **b) Verhandlungen an einem anderen Ort.** Allgemein gilt, dass bei Verhandlungen, die an einem üblicherweise nicht für Verhandlungen benutzten Ort stattfinden – etwa in einem Rathaus, einer Justizvollzugsanstalt, einem Polizeigebäude, einer Privatwohnung oder aber im Freien –, höhere Anforderungen an die Bekanntmachung zu stellen sind als bei Verhandlungen in Sitzungssälen.[38] Regelmäßig ist dabei über die Verkündung in der öffentlichen Sitzung hinaus sowohl ein Hinweis am im Gebäude des zuständigen Gerichts für Bekanntmachungen vorgesehenen Platz (Übersichtstafel oder – bei Fehlen einer solchen – im Bereich der Sitzungssäle) als auch am tatsächlichen Verhandlungsraum selbst notwendig.[39] Die insbesondere verwaltungsgerichtliche Rechtsprechung, wonach es allein auf die faktische Zugangsmöglichkeit ankommt[40] verkennt ebenso wie diejenigen, die einen Hinweis alternativ am Gerichtsgebäude oder dem auswärtigen Verhandlungsort fordern[41] und die Ansicht, wonach bei Gerichtsverhandlungen an allgemein zugänglichen und sichtbaren Orten keinerlei Hinweis notwendig ist,[42] dass die Chance auf eine zufällige Öffentlichkeit den Öffentlichkeitsgrundsatz nicht wahrt, sondern gerade dem interessierten Zuhörer im Rahmen der tatsächlichen und rechtlichen Beschränkungen die Möglichkeit zur Teilnahme offen stehen muss.[43] Aus den gleichen Erwägungen ist andererseits ein zusätzlicher Hinweis am Haupteingang des Gebäudes, in dem die auswärtige Gerichtsverhandlung stattfindet, zumindest wenn es sich dabei um ein öffentliches handelt, nicht erforderlich.[44] Soweit die auswärtige Verhandlung außerhalb der Öffnungszeiten des Gebäudes des zuständigen Gerichts stattfindet, ist der Hinweis dort so anzubringen, dass er auch ohne dessen Betreten wahrnehmbar ist.[45]

14 Die Notwendigkeit eines Aushangs entfällt gänzlich, wenn der auswärtige Verhandlungsteil so kurzfristig und unmittelbar im Anschluss an die Verhandlung stattfindet und von nur so kurzer Dauer ist, dass Zuhörern, die nicht bereits bei Verkündung des Beschlusses anwesend waren, eine rechtzeitige Teilnahme kaum mehr möglich ist.[46] Die Notwendigkeit eines Hinweises gerade am auswärtigen Verhandlungsort entfällt, wenn ein solcher auf Grund der örtlichen Gegebenheiten nicht möglich ist, so bei Terminen im Freien (Augenschein auf einer Verkehrsinsel)[47] oder aber aus rechtlichen Gründen keine Öffentlichkeit zulässig ist (zB Augenschein auf der Autobahn). Bei sukzessiver noch nicht genau festgelegter Inaugenscheinnahme verschiedener Stellen im Freien ist es ausreichend, einen Ausgangs-Treffpunkt zu vereinbaren, zu dem Interessierte sich begeben können, auf Nachzügler braucht keine Rücksicht genommen werden.[48]

15 Wird nach dem Ende eines Ortstermins die Verhandlung nicht im Gebäude des zuständigen Gerichts, sondern am örtlichen Amtsgericht fortgesetzt, so ist entgegen früherer Rechtsprechung[49] hierauf grundsätzlich sowohl dort wie hier hinzuweisen. Dabei kommt es im Zeitalter der Mobiltelefone, wo jederzeit eine Durchgabe des neuen Verhandlungsortes an das Ausgangsgericht möglich ist, prinzipiell nicht darauf an, ob das Prozedere, nach dem Ortstermin im örtlichen Amtsgericht weiterzuverhandeln, bereits von vorneherein feststeht oder auf einer spontanen Entscheidung vor Ort beruht.[50] Lediglich wenn die Entscheidung, am örtlichen Amtsgericht weiterzuverhandeln kurzfristig und zu einem Zeitpunkt getroffen wird, wenn die Pforte des Ausgangsgerichts nicht mehr besetzt ist, kann auf einen zusätzlichen Hinweis am Ausgangsgericht verzichtet werden.

---

[37] OLG Dresden v. 11. 12. 2008 – 2 Ss 562/08, StV 2009, 682; KK-StPO/*Diemer* Rn. 7.
[38] OLG Hamm v. 3. 4. 1974 – 4 Ss17/7, NJW 1974, 1780; Kissel/*Mayer* Rn. 49.
[39] Ähnlich Löwe/Rosenberg/*Wickern* Rn. 24; Kissel/*Mayer* Rn. 49; BGH v. 22. 1. 1981 – 4 StR 97/80, NJW 1981, 311; BGH v. 28. 6. 1984 – 4 StR 243/84, NStZ 1984, 470; OLG Saarbrücken v. 25. 5. 2007 – Ss (B) 22/2007 (20/07), NStZ-RR 2008, 51; OLG Hamm v. 3. 4. 1974 – 4 Ss17/74, NJW 1974, 1780, wonach bei einer Berufungsverhandlung allerdings offenbar auch ein Hinweis am örtlichen AG genügen soll.
[40] Vgl. zB VGH München v. 15. 4. 2002 – 1 ZB 02.134, NVwZ-RR 2002, 799; VGH Mannheim v. 28. 3. 2007 – 8 S 159/07, DÖV 2007, 571.
[41] So MünchKommZPO/*Zimmermann* Rn. 56.
[42] KK-StPO/*Diemer* Rn. 7; OLG Hamm v. 5. 8. 1975 – 2 Ss OWi 176/75, NJW 1976, 122: Hauptverhandlung auf einer Verkehrsinsel und dem Bürgersteig.
[43] S. o. Rn. 8.
[44] In diese Richtung auch BGH v. 28. 6. 1984 – 4 StR 243/84, NStZ 1984, 470; anders Löwe/Rosenberg/*Wickern* Rn. 24; Kissel/*Mayer* Rn. 49.
[45] Löwe/Rosenberg/*Wickern* Rn. 25.
[46] So BGH v. 22. 1. 1981 – 4 StR 97/80, NJW 1981, 311.
[47] BayObLG v. 31. 7. 2000 – 2 St RR 102/00, NStZ-RR 2001, 51; Löwe/Rosenberg/*Wickern* Rn. 25.
[48] BayObLG v. 31. 7. 2000 – 2 St RR 102/00, NStZ-RR 2001, 51.
[49] Vgl. den Nachweis bei KK-StPO/*Diemer* Rn. 7.
[50] Im Erg. ebenso Löwe/Rosenberg/*Wickern* Rn. 29.

c) **Inhalt des Hinweises.** Der Terminzettel muss den genauen Ort und die Zeit der Verhandlung sowie das Aktenzeichen angeben.[51] Ist bei Verhandlungen außerhalb des Gerichtsgebäudes der Verhandlungsort oder Treffpunkt für Ortsunkundige nur schwer zu finden, kann es erforderlich sein, am Gerichtsgebäude einen Lageplan oder eine Wegbeschreibung mitzuteilen. Dass die Sitzung öffentlich ist, braucht keine explizite Erwähnung zu finden, denn die Öffentlichkeit ist die Regel.[52] Auch stellt es keinen Verstoß gegen den Öffentlichkeitsgrundsatz dar, wenn eine am Sitzungssaal angebrachte Lampe mit der Aufschrift „öffentlich" während der laufenden öffentlichen Verhandlung nicht leuchtet. Dabei ist zu berücksichtigen, dass es sich bei der Verwendung solcher Lampen um einen zusätzlichen, bei vielen Gerichten nicht vorhandenen Service handelt. Dem interessierten Zuhörer ist es angesichts der auf der Hand liegenden Möglichkeit der Technik zuzumuten, sich durch Eintreten zu vergewissern, ob die auf der Terminsrolle angekündigte (öffentliche) Sitzung stattfindet.[53] Etwas anderes gilt, wenn nicht gar keine Lampe, sondern fälschlicherweise die Lampe „nichtöffentlich" leuchtet, da dies den Zuhörer vom Eintreten abhält.[54] Davon zu trennen ist freilich das Problem, ob der Verstoß dem Gericht zuzurechnen ist.[55]

16

d) **Kein Schutz vor Terminsänderungen.** Es besteht nach der Rechtsprechung des Bundesgerichtshofs lediglich ein Schutz des Vertrauens in *bekanntgemachte* (und nicht zwischenzeitlich wirksam geänderte) Termine. So darf eine ordnungsgemäß bekanntgegebene Sitzung nicht vor der angegebenen Zeit begonnen werden.[56] Nicht geschützt ist nach der Rechtsprechung hingegen das Vertrauen darauf, dass ein bereits angekündigter oder bekanntgemachter Termin hinsichtlich Zeit oder Ort nicht geändert wird,[57] sofern die Änderung ordnungsgemäß bekanntgemacht wird. Das erscheint dann unbedenklich, wenn ein Termin entfällt oder nach hinten verlegt wird, nicht aber bei Vorverlegung oder Einschieben eines neuen Fortsetzungstermins vor den als nächstes bevorstehenden, zumal wenn es sich um sehr kurzfristig – für den Nachmittag desselben Tages oder den folgenden Tag – und außerhalb der Hauptverhandlung anberaumte Termine handelt.[58] Einen Ausweg aus dem bestehenden Konflikt zwischen dem Postulat, im Hinblick auf eine – nicht rein formale – Kontrollfunktion der Öffentlichkeit, Folgetermine so bekanntzumachen, dass derjenige, der ein bestimmtes Verfahren als Zuhörer verfolgen möchte, in die Lage hierzu versetzt wird[59] und der in der Praxis dringend notwendigen und auch dem Angeklagten dienenden Gewährleistung einer zügigen und flexiblen Verfahrensdurchführung[60] bietet im Zeitalter fortschreitender Digitalisierung die Bekanntmachung der Termine, Fortsetzungstermine und Änderungen auf eigenen Homepages der Gerichte.[61]

17

2. Erkennbare Möglichkeit für jedermann, sich Zutritt zur Verhandlung zu verschaffen. Die Verhandlung muss weiter grundsätzlich an einem Ort stattfinden, der eine als repräsentativ anzusehende Anzahl von Zuhörern fasst und zu dem während ihrer Dauer grundsätzlich jedermann erkennbar Zugang hat.

18

a) **Mindestanforderungen an die Kapazität.** Damit überhaupt von Öffentlichkeit die Rede sein kann, sind bestimmte Mindestanforderungen an die Kapazität des Verhandlungsraumes zu stellen.[62] Zuhörer müssen in einer solchen Zahl Platz finden, die noch als für eine keiner Auswahl unterliegende Öffentlichkeit repräsentativ anzusehen ist.[63] Ein Richterzimmer mit lediglich einem Zuschauerplatz genügt diesen Anforderungen nicht.[64] Ausnahmen können sich daraus ergeben, dass aus sachlich zwingenden Gründen an einem anderen Ort verhandelt werden muss, zB Einnahme eines Augenscheins am äußerst beengten Tatort oder durch Krankheit eines Schöffen bedingte Verhandlung in einem Krankenhauszimmer zur Einhaltung der Fristen gem. § 22.[65] Verfügt

19

---

[51] AA OLG Hamm v. 3. 4. 1974 – 4 Ss 17/74, NJW 1974, 1780; BGH v. 23. 3. 2006 – 1 StR 20/06, NStZ 2006, 513, wonach die Uhrzeit nicht zwingend angegeben werden muss.
[52] BayObLG v. 31. 7. 2000 – 2 St RR 102/00, NStZ-RR 2001, 51.
[53] Vgl. zu den Anforderungen, die an den interessierten Bürger gestellt werden dürfen, auch BGH v. 23. 3. 2006 – 1 StR 20/06, NStZ 2006, 513.
[54] Hierzu ebenso Löwe/Rosenberg/*Wickern* Rn. 58.
[55] S. u. Rn. 44.
[56] BGH v. 18. 7. 2006 – 4 StR 89/06, *Cierniak*, NStZ-RR 2009, 33.
[57] BGH v. 15. 8. 2001 – 3 StR 187/01, NStZ 2002, 46; ebenso BVerfG (3. Kammer des Zweiten Senats), v. 10. 10. 2001 – 2 BvR 1620/01, NJW 2002, 814; MünchKommZPO/*Zimmermann* Rn. 59; dagegen Löwe/Rosenberg/*Wickern* Rn. 22, der auf die Gefahr von Manipulationen hinweist.
[58] Vgl. zB den Sachverhalt bei BGH v. 18. 7. 2006 – 4 StR 89/06; *Cierniak* NStZ-RR 2009, 33; gegen die Zulässigkeit von Vorverlegungen Löwe/Rosenberg/*Wickern* Rn. 22.
[59] Löwe/Rosenberg/*Wickern* Rn. 21; s. o. Rn. 11.
[60] Dies betonend BGH v. 15. 8. 2001 – 3 StR 187/01, NStZ 2002, 46.
[61] Vorbildlich www.landgericht-stuttgart.de.
[62] S. BGH v. 10. 11. 1953 – 5 StR 445/53, BGHSt 5, 75 (83) = NJW 1954, 281.
[63] Löwe/Rosenberg/*Wickern* Rn. 10.
[64] BayObLG v. 30. 11. 1981 – 1 Ob OWi 331/81, NJW 1982, 395.
[65] S. u. Rn. 23.

ein Gericht über mehrere Sitzungssäle, so sind diese den einzelnen Spruchkörpern entsprechend dem nach der Erfahrung zu erwartenden Platzbedarf zuzuteilen.[66] Sofern die Kapazität der zur Verfügung stehenden Sitzungssäle bei Aufsehen erregenden Verfahren mit großem Zuhörer- und Presseandrang nicht ausreicht, um diese in einem dem Verfahren angemessenen Umfang aufzunehmen, darf das Gericht auf einen größeren Saal, ggf. auch außerhalb des Gerichtsgebäudes ausweichen.[67] Eine Pflicht hierzu besteht allerdings nicht.[68] Macht es von dieser Möglichkeit Gebrauch, muss jedoch gewährleistet sein, dass die Verhandlung noch in einem dem Ernst und der Würde des Gerichts entsprechenden Rahmen stattfindet. Die Grenze ist dort zu ziehen, wo das Verfahren – etwa bei Verhandlung in einer Arena oder einem Stadium – der Form nach zu einem öffentlichen Spektakel ausartet. Unterhalb dieser Schwelle kann abweichend von der Gegenauffassung[69] von einem Verstoß gegen die Menschenwürde keine Rede sein. Wer bei bloßer Verlegung in größere Sitzungssäle oder auch sonstige entsprechend für die Verhandlung ausgestattete Säle (ggf. auch ein Auditorium Maximum oder ein Ballsaal) sofort eine Verletzung der Menschenwürde ins Feld führt, stellt die Legitimität des – auch angesichts von Großverfahren mit einer Vielzahl von Verfahrensbeteiligten notwendigen – Vorhaltens äußerst geräumiger Sitzungssäle an den Gerichten der Großstädte ebenso wie die übliche Praxis der Verwaltungsgerichte, in Rathaussälen zu verhandeln,[70] in Frage und lässt die Menschenwürde zur kleinen Münze verkommen. Auch ein Verstoß gegen den Gedanken des S. 2 ist nicht gegeben,[71] da dieser eine anonyme Massenöffentlichkeit völlig anderen Ausmaßes verhindern will. Vom Gericht, das nach der Rechtsprechung des BVerfG auch in weitem Umfang Fernsehaufnahmen außerhalb der Verhandlung zu erdulden hat, muss erwartet werden, dass es auch, „wenn es (die) schützende Atmosphäre (des Gerichtssaals) verlässt und sich in Massenversammlungsräume hinausbegibt"[72] angesichts des Drucks. der Öffentlichkeit seine Unabhängigkeit bewahrt.

20 **b) Erkennbare Zutrittsmöglichkeit.** Der Zutritt sowohl zum Gebäude als auch zum eigentlichen Verhandlungsraum muss jedem nicht nur faktisch ohne besondere Schwierigkeiten möglich, sondern darüber hinaus auch **erkennbar** sein. In der Regel ist zu verlangen, dass eine Zutrittsmöglichkeit zum Gebäude am Haupteingang besteht. Soweit dieser aus Sicherheitsgründen oder nach allgemeinem Dienstschluss verschlossen ist, muss die deutlich gekennzeichnete Möglichkeit bestehen, sich durch Betätigung einer Klingel oder einen noch geöffneten Nebeneingang ggf. unter Passieren weiterer Sicherheitsmaßnahmen Zutritt zum Gebäude, in dem noch eine Verhandlung stattfindet, zu verschaffen.[73] In Bezug auf den Verhandlungsraum genügt es, wenn eine als Zugang erkennbare Tür während der Dauer der Verhandlung ständig unverschlossen ist.[74] Irreführende Hinweise zur faktischen oder rechtlichen Möglichkeit des Besuchs einer Verhandlung, die Zuschauer hiervon abzuhalten geeignet sind – so wenn bei einer andauernden Verhandlung zwar der Eingang zum Gerichtsgebäude tatsächlich unverschlossen ist, aber durch die dort angeschriebenen Öffnungszeiten und das Fehlen eines Hinweises auf die Zutrittsmöglichkeit zur fortdauernden Verhandlung der Eindruck entsteht, ein Betreten sei nicht mehr möglich – beeinträchtigen zwar die Öffentlichkeit,[75] begründen aber noch nicht automatisch den absoluten Revisionsgrund.[76]

21 **3. Sonstiges.** Nicht zum Inhalt der Öffentlichkeitsmaxime gehört hingegen, dass die Zuhörer alle Vorgänge im Sitzungssaal, etwa am Richterpult in Augenschein genommene Lichtbilder, erkennen können.[77] Ebenso wenig besteht ein Anspruch der Zuhörer darauf, alles akustisch verstehen zu können,[78] wobei die Grenze bei **konspirativem Getuschel** zu ziehen ist.

III. Grenzen und Einschränkungen der Öffentlichkeit

22 **1. Kapazitätsgrenzen.** Ihre natürliche Grenze findet die Möglichkeit des Zutritts für jedermann an der Kapazität des Raumes, in dem verhandelt wird,[79] der zur Wahrung des Öffentlichkeits-

---

[66] Löwe/Rosenberg/*Wickern* Rn. 10; Kissel/*Mayer* Rn. 26.
[67] Löwe/Rosenberg/*Wickern* Rn. 55; Kissel/*Mayer* Rn. 26, allerdings mit Einschränkungen.
[68] Kissel/*Mayer* Rn. 26.
[69] *Roxin*, FS Peters, 1974, S. 400; Meyer-Goßner Rn. 5.
[70] Vgl. VGH München v. 15. 4. 2002 – 1 ZB 02.134, NVwZ-RR 2002, 799.
[71] Ebenso MünchKommZPO/*Zimmermann* Rn. 31; Löwe/Rosenberg/*Wickern* Rn. 55.
[72] *Roxin*, Peters-FS, 1974, S. 401.
[73] Vgl. i. E. Kissel/*Mayer* Rn. 22.
[74] KK-StPO/*Diemer* Rn. 8.
[75] So OLG Zweibrücken v. 25. 9. 1995 – 1 Ss 183/95, NJW 1995, 3333; *Beulke*, Strafprozessrecht Rn. 378; aA KK-StPO/*Diemer* Rn. 8 und *Meyer-Goßner* § 338 StPO Rn. 50 a, die der Auffassung sind, es sei darzulegen, dass jemand sich tatsächlich vom Besuch der Hauptverhandlung hat abhalten lassen.
[76] S. i. E. Rn. 44.
[77] BGH v. 26. 7. 1990 – 4 StR 30/90 bei *Miebach* NStZ 1991, 122; *Meyer-Goßner* Rn. 3; Löwe/Rosenberg/*Wickern* Rn. 10; Kissel/*Mayer* Rn. 52; krit. hierzu *Benkelmann/Sacher*, Volk-FS, S. 37.
[78] Kissel/*Mayer* Rn. 52.
[79] BGH v. 10. 6. 1966 – 4 StR 72/66, NJW 1966, 1571; Kissel/*Mayer* Rn. 25.

grundsatzes andererseits gewisse Mindestanforderungen erfüllen muss.[80] Darüber wie vielen Zuhörern tatsächlich Einlass gewährt werden kann, entscheidet der Vorsitzende nach pflichtgemäßem Ermessen.[81] Für Verfahrensbeteiligte vorgesehene Bereiche müssen, selbst wenn sie nicht für diese benötigt werden, nicht für Zuhörer freigegeben werden.[82] Bietet der Raum keinen Platz für alle an der Verhandlung Interessierten, so gilt im **Grundsatz**, dass Zuhörer nach der Reihenfolge ihres Eintreffens – sog. **„Prinzip der Schlange"**[83] –, ggf. unter Ausgabe von Einlasskarten, am Gerichtssaal zutrittsberechtigt, Reservierungen hingegen nicht möglich sind.[84] Eine **erste Ausnahme** hiervon bildet im Hinblick auf die besondere Funktion von Presse und Rundfunk als Multiplikatoren, deren Anwesenheit schon im Ansatz die öffentliche Kontrolle nicht einschränkt, sondern fördert, die Zulässigkeit der Reservierung einer bestimmten Anzahl von Plätzen für Medienberichterstatter.[85] Deren Verteilung steht im pflichtgemäßen Ermessen des Vorsitzenden, der insoweit – abweichend vom allgemeinen Grundsatz – sachgerechte Differenzierungen etwa in Form von Kontingentierungen nach Medientypen oder -unternehmen oder Bevorzugung von zur Weitergabe der Information bereiter Journalisten vornehmen darf.[86] Eine **zweite Ausnahme** stellt die Möglichkeit von Reservierungen aus besonderen sachlichen Gründen zB für Schulklassen oder aus dem Ausland angereiste Besuchergruppen dar.[87] In beiden Fällen muss jedoch ein gewisser Anteil der Sitzplätze für die Allgemeinheit zur Verfügung gestellt bleiben.[88] Aus dem Sinn der Reservierung folgt entgegen *Wickern*,[89] dass im Umfang der Zulässigkeit der Reservierung bereits eingetroffene Zuhörer ohne reservierte Plätze bei Erschöpfung des der Allgemeinheit vorbehaltenen Kontingents an Plätzen wieder hinausgewiesen werden dürfen.

2. Sachliche Notwendigkeit an einem Ort zu verhandeln, an dem aus tatsächlichen oder rechtlichen Gründen keine Öffentlichkeit möglich ist. Der Öffentlichkeitsgrundsatz erfährt ferner eine Einschränkung durch die Notwendigkeit an einem Ort zu verhandeln, an dem aus **tatsächlichen Gründen** keine Öffentlichkeit möglich ist,[90] etwa bei einem Augenschein in einem engen Treppenhaus.[91] Inwieweit hier (unterhalb der zur Wahrung der Öffentlichkeit erforderlichen Anzahl) Zuhörer zugelassen werden, steht im pflichtgemäßen Ermessen des Vorsitzenden, der auch die Notwendigkeit einer geordneten und ungestörten Verhandlung zu berücksichtigen hat.[92] Eine Pflicht, nach Beendigung des Augenscheins durch die Verfahrensbeteiligten Zuhörern die Gelegenheit zum Augenschein zu geben, besteht nicht.[93]

In ähnlicher Weise erfährt die Öffentlichkeit eine Einschränkung, wenn ein Verhandlungsteil an einem Ort durchgeführt werden muss, zu dem Zuhörern aus **rechtlichen Gründen** der Zutritt verwehrt ist, zB im Falle eines Augenscheins auf der Autobahn, vgl. § 18 Abs. 9 StVO.[94] Hierzu zählt im Hinblick auf Art. 13 GG auch die Weigerung des Inhabers eines privaten Hausrechts – und zwar selbst des Angeklagten –, Zuhörern den Zutritt in seine Räumlichkeiten zu gewähren.[95] In all diesen Fällen ist die faktische Beschränkung der Öffentlichkeit, für die es keines Ausschließungsbeschlusses bedarf,[96] jedoch lediglich im Umfang der zwingenden Notwendigkeit, gerade an einem solchen Ort zu verhandeln, gerechtfertigt.[97] Daher stellt es einen Verstoß gegen den Öffentlichkeitsgrundsatz dar, im Anschluss an einen Augenschein auf dem Randstreifen der Autobahn, dort auch das Urteil zu verkünden.[98] Eine Pflicht, die Zuhörer nach Fortführung der Be-

---

[80] S. o. Rn. 19.
[81] Löwe/Rosenberg/*Wickern* Rn. 12.
[82] Löwe/Rosenberg/*Wickern* Rn. 12; Kissel/*Mayer* Rn. 25.
[83] Vgl. BVerfG (1. Kammer des Ersten Senats) v. 30. 10. 2002 – 1 BvR 1932/02, NJW 2003, 500.
[84] Vgl. Kissel/*Mayer* Rn. 29; Löwe/Rosenberg/*Wickern* Rn. 14.
[85] BGH v. 10. 1. 2006 – 1 StR 527/05, NJW 2006, 1221; KK-StPO/*Diemer* Rn. 8; Löwe/Rosenberg/*Wickern* Rn. 14; Meyer-Goßner Rn. 6; Anw-StPO/*Püschel* Rn. 9; aus verfassungsrechtlicher Sicht *von Coelln* DÖV 2006, 806 f.
[86] BVerfG (1. Kammer des Ersten Senats) v. 30. 10. 2002 – 1 BvR 1932/02, NJW 2003, 500; *von Coelln* DÖV 2006, 810.
[87] Vgl. Kissel/*Mayer* Rn. 32; aA *Roxin*, FS Peters, 1974, S. 399 f.
[88] Kissel/*Mayer* Rn. 32 beziffert diesen auf 50%; Löwe/Rosenberg/*Wickern* Rn. 14 spricht davon, dass ein „geringer Anteil" reserviert werden darf.
[89] Löwe/Rosenberg/*Wickern* Rn. 14.
[90] BGH v. 10. 11. 1953 – 5 StR 445/53, BGHSt 5, 75, 83 = NJW 1954, 283; OLG Köln v. 28. 11. 1975 – Ss OWi 259/75, NJW 1976, 637; Löwe/Rosenberg/*Wickern* Rn. 15; Kissel/*Mayer* Rn. 37.
[91] BGH v. 10. 1. 2006 – 1 StR 527/05, NJW 2006, 1220; weitere Beispiele bei Kissel/*Mayer* Rn. 37.
[92] BGH v. 10. 1. 2006 – 1 StR 527/05, NJW 2006, 1221.
[93] Ebenso Kissel/*Mayer* Rn. 37; aA SK-StPO/*Velten* Rn. 28.
[94] OLG Köln v. 28. 11. 1975 – Ss OWi 259/75, NJW 1976, 637.
[95] BGH v. 14. 6. 1994 – 1 StR 40/94, BGHSt 40, 191 (192) = NJW 1994, 2773; BGH v. 10. 11. 1999 – 3 StR 33/99, NStZ-RR 2000, 366; Kissel/*Mayer* Rn. 37; Meyer-Goßner Rn. 6; Anw-StPO/*Püschel* Rn. 10; Löwe/Rosenberg/*Wickern* Rn. 17; SK-StPO/*Velten* Rn. 31; aA *Lilie* NStZ 1993, 125.
[96] BGH v. 10. 11. 1999 – 3 StR 33/99, NStZ-RR 2000, 366.
[97] Vgl. BGH v. 10. 1. 1953 – 5 StR 445/53, BGHSt 5, 75, 83 = NJW 1954, 283; Löwe/Rosenberg/*Wickern* Rn. 18.
[98] OLG Köln v. 28. 11. 1975 – Ss OWi 259/75, NJW 1976, 637.

weisaufnahme in öffentlicher Sitzung über den Inhalt der faktisch nichtöffentlich durchgeführten Verhandlungsteile zu unterrichten, besteht grundsätzlich nicht.[99]

25   **3. Sitzungspolizeiliche oder auf das Hausrecht gestützte allgemeine Zugangserschwernisse.** Eine zulässige Beschränkung der Öffentlichkeit kann sich weiter aus der Notwendigkeit ergeben, durch geeignete **vorbeugende Maßnahmen** für eine sichere und ungestörte Durchführung der Verhandlung zu sorgen, die ebenso wesentlich ist wie die Kontrolle des Verfahrensganges durch die Allgemeinheit.[100] Die Zuständigkeit für die Anordnung solcher Maßnahmen richtet sich danach, ob die Sicherheit und Ordnung lediglich in der Verhandlung oder aber des ganzen Gerichtsgebäudes gefährdet ist. In ersterem Falle ist der Vorsitzende auf Grund der Sitzungspolizei gem. § 176 GVG, in letzterem der das Hausrecht ausübende Gerichtspräsident zuständig.[101] Voraussetzung für die Zulässigkeit der Anordnung derartiger Maßnahmen ist ein die Sicherheit berührender verständlicher Anlass.[102] Art und Umfang der Maßnahmen stehen im pflichtgemäßen Ermessen des Vorsitzenden bzw. des Gerichtspräsidenten, wobei insbesondere der Verhältnismäßigkeitsgrundsatz zu beachten ist. Sie dürfen zu keiner Auswahl der Besucher führen.[103] In Betracht kommen namentlich Ausweiskontrollen einschließlich der Registrierung in einer Liste oder der Anfertigung von Ausweiskopien;[104] das Hinterlegen des Personalausweises für die Dauer des Aufenthalts im Sitzungssaal[105] sowie die Durchsuchung der Person und von mitgeführten Sachen, insbesondere auf Waffen.[106] Eine Zurückweisung von Personen, die sich diesen Maßnahmen nicht unterziehen, stellt keine Verletzung des Öffentlichkeitsgrundsatzes dar.[107]

26   Kommt es durch den Vollzug der Anordnung von Kontrollmaßnahmen zu einer zeitlichen Verzögerung des Zutritts zum Verhandlungssaal, hat das Gericht jedenfalls zu Beginn der Verhandlung bzw. bei erstmaliger Anordnung solcher Maßnahmen eine **Wartepflicht:** Mit der Verhandlung darf erst begonnen werden, wenn den rechtzeitig zum Termin erschienenen Personen der Zutritt ermöglicht worden ist.[108] Im weiteren Verlauf der Hauptverhandlung nach Unterbrechungen oder Ausschluss der Öffentlichkeit entfällt im Hinblick auf den Beschleunigungsgrundsatz die Wartepflicht grundsätzlich. Welche Anforderungen – etwa rechtzeitige Öffnung des Saales etc. – zur Gewährleistung der Möglichkeit eines rechtzeitigen Zutritts zu stellen sind, hängt von den Umständen des Einzelfalles, insbesondere den damit verbundenen Sicherheitsrisiken ab.[109]

27   **4. Zurückweisung oder Entfernung Einzelner.** Auch wenn nur einzelnen Personen der Zutritt zur Verhandlung verwehrt wird oder sie aus dem Verhandlungszimmer entfernt werden, kann darin eine unzulässige Beschränkung der Öffentlichkeit liegen.[110] Zulässig ist eine Zurückweisung bis hin zur zwangsweisen Entfernung einzelner Zuhörer aus den in §§ 175 ff. genannten Gründen, die allerdings keine abschließende Regelung enthalten. Vielmehr ist ein Ausschluss einzelner Personen darüber hinaus aus bestimmten Gründen der Wahrheitsfindung möglich. Gem. §§ 238 iVm. 58 Abs. 1, 243 Abs. 2 StPO kann der Vorsitzende neben bereits geladenen Zeugen[111] auch Zuhörer zurückweisen, die auf Grund konkreter Anhaltspunkte als Zeugen in Betracht kommen, wobei ihm ein Beurteilungsspielraum zusteht.[112] Ob sie später tatsächlich vernommen werden, ist irrelevant.

28   Unabhängig von einer potenziellen Zeugenrolle soll nach herrschender Meinung ferner im Anschluss an BGHSt 3, 386 der Ausschluss von Personen zulässig sein, gegen die ein gesondertes Ermittlungsverfahren wegen Beteiligung an der zur Verhandlung stehenden Tat schwebt.[113] Dadurch

---

[99] BGH v. 10. 11. 1999 – 3 StR 33/99, NStZ-RR 2000, 366.
[100] BGH v. 6. 10. 1976 – 3 StR 29/76, BGHSt 27, 13 (15) = NJW 1977, 158.
[101] Vgl. BGH v. 6. 10. 1976 – 3 StR 29/76, BGHSt 27, 13 (15) = NJW 1977, 158.
[102] BGH v. 6. 10. 1976 – 3 StR 29/76, BGHSt 27, 13 (15) = NJW 1977, 158; KK-StPO/*Diemer* Rn. 10.
[103] OLG Koblenz v. 20. 3. 1975 – 1 Ss 39/75, BGH v. 6. 10. 1976 – 3 StR 29/76, BGHSt 27, 13 (15) = NJW 1977, 158.
[104] BGH v. 6. 10. 1976 – 3 StR 29/76, BGHSt 27, 13 (14) = NJW 1977, 158 mwN; OLG Karlsruhe v. 31. 7. 1975 – 3 Ss 175/74, NJW 1975, 2081; Kissel/*Mayer* Rn. 39; Löwe/Rosenberg/*Wickern* Rn. 33; Anw-StPO/*Püschel* Rn. 13.
[105] OLG Karlsruhe v. 31. 7. 975 – 3 Ss 175/74, NJW 1975, 2082; Kissel/*Mayer* Rn. 42.
[106] Kissel/*Mayer* Rn. 42; Löwe/Rosenberg/*Wickern* Rn. 33.
[107] BGH v. 6. 10. 1976 – 3 StR 29/76, BGHSt 27, 13 (16) = NJW 1977, 158; Kissel/*Mayer* Rn. 43.
[108] BGH v. 7. 3. 1979 – 3 StR 39/79, BGHSt 28, 341 (345)= NJW 1979, 2623; BGH v. 23. 4. 1980 – 3 StR 434/79 (S), BGHSt 29, 258 (259) = NJW 1981, 61; Meyer-Goßner Rn. 7; Anw-StPO/*Püschel* Rn. 12.
[109] Im Einzelnen BGH v. 23. 4. 1980 – 3 StR 434/79 (S), BGHSt 29, 258 (261) = NJW 1981, 61.
[110] BGH v. 20. 1. 1953 – 1 StR 626/52, BGHSt 3, 386 (388) = NJW 1953, 712; zuletzt BGH v. 29. 5. 2008 – 4 StR 46/08 StV 2009, 680 f.
[111] Meyer-Goßner § 243 StPO Rn. 6.
[112] BGH v. 7. 11. 2001 – 5 StR 150/00, NStZ 2001, 163; BGH v. 20. 1. 1953 – 1 StR 626/52, BGHSt 3, 386 (388) = NJW 1953, 712; Löwe/Rosenberg/*Wickern* Rn. 37; Kissel/*Mayer* Rn. 23; Meyer-Goßner § 58 StPO Rn. 5; Anw-StPO/*Püschel* 11.
[113] Löwe/Rosenberg/*Wickern* Rn. 37; KK-StPO/*Diemer* Rn. 11; etwas vorsichtiger („möglicherweise") BGH v. 11. 5. 1988 – 3 StR 566/87; aA SK-StPO/*Velten* Rn. 29.

werde zulässigerweise bei dem Widerstreit der Grundsätze, die für die Hauptverhandlung einerseits (Öffentlichkeit) und das Ermittlungsverfahren andererseits (Nichtöffentlichkeit, selbst fehlende Parteiöffentlichkeit) gälten, den für das Ermittlungsverfahren geltenden Grundsätzen der Vorrang gegeben und gleichzeitig, da die Entfernung des anderweitig Verfolgten nur eine unwesentliche Beeinträchtigung der Öffentlichkeit bedeute, die mit dieser verfolgten Zwecke gewahrt.[114] Dieser Auffassung ist entgegenzutreten. Der ihr zugrunde liegende Gedanke, für den anderweitig verfolgten Zuhörer bedeute die Hauptverhandlung nichts anderes als ein Ermittlungsverfahren, dessen Grundsätze zur Geltung kommen müssten, widerspricht der den Strafprozess beherrschenden formellen Betrachtungsweise, wonach etwa ein Tatbeteiligter bei formaler Verfahrenstrennung eben gerade nicht Mitbeschuldigter, sondern gegebenenfalls Zeuge mit allen dazugehörigen Folgen ist.[115] Auch können die Grundsätze, die der BGH mit dem Ermittlungsverfahren, auch soweit es richterliche Vernehmungen betrifft, verbindet, angesichts moderner Entwicklungen, insbesondere der durch das 1. StVG erheblich erweiterten Anwesenheitsrechte in dieser Pauschalität keine Geltung mehr beanspruchen. Heute besteht im Gegensatz zur früheren Rechtlage für den Beschuldigten bei richterlichen Vernehmungen von Zeugen und Sachverständigen prinzipiell gerade ein Anwesenheitsrecht, das nur ausnahmsweise, insbesondere bei Gefährdung des Untersuchungszwecks, entfällt. Daher ergibt sich aus der StPO kein allgemeiner Grundsatz, wonach Beschuldigte keine Anwesenheitsrechte bei (auch) sie betreffenden richterlichen Vernehmungen haben. Ein Ausschluss des anderweitig Verfolgten kommt mangels anderweitiger gesetzlicher Grundlage allenfalls bei Gefährdung des Untersuchungszwecks in Bezug auf das Hauptverfahren, etwa durch Zeugenbeeinflussung (§ 172 Nr. 1 [öffentliche Ordnung]) oder bei Bedrohungen (Nr. 1 a) in Betracht. Soweit der Beschuldigte hingegen ausschließlich im Hinblick auf sein eigenes Verfahren Verdunkelungshandlungen vorzunehmen sucht, stehen andere Mittel zur Verfügung (Haftbefehl, Kontaktsperre).

Keine unzulässige Öffentlichkeitsbeschränkung ist es, wenn ein Zuhörer der mit sachbezogener Begründung – etwa im Hinblick auf seine Zeugenrolle in einem anderen Verfahren – geäußerten Bitte des Vorsitzenden, den Sitzungssaal zu verlassen, nachkommt, sofern diese weder objektiv eine Anordnung darstellt noch erkennbar vom Betroffenen subjektiv so begriffen wird.[116]

5. Gesetzliche Ausschlussgründe. Gem. §§ 171a–173 kann bzw. muss (insb. im Falle des § 171b Abs. 2) unter bestimmten, dort geregelten Voraussetzungen die Öffentlichkeit oder – aus Gründen der Verhältnismäßigkeit – nur Teile von ihr von der ganzen Verhandlung oder bestimmten Teilen davon durch gerichtlichen Beschluss ausgeschlossen werden. Die Verkündung des Urteilstenors bleibt stets öffentlich, § 173 Abs. 1. Weitere gesetzliche Ausschlussgründe finden sich im JGG.

C. Satz 2

I. Allgemeines

Der mit dem StPÄG von 1964 eingefügte S. 2 verankerte die bereits zuvor vertretene Auffassung des BGH, wonach Rundfunk- und Fernsehaufnahmen im Gerichtssaal während der Verhandlung verboten sind und bei Zuwiderhandlung einen Verstoß gegen die Aufklärungspflicht gem. § 244 Abs. 2 StPO begründen,[117] im Gesetz und dehnte das Verbot noch auf die Urteilsverkündung selbst aus[118] Die zwischenzeitlich angegriffene Regelung[119] wurde vom Bundesverfassungsgericht auch im Hinblick auf die Informations- und Rundfunkfreiheit (Art. 5 GG) für **verfassungsgemäß** erklärt. Schon der Schutzbereich dieser Grundrechte sei gar nicht eröffnet, da dies voraussetze, dass es sich bei der Gerichtsverhandlung um eine allgemein zugängliche Informationsquelle handle.[120] S. 2 enthalte aber gerade erst eine Bestimmung des Zugangs und dessen Modalitäten, und diese sei vom dazu – auf Grund seiner Zuständigkeit für die Ausgestaltung des Gerichtsverfahrens – befugten Gesetzgeber auch zulässigerweise getroffen worden, was sich am übrigen Verfassungsrecht, insbesondere am Rechtsstaats- und Demokratieprinzip messe.[121] Diese Verfassungsgrundsätze stritten zwar grundsätzlich für die Öffentlichkeit des Gerichtsverfahrens. Bei ihrer Ausgestaltung in Form der Begrenzung der Öffentlichkeit auf die Saalöffentlichkeit, wie sie S. 2 vorsehe, habe der Gesetzgeber aber auch den widerstreitenden Interessen (Persönlichkeits-

---

[114] Vgl. BGH v. 20. 1. 1953 – 1 StR 626/52, BGHSt 3, 386 (390) = NJW 1953, 713.
[115] Soweit er noch als Zeuge zu vernehmen ist, kommt freilich ein Ausschluss auf Grundlage der §§ 58 iVm. 243 StPO in Betracht.
[116] BGH v. 11. 5. 1988 – 3 StR 566/87, NJW 1989, 465.
[117] BGH v. 13. 6. 1961 – 1 StR 179/61, BGHSt 16, 111 (114) = NJW 1961, 1781.
[118] Zur damaligen Diskussion, s. *Wolf* NJW 1994, 686.
[119] Für Verfassungswidrigkeit der Regelung, soweit diese die Öffentlichkeit auch von der Urteilsverkündung ausschließt, *Gündisch-Dany* NJW 1999, 260; ablehnend *Plate* NStZ 1999, 393 f.; ebenfalls die Verfassungsmäßigkeit bejahend *Lehr* NStZ 2001, 64.
[120] BVerfG v. 24. 1. 2001 – 1 BvR 2623/95 (Abs.-Nr. 59–61), NW 2001, 1633.
[121] BVerfG v. 24. 1. 2001 – 1 BvR 2623/95 (Abs.-Nr. 62 ff.), NJW 2001, 1633.

rechte, faires Verfahren, Wahrheits- und Rechtsfindung), die den Sinn und Zweck des Verbots gem. S. 2 bilden (s. sogleich), Rechnung tragen und beide so in Ausgleich bringen dürfen. Eine Verpflichtung, die Öffentlichkeit auf die Saalöffentlichkeit zu beschränken, besteht aus Sicht des BVerfG allerdings nicht.[122] Ob dies auch für das Strafverfahren gilt, wird nicht näher dargelegt. Die Vertreter des Minderheitsvotums, die grundsätzlich Ausnahmen vom Verbot des S. 2 – etwa im Verwaltungsverfahren – für *geboten* halten, sehen andererseits gerade für das Strafverfahren das Verbot von Fernsehaufnahmen mit Blick auf den Persönlichkeitsschutz und die Wahrheitsfindung als zwingend an.[123]

II. Sinn und Zweck des Verbots

32 Der Sinn des Verbots liegt zum einen im **Schutz der Persönlichkeitsrechte** der Verfahrensbeteiligten, in erster Linie des Angeklagten und der Zeugen, die sich selbst unfreiwillig dem Verfahren stellen müssen.[124] Zum anderen bezweckt es die **Sicherung der Wahrheits- und Rechtsfindung** und eines **fairen Verfahrens** insgesamt.[125] Der Gesetzgeber durfte zulässigerweise annehmen, dass die Gefahr besteht, dass Verfahrensbeteiligte ihr Verhalten angesichts einer anonymen Massenöffentlichkeit möglicherweise zu Lasten einer zuverlässigen Wahrheitsfindung verändern, sei es dass sie auf Grund von Hemmungen nicht mehr vollständig oder wahrheitsgemäß aussagen, sei es, dass sie sich um der Selbstdarstellung willen zu Übertreibungen oder besonders publicityträchtigem, aber möglicherweise nicht zweckdienlichem Prozessverhalten hinreißen lassen.[126] In welchem Umfang diese Gefahren jedoch tatsächlich bestehen und ob sie ein Verbot von Bildberichterstattung aus Gerichtsverhandlungen auch angesichts eines veränderten Umgangs der Bürger mit den Medien rechtfertigen, bleibt zu untersuchen. Studien und Erfahrungen aus dem die mittelbare Medienöffentlichkeit auch in Strafverfahren zulassenden Ausland deuten darauf hin, dass die negativen Auswirkungen hierzulande überschätzt werden[127] und dass ein verantwortungsbewusster Umgang mit Kameras in Gerichtsverhandlungen in Strafsachen durchaus nicht unmöglich erscheint.

III. Zeitlicher Anwendungsbereich

33 Das in S. 2 enthaltene Verbot gilt, wie sich aus dem Zusammenhang mit S. 1 ergibt, nur für die Verhandlung einschließlich Ortsterminen[128] und Urteilsverkündung.

34 In der Zeit vor und nach der Verhandlung sowie während der Pausen können Bild- und Tonaufnahmen im Sitzungssaal und den dazugehörigen Räumen[129] lediglich auf Grund sitzungspolizeilicher Maßnahmen gem. § 176 verboten bzw. – etwa durch die Anordnung der Veröffentlichung nur im anonymisierten Zustand – beschränkt werden.[130] Da für diesen Zeitraum im Gegensatz zu dem in S. 2 Gesagten die Erstellung von Bild- und Tonaufnahmen unter Verwendung der hierzu erforderlichen Mittel vom Schutzbereich der Informations- und Rundfunkfreiheit umfasst ist,[131] hat der Vorsitzende bei der Ermessensausübung im Rahmen des § 176 Art. 5 Abs. 2 GG zu beachten: Das Interesse an der der Kontrolle und öffentlichen Wahrnehmung von Gerichtsverhandlungen dienenden Rundfunkberichterstattung ist mit den gegenläufigen Interessen, denen die sitzungspolizeiliche Maßnahme zu dienen bestimmt ist, abzuwägen, und der Verhältnismäßigkeitsgrundsatz zu wahren.[132]

35 Für die Gewichtung des Informationsinteresses ist der Gegenstand des Verfahrens bedeutsam, in Strafverfahren insbesondere die Schwere der angeklagten Tat, aber ebenso die öffentliche Aufmerksamkeit, die diese etwa auf Grund besonderer Umstände und Rahmenbedingungen, der be-

---

[122] BVerfG v. 24. 1. 2001 – 1 BvR 2623/95 (Rn. 74), NJW 2001, 1633.
[123] Minderheitsvotum zu BVerfG v. 24. 1. 2001 – 1 BvR 2623/95 (Abs.-Nr. 102), NJW 2001, 1633 irreführend dagegen Abs.-Nr. 107, wo es – wiederum weiter formuliert – heißt, der Gesetzgeber sei zur Herstellung einer begrenzten Medienöffentlichkeit berechtigt, aber nicht verpflichtet.
[124] BVerfG v. 24. 1. 2001 – 1 BvR 2623/95 (Abs.-Nr. 80 f.), NJW 2001, 1633.
[125] BT-Drucks. IV/1020, S. 7; BVerfG v. 24. 1. 2001 – 1 BvR 2623/95 (Abs.-Nr. 82), NJW 2001, 1633.
[126] Rechtspolitisch für strikte Beibehaltung *Beck*, FG Graßhoff, 1998, S. 136 ff.; *Huff* NJW 1996, 573; *Roxin*, FS Münchner Juristische-Gesellschaft, 1996, S. 105; *Plate* NStZ 1999, 391; für eine Aufweichung des Verbots *Kaulbach* ZRP 2009, 238 f., die die Medienöffentlichkeit auf die Urteilsverkündung beschränkt zulassen will, auch dies in Strafsachen aber nur ausnahmsweise im Einzelfall gestatten will.
[127] Dazu *Gehring* ZRP 2000, 199 unter Verweis mit einer Studie des New York State Committee.
[128] Vgl. BGH v. 17. 2. 1989 – 2 StR 402/88, NJW 1989, 1741.
[129] Dazu i. E. BGH v. 11. 2. 1998 – 3 StB 3/98, BGHSt 44, 23 (24).
[130] Zu unzulässigen Praktiken, derartige Verbote auf das Hausrecht des Gerichtspräsidenten zu stützen *Lehr* NStZ 2001, 63 ff.
[131] BVerfG v. 24. 1. 2001 – 1 BvR 2623/95 (Abs.-Nr. 65), NJW 2001, 1633; BVerfG (1. Kammer des Ersten Senat) v. 27. 11. 2008 – 1 BvQ 46/08, NJW 2009, 351.
[132] BVerfG (1. Kammer des Ersten Senats) v. 27. 11. 2008 – 1 BvQ 46/08 (Rn. 34), NJW 2009, 352; *Lehr* NStZ 2001, 65.

teiligten Personen, der Furcht vor Wiederholung solcher Straftaten oder auch wegen des Mitgefühls mit den Opfern und ihren Angehörigen, erregt hat.[133] Als gegenläufige Interessen fallen insbesondere die **Persönlichkeitsrechte von Angeklagten und Zeugen** ins Gewicht. „Personen, die im Gerichtsverfahren infolge ihres öffentlichen Amtes" – Richter, Schöffen, Staatsanwälte – „oder in anderer Position als Organ der Rechtspflege" – Rechtsanwälte – im Blickpunkt der Öffentlichkeit stehen, „haben" nach der Rechtsprechung des BVerfG hingegen „nicht in gleichem Ausmaße wie eine von dem Verfahren betroffene Privatperson einen Anspruch auf Schutz ihres Persönlichkeitsrechts. Bei ihnen soll der Persönlichkeitsschutz das grundsätzliche Interesse an einer auch diese Personen erfassenden Bildberichterstattung bei Aufsehen erregenden Verfahren nur dann überwiegen können, wenn konkrete Anhaltspunkte für die Gefahr erheblicher Belästigungen oder für die Gefährdung ihrer Sicherheit bestehen.[134]

Diese Grundsätze wirken sich nach Ansicht des BVerfG sogar auf die prinzipiell im Ermessen des Vorsitzenden liegende Verhandlungsführung aus. Soweit ein Verbot von Aufnahmen des Spruchkörpers unter Berücksichtigung von Art. 5 Abs. 2 GG nicht zulässigerweise auf § 176 gestützt werden könnte, soll ein derartiger Effekt auch nicht praktisch dadurch herbeigeführt werden können, dass der Vorsitzende – eigentlich zulässig[135] – den Aufruf der Sache von einer anderen Person vor Eintreten des Spruchkörpers vornehmen lässt, mit der Folge, dass bei dessen Eintreten bereits die Verhandlung begonnen hat und das gesetzliche Verbot des S. 2 Platz greift.[136]

Neben dem Persönlichkeitsschutz können im Einzelfall der **Anspruch auf ein faires Verfahren** (auch in Form des ungehinderten Verkehrs des Angeklagten mit seinem Verteidiger) und die **Gewährleistung ungestörter Wahrheits- und Rechtsfindung** sitzungspolizeiliche Beschränkungen von Bild- und Tonaufnahmen rechtfertigen.[137]

Im Rahmen der Frage der Verhältnismäßigkeit der Maßnahme ist insbesondere die Erforderlichkeit eines umfassenden Verbots der Ton- und Bildberichterstattung genau zu prüfen. Als milderes Mittel kommen u. a. Anweisungen zu Standort, Zeit, Art und Dauer der Ton- und Bildaufnahmen in Betracht. Auch kann gerade bei besonders schweren Taten zur Vermeidung einer auch durch Freispruch nicht mehr zu beseitigenden Stigmatisierung des Angeklagten die Anordnung einer Anonymisierung der Bildaufnahmen etwa durch Verpixelung sowie ggf. die Kontrolle der Einhaltung dieser Beschränkung in Betracht kommen.[138] Dass die besondere Schwere der Tat hier in Abweichung von der bisherigen Rechtsprechung zur Verdachtsberichterstattung, wo dieser Aspekt zugunsten der Zulässigkeit einer identifizierenden Berichterstattung ins Feld geführt wird,[139] umgekehrt für die Anonymisierung streiten soll, stützt das BVerfG auf die Besonderheiten der Bildberichterstattung, insbesondere der erhöhten Intensität des optischen Eindrucks und der ungleich größeren Reichweite des Fernsehens. Ob dies angesichts der meisten – zunehmend bebilderten – Printmedien im räumlich und zeitlich unbeschränkt zugänglichen World Wide Web nicht genauso für diese gelten und zu einem umfassenden Überdenken der Grundsätze der Berichterstattung führen muss, erscheint überlegenswert.

IV. Sachlicher Anwendungsbereich

Verboten gem. S. 2 sind lediglich **bestimmte Arten** von Aufnahmen, nämlich Ton- und Bildaufnahmen, und auch nur dann, wenn sie dem **Zweck der öffentlichen Vorführung oder Veröffentlichung ihres Inhalts** dienen. Rundfunk- und Fernsehaufnahmen sind insoweit ein expliziter Unterfall.[140]

1. Nicht erfasste Aufnahme*arten*. Nicht erfasst sind damit zunächst punktuelle oder nichttechnische Aufnahmen wie **Fotografien, Zeichnungen**, ebenso wenig **Stenografieren** oder **sonstige schriftliche Aufzeichnungen**.[141] Sie können auf der Grundlage des § 176 verboten oder beschränkt werden, etwa wenn bei Fotografien Verstöße gegen § 23 KUG drohen oder bei schriftlichen Aufzeichnungen konkrete Anhaltspunkte für deren geplante Weitergabe an noch zu vernehmende

---

[133] BVerfG v. 19. 12. 2007 – 1 BvR 620/07, NJW 2008, 979.
[134] Vgl. hierzu BVerfG v. 19. 12. 2007 – 1 BvR 620/07, NJW 2008, 980; BVerfG (1. Kammer des Ersten Senats) v. 15. 3. 2007 – 1 BvR 620/07, JR 2007, 391 ff. mit kritischer Anmerkung *Ernst*; BVerfG (1. Kammer des Ersten Senats) v. 7. 6. 2007 – 1 BvR 1438/07, NJW-RR 2007, 1416; BVerfG (1. Kammer des Ersten Senats) v. 21. 7. 2000 – 1 BvQ 17/00, NJW 2000, 2891.
[135] *Meyer-Goßner* § 243 StPO Rn. 4.
[136] BVerfG v. 19. 12. 2007 – 1 BvR 620/07, NJW 2008, 981.
[137] I. E. dazu BVerfG v. 19. 12. 2007 – 1 BvR 620/07 (Rn. 44), NJW-RR 2007, 986.
[138] BVerfG (1. Kammer des Ersten Senats) v. 27. 11. 2008 – 1 BvQ 46/08, NJW 2009, 352; insgesamt zu solchen Anordnungen BVerfG v. 19. 12. 2007 – 1 BvR 620/07, NJW 2008, 980.
[139] Vgl. hierzu BGH v. 17. 3. 1994 – III ZR 15/93, NJW 1994, 1952; BGH v. 7. 12. 1999 – VI ZR 51/99, NJW 2000, 1038; zusammenfassend aus Verteidigersicht *Hohmann* NJW 2009, 881 ff.
[140] BeckOK-GVG/*Allgayer* Rn. 16.
[141] MünchKommZPO/*Zimmermann* Rn. 46; *Lehr* NStZ 2001, 64.

Zeugen bestehen. Im Hinblick auf Medienvertreter ist bei der Anwendung des § 176 wiederum die Informations-, Presse und Rundfunkfreiheit besonders zu beachten. Ohne Verstoß gegen die Informations- und Pressefreiheit kann aber die Verwendung von Notebooks vor allem im Hinblick auf die Gefahr von Verstößen gegen S. 2 untersagt werden.[142] Dasselbe muss für den Einsatz analoge Gefahren begründender technischer Geräte wie moderne Mobiltelefone und Smartphones, die ebenfalls über eingebaute Kameras und Mikrofone verfügen, gelten.

41   **2. Nicht erfasste Aufnahmezwecke.** Ferner bleiben **Ton- und Filmaufnahmen des Gerichts** für rein **verfahrensinterne Zwecke,** insbesondere als Gedächtnisstütze zur Vorbereitung der Beratung oder zur Abfassung des schriftlichen Urteils in **Umfangsverfahren,** zulässig. Hierzu bedarf es im Hinblick auf die sonst – etwa wegen Verunsicherung des Zeugen – mögliche Beeinträchtigung der Wahrheitsfindung der **Unterrichtung** der Beteiligten über den Zweck und die Verwendung der Aufzeichnung.[143] Um das Einverständnis des Hauptbetroffenen (zB Zeugen) sollte sich das Gericht zwar bemühen, notwendig ist es hingegen nicht.[144] Dies folgt aus dem inzwischen geltenden Grundsatz, dass selbst bei einer Aufnahme zum Zwecke der weiteren Verwendung als Beweismittel (§§ 58 a, 168 e, 247 a S. 4, 273 Abs. 2 S. 2 iVm. § 323 Abs. 2 StPO) das Einverständnis nicht erforderlich ist, so dass dies erst recht bei einer rein internen Verwendung gelten muss. Dass es tatsächlich bei einer solchen bleibt, muss freilich durch entsprechende Sicherheitsmaßnahmen gewährleistet werden.[145] Die Aufnahmen sind zu den Akten zu nehmen und unterliegen aus Gründen der Waffengleichheit dem Akteneinsichtsrecht.[146]

42   Ton- und Filmaufnahmen **anderer Verfahrensbeteiligter,** die **ausschließlich eigene Erklärungen der Beteiligten** (Plädoyer des Staatsanwalts oder Rechtsanwalts) betreffen, sind **unproblematisch,** soweit es hierdurch nicht zu Störungen der Sitzung kommt.[147] Soweit andere Verfahrensbeteiligte hingegen die **Ton- oder Bildaufzeichnung nicht lediglich sie selbst betreffender Vorgänge,** insbesondere von Zeugenaussagen, für verfahrensinterne Zwecke wie die Vorbereitung eines Beweisantrags oder der Schlussvorträge beantragen, liegt die Entscheidung im pflichtgemäßen Ermessen des Gerichts.[148] Auch hier muss eine **Unterrichtung** über den Zweck und die Nichtveröffentlichung stattfinden und die Gefahr des Missbrauchs ausgeschlossen sein. Eines Einverständnisses aller Beteiligten bedarf es nicht, jedoch ist bei der Ermessensentscheidung sorgfältig zu prüfen, ob nicht trotz der Vorkehrungen eine Gefährdung insbesondere der Wahrheitsfindung zu besorgen ist.[149]

43   Bezüglich der Ton- und Bildaufzeichnung von Aussagen zum Zweck der **Verwendung als Beweismittel in anderen Strafverfahren** sieht § 247 a S. 4 StPO eine Sonderregelung vor, die diese unter bestimmten Voraussetzungen zulässt und als lex posterior dem S. 2 vorgeht.[150] Außerhalb des Anwendungsbereichs des § 247 a S. 4 StPO erscheint es innerhalb der Hauptverhandlung allenfalls möglich, eine Tonband- nicht dagegen eine Ton- und Bildaufzeichnung von Aussagen zum Zwecke der Verwendung in einem anderen Strafverfahren zu machen, und dies auch nur, soweit eine solche im Rahmen der Vorschriften über die (Tonband-)Protokollierung gem. § 273 Abs. 2 StPO vorgesehen ist.[151]

D. Revision

I. Verstoß gegen Satz 1

44   Ein Verstoß gegen S. 1 iS einer **unzulässigen Beschränkung** der Öffentlichkeit ist grundsätzlich ein **absoluter Revisionsgrund** gem. § 338 Nr. 6 StPO. Bei **faktischen Beschränkungen** der Öffent-

---

[142] Vgl. dazu BVerfG, 1. Kammer des Ersten Senats v. 3. 12. 2008 – 1 BvQ 47/08 = NJW 2009, 353.
[143] BGH v. 4. 2. 1964 – 1 StR 510/63, NJW 1964, 602.
[144] Ebenso Anw-StPO/*Püschel* Rn. 20; Kissel/*Mayer* Rn. 73; abw. wohl BGH v. 4. 2. 1964 – 1 StR 510/63, NJW 1964, 602: jedenfalls kein Widerspruch; gegenüber Tonbandaufnahme; generell ablehnend OLG Düsseldorf v. 22. 8. 1990 – VI 14/89, NJW 1990, 2899; zwischen Ton- und Videoaufzeichnung differenzierend Meyer-Goßner Rn. 13.
[145] Vgl. Löwe/Rosenberg/*Wickern* Rn. 45.
[146] Im Erg. ebenso Löwe/Rosenberg/*Wickern* Rn. 50, der dies auf § 58 a Abs. 2 S. 3 StPO stützen will, der freilich eine andere Situation betrifft und auf Aufnahmen in der Hauptverhandlung keine Anwendung findet, vgl. Meyer-Goßner § 58 a StPO Rn. 2.
[147] Löwe/Rosenberg/*Wickern* Rn. 45; Kissel/*Mayer* Rn. 81.
[148] BGH v. 13. 10. 1981 – 1 StR 561/81, NJW 1982, 42; OLG Düsseldorf v. 22. 8. 1990 – VI 14/89, NJW 1990, 2898.
[149] Ähnlich Kissel/*Mayer* Rn. 80; aA Löwe/Rosenberg/*Wickern* Rn. 49, der eine Zustimmung aller Verfahrensbeteiligten und der betroffenen Person verlangt.
[150] AA Löwe/Rosenberg/*Wickern* Rn. 45, der im Falle der Aufnahme zum Zwecke der Vorführung in einer anderen Hauptverhandlung die „öffentliche Vorführung" verneint und im Übrigen zu Unrecht auch die §§ 58 a, 168 e usw. auf die Hauptverhandlung für anwendbar hält.
[151] Bedenklich OLG Bremen v. 10. 1. 2007 – Ws 233–234/06, NStZ 2007, 481, wo insbesondere fraglich bleibt, wie die Aufnahme in die andere Hauptverhandlung eingeführt werden soll; krit. auch Kissel/*Mayer* Rn. 73 Fn. 244; zustimmend hingegen Meyer-Goßner Rn. 11; KK-StPO/*Diemer* Rn. 13.

lichkeit (Bsp.: die Außentür fällt ins Schloss;¹⁵² der Justizwachtmeister hält eine interessierte Person unter irrtümlichem Hinweis auf die Nichtöffentlichkeit der Sitzung vom Eintreten ab,¹⁵³ ist er jedoch nur gegeben, wenn die objektive Beschränkung dem Gericht auch **subjektiv zurechenbar** ist, dh. das Gericht sie entweder – etwa auf Grund eigener Anordnung – **kannte oder bei Anwendung der gebotenen Sorgfalt und Umsicht hätte bemerken müssen**.¹⁵⁴ Angesichts der mannigfachen vom Gericht während der Sitzung zu bewältigenden Aufgaben dürfen die Sorgfaltsanforderungen insoweit aber nicht überspannt werden.¹⁵⁵ Jedenfalls löst bei einer erfahrungsgemäß kein besonderes öffentliches Interesse erweckenden Verhandlung allein die Tatsache, dass sich kein Zuhörer im Saal befindet, keine Kontrollpflicht des Gerichts aus.¹⁵⁶

Darüber hinaus verfolgt die neuere Rechtsprechung bei der Anwendung nicht nur des § 338 Nr. 6, sondern der absoluten Revisionsgründe insgesamt¹⁵⁷ eine **zunehmend restriktive Tendenz.** Das Urteil ist nur aufzuheben, wenn und soweit sich der Verfahrensfehler denklogisch darauf ausgewirkt haben kann: Bezieht sich etwa der Vorgang, während dessen die Öffentlichkeit zu Unrecht ausgeschlossen war, auf einen abtrennbaren Teil der Entscheidung, so ist auch nur dieser Teil aufzuheben.¹⁵⁸ Ist ein Einfluss des Öffentlichkeitsverstoßes auf das Urteil insgesamt denkgesetzlich ausgeschlossen, so scheidet eine Aufhebung ganz aus.¹⁵⁹ Maßnahmen, deren Vornahme auch außerhalb der Hauptverhandlung erfolgen darf (zB Terminsbestimmungen, Richterablehnungsverfahren), sind vom Schutzzweck des Öffentlichkeitsgrundsatzes nicht erfasst, so dass ihre nichtöffentliche Vornahme schon keinen Verstoß hiergegen und damit den absoluten Revisionsgrund nicht begründen kann.¹⁶⁰ Zu den Darlegungspflichten des Revisionsführers s. § 338 Rn. 61.

II. Verstoß gegen Satz 2

Ein **Verstoß gegen S. 2** bildet nach der zutreffenden Ansicht der herrschenden Meinung nur einen **relativen Revisionsgrund**.¹⁶¹ Der Wortlaut des § 338 Nr. 6 („Vorschriften über die Öffentlichkeit") ist entgegen der Mindermeinung nicht formalistisch im Sinne der gesamten Vorschriften *des Titels* über die Öffentlichkeit, sondern vor dem historischen Hintergrund und Sinn und Zweck der Vorschrift des § 338 Nr. 6 StPO im Sinne einer Verletzung der *Prozessmaxime* – m. a. W. einer Grundlage des Verfahrens¹⁶² – der Öffentlichkeit zu verstehen. Bei dieser aber geht es nur um die Garantie der potentiellen Anwesenheit von Repräsentanten der Öffentlichkeit. Zu ihr gehören dagegen weder die ausnahmsweise gegebenen und vielfach erst später hinzugetretenen Befugnisse zum Öffentlichkeitsausschluss noch die konkrete Ausgestaltung dieser Öffentlichkeit als reine Saalöffentlichkeit oder aber Medienöffentlichkeit, wie schon der Vergleich mit anderen auf die gleichen geistesgeschichtlichen Wurzeln zurückgehenden europäischen Rechtsordnungen, die Medienöffentlichkeit zulassen, zeigt.

III. Heilung, Verzicht

Eine **Heilung des Verstoßes** gegen die Vorschriften über die Öffentlichkeit ist bis zum Schluss der Verhandlung durch Wiederholung der wesentlichen Teile des fehlerhaften Verhandlungsabschnitts möglich; deren bloße Bekanntgabe durch den Vorsitzenden genügt hingegen nicht.¹⁶³

Ein **Verzicht** auf die Einhaltung des § 169 S. 1 kommt schon aus systematischen Gründen nicht in Betracht.¹⁶⁴ Nach bisheriger herrschender Auffassung soll der Rechtsmittelführer einen Ver-

---

¹⁵² BGH v. 10. 6. 1966 – 4 StR 72/66, BGHSt 21, 72 = NJW 1966, 1570.
¹⁵³ BGH v. 8. 12. 1968 – 3 StR 297/68, NJW 1969, 757.
¹⁵⁴ BGH v. 10. 6. 1966 – 4 StR 72/66, BGHSt 21, 72 (74) = NJW 1966, 1571; BGH v. 8. 12. 1968 – 3 StR 297/68, NJW 1969, 757; Löwe/Rosenberg/*Wickern* Rn. 60; Kissel/*Mayer* Rn. 57; aA Beck NJW 1966, 1976, f.; Beulke, Strafprozessrecht, Rn. 380.
¹⁵⁵ BGH v. 8. 12. 1968 – 3 StR 297/68, NJW 1969, 757; Kissel/*Mayer* Rn. 57; Meyer-Goßner § 338 StPO Rn. 50.
¹⁵⁶ In eine andere Richtung möglicherweise BGH v. 8. 12. 1968 – 3 StR 297/68, NJW 1969, 757, wo umgekehrt aus der Präsenz von Zuhörern gefolgert wird, dass sich eine Beschränkung dem Gericht nicht aufdrängen musste.
¹⁵⁷ Vgl. dazu etwa SK-StPO/*Frisch* § 338 Rn. 3.
¹⁵⁸ BGH v. 25. 7. 1995 – StR 342/95, StV 1996, 133; SK-StPO/*Frisch* § 338 Rn. 4 m. zahlreichen weiteren Nachweisen.
¹⁵⁹ BGH v. 25. 7. 1995 – StR 342/95, StV 1996, 134; krit. dazu Anw-StPO/*Püschel* Rn. 16.
¹⁶⁰ BGH v. 25. 7. 1995 – StR 342/95, StV 1996, 134; krit. dazu Anw-StPO/*Püschel* Rn. 16.
¹⁶¹ BGH v. 15. 2. 1989 – 2 StR 402/88, BGHSt 36, 119 = NStZ 1989, 375; Meyer-Goßner § 338 StPO Rn. 47; Beck OK-StPO/*Wiedner* § 338 Rn. 125; KK-StPO/*Diemer* Rn. 13; SK-StPO/*Frisch* § 338 Rn. 88; aA Kissel/*Mayer* Rn. 58; *Kudlich* JA 2000, 974; *Roxin*, FS Peters, 1974, S. 402 f.; Löwe/Rosenberg/*Hanack* § 338 StPO Rn. 105.
¹⁶² Vgl. *Hahn*, Materialien zur StPO, 1. Abt., 2. Aufl., S. 251, wonach mit dem absoluten Revisionsgrund die Einhaltung von Verfahrensnormen, „die die Grundlagen des Verfahrens berühren" gewährleistet werden sollte.
¹⁶³ Meyer-Goßner § 338 StPO Rn. 3; Löwe/Rosenberg/*Wickern* Rn. 66; SK-StPO/*Frisch* § 338 Rn. 7; aA Kissel/*Mayer* Rn. 61, der eine vollständige Wiederholung des gesamten Verhandlungsteils verlangt.
¹⁶⁴ Kissel/*Mayer* Rn. 58; Meyer-Goßner § 337 StPO Rn. 44; zu einem besonders gelagerten Fall, wo die Beteiligten auf eine heilende Wiederholung einer Zeugenaussage im Hinblick auf deren Bedeutungslosigkeit verzichteten BGH v. 19. 12. 1984 – 2 StR 438/84, BGHSt 33, 99 (100), im Erg. zu Recht abl. SK-StPO/*Frisch* § 338 Rn. 7.

stoß gem. § 338 Nr. 6 auch dann rügen können, wenn er den Ausschluss der Öffentlichkeit selbst (ggf. sogar arglistig) beantragt hat, eine Verwirkung des Rügerechts ausgeschlossen sein.[165] Der BGH hat jüngst die Frage aufgeworfen, ob diese Rechtauffassung heutigen Vorstellungen von Verfahrensgerechtigkeit zu unerträglichem Maße widerspricht und neigt offenbar dazu, eine Verwirkung jedenfalls dann anzunehmen, wenn die Rüge erhebende Verfahrensbeteiligte mit dem – sachlich gerechtfertigten der – Ausschluss der Öffentlichkeit einverstanden war oder ihn gar selbst beantragt hat und die Rüge lediglich auf einen formalen Verstoß gestützt ist.[166]

E. Besondere Verfahrensarten, internationales Recht

I. Besondere Verfahrensarten

49   1. **OWiG.** Der Öffentlichkeitsgrundsatz gilt über § 46 OWiG auch im **gerichtlichen Bußgeldverfahren.**[167]

50   2. **Verfahren gegen Jugendliche und Heranwachsende. Besonderheiten** gelten im Verfahren gegen Jugendliche und Heranwachsende. Zwingend **nichtöffentlich** ist gem. § 48 Abs. 1 JGG die Hauptverhandlung einschließlich der Urteilsverkündung vor den **Jugendgerichten**, wenn ausschließlich **Personen** angeklagt sind, die zur **Tatzeit jugendlich** waren (§ 48 Abs. 1 JGG). Dabei genügt es, dass lediglich ein Teil der Taten bzw. Teilakte in dieser Altersstufe begangen worden sind,[168] und dies selbst, wenn im Verlauf der Hauptverhandlung insoweit eine Einstellung gem. § 154 Abs. 2 StPO erfolgt.[169] Dies gilt für alle Rechtszüge.[170] Tragender Grund für den generellen Ausschluss der Öffentlichkeit sind die **Gedanken der Erziehung und des Schutzes** des jungen Angeklagten vor Bloßstellung und den daraus erwachsenden Gefahren für seine persönliche, soziale und berufliche Entwicklung.

51   Wird dagegen gegen **Jugendliche und Heranwachsende oder/und Erwachsene** gemeinsam verhandelt, ist die Verhandlung grundsätzlich **öffentlich** (§ 48 Abs. 3 S. 1 JGG). Zu den Ausschlussgründen der §§ 171a ff. GVG tritt aber die im pflichtgemäßen Ermessen des Gerichts stehende Befugnis, die Öffentlichkeit im Interesse der Erziehung jugendlicher Angeklagter auszuschließen, § 48 Abs. 3 S. 2 JGG. Dasselbe gilt in Verfahren gegen Jugendliche vor den Erwachsenengerichten (§ 104 Abs. 2 JGG iVm. § 48 Abs. 1 JGG; § 104 Abs. 2 iVm. § 48 Abs. 3 S. 2 JGG). Gegen **Heranwachsende** wird grundsätzlich sowohl vor den Jugend- als auch den Erwachsenengerichten öffentlich verhandelt. Auch hier ist nach pflichtgemäßem Ermessen jedoch ein Ausschluss der Öffentlichkeit im Interesse des Heranwachsenden möglich (§ 109 Abs. 1 S. 4; § 112, S. 1 iVm. § 109 Abs. 1 S. 4 JGG).

52   In formaler Hinsicht setzt der Ausschluss der Öffentlichkeit in diesen Fällen – anders als beim zwingenden gesetzlichen Ausschluss gem. § 48 Abs. 1 JGG – einen **Beschluss** des Gerichts voraus, der entsprechend § 174 GVG zu begründen und grundsätzlich öffentlich zu verkünden ist.[171] Wenn der Beschluss den Umfang des Ausschlusses der Öffentlichkeit nicht ausdrücklich – etwa auf einen Teil der Hauptverhandlung – beschränkt, gilt der Öffentlichkeitsausschluss auch für die Verkündung des Urteils und die Eröffnung der Urteilsgründe.[172] Die Ansicht, wonach in den Fällen des § 48 Abs. 3 S. 2 und § 109 Abs. 1 S. 4 JGG die Regelung des § 173 GVG anwendbar sein soll, mit der Folge, dass die Urteilsverkündung zwingend öffentlich und lediglich für die Urteilsbegründung ein durch gesonderten Beschluss anzuordnender Öffentlichkeitsausschluss möglich ist,[173] ist mit der herrschenden Meinung[174] im Hinblick auf Wortlaut, Systematik, vor allem aber den vorrangigen Sinn und Zweck dieses Öffentlichkeitsausschlussgrundes abzulehnen. Die die Nichtöffentlichkeit der Verhandlung gem. § 48 Abs. 1 JGG tragenden Gesichtspunkte fordern im Übrigen auch, dass auf dem Terminzettel Tatvorwurf und Name des Jugendlichen nicht genannt werden[175] und in Zeugenladungen der Tatvorwurf möglichst wegzulassen ist, während der Name

---

[165] Kissel/*Mayer* Rn. 58; SK-StPO/*Frisch* § 338 Rn. 125; Löwe/Rosenberg/*Wichern* Rn. 56.
[166] BGH v. 4. 12. 2007 – 5 StR 404/07 NStZ 2008, 354; zust. Beck OK-StPO/*Wiedner* Rn. 132a.
[167] BayObLG v. 30. 11. 1981 – 1 Ob OWi 331/81, NJW 1982, 395; KK-OWiG/*Lampe* § 46 Rn. 51; OLG Saarbrücken v. 25. 5. 2007 – Ss (B) 22/2007(20/07), NStZ-RR 2008, 50, das offen lässt, ob er wegen der geringeren Bedeutung und der vereinfachten Ausgestaltung des Bußgeldverfahrens Einschränkungen unterliegt; dagegen KK-StPO/*Diemer* Rn. 1.
[168] KK-StPO/*Diemer* Rn. 4.
[169] BGH v. 25. 2. 1998 – 3 StR 362/97; *Eisenberg* § 48 JGG Rn. 4.
[170] BGH v. 20. 1. 2004 – 5 StR 530/03.
[171] Vgl. *Ostendorf* § 48 JGG Rn. 18; *Diener/Schoreit/Sonnen* § 48 JGG Rn. 14.
[172] BGH v. 6. 11. 1996 – 2 StR 391/96, BGHSt 42, 294 (295) = NStZ 1998, 53.
[173] So *Eisenberg*, Anm. zu BGH v. 6. 11. 1996 – 2 StR 391/96, NStZ 1998, 53 ff.
[174] *Diener/Schoreit/Sonnen* § 48 JGG Rn. 25.
[175] *Brunner/Dölling* § 48 JGG Rn. 11; *Eisenberg* § 48 JGG Rn. 11.

II. Internationales Recht

EMRK Art. 6 Abs. 1 S. 1 EMRK statuiert ein Menschenrecht auf eine öffentliche Verhandlung 53 u. a. in „Streitigkeiten über eine gegen (eine Person) erhobene strafrechtliche Anklage", worunter nicht nur Strafsachen, sondern auch Bußgeldsachen zu verstehen sind. Verstöße können nach Ausschöpfung des innerstaatlichen Rechtsweges im Wege der Individualbeschwerde geltend gemacht werden.[177] Allerdings kann die Öffentlichkeit des ganzen oder eines Teils des Verfahrens gem. Art. 6 Abs. 1 S. 3 EMRK ausgeschlossen werden, „wenn dies im Interesse der Moral, der öffentlichen Ordnung oder der nationalen Sicherheit in einer demokratischen Gesellschaft liegt, wenn die Interessen von Jugendlichen oder der Schutz des Privatlebens der Prozessparteien es verlangen oder – soweit das Gericht es für unbedingt erforderlich hält – wenn unter besonderen Umständen eine öffentliche Verhandlung die Interessen der Rechtspflege beeinträchtigen würde". Daneben ist nach ständiger Rechtsprechung des EGMR eine Beschränkung der offenen und öffentlichen Natur des Verfahrens auch etwa zum Schutz der Sicherheit oder Privatsphäre von Zeugen oder zur Förderung des freien Austauschs von Informationen und Meinungen beim Streben nach Gerechtigkeit zulässig.[178] Im Hinblick auf die zulässigen Beschränkungen der Öffentlichkeit ist es zulässig, dass ein Staat eine gesamte Klasse von Fällen zu Ausnahmen von der allgemeinen Regel der Öffentlichkeit erklärt.[179] Fraglich erscheint angesichts der Ausführungen in Moser v. Austria[180] jedoch, ob, zumal in Fällen in denen sich wie im Strafrecht Staat und Individuum gegenüber stehen, auch ein strikter gesetzlicher Öffentlichkeitsausschluss ohne ins Ermessen des Gerichts gestellte Rückausnahmen zulässig ist. Infolgedessen erscheinen zwar die §§ 171 a ff. GVG jedenfalls mit der Konvention vereinbar,[181] gewisse Zweifel könnte allerdings strikte gesetzliche Öffentlichkeitsausschlüsse wie § 48 JGG aufwerfen.

§ 170 (nicht abgedruckt)

§ 171 *(aufgehoben)*

§ 171a [Ausschluss der Öffentlichkeit]
Die Öffentlichkeit kann für die Hauptverhandlung oder für einen Teil davon ausgeschlossen werden, wenn das Verfahren die Unterbringung des Beschuldigten in einem psychiatrischen Krankenhaus oder einer Entziehungsanstalt, allein oder neben einer Strafe, zum Gegenstand hat.

I. Allgemeines

Der durch Art. 1 Nr. 2 des Gesetzes vom 24. 11. 1933[1] eingefügte Öffentlichkeitsausschluss- 1 grund dient dem Schutz der Persönlichkeit des Angeklagten bzw. des Beschuldigten im Sicherungsverfahren vor einer intensiven öffentlichen Erörterung seiner psychischen Gesundheit.

II. Öffentlichkeitsausschluss

1. Voraussetzungen des Öffentlichkeitsausschlusses. Das **Verfahren** iSd. Vorschrift kann ein 2 Strafverfahren oder aber – bei Schuldunfähigkeit oder dauernder Verhandlungsunfähigkeit – ein Sicherungsverfahren gem. §§ 413 ff. StPO sein.[2]
Zum Gegenstand hat es die Unterbringung gem. §§ 63 oder 64 StGB dann, wenn diesbezügli- 3 che Erörterungen zu erwarten sind.[3] Dies ist bereits der Fall, wenn eine Unterbringung in Betracht kommt, mit anderen Worten: möglich erscheint,[4] nicht erst, wenn mit ihr zu rechnen ist.[5]

---

[176] So *Ostendorf* § 48 JGG Rn. 6.
[177] BeckOK-EMRK/*Valerius* Rn. 6.
[178] EGMR v. 7. 6. 2007, Zagorodnikov v. Russia Nr. 21.
[179] EGMR v. 24. 4. 2001, B. and P. v. The United Kingdom, Nr. 39.
[180] EGMR v. 21. 9. 2006, Moser v. Austria Nr. 96.
[181] Für Zulässigkeit aller Ausnahmen nach deutschem Recht KK-StPO/*Diemer* Rn. 4.
[1] RGBl. I S. 1000.
[2] Vgl. BGH v. 23. 6. 1998 – 5 StR 261/98, NStZ 1998, 586; KK-StPO/*Diemer* Rn. 1; Kissel/*Mayer* Rn. 4; Löwe/Rosenberg/*Wickern* Rn. 1.
[3] Löwe/Rosenberg/*Wickern* Rn. 2; Anw-StPO/*Püschel* Rn. 1.
[4] Vgl. § 246 a S. 1 StPO nF. und *Meyer-Goßner* § 246 a StPO Rn. 2.
[5] AA KK-StPO/*Diemer* Rn. 1.

Unerheblich ist, ob schon ein Antrag auf Unterbringung gem. §§ 63 oder 64 gestellt ist oder – jedenfalls im Hinblick auf § 64 und den insoweit strengeren Maßstab des § 246a StPO – ob ein Sachverständiger hinzugezogen wird.[6]

4 Wird die Schuldunfähigkeit oder verminderte Schuldfähigkeit erörtert, ohne dass das Verfahren eine Unterbringung zum Gegenstand hat, kommt ein Ausschluss der Öffentlichkeit gem. § 171 b in Betracht.[7]

5 **2. Entscheidung des Gerichts.** Die Entscheidung, ob und in welchem Umfang – für die gesamte Hauptverhandlung oder nur einen Teil davon – die Öffentlichkeit für die Verhandlung ausgeschlossen wird, steht im **pflichtgemäßen Ermessen** des Gerichts.[8] Dabei sind auch die Bedürfnisse des Angeklagten/Beschuldigten, dessen Schutz die Norm dient, zu berücksichtigen.[9] Für die Frage des Umfangs des Öffentlichkeitsausschlusses ist der Schwerpunkt der Verhandlung (Tat- oder Schuldfrage) zu ermitteln. Im Zweifel ist die am wenigsten die Öffentlichkeit einschränkende Maßnahme zu wählen.[10]

6 Die Entscheidung ergeht durch **nicht weiter zu begründenden Beschluss**.[11] Die Urteilsformel ist stets öffentlich zu verkünden, § 173 Abs. 1. Für die Verkündung der Urteilsgründe kann die Öffentlichkeit zwar nicht schon aus den Gründen des § 171a, jedoch aus denen des § 171b ausgeschlossen werden, vgl. § 173 Abs. 2.[12]

III. Anfechtbarkeit, Revision

7 Ein absoluter Revisionsgrund gem. § 338 Nr. 6 StPO ist gegeben, wenn die Öffentlichkeit ausgeschlossen worden ist, ohne dass die Voraussetzungen des § 171a vorgelegen haben.[13]

8 Bei Nichtausschluss der Öffentlichkeit trotz Vorliegens der Voraussetzungen hierfür, kann die Revision nur Erfolg haben, wenn das tatrichterliche Ermessen – was nur in seltenen Fällen in Betracht kommt – auf Null reduziert war und im Wege der Aufklärungsrüge dargelegt wird, dass bei Ausschluss der Öffentlichkeit weitergehende Erkenntnisse gewonnen worden wären, auf Grund derer die Möglichkeit einer anderen Entscheidung eröffnet gewesen wäre.[14]

IV. Besondere Verfahrensarten

9 Anders als in Verfahren der Jugendgerichte gegen Heranwachsende (§ 109 Abs. S. 4 JGG) und in nach § 103 JGG verbundenen Verfahren vor den Erwachsenengerichten, auf die § 171a ohne Weiteres anwendbar ist, ist in Verfahren gegen Jugendliche vor den Jugendgerichten die Öffentlichkeit bereits gem. § 48 Abs. 1 ausgeschlossen, so dass § 171a hier nur insoweit Bedeutung erlangt, als unter Berufung auf diese Vorschrift den gem. § 48 Abs. 2 S. 1 JGG besonders Anwesenheitsberechtigten das Anwesenheitsrecht entzogen werden kann.[15] Darüber hinaus ist der Gedanke des § 171a bei der Zulassungsentscheidung gem. § 48 Abs. 2 S. 2 JGG zu berücksichtigen.[16]

§ 171 b [Ausschluss der Öffentlichkeit zum Schutz von Persönlichkeitsrechten]

(1) ¹Die Öffentlichkeit kann ausgeschlossen werden, soweit Umstände aus dem persönlichen Lebensbereich eines Prozeßbeteiligten, Zeugen oder durch eine rechtswidrige Tat (§ 11 Abs. 1 Nr. 5 des Strafgesetzbuches) Verletzten zur Sprache kommen, deren öffentliche Erörterung schutzwürdige Interessen verletzen würde, soweit nicht das Interesse an der öffentlichen Erörterung dieser Umstände überwiegt. ²Dies gilt nicht, soweit die Personen, deren Lebensbereiche betroffen sind, in der Hauptverhandlung dem Ausschluß der Öffentlichkeit widersprechen.

(2) Die Öffentlichkeit ist auszuschließen, wenn die Voraussetzungen des Absatzes 1 Satz 1 vorliegen und der Ausschluß von der Person, deren Lebensbereich betroffen ist, beantragt wird.

(3) Die Entscheidungen nach den Absätzen 1 und 2 sind unanfechtbar.

---

[6] Vgl. KK-StPO/*Diemer* Rn. 1; *Meyer-Goßner* Rn. 2; Anw-StPO/*Püschel* Rn. 1.
[7] Löwe/Rosenberg/*Wickern* Rn. 2.
[8] SK-StPO/*Velten* Rn. 2; Kissel/*Mayer* Rn. 3.
[9] SK-StPO/*Velten* Rn. 2.
[10] Löwe/Rosenberg/*Wickern* Rn. 3.
[11] Kissel/*Mayer* Rn. 3; *Gössel* NStZ 2000, 182; aA SK-StPO/*Velten* Rn. 2.
[12] Vgl. Löwe/Rosenberg/*Wickern* Rn. 4.
[13] *Katholnigg* Rn. 2.
[14] BGH v. 23. 6. 1998 – 5 StR 261/98, NStZ 1998, 586; ablehnend *Foth* NStZ 1999, 373 f.
[15] *Ostendorf* § 48 JGG Rn. 9; Brunner/Dölling § 48 Rn. 24; Diemer/Schoreit/Sonnen § 48 Rn. 12; aA Löwe/Rosenberg/*Wickern* Rn. 5.
[16] *Diemer/Schoreit/Sonnen* § 48 Rn. 11.

Schrifttum: *Rieß/Hilger*, Das neue Strafverfahrensrecht – Opferschutzgesetz und Strafverfahrensänderungsgesetz 1987 – 2. Teil, NStZ 1987, 204 ff.; *Kleinknecht*, Schutz der Persönlichkeit des Angeklagten durch Ausschluss der Öffentlichkeit in der Hauptverhandlung, *Schmidt-Leichner*-FS, 1977, S. 111.

I. Allgemeines

Die Vorschrift trat mit dem Inkrafttreten des Opferschutzgesetzes (BGBl. 1986, 2496) an Stelle der als unzureichend kritisierten und praktisch kaum angewendeten Vorgängerregelung, § 172 Nr. 2 aF. Sie dient der **Stärkung des Schutzes der Privat- und Intimsphäre** der Verfahrensbeteiligten, insbesondere auch des Angeklagten, der Zeugen und vor allem des Tatopfers. 1

Die Erörterung von Umständen aus dem persönlichen Lebensbereich in der Hauptverhandlung hat vor dem Hintergrund eines immer stärker die Persönlichkeitserforschung erfordernden Straf- und Strafverfahrensrechts erheblich an Bedeutung zugenommen[1] und kann im Hinblick auf das Recht des Angeklagten auf eine effektive Verteidigung und den Amtsermittlungsgrundsatz nur in engen Grenzen eingeschränkt werden (vgl. § 68a StPO). In Reaktion hierauf bezweckt die Vorschrift, die Persönlichkeitsrechte der betroffenen Personen zumindest insoweit zu schützen, als diese Erörterung, wenn sie schon notwendig ist, wenigstens nicht vor den Augen der Öffentlichkeit, zumal mit der Folge einer Weiterverbreitung in den Medien, stattzufinden braucht.[2] Entsprechend ihrer individualistischen Schutzrichtung stellt die Vorschrift den Schutz, soweit seine Voraussetzungen vorliegen, weitgehend zur Disposition des Betroffenen. Um ihre praktische Wirksamkeit zu gewährleisten, wird die gerichtliche Entscheidung über den Ausschluss inhaltlich der Anfechtung entzogen. Dies stellt eine bedeutende Einschränkung der Anwendbarkeit des absoluten Revisionsgrundes des § 338 Nr. 6 StPO bei fehlerhaften Beschränkungen der Öffentlichkeit dar. 2

II. Öffentlichkeitsausschluss

1. Voraussetzungen des Öffentlichkeitsausschlusses (Abs. 1 S. 1). a) Geschützte Personen. Der persönliche Anwendungsbereich der Vorschrift umfasst wie bereits die Vorgängerregelung § 172 Nr. 2 aF **Prozessbeteiligte**, dh. Angeklagte, Nebenkläger, Privatkläger, Nebenbeteiligte und Antragsteller im Adhäsionsverfahren, und **Zeugen**, zu denen neben den bereits als Zeuge geladenen oder benannten Personen auch diejenigen, die ernsthaft als Zeuge in Betracht kommen, gehören.[3] Durch das Opferschutzgesetz wurde der Anwendungsbereich aber auch auf den durch eine rechtswidrige Tat **Verletzten** erstreckt, der nicht anderweitig am Verfahren beteiligt ist oder als Zeuge vernommen wird.[4] 3

b) Sachlicher Anwendungsbereich. Der sachliche Anwendungsbereich betrifft die Erörterung von **Umständen aus dem persönlichen Lebensbereich**, deren öffentliche Erörterung schutzwürdige Interessen verletzen würde. Unter dem persönlichen Lebensbereich ist der private Bereich, der jedermann zur Entfaltung seiner Persönlichkeit gewährleistet sein muss, vor allem auch die Intimsphäre, zu verstehen[5] und der im Gegensatz zum äußeren Wirkungskreis des Betroffenen steht. Die Abgrenzung sollte auf der Grundlage **objektivierbarer Kriterien** wie der herrschenden Anschauungen, nicht hingegen der subjektiven Sicht des Betroffenen erfolgen, da letzterer sonst nicht nur – wie von der Norm intendiert – über den Schutz seines persönlichen Lebensbereichs, sondern über den Anwendungsbereich der Vorschrift disponieren könnte.[6] Allerdings können Verhaltensweisen des Betroffenen die Zugehörigkeit zum einen oder anderen Bereich beeinflussen, etwa wenn er mit bestimmten Verhaltensweisen an die Öffentlichkeit tritt. Zum persönlichen Lebensbereich gehören persönliche Eigenschaften wie der psychische oder körperliche Gesundheitszustand, Tatsachen des geistig-seelischen Innenlebens wie persönliche Neigungen und Interessen, insbesondere auch sexueller Art, politische oder religiöse Anschauungen sowie private Verhaltensweisen und Interna aus dem familiären oder partnerschaftlichen Bereich.[7] Dem äußeren Wirkungskreis ist demgegenüber das Berufs- und Erwerbsleben, politisches und soziales Engagement und sonstiges Verhalten mit Außenwirkung im gesellschaftlichen Bereich zuzurechnen. Auch Vorstrafen gehören jedenfalls, soweit sie noch verwertbar sind (§§ 51 u. 63 BZRG), wegen ihres Öffentlichkeitsbezuges nicht zu den persönlichen Lebensumständen.[8] Ihre Erörterung in der 4

---

[1] *Kleinknecht*, FS Schmidt-Leichner, 1977, S. 111.
[2] Vgl. BT-Drucks. 10/5305, S. 22.
[3] HM; statt aller Kissel/*Mayer* Rn. 2; aA *Sieg* NJW 1980, 379; SK-StPO/*Velten* Rn. 5.
[4] BT-Drucks. 10/305, S. 23.
[5] *Meyer-Goßner* Rn. 3.
[6] Im Erg. auch SK-StPO/*Velten* Rn. 4; aA KK-StPO/*Diemer* Rn. 3.
[7] BGH v. 18. 9. 1981 – 2 StR 370/81, BGHSt 30, 212 = NJW 1982, 59; aA SK-StPO/*Velten* Rn. 6.
[8] So auch Löwe/Rosenberg/*Wickern* Rn. 9; SK-StPO/*Velten* Rn. 7.

Hauptverhandlung unterliegt allerdings erheblichen Beschränkungen, vgl. § 68 a StPO für Zeugen und § 243 Abs. 4, S. 3 u. 4 StPO sowie Nrn. 16 u. 134 RiStBV für den Angeklagten.

5   c) **Schutzwürdiges Diskretionsinteresse.** Es muss sich weiter um Angelegenheiten handeln, bezüglich derer bei objektiver Wertung ein schutzwürdiges Diskretionsinteresse des Betroffenen anzuerkennen ist.[9] Ein solches besteht nicht schon dann, wenn die öffentliche Erörterung dem Betroffenen unangenehm oder peinlich ist. Vielmehr muss sie geeignet sein, ihm **erhebliche Nachteile** in Form einer Bloßstellung, Ansehensminderung, Gefährdung der Ehre oder seiner beruflichen Stellung zu bringen.[10] Die Schutzwürdigkeit kann allerdings auf Grund des eigenen Verhaltens des Betroffenen entfallen, so wenn er selbst die Tatsachen außerhalb des Strafverfahrens freiwillig vor der Öffentlichkeit ausgebreitet hat, etwa indem er einer Illustrierten das Recht übertragen hat, sie bekanntzumachen,[11] oder wenn er selbst die Privatsphäre eines anderen zum Gegenstand öffentlicher Auseinandersetzung gemacht hat und im Rahmen der strafrechtlichen Prüfung dieses Verhaltens nun seine eigene Privatsphäre in der Verhandlung erörtert werden muss.[12]

6   d) **Kein Überwiegen des öffentlichen Interesses.** Voraussetzung für den Öffentlichkeitsausschluss ist weiter, dass die die Umstände des Einzelfalls berücksichtigende **Abwägung** zwischen den schutzwürdigen Interessen des Betroffenen an der Vertraulichkeit seiner persönlichen Lebensumstände einerseits und dem Interesse an der öffentlichen Erörterung der Umstände, bei dem es nicht allein um das Informations-, sondern genauso das Kontrollinteresse geht,[13] **kein Überwiegen** des öffentlichen Interesses an der Erörterung ergibt. Bei (nicht auszuschließender) Gleichgewichtigkeit der Interessen bleibt der Ausschluss hingegen zulässig.[14] Folgende Grundsätze lassen sich insoweit aufstellen: Die Öffentlichkeit muss desto eher zurücktreten, je näher der Kernbereich privater Lebensgestaltung betroffen ist. Das Interesse an der Öffentlichkeit ist in Bezug auf tatbezogene Umstände höher zu bewerten als in Bezug auf die Rechtsfolgen betreffende Tatsachen.[15]

7   e) **Zur-Sprache-Kommen.** Ob derartige Umstände **zur Sprache kommen**, ist nach dem Sinn und Zweck der Vorschrift vom Gericht bereits vor deren tatsächlicher Erörterung im Wege einer **Prognose** zu beurteilen. Im insoweit maßgeblichen Zeitpunkt der Beschlussfassung muss die Erörterung der in § 171 b genannten Umstände zu erwarten sein. Dass diese Erwartung sich später nicht bestätigt, berührt die Rechtmäßigkeit des Öffentlichkeitsausschlusses nicht, so dass auch keine Wiederholung des Vorgangs bei wiederhergestellter Öffentlichkeit notwendig ist.[16]

8   **2. Entscheidung des Gerichts. a) Ob des Ausschlusses. aa)** Liegen die Voraussetzungen des Abs. 1 S. 1 vor, so entscheidet das Gericht grundsätzlich **von Amts wegen** nach pflichtgemäßem **Ermessen** darüber, ob die Öffentlichkeit ausgeschlossen wird. Die Entscheidung ist jedoch in zwei Richtungen gebunden, wenn die Betroffenen von ihrem gesetzlich vorgesehenen Dispositionsrecht Gebrauch machen.

9   **bb) Zwingend** ist der Ausschluss der Öffentlichkeit, wenn – bei Vorliegen der Voraussetzungen des Abs. 1 S. 1 – der Betroffene ihn beantragt (Abs. 2).

10   cc) Liegt umgekehrt ein **Widerspruch** des Betroffenen gegen den Ausschluss der Öffentlichkeit vor, so **darf er nicht angeordnet werden (Abs. 1 S. 2).** Ein Ausschluss auf anderer Grundlage, zB § 172 Nr. 1, 3. Alt. bleibt unberührt. Bei Betroffenheit mehrerer Personen gilt dies nach dem Willen des Gesetzgebers, der durch die Verwendung des Plurals auch im Gesetzeswortlaut seinen Niederschlag gefunden hat, allerdings nur bei Widerspruch sämtlicher von ihnen.[17] Widersprechen dagegen lediglich einzelne von ihnen, soll dies im Rahmen der Interessenabwägung des Abs. 1 S. 1 zu berücksichtigen sein.[18] Das Gleiche gilt nach dem Willen des Gesetzgebers,[19] wenn sich bei mehreren gleichzeitig Betroffenen ein Antrag auf Ausschluss und ein Widerspruch gegen den Ausschluss gegenüberstehen, wobei allerdings, sofern es dadurch nicht zu einem Überwiegen des öffentlichen Interesses kommt, die Bindungswirkung des Antrags bestehen bleiben dürfte.[20]

---

[9] MünchKommZPO/*Zimmermann* Rn. 9.
[10] Vgl. SK-StPO/*Velten* Rn. 8.
[11] *Meyer-Goßner* Rn. 4.
[12] Kissel/*Mayer* Rn. 8.
[13] AA offenbar Löwe/Rosenberg/*Wickern* Rn. 15, wie hier SK-StPO/*Velten* Rn. 10.
[14] Vgl. Löwe/Rosenberg/*Wickern* Rn. 16.
[15] Statt aller Kissel/*Mayer* Rn. 7.
[16] BGH v. 19. 12. 2006 – 1 StR 268/06, S. 5.
[17] BT-Drucks. 10/6124, S. 17.
[18] AllgM; statt aller Anw-StPO/*Püschel* Rn. 8.
[19] BT-Drucks. 10/5305, S. 24; BT-Drucks. 10/6124, S. 17; so auch Anw-StPO/*Püschel* Rn. 8.
[20] Dogmatisch anders Löwe/Rosenberg/*Wickern* Rn. 19 und Kissel/*Mayer* Rn. 15, die folgern, dass bei unterschiedlichen Standpunkten die Entscheidung im Ermessen des Gerichts steht und so die unterschiedlichen Interessen dogmatisch nicht schon auf der Ebene der Ausschlussvoraussetzungen, sondern erst innerhalb der Rechtsfolge berücksichtigen, wobei dem Antrag die Bindungswirkung genommen wird.

dd) Die **Antrags- und Widerspruchsbefugnis** steht dem Betroffenen selbst zu, der sich insoweit auch durch einen Rechtsbeistand vertreten lassen kann (§ 406f Abs. 2 StPO),[21] ferner den in § 395 Abs. 2 StPO Genannten.[22]

ee) **Form dieser Erklärungen.** Ebenso wie der Widerspruch (vgl. den Wortlaut des Abs. 1 S. 2) ist auch der Antrag nur wirksam, wenn er mündlich in der Hauptverhandlung gestellt wird.[23] Anträge, die diese Form nicht wahren oder von nicht antragsbefugten Personen gestellt werden, sind als **Anregungen** an das Gericht aufzufassen, den Ausschluss der Öffentlichkeit zu prüfen. Sie ziehen bei Ablehnung des Ausschlusses der Öffentlichkeit anders als wirksame Anträge keine Pflicht zur Begründung des Beschlusses gem. § 34 StPO nach sich. Zur Pflicht der Staatsanwaltschaft den Öffentlichkeitsausschluss anzuregen, siehe Nr. 131a RiStBV.

b) **Umfang des Öffentlichkeitsausschlusses.** Grundsätzlich ist der Öffentlichkeitsausschluss für diejenigen Verfahrensabschnitte zulässig, für die die in Rn. 4 ff. genannten Voraussetzungen zu bejahen sind. Allerdings kommt unter Umständen, insbesondere im Bereich der Sexualstraftaten zum Nachteil von Frauen und Kindern, auch ein Ausschluss der Öffentlichkeit für die gesamte Verhandlung einschließlich der Eröffnung der Urteilsgründe (siehe zu dieser Möglichkeit § 173 Abs. 2) in Betracht.[24]

3. **Form der Entscheidung des Gerichts.** Das Gericht entscheidet durch ausdrücklichen Beschluss, der zu begründen ist. Dies ergibt sich für den anordnenden Beschluss aus § 174 Abs. 1 S. 2, für den einen förmlichen Antrag gem. Abs. 2 ablehnenden aus § 34 StPO.

III. Rechtsbehelfe und Revision

1. **Inhaltliche Unanfechtbarkeit (Abs. 3).** Abs. 3 erklärt die Entscheidung über den Ausschluss der Öffentlichkeit für unanfechtbar.

a) **Beschwerde.** Damit ist zum einen die Beschwerde ausgeschlossen.[25]

b) **Revision.** Zum anderen bewirkt der gesetzliche Ausschluss der Anfechtbarkeit, dass der auf § 171b Abs. 1 oder 2 gestützte Beschluss über den Ausschluss der Öffentlichkeit (§ 336 S. 2) ebenso wenig wie die einen Antrag ablehnende oder ihm in geringerem Umfang als beantragt stattgebende Entscheidung nicht der Revision unterliegt, soweit es um die Nachprüfung des *Inhalts* der Entscheidung geht. Dies gilt auch für die einer solchen Entscheidung vorausgehende Prognose, ob eine Erörterung der in § 171b genannten Umstände in dem Verfahrensabschnitt, für den die Öffentlichkeit ausgeschlossen werden soll, zu erwarten ist[26] sowie für die sonstigen Ausschlussvoraussetzungen.[27] Die Unanfechtbarkeit kann auch nicht mit der Aufklärungsrüge umgangen werden.[28]

Etwaige Ausnahmen von der Unanfechtbarkeit der Entscheidung in inhaltlicher Hinsicht lassen sich entgegen der Auffassung einiger Autoren dagegen nicht schon in Parallele zu den in Bezug auf die Entscheidungen gem. §§ 153, 153a StPO von der herrschenden Meinung zugelassenen Ausnahmen von der inhaltlichen Unanfechtbarkeit (hier: im Wege der Beschwerde) begründen. Danach ist bei den Einstellungsentscheidungen deren in § 153 Abs. 2 S. 4 StPO erklärte Unanfechtbarkeit im Wege teleologischer Reduktion auf die Ermessensentscheidung zu beschränken, mit der Folge, dass eine Überprüfung der prozessualen Voraussetzungen der Einstellungsmöglichkeit wie Zustimmung, Vorliegen eines bloßen Vergehens etc. weiterhin möglich bleiben soll.[29] Diese Grundsätze sind auf § 171b Abs. 3 nicht übertragbar. Denn hier wird die Unanfechtbarkeit durch die explizit Bezugnahme auf Abs. 1 und 2 nicht nur für den die Entscheidung in das Ermessen des Gerichts stellenden Abs. 1 S. 1, sondern genauso für die gebundenen Entscheidungen nach Abs. 1 S. 2 sowie Abs. 2 erklärt, bei denen eine derartige teleologische Reduktion gar nicht in Betracht käme. Sie widerspräche auch dem klaren Willen des Gesetzgebers, wonach die Revisibilität zugunsten

---

[21] Vgl. *Rieß* NStZ 1987, 204 (208).
[22] KK-StPO/*Diemer* Rn. 6.
[23] *Rieß* NStZ 1987, 204 (208).
[24] Zur Frage, welche Verfahrensvorgänge während des Öffentlichkeitsausschlusses zulässig sind, s. u. § 174 Rn. 13.
[25] Im Hinblick auf Verfahrensbeteiligte folgt dies schon aus § 305, S. 1 StPO. Entgegen der Annahme des Gesetzgebers war der explizite Ausschluss der Anfechtbarkeit jedoch im Hinblick auf Zeugen und nicht verfahrensbeteiligte Verletzte notwendig, da § 171b Abs. 2 anders als die Vorgängerregelung diesen Personen bei Vorliegen der Voraussetzungen und entsprechendem Antrag gerade einen Anspruch auf Ausschluss der Öffentlichkeit einräumen will, so dass § 305 S. 2 StPO eingriffe.
[26] BGH v. 19. 12. 2006 – 1 StR 268/06, S. 5.
[27] BGH v. 21.2.1989 – 1 StR 786/88, BGHR GVG § 171b Abs. 1 Dauer 1; BGH v. 14. 1. 1998 – 3 StR 617/97, BGHR GVG § 171b Unanfechtbarkeit 2.
[28] BGH v. 10. 10. 1995 – 3 StR 467/95, NStZ 1996, 243.
[29] BGH v. 22. 3. 2002 – 4 StR 485/01, NJW 2002, 2401; OLG Hamm v. 13. 11. 2003 – 4 Ws 578/03, NStZ-RR 2004, 144.

eines besseren Persönlichkeitsschutzes ausnahmslos ausgeschlossen sein sollte.[30] Eine Ausnahme muss freilich bei **Willkür** gelten.[31]

19 **2. Von Abs. 3 nicht berührte Anfechtungsmöglichkeiten.** Unberührt bleibt hingegen die Rüge, der Entscheidung über den Ausschluss der Öffentlichkeit entspreche nicht den **Anforderungen des § 174 Abs. 1**[32] oder die **Ausführung des Beschlusses** sei fehlerhaft, zB bei tatsächlicher Überschreitung des im Ausschließungsbeschluss festgelegten Umfangs des Öffentlichkeitsausschlusses vor.[33] Im Übrigen schließt Abs. 3 nicht die **Möglichkeit einer Verfassungsbeschwerde** aus.[34]

§ 172 [Weitere Gründe für Ausschluss der Öffentlichkeit]

Das Gericht kann für die Verhandlung oder für einen Teil davon die Öffentlichkeit ausschließen, wenn
1. eine Gefährdung der Staatssicherheit, der öffentlichen Ordnung oder der Sittlichkeit zu besorgen ist,
1 a. eine Gefährdung des Lebens, des Leibes oder der Freiheit eines Zeugen oder einer anderen Person zu besorgen ist,
2. ein wichtiges Geschäfts-, Betriebs-, Erfindungs- oder Steuergeheimnis zur Sprache kommt, durch dessen öffentliche Erörterung überwiegende schutzwürdige Interessen verletzt würden,
3. ein privates Geheimnis erörtert wird, dessen unbefugte Offenbarung durch den Zeugen oder Sachverständigen mit Strafe bedroht ist,
4. eine Person unter 18 Jahren vernommen wird.

Schrifttum: *Celebi*, Kritische Würdigung des Opferrechtsreformgesetzes, ZRP 2009, 110 f.; *Hilger*, Neues Strafverfahrensrecht durch das OrgKG – 1. Teil, NStZ 1992, 457 ff.; *Schroth*, 2. Opferrechtsreformgesetz – Das Strafverfahren auf dem Weg zum Parteienprozess?, NJW 2009, 2916 ff.; *Weyand*, Ausschluss der Öffentlichkeit bei Steuerstrafverfahren, wistra 1993, 132 ff.

I. Allgemeines

1 Die Vorschrift enthält mehrere Ausschließungsgründe, die sich in zwei Gruppen unterteilen lassen. Während die in **Nr. 1** – zT seit Schaffung des GVG im Jahre 1877 – enthaltenen Ausschlussgründe dem Schutz von im Einzelfall gegenüber dem Öffentlichkeitsgrundsatz vorrangigen anderen **Interessen der Allgemeinheit** dienen, bezwecken die erst allmählich hinzugetretenen Ausschließungsgründe **Nr. 1 a–4** den **Schutz von Individualinteressen**.[30]

II. Erläuterung

2 **1. Voraussetzungen des Öffentlichkeitsausschlusses. a) Nr. 1. aa)** Zu besorgen ist eine der in Nr. 1 genannten Gefährdungen, wenn nach der Überzeugung des Gerichts für den voraussichtlichen Verhandlungsverlauf Erörterungen zu erwarten sind, von denen eine Gefährdung des jeweiligen Schutzguts ausgehen kann.[31]

3 **bb)** Der Begriff der **Gefährdung der Staatssicherheit** (Nr. 1, 1. Var.) umfasst die innere und äußere Sicherheit der Bundesrepublik und der Bundesländer (vgl. § 92 Abs. 3 Nr. 2 StGB). Deren Gefährdung kommt insbesondere in Betracht bei der Erörterung von Staatsgeheimnissen (§ 93 StGB) von Tätigkeiten, Erkenntnissen und Mitarbeitern des Verfassungsschutzes und der Nachrichtendienste.[32] Eine bloße Gefährdung des Ansehens von Staatsorganen, führenden Persönlichkeiten oder Parteien reicht nicht aus.[33] Die Ausschlussgründe gelten gem. Art. 38 NTS-ZA entsprechend zugunsten der NATO-Verbündeten.[34]

4 Soweit die Öffentlichkeit ausgeschlossen wird, gilt für die Medien das gesetzliche Verbot öffentlicher Berichterstattung und kann den anwesenden Personen vom Gericht ein strafbewehrtes Schweigegebot auferlegt werden.[35]

---

[30] BT-Drucks. 10/5305, S. 24 ; o. Rn. 1.
[31] So im Erg. auch BGH v. 14. 1. 1998 – 3 StR 617/97, BGHR GVG § 171 b Unanfechtbarkeit 2.
[32] BGH v. 21. 2. 1989 – 1 StR 786/88.
[33] Löwe/Rosenberg/*Wickern* Rn. 25.
[34] Vgl. *Kisse/Mayer* Rn. 19.
[30] Anw-StPO/*Püschel* Rn. 1; *Meyer-Goßner* Rn. 1.
[31] Vgl. Löwe/Rosenberg/*Wickern* Rn. 2.
[32] KK-StPO/*Diemer* Rn. 4; enger SK-StPO/*Velten* Rn. 4.
[33] Löwe/Rosenberg/*Wickern* Rn. 2; *Katholnigg* Rn. 2; *Meyer-Goßner* Rn. 2.
[34] *Meyer-Goßner* Rn. 2.
[35] S. u. § 174 Rn. 17 ff.

cc) Der Begriff der **Gefährdung der öffentlichen Ordnung** (Nr. 2, 2. Var.) ist nicht angelehnt an 5 das Polizeirecht, sondern eigenständig zu interpretieren. Er beinhaltet Gefahren der Störung der Ruhe, Sicherheit oder Ordnung, die gerade aus der Öffentlichkeit der Verhandlung herrühren müssen und sich entweder innerhalb oder – mittelbar – außerhalb der Verhandlung auswirken. Zu den Störungen innerhalb der Verhandlung zählen zum einen solche eines geordneten äußeren Verhandlungsablaufs durch Lärm, Applaudieren, Zwischenrufe und Sprechchöre. Insoweit haben jedoch grundsätzlich Maßnahmen nach §§ 176 ff., die sich dann auch gegen sämtliche anwesende Zuhörer richten können,[36] Vorrang. Ist allerdings mit weiteren Störungen durch nicht bestimmbare Personen zu rechnen, kommt auch der Öffentlichkeitsausschluss in Betracht.[37] Zum anderen gehören hierzu Störungen der inneren Ordnung durch massive Beeinträchtigungen der Verfahrensbeteiligten, Zeugen und Sachverständigen bei der Ausübung deren gesetzlicher Rechte, Pflichten und Funktionen, so wenn Verfahrensbeteiligte derart eingeschüchtert werden, dass sie sich in der Wahrnehmung ihrer prozessualen Rechte gehemmt fühlen.

Zu den Gefährdungen der öffentlichen Ordnung außerhalb der Verhandlung rechnet einerseits 6 das Risiko von Einbußen bei der effektiven Kriminalprävention und Strafverfolgung, die etwa dadurch drohen, dass geheimhaltungsbedürftige, insbesondere auch neuartige Methoden und Einrichtungen der Polizei und anderer Stellen vor der (Presse-)Öffentlichkeit erörtert werden und so den beteiligten Täterkreisen zur Kenntnis gelangen (vgl. auch Nr. 133 Abs. 1 RiStBV).[38] Hier lässt sich auch die Gefahr der Enttarnung und damit zukünftigen Nichtweiterverwendbarkeit eines als Zeugen zu vernehmenden Verdeckten Ermittlers oder V-Manns einordnen. Der Öffentlichkeitsausschluss aus diesem Grunde ist jedenfalls zulässig, wenn die oberste Dienstbehörde eine solche Person nur unter der Voraussetzung nichtöffentlicher Vernehmung freigibt und der Ausschluss auch unter Berücksichtigung sonstiger Sicherungsmaßnahmen – insb. optische und akustische Abschirmung[39] erforderlich ist.[40] Bei Gefahren für Leib und Leben des Verdeckten Ermittlers oder V-Mannes findet Nr. 1 a Anwendung.

Weiter zählt zu den Gefährdungen der öffentlichen Ordnung das Bekanntwerden von Details 7 über neue oder eigenartige Begehungsformen von Straftaten, zB Fälschungen, Betrügereien, Vergiftungen etc., das die Gefahr der Nachahmung heraufbeschwört, sowie von Bauweise, Organisation und Sicherung von Vollzugsanstalten.[41]

Eine bloße **Erschwerung der Wahrheitsermittlung** kann den Öffentlichkeitsausschluss dagegen 8 nicht begründen. Die bloße Erwartung, dass ein Angeklagter in nichtöffentlicher Sitzung geneigter sein werde, ihn belastende Umstände zuzugeben, und dass somit der Ausschluss der Öffentlichkeit seine Überführung erleichtern werde, kann den Ausschluss der Öffentlichkeit ebenso wenig tragen[42] wie die Ankündigung eines Zeugen wegen befürchteter falscher Presseberichterstattung nur bei Öffentlichkeitsausschluss nicht von seinem Aussage- oder Zeugnisverweigerungsrecht Gebrauch zu machen.[43] Beruht die Weigerung, in öffentlicher Verhandlung auszusagen, hingegen auf einer Gefahr für Leib, Leben oder Freiheit oder auch bedeutende Sachwerte, kommt ein Ausschluss, insbesondere auch nach Nr. 1 a in Betracht.[44]

dd) Der – ursprünglich auch mit auf den Ehrenschutz von Opfern von Sittlichkeitsvergehen 9 gerichtete[45] – Ausschlussgrund der **Gefährdung der Sittlichkeit** (Nr. 1, 3. Var.) ist gegeben, wenn die öffentliche Erörterung geschlechtlicher Vorgänge oder sittlicher Verfehlungen geeignet ist, das Scham- und Sittlichkeitsgefühl Unbeteiligter erheblich zu verletzen, insbesondere Jugendliche sittlich zu gefährden (Nr. 132 RiStBV).[46] Dabei ist auf den Durchschnittsmenschen abzustellen.[47] Bei der Frage, ob eine solche Eignung vorliegt, steht dem Tatrichter ein Beurteilungsspielraum zu.[48] Allerdings wird sie im sexuellen Bereich auf Grund der Liberalisierung der Anschauungen zur öffentlichen Darstellung sexualbezogener Vorgänge nur noch selten zu bejahen sein,[49] so bei Erörterung von Einzelheiten des sexuellen Missbrauchs eines Kindes durch

---

[36] Löwe/Rosenberg/*Wickern* Rn. 4.
[37] Vgl. Löwe/Rosenberg/*Wickern* Rn. 4; *Meyer-Goßner* Rn. 4.
[38] BGH v. 17. 9. 1982 – 2 StR 139/82.
[39] Vgl. zu deren Zulässigkeit jetzt BGH v. 19. 7. 2006 – 1 StR 87/06, NStZ 2006, 648; BGH v. 7. 7. 2007 – StR 646/06, NJW 2007, 1475.
[40] Vgl. BGH v. 17. 10. 1983 – GSSt 1/83, BGHSt 32, 115 (125) = NStZ 1984, 38; Löwe/Rosenberg/*Wickern* Rn. 6.
[41] Nr. 133 Abs. 3 RiStBV.
[42] BGH v. 23. 5. 1956 – 6 StR 14/56, BGHSt 9, 280 (285) = NJW 1956, 1647.
[43] BGH v. 19. 8. 1981 – 3 StR 226/81, BGHSt 30, 193 (195) = NStZ 1982, 168.
[44] S. u. Rn. 11.
[45] *Hahn*, Materialien zu dem GVG, 2. Abteilung, 2. Aufl. 1883, S. 981.
[46] BGH v. 9. 7. 1985 – 1 StR 216/85, NStZ 1986, 179.
[47] Allgemeine Meinung, vgl. nur *Meyer-Goßner* Rn. 5.
[48] BGH v. 9. 7. 1985 – 1 StR 216/85, NStZ 1986, 179.
[49] BGH v. 19. 3. 1992 – 4 StR 73/92, BGHSt 38, 248 (250).

einen möglicherweise triebgestörten Täter[50] oder von massivem, auch Gewalt einschließenden homosexuellen Kindesmissbrauch,[51] aber auch von Details nekrophiler Handlungen oder Sexualität mit Tieren. Als milderes Mittel gegenüber dem Ausschluss der Öffentlichkeit kann bei in erster Linie jugendgefährdenden Erörterungen eine Zutrittsversagung gem. § 175 Abs. 1 in Betracht kommen.

10   Der Ausschlussgrund des Nr. 1, 2. Alt. steht auf Grund deren unterschiedlicher Schutzfunktionen selbständig neben dem individualschützenden des § 171 b. Zwar kommt bei der Vernehmung eines durch eine Straftat gegen die sexuelle Selbstbestimmung Verletzten angesichts des engen Anwendungsbereichs des § 172 Nr. 1 ein Ausschluss der Öffentlichkeit vornehmlich gemäß § 171 b in Betracht.[52] Andererseits hindert der Widerspruch des Betroffenen nicht den Öffentlichkeitsausschluss wegen Gefährdung der Sittlichkeit.

11   b) Nr. 1 a. aa) Die durch das Gesetz zur Bekämpfung des illegalen Rauschgifthandels und anderer Erscheinungsformen der Organisierten Kriminalität (OrgKG) vom 15. 7. 1992 eingeführte Vorschrift bezweckte angesichts dessen, dass die Rechtsprechung schon zuvor bei Gefährdung von Leben und Leib,[53] aber auch der Freiheit einer Person[54] den Öffentlichkeitsausschluss gestützt auf Nr. 1, 2. Alt. (öffentliche Ordnung) zugelassen hatte, vor allem eine Klarstellung.[55] Allerdings trat durch die ausdrückliche gesonderte Regelung dieses Ausschlussgrundes in einer eigenen Ziffer eine Akzentverschiebung ein. Während der BGH vor Schaffung dieser Norm – dogmatisch problematisch – die Erschwerung der Wahrheitsermittlung, freilich nur soweit diese durch die Gefahr einer Falsch- oder Nichtaussage aus Sorge vor ernsten und schwerwiegenden rechtswidrigen Angriffen, insbesondere vor solchen gegen Leben, Gesundheit oder Freiheit bedingt war, als Gefährdung der öffentlichen Ordnung angesehen hatte,[56] liegt die Betonung, wie auch vom Gesetzgeber angestrebt, nun auf dem Schutz der Individualgüter. Mittelbar wird hierdurch die Wahrheitsfindung insoweit gefördert,[57] als der Öffentlichkeitsausschluss, nötigenfalls in Kombination mit weiteren Maßnahmen des Zeugenschutzes wie etwa §§ 68, 247, 247 a StPO, ggf. unter optischer und akustischer Abschirmung des Zeugen, dazu führen kann, von Personen, die andernfalls angesichts der ihnen drohenden Lebensgefahr weder zu einer (wahrheitsgemäßen) Aussage bereit noch – im Falle von Zeugen – verpflichtet wären (Unzumutbarkeit; § 34 StGB),[58] eine Aussage gewonnen[59] oder eine andernfalls vollkommene Sperrung von Verdeckten Ermittlern oder V-Leuten vermieden werden kann.

12   bb) Zum geschützten Personenkreis gehören neben den ausdrücklich erwähnten Zeugen vor allem diesen nahestehende Personen, aber auch deren (ggf. gesperrte) Informanten, Sachverständige, Dolmetscher und Verfahrensbeteiligte, insbesondere (Mit-)Angeklagte.[60]

13   An die Intensität der Gefährdung sind in Anbetracht des hohen Ranges der Rechtsgüter, die auf dem Spiel stehen, prinzipiell keine hohen Anforderungen zu stellen. Zu besorgen ist die Gefährdung, wenn auf Grund erfolgter Drohungen, aber auch kriminalistischer Erfahrung Angriffe auf die genannten Rechtsgüter möglich erscheinen, wobei dem Gericht hierbei ein weiter Beurteilungsspielraum zusteht.[61] Die Gefährdung der in Nr. 1 a genannten Rechtsgüter muss – unmittelbar oder mittelbar – gerade auf der Öffentlichkeit der Gerichtsverhandlung beruhen. Eine Gesundheitsgefährdung, die in keinem Zusammenhang mit der Öffentlichkeit der Verhandlung steht, genügt nicht.[62] Sind andere Rechtsgüter in Gefahr – etwa drohenden erheblichen Sachbeschädigungen – kommt weiterhin die Anwendung des Nr. 1 in Betracht.[63]

14   c) Nr. 2. aa) Nr. 2 dient dem Schutz von wichtigen und gegenüber dem Öffentlichkeitsgrundsatz im Einzelfall überwiegenden vor allem für das Wirtschaftsleben bedeutsamen Geheimnissen.

---

[50] BGH v. 9. 7. 1985 – 1 StR 216/85, NStZ 1986, 179.
[51] BGH v. 19. 3. 1992 – 4 StR 73/92, BGHSt 38, 248 (250).
[52] BGH v. 19. 3. 1992 – 4 StR 73/92, BGHSt 38, 248 f.
[53] BGH v. 16. 12. 1952 – 1 StR 528/52, BGHSt 3, 344 (345).
[54] Vgl. BGH v. 23. 5. 1956 – 6 StR 14/56, BGHSt 9, 280 (284) = NJW 1956, 1647, dies übersehend BT-Drucks. 12/989, S. 48.
[55] BT-Drucks. 12/989, S. 48; *Hilger* NStZ 1992, 458.
[56] So zB BGH v. 16. 12. 1952 – 1 StR 528/52, BGHSt 3, 344 (345); BGH v. 23. 5. 1956 – 6 StR 14/56, BGHSt 9, 280 (284) = NJW 1956, 1647.
[57] Vgl. MünchKommZPO/*Zimmermann* Rn. 5; Anw-StPO/*Püschel* Rn. 5; Löwe/Rosenberg/*Wickern* Rn. 11 („Motiv").
[58] Vgl. Löwe/Rosenberg/*Wickern* Rn. 10.
[59] Dazu BGH v. 18. 2. 1993 – 1 StR 10/93, NStZ 1993, 350 und zum Vorrang vor einer Verlesung gem. § 251 Abs. 2.
[60] Vgl. *Katholnigg* Rn. 5; Löwe/Rosenberg/*Wickern* Rn. 10, 12; *Meyer-Goßner* Rn. 6.
[61] Vgl. Löwe/Rosenberg/*Wickern* Rn. 13; Anw-StPO/*Püschel* Rn. 5.
[62] *Meyer-Goßner* Rn. 6; Kissel/*Mayer* Rn. 35.
[63] Löwe/Rosenberg/*Wickern* Rn. 11; *Meyer-Goßner* Rn. 7; *Katholnigg* Rn. 5.

Dass die Verletzung des Geheimnisses grundsätzlich strafbewehrt ist, wird – anders als in Nr. 3 – nicht vorausgesetzt.[64]

bb) Geheimnis ist jede nicht offenkundige,[65] sondern nur einem beschränkten Personenkreis bekannte Tatsache, bezüglich derer ein **objektiv berechtigtes Geheimhaltungsinteresse** und seitens des Geheimnisinhabers ein **Geheimhaltungswille** besteht.[66] 15

Wichtig ist es, wenn es von erheblicher Bedeutung für die Wettbewerbsfähigkeit, den Geschäftserfolg oder die wirtschaftliche Entwicklung insgesamt ist.[67] Nicht jede Nebensächlichkeit soll geschützt werden.[68] 16

Geschützte Geheimnisträger sind neben Prozessbeteiligten und Zeugen auch am Verfahren nicht beteiligte Dritte.[69] 17

Zum Begriff des Zur-Sprache-Kommens vgl. § 171 b Rn. 7. 18

Nur bei Überwiegen des individuellen Interesses an der Geheimhaltung gegenüber dem äußerst bedeutenden Allgemeininteresse an einer öffentlichen Erörterung, wobei insbesondere auf das Kontrollinteresse abzustellen ist, kommt ein Ausschluss der Öffentlichkeit überhaupt in Betracht. Dem Geheimnisgeschützten sollen durch die öffentliche Verhandlung keine Nachteile entstehen, die durch ihren Zweck nicht gerechtfertigt sind. Zu Einzelheiten s. im Folgenden. 19

cc) Bei den **Geschäfts- und Betriebsgeheimnissen** handelt es sich um unternehmensbezogene Geheimnisse (**Wirtschaftsgeheimnisse**).[70] Je nach Art der Erkenntniserlangung sind Überschneidungen mit dem Steuergeheimnis denkbar.[71] Nach traditioneller Unterscheidung betreffen Geschäftsgeheimnisse den organisatorischen und kaufmännischen Bereich. Zu ihnen zählen Einkaufs- und Zahlungsbedingungen; Lieferquellen, Absatzwege, durch eine öffentliche Ausschreibung erlangte Angebote; Kundenlisten, Marketingstrategien, Reklameabsichten, Kalkulationen und Bankverbindlichkeiten.[72] Betriebsgeheimnisse beziehen sich hingegen auf den technischen Bereich des Unternehmens. Zu denken ist an Konstruktionszeichnungen,[73] Modellskizzen,[74] Herstellungsverfahren, auch die Tatsache, dass ein bestimmtes bekanntes Herstellungsverfahren unter Erzielung besonderer Erfolge benutzt wird,[75] Rezepte; Eigenschafts- und Wirkungsanalysen, unternehmenseigene Software; technisches Know-how,[76] Vorhandensein und Anordnung von Echtheitsmerkmalen auf geschützten Produkten wie zB nur mit besonderem Equipment sichtbare Merkmale in Hologrammen auf Markenprodukten etc. 20

Bei der Abwägung kommt es auf die Umstände des Einzelfalles an. Die Ansicht, wonach der Öffentlichkeit grundsätzlich der Vorrang gebührt, wenn das Geheimnis Gegenstand des Strafverfahrens ist,[77] ist als zu pauschal formuliert abzulehnen. Vielmehr ist auch die Verfahrensrolle des Geheimnisinhabers – Angeklagter, Geschädigter, Zeuge o. Ä. – zu berücksichtigen.[78] Ist er etwa derjenige, dessen Geheimnis gem. § 17 UWG verraten worden ist, streitet einiges dafür, die Rechtsverletzung nicht durch eine öffentliche Verhandlung weiter zu vertiefen. Gleiches gilt, wenn in einem Prozess wegen Verletzung (gewerblicher) Schutzrechte durch gefälschte Produkte oder wegen Kunstfälschung das Geheimnis – man denke an Existenz und Anbringungsform von Sicherheitsfäden oder die genaue Zusammensetzung einer Bronzelegierung – vor allem der Überführung des Täters dient. Denn hier fällt zugunsten des Öffentlichkeitsausschlusses der Gedanke der Gefährdung der öffentlichen Ordnung im Sinne der Kriminalprävention und Gewährleistung einer auch zukünftig effektiven Strafverfolgung ins Gewicht. 21

dd) Eine **Erfindung** ist eine einen Fortschritt darstellende anwendbare, niederlegungsfähige und ausführbare technische Idee oder Regel, die eine das Können eines Durchschnittsfachmanns übersteigende persönliche Leistung des Erfinders darstellt.[79] Darunter fallen sowohl fertige als auch noch in der Entwicklung begriffene Erfindungen einschließlich der damit verbundenen wegen mög- 22

---

[64] KK-StPO/*Diemer* Rn. 8.
[65] Ausführlich *Kiethe/Hohmann* NStZ 2006, 186 f.
[66] Vgl. BGH v. 1. 7. 1960 – I ZR 72/59, NJW 1960, 2000; MünchKommZPO/*Zimmermann* Rn. 6; *Kiethe/Hohmann* NStZ 2006, 185; aA offenbar KK-StPO/*Diemer* Rn. 8, der das subjektive Interesse des Geheimnisinhabers genügen lässt.
[67] *Kissel/Mayer* Rn. 38.
[68] Löwe/Rosenberg/*Wickern* Rn. 21.
[69] Vgl. KK-StPO/*Diemer* Rn. 8; Löwe/Rosenberg/*Wickern* Rn. 19; Anw-StPO/*Püschel* Rn. 6.
[70] *Kiethe/Hohmann* NStZ 2006, 185.
[71] Vgl. § 30 Abs. 2 Nr. 2 AO.
[72] Vgl. Hefermehl/Köhler/Bornkamm/*Köhler*, UWG, 28. Aufl. 2010, § 17 Rn. 12.
[73] Piper/*Ohly* UWG § 17 Rn. 5.
[74] Hefermehl/Köhler/Bornkamm/*Köhler*, UWG, 28. Aufl. 2010, § 17 Rn. 12.
[75] BGH v. 1. 7. 1960 – I ZR 72/59, NJW 1960, 2000.
[76] Vgl. MünchKommZPO/*Zimmermann* Rn. 8; Pahlke/*Koenig*, AO, 2. Aufl. 2009, § 30 Rn. 68.
[77] So *Katholnigg* Rn. 6.
[78] Ebenso Löwe/Rosenberg/*Wickern* Rn. 24.
[79] Löwe/Rosenberg/*Wickern* Rn. 17; Meyer-Goßner Rn. 10.

licher Rückschlüsse schutzbedürftigen Umstände.[80] Patentfähigkeit ist nicht erforderlich. Wird die Erfindung als Patent oder Gebrauchsmuster geschützt, entfällt die Geheimniseigenschaft und damit der Schutz nach § 172 Nr. 2.[81]

23 ee) Der Begriff des **Steuergeheimnisses** geht über § 30 AO, der allein auf Träger und Herkunft der Information abstellt, hinaus, insbesondere genügen auch Informationen anderer Herkunft, allerdings – anders als in § 30 AO – nur unter der Voraussetzung der inhaltlichen Steuerbezogenheit.[82] In **Steuerstrafverfahren** wird ein Ausschluss der Öffentlichkeit wegen des Überwiegens des öffentlichen Interesses an der Erörterung grundsätzlich nicht im Hinblick auf zum Tatvorwurf gehörende Steuergeheimnisse, sondern allenfalls im Hinblick auf die für die Bemessung der Tagessatzhöhe relevanten Einkommensverhältnisse des Angeklagten in Betracht kommen.[83]

24 d) Nr. 3. aa) Die Vorschrift dient dem **Schutz von bestimmten Geheimnisträgern in dieser Funktion zur Kenntnis gelangten Privatgeheimnissen.** Sie soll, soweit die Geheimnisse mangels eines Schweigerechts auf Grund des Vorrangs des Aufklärungsinteresses preiszugeben sind oder ansonsten – ggf. auch unbefugt – offenbart werden, ermöglichen, die Folgen dieser Preisgabe möglichst gering halten. Verstärkt wird der Schutz durch die Möglichkeit der Verhängung eines strafbewehrten Schweigegebots gem. § 174 Abs. 3.[84] Darüber hinaus soll sie die Aufklärung insoweit fördern, als mit ihr die Bereitschaft des Geheimnisinhabers zur Entbindung des Schweigepflichtigen erhöht werden soll.[85]

25 bb) **Anwendbar** ist die Vorschrift, wie sich aus dem Wortlaut („den") ergibt, nur auf die Vernehmung von Zeugen und Sachverständigen.[86]

26 Der Begriff des **privaten Geheimnisses,** dessen unbefugte Offenbarung mit Strafe bedroht ist, setzt zunächst ein **Geheimnis**[87] voraus. Es muss sich hierbei um ein **fremdes Geheimnis,** dh. das einer vom Zeugen oder Sachverständigen verschiedenen Person handeln, andernfalls kommen jedoch § 171b oder § 172 Nr. 2 in Betracht. **Privat** ist es, wenn die Tatsachen zum persönlichen Lebens- und Geheimbereich gehören.[88] Seine unbefugte Offenbarung durch den Geheimnisträger muss abstrakt einem Straftatbestand unterfallen (§§ 203, 206, 353b, 355 StGB, § 120 Abs. 2 BetrVG etc.). Darauf, ob sich der Geheimnisträger im Einzelfall durch die Aussage vor Gericht strafbar macht, kommt es hingegen nicht an.[89] Daher ist § 172 Nr. 3 zunächst anwendbar, wenn der Aussagende befugt handelt, sei es, dass er – zB als Berufspsychologe (vgl. § 203 Abs. 1 Nr. 2 StGB) – kein Zeugnisverweigerungsrecht gem. § 53, 53a StPO hat und daher strafprozessual zur Aussage verpflichtet ist,[90] sei es, dass er grundsätzlich zum Kreis der Zeugnisverweigerungsberechtigten gehört, aber von der Schweigepflicht entbunden oder aber auf Grund eines materiellen Rechtfertigungsgrundes (§ 34 StGB) – die bloße Ladung vor Gericht genügt insoweit nicht gerechtfertigt ist;[91] er ist aber auch dann anwendbar, wenn die zu vernehmende Person als Zeugnisverweigerungsberechtiger trotz fehlender Entbindung oder Rechtfertigung und somit unbefugt aussagt.[92]

27 Der Begriff des **Erörtert-werdens** wird als Synonym des Begriffs des Zur-Sprache-Kommens verwendet.[93]

28 cc) Die Ausschlussgründe des § 172 Nr. 2 und § 171b haben trotz gewisser Überschneidungen mit dem teilweise enger, teilweise weiter gefassten Nr. 3 einen selbständigen Anwendungsbereich.[94]

29 e) Nr. 4. aa) Die Vorschrift bezweckt zusammen mit einer Reihe weiterer Vorschriften (§§ 58a Abs. 1, 241a Abs. 1, 247 S. 2, 255a Abs. 2 StPO, § 26 GVG) in erster Linie den Persönlichkeitsschutz des **minderjährigen (Opfer-)Zeugen.**[95] Soweit seine Vernehmung in der Hauptverhandlung

---

[80] Vgl. MünchKommZPO/*Zimmermann* Rn. 9.
[81] Vgl. Anw-StPO/*Püschel* Rn. 6; *Meyer-Goßner* Rn. 10; aA *Koch,* in: Erfurter Kommentar zum Arbeitsrecht, 10. Aufl. 2010, § 52 ArbGG Rn. 9.
[82] Vgl. dazu i. E. Kissel/*Mayer* Rn. 10.
[83] Vgl. *Weyand* wistra 1993, 135; MünchKommZPO/*Zimmermann* Rn. 43; Löwe/Rosenberg/*Wickern* Rn. 24; Anw-StPO/*Püschel* Rn. 7; *Meyer-Goßner* Rn. 11.
[84] S. dazu § 174 Rn. 18.
[85] Vgl. *Meyer-Goßner* Rn. 13.
[86] KK-StPO/*Diemer* Rn. 9.
[87] S. o. Rn. 15.
[88] Vgl. Löwe/Rosenberg/*Wickern* Rn. 29.
[89] Vgl. *Meyer-Goßner* Rn. 13; KK-StPO/*Diemer* Rn. 9.
[90] Vgl. BT-Drucks. 7/550, S. 321.
[91] Vgl. BT-Drucks. 7/550, S. 321.
[92] Löwe/Rosenberg/*Wickern* Rn. 31; *Katholnigg* Rn. 7.
[93] Dazu Rn. § 171b Rn. 7.
[94] I. E. dazu Löwe/Rosenberg/*Wickern* Rn. 30.
[95] BT-Drucks. 7/550, S. 321.

erforderlich ist,[96] sollen die mit einer solchen verbundenen **Belastungen durch den Ausschluss der Öffentlichkeit abgemildert werden.**[97] Da bei bestehender psychischer Anspannung der zu vernehmenden Person auch Zweifel an der Verwertbarkeit ihrer Aussage erwachsen, soll die Ausschließungsmöglichkeit zugleich der Wahrheitsermittlung dienen.[98] Die **Schutzaltersgrenze** von 16 Jahren wurde durch das am 1. 10. 2009 in Kraft getretene 2. **Opferrechtsreformgesetz**[99] **auf 18 Jahre erhöht.** Damit sollte empirischen Erkenntnissen, wonach die Belastungssituation für Jugendliche über 16 Jahren der der jüngeren Opfer im Wesentlichen entsprach, ebenso wie den zahlreichen internationalen Abkommen, die die Schutzaltersgrenze bei 18 Jahren ziehen,[100] Rechnung getragen[101] und das Ungleichgewicht gegenüber den weitergehend geschützten jugendlichen Angeklagten beseitigt werden.[102]

bb) Neben der Minderjährigkeit sind keine weiteren Voraussetzungen zu erfüllen. Die Vorschrift gilt trotz ihres weiteren Wortlauts nur für Vernehmungen von (Opfer-)Zeugen.[103] Der Öffentlichkeitsausschluss für Vernehmungen von minderjährigen Angeklagten richtet sich nach den Vorschriften des JGG.[104]

2. Entscheidung des Gerichts. Die Entscheidung, ob und in welchem Umfang – für die gesamte Verhandlung oder nur einen Teil davon – die Öffentlichkeit ausgeschlossen wird, steht im **pflichtgemäßen Ermessen** des Gerichts. Dabei ist vor allem der Verhältnismäßigkeitsgrundsatz zu beachten. Im Rahmen der Erforderlichkeit des Ob des Öffentlichkeitsausschlusses ist die Existenz von gegenüber dem Ausschluss milderen Mitteln – etwa sitzungspolizeiliche Maßnahmen – zur Erreichung des mit diesem angestrebten Zweckes zu prüfen.[105] Auch hinsichtlich des Umfangs ist der Ausschluss angesichts der großen Bedeutung des Öffentlichkeitsprinzips für die Rechtsstaatlichkeit des Verfahrens auf das erforderliche Maß zu beschränken.[106]

Ausnahmsweise kann auch eine Ermessensreduzierung auf Null zugunsten des Ausschlusses der Öffentlichkeit eintreten. Dies ist vor allem aus dem Gesichtspunkt der Aufklärungspflicht gem. § 244 Abs. 2 StPO bzw. ggf. auch im Hinblick auf die Fragerechte gem. Art. 6 Abs. 3 lit. d EMRK denkbar, etwa wenn bei schweren Gefahren iSd. § 172 Nr. 1a ein wichtiger Zeuge ansonsten nicht zur Aussage bereit und verpflichtet ist[107] oder die Behörde an der Sperrung des VE oder V-Mannes festhält.[108] Möglich erscheint dies auch, wenn ein wichtiger zur Zeugnisverweigerung berechtigter Zeuge nur bei Öffentlichkeitsausschluss vom Geheimnisinhaber seiner Schweigepflicht iSd. Nr. 3 entbunden wird. Auch aus dem Gesichtspunkt der Schutzpflicht des Staates für das Leben etwa eines zur Aussage bereiten Angeklagten erscheint bei einer konkreten schwersten Gefährdung eine Ermessensreduzierung auf Null möglich.

Die Entscheidung ergeht in Form eines Beschlusses des Gerichts, der gem. § 174 Abs. 1 S. 3 zu begründen ist. Zum Verfahren und zur Frage, welche Verfahrenshandlungen vom Ausschließungsbeschluss gedeckt sind, s. die Kommentierung zu § 174. Die Verkündung des Urteiltenors hat stets öffentlich zu erfolgen, § 173 Abs. 1, für die Eröffnung der Gründe kann unter den Voraussetzungen des § 172 aber durch einen eigenständigen Beschluss die Öffentlichkeit ausgeschlossen werden.[109]

III. Anfechtbarkeit, Revision

Ein absoluter Revisionsgrund gem. § 338 Nr. 6 ist gegeben, wenn die Öffentlichkeit ausgeschlossen worden ist, ohne dass die Voraussetzungen des § 172 vorgelegen haben oder die Entscheidung Ermessensfehler aufweist. Bei Nichtausschluss der Öffentlichkeit trotz Vorliegen eines der Ausschlussgründe kann die Revision nur Erfolg haben, wenn das tatrichterliche Ermessen auf Null reduziert war und im Wege der Aufklärungsrüge dargelegt wird, dass bei Ausschluss der Öffentlichkeit weitergehende Erkenntnisse gewonnen worden wären, auf Grund derer die Möglichkeit einer abweichenden Entscheidung eröffnet gewesen wäre.

---

[96] S. dazu die Möglichkeiten gem. §§ 58a, 255a StPO.
[97] BT-Drucks. 16/12 098, S. 2, 14, 66, 68.
[98] BT-Drucks. 7/1261, S. 35; MünchKommZPO/*Zimmermann* Rn. 12; Löwe/Rosenberg/*Wickern* Rn. 33.
[99] BGBl. I S. 2280.
[100] U. a. UN-Kinderrechtskonvention; UN-Wirtschafts- und Sozialrat, Resolution 2005/20, wo unter Nr. 28 speziell der Öffentlichkeitsausschluss als mögliche Maßnahme zum Schutz der Privatsphäre empfohlen wird.
[101] Dies begrüßend *Celebi*, ZRP 2009, 110.
[102] BT-Drucks. 16/12 098, S. 66 ff.; *Schroth* NJW 2009, 2918.
[103] Kissel/*Mayer* Rn. 51; Löwe/Rosenberg/*Wickern* Rn. 34.
[104] S. dazu § 169 Rn. 50 ff.
[105] Zu Einzelheiten bei den verschiedenen Ausschlussgründen jeweils dort.
[106] Löwe/Rosenberg/*Wickern* Rn. 38; SK-StPO/*Velten* Rn. 18.
[107] Ähnl. KK-StPO/*Diemer* Rn. 1; in Richtung einer Ermessensreduktion deutend auch BGH v. 23. 5. 1956 – 6 StR 14/56, BGHSt 9, 280 (284) = NJW 1956, 1647; SK-StPO/*Velten* Rn. 3.
[108] Vgl. zu Fragen der VE-Problematik BGH v. 7. 3. 2007 – 1 StR 646/06, NJW 2007, 1475.
[109] Vgl. o. § 173 Rn. 3 f.

§ 173 [Öffentliche Urteilsverkündung]

(1) Die Verkündung des Urteils erfolgt in jedem Falle öffentlich.

(2) Durch einen besonderen Beschluß des Gerichts kann unter den Voraussetzungen der §§ 171 b und 172 auch für die Verkündung der Urteilsgründe oder eines Teiles davon die Öffentlichkeit ausgeschlossen werden.

I. Allgemeines

1   Abs. 1 schreibt als Rückausnahme von den in §§ 170 ff. eröffneten Ausnahmen von der Öffentlichkeit der Hauptverhandlung vor, dass die Verkündung des Urteils zwingend öffentlich zu erfolgen hat. Der nachträglich durch das Gesetz vom 5. 4. 1888 eingefügte Abs. 2 lässt hiervon allerdings insoweit wiederum eine Teilausnahme zu, als in bestimmten Fällen ein Teil der Urteilsverkündung, nämlich die Eröffnung der Gründe, nicht öffentlich stattzufinden braucht.

II. Öffentliche Urteilsverkündung

2   **1. Öffentliche Verkündung des Urteils.** Unter „Verkündung des Urteils" ist in Übereinstimmung mit dem in § 268 Abs. 2 S. 1 StPO vorgenommenen Sprachgebrauch die Verlesung der Urteilsformel und die Eröffnung der Urteilsgründe zu verstehen.[1] Nicht dazu gehören die Beschlüsse gem. §§ 268a, b StPO.[2] Die öffentliche Verkündung des Urteils muss aus dem Protokoll ersichtlich sein.[3] Unberührt hiervon bleibt der Ausschluss einzelner Zuhörer auf Grund sitzungspolizeilicher Maßnahmen gem. §§ 175 u. 177.[4] War die Öffentlichkeit während der Verhandlung ausgeschlossen, so ist sie vor Beginn der Urteilsverkündung wiederherzustellen. Ein Beschluss ist hierfür nicht notwendig.

3   **2. Ausschlussmöglichkeiten für die Eröffnung der Urteilsgründe.** Gem. **Abs. 2** kann das Gericht, wenn und soweit einer der Gründe der §§ 171 b oder 172 vorliegt, die Öffentlichkeit auch von der **Eröffnung der Urteilsgründe** ausschließen. Eine Pflicht zum Öffentlichkeitsausschluss besteht entgegen der Auffassung mancher Autoren[5] selbst dann nicht, wenn ein Betroffener einen Antrag iSd. § 171 b Abs. 2 stellt. Neben dem Wortlaut der Norm („kann"), die im Übrigen keine Verweisung auf § 171 b Abs. 2 enthält, spricht für eine solch restriktive Auslegung vor allem, dass es sich, wie auch die besondere Hervorhebung in Art. 6 Abs. 1 S. 2 EMRK zeigt,[6] bei der öffentlichen Verkündung des Urteils einschließlich dessen Gründen um das Kernstück des Grundsatzes der Öffentlichkeit auch im Hinblick auf dessen Funktionen handelt, da gerade dieser Teil des Verfahrens neben der Verlesung der Anklage im Zentrum der Aufmerksamkeit der Presse und damit der mittelbaren Medienöffentlichkeit steht. Andererseits sind hier die schutzwürdigen Interessen des Betroffenen in der Regel weniger gefährdet als in der Verhandlung. Denn der Umfang und die Art und Weise der Preisgabe von Informationen ist vom Gericht steuerbar, das gehalten ist, im Falle eines vorangegangenen Öffentlichkeitsausschlusses bei der Urteilsverkündung das Ergebnis dieses Verhandlungsteils schonend mitzuteilen.

4   In verfahrensrechtlicher Hinsicht bedarf es zum Öffentlichkeitsausschluss während der Eröffnung der Urteilsgründe eines **besonderen** – dh. vom Beschluss über den Öffentlichkeitsausschluss für die Verhandlung zu trennenden – **Beschlusses**, auf den die Vorschriften des § 174 Anwendung finden. Die besondere Verhandlung hierüber kann frühestens am Schluss der Beweisaufnahme, muss aber spätestens vor der Verkündung der betreffenden Urteilsgründe stattfinden.[7] Zweckmäßig wird zur Vermeidung von störenden Unterbrechungen freilich sein, sie spätestens nach Verkündung der Urteilsformel durchzuführen.[8]

III. Revision

5   Ein Verstoß gegen das zwingende Öffentlichkeitsgebot während der Verkündung des Urteiltenors sowie ein fehlerhafter Ausschluss während der Eröffnung der Urteilsgründe ist ein absoluter Revisionsgrund (§ 338 Nr. 6 StPO). Eine Heilung einer fehlerhaften Urteilsverkündung ist jedoch

---

[1] So auch *Meyer-Goßner* Rn. 1; aA Löwe/Rosenberg/*Wickern* Rn. 1; Anw-StPO/*Püschel* Rn. 2.
[2] BGH v. 28. 5. 1974 – 4 StR 633/74, NJW 1974, 1518; Löwe-Rosenberg/*Wickern* Rn. 3.
[3] Vgl. Löwe/Rosenberg/*Wickern* Rn. 1.
[4] Löwe/Rosenberg/*Wickern* Rn. 1; MüKo/*Zimmermann* Rn. 1; Kissel/*Mayer* Rn. 4; Anw-StPO/*Püschel* Rn. 2.
[5] MünchKommZPO/*Zimmermann* Rn. 6; aA wohl Löwe/Rosenberg/*Wickern* Rn. 2, Anw-StPO/*Püschel* Rn. 3, Kissel/*Mayer* Rn. 5 bei denen allerdings jeweils nur von der Zulässigkeit des Ausschlusses die Rede ist („dürfen"), ohne das hier angesprochene Problem aufzuwerfen.
[6] S. dazu *Ambos* EMRK Rn. 32.
[7] Vgl. Kissel/*Mayer* Rn. 6.
[8] In diese Richtung auch Löwe/Rosenberg/*Wickern* Rn. 2.

bis zum Schluss der Hauptverhandlung durch Wiederholung der Verkündung bei wiederhergestellter Öffentlichkeit möglich.[9]

IV. Besondere Verfahrensarten

Im Verfahren gegen Jugendliche vor den Jugendgerichten ist die Öffentlichkeit auch für die Verkündung des Urteils zwingend gesetzlich ausgeschlossen (§ 48 Abs. 1 JGG). Soweit vor den Jugendgerichten gemeinsam gegen Jugendliche und Heranwachsende oder/und Erwachsene oder aber gegen Heranwachsende verhandelt wird, ist der Öffentlichkeitsausschluss fakultativ (§§ 48 Abs. 3 S. 2 bzw. § 109 Abs. 1 S. 4). Er erfasst dann, soweit im Beschluss nichts Abweichendes bestimmt ist, auch die Urteilsverkündung.[10] Das Gleiche gilt, wenn vor Erwachsenengerichten gegen Jugendliche oder Heranwachsende verhandelt wird, (§ 112 iVm.) § 104 Abs. 2.

§ 174 [Ausschließungsverhandlung, Schweigegebot]

(1) ¹Über die Ausschließung der Öffentlichkeit ist in nicht öffentlicher Sitzung zu verhandeln, wenn ein Beteiligter es beantragt oder das Gericht es für angemessen erachtet. ²Der Beschluß, der die Öffentlichkeit ausschließt, muß öffentlich verkündet werden; er kann in nicht öffentlicher Sitzung verkündet werden, wenn zu befürchten ist, daß seine öffentliche Verkündung eine erhebliche Störung der Ordnung in der Sitzung zur Folge haben würde. ³Bei der Verkündung ist in den Fällen der §§ 171b, 172 und 173 anzugeben, aus welchem Grund die Öffentlichkeit ausgeschlossen worden ist.

(2) Soweit die Öffentlichkeit wegen Gefährdung der Staatssicherheit ausgeschlossen wird, dürfen Presse, Rundfunk und Fernsehen keine Berichte über die Verhandlung und den Inhalt eines die Sache betreffenden amtlichen Schriftstücks veröffentlichen.

(3) ¹Ist die Öffentlichkeit wegen Gefährdung der Staatssicherheit oder aus den in §§ 171b und 172 Nr. 2 und 3 bezeichneten Gründen ausgeschlossen, so kann das Gericht den anwesenden Personen die Geheimhaltung von Tatsachen, die durch die Verhandlung oder durch ein die Sache betreffendes amtliches Schriftstück zu ihrer Kenntnis gelangen, zur Pflicht machen. ²Der Beschluß ist in das Sitzungsprotokoll aufzunehmen. ³Er ist anfechtbar. ⁴Die Beschwerde hat keine aufschiebende Wirkung.

Schrifttum: *Gössel*, Über die revisionsrichterliche Nachprüfung von Beschlüssen über den Ausschluss der Öffentlichkeit – zugleich eine Besprechung des Urteils des BGH, NStZ 1999, 474, NStZ 2000, 181 ff.; *Kleinknecht*, Schutz der Persönlichkeit des Angeklagten durch Ausschluss der Öffentlichkeit in der Hauptverhandlung, FS Schmidt-Leichner, 1977, S. 111; *Park*, Der Öffentlichkeitsausschluss und die Begründungsanforderungen des § 174 Abs. 1 S. 3 GVG, NJW 1996, 2213 ff.

I. Allgemeines

§ 174 Abs. 1 regelt das **Verfahren** sowie **Form** und **Inhalt** der Entscheidung zur Ausschließung der Öffentlichkeit, deren materielle Voraussetzungen in den §§ 171a–173 festgelegt sind. Die revisionsrechtlichen Rügen im Zusammenhang mit der Verletzung der § 174 Abs. 1 S. 2 und 3 sowie diejenigen im Zusammenhang mit der Reichweite des die Nichtöffentlichkeit deckenden Beschlusses haben große praktische Relevanz.[1]

Abs. 2 und 3 regeln in § 359d Nr. 1 bzw. Nr. 2 StGB **strafbewehrte** gesetzliche bzw. richterliche **Schweigegebote**, die in bestimmten Fällen den durch den Öffentlichkeitsausschluss bezweckten Schutz verstärken und über das Ende der Verhandlung hinaus ausdehnen.[2]

II. Verfahren zur Ausschließung der Öffentlichkeit

1. Ausschließungsverhandlung (Abs. 1 S. 1). a) Notwendigkeit einer Ausschließungsverhandlung. Direkt regelt § 174 Abs. 1 S. 1 zwar lediglich die *Modalitäten* der Ausschließungsverhandlung, indirekt ergibt sich aus ihm aber überhaupt erst die Notwendigkeit, vor jeder Entscheidung, die Öffentlichkeit auszuschließen, eine Verhandlung hierüber durchzuführen. Dies gilt insbesondere auch dann, wenn nach Erschöpfung eines vorangegangenen Ausschließungsbeschlusses die Öffentlichkeit weiterhin ausgeschlossen bleiben soll.[3] Eingeleitet wird die Ausschließungsverhandlung auf

---

[9] Vgl. Löwe/Rosenberg/*Wickern* Rn. 4; SK-StPO/*Velten* Rn. 2; enger KK-StPO/*Diemer* Rn. 2; *Kissel* Rn. 4.
[10] BGH v. 6. 11. 1996 – 2 StR 391/96, BGHSt 42, 294 (295) = NStZ 1998, 53 f.; *Diener/Schoreit/Sonnen* § 48 JGG Rn. 25; näher dazu § 169 Rn. 52.
[1] Vgl. Löwe/Rosenberg/*Wickern* § 169 Rn. 63.
[2] MünchKommZPO/*Zimmermann* Rn. 1.
[3] BGH v. 28. 5. 1980 – 3 StR 155/80 = NJW 1980, 2088; Kissel/*Mayer* Rn. 2.

Antrag eines Beteiligten[4] oder aber von Amts wegen.[5] Als Zwischenverfahren des erkennenden Gerichts findet die Ausschließungsverhandlung in der für die Hauptverhandlung vorgeschriebenen Besetzung statt.[6]

4   b) **Öffentlichkeit der Ausschließungsverhandlung – Ausnahmen.** Sie ist **grundsätzlich öffentlich**.[7] Allerdings kann die Öffentlichkeit hiervon ausgeschlossen werden, wenn es das Gericht für angemessen erachtet. Zwingend auszuschließen ist sie, wenn ein Beteiligter es beantragt. **Antragsberechtigt** im Sinne des Abs. 1 S. 1 sind jedenfalls die **Prozessbeteiligten**.[8] Die umstrittene Frage, ob darüber hinaus weitere Personen zu den „Beteiligten" zählen, ist zu bejahen.[9] Aus der Regelung des § 171b Abs. 2, aber auch Abs. 1 S. 2 ergibt sich, dass der Kreis der am Inzidentverfahrensbeteiligten gerade nicht mit demjenigen der am Hauptverfahren Beteiligten übereinstimmt und im Rahmen des § 171b auch Zeugen und Verletzte hierzu gehören müssen.[10] Nach dem Sinn und Zweck der übrigen Ausschlussgründe ist die Antragsberechtigung auch auf diejenigen zu erstrecken, deren Interessen die Norm schützen will, also in § 172 Nr. 2 und 3 die Geheimnisinhaber und in Nr. 3 zusätzlich die zur Geheimhaltung verpflichteten Zeugen und Sachverständigen (§ 172 Nr. 3).[11]

5   Formell erfolgt der Ausschluss der Öffentlichkeit für die Ausschließungsverhandlung, wie sich für die 2. Alt. schon aus dem Wortlaut ergibt, im Wege eines **Beschlusses**; bei Vorliegen eines zwingenden Antrags gem. S. 1, 2. Hs. genügt aber eine Anordnung des Vorsitzenden.[12]

6   c) **Verhandeln.** Verhandeln iSd. Abs. 1 S. 1 bedeutet, dass den Beteiligten Gelegenheit zur Stellungnahme zu der beabsichtigten oder beantragten Ausschließung der Öffentlichkeit gewährt wird.[13] Hierzu ist ein gem. § 247 StPO entfernter Angeklagter, auch wenn er einen Verteidiger hat, wieder in den Sitzungssaal zu führen.[14] Eine ggf. erforderliche Aufklärung des die Ausschlussgründe betreffenden Sachverhalts, kann im Freibeweisverfahren vorgenommen werden.[15]

7   **2. Form und Inhalt der Entscheidung über den Öffentlichkeitsausschluss. a) Form (Abs. 1 S. 2).** Die Entscheidung, die Öffentlichkeit für Hauptverhandlung teilweise oder ganz auszuschließen, erfordert einen **Gerichtsbeschluss**.[16] Dieser **Ausschließungsbeschluss** ist vollständig – dh. einschließlich einer gem. Abs. 1 S. 3 erforderlichen Begründung – zu verkünden, und zwar, unabhängig davon, ob die Ausschließungs*verhandlung* öffentlich stattgefunden hat oder nicht, **grundsätzlich öffentlich** (Abs. 1 S. 2, 1. Hs.).[17] Eine Ausnahme hiervon ist einzig möglich, wenn auf Grund bestimmter tatsächlicher Anhaltspunkte eine erhebliche Störung in der Sitzung zu befürchten ist (Abs. 1 S. 2, 2. Hs.) und kein milderes Mittel – etwa Maßnahmen nach §§ 177, 178 – zur Abwendung dieser Gefahr ausreicht.[18] Ob die die Öffentlichkeit für die Verkündung des Ausschließungsbeschlusses ausschließende Entscheidung in Form eines Gerichtsbeschlusses zu ergehen hat[19] oder aber eine Anordnung des Vorsitzenden genügt,[20] hat der Bundesgerichtshof bisher offen gelassen.[21] Nicht verkündet zu werden braucht der den Öffentlichkeitsausschluss ablehnende Beschluss.[22]

8   **b) Inhalt (Abs. 1 S. 3).** Inhaltlich muss der Tenor des Beschlusses den **Umfang des Öffentlichkeitsausschlusses** genau bestimmen. Bei Fehlen einer Bestimmung, auf welchen Verfahrensabschnitt der Ausschluss sich bezieht (zB „für die Dauer der Vernehmung des Angeklagten"), ist im Zweifel davon auszugehen, dass er für den verbleibenden Rest der Hauptverhandlung gelten

---

[4] Zum Begriff s. u. Rn. 4; vgl. auch § 131 Abs. 1 RiStBV.
[5] SK-StPO/*Velten* Rn. 2; Löwe/Rosenberg/*Wickern* Rn. 2; Meyer-Goßner Rn. 2.
[6] Vgl. Löwe/Rosenberg/*Wickern* Rn. 1; Meyer-Goßner Rn. 1.
[7] Vgl. Löwe/Rosenberg/*Wickern* Rn. 1; SK-StPO/*Velten* Rn. 3.
[8] Vgl. dazu § 171b Rn. 3; Löwe/Rosenberg/*Wickern* Rn. 2; Kissel/*Mayer* Rn. 6.
[9] AA KK-StPO/*Diemer* Rn. 2; Kissel/*Mayer* Rn. 6, der diese jedoch ggf. an der Stellungnahme beteiligen will; vorsichtig Meyer-Goßner Rn. 3, der ein anzuerkennendes Interesse am Ausschluss verlangt.
[10] Ebenso Anw-StPO/*Püschel* Rn. 2 Fn. 4; BeckOK/*Allgayer* Rn. 2; *Katholnigg* Rn. 1 Fn. 5 hält dies zu Recht für zwingend; im Ergebnis ebenso MünchKommZPO/*Zimmermann* Rn. 5; *Kleinknecht*, FS Schmidt-Leichner, S. 115.
[11] So auch Löwe/Rosenberg/*Wickern* Rn. 2; *Kleinknecht*, FS Schmidt-Leichner, S. 115.
[12] BGH v. 6. 11. 1998 – 3 StR 511/97, NStZ 1999, 372.
[13] Näher Löwe/Rosenberg/*Wickern* Rn. 3.
[14] SK-StPO/*Velten* Rn. 4; Löwe/Rosenberg/*Wickern* Rn. 3.
[15] RG v. 25. 1. 1932 – II 345/31, RGSt 66, 113 f.; Anw-StPO/*Püschel* Rn. 2; Kissel/*Mayer* Rn. 6; Löwe/Rosenberg/*Wickern* Rn. 5; Meyer-Goßner Rn. 4.
[16] Vgl. BGH v. 1. 12. 1998 – 4 StR 585/98, NStZ 1999, 371; Anw-StPO/*Püschel* Rn. 4; Kissel/*Mayer* Rn. 8.
[17] BGH v. 22. 11. 1995 – 3 StR 284/95, NStZ 1996, 202; zu den Gründen BGH v. 28. 5. 1980 – 3 StR 155/80, NJW 1980, 2088; Meyer-Goßner Rn. 8.
[18] MünchKommZPO/*Zimmermann* Rn. 8; Kissel/*Mayer* Rn. 8; Löwe/Rosenberg/*Wickern* Rn. 10.
[19] So Kissel/*Mayer* Rn. 8; Löwe/Rosenberg/*Wickern* Rn. 10; BeckOK/*Allgayer* Rn. 7.
[20] So Meyer-Goßner Rn. 8.
[21] BGH v. 22. 11. 1995 – 3 StR 284/95, NStZ 1996, 203.
[22] Meyer-Goßner Rn. 8.

soll.[23] Dies ist jedenfalls dann zulässig, wenn abzusehen ist, dass in der gesamten Beweisaufnahme Umstände aus dem persönlichen Lebensbereich von Verfahrensbeteiligten zur Sprache kommen.[24]

Gem. Abs. 1 S. 3 ist bei der Verkündung in den Fällen des § 171 b, 172 und 173 Abs. 2 die **Angabe des Grundes** des Öffentlichkeitsausschlusses erforderlich. Ausgangspunkt für die Lösung der umstrittenen Frage,[25] wie umfangreich diese Begründung zu sein hat, muss neben dem Wortlaut der Sinn und Zweck der Begründungspflicht sein. Diese dient neben der Selbstkontrolle des Gerichts in erster Linie der **Nachprüfbarkeit** des Öffentlichkeitsausschlusses durch das Revisionsgericht und zwar auch – im Falle des § 171 b – dahingehend, ob – abgesehen von einem Ausschluss von Willkür[26] – überhaupt eine inhaltliche Nachprüfung möglich ist. Darüber hinaus bezweckt sie die Information der Verfahrensbeteiligten und Zuhörer, auch im Hinblick auf die rechtlichen Wirkungen des Abs. 2 und 3.[27] Nach der Rechtsprechung soll es daher erforderlich, aber auch grundsätzlich ausreichend sein, dass die Angaben in dem die Öffentlichkeit ausschließenden Beschluss den Grund hierfür eindeutig erkennen lassen.[28] Dazu kann die Angabe der Gesetzesstelle – so bei § 172 Nr. 4[29] oder § 172 Nr. 1 a[30] – ausreichen, sofern sie nicht mehrere Alternativen enthält; in diesem Fall – so bei § 171 b, § 172 Nr. 1, 2 und 3 – ist die einschlägige Alternative etwa durch Mitteilung der Worte des Gesetzes hinreichend deutlich zu bezeichnen.[31] Den Anforderungen des § 174 Abs. 1 S. 3 ist demgegenüber nicht Genüge getan, wenn sich der Ausschlussgrund allein aus den Umständen, dh. dem Sachzusammenhang oder einem früheren Beschluss oder Antrag ergibt.[32]

Nach neuerer Rechtsprechung genügt jedoch die **ausdrückliche**, nicht dagegen die bloß stillschweigende **Bezugnahme** auf einen in derselben Hauptverhandlung ergangenen Ausschließungsbeschluss[33] oder -antrag,[34] soweit dieser jeweils hinreichend deutlich und vollständig protokolliert ist. Davon zu trennen ist die Frage, ob, wenn zwar diese Formerfordernisse nicht erfüllt sind, aber – auch für das Revisionsgericht – offenkundig ist, welcher Ausschließungsgrund vorliegt, dieser rein formale Verstoß stets den absoluten Revisionsgrund nach sich zieht.[35]

Die Beschlussbegründung braucht nach der herrschenden Meinung in Literatur und Rechtsprechung grundsätzlich nicht zusätzlich die tatsächlichen Umstände darzulegen, aus denen sich der gesetzliche Ausschließungsgrund ergibt, da dies die Gefahr heraufbeschwören würde, dass gerade jene Umstände offenbart werden müssten, die der öffentlichen Erörterung entzogen sein sollen.[36] Anders muss dies im Hinblick auf die Nachprüfbarkeit des Vorliegens der Voraussetzungen des Ausschließungsgrundes als heute von der Rechtsprechung zu Recht mit in den Vordergrund gestelltem Zweck des Begründungserfordernisses[37] jedenfalls sein, wenn sich aus den (im Protokoll oder Urteil dargestellten) Umständen wie zB Verfahrensgegenstand etc. keinerlei Anhaltspunkte für das Vorliegen des herangezogenen Ausschließungsgrundes ergeben.[38] Dabei ist freilich auf eine behutsame Mitteilung der zugrunde liegenden Tatsachen zu achten ist, damit nicht der Sinn des Öffentlichkeitsausschlusses konterkariert wird.

3. Protokollierung. Protokollierungspflicht besteht bezüglich eines ggf. gestellten Antrags auf Öffentlichkeitsausschluss;[39] der Ausschließungsverhandlung, wobei festzuhalten ist, ob diese öf-

---

[23] Löwe/Rosenberg/*Wickern* Rn. 13; *Meyer-Goßner* Rn. 8.
[24] BGH v. 23. 2. 1989 – 4 StR 29/89, NStZ 1989, 483; Löwe/Rosenberg/*Wickern* Rn. 13.
[25] Vgl. *Park* NJW 1996, 2213.
[26] Vgl. § 171 b Rn. 18.
[27] BGH v. 21. 12. 1951 – 2 StR 480/51, BGHSt 2, 56 (58) = NJW 1952, 632; BGH v. 5. 1. 1982 – 5 StR 706/81 = NStZ 1982, 169; Löwe/Rosenberg/*Wickern* Rn. 14.
[28] BGH v. 9. 2. 1977 – 3 StR 382/76, BGHSt 27, 117 (119) = NJW 1977, 964.
[29] BGH v. 9. 2. 1977 – 3 StR 382/76, BGHSt 27, 117 (119) = NJW 1977, 964.
[30] BGH v. 10. 5. 1995 – 3 StR 145/95, BGHSt 41, 145 (146) = StV 1996, 135 f. mit abl. Anm. *Park*.
[31] BGH v. 11. 4. 1989 – 1 StR 782/88, NStZ 1989, 442.
[32] BGH v. 25. 9. 1951 – 1 StR 464/51, BGHSt 1, 334 (335) = NJW 1952, 153; BGH v. 21. 12. 1951 – 2 StR 480/51, BGHSt 2, 56 (57) = NJW 1952, 632 m. w. N. aus der Rspr. des RG; BGH v. 9. 12. 1981 – 3 StR 368/81 = NJW 1982, 949; zweifelnd BGH, Beschl. v. 20. 10. 1998 – 1 StR 325/98, NStZ 1999, 92 und BGH v. 6. 11. 1998 – 5 StR 511, 97, NStZ 1999, 372.
[33] BGH v. 9. 12. 1981 – 3 StR 368/81, BGHSt 30, 299 (302) = NJW 1982, 949; BGH v. 19. 12. 2006 – 1 StR 268/06, NJW 2007, 709.
[34] BGH v. 30. 8. 1994 – 5 StR 403/94, NStZ 1994, 591.
[35] S. u. Rn. 21.
[36] BGH v. 9. 7. 1985 – 1 StR 216/85, NJW 1982, 59; BGH v. 9. 7. 1985 – 1 StR 216/85, NJW 1986, 200; Kissel/*Mayer* Rn. 13; BeckOK/*Allgayer* Rn. 5; zu Recht krit. gegenüber der Pauschalität dieser Aussage SK-StPO/*Velten* Rn. 6, die grundsätzlich eine Darlegungspflicht annimmt und nur ausnahmsweise – bei Vereitelung des Zwecks des Öffentlichkeitsausschlusses – verneint; ebenso Park, NJW 1996, 2215; freilich deuten in den zitierten Entscheidungen die Umstände stets auf die tatsächliche Vorliegen der Voraussetzungen des Ausschlussgrundes hin.
[37] Vgl. BGH v. 10. 5. 1995 – 3 StR 145/95, BGHSt 41, 145 = StV 1996, 135 f.; BGH v. 24. 8. 1995 – 4 StR 470/95, NStZ-RR 1996, 139.
[38] In diese Richtung zu Recht BGH v. 24. 8. 1995 – 4 StR 470/95, NStZ-RR 1996, 139.
[39] MünchKommZPO/*Zimmermann* Rn. 9.

fentlich oder nicht öffentlich durchgeführt wurde,⁴⁰ einer ggf. notwendigen Wiederherstellung der Öffentlichkeit vor Verkündung der Entscheidung über den (partiellen) Öffentlichkeitsausschluss für die Hauptverhandlung;⁴¹ des Beschlusses über den Ausschluss der Öffentlichkeit einschließlich dessen Begründung, wobei festzuhalten ist, ob dieser öffentlich oder nicht öffentlich verkündet wurde, oder aber die ablehnende Entscheidung;⁴² der tatsächlichen Wiederherstellung der Öffentlichkeit.⁴³

13   **4. Reichweite des Öffentlichkeitsausschlusses.** Der Ausschließungsbeschluss deckt den Öffentlichkeitsausschluss jedenfalls für den in ihm bezeichneten Verfahrensabschnitt bis zu dessen Beendigung. Wird die Öffentlichkeit für die „Dauer einer Zeugenvernehmung" ausgeschlossen, ist grundsätzlich die gesamte Vernehmung auch bei mehrfacher Unterbrechung oder Erstreckung über mehrere Verhandlungstage⁴⁴ davon gedeckt. Dies gilt nicht bei einer Beschränkung auf bestimmte Themen- oder Sachverhaltskomplexe, die freilich praktisch kaum durchführbar und daher nicht empfehlenswert ist. Die Rechtsprechung ist bei der Frage des zulässigen Umfangs des Öffentlichkeitsausschlusses insoweit relativ großzügig. Auch ein Ausschluss „bis auf Weiteres" soll erlaubt sein.⁴⁵ Gleichzeitig ist aber angesichts der großen Bedeutung der Öffentlichkeitsmaxime um einer möglichst verhältnismäßigen Durchführung willen dem BGH zuzustimmen,⁴⁶ dass im Falle zeitweiser Wiederherstellung der Öffentlichkeit im Rahmen einer – insgesamt von einem Ausschließungsbeschluss gedeckten – Vernehmung für den erneuten Öffentlichkeitsausschluss kein neuer Beschluss erforderlich ist.

14   Nach ständiger Rechtsprechung umfasst die Anordnung des Ausschlusses der Öffentlichkeit für die Dauer der Vernehmung darüber hinaus auch **alle Vorgänge, die mit der Vernehmung in enger Verbindung stehen oder sich unmittelbar aus ihr entwickeln** und daher zu dem Verfahrensabschnitt gehören.⁴⁷ Dazu können insbesondere die Verlesung von Urkunden, Augenscheineinnahmen,⁴⁸ die Entfernung eines Angeklagten gem. § 247 S. 1⁴⁹ und die Mitteilung gem. § 247 S. 4, die Vereidigung und Entlassung des Zeugen⁵⁰ sowie durch dessen Angaben veranlasste Erklärungen gem. § 257 StPO und Beweisanregungen der Staatsanwaltschaft einschließlich der darauf folgenden Anhörung⁵¹ und ebenso die Vernehmung eines Sachverständigen zur Glaubwürdigkeit des Zeugen,⁵² nicht dagegen ein rechtlicher Hinweis⁵³ gehören. Soll für einen **sonstigen Verfahrensabschnitt** die Öffentlichkeit erneut ausgeschlossen werden, so bedarf es grundsätzlich eines **gesonderten** den Erfordernissen des Abs. 1 S. 2 und 3 genügenden **Ausschließungsbeschlusses** des Gerichts.

15   Dies gilt insbesondere nach Abschluss der Vernehmung und formaler Entlassung des Zeugen zu dessen nochmaliger nichtöffentlicher Vernehmung in der laufenden Hauptverhandlung;⁵⁴ eine bloße Anordnung des Vorsitzenden genügt selbst bei Bezugnahme auf den ursprünglichen Beschluss nicht.⁵⁵ Etwas anderes gilt, wenn die Entlassung des Zeugen sofort zurückgenommen wird und die für den Ausschließungsbeschluss maßgebende Interessenlage fortbesteht, so dass sich die zusätzliche Anhörung zusammen mit der vorausgegangenen als eine einheitliche Vernehmung darstellt;⁵⁶ eine solche natürliche Einheit ist auch anzunehmen, wenn eine Zeugenvernehmung wiederholt werden muss.⁵⁷

16   Ein ausdrücklicher **Beschluss über die Wiederherstellung der Öffentlichkeit** ist nur bei Ausschlüssen „bis auf Weiteres" erforderlich. Im Übrigen endet der Öffentlichkeitsausschluss automatisch mit Ende des im Ausschließungsbeschluss bezeichneten Verfahrensabschnitts, bei Ausschluss für die gesamte Verhandlung spätestens vor der Urteilsverkündung; und die Öffentlichkeit ist wiederherzustellen.⁵⁸

---

⁴⁰ *Pfeiffer* § 273 StPO Rn. 3; MünchKommZPO/*Zimmermann* Rn. 9; Löwe/Rosenberg/*Wickern* Rn. 7.
⁴¹ *Pfeiffer* § 273 StPO Rn. 3.
⁴² Löwe/Rosenberg/*Wickern* Rn. 16; *Pfeiffer* § 273 StPO Rn. 3; Kissel/*Mayer* Rn. 10; *Meyer-Goßner* Rn. 5, 8.
⁴³ Löwe/Rosenberg/*Wickern* Rn. 21.
⁴⁴ BGH v. 15. 4. 1992 – 2 StR 574/91, NStZ 1992, 447; BGH v. 3. 3. 2009 – 3 StR 584/08, NStZ-RR 2009, 214.
⁴⁵ Vgl. BGH v. 9. 7. 1985 – 1 StR 216/85, NStZ 1986, 180 mwN aus der älteren Rechtsprechung.
⁴⁶ BGH v. 22. 10. 1996 – 1 StR 569/96, BGHR GVG § 174 Abs. 1 S. 1 Ausschluss 2.
⁴⁷ BGH, Urt. v. 10. 7. 1984 – 5 StR 246/84, *Pfeiffer/Miebach* NStZ 1985, 206 mwN, jüngst BGH v. 15. 4. 2003 – 1 StR 64/03 mit nicht unbedenklicher Tendenz zu einer immer weiteren Formulierung; *Meyer-Goßner* § 172 Rn. 17.
⁴⁸ BGH v. 17. 12. 1987 – 4 StR 614/87, NStZ 1988, 190.
⁴⁹ BGH v. 10. 7. 1984 – 5 StR 246/84 = *Pfeiffer/Miebach*, NStZ 1985, 206.
⁵⁰ BGH v. 15. 4. 2003 – 1 StR 64/03.
⁵¹ BGH v. 9. 11. 1994 – 3 StR 420/94.
⁵² BGH v. 20. 7. 1976 – 1 StR 335/76 bei *Holtz* MDR 1976, 988.
⁵³ BGH v. 25. 7. 1995 – StR 342/95, StV 1996, 133.
⁵⁴ BGH v. 9. 12. 2008 – 3 StR 443/08, NStZ 2009, 286; BGH v. 3. 3. 2009 – 3 StR 584/08, NStZ-RR 2009, 214.
⁵⁵ BGH v. 30. 10. 2007 – 3 StR 410/07, NStZ 2008, 476.
⁵⁶ BGH v. 15. 4. 1992 – 2 StR 574/91, NStZ 1992, 447; BGH v. 3. 3. 2009 – 3 StR 584/08, NStZ-RR 2009, 214.
⁵⁷ BGH v. 27. 8. 2003 – 1 StR 324/03, NStZ 2004, 220.
⁵⁸ Vgl. *Meyer-Goßner* § 172 Rn. 17.

III. Gesetzliches Verbot öffentlicher Berichterstattung (Abs. 2)

Nach dem in § 353d Nr. 1 StGB strafbewehrten Veröffentlichungsverbot ist es im Falle des gerichtlichen Ausschlusses der Öffentlichkeit wegen Gefährdung der Staatssicherheit den Massenmedien von Gesetzes wegen gänzlich und ohne Beschränkung auf geheimhaltungsbedürftige Tatsachen verboten, über den Inhalt des *nichtöffentlichen* Teils der Verhandlung sowie der Schriftstücke zu berichten, die zu dem den Grund des Öffentlichkeitsausschluss bildenden Tatsachenkomplex gehören.[59] Dies gilt selbstverständlich auch bei Zulassung von Pressevertretern gem. § 175 Abs. 2.[60] Über die Tatsache des Verhandelns als solchem darf indessen berichtet werden.[61] Für andere Formen der Veröffentlichung gelten die §§ 94 ff. StGB.[62]

IV. Konstitutive gerichtliche Geheimhaltungsanordnung (Abs. 3)

Bei Ausschluss der Öffentlichkeit nach § 171b oder § 172 Nr. 1, 1. Alt., Nr. 2 oder Nr. 3 kann das Gericht nach seinem pflichtgemäßen Ermessen zum Zwecke des Geheimnisschutzes eine Geheimhaltungsanordnung (auch: Schweigegebot) gegenüber den anwesenden Personen verhängen, deren effektiver Durchsetzung die Strafbewehrung in § 353d Nr. 2 StGB dient.

Persönlich anwendbar ist das Schweigegebot auf sämtliche anwesende Personen, dh. die Verfahrensbeteiligten, Zeugen, Sachverständige, Dolmetscher, gem. § 175 Abs. 2 zugelassene Personen, Wachtmeister, Urkundsbeamte sowie die Mitglieder des Gerichts selbst.[63] Nach dem Schutzzweck der Norm bindet der Beschluss im Übrigen nicht den Geheimnisinhaber, sofern die Geheimhaltungsanordnung allein in dessen Interesse ausgesprochen worden ist.[64] Die **sachliche Reichweite**, dh. in welchem Umfang Tatsachen, die diesen Personen durch die Verhandlung oder ein die Sache betreffendes Schriftstück bekannt werden, geheim zu halten sind, ist in der Geheimhaltungsanordnung selbst hinreichend genau, ggf. auch durch komplexartige Bezeichnung, zu bestimmen.[65] **Ausnahmen** von der Geheimhaltungsanordnung gelten für interne Berichte an Dienstvorgesetzte, etwa im Rahmen der staatsanwaltlichen Berichtspflichten.[66] Ebenso wenig kann dem Verteidiger untersagt werden, seinen Konverteidiger oder den nicht anwesenden Mandanten zu informieren.[67] Gegenstandslos wird das Schweigegebot, soweit Tatsachen bei der öffentlichen mündlichen Urteilsverkündung preisgegeben werden, nicht dagegen durch bloße Mitteilung in den schriftlichen Gründen.[68]

Die Geheimhalteanordnung ergeht in Form eines in der Hauptverhandlung zu verkündenden und ins Sitzungsprotokoll aufzunehmenden **Beschlusses** (Abs. 3 S. 2), der wegen seiner bloßen ex-nunc-Wirkung möglichst gemeinsam mit dem Ausschließungsbeschluss ergehen sollte.[69] Ein Verstoß gegen die Protokollierungspflicht führt jedoch nicht zur Unwirksamkeit der Anordnung, da die Protokollierungspflicht allein Beweiszwecken im Hinblick auf eine eventuelle Anwendung des § 353d Nr. 2 StGB dient.[70] Auf die Strafbewehrung sollte hingewiesen werden (Nr. 131 Abs. 2 RiStBV).

V. Anfechtbarkeit, Revision

Die Nichtdurchführung einer Ausschließungsverhandlung vor einem Öffentlichkeitsausschluss bildet nach herrschender Meinung lediglich einen relativen Revisionsgrund unter dem Gesichtspunkt der Versagung des rechtlichen Gehörs.[71] Das Fehlen eines gerichtlichen Ausschließungsbeschlusses oder dessen vollständiger öffentlicher Verkündung begründet den absoluter Revisionsgrund gem. § 338 Nr. 6 StPO.[72] Dies gilt im Grundsatz ebenso bei einem Verstoß gegen die Begründungspflicht des Abs. 1 S. 3. Ausnahmsweise greift allerdings der absolute Revisionsgrund bei Unterlassung der Bezeichnung des Ausschlussgrundes nicht ein, wenn sich a) ohne Rekonstruktion der Hauptverhandlung aus Urteilsgründen oder/und Sitzungsprotokoll ergibt, dass für die Zuhörer aus dem Verfahrensablauf der Ausschließungsgrund ohne Weiteres erkennbar war, und b) am

---

[59] Näher Löwe/Rosenberg/*Wickern* Rn. 25.
[60] Löwe/Rosenberg/*Wickern* Rn. 23.
[61] MünchKommZPO/*Zimmermann* Rn. 13.
[62] SK-StPO/*Velten* Rn. 9.
[63] Vgl. *Meyer-Goßner* Rn. 13.
[64] Ebenso *Meyer-Goßner* Rn. 14.
[65] I. E. Löwe/Rosenberg/*Wickern* Rn. 28; *Meyer-Goßner* Rn. 14.
[66] *Meyer-Goßner* Rn. 14.
[67] Anw-StPO/*Püschel* Rn. 7; MünchKommZPO/*Zimmermann* Rn. 14.
[68] *Meyer-Goßner* Rn. 15.
[69] Löwe/Rosenberg/*Wickern* Rn. 29.
[70] Löwe/Rosenberg/*Wickern* Rn. 31.
[71] KK-StPO/*Diemer* Rn. 1; Anw-StPO/*Püschel* Rn. 9; SK-StPO/*Frisch* § 338 Rn. 133; aA SK-StPO/*Velten* Rn. 4.
[72] BGH v. 1. 12. 1998 – 4 StR 585/98, NStZ 1999, 371; KK-StPO/*Diemer* Rn. 3.

Vorliegen dessen materieller Voraussetzungen keine Zweifel bestehen,[73] was insbesondere anzunehmen ist, wenn der Ausschluss auf Grund eines Antrags gem. § 171 b Abs. 2 zwingend war.[74] Denn hier reduziert sich der – vom BGH durchaus bejahte – Verstoß gegen § 174 Abs. 1 S. 3[75] dessen Sinn und Zweck – Information und Nachprüfbarkeit – erfüllt ist, auf einen reinen Formalverstoß. Dogmatisch wäre hierfür allerdings abweichend von BGHSt 45, 117 ff. nicht erst die Verneinung des § 338 Nr. 6 auf Grund mangelnder Schwere des Verstoßes,[76] sondern eine teleologische Reduktion des § 174 Abs. 1 S. 3 selbst und damit Verneinung des Verstoßes hiergegen der bessere Weg. Zur umgekehrten Konstellation der bloßen Erfüllung der Formalien, ohne dass der Zweck der Nachprüfbarkeit erreicht wird.[77]

22 Erstreckt sich der Öffentlichkeitsausschluss über den vom Beschluss gedeckten Verfahrensabschnitt liegt ein absoluter Revisionsgrund gem. § 338 Nr. 6 vor.[78]

23 Der eine Geheimhaltungsanordnung aussprechende Beschluss ist für jeden davon Betroffenen, auch die Verfahrensbeteiligten, mit der Beschwerde innerhalb deren allgemeiner Grenzen anfechtbar (Abs. 3 S. 3); gegen den das Schweigegebot ablehnenden Beschluss gibt es keinen Rechtsbehelf.[79]

VI. Besondere Verfahrensarten

24 In Verfahren der Jugendgerichte ausschließlich gegen Jugendliche gilt Abs. 1 nicht (§ 48 Abs. 1 JGG). Bei den grundsätzlich öffentlichen Verhandlungen der Jugendgerichte gegen Jugendliche *und* Heranwachsende/Erwachsene (§ 48 Abs. 3 S. 1 JGG) oder gegen Heranwachsende sowie bei Verhandlungen gegen Jugendliche und Heranwachsende vor Erwachsenengerichten gelten die Vorschriften des Abs. 1 auch bei Ausschluss aus speziell jugendrechtlichen Gründen (§§ 48 Abs. 3 S. 2; 109 Abs. 1 S. 4; § 104 Abs. 2, 112 S. 1 JGG). Dies gilt insbesondere für die Begründungspflicht.[80]

25 Entgegen der Auffassung von *Wickern* und *Meyer-Goßner*[81] sind die Geheimhaltungspflicht und das Schweigegebot auch im von Gesetzes wegen nicht öffentlichen Jugendverfahren gem. § 48 Abs. 1 JGG unter der Voraussetzung anwendbar, dass ein entsprechender Öffentlichkeitsausschluss (§§ 171 b, 172 Nr. 1, 1. Alt., 2 oder 3 durch Beschluss ergeht.[82] Dass dies trotz bereits gesetzlich ausgeschlossener Öffentlichkeit möglich ist, ergibt sich daraus, dass die Vorschriften des Jugendstrafrechts im Verhältnis zu den allgemeinen Vorschriften eine Spezialregelung bilden, die diese nur verdrängt, soweit sie ihr widersprechen.[83] Das ist im Hinblick auf die allgemeinen Ausschlussgründe, die neben Überschneidungen im Rahmen des § 171 b eine andere Schutzrichtung als § 48 JGG verfolgen, nicht der Fall.[84] Insbesondere sollte die Schaffung einer weitergehenden Einschränkungsmöglichkeit nicht zu einer Absenkung des Schutzes bzw. Erweiterung der Öffentlichkeit in anderen Bereichen führen.[85] Und so nimmt die herrschende Meinung im Jugendstrafrecht zu Recht an, auch im nichtöffentlichen Jugendverfahren könne auf die §§ 171 a ff. rekurriert werden, um gesetzlich gem. § 48 Abs. 2 S. 1 Anwesenheitsberechtigte von der Verhandlung auszuschließen.[86] Auch die – nur entsprechend anzuwendende – verfahrensrechtliche Vorschrift des § 174 Abs. 1 S. 2 steht der Anwendbarkeit der §§ 171 a ff. nicht entgegen.[87] Vielmehr spricht auch gerade im Hinblick auf den Jugendlichen die Ratio des § 48 Abs. 1 JGG für deren Anwendbarkeit, insb. der des § 174 Abs. 3 iVm. § 171 b: Durch die gesetzliche Anordnung der Nichtöffentlichkeit wird dem Persönlichkeitsschutz des Jugendlichen der Vorrang gegenüber dem Interesse an einer öffentlichen Verhandlung eingeräumt.[88] § 48 Abs. 1 JGG dient damit der Erhöhung von

---

[73] Vgl. BGH v. 9. 6. 1999 – 1 StR 325/98, BGHSt 45, 117 (120) = NJW 1999, 3061; in diese Richtung schon BGH v. 30. 8. 1994 – 5 StR 403/94, NStZ 1994, 591; ablehnend ggü. dieser Rspr. *Gössel* NStZ 2000, 181 ff.; krit. auch Löwe/Rosenberg/*Wickern* Rn. 17; zust. hingegen SK-StPO/*Frisch* § 338 Rn. 133.
[74] Vgl. BGH v. 26. 7. 2001 – 3 StR 239/01 mit problematischer Begründung; BGH v. 22. 4. 2004 – 3 StR 428/03, NStZ-RR 2004, 235 f.
[75] BGH v. 9.6.1999 – 1 StR 325/98, BGHSt 45, 117(120) = NJW 1999, 3061, dagegen insoweit noch etwas unklar LS in NStZ 1999, 92, wo einerseits u. a. im Leitsatz ein Verstoß gegen § 174 Abs. S. 3 ausdrücklich verneint wird, andererseits durch die Bezugnahme auf die zu § 338 Nr. 5 ergangenen Entscheidungen am Ende des Beschlusses der Eindruck erweckt wird, es gehe nur um die Verneinung des absoluten Revisionsgrundes.
[76] BGH v. 9. 6. 1999 – 1 StR 325/98, BGHSt 45, 117 (120) = NJW 1999, 3060.
[77] S. o. Rn. 11.
[78] BGH v. 24. 2. 1955 – 3 StR 543/54, NJW 1955, 759; zu Beschränkungen s. o. § 169 Rn. 45.
[79] MünchKommZPO/*Zimmermann* Rn. 30; *Meyer-Goßner* Rn. 20.
[80] Brunner/Dölling § 48 JGG Rn. 22; *Diemer/Schoreit/Sonnen* § 48 JGG Rn. 14; *Meyer-Goßner* Rn. 7.
[81] Löwe/Rosenberg/*Wickern* Rn. 36; *Meyer-Goßner* Rn. 17, Schönke/Schröder/*Perron* § 353 d StGB Rn. 5, 24.
[82] Ebenso LK-StGB/*Träger* § 353 d Rn. 7; NK-*Kuhlen* § 353 d Rn. 13; *Katholnigg* Rn. 7.
[83] *Diemer/Schoreit/Sonnen* § 48 JGG Rn. 11.
[84] Im Ergebnis ebenso LK-StGB/*Träger* § 353 d Rn. 7.
[85] *Brunner/Dölling* § 48 JGG Rn. 25.
[86] S. dazu die Nachweise bei § 171 a Rn. 9.
[87] Vgl. LK-StGB/*Träger* § 353 d Rn. 7.
[88] Vgl. hierzu *Diemer/Schoreit/Sonnen* § 48 JGG Rn. 1.

dessen Schutzniveau gegenüber dem durch die allgemeinen Regeln gewährten Persönlichkeitsschutz. Diesem Mehr an Schutz für den Jugendlichen würde es aber diametral widersprechen, wenn andererseits das Schutzniveau insoweit abgesenkt würde, als gerade die der Stärkung des Geheimnis- bzw. Persönlichkeitsschutz – durch dessen Erstreckung über die Verhandlung hinaus – dienende Vorschrift des § 174 Abs. 3 nicht anwendbar wäre.

§ 175 [Versagung des Zutritts]

(1) Der Zutritt zu öffentlichen Verhandlungen kann unerwachsenen und solchen Personen versagt werden, die in einer der Würde des Gerichts nicht entsprechenden Weise erscheinen.

(2) [1] Zu nicht öffentlichen Verhandlungen kann der Zutritt einzelnen Personen vom Gericht gestattet werden. [2] In Strafsachen soll dem Verletzten der Zutritt gestattet werden. [3] Einer Anhörung der Beteiligten bedarf es nicht.

(3) Die Ausschließung der Öffentlichkeit steht der Anwesenheit der die Dienstaufsicht führenden Beamten der Justizverwaltung bei den Verhandlungen vor dem erkennenden Gericht nicht entgegen.

Schrifttum: *Baufeld,* Der Richter und die freie Meinung im demokratischen Verfassungsstaat, GA 2004, 163 ff.

I. Allgemeines

Abs. 1 ermöglicht es, einzelnen Personen den Zutritt zu einer *öffentlichen* Gerichtsverhandlung zu versagen. Mit der nicht abschließenden[1] Vorschrift werden zwei unterschiedliche Schutzzwecke verfolgt: Beide darin enthaltenen Zurückweisungsgründe dienen dem **Schutz des Ansehens des Gerichts als Institution in der sozialen Gemeinschaft.**[2] Dieses kann sowohl durch Störung des äußeren Verhandlungsablaufs als auch durch Missachtungsbezeugungen sowie Nichteinhaltung bestimmter äußerer Formen, deren Beobachtung der Respekt vor der besonderen Bedeutung des richterlichen Auftrags im Rechtsstaat, losgelöst von der Person des Amtsträgers gebietet,[3] beeinträchtigt werden. Die Zutrittsversagungsmöglichkeit gegenüber unerwachsenen Personen bezweckt darüber hinaus den **Jugendschutz.**[4] Umgekehrt sehen Abs. 2 und 3 die Zulassung einzelner Personen zu *nichtöffentlichen* Verhandlungen vor. 1

II. Versagung des Zutritts zu öffentlichen Verhandlungen

1. Voraussetzungen der Zutrittsversagung. a) Persönlicher Anwendungsbereich. Persönlich anwendbar ist die Vorschrift nur auf Zuhörer, nicht dagegen auf Verfahrensbeteiligte, Zeugen und Sachverständige.[5] Auf diese finden die §§ 176 ff. Anwendung.[6] 2

b) Unerwachsene Personen. Unerwachsen ist, wer noch nicht volljährig ist (Obergrenze) und die für eine ernsthafte Teilnahme an einer Gerichtsverhandlung erforderliche Reife nicht besitzt.[7] Letzteres soll nach herrschender Meinung auf Grundlage der **äußeren Erscheinung** beurteilt werden.[8] Auch soll es nach Ansicht des BGH, wenn mit umfangreichen Einlasskontrollen, die Wachtmeistern und Polizeikräften übertragen werden müssen, zu rechnen ist, rechtlich unbedenklich sein, wenn der Vorsitzende generell verfügt, dass Personen unter 16 Jahren der Zutritt zu versagen ist, da jedenfalls bei dieser Altersgruppe eine hohe Wahrscheinlichkeit für das Fehlen der Erwachsenenreife spreche und deren individuelle Prüfung nicht gefordert werden könne.[9] Diese Betrachtungsweise erscheint zu pauschal. Vielmehr wird die Frage nach der notwendigen Reife unter zwei zu trennenden Aspekten, die mit den beiden Schutzrichtungen des § 175 korrespondieren, zu prüfen sein: Im Hinblick auf Störungen durch Minderjährige, die wegen der Funktionsbeeinträchtigung auch das Ansehen des Gerichts in Mitleidenschaft zu ziehen geeignet sind, ist zu fragen, ob die Personen überhaupt die Reife besitzen, geordnet an einer Verhandlung teilzunehmen, wobei auch der Inhalt der konkreten Verhandlung (zB für Kinder kaum verständliche Wirtschaftsstraftaten o.Ä.) zu berücksichtigen sein wird. Bei Un- 3

---

[1] Zu weiteren Zurückweisungs- bzw. Ausschlussgründen s. o. § 169 Rn. 27 ff.
[2] *Pfeiffer* Rn. 1; *Meyer-Goßner* Rn. 3; *Kissel/Mayer* Rn. 6.
[3] BVerfG v. 27. 6. 2006 – 1 BvR 677/05 = NJW 2007, 56; Löwe/Rosenberg/*Wickern* § 178 Rn. 4.
[4] Vgl. Anw-StPO/*Püschel* Rn. 1.
[5] Anw-StPO/*Püschel* Rn. 2; SK-StPO/*Velten* Rn. 3; *Pfeiffer* Rn. 1.
[6] *Milger* NStZ 2006, 122.
[7] *Meyer-Goßner* Rn. 1; Anw-StPO/*Püschel* Rn. 2; *Kissel/Mayer* Rn. 2.
[8] SK-StPO/*Velten* Rn. 4; *Meyer-Goßner* Rn. 1.
[9] BGH v. 20. 4. 2006 – 3 StR 284/05 = NStZ 2006, 652; *Meyer-Goßner* Rn. 1; aA Anw-StPO/*Püschel* Rn. 2, wonach bei Jugendlichen eine individuelle Prüfung erforderlich sei.

zumutbarkeit individueller Prüfung wird jedenfalls in Bezug auf Klein- und Kindergartenkinder, nicht dagegen Kinder, die bereits das Grundschulalter überschritten haben, und Jugendliche eine generelle Zurückweisung insoweit möglich sein. Unter dem Aspekt des Jugendschutzes iS einer Gefahr für die geistige und sittliche Entwicklung der Minderjährigen wird dagegen bei bestimmten Verhandlungsgegenständen, insbesondere bei Sexualstraftaten, aber auch bei besonders brutalen Gewaltverbrechen, zu prüfen sein, ob Minderjährige die notwendige Reife besitzen, das Geschehen inhaltlich richtig zu verarbeiten. Hier wird, zumal angesichts der praktischen Unmöglichkeit einer individuellen Prüfung, soweit es Unbeteiligte betrifft, je nach den Umständen des Einzelfalles auch ein genereller Ausschluss von Jugendlichen unter 16 Jahren in Betracht kommen. Bei älteren Jugendlichen wird dies nur noch in Einzelfällen möglich sein.

4 c) **Unwürdiges Erscheinen.** Ein weiterer Zurückweisungsgrund ist das **Erscheinen in einer der Würde des Gerichts nicht entsprechenden Weise.** Dies kann auf einen **bestimmten Zustand** oder aber eine **bestimmte Aufmachung** zurückzuführen sein. Bei der Auslegung ist der Schutzzweck der Versagungsmöglichkeit unter Berücksichtigung des Wandels der Anschauungen und Gepflogenheiten streng zu beachten.

5 aa) Deswegen bildet hinsichtlich der Aufmachung das bloße Erscheinen in Freizeit- oder Arbeitskleidung ebenso wenig einen Zurückweisungsgrund wie das Tragen sehr extravaganter, aber noch der Mode entsprechender Kleidung,[10] ggf. auch derjenigen bestimmter Subkulturen. Die Grenze ist jedoch überschritten, wo die Aufmachung als Provokation der Anwesenden eingesetzt wird, etwa bei bewusster Maskerade oder evident situationsunangemessener Bekleidung (zB Badebekleidung, Dessous oder Schlafanzug), oder die Mindestanforderungen an Sauberkeit und Hygiene unterschreitet.[11] Im Hinblick auf Kopfbedeckungen ist schon zweifelhaft, ob deren Tragen in geschlossenen Räumen im Zeitalter modischer Accessoires überhaupt noch allgemein als mangelnder Respekt gegenüber anderen anzusehen ist. Eine Zurückweisung scheidet aber jedenfalls dann aus, wenn das Tragen der Kopfbedeckung vom Schutzbereich der Religionsfreiheit (Art. 4 GG) gedeckt ist[12] oder aber auf sonstigen billigenswerten Gründen – etwa gesundheitlichen – beruht. Die Identifizierbarkeit muss jedoch stets gewährleistet bleiben.[13] Das Tragen einer dunklen Sonnenbrille wird lediglich aus gesundheitlichen Gründen (zB wegen einer Augenkrankheit oder -operation) zu tolerieren sein. Gegebenenfalls muss der Vorsitzende nach dem Grund des Tragens solcher Accessoires fragen. Das Tragen von Aufdrucken, Plaketten oder Kennzeichen, die strafrechtlich relevant sind (zB gem. §§ 86 a, 130, 185 ff. StGB) oder den Versuch einer unzulässigen Einflussnahme darstellen (etwa bei Enthalten von Drohungen) kann eine Zurückweisung begründen.[14] Außerhalb dieser Fälle ist allein das Tragen szenetypischer Bekleidung kein Zurückweisungsgrund.[15]

6 bb) Als eine Zurückweisung rechtfertigende Zustände kommen besonders Alkoholisierung, Drogenrausch und starke Verwahrlosung,[16] gegebenenfalls auch Krankheitszustände, wenn sie zu erheblichen Störungen der Verhandlung führen, in Betracht.[17]

7 **2. Entscheidung.** Die Entscheidung über die Zutrittsversagung liegt im Ermessen („kann") des Vorsitzenden, dessen Zuständigkeit sich aus der gegenüber Abs. 2 unterschiedlichen Formulierung und der sitzungspolizeilichen Natur der Maßnahme[18] ergibt. Der Vorsitzende wird – soweit anwesend – durch einen Justizwachtmeister unterstützt, der gegebenenfalls selbständig eingreifen kann (Nr. 128 Abs. 3 RiStBV), aber auf Antrag des Ausgeschlossenen die Entscheidungen des Vorsitzenden herbeiführen muss.[19] Die Vorschrift deckt auch den nachträglichen Saalverweis bereits eingetretener Zuhörer, der ggf. zwangsweise durchgesetzt werden kann, § 177.[20]

---

[10] Ähnlich SK-StPO/*Velten* Rn. 5; Kissel/*Mayer* Rn. 7; *Pfeiffer* Rn. 2; *Baufeld* GA 2004, 169.
[11] Vgl. Kissel/*Mayer* Rn. 7.
[12] BVerfG v. 27. 6. 2006 – 1 BvR 677/05, NJW 2007, 57; zur anders gelagerten Problematik einer Kopftuch tragenden *Schöffin* LG Dortmund v. 7. 11. 2006 – 14 (VIII) Gen. Str. K., NJW 2007, 3013; LG Bielefeld v. 6. 3. 2006 – 3221 b E H 68, NJW 2007, 3014; *Groh* NVwZ 2006, 1023; *Bader* NJW 2007, 2964.
[13] BVerfG v. 27. 6. 2006 – 1 BvR 677/05, NJW 2007, 56; zustimmend Kissel/*Mayer* Rn. 7.
[14] SK-StPO/*Velten* Rn. 5; Kissel/*Mayer* Rn. 7; *Baufeld* GA 2004, 172 f.
[15] Ähnlich Kissel/*Mayer* Rn. 7; diff. *Baufeld* GA 2004, 174, der danach unterscheidet, ob darin eine Solidarisierung mit der Tat (dann Zurückweisung möglich) oder aber nur ein Ausdruck der Überzeugung von der Unschuld des Täters zu sehen ist, was jedoch kaum aus dem bloßen Tragen szenetypischer Bekleidung herauszulesen sein wird.
[16] Vgl. *Pfeiffer* Rn. 2; Kissel/*Mayer* Rn. 7.
[17] Problematisch Kissel/*Mayer* Rn. 8, die verlangen, erkennbar geisteskranken oder geistesschwachen Personen den Zutritt zu versagen.
[18] Zum Wesen *Kühne*, Strafprozessrecht Rn. 706; SK-StPO/*Velten* Rn. 1.
[19] *Pfeiffer* Rn. 1; Kissel/*Mayer* Rn. 10.
[20] BVerfG v. 27. 6. 2006 – 1 BvR 677/05, NJW 2007, 57; Kissel/*Mayer* Rn. 2; *Pfeiffer* Rn. 1.

III. Zutritt einzelner Personen zu nicht öffentlichen Verhandlungen

1. Gestattung des Zutritts durch das Gericht (Abs. 2). a) Anwendungsbereich. Nach Abs. 2 kann einzelnen Personen der Zutritt zu – kraft Gesetzes oder auf Grund eines Beschlusses gem. §§ 171 a ff. – *nichtöffentlichen* Verhandlungen (einschließlich der Ausschließungsverhandlung gem. § 174 Abs 1 S. 1) gestattet werden. In Betracht kommen insoweit insbesondere nahe Angehörige, Bewährungs- oder Gerichtshelfer, Presseberichterstatter (vgl. § 174 Abs. 2) und Personen, die im Rahmen einer Aus- und Weiterbildung zuzuhören wünschen.[21] Die Vorschrift ist nicht auf Verfahrensbeteiligte, Zeugen, Sachverständige[22] sowie den bereits gem. § 406 g StPO zur Anwesenheit berechtigten Nebenklageberechtigten und dessen Rechtsbeistand anwendbar.[23] Besondere Zulassungspflichten ergeben sich aus internationalen Abkommen, Art. 105 Abs. 5 des Genfer Abkommens vom 12. 8. 1949 über die Behandlung von Kriegsgefangenen und Art. 25 NTS-ZA.[24]

b) Entscheidung. Bei der Zutrittsgestattung handelt es sich um eine – widerrufliche[25] – **Ermessensentscheidung**. Die Zulassung muss sich aber grundsätzlich auf einzelne Personen beschränken, da andernfalls die Gefahr einer faktischen Aufhebung des Öffentlichkeitsausschlusses droht.[26] Unbeschadet dessen ist nach § 175 Abs. 2 S. 2 einem nicht bereits gem. § 397 oder § 406 g Abs. 1 StPO zur Anwesenheit berechtigten Verletzten regelmäßig der Zutritt zu gestatten (Soll-Vorschrift). Ausnahmen gelten bei besonderem gerade auch ihm gegenüber bestehenden Geheimhaltungsinteresse oder solange seine Vernehmung als Zeuge noch nicht erfolgt ist, die dann allerdings vorrangig durchzuführen ist.[27] Die Entscheidung trifft, da es sich um eine Modifikation des Öffentlichkeitsausschlusses handelt, das **Gericht** in der für die Hauptverhandlung vorgeschriebenen Besetzung[28] durch **Beschluss**. Wenn niemand Einwendungen erhebt, soll auch eine stillschweigende Gestattung genügen.[29] Eine Anhörung der Beteiligten ist nicht vorgeschrieben (Abs. 2 S. 3).

2. Gesetzliches Anwesenheitsrecht der dienstaufsichtsführenden Beamten. Nach Abs. 3 haben die dienstaufsichtsführenden Beamten der Justizverwaltung, zu denen auch die mit der Dienstaufsicht als Aufgabe der Gerichtsverwaltung betrauten Richter (Präsidenten, aufsichtführende Richter) zählen, ein gesetzliches Zutrittsrecht auch zu nichtöffentlichen Verhandlungen. Einer besonderen Zulassung bedarf es nicht.[30]

IV. Anfechtbarkeit, Revision

Die Zutrittsversagung gem. Abs. 1 ist als sitzungspolizeiliche Maßnahme, wie sich im Umkehrschluss aus § 181 ergibt, der Anfechtung durch Beschwerde entzogen.[31] Eine unbegründete Zutrittsverweigerung auch nur gegenüber einzelnen Zuhörern verletzt dagegen den Öffentlichkeitsgrundsatz und bildet den absoluten Revisionsgrund des § 338 Nr. 6.[32]

Auch die Zulassung gem. § 175 Abs. 2 ist ebenso wie deren Ablehnung grundsätzlich weder anfechtbar noch revisibel.[33] Eine – insbesondere durch Zulassung einer Vielzahl von Personen und damit faktisch die Öffentlichkeit herstellende – ermessensfehlerhafte Zutrittsgestattung kann ausnahmsweise (spiegelbildlich zu der Situation bei ermessensfehlerhaftem Nichtausschluss der Öffentlichkeit) ein Revisionsgrund sein.[34]

---

[21] Anw-StPO/*Püschel* Rn. 3; Kissel/*Mayer* Rn. 13; Löwe/Rosenberg/*Wickern* Rn. 7 ff.; krit. gegenüber Pressevertretern MünchKommZPO/*Zimmermann* Rn. 7.
[22] MünchKommZPO/*Zimmermann* Rn. 2.
[23] Vgl. hierzu *Meyer-Goßner* § 406 g Rn. 1 und 4.
[24] S. zu Einzelheiten Löwe/Rosenberg/*Wickern* Rn. 6.
[25] *Meyer-Goßner* Rn. 6; MünchKommZPO/*Zimmermann* Rn. 8; differenzierend SK-StPO/*Velten* Rn. 7, die einen Anspruch des Angeklagten auf Zulassung neutraler Prozessbeobachter aus der Verfassung herleitet.
[26] Löwe/Rosenberg/*Wickern* Rn. 5.
[27] Löwe/Rosenberg/*Wickern* Rn. 7; *Meyer-Goßner* Rn. 4.
[28] Löwe/Rosenberg/*Wickern* Rn. 12.
[29] BGH v. 17. 1. 1979 – 3 StR 450/78 bei Pfeiffer NStZ 1981, 297; Anw-StPO/*Püschel* Rn. 3; *Meyer-Goßner* Rn. 4; aA SK-*Velten* Rn. 8.
[30] Löwe/Rosenberg/*Wickern* Rn. 14.
[31] LG Ravensburg v. 27. 1. 2007 – 2 Qs 10/07, NStZ-RR 2007, 348; OLG Zweibrücken v. 26. 3. 1987 – 1 Ws 139 – 142/87, NStZ 1987, 477; OLG Hamburg v. 10. 6. 1976 – 3 Ws 18/76, NJW 1976, 1987; MünchKommZPO/*Zimmermann* Rn. 5; Pfeiffer Rn. 2; KK-StPO/*Diemer* Rn. 1; OLG Karlsruhe v. 25. 8. 1976 – 2 Ws 143/76, NJW 1977, 309 zu § 176, das aber Ausnahmen bei Maßnahmen mit über die Dauer der Hauptverhandlung hinausgehender Wirkung anerkennt, die aber bei § 175 nicht denkbar sind; aA SK-StPO/*Velten* Rn. 2: Beschwerde zulässig.
[32] Löwe/Rosenberg/*Wickern* Rn. 16; Anw-StPO/*Püschel* Rn. 5; BGH v. 10. 4. 1962 – 1 StR 22/62, NJW 1962, 1260 zu § 176; zw. OLG Hamm v. 9. 12. 1966 – 3 Ss 696/66, NJW 1967, 1289.
[33] Anw-StPO/*Püschel* Rn. 5; Kissel/*Mayer* Rn. 18; Löwe/Rosenberg/*Wickern* Rn. 16; für die Zulassung gem. § 48 Abs. 2 S. 3 JGG Brunner/*Dölling* § 48 JGG Rn. 21.
[34] Ähnlich Kissel/*Mayer* Rn. 18; Löwe/Rosenberg/*Wickern* Rn. 16; Anw-StPO/*Püschel* Rn. 5.

V. Besondere Verfahrensarten

13 Im nichtöffentlichen Verfahren gegen Jugendliche (§ 48 Abs. 1 JGG) trifft § 48 Abs. 2 JGG eine gegenüber § 175 Abs. 2 abweichende Regelung mit zwingenden Anwesenheitsrechten für Verletzte, Bewährungs- und Betreuungshelfer, Erziehungsbeistände und Heimleiter. Sonstige Personen können gem. § 48 Abs. 2 S. 3 JGG nur bei Vorliegen besonderer Gründe zugelassen werden. Zuständig ist abweichend von § 175 Abs. 2 der **Vorsitzende**.[35] Auf die anwesenheitsberechtigten bzw. zugelassenen Personen findet § 175 Abs. 1 Anwendung.

§ 176 [Sitzungspolizei]
Die Aufrechterhaltung der Ordnung in der Sitzung obliegt dem Vorsitzenden.

Schrifttum: Bader, Die Kopftuch tragende Schöffin, NJW 2007, 2964; *Ernst*, Zulässigkeit von Fernsehaufnahmen im Gerichtssaal, JR 2007, 392; *Jahn*, Sitzungspolizei contra „Konfliktverteidigung" – Zur Anwendung der §§ 176 ff. GVG auf Strafverteidiger, NStZ 1998, 389; *Lindner*, Der Schutz des Persönlichkeitsrechts des Beschuldigten im Ermittlungsverfahren, StV 2008, 210; *Marxen*, Tonaufnahmen während der Hauptverhandlung für Zwecke der Verteidigung, NJW 1977, 2188; *Maul*, Bild- und Rundfunkberichterstattung im Strafverfahren, MDR 1970, 286; *Milger*, Sitzungsgewalt und Ordnungsmittel in der strafrechtlichen Hauptverhandlung, NStZ 2006, 121; *Muckel*, Zur Frage der Zulässigkeit von Fernsehaufnahmen im Gerichtssaal außerhalb der Hauptverhandlung, JA 2009, 74; *Schneiders*, Verletzung der Öffentlichkeit durch Bitte an einen Zuhörer, den Sitzungssaal zu verlassen, StV 1990, 91; *Weidemann*, Öffentlichkeitsgrundsatz und Justizkampagne, DRiZ 1970, 114; *Willms*, Sitzungspolizei und Öffentlichkeit der Verhandlung, JZ 1972, 653.

I. Regelungsgehalt

1 § 176 beinhaltet nicht nur eine Zuständigkeitsvorschrift sondern die **Rechtsgrundlage für die Sitzungspolizei**.[1] Die Vorschrift ermächtigt zu den Maßnahmen, die erforderlich sind, um den störungsfreien und gesetzmäßigen Ablauf der Sitzung zu sichern und so die äußeren Bedingungen zur Durchführung der Verhandlung zu wahren. Sie dient damit dem **Schutz einer geordneten Rechtspflege** und des Prozesses der Rechts- und Wahrheitsfindung, aber auch dem Schutz der Rechte der Verfahrensbeteiligten und betroffener Dritter.[2]

II. Anwendungsbereich

2 **1. Sachlicher Anwendungsbereich.** Räumlich und zeitlich bestimmt sich der Bereich der Sitzungspolizei nach dem Begriff der **Sitzung**. Dieser umfasst mehr als der Begriff der Verhandlung in § 169.[3] **Zeitlich** beginnt die Befugnis zu sitzungspolizeilichen Maßnahmen mit dem Öffnen des Sitzungssaals und endet mit dem Verlassen des Gerichts nach der Verhandlung,[4] einschließlich der Zeit, die das Gericht benötigt, um ohne Hast die mit der endgültigen Abwicklung der verhandelten Sache zusammenhängenden Verrichtungen vorzunehmen und in Ruhe den Saal zu verlassen.[5] Kurze Sitzungs- und Beratungspausen sind mitumfasst,[6] längere Unterbrechungen (etwa mehrstündige Mittagspausen) hingegen nicht.[7] **Räumlich** erstrecken sich die Befugnisse aus § 176 auch auf die Zugänge zum Sitzungssaal und andere unmittelbar angrenzende Räume, von denen Störungen für die Sitzung ausgehen können.[8] Maßnahmen der Sitzungspolizei sind weiter auch dann statthaft, wenn die Verhandlung außerhalb des Gerichtsgebäudes geführt wird.[9]

3 **2. Persönlicher Anwendungsbereich.** Der Sitzungsgewalt unterliegen **alle Personen**, soweit sie sich im räumlichen und zeitlichen Bereich der Sitzung befinden, grundsätzlich also auch die Mitglieder des Gerichts, der Urkundsbeamte, der Staatsanwalt, der Verteidiger sowie andere am Verfahren beteiligte Rechtsanwälte.[10] Letztere dürfen jedoch durch sitzungspolizeiliche Maßnahmen

---

[35] *Brunner/Dölling* § 48 JGG Rn. 21.
[1] KK-StPO/*Diemer* Rn. 1; *Pfeiffer* Rn. 1; SK-StPO/*Velten* Rn. 1.
[2] BVerfG v. 11. 5. 1994 – 1 BvR 733/94, NJW 1996, 310; BGH v. 11. 2. 1998 – StB 3/98, BGHSt 44, 23 = NJW 1998, 1420; *Maul* MDR 1970, 286.
[3] KK-StPO/*Diemer* Rn. 2; *Pfeiffer* Rn. 2; SK-StPO/*Velten* Rn. 2; vgl. auch OLG Hamburg v. 22. 6. 1999 – 1 Ws 91/99, NJW 1999, 2607.
[4] OLG Hamm v. 22. 6. 1956 – 3 Ws 198/56, NJW 1956, 1452; *Maul* MDR 1970, 286.
[5] OLG Düsseldorf v. 4. 12. 1985 – 2 Ws 561/85, MDR 1986, 428.
[6] BGH v. 11. 2. 1998 – StB 3/98, BGHSt 44, 23 = NJW 1998, 1420; KK-StPO/*Diemer* Rn. 2; SK-StPO/*Velten* Rn. 2.
[7] Löwe/Rosenberg/*Wickern*, 25. Aufl., Rn. 8; *Meyer-Goßner* Rn. 2.
[8] BVerfG v. 11. 5. 1994 – 1 BvR 733/94, NJW 1996, 310; BGH v. 11. 2. 1998 – StB 3/98, BGHSt 44, 23 = NJW 1998, 1420; OLG Stuttgart v. 3. 9. 1992 – 1 Ws 97/92, Justiz 1993, 146; aA Löwe/Rosenberg/*Wickern*, 25. Aufl., Rn. 3.
[9] KK-StPO/*Diemer* Rn. 2; SK-StPO/*Velten* Rn. 2.
[10] KK-StPO/*Diemer* Rn. 3; *Meyer-Goßner* Rn. 10; *Pfeiffer* Rn. 3; SK-StPO/*Velten* Rn. 3; aA für Strafverteidiger *Jahn* NStZ 1998, 389.

nicht in ihrer Rechtspflegefunktion eingeschränkt werden;[11] dies schließt jedoch nicht aus, dass Maßnahmen nach § 176, einschließlich der Durchsuchung, sich auch auf den **Verteidiger** erstrecken können.[12] Auch **Pressevertreter** genießen keinen weitergehenden Schutz als andere Bürger, auf die Berichterstattung darf jedoch kein Einfluss genommen werden.[13]

3. Verhältnis zum Hausrecht. Das Hausrecht wird durch die sitzungspolizeilichen Befugnisse 4 verdrängt.[14] Das Hausrecht greift aber immer dann ein, wenn weder die sitzungspolizeiliche Zuständigkeit noch der Öffentlichkeitsgrundsatz berührt sind.[15] Um die daraus resultierende Zuständigkeitsunsicherheit zu beheben, ist es zulässig, die Ausübung des Hausrechts für die Dauer der Sitzung dem Vorsitzenden zu übertragen.[16]

III. Voraussetzungen für sitzungspolizeiliches Einschreiten

1. Allgemeines. Maßnahmen nach § 176 müssen der **Aufrechterhaltung der Ordnung** in der 5 Sitzung dienen. Dieser Begriff beschreibt den Zustand, der dem Gericht und den Verfahrensbeteiligten eine störungsfreie Ausübung ihrer Funktionen ermöglicht,[17] und in dem die übrigen Anwesenden ohne Beeinträchtigung der Verhandlung folgen können, dh. allgemein, dass der gebührliche Ablauf der Sitzung gesichert ist.[18] Ein sitzungspolizeiliches Einschreiten setzt daher voraus, dass eine **Störung** dieser Ordnung gerade stattfindet oder unmittelbar bevorsteht.[19]

2. Einzelfälle. Als Störungen anzusehen sind in erster Linie Lärm und Unruhe, etwa durch **Da-** 6 **zwischenreden**, Privatunterhaltungen oder übermäßige Beifallsbekundungen.[20] Mit sitzungspolizeilichen Mitteln ist auch **Beeinträchtigungen der Rechte Dritter** (zB körperlichen Übergriffen, Beleidigungen oder Gefährdungen von Persönlichkeitsrechten) zu begegnen.[21] Das **Mitschreiben** in der Verhandlung durch einen Zuhörer ist nicht grundsätzlich unzulässig; es kann aber untersagt werden, wenn die konkrete Gefahr besteht, dass der Zuhörer die Aufzeichnungen zur Unterrichtung noch nicht vernommener Zeugen verwenden will.[22] Die grundsätzliche Weigerung, in **Amtstracht** (Robe) aufzutreten, kann die Zurückweisung eines Rechtsanwalts für die betreffende Sitzung rechtfertigen.[23] Für sitzungspolizeiliche Maßnahmen ist nicht ausreichend, wenn der Verteidiger in der Hauptverhandlung keine weiße Krawatte,[24] wohl aber, wenn er nur ein weißes T-Shirt unter der offenen Robe trägt.[25] Das **Tragen eines Kopftuchs** aus religiösen Gründen rechtfertigt die Hinausweisung eines Zuhörers aus dem Sitzungssaal nicht.[26] Auch ein Vorgehen nach § 176 gegen eine Kopftuch tragende Schöffin ist regelmäßig ausgeschlossen.[27]

IV. Zulässige Maßnahmen

1. Allgemeines. Die in Betracht kommenden und zulässigen Maßnahmen nach § 176 sind in- 7 haltlich durch das Gesetz nicht näher bestimmt.[28] Ob eine Maßnahme im Einzelfall zulässig ist, bestimmt sich nach dem Zweck der Norm, die äußere Ordnung der Verhandlung sicherzustellen, und nach dem **Grundsatz der Verhältnismäßigkeit**, der gewährleistet, dass die Anwesenheitsrechte und der Grundsatz der Öffentlichkeit nicht zu weit beschnitten werden.[29]

---

[11] KK-StPO/*Diemer* Rn. 3; *Meyer-Goßner* Rn. 10; SK-StPO/*Velten* Rn. 3.
[12] BVerfG v. 7. 4. 1978 – 2 BvR 202/78, BVerfGE 48, 118 (123) = NJW 1978, 1048; BVerfG v. 5. 1. 2006 – 2 BvR 2/06, NJW 2006, 1500.
[13] BVerfG v. 6. 2. 1979 – 2 BvR 154/78, BVerfGE 50, 234 (242 ff.) = NJW 1979, 1400.
[14] BGH v. 19. 1. 1982 – 5 StR 166/81, BGHSt 30, 350 = NJW 1982, 247.
[15] BGH v. 13. 4. 1972 – 4 StR 71/72, BGHSt 24, 329 = NJW 1972, 1144.
[16] *Willms* JZ 1972, 653 (654); KK-StPO/*Diemer* Rn. 4; *Meyer-Goßner* Rn. 3.
[17] *Marxen* NJW 1977, 2188 (2192); *Meyer-Goßner* Rn. 4.
[18] *Baufeld*, Der Richter und die freie Meinung im demokratischen Verfassungsstaat, GA 2004, 163 (168); *Meyer-Goßner* Rn. 4.
[19] SK-StPO/*Velten* Rn. 4.
[20] Löwe/Rosenberg/*Wickern*, 25. Aufl., Rn. 26 f.; *Meyer-Goßner* Rn. 7; SK-StPO/*Velten* Rn. 4.
[21] BVerfG v. 11. 5. 1994 – 1 BvR 733/94, NJW 1996, 310; SK-StPO/*Velten* Rn. 4.
[22] BGH v. 13. 5. 1982 – 3 StR 142/82, NStZ 1982, 389; aA SK-StPO/*Velten* Rn. 6.
[23] BVerfG v. 18. 2. 1970 – 1 BvR 226/69, BVerfGE 28, 21 = NJW 1970, 851; BGH v. 25. 10. 1976 – AnwSt (R) 5/76, BGHSt 27, 34 (38) = NJW 1977, 398; aA SK-StPO/*Velten* Rn. 7.
[24] OLG Zweibrücken v. 7. 12. 1987 – 1 Ws 576/87, NStZ 1988, 144; kritisch zum Krawattenzwang auch LG Mannheim v. 27. 1. 2009 – 4 Qs 52/08, NJW 2009, 1094.
[25] OLG München v. 14. 7. 2006 – 2 Ws 679/06, NJW 2006, 3079 mAnm *Pielke* NJW 2007, 3261 und *Weihrauch* StV 2007, 28.
[26] BVerfG v. 27. 6. 2006 – 2 BvR 677/05, NJW 2007, 56.
[27] LG Bielefeld v. 16. 3. 2006 – 32221b EH 68, NJW 2007, 3014; *Bader* NJW 2007, 2964; aA LG Dortmund v. 27. 11. 2006 – 14 Gen StrK, NJW 2007, 3013.
[28] KK-StPO/*Diemer* Rn. 1; SK-StPO/*Velten* Rn. 9; vgl. auch *Milger* NStZ 2006, 121.
[29] BVerfG v. 18. 2. 1970 – 1 BvR 226/69, BVerfGE 28, 21 = NJW 1970, 851; OLG Karlsruhe v. 25. 8. 1976 – 2 Ws 142/76, NJW 1977, 309.

8   **2. Maßnahmen der Sitzungsvorbereitung.** Zu den Maßnahmen im Rahmen der Sitzungsvorbereitung gehören die **Auswahl des Sitzungssaals** nach dem zu erwartenden Öffentlichkeitsinteresse[30] und insbesondere **Personenkontrollen** beim Zugang zum Sitzungssaal, zB durch Ausgabe von Einlasskarten,[31] Ausweiskontrollen[32] oder Durchsuchung der Personen und der von ihnen mitgeführten Gegenstände.[33] Dass durch solche Maßnahmen zwangsläufig auch Personen betroffen werden, von denen keine Gefährdung der Ordnung in der Sitzung ausgeht, muss im Interesse der Sicherheit in Kauf genommen werden.[34]

9   **3. Maßnahmen in der Sitzung.** Der Vorsitzende kann **Ermahnungen und Rügen** aussprechen, etwa dahingehend, Beifalls- oder Missfallensbekundungen zu unterlassen oder die Ruhe zu bewahren.[35] Er kann eine solche Aufforderung auch mit der Androhung verbinden, bei Nichtbeachtung den Sitzungssaal räumen zu lassen.[36] Besteht die konkrete Gefahr, ein Zuhörer werde noch wartenden Zeugen über Aussagen bereits vernommener Zeugen berichten, kann ihm zur Abwehr einer solchen Einwirkung das **Mitschreiben untersagt**,[37] oder, wenn dieser Gefahr auf diese (oder andere) Weise nicht begegnet werden kann, kann er aus dem Sitzungssaal entfernt werden.[38] Die **Anordnung, den Sitzungssaal zu verlassen,** kann auch getroffen werden, wenn ein Zuhörer als Zeuge in Betracht kommt.[39] Der Vorsitzende kann auch das **Fotografieren** aus dem Zuhörerraum **untersagen,** dem Zuhörer die Kamera bis zum Ende der Sitzung wegnehmen[40] und den Aufnahmeträger (Film), der das unzulässig gefertigte Bildmaterial enthält, beschlagnahmen lassen.[41]

V. Presse- und Rundfunkberichterstattung

10   Wird die Berichterstattung durch Rundfunk und Fernsehen außerhalb der Verhandlung durch Anordnungen nach § 176 beschränkt, so muss die Maßnahme der Bedeutung der Pressefreiheit (Art. 5 Abs. 1 S. 2 GG) Rechnung tragen und dem Grundsatz der Verhältnismäßigkeit genügen.[42] Insbesondere die **Bildberichterstattung** findet aber ihre Schranken durch schutzwürdige Belange der Allgemeinheit, der Prozessbeteiligten oder Dritter, insbesondere wenn zu befürchten ist, die Veröffentlichung des Bildnisses eines Zeugen werde sein Aussageverhalten beeinträchtigen.[43] Nach Ansicht des BVerfG[44] ist der Vorsitzende aber verpflichtet, eine Möglichkeit für Bildaufnahmen (auch der verfahrensbeteiligten Richter und Staatsanwälte) zu schaffen, wenn das Interesse an der Fernsehberichterstattung andere bei der Ermessensentscheidung zu berücksichtigende Interessen überwiegt. Dies erscheint in Hinblick auf die Persönlichkeitsrechte der Verfahrensbeteiligten als zu weitgehend.[45]

VI. Zuständigkeit und Verfahren

11   Die Wahrnehmung der Sitzungspolizei ist richterliche Aufgabe, sie obliegt dem **Vorsitzenden.** Er handelt nach pflichtgemäßem Ermessen.[46] Eine Maßnahme, die das Gericht anstelle des Vorsitzenden trifft, ist deswegen aber nicht unwirksam.[47] Einer **Anhörung** des Betroffenen vor der Anordnung der Maßnahme bedarf es nicht.[48] Zur **Ausführung der Anordnung** bedient sich der

---

[30] *Weidemann* DRiZ 1970, 114; *Meyer-Goßner* Rn. 5.
[31] OLG Karlsruhe v. 31. 7. 1975 – 3 Ss 175/74, NJW 1975, 2080.
[32] BGH v. 6. 10. 1976 – 3 StR 291/76, NJW 1977, 157.
[33] BVerfG v. 7. 4. 1978 – 2 BvR 202/78, BVerfGE 48, 118 (123) = NJW 1978, 1048; BGH v. 22. 9. 1978 – 3 StR 304/78. Zur Durchsuchung von Verteidigern s. BVerfG v. 29. 9. 1997 – 2 BvR 1676/97 und BVerfG v. 5. 1. 2006 – 2 BvR 2/06, NJW 2006, 1500.
[34] *Meyer-Goßner* Rn. 5; s. auch BVerfG v. 4. 10. 1977 – 2 BvQ 8/77, BVerfGE 46, 1 (13) = NJW 1977, 2157.
[35] *Löwe/Rosenberg/Wickern,* 25. Aufl., Rn. 26 f.; *Meyer-Goßner* Rn. 7.
[36] *Löwe/Rosenberg/Wickern,* 25. Aufl., Rn. 31; *Meyer-Goßner* Rn. 7.
[37] BGH v. 13. 5. 1982 – 3 StR 142/82, NStZ 1982, 389; s. auch Rn. 6.
[38] *Meyer-Goßner* Rn. 8.
[39] BGH v. 20. 1. 1953 – 1 StR 626/52, BGHSt 3, 386 (388); BGH v. 5. 7. 1990 – 1 StR 135/90, NStZ 1991, 122; aA *Schneiders* StV 1990, 91.
[40] *Meyer-Goßner* Rn. 7 mwN.
[41] LG Ravensburg v. 22. 1. 2007 – 2 Qs 10/07, NStZ-RR 2007, 348.
[42] BVerfG v. 14. 7. 1994 – 1 BvR 1595/92, BVerfGE 91, 125 = NJW 1995, 184; BVerfG v. 15. 3. 2007 – 1 BvR 620/07, JR 2007, 390 mAnm *Ernst*.
[43] BVerfG v. 11. 5. 1994 – 1 BvR 733/94, NJW 1996, 310 f.
[44] BVerfG v. 19. 12. 2007 – 1 BvR 620/07, NJW 2008, 977 mAnm *Muckel* JA 2009, 74.
[45] *Ernst* JR 2007, 392; *Lindner* StV 2008, 210; KK-StPO/*Diemer* Rn. 1 a.
[46] BGH v. 10. 4. 1962 – 1 StR 22/62, BGHSt 17, 201 (204) = NJW 1962, 1260; BGH v. 13. 4. 1972 – 4 StR 71/72, BGHSt 24, 329 (330) = NJW 1972, 1144.
[47] OLG Karlsruhe v. 25. 8. 1976 – 2 Ws 143/76, NJW 1977, 309 (311); KK-StPO/*Diemer* Rn. 6; Löwe/Rosenberg/*Wickern,* 25. Aufl., Rn. 9; SK-StPO/*Velten* Rn. 10; aA OLG Koblenz v. 13. 2. 1978 – 1 Ws 51/78, MDR 1978, 693.
[48] *Löwe/Rosenberg/Wickern,* 25. Aufl., Rn. 41.

Vorsitzende des Justizwachtmeister[49] oder, soweit erforderlich, im Wege der Amtshilfe der Polizei.[50]

VII. Rechtsbehelfe

Zur Überprüfung einer durch den Vorsitzenden angeordneten sitzungspolizeilichen Maßnahme ist die **Anrufung des Gerichts** (§ 238 Abs. 2 StPO) zulässig.[51] Eine **Beschwerde** gegen Maßnahmen nach § 176 ist hingegen grundsätzlich unstatthaft, wie ein Umkehrschluss aus § 181 zeigt.[52] Die Beschwerde ist jedoch dann ausnahmsweise statthaft, wenn die Maßnahme eine eigenständige prozessuale Bedeutung für die Stellung eines Verfahrensbeteiligten hat, so zB wenn sie zur Zurückweisung eines Verteidigers führt.[53] Gleiches gilt, wenn durch die Anordnung Rechtspositionen des Betroffenen über die Hauptverhandlung hinaus beeinträchtigt werden, was etwa bei einer Beschlagnahme der Fall sein kann.[54] Ein Antrag nach **§ 23 EGGVG** scheidet aus, da die sitzungspolizeiliche Maßnahme kein Justizverwaltungsakt ist.[55] Auch eine selbständige Anfechtung einer Maßnahme im Rahmen der **Revision** ist nicht möglich;[56] es kann aber gerügt werden, dass eine solche Maßnahme die Verteidigung des Angeklagten unzulässig beschränkt hat[57] oder der Grundsatz der Öffentlichkeit (§ 338 Nr. 6 StPO) verletzt worden ist.[58] Eine entsprechende Rüge kann aber nur dann Erfolg haben, wenn gegen die beanstandete Maßnahme eine Entscheidung nach § 238 Abs. 2 StPO herbeigeführt worden ist.[59] Als Akt der öffentlichen Gewalt kann eine sitzungspolizeiliche Maßnahme mit der **Verfassungsbeschwerde** selbständig angegriffen werden.[60]

12

§ 177 [Ungehorsamsfolgen]

¹Parteien, Beschuldigte, Zeugen, Sachverständige oder bei der Verhandlung nicht beteiligte Personen, die den zur Aufrechterhaltung der Ordnung getroffenen Anordnungen nicht Folge leisten, können aus dem Sitzungszimmer entfernt sowie zur Ordnungshaft abgeführt und während einer zu bestimmenden Zeit, die vierundzwanzig Stunden nicht übersteigen darf, festgehalten werden. ²Über Maßnahmen nach Satz 1 entscheidet gegenüber Personen, die bei der Verhandlung nicht beteiligt sind, der Vorsitzende, in den übrigen Fällen das Gericht.

Schrifttum: *Jahn*, Sitzungspolizei contra „Konfliktverteidigung" – Zur Anwendung der §§ 176 ff. GVG auf Strafverteidiger, NStZ 1998, 389; *Krekeler*, Der Rechtsanwalt als Beistand eines Zeugen und die Sitzungspolizei, NJW 1980, 980; *Lenze*, Ordnungsmaßnahmen gegen Strafverteidiger, StV 2004, 101; *Malmendier*, „Konfliktverteidigung" – ein neues Prozesshindernis?, NJW 1997, 227.

I. Regelungsgehalt

§ 177 regelt den **unmittelbaren Zwang** zur Durchsetzung sitzungspolizeilicher Anordnungen des Vorsitzenden.[1] Die Vorschrift hat also – anders als § 178, der die Ahndung von Ungebühr zum Gegenstand hat – keinen repressiven Charakter.

1

II. Persönlicher Anwendungsbereich

Der Personenkreis, gegen den nach § 177 vorgegangen werden darf, ist abschließend geregelt. Maßnahmen nach dieser Norm können zunächst gegen sämtliche nicht bei der Verhandlung beteiligten Personen, dh. **Zuhörer** (einschließlich der Medienvertreter)[2] ergehen. Zu den Zuhörern gehört auch ein Staatsanwalt oder Rechtsanwalt, der während der Verhandlung einer anderen Sache

2

---

[49] Vgl. Nr. 128 Abs. 3 RiStBV.
[50] BGH v. 11. 7. 1979 – 3 StR 165/79, NJW 1980, 249.
[51] BGH v. 29. 5. 2008 – 4 StR 46/08, NStZ 2008, 582; *Meyer-Goßner* Rn. 16; SK-StPO/*Velten* Rn. 11; aA KK-StPO/*Diemer* Rn. 7; Löwe/Rosenberg/*Wickern*, 25. Aufl., Rn. 45; *Pfeiffer* Rn. 5.
[52] OLG Hamburg v. 10. 6. 1976 – 3 Ws 18/76, MDR 1977, 162; OLG Zweibrücken v. 26. 3. 1987 – 1 Ws 139/87, NStZ 1987, 477; *Meyer-Goßner* Rn. 16; aA SK-StPO/*Velten* Rn. 11 mwN zur Gegenmeinung.
[53] OLG Karlsruhe v. 25. 8. 1976 – 2 Ws 143/76, NJW 1977, 309; OLG München v. 14. 7. 2006 – 2 Ws 679/06, NJW 2006, 3079.
[54] LG Ravensburg v. 22. 1. 2007 – 2 Qs 10/07, NStZ-RR 2007, 348; offen gelassen durch den BGH v. 11. 2. 1998 – 3 StB 3/98, BGHSt 44, 23 = NJW 1998, 1420.
[55] OLG Hamburg v. 10. 4. 1992 – VAs 4/92, NStZ 1992, 509.
[56] *Meyer-Goßner* Rn. 16; vgl. zur selbständigen Anfechtbarkeit auch BVerfG v. 11. 11. 1992 – 1 BvR 1595/92, BVerfGE 87, 334 = NJW 1992, 3288.
[57] BGH v. 13. 12. 1956 – 4 StR 489/56, NJW 1957, 271.
[58] BGH v. 10. 4. 1962 – 1 StR 22/62, BGHSt 17, 201 (202) = NJW 1962, 1260.
[59] BGH v. 29. 5. 2008 – 4 StR 46/08, NStZ 2008, 582.
[60] BVerfG v. 11. 11. 1992 – 1 BvR 1595/92, BVerfGE 87, 334 = NJW 1922, 3288.
[1] KK-StPO/*Diemer* Rn. 1.
[2] Löwe/Rosenberg/*Wickern*, 25. Aufl., Rn. 17; *Meyer-Goßner* Rn. 2.

auf den Aufruf seiner Sache wartet.[3] **Parteien** iSv. § 177 sind der Privat- und der Nebenkläger, sowie die nach §§ 431, 442 und 444 StPO beteiligten Personen.[4] Für Erziehungsberechtigte und gesetzliche Vertreter jugendlicher Angeklagter gilt § 177 über die Verweisung in § 51 Abs. 3 JGG.

3   **Unanwendbar** ist § 177 auf sonstige, dort nicht aufgezählte Verfahrensbeteiligte, dh. die Mitglieder des Gerichts, den Urkundsbeamten und den Sitzungsstaatsanwalt.[5] Auch gegen **Verteidiger** sind Zwangsmaßnahmen stets unzulässig.[6] Die Gegenauffassung,[7] die in Extremfällen eine Entfernung des Strafverteidigers zulassen will, widerspricht dem eindeutigen Gesetzeswortlaut. Auch bei einem als Verteidiger auftretenden Rechtsreferendar scheidet § 177 aus.[8] Ebenso finden gegen andere **am Verfahren beteiligte Rechtsanwälte** solche Maßnahmen nicht statt.[9] Die abweichende Ansicht,[10] die § 177 auf einen Rechtsanwalt als Beistand (§ 406f StPO) anwenden will, ist erneut mit dem Gesetzeswortlaut nicht in Einklang zu bringen. Ist der Rechtsanwalt hingegen Beschuldigter, so wird er auch nur als solcher behandelt, dh. § 177 angewendet.[11]

III. Voraussetzungen der Maßnahmen

4   Eine Anordnung nach § 177 ist nur während der Sitzung[12] zulässig. Ihr muss eine rechtmäßige, **verständliche und verstandene Anordnung nach § 176** vorausgegangen sein, die vom Störer nicht befolgt worden ist.[13] Nicht erforderlich ist ein **Verschulden** des Störers, da es sich um keine repressive, sondern eine rein präventive Maßnahme handelt.[14]

IV. Zulässige Maßnahmen

5   § 177 sieht das Entfernen aus dem Sitzungssaal und die Anordnung von Ordnungshaft vor. Aus dem **Verhältnismäßigkeitsgrundsatz** folgt ein Stufenverhältnis zwischen diesen beiden Maßnahmen: Letztere darf erst dann angeordnet werden, wenn ein Entfernen allein nicht genügt, die Ordnung in der Sitzung wiederherzustellen.[15] Grundsätzlich sind daher auch mildere Maßnahmen nach § 176, wie Abmahnungen, Rügen oder die Androhung von Zwang vorrangig, wenn sie gleich geeignet sind, die Störung zu beseitigen.[16]

6   **1. Entfernung aus dem Sitzungssaal.** Die Entfernung aus dem Sitzungssaal erfolgt zunächst durch entsprechende Aufforderung an die betreffende Person. Kommt diese der Aufforderung nicht nach, kann sie durch die Justizwachtmeister oder die Polizei[17] im Wege des unmittelbaren Zwangs durchgesetzt werden. Ist eine Differenzierung einzelner Störer nicht möglich, rechtfertigt § 177 auch die **Entfernung aller anwesenden Zuhörer**.[18] Die Entfernung von Störern rechtfertigt aber den generellen Ausschluss der Öffentlichkeit nicht; neue Zuhörer müssen daher zugelassen werden.[19] Ist trotz all dieser Versuche die Störung nicht behebbar, kommt eine Ausschließung der Öffentlich wegen Gefährdung der öffentlichen Ordnung in Betracht, § 172 Nr. 1.[20] Wird der **Angeklagte** aus dem Sitzungszimmer entfernt, so kann unter den Voraussetzungen des § 231b Abs. 1 StPO in seiner Abwesenheit weiterverhandelt werden.[21]

7   **2. Ordnungshaft.** Die Ordnungshaft ist eine verstärkte **vorbeugende Sicherungsmaßnahme**, die für die Fälle zur Verfügung steht, in denen eine Störungsabwehr allein durch Entfernen aus dem Sitzungssaal nicht zu erreichen ist.[22] Aus diesem präventiven Charakter der Maßnahme ist zu

---

[3] *Löwe/Rosenberg/Wickern*, 25. Aufl., Rn. 17; *Pfeiffer* Rn. 2.
[4] *Meyer-Goßner* Rn. 5; SK-StPO/*Velten* Rn. 2.
[5] AllgM.
[6] OLG Hamm v. 6. 6. 2003 – 2 Ws 122/03, JZ 2004, 205; *Jahn* NStZ 1998, 389; *Lenze* StV 2004, 101; KK-StPO/ *Diemer* Rn. 3; *Meyer-Goßner* Rn. 3a; SK-StPO/*Velten* Rn. 2.
[7] BGH v. 27. 9. 1976 – RiZ (R) 3/75, BGHZ 67, 181 (184) = NJW 1977, 437 f.; *Malmendier* NJW 1997, 227 (235).
[8] OLG Düsseldorf v. 24. 11. 1993 – 1 Ws (Owi) 1034/93, MDR 1994, 297 (für § 178).
[9] *Krekeler* NJW 1980, 980; KK-StPO/*Diemer* Rn. 2; *Löwe/Rosenberg/Wickern*, 25. Aufl., Rn. 14f.; SK-StPO/*Velten* Rn. 2.
[10] *Meyer-Goßner* Rn. 4; *Pfeiffer* Rn. 2.
[11] *Meyer-Goßner* Rn. 2; vgl. auch BVerfG v. 26. 2. 1980 – 2 BvR 752/78, BVerfG 53, 207 = NJW 1980, 1677.
[12] Zum Begriff vgl. § 176 Rn. 2.
[13] *Löwe/Rosenberg/Wickern*, 25. Aufl., Rn. 19; *Meyer-Goßner* Rn. 7; SK-StPO/*Velten* Rn. 4.
[14] BGH v. 25. 2. 1997 – 1 StR 600/96, NStZ 1997, 401; KK-StPO/*Diemer* Rn. 5; SK-StPO/*Velten* Rn. 4; aA *Meyer-Goßner* Rn. 10 für die Ordnungshaft.
[15] *Löwe/Rosenberg/Wickern*, 25. Aufl., Rn. 21.
[16] KK-StPO/*Diemer* Rn. 4; SK-StPO/*Velten* Rn. 3.
[17] BGH v. 7. 5. 1974 – 1 StR 72/74.
[18] KK-StPO/*Diemer* Rn. 4; *Meyer-Goßner* Rn. 8; *Pfeiffer* Rn. 3.
[19] RG v. 10. 5. 1897 – 1312/97, RGSt 30, 104 (105); KK-StPO/*Diemer* Rn. 4; *Meyer-Goßner* Rn. 8.
[20] *Meyer-Goßner* Rn. 8; *Pfeiffer* Rn. 3.
[21] BGH v. 1. 12. 1992 – 5 StR 494/92, BGHSt 39, 72 = NJW 1993, 1343; *Meyer-Goßner* Rn. 13; SK-StPO/*Velten* Rn. 5.
[22] *Löwe/Rosenberg/Wickern*, 25. Aufl., Rn. 25 mwN zum Streitstand über den Charakter der Ordnungshaft.

folgern, dass die Haft nicht über die **Dauer** der Sitzung hinaus angeordnet und aufrechterhalten werden darf.[23] Länger als 24 Stunden darf sie keinesfalls andauern.

V. Zuständigkeit und Verfahren

Für die Anordnung von Zwangsmitteln gegen nicht am Verfahren beteiligte Personen ist der **Vorsitzende** zuständig, in den übrigen Fällen entscheidet das **Gericht**. In Fällen äußerster Dringlichkeit kann auch der Vorsitzende in Bezug auf Verfahrensbeteiligte entscheiden, er muss die getroffene Maßnahme aber alsbald vom Gericht bestätigen lassen.[24] Die Entscheidung ergeht von Amts wegen. Dem Betroffenen ist grundsätzlich **rechtliches Gehör** zu gewähren;[25] das kann jedoch entfallen, wenn die Gewährung wegen des Ausmaßes der Störung nicht sinnvoll möglich ist.[26] Bei neuerlichen Störungen kann die Anordnung **wiederholt** werden.[27]

VI. Rechtsbehelfe

Die Anordnung von Maßnahmen nach § 177 kann mit der **Beschwerde** nicht angegriffen werden; dies folgt aus dem Umkehrschluss aus § 181.[28] Die unberechtigte Entfernung von Verfahrensbeteiligten oder Zuhörern kann jedoch im Rahmen der **Revision** als Verstoß gegen § 338 Nr. 5 oder Nr. 6 StPO gerügt werden.[29] Bei Maßnahmen gegen Pressevertreter kommt auch eine **Verfassungsbeschwerde** wegen Verletzung des Art. 5 GG in Frage.[30]

§ 178 [Ordnungsmittel wegen Ungebühr]

(1) ¹ Gegen Parteien, Beschuldigte, Zeugen, Sachverständige oder bei der Verhandlung nicht beteiligte Personen, die sich in der Sitzung einer Ungebühr schuldig machen, kann vorbehaltlich der strafgerichtlichen Verfolgung ein Ordnungsgeld bis zu eintausend Euro oder Ordnungshaft bis zu einer Woche festgesetzt und sofort vollstreckt werden. ² Bei der Festsetzung von Ordnungsgeld ist zugleich für den Fall, daß dieses nicht beigetrieben werden kann, zu bestimmen, in welchem Maße Ordnungshaft an seine Stelle tritt.

(2) Über die Festsetzung von Ordnungsmitteln entscheidet gegenüber Personen, die bei der Verhandlung nicht beteiligt sind, der Vorsitzende, in den übrigen Fällen das Gericht.

(3) Wird wegen derselben Tat später auf Strafe erkannt, so sind das Ordnungsgeld oder die Ordnungshaft auf die Strafe anzurechnen.

Schrifttum: *Kissel*, Ungebühr vor Gericht (§ 178 GVG) – vorbei?, NJW 2007, 1109; *Michel*, Der betrunkene Zeuge, MDR 1992, 544; *Pardey*, Versachlichung durch erzwungene Achtungsbezeugungen?, DRiZ 1990, 132; *Rehbinder*, Das Ordnungsstrafverfahren wegen Ungebühr vor Gericht, MDR 1963, 640; *Schwind*, Ungebührliches Verhalten vor Gericht und Ordnungsstrafe, JR 1973, 133.

I. Regelungsgehalt

§ 178 ist die Rechtsgrundlage für die Ahndung ungebührlichen Verhaltens in der Sitzung durch Ordnungsgeld und Ordnungshaft. Diese Maßnahmen sind repressiver Natur, sie haben **Strafcharakter**.[1] Aus diesem Charakter folgt, dass die Garantien des **Art. 6 EMRK** auch für die Verhängung von Ordnungsmitteln gelten.[2]

II. Anwendungsbereich

Die Vorschrift bezieht sich nur auf die Ungebühr bei der Verhandlung, dh. der **sachliche Anwendungsbereich** bestimmt sich ebenso wie bei § 176 nach dem Begriff der Sitzung.[3] Der **persönliche Anwendungsbereich** deckt sich mit dem in § 177.[4]

---

[23] OLG Karlsruhe v. 31. 7. 1975 – Ws 175/74, NJW 1975, 2080; *Meyer-Goßner* Rn. 10; *Pfeiffer* Rn. 4; SK-StPO/*Velten* Rn. 4.
[24] *Meyer-Goßner* Rn. 11; offen gelassen v. BGH v. 14. 10. 1987 – 2 StR 466/87, NStZ 1988, 85.
[25] *Meyer-Goßner* Rn. 14; SK-StPO/*Velten* Rn. 6.
[26] *Pfeiffer* Rn. 6; vgl. auch KK-StPO/*Diemer* Rn. 7.
[27] KK-StPO/*Diemer* Rn. 1.
[28] OLG Schleswig v. 22. 1. 1971 – 1 W 266/70, NJW 1971, 1321; KK-StPO/*Diemer* Rn. 8; Löwe/Rosenberg/*Wickern*, 25. Aufl., Rn. 34; *Meyer-Goßner* Rn. 15; aA SK-StPO/*Velten* Rn. 7.
[29] AllgM.
[30] BVerfG v. 6. 2. 1979 – 2 BvR 154/78, BVerfGE 50, 234 = NJW 1979, 1400.
[1] SK-StPO/*Velten* Rn. 1.
[2] EGMR v. 15. 12. 2005 – 73797/01, NJW 2006, 2901; *Kissel* NJW 2007, 1109.
[3] S. § 176 Rn. 2.
[4] S. dort Rn. 2 f.; zweifelnd für den gesetzlichen Vertreter eines angeklagten Jugendlichen OLG Dresden v. 14. 9. 2009 – 2 Ws 410/09.

III. Voraussetzungen der Maßnahmen

3 Der Begriff der **Ungebühr** bezeichnet einen erheblichen[5] Angriff auf die Ordnung in der Sitzung, auf deren justizgemäßen Ablauf,[6] auf den „Gerichtsfrieden", im Ergebnis also auf die Würde des Gerichts.[7] Es genügt daher für die Annahme von Ungebühr nicht, dass ein Verhalten den Prozessvorschriften widerspricht.[8] Aus dem Sanktionscharakter der Maßnahmen in § 178 folgt zudem, dass die Ungebühr **schuldhaft**, mindestens also fahrlässig verübt worden sein muss.[9]

4 **Ungebühr ist zu bejahen** beim Erscheinen in unangemessener Kleidung,[10] wobei das Tragen von Freizeitkleidung allein nicht genügt,[11] beim Erscheinen in angetrunkenem Zustand,[12] Aufbehalten einer Schildmütze in der Absicht, zu provozieren,[13] Zuschlagen der Tür zum Sitzungssaal,[14] Fotografieren in der Hauptverhandlung trotz Verbots,[15] Nichtaufstehen beim ersten Betreten des Sitzungssaals durch das Gericht,[16] nach einer Sitzungspause allerdings nur, wenn weitere Umstände auf eine Provokation deuten,[17] beim Nichtaufstehen in solcher Absicht bei der Urteilsverkündung,[18] dem Aufstehen nach mehrmaliger Aufforderung unter Zuwendung der Rückseite,[19] sowie bei Tätlichkeiten oder Beleidigungen gegenüber einem Richter[20] oder einem anderen Verfahrensbeteiligten.[21] Auch die Entgegennahme eines Handyanrufs im Sitzungssaal stellt eine Ungebühr dar,[22] nicht aber das bloße Klingeln eines Mobiltelefons während der Verhandlung, auch wenn ein Hinweis am Sitzungssaal angebracht war, dass Handys auszuschalten sind.[23]

5 **Ungebühr ist zu verneinen** bei – auch heftigen – Reaktionen des Angeklagten auf eine Zeugenaussage,[24] spontanen Beifalls- oder Missfallensbekundungen[25] oder Lutschen eines Hustenbonbons bei Erkältung.[26] Auch bei einer einmaligen, auf begreiflicher Erregung beruhenden Entgleisung muss keine Ungebühr vorliegen,[27] ebenso bei einer Spontanreaktion auf ein nach Ansicht des Betroffenen zu beanstandendes Verhalten.[28]

IV. Zulässige Maßnahmen

6 Die zulässigen Ordnungsmittel sind das Ordnungsgeld und die Ordnungshaft. Die Festsetzung des **Ordnungsgeldes** kann mit einer Entfernung gemäß § 177 verbunden werden. Das Höchstmaß beträgt 1000,– €; zu den Einzelheiten vgl. Art. 6 ff. EGStGB. Das Höchstmaß der **Ordnungshaft** beträgt eine Woche; die Dauer der Sitzung darf innerhalb dieser Grenze überschritten werden. Neuerliche Ungebühr nach Festsetzung eines Ordnungsmittels kann erneut geahndet werden.[29] Bei der Verhängung von Ordnungsmitteln ist stets der Grundsatz der **Verhältnismäßigkeit** zu beachten.[30]

---

[5] *Schwind* JR 1973, 133 (134).
[6] OLG Stuttgart v. 13. 1. 1969 – 2 Ws 209/68, NJW 1969, 627.
[7] KG v. 6. 11. 2007 – 1 AR 1364/07, StraFo 2008, 33; OLG Koblenz v. 13. 11. 1984 – 1 Ws 824/84, MDR 1985, 430; OLG Nürnberg v. 27. 8. 1968 – Ws 366/68, JZ 1969, 150; OLG Schleswig v. 12. 4. 2001 – 2 Ws 142/01; OLG Stuttgart v. 20. 12. 1985 – 3 Ws 338/85, NStZ 1986, 233.
[8] OLG Stuttgart v. 3. 12. 1990 – 1 Ws 252/90, NStZ 1991, 297.
[9] KK-StPO/*Diemer* Rn. 5; Löwe/Rosenberg/*Wickern*, 25. Aufl., Rn. 5; *Pfeiffer* Rn. 1; SK-StPO/*Velten* Rn. 5; aA *Meyer-Goßner* Rn. 4, der stets Vorsatz für erforderlich hält.
[10] OLG Düsseldorf v. 7. 8. 1985 – 1 Ws (Owi) 619/85, NJW 1986, 1505 (kurze, schmutzige Hose).
[11] OLG Koblenz v. 12. 10. 1994 – 1 Ws 672/94, NJW 1995, 977.
[12] OLG Düsseldorf v. 22. 7. 1988 – 1 Ws 584/88, NJW 1989, 241; OLG Schleswig v. 29. 3. 2006 – 2 Ws 126/06; aA *Michel* MDR 1992, 544.
[13] OLG Stuttgart v. 8. 5. 2007 – 1 Ws 126/07, Justiz 2007, 281.
[14] OLG Zweibrücken v. 15. 12. 2004 – 3 W 199/04, NJW 2005, 611.
[15] KK-StPO/*Diemer* Rn. 3; *Meyer-Goßner* Rn. 3.
[16] OLG Koblenz v. 2. 12. 1983 – 1 Ws 647/83, NStZ 1984, 234; aA *Pardey* DRiZ 1990, 132.
[17] OLG Saarbrücken v. 28. 2. 2007 – 1 Ws 33/07, StraFo 2007, 208.
[18] OLG Hamm v. 4. 2. 1975 – 5 Ws 14/75, NJW 1975, 942.
[19] OLG Köln v. 31. 10. 1984 – 2 Ws 513/84, NJW 1985, 446.
[20] OLG Koblenz v. 18. 5. 2007 – 4 W 365/07, OLGR 2007, 682 (Zeigen des ausgestreckten Mittelfingers).
[21] OLG Hamm v. 18. 2. 2005 – 2 Ws 36/05, StraFo 2005, 251.
[22] OLG Hamburg v. 26. 6. 1997 – 12 W 9/97, NJW 1997, 3452.
[23] OLG Brandenburg v. 21. 8. 2003 – 3 W 41/03, NJW 2004, 451.
[24] OLG Koblenz v. 27. 8. 1979 – 1 Ws 469/79, MDR 1980, 76.
[25] OLG Saarbrücken v. 21. 12. 1960 – Ws 185/60, NJW 1961, 890.
[26] OLG Schleswig v. 1. 11. 1994 – 2 Ws 7/94, NStZ 1994, 199.
[27] KG v. 6. 11. 2007 – 1 AR 1364/07, StraFo 2008, 33; OLG Hamm v. 28. 11. 2000 – 2 Ws 292/00, NStZ-RR 2001, 116.
[28] BVerfG v. 13. 4. 2007 – 1 BvR 3174/06, NJW 2007, 2839.
[29] OLG Bremen v. 17. 10. 1955 – Ws 195/55, NJW 1956, 113.
[30] BVerfG v. 13. 4. 2007 – 1 BvR 3174/06, NJW 2007, 2839.

V. Zuständigkeit

Die Zuständigkeit ist wie in § 177 geregelt; auch hier führt es nicht zur Unwirksamkeit eines Ordnungsmittels, wenn das **Gericht** an Stelle des **Vorsitzenden** entschieden hat.[31] Das Gericht (oder der Vorsitzende) ist auch dann zuständig, wenn sich die Ungebühr, etwa eine Beleidigung, gegen es selbst richtet.[32]

VI. Verfahren

Die Entscheidung nach § 178 ergeht von Amts wegen nach **pflichtgemäßen Ermessen**.[33] Vor der Anordnung der Maßnahme ist dem Betroffenen **rechtliches Gehör** zu gewähren;[34] richtet sie sich gegen den Angeklagten, ist auch sein Verteidiger zu hören. Eine Nachholung der Anhörung in der Beschwerdeinstanz ist ausgeschlossen.[35] In Ausnahmefällen kann die Anhörung unterbleiben, etwa weil sie nicht ohne weiteres durchgeführt werden kann oder wenn sie – zB bei Tätlichkeiten oder gröbsten Beleidigungen – unzumutbar ist.[36]

Die Entscheidung ergeht durch **Beschluss**, der zwingend noch während der Verhandlung erlassen werden muss.[37] Er ist zu begründen und in der Sitzung zu verkünden.[38] Das Fehlen einer Beschlussbegründung ist nur dann ausnahmsweise unschädlich, wenn sich aus dem im Sitzungsprotokoll festgestellten Sachverhalt auch für den Betroffenen die Gründe ohne weiteres ergeben.[39] Ergeht der Beschluss gegen Abwesende, ist er zuzustellen (§ 35 StPO). Über die Möglichkeit der **Beschwerde** ist der Betroffene zu belehren (§ 181 iVm. § 35 a StPO).[40] Ein nach § 178 ergangener Ordnungsmittelbeschluss kann durch das erlassende Gericht weder geändert noch aufgehoben werden.[41]

§ 179 [Vollstreckung]

Die Vollstreckung der vorstehend bezeichneten Ordnungsmittel hat der Vorsitzende unmittelbar zu veranlassen.

Wie in § 36 Abs. 2 S. 2 StPO hat der **Vorsitzende**, nicht die Staatsanwaltschaft, die Vollstreckung der Ordnungsmittel der §§ 176 bis 178 zu veranlassen. Dadurch wird der besonderen Eilbedürftigkeit sitzungspolizeilicher Maßnahmen Rechnung getragen.[1] Der **Vollzug** im engeren Sinne dieser Maßnahmen obliegt dem Rechtspfleger, soweit sich der Richter die Vollstreckung nicht ganz oder teilweise vorbehält, § 31 Abs. 3 RPflG. Für die Bewilligung eines Zahlungsaufschubs oder einer Teilzahlung, das Absehen von der Vollstreckung der Ersatzordnungshaft und die Vollstreckungsverjährung vgl. Art. 7 ff. EGStGB.

§ 180 [Einzelrichter außerhalb der Sitzung]

Die in den §§ 176 bis 179 bezeichneten Befugnisse stehen auch einem einzelnen Richter bei der Vornahme von Amtshandlungen außerhalb der Sitzung zu.

Amtshandlungen außerhalb der Sitzung sind solche des Ermittlungsrichters, des Rechtshilferichters sowie des ersuchten oder beauftragten Richters. § 180 gilt nur für spezifisch richterliche Tätigkeiten, also für mit einer Sitzung vergleichbare Verhandlungen,[1*] zB für Vernehmungen oder richterlichem Augenschein, nicht aber bei bloßen Besprechungen mit Anwälten Parteien oder Zeugen. § 164 StPO ist neben § 180 anwendbar.[2]

---

[31] S. § 176 Rn. 11.
[32] Kissel NJW 2007, 1109; Rehbinder MDR 1963, 640 (643); KK-StPO/Diemer Rn. 7; Meyer-Goßner Rn. 12; SK-StPO/Rogall Rn. 6; aA EGMR v. 15. 12. 2005 – 73797/01, NJW 2006, 2901.
[33] Meyer-Goßner Rn. 7; allgM.
[34] OLG Hamm v. 3. 6. 2008 – 1 Ws 338/08, NStZ-RR 2009, 93; OLG Köln v. 7. 5. 2008 – 2 Ws 223/08, NStZ 2008, 587; KK-StPO/Diemer Rn. 8.
[35] OLG Hamm v. 24. 7. 1969 – 1 W 40/69, DRiZ 1970, 27.
[36] BGH v. 2. 12. 1958 – 5 StR 520/58; OLG Düsseldorf v. 11. 1. 1988 – 1 Ws (Owi) 19/88, NStZ 1988, 238; OLG Hamm v. 4. 4. 1978 – 2 Ws 53/78, MDR 1978, 780; aA SK-StPO/Velten Rn. 6.
[37] OLG Hamburg v. 22. 6. 1999 – 1 Ws 91/99, NJW 1999, 2607; OLG Nürnberg v. 30. 3. 2006 – 1 Ws 222/06, NStZ-RR 2006, 308.
[38] OLG Köln v. 18. 1. 1993 – 9 W 6/93, MDR 1993, 906.
[39] OLG Hamm v. 8. 7. 2008 – 4 Ws 172/08, NStZ-RR 2009, 183; OLG Koblenz v. 11. 12. 2009 – 4 W 784/09.
[40] OLG Hamm v. 3. 5. 1963 – 3 Ws 144/63, NJW 1963, 1791.
[41] OLG Schleswig v. 3. 12. 2006 – 2 Ws 496/06.
[1] SK-StPO/Velten Rn. 1.
[1*] Meyer-Goßner Rn. 1.
[2] KK-StPO/Diemer Rn. 2; Meyer-Goßner Rn. 1; Pfeiffer Rn. 2; SK-StPO/Velten Rn. 1.

§ 181 [Beschwerde]

(1) Ist in den Fällen der §§ 178, 180 ein Ordnungsmittel festgesetzt, so kann gegen die Entscheidung binnen der Frist von einer Woche nach ihrer Bekanntmachung Beschwerde eingelegt werden, sofern sie nicht von dem Bundesgerichtshof oder einem Oberlandesgericht getroffen ist.

(2) Die Beschwerde hat in dem Falle des § 178 keine aufschiebende Wirkung, in dem Falle des § 180 aufschiebende Wirkung.

(3) Über die Beschwerde entscheidet das Oberlandesgericht.

Schrifttum: Kaehne, Die Anfechtung sitzungspolizeilicher Maßnahmen, 2000; *Krekeler*, Durchsuchung des Verteidigers beim Betreten des Gerichtssaals, NJW 1979, 185.

I. Allgemeines

1   In der Sache regelt § 181 eine **sofortige Beschwerde** (§ 311 StPO),[1] die nur deshalb nicht so bezeichnet ist, weil die Beschwerden in der StPO und der ZPO an verschiedene Fristen gebunden sind. Daraus folgt, dass eine Abänderung oder Aufhebung eines Ordnungsmittelbeschlusses durch das erlassende Gericht ausgeschlossen ist,[2] es sei denn, es liegt ein Fall der Nichtgewährung rechtlichen Gehörs vor (§ 311 Abs. 3 S. 2 StPO).

II. Zulässigkeit

2   Die Beschwerde ist nur **statthaft** gegen die Festsetzung von Ordnungsmitteln (§ 178), nicht gegen Maßnahmen der Sitzungspolizei (§§ 176, 177).[3] Jedoch kommt eine Beschwerde nach § 304 Abs. 1 und 2 StPO in Betracht, wenn eine Maßnahme in ihrer Wirkung über die reine Sitzungspolizei hinausgeht.[4] Gegen Ordnungsmittelfestsetzungen durch einen Strafsenat des BGH oder eines OLG findet keine Beschwerde statt,[5] wird ein Ermittlungsrichter des BGH oder eines OLG tätig nur dann, wenn Ordnungshaft angeordnet worden ist (§ 304 Abs. 5 StPO).[6]

3   **1. Beschwerdeberechtigung.** Beschwerdeberechtigt ist ausschließlich der durch das Ordnungsmittel **Betroffene**, hingegen nicht die Staatsanwaltschaft.[7] Die Vollstreckung des Ordnungsmittels führt nicht zum Wegfall der Beschwer, die Beschwerde wird also nicht gegenstandslos.[8]

4   **2. Form und Frist.** Die **Form** der Beschwerdeeinlegung bestimmt sich nach § 306 Abs. 1 StPO.[9] Eine noch in der Sitzung zu protokollierende mündliche Beschwerdeeinlegung ist nicht vorgesehen; erfolgt jedoch eine Protokollierung, so ist die Einlegung wirksam.[10] Die Beschwerde ist **beim Ausgangsgericht** einzulegen; die Einlegung beim OLG genügt zur Fristwahrung nicht.[11]

5   Die **Frist** zur Einlegung der Beschwerde beginnt mit der Verkündung des Ordnungsmittelbeschlusses, wenn der Betroffene anwesend ist, sonst mit der Zustellung des Beschlusses (§ 35 StPO). Gegen die unverschuldete Fristversäumung ist auf Antrag Wiedereinsetzung in den vorigen Stand zu gewähren.[12]

III. Wirkung der Beschwerde (Abs. 2)

6   Die Beschwerde hat nur in den Fällen des § 180, sonst aber **keine aufschiebende Wirkung**. Das Beschwerdegericht hat jedoch die Möglichkeit, die Vollziehung des angefochtenen Beschlusses auszusetzen (§ 307 Abs. 2 StPO).[13]

---

[1] *Meyer-Goßner* Rn. 1, ganz hM; vgl. auch OLG München v. 28. 9. 1967 – 8 W 1254/67, NJW 1968, 308.
[2] OLG Schleswig v. 3. 12. 2006 – 2 Ws 496/06.
[3] OLG Karlsruhe v. 25. 8. 1976 – 2 Ws 143/76, NJW 1977, 309; KK-StPO/*Diemer* Rn. 2; *Meyer-Goßner* Rn. 5; aA *Krekeler* NJW 1979, 185; SK-StPO/*Velten* Rn. 2.
[4] Vgl. § 176 Rn. 12 mwN.
[5] BGH v. 11. 2. 1998 – StB 3/98, BGHSt 44, 23 = NJW 1998, 1420.
[6] *Löwe/Rosenberg/Wickern*, 25. Aufl., Rn. 1; *Meyer-Goßner* Rn. 5; aA *Kaehne* S. 50.
[7] KK-StPO/*Diemer* Rn. 2; *Löwe/Rosenberg/Wickern*, 25. Aufl., Rn. 6; *Meyer-Goßner* Rn. 5; *Pfeiffer* Rn. 2; aA OLG Stuttgart v. 3. 12. 1990 – 1 Ws 252/90, NStZ 1991, 297; *Kaehne* S. 51.
[8] OLG Düsseldorf v. 22. 10. 1991 – 1 Ws 980/91, NJW 1992, 1712; KK-StPO/*Diemer* Rn. 4; *Meyer-Goßner* Rn. 3; SK-StPO/*Velten* Rn. 2.
[9] KK-StPO/*Diemer* Rn. 3; *Meyer-Goßner* Rn. 1; SK-StPO/*Velten* Rn. 3.
[10] OLG Koblenz v. 17. 3. 1981 – 1 Ws 111/81, VRS 61, 356.
[11] OLG Hamburg v. 22. 6. 1999 – 1 Ws 91/99, NJW 1999, 2607; *Löwe/Rosenberg/Wickern*, 25. Aufl., Rn. 8; *Meyer-Goßner* Rn. 1; SK-StPO/*Velten* Rn. 3; aA OLG Frankfurt v. 24. 5. 2007 – 20 W 189/07, OLGR Frankfurt 2008, 252; KK-StPO/*Diemer* Rn. 1.
[12] OLG Düsseldorf v. 11. 4. 1994 – 1 Ws 177/94, Rpfleger 1994, 429; OLG Hamm v. 3. 5. 1963 – 3 Ws 144/63, NJW 1963, 1791.
[13] BGH v. 4. 9. 2001 – 5 StR 92/01, BGHSt 47, 105 = NJW 2001, 651; OLG Karlsruhe v. 2. 8. 1976 – 3 Ws 92/76, NJW 1976, 2274.

IV. Zuständigkeit (Abs. 3)

Über die Beschwerde entscheidet das **OLG** unabhängig davon, ob der angefochtene Beschluss 7 durch ein AG oder ein LG erlassen worden ist. Es entscheidet in Strafverfahren in der Besetzung von drei Richtern (§ 122 Abs. 1), in Ordnungswidrigkeitenverfahren ist hingegen der Einzelrichter zuständig (§ 80 a Abs. 1 OWiG).[14]

V. Beschwerdeentscheidung

Das Beschwerdegericht kann, wenn es die Beschwerde nicht zurückweist, den angefochtenen 8 Beschluss **aufheben oder abmildern**, nicht aber verschärfen.[15] Es kann auch von der Festsetzung eines Ordnungsmittels in entsprechender Anwendung des **§ 153 StPO** absehen.[16] Eine Zurückverweisung zur erneuten Beschlussfassung ist aber ausgeschlossen, da die sitzungspolizeiliche Befugnis mit Abschluss der Sitzung endet.[17] Wird ein Beschluss, mit dem Ordnungshaft angeordnet worden ist, erst nach seiner Vollstreckung aufgehoben, kommt eine **Entschädigung** des Betroffenen nach dem StrEG nicht in Betracht.[18]

VI. Kosten

Das Beschwerdeverfahren ist **gebührenfrei**.[19] Hat die Beschwerde Erfolg, so trägt die Staatskasse 9 die notwendigen Auslagen des Beschwerdeführers; hingegen ist eine Kostenüberbürdung auf diesen bei Erfolglosigkeit des Rechtsmittels nicht möglich.[20]

§ 182 [Protokollierung]

Ist ein Ordnungsmittel wegen Ungebühr festgesetzt oder eine Person zur Ordnungshaft abgeführt oder eine bei der Verhandlung beteiligte Person entfernt worden, so ist der Beschluß des Gerichts und dessen Veranlassung in das Protokoll aufzunehmen.

I. Regelungsgehalt

§ 182 normiert einen **Protokollierungszwang** für jede Festsetzung von Ordnungsmitteln nach 1 § 178 sowie die Maßnahmen nach § 177 mit Ausnahme der Entfernung am Verfahren nicht beteiligter Personen. Zu protokollieren sind der Vorgang, der die Ungebühr darstellt, und der daraufhin ergangene Beschluss.

II. Protokollierung des Vorgangs

Das Protokoll muss den **Sachverhalt** so **deutlich und bestimmt** wiedergeben, dass das Beschwer- 2 degericht oder das Revisionsgericht die Entscheidung ohne weitere eigene Erhebungen nachprüfen kann.[1] Es ist nicht zulässig, wesentliche Lücken im Protokoll durch dienstliche Erklärungen oder sonstige Beweiserhebungen zu schließen.[2] Die Nichtaufnahme des Sachverhalts („der Veranlassung") führt jedenfalls dann regelmäßig zur Aufhebung des Ordnungsmittelbeschlusses, wenn das ungebührliche Geschehen in der Sitzung durch den Betroffenen bestritten wird.[3] Die Beschlussbegründung kann die Protokollierung des Sachverhalts nicht ersetzen.[4]

---

[14] OLG Köln v. 27. 9. 2006 – 1 Ws 30/06, NJW 2006, 3298; aA OLG Hamm v. 3. 11. 1999 – 2 Ss Owi 1070/99, NJW 2000, 451.
[15] Löwe/Rosenberg/*Wickern*, 25. Aufl., Rn. 13; *Meyer-Goßner* Rn. 6.
[16] OLG Neustadt v. 22. 12. 1961 – Ws 260/61, NJW 1962, 602.
[17] AllgM; vgl. § 176 Rn. 2.
[18] OLG Frankfurt v. 5. 11. 1975 – 2 Ws 298 – 301/75, NJW 1976, 303.
[19] OLG Koblenz v. 18. 5. 2007 – 4 W 365/07, OLGR Koblenz 2007, 682; KG v. 6. 3. 2000 – 1 AR 167/00; aA OLG Frankfurt v. 24. 5. 2007 – 20 W 189/07, OLGR Frankfurt 2008, 252; OLG Zweibrücken v. 15. 12. 2004 – 3 W 199/04, MDR 2005, 531.
[20] KK-StPO/*Diemer* Rn. 6; *Meyer-Goßner* Rn. 7.
[1] BGH v. 28. 2. 1956 – 5 StR 609/55, BGHSt 9, 77 (82) = NJW 1956, 873; OLG Düsseldorf v. 11. 1. 1988 – 1 Ws (Owi) 19/88, NStZ 1988, 238; OLG Stuttgart v. 3. 9. 1992 – 1 Ws 97/92, Justiz 1993, 147.
[2] BVerfG v. 18. 4. 2007 – 1 BvR 3174/06, NJW 2007, 2839 (2840); KK-StPO/*Diemer* Rn. 1; *Meyer-Goßner* Rn. 1.
[3] KG v. 7. 12. 1981 – 11 W 5311/81, MDR 1982, 329; OLG Hamm v. 5. 3. 1963 – 3 Ws 144/63, NJW 1963, 1791; OLG Koblenz v. 23. 11. 1954 – 4 W 487/54, NJW 1955, 348.
[4] OLG Stuttgart v. 6. 7. 1979 – 3 Ws 207/79, Justiz 1979, 347; OLG Koblenz v. 23. 11. 1954 – 4 W 487/54, NJW 1955, 348; aA *Foth*, Zu § 339 StGB, JR 2002, 257.

III. Protokollierung des Beschlusses

3   Auch der Beschluss selbst muss mit den Gründen in die Sitzungsniederschrift aufgenommen werden. Das **Fehlen der Begründung** ist aber dann unschädlich, wenn die Protokollierung des Sachverhalts zur Überprüfung des Beschlusses genügt.[5]

§ 183 [Straftaten in der Sitzung]

¹ Wird eine Straftat in der Sitzung begangen, so hat das Gericht den Tatbestand festzustellen und der zuständigen Behörde das darüber aufgenommene Protokoll mitzuteilen. ² In geeigneten Fällen ist die vorläufige Festnahme des Täters zu verfügen.

Schrifttum: *Nierwetberg*, Strafanzeige durch das Gericht, NJW 1996, 432.

1   § 183 begründet eine **Pflicht des Gerichts**, Straftaten, die in der Sitzung begangen werden, selbst festzustellen.[1] Dabei ist im Sinne dieser Vorschrift jede tatbestandsmäßige, rechtswidrige und schuldhafte Handlung, die in einem Gesetz mit Strafe bedroht ist, eine **Straftat**, unabhängig davon, ob sie zugleich eine Ungebühr darstellt oder sonst den Gerichtsfrieden stört.[2] Für Ordnungswidrigkeiten gilt § 183 nicht – auch nicht über § 46 Abs. 1 OWiG.[3] Zum Begriff der Sitzung wird auf die Ausführungen zu § 176 verwiesen.[4] Die Feststellungen teilt das Gericht der Staatsanwaltschaft mit. Die **vorläufige Festnahme** richtet sich nach §§ 127 f. StPO, auch ein Zivilgericht kann sie anordnen.[5*] Zum Erlass eines Haftbefehls ist das Gericht aber grundsätzlich nicht befugt, sondern nur, wenn die Voraussetzungen des § 125 StPO erfüllt sind.[6]

FÜNFZEHNTER TITEL. GERICHTSSPRACHE

§ 184 [Deutsche Sprache]

¹ Die Gerichtssprache ist deutsch. ² Das Recht der Sorben, in den Heimatkreisen der sorbischen Bevölkerung vor Gericht sorbisch zu sprechen, ist gewährleistet.

Schrifttum: *Meurer*, Rechtsmitteleinlegung in fremder Sprache – Rechtsmittelbelehrung mit Hinweis auf Gerichtssprache, JR 1982, 517; *Schneider*, Deutsch als Gerichtssprache, MDR 1979, 534; *Weith*, Gerichtssprachenproblematik in Straf- und Bußgeldverfahren, 1992.

I. Allgemeines

1   § 184 verfolgt den **Zweck**, einen reibungslosen Prozessablauf durch Verwendung einer einheitlichen, der Öffentlichkeit verständlichen Sprache zu gewährleisten.[1*] Die Vorschrift ist zwingendes Recht.[2*] Die Regelung wendet sich nicht nur an das Gericht, sondern auch an die Verfahrensbeteiligten. Beide haben in der **mündlichen Verhandlung** und im **Schriftverkehr** die deutsche Sprache zu verwenden.[3*] Die Sorben haben das Recht, in ihren Heimatkreisen vor Gericht sorbisch zu sprechen (S. 2).

II. Mündliche Verhandlung

2   Die Verhandlung darf nur in deutscher Sprache geführt werden, es sei denn, es liegt eine Ausnahme im Sinne von § 185 Abs. 2 vor. Allen Verfahrensbeteiligten verständliche deutsche **Mundarten** dürfen benutzt werden.[4*] Ist ein Beteiligter der deutschen Sprache nicht mächtig, gebieten

---

[5] OLG Düsseldorf v. 11. 1. 1988 – 1 Ws (Owi) 19/88, NStZ 1988, 238; OLG Hamm v. 4. 4. 1978 – 2 Ws 53/78, MDR 1978, 780; OLG Stuttgart v. 20. 8. 1990 – 1 Ws 201/90, Justiz 1991, 27.
[1] KK-StPO/*Diemer* Rn. 1; SK-StPO/*Velten* Rn. 1.
[2] *Nierwetberg* NJW 1996, 432 (433); KK-StPO/*Diemer* Rn. 1; *Meyer-Goßner* Rn. 1; SK-StPO/*Velten* Rn. 1; vgl. auch LG Regensburg v. 2. 1. 2008 – 6 KLs 153 Js 12 773/05, NJW 2008, 1094 für den Verdacht einer Straftat (Beleidigung) durch einen Richter mAnm *Nierwetberg*.
[3] *Meyer-Goßner* Rn. 3; *Pfeiffer* Rn. 1.
[4] S. § 176 Rn. 2.
[5*] RG v. 16. 10. 1931 – 2 D 611/239, RGSt 73, 335 (337).
[6] KK-StPO/*Diemer* Rn. 1; *Meyer-Goßner* Rn. 2; *Pfeiffer* Rn. 3; SK-StPO/*Velten* Rn. 1.
[1*] BVerfG v. 25. 9. 1985 – 2 BvR 881/85, JuS 1988, 412; *Schneider* MDR 1979, 534; vgl. umfassend zu § 184 *Weith*, 1992.
[2*] BGH v. 14. 7. 1981 – 1 StR 815/80, BGHSt 30, 182 = NJW 1982, 532; RG v. 8. 5. 1933 – 10 TB. 107/31, RGSt 67, 221 (223); BayObLG v. 14. 10. 1976 – BReg 3 Z 99/76, NJW 1977, 1596.
[3*] Löwe/Rosenberg/*Wickern*, 25. Aufl., Rn. 6; SK-StPO/*Frister* Rn. 2.
[4*] *Schneider* MDR 1979, 534; KK-StPO/*Diemer* Rn. 1; *Meyer-Goßner* Rn. 1.

schon die Grundsätze des rechtlichen Gehörs und des effektiven Rechtsschutzes die Zuziehung eines **Dolmetschers** (§ 185 Abs. 2).[5] Beherrscht ein Ausländer hingegen die Gerichtssprache, hat er keinen Anspruch auf Beteiligung eines Dolmetschers; fremdsprachige Schriftsätze und Erklärung dürfen dann zurückgewiesen werden.[6]

III. Schriftliche Eingaben

Schriftliche Eingaben an das Gericht sind grundsätzlich in deutscher Sprache zu verfassen. Schriftstücke in fremder Sprache sind unbeachtlich.[7] **Fristgebundene** Eingaben, insbesondere Rechtsmittelschriften, die in fremder Sprache abgefasst sind, sind unwirksam und wahren die Fristen nicht.[8] Der Eingang einer deutschen Übersetzung nach Fristablauf macht sie nicht wirksam.[9] In der Regel gebietet es jedoch die Fürsorgepflicht des Gerichts, den Absender auf § 184 hinzuweisen.[10] Zu einer ordnungsgemäßen Rechtsmittelbelehrung (§ 35 a StPO) gehört der Hinweis, dass die Rechtsmittelschrift in deutscher Sprache abgefasst sein muss.[11] War ein Betroffener ohne Verschulden gehindert, rechtzeitig eine Erklärung in deutscher Sprache abzugeben, kann er **Wiedereinsetzung in den vorigen Stand** beantragen.[12]

3

IV. Gerichtliche Entscheidungen

Gerichtliche Entscheidungen, aber auch staatsanwaltschaftliche Verfügungen werden stets in deutscher Sprache verfasst. Dies gilt insbesondere auch für (die Urschrift von) **Rechtshilfeersuchen**.[13] Der Beschuldigte hat jedoch – resultierend aus dem Grundsatz des fairen Verfahrens – einen Anspruch darauf, die ihn betreffenden wesentlichen Verfahrensvorgänge zu verstehen und sich im Verfahren verständlich zu machen.[14] Dem der deutschen Sprache nicht mächtigen Beschuldigten sind daher Ladungen, Haftbefehle, Strafbefehle und sonstige gerichtliche Sachentscheidungen mit einer **Übersetzung** bekanntzugeben.[15] Das Fehlen einer solchen Übersetzung macht eine Ladung aber nicht unwirksam;[16] anschließende Maßnahmen nach § 230 Abs. 2 StPO scheiden aber aus, weil die Warnung nach § 216 Abs. 1 S. 1 StPO für den Angeklagten nicht verständlich ist.[17] Eine Übersetzung des Urteils zum Zwecke der Revisionsbegründung an den sprachunkundigen Ausländer ist aber nicht erforderlich, wenn er im Revisionsverfahren durch einen Rechtsanwalt verteidigt ist.[18]

4

§ 185 [Dolmetscher]

(1) [1] Wird unter Beteiligung von Personen verhandelt, die der deutschen Sprache nicht mächtig sind, so ist ein Dolmetscher zuzuziehen. [2] Ein Nebenprotokoll in der fremden Sprache wird nicht geführt; jedoch sollen Aussagen und Erklärungen in fremder Sprache, wenn und soweit der Richter dies mit Rücksicht auf die Wichtigkeit der Sache für erforderlich erachtet, auch in der fremden Sprache in das Protokoll oder in eine Anlage niedergeschrieben werden. [3] In den dazu geeigneten Fällen soll dem Protokoll eine durch den Dolmetscher zu beglaubigende Übersetzung beigefügt werden.

(2) Die Zuziehung eines Dolmetschers kann unterbleiben, wenn die beteiligten Personen sämtlich der fremden Sprache mächtig sind.

---

[5] Vgl. etwa BVerfG v. 27. 8. 2003 – 2 BvR 2032/01, NJW 2004, 50 mwN.
[6] BGH v. 14. 6. 2005 – 3 StR 446/04, NJW 2005, 3434.
[7] KG v. 6. 10. 1976 – Ss 315/76, JR 1977, 129; KG v. 8. 10. 1985 – 1 W 3483/05, MDR 1986, 156; grundlegend aA SK-StPO/*Frister* § 187 Rn. 3.
[8] BGH v. 14. 7. 1981 – 1 StR 815/80, BGHSt 30, 182 = NJW 1982, 532 (Revision); OLG Düsseldorf v. 20. 8. 1999 – 1 Ws 371/99, NStZ-RR 1997, 364 (sofortige Beschwerde bei Bewährungswiderruf); OLG Stuttgart v. 21. 2. 2007 – 1 Ws 47/07, Justiz 2007, 260 (Klageerzwingungsantrag); aA *Meurer* JR 1982, 517; Löwe/Rosenberg/*Wickern*, 25. Aufl., Rn. 17.
[9] *Schneider* MDR 1979, 534 (535); *Meyer-Goßner* Rn. 2.
[10] BVerfG v. 19. 4. 1995 – 2 BvR 2295/94, NVwZ-RR 1996, 120.
[11] OLG Hamburg v. 8. 9. 1988 – 1 Ws 200/88, NStZ 1988, 566.
[12] BVerfG v. 10. 6. 1975 – 2 BvR 1074/74, BVerfGE 40, 95 = NJW 1975, 1597; LG Mühlhausen v. 21. 4. 2008 – 9 Qs 13/08.
[13] BGH v. 17. 5. 1984 – 4 StR 139/84, BGHSt 32, 342 = NJW 1984, 2050.
[14] BVerfG v. 17. 5. 1983 – 2 BvR 731/80, BVerfGE 64, 135 = NJW 1983, 2762.
[15] KK-StPO/*Diemer* Rn. 3; *Meyer-Goßner* Rn. 3.
[16] BayObLG v. 13. 12. 1995 – 4 St RR 263/95, NJW 1996, 1836.
[17] OLG Bremen v. 28. 4. 2005 – Ws 15/05, NStZ 2005, 527.
[18] BVerfG v. 17. 5. 1983 – 2 BvR 731/80, BVerfGE 64, 135 = NJW 1983, 2762; BVerfG v. 3. 6. 2005 – 2 BvR 760/05, NStZ-RR 2005, 273.

(3) In Familiensachen und in Angelegenheiten der freiwilligen Gerichtsbarkeit bedarf es der Zuziehung eines Dolmetschers nicht, wenn der Richter der Sprache, in der sich die beteiligten Personen erklären, mächtig ist.

I. Allgemeines

1   Nach **Art. 6 Abs. 3 e MRK** haben Ausländer als Angeklagte das Recht, unabhängig von ihrer finanziellen Lage die unentgeltliche Beiziehung eines Dolmetschers zu verlangen, wenn sie die deutsche Sprache nicht verstehen oder wenn sie sich nicht darin ausdrücken können; dies gilt auch für vorbereitende Gespräche mit dem Verteidiger.[1] Dem trägt § 185 für den Teilbereich der **Zuziehung eines Dolmetschers in der gerichtlichen Verhandlung** Rechnung;[2] im Übrigen wurde diese aus der Rechtsprechung des BGH resultierende Auffassung in § 187 durch das Opferrechtsreformgesetz vom 24. 6. 2004[3] in geltendes Recht umgesetzt.

II. Voraussetzungen der Dolmetscherzuziehung

2   **1. Beteiligter an einer Verhandlung.** § 185 gilt für Beteiligte an einer **Verhandlung**. Unter Verhandlung ist nicht nur die Hauptverhandlung, sondern jeder gerichtliche Termin zu verstehen, bei dem eine mündliche Kommunikation zwischen den Verfahrensbeteiligten und dem Gericht stattfindet;[4] als zB auch Vernehmungen oder sonstige Beweiserhebungen durch den beauftragten oder ersuchten Richter[5] oder Erklärungen gegenüber einem Rechtspfleger oder einem Urkundsbeamten der Geschäftsstelle.[6] Die Verhandlung muss aber stets die Stichhaltigkeit des strafrechtlichen Vorwurfs betreffen, so dass § 185 etwa für Auslieferungsverfahren nach § 40 IRG nicht gilt.[7] **Beteiligt** an einer Verhandlung sind alle Personen, mit denen mündliche Kommunikation erforderlich ist,[8] insbesondere also der Angeklagte,[9] aber auch der Nebenkläger (§ 187 Abs. 2).

3   **2. Unzureichende Sprachkenntnisse.** Die Zuziehung eines Dolmetschers hat zu erfolgen, wenn ein Beteiligter der deutschen Sprache nicht mächtig ist. Die mangelnde Bereitschaft, auf Deutsch zu verhandeln, genügt nicht.[10] Ein Beteiligter ist **der deutschen Sprache nicht mächtig**, wenn er nicht in der Lage ist, der Verhandlung zu folgen und selbst das vorzubringen, was er vortragen will.[11] Der Beteiligte kann auf seinen Anspruch auf Zuziehung eines Dolmetscher **nicht verzichten**.[12]

4   Wie der Richter sich die Überzeugung vom Umfang der Sprachkenntnis des Betroffenen verschafft, liegt in seinem pflichtgemäßen **Ermessen**.[13] Schon bei Zweifeln an der erforderlichen Sprachkompetenz ist aber ein Dolmetscher beizuziehen.[14] Ist der Betroffene der deutschen Sprache **teilweise mächtig**, so bleibt es ebenfalls dem Ermessen des Gerichts überlassen, in welchem Umfang unter Mitwirkung des Dolmetschers verhandelt wird;[15] jedenfalls zu den wesentlichen Teilen der Verhandlung muss er hinzugezogen werden.[16]

5   **3. Ausnahme (Abs. 2).** Eine Verhandlung ohne Zuziehung eines Dolmetschers lässt Abs. 2 zu, wenn sämtliche beteiligten Personen der fremden Sprache mächtig sind. Dies kann idR aber nur für Vernehmungen oder sonstige Beweiserhebungen außerhalb der Hauptverhandlung gelten, da diese nicht öffentlich sind. Eine (vollständige) Durchführung der Hauptverhandlung in einer Fremdsprache ist unzulässig. Dies verstieße nicht nur gegen § 184 sondern auch den Öffentlichkeitsgrundsatz (§ 164).[17]

---

[1] BGH v. 26. 10. 2000 – 3 StR 6/00, BGHSt 46,178 = NJW 2001, 309.
[2] OLG Düsseldorf v. 23. 12. 1998 – Ws 810/98, NStZ-RR 1999, 215.
[3] BGBl. I S. 1354.
[4] SK-StPO/*Frister* Rn. 2.
[5] BayObLG v. 14. 10. 1976 – BReg 3 Z 99/76, NJW 1977, 1596.
[6] BayObLG v. 4. 2. 1977 – 3 Z 12/77, Rpfleger 1977, 133 (134); KG v. 6. 10. 1976 – 2 Ss 317/76, JR 1977, 129.
[7] OLG Düsseldorf v. 3. 5. 2000 – 4 Ausl 160/00 – 58/00 III, NStZ-RR 2001, 211.
[8] BayObLG v. 14. 10. 1976 – BReg 3 Z 99/76, NJW 1977, 1596.
[9] BVerfG v. 21. 5. 1987 – 2 BvR 1170/83, NJW 1988, 1462 (1464).
[10] BGH v. 14. 6. 2005 – 3 StR 446/04, NJW 2005, 3434 f.
[11] BVerfG v. 17. 5. 1983 – 2 BvR 731/80, BVerfGE 64, 135 (146) = NJW 1983, 2762 (2763).
[12] RG v. 8. 5. 1933 – 10 TB. 107/31, RGSt 67, 221 (223); allgM.
[13] BGH v. 17. 1. 1984 – 5 StR 755/83, NStZ 1984, 328.
[14] SK-StPO/*Frister* Rn. 4 mwN.
[15] BGH v. 11. 11. 1952 – 1 StR 484/52, BGHSt 3, 285; BGH v. 22. 11. 2001 – 1 StR 471/01, NStZ 2002, 275; aA SK-StPO/*Frister* Rn. 5.
[16] BayObLG v. 24. 9. 2004 – 1 St RR 143/04, NStZ-RR 2005, 178.
[17] KK-StPO/*Diemer* Rn. 5; SK-StPO/*Frister* Rn. 6 f.

III. Stellung und Aufgabe

1. Stellung. Der Dolmetscher ist eine Beteiligter eigener Art; er ist nicht Sachverständiger[18] sondern **Gehilfe des Gerichts** und der Prozessbeteiligten. Gleichwohl wird er in Bezug auf die Ablehnung und Ausschließung wie ein Sachverständiger behandelt (§ 191). Bei unentschuldigtem Fernbleiben im Termin können ihm jedoch weder analog § 77 Abs. 1 S. 1 StPO die dadurch verursachten Kosten auferlegt werden,[19] noch ein Ordnungsgeld entsprechend § 77 Abs. 1 S. 2 StPO verhängt werden.[20] Letzteres verstieße wegen des repressiven Charakters der Maßnahme schon gegen Art. 103 Abs. 2 GG.

2. Aufgabe. Die Aufgabe des **Dolmetschers** besteht darin, den Prozessverkehr zwischen dem Gericht und dem der deutschen Sprache nicht mächtigen Beteiligten zu ermöglichen.[21] Davon zu unterscheiden ist die Übertragung außerhalb des Prozessverkehrs abgegebener Äußerungen durch einen **Übersetzer**. Dieser ist idR nicht Dolmetscher sondern Sachverständiger (§§ 72 ff. StPO).[22]

IV. Protokoll

In das Protokoll müssen nur der **Umstand und der Anlass dafür** aufgenommen werden, dass ein Dolmetscher hinzugezogen worden ist,[23] nicht aber die Einzelheiten der Tätigkeit, also zB nicht, dass er vollständig und richtig übersetzt hat.[24] Die Präsenz eines Dolmetschers muss bei mehrtägigen Verhandlungen nur zu Beginn im Protokoll festgehalten werden, nicht aber zusätzlich in den Teilprotokollen der folgenden Sitzungstage.[25] Protokollierungspflichtig ist hingegen ein Dolmetscherwechsel.[26] Soweit es um die Zuziehung des Dolmetschers geht, hat die Sitzungsniederschrift **absolute Beweiskraft** (§ 274 StPO).[27] Das Protokoll wird – auch in den Fällen des Abs. 2 – in deutscher Sprache abgefasst. Der Vorsitzende kann nach pflichtgemäßem Ermessen die Protokollierung einzelner Aussagen oder Erklärungen in fremder Sprache anordnen (Abs. 1 S. 2).[28]

V. Kosten

Ein Angeklagter, für den ein Dolmetscher zugezogen wurde, darf (außer im Falle des § 464c StPO) nicht mit den daraus entstandenen Kosten belastet werden, Art. 6 Abs. 3 Buchst. e MRK; selbst dann nicht, wenn er verurteilt ist und die sonstigen Verfahrenskosten zu tragen hat.[29] Kosten, die für die Zuziehung eines Dolmetschers für sprachunkundige Zeugen angefallen sind, hat der verurteilte Angeklagte hingegen als Teil der allgemeinen Verfahrenskosten zu tragen.[30] Für **Privat- und Nebenkläger** gilt Art. 6 Abs. 3 Buchst. e MRK nicht.[31]

VI. Revision

Ist die gemäß § 185 gebotene Zuziehung eines Dolmetschers für den Angeklagten unterblieben, so liegt der absolute Revisionsgrund des **§ 338 Nr. 5 StPO** vor.[32] Rügeberechtigt ist in solch einem Fall aber nur der konkret betroffene Angeklagte, für den die Voraussetzungen einer Dolmetscherzuziehung vorgelegen haben.[33] Ist der Angeklagte **teilweise sprachkundig**, greift § 338 Nr. 5 StPO nicht. Es kann aber ein relativer Revisionsgrund gegeben sein, falls es in Anbetracht der sprachlichen Fähigkeiten des Angeklagten und der sprachlichen Anforderungen, die der betreffende Verhandlungsteil stellt, der Zuziehung eines Dolmetschers bedurfte.[34] Die **Auswahl des Dolmetschers** und die Zuziehung eines weiteren Dolmetschers stehen im Ermessen des Gerichts

---

[18] BGH v. 9. 4. 1953 – 5 StR 824/52, BGHSt 4, 154.
[19] KG v. 21. 11. 2007 – 1 Ws 199/07; SK-StPO/*Frister* Rn. 11; aA *Meyer-Goßner* mwN zur Gegenauffassung.
[20] LG Hamburg v. 17. 1. 1985 – Ds 12/84, StV 1985, 500; LG Nürnberg-Fürth v. 2. 12. 1977 – 7 Qs 218/77; aA OLG Koblenz v. 13. 5. 1974 – 1 Ws 202/74, VRS 47, 353.
[21] BGH v. 28. 11. 1950 – 2 StR 50/50, BGHSt 1,4 (7).
[22] BGH v. 22. 12. 1964 – 1 StR 509/64, NJW 1965, 643; BGH v. 7. 7. 1997 – 5 StR 17/97, NStZ 1998, 158 (159).
[23] RG v. 14. 6. 1910 – I 467/10, RGSt 43, 441 (442).
[24] BGH v. 4. 9. 1990 – 5 StR 234/90, BGHR GVG § 185 Zuziehung 1.
[25] BGH v. 4. 4. 1984 – 2 StR 664/83, NStZ 1985, 16.
[26] BGH v. 15. 7. 1999 – 5 StR 203/99, NStZ-RR 2000, 297.
[27] RG v. 14. 6. 1910 – I 467/10, RGSt 43, 441 (442).
[28] KK-StPO/*Diemer* Rn. 6; SK-StPO/*Frister* Rn. 14.
[29] EGMR v. 23. 10. 1978 – ohne Az., NJW 1979, 1091 und EGMR v. 21. 2. 1984 – o. Az., NJW 1984, 1273 für das Bußgeldverfahren.
[30] KK-StPO/*Diemer* Rn. 2; SK-StPO/*Frister* Rn. 15.
[31] BVerfG v. 17. 2. 1981 – 2 BvR 710/80, NStZ 1981, 230; BGH v. 22. 10. 2002 – 1 StR 298/02, NStZ 2003, 218.
[32] BGH v. 11. 11. 1952 – 1 StR 484/52, BGHSt 3, 285.
[33] BGH v. 10. 6. 1980 – 1 StR 227/80.
[34] BGH v. 22. 6. 1991 – 2 StR 583/90, MDR 1991, 1025; BGH v. 22. 11. 2001 – 1 StR 471/01, NStZ 2002, 276.

und sind daher der Überprüfung im Rahmen der Revision regelmäßig entzogen.[35] An die rechtsfehlerfrei im Urteil getroffene Feststellung, wonach ein ausländischer Angeklagter der deutschen Sprache hinreichend mächtig ist, um ohne Zuziehung eines Dolmetschers an der Hauptverhandlung teilnehmen zu können, ist das Revisionsgericht gebunden.[36] Wird der **Dolmetscher zugleich als Übersetzer**[37] in der Verhandlung tätig, beruht das Urteil nicht auf der unterlassenen Vereidigung als Sachverständiger, wenn der Dolmetschereid geleistet worden ist.[38]

§ 186 [Hör- und Sprachbehinderte]

(1) ¹ Die Verständigung mit einer hör- oder sprachbehinderten Person in der Verhandlung erfolgt nach ihrer Wahl mündlich, schriftlich oder mit Hilfe einer die Verständigung ermöglichenden Person, die vom Gericht hinzuzuziehen ist. ² Für die mündliche und schriftliche Verständigung hat das Gericht die geeigneten technischen Hilfsmittel bereitzustellen. ³ Die hör- oder sprachbehinderte Person ist auf ihr Wahlrecht hinzuweisen.

(2) Das Gericht kann eine schriftliche Verständigung verlangen oder die Hinzuziehung einer Person als Dolmetscher anordnen, wenn die hör- oder sprachbehinderte Person von ihrem Wahlrecht nach Absatz 1 keinen Gebrauch gemacht hat oder eine ausreichende Verständigung in der nach Absatz 1 gewählten Form nicht oder nur mit unverhältnismäßigem Aufwand möglich ist.

I. Allgemeines

1 § 186 ist durch Gesetz vom 23. 7. 2002[1] neu gefasst worden und regelt nunmehr die **Verständigung mit hör- oder sprachbehinderten Personen**. Mit der Neufassung soll die Verfahrensposition von Behinderten gestärkt und ihre Integration in das Verfahren verbessert werden.[2]

II. Anwendungsbereich

2 Die Vorschrift gilt in jeder gerichtlichen **Verhandlung**[3] für **hör- oder sprachbehinderte** Beteiligte, dh. Personen, deren Fähigkeit zu sprechen oder das gesprochene Wort akustisch wahrzunehmen dauerhaft oder zeitweilig aufgehoben oder so eingeschränkt ist, dass eine Verständigung durch Hören und Sprechen mit den anderen Verfahrensbeteiligten nicht möglich ist.[4] Wie bisher beschränkt sich § 186 auf **sensorische Behinderungen** und erfasst kognitive (geistige) Behinderungen nicht.[5]

III. Wahlrecht des Betroffenen (Abs. 1)

3 Abs. 1 S. 1 überlässt grundsätzlich dem Betroffenen die Wahl, ob er sich mündlich, schriftlich oder über einen Dritten verständigen will. Auf dieses Wahlrecht ist der Betroffene in für ihn verständlicher Weise **hinzuweisen** (Abs. 1 S. 3). Weiter hat die behinderte Person Anspruch auf die Bereitstellung der für die Verständigung zweckdienlichen **technischen Hilfsmittel**, wie zB Hörgeräte, Kehlkopfmikrophone oder Schriftwandler (Abs. 1 S. 2). Auch darauf ist sie hinzuweisen.

4 Entscheidet der Betroffene sich für die Einschaltung „einer die Verständigung ermöglichenden Person", so muss ein solcher **Sprachmittler** nicht notwendiger Weise ein nach § 189 zu vereidigender Gebärden-, Schrift- und Oraldolmetscher sein.[6] Die Verständigung kann zB auch über eine dem Behinderten vertraute Person ohne formelle Dolmetscherfunktion erfolgen; deren Vereidigung steht im Ermessen des Gerichts.[7] **Weitere Verständigungsmöglichkeiten**, wie die Beantwortung von Fragen durch Kopfnicken oder Kopfschütteln, schließt Abs. 1 nicht aus.[8]

IV. Anordnung des Gerichts (Abs. 2)

5 Das Gericht entscheidet über die Form der Verständigung, wenn der Betroffene von seinem Wahlrecht keinen Gebrauch macht oder wenn die von ihm gewählte Form eine ausreichende Ver-

---

[35] RG v. 18. 6. 1942 – 3 D 260/42, RGSt 76, 177; KK-StPO/*Diemer* Rn. 7; Meyer-Goßner Rn. 10.
[36] OLG Stuttgart v. 18. 9. 2006 – 1 Ss 392/06, NJW 2006, 3796.
[37] S. Rn. 7.
[38] BGH v. 7. 7. 1997 – 5 StR 17/97, NStZ 1998, 158.
[1] BGBl. I S. 2850, 2855.
[2] BT-Drucks. 14/9266, S. 40; KK-StPO/*Diemer* Rn. 1; SK-StPO/*Frister* Rn. 1.
[3] Vgl. zum Begriff der Verhandlung § 185 Rn. 2.
[4] So schon zu § 186 aF BGH v. 22. 8. 1952 – 4 StR 31/51, JZ 1952, 730 und BGH v. 21. 12. 1959 – 2 StR 519/59, BGHSt 13, 366.
[5] BT-Drucks. 14/9266, S. 40; KK-StPO/*Diemer* Rn. 1; SK-StPO/*Frister* Rn. 3.
[6] KK-StPO/*Diemer* Rn. 4; Meyer-Goßner Rn. 4; SK-StPO/*Frister* Rn. 6.
[7] BGH v. 24. 4. 1997 – 4 StR 23/97, BGHSt 43, 62 = NJW 1997, 2335.
[8] BGH v. 21. 12. 1959 – 2 StR 519/59, BGHSt 13, 366; Meyer-Goßner Rn. 5; SK-StPO/*Frister* Rn. 4.

ständigung nicht oder nur mit **unverhältnismäßigem Aufwand** ermöglicht. An die Unverhältnismäßigkeit sind in Anbetracht der Wertentscheidung des Gesetzgebers strenge Anforderungen zu stellen:[9] Die Bereitstellung technischer Hilfsmittel oder die Zuziehung eines Sprachmittlers dürften daher nur in seltenen Ausnahmefällen unverhältnismäßig sein.[10]

V. Kosten

Für die durch die Zuziehung eines Gebärdensprachdolmetschers entstehenden Kosten gelten die gleichen Regeln wie bei der Zuziehung von Sprachdolmetschern nach § 185.[11] Die Zuziehung eines Dolmetschers für den Angeklagten ist also **kostenfrei**. Gleiches gilt auch bei der Zuziehung eines Sprachmittlers, der nicht Dolmetscher ist.[12]

6

§ 187 [Heranziehung eines Dolmetschers oder Übersetzers]

(1) Das Gericht zieht für den Beschuldigten oder Verurteilten, der der deutschen Sprache nicht mächtig, hör- oder sprachbehindert ist, einen Dolmetscher oder Übersetzer heran, soweit dies zur Ausübung seiner strafprozessualen Rechte erforderlich ist.

(2) Absatz 1 gilt auch für die Personen, die nach § 395 der Strafprozessordnung zum Anschluss mit der Nebenklage berechtigt sind.

I. Allgemeines

§ 187 wurde durch das Opferrechtsreformgesetz vom 24. 6. 2004[1] eingeführt. Die Vorschrift trägt Art. 6 Abs. 3 Buchst. e MRK Rechnung, wonach ein sprachunkundiger Beschuldigter oder Verurteilter unabhängig von seiner finanziellen Lage einen Anspruch auf unentgeltliche Beiziehung eines Dolmetschers **für das gesamte Strafverfahren** hat. Die Norm ergänzt die §§ 185, 186, die nur für die Verhandlung gelten, so dass etwa auch vorbereitende Gespräche mit dem Verteidiger erfasst sind.[2] Über § 46 Abs. 1 OWiG gilt die Regelung auch für das Bußgeldverfahren.

1

II. Zuziehung eines Dolmetschers

Neben dem Beschuldigten und dem Verurteilten (Abs. 1) sind auch die zur Nebenklage Berechtigten (Abs. 2) **anspruchsberechtigt**, unabhängig davon, ob sie sich dem Verfahren als Nebenkläger angeschlossen haben. Inhaltlich ist der Anspruch auf das zur Wahrung der strafprozessualen Rechte **Erforderliche** beschränkt. In der Regel genügt dazu die Übersetzung zusammenfassender Berichte über den Akteninhalt, eine wörtliche Übersetzung des gesamten Akten ist nicht erforderlich.[3] Die Bestellung des Dolmetschers oder Übersetzers erfolgt **durch das Gericht**. Privat aufgewendete Dolmetscherkosten sind daher grundsätzlich nicht erstattungsfähig, es sei denn, über den Antrag auf Zuziehung wurde nicht rechtzeitig entschieden.[4] Für die **Kosten** gelten im Übrigen die Ausführungen zu den §§ 185, 186 entsprechend.[5]

2

§ 188 [Eid in fremder Sprache]

Personen, die der deutschen Sprache nicht mächtig sind, leisten Eide in der ihnen geläufigen Sprache.

Bei der deutschen Sprache nicht mächtigen Zeugen oder Sachverständigen spricht der Dolmetscher den **Wortlaut der Eidesnorm und -formel** in der Fremdsprache vor, der Zeuge (oder Sachverständige) spricht die Formel nach. Eine Rückübertragung des Eideswortlauts ins Deutsche ist nicht erforderlich.[1*] Ist der Richter der fremden Sprache mächtig, kann er dem Zeugen selbst vorsprechen.[2*]

1

---

[9] SK-StPO/*Frister* Rn. 8.
[10] BT-Drucks. 14/9266, S. 41.
[11] Vgl. § 185 Rn. 9.
[12] SK-StPO/*Frister* Rn. 9.
[1] BGBl. I S. 1354.
[2] BR-Drucks. 829/03, S. 45; KK-StPO/*Diemer* Rn. 1; *Meyer-Goßner* Rn. 1.
[3] OLG Hamburg v. 27. 10. 2004 – 2 BJs 85/01, NJW 2005, 1135.
[4] OLG Hamburg v. 27. 10. 2004 – 2 BJs 85/01, NJW 2005, 1135.
[5] Vgl. § 185 Rn. 9 und § 186 Rn. 5.
[1*] RG v. 12. 12. 1911 – V 1187/11, RGSt 45, 304.
[2*] *Meyer-Goßner* Rn. 1; SK-StPO/*Frister* Rn. 3; aA OLG Köln v. 14. 1. 1969 – Ss 563/68, MDR 1969, 501.

§ 189 [Dolmetschereid]

(1) ¹Der Dolmetscher hat einen Eid dahin zu leisten: daß er treu und gewissenhaft übertragen werde. ²Gibt der Dolmetscher an, daß er aus Glaubens- oder Gewissensgründen keinen Eid leisten wolle, so hat er eine Bekräftigung abzugeben. ³Diese Bekräftigung steht dem Eid gleich; hierauf ist der Dolmetscher hinzuweisen.

(2) Ist der Dolmetscher für Übertragungen der betreffenden Art in einem Land nach den landesrechtlichen Vorschriften allgemein beeidigt, so genügt vor allen Gerichten des Bundes und der Länder die Berufung auf diesen Eid.

(3) In Familiensachen und in Angelegenheiten der freiwilligen Gerichtsbarkeit ist die Beeidigung des Dolmetschers nicht erforderlich, wenn die beteiligten Personen darauf verzichten.

I. Voreid (Abs. 1)

1 Der Dolmetscher ist **vor jedem Tätigwerden** in einer Sache zu vereidigen. Dies gilt schon im Ermittlungsverfahren.[1] Die Vereidigung ist in jeder neuen Strafsache und in jeder neuen Hauptverhandlung – gegebenenfalls gemäß §§ 67, 72 StPO – zu wiederholen.[2] Die Vereidigung im Vorverfahren kann die Vereidigung in der Hauptverhandlung nicht ersetzen.[3] Bei bloßer Unterbrechung bedarf es keiner neuen Vereidigung, auch wenn sich die Verhandlung über mehrere Sitzungstage erstreckt.[4]

II. Berufung auf den allgemein geleisteten Eid (Abs. 2)

2 Der Dolmetscher muss eine **Erklärung** abgeben, aus der sich zumindest sinngemäß ergibt, dass er sich auf den allgemein geleisteten Eid beruft.[5] Protokollvermerke wie „allgemein vereidigt"[6] oder „Personalien und allgemeine Vereidigung gerichtsbekannt"[7] genügen daher nicht. Das Revisionsgericht hat durch **Freibeweis** zu klären, ob der Dolmetscher allgemein vereidigt war.[8]

III. Revision

3 Die fehlende Vereidigung des Dolmetschers, die durch das Schweigen des Sitzungsprotokolls unwiderlegbar bewiesen wird (§ 274 StPO),[9] stellt einen **relativen Revisionsgrund** dar. Der Revisionsführer muss bei der Rüge der Verletzung des § 189 vortragen, dass der Dolmetscher tatsächlich tätig geworden ist.[10] Auf der unterlassenen Vereidigung wird das Urteil regelmäßig **beruhen**.[11] Ein Beruhen des Urteils auf diesem Verfahrensfehler liegt aber dann nicht vor, wenn die Richtigkeit einer Übersetzung leicht kontrollierbar ist, insbesondere bei einem einfach gelagerten Sachverhalt,[12] oder wenn die Richtigkeit anderweitig bestätigt worden ist.[13] Das Gleiche gilt, wenn sich ein Dolmetscher jahrelang auf seinen allgemein geleisteten Eid berufen hat und dies dann nur einmal offenkundig versehentlich unterbleibt.[14] Ein Beruhen ist auch dann auszuschließen, wenn der Dolmetscher sich auf eine nicht ordnungsgemäße allgemeine Vereidigung beruft, sofern er und das Gericht diese für ordnungsgemäß gehalten haben,[15] oder wenn sich die allgemeine Vereidigung, auf die er sich beruft, nicht auf die Sprache erstreckt, die er übersetzt.[16] Auch die fehlerhafte Ableistung des Nacheids ist revisionsrechtlich unschädlich.[17]

---

[1] BGH v. 12. 5. 1992 – 1 StR 29/92, StV 1992, 551; aA für ausländerrechtliche Verfahren OLG Düsseldorf v. 17. 3. 1993 – 4 Ausl (A) 48/93, NJW 1993, 3084.
[2] BayObLG v. 30. 3. 1979 – RReg 2 St 8/79, MDR 1979, 696.
[3] BGH v. 22. 5. 1991 – 2 StR 47/91, NStZ 1992, 30.
[4] BGH v. 17. 1. 1979 – 3 StR 450/78, GA 1979, 272.
[5] BGH v. 17. 10. 1979 – 3 StR 401/79, NStZ 1981, 69; BGH v. 23. 11. 1983 – 2 StR 698/83, NStZ 1984, 213; BGH v. 13. 5. 1997 – 4 StR 191/97, NStZ 1998, 28.
[6] BGH v. 4. 12. 1980 – 1 StR 681/80, NStZ 1981, 190; BGH v. 2. 9. 1987 – 2 StR 420/87, NStZ 1987, 568; OLG Düsseldorf v. 11. 2. 1998 – 2 Ss 424/97, StraFo 1998, 123.
[7] BGH v. 17. 1. 1984 – 5 StR 755/83, NJW 1984, 1765.
[8] BGH v. 20. 4. 1982 – 1 StR 833/91, BGHSt 31, 39 = NJW 1982, 2739.
[9] BGH v. 29. 6. 1987 – 3 StR 285/87, NStZ 1988, 20; BGH v. 10. 3. 2005 – 4 StR 3/05, wistra 2005, 272.
[10] BGH v. 11. 3. 1993 – 4 StR 17/93, StV 1993, 396.
[11] BGH v. 31. 8. 1995 – 1 StR 452/95, StV 1996, 531; BGH v. 13. 5. 1997 – 4 StR 191/97, NStZ 1998, 28; BGH v. 10. 3. 2005 – 4 StR 3/05, wistra 2005, 272.
[12] BGH v. 28. 11. 1997 – 2 StR 257/97, NStZ 1998, 204.
[13] BGH v. 29. 12. 1993 – 3 StR 515/92, NStZ 1994, 230; BGH v. 9. 7. 1996 – 4 StR 222/96, NStZ 1996, 608.
[14] BGH v. 27. 7. 2005 – 1 StR 208/05, NStZ 2005, 705; aA SK-StPO/*Frister* Rn. 9.
[15] BGH v. 17. 1. 1984 – 5 StR 755/83, NJW 1984, 1765; BGH v. 27. 5. 1986 – 1 StR 152/86, NStZ 1986, 469.
[16] BGH v. 7. 11. 1986 – 2 StR 499/86, NJW 1987, 1033 (tschechisch statt slowakisch).
[17] BGH v. 2. 9. 1987 – 2 StR 420/87, NStZ 1987, 568; OLG Saarbrücken v. 30. 5. 1974 – Ss 155/73, NJW 1975, 65.

Fünfzehnter Titel. Gerichtssprache §§ 190–191a GVG

§ 190 [Urkundsbeamter als Dolmetscher]
¹Der Dienst des Dolmetschers kann von dem Urkundsbeamten der Geschäftsstelle wahrgenommen werden. ²Einer besonderen Beeidigung bedarf es nicht.

Nur der Urkundsbeamte, der das Protokoll führt, kann zugleich als Dolmetscher eingesetzt werden (S. 1), nicht aber ein mitwirkender Richter, Staatsanwalt oder Verteidiger.¹ In Hinblick auf den Amtseid des Urkundsbeamten ist nach S. 2 eine gesonderte Vereidigung als Dolmetscher entbehrlich.² 1

§ 191 [Ausschließung und Ablehnung]
¹Auf den Dolmetscher sind die Vorschriften über Ausschließung und Ablehnung der Sachverständigen entsprechend anzuwenden. ²Es entscheidet das Gericht oder der Richter, von dem der Dolmetscher zugezogen ist.

I. Allgemeines

Dolmetscher können wie Sachverständige **abgelehnt** werden (§§ 74, 24 StPO). Ausschließungsgründe sieht das Gesetz nicht vor, insoweit beruht S. 1 auf einem redaktionellen Versehen.¹* Im Rahmen der Ablehnungsgründe hat die **Besorgnis der Befangenheit** die größte praktische Bedeutung: Der Dolmetscher hat sich bei seiner Tätigkeit strikt in seiner Rolle als „neutraler Sprachmittler"²* zu halten und sich jeglicher persönlichen Stellungnahme zu enthalten.³ 1

II. Einzelfälle

Ein Dolmetscher ist als **befangen** einzustufen, wenn er bewusst fehlerhaft übersetzt⁴ oder wenn er seine Übersetzung mit eigenen Wertungen versieht.⁵ Er ist hingegen **nicht befangen**, bloß weil er bereits im Ermittlungsverfahren mit der Polizei zusammengearbeitet hat⁶ oder weil er außerhalb des Verhandlungstermins kurze Zeit für eine Unterhaltung zwischen Prozessbeteiligten Übersetzerdienste geleistet hat,⁷ solange nicht weitere Umstände hinzutreten, die konkrete Zweifel an der Objektivität des Dolmetschers aufkommen lassen. 2

§ 191a [Blinde und Sehbehinderte]
(1) ¹Eine blinde oder sehbehinderte Person kann nach Maßgabe der Rechtsverordnung nach Absatz 2 verlangen, dass ihr die für sie bestimmten gerichtlichen Dokumente auch in einer für sie wahrnehmbaren Form zugänglich gemacht werden, soweit dies zur Wahrnehmung ihrer Rechte im Verfahren erforderlich ist. ²Hierfür werden Auslagen nicht erhoben.

(2) Das Bundesministerium der Justiz bestimmt durch Rechtsverordnung, die der Zustimmung des Bundesrates bedarf, unter welchen Voraussetzungen und in welcher Weise die in Absatz 1 genannten Dokumente und Dokumente, die von den Parteien zur Akte gereicht werden, einer blinden oder sehbehinderten Person zugänglich gemacht werden, sowie ob und wie diese Person bei der Wahrnehmung ihrer Rechte mitzuwirken hat.

I. Anspruchsvoraussetzungen

Die durch Gesetz vom 23. 7. 2002¹** eingefügte Vorschrift gewährt blinden und sehbehinderten Menschen einen Anspruch darauf, dass ihnen gerichtliche Dokumente in einer für sie wahrnehmbaren Form zugänglich gemacht werden. **Blind oder sehbehindert** sind Personen, deren Sehfähigkeit dergestalt eingeschränkt ist, dass eine zuverlässige Kenntnisnahme von Schriftstücken auch nicht durch die Zuhilfenahme üblicher Hilfsmittel (Brille, Lupe, Kontaktlinsen usw.) sichergestellt 1

---
¹ *Meyer-Goßner* Rn. 1.
² SK-StPO/*Frister* Rn. 3.
¹* *Meyer-Goßner* Rn. 2; SK-StPO/*Frister* Rn. 1.
²* SK-StPO/*Frister* Rn. 2.
³ OLG Nürnberg v. 6. 4. 1999 – 5 W 786/99, NJW-RR 1999, 1515.
⁴ LG Berlin v. 13. 12. 1993 – 508 – 18/93, StV 1994, 180.
⁵ LG Darmstadt v. 23. 1. 1990 – 1 KLs 19 Js 23 700/88, StV 1990, 258; LG Darmstadt v. 22. 3. 1995 – 3 KLs 19 Js 5735/94, StV 1995, 239.
⁶ BGH v. 28. 8. 2007 – 1 StR 331/07, NStZ 2008, 50.
⁷ OLG Nürnberg v. 6. 4. 1999 – 5 W 786/99, NJW-RR 1999, 1515.
¹** BGBl. I S. 2850.

werden kann.² Die Vorschrift gilt nicht nur für das gerichtliche **Verfahren**, sondern auch für die Staatsanwaltschaft im Ermittlungs- und Vollstreckungsverfahren;³ und nicht nur für den Beschuldigten, sondern für alle Blinden und Sehbehinderten, die vom Verfahren persönlich betroffen – nicht nur professionell beteiligt – sind.⁴ Der Anspruch besteht, sofern und soweit die Zugänglichmachung der Schriftstücke für die Beteiligten **zur Wahrnehmung ihrer Rechte erforderlich** ist. Dies kann zu verneinen sein, wenn die blinde oder sehbehinderte Person im Verfahren durch einen Prozessbevollmächtigten vertreten ist.⁵

II. Anspruchsinhalt

2   Der **Umfang des Anspruchs** bemisst sich nach den individuellen Fähigkeiten der behinderten Person.⁶ Näheres zur Art und Weise der Zugänglichmachung hat das BMJ durch **Rechtsverordnung** (Abs. 2) geregelt.⁷ Zu den nach § 191a zugänglich zu machenden **Schriftstücken** zählen alle Dokumente, von denen der Betroffene in seiner Verfahrensstellung Kenntnis nehmen darf, insbesondere Urteile, Beschlüsse und gerichtliche Verfügungen.⁸ Ein Anspruch auf Zugänglichmachung der gesamten Akte besteht aber in der Regel nicht. Wie bei den der deutschen Sprache nicht mächtigen Verfahrensbeteiligten kann auch hier eine Zusammenfassung des Akteninhalts genügen.⁹

III. Verfahren

3   Anders als in den §§ 186, 187 wird das Gericht in den Fällen des § 191a nicht von Amts wegen tätig; vielmehr bedarf es eines **Antrags** des Betroffenen. Dieser kann einheitlich für das gesamte Verfahren gestellt werden, eine Antragstellung gesondert für jedes Schriftstück ist nicht erforderlich. Die anfallenden **Kosten** trägt die Staatskasse; Auslagen werden nicht erhoben (Abs. 1 S. 2).

SECHZEHNTER TITEL. BERATUNG UND ABSTIMMUNG

§ 192 [Quorum; Ergänzungsrichter]

(1) Bei Entscheidungen dürfen Richter nur in der gesetzlich bestimmten Anzahl mitwirken.

(2) Bei Verhandlungen von längerer Dauer kann der Vorsitzende die Zuziehung von Ergänzungsrichtern anordnen, die der Verhandlung beizuwohnen und im Falle der Verhinderung eines Richters für ihn einzutreten haben.

(3) Diese Vorschriften sind auch auf Schöffen anzuwenden.

I. Quorum (Abs. 1)

1   § 192 enthält eine Konkretisierung des Gebots des gesetzlichen Richters. Die Vorschrift ergänzt die Bestimmungen über die Besetzung der Spruchkörper dahingehend, dass die gesetzlich bestimmte Zahl an Richtern, die bei einer Entscheidung mitwirken, weder über- noch unterschritten wird.¹ Dabei ist eine **Entscheidung** nach Abs. 1 nicht nur der das Verfahren in der jeweiligen Instanz abschließende Spruch, sondern jede im Laufe eines Verfahrens ergehende Entscheidung, einschließlich der ihr vorangehenden Beratung.²*

II. Ergänzungsrichter (Abs. 2)

2   1. Zweck der Regelung. Abs. 2 trägt der Gefahr Rechnung, dass eine Hauptverhandlung vollständig wiederholt werden muss, wenn **im Laufe der Sitzung** eine Gerichtsperson erkrankt oder in anderer Weise an der weiteren Mitwirkung gehindert wird. In diesem Fall kann der Ergänzungsrichter für den verhinderten Richter eintreten. Für den Ausfall eines Berufsrichters oder Schöffen **vor der Hauptverhandlung** gilt Abs. 2 nicht, diese Konstellationen sind durch § 21e Abs. 1 S. 1 und § 48 Abs. 2 geregelt.

---

² SK-StPO/*Frister* Rn. 2.
³ BT-Drucks. 14/9266, S. 41.
⁴ Löwe/Rosenberg/*Wickern*, 25. Aufl., Rn. 3; SK-StPO/*Frister* Rn. 2.
⁵ BT-Drucks. 14/9266, S. 41; KK-StPO/*Diemer* Rn. 2; *Meyer-Goßner* Rn. 1; aA SK-StPO/*Frister* Rn. 4.
⁶ KK-StPO/*Diemer* Rn. 3; *Meyer-Goßner* Rn. 2.
⁷ Zugänglichmachungsverordnung (ZMV) vom 26. 7. 2007, BGBl. I S. 215.
⁸ BT-Drucks. 14/9266, S. 41; *Meyer-Goßner* Rn. 1; SK-StPO/*Frister* Rn. 4.
⁹ SK-StPO/*Frister* Rn. 4; vgl. auch § 187 Rn. 2.
¹ SK-StPO/*Frister* Rn. 1.
²* KK-StPO/*Diemer* Rn. 2; SK-StPO/*Frister* Rn. 2.

2. Zuziehung. Die Entscheidung, ob die Hinzuziehung eines Ergänzungsrichters oder eines Ergänzungsschöffen erforderlich ist, trifft der **Vorsitzende** nach pflichtgemäßem Ermessen.[3] Er entscheidet auch über die erforderliche Anzahl der Ergänzungsrichter.[4] Die Frage, welcher Richter herangezogen wird, bestimmt sich nach § 21 g, wenn dieser aus dem betroffenen Spruchkörper rekrutiert wird. Ansonsten ist die Bestimmung eine Angelegenheit des **Präsidiums**,[5] welches im Geschäftsverteilungsplan zu regeln hat, welche Richter von den Vorsitzenden der einzelnen Spruchkörper herangezogen werden können und in welcher Reihenfolge dies zu geschehen hat.[6] Ergänzungsschöffen werden gemäß § 48 Abs. 1 aus der Hilfsschöffenliste zugewiesen.

3. Prozessuale Stellung. Der Ergänzungsrichter oder -schöffe muss an der gesamten Hauptverhandlung so teilnehmen, dass er an der Urteilsberatung und -fällung teilnehmen könnte.[7] Er hat ein uneingeschränktes **Fragerecht** und kann zB auch Urkunden verlesen.[8] Solange er aber nicht für einen ausgefallenen Richter eintritt, darf er weder bei der Beratung zugegen sein[9] noch sonst an **Entscheidungen** mitwirken.[10]

4. Verhinderungsfall. Der Vorsitzende trifft die **Feststellung**, ob ein Verhinderungsfall vorliegt; diese bedarf keiner besonderen Form und kann auch durch schlüssiges Verhalten erfolgen.[11] Scheidet ein Richter aus einem Spruchkörper aufgrund der Übertragung eines Richteramtes bei einem anderen Gericht aus, liegt ein Verhinderungsfall dann nicht vor, wenn die Hauptverhandlung, die unter Beteiligung dieses Richters begonnen wurde, aufgrund einer Rückabordnung nach § 37 DRiG innerhalb der Fristen des § 229 StPO in der ursprünglichen Besetzung der Richterbank fortgesetzt werden kann.[12] Beim **Ausfall des Vorsitzenden** in der Hauptverhandlung übernimmt dessen regelmäßiger Vertreter (§ 21 f Abs. 2) den Vorsitz, sonst der dienstälteste Beisitzer oder auch der Berichterstatter. In die verbleibende Lücke rückt der Ergänzungsrichter.[13] Wird der Ergänzungsrichter selbst durch das Gerichtspräsidium zum neuen Vorsitzenden bestellt, so kann er ohne Rechtsfehler beim Eintritt des alten Vorsitzenden in den Ruhestand dessen Position übernehmen.[14]

III. Revision

Die **Feststellung der Verhinderung** eines Richters oder Schöffen durch den Vorsitzenden unterliegt nur einer eingeschränkten revisionsrechtlichen Kontrolle: Sie kann durch das Revisionsgericht nur auf Willkür überprüft werden.[15] Wird aber eine Hauptverhandlung wegen Erkrankung eines Richters unter der Überschreitung der Frist des § 229 StPO vertagt und dann mit diesem fortgesetzt, obwohl sie unter Einhaltung der Frist mit einem bereitstehenden Ergänzungsrichter hätte fortgeführt werden können, ist nicht nur § 229 StPO verletzt, sondern auch das Gericht nicht mehr vorschriftsmäßig besetzt.[16] Die unzulässige **Anwesenheit** eines nicht eingetretenen Ergänzungsrichters **bei der Beratung** stellt nur einen relativen Revisionsgrund dar,[17] im Übrigen ist jedoch jeder Verstoß gegen Abs. 1 ein absoluter Revisionsgrund.[18] Durch die von § 192 ausgelöste **Besetzungsmängel** sind nur dann absolute Revisionsgründe im Sinne von § 338 Nr. 1 StPO, wenn der (Ergänzungs-)Richter, in dessen Person der Mangel liegt, an der Urteilsfällung mitgewirkt hat.[19]

§ 193 [Anwesende Personen]

(1) Bei der Beratung und Abstimmung dürfen außer den zur Entscheidung berufenen Richtern nur die bei demselben Gericht zu ihrer juristischen Ausbildung beschäftigten Personen und die

---

[3] BGH v 7. 4. 1976 – 2 StR 640/75, BGHSt 26, 324 (325) = NJW 1976, 1547; BGH v. 5. 10. 1988 – 2 StR 250/88, BGHSt 35, 366 (368) = NJW 1989, 161.
[4] KK-StPO/*Diemer* Rn. 4 a.
[5] BGH v. 1. 8. 2002 – 3 StR 496/01, NStZ-RR 2003, 14.
[6] LG Halle v. 20. 1. 2005 – 23 a KLs 3/04, StV 2005, 208.
[7] BVerfG v. 26. 1. 1971 – 2 BvR 443/69, BVerfGE 30, 149 (156) = NJW 1971, 1029.
[8] RG v. 20. 4. 1895 – 992/95, RGSt 27, 172.
[9] BGH v. 23. 4. 1963 – 5 StR 601/62, BGHSt 18, 331 = NJW 1963, 1463.
[10] BVerfG v. 26. 1. 1971 – 2 BvR 443/69, BVerfGE 30, 149 (156) = NJW 1971, 1029.
[11] BGH v. 5. 10. 1988 – 2 StR 250/88, BGHSt 35, 366 = NJW 1989, 161.
[12] BGH v. 10. 12. 2008 – 1 StR 322/08, NJW 2009, 381.
[13] BGH v. 1. 7. 1966 – 4 StR 1/66, BGHSt 21, 108.
[14] BGH v. 8. 1. 2009 – StR 537/08, NJW 2009, 931.
[15] BGH v. 23. 1. 2002 – 5 StR 10/01, BGHSt 47, 220 = NJW 2002, 1508.
[16] BGH v. 14. 5. 1986 – 2 StR 854/84, NStZ 1986, 518.
[17] BGH v. 23. 4. 1963 – 5 StR 601/62, BGHSt 18, 331 = NJW 1963, 1463.
[18] Löwe/Rosenberg/*Wickern*, 25. Aufl., Rn. 22; SK-StPO/*Frister* Rn. 13.
[19] BGH v. 23. 1. 2002 – 5 StR 10/01, BGHSt 47, 220 = NJW 2002, 1508.

dort beschäftigten wissenschaftlichen Hilfskräfte zugegen sein, soweit der Vorsitzende deren Anwesenheit gestattet.

(2) [1] Ausländische Berufsrichter, Staatsanwälte und Anwälte, die einem Gericht zur Ableistung eines Studienaufenthaltes zugewiesen worden sind, können bei demselben Gericht bei der Beratung und Abstimmung zugegen sein, soweit der Vorsitzende deren Anwesenheit gestattet und sie gemäß den Absätzen 3 und 4 verpflichtet sind. [2] Satz 1 gilt entsprechend für ausländische Juristen, die im Entsendestaat in einem Ausbildungsverhältnis stehen.

(3) [1] Die in Absatz 2 genannten Personen sind auf ihren Antrag zur Geheimhaltung besonders zu verpflichten. [2] § 1 Abs. 2 und 3 des Verpflichtungsgesetzes vom 2. März 1974 (BGBl. I S. 469, 547 – Artikel 42) gilt entsprechend. [3] Personen, die nach Satz 1 besonders verpflichtet worden sind, stehen für die Anwendung der Vorschriften des Strafgesetzbuches über die Verletzung von Privatgeheimnissen (§ 203 Abs. 2 Satz 1 Nr. 2, Satz 2, Abs. 4 und 5, § 205), Verwertung fremder Geheimnisse (§§ 204, 205), Verletzung des Dienstgeheimnisses (§ 353b Abs. 1 Satz 1 Nr. 2, Satz 2, Abs. 3 und 4) sowie Verletzung des Steuergeheimnisses (§ 355) den für den öffentlichen Dienst besonders Verpflichteten gleich.

(4) [1] Die Verpflichtung wird vom Präsidenten oder vom aufsichtsführenden Richter des Gerichts vorgenommen. [2] Er kann diese Befugnis auf den Vorsitzenden des Spruchkörpers oder auf den Richter übertragen, dem die in Absatz 2 genannten Personen zugewiesen sind. [3] Einer erneuten Verpflichtung bedarf es während der Dauer des Studienaufenthaltes nicht. [4] In den Fällen des § 355 des Strafgesetzbuches ist der Richter, der die Verpflichtung vorgenommen hat, neben dem Verletzten antragsberechtigt.

I. Normzweck

1 Die Beschränkungen der Anwesenheit bei Beratungen und Abstimmungen in § 193 dienen einem **doppelten Schutzzweck**: Zum einen wird § 192 dahingehend ergänzt, dass die Teilnahme unbefugter Personen bei der Entscheidungsfällung ausgeschlossen werden soll.[1] Zum anderen sichert die Vorschrift die Unbefangenheit der erkennenden Richter, die in aller Freiheit und Offenheit das Ergebnis des Prozesses beraten können, ohne dass Dritte von ihren Argumenten und Überlegungen Kenntnis erlangen oder darauf Einfluss nehmen können.[2]

II. Beratung

2 **1. Allgemeines.** Die **Beratung** erfordert eine Aussprache mit dem Ziel einer gerichtlichen Willensbildung.[3] Sie dient der gründlichen Prüfung und Abwägung aller für die Entscheidungsfindung wesentlichen Umstände, die Gegenstand der Verhandlung waren.[4] Die Beratung ist **nicht öffentlich** und findet daher regelmäßig im Beratungszimmer statt.[5] Eine Beratung im Sitzungssaal ist zwar nicht grundsätzlich ausgeschlossen, davon sollte aber nur mit „größter Zurückhaltung"[6] und daher wohl nur „in Ausnahmefällen"[7] Gebrauch gemacht werden. Die endgültige Beratung darf erst nach dem letzten Wort des Angeklagten beginnen;[8] vorbereitende oder Zwischenberatungen sind dadurch aber nicht ausgeschlossen.[9] Die Beratung ist kein Teil der Hauptverhandlung. Das Protokoll kann folglich nur die Unterbrechung der Sitzung zum Zwecke der Beratung bestätigen, nicht aber die Durchführung der Beratung selbst.[10]

3 **2. Beratungsgeheimnis.** § 193 wird durch das Beratungsgeheimnis (§§ 43, 45 DRiG) ergänzt, dem alle Berufs- und ehrenamtlichen Richter bezüglich ihrer Beratungen unterliegen. Das Beratungsgeheimnis **sichert** zusätzlich **die Unbefangenheit des Richters**, der sich in den Beratungen frei äußern kann, ohne befürchten zu müssen, seine Äußerungen könnten nachträglich bekannt werden. Aus dieser Zweckbestimmung folgt auch, dass von der Beachtung des Beratungsgeheimnisses – anders als von der Pflicht zur Amtsverschwiegenheit – nicht entbunden werden kann.[11]

---

[1] SK-StPO/*Frister* Rn. 2.
[2] BGH v. 30. 3. 1995 – 4 StR 33/95, BGHSt 41, 119 (121) = NJW 1995, 2645.
[3] SK-StPO/*Frister* Rn. 3.
[4] Meyer-Goßner Rn. 1.
[5] KK-StPO/*Diemer* Rn. 3; Meyer-Goßner Rn. 2.
[6] BGH v. 29. 11. 1963 – 4 StR 352/63, BGHSt 19, 156 (157) = NJW 1964, 308; BGH v. 14. 7. 1971 – 3 StR 73/71, BGHSt 24, 170 (171).
[7] BGH v. 9. 6. 1987 – 1 StR 236/87, NJW 1987, 3210.
[8] BGH v. 14. 7. 1971 – 3 StR 73/71, BGHSt 24, 170 (171).
[9] BGH v. 3. 7. 1962 – 3 StR 22/61, BGHSt 17, 337 (340) = NJW 1962, 1873.
[10] BGH v. 29. 1. 1954 – 1 StR 329/53, BGHSt 5, 294.
[11] AllgM.

III. Zur Teilnahme an der Beratung berechtigte Personen

1. Auszubildende Personen und wissenschaftliche Hilfskräfte (Abs. 1). Bei der Beratung dürfen außer den zur Entscheidung berufenen Richtern die zur juristischen Ausbildung bei demselben Gericht beschäftigten Personen zugegen sein. Dabei handelt es sich in erster Linie um die dort tätigen **Referendare**.[12] Einem Referendar ist die Teilnahme jedoch zu versagen, wenn er mit der zu beratenden Sache noch in anderer Weise befasst gewesen ist, etwa als Verteidiger,[13] Sachverständiger oder Zeuge.[14] **Abiturienten** in einem freiwilligen Berufsorientierungspraktikum[15] dürfen zur Beratung ebenso wenig zugelassen werden wie **Studenten**, die bei Gericht ein Praktikum ableisten.[16] Nach dem eindeutigen Gesetzeswortlaut dürfen die bei den Obersten Gerichtshöfen des Bundes beschäftigten **wissenschaftlichen Mitarbeiter** an der Beratung teilnehmen, wenn der Vorsitzende dies gestattet.

2. Ausländische Richter, Staatsanwälte und Rechtsanwälte (Abs. 2 bis 4). Ausländische Berufsrichter, Staatsanwälte und Rechtsanwälte sowie in einem Ausbildungsverhältnis stehende, Referendaren vergleichbare, ausländischer Juristen können zur Teilnahme an der Beratung zugelassen werden, falls sie zuvor nach den Abs. 3 und 4 **zur Verschwiegenheit verpflichtet** worden sind. Eine solche Verpflichtung erfolgt nur auf Antrag; wird ein solcher nicht gestellt, ist eine Teilnahme an der Beratung ausgeschlossen.[17]

IV. Revision

Ein Verstoß gegen § 193 stellt keinen absoluten, sondern nur einen relativen Revisionsgrund dar.[18] Die **Teilnahme unbefugter Personen** an der Beratung ist jedoch ein Verfahrensfehler, auf dem ein Urteil regelmäßig beruhen wird. Denn bei Verstößen gegen § 193 ist ein besonders strenger Prüfungsmaßstab anzulegen, zumal Vorgänge im Beratungszimmer im Allgemeinen nicht nachgeprüft werden können.[19] Dass jemand die Beratung heimlich belauscht, begründet die Revision aber nicht.[20]

§ 194 [Beratungshergang]

(1) Der Vorsitzende leitet die Beratung, stellt die Fragen und sammelt die Stimmen.

(2) Meinungsverschiedenheiten über den Gegenstand, die Fassung und die Reihenfolge der Fragen oder über das Ergebnis der Abstimmung entscheidet das Gericht.

I. Beratung

Der Vorsitzende bestimmt **Ort, Zeit** und **Form** der Beratung nach pflichtgemäßem Ermessen.[1] Er muss darauf achten, dass die Ausführungen der Verfahrensbeteiligen in rechtlicher und tatsächlicher Hinsicht umfassend erörtert werden.[2] Auch muss die Beratung zeitlich so nahe an der Verhandlung liegen, dass den Richtern der Inhalt der Verhandlung noch präsent ist.[3] Eine **nochmalige Beratung** (und Abstimmung) vor Verkündung der Entscheidung kann von einem Mitglied des Spruchkörpers nur dann verlangt werden, wenn Abstimmungsfehler oder neue Gesichtspunkte vorliegen.[4]

II. Abstimmung

Die Abstimmungsweise ist gesetzlich nicht geregelt. Die **Reihenfolge der Fragen**, über die abzustimmen ist, ergibt sich aus der Natur der Sache und logischen Erwägungen.[5] Über die Schuldfra-

---

[12] KK-StPO/*Diemer* Rn. 4; *Meyer-Goßner* Rn. 5.
[13] BGH v. 11. 12. 1962 – 5 StR 503/62, BGHSt 18, 165 = NJW 1963, 549.
[14] RG v. 23. 5. 1932 – II 501/32, RGSt 66, 252.
[15] OLG Koblenz v. 4. 11. 2004 – 1 Ss 297/04, StraFo 2005, 76.
[16] BGH v. 30. 3. 1995 – 4 StR 33/95, BGHSt 41, 119 = NJW 1995, 2645.
[17] KK-StPO/*Diemer* Rn. 5; *Meyer-Goßner* Rn. 7.
[18] BGH v. 11. 12. 1962 – 5 StR 503/62, BGHSt 18, 165 = NJW 1963, 549; BGH v. 23. 4. 1963 – 5 StR 601/62, BGHSt 18, 331 = NJW 1963, 1463.
[19] BGH v. 30. 3. 1995 – 4 StR 33/95, BGHSt 41, 119 = NJW 1995, 2645.
[20] BGH v. 18. 12. 1962 – 5 StR 516/62, BGH GA 1964, 134.
[1] KK-StPO/*Diemer* Rn. 1; SK-StPO/*Frister* Rn. 2.
[2] BVerfG v. 24. 3. 1987 – 2 BvR 667/86, NJW 1987, 2219 (2220); BGH v. 24. 7. 1990 – 5 StR 221/89, BGHSt 37, 141 (143) = NJW 1991, 50.
[3] KK-StPO/*Diemer* Rn. 1; SK-StPO/*Frister* Rn. 4.
[4] *Meyer-Goßner* Rn. 4; aA KK-StPO/*Diemer* Rn. 5; SK-StPO/*Frister* Rn. 13.
[5] KK-StPO/*Diemer* Rn. 2; *Meyer-Goßner* Rn. 1.

ge, dh. ob sich der Angeklagte einer bestimmten ihm zur Last gelegten Straftat schuldig gemacht hat, muss endgültig im Ganzen abgestimmt werden.[6] Eine **Stimmenthaltung** ist unzulässig.[7]

III. Revision

3   Das vollständige **Fehlen einer Beratung oder Abstimmung** kann mit der Revision angegriffen werden.[8] Hingegen sind die Dauer und der Umfang der Beratung der revisionsrechtlichen Kontrolle grundsätzlich entzogen.[9] Fehler beim **Abstimmungsverfahren** können mit der Revision nur dann erfolgreich gerügt werden, wenn das Gericht sie in den Entscheidungsgründen selbst offen legt.[10]

§ 195 [Keine Verweigerung der Abstimmung]

Kein Richter oder Schöffe darf die Abstimmung über eine Frage verweigern, weil er bei der Abstimmung über eine vorhergegangene Frage in der Minderheit geblieben ist.

1   § 195 setzt als selbstverständlich voraus, dass für jeden Richter des Spruchkörpers eine **Abstimmungspflicht** besteht;[1] er darf also weder die Stimmabgabe verweigern[2] noch sich der Stimme enthalten. Wird ein Berufsrichter oder Schöffe bei einer Stimmabgabe **überstimmt**, muss er dieses Ergebnis bei den nachfolgenden Entscheidungen zugrunde legen.[3] Auch ist es dem überstimmten Vorsitzenden oder dem überstimmten Berichterstatter untersagt, sich in der mündlichen oder schriftlichen Urteilsbegründung von der Mehrheitsmeinung des Spruchkörpers öffentlich zu distanzieren.[4] Der überstimmte Richter muss das Urteil auch unterschreiben (§ 275 Abs. 2 StPO), zumal die **Unterschrift** nicht die Zustimmung zu der Entscheidung ausdrückt, sondern nur, dass das Urteil das Ergebnis die Beratung zutreffend wiedergibt.[5]

§ 196 [Stimmenverhältnis]

(1) Das Gericht entscheidet, soweit das Gesetz nicht ein anderes bestimmt, mit der absoluten Mehrheit der Stimmen.

(2) Bilden sich in Beziehung auf Summen, über die zu entscheiden ist, mehr als zwei Meinungen, deren keine die Mehrheit für sich hat, so werden die für die größte Summe abgegebenen Stimmen den für die zunächst geringere abgegebenen so lange hinzugerechnet, bis sich eine Mehrheit ergibt.

(3) ¹Bilden sich in einer Strafsache, von der Schuldfrage abgesehen, mehr als zwei Meinungen, deren keine die erforderliche Mehrheit für sich hat, so werden die dem Beschuldigten nachteiligsten Stimmen den zunächst minder nachteiligen so lange hinzugerechnet, bis sich die erforderliche Mehrheit ergibt. ²Bilden sich in der Straffrage zwei Meinungen, ohne daß eine die erforderliche Mehrheit für sich hat, so gilt die mildere Meinung.

(4) Ergibt sich in dem mit zwei Richtern und zwei Schöffen besetzten Gericht in einer Frage, über die mit einfacher Mehrheit zu entscheiden ist, Stimmengleichheit, so gibt die Stimme des Vorsitzenden den Ausschlag.

I. Mehrheitsentscheidung (Abs. 1)

1   Nach Abs. 1 entscheidet das Gericht grundsätzlich mit der absoluten, dh. der **einfachen Mehrheit** der Stimmen, sofern das Gesetz keine anderen, qualifizierten Mehrheiten verlangt. Eine solche ist insbesondere bei allen für den Angeklagten nachteiligen Entscheidungen über die Schuldfrage und die Rechtsfolgen der Tat erforderlich, die mit **Zweidrittelmehrheit** getroffen werden müssen (§ 263 StPO).

---

[6] BGH v. 15. 7. 1976 – 4 StR 7/76, MDR 1976, 989.
[7] KK-StPO/*Diemer* Rn. 3; SK-StPO/*Frister* Rn. 11.
[8] BGH v. 29. 11. 1963 – 4 StR 352/63, BGHSt 19, 156 (157) = NJW 1964, 308; BGH v. 9. 6. 1987 – 1 StR 236/87, NJW 1987, 3210.
[9] BGH v. 24. 7. 1990 – 5 StR 221/89, BGHSt 37, 141 (144) = NJW 1991, 50.
[10] BGH v. 15. 7. 1976 – 4 StR 7/76, MDR 1976, 989.
[1] AllgM.
[2] RG v. 10. 2. 1925 – I 31/25, RGSt 59, 83 (84).
[3] Meyer-Goßner Rn. 1; SK-StPO/*Frister* Rn. 2.
[4] Meyer-Goßner Rn. 2; SK-StPO/*Frister* Rn. 5.
[5] BGH v. 25. 2. 1975 – 1 StR 558/74, BGHSt 26, 92 (93) = NJW 1975, 1177.

Sechzehnter Titel. Beratung und Abstimmung §§ 197–202 GVG

II. Entscheidung über Summen (Abs. 2)

Abs. 2 gilt auch im Strafverfahren, etwa für Entscheidungen im Adhäsionsverfahren (§ 403 StPO) oder über die Höhe der Entschädigung nach dem StrEG.[1] Für die Bestimmung der Höhe einer Geldstrafe gilt hingegen Abs. 3. 2

III. Stimmenverschiedenheit (Abs. 3)

Abs. 3 erlangt Bedeutung bei der Entscheidung über die **Rechtsfolgen** der Tat, weil es hier mehr als zwei Entscheidungsalternativen gibt. Die Norm löst insbesondere den Konflikt, der entsteht, wenn mehrere Mitglieder des Spruchkörpers unterschiedliche Auffassungen zur Höhe der zu verhängenden Strafe haben.[2] 3

IV. Stichentscheid (Abs. 4)

Abs. 4 trägt der Problematik Rechnung, dass bei der Besetzung einer Strafkammer (§ 76 Abs. 2 und 3) oder des erweiterten Schöffengerichts (§ 29 Abs. 2) mit zwei Berufsrichtern und zwei Schöffen die Abstimmung zu einem „Patt" durch **Stimmengleichheit** führen kann. Dass in einer solchen Situation der Stimme des Vorsitzenden größeres Gewicht zukommt, ist verfassungsrechtlich unbedenklich.[3] 4

§ 197 [Reihenfolge der Stimmabgabe]

[1] Die Richter stimmen nach dem Dienstalter, bei gleichem Dienstalter nach dem Lebensalter, ehrenamtliche Richter und Schöffen nach dem Lebensalter; der jüngere stimmt vor dem älteren. [2] Die Schöffen stimmen vor den Richtern. [3] Wenn ein Berichterstatter ernannt ist, so stimmt er zuerst. [4] Zuletzt stimmt der Vorsitzende.

§ 197 verfolgt das **Ziel**, eine möglichst unabhängige Stimmabgabe zu gewährleisten. Durch die vorgeschriebene Reihenfolge der Stimmabgabe soll vermieden werden, dass sich die Schöffen an den Berufsrichtern, die jüngeren Richter an erfahreneren Kollegen und der gesamte Spruchkörper am Vorsitzenden orientieren.[1*] Daher stimmt der Vorsitzende stets zuletzt ab, auch wenn er zugleich Berichterstatter ist.[2*] Für die **Revision** dürfte eine Verletzung des § 197 praktisch ohne Bedeutung sein. Zwar kann ein Urteil unschwer auf einer fehlerhaften Abstimmungsreihenfolge beruhen (§ 337 StPO), mit Hinblick auf das Beratungsgeheimnis kann ein Verstoß aber nur festgestellt werden, wenn er sich aus dem schriftlichen Urteil selbst ergibt. 1

§ 198 (weggefallen)

SIEBZEHNTER TITEL. GERICHTSFERIEN

§§ 199–202 *(aufgehoben)*

---

[1] KK-StPO/*Diemer* Rn. 1.
[2] Löwe/Rosenberg/*Wickern*, 25. Aufl., Rn. 6; SK-StPO/*Frister* Rn. 6 jeweils mit einem Beispiel.
[3] Löwe/Rosenberg/*Wickern*, 25. Aufl., Rn. 7.
[1*] SK-StPO/*Frister* Rn. 2.
[2*] Löwe/Rosenberg/*Wickern*, 25. Aufl., Rn. 3; SK-StPO/*Frister* Rn. 3.

EINFÜHRUNGSGESETZ ZUM GERICHTSVERFASSUNGSGESETZ

Vom 27. Januar 1877 (RGBl. S. 77)
zuletzt geändert durch Gesetz vom 17. Dezember 2008 (BGBl. I S. 2586)

(FNA 300-1)

(Auszug)

Dritter Abschnitt. Anfechtung von Justizverwaltungsakten

§ 23 [Rechtsweg bei Justizverwaltungsakten]

(1) ¹Über die Rechtmäßigkeit der Anordnungen, Verfügungen oder sonstigen Maßnahmen, die von den Justizbehörden zur Regelung einzelner Angelegenheiten auf den Gebieten des bürgerlichen Rechts einschließlich des Handelsrechts, des Zivilprozesses, der freiwilligen Gerichtsbarkeit und der Strafrechtspflege getroffen werden, entscheiden auf Antrag die ordentlichen Gerichte. ²Das gleiche gilt für Anordnungen, Verfügungen oder sonstige Maßnahmen der Vollzugsbehörden im Vollzug der Untersuchungshaft sowie derjenigen Freiheitsstrafen und Maßregeln der Besserung und Sicherung, die außerhalb des Justizvollzuges vollzogen werden.

(2) Mit dem Antrag auf gerichtliche Entscheidung kann auch die Verpflichtung der Justiz- oder Vollzugsbehörde zum Erlaß eines abgelehnten oder unterlassenen Verwaltungsaktes begehrt werden.

(3) Soweit die ordentlichen Gerichte bereits auf Grund anderer Vorschriften angerufen werden können, behält es hierbei sein Bewenden.

I. Allgemeines

1   § 23 eröffnet für bestimmtes Verwaltungshandeln als **Ausnahme zu § 40 VwGO** den Rechtsweg zu den ordentlichen Gerichten.[1] Intention dieser Regelung war, die Entscheidungsbefugnisse der ordentlichen Gerichte aufgrund deren Sachnähe zu erweitern; daher bleiben gemäß § 23 Abs. 3 alle Vorschriften unberührt, nach denen ohnehin die ordentlichen Gerichte die Entscheidungskompetenz besitzen.[2] Wegen des Ausnahmecharakters der Regelung in Bezug auf § 40 VwGO ist § 23 eng auszulegen.[3] Zu beachten ist, dass die Norm die Zuständigkeit regelt, aber keine abschließende Aufzählung der überprüfbaren Maßnahmen enthält.[4]

2   In verfassungsrechtlicher Hinsicht sind §§ 23 ff. eine Konkretisierung der **Rechtsweggarantie** des Art. 19 Abs. 4 GG,[5] nach der die Maßnahmen der (Justiz-)Vollzugsbehörden in vollem Umfang gerichtlich überprüfbar sind. Umfasst sind nur Maßnahmen innerhalb der ordentlichen Gerichtsbarkeit iSd. § 12 GVG, nicht jedoch Maßnahmen andere Gerichtsbarkeiten.[6]

II. Justizbehörden (Abs. 1 S. 1)

3   Für den Begriff der Justizbehörden, der in Abs. 1 S. 1 verwendet wird, findet sich keine gesetzliche Definition. Er ist nach ganz hM im **funktionalen Sinne** zu verstehen,[7] dh. wenn die handelnde Behörde Aufgaben wahrnimmt, die in ihrem Zuständigkeitsbereich liegen und unmittelbar der (Straf-)Rechtspflege[8] dienen, ist sie eine Justizbehörde iSd. Abs. 1.[9] Der Begriff der Justizbehörde dient hierbei nicht der Abgrenzung zu anderen Behörden; er soll vielmehr klarstellen, dass

---

[1] Vgl. *Kissel/Mayer* Rn. 12 mwN.
[2] Hierzu unten Rn. 26.
[3] Vgl. BVerwG v. 24. 5. 1972 – I C 33.70, BVerwGE 40, 112 (115); BGH v. 16. 7. 2003 – IV AR (VZ) 1/03, NJW 2003, 2989 (2990); KK-StPO/*Schoreit* Rn. 3.
[4] Vgl. BGH v. 26. 5. 1961 – 2 StR 40/61, BGHSt 16, 225 (230) = NJW 1961, 2120 (2121).
[5] Hierzu Sodan/*Sodan* Art. 19 GG Rn. 28.
[6] Vgl. BGH v. 16. 7. 2003 – IV AR (VZ) 1/03, NJW 2003, 2989 (2990); *Kissel/Mayer* Rn. 13; Löwe/Rosenberg/*Böttcher*, 25. Aufl., Vor § 23 Rn. 13.
[7] Hierzu v. 21. 11. 1978 – 1 BJs 93/77, BGHSt 28, 206 (209) = NJW 1979, 882; BGH v. 24. 6. 1998 – 5 AR (VS) 1/98, BGHSt 44, 107 (113) = NJW 1998, 3577 (3578); OLG Frankfurt v. 24. 10. 2000 – 3 VAs 48/00, NStZ-RR 2001, 44 (45); zum Streitstand Löwe/Rosenberg/*Böttcher*, 25. Aufl., Rn. 2.
[8] Zum Anwendungsbereich im Zivilrecht sei auf die gängigen Kommentare verwiesen, vgl. zB MünchKommZPO/*Rauscher/Pabst* Rn. 8 ff.
[9] So Löwe/Rosenberg/*Böttcher*, 25. Aufl., Rn. 2; *Meyer-Goßner/Cierniak* Rn. 2.

keine Akte der Rechtsprechung im engeren Sinne, sondern nur Verwaltungshandeln gemäß § 23 angegriffen werden kann.[10]

1. Gerichte. Unter die Kategorie der Justizbehörde fallen zum einen die **ordentlichen Gerichte**.[11] Das gilt allerdings nur, soweit diese in ihrer Eigenschaft als Organe der Justizverwaltung tätig werden.[12] Außerhalb des Anwendungsbereiches des § 23 liegen hingegen Handlungen der rechtsprechenden Organe, welche im Rahmen der **richterlichen Unabhängigkeit** vorgenommen werden.[13] Gegen diese gewährt § 23 als Konkretisierung des Art. 19 Abs. 4 GG, dessen Schutz auf die vollziehende öffentliche Gewalt beschränkt ist,[14] keinen Rechtsschutz („Schutz durch den Richter, nicht gegen ihn").

Entsprechend sind **weder Urteile noch Beschlüsse** noch die ihnen vorausgehenden Entscheidungen nach § 23 überprüfbar.[15] Die gesamte **Terminsanberaumung** inklusive der Weigerung eines Richters, einen Hauptverhandlungstermin abzusetzen,[16] gehören hierzu; ebenso ist der Antrag unzulässig, den Strafrichter nach § 23 Abs. 2 zur alsbaldigen schriftlichen Begründung des verkündeten Urteils zu verpflichten.[17] Auch die **Versagung oder Gewährung von Prozesskostenhilfe**[18] oder eines **Reisekostenvorschusses**[19] sind nicht gemäß § 23 anfechtbar. Ebenso wenig kann der **Kostenfestsetzungsbeschluss** auf diesem Wege angefochten werden.[20] Dasselbe gilt für die Teilnahme eines Richters an der **Schöffenwahl**, die nicht der Justizverwaltung, sondern der Rechtsprechung zuzurechnen ist.[21] Auch **sitzungspolizeiliche Maßnahmen** zählen zur Rechtsprechung in diesem Sinne.[22]

Im Rahmen der ermittlungsrichterlichen Tätigkeit sei insbesondere auf die lange umstrittene Frage des Rechtsweges bei der Anordnung von **Durchsuchungen und Beschlagnahmen** hingewiesen, für deren Überprüfung **nicht** das OLG nach § 23 zuständig ist.[23] Dauert die richterlich angeordnete Maßnahme, die mit einem Grundrechtseingriff verbunden ist, noch an, so kann sie auf dem Wege der Beschwerde nach § 304 StPO mit dem Ziel angefochten werden,[24] die Rechtmäßigkeit der *Anordnung* zu überprüfen. Gegen Art und Weise des Vollzugs der Durchsuchungsanordnung kann die gerichtliche Entscheidung nach § 98 Abs. 2 S. 2 StPO beantragt werden,[25] und zwar auch dann, wenn die Durchsuchung zwischenzeitlich abgeschlossen wurde,[26] Voraussetzung ist allerdings, dass die angegriffene Art und Weise des Vollzugs nicht evidenter Bestandteil der Anordnung war.[27] Auch die Überprüfung der Vollziehung einer richterlich angeordneten **Blutentnahme** nach § 81 g StPO ist nicht über § 23 möglich.[28]

Alle anderen dienstlich vorgesehenen[29] Entscheidungen von Richtern und Gerichten, welche nicht der Rechtsprechung zuzurechnen sind, sind nach § 23 überprüfbar. So kann zB die verwehrte **Auskunft** über den Geschäftsverteilungsplan des Gerichts nach § 23 angefochten werden.[30]

2. Staatsanwaltschaften. Justizbehörde iSd. Abs. 1 S. 1 sind neben den Gerichten auch die **Staatsanwaltschaften**, da sie Aufgaben als Strafverfolgungsbehörde, als Anklagebehörde im gerichtlichen

---

[10] Dazu sogleich, vgl. auch *Kissel/Mayer* Rn. 14; KK-StPO/*Schoreit* Rn. 10.
[11] Vgl. *Kissel/Mayer* Rn. 13; Löwe/Rosenberg/*Böttcher*, 25. Aufl., Rn. 4 ff.
[12] So OLG Hamm v. 23. 12. 1982 – 7 VAs 77/82, NStZ 1983, 232 (232 f.) zur gerichtlichen Überprüfung eines Durchsuchungsbeschlusses; OLG Karlsruhe v. 17. 9. 1992 – 2 VAs 15/92, NStZ 1993, 104 hinsichtlich des Jugendrichters als Vollstreckungsleiter; OLG Stuttgart v. 30. 5. 1985 – 4 VAs 30/85, NJW 1985, 2343 (2344) hinsichtlich der Ungültigkeit einer Schöffenwahl; KK-StPO/*Schoreit* Rn. 11.
[13] Vgl. *Kissel/Mayer* Rn. 9, 16; KK-StPO/*Schoreit* Rn. 5.
[14] BVerfG v. 25. 1. 2005 – 2 BvR 656/99, 2 BvR 657/99, 2 BvR 683/99, BVerfGE 112, 185 (207) = NJW 2005, 1999 (2001).
[15] OLG Hamm v. 2. 6. 1997 – 15 VA 8/97, NJW 1998, 1233 zur Zusendung eines unfrankierten Empfangsbekenntnisses durch das Gericht und der Weigerung, Rückporto und Rückumschlag zur Verfügung zu stellen; KK-StPO/*Schoreit* Rn. 12.
[16] Vgl. OLG Koblenz v. 25. 1. 1973 – 1 VAs 1/73, MDR 1973, 521; *Kissel/Mayer* Rn. 10.
[17] Vgl. Löwe/Rosenberg/*Böttcher*, 25. Aufl., Rn. 4 mwN.
[18] So *Kissel/Mayer* Rn. 10; KK-StPO/*Schoreit* Rn. 12 mwN.
[19] Vgl. Löwe/Rosenberg/*Böttcher*, 25. Aufl., Rn. 4 mwN.
[20] Vgl. OLG Jena v. 26. 4. 2004 – 1 VAs 2/04, NStZ-RR 2004, 319 (320).
[21] So BGH v. 10. 6. 1980 – 5 StR 464/79, BGHSt 29, 283 (287) = NJW 1980, 2364 (2365); OLG Stuttgart v. 30. 5. 1985 – 4 VAs 30/85, NJW 1985, 2343 (2344).
[22] Vgl. OLG Hamburg v. 10. 4. 1992 – VAs 4/92, NStZ 1992, 509.
[23] Mittlerweile unstr., vgl. BGH v. 13. 10. 1999 – StB 7/99, StB 8/99, NJW 2000, 84 (86) mwN; siehe hierzu auch § 28 Rn. 14.
[24] Siehe BGH v. 3. 8. 1995 – StB 33/95, NJW 1995, 3397; BGH v. 7. 12. 1998 – 5 AR (VS) 2/98, NJW 1999, 730 (731).
[25] So OLG Koblenz v. 19. 6. 2006 – 1 Ws 385/06, NStZ 2007, 285 (286) zur Beschlagnahme; KK-StPO/*Schoreit* Rn. 31 e mwN.
[26] Grundsätzlich hierzu BVerfG v. 30. 4. 1997 – 2 BvR 817/90, NStZ 1997, 2163 (2164).
[27] So BGH v. 25. 8. 1999 – 5 AR (VS) 1/99, BGHSt 45, 183 (184 ff.) = NJW 1999, 3499 (3499 f.) mAnm *Katholnigg* NStZ 2000, 155; OLG Stuttgart v. 26. 2. 1999 – 4 VAs 34/98, NStZ 1999, 374 (375).
[28] Vgl. OLG Karlsruhe v. 5. 3. 2002 – 2 VAs 5/01, NJW 2002, 3117 (3118).
[29] Hierzu *Kissel/Mayer* Rn. 14 mwN.
[30] So OLG Frankfurt v. 23. 2. 2006 – 3 VAs 13/06, NStZ-RR 2006, 208.

Verfahren, als Vollstreckungsbehörde nach § 36 Abs. 2 StPO und als Strafvollzugsbehörde wahrnehmen.[31] Handlungen der Staatsanwaltschaft, die der Einleitung, Durchführung oder Gestaltung eines Ermittlungsverfahrens und des Strafverfahrens vor Gericht dienen, die sog. **Prozesshandlungen**, sind allerdings nicht nach § 23 anfechtbar.[32] Die Entscheidung über die Einleitung eines Ermittlungsverfahrens ist schon deshalb nicht nach § 23 nachprüfbar, weil es keinen Anspruch auf Strafverfolgung eines anderen gibt.[33] Dasselbe gilt für die Gemächlichkeit der Durchführung eines staatsanwaltlichen Ermittlungsverfahrens[34] und auch für die verzögerte Einstellung desselben,[35] wie grundsätzlich für alle Entscheidungen hinsichtlich der **Ausgestaltung des Ermittlungsverfahrens**.[36] Etwas anderes kann nur dann gelten, wenn die Einleitung oder Fortführung eines Ermittlungsverfahrens schlechthin als willkürlich angesehen werden muss.[37] Entsprechend stellt die Versendung von **Fragebogen an Zeugen** zur Sachverhaltsaufklärung im Rahmen eines Ermittlungsverfahrens keine Maßnahme iSd. § 23 Abs. 1 S. 1 dar.[38]

9   Insgesamt gesehen ist das Handeln der Staatsanwaltschaft in überwiegenden Teilen der Anfechtung nach § 23 entzogen, was seinen Grund darin hat, dass viele Maßnahmen einer Kontrolle nach den Vorschriften der StPO unterliegen, weshalb § 23 aufgrund der in Abs. 3 bestimmten Subsidiarität[39] keine Anwendung findet.[40] Eine Annahme hierzu bilden Vollstreckungsentscheidungen durch die Staatsanwaltschaft; so ist die Entscheidung nach § 456a StPO über § 23 anfechtbar,[41] ebenso wie die Entscheidung über die Vollstreckungsreihenfolge.[42] Der Rechtsweg gegen die Ablehnung der Vollstreckungsbehörde, den Verurteilten eine Ersatzfreiheitsstrafe durch gemeinnützige Arbeit abwenden zu lassen, ist streitig[43] und richtet sich maßgeblich nach den auf der Grundlage des Art. 293 EGStGB erlassenen Rechtsverordnungen der einzelnen Bundesländer.[44]

10   Von einiger Relevanz ist die Frage nach dem Rechtsweg bei Fällen verweigerter oder gewährter **Akteneinsicht**. Die Gewährung von Akteneinsicht an den im Verfahren **Beschuldigten** wird als Prozesshandlung angesehen und ist daher nicht nach § 23 anfechtbar, sondern vielmehr nach § 147 Abs. 5 S. 2 StPO.[45] Gegen Entscheidungen die **Akteneinsicht Dritter** betreffend, welche bis zum In-Kraft-Treten des Strafverfahrensänderungsgesetzes 1999 vom 2. 8. 2000[46] nach § 23 angefochten werden konnten, besteht nunmehr die Rechtsschutzmöglichkeit nach §§ 478 Abs. 3 S. 1, 475 StPO, so dass schon aufgrund der Subsidiaritätsklausel des Abs. 3 eine Anwendung des § 23 ausgeschlossen ist.[47] Die Gewährung von Akteneinsicht in Ermittlungsakten an öffentliche Stellen gemäß § 474 StPO hingegen kann durch den Beschuldigten nach §§ 23 ff. angefochten werden.[48] Das Akteneinsichtsrecht des **Verletzten** ist in § 406e StPO geregelt, gegen seine Versagung kann nach § 406e Abs. 4 S. 2 StPO vorgegangen werden, weshalb auch hier § 23 nicht anwendbar ist.[49] Unberührt hiervon bleibt die Akteneinsicht von **Untersuchungsausschüssen**, welche nach Ansicht des BGH weiterhin eine nach § 23 zu prüfende Maßnahme auf dem Gebiet der Strafrechtspflege darstellt.[50]

11   Ein besonderes Augenmerk ist auch hier auf Maßnahmen zu legen, die mit einem **Grundrechtseingriff** einhergehen. Auch bei einer durch die Staatsanwaltschaft angeordneten **Durchsuchung**

---

[31] So *Kissel/Mayer* Rn. 17; *Löwe/Rosenberg/Böttcher*, 25. Aufl., Rn. 11.
[32] Vgl. OLG Frankfurt v. 11. 10. 2004 – 3 VAs 34/04, NStZ-RR 2005, 13 (14); KK-StPO/*Schoreit* Rn. 31 mwN.
[33] Vgl. BVerfG v. 31. 3. 1993 – 2 BvR 236/93, NJW 1993, 1577.
[34] Hierzu OLG Hamm v. 23. 8. 1982 – 7 VAs 68/82, MDR 1983, 255 (255 f.); *Löwe/Rosenberg/Böttcher*, 25. Aufl., Rn. 32.
[35] Vgl. OLG Frankfurt v. 18. 9. 2007 – 3 VAs 33/07, NStZ-RR 2008, 78.
[36] Vgl. KK-StPO/*Schoreit* Rn. 32 mwN.
[37] Siehe BVerfG v. 2. 10. 2003 – 2 BvR 660/03, NStZ 2004, 447.
[38] Hierzu OLG Frankfurt v. 11. 10. 2004 – 3 VAs 34/04, NStZ-RR 2005, 13 (14).
[39] Siehe hierzu unten Rn. 26 f.
[40] Hierzu *Löwe/Rosenberg/Böttcher*, 25. Aufl., Rn. 11.
[41] OLG Celle v. 8. 9. 1998 – 3 ARs 8/98, StV 2000, 380 mAnm *Rozek* und wN; KG Berlin v. 4. 6. 2009 – 1 VAs 22/09, BeckRS 2009, 25759.
[42] OLG Köln v. 4. 8. 2009 – 2 Ws 361/09, NStZ-RR 2010, 157 (157 f.).
[43] Von einer Zuständigkeit des OLG ausgehend OLG Jena v. 12. 2. 2008 – 1 VAs 1/08, über juris; OLG Jena v. 16. 7. 2009 – WN 271/09, BeckRS 2009, 86297; aA OLG Karlsruhe v. 28. 1. 2009 – 2 VAs 20/08, NStZ-RR 2009, 220 (220 f.); OLG Koblenz v. 29. 10. 2009 – 2 Ws 506/09, NStZ-RR 2010, 190 (10 f.); vgl. auch die Vorlegungsentscheidung des BGH v. 23. 6. 2009 – 5 AR (VS) 10/09, NJW 2009, 3587 (3587 f.).
[44] BGH v. 23. 6. 2009 – 5 AR (VS) 10/09, NJW 2009, 3587 (3588); vgl. auch OLG Koblenz v. 29. 10. 2009 – 2 Ws 506/09, NStZ-RR 190 (190 f.).
[45] So OLG Frankfurt v. 19. 8. 2005 – 3 VAs 36/05, NStZ-RR 2005, 376; OLG Saarbrücken v. 20. 9. 2007 – VAs 5/07, NStZ-RR 2008, 48; OLG Stuttgart v. 10. 3. 2006 – 4 VAs 1/06, NJW 2006, 2565 (2566).
[46] BGBl I, 1253.
[47] Vgl. OLG Stuttgart v. 10. 3. 2006 – 4 VAs 1/06, NJW 2006, 2565 (2566).
[48] OLG Hamm v. 30. 4. 2009 – 1 VAs 11/09, BeckRS 2010, 10334; OLG Koblenz v. 11. 6. 2010 – 2 VAs 11/09; *Meyer-Goßner/Cierniak* § 478 StPO Rn. 4.
[49] Hierzu OLG Stuttgart v. 10. 3. 2006 – 4 VAs 1/06, NJW 2006, 2565 (2566) mwN.
[50] Hierzu BGH v. 12. 1. 2001 – 2 ARs 355/00, NStZ 2001, 389 (390) mAnm *Katholnigg*.

und **Beschlagnahme** war, wie bei richterlich angeordneten Maßnahmen dieser Art,[51] der Rechtsweg lange umstritten. Gegen eine noch nicht in Gänze vollzogene Durchsuchungsanordnung der Staatsanwaltschaft findet § 98 **Abs. 2 S. 2 StPO** analog Anwendung.[52] Der Richter kann dabei die Grenzen einer solchen Anordnung bestimmen und hat in diesem Rahmen die rechtliche Möglichkeit, Modalitäten ihrer Vollziehung zu regeln.[53] Auch für den Fall, dass die Art und Weise einer von der Staatsanwaltschaft angeordneten und bereits beendeten Durchsuchung in Frage steht, ist nach nunmehr einhelliger Meinung in der Rechtsprechung[54] die richterliche Überprüfung nach § 98 Abs. 2 S. 2 StPO analog möglich. Die **Anordnung einer körperlichen Untersuchung** gemäß § 81 a Abs. 2 bzw. § 81 c Abs. 5 S. 1 StPO, zu welcher die Staatsanwaltschaft bei Gefährdung des Untersuchungserfolges legitimiert ist, kann ebenso in analoger Anwendung von § 98 Abs. 2 S. 2 StPO richterlich überprüft werden und ist daher nicht nach § 23 anfechtbar.[55] Dasselbe gilt für eine **vorläufige Festnahme** nach § 127 Abs. 2 StPO.[56] Ein Antrag nach § 23 ist allerdings möglich bei der Ablehnung eines Antrages auf **Aktenvernichtung** durch die Staatsanwaltschaft[57] oder auch bei der Ablehnung der **Datenlöschung**.[58]

3. Polizei. Die Polizei gilt, wenn sie gemäß § 152 GVG in ihrer Funktion als **Ermittlungsperson der Staatsanwaltschaft** tätig wird, genau wie die Staatsanwaltschaft als Justizbehörde iSd. § 23 Abs. 1; dasselbe gilt naturgemäß für ihr Tätigwerden auf konkretes Ersuchen durch die Staatsanwaltschaft.[59] Auch das Tätigwerden der Polizei im Rahmen der eigenständigen Verfolgung strafbarer Handlungen qualifiziert sie als Justizbehörde im funktionellen Sinne.[60]

Auf **präventiv-polizeiliches Handeln**, also Maßnahmen, die allein der Gefahrenabwehr dienen, findet § 23 keine Anwendung. Hierunter fallen beispielsweise erkennungsdienstliche Maßnahmen, die keinem bereits laufenden Ermittlungsverfahren dienen; auch die Entscheidungen im Zusammenhang mit aus derartigen Maßnahmen gewonnenen Unterlagen sind nicht nach § 23 anfechtbar.[61] **Abgrenzungsprobleme** können dort entstehen, wo das polizeiliche Handeln sowohl präventiven als auch repressiven Zwecken dient. Nach hM[62] kommt es für die Frage des Rechtswegs auf den **Schwerpunkt der Tätigkeit** nach dem objektiven Gesamteindruck an.[63]

4. Finanzbehörden. Wenn die Finanzbehörden selbständig Ermittlungen nach §§ 386 Abs. 2, 399 Abs. 1 AO im Rahmen eines **Steuerstrafverfahrens** führen, sind sie als Justizbehörde iSd. § 23 anzusehen;[64] es gilt das für die Staatsanwaltschaft Ausgeführte entsprechend. Führt die Staatsanwaltschaft selbst die Ermittlungen, so hat die sonst zuständige Finanzbehörde gemäß § 402 Abs. 1 AO dieselben Rechte und Pflichten wie die Behörden der Polizei nach der StPO. Daher sind Maßnahmen der Finanzbehörde in diesem Kontext ebenfalls nach § 23 überprüfbar.[65]

III. Vollzugsbehörden (Abs. 1 S. 2)

Gemäß § 23 Abs. 1 S. 2 sind außerdem die Anordnungen, Verfügungen und Maßnahmen von Vollzugsbehörden anfechtbar, allerdings nur, soweit diese im Rahmen des Vollzugs der **Untersuchungshaft** oder von **Freiheitsstrafe oder Maßregeln** der Besserung und Sicherung, die **außerhalb des Justizvollzugs** stattfinden, angeordnet werden. Für Maßnahmen im Erwachsenenstrafvollzug und freiheitsentziehende Maßregeln hingegen gelten §§ 109 ff. StVollzG;[66] dasselbe gilt gemäß

---

[51] S. o. Rn. 6.
[52] Vgl. BGH v. 7. 12. 1998 – 5 AR (VS) 2/98, BGHSt 44, 265 (266 ff.) = NJW 1999, 730 (730 f.).
[53] So BGH v. 21. 11. 1978 – 1 BJs 93/77, BGHSt 28, 206 (209) = NJW 1979, 882.
[54] Siehe BGH v. 5. 8. 1998 – 5 ARs VS 2/98, NStZ 1999, 151 (151 f.) mAnm *Fezer*; BGH v. 7. 12. 1998 – 5 AR (VS) 2/98, NJW 1999, 730 (731 f.).
[55] So KK-StPO/*Schoreit* Rn. 35; *Kissel/Mayer* Rn. 34 mwN.
[56] Vgl. BGH v. 5. 8. 1998 – 5 ARs (VS) 1/97, BGHSt 44, 171 (171 ff.) = NJW 1998, 3653 (3654).
[57] Vgl. OLG Frankfurt v. 16. 8. 1998 – 3 VAs 9/98, NJW 1999, 73 (73 f.).
[58] So BVerfG v. 2. 4. 2006 – 2 BvR 237/06, 2 BvR 246/06, 2 BvR 256/06, StV 2007, 226; *Meyer-Goßner/Cierniak* Rn. 15.
[59] Vgl. BVerwG v. 3. 12. 1974 – I C 11.73, BVerwGE 47, 255 (257 ff.) = NJW 1975, 893 (893 ff.).
[60] Hierzu *Kissel/Mayer* Rn. 18 mwN.
[61] Vgl. Löwe/Rosenberg/*Böttcher*, 25. Aufl., Rn. 13 mwN.
[62] Zum Streitstand vgl. Löwe/Rosenberg/*Böttcher*, 25. Aufl., Rn. 17 f.
[63] Hierzu *Kissel/Mayer* Rn. 19 mwN; Löwe/Rosenberg/*Böttcher*, 25. Aufl., Rn. 18; aA und ausführlich zum „Scheinproblem" der Gemengelage von Repression und Prävention KK-StPO/*Schoreit* § 152 Rn. 18 ff.
[64] Hierzu *Kissel/Mayer* Rn. 20.
[65] Vgl. Löwe/Rosenberg/*Böttcher*, 25. Aufl., Rn. 20 mwN.
[66] Nach der Föderalismusreform haben bisher nur ersichtlich fünf Bundesländer eigene Strafvollzugsgesetze erlassen; die den gerichtlichen Rechtsschutz betreffenden Regelungen Niedersachsens (§ 102 NJVollzG), Baden-Württembergs (§ 93 JVollzGB III) und Hessens (§ 83 Nr. 3 HStVollzG) sowie des sächsischen Referentenentwurfs (§ 134 Abs. 1 Nr. 1) verweisen auf § 109 StVollzG; die Verweise haben rein deklaratorischen Charakter, da die Gesetzgebungskompetenz für das Verfahrensrecht beim Bund verblieben ist; die Strafvollzugsgesetze von Hamburg (HmbStVollzG) und Bayern (BayStVollzG) enthalten daher keine diesbezüglichen Regelungen.

§ 92 Abs. 6 JGG, wenn dort eine Jugendstrafe vollzogen wird.[67] Über diese Anträge entscheiden die Vollstreckungskammern.[68]

16 **Vollzugsbehörden** in diesem Sinne sind die Behörden, denen die Aufgabe des Vollzuges der in Abs. 1 S. 2 genannten freiheitsentziehenden Maßnahmen zukommt.[69] Maßnahmen im Vollzug der **Untersuchungshaft** sind nur nach § 23 anfechtbar, wenn sie nicht der Anordnungskompetenz des Haftrichters nach § 119 Abs. 6 S. 1 StPO unterfallen;[70] dies trifft auf Anordnungen, Verfügungen und Realakte zu, die sich nicht gegen einen bestimmten Untersuchungsgefangenen richten, sondern lediglich die allgemeine Vollzugsorganisation betreffen.[71] Darunter fallen beispielsweise die Festsetzung der **Besuchszeiten** für Verteidiger,[72] die Anordnung des Anstaltsleiters der körperlichen **Durchsuchung aller Besucher**,[73] die Zuweisung einer Zelle mit Sichtblende am Fenster[74] und die nicht ausreichende **ärztliche Behandlung** bzw. Medikation durch die Anstaltsärzte.[75] Auch die Ablehnung der Gestattung einer **Beschäftigung** kann nach § 23 angefochten werden.[76]

17 Die Ablehnung der **Aufnahme** eines Strafgefangenen zur Strafvollstreckung in einem anderen Bundesland durch das Justizministerium als oberste Aufsichtsbehörde der Justizvollzugsanstalten ist nach § 23 anfechtbar.[77] Wird eine Korrektur der **Einweisungsentscheidung** der Vollstreckungsbehörde (Strafantritt in einer anderen Justizvollzugsanstalt des betreffenden Bundeslandes) begehrt, so ist ebenfalls § 23 einschlägig;[78] im Gegensatz dazu ist die Entscheidung des Anstaltsleiters zu einer Verlegung nach bereits erfolgtem Strafantritt in dieser Sache nach § 109 StVollzG überprüfbar.[79] Auch die Entscheidung der Vollzugsbehörde, die Strafvollstreckung nicht nach § 35 BtMG zurückzustellen, kann gemäß **§ 35 Abs. 2 S. 2 BtMG** nach § 23 angefochten werden.[80]

18 Der Anwendungsbereich des § 23 erstreckt sich nach Abs. 1 S. 2 außerdem auf Freiheitsstrafen und Maßregeln, die **außerhalb des Justizvollzugs** vollzogen werden. Hierunter fällt nur noch der Vollzug von Freiheitsstrafen bzw. Jugendarrest an Soldaten durch die Bundeswehr in deren Anstalten,[81] hingegen **nicht** mehr die Unterbringung in einem psychiatrischen Krankenhaus nach § 63 StGB und in einer Entziehungsanstalt nach § 64 StGB. Über Rechtsbehelfe gegen Maßnahmen in diesem Kontext entscheidet nach §§ 138 Abs. 3, 109 ff. StVollzG iVm. § 78a Abs. 1 S. 2 Nr. 2 GVG die Strafvollstreckungskammer bei den Landgerichten.[82] Nach überwiegender Meinung fällt der Vollzug der **einstweiligen Unterbringung** nach § 126a StPO wegen seiner strukturellen Ähnlichkeit mit dem der Untersuchungshaft und weil § 126a Abs. 2 StPO die Anwendung der Vorschriften über die Untersuchungshaft bestimmt auch unter § 23 Abs. 1 S. 2.[83]

IV. Maßnahmen

19 **1. Der Begriff des Justizverwaltungsaktes.** Nach Abs. 1 S. 1 entscheidet das OLG über die Rechtmäßigkeit von Anordnungen, Verfügungen und sonstigen Maßnahmen zur Regelung einzelner Angelegenheiten im Bereich der aufgezählten Rechtsgebiete. Eine Maßnahme dieser Art wird gemeinhin als **Justizverwaltungsakt** bezeichnet, ein Begriff, der im Gesetz nicht vorkommt. Ein Justizverwaltungsakt muss nicht der Definition des § 35 VwVfG genügen,[84] er ist vielmehr jedes hoheitliche Handeln einer Justizbehörde in einer einzelnen Angelegenheit auf einem in Abs. 1 genannten Gebiet, das geeignet ist, den Betroffenen in seinen Rechten zu verletzen.[85] Ausreichend ist

---

[67] Vgl. *Meyer-Goßner/Cierniak* Rn. 3; *Calliess/Müller-Dietz* § 109 StrafVollzG Rn. 1.
[68] Vgl. *Calliess/Müller-Dietz* § 109 StrafVollzG Rn. 1.
[69] So *Löwe/Rosenberg/Böttcher*, 25. Aufl., Rn. 60.
[70] Hierzu *Kissel/Mayer* Rn. 154; *Löwe/Rosenberg/Böttcher*, 25. Aufl., Rn. 63 mwN.
[71] OLG Frankfurt v. 18. 12. 2003 – 3 VAs 4/03, NStZ-RR 2004, 184.
[72] Vgl. OLG Karlsruhe v. 25. 4. 1997 – 2 VAs 8/97, NStZ 1997, 407.
[73] So BGH v. 13. 11. 1979 – 5 Ars (VS) 18/79, BGHSt 29, 135 (137) = NJW 1980, 351.
[74] Vgl. OLG Karlsruhe v. 9. 12. 2004 – 2 VAs 24/04, NStZ-RR 2005, 191 (192).
[75] So OLG Frankfurt v. 11. 3. 2005 – 3 VAs 8/05, NStZ-RR 2005, 220 (221).
[76] Vgl. OLG Hamburg v. 12. 11. 2004 – 2 Ws 214/04, NStZ 2005, 292 (293).
[77] Vgl. OLG Hamm v. 30. 8. 2001 – 1 VAs 40/2001, NStZ 2002, 53; OLG Schleswig v. 8. 1. 2007 – 2 VAs 18/06, NStZ-RR 2007, 324.
[78] Vgl. zur Anfechtung einer Ladung in den geschlossenen Vollzug OLG Frankfurt v. 19. 12. 2005 – 3 VAs 50/05, NStZ 2007, 173 (174); OLG Hamm v. 22. 4. 2008 – 1 VAs 20/08, NStZ-RR 2008, 357 (358); OLG Zweibrücken v. 6. 11. 2009 – 1 VAs 2/09, wistra 2010, 118.
[79] So KG Berlin v. 10. 1. 2007 – 4 VAs 47/06, StV 2007, 203; vgl. auch OLG Frankfurt v. 18. 5. 2006 – 3 VAs 19/06, NStZ-RR 2006, 253 (253 f.) zur Verlegung in eine andere JVA innerhalb eines Bundeslandes.
[80] OLG Rostock v. 24. 4. 2009 – VAs 2/09, StraFo 2009, 470 (470 f.).
[81] Vgl. *Kissel/Mayer* Rn. 161; *Meyer-Goßner/Cierniak* Rn. 3.
[82] Ausführlich hierzu *Löwe/Rosenberg/Böttcher*, 25. Aufl., Rn. 65; *Calliess/Müller-Dietz* § 138 StrafVollzG Rn. 2.
[83] Hierzu *Löwe/Rosenberg/Böttcher*, 25. Aufl., Rn. 67 mwN.
[84] AllgM, im Einzelnen hierzu *Kissel/Mayer* Rn. 23 mwN.
[85] So *Kissel/Mayer* Rn. 24; KK-StPO/*Schoreit* Rn. 21; *Meyer-Goßner/Cierniak* Rn. 6.

schlichtes Verwaltungshandeln[86] oder auch nur ein **Realakt**.[87] Der Justizverwaltungsakt ist dabei an keine Form gebunden.

Die Maßnahme muss unmittelbar **Außenwirkung** haben. Diese liegt in aller Regel **nicht** bei behördeninternen Vorgängen wie zB Weisungen vor, welche erst dann eine Außenwirkung entfalten, wenn sie in eine entsprechende Maßnahme umgesetzt werden.[88] Keine Außenwirkung haben außerdem Auskünfte, soweit auf sie kein Anspruch besteht,[89] und Stellungnahmen[90] sowie Hinweise auf die Rechtsauffassung der Behörde.[91] Dasselbe gilt für die sog. **Wissenserklärungen** oder auch **Erkenntnismitteilungen** gegenüber einer anderen Behörde, der die Entscheidung über die Verwertung der mitgeteilten Umstände überlassen bleibt.[92] Entsprechend stellen in den Akten festgehaltene **Beobachtungen und Einschätzungen** der Polizei über das Verhalten einer Person, welche anlässlich strafprozessualer Ermittlungen gemacht worden sind und einer anderen gegen diese Person ermittelnden Polizeidienststelle mitgeteilt werden, mangels potentieller Rechtsverletzung keine Maßnahmen iSd. Abs. 1 S. 1 dar.[93] Auch die von Polizeibeamten im Kontext des Ermittlungsverfahrens gegenüber Dritten getätigten Äußerungen sind kein Justizverwaltungsakt.[94] 20

Ob eine **Pressemitteilung der Staatsanwaltschaft** eines im Anfangsstadium befindlichen Ermittlungsverfahrens eine solche Maßnahme darstellt, ist streitig. Das BVerwG hat dies mit dem Hinweis darauf verneint, es handele sich bei Presseerklärungen um keine spezifische Aufgabe der Staatsanwaltschaft auf dem Gebiet der Strafrechtspflege,[95] und hat bei entsprechenden Streitigkeiten auf den Verwaltungsrechtsweg verwiesen. Die OLGe hingegen vertreten einhellig die Meinung, dass Pressemitteilungen zumindest dann, wenn sie ein laufendes Verfahren betreffen, aufgrund des engen Zusammenhanges mit der Verfahrensdurchführung als Maßnahme iSd. Abs. 1 anzusehen seien.[96] 21

Hinsichtlich der umfangreichen **Kasuistik** sei auf die alphabetisch sortierten Fälle in der Kommentierung bei *Kissel/Mayer*[97] verwiesen. 22

2. Auf dem Gebiet der Strafrechtspflege. Die hier interessierenden Justizverwaltungsakte müssen auf dem Gebiet der Strafrechtspflege getroffen worden sein. Diese umfasst neben der Durchführung von Strafverfahren und der Vollstreckung der Entscheidungen der Strafgerichte alle Maßnahmen, die der Durchführung der Strafverfolgungs- und Strafvollstreckungstätigkeit dienen.[98] Insbesondere die Verwaltung der Akten gehört in diesen Bereich.[99] Auch die Führung des **Bundeszentralregisters** fällt in den Bereich der Strafrechtspflege.[100] 23

Gemeint ist die **innerstaatliche** Strafrechtspflege, ausländische Rechtshilfeersuchen können entsprechend nicht nach § 23 angefochten werden;[101] dasselbe gilt für Handlungen der Staatsanwaltschaft in einem Verfahren der Strafvollstreckungshilfe.[102] 24

V. Verpflichtungsantrag (Abs. 2)

Nach Abs. 2 kann mit dem Antrag auf gerichtliche Entscheidung auch die Verpflichtung der Behörde zum **Erlass** des entsprechenden Justizverwaltungsaktes geltend gemacht werden. Dieser Antrag ist nur dann zulässig, wenn der Antragsteller geltend macht, durch die Ablehnung des Verwaltungsaktes in seinen Rechten verletzt zu sein. Außerdem setzt er voraus, dass zunächst bei 25

---

[86] Vgl. KG Berlin v. 2. 7. 1992 – 4 VAs 10/92, NStZ 1993, 45 (46).
[87] Hierzu *Kissel/Mayer* Rn. 24 mwN.
[88] Vgl. *Kissel/Mayer* Rn. 29 mwN.
[89] Hierzu KK-StPO/*Schoreit* Rn. 55 mwN.
[90] Vgl. OLG Hamm v. 26. 11. 1984 – 1 VAs 115/84, NJW 1985, 2040 (2041); OLG Stuttgart v. 5. 12. 2006 – 4 VAs 14/06, StraFo 2007, 70 (70 f.).
[91] Vgl. BVerfG v. 7. 5. 1963 – 2 BvR 141/60, BVerfGE 16, 89 (93) = NJW 1963, 1819.
[92] Vgl. *Kissel/Mayer* Rn. 27.
[93] So OLG Stuttgart v. 5. 12. 2006 – 4 VAs 14/2006, wistra 2007, 199 (200) = NStZ 2008, 359 (360).
[94] So OLG Frankfurt v. 11. 10. 2004 – 3 VAs 34/04, NStZ-RR 2005, 13 (14).
[95] Vgl. BVerwG v. 14. 4. 1988 – 3 C 65/85, NJW 1989, 412 (414) mAnm *Wasmuth* NStZ 1990, 138 f.; aA *Kissel/Mayer* Rn. 30.
[96] So KG Berlin v. 1. 9. 1983 – 4 VAs 4/83, GA 1984, 24; OLG Celle v. 4. 12. 2003 – 2 VAs 23/03, NJOZ 2005, 3115 (3116); OLG Düsseldorf v. 27. 4. 2005 – I-15 U 98/03, NJW 2005, 1791 (1803 ff.); OLG Hamburg v. 3. 12. 1964 – VAs 72/64, NJW 1965, 776 (776 f.); OLG Hamm v. 7. 12. 1994 – 1 VAs 57/94, NStZ 1995, 412 (413); OLG Karlsruhe v. 14. 12. 1994 – 2 VAs 14/94, NJW 1995, 899; OLG Koblenz v. 29. 6. 1987 – 2 VAs 28/87, StV 1987, 430 (430 f.); OLG Stuttgart v. 21. 6. 2001 – 4 VAs 3/01, NJW 2001, 3797; ausführlich hierzu *Neuling* StV 2008, 387 (387 f.).
[97] Rn. 101 ff.
[98] So Löwe/Rosenberg/*Böttcher*, 25. Aufl., Rn. 27.
[99] Siehe hierzu oben Rn. 9.
[100] So Meyer-Goßner/*Cierniak* Rn. 4; *Kissel/Mayer* Rn. 113 mwN; Löwe/Rosenberg/*Böttcher*, 25. Aufl., Rn. 28.
[101] Vgl. OLG Stuttgart v. 12. 9. 1989 – 4 VAs 9/89, NStZ 1990, 123 (124).
[102] Hierzu KG Berlin v. 31. 3. 1993 – ZS 1412/92 – 4 VAs 33/92; NStZ 1993, 606 (606 f.) mAnm *Lagodny*; siehe auch OLG Hamm v. 25. 9. 1995 – 1 VAs 97/95, NStZ-RR 1996, 62 (62 f.).

der zuständigen Behörde der Antrag auf Erlass des begehrten Verwaltungsaktes gestellt worden ist,[103] da anderenfalls das für den Antrag notwendige Rechtschutzinteresse verneint wird.[104]

VI. Subsidiarität (Abs. 3)

26 Die etwas kryptisch anmutende Formulierung in Abs. 3 soll die Tatsache klarstellen, dass die durch § 23 begründete Rechtswegeröffnung eine **Erweiterung** der Zuständigkeiten der ordentlichen Gerichte darstellt und daher alle Regelungen unberührt bleiben, aufgrund derer die Zuständigkeit der ordentlichen Gerichte ohnehin begründet wird. Abs. 3 ist daher als eine Subsidiaritätsklausel zu verstehen.[105] Über den Wortlaut des Absatzes 3 hinaus ist § 23 auch dann subsidiär, wenn Gerichte anderer Gerichtsbarkeiten angerufen werden können.[106]

27 Der subsidiäre Rechtsweg im Verfahren nach §§ 23 ff. soll einen andernfalls nicht gewährleisteten Rechtsschutz durch ein Gericht sicherstellen. Er ist aber nicht dazu bestimmt, einen zusätzlichen Weg zur Überprüfung bereits vorhandener gerichtlicher Entscheidungen zu eröffnen, die nur mit den in den Verfahrensordnungen vorgesehenen Rechtsmitteln oder Rechtsbehelfen angefochten werden können;[107] solange daher eine Maßnahme unter rechtlicher Kontrolle des ordentlichen Gerichts steht, ist der Rechtsweg nach den §§ 23 ff. stets ausgeschlossen.[108] Denn dieser dient nur der Prüfung der gerichtlich unkontrollierten Justizverwaltungsakte.[109] Ebenfalls ausgeschlossen ist die Anrufung des Gerichts nach §§ 23 ff., wenn der Betroffene, beispielsweise aufgrund einer **Fristversäumung**, von den vorrangigen Rechtsmitteln keinen Gebrauch (mehr) machen kann.[110]

§ 24 [Zulässigkeit des Antrages]

(1) Der Antrag auf gerichtliche Entscheidung ist nur zulässig, wenn der Antragsteller geltend macht, durch die Maßnahme oder ihre Ablehnung oder Unterlassung in seinen Rechten verletzt zu sein.

(2) Soweit Maßnahmen der Justiz- oder Vollzugsbehörden der Beschwerde oder einem anderen förmlichen Rechtsbehelf im Verwaltungsverfahren unterliegen, kann der Antrag auf gerichtliche Entscheidung erst nach vorausgegangenem Beschwerdeverfahren gestellt werden.

I. Antragsbefugnis (Abs. 1)

1 Ein Antrag auf gerichtliche Entscheidung nach § 23 ist gemäß § 24 Abs. 1 nur zulässig, wenn der Antragsteller eine Verletzung seiner eigenen Rechte durch die angegriffene Maßnahme bzw. durch deren Ablehnung oder Unterlassung geltend macht. Der Wortlaut ist eng an den des § 42 Abs. 2 VwGO angelehnt; für die Funktion der Antragsbefugnis nach § 24 Abs. 1 gilt folglich gleichermaßen, dass durch das Erfordernis der Betroffenheit des Antragstellers in seinen eigenen Rechten **Popularklagen** und damit die übermäßige Inanspruchnahme der Gerichte sowie der Behörden als Antragsgegner verhindert werden sollen.[1] Dasselbe gilt für § 109 Abs. 2 StVollzG, der denselben Wortlaut wie § 24 Abs. 1 hat.[2]

2 Um eine Rechtsverletzung geltend zu machen, reicht die pauschale Behauptung einer solchen nicht aus.[3] Der Antragsteller muss vielmehr **Tatsachen** vortragen, die, wenn sie sich als richtig herausstellen, eine Rechtsverletzung möglich erscheinen lassen.[4] Diese Rechtsgutsverletzung sollte ausdrücklich, kann aber auch durch die Begründung des Antrages geltend gemacht werden.[5] Geschieht dies nicht, so ist der Antrag als unzulässig zu verwerfen.[6] An die vom Antragsteller darzustellende **Möglichkeit der Rechtsverletzung** sind keine überzogenen Anforderungen zu stellen, da

---

[103] Vgl. Löwe/Rosenberg/*Böttcher*, 25. Aufl., Rn. 75 mwN.
[104] So KG Berlin v. 20. 12. 1967 – 2 VAs 10/67, NJW 1968, 609; *Kissel/Mayer* Rn. 48.
[105] Vgl. BGH v. 26. 6. 1979 – 5 ARs (VS) 59/78, BGHSt 29, 33 (35) = NJW 1980, 351 (352).
[106] So Löwe/Rosenberg/*Böttcher*, 25. Aufl., Rn. 82 mwN; *Meyer-Goßner/Cierniak* Rn. 12.
[107] Zum Umfang der Subsidiarität vor dem Hintergrund von Art. 19 Abs. 4 GG Löwe/Rosenberg/*Böttcher*, 25. Aufl., Rn. 84.
[108] Hierzu bei noch nicht abgeschlossener Durchsicht von beschlagnahmten Unterlagen OLG Karlsruhe v. 28. 9. 1994 – 2 VAs 12/94, NJW 1995, 1976; vgl. OLG Hamm, Beschl. v. 20. 3. 1980 – 1 VAs 78/79 (unveröffentlicht); OLG Hamm v. 23. 12. 1982 – 7 VAs 77/82, NStZ 1983, 232.
[109] So OLG Hamm v. 23. 12. 1982 – 7 VAs 77/82, NStZ 1983, 232.
[110] Vgl. OLG Frankfurt v. 18. 12. 2003 – 3 VAs 4/03, NStZ-RR 2004, 184; OLG Frankfurt v. 11. 3. 2005 – 3 VAs 8/05, NStZ-RR 2005, 220.
[1] Vgl. Löwe/Rosenberg/*Böttcher*, 25. Aufl., Rn. 1 mwN.
[2] Hierzu *Calliess/Müller-Dietz* § 109 StrafVollzG Rn. 15.
[3] AllgM, vgl. *Kissel/Mayer* Rn. 1 mwN; KK-StPO/*Schoreit* Rn. 1; Löwe/Rosenberg/*Böttcher*, 25. Aufl., Rn. 2.
[4] Hierzu OLG Karlsruhe v. 20. 9. 1990 – 2 VAs 1/90, NStZ 1991, 50 (51).
[5] Vgl. *Meyer-Goßner/Cierniak* Rn. 1.
[6] Vgl. OLG Frankfurt v. 3. 3. 2005 – 3 VAs 1 /05; NStZ-RR 2005, 282 (283).

zunächst nur über die Zulässigkeit des Antrages und noch nicht über seine tatsächliche Begründetheit zu entscheiden ist.[7] Es genügt daher eine schlüssige Darstellung der Rechtsverletzung durch den entsprechenden Justizverwaltungsakt.[8]

Bei einem **Anfechtungsantrag** gemäß § 23 Abs. 1 ergibt sich die Möglichkeit einer Rechtsverletzung des Antragstellers bereits aus dem ergangenen Justizverwaltungsakt.[9] Ist der Antrag hingegen auf den Erlass eines bestimmten Justizverwaltungsaktes gerichtet, liegt also ein **Verpflichtungsantrag** nach § 23 Abs. 2 vor, so muss der Antragsteller darüber hinaus geltend machen, dass er einen Anspruch auf die abgelehnte oder unterlassene Maßnahme hat.[10] Wird der Justizbehörde hinsichtlich des Erlasses des begehrten Justizverwaltungsaktes **Ermessen** eingeräumt, so setzt eine mögliche Rechtsverletzung die Behauptung eines fehlerhaften oder unterlassenen Ermessensgebrauchs der Justizbehörde[11] oder die Geltendmachung eines Verstoßes gegen den Gleichbehandlungsgrundsatz nach Art. 3 GG voraus.[12]

Es muss eine **unmittelbare Rechtsverletzung** des Antragstellers durch die Maßnahme behauptet werden.[13] Anträge für bzw. durch Dritte, welche nicht Adressaten des Justizverwaltungsaktes sind und deren rechtlich geschützte Interessen nicht betroffen sind, sind unzulässig.[14]

II. Vorschaltverfahren (Abs. 2)

Wenn für bestimmte Maßnahmen der Justiz(vollzugs)behörden ein verwaltungsverfahrensrechtliches Vorverfahren vorgesehen ist, sich also der Antragsteller in einem Beschwerdeverfahren zunächst an die Behörde selbst mit der Bitte um Abhilfe wenden kann, ist gemäß Abs. 2 der Antrag auf gerichtliche Entscheidung erst zulässig, wenn dieses sog. **Vorschaltverfahren** bereits stattgefunden hat. Dabei ist es unschädlich, wenn der Bescheid der Behörde im Vorschaltverfahren nach der Stellung des Antrags auf gerichtliche Entscheidung ergeht; er muss lediglich zum **Zeitpunkt der Entscheidung des OLG** vorliegen.[15] Abs. 2 bestimmt nur, dass *im Falle* eines Vorschaltverfahrens der Weg zu den Gerichten erst nach dessen Inanspruchnahme eröffnet ist; die Regelung, ob und ggf. in welcher Gestalt ein Vorschaltverfahren stattfindet, bleibt im Rahmen der konkurrierenden Gesetzgebung gemäß Art. 74 Abs. 1 Nr. 1 GG im Zuständigkeitsbereich der Länder.[16]

Nutzt der Antragsteller die Möglichkeit des Vorschaltverfahrens nicht und lässt die hierfür vorgesehene Frist verstreichen, so begibt er sich damit gleichzeitig der Möglichkeit einer gerichtlichen Überprüfung der Maßnahme, da der Antrag dann nach § 24 Abs. 2 unzulässig ist. Dies gilt allerdings nicht, wenn die Behörde über einen **verfristeten** Antrag entschieden hat, da diese als Herrin des Verfahrens auch einen verspäteten Rechtsbehelf bescheiden kann.[17] Der Antrag auf gerichtliche Entscheidung wäre daher in der Folge zulässig.[18] In dem Fall, in dem die Behörde ihre Möglichkeit verkennt, auch über eine verfristete Beschwerde zu entscheiden, liegt ein Ermessensfehler vor.[19]

Die Begriffe „Beschwerde" und „förmlicher Rechtsbehelf" sind weit auszulegen,[20] dh. es ist unerheblich, ob zur Regelung eines möglichen Vorverfahrens ein Gesetz oder auch nur eine Verwaltungsvorschrift existiert. So genügen auch die Einwendungen nach **§ 21 StVollstrO** dem Abs. 2.[21] Für die Anfechtung einer Ablehnung der Zurückstellung der Vollstreckung durch den Verurteilten

---

[7] So auch Löwe/Rosenberg/*Böttcher*, 25. Aufl., Rn. 2, der eine Übernahme der Möglichkeitstheorie aus Verwaltungsprozessrecht befürwortet.
[8] So OLG Hamm v. 17. 1. 1983 – 7 VAs 63/82, MDR 1983, 602; OLG Karlsruhe v. 20. 9. 1990 – 2 VAs 1/90, NStZ 1991, 50 (51); OLG Frankfurt v. 3. 3. 2005 – 3 VAs 1/05, NStZ-RR 2005, 282; KK-StPO/*Schoreit* Rn. 1.
[9] So *Kissel/Mayer* Rn. 2; Löwe/Rosenberg/*Böttcher*, 25. Aufl., Rn. 3.
[10] Vgl. *Kissel/Mayer* Rn. 2; KK-StPO/*Schoreit* Rn. 2.
[11] Vgl. KK-StPO/*Schoreit* Rn. 3; ausführlich hierzu Löwe/Rosenberg/*Böttcher*, 25. Aufl., Rn. 3 mwN.
[12] Hierzu BGH v. 10. 10. 1967 – 5 AR (VS) 38/67, BGHSt 21, 316 (319) = NJW 1967, 2368.
[13] Vgl. OLG Karlsruhe v. 20. 9. 1993 – 2 VAs 8/92, Justiz 1994, 150 (151 f.).
[14] So *Kissel/Mayer* Rn. 4 mwN; zur Drittbetroffenheit Löwe/Rosenberg/*Böttcher*, 25. Aufl., Rn. 5 mwN.
[15] So OLG Hamm v. 12. 11. 1981 – 7 VAs 82/81, NStZ 1982, 134 (135); KG Berlin v. 5. 1. 2009 – 1 ZS 2805/08 – 1 VAs 64/08, BeckRS 2009, 05930.
[16] So BVerfG v. 28. 10. 1975 – 2 BvR 883/73, 379/74, 497/74, 526/74, BVerfGE 40, 237 (255) = NJW 1976, 34 (36), welches in § 24 Abs. 2 eine „bewusst unvollständige Norm" sieht; *Kissel/Mayer* Rn. 5; Löwe/Rosenberg/*Böttcher*, 25. Aufl., Rn. 8.
[17] Hierzu Löwe/Rosenberg/*Böttcher*, 25. Aufl., Rn. 9 mwN.
[18] So *Kissel/Mayer* Rn. 5 mwN; KK-StPO/*Schoreit* Rn. 5; aA Löwe/Rosenberg/*Böttcher*, 25. Aufl., Rn. 9; Meyer-Goßner/Cierniak Rn. 4 mwN.
[19] So VGH Mannheim v. 31. 8. 1979 – V 3404/78, Justiz 1980, 34 (34 f.); *Kissel/Mayer* Rn. 5.
[20] Vgl. BVerfG v. 28. 10. 1975 – 2 BvR 883/73, 379/74, 497/74, 526/74, BVerfGE 40, 237 (246 ff.) = NJW 1976, 34 (34 f.); OLG Oldenburg v. 7. 5. 1991 – 1 VAs 2/91, NStZ 1991, 512; *Kissel/Mayer* Rn. 6; Meyer-Goßner/Cierniak Rn. 5.
[21] So KG Berlin v. 8. 8. 1988 – 4 VAs 15/88, StV 1989, 27; OLG Hamm v. 4. 2. 1988 – 1 VAs 69/87, NStZ 1988, 380; OLG Oldenburg v. 7. 5. 1991 – 1 Vas 2/91, NStZ 1991, 512; zur streitigen Notwendigkeit eines Vorschaltverfahrens nach § 21 StVollstrO bei Entscheidungen des Justizministeriums OLG Schleswig v. 8. 1. 2007 – 2 VAs 18/06, NStZ-RR 2007, 324; OLG Hamburg v. 7. 4. 2004 – 2 VAs 12/03, BeckRS 2004, 05667.

nach § 35 Abs. 2 S. 2 BtMG[22] ist ebenfalls die Durchführung eines Vorschaltverfahrens nach § 21 Abs. 1 StVollstrO erforderlich.[23] Kein Rechtsbehelf iSd. § 24 Abs. 2 ist die Möglichkeit einer **Dienstaufsichtsbeschwerde**,[24] welche daher keinen Einfluss auf die Zulässigkeit des Antrages auf gerichtliche Entscheidung hat.

8 Die Voraussetzung des Vorschaltverfahrens gilt nicht für einen **Fortsetzungsfeststellungsantrag** nach § 28 Abs. 1 S. 4, da hier aufgrund der Erledigung der Maßnahme der Zweck des Vorschaltverfahrens, nämlich ggf. die Abhilfe durch die Behörde selbst und damit die Entlastung der Gerichte, nicht mehr erreicht werden kann.[25]

§ 25 [Zuständigkeit des OLG oder des Obersten Landesgerichts]

(1) [1]Über den Antrag entscheidet ein Zivilsenat oder, wenn der Antrag eine Angelegenheit der Strafrechtspflege oder des Vollzugs betrifft, ein Strafsenat des Oberlandesgerichts, in dessen Bezirk die Justiz- oder Vollzugsbehörde ihren Sitz hat. [2]Ist ein Beschwerdeverfahren (§ 24 Abs. 2) vorausgegangen, so ist das Oberlandesgericht zuständig, in dessen Bezirk die Beschwerdebehörde ihren Sitz hat.

(2) Ein Land, in dem mehrere Oberlandesgerichte errichtet sind, kann durch Gesetz die nach Absatz 1 zur Zuständigkeit des Zivilsenats oder des Strafsenats gehörenden Entscheidungen ausschließlich einem der Oberlandesgerichte oder dem Obersten Landesgericht zuweisen.

I. Zuständigkeit

1 Zur Überprüfung von Maßnahmen auf dem Gebiet der Strafrechtspflege und des Strafvollzuges nach § 23 Abs. 1 ist gemäß § 25 Abs. 1 S. 1 **sachlich** ein nach dem Geschäftsplan bestimmter Strafsenat des Oberlandesgerichts zuständig;[1] **örtlich** zuständig ist das OLG, in dessen Bezirk die Justiz- oder Vollzugsbehörde, deren Maßnahme Gegenstand der gerichtlichen Überprüfung ist, ihren Sitz hat. Dies gilt auch für Bundesbehörden. Im Falle eines Vorschaltverfahrens nach § 24 Abs. 2 bestimmt sich die örtliche Zuständigkeit gemäß § 25 Abs. 1 S. 2 nach dem Sitz der Beschwerdebehörde.

2 Bei Anträgen betreffend Eintragungen im **Bundeszentral- oder Erziehungsregister** ist das **OLG Hamm** zuständiges Gericht, da diese Register vom Bundesamt für Justiz als Registerbehörde geführt werden, welches gemäß § 1 Abs. 2 BfJG seinen Sitz in Bonn hat,[2] und das Land Nordrhein-Westfalen von der Möglichkeit der Zuständigkeitskonzentration des § 25 Abs. 2 Gebrauch gemacht hat (dazu sogleich).[3] Bei **Anträgen auf Anordnung der Entfernung von Eintragungen** nach § 25 Abs. 1, der Nichtaufnahme nach § 39 Abs. 1,[4] der Tilgung in besonderen Fällen nach § 49 Abs. 1, auf Entfernung der Eintragung von Verurteilungen ausländischer Gerichte nach § 55 Abs. 2 und auf Entfernungen von Eintragungen aus dem Erziehungsregister nach § 63 Abs. 3 BZRG, für die jeweils ein Vorschaltverfahren iSd. § 24 Abs. 2 durch die Registerbehörde und bei Nichtabhilfe durch das Bundesministerium der Justiz vorgesehen ist, ist entsprechend § 25 Abs. 1 S. 2 das **KG Berlin** zuständig.

3 Die §§ 23 ff. enthalten keine Regelung zu einer möglichen **Verweisung**. Auch § 17a GVG bietet in diesem Fall keine Verweisungsmöglichkeit, da dieser keine Verweisung innerhalb der ordentlichen Gerichtsbarkeit, sondern lediglich zwischen verschiedenen Gerichtsbarkeiten zulässt.[5] Die wohl überwiegende Meinung nimmt dennoch an, dass der Strafsenat befugt ist, die Sache bei Unzuständigkeit an das zuständige Gericht, dh. an den Strafrichter bzw. an die Strafvollstreckungs-

---

[22] Im Einzelnen hierzu *Körner* § 35 BtMG Rn. 321 ff.
[23] Vgl. OLG München v. 16. 4. 1993 – 3 VAs 8/93, NStZ 1993, 455 (456) mAnm *Katholnigg* JR 1994, 298 f.; OLG Oldenburg v. 14. 10. 1999 – 1 VAs 15/99, StraFo 2000, 67 unter Aufgabe der bisherigen Rspr., vgl. noch OLG Oldenburg v. 26. 4. 1995 – 1 VAs 5/95, StV 1995, 427 (428); OLG Stuttgart v. 28. 9. 1993 – 4 VAs 21/93, MDR 1994, 297 (298); zu weiteren normierten Vorschaltverfahren vgl. Löwe/Rosenberg/*Böttcher*, 25. Aufl., Rn. 15 mwN.
[24] So *Kissel/Mayer* Rn. 8; KK-StPO/*Schoreit* Rn. 8; Löwe/Rosenberg/*Böttcher*, 25. Aufl., Rn. 10; *Meyer-Goßner/Cierniak* Rn. 5.
[25] So OLG Stuttgart v. 27. 8. 1984 – 4 VAs 24/84; NStZ 1984, 574; KG Berlin v. 4. 6. 2009 – 1 VAs 22/09, BeckRS 2009, 25759, *Meyer-Goßner* Rn. 4; differenzierend Löwe/Rosenberg/*Böttcher*, 25. Aufl., Rn. 16 mit zahlreichen Nachweisen.
[1] Zur Anfechtung der Ablehnung des Antrages auf Vorwegvollstreckung einer nicht zurückstellungsfähigen Strafe nach § 35 BtMG OLG Köln v. 4. 8. 2009 – 2 Ws 361/09, NStZ-RR 2010, 157 (157 f.).
[2] Zur Rechtslage vor dem 1. 1. 2007, nach der der GBA Registerbehörde war und damit die Zuständigkeit in Verfahren nach den §§ 23 ff. beim OLG Karlsruhe lag, vgl. OLG Karlsruhe v. 11. 9. 1991 – 2 VAs 2/91, NStZ 1992, 40 und OLG Karlsruhe v. 5. 6. 2003 – 2 VAs 48/01, wistra 2003, 478 (479); insoweit irreführend *Meyer-Goßner/Cierniak* Rn. 1.
[3] Siehe unten Rn. 5; irreführend daher auch *Kissel/Mayer* Rn. 2.
[4] Hierzu KG Berlin v. 9. 11. 2007 – 1 VAs 69/07, NStZ-RR 2009, 27.
[5] Vgl. Löwe/Rosenberg/*Böttcher*, 25. Aufl., Rn. 3 mwN.

kammer zu verweisen; auch die umgekehrte Verweisung *an* den Strafsenat wird überwiegend für zulässig erachtet.[6] Dieser Meinung ist im Hinblick auf die Forderung des BVerfG nach einer in allen Verfahrensordnungen vorzusehenden Möglichkeit des Antragstellers, hilfsweise die Verweisung an das zuständige Gericht zu beantragen, um dessen im Klageweg geltend zu machende Rechtspositionen zu wahren,[7] zuzustimmen.

Wenn die Sache schon von einem anderen Gericht nach § 17a Abs. 2 S. 1 GVG an das OLG verwiesen worden ist, ist Letzteres nicht an einer Verweisung an das zuständige Amtsgericht oder die Strafvollstreckungskammer gehindert – § 17a Abs. 2 S. 3 GVG bestimmt wiederum nur die **Bindungswirkung hinsichtlich des Rechtsweges**,[8] so dass Verweisungen innerhalb einer Gerichtsbarkeit aus Gründen der örtlichen, sachlichen oder funktionellen Zuständigkeit nicht ausgeschlossen sind.[9]

II. Zuständigkeitskonzentration

Abs. 2 eröffnet den Bundesländern, in denen es mehrere Oberlandesgerichte gibt, die Möglichkeit, die Entscheidungen, welche nach Abs. 1 ein Strafsenat eines Oberlandesgerichts zu fällen hat, einem der Oberlandesgerichte zuzuweisen. Diese Regelung betrifft nur fünf Bundesländer, nämlich Baden-Württemberg, Bayern, Niedersachsen, Nordrhein-Westfalen und Rheinland-Pfalz. Von der Möglichkeit der Zuständigkeitskonzentration hat zum gegenwärtigen Zeitpunkt, soweit ersichtlich, nur Nordrhein-Westfalen Gebrauch gemacht[10] und hat die Entscheidungen nach Abs. 1 dem **OLG Hamm** übertragen.[11]

Die Möglichkeit, die Zuständigkeit dem **Obersten Landesgericht** zuzuweisen, ist mit der Auflösung des BayObLG zum 1. 7. 2006 obsolet geworden.

§ 26 [Antragsfrist]

(1) Der Antrag auf gerichtliche Entscheidung muß innerhalb eines Monats nach Zustellung oder schriftlicher Bekanntgabe des Bescheides oder, soweit ein Beschwerdeverfahren (§ 24 Abs. 2) vorausgegangen ist, nach Zustellung des Beschwerdebescheides schriftlich oder zur Niederschrift der Geschäftsstelle des Oberlandesgerichts oder eines Amtsgerichts gestellt werden.

(2) War der Antragsteller ohne Verschulden verhindert, die Frist einzuhalten, so ist ihm auf Antrag Wiedereinsetzung in den vorigen Stand zu gewähren.

(3) [1] Der Antrag auf Wiedereinsetzung ist binnen zwei Wochen nach Wegfall des Hindernisses zu stellen. [2] Die Tatsachen zur Begründung des Antrags sind bei der Antragstellung oder im Verfahren über den Antrag glaubhaft zu machen. [3] Innerhalb der Antragsfrist ist die versäumte Rechtshandlung nachzuholen. [4] Ist dies geschehen, so kann die Wiedereinsetzung auch ohne Antrag gewährt werden.

(4) Nach einem Jahr seit dem Ende der versäumten Frist ist der Antrag auf Wiedereinsetzung unzulässig, außer wenn der Antrag vor Ablauf der Jahresfrist infolge höherer Gewalt unmöglich war.

I. Antragsform und -frist (Abs. 1)

Zur gerichtlichen Überprüfung des Justizverwaltungsaktes muss vom Betroffenen ein Antrag bei Gericht gestellt werden, dessen Form- und Fristerfordernisse in § 26 Abs. 1 geregelt sind.

1. Form. Der Antrag auf gerichtliche Entscheidung ist formgebunden; nach Abs. 1 hat er **schriftlich** zu erfolgen oder der Antragsteller muss sich **zur Niederschrift** an die Geschäftsstelle des nach § 25 zuständigen OLG oder eines beliebigen Amtsgerichts wenden.

---

[6] So KG Berlin v. 16. 3. 1995 – 4 VAs 13/95, StV 1996, 326 (326 f.); OLG Braunschweig v. 14. 5. 1991 – VAs 1/91, NStZ 1991, 551; OLG Hamm v. 25. 1. 1996 – 1 VAs 126/95, NStZ-RR 1996, 210; OLG Karlsruhe v. 14. 8. 1987 – 4 VAs 11/87, NJW 1988, 84 (85); Löwe/Rosenberg/*Böttcher*, 25. Aufl., Rn. 3; *Meyer-Goßner/Cierniak* Rn. 2; aA OLG Frankfurt v. 18. 9. 1996 – 3 VAs 21/96, StV 1997, 260 (261) und v. 14. 1. 1998 – 3 VAs 3/98, NJW 1998, 1165, das eine formlose Abgabe an das zuständige Amtsgericht für vorzugswürdig hält; OLG Hamburg v. 30. 11. 1994 – 1 VAs 22/94, NStZ 1995, 252; OLG Oldenburg v. 14. 5. 1990 – 1 VAs 3/90, NStZ 1990, 504 mAnm *Katholnigg*.
[7] So BVerfG v. 25. 3. 1981 – 2 BvR 1258/79, BVerfGE 57, 9 (21 f.) = NJW 1981, 1154.
[8] Hierzu Löwe/Rosenberg/*Böttcher*, 25. Aufl., Rn. 3 mwN.
[9] So OLG Karlsruhe v. 4. 7. 1994 – 2 VAs 5/94, MDR 1995, 88; *Meyer-Goßner/Cierniak* Rn. 2.
[10] Baden-Württemberg hatte bis zum 30. 6. 2000 gemäß § 43 Abs. 4 AGGVG Anträge nach § 23 gegen Maßnahmen der Justizvollzugsbehörden dem OLG Stuttgart zugewiesen.
[11] § 1 des Gesetzes betreffend die Übertragung von Entscheidungen über Anträge nach §§ 23 bis 30 des Einführungsgesetzes zum Gerichtsverfassungsgesetz auf dem Gebiet der Strafrechtspflege und des Vollzugs auf das Oberlandesgericht Hamm vom 8. November 1960, GV. NRW. 1960, S. 352.

3   2. **Frist.** Die Antragsfrist beträgt **einen Monat.** Sie beginnt mit der Zustellung oder der schriftlichen Bekanntgabe des Bescheides der Justiz- oder Vollzugsbehörde zu laufen. Ist ein Vorschaltverfahren nach § 24 Abs. 2 durchlaufen worden, so beginnt die Frist mit der Zustellung des Beschwerdebescheides;[1] eine anderweitige Bekanntgabe ist hier nicht vorgesehen.[2] Die **Fristberechnung** richtet sich gemäß § 29 Abs. 2 2. Hs. nach § 43 StPO.[3] Innerhalb dieses Zeitraumes muss der Antrag zudem in der Form des § 24 Abs. 1 **begründet** werden.[4] Die Frist kann auch durch einen Antrag auf **Prozesskostenhilfe**, so dieser den Antragserfordernissen genügt, gewahrt werden.[5]

4   Ergeht kein Bescheid, sondern wird das Begehren des Antragstellers von der Justizbehörde nur **mündlich abgelehnt**[6] oder soll ein **Realakt**[7] angefochten werden, so gilt die Anfechtungsfrist des Abs. 1 nicht.[8] Auch bei der **mündlichen Bekanntgabe** eines schriftlichen Bescheides wird die Frist des Abs. 1 nicht in Gang gesetzt.[9] Dasselbe gilt für Maßnahmen, die dem Betroffenen überhaupt **nicht bekannt gegeben** werden, wie zB Mitteilungen der Staatsanwaltschaft an das Kraftfahrt-Bundesamt[10] oder die Zuweisung eines Haftraums.[11] Der Antrag auf gerichtliche Entscheidung ist in einem solchen Fall in entsprechender Anwendung des § 27 Abs. 3 jedenfalls innerhalb einer Frist von einem Jahr nach der Ablehnung seines Begehrens zu stellen[12] bzw. ab dem Zeitpunkt, zu dem der Antragsteller von der einschlägigen Rechtslage hätte Kenntnis erlangen und gegen die Maßnahme hätte vorgehen können.[13] Nach Ablauf dieser **Jahresfrist** wird eine **Verwirkung** anzunehmen sein.

5   Auf die **Nichtigkeit** einer Maßnahme, welche keinerlei Rechtswirkungen zu entfalten in der Lage ist, kann sich der Betroffene jederzeit, dh. ohne Einhaltung einer Frist berufen.[14]

6   Eine fehlende **Rechtsmittelbelehrung** ändert am Fristbeginn und -ablauf nichts, da das Gesetz diese für nach § 23 anfechtbare Maßnahmen nicht vorschreibt;[15] das gilt selbst dann, wenn eine Rechtsmittelbelehrung durch Verwaltungsvorschriften vorgesehen ist.[16] In letzterem Fall dürfte allerdings eine Wiedereinsetzung in den vorigen Stand[17] unausweichlich sein.

II. Wiedereinsetzung in den vorigen Stand (Abs. 2–4)

7   Wird die Frist des Abs. 1 vom Antragsteller versäumt, so besteht die Möglichkeit der Wiedereinsetzung in den vorigen Stand. Gemäß Abs. 2 darf den Antragsteller allerdings kein Verschulden hinsichtlich der Fristversäumnis treffen. Ist dies der Fall, so muss ihm auf Antrag die Wiedereinsetzung in den vorigen Stand gewährt werden. Die Fristversäumnis ist **unverschuldet** iSd. Abs. 2, wenn der Antragsteller die gebotene und ihm nach den gesamten Umständen zumutbare **Sorgfalt** beachtet hat,[18] dh. es müssen alle zumutbaren Vorkehrungen zur Vermeidung von Fristversäumnissen getroffen werden und es reicht grundsätzlich auch leichte Fahrlässigkeit für ein Verschulden aus.[19] Das **Verschulden seines Rechtsanwalts** wird dem Antragsteller zugerechnet;[20]

---

[1] Hierzu im Falle eines Vorschaltverfahrens nach § 21 StVollstrO OLG Celle v. 22. 5. 2000 – 1 VAs 2/2000, BeckRS 2000 30113008.
[2] Vgl. *Kissel/Mayer* Rn. 5; KK-StPO/*Schoreit* Rn. 6.
[3] Vgl. hierzu § 43 StPO Rn. 1 ff.
[4] So OLG Hamm v. 17. 1. 1983 – 7 VAs 63/82, MDR 1983, 602; OLG Frankfurt v. 3. 3. 2005 – 3 VAs 1/05, NStZ-RR 2005, 282 (283).
[5] *Kissel/Mayer* Rn. 19; KK-StPO/*Schoreit* Rn. 17; Löwe/Rosenberg/*Böttcher*, 25. Aufl., Rn. 1; *Meyer-Goßner/Cierniak* Rn. 3.
[6] Vgl. OLG Frankfurt v. 11. 3. 2005 – 3 VAs 8/05, NStZ-RR 2005, 220 (221); OLG Jena v. 10. 2. 2003 – 1 VAs 1/03, ZfStrVO 2003, 306 (308).
[7] Siehe OLG Hamm v. 1. 9. 1983 – 7 VAs 17/83, NStZ 1984, 136 hinsichtlich der Art und Weise der Vollstreckung einer Durchsuchungsanordnung.
[8] Hierzu OLG Koblenz v. 25. 6. 1987 – 2 VAs 28/87, StV 1987, 430 (431).
[9] Siehe BGH v. 2. 7. 1963 – 5 AR (Vs) 68/63, NJW 1963, 1789; *Kissel/Mayer* Rn. 3; *Meyer-Goßner/Cierniak* Rn. 4.
[10] Vgl. OLG Jena v. 9. 9. 2008 – 1 VAs 6/08, BeckRS 2009 00050.
[11] So OLG Karlsruhe v. 9. 12. 2004 – 2 VAs 24/04, NStZ-RR 2005, 191 (192).
[12] So OLG Frankfurt v. 11. 3. 2005 – 3 VAs 8/05, NStZ-RR 2005, 220 (221).
[13] So OLG Jena v. 10. 2. 2003 – 1 VAs 1/03, ZfStrVo 2003, 306 (308); OLG Karlsruhe v. 9. 12. 2004 – 2 VAs 24/04, NStZ-RR 2005, 191 (192).
[14] So *Kissel/Mayer* Rn. 7; Löwe/Rosenberg/*Böttcher*, 25. Aufl., Rn. 5 mwN; *Meyer-Goßner/Cierniak* Rn. 3.
[15] Siehe BGH v. 2. 5. 1974 – IV ARZ (Vz) 26/73, NJW 1974, 1335 (1335 f.); OLG Frankfurt v. 12. 6. 2008 – 20 VA 11/07, NJOZ 2008, 3686 (3690); detailliert hierzu *Kissel/Mayer* Rn. 8 mwN; Löwe/Rosenberg/*Böttcher*, 25. Aufl., Rn. 7; aA KK-StPO/*Schoreit* Rn. 8.
[16] So *Meyer-Goßner/Cierniak* Rn. 5.
[17] Siehe unten Rn. 10.
[18] So BVerwG v. 27. 2. 1976 – IV C 74/74, BVerwGE 50, 248 (254 f.) = NJW 1976, 1332 (1333).
[19] Vgl. auch OVG Koblenz v. 27. 8. 2007 – 2 A 10 492/07, NJW 2007, 3224.
[20] AllgM, vgl. nur *Kissel/Mayer* Rn. 15 mwN; KK-StPO/*Schoreit* Rn. 13; detailliert hierzu Löwe/Rosenberg/*Böttcher*, 25. Aufl., Rn. 9.

dies gilt auch dann, wenn der Antrag die Überprüfung eines Justizverwaltungsaktes in der Strafvollstreckung zum Gegenstand hat.[21]

1. Wiedereinsetzungsgründe. Vor dem Hintergrund, dass Art. 19 Abs. 4 GG auch die Effektivität des Rechtsschutzes garantiert, dürfen die Anforderungen an die Sorgfaltspflichten des Antragstellers allerdings nicht überspannt werden.[22] Ein **verspäteter Eingang** des Antrages, der auf **Verzögerungen bei der Post** zurückzuführen ist, ist Grund für eine Wiedereinsetzung, da der Antragsteller unter Ausnutzung der vollen Fristlänge nur die regelmäßige Dauer für die Beförderung durch die Post kalkulieren muss.[23]

Der Antragsteller hat grundsätzlich dafür Sorge zu tragen, dass ihn Zustellungen der Behörde erreichen, diese insbesondere nicht mangels entsprechender Vorkehrungen wie einem Briefkasten verloren gehen.[24] Bei **vorübergehender kürzerer Abwesenheit** von bis zu sechs Wochen ist er allerdings nicht gehalten, für die Nachsendung der Post zu sorgen, da die Schwierigkeiten insbesondere bei kürzeren Aufenthalten im Ausland auf der Hand liegen und auch die Bestellung eines Zustellungsbevollmächtigten für diese Zeit als unverhältnismäßig anzusehen ist.[25] Daher ist auch in einem Fall der verspäteten Antragstellung aufgrund vorübergehender Abwesenheit Wiedereinsetzung zu gewähren.[26]

Eine **fehlende Rechtsmittelbelehrung**, welche nach ganz hM den Beginn und den Ablauf der Frist unberührt lässt,[27] begründet entsprechend nicht per se eine Wiedereinsetzung;[28] es kommt vielmehr darauf an, ob dem Betroffenen die Beschaffung der notwendigen Informationen bezüglich der einzuhaltenden Frist möglich und zuzumuten war.[29] Die Schwelle der **Zumutbarkeit** für den Betroffenen ist allerdings nicht zu hoch anzusetzen, vielmehr ist bei Rechtsunkenntnis des Antragstellers regelmäßig Wiedereinsetzung in den vorigen Stand zu gewähren.[30]

2. Frist für den Wiedereinsetzungsantrag. Der Antrag auf Wiedereinsetzung muss gemäß Abs. 3 S. 1 innerhalb **zwei Wochen** nach Wegfall des Hindernisses gestellt werden, und zwar in der Form des Abs. 1; die Gründe der unverschuldeten Fristversäumnis müssen dabei dargelegt werden.[31] Auch bei Versäumnis *dieser* Frist ist Wiedereinsetzung möglich.[32] Allein die **Glaubhaftmachung** der Wiedereinsetzungsgründe kann gemäß Abs. 3 S. 2 im Verfahren nachgeholt werden. Außerdem muss innerhalb der 2-Wochen-Frist gemäß Abs. 3 S. 3 der Antrag auf gerichtliche Entscheidung nachgeholt werden. Geschieht dies und ergibt sich hieraus schon das Vorliegen eines Wiedereinsetzungsgrundes, so ist gemäß Abs. 3 S. 4 Wiedereinsetzung in den vorigen Stand auch ohne den ausdrücklichen Antrag hierauf zu gewähren.[33]

3. Ausschlussfrist (Abs. 4). Abs. 4 enthält die Ausschlussfrist von einem Jahr. Nach Ablauf dieser Frist ist keine Wiedereinsetzung in den vorigen Stand möglich, es sei denn, der Antragsteller kann sich hinsichtlich der Verhinderung der Fristwahrung auf **höhere Gewalt** berufen. Höhere Gewalt liegt dann vor, wenn ein **außergewöhnliches Ereignis** eingetreten ist, das unter den gegebenen Umständen auch durch äußerste Sorgfalt des Betroffenen nicht verhindert werden kann.[34] Dies bedeutet für den Betroffenen, dass schon geringstes eigenes Verschulden die Annahme von höherer Gewalt ausschließt.[35] Hinsichtlich der Versäumung der Ausschlussfrist des Abs. 4 ist natürlich keine Wiedereinsetzung in den vorigen Stand möglich.[36] Im Falle der Verhinderung durch höhere Gewalt hat der Antragsteller den Antrag binnen zwei Wochen nach Wegfall des Hindernisses zu stellen.[37]

---

[21] Str., ausführlich hierzu OLG Hamburg v. 29. 7. 2003 – 2 VAs 3/03, NStZ-RR 2004, 185 (186 f.) mwN; zust. auch *Meyer-Goßner/Cierniak* Rn. 7; abl. OLG Hamm v. 26. 7. 1982 – 7 VAs 27/82, NStZ 1982, 483 (484); OLG Stuttgart v. 19. 5. 1988 – 4 VAs 8/88, NStZ 1988, 430; Löwe/Rosenberg/*Böttcher*, 25. Aufl., Rn. 9.
[22] Vgl. BVerwG v. 25. 4. 1975 – VI C 231/73, NJW 1975, 1574; *Kissel/Mayer* Rn. 11
[23] Hierzu BVerfG v. 16. 12. 1975 – 2 BvR 854/75, BVerfGE 41, 23 (25) = NJW 1976, 513, allerdings noch unter der Prämisse des Briefbeförderungsmonopols der Bundespost; *Kissel/Mayer* Rn. 13 mwN.
[24] Vgl. BVerfG v. 11. 2. 1976 – 2 BvR 849/75, BVerfGE 41, 332 (335 f.) = NJW 1976, 1537.
[25] So BVerfG v. 11. 2. 1976 – 2 BvR 849/75, BVerfGE 41, 332 (336 f.) = NJW 1976, 1537; *Kissel/Mayer* Rn. 12 mwN.
[26] Vgl. BVerfG v. 6. 10. 1992 – 2 BvR 805/91, NJW 1993, 847.
[27] S. o. Rn. 6.
[28] AA *Kissel/Mayer* Rn. 16.
[29] Vgl. Löwe/Rosenberg/*Böttcher*, 25. Aufl., Rn. 10; *Meyer-Goßner/Cierniak* Rn. 7.
[30] So OLG Frankfurt v. 12. 6. 2008 – 20 VA 11/07, NJOZ 2008, 3686 (3690).
[31] Hierzu BVerwG v. 9. 7. 1975 – VI C 18/75, NJW 1976, 74 (74); *Kissel/Mayer* Rn. 17; *Meyer-Goßner/Cierniak* Rn. 6.
[32] Vgl. BVerfG v. 6. 6. 1967 – 1 BvR 282/65, BVerfGE 22, 83 (86 ff.) = NJW 1967, 1267.
[33] So *Kissel/Mayer* Rn. 17; KK-StPO/*Schoreit* Rn. 15.
[34] Vgl. Löwe/Rosenberg/*Böttcher*, 25. Aufl., Rn. 11.
[35] So OVG Berlin v. 23. 3. 1965 – II B 59/64, NJW 1965, 1151; Löwe/Rosenberg/*Böttcher*, 25. Aufl., Rn. 11 mwN; *Meyer-Goßner/Cierniak* Rn. 9.
[36] So *Kissel/Mayer* Rn. 18; KK-StPO/*Schoreit* Rn. 16; Löwe/Rosenberg/*Böttcher*, 25. Aufl., Rn. 11.
[37] Vgl. *Kissel/Mayer* Rn. 18.

§ 27 [Antragstellung bei Untätigkeit der Behörde]

(1) ¹Ein Antrag auf gerichtliche Entscheidung kann auch gestellt werden, wenn über einen Antrag, eine Maßnahme zu treffen, oder über eine Beschwerde oder einen anderen förmlichen Rechtsbehelf ohne zureichenden Grund nicht innerhalb von drei Monaten entschieden ist. ²Das Gericht kann vor Ablauf dieser Frist angerufen werden, wenn dies wegen besonderer Umstände des Falles geboten ist.

(2) ¹Liegt ein zureichender Grund dafür vor, daß über die Beschwerde oder den förmlichen Rechtsbehelf noch nicht entschieden oder die beantragte Maßnahme noch nicht erlassen ist, so setzt das Gericht das Verfahren bis zum Ablauf einer von ihm bestimmten Frist, die verlängert werden kann, aus. ²Wird der Beschwerde innerhalb der vom Gericht gesetzten Frist stattgegeben oder der Verwaltungsakt innerhalb dieser Frist erlassen, so ist die Hauptsache für erledigt zu erklären.

(3) Der Antrag nach Absatz 1 ist nur bis zum Ablauf eines Jahres seit der Einlegung der Beschwerde oder seit der Stellung des Antrags auf Vornahme der Maßnahme zulässig, außer wenn die Antragstellung vor Ablauf der Jahresfrist infolge höherer Gewalt unmöglich war oder unter den besonderen Verhältnissen des Einzelfalles unterblieben ist.

I. Untätigkeitsantrag

1 Der Untätigkeitsantrag nach § 27 Abs. 1 entspricht der Untätigkeitsklage des § 75 VwGO. Er eröffnet die Möglichkeit, das Gericht anzurufen, wenn die Behörde über eine beantragte Maßnahme, eine eingelegte Beschwerde oder einen anderen förmlichen Rechtsbehelf innerhalb von drei Monaten **keine Entscheidung** getroffen hat. Die **Dreimonatsfrist** beginnt mit dem Eingang des Antrags bzw. des Rechtsbehelfs bei der zuständigen Justiz- oder Vollzugsbehörde.[1]

2 **1. Antragsvoraussetzungen.** Voraussetzung für einen zulässigen Untätigkeitsantrag ist nach Abs. 1 S. 1, dass es für die Untätigkeit der Behörde innerhalb der Dreimonatsfrist **keinen zureichenden Grund** gibt. Ob ein solcher vorliegt, ist im Rahmen einer **Abwägung** zu entscheiden, auf deren einer Seite das Interesse des Antragstellers an einer zeitnahen Entscheidung zu stehen hat, auf deren anderer Seite Umstände wie die Schwierigkeit und der Umfang der zu entscheidenden Sache oder auch eine etwaige Überlastung der Behörde berücksichtigt werden können; auch das Abwarten der Behörde aufgrund einer bevorstehenden Entscheidung in einem Musterprozess kann hier einen zureichenden Grund für eine späte Entscheidung darstellen.[2] Bei der Interessenabwägung ist allerdings immer von der Grundentscheidung des Gesetzgebers, welcher einen Bearbeitungszeitraum von drei Monaten grundsätzlich für ausreichend erachtet, auszugehen, dh. für eine Abweichung zugunsten der Behörde müssen gewichtige Gründe vorliegen.[3]

3 Der Antrag muss auf die Vornahme einer **bestimmten Maßnahme** gerichtet sein, welche der Antragsteller bei der Behörde erfolglos beantragt hat;[4] nicht ausreichend ist es, wenn der Antragsteller mit seinem Antrag nur die schlichte Bearbeitung erstrebt.[5] Ein Untätigkeitsantrag nach § 27 Abs. 1 kann nicht damit begründet werden, dass statt der entscheidenden Justizbehörde eine andere Justizbehörde zuständig gewesen sei.[6]

4 **2. Vorzeitiger Antrag.** Wenn die **besonderen Umstände des Falles** es geboten erscheinen lassen, kann der Antrag gemäß Abs. 1 S. 2 auch vor Ablauf der dreimonatigen Frist gestellt werden. Derartige besondere Umstände sind jedenfalls dann zu bejahen, wenn nach Ablauf der drei Monate die Entscheidung hinsichtlich gewichtiger Belange des Antragstellers zu spät käme,[7] also wenn eine besondere **Eilbedürftigkeit** oder ein besonderes **Rechtsschutzinteresse** des Antragstellers eine vorgezogene Entscheidung erfordern.[8] Dies ist der Fall bei einmaligen und zeitlich nahen Ereignissen, an denen der Antragsteller teilhaben möchte und deren Versäumnis für ihn einen unverhältnismäßigen Nachteil bedeuten würde.[9]

5 Wird ein Antrag vorzeitig gestellt, ohne dass die Voraussetzungen des Abs. 1 S. 2 vorliegen, so ist dieser unzulässig und daher zu verwerfen. Vorzugswürdig im Sinne der Prozessökonomie erscheint jedoch eine **Aussetzung** des Verfahrens bis zum Ablauf der dreimonatigen Frist, da die

---

[1] Vgl. *Kissel/Mayer* Rn. 4; Löwe/Rosenberg/*Böttcher*, 25. Aufl., Rn. 3 mwN.
[2] So *Kissel/Mayer* Rn. 8; Löwe/Rosenberg/*Böttcher*, 25. Aufl., Rn. 3.
[3] So zutreffend *Kissel/Mayer* Rn. 8.
[4] So KG Berlin v. 20. 12. 1967 – 2 VAs 67/67, NJW 1968, 609.
[5] Hierzu KK-StPO/*Schoreit* Rn. 7; Meyer-Goßner/*Cierniak* Rn. 1.
[6] Vgl. OLG Düsseldorf v. 11. 8. 1992 – 3 Va 1/92, OLGZ 1993, 444 (445).
[7] Vgl. *Kissel/Mayer* Rn. 5.
[8] Vgl. Löwe/Rosenberg/*Böttcher*, 25. Aufl., Rn. 4 mwN.
[9] Hierzu Löwe/Rosenberg/*Böttcher*, 25. Aufl., Rn. 4 mwN.

Verwerfung des Antrages eine erneute Stellung desselben nach den drei Monaten nicht ausschließt und diese bei abschlägiger Bescheidung des Antragstellers durch die Behörde recht wahrscheinlich ist.[10]

II. Entscheidung der Justiz- oder Vollzugsbehörde

Liegt ein **zureichender Grund** für die verzögerte Bearbeitung des Antrages vor, so hat das Gericht gemäß Abs. 2 S. 1 das Verfahren auszusetzen und eine Frist zu bestimmen, innerhalb derer die Behörde tätig werden muss. Zugleich besteht die Möglichkeit, diese Frist zu verlängern, allerdings nur dann, wenn auch weiterhin ein zureichender Grund für die Untätigkeit vorliegt.[11] Wenn dem Antrag bzw. der Beschwerde innerhalb dieser Frist **stattgegeben** wird, so ist nach Abs. 2 S. 2 die Sache für erledigt zu erklären. Dies gilt auch dann, wenn der Antragsteller seinen ursprünglichen Antrag aufrechterhält.[12] Ihm bleibt die Möglichkeit eines Antrages nach § 28 Abs. 1 S. 4.

Entscheidet die Behörde **nicht** innerhalb der vorgegebenen Frist oder liegt kein hinreichender Grund für die Untätigkeit vor, so entscheidet das OLG selber über den Antrag, die erstrebte Maßnahme zu treffen iSd. § 28 Abs. 2.[13] Wenn Beschwerde im Vorschaltverfahren eingelegt wurde, trifft es die Entscheidung über die Rechtmäßigkeit des angegriffenen Justizverwaltungsaktes dergestalt, als habe die Behörde die Beschwerde zurückgewiesen.[14]

Bei einer **ablehnenden Entscheidung** der Behörde über eine **Beschwerde** innerhalb der Frist ist die Untätigkeit der Behörde beendet und der Antragsteller kann seinen Antrag als Anfechtungs- oder Verpflichtungsantrag nach § 23 Abs. 1 bzw. Abs. 2 fortführen.[15] Im Falle eines **Verpflichtungsantrages**, hinsichtlich dessen ein Untätigkeitsantrag gestellt wurde und der innerhalb der Frist ablehnend beschieden wird, ist streitig, ob zunächst ein vorgesehenes Vorschaltverfahren iSd. § 24 Abs. 2 durchgeführt werden muss,[16] ggf. unter Aussetzung des gerichtlichen Verfahrens,[17] oder aber das Gericht ohne Vorschaltverfahren sofort über den Verpflichtungsantrag entscheiden kann.[18] Letztlich ist aber nicht einzusehen, warum der Antragsteller das Vorschaltverfahren über einen Untätigkeitsantrag umgehen können sollte, zumindest dann, wenn die Behörde innerhalb der gesetzten Frist entscheidet.[19]

III. Ausschlussfrist

Die **Jahresfrist** des Abs. 3, welche mit der Einlegung der Beschwerde bzw. mit der Stellung des Antrages auf Vornahme der Maßnahme zu laufen beginnt, ist, ebenso wie die des § 26 Abs. 3, eine Ausschlussfrist, gegen deren Versäumnis keine Wiedereinsetzung möglich ist.[20] Ausgenommen ist auch hier die Versäumnis der Jahresfrist infolge **höherer Gewalt**[21] und außerdem – abweichend von § 26 Abs. 3 – das Unterbleiben des Antrages wegen der **besonderen Verhältnisse des Einzelfalles**. Letzteres kann beispielsweise dann vorliegen, wenn ein Zwischenbescheid auf einen Musterprozess hinweist.[22] Ist die nachträgliche Antragstellung aus einem der beiden Gründe möglich, so gilt die 2-Wochen-Frist ab Wegfall des Hindernisses in analoger Anwendung des § 26 Abs. 3 S. 1.[23]

§ 28 [Entscheidung über den Antrag]

(1) ¹Soweit die Maßnahme rechtswidrig und der Antragsteller dadurch in seinen Rechten verletzt ist, hebt das Gericht die Maßnahme und, soweit ein Beschwerdeverfahren (§ 24 Abs. 2) vorausgegangen ist, den Beschwerdebescheid auf. ²Ist die Maßnahme schon vollzogen, so kann das Gericht auf Antrag auch aussprechen, daß und wie die Justiz- oder Vollzugsbehörde die Vollzie-

---

[10] Vgl. zu § 75 Abs. 2 VwGO BVerwG v. 20. 1. 1966 – I C 24/63, BVerwGE 23, 135 (136 ff.) = NJW 1966, 750 (750 f.); *Kissel/Mayer* Rn. 2; KK-StPO/*Schoreit* Rn. 2; Löwe/Rosenberg/*Böttcher*, 25. Aufl., Rn. 5.
[11] Vgl. KK-StPO/*Schoreit* Rn. 12.
[12] So *Kissel/Mayer* Rn. 12 mwN.
[13] So Löwe/Rosenberg/*Böttcher*, 25. Aufl., Rn. 8, der in diesem Fall die vorherige Aussetzung des Verfahrens bei einem Verpflichtungsantrag zur Durchführung des Vorschaltverfahrens ablehnt.
[14] Hierzu Löwe/Rosenberg/*Böttcher*, 25. Aufl., Rn. 6 mwN.
[15] Vgl. OLG Karlsruhe v. 16. 3. 1987 – Ws 26/87, NStZ 1987, 344 aE; KK-StPO/*Schoreit* Rn. 3.
[16] So OLG Hamm v. 14. 12. 1989 – 1 VAs 61/89, MDR 1990, 465; *Kissel/Mayer* Rn. 7.
[17] Im Ergebnis abl. OLG Düsseldorf v. 11. 8. 1992 – 3 Va 1/92, OLGZ 1993, 444 (446).
[18] So OLG Celle v. 14. 6. 1985 – 3 Ws 257/5, NStZ 1985, 576; differenzierend Löwe/Rosenberg/*Böttcher*, 25. Aufl., Rn. 8.
[19] So auch Löwe/Rosenberg/*Böttcher*, 25. Aufl., Rn. 8; zust. KK-StPO/*Schoreit* Rn. 3.
[20] Vgl. Löwe/Rosenberg/*Böttcher*, 25. Aufl., Rn. 9; Meyer-Goßner/*Cierniak* Rn. 2.
[21] Zum Begriff vgl. § 26 Rn. 12.
[22] Vgl. BVerwG v. 21. 4. 1972 – VII C 80/70, NJW 1972, 1682.
[23] So *Kissel/Mayer* Rn. 7; Löwe/Rosenberg/*Böttcher*, 25. Aufl., Rn. 9; Meyer-Goßner/*Cierniak* Rn. 2.

hung rückgängig zu machen hat. ³Dieser Ausspruch ist nur zulässig, wenn die Behörde dazu in der Lage und diese Frage spruchreif ist. ⁴Hat sich die Maßnahme vorher durch Zurücknahme oder anders erledigt, so spricht das Gericht auf Antrag aus, daß die Maßnahme rechtswidrig gewesen ist, wenn der Antragsteller ein berechtigtes Interesse an dieser Feststellung hat.

(2) ¹Soweit die Ablehnung oder Unterlassung der Maßnahme rechtswidrig und der Antragsteller dadurch in seinen Rechten verletzt ist, spricht das Gericht die Verpflichtung der Justiz- oder Vollzugsbehörde aus, die beantragte Amtshandlung vorzunehmen, wenn die Sache spruchreif ist. ²Andernfalls spricht es die Verpflichtung aus, den Antragsteller unter Beachtung der Rechtsauffassung des Gerichts zu bescheiden.

(3) Soweit die Justiz- oder Vollzugsbehörde ermächtigt ist, nach ihrem Ermessen zu handeln, prüft das Gericht auch, ob die Maßnahme oder ihre Ablehnung oder Unterlassung rechtswidrig ist, weil die gesetzlichen Grenzen des Ermessens überschritten sind oder von dem Ermessen in einer dem Zweck der Ermächtigung nicht entsprechenden Weise Gebrauch gemacht ist.

Schrifttum: *Fezer*, Rechtsprechung des Bundesgerichtshofs zum Strafverfahrensrecht – Teil 1, JZ 1996, 602; *Neuling*, Unterlassung und Widerruf vorverurteilender Medienauskünfte der Ermittlungsbehörden, StV 2008, 387.

I. Norminhalt

1 § 28 regelt den Inhalt von Sachentscheidungen des OLG auf einen zulässigen Antrag nach § 23 oder § 27. Die Regelung entspricht derjenigen der §§ 113–115 VwGO.

II. Entscheidungsmaßstab

2 Das OLG prüft im Falle eines Anfechtungsantrages nach § 23 Abs. 1, ob der Justizverwaltungsakt rechtswidrig *und* der Antragsteller dadurch in seinen Rechten verletzt ist.

3 **1. Maßgebliche Sach- und Rechtslage.** Der Bewertungsmaßstab für die Entscheidung über die Rechtswidrigkeit einer Maßnahme ist die Sach- und Rechtslage zum Zeitpunkt des Erlasses derselben bzw. des Beschwerdebescheides im Falle eines durchgeführten Vorschaltverfahrens nach § 24 Abs. 2. Bei Verpflichtungsanträgen nach § 23 Abs. 2 ist der maßgebliche Zeitpunkt der der Entscheidung des OLG.¹ Das Gericht überprüft hierbei die Sach- und Rechtsfragen in vollem Umfang, dh. es ist nicht an die Feststellung der Justiz- bzw. Vollzugsbehörde gebunden.²

4 **2. Ermessen (Abs. 3).** Bei **Ermessensentscheidungen** der Justiz- oder Vollzugsbehörde unterliegt die Ausübung des Ermessens der Überprüfung durch das Gericht. Dies bedeutet nicht, dass das Ermessen des Gerichts an die Stelle des Ermessens der Behörde tritt.³ Das OLG überprüft vielmehr, ob die Behörde von ihrem Ermessen in rechtmäßiger Art und Weise **Gebrauch gemacht hat.**⁴ Dies ist dann nicht der Fall, wenn die Behörde die ihr eingeräumte Entscheidungsfreiheit überdehnt (**Ermessensüberschreitung**) oder wenn sie das Ermessen dergestalt falsch ausübt, dass die Behörde Gesichtspunkte in die Ermessensentscheidung einfließen lässt, die nach Sinn und Zweck der entsprechenden Vorschrift keine Rolle spielen dürfen, oder entscheidungserhebliche Belange nicht in die Entscheidung mit einbezogen hat⁵ oder sie falsch gewichtet hat (**Ermessensfehlgebrauch**). Auch der **Ermessensausfall** (oder **Ermessensnichtgebrauch**), dh. wenn die Behörde sich in irgendeiner Art und Weise für gebunden gehalten hat⁶ oder aber ihr Ermessen in Gänze verkannt hat, gehört hierzu.⁷

5 Zur Überprüfung der Ermessensausübung durch die Behörde ist eine **Begründung** der angefochtenen Entscheidung vonnöten, die Aufschluss über die in die Entscheidung eingestellten Belange, deren Gewichtung und die Begründung für diese Gewichtung gibt.⁸ Fehlt eine solche Begründung oder ist sie nicht ausreichend, so ist die Entscheidung schon deswegen aufzuheben.⁹

---

¹ Vgl. OLG Frankfurt v. 18. 10. 1985 – 3 Ws 819/85, NStZ 1986, 240; *Meyer-Goßner/Cierniak* Rn. 3.
² AllgM, BGH v. 15. 2. 1972 – 5 AR (Vs) 1/72, BGHSt 24, 290 (292 f.) = NJW 1972, 780 (781); *Kissel/Mayer* Rn. 2; KK-StPO/*Schoreit* Rn. 2; Löwe/Rosenberg/*Böttcher*, 25. Aufl., Rn. 2; *Meyer-Goßner/Cierniak* Rn. 3.
³ Vgl. KK-StPO/*Schoreit* Rn. 3; *Meyer-Goßner/Cierniak* Rn. 10.
⁴ Hierzu KG Berlin v. 9. 11. 2007 – 1 VAs 69/07, NStZ-RR 2009, 27 bei erstrebter Nichtaufnahme einer Verurteilung in das polizeiliche Führungszeugnis.
⁵ Vgl. OLG Jena v. 24. 7. 2008 – 1 VAs 2/08, NStZ-RR 2009, 156 (156 f.); OLG Naumburg v. 4. 9. 2008 – 1 VAs 10/08, BeckRS 2008 23012 = NStZ-RR 2009, 30 (LS).
⁶ Zur fehlenden Ermessensausübung mit Hinweis auf einen Erlass des Justizministeriums OLG Hamm v. 22. 4. 2008 – 1 VAs 20/08, NStZ-RR 2008, 357 (358).
⁷ So *Kissel/Mayer* Rn. 3; Löwe/Rosenberg/*Böttcher*, 25. Aufl., Rn. 18 mwN.
⁸ So OLG Frankfurt v. 19. 12. 2005 – 3 VAs 50/05, NStZ 2007, 173 (174); vgl. zur Entscheidung der Vollzugsbehörde gegen eine Ladung in den offenen Vollzug OLG Hamm v. 22. 4. 2008 – 1 VAs 20/08, NStZ-RR 2008, 357 (358).
⁹ Siehe KG Berlin v. 10. 7. 2008 – 1 VAs 33/08, StV 2009, 144; *Meyer-Goßner/Cierniak* Rn. 10; zum Nachschieben von Gründen im Verfahren vgl. *Kissel/Mayer* Rn. 8; Löwe/Rosenberg/*Böttcher*, 25. Aufl., Rn. 20.

Etwas anderes gilt nur, wenn die Gründe für die Entscheidung derart auf der Hand liegen, dass sie jeder Beteiligte auch ohne weitergehende Erörterung erkennen kann.[10]

III. Aufhebung rechtswidriger Justizverwaltungsakte (Abs. 1 S. 1)

Im Falle einer Verletzung des Antragstellers in seinen Rechten durch einen rechtswidrigen Justizverwaltungsakt hebt das Gericht diesen auf; ist ein Vorschaltverfahren nach § 24 Abs. 2 vorangegangen, so wird der Justizverwaltungsakt in der Form aufgehoben, die er durch den Beschwerdebescheid erhalten hat. 6

IV. Ausspruch bei vollzogenen Justizverwaltungsakten (Abs. 1 S. 2, 3)

Bei bereits vollzogenen Maßnahmen kann gemäß Abs. 1 S. 2 auf Antrag neben der Rechtswidrigkeit auch ausgesprochen werden, dass und wie die **Vollziehung rückgängig** zu machen ist. Eine Einschränkung erfährt diese Möglichkeit durch Abs. 1 S. 3: Es ist nur möglich, die Vollziehung rückgängig zu machen, wenn zum einen die Behörde dazu rechtlich und tatsächlich in der Lage ist[11] und zum anderen die Sache spruchreif ist. **Spruchreife** liegt dann vor, wenn das Gericht zu einer abschließenden Entscheidung imstande ist, die Behörde also hinsichtlich der Entscheidung keinen **Ermessensspielraum** hat, sei es, weil es sich um eine gebundene Entscheidung handelt, oder sei es, weil das Ermessen im vorliegenden Fall auf Null reduziert ist.[12] 7

Als Folgenbeseitigungsmaßnahme kommt zB der Widerruf oder die Ergänzung einer Pressemitteilung der Staatsanwaltschaft in Frage.[13] Wenn eine Folgenbeseitigung nicht möglich ist, bleibt dem Antragsteller neben der Aufhebung der rechtswidrigen Maßnahme, die alleine wenig gewinnbringend erscheint,[14] die Möglichkeit des Fortsetzungsfeststellungsantrags gemäß § 28 Abs. 1 S. 4.[15] 8

V. Entscheidung bei Fortsetzungsfeststellungsantrag (Abs. 1 S. 4)

Hat sich der Justizverwaltungsakt **erledigt**, ist also die **Beschwer nachträglich entfallen**,[16] so kann nach Abs. 1 S. 4 auf den entsprechenden Antrag hin dessen Rechtswidrigkeit festgestellt werden. Voraussetzung für den Antrag ist, dass der Antragsteller ein **berechtigtes Interesse** an dieser Feststellung geltend machen kann. 9

Dieses **Rechtschutzinteresse** liegt vor, wenn eine **Wiederholungsgefahr** besteht[17] und der Betroffene ein Interesse an der Verhinderung einer rechtswidrigen Praxis zu seinen Lasten hat.[18] Die Wiederholungsgefahr muss hinreichend konkretisiert sein und entsprechend dargelegt werden, bloße Befürchtungen diesbezüglich reichen nicht aus.[19] 10

Ein berechtigtes Interesse besteht auch, wenn der Antragsteller vor dem Hintergrund eines – im Rahmen der Strafverfolgung nicht unwahrscheinlichen – diskriminierenden oder vorverurteilenden Charakters der Maßnahme ein **Rehabilitationsinteresse** hat, wobei Voraussetzung ist, dass die diskriminierende Wirkung fortbesteht.[20] Teilweise wird vertreten, dass bei allen **Grundrechtseingriffen** ein besonderes Rechtschutzinteresse, sei es aufgrund des Rehabilitationsinteresses oder aufgrund der Wiederholungsgefahr, in aller Regel zu bejahen sei.[21] Dies folge bereits aus dem Eingriff als solchem. Die Gegenansicht verweist auf den Wortlaut des Gesetzes, wonach zu- 11

---

[10] So OLG Frankfurt v. 8. 11. 1965 – 3 VAs 46/65; NJW 1966, 465 (466); OLG Stuttgart v. 20. 8. 1968 – 2 VAs 38/68, NJW 1969, 671; Kissel/Mayer Rn. 5; Löwe/Rosenberg/Böttcher, 25. Aufl., Rn. 20.
[11] Siehe Löwe/Rosenberg/Böttcher, 25. Aufl., Rn. 3; Kissel/Mayer Rn. 14.
[12] Siehe Eyermann/Rennert § 114 VwGO Rn. 9.
[13] Hierzu Neuling StV 2008, 387 (390).
[14] Hierzu Löwe/Rosenberg/Böttcher, 25. Aufl., Rn. 4; Kissel/Mayer Rn. 15; Meyer-Goßner/Cierniak Rn. 6.
[15] Siehe BGH v. 26. 6. 1979 – 5 ARs (Vs) 59/78, BGHSt 29, 33 (34) = NJW 1980, 351 (351 f.).
[16] BGH v. 25. 1. 1973 – III ZR 256/68, NJW 1973, 616 (617 f.); Löwe/Rosenberg/Böttcher, 25. Aufl., Rn. 7; einzelne Beispiele bei Kissel/Mayer Rn. 17.
[17] Vgl. BVerfG v. 15. 8. 2002 – 1 BvR 1790/00, NJW 2002, 3691; OLG Frankfurt v. 11. 3. 2005 – 3 VAs 8/05, NStZ-RR 2005, 220 (221).
[18] Hierzu Kissel/Mayer Rn. 18 mwN.
[19] So BGH v. 26. 6. 1990 – 5 AR (Vs) 8/90, BGHSt 37, 79 (81 ff.) = NJW 1990, 2758 (2759); OLG Koblenz v. 21. 12. 1993 – VAs 25/93, StV 1994, 284 (286); vgl. auch OLG Nürnberg v. 30. 6. 1986 – VAs 854/85, NStZ 1986, 575 (575 f.); einschränkend bei Grundrechtseingriffen Wolf StV 1992, 56 (57).
[20] Vgl. OLG Celle v. 4. 12. 2003 – 2 VAs 23/03, NJOZ 2005, 3115 (3116) zu Pressemitteilungen der Staatsanwaltschaft mit bloßstellendem Charakter; OLG Frankfurt v. 3. 3. 2005 – 3 VAs 280 (283) zum willkürlichen Erlass und Vollzug eines Vollstreckungshaftbefehls; OLG Frankfurt v. 18. 3. 2005 – 3 VAs 11/05, NStZ-RR 2005, 325 (326 f.) zum Verstoß gegen das Willkürverbot und das Verhältnismäßigkeitsprinzip; OLG Hamm v. 14. 6. 2005 – 1 VAs 17/05, StV 2005, 676 (677) zu einem vollzogenen rechtswidrigen Vollstreckungshaftbefehl.
[21] So OLG Celle v. 11. 1. 1985 – 3 VAs 20/84, StV 1985, 138 (139); OLG Stuttgart v. 7. 6. 1972 – 2 VAs 158/71, NJW 1972, 2146 (2147); Fezer JZ 1996, 602 (608 f.).

sätzlich zu einer rechtswidrigen Maßnahme das besondere fortbestehende Interesse an der Feststellung der Rechtswidrigkeit gegeben sein muss.[22] Solange es sich nicht um tiefgreifende Grundrechtseingriffe – hierzu sogleich – handelt, ist letzterer Meinung zuzustimmen, da sie der Wertung des Gesetzgebers entsprechen und eine nach Erledigung der Maßnahme fortwirkende Diskriminierung eben nicht per se angenommen werden kann.

12 Auch das Interesse des Betroffenen an einem **Präjudiz** für einen **Amtshaftungsprozess** kann als berechtigtes Interesse ausreichen.[23] Dies soll allerdings nach Ansicht von Teilen der Rechtsprechung nur gelten, wenn die Erledigung nicht bereits vor Anhängigkeit des Antrages nach § 23 eingetreten ist[24] oder sogar bei Eintritt der Erledigung hinsichtlich der begehrten Feststellung bereits Entscheidungsreife besteht.[25]

13 Die strengen Anforderungen an das Vorliegen des Rechtsschutzinteresses[26] sind vom BVerfG insofern deutlich gelockert worden, als ein Rechtsschutzinteresse bei **tiefgreifenden Grundrechtseingriffen**[27] regelmäßig zu bejahen ist,[28] die beispielsweise bei **Durchsuchungen** von Wohn- und Geschäftsräumen in aller Regel vorliegen werden.[29] Die gelockerten Anforderungen an das Rechtsschutzinteresse sind vom BVerfG damit begründet worden, dass die nachträgliche Feststellung der Rechtswidrigkeit in erster Linie deswegen nötig werde, weil aufgrund der zeitlichen Abläufe in der Justiz eine gerichtliche Entscheidung nicht vor Erledigung des ursprünglichen Rechtsschutzbegehrens zustande komme. Aus Gründen des **fairen Verfahrens** nach Art. 2 Abs. 1 iVm. Art. 20 Abs. 3 GG können diese in der Justiz liegenden Versäumnisse nicht dem Betroffenen zum Nachteil gereichen.[30] Dasselbe gilt, wenn die Strafverfolgungsbehörden durch **fehlerhafte Behandlung eines Rechtsschutzgesuches** eine entsprechende gerichtliche Entscheidung verhindern; auch hier müsse im Hinblick auf ein faires Verfahren dem Beschwerdeführer die nachträgliche Feststellung der Rechtswidrigkeit der angegriffenen Maßnahme durch ein Gericht ermöglicht werden.[31]

14 In dem Fall, in dem der Kläger eine erledigte, dh. bereits **abgeschlossene Vollstreckungsmaßnahme**, wie zB eine **Durchsuchung**, auf ihre Rechtmäßigkeit hin überprüfen lassen möchte, war der **Rechtsweg** lange Zeit streitig. Der BGH hat in seiner früheren Rechtsprechung vertreten, eine staatsanwaltschaftlich angeordnete Durchsuchung sei auch nach deren Erledigung analog § 98 Abs. 2 S. 2 StPO vom ermittelnden Richter zu überprüfen,[32] während für die Kontrolle der Art und Weise einer richterlich angeordneten Durchsuchung nach deren Erledigung das OLG nach §§ 23 ff. zuständig sei.[33] Die obergerichtliche Rechtsprechung hingegen hat auch für den letzteren Fall eine Zuständigkeit des Ermittlungsrichters analog § 98 Abs. 2 S. 2 StPO angenommen.[34] Der BGH hat sich dieser Meinung letztlich unter Aufgabe seiner bisherigen Rechtsprechung zu diesem Thema angeschlossen, im Falle einer richterlich angeordneten Durch-

---

[22] So BGH v. 26. 6. 1990 – 5 AR (Vs) 8/90, BGHSt 37, 79 (82 ff.) = NJW 1990, 2758 (2759 f.); *Löwe/Rosenberg/Böttcher*, 25. Aufl., Rn. 10.
[23] Vgl. KG Berlin v. 4. 6. 2009 – 1 VAs 22/09, BeckRS 2009, 25759; *Kissel/Mayer* Rn. 19; aA *Meyer-Goßner/Cierniak* Rn. 8 mwN.
[24] Siehe KG Berlin v. 6. 3. 1997 – 4 VAs 9/97, NStZ 1997, 563; OLG Dresden v. 11. 10. 2001 – 6 VA 5/01, NJW-RR 2002, 718 (718 f.); OLG Frankfurt v. 24. 8. 1965 – 3 VAs 67/64, NJW 1965, 2315 (2315 f.); OLG Hamm v. 21. 8. 1986 – 1 VAs 68/86, NStZ 1987, 183 (183 f.); OLG Karlsruhe v. 13. 6. 1986 – 4 VAs 23/85, NStZ 1986, 567 (568); OLG Stuttgart v. 30. 1. 1986 – 4 Ws 28/86, NStZ 1986, 431 (431 f.) zur selben Frage iRd. § 115 Abs. 3 StVollzG.
[25] So OLG Hamm v. 21. 8. 1986 – 1 VAs 68/86, NStZ 1987, 183 (183 f.); KG Berlin v. 4. 6. 2009 – 1 VAs 22/09, BeckRS 2009, 25759; zust. *Löwe/Rosenberg/Böttcher*, 25. Aufl., Rn. 13.
[26] Vgl. hierzu OLG Karlsruhe v. 21. 10. 1991 – 2 VAs 12/91, NStZ 1992, 97 (98) zur begehrten Feststellung der Rechtswidrigkeit einer erst zwei Monate nach ergangenem Beschluss vollzogenen Wohnungsdurchsuchung.
[27] Vgl. auch BVerfG v. 8. 4. 2004 – 2 BvR 1811/03, NStZ-RR 2004, 252 (253) und diesem folgend OLG Frankfurt v. 3. 3. 2005 – 3 VAs 1/05, NStZ-RR 2005, 282 (283), welches den Grundrechtseingriff in Art. 2 Abs. 2 GG durch den Erlass und Vollzug des Vollstreckungshaftbefehls verneint, da der Eingriff von dem zu vollstreckenden Strafausspruch ausgehe, wonach allein ein Verstoß gegen das Willkürverbot durch den Vollstreckungshaftbefehl zu prüfen sei.
[28] So BVerfG v. 30. 4. 1997 – 2 BvR 817/90, 2 BvR 728/92, 2 BvR 1065/95, BVerfGE 96, 27 (39 ff.) = NJW 1997, 2163 (2164); OLG Hamburg v. 9. 2. 2000 – 2 VAs 3/00, StV 2000, 518 (519); OLG Frankfurt v. 18. 3. 2005 – 3 VAs 11/05, StraFo 2005, 259 (260); OLG Karlsruhe v. 21. 3. 2005 – 2 VAs 32/04, StraFo 2005, 261 (262); siehe aber zur Verwirkung des Rechtsschutzinteresses bei Durchsuchungen BVerfG v. 4. 3. 2008 – 2 BvR 2111 und 2112/07, NStZ 2009, 166 (167).
[29] Vgl. BVerfG v. 30. 4. 1997 – 2 BvR 817/90, NJW 1997, 2163 (2164); BVerfG v. 24. 3. 1998 – 1 BvR 1935/96, NJW 1998, 2131 (2131 f.).
[30] Vgl. BVerfG v. 24. 4. 1988 – 1 BvR 669/87, 1 BvR 686/87, 1 BvR 687/87, BVerfGE 78, 123 (126) = NJW 1988, 2787; BVerfG v. 4. 5. 2004 – 1 BvR 1892/03, BVerfGE 110, 339 (342) = NJW 2004, 2887 (2888).
[31] So BVerfG v. 27. 12. 2006 – 2 BvR 803/05, NStZ 2007, 413 (414) bei Ablehnung des Rechtsweges nach §§ 23 ff. EGGVG und Behandlung des Antrages als Dienstaufsichtsbeschwerde, mAnm *Rabe von Kühlwein*.
[32] So BGH v. 16. 12. 1977 – 1 BJs 93/77, NJW 1978, 1013 mAnm *Amelung*; BGH v. 13. 6. 1978 – 1 BJs 93/77, StB 51/78, BGHSt 28, 57 (58) = NJW 1978, 1815.
[33] So BGH v. 21. 11. 1978 – 1 BJs 93/77, StB 210/78, BGHSt 28, 206(209) = NJW 1979, 882 mAnm *Lisken* NJW 1979, 1992 f.
[34] Vgl. KG Berlin v. 8. 1. 1998 – 4 VAs 85/97, NStZ-RR 1998, 310 (310 f.) mwN; OLG Celle v. 11. 1. 1985 – 3 VAs 20/84, StV 1985, 137 (138); OLG Hamm v. 23. 12. 1982 – 7 VAs 77/82, NStZ 1983, 232 (233); OLG Karlsruhe v. 28. 9. 1994 – 2 VAs 12/94, NStZ 1995, 48 mwN.

suchung jedenfalls dann, wenn die beanstandete Art und Weise des Vollzugs nicht ausdrücklicher und evidenter Bestandteil der richterlichen Anordnung gewesen war.[35] Dies geschah nicht zuletzt nach der Beanstandung des BVerfG, dass der Rechtschutz gegen Durchsuchungen für den Betroffenen aufgrund der gespaltenen und uneinheitlich gehandhabten Zuständigkeiten zu unübersichtlich sei.[36]

VI. Verpflichtung zur Vornahme bzw. zur erneuten Bescheidung (Abs. 2)

Im Falle eines begründeten Verpflichtungsantrages gemäß § 23 Abs. 2, also wenn die Ablehnung oder das Unterlassen der begehrten Maßnahme rechtswidrig war und der Antragsteller dadurch in seinen Rechten verletzt ist, und unter der weiteren Voraussetzung, dass die Sache spruchreif ist, spricht das Gericht gemäß Abs. 2 S. 1 die **Verpflichtung** der Behörde aus, die beantragte Maßnahme vorzunehmen. Ist die Sache noch nicht spruchreif, so ergeht gemäß Abs. 2 S. 2 ein **Bescheidungsbeschluss**, dh. die Behörde wird verpflichtet, unter Beachtung der Rechtsauffassung des Gerichts über den Antrag neu zu entscheiden. Die **Spruchreife**[37] ist also maßgeblich für die Entscheidung, ob die Behörde zur Vornahme oder nur zur erneuten Bescheidung verpflichtet werden kann.

Bei **gebundenen** Maßnahmen, die also keinen Ermessensspielraum für die Behörde lassen, muss das Gericht die Sache im vollen Umfang in tatsächlicher und rechtlicher Hinsicht überprüfen. Kommt es hierbei zum Ergebnis, dass der Justizverwaltungsakt rechtswidrig abgelehnt bzw. unterlassen wurde, so verpflichtet das Gericht die Justiz- oder Vollzugsbehörde zum **Erlass** des begehrten Justizverwaltungsaktes. Hierin liegt zugleich die Aufhebung des ablehnenden Bescheides, welche entsprechend nicht gesondert ausgesprochen werden muss; das Gericht ist aber nicht daran gehindert, dies zu Klarstellungszwecken dennoch zu tun.[38]

Wird der Behörde bei ihrer Entscheidung **Ermessen** eingeräumt, so darf das Gericht nicht sein Ermessen an die Stelle des Ermessens der Behörde setzen.[39] Dies ergibt sich aus dem Grundsatz, dass das Gericht keine Aufgaben an sich ziehen soll, welche der Behörde obliegen.[40] Spruchreife kann in diesem Fall entsprechend nur dann gegeben sein, wenn das Ermessen der Behörde in dem konkreten Fall **auf Null reduziert** ist, also nur eine bestimmte Entscheidung ermessensfehlerfrei getroffen werden kann. In allen anderen Fällen kann das Gericht die Justiz- bzw. Vollzugsbehörde gemäß Abs. 2 S. 2 lediglich dazu verpflichten, den Antragsteller unter Beachtung der Rechtsauffassung des Gerichts neu zu bescheiden. An die Rechtsauffassung des Gerichts ist die Behörde allerdings gebunden.[41]

VII. Feststellungsklage, allgemeine Leistungsklage, vorbeugende Unterlassungsklage

Neben den oben erörterten Antragsmöglichkeiten bestehen keine weiteren Möglichkeiten des Antragstellers, Akte der Justiz- oder Vollzugsbehörden nach §§ 23 ff. überprüfen zu lassen. Im Gegensatz zum Verwaltungsrecht gibt es entsprechend weder die Möglichkeit einer Feststellungsklage,[42] wie sie in § 43 Abs. 1 VwGO vorgesehen ist, noch die einer allgemeinen Leistungsklage.[43] Auch eine vorbeugende Unterlassungsklage als Unterfall der allgemeinen Leistungsklage ist nicht vorgesehen.[44]

VIII. Einstweiliger Rechtschutz

Des Weiteren enthalten die §§ 23 ff. **keine Regelungen** zum einstweiligen Rechtschutz. Es ist umstritten, ob eine **einstweilige Anordnung**, wie sie § 123 Abs. 1 VwGO vorsieht, dennoch auch

---

[35] Vgl. BGH v. 14. 10. 1998 – 3 Ars 10/98, wistra 1999, 66; BGH v. 7. 12. 1998 – 5 AR (VS) 2/98, BGHSt 44, 265 (266) = NStZ 1999, 200 (201); BGH v. 25. 8. 1999 – 5 AR (VS) 1/99, BGHSt 45, 183 (186 f.) = NJW 1999, 3499 (3499 f.); BGH v. 13. 10. 1999 – StB 7/99, StB 8/99, NJW 2000, 84 (86); BGH v. 21. 11. 2001 – 3 BJs 22/04 – 4 (9), StB 20/01, NStZ 2002, 215 (216).
[36] So BVerfG v. 27. 5. 1997 – 2 BvR 1992/92, BVerfGE 96, 44 (49) = NJW 1997, 2165.
[37] Siehe hierzu Rn. 7.
[38] Vgl. Kissel/Mayer Rn. 22 mwN; Löwe/Rosenberg/Böttcher, 25. Aufl., Rn. 14.
[39] So Kissel/Mayer Rn. 23; Meyer-Goßner/Cierniak Rn. 10.
[40] So Löwe/Rosenberg/Böttcher, 25. Aufl., Rn. 15 mwN.
[41] Siehe Löwe/Rosenberg/Böttcher, 25. Aufl., Rn. 17 mwN.
[42] So OLG Frankfurt v. 25. 9. 1981 – 1 VAs 3/81, NStZ 1982, 134; OLG Hamburg v. 7. 4. 1995 – 3 VAs 2/95, NStZ-RR 1996, 13 (14 f.); OLG Karlsruhe v. 10. 5. 1985 – 4 Ws 85/85, NStZ 1985, 525 (525 ff.); Kissel/Mayer Rn. 13; KK-StPO/Schoreit Rn. 13 mwN.
[43] So Kissel/Mayer Rn. 13 mwN; KK-StPO/Schoreit Rn. 13.
[44] Vgl. OLG Hamm v. 12. 12. 1995 – 1 VAs 137/95, NStZ-RR 1996, 209 (209 f.); abl. Löwe/Rosenberg/Böttcher, 25. Aufl., Rn. 77, der bei Bestehen des entsprechenden Rechtschutzbedürfnisses von einer Zulässigkeit sowohl des vorbeugenden Unterlassungsantrages als auch eines allgemeinen Feststellungsantrages ausgeht.

im Bereich der Justizverwaltungsakte möglich ist.[45] Die zustimmungswürdige bejahende Meinung stellt darauf ab, dass auch in Verfahren nach den §§ 23 ff. das Gebot des **effektiven Rechtsschutzes** aus Art. 19 Abs. 4 GG die Möglichkeit einer einstweiligen Anordnung in den Fällen erfordert, in denen dem Antragsteller ansonsten schwere und unzumutbare, nicht anders abwendbare Nachteile entstehen würden, die durch die zur Verfügung stehenden Antragsmöglichkeiten nicht verhindert bzw. beseitigt werden können.[46] Verwiesen wird außerdem auf die entsprechenden Regelungen im Strafvollzugsrecht, welches nach § 114 Abs. 2 S. 2 StVollzG iVm. § 123 Abs. 1 VwGO die Möglichkeit des Erlasses einer einstweiligen Anordnung explizit vorsieht.[47] Allerdings darf auch hier die Hauptsache durch die Entscheidung im einstweiligen Rechtsschutz nicht vorweggenommen werden.[48]

§ 29 [Rechtsbeschwerde]

(1) Gegen einen Beschluss des Oberlandesgerichts ist die Rechtsbeschwerde statthaft, wenn sie das Oberlandesgericht im ersten Rechtszug in dem Beschluss zugelassen hat.

(2) [1]Die Rechtsbeschwerde ist zuzulassen, wenn
1. die Rechtssache grundsätzliche Bedeutung hat oder
2. die Fortbildung des Rechts oder die Sicherung einer einheitlichen Rechtsprechung eine Entscheidung des Rechtsbeschwerdegerichts erfordert.

[2]Das Rechtsbeschwerdegericht ist an die Zulassung gebunden.

(3) Auf das weitere Verfahren sind die §§ 71 bis 74a des Gesetzes über das Verfahren in Familiensachen und in den Angelegenheiten der freiwilligen Gerichtsbarkeit entsprechend anzuwenden.

(4) Auf die Bewilligung der Prozesskostenhilfe sind die Vorschriften der Zivilprozessordnung entsprechend anzuwenden.

Schrifttum: *Vorwerk*, Einstweilige Anordnung, Beschluss, Rechtsmittel und Rechtmittelbelehrung nach dem FGG-RG, FPR 2009, 8.

I. Allgemeines

1 § 29 ist durch Artikel 21 des FGG-Reformgesetzes vom 17. 12. 2008[1] mit Wirkung zum 1. 9. 2009 geändert worden. Die alte Fassung sah in Abs. 1 S. 1 die Unanfechtbarkeit der Entscheidung des OLG vor. In Abs. 1 S. 2 war lediglich eine dem § 121 Abs. 2 GVG entsprechende Vorlagepflicht zum BGH[2] für den Fall vorgesehen, dass ein OLG von einer aufgrund des § 23 ergangenen Entscheidung eines anderen OLG oder des BGH abweichen wollte.[3] Wegen des „schwerfälligen und arbeitsintensiven Verfahrens"[4] dieser nach altem Recht möglichen **Divergenzvorlage** und aufgrund der Tatsache, dass der BGH die Divergenzvorlage in ständiger Rechtsprechung einschränkend auslegt und in der Regel nur über die Vorlagefrage entscheidet und keine Sachentscheidung, wie es § 29 Abs. 1 S. 3 aF vorsah, trifft,[5] wird mit dem FGG-RG die **Rechtsbeschwerde zum BGH** für die Entscheidungen nach §§ 23 ff. nach dem Vorbild der §§ 574 ff. ZPO eingeführt,[6] womit eine **Vereinheitlichung des Rechtsmittelrechts** erzielt werden soll.[7]

II. Statthaftigkeit; Zulässigkeit der Rechtsbeschwerde (Abs. 1 und 2)

2 Gemäß § 29 Abs. 1 ist die Rechtsbeschwerde gegen Beschlüsse der OLGe **statthaft**, die diese im Verfahren nach §§ 23 ff. erlassen haben; zusätzliche Voraussetzung ist die **Zulassung der Beschwerde** durch das entscheidende OLG im angegriffenen Beschluss. Die Entscheidung über die Zulassung erfolgt von Amts wegen. Die Nachholung einer unterlassenen Zulassung der Rechts-

---

[45] Diese Möglichkeit bejahend OLG Hamburg v. 9. 10. 1978 – VAs 21/78, NJW 1979, 279; OLG Karlsruhe v. 11. 11. 1993 – 2 VAs 23/93, NStZ 1994, 142 (143); KK-StPO/*Schoreit* Rn. 24; *Kissel/Mayer* Rn. 25; Löwe/Rosenberg/*Böttcher*, 25. Aufl., § 29 Rn. 8; *Meyer-Goßner/Cierniak* Rn. 13.
[46] Hierzu BVerfG v. 19. 10. 1977 – 2 BvR 42/76, BVerfGE 46, 166 (177 ff.) = NJW 1978, 693 (693 ff.).
[47] Siehe *Neuling* StV 2008, 387 (389); Löwe/Rosenberg/*Böttcher*, 25. Aufl., § 29 Rn. 8; *Meyer-Goßner/Cierniak* Rn. 13.
[48] AllgM, vgl. *Kissel/Mayer* Rn. 25 mwN.
[1] BGBl. I S. 2586 ff.
[2] Hierzu BGH v. 19. 12. 2007 – IV AR (VZ) 6/07, ZIP 2008, 515 (516).
[3] Zu den Fällen der Vorlagepflicht vgl. Löwe/Rosenberg/*Böttcher*, 25. Aufl., Rn. 2 ff.
[4] So die Gesetzesbegründung, BT-Drucks. 16/6308, S. 318.
[5] Vgl. BGH v. 15. 2. 1972 – 5 AR (Vs) 1/72, NJW 1972, 780 (781).
[6] Hierzu BT-Drucks. 16/6308, S. 318.
[7] Siehe *Meyer-Goßner/Cierniak* Rn. 1.

beschwerde ist analog § 33 a StPO denkbar[8] bei einer Verletzung von verfassungsrechtlich garantierten Verfahrensrechten.[9]

Abs. 2 S. 1 normiert die **Zulassungsgründe**, bei deren Vorliegen die Rechtsbeschwerde zuzulassen ist. Dies ist der Fall bei grundsätzlicher Bedeutung der Rechtssache (Nr. 1) oder bei Erforderlichkeit der Entscheidung zur Fortbildung des Rechts oder zur Sicherung einer einheitlichen Rechtsprechung (Nr. 2). Eine **grundsätzliche Bedeutung** der Rechtssache ist dann zu bejahen, wenn über eine noch ungeklärte Rechtsfrage zu entscheiden ist, die eine Vielzahl von Fällen betrifft.[10] Eine Erforderlichkeit zur **Fortbildung des Rechts** liegt vor bei notwendigen, aber noch fehlenden Leitsätzen zur Gesetzesauslegung und Ergänzung von Gesetzeslücken.[11] Die Erforderlichkeit zur **Sicherung einer einheitlichen Rechtsprechung** ist in aller Regel dann zu bejahen, wenn vermieden werden soll, dass schwer erträgliche Unterschiede in der Rechtsprechung entstehen oder fortbestehen.[12] Die Zulassungsgründe entsprechen wortgleich denen der Rechtsbeschwerde in § 574 Abs. 2 ZPO bzw. der Zulassungsrevision in § 543 Abs. 2 ZPO, so dass insofern auf die entsprechende Kommentierung zu diesen Gründen verwiesen werden kann. 3

Gemäß Abs. 2 S. 2 ist das Rechtsbeschwerdegericht an die Zulassung **gebunden**.[13] 4

III. Weiteres Verfahren (Abs. 3)

Abs. 3 verweist für das weitere Verfahren auf die Vorschriften der §§ 71–74 FamFG. Hier sind Frist und Form der Rechtsbeschwerde, die Gründe, auf die sie zulässigerweise gestützt werden kann, die Anschlussrechtsbeschwerde sowie die möglichen Formen der Entscheidung über die Rechtsbeschwerde durch das Beschwerdegericht geregelt. 5

§ 74 Abs. 4 FamFG verweist wiederum für das weitere Verfahren auf die **Vorschriften des ersten Rechtszuges**, soweit diese nicht von den Regelungen der §§ 71 FamFG abweichen, womit eine ergänzende Anwendung der §§ 23 ff. für etwaige sich auftuende Lücken in den Verfahrensregelungen ermöglicht wird. 6

1. Frist und Form der Beschwerde. Gemäß **§ 71 Abs. 1 FamFG** ist die Rechtsbeschwerde innerhalb eines Monats nach der schriftlichen Bekanntgabe des Beschlusses durch die Einreichung der unterschriebenen Beschwerdeschrift, aus der gemäß § 71 Abs. 1 Nrn. 1 und 2 FamFG hervorgehen muss, dass und gegen welchen Beschluss die Rechtsbeschwerde eingelegt wird, beim Beschwerdegericht einzulegen. Innerhalb der Monatsfrist ist die Rechtsbeschwerde gemäß § 71 Abs. 2 FamFG auch zu **begründen**, wobei der Verweis auf § 551 Abs. 2 S. 5 und 6 ZPO die Möglichkeit einer entsprechenden Fristverlängerung für die Begründung eröffnet. 7

2. Inhalt der Beschwerdebegründung. Der **Inhalt der Begründung** der Rechtsbeschwerde ergibt sich aus **§ 71 Abs. 3 FamFG**, der bestimmt, dass der Umfang der Anfechtung, dh. inwieweit der Beschluss angefochten wird, erklärt werden muss. Ebenso müssen die für die Rechtsverletzung relevanten Umstände angegeben werden sowie bei einem gerügten Verfahrensmangel die den Mangel begründenden Tatsachen. 8

Die Rechtsbeschwerde kann gemäß **§ 72 Abs. 1 FamFG** nur mit dem Beruhen der angegriffenen Entscheidung auf einer **Rechtsverletzung**, welche die mangelnde oder fehlerhafte Anwendung einer Rechtsnorm beinhaltet, begründet werden. Die Unzuständigkeit des OLG für den angegriffenen Beschluss hingegen ist gemäß § 72 Abs. 2 FamFG kein zulässiger Grund für die Rechtsbeschwerde. § 72 Abs. 3 FamFG verweist auf die revisionsrechtlichen Vorschriften des § 547 (absolute Revisionsgründe), § 556 (Verlust des Rügerechts) und § 560 ZPO (nicht revisible Gesetze), die entsprechend anzuwenden sind. 9

3. Anschlussrechtsbeschwerde. Nach **§ 73 S. 1 FamFG** besteht für den Beschwerdegegner die Möglichkeit, sich der Rechtsbeschwerde, die ihm nach § 71 Abs. 4 FamFG samt Begründung bekannt zu geben ist, innerhalb eines Monats nach Bekanntgabe anzuschließen. Die Anschlussrechtsbeschwerde ist nach § 73 S. 2 FamFG ebenfalls innerhalb dieser Frist zu begründen. Sie wird gemäß § 73 S. 3 FamFG als **unselbständiges Anschlussrechtsmittel**[14] unwirksam, wenn die Rechtsbeschwerde zurückgenommen oder verworfen wird. 10

---

[8] So *Meyer-Goßner/Cierniak* Rn. 2 mwN.
[9] Vgl. BVerfG v. 30. 4. 2003 – 1 PBvU 1/02, NJW 2003, 1924 (1924 ff.).; zur Zulassung der Rechtsbeschwerde analog § 321 a ZPO BGH v. 19. 5. 2004 – IXa ZB 182/03, NJW 2004, 2529 (2529 f.); BGH v. 4. 7. 2007 – VII ZB 28/07, WM 2007, 2035 (2036).
[10] Siehe *Meyer-Goßner/Cierniak* Rn. 3 mwN.
[11] So *Meyer-Goßner/Cierniak* Rn. 3 mwN.
[12] Vgl. BGH v. 7. 10. 2004 – V ZR 328/03, NJW 2005, 153; BGH v. 23. 10. 2003 – V ZB 28/03, NJW 2004, 367 (368); BGH v. 15. 5. 2007 – X ZR 20/05, NJW 2007, 2702 (2702 f.) mwN.
[13] Ursprünglich gegenteiliger Wortlaut geändert durch das Gesetz zur Modernisierung von Verfahren im anwaltlichen und notariellen Berufsrecht vom 30. 7. 2009, Art. 8 Nr. 3 a, BGBl. I S. 2449, 2472.
[14] Zur Anschlussrevision nach § 554 ZPO BGH v. 22. 11. 2007 – I ZR 74/05, NJW 2008, 920 (922).

EGGVG § 30 *Einführungsgesetz zum Gerichtsverfassungsgesetz*

11 **4. Prüfungsumfang.** In § 74 FamFG finden sich detaillierte Bestimmungen über die Entscheidung des Beschwerdegerichts: Es prüft gemäß § 74 Abs. 1 FamFG die Statthaftigkeit der Beschwerde, darüber hinaus, ob sie Form und Frist des § 71 Abs. 1 FamFG genügt und ob sie eine Begründung enthält. Verneinendenfalls **verwirft** es die Beschwerde als unzulässig.

12 Im Gegensatz zur vollumfänglichen Prüfung[15] eines Antrages nach §§ 23 ff. durch den Strafsenat des OLG wird der Umfang der Prüfung des angefochtenen Beschlusses gemäß § 74 **Abs. 3 S. 1** FamFG grundsätzlich von den gestellten Anträgen der Beteiligten bestimmt (**ne ultra petita**); allerdings ist das Beschwerdegericht gemäß Abs. 3 S. 2 nicht an die aufgeführten Beschwerdegründe gebunden. Sollen **Verfahrensmängel** Gegenstand der Überprüfung durch das Beschwerdegericht sein, so müssen diese allerdings, wenn sie nicht von Amts wegen zu prüfen sind, gemäß § 74 Abs. 3 S. 3 nach § 71 Abs. 3 und § 73 S. 2 FamFG **gerügt** worden sein. Mit dem Verweis auf die revisionsrechtlichen Vorschriften der §§ 559 und 564 ZPO in § 74 Abs. 3 S. 4, welche die Bindung des Beschwerdegerichts an die Tatsachenfeststellung der Vorinstanz bzw. die Begründungsfreiheit bei nicht durchgreifenden Verfahrensrügen normieren, wird auch hier der revisionsähnliche Charakter der Rechtsbeschwerde klargestellt.

13 **5. Entscheidungsinhalt.** Gemäß § 74 **Abs. 2 FamFG** ist die Rechtsbeschwerde aber auch dann **zurückzuweisen**, wenn zwar eine Rechtsverletzung des Beschwerdeführers durch den Beschluss vorliegt, die Entscheidung des OLG aber dennoch im **Ergebnis** als richtig anzusehen ist. Die Zurückweisung erfolgt gemäß § 74a Abs. 1 FamFG ohne mündliche Verhandlung oder Erörterung im Termin durch einen einstimmigen **Beschluss**. Das Beschwerdegericht oder der Vorsitzende hat nach § 74a Abs. 2 FamFG einen **Hinweis** auf die Absicht, die Rechtsbeschwerde zurückzuweisen, zu geben und diese Absicht zu begründen. Hierzu muss dem Beschwerdeführer die Möglichkeit der **Stellungnahme** binnen einer zu bestimmenden Frist eingeräumt werden. Gemäß § 74a Abs. 3 FamFG muss der Zurückweisungsbeschluss **begründet** werden, soweit die Gründe nicht schon in dem Hinweis nach § 74a Abs. 2 FamFG aufgeführt worden sind.

14 Soweit die Rechtsbeschwerde begründet ist, ist der angefochtene Beschluss nach § 74 Abs. 5 FamFG **aufzuheben**. Bei **Entscheidungsreife** entscheidet der BGH gemäß § 74 Abs. 6 S. 1 FamFG selbst über die Sache; anderenfalls wird die Sache an das OLG zurückverwiesen, wobei eine Verweisung an einen anderen Spruchkörper als den, der den angefochtenen Beschluss erlassen hat, gemäß § 74 Abs. 6 S. 3 FamFG möglich ist. Das OLG ist bei seiner neuen Entscheidung an die rechtliche Beurteilung des BGH **gebunden**. Gemäß § 74 Abs. 7 FamFG muss eine **Begründung der Entscheidung** dann nicht erfolgen, wenn diese nicht geeignet wäre, im Sinne der Zulassungsgründe des § 29 Abs. 2 S. 1 zur Klärung beizutragen.[16]

IV. Prozesskostenhilfe (Abs. 4)

15 Abs. 4, welcher für die Bewilligung von Prozesskostenhilfe auf die Vorschriften der ZPO verweist, entspricht wortgleich dem § 29 Abs. 3 aF. Dieser regelte, da die Entscheidung des OLG nach altem Recht unanfechtbar war, die Prozesskostenhilfe für das erstinstanzliche Verfahren nach den §§ 23 ff. Nach der Gesetzesbegründung soll Abs. 4 den **Regelungsgehalt des § 29 Abs. 3 aF** übernehmen,[17] so dass davon auszugehen ist, dass der Verweis der neuen Regelung auch für das Verfahren vor dem OLG gelten soll.[18]

§ 30 [Kosten]

(1) ¹Für die Kosten des Verfahrens vor dem Oberlandesgericht gelten die Vorschriften der Kostenordnung entsprechend. ²Abweichend von § 130 der Kostenordnung wird jedoch ohne Begrenzung durch einen Höchstbetrag bei Zurückweisung das Doppelte der vollen Gebühr, bei Zurücknahme des Antrags eine volle Gebühr erhoben.

(2) ¹Das Oberlandesgericht kann nach billigem Ermessen bestimmen, daß die außergerichtlichen Kosten des Antragstellers, die zur zweckentsprechenden Rechtsverfolgung notwendig waren, ganz oder teilweise aus der Staatskasse zu erstatten sind. ²Die Vorschriften des § 91 Absatz 1 Satz 2 und der §§ 102 bis 107 der Zivilprozeßordnung gelten entsprechend. ³Die Entscheidung des Oberlandesgerichts kann nicht angefochten werden.

(3) ¹Der Geschäftswert bestimmt sich nach § 30 der Kostenordnung. ²Er wird von dem Oberlandesgericht durch unanfechtbaren Beschluß festgesetzt.

---

[15] Siehe hierzu § 28 Rn. 3.
[16] Siehe *Meyer-Goßner/Cierniak* Rn. 10.
[17] BT-Drucks. 16/6308, S. 318.
[18] So auch *Meyer-Goßner/Cierniak* Rn. 11.

I. Gerichtskosten (Abs. 1)

§ 30 regelt die Kosten für alle Verfahren nach den §§ 23 ff. einheitlich und abschließend.[1] Folglich gelten auch für das Strafverfahren nicht die §§ 464 ff. StPO, sondern gemäß § 30 Abs. 1 S. 1 die **Vorschriften der Kostenordnung** in entsprechender Anwendung.

Die **Aufnahme des Antrages** ist gemäß § 129 KostO gebührenfrei. Gebühren entstehen gemäß § 130 KostO bei **Zurücknahme** oder aber **Zurückweisung** des Antrages wegen Unzulässigkeit oder Unbegründetheit. Die Höhe dieser Gebühr wird von Abs. 1 S. 2 abweichend von § 130 Abs. 1 und 2 KostO bei Zurückweisung auf das Doppelte der vollen Gebühr und bei Zurücknahme des Antrags auf eine volle Gebühr festgelegt; eine Höchstgrenze besteht nicht. Im Übrigen ist das gerichtliche **Beschwerdeverfahren** gemäß § 131 Abs. 1 S. 2 KostO **gebührenfrei**. Kosten, die nicht entstanden wären, wenn die Sache richtig behandelt worden wäre, werden gemäß § 16 Abs. 1 KostO nicht erhoben,[2] da der Bürger „nicht unter erheblichen Fehlern des Gerichts finanziell leiden soll".[3] Ebenfalls kostenfrei ist die **Feststellung der Rechtswidrigkeit** nach § 28 Abs. 1 S. 4[4] sowie die **Erledigterklärung** der Hauptsache nach § 27 Abs. 2 S. 2 oder § 28 Abs. 1 S. 4,[5] wenn kein Fortsetzungsfeststellungsantrag gestellt wurde und die Erledigung anders als durch die Zurücknahme des Antrages eingetreten ist.[6] Auch wenn aufgrund eines Verpflichtungsantrages nach § 23 Abs. 2 ein **Bescheidungsbeschluss** gemäß § 28 Abs. 2 S. 2 ergeht, so liegt darin keine Teilzurückweisung, die eine entsprechende Kostenpflicht nach § 130 Abs. 4 KostO nach sich ziehen würde.[7]

Die Kostentragungspflicht folgt unmittelbar aus den Bestimmungen der KostO;[8] ein **Kostenausspruch** ist daher zwar entbehrlich, aus Gründen der Klarheit jedoch empfehlenswert.[9] In entsprechender Anwendung des § 8 KostO besteht die Pflicht, einen Gerichtskostenvorschuss zu leisten.[10]

II. Außergerichtliche Kosten (Abs. 2)

Die außergerichtlichen Kosten des Antragstellers werden diesem gemäß Abs. 2 S. 1 nur dann ganz oder teilweise erstattet, wenn das Gericht es bestimmt. Dabei soll die **Erstattung** der Kosten **durch die Staatskasse** nicht die Regel sein, sondern eine Ausnahme, die einer besonderen Begründung durch die **Besonderheiten des Einzelfalls** bedarf.[11] Für die Kostenerstattung ist es folglich nicht ausreichend, dass der Antragsteller Erfolg in der Sache hatte, sondern es müssen vielmehr weitere Umstände hinzutreten, wie zB die evidente Fehlerhaftigkeit des betreffenden Justizverwaltungsaktes.[12] Die Anordnung der Erstattung ist auch dann möglich, wenn der Antragsteller vor Abschluss des Verfahrens stirbt.[13] Das Gericht entscheidet nach billigem Ermessen; die Entscheidung ist gemäß Abs. 2 S. 3 **nicht anfechtbar**.

Die Erstattung der Kosten, die dem **Antragsgegner** oder einem am Verfahren **beteiligten Dritten** entstanden sind, können wegen der **abschließenden Regelung** des Abs. 2, der dies nicht vorsieht, nicht erstattet werden.[14] Aus demselben Grund können auch nicht die Kosten, die dem Antragsteller durch ein etwaiges **Vorverfahren** entstanden sind, ersetzt werden.[15] Gemäß Abs. 2 S. 2 gelten für das Kostenfestsetzungsverfahren §§ 102 bis 107 ZPO entsprechend.[16]

Abs. 2 S. 2 verweist außerdem auf **§ 91 Abs. 1 S. 2 ZPO**, nach dem die Kostenerstattung auch die notwendigen Reisen und die entstandene Zeitversäumnis für die Wahrnehmung von Terminen umfasst. Mangels Verweisung auf § 91 Abs. 2 ZPO ist über die Notwendigkeit der Inanspruch-

---

[1] So *Kissel/Mayer* Rn. 1; *Löwe/Rosenberg/Böttcher*, 25. Aufl., Rn. 1; *Meyer-Goßner/Cierniak* Rn. 1; aA OLG Hamburg v. 25. 4. 1972 – VAs 1/72, NJW 1972, 1586, das eine Anwendung des § 473 StPO bejaht.
[2] Hierzu OLG Frankfurt v. 20. 3. 2006 – 20 VA 1/06, NJOZ 2006, 4468.
[3] *Hartmann* § 16 KostO Rn. 2.
[4] So *Löwe/Rosenberg/Böttcher*, 25. Aufl., Rn. 1.
[5] Siehe *Kissel/Mayer* Rn. 2; *Meyer-Goßner/Cierniak* Rn. 2.
[6] So *Löwe/Rosenberg/Böttcher*, 25. Aufl., Rn. 1.
[7] Hierzu *Kissel/Mayer* Rn. 2; *Löwe/Rosenberg/Böttcher*, 25. Aufl., Rn. 1 mwN.
[8] So OLG Dresden v. 13. 5. 2004 – 6 VA 12/04, OLGR 2004, 394 (395); *Kissel/Mayer* Rn. 2.
[9] Siehe OLG München v. 18. 10. 1974 – 1 VAs 67/74, NJW 1975, 509 (511); *Kissel/Mayer* Rn. 3; *Löwe/Rosenberg/Böttcher*, 25. Aufl., Rn. 2.
[10] Str., zust. OLG Hamburg v. 21. 2. 2003 – 2 VAs 1/03, NStZ-RR 2003, 383; *Kissel/Mayer* Rn. 4; KK-StPO/*Schoreit* Rn. 4; *Löwe/Rosenberg/Böttcher*, 25. Aufl., Rn. 3; abl. *Meyer-Goßner/Cierniak* Rn. 3.
[11] So *Kissel/Mayer* Rn. 5; *Löwe/Rosenberg/Böttcher*, 25. Aufl., Rn. 4; *Meyer-Goßner/Cierniak* Rn. 3.
[12] Vgl. *Kissel/Mayer* Rn. 5; KK-StPO/*Schoreit* Rn. 5; *Löwe/Rosenberg/Böttcher*, 25. Aufl., Rn. 4 mwN.
[13] So OLG Hamm v. 11. 6. 1970 – 1 VAs 24/68, NJW 1971, 209; *Kissel/Mayer* Rn. 5; *Löwe/Rosenberg/Böttcher*, 25. Aufl., Rn. 2.
[14] So OLG Frankfurt v. 17. 12. 2008 – 20 VA 10/08, ZInsO 2009, 242 (247); OLG Hamm v. 28. 1. 1974 – 15 VA 2/73; Rpfleger 1974, 228.
[15] Hierzu OLG Hamm v. 26. 1. 1984 – 1 VAs 48/84, NStZ 1984, 332; *Löwe/Rosenberg/Böttcher*, 25. Aufl., Rn. 4; *Meyer-Goßner/Cierniak* Rn. 3.
[16] Im Einzelnen hierzu *Löwe/Rosenberg/Böttcher*, 25. Aufl., Rn. 5; KK-StPO/*Schoreit* Rn. 6.

nahme anwaltlichen Beistandes nach Lage des Einzelfalles, dh. u. a. unter Berücksichtigung der Schwierigkeit der Sache, zu entscheiden.[17]

III. Geschäftswert (Abs. 3)

7 Der Geschäftswert wird gemäß Abs. 3 S. 1 nach § 30 KostO festgesetzt. Nach § 30 Abs. 1 KostO ist er nach freiem Ermessen zu bestimmen. Der **Regelwert** beträgt gemäß § 30 Abs. 2 S. 1 KostO **3000 Euro**; hiervon kann nach Lage des Falles nach oben oder nach unten abgewichen werden, wobei er gemäß § 30 Abs. 2 S. 2 KostO 500 000 Euro nicht überschreiten darf.

§ 30a [Verwaltungsakt im Bereich von Kostenvorschriften]

(1) [1]Verwaltungsakte, die im Bereich der Justizverwaltung beim Vollzug des Gerichtskostengesetzes, der Kostenordnung, des Gerichtsvollzieherkostengesetzes, des Justizvergütungs- und -entschädigungsgesetzes oder sonstiger für gerichtliche Verfahren oder Verfahren der Justizverwaltung geltender Kostenvorschriften, insbesondere hinsichtlich der Einforderung oder Zurückzahlung ergehen, können durch einen Antrag auf gerichtliche Entscheidung auch dann angefochten werden, wenn es nicht ausdrücklich bestimmt ist. [2]Der Antrag kann nur darauf gestützt werden, dass der Verwaltungsakt den Antragsteller in seinen Rechten beeinträchtige, weil er rechtswidrig sei. [3]Soweit die Verwaltungsbehörde ermächtigt ist, nach ihrem Ermessen zu befinden, kann der Antrag nur darauf gestützt werden, dass die gesetzlichen Grenzen des Ermessens überschritten seien, oder dass von dem Ermessen in einer dem Zweck der Ermächtigung nicht entsprechenden Weise Gebrauch gemacht worden sei.

(2) [1]Über den Antrag entscheidet das Amtsgericht, in dessen Bezirk die für die Einziehung oder Befriedigung des Anspruchs zuständige Kasse ihren Sitz hat. [2]In dem Verfahren ist die Staatskasse zu hören. [3]§ 14 Abs. 3 bis 9 und § 157a der Kostenordnung gelten entsprechend.

(3) [1]Durch die Gesetzgebung eines Landes, in dem mehrere Oberlandesgerichte errichtet sind, kann die Entscheidung über das Rechtsmittel der weiteren Beschwerde nach Absatz 1 und 2 sowie nach § 14 der Kostenordnung, der Beschwerde nach § 156 der Kostenordnung, nach § 66 des Gerichtskostengesetzes, nach § 57 des Gesetzes über Kosten in Familiensachen, nach § 14 der Kostenordnung und nach § 4 des Justizvergütungs- und -entschädigungsgesetzes einem der mehreren Oberlandesgerichte oder anstelle eines solchen Oberlandesgerichts einem obersten Landesgericht zugewiesen werden. [2]Dies gilt auch für die Entscheidung über das Rechtsmittel der weiteren Beschwerde nach § 33 des Rechtsanwaltsvergütungsgesetzes, soweit nach dieser Vorschrift das Oberlandesgericht zuständig ist.

(4) Für die Beschwerde finden die vor dem Inkrafttreten des Kostenrechtsmodernisierungsgesetzes vom 5. Mai 2004 (BGBl. I S. 718) am 1. Juli 2004 geltenden Vorschriften weiter Anwendung, wenn die anzufechtende Entscheidung vor dem 1. Juli 2004 der Geschäftsstelle übermittelt worden ist.

I. Norminhalt

1 Die Vorschrift des § 30a, welche durch das Erste Gesetz über die Bereinigung von Bundesrecht im Zuständigkeitsbereich des Bundesministeriums der Justiz vom 19. 4. 2006[1] in das EGGVG eingefügt worden ist, ersetzt die inhaltsgleichen Regelungen von Art. XI §§ 1–3 des **KostÄndG**, welches zeitgleich aufgehoben wurde. Sinn dieser neuen Verortung der Regelung im EGGVG ist eine systematische Platzierung der Vorschriften zur Anfechtung eines Justizverwaltungsaktes auf dem Gebiet des Kostenrechts.[2] Leider steht der systematischen Verbesserung durch die Stellung der Norm eine in Gänze unsystematische Ausgestaltung derselben gegenüber,[3] so dass deren Handhabung ganz erheblich erschwert wird.

2 **Abs. 4,** dessen Inhalt zuvor in Art. XI § 3 KostÄndG normiert war, stellt eine mittlerweile vermutlich gegenstandslose **Übergangsvorschrift** für Altfälle dar, die vor dem 1. 7. 2004 bei der Geschäftsstelle des Gerichts eingegangen sind.

II. Anfechtungsantrag bei Kostenjustizverwaltungsakten (Abs. 1)

3 § 30a Abs. 1 und 2 stellt eine **Sonderregelung** für die **Zuständigkeit** bei Anfechtung von Justizverwaltungsakten im Bereich des Vollzugs von Kostengesetzen dar. Ihr kommt allerdings neben den

---

[17] So *Kissel/Mayer* Rn. 6; für ein „nicht kleinliches" Verfahren in dieser Entscheidung Löwe/Rosenberg/*Böttcher*, 25. Aufl., Rn. 5 mwN.
[1] BGBl. I S. 866.
[2] So die Begründung des Gesetzesentwurfs der Bundesregierung, BT-Drucks. 16/47, S. 48 f.
[3] Dazu sogleich Rn. 6.

zahlreichen Bestimmungen in den Kostengesetzen zur Anfechtung von Kostenansätzen nur **Auffangcharakter** zu; entsprechend ist die Vorschrift unter anderem gegenüber § 66 GKG,[4] § 14 KostO[5] und § 56 Abs. 1 und 2 RVG[6] nachrangig.[7] Von der Norm erfasst ist der Vollzug von Kostengesetzen durch die Verwaltung der **ordentlichen Gerichtsbarkeit**.[8]

Abs. 1 S. 1 bestimmt die grundsätzliche Möglichkeit der Anfechtung dieser Justizverwaltungsakte, wobei gemäß Abs. 1 S. 2 der **Anfechtungsantrag** nur auf die Rechtswidrigkeit des Justizverwaltungsaktes und die dadurch bestehende Verletzung des Antragstellers in seinen Rechten gestützt werden kann. Abs. 1 S. 3 begrenzt die Zulässigkeit des Anfechtungsantrages im Falle einer **Ermessensentscheidung** der Behörde auf die Geltendmachung einer Ermessensüberschreitung oder eines Ermessensfehlgebrauchs.[9]

III. Zuständigkeit des Amtsgerichts, Beschwerdeverfahren (Abs. 2)

Anders als im Verfahren nach §§ 23 ff. entscheidet über den Antrag nach § 30a gemäß Abs. 2 S. 1 das **Amtsgericht**, in dessen Bezirk die Kasse, die für die Einziehung oder Befriedigung des Anspruchs zuständig ist, ihren Sitz hat. Es entscheidet stets das **Zivilgericht**, auch wenn die Kostenentscheidung ihren Grund in einem strafrechtlichen Verfahren hat.[10] Gemäß Abs. 2 S. 2 muss das Gericht den Vertreter der Staatskasse im Verfahren anhören.

Abs. 2 S. 3 **verweist** auf § 14 Abs. 3–9 sowie § 157a KostO. Während Letzterer das Verfahren bei einer (gerügten) Verletzung des Anspruchs eines Beteiligten auf rechtliches Gehör regelt, finden sich in § 14 Abs. 3 ff. KostO die Vorschriften zur Möglichkeit der **Beschwerde** und der **weiteren Beschwerde** gegen die Entscheidung über die Erinnerung gegen den Kostenansatz gemäß § 14 Abs. 1 KostO. Über § 30a Abs. 2 S. 3 können diese Rechtsmittel auch gegen die Entscheidung über einen Anfechtungsantrag nach § 30a Abs. 1 fruchtbar gemacht werden. Erst vor dem Hintergrund des Inhalts der in Abs. 2 S. 3 enthaltenen Verweisung erschließt sich der Sinn der Konzentrationsermächtigung in Abs. 3, welche das Beschwerdeverfahren betrifft, das aber in § 30a selbst mit keiner Silbe erwähnt wird. Die Vorschrift leidet daher unter einer mangelnden Verständlichkeit, die nur dadurch zu verschmerzen ist, dass ihr Anwendungsbereich aufgrund ihrer Auffangfunktion als eher gering einzustufen sein dürfte.

Entsprechend § 14 Abs. 3 und Abs. 4 S. 2 KostO kann daher gegen die Entscheidung über den Antrag **Beschwerde beim LG** eingelegt werden, wenn entweder der Wert des Beschwerdegegenstandes **200 €** übersteigt oder das Gericht, welches über den Anfechtungsantrag entschieden hat, die Beschwerde wegen grundsätzlicher Bedeutung zugelassen hat. Die **weitere Beschwerde** zum **OLG** ist entsprechend § 14 Abs. 5 S. 1 KostO nur zulässig, wenn das Beschwerdegericht diese qua Beschluss zugelassen hat. Das Verfahren der (weiteren) Beschwerde regelt § 14 Abs. 6–9 KostO.[11]

IV. Konzentrationsermächtigung (Abs. 3)

§ 30a Abs. 3 ist eine Spezialregelung gegenüber der allgemeinen Regelung in § 13a GVG[12] und enthält, wie § 25 Abs. 2, eine **Konzentrationsermächtigung** für die Bundesländer, in denen mehrere OLGe errichtet sind. Hier kann durch den Landesgesetzgeber die **Zuständigkeit** für die **weitere Beschwerde** nach § 30a Abs. 1 und 2 iVm. § 14 Abs. 5 KostO und nach § 14 KostO auf eines der OLGe übertragen werden. Dasselbe gilt für die **Zuständigkeit** für die **Beschwerde** nach § 156 KostO, nach § 66 GKG, nach § 57 FamGKG, nach § 14 KostO und nach § 4 JVEG. Auch hier erstaunt die Gesetzessystematik, dass die Konzentrationsermächtigung sich nicht nur auf die Verfahren, die in § 30a geregelt sind, beschränkt, sondern die in anderen Kostengesetzen geregelten Verfahren mit einbezieht. Die ebenfalls wie in § 25 Abs. 2 vorgesehene Möglichkeit der Zuständigkeitsübertragung auf ein oberstes Landesgericht[13] ist mangels Bestehens eines solchen auch hier obsolet.

---

[4] Siehe OLG Köln v. 8. 7. 1998 – 17 W 242/97, JB 1999, 260 (261).
[5] So OLG Hamm v. 15. 2. 2001 – 15 W 456/00, NJW-RR 2001, 1656 (LS).
[6] So OLG Köln v. 4. 7. 2002 – 7 VA 1/02, NJW-RR 2003, 575, noch zu § 128 Abs. 3 BRAGO.
[7] Hierzu *Hartmann*, 36. Aufl., Art. XI § 1 KostÄndG Rn. 1.
[8] Siehe *Kissel/Mayer* Rn. 3; siehe zB zur Anfechtung der Festsetzung der Kosten für die Unterbringung des Angeklagten in einer psychiatrischen Klinik zwecks dessen Begutachtung OLG Jena v. 10. 3. 2008 – 1 Ws 35/08, über juris.
[9] Siehe hierzu § 28 Rn. 4.
[10] So *Hartmann*, 36. Aufl., Art. XI § 1 KostÄndG Rn. 12 mwN; *Kissel/Mayer* Rn. 4.
[11] Detailliert hierzu *Hartmann* § 14 KostO Rn. 4 ff.
[12] So *Meyer-Goßner/Cierniak* Rn. 2; *Kissel/Mayer* Rn. 5 hält die eigenständige Bedeutung der Regelung neben der Konzentrationsermächtigung des § 13a GVG für fraglich.
[13] Siehe hierzu § 25 Rn. 6.

Vierter Abschnitt. Kontaktsperre

§ 31 [Feststellung der Voraussetzungen für Kontaktsperre]

¹Besteht eine gegenwärtige Gefahr für Leben, Leib oder Freiheit einer Person, begründen bestimmte Tatsachen den Verdacht, daß die Gefahr von einer terroristischen Vereinigung ausgeht, und ist es zur Abwehr dieser Gefahr geboten, jedwede Verbindung von Gefangenen untereinander und mit der Außenwelt einschließlich des schriftlichen und mündlichen Verkehrs mit dem Verteidiger zu unterbrechen, so kann eine entsprechende Feststellung getroffen werden. ²Die Feststellung darf sich nur auf Gefangene beziehen, die wegen einer Straftat nach § 129 a, auch in Verbindung mit § 129 b Abs. 1, des Strafgesetzbuches oder wegen einer der in dieser Vorschrift bezeichneten Straftaten rechtskräftig verurteilt sind oder gegen die ein Haftbefehl wegen des Verdachts einer solchen Straftat besteht; das gleiche gilt für solche Gefangene, die wegen einer anderen Straftat verurteilt oder die wegen des Verdachts einer anderen Straftat in Haft sind und gegen die der dringende Verdacht besteht, daß sie diese Tat im Zusammenhang mit einer Tat nach § 129 a, auch in Verbindung mit § 129 b Abs. 1, des Strafgesetzbuches begangen haben. ³Die Feststellung ist auf bestimmte Gefangene oder Gruppen von Gefangenen zu beschränken, wenn dies zur Abwehr der Gefahr ausreicht. ⁴Die Feststellung ist nach pflichtgemäßem Ermessen zu treffen.

Schrifttum: *Amelung*, Nochmals: § 34 StGB als öffentlichrechtliche Eingriffsnorm?, NJW 1978, 623; *Beckers/Wächtler*, Über die praktische Anwendung der Kontaktsperre, KJ 1977, 408; *Böckenförde*, Der verdrängte Ausnahmezustand, NJW 1978, 1881; *Elfferding*, Das Kontaktsperre-Gesetz vom 30. 9. 1977, KJ 1977, 401; *Jung*, Das Kontaktsperre-Gesetz, JuS 1977, 846; *Krekeler*, Strafverfahrensrecht und Terrorismus, AnwBl. 1979, 212; *ders.*, Änderung des sogenannten Kontaktsperregesetzes, NJW 1986, 417; *Lange*, Terrorismus kein Notfall?, NJW 1978, 784; *Rebmann*, Terrorismus und Rechtsordnung, DRiZ 1979, 363; *Vogel*, Strafverfahrensrecht und Terrorismus – eine Bilanz, NJW 1978, 1217.

I. Allgemeines

1 Die Vorschriften zur Kontaktsperre in den §§ 31 bis 34 sowie 35 bis 38 wurden durch das sogenannte **Kontaktsperregesetz** (Gesetz zur Änderung des Einführungsgesetzes zum Gerichtsverfassungsgesetz vom 30. 9. 1977)[1] eingefügt. Die Ergänzung durch § 34 a erfolgte mit dem Gesetz zur Änderung des Einführungsgesetzes zum Gerichtsverfassungsgesetz vom 4. 12. 1985.[2] § 38 a wurde schließlich durch Art. 14 Nr. 4 des Ersten Gesetzes über die Bereinigung von Bundesrecht im Zuständigkeitsbereich des Bundesministeriums der Justiz vom 19. 4. 2006[3] in das EGGVG eingefügt.

2 Anlass für diese gesetzlichen Regelungen war die Terrorismussituation in Deutschland im **Herbst 1977**, die konkret durch die Entführung (und spätere Ermordung) des Präsidenten der Vereinigung Deutscher Arbeitgeberverbände und des Bundesverbandes der Deutschen Industrie, *Dr. Hanns Martin Schleyer*, durch Terroristen am 5. 9. 1977 einen neuen traurigen Höhepunkt in der damaligen Serie terroristischer Anschläge fand. Da Anhaltspunkte dafür bestanden, dass Mitglieder terroristischer Vereinigungen die Entführung von *Dr. Schleyer* aus der Straf- oder Untersuchungshaft heraus leiteten (oder jedenfalls unterstützten) und zudem Verteidiger hierzu (bewusst oder – durch chiffrierte Mitteilungen – unbewusst) Hilfe leisteten, war es erforderlich geworden, die betreffenden Gefangenen von jedem Kontakt zur Außenwelt abzuschneiden.

3 Dementsprechend wurde – gestützt auf den Rechtsgedanken des **rechtfertigenden Notstandes** gem. § 34 StGB sowie der bürgerlich-rechtlichen Notstandsnormen der §§ 228, 904 BGB – von den Justizministerien der Länder gegen bestimmte Gefangene ein Besuchs- und Kontaktverbot (untereinander und im Verhältnis zu ihren Verteidigern) ausgesprochen.[4] Die nach §§ 23 ff. angerufenen Oberlandesgerichte haben die Anordnung der Kontaktsperren in den meisten Fällen[5] ebenso wie der BGH[6] bestätigt. Das BVerfG hat zudem den Erlass einer einstweiligen Anordnung gegen die Entscheidung des BGH abgelehnt.[7]

4 Aus Gründen der Rechtsklarheit und Rechtssicherheit sollte die Kontaktsperre sodann auf eine rechtsstaatlich eindeutige Rechtsgrundlage gestellt werden. Hierzu wurde am 28. 9. 1977 das **Kontaktsperregesetz** in den Bundestag eingebracht und bereits am 29. 9. 1977 verabschiedet. Der

---

[1] BGBl. I S. 1877.
[2] BGBl. I S. 2141.
[3] BGBl. I S. 866.
[4] Vgl. hierzu *Lange* NJW 1978, 784 (785 f.); abl. *Amelung* NJW 1978, 623 (623 f.); *Böckenförde* NJW 1978, 1881 (1882 f.).
[5] Abl. bspw. OLG Frankfurt v. 16. 9. 1977 – 3 V As 57, 62, 63/77, NJW 1977, 2177.
[6] BGH v. 23. 9. 1977 – 1 BJs 80/77, StB 215/77, BGHSt 27, 260 ff. = NJW 1977, 2172 f.
[7] BVerfG v. 4. 10. 1977 – 2 BvQ 8/77 (u. a.), BVerfGE 46, 1 ff. = NJW 1977, 2157.

Bundesrat stimmte dem Gesetz am 30. 9. 1977 zu, woraufhin es am 1. 10. 1977 verkündet wurde und am Folgetag in Kraft trat.[8]

Das Kontaktsperregesetz steht mit der Verfassung in Einklang,[9] sieht sich jedoch vielfältiger Kritik (in rechtspolitischer und verfassungsrechtlicher Hinsicht) ausgesetzt.[10] Obwohl die §§ 31 ff. seit 1977 nicht mehr angewendet zu werden brauchten, ist es mit Blick auf die Gefahr einer zunehmenden Bedrohung durch den (insbesondere: **internationalen**) **Terrorismus** allerdings denkbar, dass diese Regelungen in Zukunft erneut an Bedeutung gewinnen könnten.

II. Feststellung der Kontaktsperre

§ 31 sieht vor, dass die Kontaktsperre unter näher genannten Voraussetzungen festgestellt werden kann. Diese **Feststellung** ist ein Hoheitsakt auf dem Gebiet der Strafrechtspflege, der für sich allerdings noch keinen Eingriff in die Rechtsstellung des Betroffenen darstellt.[11] Vielmehr beinhaltet die Feststellung der Gebotenheit einer Kontaktsperre die Anordnung der Kontaktsperre,[12] so dass die gem. § 33 zuständigen Landesbehörden das Recht und die Pflicht haben, die erforderlichen Maßnahmen (die ihrerseits sodann in die Rechtsstellung der Betroffenen eingreifen) zu treffen. Die §§ 31 ff. enthalten hierbei hinsichtlich der umschriebenen Gefahrenlage eine abschließende Regelung, wohingegen bei anderen Gefahren ein Rückgriff auf das allgemeine Notstandsprinzip zulässig ist.[13]

1. Gegenwärtige Gefahr für Leib, Leben oder Freiheit einer Person. Die Feststellung der Voraussetzungen für eine Kontaktsperre erfordert zunächst eine gegenwärtige Gefahr für Leib, Leben oder Freiheit einer Person. Zur Konkretisierung dieses Merkmals kann auf die Regelungen der §§ 34, 35 StGB zurückgegriffen werden. Hiernach liegt eine **Gefahr** bei einem Zustand vor, in dem aufgrund tatsächlicher Umstände die Wahrscheinlichkeit des Eintritts eines schädigenden Ereignisses (hier: für die in § 31 genannten Rechtsgüter) besteht.[14] Wahrscheinlich ist ein solcher Eintritt, wenn die Möglichkeit nahe liegt oder eine entsprechende begründete Besorgnis besteht, wobei eine bloße allgemeine oder ferne Möglichkeit nicht genügt.[15] **Gegenwärtig** ist die Gefahr, wenn bei natürlicher Weiterentwicklung der Dinge der Eintritt eines Schadens sicher oder zumindest höchstwahrscheinlich ist, der gegebene gefährliche Zustand also alsbald in einen Schaden umschlagen kann.[16] Da die Gefahr **für Leib, Leben oder Freiheit einer Person** bestehen muss, genügt keine allgemeine, sondern nur eine schwere Gesundheitsgefährdung.[17] Bei einer Gefahr für die Freiheit muss zu befürchten sein, dass ein Mensch daran gehindert oder es ihm nicht unerheblich erschwert werden soll, sich allein nach seinem Willen frei zu bewegen.[18] Keinerlei Einschränkung besteht hingegen hinsichtlich der Person, für die die entsprechende Gefahr bestehen muss.[19]

2. Verdacht einer von einer terroristischen Vereinigung ausgehenden Gefahr. Des Weiteren müssen bestimmte Tatsachen den Verdacht begründen, dass die **Gefahr von einer terroristischen Vereinigung** (oder von mehreren Vereinigungen) ausgeht. Hierunter sind terroristische Vereinigungen iSd. §§ 129a, 129b StGB zu verstehen,[20] wobei keine entsprechende strafrechtliche Verurteilung erforderlich ist, sondern der Verdacht des Bestehens einer solchen Vereinigung (mit den in § 129a StGB vorausgesetzten Begehungsformen) genügt.[21] Da – ebenso wie die Formulierung in den §§ 100a Abs. 1 S. 1 Nr. 1, 112 Abs. 2 StPO – bestimmte Tatsachen den **Verdacht** begründen müssen, dass die Gefahr von einer solchen Vereinigung ausgeht, genügen bloße Gerüchte oder Vermutungen nicht, sondern es muss eine Tatsachengrundlage vorhanden sein, aus der sich nach der Le-

---

[8] Vgl. hierzu ausführlich Löwe/Rosenberg/*Böttcher* Vor § 31 Rn. 6 ff.
[9] BVerfG v. 1. 8. 1978 – 2 BvR 1013/77 (u. a.), BVerfGE 49, 24 ff. = NJW 1978, 2235 ff.
[10] Vgl. nur *Beckers/Wächter* KJ 1977, 408 ff.; *Deutscher Anwaltverein* AnwBl. 1979, 250 (255); ders. AnwBl 1983, 97 ff.; *Krekeler* AnwBl. 1979, 212 (215); *Schünemann* StraFo 2005, 177 (178 f.) sowie die bei *Elfferding* KJ 1977, 401 (401 ff.) abgedruckte Rede des Abgeordneten *Coppik* vom 29. 9. 1977.
[11] Löwe/Rosenberg/*Böttcher* Rn. 1.
[12] Kissel/*Mayer* Rn. 11.
[13] *Vogel* NJW 1978, 1217 (1223); Löwe/Rosenberg/*Böttcher* Vor § 31 Rn. 13; aA Kissel/*Mayer* Rn. 11; KK-StPO/*Schoreit* Rn. 6; Meyer-Goßner/*Cierniak* Vor §§ 31 ff. Rn. 2.
[14] BGH v. 15. 2. 1963 – 4 StR 404/62, BGHSt 18, 271 (272 ff.) = NJW 1963, 1069 (1069 f.); BGH v. 25. 3. 2003 – 1 StR 483/02, BGHSt 48, 255 (258) = NJW 2003, 2464 (2466); RG v. 10. 12. 1896 – 3777/96, RGSt 29, 244 (246); RG v. 14. 6. 1897 – 1579/97, RGSt 30, 178 (179); RG v. 8. 7. 1927 – I 494/27, RGSt 61, 362 (363 f.); RG v. 26. 4. 1932 – I 1341/31, RGSt 66, 222 (225).
[15] BGH v. 29. 7. 1964 – 4 StR 263/64, BGHSt 19, 371 (373) = NJW 1964, 1911.
[16] BGH v. 5. 3. 1954 – 1 StR 230/53, BGHSt 5, 371 (373).
[17] Siehe hierzu RG v. 29. 9. 1896 – 3525/96, RGSt 29, 77 (77 f.); RG v. 11. 11. 1932 – I 1227/32, RGSt 66, 397 (400).
[18] Kissel/*Mayer* Rn. 13.
[19] Löwe/Rosenberg/*Böttcher* Rn. 2.
[20] Vgl. hierzu nur *Fischer* § 129a StGB Rn. 4 ff.
[21] Kissel/*Mayer* Rn. 14; KK-StPO/*Schoreit* Rn. 9.

benserfahrung, nach allgemeinen Denkgesetzen oder (vor allem) nach kriminalistischer Erfahrung ein solcher Verdacht mit einiger Wahrscheinlichkeit ergibt.[22] In diesem Zusammenhang ist beispielsweise die durch Indizien erhärtete Behauptung der Urheber einer solchen Gefahr ausreichend, dass sie sich zu einer terroristischen Vereinigung zusammengeschlossen haben oder ihr angehören.[23] Gleiches gilt bei einem engen Kontakt der (mutmaßlichen) Täter zu Angehörigen einer mit einiger Sicherheit bestehenden terroristischen Vereinigung.[24] Ein „Ausgehen" der Gefahr ist hierbei generell weiter zu verstehen als im Sinne einer Täterschaft oder Teilnahme an entsprechenden Taten, so dass es genügt, wenn Gefährdungshandlungen Dritter von der Vereinigung physisch oder psychisch unterstützt werden.[25]

9   **3. Gebotensein der Kontaktsperre.** Die Kontaktsperre muss daneben geboten, dh. zur Abwendung der Gefahr geeignet und erforderlich sein. Es muss zunächst davon auszugehen sein, dass Kontakte bestimmter Inhaftierter untereinander bzw. zur Außenwelt die Gefahr herbeiführen, aufrechterhalten oder verstärken.[26] Insofern genügt die bloße Möglichkeit, dass derartigen Kontakten eine solche Bedeutung zukommt, nicht.[27] Im Hinblick auf die **Geeignetheit** muss sodann die Möglichkeit bestehen, dass eine Unterbrechung dieser Kontakte die Gefahr entfallen lässt oder wenigstens verringert.[28] Unter dem Aspekt der **Erforderlichkeit** dürfen daneben weniger einschneidende, aber ebenso geeignete Maßnahmen nicht den gleichen Erfolg bei der Abwehr der Gefahr erwarten lassen.[29] Umgekehrt brauchen nicht sämtliche in Betracht kommenden weniger einschneidenden Maßnahmen, die zugleich aber auch weniger erfolgversprechend sind, erfolglos erprobt zu werden.[30]

III. Von der Kontaktsperre erfassbarer Personenkreis

10   Der von einer Kontaktsperre **erfassbare Personenkreis** ist in Satz 2 genannt und wird durch die §§ 38, 38a ergänzt.

11   **1. Strafgefangene.** Zunächst kann sich die Feststellung der Voraussetzungen der Kontaktsperre auf Strafgefangene beziehen, die wegen einer **Straftat nach § 129a StGB** (Bildung terroristischer Vereinigungen) – ggf. iVm. § 129b StGB – rechtskräftig verurteilt sind. Hierbei genügt jede Form der Beteiligung, ebenso wie eine Verurteilung wegen eines versuchten Delikts ausreichend ist.

12   Daneben werden nach dem Wortlaut des S. 2 (1. Hs., 2. Var.) auch diejenigen Strafgefangenen erfasst, die wegen einer **Katalogtat des § 129a StGB** rechtskräftig verurteilt wurden. Da die §§ 31 ff. jedoch ausschließlich den Gefahren des Terrorismus entgegenwirken sollen, ist eine einschränkende Gesetzesauslegung dahingehend geboten, dass ein Zusammenhang zwischen der Straftat und dem organisierten Terrorismus bestehen muss.[31] Der Strafgefangene muss daher einer terroristischen Vereinigung – sei es auch nur als Unterstützer – zuzuordnen sein.[32]

13   Schließlich wird nach S. 2, 2. Hs. die Möglichkeit einer Kontaktsperre auch auf Strafgefangene erstreckt, die wegen einer Straftat verurteilt sind, hinsichtlich welcher der dringende Verdacht besteht, dass sie im **Zusammenhang mit einer Tat gem. § 129a StGB** (auch iVm. § 129b StGB) begangen wurde. Der „dringende Tatverdacht" ist hierbei iSd. § 112 StPO auszulegen,[33] so dass nach dem gegenwärtigen Stand der Ermittlungen die Wahrscheinlichkeit groß sein muss, dass die abgeurteilte Tat in einem entsprechenden Zusammenhang steht. Hierbei ist jedoch problematisch, in wessen Zuständigkeit die Feststellung des „dringenden Tatverdachts" fällt, da insofern kein Strafurteil und (möglicherweise) auch kein Haftbefehl vorliegt. Entsprechend den Regelungen der §§ 31 ff. ist diesbezüglich jedoch kein isoliertes Feststellungsverfahren vorgesehen, so dass zwar nicht erst die für die Durchführung der Unterbrechungsmaßnahmen nach § 33 zuständigen Stellen auch das Vorliegen des „dringenden Tatverdachts" zu prüfen haben,[34] sondern vielmehr die Darle-

---

[22] *Kissel/Mayer* Rn. 15; *Löwe/Rosenberg/Böttcher* Rn. 3.
[23] KK-StPO/*Schoreit* Rn. 10.
[24] *Kissel/Mayer* Rn. 15.
[25] *Kissel/Mayer* Rn. 14; KK-StPO/*Schoreit* Rn. 9; *Löwe/Rosenberg/Böttcher* Rn. 3.
[26] *Löwe/Rosenberg/Böttcher* Rn. 4.
[27] So aber (wohl) *Kissel/Mayer* Rn. 16; KK-StPO/*Schoreit* Rn. 11.
[28] *Kissel/Mayer* Rn. 16.
[29] KK-StPO/*Schoreit* Rn. 12.
[30] *Löwe/Rosenberg/Böttcher* Rn. 4.
[31] BVerfG v. 1. 8. 1978 – 2 BvR 1013/77 (u. a.), BVerfGE 49, 24 (62) = NJW 1978, 2235 (2238); BGH v. 13. 10. 1977 – 3 ARs 27/77, BGHSt 27, 276 (278 f.) = NJW 1977, 2173 (2174); *Kissel/Mayer* Rn. 21; *Löwe/Rosenberg/Böttcher* Rn. 8; *Schmidt* Anm. zu BGH v. 23. 9. 1977 – 1 BJs 80/77, StB 215/77, LM 1978, § 148 StPO 1975, Bl. 355.
[32] *Kissel/Mayer* Rn. 21; KK-StPO/*Schoreit* Rn. 16.
[33] *Löwe/Rosenberg/Böttcher* Rn. 9; *Kissel/Mayer* Rn. 23.
[34] So aber *Kissel/Mayer* Rn. 23; KK-StPO/*Schoreit* Rn. 18.

gung des erforderlichen Zusammenhangs bereits in der Begründung der Feststellung der Kontaktsperre durch die zuständige Behörde gem. § 32 vorzunehmen ist.[35]

2. Untersuchungsgefangene. Hinsichtlich Untersuchungsgefangener kann ebenfalls in den drei im Zusammenhang mit Strafgefangenen genannten Gruppen eine Kontaktsperre verhängt werden. Somit muss der **Haftbefehl** (auch im Falle von Überhaft) auf eine Tat nach § 129a StPO, auf eine Katalogtat des § 129a StPO (soweit der Täter zumindest als Unterstützer einer terroristischen Vereinigung anzusehen ist) oder aber auf eine sonstige Straftat, die im Zusammenhang mit einer Tat gem. § 129a StGB steht, gestützt sein.

3. Personen in anderer öffentlich-rechtlicher Freiheitsbeschränkung. Über § 38 kann die Kontaktsperre auch gegen Personen, gegen die eine **freiheitsentziehende Maßregel der Sicherung und Besserung** (§§ 61ff. StGB) vollzogen wird oder gegen die ein Unterbringungsbefehl nach § 126 StPO besteht, angeordnet werden. Hingegen finden die §§ 31ff. keine Anwendung bei Personen, die auf anderer rechtlicher Grundlage einer öffentlich-rechtlichen Freiheitsbeschränkung ausgesetzt sind (zB nach dem Freiheitsentziehungsgesetz im Falle psychischer Erkrankungen, bei gerichtlicher Beuge-, Erzwingungs- oder Ordnungshaft).[36] Dies gilt darüber hinaus erst recht hinsichtlich Personen, die nicht in öffentlich-rechtlicher Freiheitsbeschränkung gehalten werden.

4. Personen, die nicht Gefangene sind. Zwar betreffen die §§ 31ff. die Abschirmung von Gefangenen, jedoch können auch Personen, die (noch) nicht Gefangene sind, gegen die aber ein Haftbefehl besteht, bei Vorliegen der übrigen Voraussetzungen des § 31 in die Feststellung der Kontaktsperre einbezogen werden.[37] Dies wird von § 34 Abs. 3 Nr. 4 vorausgesetzt, der im Regelfall Personen betrifft, die im Zeitpunkt der Feststellung der Kontaktsperre noch nicht ergriffen sind.[38] Durchführungsmaßnahmen nach § 33 können naturgemäß aber erst **nach dem Ergreifen** der Personen getroffen werden, da sie erst dann zu Gefangenen geworden sind.[39] Gleiches gilt für Personen, die sich noch nicht in Strafhaft befinden, gegen die aber ein rechtskräftiges Urteil wegen einer Tat iSv. S. 2 ergangen und zu vollstrecken ist.

5. Konkretisierung auf bestimmte Personen. Die Feststellung einer Kontaktsperre muss sich gem. S. 3 auf bestimmte Gefangene oder Gruppen von Gefangenen beschränken, wenn dies zur Abwehr der Gefahr ausreicht. Somit ist zum einen ersichtlich, dass bei der Feststellung der Kontaktsperre der **Verhältnismäßigkeitsgrundsatz** zu beachten ist, so dass nur diejenigen Personen zu erfassen sind, die zum Zwecke der Gefahrenabwehr abzuschirmen sind. Zum anderen ist eine **Konkretisierung** der Kontaktsperre auf bestimmte Personen bzw. Personengruppen erforderlich, so dass die erfassten Personen so genau wie möglich zu benennen sind. Wie bereits die Formulierung „Gruppen von Personen" zeigt, ist eine namentliche Bezeichnung der erfassten Personen nicht zwingend erforderlich. Auch der BGH hat kein derartiges Erfordernis aufgestellt, sondern in dem von ihm zu entscheidenden Fall die Formulierung, dass sich die Feststellung auch auf diejenigen Personen erstreckt, „die während der Geltungsdauer der Feststellung aufgrund eines Haftbefehls, der Straftaten nach § 129a StGB zum Gegenstand hat oder solche Taten, bei denen der dringende Tatverdacht besteht, dass sie im Zusammenhang mit einer Tat nach § 129a StGB begangen worden sind, in Haft gebracht werden", dahingehend beanstandet, dass im Rahmen des Bestätigungsverfahrens eine Einzelfallprüfung verwehrt werde.[40] Es wäre in jenem Fall vielmehr eine Beschränkung auf einzelne (namentlich genannte) Gefangene möglich gewesen.

IV. Inhalt der Kontaktsperre

Die Kontaktsperre wird nach S. 1 als **Unterbrechung jedweder Verbindung** von Gefangenen untereinander und mit der Außenwelt einschließlich des schriftlichen und mündlichen Verkehrs mit dem Verteidiger definiert. Eine Ausnahme bildet insofern nur die Verbindung zur Kontaktperson iSd. § 34a. Die §§ 31ff. gehen als spezielle Regelungen den allgemeinen Vorschriften über den Vollzug von Straf- und Untersuchungshaft (zB § 24 StVollzG, § 148 StPO) vor, sofern die Voraussetzungen des § 31 vorliegen.[41] Die Unterbrechungsmaßnahmen sind jedoch in den §§ 31ff. nicht konkret bezeichnet, vielmehr richtet sich deren Gebotenheit nach den Umständen der konkreten Situation.

---

[35] Löwe/Rosenberg/*Böttcher* Rn. 9.
[36] *Kissel/Mayer* Rn. 26; KK-StPO/*Schoreit* Rn. 20; Löwe/Rosenberg/*Böttcher* Rn. 11.
[37] Löwe/Rosenberg/*Böttcher* Rn. 12.
[38] BGH v. 13. 10. 1977 – 3 ARs 27/77, BGHSt 27, 276 (280) = NJW 1977, 2173 (2174); vgl. § 34 Rn. 14.
[39] Löwe/Rosenberg/*Böttcher* Rn. 12.
[40] Vgl. BGH v. 13. 10. 1977 – 3 ARs 27/77, BGHSt 27, 276 (279) = NJW 1977, 2173 (2174). In diesem Sinne auch Löwe/Rosenberg/*Böttcher* Rn. 13. Eine namentliche Nennung sei jedoch (unter Hinweis auf jene Entscheidung des BGH) zwingend erforderlich nach *Kissel/Mayer* Rn. 27; KK-StPO/*Schoreit* Rn. 21; Meyer-Goßner/*Cierniak* Rn. 4.
[41] KK-StPO/*Schoreit* Rn. 22.

19 **1. Gefangene untereinander.** Die Unterbrechung jedweder Verbindung von Gefangenen untereinander erfordert, dass die Gefangenen zu trennen sind und es zu verhindern ist, dass die Gefangenen miteinander in Verbindung treten können.[42] Dies bedeutet eine **absolute Einzelhaft** für die von der Kontaktsperre erfassten Gefangenen. Gleiches gilt für Aufenthalte in einer Krankenabteilung, für Spaziergänge in der Anstalt und für Gemeinschaftsveranstaltungen (zB Mahlzeiten, Gottesdienste, Arbeit).[43]

20 **2. Verbindung mit der Außenwelt im Allgemeinen.** Die Unterbrechung des Verkehrs des Gefangenen mit der Außenwelt bezweckt, jeden Informationsfluss von außen in die Anstalt und umgekehrt abzuschneiden. Hierbei wird insbesondere jeder **Besuchs- und Schriftverkehr** sowie der Empfang von Fernseh- und Rundfunksendungen, der Zugang zum Internet sowie der Erhalt von Paketen, Zeitungen und Zeitschriften erfasst.[44] Nicht zu den Besuchern zählen die **Bediensteten im Vollzug** (einschließlich der Sozialarbeiter, Anstaltsärzte, Anstaltspsychologen etc.), jedoch können über § 33 auch hinsichtlich dieses Personenkreises Einschränkungen der Kontaktmöglichkeiten angeordnet werden. **Angehörige der Sicherheitsbehörden**, die präventiv oder repressiv mit der Bekämpfung der Gefahrenlage befasst sind, aufgrund derer die Kontaktsperre angeordnet wurde, gehören in jedem Falle nicht zur Außenwelt im Sinne dieser Vorschrift.[45]

21 **3. Verbindung zu Gericht und Staatsanwaltschaft.** Die Kontaktsperre umfasst ebenfalls die Verbindung zwischen dem Gefangenen und den Gerichten sowie der Staatsanwaltschaft. **Ausnahmen** gelten gem. § 34 Abs. 3 im Falle anhängiger Strafverfahren sowie in Verfahren, für die die Vorschriften der StPO als anwendbar erklärt sind. Daneben regelt § 37 die Anfechtung einzelner Maßnahmen nach § 33. Schließlich kann der Gefangene gem. § 34a die Beiordnung einer Kontaktperson beantragen.

22 **4. Petitionsrecht.** Das Petitionsrecht des Gefangenen aus Art. 17 GG bleibt unberührt,[46] ist in seiner **Ausübung** allerdings insoweit **eingeschränkt**, als dass die Petition von dem nach § 37 Abs. 2 zuständigen Richter aufzunehmen ist, dieser jedoch solche Angaben, deren Mitteilung an den Empfänger dem Zweck der Kontaktsperre zuwiderlaufen würde, in entsprechender Anwendung von § 37 Abs. 3 nicht aufnehmen darf.[47] Daneben ist die Ausübung eines gemeinschaftlichen Petitionsrechts ausgeschlossen.[48] Der Bescheid auf eine Petition wird schließlich auch von der Kontaktsperre ergriffen.[49]

23 **5. Verkehr mit dem Verteidiger.** Durch die Kontaktsperre ist auch – und entgegen der Regelungen der §§ 148 StPO, 26 StVollzG – sämtlicher mündlicher und schriftlicher Verkehr mit dem Verteidiger ausgeschlossen.[50] Somit unterliegt auch ein über jeden Verdacht erhabener Verteidiger der Kontaktsperre.[51] Gleiches gilt für andere Bevollmächtigte (wie beispielsweise andere Rechtsanwälte). Lediglich zur Kontaktperson gem. § 34a, die ihrerseits Rechtsanwalt sein muss, darf der Gefangene in Kontakt stehen.

24 **6. Keine inhaltliche Beschränkbarkeit.** Die Kontaktsperre beinhaltet die Unterbrechung „jedwede[r] Verbindung", so dass lediglich eine Konkretisierung auf bestimmte Personen, jedoch – selbst unter dem Gesichtspunkt der Verhältnismäßigkeit – **keine gegenständlich-beschränkten Maßnahmen** zulässig sind.[52] Sollte sich eine totale Kontaktsperre als unverhältnismäßig darstellen, so kann dies vielmehr ein Indiz dafür sein, dass es an der gem. § 31 S. 1 vorausgesetzten Intensität der Gefahr fehlt.[53] In diesem Falle sind die erforderlichen Maßnahmen vielmehr auf § 119 StPO oder auf die Strafvollzugsgesetze zu stützen.

V. Pflichtgemäßes Ermessen

25 Die Feststellung der Kontaktsperre ist gem. S. 4 nach pflichtgemäßem Ermessen zu treffen. Dies bedeutet nicht, dass ein Ermessensspielraum in Bezug auf die tatbestandlichen Voraussetzungen

---

[42] BT-Drucks. 8/935, S. 5.
[43] *Kissel/Mayer* Rn. 29; KK-StPO/*Schoreit* Rn. 23.
[44] BT-Drucks. 8/935, S. 5. Zu Einzelheiten vgl. *Kissel/Mayer* Rn. 30.
[45] Löwe/Rosenberg/*Böttcher* Rn. 5.
[46] BT-Drucks. 8/945, S. 2.
[47] BVerfG v. 1. 8. 1978 – 2 BvR 1013/77 (u. a.), BVerfGE 49, 24 (65) = NJW 1978, 2235 (2239).
[48] Löwe/Rosenberg/*Böttcher* Rn. 6.
[49] *Kissel/Mayer* Rn. 32; KK-StPO/*Schoreit* Rn. 26.
[50] *Kissel/Mayer* Rn. 33; KK-StPO/*Schoreit* Rn. 27.
[51] Löwe/Rosenberg/*Böttcher* Rn. 6.
[52] BVerfG v. 1. 8. 1978 – 2 BvR 1013/77 (u. a.), BVerfGE 49, 24 (61) = NJW 1978, 2235 (2238); Löwe/Rosenberg/*Böttcher* Rn. 15; aA *Kissel/Mayer* Rn. 35; KK-StPO/*Schoreit* Rn. 28.
[53] BVerfG v. 1. 8. 1978 – 2 BvR 1013/77 (u. a.), BVerfGE 49, 24 (61) = NJW 1978, 2235 (2238).

und die Grenzen, innerhalb derer die Einbeziehung bestimmter Gefangener zulässig ist, besteht.[54] Vielmehr unterliegen die **unbestimmten Rechtsbegriffe** des S. 1 (Gefahr, Verdacht, Gebotenheit) sowie der S. 2 und 3 der vollen gerichtlichen Überprüfung.[55] Liegen die Voraussetzungen der S. 1 bis 3 vor, so ist im Rahmen einer Ermessensentscheidung zu prüfen, ob die Feststellung einer Kontaktsperre getroffen werden und auf welche Inhaftierten sie sich beziehen soll. Diesbezüglich ist eine gerichtliche Überprüfung insoweit möglich, als es um die Überschreitung der Grenzen zulässiger, nicht missbräuchlicher **Ermessensausübung** geht.[56]

VI. Form der Feststellung

§ 31 enthält **keine Formvorschrift** für die Feststellung der Kontaktsperre, so dass ihre Wirksamkeit nicht die Einhaltung bestimmter Förmlichkeiten voraussetzt.[57] Obwohl die betroffenen Gefangenen nicht Adressat der Feststellung sind und diese ihnen gegenüber keine unmittelbaren Rechtswirkungen hat, ist den Gefangenen und ihren Verteidigern (innerhalb der Grenzen des § 37 Abs. 3) die Feststellung **bekannt zu geben** und mit einer **Begründung** zu versehen. Die Begründung ist erforderlich, um den betroffenen Gefangenen einen effektiven Rechtsschutz gegen Unterbrechungsmaßnahmen nach § 33 zu ermöglichen. Obwohl eine schriftliche Bekanntgabe und Begründung diesem Ziel am ehesten gerecht wird, genügt in zeitlich dringenden Extremfällen auch eine mündliche Feststellung und Begründung.[58] In diesen Konstellationen ist die schriftliche Bekanntgabe und Begründung jedoch ehestmöglich nachzuholen.

VII. Rechtsbehelfe

Die Feststellung der Kontaktsperre unterliegt gem. § 35 lediglich einer „internen gerichtlichen Kontrolle staatlichen Handelns",[59] wobei der betroffene Gefangene an diesem Verfahren (ebenso wie dem Verfahren der Feststellung selbst) nicht beteiligt ist.[60] Es ist **weder** eine **Anfechtung** der Feststellung möglich, **noch** ist eine gegen die Feststellung gerichtete **Verfassungsbeschwerde** statthaft.[61] Die betroffenen Gefangenen können lediglich über § 37 die Rechtmäßigkeit einzelner Unterbrechungsmaßnahmen untersuchen lassen, wodurch zugleich auch die Feststellung selbst überprüft wird. Auf diese Weise führt auch eine Verfassungsbeschwerde gegen eine Unterbrechungsmaßnahme mittelbar zu einer Überprüfung der Feststellung selbst.

§ 32 [Zuständigkeit für die Feststellung]

¹ Die Feststellung nach § 31 trifft die Landesregierung oder die von ihr bestimmte oberste Landesbehörde. ² Ist es zur Abwendung der Gefahr geboten, die Verbindung in mehreren Ländern zu unterbrechen, so kann die Feststellung der Bundesminister der Justiz treffen.

1. Zuständigkeit für die Feststellung. a) Landesregierung. Grundsätzlich ist für die Feststellung der Voraussetzungen der Kontaktsperre gem. § 31 die **Landesregierung** zuständig, in deren Gebiet die Gefangenen, auf die sich die Kontaktsperre beziehen soll, inhaftiert sind.

b) Oberste Landesbehörde. Die Landesregierung kann die Zuständigkeit auf eine von ihr zu bestimmende oberste Landesbehörde übertragen. In diesem Sinne wurde in Baden-Württemberg,[1] Bayern,[2] Hessen,[3] Nordrhein-Westfalen[4] und Rheinland-Pfalz[5] die Zuständigkeit auf das jeweilige **Landesjustizministerium** übertragen.

c) Bundesminister der Justiz. Nach S. 2 kann der **Bundesminister der Justiz** die Kontaktsperre in mehreren Bundesländern anordnen, wenn es zur Abwendung der Gefahr geboten ist, die Kontakte von und zu Gefangenen, die in mehreren Bundesländern inhaftiert sind, zu unterbrechen.

---

[54] BVerfG v. 1. 8. 1978 – 2 BvR 1013/77 (u. a.), BVerfGE 49, 24 (66) = NJW 1978, 2235 (2239); Löwe/Rosenberg/*Böttcher* Rn. 14.
[55] *Kissel/Mayer* Rn. 18; KK-StPO/*Schoreit* Rn. 13.
[56] BGH v. 13. 10. 1977 – 3 ARs 27/77, BGHSt 27, 276 (277) = NJW 1977, 2173 (2174); KK-StPO/*Schoreit* Rn. 13.
[57] KK-StPO/*Schoreit* Rn. 14.
[58] BVerfG v. 1. 8. 1978 – 2 BvR 1013/77 (u. a.), BVerfGE 49, 24 (66) = NJW 1978, 2235 (2239); Löwe/Rosenberg/*Böttcher* Rn. 16; aA *Kissel/Mayer* Rn. 19; KK-StPO/*Schoreit* Rn. 14.
[59] BVerfG v. 1. 8. 1978 – 2 BvR 1013/77 (u. a.), BVerfGE 49, 24 (49) = NJW 1978, 2235.
[60] Löwe/Rosenberg/*Böttcher* Rn. 17.
[61] BVerfG v. 1. 8. 1978 – 2 BvR 1013/77 (u. a.), BVerfGE 49, 24 (49) = NJW 1978, 2235; Meyer-Goßner/*Cierniak* Rn. 8.
[1] VO vom 15. 11. 1977, GBl. S. 672.
[2] VO vom 4. 10. 1977, GBl. S. 505.
[3] Anordnung vom 20. 1. 1978, GVBl. I S. 91.
[4] VO vom 25. 10. 1977, GBl. S. 368.
[5] Anordnung vom 13. 10. 1977, GVBl. S. 341.

Aus der Formulierung „kann" folgt, dass den Bundesjustizminister keine Verpflichtung zum Erlass einer Kontaktsperre trifft. Vielmehr darf er die Kontaktsperre anordnen, falls nicht alle betroffenen Länder die erforderliche Feststellung treffen oder falls besondere Eile geboten ist.[6] Trifft der Bundesminister der Justiz keine Feststellung, verbleibt es bei der Zuständigkeit der Länder.[7] Eine durch ein Bundesland bereits vor der Feststellung durch den Bundesjustizminister angeordnete Kontaktsperre bleibt bestehen, jedoch hat die Feststellung des Bundesjustizministers insoweit Bedeutung, falls sie weitergehender ist als die Feststellung des Landes.[8] Umgekehrt sind die Länder an die Feststellung des Bundesministers der Justiz gebunden und können daher beispielsweise nicht einzelne Gefangene von der Kontaktsperre ausnehmen.[9]

4 **2. Rechtsnatur der Feststellung.** Die Feststellung ergeht in Form einer **Verwaltungsanordnung**, so dass sie lediglich behördeninterne Wirkung, für sich aber keine Außenwirkung (insbesondere auf die Rechtsstellung der Gefangenen und ihrer Kontaktpersonen) hat. Sie begründet die Pflicht der zuständigen Behörden zur Durchführung der Unterbrechung. Im Falle einer Feststellung durch den Bundesminister der Justiz handelt es sich hierbei um eine Verwaltungsanordnung gem. Art. 84 Abs. 5 GG mit bindender Wirkung für die Ausführungsbehörden der Länder.[10]

§ 33 [Maßnahmen zur Kontaktsperre]

Ist eine Feststellung nach § 31 erfolgt, so treffen die zuständigen Behörden der Länder die Maßnahmen, die zur Unterbrechung der Verbindung erforderlich sind.

1 **1. Zuständigkeit für die Durchführung. a) Landesbehörden.** Unabhängig davon, wer die Feststellung der Kontaktsperre nach § 32 getroffen hat, obliegt die praktische Durchführung den zuständigen Landesbehörden. Hierbei sind in erster Linie die **Strafvollzugsbehörden** angesprochen, wobei insbesondere in denjenigen Fällen, in denen sich die von der Kontaktsperre betroffenen Personen noch nicht in Haft befinden, auch eine Mitwirkung der **Polizeibehörden** erforderlich sein kann.[1] Die zuständigen Behörden sind hierbei an die Feststellungen der Kontaktsperre gem. § 31 während ihrer gesamten Dauer gebunden, so dass sie alle erforderlichen Maßnahmen zur Durchsetzung der Kontaktsperre zu treffen haben.[2] Ihre auf die §§ 31 ff. gestützten Maßnahmen gehen hierbei Entscheidungen des Haftrichters nach § 119 StPO sowie den Vorschriften der Strafvollzugsgesetze und Untersuchungshaftvollzugsgesetze vor.[3]

2 **b) Bundesbehörden.** Die Mitwirkung von Bundesbehörden ist im Gesetz zwar nicht angesprochen, jedoch sind auch sie – soweit ihre Mitwirkung in Betracht kommt (beispielsweise bei **Zollbehörden**) – zu einer Unterstützung verpflichtet.[4]

3 **2. Bekanntgabe der Durchführung.** Das Gesetz enthält keine Formvorschriften hinsichtlich der Durchführung der Kontaktsperre, jedoch genügt es nicht, dass die Betroffenen lediglich den Vollzug derartiger Maßnahmen erleben.[5]

4 **a) Gegenüber betroffenen Gefangenen.** Da durch die Unterbrechungsmaßnahmen – mit den in § 34 genannten Folgen – in die Rechtsstellung der betroffenen Gefangenen eingegriffen wird und diesen gegen die ergriffenen Maßnahmen der Rechtsbehelf nach § 37 zusteht, ist ihnen gegenüber eine **Bekanntgabe** des konkreten Umfangs der Maßnahmen erforderlich.[6*] Die Bekanntgabe muss nicht zwingend schriftlich erfolgen,[7*] jedoch ist eine schriftliche Abfassung regelmäßig (im Interesse der Klarheit und Bestimmbarkeit) geboten, so dass diese – sollte zunächst lediglich eine mündliche Bekanntgabe möglich sein – umgehend nachzuholen ist.

5 **b) Gegenüber sonstigen Stellen und Personen.** Sind gerichtliche Verfahren anhängig, ist dem jeweiligen **Gericht** (schon allein aufgrund der Folgen nach § 34) mitzuteilen, dass Durch-

---

[6] *Kissel/Mayer* Rn. 2; KK-StPO/*Schoreit* Rn. 2.
[7] BT-Drucks. 8/945, S. 2.
[8] Meyer-Goßner/*Cierniak* Rn. 2; aA Löwe/Rosenberg/*Böttcher* Rn. 5, wonach Feststellungen der Länder ihre Wirksamkeit verlieren.
[9] *Kissel/Mayer* Rn. 2; KK-StPO/*Schoreit* Rn. 2.
[10] BT-Drucks. 8/935, S. 5; *Kissel/Mayer* Rn. 5; KK-StPO/*Schoreit* Rn. 5; Meyer-Goßner/*Cierniak* Rn. 3.
[1] Löwe/Rosenberg/*Böttcher* Rn. 1.
[2] *Kissel/Mayer* Rn. 2; KK-StPO/*Schoreit* Rn. 2; Löwe/Rosenberg/*Böttcher* § 32 Rn. 1; Meyer-Goßner/*Cierniak* Rn. 1.
[3] *Kissel/Mayer* Rn. 2; KK-StPO/*Schoreit* Rn. 2; Meyer-Goßner/*Cierniak* Rn. 1.
[4] Löwe/Rosenberg/*Böttcher* Rn. 1.
[5] Löwe/Rosenberg/*Böttcher* Rn. 3.
[6*] BVerfG v. 1. 8. 1978 – 2 BvR 1013/77 (u. a.), BVerfGE 49, 24 (66) = NJW 1978, 2235 (2239); *Kissel/Mayer* Rn. 3; Meyer-Goßner/*Cierniak* Rn. 2.
[7*] BVerfG v. 1. 8. 1978 – 2 BvR 1013/77 (u. a.), BVerfGE 49, 24 (66) = NJW 1978, 2235 (2239); Löwe/Rosenberg/*Böttcher* Rn. 3; Meyer-Goßner/*Cierniak* Rn. 2; aA *Kissel/Mayer* Rn. 3; KK-StPO/*Schoreit* Rn. 3.

führungsmaßnahmen getroffen sind.[8] Betreffen Durchführungsmaßnahmen die Rechte des **Verteidigers**, so ist auch er von diesen Maßnahmen zu unterrichten.[9] Soweit ausgeschlossen werden kann, dass der Zweck der Kontaktsperre beeinträchtigt würde, sind daneben Absender von schriftlichen Mitteilungen, die an den von der Kontaktsperre betroffenen Gefangenen adressiert sind, zu benachrichtigen.[10] Dies wird jedoch regelmäßig nur bei behördlichen Schreiben in Betracht kommen, bei denen eine Benachrichtigung auch wegen der Regelung des § 34 Abs. 2 angezeigt ist.

c) **Einschränkungen.** In entsprechender Anwendung von § 37 Abs. 3 dürfen allerdings Tatsachen und Umstände so weit und so lange nicht mitgeteilt werden, als deren Mitteilung den **Zweck der Kontaktsperre gefährden** würde.[11] Sobald die Voraussetzungen des § 37 Abs. 3 nicht mehr vorliegen, ist die Begründung nachzuholen.[12] 6

3. **Rechtsbehelfe.** Durchführungsmaßnahmen nach § 33 führen zu einer Beschwer des Betroffenen und werden durch die abschließende Regelung des § 37 in einem **Anfechtungsverfahren** einer Überprüfung zugeführt. 7

§ 34 [Rechtswirkungen der Kontaktsperre]

(1) Sind Gefangene von Maßnahmen nach § 33 betroffen, so gelten für sie, von der ersten sie betreffenden Maßnahme an, solange sie von einer Feststellung erfaßt sind, die in den Absätzen 2 bis 4 nachfolgenden besonderen Vorschriften.

(2) Gegen die Gefangenen laufende Fristen werden gehemmt, wenn sie nicht nach anderen Vorschriften unterbrochen werden.

(3) In Strafverfahren und anderen gerichtlichen Verfahren, für die die Vorschriften der Strafprozeßordnung als anwendbar erklärt sind, gilt ergänzend folgendes:
1. Gefangenen, die keinen Verteidiger haben, wird ein Verteidiger bestellt.
2. Gefangene dürfen bei Vernehmungen und anderen Ermittlungshandlungen auch dann nicht anwesend sein, wenn sie nach allgemeinen Vorschriften ein Recht auf Anwesenheit haben; gleiches gilt für ihre Verteidiger, soweit ein von der Feststellung nach § 31 erfaßter Mitgefangener anwesend ist. Solche Maßnahmen dürfen nur stattfinden, wenn der Gefangene oder der Verteidiger ihre Durchführung verlangt und derjenige, der nach Satz 1 nicht anwesend sein darf, auf seine Anwesenheit verzichtet. § 147 Abs. 3 der Strafprozeßordnung ist nicht anzuwenden, soweit der Zweck der Unterbrechung gefährdet würde.
3. Eine Vernehmung des Gefangenen als Beschuldigter, bei der der Verteidiger nach allgemeinen Vorschriften ein Anwesenheitsrecht hat, findet nur statt, wenn der Gefangene und der Verteidiger auf die Anwesenheit des Verteidigers verzichten.
4. Bei der Verkündung eines Haftbefehls hat der Verteidiger kein Recht auf Anwesenheit; er ist von der Verkündung des Haftbefehls zu unterrichten. Der Richter hat dem Verteidiger das wesentliche Ergebnis der Vernehmung des Gefangenen bei der Verkündung, soweit der Zweck der Unterbrechung nicht gefährdet wird, und die Entscheidung mitzuteilen.
5. Mündliche Haftprüfungen sowie andere mündliche Verhandlungen, deren Durchführung innerhalb bestimmter Fristen vorgeschrieben ist, finden, soweit der Gefangene anwesend ist, ohne den Verteidiger statt; Nummer 4 Satz 2 gilt entsprechend. Eine mündliche Verhandlung bei der Haftprüfung ist auf Antrag des Gefangenen oder seines Verteidigers nach Ende der Maßnahmen nach § 33 zu wiederholen, auch wenn die Voraussetzungen des § 118 Abs. 3 der Strafprozeßordnung nicht vorliegen.
6. Eine Hauptverhandlung findet nicht statt und wird, wenn sie bereits begonnen hat, nicht fortgesetzt. Die Hauptverhandlung darf bis zur Dauer von dreißig Tagen unterbrochen werden; § 229 Abs. 2 der Strafprozeßordnung bleibt unberührt.
7. Eine Unterbringung zur Beobachtung des psychischen Zustandes nach § 81 der Strafprozeßordnung darf nicht vollzogen werden.
8. Der Gefangene darf sich in einem gegen ihn gerichteten Strafverfahren schriftlich an das Gericht oder die Staatsanwaltschaft wenden. Dem Verteidiger darf für die Dauer der Feststellung keine Einsicht in diese Schriftstücke gewährt werden.

(4) Ein anderer Rechtsstreit oder ein anderes gerichtliches Verfahren, in dem der Gefangene Partei oder Beteiligter ist, wird unterbrochen; das Gericht kann einstweilige Maßnahmen treffen.

---

[8] *Kissel/Mayer* Rn. 3; KK-StPO/*Schoreit* Rn. 3; Löwe/Rosenberg/*Böttcher* Rn. 3.
[9] Löwe/Rosenberg/*Böttcher* Rn. 3.
[10] *Kissel/Mayer* Rn. 4; KK-StPO/*Schoreit* Rn. 4.
[11] Löwe/Rosenberg/*Böttcher* Rn. 3; Meyer-Goßner/*Cierniak* Rn. 2.
[12] BVerfG v. 1. 8. 1978 – 2 BvR 1013/77 (u. a.), BVerfGE 49, 24 (67) = NJW 1978, 2235 (2239).

I. Allgemeines

1 Es ist **Zweck** der Vorschrift des § 34, dass den von einer Kontaktsperre betroffenen Gefangenen möglichst keine vermeidbaren und nicht mehr behebbaren Rechtsnachteile entstehen. Vielmehr sollen die erlittenen Nachteile aus rechtsstaatlichen Gründen auf das mit der Kontaktsperre unmittelbar Bezweckte beschränkt bleiben.[1] Hintergrund für die beabsichtigte **Nachteilsmilderung** ist der Umstand, dass die betroffenen Gefangenen während der Dauer der Maßnahmen zur Kontaktsperre insbesondere daran gehindert sind, Kontakt zu Rechtsanwälten zu halten, an gerichtlichen Verfahren teilzunehmen und ihre Rechte auf schriftlichem Wege wahrzunehmen.[2]

II. Geltungsdauer der Sonderregelungen (Abs. 1)

2 Die Sonderregelungen des § 34 gelten **während der Dauer der Durchführungsmaßnahmen** nach § 33. Somit **beginnt** die Geltung mit der ersten Maßnahme, die gem. § 33 zur Durchführung der Kontaktsperre getroffen wird. Sie **endet** nicht schon, wenn die Feststellung nach § 32 ihre Wirkung verliert,[3] sondern – aufgrund der Gesetzesformulierung „von einer Feststellung erfasst" und dem bezweckten Schutz des Betroffenen – erst wenn auch sämtliche Durchführungsmaßnahmen aufgehoben sind.[4] Eine zwischenzeitliche Haftentlassung des Betroffenen genügt ebenfalls.[5]

III. Hemmung von Fristen (Abs. 2)

3 1. **Alle gegen den Gefangenen laufende Fristen.** Alle gegen den Gefangenen laufenden Fristen werden nach Abs. 2 gehemmt, wenn sie nicht schon nach anderen Vorschriften unterbrochen werden. In diesem Sinne **„gegen den Gefangenen"** laufen solche Fristen, deren Ablauf für den Gefangenen mit Nachteilen verbunden ist, welche er (möglicherweise) durch Maßnahmen abwenden könnte, die er jedoch aufgrund der Kontaktsperre nicht ergreifen kann.[6] Da die Vorschrift für **alle** gesetzlichen, richterlich festgesetzten oder vertraglich vereinbarten Fristen gilt, zählen hierzu insbesondere Anfechtungs- und Rechtsmittelfristen, aber auch beispielsweise zivilrechtliche Verjährungsfristen in Fällen, in denen der Gefangene Gläubiger der entsprechenden Forderung ist.[7] **Nicht** erfasst sind hingegen u.a. zivilrechtliche Verjährungsfristen, wenn der Gefangene Schuldner der entsprechenden Forderung ist.

4 2. **Wirkung der Hemmung.** Entsprechend § 209 BGB wird der Zeitraum, während dessen die Verjährung gehemmt ist (hier: während der Dauer der Durchführungsmaßnahmen iSv. Abs. 1), nicht in die Verjährungsfrist eingerechnet. Da § 187 BGB keine Anwendung findet, reicht die **Zeit der Hemmung** vom Tag der ersten Durchführungsmaßnahme bis zur Aufhebung der letzten Maßnahme.[8]

IV. Besondere Vorschriften für das Strafverfahren (Abs. 3)

5 Für **Strafverfahren**, die auf eine rechtskräftige Entscheidung hinzielen, und andere gerichtliche Verfahren, in denen die Vorschriften der StPO anwendbar sind – insbesondere Bußgeldverfahren (§§ 46, 71 OWiG) und Verfahren nach den §§ 23 ff. (§ 29 Abs. 2) –, enthält Abs. 3 besondere Regelungen **für die Dauer der Durchführungsmaßnahmen** nach § 33.

6 1. **Verteidigerbestellung (Nr. 1).** Gefangenen, die **noch keinen Verteidiger** haben, wird für die Dauer der Durchführungsmaßnahmen ein Verteidiger bestellt. Es handelt sich um einen Fall der notwendigen Verteidigung, ohne dass die Voraussetzungen der §§ 140, 141 StPO vorzuliegen brauchen. Grund für diese gesetzliche Anordnung ist der Umstand, dass die betroffenen Gefangenen infolge der Kontaktsperre zum einen ihr Recht auf Wahl eines Verteidigers gem. § 137 StPO nicht ausüben können[9] und zum anderen „die Sach- und Rechtslage für die Gefangenen wegen der Unterbrechung schwierig ist".[10] Die Beiordnung erfolgt durch den gem. § 141 Abs. 4 StPO zuständigen Richter und endet automatisch mit Ablauf der Kontaktsperre.[11] Sie ist während der Dauer der Kontaktsperre unabhängig vom Willen des Gefangenen und kann diesem auch nicht

---

[1] KK-StPO/*Schoreit* Rn. 1; Löwe/Rosenberg/*Böttcher* Rn. 1.
[2] *Kissel/Mayer* Rn. 1; KK-StPO/*Schoreit* Rn. 1.
[3] So aber Meyer-Goßner/*Cierniak* Rn. 2.
[4] Löwe/Rosenberg/*Böttcher* Rn. 1; *Kissel/Mayer* Rn. 1.
[5] Meyer-Goßner/*Cierniak* Rn. 2.
[6] *Kissel/Mayer* Rn. 2; Löwe/Rosenberg/*Böttcher* Rn. 2.
[7] Vgl. im Einzelnen Löwe/Rosenberg/*Böttcher* Rn. 2 f.
[8] *Kissel/Mayer* Rn. 2; Löwe/Rosenberg/*Böttcher* Rn. 2.
[9] *Kissel/Mayer* Rn. 5; Löwe/Rosenberg/*Böttcher* Rn. 6; Meyer-Goßner/*Cierniak* Rn. 5.
[10] BT-Drucks. 8/945, S. 2; Meyer-Goßner/*Cierniak* Rn. 5.
[11] *Kissel/Mayer* Rn. 6; Meyer-Goßner/*Cierniak* Rn. 5.

mitgeteilt werden.¹² Während der Dauer der Kontaktsperre gibt es auch keinen unmittelbaren mündlichen und schriftlichen Kontakt zwischen dem Gefangenen und dem beigeordneten Anwalt, so dass der Anwalt lediglich diejenigen Verteidigungshandlungen durchführen kann, die ihm ohne einen solchen Verkehr möglich sind.¹³ Daher bietet § 34a zwischenzeitlich die Möglichkeit der Beiordnung einer Kontaktperson.

Hat der Gefangene **bereits** vor der Durchführung der Kontaktsperre einen (Wahl- oder Pflicht-) **Verteidiger**, wird dessen Stellung – mit der gravierenden Ausnahme, dass ein unmittelbarer schriftlicher und mündlicher Kontakt iSv. § 148 StPO nicht mehr möglich ist – nicht berührt.¹⁴ Aufgrund des bisherigen Kontaktes wird der Verteidiger hierbei im Regelfall auch nach Eintritt der Kontaktsperre in Teilbereichen für seinen Mandanten tätig werden können.¹⁵

Da unter einem Strafverfahren iSv. Abs. 3 das Strafverfahren im engeren Sinne verstanden wird, das mit der rechtskräftigen Verurteilung endet, wird **Strafgefangenen**, gegen die keine weiteren Strafverfahren anhängig sind, kein Verteidiger beigeordnet.¹⁶

2. Ermittlungshandlungen (Nr. 2). Das gegen den Gefangenen geführte **Strafverfahren** wird durch die Kontaktsperre **nicht unterbrochen**, wie sich auch aus einem Umkehrschluss aus Abs. 4 ergibt.

a) **Richterliche Untersuchungshandlungen.** Während der Kontaktsperre ist im Rahmen richterlicher Untersuchungshandlungen iSv. §§ 162 Abs. 1, 166 StPO (richterliche Vernehmung von Zeugen und Sachverständigen bzw. richterlicher Augenschein) das **Anwesenheitsrecht des Beschuldigten** gem. §§ 168c, 168d StPO **ausgeschlossen** (Nr. 2 S. 1, 1. Hs.). Der **Verteidiger** darf sein Teilnahmerecht hingegen lediglich in denjenigen Konstellationen nicht ausüben, in denen ein von der Kontaktsperre erfasster Mitgefangener anwesend ist (Nr. 2 S. 1, 2. Hs.). Um eine durch ein Anwesenheitsverbot eintretende Verkürzung des rechtlichen Gehörs auszuschließen,¹⁷ dürfen derartige Untersuchungsmaßnahmen nur durchgeführt werden, wenn der Gefangene oder sein Verteidiger die Durchführung **verlangt** und der vom Anwesenheitsverbot Betroffene auf seine Anwesenheit **verzichtet** (Nr. 2 S. 2). Ein derartiges Interesse an der weiteren Durchführung des Verfahrens unter Verzicht auf das Anwesenheitsrecht wird regelmäßig nur dann bestehen, wenn einem drohenden Beweisverlust vorzubeugen ist.¹⁸

b) **Einschränkung des Akteneinsichtsrechts.** Darüber hinaus wird das nach § 147 Abs. 3 StPO sonst unbeschränkt bestehende Einsichtsrecht des **Verteidigers** in die dort genannten Schriftstücke eingeschränkt, soweit die Einsicht den Zweck der Kontaktsperre gefährden würde (Nr. 2 S. 3). Diese Regelung ist nach ihrem Wortlaut und Schutzzweck nicht beschränkt auf Niederschriften, die während der Kontaktsperre anfallen, sondern erfasst sämtliche Urkunden iSd. § 147 Abs. 3 StPO.¹⁹ Der **Kontaktperson** gem. § 34a steht hingegen ein Akteneinsichtsrecht nach den allgemeinen Vorschriften zu.²⁰

3. Vernehmung als Beschuldigter (Nr. 3). Eine Vernehmung des Gefangenen **als Beschuldigter** findet während der Kontaktsperre nur in Abwesenheit des Verteidigers statt. Da dem Verteidiger bei Vernehmungen des Beschuldigten durch die Staatsanwaltschaft (§ 163a Abs. 3 S. 2 StPO) bzw. bei richterlichen Vernehmungen (§ 168c Abs. 1 StPO) grundsätzlich ein Anwesenheitsrecht zusteht, müssen während der Kontaktsperre sowohl der Beschuldigte als auch der Verteidiger auf die Anwesenheit des Verteidigers verzichten, damit eine Vernehmung stattfinden kann. Hintergrund kann beispielsweise die Erwartung des Beschuldigten sein, bei seiner Vernehmung Verdachtsgründe ausräumen und Entlastungsanträge gem. § 163a Abs. 2 StPO stellen zu können.²¹ Eine unter Verstoß gegen die Regelung der Nr. 3 durchgeführte Vernehmung ist nach allgemeinem Prozessrecht unverwertbar.²² Diese Regelung gilt hierbei auch für die Vernehmung des Gefangenen **als Mitbeschuldigter**.²³

Die Vernehmung des Gefangenen **als Zeuge** ist gesetzlich nicht ausdrücklich geregelt, jedoch mit Blick auf § 31 S. 1 grundsätzlich als unzulässig anzusehen. Eine Vernehmung in der Anstalt ist nicht zulässig, ebenso wenig erfolgt eine Vorführung zum Termin während der Kontaktsper-

---

¹² Kissel/Mayer Rn. 5.
¹³ KK-StPO/*Schoreit* Rn. 5; Löwe/Rosenberg/*Böttcher* Rn. 6.
¹⁴ Kissel/Mayer Rn. 4; KK-StPO/*Schoreit* Rn. 5; Löwe/Rosenberg/*Böttcher* Rn. 5.
¹⁵ Löwe/Rosenberg/*Böttcher* Rn. 5.
¹⁶ Löwe/Rosenberg/*Böttcher* Rn. 7; Meyer-Goßner/*Cierniak* Rn. 5.
¹⁷ Löwe/Rosenberg/*Böttcher* Rn. 9.
¹⁸ BT-Drucks. 8/935, S. 6; Kissel/Mayer Rn. 8; Löwe/Rosenberg/*Böttcher* Rn. 9.
¹⁹ Kissel/Mayer Rn. 9; Löwe/Rosenberg/*Böttcher* Rn. 10; Meyer-Goßner/*Cierniak* Rn. 8.
²⁰ KK-StPO/*Schoreit* Rn. 7.
²¹ Löwe/Rosenberg/*Böttcher* Rn. 11.
²² Kissel/Mayer Rn. 10.
²³ Kissel/Mayer Rn. 10; KK-StPO/*Schoreit* Rn. 8.

re.[24] Daher ist der Gefangene während der Dauer der Kontaktsperre unerreichbar iSd. § 244 Abs. 3 S. 2 StPO sowie im Sinne strafprozessualer Ordnungsvorschriften (zB § 51 StPO) entschuldigt (da nicht in der Lage, vor Gericht zu erscheinen).[25] Lediglich in denjenigen Fällen, in denen die Zeugenvernehmung der Bekämpfung der Gefahrenlage dient, deretwegen die Kontaktsperre angeordnet wurde, wird die Zeugenvernehmung als zulässig anzusehen sein.[26]

14 **4. Verkündung eines Haftbefehls (Nr. 4).** Bei der **Verkündung eines Haftbefehls** (Bekanntgabe gem. § 114a StPO) gegenüber einem Beschuldigten, der erst nach Feststellung der ihn betreffenden Kontaktsperre ergriffen wird, hat der Verteidiger kein Recht auf Anwesenheit, sondern wird lediglich von der Verkündung unterrichtet. Gleiches gilt in Fällen, in denen Überhaft zu vollstrecken ist.[27] Dem Verteidiger werden der wesentliche Inhalt einer **Vernehmung** gem. §§ 115 Abs. 2, 115a Abs. 2 S. 1 StPO, soweit der Zweck der Kontaktsperre nicht gefährdet wird, sowie die ergehende Entscheidung mitgeteilt. In Abweichung von Nr. 3 ordnet Nr. 4 als lex specialis somit an, dass die Vernehmung iSd. §§ 115, 115a StPO durchzuführen ist.[28]

15 Im Falle einer **vorläufigen Festnahme** (§ 127 Abs. 2 StPO) und der sich anschließenden richterlichen Vernehmung (§ 128 StPO) findet die Regelung der Nr. 4 **keine Anwendung**, da sich die Kontaktsperre mangels Haftbefehl nicht auf diesen Beschuldigten beziehen konnte.[29]

16 **5. Mündliche Haftprüfung (Nr. 5).** Bei einer **Haftprüfung in mündlicher Verhandlung** gem. § 118 StPO besteht das Anwesenheitsrecht von Beschuldigtem und Verteidiger (§ 118a StPO) während der Kontaktsperre nur alternativ. Wird die Vorführung des Beschuldigten gem. § 118a Abs. 2 StPO angeordnet, sind besondere Vorkehrungen zur Durchführung der Kontaktsperre auch während des Transports, der Verhandlungspausen etc. zu treffen.[30] Im Falle der Durchführung einer Beweisaufnahme nach § 118a Abs. 3 StPO ist dem Gefangenen jedoch in entsprechender Anwendung von Nr. 2 S. 1 die Anwesenheit verboten, ohne dass ein Verzicht auf das Anwesenheitsrecht nach Nr. 2 S. 2 erforderlich ist.[31] Für die Unterrichtung des Verteidigers gilt Nr. 4 S. 2 entsprechend. Im Übrigen wird die allgemeine Haftprüfung (§§ 117, 121, 122 StPO) durch die Kontaktsperre nicht berührt.[32]

17 Die gleichen Beschränkungen erfolgen im Rahmen **anderer mündlicher Verhandlungen**, deren Durchführung innerhalb bestimmter Fristen vorgeschrieben ist (zB §§ 122, 126 StPO, § 71 JGG).

18 Nach Ende der Kontaktsperre kann – wegen der Unterbrechung des Kontaktes zwischen Beschuldigtem und Verteidiger – sowohl der Beschuldigte als auch der Verteidiger eine **erneute mündliche Haftprüfung** beantragen, selbst wenn die zeitlichen Voraussetzungen des § 118 Abs. 3 StPO für eine wiederholte mündliche Haftprüfung noch nicht vorliegen.

19 **6. Hauptverhandlung (Nr. 6).** Eine **Hauptverhandlung** findet während der Dauer der Kontaktsperre nicht statt bzw. wird nicht fortgesetzt.

20 a) **Zwischenverfahren.** Das Verfahren über die Eröffnung des Hauptverfahrens (§§ 199ff. StPO) wird durch die Kontaktsperre zwar **nicht unterbrochen**, jedoch ist das Gericht aufgrund der Beschränkungen insbesondere der Nr. 2 und 3 uU gehindert, das Verfahren fortzuführen.[33] Auch kann dem Angeschuldigten während der Dauer der Kontaktsperre die Anklageschrift nicht nach § 201 StPO mitgeteilt werden.[34]

21 b) **Vorbereitung der Hauptverhandlung.** Mit Blick darauf, dass während der Dauer der Kontaktsperre keine Hauptverhandlung stattfinden darf, **ruht** in dieser Zeit auch die Vorbereitung der Hauptverhandlung (§§ 213ff. StPO).[35]

22 c) **Hauptverhandlung.** Eine bereits begonnene Hauptverhandlung wird während der Dauer der Kontaktsperre nicht fortgesetzt, sondern gilt kraft Gesetzes als **unterbrochen**, ohne dass es einer besonderen Unterbrechungsanordnung nach § 229 StPO durch das Gericht bedarf.[36] Die Anordnung der Kontaktsperre stellt ein absolutes Verfahrenshindernis dar.[37] Nach Beendigung der Kon-

---

[24] BT-Drucks. 8/935, S. 6.
[25] BT-Drucks. 8/935, S. 6; *Kissel/Mayer* Rn. 11; KK-StPO/*Schoreit* Rn. 9; Meyer-Goßner/*Cierniak* Rn. 7; Löwe/Rosenberg/*Böttcher* Rn. 12.
[26] Löwe/Rosenberg/*Böttcher* Rn. 12; zust. KK-StPO/*Schoreit* Rn. 9.
[27] Löwe/Rosenberg/*Böttcher* Rn. 13.
[28] *Kissel/Mayer* Rn. 12; KK-StPO/*Schoreit* Rn. 10; Löwe/Rosenberg/*Böttcher* Rn. 13.
[29] Meyer-Goßner/*Cierniak* Rn. 11.
[30] KK-StPO/*Schoreit* Rn. 11.
[31] *Kissel/Mayer* Rn. 16; KK-StPO/*Schoreit* Rn. 13; Löwe/Rosenberg/*Böttcher* Rn. 11.
[32] *Kissel/Mayer* Rn. 13; KK-StPO/*Schoreit* Rn. 11; Löwe/Rosenberg/*Böttcher* Rn. 14.
[33] *Kissel/Mayer* Rn. 17; KK-StPO/*Schoreit* Rn. 14.
[34] Vgl. § 31 Rn. 22.
[35] *Kissel/Mayer* Rn. 18.
[36] *Kissel/Mayer* Rn. 19; KK-StPO/*Schoreit* Rn. 15; Meyer-Goßner/*Cierniak* Rn. 13.
[37] *Kissel/Mayer* Rn. 19; KK-StPO/*Schoreit* Rn. 15.

taktsperre wird die Hauptverhandlung unverzüglich fortgesetzt, sofern die Fristen des § 229 StPO noch nicht verstrichen sind. In Abweichung von der 3-Wochen-Frist des § 229 Abs. 1 StPO und der Monatsfrist des § 229 Abs. 2 StPO darf die Hauptverhandlung im Falle der ersten Unterbrechung um mehr als drei Wochen jedoch unabhängig von der bisherigen Dauer der Hauptverhandlung einheitlich bis zu 30 Tage unterbrochen werden. Bei jeder weiteren Unterbrechung gilt hingegen § 229 Abs. 2 StPO uneingeschränkt. Daneben findet Nr. 6 im Falle einer erneuten Feststellung der Kontaktsperre gem. § 36 S. 5 – selbst vor Ausschöpfung der 30-Tage-Frist – keine Anwendung, so dass sich Aussetzung und Unterbrechung ausschließlich nach den §§ 228, 229 StPO richten.[38]

d) **Entscheidungen außerhalb einer Hauptverhandlung.** Entscheidungen im Rahmen eines Strafverfahrens, die keine Hauptverhandlung erfordern, werden durch die Kontaktsperre **nicht ausgeschlossen**, so dass – allerdings mit der Folge einer Fristhemmung nach Abs. 2 – beispielsweise ein Strafbefehl erlassen (§§ 407 Abs. 3, 408 Abs. 3 StPO) oder nachträglich eine Gesamtstrafe durch Beschluss gebildet (§§ 460, 462 StPO) werden kann.[39]

7. Unterbringung (Nr. 7). Eine Unterbringung zur Beobachtung des psychischen Zustandes nach § 81 StPO (ebenso nach § 73 JGG) darf während der Dauer der Kontaktsperre zwar angeordnet, aber **nicht vollzogen** werden, so dass sie nicht eingeleitet werden darf bzw. abgebrochen werden muss.[40] Maßnahmen nach den §§ 81 a, 81 b StPO sind zulässig, wenn durch sie die Kontaktsperre gewährleistet bleibt.[41]

8. Schriftliche Eingaben an Gericht oder Staatsanwaltschaft (Nr. 8). Auch während der Kontaktsperre darf sich der Gefangene in einem gegen ihn gerichteten Strafverfahren **schriftlich** (zB mit Anträgen, Rechtsmitteleinlegung, Antworten auf gerichtliche Anfragen, Gesuchen und Beschwerden) an das Gericht oder die Staatsanwaltschaft wenden.[42] Da dies keinen Verkehr mit der Außenwelt, sondern einen Verkehr im justiziellen Innenbereich darstellt, werden derartige Eingaben durch die JVA weitergeleitet.[43] Dem Verteidiger darf – anders als der Kontaktperson nach § 34 a – während der Kontaktsperre jedoch keine Einsicht in diese Schriftstücke gewährt werden.

V. Auswirkungen auf andere Verfahren (Abs. 4)

Die Sonderregelung des Abs. 4 betrifft diejenigen **anderen** Rechtsstreite und **anderen** gerichtlichen Verfahren, die nicht unter Abs. 3 fallen. Abs. 4 erfasst hierbei auch Strafverfahren, an denen der Gefangene als Verletzter oder als Privatkläger beteiligt ist.[44] Neben der (förmlichen) Parteistellung des Gefangenen ist der Begriff der Beteiligtenstellung dahingehend weit auszulegen, dass es genügt, dass der Gefangene antrags- oder anhörungsberechtigt ist oder vom Ergebnis des Verfahrens begünstigt oder benachteiligt werden kann.[45]

1. Unterbrechung aller anhängigen Verfahren. Kraft Gesetzes tritt **pauschal** eine Unterbrechung aller anhängigen (anderen) Verfahren ein. Dies gilt beispielsweise für Zivilprozesse in allen Instanzen und Verfahrensarten einschließlich Zwangsvollstreckung (auch nach dem ZVG und der InsO), für Verfahren nach der VwGO, der FGO und dem SGG, für Verfahren vor Schiedsgerichten sowie für die gesamte freiwillige Gerichtsbarkeit und die gesamte Arbeitsgerichtsbarkeit.[46]

Die Unterbrechung gilt **uneingeschränkt** und daher auch dann, wenn ein Fortgang des Verfahrens für den Gefangenen günstig wäre.[47] Es ist jedoch zu beachten, dass für das Gericht die Möglichkeit besteht, einstweilige Maßnahmen zu treffen.[48] Nach Beendigung der Unterbrechung richtet sich sodann der Fortgang der Verfahren nach den jeweiligen allgemeinen Vorschriften.[49]

---

[38] Meyer-Goßner/*Cierniak* Rn. 13.
[39] *Kissel/Mayer* Rn. 20; KK-StPO/*Schoreit* Rn. 16; Löwe/Rosenberg/*Böttcher* Rn. 17.
[40] *Kissel/Mayer* Rn. 21; KK-StPO/*Schoreit* Rn. 17; Löwe/Rosenberg/*Böttcher* Rn. 18; Meyer-Goßner/*Cierniak* Rn. 14.
[41] *Kissel/Mayer* Rn. 21; KK-StPO/*Schoreit* Rn. 17.
[42] *Kissel/Mayer* Rn. 22; KK-StPO/*Schoreit* Rn. 18; Löwe/Rosenberg/*Böttcher* Rn. 19. Vgl. auch *Rebmann* DRiZ 1979, 363 (366).
[43] Löwe/Rosenberg/*Böttcher* Rn. 19; Meyer-Goßner/*Cierniak* Rn. 15.
[44] Löwe/Rosenberg/*Böttcher* Rn. 20.
[45] *Kissel/Mayer* Rn. 27.
[46] Vgl. hierzu näher *Kissel/Mayer* Rn. 23; KK-StPO/*Schoreit* Rn. 19.
[47] Vgl. hierzu erneut näher *Kissel/Mayer* Rn. 24; KK-StPO/*Schoreit* Rn. 20.
[48] Vgl. Rn. 29.
[49] *Kissel/Mayer* Rn. 25; KK-StPO/*Schoreit* Rn. 20.

29   **2. Einstweilige Maßnahmen.** Das Gericht kann – um Härten infolge der Verfahrensunterbrechung zu mildern (und insbesondere einen endgültigen Rechtsverlust zu verhindern) – von Amts wegen einstweilige Maßnahmen treffen.[50] Einen entsprechenden Antrag kann der Gefangene infolge der Kontaktsperre hingegen nicht stellen.[51] Nach dem Zweck des § 34, den von einer Kontaktsperre betroffenen Gefangenen möglichst keine vermeidbaren und nicht mehr behebbaren Rechtsnachteile entstehen zu lassen, können derartige Maßnahmen **im Interesse des Gefangenen** getroffen werden.[52] Obwohl der Wortlaut des Abs. 4 und die Gesetzesbegründung[53] insofern offen formuliert sind, sind jedoch einstweilige Maßnahmen (ausschließlich) im Interesse des jeweiligen Gegners des Gefangenen nicht zulässig.[54]

30   **3. Außerhalb anhängiger Verfahren.** Eine sichernde Tätigkeit des Gerichts nach Abs. 4 ist außerhalb der anhängigen Verfahren **nicht zulässig**. Vielmehr gelten die allgemeinen Vorschriften, zB für das Tätigwerden des Vormundschaftsgerichts oder des Nachlassgerichts.[55]

VI. Rechtsbehelfe

31   Da die Anwendung des § 34 keine Maßnahme nach § 33 ist, findet Rechtsschutz nicht über das Verfahren nach § 37 statt. Vielmehr sind lediglich die **in den jeweiligen Prozessgesetzen** eröffneten Rechtsbehelfe gegeben.[56]

§ 34a [Beiordnung eines Rechtsanwalts als Kontaktperson]

(1) ¹Dem Gefangenen ist auf seinen Antrag ein Rechtsanwalt als Kontaktperson beizuordnen. ²Der Kontaktperson obliegt, unter Wahrung der Ziele der nach § 31 getroffenen Feststellung, die rechtliche Betreuung des Gefangenen, soweit dafür infolge der nach § 33 getroffenen Maßnahmen ein Bedürfnis besteht; die Kontaktperson kann insbesondere durch Anträge und Anregungen auf die Ermittlung entlastender Tatsachen und Umstände hinwirken, die im Interesse des Gefangenen unverzüglicher Aufklärung bedürfen.

(2) ¹Soweit der Gefangene damit einverstanden ist, teilt die Kontaktperson dem Gericht und der Staatsanwaltschaft die bei dem Gespräch mit dem Gefangenen und im weiteren Verlauf ihrer Tätigkeit gewonnenen Erkenntnisse mit; sie kann im Namen des Gefangenen Anträge stellen. ²Die Kontaktperson ist im Einverständnis mit dem Gefangenen befugt, an Vernehmungen und Ermittlungshandlungen teilzunehmen, bei denen der Verteidiger nach § 34 Abs. 3 Nr. 3, Nr. 4 Satz 1 und Nr. 5 Satz 1 nicht anwesend sein darf. ³Die Kontaktperson darf Verbindung mit Dritten aufnehmen, soweit dies zur Erfüllung ihrer Aufgaben nach Absatz 1 unabweisbar ist.

(3) ¹Über die Beiordnung einer Kontaktperson und deren Auswahl aus dem Kreis der im Geltungsbereich dieses Gesetzes zugelassenen Rechtsanwälte entscheidet der Präsident des Landgerichts, in dessen Bezirk die Justizvollzugsanstalt liegt, innerhalb von 48 Stunden nach Eingang des Antrags. ²Der Verteidiger des Gefangenen darf nicht beigeordnet werden. ³Der Präsident ist hinsichtlich der Beiordnung und der Auswahl Weisungen nicht unterworfen; seine Vertretung richtet sich nach § 21h des Gerichtsverfassungsgesetzes. ⁴Dritte dürfen über die Person des beigeordneten Rechtsanwalts, außer durch ihn selbst im Rahmen seiner Aufgabenerfüllung nach Absatz 1 und 2, nicht unterrichtet werden. ⁵Der beigeordnete Rechtsanwalt muß die Aufgaben einer Kontaktperson übernehmen. ⁶Der Rechtsanwalt kann beantragen, die Beiordnung aufzuheben, wenn hierfür wichtige Gründe vorliegen.

(4) Der Gefangene hat nicht das Recht, einen bestimmten Rechtsanwalt als Kontaktperson vorzuschlagen.

(5) ¹Dem Gefangenen ist mündlicher Verkehr mit der Kontaktperson gestattet. ²Für das Gespräch sind Vorrichtungen vorzusehen, die die Übergabe von Schriftstücken und anderen Gegenständen ausschließen.

(6) Der Gefangene ist bei Bekanntgabe der Feststellung nach § 31 über sein Recht, die Beiordnung einer Kontaktperson zu beantragen, und über die übrigen Regelungen der Absätze 1 bis 5 zu belehren.

---

[50] BT-Drucks. 8/935, S. 6; Löwe/Rosenberg/*Böttcher* Rn. 20.
[51] *Kissel/Mayer* Rn. 29; KK-StPO/*Schoreit* Rn. 23.
[52] Vgl. hierzu im Einzelnen *Kissel/Mayer* Rn. 28 ff.; KK-StPO/*Schoreit* Rn. 22 ff.
[53] BT-Drucks. 8/935, S. 6.
[54] AA aber Löwe/Rosenberg/*Böttcher* Rn. 20.
[55] *Kissel/Mayer* Rn. 35; KK-StPO/*Schoreit* Rn. 28.
[56] Löwe/Rosenberg/*Böttcher* Rn. 21.

I. Allgemeines

Durch Einführung der Vorschrift über die Beiordnung einer Kontaktperson mit Gesetz zur Än- 1
derung des Einführungsgesetzes zum Gerichtsverfassungsgesetz vom 4. 12. 1985[1] wurde angestrebt, die **strafprozessualen Garantien** für den von der Kontaktsperre betroffenen Gefangenen zu verbessern, ohne den Schutz vor terroristischen Aktivitäten zu beeinträchtigen.[2] Zuvor war eine fürsorgende rechtliche Betreuung des Gefangenen durch ein unabhängiges Organ der Rechtspflege nicht möglich.[3]

II. Aufgaben und Befugnisse der Kontaktperson

1. Aufgaben der Kontaktperson. Der Kontaktperson obliegt – unter Wahrung der Ziele der Kon- 2
taktsperre – die **rechtliche Betreuung des Gefangenen**, soweit dafür infolge der nach § 33 angeordneten Unterbrechungsmaßnahmen ein Bedürfnis besteht (Abs. 1 S. 2). Unzulässig ist somit jegliche Tätigkeit, die zum Unterlaufen der Ziele der Kontaktsperre sowie der angeordneten Unterbrechungsmaßnahmen führen könnte.[4] Der Gefangene soll die Möglichkeit haben, sich in allen Rechtsangelegenheiten mit dem als Kontaktperson bestellten Rechtsanwalt zu besprechen, soweit hierfür infolge der Kontaktsperre ein Bedürfnis besteht.[5] Die Kontaktperson hat jedoch nicht die umfassenden Aufgaben eines Verteidigers, gleichwohl sie Aufgaben wahrnehmen kann, die der Verteidiger infolge der Kontaktsperre nicht auszuüben in der Lage ist.[6] Hierbei darf sich die Kontaktperson jedoch nicht zur Tätigkeit des Verteidigers in Widerspruch setzen,[7] so dass die Kontaktperson mit Blick auf die ihr uU nicht bekannte Verteidigungslinie des Gefangenen stets auf eine Abstimmung mit dem Gefangenen achten muss.[8] Ob hierbei jedoch pauschal eine vorherige Abstimmung mit dem Verteidiger notwendig ist,[9] ist bereits mit Blick auf die gem. Abs. 2 S. 3 beschränkt zulässige Kontaktaufnahme zu Dritten fraglich. Regelmäßig werden nämlich Absprachen zwischen Kontaktperson und Verteidiger wegen Verstoßes gegen das Ziel der Kontaktsperre unzulässig sein.[10]

2. Befugnisse der Kontaktperson. Der Kontaktperson stehen im Einzelnen folgende **Befugnisse** 3
zu:

a) **Anträge und Anregungen (Abs. 1 S. 2, 2. Hs.).** Die Kontaktperson kann bei Staatsanwalt- 4
schaft und Gericht durch Anträge und Anregungen auf die Ermittlung entlastender Tatsachen und Umstände hinwirken, die im Interesse des Gefangenen einer unverzüglichen Aufklärung bedürfen. Hierbei ist zunächst an anhängige **Strafverfahren** zu denken, in denen der Verteidiger nach § 34 Abs. 3 diese Befugnisse nicht ausüben kann, wohingegen der Kontaktperson ein Akteneinsichtsrecht uneingeschränkt zusteht.[11] Daneben bezieht sich das Antragsrecht auch auf **Rechtmäßigkeitsprüfungen nach § 37**.[12]

Die Kontaktperson darf im Hinblick auf entlastende Tatsachen und Umstände – unter Wah- 5
rung der Ziele der Kontaktsperre – auch **eigene Ermittlungen** anstellen.[13] Hierbei ist in Bezug auf Kontaktaufnahmen mit Dritten die Regelung des Abs. 2 S. 3 zu beachten.[14]

b) **Mitteilung von Erkenntnissen (Abs. 2 S. 1, 1. Hs.).** Die Kontaktperson hat diejenigen Er- 6
kenntnisse, die sie im Gespräch mit dem Gefangenen und im weiteren Verlauf ihrer Tätigkeit gewonnen hat und hinsichtlich deren Weiterleitung **Einverständnis** auf Seiten des Gefangenen besteht, dem Gericht und der Staatsanwaltschaft mitzuteilen. Der Gefangene wird sein Einverständnis regelmäßig dann geben, wenn es sich um Erkenntnisse handelt, die im Hinblick auf das Strafverfahren oder die Rechtmäßigkeitsprüfung nach § 37 positiv sind.[15] Hierdurch wird eine weitere Erläuterung und Begründung der im Namen der Kontaktperson gestellten Anträge und Anregungen ermöglicht.[16]

---

[1] BGBl. I S. 2141, in Kraft getreten am 13. 12. 1985.
[2] BT-Drucks. 10/902, S. 4; Löwe/Rosenberg/*Böttcher* Rn. 1; Meyer-Goßner/*Cierniak* Rn. 1.
[3] KK-StPO/*Schoreit* Rn. 1; *Krekeler* NJW 1986, 417.
[4] *Kissel/Mayer* Rn. 8; KK-StPO/*Schoreit* Rn. 8; Löwe/Rosenberg/*Böttcher* Rn. 3.
[5] BT-Drucks. 10/902, S. 4; Löwe/Rosenberg/*Böttcher* Rn. 3; Meyer-Goßner/*Cierniak* Rn. 4.
[6] BT-Drucks. 10/902, S. 4; Meyer-Goßner/*Cierniak* Rn. 4.
[7] *Kissel/Mayer* Rn. 2; KK-StPO/*Schoreit* Rn. 2. Vgl. hierzu auch *Krekeler* NJW 1986, 417 (418).
[8] Löwe/Rosenberg/*Böttcher* Rn. 5.
[9] So Meyer-Goßner/*Cierniak* Rn. 5.
[10] Löwe/Rosenberg/*Böttcher* Rn. 4.
[11] *Kissel/Mayer* Rn. 3; KK-StPO/*Schoreit* Rn. 3.
[12] Vgl. hierzu Löwe/Rosenberg/*Böttcher* Rn. 5 sowie unten § 37 Rn. 4.
[13] Löwe/Rosenberg/*Böttcher* Rn. 5.
[14] Vgl. Rn. 10.
[15] Löwe/Rosenberg/*Böttcher* Rn. 6.
[16] *Kissel/Mayer* Rn. 4; KK-StPO/*Schoreit* Rn. 4.

7 c) **Anträge im Namen des Gefangenen (Abs. 2 S. 1, 2. Hs.).** Darüber hinaus kann die Kontaktperson **im Einverständnis mit dem Gefangenen** Anträge in dessen Namen stellen, wobei sich die Anträge wiederum auf das Strafverfahren oder die Rechtmäßigkeitsprüfung nach § 37 beziehen können.

8 d) **Teilnahme an Vernehmungen und Ermittlungshandlungen (Abs. 2 S. 2).** Im Einverständnis mit dem Gefangenen darf die Kontaktperson an Vernehmungen und Ermittlungshandlungen teilnehmen, bei denen der Verteidiger während der Kontaktsperre gem. § 34 Abs. 3 Nr. 3, Nr. 4 S. 1 und Nr. 5 S. 1 von der Anwesenheit ausgeschlossen ist. Dies gilt nicht für den Fall des – in § 34a auch nicht erwähnten – § 34 Abs. 3 Nr. 2 S. 1, 2. Hs., bei dem ein von der Feststellung nach § 31 erfasster Mitgefangener anwesend ist.[17]

9 Auch bei Teilnahme der Kontaktperson – die gerade nicht Verteidiger ist – bleiben jedoch die **Schutzvorschriften** des § 34 Abs. 3 Nr. 4 S. 2 (Mitteilung an den Verteidiger) und Nr. 5 S. 2 (Wiederholung der Haftprüfung) **unberührt**.[18]

10 e) **Verbindung mit Dritten (Abs. 2 S. 3).** Die Kontaktperson darf Verbindung mit Dritten aufnehmen, **soweit** dies zur Erfüllung ihrer Aufgaben nach Abs. 1 **unabweisbar** ist. Unter Wahrung der Ziele der nach § 31 getroffenen Feststellung darf der beigeordnete Rechtsanwalt daher in seiner Eigenschaft als Kontaktperson und in erkennbarer Bezugnahme auf diese Aufgabe beispielsweise an mögliche Zeugen, Sachverständige oder aber den Verteidiger herantreten.[19] Aufgrund des Erfordernisses der „Unabweisbarkeit" dürfen solche Kontaktaufnahmen jedoch nur in besonderen Ausnahmefällen stattfinden, so dass die Gefahr einer auch nur unbewussten Nachrichtenübermittlung auf ein Minimum beschränkt wird.[20]

11 f) **Mündlicher Verkehr mit dem Gefangenen (Abs. 5).** Mündlicher Verkehr ist dem Gefangenen mit der Kontaktperson – und somit auch der Kontaktperson in umgekehrter Richtung – gestattet (Abs. 5 S. 1). **Unzulässig** ist hingegen **Schriftverkehr** sowie die Übergabe von Schriftstücken und sonstigen Gegenständen. Daher sind für das Gespräch Vorrichtungen vorzusehen, die eine unzulässige Übergabe verhindern (Abs. 5 S. 2).

III. Bestellung der Kontaktperson

12 **1. Antragserfordernis.** Eine Kontaktperson wird dem Gefangenen nur auf **seinen Antrag** beigeordnet, wohingegen eine Beiordnung von Amts wegen oder auf Antrag Dritter (zB der Staatsanwaltschaft) nicht zulässig ist. Auch aus diesem Grund ist der Gefangene über sein Antragsrecht und die weiteren Regelungen der Absätze 1 bis 5 zu **belehren**, was zweckmäßigerweise jedenfalls auch in schriftlicher Form (zB durch Übergabe des Gesetzestextes[21]) zu erfolgen hat.

13 Dem Gefangenen steht im Hinblick auf die Auswahl des Rechtsanwalts **kein Vorschlagsrecht** zu (Abs. 4). Verbindet der Gefangene gleichwohl seinen Antrag mit einem entsprechenden Vorschlag, so ist zu klären, ob der Antrag dahingehend bedingt sein soll, dass dem Vorschlag entsprochen wird.[22] Ist dies der Fall, muss der Antrag zurückgewiesen werden.[23] Andernfalls darf der mit dem Antrag geäußerte Vorschlag – ohne dass insofern eine Bindungswirkung besteht – im Rahmen des Auswahlermessens bei der Bestellung der Kontaktperson erwogen und geprüft werden.[24]

14 **Widerruft** der Gefangene seinen Antrag auf Beiordnung einer Kontaktperson, so ist die Beiordnung zurückzunehmen.[25] Ein erneuter Antrag des Gefangenen ist unzulässig, da der Gefangene anderenfalls – entgegen Abs. 4 – durch wiederholte Anträge Einfluss auf die Auswahl der Kontaktperson gewinnen könnte.[26]

15 **2. Stellung der Kontaktperson.** Zur Kontaktperson können lediglich **Rechtsanwälte** bestellt werden (Abs. 1 S. 1), wobei der Verteidiger des Gefangenen nicht beigeordnet werden darf (Abs. 3 S. 2). Entsprechend den Zielen der Kontaktsperre darf eine Kontaktperson lediglich einen Gefangenen betreuen[27] und sind die Verteidiger der von der Kontaktsperre erfassten Mitgefangenen als Kon-

---

[17] Löwe/Rosenberg/*Böttcher* Rn. 8. Von einem Redaktionsversehen gehen insofern hingegen aus *Kissel/Mayer* Rn. 5; KK-StPO/*Schoreit* Rn. 5.
[18] Löwe/Rosenberg/*Böttcher* Rn. 8; Meyer-Goßner/*Cierniak* Rn. 5.
[19] Löwe/Rosenberg/*Böttcher* Rn. 9.
[20] BT-Drucks. 10/902, S. 4 f.; KK-StPO/*Schoreit* Rn. 6; Löwe/Rosenberg/*Böttcher* Rn. 9; Meyer-Goßner/*Cierniak* Rn. 6.
[21] Löwe/Rosenberg/*Böttcher* Rn. 13.
[22] BT-Drucks. 10/3958, S. 7.
[23] Löwe/Rosenberg/*Böttcher* Rn. 2; aA *Kissel/Mayer* Rn. 9; KK-StPO/*Schoreit* Rn. 9.
[24] Restriktiver Löwe/Rosenberg/*Böttcher* Rn. 2, wonach der Vorschlag als unbeachtlich zu betrachten sei.
[25] Meyer-Goßner/*Cierniak* Rn. 1. Siehe auch *Krekeler* NJW 1986, 417 (418).
[26] Löwe/Rosenberg/*Böttcher* Rn. 2.
[27] BT-Drucks. 10/902, S. 8; Löwe/Rosenberg/*Böttcher* Rn. 11; Meyer-Goßner/*Cierniak* Rn. 2.

taktperson ausgeschlossen.[28] Die Aufgabe der Betreuung des Gefangenen muss der Rechtsanwalt als Berufspflicht – entsprechend der §§ 48, 49 BRAO – übernehmen (Abs. 3 S. 5)[29] und darf die Aufhebung der Beiordnung nur bei Vorliegen wichtiger Gründe beantragen (Abs. 3 S. 6).

3. Zuständigkeit und Verfahren. Der Präsident des Landgerichts, in dessen Bezirk die Justizvollzugsanstalt liegt, in der der Gefangene untergebracht ist, entscheidet über die Beiordnung einer Kontaktperson innerhalb von 48 Stunden nach Eingang des Antrags (Abs. 3 S. 1). Er wählt die Kontaktperson aus den in der Bundesrepublik – und nicht nur im Landgerichtsbezirk – zugelassenen Rechtsanwälten aus. Der Präsident des Landgerichts handelt hierbei in richterlicher Unabhängigkeit (Abs. 3 S. 3, 1. Hs.).[30]

Zum Schutz der Kontaktperson dürfen **Dritte** über die Beiordnung **nicht unterrichtet** werden (Abs. 3 S. 4). Lediglich dem beigeordneten Rechtsanwalt ist gestattet, im Rahmen seiner Aufgabenerfüllung nach Abs. 1 und 2 Dritte – insbesondere unter Beachtung der Ziele der Kontaktsperre (Abs. 1 S. 2) und der „Unabweisbarkeit" (Abs. 2 S. 3)[31] – über seine Beiordnung zu unterrichten.

Erfüllt der Rechtsanwalt seine Aufgaben nicht oder nur unzulänglich, kann die **Beiordnung zurückgenommen** werden.[32]

4. Anfechtung. Entscheidungen des Landgerichtspräsidenten können als Justizverwaltungsakte nach den §§ 23 ff. angefochten werden.[33] Dies gilt für den **Gefangenen** beispielsweise für den Fall, dass der Präsident des Landgerichts einem Antrag auf Beiordnung einer Kontaktperson nicht stattgibt oder die Auswahl der Kontaktperson ermessensfehlerhaft durchführt.[34] Entscheidet der Landgerichtspräsident hingegen binnen 48 Stunden nach Antragstellung überhaupt nicht, kann sich der Gefangene gem. § 34 Abs. 3 Nr. 8 schriftlich an das Gericht oder die Staatsanwaltschaft wenden.[35]

Der beigeordnete **Rechtsanwalt** kann seinerseits einen Antrag nach § 23 auf eine ermessensmissbräuchliche Beiordnung stützen, wenn ihm die Tätigkeit als Kontaktperson nicht zuzumuten ist.[36]

§ 35 [Gerichtliche Bestätigung der Kontaktsperre]

¹ Die Feststellung nach § 31 verliert ihre Wirkung, wenn sie nicht innerhalb von zwei Wochen nach ihrem Erlaß bestätigt worden ist. **²** Für die Bestätigung einer Feststellung, die eine Landesbehörde getroffen hat, ist ein Strafsenat des Oberlandesgerichts zuständig, in dessen Bezirk die Landesregierung ihren Sitz hat, für die Bestätigung einer Feststellung des Bundesministers der Justiz ein Strafsenat des Bundesgerichtshofes; § 25 Abs. 2 gilt entsprechend.

I. Allgemeines

Wird die Feststellung nach § 31 nicht **innerhalb von zwei Wochen** nach ihrem Erlass richterlich bestätigt, verliert sie (ex nunc) ihre Wirksamkeit, so dass alle Unterbrechungsmaßnahmen nach § 33 unzulässig werden und sofort aufzuheben sind.[1] Dies gilt sowohl für den Fall, dass das Gericht die Bestätigung versagt, als auch für Konstellationen, in denen ein Bestätigungsverfahren gar nicht eingeleitet wird, weil die Kontaktsperre ohnehin nicht länger als zwei Wochen dauern sollte.

II. Bestätigungsverfahren

1. Antragserfordernis. Das Bestätigungsverfahren setzt einen Antrag derjenigen **Behörde** voraus, die die Feststellung getroffen hat. Verpflichtet ist die Behörde zur Antragstellung hingegen nicht, so dass sie davon absehen kann, wenn sie keine länger als zwei Wochen dauernde Feststellung anstrebt.[2]

2. Verfahren. In Ermangelung von Verfahrensvorschriften ist es dem Gericht überlassen, das Verfahren nach seinem Ermessen zu gestalten.[3] Hierbei ist es angezeigt, über eine entsprechende

---

[28] Löwe/Rosenberg/*Böttcher* Rn. 11.
[29] *Kissel/Mayer* Rn. 10; KK-StPO/*Schoreit* Rn. 10; Meyer-Goßner/*Cierniak* Rn. 2.
[30] *Kissel/Mayer* Rn. 12; KK-StPO/*Schoreit* Rn. 12.
[31] Löwe/Rosenberg/*Böttcher* Rn. 11.
[32] BT-Drucks. 10/902, S. 8; Meyer-Goßner/*Cierniak* Rn. 3.
[33] BT-Drucks. 10/902, S. 5; *Kissel/Mayer* Rn. 12; KK-StPO/*Schoreit* Rn. 12.
[34] Meyer-Goßner/*Cierniak* Rn. 8.
[35] *Kissel/Mayer* Rn. 13; KK-StPO/*Schoreit* Rn. 13.
[36] Meyer-Goßner/*Cierniak* Rn. 8.
[1] *Kissel/Mayer* Rn. 1; KK-StPO/*Schoreit* Rn. 1 f.; Löwe/Rosenberg/*Böttcher* Rn. 5.
[2] *Kissel/Mayer* Rn. 3; KK-StPO/*Schoreit* Rn. 4; Löwe/Rosenberg/*Böttcher* Rn. 1; aA Meyer-Goßner/*Cierniak* Rn. 3.
[3] Löwe/Rosenberg/*Böttcher* Rn. 3.

Anwendung der §§ 29, 30 auf die **Vorschriften der StPO über das Beschwerdeverfahren** zurückzugreifen.⁴ Die durch die Feststellung betroffenen Gefangenen sind ihrerseits nicht an dem Bestätigungsverfahren beteiligt,⁵ so dass ihnen auch kein rechtliches Gehör zu gewähren ist. Sie haben ihre Rechte vielmehr im Rahmen der Rechtmäßigkeitsprüfung nach § 37 wahrzunehmen.⁶

3. **Umfang der Nachprüfung.** Der Strafsenat prüft die Feststellungsentscheidung hinsichtlich der Voraussetzungen der Feststellung sowie der Grenzen für die Einbeziehung von Gefangenen in die Feststellung **in vollem Umfang** nach. Dagegen werden Ermessensentscheidungen dahingehend, ob – bei Vorliegen der entsprechenden Voraussetzungen – eine Feststellung getroffen werden soll und welche Gefangenen einzubeziehen sind, nur **beschränkt** nachgeprüft.⁷

III. Zuständigkeit (S. 2)

1. **Feststellung durch Landesregierung oder -behörde.** Für die Bestätigung einer Feststellung, die durch eine Landesregierung oder eine von ihr ermächtigte oberste Landesbehörde getroffen wurde, ist ein **Strafsenat des Oberlandesgerichts**, in dessen Bezirk die Landesregierung ihren Sitz hat, zuständig. Alternativ kann nach § 25 Abs. 2 eine abweichende Zuständigkeitsregelung getroffen werden.

2. **Feststellung durch Bundesministerium der Justiz.** Hat das Bundesministerium der Justiz die Feststellung getroffen, entscheidet ein **Strafsenat des Bundesgerichtshofs** über die Bestätigung.

IV. Entscheidung

1. **Inhalt der Entscheidung.** Die Entscheidung des Strafsenats **bestätigt** die Feststellung der Kontaktsperre oder **hebt** sie **auf**. Hierbei ist auch eine **teilweise** Bestätigung bzw. Aufhebung in personeller Hinsicht dergestalt möglich, dass die Einbeziehung nur einzelner Gefangener bestätigt und die Einbeziehung der übrigen Gefangenen aufgehoben wird.⁸ Inhaltlich kann eine Kontaktsperre hingegen nicht nur teilweise bestätigt werden.⁹ Eine Kosten- und Auslagenentscheidung ergeht nicht, vielmehr werden die Kosten von der Staatskasse getragen.¹⁰

2. **Maßgebender Zeitpunkt.** Für die Rechtmäßigkeit der Feststellung ist – wie sich aus § 36 S. 1 ergibt – der **Zeitpunkt der Entscheidung** (und nicht der Zeitpunkt der Feststellung) maßgebend.¹¹

3. **Mitteilung.** Die nicht anfechtbare Entscheidung wird nicht nur der **feststellenden Behörde**, sondern – nach Maßgabe des § 37 Abs. 3 – auch den betroffenen **Gefangenen** und ihren **Verteidigern** mitgeteilt.¹²

§ 36 [Beendigung der Kontaktsperre; Wiederholung]

¹Die Feststellung nach § 31 ist zurückzunehmen, sobald ihre Voraussetzungen nicht mehr vorliegen. ²Sie verliert spätestens nach Ablauf von dreißig Tagen ihre Wirkung; die Frist beginnt mit Ablauf des Tages, unter dem die Feststellung ergeht. ³Eine Feststellung, die bestätigt worden ist, kann mit ihrem Ablauf erneut getroffen werden, wenn die Voraussetzungen noch vorliegen; für die erneute Feststellung gilt § 35. ⁴War eine Feststellung nicht bestätigt, so kann eine erneute Feststellung nur getroffen werden, wenn neue Tatsachen es erfordern. ⁵§ 34 Abs. 3 Nr. 6 Satz 2 ist bei erneuten Feststellungen nicht mehr anwendbar.

1. **Rücknahmepflicht (S. 1).** Die Feststellungsbehörde ist zur Zurücknahme der Feststellung verpflichtet, sobald die Voraussetzungen des § 31 nicht mehr vorliegen. Insoweit trifft die Behörde eine **ständige Prüfungspflicht** hinsichtlich der Fortdauer der Voraussetzungen für die Feststel-

---

⁴ Für eine direkte Anwendung der §§ 29, 30 sprechen sich aus *Kissel/Mayer* Rn. 3; KK-StPO/*Schoreit* Rn. 4; *Meyer-Goßner/Cierniak* Rn. 3.
⁵ BT-Drucks. 8/935, S. 6; BVerfG v. 1. 8. 1978 – 2 BvR 1013/77 (u. a.), BVerfGE 49, 24 (67) = NJW 1978, 2235 (2239); BGH v. 13. 10. 1977 – 3 ARs 27/77, BGHSt 27, 276 (280) = NJW 1977, 2173 (2174); *Meyer-Goßner/Cierniak* Rn. 3.
⁶ *Kissel/Mayer* Rn. 4; KK-StPO/*Schoreit* Rn. 5; *Löwe/Rosenberg/Böttcher* Rn. 3.
⁷ *Löwe/Rosenberg/Böttcher* Rn. 2.
⁸ BGH v. 13. 10. 1977 – 3 ARs 27/77, BGHSt 27, 276 (279) = NJW 1977, 2173 (2174); *Löwe/Rosenberg/Böttcher* Rn. 5; *Meyer-Goßner/Cierniak* Rn. 4.
⁹ *Löwe/Rosenberg/Böttcher* Rn. 5; aA *Kissel/Mayer* Rn. 5; KK-StPO/*Schoreit* Rn. 6. Vgl. hierzu auch § 31 Rn. 25.
¹⁰ *Kissel/Mayer* Rn. 5; KK-StPO/*Schoreit* Rn. 6; *Löwe/Rosenberg/Böttcher* Rn. 6.
¹¹ Vgl. auch *Jung* JuS 1977, 846.
¹² *Kissel/Mayer* Rn. 5 f.; KK-StPO/*Schoreit* Rn. 6 f.; *Löwe/Rosenberg/Böttcher* Rn. 6; *Meyer-Goßner/Cierniak* Rn. 4.

lung.[1] Diese Verpflichtung besteht auch während eines laufenden Bestätigungsverfahrens nach § 35, welches sich bei Rücknahme der Feststellung durch die Behörde erledigt.[2]

2. Dauer der Feststellungswirkung (S. 2). Wurde die Feststellung nach § 35 bestätigt, verliert sie ihre Wirkung spätestens **nach Ablauf von 30 Tagen**, wobei die Frist mit Ablauf des Tages, an dem die Feststellung ergangen ist, zu laufen beginnt. Der Zeitpunkt der rechtzeitigen gerichtlichen Bestätigung nach § 35 hat hierbei keinen Einfluss auf den Lauf der Frist.[3]

3. Erneute Feststellung (S. 3 bis 5). Im **Grundsatz** können Feststellungen nach § 31 so oft getroffen werden, wie die Voraussetzungen des § 31 in sachverhaltsmäßiger Hinsicht neu eintreten.[4] Die S. 3 bis 5 regeln hingegen Konstellationen, in denen die Behörde eine erneute Feststellung begehrt, nachdem eine bestätigte Feststellung ihre Wirkung verliert, bzw. in denen eine nicht bestätigte Feststellung nochmals getroffen werden soll.

a) Bestätigte Feststellung (S. 3). Eine Feststellung, die nach § 35 bestätigt worden war, kann nach Ablauf der 30-Tage-Frist des S. 2 erneut getroffen werden, wenn die entsprechenden **Voraussetzungen noch vorliegen**. Gleiches gilt im Falle einer unmittelbar im Anschluss unterbliebenen erneuten Feststellung.[5] Wie bei erstmaliger Feststellung findet in allen diesen Fällen das Bestätigungsverfahren des § 35 Anwendung (S. 3, 2. Hs.). Die Wiederholung einer bestätigten Feststellung ist mehrmals möglich, jedoch ist stets der Grundsatz der Verhältnismäßigkeit zu beachten.[6]

b) Nicht bestätigte Feststellung (S. 4). War die Feststellung nicht bestätigt worden (infolge eines unterbliebenen Bestätigungsantrags, einer Rücknahme der Feststellung vor einer Bestätigungsentscheidung oder aber einer gerichtlichen Ablehnung der Bestätigung), so kann eine erneute Feststellung nur erfolgen, wenn **neue Tatsachen** es erfordern. Eine bloße (neuerliche) Beurteilung der Sachlage genügt somit nicht für eine erneute Feststellung.[7] Das Auftauchen neuer Beweismittel in Bezug auf die Voraussetzungen des § 31 ist allerdings als neue Tatsache anzusehen.[8]

c) Hauptverhandlung bei erneuter Feststellung (S. 5). Bei erneuter Feststellung ist § 34 Abs. 3 Nr. 6 S. 2 (Unterbrechung der Hauptverhandlung) nicht mehr anwendbar, so dass das Verfahren **innerhalb der allgemeinen Fristen** des § 229 StPO seinen Fortgang nehmen oder aber – mit der Konsequenz eines Neubeginns – ausgesetzt werden muss.

§ 37 [Anfechtung von Einzelmaßnahmen]

(1) Über die Rechtmäßigkeit einzelner Maßnahmen nach § 33 entscheidet auf Antrag ein Strafsenat des Oberlandesgerichts, in dessen Bezirk die Landesregierung ihren Sitz hat.

(2) Stellt ein Gefangener einen Antrag nach Absatz 1, so ist der Antrag von einem Richter bei dem Amtsgericht aufzunehmen, in dessen Bezirk der Gefangene verwahrt wird.

(3) [1]Bei der Anhörung werden Tatsachen und Umstände soweit und solange nicht mitgeteilt, als die Mitteilung den Zweck der Unterbrechung gefährden würde. [2]§ 33 a der Strafprozeßordnung gilt entsprechend.

(4) Die Vorschriften des § 23 Abs. 2, des § 24 Abs. 1, des § 25 Abs. 2 und der §§ 26 bis 30 gelten entsprechend.

I. Allgemeines

Die Vorschrift des § 37 regelt die **Rechtsbehelfe** der von der Kontaktsperre betroffenen Gefangenen sowie Dritter **abschließend**. Während die Feststellung einer Kontaktsperre nicht selbständig anfechtbar ist, sondern im Wege des Bestätigungsverfahrens nach § 35 überprüft wird, ermöglicht § 37 die Anfechtung einzelner Durchführungsmaßnahmen nach § 33.[1*]

II. Antragsberechtigung

Verfahrensvoraussetzung für die Nachprüfung einer Unterbrechungsmaßnahme ist gem. Abs. 1 ein entsprechender **Antrag**.

---

[1] Kissel/Mayer Rn. 1; KK-StPO/Schoreit Rn. 1; Meyer-Goßner/Cierniak Rn. 1.
[2] Löwe/Rosenberg/Böttcher Rn. 1.
[3] Kissel/Mayer Rn. 2; KK-StPO/Schoreit Rn. 2.
[4] Löwe/Rosenberg/Böttcher Rn. 3.
[5] Kissel/Mayer Rn. 7; KK-StPO/Schoreit Rn. 7.
[6] Löwe/Rosenberg/Böttcher Rn. 4.
[7] BT-Drucks. 8/945, S. 3; Löwe/Rosenberg/Böttcher Rn. 5.
[8] BT-Drucks. 8/945, S. 3; Kissel/Mayer Rn. 4.
[1*] Vgl. im Einzelnen Löwe/Rosenberg/Böttcher Rn. 1 f.

3 **1. Gefangene.** Jeder Gefangene, der geltend macht, durch eine Unterbrechungsmaßnahme oder durch ihre Ablehnung bzw. Unterlassung im Zusammenhang mit der Kontaktsperre **in seinen Rechten verletzt** zu sein, ist antragsberechtigt (Abs. 4 iVm. § 24 Abs. 1). Stellt der Gefangene den Antrag selbst, so ist der **Antrag** – da § 34 Abs. 3 Nr. 8 nicht anwendbar ist[2] – von einem Richter bei dem Amtsgericht aufzunehmen, in dessen Bezirk der Gefangene verwahrt wird (Abs. 2). Über die ihm zustehenden Rechte ist der Gefangene auf dessen Verlangen von dem Richter bei dem Amtsgericht aufzuklären, wobei er über diese Möglichkeit seinerseits zu **belehren** ist.[3]

4 **2. Verteidiger und Kontaktperson.** Der **Verteidiger** kann den Antrag sowohl im Namen des Gefangenen als auch – wenn er geltend macht, durch die Unterbrechungsmaßnahmen in eigenen Rechten verletzt zu sein – in eigenem Namen stellen.[4] Auch die gem. § 34a bestellte **Kontaktperson** ist im Rahmen des § 37 antragsberechtigt.[5]

5 **3. Dritte.** Grundsätzlich ist jeder Dritte antragsberechtigt, der (konkret) behauptet, durch die infolge der Kontaktsperre ergangenen Maßnahmen **in eigenen Rechten verletzt** zu sein (Abs. 4 iVm. § 24 Abs. 1). Da ein Eingriff in die bloße Interessensphäre somit nicht ausreicht, werden aber regelmäßig nur Verteidiger eigene Rechtsverletzungen geltend machen können.[6]

III. Zuständigkeit (Abs. 1)

6 Zuständigkeit für die Entscheidung nach § 37 ist stets ein **Strafsenat des Oberlandesgerichts**, in dessen Bezirk die Landesregierung, deren Behörde die angefochtene Durchführungsmaßnahme angeordnet hat, ihren Sitz hat. Dies gilt auch in den Fällen, in denen das Bestätigungsverfahren vor dem BGH stattgefunden hat und das Bundesministerium der Justiz die Feststellung getroffen hat.[7] Die Ermächtigung zur Zuständigkeitskonzentration gilt auch in Bezug auf § 37 (Abs. 4 iVm. § 25 Abs. 2).

IV. Gegenstand der Nachprüfung

7 Der Antrag nach § 37 kann sich sowohl gegen die **Anordnung** einer Unterbrechungsmaßnahme als auch gegen die **Ablehnung** oder das **Unterlassen** einer konkreten, die Kontaktsperre betreffenden Maßnahme (Abs. 4 iVm. § 23 Abs. 2) richten.[8]

8 **Prüfungsmaßstab** ist – da der zuständigen Verwaltungsbehörde insofern kein Ermessen eingeräumt ist – in vollem Umfang die Erforderlichkeit der angeordneten oder unterbliebenen Maßnahme im Hinblick auf die Durchführung der Feststellung.[9] Dies beinhaltet im Falle einer nicht namentlichen Bezeichnung der Gefangenen in der Feststellung auch die Überprüfung, ob der einzelne Gefangene überhaupt von der Feststellung erfasst wird.[10]

9 Da generell eine rechtmäßige und noch wirksame Feststellung zwingende Voraussetzung für die Zulässigkeit von Durchführungsmaßnahmen ist, kommt es zwangsläufig zu einer **Inzidentprüfung** der Rechtmäßigkeit und Wirksamkeit der – uU bereits gerichtlich bestätigten – Feststellung.[11]

10 Hat sich die Durchführungsmaßnahme oder die Kontaktsperre **erledigt**, so kann auf Antrag des Betroffenen (nachträglich) über die Rechtmäßigkeit der Maßnahme entschieden werden, wenn nach Abs. 4 iVm. § 28 Abs. 1 S. 4 ein berechtigtes **Feststellungsinteresse** auf Seiten des Antragstellers gegeben ist.[12] Bei weggefallener Feststellung gelten sodann die Einschränkungen der Abs. 2 und 3 nicht.[13]

V. Verfahren

11 Das Verfahren richtet sich gem. Abs. 4 **in weiten Teilen** – nämlich mit Ausnahme der nicht in Abs. 4 erwähnten Normen – nach den **§§ 23 ff.**

---

[2] *Kissel/Mayer* Rn. 3; KK-StPO/*Schoreit* Rn. 3; Löwe/Rosenberg/*Böttcher* Rn. 3.
[3] BVerfG v. 1. 8. 1978 – 2 BvR 1013/77 (u.a.), BVerfGE 49, 24 (68) = NJW 1978, 2235 (2239).
[4] *Kissel/Mayer* Rn. 4; KK-StPO/*Schoreit* Rn. 4.
[5] *Kissel/Mayer* Rn. 4; KK-StPO/*Schoreit* Rn. 4; Löwe/Rosenberg/*Böttcher* Rn. 3. Vgl. hierzu § 34a Rn. 4.
[6] *Kissel/Mayer* Rn. 4; KK-StPO/*Schoreit* Rn. 5.
[7] BT-Drucks. 8/945, S. 3; *Kissel/Mayer* Rn. 2; KK-StPO/*Schoreit* Rn. 2.
[8] Löwe/Rosenberg/*Böttcher* Rn. 4; Meyer-Goßner/*Cierniak* Rn. 1.
[9] *Kissel/Mayer* Rn. 5; KK-StPO/*Schoreit* Rn. 6; Löwe/Rosenberg/*Böttcher* Rn. 4.
[10] Löwe/Rosenberg/*Böttcher* Rn. 4.
[11] *Kissel/Mayer* Rn. 7; KK-StPO/*Schoreit* Rn. 8. Vgl. hierzu auch BGH v. 13. 10. 1977 – 3 ARs 27/77, BGHSt 27, 276 (280) = NJW 1977, 2173 (2174).
[12] Vgl. hierzu auch BVerfG v. 1. 8. 1978 – 2 BvR 1013/77 (u.a.), BVerfGE 49, 24 (51) = NJW 1978, 2235 (2236).
[13] Löwe/Rosenberg/*Böttcher* Rn. 10.

1. Verfahrensrechtliche Vorschriften. Gemäß § 29 Abs. 2 iVm. §§ 308, 33 StPO sind die nach §§ 32, 33 zuständigen Stellen zu **beteiligen**, wobei die Staatsanwaltschaft über § 309 StPO in geeigneten Fällen – insbesondere, wenn sie die Feststellungsbehörde vertritt[14] – ebenfalls **anzuhören** ist. Im Hinblick auf eine Anhörung des Antragstellers werden gem. Abs. 3 S. 1 allerdings Tatsachen und Umstände solange nicht mitgeteilt, als deren Mitteilung den Zweck der Unterbrechung gefährden würde. Da insofern aber § 33a StPO über Abs. 3 S. 2 anwendbar ist, kann (von Amts wegen oder auf Antrag) ein Nachtragsverfahren durchgeführt werden, in dessen Rahmen die Anhörung nachgeholt und erforderlichenfalls die Entscheidung abgeändert wird.

Soweit der zur Entscheidung berufene Senat des Oberlandesgerichts bereits zuvor über die Bestätigung der Feststellung entschieden hat, kommt aufgrund dieser ausdrücklichen Zuweisung eine Ausschließung oder Ablehnung der Richter wegen Besorgnis der **Befangenheit** aufgrund früherer Mitwirkung (§§ 23, 24 StPO) insofern **nicht** in Betracht.[15]

2. Zulassung der Rechtsbeschwerde. Kommt das Oberlandesgericht zu der Auffassung, dass eine durch den BGH getroffene Feststellung gegen den Antragsteller nicht aufrechterhalten werden kann, hat es nach Abs. 4 iVm. § 29 Abs. 1, 2 die Rechtsbeschwerde gegen den Beschluss zuzulassen.[16] Gleiches gilt, wenn das Oberlandesgericht von der Rechtsprechung eines anderen Oberlandesgerichts abweichen möchte und die **Sicherung einer einheitlichen Rechtsprechung** eine Entscheidung des Beschwerdegerichts erfordert.

3. Entscheidung. Die Entscheidung ergeht ohne mündliche Verhandlung durch **Beschluss**, welcher den Beteiligten formlos mitzuteilen ist. Hierbei darf die Begründung keine Ausführungen enthalten, die den Zweck der Kontaktsperre vereiteln könnten.[17] Gegen den Beschluss des Oberlandesgerichts ist gem. § 29 Abs. 1, 2 die **Rechtsbeschwerde** statthaft, wenn sie vom Oberlandesgericht **zugelassen** wurde.

§ 38 [Kontaktsperre bei Maßregeln der Besserung und Sicherung oder einstweiliger Unterbringung]

Die Vorschriften der §§ 31 bis 37 gelten entsprechend, wenn eine Maßregel der Besserung und Sicherung vollzogen wird oder wenn ein Unterbringungsbefehl nach § 126a der Strafprozeßordnung besteht.

Im Interesse der **Lückenlosigkeit der Kontaktsperre** erweitert § 38 den Kreis derjenigen Personen, gegen den die Kontaktsperre vollzogen werden kann.[1]

1. Erweiterung des Personenkreises. a) Maßregeln der Besserung und Sicherung. Die Kontaktsperre kann auch gegen Personen, gegen die eine freiheitsentziehende Maßregel der Besserung und Sicherung (§§ 61 ff. StGB) **vollzogen** wird, angeordnet werden. Hierbei kommen als Formen einer uneingeschränkten Freiheitsentziehung die Unterbringung in einem **psychiatrischen Krankenhaus** (§ 63 StGB), die Unterbringung in einer **Entziehungsanstalt** (§ 64 StGB) und die Unterbringung in **Sicherungsverwahrung** (§ 66 StGB) in Betracht. Mit Ausnahme der Sicherungsverwahrung wird hierbei allerdings die **praktische Durchführung** der vollständigen Abschottung **schwierig** sein, zumal die Untergebrachten nicht in eine andere Einrichtung, die nicht dem gleichen Zweck dient, verbracht werden dürfen.[2]

b) Unterbringungsbefehl. Daneben kann die Kontaktsperre gegen Personen angeordnet werden, gegen die ein **Unterbringungsbefehl gem. § 126a StPO** vollzogen wird. Die in den §§ 31 bis 37 enthaltenen Vorschriften über Untersuchungsgefangene gelten hierbei entsprechend (§ 126a Abs. 2 StPO), wobei derjenige Beschuldigte, der sich noch auf freiem Fuß befindet, wie bei Bestehen eines Haftbefehls für den Fall seiner Ergreifung in die Feststellung einbezogen wird.[3] Generell ist ein Unterbringungsbefehl (aufgrund der Spezialvorschrift des § 126a StPO) jedoch vorrangig vor einem Haftbefehl.

2. Nicht erfasste Personen. Die Aufzählung der in § 38 genannten Personen ist **abschließend**, so dass Personen, die sich in sonstigen Formen des Freiheitsentzugs befinden, nicht in eine Feststellung nach § 31 einbezogen werden können.[4]

---

[14] Löwe/Rosenberg/*Böttcher* Rn. 6.
[15] BT-Drucks. 8/935, S. 6; Kissel/Mayer Rn. 12; KK-StPO/*Schoreit* Rn. 13; Löwe/Rosenberg/*Böttcher* Rn. 7.
[16] *Kissel/Mayer* Rn. 9.
[17] Kissel/Mayer Rn. 14; KK-StPO/*Schoreit* Rn. 15.
[1] BT-Drucks. 8/935, S. 7; Kissel/Mayer Rn. 1; KK-StPO/*Schoreit* Rn. 1; Löwe/Rosenberg/*Böttcher* Rn. 1.
[2] *Kissel/Mayer* Rn. 2; Löwe/Rosenberg/*Böttcher* Rn. 3.
[3] Löwe/Rosenberg/*Böttcher* Rn. 3.
[4] Löwe/Rosenberg/*Böttcher* Rn. 5.

5 **a) Unterbringungsanordnung.** Die Kontaktsperre erfasst nicht Personen, die gem. § 81 StPO **zur Beobachtung ihres psychischen Zustandes** in einem psychiatrischen Krankenhaus untergebracht sind. Besteht neben der Unterbringungsanordnung ein Haftbefehl, so kann eine Kontaktsperre zwar angeordnet werden, allerdings darf die Unterbringung in diesem Falle nach § 34 Abs. 3 Nr. 7 nicht vollzogen werden.[5] Der Gefangene ist vielmehr in eine allgemeine Haftanstalt zu verlegen, wobei die sechswöchige Höchstfrist des § 81 Abs. 5 StPO zu beachten ist.[6]

6 **b) Sonstige öffentlich-rechtliche Freiheitsentziehung.** Ebenso wenig können Personen, die einer sonstigen öffentlich-rechtlichen Freiheitsbeschränkung ausgesetzt sind, in eine Feststellung nach § 31 einbezogen werden.[7]

§ 38a [Kontaktsperre bei Verdacht der Bildung einer kriminellen Vereinigung]

(1) [1]Die §§ 31 bis 38 finden entsprechende Anwendung, wenn gegen einen Gefangenen ein Strafverfahren wegen des Verdachts der Bildung einer kriminellen Vereinigung (§ 129 des Strafgesetzbuches) eingeleitet worden ist oder eingeleitet wird, deren Zweck oder deren Tätigkeit darauf gerichtet ist,

1. Mord oder Totschlag (§§ 211, 212) oder Völkermord (§ 6 des Völkerstrafgesetzbuches),
2. Straftaten gegen die persönliche Freiheit in den Fällen des § 239a oder des § 239b oder
3. gemeingefährliche Straftaten in den Fällen der §§ 306 bis 308, des § 310b Abs. 1, des § 311 Abs. 1, des § 311a Abs. 1, der §§ 312, 316c Abs. 1 oder des § 319

zu begehen. [2]Sie finden entsprechende Anwendung auch für den Fall, dass der nach § 31 Satz 2 zweiter Halbsatz erforderliche dringende Tatverdacht sich auf eine Straftat nach § 129 des Strafgesetzbuches bezieht, die die Voraussetzungen des Satzes 1 Nr. 1 bis 3 erfüllt.

(2) Das Gleiche gilt, wenn der Gefangene wegen einer solchen Straftat rechtskräftig verurteilt worden ist.

1 Diese Vorschrift wurde durch Art. 14 Nr. 4 des Ersten Gesetzes über die Bereinigung von Bundesrecht im Zuständigkeitsbereich des Bundesministeriums der Justiz vom 19. 4. 2006[1] in das EGGVG **eingefügt**, nachdem die Materie der Vorschrift zuvor inhaltlich in Art. 2 des Kontaktsperregesetzes[2] geregelt war.

2 Durch die Vorschrift werden diejenigen Gefangenen erfasst, die gegen ein Verfahren wegen einer vor Inkrafttreten des § 129a StGB (eingefügt durch Gesetz vom 18. 8. 1976)[3] begangenen **Straftat nach § 129 StGB iVm. Abs. 1 Nr. 1 bis 3** eingeleitet oder rechtskräftig durch Verurteilung abgeschlossen wurde.[4] Hierbei muss jedoch – als ungeschriebenes Tatbestandsmerkmal – ein **Zusammenhang mit dem organisierten Terrorismus** bestehen.[5]

---

[5] Vgl. § 34 Rn. 24.
[6] Kissel/Mayer Rn. 4; KK-StPO/*Schoreit* Rn. 4.
[7] Vgl. § 31 Rn. 15.
[1] BGBl. I S. 866.
[2] Vgl. § 31 Rn. 1.
[3] BGBl. I S. 2181.
[4] Meyer-Goßner/*Cierniak* Rn. 2.
[5] KK-StPO/*Schoreit* zu § 38a. Vgl. bereits § 31 Rn. 13.

KONVENTION ZUM SCHUTZ DER MENSCHENRECHTE UND GRUNDFREIHEITEN
(EUROPÄISCHE MENSCHENRECHTSKONVENTION – EMRK)

Vom 4. November 1950 (BGBl. II S. 685, 953)

In der Fassung der Bekanntmachung vom 22. Oktober 2010 (BGBl. II S. 1198)

(Auszug)

Schrifttum: *Ambos*, Europarechtliche Vorgaben für das (deutsche) Strafverfahren, NStZ 2002, 628 (Teil I), 2003, 14 (Teil II); *ders.*, Der EGMR und die Verfahrensrechte, ZStW 115 (2003), 583; *ders.*, Internationales Strafrecht, 2. Aufl. 2008; *Aras*, Die Bedeutung der EMRK für den Grundrechtsschutz in der Türkei, ZEuS 2007, 219; *Bernhardt*, Die EMRK und die deutsche Rechtsordnung, EuGRZ 1996, 339; *Beulke*, Konfrontation und Strafprozessreform usw., FS Riess, 2002, S. 13; *Bien/Guillaumont*, Innerstaatlicher Rechtsschutz gegen überlange Verfahrensdauer, EuGRZ 2004, 451; *Binder/Seemann*, Die zwangsweise Verabreichung von Brechmitteln zur Beweissicherung, NStZ 2002, 234; *Bornkamm*, Pressefreiheit und Fairness des Strafverfahrens, 1980; *ders.*, Die Berichterstattung über schwebende Strafverfahren und das Persönlichkeitsrecht des Beschuldigten, NStZ 1983, 102; *Braitsch*, Gerichtssprache für Sprachunkundige im Lichte des „fair trial", 1991; *Burhoff*, Untersuchungshaft des Beschuldigten – eine Übersicht zur neueren Rechtsprechung, StraFo 2006, 51; *Cornelius*, Konfrontationsrecht und Unmittelbarkeitsgrundsatz, NStZ 2008, 244; *Cuesta/Muñagorri Laguía* (Hrsg.), Clausura de medios de comunicación vascos, 2008; *Czerner*, Das völkerrechtliche Anschlusssystem der Art. 59 II 1, 25 und 24 I GG und deren Inkorporierungsfunktion zugunsten der innerstaatlichen EMRK-Geltung, EuR 2007, 537; *Dehne-Niemann*, „Nie sollst du mich befragen" – Zur Behandlung des Rechts zur Konfrontation mitbeschuldigter Belastungszeugen (Art. 6 Abs. 3 lit. d EMRK) durch den BGH, HRRS 2010, 189; *Demko*, Der hinreichende Tatverdacht nach Art. 5 Abs. 1 lit. c EMRK bei „conventional" und „terrorist crime", HRRS 2004, 95; *dies.*, Zum Begriff der „Freiheitsentziehung" des Art. 5 Abs. 1 EMRK im Fall Amuur gegen Frankreich, HRRS 2004, 171; *dies.*, Das Recht auf Verfahrensbeschleunigung gemäß Art. 6 Abs. 1 S. 1 EMRK in Strafverfahren und dessen Verhältnis zum Recht auf wirksame Beschwerde gemäß Art. 13 EMRK in der Rechtsprechung des EGMR, HRRS 2005, 283 u. 403; *dies.*, Die gerichtliche Fürsorgepflicht zur Wahrung einer „tatsächlichen und wirksamen" Verteidigung im Rahmen des Art. 6 Abs. 3 lit. c EMRK, HRRS 2006, 250; *dies.*, Das Recht des Angeklagten auf unentgeltlichen Beistand eines staatlich bestellten Verteidigers und das Erfordernis des „interests of justice", HRRS-Festgabe Fezer, 2008, 1; *Detter*, Der Zeuge vom Hörensagen – eine Bestandsaufnahme, NStZ 2003, 1; *ders.*, Zum Strafzumessungs- und Maßregelrecht, NStZ 2005, 498; *Diehm*, Die begrenzten Kompetenzen des „nächsten Richters" – partiell eine Verletzung der EMRK, StraFo 2007, 2; *Dörr*, Die Menschenrechte der EMRK und ihr Einfluss auf das deutsche Strafgesetzbuch, 2006; *Eiffler*, Die Überprüfung polizeilicher Maßnahmen durch den EGMR, NJW 1999, 762; *Engels/Jürgens*, Auswirkungen der EGMR-Rechtsprechung zum Privatsphärenschutz – Möglichkeiten und Grenzen der Umsetzung des „Caroline"-Urteils im deutschen Recht, NJW 2007, 2517; *Esser*, Grenzen für verdeckte Ermittlungen gegen inhaftierte Beschuldigte aus dem europäischen nemo-tenetur-Grundsatz, JR 2004, 98; *ders.*, EGMR in Sachen Gäfgen v. Deutschland (22 978/05), Urt. v. 30. 6. 2008, NStZ 2008, 657; *ders.*, Auf dem Weg zu einem europäischen Strafverfahrensrecht, 2002; *ders.*, Mindestanforderungen der EMRK an den strafprozessualen Beweis, in: *Marauhn* (Hrsg.), Bausteine eines europäischen Menschenrechts, 2007, 39; *Fairchild/Dammer*, Comparative Criminal Justice Systems, 2. Aufl. 2001; *Franke*, Unterbliebene Pflichtverteidigerbeiordnung im Ermittlungsverfahren – § 141 III 1 StPO im Spannungsfeld zwischen Verwertungsverbot und sog. Beweiswürdigungslösung, GA 2002, 573; *von Freier*, Verfahrensidentität und Prozessgegenstand des Verfahrens zur nachträglichen Anordnung der Sicherungsverwahrung, ZStW 120 (2008), 273; *Freund*, Gefahren und Gefährlichkeiten im Straf- und Maßregelrecht, GA 2010, 193; *Gaede*, Deutscher Brechmitteleinsatz menschenrechtswidrig: Begründungsgang und Konsequenzen der Grundsatzentscheidung des EGMR im Fall Jalloh, HRRS 2006, 241; *ders.*, Schranken des fairen Verfahrens gemäß Art. 6 EMRK bei der Sperrung verteidigungsrelevanter Informationen und Zeugen, StV 2006, 599; *ders.*, Ungehobene Schätze in der Rechtsprechung des EGMR für die Verteidigung? Argumentationspotentiale und Verteidigungschancen des Art. 6 EMRK, HRRS-Festgabe Fezer, 2008, 21; *ders.*, Beweisverbote zur Wahrung des fairen Strafverfahrens in der Rechtsprechung des EGMR insbesondere bei verdeckten Ermittlungen, JR 2009, 493; *Gimbel*, Einführung in eine allg. Untätigkeitsbeschwerde im Strafprozess durch Gesetz, ZRP 2004, 35; *Gleß*, Zur „Beweiswürdigungs-Lösung" des BGH, NJW 2001, 3606; *Gollwitzer*, Menschenrechte im Strafverfahren: MRK und IPBPR, 2005; *Grabenwarter*, Europäische Menschenrechtskonvention, 3. Aufl. 2008; *ders.*, Die Revisionsbegründungsfrist nach § 345 I StPO und das Recht auf angemessene Verteidigung, NJW 2002, 109; *Hauck*, Lauschangriff in der U-Haft, NStZ 2010, 17; *Heldrich*, Persönlichkeitsschutz und Pressefreiheit nach der EMRK, NJW 2004, 2634; *Herzog*, Infiltrativprovokatorische Ermittlungsoperationen als Verfahrenshindernis, StV 2003, 410; *Hoffmann-Riem*, Die Caroline II-Entscheidung des BVerfG, NJW 2009, 20; *Hoffmeister*, Art. 10 EMRK in der Rechtsprechung des EGMR 1994–1999, EuGRZ 2000, 358; *Ignor/Bertheau*, Die so genannte Vollstreckungslösung des Großen Senats für Strafsachen – wirklich eine „Lösung"?, NJW 2008, 2209; *Isfen*, Feststellungen im Strafurteil über gesondert Verfolgte und Unschuldsvermutung, StV 2009, 611; *Jahn*, Stürmt Karlsruhe die Bastille? – Das Bundesverfassungsgericht und die überlange Untersuchungshaft, NJW 2006, 652; *Jung*, Neues zum Konfrontationsrecht?, GA 2009, 235; *ders.*, Faires Verfahren und menschenrechtswidrige Beweiserhebung. Zugleich Besprechung von EGMR, Urteil vom 21. 1. 2009, GA 2009, 651; *Keiser*, Das Rechtsfolgensystem auf dem Prüfstand. Zugleich Besprechung von BGH (Großer Senat), Beschluss v. 17. 1. 2008, GA 2008, 686; *Kempees*, „Legitimate aims" in the case-law of the ECHR, in: *Mahoney* et al. (Hrsg.), Protecting Human Rights: The European Perspective, Studies in the memory of Rolv Ryssdal, 2000, 659; *Kieschke*, Die Praxis des EGMR und ihre Auswirkungen auf das deutsche Strafverfahrensrecht, 2003; *Kieschke/Osterwald*, Art. 5 IV EMRK contra § 147 II StPO, NJW 2002, 2003; *Kinzig*, Das Recht der Sicherungsverwahrung nach dem Urteil des EGMR in Sachen M. gegen Deutschland, NStZ 2010, 233; *Knauer*, Untersuchungshaft und Beschleunigungsgrundsatz, StraFo 2007, 309; *Kraatz*, Gedanken zur Strafzumessungslösung bei rechtsstaatswidriger Verfahrensverzögerung, JR 2006, 403; *ders.*, Die neue „Vollstreckungslösung" und ihre Auswirkungen, JR 2008, 189; *Krauß*, V-Leute im Strafprozess und die EMRK, 1999; *Krehl/Eidam*, Die überlange Dauer von Strafverfahren, NStZ 2006, 1; *Krumm*, Bewährungswiderruf trotz Unschuldsvermutung?, NJW 2005, 1832; *Kugelmann*, Der Schutz privater Individualkommunikation nach der EMRK, EuGRZ 2003, 16; *Kühl*, Der Einfluss der EMRK auf das Strafrecht und Strafverfahrensrecht der BR Deutschland (Teil I), ZStW 100 (1988), 406; *Kühne/Esser*, Die Rechtsprechung des EGMR zur Untersuchungshaft, StV 2002, 383; *Lange*, Vollständige oder teilweise Akteneinsicht für inhaftierte Beschuldigte in den Fällen des § 147 II StPO? Falsche und richtige Folgerungen aus den Urteilen des EGMR vom 13. 2. 2001 gegen Deutschland, NStZ 2003, 348; *Lenski*, Der Persönlichkeitsschutz Prominenter unter EMRK und GG, NVwZ 2005, 50; *Mann*, Auswirkungen der Caroline-Entscheidung des EGMR auf die forensische Praxis, NJW 2004, 3220; *Mansdörfer*, Das Recht des Beschuldigten auf ein unverzögertes Ermittlungsverfahren, GA 2010, 153; *Masuch*, Zur fallübergreifenden Bindungswirkung von Urteilen des EGMR, NVwZ 2000, 1266; *Meyer-Ladewig*, Rechtsbehelfe gegen Verzögerungen im gerichtlichen Verfahren, NJW 2001, 2679; *ders.*, Menschenwürde und EMRK, NJW 2004, 981; *Müller*, Die Sicherungsverwahrung, das Grundgesetz und die EMRK, StV 2010, 207; *Neubacher*, Der Bewährungswiderruf wegen einer neuen Straftat und die Unschuldsvermutung, GA 2004, 402; *Neuling*, Strafjustiz und Medien etc., HRRS 2006, 94; *Ovey/White*, Jacobs and White, the European Convention on Human Rights, 4. Aufl. 2006; *Pache*, Das europäische Grundrecht auf einen fairen Prozess, NVwZ 2001, 1342; *Paeffgen*, Irrungen und Wirrungen im Bereich der Strafzumessungskürzung bei Verstößen gegen die Verfahrensgerechtigkeit, namentlich gegen das Beschleunigungsgebot, StV 2007, 487; *Papier*, Umsetzung und Wirkung der Entscheidungen des EGMR aus der Perspektive der nationalen deutschen Gerichte, EuGRZ 2006, 1; *Peglau*, Bewährungswiderruf und Unschuldsvermutung, NStZ 2004, 248; *Peters*, Einführung in die EMRK, 2003; *Polakiewicz*, Die Verpflichtung der Staaten aus den Urteilen des EGMR, 1993; *Redeker*, Kann eine Untätigkeitsbeschwerde helfen?, NJW 2003, 488; *Reichenbach*, Vollstreckungslösung und lebenslange Freiheitsstrafe beim Mord, NStZ 2009, 120; *Reindl*, Untersuchungshaft und EMRK, 1997; *Renzikowski*, Die nachträgliche Sicherungsverwahrung und die EMRK, JR 2004, 271; *Ruffert*, Die EMRK und innerstaatliches Recht, EuGRZ 2007, 245; *Rzepka*, Zur Fairness im deutschen Strafverfahren, 2000; *Safferling*, Audiatur et altera pars – die prozessuale Waffengleichheit als Prozessprinzip?, NStZ 2004, 181; *ders.*, Verdeckte Ermittler im Strafverfahren – deutsche und europäische Rechtsprechung im Konflikt?, NStZ 2006, 75; *ders.*, Die zwangsweise Verabreichung von Brechmitteln, Jura 2008, 100; *Scheffler*, Systemwechsel ohne System, ZIS 2008, 269; *Schlothauer*, Die Flucht aus der Justizförmigkeit durch die europäische Hintertür, StV 2001, 127; *Schohe*, Muss die Berufung auf Grundrechte zweckmäßig sein? Zur Aussageverweigerung im europäischen Kartellrecht, NJW 2002, 492; *Schroeder*, Die Gesamtprüfung der Verfahrensfairness durch den EGMR, GA 2003, 293; *Schuhr*, Brechmitteleinsatz als unmenschliche und erniedrigende Behandlung, NJW 2006, 3538; *Schumann*, Brechmitteleinsatz ist Folter?, StV 2006, 661; *Schuska*, Die Rechtsfolgen von Verstößen gegen Art. 6 EMRK und ihre revisionsrechtliche Geltendmachung, 2006; *Schwaben*, Die Rechtsprechung des BGH zwischen Aufklärungsrüge und Verwertungsverbot, NStZ 2002, 288; *Seher*, Bewährungswiderruf wegen Begehung einer neuen Straftat, ZStW 118 (2006), 101; *Simon*, Die Beschuldigtenrechte nach Art. 6 Abs. 3 EMRK, 1998; *Soehring*, Vorverurteilung durch die Presse, 1999; *Sommer*, Das Fragerecht der Verteidigung, seine Verletzung und die Konsequenzen, NJW 2005, 1240; *Spaniol*, Das Recht auf Verteidigerbeistand im GG und in der EMRK, 1990; *Steinbeiß-Winkelmann*, Überlange Gerichtsverfahren – der Ruf nach dem Gesetzgeber, ZRP 2007, 177; *Strafner*, Der Schadensersatzanspruch nach Art. 5 Abs. 5 EMRK in Haftsachen, StV 2010, 275; *Streng*, Strafabschlag oder Anrechnung als Strafersatz? Überlegungen zur Reichweite der „Vollstreckungslösung" des Großen Strafsenats, JZ 2008, 979; *Stuckenberg*, Strafschärfende Verwertung früherer Einstellungen und Freisprüche – doch ein Verstoß gegen die Unschuldsvermutung?, StV 2007, 655; *Sudre*, Droit européen et international des droits de l'homme, 8. Aufl. 2006; *Tepperwien*, Beschleunigung über alles? Das Beschleunigungsgebot im Straf- und Ordnungswidrigkeitenverfahren, NStZ 2009, 1; *Tochilovsky*, Jurisprudence of the ICC and the ECHR, 2008; *Trechsel*, Die Verteidigungsrechte in der Praxis zur EMRK, ZStrR 96 (1979), 337; *ders.*, Die Garantie der persönlichen Freiheit (Art. 5 EMRK) in der Straßburger Rechtsprechung, EuGRZ 1980, 514; *ders.*, Akteneinsicht. Information als Grundlage des fairen Verfahrens, FS Druey, 2002, S. 993; *ders.*, Human Rights in Criminal Proceedings, 2005; *Ullenbruch*, Das „Gesetz zur Einführung der nachträglichen Sicherungsverwahrung bei Verurteilungen nach Jugendstrafrecht" – ein Unding?, NJW 2008, 2609; *Unfried*, Die Freiheits- und Sicherheitsrechte nach Art. 5 EMRK, 2006; *Villiger*, Handbuch der EMRK, 2. Aufl. 1999; *Vogel/Matt*, Gemeinsame Standards für Strafverfahren in der EU, StV 2007, 206; *Volkmer*, Geldentschädigung bei überlanger Verfahrensdauer?, NStZ 2008, 608; *Wagner*, Zu Grenzen des Menschenrechtsschutzes bei Auslandsfriedenseinsätzen deutscher Streitkräfte, NZWehrr 2007, 1; *Walther*, Zur Frage eines Rechts des Beschuldigten auf „Konfrontation von Belastungszeugen", GA 2003, 204; *Warnking*, Strafprozessuale Beweisverbote in der Rechtsprechung des EGMR und ihre Auswirkungen auf das deutsche Recht, 2008; *Waßmer*, Rechtsstaatswidrige Verfahrensverzögerungen im Strafverfahren als Verfahrenshindernis von Verfassungs wegen, ZStW 118 (2006), 159; *Weigend*, Die EMRK als deutsches Recht – Kollisionen und ihre Lösung, StV 2000, 384; *Wittinger*, Die Einlegung einer Individualbeschwerde vor dem EGMR – Ein Leitfaden für die Praxis NJW 2001, 1238; *Wollmann*, Wie konventionswidrig ist nachträgliche Sicherungsverwahrung?, NK 2007, 152; *Zieger*, Akteneinsichtsrecht des Verteidigers bei Untersuchungshaft, StV 1993, 320; *Ziegert*, Die überlange Verfahrensdauer. Strafzumessungs- vs. Strafvollstreckungslösung, StraFo 2008, 321.

Art. 5 Recht auf Freiheit und Sicherheit

(1) [1] Jede Person hat das Recht auf Freiheit und Sicherheit. [2] Die Freiheit darf nur in den folgenden Fällen und nur auf die gesetzlich vorgeschriebene Weise entzogen werden:

a) rechtmäßige Freiheitsentziehung nach Verurteilung durch ein zuständiges Gericht;

b) rechtmäßige Festnahme oder Freiheitsentziehung wegen Nichtbefolgung einer rechtmäßigen gerichtlichen Anordnung oder zur Erzwingung der Erfüllung einer gesetzlichen Verpflichtung;

c) rechtmäßige Festnahme oder Freiheitsentziehung zur Vorführung vor die zuständige Gerichtsbehörde, wenn hinreichender Verdacht besteht, dass die betreffende Person eine Straftat begangen hat, oder wenn begründeter Anlass zu der Annahme besteht, dass es notwendig ist, sie an der Begehung einer Straftat oder an der Flucht nach Begehung einer solchen zu hindern;

d) rechtmäßige Freiheitsentziehung bei Minderjährigen zum Zweck überwachter Erziehung oder zur Vorführung vor die zuständige Behörde;

e) rechtmäßige Freiheitsentziehung mit dem Ziel, eine Verbreitung ansteckender Krankheiten zu verhindern, sowie bei psychisch Kranken, Alkohol- oder Rauschgiftsüchtigen und Landstreichern;

f) rechtmäßige Festnahme oder Freiheitsentziehung zur Verhinderung der unerlaubten Einreise sowie bei Personen, gegen die ein Ausweisungs- oder Auslieferungsverfahren im Gange ist.

(2) Jeder festgenommenen Person muss innerhalb möglichst kurzer Frist in einer ihr verständlichen Sprache mitgeteilt werden, welches die Gründe für ihre Festnahme sind und welche Beschuldigungen gegen sie erhoben werden.

(3) [1] Jede Person, die nach Absatz 1 Buchstabe c von Festnahme oder Freiheitsentziehung betroffen ist, muss unverzüglich einem Richter oder einer anderen gesetzlich zur Wahrnehmung richterlicher Aufgaben ermächtigten Person vorgeführt werden; sie hat Anspruch auf ein Urteil innerhalb angemessener Frist oder auf Entlassung während des Verfahrens. [2] Die Entlassung kann von der Leistung einer Sicherheit für das Erscheinen vor Gericht abhängig gemacht werden.

(4) Jede Person, die festgenommen oder der die Freiheit entzogen ist, hat das Recht zu beantragen, dass ein Gericht innerhalb kurzer Frist über die Rechtmäßigkeit der Freiheitsentziehung entscheidet und ihre Entlassung anordnet, wenn die Freiheitsentziehung nicht rechtmäßig ist.

(5) Jede Person, die unter Verletzung dieses Artikels von Festnahme oder Freiheitsentziehung betroffen ist, hat Anspruch auf Schadensersatz.

I. Bedeutung für das deutsche Strafverfahrensrecht

Der in Art. 5 gewährleistete Schutz vor unzulässiger Freiheitsentziehung kommt im deutschen Strafverfahrensrecht nicht nur bei der erstmaligen Anordnung freiheitsentziehender Maßnahmen, sondern insb. auch iRd. Haftprüfungsverfahrens zum Tragen.[1] Das **Beschleunigungsgebot in Haftsachen** aus Art. 5 Abs. 3 und 4 wurde vor allem durch § 121 StPO ins deutsche Recht umgesetzt. Bei einem Verstoß hiergegen ist oft auch Art. 6 Abs. 1 verletzt.[2] In seiner **Struktur** enthält Art. 5 **drei Teile**: Abs. 1 S. 1 gewährt jeder Person das Recht auf Freiheit und Sicherheit und bestimmt damit den *Schutzbereich* des gesamten Art. 5 (dazu Rn. 2 ff.); Abs. 1 S. 2 führt – abschließend – die Fälle *zulässiger Freiheitsentziehung* auf (Rn. 6 ff.); Abs. 2–5 enthalten besondere *Verfahrensgarantien* im Falle der Freiheitsentziehung (Rn. 19 ff.).[3] 1

II. Schutzbereich (Abs. 1 S. 1)

1. Persönlich. Geschützt werden alle natürlichen Personen unabhängig davon, ob sie sich in Freiheit befinden oder in lebenslänglicher Haft. Anders als im deutschen Recht (§ 57a StGB) ist im englischen Recht eine Verurteilung zu *lebenslänglicher* Freiheitsstrafe – außer im Falle der Begnadigung oder Herabsetzung des Strafmaßes – wörtlich zu verstehen. Damit wird der Betroffene niemals die Freiheit wiedererlangen, aber er behält sein Recht auf Freiheit und Sicherheit iSv. Art. 5.[4] 2

2. Sachlich. Das **Recht auf Freiheit** schützt die Freiheit der **physischen Fortbewegung** von einem Ort zum anderen.[5] Davon abzugrenzen ist die bloße Einschränkung der Bewegungsfreiheit, die allein über Art. 2 des 4. Protokolls zur EMRK geschützt wird. Grundsätzlich erfordert eine Freiheitsentziehung in objektiver Hinsicht deshalb die die *Fortbewegung hindernde* Unterbringung einer Person für eine *nicht unerhebliche Dauer*. In subjektiver Hinsicht (bezogen auf den Betroffenen) ist darüber hinaus erforderlich, dass *keine Einwilligung* vorliegt.[6] Im Übrigen bedarf es stets einer wertenden Einzelfallbetrachtung. Ausgehend von der konkreten Situation des Betroffenen sind insb. die Art und Weise, die Dauer, die Wirkungen und die Form des fraglichen Eingriffs zu berücksichtigen. Die Unterscheidung zwischen Freiheits*entziehung* und bloßer Freiheits*einschränkung* 3

---

[1] Zum Verhältnis der EMRK zum nationalen Recht und zur Bindungswirkung der Entscheidungen des EGMR vgl. Rn. 3 und 5 f. zu Art. 6.
[2] *Meyer-Ladewig* Rn. 48.
[3] *Grabenwarter* § 21 Rn. 1.
[4] EGMR Weeks v. Vereinigtes Königreich, Urt. v. 2. 3. 1987 – No. 9787/82, Serie A 114, para. 27, 40 („a person sentenced to life imprisonment never regains his right to liberty.... This is not to say, however, that Mr. Weeks lost his ‚right to liberty and security of person', as guaranteed by Article 5.").
[5] *Trechsel* EuGRZ 1980, 514 (515); *Grabenwarter* § 21 Rn. 2.
[6] EGMR Storck v. Deutschland, Urt. v. 16. 6. 2005 – No. 61603/00, NJW-RR 2006, 308 (310), para. 73 (als para. 74 in NJW-RR zitiert!). Wegen fehlender Einwilligung hat der EGMR im Fall H. L. v. Vereinigtes Königreich, Urt. v. 5. 10. 2004 – No. 45508/99, RJD 2004-IX, para. 90 eine Freiheitsentziehung bejaht, da der in einer psychiatrischen Klinik untergebrachte Bf. von vornherein einwilligungsunfähig war. Es spielte insofern – anders als im Fall Storck – keine Rolle, dass der Bf. nie versucht hatte, die Klinik zu verlassen.

liegt allein in **Ausmaß und Intensität**, nicht in Natur oder Wesen der Maßnahme.[7] Keine Freiheitsentziehung ist danach bspw. die Verpflichtung einer bedingt entlassenen Person, sich regelmäßig bei einer Amtsstelle zu melden, die Beschränkung der Bewegungsfreiheit eines Ausländers auf ein bestimmtes Gebiet (zB eine Stadt) oder ein Nachtausgehverbot.[8] Indes ist Art. 5 betroffen, wenn Asylbewerber mehrere Tage in der nicht zum Staatsgebiet gehörenden Transitzone eines Flughafens festgehalten werden.[9]

4 Nicht geschützt werden die allg. Handlungsfreiheit, das Recht auf körperliche Unversehrtheit und auf angemessene Behandlung während der Inhaftierung. Insofern sind Art. 3 und 8 einschlägig.[10]

5 Das **Recht auf Sicherheit** hat in der Praxis kaum eigenständige Bedeutung. Der EGMR sieht es als betroffen an, wenn eine Verhaftung durch Organe eines Konventionsstaates auf dem Territorium eines anderen Staates ohne dessen Einwilligung erfolgt. Das Recht auf Sicherheit dient insofern dem Schutz vor extraterritorialen Maßnahmen eines Konventionsstaats.[11]

III. Zulässigkeit der Freiheitsentziehung (Abs. 1 S. 2)

6 **1. Allgemeine Voraussetzungen.** Eine Freiheitsentziehung ist nur in den abschließend *(„exhaustive")*[12] aufgezählten Fällen des Abs. 1 S. 2 zulässig. Aus der Formulierung „auf die gesetzlich vorgeschriebene Weise" folgt, dass es zunächst einer (innerstaatlichen) **gesetzlichen Grundlage** bedarf. Insoweit genügt – wie bei allen anderen Garantien der EMRK – ein (konventionsgemäßes) Gesetz im materiellen Sinne, um den unterschiedlichen Rechtssystemen der einzelnen Mitgliedstaaten Rechnung zu tragen.[13] Erforderlich ist ferner, dass die fragliche Maßnahme den Vorgaben der innerstaatlichen Rechtsgrundlage **entspricht**, wobei auch die Konvention auf nationales Recht als Prüfungsmaßstab Bezug nimmt.[14] Schließlich muss einer der **Haftgründe** des Abs. 1 S. 2 lit. a–f vorliegen.[15] Der praktisch besonders relevante Haftgrund der lit. c betrifft die U-Haft und ist von den anderen Fällen zulässiger Freiheitsentziehung insofern zu unterscheiden, als nur für ihn die besonderen Garantien des Abs. 3 gelten. Zu beachten ist auch, dass einzelne Haftgründe lediglich *formelle* Vorgaben enthalten, bspw. die Verurteilung nach lit. a, während andere auch *materielle* Erfordernisse aufstellen, bspw. den hinreichenden Verdacht einer Straftat nach lit. c.[16] Diese Unterscheidung zwischen rein formellen und materiellen Voraussetzungen bestimmt maßgeblich die Prüfungskompetenz der Konventionsorgane.

7 **2. Die einzelnen Haftgründe. a) Freiheitsentziehung nach gerichtlicher Verurteilung (lit. a).** Der Begriff **Gericht** ist weit zu verstehen, nämlich als ein von der Exekutive unabhängiger und überparteilicher Spruchkörper, der die Gewähr für die Einhaltung angemessener Verfahrensrechte bietet.[17] „**Verurteilung**" bezieht sich – in EGMR autonomer Auslegung – nicht nur auf straf-, sondern auch auf disziplinarrechtliche Tatbestände.[18] Es wird keine „rechtmäßige Verurteilung" im materiellen Sinne, sondern nur eine rechtmäßige Freiheitsentziehung „nach" Verurteilung verlangt.[19] Hierfür reicht es allerdings nicht aus, dass die Freiheitsentziehung lediglich zeitlich der Verurteilung nachfolgt, erforderlich ist vielmehr eine hinreichende Kausalverbindung *(„sufficient causal connection")* zwischen der Verurteilung und der Freiheitsentziehung.[20] Diese ist grds. auch bei der **Unter-**

---

[7] EGMR Amuur v. Frankreich, Urt. v. 25. 6. 1996 – No. 19776/92, EuGRZ 1996, 577 (585), para. 42; dazu: *Demko* HRRS 2004, 171 (173 ff.).
[8] *Villiger* Rn. 318.
[9] EGMR Amuur v. Frankreich, aaO, para. 44 f. Im konkreten Fall wurden die Bf. 20 Tage in der Transitzone eines Flughafens (in ihrer Ausdehnung auf einem Stockwerk eines Hotels) festgehalten. Sie wurden ständiger polizeilicher Überwachung unterstellt und hatten weder rechtlichen noch sozialen Beistand, insb. im Hinblick auf die bei einem Asylantrag einzuhaltenden Formalien.
[10] *Unfried* S. 30.
[11] *Meyer-Ladewig* Rn. 4 c; *Grabenwarter* § 21 Rn. 3.
[12] EGMR Engel et al. v. Niederlande, Urt. v. 8. 6. 1976 – No. 5100/71, EuGRZ 1976, 221 (224), para. 57; Guzzardi v. Italien, Urt. v. 6. 11. 1980 – No. 7367/76, EuGRZ 1983, 633 (639), para. 96.
[13] Vgl. insofern die zu Art. 8 ergangene Rspr. des EGMR in Rn. 18 f. zu Art. 8. Speziell zu Art. 5: EGMR H. L. v. Vereinigtes Königreich, Urt. v. 5. 10. 2004 – No. 45508/99, RJD 2004-IX, para. 116 ff.; *Grabenwarter* § 21 Rn. 8.
[14] *Eiffler* NJW 1999, 762 (763); *Frowein/Peukert* Rn. 23 ff. Im Fall K.-F. v. Deutschland, Urt. v. 27. 11. 1997 – No. 25629/94, NJW 1999, 775 (778), para. 72, verletzte eine Festnahme zur Identitätsfeststellung das Freiheitsrecht aus Art. 5, da die in § 163 c Abs. 3 StPO normierte Zwölf-Stunden-Frist um 45 Minuten überschritten wurde.
[15] Hierzu eingehend: *Ambos* § 10 Rn. 38 ff. mwN.
[16] *Frowein/Peukert* Rn. 36. Näheres hierzu iRd. einzelnen Haftgründe.
[17] EGMR De Wilde, Ooms u. Versyp v. Belgien, Urt. v. 18. 6. 1971 – No. 2832/66, Serie A 12, para. 78; Engel et al. v. Niederlande, Urt. v. 8. 6. 1976 – No. 5100/71, EuGRZ 1976, 221 (226 f.), para. 68; näher: Art. 6 Rn. 29.
[18] EGMR Engel et al. v. Niederlande, aaO, para. 57; *Meyer-Ladewig* Rn. 6; *Grabenwarter* § 21 Rn. 11.
[19] *Frowein/Peukert* Rn. 36 ff.
[20] EGMR Van Droogenbroeck v. Belgien, Urt. v. 24. 6. 1982 – No. 7906/77, Serie A 50, para. 35; M. v. Deutschland, Urt. v. 17. 12. 2009 – No. 19359/04, StV 2010, 181 = NStZ 2010, 263 (263), para. 88; i. W. zust. *Müller* StV 2010, 207 (210 ff.).

bringung in der Sicherungsverwahrung (§ 66 StGB) gegeben.[21] Der EGMR prüft *lediglich formal*, ob eine auf gesetzlicher Grundlage beruhende Verurteilung vorliegt; er ist nicht befugt, nationale Urteile auf tatsächliche oder rechtliche Richtigkeit hin zu überprüfen.[22] Die Rechtskraft des Urteils ist nicht erforderlich.

Umstritten ist, ob der Begriff „Verurteilung" die Feststellung der **Schuld** voraussetzt.[23] Für die Einbeziehung von – schuldunabhängigen – Maßregeln, zB der Besserung und Sicherung, spricht zwar, dass der Zweck des Art. 5 (alleine) darin besteht, vor willkürlicher Freiheitsentziehung zu schützen. Indes bedarf es einer derartigen Ausweitung der lit. a) nicht, da lit. e) insoweit einen sachnäheren Haftgrund bereitstellt.[24] 8

b) Ordnungs- und Erzwingungshaft (lit. b). Im ersten Anwendungsfall, der **Nichtbefolgung einer rechtmäßigen gerichtlichen Anordnung**, setzt die Festnahme oder Freiheitsentziehung voraus, dass der Betroffene einer ihm durch Gerichtsbeschluss auferlegten Pflicht, bspw. zur Zahlung einer Geldbuße, nicht nachgekommen ist. Praktisch bedeutsam sind etwa die Ordnungshaft wegen Ungebühr (§§ 177, 178 GVG), wegen unentschuldigten Nichterscheinens eines Zeugen (§ 51 StPO, § 380 ZPO) und wegen grundloser Zeugnis- oder Eidesverweigerung (§ 70 StPO, § 390 ZPO). Der Begriff des Gerichts ist wie bei lit. a) weit zu verstehen. Die Anordnung ist rechtmäßig, wenn das nationale Recht das Gericht zu ihr ermächtigt und insb. auch vorsieht, dass dem Verpflichteten bei Nichtbefolgung die Freiheit entzogen werden kann.[25] Anders als bei lit. a kommt der Freiheitsentziehung hier nur der Charakter einer **Ersatzsanktion** zu, deren Verhängung an die Nichtbefolgung der vorhergehenden Anordnung anknüpft;[26] die „gerichtliche Anordnung" ist also nicht iSv. Verurteilung zu verstehen. 9

Der zweite Anwendungsfall erfasst Beugemaßnahmen zur **Erfüllung einer bestehenden gesetzlichen Verpflichtung**. Der EGMR hat grundlegend festgestellt, dass lit. b nicht als Generalklausel zur Erzwingung der allgemeinen Pflicht jedes Bürgers zu gesetzeskonformem Verhalten zu verstehen ist.[27] Erforderlich ist vielmehr eine spezifische und konkrete Pflicht, die bereits im Gesetz selbst klar und deutlich zum Ausdruck kommen muss und nicht erst aus der Ermächtigung zur Freiheitsentziehung abgeleitet werden darf; andernfalls würde der Haftgrund ausufern und die Konventionsgarantie unterlaufen.[28] In Betracht kommt etwa die Durchsetzung der Pflicht zur Ableistung des Wehr- oder Ersatzdienstes.[29] Eine gerichtliche Anordnung ist nicht erforderlich, aber unschädlich, so dass auch bspw. für die Haft nach § 230 Abs. 2 StPO oder § 21 Abs. 3 InsO der Anwendungsbereich der lit. b) eröffnet ist.[30] 10

In Fällen **kurzfristigen Polizeiarrestes**, bspw. bei Ingewahrsamnahme zwecks Feststellung der Personalien oder zur Durchführung erkennungsdienstlicher Maßnahmen,[31] ist stets die Abgrenzung von Freiheitsentziehung und bloßer Einschränkung der Bewegungsfreiheit von großer Bedeutung (o. Rn. 3). 11

c) Vorläufige Festnahme, Untersuchungs- und Präventivhaft. Lit. c erlaubt zunächst die vorläufige Festnahme und Untersuchungshaft „zur Vorführung vor die zuständige Gerichtsbehörde, wenn hinreichender Verdacht besteht, dass die betreffende Person eine Straftat begangen hat." Der Be- 12

---

[21] EGMR M. v. Deutschland, aaO, para. 96. Im konkreten Fall bejahte der Gerichtshof jedoch einen Verstoß gegen Art. 5 Abs. 1 (und Art. 7 Abs. 1) insofern, als die Freiheitsentziehung des Bf. über die im Zeitpunkt seiner Verurteilung geltende Höchstfrist von 10 Jahren (§ 67d Abs. 1 StGB aF) hinausging (para. 97); zust. m. eingehender Bespr.: *Kinzig* NStZ 2010, 233 (235 ff.); vgl. auch *Freund* GA 2010, 193 (206 ff.) unter dem „Blickwinkel der Präventivhaft". Das BVerfG v. 5. 2. 2004 – 2 BvR 2029/01, BVerfGE 109, 133 = NJW 2004, 739 hat dagegen die Vereinbarkeit der Aufhebung der Höchstfrist mit dem GG auch für „Altfälle" bestätigt. Unabhängig von dieser Entscheidung legt BGH v. 12. 5. 2010 – 4 StR 577/09 (juris Rn. 14) mit Blick auf das Urteil des EGMR v. 17. 12. 2009 den § 2 Abs. 6 StGB dahin aus, dass § 66 b Abs. 3 StGB nicht rückwirkend auf vor seinem Inkrafttreten begangene Taten angewendet werden darf.
[22] EGMR Douiyeb v. Niederlande, Urt. v. 4. 8. 1999 – No. 31464/96, NJW 2000, 2888 (2889), para. 45.
[23] Dafür: EGMR Guzzardi v. Italien, Urt. v. 6. 11. 1980 – No. 7367/76, EuGRZ 1983, 633 (639), para. 100; *Trechsel* EuGRZ 1980, 514 (523); *Grabenwarter* § 21 Rn. 11; *Villiger* Rn. 330; dagegen: *Gollwitzer* Rn. 42; *Meyer-Goßner* Rn. 2; *Meyer-Ladewig* Rn. 6.
[24] So hat der EGMR in Luberti v. Italien, Urt. v. 23. 2. 1984 – No. 9019/80, Serie A 75, para. 10, 25, im Fall eines Freispruchs wegen Geisteskrankheit bei gleichzeitig verfügter Einweisung in ein psychiatrisches Krankenhaus ausdrücklich und in Abgrenzung zu allen anderen Haftgründen nur lit. e) angewendet.
[25] IntKommEMRK/*Renzikowski* Rn. 143.
[26] EGMR Steel et al. v. Vereinigtes Königreich, Urt. v. 23. 9. 1998 – No. 24838/94, RJD 1998-VII, para. 68 ff.
[27] EGMR Lawless v. Irland (No. 3), Urt. v. 1. 7. 1961 – No. 332/57, Serie A 3, para. 9, 12; Engel et al. v. Niederlande, Urt. v. 8. 6. 1976 – No. 5100/71, EuGRZ 1976, 221 (227), para. 69.
[28] EGMR Engel et al. v. Niederlande, aaO, para. 69; IntKommEMRK/*Renzikowski* Rn. 149 mwN.
[29] EKMR Johansen v. Norwegen, Entsch. v. 14. 10. 1985 – No. 10600/83, DR 44, 155 (162); dazu: *Frowein/Peukert* Rn. 56.
[30] IntKommEMRK/*Renzikowski* Rn. 148.
[31] Weitere Bsp. bei IntKommEMRK/*Renzikowski* Rn. 57 ff. Speziell zur Ingewahrsamnahme wegen Weigerung einen Platzverweis zu befolgen: EGMR Epple v. Deutschland, Urt. v. 24. 3. 2005 – No. 77909/01, NVwZ 2006, 797 (798), para. 36 (polizeiliche Festnahme zur Verhinderung der Teilnahme an „Chaostagen").

griff der **Straftat** ist wie derjenige der „strafrechtlichen Anklage" (Art. 6 Rn. 8) – in EGMR autonomer Auslegung – *weit* zu verstehen. Erfasst sind alle Handlungen, die das nationale Recht mit Strafe oder strafähnlichen Sanktionen bedroht.³² **Hinreichender Tatverdacht** ist gegeben, wenn Tatsachen vorliegen, die einen objektiven Beobachter davon überzeugen, dass der Betroffene eine – nach dem Recht des jeweiligen Staates – strafbare Handlung begangen hat.³³ Im Übrigen ergibt sich der Prüfungsmaßstab aus dem nationalen Recht: Sieht dieses – über Abs. 1 lit. c hinausgehend – weitere Voraussetzungen für die Untersuchungshaft, etwa einen strengeren Verdachtsgrad oder Verdunkelungsgefahr (vgl. etwa §§ 112 ff. StPO), vor, müssen diese gegeben sein, weil der Freiheitsentzug andernfalls nicht „auf die gesetzlich vorgeschriebene Weise" erfolgt wäre.³⁴ Der genannte hinreichende Tatverdacht reicht aber nur für die Festnahme aus, die Aufrechterhaltung der Untersuchungshaft setzt *weitere Haftgründe* voraus (Abs. 3, u. Rn. 22 ff.).

13   Ebenfalls zulässig nach lit. c) ist die **präventive Inhaftierung**, „wenn begründeter Anlass zu der Annahme besteht, dass es notwendig ist, [eine Person] an der Begehung einer Straftat (...) zu hindern." Aus dem Wortlaut ergibt sich, dass bereits die Gefahr der erstmaligen Ausführung einer Straftat genügt *(Ausführungsgefahr)*.³⁵ Mit Blick auf den Zweck der Freiheitsentziehung, nämlich der Vorführung vor die zuständige Gerichtsbehörde, verlangt der EGMR jedoch auch für die Präventivhaft den Verdacht einer bereits begangenen Straftat³⁶ und somit eine *Wiederholungsgefahr*. Da aber in diesem Fall stets (auch) der Haftgrund des Art. 5 Abs. 1 lit. c 1. Alt. vorliegt, verbliebe für die 2. Alt. kein eigener Anwendungsbereich.³⁷ Einigkeit besteht immerhin insoweit, als dass alle Haftgründe des Abs. 1 angesichts der Schwere, die ein Freiheitsentzug darstellt, eng auszulegen sind.³⁸ Auch die Terrorismusgefahr rechtfertigt eine (general-)präventive Inhaftierung von „abstrakt gefährlichen" Personen nicht. Erforderlich sind immer *konkrete Anhaltspunkte*, die die Annahme rechtfertigen, dass jemand eine bestimmte Straftat begehen wird.³⁹

14   Die **nachträgliche Sicherungsverwahrung** (§ 66 b StGB) kann nicht auf lit. c gestützt werden, denn dieser Haftgrund dient nur der vorläufigen Freiheitsentziehung bis zur bindenden gerichtlichen Entscheidung.⁴⁰ Sie kann auch nicht auf lit. a gestützt werden, da die Gründe für die Inhaftierung erst nach der Verurteilung entstehen.⁴¹

15   d) Die **Freiheitsentziehung Minderjähriger (lit. d)** ist zum Zweck überwachter Erziehung oder zur Vorführung vor die zuständige Behörde zulässig. Der Begriff des Minderjährigen ist, da es keine einheitlichen Altersgrenzen im nationalen Recht gibt, autonom auszulegen.⁴² Mit überwachter Erziehung sind Maßnahmen nach dem *Jugendstrafrecht* und *Fürsorgerecht* gemeint.⁴³ Aus der Systematik von lit. d ergibt sich, dass es bei der zweiten Alternative um die Vorführung von Minderjährigen gehen muss, bei denen überwachte Erziehung in Frage kommt.⁴⁴

16   e) **Freiheitsentziehung ansteckend oder psychisch Kranker, Süchtiger und sog. Landstreicher (lit. e).** Zwischen den Personengruppen besteht insoweit eine Verbindung, als ihnen die Freiheit entzogen werden darf, um sie entweder ärztlich zu behandeln oder aus sozialpolitischen oder aus beiden Gründen. Der EGMR schließt hieraus, dass den genannten Personen die Freiheit entzogen werden darf, weil sie entweder eine Gefahr für die öffentliche Sicherheit darstellen oder weil ihre Unterbringung in ihrem eigenen Interesse erforderlich ist.⁴⁵ **Psychisch Kranken** darf die Freiheit nur entzogen werden, wenn die Erkrankung durch ein ärztliches Gutachten belegt ist und aufgrund ihrer Schwere eine Unterbringung erforderlich macht. Überdies hängt die Rechtmäßigkeit einer andauernden Unterbringung vom Fortbestehen der Erkrankung ab.⁴⁶ Bei einer **Unterbrin-**

---

³² Näher Art. 6 Rn. 8; eingehend: *Esser* S. 220 ff.
³³ EGMR Fox, Campbell u. Hartley v. Vereinigtes Königreich, Urt. v. 30. 8. 1990 – No. 12244/86, Serie A 182, para. 32; *Demko* HRRS 2004, 95 (97 f.).
³⁴ EGMR Kemmache v. Frankreich (No. 3), Urt. v. 24. 11. 1994 – No. 17621/91, Serie A 296-C, para. 42; *Meyer-Ladewig* Rn. 14.
³⁵ *Grabenwarter* § 21 Rn. 20; auch *Ambos* § 10 Rn. 40.
³⁶ EGMR Ječius v. Litauen, Urt. v. 31. 7. 2000 – No. 34578/97, RJD 2000-IX, para. 50 f.
³⁷ Eingehend zum Streit: *Kühne/Esser* StV 2002, 383 (386); *Esser* S. 230 f.; *Gollwitzer* Rn. 70 f. je mwN.
³⁸ Vgl. EGMR Guzzardi v. Italien, Urt. v. 6. 11. 1980 – No. 7367/76, EuGRZ 1983, 633 (639), para. 98.
³⁹ EGMR Guzzardi v. Italien, aaO, para. 102; *Kühne/Esser* StV 2002, 383 (385); Meyer-Ladewig Rn. 16.
⁴⁰ *Renzikowski* JR 2004, 271 (273 f.) mwN in Fn. 28; IntKommEMRK/*Renzikowski* Rn. 181; zust. *von Freier* ZStW 120 (2008), 273 (326) Anm. 184; *Ullenbruch* NJW 2008, 2609 (2613 f.); auch *Wollmann* NK 2007, 152 (154 f.).
⁴¹ IntKommEMRK/*Renzikowski* Rn. 132; *Ullenbruch* NJW 2008, 2609 (2613 f.), der auch einen Verstoß gegen das Verbot der Doppelbestrafung (Art. 4 Prot. 7) bejaht. Das 7. Prot. hat Deutschland jedoch nicht ratifiziert.
⁴² Vgl. *Frowein/Peukert* Rn. 73; *Grabenwarter* § 21 Rn. 22.
⁴³ EGMR Bouamar v. Belgien, Urt. v. 29. 2. 1988 – No. 9106/80, Serie A 129, para. 50 u. 52; *Ambos* § 10 Rn. 41; *Grabenwarter* § 21 Rn. 22.
⁴⁴ *Frowein/Peukert* Rn. 75; *Ambos* § 10 Rn. 41; *Grabenwarter* § 21 Rn. 22.
⁴⁵ EGMR Guzzardi v. Italien, Urt. v. 6. 11. 1980 – No. 7367/76, EuGRZ 1983, 633 (639), para. 98 aE.
⁴⁶ St. Rspr. EGMR Winterwerp v. Niederlande, Urt. v. 24. 10. 1979 – No. 6301/73, EuGRZ 1979, 650 (654), para. 39 aE; Luberti v. Italien, Urt. v. 23. 2. 1984 – No. 9019/80, Serie A 75, para. 27; jüngst Enhorn v. Schweden, Urt. v. 25. 1. 2005 – No. 56529/00, NJW 2006, 2313 (2315), para. 42.

gung in Eilfällen, etwa zur Erstellung eines psychiatrischen Gutachtens, haben die Vertragsstaaten einen weiten Beurteilungsspielraum, wobei stets die Umstände des Einzelfalles zu berücksichtigen sind.[47]

Der Gerichtshof hatte bisher nur wenige Fälle zu entscheiden, in denen einem **ansteckend** **17** **Kranken** die Freiheit entzogen wurde. In Betracht kommen etwa Quarantänemaßnahmen nach § 30 IfSG, aber auch die zwangsweise Unterbringung eines HIV-infizierten Patienten.[48] Für die Rechtmäßigkeit freiheitsentziehender Maßnahmen zum Zweck, die Verbreitung ansteckender Krankheiten zu verhindern, kommt es „entscheidend darauf an, ob die Verbreitung der Krankheit eine Gefahr für die öffentliche Gesundheit oder Sicherheit darstellt und ob die Unterbringung des Kranken die letzte Möglichkeit war, die Verbreitung der Krankheit zu verhindern, weil weniger einschneidende Maßnahmen erwogen, aber als unzureichend angesehen wurden."[49] Dieser ultima ratio-Gedanke gilt auch für den Freiheitsentzug Alkohol- und Rauchgiftsüchtiger, wobei auch insoweit die Begriffe vom EGMR autonom ausgelegt werden.[50]

f) **Verhinderung der unerlaubten Einreise, Abschiebungs- und Auslieferungshaft (lit. f).** Der ers- **18** te Anwendungsfall der Verhinderung einer unerlaubten **Einreise** hat praktische Bedeutung etwa für das Festhalten von Asylbewerbern auf Flughäfen und an Grenzübergängen.[51] Der Haftgrund ist so lange gegeben, *bis* dem Betroffenen die Einreise bzw. der *Aufenthalt gestattet* wird (vgl. § 4 Abs. 1 AufenthG). Für die Rechtmäßigkeit einer **Abschiebungshaft** kommt es allein darauf an, ob ein entsprechendes *Verfahren anhängig* ist und nicht darauf, ob durch die Haft eine Flucht oder die Begehung einer Straftat verhindern werden soll.[52] Es wird nicht geprüft, ob der Ausweisungsbescheid selbst rechtmäßig ist, jedoch muss die Haft der einschlägigen innerstaatlichen Rechtsgrundlage entsprechen, also bspw. die Voraussetzungen des § 62 AufenthG vorliegen.[53] Im Übrigen ist die Freiheitsentziehung nur so lange gerechtfertigt, wie das Verfahren – mit angemessener Sorgfalt – vorangebracht wird.[54] Bei der Anordnung einer **Auslieferungshaft** sind die Erfordernisse der §§ 15 ff. IRG zu beachten.[55]

IV. Verfahrensgarantien im Falle der Freiheitsentziehung (Abs. 2–5)

1. **Allgemeines.** Personen, denen die Freiheit entzogen wurde, werden – unabhängig von der **19** Rechtmäßigkeit der Freiheitsentziehung – die besonderen Garantien der Abs. 2–4 gewährt. Das Recht auf *Information* (Abs. 2) und auf *gerichtliche Haftkontrolle* (Abs. 4) besteht **in allen Fällen** der Freiheitsentziehung nach Abs. 1 lit. a–f; die Ansprüche auf *unverzügliche Vorführung* und auf *Aburteilung innerhalb angemessener Frist* oder auf *Haftentlassung* (Abs. 3) bestehen nur für Personen, denen die Freiheit nach **Abs. 1 lit. c** entzogen wurde, dh. insb. für Untersuchungshäftlinge.[56] Abs. 5 schließlich gibt jeder Person, die unter Verletzung der Abs. 1–4 festgenommen oder inhaftiert wurde, ein Recht auf *Entschädigung*.

2. **Recht auf Information (Abs. 2).** Dieses Recht soll der festgenommenen Person die Kenntnis **20** verschaffen, die sie benötigt, um von ihrem Recht auf Haftkontrolle (Abs. 4) wirksam Gebrauch zu machen.[57] Die Unterrichtung des Betroffenen muss daher so umfassend sein, dass er die Erfolgsaussichten einer Anfechtung der Freiheitsentziehung abschätzen kann.[58] Erforderlich ist die Bekanntgabe der tragenden **tatsächlichen und rechtlichen Gründe**, einschließlich der Beweismittel, auf die der Freiheitsentzug gestützt wird.[59] Abschiebungs- bzw. Auslieferungshäftlingen muss indes nur mitgeteilt werden, dass sie ausgewiesen werden sollen bzw. dass sie von einem anderen Staat

---

[47] EGMR Herz v. Deutschland, Urt. v. 12. 6. 2003 – No. 44672/98, NJW 2004, 2209 (2210 f.), para. 46 ff.
[48] Hierzu: EGMR Enhorn v. Schweden, aaO, para. 44 ff.
[49] EGMR Enhorn v. Schweden, aaO, para. 44, wobei im Ergebnis eine Verletzung des Art. 5 bejaht wurde.
[50] EGMR Witold Litwa v. Polen, Urt. v. 4. 4. 2000 – No. 26629/95, RJD 2000-III, para. 57 ff. (zum Begriff des „Alkoholikers"); näher: *Meyer-Ladewig* Rn. 21; auch KK-StPO/*Schädler* Rn. 17.
[51] Zur Anwendung auf sog. Transitzonen: EGMR Amuur v. Frankreich, Urt. v. 25. 6. 1996 – No. 19776/92, EuGRZ 1996, 577 (585 f.), para. 43 ff.; dazu: *Demko* HRRS 2004, 171 (173 ff.).
[52] EGMR (GK) Chahal v. Vereinigtes Königreich, Urt. v. 15. 11. 1996 – No. 22414/93, NVwZ 1997, 1093 (1096 f.), para. 112; jüngst EGMR (GK) Saadi v. Vereinigtes Königreich, Urt. v. 29. 1. 2008 – No. 13229/03 (unveröff.), para. 72.
[53] *Grabenwarter* § 21 Rn. 25. Die Rechtmäßigkeit einer Ausweisungsentscheidung bemisst sich allein nach Art. 1 Prot. 7, das Deutschland nicht ratifiziert hat.
[54] EGMR (GK) Chahal v. Vereinigtes Königreich, aaO, para. 113.
[55] Eingehend hierzu: *Ambos* § 10 Rn. 73.
[56] *Unfried* S. 40; *Frowein/Peukert* Rn. 90.
[57] EGMR van der Leer v. Niederlande, Urt. v. 21. 2. 1990 – No. 11509/85, Serie A 170-A, para. 28; H. B. v. Schweiz, Urt. v. 5. 4. 2001 – No. 26899/95 (unveröff.), para. 47.
[58] Grote/Marauhn/*Dörr* Kap. 13 Rn. 37.
[59] *Meyer-Ladewig* Rn. 25; *Ambos* § 10 Rn. 46.

gesucht werden.[60] Die Unterrichtung muss für den Betroffenen sowohl **sprachlich als auch intellektuell verständlich sein.**[61] Ist er aufgrund seines Geisteszustandes nicht in der Lage, die Belehrung zu verstehen oder darauf angemessen zu reagieren, muss der gesetzliche Vertreter hinzugezogen werden.[62] Die Information hat „**innerhalb möglichst kurzer Frist**" *(„promptly")* zu erfolgen, dh. nicht zwingend bei der Festnahme selbst, spätestens jedoch bei der ersten Vernehmung, wenn diese innerhalb weniger Stunden danach durchgeführt wird.[63] Eine Verzögerung von zehn Tagen nach Anordnung der Unterbringung in einer Psychiatrie verletzt das Recht aus Art. 5 Abs. 2.[64]

21 **3. Besondere Verfahrensgarantien der nach Abs. 1 lit. c festgenommenen und inhaftierten Personen (Abs. 3). a) Recht auf unverzügliche Vorführung (S. 1, 1. Hs.).** Der Anspruch, „unverzüglich einem Richter oder einer anderen gesetzlich zur Wahrnehmung richterlicher Aufgaben ermächtigten Person vorgeführt [zu] werden" dient dazu, eine unabhängige und überparteiliche **Kontrolle der Untersuchungshaft** zu sichern. Der Richter oder richterliche Beamte muss eine von der Exekutive und den Parteien unabhängige Person sein, die befugt ist, bindende Entscheidungen zu treffen.[65] Er ist verpflichtet, die für und gegen die Haft sprechenden Umstände zu prüfen und zu entscheiden, ob der Freiheitsentzug gerechtfertigt ist. Liegen derartige Gründe iSv. Abs. 1 nicht vor, hat er die Haftentlassung anzuordnen.[66] Die Vorführung ist **von Amts wegen** zu veranlassen, bedarf also – anders als die Haftkontrolle nach Abs. 4 – nicht eines Antrags des Inhaftierten.[67] Sie muss „unverzüglich" *(„promptly")* herbeigeführt werden. Hierbei sind zwar grds. die Umstände des Einzelfalles zu berücksichtigen, doch ist der Gerichtshof mit Blick auf zulässige Fristüberschreitungen streng.[68] Während eine Vorführung innerhalb von **zwei Tagen** nach erfolgter Festnahme noch akzeptabel ist,[69] sind vier Tage und 6 Stunden jedenfalls – ungeachtet besonderer Umstände, bspw. der Terrorismusbekämpfung – zu lang.[70] Im deutschen Strafverfahrensrecht gilt die gegenüber der Konvention strengere Frist des § 115 Abs. 2 StPO; nicht in den Schutzbereich des Art. 5 Abs. 3 fällt jedoch das Haftprüfungsverfahren nach § 117 StPO, so dass eine Verletzung der 2-Wochen-Frist des § 118 Abs. 5 StPO nicht zur Haftentlassung des Beschuldigten führen muss.[71]

22 **b) Anspruch auf Aburteilung innerhalb angemessener Frist oder auf Haftentlassung (S. 1, 2. Hs.).** Das Recht korrespondiert im ersten Teil mit dem Recht auf eine angemessene Verfahrensdauer aus Art. 6 Abs. 1, wobei es allerdings hier die Dauer der **Untersuchungshaft** begrenzt und deshalb strengere Maßstäbe anzulegen sind (Rn. 24). Wird der Beschuldigte aus der U-Haft entlassen, etwa weil trotz fortbestehenden Tatverdachts der besondere Haftgrund entfallen ist, bestimmt sich die angemessene Frist der Aburteilung allein nach Art. 6 Abs. 1;[72] auch nach Erlass eines erstinstanzlichen Urteils folgt das Beschleunigungsgebot aus Art. 6 Abs. 1.[73]

---

[60] EGMR Bordovskiy v. Russland, Urt. v. 8. 2. 2005 – No. 49491/99 (unveröff.), para. 56 ff. (zur Auslieferungshaft); EKMR Caprino v. Vereinigtes Königreich, Entsch. v. 3. 3. 1978 – No. 6871/75, EuGRZ 1979, 74 (78) (zur Abschiebungshaft); *Grabenwarter* § 21 Rn. 27.
[61] EGMR Fox, Campbell u. Hartley v. Vereinigtes Königreich, Urt. v. 30. 8. 1990 – No. 12244/86, Serie A 182, para. 40.
[62] Grote/Marauhn/*Dörr* Kap. 13 Rn. 36; *Meyer-Ladewig* Rn. 25; *Ambos* § 10 Rn. 46 mwN.
[63] EGMR Fox, Campbell u. Hartley v. Vereinigtes Königreich, aaO, para. 42; Murray v. Vereinigtes Königreich, Urt. v. 28. 10. 1994 – No. 14310/88, Serie A 300-A, para. 78 ff.
[64] EGMR van der Leer v. Niederlande, Urt. v. 21. 2. 1990 – No. 11509/85, Serie A 170-A, para. 30 f.
[65] EGMR (GK) Nikolova v. Bulgarien, Urt. v. 25. 3. 1999 – No. 31195/96, EuGRZ 1999, 320 (320 f.), para. 49 ff.; Beispiele aus der Praxis (schweiz. Bezirksanwalt als richterlicher Beamter zulässig, nicht dagegen der niederl. Militärauditor) bei *Frowein/Peukert* Rn. 106 f.
[66] EGMR (GK) Aquilina v. Malta, Urt. v. 29. 4. 1999 – No. 25642/94, NJW 2001, 51 (53), para. 47; McKay v. Vereinigtes Königreich, Urt. v. 3. 10. 2006 – No. 543/03, NJW 2007, 3699 (3700), para. 35; *Diehm* StraFo 2007, 231 (232 ff.) problematisiert vor diesem Hintergrund im Hinblick auf die beschränkten Entscheidungsbefugnisse des Richters dem „nächsten Amtsgerichts" die Konventionsgemäßheit des § 115 a StPO.
[67] EGMR (GK) Aquilina v. Malta, aaO, para. 49; McKay v. Vereinigtes Königreich, aaO, para. 34; *Kühne/Esser* StV 2002, 383 (387); Grote/Marauhn/*Dörr* Kap. 13 Rn. 46.
[68] EGMR Brogan et al. v. Vereinigtes Königreich, Urt. 29. 11. 1988 – No. 11209/84, Serie A 145-B, para. 62; Aquilina v. Malta, aaO, para. 48.
[69] EGMR (GK) Aquilina v. Malta, aaO, para. 51; Graužinis v. Litauen, Urt. v. 10. 10. 2000 – No. 37975/97 (unveröff.), para. 25.
[70] EGMR Brogan et al. v. Vereinigtes Königreich, aaO, para. 61 f.; bestätigt zB in: Aksoy v. Türkei, Urt. v. 18. 12. 1996 – No. 21987/93, RJD 1996-VI, para. 66, 78 (*in casu* 14 Tage); O'Hara v. Vereinigtes Königreich, Urt. 16. 10. 2001 – No. 37555/97, RJD 2001-X, para. 46 (6 Tage 13 Stunden); Öcalan v. Türkei, Urt. v. 12. 3. 2003 – No. 46221/99, EuGRZ 2003, 472 (476), para. 107 ff. (7 Tage); Ayşe Tepe v. Türkei, Urt. v. 22. 7. 2003 – No. 29422/95 (unveröff.), para. 52 (15 Tage).
[71] OLG Hamm v. 31. 8. 2005 – 3 Ws 381/05, NStZ-RR 2006, 17; OLG Köln v. 28. 1. 2009 – 2 Ws 31/09, StV 2009, 653 (654), wonach die Überschreitung der Frist des § 118 Abs. 5 mit der (Untätigkeits-)Beschwerde angefochten werden und die Besorgnis der Befangenheit begründen kann; krit. *Kühne* StV 2009, 654 f., der im Ergebnis jedoch eine Verletzung von Art. 5 Abs. 3 und Abs. 4 verneint.
[72] Grote/Marauhn/*Dörr* Kap. 13 Rn. 58.
[73] Vgl. BVerfG v. 13. 5. 2009 – 2 BvR 388/09, StV 2009, 592 mAnm *Hagmann*.

Der für Abs. 3 **maßgebliche Zeitraum** beginnt mit der Festnahme und endet mit der Verurteilung in erster Instanz bzw. mit der Haftentlassung.[74] Wird das Urteil in der Rechtsmittelinstanz aufgehoben und die Sache zurückverwiesen, beginnt die Frist von neuem. Der Zeitraum zwischen der erstinstanzlichen Verurteilung und deren Aufhebung ist nicht zu berücksichtigen, da er nicht unter den von Abs. 3 in Bezug genommenen Abs. 1 lit. c, sondern unter Abs. 1 lit. a fällt.[75] Bei **wiederholter Inhaftierung**, deren Zeiträume zusammenzurechnen sind, liegt ein Verstoß gegen Abs. 3 vor, wenn die insgesamt in Haft verbrachte Zeit unangemessen ist.[76] Eine ggf. im **Ausland** (vor erfolgter Auslieferung) erlittene Haft wird nicht berücksichtigt, weil sie dem ersuchenden Staat nicht zugerechnet werden kann.[77] 23

Die **angemessene Dauer** der U-Haft hängt von den Umständen des Einzelfalls ab.[78] Der EGMR legt hier – angesichts der stärkeren Eingriffsintensität – strengere Maßstäbe an als an die Verfahrensdauer nach Art. 6 Abs. 1.[79] Die staatlichen Gerichte haben, unter Berücksichtigung der Unschuldsvermutung, eine **Abwägung** zwischen dem öffentlichen Interesse an der Haftfortdauer und dem individuellen Freiheitsinteresse vorzunehmen.[80] Dabei sind insb. das Verhältnis der angedrohten Strafe zur Dauer der U-Haft und die Wirkungen der Haft auf den Betroffenen zu berücksichtigen.[81] Das Fortbestehen des Tatverdachts ist zwar notwendige Bedingung für die Rechtmäßigkeit der Haftfortdauer, aber nach einer gewissen Zeit alleine nicht mehr hinreichend. Vielmehr muss (noch) im Zeitpunkt der Entscheidung über den Antrag auf Haftentlassung – über den Wortlaut der lit. c hinausgehend – ein **(zusätzlicher) Haftgrund**, etwa Flucht-, Verdunkelungs- oder Wiederholungsgefahr, vorliegen; sonst ist die Fortdauer der Freiheitsentziehung unverhältnismäßig.[82] Für das Vorliegen des (zusätzlichen) Haftgrunds bedarf es **konkreter Anhaltspunkte**.[83] Der formelhafte Hinweis etwa auf die Notwendigkeit weiterer Ermittlungen[84] oder die Schwere der Tat[85] genügt nicht.[86] 24

Dem bei Freiheitseingriffen besonders bedeutsamen Zeitfaktor trägt der EGMR dadurch Rechnung, dass er in einem selbstständigen Schritt untersucht, ob die Behörden bei der Durchführung des Verfahren „besondere Sorgfalt" („*special diligence*") haben walten lassen.[87] Ergeben sich vermeidbare **Verfahrensverzögerungen**, zB dadurch, dass anstelle von Fotokopien Aktenoriginale versendet werden, muss die infolgedessen (unangemessen) verlängerte U-Haft von einer ggf. verhängten Freiheitsstrafe in Abzug gebracht werden.[88] Eine Verletzung des Art. 5 Abs. 3 S. 1 ist neben einem Verstoß gegen Art. 6 Abs. 1 gesondert zu prüfen und über die zwingende Anrechnung 25

---

[74] EGMR Kudla v. Polen, Urt. v. 26. 10. 2000 – No. 30210/96, NJW 2001, 2694 (2696), para. 104. Für ein Fortbestehen des Beschleunigungsgebots auch nach Erlass eines erstinstanzlichen Urteils s. aber Fn. 73 mit Haupttext.
[75] Vgl. EGMR Kudla v. Polen, aaO, para. 102 ff.; eingehend: *Kühne/Esser* StV 2002, 383 (388 f.). Zum maßgeblichen Zeitraum bzgl. der angemessenen Verfahrensdauer bei Art. 6 Abs. 1 dort Rn. 21.
[76] EGMR Smirnova v. Russland, Urt. v. 24. 7. 2003 – No. 46133/99, RJD 2003-IX, para. 66 ff.; vgl. auch Kudla v. Polen, aaO, para. 114; *Gollwitzer* Rn. 116.
[77] *Frowein/Peukert* Rn. 112; Grote/Marauhn/*Dörr* Kap. 13 Rn. 59.
[78] StRspr., EGMR Erdem v. Deutschland, Urt. v. 5. 7. 2001 – No. 38321/97, NJW 2003, 1439 (1440), para. 39; Čevizović v. Deutschland, Urt. v. 29. 7. 2004 – No. 49746/99, NJW 2005, 3125 (3126), para. 37; eingehend zu den einschlägigen Entscheidungen: *Reindl* S. 121 ff.; ferner *Tochilovsky* S. 597 ff.
[79] Grote/Marauhn/*Dörr* Kap. 13 Rn. 58; *Meyer-Ladewig* Rn. 34; vgl. ebenso BGH v. 9. 10. 2008 – 1 StR 238/08, StV 2008, 633 (634), wonach nur die „bei größtmöglicher Beschleunigung erreichbare Minimaldauer hinnehmbar" ist. Nach OLG Nürnberg v. 11. 2. 2009 – 1 Ws 28 – 30/09, StV 2009, 367 (367) ist dem besonderen Beschleunigungsgebot idR nur Genüge getan, wenn spätestens 3 Monate nach Eröffnung des Hauptverfahrens mit der Hauptverhandlung begonnen wird. Ist erkennbar, dass trotz bestehender Erörfnungsreife der Erlass des Eröffnungsbeschlusses verzögert wurde, so ist bei der Prüfung der angemessenen Dauer auf den Zeitpunkt des Eintritts der Eröffnungsreife abzustellen.
[80] EGMR Kudla v. Polen, Urt. v. 26. 10. 2000 – No. 30210/96, NJW 2001, 2694 (2696), para. 110; Erdem v. Deutschland, aaO, para. 39; Čevizović v. Deutschland, aaO, para. 37; zur Fortdauer der U-Haft bei Verfahrensverzögerung im Revisionsverfahren BVerfG v. 22. 2. 2005 – 2 BvR 109/05 NStZ 2005, 456 (457) m. krit. Anm. *Foth*; BVerfG v. 5. 12. 2005 – 2 BvR 1964/05, NJW 2006, 672 (675); *Jahn* NJW 2006, 652 (653); vgl. auch *Burhoff* StraFo 2006, 51 (54 f.); *Knauer* StraFo 2007, 309 ff. mwN zur dt. (Verfassungsgerichts-)Rspr.
[81] *Ambos* § 10 Rn. 45 mwN in Fn. 284; *Mansdörfer* GA 2010, 153 (158 ff.).
[82] EGMR W. v. Schweiz, Urt. v. 26. 1. 1993 – No. 14379/88, Serie A 254-A, para. 30; *Ambos* § 10 Rn. 40; *Grabenwarter* § 21 Rn. 19; *Peters* S. 96.
[83] St. Rspr., EGMR Čevizović v. Deutschland, Urt. v. 29. 7. 2004 – No. 49746/99, NJW 2005, 3125 (3126), para. 37 ff. mwN. Im Fall Clooth v. Belgien, Urt. v. 12. 12. 1991 – No. 12718/87, ÖJZ 1992, 420 (420 f.), para. 37 ff. stellte der EGMR fest, dass nach 9 Monaten Wiederholungsgefahr, nach 15 Monaten Verdunkelungsgefahr und nach 31 Monaten Fluchtgefahr nicht mehr angenommen werden konnten.
[84] EGMR Clooth v. Belgien, aaO, para. 44.
[85] EGMR Ilijkov v. Bulgarien, Urt. v. 26. 7. 2001 – No. 33977/96 (unveröff.), para. 81; grdl. BVerfG v. 15. 12. 1965 – 1 BvR 513/65, BVerfGE 19, 342 (350) = NJW 1966, 243 (244) (Wencker-Beschluss).
[86] Eingehend zu den – mit zunehmender Haftdauer steigenden – Anforderungen an die einzelnen Haftgründe: *Kühne/Esser* StV 2002, 383 (388 f.); Grote/Marauhn/*Dörr* Kap. 13 Rn. 61 ff.
[87] StRspr., EGMR Toth v. Österreich, Urt. v. 12. 12. 1991 – No. 11894/85, Serie A 224, para. 67 ff., insb. 76 f.; *Kühne/Esser* StV 2002, 383 (388) mwN zur Rspr. in Rn. 77.
[88] EGMR Toth v. Österreich, aaO, para. 77, 91; *Ambos* § 10 Rn. 45; *Peters* S. 99.

nach § 51 Abs. 1 S. 1 StGB hinaus wiedergutzumachen.[89] Der EGMR hat anerkannt, dass dies durch eine „ausdrückliche und messbare Minderung der Strafe" erfolgen kann.[90] Entsprechend der zu Art. 6 Abs. 1 entwickelten Vollstreckungslösung des BGHGS (dort Rn. 26) hat die Entschädigung auf nationaler Ebene in der Weise zu erfolgen, dass ein bezifferter Teil der verhängten Strafe als vollstreckt gilt.[91]

26 c) **Anspruch auf Haftentlassung gegen Sicherheit (S. 2).** Über seinen Wortlaut hinaus gibt Abs. 3 S. 2 nicht nur dem Konventionsstaat die Befugnis, die Haftentlassung von einer Sicherheit abhängig zu machen, sondern gewährt auch dem Inhaftierten einen bedingten Anspruch auf Haftentlassung.[92] Das Ziel der Hinterlegung einer „Sicherheit" (Kaution) ist es, die **Anwesenheit des Betroffenen in der Hauptverhandlung zu gewährleisten**.[93] Ist also die Fluchtgefahr der einzige Haftgrund, hat der Inhaftierte das Recht, gegen Leistung einer ausreichend hohen Sicherheit, aus der Haft entlassen zu werden.[94] Da der mögliche Vermögensverlust den Betroffenen davon abhalten soll, vom Prozess fernzubleiben, bemisst sich die **Höhe der Sicherheit** nach den individuellen Vermögensverhältnissen des Betroffenen und ggf. nach seiner Beziehung zu der Person, die sich bereit erklärt, für ihn die Sicherheit leisten.[95]

27 **4. Recht auf gerichtliche Haftkontrolle (Abs. 4).** Anders als Art. 5 Abs. 3 ist Abs. 4 nicht auf Untersuchungshäftlinge iSv. Abs. 1 lit. c beschränkt, sondern auf **„jede Person"** anwendbar, „die festgenommen oder der die Freiheit entzogen ist." Überdies unterscheidet sich Abs. 3 insofern von Abs. 4, als jener eine materielle Gewährleistung beinhaltet, während dieser als **Verfahrensgarantie** zu verstehen ist.[96] Während der Beschleunigungsanspruch des Untersuchungshäftlings iSv. Abs. 3 nur während der Haft besteht (o. Rn. 22), gewährt Abs. 4 die gerichtliche **Überprüfung** der Freiheitsentziehung **generell**, also auch noch nach Beendigung der Haft; anderenfalls liefe die Garantie leer.[97] Die Abs. 3 und 4 ergänzen sich somit.[98]

28 Über die Rechtmäßigkeit der Freiheitsentziehung hat ein Gericht (zum Begriff Rn. 7 sowie Art. 6 Rn. 27 f.) zu entscheiden. Der Betroffene hat insoweit einen Anspruch auf ein **adversatorisches Verfahren** (*„adversarial procedure"*) und prozessuale Waffengleichheit gegenüber der für die Haft zuständigen Behörde. Ihm muss Gelegenheit gegeben werden, sich zu dem Vortrag der Behörde zu äußern.[99] Voraussetzung für die effektive Ausübung dieses Rechts ist, dass dem Betroffenen bzw. seinem Verteidiger alle, für die Beurteilung der Rechtmäßigkeit der Freiheitsentziehung erheblichen, Informationen zugänglich gemacht werden, er also ein **umfassendes Recht auf Aktenzugang** erhält.[100] Legitime Geheimhaltungsinteressen der Verfolgungsbehörden müssen zwar berücksichtigt werden, können aber wesentliche Einschränkungen des Rechts auf Verteidigung nicht rechtfertigen.[101] Die Verweigerung der Akteneinsicht im Ermittlungsverfahren wegen etwaiger Gefährdung des Untersuchungszwecks (§ 147 Abs. 2 StPO) ist danach nicht (mehr) ohne Weiteres möglich.[102] Eine Verletzung des Abs. 4 bejaht der EGMR jedoch nur, wenn dem Bf. Einsicht in Material versagt wurde, das für die Beurteilung der Rechtmäßigkeit seiner Inhaftierung *wesentlich* war.[103]

---

[89] EGMR Dzelili v. Deutschland, Urt. v. 10. 11. 2005 – No. 65745/01, NVwZ-RR 2006, 513 (515 f.) para. 83 ff.; BGH v. 22. 9. 2009 – 5 StR 363/09, StV 2009, 692 = NStZ 2010, 229 f.
[90] EGMR Dzelili v. Deutschland, aaO, para. 83.
[91] BGH v. 22. 9. 2009 – 5 StR 363/09, aaO.
[92] Grote/Marauhn/*Dörr* Kap. 13 Rn. 70.
[93] EGMR Neumeister v. Österreich, Urt. v. 27. 6. 1968 – No. 1936/63, Serie A 8, para. 14.
[94] EGMR Wemhoff v. Deutschland, Urt. v. 27. 6. 1968 – No. 2122/64, Serie A 7, para. 15; Letellier v. Frankreich, Urt. v. 26. 6. 1991 – No. 12 369/86, Serie A 207, para. 46.
[95] EGMR Neumeister v. Österreich, aaO, para. 14.
[96] *Ambos* § 10 Rn. 47; *Peters* S. 97 f., 101.
[97] EGMR Herz v. Deutschland, Urt. v. 12. 6. 2003 – No. 44672/98, NJW 2004, 2209 (2212), para. 68.
[98] *Meyer-Ladewig* Rn. 38 a.
[99] EGMR Sanchez-Reisse v. Schweiz, Urt. v. 21. 10. 1986 – No. 9862/82, NJW 1989, 2179 (2180), para. 51.
[100] EGMR Lamy v. Belgien, Urt. v. 30. 3. 1989 – No. 10444/83, StV 1993, 283 (284), para. 29; dazu *Zieger* StV 1993, 320 ff.; (GK) Nikolova v. Bulgarien, Urt. v. 25. 3. 1999 – No. 31195/96, EuGRZ 1999, 320 (321), para. 58; jüngst Mooren v. Deutschland, Urt. v. 13. 12. 2007 – No. 11364/03, StV 2008, 475 (481 f.) mAnm *Hagmann* u. *Pauly*, para. 91 f.; bestätigt durch die GK Mooren v. Deutschland, Urt. v. 9. 7. 2009 – No. 11364/03 (bislang unveröff.), para. 124 ff.; eingehend: *Kühne/Esser* StV 2002, 383 (390 ff.); *Ambos* § 10 Rn. 47.
[101] EGMR Mooren v. Deutschland, aaO, para. 92; *Ambos* § 10 Rn. 47.
[102] EGMR Lietzow v. Deutschland, Urt. v. 13. 2. 2001 – No. 24479/94; NJW 2002, 2013 (2014 f.), para. 44 ff.; Schöps v. Deutschland, Urt. v. 13. 2. 2001 – No. 25116/94, NJW 2002, 2015 (2017 f.), para. 44 ff.; Garcia Alva v. Deutschland, Urt. v. 13. 2. 2001 – No. 23541/94, NJW 2002, 2018 (2019 f.), para. 39 ff.; Kunkel v. Deutschland, Entsch. v. 2. 6. 2009 – No. 29705/05, EuGRZ 2009, 472; zur dt. Rspr.: BVerfG v. 11. 7. 1994 – 2 BvR 777/94, NJW 1994, 3219 (3220); OLG Köln v. 29. 5. 2001 – 2 Ws 215/01, NStZ 2002, 659; OLG Hamm v. 13. 2. 2002 – 2 BL 7/02, StV 2002, 318 mAnm *Deckers*; eingehend: *Ambos* NStZ 2003, 14 f.; *Kieschke/Osterwald* NJW 2003, 2866 f.; *Kühne/Esser* StV 2002, 383 (390 ff.); *Lange* NStZ 2003, 348 ff.
[103] EGMR Falk v. Deutschland, Entsch. v. 11. 3. 2008 – No. 41077/04, NStZ 2009, 164 (164) mAnm *Strafner* (Einsicht in sichergestellte Speichermedien). Die Darlegungs- und Beweislast dafür, dass das nicht eingesehene Material für die Haftbeschwerde wesentlich war, trägt der Bf.

Die Entscheidung muss „**innerhalb kurzer Frist**" *(„speedily")* ergehen. Der Lauf der Frist be- 29
ginnt mit dem Antrag des Betroffenen bzw. mit dem Eingang der (angekündigten) Begründungsschrift[104] oder – wenn diese im nationalen Recht vorgesehen ist – mit der von Amts wegen erfolgten Einleitung des Verfahrens.[105] Sie endet mit der Entscheidung durch das Gericht. Art. 5 Abs. 4 gewährt kein Beschwerderecht gegen die richterliche Entscheidung; eröffnet jedoch das nationale Recht ein solches (zB § 19 FGG aF bzw. § 58 FamFG nF gegen eine vorläufige Unterbringung nach § 70 h FGG aF bzw. § 331 FamFG nF), so gilt das Gebot der beschleunigten Verfahrensführung **auch in der Beschwerdeinstanz**.[106]

Abs. 4 garantiert – anders als Art. 5 Abs. 3 oder Art. 6 Abs. 1 – nicht nur eine „angemessene", 30
sondern – angesichts des hohen Stellenwertes der Freiheit – eine „kurze" Frist. Gleichwohl beurteilt der EGMR hier wie häufig eine etwaige Verletzung des Beschleunigungsgebotes nach den **Umständen des Einzelfalles**.[107] Zu berücksichtigen sind insb. die *Art der Freiheitsentziehung* und die *Komplexität des Falles*.[108] Eine abstrakte oder absolute zeitliche Grenze gibt der EGMR nicht vor.[109] Eine Arbeitsüberlastung der nationalen Gerichte kann jedenfalls eine lange Frist nicht rechtfertigen, da die Vertragsstaaten zur Errichtung und Erhaltung eines funktionsfähigen Justizsystems verpflichtet sind (vgl. auch Art. 6 Rn. 22).

Der Zweck der Garantie ist die gerichtliche **Kontrolle der Verwaltungsbehörden**. Wurde die 31
Freiheitsentziehung also in einem justizförmigen Verfahren durch ein Gericht angeordnet, so ist die gerichtliche Überprüfung iSv. Abs. 4 bereits in der Anordnung enthalten.[110] Es besteht jedoch ein Anspruch auf **wiederholte gerichtliche Überprüfung** von Unterbringungsmaßnahmen, insb. in den Fällen des Art. 5 Abs. 1 lit. e, da die ursprünglich die Freiheitsentziehung rechtfertigenden Umstände ja später wegfallen können.[111] Die hierbei erforderliche persönliche Anhörung des Untergebrachten hat in **regelmäßigen Abständen** *(„reasonable intervals")* zu erfolgen;[112] diese dürfen jedenfalls nicht länger als ein Jahr sein,[113] wobei generell die Komplexität der medizinischen Fragestellungen zu berücksichtigen ist.[114] Auch die Zeiträume zwischen einer medizinischen Untersuchung, der Erstellung des entsprechenden Berichts, dem Eingang des Berichts bei Gericht und dessen Entscheidung aufgrund dieses Berichts dürfen nicht zu lange sein, weil anderenfalls das Untersuchungsergebnis zum Zeitpunkt der Entscheidung bereits überholt sein kann. Ein Zeitraum von elf Monaten zwischen der Untersuchung des Betroffenen und der gerichtlichen Entscheidung ist deshalb etwa zu lang.[115]

5. Recht auf Schadensersatz (Abs. 5). Bei einer Freiheitsentziehung unter Verstoß gegen die 32
Abs. 1–4 hat der Betroffene einen Anspruch auf Schadensersatz, sofern der Verstoß auch durch ein nationales oder ein Konventionsorgan **festgestellt** wurde[116] und ein materieller oder immaterieller **Schaden** vorliegt.[117] Da die Konvention hinsichtlich der Verletzung auf das nationale Recht als Prüfungsmaßstab verweist (o. Rn. 6, 12), genügt auch ein Verstoß gegen innerstaatliche Vorschriften für das Entstehen des Anspruchs. Dies gilt auch, wenn das nationale Recht strengere Anforderungen als die Konvention stellt.[118] Abs. 5 verpflichtet die Vertragsstaaten, in denen die EMRK nicht unmittelbar geltendes Recht ist, eine **nationale Anspruchsgrundlage** zu schaffen. Kommen sie dieser Pflicht nicht nach, so liegt darin ein Verstoß gegen Abs. 5, der zu einer Entschädigung nach Art. 41 führen kann.[119] Da die EMRK in Deutschland den Rang eines Bundesgesetzes hat, ergibt sich der

---

[104] EGMR Herz v. Deutschland, Urt. v. 12. 6. 2003 – No. 44672/98, NJW 2004, 2209 (2212), para. 73.
[105] Grote/Marauhn/*Dörr* Kap. 13 Rn. 86.
[106] EGMR Herz v. Deutschland, aaO, para. 65 mwN zur Rspr.
[107] EGMR Sanchez-Reisse v. Schweiz, Urt. v. 21. 10. 1986 – No. 9862/82, NJW 1989, 2179 (2181), para. 55.
[108] *Frowein/Peukert* Rn. 145 f.; Grote/Marauhn/*Dörr* Kap. 13 Rn. 87 f. je mwN zu Einzelfällen in der Rspr. des EGMR; auch *Meyer-Ladewig* Rn. 44; *Grabenwarter* § 21 Rn. 34.
[109] EGMR Sanchez-Reisse v. Schweiz, aaO, para. 55; *Unfried* S. 60.
[110] Grdl. EGMR De Wilde, Ooms u. Versyp v. Belgien, Urt. v. 18. 6. 1971 – No. 2832/66, Serie A 12, para. 76; vgl. auch Herz v. Deutschland, Urt. v. 12. 6. 2003 – No. 44672/98, NJW 2004, 2209 (2211), para. 64; vgl. auch *Kühne* StV 2009, 654 (655), der vor diesem Hintergrund bei Überschreitung der Frist des § 118 Abs. 5 StPO eine Verletzung des Art. 5 Abs. 4 verneint.
[111] EGMR Winterwerp v. Niederlande, Urt. v. 24. 10. 1979 – No. 6301/73, EuGRZ 1979, 650 (656), para. 55; (GK) Musial v. Polen, Urt. v. 25. 3. 1999 – No. 24557/94, NJW 2000, 2727 (2728), para. 43; zum Anspruch auf wiederholte gerichtliche Überprüfung der Freiheitsentziehung eines Sicherungsverwahrten: EGMR Homann v. Deutschland, Entsch. v. 9. 5. 2007 – No. 12788/04, NJW 2008, 2320 (2321) mwN zur Rspr.
[112] EGMR (GK) Musial v. Polen, aaO, para. 43.
[113] EGMR Herczegfalvy v. Österreich, Urt. v. 24. 9. 1992 – No. 10533/83, EuGRZ 1992, 535 (537), para. 75 ff.: 15 Monate wie 2 Jahre zu lang; 9 Monate zulässig.
[114] EGMR (GK) Musial v. Polen, Urt. v. 25. 3. 1999 – No. 24557/94, NJW 2000, 2727 (2728), para. 47.
[115] EGMR (GK) Musial v. Polen, aaO, para. 50.
[116] EGMR Bouchet v. Frankreich, Urt. v. 20. 3. 2001 – No. 33591/96 (unveröff.), para. 50.
[117] EGMR Wassink v. Niederlande, Urt. v. 27. 9. 1990 – No. 12535/86, Serie A 185-A, para. 38.
[118] BGH v. 29. 4. 1993 – III ZR 3/92, BGHZ 122, 268 (270) = NJW 1993, 2927 (2928); *Frowein/Peukert* Rn. 149; Grote/Marauhn/*Dörr* Kap. 13 Rn. 104.
[119] Grote/Marauhn/*Dörr* Kap. 13 Rn. 102 f.; *Meyer-Ladewig* Rn. 46.

EMRK Art. 6 *Europäische Menschenrechtskonvention*

Schadensersatzanspruch **direkt aus Abs. 5**.[120] Der Anspruch ist deliktischer Natur und unterliegt der insofern maßgeblichen nationalen Verjährungsfrist, in Deutschland also der Dreijahresfrist (§ 852 BGB aF bzw. § 195 BGB nF).[121] Die Einschränkungen des Amtshaftungsrechts und des StrEG gelten nicht.[122]

Art. 6 Recht auf ein faires Verfahren

(1) ¹Jede Person hat ein Recht darauf, dass über Streitigkeiten in Bezug auf ihre zivilrechtlichen Ansprüche und Verpflichtungen oder über eine gegen sie erhobene strafrechtliche Anklage von einem unabhängigen und unparteiischen, auf Gesetz beruhenden Gericht in einem fairen Verfahren, öffentlich und innerhalb angemessener Frist verhandelt wird. ²Das Urteil muss öffentlich verkündet werden; Presse und Öffentlichkeit können jedoch während des ganzen oder eines Teils des Verfahrens ausgeschlossen werden, wenn dies im Interesse der Moral, der öffentlichen Ordnung oder der nationalen Sicherheit in einer demokratischen Gesellschaft liegt, wenn die Interessen von Jugendlichen oder der Schutz des Privatlebens der Prozessparteien es verlangen oder – soweit das Gericht es für unbedingt erforderlich hält – wenn unter besonderen Umständen eine öffentliche Verhandlung die Interessen der Rechtpflege beeinträchtigen würde.

(2) Jede Person, die einer Straftat angeklagt ist, gilt bis zum gesetzlichen Beweis ihrer Schuld als unschuldig.

(3) Jede angeklagte Person hat mindestens folgende Rechte:
a) innerhalb möglichst kurzer Frist in einer ihr verständlichen Sprache in allen Einzelheiten über Art und Grund der gegen sie erhobenen Beschuldigung unterrichtet zu werden;
b) ausreichende Zeit und Gelegenheit zur Vorbereitung ihrer Verteidigung zu haben;
c) sich selbst zu verteidigen, sich durch einen Verteidiger ihrer Wahl verteidigen zu lassen oder, falls ihr die Mittel zur Bezahlung fehlen, unentgeltlich den Beistand eines Verteidigers zu erhalten, wenn dies im Interesse der Rechtspflege erforderlich ist;
d) Fragen an Belastungszeugen zu stellen oder stellen zu lassen und die Ladung und Vernehmung von Entlastungszeugen unter denselben Bedingungen zu erwirken, wie sie für Belastungszeugen gelten;
e) unentgeltliche Unterstützung durch einen Dolmetscher zu erhalten, wenn sie die Verhandlungssprache des Gerichts nicht versteht oder spricht.

Übersicht

	Rn.
I. Bedeutung für das deutsche Strafverfahrensrecht	1–6
1. Praktische Relevanz	1, 2
2. Verhältnis der EMRK zum nationalen Recht	3
3. Zugang zum EGMR	4
4. Bindungswirkung der Entscheidungen des EGMR	5, 6
II. Geltungsbereich	7, 8
1. Persönlich	7
2. Sachlich	8
III. Die einzelnen Garantien	9–55
1. Grundsatz des fairen Verfahrens	9–18
a) Recht auf Gehör	10, 11
b) Waffengleichheit	12
c) Recht zu schweigen und sich nicht selbst zu belasten	13–15
d) Tatprovokation	16
e) Anwesenheits-/Teilnahmerecht	17, 18
2. Angemessene Verfahrensdauer	19–26
a) Maßgeblicher Zeitraum	20
b) Angemessenheit	21–24
c) Konsequenzen	25, 26
3. Recht auf ein Gericht	27–30
4. Öffentliche Verhandlung und Urteilsverkündung	31, 32
5. Unschuldsvermutung (Abs. 2)	33–38
6. Mindestgarantien im Strafverfahren (Abs. 3)	39–52
a) Anspruch auf frühzeitige Unterrichtung über die Beschuldigung	40–42
b) Recht auf ausreichende Vorbereitung der Verteidigung	43
c) Effektivität der Verteidigung	44–47
d) Recht auf Benennung und Befragung von Zeugen	48–51
e) Das Recht auf einen Dolmetscher	52
7. Feststellung und Folgen einer Verletzung von Art. 6	53–55

---

[120] BGH v. 29. 4. 1993 – III ZR 3/92, BGHZ 122, 268 (269 f.) = NJW 1993, 2927 (2927 f.); OLG Celle v. 16. 9. 2002 – 16 W 47/02, NJW 2003, 2463 (2463 f.); eingehend: *Strafner* StV 2010, 275 (276 ff.).
[121] BVerfG v. 6. 10. 2004 – 1 BvR 414/04, NJW 2005, 1567 (1568).
[122] KK-StPO/*Schädler* Rn. 27.

I. Bedeutung für das deutsche Strafverfahrensrecht

1. Praktische Relevanz. Von allen Konventionsgarantien hat Art. 6 sowohl auf Deutschland bezogen als auch insgesamt die größte praktische Relevanz. Der EGMR erließ in den Jahren 1999–2007 gegen Deutschland 88 Urteile (insges. 8194), von denen sich 38 (insges. 5011) auf Art. 6 bezogen, also ca. 43% (insges. ca. 61%). Davon betrafen 28 Urteile (insges. 2.947) die Dauer des Verfahrens.[1]

Die ansteigende Verfahrensflut wegen überlanger Verfahrensdauer (Art. 6) hat den EGMR veranlasst, seine Rspr. zum **Verhältnis von Art. 6 und Art. 13**, der das Recht auf wirksame innerstaatliche Rechtsbehelfe garantiert, zu ändern. Bisher wurde Art. 6 als *lex specialis* betrachtet, der umfassend alle Verfahrensgarantien schützt und somit strenger als Art. 13 ist.[2] Inzwischen vertritt der EGMR die Ansicht, dass Art. 13 auch bei der Rüge einer Verletzung von Art. 6 wegen Verfahrensüberlänge anwendbar ist, so dass in einem solchen Fall die Möglichkeit eines innerstaatlichen Rechtsbehelfs bestehen muss.[3] Damit will der Gerichtshof erreichen, dass die Vertragsstaaten – soweit noch nicht geschehen[4] – wirksame (innerstaatliche) Rechtsbehelfe gegen überlange Verfahren schaffen und somit entsprechende Beschwerden zunächst auf innerstaatlicher Ebene abgehandelt werden.[5]

2. Verhältnis der EMRK zum nationalen Recht. Die EMRK hat für die Mitgliedstaaten des Europarates[6] die Bedeutung einer Grundrechtsverfassung Europas *(„constitutional instrument of European public order")*.[7] Sie ist jedoch ihrer Rechtsnatur nach ein völkerrechtlicher Vertrag iSv. Art. 59 Abs. 2 GG, so dass ihr in Deutschland nur der Rang eines **einfachen Bundesgesetzes** zukommt.[8] Infolgedessen kann eine Verfassungsbeschwerde nach Art. 93 Abs. 1 Nr. 4a GG nicht allein auf einen Konventionsverstoß gestützt werden.[9] Um dennoch der besonderen Bedeutung der EMRK gerecht zu werden, verlangt das BVerfG eine **konventionskonforme Auslegung** des GG und zieht die Rspr. des EGMR als Auslegungshilfe heran.[10] Deshalb sind auch der EMRK zeitlich nachfolgende einfache Bundesgesetze völkerrechts- und konventionskonform auszulegen, die „*lex posterior derogat legi priori*" Regel wird also außer Kraft gesetzt.[11] Nach aA ist die EMRK *lex specialis*.[12] Im Ergebnis muss jedenfalls das einfache Bundesrecht konventionskonform sein, die EMRK hat eine **Ausstrahlungswirkung**.[13]

3. Zugang zum EGMR. Eine Menschenrechtsbeschwerde ist gemäß **Art. 35 Abs. 1** erst „nach Erschöpfung aller innerstaatlichen Rechtsbehelfe" zulässig. Hierzu gehört auch die Verfassungsbeschwerde zum BVerfG, sofern die behauptete Konventionsverletzung zugleich die Grundrechte des

---

[1] EGMR Annual Report 2007, S. 144 f. (abrufbar unter http://www.echr.coe.int/ECHR/EN/Header/Re-ports+and +Statistics/Reports/Annual+Reports/).
[2] Vgl. bspw. EGMR Kamasinski v. Österreich, Urt. v. 19. 12. 1989 – No. 9783/82, ÖJZ 1990, 412 (413), para. 110; weitere Nachweise bei *Ambos* NStZ 2002, 628 (629) in Fn. 22.
[3] EGMR Kudla v. Polen, Urt. v. 26. 10. 2000 – No. 30210/96, NJW 2001, 2694 (2699), para. 146 ff.; eingehend: *Demko* HRRS 2005, 403 ff.
[4] Zur Rechtslage in Deutschland und in anderen Vertragsstaaten *Meyer-Ladewig* NJW 2001, 2679; zur Einführung einer Untätigkeitsbeschwerde auch *Gimbel* ZRP 2004, 35; *Redeker* NJW 2003, 488; *Steinbeiß-Winkelmann* ZRP 2007, 177.
[5] EGMR Kudla v. Polen, aaO, para. 148, 155 f.; fortgeführt in Kirsten v. Deutschland, Urt. v. 15. 2. 2007 – No. 19124/02, DVBl 2007, 1161 (1164 f.), para. 53 ff.; hierbei stellte der EGMR auch fest, dass eine Verfassungsbeschwerde als Rechtsbehelf nicht geeignet ist, Abhilfe für die überlange Verfahrensdauer anhängiger zivilrechtlicher Verfahren zu schaffen, para. 33 f. Zu Kudla: *Bien/Guillaumont* EuGRZ 2004, 451 (462 ff.).
[6] Formal ist die Ratifikation der EMRK unabhängig vom Beitritt zum Europarat, jedoch erkennt jeder Mitgliedstaat gemäß Art. 3 der Satzung des Europarates (EuRat) an, dass seine Bürger der Menschenrechte und Grundfreiheiten teilhaftig werden sollen. Tatsächlich haben derzeit alle 47 Mitgliedstaaten des Europarates die EMRK ratifiziert, vgl. http://conventions.coe.int/Treaty/Commun/ListeTableauCourt.asp?MA=3&CM=16 &CL=ENG.
[7] EGMR Loizidou v. Türkei, Urt. v. 23. 3. 1995 – No. 15318/89, ÖJZ 1995, 629 (631), para. 75.
[8] BVerfG v. 14. 10. 2004 – 2 BvR 1481/04, BVerfGE 111, 307 (316 f.) = NJW 2004, 3407 (3408), sog. Görgülü-Beschluss; vgl. hierzu jüngst *Czerner* EuR 2007, 537 ff.; *Ruffert* EuGRZ 2007, 245 (246) In anderen Mitgliedstaaten steht die EMRK demgegenüber über dem einfachen Gesetz, mitunter hat sie sogar Verfassungsrang (etwa in Österreich, vgl. *Ambos* § 10 Rn. 8 mwN); vgl. auch *Grabenwarter* § 3 Rn. 2 f.; *Peters* S. 2 f.; zur Türkei *Aras* ZEuS 2007, 219 (232 f.). Zu der zunehmend praxisrelevanten Frage der extraterritorialen Geltung der EMRK in Gebieten, in denen deutsche Truppen Herrschaftsgewalt ausüben *Wagner* NZWehrr 2007, 1 (5 ff.).
[9] BVerfG v. 14. 1. 1960 – 2 BvR 243/60, BVerfGE 10, 271 (274) = NJW 1960, 1243 (1244) m. krit. Anm. *Guradze*; auch BVerfG v. 14. 10. 2004 – 2 BvR 1481/04, aaO.
[10] BVerfG v. 26. 3. 1987 – 2 BvR 589/79, BVerfGE 74, 358 (370) = NJW 1987, 2427 (2427); auch BVerfG v. 14. 10. 2004 – 2 BvR 1481/04, aaO.
[11] Bsp. von *Weigend* StV 2000, 384 (387): Ein menschenrechtsfeindlicher Gesetzgeber könnte bestimmte strafverfahrensrechtliche Garantien des Art. 6 aushebeln, indem er etwa entgegen Art. 6 Abs. 3 lit. e dem Beschuldigten die Dolmetscherkosten auferlegt.
[12] Vgl. *Bernhardt* EuGRZ 1996, 339 (339); *Kühl* ZStW 100 (1988), 406 (409).
[13] *Peters* S. 3 vergleicht diese Ausstrahlungswirkung mit der des GG nach der Lüth-Entscheidung BVerfG v. 15. 1. 1958 – 1 BvR 400/51, BVerfGE 7, 198 (205) = NJW 1958, 257 (258).

GG berührt.[14] Vor der Erhebung einer Individualbeschwerde wegen eines Verstoßes gegen Art. 5 Abs. 1–4 ist eine Schadensersatzklage nach Art. 5 Abs. 5 vor den nationalen Gerichten zu erheben, da diese geeignet ist, etwaige Verstöße wieder gutzumachen.[15] Art. 35 Abs. 1 sieht eine Verteilung der **Beweislast** vor. Es ist zunächst Sache der *Regierung*, den Gerichtshof davon zu überzeugen, dass der Rechtsbehelf zur fraglichen Zeit nicht nur theoretisch, sondern auch praktisch zugänglich und dazu geeignet war, der Beschwer abzuhelfen. Danach obliegt es dem *Bf.* zu beweisen, dass er den betreffenden Rechtsbehelf ausgeschöpft hat, dieser angesichts der Umstände des Falls unzureichend war oder ein besonderer Grund vorlag, der ihn von dem Erfordernis der Rechtswegerschöpfung befreite. Ein solcher Grund kann in der *absoluten Untätigkeit staatlicher Behörden* liegen; in diesem Fall verschiebt sich wiederum die Beweislast auf den beklagten Staat und dieser muss darlegen, welche Maßnahmen er angesichts des Umfangs und des Gewichts der Angelegenheit getroffen hat.[16] Mit Blick auf das erklärte Ziel des Menschenrechtsschutzes muss Art. 35 Abs. 1 allerdings mit einem gewissen Grad von Flexibilität und **ohne übertriebenen Formalismus** angewendet werden. Entscheidend ist, ob der Bf. unter Berücksichtigung der Umstände des Einzelfalls alles getan hat, was vernünftiger Weise von ihm erwartet werden konnte, um die innerstaatlichen Rechtsbehelfe zu nutzen.[17]

5 **4. Bindungswirkung der Entscheidungen des EGMR.** Der EGMR überwacht – als ständiger Gerichtshof (Art. 19) – die Einhaltung der EMRK, hat im Falle eines Konventionsverstoßes aber **nicht** die Befugnis, innerstaatliche Hoheitsakte, insb. Gerichtsurteile, **aufzuheben**.[18] Nach **Art. 41** spricht der Gerichtshof erfolgreichen Beschwerdeführern eine gerechte **Entschädigung** zu, „wenn dies erforderlich ist". Dies ist dann der Fall, wenn das innerstaatliche Recht nur eine unvollkommene Wiedergutmachung (*„reparation"*) vorsieht.[19] Zweck der Entschädigungsregelung ist es, den Beschwerdeführer möglichst so zu stellen, wie er im Fall des Unterbleibens der Konventionsverletzung gestanden hätte (Gedanke der *restitutio in integrum*).[20] Insb. sollen die durch die Verletzung verursachten „Ängste, Unbequemlichkeiten und Unsicherheiten" ausgeglichen werden, wobei die Höhe der Entschädigung nach billigem Ermessen bestimmt wird.[21]

6 Aus **Art. 46** (**Urteilsbefolgungspflicht**) folgt, dass der Konventionsstaat gehalten ist, einen noch andauernden rechtswidrigen Zustand zu beenden.[22] Im deutschen Strafverfahrensrecht wird diese Verpflichtung dadurch umgesetzt, dass eine festgestellte Konventionsverletzung einen Wiederaufnahmegrund gemäß § 359 Nr. 6 StPO darstellt, wenn das Urteil auf der Verletzung beruht. Da ein Urteil des EGMR nur zwischen den Parteien des Rechtsstreites (*inter partes*) eine Bindungswirkung entfaltet,[23] spricht die hM die Wiederaufnahmemöglichkeit nur demjenigen zu, der das feststellende Urteil vor dem EGMR selbst erstritten hat.[24] Dies ist nicht überzeugend, weil jedes EMRK-Urteil zumindest eine faktische **Orientierungswirkung** oder **Appellfunktion** für alle Konventionsstaaten im Sinne einer *erga-omnes-intra-partes*-Wirkung besitzt.[25] Prozessökonomisch macht es außerdem wenig Sinn, dass eine schon für konventionswidrig erklärte Norm erneut vor dem EGMR angegriffen werden muss, weil das die Konventionsverletzung feststellende Ersturteil nur *inter partes* gilt.[26]

---

[14] EKMR Entsch. v. 31. 5. 1956 – Nr. 27/55, NJW 1956, 1376 (1376) mAnm *Beyer*; weiterführend EKMR Entsch. v. 18. 7. 1986 – Nr. 11 913/86, NJW 1988, 1441 (1441); *Weigend* StV 2000, 384 (389); *Wittinger* NJW 2001, 1238 (1239).
[15] Eingehend: *Strafner* StV 2010, 275 (277); hierzu auch Art. 5 Rn. 32.
[16] StRspr., EGMR Selmouni v. Frankreich, Urt. v. 28. 7. 1999 – No. 25803/94, NJW 2001, 56 (57), para. 76.
[17] StRspr., EGMR Salman v. Türkei, Urt. v. 27. 6. 2000 – No. 21986/93, NJW 2001, 2001 (2002), para. 86; zu den Anforderungen an den Beschwerdevortrag: EGMR Hüttner v. Deutschland, Entsch. v. 19. 6. 2006 – No. 23130/04; NJW 2007, 2097.
[18] BVerwG v. 4. 6. 1998 – 2 DW 3/97, NJW 1999, 1649 (1650); *Ambos* NStZ 2002, 628 (628 f.); *ders.* § 10 Rn. 12.
[19] *Ambos* NStZ 2002, 628 (628 f.); *ders.* § 10 Rn. 12; vertiefend: *Grabenwarter* § 15 Rn. 1 ff. Nach OLG Rostock v. 12. 6. 2008 – 2 Ss (OWi) 271/06, StV 2009, 363 (364) kommt als Kompensation für eine Verfahrensverzögerung auch die Entscheidung über den Wegfall des Fahrverbots durch das Revisionsgericht in Betracht.
[20] *Grabenwarter* § 15 Rn. 4.
[21] EGMR (GK) Kakamoukas et al. v. Griechenland, Urt. v. 15. 2. 2008 – No. 38311/02, NJW 2009, 655 (656), para. 39 f.
[22] EGMR Assanidze v. Georgien, Urt. v. 8. 4. 2004 – No. 71503/01, EuGRZ 2004, 268 (275), para. 198; *Polakiewicz* S. 63 ff.; zu mögl. Sanktionen gegen Staaten, die dem Urteil nicht folgen: *Meyer-Ladewig* Art. 46 Rn. 43.
[23] So die hM. Vgl. *Grabenwarter* § 16 Rn. 2; *Peters* S. 253; aA *Ambos* ZStW 115 (2003), 583 (589 ff.); *ders.* § 10 Rn. 12, beide mwN.
[24] KK-StPO/*Schmidt* § 359 Rn. 40; *Meyer-Goßner* StPO § 359 Rn. 52; *Esser* S. 869; diff. *Weigend* StV 2000, 384 (388); *Marxen/Tiemann*, Die Wiederaufnahme in Strafsachen, 2. Aufl. 2006, Rn. 281.
[25] *Masuch* NVwZ 2000, 1266 (1267); *Papier* EuGRZ 2006, 1 ff.; *Ruffert* EuGRZ 2007, 245 (249 ff.); *Ambos* § 10 Rn. 12; *Esser* S. 839 ff.; *Kieschke* S. 69 ff., 237.
[26] *Ambos* § 10 Rn. 12.

II. Geltungsbereich

1. Persönlich. Über seinen (deutschen) Wortlaut („Anklage") hinaus ist Art. 6 nicht nur auf den „Angeklagten" iSv. § 157 StPO, sondern schon auf den **Beschuldigten** im Ermittlungsverfahren und den **Angeschuldigten** im Zwischenverfahren anzuwenden.[27] Das folgt schon aus dem authentischen Wortlaut der Vorschrift (*„criminal charge"/„accusation en matière pénale"*), der nicht eindeutig auf ein bestimmtes Verfahrensstadium hinweist.[28] Teleologisch folgt es überdies aus dem durch Art. 6 garantierten Grundsatz der **Waffengleichheit**, denn nur eine frühestmögliche Beteiligung des Beschuldigten ermöglicht die Mitwirkung an den die Anklage determinierenden und das Urteil präjudizierenden Ermittlungsergebnissen und damit eine effektive Verteidigung.[29] Eine Verletzung von Art. 6 können alle Verfahrensbeteiligten rügen, bspw. auch der Nebenkläger.[30]

2. Sachlich. Für Zivilverfahren gilt Abs. 1, für Strafverfahren gelten zusätzlich Art. 6 Abs. 2 und Abs. 3; für verwaltungsgerichtliche Verfahren gilt Art. 6 nicht.[31] Zu beachten ist, dass sich die Einordnung der Rechtsgebiete nicht nach dem nationalen Recht richtet, sondern die Begriffe der „zivilrechtlichen Ansprüche und Verpflichtungen" und der „strafrechtlichen Anklage" vom EGMR **autonom und weit** ausgelegt werden.[32] Dadurch soll verhindert werden, dass die Vertragsstaaten Art. 6 durch Herausnahme bestimmter Sachbereiche aus dem Zivil- oder Strafrecht unterlaufen.[33] Zwar geht der EGMR bei der Klassifikation einer Angelegenheit als „strafrechtlich" zunächst vom nationalen Recht aus, doch in der Sache kommt es auf die „Art der Tat" (*„nature of the offence"*) und die Art und Schwere der angedrohten Sanktion (*„nature and degree of severity of the penalty"*) an.[34] Entscheidend ist, ob der Tatbestand eine **für alle Bürger geltende Regelung** enthält[35] und **bestrafenden und abschreckenden Charakter** hat. Dies ist etwa bei deutschen O*Wi-Tatbeständen* der Fall, so dass sie als „strafrechtlich" iSd. Art. 6 gelten.[36]

III. Die einzelnen Garantien

1. Grundsatz des fairen Verfahrens. Der in Abs. 1 S. 1 enthaltene Grundsatz des fairen Verfahrens bildet den *Kern* und zugleich den *Oberbegriff* der Verfahrensrechte. Er umfasst eine Vielzahl von Teilgarantien, die in ihrer Gesamtheit die Sicherstellung eines rechtsstaatlichen Verfahrens bezwecken.[37] Alle in Abs. 3 aufgezählten Rechte sind **Ausprägungen** des allgemeinen Fairnessgrundsatzes,[38] die Aufzählung ist aber **nicht abschließend**. Es fehlen bspw. der Anspruch auf rechtliches Gehör, der Grundsatz der Waffengleichheit sowie das Recht zu schweigen und sich nicht selbst zu belasten. Diese und andere ungenannte Rechte folgen direkt aus Abs. 1 S. 1 (Rn. 10 ff.).[39] Die einzelnen Beschuldigtenrechte sind mitunter schwer abzugrenzen, so überschneidet sich etwa das Anwesenheitsrecht des Beschuldigten aus Abs. 1 S. 1 mit dem Fragerecht aus Abs. 3 lit. d). Ob ein Verfahren fair war, beurteilt der EGMR im Rahmen einer **Gesamtbetrachtung** unter Berücksich-

---

[27] EGMR John Murray v. Vereinigtes Königreich, Urt. v. 8. 2. 1996 – No. 18731/91, EuGRZ 1996, 587 (592), para. 62 („applies even at the stage of the preliminary investigation into an offence by the police").
[28] EGMR Deweer v. Belgien, Urt. v. 27. 2. 1980 – No. 6903/75, EuGRZ 1980, 667 (671 f.), para. 42, 46; *Ovey/White* S. 161 f. („charge could be defined as the official notification given to an individual by the competent authority of an allegation that he has committed a criminal offence"); *Sudre* S. 344 f.; vgl. auch *Garner* (ed.) Black's law dictionary, 8. Aufl. 2004 („charge").
[29] Eingehend: *Ambos* ZStW 115 (2003), 583 (595 f., 620).
[30] *Meyer-Ladewig* Rn. 4.
[31] *Peters* S. 103.
[32] *Gaede*, HRRS-FG Fezer, 21 (24); *Peters* S. 103 ff.
[33] EGMR Öztürk v. Deutschland, Urt. v. 21. 2. 1984 – No. 8544/79, EuGRZ 1985, 62 (66 f.), para. 49 (zur Herausnahme aus dem Strafrecht durch Entkriminalisierung).
[34] Sog. „Engel-Kriterien" nach dem grdl. Urteil des EGMR Engel et al. v. Niederlande, Urt. v. 8. 6. 1976 – No. 5100/71, EuGRZ 1976, 221 (232), para. 82. Vgl. vertiefend EGMR Kadubec v. Slowakei, Urt. v. 2. 9. 1998 – No. 27061/95, RJD 1998-VI, para. 50 ff. Zu den Kriterien im Zivilrecht vgl. etwa EGMR Editions Periscope v. Frankreich, Urt. v. 26. 3. 1992 – No. 11760/85, ÖJZ 1992, 771 (771), para. 39 f.; *Peters* S. 103 ff.
[35] Gilt eine Rechtsvorschrift indes nur für eine bestimmte Personengruppe, bspw. Beamte od. Soldaten, liegt lediglich Disziplinararrest vor. Art. 6 kann in diesen Fällen dennoch Anwendung finden, wenn die Sanktion ein besonderes Gewicht hat, vgl. Engel et al. v. Niederlande, aaO, para. 82 ff. In diesem Fall wurde im Ergebnis die Anwendbarkeit des Art. 6 verneint wg. der Kürze der (für Engel) angedrohten zweitägigen disziplinarischen Freiheitsentziehung (para. 85). Bei der Beurteilung wird insofern auf die mögliche Höchststrafe („maximum potential penalty") abgestellt, vgl. auch EGMR Ezeh u. Connors v. Vereinigtes Königreich, Urt. v. 9. 10. 2003 – No. 39665/98, RJD 2003-X, para. 120.
[36] EGMR Öztürk v. Deutschland, Urt. v. 21. 2. 1984 – No. 8544/79, EuGRZ 1985, 62 (67), para. 51 ff.
[37] *Pache* NVwZ 2001, 1342 (1342 f.); *Grabenwarter* § 24 Rn. 60.
[38] *Meyer-Ladewig* Rn. 88.
[39] *Grote/Marauhn/Grabenwarter/Pabel* Kap. 14 Rn. 87. Mit Blick auf den Originalwortlaut differenziert *Walther* GA 2003, 204 (219) zwischen „fair trial" (engl. Überschrift des Art. 6) und „fair hearing" (engl. Art. 6 Abs. 1 S. 1). Dieses habe mit rechtl. Gehör zu tun, jenes mit Waffengleichheit zwischen Anklage und Verteidigung.

tigung aller Umstände des Verfahrens, einschließlich des Ermittlungs- und evtl. Rechtsmittelverfahrens (näher Rn. 53).

10   a) **Recht auf Gehör.** Der im allgemeinen Fairnessgrundsatz enthaltene Anspruch auf Gewährung rechtlichen Gehörs garantiert jeder Partei das Recht, sich in gerichtlichen Verfahren zu allen erheblichen tatsächlichen und rechtlichen Fragen zu äußern und Beweise anzubieten.[40] Das Gericht ist verpflichtet, das Parteivorbringen und die beigebrachten Beweise ausreichend und unvoreingenommen auf ihre Entscheidungserheblichkeit hin zu prüfen.[41] Voraussetzung für die effektive Ausübung des rechtlichen Gehörs ist, dass die Parteien **Kenntnis vom Akteninhalt** und den gegenseitig vorgebrachten Stellungnahmen und Beweisangeboten haben.[42] Überraschungsentscheidungen sollen vermieden werden. In **Ausnahmefällen**, etwa aus Gründen des Zeugen- oder Opferschutzes (u. Rn. 50) sowie zum Schutz wichtiger öffentlicher Interessen, der nationalen Sicherheit oder Ermittlungsmethoden der Polizei kann es gerechtfertigt sein, bestimmte Beweismittel nicht offenzulegen.[43] Es sind jedoch nur solche Einschränkungen zulässig, die unbedingt notwendig (*"strictly necessary"*) sind; dadurch entstandene Erschwernisse der Verteidigung sind im Laufe des Verfahrens auszugleichen.[44]

11   Mit dem Recht auf Gehör ist auch der Anspruch auf **Begründung** von gerichtlichen Entscheidungen verbunden. Der Umfang der Begründung richtet sich nach den Umständen des Einzelfalls, insbesondere der Art der konkreten Entscheidung und der üblichen Praxis des betreffenden Rechtssystems.[45]

12   b) **Waffengleichheit.** Der Grundsatz der Waffengleichheit (*"equality of arms"*) ist ein zentraler Bestandteil des fairen Verfahrens.[46] Er umfasst nicht (nur) die *formale prozessuale Gleichheit* zwischen Angeklagtem und Anklagebehörde,[47] sondern bedeutet in der Sache, dass jede Partei ihren Fall samt der Beweise unter Bedingungen präsentieren können muss, die sie in **keine wesentlich nachteilige Position** gegenüber der anderen Partei bringen.[48] Anklage und Verteidigung müssen Kenntnis von den Stellungnahmen und Beweisen der jeweils anderen Seite haben und darauf erwidern können.[49] Daraus ergibt sich auch, wie erwähnt (Rn. 7), die Notwendigkeit einer *möglichst frühen Beteiligung* der Verteidigung, so dass sie nicht in einen uneinholbaren Informationsrückstand gegenüber der Anklagebehörde gerät.[50] Strukturell kommt damit in der Waffengleichheit die Präferenz für ein **adversatorisches Parteiverfahren** zum Ausdruck. Konkrete Ausprägungen des Grundsatzes finden sich in den **Mindestgarantien** des Abs. 3 (Rn. 39 ff.).

13   c) **Recht zu schweigen und sich nicht selbst zu belasten** (*nemo tenetur se ipsum accusare*). Dieses Recht zählt der Gerichtshof zum Kernbereich des fairen Verfahrens.[51] Es ist die Kehrseite der Unschuldsvermutung (Art. 6 Abs. 2), denn wer als unschuldig zu gelten hat, von dem kann auch nicht verlangt werden, zum Beweis des Gegenteils beizutragen. Der Beschuldigte soll vor unzulässigem staatlichem Zwang und der Erlangung von ihn belastenden Beweismitteln **gegen seinen Willen** geschützt werden.[52] Er ist daher berechtigt, nicht nur seine Aussage, sondern auch die eigenhändige Herausgabe von Beweismaterial zu verweigern.[53] Die Selbstbelastungsfreiheit verbietet jedoch nicht *per se* den Einsatz von Zwangsmitteln, um außerhalb eines laufenden oder in Aussicht genommenen Strafverfahrens iSv. Art. 6 Informationen zu erlangen.[54]

---

[40] *Meyer-Ladewig* Rn. 38.
[41] EGMR Kraska v. Schweiz, Urt. v. 19. 4. 1993 – No. 13942/88, Serie A 254-B, para. 30.
[42] EGMR Brandstetter v. Österreich, Urt. v. 28. 8. 1991 – No. 11170/84, EuGRZ 1992, 190 (194), para. 66 f.; *Grabenwarter* § 24 Rn. 64.
[43] *Meyer-Ladewig* Rn. 41.
[44] EGMR P. S. v. Deutschland, Urt. v. 20. 12. 2001 – No. 33900/96, StV 2002, 289 (290), para. 23.
[45] EGMR Hiro Balani v. Spanien, Urt. v. 9. 12. 1994 – No. 18064/91, Serie A 303-B, para. 27; *Grabenwarter* § 24 Rn. 66.
[46] Eingehend anhand eines Vergleichs zwischen der Rspr. des EGMR und der Rechtslage in Deutschland: *Safferling* NStZ 2004, 181 ff.; ferner *Trechsel* S. 94 ff.
[47] Ofner u. Hopfinger v. Österreich, Entsch. d. Ministerrats v. 5. 4. 1963, Yearbook 1963, 676 („procedural equality of the accused with the public prosecutor").
[48] EGMR Dombo Beheer B. V. v. Niederlande, Urt. v. 27. 10. 1993 – No. 14448/88, ÖJZ 1994, 464 (465), para. 33 („reasonable opportunity to present his case – including his evidence – under conditions that do not place him at a substantial disadvantage vis-à-vis his opponent").
[49] EGMR Brandstetter v. Österreich, Urt. v. 28. 8. 1991 – No. 11170/84, EuGRZ 1992, 190 (194), para. 66 f.; Natunen v. Finnland, Urt. v. 31. 3. 2009 – No. 21022/04 (unveröff.), para. 39.
[50] *Ambos* NStZ 2003, 14 (16).
[51] EGMR John Murray v. Vereinigtes Königreich, Urt. v. 8. 2. 1996 – No. 18731/91, EuGRZ 1996, 587 (590), para. 45.
[52] EGMR J. B. v. Schweiz, Urt. v. 3. 5. 2001 – No. 31827/96, NJW 2002, 499 (501), para. 64. Geschützt sind auch Äußerungen, die nicht unmittelbar die Schuld eingestehen oder belastend sind, die aber herangezogen werden können, um die Glaubwürdigkeit des Angeklagten zu unterminieren, vgl. EGMR Aleksandr Zaichenko v. Russland, Urt. v. 18. 2. 2010 – No. 39660/02 (unveröff.), para. 54.
[53] Vgl. EGMR Funke v. Frankreich, Urt. v. 25. 2. 1993 – No. 10828/84, ÖJZ 1993, 532 (533), para. 44 f.
[54] EGMR Weh v. Österreich, Urt. v. 8. 4. 2004 – No. 38544/97, JR 2005, 423 (424), para. 44, mAnm *Gaede* JR 2005, 426.

Ob der *nemo tenetur*-Grundsatz verletzt ist, beurteilt der EGMR anhand einer **abwägenden Ein-** 14
zelfallprüfung. Er berücksichtigt dabei die Art und Schwere des zur Beschaffung der Beweise ausgeübten Zwangs, das Gewicht des öffentlichen Interesses an der Verfolgung und Bestrafung der Tat, das Vorliegen von Verfahrensgarantien sowie die Verwertung der so erlangten Beweismittel.[55] Der Grundsatz ist etwa verletzt, wenn ein Beschuldigter, der zuvor sein Schweigerecht in Anspruch genommen hat, durch **Verdeckte Ermittler** in gezielten, vernehmungsähnlichen Befragungen gedrängt wird, selbstbelastende Angaben zur Sache zu machen.[56] Demgegenüber liegt grundsätzlich kein Verstoß vor, wenn **aus dem Schweigen** eines Beschuldigten nachteilige **Schlüsse** gezogen werden (u. Rn. 34).

Das Schweigerecht erstreckt sich nicht auf Beweismaterial, das **unabhängig vom Willen** des Be- 15
schuldigten vorhanden ist, selbst wenn es unter Zwang erlangt wird. Hierzu zählen Schriftstücke, die aufgrund einer Anordnung erlangt werden, Proben von Atemluft, Blut, Urin, Haaren und Körpergewebe zu Zwecken der DNA-Analyse,[57] nicht jedoch Urkunden, die vom Beschuldigten in Verfahren wegen Steuerhinterziehung unter Auferlegung eines Zwangsgeldes beigebracht werden sollen.[58] Verschluckte und im Körper verborgene Betäubungsmittel zählen grds. zur Kategorie der Beweismittel, die unabhängig vom Willen des Beschuldigten vorhanden sind. Der Einsatz eines **Brechmittels** verstößt jedoch dann gegen Art. 6, wenn der Betroffene mittels einer unmenschlichen und erniedrigenden Behandlung (Art. 3) dazu gezwungen wird, das gesuchte Beweismaterial zu liefern, obwohl dessen Ausscheiden auf natürlichem Weg abgewartet werden könnte.[59]

d) **Tatprovokation.** Der Einsatz von polizeilichen Lockspitzeln, dh. die gezielte Veranlassung 16
einer Tat durch Verdeckte Ermittler bzw. V-Leute, ist – neben der Bewertung der angemessenen Verfahrensdauer (Rn. 19 ff.) – einer der (wenigen) Bereiche, in denen die europäische und die deutsche Rspr. erheblich divergieren. Während der EGMR in einem solchen Fall von einem von Anfang an *("right from the outset")* unfairen Verfahren und einem **Beweisverwertungsverbot** ausgeht,[60] sieht der BGH zwar auch einen Verstoß gegen Abs. 1, will diesen jedoch über eine *Strafmilderung* kompensieren (sog. *Strafzumessungslösung*).[61] Der EGMR betrachtet die Erhebung und Verwertung von Beweisen im Rahmen eines Strafverfahrens zwar grds. als eine innerstaatliche Angelegenheit,[62] weist der Verfahrensfairness jedoch einen „derart hervorragenden

---

[55] EGMR Jalloh v. Deutschland, Urt. v. 11. 7. 2006 – No. 54810/00, NJW 2006, 3117 (3124), para. 117.
[56] EGMR Allan v. Vereinigtes Königreich, Urt. v. 5. 11. 2002 – No. 48539/99, RJD 2002-IX, para. 52; zust. BGH v. 26. 7. 2007 – 3 StR 104/07, NJW 2007, 3138 (3140 f.) mAnm *Duttge* JZ 2008, 261; *Meyer-Mews* NJW 2007, 3142; *Renzikowski* JR 2008, 164; eingehend: *Esser* JR 2004, 98 ff.; zur Übertragung auf die Hörfallenproblematik HK-GS/*Jäger* Vorb. zu §§ 133 ff. Rn. 49. Die Grundsätze der Allan-Entscheidung zum Schutz des Schweigerechts sind jedoch nicht gleichermaßen anwendbar, wenn der Beschuldigte nicht in Haft ist, noch nicht geäußert hat, schweigen zu wollen und nicht zu einer Aussage gedrängt wird. In Bykov v. Russland, Urt. v. 10. 3. 2009 – No. 4378/02, NJW 2010, 213 (215 f.) verneinte der EGMR (GK) daher eine Verletzung des Art. 6, da es dem in Freiheit befindlichen Bf. frei stand, den V-Mann zu empfangen, mit ihm zu sprechen und sich zur Sache zu äußern. Zudem spielten die Gesprächsaufnahmen bei der Würdigung der Vielzahl anderer Beweise nur eine begrenzte Rolle (para. 94 ff.); krit. *Gaede* JR 2009, 493 ff.); *Jung* GA 2009, 651 (655). BGH v. 29. 4. 2009 – 1 StR 701/08, NStZ 2009, 519 (520 f.) hält das heimliche Abhören eines Gesprächs zwischen einem U-Häftling und seiner Ehefrau in einem unbeaufsichtigten „separaten" Besuchsraum zwar für mit § 100 f StPO vereinbar, bejaht aber dennoch eine Verletzung des Rechts auf ein faires Verfahren iSd. Art. 20 Abs. 3 iVm. Art. 6 Abs. 1 GG, die durch eine Verwertungsverbot zu kompensieren sei, da bei dem Beschuldigten absichtlich die Fehlvorstellung hervorgerufen worden sei, er könne unüberwacht sprechen; krit. *Hauck* NStZ 2010, 17 (19 ff.) mit der Erwägung, dass der BGH zwar den Fairnessmaßstab des BVerfG berücksichtigt habe nicht jedoch den des EGMR, aus dem sich *in casu* keine Gesamtrechtsverletzung ergebe, insb. deshalb, weil wie bei Bykov v. Russland die Gesprächsaufnahmen nur eines von mehreren Beweismitteln darstellten.
[57] EGMR Saunders v. Vereinigtes Königreich, Urt. v. 17. 12. 1996 – No. 19187/91, RJD 1996-VI, para. 69 („material which may be obtained from the accused through the use of compulsory powers but which has an existence independent of the will of the suspect").
[58] EGMR J. B. v. Schweiz, Urt. v. 3. 5. 2001 – No. 31827/96, NJW 2002, 499 (501), para. 68, m. Bespr. *Schohe* NJW 2002, 492 (493); hierzu auch: *Ambos* NStZ 2002, 628 (632 f.).
[59] EGMR Jalloh v. Deutschland, Urt. v. 11. 7. 2006 – No. 54810/00, NJW 2006, 3117 (3124), para. 110 ff.; zu Jalloh: *Gaede* HRRS 2006, 241 ff.; *Safferling* Jura 2008, 100 ff.; *Schuhr* NJW 2006, 3538 ff.; *Schumann* StV 2006, 661 ff.; vgl. auch *Binder/Seemann* NStZ 2002, 234 (238).
[60] EGMR Teixeira de Castro v. Portugal, Urt. v. 9. 6. 1998 – No. 25829/94, NStZ 1999, 47 (48), para. 39, mAnm *Kempf* StV 1999, 128; *Kinzig* StV 1999, 288; *Roxin* JZ 2000, 369; *Sommer* NStZ 1999, 48
[61] BGH v. 18. 11. 1999 – 1 StR 221/99, BGHSt 45, 321 (325 ff.) = NJW 2000, 1123 (1123 ff.) mAnm *Endriß/Kinzig* NStZ 2000, 271; *Kudlich* JuS 2000, 951; *Lesch* JR 2000, 434; *Roxin* JZ 2000, 369; *Sinner/Kreuzer* StV 2000, 114; vgl. auch *Herzog* StV 2003, 410 ff. (Einstellung des NPD-Verbotsverfahrens); fortgeführt durch: BGH v. 30. 5. 2001 – 1 StR 42/01, BGHSt 47, 44 (51) = NJW 2001, 2981 (2982 f.); grdl. schon: BGH v. 23. 5. 1984 – 1 StR 148/84, BGHSt 32, 345 (355 f.) = NJW 1984, 2300 (2302) mAnm *Meyer* NStZ 1985, 134; *Schumann* JZ 1986, 66. – Anders als iRd. Kompensation überlanger Verfahrensdauer, bei der seit kurzem die sog. „Anrechnungs- oder Vollstreckungslösung" gilt (u. Rn. 26), hält der BGH hier zu Recht ausdrücklich an der Strafzumessungslösung fest, vgl. BGH v. 23. 8. 2007 – 3 StR 50/07, NJW 2007, 3294 (3298): „... durch die unzulässige Tatprovokation [werden] das Unrecht der Tat und die Schuld des Täters unmittelbar gemindert, so dass eine an den Strafausspruch anknüpfende Kompensation des rechtsstaatswidrigen Verhaltens der Strafverfolgungsorgane gegenüber dem Angekl. hier mit Recht bei der Zumessung der Strafe (…) vorgenommen wird".
[62] EGMR Van Mechelen et al. v. Niederlande, Urt. v. 23. 4. 1997 – No. 21363/93, StV 1997, 617 (619), para. 50; Teixeira de Castro v. Portugal, Urt. v. 9. 6. 1998 – No. 25829/94, NStZ 1999, 47 (48), para. 34; eingehend: *Esser* in Marauhn S. 39 (41 ff.).

Platz" zu, dass sie nicht bloßen Zweckmäßigkeitserwägungen geopfert und somit auch das aus polizeilicher Anstiftung resultierende Beweismaterial unter keinen Umständen verwendet werden dürfe.[63] Gegen die Strafzumessungslösung spricht, dass sie die in einem Verstoß gegen Art. 6 *zusätzlich liegende Völkerrechtsverletzung,* die die Vertragsstaaten zur Wiedergutmachung *(restitutio in integrum)* verpflichtet, nicht kompensieren kann. Insoweit kann nur ein Verzicht auf die rechtswidrig erlangten Beweismittel durch ein Beweisverwertungsverbot helfen.[64]

17 e) **Anwesenheits-/Teilnahmerecht.** Der Beschuldigte hat das Recht, bei Verhandlungen vor dem erkennenden Gericht anwesend zu sein[65] und daran aktiv teilzunehmen.[66] Im *Vorverfahren* sind Ermittlungen in Abwesenheit des Beschuldigten zulässig, sofern das vom Anwesenheitsrecht umfasste Recht auf Fragen und Stellungnahmen (Art. 6 Abs. 3 lit. d noch in der Hauptverhandlung gewährt wird.[67] Das Recht auf Teilnahme *("effective participation")* beinhaltet das Recht, den Prozess in einer Weise zu verfolgen, die es dem Beschuldigten ermöglicht **zu verstehen,** was für ihn auf dem Spiel steht und welche Strafe ausgesprochen werden kann.[68] Handelt es sich um einen jungen oder geistig beschränkten Beschuldigten, hat das Gericht das Verfahren so zu führen, dass auch dieser Beschuldigte ihm folgen kann.[69] Dabei ist es freilich nicht erforderlich, dass der Beschuldigte jedes juristische Detail versteht, denn auch Personen mit „normal intelligence" sind dazu in der Regel nicht in der Lage.[70]

18 Der Beschuldigte kann auf sein Anwesenheitsrecht – auch stillschweigend, etwa durch Fernbleiben von der Hauptverhandlung – **verzichten.** Der Verzicht muss eindeutig sein und setzt insb. eine ordnungsgemäße Ladung voraus.[71] Wenn der Angeklagte trotz ordnungsgemäßer Ladung unentschuldigt zur Verhandlung nicht erscheint, muss das Gericht dem Verteidiger erlauben, den Angeklagten in seiner Abwesenheit zu verteidigen. Das folgt aus dem Recht auf effektive Verteidigung (Abs. 3 lit. c).[72] **Einschränkungen** des Anwesenheitsrechts können aus Gründen des Zeugen- oder Opferschutzes zulässig sein (Rn. 50).

19 **2. Angemessene Verfahrensdauer.** Nach Abs. 1 S. 1 hat jede Person ein Recht darauf, dass über ihre zivilrechtlichen Streitigkeiten oder strafrechtlichen Anklagen „innerhalb angemessener Frist verhandelt", dh. entschieden wird. Der EGMR hat sich in einem Großteil seiner Verfahren mit der Verletzung dieser Vorschrift aufgrund überlanger Verfahrensdauer zu beschäftigen.[73]

20 a) **Maßgeblicher Zeitraum.** Die Berechnung der Verfahrensdauer beginnt in Zivilsachen mit Erhebung der Klage, in Strafsachen mit dem Zeitpunkt, in dem die Aufnahme der Ermittlungen nach außen erkennbar wird.[74] Das Verfahren endet mit der abschließenden Entscheidung der letzten Instanz;[75] dabei fällt auch das Verfahren vor dem BVerfG in den Schutzbereich des Art. 6, wenn es sich direkt auf die strafrechtliche Anklage bezieht und somit einen weiteren Teil des Strafverfahrens darstellt.[76] Für die Rüge einer rechtsstaatswidrigen Verfahrensverzögerung genügt es nicht, lediglich einen bestimmten Verfahrensabschnitt zu benennen, sondern es ist auf das ge-

---

[63] EGMR Teixeira de Castro v. Portugal, aaO, para. 36; vertiefend zu „menschenrechtliche(n) Beweisverboten aus der EMRK": *Esser,* in: *Marauhn,* S. 39 (49 ff.).
[64] Vgl. schon *Ambos* NStZ 2002, 628 (632) mwN; allg. zu Verwertungsverbot bei Fairnessverl. *Ambos,* Beweisverwertungsverbote, 2010, 102 ff.
[65] EGMR Belziuk v. Polen, Urt. v. 25. 3. 1998 – No. 23103/93, RJD 1998-II, para. 37 („entitled to be present at the first-instance trial hearing").
[66] EGMR Colozza v. Italien, Urt. v. 12. 2. 1985 – No. 9024/80, Serie A 89, para. 27 („entitled to take part in the hearing").
[67] *Esser* S. 721 ff.; näher Rn. 48 ff. Für ergänzende polizeiliche Ermittlungen nach Beginn der Hauptverhandlung entwickelt BGH v. 21. 7. 2009 – 5 StR 235/09, NStZ 2010, 53 aus der „Struktur des Strafverfahrens" eine das Gericht treffende Pflicht, die Verteidigung über die vorgesehenen Ermittlungen zu informieren und ihr eine effektive Teilhabe zu ermöglichen, m. krit. Anm. *Schneider.*
[68] EGMR S. C. v. Vereinigtes Königreich, Urt. v. 15. 6. 2004 – No. 60958/00, RJD 2004-IV, para. 28 f.
[69] EGMR S. C. v. Vereinigtes Königreich, aaO, para. 35.
[70] EGMR S. C. v. Vereinigtes Königreich, aaO, para. 29 („... many adults of normal intelligence are unable fully to comprehend all the intricacies and all the exchanges which take place in the courtroom ...").
[71] *Meyer-Ladewig* Rn. 47 mwN.
[72] EGMR Kari-Pekka Pietiläinen v. Finnland, Urt. v. 22. 9. 2009 – No. 13566/06 (unveröff.), para. 31 ff.
[73] Vgl. oben Rn. 1; *Ambos* NStZ 2002, 628 (629).
[74] StRspr., jüngst EGMR Ommer v. Deutschland (No. 2), Urt. v. 13. 11. 2008 – No. 26073/03 (unveröff.), para. 69. In Eckle v. Deutschland, Urt. v. 15. 7. 1982 – No. 8130/78, EuGRZ 1983, 371 (379), para. 73 nannte der EGMR als Bsp. für die nach außen erkennbare Aufnahme der Strafverfolgung den Tag der Festnahme bzw. Verhaftung („arrest") od. die Eröffnung des Tatvorwurfs; hierzu auch *Tepperwien* NStZ 2009, 1 (1): Durchsuchungs- od. Beschlagnahmeanordnung; *Grote/Marauhn/Grabenwarter/Pabel* Kap. 14 Rn. 103 mwN.
[75] EGMR Eckle v. Deutschland, aaO, para. 76; hierzu *Demko* HRRS 2005, 283 (284 f.).
[76] EGMR Gast und Popp v. Deutschland, Urt. v. 25. 2. 2000 – No. 29357/95, NJW 2001, 211 (211), para. 62 ff.; jüngst Kaemena u. Thöneböhn v. Deutschland, Urt. v. 22. 1. 2009 – No. 45749/06, StV 2009, 561 (562), para. 62 m. krit., aber zust. Anm. *Krehl.*

samte Verfahren Bezug zu nehmen.[77] Insoweit obliegt es dem Bf., dem Gericht ein detailliertes und wirklichkeitsgetreues Bild des Verfahrensablaufes zu liefern.[78]

b) Angemessenheit. Die Angemessenheit der Verfahrensdauer beurteilt der EGMR nach den Umständen des Einzelfalles, wobei als **Kriterien** vor allem die *Komplexität* des Falles, das *Verhalten* des Bf. und das der Behörden sowie die *Bedeutung* der Sache für den Bf. herangezogen werden.[79] Eine besondere Bedeutung ist in Strafsachen etwa bei Inhaftierung des Beschuldigten oder bei vorläufiger Entziehung der Fahrerlaubnis, in Zivilsachen bei Kündigungsschutzverfahren oder bei Streit über das elterliche Sorgerecht anzunehmen.[80] Auch das hohe Alter des Betroffenen kann eine besondere Bedeutung begründen.[81]

Die chronische **Überlastung eines Gerichts** kann eine überlange Verfahrensdauer nicht rechtfertigen,[82] denn die Vertragsstaaten sind durch Abs. 1 dazu verpflichtet, ihre Justizsysteme personell und sachlich so auszustatten, dass die Instanzgerichte in der Lage sind, ihre Verfahren in angemessener Zeit abzuschließen (u. Rn. 27).[83] In *steuerstrafrechtlichen* Ermittlungsverfahren durch die Finanzbehörden ist insb. in Fällen, in denen sich die Beweislage als schwierig darstellt, eine frühzeitige Einbeziehung der StA geboten.[84] Eine gewisse Untätigkeit während eines bestimmten Verfahrensabschnitts führt jedoch nicht ohne Weiteres zu einem Verstoß gegen Art. 6, sofern die angemessene Frist *insgesamt* nicht überschritten wird.[85]

Nach allgemeinen völkerrechtlichen Grundsätzen der Staatenverantwortlichkeit können dem beklagten Staat natürlich nur solche Verzögerungen **zugerechnet** werden, die auch von seinen Organen unmittelbar oder mittelbar verursacht wurden.[86] So kann etwa eine auf **prozessverschleppendes Verhalten** des Angeklagten zurückzuführende Verzögerung nicht dem beklagten Vertragsstaat zugerechnet werden.[87] Indes handelt es sich bei dem Zeitraum, der der Korrektur von Verfahrensfehlern dient, um eine der Justiz anzulastende Verfahrensverzögerung.[88]

Anders als der EGMR bezieht der **BGH** bei Bewertung der Angemessenheit der Verfahrensdauer neben den objektiv messbaren Kriterien auch subjektive Gesichtspunkte mit ein, wie die mit der Verzögerung verbundenen Belastungen und die Schuld des Angeklagten.[89]

---

[77] BGH v. 18. 11. 2008 – 1 StR 568/08, StV 2009, 118 (118). Der Angekl. hatte gerügt, dass zwischen dem Eingang der schriftl. Urteilsgründe bei der Geschäftsstelle und der Zustellung des Urteils 7 Monate vergangen waren.
[78] BVerfG v. 10. 3. 2009 – 2 BvR 49/09, StV 2009, 673 (673 f.).
[79] StRspr., EGMR *Gast und Popp v. Deutschland*, aaO, para. 70; vertiefend: *Demko* HRRS 2005, 283 (285 ff.); auch *Frowein/Peukert* Rn. 251 ff.; vgl. auch BGH v. 7. 11. 2007 – 1 StR 275/07, StV 2009, 338 (340) mAnm *Kühne* zum eigenmächtigen Fernbleiben des Angeklagten im Fortsetzungstermin bei Provokation einer Verhaftung im Ausland; zur Bedeutung des Rechts speziell im Ermittlungsverfahren: *Mansdörfer* GA 2010, 153.
[80] Weitere Bsp. bei *Frowein/Peukert* Rn. 262.
[81] EGMR *Süßmann v. Deutschland*, Urt. v. 16. 9. 1996 – No. 20024/92, EuGRZ 1996, 514 (520), para. 7 ff., 61, wobei im konkreten Fall das hohe Alter des Bf. als Kriterium allein nicht ausreichte, so dass im Ergebnis eine Verletzung des Art. 6 verneint wurde.
[82] EGMR *Gast und Popp v. Deutschland*, Urt. v. 25. 2. 2000 – No. 29357/95, NJW 2001, 211 (212), para. 78.
[83] EGMR *Metzger v. Deutschland*, Urt. v. 31. 5. 2001 – No. 37591/97, StV 2001, 489 (490), para. 42; *Klein v. Deutschland*, Urt. v. 27. 7. 2000 – No. 33379/96, NJW 2001, 213 (213 f.), para. 42 f. (für Zivilverfahren).
[84] BGH v. 30. 4. 2009 – 1 StR 90/09, StV 2009, 684. *In casu* lehnte der BGH eine konventionswidrige Verfahrensverzögerung durch die fehlende frühzeitige Unterrichtung der StA ab, weil die Anklageerhebung unverzüglich nach Eingang der Akten bei der StA erfolgt sei.
[85] BGH v. 19. 6. 2002 – 1 StR 43/02, NStZ 2003, 384 (384); BGH v. 18. 6. 2009 – 3 StR 89/09, StV 2010, 228 (230); vgl. auch EGMR *G. S. v. Österreich*, Urt. v. 21. 12. 1999 – No. 26297/95 (unveröff.), para. 37, worin der GH feststellt, dass das Verfahren als Ganzes und insb. das Verfahren vor dem Verwaltungsgerichtshof eine angemessene Dauer überschritten hatte. Im Fall *Metzger v. Deutschland*, aaO, stellte der EGMR gleich in mehreren Verfahrensabschnitten Verzögerungen fest (para. 41); so lag zwischen dem Abschluss der Ermittlungen u. der Anklageerhebung ein Zeitraum v. 15 Mon., bis zur Ablehnung der Eröffnung des Hauptverfahrens vergingen 6 Mon., weitere 8 Mon. bis zur Bestellung eines Gutachters und für die Aufhebung des Urt. aufgrund bloßer Verfahrensmängel (verspätete Urteilsabsetzung) benötigte der BGH über 2 Jahre.
[86] *Herdegen*, Völkerrecht, 9. Aufl. 2010, § 58 Rn. 5 ff. Das Beschleunigungsgebot richtet sich an den Vertragsstaat an sich, so dass nicht nur Verzögerungen durch die Justizbehörden, sondern aller staatlichen Stellen zu berücksichtigen sind, vgl. BGH v. 4. 8. 2009 – 5 StR 253/09, StV 2009, 693 = NStZ 2010, 230 (Verzögerung durch die Meldebehörden); zur Zurechenbarkeit der Verzögerung auch *Mansdörfer* GA 2010, 153 (160 f.).
[87] EGMR *Eckle v. Deutschland*, Urt. v. 15. 7. 1982 – No. 8130/78, EuGRZ 1983, 371 (380 f.), para. 82, mAnm *Kühne* EuGRZ 1983, 382; zur Behandlung eines Beweisantrags in Prozessverschleppungsabsicht: BGH v. 9. 5. 2007 – 1 StR 32/07, NStZ 2007, 659 m. krit. Anm. *Beulke/Ruhmannseder* NStZ 2008, 300; *Michalke* StV 2008, 228; zur Verfahrensverzögerung wegen Zurückverweisung nach Revision des Angeklagten: BGH v. 11. 9. 2008 – 3 StR 358/08, NStZ 2009, 104; ferner BGH v. 15. 1. 2009 – 4 StR 537/08, NStZ 2009, 472; zum Begriff der rechtsstaatswidrigen Verfahrensverzögerung: *Tepperwien* NStZ 2009, 1 (2).
[88] Vgl. BGH v. 22. 9. 2009 – 4 StR 292/09, StV 2009, 692 (693), wobei der Senat feststellte, dass für die Berechnung der überlangen Verfahrensdauer der Zeitraum ab der ersten das Urteil aufhebenden Entscheidung maßgeblich ist.
[89] Vgl. BGH v. 25. 10. 2000 – 2 StR 232/00, BGHSt 46, 159 (168 ff.) = NJW 2001, 1146 (1148) mAnm *Ostendorf/Radke* JZ 2001, 1094; *I. Roxin*, StraFo 2001, 51; ebenso BGH v. 18. 6. 2009 – 3 StR 89/09, StV 2010, 228 (230). Auch BVerfG v. 10. 3. 2009 – 2 BvR 49/09, StV 2009, 673 zählt die mit der Verzögerung verbundenen Belastungen des Betroffenen zu den wesentlichen Faktoren der Gesamtwürdigung. Eingehend zu weiteren Kriterien iS einer umfassenden Gesamtabwägung: *Waßmer* ZStW 118 (2006), 159 (171 ff.); zur Kritik insb. an der Einbeziehung der

25   **c) Konsequenzen.** Der EGMR hat festgestellt, dass die deutschen Gerichte über ausreichende prozessuale Mittel verfügen, um eine Verletzung von Art. 6 wegen überlanger Verfahrensdauer wiedergutzumachen.[90] Nur wenn die „reparation" unvollkommen ist, spricht der Gerichtshof eine Entschädigung zu. Er verneint idR einen konkreten Schaden und somit die Anwendung von Art. 41, wenn die überlange Verfahrensdauer angemessen **strafmildernd** berücksichtigt wurde.[91] In anderen Fällen ist Deutschland schon mehrfach zu **Entschädigungszahlungen** verurteilt worden.[92]

26   Innerstaatlich sind die Konsequenzen einer Verfahrensüberlänge umstritten.[93] Als **Möglichkeiten** kommen insb. die Verfahrenseinstellung (§§ 153, 153a StPO), die Beschränkung der Strafverfolgung (§§ 154, 154a StPO), die Beendigung des Verfahrens durch Absehen von Strafe, eine Verwarnung mit Strafvorbehalt (§§ 59, 60 StGB) oder eine Kompensation iRd. Strafzumessung in Betracht.[94] Das **BVerfG** billigt den Gerichten und Anklagebehörden zu, die „verfassungsrechtlich gebotenen Folgen aus einer Verfahrensverzögerung in Anwendung des Straf- und Strafverfahrensrechts unter Berücksichtigung sämtlicher Umstände des Einzelfalls" zu ziehen und verlangt grds., dass „Art und Umfang der Verletzung des Beschleunigungsgebots ausdrücklich festgestellt und das Ausmaß der Berücksichtigung dieses Umstands näher bestimmt werden".[95] Der **BGH** sucht den Ausgleich für eine Verfahrensüberlänge traditionell auf der Ebene der Strafzumessung.[96] Allerdings hat BGHGS das bisher praktizierte *Strafabschlagsmodell* durch ein **Anrechnungs- oder Vollstreckungsmodell** ersetzt.[97] Während nach jenem Modell die erforderliche Kompensation schon durch die Reduzierung der Einzelstrafen vorzunehmen war und mit einer entsprechend gemilderten (Gesamt-)Strafe tenoriert wurde, sind nach dem neuen Modell die *schuldangemessenen Einzelstrafen* und die daraus zu bildende Gesamtstrafe *zunächst* in den Urteilsgründen *festzusetzen* und sodann in der Urteilsformel auszusprechen, dass *ein bezifferter Teil* dieser Gesamtstrafe (bzw. der verhängten Strafe) zur Entschädigung für die überlange Verfahrensdauer *als vollstreckt gilt*.[98] Wird die Gesamtstrafe *nachträglich* aufgelöst und neu gebildet, hat das Gericht auch hier den bezifferten Teil der neuen Gesamtstrafe festzusetzen, der aus Kompensationsgründen als vollstreckt anzurechnen

---

Schuld des Angeklagten: *Ambos* NStZ 2002, 628 (630f.) mwN in Fn. 50. Indes berücksichtigt BGH v. 15. 3. 2005 – 2 StR 320/04, NStZ 2005, 445 (445 f.) die Schuld des Angeklagten nicht als relevantes Kriterium; zur dt. Rspr. auch: *Detter* NStZ 2005, 498 (499 f.).

[90] EGMR Eckle v. Deutschland, aaO, para. 67.

[91] Hierzu *Ambos* NStZ 2002, 628 (630). Im Fall Metzger v. Deutschland, Urt. v. 31. 5. 2001 – No. 37591/97, StV 2001, 489 (490), para. 48, sprach der EGMR dem Bf. trotz strafmildernd berücksichtigter Verfahrensdauer durch das LG eine Entschädigung zu, da offensichtlich die Konventionsverletzung durch die Strafmilderung alleine nicht kompensiert werden konnte.

[92] Vgl. aus jüngerer Zeit EGMR *Grässer*, Urt. v. 5. 10. 2006 – No. 66491/01, EuGRZ 2007, 268 (272), para. 66 (45 000 Euro immaterielle Entschädigung für knapp 29-jähriges Zivilgerichtsverfahren); *Herbst*, Urt. v. 11. 1. 2007 – No. 20027/02, EuGRZ 2007, 420 (425), para. 90 (10 000 Euro für bald 19-jähriges Zivilgerichtsverfahren); *Sürmeli*, Urt. 8. 6. 2006 – No. 75529/01, EuGRZ 2007, 255 (267), para. 145 (10 000 Euro für 16-jähriges Zivilgerichtsverfahren); *Voggenreiter*, Urt. v. 8. 1. 2004 – No. 47169/99, EuGRZ 2004, 150 (155 f.), para. 57 (2000 Euro für knapp 7-jährige Verfahrensdauer vor dem BVerfG).

[93] Eingehend: *Krehl/Eidam* NStZ 2006, 1 (8 ff.) mwN.

[94] BVerfG v. 25. 7. 2003 – 2 BvR 153/03, NJW 2003, 2897 (2897 f.); zum Anspruch auf Einstellung des Ermittlungsverfahrens im Ausnahmefall: *Mansdörfer* GA 2010, 153 (165 ff.).

[95] BVerfG v. 25. 7. 2003 – 2 BvR 153/03, aaO.

[96] Schon BGH v. 10. 11. 1971 – 2 StR 492/71, BGHSt 24, 239 (242) = NJW 1972, 402 (403) („Berücksichtigung bei der Strafzumessung das geeignete Mittel"), auch BGH v. 4. 5. 2004 – 5 StR 588/03, NStZ-RR 2004, 230 (230 f.); zur Entwicklung der Rspr. des BGH: *Waßmer* ZStW 118 (2006), 159 (178 ff.); krit. *Paeffgen* StV 2007, 487 ff., der (494) im Ergebnis über eine Entschädigung für amtspflichtwidriges Strafverfolgen nach spanischem Vorbild nachdenkt.

[97] BGHGS v. 17. 1. 2008 – GSSt 1/07, NJW 2008, 860 (861 ff.) mAnm *Bußmann* NStZ 2008, 236; *Gaede* JZ 2008, 422; eingehend: *Keiser* GA 2008, 686 ff.; *Kraatz* JR 2008, 189 ff.; *Scheffler* ZIS 2008, 269 ff.; *Streng* JZ 2008, 979 ff.; krit. *Ignor/Bertheau* NJW 2008, 2209 ff.; ferner *Ziegert* StraFo 2008, 321; zur Vorlage v. BGH v. 23. 8. 2007 – 3 StR 50/07, NJW 2007, 3294 (3296 ff.) mAnm *Peglau* NJW 2007, 3298; *I. Roxin* StV 2008, 14; *Salditt* StraFo 2007, 513; *Weber* JR 2008, 36; bereits *Kraatz* JR 2006, 403 (408 f.) schlug ein gesetzlich zu verankerndes „Anrechnungsmodell" vor. Zum Verschlechterungsverbot bei Zurückverweisung wg. Nichtanwendung des „Vollstreckungsmodells": BGH v. 18. 1. 2008 – 3 StR 388/07, StV 2008, 399 (399 f.).

[98] Vgl. BGHGS v. 17. 1. 2008 – GSSt 1/07, NJW 2008, 860 (866); ebenso BGH v. 21. 2. 2008 – 3 StR 505/07, NStZ 2008, 477 (477). – Zur konkreten Bezifferung des Strafabschlags bzw. der als vollstreckt geltenden Strafe: BGH v. 21. 2. 2008 – 3 StR 505/07, aaO; Strafabschlag von 9 Monaten bei 7-monatiger Verfahrensverzögerung überschreite die Grenzen des tatrichterlichen Bewertungsspielraums, BGH v. 6. 3. 2008 – 3 StR 514/07, NStZ 2008, 478 (478): die Anrechnung beschränkt sich idR auf einen „eher geringen Bruchteil der Strafe"; BGH v. 20. 3. 2008 – 1 StR 488/07, NJW 2008, 2451 (2454): Ein Strafabschlag von 50% der Verfahrensverzögerung ist unangemessen hoch; BGH v. 1. 4. 2008 – 5 StR 357/07, NStZ 2008, 475 (476): Anrechnung von 2 Monaten Freiheitsstrafe für 7½-monatiges Revisionsverfahren, das um 4 Monate verzögert wurde, ist angemessen. – Krit. zur Vollstreckungslösung beim Mord: *Reichenbach* NStZ 2009, 120; zur Kompensation rechtsstaatswidriger Verfahrensverzögerung im Fall eines Freispruchs od. erzieherischer Maßnahmen bei Jugendstrafe: *Volkmer*, NStZ 2008, 608; im Fall einer wg. Schwere der Schuld verhängten Jugendstrafe: BGH v. 27. 11. 2008 – 5 StR 495/08, StV 2009, 93; im Fall einer Verhängung von Jugendstrafe wg. schädlicher Neigungen: BGH v. 26. 10. 2006 – 3 StR 326/06, StV 2008, 113 mAnm *Ostendorf*. *Gaede* JZ 2008, 422 (423) wirft die Frage auf, ob weitere Verfahrensfehler, die kein Verwertungsverbot auslösen, durch Vollstreckungslösungen zu kompensieren sind.

ist.⁹⁹ Der offenkundige Vorteil dieses – zwingend anzuwendenden¹⁰⁰ – Modells ist die *Beibehaltung der schuldangemessenen (Gesamt-)Strafe* in der Urteilsformel und die klare Bezifferung der als vollstreckt geltenden Strafe.¹⁰¹ Jedoch muss bedacht werden, dass die *Verfahrensdauer als solche* und die hiermit verbundenen Belastungen des Angeklagten bereits bei der *Straffestsetzung* mildernd zu berücksichtigen sind.¹⁰² Eine Kompensation kommt nur für rechtsstaatswidrige Verfahrensverzögerungen und auch nur dann in Betracht, wenn deren Feststellung in den Urteilsgründen als Entschädigung allein nicht ausreicht.¹⁰³ Reicht sie nicht aus, bestimmt sich das Maß der Kompensation nicht ausschließlich nach dem Umfang der Verzögerung, sondern entscheidend danach, wie sie sich konkret auf den Angeklagten ausgewirkt hat.¹⁰⁴ In **Jugendsachen** ist zu berücksichtigen, dass sich die Betroffenen in einer Phase der schulischen und beruflichen Orientierung befinden, in der Planungssicherheit besonders wünschenswert ist.¹⁰⁵ Sind *mehrere Angeklagte* im gleichen Umfang von der Verzögerung betroffen, so ist die Kompensation in gleicher Höhe auszusprechen; das Geständnis nur eines Angeklagten ist bereits bei der Strafzumessung, aber nicht nochmals bei der Kompensation zu berücksichtigen.¹⁰⁶ Hat das Gericht eine Kompensation rechtsfehlerhaft für nicht geboten erachtet und wird die Sache deshalb im Zuge der Revision zurückverwiesen, erstreckt sich die Aufhebung nicht auf einen früheren Mitangeklagten, der keine Revision eingelegt hat. § 357 StPO findet keine Anwendung, da die Aufhebung nicht wegen einer Gesetzesverletzung bei der Anwendung des Strafgesetzes, sondern wegen eines Verstoßes gegen Art. 6 Abs. 1 erfolgt, mithin wegen der Verletzung einer Rechtsnorm über das Verfahren iSd. § 344 Abs. 2 StPO.¹⁰⁷

3. Recht auf ein Gericht. Abs. 1 S. 1 garantiert das Recht auf ein Gericht, das Recht auf Zugang ist ein Teilaspekt davon.¹⁰⁸ Das Recht verpflichtet die Vertragsstaaten dazu, ihre Justizsysteme in einer Weise zu organisieren, dh. personell und sachlich so auszustatten, dass die Gerichte in einem fairen und zügigen Verfahren entscheiden können (schon o. Rn. 22). **Gerichte** sind – in autonomer Auslegung des EGMR – alle Spruchkörper, die auf der Grundlage bestehenden Rechts in einem rechtsstaatlichen Verfahren eine bindende Entscheidung über Streitfragen treffen können.¹⁰⁹ Gerichte sind „auf Gesetz beruhend", wenn ihre Zusammensetzung, Zuständigkeit und Organisation sowie Verfahren in einem Parlamentsgesetz geregelt sind.¹¹⁰ 27

Das Gericht muss **unabhängig** von der Exekutive und den Parteien sein. Indizien dafür sind die Art und Weise der Ernennung der Mitglieder sowie deren Amtsdauer und Weisungsfreiheit, das Vorhandensein von Garantien gegen äußeren Druck sowie das Erscheinungsbild der Unabhängigkeit.¹¹¹ **Unparteilichkeit** bedeutet grds. das Fehlen von Voreingenommenheit oder Befangenheit. In subjektiver Hinsicht wird insoweit die persönliche Überzeugung und das Verhalten des *Richters* im konkreten Fall, in objektiver Hinsicht geprüft, ob der Richter ausreichende Gewähr dafür geboten hat, dass insoweit alle berechtigten Zweifel ausgeschlossen sind.¹¹² Die persönliche Unbefangenheit des einzelnen Richters wird bis zum Beweis des Gegenteils vermutet. Für die objek- 28

---

⁹⁹ BGHGS v. 17. 1. 2008 – GSSt 1/07, aaO.
¹⁰⁰ So hob der BGH v. 6. 3. 2008 – 3 StR 514/07, aaO, das landgerichtliche Urteil im Strafausspruch auf, weil dort noch die „Strafabschlagslösung" angewandt worden war. Indes stellte der BGH v. 20. 3. 2008 – 1 StR 488/07, aaO, fest, dass es bei „Übergangsfällen" grds. die mildere Lösung ist, es bei dem von der StrK gewährten Strafabschlag zu belassen und nicht hinnehmbaren Härten im Vergleich mit einer hypothetischen Kompensation nach der Vollstreckungslösung im Vollstreckungsverfahren, notfalls im Gnadenweg, zu begegnen.
¹⁰¹ *Tepperwien* NStZ 2009, 1 (4) weist darauf hin, dass die Lösung für den Verurteilten den Vorteil bringt, dass es früher als bisher möglich ist, einen Strafrest zur Bewährung auszusetzen. Nachteilhaft ist indes, dass aufgrund der ungemildert festgesetzten Höhe der Strafe ggf. nicht solche zur einer Strafaussetzung zur Bewährung ausgesprochen werden kann; ebenso stellen beamtenrechtl. (§ 24 BRRG) u. ausländerrechtl. (§§ 53, 54 AufenthG) Folgen auf die Strafhöhe ab.
¹⁰² Vgl. BGHGS v. 17. 1. 2008 – GSSt 1/07, NJW 2008, 860 (866); ebenso BGH v. 18. 6. 2009 – 3 StR 89/09, StV 2010, 228 (230 f.). Die Berücksichtigung der Verfahrensdauer erst iRd. Kompensationsentscheidung reicht nicht aus, vgl. KG v. 16. 4. 2009 – (1) 1 Ss 411/08, StV 2009, 694 (694 f.).
¹⁰³ BGH v. 6. 3. 2008 – 3 StR 514/07, NStZ 2008, 478 (478), auch zu den Anforderungen an die gebotene konkreten Feststellungen zu Art, Ausmaß und Ursachen der in verschiedenen Verfahrensabschnitten auftretende Verzögerungen. BGH v. 21. 10. 2008 – 4 StR 364/08, StV 2009, 682 (683) und BGH v. 16. 6. 2009 – 3 StR 173/09, StV 2009, 638 (639) betonen, dass der Strafausspruch und die Kompensationsentscheidung selbständig nebeneinander stehen und unabhängig voneinander zu beurteilen sind.
¹⁰⁴ BGHGS v. 17. 1. 2008 – GSSt 1/07, aaO; BGH v. 29. 10. 2008 – 2 StR 467/07, NStZ 2009, 287; BGH v. 18. 6. 2009 – 3 StR 89/09, aaO; vgl. hierzu auch *Mansdörfer* GA 2010, 153 (163 ff.).
¹⁰⁵ BGH v. 27. 11. 2008 – 5 StR 495/08, NStZ 2010, 94 (95).
¹⁰⁶ BGH v. 5. 8. 2009 – 3 StR 595/08, StV 2009, 694.
¹⁰⁷ BGH v. 21. 10. 2008 – 4 StR 364/08, StV 2009, 682 (683).
¹⁰⁸ EGMR Waite u. Kennedy v. Deutschland, Urt. v. 18. 2. 1999 – No. 26083/94, NJW 1999, 1173 (1173), para. 50.
¹⁰⁹ *Grabenwarter* § 24 Rn. 27 ff. mwN.
¹¹⁰ *Peters* S. 112 f.
¹¹¹ EGMR Campbell u. Fell v. Vereinigtes Königreich, Urt. v. 28. 6. 1984 – No. 7819/77, EuGRZ 1985, 534 (540), para. 77 ff.; vertiefend: *Grabenwarter* § 24 Rn. 32 ff.
¹¹² EGMR Schwarzenberger v. Deutschland, Urt. v. 10. 8. 2006 – No. 75737/01, NJW 2007, 3553 (3554), para. 38.

tive Unvoreingenommenheit des *Spruchkörpers* kommt es darauf an, ob es, unabhängig von dem persönlichen Verhalten einzelner Richter, nachweisbare Tatsachen gibt, die Zweifel an seiner Unparteilichkeit begründen können.[113]

29   Das **Recht auf Zugang** zu einem Gericht ist nicht absolut, sondern kann im innerstaatlichen Recht **Beschränkungen** unterworfen werden, etwa mittels Form- und Fristvorschriften, Begründungs- und Anwaltszwang oder Gerichtskosten, wobei die Konventionsstaaten insoweit einen gewissen Beurteilungsspielraum *("certain margin of appreciation")* genießen.[114] Die Beschränkungen dürfen jedoch das Recht auf Zugang nicht in seinem Wesensgehalt antasten und müssen im Interesse einer geordneten Rechtspflege erforderlich sein, dh. ein berechtigtes Ziel verfolgen und verhältnismäßig sein.[115] In **Zivilsachen** hat jede Partei das Recht, ein Verfahren vor Gericht anhängig zu machen, und einen Anspruch auf eine abschließende Entscheidung einschließlich deren Vollstreckung.[116] In **Strafsachen** ist das Recht auf ein Gericht auch in Strafbefehls- und Bußgeldverfahren gewahrt, wenn jedenfalls die Möglichkeit besteht, eine Verhandlung vor Gericht durch Einlegen eines Rechtsbehelfs (Einspruchs) zu erwirken; der Verzicht darauf ist unwirksam, wenn er unter Zwang erfolgt.[117] Das damit verbundene Risiko einer Strafverschärfung ist im Hinblick auf Art. 6 unbeachtlich.[118] Der Beschuldigte hat zwar einen Anspruch auf eine gerichtliche Entscheidung über die gegen ihn erhobene Anklage, jedoch nicht auf einen Frei- oder Schuldspruch, so dass ein Verfahren auch vorzeitig *eingestellt* werden darf.[119]

30   Das Recht auf ein Gericht aus Abs. 1 garantiert nicht das **Recht auf ein Rechtsmittel**. Dieses folgt für Strafsachen allein aus Art. 2 Prot. 7, das Deutschland jedoch nicht ratifiziert hat.[120] Ein Anspruch auf Zugang zu Rechtsmittelgerichten besteht allerdings dann, wenn der Konventionsstaat solche eingerichtet hat.[121] Jedoch bliebe Art. 6 unberührt, wenn ein bestehendes Rechtsmittel durch Gesetzesänderung abgeschafft würde.[122]

31   **4. Öffentliche Verhandlung und Urteilsverkündung.** Die Garantie eines transparenten Gerichtsverfahrens dient der Stärkung des Vertrauens der Bevölkerung in den Rechtsstaat und soll gleichzeitig vor einer Geheimjustiz schützen.[123] Mündliche Verhandlungen, auch Ortstermine, müssen danach grundsätzlich zugänglich sein, der interessierte Bürger muss sich also auch *vorher* nach Ort und Zeit der Verhandlung erkundigen können. Das Zugangsrecht besteht grds. *in allen Instanzen* mit mündlicher Verhandlung; von einer solchen kann jedoch in zweiter Instanz abgesehen werden, wenn das Gericht nur über die Zulässigkeit des Rechtsmittels, über Rechtsfragen oder über Tatsachenfragen ohne eigene Ermittlungen aufgrund der Aktenlage zu entscheiden hat.[124]

32   Der **Ausschluss der Öffentlichkeit** von der Verhandlung ist aus den in Abs. 1 S. 2 genannten Gründen zulässig. Die Aufzählung ist *nicht abschließend*; der EGMR stellte ausdrücklich fest, dass auch die Sicherheit oder Privatsphäre von Zeugen oder die Förderung eines freien Informations- und Meinungsaustausches im Interesse der Gerechtigkeit den Ausschluss der Öffentlichkeit rechtfertigen kann.[125] In jedem Falle muss der Grundsatz der *Verhältnismäßigkeit* gewahrt werden.[126] Anders als Art. 8–11 enthält Art. 6 keinen Gesetzesvorbehalt, so dass es aus EMRK-Perspektive einer nationalen Ermächtigungsgrundlage zum Öffentlichkeitsausschluss grundsätzlich nicht bedarf, eine solche aber natürlich zulässig und aus Gründen der Rechtssi-

---

[113] EGMR Schwarzenberger v. Deutschland, aaO, para. 39 f. Im konkreten Fall rechtfertigte der Umstand, dass zwei der Richter im Urteil gegen einen Mittäter Feststellungen über das Verhalten des Bf. gemacht hatten und später am Verfahren gegen ihn mitwirken, nicht Zweifel an der Unparteilichkeit des Spruchkörpers.
[114] EGMR Stubbings et al. v. Vereinigtes Königreich, Urt. v. 22. 10. 1996 – No. 22083/93, RJD 1996-IV, para. 50 ff.
[115] EGMR Waite u. Kennedy v. Deutschland, Urt. v. 18. 2. 1999 – No. 26083/94, NJW 1999, 1173 (1174), para. 59; vertiefend: *Meyer-Ladewig* Rn. 20 ff. mwN.
[116] EGMR Hornsby v. Griechenland, Urt. v. 19. 3. 1997 – No. 18357/91, RJD 1997-II, para. 40.
[117] EGMR Deweer v. Belgien, Urt. v. 27. 2. 1980 – No. 6903/75, EuGRZ 1980, 667 (672 f.), para. 49 ff. *In casu* ordnete die Behörde die Schließung des Geschäftsbetriebes des Bf. an und teilte mit, dass diese entweder durch Zahlung des Bußgeldes oder nach Erlass des Strafurteils enden würde. Der Bf. zahlte das Bußgeld, um einen Geschäftsschaden zu vermeiden. Der EGMR bejahte eine Verletzung des Rechtes auf ein gerichtliches Verfahren, da der Verzicht erzwungen wurde.
[118] IntKomm EMRK/*Vogler* Rn. 243.
[119] *Frowein/Peukert* Rn. 86 ff.
[120] Aktuell: http://conventions.coe.int/Treaty/Commun/ChercheSig.asp?NT=117&CM=8&DF=&CL=ENG.
[121] *Meyer-Ladewig* Rn. 28.
[122] *Frowein/Peukert* Rn. 93.
[123] Ähnlich *Peters* S. 120 f.; *Frowein/Peukert* Rn. 187.
[124] *Meyer-Ladewig* Rn. 66; vgl. auch EGMR Axen v. Deutschland, Urt. v. 8. 12. 1983 – No. 8273/78, EuGRZ 1985, 225 (228), para. 28.
[125] EGMR B. u. P. v. Vereinigtes Königreich, Urt. v. 24. 4. 2001 – No. 36337/97, ÖJZ 2002, 571 (572), para. 37 („to protect the safety or privacy of witnesses or to promote the free exchange of information and opinion in the pursuit of justice").
[126] EGMR Campbell u. Fell v. Vereinigtes Königreich, Urt. v. 28. 6. 1984 – No. 7819/77, EuGRZ 1985, 534 (541), para. 87.

cherheit sogar empfehlenswert ist. Entsprechende deutsche Regelungen finden sich bspw. in §§ 169–175 GVG, 48 JGG, 52 ArbGG. Für die **Verkündung** des Urteils bzw. eines Beschlusses[127] gelten die Ausschlussgründe nicht. Der EGMR lässt es jedoch je nach der Art des Verfahrens, etwa in Kindschaftssachen, genügen, wenn jede Person, die ein berechtigtes Interesse nachweisen kann, den vollständigen Wortlaut der Entscheidung einsehen oder eine Abschrift davon erhalten kann.[128]

5. **Unschuldsvermutung (Abs. 2).** Sie gilt in allen Verfahren, die vom EGMR als Strafverfahren **33** eingestuft werden, also auch in Verfahren über Ordnungswidrigkeiten (zur autonomen Auslegung der „strafrechtlichen Anklage" schon o. Rn. 8). Der Grundsatz verlangt vom Richter – trotz der (im inquisitorisch-instruktorischen Verfahrensmodell kontinentaleuropäischer Prägung üblichen) Aktenkenntnis – nicht mit einer vorgefassten Meinung *(„preconceived idea")* hinsichtlich der Schuld des Angeklagten die Hauptverhandlung durchzuführen. Aus der Unschuldsvermutung folgt ferner, dass die Beweislast bei der Anklage[129] liegt und jeder Zweifel sich zu Gunsten des Angeklagten auswirkt.[130]

Der EGMR erkennt an, dass es nicht generell gegen Art. 6 verstößt, **Schlussfolgerungen aus** **34** **dem Schweigen** eines Angeklagten zu ziehen.[131] Dies sei in Rechtssystemen, in denen das Prinzip der freien Beweiswürdigung gilt, jedenfalls dann zulässig, wenn aufgrund der im Verfahren erbrachten Beweise das Schweigen des Angeklagten den einzigen Schluss zulasse, dass er diesen nichts zu entgegnen habe.[132]

Der „gesetzliche Beweis der Schuld" wird durch ein *rechtskräftiges Urteil* erbracht, das in **35** Übereinstimmung mit dem nationalen materiellen und prozessualen Recht („gesetzlich") herbeigeführt werden muss.[133] Bis zu seiner Verkündung dürfen sich weder Richter noch die Ermittlungsbehörden zu den Aussichten der Verteidigung äußern oder Bemerkungen machen, die die Schuld des Betroffenen indizieren; das scheint sehr weitgehend, doch wenn der EGMR vorverurteilende Äußerungen für unzulässig hält bis eine Person „has been proved so according to law" bzw. „has been tried and found guilty",[134] so bezieht sich dieser Nachweis eben auf das rechtskräftige Urteil und verbietet es ja nicht, über die (nur) erstinstanzliche Verurteilung zu berichten. Auch *Verwaltungsbehörden* sind an Abs. 2 gebunden, wie sich bspw. aus § 3 Abs. 3 StVG ergibt.

Auch die **Medien** haben bei ihrer Prozessberichterstattung die Unschuldsvermutung als Aus- **36** prägung des allgemeinen Persönlichkeitsrechtes zu beachten.[135] Dabei ist jedoch ihre grundlegende Funktion in einer demokratischen Gesellschaft angemessen zu berücksichtigen (dazu Art. 10 Rn. 10ff.). So kann die Unschuldsvermutung die Freiheit der Berichterstattung zumindest dann nicht einschränken, wenn die Grenzen zulässiger Verdachtsberichterstattung eingehalten werden.[136] Insofern muss die Darstellung so sachlich erfolgen, dass die Öffentlichkeit nicht vorzeitig („Vorverurteilung") von der Schuld des Angeklagten ausgeht und die Beweiswürdigung durch das Gericht nicht vorweggenommen wird.[137]

---

[127] EGMR Axen v. Deutschland, Urt. v. 8. 12. 1983 – No. 8273/78, EuGRZ 1985, 225 (228), para. 29.
[128] EGMR Petersen v. Deutschland, Entsch. v. 6. 12. 2001 – No. 31178/96, NJW 2003, 1921 (1923); B. u. P. v. Vereinigtes Königreich, Urt. v. 24. 4. 2001 – No. 36337/97, ÖJZ 2002, 571 (573), para. 46 f.
[129] Zur gesetzlichen Schuldvermutung im frz. ZollG und der teilweisen Abwälzung der Beweislast auf den Beschuldigten: EGMR Salabiaku v. Frankreich, Urt. v. 7. 10. 1988 – No. 10519/83, Serie A 141-A, para. 28; hierzu auch *Peters* S. 134 f.
[130] EGMR Barberà, Messegué u. Jabardo v. Spanien, Urt. v. 6. 12. 1988 – No. 10590/83, Serie A 146, para. 77; *Esser* S. 624; *Grabenwarter* § 24 Rn. 122.
[131] EGMR John Murray v. Vereinigtes Königreich, Urt. v. 8. 2. 1996 – No. 18731/91, EuGRZ 1996, 587 ff., para. 47 (nicht abgedruckt).
[132] EGMR Telfner v. Österreich, Urt. v. 20. 3. 2001 – No. 33501/96, ÖJZ 2001, 613 (613), para. 17 („provided that the evidence adduced is such that the only common-sense inference to be drawn from the accused's silence is that he had no answer to the case against him").
[133] *Frowein/Peukert* Rn. 263; *Grabenwarter* § 24 Rn. 121.
[134] EGMR Allenet de Ribemont v. Frankreich, Urt. v. 10. 2. 1995 – No. 15175/89, Serie A 308, para. 35 ff.; Daktaras v. Litauen, Urt. v. 10. 10. 2000 – No. 42095/98, RJD 2000-X, para. 41 f.; Borovský v. Slowakei, Urt. v. 2. 6. 2009 – No. 24528/02 (bislang unveröff.), para. 46; *Meyer-Ladewig* Rn. 86. Zur Beachtung der Unschuldsvermutung bei Feststellungen im Strafurteil über gesondert Verfolgte: *Isfen* StV 2009, 611.
[135] OLG Köln v. 2. 6. 1987 – 15 U 39/87, NJW 1987, 2682 (2683 f.); OLG Dresden v. 27. 11. 2003 – 4 U 991/03, NJW 2004, 1181 (1182 f.); eingehend: *Bornkamm* S. 247 ff.; *ders.* NStZ 1983, 102 (104 ff.), der insofern von einer mittelbaren Drittwirkung der Unschuldsvermutung ausgeht.
[136] BGH v. 7. 12. 1999 – VI ZR 51/99, NJW 2000, 1036 (1037) mAnm *Kübler* JZ 2000, 622.
[137] *Grabenwarter* § 24 Rn. 125 f.; einen Überblick über die Vorverurteilungsfälle v. 1985 – 1997 gibt *Soehring* S. 157 ff.; vgl. auch *Neuling* HRRS 2006, 94 ff. im Hinblick auf die sog. „Affäre Mannesmann" und den sog. „Todespfleger von Sonthofen". Zur Pflicht des Staates, eine der gerichtlichen Feststellung der Schuld vorgreifende Vorverurteilung in den Medien zu verhindern: EGMR Allenet de Ribemont v. Frankreich, Urt. v. 10. 2. 1995 – No. 15175/89, Serie A 308, para. 11, 38 ff.

37 Den **Widerruf einer Strafaussetzung** darf ein Gericht grds. nicht auf während der Bewährungszeit begangene Straftaten stützen, die noch nicht (rechtkräftig)[138] abgeurteilt worden sind.[139] Ein Widerruf vor Aburteilung der neuen Tat verstößt aber dann nicht gegen die Unschuldsvermutung, wenn der Verurteilte die neue Tat vor dem für den Widerruf zuständigen Gericht glaubhaft gestanden hat.[140]

38 Abs. 2 ist auch noch **nach Einstellung des Verfahrens** iRd. Folgeentscheidungen über die Erstattung der notwendigen Auslagen und die Entschädigung für die erlittene Untersuchungshaft anwendbar.[141] Der EGMR weist darauf hin, dass weder Abs. 2 noch eine andere Bestimmung der Konvention dem Bf. ein Recht auf Erstattung seiner notwendigen Auslagen oder auf Entschädigung für die erlittene Untersuchungshaft gibt, wenn das Verfahren gegen ihn eingestellt wurde. Die Nichterstattung als solche verstößt daher nicht gegen die Unschuldsvermutung, solange das Gericht in der Entscheidung keine **indirekte Schuldfeststellung** trifft.[142] Gleiches gilt für die Auferlegung von Verfahrenskosten nach Einstellung des Verfahrens.[143]

39 **6. Mindestgarantien im Strafverfahren (Abs. 3).** Die in Abs. 3 (nicht abschließend) aufgezählten Mindestgarantien im Strafverfahren sind Ausdruck des allgemeinen Fairnessgrundsatzes und gelten über den Wortlaut hinaus nicht nur für Angeklagte, sondern auch schon für Beschuldigte (o. Rn. 7).

40 a) Der **Anspruch auf frühzeitige Unterrichtung über die Beschuldigung (lit. a)** dient dem Schutz vor „Überraschung und Überrumpelung"[144] und der Sicherung des Rechts auf ausreichende Vorbereitung der Verteidigung (lit. b), denn nur mit Kenntnis der Beschuldigung ist eine effektive Verteidigung möglich.[145] Der Anspruch ist zugleich Ausdruck des Grundsatzes der Waffengleichheit (o. Rn. 12).

41 Die Unterrichtung über Art und Grund der Beschuldigung, dh. die Tat und deren rechtliche Bewertung, hat umfassend iS einer **Offenlegung** *(„disclosure")* sämtlichen be- und entlastenden Beweismaterials zu erfolgen.[146] Im deutschen Strafverfahrensrecht ist insoweit insbesondere auf §§ 136, 201, 265 StPO hinzuweisen. Die Mitteilung hat in einer dem Beschuldigten *verständlichen Sprache* zu erfolgen; eine *mündliche Unterrichtung* in der Hauptverhandlung (Übersetzung der Anklage nach deren Verlesung) reicht aus, wenn dem Verfahren ein leicht verständlicher Sachverhalt zu Grunde liegt und der Verfahrensgegenstand rechtlich und tatsächlich überschaubar ist.[147] Wird im **beschleunigten Verfahren** (§ 417 StPO) keine Anklageschrift eingereicht, bedarf es nicht der vorherigen Übersetzung der Antragsschrift; es genügt, wenn die mündlich erhobene Anklage dem (anwesenden) Angeklagten übersetzt wird.[148]

42 Das Gegenstück zur Offenlegung ist das Recht auf umfassenden **Aktenzugang** *("access to the case file"),*[149] das grds. dem Beschuldigten selbst zusteht, da er idR die Tatsachen kennt und so den Akteninhalt am Besten einordnen kann.[150] Beide Rechte gelten nicht absolut; einzelne Beweismittel

---

[138] OLG Celle v. 23. 7. 2003 – 1 Ws 250/03, StV 2003, 575 (575); OLG Jena v. 26. 3. 2003 – 1 Ws 100/03, StV 2003, 574 (574 f.); LG Potsdam v. 13. 2. 2009 – 24 Qs 248/08, StV 2009, 369 (369); ausdr. offen gelassen: OLG Schleswig v. 9. 12. 2003 – 2 Ws 463/03, NStZ 2004, 628 (628); dagegen: *Peglau* NStZ 2004, 248 (251).
[139] EGMR Böhmer v. Deutschland, Urt. v. 3. 10. 2002 – No. 37568/97, NJW 2004, 43 (44 f.), para. 63 ff., mAnm *Boetticher* StraFo 2003, 51; *Pauly* StV 2003, 85; vertiefend: *Krumm* NJW 2005, 1832 ff.; *Neubacher* GA 2004, 402 ff.; *Seher* ZStW 118 (2006), 101 ff.; *Diehm* S. 478 ff. Zur parallelen Problematik, ob die strafschärfende Verwertung nicht rechtskräftig festgestellter Taten, eingestellter Verfahren und Freisprüche gegen die Unschuldsvermutung verstößt: *Stuckenberg* StV 2007, 655 ff. (auch unter Einbeziehung des Böhmer-Urteils).
[140] BVerfG v. 9. 12. 2004 – 2 BvR 2314/04, NJW 2005, 817 (817) mwN; so auch OLG Jena v. 26. 3. 2003 – 1 Ws 100/03, aaO.
[141] EGMR Englert v. Deutschland, Urt. v. 25. 8. 1987 – No. 10282/83, NJW 1988, 3257 (3257 f.), para. 35 ff.
[142] EGMR Englert v. Deutschland, aaO. Im konkreten Fall hatte das LG davon abgesehen, die Auslagen des Bf. der Staatskasse aufzuerlegen und dem Bf. eine Entschädigung für die erlittene U-Haft versagt. Es führte aus, dass „eine Verurteilung deutlich wahrscheinlicher als ein Freispruch" gewesen sei. Der EGMR verneinte eine Verletzung von Art. 6 Abs. 2, da der Beschluss lediglich eine „Verdachtslage" beschrieben und keine (indirekte) Schuldfeststellung enthalten habe (para. 39); vertiefend: *Kieschke* S. 186 ff.
[143] EGMR Minelli v. Schweiz, Urt. v. 25. 3. 1983 – No. 8660/79, EuGRZ 1983, 475 (479 f.), para. 12, 37 f. *In casu* wurde die Anklage aufgrund Verjährung nicht zugelassen, jedoch wurden dem Bf. Zweidrittel der Kosten auferlegt mit der Begründung, dass er „sehr wahrscheinlich" verurteilt worden wäre. Der EGMR bejahte eine Verletzung von Art. 6 Abs. 2, da die Kostentragungspflicht des Bf. einer Strafe (also indirekten Schuldfeststellung) gleich käme; vertiefend: *Kieschke* S. 163 ff.
[144] *Trechsel* ZStrR 96 (1979), 337 (343); zust. *Ambos* ZStW 115 (2003), 583 (598).
[145] *Meyer-Ladewig* Rn. 89.
[146] EGMR Edwards v. Vereinigtes Königreich, Urt. v. 16. 12. 1992 – No. 13071/87, ÖJZ 1993, 391 (393), para. 36; Natunen v. Finnland, Urt. v. 31. 3. 2009 – No. 21022/04 (unveröff.), para. 39; vertiefend: *Esser* S. 403 ff.
[147] OLG Düsseldorf v. 2. 7. 2003 – III-2 Ss 88/03 – 41/03 II, NJW 2003, 2766 (2766 f.).
[148] OLG Stuttgart v. 31. 1. 2005 – 4 Ss 589/04, NStZ 2005, 471 (471 f.), unter Berufung auf OLG Düsseldorf, aaO.
[149] Eingehend: EGMR Öcalan v. Türkei, Urt. v. 12. 3. 2003 – No. 46221/99, EuGRZ 2003, 472 (479 f.), para. 158 ff.
[150] *Trechsel*, FS Druey, 2002, S. 993 (997). So hat der EGMR in Öcalan v. Türkei, aaO, para. 161 den persönlichen Anspruch des PKK-Führers Öcalan auf Aktenzugang damit begründet, dass dieser eine der Personen sei, die „best

können zum Schutz widerstreitender Interessen zurückgehalten werden, etwa aus Gründen nationaler Sicherheit, des Zeugenschutzes oder wegen Gefährdung des Untersuchungszwecks, jedoch nur, wenn dies „strikt notwendig" ist.[151] Der Beschuldigte hat einen Anspruch darauf, dass sämtliches Beweismaterial solange bereitgehalten wird, bis das Verfahren rechtskräftig abgeschlossen ist; dies gilt auch für die Aufzeichnungen einer Telekommunikationsüberwachung.[152]

b) In dem **Recht auf ausreichende Vorbereitung der Verteidigung (lit. b)** kommt der Gedanke 43 der Waffengleichheit insofern zum Ausdruck, als der Beschuldigte genauso viel Zeit zur Vorbereitung seiner Verteidigung haben soll wie die Anklagebehörde zur Vorbereitung der Anklage.[153] Dabei ist zu berücksichtigen, dass das Recht auf ausreichende Vorbereitungs**zeit** in einem potenziellen *Spannungsverhältnis* zu der Garantie der angemessenen Verfahrensdauer steht.[154] Welche Vorbereitungszeit „ausreichend" ist, hängt von den Umständen des Einzelfalles, u. a. von dem Verfahrensstadium, der Komplexität des Falles und der Lage der Verteidigung ab; auch ist von Gewicht, ob sich der Beschuldigte auf freiem Fuß befindet und ob er anwaltlich vertreten wird.[155] Ein „kurzer Prozess" soll jedenfalls vermieden werden.[156] Bspw. wurde ein Zeitraum von drei Wochen für die Antwort auf ein Dokument von 49 Seiten für ausreichend erachtet,[157] nicht jedoch zwei Wochen für eine Akte von 17 000 Seiten.[158] An einer ausreichenden Vorbereitungs**gelegenheit** fehlt es, wenn die Haftbedingungen den Beschuldigten daran hindern, sich „vernünftig" auf das Lesen und Schreiben zu konzentrieren.[159]

c) Lit. c enthält drei verschiedene Rechte, die die **Effektivität der Verteidigung** sichern wollen, 44 nämlich die Rechte auf Selbst-, Wahl- und Pflichtverteidigung[160]. Die Garantien gelten schon im **Ermittlungsverfahren**, grds. bereits bei der ersten polizeilichen Vernehmung *(„at the initial stages")*,[161] denn aufgrund der präjudiziellen Bedeutung des Vorverfahrens[162] kann das Fehlen des Verteidigers zu einem irreparablen Ungleichgewicht zwischen Verfolgungsbehörde und Beschuldigtem führen.[163] Der EGMR betont, dass die Art und Weise, in welcher die Rechte aus lit. c im Vorverfahren gewährt werden, von den Umständen des Einzelfalles abhängen, so dass die fehlende Anwesenheit des Verteidigers in einer oder mehreren Vernehmungen nicht zwangsläufig zu einer Konventionsverletzung führt; entscheidend ist vielmehr, ob das Verfahren **insgesamt fair** (Rn. 53) war.[164] Dies sei etwa dann der Fall, wenn mehrere Vernehmungen in einem kurzen Zeitraum stattfinden, der Beschuldigte sich über die mangelnde Aktivität seines Verteidigers nicht beschwert und ein anderer, später bestellter Pflichtverteidiger nach erfolgter Akteneinsicht die erkennbare Abwesenheit seines Vorgängers bei den Vernehmungen nicht rügt.[165]

Die konkrete **Verteidigungsführung** bzw. -strategie liegt grds. in der Alleinverantwortung des 45 Verteidigers. Da jedoch die Bestellung eines Verteidigers allein noch keinen *effektiven* Beistand

---

able" gewesen wäre, die relevanten Gesichtspunkte der Verteidigung zu erkennen und diese entsprechend vorzubereiten.

[151] EGMR Jasper v. Vereinigtes Königreich, Urt. v. 16. 2. 2000 – No. 27052/95 (unveröff.), para. 52; Natunen v. Finnland, Urt. v. 31. 3. 2009 – No. 21022/04 (unveröff.), para. 40; schon oben Rn. 10 ff. Unzulässig ist jedoch die Darstellung eines unwahren Sachverhalts in den Ermittlungsakten und die aktive Täuschung des Beschuldigten über die wahren Hintergründe seiner Festnahme, vgl. BGH v. 11. 2. 2010 – 4 StR 436/09, StV 2010, 285 (286) = NStZ 2010, 294 (294).
[152] EGMR Natunen v. Finnland, aaO, para. 46 ff. BGH v. 18. 6. 2009 – 3 StR 89/09, StV 2010, 228 (229) m. zust. Anm. *Stuckenberg*, stellt klar, dass auch die beim LKA als Computerdateien gespeicherten inhaltlichen Zusammenfassungen und Kurzübersetzungen von abgehörten Telefongesprächen Gegenstand des Akteneinsichtsrechts sind, auch wenn sie seitens der Ermittlungsbehörden als nicht beweiserheblich eingeschätzt werden.
[153] *Braitsch* S. 146; IntKomm EMRK/*Vogler* Rn. 479 f., 493.
[154] *Grabenwarter* NJW 2002, 109 ff., insb. im Hinblick auf die Revisionsbegründungsfrist nach § 345 I StPO.
[155] *Simon* S. 27 mwN.
[156] *Villiger* Rn. 509.
[157] EGMR Kremzow v. Österreich, Urt. v. 21. 9. 1993 – No. 12350/86, EuGRZ 1995, 537 (540 f.), para. 48.
[158] EGMR Öcalan v. Türkei, Urt. v. 12. 3. 2003 – No. 46221/99, EuGRZ 2003, 472 (480 f.), para. 167.
[159] EGMR Mayzit v. Russland, Urt. v. 20. 1. 2005 – No. 63378/00 (unveröff.), para. 81 („to read and write with a reasonable degree of concentration").
[160] *Ambos* § 10 Rn. 26; *Esser* S. 450; nach *Villiger* Rn. 514 sind es vier Rechte, da er das Recht auf effektive Verteidigung als selbständig ansieht.
[161] EGMR John Murray v. Vereinigtes Königreich, Urt. v. 8. 2. 1996 – No. 18731/91, EuGRZ 1996, 587 (592), para. 63.
[162] Vgl. *Ambos* ZStW 115 (2003), 583 (586) mwN in Fn. 28.
[163] *Weigend* StV 2000, 384 (385); *Simon* S. 55 f.; *Villiger* Rn. 515.
[164] EGMR Imbrioscia v. Schweiz, Urt. v. 24. 11. 1993 – No. 13972/88, ÖJZ 1994, 517 (518), para. 38.
[165] EGMR Imbrioscia v. Schweiz, aaO, para. 41 ff. Im konkreten Fall hatte der Bf. zunächst selbst eine Anwältin beauftragt, die zu den Vernehmungen nicht geladen wurde, dies aber auch nicht beantragt hatte. Nach drei Wochen legte sie das Mandat nieder, ohne den Bf. jemals im Gefängnis besucht zu haben. Der am selben Tag bestellte Pflichtverteidiger erhielt Akteneinsicht und besuchte den Bf., welcher jedoch wiederum in dessen Abwesenheit vernommen wurde. Der EGMR verneinte eine Verletzung des Art. 6 Abs. 3 (c) mit der Begründung, dass der Bf. uneingeschränkten Kontakt zu seinem Verteidiger hatte und dieser Abschriften von den Vernehmungsprotokollen erhalten und der bei der abschließenden Vernehmung in Gegenwart seines Mandanten keine Stellungnahme abgegeben hatte. Krit. hierzu *Esser* S. 466 ff.

garantiert,[166] nimmt der EGMR eine staatliche **Fürsorgepflicht** an, die bei offensichtlichem Verteidigungsmangel *(„manifest shortcoming")* ein Einschreiten des Gerichtes verlangt und zwar sowohl bei gerichtlich bestellten Verteidigern als auch bei Wahlverteidigern.[167] Unternimmt das Gericht bei der offensichtlichen Verletzung von Verteidigerpflichten nichts, liegt ein Verstoß gegen Abs. 3 lit. c vor. Eine Verletzung des Anspruchs auf effektive Verteidigung ist auch gegeben, wenn der Zeitraum zwischen Verteidigerbestellung und Beginn der Hauptverhandlung zu kurz war, um die Verteidigung ausreichend vorzubereiten, wobei die angemessene Dauer von Umfang und Schwierigkeit des Falles abhängt. Auf Antrag des Verteidigers hat das Gericht die Hauptverhandlung zur ergänzenden Vorbereitung zu unterbrechen.[168]

46 Das Recht, sich **selbst zu verteidigen** enthält die Garantie der Anwesenheit[169] und Beteiligung des Beschuldigten an mündlichen Verhandlungen und ggf. auch an Vernehmungen. Hierin zeigt sich, dass dieses Recht seine Grundlage im *Recht auf Gehör* (Rn. 10 f.) hat.[170] Das Recht auf einen **Wahlverteidiger** garantiert auch den vertraulichen und uneingeschränkten Kontakt des Beschuldigten mit seinem Verteidiger und zwar schon während des Vorverfahrens.[171] Der Umfang des Kontakts muss der Schwierigkeit und dem Ausmaß des Falles entsprechen *(„equal to the complex nature of the case");*[172] so wurden bspw. zwei Verteidigerbesuche pro Woche von je einer Stunde in einem aufwändigen Verfahren wegen Terrorismus und hunderter Einzeltaten als unzureichend angesehen.[173] Das Recht eines Angeklagten, sich von einem *Rechtsanwalt seines Vertrauens* verteidigen zu lassen, gilt jedoch nicht uneingeschränkt. Sind neben ihm weitere Personen angeklagt und befinden sich in U-Haft, kann der Beachtung des **Beschleunigungsgebots** im Einzelfall ein so großes Gewicht zukommen, dass sein Einzelinteresse dahinter zurückstehen muss.[174]

47 Der Beschuldigte hat einen Anspruch auf **unentgeltliche Verteidigung**, wenn er mittellos ist und die Pflichtverteidigung „im Interesse der Rechtspflege erforderlich ist". Letzteres ist abhängig von der Schwere der Straftat, der Komplexität des Falles und der persönlichen Situation des Beschuldigten.[175] Es ist mit der Konvention vereinbar, wenn das nationale Recht (wie § 140 StPO) für bestimmte Verfahren (unabhängig von der Frage der Mittellosigkeit) die Bestellung eines Verteidigers, auch gegen den Willen des Beschuldigten, vorsieht.[176] Im Interesse der Rechtspflege ist im Einzelfall sogar die *zwangsweise Bestellung* eines zusätzlichen Verteidigers zulässig, um einen Verfahrensfortgang ohne Unterbrechungen oder Verzögerungen[177] zu gewährleisten.[178] Anders als lit. e garantiert lit. c **keine endgültige Kostenbefreiung**; ein Anspruch auf Erlass der Kosten des Pflichtverteidigers besteht nur, wenn der Verurteilte noch im Vollsteckungsverfahren mittellos ist. Dies gilt auch im Falle der aufgedrängten Zusatzverteidigung.[179]

48 d) **Das Recht auf Benennung und Befragung von Zeugen** (lit. d) verlangt grds., dass der Beschuldigte – während der Aussage oder zu einem späteren Zeitpunkt – eine angemessene Gelegenheit erhält, die Glaubwürdigkeit eines Belastungszeugen anzuzweifeln und ihm Fragen zu stel-

---

[166] EGMR Imbrioscia v. Schweiz, aaO, para. 38 („assigning a counsel does not in itself ensure the effectiveness of the assistance he may afford an accused").
[167] EGMR Daud v. Portugal, Urt. v. 21. 4. 1998 – No. 22600/93, RJD 1998-II, para. 38, 42 f.; eingehend: *Demko* HRRS 2006, 250 ff.; ferner *Gaede*, HRRS-FG Fezer, 21 (28 f.).
[168] BGH v. 24. 6. 2009 – 5 StR 181/09, StV 2009, 565 (566 f.).
[169] *Grabenwarter* § 24 Rn. 105.
[170] *Spaniol* S. 212 ff., 219 ff.; zust. *Wather* GA 2003, 204 (222).
[171] *Ambos* ZStW 115 (2003), 583 (605) mwN; vertiefend: *Simon* S. 30, 53 ff.
[172] EGMR Öcalan v. Türkei, Urt. v. 12. 3. 2003 – No. 46221/99, EuGRZ 2003, 472 (479), para. 154.
[173] EGMR Öcalan v. Türkei, aaO, para. 154.
[174] KG v. 6. 10. 2008 – 3 Ws 341/08, StV 2009, 577 (578) m. krit. Anm. *Schlothauer*. Im konkreten Fall befanden sich 5 von 7 Angeklagten zum Teil seit fast 6 Monaten in U-Haft. Der Antrag eines von 8 Verteidigern, 6 von 11 anberaumten Hauptverhandlungsterminen aufzuheben, weil er verhindert sei, wurde (deshalb) abgelehnt.
[175] EGMR Quaranta v. Schweiz, Urt. v. 24. 5. 1991 – No. 12744/87, Serie A 205, para. 32–35; vertiefend: *Demko*, HRRS-FG Fezer, 1 (3 ff.).
[176] EGMR Croissant v. Deutschland, Urt. v. 25. 9. 1992 – No. 13611/88, EuGRZ 1992, 542 (545), para. 27 mAnm *Kühne* EuGRZ 1992, 547.
[177] Zu Recht erkennt *Kühne* EuGRZ 1992, 547 das Bedürfnis der Praxis an, zur Vermeidung von „Prozesssabotage" durch Mandatsniederlegung od. -entzug des Wahlverteidigers in Großverfahren für jeden Wahlverteidiger präventiv einen Pflichtverteidiger zu bestellen.
[178] EGMR Croissant v. Deutschland, aaO, para. 27 – 28. Der Gerichtshof sah genau hierin die Rechtfertigung der zwangsweisen Beiordnung des dritten Verteidigers und betonte, dass damit überdies sichergestellt werden sollte, dass der Bf. in Anbetracht der möglichen Länge, des Umfangs und der Komplexität des Falles während des gesamten Verfahrens vertreten war.
[179] EGMR Croissant v. Deutschland, aaO, para. 35 ff.; abl.: *Kühne* EuGRZ 1992, 547 f. mit der Erwägung, dass die Kostenfolge zumindest dann nicht „fair" sei, wenn der Angeklagte keinen konkreten Anlass für die Vermutung gab, er werde durch Mandatsentzug des Wahlverteidigers das Verfahren zu sabotieren versuchen; abl. auch *Meyer-Goßner* Rn. 21 mwN.

len.[180] Der Begriff des Zeugen ist autonom auszulegen; es ist jede Aussage erfasst, die wesentliche Grundlage einer Verurteilung sein kann, unabhängig davon, ob sie von einem Zeugen vor Gericht oder einer anderen Stelle oder von einem Mitbeschuldigten gemacht wurde.[181]

Aus dem Grundsatz der Waffengleichheit folgt, dass es sich um ein Recht auf **Konfrontation** iS einer adversatorischen Gegenüberstellung und auf **Infragestellung** handelt.[182] Von einer „vollen Waffengleichheit" *(full equality of arms)* kann nur die Rede sein, wenn der Beschuldigte die Belastungszeugen „auf Herz und Nieren" prüfen kann, womit zugleich klar ist, dass es um die Kontrolle der Zuverlässigkeit des Zeugen iS „getesteter Beweise" *(„tested evidence")* geht.[183] Der Beschuldigte muss den gesamten Inhalt der Zeugenaussage kennen, um den Zeugen zu allen belastenden Aspekten seiner Aussage befragen zu können.[184]

Der Anspruch unterliegt jedoch **Beschränkungen**. Im Falle berechtigter Interessen des **Zeugen- oder Opferschutzes** ist im Wege einer Gesamtbetrachtung der Verfahrensfairness eine Abwägung mit den Verteidigungsinteressen vorzunehmen.[185] Dabei sind nur solche Einschränkungen der Verteidigungsrechte zulässig, die unbedingt notwendig *(„strictly necessary")* sind; hierdurch entstandene Erschwernisse der Verteidigung sind im Laufe des Verfahrens auszugleichen.[186] Bei drohenden Repressalien ist die *anonyme* Zeugenvernehmung und die – behutsame – Verwertung dieser Aussagen grds. zulässig,[187] wobei allerdings an die Aufrechterhaltung der Anonymität ebenso wie an die Unerreichbarkeit eines Zeugen strenge Anforderungen zu stellen sind.[188] Es ergibt sich somit eine *dreistufige Prüfung* der Verfahrensfairness, die für eine zulässige Beschränkung des Konfrontationsrechts einen legitimen Grund, einen Ausgleich der Verteidigungsrechte und eine besonders sorgfältige Beweiswürdigung verlangt.[189] Art. 6 ist jedenfalls dann verletzt, wenn eine Verurteilung *allein oder in einem wesentlichen Teil* auf Aussagen eines Zeugen[190] beruht, den der Beschuldigte *zu keinem Zeitpunkt* des Verfahrens selbst befragen oder befragen lassen konnte.[191]

---

[180] EGMR Lüdi v. Schweiz, Urt. v. 15. 6. 1992 – No. 12433/86, EuGRZ 1992, 300 (301 f.), para. 47; P. S. v. Deutschland, Urt. v. 20. 12. 2001 – No. 33900/96, StV 2002, 289 (290), para. 21 („to challenge and question"); *Ambos* NStZ 2003, 14 (16); *Krauß* S. 103 ff., 108 ff., 120; *Tochilovsky* S. 323; HK-GS/*Jäger* Vorb. zu §§ 133 ff. Rn. 47.
[181] EGMR Haas v. Deutschland, Entsch. v. 17. 11. 2005 – No. 73047/01, NStZ 2007, 103 (104) mAnm *Esser*; *Gaede*, HRRS-FG Fezer, 21 (24).
[182] EGMR Engel et al. v. Niederlande, Urt. v. 8. 6. 1976 – No. 5100/71, EuGRZ 1976, 221 (235 f.), para. 91; eingehend: *Cornelius* NStZ 2008, 244 (247 f.) mwN. Vgl. auch *Jung* GA 2009, 235 (236); *Walther* GA 2003, 204 (215); *Ambos* § 10 Rn. 30.
[183] *Ambos* § 10 Rn. 30; vgl. auch *Beulke*, FS Riess, S. 15, 21: „Austesten" des Beweismittels. Vgl. auch BGH v. 17. 3. 2009 – 4 StR 662/08, StV 2009, 346 (347) zur Beweiswürdigung bei Auskunftsverweigerungsrecht des Belastungszeugen.
[184] EGMR Bricmont v. Belgien, Urt. v. 7. 7. 1989 – No. 10857/84, Serie A 158, para. 81.
[185] EGMR P. S. v. Deutschland, Urt. v. 20. 12. 2001 – No. 33900/96, StV 2002, 289 (290), para. 19, 22; eingehend: *Krauß* S. 141 ff.
[186] EGMR P. S. v. Deutschland, aaO, para. 23; Haas v. Deutschland, Entsch. v. 17. 11. 2005 – No. 73047/01, NStZ 2007, 103 (105) mAnm *Esser*; BGH v. 25. 7. 2000 – 1 StR 169/00, BGHSt 46, 93 (96) = NJW 2000, 3505 (3506) mAnm *Fezer* JZ 2001, 363; *Kunert* NStZ 2001, 217; bestätigt von BVerfG v. 8. 10. 2009 – 2 BvR 547/08, StV 2010, 337 (338) mAnm. *Safferling* StV 2010, 339.
[187] Im Fall Van Mechelen et al. v. Niederlande, Urt. v. 23. 4. 1997 – No. 21363/93, StV 1997, 617 ff. hatten die Polizeibeamten wg. zu befürchtender Repressalien anonym ausgesagt, wobei sie in einem Raum befragt wurden, zu dem Angeklagter, Verteidiger und Staatsanwalt nur eine akustische Verbindung besaßen. Der EGMR bejahte eine Konventionsverletzung, da die Polizeibeamten nicht in gleichem Maße wie andere Zeugen schutzwürdig seien, gehöre es doch zu ihren Aufgaben, vor Gericht auszusagen. Überdies sei es nicht „strictly necessary" gewesen, auch die Verteidiger von der Vernehmung auszuschließen (para. 56 ff.).
[188] Hierzu: BGH v. 3. 12. 2004 – 2 StR 156/04, NStZ 2005, 224 (225); BGH v. 29. 11. 2006 – 1 StR 493/06, NStZ 2007, 166 (167): Auf die Frage der Unerreichbarkeit der Zeugin im Hauptverfahren komme es nicht mehr an, wenn Fehler im Ermittlungsverfahren vorliegen; mAnm *Eisele* JR 2007, 303; eingehend *Gaede* StV 2006, 599 (602 ff.); *Safferling* StV 2006, 75 (77 ff.); *Esser* S. 648 ff., 657 ff.
[189] Eingehend zu dieser dreistufigen Prüfung: KK-StPO/*Schädler* Rn. 53 ff.; auch HK-GS/*Jäger* Vorb. zu §§ 133 ff. Rn. 47; jüngst BGH v. 17. 3. 2010 – 2 StR 397/09, StV 2010, 342 (343) mAnm. *Zöller* ZJS 2010, 441.
[190] Zur Problematik, dass ein Mitangeklagter auf Befragung des Gerichts belastende Angaben macht und sich in der anschließenden kritischen Befragung der Verteidigung auf sein Schweigerecht beruft vgl. *Sommer* NJW 2005, 1240 ff. Hierzu entschied BGH v. 9. 6. 2009 – 4 StR 461/08, StV 2010, 57 (57 f.), dass es bei der Prüfung, ob wegen der Verletzung des Konfrontationsrechts insgesamt ein faires Verfahren vorliegt, entscheidend darauf ankomme, ob der Umstand, dass der Angeklagte keine Gelegenheit zur konfrontativen Befragung hatte, der Justiz zuzurechnen ist. Sofern ein Mitangeklagter von seinem Recht auf Selbstbelastungsfreiheit Gebrauch macht, habe eine Kompensation iRd. Beweiswürdigung zu erfolgen; krit. m. eingehender Bespr.: *Dehne-Niemann* HRRS 2010, 189 ff. Bemerkenswert ist insofern auch BGH v. 17. 3. 2010 – 2 StR 397/09, StV 2010, 342 (344) m. zust. Anm. *Zöller* ZJS 2010, 441, wonach ein Verstoß gegen lit. d durch die Justizorgane eines anderen Vertragsstaates, konkret die Nichtgestattung der Anwesenheit der deutschen Verteidiger bei der kommissarischen Zeugenvernehmung durch türkische Behörden, der deutschen EMRK nicht zugerechnet werden könne, da die EMRK kein einheitliches Verfahrensrecht der Vertragsstaaten schaffe.
[191] EGMR Lucà v. Italien, Urt. v. 27. 2. 2001 – No. 33354/96, RJD 2001-II, para. 40; P. S. v. Deutschland, Urt. v. 20. 12. 2001 – No. 33900/96, StV 2002, 289 (290), para. 24. *In casu* beruhte die Verurteilung wegen sexuellen Kindesmissbrauchs auf den Aussagen der Mutter und einer Kriminalbeamtin, die das 8-jährige Kind am Tag nach dem angezeigten Vorfall vernommen hatten. Vgl. auch jüngst Al-Khawaja u. Tahery v. Vereinigtes Königreich, Urt. v. 20. 1. 2009 – No. 26766/05 (unveröff.), para. 42, 47; hierzu: *Jung* GA 2009, 235 (239 f.).

Bei einem **Sachverständigen** hat der Beschuldigte das Recht zur Stellungnahme, wenn das Gutachten ein wesentliches Beweismittel zu seinen Lasten darstellt.[192]

51 Das Gericht kann die **Ladung eines Entlastungszeugen** ablehnen, wenn es die zu erwartende Aussage für unerheblich hält.[193] Der Beschuldigte hat somit kein unbeschränktes Benennungsrecht, sondern muss darlegen, dass die Aussage des Zeugen für die Wahrheitsermittlung erforderlich ist (*„necessary to establish the facts"*).[194]

52 e) **Das Recht auf einen Dolmetscher** (lit. e) garantiert dem Beschuldigten – unabhängig von seiner finanziellen Situation – einen Anspruch auf unentgeltliche Zuziehung eines Dolmetschers, auch wenn kein Fall der notwendigen Verteidigung (§ 140 Abs. 2 StPO) vorliegt.[195] Der Anspruch ist nicht auf das gerichtliche Verfahren beschränkt, sondern erstreckt sich auch auf das *Vorverfahren* und auf die vorbereitenden Gespräche mit dem (Wahl- oder Pflicht-)verteidiger.[196] Das Recht gilt für alle **Erklärungen und Dokumente**, von denen der Beschuldigte Kenntnis haben muss, um sich effektiv verteidigen zu können.[197] Es ist jedoch nicht erforderlich, dass Urkunden schriftlich übersetzt werden, es genügt die **mündliche Übersetzung** iRd. Hauptverhandlung.[198] Sofern der Beschuldigte eine schriftliche Übersetzung der Anklage erhalten hat, ist eine zusätzliche mündliche Übersetzung nicht notwendig.[199] Die Kostenbefreiung ist endgültig.[200] Wenn der Beschuldigte die Gerichtssprache zwar beherrscht, aber aus politischen Gründen nicht gebraucht, besteht kein Anspruch auf einen kostenlosen Dolmetscher.[201]

53 **7. Feststellung und Folgen einer Verletzung von Art. 6.** Nicht jede Verletzung eines der von Art. 6 geschützten Rechte führt automatisch zu einer Verurteilung wegen Verstoßes gegen den Fairnessgrundsatz. Vielmehr nimmt der EGMR eine **Gesamtbetrachtung** unter Berücksichtigung aller Umstände des Verfahrens einschließlich des Ermittlungsverfahrens und der Rechtsmittelinstanzen vor.[202] Dabei wird auch berücksichtigt, auf welche Art und Weise Beweise erlangt wurden und ob bereits Wiedergutmachung durch innerstaatliche Maßnahmen geleistet wurde. Indes kann eine *besonders schwere Verletzung*, etwa bei einer staatlich erfolgten Tatprovokation „von Anfang an" (*„right from the outset"*)[203] oder der Erlangung eines Geständnisses durch Folter (Art. 3), schon an sich und ohne Weiteres das betreffende Verfahren *insgesamt unfair machen*.[204] Andererseits zieht die Verwertung von Beweisen, die unter Verletzung des Art. 8 erlangt wurden, nicht zwangsläufig einen Verstoß gegen Art. 6 nach sich.[205] Eine **Heilung** von Fehlern im Ermitt-

---

[192] EGMR Bönisch v. Österreich, Urt. v. 6. 5. 1985 – No. 8658/79, Serie A 92, para. 32.
[193] EGMR Bricmont v. Belgien, Urt. v. 7. 7. 1989 – No. 10857/84, Serie A 158, para. 89; *Meyer-Ladewig* Rn. 94.
[194] EGMR Perna v. Italien, Urt. v. 6. 5. 2003 – No. 48898/99, RJD 2003-V, para. 26.
[195] BGH v. 26. 10. 2000 – 3 StR 6/00, BGHSt 46, 178 (183) = NJW 2001, 309 (310) mAnm *Tag* JR 2002, 124; *Meyer-Ladewig* Rn. 95.
[196] BGH v. 26. 10. 2000 – 3 StR 6/00, aaO; *Ambos* ZStW 115 (2003), 583 (611) mwN in Fn. 211.
[197] EGMR Luedicke, Belkacem u. Koç v. Deutschland, Urt. v. 28. 11. 1978 – No. 6210/73, EuGRZ 1979, 34 (40), para. 48: „translation or interpretation of all those documents or statements in the proceedings instituted against him which it is necessary for him to understand in order to have the benefit of a fair trial".
[198] EGMR Kamasinski v. Österreich, Urt. v. 19. 12. 1989 – No. 9783/82, ÖJZ 1990, 412 (413), para. 74.
[199] BVerfG v. 2. 10. 2003 – 2 BvR 149/03, NJW 2004, 1443 (1443).
[200] *Meyer-Ladewig* Rn. 96 a; vgl. auch EGMR Luedicke, Belkacem u. Koç v. Deutschland, Urt. v. 28. 11. 1978 – No. 6210/73, EuGRZ 1979, 34 (39 f.), para. 42 ff., worin der Gerichtshof feststellt, dass die Dolmetscherkosten auch bei einer Verurteilung nicht zurückverlangt werden dürfen.
[201] *Grabenwarter* § 24 Rn. 118.
[202] StRspr.: EGMR Imbrioscia v. Schweiz, Urt. v. 24. 11. 1993 – No. 13972/88, ÖJZ 1994, 517 (518), para. 38; Pélissier u. Sassi v. Frankreich, Urt. v. 25. 3. 1999 – No. 25444/94, NJW 1999, 3545 (3545 f.), para. 46; näher *Ambos* ZStW 115 (2003), 583 (611 ff.); *Schroeder* GA 2003, 293 ff.; *Schuska* S. 133 ff.; HK-GS/*Jäger* Vorb. zu §§ 133 ff. Rn. 45; krit. *Gleß* NJW 2001, 3606 (3607); *Kühne/Nash* JZ 2000, 996 (997 f.); *Rzepka* S. 102 ff.; *Vogel/Matt* StV 2007, 206 (211); *Walther* GA 2003, 204 (218); zur Differenzierung zwischen Gesamtrechtsverstoß und Teilrechtsverletzung am Bsp. der Selbstbelastungsfreiheit: *Hauck* NStZ 2010, 17 (20 ff.), zugleich Anm. zu BGH v. 29. 4. 2009 – 1 StR 701/08, NStZ 2009, 519; zur fallgruppenbezogenen Ableitung von Beweisverwertungsverboten aus Teilrechten des Art. 6: *Gaede* JR 2009, 493 (495 f.).
[203] St. Rspr. seit Teixeira de Castro v. Portugal, Urt. v. 9. 6. 1998 – No. 25829/94, NStZ 1999, 47, para. 35 f., 39; vgl. auch Ramanauskas v. Litauen, Urteil vom 5. 2. 2008 – Nr. 74420/01 (Große Kammer), HRRS 2008, Nr. 200, para. 54, 60; Vanyan v. Russland, Urteil v. 15. 12. 2005 – 53203/99, para. 46 f.
[204] EGMR Gäfgen v. Deutschland, Urt. v. 30. 6. 2008 – No. 22978/05, NStZ 2008, 699 (700 f.), para. 97 ff. Im konkreten Fall bejahte der EGMR jedoch „nur" eine unmenschliche Behandlung (para. 70) und verneinte, auch im Hinblick auf die innerstaatlich erfolgte Wiedergutmachung in Form der Strafverfolgung der Polizeibeamten, eine Verletzung von Art. 6 (para. 102 ff.); eingehend zum Urteil Gäfgen v. Deutschland: *Esser* NStZ 2008, 657. Die Große Kammer bestätigte m. Urt. v. 1. 6. 2010 diese Bewertung, entschied jedoch entgegen der Vorinstanz, dass der Bf. weiterhin beanspruchen könne, Opfer eines Verstoßes gegen Art. 3 zu sein.
[205] EGMR (GK) Bykov v. Russland, Urt. v. 10. 3. 2009 – No. 4378/02, NJW 2010, 213 (215), para. 91. Im konkreten Fall hätten die heimlich gefertigten Gesprächsaufnahmen nur eine begrenzte Rolle im Rahmen der Beweiswürdigung gespielt (para. 103). Krit. *Jung* GA 2009, 651 (655), der Art. 6 als verletzt ansieht, weil das Verhalten der Strafverfolgungsbehörden (die *in casu* dem Beschuldigten u. a. eine Falle gestellt haben) die Integrität der Strafrechtspflege erschüttert; krit. auch *Gaede* JR 2009, 493 (500) mit der Erwägung, dass aus Gründen der Waffengleichheit der Anklage nicht das zugebilligt werden dürfe, was der Verteidigung von vornherein untersagt ist, nämlich menschenrechtswidrig Beweise zu erlangen. Er plädiert deshalb und aus Gründen der Justizförmigkeit des Verfahrens für ein prinzipielles Verwertungsverbot aus Art. 6 (ebd. u. 502).

lungsverfahren bzw. im erstinstanzlichen Verfahren ist uU im Hauptverfahren bzw. in der Rechtsmittelinstanz möglich. So kann bspw. die Befragung eines Zeugen (Art. 6 Abs. 3 lit. d) nachgeholt werden; indes kommt eine Heilung bei einem *Eingriff in den Kernbereich des Rechts auf angemessene Verteidigung*, etwa durch völlige Versagung des rechtlichen Beistands während der polizeilichen Inhaftierung, nicht in Betracht.[206]

In Bezug auf die **Verwertung konventionswidrig**, insb. unter Verstoß gegen Art. 6 Abs. 3 lit. d, erlangter Beweise ist der Gerichtshof besonders „flexibel". Einerseits gewährt er dem nationalen Gesetzgeber beim Beweisrecht ohnehin einen weiten *Beurteilungsspielraum* und will selbst nur eine Missbrauchskontrolle ausüben.[207] Andererseits sind solche Beweise zwar nur mit sehr großer Vorsicht *(„extreme care")*, aber eben doch zu verwerten.[208] Eine Verletzung von Art. 6 kommt – im Wege der **Gesamtbetrachtung** des Verfahrens – nur in Betracht, wenn die Verurteilung *ausschließlich oder zu einem entscheidenden Teil* auf den konventionswidrig gewonnen Zeugenaussage beruht und nicht auf weitere, rechtmäßig erlangte Beweismittel gestützt werden kann.[209] Eine Verletzung von Art. 6 aufgrund unzulässiger Beweiserhebung kann insofern durch eine möglichst breite beweisrechtliche Absicherung der Verurteilung verhindert werden.[210] Der Gesamtbetrachtung entspricht insofern die vom BGH praktizierte **Beweiswürdigungslösung**, mit der, etwa bei einer Verletzung des in Art. 6 Abs. 3 lit. d garantierten Fragerechts im Ermittlungsverfahren, eine *Minderung des Beweiswerts* des so gewonnenen Vernehmungsergebnisses an die Stelle eines Verwertungsverbots gesetzt wird;[211] die überwiegende Literatur plädiert hingegen in diesen Fällen für ein Verwertungsverbot.[212] 54

Der **BGH** wendet auch generell bei der Beurteilung der Folgen eines Verstoßes gegen Art. 6 die Gesamtbetrachtungslehre des EGMR an.[213] Dies ist in der Literatur auf erhebliche Kritik gestoßen,[214] insb. im Hinblick auf die dadurch hervorgerufenen Friktionen mit dem Revisionsrecht, das nicht für eine Gesamtbetrachtung streitet, sondern sich gerade an der Einzelverletzung ausrichtet. Im Ergebnis führt die Gesamtbetrachtungslehre zu einer **Abwertung der Verfahrensförmlichkeit**, dh. der prozeduralen Gerechtigkeit iSv. *process rights* zu Gunsten einer ergebnisorientierten Sichtweise iSv. *outcome-oriented rights*.[215] 55

Art. 8 Recht auf Achtung des Privat- und Familienlebens

(1) Jede Person hat das Recht auf Achtung ihres Privat- und Familienlebens, ihrer Wohnung und ihrer Korrespondenz.

(2) Eine Behörde darf in die Ausübung dieses Rechts nur eingreifen, soweit der Eingriff gesetzlich vorgesehen und in einer demokratischen Gesellschaft notwendig ist für die nationale oder öffentliche Sicherheit, für das wirtschaftliche Wohl des Landes, zur Aufrechterhaltung der Ordnung, zur Verhütung von Straftaten, zum Schutz der Gesundheit oder der Moral oder zum Schutz der Rechte und Freiheiten anderer.

I. Bedeutung für das deutsche Strafverfahrensrecht

Art. 8 begrenzt Art und Umfang insb. strafprozessualer Zwangsmaßnahmen im Hinblick auf das Privat- und Familienleben, die Wohnung und die Korrespondenz und gewährt insofern einen 1

---

[206] Vgl. EGMR Öcalan v. Türkei, Urt. v. 12. 3. 2003 – No. 46221/99, EuGRZ 2003, 472 (478), para. 140 ff., bestätigt durch die Grand Chamber, Urt. v. 12. 5. 2005 – No. 46221/99, EuGRZ 2005, 463 (464), para. 131; weitere Bsp. bei *Ambos* ZStW 115 (2003), 583 (611 f.); *Meyer-Ladewig* Rn. 37 mwN.
[207] EGMR S. N. v. Schweden, Urt. v. 2. 7. 2002 – No. 34209/96, RJD 2002-V, para. 44. – Es ist allerdings zu beachten, dass die auf nationaler Ebene erfolgte Beweiswürdigung vom EGMR einer Überprüfung hinsichtlich etwaiger Konventionsverstöße unterzogen wird (*Warnking* S. 50; HK-GS/*Jäger* Vorb. zu §§ 133 ff., Rn. 44).
[208] EGMR Doorson v. Niederlande, Urt. v. 26. 3. 1996 – No. 20524/92, ÖJZ 1996, 715 (717), para. 76; S. N. v. Schweden, aaO, para. 53.
[209] EGMR Doorson v. Niederlande, aaO, para. 76 („a conviction should not be based either solely or to a decisive extent on anonymous statements"); vgl. auch Haas v. Deutschland, Entsch. v. 17. 11. 2005 – No. 73047/01, NStZ 2007, 103 (105 f.) mAnm *Esser*.
[210] Eingehend *Ambos* ZStW 115 (2003), 583 (612 ff.) mwN.
[211] BGH v. 25. 7. 2000 – 1 StR 169/00, BGHSt 46, 93 (103 ff.) = NJW 2000, 3505 (3509 f.); fortgeführt durch BGH v. 29. 11. 2006 – 1 StR 493/06, NStZ 2007, 166 (167) bestätigt von BVerfG v. 8. 10. 2009 – 2 BvR 547/08, StV 2010, 337 (338) mAnm. *Safferling*; zust. *Schwaben* NStZ 2002, 288 (292 f.); *Detter* NStZ 2003, 1 (6, 9); zu den Konsequenzen für die Ermittlungsbehörden *Franke* GA 2002, 573 (577 f.). Jüngst zur Gesamtbetrachtung bei gleichzeitiger Kompensation durch Beweiswürdigung BGH v. 9. 6. 2009 – 4 StR 461/08, NStZ 2009, 581; auch *Ambos*, Beweisverwertungsverbote, 2010, 102 ff.
[212] *Ambos* NStZ 2003, 14 (17); *Fezer* JZ 2001, 363 f.; *Gleß* NJW 2001, 3606 f.; *Kunert* NStZ 2001, 217 f.; *Schlothauer* StV 2001, 127 (130 f.); krit. auch *Walther* GA 2003, 204 (218 f.).
[213] BGH v. 25. 7. 2000 – 1 StR 169/00, BGHSt 46, 93 (100 ff.) = NJW 2000, 3505 (3508 ff.) mAnm *Fezer* JZ 2001, 363; *Kunert* NStZ 2001, 217; bestätigt von BVerfG v. 8. 10. 2009 – 2 BvR 547/08, aaO, mAnm. *Safferling*.
[214] Eingehend *Schuska* S. 53 ff. mwN.
[215] *Ambos* ZStW 115 (2003), 583 (631).

umfassenden Schutz der Privatsphäre. Staatliche Eingriffe in diese Bereiche liegen insb. bei Durchsuchungen von Wohnungen, Beschlagnahme von Gegenständen sowie bei der Überwachung der Kommunikation, insb. auch des Briefverkehrs eines Untersuchungshäftlings vor.[1]

II. Schutzbereich des Abs. 1

2 **1. Persönlich.** Geschützt sind zunächst alle **natürlichen Personen**. Die Beschwerden von Kindern werden idR von den gesetzlichen Vertretern erhoben.[2] **Minderjährige** können sich jedoch auch selbst beschwerdeführend an den EGMR wenden, was – nicht nur, aber insbes. – iRd. Art. 8 für familienrechtliche Streitigkeiten von Bedeutung ist; anderenfalls bestünde die Gefahr, dass bestimmte Belange des Kindes dem Gerichtshof nicht zur Kenntnis gebracht werden.[3] Aus diesem Grund ist es auch möglich, dass eine Person, die nach innerstaatlichem Recht nicht zur Vertretung einer anderen Person befugt ist, vor dem Gerichtshof in deren Namen auftreten darf. Dies ist insb. der Fall, wenn ein leiblicher Elternteil, dem das **Sorgerecht** entzogen wurde (und der damit keine Vertretungsbefugnis mehr besitzt), mit einem staatlich bestellten Vormund über die Interessen des Kindes streitet.[4] Den Schutz der Privatsphäre genießen auch **juristische Personen**. Dies ist insb. bei der Durchsuchung von Geschäftsräumen oder der Überwachung des Briefverkehrs von Bedeutung.[5]

3 **2. Sachlich.** Der sachliche Schutzbereich erstreckt sich auf *vier Teilgarantien*, nämlich auf die Achtung des Privat- und des Familienlebens, der Wohnung und der Korrespondenz (näher Rn. 4 ff). Alle Teilgarantien sind auf den Schutz der Privatsphäre ausgerichtet. Art. 8 schützt demnach in seiner Gesamtheit das Recht des Einzelnen, ohne (unerwünschte) staatliche Einwirkungen seine Identität und Persönlichkeit zu entwickeln sowie (private und berufliche) Beziehungen zu anderen Menschen aufzunehmen.[6] Die einzelnen Garantien sind mitunter schwer voneinander abzugrenzen, jedoch ist eine strikte Trennung in der Praxis entbehrlich, weil sich der Bf. auf eine Verletzung des Art. 8 insgesamt berufen kann, ohne sich auf einen konkreten Teilbereich festlegen zu müssen.[7]

4 a) **Privatleben** ist ein weiter Begriff, der einer **erschöpfenden Definition nicht zugänglich** ist.[8] Ausgangspunkt ist die *Autonomie* einer Person und das Recht auf *Selbstbestimmung*. Geschützt sind das Recht auf persönliche Entwicklung und der Aufbau zwischenmenschlicher Beziehungen ebenso wie die körperliche, geistige und soziale Identität und Integrität einer Person.[9] Darunter fallen alle Aspekte, die der individuellen Kennzeichnung eines Menschen dienen, etwa der Name und das eigene Bild,[10] die geschlechtliche Identität, sexuelle Orientierung und das Sexualleben,[11] die psychische Gesundheit,[12] die persönliche Ehre und der gute Ruf[13] sowie berufliche und geschäftliche Tätigkeiten.[14]

5 Als Ausprägung des Rechtes auf **körperliche Unversehrtheit** garantiert Abs. 1 ein Selbstbestimmungsrecht über den eigenen Körper.[15] Selbst leichte Beeinträchtigungen der körperlichen Unversehrtheit – auch dann, wenn sie nach den Regeln ärztlicher Kunst erfolgen – stellen einen

---

[1] Zum Verhältnis der EMRK zum nationalen Recht und zur Bindungswirkung der Entscheidungen des EGMR vgl. Rn. 3 ff. zu Art. 6.
[2] IntKommEMRK/*Wildhaber/Breitenmoser* Rn. 40.
[3] EGMR Petersen v. Deutschland, Entsch. v. 6. 12. 2001 – No. 31178/96, NJW 2003, 1921 (1921).
[4] EGMR Petersen v. Deutschland, aaO.
[5] *Grabenwarter* § 22 Rn. 4.
[6] Vgl. nur EGMR Niemietz v. Deutschland, Urt. v. 16. 12. 1992 – No. 13710/88, NJW 1993, 718 (718), para. 29; Odièvre v. Frankreich, Urt. v. 13. 2. 2003 – No. 42326/98, NJW 2003, 2145 (2146), para. 29.
[7] *Grabenwarter* § 22 Rn. 5.
[8] So ausdrücklich EGMR P. G. u. J. H. v. Vereinigtes Königreich, Urt. v. 25. 9. 2001 – No. 44787/98, ÖJZ, 2002, 911 (913), para. 56 („Private life is a broad term not susceptible to exhaustive definition").
[9] EGMR Pretty v. Vereinigtes Königreich, Urt. v. 29. 4. 2002 – No. 2346/02, NJW 2002, 2851 (2853), para. 61; zu Art. 8 als Ausprägung der Menschenwürde: *Meyer-Ladewig* NJW 2004, 981 (982 f.).
[10] EGMR Caroline v. Hannover v. Deutschland, Urt. v. 24. 6. 2004 – No. 59320/00, NJW 2004, 2647 (2648), para. 50.
[11] EGMR van Kück v. Deutschland, Urt. v. 12. 6. 2003 – No. 35968/97, NJW 2004, 2505 (2507), para. 69; im konkreten Fall wurde eine Verletzung des Art. 8 bejaht, weil der transsexuellen Bf. die Beweislast für die Notwendigkeit ihrer medizinischen Behandlung auferlegt worden war (para. 82).
[12] EGMR Bensaid v. Vereinigtes Königreich, Urt. v. 6. 2. 2001 – No. 44599/98, NVwZ 2002, 453 (455), para. 47, worin der EGMR feststellt, dass die „Unruhe, verursacht durch die Abschiebung" einen Eingriff in das Privatleben darstellen kann, der jedoch im konkreten Fall gerechtfertigt gewesen sei (para. 48).
[13] EGMR A. v. Norwegen, Urt. v. 9. 4. 2009 – No. 28070/06 (unveröff.), para. 63. Der Gerichtshof bejahte eine Verletzung des Art. 8, weil eine Zeitung ausführlich über einen Mann berichtet hatte, der zwar im Zusammenhang mit einem Doppelmord befragt, aber diesbzgl. nicht angeklagt worden war.
[14] EGMR Niemietz v. Deutschland, Urt. v. 16. 12. 1992 – No. 13710/88, NJW 1993, 718 (718), para. 29.
[15] Zur Abgrenzung zum Verbot der unmenschlichen und erniedrigenden Behandlung gem. Art. 3: *Grabenwarter* § 22 Rn. 7, § 20 Rn. 23 ff.

Eingriff in das Selbstbestimmungsrecht über den Körper dar, wenn sie gegen den Willen des Betroffenen geschehen.[16] Daher sind gerichtliche Anordnungen zu physischen oder psychischen Untersuchungen ebenso wie zwangsweise Blutentnahmen Eingriffe in Art. 8, die nur unter den Voraussetzungen des Abs. 2 gerechtfertigt sein können.

Das körperliche Selbstbestimmungsrecht hat **höchstpersönlichen** Charakter. Die Sanktionierung 6 eines Schwangerschaftsabbruchs stellt deshalb keinen Eingriff in Art. 8 dar, weil die Schwangerschaft nicht allein zum Privatleben der Frau gehört.[17] Auch die (isolierte) Regelung einer Strafbarkeit wegen Beihilfe zum Selbstmord[18] verstößt nicht gegen Art. 8, da dieser kein eigenständiges Recht auf Teilnahme an einem Suizid gewährt.[19]

Das Recht auf Achtung des Privatlebens umfasst auch den **Schutz persönlicher Daten**. Hierzu 7 zählen nicht nur soziale und medizinische Daten, sondern auch Informationen über politische oder private Aktivitäten.[20] Das Recht ist betroffen, wenn Daten systematisch gesammelt, gespeichert und von staatlicher Stelle überwacht werden.[21]

Art. 8 kann ein Recht auf **Schutz vor Immissionen** begründen, wenn diese so erheblich sind, 8 dass sie die Lebensqualität einer Person, bspw. die Nutzung ihrer Wohnung, beeinträchtigen.[22] Das Konventionsrecht ist nicht nur dann betroffen, wenn die Umweltverschmutzung von staatlichen Stellen verursacht wird, sondern auch, wenn der Staat es unterlassen hat, angemessene Vorschriften für Privatunternehmen zu erlassen. In beiden Fällen muss ein gerechter Ausgleich zwischen den Interessen des Einzelnen und der Gemeinschaft hergestellt werden.[23]

b) **Familienleben.** Der Begriff der Familie iSv. Art. 8 ist weit zu verstehen. Erfasst sind zunächst 9 durch Ehe begründete Beziehungen, dh. **verheiratete Paare** – mit oder ohne minderjährige Kinder – unabhängig davon, ob sie als typische Familie schon oder noch zusammenleben.[24] Geschützt sind darüber hinaus auch andere, **faktische Familienbeziehungen.** Hierfür ist grds. erforderlich, dass die Beteiligten außerhalb einer Ehe zusammenleben. In Ausnahmefällen erkennt der EGMR auch andere Anhaltspunkte an, die die Gewähr für eine hinreichende Beständigkeit und Dauerhaftigkeit der Verbindung bieten, wie die Art und Länge der Beziehung und das Vorhandensein gemeinsamer Kinder.[25] Ein aus einer solchen faktischen Familienbeziehung hervorgegangenes Kind ist *ipso iure* von seiner Geburt an und schon allein durch seine Geburt Teil dieser Familienbeziehung, die auch fortdauert, wenn die Beziehung zwischen den Eltern zerbrochen ist.[26]

Nicht in den Schutzbereich der Familie fallen **gleichgeschlechtliche Partnerschaften,** auch dann 10 nicht, wenn eine Eheschließung nach nationalem Recht zulässig ist.[27] Familienbeziehungen zwischen **erwachsenen Verwandten,** bspw. zwischen Geschwistern oder Großeltern und Enkeln[28] genießen nur dann den Schutz der familiären Beziehung iSv. Art. 8, wenn zusätzliche Elemente einer Abhängigkeit vorliegen, die über die üblichen gefühlsmäßigen Bindungen hinausgehen.[29] Gleichgeschlechtliche Partnerschaften oder enge verwandtschaftliche Beziehungen, die nicht vom Begriff der Familie erfasst sind, können gleichwohl durch das Recht auf Achtung des Privatlebens geschützt sein.[30]

Inhaltlich begründet Art. 8 Abs. 1 ein **Recht auf Zusammenleben und persönliche Kontakte** 11 zwischen den Familienmitgliedern. Ein nicht sorgeberechtigter Elternteil hat daher – vorbehaltlich

---

[16] EGMR Storck v. Deutschland, Urt. v. 16. 6. 2005 – No. 61603/00, NJW-RR 2006, 308 (315 f.), para. 143 f.
[17] EKMR Brüggemann u. Scheuten v. Deutschland, Bericht v. 12. 7. 1977 – No. 6959/75, EuGRZ 1978, 199 (200), para. 61.
[18] So bspw. in § 168 ungar. StGB (1978); § 2 I Suicide Act 1961. In Pretty v. Vereinigtes Königreich, Urt. v. 29. 4. 2002 – No. 2346/02, NJW 2002, 2851 (2854 f.), para. 67 ff. hat der EGMR vage formuliert, dass er nicht ausschließen könne, dass die Strafbarkeit der Beihilfe zum Selbstmord einen Eingriff in das Recht auf Achtung des Privatlebens darstelle, jedenfalls sei ein solcher nach Art. 8 Abs. 2 gerechtfertigt.
[19] EKMR R. v. Vereinigtes Königreich, Entsch. v. 4. 7. 1983 – No. 10083/82, DR 33, 270 (271 f.), para. 13; darauf ausdrücklich bezugnehmend OVG Münster v. 22. 6. 2007 – 13 A 1504/06, NJW 2007, 3016 (3017).
[20] EGMR Knauth v. Deutschland, Entsch. v. 22. 11. 2001 – No. 41111/98, NJW 2003, 3041 (3042) zur Verwendung von Informationen der Gauck-Behörde über die politische und private Vergangenheit einer Kindergärtnerin zur Begründung ihrer Kündigung.
[21] EGMR Rotaru v. Rumänien, Urt. v. 4. 5. 2000 – No. 28341/95, ÖJZ 2001, 74 (75), para. 43 f.
[22] EGMR (GK) Hatton et al. v. Vereinigtes Königreich, Urt. v. 7. 8. 2003 – No. 36022/97, NVwZ 2004, 1465 (1466), para. 96 (Lärmbelästigung durch Londoner Flughafen Heathrow).
[23] EGMR (GK) Hatton et al. v. Vereinigtes Königreich, aaO, para. 98; näher Rn. 16.
[24] EGMR Abdulaziz, Cabales u. Balkandali v. Vereinigtes Königreich, Urt. v. 28. 5. 1985 – No. 9214/80, EuGRZ 1985, 567 (569), para. 62.
[25] EGMR Kroon et al. v. Niederlande, Urt. v. 27. 10. 1994 – No. 18535/91, Serie A297-C, para. 30.
[26] EGMR Keegan v. Irland, Urt. v. 26. 5. 1994 – No. 16969/90, NJW 1995, 2153 (2153), para. 44; Elsholz v. Deutschland, Urt. v. 13. 7. 2000 – No. 25735/94, NJW 2001, 2315 (2316 f.), para. 43.
[27] EGMR Mata Estevez v. Spanien, Entsch. v. 10. 5. 2001 – No. 56501/00, RJD 2001-VI.
[28] EGMR Marckx v. Belgien, Urt. v. 13. 6. 1979 – No. 6833/74, NJW 1979, 2449 (2452), para. 45.
[29] EGMR Yilmaz v. Deutschland, Urt. v. 17. 4. 2003 – No. 52853/99, NJW 2004, 2147 (2148), para. 44.
[30] *Meyer-Ladewig* Rn. 19 a mwN.

des Abs. 2 – einen Anspruch auf Umgang und Kontakt mit seinen Kindern.[31] Für **ausländische** Familienmitglieder hat die Garantie auch Auswirkungen auf die Verlängerung einer Aufenthaltsgenehmigung und die Wiedereinreise nach erfolgter Abschiebung[32] bzw. auf den Nachzug von Familienangehörigen,[33] wobei es jeweils auf die Umstände des Einzelfalles ankommt.

12 c) **Wohnung.** Ausgehend von dem Schutzzweck des Art. 8 dient das Recht auf Achtung der Wohnung („home"/„domicile") dazu, die räumlichen Voraussetzungen zum Schutz der Privatsphäre iSe. **Rückzuggebietes**[34] zu schaffen. Geschützt sind damit in erster Linie die Räumlichkeiten, die den privaten Lebensmittelpunkt bilden bzw. die des **ständigen Aufenthalts** („permanent residence"), auch Wohnwagen.[35] Eine Räumlichkeit fällt sogar dann noch in den Schutzbereich, wenn sich eine Person jahrelang nicht in ihr aufgehalten hat, sofern über den gesamten Zeitraum ein *Rückkehrwille* bestanden hat, wofür bereits das Zurücklassens des Mobiliars ein hinreichender Anhaltspunkt sein kann.[36] Zu Gunsten eines weiten Schutzbereiches sind auch in der Nähe der Wohnung befindliche Räume wie Keller, Dachboden, Garage und Gartenhaus erfasst.[37]

13 Im Hinblick auf strafprozessuale Zwangsmaßnahmen ist bedeutsam, dass auch **Geschäftsräume und Betriebstätten** unter den Schutz der „Wohnung" fallen. Das sind das Büro am eingetragenen Sitz eines Unternehmens einer natürlichen oder juristischen Person sowie Niederlassungen und sonstige Geschäftsräume.[38] Erfasst ist auch das Arbeitszimmer eines freiberuflich Tätigen, bspw. eine Anwaltskanzlei[39] oder Arztpraxis. **Keine Wohnung** ist die Zelle eines Straf- oder Untersuchungsgefangenen; deren Durchsuchung stellt jedoch einen Eingriff in sein Privatleben dar.[40]

14 d) **Korrespondenz.** Ziel dieser Teilgarantie ist es, die **nicht-öffentliche** Kommunikation zwischen Personen zu schützen. Nach einer an diesem Schutzzweck orientierten, weiten Auslegung ist neben der klassischen **schriftlichen** Korrespondenz auch die **fernmündliche und elektronische** Kommunikation erfasst.[41] Dabei ist es unerheblich, ob der Informationsaustausch iRd. Freizeit oder während der Arbeitszeit stattfindet und ob ein privater oder dienstlicher Anschluss verwendet wird.[42] Geschützt wird nicht nur der Inhalt der Korrespondenz, sondern auch die Gegebenheit, dh. die Tatsache, dass bestimmte Personen miteinander kommunizieren.[43]

15 Besondere Bedeutung erlangt die Garantie im Bereich der Telefonüberwachung und der Postkontrolle von (Untersuchungs-)Häftlingen. Unabhängig von der Durchführung einer konkreten Maßnahme kann bereits die Existenz eines Gesetzes, das Behörden zur **Überwachung der Telekommunikation** ermächtigt, einen Eingriff in die Achtung der Korrespondenz begründen. Dies gilt zumindest für die Personen, auf die die Vorschrift potentiell angewendet werden könnte.[44] Bei der **Postkontrolle** ist zu berücksichtigen, dass nicht nur die Kenntnisnahme des Inhalts, sondern auch das Vorenthalten oder Verzögern der Post einen Eingriff darstellt, der einer Rechtfertigung nach Abs. 2 bedarf.[45]

16 e) **Positive Schutz- und Handlungspflichten.** Neben den vier Abwehrrechten des Bürgers ergibt sich aus Art. 8 eine Handlungspflicht des Staates, **angemessene Vorkehrungen** zu treffen, die die Rechte der Bürger sichern und verhindern, dass sie durch (private) Dritte beeinträchtigt werden.[46] Hierzu gehören bspw. der Erlass von Strafgesetzen und die Gewährleistung eines effektiven

---

[31] EGMR Ciliz v. Niederlande, Urt. v. 11. 7. 2000 – No. 29192/95, NVwZ 2001, 547 (548), para. 62; IntKomm-EMRK/*Wildhaber/Breitenmoser* Rn. 400.
[32] EGMR Ciliz v. Niederlande, aaO, para. 66 ff.; zur ausländerrechtlichen Bedeutung des Sorge- und Umgangsrechts auch OVG Koblenz v. 10. 4. 2000 – 10 B 10 369/00, NVwZ-RR 2000, 831 ff.
[33] EGMR Gül v. Schweiz, Urt. v. 19. 2. 1996 – No. 23218/94, ÖJZ 1996, 593 (594), para. 38 ff.; Ahmut v. Niederlande, Urt. v. 28. 11. 1996 – No. 21 702/93, RJD 1996-VI, para. 69 ff.
[34] *Grabenwarter* § 22 Rn. 22.
[35] EGMR Buckley v. Vereinigtes Königreich, Urt. v. 25. 9. 1996 – No. 20348/92, ÖJZ 1997, 313 (313 f.), para. 7, 54.
[36] EGMR Gillow v. Vereinigtes Königreich, Urt. v. 24. 11. 1986 – No. 9063/80, Serie A 109, para. 46.
[37] *Grabenwarter* § 22 Rn. 21.
[38] EGMR Buck v. Deutschland, Urt. v. 28. 4. 2005 – No. 41 604/98, NJW 2006, 1495 (1495), para. 31; vertiefend: *Esser* S. 111 ff.
[39] EGMR Niemietz v. Deutschland, Urt. v. 16. 12. 1992 – No. 13710/88, NJW 1993, 718 (719), para. 30 ff.
[40] *Grabenwarter* § 22 Rn. 21.
[41] *Gollwitzer* Rn. 37; KK-StPO/*Schädler* Rn. 1; eingehend: *Kugelmann* EuGRZ 2003, 16 (21).
[42] EGMR Copland v. Vereinigtes Königreich, Urt. v. 3. 4. 2007 – No. 62617/00, EuGRZ 2007, 415 (418 f.), para. 41 f.
[43] *Gollwitzer* Rn. 38.
[44] EGMR Klass et al. v. Deutschland, Urt. v. 6. 9. 1978 – No. 5029/71, EuGRZ 1979, 278 (284), para. 41, mAnm *Arndt* NJW 1979, 1760; Malone v. Vereinigtes Königreich, Urt. v. 2. 8. 1984 – No. 8691/79, EuGRZ 1985, 17 (20, 23), para. 64, 86.
[45] EGMR Silver et al. v. Vereinigtes Königreich, Urt. v. 25. 3. 1983 – No. 5947/72, EuGRZ 1984, 147 (149), para. 83 f.
[46] Vgl. nur EGMR X u. Y v. Niederlande, Urt. v. 26. 3. 1985 – No. 8978/80, EuGRZ 1985, 297 (298), para. 23 (Schutz Untergebrachter vor sexuellem Missbrauch); Odièvre v. Frankreich, Urt. v. 13. 2. 2003 – No. 42326/98, NJW 2003, 2145 (2147), para. 40 (Auskunftsverlangen über leibliche Verwandte nach anonymer Geburt).

Strafverfahrens[47] ebenso wie die Eröffnung des Zivilrechtsweges zur Klärung von Streitigkeiten, die das Privat- und Familienleben betreffen.[48] Der Staat muss in jedem Fall einen gerechten Ausgleich (*„fair balance"*) zwischen den widerstreitenden Interessen des Einzelnen und der Gemeinschaft herstellen. Er genießt einen gewissen Ermessensspielraum (*„certain margin of appreciation"*) sowohl hinsichtlich der Art und Weise der Erfüllung seiner Schutzpflichten als auch in Bezug auf die Herbeiführung eines Ausgleichs.[49]

III. Rechtfertigung nach Abs. 2

Die Ausübung der Rechte des Abs. 1 darf eine Behörde (*„public authority"*) nur einschränken, 17 wenn der Eingriff **gesetzlich vorgesehen** ist, eines oder mehrere der in Abs. 2 genannten **berechtigten Ziele** verfolgt und **in einer demokratischen Gesellschaft notwendig** ist, um diese Ziele zu erreichen. Demnach ergibt sich eine dreistufige Rechtfertigungsprüfung. Diese Struktur findet sich im Wesentlichen auch in den Art. 9–11, mit Unterschieden in den Formulierungen und dem Spektrum der Eingriffsziele.

1. Gesetzliche Grundlage. Hierfür kommen alle abstrakt-generellen Regelungen im Sinne eines 18 materiellen Gesetzesbegriffs in Betracht.[50] Erfasst wird zunächst das **gesamte geschriebene Recht** der Konventionsstaaten (auch Verfügungen und Richtlinien), sofern es für den Bürger *zugänglich*, *vorhersehbar* und *nicht willkürlich* ist. Erforderlich ist eine hinreichende Bestimmtheit in der Weise, dass der Bürger sein Verhalten danach ausrichten kann.[51] Ein Gesetz, das den nationalen Behörden einen Ermessensspielraum einräumt – etwa im Bereich der Telefonüberwachung oder der Kontrolle des Briefverkehrs – genügt den Anforderungen der Vorhersehbarkeit, wenn sich der Umfang des Ermessens und die Art und Weise seiner Ausübung mit hinreichender Eindeutigkeit aus der Ermächtigungsgrundlage selbst ergeben.[52] Unter den Gesetzesbegriff fallen ferner das **Richterrecht** in den Staaten des (englischen) „common law"[53] **und die gesetzeskonkretisierende und -ausfüllende Rspr.** in den Staaten des (kontinentaleuropäischen) „civil law".[54] Voraussetzung ist, dass diese Rspr. konstant, klar und präzise ist.[55]

2. Berechtigtes Ziel. Die möglichen Eingriffsziele des Art. 8 sind vielfältiger als die der Art. 9 und 19 11 (Gedanken-/Gewissens-/Religionsfreiheit und Versammlungs-/Vereinigungsfreiheit). Sie werden vom EGMR **autonom ausgelegt**, wobei auch das nationale Begriffsverständnis zu berücksichtigen ist.[56] Abs. 2 enthält teilweise sehr weit gefasste, unbestimmte Rechtsbegriffe. Als Ausnahme zu den von der Konvention geschützten Rechten muss die Bestimmung eng ausgelegt werden.[57] Die Aufzählung der berechtigten Ziele ist, wie sich aus Art. 18 (Begrenzung der Rechtseinschränkungen) ergibt, **abschließend**. Jedoch dürfen die Rechte, die dem Schutz der Privatsphäre dienen, im Notstandsfall derogiert werden (Art. 15).[58]

Die Strafverfolgung wird als legitimes Ziel nicht gesondert genannt. Einschränkende Maß- 20 nahmen der Strafverfolgungsbehörden werden ebenso wie die der Strafvollzugsbehörden mit dem

---

[47] EGMR M. C. v. Bulgarien, Urt. v. 4. 12. 2003 – No. 39272/98, RJD 2003-XII, para. 150 ff.
[48] EGMR Airey v. Irland, Urt. v. 9. 10. 1079 – No. 6289/73, EuGRZ 1979, 626 (629), para. 33; wegen des fehlenden Zugangs zum Gericht wurde zugleich ein Verstoß gegen Art. 6 Abs. 1 bejaht, para. 28.
[49] EGMR Keegan v. Irland, Urt. v. 26. 5. 1994 – No. 16969/90, EuGRZ 1995, 113 (119), para. 49; zur Reduzierung des Ermessens bei schweren Straftaten gegen die Privatsphäre, bspw. Vergewaltigung, vgl. M. C. v. Bulgarien, aaO, para. 150.
[50] EGMR Kruslin v. Frankreich, Urt. v. 24. 4. 1990 – No. 11801/85, ÖJZ 1990, 564 (565 f.), para. 29; vgl. auch De Wilde, Ooms u. Versyp v. Belgien, Urt. v. 18. 6. 1971 – No. 2832/66, Serie A 12, para. 39, 93 (königl. Erlass zur Kontrolle der Korrespondenz ausreichend).
[51] EGMR Silver et al. v. Vereinigtes Königreich, Urt. v. 25. 3. 1983 – No. 5947/72, EuGRZ 1984, 147 (150 f.), para. 86 ff., 93; *Esser* S. 318 f.; *Meyer-Ladewig* Rn. 38 mwN.
[52] EGMR Margareta u. Roger Andersson v. Schweden, Urt. v. 25. 2. 1992 – No. 12963/87, Serie A 226-A, para. 75; Tolstoy Miloslavsky v. Vereinigtes Königreich, Urt. v. 13. 7. 1995 – No. 18139/91, Serie A 316-B, para. 37 (Übertragung der im *Andersson*-Urteil für Art. 8 festgestellten Prinzipien auf Art. 10); speziell zur Postkontrolle eines Gefangenen: Petra v. Rumänien, Urt. v. 23. 9. 1998 – No. 27273/95, RJD 1998-VII, para. 37; zur Telefonüberwachung: Valenzuela Contreras v. Spanien, Urt. v. 30. 7. 1998 – No. 27671/95, ÖJZ 1999, 510 (511), para. 46.
[53] EGMR Sunday Times v. Vereinigtes Königreich, Urt. v. 26. 4. 1979 – No. 6538/74, EuGRZ 1979, 386 (387), para. 47.
[54] EGMR Kruslin v. Frankreich, Urt. v. 24. 4. 1990 – No. 11801/85, ÖJZ 1990, 564 (565 f.), para. 29. – Die Begrifflichkeit „common" und „civil law" ist i. Ü. nicht unproblematisch, weil jenes eigentlich nur das englische Gewohnheitsrecht erfasst (und damit das heute in den ehem. Kolonien Englands zu findende „statute law" außer Betracht lässt) und das „civil law" dem Missverständnis Vorschub leistet, dass damit lediglich das „Zivilrecht" iSd. bürgerlichen Rechts gemeint sei (zu den Begrifflichkeiten *Fairchild/Dammer* S. 47 ff.).
[55] EGMR Association Ekin v. Frankreich, Urt. v. 17. 7. 2001 – No. 39288/98, RJD 2001-VIII, para. 46.
[56] Grote/Marauhn/*Marauhn/Meljnik* Kap. 16 Rn. 84.
[57] EGMR Klass et al. v. Deutschland, Urt. v. 6. 9. 1978 – No. 5029/71, EuGRZ 1979, 278 (284), para. 42, mAnm *Arndt* NJW 1979, 1760.
[58] Nach Art. 15 Abs. 2 sind nur Art. 3, Art. 4 Abs. 1 und Art. 7 absolut und Art. 2 bedingt notstandsfest.

Ziel der **Verhütung von (weiteren) Straftaten** gerechtfertigt.[59] Strafverfolgungsmaßnahmen lassen sich im Übrigen auch mit den Zielen des Schutzes der öffentlichen Sicherheit oder der Aufrechterhaltung der Ordnung begründen. Die Berufung auf die **nationale Sicherheit**, die auch gewichtige Einschränkungen der Konventionsgarantien rechtfertigen kann, erfordert eine ernstzunehmende Bedrohung des Staates und seiner Einrichtungen, etwa durch Spionage oder Terrorismus. Die Bedrohung muss jedoch nicht so weit gehen, dass bereits die Voraussetzungen eines Notstandsfalls iSv. Art. 15 vorliegen, unter denen Art. 8 insgesamt außer Kraft gesetzt werden könnte.[60]

21 **Zum Schutz der Rechte und Freiheiten anderer**, etwa des Kindeswohles, der körperlichen Unversehrtheit oder der sexuellen Selbstbestimmung, kann bspw. in das Recht auf Zusammenleben und persönliche Kontakte zwischen Familienmitgliedern eingegriffen[61] oder die Vornahme bestimmter sexueller Handlungen unter Strafe gestellt werden.[62] In der Spruchpraxis des EGMR wurde eine Konventionsverletzung sehr selten bereits wegen des Fehlens eines legitimen Zieles angenommen; entscheidend ist idR die – sogleich zu behandelnde – Frage der *Notwendigkeit* des Eingriffs.[63]

22 **3. Notwendig in einer demokratischen Gesellschaft.** Nach stRspr. des EGMR ist ein Eingriff notwendig, wenn er einem dringenden gesellschaftlichen Bedürfnis *("pressing social need")* entspricht und in einem angemessenen Verhältnis zu dem verfolgten berechtigten Ziel steht *("proportionate to the legitimate aim pursued")*. Bei der Beurteilung der Notwendigkeit genießen die Vertragsstaaten einen gewissen Beurteilungsspielraum *("certain margin of appreciation")*; der EGMR prüft jedoch, ob die von den nationalen Behörden angegebenen Rechtfertigungsgründe sachbezogen und ausreichend *("relevant and sufficient")* sind. Die Ausnahmen des Abs. 2 sind eng auszulegen, und ihr Vorliegen muss im Einzelfall überzeugend begründet werden.[64]

23 a) Der Beurteilungsspielraum der staatlichen Behörden ist je nach Art, Dauer und Schwere der Beschränkung sowie der Bedeutung des mit ihr verfolgten Zieles unterschiedlich weit. So verlangt ein Eingriff in einen **sehr intimen Bereich des Privatlebens**, wie die Sexualität, besonders triftige Gründe.[65] Je schwächer bzw. diffuser der geltend gemachte Eingriffsgrund ist, bspw. Schutz der Moral oder Aufrechterhaltung der Ordnung, desto eher wird die Abwägungsentscheidung gegen die Zulässigkeit des Eingriffs ausfallen müssen.[66] Bei der Erhebung, Verwertung und Weitergabe **personenbezogener Daten** sind iRd. Verhältnismäßigkeitsprüfung insb. die Art der Daten,[67] der Umfang der Weitergabe, die Vertraulichkeit der Behandlung durch die Empfangsbehörde und eine ggf. erfolgte Benachrichtigung der geschützten Person zu berücksichtigen.[68] Schwierige Fragen wirft auch die Abwägung zwischen der **Pressefreiheit** und dem Schutz des Privatlebens auf (näher Art. 10 Rn. 13).

24 b) Bei behördlichen Eingriffen in das **Familienleben**, insb. in die Eltern-Kind-Beziehung, hat stets das Kindeswohl eine entscheidende Bedeutung. Es ist nicht die Aufgabe des EGMR, sich an die Stelle der staatlichen Behörden zu setzen, haben diese doch idR. eine direkte Verbindung zu allen Beteiligten. Auch ist zu beachten, dass die offiziellen (politischen) Auffassungen über die Rolle der Familie in den Konventionsstaaten zT erheblich divergieren.[69] Die **Anordnung der Unterbringung** von Kindern in einer Pflegefamilie kann aufgrund der psychischen Erkrankung der Mutter gerechtfertigt sein, jedoch ist die Unterbringung idR vorübergehend anzuordnen und die Behörden sind verpflichtet, in regelmäßigen Abständen Maßnahmen zur Familienzusammenführung zu prüfen.[70] Grds. haben Behörden bei Entscheidungen über das **Sorgerecht** einen weiten Beurteilungsspielraum. Dagegen ist bei Beschränkungen des **Umgangsrechts** eine genaue Überprüfung durch den Gerichtshof erforderlich, denn derartige weitgehende Einschränkungen bergen

---

[59] IntKommEMRK/*Wildhaber/Breitenmoser* Rn. 621, 626; Grote/Marauhn/*Marauhn/Meljnik* Kap. 16 Rn. 88.
[60] IntKommEMRK/*Wildhaber/Breitenmoser* Rn. 598.
[61] EGMR Olsson v. Schweden (No. 1), Urt. v. 24. 3. 1988 – No. 10465/83, EuGRZ 1988, 591 (598), para. 64 f.
[62] EGMR Dudgeon v. Vereinigtes Königreich, Urt. v. 22. 10. 1981 – No. 7525/76, EuGRZ 1983, 488 (490 ff.), para. 47, 49, 62.
[63] Eingehend: *Kempees* S. 659 (660).
[64] Vgl. nur EGMR Buck v. Deutschland, Urt. v. 28. 4. 2005 – No. 41604/98, NJW 2006, 1495 (1497), para. 44 f.
[65] EGMR Smith u. Grady v. Vereinigtes Königreich, Urt. v. 27. 9. 1999 – No. 33985/96, NJW 2000, 2089 (2092), para. 88 f. (Entlassung aus der Royal Air Force wegen Homosexualität).
[66] *Ambos* § 10 Rn. 51.
[67] Im Fall Z. v. Finnland, Urt. v. 25. 2. 1997 – No. 22009/93, RJD 1997-I, para. 95 f., betonte der EGMR die besondere Schutzwürdigkeit *("fundamental importance")* medizinischer Daten, speziell die Information über eine HIV-Infektion.
[68] EGMR Anne-Marie Andersson v. Schweden, Urt. v. 27. 8. 1997 – No. 20022/92, RJD 1997-IV, para. 41; eingehend: *Esser* S. 193 ff.
[69] EGMR (GK) K. u. T. v. Finnland, Urt. v. 12. 7. 2001 – No. 25702/94, NJW 2003, 809 (811), para. 154.
[70] EGMR (GK) K. u. T. v. Finnland, aaO, para. 178 f.

die Gefahr in sich, dass die Familienbeziehung zwischen den Eltern und dem Kind endgültig abgeschnitten wird.[71]

c) **Hausdurchsuchungen und Beschlagnahmen** können gerechtfertigt sein, um Beweise für bestimmte Straftaten zu beschaffen. Die Verhältnismäßigkeit der Maßnahmen bewertet der EGMR nach den Umständen des Einzelfalles, wobei als **Kriterien** vor allem die Schwere der in Rede stehenden Straftat(en), die Umstände der Anordnung, insb. das zur fraglichen Zeit vorliegende weitere Beweismaterial, sowie ihr Umfang, insb. die Art der durchsuchten Räume, herangezogen werden.[72] Der EGMR berücksichtigt ferner, ob das nationale Recht angemessenen und wirksamen **Schutz vor Missbrauch** gewährt, insb. ob die Rechtmäßigkeit einer Durchsuchung auch dann noch angefochten werden kann, wenn die Anordnung bereits vollzogen ist.[73]

d) Der Gerichtshof erkennt an, dass eine gewisse **Kontrolle des Briefverkehrs von Gefangenen** erforderlich ist und diese nicht von vornherein gegen die Konvention verstößt.[74] Das Zurückhalten von Briefen ist etwa gerechtfertigt, wenn der Inhaftierte in ihnen mit Gewalt droht oder hierzu aufruft.[75] Die Korrespondenz zwischen einem Häftling und seinem **Verteidiger** genießt jedoch, unabhängig von ihrem Inhalt, einen **privilegierten Schutz**.[76] Die Post eines Gefangenen an und von seinem Verteidiger darf grds. nicht gelesen, sondern nur auf ihre Einlagen hin überprüft werden und dies auch nur dann, wenn aufgrund der Umstände ein begründeter Verdacht *(„reasonable cause")* besteht, dass die Post eine unerlaubte Einlage enthält. Nur wenn darüber hinaus die begründete Annahme besteht, dass der Inhalt des Schreibens die Sicherheit der Vollzugsanstalt oder Dritter gefährdet oder in anderer Weise strafbar ist, darf der Brief gelesen werden.[77] Die (zulässige) Kontrolle muss mit angemessenen und ausreichenden **Garantien gegen Missbrauch** verbunden sein. Diese Voraussetzungen werden von § 148 Abs. 2 StPO erfüllt.[78] Im Übrigen kann durch die Anwesenheit des Häftlings beim Öffnen der Post gewährleistet werden, dass Briefe grds. nicht gelesen werden.[79]

Art. 10 Freiheit der Meinungsäußerung

(1) ¹Jede Person hat das Recht auf freie Meinungsäußerung. ²Dieses Recht schließt die Meinungsfreiheit und die Freiheit ein, Informationen und Ideen ohne behördliche Eingriffe und ohne Rücksicht auf Staatsgrenzen zu empfangen und weiterzugeben. ³Dieser Artikel hindert die Staaten nicht, für Hörfunk-, Fernseh- oder Kinounternehmen eine Genehmigung vorzuschreiben.

(2) Die Ausübung dieser Freiheiten ist mit Pflichten und Verantwortung verbunden; sie kann daher Formvorschriften, Bedingungen, Einschränkungen oder Strafdrohungen unterworfen werden, die gesetzlich vorgesehen und in einer demokratischen Gesellschaft notwendig sind für die nationale Sicherheit, die territoriale Unversehrtheit oder die öffentliche Sicherheit, zur Aufrechterhaltung der Ordnung oder zur Verhütung von Straftaten, zum Schutz der Gesundheit oder der Moral, zum Schutz des guten Rufes oder der Rechte anderer, zur Verhinderung der Verbreitung vertraulicher Informationen oder zur Wahrung der Autorität und der Unparteilichkeit der Rechtsprechung.

I. Bedeutung für das deutsche Strafverfahrensrecht

Die grundlegende Bedeutung der Meinungs- und Pressefreiheit als Voraussetzung für eine funktionierende Demokratie muss in jeder Lage des Verfahrens beachtet werden. Dies gilt sowohl im Hinblick auf **prozessuale Zwangsmaßnahmen**, etwa bei der Beschlagnahme von Druckerzeugnis-

---

[71] EGMR Elsholz v. Deutschland, Urt. v. 13. 7. 2000 – No. 25735/94, NJW 2001, 2315 (2317), para. 48 f.; Görgülü v. Deutschland, Urt. v. 26. 2. 2004 – No. 74969/01, NJW 2004, 3397 (3398), para. 42; vgl. auch den hieran anknüpfenden „Görgülü-Beschluss" des BVerfG v. 14. 10. 2004 – 2 BvR 1481/04, BVerfGE 111, 307 ff. = NJW 2004, 3407 ff.
[72] EGMR Buck v. Deutschland, Urt. v. 28. 4. 2005 – No. 41604/98, NJW 2006, 1495 (1497), para. 45 ff.; zur Durchsuchung einer Anwaltskanzlei: Niemietz v. Deutschland, Urt. v. 16. 12. 1992 – No. 13710/88, NJW 1993, 718 (719), para. 37.
[73] EGMR Buck v. Deutschland, aaO, para. 45 f.
[74] EGMR Silver et al. v. Vereinigtes Königreich, Urt. v. 25. 3. 1983 – No. 5947/72, EuGRZ 1984, 147 (152), para. 98; Campbell v. Vereinigtes Königreich, Urt. v. 25. 3. 1992 – No. 13590/88, ÖJZ 1992, 595 (597), para. 45.
[75] EGMR Silver et al. v. Vereinigtes Königreich, aaO, para. 103.
[76] EGMR Campbell v. Vereinigtes Königreich, aaO, para. 46 ff.
[77] EGMR Campbell v. Vereinigtes Königreich, aaO, para. 48.
[78] EGMR Erdem v. Deutschland, Urt. v. 5. 7. 2001 – No. 38321/97, NJW 2003, 1439 (1441 f.), para. 65 ff.
[79] EGMR Campbell v. Vereinigtes Königreich, aaO, para. 48.

sen oder der Durchsuchung von Verlagsräumen, als auch im Rahmen der **Urteilsfindung**, bspw. bei Straftaten wie Beleidigung oder Volksverhetzung.[1]

II. Schutzbereich des Abs. 1

1. Persönlich. Die Meinungsfreiheit wird **jeder Person** gewährt, natürlichen und juristischen Personen, EU-Bürgern ebenso wie EU-Ausländern, wobei für diese die über Art. 10 Abs. 2 hinausgehende Beschränkungsmöglichkeit des Art. 16 (politische Tätigkeit ausländischer Personen) zu beachten ist. Im Rahmen der **Pressefreiheit** wird nicht nur der Journalist bzw. der Autor selbst geschützt, sondern auch der Verleger und der Herausgeber.[2]

2. Sachlich. Die Freiheit der Meinungsäußerung gewährt das Recht, eine zuvor gebildete Meinung in beliebiger Weise nach außen kundzutun. Geschützt werden **Tatsachenäußerungen und Werturteile** unabhängig von ihrem Inhalt, dh. auch Meinungsäußerungen, die verletzen, schockieren oder beunruhigen *(„offend, shock or disturb")*,[3] auch dann, wenn sie teilweise dem Inhalt oder der Wortwahl nach inakzeptabel sind.[4] Eine Differenzierung zwischen Meinungen und Tatsachen erfolgt erst iRd. Rechtfertigung.[5] Die Redefreiheit ist nicht an bestimmte **Kommunikationsformen oder -mittel** gebunden; die Äußerung kann daher auch künstlerisch erfolgen, bspw. in Wort, Schrift, Kunstwerk, oder Film.[6] Auch **Realakte**, die in Form einer gewissen Störung das Missfallen an bestimmten Verhaltensweisen anderer ausdrücken, sind vom Schutzbereich erfasst.[7]

Eine Grenze der Meinungsfreiheit bildet die Auslegungsregel des Art. 17 (**Verbot des Missbrauchs der Rechte**). Danach können Konventionsrechte nicht in Anspruch genommen werden, um die von der Konvention geschützte Wertordnung zu unterlaufen. So fällt insbesondere die Leugnung des Holocaust nicht in den Schutzbereich des Art. 10.[8]

Die **Pressefreiheit** wird – anders als in Art. 5 GG – nicht ausdrücklich erwähnt, sondern als Bestandteil der allgemeinen Meinungsfreiheit geschützt. Die Pressefreiheit genießt insofern keine besonderen Schranken; die Zensur ist nicht – wie in Art. 5 Abs. 1 S. 3 GG – von vornherein untersagt. Unter den Pressebegriff fallen nur *wiederkehrend erscheinende Druckschriften*, nicht einmalige Druckerzeugnisse wie Bücher, Flugblätter oder Plakate; diese werden von der allgemeinen Meinungsfreiheit geschützt.[9] Der Schutzbereich umfasst auch die Veröffentlichung von *Fotoaufnahmen*, wobei dem Schutz des guten Rufes oder der Rechte anderer besondere Bedeutung zukommt.[10] Andere Medien wie Hörfunk und Fernsehen werden über die **Rundfunkfreiheit** erfasst. Letztlich ist eine Unterscheidung auf Schutzbereichsebene nicht erforderlich, da einheitliche Schranken gelten. Indes wird die besondere Bedeutung der Presse iRd. Verhältnismäßigkeitsprüfung berücksichtigt.

III. Rechtfertigung nach Abs. 2

Ein Eingriff in die von Art. 10 Abs. 1 geschützte Meinungsfreiheit ist konventionswidrig, es sei denn, er ist **gesetzlich vorgesehen**, verfolgt eines oder mehrere der in Abs. 2 genannten **berechtigten Ziele** und ist **in einer demokratischen Gesellschaft notwendig**, um diese Ziele zu erreichen. Trotz der Abs. 2 einleitenden Formulierung, dass die Ausübung der Freiheiten „mit Pflichten und Verantwortung verbunden" ist, gelten im Wesentlichen die gleichen Schrankenbestimmungen wie in den Art. 8, 9 und 11. Auch von Art. 10 darf im Notstandsfall (Art. 15) abgewichen werden.

1. Gesetzliche Grundlage. Erfasst wird, wie bei Art. 8 (näher dort Rn. 18), das gesamte geschriebene Recht im Sinne eines materiellen Gesetzesbegriffs sowie das Richterrecht in den Staaten des (englischen) „common law" und die gesetzeskonkretisierende und -ausfüllende Rspr. in

---

[1] Zum Verhältnis der EMRK zum nationalen Recht und zur Bindungswirkung der Entscheidungen des EGMR vgl. Art. 6 Rn. 3 ff.
[2] EGMR Öztürk v. Türkei, Urt. v. 28. 9. 1999 – No. 22479/93, RJD 1999-VI, para. 49.
[3] EGMR Observer u. Guardian v. Vereinigtes Königreich, Urt. v. 26. 11. 1991 – No. 13585/88, EuGRZ 1995, 16 (20), para. 59; Oberschlick v. Österreich, Urt. v. 1. 7. 1997 – No. 20834/92, NJW 1999, 1321 (1321), para. 29.
[4] EGMR Güneri et al. v. Türkei, Urt. v. 12. 7. 2005 – No. 42853/98 (unveröff.), para. 76; *Meyer-Ladewig* Rn. 6.
[5] Ähnl. *Grabenwarter* § 23 Rn. 4.
[6] *Gollwitzer* Rn. 7.
[7] EGMR Steel et al. v. Vereinigtes Königreich, Urt. v. 23. 9. 1998 – No. 24838/94, RJD 1998-VII, para. 15, 92: Blockieren von Nutzmaschinen, die zum Zweck einer Autobahnerweiterung eingesetzt werden sollten. Weitere Bsp. bei *Hoffmeister* EuGRZ 2000, 358 (359) mwN.
[8] EGMR Garaudy v. Frankreich, Entsch. v. 24. 6. 2003 – No. 65831/01, RJD 2003-IX; abl. *Grabenwarter* § 23 Rn. 4 mit der Erwägung, dass die Grenze zwischen Schutzbereichs- und Schrankenebene zu verwischen drohe und sich ein Widerspruch zur Rspr. ergebe, die auch verletzende, schockierende und störende Äußerungen erlaube.
[9] *Grabenwarter* § 23 Rn. 7.
[10] EGMR Caroline v. Hannover v. Deutschland, Urt. v. 24. 6. 2004 – No. 59 320/00, NJW 2004, 2647 (2649), para. 59; vertiefend: *Engels/Jürgens* NJW 2007, 2517; *Heldrich* NJW 2004, 2634; *Hoffmann-Riem* NJW 2009, 20; *Lenski* NVwZ 2005, 50; *Mann* NJW 2004, 3220.

den Staaten des (kontinentaleuropäischen) „civil law". Der EGMR bejaht das Vorhandensein einer gesetzlichen Grundlage auch dann, wenn eine bestimmte Zwangsmaßnahme, etwa eine Beschlagnahme, nach dem Wortlaut der Eingriffsermächtigung eindeutig nicht vorgesehen ist, aber ein schwerwiegenderer Eingriff möglich wäre.[11]

2. Berechtigtes Ziel. Über die auch hier einschlägigen Ausführungen zu Art. 8 (Rn. 19 ff.) hinaus ist der **Schutz des guten Rufes oder der Rechte anderer**, etwa im Hinblick auf straf- oder zivilrechtlichen Sanktionen wegen Beleidigungen oder verleumderischer Äußerungen, von großer praktischer Bedeutung. Bei der Veröffentlichung von **Fotoaufnahmen** haben der Persönlichkeitsschutz und das Recht am eigenen Bild besondere Relevanz.[12] Dem **Schutz der nationalen Sicherheit** dient zB die Bekämpfung separatistischer, etwa pro-kurdischer Äußerungen. Auch Publikationsverbote oder die Beschlagnahme einer Zeitschrift, in der ein vertraulicher Bericht eines Nachrichtendienstes veröffentlicht werden soll, lassen sich hiermit begründen.[13] Danach kommt sogar die Beschlagnahme der gesamten Auflage in Betracht, sofern sich dies als „notwendig" erweist (dazu Rn. 12). Zu Überschneidungen kommt es hier mit dem berechtigten Ziel der **Verhinderung der Verbreitung vertraulicher Informationen.** Die **Aufrechterhaltung der Ordnung** bezieht sich nicht nur auf die öffentliche Ordnung, sondern auch auf die „Binnen-Ordnung" einer bestimmten sozialen Gruppe oder Institution, bspw. der Armee.[14] Zum **Schutz der Volksgesundheit** können die Mitgliedstaaten die Veröffentlichung von Zigarettenwerbung mit Strafe bedrohen, wobei die Höhe der Geldbuße oder -strafe mit Blick auf die Auflage und den Verbreitungsbereich der betreffenden Zeitschrift bestimmt werden muss.[15] Bei Eingriffen zum **Schutz der Moral**, etwa im Zusammenhang mit der Verbreitung jugendgefährdender Schriften, ist zu beachten, dass es keinen einheitlichen europäischen Moralbegriff gibt und zudem die Moralvorstellungen einem ständigen Wandel unterliegen.[16]

3. Notwendig in einer demokratischen Gesellschaft. Wie bei Art. 8 ist ein Eingriff auch hier notwendig, wenn er einem *dringenden gesellschaftlichen Bedürfnis* entspricht und in einem *angemessenen Verhältnis* zu dem verfolgten berechtigten Ziel steht. Bei der Ausübung seiner Überwachungsfunktion hat der EGMR nicht die Aufgabe, sich an die Stelle der zuständigen nationalen Behörden zu setzen. Diese besitzen bei der Einschätzung, ob ein dringendes Bedürfnis vorliegt, einen gewissen Beurteilungsspielraum. Der EGMR kann jedoch prüfen, ob die von den nationalen Behörden angegebenen Rechtfertigungsgründe sachbezogen und ausreichend sind.[17]

Bei der **Verhältnismäßigkeitsprüfung** ist stets zu berücksichtigen, dass die Meinungsäußerungsfreiheit einen „Grundpfeiler jeder demokratischen Gesellschaft" darstellt.[18] Diese verlangt „Pluralismus, Toleranz, Aufgeschlossenheit und eine offene Geisteshaltung".[19] Ist eine Äußerung nicht eindeutig, muss ihr Erklärungsinhalt aus dem Zusammenhang, den Begleitumständen und der konkreten Situation sorgfältig ausgelegt werden. Es müssen alle in Frage kommenden **Auslegungsmöglichkeiten** beachtet werden, auch die, die nicht zu einer Bestrafung führen.[20] Für ehrenrührige Tatsachenbehauptungen kann grds. ein **Wahrheitsbeweis** verlangt werden. Wird ein solcher indes bei Werturteilen verlangt, liegt ein unverhältnismäßiger Eingriff in Art. 10 vor, denn solche Urteile sind einem Wahrheitsbeweis gerade nicht zugänglich.[21]

Die **gewählte Form** (zB mündlich od. schriftlich) bzw. die Art des Mediums und der Kreis der Personen, denen die Äußerung zugänglich gemacht wurden, sind ebenso einzubeziehen wie vorangegangenes Drittverhalten.[22] Erheblich sind bspw. die Auflage, der Erscheinungsmodus und

---

[11] *Ambos* § 10 Rn. 53, krit. hierzu *Esser* S. 137 f.
[12] EGMR Caroline v. Hannover v. Deutschland, aaO; vertiefend: *Engels/Jürgens* NJW 2007, 2517; *Heldrich* NJW 2004, 2634; *Hoffmann-Riem* NJW 2009, 20; *Lenski* NVwZ 2005, 50; *Mann* NJW 2004, 3220; näher Rn. 15.
[13] EGMR Vereiniging Weekblad Bluf! v. Niederlande, Urt. v. 9. 2. 1995 – No. 16616/90, Serie A 306-A, para. 33 ff.
[14] EGMR Engel et al. v. Niederlande, Urt. v. 8. 6. 1976 – No. 5100/71, EuGRZ 1976, 221 (237), para. 98; später bezugnehmend hierauf etwa Vereinigung demokratischer Soldaten Österreichs u. Gubi v. Österreich, Urt. v. 19. 12. 1994 – No. 15 153/89, ÖJZ 1995, 314 (315), para. 32.
[15] EGMR Hachette Filipacchi Presse Automobile u. Dupuy v. Frankreich, Urt. v. 5. 3. 2009 – No. 13353/05 (unveröff.), para. 43 ff.
[16] EGMR Handyside v. Vereinigtes Königreich, Urt. v. 7. 12. 1976 – No. 5493/72, EuGRZ 1977, 38 (41), para. 48.
[17] EGMR Observer u. Guardian v. Vereinigtes Königreich, Urt. v. 26. 11. 1991 – No. 13585/88, EuGRZ 1995, 16 (20), para. 59. In seinem grdl. Handyside-Urteil, aaO, para. 48 stellte der EGMR fest, dass „notwendig" iSd. Art. 10 nicht gleichbedeutend mit „unverzichtbar", „strikt notwendig" od. „unbedingt erforderlich" ist (iSd. Art. 2 Abs. 2, Art. 6 Abs. 1). Der Begriff habe jedoch auch nicht die „flexibility" der Begriffe „zulässig", „üblich", „nützlich", „angemessen" od. „wünschenswert" (iSd. Art. 4 Abs. 3, Art. 5 Abs. 3, Art. 6 Abs. 1).
[18] *Esser* S. 139.
[19] EGMR Handyside v. Vereinigtes Königreich, Urt. v. 7. 12. 1976 – No. 5493/72, EuGRZ 1977, 38 (42), para. 49; Fressoz v. Roire v. Frankreich, Urt. v. 21. 1. 1999 – No. 29183/95, NJW 1999, 1315 (1316), para. 45.
[20] EGMR Zana v. Türkei, Urt. v. 25. 11. 1997 – No. 18954/91, RJD 1997-VII, para. 56–62.
[21] EGMR Lingens v. Österreich, Urt. v. 8. 7. 1986 – No. 9815/82, EuGRZ 1986, 424 (429), para. 46; Steel u. Morris v. Vereinigtes Königreich, Urt. v. 15. 2. 2005 – No. 68416/01, NJW 2006, 1255 (1258), para. 87 ff.
[22] Vgl. hierzu auch *Meyer-Ladewig* Rn. 34.

das Vertriebsgebiet einer Druckschrift bzw. die Funkweite eines Fernseh- oder Radiosenders. Audiovisuelle Medien haben grds. eine unmittelbarere und stärkere Wirkung als Druckmedien.[23] Ein wesentliches Kriterium zur Bewertung der Verhältnismäßigkeit der Maßnahme ist auch die **Schwere des Eingriffs**, vor allem die Art und das Ausmaß der Sanktion, die der Konventionsstaat im Hinblick auf die fragliche Meinungsäußerung verhängt hat.[24] Wird bspw. die vorübergehende Schließung eines Presse- od. Rundfunkunternehmens beschlossen, ist im Hinblick auf die angeordnete Dauer zu prüfen, ob diese aufgrund der Schnelllebigkeit des Nachrichtengeschäftes und des wirtschaftlichen Planungsbedürfnisses nicht de facto wie eine endgültige Schließung wirkt.[25]

12 Im Hinblick auf die **Pressefreiheit** ist zu beachten, dass es die originäre Aufgabe der Presse ist, Informationen und Ideen über Angelegenheiten öffentlichen Interesses zu verbreiten, um dem Recht der Öffentlichkeit, solche Informationen zu empfangen, genüge zu tun.[26] Dabei kommt der Presse auch die Aufgabe öffentlicher Kontrolle als „public watchdog" zu.[27] Vor diesem Hintergrund haben staatliche Behörden Kritik hinzunehmen, selbst wenn sie als provozierend oder beleidigend angesehen werden kann. Die **Grenzen zulässiger Kritik** sind in Bezug auf die Regierung weiter gezogen als in Bezug auf eine Privatperson oder einen Politiker.[28] In Wahlzeiten ist Art. 10 unter Berücksichtigung des Rechts auf freie Wahlen (Art. 3 Prot. 1) auszulegen.[29] Das Recht der Journalisten, ihre **Quellen zu verschweigen**, ist eines der Kernelemente der Pressefreiheit.[30] Ein Eingriff in dieses Recht, etwa in Form von Durchsuchungen und Beschlagnahmen in der Wohnung und im Büro eines Journalisten, ist nur gerechtfertigt, wenn er durch ein überwiegendes Erfordernis des öffentlichen Interesses gedeckt ist.[31] Die Beschlagnahme der gesamten Auflage eines Druckerzeugnisses (Rn. 8) ist jedenfalls dann nicht notwendig, wenn die fraglichen Informationen schon anderweitig an die Öffentlichkeit gelangt ist.[32]

13 Andererseits ist die Ausübung der Pressefreiheit auch, wie sich bereits aus dem einleitenden Satz von Abs. 2 ergibt, mit **Pflichten und Verantwortung** verbunden. Berufsjournalisten haben die Grenzen zu beachten, die zum Schutz lebenswichtiger staatlicher Interessen, insbesondere der **nationalen Sicherheit oder der territorialen Integrität**, bestehen. Die Presse hat daher besondere Vorsicht walten zu lassen, wenn es um Gewaltinhalte geht (etwa Aufrufe zur Gewalt gegen den Staat), um nicht zum Instrument zur Verbreitung von Hasspredigten zu werden.[33] Bei der mitunter sehr diffizilen Abwägung der Pressefreiheit und des **Schutzes des Privatlebens** ist darauf abzustellen, ob die Artikel und Fotoaufnahmen einen *Beitrag zu einer politischen oder öffentlichen Diskussion*, dh. zu einer Frage allgemeinen Interesses leisten. Ist dies der Fall besteht uU ein Recht der Gesellschaft, *auch* über Aspekte des Privatlebens einer Person des öffentlichen Lebens, insb. eines Politikers, informiert zu werden. Dient die Berichterstattung indes allein dem Zweck, die Neugier eines bestimmten Personenkreises zu befriedigen, überwiegen der Persönlichkeitsschutz und das Recht am eigenen Bild.[34]

---

[23] EGMR TV Vest AS u. Rogaland Pensjonistparti v. Norwegen, Urt. v. 11. 12. 2008 – No. 21132/05, NVwZ 2010, 241 (242), para. 60.
[24] EGMR Sener v. Türkei, Urt. v. 18. 7. 2000 – No. 26680/95, ÖJZ 2001, 696 (696), para. 39.
[25] Vgl. insoweit die „conclusiones" einer internationalen Expertengruppe zur Schließung bestimmter baskischer Presseorgane, wo u. a. festgestellt wird, dass die theoretische vorübergehende Schließung wirtschaftlich-faktisch wie eine endgültige wirkt (*Cuesta/Muñagorri Laguía* S. 121 ff.).
[26] EGMR Lingens v. Österreich, Urt. v. 8. 7. 1986 – No. 9815/82, EuGRZ 1986, 424 (428), para. 41.
[27] EGMR Observer u. Guardian v. Vereinigtes Königreich, Urt. v. 26. 11. 1991 – No. 13585/88, EuGRZ 1995, 16 (20), para. 59; Thorgeir Thorgeirson v. Island, Urt. v. 25. 6. 1992 – No. 13778/88, ÖJZ 1992, 810 (813), para. 63; Băcanu u. SC „R" SA v. Rumänien, Urt. v. 3. 3. 2009 – No. 4411/04 (unveröff.), para. 93 („chien de garde").
[28] EGMR Castells v. Spanien, Urt. v. 23. 4. 1992 – No. 11798/85, ÖJZ 1992, 803 (806), para. 46; Baskaya u. Okcuoglu v. Türkei, Urt. v. 8. 7. 1999 – No. 23536/94, NJW 2000, 1015 (1018), para. 62. Im Fall *Castells* sah der EGMR eine Verletzung des Art. 10 darin, dass der Bf. wg. Beleidigung zu einer Freiheitsstrafe verurteilt worden war, nachdem er in Bezug auf die ETA geäußert hatte, dass diese in völliger Straffreiheit operiere und die Regierung hierfür die Verantwortung trage.
[29] EGMR TV Vest AS u. Rogaland Pensjonistparti v. Norwegen, Urt. v. 11. 12. 2008 – No. 21132/05, NVwZ 2010, 241 (242), para. 61.
[30] EGMR Tillack v. Belgien, Urt. v. 27. 11. 2007 – No. 20477/05, NJW 2008, 2565 (2566 f.), para. 53, 65 (deutscher „Stern"-Reporter, der als Quelle geheime Dokumente des Europäischen Amts für Betrugsbekämpfung [OLAF] benutzt hatte).
[31] EGMR Tillack v. Belgien, aaO, para. 53; vgl. auch Voskuil v. Niederlande, Urt. v. 22. 11. 2007 – No. 64752/01, NJW 2008, 2363 (2564 f.), para. 65 ff. (Haft zur Erzwingung der Offenbarung einer journalistischen Quelle).
[32] EGMR Vereniging Weekblad Bluf! v. Niederlande, Urt. v. 9. 2. 1995 – No. 16616/90, Serie A 306-A, para. 43 ff.
[33] EGMR Sener v. Türkei, Urt. v. 18. 7. 2000 – No. 26680/95, ÖJZ 2001, 696 (696 f.), para. 41 f. Der EGMR bejahte einen Verstoß gegen Art. 10. Zwar erscheine der Ton bestimmter Formulierungen aggressiv, doch habe der veröffentlichte Artikel in seiner Gesamtheit die Gewalttätigkeit nicht glorifiziert und auch nicht zu Hass und Rache aufgerufen, sondern nur das Kurdenproblem analysiert.
[34] EGMR Caroline v. Hannover v. Deutschland, Urt. v. 24. 6. 2004 – No. 59320/00, NJW 2004, 2647 (2649 f.), para. 60 ff.; vertiefend: *Engels/Jürgens* NJW 2007, 2517; *Heldrich* NJW 2004, 2634; *Hoffmann-Riem* NJW 2009, 20; *Lenski* NVwZ 2005, 50; *Mann* NJW 2004, 3220.

Die Medien haben ferner die in Art. 6 Abs. 2 verankerte **Unschuldsvermutung** zu beachten und 14 damit (vorverurteilende) Berichte, die die Chancen einer Person auf ein faires Verfahren gefährden können, zu unterlassen.³⁵ § 7 b Abs. 1 ÖstMedienG gibt einer Person, die einer strafbaren Handlung verdächtig, aber nicht rechtskräftig verurteilt ist, und die in einem Medium als überführt oder schuldig oder als Täter dieser strafbaren Handlung und nicht bloß als tatverdächtig bezeichnet wird, einen Anspruch auf Entschädigung für die erlittene Kränkung. Die Norm stellt zwar einen Eingriff in die Meinungsäußerungsfreiheit dar, jedoch ist dieser zum Schutz des guten Rufes und der Rechte anderer sowie der Unparteilichkeit der Rechtsprechung als notwendig anzusehen, weil ein faires Verfahren durch eine mediale Vorverurteilung jedenfalls gefährdet wird.³⁶

---

³⁵ *Meyer-Ladewig* Rn. 41 mwN; näher oben Art. 6 Rn. 36.
³⁶ VGH Wien v. 28. 9. 1995 – G 249/94 – 10, EuGRZ 1995, 664 (666 ff.) m. Bespr. *Dörr* JuS 1996, 741 f.

SACHREGISTER

Die fett gedruckten Zahlen bezeichnen die Paragraphen, die mageren Zahlen bezeichnen die Absätze bzw. Randnummern.

Abbildungen, Augenscheinseinnahme **86** 10; Beschlagnahme **97** V; **111 m**; **111 n**; Veröffentlichung von – von Beschuldigten und Zeugen **131 b**; Verweis auf – in den Urteilsgründen **267** I S. 3; **337** 23

Abgabe einer Sache, formlose – **270** 3, 18; vom Generalbundesanwalt an Staatsanwaltschaft **GVG 142 a**; von oder an Strafvollstreckungskammer **462 a**; bei Unzuständigkeit **209** II; **225 a**; **408** I; *s. a. Verweisung*

Abgekürzte Urteilsgründe 267 IV, V

Abgeordnete, Ablehnung des Schöffenamts **GVG 35** Nr. 1; **GVG 77**; absolutes Beweisverbot **160 a** I; Beschlagnahme des Führerscheins, vorläufige Entziehung der Fahrerlaubnis **111 a** 26; Beschlagnahmeverbot **97** 38; des Europäischen Parlaments **152 a** 6; Immunität **Einl** 56; **152 a**; Ordnungsmittel gegen – **51** 3; **70** 2; Unterbringung **81** 3; Verhaftung **152 a** 13 ff.; Verkehr mit Verhaftetem **119** IV; als Zeugen **50**; Zeugnisverweigerungsrecht **53** I S. 1 Nr. 4; *s. a. Exterritoriale, Immunität*

Abhilfe bei Beschwerde **306** II Hs. 1; **310** 4; gegen Einstellungsbescheid der Staatsanwaltschaft **172** 16; bei sofortiger Beschwerde **311** III

Abhören des nichtöffentlich gesprochenen Wortes **100 c**; **100 f**; von Telefongesprächen **100 a**; **100 b**

Ablehnung des Antrags auf Sicherungsverfahren **414** II; von Beweisanträgen **244** 113 ff.; **245** II; **246** I; der Eröffnung des beschleunigten Verfahrens **419**; der Eröffnung des Hauptverfahrens **204**; **207** II Nr. 1; **210** II; **211**; **304** IV S. 2 Nr. 2; **467** I; der Rechtshilfe **GVG 158**; **GVG 159**; des Schöffenamts **GVG 35**; **GVG 53**; **GVG 77**; der Verfahrensbeteiligung **431** V S. 2

Ablehnung von Gerichtspersonen 24 ff.; Begriff **24** 1 ff.; des Dolmetschers **GVG 191**; Mitwirkung eines Richters als Revisionsgrund **338** Nr. 3; des Protokollführers **31**; des Richters **24 ff.**; des Sachverständigen **74**; **83** II; **161 a**; des Schöffen **31**; des Staatsanwalts **22** 8 ff.; des Urkundsbeamten der Geschäftsstelle **31**; *s. a. Selbstablehnung*

Ablichtungen, *s. Abschriften*

Abruf von Daten im automatisierten Verfahren **488**

Abrufverfahren, automatisiertes – **493**

Abschluss der Ermittlungen, Vernehmung des Beschuldigten vor – **163 a** I; Verteidigerbestellung nach – **141** III

Abschluss der Ermittlungen der Staatsanwaltschaft, Akteneinsicht **147** II, VI; Aktenvermerk über – **169 a**

Abschriften aus den Akten für den sich selbst verteidigenden Beschuldigten **147** VII; von Entscheidungen **35**; Erteilung an Verletzten **406 e** V; des Haftbefehls **114 a**; von Vernehmungsniederschriften **163** 19; **163 a** 16; **168** 5; *s. a. Akteneinsicht*

Absehen von der Belehrung **268 a** III; von der Benachrichtigung **100 e** II Nr. 8; **101** VI; von einer Entscheidung im Adhäsionsverfahren **406**; **406 a** I; von der Festnahme **127 a**; von der Protokollierung **168** S. 2; von der Vereidigung **60**; von einer Verfahrensbeteiligung **431** 13

Absehen von der Klageerhebung 153 b I; **154 b**; **154 e**; vorläufiges – **153 a** I

Absehen von der Verfolgung 153 ff.; **158** III; **172** II; in Jugendsachen **153 b** 10

Absehen von der Vollstreckung bei Auslieferung und Ausweisung **456 a**; der Ersatzfreiheitsstrafe **459 e**; **459 f**; der Geldstrafe u. a. **459 c** II; **459 d**; **459 g** II

Absehen von Strafe 153 b 2; **260** IV S. 4; **267** III S. 4; **354** I; **407** II S. 1 Nr. 3

Absolute Revisionsgründe 338

Absprache, *s. Verständigung*

Abstammung, Untersuchung zur Feststellung der – **81 c** II

Abstimmung des Gerichts **263**; **GVG 192 ff.**

Abteilung des Gerichts GVG 1 4; Zurückverweisung an eine andere – **354** II

Abtrennbare Tatteile 154 a I; **207** II Nr. 2; **465** II S. 2

Abwägungslehre Einl 77 ff.

Abwesende, Verfahren gegen – **275**; **285 ff.**

Abwesenheit, vorläufige Einstellung bei – des Angeschuldigten **205**

Abwesenheit in der Hauptverhandlung des Angeklagten **230 ff.**; **276**; **285 ff.**; des Nebenbeteiligten **436** I; **442**; **444** II; einer notwendigen Person als Revisionsgrund **338** Nr. 5; im Sicherungsverfahren **415**

Abwesenheitspflegschaft 292 II; *s. a. Pfleger*

Adhäsionsverfahren Einl 19; **403 ff.**; Absehen von einer Entscheidung im – **406**; Kosten **472 a**; Rechtsmittel **406 a**; Vollstreckung **406 b**; Wiederaufnahme **406 c**

Adoption 52 10

Akkusationsprinzip 151 1; **155** 1; **170** 1; **264** 1

Akten, Mitteilung von – **GVG 168**; *s. a. Beiakten, Spurenakten*

Aktenbeschlagnahme 96

Akteneinsicht, Beschwerde **304** IV S. 2 Nr. 4; zu Forschungszwecken **476**; **478**; des Nebenklägers **397** II S. 4; durch öffentliche Stellen **474**; **478**; des Privatklägers **385** III; durch Privatpersonen **475**; **478**; des Sachverständigen **80** II; des Verletzten **406 e** I; des Verteidigers **147**; **222 a** III; **EGGVG 34** III Nr. 2, in Haftsachen **115** 9 ff.; **118 a** II; **147** II S. 2; des Vertreters des Nebenbeteiligten **147**; **222 a** 15; **434**; **442**; **444** II; des Vertreters des Nebenklägers **222 a** III

Aktennotizen über Vernehmung **251** 11

Aktenübersendung an Berufungsgericht **321**; durch Polizei an Staatsanwaltschaft **163** II; an Revisionsgericht **347** II; *s. a. Aktenvorlage*

Aktenvermerk der Staatsanwaltschaft über Beschränkung der Strafverfolgung **154 a** I S. 3; **430** II; der Staatsanwaltschaft über den Abschluss der Ermittlungen **169 a**; der Staatsanwaltschaft über Ergebnis von Untersuchungshandlungen **168 b** I

Aktenvorlage bei Zuständigkeitsänderung **209** II; **225 a**

Aktenwidrigkeit der Urteilsgründe **337** 19

Akustische Wohnraumüberwachung 100 c; Kammer für Maßnahmen der – **GVG 74 a** 7

Sachregister

Fette Zahlen = Paragraphen

Alibi-Beweis 261 44, 48, 50
Alkoholtest, Alkoholfeststellung im Blut *s. Blutalkoholbestimmung;* Atem– 81 a 9, 15
Allgemeine Regeln des Völkerrechts GVG 20 II
Allgemeinkundige Tatsachen 244 119 ff.; 261 30, 92; 337 3
Alternativrüge 337 19
Amnestiegesetz Einl 59
Amtliches Verschulden als Wiedereinsetzungsgrund 44 24 ff.
Amtsanwalt bei Strafvollstreckung 451 II; Tätigkeitsumfang GVG 142 I Nr. 3, II; GVG 145
Amtsaufklärungsgrundsatz Einl 9, 44 f.; 155 II; 160 I; 244 II
Amtsgericht, Abweichen von der Geschäftsverteilung GVG 22 d; Besetzung GVG 22; gemeinsames – GVG 58; Präsidium GVG 22 a; als Rechtshilfegericht GVG 157; mit nur einem Richter GVG 22 b; Zuständigkeit GVG 24 ff.; *s. a. Richter beim Amtsgericht, Strafrichter*
Amtshandlungen außerhalb des Bezirks GVG 166; Störung der – 164
Amtshilfe 161 6 ff.; 161 a IV; 162 1; GVG 156 2
Amtspflichtverletzung als Wiederaufnahmegrund 359 Nr. 3; 362 Nr. 3; *s. a. Amtliches Verschulden*
Amtsrichter, *s. Richter beim Amtsgericht, Strafrichter*
Amtsstörungen 164
Amtstracht, *s. Robe*
Amtsverschwiegenheit 54
Androhung der Vorführung 133 II; 163 a III
Anerkenntnisurteil 406 II
Anfangsverdacht 152 16 ff.
Anfechtung von Justizverwaltungsakten EGGVG 23 ff.; von Justizverwaltungsakten in Strafvollzugssachen GVG 78 a; GVG 78 b
Angehörige, Ablehnung als Sachverständige 74; 161 a; Antragsberechtigung im Wiederaufnahmeverfahren 361 II; Auskunftsverweigerungsrecht 55; 161 a; 163 III; Benachrichtigung bei Exhumierung 87 IV; Benachrichtigung bei Festhalten zur Identitätsfeststellung 163 c I S. 3; Benachrichtigung bei Verhaftung 114 c; Beschlagnahmeverbot 97; bloßstellende Fragen bzgl. –r 68 a I; Eidesverweigerungsrecht 61; Fortsetzungsbefugnis bei Privatklage 374 II; 393 II; Nebenklageberechtigung 395 II Nr. 1; Recht auf Gutachtenverweigerung 52; 76 I; 161 a; als Vertreter eines abwesenden Angeklagten 286; Zeugnisverweigerungsrecht 52; 161 a; 163 III; Zustellung an Familien– 37 14 f.; Zuziehung bei Durchsuchung 106
Angeklagter, Begriff 157
Angeschuldigter, Begriff 157
Angestellte des öffentlichen Dienstes, Aussagegenehmigung 54 17; Verschwiegenheitspflicht 54 9
Anhalten zur Identitätsfeststellung 163 b 5
Anhängigkeit Einl 25, 99
Anhörung des Angeschuldigten vor Einstellung 153 II; 153 a II; der Beteiligten vor einer Entscheidung 33; 33 a; 81 a I; 122 II; 138 d IV; 175; 258; 308; 309 I; 311 a; 396 II; 453 I; 454 I; 462 II; 469 I; 472 II; vor Geschäftsverteilung oder deren Änderung GVG 21 e II, III S. 2, V, VI; GVG 21 g VI; keine – durch Gericht bei Erlass des Strafbefehls 407 III; des Nebenbeteiligten 432; 442; 444 II; vor der Notveräußerung 111 l IV; des Privatklägers 385 1 f.; vor Schluss der Beweisaufnahme 369 IV; der Staatsanwaltschaft und des Angeklagten vor Entlassung der Zeugen 248; *s. a. Rechtliches Gehör*

Anklage Einl 26 ff.; 199 ff.; Surrogate der –erhebung Einl 25, 60; *s. a. Klage*
Anklagegrundsatz 151; 155 1
Anklagemonopol der Staatsanwaltschaft 152 2
Anklagesatz 200 I S. 1; Bezugnahme auf den – im Urteil 267 40; Verlesung des –es durch Staatsanwaltschaft in der Hauptverhandlung 243 III
Anklageschrift, Änderung 207 III; Angabe der Beweismittel 200 I S. 2–4; Angabe der Nebenbeteiligten 200 16; Ermittlungsergebnis in der – 200 II; Geheimvermerk auf der – 200 18; Inhalt 200; Mitteilung an den Angeschuldigten 201; Mitteilung an den Nebenbeteiligten 435 II; 442; 444 II; Mitteilung an den Nebenkläger 201 I S. 2; Zustellung der nachgereichten – 215
Anknüpfungstatsachen 80 1, 3; 83 2; 244 12; 261 72, 75 f.; 359 37
Anonyme Anzeige 158 3
Anordnung über Mitteilungen in Strafsachen Einl 15
Anrechnung der Auslieferungshaft 450 a; der Freistellung von der Arbeit 454 I S. 5; des Krankenhausaufenthalts auf Strafzeit 461; von Ordnungsmitteln auf die Strafe GVG 178 III; –smodell EMRK 6 26; der Unterbringung 81 23; der Untersuchungshaft 260 58; 450; der Verwahrungszeit eines Führerscheins auf das Fahrverbot 450 II; der vorläufigen Entziehung der Fahrerlaubnis 111 a 22
Anrufbeantworter 100 a 7
Anschluss als Nebenkläger 395; 396; Rechtsmitteleinlegung als –erklärung 395 12; 399 1; 401 5; im Strafbefehlsverfahren 396 I S. 3; Widerruf 402
Antrag auf Haftprüfung 117 ff.; auf Nachverfahren 439; 442; Strafbefehls– 407 8 ff.; auf Strafverfolgung 158 1, 9 ff.; auf Verfall und Einziehung im objektiven Verfahren 440; 442; auf Wiederaufnahme des Verfahrens 365 ff.; *s. a. Strafantrag, Strafbefehlsantrag*
Antrag auf gerichtliche Entscheidung gegen Entscheidungen der Staatsanwaltschaft 98 II S. 2; 111 e II; 111 f V; 111 k S. 2; 111 l VI; 119 V; 119 a; 132 III S. 2; 161 a III; 163 III S. 2; 172; gegen Maßnahmen der Ermittlungspersonen der Staatsanwaltschaft 111 f V; 111 l VI; 132 III S. 2; gegen Maßnahmen im Strafvollzug GVG 78 a; GVG 78 b; gegen Sachleitungsanordnung des Vorsitzenden 238 II; zur Überprüfung von Justizverwaltungsakten EGGVG 23 ff.; EGGVG 37
Antragsdelikt und Haftbefehl 130; und vorläufige Festnahme 127 III; *s. a. Strafantrag*
Antragsschrift im Klageerzwingungsverfahren 172 23 ff.; im Sicherungsverfahren 414 II
Antragsteller, Bescheid bei Verfahrenseinstellung 171; Kostentragungspflicht bei Rücknahme des –s 470
Anwaltssozietät 137 22; Beschränkung der Zahl der Verteidiger 146 8; Verbot der Mehrfachverteidigung 142 7
Anwesenheit bei Beratung und Abstimmung GVG 193; bei Beweisaufnahme im Wiederaufnahmeverfahren 369 III; in der Hauptverhandlung 226; bei kommissarischer Vernehmung 224 2 ff.; bei Leichenöffnung 87 5 ff.; bei polizeilichen Ermittlungen 163 17 f.; 163 a 15; des Privatklägers 387 4; bei richterlichem Augenschein 168 d; EGGVG 34 III Nr. 2; bei richterlicher Vernehmung im Vorverfahren 168 c; EGGVG 34 III Nr. 2; bei Vernehmung durch Staatsanwaltschaft 163 a 14; 163 a III; 168 c I, V; EGGVG 34 III Nr. 2

magere Zahlen = Absätze bzw. Randnummern **Sachregister**

Anwesenheitspflicht des Angeklagten 230 1 ff., 12; 231, Ausnahmen 231 II; 233; 247; 329; 350 II, III; 411 II; des Zeugen 48 I
Anzeige von Ablehnungsgründen 30; behördliche – pflicht 159; der Beschlagnahme 98 III; von Todesfällen durch Polizei 159; *s. a. Strafanzeige*
Apotheker, Ablehnung des Schöffenamts GVG 35 Nr. 4; GVG 77; Beschlagnahmeverbot 97; Zeugnisverweigerungsrecht 53 I S. 1 Nr. 3
Arrest, Beschwerde 310 I Nr. 3; dinglicher – zur Sicherung von Wertersatz, Geldstrafe und Kosten 111 d; 111 e; 111 f III; 111 g; 111 h; 111 i
Arzt, Ablehnung des Schöffenamts GVG 35 Nr. 3; GVG 77; ärztlicher Eingriff beim Beschuldigten 81 a; ärztlicher Eingriff beim Zeugen 81 c; Beschlagnahmeverbot 97; des gerichtsärztlichen Dienstes 256 I Nr. 1 c; körperliche Untersuchung 81 d; Leichenschau und Leichenöffnung 87; relatives Beweisverbot 160 a 1, 9 ff.; als Sachverständiger 80 a 2; Untersuchung bei Vergiftungsverdacht 91; Verlesung von ärztlichen Attesten in der Hauptverhandlung 256 I Nr. 2; Verwertungsverbot 108 II; Zeugnisverweigerungsrecht 53 I S. 1 Nr. 3
Aufbauseminar, Einstellung bei Teilnahme an einem – 153 a I S. 2 Nr. 6
Aufbewahrung von Unterlagen 81 b 13
Aufenthalt, fester – 113 II Nr. 2; 127 a I; 132 I; unbekannter – 276
Aufenthaltsbeschränkung bei Aussetzung der Untersuchungshaft 116 14
Aufenthaltsort, Gerichtsstand 8
Auffangrechtserwerb des Staates 111 i 7, 9 ff., 12
Auffang-Schwurgericht GVG 74 10
Aufhebung der Arrestanordnung 111 b III; 111 d 9; 111 i III, VIII; der Arrestvollziehung 111 d 12 ff.; der Aussetzung des Strafrestes 454 a II; der Einziehungsanordnung 439 12; des Haftbefehls 120; 121 II; 126; 130; von Maßnahmen, die der Aussetzung des Haftvollzugs dienen 123; der Pressebeschlagnahme 111 n 7 ff.; des Unterbringungsbefehls 126 a III; von Urteilen im Wiederaufnahmeverfahren 373; von Urteilen in der Berufungsinstanz 328; von Urteilen in der Revisionsinstanz 349 IV; 353; der Vermögensbeschlagnahme 293; der Verteidigerausschließung 138 a III; 138 b; der Verteidigerbestellung 140 III; der Vorbehalts der Einziehung 462 I; des vorläufigen Berufsverbots 132 a II; der vorläufigen Entziehung der Fahrerlaubnis 111 a II
Aufklärungspflicht 155 II; 160; 163 I; 163 a II; 202; 244 II
Aufklärungsrüge 244 173 ff.
Auflagen bei Aussetzung der Untersuchungshaft 116 I; Einstellung nach Erfüllung von – 153 a; bei Rückgabe von beschlagnahmten Sachen 111 c VI S. 3; bei Strafaussetzung zur Bewährung 265 a; 268 a; 305 a; bei Überwachung durch das Gericht 453 b
Aufruf der Sache 243 I; 324 I S. 1
Aufschiebende Wirkung der Berufung 316 I; der Beschwerde 81 IV; 231 a III S. 3 Hs. 2; 307 I; 311 9; 454 III; GVG 181 II; der Revision 343 I
Aufsichtführender Richter GVG 21 c; GVG 21 h
Aufsichtsstelle bei Führungsaufsicht 463 a
Aufzeichnung des nichtöffentlich gesprochenen Wortes 100 c; 100 f; der Telekommunikation 100 a; der Vernehmung 58 a
Aufzeichnungen, Beschlagnahme 97

Augenscheinseinnahme 74 8; 81 a 5; 81 c 14; 81 d 1; 86; 168 d; 225; 244 V S. 1; 249 I; 255 a; 369 III
Augenscheinsgehilfe 86 2
Ausbleiben des Angeklagten im Einspruchsverfahren 412; des Angeklagten in der Berufungsverhandlung 329; 330; des Angeklagten in der Hauptverhandlung 230; 232; des Nebenbeteiligten 436 I; 442; des Nebenklägers 401 III; des Privatklägers 391 II; des Sachverständigen 77; 161 a II; des Schöffen GVG 56; GVG 77; des Verteidigers 145; des Zeugen 51; 161 a II
Ausfertigung des Urteils 275 IV; Zustellung einer – 37 I; *s. a. Abschriften*
Auskunft an den Betroffenen 491; 495
Auskunft aus Akten 147 VII; 385 III; 406 e V; 474 II; 475 I, IV; 476 II; *s. a. Akteneinsicht*
Auskunft aus einer Datei 487 II
Auskunftsersuchen 96 8; 99 15 ff.
Auskunftspflicht der Behörden gegenüber der Staatsanwaltschaft 161 6 ff.
Auskunftsrecht der Aufsichtsstelle bei Führungsaufsicht 463 a; des Betroffenen 491; 495; der Staatsanwaltschaft 161
Auskunftsverweigerungsrecht 95 13; des Zeugen 55; 161 a; 163 III
Auslagen des Dolmetschers 464 c; Festsetzung der einem Beteiligten zu erstattenden notwendigen – 464 b; gesamtschuldnerische Haftung für – 466; des Privatklägers 471; als Teil der Verfahrenskosten 464 a 1; *s. a. Notwendige Auslagen*
Auslagenvorschuss des Privatklägers 379 a 9
Ausland, Fahndung im – 163 3; kommissarische Vernehmung 223 20; 224 2; 244 171 f.; 247 a 2 f., 30; 251 42 ff.; Straftaten im – 153 c; 153 f; Vernehmung mit –sbezug 136 22 ff.; Zustellung im – 37 32 ff.
Ausländer 153 c 14; Belehrung 35 a 14 f.; 44 20; Dolmetscherkosten 464 c; 466 6; Dolmetscherzuziehung 259; 464 a 3 f., 6; GVG 185; GVG 187; GVG 189 ff.; Festnahme von –n 114 b 11 f.; Flucht(gefahr) als Haftgrund 112 38, 45 f.; Ordnungsmittel gegen – 51 3; Sicherheitsleistung für Geldstrafe und Kosten 127 a; 132; Übersetzung der Anklageschrift für sprachunkundige – 201 1 f.; Verfahren gegen sprachunkundige – GVG 184 2 ff.; als Zeugen 48 34; 220 8; 244 145, 171 f.; GVG 188
Ausländische Anwälte, Anwesenheit bei Beratung GVG 193 II–IV
Ausländische Berufsrichter und Staatsanwälte, Anwesenheit bei Beratung GVG 193 II–IV
Ausländische Freiheitsentziehung, Anrechnung 450 a
Ausländische Führerscheine 111 a VI; 463 b II
Ausländische Gerichtsurteile, Vollstreckung 449 31 f.
Ausländische Luftfahrzeuge, Nichtverfolgung von Inlandstaten auf –n 153 c I S. 1 Nr. 2
Ausländische Rechtsanwälte aus EU-Mitgliedstaaten als (Mit-)Verteidiger 138 3
Ausländische Richter und Staatsanwälte, Anwesenheit bei Beratung GVG 193 II–IV
Ausländische Schiffe, Nichtverfolgung von Inlandstaten auf –n 153 c I S. 1 Nr. 2
Ausländische Strafverfolgung, Einstellung bei – derselben Tat 153 c II
Ausländische Verurteilungen 153 c II
Ausländisches Strafprozessrecht 244 18; 251 42 ff.; 337 5
Auslandstaten, Anzeige von – 158 19 ff.; Nichtverfolgung von – 153 c I S. 1 Nr. 1; 153 f

2549

Sachregister

Fette Zahlen = Paragraphen

Auslandszeugen 48 34; 244 145, 171 f.; 251 34
Auslegung von Rechtsmittelerklärungen 300 8 ff.; 344 11 f.; des Strafantrags 158 14; von Strafurteilen 458 I
Auslieferung, Absehen von der Klageerhebung bei – 154 b; Absehen von der Vollstreckung 456 a; Anrechnung der –shaft 450 a; –shaftbefehl 112 15
Auslosung der Schöffen GVG 45 ff.; GVG 77
Ausnahmegerichte, Verbot von –n GVG 16
Aussagefreiheit des Beschuldigten 136 I; 163 a III S. 2, IV S. 2; 243 V
Aussagegenehmigung für Beamte 54; für Richter 54; für Soldaten 54 12
Aussagepflicht des Beschuldigten zur Person 136 12; 243 16; des Zeugen 52 ff.; 161 a
Ausschließung des Angeklagten in der Hauptverhandlung 247; des Beschuldigten von der Anwesenheit bei der Verhandlung 168 c III; 168 d I S. 2; des Dolmetschers GVG 191; des Gerichtsvollziehers GVG 155; der Öffentlichkeit GVG 171 a ff.; des Staatsanwalts 22 8 ff.; des Verteidigers 138 a ff.; GVG 176 6
Ausschließung von Gerichtspersonen 22; 23; Mitwirkung eines ausgeschlossenen Richters als Revisionsgrund 338 Nr. 2; des Protokollführers 31; des Richters 22; 23, im Wiederaufnahmeverfahren 23 II; des Schöffen 31; des Überwachungsrichters 148 a 9; des Urkundsbeamten der Geschäftsstelle 31
Ausschlussfrist 42 4
Ausschreibung zur Aufenthaltsermittlung 131 a; 463 a I; zur Festnahme des Beschuldigten 131
Außendivergenz GVG 121 II
Außenwirtschaftsstrafsachen, Zuständigkeit GVG 74 c I S. 1 Nr. 3
Aussetzung der Hauptverhandlung 138 c IV; 228; 246; 265 III, IV; 416 II; wegen Ausbleiben des Verteidigers 145; wegen Nichteinhaltung der Ladungsfrist 217 II; 218 S. 2; 228 III
Aussetzung der Vollstreckung beim Antrag auf Nachverfahren 360 II; 439 I S. 2; der Notveräußerung 111l VI S. 3; beim Wiederaufnahmeantrag 360 II
Aussetzung der Vollziehung bei Beschwerde 307 II; des Haftbefehls 112 a II; 116; 122 V; 126 II S. 4; der Notveräußerung 111l VI S. 3
Aussetzung des Berufsverbots 456 c; 458; 462
Aussetzung des Strafrestes 454; 454 a; 454 b; 462 a
Aussetzung des Verfahrens zur Erhebung der Zivilklage 262 II; bis zur Klärung von Vorfragen 154 d; 154 e; 262 II; des Sicherungsverfahrens 416 II
Auswahl des Pflichtverteidigers 142; 143; des Sachverständigen 73; 161 a; der Schöffen GVG 42; GVG 77; des Verteidigers 137; der Zeugen und Sachverständigen in der Berufungsinstanz 323 IV
Auswärtige Hauptverhandlung GVG 169 13 ff.
Auswärtige Strafkammern GVG 78; GVG 78 a II
Auswärtige Strafsenate beim BGH GVG 130 II; beim OLG GVG 116 II
Auswärtiger Rechtsanwalt als Verteidiger, Kostenerstattung 464 a 13
Ausweise für Exterritoriale Anhang zu GVG 18
Ausweisung, Absehen von der Klageerhebung bei – 154 b; Absehen von der Vollstreckung 456 a

Bagatellkriminalität, Nichtverfolgung von – 153; 153 a, im Berufungsverfahren 313, im Privatklageverfahren 383 II

Bank, Beschlagnahmeverbot bei Rechtsanwaltsanderkonten 161 8; Überwachungskameras von –en 86 10
Bankgeheimnis 54 13; 94 28; 161 8
Barttracht, Änderung 81 a 11; 81 b 11
Bayerisches Oberstes Landesgericht GVG 12 1; EGGVG 25 6
Beamte, Aussagegenehmigung 54; Gerichtsstand im Ausland 11; Nichtberufung zum Schöffenamt GVG 34; GVG 77; als Sachverständige 76 II; *s. a. Ermittlungspersonen der Staatsanwaltschaft, Polizeibeamte*
Beauftragter Richter, Ablehnung 26 a II; im Abwesenheitsverfahren 289; Augenschein durch – 225; Belehrung bei Aussetzung zur Bewährung 453 a I; Beschwerde gegen Verfügungen 304 I; 306 III; im Klageerzwingungsverfahren 173 III; im Sicherungsverfahren 415 II; Vernehmung des Angeklagten 233; Vernehmung von Zeugen und Sachverständigen 51 III; 63; 70 III; 223; im Wiederaufnahmeverfahren 369
Bedingungsfeindlichkeit von Prozesshandlungen **Einl** 89; 296 21; 302 43
Bedrohung, Privatklagedelikt 374 I Nr. 5; 380 I
Befangenheit als Ablehnungsgrund *s. Ablehnung von Gerichtspersonen*
Befassungsverbot Einl 48 ff.; 344 9
Beförderungsmittel, Beschlagnahme 132 III
Befragung des Angeklagten nach jeder Beweiserhebung 257 I; nach freiwilliger Bewährungsleistung 265 a; des inhaftierten Angeklagten 216 II; *s. a. Fragerecht, Letztes Wort, Personalfragen*
Befundtatsachen 79 3; 244 12; 252 18; 261 74
Begehungsort, *s. Tatort*
Begehungszeit, *s. Tatzeit*
Beglaubigte Abschrift 37 3
Begnadigungsrecht 452
Begründung der Berufung 317; der Beschwerde 306 4; der Entscheidungen 34; des Haftbefehls 114 II, III; der Revision 344; der sofortigen Beschwerde 311 6; des Wiedereinsetzungsantrags 45 5 ff.; *s. a. Entscheidungsgründe, Urteilsgründe*
Begünstigung, Ausschließung des Verteidigers 138 a I Nr. 3; erleichterte Durchsuchung 102; keine Beschlagnahmefreiheit 97 II S. 3; Nichtvereidigung als Zeuge 60 Nr. 2; Zusammenhang 3
Behörde, Anhörung zur Einstellung des Verfahrens durch Staatsanwaltschaft 170 13; Auskunftspflicht gegenüber der Staatsanwaltschaft 161 6 ff.; Begriff 256 3 ff.; Gutachtenerstattung 83 III; 92; 161 a; Herausgabepflicht von Beweismitteln 96; Verlesung von Erklärungen einer – 256 I Nr. 1 a; *s. a. Finanzbehörde, Polizei, Verwaltungsbehörde, Vollstreckungsbehörde*
Beiakten, Akteneinsicht 147 9; 478 II; Fehlen von – 205 4; Vorlegung mit der Anklageschrift 199 5
Beichtgeheimnis, Zeugnisverweigerungsrecht 53 I S. 1 Nr. 1
Beistand Einl 39; 138 III; Angabe im Protokoll 272 Nr. 4; des Angeklagten 149; des Privatklägers 378; des Verletzten 397 4; 406 f; 406 g; als Zeuge 48 20; des Zeugen **Einl** 40; 48 12; 68 b; 161 a 7 ff.; 163 18; GVG 177 3; *s. a. Verteidiger*
Beitreibung der Geldstrafe 459 ff.; 459 g II; der Verfahrenskosten 459 2
Beitritt zur Privatklage 375 II
Bekanntgabe der Verurteilung im Strafbefehl 407 II S. 1 Nr. 1; im Urteil 260 62; Vollziehung 463 c

2550

magere Zahlen = Absätze bzw. Randnummern **Sachregister**

Bekanntmachung gerichtlicher Entscheidungen 35 ff.; des Ablehnungsbeschlusses 204 5; des Durchsuchungszwecks 106 II; 111 III; des Haftbefehls 114 a; keine – vor der Anschlusserklärung 399; im Privatklageverfahren 385 I; 394; des Urteils 463 c; *s. a. Benachrichtigung, Bundesanzeiger, Formlose Bekanntmachung, Mitteilung, Verkündung, Zustellung*
Bekenntnisgemeinschaft, Beteuerungsformel 64 III
Bekräftigung der Wahrheit der Aussage 65
Belehrung bei Abwesenheit des Angeklagten 235 S. 2; bei Aussetzung des Strafrestes 454 IV; bei Beschlagnahme 98 II S. 5; bei Entbindung des Angeklagten vom Erscheinen in der Hauptverhandlung 233 II; bei Fahrverbot 268 c; 409 I S. 2; bei Haftfortdauer 115 IV; 115 a II; bei Nichteinhaltung der Ladungsfrist 228 III; bei Strafaussetzung zur Bewährung oder Verwarnung mit Strafvorbehalt 268 a III; 409 I S. 2; 453 a; bei Verhaftung 114 b; bei vorbehaltener Sicherungsverwahrung 268 d; bei zulässigem Klageerzwingungsverfahren 171; 172; *s. a. Hinweis, Qualifizierte Belehrung, Rechtsbehelfsbelehrung*
Belehrung der Zeugen und Sachverständigen 57; 72; 161 a; über Auskunftsverweigerungsrecht 55 II; 161 a; 163 III; über Eidesverweigerungsrecht 61; über Untersuchungsverweigerungsrecht 81 c III S. 2 Hs. 2; bei Vernehmung durch Polizei 163 III; bei Vernehmung durch Staatsanwaltschaft 161 a; über Zeugnisverweigerungsrecht 52 III; 53 44; 81 c III S. 2 Hs. 2; 161 a
Belehrung des Beschuldigten 243 V S. 1; über Aussagefreiheit 136 14 f.; 163 a III S. 2, IV S. 2; über Verteidigerkonsultation 136 16 ff.
Beleidigung in Antrags- oder Rechtsmittelschriften 33 5; in Druckschriften, Gerichtsstand 7 II; Kosten bei wechselseitigen –en 468; Privatklagedelikt 374 I Nr. 2; 380 I; des Richters 22 17; vorläufige Einstellung des Verfahrens 154 e
Benachrichtigung des Abwesenden 287; bei Exhumierung 87 IV; bei Freiheitsentziehung 114 b II S. 1 Nr. 6; 114 c; 163 I S. 3; bei Jugendgerichtshilfe bei Verhaftung Jugendlicher 114 c 19; des Konsulats von der Festnahme 114 b II S. 3; bei verdeckten Ermittlungsmaßnahmen 101; 163 d 11; 163 e 6; 163 f 8; bei Verfahrenseinstellung 170 II; 406 d I; *s. a. Mitteilung, Terminsnachricht*
Beobachtung des psychischen Zustands, Unterbringung zur – 81; 140 I Nr. 6; 304 IV S. 2 Nr. 1; EGGVG 34 III Nr. 7
Beratung 260 I; GVG 192 ff.; Abstimmung GVG 195 ff.; anwesende Personen GVG 193; Leitung GVG 194
Beratungsgeheimnis 48 11; 54 2
Beratungsstelle bei Betäubungsmittelabhängigkeit *s. Drogenberater;* bei Schwangerschaftsabbruch *s. Schwangerschaftsberater*
Bereitschaftsdienst GVG 22 c
Bericht der Gerichtshilfe 160 12; 200 13; aus nichtöffentlicher Sitzung GVG 174 II, III; des Zeugen 69 4 f.
Berichterstatter GVG 21 g 16 f.; bei Abstimmung GVG 197; in der Berufungsinstanz 324 I S. 1; in der Revisionsinstanz 351 I; bei vorbehaltener oder nachträglicher Sicherungsverwahrung 275 a III
Berichterstattung durch Medien 161 4 f.; 267 25; GVG 169 31 ff.; GVG 176 10; EMRK 6 36
Berichtigung durch Revisionsgericht 349 19; 354 12 ff.; des Sitzungsprotokolls 271 14 ff.; von unrichtigen Daten 494 I; der Urteilsformel 268 11; der Urteilsgründe 267 54 f.
Berichtspflicht 100 b V; 100 e; der nachgeordneten Behörden GVG 147 1
Berufsgeheimnis, Beweisverbot 160 a; Zeugnisverweigerungsrecht 53; 53 a
Berufsgerichtliches Verfahren 138 a III S. 1 Nr. 2, 3
Berufshelfer, Beschlagnahmeverbot 97; Zeugnisverweigerungsrecht 53 a
Berufsverbot, Aufschub und Aussetzung 456 c; 458; 462; 463 VI; notwendige Verteidigung 140 I Nr. 3; im Urteil 260 II; *s. a. Vorläufiges Berufsverbot*
Berufung 312 ff.; Annahme 313; 322 a; Ausbleiben des Angeklagten 329; Ausbleiben des Nebenbeteiligten 437 II; Ausbleiben des Nebenklägers 401 III; Ausbleiben des Privatklägers 391 II, III; Begründung 317; Beschränkung 318; 473 III; und Beschwerde gegen Kostenentscheidung 464 21; Form und Frist 314; Hauptverhandlung 324 ff.; Hemmung der Rechtskraft 316; Inhalt des –surteils 328; Mitwirkung der Staatsanwaltschaft 329 II; Revision statt – 335; Umfang der Urteilsprüfung 327; Verbot der reformatio in peius 331; verspätete Einlegung 319; Verwerfung ohne Hauptverhandlung 322; Vorbereitung der Hauptverhandlung 323; und Wiedereinsetzung 315; Zulässigkeit 312; Zurückweisung 328 II
Berufung auf den früheren Eid bei Sachverständigen 79 III; bei Zeugen 67
Bescheid bei Verfahrenseinstellung 170 II; 171; 172
Bescheinigung bei Durchsuchung 107 S. 2
Beschlagnahme 94 ff.; gegen Abwesende 290 ff.; Anhörung vor – 33 IV; 308 I S. 2; Beschwerde 304 IV S. 2 Nr. 1; 305 S. 2; einstweilige – 108; bei Exterritorialen GVG 18 3; GVG 19 10; des Führerscheins 94 III; 111 a III–V; 450 I; 463 b; Gegenstand der – 94; 111 b; im Privatklageverfahren 384 2; zur Sicherstellung der Durchführung des Strafverfahrens 132 III; des Vermögens 290; 443
Beschlagnahme von Beweisgegenständen 94 II; amtlicher Schriftstücke 96; Anordnung 98; Aufhebung 98 20; Herausgabe beschlagnahmter Sachen 94 29; 98 20; 111 k; Herausgabepflicht 95; Postsendungen 99; 100; Rechtsbehelf 98 II; Verbot der – 97
Beschlagnahme von Verfalls- und Einziehungsgegenständen 111 b ff.; Anordnung 111 e; Durchführung 111 b III; 111 e 6; 111 i III, VIII; 111 n 7 ff.; Druckschriften 111 m; 111 n; Entschädigung 111 g 7; Herausgabe beschlagnahmter Sachen 111 k; Notveräußerung 111 l; zugunsten des Verletzten 111 b V; 111 g III; 111 i; 111 k; Vollstreckung 111 f; vorrangige Befriedigung von Ansprüchen des Verletzten 111 g
Beschleunigtes Verfahren Einl 19, 25, 27, 55, 60; 417 ff.; Rechtsstellung des Nebenbeteiligten 433 I; 442 II
Beschleunigungsgrundsatz 111 a 5; 112 8, 67 ff.; 120 7 ff.; 121 1, 15, 18 ff.; 142 7; 213 1, 11 f.; 244 35; EMRK 5 1; EMRK 6 46
Beschluss, Anfechtung 304 ff.; Erlass 33 9; Form 33 9 f.; Rechtskraft 34 a; Unwirksamkeit Einl 92
Beschlussfähigkeit des Präsidiums GVG 21 i
Beschlussverfahren gegen eine juristische Person 444 II, III; nach Revision 349; bei Verfall und Einziehung 437 IV; 438 II; 441 II, IV; 442
Beschränkung der Akteneinsicht des Verletzten 406 e II; der Akteneinsicht des Verteidigers 147 II; der Berufung 318; 473 III; des Einspruchs gegen Straf-

2551

Sachregister

Fette Zahlen = Paragraphen

befehl 410 II; –en in der Untersuchungshaft 119; der Revision 344 3 ff.; 473 III; des Strafantrags 158 14; der Untersuchung 154; 154a; 207 II Nr. 2, 4; 353 24; 354 4; 385 IV; 395 V; 430; 442; der Verteidigung als Revisionsgrund 338 Nr. 8; der vorläufigen Entziehung der Fahrerlaubnis 111 a I; der Wiederaufnahme im Adhäsionsverfahren 406 c; der Zahl der Verteidiger 137
Beschuldigter, Begriff 157 2
Beschwer 296 22 ff.; 304 20; 333 10 f.; 337 21, 40 f.; 354 15; 401 3
Beschwerde 304 ff.; bei Ablehnung der Rechtshilfe GVG 159; Ausschluss der – 304 8 ff.; Befugnisse des Beschwerdegerichts 308; eingeschränkte – gegen Strafaussetzungsbeschluss 305 a; Einlegung und Abhilfe 306; Entscheidung über – 309; Entscheidungen vor Urteilsfällung 305; gegen Festsetzung eines Ordnungsmittels GVG 181; keine vollzugshemmende Wirkung 307; nachträgliche Anhörung des Gegners 311 a; sofortige – 311; weitere – 310; Zulässigkeit 304 ff.; *s. a. Dienstaufsichtsbeschwerde, Einstellungsbeschwerde, Haftbeschwerde, Rechtsbeschwerde, Sofortige Beschwerde*
Beschwerderecht, Belehrung über – beim Haftbefehl 115 IV
Beschwerdesumme bei Kostenentscheidungen 304 III
Beschwerdeverfahren 161 a III S. 3; 163 a III S. 4; 306; EGGVG 29 III
Beseitigung eines gesetzwidrigen Zustands 442 I; 472 b
Besetzung des Gerichts, Einwand der verbotswidrigen – 222 b; Mitteilung der – 222 a; mit Richtern GVG 22 V; GVG 59; GVG 76; GVG 78 b; GVG 115; GVG 124; vorschriftswidrige – als Revisionsgrund 338 Nr. 1
Besichtigung amtlich verwahrter Beweisstücke durch Verteidiger 147 I
Besondere Bedeutung des Falles GVG 24 I; GVG 74 I; GVG 121 II
Besondere Gerichte GVG 13; GVG 14; GVG 16
Besondere Strafkammern 6 a; 209; 209 a; 225 a IV; 270 I; GVG 74 2; GVG 74 a; GVG 74 c ff.
Besonders schwere Fälle 267 III S. 3
Besorgnis der Befangenheit, *s. Ablehnung von Gerichtspersonen*
Bestandsdaten 100 g 14 f.
Bestandskraft Einl 97 f.; *s. a. Rechtskraft*
Bestätigung der Beschlagnahme durch Richter *s. Richterliche Bestätigung der Beschlagnahme*
Bestattung gefundener Leichen 159 II
Bestechlichkeit im geschäftlichen Verkehr als Privatklagedelikt 374 I Nr. 5 a
Bestechung im geschäftlichen Verkehr als Privatklagedelikt 374 I Nr. 5 a
Bestimmung des Gerichts durch BGH 13 a
Bestrafungsverbot Einl 48 ff.; 344 9
Besuchsverkehr des Verhafteten 119 16; 148 9 ff.
Betäubungsmittelabhängigkeit, Beratungsstelle bei – *s. Drogenberater*
Betäubungsmittelhandel 104 II
Betäubungsmittelstrafsachen 98 a I S. 1 Nr. 1; 100 a II Nr. 7; 110 a I S. 1 Nr. 1; 112 a I Nr. 2; 153 a 19
Beteiligte, *s. Einziehungsbeteiligte, Nebenbeteiligte, Verfahrensbeteiligte, Verfallsbeteiligte*
Beteiligung des Verletzten am Verfahren 374 ff.; 395 f.; 406 d ff.; am Verfalls- und Einziehungsverfahren 431 ff.; 442
Beteiligungsinteressent 431 1; 432 1; 442 II

Beteuerungsformel 57 S. 3; 64 III; 65 III
Betreuer, Ausschließung als Richter 22 Nr. 2
Betreute 52 II; 81 c III
Betriebsgeheimnis 406 e 11; Ausschluss der Öffentlichkeit bei Gefährdung GVG 172 Nr. 2
Betrug, Zuständigkeit GVG 74 c I Nr. 6 a
Beugehaft, *s. Erzwingungshaft*
Beurlaubung des Angeklagten 231 b
Beurteilungsspielraum 337 30
Bewährungshelfer, Nichtberufung zum Schöffenamt GVG 34 I Nr. 5; GVG 77
Bewährungszeit, Beschluss über – 268 a; 453 a; Überwachung während der – 453 b; Verlängerung bei frühzeitiger Entscheidung 454 a
Bewegliche Sachen, Beschlagnahme 111 c I, IV; 111 e; 111 f I; 111 k; dinglicher Arrest 111 d 10; 111 f 5
Beweisanregung 244 40, 43, 69, 92 f.
Beweisantizipation 244 63, 115 ff., 158, 169
Beweisanträge 136 I; 163 a II; 166; 201 I; 219; 225 a II; 244 III–VI; 245 II; 270 IV; Entscheidung über – 244 94 ff.; 245 II; Hilfs– 244 81, 84 ff., 101; des Nebenbeteiligten 436 II; 444 II; des Nebenklägers 397 I; unzulässige – 244 73, 107 ff.; in Verschleppungsabsicht 244 85, 147 ff.; 245 II S. 3; verspätete – 246
Beweisaufnahme im Abwesenheitsverfahren 289; in der Berufungsinstanz 324 II; 326; im beschleunigten Verfahren 420; im Ermittlungsverfahren 160 ff.; im Haftprüfungsverfahren 118 a III; in der Hauptverhandlung 244 ff.; im Privatklageverfahren 384 III; 386; in der Revisionsinstanz 337 2, 11, 19, 23; 351 9 f.; 352 8; 353 26; Unmittelbarkeitsgrundsatz 250; im Verteidigerausschließungsverfahren 138 d IV; im Wiederaufnahmeverfahren 369
Beweisbedürftigkeit 244 37
Beweisergebnis 33 30 f.
Beweiserhebungen vor Eröffnung des Hauptverfahrens 173 III; 201; 202
Beweiserhebungsverbot Einl 69 f.; 100 c 9 ff.; 100 d 8; 100 f 8; 100 g 16; 100 i 9; 160 a; 244 109
Beweisermittlungsantrag 244 39 ff., 89 ff.
Beweiskraft von Protokollen 168 a 9; 274, bzgl. Rechtsbehelfsbelehrung 44 42
Beweismethodenverbot Einl 70; 136 a
Beweismittel, Angabe in der Anklageschrift 200 I S. 2–4; Begriff 244 10 ff., 75 ff.; 359 31; Herbeischaffung 214 IV; 221; persönliche – 48 1; präsente – 245; Sicherstellung 94; im Strafbefehl 409 I S. 1 Nr. 5; unerreichbare – 244 140 ff.; ungeeignete – 244 132 ff.; Unterrichtung des Angeklagten über – 222 I
Beweismittelverbot Einl 70
Beweissicherung im Abwesenheitsverfahren 285 ff.; im Ermittlungsverfahren 160 II; 163 10; bei Untersuchung 81 c III; bei vorläufiger Einstellung 205
Beweisstücke, Besichtigung amtlich verwahrter – durch Verletzten 406 e I, durch Verteidiger 147 I; *s. a. Beweismittel*
Beweistatsachen 244 70; 359 28 f.
Beweisverbot Einl 46, 68 ff.; 261 37; *s. a. Beweiserhebungsverbot, Beweismittelverbot, Fernwirkung, Frühwirkung, Verwertungsverbot*
Beweisvermutungen 261 36 f.
Beweisverwertungsverbot *s. Verwertungsverbot*
Beweiswürdigung, freie – 261; in den Urteilsgründen 267 13 ff.; vorweggenommene – 244 115 ff.
Bezeichnung der Tat in der Anklageschrift 200 I S. 1; im Haftbefehl 114 II Nr. 2; im Protokoll 272

magere Zahlen = Absätze bzw. Randnummern

Nr. 3; im Strafbefehl 409 I S. 1 Nr. 3; im Urteil 260 IV
Bezugnahmen in den Urteilsgründen 267 4 ff.
Bezugsverfahren 154 e 12
Bildaufnahmen 86 10; 100 h; 147 9; in der Sitzung GVG 169 40; GVG 176 9
Bild-Ton-Aufzeichnung 58 a; 168 e S. 4; 223 19; 247 a; 250 17; 255 a
Bild-Ton-Direktübertragung 168 e; 223 19
Bildträger, Augenscheinseinnahme 86 10; Beschlagnahme 97 V; 111 m; 111 n
Billigkeitsentscheidung bei Kosten 465 II; 470 S. 2; 472 b I; 473 IV
Bindung des Beschwerdegerichts 464 III S. 2; des Gerichts an rechtskräftige Entscheidungen anderer Gerichte 261 37; 262 6 f.; des Gerichts an Verwaltungsakte 261 37; 262 7; keine – der Staatsanwaltschaft an höchstrichterliche Rechtsprechung GVG 150 1; keine – des Gerichts an Anträge der Staatsanwaltschaft 206; des Revisionsgerichts 337 3; des Untergerichts 358 I
Binnenschiffer als Zeugen 48 36; Zustellung an – 37 29
Binnenschifffahrtssachen GVG 14 1; GVG 24 1
Blinde GVG 191 a
Bloßstellen, Vermeidung des –s von Zeugen 68 a; 161 a
Blutalkoholbestimmung 73 8; 81 a 9, 25; Verlesung des Gutachtens über – 256 I Nr. 4
Blutprobe, Entnahme 81 a; 81 c II; 256 I Nr. 3, bei Exterritorialen GVG 18 3; GVG 19 8
Brechmitteleinsatz als verbotene Vernehmungsmethode 136 a 14
Briefannahmestelle, gemeinsame – 42 14
Briefgeheimnis 99 1; 161 7; Verletzung des –ses, Privatklagedelikt 374 I Nr. 3; 380 I
Briefkasten, Zustellung durch Einlegen in – 37 19 f.
Briefkontrolle 119 14; 148 7; 148 a; EMRK 8 1 f., 15, 18, 26
Bruchteilskostenentscheidung 464 d
Buchprüfer, vereidigter –, Beschlagnahmeverbot 97; als Verteidiger in Steuersachen 138 5; Zeugnisverweigerungsrecht 53 I S. 1 Nr. 3
Bundesamt für Justiz 100 b V; 100 e I S. 1; 492; EGGVG 25 2
Bundesamt für Verfassungsschutz 163 3
Bundesanwalt GVG 142; Aufsicht GVG 147; Beamter GVG 148; Ernennung GVG 149
Bundesanzeiger, Bekanntmachung im elektronischen – 111 e IV; 111 i IV, VI; 291; 292 I; 293 II; 371 IV; 443 III
Bundesbank, s. *Deutsche Bundesbank*
Bundesgerichtsbarkeit, Ausübung durch OLG GVG 120 VI-VII
Bundesgerichtshof GVG 123 ff.; Ausschließung des Verteidigers 138 c; Besetzung GVG 124; GVG 139; Bestätigung der Kontaktsperre EGGVG 35; Ermittlungsrichter 169 I; 304 V; GVG 130; Ernennung der Richter GVG 125; Geschäftsordnung GVG 140; Große Senate GVG 132; GVG 138; Haftprüfung durch – 121 IV; 122 VII; Rechtsbeschwerde zum – EGGVG 29 I, 31; Senate GVG 130; GVG 139; Sitz GVG 123; Vorlage an – durch OLG GVG 121 II; weitere Zuständigkeiten GVG 135 6, 8; Zulässigkeit der Beschwerde gegen Entscheidungen des –s 304 IV S. 1, V; Zuständigkeit als Revisions- und Beschwerdegericht GVG 135; Zuständigkeitsbestimmung durch – 13 a; 210 III S. 2

Bundesjustizminister, Kontaktsperrefeststellung EGGVG 32
Bundeskriminalamt 81 g V; 81 h IV; 161 3, 15; 163 3; 256 4
Bundesnachrichtendienst 163 3; 256 4
Bundespolizei 163 3; 163 d 4
Bundespräsident, Ausübung des Begnadigungsrechts 452 2; Nichtberufung zum Schöffenamt GVG 34 I Nr. 1; GVG 77; als Zeuge 49; Zeugnisverweigerungsrecht 54 III
Bundesratsmitglieder als Zeugen 50
Bundestagsmitglieder, s. *Abgeordnete*
Bundesverfassungsgericht Einl 11
Bundeswehr, Beschlagnahme bei – 98 IV; 111 f I S. 2; Durchsuchung bei – 105 III; *s. a.* Soldaten
Bundeszentralregister, Anfechtung von Maßnahmen in –angelegenheiten EGGVG 23 23; EGGVG 25 2; Eintragung 243 45; 261 39, des Vorbehalts der Sicherungsverwahrung 275 a 213; Verlesbarkeit 249 20

Catcher, s. *IMSI-Catcher*
Chemische Untersuchung bei Vergiftungsverdacht 91
Computer, Ausdrucke als Aktenbestandteil 147 8; Beschlagnahme von Datenträgern 94 4, 7 f., 25

Dateiregelungen 483 ff.
Datenabgleich 98 c
Datenschutz 160 IV; 474 ff.; 483 ff.; EMRK 8 23; s. a. *Verwendung von personenbezogenen Daten*
Datenspeicherung, Schleppnetzfahndung 163 d 1
Datenträger, Beschlagnahme 97 V
Datenübermittlung zu Forschungszwecken 476; an Gericht und Staatsanwaltschaft 114 e; bei Täter-Opfer-Ausgleich 155 b; an Vollzugsanstalt 114 d
Dauerstraftat 260 15; 264 34 ff.; 266 8; 331 7
Denkgesetze 261 81 f.; Verstoß gegen – 337 3, 13, 26 f.; 344 17
Deutsche Bundesbank 256 4
Deutsche Sprache als Gerichtssprache GVG 184
Devolutionsrecht der vorgesetzten Staatsanwälte GVG 145 1
Devolutiveffekt 296 3; 333 1
Dienstalter, Abstimmung nach – GVG 197
Dienstaufsicht, allgemeine – beim AG GVG 22 III; bei der Staatsanwaltschaft GVG 147
Dienstaufsichtsbeschwerde 296 7, 14 f.; gegen Einstellungsbescheid 172 19; gegen Maßnahmen der Polizei oder der Staatsanwaltschaft 164 8
Dienstort des Zeugen 68 6, 10
Distanztaten, Absehen von der Strafverfolgung 153 c III
Disziplinarverfahren wegen falscher Verdächtigung oder Beleidigung 154 e; kein Auskunftsverweigerungsrecht bei Gefahr eines –s 55 4
Diversion 153 1, 3; 153 a 1, 3; 153 b 1; 154 c 1; Modellversuch Polizei– 153 a 52
DNA-Analyse 81 e ff.; Speicherung von Daten in der –Datei 81 g 17 ff.
DNA-Reihenuntersuchung 81 h
Dolmetscher 259; GVG 185; GVG 186; GVG 189 ff.; EMRK 6 III lit. e; Ablehnung, Ausschließung GVG 191; Eid GVG 189; bei Hör- und Sprachbehinderten 66 I; 259 II; GVG 186; Kosten 464 a 3 f., 6; 464 c; 466 6; EMRK 6 52; Stellung und Aufgabe GVG 185 6 f.
Doppelbestrafung, Verbot der – s. *Ne bis in idem*
Doppelernennung von Richtern GVG 22 II; GVG 59 II

2553

Sachregister

Fette Zahlen = Paragraphen

Doppelrelevante Tatsachen 244 21, 24; 337 11, 30; 353 17, 32
Doppelverfolgung, Verbot der – *s. Strafklageverbrauch*
Doppelzustellung, Fristberechnung 37 II
Dringende Gründe 111 a I; 111 b III; 126 a I; 132 a I; 275 a V
Dringender Tatverdacht 81 II; 103 I S. 2; 112 21 ff.; 112 a I; 114 II; 127 b II; 131 a III; 132 I; 138 a I
Dritte, Beschwerde durch betroffene – 304 II; 305 S. 2; *s. a. Einziehungsbeteiligte, Nebenbeteiligte, Verfallsbeteiligte*
Drogenberater, Beschlagnahmeverbot 97; Zeugnisverweigerungsrecht 53 I S. 1 Nr. 3 b
Drohung mit unzulässigen Maßnahmen bei Vernehmungen 136 a
Druckschriften 7 8; 53 28, 30; Adressaten von –, keine Einziehungsbeteiligten 431 11; Beschlagnahme 111 m; 111 n; Gerichtsstand 7; Urteilsbekanntmachung in periodischen – 463 c
Durchsicht von elektronischen Speichermedien 110 III; von Papieren 110; 111 III
Durchsuchung 102 ff.; bei anderen Personen 103; Anhörung vor – 33 IV; Anordnung, Ausführung 105; Begriff 102 4; Beschwerde 304 IV S. 2 Nr. 1; bei Exterritorialen GVG 18; GVG 19 10; zur Identitätsfeststellung 163 b I; an Kontrollstellen auf Straßen und Plätzen 111 I, III; Mitteilung, Verzeichnis 107; nächtliche – 104; im Privatklageverfahren 384 2; bei Verdächtigen 102; nach Verfalls- und Einziehungsgegenständen 102 16; 111 b IV; des Verteidigers beim Verkehr mit Verhaftetem 148 10, 15; der Wohnung zur Vollstreckung 457 8; 459 5; bei Zeugnisverweigerungsberechtigten 103 8; Zufallsfunde 103 7; 108; Zuziehung des Inhabers 106; *s. a. Ergreifungsdurchsuchung, Ermittlungsdurchsuchung, Gebäudedurchsuchung, Hausdurchsuchung, Online-Durchsuchung*
Dynamische IP-Adressen 100 g 15

EDV-Anlagen 100 a 21; 108 7
Ehegatte, Ablehnung als Sachverständiger 74; 161 a; Antragsberechtigung im Wiederaufnahmeverfahren 361 II; Auskunftsverweigerungsrecht 55; 161 a; 163 III; Ausschließung als Gerichtsperson 22 Nr. 2; als Beistand 149 I; Beschlagnahmeverbot 97; Eideserweigerungsrecht 61; 161 a; Nebenklageberechtigung 395 II Nr. 1; Recht zur Gutachtenverweigerung 52; 76 I; 161 a; Zeugnisverweigerungsrecht 52 I Nr. 2; 161 a; 163 III
Ehrenamtliche Richter, *s. Schöffen*
Ehrengerichtliches Verfahren 138 a III S. 1 Nr. 2, 3
Eid, Berufung auf den früheren – 67; des Dolmetschers GVG 189; fremdsprachiger – GVG 188; des Sachverständigen 79; des Zeugen 57 ff.
Eidesbelehrung 57
Eidesformel 64
Eidesleistung bei Hör- und Sprachbehinderten 66; keine – aus Glaubens- oder Gewissensgründen 65
Eidesnorm 64
Eidesstattliche Versicherung als Mittel der Glaubhaftmachung 26 7 f.; über Verbleib eines Fahrausweises 463 b III
Eidesunmündige 60 Nr. 1
Eidesverletzung als Wiederaufnahmegrund 359 Nr. 2; 362 Nr. 2
Eidesverweigerung 61; 70
Eidliche Vernehmung des Zeugen 57; 59 ff.; 369 II
Eidliche Versicherung 56 S. 2

Eilzuständigkeit des Präsidiums GVG 21 i II
Einführungsgesetz zum GVG EGGVG
Eingabe, Bescheidung 33 4 ff.; des Gefangenen bei Kontaktsperre EGGVG 34 III Nr. 8
Eingriff, körperlicher – 81 a; 81 c; 136 a
Einlassung des Angeklagten zur Sache 261 20, 25, 34, 42 ff.; *s. a. Vernehmung des Angeklagten, Vernehmung des Beschuldigten*
Einleitung des Ermittlungsverfahrens 152 34
Einsatz technischer Mittel 100 c; 100 f; 100 h; 100 i
Einsicht in die Besetzungsunterlagen 222 a 14 ff.
Einsichtsfähigkeit, Beeinträchtigung der – 136 a
Einspruch durch den Nebenbeteiligten 438 II; 442 I; 444 II; gegen Schöffenvorschlagsliste GVG 37; GVG 41; gegen Strafbefehl 409 ff.
Einstellung des Verfahrens 153 ff.; bei Absehen von Strafe 153 b; bei Auslandstaten 153 c; bei Auslieferung und Ausweisung 154 b; Bescheidung des Antragstellers 171; beschränkter Strafklageverbrauch 153 61 ff.; 153 a 81 ff.; 153 b 32; 153 e 39; 154 b 22; 154 c 23; Entschädigung für Strafverfolgungsmaßnahmen 153 45, 50; 153 b 24; 153 c 36; 153 d 11; 153 e 33; 153 f 26; 154 34, 38; 154 a 25; 154 b 12, 15; nach Erfüllung von Auflagen und Weisungen 153 a; wegen falscher Verdächtigung oder Beleidigung 154 e; wegen Geringfügigkeit 153; bei Gesetzesänderung 206 b; Kosten 153 45, 50; 153 a 71; 153 b 24; 154 38; 154 b 15; 467; 467 a; 469; 470; wegen Nebenstraftaten 154; bei Nötigung oder Erpressung des Beschuldigten 154 c; im Privatklageverfahren 383 II; 389; 390 V; durch Staatsanwaltschaft 170 II; bei Staatsschutzdelikten 153 c IV; 153 d; 153 e; im Steuerstrafverfahren 153 32; 153 a 16, 52; 170 2; bei Überstellung an einen internationalen Strafgerichtshof 153 f; durch Urteil 260 III; 389 I; bei Verfahrenshindernis 206 a; vorläufige – 154 f; 205; bei zivil- oder verwaltungsrechtlichen Vorfragen 154 d
Einstellungsbeschwerde 172 I
Einstellungsurteil 260 44
Einstweilige Beschlagnahme 108
Einstweilige Unterbringung 126 a; Beschwerde 304 IV S. 2 Nr. 1; 305 S. 2; 310 I Nr. 2; Entscheidung über Fortdauer 207 IV; 268 b; Kontaktsperre EGGVG 38
Einvernehmensanwalt 138 3
Einverständnis der Beteiligten mit Protokollverlesung 251 I Nr. 1, II Nr. 3; *s. a. Zustimmung*
Einwand der Unzuständigkeit des Gerichts 6 a; 16; 225 a IV; 270 I; der verbotswidrigen Besetzung 222 b
Einwendungen gegen Entscheidungen der Vollstreckungsbehörde 459 h; 462; gegen Eröffnung des Hauptverfahrens 201; gegen Verfall und Einziehung 431 VI; 432 II; 437; 439; 440 III; 442; gegen Zulässigkeit der Strafvollstreckung 458; 462
Einwilligung des Angeklagten in Heilbehandlung, Entziehungskur 265 a; zur körperlichen Untersuchung 81 c 2 f.
Einzelrichter GVG 22 I, IV; außerhalb der Sitzung GVG 180; *s. a. Strafrichter*
Einziehung, Beschlagnahme zur Sicherung der – 111 b ff.; Beschwerde 304 IV S. 2 Nr. 5; Entschädigung 436 III; 437 IV; 438 1; 441 IV; Kosten bei –beteiligung 472 b; nachträgliche Entscheidung 462 I; selbständige Anordnung 440; 441; Sondervorschrift für Organe und Vertreter 431 III; im Strafbefehl 407 II S. 1 Nr. 1; im Urteil 260 60; Vollstreckung 459 g I

magere Zahlen = Absätze bzw. Randnummern　　　　　　　　　　　　　　　　　　**Sachregister**

Einziehung des Wertersatzes 431 III; 440 I; dinglicher Arrest zur Sicherung 111 d; 111 e; 111 f III; 111 g; 111 h; 111 i I, III; Vollstreckung 459 g II; 462 I
Einziehungsbeteiligte Einl 40; 431 8 ff.; Einwendungen bei Vollstreckung 458 7; Verhandlungsfähigkeit 433 6; als Zeugen 48 24; 433 4; *s. a. Nebenbeteiligte*
Einziehungsgegenstände, Beschlagnahme 111 b ff.; Durchsuchung nach –n 102 16; 111 b IV; genaue Bezeichnung 260 60; Wegnahme 459 g
Einziehungsinteressent, *s. Beteiligungsinteressent*
Einziehungsverfahren 431 ff.; Nachverfahren 439 I; 441; selbständiges – 440; 441
Elektronische Fußfessel 116 14 ff.
Elektronische Signatur, qualifizierte – 41 a 5
Elektronisches Dokument 41 a
Elektronisches Gerichts- und Verwaltungspostfach 41 a 10
Eltern, Antragsberechtigung im Wiederaufnahmeverfahren 361 II; Fortsetzungsbefugnis bei Privatklage 374 II; 393 II; Nebenklageberechtigung 395 II Nr. 1; *s. a. Angehörige, Erziehungsberechtigte, Gesetzlicher Vertreter*
E-Mail, Beschlagnahme 97 25; 99 8 ff.; Durchsicht von –s 110 16; Sicherstellung 94 8; Strafanzeige per – 158 5; Zugriff auf –s 100 a 7, 16 ff.
Empfangsbekenntnis, Zustellung gegen – 37 23 ff.
Entbindung des Angeklagten vom Erscheinen in der Hauptverhandlung 233; des Sachverständigen von der Pflicht zur Gutachtenerstattung 76 I; des Schöffen wegen Verhinderung GVG 54 I; GVG 77; des Zeugen von Schweigepflicht 53 II; 53 a II
Entehrende Tatsachen bei Zeugenbefragung 68 a; 161 a
Entfernung aus der Sitzung, anderer Personen GVG 177; des Angeklagten 231 c; 247; keine zwangsweise – des Verteidigers GVG 177 3
Entlassung von Zeugen und Sachverständigen nach der Vernehmung 248
Entlastungsbeweise 160 II; 166
Entschädigung der vom Angeklagten geladenen Zeugen 220; bei Beschlagnahme 111 g 7; Dritter bei Einziehung 436 III; 437 IV; 438 1; 441 IV; für notwendige Zeitversäumnis des Beschuldigten 464 a II Nr. 1; des Sachverständigen 84; des Schöffen GVG 55; GVG 77; für Strafverfolgungsmaßnahmen EMRK 5 V; des Zeugen 71; *s. a. Notwendige Auslagen*
Entschädigungspflicht des Verletzten 111 g IV; 111 h III
Entscheidungen des Gerichts, Begründung anfechtbarer – 34; Bekanntmachung von – 35; Form 33 8 ff.; Rechtsbehelfsbelehrung 35 a; Rechtskraft Einl 97 ff.; bei Strafvollstreckung 458; 462; vorherige Anhörung der Beteiligten 33; 33 a; 311 a; Wirksamkeit Einl 91 f.; Zustellung und Vollstreckung 36 ff.
Entscheidungsgründe 34; Fehlen bzw. Verspätung der – als Revisionsgrund 338 Nr. 7; des Urteils 267
Entschließung der Staatsanwaltschaft 160 I
Entschuldigung des Ausbleibens des Angeklagten 230 II; des Schöffen GVG 56; GVG 77; des Zeugen 51 6 ff.
Entziehungskur als freiwillige Leistung 265 a
Erben des Verletzten, Adhäsionsverfahren 403
Erfahrungssätze 244 7 f.; 261 37, 81, 83; Verstoß gegen – 337 3, 26 f., 36; 344 17

Erfindungsgeheimnis, Ausschluss der Öffentlichkeit bei Gefährdung GVG 172 Nr. 2
Erfolgsaussichten, Pflichtverteidigerbestellung wegen – 364 b I S. 1 Nr. 1
Erforschungspflicht der Polizei bei Straftaten 163 I
Ergänzungsrichter GVG 21 e 23; GVG 192 II, III
Ergänzungsschöffen GVG 48; GVG 192 II, III
Ergänzungsurteil 260 16
Ergreifung 103; 115 a I
Ergreifungsdurchsuchung 102 1, 15; 103 6
Ergreifungsort, Gerichtsstand 9
Erhebliche Bedeutung, Straftat von – 98 a 13 f.; 110 a 12
Erinnerung gegen Kostenansatz 464 a 10
Erinnerungsvermögen, Beeinträchtigung des –s 136 a
Erkennendes Gericht 28 6; 305 5
Erkennungsdienstliche Maßnahmen 81 b; 88 1; 163 b I
Erklärungen 314 I; 341 I; 345 II; 366 II; öffentlicher Behörden 256 I Nr. 1 a; 420 II; des Staatsanwalts und des Verteidigers 257 II; des Verteidigers für den Angeklagten 243 43; 261 42, 53
Erklärungsfristen 42 8
Erlass von Entscheidungen 33 2 f.; des Strafbefehls 409 13 f.
Ermächtigung zur Zurücknahme eines Rechtsmittels 302 II; zur Zustellung 145 a I
Ermessensentscheidungen, Überprüfung EGGVG 28 III
Ermittlungen durch Aufsichtsstelle bei Führungsaufsicht 463 a; durch Beschwerdegericht 308 II; im Haftprüfungsverfahren 117 III; heimliche – Einl 23
Ermittlungsdurchsuchung 102 1, 16; 103 7
Ermittlungsergebnis, wesentliches – in der Anklageschrift 200 II
Ermittlungsgeheimnis Einl 23
Ermittlungsgrundsatz 155 1; *s. a. Amtsaufklärungsgrundsatz*
Ermittlungshandlungen, Störung der – 164
Ermittlungspersonen der Staatsanwaltschaft 81 a II; 81 c V; 81 f I; 81 g II; 98 I, 100 b III; 105 I, II; 110 I; 111 II; 111 e I; 111 f I, III, IV; 111 l II, VI; 119 II; 131 I–III; 131 c; 132 II, III; 163 8; 163 d II; 163 f III; GVG 152
Ermittlungsrichter 162; 165; GVG 21 e I; des OLG und BGH 169; 304 V; GVG 116; GVG 130
Ermittlungsverfahren Einl 18, 22 ff.; 158; 160 ff.; Abschluss des –s 170; Akteneinsicht des Verteidigers 147 II; Ermittlungsgeneralklausel 161 I; 163 II S. 2; Grundsatz der freien Gestaltung des –s Einl 23; Haftbefehl 125 I; Kosten 464 a 3; der Polizei 163; gegen Unbekannt 152 18; Vereidigung im – 62; Verpolizeilichung des – 163 4 f.
Ermüdung als verbotene Vernehmungsmethode 136 a 16 f.
Ernennung von Richtern beim BGH GVG 125
Eröffnung des Hauptverfahrens Einl 26 f.; 199 ff.; bei Privatklage 383; *s. a. Ablehnung der Eröffnung des Hauptverfahrens*
Eröffnungsbeschluss 203; Anfechtung 210; Entscheidung über die Zahl der mitwirkenden Richter GVG 76 II; GVG 122 II; Form 207 10 ff.; Inhalt 207; Mängel 207 13 ff.; Mitteilung an den Nebenbeteiligten 435 II; 442 I; 444 II; bei Privatklage 383 I; Zustellung 215
Eröffnungszuständigkeit 209; 209 a
Erörterung des Verfahrensstandes im Ermittlungsverfahren 160 b; nach Eröffnung des Hauptverfahrens

2555

Sachregister

Fette Zahlen = Paragraphen

212; in der Hauptverhandlung **257 b**; im Zwischenverfahren **202 a**
Erpressung, Einstellung zugunsten des Opfers einer – **154 c**; Telekommunikationsüberwachung bei – **100 a** II Nr. 1 k
Ersatzfreiheitsstrafe 459 e; **459** f; **459** h; **462**; Abwendung der Vollstreckung durch freie Arbeit **459 e** 7
Ersatzmaßnahmen bei Aussetzung der Untersuchungshaft **116**; **123**
Ersatzordnungshaft 51 12; **70** I; GVG **178** I; *s. a. Ordnungshaft*
Ersatzzustellung 37 8 ff.; bei Gefangenen **37** 31; beim Strafbefehl **409** 15; durch Übergabe **232** 23 ff.
Erscheinen, *s. Persönliches Erscheinen*
Erscheinungsort, Gerichtsstand für Pressedelikte **7** 9
Erscheinungspflicht vor der Staatsanwaltschaft des Beschuldigten **163 a** III; der Zeugen und Sachverständigen **161 a** I
Ersetzungsbefugnis bei der Staatsanwaltschaft GVG **145**
Erste Vernehmung 136
Erster Zugriff Einl **22**; **163**
Ersuchter Richter GVG **157**; Ablehnung **26 a** II; im Abwesenheitsverfahren **289**; Augenschein durch – **225**; Belehrung bei Aussetzung zur Bewährung **453 a** I; Beschwerde gegen Verfügungen **304** I; **306** III; im Klageerzwingungsverfahren **173** III; Vernehmung des Angeklagten **233**; Vernehmung von Zeugen und Sachverständigen **51** III; **63**; **70** III; **223**
Erteilung von Auskünften 474 ff.
Erweitertes Schöffengericht GVG **29** II; GVG **76** III
Erziehungsberechtigte 298 1; als Verfahrensbeteiligte Einl **39**
Erziehungsberechtigter, *s. a. Gesetzlicher Vertreter*
Erziehungsregister, Anfechtung von Maßnahmen in – angelegenheiten EGGVG **25** 2; Eintragung **243** 45
Erzwingung der Anklage 172 ff.; der Herausgabe von Gegenständen **95**; der körperlichen Untersuchung **81 c** VI; des persönlichen Erscheinens **236**; bei Telekommunikationsüberwachung **100 b** III S. 3; des Zeugnisses und Eides **70**
Erzwingungshaft 70 II; **95** II; **100 b** III S. 3; und EMRK **5** 9 ff.
Europäische Gemeinschaft, *s. Europäische Union*
Europäische Rechtsanwälte als (Mit-)Verteidiger **138** 3
Europäische Union, Aussagegenehmigung der Bediensteten **54** 14; Recht der – Einl **17**
Europäischer Gerichtshof Einl **11**; GVG **121** 15
Europäischer Gerichtshof für Menschenrechte Einl **11**, **16**, **62** f.; durch – festgestellte Verletzung der EMRK als Wiederaufnahmegrund **359** Nr. 6
Europäischer Haftbefehl 112 15
Eventualbeweisantrag 244 82, 84 ff.; Ablehnung **244** 101
Evokationsrecht des Generalbundesanwalts GVG **74** II S. 2; GVG **120** II
Exhumierung 87 III, IV
Exterritoriale Einl **56**; GVG **18** ff.; deutsche –, Gerichtsstand **11**; Ordnungsmittel gegen – **51** 3; als Zeugen **48** 5, 34

Fachbehörde, Gutachten **83** III; **91** I; **256** II
Fachhochschullehrer als Verteidiger **138** 4
Fahndungsmaßnahmen 131 ff.; **161** 4; im Internet **131** 7; **131 a** 2; **131 c** 3; *s. a. Einsatz technischer Mittel, Netzfahndung, Polizeiliche Beobachtung, Rasterfahndung, Verdeckter Ermittler*
Fahrerlaubnis, Entziehung **232** I; **233** I; **267** VI; **419** I S. 3; Entziehung der – im Strafbefehl **407** II S. 1 Nr. 2, Vollstreckung **463** VI; *s. a. Vorläufige Entziehung der Fahrerlaubnis*
Fahrtkosten, *s. Reisekosten*
Fahrtschreiber 256 I Nr. 4
Fahrverbot 111 a V; **232** I; **233** I; Anrechnung der Verwahrungszeit eines Führerscheins auf das –, Beschlagnahme des Führerscheins **450** II; Belehrung **268 c**; **409** I S. 2; im Strafbefehl **407** II S. 1 Nr. 1; Vollstreckung **463 b**
Faires Verfahren Einl **12**, **62**; **338** 69; **350** 18; EMRK **6** 9 ff.
Falsche Bezeichnung des Rechtsbehelfs **300**
Falsche Verdächtigung, Kostenlast des Anzeigenden **469**; vorläufige Einstellung des Verfahrens **154 e**
Fälschung des Protokolls, Einwand der – **274** 14
Familienangehörige, Zustellung an – **37** 14 f.
Fangfragen 241 10
Feiertag, Fristberechnung **43** II; **229** IV
Fernmeldeverkehr 100 a 5; *s. a. Telekommunikation*
Fernsehen, *s. Rundfunk*
Fernwirkung von Beweisverboten Einl **82**; **136** 35; **136 a** 42 ff.
Festhalten zur Identitätsfeststellung **163 b**; **163 c**; von Störern **164**; wegen Ungebühr GVG **177**; des Vorgeführten **135**
Festnahme, Absehen von der – **127 a**; von Ausländern **114 b** 11 f.; von Exterritorialen GVG **18** 3; GVG **19** 2; von Störern **164**; wegen Störung GVG **177**; *s. a. Untersuchungshaft, Vorläufige Festnahme*
Feststellung der Kontaktsperren EGGVG **31** ff.; der Rechtswidrigkeit von Anordnungen und Entscheidungen **98** 16, 19; **296** 37; EGGVG **28** I S. 4
Feststellungsverfahren bei Verteidigerausschluss **138 c** V
Filmaufnahmen in der Sitzung GVG **169**
Filme, Augenscheinseinnahme **86** 10
Finanzbehörde 160 4; **161 a** 7; **163** 3; **163 b** 1; **164** 2; **168 b** 1; **170** 2; als Nebenbeteiligte Einl **40**
Fingerabdruck 81 b; **163 b** 1, 7
Flucht als Haftgrund **112** II Nr. 1
Fluchtgefahr, Absehen von der Festnahme **127 a**; Aussetzung der Untersuchungshaft **116** I; als Haftgrund **112** II Nr. 2; **113** II
Flüchtige, Steckbrief **131** I; Verfolgung über die Landesgrenze GVG **167**
Fluchtverdacht 127 7; **457** II S. 1
Flugzeuge, *s. Luftfahrzeuge*
Folter, Verbot Einl **45**; **136 a** 18
Forderungen, Beschlagnahme **111 c** III; **111 e**; **111 f** 3; dinglicher Arrest **111 d** 10; **111 e**; **111 f** III; **111 g**
Form der Antragsschrift im Klageerzwingungsverfahren **172** 24; der Entscheidung **33** 2; des Strafantrags **158** 12; der Strafanzeige **158** 5
Formelle Rechtskraft Einl **99**; *s. a. Rechtskraft*
Förmlichkeiten in der Hauptverhandlung, Beurkundungspflicht **273**; Nachweis durch Protokoll **274**
Formlose Bekanntmachung gerichtlicher Entscheidungen **35** II; **145 a** III; *s. a. Bekanntmachung gerichtlicher Entscheidungen*
Fortbildung des Rechts, Anrufung des Großen Senats beim BGH zur – GVG **132**
Fortgesetzte Handlung 260 15
Fortwirkung von Beweisverboten Einl **82**; **136 a** 54

magere Zahlen = Absätze bzw. Randnummern

Sachregister

Fotografieren in der Sitzung GVG 176 9, 40
Fotokopie als Urkunde 249 10
Fotos, Augenscheinseinnahme 86 10
Fragen an den Zeugen 68 ff.; 161 a
Fragerecht in der Hauptverhandlung 240 ff.
Freibeweisverfahren 163 a 17; 244 18 ff.
Freie Beweiswürdigung 261
Freie Gestaltung des Ermittlungsverfahrens Einl 23
Freigabe der Sicherheit 123
Freiheit der Meinungsäußerung EMRK 10
Freiheitsbeschränkungen, Festhalten zur Identitätsfeststellung 163 b 5; in der Untersuchungshaft 119
Freiheitsentziehung bei Minderjährigen EMRK 5 15; notwendige Verteidigung bei dreimonatiger – 140 I Nr. 5, III; Schutz vor unzulässiger – EMRK 5; zum Zweck der körperlichen Untersuchung 81 a 20
Freiheitsstrafe, Begriff 462 a 5 f.; lebenslange – 260 54; 267 27; 344 5; in Urteilsformel 260 54, 56
Freilassung des Festgenommenen 128; 129; gegen Sicherheitsleistung 127 a; des Verhafteten 115 a II; 120 II, III
Freispruch 260 13 f., 45 f., 49 f., 54, 63; Kosten bei – 467; durch Revisionsgericht 354 I; Urteilsgründe 267 V; des Verteidigers 138 a III S. 1 Nr. 2; im Wiederaufnahmeverfahren 371
Fremdsprachige schriftliche Erklärungen 249 11; GVG 184 2
Friedensverrat, Zuständigkeit GVG 74 a I Nr. 1; GVG 120 I Nr. 1
Frische Tat, auf – 104 I; 127 I S. 1
Fristaussprache über Gutachtenerstattung 73 I S. 2; 161 a, Weigerung der – 77 II; 161 a II
Fristen 42 ff.; Begriff 42 1 ff.; Berechnung 42; 43; zur Erfüllung von Auflagen und Weisungen 153 a I; Fristende an Sonn- und Feiertagen und Sonnabenden 43 II; gesetzliche – 42 3 f.; Hemmung bei Kontaktsperre EGGVG 34 II; richterliche – 42 5 f.; staatsanwaltschaftliche – 42 7; bei Unterbrechung der Hauptverhandlung 229; für Urteilsniederschrift 275 I; Wahrung von – 42 9 ff.; Wiedereinsetzung bei Versäumung 44 ff.; EGGVG 26 II–IV
Frühwirkung von Beweisverboten Einl 85
Führerschein, Beschlagnahme, Verwahrung 94 III; 111 a III–V; 450 II; 463 b
Führungsaufsicht, Aufsichtsstelle 463 a; Entscheidungen, Belehrung 268 a II, III; Vollstreckung 463 II, III, VI
Funktionelle Zuständigkeit der Gerichte 1 4
Funkzellenabfrage 100 g 3, 13
Fürsorgepflicht des Gerichts im Beweisantragsrecht 246 6; bei Veränderung des rechtlichen Gesichtspunkts 265 5, 7, 99, 118

Gebäudedurchsuchung 103 I S. 2; 105 I S. 2; 108 I S. 3
Gebrauchsmusterrechtsverletzung, Privatklagedelikt 374 I Nr. 8
Gebrechlichkeit von Zeugen 223
Gebühren, Ermäßigung im Rechtsmittelverfahren 473 IV; als Teil der Verfahrenskosten 464 a 1; Vorschuss im Privatklageverfahren 379 a; 390 IV
Gefahr im Verzug, Abhörmaßnahmen 100 d I; 100 f IV; Anordnung der Sicherheitsleistung für Geldstrafe und Kosten 132 II; Arrestanordnung 111 e I S. 1; Beschlagnahme 98 I; 111 e I S. 2; 111 n I; DNA-Analyse 81 f I; 81 g III; Durchsuchung 104 I; 105 I; Einsatz Verdeckter Ermittler 110 b I, II; Ermittlungen 161 III; Erster Zugriff der Polizei 163 I; Fahndung 131 I, III; 131 c I; Gerichtsstand 21; Haftbefehl im Vorverfahren 125 I; Kontrollstellen auf Straßen und Plätzen 111 II; körperliche Untersuchung 81 c VI; längerfristige Observation 163 f III; Netzfahndung 163 d II; Polizeiliche Beobachtung 163 e IV; Postbeschlagnahme 100 I; Rasterfahndung 98 b I; Richter als Notstaatsanwalt 165; Telekommunikationsüberwachung 100 b I; Vereidigung im vorbereitenden Verfahren 62 Nr. 1; Vermögensbeschlagnahme 443 II; vorläufige Festnahme 127 II
Gefahr strafrechtlicher Verfolgung, Auskunftsverweigerungsrecht 55
Gefährdung der Freiheit einer Person, Ausschluss der Öffentlichkeit bei – GVG 172 Nr. 1 a
Gefährdung der öffentlichen Ordnung 15; GVG 172 Nr. 1
Gefährdung des Untersuchungserfolges 81 a II; 81 c V; 87 IV; 100 III; 168 c V; 224 I
Gefährdung von Leben und Leib, Ausschluss der Öffentlichkeit bei – GVG 172 Nr. 1 a
Gefangene, Begriff 104 4; Durchsuchung zur Wiederergreifung 104 I; Kontaktsperre EGGVG 31 ff.; Ladung 216 II; Personalakte 147 13; Rechtsmittelerklärung 299; als Zeugen 48 37; Zustellung an – 35 III; 37 31
Gegenerklärung bei Antrag auf Revisionsverwerfung 349 III S. 2; bei Beschwerde 308; bei Revision 347 I S. 2; auf Wiederaufnahmeantrag 368 II
Gegenstände als Beweismittel 94 I
Gegenüberstellung 58 II; 161 a
Gegenvorstellung 296 7 ff.; gegen Maßnahmen der Polizei oder der Staatsanwaltschaft 164 8
Gegner des Antragstellers 368 II; des Beschwerdeführers 308 I; 311 a I; 335 III; 347 I
Geheimhaltung der Beratung und Abstimmung im Präsidium GVG 21 e 49; gerichtliche –sanordnung GVG 174 III; der Identität 110 b III; von Staatsgeheimnissen 35 13; von Tatsachen bei Ausschluss der Öffentlichkeit GVG 174
Geheimnisträger, Beschlagnahmeverbot 97; Zeugnisverweigerungsrecht 53
Geheimvermerk auf der Anklageschrift 200 18
Gehilfen, Beschlagnahmeverbot 97; Zeugnisverweigerungsrecht 53 a
Gehör des Angeklagten 257, s.a. Anhörung, Rechtliches Gehör
Geisteskranke, Aufschub der Vollstreckung einer Freiheitsstrafe 455; 463 V; als Zeugen 48 16
Geistliche, absolutes Beweisverbot 160 a I; Beschlagnahmeverbot 97; Nichtberufung zum Schöffenamt GVG 34 I Nr. 6; GVG 77; Zeugnisverweigerungsrecht 53 I S. 1 Nr. 1
Geld- und Wertzeichenfälschung 92; 98 a I S. 1 Nr. 1; 100 a II Nr. 1 e; 110 a I S. 1 Nr. 1
Geldbetrag, Einstellung bei Zahlung 153 a I S. 2 Nr. 2
Geldbuße gegen eine juristische Person oder Personenvereinigung 407 II S. 1 Nr. 1; 444
Geldstrafe, dinglicher Arrest zur Sicherung 111 d; 111 e; 111 f III; 111 g; 111 h; Einforderung und Beitreibung 459 ff.; Ermittlung der wirtschaftlichen Verhältnisse 160 11; Sicherheitsleistung für – 127 a; 132; im Strafbefehl 407 II S. 1 Nr. 1; in Urteilsformel 260 56
Geleit, sicheres – für Abwesende 295
Gemeinnützig, Einstellung bei Erbringung einer –en Leistung 153 a I S. 2 Nr. 3; Einstellung bei Geldzahlung an –e Einrichtung 153 a I S. 2 Nr. 2

2557

Sachregister

Fette Zahlen = Paragraphen

Gemeinsamer Senat der obersten Gerichtshöfe des Bundes GVG 132 2
Gemeinschaftlicher Verteidiger, kein – für mehrere Beschuldigte 146; 434 II; 444 I, II
Gemeinschaftliches oberes Gericht 4 II; 12 II; 13 II; 14; 19
Genehmigung der Durchsicht von Papieren 110 II; des Protokolls 168 a III; 273 III; der Vernehmung von Mitgliedern oberster Staatsorgane 50 III; der Verteidigerwahl 138 II; s. a. *Aussagegenehmigung*
Generalbundesanwalt 100 b V; 100 e I S. 1; 138 c I; 153 c ff.; 169 I; 491 I; GVG 142 I Nr. 1; Entscheidung bei Kompetenzkonflikt GVG 143 III; Ermittlungs- und Anklagekompetenz GVG 142 a
Generalfragen an den Zeugen 68 a II S. 1; 161 a
Generalstaatsanwalt GVG 142
Genügender Anlass 170 5 ff.; s. a. *Hinreichender Tatverdacht*
Gerichte GVG 1 4 f.; für mehrere Gerichtsbezirke GVG 13 a; neu errichtete – GVG 21 j; Präsidium GVG 21 a ff.
Gerichtliche Überprüfung von Justizverwaltungsakten EGGVG 23 ff.; von Maßnahmen im Strafvollzug GVG 78 a; GVG 78 b
Gerichtsarzt 87 II; 256 I Nr. 1 c
Gerichtsbarkeit GVG 1 ff.; Befreiung von der deutschen – GVG 18 ff.
Gerichtsbesetzung, s. *Besetzung des Gerichts*
Gerichtsbezirk, Amtshandlungen außerhalb des –s GVG 166
Gerichtshilfe, kein Zeugnisverweigerungsrecht 53 3; Mitwirkung 160 III; 463 d; Nichtberufung zum Schöffenamt GVG 34 I Nr. 5; GVG 77; s. a. *Jugendgerichtshilfe*
Gerichtskasse als Vollstreckungsbehörde 111 f 5; 459 2
Gerichtskosten EGGVG 30; im Privatklageverfahren 383 5
Gerichtskundige Tatsachen 244 23, 119 ff.; 261 30, 92; 273 15; 337 3
Gerichtspersonen, Ausschließung und Ablehnung 22 ff.; Begriff 22 5 ff.; als Zeugen 48 17 ff.; s. a. *Rechtspfleger, Richter, Staatsanwalt, Urkundsbeamter*
Gerichtssprache 259 I; GVG 184 ff.
Gerichtsstand 7 ff.; Befugnisse bei Gefahr im Verzug 21; Begriff 7 1; Bestimmung durch BGH 13 a; in Binnenschifffahrtssachen GVG 14 1; des Ergreifungsortes 9; bei erstinstanzlicher Zuständigkeit des OLG GVG 120 V; für exterritoriale Deutsche und deutsche Beamte im Ausland 11; bei Handlungen eines unzuständigen Gerichts 20; des Heimathafens 10; mehrere 12; bei negativem Zuständigkeitsstreit 19; für Pressedelikte 7 4, 7 ff.; Prüfung des –s 16; für Straftaten auf dem Meer 10 a; des Tatortes 7; bei Verhinderung des zuständigen Gerichts 15; des Wohnsitzes oder Aufenthaltsortes 8; des Zusammenhangs 13; bei Zuständigkeitsstreit 14
Gerichtstafel, Anheftung von Ladungen 40
Gerichtsverfassungsgesetz 1; GVG; Ausführungsgesetze der Länder zum – GVG 1 2; Einführungsgesetz zum – EGGVG
Gerichtsvollzieher GVG 154 f.; Ausschließung GVG 155; Ladung durch – 38
Geringe Schuld 153 19 ff.; 383 II
Geringe Tatfolgen 153 40, 42
Geringfügigkeit, Einstellung wegen – 153; 153 a; bei Privatklagesachen 383 II; 390 V; 471 III

Gesamtschuldnerische Haftung für Auslagen 466; mehrerer Privatkläger 471 IV
Gesamtstrafe, Berufungsgericht 329 I; nachträgliche Bildung 460; 462; 462 a III, IV; Verbot der reformatio in peius 331 13 f.
Geschäftsfähigkeit Einl 55, 88; der Einziehungsbeteiligten 433 6
Geschäftsgeheimnis 406 e 11; Ausschluss der Öffentlichkeit bei Gefährdung GVG 172 Nr. 2
Geschäftsordnung des BGH GVG 140
Geschäftsort des Zeugen 68 10
Geschäftsräume, Ersatzzustellung in –n 37 17
Geschäftsstelle GVG 153; Ausführung von Ladungen und Mitteilungen 214 I S. 5; Vermittlung durch – GVG 161; Zustellung durch – 36 I; 390 III
Geschäftsverteilung für Bereitschaftsdienst GVG 22 c I S. 4, 5; bei neu errichtetem Gericht GVG 21 j; durch Präsidium GVG 21 e; innerhalb des Spruchkörpers GVG 21 g; bei zurückgewiesenen Sachen 354 38 f.
Geschäftsverteilungsplan GVG 21 e; Anfechtung GVG 21 e 50; Auflegen des –s GVG 21 e IX; keine Rechtsnorm 337 8
Gesetz, Änderung 206 b; 354 a; Begriff 337 5
Gesetzesänderung 206 b; zwischen den Instanzen 354 a
Gesetzesverletzung, Ausscheidung von einzelnen –en 154 a; 207 II Nr. 4; als Revisionsgrund 337 9 ff.; 338
Gesetzliche Fristen 42 3 f.
Gesetzliche Merkmale der Straftat 114 II Nr. 2; 200 I S. 1; 267 I; 409 I S. 1 Nr. 3
Gesetzlicher Richter 1 8; 22 1; 338 3; GVG 16
Gesetzlicher Vertreter, prozessuale Rechte 52 II, III; 81 c III; 137 II; 149 II; 298; 330; 374 III; 409 II; 415 II; als Verfahrensbeteiligter Einl 39
Gesetzwidriger Zustand, Beseitigung, Kosten 472 b, Verfahren 442
Geständnis 254 7; 257 c 25 f.; 261 41, 43; Verlesung eines früheren –ses 254; Widerruf 261 43, 47; als Wiederaufnahmegrund 362 Nr. 4
Gestellungsmaßregeln gegen Abwesende 290 ff.
Gesundheitsämter 256 4, 11
Gewahrsam, Begriff 97 6 ff.
Gewahrsamsinhaber, Herausgabepflicht von Beweismitteln 95
Gewährsleute 244 45; s. a. *V-Leute*
Gewissensgründe 65 I
Gewohnheitsrecht Einl 10; 337 5
Glaubhaftmachung 26 5 ff.; des Ablehnungsgrundes 26 6; 74 III; des Entschuldigungsgrundes beim Ausbleiben von Zeugen 51 II S. 2; Mittel 26 7 f.; im Nachverfahren 439 I; des Wiedereinsetzungsgrundes 45 8 ff.; des Zeugnisverweigerungsgrundes 56
Glaubwürdigkeit des Zeugen 68 IV; 68 a II; 161 a; 244 55 ff.; 261 54 ff.
Glücksspiel 104 II
Gnadenentscheidung, gerichtliche Nachprüfung 452 4
Gnadenrecht, s. *Begnadigungsrecht*
Große Strafkammer GVG 76
Große Strafvollstreckungskammer GVG 78 b
Großer Senat für Strafsachen beim BGH GVG 132
Großverfahren, Beurlaubung einzelner Angeklagter 231 c; Frist für Urteilsniederschrift 275 I; Unterbrechung der Hauptverhandlung 229 II
Grundbuch, Eintragung der Grundstücksbeschlagnahme 111 c II; 111 f II; 111 g III; Eintragung einer Sicherungshypothek 111 f III

2558

magere Zahlen = Absätze bzw. Randnummern

Sachregister

Grundrechte Einl 12, 23; Verletzung 112 7 ff.; **116** 7
Grundrechtecharta der EU Einl 17
Grundsätzliche Rechtsfragen, Zuständigkeit des Großen Senats beim BGH GVG 132
Grundstück, Beschlagnahme 111 c II; 111 f II; dinglicher Arrest 111 d 10; 111 f 6; 111 h
Grundurteil 406 I S. 2
Gültigkeit der Handlung eines unzuständigen Richters GVG 22 d
Gutachten, Auftrag 73 14; 78 2; behördliches – **256** 6 ff.; Einsichtsrecht des Verteidigers 147 III; erneutes – **83**; Erstattungspflicht **75**; **161** a; bei zu erwartender Unterbringung **80** a; Fristabsprache über –erstattung 73 I; 77 II; **161** a; bei Geld- und Wertzeichenfälschung **92**; über psychischen Zustand des Beschuldigten **81**; 140 I Nr. 6; Schrift- **93**; im Urteil 261 76; 267 4; Verlesung des behördlichen –s in der Hauptverhandlung 256 I Nr. 1 a; Verweigerung **76**; **77**; **161** a; bei vorbehaltener oder nachträglicher Sicherungsverwahrung **275** a IV; Vorbereitung **80**; im Vorverfahren **82**; 414 III

Haartracht, Änderung 81 a 11; 81 b 11
Hafenort, Gerichtsstand 10
Haft, *s. Ersatzordnungshaft, Erzwingungshaft, Ordnungshaft, Untersuchungshaft*
Haftbefehl 114; Aufhebung **120**; 121 II; **126**; bei Ausbleiben des Angeklagten in der Hauptverhandlung **230**; **236**; Aussetzung des Vollzugs 116 ff.; Bekanntgabe an den Beschuldigten 114 a; EGGVG 34 III Nr. 4; Beschlagnahme des Vermögens statt – **290**; keine im Privatklageverfahren 384 2; Sicherungs– 453 c; und Strafantrag **130**; zur Strafvollstreckung 457 II; nach vorläufiger Festnahme **128** II; Zuständigkeit für Erlass **125**
Haftbeschwerde 118 II; 304 IV, V; 305 S. 2; Verhältnis von Haftprüfung und – 117 11 f.; weitere – 310 I Nr. 1
Haftfortdauer 207; 268 b; über sechs Monate **121**
Haftgründe 112 II, III; 112 a; **113**; 114 II Nr. 3; apokryphe – 112 6
Haftprüfung 117 ff.; EGGVG 34 III Nr. 5; bei Kontaktsperre EGGVG 34 III Nr. 5; durch OLG und BGH 121 ff.; Verhältnis von – und Haftbeschwerde 117 11 ff.; bei Verurteilung 268 b
Haftsachen, Zuständigkeitskonzentration GVG 58 3
Haftunfähigkeit bei Haftbefehl 112 19; *s. a. Vollzugsuntauglichkeit*
Haftung mehrerer Privatkläger für Auslagen 471 IV; Mitverurteilter für Auslagen **466**; des Nachlasses für Kosten 465 III
Haftverschonung 116; **116** a
Hamburg als Gerichtsstand für Straftaten auf dem Meer 10 a
Handlung und strafprozessualer Tatbegriff 264 26 ff.
Handlungsfähigkeit der Verfahrensbeteiligten Einl 55, 88
Handlungsfristen 42 8
Härteklausel 436 III S. 2; 456 c; 459 f
Hauptbeteiligte Einl 39
Hauptschöffen GVG 42 5
Hauptverfahren Einl 18, 30 ff.; **199** ff.; Ablehnung der Eröffnung **204**; Anfechtung des Eröffnungsbeschlusses **210**; Einstellung bei Verfahrenshindernis 206 a; Einstellung wegen Gesetzesänderung 206 b; Eröffnungsbeschluss **203**; **207**; vorläufige Einstellung **205**
Hauptverhandlung Einl 30, 32 ff.; **226** ff.; in Abwesenheit des Angeklagten **231** II; 231 a ff.; 304 IV S. 2 Nr. 3; ohne den Angeklagten **232**; Anwesenheit des Angeklagten **231**; Anwesenheitspflicht der Gerichtspersonen **226**; Ausbleiben des Angeklagten **230**; Ausschluss der Öffentlichkeit GVG 171 a ff.; auswärtige – GVG 169 13 ff.; in der Berufungsinstanz 324 ff.; im beschleunigten Verfahren **418**; Beweisaufnahme **244** ff.; nach Einspruch gegen Strafbefehl **411**; **412**; Entbindung vom Erscheinen **233**; Entscheidungen in der – **33** I; Erklärungsrecht des Staatsanwalts und des Verteidigers 257 II; Fragerecht **240** ff.; Gang der – **243**; Gehör des Angeklagten 257 I; keine – während Kontaktsperre EGGVG 34 III Nr. 6; bei Nebenbeteiligten **436**; **442**; 444 II; im Privatklageverfahren 387 ff.; in der Revisionsinstanz **350**; **351**; Schlussvorträge **258**; im Sicherungsverfahren **415**; Sitzungsprotokoll 271 ff.; Urkundenbeweis 249 ff.; Urteil 260 ff.; Veränderung des rechtlichen Gesichtspunkts **265**; Vereidigung von Zeugen **59**; Verhandlungsleitung **238**; im Wiederaufnahmeverfahren **370**; **373**; Zulassung von Beiständen **149**
Hauptverhandlung, Vorbereitung Einl 30 f.; **212** ff.; in der Berufungsinstanz **323**; ohne den Beschuldigten **415**; Beweisanträge des Angeklagten **219**; Herbeischaffung der Beweismittel 214 IV; **221**; kommissarische Vernehmung **223**; **224**; Ladung der juristischen Person 444 II; Ladung des Angeklagten **216**; Ladung des Verteidigers **218**; Ladung durch Angeklagten **220**; Ladung durch Vorsitzenden **214**; Ladungsbefugnis der Staatsanwaltschaft 214 III; Ladungsfrist **217**; Mitteilung der Gerichtsbesetzung 222 a, Einwand der verbotswidrigen Besetzung 222 b; Namhaftmachung von Zeugen und Sachverständigen **222**; richterlicher Augenschein **225**; Terminsbestimmung **213**; Terminsnachricht an den Nebenbeteiligten **435**; **442**; Zuständigkeitsänderung 225 a
Hauptverhandlungshaft 127 b
Hausangestellte von Diplomaten GVG 18
Hausarrest bei Aussetzung der Untersuchungshaft 116 15 ff.
Hausdurchsuchung 103; nächtliche – **104**; *s. a. Gebäudedurchsuchung*
Hausfriedensbruch, Privatklagedelikt 374 I Nr. 1; 380 I
Hausrecht 164 6; GVG 176 4
Hebamme, Ablehnung des Schöffenamts GVG 35 Nr. 3; GVG 77; Beschlagnahmeverbot **97**; Zeugnisverweigerungsrecht 53 I S. 1 Nr. 3
Hehlerei, Ausschließung des Verteidigers 138 a I Nr. 3; erleichterte Durchsuchung **102**; keine Beschlagnahmefreiheit 97 II S. 3; Nichtvereidigung als Zeuge 60 Nr. 2; Zusammenhang 3
Heilbehandlung als freiwillige Leistung 265 a
Heilung von Verfahrensmängeln 136 34; 136 a 54; 207 16; 337 15; 338 1
Heimathafen, Gerichtsstand 10
Heimaufenthalt als freiwillige Leistung 265 a
Heimliche Ermittlungsmaßnahmen Einl 23
Hemmung von Fristen bei Kontaktsperre EGGVG 34 II; keine – der Vollstreckung beim Antrag auf Nachverfahren **439**; **442**; beim Wiederaufnahmeantrag **360**; beim Wiedereinsetzungsantrag **47**; keine – des Vollzugs bei Beschwerde **307**; der Rechtskraft bei Berufung **316**, bei Revision **343**
Heranwachsende Einl 55; Strafbefehl gegen – 407 30; vorbehaltene oder nachträgliche Sicherungsverwahrung gegen – 275 a 197 ff.

2559

Sachregister

Fette Zahlen = Paragraphen

Herausgabepflicht beschlagnahmter Sachen 94 29; 98 20; 111 k; von Beweismitteln 95
Hilfsbeweisantrag 244 81, 84 ff.; Ablehnung 244 101
Hilfskräfte des Sachverständigen 73 5
Hilfspersonen, Beschlagnahmeverbot 97; Zeugnisverweigerungsrecht 53 a II
Hilfspersonen der Staatsanwaltschaft GVG 152 1
Hilfsrichter GVG 22 V; GVG 59 III; GVG 70 II
Hilfssachverständige 73 5
Hilfsschöffen GVG 42 I S. 1 Nr. 2; GVG 43; GVG 49; GVG 54 II; GVG 77
Hilfsstrafkammer GVG 21 e 32 ff.; GVG 77 9
Hinderungsgrund beim Schöffen GVG 54; GVG 77
Hinreichender Tatverdacht Einl 22, 24 f., 71; 138 a 6 f., 9; 160 5; 170 5; 203 2 f.; 266 23
Hinterlegung der Kosten im Privatklageverfahren 379; als Sicherheitsleistung 116 a; 127 a II; 132 I; 176; 220
Hinweis auf Eidesbedeutung 57; gegenüber dem Nebenbeteiligten 435 III; 437 IV; 438 I; 442; im Rahmen der Rückgewinnungshilfe 111 i IV; auf Veränderung des rechtlichen Gesichtspunkts 265; 416 II; 430 III; des Verletzten auf seine Befugnisse 406 h; vor der Vernehmung des Beschuldigten 115 III; 128 I; 136 I; 163 a III, IV; 243 V
Hochschullehrer als Verteidiger 138 4; 142 3; Vertretung des Privatklägers 378 3
Höchstdauer der Freiheitsentziehung zum Zweck der Identitätsfeststellung 163 c II
Hochverrat, Zuständigkeit GVG 120 I Nr. 2
Höhere Gewalt EGGVG 26 12; EGGVG 27 III
Hörbehinderte GVG 186; Dolmetscherkosten 464 c; notwendige Verteidigung 140 II S. 2; als Richter 338 26; Schlussvortrag 259 II; als Zeugen 66
Hörensagen, Zeuge vom – 244 11, 146; 250 4, 22 ff.
Hörfalle 136 4, 7 ff., 35; 136 a 31, 34
Hypnose als verbotene Vernehmungsmethode 136 a 23
Hypothetischer Ersatzeingriff Einl 81

Identifizierung von Leichen 88
Identifizierungsgegenüberstellung 58 8 ff.; 261 68 f.
Identifizierungsmaßnahmen 81 b
Identitätsfeststellung 111 I, III; 127 I; 163 b; 163 c
IMEI-Nummer 100 b 7
Immaterieller Schaden 153 a 35
Immunität der Abgeordneten Einl 56; 152 a; 154 f 7; Grundsätze des Bundestages 152 a 4
IMSI-Catcher 100 a 2; 100 i; 101 4
IMSI-Nummer 100 b 7
„In camera"-Verfahren 96 13; 261 71
In dubio pro Haftprüfung 117 4
In dubio pro reo 26 5; 52 5; 56 2; 112 28; 136 32; 136 a 52, 55 f.; 170 5, 13; 203 3; 205 4; 206 a 3; 244 48, 155; 261 85 ff.; 264 82; 302 10; 337 3, 6, 11, 13, 20, 30; 344 15, 17; 351 11; 352 8; 359 39; 368 11; 371 4, 6; 413 8, 13
Indemnität 152 a 3
Indizielle Tatsachen 244 4 ff., 125, 156 f.; 261 89; 267 18
Indizienbeweis 244 5 f.; 261 78; 267 18
Informant 53 1 S. 2; 97 40; 158 7; 160 a 13; 163 f 5
Informationelle Selbstbestimmung, Recht auf – 94 4; 98 a 2, 6; 99 9; 100 a 16; 136 a 48; 155 b 1; 160 13; 163 a 16; 163 d 1; 163 f 4; 261 40; 406 d 7; 406 e 11; 475 4, 10; 476 5; 477 13; 488 1; 489 8
Informationspflicht des Zeugen vor der Aussage 69 7
Informatorische Befragung 136 5

Inhaber, Genehmigung der Durchsicht von Papieren 110 II; Zuziehung bei Durchsuchung 106
Inkulpationspflicht Einl 43
Innendivergenz GVG 121 23; GVG 132 1, 6 ff.
Inquisitionsprozess 151 1
Interessenwiderstreit bei Verteidigung 142 7; 146
Internationaler Gerichtshof, Begriff 153 f 16
Internationaler Strafgerichtshof Einl 56; Ersuchen eines –s GVG 21
Internet, Fahndungsmaßnahmen im – 100 a 5, 19 ff.; 131 7; 131 a 2; 131 c 3
Internet-Telefonie 100 a 5, 19
Intimsphäre, Schutz 48 11; 53 2; 68 a 3; 81 a 1; 94 27; 406 e 11; GVG 171 b
Irrtum in der Bezeichnung des Rechtsbehelfs 300

Journalisten, *s. Presse*
Jugendgericht 1 9; 209 a Nr. 2; 225 a I S. 1 Hs. 2; GVG 24 3; GVG 26; GVG 74 b; Verbindung zusammenhängender Strafsachen nach Rechtshängigkeit 4 19; Verhältnis zwischen –en und Erwachsenengerichten 6 7
Jugendgerichtshilfe, Benachrichtigung bei Verhaftung Jugendlicher 114 c 19; als Verfahrensbeteiligte Einl 39
Jugendkammer GVG 60 4; GVG 74 b 1 f.; GVG 76 15 ff.
Jugendliche, Ausschluss der Öffentlichkeit GVG 172 Nr. 4; Begriff Einl 55; kein Strafbefehl gegen – 407 30; keine Privatklage gegen – 172 5; Klageerzwingungsverfahren gegen – 172 5; Ladung 48 33; nachträgliche Sicherungsverwahrung gegen – 275 a 197, 207 ff.; als Zeugen 52 II; 58 3; 58 a 1, 5 f.; 68 b 11; 241 a; 247; 255 a II
Jugendrichter, *s. Vollstreckungsleiter*
Jugendsachen, Öffentlichkeit der Hauptverhandlung GVG 169 50
Jugendschutzsachen 209 a Nr. 2; GVG 26; GVG 74 b
Juristische Person, Einziehung gegenüber einer – 431 III; Geldbuße gegen eine – 407 II S. 1 Nr. 1; 444; als Privatkläger 374 20
Justizbehörde, Anfechtung von Maßnahmen EGGVG 23 I S. 1; Begriff EGGVG 23 3 ff.
Justizbeitreibungsordnung 449 7; Arrestvollziehung 111 f III S. 1; Vollstreckung von Geldstrafen 459; Vollstreckung von Nebenfolgen 459 g I S. 2
Justizgrundrechte Einl 12
Justizvergütungs- und -entschädigungsgesetz, Sachverständigenvergütung 84; Schöffenentschädigung GVG 55; Zeugenentschädigung 71
Justizverwaltung, Wahrnehmung von Aufgaben der – durch Richter GVG 21 e VI
Justizverwaltungsakt, Anfechtung EGGVG 23 ff.; Antragsfrist und Wiedereinsetzung EGGVG 26; Ausspruch bei vollzogenem – EGGVG 28 7 f.; Begriff EGGVG 23 19 ff.; im Bereich von Kostenvorschriften EGGVG 30 a; Entscheidung über den Antrag EGGVG 28; Kosten EGGVG 30; Prozesskostenhilfe EGGVG 29 IV; Unanfechtbarkeit der Entscheidungen EGGVG 29 1; Verfahren EGGVG 29 III; Zulässigkeit des Antrags EGGVG 24; Zuständigkeit des OLG EGGVG 25; *s. a. Strafvollzugssachen*

Kammergericht GVG 12 2
Kaution 116 18 ff., 51 ff.
Kernbereich privater Lebensgestaltung Einl 80; 100 a 23; 100 a IV; 100 c IV, V, VII; 100 d 3; 119 6; 160 a 5 f., 14; 163 f 2

magere Zahlen = Absätze bzw. Randnummern   **Sachregister**

Kinder, Absehen von der Vereidigung 60 Nr. 1; Ausschluss der Öffentlichkeit GVG 172 Nr. 4; erkennungsdienstliche Maßnahmen gegen – 81b 4; Identitätsfeststellung 163 b 2; Ladung 48 33; Nebenklageberechtigung 395 II Nr. 1; Obduktion von –leichen 90; als Zeugen 48 16; 51 3; 52 II; 58 3; 58a 1, 5 f.; 68 b 11; 70 3; 168 e 2; 241a; 247; 247a 10; 251 27; 255 a II
Kinder- und Jugendlichenpsychotherapeut, Beschlagnahmeverbot 97; Zeugnisverweigerungsrecht 53 I S. 1 Nr. 3
Klage, Absehen von der – 153 ff.; Erstreckung auf Ordnungswidrigkeiten 204 2; Formen der Anklageerhebung 151 7; öffentliche – 151 ff.
Klageänderung 265
Klageerhebung als Prozessvoraussetzung 151; 170 1, im beschleunigten Verfahren 417; 418
Klageerweiterung 266
Klageerzwingung 172 ff.; Kosten 177
Klagerücknahme 156; Kostenentscheidung 467a; im Privatklageverfahren 391; 392; 394; bei Staatsschutzdelikten 153 c III, IV; 153 d II; 156; im Strafbefehlsverfahren 411 III
Klageschrift des Privatklägers 381
Kleine Strafkammer GVG 76
Kleine Strafvollstreckungskammer GVG 78 b
Kognitionsbefugnis, s. *Kognitionsrecht*
Kognitionspflicht 151 2; 153 31; 154a 1, 34, 38, 46, 56, 59; 154 d 1; 155 1 f., 5, 9, 13, 16; 156 12; 264 1, 63 ff.
Kognitionsrecht 155 9; 264 1, 63
Kollegiale Fachbehörde 256 II
Kommissarische Beweisaufnahme im Abwesenheitsverfahren 289
Kommissarische Vernehmung des Angeklagten 233; von Zeugen und Sachverständigen 51 III; 63; 70 III; 223
Kommissarischer Augenschein 225
Kompetenzkonflikt GVG 21 e 47 f.; zwischen mehreren Staatsanwaltschaften 451 13; GVG 143 3; negativer – 14 2 ff.; 19; 270 19; örtlicher – 14 1; positiver – 14 2 ff.; sachlicher – 14 3; 19 3
Konkursstraftaten, Zuständigkeit GVG 74 c I S. 1 Nr. 5
Konsularische Vernehmung 251 34
Konsularische Vorrechte und Befreiungen GVG 18 1; Anhang zu GVG 18; GVG 19
Konsuln, Befreiung von der Gerichtsbarkeit Anhang zu GVG 18; GVG 19; Wahl– 11 5; Zustellung durch – 37 33
Kontaktperson 163 e 3; 163 f 5; Beiordnung eines Rechtsanwalts als – EGGVG 34 a
Kontaktsperre EGGVG 31 ff.; bei Verdacht der Bildung einer kriminellen Vereinigung EGGVG 38 a
Kontrollstellen beim Betreten des Sitzungssaals GVG 169 25 f.; GVG 176 8; auf Straßen und Plätzen 111
Körperliche Untersuchung 102 13; des Beschuldigten 81a; von Tatunverdächtigen 81 c; Verletzung des Schamgefühls 81 d
Körperlicher Eingriff 81 a; 81 c; 136 a
Körperverletzung, Attest über – 256 I Nr. 2; Kosten bei wechselseitigen –en 468; Nebenklagedelikt 395 I, III; Privatklagedelikt 374 I Nr. 4; 380 I
Kosten, Auferlegung der – gegen Zeugen oder Sachverständige 51; 70; 77; 161 a; für Ausbleiben des Schöffen GVG 56; GVG 77; für Aussetzung der Hauptverhandlung 138 c VI; 145 IV; einer falschen Sachbehandlung 465 9; der Sicherstellung 111b 17

Kosten des Verfahrens 464 ff.; Absehen von der Vollstreckung 459 d II; im Adhäsionsverfahren 472a; Begriff 464 1; 464a; Beitreibung 459 2; dinglicher Arrest zur Sicherung 111 d ff.; bei Einstellung nach Klagerücknahme 467 a; bei Entscheidung über die Rechtmäßigkeit einer Ermittlungsmaßnahme oder ihres Vollzugs 473 a; bei falscher Anzeige 469; bei Freispruch und Einstellung 153 45, 50; 467; in Jugendsachen 465 11; 466 8; im Klageerzwingungsverfahren 177; im Nachverfahren 473 VI Nr. 2; bei Nebenbeteiligten 472 b; bei Nebenklage 472; in Privatklagesachen 471; Sicherheitsleistung für – 127 a; 132; 176, im Privatklageverfahren 379; bei Straffreierklärung 468; Tragung bei Verurteilung 465; 466; im Wiederaufnahmeverfahren 473 VI Nr. 1; bei Wiedereinsetzung in den vorigen Stand 473 VII; Zahlungserleichterungen 459 a IV; bei zurückgenommenem oder erfolglosem Rechtsmittel 473 I–V; bei Zurücknahme des Strafantrags 470
Kostenansatz 464 a 10; 464 b 11
Kostenaufteilung 465 5 ff.
Kostenentscheidung 464; Anfechtbarkeit 304 III; 464 III; selbständige – 464 14
Kostenersatz bei Ausübung der Bundesgerichtsbarkeit durch OLG GVG 120 VII; bei Rechtshilfe GVG 164
Kostenfestsetzungsverfahren 464 b
Kostenhaftung Dritter 467 4; Mitverurteilter 466; 471 IV
Kostenniederschlagung 465 9
Kostenvorschuss 379 a; 380 II
Krankenhaus, Anrechnung des –aufenthalts auf Strafzeit 461
Krankheit, Aufschub der Vollstreckung einer Freiheitsstrafe 455; von Zeugen 223; 251 II Nr. 1
Kreditbetrug, Zuständigkeit GVG 74 c I Nr. 5
Kreditkartendaten 163 9
Kreuzverhör 239; 241; kein – bei kindlichen und jugendlichen Zeugen 241 a 2
Kronzeugenregelung 153 e 1
Kuriere, Vorrechte und Befreiung diplomatischer – Anhang zu GVG 18
Kurzschrift beim Protokoll 168 a II; 271 2
Kurzzeit-Dateien 163 d 1

Ladung von Auslandszeugen 244 V S. 2; Begriff 48 25; in der Berufungsinstanz 323; des Beschuldigten 133; 145 a II; 163 a III; 418 II; zum Fortsetzungstermin 229 5; zur Hauptverhandlung 214; 216 ff.; der juristischen Person 444 II; von Kindern und Jugendlichen 48 33; öffentliche – 40; im Privatklageverfahren 386; bei Rechtshilfe GVG 160; zum Strafantritt 457 II S. 1; unmittelbare – von Beweispersonen 38; 214; 220; des Verteidigers 218, im Verteidigerausschließungsverfahren 138 d II, III; von Zeugen und Sachverständigen 48; 72; 161 a I; 168 d II
Ladungsfrist 138 d II; 217; 218; 418 II; im Privatklageverfahren 385 II
Ladungsplan 214 12 f.
Land, Begnadigungsrecht 452
Landeshauptstadt-OLG GVG 120
Landesjustizverwaltung, allgemeine Dienstaufsicht GVG 22 III; Aufsichts- und Leitungsrecht GVG 147 Nr. 2
Landeskriminalamt 256 4
Landesrecht, Ausführungsgesetze der Länder zum GVG GVG 1 2; Revision wegen Verletzung von – GVG 121 I Nr. 1 c; Straf- bzw. Justizvollzugsgesetze

2561

Sachregister

Fette Zahlen = Paragraphen

Einl 13 f.; Untersuchungshaftvollzugsgesetze **119** 1, 9; Vergleichsbehörde **380** 1 f.
Landesregierung, Kontaktsperrefeststellung **EGGVG 32**
Landesverrat, Zuständigkeit **GVG 120** I Nr. 3
Landgericht, Anklage beim – **GVG 24** I; **GVG 74** I; Besetzung **GVG 59**; Notvertretung **GVG 70**; Staatsanwaltschaft beim – **GVG 142** I Nr. 2; Strafkammern mit besonderer Zuständigkeit **GVG 74** II; **GVG 74 c** ff.; **GVG 76**; Zuständigkeit der Strafkammern **GVG 73** ff.
Landtagsabgeordnete, *s. Abgeordnete*
Lebensalter, Ablehnung des Schöffenamts **GVG 35** Nr. 6; **GVG 77**; Abstimmung nach – **GVG 197**; bei Schöffenberufung **GVG 33** Nr. 1, 2; **GVG 77**
Lebenserfahrung, allgemeine – **354** 3
Lebensführung, Überwachung der – des Verurteilten **265 a; 453 b**
Lebensmittelrecht, Zuständigkeit bei Verstoß gegen das – **GVG 74 c** I S. 1 Nr. 4
Lebenspartnerschaft 22 Nr. 2; **52** I Nr. 1, 2 a; **97**; **149** I; **361** II; **395** II Nr. 1; **404** III
Legalitätsprinzip 152 5 ff.; **160** 1; **163** 2; **170** 1, 5; **172** 1 f.; Ausnahmen **153** ff.; der Polizei **163**; im Wiederaufnahmeverfahren **362** 10
Leichenfund 159
Leichenschau und Leichenöffnung **87** ff.
Leitung der Beratung **GVG 194**; der Hauptverhandlung **238**; des Sachverständigen **78**
Letztes Wort des Angeklagten **258** II Hs. 2; **326** S. 2; **351** II S. 2
Leumundszeugnis, Verlesung in der Hauptverhandlung **256** 9
Lichtbilder 69 8; **261** 77; des Beschuldigten **81 b**; **163 b** 7; und Bildaufnahmen **100 h**; der Leiche **159** 4; Veröffentlichung in der Presse **161** 4; Wahllichtbildvorlage **58** 10; **261** 68 f.
Lissabon, Vertrag von – **Einl 17**
List, kriminalistische – **136 a** 20
Liste der angewendeten Strafvorschriften **260** V; **409** 6
Lockspitzel Einl 63; **153** 28; *s. a. V-Leute*
Löschung von Daten **98 b** III; **100 a** IV S. 3; **100 i** I; **101** VIII; **160 a** I; **163 d** IV; **494** II, bei Bild-Ton-Aufzeichnung **58 a** II S. 2; **168 e** S. 4; **247 a**
Luftfahrzeuge, Beschlagnahme **111 c** IV; **111 e**; **111 f**; **111 g** III; dinglicher Arrest **111 f** 7 f.; **111 h** IV; Gerichtsstand bei –n mit Staatsangehörigkeitszeichen der Bundesrepublik **10**; Nichtverfolgung von Inlandstaten auf ausländischen –n **153 c** I S. 1 Nr. 2
Lügendetektor 136 a 38; **261** 23

Mailbox 100 a 7, 16 ff.
Mandat des Verteidigers **137** 16 ff.
Mängel der Anklageschrift **200** 23 ff.; des Eröffnungsbeschlusses **207** 13 ff.; der Ladung **216** 12, Aussetzungsantrag **218** 8 ff.; der Zustellung **37** 37 ff.
Massengentest 81 h
Maßnahmen anstelle eines Haftbefehls **116**; **123**; **124**; zur Kontaktsperre **EGGVG 33**; im Strafvollzug, Anfechtung **GVG 78 a**; **GVG 78 b**
Maßregeln der Besserung und Sicherung, Absehen von der Vollstreckung bei Auslieferung oder Ausweisung **456 a**; Abstimmung über – **263** I; Anordnung durch Urteil **260** IV; Anordnung im Strafbefehl **407** II S. 1 Nr. 2; Aussetzung zur Bewährung **268 a** II, III; Berücksichtigung einer Gesetzesänderung **354 a** 3; Beschränkung der Verfolgung **154**; **154 a** I; keine Anordnung im Privatklageverfahren **384** I; keine Anordnung in Abwesenheit des Angeklagten **233** I; Kontaktsperre **EGGVG 38**; Kosten bei Verurteilung zu – **465**; in den Urteilsgründen **267** 49 ff.; Verbot der reformatio in peius **331** II; **358** II; **373** II; Vollstreckung **463**; Wiederaufnahme des Verfahrens **359** Nr. 5; **371**
Materielle Rechtskraft Einl 100 ff.
Meer, Gerichtsstand für Straftaten auf dem – **10 a**
Mehrere Gerichtsstände 12
Mehrere Strafverfahren gegen denselben Beschuldigten **154**
Mehrfachtäter 154
Mehrfachverfolgung, Verbot der – **Einl 58**
Mehrfachverteidigung 146
Meineid als Wiederaufnahmegrund **359** Nr. 2; **362** Nr. 2; **364**
Meinungsfreiheit EMRK 10
Meinungsverschiedenheit in der Beratung **GVG 194**
Meldepflicht bei Aussetzung der Untersuchungshaft **116** 12 f.
Menschenrechtskonvention, durch EGMR festgestellte Verletzung der Europäischen – als Wiederaufnahmegrund **359** Nr. 6; europäische – **Einl 16**; **EMRK**
Messungen des Beschuldigten **81 b**
Mikrofiche, Herausgabepflicht **95** 8
Minder schwere Fälle 267 III S. 2
Minderjährige, Beschlagnahme bei –n **94** 15; Untersuchungsverweigerungsrecht **81 c** III; Zeugnisverweigerungsrecht **52** II; *s. a. Jugendliche, Kinder*
Minister als Zeugen **50**
Missbrauch, Ausschließung des Verteidigers bei – des Verkehrs mit Verhaftetem **138 a** I Nr. 2; des letzten Wortes **258** 14, 23; prozessualer Rechte **Einl 93**
Misshandlung als verbotene Vernehmungsmethode **136 a** 11
Mitangeklagte, gesamtschuldnerische Haftung für Auslagen **466**; kein Fragerecht **240** II; Revisionserstreckung auf – **357**
Mitbeschuldigte, Verlesung der Niederschrift über die Vernehmung eines –n **251** I, II; Vernehmung von –n **168 c** 5; als Zeugen **48** 22 f.
Mitgebrachte Strafverfahren bei Immunität **152 a** 7, 25
Mitteilung der Anklageschrift **201** I; der Durchsuchung **107**; der Einstellungsverfügung **170** II; **171**; von Erkenntnissen der Vollzugsanstalt **114 e**; gerichtlicher Entscheidungen **35**; **482** II; der Gerichtsbesetzung **222 a**; der Hauptverhandlung im Revisionsverfahren **350**; der Ladung von Beweispersonen **222**; der Notveräußerung **111 l** IV; der Privatklage an den Beschuldigten **382**; des Strafbefehls an gesetzlichen Vertreter **409** II; von Tatsachen an Vollzugsanstalt **114 d**; der Verlängerung der Sicherstellung **111 i** IV; der Vermögensbeschlagnahme **292** II; des Vollzugs der Beschlagnahme und des Arrests an Verletzten **111 e** III, IV
Mitteilungspflichten 101 IV; **107**; **126 a** 3; **138 c** 9 ff.; **153** 51; **154 d** 27; **155 b** 8; **155 b** II, IV; **163 c** 1; **163** II; **163 e** 6; **163 f** 8; **222** 2 ff.; **222 a** 2 ff.; **382** 3, 6; **386** 3; **388** 12; **406 d**
Mittel, verbotene – bei Vernehmungen **136 a**
Mittelbare Zeugen, *s. Zeugen vom Hörensagen*
Mittellosigkeit, Pflichtverteidigerbestellung wegen – **364 b** I S. 1 Nr. 3
Mitwirkung der Verfahrensbeteiligten **Einl 86** ff.
Mobilfunkgerät, Maßnahmen bei –en **100 i**

magere Zahlen = Absätze bzw. Randnummern **Sachregister**

Mobiltelefon 100 a 5, 14 f.; 100 i
Molekulargenetische Untersuchung 81 e ff.
Monatsfristen 43 I; beim Nachverfahren 439 II
Mordverdacht als Haftgrund 112 III
Moselschifffahrtssachen GVG 14 3
Mundarten GVG 184 2
Mündliche Verhandlung über Ausschließung des Verteidigers 138 d; Beschwerdeentscheidung ohne – 309 I; über Haftbefehl 118 a; im Verfahren gegen Nebenbeteiligte 441 III; 442; 444 II, III
Mündlichkeitsgrundsatz 249 33; 257 a 1; 261 12, 17; 264 1

Nacheid 59 5; 79 2
Nacheile 163 3; GVG 167
Nachholen versäumter Handlungen Einl 53
Nachholung der Anhörung der Beteiligten 33 a; 311 III; 311 a; der versäumten Handlung 45 II S. 2
Nachlass, Haftung für Verfahrenskosten 465 III; keine Haftung für Geldstrafen 459 c III
Nachprüfung, Umfang der – bei Berufung 327; Umfang der – bei Revision 352
Nachrichtenmittler 100 a 9
Nachschieben von Einzelausführungen zur Sachrüge 344 17
Nachstellung, Privatklagedelikt 374 I Nr. 5
Nachsuchen 235 4, 8
Nachtbriefkasten 42 14 f.; 45 3
Nachteil 33 a 11
Nachträgliche Entscheidungen, Änderung von Auflagen und Weisungen 153 a 48 ff.; Anordnung der Sicherungsverwahrung 275 a; Entscheidung bei Verfall und Einziehung 462 I; Entscheidung über Strafaussetzung 453; Festsetzung von Ordnungshaft 51 12; Gesamtstrafenbildung 460; 462; 462 a III, IV
Nachträgliche Hauptverhandlung 416 I, II
Nachträgliche Sicherungsverwahrung 275 a
Nachträglicher Rechtsschutz 81 b 14; 81 g 21; 98 16, 19; 100 a 31; 100 b 10; 100 f 9; 100 g 16; 100 h 7; 100 i 10; 101 VII; 105 36 f., 40; 110 b 26; 163 a 12; 163 f 8; 296 37; 304 4; EGGVG 28 9 ff.; EGGVG 37 10
Nachträgliches Sicherungsverfahren 416 III
Nachtragsanklage Einl 25, 60; 266; 384 3
Nachtzeit, Durchsuchung zur – 104
Nachverfahren, Kosten 473 VI Nr. 2; bei Nichtgewährung des rechtlichen Gehörs 33 a; 311 a; 356 a; bei Verfall und Einziehung 439; 441; 442
Name des Zeugen 68 I
Namenlose Anzeige 158 3
Namhaftmachung der Gerichtspersonen bei Ablehnungsgründen 24 III; von Zeugen und Sachverständigen 222; 246 II
Narkoanalyse 136 a 13
NATO-Truppenstatut und Zusatzvereinbarungen GVG 20 10; GVG 74 a 3
Ne bis in idem 153 c 19, 21; *s. a. Strafklageverbrauch*
Nebenbeteiligte Einl 40; 467 a 7; Angabe in der Anklageschrift 200 16, im Protokoll 272 Nr. 4, im Strafbefehl 409 I S. 1 Nr. 1; Anhörung 432; 442; 444 II; Befugnisse 433 ff.; 442; 444 II; Kostentragungspflicht 472 b; notwendige Auslagen 464 a II; 467 a II; 469; 470; 472 b; Schlussvortrag 258 17; im selbständigen Verfahren 440 III; 442; 444 III; Verfahrensbeteiligung 431 ff.; 442; 444; Vertretung 434; 442; 444 II; als Zeugen 48 24; *s. a. Einziehungsbeteiligte, Juristische Person, Verfallsbeteiligte*

Nebenfolgen, Abstimmung über – 263 I; Ausscheidung 430; Vollstreckung 459 g; mit Zahlungspflicht 459; 459 c I, II; 459 d; 459 g II
Nebenklage Einl 19; 395 ff.; Anschlusserklärung 396; Berechtigte 395; keine Verfahrenshemmung durch Anschluss 398; Rechtsmittel 400; 401; Wegfall 402
Nebenkläger Einl 39; 395 5; Beistand 397 II; Erstattung der notwendigen Auslagen 472; keine Zustimmung bei Rechtsmittelrücknahme des Angeklagten 303; Prozesskostenhilfe 397 a II, III; Rechtsmittel 400; 401; Rechtsmittelkosten 473 I; im Strafbefehlsverfahren 396 I S. 3; Vertreter des – s 397 12; Widerruf und Tod 402; als Zeuge 48 24; 397 3
Nebenprotokoll in fremder Sprache GVG 185 I
Nebenstraftaten, Ausscheidung 154; 154 a
Negative Beweiskraft von Protokollen 273 22; 274 11
Negativer Zuständigkeitsstreit 19
Negativtatsache 247 26; 344 25
Nemo-tenetur-Grundsatz 112 10
Netzfahndung 163 d
Netzwerksuche 100 a 21
Neue Tatsachen oder Beweismittel 211 3; 359 26 ff.; Änderung von Zahlungserleichterungen 459 a II; neue Beweismittel in der Berufungsinstanz 323 III; Wiederaufnahme der Klage nach ablehnendem Eröffnungsbeschluss 211; Wiederaufnahme des Verfahrens 359 Nr. 5; 373 a; Wiedererhebung der Klage durch Staatsanwaltschaft 174 II
Neue Umstände 116 IV Nr. 3; 265
Nichteröffnung des Hauptverfahrens 204; 211
Nichterscheinen des Angeklagten 329 3; 412; *s. a. Ausbleiben*
Nichtigkeit von Prozesshandlungen *s. Unwirksamkeit*
Nichturteil Einl 92
Nichtvereidigung von Zeugen 60 ff.
Niederlegung, Ersatzzustellung durch – 37 21; keine Ersatzzustellung durch – 232 IV
Niederschlagung von Kosten 465 9
Niederschrift, *s. Protokoll*
Notar, Beschlagnahmeverbot 97; Nichtberufung zum Schöffenamt GVG 34 I Nr. 4; GVG 77; Verkehr mit Verhaftetem 148 4; Zeugnisverweigerungsrecht 53 I S. 1 Nr. 3
Notbeweisaufnahme 166
Nötigung, Einstellung zugunsten des Opfers einer – 154 c
Notizen in der Sitzung GVG 169 40; GVG 176 6, 9
Notstaatsanwalt, Richter als – 165
Notveräußerung 111 l
Notwehr und vorläufige Festnahme 127 9, 14
Notwendige Auslagen eines Beteiligten 464 II; 464 a II; 465 II; 467; 467 a; 469 ff.; 472 b; 473; Festsetzung 464 b 1
Notwendige Verteidigung 138 c; 140 ff.; 231 a IV; 231 c; 350 13 ff.; 364 a; 364 b; 408 IV; 418 IV; 434 II; 442; 444 II; EGGVG 34 III Nr. 1; im Jugendstrafverfahren 140 2
Notzuständigkeit des Richters 165; des unzuständigen Gerichts 21 1; des unzuständigen Staatsanwalts GVG 143 II

Oberes Gericht, Bestimmung der Zuständigkeit 12 ff.; 19
Oberlandesgericht GVG 115 ff.; Ausschließung des Verteidigers 138 c; Beschwerde gegen Ordnungs-

2563

Sachregister

Fette Zahlen = Paragraphen

mittel GVG 181 III; Besetzung GVG 115; Bestätigung der Kontaktsperre EGGVG 35; Entscheidung in Rechtshilfesachen GVG 159; Entscheidung in Strafvollzugssachen GVG 121 I Nr. 3; Entscheidung über Maßnahmen bei Kontaktsperre EGGVG 37; Ermittlungsrichter 169; GVG 116 I; erstinstanzliche Zuständigkeit 462a III, V; GVG 120; Haftprüfung durch – 121; 122; 126a II; Notvertretung GVG 117; als Rechtsmittelgericht GVG 121; Staatsanwaltschaft beim – GVG 142 I Nr. 2; Zuständigkeit bei Anfechtung von Justizverwaltungsakten EGGVG 25; Zuständigkeit im Klageerzwingungsverfahren 172 IV

Oberstaatsanwalt beim BGH GVG 149 1
Oberste Gerichtshöfe des Bundes, gemeinsamer Senat GVG 132 2
Obiter dictum 358 1; GVG 121 20
Objektives Verfahren, s. *Selbständiges Verfahren*
Observation, kurzfristige – 163f 1; längerfristige – 163f
Offenkundige Tatsachen 244 118ff.
Offensichtlich unbegründete Berufung 313 II; unbegründete Revision 349 II
Öffentlich bestellte Sachverständige 73 II; 75 I
Öffentliche Bekanntmachung der Aufhebung der Vermögensbeschlagnahme 293 II; 443 III; der Beschlagnahme- und Arrestanordnung 111e IV; des freisprechenden Urteils im Wiederaufnahmeverfahren 371 IV; des Urteils aufgrund entsprechender Anordnung 463c; der Verlängerung der Rückgewinnungshilfe 111i IV; der Vermögensbeschlagnahme 291; 443 III
Öffentliche Berichte über Gerichtsverhandlungen, Verbot GVG 174 II
Öffentliche Ordnung, Ausschluss der Öffentlichkeit bei Gefährdung GVG 172 Nr. 1
Öffentliche Zustellung 40; der Terminsnachricht an den Nebenbeteiligten 435 I; 442
Öffentliches Interesse bei Einstellung 153; 153a; bei Privatklage 376
Öffentlichkeit, Ausschließung der – GVG 171a ff.; Ausschließung Unerwachsener GVG 175; und EMRK GVG 169 53; EMRK 6 31 ff.; in Jugendsachen GVG 169 50; bei Urteilsverkündung GVG 173; der Verhandlung GVG 169ff.
Öffentlichkeitsfahndung zur Aufenthaltsermittlung 131a III, IV; zur Festnahme des Beschuldigten 131 III; Veröffentlichung von Abbildungen zur Aufklärungsfahndung 131b
Öffentlichkeitsgrundsatz GVG 169 8ff.; Verletzung des –es als Revisionsgrund 338 Nr. 6
Offizialprinzip 152 2ff.
Öffnung von Postsendungen 100 III, IV
Online-Durchsuchung 100a 19ff.; 102 6; 161 15; 163 9
Opfer von Aggressions- und Gewaltdelikten 406f 6; einer Körperverletzung 256 15; 395 5; Lichtbilder der – 136a 12; von Sexualdelikten 58a 5; 68a 3; 168e 2; von Sexualstraftaten GVG 171b 13
Opferschutz 397 2f., 12; 406d 7; EMRK 6 50
Opportunitätsprinzip Einl 2, 20, 25; 152 5; 153f.; 172 2; 376; 430; 442 I; im objektiven Verfahren 440 3; im Sicherungsverfahren 413 19
Ordentliche Gerichtsbarkeit GVG 12; GVG 13
Ordnungsgeld, Beschwerde 305 S. 2; nachträgliche Umwandlung in Ordnungshaft 51 12; bei Nichtherausgabe von Beweismitteln 95 II; gegen Sachverständige 77; 161a II; gegen Schöffen GVG 56; GVG 77; bei Telekommunikationsüberwachung 100b III S. 3; wegen Ungebühr GVG 178ff.; bei Verweigerung der körperlichen Untersuchung 81c VI; gegen Zeugen 51; 70 I S. 2; 161a II

Ordnungshaft, Absehen von der Vollstreckung 51 12; Beschwerde 305 S. 2; und EMRK EMRK 5 9ff.; nachträgliche Festsetzung 51 12; bei Nichtherausgabe von Beweismitteln 95 II; bei Telekommunikationsüberwachung 100b III S. 3; wegen Ungebühr GVG 177ff.; gegen Zeugen 51; 70 I S. 2; 161a II
Ordnungsmittel, s. *Ordnungsgeld, Ordnungshaft*
Ordnungsvorschriften 337 7
Ordnungswidriges Benehmen GVG 177; Verhandlung in Abwesenheit des Angeklagten 231b
Ordnungswidrigkeit, Auskunftsverweigerungsrecht des Zeugen bei Gefahr einer – 55; in der Sitzung GVG 183 1; Zusammentreffen mit Privatklagedelikt 376 10; Zusammentreffen mit Straftaten 204 2
Organisationsdelikte 264 39f.; 266 8; Absehen von der Strafverfolgung 153e; akustische Wohnraumüberwachung 100c; Ausschließung des Verteidigers 138a II; Kontaktsperre EGGVG 31; EGGVG 38a; Kontrollstellen auf Straßen und Plätzen 111; Zuständigkeit GVG 74a I Nr. 4; GVG 120 I Nr. 6
Organisationshaft 112 4, 14; 120 13; 462a 6
Organtheorie 137 2ff.
Örtliche Zuständigkeit des Gerichts 1 4; 7ff.; 441 I; 444 III; 462a I S. 1, s.a. *Gerichtsstand*; der Staatsanwaltschaft GVG 143

Paketkontrolle 119 I
Papiere, Durchsicht 110; 111 III
Parlamentsmitglieder, s. *Abgeordnete*
Patentanwalt, Beschlagnahmeverbot 97; Zeugnisverweigerungsrecht 53 I S. 1 Nr. 3
Patentverletzung, Privatklagedelikt 374 I Nr. 8
Personalfragen an den Beschuldigten 136 12; 243 16ff.; an den Zeugen 59 7; 68
Personalien des Beschuldigten in der Anklageschrift 200 I S. 1, im Haftbefehl 114 II Nr. 1, im Strafbefehl 409 I Nr. 1; bei den Zeugen 68 I
Personenstandsregister, Verlesbarkeit 249 21
Personenverein als Privatkläger 374 III
Personenverwechslung 200 23; 230 13
Persönliche Verhältnisse des Beschuldigten im Urteil 267 26; Vernehmung über – 136 12f.; 243 16ff.
Persönliches Erscheinen des Angeklagten 236; des Nebenbeteiligten 433 II; 442; 444 II; des Privatklägers 387; 391 II; des Zeugen 48 I
Persönlichkeitsrecht und Öffentlichkeit der Hauptverhandlung GVG 171b
Petitionsrecht, Kontaktsperre EGGVG 31 22
Pfändung, Beschlagnahme von Forderungen durch – 111c III; 111e; 111f 3; dinglicher Arrest durch – 111d 10; 111f 5
Pfleger, Bestellung eines Ergänzungs-s bei Ausschluss des gesetzlichen Vertreters 52 20
Pflichtgemäßes Ermessen, s. *Opportunitätsprinzip*
Pflichtverteidiger 138c III; 140ff.; 231a IV; 231c; 350 13ff.; für Abwesende 286; Auswahl durch Vorsitzenden 142; im beschleunigten Verfahren 418 IV; Bestellung 141; bei Beschwerde EGGVG 34 III Nr. 1; Mehrheit von –n 141 14; Rücknahme der Bestellung 140 33; 143; im Strafbefehlsverfahren 408b; bei vorbehaltener oder nachträglicher Sicherungsverwahrung 275a 57, 164; neben Wahlverteidiger 141 13; im Wiederaufnahmeverfahren 364a; 364b

magere Zahlen = Absätze bzw. Randnummern **Sachregister**

Phallografie 81 a 13
Plenarentscheidungen des BGH GVG 132
Polizei Einl 22, 41; Anzeigepflicht bei unnatürlichem Tod oder Leichenfund 159; erkennungsdienstliche Maßnahmen 81 b 1 f.; erster Zugriff 163; Identitätsfeststellung 163 b; 163 c; Mitwirkung bei Strafvollstreckung 457 2; Organisation und Rolle 163 1 ff.; Strafanzeige/Strafantrag bei – 158; Übermittlung von Informationen 481; 482; Verhältnis zur Staatsanwaltschaft 163 4 f.; Vernehmung des Beschuldigten 163 a IV; Vernehmung von Zeugen 48 12, 26; 163 III; *s. a. Polizeibeamte*
Polizeibeamte Einl 41; Ablehnung als Sachverständige 74 I; Ausschließung als Richter 22 Nr. 4; Ermittlungen im vorbereitenden Verfahren 163; Nichtberufung zum Schöffenamt GVG 34 1 Nr. 5; GVG 77; vorläufige Festnahme 127; *s. a. Ermittlungspersonen der Staatsanwaltschaft*
Polizeiliche Beobachtung 163 e
Polizeiliche Ermittlungen 163
Polizeispitzelfälle 136 8 f.; 136 a 30 ff.
Polizeizuständigkeit, Abkommen über die erweiterte – bei der Strafverfolgung 163 3
Polygraph 136 a 38
Popularklage 172 9
Post, Überwachung der Verteidiger– 148 II; 148 a; Verschulden der – als Wiedereinsetzungsgrund 44 21
Post- und Fernmeldegeheimnis 54 2; 99 1, 9; 100 a 6; 161 7
Postbeschlagnahme 99; 100
Postkontrolle, *s. Briefkontrolle*
Postpendenzfeststellung 261 91; 264 55 ff.
Postsendungen, Auskunft über – 99 15 ff.; Begriff 99 6
Präsente Beweismittel 245
Präsenzfeststellung 243 8 ff.
Präsident des LG, Dienstaufsicht über AG GVG 22 III, Doppelfunktion GVG 59 1; des OLG GVG 115; Vertretung bei Verhinderung GVG 21 c I; GVG 21 h
Präsidium des AG GVG 22 a; Aufgaben GVG 21 e; Beschlussfähigkeit GVG 21 i; Größe GVG 21 d; bei neu errichtetem Gericht GVG 21 j; Vertretung im – GVG 21 c; Wahlberechtigung und Wahl GVG 21 b; Zusammensetzung GVG 21 a
Präventivmaßnahmen der Polizei, Kollision zwischen Strafverfolgung und – 161 3; 163 11
Presse, Berichterstattung 161 4 f.; 267 25; GVG 169 31 ff.; GVG 176 10; Beschlagnahmeverbot 97 40 f.; Durchsuchung von –unternehmen 102 22; Fahndungsmaßnahmen in der – 131 7; Gerichtsstand für –delikte 7 4, 7 ff.; Pressefreiheit EMRK 10 1 ff.; relatives Beweisverbot 160 a 1, 9 ff.; Verwertungsverbot 108 III; Zeugnisverweigerungsrecht der Mitarbeiter 53 I S. 1 Nr. 5
Privatgeheimnis, Ausschluss der Öffentlichkeit bei Erörterung von –sen GVG 172 Nr. 3; kein Zeugnisverweigerungsrecht für amtlich bekannt gewordene –se 54 2
Privatklage Einl 19, 55; 374 ff.; Berechtigte 374 ff.; Einstellung 383 II; 389; Eröffnung des Hauptverfahrens 383; Gebührenvorschuss 379 a; Gerichtsstand 7 II; keine – gegen Jugendliche 172 5; 374 6; Klageerhebung 381; Klagerücknahme 388 IV; 391 ff.; 394; Kosten 471; mehrere Berechtigte 375; Mitteilung der – 382; Mitwirkung und Übernahme durch Staatsanwaltschaft 377; öffentliches Interesse 376; Prozesskostenhilfe 379 III; Rechte des Privatklägers 385; Rechtsmittel des Privatklägers 390; Sicherheitsleistung 379; Sühneversuch 380; Tod des Privatklägers 393; 394; 471 3; Verfahren 384; Vergleich 374 16; 375 7; 380 7; Vertreter eines Privatklägers 378; Verweisung auf den –weg 170 12; Widerklage 388; Zulässigkeit 374; Zuständigkeit des Strafrichters GVG 25 Nr. 1; Zwangsmaßnahmen 384 2
Privatklagedelikt, kein Klageerzwingungsverfahren 172 3; Zusammentreffen mit Offizialdelikt 172 4; 374 11 ff.; 376 8 f.; Zusammentreffen mit Ordnungswidrigkeit 376 10
Privatkläger Einl 39 f.; Ablehnung eines Richters durch – 24 III; objektives Verfahren auf Antrag des –s 440 I; als Zeuge 48 24; 384 2
Privatleben, Achtung des –s EMRK 8
Privatpersonen, Ermittlungen durch – 136 a 7; 464 a 16; vorläufige Festnahme durch – 127 I
Privatwissen der Angehörigen der Strafverfolgungsorgane 160 3; 163 2; des Richters 244 121; 261 28
Probationsverfahren 369
Protokoll, Beweiskraft 274; im Ermittlungsverfahren 163 16; 163 a 16; 168 ff.; fremdsprachige Erklärungen in – GVG 185; im Haftprüfungsverfahren 118 a III; in der Hauptverhandlung 271 f.; bei kommissarischer Vernehmung 223 17; 224 15; über Löschung von Daten 101 VIII; bei richterlichem Augenschein 86; 168; 168 a; 249 I S. 2; Verlesung in der Hauptverhandlung 232 III; 251 ff.; 256 I Nr. 5; im Verteidigerausschließungsverfahren 138 d IV S. 3
Protokoll der Geschäftsstelle, Berufung nebst Rechtfertigung zu – 314; 317; Beschwerde zu – 306 I; Privatklage zu – 381; Rechtsmitteleinlegung Verhafteter 299; Revision nebst Begründung zu – 341; 345 II; 347 I; Strafantrag zu – 158 II; Wiederaufnahmeantrag zu – 366 II
Protokollführer, Ausschließung und Ablehnung 31; im Vorverfahren 168 3; 168 a IV; 168 b II; *s. a. Urkundsbeamter der Geschäftsstelle*
Protokollierung, Art der richterlichen – 168 a; der erfolgten oder fehlenden Verständigung 273 I a; der (Nicht-)Vereidigung eines Zeugen 59 I; bei Urkundenbeweis 249 II S. 3; der Verhängung von Ordnungsmitteln GVG 182; der Verlesung von Schriftstücken 255
Protokollrüge, Unzulässigkeit 344 27; –verkümmerung 271 9, 18 ff.
Prozessbeteiligte, *s. Verfahrensbeteiligte*
Prozessfähigkeit des Antragstellers im Klageerzwingungsverfahren 172 8; des Einziehungsbeteiligten 433 6; des Nebenklägers 396 7; des Privatklägers 374 9, 19; des Verletzten im Adhäsionsverfahren 403 7
Prozesshandlungen EGGVG 23 3; Bedingungsfeindlichkeit Einl 89; Begriff Einl 86; Rücknahme Einl 89; Unzulässigkeit wegen Rechtsmissbrauchs Einl 93; Widerruf Einl 89; Wirksamkeit Einl 87 ff.; Wirksamkeit gerichtlicher Entscheidungen Einl 91 f.
Prozesshindernis, *s. Verfahrenshindernis*
Prozesskostenhilfe bei Anfechtung von Justizverwaltungsakten EGGVG 29 IV; im Klageerzwingungsverfahren 172 III; des nebenklageberechtigten Verletzten 406 g III; des Nebenklägers 397 a II, III; des Privatklägers 379 III; 379 a I
Prozessleitung 238
Prozessstatsachen 359 28, 30

2565

Sachregister

Fette Zahlen = Paragraphen

Prozessurteil 260 10
Prozessverschleppung, Beweisanträge zur – 244 III S. 2; 245 II S. 3
Prozessvoraussetzungen, *s. Verfahrensvoraussetzungen*
Prüfung des Berufungsrichters 327; der örtlichen Zuständigkeit 16; des Revisionsrichters 352; der sachlichen Zuständigkeit 6; des Schuldspruchs bei Rechtsmittel des Nebenbeteiligten 437; 439 III; 442; der Zuständigkeit besonderer Strafkammern 6 a; *s. a. Haftprüfung*
Psychischer Zustand, Unterbringung zur Beobachtung 81; 140 I Nr. 6; 304 IV S. 2 Nr. 1
Psychologe, kein Zeugnisverweigerungsrecht 53 3
Psychologischer Test 81 a 15 f.
Psychotherapeut, psychologischer –, Beschlagnahmeverbot 97; Zeugnisverweigerungsrecht 53 I S. 1 Nr. 3
Punktesachen 69 5; 231 c 4

Quälerei als verbotene Vernehmungsmethode 136 a 12
Qualifizierte Belehrung bei Einwilligung in Durchsuchung 102 2; bei Heilung eines Belehrungsfehlers 81 c 1; 136 34; 136 a 54; 243 36; nach Verständigung 35 a S. 3; 44 40
Qualifizierte elektronische Signatur 41 a 5
Quellen-Telekommunikationsüberwachung 100a 19f.
Querulanten, Klageerzwingungsantrag von – 171 5; Strafanzeige von – 33 5; 152 19; 158 3
Quorum GVG 192 I

Rangordnung besonderer Strafkammern 209 a; GVG 74 e; der Gerichte 1 7, 9
Rasterfahndung 98 a; 98 b
Recht auf Achtung des Privat- und Familienlebens EMRK 8; auf ein faires Verfahren EMRK 6; auf Freiheit und Sicherheit EMRK 5
Rechtfertigung der Berufung 317; der Revision 345
Rechtliches Gehör Einl 12; 33; 33 a; 163 a 2; 213 11, 13; 257 1; 257 a 1; EGGVG 37 III; im Beschwerdeverfahren 308; 311 III; 311 a; im Revisionsverfahren 356 a; beim Strafbefehl 407 26 f.; vor Verhängung von Ordnungsmitteln GVG 178 8
Rechtsänderung 354 a
Rechtsanwalt, Ablehnung als Sachverständiger 74; Ausschließung als Richter 22 Nr. 4; als Beistand des Verletzten 406 f; 406 g; als Beistand des Zeugen 48 12; 68 b; 161 a 7 ff.; 163 18; GVG 177 3; Beschlagnahmeverbot 97; Gebühren und Auslagen eines –s als notwendige Auslagen 464 a II Nr. 2; Klageerzwingungsantrag 172 III; Nichtberufung zum Schöffenamt GVG 34 I Nr. 4; GVG 77; relatives Beweisverbot 160 a 1, 9 ff.; Revisionsbegründung 345 II; als Verteidiger 138; Verteidiger als Zeuge 48 20; als Vertreter des Angeklagten im Privatklageverfahren 387; als Vertreter des Nebenbeteiligten 434; 442; 444 II; als Vertreter des Privatklägers 378; Zeugnisverweigerungsrecht 53 I S. 1 Nr. 3; *s. a. Ausländische Anwälte, Verteidiger*
Rechtsanwaltskammer, Beteiligung bei Verteidigerausschließung 138 c II; 138 d II; kein Beschwerderecht 138 d VI
Rechtsbedingung Einl 89
Rechtsbehelf 296 1, 4 ff.; gegen verdeckte Ermittlungsmaßnahmen 101 VII S. 2–4
Rechtsbehelfsbelehrung 35 a; 171; 172 II S. 2; 319 II; 346 II S. 3; 409 I S. 1 Nr. 7; EGGVG 26 6, 10; unterlassene – als Wiedereinsetzungsgrund 44 39 f.

Rechtsbeistand, kein Zeugnisverweigerungsrecht 53 3; als Verteidiger 138 7
Rechtsberatungsgesetz 138 7
Rechtsbeschwerde, Anschluss– EGGVG 29 10; in Justizverwaltungssachen EGGVG 29; in Strafvollzugssachen GVG 121 I Nr. 3
Rechtsdienstleistungsgesetz 138 7
Rechtsfolgenausspruch 260 56 ff.; 409 I S. 1 Nr. 6; Abstimmung über – 263 I; Rechtsmittelbeschränkung auf – 318 5; 327 4; Rechtsmittelbeschränkung innerhalb des –s 318 6
Rechtsfrage GVG 121 18; GVG 132 7
Rechtsgespräch 265 64; 265 a 8; 351 5
Rechtshängigkeit Einl 58; im beschleunigten Verfahren 418 4; der öffentlichen Klage 156 2; 207 1; im Strafbefehlsverfahren 407 4; Verbindung und Trennung rechtshängiger Sachen 4
Rechtshilfe GVG 156 ff.; Ablehnung GVG 158; Entscheidung von Streitigkeiten GVG 159; Ersuchen, Erledigung durch Referendar GVG 10; Ersuchen des IStGH GVG 21; gemeinsames AG in –sachen GVG 58; GVG 157 II; Gericht GVG 157; Kostenersatz GVG 164; Pflicht GVG 156; Vollstreckung von Freiheitsstrafen GVG 162; Vollstreckungshilfe GVG 163
Rechtshilfeverkehr mit dem Ausland Einl 13; GVG 143 IV, zur Vollstreckung von Strafurteilen 449 30 ff.
Rechtskraft Einl 35, 97 ff.; der Ausschließungsentscheidung 138 d 14; Bescheinigung *s. Vollstreckbarkeitsbescheinigung;* bei Beschlüssen 34 a; 311 1; Hemmung durch Berufung und Revision 316; 343; beim Strafbefehl 407 5; 410 III; als Voraussetzung der Vollstreckung 449; *s. a. Formelle Rechtskraft, Materielle Rechtskraft, Strafklageverbrauch, Teilrechtskraft*
Rechtskreis Einl 77; 55 1; 136 26; 337 41
Rechtskreistheorie 136 a 57
Rechtskundige als Verteidiger 139; 142 II
Rechtslehrer an deutschen Hochschulen, *s. Fachhochschullehrer, Hochschullehrer*
Rechtsmissbrauch Einl 93
Rechtsmittel 296 ff.; im Adhäsionsverfahren 406 a; Arten 296 1; Berechtigte 296 ff.; Einlegung durch Beschuldigten in Verwahrung 299; Einlegung durch gesetzlichen Vertreter 298; Einlegung durch Verteidiger 297; falsche Bezeichnung 300; Kosten eines erfolglosen oder zurückgenommenen –s 473; mehrere 296 51; des Nebenbeteiligten 437; 442; 444 II; des Nebenklägers 400; 401; des Privatklägers 390; der Staatsanwaltschaft 296; 301; Wesen 296 3; Zurücknahme 302; 303
Rechtsmittelverzicht 257 c 29; 267 IV, V; 302
Rechtsnormen 337 5 ff.; 339; 344 II
Rechtspflegeorgan, Verteidiger als – 137 2 ff.
Rechtspfleger Einl 36; GVG 1 11; Abgrenzung zum Urkundsbeamten GVG 153 7; Aufnahme des Revisionsvorbringens 345 20; Kostenfestsetzung 464 b 5; Vollstreckung durch – 451 10
Rechtsprechungskonflikte Einl 11
Rechtsschutzversicherung, notwendige Auslagen 464 a 11
Rechtssicherheit Einl 89, 92, 97; 359 1
Rechtsstaatsprinzip Einl 12, 62; EMRK 6
Rechtstatsachen 359 28, 30
Rechtsverletzung durch Justizverwaltungsakt EGGVG 24 I
Rechtsweg, Entscheidung über Zulässigkeit des –s GVG 17 ff.

magere Zahlen = Absätze bzw. Randnummern   **Sachregister**

Rechtswidrigkeit einer Maßnahme, nachträgliche Feststellung s. *Nachträglicher Rechtsschutz*
Redakteur, Zeugnisverweigerungsrecht 53 I S. 1 Nr. 5; Zwangsmittel gegen verantwortlichen – 463 c III; *s. a. Presse*
Referendar 22 5; Anwesenheit bei Beratung GVG 193 4; als Verteidiger 139; 142 II; 387 II; Wahrnehmung der Aufgaben des Amtsanwalts oder Staatsanwalts GVG 142 7; Wahrnehmung der Aufgaben des Rechtspflegers GVG 10 1; Wahrnehmung der Aufgaben des Urkundsbeamten GVG 153 5 f.; Wahrnehmung richterlicher Geschäfte GVG 10
Reformatio in peius, Verbot der – bei Änderung von Zahlungserleichterungen 459a 9; bei Berufung 331; 389 5; Einschränkung der Entscheidungsfreiheit 155 13; kein – bei Beschwerde 309 10; kein – bei Einspruch gegen Strafbefehl 411 IV; im Kostenfestsetzungsverfahren 464 42; 464 b 8; bei Revision 358 II; im Wiederaufnahmeverfahren 373 II
Regelverfahren Einl 2, 18 ff.
Regierungsmitglieder, Nichtberufung zum Schöffenamt GVG 34 I Nr. 2; GVG 77; als Sachverständige 76 II; als Zeugen 50; 54
Register für Pfandrechte an Luftfahrzeugen, Eintragung der Arrestpfändung 111f III S. 2, Eintragung der Beschlagnahme 111c IV; 111 f II; *s. a. Bundeszentralregister, Personenstandsregister, Schiffs(bau)register, Verfahrensregister, Verkehrszentralregister*
Reihenfolge der Heranziehung der Schöffen GVG 45; GVG 47; GVG 49; GVG 77; der Stimmabgabe GVG 197; der Vollstreckung von Freiheitsstrafen und Maßregeln 463 13
Reisekosten 71 2; 220; *s. a. Entschädigung*
Reisepass, Abgabe 112 65; 295 7
Religion, Beteuerungsformel einer –sgemeinschaft 64 III; –bekenntnis des Zeugen 68 7
Revision 333 ff.; Begründung 344; Beschränkung 344 3 ff.; 473 III; und Beschwerde gegen Auflagenbeschluss 305 a II; und Beschwerde gegen Kostenentscheidung 464 21; Einlegung 341; Erstreckung auf Mitangeklagte 357; Frist und Form 345; Gründe 337; 338; Hauptverhandlung 350; 351; Hemmung der Rechtskraft 343; Kosten 473; des Nebenbeteiligten 437 III; 442; 444 II; des Nebenklägers 401 4; des Privatklägers 390; Umfang der Urteilsprüfung 352; Urteil 353 ff.; Verbot der reformatio in peius 358 II; Verwerfung durch Beschluss 346; 349; vorausgegangene Entscheidungen 336; Wesen 333 1 f.; Wiedereinsetzung und – 342; Zulässigkeit 333; Zurückweisung 354 II, III; 355; Zuständigkeit des BGH GVG 135; Zuständigkeit des OLG GVG 121
Rheinschifffahrtssachen GVG 14 3
Richter, Ablehnung 24 ff.; Aussagegenehmigung 54 4; Ausschließung 22; 23; Erlass des Haftbefehls 125; gesetzlicher – 338 3; GVG 16; Mitwirkung eines ausgeschlossenen oder abgelehnten –s als Revisionsgrund 338 Nr. 2, 3; Nichtberufung zum Schöffenamt GVG 34 I Nr. 4; GVG 77; als Notstaatsanwalt 165; als Sachverständiger 76 II; Selbstablehnung 30; Wiederaufnahme wegen Amtspflichtverletzung 359 Nr. 3; 362 Nr. 3; als Zeuge 48 17; *s. a. Beauftragter Richter, Ersuchter Richter, Richter beim Amtsgericht, Strafrichter*
Richter auf Probe GVG 22 V; GVG 59 III; GVG 70 II

Richter beim Amtsgericht, Ablehnung 27 III; Antragsaufnahme EGGVG 37 II; als Einzelrichter GVG 22 I, IV
Richter kraft Auftrags GVG 22 V; GVG 59 III; GVG 70 II
Richteramt, Übertragung eines weiteren –es GVG 22 II; GVG 59 II; Unabhängigkeit GVG 1
Richterliche Bestätigung der Beschlagnahme 98; 100 II; 100b I S. 3; 111a III; 111e II; 111n I S. 3; 443 II
Richterliche Fristen 42 5 f.
Richterliche Untersuchungshandlungen 162; 163 II; 165; 168; 168 a; 168 c; 168 d; 169 II
Richterlicher Augenschein 86; 162 I; 168 2; 168d 2; 225; 244 V S. 1; 249 I; 369 III; 406g II
Richterwahlausschuss GVG 125 I
Richterwahlgesetz GVG 125 1
Richtlinien für das Strafverfahren und das Bußgeldverfahren Einl 15
Roaming-Verfahren 100 b 4
Robe, Rechtsanwalt ohne – in der Sitzung GVG 176 6
Rollentausch 226 8 ff.
Rubrum 275 III
Rückgabe beschlagnahmter Sachen 94 29; 98 20; 111 c VI; 111 k
Rückgewinnungshilfe 111 b 2, 9, 14 ff.; 111 e 5; 111 i 2; im objektiven Verfahren 111 i VIII; nach Urteilserlass 111i II–IV; nach Verfahrensbeschränkung 111 i I; Vorrang des Verletzten 111 g; 111 h
Rücknahme, *s. Zurücknahme*
Rückwirkung des milderen Strafgesetzes in der Revisionsinstanz 354 a 1 ff.
Rügepräklusion 337 15; 338 4, 6 f., 24, 29, 40
Ruhen des Fristenlaufs 121 III; der Verfolgungsverjährung 153 a III; 154 e III; der Verteidigerrechte 138 c III
Rundfunk, Berichterstattung 161 4 f.; 267 25; GVG 169 31 ff.; GVG 176 10; Beschlagnahmeverbot 97 40 f.; Fahndungsmaßnahmen im – 131 7; Pflicht zur Urteilsbekanntmachung 463 c IV; –sendung 53 28, 30; Verwertungsverbot 108 III; Zeugnisverweigerungsrecht der Mitarbeiter 53 I S. 1 Nr. 5

Saalverhaftung 116 44, 48 ff.
Sachbeschädigung, Privatklagedelikt 374 I Nr. 6; 380 I
Sachentscheidung des Beschwerdegerichts 309 II; des Revisionsgerichts 354
Sachkunde, eigene – des Gerichts 244 52, 56
Sachleitung des Vorsitzenden 238 6
Sachliche Zuständigkeit des Gerichts 1 ff.; 209; 225 a; 269; 270; 408 I; 441 I S. 1; 462 a I, in Jugendsachen 1 9
Sachlicher Zusammenhang bei Straftaten 3 5 f.
Sachrüge 337 4; 344 14 ff.
Sachurteil 260 9, 12, 44
Sachvernehmung 69; 136 1, 10, 13; 243 32 ff.
Sachverständige 72 ff.; 161 a; Abgrenzung zum sachverständigen Zeugen 85 2; Ablehnung 74; Anwendung der Zeugenvorschriften 72; Anwesenheit in der Hauptverhandlung 80 2; 226 7; Ausschließung als Richter 22 Nr. 5; Auswahl, Fristabsprache 73; Befugnis zur Zuziehung 73; Belehrung 57; 72; Eid 79; Entschädigung des –n 84; erneute Begutachtung 83; Erstattung des Gutachtens gegenüber der Polizei 161a 13; Gutachten bei Unterbringung 80a; 81; 246a; 275 IV; 414 III; 415 V; Gutachtenvorbereitung 80; Pflicht zur Gutachten-

2567

Sachregister

erstattung 75; Ungehorsamsfolgen 77; Vernehmung, kommissarische – 223, durch Polizei 163 III, durch Staatsanwaltschaft 161 a; im Vorverfahren 82; Weigerungsrecht 76; Zuziehung bei richterlichem Augenschein 168 d II
Sachverständigenbeweis 72 ff.; 244 51 ff., 76; 261 23, 72 ff.
Sachverständiger Zeuge 58 2; 85; 244 11
Säumnis, Kosten der schuldhaften – 51 I; 467 II; unverschuldete – als Wiedereinsetzungsgrund 44 13 ff.
Schaden, s. *Vermögensschaden, Wiedergutmachung*
Schätzung beim Tagessatz 244 49
Schengener Durchführungsübereinkommen Einl 10, 17; 48 34; 163 3; 449 31
Schiedsstellen 380 2
Schiffe, Beschlagnahme 111 c IV; 111 e; 111 f I; 111 g III; dinglicher Arrest 111 d 10; 111 f 7 f.; 111 h IV; Gerichtsstand bei –n mit Bundesflagge 10; Nichtverfolgung von Inlandstaten auf ausländischen –n 153 c I S. 1 Nr. 2
Schifffahrtsgerichte GVG 14
Schiffs(bau)register, Eintragung der Arrestpfändung 111 f III S. 2; Eintragung der Beschlagnahme 111 c IV; 111 f II
Schiffsbauwerke, Beschlagnahme 111 c IV; 111 e; 111 f I; 111 g III; dinglicher Arrest 111 d 10; 111 f 7 f.; 111 h IV
Schlafender Richter 338 26
Schlechterstellungsverbot, s. *Reformatio in peius*
Schleppnetzfahndung 163 d 1
Schlussanhörung 369 IV
Schlussvortrag 257 III; 258; 259; in der Berufungsinstanz 326; 431 IV; in der Revisionsinstanz 351 II
Schlusswort, s. *Letztes Wort*
Schöffen GVG 30 ff.; Ablehnung der Berufung GVG 35; GVG 53; Ablehnung des Berufung GVG 77; Ablehnungsgründe GVG 53; Auslosung GVG 45 ff.; Ausschließung und Ablehnung 31; Befugnisse GVG 30; Ehrenamt GVG 31; Entbindung von der Sitzung GVG 54; GVG 77; Entschädigung GVG 55; GVG 77; Ergänzungs– GVG 48; GVG 192 II, III; Fragerecht 240 II; Heranziehung von Hilfs– GVG 49; beim LG GVG 77; Nichtberufung GVG 33; GVG 34; GVG 77; Ordnungsgeld gegen – GVG 56; GVG 77; Pflicht zur Abstimmung GVG 195; Revision wegen Mängeln in der Person 338 24; Unfähigkeit GVG 32; GVG 52; GVG 77; Wiederaufnahme wegen Amtspflichtverletzung 359 Nr. 3; 362 Nr. 3
Schöffengericht GVG 28 ff.; Berufung gegen Urteil des –s 312; beschleunigtes Verfahren 417 ff.; Besetzung GVG 29; erweitertes – GVG 29 II; GVG 76 III; gemeinsames – GVG 58; Hauptverhandlungsprotokoll 273 II; vorschriftswidrige Besetzung 338 5 ff.; Zuständigkeit GVG 24; GVG 28
Schöffengeschäftsstelle GVG 45 IV; GVG 49 II, III
Schöffenliste GVG 44; Hilfs– GVG 45 II S. 4; GVG 46 ff.; Streichung von der – GVG 52
Schöffenvorschlagsliste GVG 36 ff.; GVG 77
Schöffenwahlausschuss GVG 40
Schonfrist bei der Vollstreckung 459 c I
Schriften, Beschlagnahme 97; 111 m; 111 n
Schriftliche Antragstellung zu Verfahrensfragen 257 a
Schriftliches Verfahren, Ermittlungsverfahren als – Einl 24
Schriftstück, Beschlagnahme 94 24
Schriftstücke, Beschlagnahme 97; Herausgabe amtlicher – 96

Schriftvergleichung 93
Schriftverkehr, Beschränkung bei Kontaktsperre EGGVG 31 20; Überwachung des –s des Verhafteten mit seinem Verteidiger 148 7 f.; 148 a
Schuld, geringe – 153 19 f.; 383 II
Schuldfähigkeit, eingeschränkte – Einl 55
Schuldfrage, Abstimmung über die – 263; GVG 194 2; GVG 196; Nichtbeteiligung des Nebenbeteiligten zur – 431 II; 436 II; 442
Schuldspruch 260 53 ff.; Berichtigung durch Revisionsgericht 349 19; 354 12 ff.; Prüfung des –s bei Einspruch des Nebenbeteiligten gegen Strafbefehl 438 II; 439 III; 442; 444 II, im Nachverfahren 439 III; 442, bei Rechtsmittel des Nebenbeteiligten 437 I, III; 442; 444 II
Schuldunfähige, Beobachtung 81; einstweilige Unterbringung 126 a; Sicherungsverfahren 413 ff.
Schuldunfähigkeit 413 11 ff.
Schutz von Persönlichkeitsrechten, Ausschluss der Öffentlichkeit GVG 171 b
Schutzzwecklehren Einl 77 ff.
Schwägerschaft, Ablehnung als Sachverständiger 74; Ausschließung als Gerichtsvollzieher GVG 155 I Nr. 3; Ausschließung als Richter 22 Nr. 3; als Eidesverweigerungsgrund 61; als Zeugnisverweigerungsgrund 52 I Nr. 3
Schwangerschaftsberater, Beschlagnahmeverbot 97; Zeugnisverweigerungsrecht 53 I S. 1 Nr. 3 a
Schweigegebot, gerichtliches – GVG 174 III
Schweigen des Beschuldigten 261 47 ff.; des Zeugen 261 65
Schweigepflicht, Entbindung von – 53 II; 53 a; des Überwachungsrichters 148 a II
Schwere der Schuld, nicht entgegenstehende – 153 a 23 ff.
Schwere der Tat als Haftgrund 112 III; Pflichtverteidigerbestellung wegen – 140 II
Schwerhörige, s. *Hörbehinderte*
Schwerpunktstaatsanwaltschaft GVG 143 IV
Schwierigkeit der Sach- oder Rechtslage, Pflichtverteidigerbestellung wegen – 140 II; 364 a; 364 b I S. 1 Nr. 2
Schwurgericht, gemeinsames – GVG 74 d; Strafkammer als – 2 I; 6 a; 209 a Nr. 1; 225 a IV; 270 I S. 2; GVG 74 II; GVG 74 e
Seeleute als Zeugen 48 36; Zustellung an – 37 28
Seelsorger, s. *Geistliche*
Sehbehinderte GVG 191 a
Sektion, s. *Leichenschau und Leichenöffnung*
Selbstablehnung des Richters 30
Selbständige Kostenentscheidung 464 14
Selbständiges Verfahren bei Festsetzung der Geldbuße gegen eine juristische Person 444 III; 472 b II; bei Unterbringung 413 ff.; bei Verfall, Einziehung u. a. 153 59; 153 a 77; 153 b 33; 153 c 27, 32, 37; 153 d 14; 440; 441; 442 I; 472 b I; bei Verteidigerausschluss 138 c V
Selbstanzeige, Kostenlast 467 III S. 1; des Richters wegen Befangenheit 30; von Straftaten 158 4
Selbstbelastung, kein Zwang zur – 55 1; wahrheitswidrige –, Kostenlast 467 9 f.
Selbstbestellung als Verteidiger, Unzulässigkeit 138 6
Selbsthilfe, amtliche – 164
Selbstladung 220 2 ff.
Selbstleseverfahren 249 II; 257 a 14
Selbstmordgefahr als Haftgrund 112 48
Selbstmordversuch 231 14
Selbstverwaltung der Gerichte GVG 21 e 1

magere Zahlen = Absätze bzw. Randnummern **Sachregister**

Senat beim BGH GVG 130; GVG 139; gemeinsamer – der obersten Gerichtshöfe des Bundes GVG 132 2; Großer – beim BGH GVG 132; GVG 138; beim OLG GVG 116; GVG 122
Serienstraftaten 154 53, 90; 200 7; 244 48; 261 35; 266 1, 8; 267 11
Sexualstraftaten, Haftgrund der Wiederholungsgefahr bei – 112a I Nr. 1
Sicheres Geleit, *s. Geleit*
Sicherheit, Ausschluss der Öffentlichkeit bei Gefährdung der Staats– GVG 172 Nr. 1
Sicherheitsleistung zur Abwendung der Beschlagnahme 111c VI; im Adhäsionsverfahren 406 III; bei Aufschub des Berufsverbots 456c III; bei Aussetzung der Untersuchungshaft 116 I S. 2 Nr. 4; 116a; Freiwerden 123 II, III; für Geldstrafe und Kosten 127a; 132; für Kosten des Klageerzwingungsverfahrens 176; für Kosten des Privatklageverfahrens 379; bei sicherem Geleit 295 7; bei Strafaufschub 456 III; Verfall 124
Sicherstellung von Beweismitteln 94; Maßnahmen zur – der Strafverfolgung und -vollstreckung 132; von Verfalls- und Einziehungsgegenständen 111b ff.
Sicherungshaftbefehl 453 c
Sicherungshypothek, Eintragung in das Grundbuch zur Arrestvollziehung 111d 10; 111f 6; Verwertung 111i V S. 2; Vorrang des Verletzten bei einer – 111h
Sicherungsverfahren Einl 19, 25; 413 ff.; notwendige Verteidigung 140 I Nr. 7
Sicherungsverwahrung, Kontaktsperre EGGVG 38; Unterbringung in der – 80a; 246a; vorbehaltene oder nachträgliche – 275a; vorbehaltene oder nachträgliche, Zuständigkeit GVG 74f; GVG 120a
Siegel 94 16, 25; 109; 110 II; 111c I
Sittlichkeit, Ausschluss der Öffentlichkeit bei Gefährdung GVG 172 Nr. 1
Sitzung, Begriff GVG 176 2; Referendar als –svertreter GVG 142 7
Sitzungspolizei 238 6, 11 f., 17; GVG 176 ff.
Skizzen 69 8; von Tatort oder Unfall 86 9; 250 16; 267 6
Sockelverteidigung 146 9
Sofortige Beschwerde 311; Einzelfälle 28 II S. 1; 46 III; 81 IV; 111g II S. 2; 111h II S. 2; 111i VI S. 2; 124 II S. 2; 138d VI S. 1; 206a II S. 2; 206b S. 2; 210 II; 231a III S. 3; 270 III S. 2; 322 II; 372; 379a III S. 2; 383 II S. 3; 406a I; 408 I S. 1 Hs. 2; 431 V S. 2; 441 II; 453 II S. 2; 454 III; 462 III; 464 III; GVG 181
Soldaten, Aussagegenehmigung 54 12; Beschlagnahme 98 IV; 111f I S. 2; als Zeugen 48 35; Zustellung an – 37 30
Sollbestimmungen 337 7
Sonnabend, Fristberechnung 43 II; 229 IV
Sonntag, Fristberechnung 43 II; 229 IV
Sozialarbeiter, -pädagoge, kein Zeugnisverweigerungsrecht 53 3
Sozialgeheimnis 54 2; 96 4; 161 9 f.
Speichelprobe 81a 6; 81b 10; 81e 1; 81g 2
Speicherung von Daten 483 ff.
Sperrerklärung der obersten Dienstbehörde 96; 110b III S. 3; 158 7
Spezialstrafkammer GVG 74 II; GVG 74a; GVG 74c; Zuständigkeitsabgrenzung 1 6; 6a; 209a; 225a; GVG 74e
Sphärentheorie Einl 80
Spontanäußerungen 136 5

Sprachbehinderte, Dolmetscherkosten 464c; Dolmetscherzuziehung GVG 186; notwendige Verteidigung 140 II S. 2; als Richter 338 26; Schlussvortrag 259 II; als Zeugen 66
Sprachmittler, *s. Dolmetscher*
Sprachunkundige Ausländer, Belehrung in der Untersuchungshaft 114b II S. 2; Dolmetscherzuziehung 259; GVG 185; GVG 187; GVG 189 ff.; EMRK 6 52; Übersetzung der Anklageschrift 201 1 f.; Verfahren gegen – GVG 184 2 ff.
Spruchkörper GVG 1 5; auswärtige – GVG 13a; Geschäftsverteilung innerhalb der – GVG 21g; Vorsitz in den –n GVG 21f; *s. a. Senat, Strafkammer*
Sprungrevision 335
Spuren einer Straftat 81c; Auffinden bei Durchsuchung 103
Spurenakten 147 10; 163 10; 199 5
Staat, Entschädigungspflicht bei Einziehung 436 III
Staatenlose, Zeugenpflicht 48 5
Staatsanwalt, Ausschließung als Richter 22 Nr. 4; Ausschließung und Ablehnung 22 8 ff.; Erklärungsrecht 257 II; keine Wahrnehmung richterlicher Geschäfte GVG 151; Leichenschau und Leichenöffnung 87; mehrere in der Hauptverhandlung 227; Nichtberufung zum Schöffenamt GVG 34 I Nr. 4; GVG 77; Richter als Not– 165; Schlussvortrag 258; Verlesung des Anklagesatzes 243 III; als Zeuge 48 19
Staatsanwaltschaft GVG 141 ff.; Abhörmaßnahmen 100f; Akteneinsicht 147 33 f.; Anhörung vor Entscheidungen 33 II; 309; 454 I; 462 II; Anordnung der Kontrollstelleneinrichtung 111 II; Anordnung der polizeilichen Beobachtung 163e; Anordnung der Sicherheitsleistung für Geldstrafe und Kosten 132 II; Antrag auf Verteidigerausschließung 138c II; Anwesenheit in der Hauptverhandlung 226, bei richterlichen Untersuchungshandlungen 168c; 168d; 224; Arrestanordnung 111e I; Beschlagnahmeanordnung 98; 111e I; 132 III; 443 II; Devolution und Substitution GVG 145; Dienstaufsicht GVG 147; Durchsuchung von Papieren 110; Durchsuchung 105; Einsatz Verdeckter Ermittler 110b; Ermittlungspersonen der – GVG 152; Fahndung 131; Fragerecht 240 II; Fristen 42 7; Identitätsfeststellung 163c; Mitwirkung im Strafprozess Einl 22 ff.; Netzfahndung 163d; Notveräußerung 111l II, III, V; Organisation GVG 144; Postbeschlagnahme 100; Rasterfahndung 98b; Rechtsmittel 296; 301; Sachverständigenauswahl 73 4; Schaffung einer Europäischen – GVG 141 3; Sitz GVG 141; Telekommunikationsüberwachung 100b I; Übernahme der Privatklage 377; Unabhängigkeit von den Gerichten GVG 150; Untersuchungshandlungen 168b; als Verfahrensbeteiligte Einl 39; Verfahrensregister 492 ff.; Verhältnis zur Polizei 163 4 f.; Vernehmung durch – 161a; 163 a III; 168b II; Vollstreckung 36 II; als Vollstreckungsbehörde 111f 3; 451; Vollziehung des Arrestes 111f I, der Beschlagnahme 111f I; Vorbereitung der öffentlichen Klage 158 ff.; vorläufige Festnahme 127; Weisungsgebundenheit GVG 146; Zuständigkeit GVG 142 ff.; Zustellung an – 41
Staatskasse, Einstellung bei Geldzahlung an – 153a I S. 2 Nr. 2; Kostentragungspflicht 465 III; 467; 467a; 469; 470; 472b; 473
Staatsschutzdelikte, Absehen von der Strafverfolgung 153c IV; 153d; 153e; akustische Wohnraum-

2569

Sachregister   Fette Zahlen = Paragraphen

überwachung **100 c**; Ausschließung des Verteidigers **138 b**; Einsatz Verdeckter Ermittler **110 a** I S. 1 Nr. 2; Rasterfahndung **98 a** I S. 1 Nr. 2; Telekommunikationsüberwachung bei –n **100 a** II Nr. 7; Vermögensbeschlagnahme **443**; Zuständigkeit GVG **120** I; Zuständigkeit des Generalbundesanwalts GVG **142 a**
Staatsschutzstrafkammer **2** I; **6 a**; **209 a**; **225 a** IV; GVG **74 a**; GVG **74 e**
Staatssicherheit, Gefährdung der – **114** II Nr. 4, Ausschluss der Öffentlichkeit GVG **172** Nr. 1
Standortdaten eines Mobiltelefons **100 a** 14 f.; **100 g** 8; **100 i**
Stenogramm, *s. Kurzschrift*
Steuerberater, -bevollmächtigter, Beschlagnahmeverbot **97**; als Verteidiger im Steuerstraf- und -bußgeldverfahren **138** 5, 7; Zeugnisverweigerungsrecht **53** I S. 1 Nr. 3
Steuerfahndung **160** 2; **161 a** 7; **163** 3; **163 b** 1; **164** 2; **168 c** 2
Steuergeheimnis **54** 2; **96** 4; **108** 12; **161** 11; **406 e** 11; Ausschluss der Öffentlichkeit bei Gefährdung GVG **172** Nr. 2
Steuerstrafverfahren, Zuständigkeit GVG **74 c** I S. 1 Nr. 3
Stimmenvergleich **58** 10, 14; **100 f** 2; **261** 70
Stimmenverhältnis GVG **196**
Störung von Amtshandlungen **164**; der Sitzung GVG **172** 5; GVG **176**
Strafantrag **158**; fehlender – bei Haftbefehl **130**; fehlender – bei vorläufiger Festnahme **127** III; Form **158** 12; Kosten bei Rücknahme des –s **470**; *s. a. Antragsdelikt*
Strafanzeige **148 a** 10; **158**; anonyme – **158** 3; Auslandstat **158** III; Form **158** 5; Vertraulichkeit **158** 6 ff.
Strafarrest **462 a** 5
Strafaufschub **455** ff.
Strafausschließungsgründe **263** II; **267** II
Strafaussetzung zur Bewährung, Befragung des Angeklagten zu Auflagen und Weisungen **265 a**; Belehrung **268 a** III; **453 a**; Beschwerde gegen Aussetzungsbeschluss **304** IV S. 2 Nr. 5; **305 a**; Einzelanordnungen **268 a** I; und Gesamtstrafenbildung **460** 22; Haftbefehl bei Widerruf **453 c**; nachträgliche Entscheidung **453**; Überwachung durch das Gericht **453 b**; im Urteil **260** IV; **267** III; Verbot der reformatio in peius **331** 12
Strafausspruch, *s. Rechtsfolgenausspruch*
Strafausstand **455** ff.
Strafbefehl Einl **19**, **25**, **27**, **55**, **60**; **407** ff.; Antrag **407** 8 ff., der Finanzbehörde in Steuerstrafsachen **407** 9; Einbeziehung einer Ordnungswidrigkeit **407** 33 f.; Einspruch **410**; **411**; nach Eröffnung des Hauptverfahrens **408 a**; Inhalt **409**; gegen Jugendliche und Heranwachsende **407** 30; kein Verbot der reformatio in peius **411** IV; Kosten **464** I; gegen den Nebenbeteiligten **432** 6; **438**; **442**; **444** II; Nebenklage **396** I S. 3; rechtliches Gehör **407** 26 f.; Rechtshängigkeit **407** 4; Rechtskraft **407** 5; **410** III; summarisches Verfahren **407** 1; Verbrauch der Strafklage **407** 5; **410** 16; Verfall, Einziehung im – **407** 17; Verteidigerbestellung **408 b**; Verwerfung des Einspruchs **412**; Voraussetzungen **407**; Wiederaufnahmeverfahren **373 a**; Zurücknahme des –santrags **156** 9; Zustellung **409** 15 ff.
Straferhöhender Umstand **265**; **267** II
Straffrage, Abstimmung über die – **263**; GVG **196**
Straffreierklärung und Kosten **468**

Strafgerichtsbarkeit, Ausübung in Bund und Ländern GVG **1** 6
Strafgesetz, Einstellung bei Änderung des –es **206 b**; Rückwirkung des milderen –es **354 a** 1 ff.; *s. a. Strafvorschriften*
Strafkammer GVG **60** 1; auswärtige – GVG **78**; GVG **78 a** II; als Schwurgericht GVG **74** II; Zuständigkeit GVG **73** ff.; Zuständigkeit bei Staatsschutzdelikten GVG **74 a**; GVG **74 c**; Zuständigkeit besonderer –n **1** 6; **6 a**; **209**; **209 a**; **225 a** IV; **270** I; GVG **74 e**; Zuständigkeit in Jugendschutzsachen GVG **74 b**; Zuständigkeit in Schwurgerichtssachen GVG **74 e**; Zuständigkeit in Wirtschaftsstrafsachen GVG **74 c**; GVG **74 e**
Strafklage, Umgestaltung **155** 2; **264** 71 ff.; **265**; *s. a. Klage*
Strafklageverbrauch Einl **100** f.; **206 b** 9; bei Einstellung **153** 61 ff.; **153 a** 78, 81 ff.; **153 b** 31 ff.; **153 c** 40; **153 d** 14; **153 e** 38 f.; **153 f** 34; **154** 51 ff.; **154 a** 59 f.; **154 b** 21 f.; **154 c** 22 f.; **154 d** 30; **154 e** 34 f.; beim Strafbefehl **407** 5; **410** 16; bei Verwerfung des Klageerzwingungsantrags **174** II
Strafliste, Verlesung **249**
Strafmaß, Beschränkung des Einspruchs gegen Strafbefehl auf das – **410** II; bei Wiederaufnahme des Verfahrens **363**
Strafmilderungsgründe **267** II
Strafrechtspflege, Begriff EGGVG **23** 23 f.
Strafrichter, Berufung gegen Urteil des –s **312**; beschleunigtes Verfahren **417** ff.; Strafbefehlsverfahren **407** ff.; Zuständigkeit als Einzelrichter GVG **25**; *s. a. Richter beim Amtsgericht*
Strafsenat beim BGH GVG **130**; GVG **139** II; beim OLG GVG **116**; GVG **122** II
Straftat, gesetzliche Merkmale **114** II Nr. 2; **200** I S. 1; **267** I; **409** I S. 1 Nr. 3; in der Sitzung GVG **183**; als Wiederaufnahmegrund **364**
Strafvereitelung, Ausschließung des Verteidigers **138 a** I Nr. 3; erleichterte Durchsuchung **102**; keine Beschlagnahmefreiheit **97** II S. 3; Nichtvereidigung als Zeuge **60** Nr. 2; Zusammenhang **3**
Strafverfahren, Abschluss Einl **94** ff.; Aufgaben Einl **1** ff., **6** ff.; Beteiligte Einl **38** ff.; Formen Einl **18** ff.; Rechtsgrundlagen Einl **10** ff.; Ziel Einl **1** ff.
Strafverfahrensrecht, einfachgesetzliches – Einl **13** ff.; nationales – Einl **16** f.
Strafverfolgung von Abgeordneten **152 a**; Auskunftsverweigerungsrecht bei Gefahr der – **55**; Maßnahmen zur Sicherstellung **132**
Strafverlangen, fehlendes – bei Haftbefehl **130** S. 3; fehlendes – bei vorläufiger Festnahme **127** III S. 2
Strafverteidiger, absolutes Beweisverbot **160 a** I
Strafvollstreckung Einl **35** ff.; **449** ff.; **449** 2 f.; Anfechtung von Maßnahmen der Vollstreckungsbehörde **458** 5 ff.; EGGVG **23** 8 ff.; Anrechnung von Auslieferungshaft **450 a**, von Untersuchungshaft u. a. **450**; Begnadigungsverfahren; Beteiligung der Gerichtshilfe **463 d**; DDR-Altfälle **463** 16; bei Fahrverbot **463 b**; von Geldstrafen u. a. **459** ff.; gerichtliche Entscheidung **458**; **462**; **462 a**; Kosten **464 a** I; Krankenhausaufenthalt **461**; Maßnahmen zur Sicherung **111 g**; bei Maßregeln der Besserung **463** ff.; nachträgliche Gesamtstrafenbildung **460**; **462**; **462 a** III, IV; Rechtshilfe GVG **160**; GVG **162** ff.; durch Rechtspfleger **451** 10; Unterbrechung der – bei Anschlussvollzug **454 b**; und Untersuchungshaft **116 b**; bei Urteilsbekanntmachung **463 c**; bei Verfall und Einziehung **459 g**; Vollstreckungsaufschub und Unterbrechung

magere Zahlen = Absätze bzw. Randnummern **Sachregister**

455 a; 456; Vollstreckungsbehörden 451; Vollzugsuntauglichkeit 455; Vorführungs- und Haftbefehl 457
Strafvollstreckungshilfe GVG 162; GVG 163
Strafvollstreckungskammer 451 III; 462 a; 463; GVG 78 a; GVG 78 b
Strafvollstreckungsordnung Einl 15; 449 7
Strafvollzug, Anfechtung von Maßnahmen der Vollzugsbehörde GVG 78 a; GVG 78 b; EGGVG 23 15 ff.; erkennungsdienstliche Maßnahmen 81 b 3; Pflichtverteidigerbestellung 140 4; Zusammentreffen mit Untersuchungshaft 116 b
Strafvollzugsbedienstete, Nichtberufung zum Schöffenamt GVG 34 I Nr. 5; GVG 77
Strafvollzugsgesetze des Bundes und der Länder **Einl** 13 f.
Strafvollzugssachen, Anfechtung GVG 78 a; GVG 78 b; GVG 121 I Nr. 3; EGGVG 23 15 ff.
Strafvorschriften, Angabe der anzuwendenden – in der Anklageschrift 200 I S. 1, im Haftbefehl 114 II Nr. 2, im Urteil 260 IV, V; 267 III; 409 I S. 1 Nr. 4; *s. a. Strafgesetz*
Strafzeitberechnung 450 4; 458 I
Strafzumessungsgründe, Prüfung durch Revisionsgericht 337 31 ff.; im Urteil 267 22
Strengbeweisverfahren 244 ff.; 244 9 ff., 18; Einschränkung 384 III; 420 IV; 436 II
Stumme, *s. Sprachbehinderte*
Stundung, *s. Zahlungserleichterungen*
Subsidiaritätsklausel 53 37; 98 a 8, 15, 20; 100 a 2, 13; 100 c 13; 100 g II S. 2; 100 h 2; 110 a 17 ff.; 131 6; 131 a 2; 131 b 2; 163 e 3; 163 f 3; EGGVG 23 III; Wegfall 247 a 10
Substitutionsrecht der vorgesetzten Staatsanwälte GVG 145 1
Subventionsbetrug, Zuständigkeit GVG 74 c I S. 1 Nr. 5
Suchtberatungsstelle, *s. Drogenberater*
Suggestivfragen 241 10
Sühneversuch, erfolgloser – 380; vor Vergleichsbehörde 380 1 f.
Surrogate der Anklageerhebung **Einl** 25, 60
Suspensiveffekt, kein – des Wiederaufnahmeantrags 360 I; der Rechtsmittel 296 3; 316 I; 333 1; 343 I
Syndikusanwalt 138 2

Tagebuchaufzeichnungen Einl 80; Beschlagnahme 94 28
Tagesfristen 42
Tagessatz, Beschränkung der Berufung auf die Höhe des –es 318 6
Tat, Bezeichnung in der Anklageschrift 200 I S. 1, im Haftbefehl 114 II Nr. 2, im Strafbefehl 409 I S. 1 Nr. 3, im Urteil 260 IV
Tatbegriff, strafprozessualer 155 4; strafprozessualer – 264 3 ff.
Tatbeteiligter Verteidiger, Ausschließung 138 a I Nr. 1
Tateinheit, Behandlung im Urteil 260 14, 54; Beschränkung der Strafverfolgung 154 a; von Nebenklage- und Offizialdelikten 395 7; von Privatklage- und Offizialdelikten 376 8
Täter-Opfer-Ausgleich Einl 6; 136 I; 153 a I S. 2 Nr. 5; 155 a; 155 b
Täterschaft, Nichtvereidigung als Zeuge 60 Nr. 2
Tätige Reue bei Staatsschutzdelikten 153 e
Tatmehrheit, Behandlung im Urteil 260 13, 54
Tatort, Angabe in der Anklageschrift 200 I S. 1, im Haftbefehl 114 II Nr. 2, im Strafbefehl 409 I S. 1 Nr. 3; im Ausland 153 c; Gerichtsstand 7

Tatprovozierendes Verhalten Einl 63
Tatsachen, Anknüpfungs-, Befund- und Zusatz- für den Sachverständigen 79 3 f.; 244 12; 261 72, 74 ff.; offenkundige – 244 118 ff.; von Zeugen 48 1 f.; *s. a. Neue Tatsachen oder Beweismittel*
Tatteile, abtrennbare – 154 a I; 207 II Nr. 2; 465 II S. 2
Tatverdacht, *s. Anfangsverdacht, Dringender Tatverdacht, Hinreichender Tatverdacht, Verdacht*
Tatzeit, Angabe in der Anklageschrift 200 I S. 1, im Haftbefehl 114 II Nr. 2, im Strafbefehl 409 I S. 1 Nr. 3
Taub(stumm)e, *s. Hörbehinderte*
Täuschung als verbotene Vernehmungsmethode 136 a 19 ff.
Technische Mittel, *s. Einsatz technischer Mittel*
Teilanfechtung bei Beschwerde 304 6; des Strafbefehls 410 II; des Urteils 327 3; 352 5
Teilbeträge, Verrechnung von –n 459 b
Teileinstellung 171 4; Kostenentscheidung 467 3
Teilerfolg eines Rechtsmittels, Kostenregelung 473 IV
Teilfreispruch, Kostenentscheidung 467 3
Teilnahme des Staatsanwalts an der Hauptverhandlung 226; *s. a. Anwesenheit*
Teilnehmer, Ausschließung des Verteidigers 138 a I Nr. 1; Durchsuchung 102; als Einziehungsbeteiligte 431 1; Nichtvereidigung als Zeuge 60 Nr. 2; Zusammenhang 3
Teilrechtskraft Einl 61, 103; 327 3; 344 6; 354 a 3, 9; Strafvollstreckung 449 17 ff.; 451 18
Teilurteil 260 11; 406 I 5
Teilweise Rechtsmittelzurücknahme 302 3
Teilweiser Rechtsmittelverzicht 302 4
Teilwiederaufnahme 370 11
Teilzahlung von Geldbußen *s. Zahlungserleichterungen*
Telefax, Beschlagnahme 99 8 ff.; Wiedereinsetzung bei Störung 44 21 f.; 45 7; Zugang von Erklärungen durch – 42 16
Telefongespräch, Abhören 100 a; 100 b; des Verhafteten mit seinem Verteidiger 148 12
Telefonische Anzeige 158 5
Telegrammbeschlagnahme 99; 100
Telekommunikation 119 I, III; Auskunft über Verkehrsdaten 99 19; 100 g; Begriff 100 a 4 ff.; Benachrichtigung der Beteiligten der – 101 4
Telekommunikationsüberwachung 100 a ff.; 161 14; EMRK 8 15, 18; bei Exterritorialen GVG 18 3; GVG 19 9
Termin, Anberaumung des –s zur Hauptverhandlung 213 4; kein Anspruch auf –sverlegung 213 14
Terminsnachricht 48 25; 118 a 1; 138 d II; 168 c V; 168 d I S. 2; 214 I; 217; 218; 224; 225; 233 III; 350; 369 III S. 2; 404 III; 434 I S. 2; 435; 436 I
Terminsrolle GVG 169 12
Terminsversäumung 44 5
Terroristische Straftaten, Nichtverfolgung von – mit geringem Inlandsbezug 153 c I S. 1 Nr. 3; Weitergabe personenbezogener Daten zur Verfolgung – 161 15
Terroristische Vereinigung, *s. Organisationsdelikte*
Tierarzt, kein Zeugnisverweigerungsrecht 53 3
Tod des Beschuldigten, Beendigung des Verfahrens **Einl** 55; 464 18; 465 10, kein Ende des Verteidigermandats 140 3; 143 9; des Eigentümers 459 g 6; des Nebenklägers 402; des Privatklägers 393; 394; 471 3; unnatürlicher – 159; des Verfalls- oder Einziehungsbeteiligten 433 7; Wiederaufnahme nach dem – des Verurteilten 361; 371

Sachregister

Fette Zahlen = Paragraphen

Tonaufnahmegerät, vorläufige Protokollaufzeichnungen auf – **168 a** II
Tonbandaufnahmen 69 6, 8; **249** 9; **250** 17; **251** 9; **261** 77; Augenscheinseinnahme **86** 11; in der Sitzung **GVG 169**
Tonträger, Aufnahme **273** II; **323** II S. 2–6; Aufzeichnung der Telekommunikation **100 a**; **100 b**; Beschlagnahme **97** V; **111 m**; **111 n**
Trennscheiben beim Verteidigergespräch **148** 15, 17
Trennung verbundener Strafsachen 2 II; 4; **48** 23; **237** 14 ff.; des Jugend- und Erwachsenenrechts **209 a** 4
Truppen, ausländische – **GVG 20** 6, 10

Überbesetzung von Spruchkörpern GVG 21 e 12 f.; **GVG 21 g** 6
Übergabe von Gegenständen in der Untersuchungshaft **119** I; Zustellung durch – **37** 7; **232** IV
Übergang vom Sicherungsverfahren zum Strafverfahren **416**; ins Strafbefehlsverfahren **408 a**; **418** III S. 3; vom subjektiven zum objektiven Einziehungsverfahren **440** 18; der Untersuchungshaft in Strafhaft **120** 13 f.
Überhaft 112 11
Überholung, prozessuale – **98 b** 10; **296** 34 ff.
Überlastung des Richters **GVG 21 e** III; **GVG 21 g** II
Übermaßverbot, s. *Verhältnismäßigkeitsgrundsatz*
Übermittlung von Erkenntnissen durch Vollzugsanstalt **114 e**
Übernahme durch Gericht höherer Ordnung **225** I S. 2, III; der Privatklage durch Staatsanwaltschaft **377**; der Verfolgung durch Generalbundesanwalt bei Staatsschutzdelikten **GVG 74 a** II; **GVG 120** II
Überschrift, Bezeichnung der Tat durch gesetzliche – en **260** IV
Übersetzer, s. *Dolmetscher*
Übersetzung von Schriftstücken bei sprachunkundigen Ausländern **GVG 184** 4; **EMRK 6** 52
Überstellung an einen internationalen Strafgerichtshof **Einl 56**; **153 f**; **154 b** II; **456 a**
Übertragung der Zuständigkeit des Gerichts **12** II; **15**; **19**
Überwachung von Auflagen und Weisungen **153 a** 51; gerichtliche – des Vollstreckungsverfahrens **458 ff.**; **EGGVG 23 ff.**; Telefon– **100 a** ff.; **EMRK 8** 15, 18; des Verteidigerverkehrs **148** III; **148 a**; des Verurteilten während der Bewährungszeit **453 b**, während Führungsaufsicht **463 a**
Überwachungsrichter 148 a
Umgestaltung der Strafklage 155 2; **264** 71 ff.; **265**
Umlaufverfahren, Beschlussfassung des Präsidiums im – **GVG 21 a** 9; **GVG 21 e** 43; **GVG 21 i** 2
Umwandlung von Ordnungsgeld in Ordnungshaft **51** 12
Unabänderbarkeit von Entscheidungen **260** 25
Unabhängigkeit der Gerichte GVG 1
Unbekannt, Ermittlungsverfahren gegen – **152** 18; kein Klageerzwingungsverfahren gegen – **172** 18; Strafanzeige gegen – **158** 4
Unbekannter Aufenthalt 154 f 4, 9; **276**; des Zeugen **244** 143
Unbekannter Leichnam 159
Unbekannter Zeuge 244 142
Unbestimmter Rechtsbegriff 337 30
Unbillige Härte, s. *Härteklausel*
Unbrauchbarmachung, Anordnung im Strafbefehl **407** II S. 1 Nr. 1; Beschlagnahme zur Sicherstellung **111 b** 3; **111 m** I; Kosten **472 b**; Verfahren **442**; Vollstreckung **459 g**

Unehre, zur – gereichende Fragen an den Zeugen **68 a** I
Unentschuldigtes Ausbleiben 51 6 ff.; **116** IV Nr. 2; **329** 11 ff.; **412**; **433** II; **444** II
Unerreichbare Beweismittel 244 140 ff.
Unerreichbarer Schöffe GVG 54 12
Unerwachsene Personen, Versagung des Zutritts **GVG 175**
Unfähigkeit zum Schöffenamt **GVG 32**; **GVG 52**; **GVG 77**
Unfallskizzen, s. *Skizzen*
Ungebühr vor Gericht **164**; **GVG 177 ff.**, Begriff **GVG 178** 3 ff.
Ungeeignete Beweismittel **244** 132 ff.; Fragen **241** 10
Ungehorsam des Sachverständigen **77**; **161 a**; des Zeugen **51**; **70**; **161 a**
Ungehorsamshaft 230 II; **236**; **329** IV
Universitätsprofessor 22 5; s. a. *Hochschullehrer*
Unlauterer Wettbewerb, Privatklagedelikt **374** I Nr. 7; Zuständigkeit **GVG 74 c** I S. 1 Nr. 1
Unmittelbare Ladung von Zeugen und Sachverständigen **38**; **214** II; **220**; **222**; **386** II
Unmittelbarer Zwang 81 a 19; **81 b** 12; **81 c** VI S. 2; **105** 27
Unmittelbarkeit der Beweisaufnahme 250 4 f., 24; Ausnahmen **251**; **253**; **255 a**; **256**; **325**; **420**
Unschuldsvermutung EMRK 6 II
Untätigkeit des Gerichts **304** 1
Untätigkeitsantrag EGGVG 27
Untätigkeitsklage EGGVG 27 1
Unterbevollmächtigten, s. *Untervollmacht*
Unterbrechung bei Anschlussvollstreckung **454 b**; von gerichtlichen Verfahren bei Kontaktsperre **EGGVG 34** IV; der Hauptverhandlung **138 c** IV; **145** III; **222 a** II; **228**; **229**; **231 a** III; **266** III; **EGGVG 34** III Nr. 6; der Untersuchungshaft **112** 13; **116 b**; der Vollstreckung **360** II; **455** V; **455 a**; **458** III
Unterbringung, Ausschluss der Öffentlichkeit **GVG 171 a**; zur Beobachtung **EGGVG 34** III Nr. 7; zur Beobachtung des Beschuldigten **81**; Beschwerde **304** IV S. 2 Nr. 1; einstweilige – **126 a**; notwendige Verteidigung **140** I Nr. 4, 6; Sicherungsverfahren **413 ff.**; Verbot der reformatio in peius **331** II; **358** II; **373** II; Vollstreckung **463**; Zuziehung eines Sachverständigen **80 a**; **246 a**
Unterbringungsbefehl 47 III; **126 a** I, III; **127** II; **128** II; **131** I, II; **162** I; **275 a** V; **456 a** II; **EGGVG 38**
Unterhaltszahlungen, Einstellung bei Erbringung von – **153 a** I S. 2 Nr. 4
Unterlassungen von Entscheidungen **304** 1 f., 4; **464** 22, 26; **EGGVG 23** II; **EGGVG 27**; **EGGVG 28** II
Unterschrift bei Entscheidungen **33** 14; bei Protokollen über Untersuchungshandlungen **168 a** III, IV; **168 b** II; beim Sitzungsprotokoll **271**; beim Strafbefehl **409** 13; beim Urteil **275** II, IV
Untersuchung des Angeklagten zwecks Unterbringung **246 a**; Beschränkung **154**; **154 a**; gerichtliche – **151** 1; des psychischen Zustandes **81**; Umfang **155**
Untersuchungsgefangene, Beschränkungen **119**
Untersuchungshaft 112 ff.; gegen Abgeordnete **152 a** 15 f.; Anfechtung von Maßnahmen der Vollzugsbehörde **EGGVG 23** 16; Anhörung vor Anordnung **33** IV; **308** I S. 2; Anrechnung auf Strafe **260** 58; **450**; Aussetzung des Vollzugs **116 ff.**; Beschränkungen in der – **119**; und **EMRK EMRK 5** 12 f., 19 ff.; Entscheidung über Fortdauer **207** IV; **268 b**; bei Exterritorialen **GVG 19** 2; als Grund-

magere Zahlen = Absätze bzw. Randnummern **Sachregister**

rechtseingriff 112 7ff.; Höchstdauer 122a; bei leichteren Taten 113; notwendige Verteidigung 140 I Nr. 4; bei Privatklage 384 2; Realität der – 112 1f.; Rechtsschutz im –vollzug 119a; sicheres Geleit 295 II; Unschuldsvermutung 112 9; Unterbrechung durch Strafhaft 112 13; 116b; Voraussetzungen 112ff.; Zweck 112 3ff.
Untersuchungshaftvollzugsgesetze der Länder 119 1, 9
Untersuchungshandlungen, Begriff 162 1; richterliche – im Vorverfahren 162; 163 II; 165; 168ff.; 169 II; staatsanwaltliche – 168b; eines unzuständigen Gerichts 20; 21; *s.a. Polizeiliche Ermittlungen*
Untersuchungsverweigerungsrecht 81c III; Belehrung 81a 16; 81c 15
Untervollmacht 137 21; 138a 1, 14; 139 2; 142 4, 10; 145 4, 13; 145a 6; 146 13
Unverdächtiger, Identitätsfeststellung 163b II; Untersuchung 81c
Unverzüglich 25 II Nr. 2; 41a I; 47 III; 81a III; 81g II, V; 81h III, IV Nr. 1; 98b I, III; 100 V; 100a IV S. 3; 100b III, IV; 100c V, VII; 100d V Nr. 2; 100i II; 101 VIII; 110b I, II; 111e III; 111i IV; 114a; 114b I, II S. 1 Nr. 1; 114c I, II; 115 I, II; 115a I, II; 118 V; 121 III; 126 II; 127b I Nr. 1; 128 I; 131 II, III; 135; 141 III; 155b IV; 160a I; 161 III; 163c I; 163d II, IV; 163e IV; 168a II; 249 II; 257c IV; 275 I; 275a I; 492 IVa; 494 I, II
Unwirksamkeit von gerichtlichen Entscheidungen Einl 91f.; von Prozesshandlungen Einl 87ff.; des Rechtsmittelverzichts 302 14ff., 38ff.; der Zustellung 37 37f.
Unzulässigkeit der Berufung 313; 319; 322; der Beschwerde 304 IV; 305; von Beweisanträgen 244 73, 107ff.; des Nachverfahrens 439 9; von Prozesshandlungen Einl 93; 296 20; der Revision 346; 349; des Wiederaufnahmeantrags 368
Unzumutbarkeit des Erscheinens 223 II; 251 II Nr. 2
Unzuständigkeit des Gerichts, Einwand der – 6a; 16; Gültigkeit einzelner Untersuchungshandlungen 20; als Revisionsgrund 338 Nr. 4; in der Revisionsinstanz 348
Urheberrechtsverletzung, Privatklagedelikt 374 I Nr. 8
Urinprobe 81a 6
Urkunde, Begriff 249 4ff.; unechte – und Wiederaufnahme 359 Nr. 1; 362 Nr. 1; Verlesung in der Hauptverhandlung 249ff.
Urkundenbeweis 249; mit Protokollen 251; 273 13
Urkundsbeamter der Geschäftsstelle GVG 153; Anwesenheit in der Hauptverhandlung 226; Ausschließung und Ablehnung 31; als Dolmetscher GVG 190; Führung der Schöffenliste GVG 45 IV; als Protokollführer bei richterlichen Untersuchungshandlungen im Ermittlungsverfahren 168; als Protokollführer in der Hauptverhandlung 271; 272 Nr. 2; im Urteil 275 III; Urteilsausfertigung 275 IV; Vollstreckbarkeitsbescheinigung 451 I
Urkundsbeamter der Staatsanwaltschaft GVG 153 I
Urteil 260ff.; abgekürztes – 267 IV, V; im Berufungsverfahren 328; Form 33 8ff.; Frist und Form der –sniederschrift, Ausfertigung 275; Gegenstand des –s 264; Inhalt 260; Nicht– Einl 92; Rechtskraft Einl 97ff.; im Revisionsverfahren 353; im Sicherungsverfahren 414 10ff.; Unwirksamkeit Einl 91f., 92; Verlesbarkeit 249 14ff.; Vollstreckbarkeit 449

Urteilsformel 260 IV; 268 III; 273 I; Berichtigung 260 25, 29 ff., durch Revisionsgericht 349 19; 354 12ff.
Urteilsgründe 267; 268 II, IV; 275 I; Berichtigung 267 54f.; Bezugnahme auf Aktenteile und andere Urteile 267 4ff.; Ergänzung 267 42f.; Fehlen bzw. Verspätung der – als Revisionsgrund 338 Nr. 7
Urteilsverkündung 260 8ff., 23 ff.; 268; 314; 341; 356; öffentliche – GVG 173

Verabreichung von Mitteln als verbotene Vernehmungsmethode 136a 13
Veränderung des rechtlichen Gesichtspunkts, Hinweis auf – 234a; 265; 384 8
Veräußerungsverbot bei Beschlagnahme 94 16; 111c V; 292 2ff.; 443 4; zugunsten des Verletzten 111g III, IV
Verbindung zusammenhängender Strafsachen 2ff.; 13; Begriff des Zusammenhangs 3; in der Hauptverhandlung 237; von Jugendsachen mit Erwachsenensachen 2 19; 4 19; 209a 4; maßgebendes Verfahren 5; von Privatklagen 375 2; nach Rechtshängigkeit 4; von Straf- und Bußgeldsachen 2 18; von Verfahren gegen Jugendliche und Heranwachsende 4 19
Verbindungsmann, *s. V-Leute*
Verbot von Ausnahmegerichten GVG 16; der Doppelbestrafung *s. Ne bis in idem*; der Doppelverfolgung *s. Strafklageverbrauch*; der Folter Einl 45; der Mehrfachverfolgung Einl 58, *s.a. Strafklageverbrauch*; öffentlicher Berichte über Gerichtsverhandlungen GVG 174 II; der Schlechterstellung *s. Reformatio in peius*
Verbrauch der Strafklage, *s. Strafklageverbrauch*
Verbrechen, besonderer Haftgrund bei bestimmten – 112 III; notwendige Verteidigung 140 I Nr. 4
Verdacht der Beteiligung, Ausschließung des Verteidigers bei – 138a I Nr. 1, keine Beschlagnahmefreiheit 97 II S. 3, Nichtvereidigung als Zeuge bei – 60 Nr. 2; –sberichterstattung 161 5; einer Straftat 160; *s.a. Anfangsverdacht, Dringender Tatverdacht, Hinreichender Tatverdacht*
Verdächtiger Einl 43; Durchsuchung 103; Identitätsfeststellung 163b; 163c
Verdeckter Ermittler 110a ff.; 147 12; 168e 2; als unerreichbarer Zeuge 244 146; als Zeuge vom Hörensagen 250 22, 26
Verderb von Gegenständen, Notveräußerung 111l
Verdunkelungsgefahr, Aussetzung der Untersuchungshaft 116 II; als Haftgrund 112 II Nr. 3; 113 I
Vereidigung des Dolmetschers GVG 189; des Sachverständigen 79; des Zeugen 59ff.; 251 IV S. 3, 4; 369 II, bei kommissarischer Vernehmung 63, Verbot der – 60, im vorbereitenden Verfahren 62
Verein als Privatkläger 374 III
Vereinigter Großer Senat GVG 132; GVG 138
Verfahrensbeteiligte Einl 38ff.; Anhörung 33; 33a; Anwesenheit bei richterlichen Untersuchungshandlungen 168c; 168d; Handlungsfähigkeit Einl 55, 88; Rechtsstellung Einl 42f.; als Zeugen 48 17ff., 24; *s.a. Nebenbeteiligte*
Verfahrensbeteiligung, Anordnung bei Geldbuße gegen eine juristische Person 444 I, im Verfalls- und Einziehungsverfahren 431; 442
Verfahrenseinstellung, *s. Einstellung des Verfahrens*
Verfahrenshindernis Einl 47ff.; 151 1, 13; 152 14, 16; 152a 1, 26f.; 153 58, 79; 153a 8, 65, 95; 154 43f.; 154c 20f.; 154e 5, 16f., 22f., 26f., 32,

2573

Sachregister

Fette Zahlen = Paragraphen

34 f.; **154 f**; **170** 7, 10; **205**; **206 a**; **260** 40 ff.; **260** III; **261** 87 f.; **264** 82 f.; bei Einstellung **154 b** 21 f., 24; Kosten bei Einstellung wegen – **467** IV
Verfahrensmängel Einl 65; Heilung **136** 34; **136 a** 54; **337** 15
Verfahrensmaximen Einl 10, 45
Verfahrensregister, länderübergreifendes staatsanwaltschaftliches – **492** ff.
Verfahrensrüge 337 4; **344** 18 ff.
Verfahrensverzögerung Einl 63; EMRK 6 19 ff.; s. a. Beschleunigungsgrundsatz
Verfahrensvoraussetzungen Einl 47 ff.
Verfall der Sicherheit 124
Verfall des Wertersatzes 431 III; **440** I; **442**; dinglicher Arrest zur Sicherung **111 d**; **111 e**; **111 f** III; **111 g**; **111 h**; **111 i** I, III; Vollstreckung **459 g** II; **462** I
Verfallklausel bei Zahlungserleichterungen **459 a** 8 ff.
Verfallsanordnung, Beschlagnahme zur Sicherung **111 b** ff.; Kosten **472 b**; im Strafbefehl **407** II S. 1 Nr. 1; im Urteil **260** 60; Verfahren **442**; Vollstreckung **459 g** I
Verfallsbeteiligte Einl 40; **442** II; s. a. Einziehungsbeteiligte
Verfallsinteressent, s. Beteiligungsinteressent
Verfallverfahren 431 ff.; **442**; Nachverfahren **439**; **441**; **442**; selbständiges Verfahren **440**; **441**; **442**
Verfasser von Druckwerken **53** 33
Verfassungsrecht, nationales – Einl 12
Verfassungswidrigkeit einer Strafrechtsnorm als Wiederaufnahmegrund **359** 4 f.
Verfolgung, Auskunftsverweigerungsrecht bei Gefahr der – **55**; von Flüchtigen GVG **167**; auf frischer Tat **127**; Gefahr der – und Auskunftsverweigerungsrecht **161 a**; **163** III; nächtliche Hausdurchsuchung **104**
Verfügungen des Gerichts **304**; von Justizbehörden s. Justizverwaltungsakt
Verfügungsverbot, s. Veräußerungsverbot
Vergehen, Nichtverfolgung bei geringer Schuld **153**; **383** II
Vergiftungsverdacht und Leichenöffnung **91**
Vergleich im Adhäsionsverfahren **405**; im Privatklageverfahren **374** 16; **375** 7; **380** 7
Vergleichsbehörde für Sühneversuch **380** 1 f.
Verhafteter, Beschränkung bei Kontaktsperre EGGVG **31** 20; Rechtsmitteleinlegung **299**; Verkehr mit dem Verteidiger **148**; **148 a**; s. a. Untersuchungsgefangene
Verhaftung, Benachrichtigung Angehöriger **114 c**; s. a. Untersuchungshaft
Verhältnismäßigkeitsgrundsatz Einl 12, 23, 62; bei akustischer Wohnraumüberwachung **100 c** 13; bei Ausbleiben des Angeklagten **230** 14, 26 f.; bei Ausschluss der Öffentlichkeit EMRK 6 31; bei Beschlagnahme **94** 4, 21 ff.; EMRK 8 25; von Druckwerken, Schriften u. a. **111 m** 3 ff.; bei Durchsuchung **102** 17 ff.; bei Festhalten von Störern **164** 6 f.; bei Identitätsfeststellung **163 b** II S. 2; bei körperlicher Untersuchung **81 a** 1, 9; **81 c** 9 ff.; bei Netzfahndung **163 d** 3; bei Rasterfahndung **98 a** 10; zum Schutz zeugnisverweigerungsberechtigter Berufsgeheimnisträger **160 a** II; bei Telekommunikationsüberwachung **100 a** 2, 13; bei Unterbringung zur Beobachtung **81** II S. 2; bei Untersuchungshaft **112** I S. 2; EMRK 5 24; bei Vermögensbeschlagnahme **290** 6; bei vorbehaltener oder nachträglicher Sicherungsverwahrung **275 a** 41, 106, 176, 205

Verhandlung, Prinzip der –seinheit **226** 1, 6, 8, 12
Verhandlungsfähigkeit Einl 55, 88; des Nebenbeteiligten **433** 6; **442**; im Revisionsverfahren **337** 11; **344** 9; **350** 8; s. a. Prozessfähigkeit
Verhandlungsleitung 238
Verhandlungsplan 214 II
Verhandlungsunfähigkeit Einl 48 f., 53, 55; **205** 6, 9; **211** 1; **260** 40, 42; **413** 14 ff.; Haupt– in Abwesenheit des Angeklagten bei – **231** II; **231 a**; Sicherungsverfahren bei –sunfähigkeit **413** ff.; **416** III
Verhinderung des Präsidenten GVG **21 c** I; des Richters GVG **21 e**; des Schöffen GVG **54**; GVG **77**; des Verteidigers an der Hauptverhandlung **228** II; des Vorsitzenden GVG **21 f** II, an der Unterzeichnung des Protokolls **271** II, an der Unterzeichnung des Urteils **275** II; des zuständigen Gerichts **15**
Verhör des Zeugen **69** 6
Verhörsperson als Zeuge **250** 27 f.; **252** 14, 29; **253** 2, 8, 11
Verjährung 154 IV; **263** III; Ruhen **153 a** III; **154 e** III; Unterbrechung **151** 12; **205** 9; Verlängerung der –sfrist **462** I
Verkehr des Verhafteten mit anderen Personen und Institutionen **119** IV; Ausschließung des Verteidigers bei Missbrauch **138 a** I Nr. 2; Beschränkung bei Kontaktsperre EGGVG **31** 20; mit dem Verteidiger **148**; **148 a**; EMRK 8 26
Verkehrsdaten 99 19; **100 a** 14; **100 g**; **101** 4, 8; **163** 8
Verkehrsstrafsachen gegen Konsularbeamte GVG **19** 7
Verkehrszentralregister, Eintragung **243** 45; Verlesbarkeit **249** 20
Verkündung von Entscheidungen **35** I; **118 a** IV; **138 d** IV; **268** a I; **268 b** S. 2; des Haftbefehls **114 a**; s. a. Urteilsverkündung
Verleger, Pflicht zur Aufnahme der Urteilsbekanntmachung **463 c** III
Verlesung in der Hauptverhandlung **249** 25 ff.; Anklagesatz **243** III; behördliche und ärztliche Erklärungen **256**; in der Berufungsinstanz **324** I S. 2; **325**; Eröffnungsbeschluss im Privatklageverfahren **384** II; Geständnisse und Widersprüche **254**; keine – der Zeugenaussage bei Zeugnisverweigerung **252**; keine – früher aufgenommener Protokolle **250**, Ausnahmen **49** S. 2; **50** IV S. 2; **55** 13; **168** 6; **168 b** 5; **251**; Protokoll über die richterliche Vernehmung des Angeklagten **232** III; **233** III, des Beschuldigten im Sicherungsverfahren **415** IV; Protokoll– zur Gedächtnisunterstützung **253**; Protokollvermerk über die –, **255**; Urkunde **249**; Urteilsformel **268** II
Verletzte Einl 40; Adhäsionsverfahren **403** ff.; **472 a**; Akteneinsichtsrecht **406 e**; als Antragsteller im Klageerzwingungsverfahren **172** 9 ff.; Ausschließung als Gerichtsvollzieher GVG **155** II Nr. 1; Ausschließung als Richter **22** Nr. 1; Beistand oder Prozesskostenhilfe **406 g** III, IV; Beschlagnahme, Arrest zugunsten des –n **111 b** V; **111 e** III, IV; **111 g** III; **111 h** I, IV; **111 i**; **111 k**; Beteiligungsrechte **406 f**; **406 g**; Herausgabe beschlagnahmter Gegenstände an den –n **111 k**; Hinweis auf Befugnisse **406 h**; Mitteilung der Verfahrenseinstellung **171**; Mitteilungspflichten **406 d**; als Nebenkläger **395**; als Privatkläger **374**; Vorrang des –n bei sichergestellten Gegenständen **111 g**; Vorrang des –n bei Sicherungshypothek und Arrestpfandrecht an eingetragenen Schiffen u. a. **111 h**

magere Zahlen = Absätze bzw. Randnummern **Sachregister**

Verlöbnis als Ablehnungsgrund 24 13; Beschlagnahmeverbot 97; als Eidesverweigerungsgrund 61; als Zeugnisverweigerungsgrund 52 I Nr. 1
Verlust des Eröffnungsbeschlusses 207 14; des Protokolls 271 22; der Urteilsniederschrift 316 4
Vermögensbeschlagnahme bei Abwesenden 290; bei Staatsschutzdelikten 443
Vermögensrechte, Beschlagnahme 111c III; 111e; dinglicher Arrest 111e; 111f III; 111g
Vermögensrechtliche Ansprüche, Entschädigungsverfahren 403 ff.; 472a
Vermögensschaden 153a 35
Vermögensstrafe 111o, 111p, 459i (jeweils gegenstandslos)
Vermögensvorteil, Sicherstellung 111b ff.
Vernehmung des Angeklagten in der Hauptverhandlung 243 II, V; kommissarische – 233
Vernehmung des Beschuldigten 133ff.; 163a; EGGVG 34 III Nr. 3; mit Auslandsbezug 136 22 ff.; zum Haftbefehl 115 II, III; 115a II; durch Polizei 163a IV; durch Staatsanwaltschaft 163a III; 168b II; bei vorläufiger Festnahme 128
Vernehmung des Nebenbeteiligten 432; 442; 444 II
Vernehmung von Zeugen und Sachverständigen 58; 68; 68a; 69; 161a; 163 III; 168ff.; 168e; Grundsatz der persönlichen – 250; kindlicher oder jugendlicher Zeugen 48 16; 51 3; 52 II; 58 3; 58a 1, 5 f.; 68b 11; 168e 2; 241a; 247; 247a 10; 251 27; 255a II; GVG 172 Nr. 4; kommissarische – 51 III; 63; 70 III; 223; durch Polizei 163 III; durch Staatsanwaltschaft 161a; 168b II
Vernehmungsgegenüberstellung 58 7
Vernehmungsmethoden, verbotene – 136a
Vernehmungsort beim Bundespräsidenten 49; bei Mitgliedern oberster Staatsorgane 50
Vernichtung, Anordnung im Strafbefehl 407 II S. 1 Nr. 1; von Blutproben oder Körperzellen 81a III; 81c V S. 2; 81g II S. 1; Kosten 472b; von Unterlagen bei erkennungsdienstlichen Maßnahmen 81b 13, bei Identitätsfeststellung 163c III, bei verdeckten Ermittlungsmaßnahmen 101 VIII; Verfahren 442
Veröffentlichung von Abbildungen 131b
Verordnung über den Betrieb des Zentralen Staatsanwaltschaftlichen Verfahrensregisters 494 5
Verpflichtete, besonders – für den öffentlichen Dienst 54 11
Verpflichtungsantrag EGGVG 23 II
Versagung der Aussagegenehmigung 54 18
Verschlechterungsverbot, s. *Reformatio in peius*
Verschleppungsabsicht bei Beweisanträgen 244 85; 147ff.; 245 II S. 3
Verschlusssachen 147 24
Verschulden bei Fristversäumnis durch Justizbehörden 44 24ff.; durch Verteidiger 44 27; Wiedereinsetzung ohne – 44 13 ff.
Verschweigen entlastender Umstände 467 11
Verschwiegenheitspflicht, s. *Amtsverschwiegenheit, Geheimhaltung*
Verspätet, -e Berufung 319; -e Beweisanträge 246; -e Revision 346; -er Einspruch gegen Strafbefehl 411 I; -er Verteidiger 228 22
Versprechungen, unzulässige – bei Vernehmungen 136a 25 f.
Verstandesreife, mangelnde –, Untersuchungsverweigerungsrecht 81c III; bei Zeugen 60 Nr. 1; Zeugnisverweigerungsrecht 52 II
Verständigung unter den Mitgliedern des Gerichts 260 19; 263 8; im Strafverfahren Einl 2, 21, 33; 136a 27; 160b 1, 5; 170 18; 243 30 f.; 244 50; 257b 2; 257c; 273 19 ff.; 302 I S. 2
Verteidiger, Ablehnung als Sachverständiger 74; im Abwesenheitsverfahren 286; Akteneinsicht 147; 222a III, in Haftsachen 118a II; Angabe im Strafbefehl 409 I S. 1 Nr. 2; Anwesenheit in der Hauptverhandlung 226 6, bei polizeilichen Ermittlungen 163 17; 163a 15, bei richterlichen Untersuchungshandlungen 168c; 168d; 224 3, bei Vernehmung des Beschuldigten durch Staatsanwaltschaft 163a III S. 2; Ausbleiben in der Hauptverhandlung 145; Ausschließung als Richter 22 Nr. 4; Ausschließung des –s 138a ff.; Auswahl 137; Befugnisse bei Abwesenheitsverhandlungen 234a; Benachrichtigung von der Revisionsverhandlung 350 I; Beschlagnahmeverbot 97; im beschleunigten Verfahren 418 IV; Beschränkung der Zahl 137; bei Beweisaufnahme im Wiederaufnahmeverfahren 369 III; Einlegung von Rechtsmitteln 297; 302 II; Entfernung aus der Sitzung GVG 177 3; Erklärungsrecht 257 II; Fragerecht 240 II; geeignete Personen als – 138; in der Hauptverhandlung nach Einspruch gegen Strafbefehl 411 II; Konfliktverteidigung 137 14; Kontaktsperre EGGVG 31; Kosten als notwendige Auslagen 464a II Nr. 2; Ladung zur Hauptverhandlung 218; mehrere in der Hauptverhandlung 227; Mitteilung von Verschlusssachen an – 147 24; notwendiger – 140; Pflichtverteidiger im Strafbefehlsverfahren 408b; Schlussvortrag 258 7 ff.; Stellung des –s im Verfahren 137 2 f.; Überwachung der –post 148 II; 148a; Verbot der Mehrfachverteidigung 146; als Verfahrensbeteiligter Einl 39; –verkehr mit dem Inhaftierten s. *Verkehr des Verhafteten mit dem Verteidiger*; Verschulden des –s als Wiedereinsetzungsgrund 44 27; Vertretung des abwesenden Angeklagten 234; Vollmacht 145a 1 ff.; 234; 434; Wahrheitspflicht 137 12 f.; als Zeuge 48 20; 58 2; Zeugnisverweigerungsrecht 53 I S. 1 Nr. 2; Zurückweisung 146a; Zustellung an – 145a
Verteidigung 137 ff.; Beschränkung der – als Revisionsgrund 338 Nr. 8; formelle und materielle – 137 1; gemeinschaftliche – 138 12; der Rechtsordnung 154 I Nr. 2; 154a I S. 2; Sockel– 146 9; s.a. *Notwendige Verteidigung*
Vertrag von Lissabon Einl 17
Vertrauensperson, Benachrichtigung bei Festhalten 163c I S. 3; Benachrichtigung bei Verhaftung 114c; des Schöffenwahlausschusses GVG 40; GVG 55
Vertrauliche Anzeige 158 6 ff.
Vertreter bei Abwesenheit des Angeklagten 234; 329 I; 350 II; 387 I; 411 II; Einlegung von Rechtsmitteln 297 14; des Nebenbeteiligten 434 I; 442; 444 II; des Privatklägers 378; s.a. *Gesetzlicher Vertreter*
Vertretung des Präsidenten GVG 21h; im Präsidium GVG 21c; der Richter GVG 21e 15 ff.; GVG 21g 10, beim AG GVG 22b, beim LG GVG 70, beim OLG GVG 117; des Vorsitzenden GVG 21f II
Vertretungsvollmacht 234; 329 I; 350 II; 387 I; 411 II; 434 I
Verurteilter 157 6; Kostentragungspflicht 465
Verurteilung 260 12 ff., 47 f., 52 ff.
Verwahrung des Führerscheins 111a V; 463b; Schriftstücke in amtlicher – 96; sichergestellter Gegenstände 94; 109; 111c I; 111k 2; von Unterlagen über verdeckte Ermittlungsmaßnahmen 101 II

2575

Sachregister

Fette Zahlen = Paragraphen

Verwaltungsanordnung, keine Rechtsnorm 337 8
Verwaltungsbeamter im Schöffenwahlausschuss GVG 40
Verwaltungsbehörde als Nebenbeteiligte Einl 40
Verwaltungsgerichte GVG 13
Verwaltungsrechtliche Vorfragen 154 d; 262
Verwaltungsvorverfahren EGGVG 24 II
Verwandtschaft, Ablehnung als Sachverständiger 74; Ausschließung als Gerichtsvollzieher GVG 155 I Nr. 3; Ausschließung als Richter 22 Nr. 3; Beschlagnahmeverbot 97; als Eidesverweigerungsgrund 61; als Zeugnisverweigerungsgrund 52 I Nr. 3
Verwarnung mit Strafvorbehalt 232 I; 233 I; 260 IV; 265 a; 267 III, IV; 268 a I, III; 304 IV S. 2 Nr. 5; 313 I; 407 II S. 1 Nr. 1; 409 I S. 2; 453 I, II; 453 a I S. 1; 462 a IV; 465 I
Verweigerung der Abstimmung GVG 195; der Gutachtenerstattung 76; 77; der Herausgabe von Gegenständen 95 II; der körperlichen Untersuchung 81 c III; s. a. Eidesverweigerung, Zeugnisverweigerung
Verweisung an ein anderes Gericht GVG 17 a II; in der Berufungsinstanz 328 II; durch Eröffnungsbeschluss 210; in der Hauptverhandlung 269; 270; vor der Hauptverhandlung 225 a IV S. 2; in der Revisionsinstanz 355; im Sicherungsverfahren 416 I, III
Verweisung auf den Privatklageweg 170 12; 376 5
Verwendung von Blutproben oder Körperzellen 81 a III; 81 c V S. 2; 81 g II S. 1; von Daten für künftige Strafverfahren 484; von personenbezogenen Daten 100 i II S. 2; 101; 108 II, III; 160 IV; 161 II, III; 477 II; 484; EMRK 8 23, aus akustischer Wohnraumüberwachung 100 d V; 161 III, aus Telekommunikationsüberwachung 161 14
Verwendungsverbot Einl 74, 82
Verwerfung der Berufung 319; 322; 329, des Nebenklägers 401 III; des Einspruchs gegen Strafbefehl 411 I; 412; des Klageerzwingungsantrags 174; der Revision 346; 349, im Privatklageverfahren 385 V; der Richterablehnung 26 a; 28 II; des Wiederaufnahmeantrags 368; 370
Verwertungsverbot Einl 69, 71 ff.; 33 III; 52 29, 32; 69 III; 72; 81 a 29 f.; 81 c 27 f.; 81 d 6; 81 e 4; 81 g 12, 22; 81 h 9; 94 22; 95 14 f.; 97 2, 42 f.; 98 b 5; 99 20 f.; 100 11; 100 a 23 n.; 100 a IV S. 2; 100 b 2; 100 c 9 ff.; 100 d 8; 100 f 8; 100 g 16 f.; 100 h 7; 100 i 9; 101 14; 104 3; 105 19 ff., 30, 41; 106 2; 107 3; 108 3, 8 f., 14 f.; 110 2, 18; 110 b 6, 19 ff.; 110 c 15 ff.; 136 15 ff.; 136 a 40 ff.; 160 a; 161 3; 163 15; 163 a III, IV; 163 f 7; 168 c 21 ff.; 252; 261 38; Doppel– 267 33; bei Tilgung der Eintragung im Bundeszentralregister 261 39
Verwirkung von Rechtsbehelfen 296 20; EGGVG 26 4; von Verfahrensrügen 337 15
Verzeichnis, Beschlagnahme– 107 S. 2; 109; 111 III; 111 b IV
Verzicht auf Beweiserhebungen 245 I S. 2; auf Einhaltung der Ladungsfrist 217 III; auf Exterritorialität GVG 18 7; auf Privatklage 374 16; auf eine Prozesshandlung Einl 89; auf Rechtsmittel Einl 34, 89 f., 99; 267 IV, V; 302; auf Urteilsverlesung 324 I S. 2 Hs. 2; auf Wiedereinsetzung 315 III; 342 III; auf Zeugnisverweigerungsrecht 52 21
Verzögerung des Strafverfahrens, übermäßige – EMRK 6 19 ff.
Videotechnologie 58 a; 168 e; 223 19; 247 a; 250 17; 255 a

V-Leute 54 11; 110 a 2, 11, 22 ff.; 110 c 14; 136 8; 147 12; 163 9; 168 e 2; 261 71; als unerreichbare Zeugen 244 146; Verlesung schriftlicher Äußerungen 251 14; als Zeugen vom Hörensagen 250 22, 26; 252 21
V-Mann, s. V-Leute
Völkermord, Nichtverfolgung von – 153 f 5
Völkerrecht Einl 1, 9 ff., 13, 16 f., 62 ff., 66, 78, 83
Vollmacht des Verteidigers 145 a 1 ff.; 234; 434
Vollrausch 374 I Nr. 6 a; 395 6
Vollstreckbarkeit, Bescheinigung 451 15 ff.; des Strafurteils 449; des Urteils im Adhäsionsverfahren 406 b
Vollstreckung der Beschlagnahme 94 18; der Ersatzfreiheitsstrafe 454 a; 459 e; 459 f; von Freiheitsstrafen 454 b; 462 a; GVG 78 a; gerichtlicher Entscheidungen 36; des Haftbefehls 112 12; von Ordnungsmitteln 51 17; GVG 179; von Sicherungsmaßregeln 463; GVG 78 a; von Strafen 459 f.; des Urteils im Adhäsionsverfahren 406 b; des Vorführungsbefehls 134 1
Vollstreckungsaufschub 455 ff.; 456 c; 458 III; 463 V; beim Antrag auf Nachverfahren 439 I S. 2; beim Wiederaufnahmeantrag 360 II; beim Wiedereinsetzungsantrag 47 II
Vollstreckungsbeamte GVG 154 f.; Nichtberufung zum Schöffenamt GVG 34 I Nr. 5; GVG 77
Vollstreckungsbehörde Einl 36 f.; 451 2 ff.; Anfechtung von Maßnahmen EGGVG 23 ff.
Vollstreckungshaftbefehl 457 II
Vollstreckungshilfe GVG 162; GVG 163
Vollstreckungshindernisse 449 23 ff.
Vollstreckungskosten 464 a 8; kein Arrest zur Sicherung 111 d I S. 3
Vollstreckungsleiter, Jugendrichter als – Einl 36; 451 3; 462 a 44; 463 16
Vollstreckungslösung Einl 63
Vollstreckungsmaßnahmen, Anfechtung EGGVG 23 8 ff.; Einwendungen gegen – 458; 459 h; 462; gerichtliche Entscheidungen bei – Einl 37; 458 ff.
Vollstreckungsmodell EMRK 6 26
Vollstreckungsunterbrechung 360 II; 454 b; 455 IV; 455 a; 458 III
Vollstreckungsverfahren Einl 18, 35 ff.; 449 ff.
Vollzug der Beschlagnahme 111 f; der Untersuchungshaft 119
Vollzugsanstalt, Anhörung 454 I
Vollzugsbehörde Einl 36; Anfechtung von Maßnahmen GVG 78 a; GVG 78 b; GVG 121 I Nr. 3; EGGVG 23 I S. 2
Vollzugstauglichkeit 455
Vor(feld)ermittlungen Einl 14; 147 7; 152 27 ff.; 160 2; 369 4; 376 4
Vorbehalt, Aufhebung des –s der Einziehung 462 I; der Sicherungsverwahrung 275 a I, Belehrung 268 d
Vorbereitung des Gutachtens 80; 81; der öffentlichen Klage 158 ff.; des Wiederaufnahmeverfahrens 23 II; 364 b; 464 a I; GVG 140 a VII; s. a. Hauptverhandlung, Vorbereitung
Vorbereitungspflicht des Zeugen vor der Aussage 69 7
Vorfragen, zivil- oder verwaltungsrechtliche – 154 d; 262
Vorführung des Angeklagten 230 II; 236; 329 IV; 330 I, bei Privatklage 387 III; des Beschuldigten 133 II; 134; 135; 163 a III, zur Haftprüfung 118 a II c I; des Festgehaltenen bei Identitätsfeststellung 163 c I; des Festgenommenen 128 I; 129; des Ne-

magere Zahlen = Absätze bzw. Randnummern

benbeteiligten 433 II; 442; 444 II; des Verhafteten 115 I; 115 a I, III; des Zeugen 51 I; 135; 161 a II
Vorführungsbefehl 51 I S. 3; 134; 135; 163 a III; 230 24; 236; bei Führungsaufsicht 463 a III; zur Strafvollstreckung 457 II
Vorgesetzte der Ermittlungspersonen der Staatsanwaltschaft GVG 152; Privatklagerecht 374 II; 380 III; der Staatsanwaltschaft GVG 145
Vorhalt von Urkunden 249 39 ff.; 250 3; an den Zeugen 69 6; 253
Vorlagepflicht des OLG GVG 121 II, bei Nachprüfung von Justizverwaltungsakten EGGVG 29 1; bei sachlicher Unzuständigkeit des Gerichts 209 II; 225 a
Vorläufige Aufzeichnungen über Protokollinhalt 168 a II
Vorläufige Einstellung des Verfahrens bei Abwesenheit des Angeschuldigten 205, bei Abwesenheit des Beschuldigten 154 f, bei Auflagen 153 a, bei Auslieferung und Ausweisung 154 b IV, bei Nebenstraftaten 154
Vorläufige Entziehung der Fahrerlaubnis 111 a; 305 S. 2
Vorläufige Festnahme 81 a 18; 127 ff.; EMRK 5 12 f.; in der Sitzung GVG 183 S. 2
Vorläufiges Berufsverbot 132 a; 305 S. 2
Vormund, Ausschließung als Richter 22 Nr. 2; *s. a. Gesetzlicher Vertreter*
Vornahmeantrag EGGVG 27
Vorrang des Verletzten bei sichergestellten Gegenständen 111 g; bei Sicherungshypothek und Arrestpfandrecht an eingetragenen Schiffen u. a. 111 h
Vorrangzuständigkeit zwischen Strafkammern 6 a; 225 a IV; 270 I S. 2; GVG 74 e
Vorratsdatenspeicherung 100 g 3 f.
Vorrichtungen zur Beschränkung des Verteidigerverkehrs 148 II; zur Herstellung von Schriften, Beschlagnahme 111 m; 111 n
Vorschaltverfahren, *s. Verwaltungsvorverfahren*
Vorschlagsliste für Schöffen *s. Schöffenvorschlagsliste*
Vorschuss im Privatklageverfahren 379 a; 390 IV; an den Zeugen 71 2
Vorsitz in den Spruchkörpern GVG 21 f
Vorsitzender bei Beratung GVG 194; Beschwerde gegen Verfügungen 304; Ladungsanordnung 214; Sitzungspolizei GVG 176; Terminsbestimmung 213; Verhandlungsleitung 238 ff.; Zustellungsanordnung 36 I
Vorstrafen des Angeklagten 243 44 ff., 58; 249; 249 14; des Zeugen 68 a II S. 2
Vorteilsversprechen 136 a 25 ff.
Vortrag des Berichterstatters in der Berufungsverhandlung 324 I S. 1; in der Revisionsverhandlung 351 I; bei vorbehaltener oder nachträglicher Sicherungsverwahrung 275 a
Vorverfahren Einl 22 ff.; Hinzuziehung von Sachverständigen im – 73 1; Notveräußerung 111l II; Sachverständigengutachten im – 82; Verteidigerbestellung 141 III; *s. a. Ermittlungsverfahren*
Vorwegnahme der Beweiswürdigung, Unzulässigkeit 244 115 ff.

Waffengleichheit zwischen dem Angeklagten und der Staatsanwaltschaft EMRK 6 12
Wahl des Präsidiums GVG 21 b; der Schöffen GVG 42; GVG 77
Wahlanfechtung GVG 21 b VI

Wählbarkeit der Richter zum Präsidium GVG 21 b
Wahlfeststellung 260 54; 261 91; 264 55 ff.; 265 39; 266 8
Wahlgegenüberstellung 58 10; 261 68 f.
Wahlgeheimnis 48 11
Wahlkonsuln 11 5; Anhang zu GVG 18; GVG 19
Wahllichtbildvorlage 58 10; 261 68 f.
Wahlrecht der Richter zum Präsidium GVG 21 b; der Staatsanwaltschaft vor Anklageerhebung 7 6; GVG 24 I Nr. 3
Wahlverfahren zum Präsidium GVG 21 b II, III, V
Wahlverteidiger 138
Wahrheit, forensische – 261 2
Wahrheitserforschung, Grundsatz der materiellen – Einl 8 f., 46, 68; 153 a 4; –spflicht 244 29 ff.
Wahrheitspflicht des Verteidigers 137 12 f.; des Zeugen 48 6
Wahrheitsserum 136 a 13
Wahrunterstellung 244 155 ff.; 265 81
Wechsel im Präsidium GVG 21 c; des Richters GVG 21 e III; GVG 21 g II
Wechselseitige Beleidigungen, Kosten 468
Wegnahme von Sachen 459 g I; 463 b
Weingesetz, Zuständigkeit bei Verstoß gegen das – GVG 74 c I S. 1 Nr. 4
Weisungen, Einstellung nach Erfüllung von – 153 a; der Staatsanwaltschaft an Polizei 161 3; bei Strafaussetzung zur Bewährung 265 a; 268 a; 305 a; 453 b I
Weisungsgebundenheit der Beamten der Staatsanwaltschaft GVG 146
Weitere Beschwerde 310
Weitere Verfügung der Staatsanwaltschaft 167
Wertersatz, *s. Einziehung des Wertersatzes, Verfall des Wertersatzes*
Wertgrenze bei Beschwerde 304 III
Werturteile von Zeugen 48 3
Wertzeichenfälschung 92
Wesentliches Ergebnis der Ermittlungen 200 II
Widerklage 388; Kosten 471 III Nr. 3
Widerruf der Anschlusserklärung bei Nebenklage 402; von Auflagen und Weisungen 153 a 57; der Aussetzung zur Bewährung 268 a III; 304 IV S. 2 Nr. 5; 453; 453 a; 453 c; 462 a; 463 II; gerichtlicher Entscheidungen 349 32; von Prozesshandlungen Einl 89; der Verteidigerbestellung 140 III; 143; des Verzichts auf Zeugnisverweigerungsrecht 52 22; 53 38
Widerspruch gegen Entscheidungen ohne Hauptverhandlung 437 IV; zwischen Urteil und Sitzungsniederschrift 268 5; zwischen Urteilstenor und Urteilsgründen 267 54 f.
Widerspruchslösung 136 30 f.; 136 a 40; 257 24 ff.; 273 16
Wiederaufgreifen des Verfahrens nach Einstellung 153 61 ff.; 153 a 81, 85
Wiederaufnahme der Klage aufgrund neuer Tatsachen 174 II; 211; nach vorläufiger Einstellung 154 III; 154 b IV; 154 c 22 f.
Wiederaufnahmeverfahren 359 ff.; im Adhäsionsverfahren 406 c; zur Änderung des Strafmaßes 363; Ausschließung von Richtern 23 II; bei Behauptung einer Straftat 364; Entscheidung über die Begründetheit 370; Entscheidung über die Zulässigkeit 368; erneute Hauptverhandlung 373; ohne Hauptverhandlung 371; Inhalt und Form des Antrags 366 7; kein – bei Nebenklage 362 9; keine Vollstreckungshemmung 360; Kosten 473 VI Nr. 1; bei Privatklage 390 I; Probationsverfahren

2577

Sachregister

369; beim Strafbefehl 373 a; nach dem Tod des Verurteilten 361; 371; Verbot der reformatio in peius 373 II; bei Verfassungswidrigkeit einer Strafrechtsnorm 359 4 f.; Verteidigerbestellung 364 a; 364 b; zugunsten des Verurteilten 359; zuungunsten des Verurteilten 362; zuständiges Gericht 367; GVG 140 a

Wiedereinbeziehung ausgeschiedener Nebenfolgen 430 III; ausgeschiedener Tatteile 154 a 41 ff.

Wiedereinsetzung in den vorigen Stand 44 ff.; bei Anfechtung von Justizverwaltungsakten EGGVG 26 II–IV; Antrag 45; Entscheidung über den Antrag auf – 46; keine Vollstreckungshemmung 47; Kosten 473 VII; gegen Urteil 44 37; 235; 315; 329 III; 342; 391 IV; 401 II, III; 412; wegen Versäumung der Frist für Einstellungsbeschwerde 172 15; Wirkung 44 36 ff.

Wiedererkennen 58 8 ff.; 261 68 ff.

Wiedergutmachung, Einstellung nach – des Schadens 153 a I S. 2 Nr. 1

Wiederholung der Hauptverhandlung 29 II S. 2; 416 II S. 3

Wiederholungsgefahr, Aussetzung der Untersuchungshaft 116 III; als Haftgrund 112 a; Höchstdauer der Untersuchungshaft 122 a

Wiederverleihung von Rechten und Fähigkeiten 462 I

Wiener Übereinkommen über diplomatische bzw. konsularische Beziehungen GVG 18; GVG 19

Willensfreiheit, Verbot der Beeinträchtigung 136 a

Willkür bei Richterentziehung GVG 16 7

Wireless LAN 100 a 22

Wirtschaftliche Verhältnisse, Aufklärung der – des Beschuldigten 160 11

Wirtschaftsprüfer, Beschlagnahmeverbot 97; Zeugnisverweigerungsrecht 53 I S. 1 Nr. 3

Wirtschaftsreferent der Staatsanwaltschaft 74 9; 464 a 3

Wirtschaftsstrafkammer 2 I; 6 a; 209; 209 a; GVG 74 c; GVG 74 e

Wirtschaftsstrafsachen GVG 74 c I

Wissen des Richters, eigenes – 261 28

Wissenschaftliche Hilfskräfte GVG 193 I

WLAN 100 a 22

Wochenfristen 43 I

Wohnort, *s. Wohnsitz*

Wohnsitz, fester – 113 II Nr. 2; 127 a I; 132 I; Gerichtsstand 8; des Zeugen 68 5 f., 8 ff.; 200 I S. 3, 4

Wohnung, Betreten einer – 110 c; Durchsuchung 102 ff.; 111 b IV; Durchsuchung der – zur Vollstreckung 457 8; 459 5; Ersatzzustellung in der – 37 11 ff.; Lauschangriff auf – 100 c; 100 d; Recht auf Achtung der – EMRK 8 3, 12 f.

Zahl der Schöffen GVG 43; der Verteidiger 137

Zahlungserleichterungen bei Geldstrafe 459 a; bei Ordnungsgeld 70 7

Zahlungsfrist bei Geldstrafe 459 c I; bei Nebenfolgen 459 g II

Zahlungstag bei Gebührenzahlung 379 a 5

Zahnarzt, Ablehnung des Schöffenamts GVG 35 Nr. 3; GVG 77; Beschlagnahmeverbot 97; Zeugnisverweigerungsrecht 53 I S. 1 Nr. 3

Zeichnen in der Sitzung GVG 169 40

Zeitungsaufforderung im Abwesenheitsverfahren 288

Zeitversäumnis, Entschädigung für – als notwendige Auslagen 464 a II Nr. 1

Zentrales staatsanwaltschaftliches Verfahrensregister 492 ff.

Zeugen 48 ff.; 161 a; 163 III; an der Straftat Mitbeteiligte als – 48 22 f.; Auskunftsverweigerungsrecht 55; 95 13; 163 III; Ausschließung als Richter 22 Nr. 5; Begriff 48 1; 85 2; Beistand 48 12; 68 b; 161 a 7 ff.; 163 18; GVG 177 3; Belehrung s. *Belehrung der Zeugen und Sachverständigen*; Beschwerderecht 304 II; Bloßstellen von – 68 a; Entlassung nach der Vernehmung 248; Entschädigung 71; Fähigkeit als – 48 16; Gerichtspersonen als – 48 17 ff.; vom Hörensagen 244 11, 146; 250 4, 22 ff.; keine Anwesenheit bei Vernehmung des Angeklagten 243 II; kranke – 223; 251 II Nr. 1; Ladung 48; Namhaftmachung 222; Rechte und Pflichten 48 5 ff.; Rechtsanwalt als Beistand des – Einl 40; sachverständige – 58 2; 85; 244 11; vor der Staatsanwaltschaft 161 a; Unterrichtung von – 81 c; unvereidigt zu vernehmende – 60; 61; Vereidigung 59; Verfahrensbeteiligte als – 48 17 ff., 24; Zuziehung bei Durchsuchung 105 II S. 1

Zeugenpflichten 48; 52 ff.; 58 a 7; 161 a I; keine – vor der Polizei 163 13; Verletzung der – 51; 70; 161 a II

Zeugenschutz 48 9; 58 a; 68 I S. 2, II, III; 68 b; 161 a 3; 168 e; 200 I S. 3, 4; 241 a 1; 246 8; 247 a; 255 a; EMRK 6 50

Zeugenvernehmung 58; im Ausland 247 a 2 f., 30; getrennte Durchführung der – 168 e; von Kindern und Jugendlichen 48 16; 51 3; 52 II; 58 3; 58 a 1, 5 f.; 68 b 11; 168 e 2; 241 a; 247; 247 a 10; 251 27; 255 a II; GVG 172 Nr. 4; kommissarische – 223; 244 171 f.; 251 42 ff.; zur Person 68; durch Polizei 163 III; zur Sache 69; durch Staatsanwaltschaft 161 a

Zeugnis, behördliches – 256 6 f.

Zeugnisverweigerung, grundlose – 70

Zeugnisverweigerungsrecht 52 ff.; 160 I; 163 f 5; Beschlagnahmeverbot 97; keine Verlesung von Aussagen 252

Zielwahlsuche 100 g 3, 12

Zinsen bei dem Erstattungsanspruch 464 b

Zirkelschluss 337 27

Zivilrechtliche Vorfragen 154 d; 262

Zivilurteil und Wiederaufnahme des Verfahrens 359 Nr. 4; Wirkung eines –s bei Verfall der Sicherheit 124 III

Zollfahndungsämter, Ermittlungen in Steuersachen 163 3

Zufallsfunde 97 41; 98 b 11; 100 6; 100 a 27 f.; 103 7; 108 1; 111 III; 163 d 10; 477 II S. 2

Zufallsurkunde 250 1 f.

Zugriff, *s. Erster Zugriff*

Zulässigkeit von Fragen 242; der Vollstreckung, Einwendungen gegen – 458 I; 459 h; 462

Zulassung von Beiständen 149; der Rangänderung bei Sicherungshypothek oder Arrestpfandrecht an eingetragenen Schiffen u. a. 111 h II, V; des Wiederaufnahmeantrags 367 ff.; der Zwangsvollstreckung oder Arrestvollziehung in sichergestellte Gegenstände 111 g II

Zumutbarkeit, Grundsatz der – 81 c 11

Zurückgewinnungshilfe, *s. Rückgewinnungshilfe*

Zurücknahme des Antrags im Adhäsionsverfahren 404 IV; des Beweisantrags 244 43; des Einspruchs im Strafbefehlsverfahren 411 III; der Klage 156; 411 III; der Kontaktsperre EGGVG 36; Kosten bei – Rechtsmittels 473, des Strafantrags 470; der Privatklage 388 IV; 391; 392; 394; von Prozesshandlungen Einl 89; des Rechtsmittels 302; 303;

magere Zahlen = Absätze bzw. Randnummern **Sachregister**

des Strafantrags 158 15 f.; des Strafbefehlsantrags 156 9; der Verteidigerbestellung 143
Zurückverweisung durch Beschwerdegericht 309 5 f.; durch Revisionsgericht 354 II, III
Zurückweisung von Fragen 241; der Privatklage 383; von Verteidigern 137 24, 28; 138 2, 14 f.; 138 a 18; 146 a; 304 IV S. 3
Zusammenhang von Strafsachen 2 ff.; 13; 237, Arten 3 3 ff.
Zusammentreffen mehrerer Gerichtsstände 12; von Nebenklage- und Offizialdelikt 395 7; von Privatklage- und Offizialdelikt 153 12; 153 a 15; 172 4; 374 11 ff.; 376 8 f.; von Privatklagedelikt und Ordnungswidrigkeit 376 10; von Straf- und Untersuchungshaft 116 b; von Straftat und Ordnungswidrigkeit 153 10; 153 a 13; 154 a 8; 204 2
Zusatztatsachen 79 4; 244 12; 252 18; 261 74
Zuständigkeit der Staatsanwaltschaft GVG 142 ff.
Zuständigkeit des Gerichts, des AG GVG 24, Schöffengericht GVG 28, Strafrichter GVG 25; Arten 1 4; bei Beschlagnahme 98 II; besonderer Strafkammern 1 6; 6 a; 209 a Nr. 1; 225 a IV; des BGH GVG 135; zum Eröffnungsbeschluss 209; 210; funktionelle 1 4; in Jugendsachen 1 9; des LG, Strafkammer GVG 73 ff.; des OLG GVG 120; GVG 121; der ordentlichen Gerichte GVG 13; örtliche 1 4; 7 ff.; 441 I; 462 a I S. 1; sachliche 1 ff.; 1 4; 209; 225 a; 269; 270; 408 I; 441 I S. 1; 462 a I; des Schwurgerichts GVG 74 II; im Wiederaufnahmeverfahren 367; GVG 140 a
Zuständigkeitskonzentration 7 2; 462 a IV; GVG 58; GVG 74 a; GVG 74 c III; GVG 74 d I; GVG 78 a; GVG 120; GVG 121 III; GVG 143 IV, V; GVG 157 II; EGGVG 25 II; EGGVG 30 a III; allgemeine Konzentrationsermächtigung GVG 13 a; bei Beschlagnahme 98 II; bei richterlichen Untersuchungshandlungen 162 I
Zuständigkeitsstreit, *s. Kompetenzkonflikt*
Zuständigkeitsüberprüfung 6; 6 a; 16; 209; 210; 225 a; 270; 408 I; 416
Zustellung der Anklageschrift 201; im Ausland 37 32 ff.; Bevollmächtigter 37 5; 116 a III; 127 a II; 132 I; 145 a; an Binnenschiffer 37 29; der Einstellungsverfügung 171 6; von Entscheidungen 35 ff.; des Eröffnungsbeschlusses 215; Ersatz– 37 8 ff.; an Exterritoriale GVG 18 8; an Gefangene 37 31; durch Geschäftsstelle 36 I; 390 III; des in Abwesenheit des Angeklagten ergangenen Urteils 232 IV; Mängel 37 37 ff.; an den Nebenbeteiligten 436 IV; 438 I; 442; 444 II; öffentliche – 37 6; 40; an Rechtsanwalt gegen Empfangsbekenntnis 37 23 ff.; –beamte GVG 154 f.; an Seeleute 37 28; an Soldaten 37 30; an Staatsanwaltschaft 41; durch Staatsanwaltschaft 36 II; des Strafbefehls 409 15 ff.; des Urteils an den Beschwerdeführer 316 II; 343 II; bei Urteilsbekanntmachung 463 c I; Verfahren bei – 37; an Verteidiger 145 a; Vollmacht des Verteidigers 145 a, des Vertreters des Nebenbeteiligten 434; 442; 444 II; des Wiederaufnahmeantrags 368 II
Zustimmung zur Einstellung des Verfahrens 153; 153 a; zur Zurücknahme der Privatklage 391 I; zur Zurücknahme des Einspruchs oder der Klage 411 III S. 2; zur Zurücknahme des Rechtsmittels 303
Zutritt zu Gerichtsverhandlungen GVG 175
Zuziehung eines Sachverständigen 246 a
Zwang bei Vernehmungen 136 a 28; *s. a. Unmittelbarer Zwang*
Zwangsgeld 463 c III
Zwangshaft 463 c III; *s. a. Erzwingungshaft*
Zwangsmittel, Beschwerde 305 S. 2; gegen Besitzer von Beweisgegenständen 95 II; bei Nichtaufnahme der Urteilsbekanntmachung in periodischer Druckschrift 463 c III, im Rundfunk 463 c IV; gegen Sachverständige 77; 161 a II; 384 2; bei Telekommunikationsüberwachung 100 b III S. 3; bei Verweigerung der körperlichen Untersuchung 81 c VI; gegen Zeugen 51; 70; 161 a II
Zwangsvollstreckung aus dem Kostenfestsetzungsbescheid 464 b; *s. a. Vollstreckung*
Zweckänderung 100 c 13; 477 14
Zweifel über Auslegung eines Urteils 458, *s. a. In dubio pro reo;* über Zulässigkeit einer Frage 242
Zweigstellen des Gerichts GVG 22 2 f.; der Staatsanwaltschaft GVG 142 4
Zwischenfristen 42 8
Zwischenhaft 112 4; 120 13
Zwischenstaatliche Organisationen, Vorrechte und Befreiungen Anhang zu GVG 18
Zwischenverfahren Einl 18, 26 ff.; 201 ff.; *s. a. Eröffnung des Hauptverfahrens*